La Bible du Semeur

Holy Bible

Library of Congress Control Number: 2017946775

Printed in China

---

17 18 19 20 21 22 23 24 25 /AMC/ 20 19 18 17 16 15 14 13 12 11 10 9 8 7 6 5 4 3 2 1

A portion of the purchase price of your *Semeur, NIV, French / English Bilingual Bible* is provided to Biblica so together we support the mission of *Transforming lives through God's Word.*

Biblica provides God's Word to people through translation, publishing and Bible engagement in Africa, Asia Pacific, Europe, Latin America, Middle East, and North America. Through its worldwide reach, Biblica engages people with God's Word so that their lives are transformed through a relationship with Jesus Christ.

Table of Contents / Table des matières

Old Testament / L'Ancien Testament

New Testament — Nouveau Testament

Présentation de la Bible du Semeur

La Bible

La Bible, qui a marqué l'histoire de l'humanité comme aucun autre livre, est pour celui qui la découvre un recueil à plusieurs égards surprenant.

L'une de ses particularités est d'avoir été rédigée en deux langues très différentes : l'hébreu, avec quelques passages en araméen, pour l'Ancien Testament, et le grec pour le Nouveau Testament. Sa composition s'est échelonnée sur plusieurs siècles, et ses écrits sont de genres variés. On y trouve des codes de lois, des généalogies, des récits, des prières, des textes prophétiques, philosophiques ou lyriques, des maximes, des lettres, etc. La Bible regroupe soixante-six « livres », dont certains sont anonymes. Mais la plupart de leurs auteurs sont connus. Parmi eux, on remarque de grandes figures politiques (Moïse, Néhémie), des rois (David, Salomon), des prêtres (Jérémie, Ezéchiel, Zacharie), un agriculteur (Amos), des prophètes. Parmi les apôtres, Pierre et Jean étaient pêcheurs de métier et Paul fabriquait des tentes.

Par la diversité de ses auteurs et des écrits qui la composent, la Bible constitue une véritable « bibliothèque ». Cependant, le recueil qu'elle forme témoigne d'une unité profonde, inscrite dans l'histoire et révélée par le lien qui unit ses deux parties principales : l'Ancien et le Nouveau Testament.

L'Ancien Testament – c'est-à-dire le livre de la première alliance de Dieu avec son peuple – est le livre de la préparation au salut : alors que l'homme s'est révolté contre son Créateur, Dieu, dans son amour, a voulu sauver ceux qui accepteraient sa grâce. Au fil des siècles, il a préparé la venue du Libérateur des hommes. Le Seigneur a d'abord choisi Abraham et Israël pour former le peuple où naîtrait ce Sauveur. Puis, par Moïse, il a communiqué ses lois, pour indiquer à son peuple comment mener une vie juste. Il a donné à Israël un pays, préfiguration de la nouvelle terre à venir, intronisé un roi, annonce du Messie promis, et fait construire un temple, image de la présence future de Dieu au milieu de la communauté des sauvés. Les prophètes ont médité cette préparation du salut, qu'ils ont annoncé au peuple de manière de plus en plus précise.

Quand, après quatre siècles de « silence » des prophètes, la voix de Jean-Baptiste a retenti, la préparation du salut allait connaître son accomplissement. Jésus, le Sauveur, est né d'une jeune fille d'Israël. Après avoir vécu une vie parfaitement juste, il s'est offert lui-même en sacrifice pour le pardon de l'humanité. Mais Dieu l'a ressuscité, comme l'ont attesté des centaines de témoins. Quarante jours après, il est retourné auprès de son Père, d'où il règne en roi sur l'univers et sur le peuple avec lequel il a établi une « alliance » nouvelle. Telle est l'histoire véridique relatée dans le Nouveau Testament par les quatre évangiles et dans le livre des Actes. Les lettres qui suivent ont été adressées par les apôtres (c'est-à-dire les « représentants ») de Christ à des communautés constituées d'hommes et de femmes qui avaient mis leur foi en Jésus et qui adoptaient son enseignement comme règle de vie. Ces lettres expliquent l'œuvre de Jésus-Christ et précisent comment vivre pour lui être agréable. Enfin, l'Apocalypse dévoile les forces agissantes de l'histoire et l'issue finale du conflit entre Dieu et le Mal.

La Bible, unique par son thème, son inspiration et son impact, a été traduite, en tout ou en partie, dans plus de deux mille langues. Elle a aussi été bien des fois traduite et retraduite en français pour que chaque génération comprenne, dans ses mots, le message de vérité que Dieu adresse à l'humanité.

La version de la *Bible du Semeur*

La version de la Bible du Semeur est le fruit de plusieurs années de travail. Cette traduction a eu pour objectif de rendre le texte biblique aisément compréhensible au lecteur non averti, et de permettre à ceux qui sont familiarisés avec la Bible d'apprécier d'une manière nouvelle le sens et la richesse de son message.

La comparaison de près d'une centaine de versions a été utile pour déterminer les formulations les plus aptes à rendre la pensée des auteurs bibliques pour les hommes de notre temps. La révision de ce travail a été faite sous les auspices de la Société biblique internationale (aujourd'hui dénommée Biblica)1, par un comité de théologiens évangéliques et de spécialistes de la traduction biblique2. Ils se sont constamment référés aux originaux hébreux et grecs en consultant les meilleurs commentaires actuels. Les acquis récents de la linguistique et de l'exégèse ont été mis à profit pour le choix des termes et la reformulation du sens suivant le génie de notre langue. Cet effort considérable a été motivé par le désir de mettre à la disposition du public francophone un texte pouvant servir à la fois à un premier contact avec la Bible, à la lecture et la méditation personnelle, à l'étude approfondie et à la lecture publique. L'objectif premier de l'équipe de traduction a été d'allier fidélité aux originaux et compréhensibilité du texte. Une attention spéciale a été portée à la dimension esthétique du texte pour rendre la prose de manière bien fluide et la poésie par des vers libres présentant une certaine régularité rythmique. Chaque texte poétique suit en français un rythme syllabique, soit pair, soit impair. Comme les vers de la traduction française ne peuvent souvent pas correspondre aux segments de l'hébreu, les textes sont disposés de manière à faire apparaître les lignes de l'original, et le découpage en vers libres français est signalé par le signe « | ».

La révision 2015 de la Bible du Semeur, qui inclut de nombreuses modifications, a tenté de mettre encore mieux en œuvre les principes linguistiques de la traduction en équivalence fonctionnelle (appelée parfois « traduction dynamique »), qui ont présidé à la traduction de la Bible du Semeur dès son origine. Leur application demande beaucoup de doigté, car il ne s'agit pas de reproduire la forme de l'hébreu, de l'araméen et du grec, mais de rendre le sens des textes originaux. La révision 2015 a donc été particulièrement attentive aux points suivants :

- la nécessité de rendre le sens de l'original de manière encore plus précise et plus claire ;
- dans les notes, une prise en compte plus étendue d'autres compréhensions possibles du texte biblique que celles qui ont été retenues dans la traduction, formulées elles aussi de manière claire et précise ;
- la traduction des mots des registres religieux et profane dans les langues originales par des mots des registres religieux et profane en français, respectivement. C'est ainsi par exemple que l'expression « révérer l'Eternel » (BS version 2000) a été rendue par « craindre l'Eternel » ;

1. L'objectif de Biblica est de traduire, de publier et de répandre le message de la Bible auprès de tous les peuples afin qu'ils connaissent le Christ et deviennent des disciples membres de son Corps.

2. Le comité de traduction se composait de Jacques Buchhold (Faculté libre de théologie évangélique, Vaux-sur-Seine), Alfred Kuen (Institut biblique et missionnaire Emmaüs, St Légier), André Lovérini (professeur agrégé de grec, Montpellier) et Sylvain Romerowski (Institut biblique, Nogent-sur-Marne).
Ont participé à la traduction, au contrôle exégétique ou à la relecture de certains livres : Samuel Bénétreau, Henri Blocher, Amar Djaballah, R.F. Doulière, Hubert Goudineau, Jacques Lemaire, Jean-Claude Margot, Emile Nicole, Isabelle Olekhnovitch, Christophe Paya. Ont collaboré à la relecture stylistique : Jacques Blocher, Claude-Bernard Costecalde.
En 1997-1998, le comité de traduction a entrepris une révision de fond de l'édition de 1992 (déjà améliorée par des corrections mineures dans les éditions ultérieures). Il a été secondé par des spécialistes d'Europe, d'Amérique et d'Afrique convoqués pour un séminaire de traduction par la Société biblique internationale à la Faculté libre de théologie évangélique de Vaux-sur-Seine.
Le comité de révision se composait, en plus du comité de traduction, de MM. Siméon Havyarimana (Société biblique internationale, Afrique), Harold Kallemeyn (Faculté libre de théologie réformée, Aix-en-Provence), Scott Munger (consultant en traduction, Société biblique internationale, Etats-Unis), Erwin Ochsenmeier (Institut biblique belge), Gene Rubingh (responsable des traductions de la Société biblique internationale, Etats-Unis), Tite Tiénou (Faculté de théologique évangélique de l'Alliance chrétienne, Abidjan et Trinity Evangelical Divinity School, Chicago-Deerfield), Isaac Zokoué (Faculté de théologie évangélique de Bangui).
La présente édition 2015 résulte d'une nouvelle révision entreprise à partir de 2012 par un comité ayant pour cheville ouvrière Sylvain Romerowski et encore composé de : Jacques Buchhold, Emile Nicole, Christophe Paya (tous trois de la Faculté libre de théologie évangélique, Vaux-sur-Seine), et Matthieu Sanders (pasteur et chargé de cours à l'Institut biblique de Nogent-sur-Marne).

- la recherche de l'économie de mots dans l'équivalence fonctionnelle, ce qui a conduit à rendre le texte parfois plus sobre dans la traduction du sens.

Le vœu des éditeurs est que cette version de la Bible du Semeur conduise beaucoup de lecteurs à connaître Jésus-Christ, la Parole de vie, qui offre la vie et change les vies.

Le Comité de traduction, février 2015

Oui, l'herbe se dessèche et la fleur se flétrit,
mais la parole de notre Dieu subsistera toujours.
Esaïe 40.8

Preface to the New International Version

The goal of the New International Version (NIV) is to enable English-speaking people from around the world to read and hear God's eternal Word in their own language. Our work as translators is motivated by our conviction that the Bible is God's Word in written form. We believe that the Bible contains the divine answer to the deepest needs of humanity, sheds unique light on our path in a dark world and sets forth the way to our eternal well-being. Out of these deep convictions, we have sought to recreate as far as possible the experience of the original audience—blending transparency to the original text with accessibility for the millions of English speakers around the world. We have prioritized accuracy, clarity and literary quality with the goal of creating a translation suitable for public and private reading, evangelism, teaching, preaching, memorizing and liturgical use. We have also sought to preserve a measure of continuity with the long tradition of translating the Scriptures into English.

The complete NIV Bible was first published in 1978. It was a completely new translation made by over a hundred scholars working directly from the best available Hebrew, Aramaic and Greek texts. The translators came from the United States, Great Britain, Canada, Australia and New Zealand, giving the translation an international scope. They were from many denominations and churches—including Anglican, Assemblies of God, Baptist, Brethren, Christian Reformed, Church of Christ, Evangelical Covenant, Evangelical Free, Lutheran, Mennonite, Methodist, Nazarene, Presbyterian, Wesleyan and others. This breadth of denominational and theological perspective helped to safeguard the translation from sectarian bias. For these reasons, and by the grace of God, the NIV has gained a wide readership in all parts of the English-speaking world.

The work of translating the Bible is never finished. As good as they are, English translations must be regularly updated so that they will continue to communicate accurately the meaning of God's Word. Updates are needed in order to reflect the latest developments in our understanding of the biblical world and its languages and to keep pace with changes in English usage. Recognizing, then, that the NIV would retain its ability to communicate God's Word accurately only if it were regularly updated, the original translators established The Committee on Bible Translation (CBT). The committee is a self-perpetuating group of biblical scholars charged with keeping abreast of advances in biblical scholarship and changes in English and issuing periodic updates to the NIV. CBT is an independent, self-governing body and has sole responsibility for the NIV text. The committee mirrors the original group of translators in its diverse international and denominational makeup and in its unifying commitment to the Bible as God's inspired Word.

In obedience to its mandate, the committee has issued periodic updates to the NIV. An initial revision was released in 1984. A more thorough revision process was completed in 2005, resulting in the separately published TNIV. The updated NIV you now have in your hands builds on both the original NIV and the TNIV and represents the latest effort of the committee to articulate God's unchanging Word in the way the original authors might have said it had they been speaking in English to the global English-speaking audience today.

The first concern of the translators has continued to be the accuracy of the translation and its faithfulness to the intended meaning of the biblical writers. This has moved the translators to go beyond a formal word-for-word rendering of the original texts. Because thought patterns and syntax differ from language to language, accurate communication of the meaning of the biblical authors demands constant regard for varied contextual uses of words and idioms and for frequent modifications in sentence structures.

As an aid to the reader, sectional headings have been inserted. They are not to be regarded as part of the biblical text and are not intended for oral reading. It is the committee's hope that these headings may prove more helpful to the reader than the traditional chapter divisions, which were introduced long after the Bible was written.

For the Old Testament the standard Hebrew text, the Masoretic Text as published in the latest edition of *Biblia Hebraica,* has been used throughout. The Masoretic Text tradition contains marginal notations that offer variant readings. These have sometimes been followed instead of the text itself. Because such instances involve variants within the Masoretic tradition, they have not been indicated in the textual notes. In a few cases, words in the basic consonantal text have been divided differently than in the Masoretic Text. Such cases are usually indicated in the textual footnotes. The Dead Sea Scrolls contain biblical texts that represent an earlier stage of the transmission of the Hebrew text. They have been consulted, as have been the Samaritan Pentateuch and the ancient scribal traditions concerning deliberate textual changes. The translators also consulted the more important early versions—the Greek Septuagint, Aquila, Symmachus and Theodotion, the Latin Vulgate, the Syriac Peshitta, the Aramaic Targums, and for the Psalms, the *Juxta Hebraica* of Jerome. Readings from these versions, the Dead Sea Scrolls and the scribal traditions were occasionally followed where the Masoretic Text seemed doubtful and where accepted principles of textual criticism showed that one or more of these textual witnesses appeared to provide the correct reading. In rare cases, the committee has emended the Hebrew text where it appears to have become corrupted at an even earlier stage of its transmission. These departures from the Masoretic Text are also indicated in the textual footnotes. Sometimes the vowel indicators (which are later additions to the basic consonantal text) found in the Masoretic Text did not, in the judgment of the committee, represent the correct vowels for the original text. Accordingly, some words have been read with a different set of vowels. These instances are usually not indicated in the footnotes.

The Greek text used in translating the New Testament is an eclectic one, based on the latest editions of the Nestle-Aland/United Bible Societies' Greek New Testament. The committee has made its choices among the variant readings in accordance with widely accepted principles of New Testament textual criticism. Footnotes call attention to places where uncertainty remains.

The New Testament authors, writing in Greek, often quote the Old Testament from its ancient Greek version, the Septuagint. This is one reason why some of the Old Testament quotations in the NIV New Testament are not identical to the corresponding passages in the NIV Old Testament. Such quotations in the New Testament are indicated with the footnote "(see Septuagint)."

Other footnotes in this version are of several kinds, most of which need no explanation. Those giving alternative translations begin with "Or" and generally introduce the alternative with the last word preceding it in the text, except when it is a single-word alternative. When poetry is quoted in a footnote a slash mark indicates a line division.

It should be noted that references to diseases, minerals, flora and fauna, architectural details, clothing, jewelry, musical instruments and other articles cannot always be identified with precision. Also, linear measurements and measures of capacity can only be approximated (see the Appendix). Although *Selah,* used mainly in the Psalms, is probably a musical term, its meaning is uncertain. Since it may interrupt reading and distract the reader, this word has not been kept in the English text, but every occurrence has been signaled by a footnote.

One of the main reasons that the task of Bible translation is never finished is the change in our own language, English. Although a basic core of the language remains relatively stable, many diverse and complex cultural forces continue to bring about subtle shifts in the meanings and/or connotations of even old, well-established words and phrases. No part of the language has seen greater change in the last thirty years than the way gender is presented. The original NIV (1978) was published in a time when "a man" was still used to refer to a person regardless of gender. But the generic connotations of "man" in this sense have eroded over the years. In recognition of this change in English, this edition of the NIV, along with almost all other recent English translations, substitutes other expressions when the original text intends to refer generically to men and women equally. Thus, for instance, the NIV (1984) rendering of 1 Corinthians 8:3, "But the man who loves God is known by God" becomes in this edition "But whoever loves God is known by God." On the other hand, "man" and "mankind," as ways of denoting the human race, are still widely used. This edition of the NIV therefore continues to use these words, along with other expressions, in this way.

A related shift in English creates a larger problem for modern translations: the move away from using the third-person masculine singular pronouns—"he/him/his"—to refer to men and women equally. This usage does persist at a low level in some forms of English, and this revision therefore occasionally uses these pronouns in a generic sense. But the tendency, recognized in day-to-day usage and confirmed by extensive research, is away from the generic use of "he," "him," and "his." In recognition of this shift in language and in an effort to translate into the "common" English that people are actually using, this revision of the NIV generally uses other constructions when the biblical text is plainly addressed to men and women equally. The reader will frequently encounter a "they," "their," or "them" to express a generic singular idea. Thus, for instance, Mark 8:36 reads: "What good is it for someone to gain the whole world, yet forfeit their soul?" This generic use of the "distributive" or "singular" "they/them/their" has a venerable place in English idiom and has quickly become established as standard English, spoken and written, all over the world. Where an individual emphasis is deemed to be present, "anyone" or "everyone" or some other equivalent is generally used as the antecedent of such pronouns.

Sometimes the chapter and/or verse numbering in English translations of the Old Testament differs from that found in published Hebrew texts. This is particularly the case in the Psalms, where the traditional titles are included in the Hebrew verse numbering. Such differences are indicated in the footnotes at the bottom of the page. In the New Testament, verse numbers that marked off portions of the traditional English text not supported by the best Greek manuscripts now appear in brackets, with a footnote indicating the text that has been omitted (see, for example, Matthew 17:[21]).

Mark 16:9–20 and John 7:53–8:11, although long accorded virtually equal status with the rest of the Gospels in which they stand, have a very questionable—and confused—standing in the textual history of the New Testament, as noted in the bracketed annotations with which they are set off. A different typeface has been chosen for these passages to indicate even more clearly their uncertain status.

Basic formatting of the text, such as lining the poetry, paragraphing (both prose and poetry), setting up of (administrative-like) lists, indenting letters and lengthy prayers within narratives and the insertion of sectional headings, has been the work of the committee. However, the choice between single-column and double-column formats has been left to the publishers. Also the issuing of "red-letter" editions is a publisher's choice—one that the committee does not endorse.

The committee has again been reminded that every human effort is flawed—including this revision of the NIV. We trust, however, that many will find in it an improved representation of the Word of God, through which they hear his call to faith in our Lord Jesus Christ and to service in his kingdom. We offer this version of the Bible to him in whose name and for whose glory it has been made.

The Committee on Bible Translation
September 2010

More information on the Committee on Bible Translation may be found at: www.NIV-CBT.com

Old Testament L'Ancien Testament

Genesis

The Beginning

1 [1]In the beginning God created the heavens and the earth. [2]Now the earth was formless and empty, darkness was over the surface of the deep, and the Spirit of God was hovering over the waters.

[3]And God said, "Let there be light," and there was light. [4]God saw that the light was good, and he separated the light from the darkness. [5]God called the light "day," and the darkness he called "night." And there was evening, and there was morning – the first day.

[6]And God said, "Let there be a vault between the waters to separate water from water." [7]So God made the vault and separated the water under the vault from the water above it. And it was so. [8]God called the vault "sky." And there was evening, and there was morning – the second day.

[9]And God said, "Let the water under the sky be gathered to one place, and let dry ground appear." And it was so. [10]God called the dry ground "land," and the gathered waters he called "seas." And God saw that it was good.

[11]Then God said, "Let the land produce vegetation: seed-bearing plants and trees on the land that bear fruit with seed in it, according to their various kinds." And it was so. [12]The land produced vegetation: plants bearing seed according to their kinds and trees bearing fruit with seed in it according to their kinds. And God saw that it was good. [13]And there was evening, and there was morning – the third day.

[14]And God said, "Let there be lights in the vault of the sky to separate the day from the night, and let them serve as signs to mark sacred times, and days and years, [15]and let them be lights in the vault of the sky to give light on the earth." And it was so. [16]God made two great lights – the greater light to govern the day and the lesser light to govern the night. He also made the stars. [17]God set them in the vault of the sky to give light on the earth, [18]to govern the day and the night, and to separate light from darkness. And God saw that it was good. [19]And there was evening, and there was morning – the fourth day.

[20]And God said, "Let the water teem with living creatures, and let birds fly above the earth across the vault of the sky." [21]So God created the great creatures of the sea and every living thing with which the water teems and that moves about in it, according to their kinds, and every winged bird

La Genèse

La création de l'univers

1 [1]Au commencement, Dieu créa le ciel et la terre. [2]Or, la terre était chaotique et vide. Les ténèbres couvraient l'abîme, et l'Esprit de Dieu planait au-dessus des eaux.

[3]Et Dieu dit alors : Que la lumière soit !

Et la lumière fut[a]. [4]Dieu vit que la lumière était bonne, et il sépara la lumière des ténèbres. [5]Il appela la lumière : « jour » et les ténèbres : « nuit ».

Il y eut un soir, il y eut un matin. Ce fut le premier jour.

[6]Puis Dieu dit : Qu'il y ait une étendue entre les eaux pour les séparer.

[7]Dieu fit l'étendue. Il sépara les eaux qui étaient sous l'étendue des eaux qui étaient au-dessus. Et ce fut ainsi.

[8]Dieu appela cette étendue : « ciel ». Il y eut un soir, il y eut un matin : ce fut le deuxième jour.

[9]Puis Dieu dit : Que les eaux d'au-dessous du ciel se rassemblent en un seul endroit pour que la terre ferme paraisse.

Et ce fut ainsi.

[10]Dieu appela « terre » la terre ferme, et « mer » l'amas des eaux. Dieu vit que c'était bon.

[11]Puis Dieu dit : Que la terre se couvre de verdure, de l'herbe portant sa semence, et de chaque espèce d'arbre produisant du fruit, portant chacun sa semence, partout sur la terre.

Et ce fut ainsi.

[12]La terre fit germer de la verdure, chaque espèce d'herbe portant sa semence et chaque espèce d'arbre produisant du fruit, portant chacun sa semence. Dieu vit que c'était bon.

[13]Il y eut un soir, il y eut un matin : ce fut le troisième jour.

[14]Puis Dieu dit : Que, dans l'étendue du ciel, il y ait des luminaires pour distinguer le jour de la nuit, et pour qu'ils marquent les saisons, les jours et les années. [15]Que, dans l'étendue du ciel, ils servent de luminaires pour illuminer la terre.

Et ce fut ainsi.

[16]Dieu fit deux grands luminaires, le plus grand pour qu'il préside au jour, et le plus petit pour qu'il préside à la nuit. Il fit aussi les étoiles. [17]Il les plaça dans l'étendue du ciel pour illuminer la terre, [18]pour présider au jour ainsi qu'à la nuit, et séparer la lumière des ténèbres. Dieu vit que c'était bon.

[19]Il y eut un soir, il y eut un matin : ce fut le quatrième jour.

[20]Puis Dieu dit : Que les eaux foisonnent d'une multitude d'êtres vivants, et que des oiseaux volent au-dessus de la terre dans l'étendue du ciel !

[21]Alors Dieu créa chaque espèce de grands animaux marins et chaque espèce d'êtres vivants qui se meuvent et foisonnent dans les eaux, et chaque espèce d'oiseaux ailés.

---

[a] **1.3** Allusion en 2 Co 4.6.

according to its kind. And God saw that it was good. 22 God blessed them and said, "Be fruitful and increase in number and fill the water in the seas, and let the birds increase on the earth." 23 And there was evening, and there was morning – the fifth day.

24 And God said, "Let the land produce living creatures according to their kinds: the livestock, the creatures that move along the ground, and the wild animals, each according to its kind." And it was so. 25 God made the wild animals according to their kinds, the livestock according to their kinds, and all the creatures that move along the ground according to their kinds. And God saw that it was good.

26 Then God said, "Let us make mankind in our image, in our likeness, so that they may rule over the fish in the sea and the birds in the sky, over the livestock and all the wild animals,[a] and over all the creatures that move along the ground."

27 So God created mankind in his own image,
in the image of God he created them;
male and female he created them.

28 God blessed them and said to them, "Be fruitful and increase in number; fill the earth and subdue it. Rule over the fish in the sea and the birds in the sky and over every living creature that moves on the ground."

29 Then God said, "I give you every seed-bearing plant on the face of the whole earth and every tree that has fruit with seed in it. They will be yours for food. 30 And to all the beasts of the earth and all the birds in the sky and all the creatures that move along the ground – everything that has the breath of life in it – I give every green plant for food." And it was so.

31 God saw all that he had made, and it was very good. And there was evening, and there was morning – the sixth day.

2 1 Thus the heavens and the earth were completed in all their vast array.

2 By the seventh day God had finished the work he had been doing; so on the seventh day he rested from all his work. 3 Then God blessed the seventh day and made it holy, because on it he rested from all the work of creating that he had done.

Adam and Eve

4 This is the account of the heavens and the earth when they were created, when the LORD God made the earth and the heavens.

5 Now no shrub had yet appeared on the earth[b] and no plant had yet sprung up, for the LORD God

[a] 1:26 Probable reading of the original Hebrew text (see Syriac); Masoretic Text *the earth*
[b] 2:5 Or *land*; also in verse 6

Dieu vit que c'était bon. 22 Et il les bénit, en ces termes : Soyez féconds, multipliez-vous, remplissez les eaux des mers, et que les oiseaux aussi se multiplient sur la terre.

23 Il y eut un soir, il y eut un matin : ce fut le cinquième jour.

24 Puis Dieu dit : Que la terre produise chaque espèce d'êtres vivants, chaque espèce de bestiaux, de reptiles et d'insectes, ainsi que d'animaux sauvages.

Et ce fut ainsi.

25 Dieu fit chaque espèce d'animaux sauvages, il fit chaque espèce de bestiaux, chaque espèce de reptiles et d'insectes. Dieu vit que c'était bon.

26 Puis Dieu dit : Faisons les hommes[b] de sorte qu'ils soient notre image[c], qu'ils nous ressemblent. Qu'ils dominent sur les poissons de la mer, sur les oiseaux du ciel, sur les bestiaux sur toute la terre et sur tous les reptiles et les insectes.

27 Dieu créa les hommes de sorte qu'ils soient son image, oui, il les créa de sorte qu'ils soient l'image de Dieu. Il les créa homme et femme[d].

28 Dieu les bénit en disant : Soyez féconds, multipliez-vous, remplissez la terre, rendez-vous en maîtres, et dominez les poissons des mers, les oiseaux du ciel et tous les reptiles et les insectes.

29 Et Dieu dit : Voici, je vous donne, pour vous en nourrir, toute plante portant sa semence partout sur la terre, et tous les arbres fruitiers portant leur semence.

30 Je donne aussi à tout animal de la terre, aux oiseaux du ciel, à tout animal qui se meut à ras de terre, et à tout être vivant, toute plante verte pour qu'ils s'en nourrissent.

Et ce fut ainsi.

31 Dieu considéra tout ce qu'il avait créé : c'était très bon. Il y eut un soir, il y eut un matin : ce fut le sixième jour.

2 1 Ainsi furent achevés le ciel et la terre avec toute l'armée de ce qu'ils contiennent.

2 Le septième jour, Dieu avait achevé tout ce qu'il avait créé. Alors il se reposa[e] en ce jour-là de toutes les œuvres qu'il avait accomplies.

3 Il bénit le septième jour, il en fit un jour saint, car, en ce jour-là, il se reposa de toute l'œuvre de création qu'il avait accomplie[f].

L'HISTOIRE DES DÉBUTS DE L'HUMANITÉ

L'alliance d'Eden

4 Voici l'histoire de ce qui est advenu au ciel et sur la terre lorsqu'ils furent créés.

Au temps où l'Eternel Dieu fit la terre et le ciel, 5 il n'existait encore sur la terre aucun arbuste, et aucune herbe des champs n'avait encore germé, car l'Eternel Dieu n'avait

[b] 1.26 L'hébreu a un singulier collectif qui a valeur de pluriel, puisque les verbes du v. 26 qui suivent sont au pluriel.
[c] 1.26 D'autres comprennent : *à notre image.* Voir 5.1-12 ; 9.6 ; 1 Co 11.7.
[d] 1.27 Cité en Mt 19.4 et Mc 10.6.
[e] 2.2 Verbe d'où dérive le mot hébreu qui désigne le sabbat.
[f] 2.3 Allusion en Ex 20.11.

had not sent rain on the earth and there was no
one to work the ground, 6but streams[c] came up
from the earth and watered the whole surface of
the ground. 7Then the LORD God formed a man[d]
from the dust of the ground and breathed into his
nostrils the breath of life, and the man became
a living being.
8Now the LORD God had planted a garden in the east,
in Eden; and there he put the man he had formed.
9The LORD God made all kinds of trees grow out of the
ground – trees that were pleasing to the eye and good
for food. In the middle of the garden were the tree of
life and the tree of the knowledge of good and evil.
10A river watering the garden flowed from Eden;
from there it was separated into four headwaters.
11The name of the first is the Pishon; it winds through
the entire land of Havilah, where there is gold. 12(The
gold of that land is good; aromatic resin[e] and onyx
are also there.) 13The name of the second river is
the Gihon; it winds through the entire land of Cush.[f]
14The name of the third river is the Tigris; it runs
along the east side of Ashur. And the fourth river is
the Euphrates.

15The LORD God took the man and put him in the
Garden of Eden to work it and take care of it. 16And
the LORD God commanded the man, "You are free to
eat from any tree in the garden; 17but you must not
eat from the tree of the knowledge of good and evil,
for when you eat from it you will certainly die."
18The LORD God said, "It is not good for the man to be
alone. I will make a helper suitable for him."
19Now the LORD God had formed out of the ground
all the wild animals and all the birds in the sky. He
brought them to the man to see what he would name
them; and whatever the man called each living creature, that was its name. 20So the man gave names
to all the livestock, the birds in the sky and all the
wild animals.
But for Adam[g] no suitable helper was found. 21So
the LORD God caused the man to fall into a deep sleep;
and while he was sleeping, he took one of the man's
ribs[h] and then closed up the place with flesh. 22Then
the LORD God made a woman from the rib[i] he had taken
out of the man, and he brought her to the man.
23The man said,

"This is now bone of my bones
and flesh of my flesh;
she shall be called 'woman,'
for she was taken out of man."

24That is why a man leaves his father and mother and
is united to his wife, and they become one flesh.

pas fait pleuvoir sur la terre, et il n'y avait pas d'homme
pour cultiver la terre. 6De l'eau se mit à sourdre et à irriguer toute la surface du sol.
7L'Eternel Dieu façonna l'homme avec de la poussière
du sol, il lui insuffla dans les narines le souffle de vie, et
l'homme devint un être vivant[g].
8L'Eternel Dieu planta un jardin vers l'Orient : l'Eden,
le Pays des délices. Il y plaça l'homme qu'il avait façonné.
9L'Eternel Dieu fit pousser du sol toutes sortes d'arbres
portant des fruits d'aspect agréable et délicieux, et il mit
l'arbre de la vie au milieu du jardin. Il y plaça aussi l'arbre
de la détermination du bien et du mal[h].
10Du pays d'Eden sortait un fleuve qui arrosait le jardin.
De là, il se divisait en quatre bras.
11Le nom du premier est Pishôn : il contourne tout le
pays de Havila où se trouve de l'or, 12un or d'excellente
qualité. On trouve aussi dans cette contrée de l'ambre
parfumée et la pierre précieuse appelée onyx.
13Le deuxième fleuve s'appelle Guihôn, il parcourt tout
le pays de Koush[i].
14Le troisième fleuve s'appelle le Tigre, c'est celui qui
coule à l'orient de l'Assyrie.
Et le quatrième fleuve c'est l'Euphrate.
15L'Eternel Dieu prit l'homme et l'établit dans le jardin
d'Eden pour le cultiver et le garder.
16Et l'Eternel Dieu ordonna à l'homme : Mange librement
des fruits de tous les arbres du jardin, 17sauf du fruit de
l'arbre de la détermination du bien et du mal. De celui-là,
n'en mange pas, car le jour où tu en mangeras, tu mourras.
18L'Eternel Dieu dit : Il n'est pas bon que l'homme soit
seul, je lui ferai une aide qui soit son vis-à-vis.
19L'Eternel Dieu, qui avait façonné du sol tous les animaux des champs et tous les oiseaux du ciel, les fit venir
vers l'homme pour voir comment il les nommerait, afin
que tout être vivant porte le nom que l'homme lui donnerait. 20L'homme donna donc un nom à tous les animaux
domestiques, à tous les oiseaux du ciel et aux animaux
sauvages. Mais il ne trouva pas d'aide qui soit son vis-à-vis.
21Alors l'Eternel Dieu plongea l'homme dans un profond
sommeil. Pendant que celui-ci dormait, il prit une de ses
côtes[j] et referma la chair à la place. 22L'Eternel Dieu forma
une femme de la côte qu'il avait prise de l'homme, et il
l'amena à l'homme.

23Alors l'homme s'écria :

Voici bien cette fois
celle qui est
os de mes os,
chair de ma chair.
On la nommera « Femme »
car elle a été prise
de l'homme.

24C'est pourquoi l'homme laissera son père et sa mère et
s'attachera à sa femme, et les deux ne feront plus qu'un[k].

---

c 2:6 Or *mist*
d 2:7 The Hebrew for *man (adam)* sounds like and may be related to the Hebrew for *ground (adamah)*; it is also the name *Adam* (see verse 20).
e 2:12 Or *good; pearls*
f 2:13 Possibly southeast Mesopotamia
g 2:20 Or *the man*
h 2:21 Or *took part of the man's side*
i 2:22 Or *part*

g 2.7 Allusion en 1 Co 15.45.
h 2.9 Autre traduction : *l'arbre de la connaissance du bien et du mal* (de même au v. 17).
i 2.13 *Koush* désigne habituellement le Soudan ou l'Ethiopie. Le fleuve serait donc le Nil. Certains situent cependant le pays de Koush, dont parle ce passage, en Mésopotamie, à l'est du Tigre, et l'identifient à la région du peuple des Kassites.
j 2.21 Autre traduction : *une partie du côté de l'homme.*
k 2.24 Cité en Mt 19.5 ; Mc 10.7-8 ; 1 Co 6.16 ; Ep 5.31.

[25]Adam and his wife were both naked, and they
felt no shame.

The Fall

3 [1]Now the serpent was more crafty than any of
the wild animals the LORD God had made. He said
to the woman, "Did God really say, 'You must not eat
from any tree in the garden'?"

[2]The woman said to the serpent, "We may eat fruit
from the trees in the garden, [3]but God did say, 'You
must not eat fruit from the tree that is in the middle
of the garden, and you must not touch it, or you will
die.'"
[4]"You will not certainly die," the serpent said to
the woman. [5]"For God knows that when you eat from
it your eyes will be opened, and you will be like God,
knowing good and evil."
[6]When the woman saw that the fruit of the tree was
good for food and pleasing to the eye, and also desirable for gaining wisdom, she took some and ate it. She
also gave some to her husband, who was with her, and
he ate it. [7]Then the eyes of both of them were opened,
and they realized they were naked; so they sewed fig
leaves together and made coverings for themselves.
[8]Then the man and his wife heard the sound of the
LORD God as he was walking in the garden in the cool
of the day, and they hid from the LORD God among the
trees of the garden. [9]But the LORD God called to the
man, "Where are you?"

[10]He answered, "I heard you in the garden, and I
was afraid because I was naked; so I hid."
[11]And he said, "Who told you that you were naked?
Have you eaten from the tree that I commanded you
not to eat from?"
[12]The man said, "The woman you put here with
me – she gave me some fruit from the tree, and I ate
it."
[13]Then the LORD God said to the woman, "What is
this you have done?"
The woman said, "The serpent deceived me, and
I ate."
[14]So the LORD God said to the serpent, "Because you
have done this,

"Cursed are you above all livestock
  and all wild animals!
You will crawl on your belly
  and you will eat dust
  all the days of your life.
[15] And I will put enmity
  between you and the woman,
  and between your offspring[j] and hers;
he will crush[k] your head,
  and you will strike his heel."

[16]To the woman he said,

"I will make your pains in childbearing very
    severe;

j 3:15 Or *seed*
k 3:15 Or *strike*

[25]L'homme et sa femme étaient tous deux nus sans en
éprouver aucune honte.

La rupture de l'alliance

3 [1]Le Serpent était le plus astucieux[l] de tous les animaux des champs que l'Eternel Dieu avait faits. Il
demanda à la femme : Vraiment, Dieu vous a dit : « Vous
n'avez pas le droit de manger du fruit de tous les arbres
du jardin ! » ?
[2]La femme répondit au Serpent : Nous mangeons des
fruits des arbres du jardin, [3]mais celui qui est au milieu
du jardin Dieu a dit de ne pas manger de son fruit et de ne
pas y toucher sinon nous mourrons.

[4]Alors le Serpent dit à la femme : Mais pas du tout ! Vous
ne mourrez pas ! [5]Seulement Dieu sait bien que le jour
où vous en mangerez, vos yeux s'ouvriront et vous serez
comme Dieu, décidant vous-mêmes ce qui est bien ou mal[m].
[6]Alors la femme vit que le fruit de l'arbre était bon à
manger, agréable aux yeux, et qu'il était précieux pour
ouvrir l'intelligence. Elle prit donc de son fruit et en mangea. Elle en donna aussi à son mari qui était avec elle, et il
en mangea[n]. [7]Alors les yeux de tous deux s'ouvrirent et ils
se rendirent compte qu'ils étaient nus. Ils se firent donc
des pagnes en cousant ensemble des feuilles de figuier.
[8]Au moment de la brise du soir, ils entendirent la voix
de l'Eternel Dieu parcourant le jardin. Alors l'homme et
sa femme se cachèrent de l'Eternel Dieu parmi les arbres
du jardin.
[9]Mais l'Eternel Dieu appela l'homme et lui demanda :
Où es-tu ?
[10]Celui-ci répondit : J'ai entendu ta voix dans le jardin et
j'ai eu peur, car je suis nu ; alors je me suis caché.
[11]Dieu dit : Qui t'a appris que tu es nu ? Aurais-tu mangé
du fruit de l'arbre dont je t'avais défendu de manger ?

[12]Adam répondit : La femme que tu as placée auprès de
moi, c'est elle qui m'en a donné, et j'en ai mangé.

[13]L'Eternel Dieu dit à la femme : Pourquoi as-tu fait cela ?
– C'est le Serpent qui m'a trompée, répondit la femme,
et j'en ai mangé.

[14]Alors l'Eternel Dieu dit au Serpent :
Puisque toi, tu as fait cela,
tu es maudit parmi tout le bétail
et tous les animaux sauvages :
tu te traîneras sur le ventre,
tu mangeras de la poussière
tout au long de ta vie.
[15] Je susciterai de l'hostilité entre toi et la femme,
entre ta descendance et sa descendance.
Celle-ci t'écrasera la tête,
et tu lui mordras[o] le talon.

[16]Dieu dit à la femme :
Je rendrai tes grossesses très pénibles

l **3.1** Jeu de mots en hébreu avec le terme traduit « nus » (2.25).
m **3.5** D'autres comprennent : *connaissant le bien et le mal.*
n **3.6** Allusion en 2 Co 11.3 ; 1 Tm 2.14.
o **3.15** L'hébreu contient ici un jeu sur deux sens du même mot, le verbe traduit une fois par *écraser* et une fois par *mordre.* Allusion en Rm 16.20.

with painful labor you will give birth to
children.
Your desire will be for your husband,
and he will rule over you."
17 To Adam he said, "Because you listened to your
wife and ate fruit from the tree about which I commanded you, 'You must not eat from it,'
"Cursed is the ground because of you;
through painful toil you will eat food from it
all the days of your life.
18 It will produce thorns and thistles for you,
and you will eat the plants of the field.
19 By the sweat of your brow
you will eat your food
until you return to the ground,
since from it you were taken;
for dust you are
and to dust you will return."
20 Adam[l] named his wife Eve,[m] because she would
become the mother of all the living.
21 The LORD God made garments of skin for Adam and
his wife and clothed them. 22 And the LORD God said,
"The man has now become like one of us, knowing
good and evil. He must not be allowed to reach out his
hand and take also from the tree of life and eat, and
live forever." 23 So the LORD God banished him from the
Garden of Eden to work the ground from which he had
been taken. 24 After he drove the man out, he placed
on the east side[n] of the Garden of Eden cherubim and
a flaming sword flashing back and forth to guard the
way to the tree of life.

Cain and Abel

4 1 Adam[o] made love to his wife Eve, and she became pregnant and gave birth to Cain.[p] She
said, "With the help of the LORD I have brought forth[q]
a man." 2 Later she gave birth to his brother Abel.
Now Abel kept flocks, and Cain worked the soil. 3 In
the course of time Cain brought some of the fruits
of the soil as an offering to the LORD. 4 And Abel also
brought an offering – fat portions from some of the
firstborn of his flock. The LORD looked with favor on
Abel and his offering, 5 but on Cain and his offering
he did not look with favor. So Cain was very angry,
and his face was downcast.
6 Then the LORD said to Cain, "Why are you angry?
Why is your face downcast? 7 If you do what is right,
will you not be accepted? But if you do not do what is
right, sin is crouching at your door; it desires to have
you, but you must rule over it."
8 Now Cain said to his brother Abel, "Let's go out to
the field."[r] While they were in the field, Cain attacked
his brother Abel and killed him.
9 Then the LORD said to Cain, "Where is your brother
Abel?"

l 3:20 Or *The man*
m 3:20 *Eve* probably means *living.*
n 3:24 Or *placed in front*
o 4:1 Or *The man*
p 4:1 *Cain* sounds like the Hebrew for *brought forth* or *acquired.*
q 4:1 Or *have acquired*
r 4:8 Samaritan Pentateuch, Septuagint, Vulgate and Syriac; Masoretic Text does not have *"Let's go out to the field."*

et c'est dans la souffrance que tu mettras au monde
tes enfants.
Tes attentes seront tournées vers ton mari,
mais lui, il te dominera.
17 Il dit à Adam : Puisque tu as écouté ta femme et que
tu as mangé du fruit de l'arbre dont je t'avais défendu de
manger,
le sol est maudit à cause de toi.
C'est avec peine que tu en tireras ta nourriture
tout au long de ta vie.
18 Il te produira des épines et des chardons ;
et tu mangeras des produits du sol.
19 Tu en tireras ton pain à la sueur de ton front
jusqu'à ce que tu retournes à la terre,
puisque tu as été tiré de celle-ci.
Car toi, tu es poussière
et tu retourneras à la poussière.
20 L'homme nomma sa femme Eve (Vie) ; elle est devenue
en effet la mère de toute vie humaine.
21 L'Eternel Dieu fit à Adam et à sa femme des vêtements
de peau pour les habiller.
22 Puis il dit : Voici que l'homme est devenu comme
l'un de nous pour décider du bien et du mal[p]. Maintenant
il ne faudrait pas qu'il tende la main pour cueillir aussi
du fruit de l'arbre de la vie, qu'il en mange et qu'il vive
éternellement.
23 Alors l'Eternel Dieu le chassa du jardin d'Eden pour
qu'il travaille le sol d'où il avait été tiré.
24 Après avoir chassé l'homme, il posta des chérubins à
l'est du jardin d'Eden, avec une épée flamboyante tour-
noyant en tous sens pour barrer l'accès de l'arbre de la vie.

L'intrusion de la violence

4 1 L'homme s'unit à Eve, sa femme ; elle devint enceinte et donna naissance à Caïn. Elle dit : J'ai formé
un homme avec l'aide de l'Eternel.
2 Elle mit encore au monde le frère de Caïn, Abel. Abel
devint berger et Caïn cultivateur.
3 Au bout d'un certain temps, Caïn présenta des produits
de la terre en offrande à l'Eternel. 4 Abel, lui aussi, fit une
offrande : il présenta les premiers-nés de son troupeau
et en offrit les meilleurs morceaux. L'Eternel prêta attention à Abel et à son offrande[q] ; 5 mais pas à Caïn et son
offrande. Cela mit Caïn dans une grande colère, et son
visage s'assombrit.
6 L'Eternel dit à Caïn : Pourquoi es-tu en colère et
pourquoi ton visage est-il sombre ? 7 Si tu agis bien, tu le
relèveras. Mais si tu n'agis pas bien, le péché est tapi à ta
porte : son désir se porte vers toi, mais toi, domine-le !
8 Mais Caïn dit à son frère Abel : Allons aux champs[r].
Et lorsqu'ils furent dans les champs, Caïn se jeta sur son
frère Abel et le tua.
9 Alors l'Eternel demanda à Caïn : Où est ton frère Abel ?

p 3.22 D'autres comprennent : *pour la connaissance du bien et du mal.*
q 4.4 Allusion en Hé 11.4.
r 4.8 D'après le Pentateuque samaritain et les versions syriaques ; manque dans le texte hébreu traditionnel.

"I don't know," he replied. "Am I my brother's
keeper?"
10 The LORD said, "What have you done? Listen! Your
brother's blood cries out to me from the ground.
11 Now you are under a curse and driven from the
ground, which opened its mouth to receive your
brother's blood from your hand. 12 When you work
the ground, it will no longer yield its crops for you.
You will be a restless wanderer on the earth."
13 Cain said to the LORD, "My punishment is more
than I can bear. 14 Today you are driving me from the
land, and I will be hidden from your presence; I will be
a restless wanderer on the earth, and whoever finds
me will kill me."
15 But the LORD said to him, "Not so[s]; anyone who
kills Cain will suffer vengeance seven times over."
Then the LORD put a mark on Cain so that no one who
found him would kill him. 16 So Cain went out from
the LORD's presence and lived in the land of Nod,[t] east
of Eden.

17 Cain made love to his wife, and she became pregnant and gave birth to Enoch. Cain was then building
a city, and he named it after his son Enoch. 18 To Enoch
was born Irad, and Irad was the father of Mehujael,
and Mehujael was the father of Methushael, and
Methushael was the father of Lamech.
19 Lamech married two women, one named Adah
and the other Zillah. 20 Adah gave birth to Jabal; he
was the father of those who live in tents and raise
livestock. 21 His brother's name was Jubal; he was the
father of all who play stringed instruments and pipes.
22 Zillah also had a son, Tubal-Cain, who forged all
kinds of tools out of[u] bronze and iron. Tubal-Cain's
sister was Naamah.
23 Lamech said to his wives,

"Adah and Zillah, listen to me;
  wives of Lamech, hear my words.
I have killed a man for wounding me,
  a young man for injuring me.
24 If Cain is avenged seven times,
  then Lamech seventy-seven times."

25 Adam made love to his wife again, and she gave
birth to a son and named him Seth,[v] saying, "God has
granted me another child in place of Abel, since Cain
killed him." 26 Seth also had a son, and he named him
Enosh.
At that time people began to call on[w] the name of
the LORD.

From Adam to Noah

5 1 This is the written account of Adam's family
line.
When God created mankind, he made them in the
likeness of God. 2 He created them male and female

– Je n'en sais rien, répondit-il. Suis-je le gardien de mon
frère ?
10 Dieu lui dit : Qu'as-tu fait ? J'entends le sang de
ton frère crier vengeance depuis la terre jusqu'à moi.
11 Maintenant, tu es maudit et chassé loin du sol qui a bu
le sang de ton frère versé par ta main. 12 Lorsque tu culti-
veras le sol, il te refusera désormais ses produits, tu seras
errant et fugitif sur la terre.

13 Caïn dit à l'Eternel : Ma faute est trop lourde à porter.
14 Voici que tu me chasses aujourd'hui loin du sol fertile,
et je devrai me cacher loin de toi, je serai errant et fugitif
sur la terre et si quelqu'un me trouve, il me tuera.

15 L'Eternel lui dit : Eh bien ! Si on tue Caïn, il sera vengé
sept fois.
Et l'Eternel marqua Caïn d'un signe pour qu'il ne soit
pas tué par qui le rencontrerait.
16 Caïn partit loin de l'Eternel : il alla séjourner au pays
de Nod, le Pays de l'Errance, à l'orient d'Eden, le Pays des
délices.

La lignée de Caïn

17 Caïn s'unit à sa femme, elle devint enceinte et mit au
monde Hénok. Caïn bâtissait une ville qu'il appela Hénok,
du nom de son fils.
18 Hénok fut l'ancêtre d'Irad, qui eut pour descendants :
Mehouyaël, Metoushaël et Lémek.
19 Lémek prit deux femmes pour épouses : l'une s'appelait Ada et l'autre Tsilla. 20 Ada mit au monde Yabal, le
père des nomades habitant sous des tentes et au milieu
de leurs troupeaux. 21 Il avait pour frère Youbal, le père
de tous ceux qui jouent de la lyre et de la flûte. 22 Tsilla, de
son côté, mit au monde Toubal-Caïn, qui forgeait tous les
instruments de bronze et de fer. La sœur de Toubal-Caïn
s'appelait Naama.
23 Lémek dit à ses femmes :

Ada et Tsilla, écoutez-moi bien,
femmes de Lémek, et prêtez l'oreille à ce que je dis :
J'ai tué un homme pour une blessure
et un jeune enfant pour prix de ma plaie.
24 Caïn sera vengé sept fois
et Lémek soixante-dix-sept fois.

25 Adam s'unit encore à sa femme et elle mit au monde
un fils qu'elle nomma Seth car, dit-elle, Dieu m'a suscité
une autre descendance pour remplacer Abel que Caïn a
tué. 26 Seth aussi eut un fils qu'il appela Enosh. C'est à cette
époque-là qu'on a commencé à prier l'Eternel.

L'HISTOIRE DE LA FAMILLE D'ADAM

D'Adam aux fils de Noé

5 1 Voici l'histoire de la famille d'Adam. Quand Dieu
créa les êtres humains, il les fit de telle sorte qu'ils
lui ressemblent. 2 Il les créa homme et femme, il les bénit
et leur donna le nom d'hommes le jour où ils furent créés.

s 4:15 Septuagint, Vulgate and Syriac; Hebrew *Very well*
t 4:16 *Nod* means *wandering* (see verses 12 and 14).
u 4:22 Or *who instructed all who work in*
v 4:25 *Seth* probably means *granted.*
w 4:26 Or *to proclaim*

and blessed them. And he named them "Mankind"[x]
when they were created.
3 When Adam had lived 130 years, he had a son in
his own likeness, in his own image; and he named
him Seth. 4 After Seth was born, Adam lived 800 years
and had other sons and daughters. 5 Altogether, Adam
lived a total of 930 years, and then he died.
6 When Seth had lived 105 years, he became the father[y] of Enosh. 7 After he became the father of Enosh,
Seth lived 807 years and had other sons and daughters. 8 Altogether, Seth lived a total of 912 years, and
then he died.
9 When Enosh had lived 90 years, he became the father of Kenan. 10 After he became the father of Kenan,
Enosh lived 815 years and had other sons and daughters. 11 Altogether, Enosh lived a total of 905 years,
and then he died.
12 When Kenan had lived 70 years, he became the
father of Mahalalel. 13 After he became the father of
Mahalalel, Kenan lived 840 years and had other sons
and daughters. 14 Altogether, Kenan lived a total of
910 years, and then he died.
15 When Mahalalel had lived 65 years, he became
the father of Jared. 16 After he became the father of
Jared, Mahalalel lived 830 years and had other sons
and daughters. 17 Altogether, Mahalalel lived a total
of 895 years, and then he died.
18 When Jared had lived 162 years, he became the father of Enoch. 19 After he became the father of Enoch,
Jared lived 800 years and had other sons and daughters. 20 Altogether, Jared lived a total of 962 years, and
then he died.
21 When Enoch had lived 65 years, he became the
father of Methuselah. 22 After he became the father
of Methuselah, Enoch walked faithfully with God 300
years and had other sons and daughters. 23 Altogether,
Enoch lived a total of 365 years. 24 Enoch walked faithfully with God; then he was no more, because God
took him away.
25 When Methuselah had lived 187 years, he became
the father of Lamech. 26 After he became the father
of Lamech, Methuselah lived 782 years and had other
sons and daughters. 27 Altogether, Methuselah lived a
total of 969 years, and then he died.
28 When Lamech had lived 182 years, he had a son.
29 He named him Noah[z] and said, "He will comfort us
in the labor and painful toil of our hands caused by
the ground the LORD has cursed." 30 After Noah was
born, Lamech lived 595 years and had other sons and
daughters. 31 Altogether, Lamech lived a total of 777
years, and then he died.
32 After Noah was 500 years old, he became the father of Shem, Ham and Japheth.

Wickedness in the World

6 1 When human beings began to increase in number on the earth and daughters were born to
them, 2 the sons of God saw that the daughters of hu-

3 Adam était âgé de 130 ans quand il eut un fils qui lui
ressemble, qui soit son image. Il lui donna le nom de Seth.
4 Après cela, Adam vécut encore 800 ans et il eut d'autres
enfants. 5 La durée totale de sa vie fut de 930 ans, puis il
mourut.
6 Quand Seth fut âgé de 105 ans, il eut pour fils[s] Enosh.
7 Après cela, il vécut encore 807 ans et il eut d'autres enfants. 8 Il mourut à l'âge de 912 ans.
9 Quand Enosh fut âgé de 90 ans, il eut pour fils Qénân.
10 Après cela, il vécut encore 815 ans et il eut d'autres enfants. 11 Il mourut à l'âge de 905 ans.
12 Quand Qénân fut âgé de 70 ans, il eut pour fils
Mahalaléel. 13 Après cela, il vécut encore 840 ans et il eut
d'autres enfants. 14 Il mourut à l'âge de 910 ans.
15 Quand Mahalaléel fut âgé de 65 ans, il eut pour
fils Yéred. 16 Après cela, Mahalaléel vécut encore 830
ans et il eut d'autres enfants. 17 Il mourut à l'âge de
895 ans.
18 Quand Yéred fut âgé de 162 ans, il eut pour fils Hénok.
19 Après cela, il vécut encore 800 ans, et il eut d'autres enfants. 20 Il mourut à l'âge de 962 ans.
21 Quand Hénok fut âgé de 65 ans, il eut pour fils
Mathusalem. 22 Après cela, Hénok mena sa vie sous le regard de Dieu durant 300 ans et il eut d'autres enfants. 23 La
durée totale de sa vie fut de 365 ans.
24 Hénok vécut en communion avec Dieu puis il disparut,
car Dieu le prit.
25 Quand Mathusalem fut âgé de 187 ans, il eut pour fils
Lémek. 26 Après cela, il vécut encore 782 ans et il eut d'autres enfants. 27 Il mourut à l'âge de 969 ans.
28 Quand Lémek fut âgé de 182 ans, il eut un fils. 29 Il l'appela Noé (Consolation[t]) en disant : Celui-ci nous consolera
de notre travail et de la tâche pénible que nous impose
ce sol que l'Eternel a maudit. 30 Après cela, Lémek vécut
encore 595 ans, et il eut d'autres enfants. 31 Il mourut à
l'âge de 777 ans.
32 Quand Noé fut âgé de 500 ans, il eut pour fils Sem,
Cham et Japhet.

La corruption de l'humanité

6 1 Quand les hommes commencèrent à se multiplier sur la terre et qu'ils eurent des filles, 2 les fils de

x 5:2 Hebrew *adam*
y 5:6 *Father* may mean *ancestor*; also in verses 7-26.
z 5:29 *Noah* sounds like the Hebrew for *comfort*.

s 5.6 Autre traduction, de même que dans les versets suivants : *descendant*.
t 5.29 En hébreu, le nom *Noé* évoque le verbe traduit par *consolera*.

mans were beautiful, and they married any of them they chose. 3Then the LORD said, "My Spirit will not contend with[a] humans forever, for they are mortal[b]; their days will be a hundred and twenty years."

4The Nephilim were on the earth in those days – and also afterward – when the sons of God went to the daughters of humans and had children by them. They were the heroes of old, men of renown.

5The LORD saw how great the wickedness of the human race had become on the earth, and that every inclination of the thoughts of the human heart was only evil all the time. 6The LORD regretted that he had made human beings on the earth, and his heart was deeply troubled. 7So the LORD said, "I will wipe from the face of the earth the human race I have created – and with them the animals, the birds and the creatures that move along the ground – for I regret that I have made them." 8But Noah found favor in the eyes of the LORD.

Noah and the Flood

9This is the account of Noah and his family.

Noah was a righteous man, blameless among the people of his time, and he walked faithfully with God. 10Noah had three sons: Shem, Ham and Japheth.

11Now the earth was corrupt in God's sight and was full of violence. 12God saw how corrupt the earth had become, for all the people on earth had corrupted their ways. 13So God said to Noah, "I am going to put an end to all people, for the earth is filled with violence because of them. I am surely going to destroy both them and the earth. 14So make yourself an ark of cypress[c] wood; make rooms in it and coat it with pitch inside and out. 15This is how you are to build it: The ark is to be three hundred cubits long, fifty cubits wide and thirty cubits high.[d] 16Make a roof for it, leaving below the roof an opening one cubit[e] high all around.[f] Put a door in the side of the ark and make lower, middle and upper decks. 17I am going to bring floodwaters on the earth to destroy all life under the heavens, every creature that has the breath of life in it. Everything on earth will perish. 18But I will establish my covenant with you, and you will enter the ark – you and your sons and your wife and your sons' wives with you. 19You are to bring into the ark two of all living creatures, male and female, to keep them alive with you. 20Two of every kind of bird, of

[a] **6:3** Or *My spirit will not remain in*
[b] **6:3** Or *corrupt*
[c] **6:14** The meaning of the Hebrew for this word is uncertain.
[d] **6:15** That is, about 450 feet long, 75 feet wide and 45 feet high or about 135 meters long, 23 meters wide and 14 meters high
[e] **6:16** That is, about 18 inches or about 45 centimeters
[f] **6:16** The meaning of the Hebrew for this clause is uncertain.

Dieu[u] virent que les filles des hommes étaient belles, et ils prirent pour femmes celles qu'ils choisirent parmi elles. 3Alors l'Eternel dit : Mon Esprit ne va pas lutter indéfiniment avec les hommes[v], à cause de leurs fautes. Ce ne sont que des créatures terrestres. Je ne leur donne plus que cent vingt ans à vivre.

4A cette époque-là, il y avait des géants sur la terre, et aussi après que les fils de Dieu se furent unis aux filles des hommes et qu'elles leur eurent donné des enfants. Ce sont ces héros si fameux d'autrefois.

5L'Eternel vit que les hommes faisaient de plus en plus de mal sur la terre : à longueur de journée, leur cœur ne concevait que le mal. 6Alors l'Eternel eut des regrets au sujet de l'homme qu'il avait fait sur la terre[w], il en eut le cœur affligé. 7Il dit alors : Je supprimerai de la surface de la terre les hommes que j'ai créés. Non seulement les hommes, mais jusqu'aux animaux, jusqu'aux bêtes qui se meuvent à ras de terre et jusqu'aux oiseaux du ciel, car je regrette de les avoir faits. 8Mais Noé obtint la faveur de l'Eternel.

L'histoire de la famille de Noé

Noé et ses fils

9Voici l'histoire de la famille de Noé[x]. Noé était un homme juste et irréprochable au milieu de ses contemporains. Il menait sa vie sous le regard de Dieu. 10Il eut trois fils : Sem, Cham et Japhet.

Dieu veut sauver Noé

11Aux yeux de Dieu, les hommes s'étaient corrompus et avaient rempli la terre d'actes de violence. 12Dieu observait ce qui se passait sur la terre, il vit que le monde était corrompu, car toute l'humanité suivait la voie du mal.

13Alors Dieu dit à Noé : C'est décidé ! Je vais mettre fin à l'existence de toutes les créatures car, à cause des hommes, la terre est remplie d'actes de violence. Je vais détruire la terre. 14Mais toi, construis un bateau en bois résineux. Tu en diviseras l'intérieur en compartiments, et tu l'enduiras intérieurement et extérieurement de goudron. 15Voici comment tu le feras : tu lui donneras cent cinquante mètres de longueur, vingt-cinq mètres de largeur et quinze mètres de hauteur[y]. 16A cinquante centimètres[z] du haut, tu ménageras un jour. Tu mettras la porte du bateau sur le côté. A l'intérieur, tu disposeras un étage inférieur, un premier et un second étage. 17Moi, je vais faire venir le déluge des eaux sur la terre pour détruire, sous le ciel, tout être animé de vie. Tout ce qui est sur la terre périra. 18Mais j'établirai mon alliance avec toi et tu entreras dans le bateau, toi, tes fils, ta femme et tes belles-filles avec toi.

19Tu feras aussi entrer dans le bateau un couple de tous les êtres vivants, c'est-à-dire un mâle et une femelle de tous les animaux, pour qu'ils restent en vie avec toi. 20De

[u] **6.2** Soit des descendants de Seth opposés à ceux de Caïn, soit des anges déchus, des démons, qui auraient agi par le moyen d'êtres humains (voir Jd 6-7).
[v] **6.3** Autre traduction : *animer indéfiniment les hommes.*
[w] **6.6** Autre trad. : *renonça à l'homme qu'il avait fait sur la terre.* D'autres comprennent : *regretta d'avoir fait l'homme sur la terre.*
[x] **6.9** Sur Noé et le déluge, voir Mt 24.37-39 ; Lc 17.26-27 ; 1 P 3.20 ; 2 P 2.5 ; 3.6 ; Hé 11.7.
[y] **6.15** L'hébreu a : *300 coudées de long, 50 coudées de large et 30 coudées de haut.*
[z] **6.16** C'est-à-dire *une coudée.*

every kind of animal and of every kind of creature that moves along the ground will come to you to be kept alive. 21 You are to take every kind of food that is to be eaten and store it away as food for you and for them."

22 Noah did everything just as God commanded him.

7 1 The LORD then said to Noah, "Go into the ark, you and your whole family, because I have found you righteous in this generation. 2 Take with you seven pairs of every kind of clean animal, a male and its mate, and one pair of every kind of unclean animal, a male and its mate, 3 and also seven pairs of every kind of bird, male and female, to keep their various kinds alive throughout the earth. 4 Seven days from now I will send rain on the earth for forty days and forty nights, and I will wipe from the face of the earth every living creature I have made."

5 And Noah did all that the LORD commanded him.

6 Noah was six hundred years old when the floodwaters came on the earth. 7 And Noah and his sons and his wife and his sons' wives entered the ark to escape the waters of the flood. 8 Pairs of clean and unclean animals, of birds and of all creatures that move along the ground, 9 male and female, came to Noah and entered the ark, as God had commanded Noah. 10 And after the seven days the floodwaters came on the earth.

11 In the six hundredth year of Noah's life, on the seventeenth day of the second month – on that day all the springs of the great deep burst forth, and the floodgates of the heavens were opened. 12 And rain fell on the earth forty days and forty nights.

13 On that very day Noah and his sons, Shem, Ham and Japheth, together with his wife and the wives of his three sons, entered the ark. 14 They had with them every wild animal according to its kind, all livestock according to their kinds, every creature that moves along the ground according to its kind and every bird according to its kind, everything with wings. 15 Pairs of all creatures that have the breath of life in them came to Noah and entered the ark. 16 The animals going in were male and female of every living thing, as God had commanded Noah. Then the LORD shut him in.

17 For forty days the flood kept coming on the earth, and as the waters increased they lifted the ark high above the earth. 18 The waters rose and increased greatly on the earth, and the ark floated on the surface of the water. 19 They rose greatly on the earth, and all the high mountains under the entire heavens were covered. 20 The waters rose and covered the mountains to a depth of more than fifteen cubits.[g,h] 21 Every living thing that moved on land perished – birds, livestock, wild animals, all the creatures that swarm over the earth, and all mankind. 22 Everything on dry land that had the breath of life in its nostrils died. 23 Every living thing on the face of the earth was wiped out; people

g 7:20 That is, about 23 feet or about 6.8 meters

h 7:20 Or *rose more than fifteen cubits, and the mountains were covered*

chaque espèce d'oiseaux, de quadrupèdes et d'animaux qui se meuvent à ras de terre, un couple viendra vers toi pour pouvoir rester en vie. 21 Procure-toi aussi toutes sortes d'aliments et fais-en provision pour vous en nourrir, toi et eux.

22 Noé obéit, il fit tout comme Dieu le lui avait ordonné.

L'embarquement

7 1 Puis l'Eternel dit à Noé : Entre dans le bateau, toi et toute ta famille car je ne vois que toi qui sois juste parmi tes contemporains. 2 Prends sept couples des animaux purs[a], sept mâles et sept femelles, et un couple de tous les animaux qui ne sont pas purs, le mâle et sa femelle. 3 Prends aussi sept couples de chaque espèce d'oiseaux pour en perpétuer la race sur toute la terre. 4 Car dans sept jours, je vais faire pleuvoir sur la terre durant quarante jours et quarante nuits et j'effacerai de la surface de la terre tous les êtres que j'ai créés.

5 Noé fit tout ce que l'Eternel lui avait ordonné.

6 Noé était âgé de six cents ans quand le déluge vint sur la terre. 7 Il entra dans le bateau avec ses fils, sa femme et ses belles-filles pour échapper aux eaux du déluge[b]. 8 Un couple d'animaux – un mâle et une femelle de ceux qui sont purs et de ceux qui ne le sont pas – ainsi que des oiseaux et de tout ce qui se meut à ras de terre 9 deux par deux, vinrent trouver Noé pour entrer dans le bateau, comme Dieu l'avait prescrit à Noé. 10 Au bout de sept jours, les eaux du déluge s'abattirent sur la terre.

Le déluge

11 L'an 600 de la vie de Noé, le dix-septième jour du deuxième mois de l'année, quand toutes les sources d'eaux souterraines jaillirent et les écluses du ciel s'ouvrirent, 12 et la pluie tomba sur la terre durant quarante jours et quarante nuits. 13 Ce même jour, Noé entra dans le bateau ainsi que ses fils, Sem, Cham et Japhet, sa femme et ses trois belles-filles. 14 Avec eux était entrée chaque espèce d'animaux sauvages, de bestiaux, de bêtes qui se meuvent à ras de terre, d'oiseaux, de petits oiseaux et tous les volatiles. 15 Un couple de tout être vivant était venu trouver Noé pour entrer dans le bateau. 16 Ils étaient arrivés deux par deux, mâle et femelle, comme Dieu l'avait ordonné. Puis l'Eternel referma la porte derrière Noé, 17 et le déluge s'abattit durant quarante jours sur la terre, les eaux montèrent et soulevèrent le bateau, qui se mit à flotter au-dessus de la terre.

18 Les eaux montèrent, grossirent considérablement sur la terre et le bateau vogua sur les flots. 19 Le niveau de l'eau montait de plus en plus, de sorte que toutes les hautes montagnes sous tous les cieux furent submergées. 20 Les eaux s'élevèrent de sept à huit mètres[c] au-dessus des montagnes qui disparurent sous les flots, 21 et toute créature qui bougeait sur la terre périt : les oiseaux, le bétail et les animaux sauvages, toutes les bestioles qui pullulaient sur la terre, et tous les hommes. 22 Tout ce qui respirait sur la terre ferme mourut. 23 Ainsi l'Eternel effaça de la surface du sol tous les êtres vivants, depuis l'homme

a 7.2 C'est-à-dire les animaux que la Loi de Moïse déclarera aptes à être mangés ou offerts en sacrifice (voir Lv 11). Certains seront offerts en sacrifice à la fin du déluge (8.20).

b 7.7 Cité en Mt 24.38 ; Lc 17.27.

c 7.20 L'hébreu a : *quinze coudées.*

and animals and the creatures that move along the ground and the birds were wiped from the earth. Only Noah was left, and those with him in the ark.

24 The waters flooded the earth for a hundred and fifty days.

8 1 But God remembered Noah and all the wild animals and the livestock that were with him in the ark, and he sent a wind over the earth, and the waters receded. 2 Now the springs of the deep and the floodgates of the heavens had been closed, and the rain had stopped falling from the sky. 3 The water receded steadily from the earth. At the end of the hundred and fifty days the water had gone down, 4 and on the seventeenth day of the seventh month the ark came to rest on the mountains of Ararat. 5 The waters continued to recede until the tenth month, and on the first day of the tenth month the tops of the mountains became visible.

6 After forty days Noah opened a window he had made in the ark 7 and sent out a raven, and it kept flying back and forth until the water had dried up from the earth. 8 Then he sent out a dove to see if the water had receded from the surface of the ground. 9 But the dove could find nowhere to perch because there was water over all the surface of the earth; so it returned to Noah in the ark. He reached out his hand and took the dove and brought it back to himself in the ark. 10 He waited seven more days and again sent out the dove from the ark. 11 When the dove returned to him in the evening, there in its beak was a freshly plucked olive leaf! Then Noah knew that the water had receded from the earth. 12 He waited seven more days and sent the dove out again, but this time it did not return to him.

13 By the first day of the first month of Noah's six hundred and first year, the water had dried up from the earth. Noah then removed the covering from the ark and saw that the surface of the ground was dry. 14 By the twenty-seventh day of the second month the earth was completely dry.

15 Then God said to Noah, 16 "Come out of the ark, you and your wife and your sons and their wives. 17 Bring out every kind of living creature that is with you – the birds, the animals, and all the creatures that move along the ground – so they can multiply on the earth and be fruitful and increase in number on it."

18 So Noah came out, together with his sons and his wife and his sons' wives. 19 All the animals and all the creatures that move along the ground and all the birds – everything that moves on land – came out of the ark, one kind after another.

20 Then Noah built an altar to the LORD and, taking some of all the clean animals and clean birds, he sacrificed burnt offerings on it. 21 The LORD smelled the pleasing aroma and said in his heart: "Never again will I curse the ground because of humans, even though[i] every inclination of the human heart is evil from

[i] 8:21 Or *humans, for*

jusqu'au bétail, jusqu'aux animaux qui se meuvent à ras de terre et jusqu'aux oiseaux du ciel. Ils furent effacés de la terre et il ne resta que Noé et ceux qui étaient avec lui dans le bateau. 24 La crue des eaux au-dessus de la terre dura cent cinquante jours.

Le retour à l'ordre

8 1 Mais Dieu n'avait pas oublié Noé et toutes les bêtes sauvages et les bestiaux qui étaient avec lui dans le bateau. Il fit souffler un vent sur la terre ; alors les eaux se mirent à baisser. 2 Les sources des eaux souterraines et les écluses du ciel se refermèrent. La pluie cessa de tomber. 3 Peu à peu, les eaux se retirèrent de dessus la terre. Au bout des cent cinquante jours, elles commencèrent à baisser.

4 Le dix-septième jour du septième mois, le bateau s'échoua dans le massif montagneux d'Ararat. 5 Les eaux continuèrent à baisser jusqu'au dixième mois ; le premier jour de ce mois, les sommets des montagnes apparurent. 6 Quarante jours après, Noé ouvrit la fenêtre qu'il avait ménagée dans le bateau 7 et lâcha un corbeau ; celui-ci s'envola, il revint et repartit à plusieurs reprises jusqu'à ce que les eaux se soient résorbées sur la terre. 8 Puis Noé lâcha une colombe pour voir si les eaux avaient baissé sur la terre ; 9 mais n'ayant pas trouvé où se poser, celle-ci revint vers lui dans le bateau, car toute la terre était encore inondée. Noé tendit la main, prit la colombe et la ramena auprès de lui dans le bateau. 10 Il attendit encore sept autres jours et lâcha de nouveau la colombe hors du bateau ; 11 elle revint vers lui sur le soir, tenant dans son bec une feuille d'olivier toute fraîche ; Noé sut ainsi que les eaux s'étaient résorbées sur la terre. 12 Il attendit encore sept autres jours et relâcha la colombe ; cette fois, elle ne revint plus vers lui.

13 L'an 601 de la vie de Noé, le premier jour du premier mois, les eaux s'étaient retirées sur la terre, Noé enleva la couverture du bateau ; il regarda dehors et constata que la surface du sol avait séché. 14 Le vingt-septième jour du deuxième mois, la terre était sèche. 15 Alors Dieu dit à Noé : 16 Sors du bateau avec ta femme, tes fils et tes belles-filles. 17 Fais sortir aussi tous les animaux de toutes sortes qui sont avec toi : les oiseaux, les bestiaux et toutes les bêtes qui se meuvent à ras de terre : qu'ils prolifèrent sur la terre, et qu'ils s'y reproduisent et s'y multiplient.

18 Noé sortit avec ses fils, sa femme et ses belles-filles. 19 Tous les animaux, les bêtes qui se meuvent à ras de terre et les oiseaux, tous les êtres qui remuent sur la terre sortirent du bateau par familles.

20 Noé érigea un autel pour l'Eternel, il prit de tous les animaux purs et de tous les oiseaux purs, et les offrit en holocauste[d] sur l'autel. 21 L'Eternel sentit le parfum apaisant du sacrifice[e] et se dit en lui-même : Jamais plus je ne maudirai la terre à cause de l'homme, puisque le cœur de

[d] 8.20 Dans l'holocauste, l'animal est brûlé presque entièrement sur l'autel (voir Lv 1). C'est le premier sacrifice de ce genre mentionné dans la Bible.

[e] 8.21 Expression indiquant que le sacrifice est accepté par Dieu.

childhood. And never again will I destroy all living
creatures, as I have done.

22 "As long as the earth endures,
seedtime and harvest,
cold and heat,
summer and winter,
day and night
will never cease."

God's Covenant With Noah

9 1Then God blessed Noah and his sons, saying to
them, "Be fruitful and increase in number and
fill the earth. 2The fear and dread of you will fall on
all the beasts of the earth, and on all the birds in the
sky, on every creature that moves along the ground,
and on all the fish in the sea; they are given into your
hands. 3Everything that lives and moves about will
be food for you. Just as I gave you the green plants, I
now give you everything.

4"But you must not eat meat that has its lifeblood
still in it. 5And for your lifeblood I will surely demand
an accounting. I will demand an accounting from every animal. And from each human being, too, I will
demand an accounting for the life of another human
being.

6 "Whoever sheds human blood,
by humans shall their blood be shed;
for in the image of God
has God made mankind.

7As for you, be fruitful and increase in number; multiply on the earth and increase upon it."

8Then God said to Noah and to his sons with him:
9"I now establish my covenant with you and with
your descendants after you 10and with every living
creature that was with you – the birds, the livestock
and all the wild animals, all those that came out of
the ark with you – every living creature on earth. 11I
establish my covenant with you: Never again will all
life be destroyed by the waters of a flood; never again
will there be a flood to destroy the earth."

12And God said, "This is the sign of the covenant
I am making between me and you and every living
creature with you, a covenant for all generations to
come: 13I have set my rainbow in the clouds, and it
will be the sign of the covenant between me and the
earth. 14Whenever I bring clouds over the earth and
the rainbow appears in the clouds, 15I will remember my covenant between me and you and all living
creatures of every kind. Never again will the waters
become a flood to destroy all life. 16Whenever the
rainbow appears in the clouds, I will see it and remember the everlasting covenant between God and
all living creatures of every kind on the earth."

17So God said to Noah, "This is the sign of the covenant I have established between me and all life on
the earth."

The Sons of Noah

18The sons of Noah who came out of the ark were
Shem, Ham and Japheth. (Ham was the father of
Canaan.) 19These were the three sons of Noah, and

l'homme est porté au mal dès son enfance, et je ne détruirai plus tous les êtres vivants comme je viens de le faire.

22 Aussi longtemps que durera la terre,
semailles et moissons,
froid et chaleur,
été, hiver,
et jour et nuit
jamais ne cesseront.

L'alliance avec Noé

9 1Dieu bénit Noé et ses fils et leur dit : Soyez féconds,
multipliez-vous et remplissez la terre. 2Vous inspirerez désormais la crainte et la terreur à toutes les bêtes de
la terre et à tous les oiseaux du ciel ; tous les animaux qui
se meuvent sur la terre et tous les poissons de la mer sont
livrés en votre pouvoir. 3Tout ce qui remue et qui vit vous
servira de nourriture comme les légumes et les plantes :
je vous donne tout cela. 4Toutefois, vous ne mangerez pas
de viande contenant encore sa vie, c'est-à-dire son sang[f].
5Quant à votre sang à vous j'en demanderai compte pour
votre vie. Quiconque le répandra, que ce soit un animal ou
un être humain, je lui en demanderai compte. Je demanderai compte à chaque homme de la vie de son semblable.

6 Qui verse le sang d'un humain,
par un humain, aura son sang versé.
Car l'être humain a été fait
en sorte d'être l'image de Dieu.

7Vous donc, soyez féconds, multipliez-vous et proliférez
sur la terre, multipliez-vous.

8Dieu dit encore à Noé et à ses fils : 9Pour ma part, je
vais établir mon alliance avec vous et avec vos descendants
après vous, 10ainsi qu'avec tous les êtres vivants qui sont
avec vous : oiseaux, bétail et bêtes sauvages, tous ceux
qui sont sortis du bateau avec vous, tous les animaux de
la terre. 11Je m'engage envers vous par alliance à ce que
toutes les créatures ne soient plus jamais détruites par
les eaux d'un déluge et qu'il n'y ait plus de déluge pour
ravager la terre.

12Et Dieu ajouta : Voici le signe de l'alliance que je conclus pour tous les âges à venir entre moi et vous et tout
être vivant qui est avec vous : 13je place mon arc dans les
nuées ; il servira de signe d'alliance entre moi et la terre.
14Quand j'amoncellerai des nuages au-dessus de la terre,
l'arc apparaîtra dans la nuée ; 15alors je me souviendrai
de mon alliance avec vous et avec tout être vivant, quel
qu'il soit, et les eaux ne formeront plus de déluge pour
détruire toutes les créatures. 16L'arc sera dans la nuée, et je
le regarderai pour me rappeler l'alliance éternelle conclue
entre moi et tous les êtres vivants qui sont sur la terre.

17Dieu répéta à Noé : Tel est le signe de l'alliance que
j'ai établie entre moi et toute créature qui vit sur la terre.

Nouveau départ, nouveau péché

18Les fils de Noé qui sortirent du bateau étaient Sem,
Cham et Japhet ; Cham était le père de Canaan. 19C'est

f **9.4** Interdiction destinée à réserver l'usage du sang aux sacrifices (voir Lv 7.26-27 ; 17.10-14 ; Dt 12.16, 23 ; 15.23).

from them came the people who were scattered over
the whole earth.
[20]Noah, a man of the soil, proceeded[j] to plant a
vineyard. [21]When he drank some of its wine, he became drunk and lay uncovered inside his tent. [22]Ham,
the father of Canaan, saw his father naked and told his
two brothers outside. [23]But Shem and Japheth took a
garment and laid it across their shoulders; then they
walked in backward and covered their father's naked
body. Their faces were turned the other way so that
they would not see their father naked.
[24]When Noah awoke from his wine and found out
what his youngest son had done to him, [25]he said,

"Cursed be Canaan!
The lowest of slaves
will he be to his brothers."

[26]He also said,

"Praise be to the LORD, the God of Shem!
May Canaan be the slave of Shem.
[27] May God extend Japheth's[k] territory;
may Japheth live in the tents of Shem,
and may Canaan be the slave of Japheth."

[28]After the flood Noah lived 350 years. [29]Noah lived
a total of 950 years, and then he died.

The Table of Nations

10 [1]This is the account of Shem, Ham and
Japheth, Noah's sons, who themselves had
sons after the flood.

The Japhethites

[2]The sons[l] of Japheth:
Gomer, Magog, Madai, Javan, Tubal, Meshek and
Tiras.
[3]The sons of Gomer:
Ashkenaz, Riphath and Togarmah.
[4]The sons of Javan:
Elishah, Tarshish, the Kittites and the Rodanites.[m]
[5](From these the maritime peoples spread out into
their territories by their clans within their nations,
each with its own language.)

The Hamites

[6]The sons of Ham:
Cush, Egypt, Put and Canaan.
[7]The sons of Cush:
Seba, Havilah, Sabtah, Raamah and Sabteka.
The sons of Raamah:
Sheba and Dedan.

---

[j] 9:20 Or *soil, was the first*
[k] 9:27 *Japheth* sounds like the Hebrew for *extend.*
[l] 10:2 *Sons* may mean *descendants* or *successors* or *nations*; also in verses 3, 4, 6, 7, 20-23, 29 and 31.
[m] 10:4 Some manuscripts of the Masoretic Text and Samaritan Pentateuch (see also Septuagint and 1 Chron. 1:7); most manuscripts of the Masoretic Text *Dodanites*

à partir de ces trois fils de Noé que toute la terre fut
repeuplée.
[20]Noé se mit à cultiver la terre et il planta une vigne.
[21]Il en but le vin et s'enivra, de sorte qu'il se mit tout nu
au milieu de sa tente. [22]Cham, le père de Canaan, vit son
père nu et sortit le raconter à ses deux frères. [23]Alors Sem
et Japhet prirent la tunique de Noé et la placèrent sur leurs
épaules. Puis ils marchèrent à reculons vers leur père et
le couvrirent. Comme leur visage était tourné de l'autre
côté, ils ne virent pas leur père tout nu. [24]Quand Noé se
réveilla de son ivresse, il apprit ce que son plus jeune fils
avait fait. [25]Alors il s'écria :

Maudit soit Canaan !
Qu'il soit le dernier des esclaves de ses frères !

[26]Puis il ajouta :
Béni soit l'Eternel, le Dieu de Sem,
et que Canaan, de Sem soit l'esclave !
[27] Que Dieu étende le territoire de Japhet,
qu'il habite dans les tentes de Sem,
que Canaan soit leur esclave !

[28]Après le déluge Noé vécut encore 350 ans. [29]La durée
totale de sa vie fut de 950 ans, puis il mourut.

L'histoire de la famille des fils de Noé

L'origine des divers peuples

10 [1]Voici la généalogie des fils de Noé : Sem, Cham
et Japhet. Ils eurent des enfants après le déluge.

[2]Fils de Japhet : Gomer[g], Magog, Madaï, Yavân, Toubal,
Méshek et Tiras.

[3]Fils de Gomer : Ashkenaz[h], Riphat et Togarma.

[4]Fils de Yavân : Elisha, Tarsis, Kittim et Dodanim[i]. [5]Ce
sont leurs descendants qui ont peuplé les îles et les régions
côtières. Ils se sont répartis par pays selon la langue et par
familles dans chaque peuple.

[6]Les fils de Cham furent : Koush[j], Mitsraïm, Pouth et
Canaan.
[7]Les fils de Koush : Seba, Havila, Sabta, Raema et
Sabteka. Les fils de Raema : Sheba et Dedân[k].

---

[g] **10.2** *Gomer:* les Cimmériens, peuple d'Asie Mineure. *Magog:* peut-être une peuplade scythe qui habitait le Caucase et les régions au sud-est de la mer Noire. *Madaï:* les Mèdes. *Yavân:* les Ioniens, au sud de la Grèce, et plus tard les Grecs en général. *Toubal et Méshek:* mentionnés avec Magog dans des inscriptions assyriennes (voir Ez 38.2). *Tiras:* probablement les Etrusques en Italie.
[h] **10.3** *Ashkenaz:* les Scythes. Les trois peuples mentionnés vivaient dans le haut Euphrate.
[i] **10.4** Le Pentateuque samaritain, quelques manuscrits du texte hébreu traditionnel, la version grecque et 1 Ch 1.7 ont : *Rodanim. Tarsis :* peut-être le sud de l'Espagne. *Kittim:* nom de l'île de Chypre. *Rodanim :* nom de la ville de Rhodes.
[j] **10.6** *Koush:* le haut Nil, l'Ethiopie et la Nubie. *Mitsraïm:* l'Egypte. *Pouth:* soit la Libye, soit la côte des Somalis.
[k] **10.7** Ces sept peuples koushites se situaient tous en Arabie.

8 Cush was the father[n] of Nimrod, who became a
mighty warrior on the earth. 9 He was a mighty hunter
before the LORD; that is why it is said, "Like Nimrod, a
mighty hunter before the LORD." 10 The first centers of
his kingdom were Babylon, Uruk, Akkad and Kalneh,
in[o] Shinar.[p] 11 From that land he went to Assyria,
where he built Nineveh, Rehoboth Ir,[q] Calah 12 and
Resen, which is between Nineveh and Calah – which
is the great city.

13 Egypt was the father of
the Ludites, Anamites, Lehabites, Naphtuhites,
14 Pathrusites, Kasluhites (from whom the Philistines
came) and Caphtorites.

15 Canaan was the father of
Sidon his firstborn,[r] and of the Hittites, 16 Jebusites,
Amorites, Girgashites, 17 Hivites, Arkites, Sinites,
18 Arvadites, Zemarites and Hamathites.

(Later the Canaanite clans scattered 19 and the borders of Canaan reached from Sidon toward Gerar as far
as Gaza, and then toward Sodom, Gomorrah, Admah
and Zeboyim, as far as Lasha.)

20 These are the sons of Ham by their clans and languages, in their territories and nations.

The Semites

21 Sons were also born to Shem, whose older brother
was[s] Japheth; Shem was the ancestor of all the sons
of Eber.

22 The sons of Shem:
Elam, Ashur, Arphaxad, Lud and Aram.

23 The sons of Aram:
Uz, Hul, Gether and Meshek.[t]

24 Arphaxad was the father of[u] Shelah,
and Shelah the father of Eber.

25 Two sons were born to Eber:
One was named Peleg,[v] because in his time the earth
was divided; his brother was named Joktan.

26 Joktan was the father of
Almodad, Sheleph, Hazarmaveth, Jerah, 27 Hadoram,
Uzal, Diklah, 28 Obal, Abimael, Sheba, 29 Ophir, Havilah
and Jobab. All these were sons of Joktan.

30 (The region where they lived stretched from
Mesha toward Sephar, in the eastern hill country.)

31 These are the sons of Shem by their clans and
languages, in their territories and nations.

32 These are the clans of Noah's sons, according to
their lines of descent, within their nations. From these
the nations spread out over the earth after the flood.

[n] **10:8** *Father* may mean *ancestor* or *predecessor* or *founder;* also in verses 13, 15, 24 and 26.
[o] **10:10** Or *Uruk and Akkad – all of them in*
[p] **10:10** That is, Babylonia
[q] **10:11** Or *Nineveh with its city squares*
[r] **10:15** Or *of the Sidonians, the foremost*
[s] **10:21** Or *Shem, the older brother of*
[t] **10:23** See Septuagint and 1 Chron. 1:17; Hebrew *Mash.*
[u] **10:24** Hebrew; Septuagint *father of Cainan, and Cainan was the father of*
[v] **10:25** *Peleg* means *division.*

8 Koush fut le père[l] de Nimrod qui se mit à exercer un
grand pouvoir sur la terre. 9 C'était un valeureux chasseur devant l'Eternel. De là vient l'expression : « valeureux
chasseur devant l'Eternel comme Nimrod ». 10 Les capitales
de son royaume furent Babel, Erek, Akkad et Kalné[m] au
pays de Shinéar[n]. 11 De ce pays-là, il passa en Assyrie et
bâtit Ninive, Rehoboth-Ir, Kalah, 12 et Résen, la plus grande
cité entre Ninive et Kalah.

13 Mitsraïm fut l'ancêtre des Loudim, des Anamim,
des Lehabim, des Naphtouim[o], 14 des Patrousim, des
Kaslouhim – dont sont issus les Philistins[p] – et des Crétois.

15 Canaan[q] eut pour fils Sidon, son aîné, et Heth. 16 De lui
descendent les Yebousiens, les Amoréens, les Guirgasiens,
17 les Héviens, les Arqiens et les Siniens, 18 les Arvadiens,
les Tsemariens et les Hamathiens. Ensuite les différentes
tribus des Cananéens se dispersèrent. 19 Le territoire des
Cananéens s'étendait de Sidon, en direction de Guérar,
jusqu'à Gaza et en direction de Sodome, de Gomorrhe,
d'Adma et de Tseboïm jusqu'à Lésha. 20 Tels sont les descendants de Cham selon leurs familles et leurs langues,
dans leurs divers pays et leurs peuples.

21 Sem aussi, le frère aîné de Japhet, eut une descendance. Il fut l'ancêtre d'Héber et de ses descendants.

22 Les descendants de Sem furent : Elam, Assour,
Arpakshad, Loud et Aram[r].

23 Les descendants d'Aram furent : Outs, Houl, Guéter
et Mash[s].

24 Arpakshad eut pour fils Shélah, et Shélah[t] eut pour fils
Héber. 25 Héber eut deux fils : l'un s'appelait Péleg (Partage),
parce que de son temps la terre fut partagée, et son frère
s'appelait Yoqtân.

26 Yoqtân eut pour fils Almodad, Shéleph, Hatsarmaveth,
Yérah, 27 Hadoram, Ouzal, Diqla, 28 Obal, Abimaël, Saba,
29 Ophir, Havila et Yobab. Tous ceux-là étaient des descendants de Yoqtân. 30 Ils habitaient la contrée s'étendant de
Mésha jusque du côté de Sephar, la montagne d'orient.

31 Tels sont les descendants de Sem selon leurs familles et
leurs langues, dans leurs divers pays, selon leurs peuples.
32 Telles sont les familles issues des fils de Noé selon leurs

[l] **10.8** Le terme *père* pourrait aussi signifier *fondateur* ou *chef.*
[m] **10.10** Autre traduction : *Il commença à régner à Babel, puis à Erek, Akkad et Kalné.*
[n] **10.10** C'est-à-dire l'ancienne Babylonie.
[o] **10.13** Différents peuples d'Egypte et des environs.
[p] **10.14** Les Philistins, peuple indo-européen, ont tout d'abord émigré en Crète (voir Jr 47.4 ; Am 9.7) puis ont envahi l'Egypte au début du XIIe siècle av. J.-C. Chassés de cette région, ils se sont installés sur la côte de Canaan pour étendre plus tard leur influence sur presque tout le pays.
[q] **10.15** Les peuples mentionnés aux v. 15-19 vivaient tous sur un territoire correspondant à la Syrie et au pays d'Israël. Sur *Heth,* voir note 23.3.
[r] **10.22** *Elam:* les Elamites, à l'est de la Mésopotamie, autour de Suse. *Assour:* ancien nom de l'Assyrie, au nord de la Mésopotamie. *Arpakshad:* voir 11.10-13; peut-être une désignation hébraïque de la Chaldée, au sud de la Mésopotamie. *Loud:* soit les Lydiens (en Asie Mineure), soit une région voisine de l'Egypte. *Aram:* les Araméens ou Syriens.
[s] **10.23** L'ancienne version grecque et 1 Ch 1.17 ont : *Méshek.*
[t] **10.24** L'ancienne version grecque a : *Arpakshad eut pour descendant Caïnan, Caïnan eut pour descendant Shélah.* Voir aussi Gn 11.12-13.

lignées et d'après leur appartenance nationale. C'est d'eux que sont issus tous les peuples qui se sont répandus sur la terre après le déluge.

The Tower of Babel

11 [1]Now the whole world had one language and a common speech. [2]As people moved eastward,[w] they found a plain in Shinar[x] and settled there. [3]They said to each other, "Come, let's make bricks and bake them thoroughly." They used brick instead of stone, and tar for mortar. [4]Then they said, "Come, let us build ourselves a city, with a tower that reaches to the heavens, so that we may make a name for ourselves; otherwise we will be scattered over the face of the whole earth."

[5]But the LORD came down to see the city and the tower the people were building. [6]The LORD said, "If as one people speaking the same language they have begun to do this, then nothing they plan to do will be impossible for them. [7]Come, let us go down and confuse their language so they will not understand each other."

[8]So the LORD scattered them from there over all the earth, and they stopped building the city. [9]That is why it was called Babel[y] – because there the LORD confused the language of the whole world. From there the LORD scattered them over the face of the whole earth.

From Shem to Abram

[10]This is the account of Shem's family line.

Two years after the flood, when Shem was 100 years old, he became the father[z] of Arphaxad. [11]And after he became the father of Arphaxad, Shem lived 500 years and had other sons and daughters.

[12]When Arphaxad had lived 35 years, he became the father of Shelah. [13]And after he became the father of Shelah, Arphaxad lived 403 years and had other sons and daughters.[a]

[14]When Shelah had lived 30 years, he became the father of Eber. [15]And after he became the father of Eber, Shelah lived 403 years and had other sons and daughters.

[16]When Eber had lived 34 years, he became the father of Peleg. [17]And after he became the father of Peleg, Eber lived 430 years and had other sons and daughters.

[18]When Peleg had lived 30 years, he became the father of Reu. [19]And after he became the father of Reu, Peleg lived 209 years and had other sons and daughters.

[20]When Reu had lived 32 years, he became the father of Serug. [21]And after he became the father of

w **11:2** Or *from the east*; or *in the east*

x **11:2** That is, Babylonia

y **11:9** That is, Babylon; *Babel* sounds like the Hebrew for *confused.*

z **11:10** *Father* may mean *ancestor*; also in verses 11-25.

a **11:13** Hebrew; Septuagint (see also Luke 3:35,36 and note at Gen. 10:24) *35 years, he became the father of Cainan. [13] And after he became the father of Cainan, Arphaxad lived 430 years and had other sons and daughters, and then he died. When Cainan had lived 130 years, he became the father of Shelah. And after he became the father of Shelah, Cainan lived 330 years and had other sons and daughters*

La tour de Babel

11 [1]A cette époque-là[u], tous les hommes parlaient la même langue et tenaient le même langage. [2]Lors de leurs migrations depuis l'est, ils découvrirent une vaste plaine dans le pays de Shinéar et ils s'y établirent. [3]Ils se dirent les uns aux autres : Allons, moulons des briques et cuisons-les au four.

Ainsi ils employèrent les briques comme pierres et le bitume leur servit de mortier.

[4]Puis ils dirent : Allons, construisons-nous une ville et une tour dont le sommet atteindra le ciel, alors notre nom deviendra célèbre et nous ne serons pas disséminés sur l'ensemble de la terre.

[5]L'Eternel descendit pour voir la ville et la tour que les hommes construisaient. [6]Il dit alors : Ils forment un seul peuple parlant tous la même langue, et voilà ce qu'ils ont entrepris de faire ! Maintenant, quels que soient leurs projets, rien ne les empêchera de les réaliser. [7]Allons, descendons et brouillons là leur langage pour qu'ils ne se comprennent plus entre eux !

[8]Et l'Eternel les dissémina loin de là sur toute la terre ; ils cessèrent donc la construction de la ville. [9]C'est pourquoi on l'appela Babel[v] parce que là, l'Eternel avait confondu le langage des hommes de toute la terre, et c'est de là qu'il les a dispersés sur toute la terre.

L'histoire de la famille de Sem

[10]Voici la généalogie de Sem. Deux ans après le déluge, alors qu'il était âgé de cent ans, il eut pour fils Arpakshad. [11]Après cela, Sem vécut encore 500 ans et eut d'autres enfants.

[12]Arpakshad, âgé de 35 ans, eut pour fils Shélah. [13]Après cela, il vécut encore 403 ans et eut d'autres enfants[w].

[14]Shélah, âgé de 30 ans, eut pour fils Héber. [15]Puis il vécut encore 403 ans et eut d'autres enfants.

[16]Héber, âgé de 34 ans, eut pour fils Péleg. [17]Après cela, Héber vécut 430 ans et eut d'autres enfants.

[18]Péleg, âgé de 30 ans, eut pour fils Reou. [19]Après cela, il vécut 209 ans et eut d'autres enfants.

[20]Reou, âgé de 32 ans, eut pour fils Seroug. [21]Après cela, il vécut 207 ans et eut d'autres enfants.

u **11.1** Les v. 1-9 doivent se situer chronologiquement avant le chap. 10.

v **11.9** Le nom Babel évoque en hébreu le verbe *Balal* qui signifie « confondre, brouiller, troubler ».

w **11.13** L'ancienne version grecque a, aux v. 12-13 : ... *35 ans, eut pour fils Caïnan. [13] Après cela ... d'autres enfants et il mourut. Caïnan, âgé de 130 ans, eut pour fils Shélah. Après cela, il vécut 330 ans et eut d'autres fils.*

Serug, Reu lived 207 years and had other sons and
daughters.
22 When Serug had lived 30 years, he became the
father of Nahor. 23 And after he became the father of
Nahor, Serug lived 200 years and had other sons and
daughters.
24 When Nahor had lived 29 years, he became the
father of Terah. 25 And after he became the father of
Terah, Nahor lived 119 years and had other sons and
daughters.
26 After Terah had lived 70 years, he became the
father of Abram, Nahor and Haran.

Abram's Family

27 This is the account of Terah's family line.
Terah became the father of Abram, Nahor and
Haran. And Haran became the father of Lot. 28 While
his father Terah was still alive, Haran died in Ur of
the Chaldeans, in the land of his birth. 29 Abram and
Nahor both married. The name of Abram's wife was
Sarai, and the name of Nahor's wife was Milkah; she
was the daughter of Haran, the father of both Milkah
and Iskah. 30 Now Sarai was childless because she was
not able to conceive.
31 Terah took his son Abram, his grandson Lot son
of Haran, and his daughter-in-law Sarai, the wife of
his son Abram, and together they set out from Ur of
the Chaldeans to go to Canaan. But when they came
to Harran, they settled there.
32 Terah lived 205 years, and he died in Harran.

The Call of Abram

12 1 The LORD had said to Abram, "Go from your
country, your people and your father's household to the land I will show you.

2 "I will make you into a great nation,
and I will bless you;
I will make your name great,
and you will be a blessing.[b]
3 I will bless those who bless you,
and whoever curses you I will curse;
and all peoples on earth
will be blessed through you."[c]

4 So Abram went, as the LORD had told him; and
Lot went with him. Abram was seventy-five years
old when he set out from Harran. 5 He took his wife
Sarai, his nephew Lot, all the possessions they had
accumulated and the people they had acquired in
Harran, and they set out for the land of Canaan, and
they arrived there.
6 Abram traveled through the land as far as the site
of the great tree of Moreh at Shechem. At that time
the Canaanites were in the land. 7 The LORD appeared
to Abram and said, "To your offspring[d] I will give this
land." So he built an altar there to the LORD, who had
appeared to him.
8 From there he went on toward the hills east of
Bethel and pitched his tent, with Bethel on the west

[b] **12:2** Or *be seen as blessed*
[c] **12:3** Or *earth / will use your name in blessings* (see 48:20)
[d] **12:7** Or *seed*

22 Seroug, âgé de 30 ans, eut pour fils Nahor. 23 Après cela,
Seroug vécut 200 ans et eut d'autres enfants.

24 Nahor, âgé de 29 ans, eut pour fils Térah. 25 Après cela,
il vécut encore 119 ans et eut d'autres enfants.

26 Térah, âgé de 70 ans, eut pour fils Abram, Nahor et
Harân.

L'HISTOIRE DE LA FAMILLE DE TÉRA : LE CYCLE D'ABRAHAM

D'Our à Harân

27 Voici l'histoire de la famille de Térah : il eut pour fils
Abram, Nahor et Harân ; ce dernier fut le père de Loth.
28 Harân mourut du vivant de son père Térah, dans son
pays natal, à Our des Chaldéens. 29 Abram et Nahor se
marièrent. La femme d'Abram s'appelait Saraï et celle
de Nahor Milka. Milka était la fille de Harân, qui, outre
Milka, avait eu une autre fille du nom de Yiska. 30 Saraï
était stérile, elle ne pouvait pas avoir d'enfant. 31 Térah
partit d'Our des Chaldéens, emmenant avec lui son fils
Abram, son petit-fils Loth, le fils de Harân, et Saraï, sa
belle-fille, la femme d'Abram, pour se rendre au pays de
Canaan, mais arrivés à Harân[x], ils s'y établirent. 32 Térah
vécut 205 ans, puis il mourut à Harân.

L'appel d'Abram

12 1 L'Eternel dit à Abram : Va, quitte ton pays, ta famille et la maison de ton père pour te rendre dans
le pays que je t'indiquerai. 2 Je ferai de toi l'ancêtre d'un
grand peuple ; je te bénirai, je ferai de toi un personnage
renommé et tu deviendras une source de bénédiction pour
d'autres. 3 Je bénirai ceux qui te béniront et je maudirai
ceux qui t'outrageront[y]. Toutes les familles de la terre seront bénies à travers toi[z].

4 Abram partit comme l'Eternel le lui avait demandé, et
Loth s'en alla avec lui. Abram avait soixante-quinze ans
quand il quitta Harân. 5 Il emmena Saraï, sa femme, son
neveu Loth, tous les biens et les serviteurs qu'ils avaient
acquis à Harân, et ils se mirent en route pour aller au
pays de Canaan. Quand ils furent arrivés, 6 Abram traversa
le pays jusqu'à un lieu appelé Sichem, jusqu'au chêne de
Moré. A cette époque-là, les Cananéens habitaient le pays.
7 L'Eternel apparut à Abram et lui dit : Je donnerai ce
pays à ta descendance.
Abram érigea là un autel à l'Eternel qui lui était apparu.
8 Puis il leva le camp pour se rendre dans la région mon-

[x] **11.31** Ville de la Mésopotamie, centre de culte lunaire (comme Our). En hébreu le nom se distingue de Harân, le fils de Térah.
[y] **12.3** Cité en Ac 3.25 ; Ga 3.8.
[z] **12.3** Autre traduction : *se béniront en citant ton exemple.*

and Ai on the east. There he built an altar to the Lord and called on the name of the Lord.

9 Then Abram set out and continued toward the Negev.

Abram in Egypt

10 Now there was a famine in the land, and Abram went down to Egypt to live there for a while because the famine was severe. 11 As he was about to enter Egypt, he said to his wife Sarai, "I know what a beautiful woman you are. 12 When the Egyptians see you, they will say, 'This is his wife.' Then they will kill me but will let you live. 13 Say you are my sister, so that I will be treated well for your sake and my life will be spared because of you."

14 When Abram came to Egypt, the Egyptians saw that Sarai was a very beautiful woman. 15 And when Pharaoh's officials saw her, they praised her to Pharaoh, and she was taken into his palace. 16 He treated Abram well for her sake, and Abram acquired sheep and cattle, male and female donkeys, male and female servants, and camels.

17 But the Lord inflicted serious diseases on Pharaoh and his household because of Abram's wife Sarai. 18 So Pharaoh summoned Abram. "What have you done to me?" he said. "Why didn't you tell me she was your wife? 19 Why did you say, 'She is my sister,' so that I took her to be my wife? Now then, here is your wife. Take her and go!" 20 Then Pharaoh gave orders about Abram to his men, and they sent him on his way, with his wife and everything he had.

Abram and Lot Separate

13 1 So Abram went up from Egypt to the Negev, with his wife and everything he had, and Lot went with him. 2 Abram had become very wealthy in livestock and in silver and gold.

3 From the Negev he went from place to place until he came to Bethel, to the place between Bethel and Ai where his tent had been earlier 4 and where he had first built an altar. There Abram called on the name of the Lord.

5 Now Lot, who was moving about with Abram, also had flocks and herds and tents. 6 But the land could not support them while they stayed together, for their possessions were so great that they were not able to stay together. 7 And quarreling arose between Abram's herders and Lot's. The Canaanites and Perizzites were also living in the land at that time.

8 So Abram said to Lot, "Let's not have any quarreling between you and me, or between your herders and mine, for we are close relatives. 9 Is not the whole land before you? Let's part company. If you go to the left, I'll go to the right; if you go to the right, I'll go to the left."

tagneuse à l'est de Béthel[a] ; il établit son campement entre Béthel, à l'ouest, et Aï, à l'est. Il y érigea un autre autel à l'Eternel et lui adressa des prières. 9 Ensuite Abram repartit vers le sud ; d'étape en étape, il gagna le Néguev[b].

Abram en Egypte

10 Une famine survint dans le pays. Alors Abram se rendit en Egypte[c] pour y séjourner quelque temps, car la famine sévissait dans le pays. 11 Lorsqu'il approchait de l'Egypte, il dit à Saraï sa femme : Ecoute, je sais que tu es très belle. 12 Quand les Egyptiens te verront, ils se diront : « C'est sa femme. » Ils me tueront et te laisseront en vie. 13 Dis-leur donc que tu es ma sœur, pour qu'on me traite bien à cause de toi. Ainsi, grâce à toi, ma vie sera épargnée.

14 En effet, quand Abram arriva en Egypte, les Egyptiens remarquèrent la grande beauté de sa femme. 15 Des gens de la cour du pharaon la remarquèrent et la vantèrent à leur maître, de sorte qu'elle fut enlevée et emmenée au palais royal. 16 A cause d'elle, le pharaon traita Abram avec bonté. Il lui offrit des moutons, des chèvres, des bovins, des ânes, des serviteurs, des servantes, des ânesses et des chameaux. 17 Mais l'Eternel infligea de grands maux au pharaon et aux gens de sa maison, à cause de Saraï, la femme d'Abram. 18 Alors le pharaon convoqua Abram et lui dit : Qu'est-ce que tu m'as fait là ? Pourquoi ne m'as-tu pas dit qu'elle était ta femme ? 19 Pourquoi l'as-tu présentée comme ta sœur ? A cause de cela, j'en ai fait ma femme. Maintenant, voilà ta femme ; reprends-la et va-t'en !

20 Et le pharaon chargea ses gens de le reconduire avec sa femme et avec tout ce qu'il possédait.

Abram se fixe au pays de Canaan

13 1 Abram quitta donc l'Egypte avec sa femme et tout ce qu'il possédait en direction du Néguev. Loth était avec lui. 2 Abram était très riche en troupeaux, en argent et en or. 3 D'étape en étape, il retourna du Néguev jusqu'à Béthel, au lieu où il avait auparavant établi son campement, entre Béthel et Aï, 4 c'est-à-dire à l'endroit où était l'autel qu'il avait précédemment érigé, et il y pria l'Eternel.

5 Loth, qui accompagnait Abram, avait aussi des moutons, des chèvres, des bovins et des tentes, 6 et le pays ne suffisait pas pour qu'ils puissent demeurer ensemble, car leurs troupeaux étaient trop nombreux, ils ne pouvaient pas rester ensemble. 7 Il y eut une dispute entre les bergers d'Abram et ceux de Loth ; or les Cananéens et les Phéréziens[d] habitaient alors le pays. 8 Abram dit à Loth : Nous sommes de la même famille. Qu'il n'y ait donc pas de dispute entre nous, entre mes bergers et les tiens. 9 Séparons-nous plutôt. Tout le pays est à ta disposition. Si tu vas à gauche, j'irai à droite, et si tu vas à droite, j'irai à gauche.

---

[a] **12.8** A environ 15 kilomètres au nord de Jérusalem. D'après 28.19, à l'époque, ce lieu s'appelait encore Louz.

[b] **12.9** Nom qui signifie « terre desséchée » et qui désigne le plateau stérile s'étendant au sud de Jérusalem et menant au désert.

[c] **12.10** Moins touchée par les années sèches, grâce à l'irrigation par des canaux (voir 26.1-2 ; 41.57).

[d] **13.7** Faisaient partie des populations primitives de ce qui deviendra le pays d'Israël.

10 Lot looked around and saw that the whole plain of the Jordan toward Zoar was well watered, like the garden of the LORD, like the land of Egypt. (This was before the LORD destroyed Sodom and Gomorrah.) 11 So Lot chose for himself the whole plain of the Jordan and set out toward the east. The two men parted company: 12 Abram lived in the land of Canaan, while Lot lived among the cities of the plain and pitched his tents near Sodom. 13 Now the people of Sodom were wicked and were sinning greatly against the LORD.

14 The LORD said to Abram after Lot had parted from him, "Look around from where you are, to the north and south, to the east and west. 15 All the land that you see I will give to you and your offspring[e] forever. 16 I will make your offspring like the dust of the earth, so that if anyone could count the dust, then your offspring could be counted. 17 Go, walk through the length and breadth of the land, for I am giving it to you."

18 So Abram went to live near the great trees of Mamre at Hebron, where he pitched his tents. There he built an altar to the LORD.

Abram Rescues Lot

14 1 At the time when Amraphel was king of Shinar,[f] Arioch king of Ellasar, Kedorlaomer king of Elam and Tidal king of Goyim, 2 these kings went to war against Bera king of Sodom, Birsha king of Gomorrah, Shinab king of Admah, Shemeber king of Zeboyim, and the king of Bela (that is, Zoar). 3 All these latter kings joined forces in the Valley of Siddim (that is, the Dead Sea Valley). 4 For twelve years they had been subject to Kedorlaomer, but in the thirteenth year they rebelled.

5 In the fourteenth year, Kedorlaomer and the kings allied with him went out and defeated the Rephaites in Ashteroth Karnaim, the Zuzites in Ham, the Emites in Shaveh Kiriathaim 6 and the Horites in the hill country of Seir, as far as El Paran near the desert. 7 Then they turned back and went to En Mishpat (that is, Kadesh), and they conquered the whole territory of the Amalekites, as well as the Amorites who were living in Hazezon Tamar.

8 Then the king of Sodom, the king of Gomorrah, the king of Admah, the king of Zeboyim and the king of Bela (that is, Zoar) marched out and drew up their battle lines in the Valley of Siddim 9 against Kedorlaomer king of Elam, Tidal king of Goyim, Amraphel king of Shinar and Arioch king of Ellasar – four kings against five. 10 Now the Valley of Siddim was full of tar pits, and when the kings of Sodom and Gomorrah fled, some of the men fell into them and the rest fled to the hills. 11 The four kings seized all the goods of Sodom and Gomorrah and all their food; then they went away. 12 They also carried off Abram's nephew Lot and his possessions, since he was living in Sodom.

[e] **13:15** Or *seed*; also in verse 16
[f] **14:1** That is, Babylonia; also in verse 9

10 Loth regarda et vit toute la plaine du Jourdain qui s'étendait jusqu'à Tsoar : avant que l'Eternel eût détruit Sodome et Gomorrhe[e], elle était comme le jardin de l'Eternel, comme la terre d'Egypte. 11 Loth choisit donc pour lui toute la plaine du Jourdain et il se dirigea vers l'est. Ainsi, ils se séparèrent l'un de l'autre. 12 Abram se fixa dans le pays de Canaan, et Loth s'établit au milieu des villes de la plaine, dressant ses tentes jusqu'à Sodome. 13 Or, les gens de Sodome étaient mauvais, ils commettaient beaucoup de péchés contre l'Eternel.

Abram parcourt le pays promis

14 L'Eternel dit à Abram après que Loth se fut séparé de lui : Lève les yeux et regarde depuis l'endroit où tu es, vers le nord, le sud, l'est et l'ouest : 15 tout le pays que tu vois, je te le donnerai, à toi et à ta descendance pour toujours. 16 Je rendrai ta descendance aussi nombreuse que les grains de poussière de la terre ; si l'on peut compter les grains de poussière de la terre, alors on pourra aussi compter ta descendance. 17 Lève-toi, parcours le pays en long et en large car je te le donnerai.

18 Alors Abram déplaça son campement et vint se fixer près des chênes de Mamré aux environs d'Hébron[f], et il bâtit là un autel à l'Eternel.

Abram délivre Loth des ennemis de Sodome

14 1 Il arriva au temps d'Amraphel, roi de Shinéar, d'Aryok, roi d'Ellasar, de Kedorlaomer, roi d'Elam, et de Tideal, roi de Goyim, 2 que ces quatre rois firent la guerre à Béra, roi de Sodome, à Birsha, roi de Gomorrhe, à Shineab, roi d'Adma, à Shéméber, roi de Tseboïm et au roi de Béla, c'est-à-dire Tsoar. 3 Ces derniers rassemblèrent leurs troupes dans la vallée de Siddim, près de la mer Morte. 4 Pendant douze ans, ils avaient été assujettis à Kedorlaomer, mais la treizième année, ils se révoltèrent.

5 La quatorzième année, Kedorlaomer se mit en campagne avec les rois qui lui étaient alliés et ils battirent les Rephaïm[g] à Ashteroth-Qarnaïm, puis les Zouzim à Ham, et les Emim à Shavé-Qiryataïm. 6 Ils défirent les Horiens dans leur montagne de Séir, et les poursuivirent jusqu'au chêne de Parân, aux confins du désert. 7 En revenant sur leurs pas, ils arrivèrent à Eyn-Mishpath, – c'est-à-dire Qadesh – ravagèrent tout le pays des Amalécites et battirent les Amoréens qui habitaient Hatsatsôn-Tamar. 8 C'est alors que les rois de Sodome, de Gomorrhe, d'Adma, de Tseboïm et de Béla, c'est-à-dire Tsoar, s'avancèrent et se mirent en position de combat dans la vallée de Siddim 9 en face de Kedorlaomer, roi d'Elam, Tideal, roi de Goyim, Amraphel, roi de Shinéar et Aryok, roi d'Ellasar. Ils étaient quatre rois contre cinq. 10 Les rois de Sodome et de Gomorrhe prirent la fuite. Or, il y avait dans la vallée de Siddim beaucoup de puits de bitume, et des fuyards y tombèrent ; les rescapés s'enfuirent dans la montagne. 11 Les vainqueurs s'emparèrent de tous les biens de Sodome et de Gomorrhe, ils prirent toutes leurs réserves de vivres et s'en allèrent. 12 Ils enlevèrent aussi Loth le neveu d'Abram, avec ses biens, car il demeurait à Sodome.

[e] **13.10** Voir chap. 18 et 19.
[f] **13.18** L'une des plus anciennes villes du Moyen-Orient (Nb 13.22), à 35 kilomètres au sud-ouest de Jérusalem.
[g] **14.5** Peuple habitant primitivement ce qui deviendra le pays d'Israël. Leur nom signifie : « géants ».

13 A man who had escaped came and reported this to Abram the Hebrew. Now Abram was living near the great trees of Mamre the Amorite, a brother[g] of Eshkol and Aner, all of whom were allied with Abram. 14 When Abram heard that his relative had been taken captive, he called out the 318 trained men born in his household and went in pursuit as far as Dan. 15 During the night Abram divided his men to attack them and he routed them, pursuing them as far as Hobah, north of Damascus. 16 He recovered all the goods and brought back his relative Lot and his possessions, together with the women and the other people.

17 After Abram returned from defeating Kedorlaomer and the kings allied with him, the king of Sodom came out to meet him in the Valley of Shaveh (that is, the King's Valley).

18 Then Melchizedek king of Salem brought out bread and wine. He was priest of God Most High, 19 and he blessed Abram, saying,

"Blessed be Abram by God Most High,
  Creator of heaven and earth.
20 And praise be to God Most High,
  who delivered your enemies into your hand."

Then Abram gave him a tenth of everything.

21 The king of Sodom said to Abram, "Give me the people and keep the goods for yourself."

22 But Abram said to the king of Sodom, "With raised hand I have sworn an oath to the LORD, God Most High, Creator of heaven and earth, 23 that I will accept nothing belonging to you, not even a thread or the strap of a sandal, so that you will never be able to say, 'I made Abram rich.' 24 I will accept nothing but what my men have eaten and the share that belongs to the men who went with me – to Aner, Eshkol and Mamre. Let them have their share."

The LORD's Covenant With Abram

15 1 After this, the word of the LORD came to Abram in a vision:

"Do not be afraid, Abram.
  I am your shield,[h]
  your very great reward.[i]"

2 But Abram said, "Sovereign LORD, what can you give me since I remain childless and the one who will inherit[j] my estate is Eliezer of Damascus?" 3 And Abram said, "You have given me no children; so a servant in my household will be my heir."

4 Then the word of the LORD came to him: "This man will not be your heir, but a son who is your own flesh and blood will be your heir." 5 He took him outside and said, "Look up at the sky and count the stars – if indeed you can count them." Then he said to him, "So shall your offspring[k] be."

6 Abram believed the LORD, and he credited it to him as righteousness.

[g] 14:13 Or *a relative*; or *an ally*
[h] 15:1 Or *sovereign*
[i] 15:1 Or *shield; / your reward will be very great*
[j] 15:2 The meaning of the Hebrew for this phrase is uncertain.
[k] 15:5 Or *seed*

13 Un rescapé vint annoncer la nouvelle à Abram l'Hébreu qui demeurait près des chênes de Mamré l'Amoréen, un frère d'Eshkol et d'Aner ; ils étaient tous trois des alliés d'Abram. 14 Quand Abram apprit que son parent avait été emmené captif, il arma trois cent dix-huit hommes bien entraînés, nés dans sa maison, et poursuivit les quatre rois jusqu'à Dan. 15 Il divisa sa troupe et attaqua les ennemis pendant la nuit avec ses serviteurs, il les battit et les poursuivit jusqu'à Hoba au nord de Damas. 16 Il récupéra tout le butin, il ramena aussi Loth son parent, ainsi que ses biens, les femmes et les autres prisonniers.

Melchisédek bénit Abram

17 Lorsque Abram revint après avoir battu Kedorlaomer et les rois qui étaient avec lui, le roi de Sodome vint à sa rencontre dans la vallée de Shavé qui est la vallée royale. 18 Melchisédek[h], roi de Salem, qui était prêtre du Dieu très-haut, apporta du pain et du vin. 19 Il bénit Abram en ces termes :

Béni soit Abram
par le Dieu très-haut
qui a formé le ciel et la terre ;
20 béni soit aussi le Dieu très-haut
qui t'a donné la victoire sur tes ennemis !

Et Abram lui donna le dixième de tout le butin.

21 Le roi de Sodome dit alors à Abram : Rends-moi les personnes et garde les biens pour toi.

22 Abram lui répondit : Je jure à main levée vers l'Eternel, le Dieu très-haut qui a formé le ciel et la terre, 23 que je ne prendrai rien de ce qui t'appartient, pas même un fil ou une courroie de soulier, pour que tu ne puisses pas dire : « J'ai enrichi Abram. » 24 Je ne veux rien si ce n'est ce qu'ont mangé les jeunes gens. De plus, la part des hommes qui m'ont accompagné, Aner, Eshkol et Mamré, eux, ils la prendront.

L'alliance de Dieu avec Abram

15 1 Après ces événements, l'Eternel s'adressa à Abram dans une vision : Ne crains rien, Abram, lui dit l'Eternel, je suis ton bouclier protecteur, ta récompense sera très grande.

2 Abram répondit : Eternel Dieu, que me donnerais-tu ? Je n'ai pas d'enfant, et c'est Eliézer de Damas qui héritera tous mes biens. 3 Tu ne m'as pas donné de descendance, poursuivit-il, et c'est un serviteur attaché à mon service qui sera mon héritier.

4 Alors l'Eternel lui parla en ces termes : Non, cet homme-là ne sera pas ton héritier : c'est celui qui naîtra de toi qui héritera de toi.

5 Puis Dieu le fit sortir de sa tente et lui dit : Contemple le ciel et compte les étoiles, si tu en es capable. Et il ajouta : Tes descendants seront aussi nombreux qu'elles.

6 Abram fit confiance à l'Eternel et, à cause de cela, l'Eternel le déclara juste. 7 Il lui dit : Je suis l'Eternel qui

[h] 14.18 Voir Ps 110.4 ; Hé 7.1-10. *Salem* est probablement l'ancien nom de Jérusalem (voir Ps 110.4 ; Hé 7.1-10).

7 He also said to him, "I am the LORD, who brought you out of Ur of the Chaldeans to give you this land to take possession of it."

8 But Abram said, "Sovereign LORD, how can I know that I will gain possession of it?"

9 So the LORD said to him, "Bring me a heifer, a goat and a ram, each three years old, along with a dove and a young pigeon."

10 Abram brought all these to him, cut them in two and arranged the halves opposite each other; the birds, however, he did not cut in half. 11 Then birds of prey came down on the carcasses, but Abram drove them away.

12 As the sun was setting, Abram fell into a deep sleep, and a thick and dreadful darkness came over him. 13 Then the LORD said to him, "Know for certain that for four hundred years your descendants will be strangers in a country not their own and that they will be enslaved and mistreated there. 14 But I will punish the nation they serve as slaves, and afterward they will come out with great possessions. 15 You, however, will go to your ancestors in peace and be buried at a good old age. 16 In the fourth generation your descendants will come back here, for the sin of the Amorites has not yet reached its full measure."

17 When the sun had set and darkness had fallen, a smoking firepot with a blazing torch appeared and passed between the pieces. 18 On that day the LORD made a covenant with Abram and said, "To your descendants I give this land, from the Wadi[l] of Egypt to the great river, the Euphrates – 19 the land of the Kenites, Kenizzites, Kadmonites, 20 Hittites, Perizzites, Rephaites, 21 Amorites, Canaanites, Girgashites and Jebusites."

Hagar and Ishmael

16 1 Now Sarai, Abram's wife, had borne him no children. But she had an Egyptian slave named Hagar; 2 so she said to Abram, "The LORD has kept me from having children. Go, sleep with my slave; perhaps I can build a family through her."

Abram agreed to what Sarai said. 3 So after Abram had been living in Canaan ten years, Sarai his wife took her Egyptian slave Hagar and gave her to her husband to be his wife. 4 He slept with Hagar, and she conceived.

When she knew she was pregnant, she began to despise her mistress. 5 Then Sarai said to Abram, "You are responsible for the wrong I am suffering. I put my slave in your arms, and now that she knows she is pregnant, she despises me. May the LORD judge between you and me."

[l] **15:18** Or *river*

t'ai fait sortir d'Our des Chaldéens pour te donner ce pays en possession.

8 – Seigneur Dieu, répondit Abram, comment aurai-je la certitude que je le posséderai ?

9 Dieu lui dit : Va chercher une génisse, une chèvre et un bélier ayant chacun trois ans, une tourterelle et un jeune pigeon.

10 Abram alla prendre ces animaux, les coupa tous en deux par le milieu, excepté les oiseaux, et pour chacun d'eux disposa les deux moitiés face à face[i]. 11 Des oiseaux de proie fondirent sur les bêtes mortes, mais Abram les chassa.

12 Au moment où le soleil se couchait, une grande torpeur s'empara d'Abram et, en même temps, l'angoisse le saisit dans une profonde obscurité. 13 Le Seigneur lui dit : Sache bien que tes descendants vivront en étrangers dans un pays qui ne leur appartiendra pas, on en fera des esclaves et on les opprimera pendant quatre cents ans. 14 Mais j'exécuterai mon jugement contre la nation qui les aura réduits en esclavage et ils quitteront le pays chargés de grandes richesses. 15 Quant à toi, tu rejoindras en paix tes ancêtres, et tu seras enterré après une heureuse vieillesse. 16 C'est seulement à la quatrième génération que tes descendants reviendront ici car, jusqu'à présent, les Amoréens n'ont pas encore mis le comble à leurs crimes.

17 Lorsque le soleil fut couché et que l'obscurité fut totale, un tourbillon de fumée et une torche de feu passèrent soudain entre les animaux partagés. 18 Ce jour-là, l'Eternel fit alliance avec Abram et lui dit : Je promets de donner à ta descendance tout ce pays, depuis le fleuve d'Egypte[j] jusqu'au grand fleuve, l'Euphrate, 19 le pays des Qéniens, des Qeniziens, des Qadmonéens, 20 des Hittites, des Phéréziens, des Rephaïm, 21 des Amoréens, des Cananéens, des Guirgasiens et des Yebousiens.

La naissance d'Ismaël

16 1 Saraï, l'épouse d'Abram, ne lui avait pas donné d'enfant. Mais elle avait une esclave égyptienne nommée Agar. 2 Elle dit à Abram : Tu vois que l'Eternel m'a empêchée d'avoir des enfants[k]. Va donc vers ma servante : peut-être aurai-je un fils par son intermédiaire.

Abram suivit le conseil de sa femme. 3 Saraï, femme d'Abram, prit donc sa servante Agar et la donna pour femme à Abram, son mari. Il y avait alors dix ans qu'Abram séjournait au pays de Canaan. 4 Il s'unit à Agar et elle devint enceinte.

Quand elle vit qu'elle attendait un enfant, elle se mit à mépriser sa maîtresse. 5 Alors Saraï dit à Abram : C'est toi qui es responsable de l'injure qui m'est faite. J'ai poussé ma servante dans tes bras et depuis qu'elle s'est vue enceinte, elle me méprise. Que l'Eternel soit juge entre nous.

[i] **15.10** Voir Ac 7.6-7. Les alliances étaient parfois scellées par un sacrifice dont les victimes étaient coupées en deux moitiés entre lesquelles passaient les contractants (voir Jr 34.18).

[j] **15.18** Frontière du pays d'Israël, du côté de l'Egypte (aujourd'hui : Wadi el-Arish).

[k] **16.2** La stérilité d'une femme était souvent considérée comme une punition divine (25.21 ; Lv 20.20 ; Jr 22.30 ; Ps 127.3-4). La coutume (consignée dans le code d'Hammourabi, roi babylonien du IIe millénaire av. J.-C.) autorisait la femme stérile à choisir une épouse à son mari et à considérer comme siens les enfants que celle-ci lui donnerait.

6“Your slave is in your hands,” Abram said. “Do with
her whatever you think best.” Then Sarai mistreated
Hagar; so she fled from her.
7The angel of the LORD found Hagar near a spring in
the desert; it was the spring that is beside the road to
Shur. 8And he said, “Hagar, slave of Sarai, where have
you come from, and where are you going?”
“I’m running away from my mistress Sarai,” she
answered.
9Then the angel of the LORD told her, “Go back to
your mistress and submit to her.” 10The angel added,
“I will increase your descendants so much that they
will be too numerous to count.”
11The angel of the LORD also said to her:

“You are now pregnant
 and you will give birth to a son.
You shall name him Ishmael,[m]
 for the LORD has heard of your misery.
12 He will be a wild donkey of a man;
 his hand will be against everyone
 and everyone’s hand against him,
and he will live in hostility
 toward[n] all his brothers.”

13She gave this name to the LORD who spoke to her:
“You are the God who sees me,” for she said, “I have
now seen[o] the One who sees me.” 14That is why the
well was called Beer Lahai Roi[p]; it is still there, between Kadesh and Bered.

15So Hagar bore Abram a son, and Abram gave the
name Ishmael to the son she had borne. 16Abram was
eighty-six years old when Hagar bore him Ishmael.

The Covenant of Circumcision

17 1When Abram was ninety-nine years old,
the LORD appeared to him and said, “I am God
Almighty[q]; walk before me faithfully and be blameless.
2Then I will make my covenant between me and you
and will greatly increase your numbers.”

3Abram fell facedown, and God said to him, 4“As
for me, this is my covenant with you: You will be the
father of many nations. 5No longer will you be called
Abram[r]; your name will be Abraham,[s] for I have made
you a father of many nations. 6I will make you very
fruitful; I will make nations of you, and kings will
come from you. 7I will establish my covenant as an
everlasting covenant between me and you and your
descendants after you for the generations to come, to
be your God and the God of your descendants after
you. 8The whole land of Canaan, where you now reside
as a foreigner, I will give as an everlasting possession
to you and your descendants after you; and I will be
their God.”
9Then God said to Abraham, “As for you, you must
keep my covenant, you and your descendants after

6Abram lui répondit : Ta servante est en ton pouvoir.
Agis envers elle comme bon te semblera.
Alors Saraï la traita si durement que celle-ci s’enfuit.
7L’ange de l’Eternel la rencontra près d’une source d’eau
dans le désert, celle qui se trouve sur le chemin de Shour.
8Il lui demanda : Agar, servante de Saraï, d’où viens-tu
et où vas-tu ?
Elle répondit : Je m’enfuis de chez Saraï, ma maîtresse.
9L’ange de l’Eternel lui dit : Retourne auprès de ta
maîtresse et humilie-toi devant elle. 10Et il ajouta : Je te
donnerai de très nombreux descendants ; ils seront si nombreux qu’on ne pourra pas les compter. 11Puis il ajouta :

Tu attends un enfant :
ce sera un garçon.
Tu l’appelleras Ismaël (Dieu entend)
car l’Eternel t’a entendue dans ta détresse.
12 Ton fils sera comme un âne sauvage :
lui, il s’opposera à tous
et tous s’opposeront à lui,
mais il assurera sa place en face de tous ses
 semblables.

13Agar se demanda : Ai-je réellement vu ici même celui
qui me voit ?
Et elle appela l’Eternel qui lui avait parlé du nom de
Atta-El-Roï (C’est toi le Dieu qui me voit). 14C’est pourquoi
on appelle ce puits : Beer-Lachaï-Roï (le Puits du Vivant-
qui-me-voit). Il se trouve entre Qadesh et Béred.
15Agar donna le jour à un fils que son père appela Ismaël.
16Abram avait quatre-vingt-six ans quand Agar lui donna
ce fils.

Le signe de l’alliance

17 1Quand Abram eut quatre-vingt-dix-neuf ans,
l’Eternel lui apparut et lui dit : Je suis le Dieu
tout-puissant. Mène ta vie sous mon regard et com-
porte-toi de manière intègre 2afin que j’établisse mon
alliance avec toi et que je multiplie ta descendance à
l’extrême.
3Abram se prosterna, la face contre terre, et Dieu ajouta :
4Pour moi, voici quelle est mon alliance avec toi : Tu deviendras le père d’une multitude de peuples. 5Désormais ton
nom ne sera plus Abram (Père éminent), mais Abraham,
car je ferai de toi le père d’une multitude de peuples[l]. 6Je
multiplierai à l’extrême le nombre de tes descendants et
je te donnerai d’être à l’origine de divers peuples ; des rois
même seront issus de toi. 7Je maintiendrai pour toujours
mon alliance avec toi, et avec ta descendance après toi,
de génération en génération. En vertu de cette alliance, je
serai ton Dieu et celui de ta descendance après toi. 8Je te
donnerai, ainsi qu’à ta descendance, ce pays de Canaan où
tu vis maintenant en étranger. Il sera votre propriété pour
toujours. Et je serai le Dieu de ta descendance.
9Puis Dieu ajouta : De ton côté, tu respecteras les
clauses de mon alliance, toi et ta descendance, de

m 16:11 *Ishmael* means *God hears.*
n 16:12 Or *live to the east / of*
o 16:13 Or *seen the back of*
p 16:14 *Beer Lahai Roi* means *well of the Living One who sees me.*
q 17:1 Hebrew *El-Shaddai*
r 17:5 *Abram* means *exalted father.*
s 17:5 *Abraham* probably means *father of many.*

l 17.5 Cité en Rm 4.17-18.

you for the generations to come. 10 This is my covenant with you and your descendants after you, the covenant you are to keep: Every male among you shall be circumcised. 11 You are to undergo circumcision, and it will be the sign of the covenant between me and you. 12 For the generations to come every male among you who is eight days old must be circumcised, including those born in your household or bought with money from a foreigner – those who are not your offspring. 13 Whether born in your household or bought with your money, they must be circumcised. My covenant in your flesh is to be an everlasting covenant. 14 Any uncircumcised male, who has not been circumcised in the flesh, will be cut off from his people; he has broken my covenant."

15 God also said to Abraham, "As for Sarai your wife, you are no longer to call her Sarai; her name will be Sarah. 16 I will bless her and will surely give you a son by her. I will bless her so that she will be the mother of nations; kings of peoples will come from her."

17 Abraham fell facedown; he laughed and said to himself, "Will a son be born to a man a hundred years old? Will Sarah bear a child at the age of ninety?" 18 And Abraham said to God, "If only Ishmael might live under your blessing!"

19 Then God said, "Yes, but your wife Sarah will bear you a son, and you will call him Isaac.[t] I will establish my covenant with him as an everlasting covenant for his descendants after him. 20 And as for Ishmael, I have heard you: I will surely bless him; I will make him fruitful and will greatly increase his numbers. He will be the father of twelve rulers, and I will make him into a great nation. 21 But my covenant I will establish with Isaac, whom Sarah will bear to you by this time next year." 22 When he had finished speaking with Abraham, God went up from him.

23 On that very day Abraham took his son Ishmael and all those born in his household or bought with his money, every male in his household, and circumcised them, as God told him. 24 Abraham was ninety-nine years old when he was circumcised, 25 and his son Ishmael was thirteen; 26 Abraham and his son Ishmael were both circumcised on that very day. 27 And every male in Abraham's household, including those born in his household or bought from a foreigner, was circumcised with him.

[t] 17:19 *Isaac* means *he laughs.*

génération en génération. 10 Voici quelle est mon alliance avec vous et avec ta descendance, quels en sont les termes que vous devrez respecter : tous ceux qui sont de sexe masculin parmi vous seront circoncis. 11 Vous porterez cette marque dans votre chair, et cela sera le signe de l'alliance entre moi et vous. 12 De génération en génération, tout garçon devra être circoncis à l'âge de huit jours. Cela s'applique aussi à tout garçon né dans ta maison, et aux étrangers qui auront été achetés comme esclaves, et qui ne sont pas de ta descendance. 13 Tous sans exception seront circoncis, qu'ils soient nés dans ta maison ou acquis à prix d'argent ; ainsi le signe de mon alliance sera gravé dans votre chair. C'est là une alliance à perpétuité. 14 Celui qui n'aura pas été circoncis sera retranché de son peuple parce qu'il n'aura pas respecté les clauses de mon alliance.

L'héritier de l'alliance

15 Dieu dit encore à Abraham : Pour ce qui concerne ta femme Saraï, tu ne l'appelleras plus Saraï (Ma princesse), désormais son nom est Sara (Princesse). 16 Je la bénirai et je t'accorderai par elle un fils ; je la bénirai et elle deviendra l'ancêtre de plusieurs peuples ; des rois de divers peuples sortiront d'elle.

17 Alors Abraham se prosterna de nouveau la face contre terre, et il se mit à rire en se disant intérieurement : Eh quoi ! un homme centenaire peut-il encore avoir un enfant ? Et Sara, une femme de quatre-vingt-dix ans, peut-elle donner naissance à un enfant ? 18 Et il dit à Dieu : Tout ce que je demande c'est qu'Ismaël vive et que tu prennes soin de lui[m].

19 Dieu reprit : Mais non ! c'est Sara, ta femme, qui te donnera un fils. Tu l'appelleras Isaac (Il rit) et j'établirai mon alliance avec lui, pour toujours, et avec sa descendance après lui. 20 En ce qui concerne Ismaël, j'ai entendu ta prière en sa faveur. Oui, je le bénirai. Je lui donnerai de nombreux descendants : je le multiplierai à l'extrême. Douze princes seront issus de lui et je ferai de lui l'ancêtre d'un grand peuple. 21 Mais mon alliance, c'est avec Isaac que je l'établirai, le fils que Sara te donnera l'année prochaine à cette époque.

La circoncision d'Abraham et des siens

22 Après avoir achevé de parler avec Abraham, Dieu s'éleva au-dessus de lui. 23 Ce même jour, Abraham circoncit Ismaël son fils, ainsi que tous les gens nés dans sa maison et tous les esclaves qu'il avait achetés. Tous les gens de sexe masculin qui appartenaient à la maison d'Abraham furent circoncis comme Dieu le lui avait ordonné. 24 Abraham avait quatre-vingt-dix-neuf ans quand il fut circoncis et 25 Ismaël son fils en avait treize. 26 Abraham et son fils Ismaël furent circoncis le même jour, 27 en même temps que tous les hommes de sa maison nés chez lui et les étrangers acquis à prix d'argent.

[m] 17.18 Autre traduction : *en ta présence.*

The Three Visitors

18 1The LORD appeared to Abraham near the great
trees of Mamre while he was sitting at the
entrance to his tent in the heat of the day. 2Abraham
looked up and saw three men standing nearby. When
he saw them, he hurried from the entrance of his tent
to meet them and bowed low to the ground.

3He said, "If I have found favor in your eyes, my
lord,[u] do not pass your servant by. 4Let a little water
be brought, and then you may all wash your feet and
rest under this tree. 5Let me get you something to eat,
so you can be refreshed and then go on your way – now
that you have come to your servant."

"Very well," they answered, "do as you say."

6So Abraham hurried into the tent to Sarah.
"Quick," he said, "get three seahs[v] of the finest flour
and knead it and bake some bread."

7Then he ran to the herd and selected a choice,
tender calf and gave it to a servant, who hurried to
prepare it. 8He then brought some curds and milk and
the calf that had been prepared, and set these before
them. While they ate, he stood near them under a tree.

9"Where is your wife Sarah?" they asked him.

"There, in the tent," he said.

10Then one of them said, "I will surely return to
you about this time next year, and Sarah your wife
will have a son."

Now Sarah was listening at the entrance to the
tent, which was behind him. 11Abraham and Sarah
were already very old, and Sarah was past the age
of childbearing. 12So Sarah laughed to herself as she
thought, "After I am worn out and my lord is old, will
I now have this pleasure?"

13Then the LORD said to Abraham, "Why did Sarah
laugh and say, 'Will I really have a child, now that I
am old?' 14Is anything too hard for the LORD? I will
return to you at the appointed time next year, and
Sarah will have a son."

15Sarah was afraid, so she lied and said, "I did not
laugh."

But he said, "Yes, you did laugh."

Abraham Pleads for Sodom

16When the men got up to leave, they looked down
toward Sodom, and Abraham walked along with them
to see them on their way. 17Then the LORD said, "Shall I
hide from Abraham what I am about to do? 18Abraham
will surely become a great and powerful nation, and
all nations on earth will be blessed through him.[w]
19For I have chosen him, so that he will direct his
children and his household after him to keep the way
of the LORD by doing what is right and just, so that

[u] **18:3** Or *eyes, Lord*
[v] **18:6** That is, probably about 36 pounds or about 16 kilograms
[w] **18:18** Or *will use his name in blessings* (see 48:20)

« Tu auras un fils »

18 1L'Eternel apparut à Abraham près des chênes
de Mamré. Abraham était assis à l'entrée de sa
tente. C'était l'heure de la forte chaleur. 2Il regarda
et aperçut soudain trois hommes[n] qui se tenaient à
quelque distance de lui. Dès qu'il les vit, il courut
à leur rencontre depuis l'entrée de sa tente et se
prosterna jusqu'à terre.

3– Mes seigneurs, leur dit-il, faites-moi la faveur de ne
pas passer près de chez votre serviteur sans vous arrêter !
4Permettez-moi d'aller chercher un peu d'eau pour que
vous vous laviez les pieds, puis vous vous reposerez là sous
cet arbre. 5Je vous apporterai un morceau de pain et vous
reprendrez des forces avant de poursuivre votre chemin
puisque vous êtes passés si près de chez votre serviteur.

Ils répondirent : Très bien, fais comme tu as dit !

6Abraham se dépêcha d'entrer dans sa tente et de dire
à Sara : Pétris vite trois mesures[o] de fleur de farine, et
fais-en des galettes.

7Puis il courut au troupeau et choisit un veau gras à la
chair bien tendre, il l'amena à un serviteur qui se hâta
de l'apprêter. 8Il prit du fromage et du lait avec la viande
qu'il avait fait apprêter, et les apporta aux trois hommes.
Abraham se tint auprès d'eux sous l'arbre pendant qu'ils
mangeaient.

9Ils lui demandèrent alors : Où est Sara, ta femme ?

– Elle est là dans la tente, leur répondit-il.

10Puis l'un d'eux lui dit : L'an prochain, à la même époque, je ne manquerai pas de revenir chez toi, et ta femme
Sara aura un fils[p].

Derrière lui, à l'entrée de la tente, Sara entendit ces paroles. 11Or, Abraham et Sara étaient tous deux très âgés et
Sara avait dépassé l'âge d'avoir des enfants. 12Alors Sara
rit en elle-même en se disant : Maintenant, vieille comme
je suis, aurais-je encore du plaisir ? Mon mari aussi est
un vieillard[q].

13Alors l'Eternel dit à Abraham : Pourquoi donc Sara
a-t-elle ri en se disant : « Peut-il être vrai que j'aurai un
enfant, âgée comme je suis ? » 14Y a-t-il quoi que ce soit
de trop extraordinaire pour l'Eternel ? L'an prochain, à
l'époque où je repasserai chez toi, Sara aura un fils.

15Saisie de crainte, Sara mentit : Je n'ai pas ri, dit-elle.

– Si ! tu as bel et bien ri, répliqua l'Eternel.

16Puis ces hommes se remirent en route en prenant
la direction de Sodome[r]. Abraham les accompagna pour
prendre congé d'eux.

17L'Eternel se dit alors : Cacherai-je à Abraham ce que
je vais faire ? 18Il deviendra l'ancêtre d'un peuple grand
et puissant et une source de bénédictions pour tous les
peuples de la terre. 19Car je l'ai choisi pour qu'il prescrive
à ses descendants et à tous les siens après lui de faire la

[n] **18.2** Abraham voit dans ces trois visiteurs des *hommes* (voir v. 16, 22) envers lesquels il accomplit les devoirs normaux d'hospitalité. La suite du récit parle de *deux anges* (19.1) et de l'Eternel (v. 10, 20, 23). Voir Hé 13.2.
[o] **18.6** C'est-à-dire 12 litres.
[p] **18.10** Cité en Rm 9.9.
[q] **18.12** Allusion en 1 P 3.6.
[r] **18.16** Sodome se trouvait à l'emplacement actuel du sud de la mer Morte.

the LORD will bring about for Abraham what he has
promised him."

20 Then the LORD said, "The outcry against Sodom
and Gomorrah is so great and their sin so grievous
21 that I will go down and see if what they have done
is as bad as the outcry that has reached me. If not, I
will know."

22 The men turned away and went toward Sodom,
but Abraham remained standing before the LORD.[x]
23 Then Abraham approached him and said: "Will you
sweep away the righteous with the wicked? 24 What if
there are fifty righteous people in the city? Will you
really sweep it away and not spare[y] the place for the
sake of the fifty righteous people in it? 25 Far be it from
you to do such a thing – to kill the righteous with the
wicked, treating the righteous and the wicked alike.
Far be it from you! Will not the Judge of all the earth
do right?"

26 The LORD said, "If I find fifty righteous people in
the city of Sodom, I will spare the whole place for
their sake."

27 Then Abraham spoke up again: "Now that I have
been so bold as to speak to the Lord, though I am
nothing but dust and ashes, 28 what if the number of
the righteous is five less than fifty? Will you destroy
the whole city for lack of five people?"

"If I find forty-five there," he said, "I will not destroy it."

29 Once again he spoke to him, "What if only forty
are found there?"

He said, "For the sake of forty, I will not do it."

30 Then he said, "May the Lord not be angry, but let
me speak. What if only thirty can be found there?"

He answered, "I will not do it if I find thirty there."

31 Abraham said, "Now that I have been so bold as to
speak to the Lord, what if only twenty can be found
there?"

He said, "For the sake of twenty, I will not destroy
it."

32 Then he said, "May the Lord not be angry, but
let me speak just once more. What if only ten can be
found there?"

He answered, "For the sake of ten, I will not destroy it."

33 When the LORD had finished speaking with
Abraham, he left, and Abraham returned home.

Sodom and Gomorrah Destroyed

19 1 The two angels arrived at Sodom in the evening, and Lot was sitting in the gateway of the
city. When he saw them, he got up to meet them and
bowed down with his face to the ground. 2 "My lords,"
he said, "please turn aside to your servant's house. You
can wash your feet and spend the night and then go
on your way early in the morning."

[x] **18:22** Masoretic Text; an ancient Hebrew scribal tradition *but the LORD remained standing before Abraham*
[y] **18:24** Or *forgive*; also in verse 26

volonté de l'Eternel, en faisant ce qui est juste et droit ;
ainsi j'accomplirai les promesses que je lui ai faites.

Abraham prie pour Sodome

20 Alors l'Eternel dit à Abraham : De graves accusations
contre Sodome et Gomorrhe sont montées jusqu'à moi :
leur perversité est énorme. 21 Je veux y descendre pour voir
si leur conduite est vraiment conforme à ce que j'entends
dire. Et si ce n'est pas le cas, je le saurai.

22 Là-dessus, ces hommes partirent en direction de
Sodome, tandis qu'Abraham continuait à se tenir en
présence de l'Eternel[s]. 23 Il s'approcha et dit : Vas-tu vraiment faire périr le juste avec le coupable ? 24 Peut-être
y a-t-il cinquante justes dans la ville ; vas-tu aussi les
faire périr ? Ne pardonneras-tu pas à la ville à cause de
ces cinquante justes qui sont au milieu d'elle ? 25 Tu ne
peux pas faire cela ! Tu ne peux pas traiter de la même
manière le juste et le coupable et faire mourir le juste avec
le méchant ! Toi qui juges la terre entière, n'agirais-tu pas
selon le droit ?

26 L'Eternel lui répondit : Si je trouve à Sodome cinquante
justes, je pardonnerai à toute la ville à cause d'eux.

27 Abraham reprit : Je ne suis que poussière et cendre, et
pourtant j'ai osé parler à mon Seigneur. 28 Peut-être que
des cinquante justes, il en manquera cinq. A cause de ces
cinq hommes en moins, vas-tu détruire toute la ville ?

Dieu répondit : Non, je ne la détruirai pas si j'y trouve
quarante-cinq justes.

29 Abraham reprit à nouveau la parole et dit : Peut-être
ne s'y trouvera-t-il que quarante justes ?

Et Dieu dit : A cause de ces quarante, je ne la détruirai
pas.

30 Abraham poursuivit : Que mon Seigneur ne se fâche
pas si j'insiste. Peut-être n'y aura-t-il que trente justes ?

Et Dieu dit : Si j'en trouve trente, je ne détruirai pas
la ville.

31 Abraham reprit : Voilà que j'ai osé parler à mon
Seigneur. Mais peut-être s'en trouvera-t-il seulement vingt.
Et Dieu répondit : A cause de ces vingt, je ne détruirai
pas la ville.

32 Abraham dit : Que mon Seigneur ne se mette pas en
colère, et je parlerai une dernière fois. Peut-être ne s'y
trouvera-t-il que dix justes.

Et Dieu dit : A cause de ces dix, je ne détruirai pas
Sodome.

33 Quand il eut fini de s'entretenir avec Abraham, l'Eternel s'en alla et Abraham retourna chez lui.

La destruction de Sodome et de Gomorrhe

19 1 Le soir, les deux anges arrivèrent à Sodome. Loth
était assis à la porte de la ville. En les voyant, il se
leva pour aller à leur rencontre et se prosterna face contre
terre. 2 Il leur dit : S'il vous plaît, mes seigneurs, acceptez
de faire un détour et de venir loger dans la maison de
votre serviteur. Vous pourrez vous y laver les pieds, et
vous y passerez la nuit, avant de poursuivre votre route.

[s] **18.22** Selon le texte hébreu traditionnel. Une ancienne tradition scribale porte : *tandis que l'Eternel continuait à se tenir devant Abraham.*

"No," they answered, "we will spend the night in the square."

3 But he insisted so strongly that they did go with him and entered his house. He prepared a meal for them, baking bread without yeast, and they ate. 4 Before they had gone to bed, all the men from every part of the city of Sodom – both young and old – surrounded the house. 5 They called to Lot, "Where are the men who came to you tonight? Bring them out to us so that we can have sex with them."

6 Lot went outside to meet them and shut the door behind him 7 and said, "No, my friends. Don't do this wicked thing. 8 Look, I have two daughters who have never slept with a man. Let me bring them out to you, and you can do what you like with them. But don't do anything to these men, for they have come under the protection of my roof."

9 "Get out of our way," they replied. "This fellow came here as a foreigner, and now he wants to play the judge! We'll treat you worse than them." They kept bringing pressure on Lot and moved forward to break down the door.

10 But the men inside reached out and pulled Lot back into the house and shut the door. 11 Then they struck the men who were at the door of the house, young and old, with blindness so that they could not find the door.

12 The two men said to Lot, "Do you have anyone else here – sons-in-law, sons or daughters, or anyone else in the city who belongs to you? Get them out of here, 13 because we are going to destroy this place. The outcry to the LORD against its people is so great that he has sent us to destroy it."

14 So Lot went out and spoke to his sons-in-law, who were pledged to marry[z] his daughters. He said, "Hurry and get out of this place, because the LORD is about to destroy the city!" But his sons-in-law thought he was joking.

15 With the coming of dawn, the angels urged Lot, saying, "Hurry! Take your wife and your two daughters who are here, or you will be swept away when the city is punished."

16 When he hesitated, the men grasped his hand and the hands of his wife and of his two daughters and led them safely out of the city, for the LORD was merciful to them. 17 As soon as they had brought them out, one of them said, "Flee for your lives! Don't look back, and don't stop anywhere in the plain! Flee to the mountains or you will be swept away!"

18 But Lot said to them, "No, my lords,[a] please! 19 Your[b] servant has found favor in your[c] eyes, and you[d] have shown great kindness to me in sparing my life. But I can't flee to the mountains; this disaster will overtake me, and I'll die. 20 Look, here is a town near

z 19:14 Or *were married to*
a 19:18 Or *No, Lord*; or *No, my lord*
b 19:19 The Hebrew is singular.
c 19:19 The Hebrew is singular.
d 19:19 The Hebrew is singular.

– Non, lui répondirent-ils, nous passerons la nuit sur la place.

3 Mais Loth insista tant qu'ils finirent par accepter de se rendre dans sa maison. Il leur fit préparer un festin et cuire du pain sans levain et ils se mirent à manger.

4 Quand ils furent sur le point de se coucher, la maison fut encerclée par les gens de la ville : tous les hommes de Sodome, jeunes et vieux, étaient venus là du bout de la ville. 5 Ils appelèrent Loth et lui demandèrent : Où sont ces hommes qui sont venus chez toi cette nuit ? Amène-les nous pour que nous entrions en relation avec eux !

6 Loth sortit sur le pas de sa porte et referma la porte derrière lui.

7 – Non, mes frères, leur dit-il, je vous en supplie, ne commettez pas le mal ! 8 Ecoutez : j'ai deux filles qui sont encore vierges. Je vais vous les amener, vous leur ferez ce qui vous plaira, mais ne touchez pas ces hommes puisqu'ils sont venus s'abriter sous mon toit[t].

9 – Ote-toi de là ! lui crièrent-ils. Puis ils ajoutèrent : Voyez-moi cet individu, il est venu ici comme étranger et maintenant, il veut jouer au juge ! Eh bien, nous t'en ferons voir plus qu'à eux.

Puis ils poussèrent violemment Loth de côté et s'approchèrent de la porte pour l'enfoncer. 10 Mais les deux hommes venus chez Loth se saisirent de lui, le ramenèrent vers eux à l'intérieur de la maison, et refermèrent la porte. 11 Ils frappèrent d'aveuglement les gens massés à l'entrée de la maison, jeunes et vieux, de sorte qu'ils n'arrivaient plus à trouver la porte.

12 Alors les deux hommes dirent à Loth : Qui as-tu encore de ta parenté dans cette ville ? Des gendres, des fils et des filles ? Qui que ce soit, fais-les sortir de là : 13 nous allons détruire cette ville, parce que de graves accusations contre ses habitants sont montées jusque devant l'Eternel. C'est pourquoi l'Eternel nous a envoyés pour détruire la ville.

14 Là-dessus, Loth sortit et alla trouver les fiancés qui devaient prochainement épouser ses filles.

– Allons, leur dit-il, il faut quitter ce lieu car l'Eternel va détruire la ville !

Mais les fiancés prirent ses paroles pour une plaisanterie.

15 Dès que l'aube parut, les anges se firent pressants. Ils dirent à Loth : Debout ! Emmène ta femme et tes deux filles qui sont ici, si tu ne veux pas périr emporté par le jugement qui va s'abattre sur cette ville.

16 Comme il hésitait encore, les deux hommes les prirent par la main, lui, sa femme et ses deux filles, car Dieu voulait les épargner, et ils les entraînèrent hors de la ville[u].

17 Une fois hors de la ville, l'un des hommes lui dit : Sauve-toi ! Il y va de ta vie. Ne regarde pas derrière toi et ne t'arrête nulle part dans la plaine ! Fuis vers la montagne si tu ne veux pas périr !

18 – Oh non, mon seigneur, lui dit Loth, 19 ton serviteur a déjà obtenu ta faveur et tu as été très bon envers moi en me sauvant la vie ; je ne pourrai pas m'enfuir jusqu'à la montagne, je risque d'être atteint par le malheur et de mourir. 20 Il y a cette ville là-bas ; elle est assez proche pour que j'aie le temps de m'y réfugier. Elle est insignifiante,

t 19.8 Le respect des règles de l'hospitalité impliquait la protection des hôtes coûte que coûte.
u 19.16 Allusion en 2 P 2.7.

enough to run to, and it is small. Let me flee to it – it
is very small, isn't it? Then my life will be spared."
21 He said to him, "Very well, I will grant this request too; I will not overthrow the town you speak
of. 22 But flee there quickly, because I cannot do anything until you reach it." (That is why the town was
called Zoar.[e])
23 By the time Lot reached Zoar, the sun had risen
over the land. 24 Then the LORD rained down burning
sulfur on Sodom and Gomorrah – from the LORD out
of the heavens. 25 Thus he overthrew those cities and
the entire plain, destroying all those living in the cities – and also the vegetation in the land. 26 But Lot's
wife looked back, and she became a pillar of salt.
27 Early the next morning Abraham got up and returned to the place where he had stood before the
LORD. 28 He looked down toward Sodom and Gomorrah,
toward all the land of the plain, and he saw dense
smoke rising from the land, like smoke from a furnace.
29 So when God destroyed the cities of the plain,
he remembered Abraham, and he brought Lot out of
the catastrophe that overthrew the cities where Lot
had lived.

Lot and His Daughters

30 Lot and his two daughters left Zoar and settled
in the mountains, for he was afraid to stay in Zoar.
He and his two daughters lived in a cave. 31 One day
the older daughter said to the younger, "Our father is
old, and there is no man around here to give us children – as is the custom all over the earth. 32 Let's get
our father to drink wine and then sleep with him and
preserve our family line through our father."
33 That night they got their father to drink wine, and
the older daughter went in and slept with him. He was
not aware of it when she lay down or when she got up.
34 The next day the older daughter said to the
younger, "Last night I slept with my father. Let's get
him to drink wine again tonight, and you go in and
sleep with him so we can preserve our family line
through our father." 35 So they got their father to
drink wine that night also, and the younger daughter
went in and slept with him. Again he was not aware of
it when she lay down or when she got up.
36 So both of Lot's daughters became pregnant by
their father. 37 The older daughter had a son, and she
named him Moab[f]; he is the father of the Moabites of
today. 38 The younger daughter also had a son, and
she named him Ben-Ammi[g]; he is the father of the
Ammonites[h] of today.

Abraham and Abimelek

20 1 Now Abraham moved on from there into
the region of the Negev and lived between
Kadesh and Shur. For a while he stayed in Gerar, 2 and
there Abraham said of his wife Sarah, "She is my sister." Then Abimelek king of Gerar sent for Sarah and
took her.

[e] 19:22 *Zoar* means *small.*
[f] 19:37 *Moab* sounds like the Hebrew for *from father.*
[g] 19:38 *Ben-Ammi* means *son of my father's people.*
[h] 19:38 Hebrew *Bene-Ammon*

permets-moi de fuir jusque-là pour sauver ma vie ! N'est-
elle pas peu de chose ?
21 – Bon, lui dit l'ange, je t'accorde encore cette faveur
et je ne ferai pas venir de catastrophe sur la ville dont tu
parles. 22 Mais dépêche-toi de t'y sauver, car je ne peux
rien faire avant que tu y sois arrivé ! C'est pourquoi on a
nommé la ville Tsoar (Peu de chose).
23 Au moment où le soleil se levait, Loth arrivait à Tsoar.
24 Alors l'Eternel fit tomber sur Sodome et sur Gomorrhe
une pluie de soufre enflammé par un feu qui venait du ciel,
de l'Eternel. 25 Il fit venir une catastrophe sur ces villes
ainsi que sur toute la région. Toute la population de ces
villes périt ainsi que la végétation. 26 La femme de Loth
regarda derrière elle et fut changée en une statue de sel.
27 Abraham se rendit de bon matin à l'endroit où il s'était
tenu en présence de l'Eternel. 28 Il porta son regard vers
Sodome et Gomorrhe et vers toute la plaine environnante
et il vit s'élever de la terre une épaisse fumée, comme celle
d'un immense brasier.
29 Ainsi, lorsque Dieu détruisit les villes de la plaine, il
n'oublia pas Abraham et il fit échapper Loth à la catastrophe par laquelle il anéantit les villes où Loth avait habité.

Une descendance pour Loth

30 Par la suite, Loth quitta Tsoar car il avait peur d'y
demeurer, et il alla habiter avec ses deux filles dans la
montagne. Il s'installa avec elles dans une caverne.
31 L'aînée dit à la cadette : Notre père est déjà âgé et il n'y
a pas d'autre homme dans ce pays pour s'unir à nous selon
l'usage de tout le monde. 32 Allons ! faisons-lui boire du vin
et couchons avec lui pour lui donner une descendance.
33 Cette nuit-là, elles firent donc boire du vin à leur père
et l'aînée vint partager la couche de son père, qui ne se
rendit compte de rien, ni quand elle se coucha, ni quand
elle se leva. 34 Le lendemain, l'aînée dit à la plus jeune :
La nuit dernière j'ai couché avec mon père ; enivrons-le
encore ce soir et tu iras partager son lit. Ainsi nous lui
donnerons une descendance.
35 Ce soir-là, elles firent donc encore boire du vin à leur
père et la cadette alla coucher avec lui, mais il ne s'aperçut
ni quand elle se coucha ni quand elle se leva. 36 Les deux
filles de Loth devinrent enceintes de leur père.
37 L'aînée eut un fils qu'elle appela Moab[v] (Issu du
père) ; c'est l'ancêtre des Moabites qui existent encore
aujourd'hui. 38 La cadette aussi eut un fils, qu'elle appela Ben-Ammi (Fils de mon parent) ; c'est l'ancêtre des
Ammonites[w] qui existent encore aujourd'hui.

Abraham à Guérar

20 1 Abraham quitta cette région pour aller dans le
Néguev. Il s'installa entre Qadesh et Shour, puis il
séjourna à Guérar[x]. 2 En parlant de sa femme Sara, il disait :
« C'est ma sœur ! » de sorte qu'Abimélek, le roi de Guérar,

[v] 19.37 Les *Moabites* ont occupé une région à l'est de la mer Morte. Ils furent généralement hostiles aux Israélites.
[w] 19.38 Les *Ammonites* se fixèrent sur le plateau à l'est du Jourdain. Eux aussi furent des ennemis héréditaires des Israélites.
[x] 20.1 Entre Gaza, sur la côte méditerranéenne, et Beer-Sheva, dans le nord du Néguev.

3But God came to Abimelek in a dream one night and said to him, "You are as good as dead because of the woman you have taken; she is a married woman."

4Now Abimelek had not gone near her, so he said, "Lord, will you destroy an innocent nation? 5Did he not say to me, 'She is my sister,' and didn't she also say, 'He is my brother'? I have done this with a clear conscience and clean hands."

6Then God said to him in the dream, "Yes, I know you did this with a clear conscience, and so I have kept you from sinning against me. That is why I did not let you touch her. 7Now return the man's wife, for he is a prophet, and he will pray for you and you will live. But if you do not return her, you may be sure that you and all who belong to you will die."

8Early the next morning Abimelek summoned all his officials, and when he told them all that had happened, they were very much afraid. 9Then Abimelek called Abraham in and said, "What have you done to us? How have I wronged you that you have brought such great guilt upon me and my kingdom? You have done things to me that should never be done." 10And Abimelek asked Abraham, "What was your reason for doing this?"

11Abraham replied, "I said to myself, 'There is surely no fear of God in this place, and they will kill me because of my wife.' 12Besides, she really is my sister, the daughter of my father though not of my mother; and she became my wife. 13And when God had me wander from my father's household, I said to her, 'This is how you can show your love to me: Everywhere we go, say of me, "He is my brother." ' "

14Then Abimelek brought sheep and cattle and male and female slaves and gave them to Abraham, and he returned Sarah his wife to him. 15And Abimelek said, "My land is before you; live wherever you like."

16To Sarah he said, "I am giving your brother a thousand shekels[i] of silver. This is to cover the offense against you before all who are with you; you are completely vindicated."

17Then Abraham prayed to God, and God healed Abimelek, his wife and his female slaves so they could have children again, 18for the LORD had kept all the women in Abimelek's household from conceiving because of Abraham's wife Sarah.

The Birth of Isaac

21 1Now the LORD was gracious to Sarah as he had said, and the LORD did for Sarah what he had promised. 2Sarah became pregnant and bore a son to Abraham in his old age, at the very time God had promised him. 3Abraham gave the name Isaac[j] to the son Sarah bore him. 4When his son Isaac was eight days old, Abraham circumcised him, as God commanded him. 5Abraham was a hundred years old when his son Isaac was born to him.

6Sarah said, "God has brought me laughter, and everyone who hears about this will laugh with me."

[i] 20:16 That is, about 25 pounds or about 12 kilograms
[j] 21:3 *Isaac* means *he laughs.*

la fit enlever. 3Mais Dieu visita Abimélek de nuit en songe et lui dit : Tu vas mourir, à cause de cette femme que tu as enlevée, car elle est mariée.

4Or Abimélek ne s'était pas approché d'elle. Il s'écria : Mon Seigneur, ferais-tu mourir des innocents ? 5Son mari ne m'a-t-il pas dit : « C'est ma sœur » ? D'ailleurs, elle-même me l'a confirmé en affirmant : « C'est mon frère. » C'est en toute bonne conscience et avec innocence que j'ai agi.

6Dieu lui répondit en songe : Je sais, moi aussi, que tu as agi en toute bonne conscience. C'est pourquoi je t'ai empêché de commettre un péché contre moi et je ne t'ai pas laissé la toucher. 7Maintenant, renvoie cette femme à son mari, car c'est un prophète[y]. Il priera pour toi et tu resteras en vie. Mais si tu ne la lui rends pas, sache que tu mourras, toi et tous les tiens.

8De bon matin, Abimélek convoqua tous ses familiers et leur raconta tout ce qui lui était arrivé. Ces gens en furent extrêmement troublés. 9Puis Abimélek fit venir Abraham et lui dit : Pourquoi nous as-tu fait cela ? Quel mal t'ai-je fait pour que tu nous aies exposés, moi et mon royaume, à commettre un si grand péché ? Tu as fait envers moi des choses qui ne se font pas. 10Puis il demanda à Abraham : Pour quelle raison as-tu agi de la sorte ?

11Abraham répondit : Je me suis dit : Certainement, on n'a aucune crainte de Dieu dans ce pays, et on me tuera à cause de ma femme. 12De plus, elle est réellement ma parente, puisqu'elle est fille de mon père, mais pas de ma mère[z]. Et elle est devenue ma femme. 13Quand Dieu m'a fait quitter la maison de mon père et aller de lieu en lieu, j'ai dit à ma femme : « Aie la bonté de dire, partout où nous irons, que je suis ton frère. »

14Alors Abimélek prit des moutons, des chèvres et des bovins, des serviteurs et des servantes et en fit cadeau à Abraham. Il lui rendit aussi Sara, sa femme. 15Puis il ajouta : Mon pays est à ta disposition ; établis-toi où bon te semblera.

16Puis, se tournant vers Sara, il dit : Vois, je donne mille pièces d'argent à ton frère. C'est là un gage de ton innocence pour tous ceux qui sont avec toi et cela te justifiera devant tous.

17Abraham pria Dieu, et Dieu guérit Abimélek ainsi que sa femme et ses servantes, et elles purent de nouveau avoir des enfants. 18Car l'Eternel avait frappé de stérilité toutes les femmes dans la maison d'Abimélek à cause de l'enlèvement de Sara, femme d'Abraham.

La naissance d'Isaac

21 1L'Eternel intervint en faveur de Sara comme il l'avait annoncé et il accomplit pour elle ce qu'il avait promis. 2Elle devint enceinte et, au temps promis par Dieu, elle donna un fils à Abraham, bien que celui-ci fût très âgé. 3Il appela ce fils qui lui était né de Sara : Isaac (Il a ri). 4Il le circoncit à l'âge de huit jours, comme Dieu le lui avait ordonné[a].

5Abraham avait cent ans au moment de la naissance d'Isaac. 6Sara dit alors : Dieu m'a donné une occasion de rire, et tous ceux qui l'apprendront riront à mon sujet.

[y] 20.7 C'est-à-dire porte-parole de Dieu. Abraham est le premier à porter ce titre, semble-t-il en tant qu'intercesseur.
[z] 20.12 Il s'agit peut-être du grand-père et de la grand-mère.
[a] 21.4 Allusion en Ac 7.8.

7 And she added, "Who would have said to Abraham
that Sarah would nurse children? Yet I have borne
him a son in his old age."

Hagar and Ishmael Sent Away

8 The child grew and was weaned, and on the day
Isaac was weaned Abraham held a great feast. 9 But
Sarah saw that the son whom Hagar the Egyptian had
borne to Abraham was mocking, 10 and she said to
Abraham, "Get rid of that slave woman and her son,
for that woman's son will never share in the inheritance with my son Isaac."

11 The matter distressed Abraham greatly because
it concerned his son. 12 But God said to him, "Do not
be so distressed about the boy and your slave woman. Listen to whatever Sarah tells you, because it is
through Isaac that your offspring[k] will be reckoned.
13 I will make the son of the slave into a nation also,
because he is your offspring."

14 Early the next morning Abraham took some food
and a skin of water and gave them to Hagar. He set
them on her shoulders and then sent her off with the
boy. She went on her way and wandered in the Desert
of Beersheba.

15 When the water in the skin was gone, she put the
boy under one of the bushes. 16 Then she went off and
sat down about a bowshot away, for she thought, "I
cannot watch the boy die." And as she sat there, she[l]
began to sob.

17 God heard the boy crying, and the angel of God
called to Hagar from heaven and said to her, "What
is the matter, Hagar? Do not be afraid; God has heard
the boy crying as he lies there. 18 Lift the boy up and
take him by the hand, for I will make him into a great
nation."

19 Then God opened her eyes and she saw a well of
water. So she went and filled the skin with water and
gave the boy a drink.

20 God was with the boy as he grew up. He lived in
the desert and became an archer. 21 While he was living in the Desert of Paran, his mother got a wife for
him from Egypt.

The Treaty at Beersheba

22 At that time Abimelek and Phicol the commander
of his forces said to Abraham, "God is with you in
everything you do. 23 Now swear to me here before
God that you will not deal falsely with me or my children or my descendants. Show to me and the country
where you now reside as a foreigner the same kindness
I have shown to you."

24 Abraham said, "I swear it."

25 Then Abraham complained to Abimelek about
a well of water that Abimelek's servants had seized.

[k] 21:12 Or *seed*
[l] 21:16 Hebrew; Septuagint *the child*

7 Elle ajouta : Qui aurait dit à Abraham qu'un jour Sara
allaiterait des enfants ? Et cependant, je lui ai donné un
fils dans sa vieillesse.

Le renvoi d'Agar et d'Ismaël

8 L'enfant grandit et Sara cessa de l'allaiter. Le jour où
l'on sevra Isaac, Abraham fit un grand festin[b].
9 Sara vit rire le fils qu'Agar l'Egyptienne avait donné à
Abraham[c]. 10 Alors elle dit à Abraham : Chasse cette esclave
et son fils, car le fils de cette esclave ne partagera pas
l'héritage avec mon fils Isaac[d].

11 Cette parole affligea beaucoup Abraham, à cause de
son fils. 12 Mais Dieu lui dit : Ne t'afflige pas à cause du
garçon et de ta servante. Accorde à Sara tout ce qu'elle te
demandera. Car c'est par Isaac que te sera suscitée une descendance[e]. 13 Néanmoins, je ferai aussi du fils de l'esclave
l'ancêtre d'un peuple, car lui aussi est issu de toi.

14 Le lendemain, de bon matin, Abraham prépara du
pain et une outre d'eau qu'il donna à Agar en les plaçant
sur son épaule ; il lui donna aussi l'enfant et la congédia.
Elle partit à l'aventure et s'égara dans le désert de Beer-
Sheva. 15 L'eau qui était dans l'outre s'épuisa, alors elle
laissa l'enfant sous un buisson 16 et alla s'asseoir à l'écart,
à une centaine de mètres plus loin[f], car elle se disait : Je
ne veux pas voir mourir mon enfant.

Elle resta assise en face de lui, gémissant et pleurant.
17 Dieu entendit[g] la voix du garçon et l'ange de Dieu appela
Agar du haut du ciel et lui dit : Qu'as-tu, Agar ? N'aie pas
peur, car Dieu a entendu le garçon là où il est. 18 Lève-toi,
relève le garçon et prends-le par la main, car je ferai de
lui un grand peuple.

19 Dieu lui ouvrit les yeux, et elle aperçut un puits. Elle
alla remplir d'eau son outre et donna à boire au garçon.
20 Dieu fut avec lui. Il grandit et vécut dans le désert où
il devint un chasseur à l'arc. 21 Il s'établit dans le désert
de Parân, et sa mère choisit pour lui une femme du pays
d'Egypte.

Abraham fait alliance avec Abimélek

22 A la même époque, Abimélek accompagné de Pikol,
chef de son armée, vint trouver Abraham et lui dit : Dieu
fait réussir tout ce que tu entreprends. 23 Maintenant donc,
jure-moi ici par le nom de Dieu de ne trahir ni moi, ni mes
enfants, ni ma descendance, mais d'agir envers moi et
envers ce pays où tu séjournes avec la même bonté dont
j'ai usé envers toi.

24 Abraham répondit : Oui, je le jure.

25 Il saisit l'occasion pour lui faire des doléances au
sujet d'un puits dont les serviteurs d'Abimélek s'étaient
emparés.

[b] **21.8** Les enfants étaient sevrés vers deux ou trois ans. Le sevrage était célébré par une grande fête.
[c] **21.9** La version grecque a : *vit le fils qu'Agar l'Egyptienne avait donné à Abraham taquiner Isaac.*
[d] **21.10** Cité en Ga 4.29-30.
[e] **21.12** Cité en Rm 9.8 ; Hé 11.18.
[f] **21.16** L'hébreu a : *à la distance d'un jet de flèche.*
[g] **21.17** Allusion au nom d'Ismaël : *Dieu entend.*

26 But Abimelek said, "I don't know who has done this. You did not tell me, and I heard about it only today."

27 So Abraham brought sheep and cattle and gave them to Abimelek, and the two men made a treaty. 28 Abraham set apart seven ewe lambs from the flock, 29 and Abimelek asked Abraham, "What is the meaning of these seven ewe lambs you have set apart by themselves?"

30 He replied, "Accept these seven lambs from my hand as a witness that I dug this well."

31 So that place was called Beersheba,[m] because the two men swore an oath there.

32 After the treaty had been made at Beersheba, Abimelek and Phicol the commander of his forces returned to the land of the Philistines. 33 Abraham planted a tamarisk tree in Beersheba, and there he called on the name of the LORD, the Eternal God. 34 And Abraham stayed in the land of the Philistines for a long time.

Abraham Tested

22 1 Some time later God tested Abraham. He said to him, "Abraham!"

"Here I am," he replied.

2 Then God said, "Take your son, your only son, whom you love – Isaac – and go to the region of Moriah. Sacrifice him there as a burnt offering on a mountain I will show you."

3 Early the next morning Abraham got up and loaded his donkey. He took with him two of his servants and his son Isaac. When he had cut enough wood for the burnt offering, he set out for the place God had told him about. 4 On the third day Abraham looked up and saw the place in the distance. 5 He said to his servants, "Stay here with the donkey while I and the boy go over there. We will worship and then we will come back to you."

6 Abraham took the wood for the burnt offering and placed it on his son Isaac, and he himself carried the fire and the knife. As the two of them went on together, 7 Isaac spoke up and said to his father Abraham, "Father?"

"Yes, my son?" Abraham replied.

"The fire and wood are here," Isaac said, "but where is the lamb for the burnt offering?"

8 Abraham answered, "God himself will provide the lamb for the burnt offering, my son." And the two of them went on together.

9 When they reached the place God had told him about, Abraham built an altar there and arranged the wood on it. He bound his son Isaac and laid him on the altar, on top of the wood. 10 Then he reached out his hand and took the knife to slay his son. 11 But the angel of the LORD called out to him from heaven, "Abraham! Abraham!"

"Here I am," he replied.

m **21:31** *Beersheba* can mean *well of seven* and *well of the oath.*

26 Abimélek lui répondit : J'ignore qui a fait cela. Toi-même, tu ne m'en avais pas informé et je l'apprends aujourd'hui.

27 Abraham choisit des moutons, des chèvres et des bovins et en fit cadeau à Abimélek et tous deux conclurent ensemble une alliance. 28 Puis Abraham mit à part sept jeunes brebis du troupeau. 29 Abimélek lui demanda : Pourquoi as-tu mis ces sept brebis à part ?

30 Il répondit : Accepte ces sept jeunes brebis de ma main : cela me servira d'attestation que c'est bien moi qui ai fait creuser ce puits.

31 C'est pourquoi on a appelé ce lieu-là Beer-Sheva (le Puits du serment), parce que c'est là que tous deux prêtèrent serment.

32 Ainsi ils firent alliance à Beer-Sheva, puis Abimélek partit avec Pikol, le chef de son armée, et ils s'en retournèrent au pays des Philistins. 33 Abraham planta un tamaris à Beer-Sheva et il invoqua l'Eternel, le Dieu d'éternité. 34 Il séjourna encore longtemps au pays des Philistins.

Isaac sera-t-il sacrifié ?

22 1 Après ces événements, Dieu mit Abraham à l'épreuve[h]. Il l'appela : Abraham !

Et celui-ci répondit : Me voici.

2 – Prends Isaac, ton fils unique, que tu aimes, lui dit Dieu, et va au pays de Moriya. Là, tu me l'offriras en sacrifice sur l'une des collines, celle que je t'indiquerai.

3 Le lendemain, Abraham se leva de grand matin, sella son âne et emmena deux de ses serviteurs ainsi que son fils Isaac ; il fendit du bois pour l'holocauste, puis il se mit en route en direction de l'endroit que Dieu lui avait indiqué.

4 Après trois jours de marche, Abraham, levant les yeux, aperçut le lieu dans le lointain. 5 Alors il dit à ses serviteurs : Restez ici avec l'âne ; le garçon et moi, nous irons jusque là-bas pour adorer Dieu, puis nous reviendrons vers vous.

6 Abraham chargea le bois de l'holocauste sur son fils Isaac ; il prit lui-même des braises pour le feu et le couteau, puis tous deux s'en allèrent ensemble.

7 Isaac s'adressa à son père Abraham et lui dit : Mon père !

Abraham dit : Qu'y a-t-il, mon fils ?

– Voici le feu et le bois, dit-il, mais où est l'agneau pour l'holocauste ?

8 Abraham répondit : Mon fils, Dieu pourvoira lui-même à l'agneau pour l'holocauste.

Et ils poursuivirent leur chemin tous deux ensemble.

9 Quand ils furent arrivés à l'endroit que Dieu lui avait indiqué, Abraham construisit un autel et y disposa les bûches. Puis il ligota son fils Isaac et le mit sur l'autel par-dessus le bois. 10 Alors Abraham prit en main le couteau pour immoler son fils. 11 A ce moment-là, l'ange de l'Eternel lui cria du haut du ciel : Abraham ! Abraham !

– Me voici, répondit-il.

h **22.1** Allusion en Jc 2.21.

12“Do not lay a hand on the boy,” he said. “Do not
do anything to him. Now I know that you fear God,
because you have not withheld from me your son,
your only son.”
13Abraham looked up and there in a thicket he saw
a ram[n] caught by its horns. He went over and took the
ram and sacrificed it as a burnt offering instead of
his son. 14So Abraham called that place The LORD Will
Provide. And to this day it is said, “On the mountain
of the LORD it will be provided.”
15The angel of the LORD called to Abraham from
heaven a second time 16and said, “I swear by myself,
declares the LORD, that because you have done this
and have not withheld your son, your only son, 17I
will surely bless you and make your descendants as
numerous as the stars in the sky and as the sand on
the seashore. Your descendants will take possession
of the cities of their enemies, 18and through your offspring[o] all nations on earth will be blessed,[p] because
you have obeyed me.”
19Then Abraham returned to his servants, and they
set off together for Beersheba. And Abraham stayed
in Beersheba.

Nahor’s Sons

20Some time later Abraham was told, “Milkah is also
a mother; she has borne sons to your brother Nahor:
21Uz the firstborn, Buz his brother,
Kemuel (the father of Aram),
22Kesed, Hazo, Pildash, Jidlaph and Bethuel.”
23Bethuel became the father of Rebekah.
Milkah bore these eight sons to Abraham’s brother
Nahor.
24His concubine, whose name was Reumah, also
had sons:
Tebah, Gaham, Tahash and Maakah.

The Death of Sarah

23 1Sarah lived to be a hundred and twenty-sev-
en years old. 2She died at Kiriath Arba (that
is, Hebron) in the land of Canaan, and Abraham went
to mourn for Sarah and to weep over her.
3Then Abraham rose from beside his dead wife and
spoke to the Hittites.[q] He said, 4“I am a foreigner and
stranger among you. Sell me some property for a burial site here so I can bury my dead.”
5The Hittites replied to Abraham, 6“Sir, listen to us.
You are a mighty prince among us. Bury your dead in
the choicest of our tombs. None of us will refuse you
his tomb for burying your dead.”

[n] **22:13** Many manuscripts of the Masoretic Text, Samaritan Pentateuch, Septuagint and Syriac; most manuscripts of the Masoretic Text *a ram behind him*
[o] **22:18** Or *seed*
[p] **22:18** Or *and all nations on earth will use the name of your offspring in blessings* (see 48:20)
[q] **23:3** Or *the descendants of Heth*; also in verses 5, 7, 10, 16, 18 and 20

12L’ange reprit : Ne porte pas la main sur le garçon, ne lui
fais pas de mal, car maintenant je sais que tu crains Dieu
puisque tu ne m’as pas refusé ton fils unique.
13Alors Abraham aperçut un bélier qui s’était pris les
cornes dans un buisson[i]. Il s’en saisit et l’offrit en holocauste à la place de son fils. 14Abraham appela ce lieu-là :
Adonaï-Yireéh (le Seigneur pourvoira). C’est pourquoi
on dit aujourd’hui : Sur la montagne du Seigneur, il sera
pourvu.
15Puis l’ange de l’Eternel appela une seconde fois
Abraham du haut du ciel 16et lui dit : Je le jure par moi-
même, parole de l’Eternel, puisque tu as fait cela, puisque
tu ne m’as pas refusé ton fils, ton unique, 17je te comblerai
de bénédictions, je multiplierai ta descendance et je la
rendrai aussi nombreuse que les étoiles du ciel et que les
grains de sable au bord de la mer. Ta descendance dominera sur ses ennemis[j]. 18Tous les peuples de la terre seront
bénis à travers ta descendance parce que tu m’as obéi.
19Abraham revint vers ses serviteurs et ils se remirent
ensemble en route pour rentrer à Beer-Sheva où Abraham
continua d’habiter.

La descendance de Nahor

20Après ces événements, on annonça à Abraham que
Milka avait donné des enfants à Nahor, son frère : 21Outs
son premier-né, Bouz le second, Qemouel, père d’Aram,
22Késéd, Hazo, Pildash, Yidlaph et Betouel. 23Betouel fut
le père de Rébecca. Ce sont là les huit fils que Milka avait
donnés à Nahor, frère d’Abraham. 24Son épouse de second
rang Reouma lui donna aussi des enfants : Tébah, Gaham,
Tahash et Maaka.

L’achat d’un terrain dans le pays de Canaan

23 1Sara vécut cent vingt-sept ans. 2Elle mourut à
Qiryath-Arba, c’est-à-dire Hébron, dans le pays
de Canaan. Abraham célébra ses funérailles et la pleura. 3Puis il se leva de l’endroit où reposait le corps de sa
femme et alla parler aux Hittites[k]. 4Il leur dit : Je ne suis
qu’un étranger chez vous ; accordez-moi parmi vous une
propriété[l] funéraire pour que je puisse enterrer ma femme
qui est morte.
5Les Hittites répondirent à Abraham : 6Ecoute-nous,
mon seigneur, nous te considérons comme un prince de
Dieu au milieu de nous. Ensevelis le corps de ta femme dans
la meilleure de nos tombes. Aucun de nous ne te refusera
un tombeau pour ensevelir ta femme.

[i] **22.13** D’après certains manuscrits, le Pentateuque samaritain et la version syriaque. Le texte hébreu traditionnel a : *derrière lui*.
[j] **22.17** Les v. 16-17 sont cités en Hé 6.13-14.
[k] **23.3** Ce nom s’applique aux descendants de Heth qui habitaient ce qui deviendra le pays d’Israël, en particulier la région d’Hébron. Selon certains, ces Hittites n’ont aucun lien avec les Hittites qui, de 1800 à 1200 av. J.-C., ont régné, en Asie Mineure, sur un grand empire qui s’est étendu jusqu’en Syrie et au Liban. Pour d’autres, ces deux groupes hittites ont une origine lointaine commune.
[l] **23.4** La propriété contenant le tombeau de Sara sera la première possession d’Abraham dans le pays promis. Son acquisition attestait sa foi dans la promesse divine : il voulait que sa femme soit enterrée là où ses descendants séjourneraient. Voir Ac 7.16 ; Hé 11.9,13.

7 Then Abraham rose and bowed down before the people of the land, the Hittites. 8 He said to them, "If you are willing to let me bury my dead, then listen to me and intercede with Ephron son of Zohar on my behalf 9 so he will sell me the cave of Machpelah, which belongs to him and is at the end of his field. Ask him to sell it to me for the full price as a burial site among you."

10 Ephron the Hittite was sitting among his people and he replied to Abraham in the hearing of all the Hittites who had come to the gate of his city. 11 "No, my lord," he said. "Listen to me; I give[r] you the field, and I give[s] you the cave that is in it. I give[t] it to you in the presence of my people. Bury your dead."

12 Again Abraham bowed down before the people of the land 13 and he said to Ephron in their hearing, "Listen to me, if you will. I will pay the price of the field. Accept it from me so I can bury my dead there."

14 Ephron answered Abraham, 15 "Listen to me, my lord; the land is worth four hundred shekels[u] of silver, but what is that between you and me? Bury your dead."

16 Abraham agreed to Ephron's terms and weighed out for him the price he had named in the hearing of the Hittites: four hundred shekels of silver, according to the weight current among the merchants.

17 So Ephron's field in Machpelah near Mamre – both the field and the cave in it, and all the trees within the borders of the field – was deeded 18 to Abraham as his property in the presence of all the Hittites who had come to the gate of the city. 19 Afterward Abraham buried his wife Sarah in the cave in the field of Machpelah near Mamre (which is at Hebron) in the land of Canaan. 20 So the field and the cave in it were deeded to Abraham by the Hittites as a burial site.

Isaac and Rebekah

24 1 Abraham was now very old, and the LORD had blessed him in every way. 2 He said to the senior servant in his household, the one in charge of all that he had, "Put your hand under my thigh. 3 I want you to swear by the LORD, the God of heaven and the God of earth, that you will not get a wife for my son from the daughters of the Canaanites, among whom I am living, 4 but will go to my country and my own relatives and get a wife for my son Isaac."

5 The servant asked him, "What if the woman is unwilling to come back with me to this land? Shall I then take your son back to the country you came from?"

6 "Make sure that you do not take my son back there," Abraham said. 7 "The LORD, the God of heaven, who brought me out of my father's household and my native land and who spoke to me and promised me on oath, saying, 'To your offspring[v] I will give this land' – he will send his angel before you so that you can get a wife for my son from there. 8 If the woman

[r] 23:11 Or *sell*
[s] 23:11 Or *sell*
[t] 23:11 Or *sell*
[u] 23:15 That is, about 10 pounds or about 4.6 kilograms
[v] 24:7 Or *seed*

7 Alors Abraham s'avança et se prosterna devant les Hittites qui habitaient le pays. 8 Puis il leur dit : Puisque vous me permettez d'enterrer le corps de ma femme, faites-moi la faveur de prier Ephrôn, fils de Tsohar, 9 de me céder la caverne de Makpéla qui lui appartient et qui se trouve à l'extrémité de son champ. Qu'il me l'accorde en propriété funéraire en votre présence contre sa pleine valeur en argent.

10 Or Ephrôn le Hittite siégeait parmi eux. Il répondit à Abraham devant tous les Hittites qui venaient à la porte de sa ville : 11 Non, mon seigneur, écoute-moi. Je te donne le champ et la caverne qui s'y trouve. Je t'en fais don en présence des gens de mon peuple pour que tu y ensevelisses le corps de ta femme.

12 Abraham s'inclina profondément devant les gens de la région 13 et il répondit à Ephrôn de façon à être entendu par tous : S'il te plaît, écoute-moi à ton tour. Permets-moi de te payer le prix du champ. Accepte-le de ma part et j'y ensevelirai le corps de ma femme.

14 Alors Ephrôn reprit : 15 Mon seigneur, écoute-moi. Que représente entre nous une terre qui vaut quatre cents pièces d'argent ? Prends-la donc et ensevelis le corps de ta femme.

16 Abraham accepta la proposition d'Ephrôn et lui pesa la somme qu'il avait mentionnée en présence des autres Hittites, à savoir quatre cents pièces d'argent suivant le cours usuel.

17 De la sorte, le terrain d'Ephrôn, qui est à Makpéla, vis-à-vis de Mamré, ainsi que la caverne qui s'y trouvait et tous les arbres sur le terrain et ceux qui l'entouraient passèrent 18 en propriété à Abraham en présence des Hittites et de tous ceux qui étaient venus à la porte de sa ville. 19 Après quoi, Abraham ensevelit sa femme Sara dans la caverne du champ de Makpéla, vis-à-vis de Mamré, c'est-à-dire d'Hébron, dans le pays de Canaan. 20 Les Hittites garantirent à Abraham la propriété du champ et de la caverne pour qu'il y enterre ses morts.

Le mariage d'Isaac

24 1 Abraham était un vieillard très âgé. L'Eternel l'avait béni en toutes choses. 2 Il dit à son serviteur le plus ancien qui administrait tous ses biens : Place ta main sous ma cuisse[m] 3 et jure-moi par l'Eternel, le Dieu du ciel et le Dieu de la terre, que tu ne prendras pas pour mon fils une femme parmi les filles des Cananéens, au milieu desquels j'habite, 4 mais que tu iras dans mon pays[n], au sein de ma parenté, prendre une femme pour mon fils Isaac.

5 Le serviteur lui répondit : Peut-être cette femme ne voudra-t-elle pas me suivre ici au pays. Devrai-je alors ramener ton fils dans le pays d'où tu es parti ?

6 – Garde-toi bien de ramener mon fils là-bas, lui dit Abraham. 7 L'Eternel, le Dieu du ciel qui m'a fait quitter ma famille et le pays de ma naissance, qui m'a parlé et m'a promis par serment de donner ce pays-ci à ma descendance, te fera précéder par son ange pour que tu puisses emmener de là-bas une femme pour mon fils. 8 Si cette femme ne consent pas à te suivre, tu seras dégagé de ton

[m] **24.2** Geste solennel de serment signifiant que l'on s'engage aussi envers les descendants de celui qui en bénéficie.
[n] **24.4** C'est-à-dire à Harân où son père s'était fixé.

is unwilling to come back with you, then you will be
released from this oath of mine. Only do not take my
son back there." 9 So the servant put his hand under
the thigh of his master Abraham and swore an oath
to him concerning this matter.

10 Then the servant left, taking with him ten of his
master's camels loaded with all kinds of good things
from his master. He set out for Aram Naharaim[w] and
made his way to the town of Nahor. 11 He had the
camels kneel down near the well outside the town;
it was toward evening, the time the women go out
to draw water.

12 Then he prayed, "LORD, God of my master
Abraham, make me successful today, and show kindness to my master Abraham. 13 See, I am standing
beside this spring, and the daughters of the townspeople are coming out to draw water. 14 May it be that
when I say to a young woman, 'Please let down your
jar that I may have a drink,' and she says, 'Drink, and
I'll water your camels too' – let her be the one you have
chosen for your servant Isaac. By this I will know that
you have shown kindness to my master."

15 Before he had finished praying, Rebekah came out
with her jar on her shoulder. She was the daughter of
Bethuel son of Milkah, who was the wife of Abraham's
brother Nahor. 16 The woman was very beautiful, a
virgin; no man had ever slept with her. She went down
to the spring, filled her jar and came up again.

17 The servant hurried to meet her and said, "Please
give me a little water from your jar."

18 "Drink, my lord," she said, and quickly lowered
the jar to her hands and gave him a drink.

19 After she had given him a drink, she said, "I'll
draw water for your camels too, until they have had
enough to drink." 20 So she quickly emptied her jar
into the trough, ran back to the well to draw more
water, and drew enough for all his camels. 21 Without
saying a word, the man watched her closely to
learn whether or not the LORD had made his journey
successful.

22 When the camels had finished drinking, the man
took out a gold nose ring weighing a beka[x] and two
gold bracelets weighing ten shekels.[y] 23 Then he asked,
"Whose daughter are you? Please tell me, is there
room in your father's house for us to spend the night?"

24 She answered him, "I am the daughter of Bethuel,
the son that Milkah bore to Nahor." 25 And she added,
"We have plenty of straw and fodder, as well as room
for you to spend the night."

26 Then the man bowed down and worshiped the
LORD, 27 saying, "Praise be to the LORD, the God of my
master Abraham, who has not abandoned his kindness and faithfulness to my master. As for me, the
LORD has led me on the journey to the house of my
master's relatives."

28 The young woman ran and told her mother's
household about these things. 29 Now Rebekah had a
brother named Laban, and he hurried out to the man

w 24:10 That is, Northwest Mesopotamia
x 24:22 That is, about 1/5 ounce or about 5.7 grams
y 24:22 That is, about 4 ounces or about 115 grams

serment ; mais quoi qu'il arrive, tu ne ramèneras pas mon
fils là-bas.

9 Alors le serviteur mit sa main sous la cuisse d'Abraham son maître et lui jura d'exécuter ses ordres. 10 Par
la suite, il prit dix chameaux de son maître et partit en
emportant toutes sortes de biens excellents appartenant
à son maître. Il prit la direction de la Haute-Mésopotamie,
du côté de la ville où habitait Nahor. 11 Arrivé là-bas, il fit
s'agenouiller les chameaux près d'un puits, à l'extérieur
de la ville. C'était le soir, au moment où les femmes sortent
puiser de l'eau.

12 Alors il pria : Eternel, Dieu d'Abraham mon maître,
veuille témoigner ta bonté à mon maître en me faisant
rencontrer aujourd'hui celle que je cherche. 13 Voici, je
me tiens près de la source et les filles des habitants de la
ville vont venir puiser de l'eau. 14 Que celle à qui je dirai :
« S'il te plaît, penche ta cruche pour me donner à boire »
et qui me répondra : « Bois, et je vais aussi faire boire tes
chameaux », soit celle que tu destines à ton serviteur Isaac.
Ainsi je saurai que tu témoignes de la bonté à mon maître.

15 Il n'avait pas encore fini de parler, que Rébecca arriva,
la cruche sur l'épaule. C'était la fille de Betouel, fils de
Milka et de Nahor, le frère d'Abraham. 16 La jeune fille était
très belle ; elle était vierge, aucun homme ne s'était encore
uni à elle. Elle descendit à la source, remplit sa cruche et
remonta. 17 Alors le serviteur courut à sa rencontre et lui
dit : S'il te plaît, laisse-moi boire un peu d'eau de ta cruche.

18 Elle répondit : Bois, mon seigneur !

Et elle s'empressa de descendre la cruche de son épaule
pour lui donner à boire. 19 Après quoi, elle lui dit : Je vais
aussi puiser de l'eau pour tes chameaux, jusqu'à ce qu'ils
aient assez bu.

20 Elle s'empressa de vider sa cruche dans l'abreuvoir,
courut encore au puits et puisa de l'eau pour tous les chameaux ! 21 Le serviteur, étonné, l'observait sans dire un mot
pour voir si, oui ou non, l'Eternel faisait réussir son voyage.

22 Quand les chameaux eurent fini de boire, il prit un
anneau d'or d'environ six grammes ainsi que deux bracelets d'or pesant chacun plus de cent grammes qu'il passa
aux poignets de la jeune fille. 23 Puis il lui demanda : De
qui es-tu la fille ? Dis-le-moi, s'il te plaît. Y a-t-il dans la
maison de ton père de la place pour que nous puissions
y passer la nuit ?

24 Elle lui répondit : Je suis une fille de Betouel, le fils
de Milka et de Nahor. 25 Puis elle ajouta : Il y a chez nous
de la paille et du fourrage en abondance et toute la place
pour vous loger.

26 Alors le serviteur s'inclina pour se prosterner devant
l'Eternel. 27 Il dit : Béni soit l'Eternel, le Dieu d'Abraham
mon maître, qui n'a cessé de témoigner sa bonté et sa
fidélité à mon maître. Il m'a conduit dans mon voyage
jusque dans la parenté de mon maître.

28 La jeune fille courut chez sa mère raconter tout ce
qui s'était passé. 29 Rébecca avait un frère nommé Laban.
Celui-ci se précipita au dehors et courut rejoindre le

at the spring. 30As soon as he had seen the nose ring, and the bracelets on his sister's arms, and had heard Rebekah tell what the man said to her, he went out to the man and found him standing by the camels near the spring. 31"Come, you who are blessed by the LORD," he said. "Why are you standing out here? I have prepared the house and a place for the camels."

32So the man went to the house, and the camels were unloaded. Straw and fodder were brought for the camels, and water for him and his men to wash their feet. 33Then food was set before him, but he said, "I will not eat until I have told you what I have to say."

"Then tell us," Laban said.

34So he said, "I am Abraham's servant. 35The LORD has blessed my master abundantly, and he has become wealthy. He has given him sheep and cattle, silver and gold, male and female servants, and camels and donkeys. 36My master's wife Sarah has borne him a son in her old age, and he has given him everything he owns. 37And my master made me swear an oath, and said, 'You must not get a wife for my son from the daughters of the Canaanites, in whose land I live, 38but go to my father's family and to my own clan, and get a wife for my son.'

39"Then I asked my master, 'What if the woman will not come back with me?'

40"He replied, 'The LORD, before whom I have walked faithfully, will send his angel with you and make your journey a success, so that you can get a wife for my son from my own clan and from my father's family. 41You will be released from my oath if, when you go to my clan, they refuse to give her to you – then you will be released from my oath.'

42"When I came to the spring today, I said, 'LORD, God of my master Abraham, if you will, please grant success to the journey on which I have come. 43See, I am standing beside this spring. If a young woman comes out to draw water and I say to her, "Please let me drink a little water from your jar," 44and if she says to me, "Drink, and I'll draw water for your camels too," let her be the one the LORD has chosen for my master's son.'

45"Before I finished praying in my heart, Rebekah came out, with her jar on her shoulder. She went down to the spring and drew water, and I said to her, 'Please give me a drink.'

46"She quickly lowered her jar from her shoulder and said, 'Drink, and I'll water your camels too.' So I drank, and she watered the camels also.

47"I asked her, 'Whose daughter are you?'

"She said, 'The daughter of Bethuel son of Nahor, whom Milkah bore to him.'

"Then I put the ring in her nose and the bracelets on her arms, 48and I bowed down and worshiped the LORD. I praised the LORD, the God of my master Abraham, who had led me on the right road to get the granddaughter of my master's brother for his son. 49Now if you will show kindness and faithfulness to my master, tell me; and if not, tell me, so I may know which way to turn."

50Laban and Bethuel answered, "This is from the LORD; we can say nothing to you one way or the other. 51Here is Rebekah; take her and go, and let her be-

serviteur près de la source. 30Car il avait vu l'anneau et les bracelets aux poignets de sa sœur et il avait entendu Rébecca raconter ce que l'homme lui avait dit ; il alla donc trouver le serviteur qui se tenait avec les chameaux près de la source. 31Il lui dit : Viens chez nous, homme béni de l'Eternel. Pourquoi restes-tu dehors ? J'ai préparé la maison et fait de la place pour tes chameaux.

32Alors le serviteur entra dans la maison et Laban fit décharger les chameaux et leur fit donner de la paille et du fourrage. Il fit apporter aussi de l'eau pour lui laver les pieds ainsi qu'aux hommes qui l'accompagnaient. 33Puis il leur servit le repas, mais le serviteur prit la parole : Je ne mangerai pas avant d'avoir dit ce que j'ai à dire.

– Eh bien, parle ! lui dit Laban.

34– Je suis le serviteur d'Abraham, dit-il. 35L'Eternel a richement béni mon maître et il a fait de lui un homme important. Il lui a donné des moutons, des chèvres et des bovins, de l'argent et de l'or, des serviteurs et des servantes, des chameaux et des ânes. 36Dans ses vieux jours, Sara, la femme de mon maître, lui a donné un fils à qui il a fait don de tout ce qu'il possède. 37Or, mon maître m'a fait prêter serment en disant : « Tu ne feras pas épouser à mon fils une Cananéenne du pays où j'habite. 38Mais tu te rendras dans la famille de mon père, et c'est là que tu prendras une femme pour mon fils. » 39J'ai répondu à mon maître : « Peut-être la femme ne voudra-t-elle pas me suivre. » 40Il m'a dit alors : « J'ai toujours vécu selon la volonté de l'Eternel ; il enverra son ange avec toi et fera réussir ton voyage pour que tu trouves une femme pour mon fils dans ma parenté, dans la famille de mon père. 41Une fois que tu te seras rendu dans ma parenté, si l'on refuse de laisser partir la jeune fille, alors tu seras dégagé du serment que je t'impose. » 42Or, aujourd'hui, quand je suis arrivé à la source, j'ai prié : Eternel, Dieu de mon maître Abraham, veuille faire réussir le voyage que j'ai entrepris. 43Je me tiens près de la source ; la jeune fille qui sortira pour puiser de l'eau, à qui je demanderai de me donner à boire un peu d'eau de sa cruche, 44et qui me répondra : « Bois, et je puiserai aussi de l'eau pour tes chameaux », qu'elle soit la femme que tu destines au fils de mon maître.

45Je n'avais pas encore fini de prier en moi-même, que Rébecca est sortie, la cruche sur l'épaule. Elle est descendue à la source et a puisé de l'eau. Je lui ai demandé : « S'il te plaît, donne-moi à boire. » 46Elle s'est empressée de descendre sa cruche de l'épaule et m'a dit : « Bois, et je donnerai aussi à boire à tes chameaux. » J'ai donc bu, et elle a aussi donné à boire aux chameaux. 47Puis je lui ai demandé : « De qui es-tu la fille ? » Elle m'a répondu : « Je suis la fille de Betouel, le fils de Nahor et de Milka. » Alors j'ai mis un anneau à son nez et j'ai passé des bracelets à ses poignets. 48Ensuite, je me suis incliné pour me prosterner devant l'Eternel, et j'ai béni l'Eternel, le Dieu de mon maître Abraham, pour m'avoir conduit sur le bon chemin chez la petite-nièce de mon maître, afin que je la ramène pour son fils. 49Et maintenant, si vous voulez témoigner une sincère bienveillance à mon maître, dites-le-moi. Sinon, dites-le aussi pour que je me tourne d'un autre côté.

50Laban et Betouel répondirent : Tout cela vient de l'Eternel. Que pourrions-nous dire de plus en bien ou en mal ? 51Voici Rébecca : elle est là, devant toi. Prends-la, em-

come the wife of your master's son, as the LORD has
directed."
52When Abraham's servant heard what they said,
he bowed down to the ground before the LORD. 53Then
the servant brought out gold and silver jewelry and
articles of clothing and gave them to Rebekah; he also
gave costly gifts to her brother and to her mother.
54Then he and the men who were with him ate and
drank and spent the night there.
When they got up the next morning, he said, "Send
me on my way to my master."
55But her brother and her mother replied, "Let the
young woman remain with us ten days or so; then
you[z] may go."
56But he said to them, "Do not detain me, now that
the LORD has granted success to my journey. Send me
on my way so I may go to my master."
57Then they said, "Let's call the young woman and
ask her about it." 58So they called Rebekah and asked
her, "Will you go with this man?"
"I will go," she said.
59So they sent their sister Rebekah on her way,
along with her nurse and Abraham's servant and his
men. 60And they blessed Rebekah and said to her,

"Our sister, may you increase
to thousands upon thousands;
may your offspring possess
the cities of their enemies."

61Then Rebekah and her attendants got ready and
mounted the camels and went back with the man. So
the servant took Rebekah and left.
62Now Isaac had come from Beer Lahai Roi, for he
was living in the Negev. 63He went out to the field one
evening to meditate,[a] and as he looked up, he saw
camels approaching. 64Rebekah also looked up and
saw Isaac. She got down from her camel 65and asked
the servant, "Who is that man in the field coming to
meet us?"
"He is my master," the servant answered. So she
took her veil and covered herself.
66Then the servant told Isaac all he had done.
67Isaac brought her into the tent of his mother Sarah,
and he married Rebekah. So she became his wife, and
he loved her; and Isaac was comforted after his mother's death.

The Death of Abraham

25 1Abraham had taken another wife, whose
name was Keturah. 2She bore him Zimran,
Jokshan, Medan, Midian, Ishbak and Shuah. 3Jokshan
was the father of Sheba and Dedan; the descendants
of Dedan were the Ashurites, the Letushites and the
Leummites. 4The sons of Midian were Ephah, Epher,
Hanok, Abida and Eldaah. All these were descendants
of Keturah.
5Abraham left everything he owned to Isaac. 6But
while he was still living, he gave gifts to the sons of
his concubines and sent them away from his son Isaac
to the land of the east.

z 24:55 Or *she*
a 24:63 The meaning of the Hebrew for this word is uncertain.

mène-la et donne-la comme épouse au fils de ton maître,
comme l'Eternel en a décidé.
52Lorsque le serviteur d'Abraham entendit ces paroles, il
se prosterna jusqu'à terre devant l'Eternel. 53Puis il sortit
des objets d'argent et d'or et des vêtements pour les donner
à Rébecca ; il fit aussi de riches présents à son frère et à sa
mère. 54Après cela, lui et ses compagnons mangèrent et
burent, puis ils passèrent la nuit dans la maison.
Le lendemain matin tôt, il dit : Laissez-moi retourner
chez mon maître.

55Le frère et la mère de Rébecca répondirent : Que la
jeune fille reste encore quelques jours avec nous ; dans
une dizaine de jours, tu partiras avec elle.
56Mais il plaida : Ne me retardez pas, puisque l'Eternel
a fait réussir mon voyage. Laissez-moi partir tout de suite
pour retourner chez mon maître.
57– Appelons la jeune fille, dirent-ils, et demandons-lui
son avis. 58Ils appelèrent donc Rébecca et lui demandèrent :
Veux-tu partir avec cet homme ?
Elle répondit : Oui.
59Alors ils firent leurs adieux à Rébecca leur sœur, à sa
nourrice et au serviteur d'Abraham ainsi qu'à ses gens.
60Ils bénirent Rébecca et lui dirent :

Toi, notre sœur, puisses-tu devenir la mère de
milliers de milliers
et que ta descendance se rende maître de tous ses
ennemis !

61Alors Rébecca et ses servantes se levèrent et montèrent
sur les chameaux pour suivre le serviteur. C'est ainsi que
le serviteur emmena Rébecca avec lui.
62Isaac s'était établi dans la région du Néguev et il revenait du puits de Lachaï-Roï. 63Le soir, il était sorti seul dans
les champs pour se promener[o]. Levant les yeux, il aperçut
au loin des chameaux qui venaient vers lui.
64Rébecca aussi leva les yeux, elle vit Isaac et sauta à
bas du chameau. 65Elle demanda au serviteur : Qui est cet
homme qui vient à notre rencontre dans la campagne ?
Le serviteur répondit : C'est mon maître.
Alors elle prit son voile et se couvrit le visage. 66Le serviteur raconta à Isaac tout ce qu'il avait fait. 67Là-dessus,
Isaac conduisit Rébecca dans la tente de Sara[p], sa mère ; il
la prit pour femme et il l'aima. C'est ainsi qu'il fut consolé
de la mort de sa mère.

La descendance d'Abraham par Qetoura

25 1Abraham avait pris une autre femme nommée Qetoura 2dont il eut plusieurs fils : Zimrân,
Yoqshân, Medân, Madian[q], Yishbaq et Shouah. 3Yoqshân
fut le père de Saba et Dedân. De ce dernier descendent les
Ashourim, les Letoushim et les Leoumim. 4Madian eut
pour fils : Epha, Epher, Hénok, Abida et Eldaa. Tous ceux-là
sont les descendants de Qetoura.

5Abraham donna tout ce qui lui appartenait à Isaac. 6Il
fit des donations aux fils qu'il avait eus par ses épouses
de second rang ; mais, de son vivant, il les éloigna de son
fils Isaac en les envoyant à l'est, vers un pays d'Orient.

o 24.63 Certains traduisent : *méditer.*
p 24.67 Décédée trois ans plus tôt (17.17 ; 23.1 ; 25.20).
q 25.2 Ancêtre des Madianites, souvent adversaires des Israélites (Jg 6ss ; Es 60.6).

7 Abraham lived a hundred and seventy-five years.
8 Then Abraham breathed his last and died at a good
old age, an old man and full of years; and he was
gathered to his people. 9 His sons Isaac and Ishmael
buried him in the cave of Machpelah near Mamre,
in the field of Ephron son of Zohar the Hittite, 10 the
field Abraham had bought from the Hittites.[b] There
Abraham was buried with his wife Sarah. 11 After
Abraham's death, God blessed his son Isaac, who then
lived near Beer Lahai Roi.

Ishmael's Sons

12 This is the account of the family line of Abraham's
son Ishmael, whom Sarah's slave, Hagar the Egyptian,
bore to Abraham.

13 These are the names of the sons of Ishmael, listed
in the order of their birth:

Nebaioth the firstborn of Ishmael,
Kedar, Adbeel, Mibsam,
14 Mishma, Dumah, Massa,
15 Hadad, Tema, Jetur,
Naphish and Kedemah.

16 These were the sons of Ishmael, and these are the
names of the twelve tribal rulers according to their
settlements and camps.

17 Ishmael lived a hundred and thirty-seven years.
He breathed his last and died, and he was gathered to
his people. 18 His descendants settled in the area from
Havilah to Shur, near the eastern border of Egypt,
as you go toward Ashur. And they lived in hostility
toward[c] all the tribes related to them.

Jacob and Esau

19 This is the account of the family line of Abraham's
son Isaac.

Abraham became the father of Isaac, 20 and Isaac
was forty years old when he married Rebekah daughter of Bethuel the Aramean from Paddan Aram[d] and
sister of Laban the Aramean.

21 Isaac prayed to the Lord on behalf of his wife, because she was childless. The Lord answered his prayer,
and his wife Rebekah became pregnant. 22 The babies
jostled each other within her, and she said, "Why is
this happening to me?" So she went to inquire of the
Lord.

23 The Lord said to her,

"Two nations are in your womb,
and two peoples from within you will be
separated;
one people will be stronger than the other,
and the older will serve the younger."

24 When the time came for her to give birth, there
were twin boys in her womb. 25 The first to come out
was red, and his whole body was like a hairy garment;
so they named him Esau.[e] 26 After this, his brother
came out, with his hand grasping Esau's heel; so he

[b] 25:10 Or *the descendants of Heth*
[c] 25:18 Or *lived to the east of*
[d] 25:20 That is, Northwest Mesopotamia
[e] 25:25 *Esau* may mean *hairy.*

La mort d'Abraham

7 Abraham atteignit l'âge de cent soixante-quinze ans,
8 puis il rendit son dernier soupir. Il mourut au terme d'une
heureuse vieillesse, âgé et comblé, et rejoignit ses ancêtres.
9 Ses fils Isaac et Ismaël l'enterrèrent dans la caverne de
Makpéla, dans le terrain d'Ephrôn, fils de Tsohar, le Hittite,
qui se trouve vis-à-vis de Mamré, 10 ce champ qu'Abraham
avait acheté aux Hittites. Abraham fut enterré là comme
sa femme Sara. 11 Après la mort d'Abraham, Dieu bénit son
fils Isaac qui s'établit près du puits de Lachaï-Roï.

L'histoire de la famille d'Ismaël

12 Voici la généalogie d'Ismaël, fils d'Abraham enfanté
par l'Egyptienne Agar, servante de Sara. 13 Voici les noms
des fils d'Ismaël par ordre de naissance. Son premier-né
s'appelait Nebayoth, puis viennent Qédar, Adbéel, Mibsam,
14 Mishma, Douma, Massa, 15 Hadad, Téma, Yetour, Naphish
et Qedma. 16 Tels sont les noms des fils d'Ismaël qui devinrent les chefs de douze familles établies dans leurs villages
et leurs campements respectifs. 17 Ismaël vécut cent trente-
sept ans, puis il rendit son dernier soupir ; il mourut et
rejoignit ses ancêtres. 18 Ses descendants se sont établis de
Havila jusqu'à Shour, aux confins de l'Egypte, en direction
d'Ashour. Il vivait en hostilité avec tous ses semblables.

L'histoire de la famille d'Isaac : le cycle de Jacob

La naissance d'Esaü et de Jacob

19 Voici l'histoire de la famille d'Isaac, fils d'Abraham.
Abraham eut pour fils Isaac. 20 Celui-ci avait quarante ans
quand il épousa Rébecca, fille de Betouel, l'Araméen de
Paddân-Aram, et sœur de Laban l'Araméen.

21 Isaac implora l'Eternel au sujet de sa femme, car elle
était stérile. L'Eternel exauça sa prière et Rébecca sa femme
devint enceinte.

22 Des jumeaux se heurtaient dans son ventre et elle
s'écria : Si c'est comme ça, pourquoi en suis-je arrivé là ?
Elle alla consulter l'Eternel 23 qui lui répondit :

Ils sont deux peuples dans ton ventre,
deux peuples différents naîtront de toi.
L'un des deux sera plus puissant que l'autre,
et l'aîné sera assujetti au cadet.

24 Quand le moment de l'accouchement arriva, il se confirma qu'elle portait des jumeaux. 25 Le premier qui parut
était roux, le corps couvert de poils comme une fourrure,
c'est pourquoi on l'appela Esaü (le Velu[r]). 26 Après lui naquit
son frère, la main agrippée au talon d'Esaü, et on l'appela

[r] 25.25 Le nom *Esaü* évoque le terme traduit par *couvert de poils.*

was named Jacob.[f] Isaac was sixty years old when
Rebekah gave birth to them.

27 The boys grew up, and Esau became a skillful
hunter, a man of the open country, while Jacob was
content to stay at home among the tents. 28 Isaac, who
had a taste for wild game, loved Esau, but Rebekah
loved Jacob.
29 Once when Jacob was cooking some stew, Esau
came in from the open country, famished. 30 He said
to Jacob, "Quick, let me have some of that red stew!
I'm famished!" (That is why he was also called Edom.[g])
31 Jacob replied, "First sell me your birthright."
32 "Look, I am about to die," Esau said. "What good
is the birthright to me?"
33 But Jacob said, "Swear to me first." So he swore an
oath to him, selling his birthright to Jacob.
34 Then Jacob gave Esau some bread and some lentil
stew. He ate and drank, and then got up and left.
So Esau despised his birthright.

Isaac and Abimelek

26 1 Now there was a famine in the land – besides
the previous famine in Abraham's time – and
Isaac went to Abimelek king of the Philistines in Gerar.
2 The LORD appeared to Isaac and said, "Do not go down
to Egypt; live in the land where I tell you to live. 3 Stay
in this land for a while, and I will be with you and will
bless you. For to you and your descendants I will give
all these lands and will confirm the oath I swore to
your father Abraham. 4 I will make your descendants
as numerous as the stars in the sky and will give them
all these lands, and through your offspring[h] all nations on earth will be blessed,[i] 5 because Abraham
obeyed me and did everything I required of him, keeping my commands, my decrees and my instructions."
6 So Isaac stayed in Gerar.
7 When the men of that place asked him about his
wife, he said, "She is my sister," because he was afraid
to say, "She is my wife." He thought, "The men of this
place might kill me on account of Rebekah, because
she is beautiful."
8 When Isaac had been there a long time, Abimelek
king of the Philistines looked down from a window and saw Isaac caressing his wife Rebekah. 9 So
Abimelek summoned Isaac and said, "She is really your
wife! Why did you say, 'She is my sister'?"
Isaac answered him, "Because I thought I might lose
my life on account of her."

[f] 25:26 *Jacob* means *he grasps the heel,* a Hebrew idiom for *he deceives.*
[g] 25:30 *Edom* means *red.*
[h] 26:4 Or *seed*
[i] 26:4 Or *and all nations on earth will use the name of your offspring in blessings* (see 48:20)

Jacob (le Talon[s]). Isaac avait soixante ans au moment de
leur naissance.

Esaü vend son droit de fils aîné à Jacob

27 Les deux garçons grandirent. Esaü devint un habile
chasseur, qui aimait courir les champs ; Jacob était d'un
caractère paisible et préférait se tenir dans les tentes.
28 Isaac avait une préférence pour Esaü, car il appréciait
le gibier, tandis que Rébecca préférait Jacob.
29 Un jour, Jacob était en train de préparer une soupe
quand Esaü revint des champs, épuisé. 30 Il lui dit : Laisse-
moi manger de ce roux, de ce roux-là ! Car je n'en peux
plus ! – D'où le nom Edom (le Roux) qu'on lui donna.
31 Mais Jacob lui dit : Alors vends-moi aujourd'hui même
ton droit de fils aîné.
32 Esaü répondit : Je vais mourir de faim, que m'importe
mon droit d'aînesse ?
33 Jacob insista : Promets-le-moi tout de suite par
serment !
Esaü lui prêta serment et lui vendit ainsi son droit d'aînesse[t]. 34 Là-dessus, Jacob lui servit du pain et de la soupe
de lentilles. Esaü mangea et but puis se leva et s'en alla.
C'est ainsi qu'Esaü méprisa son droit d'aînesse.

Isaac à Guérar

26 1 A cette époque-là, il y eut de nouveau une famine
dans le pays, comme naguère au temps d'Abra-
ham. Alors Isaac se rendit à Guérar chez Abimélek[u], roi des
Philistins[v]. 2 En effet, l'Eternel lui était apparu et lui avait
dit : Ne descends pas en Egypte[w] ! Fixe-toi dans le pays
que je te désignerai. 3 Séjourne dans ce pays-ci. Je serai
avec toi et je te bénirai. Car c'est à toi et à ta descendance
que je donnerai tous ces territoires. J'accomplirai ainsi le
serment que j'ai fait à ton père Abraham. 4 Je rendrai ta
descendance aussi nombreuse que les étoiles du ciel et je
lui donnerai tous ces territoires-ci, et tous les peuples de
la terre seront bénis en ta descendance[x]. 5 Je le ferai parce
qu'Abraham m'a obéi et qu'il a observé mes prescriptions,
mes commandements, mes préceptes et mes lois. 6 C'est
pourquoi Isaac resta à Guérar.
7 Lorsque les hommes de l'endroit s'enquéraient au sujet
de sa femme, il répondait : C'est ma sœur.
Il ne disait pas qu'elle était sa femme : il avait peur que
les gens de l'endroit le tuent à cause d'elle, car elle était
belle. 8 Comme il était déjà depuis assez longtemps dans
le pays, Abimélek, le roi des Philistins, regardant par la
fenêtre, surprit Isaac en train de s'amuser avec Rébecca
sa femme. 9 Alors il le fit appeler et lui dit : C'est sûrement
ta femme. Pourquoi as-tu dit : « C'est ma sœur » ?
Isaac lui répondit : Je me disais que je risquais de mourir
à cause d'elle.

[s] 25.26 Le nom *Jacob* fait assonance avec le mot *talon* et avec le verbe *supplanter, tromper* (voir27.36 ; Jr 9.4).
[t] 25.33 Qui lui aurait assuré les bénédictions promises aux descendants d'Abraham. Hé 12.16 rappelle le mépris des choses spirituelles dont Esaü a fait preuve.
[u] 26.1 Sans doute, un nom héréditaire (comme pharaon en Egypte) puisqu'un roi du même nom a régné sur cette contrée environ quatre-vingts ans auparavant (20.2).
[v] 26.1 Voir note 10.14.
[w] 26.2 Où l'on se rendait généralement en cas de famine (12.10 ; 41.57).
[x] 26.4 Autre traduction : *se béniront en citant l'exemple de ta descendance.*

10 Then Abimelek said, "What is this you have done
to us? One of the men might well have slept with your
wife, and you would have brought guilt upon us."

11 So Abimelek gave orders to all the people: "Anyone
who harms this man or his wife shall surely be put
to death."

12 Isaac planted crops in that land and the same year
reaped a hundredfold, because the LORD blessed him.
13 The man became rich, and his wealth continued to
grow until he became very wealthy. 14 He had so many
flocks and herds and servants that the Philistines
envied him. 15 So all the wells that his father's servants had dug in the time of his father Abraham, the
Philistines stopped up, filling them with earth.

16 Then Abimelek said to Isaac, "Move away from us;
you have become too powerful for us."

17 So Isaac moved away from there and encamped in
the Valley of Gerar, where he settled. 18 Isaac reopened
the wells that had been dug in the time of his father
Abraham, which the Philistines had stopped up after
Abraham died, and he gave them the same names his
father had given them.

19 Isaac's servants dug in the valley and discovered
a well of fresh water there. 20 But the herders of Gerar
quarreled with those of Isaac and said, "The water
is ours!" So he named the well Esek,[j] because they
disputed with him. 21 Then they dug another well,
but they quarreled over that one also; so he named
it Sitnah.[k] 22 He moved on from there and dug another well, and no one quarreled over it. He named it
Rehoboth,[l] saying, "Now the LORD has given us room
and we will flourish in the land."

23 From there he went up to Beersheba. 24 That
night the LORD appeared to him and said, "I am the
God of your father Abraham. Do not be afraid, for
I am with you; I will bless you and will increase the
number of your descendants for the sake of my servant Abraham."

25 Isaac built an altar there and called on the name
of the LORD. There he pitched his tent, and there his
servants dug a well.

26 Meanwhile, Abimelek had come to him from
Gerar, with Ahuzzath his personal adviser and Phicol
the commander of his forces. 27 Isaac asked them,
"Why have you come to me, since you were hostile to
me and sent me away?"

28 They answered, "We saw clearly that the LORD
was with you; so we said, 'There ought to be a sworn
agreement between us' – between us and you. Let us
make a treaty with you 29 that you will do us no harm,
just as we did not harm you but always treated you
well and sent you away peacefully. And now you are
blessed by the LORD."

[j] 26:20 *Esek* means *dispute*.
[k] 26:21 *Sitnah* means *opposition*.
[l] 26:22 *Rehoboth* means *room*.

10 Abimélek rétorqua : Te rends-tu compte de ce que tu
nous as fait là ? Il s'en est fallu de peu qu'un homme de ce
peuple couche avec ta femme ; dans ce cas, tu nous aurais
chargés d'une lourde culpabilité.

11 Alors Abimélek fit publier ce décret à tout le peuple :
Quiconque fera du mal à cet homme ou à sa femme sera
puni de mort.

L'installation à Beer-Sheva

12 Isaac fit des semailles dans le pays et récolta cette
année-là le centuple de ce qu'il avait semé. L'Eternel le
bénissait.

13 Isaac devint un personnage important. Son importance s'accrut encore et il devint même un homme très
puissant. 14 Il possédait des troupeaux de moutons, de
chèvres et de bovins, et beaucoup de serviteurs, de sorte
que les Philistins devinrent jaloux de lui. 15 Ils comblèrent
tous les puits que les serviteurs de son père Abraham
avaient creusés à son époque en les remplissant de terre.
16 Alors Abimélek dit à Isaac : Va, quitte ce pays, car tu es
devenu beaucoup plus puissant que nous.

17 Isaac partit et alla dresser son camp dans la vallée
de Guérar où il s'établit. 18 Il s'installa et fit déboucher les
puits qu'on avait creusés du temps de son père Abraham
et que les Philistins avaient comblés après la mort d'Abraham, et il leur donna les mêmes noms que son père. 19 En
creusant dans la vallée, les serviteurs d'Isaac découvrirent
une source d'eau vive. 20 Les bergers de Guérar cherchèrent
querelle aux bergers d'Isaac en prétendant : « Cette eau
est à nous. » Isaac donna à ce puits le nom d'Eseq (Dispute)
parce qu'on s'était disputé avec lui à son sujet. 21 Ensuite
ils creusèrent un autre puits, pour lequel on lui chercha de
nouveau querelle ; il le nomma Sitna (Opposition). 22 Puis il
partit de là et creusa un autre puits pour lequel on ne lui
chercha pas querelle ; il l'appela donc Rehoboth (Larges
espaces), car, dit-il, maintenant l'Eternel nous a mis au
large et nous prospérerons dans le pays. 23 De là, il remonta
à Beer-Sheva.

Isaac fait alliance avec Abimélek

24 La nuit de son arrivée, l'Eternel lui apparut et lui dit :
Je suis le Dieu de ton père Abraham. Sois sans crainte car je
suis avec toi ; je te bénirai et je te donnerai une nombreuse
descendance à cause d'Abraham, mon serviteur.

25 Isaac bâtit un autel à cet endroit, il y invoqua l'Eternel
et y dressa sa tente. Les serviteurs d'Isaac y creusèrent
un autre puits.

26 Abimélek vint le trouver depuis Guérar avec Ahouzath
son conseiller, et Pikol, le chef de son armée. 27 Isaac leur
demanda : Pourquoi êtes-vous venus me trouver, alors que
vous me détestez et que vous m'avez renvoyé de chez vous ?

28 Ils lui répondirent : Nous avons bien vu que l'Eternel
est avec toi, et nous nous sommes dit : Nous devrions nous
engager, nous et toi, par serment ! Nous voudrions donc
faire alliance avec toi. 29 Promets-nous, en le jurant, de ne
pas nous faire de mal, comme nous ne t'avons pas fait de
mal, car nous t'avons toujours bien traité et nous t'avons
laissé partir sain et sauf. A présent tu es béni par l'Eternel.

30 Isaac then made a feast for them, and they ate and drank. 31 Early the next morning the men swore an oath to each other. Then Isaac sent them on their way, and they went away peacefully.

32 That day Isaac's servants came and told him about the well they had dug. They said, "We've found water!" 33 He called it Shibah,[m] and to this day the name of the town has been Beersheba.[n]

Jacob Takes Esau's Blessing

34 When Esau was forty years old, he married Judith daughter of Beeri the Hittite, and also Basemath daughter of Elon the Hittite. 35 They were a source of grief to Isaac and Rebekah.

27 1 When Isaac was old and his eyes were so weak that he could no longer see, he called for Esau his older son and said to him, "My son."

"Here I am," he answered.

2 Isaac said, "I am now an old man and don't know the day of my death. 3 Now then, get your equipment – your quiver and bow – and go out to the open country to hunt some wild game for me. 4 Prepare me the kind of tasty food I like and bring it to me to eat, so that I may give you my blessing before I die."

5 Now Rebekah was listening as Isaac spoke to his son Esau. When Esau left for the open country to hunt game and bring it back, 6 Rebekah said to her son Jacob, "Look, I overheard your father say to your brother Esau, 7 'Bring me some game and prepare me some tasty food to eat, so that I may give you my blessing in the presence of the LORD before I die.' 8 Now, my son, listen carefully and do what I tell you: 9 Go out to the flock and bring me two choice young goats, so I can prepare some tasty food for your father, just the way he likes it. 10 Then take it to your father to eat, so that he may give you his blessing before he dies."

11 Jacob said to Rebekah his mother, "But my brother Esau is a hairy man while I have smooth skin. 12 What if my father touches me? I would appear to be tricking him and would bring down a curse on myself rather than a blessing."

13 His mother said to him, "My son, let the curse fall on me. Just do what I say; go and get them for me."

14 So he went and got them and brought them to his mother, and she prepared some tasty food, just the way his father liked it. 15 Then Rebekah took the best clothes of Esau her older son, which she had in the house, and put them on her younger son Jacob. 16 She also covered his hands and the smooth part of his neck with the goatskins. 17 Then she handed to her son Jacob the tasty food and the bread she had made.

18 He went to his father and said, "My father."

"Yes, my son," he answered. "Who is it?"

19 Jacob said to his father, "I am Esau your firstborn. I have done as you told me. Please sit up and eat some of my game, so that you may give me your blessing."

30 Isaac leur fit préparer un grand festin ; ils mangèrent et burent 31 et, le lendemain de bon matin, ils s'engagèrent l'un envers l'autre par serment, puis Isaac les reconduisit et ils le quittèrent en bons termes.

32 Or, ce même jour, les serviteurs d'Isaac vinrent lui annoncer qu'ils avaient trouvé de l'eau dans le puits qu'ils étaient en train de creuser. 33 Alors Isaac appela ce puits Shibea (Serment). C'est pour cela que la ville se nomme Beer-Sheva (le Puits du serment) jusqu'à ce jour.

Les mariages d'Esaü

34 A l'âge de quarante ans, Esaü épousa Judith, fille de Beéri le Hittite, et Basmath, fille d'Elôn le Hittite. 35 Elles rendirent toutes deux la vie amère à Isaac et à Rébecca.

Isaac bénit Jacob

27 1 Quand Isaac était devenu vieux, sa vue avait baissé au point qu'il n'y voyait plus. Un jour, il appela Esaü son fils aîné et lui dit : Mon fils !

Celui-ci répondit : Qu'y a-t-il ?

2 – Me voici devenu vieux, reprit Isaac, et je ne sais pas quand je mourrai. 3 Maintenant donc, je te prie, prends tes armes, ton arc et tes flèches, va courir la campagne et chasse quelque gibier pour moi. 4 Tu m'en apprêteras un de ces bons plats comme je les aime, tu me le serviras, je mangerai, puis je te donnerai ma bénédiction avant de mourir.

5 Rébecca écoutait ce qu'Isaac disait à son fils Esaü. Quand celui-ci fut parti chasser dans la campagne pour rapporter du gibier, 6 Rébecca dit à son fils Jacob : Ecoute, j'ai entendu ton père dire à ton frère Esaü : 7 « Rapporte-moi du gibier ! Tu m'en feras un bon plat, je mangerai et je te donnerai ma bénédiction devant l'Eternel avant de mourir. » 8 Maintenant donc, mon fils, écoute-moi et fais ce que je vais te dire. 9 Va au troupeau et choisis-moi deux bons chevreaux, j'en préparerai pour ton père un de ces bons plats comme il les aime. 10 Tu le lui apporteras, il en mangera, puis il te donnera sa bénédiction avant de mourir.

11 Jacob répondit à Rébecca, sa mère : Esaü mon frère est couvert de poils et moi pas. 12 Si mon père me touche, il s'apercevra que j'ai voulu le tromper, si bien que j'attirerai sur moi une malédiction au lieu d'une bénédiction.

13 Sa mère répliqua : Dans ce cas, que la malédiction retombe sur moi, mon fils ; fais seulement ce que je t'ai dit. Va me chercher cela.

14 Il alla donc prendre des chevreaux et les apporta à sa mère qui en prépara un bon plat comme son père l'aimait. 15 Puis elle choisit les plus beaux habits d'Esaü, son fils aîné, qui se trouvaient dans la maison, et elle les fit mettre à Jacob, son fils cadet. 16 Elle lui recouvrit, avec la peau des chevreaux, les mains, les bras et la partie du cou dénudée de poils. 17 Puis elle lui remit le bon plat et le pain qu'elle avait préparés.

18 Jacob entra chez son père et dit : Mon père !

Celui-ci répondit : Oui mon fils, qui es-tu ?

19 Et Jacob dit à son père : Je suis Esaü, ton fils aîné. J'ai fait ce que tu m'as demandé. Lève-toi, je te prie, assieds-toi et mange de mon gibier, pour me donner ensuite ta bénédiction.

---

m **26:33** *Shibah* can mean *oath* or *seven*.

n **26:33** *Beersheba* can mean *well of the oath* and *well of seven*.

20 Isaac asked his son, "How did you find it so quickly, my son?"
"The Lord your God gave me success," he replied.

21 Then Isaac said to Jacob, "Come near so I can
touch you, my son, to know whether you really are
my son Esau or not."
22 Jacob went close to his father Isaac, who touched
him and said, "The voice is the voice of Jacob, but the
hands are the hands of Esau."
23 He did not recognize
him, for his hands were hairy like those of his brother
Esau; so he proceeded to bless him.
24 "Are you really
my son Esau?" he asked.
"I am," he replied.
25 Then he said, "My son, bring me some of your
game to eat, so that I may give you my blessing."
Jacob brought it to him and he ate; and he brought
some wine and he drank.
26 Then his father Isaac said
to him, "Come here, my son, and kiss me."

27 So he went to him and kissed him. When Isaac
caught the smell of his clothes, he blessed him and
said,

"Ah, the smell of my son
is like the smell of a field
that the Lord has blessed.
28 May God give you heaven's dew
and earth's richness –
an abundance of grain and new wine.
29 May nations serve you
and peoples bow down to you.
Be lord over your brothers,
and may the sons of your mother bow down
to you.
May those who curse you be cursed
and those who bless you be blessed."

30 After Isaac finished blessing him, and Jacob had
scarcely left his father's presence, his brother Esau
came in from hunting.
31 He too prepared some tasty
food and brought it to his father. Then he said to him,
"My father, please sit up and eat some of my game, so
that you may give me your blessing."
32 His father Isaac asked him, "Who are you?"
"I am your son," he answered, "your firstborn,
Esau."
33 Isaac trembled violently and said, "Who was it,
then, that hunted game and brought it to me? I ate it
just before you came and I blessed him – and indeed
he will be blessed!"
34 When Esau heard his father's words, he burst out
with a loud and bitter cry and said to his father, "Bless
me – me too, my father!"
35 But he said, "Your brother came deceitfully and
took your blessing."
36 Esau said, "Isn't he rightly named Jacob[o]? This is
the second time he has taken advantage of me: He took

o **27:36** *Jacob* means *he grasps the heel*, a Hebrew idiom for *he takes advantage of* or *he deceives*.

20 Isaac lui demanda : Comment as-tu fait, mon fils, pour
trouver si vite du gibier ?
Jacob répondit : C'est l'Eternel ton Dieu qui l'a mené sur
mon chemin.
21 Isaac dit à Jacob : Viens un peu plus près, mon fils, que
je te touche pour voir si tu es bien mon fils Esaü.
22 Jacob s'approcha donc d'Isaac, son père le tâta et dit :
La voix est celle de Jacob, mais les mains sont celles d'Esaü.
23 Comme les mains de Jacob étaient couvertes de poils
comme celles d'Esaü son frère, son père ne le reconnut
pas et il lui donna sa bénédiction.
24 Mais auparavant il
lui redemanda : Es-tu bien mon fils Esaü ?
Et Jacob répondit : Oui.
25 Alors Isaac lui dit : Sers-moi donc, que je mange du
produit de la chasse de mon fils, pour te donner ensuite
ma bénédiction.
Jacob le servit et Isaac mangea. Il lui apporta aussi du
vin, que son père but.
26 Puis Isaac, son père, lui dit : Approche-toi, viens m'embrasser, mon fils.
27 Jacob s'approcha et l'embrassa. Isaac sentit l'odeur de
ses habits, puis il le bénit en ces termes :

Oui, l'odeur de mon fils est comme la senteur d'un
champ béni par l'Eternel[y].

28 Que Dieu t'accorde donc la rosée qui descend du
ciel, qu'il rende tes terres fertiles,
qu'il te donne avec abondance du froment et du vin.
29 Que des nations te soient assujetties,
que, devant toi, des peuples se prosternent !
Sois le chef de tes frères,
que les fils de ta mère s'inclinent devant toi !
Maudit soit qui te maudira,
béni soit qui te bénira !

Le sort d'Esaü

30 Lorsque Isaac eut fini de bénir Jacob, celui-ci le quitta.
Esaü son frère rentra alors de la chasse.
31 Il prépara, lui
aussi, un bon plat, l'apporta à son père et lui dit : Mon père,
lève-toi, je te prie, et mange du gibier de ton fils, pour me
donner ensuite ta bénédiction.

32 Isaac lui demanda : Qui es-tu ?
Il répondit : Je suis ton fils aîné, Esaü.

33 Alors Isaac, en proie à une vive émotion, se mit à trembler et dit : Qui est donc celui qui a pris du gibier et me l'a
apporté ? J'ai mangé de tout avant que tu ne viennes et
je lui ai donné ma bénédiction ; maintenant il sera béni.
34 Quand Esaü entendit les paroles de son père, il poussa
un grand cri plein d'amertume et supplia son père : Moi
aussi, mon père, bénis-moi !
35 Isaac lui répondit : Ton frère est venu et il a extorqué
ta bénédiction par ruse.
36 Esaü dit : Est-ce parce qu'on l'appelle Jacob (le
Trompeur) qu'il m'a trompé par deux fois[z] ? D'abord il a
pris mon droit d'aînesse et maintenant voilà qu'il m'enlève

y **27.27** Allusion en Hé 11.20.
z **27.36** *Jacob* fait assonance avec le verbe *supplanter, tromper* (voir Jr 9.4) et avec le nom *talon* (voir Gn 25.26).

my birthright, and now he's taken my blessing!" Then
he asked, "Haven't you reserved any blessing for me?"
37 Isaac answered Esau, "I have made him lord over
you and have made all his relatives his servants, and
I have sustained him with grain and new wine. So
what can I possibly do for you, my son?"
38 Esau said to his father, "Do you have only one
blessing, my father? Bless me too, my father!" Then
Esau wept aloud.
39 His father Isaac answered him,

"Your dwelling will be
away from the earth's richness,
away from the dew of heaven above.
40 You will live by the sword
and you will serve your brother.
But when you grow restless,
you will throw his yoke
from off your neck."

41 Esau held a grudge against Jacob because of the
blessing his father had given him. He said to himself,
"The days of mourning for my father are near; then I
will kill my brother Jacob."
42 When Rebekah was told what her older son Esau
had said, she sent for her younger son Jacob and said
to him, "Your brother Esau is planning to avenge
himself by killing you. 43 Now then, my son, do what
I say: Flee at once to my brother Laban in Harran.
44 Stay with him for a while until your brother's fury
subsides. 45 When your brother is no longer angry with
you and forgets what you did to him, I'll send word for
you to come back from there. Why should I lose both
of you in one day?"
46 Then Rebekah said to Isaac, "I'm disgusted with
living because of these Hittite women. If Jacob takes a
wife from among the women of this land, from Hittite
women like these, my life will not be worth living."

28 1 So Isaac called for Jacob and blessed him.
Then he commanded him: "Do not marry
a Canaanite woman. 2 Go at once to Paddan Aram,[p]
to the house of your mother's father Bethuel. Take a
wife for yourself there, from among the daughters of
Laban, your mother's brother. 3 May God Almighty[q]
bless you and make you fruitful and increase your
numbers until you become a community of peoples.
4 May he give you and your descendants the blessing
given to Abraham, so that you may take possession
of the land where you now reside as a foreigner, the
land God gave to Abraham." 5 Then Isaac sent Jacob
on his way, and he went to Paddan Aram, to Laban
son of Bethuel the Aramean, the brother of Rebekah,
who was the mother of Jacob and Esau.
6 Now Esau learned that Isaac had blessed Jacob and
had sent him to Paddan Aram to take a wife from
there, and that when he blessed him he commanded
him, "Do not marry a Canaanite woman," 7 and that
Jacob had obeyed his father and mother and had gone
to Paddan Aram. 8 Esau then realized how displeasing
the Canaanite women were to his father Isaac; 9 so he
went to Ishmael and married Mahalath, the sister of

[p] **28:2** That is, Northwest Mesopotamia; also in verses 5, 6 and 7
[q] **28:3** Hebrew *El-Shaddai*

ma bénédiction ! Et il ajouta : N'as-tu pas de bénédiction
en réserve pour moi ?
37 Isaac lui répondit : Vois, j'ai fait de lui ton maître et je
lui ai donné tous ses frères pour serviteurs, je l'ai pourvu
de blé et de vin. Que puis-je donc faire pour toi, mon fils ?
38 Esaü dit à son père : Ne possèdes-tu qu'une seule bénédiction, mon père ? Bénis-moi, moi aussi, mon père[a] !
Et il se mit à pleurer à grands cris.
39 Alors Isaac, son père, répondit :

Loin des terrains fertiles tu auras ta demeure
et loin de la rosée qui nous descend du ciel[b].
40 C'est grâce à ton épée que tu pourras survivre,
tu seras assujetti à ton frère. Mais, errant çà et là,
tu briseras le joug imposé par lui à ton cou.

La fuite de Jacob

41 Esaü prit Jacob en haine à cause de la bénédiction qu'il
avait reçue de son père et il se dit en lui-même : La mort
de mon père n'est pas loin, alors je tuerai Jacob mon frère.

42 On informa Rébecca des propos d'Esaü, son fils aîné ;
elle fit venir Jacob son fils cadet, et lui dit : Voici que ton
frère Esaü veut te tuer pour se venger de toi. 43 Maintenant
donc, mon fils, écoute-moi et fais ce que je te dis : Pars
d'ici, fuis chez mon frère Laban, à Harân. 44 Reste chez
lui quelque temps, jusqu'à ce que la colère de ton frère
s'apaise[c]. 45 Une fois que sa fureur se sera calmée et qu'il
aura oublié ce que tu lui as fait, j'enverrai quelqu'un pour
te faire revenir de là-bas. Pourquoi devrais-je vous perdre
tous les deux en un seul jour ?
46 Rébecca alla dire à Isaac : Je suis dégoûtée de la vie à
cause de ces femmes hittites. Si Jacob lui aussi épouse une
des filles de ce pays, à quoi bon vivre ?

28 1 Alors Isaac appela Jacob, il le bénit et lui donna
cet ordre : Tu n'épouseras pas une Cananéenne.
2 Mets-toi en route, va à Paddân-Aram chez Betouel, ton
grand-père maternel, et prends une femme de là-bas parmi les filles de ton oncle Laban. 3 Le Dieu tout-puissant te
bénira, il te donnera des enfants, il rendra tes descendants
nombreux et tu deviendras l'ancêtre d'un grand nombre de
peuples. 4 Il te transmettra la bénédiction d'Abraham à toi
et à ta descendance, afin que tu hérites le pays dans lequel
tu habites en immigrant et que Dieu a donné à Abraham.
5 Jacob, envoyé par son père, partit donc pour Paddân-
Aram, et il se rendit chez Laban, fils de Betouel l'Araméen,
et frère de Rébecca, sa mère et celle d'Esaü.

6 Esaü vit qu'Isaac avait béni Jacob et qu'il l'avait envoyé
à Paddân-Aram pour y trouver une épouse, et qu'en le
bénissant il lui avait ordonné de ne pas épouser une fille
du pays de Canaan, 7 que Jacob avait obéi à son père et à
sa mère et qu'il était parti pour Paddân-Aram. 8 Il comprit
alors que les filles de Canaan étaient mal vues de son père,
9 Esaü se rendit chez Ismaël, fils d'Abraham, et épousa, en

[a] **27.38** Allusion en Hé 12.17.
[b] **27.39** Le pays d'Edom où résideront les descendants d'Esaü est sec,
rocailleux et bien moins fertile que Canaan (Gn 36.8 ; 2 R 8.20).
[c] **27.44** En fait, 20 ans (31.38-41).

Nebaioth and daughter of Ishmael son of Abraham, in addition to the wives he already had.

Jacob's Dream at Bethel

10 Jacob left Beersheba and set out for Harran. 11 When he reached a certain place, he stopped for the night because the sun had set. Taking one of the stones there, he put it under his head and lay down to sleep. 12 He had a dream in which he saw a stairway resting on the earth, with its top reaching to heaven, and the angels of God were ascending and descending on it. 13 There above it[r] stood the LORD, and he said: "I am the LORD, the God of your father Abraham and the God of Isaac. I will give you and your descendants the land on which you are lying. 14 Your descendants will be like the dust of the earth, and you will spread out to the west and to the east, to the north and to the south. All peoples on earth will be blessed through you and your offspring.[s] 15 I am with you and will watch over you wherever you go, and I will bring you back to this land. I will not leave you until I have done what I have promised you."

16 When Jacob awoke from his sleep, he thought, "Surely the LORD is in this place, and I was not aware of it." 17 He was afraid and said, "How awesome is this place! This is none other than the house of God; this is the gate of heaven."

18 Early the next morning Jacob took the stone he had placed under his head and set it up as a pillar and poured oil on top of it. 19 He called that place Bethel,[t] though the city used to be called Luz.

20 Then Jacob made a vow, saying, "If God will be with me and will watch over me on this journey I am taking and will give me food to eat and clothes to wear 21 so that I return safely to my father's household, then the LORD[u] will be my God 22 and[v] this stone that I have set up as a pillar will be God's house, and of all that you give me I will give you a tenth."

Jacob Arrives in Paddan Aram

29 1 Then Jacob continued on his journey and came to the land of the eastern peoples. 2 There he saw a well in the open country, with three flocks of sheep lying near it because the flocks were watered from that well. The stone over the mouth of the well was large. 3 When all the flocks were gathered there, the shepherds would roll the stone away from the well's mouth and water the sheep. Then they would return the stone to its place over the mouth of the well.

4 Jacob asked the shepherds, "My brothers, where are you from?"

"We're from Harran," they replied.

5 He said to them, "Do you know Laban, Nahor's grandson?"

"Yes, we know him," they answered.

plus de ses autres femmes, sa fille Mahalath, la sœur de Nebayoth.

Béthel, « Maison de Dieu »

10 Jacob avait quitté Beer-Sheva et marchait en direction de Harân[d]. 11 Comme le soleil se couchait, il prit une pierre pour s'en faire un oreiller et se coucha pour passer ainsi la nuit dans le lieu qu'il avait atteint. 12 Dans son rêve, il vit une sorte d'escalier reposant sur la terre, et dont le haut atteignait le ciel. Et voici que des anges de Dieu montaient et descendaient cet escalier[e]. 13 L'Eternel lui-même se tenait tout en haut et lui dit : Je suis l'Eternel, le Dieu d'Abraham ton ancêtre et le Dieu d'Isaac. Cette terre sur laquelle tu reposes, je te la donnerai, à toi et à ta descendance. 14 Elle sera aussi nombreuse que la poussière de la terre ; elle étendra son territoire dans toutes les directions : vers l'ouest et l'est, vers le nord et le sud. Par toi et par elle, toutes les familles de la terre seront bénies[f]. 15 Et voici : je suis moi-même avec toi, je te garderai partout où tu iras ; et je te ferai revenir vers cette région ; je ne t'abandonnerai pas mais j'accomplirai ce que je t'ai promis.

16 Jacob s'éveilla et s'écria : Assurément, l'Eternel est en ce lieu, et moi je l'ignorais !

17 Il fut saisi de crainte et ajouta : Ce lieu est redoutable ! Ce ne peut être que le sanctuaire de Dieu. C'est ici la porte du ciel.

18 Le lendemain, de grand matin, il prit la pierre sur laquelle avait reposé sa tête, il la dressa en stèle et répandit de l'huile sur son sommet[g]. 19 Il appela cet endroit Béthel (Maison de Dieu). Auparavant la localité s'appelait Louz. 20 Puis il fit le vœu suivant : Si Dieu est avec moi, s'il me protège au cours du voyage que je suis en train de faire, s'il me fournit de quoi manger et me vêtir, 21 et si je reviens sain et sauf chez mon père, alors l'Eternel sera mon Dieu. 22 Cette pierre que j'ai dressée comme stèle deviendra un sanctuaire de Dieu et je t'offrirai le dixième de tous les biens que tu m'accorderas.

Chez Laban

29 1 Jacob reprit sa marche et se dirigea vers les pays de l'Orient[h]. 2 Un jour, il aperçut dans la campagne un puits où l'on menait boire les troupeaux. Trois troupeaux de moutons et de chèvres étaient couchés alentour. L'ouverture du puits était fermée par une grosse pierre 3 que l'on roulait de côté lorsque tous les troupeaux y étaient rassemblés. Après avoir abreuvé les bêtes, on remettait la pierre sur l'ouverture. 4 Jacob demanda aux bergers : D'où êtes-vous, les amis ?

– Nous sommes de Harân, lui répondirent-ils.

5 – Alors, reprit-il, connaissez-vous Laban, descendant de Nahor ?

– Oui, nous le connaissons.

---

r **28:13** Or *There beside him*

s **28:14** Or *will use your name and the name of your offspring in blessings* (see 48:20)

t **28:19** *Bethel* means *house of God.*

u **28:20,21** Or *Since God ... father's household, the LORD*

v **28:21,22** Or *household, and the LORD will be my God,* 22 *then*

d **28.10** C'est-à-dire à plus de six cents kilomètres de là.

e **28.12** Voir Jn 1.51. Il s'agit certainement de l'escalier d'un temple ou d'une tour à étages du type des ziggourats mésopotamiennes.

f **28.14** Voir 12.3 ; 13.16. Autre traduction : *toutes les familles ... se béniront en citant votre exemple.*

g **28.18** En signe de consécration.

h **29.1** Pays situés sur les rives de l'Euphrate.

6 Then Jacob asked them, "Is he well?"

"Yes, he is," they said, "and here comes his daughter Rachel with the sheep."

7 "Look," he said, "the sun is still high; it is not time for the flocks to be gathered. Water the sheep and take them back to pasture."

8 "We can't," they replied, "until all the flocks are gathered and the stone has been rolled away from the mouth of the well. Then we will water the sheep."

9 While he was still talking with them, Rachel came with her father's sheep, for she was a shepherd. 10 When Jacob saw Rachel daughter of his uncle Laban, and Laban's sheep, he went over and rolled the stone away from the mouth of the well and watered his uncle's sheep. 11 Then Jacob kissed Rachel and began to weep aloud. 12 He had told Rachel that he was a relative of her father and a son of Rebekah. So she ran and told her father.

13 As soon as Laban heard the news about Jacob, his sister's son, he hurried to meet him. He embraced him and kissed him and brought him to his home, and there Jacob told him all these things. 14 Then Laban said to him, "You are my own flesh and blood."

Jacob Marries Leah and Rachel

After Jacob had stayed with him for a whole month, 15 Laban said to him, "Just because you are a relative of mine, should you work for me for nothing? Tell me what your wages should be."

16 Now Laban had two daughters; the name of the older was Leah, and the name of the younger was Rachel. 17 Leah had weak[w] eyes, but Rachel had a lovely figure and was beautiful. 18 Jacob was in love with Rachel and said, "I'll work for you seven years in return for your younger daughter Rachel."

19 Laban said, "It's better that I give her to you than to some other man. Stay here with me." 20 So Jacob served seven years to get Rachel, but they seemed like only a few days to him because of his love for her.

21 Then Jacob said to Laban, "Give me my wife. My time is completed, and I want to make love to her."

22 So Laban brought together all the people of the place and gave a feast. 23 But when evening came, he took his daughter Leah and brought her to Jacob, and Jacob made love to her. 24 And Laban gave his servant Zilpah to his daughter as her attendant.

25 When morning came, there was Leah! So Jacob said to Laban, "What is this you have done to me? I served you for Rachel, didn't I? Why have you deceived me?"

26 Laban replied, "It is not our custom here to give the younger daughter in marriage before the older one. 27 Finish this daughter's bridal week; then we will give you the younger one also, in return for another seven years of work."

[w] 29:17 Or *delicate*

6 – Comment va-t-il ?

– Il va bien. D'ailleurs, voici justement sa fille Rachel qui vient avec le troupeau.

7 – Mais, dit Jacob, il fait encore grand jour ! Ce n'est pas le moment de rassembler le bétail. Faites-donc boire les bêtes et ramenez-les aux pâturages !

8 – Nous ne pouvons rien faire, lui répondirent-ils, avant que tous les troupeaux soient rassemblés ; alors seulement nous roulons la pierre qui bouche l'ouverture du puits et nous faisons boire les bêtes.

9 Pendant qu'il s'entretenait ainsi avec eux, Rachel arriva avec le troupeau de son père. Elle était en effet bergère. 10 Lorsque Jacob vit Rachel, la fille de son oncle Laban et les bêtes de son oncle, il s'approcha, roula la pierre de l'ouverture du puits et fit boire le troupeau de son oncle. 11 Puis il embrassa Rachel et éclata en pleurs.

12 Il apprit à la jeune fille qu'il était un parent de son père, un fils de Rébecca. Rachel courut prévenir son père. 13 Dès que Laban entendit parler de Jacob, le fils de sa sœur, il se précipita à sa rencontre, le serra contre lui et l'embrassa, puis il le conduisit dans sa maison. Alors Jacob lui raconta tout ce qui s'était passé. 14 Laban lui dit : Tu es bien du même sang que moi !

Pendant tout un mois, Jacob demeura chez lui.

Les épouses de Jacob

15 Puis Laban lui dit : Travailleras-tu pour rien chez moi parce que tu es mon neveu ? Dis-moi ce que tu voudrais comme salaire.

16 Or, Laban avait deux filles, l'aînée s'appelait Léa, et la cadette Rachel. 17 Léa avait le regard tendre, mais Rachel était bien faite et d'une grande beauté. 18 Jacob s'était épris de Rachel et il dit à Laban : Je te servirai pendant sept ans si tu me donnes Rachel, ta fille cadette, en mariage[i].

19 Et Laban répondit : Je préfère te la donner à toi plutôt qu'à un autre. Reste chez moi.

20 Jacob travailla sept ans pour obtenir Rachel, et ces années furent à ses yeux comme quelques jours parce qu'il l'aimait.

21 Puis il dit à Laban : Donne-moi maintenant ma femme, car j'ai accompli mon temps de service et je voudrais l'épouser.

22 Alors Laban fit un festin auquel il invita tous les habitants de la localité. 23 La nuit venue, il prit sa fille Léa et l'amena à Jacob qui s'unit à elle[j]. 24 Laban donna sa servante Zilpa à sa fille Léa. 25 Le lendemain matin, Jacob se rendit compte que c'était Léa. Jacob dit à Laban : Que m'as-tu fait ? N'est-ce pas pour Rachel que j'ai travaillé chez toi ? Pourquoi alors m'as-tu trompé ?

26 Laban répondit : Chez nous, il n'est pas d'usage de marier la cadette avant l'aînée. 27 Mais termine la semaine de noces avec celle-ci, et nous te donnerons aussi l'autre en contrepartie de sept autres années de travail chez moi[k].

[i] **29.18** Le fiancé versait une dot à son futur beau-père (34.12). S'il ne pouvait la payer, il s'acquittait de sa dette par un service en nature.

[j] **29.23** La mariée portait un voile sur le visage.

[k] **29.27** Rachel fut sans doute donnée à Jacob à la fin de la semaine des festivités. Les sept autres années de travail allaient suivre ce mariage.

28 And Jacob did so. He finished the week with Leah, and then Laban gave him his daughter Rachel to be his wife. 29 Laban gave his servant Bilhah to his daughter Rachel as her attendant. 30 Jacob made love to Rachel also, and his love for Rachel was greater than his love for Leah. And he worked for Laban another seven years.

Jacob's Children

31 When the LORD saw that Leah was not loved, he enabled her to conceive, but Rachel remained childless. 32 Leah became pregnant and gave birth to a son. She named him Reuben,[x] for she said, "It is because the LORD has seen my misery. Surely my husband will love me now."

33 She conceived again, and when she gave birth to a son she said, "Because the LORD heard that I am not loved, he gave me this one too." So she named him Simeon.[y]

34 Again she conceived, and when she gave birth to a son she said, "Now at last my husband will become attached to me, because I have borne him three sons." So he was named Levi.[z]

35 She conceived again, and when she gave birth to a son she said, "This time I will praise the LORD." So she named him Judah.[a] Then she stopped having children.

30 1 When Rachel saw that she was not bearing Jacob any children, she became jealous of her sister. So she said to Jacob, "Give me children, or I'll die!"

2 Jacob became angry with her and said, "Am I in the place of God, who has kept you from having children?"

3 Then she said, "Here is Bilhah, my servant. Sleep with her so that she can bear children for me and I too can build a family through her."

4 So she gave him her servant Bilhah as a wife. Jacob slept with her, 5 and she became pregnant and bore him a son. 6 Then Rachel said, "God has vindicated me; he has listened to my plea and given me a son." Because of this she named him Dan.[b]

7 Rachel's servant Bilhah conceived again and bore Jacob a second son. 8 Then Rachel said, "I have had a great struggle with my sister, and I have won." So she named him Naphtali.[c]

9 When Leah saw that she had stopped having children, she took her servant Zilpah and gave her to Jacob as a wife. 10 Leah's servant Zilpah bore Jacob a son. 11 Then Leah said, "What good fortune!"[d] So she named him Gad.[e]

12 Leah's servant Zilpah bore Jacob a second son. 13 Then Leah said, "How happy I am! The women will call me happy." So she named him Asher.[f]

[x] **29:32** *Reuben* sounds like the Hebrew for *he has seen my misery*; the name means *see, a son.*
[y] **29:33** *Simeon* probably means *one who hears.*
[z] **29:34** *Levi* sounds like and may be derived from the Hebrew for *attached.*
[a] **29:35** *Judah* sounds like and may be derived from the Hebrew for *praise.*
[b] **30:6** *Dan* here means *he has vindicated.*
[c] **30:8** *Naphtali* means *my struggle.*
[d] **30:11** Or *"A troop is coming!"*
[e] **30:11** *Gad* can mean *good fortune* or *troop.*
[f] **30:13** *Asher* means *happy.*

28 Jacob accepta : il termina cette semaine-là avec Léa, et Laban lui donna sa fille Rachel pour épouse. 29 Il donna aussi à Rachel sa servante Bilha[l]. 30 Jacob s'unit aussi à Rachel qu'il aimait plus que Léa. Il travailla encore sept autres années chez Laban.

Les enfants de Jacob

31 L'Eternel vit que Léa était mal aimée et il lui accorda des enfants, tandis que Rachel était stérile. 32 Ainsi Léa devint enceinte et donna naissance à un fils qu'elle appela Ruben (Voyez, un fils !), car elle dit : L'Eternel a vu ma misère ; à présent, mon mari m'aimera.

33 Puis elle fut de nouveau enceinte et eut encore un fils. Elle dit : L'Eternel a entendu que je n'étais pas aimée et il m'a encore accordé celui-ci.

Et elle le nomma Siméon (Il entend). 34 Elle devint encore enceinte et enfanta un fils. Elle dit : Cette fois-ci, mon mari s'attachera à moi, car je lui ai donné trois fils.

C'est pourquoi elle l'appela Lévi (Il s'attache). 35 De nouveau, elle devint enceinte et eut un fils. Elle s'écria : Cette fois, je louerai l'Eternel.

C'est pourquoi elle le nomma Juda (Il loue). Puis elle cessa d'avoir des enfants.

30 1 Lorsque Rachel vit qu'elle ne donnait pas d'enfant à Jacob, elle devint jalouse de sa sœur et elle dit à son mari : Donne-moi des enfants, sinon j'en mourrai.

2 Jacob se fâcha contre elle et dit : Est-ce que je suis à la place de Dieu, lui qui t'empêche d'avoir des enfants ?

3 – Alors, suggéra-t-elle, voici ma servante Bilha, unis-toi à elle pour qu'elle ait un enfant dont elle accouchera sur mes genoux, et j'aurai, moi aussi, un enfant par son intermédiaire[m].

4 Elle lui donna donc Bilha, sa servante, pour femme, et Jacob s'unit à elle. 5 Bilha devint enceinte et donna un fils à Jacob. 6 Rachel s'écria : Dieu a défendu mon droit. Et même, il m'a exaucée et m'a donné un fils.

C'est pourquoi elle l'appela Dan (Il juge). 7 Puis Bilha, sa servante, devint de nouveau enceinte et donna un second fils à Jacob. 8 Rachel dit : J'ai livré un combat divin contre ma sœur ; et j'ai vaincu.

Elle nomma ce fils Nephtali (Il lutte).

9 Quand Léa vit qu'elle s'était arrêtée d'avoir des enfants, elle prit sa servante Zilpa et la donna à Jacob pour femme. 10 Zilpa donna un fils à Jacob. 11 Et Léa dit : Quelle chance !

Et elle le nomma Gad (Chance). 12 Puis Zilpa donna un second fils à Jacob. 13 Léa s'écria : Que je suis heureuse ! Car les femmes me diront bienheureuse.

Et elle l'appela Aser (Bienheureux).

[l] **29.29** Coutume attestée par les documents de l'époque.
[m] **30.3** Tradition de l'Orient antique, adoptée dans la famille d'Abraham (16.2).

14 During wheat harvest, Reuben went out into the fields and found some mandrake plants, which he brought to his mother Leah. Rachel said to Leah, "Please give me some of your son's mandrakes."

15 But she said to her, "Wasn't it enough that you took away my husband? Will you take my son's mandrakes too?"

"Very well," Rachel said, "he can sleep with you tonight in return for your son's mandrakes."

16 So when Jacob came in from the fields that evening, Leah went out to meet him. "You must sleep with me," she said. "I have hired you with my son's mandrakes." So he slept with her that night.

17 God listened to Leah, and she became pregnant and bore Jacob a fifth son. 18 Then Leah said, "God has rewarded me for giving my servant to my husband." So she named him Issachar.[g]

19 Leah conceived again and bore Jacob a sixth son. 20 Then Leah said, "God has presented me with a precious gift. This time my husband will treat me with honor, because I have borne him six sons." So she named him Zebulun.[h]

21 Some time later she gave birth to a daughter and named her Dinah.

22 Then God remembered Rachel; he listened to her and enabled her to conceive. 23 She became pregnant and gave birth to a son and said, "God has taken away my disgrace." 24 She named him Joseph,[i] and said, "May the LORD add to me another son."

Jacob's Flocks Increase

25 After Rachel gave birth to Joseph, Jacob said to Laban, "Send me on my way so I can go back to my own homeland. 26 Give me my wives and children, for whom I have served you, and I will be on my way. You know how much work I've done for you."

27 But Laban said to him, "If I have found favor in your eyes, please stay. I have learned by divination that the LORD has blessed me because of you." 28 He added, "Name your wages, and I will pay them."

29 Jacob said to him, "You know how I have worked for you and how your livestock has fared under my care. 30 The little you had before I came has increased greatly, and the LORD has blessed you wherever I have been. But now, when may I do something for my own household?"

31 "What shall I give you?" he asked.

"Don't give me anything," Jacob replied. "But if you will do this one thing for me, I will go on tending your flocks and watching over them: 32 Let me go through all your flocks today and remove from them every speckled or spotted sheep, every dark-colored lamb and every spotted or speckled goat. They will be my wages. 33 And my honesty will testify for me in the future, whenever you check on the wages you have paid

[g] **30:18** *Issachar* sounds like the Hebrew for *reward.*
[h] **30:20** *Zebulun* probably means *honor.*
[i] **30:24** *Joseph* means *may he add.*

14 Au temps de la moisson des blés, Ruben sortit dans les champs et il trouva des mandragores, il les apporta à sa mère. Rachel dit à Léa : Donne-moi, s'il te plaît, quelques-unes des mandragores[n] que ton fils a apportées.

15 Léa lui répondit : Est-ce qu'il ne te suffit pas de m'avoir pris mon mari ? Il faut que tu prennes encore les mandragores de mon fils ?

Rachel lui dit : Eh bien ! Jacob couchera avec toi cette nuit en échange des mandragores de ton fils.

16 Le soir, quand Jacob revint des champs, Léa sortit à sa rencontre et lui dit : Tu viendras vers moi cette nuit, car je t'ai obtenu au prix des mandragores de mon fils.

Il coucha donc avec elle cette nuit-là. 17 Et Dieu exauça Léa : elle devint enceinte et donna un cinquième fils à Jacob.

18 Elle dit : Dieu m'a payé mon salaire pour avoir donné ma servante à mon mari.

Et elle appela ce fils Issacar (Homme de salaire). 19 Elle fut de nouveau enceinte et donna un sixième fils à Jacob.

20 – Dieu m'a accordé un riche présent, s'écria-t-elle, désormais mon mari m'honorera, puisque je lui ai donné six fils.

Et elle appela cet enfant Zabulon (Honneur[o]).

21 Plus tard, elle eut une fille qu'elle nomma Dina.

22 Alors Dieu intervint finalement en faveur de Rachel, il l'exauça et lui accorda la possibilité d'avoir des enfants. 23 Elle devint enceinte et donna naissance à un fils en disant : Dieu a enlevé ma honte.

24 Elle le nomma Joseph (Il ajoute[p]) en priant : Que l'Eternel m'ajoute un autre fils !

Jacob s'enrichit

25 Après la naissance de Joseph, Jacob dit à Laban : Laisse-moi retourner chez moi, dans mon pays. 26 Donne-moi mes femmes – pour lesquelles j'ai travaillé chez toi – et mes enfants, et je m'en irai ; car tu sais bien comment j'ai travaillé pour toi.

27 Laban lui dit : Si tu veux bien me faire une faveur, reste ici. J'ai appris par divination que c'est à cause de toi que l'Eternel m'a béni. 28 Et il ajouta : Fixe-moi ton salaire, et je te le donnerai.

29 Jacob lui dit : Tu sais toi-même comment je t'ai servi, et ce que ton cheptel est devenu grâce à moi. 30 Car tu avais bien peu de chose à mon arrivée, mais tes biens se sont considérablement accrus. L'Eternel t'a béni depuis que je suis chez toi. Mais à présent, il est temps que je travaille moi aussi pour ma propre famille.

31 Laban lui demanda : Que faut-il te donner ?

– Tu n'auras rien à me donner, répondit Jacob. Si tu acceptes ma proposition, je continuerai à paître tes troupeaux et à m'en occuper. 32 Si tu veux, je passerai aujourd'hui tout ton troupeau en revue, je mettrai à part toutes les jeunes bêtes tachetées ou bigarrées : tous les agneaux de couleur foncée, ainsi que toutes les chèvres bigarrées ou tachetées. Ils constitueront mon salaire. 33 Ainsi il te sera facile de contrôler mon honnêteté. Demain, tu viendras inspecter mon salaire : si tu trouves

[n] **30.14** Fruits auxquels certains attribuent encore aujourd'hui le pouvoir de favoriser la fécondité.
[o] **30.20** *Zabulon* semble dériver d'un terme hébreu qui signifie *prince.*
[p] **30.24** Le nom *Joseph* fait également assonance avec le verbe *enlever* du v. 23.

me. Any goat in my possession that is not speckled or
spotted, or any lamb that is not dark-colored, will be
considered stolen."
[34]"Agreed," said Laban. "Let it be as you have said."
[35]That same day he removed all the male goats that
were streaked or spotted, and all the speckled or spotted female goats (all that had white on them) and all
the dark-colored lambs, and he placed them in the
care of his sons. [36]Then he put a three-day journey
between himself and Jacob, while Jacob continued to
tend the rest of Laban's flocks.
[37]Jacob, however, took fresh-cut branches from poplar, almond and plane trees and made white stripes
on them by peeling the bark and exposing the white
inner wood of the branches. [38]Then he placed the
peeled branches in all the watering troughs, so that
they would be directly in front of the flocks when
they came to drink. When the flocks were in heat and
came to drink, [39]they mated in front of the branches.
And they bore young that were streaked or speckled
or spotted. [40]Jacob set apart the young of the flock by
themselves, but made the rest face the streaked and
dark-colored animals that belonged to Laban. Thus
he made separate flocks for himself and did not put
them with Laban's animals. [41]Whenever the stronger
females were in heat, Jacob would place the branches
in the troughs in front of the animals so they would
mate near the branches, [42]but if the animals were
weak, he would not place them there. So the weak
animals went to Laban and the strong ones to Jacob.
[43]In this way the man grew exceedingly prosperous
and came to own large flocks, and female and male
servants, and camels and donkeys.

Jacob Flees From Laban

31 [1]Jacob heard that Laban's sons were saying, "Jacob has taken everything our father
owned and has gained all this wealth from what belonged to our father." [2]And Jacob noticed that Laban's
attitude toward him was not what it had been.
[3]Then the LORD said to Jacob, "Go back to the land
of your fathers and to your relatives, and I will be
with you."
[4]So Jacob sent word to Rachel and Leah to come out
to the fields where his flocks were. [5]He said to them, "I
see that your father's attitude toward me is not what
it was before, but the God of my father has been with
me. [6]You know that I've worked for your father with
all my strength, [7]yet your father has cheated me by
changing my wages ten times. However, God has not
allowed him to harm me. [8]If he said, 'The speckled
ones will be your wages,' then all the flocks gave birth
to speckled young; and if he said, 'The streaked ones
will be your wages,' then all the flocks bore streaked
young. [9]So God has taken away your father's livestock
and has given them to me.
[10]"In breeding season I once had a dream in which I
looked up and saw that the male goats mating with the
flock were streaked, speckled or spotted. [11]The angel
of God said to me in the dream, 'Jacob.' I answered,
'Here I am.' [12]And he said, 'Look up and see that all

chez moi une chèvre qui ne soit pas tachetée ou bigarrée,
ou un agneau qui ne soit pas de couleur foncée, tu pourras
les considérer comme volés.
[34]Laban dit : D'accord ! Fais comme tu l'as dit.
[35]Mais le jour même, Laban retira du troupeau les boucs
mouchetés ou bigarrés, toutes les chèvres tachetées ou
bigarrées, tout ce qui était mêlé de blanc et tous les agneaux de couleur foncée, et il les remit entre les mains
de ses fils. [36]Puis il mit une distance de trois journées de
marche entre lui et Jacob, lequel continua à s'occuper du
reste de ses troupeaux.
[37]Jacob se procura des rameaux verts de peuplier,
d'amandier et de platane et en pela l'écorce par endroits,
laissant apparaître l'aubier blanc des branches. [38]Il plaça
ces rameaux sous les yeux des bêtes dans les auges et les
abreuvoirs où elles venaient boire ; celles-ci entraient en
chaleur en venant boire. [39]Les bêtes s'accouplaient devant
ces rameaux. Lorsqu'elles mettaient bas, leurs petits
étaient mouchetés, tachetés ou bigarrés. [40]Jacob sépara
les agneaux. Dans le troupeau de Laban, il obtint de plus
en plus de bêtes mouchetées et foncées[q]. Il se constitua
ainsi des troupeaux à lui, qu'il ne mêla pas à ceux de Laban.
[41]Chaque fois que des bêtes vigoureuses s'accouplaient,
Jacob plaçait les rameaux sous leurs yeux dans les auges
pour qu'elles s'accouplent devant les rameaux. [42]Quand
les brebis étaient chétives, il ne les mettait pas. Ainsi les
bêtes chétives revenaient à Laban et les robustes à Jacob.
[43]De cette manière, ce dernier s'enrichit considérablement,
il posséda de nombreux troupeaux, des servantes et des
serviteurs, des chameaux et des ânes.

Le départ de Jacob

31 [1]Jacob apprit que les fils de Laban disaient : Jacob
s'est emparé de tout ce qui appartenait à notre
père et c'est avec le bien de notre père qu'il s'est acquis
toute cette richesse.
[2]Il remarqua que l'attitude de Laban envers lui n'était
plus comme avant. [3]L'Eternel lui dit : Retourne au pays de
tes pères, auprès de ta parenté, et je serai avec toi.
[4]Alors Jacob fit venir Rachel et Léa aux champs où il était
avec ses troupeaux [5]et il leur dit : Je vois que votre père n'a
plus envers moi la même attitude qu'auparavant. Mais le
Dieu de mon père a été avec moi. [6]Vous savez vous-mêmes
que j'ai servi votre père de toutes mes forces, [7]tandis que
lui m'a trompé : par dix fois, il a changé les conditions de
mon salaire. Heureusement, Dieu ne lui a pas permis de me
causer du tort. [8]Quand votre père affirmait : « Les bêtes
tachetées constitueront ton salaire », toutes les bêtes mettaient bas des petits tachetés. Et quand il affirmait : « Les
mouchetés seront ton salaire », toutes les bêtes faisaient
des petits mouchetés. [9]Ainsi, c'est Dieu qui a pris le bétail
de votre père et qui me l'a donné. [10]En effet, à l'époque
où les bêtes s'accouplent, j'ai vu en songe que les boucs
qui couvraient les brebis étaient mouchetés, tachetés,
ou marquetés. [11]L'ange de Dieu m'appela dans ce rêve :
« Jacob ! » Et j'ai répondu : « J'écoute. » [12]« Lève les yeux,

q **30.40** Texte obscur en hébreu. Autre traduction : *Il mettait les bêtes en face de celles qui étaient mouchetées et foncées dans le troupeau de Laban.*

the male goats mating with the flock are streaked, speckled or spotted, for I have seen all that Laban has been doing to you. 13 I am the God of Bethel, where you anointed a pillar and where you made a vow to me. Now leave this land at once and go back to your native land.' "

14 Then Rachel and Leah replied, "Do we still have any share in the inheritance of our father's estate? 15 Does he not regard us as foreigners? Not only has he sold us, but he has used up what was paid for us. 16 Surely all the wealth that God took away from our father belongs to us and our children. So do whatever God has told you."

17 Then Jacob put his children and his wives on camels, 18 and he drove all his livestock ahead of him, along with all the goods he had accumulated in Paddan Aram,[j] to go to his father Isaac in the land of Canaan.

19 When Laban had gone to shear his sheep, Rachel stole her father's household gods. 20 Moreover, Jacob deceived Laban the Aramean by not telling him he was running away. 21 So he fled with all he had, crossed the Euphrates River, and headed for the hill country of Gilead.

Laban Pursues Jacob

22 On the third day Laban was told that Jacob had fled. 23 Taking his relatives with him, he pursued Jacob for seven days and caught up with him in the hill country of Gilead. 24 Then God came to Laban the Aramean in a dream at night and said to him, "Be careful not to say anything to Jacob, either good or bad."

25 Jacob had pitched his tent in the hill country of Gilead when Laban overtook him, and Laban and his relatives camped there too. 26 Then Laban said to Jacob, "What have you done? You've deceived me, and you've carried off my daughters like captives in war. 27 Why did you run off secretly and deceive me? Why didn't you tell me, so I could send you away with joy and singing to the music of timbrels and harps? 28 You didn't even let me kiss my grandchildren and my daughters goodbye. You have done a foolish thing. 29 I have the power to harm you; but last night the God of your father said to me, 'Be careful not to say anything to Jacob, either good or bad.' 30 Now you have gone off because you longed to return to your father's household. But why did you steal my gods?"

31 Jacob answered Laban, "I was afraid, because I thought you would take your daughters away from me by force. 32 But if you find anyone who has your gods, that person shall not live. In the presence of our relatives, see for yourself whether there is anything of yours here with me; and if so, take it." Now Jacob did not know that Rachel had stolen the gods.

33 So Laban went into Jacob's tent and into Leah's tent and into the tent of the two female servants, but he found nothing. After he came out of Leah's tent, he entered Rachel's tent. 34 Now Rachel had taken the household gods and put them inside her camel's sad-

[j] 31:18 That is, Northwest Mesopotamia

dit-il, et regarde : tous les boucs qui couvrent le troupeau sont mouchetés, tachetés, ou marquetés, car j'ai vu tout ce que te fait Laban. 13 Je suis le Dieu de Béthel, où tu as répandu de l'huile sur une pierre dressée en stèle, et où tu m'as fait un vœu. Maintenant, lève-toi, quitte ce pays et retourne dans ton pays natal. »

14 Rachel et Léa lui répondirent : Avons-nous encore quelque chose, ou un héritage, chez notre père ? 15 Ne nous a-t-il pas traitées comme des étrangères puisqu'il nous a vendues ? Et, de plus, il a mangé notre argent[r]. 16 Tous les biens que Dieu a sauvés de notre père nous appartiennent, à nous et à nos enfants. Maintenant, donc, fais tout ce que Dieu t'a demandé.

17 Alors Jacob se mit en route : il fit monter ses enfants et ses femmes sur les chameaux ; 18 il emmena tout son bétail et tous les biens qu'il avait acquis, en particulier, le cheptel qu'il avait amassé pendant son séjour à Paddân-Aram, pour rentrer chez son père Isaac au pays de Canaan. 19 Quant à Laban, il était parti tondre ses moutons. En partant, Rachel vola les idoles domestiques[s] de son père. 20 Ainsi Jacob partit à la dérobée sans informer Laban l'Araméen de sa fuite. 21 Il s'enfuit avec tout ce qui lui appartenait, il traversa l'Euphrate, puis se dirigea vers les monts de Galaad.

Jacob rejoint par Laban

22 Le troisième jour, on avertit Laban que Jacob s'était enfui. 23 Il prit avec lui des hommes de sa famille, le poursuivit pendant sept jours et le rattrapa dans les monts de Galaad. 24 Mais, pendant la nuit, Dieu vint parler à Laban l'Araméen dans un rêve. Il lui dit : Garde-toi de dire quoi que ce soit à Jacob, en bien ou en mal.

25 Quand Laban atteignit Jacob, celui-ci avait dressé sa tente dans la montagne. Laban et ses hommes s'installèrent eux aussi dans les monts de Galaad. 26 Laban interpella Jacob : Qu'est-ce qui t'a pris ? Pourquoi m'as-tu trompé ? Tu as emmené mes filles comme des captives de guerre ! 27 Pourquoi t'es-tu enfui en cachette ? Tu es parti comme un voleur sans me prévenir ! Je t'aurais laissé partir dans la joie avec des chants, au son du tambourin et de la lyre. 28 Tu ne m'as même pas laissé embrasser mes petits-enfants et mes filles ! Vraiment, tu as agi de façon stupide ! 29 Je pourrais vous faire du mal, mais le Dieu de votre père m'a parlé la nuit dernière et m'a dit : « Garde-toi de ne rien dire à Jacob ni en bien ni en mal. » 30 Maintenant, si tu es parti parce que tu languissais après la maison de ton père, pourquoi m'as-tu volé mes dieux ?

31 Jacob répliqua : J'avais peur que tu m'enlèves tes filles. 32 Quant à celui chez qui tu trouveras tes dieux, il ne vivra pas. Fouille en présence de nos gens ! Ce qui sera chez moi, reprends-le !

Jacob ignorait en effet que Rachel avait volé les idoles domestiques.

33 Laban fouilla la tente de Jacob, celle de Léa, puis celle des deux servantes, et ne trouva rien. En sortant de la tente de Léa, il entra dans celle de Rachel. 34 Or Rachel avait

[r] **31.15** Normalement, le père donnait à ses filles la dot qu'il recevait de ses gendres, alors que Laban seul a profité du travail de Jacob remplaçant la dot.

[s] **31.19** Litt. « les théraphim », petites statuettes à figures humaines.

dle and was sitting on them. Laban searched through everything in the tent but found nothing.

35 Rachel said to her father, "Don't be angry, my lord, that I cannot stand up in your presence; I'm having my period." So he searched but could not find the household gods.

36 Jacob was angry and took Laban to task. "What is my crime?" he asked Laban. "How have I wronged you that you hunt me down? 37 Now that you have searched through all my goods, what have you found that belongs to your household? Put it here in front of your relatives and mine, and let them judge between the two of us.

38 "I have been with you for twenty years now. Your sheep and goats have not miscarried, nor have I eaten rams from your flocks. 39 I did not bring you animals torn by wild beasts; I bore the loss myself. And you demanded payment from me for whatever was stolen by day or night. 40 This was my situation: The heat consumed me in the daytime and the cold at night, and sleep fled from my eyes. 41 It was like this for the twenty years I was in your household. I worked for you fourteen years for your two daughters and six years for your flocks, and you changed my wages ten times. 42 If the God of my father, the God of Abraham and the Fear of Isaac, had not been with me, you would surely have sent me away empty-handed. But God has seen my hardship and the toil of my hands, and last night he rebuked you."

43 Laban answered Jacob, "The women are my daughters, the children are my children, and the flocks are my flocks. All you see is mine. Yet what can I do today about these daughters of mine, or about the children they have borne? 44 Come now, let's make a covenant, you and I, and let it serve as a witness between us."

45 So Jacob took a stone and set it up as a pillar. 46 He said to his relatives, "Gather some stones." So they took stones and piled them in a heap, and they ate there by the heap. 47 Laban called it Jegar Sahadutha, and Jacob called it Galeed.[k]

48 Laban said, "This heap is a witness between you and me today." That is why it was called Galeed. 49 It was also called Mizpah,[l] because he said, "May the LORD keep watch between you and me when we are away from each other. 50 If you mistreat my daughters or if you take any wives besides my daughters, even though no one is with us, remember that God is a witness between you and me."

51 Laban also said to Jacob, "Here is this heap, and here is this pillar I have set up between you and me. 52 This heap is a witness, and this pillar is a witness, that I will not go past this heap to your side to harm you and that you will not go past this heap and pillar

[k] **31:47** The Aramaic *Jegar Sahadutha* and the Hebrew *Galeed* both mean *witness heap.*

[l] **31:49** *Mizpah* means *watchtower.*

pris les idoles et les avait cachées dans la selle du chameau et s'était assise dessus. Laban fouilla toute la tente sans rien trouver. 35 Elle dit à son père : Que mon seigneur ne se fâche pas si je ne peux pas me lever devant toi car j'ai ce qui arrive habituellement aux femmes.

Il fouilla, mais ne trouva pas les idoles. 36 Alors Jacob se mit en colère et fit de violents reproches à Laban : Quelle faute ai-je commise, s'écria-t-il, qu'ai-je fait de mal pour que tu t'acharnes ainsi contre moi ? 37 Tu as fouillé toutes mes affaires. As-tu rien trouvé qui t'appartienne ? Produis-le ici en présence de mes gens et des tiens, et qu'ils servent d'arbitres entre nous deux. 38 Voilà vingt années que je suis chez toi ; tes brebis et tes chèvres n'ont pas avorté, et je n'ai jamais mangé les béliers de ton troupeau. 39 Si une bête se faisait déchirer par une bête sauvage, je ne te la rapportais pas[t] : c'est moi qui t'en dédommageais. Tu me réclamais ce qu'on m'avait volé de jour et ce qui m'avait été volé la nuit. 40 Le jour, j'étais dévoré par la chaleur ; la nuit, par le froid, et je ne pouvais pas dormir. 41 Voilà vingt ans que je suis chez toi : pendant quatorze ans, je t'ai servi pour tes deux filles, puis pendant six ans pour ton bétail ; dix fois, tu as changé mon salaire. 42 Si le Dieu de mon père, le Dieu d'Abraham et celui que redoute Isaac, n'avait été de mon côté, tu m'aurais renvoyé aujourd'hui les mains vides. Mais Dieu a vu ma misère et avec quelle peine j'ai travaillé. La nuit dernière, il a prononcé son verdict.

Jacob fait alliance avec Laban

43 – Ces filles sont mes filles, répondit Laban, ces fils mes fils, ces troupeaux sont miens et tout ce que tu vois est à moi. Et que puis-je faire aujourd'hui pour mes filles et pour les enfants qu'elles ont mis au monde ? 44 Maintenant donc, viens, concluons une alliance, toi et moi, et laissons ici un signe qui nous serve de témoin à tous deux.

45 Alors Jacob prit une pierre et l'érigea en stèle. 46 Puis il dit aux siens : Ramassez des pierres !

Ils ramassèrent des pierres, les entassèrent et, tous ensemble, ils mangèrent[u] là sur ce tas de pierres. 47 Laban le nomma Yegar-Sahadouta (Le tas de pierres du témoignage) et Jacob l'appela Galed (Le tas de pierres-témoin).

48 Laban déclara : Ce tas de pierres sert aujourd'hui de témoin entre toi et moi.

C'est pourquoi on le nomma Galed. 49 On l'appelle aussi Mitspa (Le lieu du guet), car Laban avait dit encore : Que l'Eternel fasse le guet entre nous deux quand nous nous serons perdus de vue l'un et l'autre. 50 Si tu maltraites mes filles et si tu prends d'autres femmes en plus d'elles, ce n'est pas un homme qui nous servira d'arbitre, prends-y garde : c'est Dieu qui sera témoin entre moi et toi. 51 Puis il ajouta : Vois ce tas de pierres et cette stèle que j'ai dressés entre moi et toi. 52 Ce tas de pierres et cette stèle nous serviront de témoins. Je ne dois pas dépasser ce tas de pierres et cette stèle dans ta direction, et tu ne dois pas les dépasser dans ma direction avec de mauvaises intentions.

[t] **31.39** Si le berger rapportait au propriétaire les restes d'un mouton emporté par un fauve, il n'avait pas besoin de le restituer (voir Ex 22.12 ; Am 3.12).

[u] **31.46** Les alliances étaient souvent scellées par un repas (26.30 ; Ex 24.11).

to my side to harm me. 53 May the God of Abraham and the God of Nahor, the God of their father, judge between us."

So Jacob took an oath in the name of the Fear of his father Isaac. 54 He offered a sacrifice there in the hill country and invited his relatives to a meal. After they had eaten, they spent the night there.

55 Early the next morning Laban kissed his grandchildren and his daughters and blessed them. Then he left and returned home.[m]

Jacob Prepares to Meet Esau

32 1[n] Jacob also went on his way, and the angels of God met him. 2 When Jacob saw them, he said, "This is the camp of God!" So he named that place Mahanaim.[o]

3 Jacob sent messengers ahead of him to his brother Esau in the land of Seir, the country of Edom. 4 He instructed them: "This is what you are to say to my lord Esau: 'Your servant Jacob says, I have been staying with Laban and have remained there till now. 5 I have cattle and donkeys, sheep and goats, male and female servants. Now I am sending this message to my lord, that I may find favor in your eyes.' "

6 When the messengers returned to Jacob, they said, "We went to your brother Esau, and now he is coming to meet you, and four hundred men are with him."

7 In great fear and distress Jacob divided the people who were with him into two groups,[p] and the flocks and herds and camels as well. 8 He thought, "If Esau comes and attacks one group,[q] the group[r] that is left may escape."

9 Then Jacob prayed, "O God of my father Abraham, God of my father Isaac, LORD, you who said to me, 'Go back to your country and your relatives, and I will make you prosper,' 10 I am unworthy of all the kindness and faithfulness you have shown your servant. I had only my staff when I crossed this Jordan, but now I have become two camps. 11 Save me, I pray, from the hand of my brother Esau, for I am afraid he will come and attack me, and also the mothers with their children. 12 But you have said, 'I will surely make you prosper and will make your descendants like the sand of the sea, which cannot be counted.' "

13 He spent the night there, and from what he had with him he selected a gift for his brother Esau: 14 two hundred female goats and twenty male goats, two hundred ewes and twenty rams, 15 thirty female camels with their young, forty cows and ten bulls, and twenty female donkeys and ten male donkeys. 16 He put them in the care of his servants, each herd by itself, and said to his servants, "Go ahead of me, and keep some space between the herds."

17 He instructed the one in the lead: "When my brother Esau meets you and asks, 'Who do you belong

[m] **31:55** In Hebrew texts this verse (31:55) is numbered 32:1.
[n] In Hebrew texts 32:1-32 is numbered 32:2-33.
[o] **32:2** *Mahanaim* means *two camps.*
[p] **32:7** Or *camps*
[q] **32:8** Or *camp*
[r] **32:8** Or *camp*

53 Le Dieu d'Abraham et le Dieu de Nahor[v] – c'était le Dieu de leur père[w] – seront juges entre nous !

Jacob prêta serment par le Dieu que redoutait son père Isaac. 54 Puis il offrit un sacrifice sur la montagne et invita sa parenté à un repas. Ils mangèrent ensemble et passèrent la nuit sur la montagne.

Jacob a peur de rencontrer Esaü

32 1 Le lendemain, de bon matin, Laban embrassa ses petits-enfants et ses filles et les bénit ; puis il partit et retourna chez lui. 2 Jacob poursuivit sa route. Des anges de Dieu vinrent à sa rencontre. 3 En les voyant, il s'écria : C'est ici le camp de Dieu ! Et il nomma ce lieu : Mahanaïm[x] (Les deux camps).

4 Puis il envoya devant lui des messagers vers son frère Esaü, au pays de Séir, dans la steppe d'Edom[y]. 5 Il leur donna les instructions suivantes : Voici ce que vous direz à mon seigneur Esaü : « Ainsi parle ton serviteur Jacob : J'ai séjourné chez Laban et je m'y suis attardé jusqu'à maintenant. 6 J'ai acquis des bovins et des ânes, des moutons, des chèvres, des serviteurs et des servantes, et j'en fais informer mon seigneur pour recevoir bon accueil auprès de lui. »

7 Les messagers revinrent auprès de Jacob en disant : Nous sommes allés trouver ton frère Esaü et le voilà qui vient à ta rencontre – avec quatre cents hommes.

8 Jacob eut très peur, l'angoisse le saisit. Il répartit en deux camps les gens qui étaient avec lui, le menu et le gros bétail ainsi que les chameaux, 9 car il se disait : « Si Esaü attaque l'un des camps et le détruit, celui qui restera pourra en réchapper. »

10 Puis Jacob pria : Dieu de mon père Abraham, Dieu de mon père Isaac, ô Eternel, toi qui m'as dit : « Retourne dans ton pays, dans ta famille, et je te ferai du bien », 11 je suis indigne de toutes les faveurs que tu as témoignées avec tant de fidélité à ton serviteur ; car lorsque j'ai passé ce Jourdain, je n'avais que mon bâton, et maintenant je me trouve à la tête de deux camps. 12 Délivre-moi, je te prie, de mon frère Esaü ; car j'ai peur qu'il vienne me tuer, sans épargner ni mère ni enfant. 13 Pourtant, toi tu m'as dit : « Je te ferai du bien, et je rendrai tes descendants aussi nombreux que le sable de la mer que nul ne peut compter. »

14 Jacob s'installa à cet endroit pour la nuit. Il choisit dans ce qu'il avait à sa disposition de quoi faire un présent à son frère Esaü : 15 deux cents chèvres et vingt boucs, deux cents brebis et vingt béliers, 16 trente chamelles qui allaitaient avec leurs petits, quarante vaches et dix taureaux, vingt ânesses et dix ânons. 17 Il les confia à ses serviteurs, par troupeaux séparés, en leur disant : Passez devant moi et laissez une certaine distance entre chaque troupeau.

18 Puis il donna les instructions suivantes au premier serviteur : Quand tu rencontreras mon frère Esaü et qu'il

[v] **31.53** Nahor était le frère d'Abraham (11.26) et le grand-père de Laban (24.24, 29). Laban était polythéiste. Jacob ne prêtera serment qu'au nom du Dieu d'Isaac (v. 42).
[w] **31.53** Les mots : *le Dieu* (ou *les dieux*) *de leur père* manquent dans certains manuscrits hébreux et dans la version grecque.
[x] **32.3** Cette localité, située près du Yabboq, jouera un grand rôle au temps de David et de Salomon (2 S 2.8 ; 17.24 ; 1 R 4.14).
[y] **32.4** Au sud et sud-est de la mer Morte où Esaü s'est installé (27.39-40).

to, and where are you going, and who owns all these animals in front of you?' 18 then you are to say, 'They belong to your servant Jacob. They are a gift sent to my lord Esau, and he is coming behind us.'"

19 He also instructed the second, the third and all the others who followed the herds: "You are to say the same thing to Esau when you meet him. 20 And be sure to say, 'Your servant Jacob is coming behind us.'" For he thought, "I will pacify him with these gifts I am sending on ahead; later, when I see him, perhaps he will receive me." 21 So Jacob's gifts went on ahead of him, but he himself spent the night in the camp.

Jacob Wrestles With God

22 That night Jacob got up and took his two wives, his two female servants and his eleven sons and crossed the ford of the Jabbok. 23 After he had sent them across the stream, he sent over all his possessions. 24 So Jacob was left alone, and a man wrestled with him till daybreak. 25 When the man saw that he could not overpower him, he touched the socket of Jacob's hip so that his hip was wrenched as he wrestled with the man. 26 Then the man said, "Let me go, for it is daybreak."

But Jacob replied, "I will not let you go unless you bless me."

27 The man asked him, "What is your name?"

"Jacob," he answered.

28 Then the man said, "Your name will no longer be Jacob, but Israel,[s] because you have struggled with God and with humans and have overcome."

29 Jacob said, "Please tell me your name."

But he replied, "Why do you ask my name?" Then he blessed him there.

30 So Jacob called the place Peniel,[t] saying, "It is because I saw God face to face, and yet my life was spared."

31 The sun rose above him as he passed Peniel,[u] and he was limping because of his hip. 32 Therefore to this day the Israelites do not eat the tendon attached to the socket of the hip, because the socket of Jacob's hip was touched near the tendon.

Jacob Meets Esau

33 1 Jacob looked up and there was Esau, coming with his four hundred men; so he divided the children among Leah, Rachel and the two female servants. 2 He put the female servants and their children in front, Leah and her children next, and Rachel and Joseph in the rear. 3 He himself went on ahead and bowed down to the ground seven times as he approached his brother.

4 But Esau ran to meet Jacob and embraced him; he threw his arms around his neck and kissed him. And they wept. 5 Then Esau looked up and saw the women and children. "Who are these with you?" he asked.

[s] 32:28 *Israel* probably means *he struggles with God.*
[t] 32:30 *Peniel* means *face of God.*
[u] 32:31 Hebrew *Penuel*, a variant of *Peniel*

te demandera : « Quel est ton maître, où vas-tu, et à qui appartient ce troupeau qui te précède ? », 19 tu répondras : « C'est à ton serviteur Jacob, et ce troupeau est un cadeau qu'il t'envoie, mon seigneur Esaü. Lui-même arrive derrière nous. »

20 Il donna les mêmes instructions au deuxième serviteur, au troisième, puis à tous ceux qui allaient marcher derrière les troupeaux : C'est ainsi que vous parlerez à Esaü quand vous le rencontrerez ! 21 Et dites-lui bien : « Voici, ton serviteur Jacob vient lui aussi derrière nous ! »

Car il se disait : Je l'apaiserai par ce présent qui me précède, ensuite je paraîtrai devant lui, et peut-être me permettra-t-il de le regarder en face.

22 Les bêtes offertes en cadeau s'en allèrent donc devant lui, et lui-même passa cette nuit-là dans le camp.

La lutte avec Dieu

23 Dans la nuit, il se leva, emmena ses deux femmes, leurs servantes et ses onze fils et passa le gué du Yabboq[z]. 24 Après leur avoir fait traverser le torrent et avoir fait passer tout ce qui lui appartenait, 25 Jacob resta seul. Alors un individu lutta avec lui jusqu'à l'aube. 26 Quand celui-ci vit qu'il n'arrivait pas à vaincre Jacob, il lui porta un coup à l'articulation de la hanche qui se démit pendant qu'il luttait avec lui. 27 Puis il dit à Jacob : Laisse-moi partir, car le jour se lève.

Mais Jacob répondit : Je ne te laisserai pas aller avant que tu ne m'aies béni.

28 – Quel est ton nom ? demanda l'individu.

– Jacob, répondit-il.

29 – Désormais, reprit l'autre, tu ne t'appelleras plus Jacob mais Israël (Il lutte avec Dieu), car tu as lutté avec Dieu et avec les hommes et tu as vaincu.

30 Jacob l'interrogea : Je t'en prie, fais-moi connaître ton nom.

– Pourquoi me demandes-tu mon nom ? lui répondit-il. Et il le bénit là.

31 Jacob nomma ce lieu Péniel (La face de Dieu) car, dit-il, j'ai vu Dieu face à face et j'ai eu la vie sauve.

32 Le soleil se leva quand il passa le gué de Penouel[a]. Jacob boitait de la hanche. 33 C'est pourquoi, jusqu'à ce jour, les Israélites ne mangent pas le muscle de la cuisse fixé à l'articulation de la hanche, car c'est là que Dieu avait frappé Jacob.

Jacob et Esaü : des retrouvailles dans la paix

33 1 Jacob regarda droit devant et aperçut Esaü qui arrivait avec quatre cents hommes. Alors, il répartit ses enfants entre Léa, Rachel et les deux servantes. 2 Il plaça en tête les servantes et leurs enfants, puis Léa et les siens derrière eux et finalement Rachel et Joseph. 3 Lui-même passa devant eux. Il se prosterna sept fois jusqu'à terre avant d'arriver devant son frère. 4 Esaü courut à sa rencontre, le prit dans ses bras, se jeta à son cou et l'embrassa. Tous deux se mirent à pleurer. 5 Puis Esaü leva les yeux et vit les femmes et les enfants.

– Qui sont ceux qui sont là avec toi ? demanda-t-il.

[z] 32.23 Affluent principal, à l'est du Jourdain, à une quarantaine de kilomètres de l'embouchure de celui-ci.
[a] 32.32 *Penouel*, variante orthographique de l'hébreu pour Péniel.

Jacob answered, "They are the children God has
graciously given your servant."
[6]Then the female servants and their children
approached and bowed down. [7]Next, Leah and her
children came and bowed down. Last of all came
Joseph and Rachel, and they too bowed down.
[8]Esau asked, "What's the meaning of all these flocks
and herds I met?"

"To find favor in your eyes, my lord," he said.

[9]But Esau said, "I already have plenty, my brother.
Keep what you have for yourself."
[10]"No, please!" said Jacob. "If I have found favor in
your eyes, accept this gift from me. For to see your
face is like seeing the face of God, now that you have
received me favorably. [11]Please accept the present
that was brought to you, for God has been gracious to
me and I have all I need." And because Jacob insisted,
Esau accepted it.
[12]Then Esau said, "Let us be on our way; I'll accompany you."
[13]But Jacob said to him, "My lord knows that the
children are tender and that I must care for the ewes
and cows that are nursing their young. If they are
driven hard just one day, all the animals will die. [14]So
let my lord go on ahead of his servant, while I move
along slowly at the pace of the flocks and herds before
me and the pace of the children, until I come to my
lord in Seir."
[15]Esau said, "Then let me leave some of my men
with you."

"But why do that?" Jacob asked. "Just let me find
favor in the eyes of my lord."

[16]So that day Esau started on his way back to Seir.
[17]Jacob, however, went to Sukkoth, where he built a
place for himself and made shelters for his livestock.
That is why the place is called Sukkoth.[v]
[18]After Jacob came from Paddan Aram,[w] he arrived
safely at the city of Shechem in Canaan and camped
within sight of the city. [19]For a hundred pieces of silver,[x] he bought from the sons of Hamor, the father of
Shechem, the plot of ground where he pitched his tent.
[20]There he set up an altar and called it El Elohe Israel.[y]

Dinah and the Shechemites

34 [1]Now Dinah, the daughter Leah had borne
to Jacob, went out to visit the women of the
land. [2]When Shechem son of Hamor the Hivite, the
ruler of that area, saw her, he took her and raped her.
[3]His heart was drawn to Dinah daughter of Jacob; he
loved the young woman and spoke tenderly to her.
[4]And Shechem said to his father Hamor, "Get me this
girl as my wife."

v 33:17 *Sukkoth* means *shelters*.
w 33:18 That is, Northwest Mesopotamia
x 33:19 Hebrew *hundred kesitahs*; a kesitah was a unit of money of unknown weight and value.
y 33:20 *El Elohe Israel* can mean *El is the God of Israel* or *mighty is the God of Israel*.

Jacob répondit : Ce sont là les enfants que Dieu, dans sa
grâce, a donnés à ton serviteur.
[6]Les servantes s'approchèrent avec leurs enfants et se
prosternèrent. [7]Puis Léa et ses enfants vinrent se prosterner et enfin Joseph et Rachel.

[8]Esaü demanda : Que veux-tu faire avec tout ce camp
que j'ai croisé ?

– C'est un cadeau pour obtenir la faveur de mon
seigneur.
[9]– J'ai beaucoup de biens, mon frère, dit Esaü, garde ce
qui est à toi.
[10]– Non, dit Jacob, je t'en prie, si j'ai obtenu ta faveur,
accepte mon présent, car je t'ai vu en face comme on regarde la face de Dieu, et tu m'as accueilli favorablement.
[11]Accepte donc, je te prie, le présent que je t'ai fait parvenir, car Dieu m'a accordé sa grâce et j'ai tout ce qu'il
me faut.

Il insista tant qu'Esaü finit par accepter [12]et dit : Partons
et marchons ensemble ; j'irai devant toi.

[13]Mais Jacob répondit : Mon seigneur sait que les enfants
sont fragiles ; de plus, j'ai avec moi des brebis, des chèvres
et des vaches qui allaitent ; si l'on forçait leur marche un
seul jour, tout le troupeau périrait. [14]Que mon seigneur
aille donc devant son serviteur, je te prie, et moi j'avancerai tout doucement au pas du troupeau qui me précède et
de celui des enfants pour aller rejoindre mon seigneur
à Séir.
[15]Esaü suggéra : Dans ce cas, je laisserai avec toi une
partie de mes gens.

– A quoi bon, répondit Jacob, l'essentiel pour moi est
d'avoir obtenu la faveur de mon seigneur.

Jacob s'établit à Sichem

[16]Ce même jour Esaü reprit le chemin de Séir, [17]tandis
que Jacob partit pour Soukkoth (les Cabanes). Il s'y construisit une maison ; mais il bâtit aussi des cabanes pour
son bétail, c'est pourquoi on nomma ce lieu Soukkoth.
[18]A son retour de Paddân-Aram, Jacob arriva sans encombre à la ville de Sichem, dans le pays de Canaan, et
il établit son camp devant la ville. [19]Il acheta pour cent
pièces d'argent[b] aux descendants de Hamor, fondateur de
Sichem, la parcelle de terrain où il avait dressé ses tentes.
[20]Il y érigea un autel qu'il appela El-Elohé-Israël (Dieu
est le Dieu d'Israël).

Le conflit pour un viol

34 [1]Dina, la fille que Léa avait donnée à Jacob, sortit
pour aller voir les filles du pays. [2]Sichem, fils de
Hamor le Hévien qui gouvernait la région, la remarqua :
il l'enleva et coucha avec elle en lui faisant violence. [3]Il
s'attacha à Dina, la fille de Jacob, en tomba amoureux et
toucha le cœur de la jeune fille par ses paroles. [4]Il dit à son
père Hamor : Obtiens-moi cette jeune fille pour femme.

b 33.19 Il s'agit de *qésitas*. La valeur d'une pièce correspondait à celle d'une brebis.

5 When Jacob heard that his daughter Dinah had been defiled, his sons were in the fields with his livestock; so he did nothing about it until they came home.

6 Then Shechem's father Hamor went out to talk with Jacob. 7 Meanwhile, Jacob's sons had come in from the fields as soon as they heard what had happened. They were shocked and furious, because Shechem had done an outrageous thing in[z] Israel by sleeping with Jacob's daughter – a thing that should not be done.

8 But Hamor said to them, "My son Shechem has his heart set on your daughter. Please give her to him as his wife. 9 Intermarry with us; give us your daughters and take our daughters for yourselves. 10 You can settle among us; the land is open to you. Live in it, trade[a] in it, and acquire property in it."

11 Then Shechem said to Dinah's father and brothers, "Let me find favor in your eyes, and I will give you whatever you ask. 12 Make the price for the bride and the gift I am to bring as great as you like, and I'll pay whatever you ask me. Only give me the young woman as my wife."

13 Because their sister Dinah had been defiled, Jacob's sons replied deceitfully as they spoke to Shechem and his father Hamor. 14 They said to them, "We can't do such a thing; we can't give our sister to a man who is not circumcised. That would be a disgrace to us. 15 We will enter into an agreement with you on one condition only: that you become like us by circumcising all your males. 16 Then we will give you our daughters and take your daughters for ourselves. We'll settle among you and become one people with you. 17 But if you will not agree to be circumcised, we'll take our sister and go."

18 Their proposal seemed good to Hamor and his son Shechem. 19 The young man, who was the most honored of all his father's family, lost no time in doing what they said, because he was delighted with Jacob's daughter. 20 So Hamor and his son Shechem went to the gate of their city to speak to the men of their city. 21 "These men are friendly toward us," they said. "Let them live in our land and trade in it; the land has plenty of room for them. We can marry their daughters and they can marry ours. 22 But the men will agree to live with us as one people only on the condition that our males be circumcised, as they themselves are. 23 Won't their livestock, their property and all their other animals become ours? So let us agree to their terms, and they will settle among us."

24 All the men who went out of the city gate agreed with Hamor and his son Shechem, and every male in the city was circumcised.

25 Three days later, while all of them were still in pain, two of Jacob's sons, Simeon and Levi, Dinah's brothers, took their swords and attacked the unsuspecting city, killing every male. 26 They put Hamor and his son Shechem to the sword and took Dinah from Shechem's house and left. 27 The sons of Jacob came

[z] **34:7** Or *against*
[a] **34:10** Or *move about freely*; also in verse 21

5 Or Jacob avait appris que sa fille Dina avait été déshonorée. Mais comme ses fils étaient aux champs avec son bétail, il n'avait rien dit jusqu'à leur retour. 6 Hamor, le père de Sichem, se rendit chez Jacob pour lui parler. 7 Les fils de Jacob, à cette nouvelle, étaient revenus des champs. Ces hommes, outrés, étaient dans une grande colère parce que Sichem s'était rendu coupable d'une action infâme contre Israël en couchant avec la fille de Jacob, une chose inadmissible. 8 Hamor leur parla ainsi : Sichem, mon fils, s'est épris de votre fille ; s'il vous plaît, donnez-la lui pour femme 9 et alliez-vous par mariage avec nous. Vous nous donnerez vos filles et vous prendrez les nôtres. 10 Vous vous établirez chez nous ; le pays sera à votre disposition ; demeurez-y, vous y ferez vos affaires et vous y acquerrez des propriétés.

11 Sichem, de son côté, s'adressa au père et aux frères de la jeune fille : Faites-moi cette faveur ! Je vous donnerai ce que vous me demanderez. 12 Exigez de moi une forte dot et des présents. Je vous donnerai ce que vous me demanderez ; accordez-moi seulement la jeune fille pour épouse.

13 Parce qu'on avait déshonoré leur sœur Dina, les fils de Jacob usèrent de ruse en répondant à Sichem et à Hamor, son père, 14 en ces termes : Il ne nous est pas possible de donner notre sœur à un homme incirconcis ; ce serait un déshonneur pour nous. 15 Nous ne vous donnerons notre consentement qu'à la condition que, comme nous, vous fassiez circoncire tous ceux qui sont de sexe masculin parmi vous. 16 Alors nous vous donnerons nos filles en mariage et nous épouserons les vôtres, nous nous établirons chez vous et nous formerons un seul peuple. 17 Par contre, si vous n'acceptez pas de vous faire circoncire, nous reprendrons notre fille et nous nous en irons.

18 Hamor et son fils Sichem acceptèrent cette proposition, 19 et le jeune homme fit sans délai ce qu'on lui demandait, tant il était épris de la fille de Jacob. Or, il était le plus influent dans la famille de son père. 20 Il se rendit donc avec lui à la porte[c] de leur ville et ils parlèrent ainsi à leurs concitoyens : 21 Ces gens-là sont bien disposés envers nous ; qu'ils s'établissent dans le pays et qu'ils y fassent des affaires ; voici le pays est assez vaste pour eux dans toute son étendue. Nous épouserons leurs filles et nous leur donnerons les nôtres. 22 Seulement, ces hommes ne consentiront à habiter avec nous pour que nous formions ensemble un seul peuple que si tous les hommes parmi nous sont circoncis comme chez eux. 23 Ainsi, leurs troupeaux et leurs biens et toutes leurs bêtes de somme nous appartiendront. Consentons donc à ce qu'ils demandent et ils s'établiront chez nous.

24 Alors tous ceux qui se trouvaient à la porte de la ville se laissèrent convaincre par Hamor et son fils Sichem, et tous les hommes et les garçons qui se trouvaient dans la ville furent circoncis. 25 Le troisième jour, alors qu'ils étaient souffrants, deux des fils de Jacob, Siméon et Lévi, les frères de Dina[d], prirent chacun son épée, et tombèrent sur la ville qui se croyait en sécurité. Ils tuèrent tous les hommes et les garçons. 26 Ils tuèrent aussi Hamor et son fils Sichem, reprirent Dina de la maison de Sichem et partirent. 27 Les autres fils de Jacob vinrent achever les blessés

[c] **34.20** Où se réunissent les notables de la ville et les juges.
[d] **34.25** Ces deux fils de Jacob étaient de la même mère que Dina (Léa : 29.33-34).

upon the dead bodies and looted the city where[b] their sister had been defiled. 28 They seized their flocks and herds and donkeys and everything else of theirs in the city and out in the fields. 29 They carried off all their wealth and all their women and children, taking as plunder everything in the houses.

30 Then Jacob said to Simeon and Levi, "You have brought trouble on me by making me obnoxious to the Canaanites and Perizzites, the people living in this land. We are few in number, and if they join forces against me and attack me, I and my household will be destroyed."

31 But they replied, "Should he have treated our sister like a prostitute?"

Jacob Returns to Bethel

35 1 Then God said to Jacob, "Go up to Bethel and settle there, and build an altar there to God, who appeared to you when you were fleeing from your brother Esau."

2 So Jacob said to his household and to all who were with him, "Get rid of the foreign gods you have with you, and purify yourselves and change your clothes. 3 Then come, let us go up to Bethel, where I will build an altar to God, who answered me in the day of my distress and who has been with me wherever I have gone." 4 So they gave Jacob all the foreign gods they had and the rings in their ears, and Jacob buried them under the oak at Shechem. 5 Then they set out, and the terror of God fell on the towns all around them so that no one pursued them.

6 Jacob and all the people with him came to Luz (that is, Bethel) in the land of Canaan. 7 There he built an altar, and he called the place El Bethel,[c] because it was there that God revealed himself to him when he was fleeing from his brother.

8 Now Deborah, Rebekah's nurse, died and was buried under the oak outside Bethel. So it was named Allon Bakuth.[d]

9 After Jacob returned from Paddan Aram,[e] God appeared to him again and blessed him. 10 God said to him, "Your name is Jacob,[f] but you will no longer be called Jacob; your name will be Israel.[g]" So he named him Israel.

11 And God said to him, "I am God Almighty[h]; be fruitful and increase in number. A nation and a community of nations will come from you, and kings will be among your descendants. 12 The land I gave to Abraham and Isaac I also give to you, and I will give this land to your descendants after you." 13 Then God went up from him at the place where he had talked with him.

14 Jacob set up a stone pillar at the place where God had talked with him, and he poured out a drink of-

[b] **34:27** Or *because*
[c] **35:7** *El Bethel* means *God of Bethel.*
[d] **35:8** *Allon Bakuth* means *oak of weeping.*
[e] **35:9** That is, Northwest Mesopotamia; also in verse 26
[f] **35:10** *Jacob* means *he grasps the heel,* a Hebrew idiom for *he deceives.*
[g] **35:10** *Israel* probably means *he struggles with God.*
[h] **35:11** Hebrew *El-Shaddai*

et pillèrent la ville, parce qu'on avait déshonoré leur sœur. 28 Ils prirent le gros et le petit bétail ainsi que les ânes et tout ce qui était dans la ville et dans les champs. 29 Ils s'emparèrent de tous leurs biens, de leurs enfants et de leurs femmes et raflèrent tout ce qui était dans les maisons.

30 Jacob dit à Siméon et à Lévi : Vous me causez des ennuis car vous m'avez rendu odieux aux Cananéens et aux Phéréziens qui habitent le pays. Je ne dispose que d'un petit nombre d'hommes ; s'ils se liguent contre moi, ils me battront et extermineront toute ma famille avec moi. 31 Ils lui répliquèrent : Pouvions-nous laisser traiter notre sœur comme une prostituée ?

Jacob s'installe à Béthel

35 1 Dieu dit à Jacob : Pars, rends-toi à Béthel et fixe-toi là-bas. Tu y construiras un autel au Dieu qui t'est apparu quand tu fuyais ton frère Esaü.

2 Alors Jacob dit aux gens de sa famille et à tous ceux qui étaient avec lui : Faites disparaître les dieux étrangers qui se trouvent au milieu de vous. Purifiez-vous et changez de vêtements ! 3 Nous allons partir et nous rendre à Béthel, où je construirai un autel dédié au Dieu qui m'a exaucé lorsque j'étais dans la détresse et qui a été avec moi tout au long de ma route.

4 Ils remirent à Jacob tous les dieux étrangers qu'ils avaient entre les mains et les boucles qu'ils portaient aux oreilles[e] ; et Jacob les enterra sous le chêne qui est près de Sichem. 5 Puis ils levèrent le camp. Dieu frappa de panique les villes environnantes, de sorte que personne ne poursuivit les fils de Jacob.

6 Jacob arriva avec tous ceux qui l'accompagnaient à Louz – c'est-à-dire Béthel – au pays de Canaan. 7 Il bâtit là un autel et appela ce lieu El-Béthel (Dieu de Béthel), car c'est à cet endroit que Dieu lui était apparu lorsqu'il fuyait loin de son frère. 8 C'est là que mourut Débora, la nourrice de Rébecca ; elle fut enterrée près de Béthel, au pied du chêne que l'on appela depuis lors « le chêne des pleurs ».

9 Dieu apparut encore à Jacob à son retour de Paddân-Aram et le bénit. 10 Il lui dit : Ton nom est Jacob, mais tu ne seras plus appelé ainsi, ton nom sera Israël.

C'est ainsi que Dieu l'appela Israël. 11 Et Dieu lui dit :

Je suis le Dieu tout-puissant.
Sois fécond et aie de nombreux descendants ;
un peuple, et même tout un ensemble de peuples
seront issus de toi.
Tu auras pour descendants des rois.
12 Le pays que j'ai donné à Abraham et à Isaac, je te le donnerai
ainsi qu'à ta descendance après toi.

13 Puis Dieu se retira d'auprès de lui, du lieu où il lui avait parlé. 14 Jacob érigea une stèle en pierre à l'endroit même où Dieu lui avait parlé, il y versa une libation et répandit

[e] **35.4** Amulettes devant assurer une protection magique.

fering on it; he also poured oil on it. 15 Jacob called the place where God had talked with him Bethel.[i]

The Deaths of Rachel and Isaac

16 Then they moved on from Bethel. While they were still some distance from Ephrath, Rachel began to give birth and had great difficulty. 17 And as she was having great difficulty in childbirth, the midwife said to her, "Don't despair, for you have another son." 18 As she breathed her last – for she was dying – she named her son Ben-Oni.[j] But his father named him Benjamin.[k]

19 So Rachel died and was buried on the way to Ephrath (that is, Bethlehem). 20 Over her tomb Jacob set up a pillar, and to this day that pillar marks Rachel's tomb.

21 Israel moved on again and pitched his tent beyond Migdal Eder. 22 While Israel was living in that region, Reuben went in and slept with his father's concubine Bilhah, and Israel heard of it.

Jacob had twelve sons:

23 The sons of Leah:
Reuben the firstborn of Jacob,
Simeon, Levi, Judah, Issachar and Zebulun.
24 The sons of Rachel:
Joseph and Benjamin.
25 The sons of Rachel's servant Bilhah:
Dan and Naphtali.
26 The sons of Leah's servant Zilpah:
Gad and Asher.

These were the sons of Jacob, who were born to him in Paddan Aram.

27 Jacob came home to his father Isaac in Mamre, near Kiriath Arba (that is, Hebron), where Abraham and Isaac had stayed. 28 Isaac lived a hundred and eighty years. 29 Then he breathed his last and died and was gathered to his people, old and full of years. And his sons Esau and Jacob buried him.

Esau's Descendants

36 1 This is the account of the family line of Esau (that is, Edom).

2 Esau took his wives from the women of Canaan: Adah daughter of Elon the Hittite, and Oholibamah daughter of Anah and granddaughter of Zibeon the Hivite – 3 also Basemath daughter of Ishmael and sister of Nebaioth.

4 Adah bore Eliphaz to Esau, Basemath bore Reuel, 5 and Oholibamah bore Jeush, Jalam and Korah. These were the sons of Esau, who were born to him in Canaan.

6 Esau took his wives and sons and daughters and all the members of his household, as well as his livestock and all his other animals and all the goods he had acquired in Canaan, and moved to a land some distance from his brother Jacob. 7 Their possessions were too great for them to remain together; the land where they were staying could not support them both

i 35:15 *Bethel* means *house of God.*
j 35:18 *Ben-Oni* means *son of my trouble.*
k 35:18 *Benjamin* means *son of my right hand.*

de l'huile sur elle. 15 Jacob donna au lieu où Dieu lui avait parlé le nom de Béthel.

La naissance de Benjamin et la mort de Rachel

16 Jacob et sa famille quittèrent Béthel. Lorsqu'ils étaient encore à une certaine distance d'Ephrata[f], Rachel donna naissance à un enfant. Elle eut un accouchement difficile. 17 Pendant les douleurs du travail, la sage-femme lui dit : Courage ! C'est encore un garçon.

18 Mais elle se mourait. Dans son dernier souffle, elle le nomma Ben-Oni (Fils de ma douleur), mais son père l'appela Benjamin (Fils de bon augure). 19 Rachel mourut, on l'enterra sur la route d'Ephrata, c'est-à-dire Bethléhem. 20 Jacob érigea une stèle sur sa tombe ; c'est la stèle funéraire de Rachel qui subsiste encore aujourd'hui.

21 Puis Israël leva le camp, il planta sa tente au-delà de Migdal-Eder. 22 Pendant qu'il séjournait dans cette contrée, Ruben alla coucher avec Bilha, l'épouse de second rang de son père. Celui-ci l'apprit[g].

La liste des fils de Jacob

Jacob avait douze fils. 23 Fils de Léa : Ruben, le premier-né de Jacob, Siméon, Lévi, Juda, Issacar et Zabulon. 24 Fils de Rachel : Joseph et Benjamin. 25 Fils de Bilha, servante de Rachel : Dan et Nephtali. 26 Fils de Zilpa, servante de Léa : Gad et Aser. Tels sont les fils de Jacob, qui lui naquirent à Paddân-Aram.

La mort d'Isaac

27 Jacob revint auprès de son père Isaac à Mamré, à Qiryath-Arba qui s'appelle aujourd'hui Hébron, où Abraham et Isaac avaient vécu. 28 Isaac atteignit l'âge de cent quatre-vingts ans, 29 puis il rendit son dernier soupir et mourut. Il rejoignit ses ancêtres, âgé et comblé de jours. Ses fils Esaü et Jacob l'ensevelirent.

L'histoire de la famille d'Ésaü

Les fils d'Esaü

36 1 Voici la généalogie d'Esaü appelé aussi Edom. 2 Esaü prit des femmes cananéennes pour épouses : Ada, fille d'Elôn le Hittite ; Oholibama, fille d'Ana, fille de Tsibeôn le Hévien, 3 ainsi que Basmath, fille d'Ismaël et sœur de Nebayoth. 4 Ada lui donna Eliphaz ; et Basmath, Reouel ; 5 Oholibama accoucha de Yeoush, Yaelam et Qorah. Tels sont les fils d'Esaü qui lui naquirent au pays de Canaan. 6 Esaü emmena ses femmes, ses fils et ses filles et tous les gens attachés à sa maison ainsi que ses troupeaux, son bétail et tous les biens qu'il avait acquis au pays de Canaan, et il émigra dans un autre pays, loin de Jacob, son frère. 7 Car leurs troupeaux étaient trop nombreux pour qu'ils puissent demeurer ensemble, et le pays où ils séjournaient ne pouvait plus subvenir à leurs besoins à

f 35.16 Ancien nom de Bethléhem en Juda (Rt 1.2 ; Mi 5.1).
g 35.22 La version grecque ajoute : *et en fut très affecté.*

because of their livestock. 8 So Esau (that is, Edom) settled in the hill country of Seir.

9 This is the account of the family line of Esau the father of the Edomites in the hill country of Seir.

10 These are the names of Esau's sons:

Eliphaz, the son of Esau's wife Adah, and Reuel, the son of Esau's wife Basemath.

11 The sons of Eliphaz:

Teman, Omar, Zepho, Gatam and Kenaz. 12 Esau's son Eliphaz also had a concubine named Timna, who bore him Amalek. These were grandsons of Esau's wife Adah.

13 The sons of Reuel:

Nahath, Zerah, Shammah and Mizzah. These were grandsons of Esau's wife Basemath.

14 The sons of Esau's wife Oholibamah daughter of Anah and granddaughter of Zibeon, whom she bore to Esau:

Jeush, Jalam and Korah.

15 These were the chiefs among Esau's descendants:

The sons of Eliphaz the firstborn of Esau:

Chiefs Teman, Omar, Zepho, Kenaz, 16 Korah,[l] Gatam and Amalek. These were the chiefs descended from Eliphaz in Edom; they were grandsons of Adah.

17 The sons of Esau's son Reuel:

Chiefs Nahath, Zerah, Shammah and Mizzah. These were the chiefs descended from Reuel in Edom; they were grandsons of Esau's wife Basemath.

18 The sons of Esau's wife Oholibamah:

Chiefs Jeush, Jalam and Korah. These were the chiefs descended from Esau's wife Oholibamah daughter of Anah.

19 These were the sons of Esau (that is, Edom), and these were their chiefs.

20 These were the sons of Seir the Horite, who were living in the region:

Lotan, Shobal, Zibeon, Anah, 21 Dishon, Ezer and Dishan. These sons of Seir in Edom were Horite chiefs.

22 The sons of Lotan:

Hori and Homam.[m] Timna was Lotan's sister.

23 The sons of Shobal:

Alvan, Manahath, Ebal, Shepho and Onam.

24 The sons of Zibeon:

Aiah and Anah. (This is the Anah who discovered the hot springs[n] in the desert while he was grazing the donkeys of his father Zibeon.)

25 The children of Anah:

Dishon and Oholibamah daughter of Anah.

26 The sons of Dishon[o]:

Hemdan, Eshban, Ithran and Keran.

27 The sons of Ezer:

Bilhan, Zaavan and Akan.

28 The sons of Dishan:

Uz and Aran.

29 These were the Horite chiefs:

[l] **36:16** Masoretic Text; Samaritan Pentateuch (also verse 11 and 1 Chron. 1:36) does not have *Korah*.

[m] **36:22** Hebrew *Hemam*, a variant of *Homam* (see 1 Chron. 1:39)

[n] **36:24** Vulgate; Syriac *discovered water;* the meaning of the Hebrew for this word is uncertain.

[o] **36:26** Hebrew *Dishan*, a variant of *Dishon*

cause de l'importance de leurs troupeaux. 8 Ainsi, Esaü s'établit dans la montagne de Séir. Esaü, c'est Edom.

Les Edomites : descendants d'Esaü

9 Voici la généalogie d'Esaü, l'ancêtre d'Edom, dans la montagne de Séir. 10 Noms des fils d'Esaü : Eliphaz, fils d'Ada, épouse d'Esaü ; Reouel, fils de Basmath, épouse d'Esaü. 11 Eliphaz eut pour fils : Témân, Omar, Tsepho, Gaetam et Qenaz. 12 L'épouse de second rang d'Eliphaz, Timna, lui donna Amalec. Ce sont là les fils d'Ada, femme d'Esaü. 13 Et voici les fils de Reouel : Nahath, Zérah, Shamma et Mizza. Tels sont les fils de Basmath, femme d'Esaü. 14 Oholibama, fille d'Ana, fille de Tsibeôn, femme d'Esaü, lui donna Yeoush, Yaelam et Qorah.

Les chefs des familles des fils d'Esaü

15 Voici les chefs des familles des fils d'Esaü. Fils d'Eliphaz, premier-né d'Esaü : les chefs Témân, Omar, Tsepho, Qenaz, 16 Qorah[h], Gaetam et Amalec. Tels sont les chefs de la famille d'Eliphaz, fils d'Ada, au pays d'Edom. 17 Voici les fils de Reouel, fils d'Esaü : les chefs Nahath, Zérah, Shamma et Mizza. Tels sont les chefs de la famille de Reouel, fils de Basmath, au pays d'Edom. 18 Voici les fils d'Oholibama, femme d'Esaü : les chefs Yeoush, Yaelam et Qorah. Tels sont les chefs de la famille d'Oholibama fille d'Ana et femme d'Esaü. 19 Ce sont là les fils d'Esaü, les chefs de familles : c'est Edom.

Les descendants du Horien Séir

20 Voici les descendants de Séir, le Horien[i], premiers habitants du pays : Lotân, Shobal, Tsibeôn, Ana, 21 Dishôn, Etser et Dishân. Tels sont les chefs des familles des Horiens, fils de Séir, au pays d'Edom. 22 Les fils de Lotân sont Hori et Hémam. La sœur de Lotân s'appelait Timna. 23 Et voici les fils de Shobal : Alvân, Manahath, Ebal, Shepho et Onam. 24 Et voici les fils de Tsibeôn : Aya et Ana. C'est Ana qui trouva de l'eau[j] dans le désert quand il faisait paître les ânes de son père Tsibeôn. 25 Voici les enfants d'Ana : son fils Dishôn et sa fille Oholibama. 26 Voici les fils de Dishân : Hemdân, Eshbân, Yitrân et Kerân. 27 Voici les fils d'Etser : Bilhân, Zaavân et Aqân. 28 Voici les fils de Dishân : Outs et Arân. 29 Voici les chefs des familles des Horiens ; les chefs

[h] **36.16** Selon le texte hébreu traditionnel. Ne se trouve pas dans le Pentateuque samaritain ni en Gn 36.11.

[i] **36.20** Ou : *Horite*. Les Horiens (v. 21) étaient les premiers habitants d'Edom, partiellement chassés par les descendants d'Esaü (Dt 2.12, 22).

[j] **36.24** Selon la version syriaque. Le sens du mot hébreu est inconnu. La Vulgate a : *des sources*.

Lotan, Shobal, Zibeon, Anah, 30Dishon, Ezer and
Dishan.
These were the Horite chiefs, according to their
divisions, in the land of Seir.

The Rulers of Edom

31These were the kings who reigned in Edom before
any Israelite king reigned:
32Bela son of Beor became king of Edom. His city
was named Dinhabah.
33When Bela died, Jobab son of Zerah from Bozrah
succeeded him as king.
34When Jobab died, Husham from the land of the
Temanites succeeded him as king.
35When Husham died, Hadad son of Bedad, who
defeated Midian in the country of Moab, succeeded
him as king. His city was named Avith.
36When Hadad died, Samlah from Masrekah succeeded him as king.
37When Samlah died, Shaul from Rehoboth on the
river succeeded him as king.
38When Shaul died, Baal-Hanan son of Akbor succeeded him as king.
39When Baal-Hanan son of Akbor died, Hadad[p] succeeded him as king. His city was named Pau, and his
wife's name was Mehetabel daughter of Matred, the
daughter of Me-Zahab.
40These were the chiefs descended from Esau, by
name, according to their clans and regions:
Timna, Alvah, Jetheth,
41Oholibamah, Elah, Pinon,
42Kenaz, Teman, Mibzar,
43Magdiel and Iram.
These were the chiefs of Edom, according to their
settlements in the land they occupied.
This is the family line of Esau, the father of the
Edomites.

Joseph's Dreams

37 1Jacob lived in the land where his father had
stayed, the land of Canaan.
2This is the account of Jacob's family line.
Joseph, a young man of seventeen, was tending the
flocks with his brothers, the sons of Bilhah and the
sons of Zilpah, his father's wives, and he brought their
father a bad report about them.
3Now Israel loved Joseph more than any of his other sons, because he had been born to him in his old
age; and he made an ornate[q] robe for him. 4When his
brothers saw that their father loved him more than
any of them, they hated him and could not speak a
kind word to him.
5Joseph had a dream, and when he told it to his
brothers, they hated him all the more. 6He said to
them, "Listen to this dream I had: 7We were binding
sheaves of grain out in the field when suddenly my
sheaf rose and stood upright, while your sheaves gathered around mine and bowed down to it."

[p] 36:39 Many manuscripts of the Masoretic Text, Samaritan Pentateuch and Syriac (see also 1 Chron. 1:50); most manuscripts of the Masoretic Text *Hadar*
[q] 37:3 The meaning of the Hebrew for this word is uncertain; also in verses 23 and 32.

Lotân, Shobal, Tsibeôn, Ana, 30Dishôn, Etser et Dishân.
Ce sont eux qui étaient les chefs des familles des Horiens
au pays de Séir.

Les rois d'Edom

31Voici les rois qui ont régné dans le pays d'Edom avant
qu'il y ait des rois en Israël[k] : 32Béla, fils de Béor, régna
sur Edom, sa ville s'appelait Dinhaba. 33Après sa mort,
Yobab, fils de Zérah, de Botsra, régna à sa place. 34Yobab
mourut et Housham, du pays des Témanites, régna à sa
place. 35Après la mort de Housham, Hadad, fils de Bedad,
régna à sa place. Il battit les Madianites dans la campagne
de Moab ; il venait de la ville d'Avith. 36Après la mort de
Hadad, Samla de Masréqa régna à sa place. 37Après la mort
de Samla, Saül, de Rehoboth sur le fleuve, régna à sa place.
38Après la mort de Saül, Baal-Hanân, fils d'Akbor, régna
à sa place. 39Après la mort de Baal-Hanân, fils d'Akbor,
Hadar régna à sa place. Sa ville s'appelait Paou. Sa femme
était Mehétabéel, fille de Matred et petite-fille de Mézahab.

Les chefs des familles issues d'Esaü

40Voici les noms des chefs des familles d'Esaü, selon
leurs localités et d'après leurs noms : les chefs Timna,
Alva, Yeteth, 41Oholibama, Ela, Pinôn, 42Qenaz, Témân,
Mibtsar, 43Magdiel et Iram. Tels sont les chefs d'Edom selon
leurs régions au pays qu'ils occupent. Voilà pour Esaü,
l'ancêtre d'Edom.

L'HISTOIRE DE LA FAMILLE DE JACOB : LE CYCLE DE JOSEPH

Les rêves de Joseph

37 1Jacob s'établit au pays de Canaan où son père
avait séjourné. 2Voici l'histoire de la famille de
Jacob. Joseph, âgé de dix-sept ans, gardait les moutons
et les chèvres avec ses frères. Il avait passé son enfance
avec les fils de Bilha et de Zilpa, femmes de son père. Il
rapportait à leur père leurs mauvais propos. 3Israël aimait
Joseph beaucoup plus que tous ses autres fils, car il l'avait
eu dans sa vieillesse. Il lui fit une tunique splendide[l]. 4Ses
frères virent que leur père le préférait à eux tous ; alors
ils le prirent en haine, et ils ne pouvaient plus lui parler
aimablement.

5Joseph fit un rêve et le raconta à ses frères, qui ne l'en
détestèrent que davantage. 6Il leur dit, en effet : Ecoutez,
je vous prie, ce songe que j'ai eu. 7Nous étions en train de
lier des gerbes dans les champs. Soudain, ma gerbe s'est
dressée et s'est tenue debout ; les vôtres se sont placées
autour d'elle et se sont prosternées devant elle.

[k] 36.31 Autre traduction : *avant qu'un roi d'Israël règne sur lui.*
[l] 37.3 Diverses traductions ont été données du qualificatif de cette tunique : *bigarrée, princière, de fine laine, à pans, multicolore, ample et longue, à manches longues.*

8 His brothers said to him, "Do you intend to reign over us? Will you actually rule us?" And they hated him all the more because of his dream and what he had said.

9 Then he had another dream, and he told it to his brothers. "Listen," he said, "I had another dream, and this time the sun and moon and eleven stars were bowing down to me."

10 When he told his father as well as his brothers, his father rebuked him and said, "What is this dream you had? Will your mother and I and your brothers actually come and bow down to the ground before you?" 11 His brothers were jealous of him, but his father kept the matter in mind.

Joseph Sold by His Brothers

12 Now his brothers had gone to graze their father's flocks near Shechem, 13 and Israel said to Joseph, "As you know, your brothers are grazing the flocks near Shechem. Come, I am going to send you to them."

"Very well," he replied.

14 So he said to him, "Go and see if all is well with your brothers and with the flocks, and bring word back to me." Then he sent him off from the Valley of Hebron.

When Joseph arrived at Shechem, 15 a man found him wandering around in the fields and asked him, "What are you looking for?"

16 He replied, "I'm looking for my brothers. Can you tell me where they are grazing their flocks?"

17 "They have moved on from here," the man answered. "I heard them say, 'Let's go to Dothan.' "

So Joseph went after his brothers and found them near Dothan. 18 But they saw him in the distance, and before he reached them, they plotted to kill him.

19 "Here comes that dreamer!" they said to each other. 20 "Come now, let's kill him and throw him into one of these cisterns and say that a ferocious animal devoured him. Then we'll see what comes of his dreams."

21 When Reuben heard this, he tried to rescue him from their hands. "Let's not take his life," he said. 22 "Don't shed any blood. Throw him into this cistern here in the wilderness, but don't lay a hand on him." Reuben said this to rescue him from them and take him back to his father.

23 So when Joseph came to his brothers, they stripped him of his robe – the ornate robe he was wearing – 24 and they took him and threw him into the cistern. The cistern was empty; there was no water in it.

25 As they sat down to eat their meal, they looked up and saw a caravan of Ishmaelites coming from Gilead. Their camels were loaded with spices, balm and myrrh, and they were on their way to take them down to Egypt.

26 Judah said to his brothers, "What will we gain if we kill our brother and cover up his blood? 27 Come, let's sell him to the Ishmaelites and not lay our hands on him; after all, he is our brother, our own flesh and blood." His brothers agreed.

28 So when the Midianite merchants came by, his brothers pulled Joseph up out of the cistern and sold

8 Ses frères lui dirent : Prétendrais-tu devenir notre roi et nous gouverner ? Et ils le détestèrent de plus belle à cause de ses songes et de ses propos.

9 Il eut encore un autre rêve qu'il raconta également à ses frères : Voici, leur dit-il, j'ai encore fait un rêve. J'ai vu le soleil, la lune et onze étoiles se prosterner devant moi.

10 Quand il raconta ce rêve à son père et à ses frères, son père le réprimanda et lui dit : Qu'as-tu rêvé là ? T'imagines-tu que moi, ta mère et tes frères, nous allons nous prosterner en terre devant toi ?

11 Ses frères étaient jaloux de lui : mais son père garda la chose en mémoire.

Joseph vendu comme esclave

12 Les frères de Joseph allèrent faire paître les troupeaux de leur père dans la région de Sichem. 13 Israël dit à Joseph : Tes frères font paître les troupeaux à Sichem[m] ; va, je veux t'envoyer vers eux.

Joseph répondit : J'y vais.

14 Son père lui dit : Va voir comment se portent tes frères et comment vont les troupeaux. Tu m'en rapporteras des nouvelles.

Il l'envoya donc depuis la vallée d'Hébron et Joseph se rendit à Sichem. 15 Un homme l'y rencontra, alors qu'il errait dans la campagne. Il lui demanda : Que cherches-tu ?

16 – Je cherche mes frères, lui dit-il, peux-tu me dire où ils font paître leurs troupeaux ?

17 – Ils sont partis d'ici, lui répondit l'homme, et je les ai entendus dire : « Allons vers Dotân[n]. »

Joseph partit donc à la recherche de ses frères et les trouva à Dotân. 18 Ceux-ci l'aperçurent de loin. Avant qu'il ne soit près d'eux, ils complotèrent de le faire mourir.

19 – Voilà le maître-rêveur qui arrive, se dirent-ils les uns aux autres. 20 C'est le moment ! Allez, tuons-le et jetons-le dans une citerne[o], nous dirons qu'une bête féroce l'a dévoré. On verra bien alors ce qu'il advient de ses rêves !

21 Lorsqu'il entendit cela, Ruben chercha à sauver Joseph. Il dit : Ne portons pas atteinte à sa vie ! 22 Il ajouta : Ne répandez pas le sang ! Jetez-le dans cette citerne qui se trouve dans le désert, mais ne portez pas la main sur lui !

Il avait l'intention de le sauver pour le renvoyer à son père.

23 Dès que Joseph eut rejoint ses frères, ils le dépouillèrent de sa tunique, cette tunique splendide qu'il portait. 24 Ils se saisirent de lui et le jetèrent au fond de la citerne. Elle était vide ; il n'y avait pas d'eau dedans.

25 Puis ils s'assirent pour manger. En regardant au loin, ils aperçurent une caravane d'Ismaélites venant de la région de Galaad et dont les chameaux étaient chargés de gomme, de baume et de myrrhe, qu'ils transportaient en Egypte.

26 Alors Juda dit à ses frères : Quel intérêt avons-nous à tuer notre frère et à cacher sa mort ? 27 Vendons-le plutôt aux Ismaélites. Ne portons pas la main sur lui, car c'est notre frère, il est de même sang que nous.

Ses frères furent d'accord 28 et, lorsque les marchands madianites passèrent, ils hissèrent Joseph hors de la

[m] **37.13** A 80 kilomètres d'Hébron.

[n] **37.17** A une vingtaine de kilomètres au nord de Sichem.

[o] **37.20** Creusée dans le sol pour recueillir les eaux, le fond était plus large que l'ouverture (voir Jr 38.6, 13).

him for twenty shekels[r] of silver to the Ishmaelites, who took him to Egypt.

29 When Reuben returned to the cistern and saw that Joseph was not there, he tore his clothes. 30 He went back to his brothers and said, "The boy isn't there! Where can I turn now?"

31 Then they got Joseph's robe, slaughtered a goat and dipped the robe in the blood. 32 They took the ornate robe back to their father and said, "We found this. Examine it to see whether it is your son's robe."

33 He recognized it and said, "It is my son's robe! Some ferocious animal has devoured him. Joseph has surely been torn to pieces."

34 Then Jacob tore his clothes, put on sackcloth and mourned for his son many days. 35 All his sons and daughters came to comfort him, but he refused to be comforted. "No," he said, "I will continue to mourn until I join my son in the grave." So his father wept for him.

36 Meanwhile, the Midianites[s] sold Joseph in Egypt to Potiphar, one of Pharaoh's officials, the captain of the guard.

Judah and Tamar

38 1 At that time, Judah left his brothers and went down to stay with a man of Adullam named Hirah. 2 There Judah met the daughter of a Canaanite man named Shua. He married her and made love to her; 3 she became pregnant and gave birth to a son, who was named Er. 4 She conceived again and gave birth to a son and named him Onan. 5 She gave birth to still another son and named him Shelah. It was at Kezib that she gave birth to him.

6 Judah got a wife for Er, his firstborn, and her name was Tamar. 7 But Er, Judah's firstborn, was wicked in the LORD's sight; so the LORD put him to death.

8 Then Judah said to Onan, "Sleep with your brother's wife and fulfill your duty to her as a brother-in-law to raise up offspring for your brother." 9 But Onan knew that the child would not be his; so whenever he slept with his brother's wife, he spilled his semen on the ground to keep from providing offspring for his brother. 10 What he did was wicked in the LORD's sight; so the LORD put him to death also.

11 Judah then said to his daughter-in-law Tamar, "Live as a widow in your father's household until my son Shelah grows up." For he thought, "He may die too, just like his brothers." So Tamar went to live in her father's household.

12 After a long time Judah's wife, the daughter of Shua, died. When Judah had recovered from his grief, he went up to Timnah, to the men who were shearing his sheep, and his friend Hirah the Adullamite went with him.

13 When Tamar was told, "Your father-in-law is on his way to Timnah to shear his sheep," 14 she took off

[r] 37:28 That is, about 8 ounces or about 230 grams

[s] 37:36 Samaritan Pentateuch, Septuagint, Vulgate and Syriac (see also verse 28); Masoretic Text *Medanites*

citerne et le vendirent aux Ismaélites pour vingt pièces d'argent. Ceux-ci l'emmenèrent en Egypte.

Jacob pleure Joseph

29 Quand Ruben retourna à la citerne, il n'y trouva plus Joseph. Alors il déchira ses vêtements en signe de désespoir, 30 il alla trouver ses frères et leur dit : Le garçon n'y est plus ! Que vais-je faire maintenant ?

31 Alors ils égorgèrent un bouc, prirent la tunique de Joseph et la trempèrent dans le sang du bouc. 32 Ils envoyèrent la tunique splendide à leur père en disant : Voici ce que nous avons trouvé. Reconnais-tu ou non la tunique de ton fils ?

33 Jacob la reconnut et s'écria : La tunique de mon fils ! Une bête féroce l'a dévoré ! Joseph a été mis en pièces !

34 Alors il déchira ses vêtements et mit un tissu de sac sur ses reins. Il porta longtemps le deuil de son fils. 35 Tous ses fils et toutes ses filles vinrent pour le consoler ; mais il refusa toute consolation et dit : Non ! c'est dans le deuil que je rejoindrai mon fils au séjour des morts !

Et il continua à pleurer Joseph.

36 Les Madianites vendirent[p] Joseph en Egypte à Potiphar, un haut fonctionnaire du pharaon, chef de la garde royale.

Tamar donne une descendance à Juda

38 1 A la même époque, Juda se sépara de ses frères et alla vivre près d'un habitant d'Adoullam[q] nommé Hira. 2 Il vit là la fille d'un Cananéen nommé Shoua, il l'épousa et s'unit à elle. 3 Elle devint enceinte et lui donna un fils : il l'appela Er. 4 Elle devint encore enceinte et mit au monde un fils qu'elle appela Onân. 5 Elle eut encore un fils qu'elle appela Shéla. Quand sa femme accoucha du troisième, Juda se trouvait à Kezib.

6 Juda prit pour Er, son premier-né, une femme nommée Tamar. 7 Jugeant Er mauvais, l'Eternel le fit mourir. 8 Alors Juda dit à Onân : Accomplis ton devoir de proche parent du défunt : unis-toi à ta belle-sœur pour donner une descendance à ton frère[r].

9 Onân savait que les enfants qui naîtraient ne seraient pas pour lui. Chaque fois qu'il avait des rapports avec sa belle-sœur, il laissait tomber sa semence à terre pour éviter de donner une descendance à son frère. 10 Son comportement déplut à l'Eternel qui le fit aussi mourir. 11 Alors Juda dit à Tamar, sa belle-fille : Reste veuve dans la maison de ton père jusqu'à ce que mon fils Shéla soit devenu adulte.

Car il se disait : Il ne faut pas que celui-ci aussi meure comme ses frères.

Tamar retourna donc dans la maison de son père et y resta.

12 Bien longtemps après cela, la fille de Shoua, femme de Juda, mourut. Quand il fut consolé, Juda monta avec son ami Hira l'Adoullamite à Timna, pour la tonte de ses moutons. 13 Quelqu'un en informa Tamar en lui disant : Voici, ton beau-père monte à Timna pour la tonte de ses moutons.

[p] 37.36 Le trafic d'esclaves était l'une des principales ressources des habitants du désert.

[q] 38.1 Ancienne ville cananéenne.

[r] 38.8 Cette coutume sera incluse dans la Loi (Dt 25.5-10; voir Mt 22.23-33).

her widow's clothes, covered herself with a veil to disguise herself, and then sat down at the entrance to
Enaim, which is on the road to Timnah. For she saw
that, though Shelah had now grown up, she had not
been given to him as his wife.
15 When Judah saw her, he thought she was a prostitute, for she had covered her face. 16 Not realizing
that she was his daughter-in-law, he went over to her
by the roadside and said, "Come now, let me sleep
with you."

"And what will you give me to sleep with you?" she
asked.

17 "I'll send you a young goat from my flock," he said.

"Will you give me something as a pledge until you
send it?" she asked.

18 He said, "What pledge should I give you?"

"Your seal and its cord, and the staff in your hand,"
she answered. So he gave them to her and slept with
her, and she became pregnant by him. 19 After she left,
she took off her veil and put on her widow's clothes
again.

20 Meanwhile Judah sent the young goat by his
friend the Adullamite in order to get his pledge back
from the woman, but he did not find her. 21 He asked
the men who lived there, "Where is the shrine prostitute who was beside the road at Enaim?"

"There hasn't been any shrine prostitute here,"
they said.

22 So he went back to Judah and said, "I didn't find
her. Besides, the men who lived there said, 'There
hasn't been any shrine prostitute here.'"

23 Then Judah said, "Let her keep what she has, or
we will become a laughingstock. After all, I did send
her this young goat, but you didn't find her."

24 About three months later Judah was told, "Your
daughter-in-law Tamar is guilty of prostitution, and
as a result she is now pregnant."

Judah said, "Bring her out and have her burned to
death!"

25 As she was being brought out, she sent a message to her father-in-law. "I am pregnant by the man
who owns these," she said. And she added, "See if you
recognize whose seal and cord and staff these are."

26 Judah recognized them and said, "She is more
righteous than I, since I wouldn't give her to my son
Shelah." And he did not sleep with her again.

27 When the time came for her to give birth, there
were twin boys in her womb. 28 As she was giving
birth, one of them put out his hand; so the midwife
took a scarlet thread and tied it on his wrist and said,
"This one came out first." 29 But when he drew back his
hand, his brother came out, and she said, "So this is
how you have broken out!" And he was named Perez.[t]
30 Then his brother, who had the scarlet thread on his
wrist, came out. And he was named Zerah.[u]

[t] **38:29** *Perez* means *breaking out.*
[u] **38:30** *Zerah* can mean *scarlet* or *brightness.*

14 Alors elle ôta ses habits de veuve, se couvrit le visage
d'un voile et, ainsi déguisée, s'assit au carrefour d'Enaïm,
sur la route de Timna ; car elle voyait bien que Shéla était
devenu adulte sans qu'on le lui ait donné pour mari.

15 Juda aperçut cette femme et la prit pour une prostituée, car elle avait le visage voilé. 16 Il s'approcha d'elle au
bord du chemin et lui dit : Permets-moi d'aller avec toi !
Car il n'avait pas reconnu sa belle-fille. Elle répondit :
Que me donneras-tu pour venir avec moi ?

17 – Je te ferai apporter un chevreau du troupeau, lui
dit-il.

– D'accord, répondit-elle, à condition que tu me donnes
un gage jusqu'à ce que tu l'envoies.

18 – Quel gage veux-tu que je te donne ?

– Ton cachet, le cordon qui le tient et le bâton que tu
as en main.

Il les lui remit et s'unit à elle, et elle devint enceinte.
19 Elle se leva et partit ; elle ôta son voile et remit ses habits
de veuve.

20 Juda chargea son ami l'Adoullamite d'apporter le
chevreau à cette femme et de retirer les gages qu'il lui avait
donnés. Mais celle-ci resta introuvable. 21 Hira interrogea
les hommes de l'endroit : Où est cette prostituée sacrée
qui se tenait sur le chemin à Enaïm ?

Ils lui répondirent : Il n'y a jamais eu de prostituée
sacrée à cet endroit.

22 Il revint dire à Juda : Je ne l'ai pas trouvée, et les gens
de là-bas ont même affirmé qu'il n'y a jamais eu de prostituée sacrée à cet endroit.

23 Alors Juda s'écria : Qu'elle garde ce qu'elle a ! Ne nous
rendons pas ridicules. Quoi qu'il arrive, moi j'ai envoyé ce
chevreau, et toi, tu n'as pas retrouvé cette femme.

24 Environ trois mois après cela, on vint dire à Juda :
Tamar, ta belle-fille, s'est prostituée, et même : la voilà
enceinte suite à cela.

– Qu'on la fasse sortir, dit-il, et qu'elle soit brûlée vive !

25 Comme on la jetait dehors, elle envoya un message à
son beau-père : C'est de l'homme à qui appartiennent ces
objets que je suis enceinte. Reconnais, je te prie, à qui sont
ce cachet, ces cordons et ce bâton.

26 Juda les reconnut et s'écria : Elle est plus juste que
moi ; elle a fait cela parce que je ne l'ai pas donnée pour
femme à mon fils Shéla.

Il ne s'unit plus jamais à elle.

27 Quand vint le moment de la naissance, il s'avéra qu'elle
portait des jumeaux. 28 Pendant l'accouchement l'un d'eux
présenta une main ; la sage-femme la saisit et y noua un fil
rouge en disant : C'est celui-ci qui sort le premier.

29 Mais il retira sa main, et c'est son frère qui vint au
monde. La sage-femme s'écria : Quelle brèche ne t'es-tu
pas ouverte ! Et on le nomma Pérets[s] (Brèche). 30 Ensuite
son frère naquit, celui dont la main portait le fil rouge, et
il fut appelé Zérah (Lever de soleil).

[s] **38.29** Ancêtre de David (Rt 4.18-22) et du Christ (Mt 1.3).

Joseph and Potiphar's Wife

39 1Now Joseph had been taken down to Egypt.
Potiphar, an Egyptian who was one of
Pharaoh's officials, the captain of the guard, bought
him from the Ishmaelites who had taken him there.
2The Lord was with Joseph so that he prospered, and
he lived in the house of his Egyptian master. 3When
his master saw that the Lord was with him and that the
Lord gave him success in everything he did, 4Joseph
found favor in his eyes and became his attendant.
Potiphar put him in charge of his household, and he
entrusted to his care everything he owned. 5From the
time he put him in charge of his household and of all
that he owned, the Lord blessed the household of the
Egyptian because of Joseph. The blessing of the Lord
was on everything Potiphar had, both in the house
and in the field. 6So Potiphar left everything he had
in Joseph's care; with Joseph in charge, he did not
concern himself with anything except the food he ate.

Now Joseph was well-built and handsome, 7and after a while his master's wife took notice of Joseph and
said, "Come to bed with me!"
8But he refused. "With me in charge," he told her,
"my master does not concern himself with anything
in the house; everything he owns he has entrusted to
my care. 9No one is greater in this house than I am.
My master has withheld nothing from me except you,
because you are his wife. How then could I do such
a wicked thing and sin against God?" 10And though
she spoke to Joseph day after day, he refused to go to
bed with her or even be with her.

11One day he went into the house to attend to his
duties, and none of the household servants was inside.
12She caught him by his cloak and said, "Come to bed
with me!" But he left his cloak in her hand and ran
out of the house.

13When she saw that he had left his cloak in her
hand and had run out of the house, 14she called her
household servants. "Look," she said to them, "this
Hebrew has been brought to us to make sport of us!
He came in here to sleep with me, but I screamed.
15When he heard me scream for help, he left his cloak
beside me and ran out of the house."

16She kept his cloak beside her until his master
came home. 17Then she told him this story: "That
Hebrew slave you brought us came to me to make
sport of me. 18But as soon as I screamed for help, he
left his cloak beside me and ran out of the house."

19When his master heard the story his wife told
him, saying, "This is how your slave treated me," he
burned with anger. 20Joseph's master took him and
put him in prison, the place where the king's prisoners
were confined.

But while Joseph was there in the prison, 21the Lord
was with him; he showed him kindness and granted
him favor in the eyes of the prison warden. 22So the
warden put Joseph in charge of all those held in the
prison, and he was made responsible for all that was
done there. 23The warden paid no attention to any-

Joseph en Egypte

39 1Joseph, arrivé en Egypte, avait donc été acheté
aux Ismaélites qui l'avaient conduit là-bas, par
Potiphar, haut fonctionnaire du pharaon, chef de la garde
royale.

2L'Eternel fut avec Joseph, de sorte qu'il réussissait ce
qu'il entreprenait. Il demeurait dans la maison de son
maître égyptien. 3Celui-ci remarqua que l'Eternel était
avec Joseph et faisait prospérer tout ce qu'il entreprenait.
4Ainsi Joseph obtint la faveur de son maître qui l'attacha à
son service personnel : il l'établit comme intendant sur sa
maison et lui confia la gérance de tous ses biens. 5A partir
de ce moment-là, l'Eternel bénit la maison de l'Egyptien à
cause de Joseph. Sa bénédiction reposait sur tout ce qu'il
possédait, dans sa maison comme aux champs. 6Alors
Potiphar laissa tout ce qui lui appartenait entre les mains
de Joseph – ne s'occupant plus de rien – sauf de ses repas.

Victime de la femme de Potiphar

Joseph était un bel homme ayant un beau visage. 7Après
ces événements, la femme de son maître porta les yeux
sur lui et lui dit : Couche avec moi !
8Mais il refusa et dit à la femme de son maître : Mon
maître ne me demande compte de rien dans la maison, il
m'a confié tous ses biens. 9Lui-même n'a pas plus d'autorité
que moi ici et il ne m'a rien interdit – excepté toi, parce que
tu es sa femme. Comment commettrais-je un acte aussi
mauvais et pécherais-je contre Dieu ?

10Jour après jour, elle revenait à la charge ; mais Joseph
ne voulait pas l'écouter, refusant de coucher à côté d'elle
et d'être avec elle.

11Un certain jour, Joseph était entré dans la maison
pour faire son travail. Aucun domestique ne se trouvait là.
12Alors elle l'agrippa par son vêtement en disant : Couche
avec moi !

Mais il lui abandonna son vêtement entre les mains, et
s'enfuit dehors. 13Quand elle vit qu'il s'était enfui dehors
en lui laissant son vêtement entre les mains, 14elle se mit
à crier pour appeler ses domestiques, puis elle leur dit :
Voyez cela ! Il nous a amené un Hébreu pour se jouer de
nous. Il est venu vers moi pour coucher avec moi. Mais j'ai
crié très fort. 15Quand il a entendu que je poussais des cris
pour appeler à l'aide, il a abandonné son vêtement à côté
de moi et s'est enfui dehors.

16Elle garda le vêtement de Joseph à côté d'elle jusqu'au
retour de son mari à la maison. 17Alors elle lui raconta la
même histoire : L'esclave hébreu que tu nous as amené, dit-
elle, est venu vers moi pour se jouer de moi. 18Mais quand
je me suis mise à crier pour appeler au secours, il a abandonné son vêtement à côté de moi et s'est enfui dehors.

19Quand le maître de Joseph entendit le récit de sa
femme qui lui disait : « Voilà comment ton serviteur s'est
comporté envers moi », il se mit dans une grande colère.

En prison

20Il fit saisir Joseph pour le jeter dans la maison d'arrêt où étaient détenus les prisonniers du roi. Ainsi Joseph
demeura dans la prison. 21Mais l'Eternel fut avec lui et lui
témoigna sa bonté : il lui fit gagner la faveur du commandant de la prison. 22Celui-ci lui confia le soin de tous les
détenus qui se trouvaient dans la prison et la direction de
tout ce qu'on y faisait. 23Il ne s'occupait plus de rien de ce

thing under Joseph's care, because the LORD was with
Joseph and gave him success in whatever he did.

The Cupbearer and the Baker

40 1Some time later, the cupbearer and the baker of the king of Egypt offended their master,
the king of Egypt. 2Pharaoh was angry with his two
officials, the chief cupbearer and the chief baker, 3and
put them in custody in the house of the captain of the
guard, in the same prison where Joseph was confined.
4The captain of the guard assigned them to Joseph,
and he attended them.

After they had been in custody for some time, 5each
of the two men – the cupbearer and the baker of the
king of Egypt, who were being held in prison – had a
dream the same night, and each dream had a meaning
of its own.

6When Joseph came to them the next morning, he
saw that they were dejected. 7So he asked Pharaoh's
officials who were in custody with him in his master's
house, "Why do you look so sad today?"

8"We both had dreams," they answered, "but there
is no one to interpret them."

Then Joseph said to them, "Do not interpretations
belong to God? Tell me your dreams."

9So the chief cupbearer told Joseph his dream. He
said to him, "In my dream I saw a vine in front of me,
10and on the vine were three branches. As soon as it
budded, it blossomed, and its clusters ripened into
grapes. 11Pharaoh's cup was in my hand, and I took
the grapes, squeezed them into Pharaoh's cup and put
the cup in his hand."

12"This is what it means," Joseph said to him. "The
three branches are three days. 13Within three days
Pharaoh will lift up your head and restore you to your
position, and you will put Pharaoh's cup in his hand,
just as you used to do when you were his cupbearer.
14But when all goes well with you, remember me and
show me kindness; mention me to Pharaoh and get
me out of this prison. 15I was forcibly carried off from
the land of the Hebrews, and even here I have done
nothing to deserve being put in a dungeon."

16When the chief baker saw that Joseph had given a
favorable interpretation, he said to Joseph, "I too had
a dream: On my head were three baskets of bread.[v]
17In the top basket were all kinds of baked goods for
Pharaoh, but the birds were eating them out of the
basket on my head."

18"This is what it means," Joseph said. "The three
baskets are three days. 19Within three days Pharaoh
will lift off your head and impale your body on a pole.
And the birds will eat away your flesh."

20Now the third day was Pharaoh's birthday, and he
gave a feast for all his officials. He lifted up the heads
of the chief cupbearer and the chief baker in the presence of his officials: 21He restored the chief cupbearer
to his position, so that he once again put the cup into

qui passait par la main de Joseph, parce que l'Eternel était
avec lui et faisait réussir ce qu'il entreprenait.

Les rêves de deux hauts fonctionnaires

40 1Quelque temps après, deux hauts fonctionnaires
du pharaon, le chef des échansons et le chef des
panetiers, commirent une faute envers leur maître 2qui
fut très irrité contre eux 3et les fit jeter dans la prison
du commandant de la garde où Joseph était incarcéré.
4Celui-ci les confia aux soins de Joseph qui s'occupa d'eux.
Ils passèrent un certain temps en prison.
5Une nuit, l'échanson et le panetier du pharaon détenus
dans la prison firent tous deux un rêve, chacun le sien,
ayant sa signification propre. 6Le lendemain matin, quand
Joseph se rendit auprès d'eux, il remarqua qu'ils étaient
soucieux. 7Joseph demanda donc aux hauts fonctionnaires
du pharaon qui se trouvaient en prison avec lui dans la
maison de son maître : Pourquoi avez-vous cet air sombre
aujourd'hui ?

8Ils lui répondirent : Nous avons fait un rêve et il n'y a
ici personne pour nous l'interpréter.

– N'appartient-il pas à Dieu de donner l'interprétation
des rêves ? leur dit Joseph. Racontez-les moi donc, je vous
prie.

9Alors le chef des échansons lui raconta ce qu'il avait
rêvé.

– Dans mon rêve, lui dit-il, j'avais devant moi un cep de
vigne 10portant trois sarments. Il se mit à bourgeonner,
à fleurir, puis ses grappes donnèrent des raisins mûrs.
11Je tenais en main la coupe du pharaon, je cueillis les
raisins, j'en pressai le jus dans la coupe du pharaon et je
la présentai à mon maître.

12Joseph lui dit : Voici ce que signifie ce rêve : Les trois
sarments représentent trois jours. 13Dans trois jours, le
pharaon te permettra de relever la tête et te rétablira dans
tes fonctions. Tu lui présenteras sa coupe comme le veut la
charge que tu occupais auparavant en qualité d'échanson.
14Mais, s'il te plaît, pense à moi quand tout ira de nouveau
bien pour toi et aie la bonté de parler en ma faveur au
pharaon pour me faire sortir de cette prison. 15En effet,
j'ai été amené de force du pays des Hébreux, et ici même
je n'ai rien fait qui mérite le cachot.

16Lorsque le chef des panetiers vit que Joseph avait
donné une interprétation favorable du songe, il lui dit :
Pour ma part, dans mon rêve, je portais trois corbeilles
de pain blanc sur la tête. 17Dans celle du dessus, il y avait
de la nourriture préparée par un panetier et destinée au
pharaon ; et les oiseaux venaient les picorer dans la corbeille qui reposait sur ma tête.

18Joseph lui dit : Voici ce que signifie ce rêve : Les trois
corbeilles représentent trois jours. 19Dans trois jours, le
pharaon élèvera ta tête au-dessus de toi, il te pendra à
un arbre et les oiseaux viendront se repaître de ta chair.

20Trois jours plus tard, à l'occasion de son anniversaire,
le pharaon offrit un festin à tous ses grands. Il « éleva la
tête » du chef des échansons et du chef des panetiers en
présence de ses grands. 21Il rétablit dans sa fonction le chef

v 40:16 Or *three wicker baskets*

Pharaoh's hand – 22 but he impaled the chief baker, just as Joseph had said to them in his interpretation.

23 The chief cupbearer, however, did not remember Joseph; he forgot him.

Pharaoh's Dreams

41 1 When two full years had passed, Pharaoh had a dream: He was standing by the Nile, 2 when out of the river there came up seven cows, sleek and fat, and they grazed among the reeds. 3 After them, seven other cows, ugly and gaunt, came up out of the Nile and stood beside those on the riverbank. 4 And the cows that were ugly and gaunt ate up the seven sleek, fat cows. Then Pharaoh woke up.

5 He fell asleep again and had a second dream: Seven heads of grain, healthy and good, were growing on a single stalk. 6 After them, seven other heads of grain sprouted – thin and scorched by the east wind. 7 The thin heads of grain swallowed up the seven healthy, full heads. Then Pharaoh woke up; it had been a dream.

8 In the morning his mind was troubled, so he sent for all the magicians and wise men of Egypt. Pharaoh told them his dreams, but no one could interpret them for him.

9 Then the chief cupbearer said to Pharaoh, "Today I am reminded of my shortcomings. 10 Pharaoh was once angry with his servants, and he imprisoned me and the chief baker in the house of the captain of the guard. 11 Each of us had a dream the same night, and each dream had a meaning of its own. 12 Now a young Hebrew was there with us, a servant of the captain of the guard. We told him our dreams, and he interpreted them for us, giving each man the interpretation of his dream. 13 And things turned out exactly as he interpreted them to us: I was restored to my position, and the other man was impaled."

14 So Pharaoh sent for Joseph, and he was quickly brought from the dungeon. When he had shaved and changed his clothes, he came before Pharaoh.

15 Pharaoh said to Joseph, "I had a dream, and no one can interpret it. But I have heard it said of you that when you hear a dream you can interpret it."

16 "I cannot do it," Joseph replied to Pharaoh, "but God will give Pharaoh the answer he desires."

17 Then Pharaoh said to Joseph, "In my dream I was standing on the bank of the Nile, 18 when out of the river there came up seven cows, fat and sleek, and they grazed among the reeds. 19 After them, seven other cows came up – scrawny and very ugly and lean. I had never seen such ugly cows in all the land of Egypt. 20 The lean, ugly cows ate up the seven fat cows that came up first. 21 But even after they ate them, no one could tell that they had done so; they looked just as ugly as before. Then I woke up.

22 "In my dream I saw seven heads of grain, full and good, growing on a single stalk. 23 After them, seven other heads sprouted – withered and thin and scorched by the east wind. 24 The thin heads of grain

des échansons, qui lui présenta de nouveau sa coupe, 22 et il fit pendre le chef des panetiers. Les choses se passèrent conformément à l'interprétation que Joseph avait donnée de leurs rêves. 23 Mais le chef des échansons ne pensa plus à Joseph : il l'oublia.

Les rêves du pharaon

41 1 Deux années entières passèrent. Puis le pharaon fit un rêve : il se tenait au bord du Nil 2 et vit sortir du fleuve sept vaches belles et bien grasses, qui se mirent à paître dans les roseaux. 3 Puis, après elles, sept autres vaches sortirent du fleuve, elles étaient laides et décharnées. Elles vinrent se placer à côté des premières vaches, au bord du fleuve. 4 Et voilà que les sept vaches laides et décharnées dévorèrent les sept vaches belles et grasses. Alors le pharaon se réveilla. 5 Puis il se rendormit et fit un second rêve : Sept épis poussaient sur une seule tige, des épis pleins et beaux. 6 Puis sept épis maigres et desséchés par le vent d'orient[t] poussèrent après eux. 7 Les épis maigres engloutirent les sept épis pleins et beaux. Alors le pharaon se réveilla et se rendit compte qu'il avait rêvé.

8 Au matin, inquiet, il fit convoquer tous les magiciens et les sages d'Egypte et leur raconta ses rêves, mais aucun d'eux ne put les lui interpréter. 9 Alors le chef des échansons prit la parole et dit au pharaon : Je vais évoquer aujourd'hui le souvenir de ma faute. 10 Le pharaon s'était emporté contre ses serviteurs et m'avait fait mettre aux arrêts avec le chef des panetiers dans la maison du commandant des gardes. 11 Une nuit, nous avons fait tous deux un rêve ayant sa signification propre. 12 Or, il y avait là avec nous un jeune homme hébreu, un esclave du commandant des gardes ; nous lui avons raconté nos deux rêves et il a donné l'interprétation de chacun d'eux. 13 Par la suite, les choses se sont passées conformément à l'interprétation qu'il nous avait donnée : moi j'ai été rétabli dans mes fonctions, et le panetier a été pendu.

14 Alors le pharaon envoya chercher Joseph et, sur le champ, on courut le faire sortir du cachot ; on le rasa[u], on le fit changer d'habits et on l'introduisit auprès du pharaon. 15 Celui-ci dit à Joseph : J'ai fait un rêve et personne n'est capable de l'interpréter. Or, j'ai entendu dire qu'il te suffit d'entendre raconter un rêve pour pouvoir l'interpréter.

16 Joseph répondit au pharaon : Ce n'est pas moi, c'est Dieu qui donnera au pharaon l'explication qui convient.

17 Le pharaon dit alors à Joseph : Dans mon rêve, je me tenais debout sur le bord du Nil. 18 Sept vaches grasses et belles sortirent du fleuve et se mirent à paître dans les roseaux. 19 Puis sept autres vaches surgirent derrière elles, maigres, laides et décharnées ; elles étaient si misérables que je n'en ai jamais vu de pareilles dans tout le pays d'Egypte. 20 Ces vaches décharnées et laides dévorèrent les sept vaches grasses, 21 qui furent englouties dans leur ventre sans que l'on remarque qu'elles avaient été avalées : les vaches maigres restaient aussi misérables qu'auparavant. Là-dessus je me suis réveillé. 22 Puis j'ai fait un autre rêve : Je voyais sept épis pleins et beaux pousser sur une même tige. 23 Puis sept épis secs, maigres et desséchés par le vent d'orient poussèrent après eux. 24 Les épis maigres

[t] **41.6** Chaud et sec, qui flétrit toute végétation.

[u] **41.14** Les Egyptiens se rasaient les cheveux et la barbe.

swallowed up the seven good heads. I told this to the magicians, but none of them could explain it to me."

25 Then Joseph said to Pharaoh, "The dreams of Pharaoh are one and the same. God has revealed to Pharaoh what he is about to do. 26 The seven good cows are seven years, and the seven good heads of grain are seven years; it is one and the same dream. 27 The seven lean, ugly cows that came up afterward are seven years, and so are the seven worthless heads of grain scorched by the east wind: They are seven years of famine.

28 "It is just as I said to Pharaoh: God has shown Pharaoh what he is about to do. 29 Seven years of great abundance are coming throughout the land of Egypt, 30 but seven years of famine will follow them. Then all the abundance in Egypt will be forgotten, and the famine will ravage the land. 31 The abundance in the land will not be remembered, because the famine that follows it will be so severe. 32 The reason the dream was given to Pharaoh in two forms is that the matter has been firmly decided by God, and God will do it soon.

33 "And now let Pharaoh look for a discerning and wise man and put him in charge of the land of Egypt. 34 Let Pharaoh appoint commissioners over the land to take a fifth of the harvest of Egypt during the seven years of abundance. 35 They should collect all the food of these good years that are coming and store up the grain under the authority of Pharaoh, to be kept in the cities for food. 36 This food should be held in reserve for the country, to be used during the seven years of famine that will come upon Egypt, so that the country may not be ruined by the famine."

37 The plan seemed good to Pharaoh and to all his officials. 38 So Pharaoh asked them, "Can we find anyone like this man, one in whom is the spirit of God[w]?"

39 Then Pharaoh said to Joseph, "Since God has made all this known to you, there is no one so discerning and wise as you. 40 You shall be in charge of my palace, and all my people are to submit to your orders. Only with respect to the throne will I be greater than you."

Joseph in Charge of Egypt

41 So Pharaoh said to Joseph, "I hereby put you in charge of the whole land of Egypt." 42 Then Pharaoh took his signet ring from his finger and put it on Joseph's finger. He dressed him in robes of fine linen and put a gold chain around his neck. 43 He had him ride in a chariot as his second-in-command,[x] and people shouted before him, "Make way[y]!" Thus he put him in charge of the whole land of Egypt.

44 Then Pharaoh said to Joseph, "I am Pharaoh, but without your word no one will lift hand or foot in all Egypt." 45 Pharaoh gave Joseph the name Zaphenath-Paneah and gave him Asenath daughter of Potiphera,

[w] 41:38 Or *of the gods*
[x] 41:43 Or *in the chariot of his second-in-command*; or *in his second chariot*
[y] 41:43 Or *Bow down*

engloutirent les sept beaux épis. J'ai raconté tout cela aux magiciens, mais aucun d'eux n'a pu me l'expliquer.

25 Joseph dit au pharaon : Ce que le pharaon a rêvé constitue un seul et même rêve. Dieu a révélé au pharaon ce qu'il va faire. 26 Les sept belles vaches représentent sept années, tout comme les sept beaux épis ; c'est un seul et même songe. 27 Les sept vaches décharnées et laides qui ont surgi derrière les premières représentent aussi sept années, et les sept épis maigres, desséchés par le vent d'orient, seront sept années de famine. 28 Comme je l'ai dit au pharaon : Dieu a révélé au pharaon ce qu'il va faire. 29 Il y aura d'abord sept années de grande abondance dans toute l'Egypte. 30 Elles seront suivies de sept années de famine qui feront oublier toute cette abondance en Egypte, tant la famine épuisera le pays. 31 Le souvenir même de l'abondance dont le pays aura joui s'effacera à cause de cette famine, car elle sévira très durement. 32 Si le rêve du pharaon s'est répété par deux fois, c'est que Dieu a irrévocablement décidé la chose et qu'il va l'exécuter sans délai.

33 Maintenant donc, que le pharaon choisisse sans tarder un homme avisé et sage et qu'il le mette à la tête du pays. 34 Que le pharaon agisse ainsi : Qu'il nomme dans tout le pays des commissaires qui prélèveront le cinquième de toutes les récoltes d'Egypte durant les sept années d'abondance. 35 Ils collecteront tous les vivres que produiront ces bonnes années qui viennent, ils emmagasineront le blé dans les villes sous l'autorité du pharaon, et le garderont comme réserve de vivres. 36 Ces provisions serviront de réserve pour le pays, en prévision des sept années de famine qui s'abattront sur l'Egypte. Ainsi les habitants du pays ne mourront pas de faim.

Joseph à la tête de l'Egypte

37 Cette proposition plut au pharaon et à tous ses hauts fonctionnaires. 38 Alors le pharaon leur dit : Trouverions-nous un homme aussi compétent que celui-ci en qui habite l'Esprit de Dieu[v] ?

39 Le pharaon dit à Joseph : Puisque Dieu t'a fait connaître toutes ces choses, il n'y a personne qui soit aussi avisé et aussi sage que toi. 40 Tu seras donc à la tête de mon royaume, et tout mon peuple se pliera à tes ordres. Moi-même je ne serai au-dessus de toi que par le trône. 41 Ainsi, lui dit-il, je te mets à la tête de toute l'Egypte.

42 Et le pharaon retira son anneau[w] de sa main et le passa au doigt de Joseph ; il le fit revêtir d'habits de fin lin et lui suspendit un collier d'or au cou[x]. 43 Il le fit monter sur son deuxième char et, sur son parcours, on cria : A genoux[y] !

C'est ainsi qu'il le mit à la tête de toute l'Egypte. 44 Le pharaon dit encore à Joseph : Je suis le pharaon. Mais sans ton ordre, personne dans tout le pays ne lèvera le petit doigt ni ne se déplacera.

45 Le pharaon nomma Joseph Tsaphnat-Paenéah[z] et lui donna pour femme Asnath, fille de Poti-Phéra, un prêtre

[v] 41.38 D'autres traduisent : *des dieux.*
[w] 41.42 Portant le cachet royal.
[x] 41.42 Insignes et instruments de l'autorité : l'anneau servait à « signer » les documents (on les cachetait avec, ce qui leur conférait autorité).
[y] 41.43 Autre traduction : *laissez passer !*
[z] 41.45 Nom dont le sens est incertain mais qui contient le terme *vie.*

priest of On,[z] to be his wife. And Joseph went throughout the land of Egypt.

46 Joseph was thirty years old when he entered the service of Pharaoh king of Egypt. And Joseph went out from Pharaoh's presence and traveled throughout Egypt. 47 During the seven years of abundance the land produced plentifully. 48 Joseph collected all the food produced in those seven years of abundance in Egypt and stored it in the cities. In each city he put the food grown in the fields surrounding it. 49 Joseph stored up huge quantities of grain, like the sand of the sea; it was so much that he stopped keeping records because it was beyond measure.

50 Before the years of famine came, two sons were born to Joseph by Asenath daughter of Potiphera, priest of On. 51 Joseph named his firstborn Manasseh[a] and said, "It is because God has made me forget all my trouble and all my father's household." 52 The second son he named Ephraim[b] and said, "It is because God has made me fruitful in the land of my suffering."

53 The seven years of abundance in Egypt came to an end, 54 and the seven years of famine began, just as Joseph had said. There was famine in all the other lands, but in the whole land of Egypt there was food. 55 When all Egypt began to feel the famine, the people cried to Pharaoh for food. Then Pharaoh told all the Egyptians, "Go to Joseph and do what he tells you."

56 When the famine had spread over the whole country, Joseph opened all the storehouses and sold grain to the Egyptians, for the famine was severe throughout Egypt. 57 And all the world came to Egypt to buy grain from Joseph, because the famine was severe everywhere.

Joseph's Brothers Go to Egypt

42 1 When Jacob learned that there was grain in Egypt, he said to his sons, "Why do you just keep looking at each other?" 2 He continued, "I have heard that there is grain in Egypt. Go down there and buy some for us, so that we may live and not die."

3 Then ten of Joseph's brothers went down to buy grain from Egypt. 4 But Jacob did not send Benjamin, Joseph's brother, with the others, because he was afraid that harm might come to him. 5 So Israel's sons were among those who went to buy grain, for there was famine in the land of Canaan also.

6 Now Joseph was the governor of the land, the person who sold grain to all its people. So when Joseph's brothers arrived, they bowed down to him with their faces to the ground. 7 As soon as Joseph saw his brothers, he recognized them, but he pretended to be a

[z] **41:45** That is, Heliopolis; also in verse 50
[a] **41:51** *Manasseh* sounds like and may be derived from the Hebrew for *forget.*
[b] **41:52** *Ephraim* sounds like the Hebrew for *twice fruitful.*

d'On[a]. Joseph partit inspecter l'Egypte. 46 Il était âgé de trente ans quand il entra au service du pharaon, roi d'Egypte. Il quitta la cour du pharaon et parcourut tout le pays d'Egypte.

47 Pendant les sept années d'abondance, la terre produisit de riches moissons. 48 Joseph rassembla tous les vivres possibles en Egypte pendant ces sept années, et il les entreposa dans les villes. Dans chaque ville, il mit en réserve les denrées alimentaires produites par le territoire environnant. 49 Il entreposa du blé en aussi grande quantité que le sable de la mer ; il y en avait tant que l'on cessa d'en faire le compte, car cela dépassait toute mesure.

Les fils de Joseph

50 Avant la période de famine, Asnath, fille de Poti-Phéra, prêtre d'On, donna deux fils à Joseph. 51 Il appela son premier-né Manassé (Celui qui fait oublier[b]), car, dit-il, Dieu m'a fait oublier toutes mes souffrances et ma séparation de la famille de mon père. 52 Il donna au second le nom d'Ephraïm (Fécond), car Dieu, dit-il, m'a rendu fécond dans le pays où j'ai connu l'affliction.

La famine

53 Les sept années où l'abondance avait régné en Egypte touchèrent à leur terme 54 et les sept années de famine commencèrent, comme Joseph l'avait prédit. La famine sévissait dans tous les pays. Mais il y avait du pain dans toute l'Egypte. 55 Quand la population de l'Egypte n'eut plus de pain, elle en réclama à grands cris au pharaon, qui dit à tous les Egyptiens : Adressez-vous à Joseph et faites ce qu'il vous dira !

56 La famine sévissait dans toute la contrée. Joseph ouvrit tous les entrepôts du pays et vendit du blé aux Egyptiens. Mais la disette s'aggrava encore en Egypte. 57 De tous les pays, on venait acheter du blé auprès de Joseph, car la famine était grande sur toute la terre.

Les frères de Joseph se rendent en Egypte

42 1 Quand Jacob apprit que l'on vendait du blé en Egypte[c], il dit à ses fils : Pourquoi restez-vous là à vous regarder les uns les autres ? 2 J'ai appris qu'il y a du blé en Egypte. Allez-y donc et rapportez-nous en du grain pour que nous puissions survivre et que nous ne mourions pas de faim !

3 Les frères de Joseph partirent donc à dix pour acheter du blé en Egypte. 4 Quant à Benjamin, le frère de Joseph, Jacob ne l'avait pas laissé partir avec eux, car il se disait : Qu'il ne lui arrive pas de malheur !

5 Les fils d'Israël arrivèrent en Egypte au milieu des autres gens qui s'y rendaient, car la famine sévissait au pays de Canaan.

6 Joseph gouvernait tout le pays. C'était lui qui supervisait la vente du blé à toute la population du pays. Les frères de Joseph arrivèrent donc et se prosternèrent devant lui, face contre terre. 7 Joseph aperçut ses frères et les reconnut ; mais il se comporta vis-à-vis d'eux comme un

[a] **41.45** Ville que les Grecs appelaient Héliopolis, à environ 10 kilomètres au nord du Caire. Les prêtres formaient la caste suprême de la noblesse en Egypte.
[b] **41.51** Manassé fait assonance avec le verbe hébreu *oublier.*
[c] **42.1** L'Egypte était mieux protégée contre la sécheresse à cause des crues du Nil et du système d'irrigation par canaux.

stranger and spoke harshly to them. “Where do you come from?” he asked.

“From the land of Canaan,” they replied, “to buy food.”

8 Although Joseph recognized his brothers, they did not recognize him. 9 Then he remembered his dreams about them and said to them, “You are spies! You have come to see where our land is unprotected.”

10 “No, my lord,” they answered. “Your servants have come to buy food. 11 We are all the sons of one man. Your servants are honest men, not spies.”

12 “No!” he said to them. “You have come to see where our land is unprotected.”

13 But they replied, “Your servants were twelve brothers, the sons of one man, who lives in the land of Canaan. The youngest is now with our father, and one is no more.”

14 Joseph said to them, “It is just as I told you: You are spies! 15 And this is how you will be tested: As surely as Pharaoh lives, you will not leave this place unless your youngest brother comes here. 16 Send one of your number to get your brother; the rest of you will be kept in prison, so that your words may be tested to see if you are telling the truth. If you are not, then as surely as Pharaoh lives, you are spies!” 17 And he put them all in custody for three days.

18 On the third day, Joseph said to them, “Do this and you will live, for I fear God: 19 If you are honest men, let one of your brothers stay here in prison, while the rest of you go and take grain back for your starving households. 20 But you must bring your youngest brother to me, so that your words may be verified and that you may not die.” This they proceeded to do.

21 They said to one another, “Surely we are being punished because of our brother. We saw how distressed he was when he pleaded with us for his life, but we would not listen; that’s why this distress has come on us.”

22 Reuben replied, “Didn’t I tell you not to sin against the boy? But you wouldn’t listen! Now we must give an accounting for his blood.” 23 They did not realize that Joseph could understand them, since he was using an interpreter.

24 He turned away from them and began to weep, but then came back and spoke to them again. He had Simeon taken from them and bound before their eyes.

25 Joseph gave orders to fill their bags with grain, to put each man’s silver back in his sack, and to give them provisions for their journey. After this was done for them, 26 they loaded their grain on their donkeys and left.

27 At the place where they stopped for the night one of them opened his sack to get feed for his donkey, and he saw his silver in the mouth of his sack. 28 “My silver has been returned,” he said to his brothers. “Here it is in my sack.”

inconnu et leur parla durement. Il leur demanda : D’où venez-vous ?

– Du pays de Canaan, répondirent-ils, pour acheter de quoi manger.

8 Joseph reconnaissait bien ses frères, mais eux ne le reconnaissaient pas. 9 Alors il se souvint des rêves qu’il avait eus à leur sujet.

– Vous êtes des espions, déclara-t-il, c’est pour repérer les points faibles du pays que vous êtes venus.

10 – Non, mon seigneur, protestèrent-ils, tes serviteurs sont seulement venus pour acheter des vivres. 11 Nous sommes tous fils d’un même père, nous sommes des gens honnêtes, nous ne sommes pas des espions.

12 – Pas du tout, répliqua-t-il, vous êtes venus pour repérer les points faibles du pays !

13 – Mais, dirent-ils, nous, tes serviteurs, nous sommes douze frères, fils d’un même père, habitants du pays de Canaan. Le plus jeune est resté avec notre père, et il y en a un qui n’est plus.

14 Mais Joseph leur dit : C’est bien ce que je dis : vous êtes des espions. 15 Voici comment je mettrai votre sincérité à l’épreuve : Par la vie du pharaon[d], je vous jure que vous ne vous en sortirez pas, à moins que votre jeune frère vienne ici ! 16 Envoyez l’un de vous le chercher, tandis que vous, vous resterez en prison jusqu’à ce que la vérité de vos paroles soit confirmée. Sinon, par la vie du pharaon, c’est que vous êtes des espions.

17 Puis il les fit mettre tous ensemble pour trois jours en prison. 18 Le troisième jour, Joseph leur dit : Faites ce que je vous dis et vous aurez la vie sauve ; je suis un homme qui craint Dieu. 19 Si vous êtes des gens sincères, que l’un de vous, votre frère, reste ici en prison, quant aux autres, vous partirez, vous emporterez du blé pour vos familles qui connaissent la famine. 20 Mais ramenez-moi votre jeune frère. Cela prouvera que vous avez dit vrai et vous ne mourrez pas.

Ils acceptèrent de faire ainsi. 21 Ils se dirent l’un à l’autre : Certainement, nous sommes punis à cause de ce que nous avons fait à notre frère ; car nous avons vu sa détresse quand il nous suppliait, et nous ne l’avons pas écouté. Voilà pourquoi nous nous trouvons nous-mêmes à présent dans cette détresse.

22 Ruben leur rappela : Ne vous avais-je pas dit : Ne vous rendez pas coupables d’un tel péché envers cet enfant ! Mais vous ne m’avez pas écouté. Voilà pourquoi nous devons maintenant payer pour sa mort.

23 Ils ne savaient pas que Joseph les comprenait, car il se servait d’un interprète pour communiquer avec eux.

24 Joseph s’éloigna pour pleurer. Puis il revint vers eux et s’entretint encore avec eux. Il leur prit Siméon et le fit lier sous leurs yeux. 25 Puis il ordonna qu’on remplisse leurs sacs de blé, qu’on remette l’argent de chacun dans son sac et qu’on leur donne des provisions pour la route. Ce qui fut fait. 26 Ils chargèrent leur blé sur leurs ânes et s’en allèrent.

Le retour au pays de Canaan

27 Arrivés à l’endroit où ils passèrent la nuit, l’un d’eux ouvrit son sac pour donner du fourrage à son âne et il trouva son argent à l’ouverture de son sac.

28 – On m’a rendu mon argent, dit-il à ses frères, le voici dans mon sac !

[d] **42.15** Formule égyptienne de serment.

Their hearts sank and they turned to each other
trembling and said, "What is this that God has done
to us?"

29 When they came to their father Jacob in the land
of Canaan, they told him all that had happened to
them. They said, 30 "The man who is lord over the land
spoke harshly to us and treated us as though we were
spying on the land. 31 But we said to him, 'We are honest men; we are not spies. 32 We were twelve brothers,
sons of one father. One is no more, and the youngest
is now with our father in Canaan.'

33 "Then the man who is lord over the land said to
us, 'This is how I will know whether you are honest
men: Leave one of your brothers here with me, and
take food for your starving households and go. 34 But
bring your youngest brother to me so I will know that
you are not spies but honest men. Then I will give your
brother back to you, and you can trade[c] in the land.'"

35 As they were emptying their sacks, there in
each man's sack was his pouch of silver! When they
and their father saw the money pouches, they were
frightened. 36 Their father Jacob said to them, "You
have deprived me of my children. Joseph is no more
and Simeon is no more, and now you want to take
Benjamin. Everything is against me!"

37 Then Reuben said to his father, "You may put both
of my sons to death if I do not bring him back to you.
Entrust him to my care, and I will bring him back."

38 But Jacob said, "My son will not go down there
with you; his brother is dead and he is the only one
left. If harm comes to him on the journey you are
taking, you will bring my gray head down to the grave
in sorrow."

The Second Journey to Egypt

43 1 Now the famine was still severe in the land.
2 So when they had eaten all the grain they
had brought from Egypt, their father said to them,
"Go back and buy us a little more food."

3 But Judah said to him, "The man warned us solemnly, 'You will not see my face again unless your
brother is with you.' 4 If you will send our brother
along with us, we will go down and buy food for you.
5 But if you will not send him, we will not go down,
because the man said to us, 'You will not see my face
again unless your brother is with you.'"

6 Israel asked, "Why did you bring this trouble on me
by telling the man you had another brother?"

7 They replied, "The man questioned us closely about
ourselves and our family. 'Is your father still living?'
he asked us. 'Do you have another brother?' We simply answered his questions. How were we to know he
would say, 'Bring your brother down here'?"

8 Then Judah said to Israel his father, "Send the boy
along with me and we will go at once, so that we and
you and our children may live and not die. 9 I myself
will guarantee his safety; you can hold me personally
responsible for him. If I do not bring him back to you
and set him here before you, I will bear the blame

Alors leur cœur vacilla et, saisis de panique, ils se dirent
les uns aux autres : Qu'est-ce que Dieu nous a fait ?

29 Lorsqu'ils furent de retour chez leur père Jacob au pays
de Canaan, ils lui racontèrent tout ce qui leur était arrivé.
30 – L'homme qui est le maître du pays nous a parlé durement, dirent-ils. Il nous a pris pour des espions. 31 Nous
avons protesté : « Non, nous sommes d'honnêtes gens,
nous n'avons jamais été des espions. 32 Nous étions douze frères, fils d'un même père ; l'un d'eux n'est plus et le
plus jeune est resté avec notre père au pays de Canaan. »
33 Alors l'homme qui est le maître du pays nous a répondu :
« Voici comment je saurai que vous êtes d'honnêtes gens :
Laissez-moi l'un de vos frères, prenez ce qu'il vous faut
pour les besoins de vos familles et partez ! 34 Ramenez-moi
votre jeune frère pour que je sache que vous n'êtes pas des
espions mais des gens honnêtes. Alors je vous rendrai votre
frère et vous pourrez circuler librement dans le pays. »

35 Lorsqu'ils vidèrent leurs sacs, chacun d'eux trouva
la bourse avec son argent dans son sac. Eux et leur père
virent les bourses avec leur argent et tous furent saisis
de crainte. 36 Jacob leur dit : Vous me privez de mes enfants : Joseph n'est plus ; Siméon a disparu et vous voulez
encore me prendre Benjamin ! C'est sur moi que tout cela
retombe !

37 Ruben dit à son père : Confie-le-moi et je te le ramènerai. Si je ne te le ramène pas, tu feras mourir mes deux fils !

38 Mais Jacob répliqua : Non, mon fils ne partira pas avec
vous, car son frère est mort et c'est le seul qui me reste.
S'il lui arrivait malheur au cours de votre voyage, vous me
feriez mourir de douleur à mon grand âge.

Benjamin part avec ses frères en Egypte

43 1 La famine sévissait de plus en plus durement
dans le pays. 2 Quand la famille de Jacob eut
mangé tout le blé rapporté d'Egypte[e], Jacob dit à ses fils :
Retournez là-bas nous acheter un peu de vivres.

3 Juda lui répondit : Cet homme nous a solennellement
avertis que nous ne pourrons plus nous présenter devant
lui si notre frère ne nous accompagne pas. 4 Si tu laisses
notre frère partir avec nous, nous irons en Egypte et nous
t'achèterons des vivres. 5 Mais si tu ne le laisses pas venir,
nous ne partirons pas ; car cet homme nous a bien dit :
« Vous ne serez pas admis en ma présence si votre frère
n'est pas avec vous. »

6 Israël reprit : Pourquoi m'avez-vous causé ce tort ?
Aviez-vous besoin de raconter à cet homme que vous avez
encore un frère ?

7 Ils lui répondirent : Cet homme nous a questionnés en
détail sur nous et sur notre parenté. Il nous a demandé :
« Votre père vit-il encore ? Avez-vous un autre frère ? »
Et nous avons répondu à ces questions. Pouvions-nous
savoir qu'il nous ordonnerait de lui amener notre frère ?

8 Alors Juda dit à Israël, son père : Laisse partir le jeune
homme avec moi. Nous nous mettrons en route et nous
irons là-bas pour pouvoir survivre. Sinon, nous mourrons
tous, et nous, et toi et nos jeunes enfants. 9 Je le prends sous
ma responsabilité, tu m'en demanderas compte. Si je ne te
le ramène pas, si je ne le fais pas revenir là, devant toi, je

---

[c] **42:34** Or *move about freely*

[e] **43.2** Sans doute après une année (voir 45.6).

before you all my life. 10 As it is, if we had not delayed, we could have gone and returned twice."

11 Then their father Israel said to them, "If it must be, then do this: Put some of the best products of the land in your bags and take them down to the man as a gift – a little balm and a little honey, some spices and myrrh, some pistachio nuts and almonds. 12 Take double the amount of silver with you, for you must return the silver that was put back into the mouths of your sacks. Perhaps it was a mistake. 13 Take your brother also and go back to the man at once. 14 And may God Almighty[d] grant you mercy before the man so that he will let your other brother and Benjamin come back with you. As for me, if I am bereaved, I am bereaved."

15 So the men took the gifts and double the amount of silver, and Benjamin also. They hurried down to Egypt and presented themselves to Joseph. 16 When Joseph saw Benjamin with them, he said to the steward of his house, "Take these men to my house, slaughter an animal and prepare a meal; they are to eat with me at noon."

17 The man did as Joseph told him and took the men to Joseph's house. 18 Now the men were frightened when they were taken to his house. They thought, "We were brought here because of the silver that was put back into our sacks the first time. He wants to attack us and overpower us and seize us as slaves and take our donkeys."

19 So they went up to Joseph's steward and spoke to him at the entrance to the house. 20 "We beg your pardon, our lord," they said, "we came down here the first time to buy food. 21 But at the place where we stopped for the night we opened our sacks and each of us found his silver – the exact weight – in the mouth of his sack. So we have brought it back with us. 22 We have also brought additional silver with us to buy food. We don't know who put our silver in our sacks."

23 "It's all right," he said. "Don't be afraid. Your God, the God of your father, has given you treasure in your sacks; I received your silver." Then he brought Simeon out to them.

24 The steward took the men into Joseph's house, gave them water to wash their feet and provided fodder for their donkeys. 25 They prepared their gifts for Joseph's arrival at noon, because they had heard that they were to eat there.

26 When Joseph came home, they presented to him the gifts they had brought into the house, and they bowed down before him to the ground. 27 He asked them how they were, and then he said, "How is your aged father you told me about? Is he still living?"

28 They replied, "Your servant our father is still alive and well." And they bowed down, prostrating themselves before him.

serai pour toujours coupable envers toi. 10 Si nous n'avions pas tant tardé, nous serions déjà deux fois de retour.

11 Leur père Israël leur dit : Eh bien ! Si c'est ainsi, faites ceci : Mettez dans vos bagages les meilleurs produits du pays et offrez-les à cet homme : un peu de baume et un peu de miel, de l'astragale, du laudanum, des pistaches et des amandes. 12 Prenez avec vous le double de la somme voulue et restituez l'argent qui a été remis à l'entrée de vos sacs. Peut-être s'agissait-il d'une erreur. 13 Emmenez votre frère et partez, retournez chez cet homme. 14 Que le Dieu tout-puissant rende cet homme compatissant à votre égard. Qu'il vous rende votre autre frère ainsi que Benjamin. Quant à moi, comme je dois être privé d'enfants, que j'en sois privé !

15 Alors ils se chargèrent du présent, prirent avec eux une double somme d'argent et emmenèrent Benjamin. Ainsi ils se mirent en route, se rendirent en Egypte et se présentèrent devant Joseph.

Le repas chez Joseph

16 Joseph vit avec eux Benjamin, il dit alors à l'intendant qui gérait sa maison : Conduis ces gens chez moi, fais abattre une bête et qu'on l'apprête, car ces hommes mangeront avec moi à midi.

17 L'intendant exécuta les ordres de son maître et conduisit ces gens à la maison de Joseph. 18 Ceux-ci furent effrayés d'être introduits dans la maison de Joseph et dirent : C'est à cause de l'argent remis la dernière fois dans nos sacs qu'on nous fait venir. Ils vont débouler sur nous, tomber sur nous pour nous prendre comme esclaves et s'emparer de nos ânes.

19 Ils s'approchèrent de l'intendant de la maison de Joseph et lui parlèrent à l'entrée de la maison : 20 Excuse-nous, mon seigneur : en fait nous sommes déjà venus une première fois pour acheter des vivres. 21 Quand nous sommes arrivés à l'étape où nous avons passé la nuit, nous avons ouvert nos sacs et chacun de nous a retrouvé son argent à l'ouverture de son sac, c'était exactement la somme que nous avions payée. Alors nous l'avons rapportée, 22 et nous avons emporté avec nous une autre somme d'argent pour acheter des vivres. Nous ne savons pas qui a remis notre argent dans nos sacs !

23 L'intendant répondit : Tout va bien ; ne craignez rien. C'est votre Dieu, le Dieu de votre père, qui a mis un trésor dans vos sacs. Votre argent m'a bien été remis.

Puis il relâcha Siméon et le leur fit amener. 24 Il les introduisit ensuite dans la maison de Joseph. Il leur apporta de l'eau pour qu'ils se lavent les pieds et fit porter du fourrage pour leurs ânes. 25 Ils préparèrent leur présent en attendant l'arrivée de Joseph pour midi ; ils avaient, en effet, appris qu'ils mangeraient là. 26 Joseph rentra chez lui. Ils lui offrirent le présent qu'ils avaient apporté et se prosternèrent à terre devant lui. 27 Il prit de leurs nouvelles et leur demanda : Votre père âgé dont vous m'avez parlé, se porte-t-il bien ? Vit-il encore ?

28 Ils répondirent en s'inclinant et en se prosternant jusqu'à terre : Ton serviteur, notre père, est encore en vie et il va bien.

[d] **43:14** Hebrew *El-Shaddai*

29 As he looked about and saw his brother Benjamin, his own mother's son, he asked, "Is this your youngest brother, the one you told me about?" And he said, "God be gracious to you, my son." 30 Deeply moved at the sight of his brother, Joseph hurried out and looked for a place to weep. He went into his private room and wept there.

31 After he had washed his face, he came out and, controlling himself, said, "Serve the food."

32 They served him by himself, the brothers by themselves, and the Egyptians who ate with him by themselves, because Egyptians could not eat with Hebrews, for that is detestable to Egyptians. 33 The men had been seated before him in the order of their ages, from the firstborn to the youngest; and they looked at each other in astonishment. 34 When portions were served to them from Joseph's table, Benjamin's portion was five times as much as anyone else's. So they feasted and drank freely with him.

A Silver Cup in a Sack

44 1 Now Joseph gave these instructions to the steward of his house: "Fill the men's sacks with as much food as they can carry, and put each man's silver in the mouth of his sack. 2 Then put my cup, the silver one, in the mouth of the youngest one's sack, along with the silver for his grain." And he did as Joseph said.

3 As morning dawned, the men were sent on their way with their donkeys. 4 They had not gone far from the city when Joseph said to his steward, "Go after those men at once, and when you catch up with them, say to them, 'Why have you repaid good with evil? 5 Isn't this the cup my master drinks from and also uses for divination? This is a wicked thing you have done.'"

6 When he caught up with them, he repeated these words to them. 7 But they said to him, "Why does my lord say such things? Far be it from your servants to do anything like that! 8 We even brought back to you from the land of Canaan the silver we found inside the mouths of our sacks. So why would we steal silver or gold from your master's house? 9 If any of your servants is found to have it, he will die; and the rest of us will become my lord's slaves."

10 "Very well, then," he said, "let it be as you say. Whoever is found to have it will become my slave; the rest of you will be free from blame."

11 Each of them quickly lowered his sack to the ground and opened it. 12 Then the steward proceeded to search, beginning with the oldest and ending with the youngest. And the cup was found in Benjamin's sack. 13 At this, they tore their clothes. Then they all loaded their donkeys and returned to the city.

14 Joseph was still in the house when Judah and his brothers came in, and they threw themselves to the ground before him. 15 Joseph said to them, "What is this you have done? Don't you know that a man like me can find things out by divination?"

29 En apercevant son frère Benjamin, fils de sa mère, il demanda : Est-ce là votre frère cadet dont vous m'avez parlé ? Et il ajouta : Que Dieu te témoigne sa grâce, mon fils !

30 Joseph sortit en hâte car la vue de son frère l'avait profondément ému, et il chercha un endroit pour laisser couler ses larmes ; il se retira dans sa chambre et pleura. 31 Puis il se lava le visage et ressortit. Il contint son émotion et ordonna de servir le repas. 32 On les servit séparément, lui à une table, ses frères à une autre, et les Egyptiens qui mangeaient avec lui à une troisième table. En effet, les Egyptiens ne peuvent pas prendre leurs repas avec les Hébreux : ils considèrent cela comme une chose abominable. 33 On fit asseoir les frères en face de Joseph, par ordre d'âge, de l'aîné au plus jeune, de sorte qu'ils se regardaient l'un l'autre avec stupéfaction. 34 Joseph leur fit servir des mets de sa propre table ; Benjamin reçut une part cinq fois plus copieuse que celle des autres. Ainsi ils burent tout leur saoûl avec lui.

Benjamin est accusé de vol

44 1 Joseph ordonna à l'intendant de sa maison : Remplis les sacs de ces hommes d'autant de vivres qu'ils peuvent en contenir, et remets l'argent de chacun à l'entrée de son sac. 2 Tu mettras ma coupe, la coupe d'argent, à l'ouverture du sac du plus jeune, avec l'argent de son blé.

L'intendant exécuta les ordres de Joseph. 3 Le lendemain matin, dès qu'il fit jour, on laissa partir ces gens avec leurs ânes. 4 Ils venaient de quitter la ville, et n'en étaient pas encore bien loin, quand Joseph dit à son intendant : Va, poursuis ces gens ! Quand tu les auras rejoints, tu leur demanderas : « Pourquoi avez-vous rendu le mal pour le bien ? 5 Pourquoi avez-vous volé la coupe dont mon maître se sert[f] pour boire et pour lire les présages ? Vous avez mal agi. »

6 L'intendant les rattrapa donc et leur parla comme son maître le lui avait dit. 7 Ils lui répondirent : Pourquoi mon seigneur dit-il pareille chose ? Tes serviteurs n'ont jamais eu la pensée de commettre une telle action ! 8 Nous t'avons rapporté du pays de Canaan l'argent que nous avons trouvé à l'ouverture de nos sacs. Pourquoi aurions-nous donc volé de l'argent ou de l'or dans la maison de ton maître ? 9 Que celui de tes serviteurs chez qui on trouvera cette coupe soit mis à mort et que nous-mêmes nous devenions esclaves de mon seigneur !

10 L'intendant répondit : Bien ! Je vous prends au mot ! Celui sur qui on la trouvera sera mon esclave, mais les autres seront innocentés.

11 Ils se hâtèrent de déposer chacun son sac par terre et de l'ouvrir. 12 L'intendant fouilla leurs sacs en commençant par celui de l'aîné et en finissant par celui du plus jeune. Et la coupe fut trouvée dans le sac de Benjamin. 13 Ils déchirèrent leurs vêtements, chacun rechargea son âne, et ils retournèrent à la ville.

14 Juda se rendit avec ses frères à la maison de Joseph ; celui-ci s'y trouvait encore ; ils se prosternèrent à terre devant lui. 15 Joseph leur dit : Qu'est-ce que vous avez fait là ? Ne saviez-vous pas qu'un homme tel que moi a un pouvoir de divination ?

f **44.5** D'après l'ancienne version grecque. Texte hébreu traditionnel : *N'est-ce pas ce dont mon maître se sert...*

16“What can we say to my lord?” Judah replied.
“What can we say? How can we prove our innocence?
God has uncovered your servants’ guilt. We are now
my lord’s slaves – we ourselves and the one who was
found to have the cup.”
17But Joseph said, “Far be it from me to do such a
thing! Only the man who was found to have the cup
will become my slave. The rest of you, go back to your
father in peace.”

18Then Judah went up to him and said: “Pardon your
servant, my lord, let me speak a word to my lord. Do
not be angry with your servant, though you are equal
to Pharaoh himself. 19My lord asked his servants, ‘Do
you have a father or a brother?’ 20And we answered,
‘We have an aged father, and there is a young son born
to him in his old age. His brother is dead, and he is
the only one of his mother’s sons left, and his father
loves him.’
21“Then you said to your servants, ‘Bring him down
to me so I can see him for myself.’ 22And we said to
my lord, ‘The boy cannot leave his father; if he leaves
him, his father will die.’ 23But you told your servants,
‘Unless your youngest brother comes down with you,
you will not see my face again.’ 24When we went back
to your servant my father, we told him what my lord
had said.
25“Then our father said, ‘Go back and buy a little
more food.’ 26But we said, ‘We cannot go down. Only
if our youngest brother is with us will we go. We cannot see the man’s face unless our youngest brother
is with us.’
27“Your servant my father said to us, ‘You know
that my wife bore me two sons. 28One of them went
away from me, and I said, “He has surely been torn to
pieces.” And I have not seen him since. 29If you take
this one from me too and harm comes to him, you
will bring my gray head down to the grave in misery.’
30“So now, if the boy is not with us when I go back
to your servant my father, and if my father, whose life
is closely bound up with the boy’s life, 31sees that the
boy isn’t there, he will die. Your servants will bring
the gray head of our father down to the grave in sorrow. 32Your servant guaranteed the boy’s safety to
my father. I said, ‘If I do not bring him back to you, I
will bear the blame before you, my father, all my life!’
33“Now then, please let your servant remain here
as my lord’s slave in place of the boy, and let the boy
return with his brothers. 34How can I go back to my
father if the boy is not with me? No! Do not let me see
the misery that would come on my father.”

Joseph Makes Himself Known

45 1Then Joseph could no longer control himself
before all his attendants, and he cried out,
“Have everyone leave my presence!” So there was no
one with Joseph when he made himself known to his
brothers. 2And he wept so loudly that the Egyptians
heard him, and Pharaoh’s household heard about it.
3Joseph said to his brothers, “I am Joseph! Is my
father still living?” But his brothers were not able

16Juda dit : Que répondrons-nous à mon seigneur ?
Que dirions-nous ? Comment nous justifier ? Dieu a mis
à découvert la faute de tes serviteurs. Nous voici donc les
esclaves de mon seigneur, nous, ainsi que celui qui avait
la coupe dans son sac.
17Mais Joseph déclara : Il ne me viendrait pas à l’idée
d’agir ainsi ! L’homme dans le sac duquel on a trouvé la
coupe sera mon esclave ; mais vous, retournez tranquillement chez votre père.

Juda s’offre à la place de Benjamin

18Alors Juda s’avança et dit : De grâce, mon seigneur,
permets à ton serviteur de dire une parole à mon seigneur,
sans que ta colère s’enflamme contre ton serviteur, car
tu es l’égal du pharaon. 19La première fois, mon seigneur
a questionné ses serviteurs en leur demandant : « Avez-
vous un père ou un autre frère ? » 20Et nous avons répondu
à notre seigneur : « Nous avons un père âgé et un jeune
frère qui lui est né dans sa vieillesse et dont le frère est
mort, celui-ci est le seul fils qui soit resté de sa mère, et
son père l’aime. » 21Tu as commandé à tes serviteurs :
« Amenez-le-moi pour que je le voie de mes propres yeux. »
22Nous avons répondu à mon seigneur : « Le jeune garçon
ne peut pas quitter son père ; sinon celui-ci en mourra. »
23Alors tu as déclaré à tes serviteurs : « Si votre jeune
frère ne vient pas avec vous, vous ne serez plus admis en
ma présence. » 24Lorsque nous sommes revenus auprès
de ton serviteur, mon père, nous lui avons rapporté les
paroles de mon seigneur. 25Et lorsque notre père a dit :
« Retournez là-bas pour nous acheter quelques vivres »,
26nous lui avons répondu : « Nous ne pouvons y retourner qu’à la condition d’emmener notre jeune frère, car
s’il n’est pas avec nous, nous ne serons pas admis auprès
de cet homme. » 27Alors ton serviteur mon père nous a
dit : « Vous savez vous-mêmes que ma femme m’a donné
deux fils. 28Le premier, parti de chez moi, a été, je pense,
dévoré par une bête sauvage, et jusqu’à ce jour, je ne l’ai
plus revu. 29Vous prenez encore celui-ci pour l’emmener
loin de moi ; s’il lui arrive malheur, vous me ferez mourir
de douleur à mon grand âge. » 30Maintenant donc, si je
retourne auprès de ton serviteur mon père sans ramener
avec nous le jeune homme auquel il est tellement attaché,
31quand il verra que le garçon n’est pas là, il mourra, et
tes serviteurs seront responsables de l’avoir fait mourir de
douleur dans son grand âge. 32Car moi, ton serviteur, j’ai
pris la responsabilité du jeune homme devant mon père ;
je lui ai dit : « Si je ne te le ramène pas, je serai pour toujours coupable envers mon père. » 33Maintenant donc, je te
prie, permets à ton serviteur de rester comme esclave de
mon seigneur à la place du jeune homme, et qu’il reparte
avec ses frères. 34Comment pourrais-je retourner chez
mon père sans le garçon ? Ah, que je ne sois pas témoin
du malheur qui frapperait mon père !

Joseph révèle son identité à ses frères

45 1Alors Joseph, ne pouvant plus dominer son
émotion devant tous ceux qui étaient présents,
s’écria : Faites sortir tout le monde !
Ainsi personne de son entourage n’était en sa présence
lorsqu’il fit connaître son identité à ses frères. 2Mais il san-
glotait si fort en parlant que les Egyptiens l’entendirent,
et la nouvelle parvint jusqu’au palais du pharaon. 3Il dit à
ses frères : Je suis Joseph ! Mon père est-il encore en vie ?

to answer him, because they were terrified at his
presence.
4 Then Joseph said to his brothers, "Come close
to me." When they had done so, he said, "I am your
brother Joseph, the one you sold into Egypt! 5 And
now, do not be distressed and do not be angry with
yourselves for selling me here, because it was to save
lives that God sent me ahead of you. 6 For two years
now there has been famine in the land, and for the
next five years there will be no plowing and reaping.
7 But God sent me ahead of you to preserve for you a
remnant on earth and to save your lives by a great
deliverance.[e]
8 "So then, it was not you who sent me here, but
God. He made me father to Pharaoh, lord of his entire
household and ruler of all Egypt. 9 Now hurry back
to my father and say to him, 'This is what your son
Joseph says: God has made me lord of all Egypt. Come
down to me; don't delay. 10 You shall live in the region of Goshen and be near me – you, your children
and grandchildren, your flocks and herds, and all
you have. 11 I will provide for you there, because five
years of famine are still to come. Otherwise you and
your household and all who belong to you will become
destitute.'
12 "You can see for yourselves, and so can my brother Benjamin, that it is really I who am speaking to you.
13 Tell my father about all the honor accorded me in
Egypt and about everything you have seen. And bring
my father down here quickly."
14 Then he threw his arms around his brother
Benjamin and wept, and Benjamin embraced him,
weeping. 15 And he kissed all his brothers and wept
over them. Afterward his brothers talked with him.

16 When the news reached Pharaoh's palace that
Joseph's brothers had come, Pharaoh and all his officials were pleased. 17 Pharaoh said to Joseph, "Tell your
brothers, 'Do this: Load your animals and return to
the land of Canaan, 18 and bring your father and your
families back to me. I will give you the best of the land
of Egypt and you can enjoy the fat of the land.'
19 "You are also directed to tell them, 'Do this: Take
some carts from Egypt for your children and your
wives, and get your father and come. 20 Never mind
about your belongings, because the best of all Egypt
will be yours.' "

21 So the sons of Israel did this. Joseph gave them
carts, as Pharaoh had commanded, and he also gave
them provisions for their journey. 22 To each of them
he gave new clothing, but to Benjamin he gave three
hundred shekels[f] of silver and five sets of clothes.
23 And this is what he sent to his father: ten donkeys
loaded with the best things of Egypt, and ten female
donkeys loaded with grain and bread and other provisions for his journey. 24 Then he sent his brothers

[e] 45:7 *Or save you as a great band of survivors*
[f] 45:22 That is, about 7 1/2 pounds or about 3.5 kilograms

Mais ses frères étaient incapables de lui répondre tant
ils avaient peur de lui. 4 Alors Joseph leur dit : Venez près
de moi !
Ils s'approchèrent.
– Je suis Joseph, leur dit-il, votre frère, que vous avez
vendu pour être emmené en Egypte. 5 Et maintenant, ne
vous tourmentez pas et ne soyez pas fâchés de m'avoir vendu comme esclave. C'est pour vous sauver la vie que Dieu
m'a envoyé devant vous. 6 Car voici deux ans que la famine
sévit dans ce pays et pendant cinq ans encore, il n'y aura
ni labour ni moisson. 7 Dieu m'a envoyé devant vous pour
vous faire subsister sur la terre, pour préserver votre vie
par une très grande délivrance. 8 C'est pourquoi ce n'est pas
vous qui m'avez envoyé ici, c'est Dieu. Et il m'a élevé au rang
de « Père pour le pharaon[g] », faisant de moi le maître de
toute sa cour et le dirigeant de toute l'Egypte. 9 Retournez
donc au plus vite auprès de mon père et dites-lui : « Ton
fils Joseph te fait dire ceci : Dieu m'a établi maître de toute
l'Egypte ; viens auprès de moi sans tarder. 10 Tu habiteras
dans la région de Goshen[h], pour être proche de moi, toi,
tes enfants et tes petits-enfants, tes moutons, tes chèvres
et tes bovins, tout ce qui t'appartient. 11 Et là, je pourvoirai
à tes besoins pour que tu ne restes pas sans ressources, toi,
ta famille et tout ce qui t'appartient. Car il y aura encore
cinq ans de famine. » 12 Vous voyez de vos yeux, et mon
frère Benjamin également, que c'est bien moi qui vous
parle. 13 Informez mon père de tous les honneurs dont je
suis comblé en Egypte, racontez-lui tout ce que vous avez
vu et dépêchez-vous de le faire venir ici.

14 Puis il se jeta au cou de Benjamin, son frère, et tous
deux pleurèrent sur les épaules l'un de l'autre. 15 Ensuite,
il embrassa tous ses frères en pleurant. Après quoi, ses
frères s'entretinrent avec lui.

Le pharaon invite Jacob en Egypte

16 La nouvelle de l'arrivée des frères de Joseph se
répandit aussitôt au palais du pharaon. Elle fit plaisir au
pharaon et à ses hauts fonctionnaires. 17 Le pharaon dit
à Joseph : Tu diras à tes frères : « Voilà ce que vous allez
faire : Chargez vos bêtes et retournez au pays de Canaan,
18 pour aller y chercher votre père ainsi que vos familles.
Puis vous reviendrez chez moi et je vous donnerai les
bonnes terres d'Egypte et vous mangerez les meilleurs
produits du pays. » 19 Quant à toi, transmets-leur l'ordre
suivant : « Emmenez avec vous d'Egypte des chariots pour
vos enfants et vos femmes, faites-y monter aussi votre
père et revenez. 20 N'ayez pas de regret pour ce que vous
laisserez, car ce qu'il y a de meilleur dans toute l'Egypte
sera à votre disposition. »
21 Les fils d'Israël firent ce qu'on leur avait dit. Joseph
leur procura des chariots, selon ce qu'avait déclaré le
pharaon, et il leur donna des provisions pour le voyage.
22 Il offrit un habit de rechange à chacun de ses frères ;
quant à Benjamin, il lui donna trois cents pièces d'argent
et cinq habits de rechange. 23 Il envoya à son père dix ânes
chargés des meilleurs produits de l'Egypte, et dix ânesses
chargées de blé, de pain et de vivres pour son voyage. 24 Il

[g] 45.8 Titre officiel des vizirs et des ministres. Certains pensent que Joseph était devenu le conseiller du pharaon. Voir 41.42.
[h] 45.10 Près de la frontière nord-est de l'Egypte, dans le delta du Nil, une région très fertile (v. 18) et propre à l'élevage.

away, and as they were leaving he said to them, "Don't
quarrel on the way!"

25 So they went up out of Egypt and came to their
father Jacob in the land of Canaan. 26 They told him,
"Joseph is still alive! In fact, he is ruler of all Egypt."
Jacob was stunned; he did not believe them. 27 But
when they told him everything Joseph had said to
them, and when he saw the carts Joseph had sent to
carry him back, the spirit of their father Jacob revived.
28 And Israel said, "I'm convinced! My son Joseph is still
alive. I will go and see him before I die."

Jacob Goes to Egypt

46 1 So Israel set out with all that was his, and
when he reached Beersheba, he offered sacrifices to the God of his father Isaac.
2 And God spoke to Israel in a vision at night and
said, "Jacob! Jacob!"

"Here I am," he replied.

3 "I am God, the God of your father," he said. "Do
not be afraid to go down to Egypt, for I will make you
into a great nation there. 4 I will go down to Egypt
with you, and I will surely bring you back again. And
Joseph's own hand will close your eyes."

5 Then Jacob left Beersheba, and Israel's sons took
their father Jacob and their children and their wives
in the carts that Pharaoh had sent to transport him.
6 So Jacob and all his offspring went to Egypt, taking
with them their livestock and the possessions they
had acquired in Canaan. 7 Jacob brought with him to
Egypt his sons and grandsons and his daughters and
granddaughters – all his offspring.

8 These are the names of the sons of Israel (Jacob
and his descendants) who went to Egypt:

Reuben the firstborn of Jacob.

9 The sons of Reuben:

Hanok, Pallu, Hezron and Karmi.

10 The sons of Simeon:

Jemuel, Jamin, Ohad, Jakin, Zohar and Shaul the son
of a Canaanite woman.

11 The sons of Levi:

Gershon, Kohath and Merari.

12 The sons of Judah:

Er, Onan, Shelah, Perez and Zerah (but Er and Onan
had died in the land of Canaan).

The sons of Perez:

Hezron and Hamul.

13 The sons of Issachar:

Tola, Puah,[g] Jashub[h] and Shimron.

14 The sons of Zebulun:

Sered, Elon and Jahleel.

15 These were the sons Leah bore to Jacob in Paddan
Aram,[i] besides his daughter Dinah. These sons and
daughters of his were thirty-three in all.

---

[g] **46:13** Samaritan Pentateuch and Syriac (see also 1 Chron. 7:1); Masoretic Text Puvah

[h] **46:13** Samaritan Pentateuch and some Septuagint manuscripts (see also Num. 26:24 and 1 Chron. 7:1); Masoretic Text Iob

[i] **46:15** That is, Northwest Mesopotamia

prit congé de ses frères en leur recommandant de ne pas
se disputer[i] en chemin. Et ils s'en allèrent.

Les frères de Joseph reviennent auprès de Jacob

25 Ils retournèrent donc d'Egypte au pays de Canaan
auprès de Jacob, leur père. 26 Ils lui annoncèrent la nouvelle : « Joseph vit encore, et c'est même lui qui gouverne
toute l'Egypte. » Mais il ne réagit pas parce qu'il ne les
croyait pas. 27 Ils lui répétèrent tout ce que Joseph avait
dit. Puis Jacob vit les chariots que Joseph avait envoyés
pour le transporter. Alors il reprit vie. 28 Israël déclara :
Assez parlé : Joseph mon fils est encore en vie, j'irai le voir
avant de mourir.

Jacob se rend en Egypte

46 1 Israël se mit en route avec tout ce qu'il possédait. Lorsqu'il arriva à Beer-Sheva, il offrit des
sacrifices au Dieu de son père Isaac. 2 Et Dieu s'adressa à
lui dans une vision nocturne. Il l'appela : Jacob ! Jacob !
– Oui, répondit-il, j'écoute.

3 – Je suis Dieu, le Dieu de ton père. N'aie pas peur de te
rendre en Egypte, j'y ferai de toi un grand peuple. 4 Moi-
même je t'accompagnerai en Egypte, et moi-même aussi,
je te l'assure, je t'en ferai revenir ; et c'est Joseph qui te
fermera les yeux.

5 Jacob repartit donc de Beer-Sheva ; les fils d'Israël le
firent monter avec leurs enfants et leurs femmes sur les
chariots que le pharaon avait envoyés pour les transporter.
6 Ils emmenèrent aussi leurs troupeaux et tous les biens
qu'ils avaient acquis au pays de Canaan. Ainsi Jacob et
toute sa famille arrivèrent en Egypte. 7 Il avait avec lui ses
fils et ses petits-fils, ses filles et ses petites-filles, toute sa
descendance, lorsqu'il se rendit en Egypte.

La famille de Jacob en Egypte

8 Voici les noms des fils d'Israël, venus en Egypte : Jacob
et ses fils, le premier-né de Jacob étant Ruben, 9 les fils
de Ruben : Hénok, Pallou, Hetsrôn et Karmi. 10 Les fils de
Siméon : Yemouel, Yamîn, Ohad, Yakîn, Tsohar et Saül, le
fils de la Cananéenne. 11 Les fils de Lévi : Guershôn, Qehath
et Merari. 12 Les fils de Juda : Er, Onân, Shéla, Pérets et
Zérah. Mais Er et Onân étaient morts au pays de Canaan.
Pérets avait pour fils : Hetsrôn et Hamoul. 13 Les fils d'Issacar : Tola, Pouah[j], Yashoub[k] et Shimrôn, 14 et les fils de
Zabulon : Séred, Elôn et Yahléel. 15 Ce sont là les descendants que Léa donna à Jacob en Paddân-Aram. Il y avait
en plus leur fille Dina. Fils et filles étaient au nombre de

---

[i] **45.24** Autre traduction : *de ne pas se presser* ou *de se faire du souci.*

[j] **46.13** Selon le Pentateuque samaritain, la version syriaque et 1 Ch 7.1. Le texte hébreu traditionnel a : *Pouva.*

[k] **46.13** Selon le Pentateuque samaritain, la version syriaque et 1 Ch 7.1. Le texte hébreu traditionnel a : *Yob.*

[16]The sons of Gad:
Zephon,[j] Haggi, Shuni, Ezbon, Eri, Arodi and Areli.
[17]The sons of Asher:
Imnah, Ishvah, Ishvi and Beriah. Their sister was Serah.
The sons of Beriah:
Heber and Malkiel.
[18]These were the children born to Jacob by Zilpah, whom Laban had given to his daughter Leah – sixteen in all.
[19]The sons of Jacob's wife Rachel:
Joseph and Benjamin.
[20]In Egypt, Manasseh and Ephraim were born to Joseph by Asenath daughter of Potiphera, priest of On.[k]
[21]The sons of Benjamin:
Bela, Beker, Ashbel, Gera, Naaman, Ehi, Rosh, Muppim, Huppim and Ard.
[22]These were the sons of Rachel who were born to Jacob – fourteen in all.
[23]The son of Dan:
Hushim.
[24]The sons of Naphtali:
Jahziel, Guni, Jezer and Shillem.
[25]These were the sons born to Jacob by Bilhah, whom Laban had given to his daughter Rachel – seven in all.
[26]All those who went to Egypt with Jacob – those who were his direct descendants, not counting his sons' wives – numbered sixty-six persons. [27]With the two sons[l] who had been born to Joseph in Egypt, the members of Jacob's family, which went to Egypt, were seventy[m] in all.

[28]Now Jacob sent Judah ahead of him to Joseph to get directions to Goshen. When they arrived in the region of Goshen, [29]Joseph had his chariot made ready and went to Goshen to meet his father Israel. As soon as Joseph appeared before him, he threw his arms around his father[n] and wept for a long time.
[30]Israel said to Joseph, "Now I am ready to die, since I have seen for myself that you are still alive."
[31]Then Joseph said to his brothers and to his father's household, "I will go up and speak to Pharaoh and will say to him, 'My brothers and my father's household, who were living in the land of Canaan, have come to me. [32]The men are shepherds; they tend livestock, and they have brought along their flocks and herds and everything they own.' [33]When Pharaoh calls you in and asks, 'What is your occupation?' [34]you should answer, 'Your servants have tended livestock from our boyhood on, just as our fathers did.' Then you will be allowed to settle in the region of Goshen, for all shepherds are detestable to the Egyptians."

j **46:16** Samaritan Pentateuch and Septuagint (see also Num. 26:15); Masoretic Text Ziphion
k **46:20** That is, Heliopolis
l **46:27** Hebrew; Septuagint *the nine children*
m **46:27** Hebrew (see also Exodus 1:5 and note); Septuagint (see also Acts 7:14) *seventy-five*
n **46:29** Hebrew *around him*

trente-trois personnes. [16]Les fils de Gad : Tsephôn[l], Haggui, Shouni, Etsbôn, Eri, Arodi et Areéli. [17]Les fils d'Aser : Yimna, Yishva, Yishvi, Beria et leur sœur Sérah ; fils de Beria : Héber et Malkiel. [18]Ce sont là les descendants de Jacob par Zilpa, la servante que Laban avait donnée à sa fille Léa. Ils étaient au nombre de seize personnes.

[19]Les fils de Rachel, femme de Jacob : Joseph et Benjamin. [20]Au pays d'Egypte, Joseph eut deux fils d'Asnath, fille de Poti-Phéra, prêtre d'On[m] : Manassé et Ephraïm. [21]Les fils de Benjamin : Béla, Béker et Ashbel, Guéra, Naaman, Ehi, Rosh, Mouppim, Houppim et Ard. [22]Ce sont là les descendants que Rachel donna à Jacob ; ils étaient au nombre de quatorze personnes. [23]Le fils de Dan : Houshim. [24]Les fils de Nephtali : Yahtséel, Gouni, Yétser et Shillem. [25]Ce sont là les descendants de Jacob par Bilha, la servante que Laban avait donnée à sa fille Rachel : ils étaient au nombre de sept.

[26]L'ensemble des descendants de Jacob qui se rendirent avec lui en Egypte étaient au nombre de soixante-six, et il y avait en plus les femmes de ses fils. [27]Les fils que Joseph eut en Egypte étant au nombre de deux, l'ensemble de la famille de Jacob qui s'était rendue en Egypte comptait soixante-dix personnes[n].

L'installation dans la région de Goshen

[28]Jacob envoya Juda au-devant de lui vers Joseph, afin qu'il le précède dans la région de Goshen. Quand ils y furent arrivés, [29]Joseph attela son char et partit rendre visite à Israël, son père, en Goshen. Quand il le vit, il se jeta à son cou et pleura longuement sur son épaule. [30]Puis Israël dit à Joseph : Maintenant je peux mourir, puisque je t'ai revu et que tu vis encore !

[31]Joseph dit à ses frères et à la famille de son père : Je vais aller prévenir le pharaon, et lui dire : « Mes frères et la famille de mon père qui habitaient le pays de Canaan sont arrivés auprès de moi. [32]Ce sont des bergers ; ils élèvent des troupeaux, et ils ont amené avec eux leurs moutons, leurs chèvres et leurs bovins ainsi que tout ce qui leur appartient. » [33]Quand le pharaon vous convoquera et qu'il vous demandera : « Quelles sont vos occupations ? » [34]vous lui répondrez : « Tes serviteurs ont toujours élevé du bétail, depuis leur jeunesse jusqu'à ce jour – tout comme nos ancêtres. » De cette manière, il vous fera habiter dans la région de Goshen, car les bergers sont une abomination pour les Egyptiens.

l **46.16** Selon le Pentateuque samaritain, la version grecque et Nb 26.15. Le texte hébreu traditionnel a : *Tsiphyôn.*
m **46.20** C'est-à-dire Héliopolis.
n **46.27** Selon le texte hébreu traditionnel et Ex 1.5. L'ancienne version grecque et Ac 7.14 ont : *soixante-quinze.*

47 1 Joseph went and told Pharaoh, "My father and brothers, with their flocks and herds and everything they own, have come from the land of Canaan and are now in Goshen." 2 He chose five of his brothers and presented them before Pharaoh.

3 Pharaoh asked the brothers, "What is your occupation?"

"Your servants are shepherds," they replied to Pharaoh, "just as our fathers were." 4 They also said to him, "We have come to live here for a while, because the famine is severe in Canaan and your servants' flocks have no pasture. So now, please let your servants settle in Goshen."

5 Pharaoh said to Joseph, "Your father and your brothers have come to you, 6 and the land of Egypt is before you; settle your father and your brothers in the best part of the land. Let them live in Goshen. And if you know of any among them with special ability, put them in charge of my own livestock."

7 Then Joseph brought his father Jacob in and presented him before Pharaoh. After Jacob blessed[o] Pharaoh, 8 Pharaoh asked him, "How old are you?"

9 And Jacob said to Pharaoh, "The years of my pilgrimage are a hundred and thirty. My years have been few and difficult, and they do not equal the years of the pilgrimage of my fathers." 10 Then Jacob blessed[p] Pharaoh and went out from his presence.

11 So Joseph settled his father and his brothers in Egypt and gave them property in the best part of the land, the district of Rameses, as Pharaoh directed. 12 Joseph also provided his father and his brothers and all his father's household with food, according to the number of their children.

Joseph and the Famine

13 There was no food, however, in the whole region because the famine was severe; both Egypt and Canaan wasted away because of the famine. 14 Joseph collected all the money that was to be found in Egypt and Canaan in payment for the grain they were buying, and he brought it to Pharaoh's palace. 15 When the money of the people of Egypt and Canaan was gone, all Egypt came to Joseph and said, "Give us food. Why should we die before your eyes? Our money is all gone."

16 "Then bring your livestock," said Joseph. "I will sell you food in exchange for your livestock, since your money is gone." 17 So they brought their livestock to Joseph, and he gave them food in exchange for their horses, their sheep and goats, their cattle and donkeys. And he brought them through that year with food in exchange for all their livestock.

18 When that year was over, they came to him the following year and said, "We cannot hide from our lord the fact that since our money is gone and our livestock belongs to you, there is nothing left for our

[o] 47:7 Or *greeted*

[p] 47:10 Or *said farewell to*

Jacob devant le pharaon

47 1 Joseph alla donc informer le pharaon et lui dit : Mon père et mes frères sont arrivés du pays de Canaan avec leurs moutons, leurs chèvres, leurs bovins, tout ce qui leur appartient ; et ils sont dans la région de Goshen.

2 Il avait emmené avec lui cinq de ses frères qu'il présenta au pharaon. 3 Le pharaon leur demanda : Quelles sont vos occupations ?

Ils répondirent : Tes serviteurs sont bergers comme l'étaient nos ancêtres. 4 Et ils ajoutèrent : Nous sommes venus séjourner dans le pays, car la famine sévit durement au pays de Canaan et il n'y a plus de pâturage pour les troupeaux de tes serviteurs là-bas. Permets donc à tes serviteurs de s'installer dans la région de Goshen.

5 Le pharaon dit à Joseph : Ton père et tes frères sont venus te rejoindre ; 6 le pays est à ta disposition. Installe-les dans la meilleure province du pays : qu'ils habitent dans la région de Goshen. Et si tu sais qu'il y a parmi eux des hommes de valeur, tu les établiras comme responsables de mes troupeaux.

7 Joseph fit aussi venir son père Jacob pour le présenter au pharaon. Jacob bénit le pharaon.

8 Celui-ci lui demanda : Quel âge as-tu ?

9 Jacob répondit : Le nombre de mes années de migrations est de cent trente. Les jours de ma vie ont été peu nombreux et mauvais et je n'atteindrai pas le nombre des années qu'ont duré les migrations de mes ancêtres.

10 Puis Jacob bénit le pharaon et se retira. 11 Joseph installa son père et ses frères et leur donna une propriété dans la meilleure partie d'Egypte, dans la région de Ramsès[o], comme le pharaon l'avait ordonné. 12 Il procura à son père, à ses frères et à toute la famille de son père les vivres dont ils avaient besoin selon le nombre des personnes à leur charge.

Les Egyptiens deviennent esclaves du pharaon

13 La famine était si grande en Egypte et en Canaan qu'on ne trouvait plus nulle part de quoi manger, et les habitants dépérissaient. 14 En échange du blé qu'il vendait, Joseph recueillit tout l'argent qui se trouvait en Egypte et en Canaan, et en remplit les caisses du pharaon. 15 Quand il n'y eut plus d'argent en Egypte et en Canaan, tous les Egyptiens vinrent trouver Joseph et lui dirent : Donne-nous de quoi manger ! Pourquoi devrions-nous mourir là sous tes yeux parce que nous n'avons plus d'argent ?

16 Joseph répondit : Si vous n'avez plus d'argent, donnez-moi votre bétail, et je vous fournirai de la nourriture en échange de vos troupeaux.

17 Ils amenèrent donc leur bétail à Joseph qui leur donna de quoi manger en échange de leurs chevaux, de leurs ânes, et de leurs troupeaux de moutons, de chèvres et de bovins. Cette année-là, il leur assura la nourriture en échange de tous leurs troupeaux.

18 L'année suivante, ils revinrent le trouver et lui dirent : Mon seigneur n'est pas sans savoir que nous n'avons plus d'argent, nos troupeaux appartiennent à mon seigneur, nous n'avons plus rien à présenter à mon seigneur que nos

[o] 47.11 Certainement un autre nom du pays de Goshen (voir Ex 1.11 et note).

lord except our bodies and our land. 19 Why should we
perish before your eyes – we and our land as well? Buy
us and our land in exchange for food, and we with our
land will be in bondage to Pharaoh. Give us seed so
that we may live and not die, and that the land may
not become desolate."
20 So Joseph bought all the land in Egypt for
Pharaoh. The Egyptians, one and all, sold their fields,
because the famine was too severe for them. The land
became Pharaoh's, 21 and Joseph reduced the people
to servitude,[q] from one end of Egypt to the other.
22 However, he did not buy the land of the priests, because they received a regular allotment from Pharaoh
and had food enough from the allotment Pharaoh
gave them. That is why they did not sell their land.

23 Joseph said to the people, "Now that I have bought
you and your land today for Pharaoh, here is seed
for you so you can plant the ground. 24 But when the
crop comes in, give a fifth of it to Pharaoh. The other
four-fifths you may keep as seed for the fields and as
food for yourselves and your households and your
children."
25 "You have saved our lives," they said. "May we
find favor in the eyes of our lord; we will be in bondage to Pharaoh."
26 So Joseph established it as a law concerning land
in Egypt – still in force today – that a fifth of the produce belongs to Pharaoh. It was only the land of the
priests that did not become Pharaoh's.

27 Now the Israelites settled in Egypt in the region
of Goshen. They acquired property there and were
fruitful and increased greatly in number.
28 Jacob lived in Egypt seventeen years, and the
years of his life were a hundred and forty-seven.
29 When the time drew near for Israel to die, he called
for his son Joseph and said to him, "If I have found
favor in your eyes, put your hand under my thigh and
promise that you will show me kindness and faithfulness. Do not bury me in Egypt, 30 but when I rest
with my fathers, carry me out of Egypt and bury me
where they are buried."
"I will do as you say," he said.
31 "Swear to me," he said. Then Joseph swore to him,
and Israel worshiped as he leaned on the top of his
staff.[r]

Manasseh and Ephraim

48 1 Some time later Joseph was told, "Your father is ill." So he took his two sons Manasseh
and Ephraim along with him. 2 When Jacob was told,
"Your son Joseph has come to you," Israel rallied his
strength and sat up on the bed.
3 Jacob said to Joseph, "God Almighty[s] appeared to
me at Luz in the land of Canaan, and there he blessed
me 4 and said to me, 'I am going to make you fruit-

[q] 47:21 Samaritan Pentateuch and Septuagint (see also Vulgate); Masoretic Text *and he moved the people into the cities*
[r] 47:31 Or *Israel bowed down at the head of his bed*
[s] 48:3 Hebrew *El-Shaddai*

corps et nos terres. 19 Pourquoi péririons-nous là sous tes
yeux, nous et nos terres ? Achète-nous, avec nos terres, en
échange de vivres, et nous deviendrons, avec nos terres,
esclaves du pharaon. Donne-nous aussi du grain à semer
pour que nous puissions survivre, au lieu de mourir, et
que notre terre ne devienne pas un désert.
20 Alors Joseph acquit toutes les terres d'Egypte pour
le compte du pharaon, car les Egyptiens vendirent chacun son champ, contraints par la famine, tant elle était
rigoureuse. Ainsi, le pays devint la propriété du pharaon.
21 Quant aux habitants, il les réduisit à l'esclavage[p], d'un
bout à l'autre de l'Egypte. 22 Les seules terres que Joseph
n'acheta pas étaient celles des prêtres, car il existait un
décret du pharaon en leur faveur et ils se nourrissaient
de ce que le pharaon leur fournissait ; c'est pourquoi ils
n'eurent pas à vendre leurs terres.
23 Joseph dit au peuple : Je vous ai achetés aujourd'hui,
vous et vos terres, pour le compte du pharaon. Voici des
grains : ensemencez vos champs ! 24 Mais vous donnerez
le cinquième de vos récoltes au pharaon, les quatre autres
parts seront à vous pour ensemencer les champs et pour
vous nourrir, vous, vos enfants et tous ceux qui seront
sous votre toit.
25 Ils dirent : Tu nous sauves la vie ! Puisque nous avons
obtenu ta faveur, nous serons les esclaves du pharaon.

26 Joseph fit de cette disposition une loi pour toute
l'Egypte – loi qui est encore aujourd'hui en vigueur –
imposant le versement du cinquième de la récolte au
pharaon. Seules les terres des prêtres ne passèrent pas
en propriété au pharaon.

Les dernières volontés de Jacob

27 Israël s'installa en Egypte, dans la région de Goshen.
Ils y acquirent des propriétés. Ils furent féconds et se multiplièrent. 28 Jacob vécut dix-sept ans en Egypte. La durée
totale de sa vie fut de 147 ans. 29 Quand le jour de sa mort
fut proche, il appela son fils, Joseph, et lui dit : Fais-moi
une faveur : place, je te prie, ta main sous ma cuisse[q] et
promets-moi d'agir envers moi avec amour et fidélité en
ne m'enterrant pas en Egypte. 30 Quand j'aurai rejoint mes
ancêtres, tu me transporteras hors d'Egypte pour m'ensevelir dans leur tombeau.
Joseph dit : J'agirai comme tu me l'as demandé.

31 Mais son père insista : Jure-le-moi.
Et il le lui jura. Alors Israël se prosterna au chevet de
sa couche[r].

Jacob adopte les fils de Joseph et les bénit

48 1 Peu après cela, on vint prévenir Joseph que son
père était malade. Il prit avec lui ses deux fils
Manassé et Ephraïm. 2 On annonça à Jacob que son fils
Joseph venait le voir. Israël rassembla ses forces et s'assit
sur sa couche. 3 Jacob dit à Joseph : Le Dieu tout-puissant
m'est apparu à Louz au pays de Canaan et il m'a béni[s]. 4 Il

[p] 47.21 D'après le Pentateuque samaritain et la version grecque. Le texte hébreu traditionnel a : *il les déplaçait dans les villes.*
[q] 47.29 Serment solennel qui engage aussi les descendants (voir 24.2).
[r] 47.31 La version grecque a : *appuyé sur son bâton.* Cité en Hé 11.21 d'après la version grecque.
[s] 48.3 Pour les v. 3-4, voir Gn 28.13-14. Voir Ac 7.5.

ful and increase your numbers. I will make you a community of peoples, and I will give this land as an everlasting possession to your descendants after you.'

5 "Now then, your two sons born to you in Egypt before I came to you here will be reckoned as mine; Ephraim and Manasseh will be mine, just as Reuben and Simeon are mine. 6 Any children born to you after them will be yours; in the territory they inherit they will be reckoned under the names of their brothers. 7 As I was returning from Paddan,[t] to my sorrow Rachel died in the land of Canaan while we were still on the way, a little distance from Ephrath. So I buried her there beside the road to Ephrath" (that is, Bethlehem).

8 When Israel saw the sons of Joseph, he asked, "Who are these?"

9 "They are the sons God has given me here," Joseph said to his father.

Then Israel said, "Bring them to me so I may bless them."

10 Now Israel's eyes were failing because of old age, and he could hardly see. So Joseph brought his sons close to him, and his father kissed them and embraced them.

11 Israel said to Joseph, "I never expected to see your face again, and now God has allowed me to see your children too."

12 Then Joseph removed them from Israel's knees and bowed down with his face to the ground. 13 And Joseph took both of them, Ephraim on his right toward Israel's left hand and Manasseh on his left toward Israel's right hand, and brought them close to him. 14 But Israel reached out his right hand and put it on Ephraim's head, though he was the younger, and crossing his arms, he put his left hand on Manasseh's head, even though Manasseh was the firstborn.

15 Then he blessed Joseph and said,

"May the God before whom my fathers
  Abraham and Isaac walked faithfully,
the God who has been my shepherd
  all my life to this day,
16 the Angel who has delivered me from all harm
  – may he bless these boys.
May they be called by my name
  and the names of my fathers Abraham and
    Isaac,
and may they increase greatly
  on the earth."

17 When Joseph saw his father placing his right hand on Ephraim's head he was displeased; so he took hold of his father's hand to move it from Ephraim's head to Manasseh's head. 18 Joseph said to him, "No, my father, this one is the firstborn; put your right hand on his head."

19 But his father refused and said, "I know, my son, I know. He too will become a people, and he too will become great. Nevertheless, his younger brother will be greater than he, and his descendants will become a group of nations." 20 He blessed them that day and said,

[t] 48:7 That is, Northwest Mesopotamia

m'a dit : « Je te rends fécond et te multiplierai, je te ferai devenir une multitude de peuples et, après toi, je donnerai ce pays pour toujours en propriété à ta descendance. »

5 Et maintenant, les deux fils qui te sont nés en Egypte, avant mon arrivée ici, je les adopte comme miens. Ephraïm et Manassé seront mes fils au même titre que Ruben et Siméon[t]. 6 Quant aux enfants qui te naîtront après eux, ils seront à toi. C'est au nom de leurs frères aînés qu'ils recevront leur part d'héritage. 7 Car lorsque je revenais de Paddân-Aram, j'eus la douleur de voir Rachel mourir au pays de Canaan à peu de distance d'Ephrata. C'est là, sur le chemin d'Ephrata – qui s'appelle Bethléhem – que je l'ai enterrée.

8 Israël regarda les fils de Joseph et demanda : Qui est-ce ?

9 Joseph lui répondit : Ce sont les fils que Dieu m'a donnés dans ce pays.

– Fais-les approcher, je te prie, dit Jacob, pour que je les bénisse.

10 La vue d'Israël était affaiblie par l'âge de sorte qu'il n'y voyait plus. Il les fit donc approcher de lui et les embrassa. 11 Israël dit à Joseph : Je ne m'imaginais pas te revoir et voici que Dieu me fait voir même tes descendants.

12 Joseph reprit ses deux enfants d'entre les genoux[u] de son père et se prosterna face contre terre. 13 Puis il les prit tous les deux, Ephraïm à sa droite – donc à gauche d'Israël – et Manassé à sa gauche – donc à la droite de son père – et les fit approcher de lui. 14 Mais Israël tendit la main droite et la posa sur la tête d'Ephraïm, qui était le plus jeune, et sa main gauche sur la tête de Manassé. Il croisa donc ses mains, bien que Manassé fût l'aîné.

15 Il bénit Joseph et dit :

Que ces garçons soient bénis par le Dieu
devant qui ont vécu mes pères Abraham et Isaac,
le Dieu qui a pris soin de moi comme un berger
  depuis que j'existe et jusqu'à ce jour,
16 l'ange qui m'a délivré de tout mal.
Qu'ils perpétuent mon nom et celui de mes pères
  Abraham et Isaac !
Qu'ils aient beaucoup d'enfants partout dans le
  pays.

17 Joseph remarqua que son père avait posé sa main droite sur la tête d'Ephraïm. Cela lui déplut et il prit la main de son père pour la faire passer de la tête d'Ephraïm sur celle de Manassé. 18 Il dit à son père : Pas ainsi, mon père, c'est celui-là l'aîné ; mets donc ta main droite sur sa tête.

19 Mais son père refusa et dit : Je sais, mon fils, je sais. Celui-là aussi deviendra un peuple ! Lui aussi sera grand. Pourtant son frère cadet sera plus grand que lui et sa descendance formera plusieurs peuples.

20 Ce jour-là, il les bénit ainsi :

[t] **48.5** Ephraïm et Manassé deviendront chefs de tribus à la place de Joseph.

[u] **48.12** Jacob avait pris les enfants sur ses genoux (ou entre ses genoux), un geste d'adoption.

"In your[u] name will Israel pronounce this
blessing:
'May God make you like Ephraim and
Manasseh.'"
So he put Ephraim ahead of Manasseh.
21 Then Israel said to Joseph, "I am about to die, but
God will be with you[v] and take you[w] back to the land
of your[x] fathers. 22 And to you I give one more ridge
of land[y] than to your brothers, the ridge I took from
the Amorites with my sword and my bow."

Jacob Blesses His Sons

49 1 Then Jacob called for his sons and said:
"Gather around so I can tell you what will
happen to you in days to come.

2 "Assemble and listen, sons of Jacob;
listen to your father Israel.

3 "Reuben, you are my firstborn,
my might, the first sign of my strength,
excelling in honor, excelling in power.
4 Turbulent as the waters, you will no longer
excel,
for you went up onto your father's bed,
onto my couch and defiled it.

5 "Simeon and Levi are brothers –
their swords[z] are weapons of violence.
6 Let me not enter their council,
let me not join their assembly,
for they have killed men in their anger
and hamstrung oxen as they pleased.
7 Cursed be their anger, so fierce,
and their fury, so cruel!
I will scatter them in Jacob
and disperse them in Israel.

8 "Judah,[a] your brothers will praise you;
your hand will be on the neck of your
enemies;
your father's sons will bow down to you.
9 You are a lion's cub, Judah;
you return from the prey, my son.
Like a lion he crouches and lies down,
like a lioness – who dares to rouse him?
10 The scepter will not depart from Judah,
nor the ruler's staff from between his feet,[b]
until he to whom it belongs[c] shall come
and the obedience of the nations shall be his.
11 He will tether his donkey to a vine,
his colt to the choicest branch;
he will wash his garments in wine,

[u] 48:20 The Hebrew is singular.
[v] 48:21 The Hebrew is plural.
[w] 48:21 The Hebrew is plural.
[x] 48:21 The Hebrew is plural.
[y] 48:22 The Hebrew for *ridge of land* is identical with the place name Shechem.
[z] 49:5 The meaning of the Hebrew for this word is uncertain.
[a] 49:8 *Judah* sounds like and may be derived from the Hebrew for *praise.*
[b] 49:10 Or *from his descendants*
[c] 49:10 Or *to whom tribute belongs*; the meaning of the Hebrew for this phrase is uncertain.

Le peuple d'Israël vous nommera dans ses bénédictions
en disant : « Que Dieu te rende semblable à Ephraïm et à
Manassé ! »
Ainsi il plaça Ephraïm avant Manassé. 21 Puis Israël dit à
Joseph : Je vais bientôt mourir. Dieu sera avec vous et vous
fera retourner au pays de vos ancêtres. 22 Quant à moi, je
te donne une part de plus qu'à tes frères : Sichem[v], que
j'ai conquise sur les Amoréens avec mon épée et mon arc.

Jacob bénit les douze tribus d'Israël

49 1 Jacob convoqua ses fils et leur dit :
Réunissez-vous et je vous révélerai ce qui vous
arrivera dans les temps à venir.
2 Rassemblez-vous et écoutez, fils de Jacob !
Ecoutez ce que dit Israël, votre père.
3 Ruben, tu es mon premier-né,
le premier fruit de ma vigueur, du temps où j'étais
plein de force,
toi, tu es supérieur en dignité et supérieur en force.
4 Bouillonnant comme l'eau, tu n'auras pas le
premier rang !
Car tu as profané la couche de ton père, en entrant
dans mon lit.
5 Siméon et Lévi sont frères,
ils se sont mis d'accord pour semer la violence.
6 Non, je ne veux pas m'associer à leur complot !
Je mets un point d'honneur à ne pas approuver
leurs délibérations !
Car mus par leur colère, ils ont tué des hommes ;
poussés par leur caprice, ils ont mutilé des
taureaux.
7 Que leur colère soit maudite, car elle est violente.
Maudit soit leur emportement, car il est
implacable !
Moi je les éparpillerai au milieu de Jacob,
je les disperserai en Israël.
8 O toi, Juda, tes frères te rendront hommage,
ta main fera ployer la nuque de tes ennemis,
et les fils de ton père se prosterneront devant toi.
9 Oui, Juda est un jeune lion.
Mon fils, tu reviens de la chasse
et tu t'es accroupi et couché comme un lion,
comme une lionne : qui te ferait lever ?
10 Le sceptre ne s'écartera pas de Juda,
et l'insigne de chef ne sera pas ôté d'entre ses pieds
jusqu'à la venue de celui auquel ils appartiennent[w]
et à qui tous les peuples rendront obéissance.
11 Son âne, il l'attache à la vigne,
et, à un cep de choix, le petit de l'ânesse.
Il lave dans le vin son vêtement,

[v] 48.22 En hébreu, un seul terme a été rendu deux fois, par *part* et par *Sichem*, à cause d'un jeu sur les deux sens de ce terme.
[w] 49.10 Nom diversement traduit : *le Pacifique, le Dominateur, l'Envoyé. celui ... appartiennent:* rend un mot hébreu dont l'interprétation est discutée. Ez 21.32 semble confirmer la lecture adoptée ici. Cette prophétie est généralement rapportée au Messie qui devait naître de la tribu de Juda.

his robes in the blood of grapes.
[12] His eyes will be darker than wine,
his teeth whiter than milk.[d]
[13] "Zebulun will live by the seashore
and become a haven for ships;
his border will extend toward Sidon.
[14] "Issachar is a rawboned[e] donkey
lying down among the sheep pens.[f]
[15] When he sees how good is his resting place
and how pleasant is his land,
he will bend his shoulder to the burden
and submit to forced labor.
[16] "Dan[g] will provide justice for his people
as one of the tribes of Israel.
[17] Dan will be a snake by the roadside,
a viper along the path,
that bites the horse's heels
so that its rider tumbles backward.
[18] "I look for your deliverance, LORD.

[19] "Gad[h] will be attacked by a band of raiders,
but he will attack them at their heels.
[20] "Asher's food will be rich;
he will provide delicacies fit for a king.
[21] "Naphtali is a doe set free
that bears beautiful fawns.[i]
[22] "Joseph is a fruitful vine,
a fruitful vine near a spring,
whose branches climb over a wall.[j]
[23] With bitterness archers attacked him;
they shot at him with hostility.
[24] But his bow remained steady,
his strong arms stayed[k] limber,
because of the hand of the Mighty One of Jacob,
because of the Shepherd, the Rock of Israel,
[25] because of your father's God, who helps you,
because of the Almighty,[l] who blesses you
with blessings of the skies above,
blessings of the deep springs below,
blessings of the breast and womb.

[26] Your father's blessings are greater
than the blessings of the ancient mountains,
than[m] the bounty of the age-old hills.
Let all these rest on the head of Joseph,
on the brow of the prince among[n] his
brothers.
[27] "Benjamin is a ravenous wolf;

d 49:12 Or *will be dull from wine, / his teeth white from milk*
e 49:14 Or *strong*
f 49:14 Or *the campfires*; or *the saddlebags*
g 49:16 *Dan* here means *he provides justice.*
h 49:19 *Gad* sounds like the Hebrew for *attack* and also for *band of raiders.*
i 49:21 Or *free; / he utters beautiful words*
j 49:22 Or *Joseph is a wild colt, / a wild colt near a spring, / a wild donkey on a terraced hill*
k 49:23,24 Or *archers will attack ... will shoot ... will remain ... will stay*
l 49:25 Hebrew *Shaddai*
m 49:26 Or *of my progenitors, / as great as*
n 49:26 Or *of the one separated from*

dans le jus des raisins il nettoie son manteau[x].
[12] Il a les yeux plus rouges que le vin,
les dents plus blanches que le lait[y].
[13] Zabulon aura sa demeure sur le rivage de la mer,
il aura sur sa côte un port pour les navires,
son territoire s'étendra jusqu'à Sidon.
[14] Issacar est un âne très vigoureux
couché au beau milieu de deux enclos.
[15] Il a trouvé que le repos est bon,
que le pays est agréable,
il tend l'épaule pour porter le fardeau,
et il s'assujettit à la corvée.
[16] Dan jugera son peuple,
comme les autres tribus d'Israël.
[17] Que Dan soit un serpent sur le chemin,
qu'il soit une vipère sur le sentier,
mordant les jarrets du cheval,
pour que le cavalier en tombe à la renverse.
[18] Je compte sur toi, Eternel pour accorder la
délivrance.
[19] Gad agressé par une troupe l'assaillira
et c'est sa troupe à lui qui poursuivra la troupe
adverse.
[20] Aser a une riche nourriture.
C'est lui qui fournira des mets dignes d'un roi.
[21] Nephtali est semblable à une biche en liberté qui
donne de beaux faons.
[22] Joseph est un rameau fertile
d'un arbre plein de fruits planté près d'une source.
Ses branches grimpent et s'élancent par-dessus la
muraille.
[23] Des archers le provoquent, le prennent à partie,
et le harcèlent de leurs flèches.
[24] Mais son arc reste ferme
car ses bras pleins de force conservent leur
souplesse
grâce au secours du Puissant de Jacob,
qui est le berger et le Roc sur lequel Israël se fonde.
[25] Oui, le Dieu de ton père viendra à ton secours,
le Tout-Puissant te bénira.
Qu'il veuille te bénir d'en haut par des pluies
abondantes
et par des eaux d'en bas où repose l'abîme,
par de nombreux enfants et beaucoup de
troupeaux.
[26] Les bénédictions de ton père surpassent
celles des montagnes antiques
et les meilleurs produits des collines anciennes.
Que ces bénédictions soient sur la tête de Joseph,
et sur le front du prince de ses frères !
[27] Benjamin est semblable à un loup qui déchire.

x 49.11 Image soulignant l'abondance (voir Ap 7.14 ; 19.13).
y 49.12 Autre traduction : *Ses yeux ont été rendus sombres par le vin, et ses dents blanches par le lait.*

in the morning he devours the prey,
in the evening he divides the plunder."
28 All these are the twelve tribes of Israel, and this is
what their father said to them when he blessed them,
giving each the blessing appropriate to him.

The Death of Jacob

29 Then he gave them these instructions: "I am about
to be gathered to my people. Bury me with my fathers
in the cave in the field of Ephron the Hittite, 30 the
cave in the field of Machpelah, near Mamre in Canaan,
which Abraham bought along with the field as a burial place from Ephron the Hittite. 31 There Abraham
and his wife Sarah were buried, there Isaac and his
wife Rebekah were buried, and there I buried Leah.
32 The field and the cave in it were bought from the
Hittites.[o]"
33 When Jacob had finished giving instructions to
his sons, he drew his feet up into the bed, breathed
his last and was gathered to his people.

50 1 Joseph threw himself on his father and wept
over him and kissed him. 2 Then Joseph directed the physicians in his service to embalm his
father Israel. So the physicians embalmed him, 3 taking a full forty days, for that was the time required
for embalming. And the Egyptians mourned for him
seventy days.
4 When the days of mourning had passed, Joseph
said to Pharaoh's court, "If I have found favor in your
eyes, speak to Pharaoh for me. Tell him, 5 'My father
made me swear an oath and said, "I am about to die;
bury me in the tomb I dug for myself in the land of
Canaan." Now let me go up and bury my father; then
I will return.' "

6 Pharaoh said, "Go up and bury your father, as he
made you swear to do."
7 So Joseph went up to bury his father. All Pharaoh's
officials accompanied him – the dignitaries of his
court and all the dignitaries of Egypt – 8 besides all
the members of Joseph's household and his brothers
and those belonging to his father's household. Only
their children and their flocks and herds were left in
Goshen. 9 Chariots and horsemen[p] also went up with
him. It was a very large company.

10 When they reached the threshing floor of Atad,
near the Jordan, they lamented loudly and bitterly;
and there Joseph observed a seven-day period of
mourning for his father. 11 When the Canaanites who
lived there saw the mourning at the threshing floor of
Atad, they said, "The Egyptians are holding a solemn
ceremony of mourning." That is why that place near
the Jordan is called Abel Mizraim.[q]
12 So Jacob's sons did as he had commanded them:
13 They carried him to the land of Canaan and buried
him in the cave in the field of Machpelah, near Mamre,
which Abraham had bought along with the field as a

[o] 49:32 Or *the descendants of Heth*
[p] 50:9 Or *charioteers*
[q] 50:11 *Abel Mizraim means mourning of the Egyptians.*

Dès le matin, il dévore sa proie,
et sur le soir encore, répartit le butin.
28 Tous ceux-là ont formé les douze tribus d'Israël, c'est
ainsi que leur parla leur père et qu'il les bénit, en prononçant pour chacun sa bénédiction propre.

La mort de Jacob

29 Jacob leur donna ses instructions : Je vais aller rejoindre mes ancêtres, enterrez-moi auprès de mes pères
dans la caverne qui se trouve dans le champ d'Ephrôn le
Hittite, 30 dans la caverne du champ de Makpéla, vis-à-vis
de Mamré, au pays de Canaan, la caverne qu'Abraham a
achetée, avec le champ, à Ephrôn le Hittite en propriété
funéraire. 31 C'est là qu'on a enterré Abraham et sa femme
Sara ; c'est là qu'on a enterré Isaac et sa femme Rébecca.
C'est là aussi que j'ai enterré Léa. 32 Le champ et la caverne
qui s'y trouve ont été achetés aux Hittites.
33 Lorsque Jacob eut achevé d'énoncer ses instructions à
ses fils, il ramena ses pieds sur son lit, expira et fut réuni
à ses ancêtres.

L'enterrement de Jacob

50 1 Joseph se jeta sur le visage de son père, pleura
sur lui et l'embrassa. 2 Puis il ordonna aux médecins qui étaient à son service de l'embaumer. Ceux-ci
embaumèrent donc Israël. 3 Ils y passèrent quarante jours,
le temps nécessaire à un embaumement, et les Egyptiens
le pleurèrent pendant soixante-dix jours.

4 Quand les jours de deuil furent écoulés, Joseph dit
aux hauts fonctionnaires de la cour du pharaon : Si vous
voulez bien m'accorder cette faveur, portez à l'attention
du pharaon 5 que mon père m'a fait prêter serment en
disant : « Me voici sur le point de mourir ; j'ai fait creuser
un tombeau au pays de Canaan, c'est là que vous m'enterrerez. » Maintenant donc, permets-moi d'y monter pour
ensevelir mon père ; après quoi, je reviendrai.
6 Le pharaon répondit à Joseph : Va et enterre ton père,
comme il te l'a fait jurer.
7 Joseph partit donc pour ensevelir son père, accompagné de tous les hauts fonctionnaires du pharaon, des
dignitaires de sa cour et de tous les hauts responsables
d'Egypte, 8 ainsi que de toute sa famille, et celle de ses
frères, toute la famille de son père. Ils ne laissèrent dans
le pays de Goshen que leurs enfants, leurs moutons, leurs
chèvres et leurs bovins. 9 Joseph fit le voyage, escorté et
de chars et de leur équipage ; le convoi ainsi formé était
très impressionnant.
10 Lorsqu'ils furent arrivés à l'Aire d'Atad, située de
l'autre côté du Jourdain, ils y célébrèrent de grandes
funérailles très imposantes. Joseph mena deuil pour son
père pendant sept jours. 11 En voyant ces funérailles dans
l'Aire d'Atad, les Cananéens qui habitaient le pays dirent :
Ce doit être un deuil important pour les Egyptiens.
C'est pourquoi on a nommé cet endroit de l'autre côté
du Jourdain : Abel-Mitsraïm (Deuil de l'Egypte). 12 Les fils
de Jacob firent donc ce que leur père leur avait demandé.
13 Ils le transportèrent au pays de Canaan et l'enterrèrent
dans la caverne du champ de Makpéla qu'Abraham avait
achetée avec le champ à Ephrôn le Hittite, comme pro-

burial place from Ephron the Hittite. 14 After burying his father, Joseph returned to Egypt, together with his brothers and all the others who had gone with him to bury his father.

Joseph Reassures His Brothers

15 When Joseph's brothers saw that their father was dead, they said, "What if Joseph holds a grudge against us and pays us back for all the wrongs we did to him?" 16 So they sent word to Joseph, saying, "Your father left these instructions before he died: 17 'This is what you are to say to Joseph: I ask you to forgive your brothers the sins and the wrongs they committed in treating you so badly.' Now please forgive the sins of the servants of the God of your father." When their message came to him, Joseph wept.

18 His brothers then came and threw themselves down before him. "We are your slaves," they said.

19 But Joseph said to them, "Don't be afraid. Am I in the place of God? 20 You intended to harm me, but God intended it for good to accomplish what is now being done, the saving of many lives. 21 So then, don't be afraid. I will provide for you and your children." And he reassured them and spoke kindly to them.

The Death of Joseph

22 Joseph stayed in Egypt, along with all his father's family. He lived a hundred and ten years 23 and saw the third generation of Ephraim's children. Also the children of Makir son of Manasseh were placed at birth on Joseph's knees.[r]

24 Then Joseph said to his brothers, "I am about to die. But God will surely come to your aid and take you up out of this land to the land he promised on oath to Abraham, Isaac and Jacob." 25 And Joseph made the Israelites swear an oath and said, "God will surely come to your aid, and then you must carry my bones up from this place."

26 So Joseph died at the age of a hundred and ten. And after they embalmed him, he was placed in a coffin in Egypt.

[r] **50:23** That is, were counted as his

priété funéraire vis-à-vis de Mamré. 14 Après avoir enterré son père, Joseph revint en Egypte avec ses frères et tous ceux qui l'avaient accompagné aux funérailles.

Le Dieu souverain

15 Maintenant que leur père était mort, les frères de Joseph se dirent : Qui sait, peut-être Joseph se mettra-t-il à nous haïr et à nous rendre tout le mal que nous lui avons fait.

16 Alors ils lui envoyèrent un messager pour lui dire : Avant de mourir, ton père nous a donné cet ordre : 17 « Vous demanderez à Joseph : Veuille, je te prie, pardonner le crime de tes frères et leur péché ; car ils t'ont fait beaucoup de mal. Oui, je te prie, pardonne maintenant la faute des serviteurs du Dieu de ton père. »

En recevant ce message, Joseph se mit à pleurer. 18 Ses frères vinrent en personne se jeter à ses pieds en disant : Nous sommes tes esclaves.

19 Mais Joseph leur dit : N'ayez aucune crainte ! Suis-je à la place de Dieu ? 20 Vous aviez projeté de me faire du mal, mais par ce que vous avez fait, Dieu a projeté du bien en vue d'accomplir ce qui se réalise aujourd'hui, pour sauver la vie à un peuple nombreux. 21 Maintenant donc, n'ayez aucune crainte, je pourvoirai à vos besoins ainsi qu'à ceux de vos enfants.

Ainsi il les rassura et toucha leur cœur par ses paroles.

La fin de la vie de Joseph

22 Joseph demeura en Egypte, ainsi que la famille de son père. Il vécut cent dix ans. 23 Il vit les descendants d'Ephraïm jusqu'à la troisième génération ; de plus, les enfants de Makir, fils de Manassé, furent placés sur ses genoux à leur naissance. 24 A la fin de sa vie, il dit aux siens : Je vais mourir, mais Dieu ne manquera pas d'intervenir en votre faveur et vous fera remonter de ce pays vers celui qu'il a promis par serment à Abraham, à Isaac et à Jacob. 25 Puis Joseph fit prêter serment aux Israélites en leur disant : Lorsque Dieu interviendra pour vous, vous emporterez d'ici mes ossements[z].

26 Joseph mourut à l'âge de cent dix ans ; on l'embauma, et on le déposa dans un sarcophage en Egypte.

[z] **50.25** Allusion en Hé 11.22.

Exodus

The Israelites Oppressed

1 1These are the names of the sons of Israel who
went to Egypt with Jacob, each with his family:
2Reuben, Simeon, Levi and Judah;
3Issachar, Zebulun and Benjamin;
4Dan and Naphtali;
Gad and Asher.
5The descendants of Jacob numbered seventy[a] in
all; Joseph was already in Egypt.
6Now Joseph and all his brothers and all that generation died, 7but the Israelites were exceedingly
fruitful; they multiplied greatly, increased in numbers and became so numerous that the land was filled
with them.
8Then a new king, to whom Joseph meant nothing,
came to power in Egypt. 9"Look," he said to his people,
"the Israelites have become far too numerous for us.
10Come, we must deal shrewdly with them or they
will become even more numerous and, if war breaks
out, will join our enemies, fight against us and leave
the country."
11So they put slave masters over them to oppress
them with forced labor, and they built Pithom and
Rameses as store cities for Pharaoh. 12But the more
they were oppressed, the more they multiplied and
spread; so the Egyptians came to dread the Israelites
13and worked them ruthlessly. 14They made their lives
bitter with harsh labor in brick and mortar and with
all kinds of work in the fields; in all their harsh labor
the Egyptians worked them ruthlessly.

15The king of Egypt said to the Hebrew midwives,
whose names were Shiphrah and Puah, 16"When you
are helping the Hebrew women during childbirth on
the delivery stool, if you see that the baby is a boy, kill
him; but if it is a girl, let her live." 17The midwives,
however, feared God and did not do what the king
of Egypt had told them to do; they let the boys live.
18Then the king of Egypt summoned the midwives

[a] **1:5** Masoretic Text (see also Gen. 46:27); Dead Sea Scrolls and Septuagint (see also Acts 7:14 and note at Gen. 46:27) *seventy-five*

L'Exode

L'oppression des Israélites en Égypte

1 1Voici la liste des fils d'Israël qui ont accompagné
Jacob en Egypte, chacun avec sa famille : 2Ruben,
Siméon, Lévi et Juda ; 3Issacar, Zabulon et Benjamin ; 4Dan
et Nephtali, Gad et Aser. 5Les descendants de Jacob étaient
au nombre de soixante-dix en tout[a], Joseph étant déjà en
Egypte à ce moment-là.

6Joseph mourut, ainsi que tous ses frères et toute leur
génération[b]. 7Les Israélites furent féconds, proliférèrent,
se multiplièrent et devinrent de plus en plus puissants, si
bien que le pays en fut rempli[c].

8Un nouveau roi[d] vint au pouvoir en Egypte ; il ne connaissait pas Joseph. 9Il dit à ses sujets : Voyez, le peuple
des Israélites est plus nombreux et plus puissant que nous.
10Il est temps d'aviser à son sujet, pour qu'il cesse de se
multiplier. Sinon, en cas de guerre, il risque de se ranger
aux côtés de nos ennemis et de combattre contre nous
pour quitter ensuite le pays.
11Alors on imposa aux Israélites des chefs de corvée pour
les accabler par des travaux forcés. C'est ainsi qu'ils durent
bâtir pour le pharaon les villes de Pitom et de Ramsès[e]
pour servir de centres d'approvisionnement. 12Mais plus
on les opprimait, plus ils devenaient nombreux et plus ils
se répandaient, au point que les Egyptiens les prirent en
aversion. 13Alors ceux-ci les réduisirent à un dur esclavage
14et leur rendirent la vie amère par de rudes corvées : fabrication de mortier, confection de briques, travaux en tous
genres dans les champs[f], bref, toutes les tâches auxquelles
on les asservit avec cruauté.
15Il y avait deux sages-femmes pour les Hébreux. Elles se
nommaient Shiphra et Poua[g]. Le pharaon leur donna cet
ordre : 16Quand vous accoucherez les femmes des Hébreux,
et que vous aurez constaté le sexe de l'enfant, si c'est un
garçon, mettez-le à mort, si c'est une fille, qu'on la laisse
vivre.
17Mais les sages-femmes craignaient Dieu ; elles
n'obéirent pas au pharaon : elles laissèrent la vie sauve
aux garçons. 18Alors le pharaon les convoqua et leur de-

[a] **1.5** Voir Gn 46.27. Un manuscrit hébreu trouvé à Qumrân, l'ancienne version grecque et Ac 7.14 ont : *soixante-quinze.*

[b] **1.6** Plusieurs siècles séparèrent la mort de Joseph de l'avènement du nouveau roi (v. 8).

[c] **1.7** Selon la promesse (Gn 46.3; voir 12.37). Les Israélites n'étaient pas seulement confinés au pays de Goshen, ils habitaient aussi au milieu des Egyptiens (3.22). Voir Ac 7.17.

[d] **1.8** Certains l'ont identifié à Amosis (1570-1546 av. J.-C.), fondateur de la XVIII[e] dynastie, qui a chassé les Hyksos (d'origine asiatique, ils avaient envahi la Basse-Egypte pour la dominer de env. 1730 à 1580), d'autres à Thoutmosis III, pharaon de la XVIII[e] dynastie, d'autres à Séti Ier (1304/1293–1290/1279 av. J.-C.).

[e] **1.11** Vers la frontière orientale de l'Egypte, près du canal qui reliait le Nil à la mer Rouge, près de l'actuel canal de Suez.

[f] **1.14** Surtout des travaux d'irrigation (Dt 11.10).

[g] **1.15** Sans doute les responsables des sages-femmes. Elles portent des noms égyptiens.

and asked them, "Why have you done this? Why have you let the boys live?"

19 The midwives answered Pharaoh, "Hebrew women are not like Egyptian women; they are vigorous and give birth before the midwives arrive."

20 So God was kind to the midwives and the people increased and became even more numerous. 21 And because the midwives feared God, he gave them families of their own.

22 Then Pharaoh gave this order to all his people: "Every Hebrew boy that is born you must throw into the Nile, but let every girl live."

The Birth of Moses

2 1 Now a man of the tribe of Levi married a Levite woman, 2 and she became pregnant and gave birth to a son. When she saw that he was a fine child, she hid him for three months. 3 But when she could hide him no longer, she got a papyrus basket[b] for him and coated it with tar and pitch. Then she placed the child in it and put it among the reeds along the bank of the Nile. 4 His sister stood at a distance to see what would happen to him.

5 Then Pharaoh's daughter went down to the Nile to bathe, and her attendants were walking along the riverbank. She saw the basket among the reeds and sent her female slave to get it. 6 She opened it and saw the baby. He was crying, and she felt sorry for him. "This is one of the Hebrew babies," she said.

7 Then his sister asked Pharaoh's daughter, "Shall I go and get one of the Hebrew women to nurse the baby for you?"

8 "Yes, go," she answered. So the girl went and got the baby's mother. 9 Pharaoh's daughter said to her, "Take this baby and nurse him for me, and I will pay you." So the woman took the baby and nursed him. 10 When the child grew older, she took him to Pharaoh's daughter and he became her son. She named him Moses,[c] saying, "I drew him out of the water."

Moses Flees to Midian

11 One day, after Moses had grown up, he went out to where his own people were and watched them at their hard labor. He saw an Egyptian beating a Hebrew, one of his own people. 12 Looking this way and that and seeing no one, he killed the Egyptian and hid him in the sand. 13 The next day he went out and saw two Hebrews fighting. He asked the one in the wrong, "Why are you hitting your fellow Hebrew?"

14 The man said, "Who made you ruler and judge over us? Are you thinking of killing me as you killed

[b] **2:3** The Hebrew can also mean *ark*, as in Gen. 6:14.
[c] **2:10** *Moses* sounds like the Hebrew for *draw out*.

manda : Pourquoi avez-vous fait cela ? Pourquoi avez-vous laissé vivre les garçons ?

19 Les sages-femmes répondirent au pharaon : C'est que les femmes des Hébreux ne sont pas comme les Egyptiennes. Elles sont pleines de vie. Avant que la sage-femme arrive auprès d'elles, elles ont déjà mis leur enfant au monde.

20 Dieu fit du bien aux sages-femmes, et le peuple continua de se multiplier et devint extrêmement puissant. 21 Comme les sages-femmes avaient agi par crainte de Dieu, Dieu fit prospérer leurs familles.

22 Alors le pharaon ordonna à tous ses sujets : Jetez dans le fleuve tous les garçons nouveau-nés des Hébreux[h], mais laissez vivre toutes les filles !

Moïse

Moïse, sauvé des eaux

2 1 Un homme de la tribu de Lévi épousa une fille de la même tribu. 2 Elle devint enceinte et donna le jour à un fils. Elle vit que c'était un beau bébé et le cacha pendant trois mois. 3 Quand elle ne parvint plus à le tenir caché, elle prit une corbeille en papyrus, l'enduisit d'asphalte et de poix et y plaça le petit garçon. Puis elle déposa la corbeille au milieu des joncs sur la rive du Nil. 4 La sœur de l'enfant se posta à quelque distance pour voir ce qu'il en adviendrait.

5 Peu après, la fille du pharaon descendit sur les bords du fleuve pour s'y baigner. Ses suivantes se promenaient sur la berge le long du Nil. Elle aperçut la corbeille au milieu des joncs et la fit chercher par sa servante. 6 Elle l'ouvrit et vit l'enfant : c'était un petit garçon qui pleurait. Elle eut pitié de lui et dit : C'est un petit des Hébreux.

7 Alors la sœur de l'enfant s'approcha et dit à la fille du pharaon : Veux-tu que j'aille te chercher une nourrice parmi les femmes des Hébreux pour qu'elle t'allaite cet enfant ?

8 La fille du pharaon lui dit : Va !

La jeune fille alla donc chercher la mère de l'enfant.

9 La princesse lui dit : Emmène cet enfant et allaite-le pour moi. Je te paierai un salaire.

La femme prit l'enfant et l'allaita. 10 Quand il eut grandi, elle l'amena à la fille du pharaon. Celle-ci l'adopta comme son fils et lui donna le nom de Moïse (Sorti), car, dit-elle, je l'ai sorti de l'eau.

Le meurtre d'un Egyptien

11 Le temps passa. Lorsque Moïse fut devenu adulte, il alla rendre visite à ses frères de race et fut témoin des corvées qu'on leur imposait. Il vit un Egyptien qui rouait de coups l'un de ses frères hébreux. 12 Après avoir regardé de côté et d'autre pour voir s'il n'y avait personne, il frappa l'Egyptien à mort et l'enfouit dans le sable. 13 Le lendemain, il revint et aperçut deux Hébreux qui se battaient. Alors il dit à celui qui avait tort : Pourquoi frappes-tu ton compagnon ?

14 Mais celui-ci répliqua : Qui t'a établi chef et juge[i] sur nous ? Veux-tu aussi me tuer comme tu as tué l'Egyptien ?

[h] **1.22** Selon le Pentateuque samaritain, l'ancienne version grecque et des traditions rabbiniques. Absent du texte hébreu traditionnel.
[i] **2.14** Le terme hébreu rendu par « juge » a aussi le sens de « dirigeant », « chef ». C'est certainement le cas ici, comme dans le livre des Juges.

the Egyptian?" Then Moses was afraid and thought,
"What I did must have become known."

15 When Pharaoh heard of this, he tried to kill
Moses, but Moses fled from Pharaoh and went to live
in Midian, where he sat down by a well. 16 Now a priest
of Midian had seven daughters, and they came to draw
water and fill the troughs to water their father's flock.
17 Some shepherds came along and drove them away,
but Moses got up and came to their rescue and watered their flock.
18 When the girls returned to Reuel their father, he
asked them, "Why have you returned so early today?"

19 They answered, "An Egyptian rescued us from
the shepherds. He even drew water for us and watered
the flock."
20 "And where is he?" Reuel asked his daughters.
"Why did you leave him? Invite him to have something to eat."
21 Moses agreed to stay with the man, who gave his
daughter Zipporah to Moses in marriage. 22 Zipporah
gave birth to a son, and Moses named him Gershom,[d]
saying, "I have become a foreigner in a foreign land."

23 During that long period, the king of Egypt died.
The Israelites groaned in their slavery and cried
out, and their cry for help because of their slavery
went up to God. 24 God heard their groaning and he
remembered his covenant with Abraham, with Isaac
and with Jacob. 25 So God looked on the Israelites and
was concerned about them.

Moses and the Burning Bush

3 1 Now Moses was tending the flock of Jethro his
father-in-law, the priest of Midian, and he led
the flock to the far side of the wilderness and came to
Horeb, the mountain of God. 2 There the angel of the
LORD appeared to him in flames of fire from within a
bush. Moses saw that though the bush was on fire it
did not burn up. 3 So Moses thought, "I will go over
and see this strange sight – why the bush does not
burn up."
4 When the LORD saw that he had gone over to look,
God called to him from within the bush, "Moses!
Moses!"
And Moses said, "Here I am."
5 "Do not come any closer," God said. "Take off your
sandals, for the place where you are standing is holy
ground." 6 Then he said, "I am the God of your father,[e]
the God of Abraham, the God of Isaac and the God of

[d] 2:22 *Gershom* sounds like the Hebrew for *a foreigner there.*
[e] 3:6 Masoretic Text; Samaritan Pentateuch (see Acts 7:32) *fathers*

Alors Moïse prit peur ; il comprit que l'affaire s'était
ébruitée.

La fuite au désert

15 Effectivement, le pharaon apprit ce qui s'était passé
et chercha à faire mourir Moïse, mais celui-ci prit la fuite.
Il se rendit au pays de Madian[j] et s'assit près d'un puits.
16 Le prêtre de Madian avait sept filles. Elles vinrent
puiser de l'eau et remplirent les abreuvoirs pour faire boire
le petit bétail de leur père. 17 Mais des bergers survinrent
et se mirent à les chasser. Alors Moïse intervint pour les
défendre et fit boire leur troupeau. 18 Quand elles revinrent
vers Reouel[k] leur père, celui-ci leur demanda :
Comment se fait-il que vous soyez si vite de retour
aujourd'hui ?
19 – Un Egyptien nous a défendues contre les bergers,
dirent-elles, et même : il a puisé pour nous beaucoup d'eau
et a fait boire le troupeau.
20 – Où est cet homme à présent ? Pourquoi l'avez-vous
laissé là-bas ? Allez le chercher pour qu'il vienne manger
chez nous.
21 Moïse accepta de s'établir chez cet homme qui lui donna sa fille Séphora en mariage. 22 Elle lui donna un fils qu'il
appela Guershom (Emigré en ces lieux) car, dit-il, je suis
un émigré dans une terre étrangère.

Moïse envoyé par Dieu

Dieu intervient selon son alliance

23 Beaucoup de temps passa. Le pharaon d'Egypte
mourut et les Israélites gémissaient et criaient encore
sous le poids de l'esclavage, et leur appel parvint jusqu'à
Dieu. 24 Dieu entendit leur plainte et tint compte de son
alliance avec Abraham, avec Isaac et avec Jacob. 25 Il vit les
Israélites et prit leur situation en considération.

L'appel et l'envoi de Moïse

3 1 Moïse faisait paître les brebis de son beau-père
Jéthro, prêtre de Madian. Il mena son troupeau au-
delà du désert et parvint jusqu'à Horeb, la montagne de
Dieu[l]. 2 L'ange de l'Eternel[m] lui apparut dans une flamme
au milieu d'un buisson : Moïse aperçut un buisson qui était
tout embrasé et qui, pourtant, ne se consumait pas. 3 Il se
dit alors : Je vais faire un détour pour aller regarder ce
phénomène extraordinaire et voir pourquoi le buisson
ne se consume pas.
4 L'Eternel vit que Moïse faisait un détour pour aller voir
et il l'appela du milieu du buisson :
Moïse, Moïse !
– Je suis là, répondit Moïse.
5 Dieu lui dit : N'approche pas d'ici, ôte tes sandales, car
le lieu où tu te tiens est un lieu saint. 6 Puis il ajouta : Je suis
le Dieu de tes ancêtres, le Dieu d'Abraham, le Dieu d'Isaac
et le Dieu de Jacob[n].

[j] **2.15** Madian était un fils d'Abraham (Gn 25.2). Les Madianites étaient établis au nord de la presqu'île du Sinaï.
[k] **2.18** Autre nom de Jéthro (3.1). Jéthro pourrait être un titre signifiant : *son excellence.*
[l] **3.1** Aussi appelé Sinaï dans la suite du récit. C'est la montagne où Dieu va se révéler (chap. 19).
[m] **3.2** D'après la suite du récit, l'ange de l'Eternel est l'Eternel lui-même.
[n] **3.6** Cité en Mt 22.32 ; Mc 12.26 ; Lc 20.37 ; Ac 3.13 ; 7.32.

Jacob." At this, Moses hid his face, because he was
afraid to look at God.
7 The LORD said, "I have indeed seen the misery of my
people in Egypt. I have heard them crying out because
of their slave drivers, and I am concerned about their
suffering. 8 So I have come down to rescue them from
the hand of the Egyptians and to bring them up out of
that land into a good and spacious land, a land flowing
with milk and honey – the home of the Canaanites,
Hittites, Amorites, Perizzites, Hivites and Jebusites.
9 And now the cry of the Israelites has reached me,
and I have seen the way the Egyptians are oppressing
them. 10 So now, go. I am sending you to Pharaoh to
bring my people the Israelites out of Egypt."
11 But Moses said to God, "Who am I that I should
go to Pharaoh and bring the Israelites out of Egypt?"

12 And God said, "I will be with you. And this will be
the sign to you that it is I who have sent you: When
you have brought the people out of Egypt, you[f] will
worship God on this mountain."
13 Moses said to God, "Suppose I go to the Israelites
and say to them, 'The God of your fathers has sent me
to you,' and they ask me, 'What is his name?' Then
what shall I tell them?"
14 God said to Moses, "I AM WHO I AM.[g] This is what you
are to say to the Israelites: 'I AM has sent me to you.'"

15 God also said to Moses, "Say to the Israelites, 'The
LORD,[h] the God of your fathers – the God of Abraham,
the God of Isaac and the God of Jacob – has sent me
to you.'

"This is my name forever,
the name you shall call me
from generation to generation.

16 "Go, assemble the elders of Israel and say to
them, 'The LORD, the God of your fathers – the God of
Abraham, Isaac and Jacob – appeared to me and said:
I have watched over you and have seen what has been
done to you in Egypt. 17 And I have promised to bring
you up out of your misery in Egypt into the land of
the Canaanites, Hittites, Amorites, Perizzites, Hivites
and Jebusites – a land flowing with milk and honey.'
18 "The elders of Israel will listen to you. Then you
and the elders are to go to the king of Egypt and say to
him, 'The LORD, the God of the Hebrews, has met with
us. Let us take a three-day journey into the wilderness
to offer sacrifices to the LORD our God.' 19 But I know
that the king of Egypt will not let you go unless a
mighty hand compels him. 20 So I will stretch out my
hand and strike the Egyptians with all the wonders
that I will perform among them. After that, he will
let you go.
21 "And I will make the Egyptians favorably disposed
toward this people, so that when you leave you will

f 3:12 The Hebrew is plural.
g 3:14 Or *I WILL BE WHAT I WILL BE*
h 3:15 The Hebrew for *LORD* sounds like and may be related to the Hebrew for *I AM* in verse 14.

Alors Moïse se couvrit le visage car il craignait de regarder Dieu.
7 L'Eternel reprit : J'ai vu la détresse de mon peuple en
Egypte et j'ai entendu les cris que lui font pousser ses oppresseurs. Oui, je sais ce qu'il souffre. 8 C'est pourquoi je
suis descendu pour le délivrer des Egyptiens, pour le faire
sortir d'Egypte et le conduire vers un bon et vaste pays,
un pays ruisselant de lait et de miel ; celui qu'habitent
les Cananéens, les Hittites, les Amoréens, les Phéréziens,
les Héviens et les Yebousiens[o]. 9 A présent, les cris des
Israélites sont parvenus jusqu'à moi et j'ai vu à quel point
les Egyptiens les oppriment. 10 Va donc maintenant :
je t'envoie vers le pharaon[p], pour que tu fasses sortir
d'Egypte les Israélites, mon peuple.
11 Moïse dit à Dieu :
Qui suis-je, moi, pour aller trouver le pharaon et pour
faire sortir les Israélites d'Egypte ?
12 – Sache que je serai avec toi, lui répondit Dieu. Et voici
le signe auquel on reconnaîtra que c'est moi qui t'ai envoyé : quand tu auras fait sortir le peuple hors d'Egypte,
vous m'adorerez sur cette montagne-ci.
13 Moïse reprit : J'irai donc trouver les Israélites et je leur
dirai : « Le Dieu de vos ancêtres m'a envoyé vers vous. »
Mais s'ils me demandent : « Quel est son nom ? » que leur
répondrai-je ?
14 Alors Dieu dit à Moïse : Je suis celui qui est[q]. Puis il
ajouta : Voici ce que tu diras aux Israélites : Je suis m'a
envoyé vers vous.
15 Puis tu leur diras : « L'Eternel[r], le Dieu de vos ancêtres,
le Dieu d'Abraham, d'Isaac et de Jacob m'a envoyé vers
vous. C'est là mon nom pour l'éternité, c'est sous ce nom
que l'on se souviendra de moi pour tous les temps[s]. 16 Va
donc, réunis les responsables d'Israël et dis-leur : L'Eternel,
le Dieu de vos ancêtres, le Dieu d'Abraham, d'Isaac et de
Jacob m'est apparu et m'a dit : J'ai résolu d'intervenir en
votre faveur au regard du traitement qu'on vous inflige en
Egypte. 17 Aussi ai-je décidé de vous faire sortir d'Egypte,
où vous êtes en proie à l'oppression, pour vous conduire
dans le pays des Cananéens, des Hittites, des Amoréens,
des Phéréziens, des Héviens et des Yebousiens, dans un
pays ruisselant de lait et de miel. » 18 Les responsables d'Israël t'écouteront et tu iras trouver le pharaon avec eux
pour lui dire : « L'Eternel, le Dieu des Hébreux, est venu
nous trouver. Maintenant, veuille donc nous accorder la
permission de faire trois journées de marche dans le désert
pour aller offrir un sacrifice à l'Eternel notre Dieu. » 19 Moi,
je sais que le pharaon ne vous permettra pas de partir s'il
n'y est pas contraint avec puissance[t]. 20 C'est pourquoi
j'interviendrai et je frapperai l'Egypte de toutes sortes de
prodiges que j'accomplirai au milieu d'elle. Après cela, il
vous renverra. 21 Je ferai gagner à ce peuple la faveur des
Egyptiens, de sorte qu'à votre départ, vous ne vous en irez

o **3.8** Noms de diverses peuplades habitant ce qui deviendra le pays d'Israël.
p **3.10** Soit Aménotep II, fils de Thoutmosis III, soit Ramsès II, pharaon de la XIXe dynastie, qui entreprit de grands travaux de construction (1290/1279–1224/1212 av. J.-C.).
q **3.14** Autre traduction : *Je suis : Je suis.* D'autres comprennent : *Je suis qui je suis ; je suis celui que je serai ; Je suis celui qui donne l'existence.* Voir Ap 1.4, 8.
r **3.15** Le nom *Eternel* rend le nom hébreu *Yahvé* qui est proche du nom *Je suis* que se donne Dieu.
s **3.15** Cité en Mt 22.32 ; Mc 12.26 ; Ac 3.13.
t **3.19** D'après l'ancienne version grecque. Le texte hébreu traditionnel a : *même pas s'il y est contraint avec puissance.*

not go empty-handed. 22Every woman is to ask her
neighbor and any woman living in her house for articles of silver and gold and for clothing, which you
will put on your sons and daughters. And so you will
plunder the Egyptians."

Signs for Moses

4 1Moses answered, "What if they do not believe
me or listen to me and say, 'The LORD did not
appear to you'?"
2Then the LORD said to him, "What is that in your
hand?"
"A staff," he replied.
3The LORD said, "Throw it on the ground."
Moses threw it on the ground and it became a
snake, and he ran from it. 4Then the LORD said to him,
"Reach out your hand and take it by the tail." So Moses
reached out and took hold of the snake and it turned
back into a staff in his hand. 5"This," said the LORD,
"is so that they may believe that the LORD, the God of
their fathers – the God of Abraham, the God of Isaac
and the God of Jacob – has appeared to you."
6Then the LORD said, "Put your hand inside your
cloak." So Moses put his hand into his cloak, and when
he took it out, the skin was leprous[i] – it had become
as white as snow.
7"Now put it back into your cloak," he said. So Moses
put his hand back into his cloak, and when he took it
out, it was restored, like the rest of his flesh.
8Then the LORD said, "If they do not believe you or
pay attention to the first sign, they may believe the
second. 9But if they do not believe these two signs or
listen to you, take some water from the Nile and pour
it on the dry ground. The water you take from the
river will become blood on the ground."

10Moses said to the LORD, "Pardon your servant,
Lord. I have never been eloquent, neither in the past
nor since you have spoken to your servant. I am slow
of speech and tongue."
11The LORD said to him, "Who gave human beings
their mouths? Who makes them deaf or mute? Who
gives them sight or makes them blind? Is it not I, the
LORD? 12Now go; I will help you speak and will teach
you what to say."
13But Moses said, "Pardon your servant, Lord. Please
send someone else."
14Then the LORD's anger burned against Moses and
he said, "What about your brother, Aaron the Levite?
I know he can speak well. He is already on his way to
meet you, and he will be glad to see you. 15You shall
speak to him and put words in his mouth; I will help
both of you speak and will teach you what to do. 16He
will speak to the people for you, and it will be as if
he were your mouth and as if you were God to him.
17But take this staff in your hand so you can perform
the signs with it."

pas les mains vides. 22Chaque femme demandera à sa voisine et à celle qui habite chez elle des ustensiles d'argent et
d'or ainsi que des vêtements. Vous les donnerez à porter à
vos fils et vos filles. Ainsi vous dépouillerez les Egyptiens.

4 1Moïse objecta :
Et s'ils ne me croient pas et ne m'écoutent pas, s'ils
me disent : « L'Eternel ne t'est pas apparu » ?
2– Qu'as-tu dans la main ? lui demanda l'Eternel.
– Un bâton.
3– Jette-le par terre.
Moïse jeta le bâton par terre et celui-ci se transforma
en serpent. Moïse s'enfuit devant lui, 4mais l'Eternel lui
dit : Tends la main et attrape-le par la queue !
Moïse avança la main et saisit le serpent, qui redevint
un bâton dans sa main.
5– C'est pour qu'ils croient que l'Eternel, le Dieu de leurs
ancêtres, le Dieu d'Abraham, d'Isaac et de Jacob t'est réellement apparu.
6Puis l'Eternel continua : Mets ta main sur ta poitrine.
Moïse mit sa main sur sa poitrine puis la ressortit : elle
était couverte d'une lèpre blanche comme la neige.
7– Remets ta main sur ta poitrine, lui dit Dieu.
Il la remit. Quand il la ressortit, elle était redevenue
saine.
8– Si donc ils ne te croient pas, lui dit l'Eternel, et s'ils
ne sont pas convaincus par le premier signe miraculeux,
ils croiront après le deuxième. 9Si, toutefois, ils n'ont pas
confiance, même après avoir vu ces deux signes et s'ils ne
t'écoutent pas, alors tu puiseras de l'eau dans le Nil, tu la
répandras par terre, et, dès qu'elle touchera le sol, elle se
transformera en sang.
10– De grâce, Seigneur, dit Moïse, je n'ai pas la parole
facile. Cela ne date ni d'hier, ni d'avant-hier, ni du moment
où tu as commencé à parler à ton serviteur : j'ai la bouche
et la langue embarrassées.
11L'Eternel lui répondit : Qui a doté l'homme d'une
bouche ? Qui le rend muet ou sourd, voyant ou aveugle ?
N'est-ce pas moi, l'Eternel ? 12Maintenant donc, vas-y ; je
serai moi-même avec ta bouche et je t'indiquerai ce que
tu devras dire.
13Mais Moïse rétorqua : De grâce, Seigneur ! Je t'en prie !
Envoie qui tu voudras !
14Alors l'Eternel se mit en colère contre Moïse et lui
dit : Eh bien ! il y a ton frère Aaron, le lévite[u]. Je sais qu'il
parlera facilement. D'ailleurs, il est déjà en chemin pour
venir te trouver ; il sera tout heureux de te voir. 15Tu lui
parleras, tu lui mettras des paroles dans la bouche, et moi,
je vous assisterai tous deux dans ce que vous direz et je
vous indiquerai ce que vous aurez à faire. 16Il sera ton
porte-parole devant le peuple, il te servira de bouche, et
tu seras pour lui comme le dieu qui parle à son prophète.
17Tu prendras ce bâton en main, et c'est avec cela que tu
accompliras les signes miraculeux.

[i] 4:6 The Hebrew word for *leprous* was used for various diseases affecting the skin.

[u] 4.14 Signifie sans doute : *le chef de la tribu de Lévi*. Par droit de naissance, il était de la seconde branche des lévites.

Moses Returns to Egypt

18 Then Moses went back to Jethro his father-in-law and said to him, "Let me return to my own people in Egypt to see if any of them are still alive."

Jethro said, "Go, and I wish you well."

19 Now the LORD had said to Moses in Midian, "Go back to Egypt, for all those who wanted to kill you are dead." 20 So Moses took his wife and sons, put them on a donkey and started back to Egypt. And he took the staff of God in his hand.

21 The LORD said to Moses, "When you return to Egypt, see that you perform before Pharaoh all the wonders I have given you the power to do. But I will harden his heart so that he will not let the people go. 22 Then say to Pharaoh, 'This is what the LORD says: Israel is my firstborn son, 23 and I told you, "Let my son go, so he may worship me." But you refused to let him go; so I will kill your firstborn son.' "

24 At a lodging place on the way, the LORD met Moses[j] and was about to kill him. 25 But Zipporah took a flint knife, cut off her son's foreskin and touched Moses' feet with it.[k] "Surely you are a bridegroom of blood to me," she said. 26 So the LORD let him alone. (At that time she said "bridegroom of blood," referring to circumcision.)

27 The LORD said to Aaron, "Go into the wilderness to meet Moses." So he met Moses at the mountain of God and kissed him. 28 Then Moses told Aaron everything the LORD had sent him to say, and also about all the signs he had commanded him to perform.

29 Moses and Aaron brought together all the elders of the Israelites, 30 and Aaron told them everything the LORD had said to Moses. He also performed the signs before the people, 31 and they believed. And when they heard that the LORD was concerned about them and had seen their misery, they bowed down and worshiped.

Bricks Without Straw

5 1 Afterward Moses and Aaron went to Pharaoh and said, "This is what the LORD, the God of Israel, says: 'Let my people go, so that they may hold a festival to me in the wilderness.' "

2 Pharaoh said, "Who is the LORD, that I should obey him and let Israel go? I do not know the LORD and I will not let Israel go."

3 Then they said, "The God of the Hebrews has met with us. Now let us take a three-day journey into the wilderness to offer sacrifices to the LORD our God, or he may strike us with plagues or with the sword."

4 But the king of Egypt said, "Moses and Aaron, why are you taking the people away from their labor? Get

---

j **4:24** Hebrew *him*

k **4:25** The meaning of the Hebrew for this clause is uncertain.

Moïse retourne en Egypte

18 Moïse s'en alla et rentra chez Jéthro son beau-père. Il lui dit : Je voudrais partir pour retourner auprès de mes frères de race en Egypte et voir s'ils sont encore en vie.

Jéthro lui répondit : Va en paix !

19 L'Eternel dit à Moïse lorsqu'il était encore à Madian : Mets-toi en route, retourne en Egypte, car tous ceux qui voulaient te faire périr sont morts.

20 Alors Moïse emmena sa femme et ses fils, il les installa sur un âne et prit le chemin de l'Egypte, tenant en main le bâton de Dieu.

21 L'Eternel dit à Moïse : Maintenant que tu es en route pour retourner en Egypte, considère tous les miracles que je t'ai donné le pouvoir d'accomplir. Tu les feras devant le pharaon. Moi, je lui donnerai un cœur obstiné, de sorte qu'il ne permettra pas au peuple de s'en aller. 22 Tu diras au pharaon : « Voici ce que dit l'Eternel : Israël est mon fils aîné. 23 Je te l'ordonne : Laisse aller mon fils pour qu'il me rende un culte. Puisque tu refuses, je ferai périr ton fils aîné. »

24 Pendant le voyage, au campement où ils passaient la nuit, l'Eternel attaqua Moïse, cherchant à le faire mourir. 25 Alors Séphora saisit une pierre tranchante, coupa le prépuce de son fils et en toucha les pieds de Moïse en disant : Tu es pour moi un époux de sang.

26 Alors l'Eternel laissa Moïse. C'est à cette occasion que Séphora dit à Moïse à cause de la circoncision : Tu es un époux de sang !

27 Entre-temps, l'Eternel avait ordonné à Aaron d'aller à la rencontre de Moïse dans le désert et Aaron partit. Il rencontra son frère à la montagne de Dieu et l'embrassa. 28 Moïse l'informa de toutes les paroles que l'Eternel l'avait chargé de dire et des signes miraculeux qu'il lui avait ordonné d'accomplir. 29 Ils partirent donc. Une fois arrivés, ils convoquèrent tous les responsables du peuple d'Israël. 30 Aaron leur répéta tout ce que l'Eternel avait dit à Moïse et il accomplit les signes miraculeux aux yeux du peuple. 31 Le peuple fut convaincu. En apprenant que l'Eternel intervenait en faveur des Israélites et qu'il avait pris leur détresse en considération, ils se prosternèrent et l'adorèrent.

FACE AU PHARAON

Moïse et Aaron devant le pharaon

5 1 Après cela, Moïse et Aaron se rendirent auprès du pharaon et lui dirent : Voici ce que dit l'Eternel, le Dieu d'Israël : « Laisse aller mon peuple pour qu'il célèbre une fête en mon honneur dans le désert. »

2 Le pharaon répondit : Qui est l'Eternel, pour que je lui obéisse en laissant partir d'ici les Israélites ? Je ne le connais pas, aussi ne les laisserai-je pas partir.

3 Ils reprirent : Le Dieu des Hébreux nous est apparu. Permets-nous donc d'aller à trois journées de marche dans le désert pour offrir des sacrifices à l'Eternel, notre Dieu, pour qu'il ne nous frappe pas par une épidémie ou par la guerre.

4 Mais le pharaon leur répliqua : Moïse et Aaron, pourquoi détournez-vous le peuple de ses travaux ? Retournez

back to your work!" 5 Then Pharaoh said, "Look, the people of the land are now numerous, and you are stopping them from working."

6 That same day Pharaoh gave this order to the slave drivers and overseers in charge of the people: 7 "You are no longer to supply the people with straw for making bricks; let them go and gather their own straw. 8 But require them to make the same number of bricks as before; don't reduce the quota. They are lazy; that is why they are crying out, 'Let us go and sacrifice to our God.' 9 Make the work harder for the people so that they keep working and pay no attention to lies."

10 Then the slave drivers and the overseers went out and said to the people, "This is what Pharaoh says: 'I will not give you any more straw. 11 Go and get your own straw wherever you can find it, but your work will not be reduced at all.' " 12 So the people scattered all over Egypt to gather stubble to use for straw. 13 The slave drivers kept pressing them, saying, "Complete the work required of you for each day, just as when you had straw." 14 And Pharaoh's slave drivers beat the Israelite overseers they had appointed, demanding, "Why haven't you met your quota of bricks yesterday or today, as before?"

15 Then the Israelite overseers went and appealed to Pharaoh: "Why have you treated your servants this way? 16 Your servants are given no straw, yet we are told, 'Make bricks!' Your servants are being beaten, but the fault is with your own people."

17 Pharaoh said, "Lazy, that's what you are – lazy! That is why you keep saying, 'Let us go and sacrifice to the LORD.' 18 Now get to work. You will not be given any straw, yet you must produce your full quota of bricks."

19 The Israelite overseers realized they were in trouble when they were told, "You are not to reduce the number of bricks required of you for each day." 20 When they left Pharaoh, they found Moses and Aaron waiting to meet them, 21 and they said, "May the LORD look on you and judge you! You have made us obnoxious to Pharaoh and his officials and have put a sword in their hand to kill us."

God Promises Deliverance

22 Moses returned to the LORD and said, "Why, Lord, why have you brought trouble on this people? Is this why you sent me? 23 Ever since I went to Pharaoh to speak in your name, he has brought trouble on this people, and you have not rescued your people at all."

à vos corvées ! 5 Il ajouta : Ces gens sont maintenant très nombreux dans le pays. Et vous voudriez leur faire interrompre leurs corvées !

L'oppression se fait encore plus dure

6 Ce même jour, le pharaon donna aux chefs de corvées et aux surveillants[v] du peuple l'ordre suivant : 7 Vous ne fournirez plus de paille aux gens de ce peuple pour confectionner des briques, comme on l'a fait jusqu'ici ; ils iront eux-mêmes ramasser la paille nécessaire[w]. 8 Vous exigerez d'eux la même quantité de briques qu'auparavant, pas une de moins, car ce sont des fainéants ; c'est pour cela qu'ils crient : Allons offrir des sacrifices à notre Dieu. 9 Ecrasez-les de travaux, qu'ils aient de quoi s'occuper, et ils ne prêteront plus attention à des paroles mensongères. 10 Les chefs de corvées et les surveillants sortirent et allèrent informer le peuple en disant : Le pharaon a déclaré qu'il ne vous fournira plus de paille. 11 Allez donc vous-mêmes vous en procurer là où vous en trouverez ! Et la production qui vous est imposée n'en sera pas réduite pour autant.

12 Le peuple se répandit dans tout le pays pour ramasser du chaume en guise de paille. 13 Les chefs de corvées les harcelaient : Finissez la quantité exigée pour chaque jour, comme lorsque la paille vous était fournie !

14 Et les chefs de corvées du pharaon se mirent à frapper les surveillants des Israélites qu'ils avaient établis sur eux en leur demandant : Pourquoi n'avez-vous pas fourni ces jours-ci la même quantité de briques qu'auparavant ?

15 Les surveillants des Israélites allèrent se plaindre au pharaon et lui demandèrent : Pourquoi agis-tu ainsi envers tes serviteurs ? 16 On ne fournit plus de paille à tes serviteurs et on nous dit : « Faites des briques ! » A présent, tes serviteurs sont battus. Ce que font tes gens est injuste !

17 Le pharaon répliqua : Vous êtes des fainéants, oui, des fainéants ! Voilà pourquoi vous dites : « Allons offrir des sacrifices à l'Eternel. » 18 Maintenant : Allez travailler ! On ne vous fournira plus de paille, mais vous livrerez la quantité de briques qui vous a été imposée.

19 Les surveillants des Israélites se virent dans une très mauvaise situation puisqu'on refusait de leur réduire la quantité de briques à livrer chaque jour. 20 En sortant de chez le pharaon, ils s'en prirent à Moïse et Aaron qui les attendaient, 21 et ils leur dirent : Que l'Eternel constate ce que vous avez fait et en soit juge ! A cause de vous, le pharaon et ses gens ne peuvent plus nous supporter. Vous leur avez mis l'épée en mains pour nous tuer !

22 Alors Moïse se tourna vers l'Eternel et lui dit : O Seigneur ! Pourquoi fais-tu du mal à ce peuple ? Pourquoi donc m'as-tu envoyé ici ? 23 Depuis que je suis venu trouver le pharaon pour lui parler en ton nom, il a maltraité ce peuple, et toi tu n'as rien fait pour délivrer ton peuple !

[v] **5.6** Les premiers sont des Egyptiens (même mot qu'*oppresseurs* en 3.7), les seconds des Israélites (contremaîtres, grec : *scribes*) chargés de rendre compte du travail fourni.

[w] **5.7** Les briques étaient seulement séchées au soleil, la paille augmentait leur solidité. Lors de la moisson, on coupait seulement les épis ; la paille restait sur pied.

6 1 Then the LORD said to Moses, "Now you will see what I will do to Pharaoh: Because of my mighty hand he will let them go; because of my mighty hand he will drive them out of his country."

2 God also said to Moses, "I am the LORD. 3 I appeared to Abraham, to Isaac and to Jacob as God Almighty,[l] but by my name the LORD[m] I did not make myself fully known to them. 4 I also established my covenant with them to give them the land of Canaan, where they resided as foreigners. 5 Moreover, I have heard the groaning of the Israelites, whom the Egyptians are enslaving, and I have remembered my covenant.

6 "Therefore, say to the Israelites: 'I am the LORD, and I will bring you out from under the yoke of the Egyptians. I will free you from being slaves to them, and I will redeem you with an outstretched arm and with mighty acts of judgment. 7 I will take you as my own people, and I will be your God. Then you will know that I am the LORD your God, who brought you out from under the yoke of the Egyptians. 8 And I will bring you to the land I swore with uplifted hand to give to Abraham, to Isaac and to Jacob. I will give it to you as a possession. I am the LORD.'"

9 Moses reported this to the Israelites, but they did not listen to him because of their discouragement and harsh labor.

10 Then the LORD said to Moses, 11 "Go, tell Pharaoh king of Egypt to let the Israelites go out of his country."

12 But Moses said to the LORD, "If the Israelites will not listen to me, why would Pharaoh listen to me, since I speak with faltering lips[n]?"

Family Record of Moses and Aaron

13 Now the LORD spoke to Moses and Aaron about the Israelites and Pharaoh king of Egypt, and he commanded them to bring the Israelites out of Egypt.

14 These were the heads of their families[o]:
The sons of Reuben the firstborn son of Israel:
Hanok and Pallu, Hezron and Karmi.
These were the clans of Reuben.
15 The sons of Simeon:
Jemuel, Jamin, Ohad, Jakin, Zohar and Shaul the son of a Canaanite woman.
These were the clans of Simeon.
16 These were the names of the sons of Levi according to their records:
Gershon, Kohath and Merari.
(Levi lived 137 years.)
17 The sons of Gershon, by clans:
Libni and Shimei.
18 The sons of Kohath:
Amram, Izhar, Hebron and Uzziel.
(Kohath lived 133 years.)

[l] **6:3** Hebrew *El-Shaddai*
[m] **6:3** See note at 3:15.
[n] **6:12** Hebrew *I am uncircumcised of lips*; also in verse 30
[o] **6:14** The Hebrew for *families* here and in verse 25 refers to units larger than clans.

Dieu annonce son intervention

6 1 L'Eternel dit à Moïse : Maintenant, tu vas voir ce que je vais faire au pharaon. Sous l'emprise d'une main puissante, non seulement il laissera partir le peuple, mais il le chassera lui-même de son pays. 2 Puis Dieu ajouta : Je suis l'Eternel. 3 Je me suis révélé à Abraham, à Isaac et à Jacob comme le Dieu tout-puissant, mais je n'ai pas été connu par eux sous mon nom : l'Eternel[x]. 4 Je me suis engagé par mon alliance avec eux à leur donner le pays de Canaan, ce pays où ils étaient étrangers et où ils ont mené une vie errante. 5 De plus, j'ai entendu les gémissements des Israélites réduits à l'esclavage par les Egyptiens, et je me suis souvenu de mon alliance. 6 C'est pourquoi dis-leur de ma part : « Je suis l'Eternel ! Je vous soustrairai aux corvées auxquelles les Egyptiens vous soumettent : je vous libérerai de l'esclavage qu'ils vous imposent, et je vous délivrerai par la force de mon bras et en exerçant de terribles jugements. 7 Je vous prendrai pour mon peuple, et je serai votre Dieu. Ainsi vous saurez que je suis l'Eternel votre Dieu qui vous affranchis des corvées que les Egyptiens vous imposent. 8 Puis je vous ferai entrer dans le pays que j'ai juré de donner à Abraham, à Isaac et à Jacob ; je vous le donnerai pour qu'il vous appartienne, moi, l'Eternel. »

9 Moïse répéta ces paroles aux Israélites, mais ils ne l'écoutèrent pas parce qu'ils étaient démoralisés, à cause de leur dur esclavage.

10 L'Eternel parla à Moïse et lui dit : 11 Va demander au pharaon, roi d'Egypte, de laisser partir les Israélites de son pays.

12 Mais Moïse lui répondit : Même les Israélites ne m'ont pas écouté. Comment le pharaon m'écouterait-il, moi qui n'ai pas la parole facile ?

13 L'Eternel parla à Moïse et à Aaron et leur ordonna d'aller trouver les Israélites et le pharaon, roi d'Egypte, pour faire sortir les Israélites d'Egypte.

Les généalogies des tribus de Ruben, Siméon et Lévi

14 Voici les noms des chefs des groupes familiaux israélites : Fils de Ruben, premier-né d'Israël : Hénok, Pallou, Hetsrôn et Karmi. Telles sont les familles de la tribu de Ruben[y].

15 Les fils de Siméon furent : Yemouel, Yamîn, Ohad, Yakîn, Tsohar et Saül, fils de la Cananéenne. Telles sont les familles de la tribu de Siméon.

16 Voici les noms des fils de Lévi – qui vécut cent trente-sept ans[z] – et de leur lignée : Guershôn, Qehath et Merari. 17 Fils de Guershôn : Libni et Shimeï, ancêtres de leurs familles. 18 Fils de Qehath, qui vécut cent trente-trois ans :

[x] **6.3** Voir 3.14-15 et notes. Le nom *Eternel* est proche du verbe hébreu *serai, suis*. Voir v. 7.
[y] **6.14** Dans cette généalogie, seuls les trois premiers fils de Jacob sont mentionnés puisque Moïse et Aaron faisaient partie du troisième groupe familial.
[z] **6.16** Reprend la liste de Gn 46.8-11. Pour les v. 16-19, voir Nb 3.17-20 ; 26.57-58 ; 1 Ch 6.1-4.

19 The sons of Merari:
Mahli and Mushi.
These were the clans of Levi according to their
records.
20 Amram married his father's sister Jochebed, who
bore him Aaron and Moses.
(Amram lived 137 years.)
21 The sons of Izhar:
Korah, Nepheg and Zikri.
22 The sons of Uzziel:
Mishael, Elzaphan and Sithri.
23 Aaron married Elisheba, daughter of Amminadab
and sister of Nahshon, and she bore him Nadab and
Abihu, Eleazar and Ithamar.
24 The sons of Korah were:
Assir, Elkanah and Abiasaph.
These were the Korahite clans.
25 Eleazar son of Aaron married one of the daughters
of Putiel, and she bore him Phinehas.
These were the heads of the Levite families, clan
by clan.
26 It was this Aaron and Moses to whom the LORD
said, "Bring the Israelites out of Egypt by their divisions." 27 They were the ones who spoke to Pharaoh
king of Egypt about bringing the Israelites out of
Egypt – this same Moses and Aaron.

Aaron to Speak for Moses

28 Now when the LORD spoke to Moses in Egypt, 29 he
said to him, "I am the LORD. Tell Pharaoh king of Egypt
everything I tell you."
30 But Moses said to the LORD, "Since I speak with
faltering lips, why would Pharaoh listen to me?"

7 1 Then the LORD said to Moses, "See, I have made
you like God to Pharaoh, and your brother
Aaron will be your prophet. 2 You are to say everything I command you, and your brother Aaron is to
tell Pharaoh to let the Israelites go out of his country. 3 But I will harden Pharaoh's heart, and though
I multiply my signs and wonders in Egypt, 4 he will
not listen to you. Then I will lay my hand on Egypt
and with mighty acts of judgment I will bring out my
divisions, my people the Israelites. 5 And the Egyptians
will know that I am the LORD when I stretch out my
hand against Egypt and bring the Israelites out of it."

6 Moses and Aaron did just as the LORD commanded
them. 7 Moses was eighty years old and Aaron eighty-
three when they spoke to Pharaoh.

Aaron's Staff Becomes a Snake

8 The LORD said to Moses and Aaron, 9 "When Pharaoh
says to you, 'Perform a miracle,' then say to Aaron,
'Take your staff and throw it down before Pharaoh,'
and it will become a snake."
10 So Moses and Aaron went to Pharaoh and did just
as the LORD commanded. Aaron threw his staff down
in front of Pharaoh and his officials, and it became

Amram, Yitsehar, Hébron et Ouzziel. 19 Fils de Merari :
Mahli et Moushi. Telles sont les familles de la tribu de
Lévi, selon leurs lignées.
20 Amram prit pour femme Yokébed, sa tante, et
elle lui donna Aaron et Moïse. Amram vécut cent
trente-sept ans.
21 Fils de Yitsehar : Qoré, Népheg et Zikri.
22 Fils d'Ouzziel : Mishaël, Eltsaphân et Sitri.
23 Aaron prit pour femme Elishéba, fille d'Amminadab et sœur de Nahshôn, et elle lui donna Nadab, Abihou,
Eléazar et Itamar.
24 Fils de Qoré : Assir, Elqana, Abiasaph. Telles sont les
familles des Qoréites.
25 Eléazar, fils d'Aaron, prit pour femme une des filles
de Poutiel qui lui donna Phinéas. Tels sont les chefs des
groupes familiaux des lévites selon leurs différentes
familles. 26 C'est à Aaron et à Moïse dont il vient d'être
question que l'Eternel ordonna : « Faites sortir d'Egypte
les Israélites, comme une armée en bon ordre. » 27 Ce sont
eux qui allèrent trouver le pharaon, roi d'Egypte, pour
faire sortir les Israélites de son pays.

28 Voici ce qui arriva le jour où l'Eternel s'adressa à Moïse
en Egypte. 29 L'Eternel dit à Moïse : Je suis l'Eternel. Répète
au pharaon, roi d'Egypte, tout ce que je te dis.
30 Mais Moïse répondit à l'Eternel : Je n'ai pas la parole
facile, comment le pharaon consentira-t-il à m'écouter ?

Dieu révèle à Moïse ce qu'il va faire

7 1 L'Eternel dit à Moïse : Regarde ! Je te fais Dieu
pour le pharaon, et ton frère Aaron te servira
de prophète. 2 Toi, tu diras tout ce que je t'ordonnerai, et ton frère Aaron le répétera au pharaon pour
qu'il laisse partir les Israélites de son pays. 3 Et moi,
je rendrai le pharaon inflexible et je multiplierai les
signes miraculeux et les prodiges en Egypte, 4 mais il
ne vous écoutera pas. Alors j'interviendrai en Egypte
et j'en ferai sortir mon peuple, les Israélites, comme
une armée en bon ordre, en exerçant de terribles
jugements. 5 Les Egyptiens sauront ainsi que je suis
l'Eternel, quand j'interviendrai en Egypte pour en
faire sortir les Israélites.
6 Moïse et Aaron firent exactement tout ce que l'Eternel leur avait commandé. 7 Moïse avait quatre-vingts ans
et Aaron quatre-vingt-trois lorsqu'ils allèrent parler au
pharaon.

Le bâton d'Aaron changé en serpent

8 L'Eternel dit à Moïse et Aaron : 9 Si le pharaon vous demande de faire un miracle, toi, Moïse, tu diras à Aaron :
« Prends ton bâton et jette-le devant le pharaon », et il se
transformera en serpent !
10 Moïse et Aaron se rendirent chez le pharaon et
agirent comme l'Eternel le leur avait ordonné. Aaron
jeta son bâton devant le pharaon et ses hauts fonction-

a snake. 11 Pharaoh then summoned wise men and sorcerers, and the Egyptian magicians also did the same things by their secret arts: 12 Each one threw down his staff and it became a snake. But Aaron's staff swallowed up their staffs. 13 Yet Pharaoh's heart became hard and he would not listen to them, just as the LORD had said.

The Plague of Blood

14 Then the LORD said to Moses, "Pharaoh's heart is unyielding; he refuses to let the people go. 15 Go to Pharaoh in the morning as he goes out to the river. Confront him on the bank of the Nile, and take in your hand the staff that was changed into a snake. 16 Then say to him, 'The LORD, the God of the Hebrews, has sent me to say to you: Let my people go, so that they may worship me in the wilderness. But until now you have not listened. 17 This is what the LORD says: By this you will know that I am the LORD: With the staff that is in my hand I will strike the water of the Nile, and it will be changed into blood. 18 The fish in the Nile will die, and the river will stink; the Egyptians will not be able to drink its water.' "

19 The LORD said to Moses, "Tell Aaron, 'Take your staff and stretch out your hand over the waters of Egypt – over the streams and canals, over the ponds and all the reservoirs – and they will turn to blood.' Blood will be everywhere in Egypt, even in vessels[p] of wood and stone."

20 Moses and Aaron did just as the LORD had commanded. He raised his staff in the presence of Pharaoh and his officials and struck the water of the Nile, and all the water was changed into blood. 21 The fish in the Nile died, and the river smelled so bad that the Egyptians could not drink its water. Blood was everywhere in Egypt.

22 But the Egyptian magicians did the same things by their secret arts, and Pharaoh's heart became hard; he would not listen to Moses and Aaron, just as the LORD had said. 23 Instead, he turned and went into his palace, and did not take even this to heart. 24 And all the Egyptians dug along the Nile to get drinking water, because they could not drink the water of the river.

The Plague of Frogs

25 Seven days passed after the LORD struck the Nile.

8 1[q] Then the LORD said to Moses, "Go to Pharaoh and say to him, 'This is what the LORD says: Let my people go, so that they may worship me. 2 If you refuse to let them go, I will send a plague of frogs on your whole country. 3 The Nile will teem with frogs.

[p] 7:19 Or *even on their idols*
[q] In Hebrew texts 8:1-4 is numbered 7:26-29, and 8:5-32 is numbered 8:1-28.

naires et celui-ci se transforma en serpent. 11 Alors le pharaon fit convoquer ses sages et ses magiciens[a], et les enchanteurs d'Egypte accomplirent le même miracle par leurs sortilèges : 12 chacun d'eux jeta son bâton à terre qui se transforma en serpent ; cependant le bâton d'Aaron avala les leurs. 13 Malgré cela, le pharaon, le cœur obstiné, refusa de les écouter, comme l'Eternel l'avait dit.

Premier fléau : l'eau changée en sang

14 L'Eternel dit à Moïse : Le pharaon est trop entêté pour laisser partir le peuple. 15 Va le trouver demain matin à l'heure où il sortira pour aller au bord de l'eau. Tu te tiendras sur son passage sur la rive du Nil[b]. Prends dans ta main le bâton qui a été changé en serpent, 16 et tu lui diras : « L'Eternel, le Dieu des Hébreux, m'a envoyé vers toi pour te dire : Laisse aller mon peuple pour qu'il me rende un culte dans le désert. Mais jusqu'à présent, tu as fait la sourde oreille. 17 C'est pourquoi l'Eternel te déclare : Voici comment tu sauras que je suis l'Eternel : Avec le bâton que j'ai à la main, je vais frapper les eaux du Nil et elles se changeront en sang. 18 Les poissons qui vivent dans le fleuve périront et le Nil deviendra si infect que les Egyptiens ne pourront plus en boire l'eau. »

19 L'Eternel dit encore à Moïse : Ordonne à Aaron de prendre son bâton et d'étendre sa main en direction de tous les cours d'eau de l'Egypte : ses rivières, ses canaux, ses étangs et tous ses réservoirs, et leur eau se changera en sang, il y aura du sang dans tout le pays d'Egypte jusque dans les récipients de bois ou de pierre.

20 Moïse et Aaron exécutèrent les ordres de l'Eternel. Aaron leva le bâton et frappa l'eau du Nil sous les yeux du pharaon et de ses hauts fonctionnaires, et toute l'eau du fleuve fut changée en sang. 21 Les poissons périrent et le fleuve devint si infect que les Egyptiens ne purent plus en boire l'eau. Il y avait du sang dans tout le pays.

22 Mais les magiciens égyptiens en firent autant par leurs sortilèges. Le pharaon s'obstina dans son cœur et ne céda pas, comme l'Eternel l'avait dit. 23 Il leur tourna le dos et rentra dans son palais sans prendre la chose à cœur. 24 Tous les Egyptiens creusèrent le sol aux alentours du Nil pour trouver de l'eau potable puisqu'ils ne pouvaient plus boire l'eau du fleuve.

Deuxième fléau : les grenouilles

25 Sept jours s'écoulèrent après que l'Eternel eut frappé le fleuve. 26 Puis l'Eternel ordonna à Moïse : Va trouver le pharaon et dis-lui : « Voici ce que l'Eternel t'ordonne : Laisse aller mon peuple pour qu'il me rende un culte. 27 Si tu refuses de le laisser aller, je vais envoyer une invasion de grenouilles sur tout ton territoire[c]. 28 Le Nil fourmillera

[a] 7.11 Voir Gn 41.8. Selon la tradition, deux des magiciens qui s'opposèrent à Moïse s'appelaient Jannès et Jambrès (voir 2 Tm 3.8). Le premier de ces noms est aussi mentionné dans les manuscrits de la mer Morte.
[b] 7.15 Le pharaon allait faire ses dévotions au dieu Nil (père des dieux). Toucher au Nil, c'était toucher au cœur de l'Egypte qui, sans lui, n'était plus qu'un désert.
[c] 7.27 Les différents fléaux manifestent la souveraineté de l'Eternel sur tous les domaines de la création, en particulier sur ceux qui étaient divinisés par les Egyptiens. Ils se sont succédé assez rapidement entre janvier et avril.

They will come up into your palace and your bedroom
and onto your bed, into the houses of your officials
and on your people, and into your ovens and kneading
troughs. 4The frogs will come up on you and your
people and all your officials.' "

5Then the LORD said to Moses, "Tell Aaron, 'Stretch
out your hand with your staff over the streams and
canals and ponds, and make frogs come up on the
land of Egypt.' "

6So Aaron stretched out his hand over the waters
of Egypt, and the frogs came up and covered the land.
7But the magicians did the same things by their secret arts; they also made frogs come up on the land
of Egypt.

8Pharaoh summoned Moses and Aaron and said,
"Pray to the LORD to take the frogs away from me and
my people, and I will let your people go to offer sacrifices to the LORD."

9Moses said to Pharaoh, "I leave to you the honor
of setting the time for me to pray for you and your
officials and your people that you and your houses
may be rid of the frogs, except for those that remain
in the Nile."

10"Tomorrow," Pharaoh said.

Moses replied, "It will be as you say, so that you may
know there is no one like the LORD our God. 11The frogs
will leave you and your houses, your officials and your
people; they will remain only in the Nile."

12After Moses and Aaron left Pharaoh, Moses cried
out to the LORD about the frogs he had brought on
Pharaoh. 13And the LORD did what Moses asked. The
frogs died in the houses, in the courtyards and in
the fields. 14They were piled into heaps, and the land
reeked of them. 15But when Pharaoh saw that there
was relief, he hardened his heart and would not listen
to Moses and Aaron, just as the LORD had said.

The Plague of Gnats

16Then the LORD said to Moses, "Tell Aaron, 'Stretch
out your staff and strike the dust of the ground,' and
throughout the land of Egypt the dust will become
gnats." 17They did this, and when Aaron stretched
out his hand with the staff and struck the dust of
the ground, gnats came on people and animals. All
the dust throughout the land of Egypt became gnats.
18But when the magicians tried to produce gnats by
their secret arts, they could not.

Since the gnats were on people and animals everywhere, 19the magicians said to Pharaoh, "This is the
finger of God." But Pharaoh's heart was hard and he
would not listen, just as the LORD had said.

The Plague of Flies

20Then the LORD said to Moses, "Get up early in the
morning and confront Pharaoh as he goes to the river
and say to him, 'This is what the LORD says: Let my people go, so that they may worship me. 21If you do not let
my people go, I will send swarms of flies on you and

de grenouilles, elles en sortiront et pénétreront dans ton
palais, dans ta chambre à coucher, sur ton lit et dans la
maison de tes hauts fonctionnaires, et dans celle de tes
sujets, dans tes fours et dans tes pétrins. 29Les grenouilles
grimperont sur toi, sur tes hauts fonctionnaires et sur
tes sujets. »

8 1L'Eternel dit encore à Moïse : Ordonne à Aaron
d'étendre la main avec son bâton vers les fleuves,
les canaux et les étangs, pour faire venir les grenouilles
sur l'Egypte.

2Aaron étendit la main vers les cours d'eau d'Egypte, et
les grenouilles en sortirent et envahirent le pays. 3Mais les
magiciens en firent autant par leurs sortilèges : ils firent
aussi venir les grenouilles sur l'Egypte.

4Le pharaon convoqua Moïse et Aaron et leur dit : Priez
l'Eternel pour qu'il nous débarrasse des grenouilles, moi
et mon peuple ; alors je laisserai aller votre peuple pour
qu'il lui offre des sacrifices.

5Moïse répondit au pharaon : Fixe toi-même le moment où je dois prier en ta faveur, en faveur de tes hauts
fonctionnaires et de tes sujets, pour que l'Eternel te débarrasse des grenouilles, les fasse disparaître de tes maisons,
et il n'en restera plus que dans le Nil.

6Le pharaon répondit : Que ce soit pour demain.

Moïse dit : Il sera fait comme tu le demandes, pour que
tu saches que l'Eternel notre Dieu n'a pas d'égal. 7Les grenouilles te laisseront ainsi que tes hauts fonctionnaires et
tes sujets, et elles quitteront tes maisons ; il n'en restera
que dans le Nil.

8Moïse et Aaron quittèrent le pharaon, et Moïse pria
l'Eternel de faire partir les grenouilles qu'il avait envoyées
contre le pharaon. 9L'Eternel fit ce que Moïse lui demandait : les grenouilles périrent dans les maisons, dans les
cours et dans les champs. 10On en fit des tas en quantité
considérable et le pays en fut empesté. 11Mais lorsque le
pharaon vit que les choses s'arrangeaient, il s'entêta et
n'écouta pas Moïse et Aaron, comme l'Eternel l'avait dit.

Troisième fléau : les moustiques

12L'Eternel dit à Moïse : Ordonne à Aaron d'étendre son
bâton et d'en frapper la poussière du sol pour qu'elle se
change en moustiques[d] dans toute l'Egypte.

13Et ils obéirent : Aaron étendit la main et frappa de son
bâton la poussière du sol, et la poussière de tout le pays se
transforma en moustiques qui se répandirent sur les hommes et le bétail. 14Les magiciens essayèrent d'accomplir
le même miracle par leurs sortilèges et de produire des
moustiques, mais ils n'y parvinrent pas. Et les hommes
et le bétail restaient couverts de moustiques. 15Alors les
magiciens dirent au pharaon : C'est le doigt de Dieu[e] !

Pourtant, le pharaon s'obstina et il n'écouta pas Moïse
et Aaron, comme l'Eternel l'avait dit.

Quatrième fléau : les mouches venimeuses

16L'Eternel dit à Moïse : Va de bon matin te placer sur le
passage du pharaon, lorsqu'il sortira pour aller au bord de
l'eau et dis-lui : « Voici ce que l'Eternel t'ordonne : Laisse
aller mon peuple, pour qu'il me rende un culte. 17Si tu

---

[d] **8.12** Autres traductions : *poux, vermine.*

[e] **8.15** C'est-à-dire le signe de l'intervention d'un dieu plus puissant que nous. Peut-être les magiciens désignaient-ils aussi le bâton d'Aaron par cette expression-là.

your officials, on your people and into your houses.
The houses of the Egyptians will be full of flies; even
the ground will be covered with them.
22 " 'But on that day I will deal differently with the
land of Goshen, where my people live; no swarms of
flies will be there, so that you will know that I, the
LORD, am in this land. 23 I will make a distinction[r] between my people and your people. This sign will occur
tomorrow.' "
24 And the LORD did this. Dense swarms of flies
poured into Pharaoh's palace and into the houses of
his officials; throughout Egypt the land was ruined
by the flies.
25 Then Pharaoh summoned Moses and Aaron and
said, "Go, sacrifice to your God here in the land."
26 But Moses said, "That would not be right. The sacrifices we offer the LORD our God would be detestable
to the Egyptians. And if we offer sacrifices that are
detestable in their eyes, will they not stone us? 27 We
must take a three-day journey into the wilderness to
offer sacrifices to the LORD our God, as he commands
us."
28 Pharaoh said, "I will let you go to offer sacrifices
to the LORD your God in the wilderness, but you must
not go very far. Now pray for me."
29 Moses answered, "As soon as I leave you, I will
pray to the LORD, and tomorrow the flies will leave
Pharaoh and his officials and his people. Only let
Pharaoh be sure that he does not act deceitfully again
by not letting the people go to offer sacrifices to the
LORD."
30 Then Moses left Pharaoh and prayed to the LORD,
31 and the LORD did what Moses asked. The flies left
Pharaoh and his officials and his people; not a fly remained. 32 But this time also Pharaoh hardened his
heart and would not let the people go.

The Plague on Livestock

9 1 Then the LORD said to Moses, "Go to Pharaoh and
say to him, 'This is what the LORD, the God of the
Hebrews, says: "Let my people go, so that they may
worship me." 2 If you refuse to let them go and continue to hold them back, 3 the hand of the LORD will bring
a terrible plague on your livestock in the field – on
your horses, donkeys and camels and on your cattle,
sheep and goats. 4 But the LORD will make a distinction
between the livestock of Israel and that of Egypt, so
that no animal belonging to the Israelites will die.' "
5 The LORD set a time and said, "Tomorrow the LORD
will do this in the land." 6 And the next day the LORD
did it: All the livestock of the Egyptians died, but not
one animal belonging to the Israelites died. 7 Pharaoh
investigated and found that not even one of the animals of the Israelites had died. Yet his heart was
unyielding and he would not let the people go.

[r] 8:23 Septuagint and Vulgate; Hebrew *will put a deliverance*

refuses, je vais lâcher les mouches venimeuses contre toi,
contre tes hauts fonctionnaires, contre tes sujets, et elles
envahiront tes maisons, celles des Egyptiens en seront
remplies et le sol en sera couvert. 18 Mais, en ce jour-là,
j'épargnerai la région de Goshen[f] où demeure mon peuple :
les mouches ne l'infesteront pas afin que tu saches que
moi, l'Eternel, je suis présent dans ce pays. 19 Ainsi je ferai
une distinction entre mon peuple et le tien en épargnant
le mien. C'est demain que ce signe miraculeux aura lieu. »
20 L'Eternel fit comme il l'avait annoncé. Un formidable
essaim de mouches venimeuses pénétra dans le palais du
pharaon, dans la demeure de ses hauts fonctionnaires, et
toute l'Egypte fut ravagée par les mouches. 21 Le pharaon
convoqua Moïse et Aaron et leur dit : Allez faire des sacrifices à votre Dieu, dans le pays.
22 Moïse répliqua : Il n'est pas convenable d'agir ainsi car
nos sacrifices à l'Eternel notre Dieu seraient considérés
comme abominables par les Egyptiens. Si nous les offrons
sous leurs yeux, ils nous lapideront[g]. 23 Nous irons à trois
jours de marche dans le désert et nous offrirons des sacrifices à l'Eternel notre Dieu, comme il nous l'a ordonné.

24 Le pharaon reprit : Eh bien ! Je vous laisse aller offrir des sacrifices à l'Eternel votre Dieu dans le désert ;
seulement, ne vous éloignez surtout pas trop. Et priez
pour moi !
25 Moïse répondit : Dès que je serai sorti de chez toi,
je prierai l'Eternel, et demain, le pharaon, ses hauts
fonctionnaires et ses sujets seront débarrassés des insectes
malfaisants. Seulement, que le pharaon ne recommence
pas à nous tromper en refusant de laisser notre peuple
aller offrir des sacrifices à l'Eternel.
26 Moïse sortit de chez le pharaon et pria l'Eternel. 27 Et
l'Eternel exauça Moïse : les mouches venimeuses laissèrent
le pharaon, ses hauts fonctionnaires et ses sujets ; il n'en
resta pas une seule. 28 Mais cette fois-ci encore, le pharaon
s'entêta et ne laissa pas partir le peuple.

Cinquième fléau : l'épidémie parmi le bétail

9 1 L'Eternel dit à Moïse : Va trouver le pharaon et déclare-lui : « Voici ce qu'ordonne l'Eternel, le Dieu des
Hébreux : Laisse aller mon peuple, pour qu'il me rende
un culte ! 2 Si tu refuses encore de le laisser partir, si tu
persistes à le retenir, 3 l'Eternel interviendra contre ton
bétail qui est dans les champs, contre les chevaux, les ânes,
les chameaux, le gros et le petit bétail ; il leur enverra une
grave épidémie. 4 Mais l'Eternel fera une différence entre
le bétail des Israélites et celui des Egyptiens : aucune bête
appartenant aux Israélites ne mourra. »
5 L'Eternel fixa une échéance en disant : Demain je
mettrai cela à exécution dans le pays.
6 Le lendemain, en effet, l'Eternel fit ce qu'il avait dit :
tout le bétail des Egyptiens périt, mais pas une bête des
Israélites ne fut atteinte. 7 Le pharaon envoya ses gens
s'enquérir de la chose et l'on constata qu'aucune bête des
Israélites n'avait péri. Malgré cela, le pharaon s'entêta et
ne laissa pas partir le peuple.

[f] 8.18 A l'est du delta du Nil.
[g] 8.22 Parce que les Egyptiens vénéraient certains de ces animaux comme des dieux (le taureau, le bœuf et la vache).

The Plague of Boils

8 Then the LORD said to Moses and Aaron, "Take
handfuls of soot from a furnace and have Moses toss
it into the air in the presence of Pharaoh. 9 It will
become fine dust over the whole land of Egypt, and
festering boils will break out on people and animals
throughout the land."

10 So they took soot from a furnace and stood before
Pharaoh. Moses tossed it into the air, and festering
boils broke out on people and animals. 11 The magicians could not stand before Moses because of the
boils that were on them and on all the Egyptians.
12 But the LORD hardened Pharaoh's heart and he would
not listen to Moses and Aaron, just as the LORD had
said to Moses.

The Plague of Hail

13 Then the LORD said to Moses, "Get up early in the
morning, confront Pharaoh and say to him, 'This is
what the LORD, the God of the Hebrews, says: Let my
people go, so that they may worship me, 14 or this time
I will send the full force of my plagues against you and
against your officials and your people, so you may
know that there is no one like me in all the earth.
15 For by now I could have stretched out my hand and
struck you and your people with a plague that would
have wiped you off the earth. 16 But I have raised you
up[s] for this very purpose, that I might show you my
power and that my name might be proclaimed in all
the earth. 17 You still set yourself against my people
and will not let them go. 18 Therefore, at this time
tomorrow I will send the worst hailstorm that has
ever fallen on Egypt, from the day it was founded till
now. 19 Give an order now to bring your livestock and
everything you have in the field to a place of shelter,
because the hail will fall on every person and animal
that has not been brought in and is still out in the
field, and they will die.'"

20 Those officials of Pharaoh who feared the word of
the LORD hurried to bring their slaves and their livestock inside. 21 But those who ignored the word of the
LORD left their slaves and livestock in the field.

22 Then the LORD said to Moses, "Stretch out your
hand toward the sky so that hail will fall all over
Egypt – on people and animals and on everything
growing in the fields of Egypt." 23 When Moses
stretched out his staff toward the sky, the LORD sent
thunder and hail, and lightning flashed down to the
ground. So the LORD rained hail on the land of Egypt;
24 hail fell and lightning flashed back and forth. It was
the worst storm in all the land of Egypt since it had
become a nation. 25 Throughout Egypt hail struck
everything in the fields – both people and animals;
it beat down everything growing in the fields and
stripped every tree. 26 The only place it did not hail
was the land of Goshen, where the Israelites were.

[s] 9:16 Or *have spared you*

Sixième fléau : les ulcères purulents

8 L'Eternel dit à Moïse et à Aaron : Prenez à pleines mains
de la cendre d'un fourneau, et que Moïse la lance en l'air,
sous les yeux du pharaon. 9 Cette cendre se transformera
en poussière qui se répandra sur toute l'Egypte. Hommes
et bêtes en seront couverts et elle provoquera, dans tout le
pays, des éruptions évoluant en ulcères[h] purulents.

10 Les deux hommes prirent de la cendre d'un fourneau
et se présentèrent devant le pharaon. Moïse lança la cendre
vers le ciel, et hommes et bêtes furent couverts d'éruptions
évoluant en ulcères purulents. 11 Les magiciens ne purent
paraître devant Moïse, car eux aussi étaient couverts
d'éruptions comme tous les Egyptiens[i]. 12 Mais l'Eternel
fit que le pharaon s'obstine, de sorte que celui-ci n'écouta
pas les deux hommes, comme l'Eternel l'avait dit à Moïse.

Septième fléau : la grêle

13 L'Eternel ordonna à Moïse : Va de bon matin te présenter devant le pharaon et dis-lui : « Voici ce que t'ordonne
l'Eternel, le Dieu des Hébreux : Laisse aller mon peuple
pour qu'il me rende un culte. 14 Car cette fois-ci, je vais
déchaîner toutes sortes de fléaux contre ta personne, contre tes hauts fonctionnaires et contre tes sujets, afin que
tu saches que nul n'est semblable à moi sur toute la terre.
15 J'aurais pu tout de suite te frapper de la peste, ainsi que
tes sujets, et tu aurais déjà disparu de la terre ! 16 Mais
voici pourquoi je t'ai laissé en vie : c'est pour te faire voir
ma puissance et pour que ma renommée se répande par
toute la terre[j]. 17 Tu persistes à t'opposer au départ de mon
peuple. 18 Soit ! Demain à la même heure, je ferai pleuvoir
une grêle si violente qu'il n'y en a jamais eu de semblable
dans toute l'histoire de l'Egypte. 19 Maintenant, fais mettre
à l'abri ton bétail et tout ce que tu as aux champs. Car
tous ceux qui se trouveront en plein champ, qui n'auront
pas regagné leur demeure, hommes ou bêtes, périront
victimes de la grêle. »

20 Ceux des hauts fonctionnaires du pharaon qui prirent
au sérieux la parole de l'Eternel, firent mettre en hâte
leurs serviteurs et leur bétail à l'abri dans leurs maisons.
21 Mais ceux qui n'y prêtèrent pas attention laissèrent les
leurs dans les champs.

22 L'Eternel dit à Moïse : Etends la main vers le ciel et
que la grêle s'abatte sur toute l'Egypte, sur les hommes,
les bêtes et toute la végétation dans le pays.

23 Moïse leva son bâton vers le ciel et l'Eternel déchaîna
le tonnerre et la grêle, et la foudre s'abattit sur la terre.
L'Eternel fit tomber la grêle sur l'Egypte. 24 Des éclairs
jaillissaient au milieu de la grêle et la grêle était si violente qu'il n'y en avait jamais eu de semblable dans toute
l'Egypte depuis que la nation existe. 25 Dans l'ensemble du
pays, la grêle frappa tout ce qui se trouvait aux champs,
hommes ou bêtes. Elle hacha toute la végétation et brisa
tous les arbres. 26 Seule la région de Goshen où habitaient
les Israélites fut épargnée.

[h] 9.9 Autre traduction : *furoncles.* Voir Ap 16.11.
[i] 9.11 Les fléaux précédents affectaient les objets des cultes idolâtres. Celui-ci touche les magiciens eux-mêmes qui ne reparaîtront plus.
[j] 9.16 Cité en Rm 9.17.

27 Then Pharaoh summoned Moses and Aaron. "This time I have sinned," he said to them. "The LORD is in the right, and I and my people are in the wrong. 28 Pray to the LORD, for we have had enough thunder and hail. I will let you go; you don't have to stay any longer."

29 Moses replied, "When I have gone out of the city, I will spread out my hands in prayer to the LORD. The thunder will stop and there will be no more hail, so you may know that the earth is the LORD's. 30 But I know that you and your officials still do not fear the LORD God."

31 (The flax and barley were destroyed, since the barley had headed and the flax was in bloom. 32 The wheat and spelt, however, were not destroyed, because they ripen later.)

33 Then Moses left Pharaoh and went out of the city. He spread out his hands toward the LORD; the thunder and hail stopped, and the rain no longer poured down on the land. 34 When Pharaoh saw that the rain and hail and thunder had stopped, he sinned again: He and his officials hardened their hearts. 35 So Pharaoh's heart was hard and he would not let the Israelites go, just as the LORD had said through Moses.

The Plague of Locusts

10 1 Then the LORD said to Moses, "Go to Pharaoh, for I have hardened his heart and the hearts of his officials so that I may perform these signs of mine among them 2 that you may tell your children and grandchildren how I dealt harshly with the Egyptians and how I performed my signs among them, and that you may know that I am the LORD."

3 So Moses and Aaron went to Pharaoh and said to him, "This is what the LORD, the God of the Hebrews, says: 'How long will you refuse to humble yourself before me? Let my people go, so that they may worship me. 4 If you refuse to let them go, I will bring locusts into your country tomorrow. 5 They will cover the face of the ground so that it cannot be seen. They will devour what little you have left after the hail, including every tree that is growing in your fields. 6 They will fill your houses and those of all your officials and all the Egyptians – something neither your parents nor your ancestors have ever seen from the day they settled in this land till now.' " Then Moses turned and left Pharaoh.

7 Pharaoh's officials said to him, "How long will this man be a snare to us? Let the people go, so that they may worship the LORD their God. Do you not yet realize that Egypt is ruined?"

8 Then Moses and Aaron were brought back to Pharaoh. "Go, worship the LORD your God," he said. "But tell me who will be going."

9 Moses answered, "We will go with our young and our old, with our sons and our daughters, and with our flocks and herds, because we are to celebrate a festival to the LORD."

10 Pharaoh said, "The LORD be with you – if I let you go, along with your women and children! Clearly you

27 Alors le pharaon fit convoquer Moïse et Aaron et leur dit : Cette fois-ci, je reconnais que j'ai péché. C'est l'Eternel qui est juste, moi et mon peuple nous sommes coupables ! 28 Priez l'Eternel de faire cesser le tonnerre et la grêle, et je vous laisserai partir, on ne vous retiendra pas davantage.

29 Moïse dit : En quittant la ville, je lèverai les mains vers l'Eternel pour prier. Le tonnerre cessera et la grêle s'arrêtera, afin que tu saches que la terre appartient à l'Eternel. 30 Quant à toi et à tes hauts fonctionnaires, je sais que vous ne craindrez encore pas l'Eternel Dieu.

31 Le lin et l'orge avaient été détruits, car l'orge était en épis et le lin en fleurs[k], 32 mais le blé et l'épeautre qui étaient plus tardifs n'avaient pas souffert.

33 Moïse sortit de chez le pharaon. En quittant la ville, il leva les mains vers l'Eternel pour prier ; le tonnerre et la grêle cessèrent et la pluie arrêta de tomber. 34 Quand le pharaon vit que la pluie, la grêle et le tonnerre avaient cessé, il persista dans son péché et s'entêta. Ses hauts fonctionnaires firent de même. 35 Il s'obstina et ne laissa pas partir les Israélites, comme l'Eternel l'avait annoncé par l'intermédiaire de Moïse.

Huitième fléau : les sauterelles

10 1 L'Eternel dit à Moïse : Va trouver le pharaon, car c'est moi qui ai fait qu'il s'entête, ainsi que ses hauts fonctionnaires, afin d'accomplir mes signes miraculeux au milieu d'eux 2 et afin que tu racontes à tes enfants et à tes petits-enfants comment j'ai traité les Egyptiens et quels signes miraculeux j'ai accomplis au milieu d'eux. Ainsi vous saurez que je suis l'Eternel.

3 Moïse et Aaron se rendirent donc chez le pharaon et lui dirent : Voici ce que te dit l'Eternel, le Dieu des Hébreux : « Combien de temps encore refuseras-tu de t'humilier devant moi ? Laisse aller mon peuple pour qu'il me rende un culte ! 4 Si tu refuses de le laisser partir, dès demain, je ferai envahir ton territoire par les sauterelles. 5 Elles recouvriront complètement le pays au point qu'on ne pourra plus voir le sol ; elles dévoreront ce qui a échappé à la grêle et tous les arbres qui poussent dans vos campagnes. 6 Elles envahiront ton palais, les maisons de tous tes hauts fonctionnaires et celles de tous les Egyptiens. Jamais tes pères, ni tes ancêtres les plus lointains n'ont rien vu de pareil depuis qu'ils occupent ce pays. »

Là-dessus, Moïse tourna le dos et sortit de chez le pharaon. 7 Les hauts fonctionnaires du pharaon lui dirent : Combien de temps encore cet homme-là va-t-il faire notre malheur ? Laisse donc partir ces gens pour qu'ils rendent leur culte à l'Eternel leur Dieu. Ne vois-tu pas encore que l'Egypte court à sa ruine ?

8 On rappela Moïse et Aaron auprès du pharaon qui leur dit : Allez rendre un culte à l'Eternel votre Dieu. Mais quels sont ceux qui iront ?

9 Moïse répondit : Nous irons avec nos enfants et nos vieillards, nos fils et nos filles, nous emmènerons notre petit et notre gros bétail : car nous allons célébrer une fête en l'honneur de l'Eternel.

10 Le pharaon répliqua : Que l'Eternel soit avec vous, lorsque je vous laisserai partir avec vos enfants ! Il est

[k] 9.31 Ce détail fixe la date du fléau vers la mi-janvier ou au début de février.

are bent on evil.[t] 11 No! Have only the men go and worship the LORD, since that's what you have been asking for." Then Moses and Aaron were driven out of Pharaoh's presence.

12 And the LORD said to Moses, "Stretch out your hand over Egypt so that locusts swarm over the land and devour everything growing in the fields, everything left by the hail."

13 So Moses stretched out his staff over Egypt, and the LORD made an east wind blow across the land all that day and all that night. By morning the wind had brought the locusts; 14 they invaded all Egypt and settled down in every area of the country in great numbers. Never before had there been such a plague of locusts, nor will there ever be again. 15 They covered all the ground until it was black. They devoured all that was left after the hail – everything growing in the fields and the fruit on the trees. Nothing green remained on tree or plant in all the land of Egypt.

16 Pharaoh quickly summoned Moses and Aaron and said, "I have sinned against the LORD your God and against you. 17 Now forgive my sin once more and pray to the LORD your God to take this deadly plague away from me."

18 Moses then left Pharaoh and prayed to the LORD. 19 And the LORD changed the wind to a very strong west wind, which caught up the locusts and carried them into the Red Sea.[u] Not a locust was left anywhere in Egypt. 20 But the LORD hardened Pharaoh's heart, and he would not let the Israelites go.

The Plague of Darkness

21 Then the LORD said to Moses, "Stretch out your hand toward the sky so that darkness spreads over Egypt – darkness that can be felt." 22 So Moses stretched out his hand toward the sky, and total darkness covered all Egypt for three days. 23 No one could see anyone else or move about for three days. Yet all the Israelites had light in the places where they lived.

24 Then Pharaoh summoned Moses and said, "Go, worship the LORD. Even your women and children may go with you; only leave your flocks and herds behind."

25 But Moses said, "You must allow us to have sacrifices and burnt offerings to present to the LORD our God. 26 Our livestock too must go with us; not a hoof is to be left behind. We have to use some of them in worshiping the LORD our God, and until we get there we will not know what we are to use to worship the LORD."

27 But the LORD hardened Pharaoh's heart, and he was not willing to let them go. 28 Pharaoh said to Moses, "Get out of my sight! Make sure you do not appear before me again! The day you see my face you will die."

29 "Just as you say," Moses replied. "I will never appear before you again."

[t] **10:10** Or *Be careful, trouble is in store for you!*
[u] **10:19** Or *the Sea of Reeds*

clair que vous avez de mauvaises intentions ! 11 Mais ça ne se passera pas ainsi ! Que seuls les hommes[l] aillent rendre un culte à l'Eternel, puisque c'est là ce que vous me demandez !

Sur quoi on les chassa de chez le pharaon.

12 L'Eternel dit à Moïse : Etends la main sur l'Egypte pour y faire venir les sauterelles. Qu'elles envahissent le pays, qu'elles dévorent toute la végétation du pays, tout ce que la grêle a épargné.

13 Moïse leva son bâton sur l'Egypte, et l'Eternel fit souffler un vent d'orient sur le pays tout ce jour-là et toute la nuit. Le lendemain matin, le vent avait amené les sauterelles. 14 Elles s'abattirent sur toute l'Egypte et se posèrent sur tout le territoire en si grand nombre que jamais on n'avait vu et jamais on ne reverra pareil fléau. 15 Elles recouvrirent tout le pays. La terre fut obscurcie. Elles dévorèrent toute la végétation, tous les fruits des arbres qui subsistaient après la grêle, de sorte qu'il ne resta aucun brin de verdure ni aux arbres ni dans les champs de toute l'Egypte.

16 Le pharaon fit convoquer d'urgence Moïse et Aaron et leur dit : J'ai péché contre l'Eternel votre Dieu et contre vous. 17 Maintenant donc : pardonne, je te prie, mon péché cette fois encore, et priez l'Eternel votre Dieu pour qu'il me débarrasse de ce fléau meurtrier.

18 Moïse sortit de chez le pharaon et pria l'Eternel. 19 Et l'Eternel fit souffler un violent vent d'ouest qui emporta les sauterelles et les précipita dans la mer des Roseaux. Il n'en resta pas une seule sur tout le territoire de l'Egypte. 20 Mais l'Eternel rendit obstiné le cœur du pharaon, qui ne laissa pas partir les Israélites.

Neuvième fléau : les ténèbres

21 L'Eternel dit à Moïse : Lève la main vers le ciel et que l'Egypte soit plongée dans les ténèbres de sorte que l'on doive y tâtonner !

22 Moïse étendit la main vers le ciel et le pays d'Egypte fut entièrement plongé pendant trois jours dans des ténèbres opaques. 23 Pendant ces trois jours, on ne se voyait plus l'un l'autre et personne ne bougeait de l'endroit où il se trouvait. Par contre, il y avait de la lumière dans les lieux habités par les Israélites.

24 Le pharaon fit convoquer Moïse et lui dit : Allez rendre un culte à l'Eternel. Vos enfants pourront vous accompagner. Seul votre petit et votre gros bétail resteront ici.

25 Moïse répliqua : C'est toi-même qui nous fourniras les animaux pour les sacrifices et les holocaustes à notre Dieu 26 et, en plus, nos troupeaux nous accompagneront. Pas une bête ne restera ici, car nous choisirons dans notre cheptel des victimes pour les offrir à l'Eternel notre Dieu. Tant que nous ne serons pas arrivés là-bas, nous ne saurons pas nous-mêmes ce que nous offrirons pour le culte de l'Eternel.

27 Mais l'Eternel rendit le cœur du pharaon obstiné, de sorte qu'il refusa de laisser partir le peuple.

28 – Va-t'en d'ici, cria-t-il à Moïse, et prends garde ! Ne reparais plus jamais en ma présence ! Car le jour où tu paraîtras en ma présence, tu mourras.

29 Moïse répondit : Tu l'auras voulu ! Je ne reparaîtrai plus en ta présence.

[l] **10.11** Dans la religion égyptienne, seuls les hommes participaient pleinement au culte. De plus, les femmes et les enfants auraient constitué des otages garantissant le retour des hommes.

The Plague on the Firstborn

11 1Now the LORD had said to Moses, "I will bring
one more plague on Pharaoh and on Egypt.
After that, he will let you go from here, and when he
does, he will drive you out completely. 2Tell the people
that men and women alike are to ask their neighbors for articles of silver and gold." 3(The LORD made
the Egyptians favorably disposed toward the people,
and Moses himself was highly regarded in Egypt by
Pharaoh's officials and by the people.)
4So Moses said, "This is what the LORD says: 'About
midnight I will go throughout Egypt. 5Every firstborn son in Egypt will die, from the firstborn son of
Pharaoh, who sits on the throne, to the firstborn son
of the female slave, who is at her hand mill, and all
the firstborn of the cattle as well. 6There will be loud
wailing throughout Egypt – worse than there has ever
been or ever will be again. 7But among the Israelites
not a dog will bark at any person or animal.' Then you
will know that the LORD makes a distinction between
Egypt and Israel. 8All these officials of yours will come
to me, bowing down before me and saying, 'Go, you
and all the people who follow you!' After that I will
leave." Then Moses, hot with anger, left Pharaoh.

9The LORD had said to Moses, "Pharaoh will refuse
to listen to you – so that my wonders may be multiplied in Egypt." 10Moses and Aaron performed all
these wonders before Pharaoh, but the LORD hardened
Pharaoh's heart, and he would not let the Israelites
go out of his country.

The Passover and the Festival of Unleavened Bread

12 1The LORD said to Moses and Aaron in Egypt,
2"This month is to be for you the first month,
the first month of your year. 3Tell the whole community of Israel that on the tenth day of this month
each man is to take a lamb[v] for his family, one for
each household. 4If any household is too small for a
whole lamb, they must share one with their nearest
neighbor, having taken into account the number of
people there are. You are to determine the amount
of lamb needed in accordance with what each person
will eat. 5The animals you choose must be year-old
males without defect, and you may take them from
the sheep or the goats. 6Take care of them until the
fourteenth day of the month, when all the members
of the community of Israel must slaughter them at
twilight. 7Then they are to take some of the blood and
put it on the sides and tops of the doorframes of the
houses where they eat the lambs. 8That same night
they are to eat the meat roasted over the fire, along

v 12:3 The Hebrew word can mean *lamb* or *kid*; also in verse 4.

L'annonce du dernier fléau

11 1L'Eternel dit à Moïse : Je vais encore faire venir un
fléau pour frapper le pharaon et l'Egypte. Après
cela, il vous laissera partir d'ici ; et même, il vous chassera
définitivement de son pays. 2Va donc parler au peuple : que
chacun demande à son voisin, et chacune à sa voisine, des
objets d'or et d'argent.
3L'Eternel fit gagner au peuple la faveur des Egyptiens,
Moïse lui-même était un personnage très respecté par
les hauts fonctionnaires du pharaon et par la population.
4Moïse dit au pharaon : Voici ce que l'Eternel déclare :
« Au milieu de la nuit, j'irai et je parcourrai l'Egypte 5et
tout fils aîné[m] dans ce pays mourra, depuis le fils aîné du
pharaon qui est sur le trône jusqu'à celui de la servante qui
fait tourner la meule, ainsi que tout premier-né du bétail.
6De grands cris s'élèveront dans tout le pays comme il n'y
en a jamais eu et comme il n'y en aura plus de semblable.
7Mais chez les Israélites, on n'entendra pas même un chien
aboyer contre un homme ou une bête. Vous saurez ainsi
que l'Eternel fait une distinction entre l'Egypte et Israël.
8Alors tous tes hauts fonctionnaires qui t'entourent viendront me trouver et se jetteront à mes pieds en suppliant :
"Va-t'en, toi et tout le peuple qui marche à ta suite." Après
cela, oui, je partirai. »
Moïse sortit alors de chez le pharaon dans une grande
colère.
9L'Eternel lui avait dit : Le pharaon ne vous écoutera pas,
afin que mes prodiges se multiplient en Egypte.
10Moïse et Aaron accomplirent donc tous ces prodiges
en présence du pharaon. Mais l'Eternel rendit son cœur
obstiné, de sorte qu'il ne laissa pas les Israélites quitter
son pays.

La Pâque

12 1L'Eternel parla à Moïse et à Aaron en Egypte. Il
leur dit : 2Ce mois-ci[n] sera pour vous le premier
mois de l'année. 3Donnez à toute la communauté d'Israël
les instructions suivantes : le dixième jour de ce mois, que
chaque maison ou chaque famille se procure un agneau.
4Si dans une maison on est trop peu nombreux pour manger un agneau, qu'on s'associe à la famille voisine la plus
proche en tenant compte du nombre de personnes ; et
l'on choisira l'agneau en fonction de ce que chacun peut
manger. 5Vous prendrez un agneau ou un chevreau sans
défaut, un mâle âgé d'un an. 6Vous le garderez jusqu'au
quatorzième jour de ce mois : ce jour-là, tout l'ensemble
de la communauté d'Israël immolera ces agneaux à la nuit
tombante[o].
7On prendra de son sang et l'on en badigeonnera les
deux montants et le linteau de la porte des maisons où il
sera mangé. 8On en rôtira la viande et on la mangera cette
nuit-là avec des pains sans levain et des herbes amères[p].

m 11.5 Au Moyen-Orient l'avenir de la famille reposait sur le fils aîné. Un jugement frappant les premiers-nés touchait toute la communauté.
n 12.2 Le mois des épis (Abib, plus tard Nisân) débute avec la première pleine lune du printemps (mars-avril).
o 12.6 En hébreu : *entre les deux soirs*, c'est-à-dire entre le coucher du soleil et la nuit totale.
p 12.8 Laitue sauvage, chicorée ou autres plantes.

with bitter herbs, and bread made without yeast. 9 Do not eat the meat raw or boiled in water, but roast it over a fire – with the head, legs and internal organs. 10 Do not leave any of it till morning; if some is left till morning, you must burn it. 11 This is how you are to eat it: with your cloak tucked into your belt, your sandals on your feet and your staff in your hand. Eat it in haste; it is the LORD's Passover.

12 "On that same night I will pass through Egypt and strike down every firstborn of both people and animals, and I will bring judgment on all the gods of Egypt. I am the LORD. 13 The blood will be a sign for you on the houses where you are, and when I see the blood, I will pass over you. No destructive plague will touch you when I strike Egypt.

14 "This is a day you are to commemorate; for the generations to come you shall celebrate it as a festival to the LORD – a lasting ordinance. 15 For seven days you are to eat bread made without yeast. On the first day remove the yeast from your houses, for whoever eats anything with yeast in it from the first day through the seventh must be cut off from Israel. 16 On the first day hold a sacred assembly, and another one on the seventh day. Do no work at all on these days, except to prepare food for everyone to eat; that is all you may do.

17 "Celebrate the Festival of Unleavened Bread, because it was on this very day that I brought your divisions out of Egypt. Celebrate this day as a lasting ordinance for the generations to come. 18 In the first month you are to eat bread made without yeast, from the evening of the fourteenth day until the evening of the twenty-first day. 19 For seven days no yeast is to be found in your houses. And anyone, whether foreigner or native-born, who eats anything with yeast in it must be cut off from the community of Israel. 20 Eat nothing made with yeast. Wherever you live, you must eat unleavened bread."

21 Then Moses summoned all the elders of Israel and said to them, "Go at once and select the animals for your families and slaughter the Passover lamb. 22 Take a bunch of hyssop, dip it into the blood in the basin and put some of the blood on the top and on both sides of the doorframe. None of you shall go out of the door of your house until morning. 23 When the LORD goes through the land to strike down the Egyptians, he will see the blood on the top and sides of the doorframe and will pass over that doorway, and he will not permit the destroyer to enter your houses and strike you down.

9 Vous n'en mangerez rien qui soit à moitié cuit ou bouilli dans l'eau, tout sera rôti au feu avec la tête, les pattes et les abats. 10 Vous n'en garderez rien pour le lendemain. S'il reste quelque chose jusqu'au lendemain, vous le brûlerez. 11 Vous le mangerez à la hâte, prêts à partir : la ceinture nouée aux reins, les sandales aux pieds et le bâton à la main. Ce sera la Pâque[q] que l'on célébrera en l'honneur de l'Eternel. 12 Je parcourrai l'Egypte cette nuit-là et je frapperai tout premier-né dans le pays, homme et bête, et j'exercerai ainsi mes jugements contre tous les dieux de l'Egypte ; je suis l'Eternel. 13 Le sang sera pour vous un signe sur les maisons où vous serez ; je verrai le sang, je passerai par-dessus vous. Ainsi le fléau destructeur ne vous atteindra pas lorsque je frapperai l'Egypte.

La semaine des pains sans levain

14 De génération en génération, vous commémorerez ce jour par une fête que vous célébrerez en l'honneur de l'Eternel. Cette fête est une institution en vigueur à perpétuité. 15 Pendant sept jours, vous mangerez des pains sans levain[r]. Dès le premier jour, vous ferez disparaître tout levain de vos maisons ; car si quelqu'un mange du pain levé, entre le premier jour et le septième, il sera retranché du peuple d'Israël. 16 Vous aurez une assemblée cultuelle le premier jour, ainsi que le septième. Pendant ces deux jours-là, on ne fera aucun travail, sauf ce qui sera nécessaire pour préparer le repas de chacun. 17 Vous célébrerez la fête des Pains sans levain pour commémorer ce jour où j'aurai fait sortir vos tribus d'Egypte. Vous observerez ce jour-là de génération en génération comme une institution en vigueur à perpétuité. 18 A partir du soir du quatorzième jour du premier mois, vous mangerez des pains sans levain, jusqu'au soir du vingt et unième jour. 19 Pendant sept jours, on ne devra trouver aucune trace de levain dans vos maisons. Toute personne qui mangera du pain levé sera exclue de la communauté d'Israël, que ce soit un étranger ou l'un des vôtres. 20 Vous ne consommerez aucune pâte levée dans tous les lieux où vous habiterez, vous ne mangerez que des pains sans levain.

Dixième fléau : la mort des premiers-nés

21 Moïse convoqua tous les responsables d'Israël et leur dit : Allez chercher un agneau ou un chevreau par famille, prenez-le et immolez-le comme agneau pascal. 22 Ensuite, vous prendrez un bouquet d'hysope, vous le tremperez dans le bassin contenant le sang de l'animal et vous en badigeonnerez le linteau et les deux montants de vos portes. Aucun de vous ne passera la porte de sa maison pour sortir jusqu'au matin.

23 L'Eternel parcourra l'Egypte pour la frapper. Quand il verra le sang sur le linteau et sur les deux montants de vos portes, il passera par-dessus la porte et ne permettra pas au destructeur[s] de pénétrer dans votre maison pour porter ses coups.

---

q **12.11** Dans la maison, on ne portait ni sandales, ni ceinture. Les mettre ici était un acte de foi dans l'ordre imminent de départ. Le mot hébreu rendu par *Pâque* vient d'un terme signifiant : *passer par-dessus* (v. 13, 23, 27).

r **12.15** C'est pourquoi la Pâque est souvent aussi appelée la fête des Pains sans levain (Lv 23.6 ; Lc 22.7 ; Ac 12.3). Plus tard, de manière négative, le levain symbolisera souvent l'hypocrisie (Lc 12.1), « le mal et la méchanceté » (1 Co 5.8).

s **12.23** Un ange chargé d'exécuter ce jugement de Dieu (voir Gn 19.13 ; 2 S 24.16 ; Hé 11.28).

24 “Obey these instructions as a lasting ordinance for you and your descendants. 25 When you enter the land that the LORD will give you as he promised, observe this ceremony. 26 And when your children ask you, ‘What does this ceremony mean to you?’ 27 then tell them, ‘It is the Passover sacrifice to the LORD, who passed over the houses of the Israelites in Egypt and spared our homes when he struck down the Egyptians.’ ” Then the people bowed down and worshiped. 28 The Israelites did just what the LORD commanded Moses and Aaron.

29 At midnight the LORD struck down all the firstborn in Egypt, from the firstborn of Pharaoh, who sat on the throne, to the firstborn of the prisoner, who was in the dungeon, and the firstborn of all the livestock as well. 30 Pharaoh and all his officials and all the Egyptians got up during the night, and there was loud wailing in Egypt, for there was not a house without someone dead.

The Exodus

31 During the night Pharaoh summoned Moses and Aaron and said, “Up! Leave my people, you and the Israelites! Go, worship the LORD as you have requested. 32 Take your flocks and herds, as you have said, and go. And also bless me.”

33 The Egyptians urged the people to hurry and leave the country. “For otherwise,” they said, “we will all die!” 34 So the people took their dough before the yeast was added, and carried it on their shoulders in kneading troughs wrapped in clothing. 35 The Israelites did as Moses instructed and asked the Egyptians for articles of silver and gold and for clothing. 36 The LORD had made the Egyptians favorably disposed toward the people, and they gave them what they asked for; so they plundered the Egyptians.

37 The Israelites journeyed from Rameses to Sukkoth. There were about six hundred thousand men on foot, besides women and children. 38 Many other people went up with them, and also large droves of livestock, both flocks and herds. 39 With the dough the Israelites had brought from Egypt, they baked loaves of unleavened bread. The dough was without yeast because they had been driven out of Egypt and did not have time to prepare food for themselves.

40 Now the length of time the Israelite people lived in Egypt[w] was 430 years. 41 At the end of the 430 years, to the very day, all the LORD’s divisions left Egypt. 42 Because the LORD kept vigil that night to bring them out of Egypt, on this night all the Israelites are to keep vigil to honor the LORD for the generations to come.

[w] **12:40** Masoretic Text; Samaritan Pentateuch and Septuagint *Egypt and Canaan*

24 Vous observerez toutes ces prescriptions comme une institution pour vous et pour toutes les générations à venir. 25 Lorsque vous serez arrivés dans le pays que l’Eternel vous donnera comme il l’a promis, vous accomplirez cette cérémonie. 26 Lorsque vos enfants vous demanderont ce qu’elle signifie pour vous, 27 vous leur répondrez : « C’est le sacrifice de la Pâque en l’honneur de l’Eternel qui a passé par-dessus les maisons des Israélites en Egypte lorsqu’il a frappé l’Egypte et qu’il a préservé nos familles. »

Le peuple s’agenouilla et se prosterna. 28 Puis les Israélites se retirèrent et accomplirent tout ce que l’Eternel avait ordonné à Moïse et à Aaron.

29 Au milieu de la nuit, l’Eternel frappa tous les fils aînés d’Egypte, depuis celui du pharaon, qui régnait sur le trône, jusqu’à celui du détenu qui se trouvait en prison, et aux premiers-nés des animaux. 30 Cette nuit-là, le pharaon se leva ainsi que tous ses hauts fonctionnaires et tous les Egyptiens. De grands cris furent poussés dans toute l’Egypte, car il n’y avait pas une maison où il n’y eût un mort.

L’Exode

31 En pleine nuit, le pharaon convoqua Moïse et Aaron et leur dit : Levez-vous, partez de chez nous, vous et les Israélites, et allez rendre un culte à l’Eternel comme vous l’avez demandé ! 32 Prenez avec vous votre bétail, gros et petit, comme vous l’avez dit, allez-vous-en et demandez pour moi la bénédiction de Dieu.

33 Les Egyptiens pressaient le peuple pour qu’il quitte rapidement le pays, car ils disaient : Nous allons tous mourir !

34 Le peuple emporta sa pâte à pain avant qu’elle n’eût levé, ils enveloppèrent leurs corbeilles à pétrir dans leurs manteaux et les chargèrent sur leurs épaules. 35 Par ailleurs, les Israélites s’étaient conformés aux instructions de Moïse : ils avaient demandé aux Egyptiens des objets d’argent et d’or ainsi que des vêtements. 36 L’Eternel leur avait fait gagner la faveur des Egyptiens qui leur avaient donné ce qu’ils demandaient. C’est ainsi qu’ils dépouillèrent les Egyptiens.

37 Les Israélites partirent de Ramsès en direction de Soukkoth[t]. Ils étaient environ six cent mille hommes de pied, sans compter les femmes et les enfants. 38 Une foule nombreuse et composite se joignit à eux ; de plus, ils emmenaient un cheptel important de gros et de menu bétail. 39 Comme ils avaient été chassés précipitamment d’Egypte sans pouvoir préparer de provisions de route, ils n’avaient emporté que la pâte non levée, ils se mirent donc à la cuire pour en faire des galettes sans levain. 40 Les descendants d’Israël avaient séjourné durant quatre cent trente ans en Egypte[u]. 41 Au terme de ces quatre cent trente ans, le jour de la Pâque, toutes les troupes de l’Eternel[v] quittèrent l’Egypte.

42 Comme l’Eternel veilla cette nuit-là, pour les faire sortir d’Egypte, cette nuit est réservée à l’Eternel : ce sera une nuit de veille pour les Israélites dans les générations à venir.

[t] **12.37** *Ramsès:* voir 1.11 et note. *Soukkoth:* ville du delta du Nil.

[u] **12.40** Le Pentateuque samaritain et l’ancienne version grecque ajoutent : *et en Canaan.* Voir Gn 15.13 ; Ga 3.17.

[v] **12.41** Allusion à l’ordre bien réglé, comme celui d’une armée, de ceux qui partaient (voir 6.26).

Passover Restrictions

43 The LORD said to Moses and Aaron, "These are the regulations for the Passover meal:

"No foreigner may eat it. 44 Any slave you have bought may eat it after you have circumcised him, 45 but a temporary resident or a hired worker may not eat it.

46 "It must be eaten inside the house; take none of the meat outside the house. Do not break any of the bones. 47 The whole community of Israel must celebrate it.

48 "A foreigner residing among you who wants to celebrate the LORD's Passover must have all the males in his household circumcised; then he may take part like one born in the land. No uncircumcised male may eat it. 49 The same law applies both to the native-born and to the foreigner residing among you."

50 All the Israelites did just what the LORD had commanded Moses and Aaron. 51 And on that very day the LORD brought the Israelites out of Egypt by their divisions.

Consecration of the Firstborn

13 1 The LORD said to Moses, 2 "Consecrate to me every firstborn male. The first offspring of every womb among the Israelites belongs to me, whether human or animal."

3 Then Moses said to the people, "Commemorate this day, the day you came out of Egypt, out of the land of slavery, because the LORD brought you out of it with a mighty hand. Eat nothing containing yeast. 4 Today, in the month of Aviv, you are leaving. 5 When the LORD brings you into the land of the Canaanites, Hittites, Amorites, Hivites and Jebusites – the land he swore to your ancestors to give you, a land flowing with milk and honey – you are to observe this ceremony in this month: 6 For seven days eat bread made without yeast and on the seventh day hold a festival to the LORD. 7 Eat unleavened bread during those seven days; nothing with yeast in it is to be seen among you, nor shall any yeast be seen anywhere within your borders. 8 On that day tell your son, 'I do this because of what the LORD did for me when I came out of Egypt.' 9 This observance will be for you like a sign on your hand and a reminder on your forehead that this law of the LORD is to be on your lips. For the LORD brought you out of Egypt with his mighty hand. 10 You must keep this ordinance at the appointed time year after year.

11 "After the LORD brings you into the land of the Canaanites and gives it to you, as he promised on oath to you and your ancestors, 12 you are to give over to the LORD the first offspring of every womb. All the

Les lois sur la participation à la Pâque

43 L'Eternel dit à Moïse et à Aaron : Voici les prescriptions au sujet de la Pâque : Aucun étranger n'en mangera. 44 Un esclave acquis à prix d'argent devra être circoncis, puis il prendra part au repas de la Pâque. 45 Mais le résident temporaire et l'ouvrier salarié n'y participeront pas. 46 On mangera chaque agneau à l'intérieur de la maison. Vous n'emporterez aucun morceau de viande à l'extérieur et vous ne briserez aucun os de l'animal. 47 Toute la communauté d'Israël célébrera la Pâque. 48 Si un étranger en résidence chez toi désire célébrer la Pâque en l'honneur de l'Eternel, tous les hommes de sa famille devront d'abord être circoncis ; il pourra alors célébrer la fête au même titre que l'Israélite. Aucun incirconcis ne pourra y prendre part. 49 Une seule et même règle s'appliquera aux Israélites et aux étrangers séjournant parmi vous.

50 Tous les Israélites se conformèrent à ce que l'Eternel avait ordonné à Moïse et à Aaron. 51 C'est en ce jour précis que l'Eternel fit sortir les descendants d'Israël d'Egypte, comme une armée en bon ordre.

Les premiers-nés appartiennent à l'Eternel

13 1 L'Eternel transmit ses instructions à Moïse en ces termes : 2 Consacre-moi tout premier-né qui naîtra parmi les Israélites ; qu'il s'agisse d'un garçon ou d'un animal, il m'appartient.

La fête des Pains sans levain

3 Moïse dit au peuple : Vous garderez le souvenir de ce jour où vous êtes sortis d'Egypte, du pays où vous avez été esclaves, car l'Eternel vous en a retirés par force. Vous ne mangerez pas de pain préparé à l'aide de levain. 4 C'est aujourd'hui, au mois des épis, que vous partez d'Egypte. 5 Lorsque l'Eternel vous aura fait entrer dans le pays des Cananéens, des Hittites, des Amoréens, des Héviens et des Yebousiens qu'il a promis par serment à vos ancêtres de vous donner, une terre ruisselant de lait et de miel, alors vous observerez cette cérémonie, en ce même mois. 6 Pendant sept jours, vous mangerez des pains sans levain, et le septième jour vous célébrerez une fête en l'honneur de l'Eternel. 7 On se nourrira de pains sans levain pendant ces sept jours et on ne trouvera chez vous ni pain levé ni levain dans tout votre territoire.

8 En ce jour-là, vous expliquerez à vos enfants la signification de cette fête en disant : « Tout cela je le fais en mémoire de ce que l'Eternel a fait pour moi quand je suis sorti d'Egypte. » 9 Cette fête sera pour vous comme un signe sur votre main et comme une marque sur votre front pour que la Loi de l'Eternel soit l'objet de vos conversations, car c'est lui qui vous a fait sortir d'Egypte par sa puissance. 10 Vous célébrerez ce rite d'année en année au temps fixé.

L'offrande des premiers-nés

11 Quand l'Eternel vous aura fait entrer dans le pays des Cananéens, comme il vous l'a solennellement promis, à vous et à vos ancêtres, et qu'il vous l'aura donné, 12 vous lui offrirez tout garçon premier-né, et

firstborn males of your livestock belong to the LORD. 13 Redeem with a lamb every firstborn donkey, but if you do not redeem it, break its neck. Redeem every firstborn among your sons.

14 "In days to come, when your son asks you, 'What does this mean?' say to him, 'With a mighty hand the LORD brought us out of Egypt, out of the land of slavery. 15 When Pharaoh stubbornly refused to let us go, the LORD killed the firstborn of both people and animals in Egypt. This is why I sacrifice to the LORD the first male offspring of every womb and redeem each of my firstborn sons.' 16 And it will be like a sign on your hand and a symbol on your forehead that the LORD brought us out of Egypt with his mighty hand."

Crossing the Sea

17 When Pharaoh let the people go, God did not lead them on the road through the Philistine country, though that was shorter. For God said, "If they face war, they might change their minds and return to Egypt." 18 So God led the people around by the desert road toward the Red Sea.[x] The Israelites went up out of Egypt ready for battle.

19 Moses took the bones of Joseph with him because Joseph had made the Israelites swear an oath. He had said, "God will surely come to your aid, and then you must carry my bones up with you from this place."[y]

20 After leaving Sukkoth they camped at Etham on the edge of the desert. 21 By day the LORD went ahead of them in a pillar of cloud to guide them on their way and by night in a pillar of fire to give them light, so that they could travel by day or night. 22 Neither the pillar of cloud by day nor the pillar of fire by night left its place in front of the people.

14 1 Then the LORD said to Moses, 2 "Tell the Israelites to turn back and encamp near Pi Hahiroth, between Migdol and the sea. They are to encamp by the sea, directly opposite Baal Zephon. 3 Pharaoh will think, 'The Israelites are wandering around the land in confusion, hemmed in by the desert.' 4 And I will harden Pharaoh's heart, and he will pursue them. But I will gain glory for myself through Pharaoh and all his army, and the Egyptians will know that I am the LORD." So the Israelites did this.

[x] 13:18 Or *the Sea of Reeds*
[y] 13:19 See Gen. 50:25.

les premiers-nés mâles de votre bétail lui appartiendront. 13 En ce qui concerne les ânes[w], vous pourrez racheter leur premier-né par un agneau ; si vous ne voulez pas le racheter, vous lui briserez la nuque. Mais vous rachèterez tout garçon premier-né parmi vos enfants. 14 Lorsque vos enfants vous questionneront en vous demandant : « Que signifie cela ? » vous leur répondrez : « C'est par sa puissance que l'Eternel nous a fait sortir d'Egypte, où nous étions esclaves. 15 Comme le pharaon refusait de nous laisser partir, l'Eternel a fait mourir tous les premiers-nés en Egypte, les fils aînés des hommes et les premiers-nés des animaux. Voilà pourquoi nous offrons en sacrifice à l'Eternel tous les premiers-nés mâles des animaux et nous rachetons les aînés de nos fils. » 16 Ce rite sera pour vous comme un signe sur votre main et comme une marque sur votre front, car c'est par sa puissance que l'Eternel nous a fait sortir d'Egypte.

Les conditions du départ

17 Quand le pharaon eut laissé partir le peuple d'Israël, Dieu ne les conduisit pas par la route du pays des Philistins, bien qu'elle fût la plus directe[x], car il s'était dit : « S'ils devaient affronter des combats, ils pourraient regretter leur départ et retourner en Egypte. » 18 Il leur fit donc faire un détour par le chemin du désert, du côté de la mer des Roseaux[y]. Les Israélites quittèrent l'Egypte, bien équipés[z].

19 Moïse emporta les ossements de Joseph, puisque celui-ci en avait solennellement adjuré les Israélites en leur disant : « Dieu ne manquera pas d'intervenir en votre faveur, alors vous emporterez mes ossements avec vous. »

20 Les Israélites partirent de Soukkoth et campèrent à Etam, en bordure du désert. 21 L'Eternel marchait à leur tête, le jour dans une colonne de nuée pour leur montrer le chemin, et la nuit dans une colonne de feu pour les éclairer, afin qu'ils puissent marcher de jour et de nuit. 22 La colonne de nuée ou la colonne de feu se trouvait en permanence à la tête du peuple.

LA PLEINE DÉLIVRANCE

Les Egyptiens poursuivent les Israélites

14 1 L'Eternel transmit ses instructions à Moïse : 2 Parle aux Israélites et dis-leur de revenir camper devant Pi-Hahiroth, entre Migdol et la mer[a] ; vous dresserez vos tentes en face de Baal-Tsephôn au bord de la mer. 3 Le pharaon pensera : Les Israélites se sont égarés dans le pays, le désert les tient emprisonnés. 4 Je rendrai obstiné le cœur du pharaon et il se lancera à votre poursuite, mais je manifesterai ma gloire à ses dépens et aux dépens de toute son armée, et les Egyptiens sauront que je suis l'Eternel.

[w] 13.13 Animaux impurs (Nb 18.15) qui ne pouvaient être offerts en sacrifice. L'importance économique des ânes justifiait leur rachat par des agneaux.
[x] 13.17 Cette route était jalonnée de forteresses surveillées par les Egyptiens.
[y] 13.18 La tradition l'identifie à la mer Rouge (voir note 14.2).
[z] 13.18 Autre traduction : *en bon ordre*.
[a] 14.2 D'après la tradition, il s'agit de la mer Rouge, mais l'hébreu l'appelle : mer des Roseaux (voir 13.18). Cet événement a donc pu se situer dans la partie sud du lac Menzaleh ; d'autres la situent près de l'actuelle Ismaélia, dans la partie centrale du golfe de Suez, où la mer Rouge est la moins large. D'autres identifications ont encore été proposées.

5 When the king of Egypt was told that the people
had fled, Pharaoh and his officials changed their
minds about them and said, "What have we done?
We have let the Israelites go and have lost their services!" 6 So he had his chariot made ready and took
his army with him. 7 He took six hundred of the best
chariots, along with all the other chariots of Egypt,
with officers over all of them. 8 The LORD hardened the
heart of Pharaoh king of Egypt, so that he pursued
the Israelites, who were marching out boldly. 9 The
Egyptians – all Pharaoh's horses and chariots, horsemen[z] and troops – pursued the Israelites and overtook
them as they camped by the sea near Pi Hahiroth,
opposite Baal Zephon.

10 As Pharaoh approached, the Israelites looked up,
and there were the Egyptians, marching after them.
They were terrified and cried out to the LORD. 11 They
said to Moses, "Was it because there were no graves
in Egypt that you brought us to the desert to die?
What have you done to us by bringing us out of Egypt?
12 Didn't we say to you in Egypt, 'Leave us alone; let us
serve the Egyptians'? It would have been better for
us to serve the Egyptians than to die in the desert!"

13 Moses answered the people, "Do not be afraid.
Stand firm and you will see the deliverance the LORD
will bring you today. The Egyptians you see today you
will never see again. 14 The LORD will fight for you; you
need only to be still."
15 Then the LORD said to Moses, "Why are you crying
out to me? Tell the Israelites to move on. 16 Raise your
staff and stretch out your hand over the sea to divide
the water so that the Israelites can go through the
sea on dry ground. 17 I will harden the hearts of the
Egyptians so that they will go in after them. And I will
gain glory through Pharaoh and all his army, through
his chariots and his horsemen. 18 The Egyptians will
know that I am the LORD when I gain glory through
Pharaoh, his chariots and his horsemen."
19 Then the angel of God, who had been traveling
in front of Israel's army, withdrew and went behind
them. The pillar of cloud also moved from in front
and stood behind them, 20 coming between the armies
of Egypt and Israel. Throughout the night the cloud
brought darkness to the one side and light to the other
side; so neither went near the other all night long.
21 Then Moses stretched out his hand over the sea,
and all that night the LORD drove the sea back with
a strong east wind and turned it into dry land. The
waters were divided, 22 and the Israelites went through
the sea on dry ground, with a wall of water on their
right and on their left.
23 The Egyptians pursued them, and all Pharaoh's
horses and chariots and horsemen followed them

[z] **14:9** Or *charioteers*; also in verses 17, 18, 23, 26 and 28

Les Israélites se conformèrent à ces instructions. 5 On
vint informer le pharaon que le peuple d'Israël avait pris
la fuite. Alors le pharaon et ses hauts fonctionnaires
changèrent d'avis à leur sujet et dirent : Qu'avons-nous
fait là ? En laissant partir les Israélites, nous avons perdu
notre main-d'œuvre !
6 Le pharaon fit atteler son char et mobilisa ses troupes.
7 Il choisit six cents de ses meilleurs chars qu'il fit suivre de
tous les autres chars d'Egypte : chacun d'eux était pourvu
d'un équipage de trois hommes. 8 L'Eternel rendit obstiné
le cœur du pharaon, roi d'Egypte, de sorte qu'il se lança
à la poursuite des Israélites qui étaient partis librement.
9 Les Egyptiens les poursuivirent donc et les rattrapèrent
alors qu'ils étaient campés au bord de la mer ; tous les
attelages du pharaon, ses hommes d'équipage de chars
et son armée les atteignirent près de Pi-Hahiroth en face
de Baal-Tsephôn.

La traversée de la mer

10 Le pharaon s'était rapproché. En regardant au loin,
les Israélites aperçurent les Egyptiens lancés à leur poursuite. Ils furent saisis d'une grande peur et poussèrent de
grands cris vers l'Eternel. 11 Puis ils se tournèrent contre
Moïse et lui dirent : N'y avait-il pas assez de tombeaux en
Egypte pour que tu nous emmènes mourir dans le désert ?
Pourquoi as-tu voulu nous faire sortir d'Egypte ? 12 Nous
te l'avions bien dit, lorsque nous étions encore là-bas :
« Laisse-nous tranquilles, nous voulons être esclaves des
Egyptiens ! » Car mieux vaut pour nous cela que de mourir
au désert.
13 Moïse leur répondit : N'ayez pas peur ! Tenez-vous là
où vous êtes et regardez ! Vous verrez comment l'Eternel
vous délivrera en ce jour ; ces Egyptiens que vous voyez
aujourd'hui, vous ne les reverrez plus jamais. 14 L'Eternel
combattra pour vous, et vous, tenez-vous tranquilles.
15 L'Eternel dit à Moïse : Pourquoi cries-tu vers moi ?
Ordonne aux Israélites de se mettre en route. 16 Quant à
toi, lève ton bâton, tends la main vers la mer, fends-la en
deux et les Israélites la traverseront à pied sec. 17 De mon
côté, je rendrai les Egyptiens obstinés pour qu'ils s'engagent derrière vous. Alors je manifesterai ma gloire aux
dépens du pharaon, de toute son armée, de ses chars et
de ses hommes d'équipage de chars. 18 Et les Egyptiens
sauront que je suis l'Eternel quand j'aurai manifesté ma
gloire aux dépens du pharaon, de ses chars et de ses hommes d'équipage.
19 L'ange de Dieu qui marchait en tête du camp d'Israël
passa derrière eux et la colonne de nuée se déplaça également de devant eux pour aller se tenir sur leurs arrières.
20 Elle vint se placer entre le camp des Egyptiens et celui
d'Israël. D'un côté elle était obscure, et de l'autre, elle
éclairait la nuit. Durant toute la nuit, aucun des deux
camps ne s'approcha de l'autre.
21 Moïse étendit sa main sur la mer, et l'Eternel fit souffler sur elle pendant toute la nuit un violent vent d'est,
qui refoula la mer de sorte que les eaux se fendirent et
que le fond apparut. 22 Les Israélites passèrent au milieu
de la mer, sur la terre ferme, alors que les eaux se dressaient comme des remparts à leur droite et à leur gauche[b].
23 Les Egyptiens les poursuivirent et tous les chevaux du
pharaon, ses chars et ses hommes d'équipage de chars

[b] **14.22** Allusion en 1 Co 10.1-2 ; Hé 11.29.

into the sea. 24 During the last watch of the night the
LORD looked down from the pillar of fire and cloud at
the Egyptian army and threw it into confusion. 25 He
jammed[a] the wheels of their chariots so that they had
difficulty driving. And the Egyptians said, "Let's get
away from the Israelites! The LORD is fighting for them
against Egypt."
26 Then the LORD said to Moses, "Stretch out your
hand over the sea so that the waters may flow back
over the Egyptians and their chariots and horsemen."
27 Moses stretched out his hand over the sea, and at
daybreak the sea went back to its place. The Egyptians
were fleeing toward[b] it, and the LORD swept them into
the sea. 28 The water flowed back and covered the chariots and horsemen – the entire army of Pharaoh that
had followed the Israelites into the sea. Not one of
them survived.
29 But the Israelites went through the sea on dry
ground, with a wall of water on their right and on
their left. 30 That day the LORD saved Israel from the
hands of the Egyptians, and Israel saw the Egyptians
lying dead on the shore. 31 And when the Israelites
saw the mighty hand of the LORD displayed against the
Egyptians, the people feared the LORD and put their
trust in him and in Moses his servant.

The Song of Moses and Miriam

15 1 Then Moses and the Israelites sang this song to the LORD:

"I will sing to the LORD,
for he is highly exalted.
Both horse and driver
he has hurled into the sea.

2 "The LORD is my strength and my defense[c];
he has become my salvation.
He is my God, and I will praise him,
my father's God, and I will exalt him.
3 The LORD is a warrior;
the LORD is his name.
4 Pharaoh's chariots and his army
he has hurled into the sea.
The best of Pharaoh's officers
are drowned in the Red Sea.[d]
5 The deep waters have covered them;
they sank to the depths like a stone.

6 Your right hand, LORD,
was majestic in power.
Your right hand, LORD,
shattered the enemy.
7 "In the greatness of your majesty
you threw down those who opposed you.
You unleashed your burning anger;
it consumed them like stubble.
8 By the blast of your nostrils
the waters piled up.
The surging waters stood up like a wall;

a 14:25 See Samaritan Pentateuch, Septuagint and Syriac; Masoretic Text *removed*
b 14:27 Or *from*
c 15:2 Or *song*
d 15:4 Or *the Sea of Reeds*; also in verse 22

s'engagèrent après eux au milieu de la mer. 24 Mais vers
l'aube, l'Eternel considéra le camp des Egyptiens du haut
de la colonne de nuée et de feu, et y sema le désordre. 25 Il
fit s'enliser[c] les roues des chars, de sorte qu'ils n'avançaient
plus qu'à grand-peine. Les Egyptiens s'écrièrent : Fuyons
devant Israël car l'Eternel combat pour eux contre
l'Egypte.
26 L'Eternel dit à Moïse : Etends la main sur la mer et
que les eaux refluent sur les Egyptiens, sur leurs chars
et sur leurs hommes d'équipage. 27 Moïse étendit la main
sur la mer et, au point du jour, la mer revint en place.
Les Egyptiens qui battaient en retraite trouvèrent la mer
devant eux et l'Eternel les précipita dans la mer. 28 Les eaux
refluèrent et couvrirent les chars et les hommes d'équipage de toute l'armée du pharaon qui s'étaient engagés à
travers la mer à la suite des Israélites. Pas un seul d'entre
eux n'en réchappa. 29 Quant aux Israélites, ils avaient traversé la mer à pied sec, pendant que les eaux formaient
une muraille à leur droite et une autre à leur gauche. 30 En
ce jour-là l'Eternel délivra Israël des Egyptiens et ils virent
les cadavres des Egyptiens étendus sur le bord de la mer.
31 Israël vit la grande puissance que l'Eternel avait déployée
contre les Egyptiens, et le peuple eut de la crainte envers
l'Eternel : il eut confiance en lui et en Moïse son serviteur.

Le cantique de délivrance

15 1 Alors Moïse et les Israélites entonnèrent ce cantique en l'honneur de l'Eternel :

Je veux chanter pour l'Eternel,
il a fait éclater sa gloire,
il a culbuté dans la mer le cheval et son cavalier.

2 L'Eternel est ma force, il est le sujet de mes chants[d],
il m'a sauvé,
il est mon Dieu, je le louerai
et je l'exalterai, lui, le Dieu de mon père[e].
3 L'Eternel est un grand guerrier,
l'Eternel est son nom.
4 Les chars du pharaon et toute son armée,
il les a jetés à la mer,
l'élite de ses combattants
a été engloutie dans la mer des Roseaux,
5 et les flots les ont recouverts.
Ils ont coulé comme une pierre dans les
profondeurs de l'abîme.
6 Ton bras droit, Eternel,
a fait éclater sa puissance,
ton bras droit, Eternel,
écrase l'ennemi.
7 Dans ta gloire éclatante,
tu renverses tes adversaires,
tu déchaînes contre eux le feu de ta colère
et ils sont consumés comme des brins de paille.
8 Sous l'action de ton souffle[f],
les eaux se sont amoncelées,

c 14.25 D'après le Pentateuque samaritain, l'ancienne version grecque et la version syriaque. Le texte hébreu traditionnel a : *il arracha*.
d 15.2 *il est le sujet de mes chants*: autre traduction : *ma protection*.
e 15.2 Cité au Ps 118.14 ; Es 12.2.
f 15.8 L'auteur joue sans doute ici avec les différents sens du mot hébreu : souffle, vent (voir 14.21), Esprit.

the deep waters congealed in the heart of
the sea.
9 The enemy boasted,
'I will pursue, I will overtake them.
I will divide the spoils;
I will gorge myself on them.
I will draw my sword
and my hand will destroy them.'
10 But you blew with your breath,
and the sea covered them.
They sank like lead
in the mighty waters.
11 Who among the gods
is like you, LORD?
Who is like you –
majestic in holiness,
awesome in glory,
working wonders?
12 "You stretch out your right hand,
and the earth swallows your enemies.
13 In your unfailing love you will lead
the people you have redeemed.
In your strength you will guide them
to your holy dwelling.
14 The nations will hear and tremble;
anguish will grip the people of Philistia.
15 The chiefs of Edom will be terrified,
the leaders of Moab will be seized with
trembling,
the people[e] of Canaan will melt away;
16 terror and dread will fall on them.
By the power of your arm
they will be as still as a stone –
until your people pass by, LORD,
until the people you bought[f] pass by.
17 You will bring them in and plant them
on the mountain of your inheritance –
the place, LORD, you made for your dwelling,
the sanctuary, Lord, your hands established.

18 "The LORD reigns
for ever and ever."

19 When Pharaoh's horses, chariots and horsemen[g]
went into the sea, the LORD brought the waters of the
sea back over them, but the Israelites walked through
the sea on dry ground. 20 Then Miriam the prophet,
Aaron's sister, took a timbrel in her hand, and all
the women followed her, with timbrels and dancing.
21 Miriam sang to them:

"Sing to the LORD,
for he is highly exalted.
Both horse and driver
he has hurled into the sea."

[e] 15:15 Or *rulers*
[f] 15:16 Or *created*
[g] 15:19 Or *charioteers*

les flots se sont dressés comme un rempart,
et ils se sont figés au milieu de la mer.
9 L'ennemi se disait :
Je les pourchasserai et je les atteindrai,
je m'emparerai d'un butin,
je m'en rassasierai,
je tirerai l'épée,
je me saisirai d'eux.
10 Tu as soufflé,
et la mer les a recouverts !
Ils se sont enfoncés comme des blocs de plomb
dans les puissantes eaux.
11 Qui, parmi tous les dieux, ô Eternel, qui est
semblable à toi ?
Et qui est, comme toi, paré de sainteté,
et redoutable, et digne de louanges,
opérant des prodiges ?
12 Tu étends ton bras droit,
et la terre engloutit nos poursuivants.
13 Dans ton amour, tu as conduit ce peuple
que tu as libéré
et tu l'as dirigé par ta grande puissance
vers ta demeure sainte[g].
14 Les peuples l'ont appris et ils en ont tremblé.
La terreur a saisi
les gens de Philistie.
15 Déjà les chefs d'Edom
en sont épouvantés,
les princes de Moab
se mettent à trembler,
tous les Cananéens en perdent le courage[h].
16 L'angoisse et la panique
s'abattent sur eux tous.
Ton action extraordinaire
les a tous pétrifiés,
jusqu'à ce qu'ait passé ton peuple, ô Eternel !
Jusqu'à ce qu'ait passé ce peuple que tu t'es acquis.
17 Tu les amèneras et tu les planteras
sur la montagne qui t'appartient,
au lieu que tu destines à être ta demeure, ô Eternel,
jusqu'à ton sanctuaire, ô Eternel
que tes mains ont fondé.
18 L'Eternel régnera à perpétuité !

19 En effet, les chevaux du pharaon, ses chars et ceux
qui les montaient s'étaient engagés dans la mer, et l'Eter
nel avait fait refluer l'eau sur eux tandis que les Israélite
avaient traversé la mer à pied sec.
20 Miryam, la prophétesse, sœur d'Aaron, prit le tam
bourin, et toutes les femmes la suivirent en dansant e
en jouant des tambourins.
21 Miryam entonna, en réponse aux Israélites :
Chantez pour l'Eternel :
il a fait éclater sa gloire,
il a culbuté dans la mer
le cheval et son cavalier.

[g] **15.13** Peut-être une désignation de la Terre promise (voir v. 17) ou du sanctuaire qui y sera dressé à l'endroit que l'Eternel choisira (Dt 12.14, 18, 26 ; 14.25 ; 16.7, 15-16 ; 17.8, 10 ; 18.6 ; 31.11) pour y faire résid er son Nom (Dt 12.5, 11, 21 ; 14.23-24 ; 16.2, 6, 11 ; 26.2).
[h] **15.15** La Philistie (v. 14), Edom, Moab, Canaan sont énumérés dans l'ordre qu'Israël devra suivre pour se rendre du Sinaï à la Terre promise.

DE LA MER DES ROSEAUX AU MONT SINAÏ

The Waters of Marah and Elim

22 Then Moses led Israel from the Red Sea and they
vent into the Desert of Shur. For three days they
:raveled in the desert without finding water. 23 When
:hey came to Marah, they could not drink its water
because it was bitter. (That is why the place is called
Marah.[h]) 24 So the people grumbled against Moses,
;aying, "What are we to drink?"
25 Then Moses cried out to the LORD, and the LORD
showed him a piece of wood. He threw it into the wa-
:er, and the water became fit to drink.
There the LORD issued a ruling and instruction for
hem and put them to the test. 26 He said, "If you listen
carefully to the LORD your God and do what is right in
his eyes, if you pay attention to his commands and
keep all his decrees, I will not bring on you any of
he diseases I brought on the Egyptians, for I am the
LORD, who heals you."
27 Then they came to Elim, where there were twelve
springs and seventy palm trees, and they camped
here near the water.

Manna and Quail

16 1 The whole Israelite community set out from
Elim and came to the Desert of Sin, which is
between Elim and Sinai, on the fifteenth day of the
second month after they had come out of Egypt. 2 In
he desert the whole community grumbled against
Moses and Aaron. 3 The Israelites said to them, "If only
we had died by the LORD's hand in Egypt! There we sat
around pots of meat and ate all the food we wanted,
but you have brought us out into this desert to starve
his entire assembly to death."

4 Then the LORD said to Moses, "I will rain down
bread from heaven for you. The people are to go out
each day and gather enough for that day. In this way
will test them and see whether they will follow my
nstructions. 5 On the sixth day they are to prepare
what they bring in, and that is to be twice as much as
hey gather on the other days."
6 So Moses and Aaron said to all the Israelites, "In
he evening you will know that it was the LORD who
brought you out of Egypt, 7 and in the morning you
will see the glory of the LORD, because he has heard
your grumbling against him. Who are we, that you
should grumble against us?" 8 Moses also said, "You
will know that it was the LORD when he gives you meat
o eat in the evening and all the bread you want in
he morning, because he has heard your grumbling
against him. Who are we? You are not grumbling
against us, but against the LORD."

15:23 *Marah* means *bitter.*

A Mara : le peuple se désaltère

22 Sur ordre de Moïse, Israël quitta la mer des Roseaux
et prit la direction du désert de Shour[i]. Ils marchèrent
pendant trois jours dans le désert sans trouver de point
d'eau. 23 Ils arrivèrent à Mara[j] où il y avait de l'eau, mais
ils ne purent pas en boire parce qu'elle était amère – d'où
le nom de Mara (Amertume). 24 Alors le peuple se plaignit
de Moïse en disant : Qu'allons-nous boire ?
25 Moïse implora l'Eternel, qui lui indiqua un bois d'une
certaine espèce qu'il jeta dans l'eau, et l'eau devint potable.
C'est à cet endroit que l'Eternel donna au peuple des
préceptes et un code de droit ; là aussi il le mit à l'épreuve.
26 Il leur dit : Si vous écoutez attentivement l'Eternel votre
Dieu, et si vous faites ce qui est droit à ses yeux, si vous
êtes attentifs à ses commandements et si vous obéissez à
toutes ses lois, je ne vous infligerai aucune des maladies
dont j'ai frappé les Egyptiens ; car je suis l'Eternel qui vous
apporte la guérison.
27 Ensuite, les Israélites arrivèrent à Elim[k] où il y
avait douze sources d'eau et soixante-dix palmiers. Ils
campèrent là près de l'eau.

Dans le désert de Sin : les cailles et la manne

16 1 Toute la communauté des Israélites quitta Elim et,
le quinzième jour du second mois qui suivit leur
sortie d'Egypte, les Israélites arrivèrent au désert de Sin[l],
qui s'étend entre Elim et le Sinaï. 2 Là, dans le désert, toute
l'assemblée des Israélites se plaignit de Moïse et d'Aaron.
3 Ils leur dirent : Ah ! pourquoi l'Eternel ne nous a-t-il pas
fait mourir en Egypte où nous étions installés devant des
marmites pleines de viande et où nous mangions du pain
à satiété ? Tandis qu'à présent, vous nous avez fait venir
dans ce désert pour y faire mourir de faim toute cette
multitude.
4 Alors l'Eternel dit à Moïse : Regarde, je vais faire
pleuvoir du ciel sur vous du pain ; le peuple sortira et en
ramassera chaque jour la ration nécessaire. Je le mettrai
à l'épreuve de la sorte et je verrai s'il se conforme ou non
à mes instructions. 5 Le sixième jour, il y en aura deux fois
plus que les autres jours à ramasser et à apprêter.

6 Moïse et Aaron dirent à tous les Israélites : Ce soir vous
saurez que c'est l'Eternel qui vous a fait sortir d'Egypte,
7 et demain matin, vous verrez se manifester la gloire de
l'Eternel, car il vous a entendu vous plaindre de lui, l'Eternel. Car qui sommes-nous, pour que vous vous plaigniez de
nous ? 8 Oui, dit-il, vous le saurez ce soir, quand l'Eternel
vous donnera de la viande à manger, et demain lorsqu'il
vous donnera du pain à satiété ; car l'Eternel a entendu
les plaintes que vous avez formulées contre lui. Nous, que
sommes-nous ? Ce n'est pas de nous que vous vous êtes
plaints, mais de l'Eternel.

i **15.22** A l'est de l'Egypte (Gn 25.18 ; 1 S 15.7) dans la partie nord-ouest de la presqu'île du Sinaï ; appelé désert d'Etham dans Nb 33.8.
j **15.23** A environ 80 kilomètres au sud de la pointe nord du golfe de Suez, sur sa rive orientale.
k **15.27** Au sud de Mara.
l **16.1** Au sud de la péninsule du Sinaï.

9 Then Moses told Aaron, "Say to the entire Israelite community, 'Come before the LORD, for he has heard your grumbling.' "

10 While Aaron was speaking to the whole Israelite community, they looked toward the desert, and there was the glory of the LORD appearing in the cloud.

11 The LORD said to Moses, 12 "I have heard the grumbling of the Israelites. Tell them, 'At twilight you will eat meat, and in the morning you will be filled with bread. Then you will know that I am the LORD your God.' "

13 That evening quail came and covered the camp, and in the morning there was a layer of dew around the camp. 14 When the dew was gone, thin flakes like frost on the ground appeared on the desert floor. 15 When the Israelites saw it, they said to each other, "What is it?" For they did not know what it was.

Moses said to them, "It is the bread the LORD has given you to eat. 16 This is what the LORD has commanded: 'Everyone is to gather as much as they need. Take an omer[i] for each person you have in your tent.' "

17 The Israelites did as they were told; some gathered much, some little. 18 And when they measured it by the omer, the one who gathered much did not have too much, and the one who gathered little did not have too little. Everyone had gathered just as much as they needed.

19 Then Moses said to them, "No one is to keep any of it until morning."

20 However, some of them paid no attention to Moses; they kept part of it until morning, but it was full of maggots and began to smell. So Moses was angry with them.

21 Each morning everyone gathered as much as they needed, and when the sun grew hot, it melted away. 22 On the sixth day, they gathered twice as much – two omers[j] for each person – and the leaders of the community came and reported this to Moses. 23 He said to them, "This is what the LORD commanded: 'Tomorrow is to be a day of sabbath rest, a holy sabbath to the LORD. So bake what you want to bake and boil what you want to boil. Save whatever is left and keep it until morning.' "

24 So they saved it until morning, as Moses commanded, and it did not stink or get maggots in it. 25 "Eat it today," Moses said, "because today is a sabbath to the LORD. You will not find any of it on the ground today. 26 Six days you are to gather it, but on the seventh day, the Sabbath, there will not be any."

27 Nevertheless, some of the people went out on the seventh day to gather it, but they found none. 28 Then

[i] 16:16 That is, possibly about 3 pounds or about 1.4 kilograms; also in verses 18, 32, 33 and 36

[j] 16:22 That is, possibly about 6 pounds or about 2.8 kilograms

9 Puis Moïse dit à Aaron : Ordonne à toute l'assemblée des Israélites de se présenter devant l'Eternel car il a entendu leurs plaintes.

10 Pendant qu'Aaron parlait à toute l'assemblée des Israélites, ceux-ci se tournèrent du côté du désert, et voilà que la gloire de l'Eternel apparut dans la nuée.

11 L'Eternel s'adressa à Moïse et lui dit : 12 J'ai entendu les plaintes des Israélites. Dis-leur donc : « Ce soir, avant qu'il fasse nuit, vous mangerez de la viande, et demain matin vous vous rassasierez de pain, et vous saurez que je suis l'Eternel votre Dieu. »

13 En effet, le soir même, des cailles[m] vinrent s'abattre sur le campement qui en fut recouvert ; et le lendemain matin, il y avait une couche de rosée tout autour du camp. 14 Lorsque cette rosée se fut dissipée, on aperçut par terre, sur le sol du désert, un mince dépôt granuleux, fin comme du givre, qui restait. 15 En voyant cela, les Israélites se demandèrent les uns aux autres : Qu'est-ce que c'est[n] ? car ils ne savaient pas ce que c'était.

Moïse leur dit : C'est le pain que l'Eternel vous donne à manger. 16 Voici ce qu'il a ordonné à ce sujet : Que chacun de vous en ramasse autant qu'il est nécessaire à sa nourriture, soit environ quatre litres[o] par personne. Chacun en prendra pour le nombre de ceux qui sont dans sa tente.

17 Les Israélites agirent ainsi : ils en ramassèrent les uns plus, les autres moins. 18 Lorsqu'ils mesurèrent leur récolte, celui qui en avait ramassé beaucoup n'avait rien de trop, et celui qui en avait pris moins, n'en manquait pas ; chacun en avait ramassé ce qu'il lui fallait pour manger[p].

19 Moïse leur recommanda : Que personne n'en garde jusqu'à demain matin.

20 Mais certains ne lui obéirent pas et en gardèrent pour le lendemain ; il s'y mit des vers et cela sentait mauvais. Alors Moïse se fâcha contre ces gens. 21 Tous les matins, ils ramassaient donc la manne, chacun la ration nécessaire à sa nourriture. Quand le soleil devenait chaud, elle fondait.

Le jour du repos

22 Le sixième jour, ils en ramassèrent une quantité double, c'est-à-dire environ huit litres par personne au lieu de quatre. Les chefs de la communauté vinrent en informer Moïse, 23 qui leur dit : C'est bien ce que l'Eternel a ordonné. Demain, c'est un jour de repos, le sabbat qui est consacré à l'Eternel. Ce que vous avez à cuire au four, cuisez-le aujourd'hui ; ce que vous avez à faire bouillir, faites-le bouillir aujourd'hui ; et tout ce qui est en plus, mettez-le en réserve pour demain.

24 Ils mirent donc le reste en réserve jusqu'au lendemain, comme Moïse l'avait ordonné, et il n'y eut ni mauvaise odeur ni vers. 25 Moïse leur dit alors : Mangez aujourd'hui ce que vous avez mis en réserve, car c'est le jour du repos en l'honneur de l'Eternel ; aujourd'hui vous ne trouverez pas de manne dehors. 26 Pendant six jours vous en ramasserez ; mais le septième jour, le jour du sabbat, il n'y en aura pas.

27 Cependant, le septième jour, il y eut des gens qui sortirent pour faire leur provision, mais ils ne trouvèrent rien

[m] 16.13 Au printemps, des vols de cailles émigrent d'Arabie et d'Afrique vers le nord. Le phénomène se reproduit dans Nb 11.31-32.

[n] 16.15 En hébreu, *mân hou*, d'où dérive le nom *manne* selon le v. 31.

[o] 16.16 Il s'agit d'un omer.

[p] 16.18 Cité en 2 Co 8.15.

the Lord said to Moses, "How long will you[k] refuse to keep my commands and my instructions? 29 Bear in mind that the Lord has given you the Sabbath; that is why on the sixth day he gives you bread for two days. Everyone is to stay where they are on the seventh day; no one is to go out." 30 So the people rested on the seventh day.

31 The people of Israel called the bread manna.[l] It was white like coriander seed and tasted like wafers made with honey. 32 Moses said, "This is what the Lord has commanded: 'Take an omer of manna and keep it for the generations to come, so they can see the bread I gave you to eat in the wilderness when I brought you out of Egypt.'"

33 So Moses said to Aaron, "Take a jar and put an omer of manna in it. Then place it before the Lord to be kept for the generations to come."

34 As the Lord commanded Moses, Aaron put the manna with the tablets of the covenant law, so that it might be preserved. 35 The Israelites ate manna forty years, until they came to a land that was settled; they ate manna until they reached the border of Canaan.

36 (An omer is one-tenth of an ephah.)

Water From the Rock

17 1 The whole Israelite community set out from the Desert of Sin, traveling from place to place as the Lord commanded. They camped at Rephidim, but there was no water for the people to drink. 2 So they quarreled with Moses and said, "Give us water to drink."

Moses replied, "Why do you quarrel with me? Why do you put the Lord to the test?"

3 But the people were thirsty for water there, and they grumbled against Moses. They said, "Why did you bring us up out of Egypt to make us and our children and livestock die of thirst?"

4 Then Moses cried out to the Lord, "What am I to do with these people? They are almost ready to stone me."

5 The Lord answered Moses, "Go out in front of the people. Take with you some of the elders of Israel and take in your hand the staff with which you struck the Nile, and go. 6 I will stand there before you by the rock at Horeb. Strike the rock, and water will come out of it for the people to drink." So Moses did this in the sight of the elders of Israel. 7 And he called the place Massah[m] and Meribah[n] because the Israelites quarreled and because they tested the Lord saying, "Is the Lord among us or not?"

[k] **16:28** The Hebrew is plural.
[l] **16:31** *Manna* sounds like the Hebrew for *What is it?* (see verse 15).
[m] **17:7** *Massah* means *testing.*
[n] **17:7** *Meribah* means *quarreling.*

28 Alors l'Eternel dit à Moïse : Jusqu'à quand refuserez-vous d'obéir à mes commandements et à mes lois ? 29 Considérez donc que si l'Eternel vous a donné le jour du repos, il vous donne aussi, le sixième jour, de la nourriture pour deux jours ! Le septième jour, que chacun reste donc dans sa tente et que personne ne sorte de chez lui.

30 Ainsi le peuple se reposa le septième jour.

31 Les Israélites donnèrent à cette nourriture le nom de manne (Qu'est-ce que c'est[q] ?). Elle ressemblait à des grains de coriandre[r] blanche, et elle avait un goût de beignet au miel.

32 Moïse dit : Voici ce que l'Eternel a ordonné : Prenez environ quatre litres de cette manne et conservez-les pour les générations futures, pour qu'elles voient l'aliment dont je vous ai nourri au désert, après vous avoir fait sortir d'Egypte.

33 Moïse dit donc à Aaron : Prends un récipient et mets-y environ quatre litres de manne, puis dépose-le devant l'Eternel afin de le conserver pour les générations futures[s].

34 Comme l'Eternel l'avait ordonné à Moïse, Aaron le déposa comme souvenir devant le coffre de l'acte de l'alliance.

35 Les Israélites mangèrent de la manne pendant quarante ans, jusqu'à leur arrivée dans un pays habité, aux confins du pays de Canaan[t]. 36 (La mesure utilisée, environ quatre litres, correspondait à un dixième de la mesure habituelle[u].)

A Rephidim : l'eau jaillit d'un rocher

17 1 Toute l'assemblée des Israélites s'éloigna étape par étape du désert de Sin selon les directives de l'Eternel. Ils campèrent à Rephidim où ils ne trouvèrent pas d'eau à boire. 2 Alors le peuple prit Moïse à partie en lui disant : Donne-nous de l'eau à boire !

Moïse leur répondit : Pourquoi me prenez-vous à partie ? Pourquoi voulez-vous forcer la main à l'Eternel ?

3 Pressé par la soif, le peuple se plaignit de Moïse et dit : Pourquoi nous as-tu fait quitter l'Egypte ? Est-ce pour nous faire mourir de soif ici, nous, nos enfants et nos troupeaux ?

4 Moïse cria à l'Eternel en disant : Que puis-je faire pour ce peuple ? Ils sont sur le point de me lapider !

5 L'Eternel dit à Moïse : Passe devant le peuple et emmène avec toi quelques responsables d'Israël. Prends à la main le bâton avec lequel tu as frappé le Nil et va ! 6 Quant à moi, je vais me tenir là devant toi sur un rocher du mont Horeb ; tu frapperas le rocher, de l'eau en jaillira et le peuple pourra boire.

Moïse fit ainsi en présence des responsables d'Israël. 7 Il appela ce lieu Massa et Meriba (Epreuve et Querelle), parce que les Israélites l'avaient pris à partie et parce qu'ils avaient voulu forcer la main à l'Eternel en disant : « L'Eternel est-il oui ou non au milieu de nous ? »

[q] **16.31** Voir v. 15 et note.
[r] **16.31** Ombellifère aux graines blanches qui pousse à l'état sauvage en Arabie, en Afrique du Nord et en Israël. Son fruit sert d'assaisonnement (voir Nb 11.7).
[s] **16.33** Allusion en Hé 9.4.
[t] **16.35** La manne a cessé lors de la première Pâque célébrée en Canaan (Jos 5.10-12).
[u] **16.36** En hébreu : *l'omer correspond à un dixième de l'épha.*

The Amalekites Defeated

8 The Amalekites came and attacked the Israelites at Rephidim. 9 Moses said to Joshua, "Choose some of our men and go out to fight the Amalekites. Tomorrow I will stand on top of the hill with the staff of God in my hands."

10 So Joshua fought the Amalekites as Moses had ordered, and Moses, Aaron and Hur went to the top of the hill. 11 As long as Moses held up his hands, the Israelites were winning, but whenever he lowered his hands, the Amalekites were winning. 12 When Moses' hands grew tired, they took a stone and put it under him and he sat on it. Aaron and Hur held his hands up – one on one side, one on the other – so that his hands remained steady till sunset. 13 So Joshua overcame the Amalekite army with the sword.

14 Then the LORD said to Moses, "Write this on a scroll as something to be remembered and make sure that Joshua hears it, because I will completely blot out the name of Amalek from under heaven."

15 Moses built an altar and called it The LORD is my Banner. 16 He said, "Because hands were lifted up against[o] the throne of the LORD,[p] the LORD will be at war against the Amalekites from generation to generation."

Jethro Visits Moses

18 1 Now Jethro, the priest of Midian and father-in-law of Moses, heard of everything God had done for Moses and for his people Israel, and how the LORD had brought Israel out of Egypt.

2 After Moses had sent away his wife Zipporah, his father-in-law Jethro received her 3 and her two sons. One son was named Gershom,[q] for Moses said, "I have become a foreigner in a foreign land"; 4 and the other was named Eliezer,[r] for he said, "My father's God was my helper; he saved me from the sword of Pharaoh."

5 Jethro, Moses' father-in-law, together with Moses' sons and wife, came to him in the wilderness, where he was camped near the mountain of God. 6 Jethro had sent word to him, "I, your father-in-law Jethro, am coming to you with your wife and her two sons."

7 So Moses went out to meet his father-in-law and bowed down and kissed him. They greeted each other and then went into the tent. 8 Moses told his father-in-law about everything the LORD had done to Pharaoh and the Egyptians for Israel's sake and about all the hardships they had met along the way and how the LORD had saved them.

o **17:16** Or *to*
p **17:16** The meaning of the Hebrew for this clause is uncertain.
q **18:3** *Gershom* sounds like the Hebrew for *a foreigner there.*
r **18:4** *Eliezer* means *my God is helper.*

Le combat contre les Amalécites

8 Les Amalécites[v] vinrent attaquer Israël à Rephidim. 9 Alors Moïse dit à Josué[w] : Choisis-nous des guerriers et demain tu iras combattre les Amalécites. Moi, je me tiendrai au sommet de la colline, avec le bâton de Dieu à la main.

10 Josué se conforma aux instructions de Moïse. Il alla combattre les Amalécites, tandis que Moïse, Aaron et Hour[x] montèrent au sommet de la colline. 11 Or, lorsque Moïse levait la main, Israël avait l'avantage dans la bataille, et lorsqu'il la laissait retomber, Amalec l'emportait. 12 Comme les bras de Moïse se fatiguaient, Aaron et Hour prirent une pierre qu'ils placèrent sous lui pour le faire asseoir dessus, et ils lui soutinrent les bras, chacun d'un côté ; ainsi ses bras tinrent ferme jusqu'au coucher du soleil, 13 et Josué remporta la victoire sur les Amalécites à la pointe de l'épée.

14 L'Eternel dit à Moïse : Consigne cela par écrit pour qu'on en garde le souvenir[y] et déclare à Josué que j'effacerai complètement le souvenir d'Amalec de sous le ciel.

15 Moïse érigea un autel qu'il appela Adonaï-Nissi (Le Seigneur est ma bannière), 16 puis il ajouta : Puisqu'on s'est attaqué au trône de l'Eternel, l'Eternel fera la guerre à Amalec de génération en génération.

La visite de Jéthro

18 1 Jéthro, prêtre de Madian et beau-père de Moïse, apprit tout ce que Dieu avait fait en faveur de Moïse et d'Israël son peuple, il apprit comment Dieu avait fait sortir les Israélites d'Egypte. 2 Alors il emmena Séphora[z], la femme de Moïse, que celui-ci avait précédemment laissé repartir chez elle, 3 ainsi que les deux fils de Séphora. L'aîné s'appelait Guershom (Emigré en ces lieux) parce que Moïse avait dit : « Je suis un émigré dans une terre étrangère ». 4 Il avait nommé le cadet Eliézer (Mon Dieu me secourt) en disant : « Le Dieu de mon père m'a secouru et m'a délivré de l'épée du pharaon. »

5 Jéthro se rendit donc auprès de Moïse, dans le désert, avec la femme et les fils de Moïse, près de la montagne de Dieu où Moïse avait dressé son camp. 6 Il lui fit annoncer : Moi, Jéthro, ton beau-père, je viens te rendre visite avec ta femme et tes deux fils.

7 Moïse sortit à la rencontre de son beau-père, se prosterna devant lui et l'embrassa. Ils prirent réciproquement de leurs nouvelles, puis entrèrent sous la tente. 8 Moïse raconta à son beau-père tout ce que l'Eternel avait fait au pharaon et aux Egyptiens pour délivrer Israël ; il lui parla aussi de toutes les difficultés qu'ils avaient

v **17.8** Peuple descendant d'un petit-fils d'Esaü (Gn 36.6, 12 ; 1 Ch 1.36) qui vivait de pillage dans le désert au sud de ce qui deviendra le pays d'Israël et faisait parfois des incursions dans le pays de Canaan (Jg 6.3) ou vers le Sinaï.
w **17.9** Un chef de la tribu d'Ephraïm (Nb 13.3, 8, 16) qui paraît ici pour la première fois et sera désigné comme successeur de Moïse (v. 14).
x **17.10** Membre de la tribu de Juda, aïeul de Betsaléel, le constructeur du tabernacle (31.2).
y **17.14** Première mention d'un livre dans lequel seront consignés les événements de l'Exode.
z **18.2** Séphora avait suivi son mari en Egypte (4.24-26) mais celui-ci a peut-être voulu la mettre à l'abri durant sa lutte avec le pharaon. D'autres pensent qu'elle venait de rentrer chez son père avec la nouvelle de la délivrance d'Israël (v. 1).

9 Jethro was delighted to hear about all the good things the Lord had done for Israel in rescuing them from the hand of the Egyptians. 10 He said, "Praise be to the Lord, who rescued you from the hand of the Egyptians and of Pharaoh, and who rescued the people from the hand of the Egyptians. 11 Now I know that the Lord is greater than all other gods, for he did this to those who had treated Israel arrogantly." 12 Then Jethro, Moses' father-in-law, brought a burnt offering and other sacrifices to God, and Aaron came with all the elders of Israel to eat a meal with Moses' father-in-law in the presence of God.

13 The next day Moses took his seat to serve as judge for the people, and they stood around him from morning till evening. 14 When his father-in-law saw all that Moses was doing for the people, he said, "What is this you are doing for the people? Why do you alone sit as judge, while all these people stand around you from morning till evening?"

15 Moses answered him, "Because the people come to me to seek God's will. 16 Whenever they have a dispute, it is brought to me, and I decide between the parties and inform them of God's decrees and instructions."

17 Moses' father-in-law replied, "What you are doing is not good. 18 You and these people who come to you will only wear yourselves out. The work is too heavy for you; you cannot handle it alone. 19 Listen now to me and I will give you some advice, and may God be with you. You must be the people's representative before God and bring their disputes to him. 20 Teach them his decrees and instructions, and show them the way they are to live and how they are to behave. 21 But select capable men from all the people – men who fear God, trustworthy men who hate dishonest gain – and appoint them as officials over thousands, hundreds, fifties and tens. 22 Have them serve as judges for the people at all times, but have them bring every difficult case to you; the simple cases they can decide themselves. That will make your load lighter, because they will share it with you. 23 If you do this and God so commands, you will be able to stand the strain, and all these people will go home satisfied."

24 Moses listened to his father-in-law and did everything he said. 25 He chose capable men from all Israel and made them leaders of the people, officials over thousands, hundreds, fifties and tens. 26 They served as judges for the people at all times. The difficult cases they brought to Moses, but the simple ones they decided themselves.

27 Then Moses sent his father-in-law on his way, and Jethro returned to his own country.

rencontrées en chemin, et lui dit comment l'Eternel les en avait délivrés. 9 Jéthro se réjouit de tout le bien que l'Eternel avait fait à Israël qu'il avait délivré des Egyptiens.

10 – Loué soit l'Eternel, s'écria-t-il, qui vous a délivrés des Egyptiens et du pharaon, qui a libéré le peuple de la domination des Egyptiens. 11 A présent, je reconnais que l'Eternel est plus grand que tous les dieux, car il l'a montré alors qu'on tyrannisait les Israélites.

12 Puis Jéthro, beau-père de Moïse, offrit à Dieu un holocauste et des sacrifices. Aaron et tous les responsables d'Israël vinrent partager le repas sacré avec le beau-père de Moïse en présence de Dieu.

Le conseil de Jéthro

13 Le lendemain, Moïse siégea pour rendre justice au peuple. Du matin au soir, les gens se tinrent devant lui. 14 Lorsque le beau-père de Moïse vit toute la peine que celui-ci se donnait pour le peuple, il lui dit : Pourquoi agis-tu de cette façon pour traiter les affaires du peuple ? Pourquoi sièges-tu seul et pourquoi tout ce monde attend-il debout du matin au soir pour se présenter devant toi ?

15 Moïse lui répondit : C'est que les gens viennent me trouver pour consulter Dieu. 16 Lorsqu'ils ont un différend, ils viennent à moi, et je sers d'arbitre entre les parties ; je leur fais connaître les ordonnances et les lois de Dieu.

17 Le beau-père de Moïse lui dit : Ta façon de faire n'est pas bonne. 18 Tu finiras, à coup sûr, par t'épuiser – toi et le peuple qui est avec toi – car la tâche dépasse tes forces. Tu ne peux pas l'accomplir seul. 19 Maintenant écoute le conseil que je vais te donner, et que Dieu te vienne en aide. Ton rôle est de représenter le peuple auprès de Dieu et de porter les litiges devant lui. 20 Tu dois aussi leur communiquer ses ordonnances et ses lois, leur enseigner la voie à suivre et la conduite à tenir. 21 Pour le reste, choisis parmi le peuple des hommes de valeur, qui craignent Dieu, respectueux de la vérité, incorruptibles ; tu les placeras à la tête du peuple comme chefs de « milliers », chefs de « centaines », chefs de « cinquantaines » et chefs de « dizaines ». 22 Ils seront en tout temps à la disposition du peuple pour juger les affaires ordinaires et ils ne porteront devant toi que les affaires importantes, mais ils jugeront eux-mêmes les cas faciles à régler. Allège ainsi ta charge ! Qu'ils la portent avec toi ! 23 Si tu agis comme je te le conseille et que Dieu te dirige, tu pourras tenir bon et tous ces gens arriveront chez eux dans de bonnes conditions.

24 Moïse suivit le conseil de son beau-père et fit tout ce que celui-ci lui avait suggéré. 25 Il choisit dans tout Israël des hommes capables et les plaça à la tête du peuple comme chefs de « milliers », de « centaines », de « cinquantaines » et de « dizaines ». 26 Ils étaient constamment à la disposition du peuple pour rendre la justice, réglant eux-mêmes les cas faciles et portant devant Moïse les affaires difficiles. 27 Moïse prit congé de son beau-père qui reprit le chemin de son pays.

At Mount Sinai

19 1 On the first day of the third month after the Israelites left Egypt – on that very day – they came to the Desert of Sinai. 2 After they set out from Rephidim, they entered the Desert of Sinai, and Israel camped there in the desert in front of the mountain.

3 Then Moses went up to God, and the LORD called to him from the mountain and said, "This is what you are to say to the descendants of Jacob and what you are to tell the people of Israel: 4 'You yourselves have seen what I did to Egypt, and how I carried you on eagles' wings and brought you to myself. 5 Now if you obey me fully and keep my covenant, then out of all nations you will be my treasured possession. Although the whole earth is mine, 6 you[s] will be for me a kingdom of priests and a holy nation.' These are the words you are to speak to the Israelites."

7 So Moses went back and summoned the elders of the people and set before them all the words the LORD had commanded him to speak. 8 The people all responded together, "We will do everything the LORD has said." So Moses brought their answer back to the LORD.

9 The LORD said to Moses, "I am going to come to you in a dense cloud, so that the people will hear me speaking with you and will always put their trust in you." Then Moses told the LORD what the people had said.

10 And the LORD said to Moses, "Go to the people and consecrate them today and tomorrow. Have them wash their clothes 11 and be ready by the third day, because on that day the LORD will come down on Mount Sinai in the sight of all the people. 12 Put limits for the people around the mountain and tell them, 'Be careful that you do not approach the mountain or touch the foot of it. Whoever touches the mountain is to be put to death. 13 They are to be stoned or shot with arrows; not a hand is to be laid on them. No person or animal shall be permitted to live.' Only when the ram's horn sounds a long blast may they approach the mountain."

14 After Moses had gone down the mountain to the people, he consecrated them, and they washed their clothes. 15 Then he said to the people, "Prepare yourselves for the third day. Abstain from sexual relations."

s **19:5,6** Or *possession, for the whole earth is mine.* 6 *You*

L'ALLIANCE DU SINAÏ

L'arrivée au mont Sinaï

19 1 Le troisième mois après leur départ d'Egypte, ce jour même, les Israélites arrivèrent au désert du Sinaï[a]. 2 Après être partis de Rephidim, ils entrèrent dans ce désert et y dressèrent leur camp en face de la montagne.

Dieu adopte Israël

3 Moïse gravit la montagne pour aller vers Dieu. D'en haut, Dieu l'appela et lui dit : Voici comment tu parleras aux descendants de Jacob et ce que tu annonceras aux Israélites : 4 « Vous avez vu vous-mêmes comment j'ai traité les Egyptiens et comment je vous ai portés comme sur des ailes d'aigles pour vous faire venir jusqu'à moi[b]. 5 Maintenant, si vous m'obéissez et si vous restez fidèles à mon alliance, vous serez pour moi un peuple précieux parmi tous les peuples, bien que toute la terre m'appartienne. 6 Oui vous, vous serez pour moi un royaume de prêtres, une nation sainte. » Telles sont les paroles que tu transmettras aux Israélites.

7 Moïse retourna au camp, convoqua les responsables du peuple et leur transmit toutes les paroles de l'Eternel. 8 Alors le peuple s'écria à l'unanimité : Nous ferons tout ce que l'Eternel a dit.

Moïse rapporta à l'Eternel la réponse du peuple.

9 L'Eternel dit à Moïse : Voici que je viendrai te trouver au sein d'une épaisse nuée pour que le peuple entende lorsque je parlerai avec toi et qu'ils aient pour toujours confiance en toi.

Et Moïse rapporta à l'Eternel les paroles du peuple.

La purification rituelle

10 L'Eternel dit à Moïse : Va trouver le peuple et demande-lui d'accomplir aujourd'hui et demain des rites de purification et de laver leurs vêtements. 11 Qu'ils se tiennent prêts pour après-demain, car ce jour-là, je descendrai sur le mont Sinaï à la vue de tout le peuple. 12 Tu leur fixeras des limites autour de la montagne et tu leur donneras cet avertissement : « Gardez-vous bien de gravir cette montagne et même de vous en approcher ; quiconque s'en approchera sera puni de mort. 13 Si quelqu'un transgresse cet ordre, on ne le touchera pas, mais on le lapidera ou on le percera de flèches. Qu'il s'agisse d'une bête ou d'un homme, il ne restera pas en vie. C'est seulement lorsque la corne du bélier sonnera que certains[c] monteront sur la montagne[d]. »

14 Moïse redescendit de la montagne vers le peuple pour lui faire accomplir les rites de purification. Ils lavèrent aussi leurs vêtements. 15 Puis il leur dit : Tenez-vous prêts pour après-demain. Abstenez-vous d'ici-là de tout rapport sexuel[e].

a **19.1** Le mot Sinaï désigne tantôt la montagne, tantôt le désert au sud-est de la péninsule. Les Israélites sont restés là près d'une année.
b **19.4** La femelle de l'aigle porte ses petits sur ses ailes pendant son vol (voir Dt 32.11). Allusion à la manière dont Dieu a fait surmonter les difficultés à son peuple, en particulier en lui faisant traverser la barrière apparemment infranchissable de la mer des Roseaux.
c **19.13** Aaron et ses deux fils ainsi que soixante-dix responsables du peuple d'Israël pourront monter sur la montagne (24.1, 9-10).
d **19.13** Allusion en Hé 12.18-20.
e **19.15** Pour ne pas être dans un état d'impureté rituelle (voir Lv 15.18, 21 ; 1 S 21.4-5).

16 On the morning of the third day there was
thunder and lightning, with a thick cloud over the
mountain, and a very loud trumpet blast. Everyone in
the camp trembled. 17 Then Moses led the people out
of the camp to meet with God, and they stood at the
foot of the mountain. 18 Mount Sinai was covered with
smoke, because the LORD descended on it in fire. The
smoke billowed up from it like smoke from a furnace,
and the whole mountain[t] trembled violently. 19 As the
sound of the trumpet grew louder and louder, Moses
spoke and the voice of God answered him.[u]

20 The LORD descended to the top of Mount Sinai
and called Moses to the top of the mountain. So
Moses went up 21 and the LORD said to him, "Go down
and warn the people so they do not force their way
through to see the LORD and many of them perish.
22 Even the priests, who approach the LORD, must consecrate themselves, or the LORD will break out against
them."

23 Moses said to the LORD, "The people cannot come
up Mount Sinai, because you yourself warned us, 'Put
limits around the mountain and set it apart as holy.' "

24 The LORD replied, "Go down and bring Aaron up
with you. But the priests and the people must not
force their way through to come up to the LORD, or he
will break out against them."

25 So Moses went down to the people and told them.

The Ten Commandments

20 1 And God spoke all these words:
2 "I am the LORD your God, who brought you
out of Egypt, out of the land of slavery.

3 "You shall have no other gods before[v] me.

4 You shall not make for yourself an image in the
form of anything in heaven above or on the earth
beneath or in the waters below. 5 You shall not bow
down to them or worship them; for I, the LORD your
God, am a jealous God, punishing the children for the
sin of the parents to the third and fourth generation
of those who hate me, 6 but showing love to a thousand generations of those who love me and keep my
commandments.

7 You shall not misuse the name of the LORD your
God, for the LORD will not hold anyone guiltless who
misuses his name.

8 Remember the Sabbath day by keeping it holy. 9 Six
days you shall labor and do all your work, 10 but the
seventh day is a sabbath to the LORD your God. On it
you shall not do any work, neither you, nor your son

t **19:18** Most Hebrew manuscripts; a few Hebrew manuscripts and Septuagint *and all the people*
u **19:19** Or *and God answered him with thunder*
v **20:3** Or *besides*

L'Eternel descend sur le mont Sinaï

16 Le surlendemain, dès le lever du jour, il y eut des coups
de tonnerre et des éclairs, une épaisse nuée couvrit la
montagne et l'on entendit un son de corne très puissant.
Dans le camp, tout le peuple se mit à trembler de peur.
17 Moïse fit sortir tout le monde du camp, à la rencontre
de Dieu. Ils se tinrent au pied de la montagne. 18 Le mont
Sinaï était entièrement enveloppé de fumée parce que
l'Eternel était descendu là au milieu du feu, et la fumée
s'élevait comme celle d'une fournaise. Toute la montagne
était secouée d'un violent tremblement de terre. 19 Le son
du cor allait en s'amplifiant énormément. Moïse parlait,
et Dieu lui répondait dans le tonnerre. 20 L'Eternel était
descendu sur le sommet du mont Sinaï, et il y appela Moïse.
Moïse monta.

21 L'Eternel lui dit : Redescends avertir le peuple de ne
pas se précipiter vers l'Eternel pour le voir, car beaucoup
d'entre eux y perdraient la vie. 22 Même les prêtres[f] qui
s'approchent de moi doivent se purifier, sous peine de voir
l'Eternel décimer leurs rangs.

23 Moïse dit à l'Eternel : Le peuple ne saurait gravir le
mont Sinaï puisque tu nous as toi-même prescrit de fixer des limites autour de la montagne et de la tenir pour
sacrée.

24 L'Eternel lui répéta : Va, redescends, et puis tu remonteras avec Aaron. Mais que les prêtres et le peuple ne se
précipitent pas pour monter vers moi, de peur que je ne
décime leurs rangs.

25 Moïse redescendit vers le peuple pour lui parler.

La charte de l'alliance

20 1 Alors Dieu prononça toutes ces paroles :
2 Je suis l'Eternel ton Dieu qui t'ai fait sortir
d'Egypte, du pays où tu étais esclave.

3 Tu n'auras pas d'autre dieu que moi.

4 Tu ne te feras pas d'idole ni de représentation quelconque de ce qui se trouve en haut dans le ciel, ici-bas
sur la terre, ou dans les eaux plus bas que la terre[g]. 5 Tu
ne te prosterneras pas devant de telles idoles[h] et tu ne
leur rendras pas de culte, car moi, l'Eternel, ton Dieu, je
suis un Dieu qui ne tolère aucun rival[i] : je punis les fils
pour la faute de leur père, jusqu'à la troisième, voire la
quatrième génération de ceux qui me haïssent. 6 Mais j'agis
avec amour jusqu'à la millième génération envers ceux
qui m'aiment et qui obéissent à mes commandements.

7 Tu n'utiliseras pas le nom de l'Eternel ton Dieu pour
tromper[j], car l'Eternel ne laisse pas impuni celui qui utilise
son nom pour tromper.

8 Pense à observer le jour du sabbat et fais-en un jour
consacré à l'Eternel. 9 Tu travailleras six jours pour faire
tout ce que tu as à faire. 10 Mais le septième jour est le
jour du repos consacré à l'Eternel, ton Dieu ; tu ne feras

f **19.22** Probablement les chefs de famille qui au temps des patriarches avaient des fonctions sacerdotales, ou des responsables d'Israël (voir 3.16, 18 ; 12.21 ; 18.12).
g **20.4** Pour les v. 4-5, voir Ex 34.17 ; Lv 19.4 ; 26.1 ; Dt 4.15-18 ; 27.15.
h **20.5** Ce mot est aussi traduit par *images*.
i **20.5** Souvent traduit : *je suis un Dieu jaloux*. L'expression signifie que Dieu requiert que son peuple lui conserve l'exclusivité dans son culte. C'est là une marque de l'amour divin. On peut comparer au mari qui, parce qu'il aime son épouse, attend l'exclusivité dans sa relation avec elle (voir34.14 ; Dt 4.24 ; 32.16, 21 ; Jos 24.19 ; Ps 78.58 ; 1 Co 10.22).
j **20.7** Autre traduction : *de manière abusive*.

or daughter, nor your male or female servant, nor your
animals, nor any foreigner residing in your towns.
11 For in six days the LORD made the heavens and the
earth, the sea, and all that is in them, but he rested
on the seventh day. Therefore the LORD blessed the
Sabbath day and made it holy.
12 Honor your father and your mother, so that you
may live long in the land the LORD your God is giving
you.
13 You shall not murder.
14 You shall not commit adultery.
15 You shall not steal.
16 You shall not give false testimony against your
neighbor.
17 You shall not covet your neighbor's house. You
shall not covet your neighbor's wife, or his male or
female servant, his ox or donkey, or anything that
belongs to your neighbor."

18 When the people saw the thunder and lightning and heard the trumpet and saw the mountain
in smoke, they trembled with fear. They stayed at a
distance 19 and said to Moses, "Speak to us yourself
and we will listen. But do not have God speak to us
or we will die."
20 Moses said to the people, "Do not be afraid. God
has come to test you, so that the fear of God will be
with you to keep you from sinning."
21 The people remained at a distance, while Moses
approached the thick darkness where God was.

Idols and Altars

22 Then the LORD said to Moses, "Tell the Israelites
this: 'You have seen for yourselves that I have spoken to you from heaven: 23 Do not make any gods to
be alongside me; do not make for yourselves gods of
silver or gods of gold.
24 " 'Make an altar of earth for me and sacrifice on
it your burnt offerings and fellowship offerings, your
sheep and goats and your cattle. Wherever I cause my
name to be honored, I will come to you and bless you.
25 If you make an altar of stones for me, do not build
it with dressed stones, for you will defile it if you use
a tool on it. 26 And do not go up to my altar on steps,
or your private parts may be exposed.'

21

1 "These are the laws you are to set before
them:

Hebrew Servants

2 "If you buy a Hebrew servant, he is to serve you
for six years. But in the seventh year, he shall go free,
without paying anything. 3 If he comes alone, he is
to go free alone; but if he has a wife when he comes,
she is to go with him. 4 If his master gives him a wife
and she bears him sons or daughters, the woman and
her children shall belong to her master, and only the
man shall go free.

aucun travail ce jour-là, ni toi, ni ton fils, ni ta fille, ni ton
serviteur, ni ta servante, ni ton bétail, ni l'étranger qui
réside chez toi ; 11 car en six jours, l'Eternel a fait le ciel,
la terre, la mer, et tout ce qui s'y trouve, mais le septième
jour, il s'est reposé. C'est pourquoi l'Eternel a béni le jour
du sabbat et en a fait un jour qui lui est consacré.
12 Honore ton père et ta mère afin de jouir d'une longue
vie dans le pays que l'Eternel ton Dieu te donne.
13 Tu ne commettras pas de meurtre.
14 Tu ne commettras pas d'adultère.
15 Tu ne commettras pas de vol.
16 Tu ne porteras pas de faux témoignage contre ton
prochain.
17 Tu ne convoiteras pas la maison de ton prochain, tu
ne convoiteras pas la femme de ton prochain, ni son serviteur, ni sa servante, ni son bœuf, ni son âne, ni rien qui
appartienne à ton prochain.

Moïse : intermédiaire entre Dieu et le peuple

18 Tout le peuple entendait le tonnerre et le son du cor et
voyait les éclairs et la fumée qui enveloppait la montagne.
A ce spectacle, ils se mirent tous à trembler de peur et ils
se tinrent à distance. 19 Ils dirent à Moïse : Parle-nous toi-
même, et nous t'obéirons, mais que Dieu ne nous parle pas
directement, pour que nous ne mourions pas[k].
20 Moïse répondit : N'ayez pas peur ! Si Dieu est venu ainsi, c'est pour vous mettre à l'épreuve, et pour que vous le
craigniez afin de ne pas pécher.
21 Le peuple restait à distance, Moïse seul s'approcha de
l'épaisse nuée dans laquelle Dieu se tenait.

La loi sur les autels pour l'Eternel

22 L'Eternel dit à Moïse : Voici ce que tu diras aux
Israélites : « Vous avez vu comme je vous ai parlé du
haut du ciel. 23 Vous ne m'associerez aucune divinité, vous ne vous fabriquerez aucune idole en argent
ou en or. 24 Vous construirez pour moi un autel en
terre sur lequel vous offrirez vos holocaustes et vos
sacrifices de communion, votre petit et votre gros
bétail ; en tout lieu où je rappellerai mon souvenir,
je viendrai vers vous et je vous bénirai. 25 Si vous me
construisez un autel en pierres, vous ne le bâtirez
pas en pierres taillées, car en taillant les pierres au
ciseau, vous les profaneriez. 26 Vous ne construirez
pas d'autel auquel on monte par des marches pour
ne pas exposer aux regards la nudité de ceux qui y
monteront. »

Les lois sur les esclaves hébreux

21

1 L'Eternel dit à Moïse : Voici les lois que tu ex-
poseras au peuple : 2 Lorsque vous achèterez un
esclave hébreu, son service durera six ans ; la septième
année, il partira libre, sans avoir rien à payer. 3 S'il était
célibataire en entrant à votre service, il partira seul. S'il
était marié, sa femme partira avec lui. 4 Si son maître lui
a procuré une femme et qu'elle lui a donné des fils ou des
filles[l], la femme et ses enfants resteront la propriété de son

[k] 20.19 Allusion en Hé 12.18-19.
[l] 21.4 C'est-à-dire : *lui a donné l'une de ses esclaves.*

[5]"But if the servant declares, 'I love my master and my wife and children and do not want to go free,' [6]then his master must take him before the judges.[w] He shall take him to the door or the doorpost and pierce his ear with an awl. Then he will be his servant for life.

[7]"If a man sells his daughter as a servant, she is not to go free as male servants do. [8]If she does not please the master who has selected her for himself,[x] he must let her be redeemed. He has no right to sell her to foreigners, because he has broken faith with her. [9]If he selects her for his son, he must grant her the rights of a daughter. [10]If he marries another woman, he must not deprive the first one of her food, clothing and marital rights. [11]If he does not provide her with these three things, she is to go free, without any payment of money.

Personal Injuries

[12]"Anyone who strikes a person with a fatal blow is to be put to death. [13]However, if it is not done intentionally, but God lets it happen, they are to flee to a place I will designate. [14]But if anyone schemes and kills someone deliberately, that person is to be taken from my altar and put to death.

[15]"Anyone who attacks[y] their father or mother is to be put to death.

[16]"Anyone who kidnaps someone is to be put to death, whether the victim has been sold or is still in the kidnapper's possession.

[17]"Anyone who curses their father or mother is to be put to death.

[18]"If people quarrel and one person hits another with a stone or with their fist[z] and the victim does not die but is confined to bed, [19]the one who struck the blow will not be held liable if the other can get up and walk around outside with a staff; however, the guilty party must pay the injured person for any loss of time and see that the victim is completely healed.

[20]"Anyone who beats their male or female slave with a rod must be punished if the slave dies as a direct result, [21]but they are not to be punished if the slave recovers after a day or two, since the slave is their property.

[22]"If people are fighting and hit a pregnant woman and she gives birth prematurely[a] but there is no serious injury, the offender must be fined whatever the woman's husband demands and the court allows.

maître, lui seul partira libre. [5]Mais si le serviteur déclare : « J'aime mon maître, ma femme et mes enfants, je renonce à partir libre », [6]alors le maître prendra Dieu à témoin[m] et fera approcher l'homme du battant de la porte ou de son montant et lui percera l'oreille avec un poinçon[n] et cet homme sera son esclave pour toujours.

[7]Si un homme a vendu sa fille comme servante, elle ne sera pas libérée dans les mêmes conditions que les esclaves. [8]Si elle déplaît à son maître qui se la réservait[o], il la fera racheter, mais il ne pourra pas la vendre à des étrangers. Ce serait la trahir. [9]S'il l'a destinée à son fils, il la traitera selon le droit qui s'applique à des filles. [10]Si, après l'avoir épousée, il prend une autre femme, il ne retranchera rien à la nourriture et à l'habillement de la première, ni à son devoir conjugal envers elle. [11]S'il lui refuse l'une de ces trois choses, elle pourra partir libre, sans paiement[p].

La loi sur les atteintes aux personnes

[12]Celui qui frappera un homme et causera sa mort, sera puni de mort. [13]Cependant, s'il n'avait pas l'intention de donner la mort[q], mais que Dieu a fait tomber l'homme entre ses mains, je te désignerai un endroit où il pourra se réfugier[r]. [14]Par contre, si quelqu'un agit avec préméditation, et qu'il assassine son prochain par ruse, vous irez jusqu'à l'arracher à mon autel[s] pour le faire mourir.

[15]Celui qui frappe son père ou sa mère sera puni de mort.

[16]Celui qui commet un rapt sera également mis à mort – qu'il ait vendu sa victime comme esclave ou qu'on la trouve encore entre ses mains.

[17]Celui qui maudit son père ou sa mère sera puni de mort.

[18]Si, au cours d'une dispute, un homme en frappe un autre du poing ou à coups de pierres sans causer sa mort, mais en l'obligeant à s'aliter, [19]si la victime se relève et peut de nouveau se promener dehors – fût-ce en s'appuyant sur une canne – celui qui l'aura frappé sera acquitté. Toutefois, il dédommagera l'autre pour son temps d'arrêt de travail et il se chargera de le faire soigner.

[20]Si quelqu'un fait mourir son esclave ou sa servante en le frappant à coups de bâton, il devra être puni. [21]Toutefois, si le blessé survit un jour ou deux, son maître ne sera pas puni, car il l'a acquis avec son propre argent.

[22]Si des hommes, en se battant, heurtent une femme enceinte et causent un accouchement prématuré, mais sans qu'il y ait d'autre conséquence grave, l'auteur de l'accident devra payer une indemnité dont le montant sera fixé par

[w] **21:6** Or *before God*
[x] **21:8** Or *master so that he does not choose her*
[y] **21:15** Or *kills*
[z] **21:18** Or *with a tool*
[a] **21:22** Or *she has a miscarriage*

[m] **21.6** Concrètement cela signifie qu'il ira devant un représentant de l'autorité divine, c'est-à-dire un juge (voir22.7-8 ; Dt 1.17) ou l'assemblée des juges (voir Ps 82.1).
[n] **21.6** Le percement de l'oreille, courant en Syrie et dans les pays environnants comme signe de servitude, symbolisait l'obéissance stricte que le serviteur devait à son maître.
[o] **21.8** Selon la leçon indiquée en marge par les copistes, le texte porte : *et que celui-ci ne se l'attribue pas.*
[p] **21.11** En donnant ces droits à la femme-esclave, la Loi la protégeait et restreignait la polygamie.
[q] **21.13** C'est le cas que nos législations ont retenu sous l'appellation d'homicide involontaire ou par imprudence.
[r] **21.13** Dieu désignera certaines villes de refuge lorsque le peuple sera entré en Canaan (voir Nb 35.9-34 ; Dt 19.1-13 ; Jos 20.1-9).
[s] **21.14** L'autel était l'ultime refuge du coupable poursuivi par la justice (voir 1 R 1.50-51 ; 2.28-34 ; Am 3.14).

23 But if there is serious injury, you are to take life for life, 24 eye for eye, tooth for tooth, hand for hand, foot for foot, 25 burn for burn, wound for wound, bruise for bruise.

26 "An owner who hits a male or female slave in the eye and destroys it must let the slave go free to compensate for the eye. 27 And an owner who knocks out the tooth of a male or female slave must let the slave go free to compensate for the tooth.

28 "If a bull gores a man or woman to death, the bull is to be stoned to death, and its meat must not be eaten. But the owner of the bull will not be held responsible. 29 If, however, the bull has had the habit of goring and the owner has been warned but has not kept it penned up and it kills a man or woman, the bull is to be stoned and its owner also is to be put to death. 30 However, if payment is demanded, the owner may redeem his life by the payment of whatever is demanded. 31 This law also applies if the bull gores a son or daughter. 32 If the bull gores a male or female slave, the owner must pay thirty shekels[b] of silver to the master of the slave, and the bull is to be stoned to death.

33 "If anyone uncovers a pit or digs one and fails to cover it and an ox or a donkey falls into it, 34 the one who opened the pit must pay the owner for the loss and take the dead animal in exchange.

35 "If anyone's bull injures someone else's bull and it dies, the two parties are to sell the live one and divide both the money and the dead animal equally. 36 However, if it was known that the bull had the habit of goring, yet the owner did not keep it penned up, the owner must pay, animal for animal, and take the dead animal in exchange.

Protection of Property

22 1[c] "Whoever steals an ox or a sheep and slaughters it or sells it must pay back five head of cattle for the ox and four sheep for the sheep.

2 "If a thief is caught breaking in at night and is struck a fatal blow, the defender is not guilty of bloodshed; 3 but if it happens after sunrise, the defender is guilty of bloodshed.

"Anyone who steals must certainly make restitution, but if they have nothing, they must be sold to pay for their theft. 4 If the stolen animal is found alive in their possession – whether ox or donkey or sheep – they must pay back double.

5 "If anyone grazes their livestock in a field or vineyard and lets them stray and they graze in someone

[b] 21:32 That is, about 12 ounces or about 345 grams

[c] In Hebrew texts 22:1 is numbered 21:37, and 22:2-31 is numbered 22:1-30.

le mari de la femme et approuvé par arbitrage. 23 Mais s'il s'ensuit un dommage[t], tu feras payer vie pour vie, 24 œil pour œil, dent pour dent, main pour main, pied pour pied[u], 25 brûlure pour brûlure, blessure pour blessure, contusion pour contusion.

26 Si un homme blesse son esclave ou sa servante à l'œil au point de lui en faire perdre l'usage, il lui rendra la liberté en compensation de l'œil perdu. 27 S'il lui fait tomber une dent, il lui rendra également la liberté en compensation de sa dent. 28 Si un taureau frappe un homme ou une femme et les tue, il sera lapidé. On n'en mangera pas la viande, mais son propriétaire ne sera pas puni. 29 Toutefois si, depuis quelque temps, ce taureau avait l'habitude d'attaquer les gens et que son propriétaire en a été formellement averti mais ne l'a pas surveillé, et si ce taureau tue quelqu'un, il sera lapidé et son propriétaire sera lui aussi mis à mort. 30 Si on impose au propriétaire une rançon pour sa vie, il devra donner tout ce qu'on lui réclamera. 31 Si le taureau frappe un garçon ou une fille, on lui appliquera la même loi. 32 S'il heurte un esclave ou une servante, le propriétaire de l'animal versera au maître de la victime trente pièces d'argent, et le taureau sera lapidé[v].

La loi sur les atteintes aux biens

33 Si quelqu'un, après avoir enlevé le couvercle d'une citerne ou après avoir creusé une citerne, la laisse ouverte et qu'un taureau ou un âne tombe dedans, 34 le propriétaire de la citerne paiera au propriétaire de la bête l'argent qu'elle valait, et la bête morte lui appartiendra.

35 Si le taureau de quelqu'un blesse mortellement celui d'un autre, le taureau vivant sera vendu et les deux propriétaires se partageront l'argent et l'animal mort. 36 Mais si l'on savait que le taureau qui en a tué un autre avait l'habitude de donner des coups de corne et si son maître ne l'a pas surveillé, celui-ci devra remplacer le taureau qui a été tué et l'animal mort lui appartiendra.

37 Si quelqu'un vole un bovin ou un mouton et qu'il l'abatte ou le vende, il devra donner cinq bovins pour le bovin volé ou quatre moutons pour le mouton volé.

22 1 Si l'on surprend un voleur en train de pénétrer dans une maison par effraction et qu'on lui assène un coup mortel, celui qui l'aura frappé ne sera pas coupable de meurtre. 2 Par contre, si cela se passe en plein jour, celui qui l'aura frappé sera coupable de meurtre. Tout voleur devra verser une indemnité. S'il ne possède rien, il sera lui-même vendu comme esclave pour compenser ce qu'il a volé.

3 S'il a volé un animal – bovin, âne ou mouton – et qu'on le retrouve vivant en sa possession, il rendra deux animaux en compensation.

4 Si quelqu'un fait brouter ses bêtes dans le champ ou le vignoble d'autrui, il indemnisera le propriétaire lésé en

[t] 21.23 Pour la mère ou pour l'enfant.

[u] 21.24 Cité en Mt 5.38.

[v] 21.32 Prix moyen d'un esclave étranger. L'esclave hébreu devait être racheté au prix de cinquante pièces d'argent (Lv 27.3-6; il s'agit de sicles).

else's field, the offender must make restitution from
the best of their own field or vineyard.
6 "If a fire breaks out and spreads into thornbushes
so that it burns shocks of grain or standing grain or
the whole field, the one who started the fire must
make restitution.

7 "If anyone gives a neighbor silver or goods for
safekeeping and they are stolen from the neighbor's
house, the thief, if caught, must pay back double. 8 But
if the thief is not found, the owner of the house must
appear before the judges, and they must[d] determine
whether the owner of the house has laid hands on
the other person's property. 9 In all cases of illegal
possession of an ox, a donkey, a sheep, a garment, or
any other lost property about which somebody says,
'This is mine,' both parties are to bring their cases
before the judges.[e] The one whom the judges declare[f]
guilty must pay back double to the other.
10 "If anyone gives a donkey, an ox, a sheep or any
other animal to their neighbor for safekeeping and
it dies or is injured or is taken away while no one is
looking, 11 the issue between them will be settled by
the taking of an oath before the LORD that the neighbor
did not lay hands on the other person's property. The
owner is to accept this, and no restitution is required.
12 But if the animal was stolen from the neighbor, restitution must be made to the owner. 13 If it was torn
to pieces by a wild animal, the neighbor shall bring
in the remains as evidence and shall not be required
to pay for the torn animal.
14 "If anyone borrows an animal from their neighbor
and it is injured or dies while the owner is not present, they must make restitution. 15 But if the owner
is with the animal, the borrower will not have to pay.
If the animal was hired, the money paid for the hire
covers the loss.

Social Responsibility

16 "If a man seduces a virgin who is not pledged
to be married and sleeps with her, he must pay the
bride-price, and she shall be his wife. 17 If her father
absolutely refuses to give her to him, he must still pay
the bride-price for virgins.

18 "Do not allow a sorceress to live.
19 "Anyone who has sexual relations with an animal
is to be put to death.
20 "Whoever sacrifices to any god other than the
LORD must be destroyed.[g]

21 "Do not mistreat or oppress a foreigner, for you
were foreigners in Egypt.
22 "Do not take advantage of the widow or the fatherless. 23 If you do and they cry out to me, I will
certainly hear their cry. 24 My anger will be aroused,

lui donnant le meilleur produit de son propre champ et
de son vignoble.
5 Si quelqu'un allume un feu et que celui-ci, rencontrant
des buissons d'épines[w], se propage et brûle les gerbes du
voisin, ou son blé sur pied, ou bien son blé en herbe, l'auteur de l'incendie sera tenu de donner compensation pour
ce qui aura été brûlé.
6 Si un homme confie à la garde d'autrui de l'argent ou
des objets de valeur et qu'ils soient volés dans la maison de
celui qui en avait accepté la garde, si le voleur est retrouvé,
il restituera le double de ce qu'il a volé. 7 S'il ne l'est pas, le
maître de la maison comparaîtra devant Dieu pour savoir
s'il ne s'est pas emparé du bien de son prochain. 8 Dans
toute affaire frauduleuse, qu'il s'agisse d'un bovin, d'un
âne, d'un mouton, d'un vêtement ou de n'importe quel
objet perdu dont deux personnes revendiqueront la propriété, les deux parties porteront leur litige devant Dieu ;
celui que Dieu déclarera coupable restituera le double à
l'autre. 9 Si un homme confie en garde à son prochain un
âne, un bovin, un mouton ou tout autre animal, et que
celui-ci meurt, se casse une patte ou se fait capturer par
des voleurs sans qu'il y ait de témoin, 10 un serment prêté
au nom de l'Eternel départagera les deux parties. Celui qui
avait la garde de l'animal jurera qu'il ne s'est pas emparé
du bien de l'autre, et le propriétaire de la bête acceptera
ce serment sans qu'aucune indemnité ne lui soit versée.
11 Mais si l'animal lui a été volé chez lui, il dédommagera
le propriétaire. 12 Si l'animal a été déchiré par une bête
féroce, ses restes seront produits comme pièce à conviction
et il ne sera pas nécessaire de payer d'indemnité pour la
bête déchirée.
13 Si quelqu'un emprunte une bête et qu'elle se casse une
patte ou meurt en l'absence de son propriétaire, l'emprunteur sera tenu d'indemniser ce dernier. 14 Si, par contre,
son propriétaire était présent au moment de l'accident, il
n'y aura pas lieu de l'indemniser. Si la bête a été louée, ce
dommage est couvert par le prix de la location.

15 Si un homme séduit une jeune fille non encore fiancée
et couche avec elle, il devra payer sa dot et la prendre pour
femme[x]. 16 Si le père refuse absolument de la lui accorder, il
paiera en argent la dot habituelle des jeunes filles vierges.

Des crimes passibles de la peine de mort

17 Tu ne laisseras pas vivre de magicienne.
18 Quiconque s'accouple à une bête sera puni de mort.

19 Celui qui offrira des sacrifices à d'autres dieux qu'à
l'Eternel devra être exécuté.

La loi sur la protection des défavorisés

20 Tu n'exploiteras pas l'étranger qui vit dans ton pays
et tu ne l'opprimeras pas, car vous avez été vous-mêmes
étrangers en Egypte. 21 Vous n'opprimerez pas la veuve ni
l'orphelin. 22 Si vous les opprimez et qu'ils fassent monter
leur plainte vers moi, je ne manquerai pas d'écouter leur
cri, 23 je me mettrai en colère contre vous et je vous ferai

d 22:8 Or *before God, and he will*
e 22:9 Or *before God*
f 22:9 Or *whom God declares*
g 22:20 The Hebrew term refers to the irrevocable giving over of things or persons to the LORD, often by totally destroying them.

w 22.5 Les haies d'épines étaient souvent utilisées comme clôtures (voir Mi 7.4).
x 22.15 La dot devait être payée par le gendre ou son père au père de la jeune fille (comparer Dt 22.28-29).

and I will kill you with the sword; your wives will
become widows and your children fatherless.
25“If you lend money to one of my people among
you who is needy, do not treat it like a business deal;
charge no interest. 26If you take your neighbor’s cloak
as a pledge, return it by sunset, 27because that cloak
is the only covering your neighbor has. What else can
they sleep in? When they cry out to me, I will hear,
for I am compassionate.

28“Do not blaspheme God[h] or curse the ruler of
your people.
29“Do not hold back offerings from your granaries
or your vats.[i]
“You must give me the firstborn of your sons. 30Do
the same with your cattle and your sheep. Let them
stay with their mothers for seven days, but give them
to me on the eighth day.
31“You are to be my holy people. So do not eat the
meat of an animal torn by wild beasts; throw it to
the dogs.

Laws of Justice and Mercy

23 1“Do not spread false reports. Do not help a
guilty person by being a malicious witness.
2“Do not follow the crowd in doing wrong. When
you give testimony in a lawsuit, do not pervert justice
by siding with the crowd, 3and do not show favoritism
to a poor person in a lawsuit.
4“If you come across your enemy’s ox or donkey
wandering off, be sure to return it. 5If you see the
donkey of someone who hates you fallen down under
its load, do not leave it there; be sure you help them
with it.
6“Do not deny justice to your poor people in their
lawsuits. 7Have nothing to do with a false charge and
do not put an innocent or honest person to death, for
I will not acquit the guilty.
8“Do not accept a bribe, for a bribe blinds those who
see and twists the words of the innocent.
9“Do not oppress a foreigner; you yourselves know
how it feels to be foreigners, because you were foreigners in Egypt.

Sabbath Laws

10“For six years you are to sow your fields and harvest the crops, 11but during the seventh year let the
land lie unplowed and unused. Then the poor among
your people may get food from it, and the wild animals may eat what is left. Do the same with your
vineyard and your olive grove.
12“Six days do your work, but on the seventh day do
not work, so that your ox and your donkey may rest,

h **22:28** Or *Do not revile the judges*
i **22:29** The meaning of the Hebrew for this phrase is uncertain.

périr par la guerre, de sorte que vos femmes deviendron
veuves et vos fils orphelins.
24Si tu prêtes de l’argent à un membre de mon peuple, à
un pauvre qui est avec toi, tu n’agiras pas envers lui comme
un usurier, tu n’en exigeras pas d’intérêts.
25Si tu prends en gage le manteau de ton prochain, tu
le lui rendras avant le coucher du soleil[y], 26car c’est là sa
seule couverture ; autrement, dans quoi s’envelopperait-il
pour dormir ? S’il crie vers moi, je l’écouterai, car je suis
compatissant.

La loi sur ce qui est dû à Dieu

27Tu n’insulteras pas Dieu[z] et tu ne maudiras pas celui
qui gouverne ton peuple[a].
28Tu ne différeras pas l’offrande des prémices de ta
moisson et de ta vendange.
Tu me donneras le premier-né de tes fils, 29tu m’offriras
également le premier-né de tes bovins, de tes moutons et
de tes chèvres ; ils resteront sept jours avec leur mère, et
le huitième jour tu me les offriras.
30Vous serez pour moi des hommes saints : vous ne mangerez donc pas la viande d’un animal déchiré par des bêtes
sauvages, vous le jetterez aux chiens.

La loi sur l’exercice de la justice

23 1Tu ne colporteras pas de rumeur sans fondement.
Ne te rends pas complice d’un méchant par un
faux témoignage. 2Ne suis pas la majorité pour faire le
mal et, si tu es appelé à témoigner dans un procès, ne te
conforme pas au grand nombre pour fausser le droit. 3Ne
favorise pas un pauvre dans un procès.
4Si tu rencontres le bœuf de ton ennemi ou son âne
égaré, tu ne manqueras pas de les lui ramener[b]. 5Lorsque
tu verras l’âne de celui qui te déteste succomber sous sa
charge, et que tu n’auras pas envie d’aider cet homme,
aide-le quand même à délester son âne.
6Ne fausse pas le cours de la justice aux dépens du
pauvre dans un procès[c]. 7Ne te mêle pas d’une cause
mensongère et ne cause pas la mort de l’innocent et du
juste, car je ne tiendrai pas le coupable pour innocent. 8Tu
n’accepteras pas de pot-de-vin, car les présents aveuglent
même des hommes lucides et compromettent la cause des
justes.
9Tu n’oppRimeras pas l’étranger qui réside dans ton
pays ; vous savez vous-mêmes ce qu’éprouve un étranger
puisque vous l’avez été en Egypte.

La loi sur les divers sabbats

10Pendant six années tu ensemenceras ta terre et tu en
récolteras les produits[d] ; 11mais la septième année, tu la
laisseras en jachère. Les pauvres de ton peuple mangeront
ce qu’ils y trouveront et ce qu’ils laisseront nourrira les
bêtes sauvages. Tu feras de même pour tes vignes et tes
oliviers.
12Pendant six jours, tu feras tout ton travail, mais le
septième jour, tu l’interrompras pour que ton bœuf et

y **22.25** Pour les v. 25-26, voir Dt 24.10-13.
z **22.27** Autre traduction : *tu ne manqueras pas de respect pour Dieu,* ce qui suit explicitant ce que représente le respect ou le manque de respect pour Dieu.
a **22.27** Cité en Ac 23.5.
b **23.4** Pour les v. 4-5, voir Dt 22.1-4.
c **23.6** Pour les v. 6-8, voir Lv 19.15 ; Dt 16.19.
d **23.10** Pour les v. 10-11, voir Lv 25.1-7.

and so that the slave born in your household and the
foreigner living among you may be refreshed.
13 "Be careful to do everything I have said to you. Do
not invoke the names of other gods; do not let them
be heard on your lips.

The Three Annual Festivals

14 "Three times a year you are to celebrate a festival
to me.
15 "Celebrate the Festival of Unleavened Bread; for
seven days eat bread made without yeast, as I commanded you. Do this at the appointed time in the
month of Aviv, for in that month you came out of
Egypt.
"No one is to appear before me empty-handed.
16 "Celebrate the Festival of Harvest with the firstfruits of the crops you sow in your field.
"Celebrate the Festival of Ingathering at the end of
the year, when you gather in your crops from the field.
17 "Three times a year all the men are to appear
before the Sovereign LORD.
18 "Do not offer the blood of a sacrifice to me along
with anything containing yeast.
"The fat of my festival offerings must not be kept
until morning.
19 "Bring the best of the firstfruits of your soil to
the house of the LORD your God.
"Do not cook a young goat in its mother's milk.

God's Angel to Prepare the Way

20 "See, I am sending an angel ahead of you to guard
you along the way and to bring you to the place I
have prepared. 21 Pay attention to him and listen
to what he says. Do not rebel against him; he will
not forgive your rebellion, since my Name is in him.
22 If you listen carefully to what he says and do all
that I say, I will be an enemy to your enemies and
will oppose those who oppose you. 23 My angel will
go ahead of you and bring you into the land of the
Amorites, Hittites, Perizzites, Canaanites, Hivites
and Jebusites, and I will wipe them out. 24 Do not bow
down before their gods or worship them or follow
their practices. You must demolish them and break
their sacred stones to pieces. 25 Worship the LORD your
God, and his blessing will be on your food and water.
I will take away sickness from among you, 26 and
none will miscarry or be barren in your land. I will
give you a full life span.

ton âne jouissent du repos, et que le fils de ta servante et
l'étranger puissent reprendre leur souffle.
13 Vous veillerez à observer tout ce que je vous ai prescrit. Vous n'invoquerez jamais des dieux étrangers ; qu'ils
ne soient même pas nommés par vous.

La loi sur les trois grandes fêtes

14 Trois fois par an, tu célébreras une fête en mon honneur. 15 Tu célébreras la fête des Pains sans levain. Pendant
sept jours, tu mangeras des pains sans levain au temps fixé,
au mois des épis[e], comme je te l'ai ordonné, car c'est au
cours de ce mois que tu es sorti d'Egypte. Tu ne te présenteras pas devant moi les mains vides[f]. 16 Tu célébreras aussi
la fête de la Moisson[g] et des Premiers Fruits de ton travail,
de ce que tu auras semé dans les champs. A la fin de l'année, tu célébreras aussi la fête de la Récolte[h], quand tu
rentreras des champs le fruit de ton travail. 17 Trois fois
l'an, tous les hommes viendront se présenter devant moi
le Seigneur, l'Eternel.

18 Tu ne verseras pas le sang des sacrifices qui me sont
offerts sur du pain levé, et tu ne conserveras pas jusqu'au
matin la graisse des animaux offerts au cours des fêtes
célébrées en mon honneur. 19 Tu apporteras au sanctuaire de l'Eternel ton Dieu les tout premiers produits de
tes récoltes. Tu ne feras pas cuire un chevreau dans le
lait de sa mère[i].

Les perspectives en vue de la conquête

20 Je vais envoyer un ange devant vous pour vous
protéger en chemin et vous conduire au lieu que j'ai
préparé pour vous. 21 Respectez-le et obéissez-lui. Ne lui
résistez pas, il ne tolérerait pas votre rébellion, car il est
mon représentant. 22 Mais si vous lui obéissez pleinement
et si vous faites tout ce que je vous ai ordonné, je serai
l'ennemi de vos ennemis et l'adversaire de vos adversaires.
23 Car mon ange marchera devant vous et vous fera entrer
dans le pays des Amoréens, des Hittites, des Phéréziens,
des Cananéens, des Héviens et des Yebousiens, et je les
exterminerai. 24 Vous n'adorerez pas leurs dieux et vous
ne leur rendrez pas de culte, vous n'adopterez pas leurs
pratiques religieuses. Au contraire, vous renverserez leurs
statues et vous mettrez en pièces leurs stèles sacrées.
25 Vous rendrez votre culte à l'Eternel votre Dieu. Alors je
vous bénirai en vous donnant une nourriture excellente et
de l'eau en abondance, et je vous préserverai des maladies.
26 Il n'y aura pas dans votre pays de femme qui avorte ou
qui soit stérile. Je vous ferai parvenir à un âge avancé.

---

e **23.15** Mois d'Abib ou de l'Epi, appelé plus tard Nisân, premier mois de l'année juive (13.4), correspondant à la première pleine lune de printemps (mars-avril).

f **23.15** Pour les v. 15-16, voir Ex 12.14-20 ; 34.18 ; Lv 23.6-8, 15-21 ; Nb 28.17-31 ; 29.12 ; Dt 16.1-17.

g **23.16** Appelée aussi fête des Semaines (34.22) – parce qu'elle était célébrée sept semaines après la Pâque – ou Pentecôte (qui signifie « cinquante jours »). Elle coïncidait avec la fin de la moisson.

h **23.16** Fête d'Automne appelée plus tard fête des Cabanes. Elle se célébrait au quinzième jour du septième mois et marquait la fin des récoltes (Dt 16.13 ; Lv 23.24).

i **23.19** Voir Ex 34.26 ; Dt 14.21. Il s'agit peut-être d'un rituel païen cananéen que les Israélites devaient se garder d'imiter (v. 33 ; 34.15), ou d'une prescription symbolisant l'interdiction de mélanger la vie (lait provenant d'une femelle vivante) et la mort (chevreau), ou encore d'une manière de marquer le souci de la préservation de la vie animale (cp. Lv 22.28 ; Dt 22.6-7).

27 "I will send my terror ahead of you and throw into confusion every nation you encounter. I will make all your enemies turn their backs and run. 28 I will send the hornet ahead of you to drive the Hivites, Canaanites and Hittites out of your way. 29 But I will not drive them out in a single year, because the land would become desolate and the wild animals too numerous for you. 30 Little by little I will drive them out before you, until you have increased enough to take possession of the land.

31 "I will establish your borders from the Red Sea[j] to the Mediterranean Sea,[k] and from the desert to the Euphrates River. I will give into your hands the people who live in the land, and you will drive them out before you. 32 Do not make a covenant with them or with their gods. 33 Do not let them live in your land or they will cause you to sin against me, because the worship of their gods will certainly be a snare to you."

The Covenant Confirmed

24 1 Then the LORD said to Moses, "Come up to the LORD, you and Aaron, Nadab and Abihu, and seventy of the elders of Israel. You are to worship at a distance, 2 but Moses alone is to approach the LORD; the others must not come near. And the people may not come up with him."

3 When Moses went and told the people all the LORD's words and laws, they responded with one voice, "Everything the LORD has said we will do." 4 Moses then wrote down everything the LORD had said.

He got up early the next morning and built an altar at the foot of the mountain and set up twelve stone pillars representing the twelve tribes of Israel. 5 Then he sent young Israelite men, and they offered burnt offerings and sacrificed young bulls as fellowship offerings to the LORD. 6 Moses took half of the blood and put it in bowls, and the other half he splashed against the altar. 7 Then he took the Book of the Covenant and read it to the people. They responded, "We will do everything the LORD has said; we will obey."

8 Moses then took the blood, sprinkled it on the people and said, "This is the blood of the covenant that the LORD has made with you in accordance with all these words."

9 Moses and Aaron, Nadab and Abihu, and the seventy elders of Israel went up 10 and saw the God of Israel. Under his feet was something like a pavement made of lapis lazuli, as bright blue as the sky. 11 But God did not raise his hand against these leaders of the Israelites; they saw God, and they ate and drank.

j 23:31 Or *the Sea of Reeds*
k 23:31 Hebrew *to the Sea of the Philistines*

27 Je sèmerai la panique devant vous, je mettrai en déroute tous les peuples chez lesquels vous entrerez, et je ferai s'enfuir tous vos ennemis devant vous. 28 J'enverrai devant vous les frelons pour chasser les Héviens, les Cananéens et les Hittites devant vous. 29 Cependant, je ne les chasserai pas en une seule année, pour que les terres ne soient pas abandonnées et que les bêtes sauvages ne s'y multiplient pas à vos dépens. 30 C'est petit à petit que je les déposséderai en votre faveur, au fur et à mesure que vous deviendrez assez nombreux pour occuper le pays. 31 Je fixerai vos frontières, et votre territoire s'étendra de la mer des Roseaux à la Méditerranée qui borde le pays des Philistins[j], et du désert du Sinaï à l'Euphrate, car je livrerai les habitants de cette région en votre pouvoir et vous les chasserez devant vous. 32 Vous ne contracterez pas d'alliance avec eux, ni avec leurs dieux. 33 Ils ne demeureront pas dans votre pays, afin qu'ils ne vous incitent pas à pécher contre moi en vous faisant rendre un culte à leurs dieux, car vous seriez alors pris à leur piège.

Conclusion de l'alliance avec Israël

24 1 Dieu dit à Moïse : Monte vers l'Eternel, et prends avec toi Aaron, Nadab, Abihou[k] et soixante-dix des responsables d'Israël[l]. Vous vous prosternerez de loin. 2 Toi, Moïse, tu t'approcheras seul de moi ; les autres ne s'approcheront pas, et l'ensemble du peuple ne montera pas avec toi.

3 Moïse alla rapporter au peuple toutes les paroles de l'Eternel et toutes ses lois. Et tout le peuple s'écria d'une seule voix : Nous ferons tout ce que l'Eternel a dit.

4 Moïse mit par écrit toutes les paroles de l'Eternel. Le lendemain, de bonne heure, il bâtit un autel au pied de la montagne et dressa douze stèles pour les douze tribus d'Israël. 5 Puis il chargea les jeunes gens d'Israël d'offrir à l'Eternel des holocaustes et des taureaux en sacrifices de communion. 6 Il recueillit la moitié du sang versé dans des récipients et répandit l'autre moitié sur l'autel. 7 Puis il prit le livre de l'alliance[m] et le lut à haute voix au peuple. Les Israélites déclarèrent : Nous ferons tout ce que l'Eternel a dit, nous obéirons à toutes ses paroles.

8 Alors Moïse prit le sang et en aspergea le peuple en disant : C'est le sang de l'alliance que l'Eternel a conclue avec vous, sur la base de toutes ces paroles[n].

9 Ensuite Moïse gravit la montagne avec Aaron, Nadab, Abihou et soixante-dix responsables d'Israël. 10 Ils virent le Dieu d'Israël. Sous ses pieds s'étendait comme une plateforme de saphirs aussi purs que le fond du ciel. 11 L'Eternel n'étendit pas la main sur ces notables des Israélites ; ils contemplèrent Dieu et puis ils mangèrent et burent.

j **23.31** Appelée en hébreu : *la mer des Philistins.*
k **24.1** Les deux fils aînés d'Aaron qui auraient dû lui succéder dans l'office de grand-prêtre, mais ils ont offert un feu profane sur l'autel et ont été frappés par Dieu (Lv 10.1-2 ; Nb 3.4).
l **24.1** Il ne s'agit donc pas de tous les responsables du peuple. Le nombre soixante-dix renvoie peut-être au nombre des personnes composant la famille d'Israël lors de sa venue en Egypte (1.5) à moins qu'il ne symbolise la plénitude (sept) multipliée par dix (grand nombre).
m **24.7** Le livre qui vient d'être écrit (v. 4).
n **24.8** Jésus semble avoir fait allusion à ces paroles en instituant la cène (Mt 26.28 ; Mc 14.24 ; Lc 22.20 ; 1 Co 11.25) ; voir Hé 9.19-20 ; 10.29.

12 The LORD said to Moses, "Come up to me on the mountain and stay here, and I will give you the tablets of stone with the law and commandments I have written for their instruction."

13 Then Moses set out with Joshua his aide, and Moses went up on the mountain of God. 14 He said to the elders, "Wait here for us until we come back to you. Aaron and Hur are with you, and anyone involved in a dispute can go to them."

15 When Moses went up on the mountain, the cloud covered it, 16 and the glory of the LORD settled on Mount Sinai. For six days the cloud covered the mountain, and on the seventh day the LORD called to Moses from within the cloud. 17 To the Israelites the glory of the LORD looked like a consuming fire on top of the mountain. 18 Then Moses entered the cloud as he went on up the mountain. And he stayed on the mountain forty days and forty nights.

Offerings for the Tabernacle

25 1 The LORD said to Moses, 2 "Tell the Israelites to bring me an offering. You are to receive the offering for me from everyone whose heart prompts them to give.

3 "These are the offerings you are to receive from them:

"gold, silver and bronze;
4 blue, purple and scarlet yarn and fine linen;
goat hair;
5 ram skins dyed red and another type of durable leather[l];
acacia wood;
6 olive oil for the light;
spices for the anointing oil and for the fragrant incense;
7 and onyx stones and other gems to be mounted on the ephod and breastpiece.

8 "Then have them make a sanctuary for me, and I will dwell among them. 9 Make this tabernacle and all its furnishings exactly like the pattern I will show you.

The Ark

10 "Have them make an ark[m] of acacia wood – two and a half cubits long, a cubit and a half wide, and a cubit and a half high.[n] 11 Overlay it with pure gold, both inside and out, and make a gold molding around

[l] 25:5 Possibly the hides of large aquatic mammals
[m] 25:10 That is, a chest
[n] 25:10 That is, about 3 3/4 feet long and 2 1/4 feet wide and high or about 1.1 meters long and 68 centimeters wide and high; similarly in verse 17

Moïse entre dans la présence de l'Eternel

12 L'Eternel dit à Moïse : Monte vers moi sur la montagne et tiens-toi là. Je te donnerai les tables de pierre sur lesquelles j'ai transcrit la Loi et les commandements pour que tu les enseignes au peuple.

13 Moïse se mit en route avec Josué, son assistant, et gravit la montagne de Dieu 14 après avoir dit aux responsables d'Israël : Attendez-nous ici jusqu'à notre retour. Aaron et Hour resteront avec vous. Si quelqu'un a un problème à régler, qu'il s'adresse à eux.

15 Moïse monta sur la montagne et la nuée la recouvrit. 16 La gloire de l'Eternel demeura sur le mont Sinaï et la nuée le recouvrit pendant six jours. Le septième jour, l'Eternel appela Moïse du milieu de la nuée. 17 La gloire de l'Eternel apparaissait aux Israélites comme un feu au sommet de la montagne. 18 Moïse pénétra dans la nuée et monta plus haut sur la montagne. Il y demeura quarante jours et quarante nuits.

LES INSTITUTIONS CULTUELLES

Les offrandes pour le tabernacle

25 1 L'Eternel parla à Moïse en ces termes : 2 Invite les Israélites à me faire des offrandes prélevées sur leurs biens. Vous accepterez de tout homme qui la donnera de bon cœur l'offrande qu'il me fera. 3 Voici ce que vous accepterez en guise d'offrande : de l'or, de l'argent et du bronze, 4 des fils de pourpre violette et écarlate, de rouge éclatant, du fin lin et du poil de chèvre, 5 des peaux de béliers teintes en rouge, des peaux de dauphins[o] et du bois d'acacia, 6 de l'huile pour le chandelier et des aromates pour l'huile d'onction[p] et pour le parfum aromatique, 7 des pierres d'onyx et d'autres pierres précieuses à enchâsser pour l'éphod et pour le pectoral[q]. 8 Le peuple me fabriquera un sanctuaire pour que j'habite au milieu de lui. 9 Je te montrerai le modèle du tabernacle[r] et de tous les ustensiles qu'il contiendra, afin que vous exécutiez tout exactement selon ce modèle.

Le coffre de l'alliance et le propitiatoire

10 On fabriquera un coffre[s] en bois d'acacia. Il aura cent vingt-cinq centimètres de long, soixante-quinze centimètres de large et soixante-quinze centimètres de haut[t]. 11 Tu le plaqueras d'or pur, à l'intérieur et à l'extérieur, et

[o] 25.5 Sens incertain.
[p] 25.6 Voir sa composition en 30.23-25.
[q] 25.7 L'*éphod* était le vêtement sacré du grand-prêtre (28.6-14), le *pectoral* recouvrait la poitrine (28.15-29).
[r] 25.9 Le mot *tabernacle* signifie : « demeure ». Il n'est presque jamais utilisé pour une tente servant d'abri aux hommes, et désigne presque exclusivement le lieu où Dieu séjourne parmi son peuple (voir29.42-44 ; Lv 26.11 ; Ez 37.27 ; Jn 1.14 ; Ap 21.3).
[s] 25.10 Dans beaucoup de versions, ce *coffre* est appelé « arche » parce que les versions grecque et latine ont rendu ce mot par le même terme que celui qui désigne l'arche de Noé (Gn 6.14) et la corbeille en papyrus dans laquelle Moïse, bébé, fut déposé (2.3). Le mot hébreu est différent (voir Ex 30.6 ; 1 S 3.3 ; Ps 132.8).
[t] 25.10 L'hébreu a : *Il aura deux coudées et demie de long, une coudée et demie de large et une coudée et demie de haut.*

it. 12 Cast four gold rings for it and fasten them to its four feet, with two rings on one side and two rings on the other. 13 Then make poles of acacia wood and overlay them with gold. 14 Insert the poles into the rings on the sides of the ark to carry it. 15 The poles are to remain in the rings of this ark; they are not to be removed. 16 Then put in the ark the tablets of the covenant law, which I will give you.

17 "Make an atonement cover of pure gold – two and a half cubits long and a cubit and a half wide. 18 And make two cherubim out of hammered gold at the ends of the cover. 19 Make one cherub on one end and the second cherub on the other; make the cherubim of one piece with the cover, at the two ends. 20 The cherubim are to have their wings spread upward, overshadowing the cover with them. The cherubim are to face each other, looking toward the cover. 21 Place the cover on top of the ark and put in the ark the tablets of the covenant law that I will give you. 22 There, above the cover between the two cherubim that are over the ark of the covenant law, I will meet with you and give you all my commands for the Israelites.

The Table

23 "Make a table of acacia wood – two cubits long, a cubit wide and a cubit and a half high.[o] 24 Overlay it with pure gold and make a gold molding around it. 25 Also make around it a rim a handbreadth[p] wide and put a gold molding on the rim. 26 Make four gold rings for the table and fasten them to the four corners, where the four legs are. 27 The rings are to be close to the rim to hold the poles used in carrying the table. 28 Make the poles of acacia wood, overlay them with gold and carry the table with them. 29 And make its plates and dishes of pure gold, as well as its pitchers and bowls for the pouring out of offerings. 30 Put the bread of the Presence on this table to be before me at all times.

The Lampstand

31 "Make a lampstand of pure gold. Hammer out its base and shaft, and make its flowerlike cups, buds and blossoms of one piece with them. 32 Six branches are to extend from the sides of the lampstand – three on one side and three on the other. 33 Three cups shaped like almond flowers with buds and blossoms are to be on one branch, three on the next branch, and the same

[o] 25:23 That is, about 3 feet long, 1 1/2 feet wide and 2 1/4 feet high or about 90 centimeters long, 45 centimeters wide and 68 centimeters high
[p] 25:25 That is, about 3 inches or about 7.5 centimeters

tu le garniras d'une bordure d'or tout autour. 12 Tu couleras pour lui quatre anneaux d'or que tu fixeras aux quatre coins du coffre, deux de chaque côté. 13 Tu tailleras aussi des barres de bois d'acacia que tu plaqueras d'or. 14 Tu les engageras dans les anneaux, le long des côtés du coffre pour qu'on puisse le porter. 15 Les barres devront rester en permanence dans les anneaux du coffre, on ne les en retirera pas. 16 Tu déposeras à l'intérieur de ce coffre l'acte de l'alliance que je te donnerai.

17 Tu feras aussi un propitiatoire[u] d'or pur de cent vingt-cinq centimètres de long et de soixante-quinze centimètres de large[v] qui servira de couvercle pour le coffre. 18 Tu façonneras au marteau deux chérubins[w] en or massif, que tu fixeras aux deux extrémités du propitiatoire. 19 Tu feras un chérubin pour chacune des deux extrémités du propitiatoire, de manière à ce qu'ils fassent corps avec lui aux deux extrémités. 20 Les ailes des chérubins se déploieront vers le haut en couvrant le propitiatoire et ceux-ci se feront face, le regard dirigé vers le propitiatoire. 21 Après avoir déposé dans le coffre l'acte de l'alliance que je te donnerai, tu placeras le propitiatoire dessus. 22 C'est là, au-dessus du propitiatoire, entre les deux chérubins placés sur le coffre de l'acte de l'alliance, que je me manifesterai à toi ; c'est de là que je te communiquerai tous mes ordres pour les Israélites.

La table des pains exposés devant l'Eternel

23 Tu fabriqueras une table en bois d'acacia d'un mètre de long, de cinquante centimètres de large et de soixante-quinze centimètres de haut[x]. 24 Tu la plaqueras d'or pur et tu garniras son pourtour d'une bordure d'or. 25 Tu lui feras un cadre de huit centimètres[y] que tu garniras d'une bordure d'or. 26 Tu feras quatre anneaux d'or que tu fixeras aux quatre coins près des quatre pieds de la table. 27 Les anneaux seront placés tout près du cadre pour recevoir les barres destinées à porter la table. 28 Tu feras ces barres en bois d'acacia et tu les plaqueras d'or. Elles serviront à transporter la table. 29 Tu fabriqueras aussi des plats et des coupes, des carafes et des bols qui serviront aux libations[z] ; tu les feras d'or pur. 30 Tu placeras sur la table le pain exposé devant moi. Il sera en permanence devant moi.

Le chandelier d'or

31 Tu feras un chandelier en or pur. Le chandelier, son pied et sa tige seront travaillés au marteau ; des coupelles, calices, et corolles[a] en sortiront. 32 Six branches en partiront latéralement, trois de chaque côté. 33 Chaque branche du chandelier portera trois coupelles en forme

[u] 25.17 Autre traduction : *couvercle*. Ce terme dérive d'un verbe qui signifie : *couvrir*, d'où la traduction *couvercle* ; mais aussi *expier*, d'où la traduction *propitiatoire*. C'est le sang répandu sur ce couvercle du coffre de l'alliance qui rendait Dieu « propice » (favorable) au peuple.
[v] 25.17 L'hébreu a : *de deux coudées et demie de long et d'une coudée et demie de large*.
[w] 25.18 Figures symboliques empruntées à la culture akkadienne, gardiennes des temples et de la sainteté divine. Certains y ont vu des représentations angéliques (ailes, figures humaines, 1 S 4.4 ; 2 S 6.2 ; Ps 80.1 ; 99.1). Le coffre avec les chérubins représente le trône de Dieu (2 R 19.5).
[x] 25.23 L'hébreu a : *de deux coudées de long, d'une coudée de large et d'une coudée et demie de haut*.
[y] 25.25 En hébreu, *un palme*.
[z] 25.29 Offrandes liquides (de vin) : voir Nb 4.7.
[a] 25.31 Traduction incertaine.

for all six branches extending from the lampstand.
34 And on the lampstand there are to be four cups
shaped like almond flowers with buds and blossoms.
35 One bud shall be under the first pair of branches extending from the lampstand, a second bud under the
second pair, and a third bud under the third pair – six
branches in all. 36 The buds and branches shall all be
of one piece with the lampstand, hammered out of
pure gold.

37 "Then make its seven lamps and set them up on
it so that they light the space in front of it. 38 Its wick
trimmers and trays are to be of pure gold. 39 A talent[q]
of pure gold is to be used for the lampstand and all
these accessories. 40 See that you make them according
to the pattern shown you on the mountain.

The Tabernacle

26 1 "Make the tabernacle with ten curtains
of finely twisted linen and blue, purple and
scarlet yarn, with cherubim woven into them by a
skilled worker. 2 All the curtains are to be the same
size – twenty-eight cubits long and four cubits wide.[r]
3 Join five of the curtains together, and do the same
with the other five. 4 Make loops of blue material along
the edge of the end curtain in one set, and do the
same with the end curtain in the other set. 5 Make
fifty loops on one curtain and fifty loops on the end
curtain of the other set, with the loops opposite each
other. 6 Then make fifty gold clasps and use them to
fasten the curtains together so that the tabernacle
is a unit.

7 "Make curtains of goat hair for the tent over the
tabernacle – eleven altogether. 8 All eleven curtains
are to be the same size – thirty cubits long and four
cubits wide.[s] 9 Join five of the curtains together into
one set and the other six into another set. Fold the
sixth curtain double at the front of the tent. 10 Make
fifty loops along the edge of the end curtain in one set
and also along the edge of the end curtain in the other
set. 11 Then make fifty bronze clasps and put them in
the loops to fasten the tent together as a unit. 12 As
for the additional length of the tent curtains, the half
curtain that is left over is to hang down at the rear
of the tabernacle. 13 The tent curtains will be a cubit[t]
longer on both sides; what is left will hang over the
sides of the tabernacle so as to cover it. 14 Make for the
tent a covering of ram skins dyed red, and over that a
covering of the other durable leather.[u]

[q] 25:39 That is, about 75 pounds or about 34 kilograms
[r] 26:2 That is, about 42 feet long and 6 feet wide or about 13 meters long and 1.8 meters wide
[s] 26:8 That is, about 45 feet long and 6 feet wide or about 13.5 meters long and 1.8 meters wide
[t] 26:13 That is, about 18 inches or about 45 centimeters
[u] 26:14 Possibly the hides of large aquatic mammals (see 25:5)

de fleur d'amandier, avec un calice et une corolle. Il en
sera ainsi pour les six branches du chandelier. 34 Le pied
portera quatre coupelles en forme de fleur d'amandier
avec un calice et une corolle. 35 Il y aura un calice sous
chacune des trois paires de branches du chandelier. 36 Ces
calices et ces branches feront corps avec lui : le tout sera
d'une seule masse d'or pur martelé.

37 Tu fabriqueras aussi les sept lampes que tu fixeras
en haut du chandelier, pour qu'il éclaire l'espace devant
lui. 38 Tu feras ses pincettes et ses mouchettes en or pur.
39 On emploiera trente kilogrammes[b] d'or pur pour faire
le chandelier et tous ses accessoires. 40 Aie soin d'exécuter
tout ce travail exactement selon le modèle qui t'est montré
sur la montagne[c].

Les tentures du tabernacle

26 1 Tu feras le tabernacle avec dix tentures de fin
lin retors[d], de pourpre violette et écarlate, de
rouge éclatant, ornées de chérubins dans les règles de
l'art. 2 Chaque tenture aura quatorze mètres de long et
deux mètres de large[e]. Elles seront toutes identiques. 3 On
coudra d'abord cinq de ces tentures l'une à l'autre, puis
on fera de même pour les cinq autres[f]. 4 Sur le bord de la
dernière tenture de chacun de ces assemblages, tu fixeras
des cordons de pourpre violette. 5 Il y en aura cinquante
à l'extrémité de chacun des deux assemblages et les cordons se correspondront l'un à l'autre. 6 Tu feras cinquante
agrafes d'or au moyen desquelles tu assembleras les tentures, de sorte que le tabernacle forme un tout.

7 Ensuite tu feras onze tentures de poil de chèvre, pour
recouvrir le tabernacle comme d'une tente[g]. 8 Chacune
d'elles aura quinze mètres de long et deux mètres de large.
Elles seront toutes identiques. 9 Tu les assembleras, cinq
d'une part, six de l'autre, et tu rabattras la sixième sur le
devant de la tente. 10 Tu fixeras cinquante cordons sur le
bord de la dernière tenture de chaque assemblage 11 et tu
feras cinquante agrafes de bronze dans lesquelles tu introduiras les cordons pour assembler la tente, afin qu'elle
forme un tout. 12 Le pan supplémentaire des tentures de la
tente – c'est-à-dire la moitié de l'assemblage des tentures
qui sera en surplus – retombera librement sur l'arrière du
tabernacle. 13 De même, le demi-mètre en surplus sur la
longueur des tentures de la tente pendra librement de chaque côté du tabernacle pour bien le couvrir. 14 Tu mettras
sur la tente une couverture de peaux de béliers teintes en
rouge et une couverture de peaux de dauphins par-dessus.

[b] 25.39 En hébreu, *un talent.*
[c] 25.40 Cité en Ac 7.44 ; Hé 8.5.
[d] 26.1 Tissé de fils de lin formés de plusieurs fils tordus ensemble, ce qui le rendait particulièrement résistant.
[e] 26.2 Dans les chapitres 26 et 27, l'hébreu donne les mesures en *coudées.* Une coudée correspond à 50 centimètres. Certains n'attribuent que 44 ou 46 cm à la coudée, d'où les différences entre les versions modernes.
[f] 26.3 La couverture du tabernacle était composée de dix bandes parallèles de deux mètres de large. Elles étaient cousues cinq par cinq, bord à bord, dans le sens de leur longueur formant ainsi deux grands tapis de quatorze mètres sur dix mètres, l'un pour recouvrir le lieu saint, l'autre le lieu très saint.
[g] 26.7 Au-dessus de ce tissu précieux venait une tenture faite en poil de chèvre comme en utilisent encore les Bédouins pour leurs tentes. Ces tentures avaient un mètre de plus que le tissu précédent, il y avait une bande de plus, donc elles débordaient de cinquante centimètres de chaque côté et d'un mètre sur l'arrière (voir v. 12-13).

15“Make upright frames of acacia wood for the tabernacle. 16Each frame is to be ten cubits long and a cubit and a half wide,[v] 17with two projections set parallel to each other. Make all the frames of the tabernacle in this way. 18Make twenty frames for the south side of the tabernacle 19and make forty silver bases to go under them – two bases for each frame, one under each projection. 20For the other side, the north side of the tabernacle, make twenty frames 21and forty silver bases – two under each frame. 22Make six frames for the far end, that is, the west end of the tabernacle, 23and make two frames for the corners at the far end. 24At these two corners they must be double from the bottom all the way to the top and fitted into a single ring; both shall be like that. 25So there will be eight frames and sixteen silver bases – two under each frame.

26“Also make crossbars of acacia wood: five for the frames on one side of the tabernacle, 27five for those on the other side, and five for the frames on the west, at the far end of the tabernacle. 28The center crossbar is to extend from end to end at the middle of the frames. 29Overlay the frames with gold and make gold rings to hold the crossbars. Also overlay the crossbars with gold.

30“Set up the tabernacle according to the plan shown you on the mountain.

31“Make a curtain of blue, purple and scarlet yarn and finely twisted linen, with cherubim woven into it by a skilled worker. 32Hang it with gold hooks on four posts of acacia wood overlaid with gold and standing on four silver bases. 33Hang the curtain from the clasps and place the ark of the covenant law behind the curtain. The curtain will separate the Holy Place from the Most Holy Place. 34Put the atonement cover on the ark of the covenant law in the Most Holy Place. 35Place the table outside the curtain on the north side of the tabernacle and put the lampstand opposite it on the south side.

36“For the entrance to the tent make a curtain of blue, purple and scarlet yarn and finely twisted linen – the work of an embroiderer. 37Make gold hooks for this curtain and five posts of acacia wood overlaid with gold. And cast five bronze bases for them.

[v] **26:16** That is, about 15 feet long and 2 1/4 feet wide or about 4.5 meters long and 68 centimeters wide

L’armature du tabernacle

15Tu feras pour le tabernacle des cadres en bois d’acacia qui seront posés debout. 16Chaque cadre aura cinq mètres de long et soixante-quinze centimètres de large, 17et sera muni de deux tenons parallèles. Tu feras ainsi pour tous les cadres du tabernacle. 18Tu feras vingt cadres pour le côté sud du tabernacle. 19Pour chacun d’eux, tu disposeras deux socles d’argent, un pour chaque tenon, soit quarante socles d’argent pour les vingt cadres. 20Tu feras de même pour le second côté du tabernacle, le côté nord : vingt cadres, 21supportés par quarante socles d’argent, à raison de deux par cadre. 22Pour l’arrière du tabernacle, tourné vers l’ouest, tu prépareras six cadres. 23Tu ajouteras deux cadres comme contreforts des angles arrières du tabernacle : 24chacun sera jumelé avec l’un des cadres des extrémités, depuis le bas, et bien lié avec lui jusqu’à son sommet par un seul anneau ; les deux contreforts d’angles seront identiques. 25Il y aura donc en tout huit cadres avec leurs seize socles d’argent, deux sous chaque cadre.

26Tu feras cinq traverses de bois d’acacia pour les cadres d’un des côtés du tabernacle, 27cinq pour l’autre côté et cinq pour le fond à l’ouest. 28La traverse médiane, au milieu des cadres, courra d’une extrémité à l’autre du tabernacle. 29Tu plaqueras d’or tous les cadres et tu fabriqueras des anneaux d’or pour recevoir les traverses que tu plaqueras également d’or. 30Tu dresseras le tabernacle selon la manière qui t’est montrée sur la montagne.

Le voile

31Tu feras un voile de pourpre violette et écarlate, de rouge éclatant et de fin lin retors, orné de chérubins, dans les règles de l’art. 32Tu le suspendras à quatre piliers d’acacia plaqués d’or, munis de crochets d’or et posés sur quatre socles d’argent. 33Tu fixeras le voile sous les agrafes.

C’est là, derrière le voile, que tu déposeras le coffre contenant l’acte de l’alliance. Ce voile vous servira de séparation entre le lieu saint et le lieu très saint[h]. 34Tu poseras le propitiatoire sur le coffre de l’acte de l’alliance dans le lieu très saint. 35Tu disposeras la table à l’extérieur[i], devant le voile, du côté nord du tabernacle, et le chandelier face à la table, du côté sud. 36Tu confectionneras pour l’entrée de la tente un rideau de pourpre violette et écarlate, de rouge éclatant et de fin lin retors, en ouvrage de broderie. 37Tu feras pour le rideau cinq piliers en acacia et tu les plaqueras d’or, tu les muniras de crochets en or, puis tu couleras pour ces piliers cinq socles de bronze.

[h] **26.33** Seul le grand-prêtre avait le droit de franchir ce voile, une fois par an, le jour des Expiations (Lv 16 ; Hé 9.2-14). Au moment de la mort de Christ, c’est probablement ce voile qui s’est déchiré dans le Temple, indiquant qu’à présent tout croyant avait directement accès auprès de Dieu (Mt 27.51 ; Mc 15.38; voir Hé 6.19-20 ; 9.3-5 ; 10.19-22).

[i] **26.35** C’est-à-dire la table sur laquelle étaient déposés les pains exposés devant l’Eternel (25.23-30). Dans le lieu très saint, il n’y avait que le coffre de l’alliance ; dans le lieu saint, cette table, le chandelier d’or et l’autel d’encens.

The Altar of Burnt Offering

27 1"Build an altar of acacia wood, three cubits[w] high; it is to be square, five cubits long and five cubits wide.[x] 2Make a horn at each of the four corners, so that the horns and the altar are of one piece, and overlay the altar with bronze. 3Make all its utensils of bronze – its pots to remove the ashes, and its shovels, sprinkling bowls, meat forks and firepans. 4Make a grating for it, a bronze network, and make a bronze ring at each of the four corners of the network. 5Put it under the ledge of the altar so that it is halfway up the altar. 6Make poles of acacia wood for the altar and overlay them with bronze. 7The poles are to be inserted into the rings so they will be on two sides of the altar when it is carried. 8Make the altar hollow, out of boards. It is to be made just as you were shown on the mountain.

The Courtyard

9"Make a courtyard for the tabernacle. The south side shall be a hundred cubits[y] long and is to have curtains of finely twisted linen, 10with twenty posts and twenty bronze bases and with silver hooks and bands on the posts. 11The north side shall also be a hundred cubits long and is to have curtains, with twenty posts and twenty bronze bases and with silver hooks and bands on the posts.

12"The west end of the courtyard shall be fifty cubits[z] wide and have curtains, with ten posts and ten bases. 13On the east end, toward the sunrise, the courtyard shall also be fifty cubits wide. 14Curtains fifteen cubits[a] long are to be on one side of the entrance, with three posts and three bases, 15and curtains fifteen cubits long are to be on the other side, with three posts and three bases.

16"For the entrance to the courtyard, provide a curtain twenty cubits[b] long, of blue, purple and scarlet yarn and finely twisted linen – the work of an embroiderer – with four posts and four bases. 17All the posts around the courtyard are to have silver bands and hooks, and bronze bases. 18The courtyard shall be a hundred cubits long and fifty cubits wide,[c] with curtains of finely twisted linen five cubits[d] high, and with bronze bases. 19All the other articles used in the service of the tabernacle, whatever their function, including all the tent pegs for it and those for the courtyard, are to be of bronze.

Oil for the Lampstand

20"Command the Israelites to bring you clear oil of pressed olives for the light so that the lamps may be kept burning. 21In the tent of meeting, outside

[w] 27:1 That is, about 4 1/2 feet or about 1.4 meters
[x] 27:1 That is, about 7 1/2 feet or about 2.3 meters long and wide
[y] 27:9 That is, about 150 feet or about 45 meters; also in verse 11
[z] 27:12 That is, about 75 feet or about 23 meters; also in verse 13
[a] 27:14 That is, about 23 feet or about 6.8 meters; also in verse 15
[b] 27:16 That is, about 30 feet or about 9 meters
[c] 27:18 That is, about 150 feet long and 75 feet wide or about 45 meters long and 23 meters wide
[d] 27:18 That is, about 7 1/2 feet or about 2.3 meters

L'autel

27 1Tu feras l'autel[j] en bois d'acacia. Sa base formera un carré de deux mètres cinquante de côté et il aura un mètre cinquante de hauteur. 2A ses quatre angles, tu feras quatre cornes[k] en saillie de l'autel ; tu le plaqueras de bronze. 3Tu fabriqueras des récipients destinés à recueillir les cendres grasses, des pelles, des bassines[l], des fourchettes et des brasiers[m]. Tous ces ustensiles seront en bronze. 4Tu muniras l'autel d'une grille faite d'un treillis de bronze ; tu y fixeras quatre anneaux de bronze aux quatre coins. 5Tu le placeras sous la bordure de l'autel, depuis le bas jusqu'à mi-hauteur de l'autel. 6Tu lui feras des barres en bois d'acacia et tu les recouvriras de bronze. 7On introduira ces barres dans les anneaux sur les deux côtés de l'autel. Elles serviront à le transporter. 8L'autel sera fait avec des panneaux. Il sera creux à l'intérieur[n]. On le fera selon ce qui t'a été montré sur la montagne.

L'enceinte du parvis

9Tu feras le parvis du tabernacle : sur le côté sud, sur une longueur de cinquante mètres[o], il sera délimité par des tentures de lin retors. 10Elles seront soutenues par vingt piliers reposant sur vingt socles de bronze ; ces piliers seront munis de crochets et de tringles d'argent. 11Sur le côté nord, il y aura également cinquante mètres de tentures soutenues par vingt piliers reposant sur vingt socles de bronze ; ces piliers seront munis de crochets et de tringles d'argent. 12Sur la largeur du parvis, à l'ouest, sur vingt-cinq mètres, des tentures seront soutenues par dix piliers reposant sur dix socles. 13Du côté est, le parvis aura également vingt-cinq mètres de largeur. 14-15De chaque côté de la porte, il y aura, sur sept mètres cinquante, des tentures soutenues par trois piliers reposant sur trois socles. 16La porte du parvis sera constituée par un rideau de dix mètres de long. Il sera fait de fils de pourpre violette et écarlate, de rouge éclatant et de fin lin retors en ouvrage brodé. Il sera soutenu par quatre piliers reposant sur leurs quatre socles. 17Tous les piliers délimitant le parvis seront reliés par des tringles d'argent munies de crochets d'argent ; leurs socles seront en bronze. 18Le parvis aura cinquante mètres de long et vingt-cinq mètres de large, la hauteur de l'enceinte de fin lin retors sera de deux mètres cinquante. Les socles seront en bronze, 19de même que tous les ustensiles destinés au service du tabernacle, et tous les piquets du tabernacle et tous ceux du parvis.

L'entretien du chandelier

20Toi, tu ordonneras aux Israélites de te prendre de l'huile raffinée d'olives concassées pour alimenter en permanence les lampes du chandelier. 21Aaron et ses fils

[j] 27.1 L'autel des holocaustes (voir Lv 4.7, 10, 18).
[k] 27.2 La corne symbolisait la puissance. Le prêtre enduisait les cornes de l'autel avec le sang des victimes (Lv 4.7, 18, 25, 30, 34 ; 8.15 ; 9.9 ; 16.18 ; Ps 118.27).
[l] 27.3 Pour recueillir le sang des victimes immolées devant l'autel afin d'en faire l'aspersion sur la base de l'autel.
[m] 27.3 Pour transporter des braises de l'autel des holocaustes à l'autel de l'encens (des parfums) à l'intérieur du lieu saint (Lv 10.1 ; 16.12-13).
[n] 27.8 L'intérieur était rempli de terre ou de pierres (20.24-25). Seule la carcasse était transportée lorsque le camp se déplaçait (25.12).
[o] 27.9 Voir note en Ex 26.2.

the curtain that shields the ark of the covenant law, Aaron and his sons are to keep the lamps burning before the LORD from evening till morning. This is to be a lasting ordinance among the Israelites for the generations to come.

The Priestly Garments

28 1“Have Aaron your brother brought to you from among the Israelites, along with his sons Nadab and Abihu, Eleazar and Ithamar, so they may serve me as priests. 2Make sacred garments for your brother Aaron to give him dignity and honor. 3Tell all the skilled workers to whom I have given wisdom in such matters that they are to make garments for Aaron, for his consecration, so he may serve me as priest. 4These are the garments they are to make: a breastpiece, an ephod, a robe, a woven tunic, a turban and a sash. They are to make these sacred garments for your brother Aaron and his sons, so they may serve me as priests. 5Have them use gold, and blue, purple and scarlet yarn, and fine linen.

The Ephod

6“Make the ephod of gold, and of blue, purple and scarlet yarn, and of finely twisted linen – the work of skilled hands. 7It is to have two shoulder pieces attached to two of its corners, so it can be fastened. 8Its skillfully woven waistband is to be like it – of one piece with the ephod and made with gold, and with blue, purple and scarlet yarn, and with finely twisted linen.

9“Take two onyx stones and engrave on them the names of the sons of Israel 10in the order of their birth – six names on one stone and the remaining six on the other. 11Engrave the names of the sons of Israel on the two stones the way a gem cutter engraves a seal. Then mount the stones in gold filigree settings 12and fasten them on the shoulder pieces of the ephod as memorial stones for the sons of Israel. Aaron is to bear the names on his shoulders as a memorial before the LORD. 13Make gold filigree settings 14and two braided chains of pure gold, like a rope, and attach the chains to the settings.

The Breastpiece

15“Fashion a breastpiece for making decisions – the work of skilled hands. Make it like the ephod: of gold, and of blue, purple and scarlet yarn, and of finely twisted linen. 16It is to be square – a span[e] long and a span wide – and folded double. 17Then mount four rows of precious stones on it. The first row shall be

e **28:16** That is, about 9 inches or about 23 centimeters

arrangeront ces lampes dans la tente de la Rencontre[p] devant le voile qui cache le coffre de l’acte de l’alliance, pour qu’elles brûlent du soir au matin devant l’Eternel. C’est une loi en vigueur à perpétuité pour les Israélites dans toutes les générations.

Les vêtements du grand-prêtre

28 1Tu feras venir auprès de toi ton frère Aaron et ses fils, Nadab et Abihou, Eléazar et Itamar. Ils seront pris du milieu des Israélites pour me servir comme prêtres. 2Tu confectionneras pour ton frère Aaron des vêtements sacrés, insignes de gloire et de dignité. 3Tu donneras des instructions à tous les artisans habiles que j’ai remplis d’un Esprit qui leur confère de l’habileté : tu leur demanderas de confectionner les vêtements d’Aaron pour le consacrer à mon sacerdoce. 4Voici les habits qu’ils auront à confectionner : un pectoral, un éphod, une robe, une tunique brodée, un turban et une écharpe. Ils feront ces vêtements sacrés pour ton frère Aaron et pour ses fils, afin qu’ils me servent comme prêtres. 5Ils utiliseront des fils d’or, de pourpre violette et écarlate, de rouge éclatant et du fin lin.

L’éphod

6Ils feront l’éphod[q] avec des fils d’or, de pourpre violette et écarlate, de rouge éclatant et de fin lin retors, dans les règles de l’art. 7On y fera deux bretelles cousues à ses deux bords. 8Sa ceinture sera faite de la même façon, de la même étoffe que l’éphod ; elle sera faite de fils d’or, de pourpre violette et écarlate, de rouge éclatant et de fin lin retors. 9Tu prendras deux pierres d’onyx sur lesquelles tu graveras les noms des fils d’Israël : 10six noms sur la première pierre et les six autres sur la seconde dans l’ordre de leur naissance. 11Tu feras graver ces noms sur ces deux pierres par un graveur de pierre comme on grave un sceau à cacheter ; tu sertiras ces pierres dans des montures d’or 12et tu les fixeras sur les bretelles de l’éphod. Ces pierres rappelleront le souvenir des fils d’Israël, et Aaron portera leurs noms sur ses deux épaules devant l’Eternel comme un constant rappel. 13Tu feras aussi faire les deux montures en or 14et deux chaînettes en or pur que tu feras en forme de tresses torsadées ; tu fixeras ces chaînettes ainsi tressées aux montures.

Le pectoral

15Tu feras le pectoral du verdict[r], dans les règles de l’art, ouvragé comme l’éphod : tu le feras de fils d’or, de pourpre violette et écarlate, de rouge éclatant et de fin lin retors. 16Une fois replié en deux, il aura la forme d’un carré de vingt-cinq centimètres[s] de côté. 17Il sera garni de quatre rangées de pierreries. Sur la première : une sardoine, une

p **27.21** Appelée aussi, selon les versions, tente de la réunion ou d’assignation. Il s’agit de la rencontre de Dieu avec Moïse (33.7-11), avec les prêtres qui venaient le consulter ou, à certaines occasions, avec tout le peuple convoqué (29.42-43).

q **28.6** Ce terme désigne un tablier ou corselet fixé à la poitrine du grand-prêtre par deux bretelles. Dans d’autres passages, il renvoie à un objet de culte (Jg 8.27 ; 18.17 ; Os 3.4).

r **28.15** Appelé aussi *pectoral du jugement* ou *de la décision*. C’était une sorte de poche contenant l’ourim et le toummim servant à déterminer la volonté de Dieu (son jugement, sa décision) dans les cas graves et douteux (voir v. 30).

s **28.16** La mesure, selon l’hébreu, est d’un *empan*, longueur des doigts écartés, estimée selon les auteurs de vingt-deux à vingt-cinq centimètres.

carnelian, chrysolite and beryl; 18 the second row shall be turquoise, lapis lazuli and emerald; 19 the third row shall be jacinth, agate and amethyst; 20 the fourth row shall be topaz, onyx and jasper.[f] Mount them in gold filigree settings. 21 There are to be twelve stones, one for each of the names of the sons of Israel, each engraved like a seal with the name of one of the twelve tribes.

22 "For the breastpiece make braided chains of pure gold, like a rope. 23 Make two gold rings for it and fasten them to two corners of the breastpiece. 24 Fasten the two gold chains to the rings at the corners of the breastpiece, 25 and the other ends of the chains to the two settings, attaching them to the shoulder pieces of the ephod at the front. 26 Make two gold rings and attach them to the other two corners of the breastpiece on the inside edge next to the ephod. 27 Make two more gold rings and attach them to the bottom of the shoulder pieces on the front of the ephod, close to the seam just above the waistband of the ephod. 28 The rings of the breastpiece are to be tied to the rings of the ephod with blue cord, connecting it to the waistband, so that the breastpiece will not swing out from the ephod.

29 "Whenever Aaron enters the Holy Place, he will bear the names of the sons of Israel over his heart on the breastpiece of decision as a continuing memorial before the LORD. 30 Also put the Urim and the Thummim in the breastpiece, so they may be over Aaron's heart whenever he enters the presence of the LORD. Thus Aaron will always bear the means of making decisions for the Israelites over his heart before the LORD.

Other Priestly Garments

31 "Make the robe of the ephod entirely of blue cloth, 32 with an opening for the head in its center. There shall be a woven edge like a collar[g] around this opening, so that it will not tear. 33 Make pomegranates of blue, purple and scarlet yarn around the hem of the robe, with gold bells between them. 34 The gold bells and the pomegranates are to alternate around the hem of the robe. 35 Aaron must wear it when he ministers. The sound of the bells will be heard when he enters the Holy Place before the LORD and when he comes out, so that he will not die.

36 "Make a plate of pure gold and engrave on it as on a seal:

holy to the Lord.

37 Fasten a blue cord to it to attach it to the turban; it is to be on the front of the turban. 38 It will be on Aaron's forehead, and he will bear the guilt involved in the sacred gifts the Israelites consecrate, whatever their

f **28:20** The precise identification of some of these precious stones is uncertain.
g **28:32** The meaning of the Hebrew for this word is uncertain.

topaze et une émeraude. 18 Sur la seconde rangée : un rubis, un saphir et un diamant. 19 Sur la troisième : une opale, une agate et une améthyste. 20 Sur la quatrième : une chrysolithe, un onyx et un jaspe[t]. Ces pierreries seront serties dans des chatons en or. 21 Elles seront gravées aux noms des douze fils d'Israël comme des sceaux à cacheter ; chacune portera le nom d'une des douze tribus.

22 Tu feras au pectoral des chaînettes d'or pur, tressées comme des cordons. 23 Tu lui feras aussi deux anneaux d'or que tu fixeras à ses deux bords. 24 Tu passeras les deux cordons d'or dans ces deux anneaux, aux bords du pectoral, 25 et tu fixeras les deux bouts des deux cordons à deux agrafes, pour les attacher aux deux bretelles de l'éphod, par-devant. 26 Tu feras de plus deux anneaux d'or que tu placeras aux bords du pectoral, sur la face intérieure, contre l'éphod. 27 Tu feras deux autres anneaux d'or que tu fixeras par le bas aux deux bretelles de l'éphod, sur le devant, près de l'attache, au-dessus de la ceinture de l'éphod. 28 On liera les anneaux du pectoral à ceux de l'éphod par un cordonnet[u] de pourpre violette, pour qu'il soit fixé sur la ceinture de l'éphod sans pouvoir s'en séparer.

29 Ainsi, par ce pectoral du verdict, lorsque Aaron entrera dans le sanctuaire, il portera sur son cœur les noms des fils d'Israël pour en évoquer constamment le souvenir devant l'Eternel. 30 Tu placeras dans le pectoral du verdict l'ourim et le toummim[v], qui seront ainsi sur le cœur d'Aaron lorsqu'il se présentera devant l'Eternel, et Aaron portera en permanence sur son cœur, devant l'Eternel, le moyen de connaître mon verdict concernant les problèmes des Israélites.

Les autres vêtements du grand-prêtre et de ses fils

31 Tu feras la robe de l'éphod tout entière en pourpre violette[w]. 32 Elle aura au milieu une ouverture pour y passer la tête, elle sera garnie tout autour d'un ourlet tissé comme l'encolure d'un vêtement de cuir, pour que la robe ne se déchire pas. 33 Tu en garniras le pan de grenades faites de fils de pourpre violette et écarlate et de rouge éclatant alternant avec des clochettes d'or tout autour : 34 une clochette d'or et une grenade, et ainsi de suite sur tout le tour du pan de la robe. 35 Aaron la portera pour effectuer son service et l'on entendra le tintement des clochettes lorsqu'il entrera en présence de l'Eternel dans le lieu saint et lorsqu'il en sortira ; ainsi il ne mourra pas.

36 Tu feras un insigne d'or pur sur lequel tu graveras comme sur un sceau à cacheter : « Consacré à l'Eternel ». 37 Tu le fixeras par un cordonnet de pourpre violette sur le devant du turban 38 pour qu'il orne le front d'Aaron. Il se chargera des fautes commises par les Israélites lorsqu'ils m'apporteront toute espèce d'offrandes consacrées. Cet

t **28.20** L'identification de certaines de ces pierres précieuses est incertaine.
u **28.28** Ce *cordonnet* passait à travers les anneaux inférieurs du pectoral et ceux de l'éphod pour fixer l'éphod dans le bas comme il l'était par les chaînettes dans le haut.
v **28.30** *L'ourim et le toummim* étaient deux objets dont la nature nous est inconnue : on s'en servait pour connaître la volonté de Dieu (voir Nb 27.21 ; 1 S 14.41-42 ; 28.6 ; Esd 2.63 ; Né 7.65).
w **28.31** Sorte de chemise sans manches qui se portait sous l'éphod et le pectoral.

gifts may be. It will be on Aaron's forehead continually so that they will be acceptable to the LORD.

39 "Weave the tunic of fine linen and make the turban of fine linen. The sash is to be the work of an embroiderer. 40 Make tunics, sashes and caps for Aaron's sons to give them dignity and honor. 41 After you put these clothes on your brother Aaron and his sons, anoint and ordain them. Consecrate them so they may serve me as priests.

42 "Make linen undergarments as a covering for the body, reaching from the waist to the thigh. 43 Aaron and his sons must wear them whenever they enter the tent of meeting or approach the altar to minister in the Holy Place, so that they will not incur guilt and die.

"This is to be a lasting ordinance for Aaron and his descendants.

Consecration of the Priests

29 1 "This is what you are to do to consecrate them, so they may serve me as priests: Take a young bull and two rams without defect. 2 And from the finest wheat flour make round loaves without yeast, thick loaves without yeast and with olive oil mixed in, and thin loaves without yeast and brushed with olive oil. 3 Put them in a basket and present them along with the bull and the two rams. 4 Then bring Aaron and his sons to the entrance to the tent of meeting and wash them with water. 5 Take the garments and dress Aaron with the tunic, the robe of the ephod, the ephod itself and the breastpiece. Fasten the ephod on him by its skillfully woven waistband. 6 Put the turban on his head and attach the sacred emblem to the turban. 7 Take the anointing oil and anoint him by pouring it on his head. 8 Bring his sons and dress them in tunics 9 and fasten caps on them. Then tie sashes on Aaron and his sons.[h] The priesthood is theirs by a lasting ordinance.

"Then you shall ordain Aaron and his sons.

10 "Bring the bull to the front of the tent of meeting, and Aaron and his sons shall lay their hands on its head. 11 Slaughter it in the LORD's presence at the entrance to the tent of meeting. 12 Take some of the bull's blood and put it on the horns of the altar with your finger, and pour out the rest of it at the base of the altar. 13 Then take all the fat on the internal organs, the long lobe of the liver, and both kidneys with the fat on them, and burn them on the altar. 14 But burn the bull's flesh and its hide and its intestines outside the camp. It is a sin offering.[i]

15 "Take one of the rams, and Aaron and his sons shall lay their hands on its head. 16 Slaughter it and take the blood and splash it against the sides of the altar. 17 Cut the ram into pieces and wash the internal organs and the legs, putting them with the head and the other pieces. 18 Then burn the entire ram on the

[h] **29:9** Hebrew; Septuagint *on them*

[i] **29:14** Or *purification offering*; also in verse 36

insigne sera toujours sur son front pour que moi, l'Eternel, je les agrée.

39 Enfin tu feras confectionner pour lui la tunique de fin lin et le turban de fin lin ; et la ceinture, celle-ci sera brodée. 40 Tu feras aussi pour les fils d'Aaron des tuniques, des ceintures et des turbans, insignes de gloire et de dignité.

41 Tu revêtiras ton frère Aaron ainsi que ses fils de ces ornements ; tu leur conféreras l'onction pour les investir de leur charge et les consacrer à mon service comme prêtres. 42 Tu leur feras aussi des caleçons de lin pour cacher leur nudité des reins aux cuisses. 43 Aaron et ses fils les porteront quand ils entreront dans la tente de la Rencontre ou quand ils s'approcheront de l'autel pour faire le service dans le lieu saint ; ainsi, ils ne se rendront pas coupables d'une faute qui entraînerait leur mort. C'est une ordonnance en vigueur à perpétuité pour Aaron et pour ses descendants.

Sur l'investiture d'Aaron et de ses fils

29 1 Voici comment tu procéderas à l'égard d'Aaron et de ses fils pour les consacrer à mon service comme prêtres.

Tu prendras un jeune taureau et deux béliers sans défaut, 2 du pain sans levain, des gâteaux sans levain pétris à l'huile et des galettes sans levain arrosées d'huile, faites de fleur de farine de froment. 3 Tu les mettras tous dans la même corbeille pour les apporter avec le taureau et les deux béliers.

4 Tu feras approcher Aaron et ses fils de l'entrée de la tente de la Rencontre et tu les laveras à l'eau. 5 Puis tu prendras les vêtements sacrés et tu feras endosser à Aaron la tunique, la robe de l'éphod, l'éphod et le pectoral, et tu le ceindras avec la ceinture de l'éphod. 6 Tu le coifferas du turban sur lequel tu fixeras le diadème de consécration. 7 Ensuite, tu prendras l'huile d'onction et tu la répandras sur sa tête pour l'oindre. 8 Tu feras approcher ses fils et tu les revêtiras de leurs tuniques. 9 Tu ceindras Aaron et ses fils d'une ceinture et tu les coifferas de turbans. Ainsi tu conféreras l'investiture à Aaron et à ses fils, et le sacerdoce leur appartiendra en vertu d'une ordonnance en vigueur à perpétuité.

10 Tu amèneras le taureau devant la tente de la Rencontre ; Aaron et ses fils poseront leurs mains sur la tête du taureau 11 que tu égorgeras ensuite en ma présence à l'entrée de la tente de la Rencontre. 12 Tu prendras de son sang et tu en appliqueras avec ton doigt sur les cornes de l'autel. Tu répandras tout le reste du sang sur le socle de l'autel. 13 Puis tu prendras toute la graisse qui recouvre les entrailles, ainsi que le dessus du foie et les deux rognons avec la graisse qui les entoure et tu feras brûler le tout sur l'autel. 14 Mais tu brûleras la chair du taureau, sa peau et ses excréments à l'extérieur du camp. C'est un sacrifice pour le péché.

15 Ensuite tu prendras le premier bélier, Aaron et ses fils poseront leurs mains sur sa tête. 16 Tu l'égorgeras et tu aspergeras de son sang sur tous les côtés de l'autel. 17 Puis tu le découperas en morceaux, tu laveras ses entrailles et ses pattes et tu les disposeras sur les quartiers de viande et sur sa tête. 18 Tu brûleras tout le bélier sur l'autel : c'est

altar. It is a burnt offering to the LORD, a pleasing aroma, a food offering presented to the LORD.
19 “Take the other ram, and Aaron and his sons shall
lay their hands on its head. 20 Slaughter it, take some
of its blood and put it on the lobes of the right ears
of Aaron and his sons, on the thumbs of their right
hands, and on the big toes of their right feet. Then
splash blood against the sides of the altar. 21 And take
some blood from the altar and some of the anointing
oil and sprinkle it on Aaron and his garments and on
his sons and their garments. Then he and his sons and
their garments will be consecrated.
22 “Take from this ram the fat, the fat tail, the fat
on the internal organs, the long lobe of the liver, both
kidneys with the fat on them, and the right thigh.
(This is the ram for the ordination.) 23 From the basket
of bread made without yeast, which is before the LORD,
take one round loaf, one thick loaf with olive oil mixed
in, and one thin loaf. 24 Put all these in the hands of
Aaron and his sons and have them wave them before
the LORD as a wave offering. 25 Then take them from
their hands and burn them on the altar along with
the burnt offering for a pleasing aroma to the LORD, a
food offering presented to the LORD. 26 After you take
the breast of the ram for Aaron's ordination, wave
it before the LORD as a wave offering, and it will be
your share.
27 “Consecrate those parts of the ordination ram
that belong to Aaron and his sons: the breast that
was waved and the thigh that was presented. 28 This
is always to be the perpetual share from the Israelites
for Aaron and his sons. It is the contribution the
Israelites are to make to the LORD from their fellowship offerings.
29 “Aaron's sacred garments will belong to his descendants so that they can be anointed and ordained
in them. 30 The son who succeeds him as priest and
comes to the tent of meeting to minister in the Holy
Place is to wear them seven days.
31 “Take the ram for the ordination and cook the
meat in a sacred place. 32 At the entrance to the tent
of meeting, Aaron and his sons are to eat the meat of
the ram and the bread that is in the basket. 33 They are
to eat these offerings by which atonement was made
for their ordination and consecration. But no one else
may eat them, because they are sacred. 34 And if any
of the meat of the ordination ram or any bread is left
over till morning, burn it up. It must not be eaten,
because it is sacred.

35 “Do for Aaron and his sons everything I have
commanded you, taking seven days to ordain them.
36 Sacrifice a bull each day as a sin offering to make
atonement. Purify the altar by making atonement
for it, and anoint it to consecrate it. 37 For seven days
make atonement for the altar and consecrate it. Then
the altar will be most holy, and whatever touches it
will be holy.

un holocauste[x] offert à l'Eternel, un sacrifice à l'odeur
apaisante, consumé par le feu pour l'Eternel.
19 Enfin, tu prendras le second bélier, Aaron et ses fils
poseront leurs mains sur sa tête. 20 Tu l'égorgeras et tu
prendras de son sang pour l'appliquer sur le lobe de
l'oreille droite d'Aaron et de ses fils, sur le pouce de leur
main droite et sur le gros orteil de leur pied droit, puis tu
aspergeras de sang les quatre faces de l'autel. 21 Tu prendras du sang qui sera sur l'autel, et de l'huile d'onction, et
tu en aspergeras Aaron et ses vêtements, ses fils et leurs
vêtements. Ainsi, lui et ses fils ainsi que leurs vêtements
seront consacrés.
22 Tu prendras la graisse du bélier, sa queue, la graisse
qui recouvre les entrailles, le dessus du foie, les deux
rognons et la graisse qui les entoure, ainsi que le gigot
droit – car il s'agit d'un bélier d'investiture. 23 Tu prendras aussi une miche de pain, un gâteau à l'huile et une
galette prélevée dans la corbeille des pains sans levain
déposée devant l'Eternel. 24 Tu placeras le tout dans les
mains d'Aaron et de ses fils et tu les leur feras offrir à
l'Eternel avec un geste de présentation. 25 Ensuite, tu les
reprendras de leurs mains et les feras brûler sur l'autel
au-dessus de l'holocauste, en sacrifice à l'odeur apaisante,
consumé par le feu, pour l'Eternel.
26 Tu prendras la poitrine du bélier pour la consécration d'Aaron et tu l'offriras à l'Eternel avec le geste de
présentation. Ce morceau te reviendra comme ta part. 27 Tu
consacreras la poitrine qui aura été présentée à l'Eternel
et le gigot provenant du bélier d'investiture pour Aaron et
pour ses fils. 28 Cette contribution des Israélites appartiendra à Aaron et à ses fils selon une ordonnance en vigueur à
perpétuité, car c'est un prélèvement sur les offrandes des
Israélites, sur leurs sacrifices de communion pour l'Eternel. 29 Les vêtements sacrés d'Aaron reviendront après lui à
ses descendants, qui les porteront lorsqu'on leur conférera
l'onction pour les investir de leur charge. 30 Celui de ses
fils qui lui succédera comme prêtre et qui pénétrera dans
la tente de la Rencontre pour officier dans le lieu saint, les
portera pendant sept jours.
31 Puis tu prendras le bélier de l'investiture et tu en
feras cuire la viande dans un lieu saint. 32 Aaron et ses
fils mangeront la viande du bélier et le pain qui est dans
la corbeille à l'entrée de la tente de la Rencontre. 33 Ils
mangeront ces offrandes par lesquelles est accompli le
rite d'expiation pour leur donner l'investiture et les rendre saints. Aucun autre membre du peuple n'en mangera,
car ce sont des choses saintes. 34 S'il reste jusqu'au lendemain de la viande de la victime d'investiture et du pain,
tu brûleras ce reste ; on ne le mangera pas, car ce sont
des choses saintes.
35 Tu accompliras donc pendant sept jours pour Aaron
et ses fils les rites d'investiture, exactement comme je
te l'ai ordonné. 36 Chaque jour, tu offriras un taureau en
sacrifice d'expiation pour le péché, et tu purifieras l'autel
au moyen de cette expiation que tu accompliras pour lui.
Ensuite, tu y répandras de l'huile d'onction pour le consacrer. 37 Tu renouvelleras ces rites d'expiation pour l'autel
pendant sept jours afin de le consacrer. Après cela, il sera
éminemment saint et tout ce qui le touchera sera saint.

x **29.18** Le terme français *holocauste* vient d'un mot grec qui signifie : « entièrement brûlé ». On ignore le sens du mot hébreu correspondant. Voir Lv 1.

38 "This is what you are to offer on the altar regularly each day: two lambs a year old. 39 Offer one in the morning and the other at twilight. 40 With the first lamb offer a tenth of an ephah[j] of the finest flour mixed with a quarter of a hin[k] of oil from pressed olives, and a quarter of a hin of wine as a drink offering. 41 Sacrifice the other lamb at twilight with the same grain offering and its drink offering as in the morning – a pleasing aroma, a food offering presented to the LORD.

42 "For the generations to come this burnt offering is to be made regularly at the entrance to the tent of meeting, before the LORD. There I will meet you and speak to you; 43 there also I will meet with the Israelites, and the place will be consecrated by my glory.

44 "So I will consecrate the tent of meeting and the altar and will consecrate Aaron and his sons to serve me as priests. 45 Then I will dwell among the Israelites and be their God. 46 They will know that I am the LORD their God, who brought them out of Egypt so that I might dwell among them. I am the LORD their God.

The Altar of Incense

30 1 "Make an altar of acacia wood for burning incense. 2 It is to be square, a cubit long and a cubit wide, and two cubits high[l] – its horns of one piece with it. 3 Overlay the top and all the sides and the horns with pure gold, and make a gold molding around it. 4 Make two gold rings for the altar below the molding – two on each of the opposite sides – to hold the poles used to carry it. 5 Make the poles of acacia wood and overlay them with gold. 6 Put the altar in front of the curtain that shields the ark of the covenant law – before the atonement cover that is over the tablets of the covenant law – where I will meet with you.

7 "Aaron must burn fragrant incense on the altar every morning when he tends the lamps. 8 He must burn incense again when he lights the lamps at twilight so incense will burn regularly before the LORD for the generations to come. 9 Do not offer on this altar any other incense or any burnt offering or grain offering, and do not pour a drink offering on it. 10 Once a year Aaron shall make atonement on its horns. This annual atonement must be made with the blood of the atoning sin offering[m] for the generations to come. It is most holy to the LORD."

Atonement Money

11 Then the LORD said to Moses, 12 "When you take a census of the Israelites to count them, each one must pay the LORD a ransom for his life at the time he is

j 29:40 That is, probably about 3 1/2 pounds or about 1.6 kilograms
k 29:40 That is, probably about 1 quart or about 1 liter
l 30:2 That is, about 1 1/2 feet long and wide and 3 feet high or about 45 centimeters long and wide and 90 centimeters high
m 30:10 Or *purification offering*

Les deux holocaustes quotidiens

38 Voici ce que tu feras : chaque jour, à perpétuité, tu offriras sur l'autel deux agneaux âgés d'un an. 39 L'un d'eux sera offert le matin, l'autre à la nuit tombante. 40 Avec le premier agneau, tu joindras trois kilogrammes de fleur de farine pétrie avec un litre et demi d'huile fine ; puis tu verseras un litre et demi de vin comme libation[y]. 41 Tu accompagneras le sacrifice du soir des mêmes offrandes de farine, d'huile et de vin que celui du matin. C'est un sacrifice à l'odeur apaisante consumé par le feu pour l'Eternel. 42 C'est un holocauste que vous offrirez à perpétuité de génération en génération, à l'entrée de la tente de la Rencontre devant l'Eternel, à l'endroit où je vous convoquerai pour m'y entretenir avec toi.

L'Eternel : le Dieu des Israélites

43 C'est là que je rencontrerai les Israélites, et ma gloire rendra ce lieu saint. 44 Je consacrerai la tente de la Rencontre et l'autel, je consacrerai aussi Aaron et ses fils pour qu'ils soient mes prêtres. 45 J'habiterai au milieu des Israélites et je serai leur Dieu, 46 et ils sauront que c'est moi, l'Eternel, leur Dieu, qui les ai fait sortir d'Egypte pour habiter au milieu d'eux ; oui, je suis l'Eternel, leur Dieu.

L'autel des parfums

30 1 Tu feras aussi un autel pour faire brûler du parfum ; tu le feras en bois d'acacia. 2 Il sera carré, de cinquante centimètres de côté, relevé aux angles de quatre cornes en saillie. Il aura un mètre de hauteur[z]. 3 Tu en plaqueras d'or pur[a] le plateau, les parois tout autour et les cornes et tu le garniras d'une bordure d'or qui en fera le tour. 4 Tu lui feras deux anneaux d'or, que tu fixeras sous la bordure de part et d'autre, sur les deux parois pour recevoir les barres servant à transporter l'autel. 5 Tu feras ces barres en bois d'acacia plaqué d'or. 6 Tu placeras l'autel devant le voile qui cache le coffre de l'acte de l'alliance, devant le propitiatoire qui est au-dessus de l'acte de l'alliance, là où je te rencontrerai. 7 C'est sur cet autel que chaque matin Aaron fera brûler les essences parfumées pendant qu'il arrangera les lampes, 8 et chaque soir, quand il les allumera. Le parfum brûlera continuellement devant l'Eternel, de génération en génération. 9 Vous n'y offrirez pas de parfum profane ni d'holocauste, ni d'offrande, et vous n'y répandrez aucune libation[b]. 10 Une fois l'an, Aaron fera le rite d'expiation sur les cornes de l'autel : de génération en génération, il fera le rite d'expiation pour l'autel une fois par an[c] avec le sang du sacrifice pour le péché offert pour l'expiation. Cet autel est éminemment saint pour l'Eternel.

L'offrande pour racheter la vie des Israélites

11 L'Eternel parla encore à Moïse en ces termes : 12 Lorsque tu recenseras les Israélites, chacun d'eux donnera à l'Eternel une rançon pour sa vie au moment où

y 29.40 En hébreu : *un dizième d'épha de fleur de farine, pétrie avec un quart de hîn d'huile fine ; puis tu verseras un quart de hîn de vin ...*
z 30.2 En hébreu : *une coudée de côté et deux coudées de hauteur.*
a 30.3 L'autel des holocaustes était revêtu de bronze. Plus on se rapproche du lieu très saint, plus les matériaux sont précieux.
b 30.9 Offrande liquide (de vin).
c 30.10 Le jour des Expiations (Lv 16).

counted. Then no plague will come on them when you
number them. 13 Each one who crosses over to those
already counted is to give a half shekel,[n] according
to the sanctuary shekel, which weighs twenty gerahs. This half shekel is an offering to the LORD. 14 All
who cross over, those twenty years old or more, are to
give an offering to the LORD. 15 The rich are not to give
more than a half shekel and the poor are not to give
less when you make the offering to the LORD to atone
for your lives. 16 Receive the atonement money from
the Israelites and use it for the service of the tent of
meeting. It will be a memorial for the Israelites before
the LORD, making atonement for your lives."

Basin for Washing

17 Then the LORD said to Moses, 18 "Make a bronze
basin, with its bronze stand, for washing. Place it between the tent of meeting and the altar, and put water
in it. 19 Aaron and his sons are to wash their hands and
feet with water from it. 20 Whenever they enter the
tent of meeting, they shall wash with water so that
they will not die. Also, when they approach the altar
to minister by presenting a food offering to the LORD,
21 they shall wash their hands and feet so that they
will not die. This is to be a lasting ordinance for Aaron
and his descendants for the generations to come."

Anointing Oil

22 Then the LORD said to Moses, 23 "Take the following
fine spices: 500 shekels[o] of liquid myrrh, half as much
(that is, 250 shekels) of fragrant cinnamon, 250 shekels[p] of fragrant calamus, 24 500 shekels of cassia – all
according to the sanctuary shekel – and a hin[q] of olive oil. 25 Make these into a sacred anointing oil, a
fragrant blend, the work of a perfumer. It will be the
sacred anointing oil. 26 Then use it to anoint the tent
of meeting, the ark of the covenant law, 27 the table
and all its articles, the lampstand and its accessories,
the altar of incense, 28 the altar of burnt offering and
all its utensils, and the basin with its stand. 29 You
shall consecrate them so they will be most holy, and
whatever touches them will be holy.

30 "Anoint Aaron and his sons and consecrate
them so they may serve me as priests. 31 Say to the
Israelites, 'This is to be my sacred anointing oil for
the generations to come. 32 Do not pour it on anyone
else's body and do not make any other oil using the
same formula. It is sacred, and you are to consider it
sacred. 33 Whoever makes perfume like it and puts it
on anyone other than a priest must be cut off from
their people.'"

il sera recensé ; ainsi ce dénombrement ne leur attirera
aucun malheur. 13 Chacun de ceux qui seront recensés versera la moitié de l'unité de poids en vigueur au sanctuaire[d]
c'est-à-dire six grammes d'argent : c'est un prélèvement
pour l'Eternel. 14 Toute personne de vingt ans et au-dessus
comptée lors de ce recensement donnera ce prélèvement
pour l'Eternel. 15 Les riches ne paieront pas plus et les
pauvres pas moins que cette somme pour acquitter le
prélèvement dû à l'Eternel, en rançon pour leur vie. 16 Tu
percevras des Israélites l'argent de cette rançon et tu le
destineras à l'entretien de la tente de la Rencontre. Il rappellera à l'Eternel que la rançon pour leur vie a été versée.

La cuve pour les ablutions

17 Ensuite l'Eternel parla à Moïse en ces termes : 18 Tu
feras aussi une cuve de bronze pour les ablutions. Elle sera
montée sur un socle du même métal ; tu la placeras entre
la tente de la Rencontre et l'autel et tu la rempliras d'eau.
19 Avec cette eau, Aaron et ses fils se laveront les mains et
les pieds. 20 Avant d'entrer dans la tente de la Rencontre, ils
se passeront à l'eau ; ainsi ils ne mourront pas. De même,
lorsqu'ils viendront faire leur service à l'autel pour brûler
un sacrifice consumé par le feu pour l'Eternel, 21 ils se laveront les mains et les pieds, et ils ne mourront pas. C'est là,
pour Aaron et pour ses descendants, une ordonnance qui
sera en vigueur à perpétuité, de génération en génération.

L'huile d'onction

22 Puis l'Eternel parla à Moïse en ces termes : 23 Procure-
toi des aromates de première qualité : six kilogrammes de
myrrhe fluide[e], la moitié, soit trois kilogrammes, de cinnamome aromatique[f], trois kilogrammes de cannelle, 24 six
kilogrammes de casse – selon l'unité de poids en vigueur
au sanctuaire[g] et six litres d'huile d'olive[h]. 25 Tu en feras
une huile d'onction sainte, un baume odorant fabriqué
par un parfumeur ; ce sera une huile sainte pour l'onction.
26 Avec cette huile, tu oindras la tente de la Rencontre
et le coffre de l'acte de l'alliance, 27 la table avec tous ses
ustensiles, le chandelier et ses accessoires, l'autel des parfums, 28 l'autel des holocaustes et tous ses accessoires, ainsi
que la cuve avec son socle. 29 Tu les consacreras et ils seront
éminemment saints. Tout ce qui les touchera sera saint.
30 Tu oindras aussi Aaron et ses fils et tu les consacreras à
mon service comme prêtres.

31 Puis tu t'adresseras aux Israélites en ces termes : Cette
huile d'onction sainte sera réservée à l'Eternel de génération en génération. 32 On n'en répandra pas sur le corps
d'un humain et vous n'en composerez pas selon la même
formule. Elle est sainte et vous la considérerez comme
telle. 33 Celui qui composera une huile semblable et qui
en appliquera sur quelqu'un d'autre qu'un prêtre sera retranché de son peuple.

---

n **30:13** That is, about 1/5 ounce or about 5.8 grams; also in verse 15
o **30:23** That is, about 12 1/2 pounds or about 5.8 kilograms; also in verse 24
p **30:23** That is, about 6 1/4 pounds or about 2.9 kilograms
q **30:24** That is, probably about 1 gallon or about 3.8 liters

d **30.13** En hébreu : *un demi-sicle sur la base du sicle (11, 4 g) du sanctuaire qui vaut vingt guéras.*
e **30.23** La myrrhe vient d'un arbuste d'Afrique orientale et d'Arabie.
f **30.23** Le cinnamome était l'écorce d'une sorte de laurier des pays orientaux.
g **30.24** Il s'agit de *sicles.*
h **30.24** En hébreu, un *hîn.*

Incense

34 Then the LORD said to Moses, "Take fragrant spices – gum resin, onycha and galbanum – and pure frankincense, all in equal amounts, 35 and make a fragrant blend of incense, the work of a perfumer. It is to be salted and pure and sacred. 36 Grind some of it to powder and place it in front of the ark of the covenant law in the tent of meeting, where I will meet with you. It shall be most holy to you. 37 Do not make any incense with this formula for yourselves; consider it holy to the LORD. 38 Whoever makes incense like it to enjoy its fragrance must be cut off from their people."

Bezalel and Oholiab

31 1 Then the LORD said to Moses, 2 "See, I have chosen Bezalel son of Uri, the son of Hur, of the tribe of Judah, 3 and I have filled him with the Spirit of God, with wisdom, with understanding, with knowledge and with all kinds of skills – 4 to make artistic designs for work in gold, silver and bronze, 5 to cut and set stones, to work in wood, and to engage in all kinds of crafts. 6 Moreover, I have appointed Oholiab son of Ahisamak, of the tribe of Dan, to help him.

"I have given ability to all the skilled workers to make everything I have commanded you:

7 "the tent of meeting,
the ark of the covenant law with the atonement cover on it,
and all the other furnishings of the tent –
8 the table and its articles,
the pure gold lampstand and all its accessories,
the altar of incense,
9 the altar of burnt offering and all its utensils,
the basin with its stand –
10 and also the woven garments,
both the sacred garments for Aaron the priest
and the garments for his sons when they serve as priests,
11 and the anointing oil and fragrant incense for the Holy Place.

"They are to make them just as I commanded you."

The Sabbath

12 Then the LORD said to Moses, 13 "Say to the Israelites, 'You must observe my Sabbaths. This will be a sign between me and you for the generations to come, so you may know that I am the LORD, who makes you holy.

14 " 'Observe the Sabbath, because it is holy to you. Anyone who desecrates it is to be put to death; those who do any work on that day must be cut off from their people. 15 For six days work is to be done, but the seventh day is a day of sabbath rest, holy to the LORD. Whoever does any work on the Sabbath day is

Le parfum

34 L'Eternel dit à Moïse : Procure-toi des essences parfumées : du stacté, de l'onyx et du galbanum[i], et avec ces aromates, de l'encens raffiné, le tout en quantités égales. 35 Tu en feras faire un mélange parfumé, composé par un parfumeur, ce sera un parfum salé[j], pur et saint. 36 Tu en réduiras une partie en poudre fine que tu poseras devant l'acte de l'alliance dans la tente de la Rencontre où je te rencontrerai. Ce sera pour vous une chose éminemment sainte. 37 Vous ne ferez pas de parfum de même composition pour votre usage personnel. Vous le considérerez comme une chose sainte, réservée à l'Eternel. 38 Celui qui en fera pour jouir de son odeur sera retranché de son peuple.

Les artisans du sanctuaire

31 1 L'Eternel parla à Moïse en ces termes : 2 Vois, je désigne Betsaléel, fils d'Ouri, descendant de Hour, de la tribu de Juda, 3 et je l'ai rempli de l'Esprit de Dieu qui lui confère de l'habileté, de l'intelligence et de la compétence pour exécuter toutes sortes d'ouvrages, 4 pour concevoir des projets, pour travailler l'or, l'argent et le bronze, 5 pour tailler des pierres à enchâsser, pour sculpter le bois et pour réaliser toutes sortes d'ouvrages. 6 Je lui ai donné pour aide Oholiab, fils d'Ahisamak, de la tribu de Dan et, de plus, j'ai accordé un surcroît d'habileté à tous les artisans experts, afin qu'ils exécutent tout ce que je t'ai ordonné : 7 la tente de la Rencontre, le coffre de l'acte de l'alliance, le propitiatoire qui doit lui servir de couvercle, et tous les objets de la tente, 8 la table et ses ustensiles, le chandelier d'or pur et tous ses accessoires, l'autel des parfums, 9 l'autel des holocaustes et tous ses accessoires, la cuve et son socle, 10 les vêtements de cérémonie et les vêtements sacrés pour Aaron le prêtre, ainsi que ceux de ses fils, ceux qu'ils endosseront pour exercer les fonctions du sacerdoce, 11 l'huile d'onction et le parfum aromatique pour le sanctuaire. Les artisans se conformeront à tous les ordres que je t'ai donnés.

Le jour du sabbat

12 L'Eternel parla à Moïse en ces termes[k] : 13 Et toi, dis ceci aux Israélites : « Surtout, observez bien mes sabbats ; car c'est là un signe entre moi et vous, de génération en génération, le signe que moi, l'Eternel, je vous rends saints. 14 Vous observerez donc le jour du repos, car il est saint pour vous. Celui qui le profanera devra mourir ; car quiconque fera un travail quelconque ce jour-là, sera retranché de son peuple. 15 On travaillera six jours, et le septième jour sera un jour de repos consacré à l'Eternel. Quiconque fera un travail le jour du sabbat devra

[i] **30.34** Le *stacté* et le *galbanum* proviennent de plantes ou de résines ; l'*onyx* n'est pas ici la pierre précieuse, mais la carapace d'un mollusque.
[j] **30.35** Le sel symbolise sans doute l'alliance (voir Lv 2.13). Des versions anciennes ont traduit ici : *avec soin*, au lieu de *avec du sel*.
[k] **31.12** Pour les v. 12-17, voir20.8-11 ; 23.12 ; 34.21 ; 35.2 ; Gn 2.1-3 ; Lv 23.3 ; Dt 5.13-14.

to be put to death. 16 The Israelites are to observe the Sabbath, celebrating it for the generations to come as a lasting covenant. 17 It will be a sign between me and the Israelites forever, for in six days the LORD made the heavens and the earth, and on the seventh day he rested and was refreshed.' "

18 When the LORD finished speaking to Moses on Mount Sinai, he gave him the two tablets of the covenant law, the tablets of stone inscribed by the finger of God.

The Golden Calf

32 1 When the people saw that Moses was so long in coming down from the mountain, they gathered around Aaron and said, "Come, make us gods[r] who will go before us. As for this fellow Moses who brought us up out of Egypt, we don't know what has happened to him."

2 Aaron answered them, "Take off the gold earrings that your wives, your sons and your daughters are wearing, and bring them to me." 3 So all the people took off their earrings and brought them to Aaron. 4 He took what they handed him and made it into an idol cast in the shape of a calf, fashioning it with a tool. Then they said, "These are your gods,[s] Israel, who brought you up out of Egypt."

5 When Aaron saw this, he built an altar in front of the calf and announced, "Tomorrow there will be a festival to the LORD." 6 So the next day the people rose early and sacrificed burnt offerings and presented fellowship offerings. Afterward they sat down to eat and drink and got up to indulge in revelry.

7 Then the LORD said to Moses, "Go down, because your people, whom you brought up out of Egypt, have become corrupt. 8 They have been quick to turn away from what I commanded them and have made themselves an idol cast in the shape of a calf. They have bowed down to it and sacrificed to it and have said, 'These are your gods, Israel, who brought you up out of Egypt.'

9 "I have seen these people," the LORD said to Moses, "and they are a stiff-necked people. 10 Now leave me alone so that my anger may burn against them and that I may destroy them. Then I will make you into a great nation."

11 But Moses sought the favor of the LORD his God. "LORD," he said, "why should your anger burn against your people, whom you brought out of Egypt with great power and a mighty hand? 12 Why should the

r 32:1 Or *a god*; also in verses 23 and 31
s 32:4 Or *This is your god*; also in verse 8

mourir. 16 Les Israélites observeront le jour du sabbat en le célébrant de génération en génération ; c'est une alliance éternelle. 17 Il sera un signe à perpétuité entre moi et les Israélites, car en six jours l'Eternel a fait le ciel et la terre, et le septième jour il a cessé de travailler pour reprendre son souffle. »

La remise des deux tablettes de l'acte de l'alliance

18 Quand il eut terminé de s'entretenir avec Moïse sur le mont Sinaï, l'Eternel lui remit les deux tablettes de l'acte de l'alliance ; c'étaient des tablettes de pierre gravées par le doigt de Dieu.

L'IDOLÂTRIE D'ISRAËL ET LE RENOUVELLEMENT DE L'ALLIANCE

Le veau d'or

32 1 Quand le peuple s'aperçut que Moïse tardait à redescendre de la montagne, il se rassembla autour d'Aaron et lui dit : Allons ! Fabrique-nous des dieux qui marchent à notre tête, car Moïse, cet homme qui nous a fait sortir d'Egypte, nous ne savons pas ce qui lui est arrivé.

2 Aaron leur répondit : Otez les pendants d'or des oreilles de vos femmes, de vos fils[l] et de vos filles, et apportez-les moi.

3 Tous se défirent des pendants d'or qui étaient à leurs oreilles et les apportèrent à Aaron. 4 Celui-ci les reçut de leurs mains, façonna l'or au burin et en coula la statue d'un veau. Alors le peuple s'écria : Israël, Voici tes dieux, qui t'ont fait sortir d'Egypte[m] !

5 Voyant cela, Aaron construisit un autel devant le veau ; puis il proclama : Demain il y aura fête en l'honneur de l'Eternel.

6 Le lendemain, levé de bon matin, le peuple se mit à offrir des holocaustes et des sacrifices de communion. Ils s'assirent pour manger et boire, puis ils se levèrent pour se divertir[n].

Moïse apaise l'Eternel

7 L'Eternel dit à Moïse : Va, redescends, car ton peuple que tu as fait sortir d'Egypte se conduit très mal. 8 Ils se sont bien vite détournés de la voie que je leur avais indiquée. Ils se sont fabriqué un veau de métal fondu, ils se sont prosternés devant lui et lui ont offert des sacrifices en disant : « Israël, voici tes dieux, qui t'ont fait sortir d'Egypte ! »

9 L'Eternel ajouta : Je constate que ce peuple est un peuple rebelle. 10 Maintenant, laisse-moi faire : ma colère s'enflammera contre eux et je les exterminerai. Mais je ferai de toi un autre grand peuple.

11 Alors Moïse supplia l'Eternel son Dieu d'avoir pitié en disant : Eternel, pourquoi ta colère s'enflammerait-elle contre ton peuple que tu as fait sortir d'Egypte par un formidable déploiement de force et de puissance[o] ? 12 Pourquoi

l 32.2 Les hommes portaient également des boucles d'oreilles (voir Jg 8.24-26).
m 32.4 Parodie de 20.2 (voir 1 R 12.28-29 ; Ac 7.41).
n 32.6 Le verbe traduit par *se divertir* peut avoir une connotation sexuelle (Gn 26.8). Des orgies licencieuses accompagnaient généralement les fêtes païennes. C'est dans ce sens que Paul interprète ce texte (1 Co 10.7).
o 32.11 Pour les v. 11-14, voir Nb 14.13-19.

Egyptians say, 'It was with evil intent that he brought
them out, to kill them in the mountains and to wipe
them off the face of the earth'? Turn from your fierce
anger; relent and do not bring disaster on your people.
13 Remember your servants Abraham, Isaac and Israel,
to whom you swore by your own self: 'I will make your
descendants as numerous as the stars in the sky and
I will give your descendants all this land I promised
them, and it will be their inheritance forever.' " 14 Then
the LORD relented and did not bring on his people the
disaster he had threatened.

15 Moses turned and went down the mountain with
the two tablets of the covenant law in his hands. They
were inscribed on both sides, front and back. 16 The
tablets were the work of God; the writing was the
writing of God, engraved on the tablets.
17 When Joshua heard the noise of the people shouting, he said to Moses, "There is the sound of war in
the camp."
18 Moses replied:
"It is not the sound of victory,
it is not the sound of defeat;
it is the sound of singing that I hear."
19 When Moses approached the camp and saw the
calf and the dancing, his anger burned and he threw
the tablets out of his hands, breaking them to pieces
at the foot of the mountain. 20 And he took the calf
the people had made and burned it in the fire; then
he ground it to powder, scattered it on the water and
made the Israelites drink it.
21 He said to Aaron, "What did these people do to
you, that you led them into such great sin?"
22 "Do not be angry, my lord," Aaron answered. "You
know how prone these people are to evil. 23 They said
to me, 'Make us gods who will go before us. As for this
fellow Moses who brought us up out of Egypt, we don't
know what has happened to him.' 24 So I told them,
'Whoever has any gold jewelry, take it off.' Then they
gave me the gold, and I threw it into the fire, and out
came this calf!"
25 Moses saw that the people were running wild
and that Aaron had let them get out of control and
so become a laughingstock to their enemies. 26 So he
stood at the entrance to the camp and said, "Whoever
is for the LORD, come to me." And all the Levites rallied
to him.
27 Then he said to them, "This is what the LORD, the
God of Israel, says: 'Each man strap a sword to his side.
Go back and forth through the camp from one end
to the other, each killing his brother and friend and
neighbor.' " 28 The Levites did as Moses commanded,
and that day about three thousand of the people died.
29 Then Moses said, "You have been set apart to the
LORD today, for you were against your own sons and
brothers, and he has blessed you this day."

les Egyptiens diraient-ils que c'est dans de mauvaises intentions que leur Dieu les a fait sortir de leur pays : pour
les faire périr dans la région des montagnes et les faire
disparaître de la terre ? Laisse ta colère et renonce à envoyer le malheur à ton peuple. 13 Souviens-toi d'Abraham,
d'Isaac et d'Israël, tes serviteurs, envers qui tu t'es engagé
par serment en ton propre nom en leur déclarant : « Je
rendrai vos descendants aussi nombreux que les étoiles
du ciel, je leur donnerai tout ce pays dont j'ai parlé, et ils
le posséderont pour toujours. »
14 Alors l'Eternel renonça à faire venir sur son peuple le
malheur dont il l'avait menacé.

La colère de Moïse

15 Moïse s'en retourna et redescendit de la montagne,
tenant en main les deux tablettes de l'acte de l'alliance.
Elles étaient gravées des deux côtés, sur leurs deux faces.
16 Ces tablettes étaient l'œuvre de Dieu, l'écriture était
celle de Dieu, gravée sur les tablettes.
17 Quand Josué entendit les clameurs poussées par le peuple, il dit à Moïse : Il y a un bruit de guerre dans le camp.

18 – Non ! répondit Moïse, ce ne sont ni des cris de victoire ni des lamentations de défaite. C'est un bruit de
chansons que j'entends.

19 Quand il fut près du camp, qu'il aperçut le veau et vit
les chœurs de danses, il entra dans une grande colère : il
lança les tablettes qu'il tenait en mains et les mit en pièces
au pied de la montagne. 20 Il saisit le veau que le peuple
avait fabriqué, le jeta au feu et le réduisit en poussière
qu'il éparpilla à la surface de l'eau, puis il fit boire cette
eau aux Israélites. 21 Ensuite, il demanda à Aaron : Que t'a
donc fait ce peuple pour que tu l'aies entraîné à se rendre
coupable d'un si grand péché ?
22 Aaron répondit : Que mon seigneur ne se fâche pas !
Tu sais toi-même que ce peuple est porté à faire le mal.
23 Ils m'ont dit : « Fabrique-nous des dieux qui marchent à
notre tête, car ce Moïse, cet homme qui nous a fait sortir
d'Egypte, nous ne savons pas ce qui lui est arrivé. » 24 Je
leur ai donc répondu : « Que ceux qui ont de l'or s'en des-
saisissent ! » Ils m'en ont remis, je l'ai fait fondre au feu et
voilà le veau qui en est sorti.
25 Moïse vit que le peuple était déchaîné. Aaron l'avait
laissé faire, de sorte qu'il s'exposait au mépris de ses
ennemis. 26 Alors il se posta à l'entrée du camp et s'écria :
Que tous ceux qui sont pour l'Eternel viennent vers moi !
Tous les membres de la tribu de Lévi se rallièrent à lui.
27 Il leur dit : Voici ce qu'ordonne l'Eternel, le Dieu d'Israël :
Que chacun de vous mette son épée au côté ! Parcourez
tout le camp, allez d'une tente à l'autre, que chacun tue
jusqu'à son frère, son ami, son proche.
28 Les lévites obéirent à Moïse de sorte que, ce jour-là,
environ trois mille hommes du peuple perdirent la vie.
29 Moïse dit aux lévites :
– Vous avez été investis aujourd'hui au service de l'Eternel, car vous avez combattu chacun contre son fils et son
frère, de sorte que l'Eternel vous accorde aujourd'hui sa
bénédiction.

30 The next day Moses said to the people, "You have committed a great sin. But now I will go up to the LORD; perhaps I can make atonement for your sin."

31 So Moses went back to the LORD and said, "Oh, what a great sin these people have committed! They have made themselves gods of gold. 32 But now, please forgive their sin – but if not, then blot me out of the book you have written."

33 The LORD replied to Moses, "Whoever has sinned against me I will blot out of my book. 34 Now go, lead the people to the place I spoke of, and my angel will go before you. However, when the time comes for me to punish, I will punish them for their sin."

35 And the LORD struck the people with a plague because of what they did with the calf Aaron had made.

33

1 Then the LORD said to Moses, "Leave this place, you and the people you brought up out of Egypt, and go up to the land I promised on oath to Abraham, Isaac and Jacob, saying, 'I will give it to your descendants.' 2 I will send an angel before you and drive out the Canaanites, Amorites, Hittites, Perizzites, Hivites and Jebusites. 3 Go up to the land flowing with milk and honey. But I will not go with you, because you are a stiff-necked people and I might destroy you on the way."

4 When the people heard these distressing words, they began to mourn and no one put on any ornaments. 5 For the LORD had said to Moses, "Tell the Israelites, 'You are a stiff-necked people. If I were to go with you even for a moment, I might destroy you. Now take off your ornaments and I will decide what to do with you.'" 6 So the Israelites stripped off their ornaments at Mount Horeb.

The Tent of Meeting

7 Now Moses used to take a tent and pitch it outside the camp some distance away, calling it the "tent of meeting." Anyone inquiring of the LORD would go to the tent of meeting outside the camp. 8 And whenever Moses went out to the tent, all the people rose and stood at the entrances to their tents, watching Moses until he entered the tent. 9 As Moses went into the tent, the pillar of cloud would come down and stay at the entrance, while the LORD spoke with Moses. 10 Whenever the people saw the pillar of cloud standing at the entrance to the tent, they all stood and worshiped, each at the entrance to their tent. 11 The LORD would speak to Moses face to face, as one speaks to a friend. Then Moses would return to the camp, but his young aide Joshua son of Nun did not leave the tent.

Moses and the Glory of the LORD

12 Moses said to the LORD, "You have been telling me, 'Lead these people,' but you have not let me know

Moïse prie l'Eternel de pardonner au peuple

30 Le lendemain, Moïse dit au peuple : Vous vous êtes rendus coupables d'un grand péché. Maintenant je vais remonter auprès de l'Eternel. Peut-être obtiendrai-je un moyen d'expiation pour votre péché.

31 Moïse retourna donc auprès de l'Eternel et dit : Hélas ! ce peuple s'est rendu coupable d'un grand péché, il s'est fait un dieu d'or. 32 Mais maintenant, veuille pardonner ce péché. Sinon, efface-moi du livre que tu as écrit.

33 L'Eternel répondit à Moïse : C'est celui qui a péché contre moi que j'effacerai de mon livre. 34 Maintenant va, conduis le peuple là où je t'ai dit. Mon ange marchera devant toi, mais au jour où j'interviendrai, je les châtierai pour leur péché.

35 L'Eternel frappa le peuple, à cause du veau d'or qu'avait fabriqué Aaron.

L'Eternel n'ira pas avec le peuple

33

1 L'Eternel dit à Moïse : Va, quitte ce lieu, toi et le peuple que tu as fait sortir d'Egypte, et rendez-vous au pays que j'ai promis par serment à Abraham, à Isaac et à Jacob de donner à leurs descendants[p]. 2 J'enverrai un ange devant toi et je chasserai les Cananéens, les Amoréens, les Hittites, les Phéréziens, les Héviens et les Yebousiens. 3 Il vous conduira vers un pays ruisselant de lait et de miel. Pour moi, je n'irai pas au milieu de vous, car vous êtes un peuple rebelle et je pourrais vous exterminer pendant le voyage.

4 Lorsque le peuple entendit cette parole sévère, il prit le deuil : personne ne mit ses parures. 5 L'Eternel avait ordonné à Moïse de dire aux Israélites : Vous êtes un peuple rebelle ; si je marchais au milieu de vous, ne fût-ce qu'un seul instant, je vous exterminerais. Otez donc vos parures et l'on verra comment je vais vous traiter.

6 Les Israélites enlevèrent leurs parures, à distance du mont Horeb.

La tente de la Rencontre

7 Moïse prit une tente et la dressa pour lui à l'extérieur du camp à une bonne distance. Il l'appelait tente de la Rencontre. Celui qui voulait consulter l'Eternel devait sortir du camp pour se rendre à la tente de la Rencontre. 8 Chaque fois que Moïse sortait pour aller à cette tente, le peuple se levait et chacun se tenait à l'entrée de sa tente pour suivre Moïse du regard jusqu'à ce qu'il soit entré dans la tente. 9 Dès qu'il y pénétrait, la colonne de nuée descendait et se tenait à l'entrée de la tente, et l'Eternel s'entretenait avec Moïse. 10 Tout le peuple voyait la colonne de nuée se tenir à l'entrée de la tente et le peuple tout entier se levait et se prosternait, chacun à l'entrée de sa tente. 11 L'Eternel s'entretenait avec Moïse directement comme un homme parle avec son ami. Puis Moïse regagnait le camp ; mais son jeune assistant Josué, fils de Noun, restait dans la tente.

Moïse prie l'Eternel d'accompagner son peuple

12 Moïse dit à l'Eternel : Vois, tu me demandes de conduire ce peuple, mais tu ne me fais pas connaître qui tu

p **33.1** Selon Nb 10.11-12 comparé à Ex 19.1, le séjour d'Israël au Sinaï a été d'un an. Voir Gn 12.7 ; 26.3 ; 28.13.

whom you will send with me. You have said, 'I know you by name and you have found favor with me.' 13 If you are pleased with me, teach me your ways so I may know you and continue to find favor with you. Remember that this nation is your people."

14 The LORD replied, "My Presence will go with you, and I will give you rest."

15 Then Moses said to him, "If your Presence does not go with us, do not send us up from here. 16 How will anyone know that you are pleased with me and with your people unless you go with us? What else will distinguish me and your people from all the other people on the face of the earth?"

17 And the LORD said to Moses, "I will do the very thing you have asked, because I am pleased with you and I know you by name."

18 Then Moses said, "Now show me your glory."

19 And the LORD said, "I will cause all my goodness to pass in front of you, and I will proclaim my name, the LORD, in your presence. I will have mercy on whom I will have mercy, and I will have compassion on whom I will have compassion. 20 But," he said, "you cannot see my face, for no one may see me and live."

21 Then the LORD said, "There is a place near me where you may stand on a rock. 22 When my glory passes by, I will put you in a cleft in the rock and cover you with my hand until I have passed by. 23 Then I will remove my hand and you will see my back; but my face must not be seen."

The New Stone Tablets

34 1 The LORD said to Moses, "Chisel out two stone tablets like the first ones, and I will write on them the words that were on the first tablets, which you broke. 2 Be ready in the morning, and then come up on Mount Sinai. Present yourself to me there on top of the mountain. 3 No one is to come with you or be seen anywhere on the mountain; not even the flocks and herds may graze in front of the mountain."

4 So Moses chiseled out two stone tablets like the first ones and went up Mount Sinai early in the morning, as the LORD had commanded him; and he carried the two stone tablets in his hands. 5 Then the LORD came down in the cloud and stood there with him and proclaimed his name, the LORD. 6 And he passed in front of Moses, proclaiming, "The LORD, the LORD, the compassionate and gracious God, slow to anger, abounding in love and faithfulness, 7 maintaining love to thousands, and forgiving wickedness, rebellion and sin. Yet he does not leave the guilty unpunished; he punishes the children and their children for the sin of the parents to the third and fourth generation."

8 Moses bowed to the ground at once and worshiped. 9 "Lord," he said, "if I have found favor in your eyes, then let the Lord go with us. Although this is a stiff-necked people, forgive our wickedness and our sin, and take us as your inheritance."

enverras pour m'accompagner ! Pourtant tu m'avais dit : « Je t'ai choisi personnellement et tu jouis de ma faveur. » 13 Maintenant, si réellement j'ai obtenu ta faveur, veuille me révéler tes intentions pour que je te connaisse. Alors j'aurai vraiment ta faveur. Et considère que ce peuple-là, c'est ton peuple !

14 Dieu répondit : Je marcherai moi-même avec toi, pour te rassurer.

15 Moïse reprit : Si tu ne viens pas toi-même avec nous, ne nous fais pas partir d'ici. 16 A quoi reconnaîtra-t-on que j'ai obtenu ta faveur, moi ainsi que ton peuple, sinon si tu marches avec nous, et si nous sommes ainsi distingués, moi et ton peuple, de tous les autres peuples sur la terre ?

17 Alors l'Eternel répondit à Moïse : Même ce que tu viens de demander, je te l'accorde parce que tu jouis de ma faveur et que j'ai une relation particulière avec toi.

18 Moïse reprit : Permets-moi de contempler ta gloire !

19 Dieu lui répondit : Je ferai moi-même passer devant toi toute ma bonté et je proclamerai devant toi les qualités de l'Eternel. Je ferai grâce à qui je veux faire grâce, j'aurai compassion de qui je veux avoir compassion[q]. 20 Mais tu ne pourras pas voir ma face, car nul homme ne peut me voir et demeurer en vie.

21 L'Eternel dit encore : Il y a ici un lieu près de moi ; tiens-toi debout sur le rocher, 22 et quand ma gloire passera, je te mettrai dans le creux du rocher et je te couvrirai de ma main, jusqu'à ce que j'aie passé. 23 Puis je retirerai ma main et tu me verras de dos, mais ma face ne pourra pas être vue.

Le renouvellement de l'alliance

34 1 L'Eternel dit à Moïse : Taille toi-même deux tablettes de pierre semblables aux premières et j'y graverai les paroles qui se trouvaient sur celles que tu as brisées. 2 Sois prêt pour demain matin ; monte dès l'aube sur le mont Sinaï et tiens-toi là pour m'attendre, au sommet de la montagne. 3 Personne ne montera avec toi, on ne verra aucune autre personne sur toute la montagne. Que même ni petit ni gros bétail ne paisse aux abords de la montagne.

4 Moïse tailla deux tablettes de pierre semblables aux précédentes et le lendemain matin, de bonne heure, gravit le mont Sinaï, comme l'Eternel le lui avait ordonné, tenant en main les deux tablettes de pierre.

5 L'Eternel descendit dans la nuée, il se tint là près de lui et proclama son nom : 6 il passa devant lui en proclamant : L'Eternel, l'Eternel, un Dieu plein de compassion et de grâce, lent à se mettre en colère, et riche en amour et en fidélité[r] ! 7 Il conserve son amour jusqu'à la millième génération : il pardonne le crime, la faute et le péché, mais ne tient pas le coupable pour innocent, il punit la faute des pères sur leurs descendants jusqu'à la troisième, voire même la quatrième génération.

8 Aussitôt, Moïse s'inclina jusqu'à terre et se prosterna. 9 Puis il dit : Seigneur, si j'ai obtenu ta faveur, je t'en prie, Seigneur, marche au milieu de nous. Oui, c'est un peuple rebelle, mais veuille pardonner nos fautes et nos péchés et conserver notre peuple comme ta possession !

q **33.19** Cité en Rm 9.15.
r **34.6** Pour les v. 6-7, voir, entre autres, Ex 20.5-6 ; Nb 14.18 ; Dt 5.9-10 ; 7.9-10.

10Then the LORD said: "I am making a covenant with
you. Before all your people I will do wonders never
before done in any nation in all the world. The people
you live among will see how awesome is the work that
I, the LORD, will do for you. 11Obey what I command
you today. I will drive out before you the Amorites,
Canaanites, Hittites, Perizzites, Hivites and Jebusites.
12Be careful not to make a treaty with those who live
in the land where you are going, or they will be a snare
among you. 13Break down their altars, smash their
sacred stones and cut down their Asherah poles.[t] 14Do
not worship any other god, for the LORD, whose name
is Jealous, is a jealous God.

15"Be careful not to make a treaty with those who
live in the land; for when they prostitute themselves
to their gods and sacrifice to them, they will invite
you and you will eat their sacrifices. 16And when you
choose some of their daughters as wives for your sons
and those daughters prostitute themselves to their
gods, they will lead your sons to do the same.

17"Do not make any idols.

18"Celebrate the Festival of Unleavened Bread.
For seven days eat bread made without yeast, as I
commanded you. Do this at the appointed time in
the month of Aviv, for in that month you came out
of Egypt.

19"The first offspring of every womb belongs to me,
including all the firstborn males of your livestock,
whether from herd or flock. 20Redeem the firstborn
donkey with a lamb, but if you do not redeem it, break
its neck. Redeem all your firstborn sons.

"No one is to appear before me empty-handed.

21"Six days you shall labor, but on the seventh day
you shall rest; even during the plowing season and
harvest you must rest.

22"Celebrate the Festival of Weeks with the firstfruits of the wheat harvest, and the Festival of
Ingathering at the turn of the year.[u] 23Three times a
year all your men are to appear before the Sovereign
LORD, the God of Israel. 24I will drive out nations before
you and enlarge your territory, and no one will covet
your land when you go up three times each year to
appear before the LORD your God.

25"Do not offer the blood of a sacrifice to me along
with anything containing yeast, and do not let any of
the sacrifice from the Passover Festival remain until
morning.

[t] 34:13 That is, wooden symbols of the goddess Asherah
[u] 34:22 That is, in the autumn

10Dieu répondit : Je vais conclure une alliance avec vous.
En présence de tout ton peuple, je ferai des prodiges tels
qu'il ne s'en est jamais produit sur la terre entière chez
aucun autre peuple, et tout le peuple qui t'entoure verra
combien est impressionnante l'œuvre de l'Eternel que
j'accomplis avec toi.

11Retenez bien ce que je vous commande aujourd'hui.
Je vais chasser devant vous les Amoréens, les Cananéens,
les Hittites, les Phéréziens, les Héviens et les Yebousiens.
12Gardez-vous de conclure une alliance avec les habitants
du pays dans lequel vous allez entrer, ils deviendraient un
piège au milieu de vous. 13Au contraire, vous renverserez
leurs autels, vous briserez leurs stèles[s], et vous abattrez
leurs pieux sacrés voués à la déesse Ashéra[t].

14Vous ne vous prosternerez devant aucune autre divinité ; car son nom à lui, c'est « l'Eternel qui ne tolère
aucun rival » et il est effectivement un Dieu qui ne tolère
aucun rival.

15N'allez donc pas conclure une alliance avec les habitants du pays ; car ces gens se prostituent à leurs dieux,
ils leur offrent des sacrifices, et, à leur invitation, vous
mangeriez de ce qu'ils leur ont offert. 16Vous prendriez
parmi leurs filles des épouses pour vos fils, et leurs filles,
qui se prostituent à leurs dieux, entraîneraient vos fils à
faire de même.

17Vous ne vous ferez pas de dieu en métal fondu.

18Vous observerez la fête des Pains sans levain. Pendant
les sept jours fixés du mois des épis, vous mangerez des
pains sans levain, comme je vous l'ai prescrit, car c'est au
cours de ce mois que vous êtes sortis d'Egypte[u].

19Tout premier-né m'appartient. Il en est ainsi de tout
premier-né mâle de ton bétail, veau ou agneau. 20Quant
au premier-né de l'âne, vous le rachèterez par un agneau ;
si vous ne le rachetez pas, vous lui briserez la nuque. Vous
rachèterez toujours tout premier-né de vos fils.

Vous ne viendrez pas vous présenter devant moi les
mains vides !

21Vous travaillerez six jours, mais le septième jour, vous
vous reposerez ; même au temps du labour et de la moisson,
vous vous reposerez.

22Observe aussi la fête des Semaines[v] à l'occasion des
premiers grains de blé moissonnés, ainsi que la fête de
la récolte à la fin de l'année. 23Trois fois par an, tous les
hommes du peuple viendront se présenter devant moi, le
Souverain, l'Eternel, le Dieu d'Israël. 24Car je déposséderai
d'autres peuples devant vous, j'agrandirai votre territoire,
et personne ne cherchera à conquérir votre pays pendant
que vous monterez pour vous présenter devant l'Eternel
votre Dieu trois fois par an.

25Vous ne ferez pas couler le sang de mon sacrifice sur
du pain levé, et vous ne garderez pas jusqu'au lendemain
matin la viande du sacrifice de la fête de Pâque.

[s] **34.13** Pierres dressées, symboles de la divinité masculine, dont le culte est condamné par l'Eternel : 23.24 ; Lv 26.1 ; Dt 7.5 ; 12.3 ; 16.22.
[t] **34.13** Pieux ou poteaux sacrés des sanctuaires cananéens, dont le nom a parfois été employé pour désigner la divinité qu'ils étaient censés représenter (Jg 6.25 ; 1 R 14.23 ; 15.13). Voir Dt 16.21-22.
[u] **34.18** Pour les v. 18-26, voir Ex 23.14-19 ; Dt 16.1-17 ; Ex 12.14-20 ; Lv 23.6-8 ; Nb 28.16-25.
[v] **34.22** Appelée ainsi parce que l'on comptait sept semaines à partir de la Pâque.

26 "Bring the best of the firstfruits of your soil to the house of the LORD your God.

"Do not cook a young goat in its mother's milk."

27 Then the LORD said to Moses, "Write down these words, for in accordance with these words I have made a covenant with you and with Israel." 28 Moses was there with the LORD forty days and forty nights without eating bread or drinking water. And he wrote on the tablets the words of the covenant – the Ten Commandments.

The Radiant Face of Moses

29 When Moses came down from Mount Sinai with the two tablets of the covenant law in his hands, he was not aware that his face was radiant because he had spoken with the LORD. 30 When Aaron and all the Israelites saw Moses, his face was radiant, and they were afraid to come near him. 31 But Moses called to them; so Aaron and all the leaders of the community came back to him, and he spoke to them. 32 Afterward all the Israelites came near him, and he gave them all the commands the LORD had given him on Mount Sinai.

33 When Moses finished speaking to them, he put a veil over his face. 34 But whenever he entered the LORD's presence to speak with him, he removed the veil until he came out. And when he came out and told the Israelites what he had been commanded, 35 they saw that his face was radiant. Then Moses would put the veil back over his face until he went in to speak with the LORD.

Sabbath Regulations

35 1 Moses assembled the whole Israelite community and said to them, "These are the things the LORD has commanded you to do: 2 For six days, work is to be done, but the seventh day shall be your holy day, a day of sabbath rest to the LORD. Whoever does any work on it is to be put to death. 3 Do not light a fire in any of your dwellings on the Sabbath day."

Materials for the Tabernacle

4 Moses said to the whole Israelite community, "This is what the LORD has commanded: 5 From what you have, take an offering for the LORD. Everyone who is willing is to bring to the LORD an offering of:

"gold, silver and bronze;
6 blue, purple and scarlet yarn and fine linen;
goat hair;
7 ram skins dyed red and another type of durable leather[v];
acacia wood;
8 olive oil for the light;
spices for the anointing oil and for the fragrant incense;
9 and onyx stones and other gems to be mounted on the ephod and breastpiece.

v 35:7 Possibly the hides of large aquatic mammals; also in verse 23

26 Vous apporterez le meilleur des premiers produits de votre terre au sanctuaire de l'Eternel votre Dieu.

Vous ne ferez pas cuire un chevreau dans le lait de sa mère.

27 L'Eternel dit à Moïse : Inscris-toi ces paroles-là ; car c'est dans ces termes que je conclus alliance avec toi et avec le peuple d'Israël.

28 Moïse demeura là avec l'Eternel quarante jours et quarante nuits, sans rien manger ni boire, et l'Eternel écrivit sur les tablettes les paroles de l'alliance, les dix commandements.

Le visage de Moïse

29 Puis Moïse redescendit du mont Sinaï, tenant en main les deux tablettes de l'acte de l'alliance. Il ne savait pas que la peau de son visage était devenue rayonnante pendant qu'il s'entretenait avec l'Eternel[w]. 30 Aaron et tous les Israélites regardèrent Moïse, et s'aperçurent que la peau de son visage rayonnait. Ils eurent peur de s'approcher de lui. 31 Alors Moïse les appela. Aaron et tous les chefs de la communauté revinrent vers lui, et il s'entretint avec eux. 32 Après cela, tous les Israélites s'approchèrent de lui et il leur transmit tous les commandements que l'Eternel lui avait donnés sur le mont Sinaï.

33 Quand il eut terminé de parler avec eux, il se couvrit le visage d'un voile. 34 Lorsqu'il se rendait devant l'Eternel pour s'entretenir avec lui, il ôtait le voile jusqu'à ce qu'il ressorte de la tente. A sa sortie, il communiquait aux Israélites les ordres qu'il avait reçus. 35 Les Israélites voyaient que la peau du visage de Moïse rayonnait, puis Moïse remettait le voile sur son visage jusqu'à ce qu'il retourne s'entretenir avec l'Eternel.

LE TABERNACLE

Le jour du sabbat

35 1 Moïse réunit toute l'assemblée des Israélites et leur dit : Voici ce que l'Eternel a ordonné de faire : 2 Vous ferez votre ouvrage pendant six jours, mais le septième jour sera pour vous un jour de repos complet, consacré à l'Eternel. Quiconque fera un travail ce jour-là sera mis à mort. 3 Vous n'allumerez de feu dans aucune de vos habitations le jour du sabbat.

Instructions sur les offrandes pour le tabernacle

4 Moïse dit à toute l'assemblée des Israélites : Voici ce que l'Eternel a commandé[x] : 5 Prélevez parmi vous une contribution pour l'Eternel. Toute personne qui le souhaite dans son cœur apportera à l'Eternel une contribution en bronze, en argent ou en or, 6 ou des fils de pourpre violette ou écarlate, de rouge éclatant, du fin lin et du poil de chèvre, 7 des peaux de béliers teintes en rouge, des peaux de dauphins et du bois d'acacia, 8 de l'huile pour le chandelier et des aromates pour l'huile d'onction et le parfum aromatique, 9 des pierres d'onyx et d'autres pierres à enchâsser pour l'éphod et pour le pectoral.

w 34.29 Pour les v. 29-35, allusion en 2 Co 3.7-16.
x 35.4 Pour les v. 4-29, voir 25.1-7.

10 "All who are skilled among you are to come and
make everything the LORD has commanded:
11 "the tabernacle with its tent and its covering,
clasps, frames, crossbars, posts and bases;
12 the ark with its poles and the atonement cover
and the curtain that shields it;
13 the table with its poles and all its articles and the
bread of the Presence;
14 the lampstand that is for light with its accessories,
lamps and oil for the light;
15 the altar of incense with its poles, the anointing
oil and the fragrant incense;
the curtain for the doorway at the entrance to the
tabernacle;
16 the altar of burnt offering with its bronze grating,
its poles and all its utensils;
the bronze basin with its stand;
17 the curtains of the courtyard with its posts
and bases, and the curtain for the entrance to the
courtyard;
18 the tent pegs for the tabernacle and for the courtyard, and their ropes;
19 the woven garments worn for ministering in the
sanctuary – both the sacred garments for Aaron the
priest and the garments for his sons when they serve
as priests."
20 Then the whole Israelite community withdrew
from Moses' presence, 21 and everyone who was willing
and whose heart moved them came and brought an
offering to the LORD for the work on the tent of meeting, for all its service, and for the sacred garments.
22 All who were willing, men and women alike, came
and brought gold jewelry of all kinds: brooches, earrings, rings and ornaments. They all presented their
gold as a wave offering to the LORD. 23 Everyone who
had blue, purple or scarlet yarn or fine linen, or goat
hair, ram skins dyed red or the other durable leather
brought them. 24 Those presenting an offering of silver
or bronze brought it as an offering to the LORD, and
everyone who had acacia wood for any part of the
work brought it. 25 Every skilled woman spun with her
hands and brought what she had spun – blue, purple
or scarlet yarn or fine linen. 26 And all the women
who were willing and had the skill spun the goat hair.
27 The leaders brought onyx stones and other gems to
be mounted on the ephod and breastpiece. 28 They also
brought spices and olive oil for the light and for the
anointing oil and for the fragrant incense. 29 All the
Israelite men and women who were willing brought
to the LORD freewill offerings for all the work the LORD
through Moses had commanded them to do.

Bezalel and Oholiab

30 Then Moses said to the Israelites, "See, the LORD
has chosen Bezalel son of Uri, the son of Hur, of the

Les instructions sur les artisans du tabernacle

10 Tous les gens habiles parmi vous, qu'ils viennent et
exécutent tout ce que l'Eternel a prescrit : 11 le tabernacle, sa tente et sa couverture, ses agrafes, ses cadres,
ses traverses, ses piliers et ses socles, 12 le coffre sacré
avec ses barres et le propitiatoire, le voile de séparation,
13 la table, ses barres et tous ses accessoires, ainsi que
les pains destinés à être exposés devant l'Eternel,
14 le chandelier, ses ustensiles, ses lampes et l'huile
d'éclairage, 15 l'autel des parfums et ses barres, l'huile
d'onction sainte, le parfum aromatique et le rideau
pour l'entrée de la Demeure, 16 l'autel des holocaustes,
sa grille de bronze, ses barres et tous ses accessoires,
la cuve et son socle, 17 les tentures du parvis, ses piliers, ses socles et le rideau pour l'entrée du parvis,
18 les piquets du tabernacle, ceux du parvis et leurs
cordages, 19 les vêtements de cérémonie pour faire le
service dans le sanctuaire, les vêtements sacrés pour
le prêtre Aaron, et ceux de ses fils pour l'exercice du
sacerdoce.

Le peuple apporte ses offrandes

20 Puis la communauté des Israélites se retira de la
présence de Moïse. 21 Alors tous ceux dont le cœur les y
disposait et qui en avaient la volonté vinrent apporter à
l'Eternel leur contribution en vue de la construction de la
tente de la Rencontre, de tout l'ouvrage qui s'y rapporte et
de la confection des vêtements sacrés. 22 Tous ceux qui le
souhaitaient de tout leur cœur, les hommes autant que les
femmes, vinrent apporter des pendentifs, des boucles, des
anneaux, des bracelets et toutes sortes d'ornements en or,
et ils les offrirent à l'Eternel avec le geste de présentation.
23 Tous ceux qui avaient chez eux des fils de pourpre violette ou écarlate, de rouge éclatant, du fin lin, du poil de
chèvre, des peaux de béliers teintes en rouge et des peaux
de dauphins les apportèrent. 24 Tous ceux qui avaient mis
de côté une offrande en argent et en bronze l'apportèrent
à l'Eternel. Tous ceux qui avaient chez eux du bois d'acacia
l'apportèrent pour tout l'ouvrage à réaliser. 25 Toutes les
femmes habiles filèrent le lin de leurs mains et apportèrent
des fils de pourpre violette et écarlate, de rouge éclatant
et du fin lin. 26 Toutes les femmes habiles qui le désiraient
de tout cœur filèrent les poils de chèvre. 27 Les chefs du
peuple apportèrent les pierres d'onyx et les pierres à
enchâsser pour l'éphod et le pectoral, 28 les aromates et
l'huile pour le chandelier, pour l'huile d'onction et pour
le parfum aromatique. 29 Tous les Israélites, hommes et
femmes, que leur cœur poussait à apporter quelque chose
pour les ouvrages que l'Eternel avait ordonné d'exécuter
par l'intermédiaire de Moïse, apportèrent leurs offrandes
volontaires à l'Eternel.

Les artisans du tabernacle

30 Moïse dit aux Israélites : Voyez, l'Eternel a désigné
Betsaléel, fils d'Ouri, descendant de Hour, de la tribu de

tribe of Judah, 31 and he has filled him with the Spirit of God, with wisdom, with understanding, with knowledge and with all kinds of skills – 32 to make artistic designs for work in gold, silver and bronze, 33 to cut and set stones, to work in wood and to engage in all kinds of artistic crafts. 34 And he has given both him and Oholiab son of Ahisamak, of the tribe of Dan, the ability to teach others. 35 He has filled them with skill to do all kinds of work as engravers, designers, embroiderers in blue, purple and scarlet yarn and fine linen, and weavers – all of them skilled workers and designers.

36 1 So Bezalel, Oholiab and every skilled person to whom the LORD has given skill and ability to know how to carry out all the work of constructing the sanctuary are to do the work just as the LORD has commanded."

2 Then Moses summoned Bezalel and Oholiab and every skilled person to whom the LORD had given ability and who was willing to come and do the work. 3 They received from Moses all the offerings the Israelites had brought to carry out the work of constructing the sanctuary. And the people continued to bring freewill offerings morning after morning. 4 So all the skilled workers who were doing all the work on the sanctuary left what they were doing 5 and said to Moses, "The people are bringing more than enough for doing the work the LORD commanded to be done."

6 Then Moses gave an order and they sent this word throughout the camp: "No man or woman is to make anything else as an offering for the sanctuary." And so the people were restrained from bringing more, 7 because what they already had was more than enough to do all the work.

The Tabernacle

8 All those who were skilled among the workers made the tabernacle with ten curtains of finely twisted linen and blue, purple and scarlet yarn, with cherubim woven into them by expert hands. 9 All the curtains were the same size – twenty-eight cubits long and four cubits wide.[w] 10 They joined five of the curtains together and did the same with the other five. 11 Then they made loops of blue material along the edge of the end curtain in one set, and the same was done with the end curtain in the other set. 12 They also made fifty loops on one curtain and fifty loops on the end curtain of the other set, with the loops opposite each other. 13 Then they made fifty gold clasps and used them to fasten the two sets of curtains together so that the tabernacle was a unit.

14 They made curtains of goat hair for the tent over the tabernacle – eleven altogether. 15 All eleven curtains were the same size – thirty cubits long and four cubits wide.[x] 16 They joined five of the curtains into one set and the other six into another set. 17 Then they

[w] **36:9** That is, about 42 feet long and 6 feet wide or about 13 meters long and 1.8 meters wide

[x] **36:15** That is, about 45 feet long and 6 feet wide or about 14 meters long and 1.8 meters wide

Juda[y]. 31 Il l'a rempli de l'Esprit de Dieu qui lui confère de l'habileté, de l'intelligence et de la compétence pour exécuter toutes sortes d'ouvrages, 32 pour concevoir des projets, pour travailler l'or, l'argent et le bronze, 33 pour tailler des pierres à enchâsser, pour sculpter le bois et pour réaliser toutes sortes d'ouvrages. 34 Il lui a aussi accordé, de même qu'à Oholiab, fils d'Ahisamak de la tribu de Dan, le don d'enseigner sa technique à d'autres. 35 Il les a doués d'habileté pour exécuter toutes sortes de travaux de graveur et de concepteur, pour broder la pourpre violette, le rouge éclatant et le fin lin, pour réaliser des travaux de toutes sortes et concevoir des projets.

Les artisans se mettent au travail

36 1 Betsaléel et Oholiab et tous les hommes habiles que l'Eternel avait doués d'habileté, d'intelligence et de compétence pour exécuter tous les ouvrages à réaliser pour le sanctuaire, exécutèrent tout conformément aux ordres de l'Eternel.

2 Moïse fit venir Betsaléel et Oholiab et tous les hommes habiles que l'Eternel avait doués d'habileté, et tous ceux dont le cœur était disposé à exécuter les travaux. 3 Ils reçurent de Moïse toutes les contributions que les Israélites avaient apportées pour exécuter les travaux nécessaires à la construction du sanctuaire. Et chaque matin, on continuait à apporter des offrandes volontaires à Moïse. 4 Alors tous les artisans habiles qui exécutaient tous les ouvrages du sanctuaire, interrompirent l'un après l'autre leur travail 5 et vinrent dire à Moïse : Le peuple en apporte plus qu'il ne faut pour exécuter l'ouvrage que l'Eternel a commandé de faire.

6 Là-dessus, Moïse fit passer dans le camp le mot d'ordre suivant : « Que plus personne, ni homme, ni femme, ne prépare d'offrande pour le sanctuaire. » Le peuple cessa donc d'en apporter, 7 car les matériaux étaient en quantité suffisante pour l'ensemble des travaux à réaliser. Il y en avait même en surplus.

Les tentures[z]

8 Ainsi les artisans habiles qui étaient à l'ouvrage firent le tabernacle avec dix tentures de fin lin retors, de pourpre violette ou écarlate et de rouge éclatant ornées de chérubins, dans les règles de l'art. 9 Chaque tenture avait quatorze mètres de long et deux mètres de large. Elles étaient toutes identiques. 10 Cinq de ces tentures furent cousues l'une à l'autre, et l'on fit de même avec les cinq autres. 11 Sur le bord de la dernière tenture de chaque assemblage, on fixa des cordons de pourpre violette. 12 Il y en avait cinquante à l'extrémité de chacun des deux assemblages et les cordons se correspondaient l'un à l'autre. 13 On fit aussi cinquante agrafes d'or au moyen desquelles on assembla les deux séries de tentures, de sorte que le tabernacle forma un tout.

14 On confectionna aussi onze tentures de poil de chèvre pour recouvrir le tabernacle comme d'une tente. 15 Ces tentures avaient quinze mètres de long et deux mètres de large. Elles étaient toutes identiques. 16 On les assembla cinq d'une part et six de l'autre. 17 On fixa cinquante

[y] **35.30** Pour les v. 30 à 36.7, voir 31.1-11.

[z] **36.8** Pour les v. 8-38, voir 26.1-37. Les mesures, en hébreu, sont en *coudées* (une coudée = 50 cm).

made fifty loops along the edge of the end curtain in one set and also along the edge of the end curtain in the other set. 18 They made fifty bronze clasps to fasten the tent together as a unit. 19 Then they made for the tent a covering of ram skins dyed red, and over that a covering of the other durable leather.[y]

20 They made upright frames of acacia wood for the tabernacle. 21 Each frame was ten cubits long and a cubit and a half wide,[z] 22 with two projections set parallel to each other. They made all the frames of the tabernacle in this way. 23 They made twenty frames for the south side of the tabernacle 24 and made forty silver bases to go under them – two bases for each frame, one under each projection. 25 For the other side, the north side of the tabernacle, they made twenty frames 26 and forty silver bases – two under each frame. 27 They made six frames for the far end, that is, the west end of the tabernacle, 28 and two frames were made for the corners of the tabernacle at the far end. 29 At these two corners the frames were double from the bottom all the way to the top and fitted into a single ring; both were made alike. 30 So there were eight frames and sixteen silver bases – two under each frame.

31 They also made crossbars of acacia wood: five for the frames on one side of the tabernacle, 32 five for those on the other side, and five for the frames on the west, at the far end of the tabernacle. 33 They made the center crossbar so that it extended from end to end at the middle of the frames. 34 They overlaid the frames with gold and made gold rings to hold the crossbars. They also overlaid the crossbars with gold.

35 They made the curtain of blue, purple and scarlet yarn and finely twisted linen, with cherubim woven into it by a skilled worker. 36 They made four posts of acacia wood for it and overlaid them with gold. They made gold hooks for them and cast their four silver bases. 37 For the entrance to the tent they made a curtain of blue, purple and scarlet yarn and finely twisted linen – the work of an embroiderer; 38 and they made five posts with hooks for them. They overlaid the tops of the posts and their bands with gold and made their five bases of bronze.

The Ark

37 1 Bezalel made the ark of acacia wood – two and a half cubits long, a cubit and a half wide, and a cubit and a half high.[a] 2 He overlaid it with pure gold, both inside and out, and made a gold molding around it. 3 He cast four gold rings for it and fastened them to its four feet, with two rings on one side and two rings on the other. 4 Then he made poles of acacia wood and overlaid them with gold. 5 And he insert-

[y] **36:19** Possibly the hides of large aquatic mammals (see 35:7)

[z] **36:21** That is, about 15 feet long and 2 1/4 feet wide or about 4.5 meters long and 68 centimeters wide

[a] **37:1** That is, about 3 3/4 feet long and 2 1/4 feet wide and high or about 1.1 meters long and 68 centimeters wide and high; similarly in verse 6

cordons sur le bord de la dernière tenture de chaque assemblage. 18 On fabriqua cinquante agrafes de bronze pour assembler la tente afin qu'elle forme un tout. 19 Ensuite, on fit pour la tente une couverture de peaux de béliers teintes en rouge et une couverture de peaux de dauphins par-dessus.

L'armature

20 On fit aussi des cadres en bois d'acacia, posés à la verticale, pour le tabernacle. 21 Chaque cadre avait cinq mètres de long et soixante-quinze centimètres de large 22 et était muni de deux tenons parallèles. On fit ainsi pour tous les cadres du tabernacle. 23 On fit vingt cadres pour le côté sud du tabernacle. 24 Pour chacun d'eux, on disposa deux socles d'argent, un pour chaque tenon, soit quarante socles pour les vingt cadres. 25 On fit de même pour le côté nord du tabernacle : vingt cadres 26 et quarante socles d'argent, deux pour chaque cadre. 27 Pour l'arrière du tabernacle, tourné vers l'ouest, on fit six cadres, 28 plus deux cadres comme contreforts des angles arrières du tabernacle. 29 Chacun était jumelé avec l'un des cadres des extrémités, depuis le bas, et bien lié avec lui jusqu'à son sommet par un seul anneau ; c'est ainsi qu'on les fit tous deux pour les deux angles. 30 Il y avait donc en tout huit cadres et seize socles d'argent, deux pour chaque cadre.

31 On fit cinq traverses de bois d'acacia pour les cadres d'un côté du tabernacle, 32 cinq traverses pour l'autre côté, et cinq pour le fond à l'ouest. 33 Ils firent la traverse médiane qui passait au milieu des cadres, d'une extrémité à l'autre du tabernacle. 34 On plaqua ces cadres d'or et l'on fabriqua des anneaux d'or pour recevoir les traverses que l'on plaqua également d'or.

Le voile et le rideau

35 On fit le voile de pourpre violette et écarlate, de rouge éclatant et de fin lin retors, en l'ornant de chérubins, dans les règles de l'art. 36 Pour le suspendre, on tailla quatre piliers d'acacia que l'on plaqua d'or ; ils étaient munis de crochets d'or et reposaient sur quatre socles d'argent. 37 On confectionna pour l'entrée de la tente un rideau de pourpre violette et écarlate, de rouge éclatant et de fin lin retors, en ouvrage de broderie. 38 On fit, pour l'y suspendre, cinq piliers avec leurs crochets ; on plaqua d'or leurs chapiteaux et leurs tringles ; leurs cinq socles étaient en bronze.

Le coffre de l'alliance et le propitiatoire[a]

37 1 Betsaléel fabriqua le coffre en bois d'acacia ; il avait cent vingt-cinq centimètres de long, soixante-quinze centimètres de large et soixante-quinze centimètres de haut. 2 Il le plaqua d'or pur à l'intérieur et à l'extérieur et le garnit d'une bordure d'or tout autour. 3 Il coula pour lui quatre anneaux d'or qu'il fixa à ses quatre coins, deux de chaque côté. 4 Il fit des barres en bois d'acacia qu'il plaqua d'or. 5 Il les engagea dans les anneaux le long des côtés du coffre pour qu'on puisse le porter.

[a] **37 titre** Pour les v. 1-9, voir 25.10-22. En hébreu, les mesures sont en *coudées,* sauf au v. 12, où il s'agit d'un *palme.* Au v. 24, le poids est d'un *talent.*

ed the poles into the rings on the sides of the ark to carry it.

6 He made the atonement cover of pure gold – two and a half cubits long and a cubit and a half wide. 7 Then he made two cherubim out of hammered gold at the ends of the cover. 8 He made one cherub on one end and the second cherub on the other; at the two ends he made them of one piece with the cover. 9 The cherubim had their wings spread upward, overshadowing the cover with them. The cherubim faced each other, looking toward the cover.

The Table

10 They[b] made the table of acacia wood – two cubits long, a cubit wide and a cubit and a half high.[c] 11 Then they overlaid it with pure gold and made a gold molding around it. 12 They also made around it a rim a handbreadth[d] wide and put a gold molding on the rim. 13 They cast four gold rings for the table and fastened them to the four corners, where the four legs were. 14 The rings were put close to the rim to hold the poles used in carrying the table. 15 The poles for carrying the table were made of acacia wood and were overlaid with gold. 16 And they made from pure gold the articles for the table – its plates and dishes and bowls and its pitchers for the pouring out of drink offerings.

The Lampstand

17 They made the lampstand of pure gold. They hammered out its base and shaft, and made its flowerlike cups, buds and blossoms of one piece with them. 18 Six branches extended from the sides of the lampstand – three on one side and three on the other. 19 Three cups shaped like almond flowers with buds and blossoms were on one branch, three on the next branch and the same for all six branches extending from the lampstand. 20 And on the lampstand were four cups shaped like almond flowers with buds and blossoms. 21 One bud was under the first pair of branches extending from the lampstand, a second bud under the second pair, and a third bud under the third pair – six branches in all. 22 The buds and the branches were all of one piece with the lampstand, hammered out of pure gold.

23 They made its seven lamps, as well as its wick trimmers and trays, of pure gold. 24 They made the lampstand and all its accessories from one talent[e] of pure gold.

The Altar of Incense

25 They made the altar of incense out of acacia wood. It was square, a cubit long and a cubit wide and two cubits high[f] – its horns of one piece with it. 26 They overlaid the top and all the sides and the horns with pure gold, and made a gold molding around it. 27 They made two gold rings below the molding – two on each

[b] **37:10** Or *He*; also in verses 11-29

[c] **37:10** That is, about 3 feet long, 1 1/2 feet wide and 2 1/4 feet high or about 90 centimeters long, 45 centimeters wide and 68 centimeters high

[d] **37:12** That is, about 3 inches or about 7.5 centimeters

[e] **37:24** That is, about 75 pounds or about 34 kilograms

[f] **37:25** That is, about 1 1/2 feet long and wide and 3 feet high or about 45 centimeters long and wide and 90 centimeters high

6 Il fit le propitiatoire en or pur. Il avait cent vingt-cinq centimètres de long et soixante-quinze centimètres de large. 7 Il façonna au marteau deux chérubins en or massif qu'il fixa aux deux extrémités du propitiatoire 8 de manière à ce qu'ils fassent corps avec lui. 9 Les chérubins déployaient leurs ailes vers le haut pour couvrir le propitiatoire et se faisaient face, le regard dirigé vers le propitiatoire.

La table et ses accessoires[b]

10 Betsaléel fabriqua la table en bois d'acacia, d'un mètre de long, de cinquante centimètres de large et de soixante-quinze centimètres de haut. 11 Il la plaqua d'or pur et garnit son pourtour d'une bordure d'or. 12 Il lui fit un cadre de huit centimètres qu'il garnit d'une bordure d'or. 13 Il coula quatre anneaux d'or qu'il fixa aux quatre coins près des quatre pieds de la table. 14 Il plaça ces anneaux tout près du cadre pour recevoir les barres destinées à porter la table. 15 Il fit les barres en bois d'acacia et les plaqua d'or. Elles servaient à transporter la table. 16 Il fit d'or pur les accessoires qu'on devait mettre sur la table, les plats, les coupes, les bols et les carafes qui servaient aux libations.

Le chandelier et ses lampes[c]

17 Il fabriqua le chandelier en or pur ; le chandelier, son pied et sa tige furent travaillés au marteau ; des coupelles, calices et corolles en étaient issus. 18 Six branches en partaient latéralement, trois de chaque côté. 19 Chaque branche portait trois coupelles en forme de fleur d'amandier avec un calice et une corolle. Il en était ainsi des six branches du chandelier. 20 Le pied portait quatre coupelles en forme de fleur d'amandier avec un calice et une corolle : 21 il y avait un calice sous chacune des trois paires de branches du chandelier, correspondant aux six branches sortant du chandelier. 22 Ces calices et ces branches faisaient corps avec lui : le tout était fait d'une seule masse d'or pur martelé.

23 Il fabriqua aussi les sept lampes avec les pincettes et les mouchettes en or pur. 24 On employa trente kilogrammes d'or pur pour le chandelier et tous ses accessoires.

L'autel des parfums et le parfum

25 Betsaléel fabriqua l'autel des parfums en bois d'acacia, il était carré, de cinquante centimètres de côté, et était relevé aux angles de quatre cornes en saillie. Il avait un mètre de hauteur. 26 Il en plaqua d'or pur le plateau, les parois tout autour et les cornes et le garnit d'une bordure d'or qui en faisait le tour. 27 Il lui fit deux anneaux d'or qu'il

[b] **37.10** Pour les v. 10-16, voir 25.23-30.

[c] **37.17** Pour les v. 17-24, voir 25.31-40.

of the opposite sides – to hold the poles used to carry it. 28 They made the poles of acacia wood and overlaid them with gold.

29 They also made the sacred anointing oil and the pure, fragrant incense – the work of a perfumer.

The Altar of Burnt Offering

38 1 They[g] built the altar of burnt offering of acacia wood, three cubits[h] high; it was square, five cubits long and five cubits wide.[i] 2 They made a horn at each of the four corners, so that the horns and the altar were of one piece, and they overlaid the altar with bronze. 3 They made all its utensils of bronze – its pots, shovels, sprinkling bowls, meat forks and firepans. 4 They made a grating for the altar, a bronze network, to be under its ledge, halfway up the altar. 5 They cast bronze rings to hold the poles for the four corners of the bronze grating. 6 They made the poles of acacia wood and overlaid them with bronze. 7 They inserted the poles into the rings so they would be on the sides of the altar for carrying it. They made it hollow, out of boards.

The Basin for Washing

8 They made the bronze basin and its bronze stand from the mirrors of the women who served at the entrance to the tent of meeting.

The Courtyard

9 Next they made the courtyard. The south side was a hundred cubits[j] long and had curtains of finely twisted linen, 10 with twenty posts and twenty bronze bases, and with silver hooks and bands on the posts. 11 The north side was also a hundred cubits long and had twenty posts and twenty bronze bases, with silver hooks and bands on the posts.

12 The west end was fifty cubits[k] wide and had curtains, with ten posts and ten bases, with silver hooks and bands on the posts. 13 The east end, toward the sunrise, was also fifty cubits wide. 14 Curtains fifteen cubits[l] long were on one side of the entrance, with three posts and three bases, 15 and curtains fifteen cubits long were on the other side of the entrance to the courtyard, with three posts and three bases. 16 All the curtains around the courtyard were of finely twisted linen. 17 The bases for the posts were bronze. The hooks and bands on the posts were silver, and their tops were overlaid with silver; so all the posts of the courtyard had silver bands.

18 The curtain for the entrance to the courtyard was made of blue, purple and scarlet yarn and finely twisted linen – the work of an embroiderer. It was twenty cubits[m] long and, like the curtains of the courtyard, five cubits[n] high, 19 with four posts and four bronze bases. Their hooks and bands were silver, and their tops were overlaid with silver. 20 All the tent pegs of

g **38:1** Or *He*; also in verses 2-9
h **38:1** That is, about 4 1/2 feet or about 1.4 meters
i **38:1** That is, about 7 1/2 feet or about 2.3 meters long and wide
j **38:9** That is, about 150 feet or about 45 meters
k **38:12** That is, about 75 feet or about 23 meters
l **38:14** That is, about 22 feet or about 6.8 meters
m **38:18** That is, about 30 feet or about 9 meters
n **38:18** That is, about 7 1/2 feet or about 2.3 meters

fixa sous la bordure de part et d'autre, sur les deux parois, pour recevoir les barres servant à transporter l'autel. 28 Il fit ces barres en bois d'acacia plaqué d'or[d]. 29 Il fit faire l'huile d'onction sainte et le parfum aromatique pur par un parfumeur.

L'autel des holocaustes et ses accessoires[e]

38 1 Betsaléel fit l'autel des holocaustes en bois d'acacia, carré, de deux mètres cinquante de côté, et d'un mètre cinquante de hauteur. 2 A ses quatre angles, il fit quatre cornes en saillie de l'autel, et il le plaqua de bronze. 3 Il fabriqua aussi en bronze tous les ustensiles de l'autel : les récipients destinés à recueillir les cendres, les pelles, les bassines, les fourchettes et les brasiers. 4 Il munit l'autel d'une grille faite d'un treillis de bronze et la plaça sous la bordure de l'autel, depuis le bas jusqu'à mi-hauteur. 5 Il fondit quatre anneaux qu'il fixa aux quatre coins de la grille de bronze pour recevoir les barres. 6 Il fit des barres en bois d'acacia et les recouvrit de bronze. 7 Il introduisit dans les anneaux sur les côtés de l'autel les barres qui devaient servir à le transporter ; il le fit avec des panneaux et l'autel était creux à l'intérieur.

La cuve de bronze[f]

8 Il fit aussi la cuve de bronze avec son socle de même métal en employant les miroirs des femmes qui s'assemblaient à l'entrée de la tente de la Rencontre.

Le parvis[g]

9 Après cela, il fabriqua le parvis. Du côté sud, sur une longueur de cinquante mètres, il était délimité par des tentures de lin retors. 10 Elles étaient soutenues par vingt piliers, reposant sur vingt socles de bronze et munis de crochets et de tringles en argent. 11 Du côté nord, il y avait également cinquante mètres de tentures soutenues par vingt piliers reposant sur vingt socles de bronze et munis de crochets et de tringles en argent. 12 A l'ouest, vingt-cinq mètres de tentures, soutenues par dix piliers reposant sur dix socles et munis de crochets et de tringles en argent. 13 Du côté est, le parvis avait aussi vingt-cinq mètres de largeur. 14-15 De chaque côté de la porte, sur sept mètres cinquante, il fit des tentures soutenues par trois piliers reposant sur leurs trois socles. 16 Toutes les tentures formant l'enceinte du parvis étaient en fin lin retors. 17 Les socles des piliers étaient de bronze, mais leurs crochets et les tringles qui les reliaient étaient en argent ainsi que leurs chapiteaux. Toutes les colonnes du parvis étaient équipées de tringles d'argent. 18 Le rideau de la porte du parvis était un ouvrage brodé en fils de pourpre violette et écarlate, de rouge éclatant et de fin lin retors ; il avait dix mètres de long et deux mètres cinquante de haut comme les tentures du parvis. 19 Ses quatre piliers et leurs quatre socles étaient en bronze, leurs crochets et leurs tringles en argent, et leurs chapiteaux étaient revêtus d'argent. 20 Tous les piquets du tabernacle et ceux du parvis étaient faits de bronze.

d **37.28** Pour les v. 25-28, voir 30.1-10.
e **38 titre** Pour les v. 1-7, voir 27.1-8. En hébreu, les mesures sont en *coudées* (une coudée = 50 cm).
f **38.8** Voir 30.17-21.
g **38.9** Pour les v. 9-20, voir 27.9-19.

the tabernacle and of the surrounding courtyard were bronze.

The Materials Used

21 These are the amounts of the materials used for the tabernacle, the tabernacle of the covenant law, which were recorded at Moses' command by the Levites under the direction of Ithamar son of Aaron, the priest. 22 (Bezalel son of Uri, the son of Hur, of the tribe of Judah, made everything the LORD commanded Moses; 23 with him was Oholiab son of Ahisamak, of the tribe of Dan – an engraver and designer, and an embroiderer in blue, purple and scarlet yarn and fine linen.) 24 The total amount of the gold from the wave offering used for all the work on the sanctuary was 29 talents and 730 shekels,[o] according to the sanctuary shekel.

25 The silver obtained from those of the community who were counted in the census was 100 talents[p] and 1,775 shekels,[q] according to the sanctuary shekel – 26 one beka per person, that is, half a shekel,[r] according to the sanctuary shekel, from everyone who had crossed over to those counted, twenty years old or more, a total of 603,550 men. 27 The 100 talents of silver were used to cast the bases for the sanctuary and for the curtain – 100 bases from the 100 talents, one talent for each base. 28 They used the 1,775 shekels to make the hooks for the posts, to overlay the tops of the posts, and to make their bands.

29 The bronze from the wave offering was 70 talents and 2,400 shekels.[s] 30 They used it to make the bases for the entrance to the tent of meeting, the bronze altar with its bronze grating and all its utensils, 31 the bases for the surrounding courtyard and those for its entrance and all the tent pegs for the tabernacle and those for the surrounding courtyard.

The Priestly Garments

39 1 From the blue, purple and scarlet yarn they made woven garments for ministering in the sanctuary. They also made sacred garments for Aaron, as the LORD commanded Moses.

The Ephod

2 They[t] made the ephod of gold, and of blue, purple and scarlet yarn, and of finely twisted linen. 3 They hammered out thin sheets of gold and cut strands to be worked into the blue, purple and scarlet yarn and fine linen – the work of skilled hands. 4 They made shoulder pieces for the ephod, which were attached to two of its corners, so it could be fastened. 5 Its skillfully woven waistband was like it – of one piece with the ephod and made with gold, and with blue, purple

o 38:24 The weight of the gold was a little over a ton or about 1 metric ton.
p 38:25 That is, about 3 3/4 tons or about 3.4 metric tons; also in verse 27
q 38:25 That is, about 44 pounds or about 20 kilograms; also in verse 28
r 38:26 That is, about 1/5 ounce or about 5.7 grams
s 38:29 The weight of the bronze was about 2 1/2 tons or about 2.4 metric tons.
t 39:2 Or *He*; also in verses 7, 8 and 22

Les comptes[h]

21 Voici les comptes du tabernacle, de la Demeure de l'acte de l'alliance, établis sur l'ordre de Moïse, par les soins des lévites, sous la direction d'Itamar, fils du prêtre Aaron. 22 Betsaléel, fils d'Ouri, descendant de Hour, de la tribu de Juda, fit tout ce que l'Eternel avait ordonné à Moïse, 23 assisté par Oholiab, fils d'Ahisamak de la tribu de Dan qui était sculpteur, concepteur et brodeur en pourpre violette et écarlate, en rouge éclatant et en fin lin.

24 Quantité d'or utilisée pour la construction et tous les ouvrages du sanctuaire, or qui avait été présenté à l'Eternel : 1 000 kilogrammes, pesé selon l'unité de poids (le sicle) en vigueur au sanctuaire. 25 L'argent apporté par les membres de la communauté dont on fit le recensement pesait 3 440 kilogrammes, selon l'unité de poids en vigueur au sanctuaire, 26 ce qui représentait une demi-unité de poids, soit 5,7 grammes par tête pour tous les hommes de vingt ans et au-dessus qui furent recensés, c'est-à-dire 603 550 hommes[i]. 27 3 420 kilogrammes furent utilisés pour les cent socles du sanctuaire et ceux du voile, soit 34,20 kilogrammes par socle. 28 Les 20 kilogrammes restants furent utilisés pour les crochets et les tringles reliant les piliers, ainsi que pour le revêtement des chapiteaux. 29 Le peuple avait présenté à l'Eternel 2 421 kilogrammes de bronze. 30 On en fit les socles de l'entrée de la tente de la Rencontre et l'autel de bronze avec sa grille et tous ses ustensiles, 31 les socles du parvis tout autour, ceux de l'entrée du parvis et tous les piquets du tabernacle et du parvis.

L'éphod des prêtres[j]

39 1 Avec les fils de pourpre violette et écarlate et de rouge éclatant, on confectionna les vêtements de cérémonie pour faire le service dans le sanctuaire, et les vêtements sacrés pour Aaron, comme l'Eternel l'avait ordonné à Moïse.

2 Il fit l'éphod avec des fils d'or, de pourpre violette et écarlate, de rouge éclatant et du fin lin retors. 3 On étendit l'or en lames que l'on coupa en fils pour les entrelacer dans la pourpre violette, la pourpre écarlate, le rouge éclatant et le lin fin ; dans les règles de l'art. 4 On y fit deux bretelles cousues à ses deux bords, pour le maintenir. 5 La ceinture était faite de la même façon, de la même étoffe

h 38.21 En hébreu, les poids sont en *talents* (un talent = 300 sicles) et en *sicles* (un sicle = 11,4 g).
i 38.26 Pour les v. 25-26, voir 30.11-16.
j 39 titre Pour les v. 1-32, voir 28.1-43.

and scarlet yarn, and with finely twisted linen, as the LORD commanded Moses.

6 They mounted the onyx stones in gold filigree settings and engraved them like a seal with the names of the sons of Israel. 7 Then they fastened them on the shoulder pieces of the ephod as memorial stones for the sons of Israel, as the LORD commanded Moses.

The Breastpiece

8 They fashioned the breastpiece – the work of a skilled craftsman. They made it like the ephod: of gold, and of blue, purple and scarlet yarn, and of finely twisted linen. 9 It was square – a span[u] long and a span wide – and folded double. 10 Then they mounted four rows of precious stones on it. The first row was carnelian, chrysolite and beryl; 11 the second row was turquoise, lapis lazuli and emerald; 12 the third row was jacinth, agate and amethyst; 13 the fourth row was topaz, onyx and jasper.[v] They were mounted in gold filigree settings. 14 There were twelve stones, one for each of the names of the sons of Israel, each engraved like a seal with the name of one of the twelve tribes.

15 For the breastpiece they made braided chains of pure gold, like a rope. 16 They made two gold filigree settings and two gold rings, and fastened the rings to two of the corners of the breastpiece. 17 They fastened the two gold chains to the rings at the corners of the breastpiece, 18 and the other ends of the chains to the two settings, attaching them to the shoulder pieces of the ephod at the front. 19 They made two gold rings and attached them to the other two corners of the breastpiece on the inside edge next to the ephod. 20 Then they made two more gold rings and attached them to the bottom of the shoulder pieces on the front of the ephod, close to the seam just above the waistband of the ephod. 21 They tied the rings of the breastpiece to the rings of the ephod with blue cord, connecting it to the waistband so that the breastpiece would not swing out from the ephod – as the LORD commanded Moses.

Other Priestly Garments

22 They made the robe of the ephod entirely of blue cloth – the work of a weaver – 23 with an opening in the center of the robe like the opening of a collar,[w] and a band around this opening, so that it would not tear. 24 They made pomegranates of blue, purple and scarlet yarn and finely twisted linen around the hem of the robe. 25 And they made bells of pure gold and attached them around the hem between the pomegranates. 26 The bells and pomegranates alternated around the hem of the robe to be worn for ministering, as the LORD commanded Moses.

27 For Aaron and his sons, they made tunics of fine linen – the work of a weaver – 28 and the turban of fine linen, the linen caps and the undergarments of finely twisted linen. 29 The sash was made of finely twisted linen and blue, purple and scarlet yarn – the work of an embroiderer – as the LORD commanded Moses.

[u] **39:9** That is, about 9 inches or about 23 centimeters

[v] **39:13** The precise identification of some of these precious stones is uncertain.

[w] **39:23** The meaning of the Hebrew for this word is uncertain.

que l'éphod, elle était faite de fils d'or, de pourpre violette et écarlate, de rouge éclatant et de fin lin retors, comme l'Eternel l'avait ordonné à Moïse. 6 On sertit les pierres d'onyx dans les montures d'or et on les grava aux noms des fils d'Israël, comme on grave un sceau à cacheter. 7 On les fixa sur les bretelles de l'éphod pour rappeler le souvenir des fils d'Israël, comme l'Eternel l'avait ordonné à Moïse.

Le pectoral

8 On fit le pectoral, dans les règles de l'art, et ouvragé comme l'éphod, avec des fils d'or, de pourpre violette et écarlate, de rouge éclatant et du fin lin retors. 9 Une fois replié en deux, il avait la forme d'un carré de vingt-cinq centimètres de côté. 10 On le garnit de quatre rangées de pierreries. Sur la première : une sardoine, une topaze et une émeraude[k]. 11 Sur la deuxième : un rubis, un saphir et un diamant. 12 Sur la troisième : une opale, une agate, et une améthyste. 13 Sur la quatrième : une chrysolithe, un onyx et un jaspe. Ces pierreries étaient serties dans des montures d'or. 14 Elles étaient gravées aux noms des douze fils d'Israël comme des sceaux à cacheter : chacun portait le nom d'une des douze tribus. 15 On fit au pectoral des chaînettes d'or pur, tressées comme des cordons. 16 On lui fit aussi deux montures d'or et deux anneaux d'or que l'on fixa à ses deux bords 17 pour passer les deux cordons d'or dans les deux anneaux d'or aux bords du pectoral. 18 A leur autre extrémité ces deux cordons furent fixés aux deux agrafes placées sur les bretelles de l'éphod par-devant. 19 On fit de plus deux anneaux d'or que l'on plaça aux deux bords du pectoral, la face intérieure contre l'éphod. 20 On fit deux autres anneaux d'or qui furent fixés par le bas aux deux bretelles de l'éphod, sur le devant, près de l'attache, au-dessus de la ceinture de l'éphod. 21 On lia les anneaux du pectoral à ceux de l'éphod par un cordonnet de pourpre violette, afin que le pectoral soit fixé sur la ceinture de l'éphod, sans pouvoir s'en séparer, comme l'Eternel l'avait ordonné à Moïse.

Les autres vêtements des prêtres

22 On tissa la robe de l'éphod tout entière en pourpre violette. 23 Au milieu était ménagée une ouverture comme l'encolure d'un vêtement de cuir tressé ; autour de cette ouverture, on avait cousu un ourlet pour que la robe ne se déchire pas. 24 On garnit le pan de la robe de grenades faites de fils de pourpre violette et écarlate, de rouge éclatant et de lin retors. 25 On fabriqua des clochettes d'or pur et on les fit alterner tout autour avec les grenades le long du pan de la robe : 26 une clochette et une grenade, et ainsi de suite sur tout le tour du bas de la robe pour le service, comme l'Eternel l'avait ordonné à Moïse.

27 On tissa les tuniques pour Aaron et ses fils dans du lin fin, 28 le turban de fin lin, les tiares de fin lin, les caleçons de lin retors 29 et la ceinture brodée en fils de fin lin retors, de pourpre violette, de pourpre écarlate et de rouge

[k] **39.10** Pour les v. 10-13, l'identification de certaines pierres précieuses est incertaine.

30 They made the plate, the sacred emblem, out of
pure gold and engraved on it, like an inscription on
a seal:

holy to the Lord.

31 Then they fastened a blue cord to it to attach it to
the turban, as the LORD commanded Moses.

Moses Inspects the Tabernacle

32 So all the work on the tabernacle, the tent of
meeting, was completed. The Israelites did everything just as the LORD commanded Moses. 33 Then they
brought the tabernacle to Moses:

the tent and all its furnishings, its clasps, frames,
crossbars, posts and bases;
34 the covering of ram skins dyed red and the covering of another durable leather[x] and the shielding
curtain;
35 the ark of the covenant law with its poles and the
atonement cover;
36 the table with all its articles and the bread of the
Presence;
37 the pure gold lampstand with its row of lamps
and all its accessories, and the olive oil for the light;
38 the gold altar, the anointing oil, the fragrant incense, and the curtain for the entrance to the tent;
39 the bronze altar with its bronze grating, its poles
and all its utensils;
the basin with its stand;
40 the curtains of the courtyard with its posts
and bases, and the curtain for the entrance to the
courtyard;
the ropes and tent pegs for the courtyard;
all the furnishings for the tabernacle, the tent of
meeting;
41 and the woven garments worn for ministering in
the sanctuary, both the sacred garments for Aaron
the priest and the garments for his sons when serving
as priests.

42 The Israelites had done all the work just as the
LORD had commanded Moses. 43 Moses inspected the
work and saw that they had done it just as the LORD
had commanded. So Moses blessed them.

Setting Up the Tabernacle

40 1 Then the LORD said to Moses: 2 "Set up the
tabernacle, the tent of meeting, on the first
day of the first month. 3 Place the ark of the covenant
law in it and shield the ark with the curtain. 4 Bring in
the table and set out what belongs on it. Then bring
in the lampstand and set up its lamps. 5 Place the gold
altar of incense in front of the ark of the covenant law
and put the curtain at the entrance to the tabernacle.
6 "Place the altar of burnt offering in front of the
entrance to the tabernacle, the tent of meeting; 7 place
the basin between the tent of meeting and the altar
and put water in it. 8 Set up the courtyard around it
and put the curtain at the entrance to the courtyard.

x **39:34** Possibly the hides of large aquatic mammals

éclatant comme l'Eternel l'avait ordonné à Moïse. 30 On fit
l'insigne, le diadème sacré, en or pur et l'on y grava comme
sur un sceau à cacheter : « Consacré à l'Eternel ». 31 On
y mit un cordonnet de pourpre violette pour le fixer en
haut du turban, comme l'Eternel l'avait ordonné à Moïse.

L'achèvement des travaux

32 Ainsi fut achevé tout le travail pour le tabernacle, la
tente de la Rencontre ; les Israélites avaient tout exécuté
selon les directives que l'Eternel avait données à Moïse ;
c'est bien ainsi qu'ils avaient fait. 33 On apporta la Demeure
à Moïse : la tente et tous ses éléments : ses agrafes, ses
cadres, ses traverses, ses piliers et ses socles, 34 la couverture de peaux de béliers teintes en rouge, la couverture de
peaux de dauphins et le voile de séparation, 35 le coffre de
l'acte d'alliance, ses barres et son propitiatoire, 36 la table,
tous ses ustensiles et le pain destiné à être exposé devant
l'Eternel, 37 le chandelier d'or pur, l'arrangement de ses
lampes, tous ses accessoires et l'huile pour l'alimenter,
38 l'autel d'or, l'huile d'onction, le parfum aromatique et
le rideau pour l'entrée de la tente, 39 l'autel de bronze avec
sa grille de bronze, ses barres et tous ses ustensiles, la
cuve et son socle, 40 les tentures du parvis, ses piliers, ses
socles ; le rideau pour la porte du parvis, ses cordages, ses
piquets et tous les accessoires pour le culte du tabernacle,
la tente de la Rencontre, 41 les vêtements de cérémonie
pour effectuer le service dans le sanctuaire, les vêtements
sacrés pour le prêtre Aaron et les vêtements de ses fils afin
qu'ils puissent officier.

42 Pour tous ces travaux, les Israélites suivirent exactement les directives que l'Eternel avait données à Moïse.
43 Moïse examina tout l'ouvrage, et constata qu'il avait
été fait exactement comme l'Eternel le lui avait ordonné.
Alors Moïse les bénit.

L'installation et la consécration du tabernacle

40 1 L'Eternel s'adressa à Moïse et lui dit : 2 Le premier
jour du premier mois[l], tu dresseras le tabernacle,
la tente de la Rencontre. 3 Tu y déposeras le coffre de l'acte
de l'alliance et tu l'abriteras des regards au moyen du voile.
4 Tu apporteras la table et tu disposeras ce qui doit y être
placé comme il convient. Tu apporteras le chandelier et tu
y placeras les lampes. 5 Tu installeras l'autel d'or destiné à
brûler le parfum en face du coffre de l'acte de l'alliance et
tu tendras le rideau à l'entrée du tabernacle. 6 Tu installeras l'autel des holocaustes devant l'entrée du tabernacle,
la tente de la Rencontre, 7 et tu placeras la cuve entre la
tente de la Rencontre et l'autel ; tu y mettras de l'eau. 8 Tu
dresseras le parvis tout autour et tu disposeras le rideau
de la porte du parvis.

l **40.2** Donc presque un an après l'institution de la Pâque (voir v. 17 ;
12.2, 6).

9 "Take the anointing oil and anoint the tabernacle and everything in it; consecrate it and all its furnishings, and it will be holy. 10 Then anoint the altar of burnt offering and all its utensils; consecrate the altar, and it will be most holy. 11 Anoint the basin and its stand and consecrate them.

12 "Bring Aaron and his sons to the entrance to the tent of meeting and wash them with water. 13 Then dress Aaron in the sacred garments, anoint him and consecrate him so he may serve me as priest. 14 Bring his sons and dress them in tunics. 15 Anoint them just as you anointed their father, so they may serve me as priests. Their anointing will be to a priesthood that will continue throughout their generations." 16 Moses did everything just as the LORD commanded him.

17 So the tabernacle was set up on the first day of the first month in the second year. 18 When Moses set up the tabernacle, he put the bases in place, erected the frames, inserted the crossbars and set up the posts. 19 Then he spread the tent over the tabernacle and put the covering over the tent, as the LORD commanded him.

20 He took the tablets of the covenant law and placed them in the ark, attached the poles to the ark and put the atonement cover over it. 21 Then he brought the ark into the tabernacle and hung the shielding curtain and shielded the ark of the covenant law, as the LORD commanded him.

22 Moses placed the table in the tent of meeting on the north side of the tabernacle outside the curtain 23 and set out the bread on it before the LORD, as the LORD commanded him.

24 He placed the lampstand in the tent of meeting opposite the table on the south side of the tabernacle 25 and set up the lamps before the LORD, as the LORD commanded him.

26 Moses placed the gold altar in the tent of meeting in front of the curtain 27 and burned fragrant incense on it, as the LORD commanded him.

28 Then he put up the curtain at the entrance to the tabernacle. 29 He set the altar of burnt offering near the entrance to the tabernacle, the tent of meeting, and offered on it burnt offerings and grain offerings, as the LORD commanded him.

30 He placed the basin between the tent of meeting and the altar and put water in it for washing, 31 and Moses and Aaron and his sons used it to wash their hands and feet. 32 They washed whenever they entered the tent of meeting or approached the altar, as the LORD commanded Moses.

33 Then Moses set up the courtyard around the tabernacle and altar and put up the curtain at the entrance to the courtyard. And so Moses finished the work.

9 Tu prendras de l'huile d'onction et tu en oindras le tabernacle et tout ce qui s'y trouve. Tu le consacreras avec tous ses accessoires et il sera saint. 10 Tu oindras aussi l'autel des holocaustes et tous ses ustensiles. Tu consacreras l'autel qui sera alors très saint. 11 Tu oindras la cuve et son socle et tu la consacreras.

La consécration d'Aaron et de ses fils

12 Tu feras approcher Aaron et ses fils de l'entrée de la tente de la Rencontre, et tu les feras se laver à l'eau ; 13 puis tu revêtiras Aaron des vêtements sacrés, tu l'oindras pour le consacrer et il exercera pour moi la fonction de prêtre. 14 Tu feras aussi avancer ses fils et tu les revêtiras de tuniques. 15 Tu les oindras comme tu auras oint leur père et ils exerceront pour moi la fonction de prêtre ; leur onction leur conférera le sacerdoce à perpétuité, de génération en génération.

Moïse installe le tabernacle

16 Moïse se conforma à tout ce que l'Eternel lui avait ordonné. C'est ainsi qu'il agit.

17 Le premier jour du premier mois de la seconde année, le tabernacle fut dressé. 18 Moïse fit ériger le tabernacle et en fixer les socles, on mit en place les cadres, on fixa les traverses et l'on dressa les piliers. 19 On étendit la toile de tente sur le tabernacle et l'on posa la couverture de la tente par-dessus, comme l'Eternel l'avait ordonné à Moïse. 20 Celui-ci prit les deux tablettes de l'acte de l'alliance et les déposa dans le coffre ; il disposa les barres le long du coffre et fit poser le propitiatoire dessus ; 21 puis il le fit apporter dans le tabernacle et suspendit le voile de séparation qui abrita des regards le coffre de l'acte de l'alliance, comme l'Eternel l'avait ordonné à Moïse.

22 Il plaça la table dans la tente de la Rencontre sur le côté nord du tabernacle, à l'extérieur du voile, 23 et il y disposa une rangée de pains devant l'Eternel, comme celui-ci le lui avait ordonné.

24 Il installa le chandelier dans la tente de la Rencontre en face de la table, du côté sud du tabernacle. 25 Il y arrangea les lampes devant l'Eternel, comme celui-ci le lui avait ordonné.

26 Il plaça l'autel d'or dans la tente de la Rencontre, devant le voile, 27 et y fit brûler le parfum aromatique, comme l'Eternel le lui avait ordonné.

28 Il fixa le rideau à l'entrée du tabernacle. 29 Il dressa l'autel des holocaustes à l'entrée du tabernacle, la tente de la Rencontre, et y offrit l'holocauste et l'offrande, comme l'Eternel le lui avait ordonné.

30 Il fit installer la cuve entre la tente de la Rencontre et l'autel et y fit mettre de l'eau pour les ablutions 31 pour que Moïse, Aaron et ses fils s'y lavent les mains et les pieds. 32 Ils devaient se laver ainsi chaque fois qu'ils entraient dans la tente de la Rencontre et qu'ils s'approchaient de l'autel, comme l'Eternel l'avait ordonné à Moïse.

33 Il fit dresser les tentures du parvis autour du tabernacle et de l'autel et disposa le rideau à la porte du parvis. Ainsi Moïse acheva les travaux.

The Glory of the Lord

34 Then the cloud covered the tent of meeting, and the glory of the Lord filled the tabernacle. 35 Moses could not enter the tent of meeting because the cloud had settled on it, and the glory of the Lord filled the tabernacle.

36 In all the travels of the Israelites, whenever the cloud lifted from above the tabernacle, they would set out; 37 but if the cloud did not lift, they did not set out – until the day it lifted. 38 So the cloud of the Lord was over the tabernacle by day, and fire was in the cloud by night, in the sight of all the Israelites during all their travels.

L'Eternel est au milieu de son peuple

34 La nuée enveloppa la tente de la Rencontre et la gloire de l'Eternel remplit le tabernacle[m].

35 Moïse ne pouvait plus pénétrer dans la tente de la Rencontre parce que la nuée reposait sur elle et que la gloire de l'Eternel remplissait le tabernacle. 36 Pendant toutes leurs pérégrinations, c'est quand la nuée s'élevait de dessus le tabernacle que les Israélites se mettaient en route. 37 Mais aussi longtemps qu'elle restait en place, ils ne bougeaient pas et attendaient, pour continuer leur route, qu'elle s'élève de nouveau. 38 Car la nuée de l'Eternel couvrait le tabernacle pendant le jour et, pendant la nuit, du feu brillait dans la nuée ; elle était ainsi visible pour tous les Israélites. Il en fut ainsi tout au long de leurs pérégrinations.

m **40.34** Sur la gloire de l'Eternel, voir 1 R 8.10-11 ; Es 6.3 ; Ez 43.4-5 ; Ap 15.8.

Leviticus

The Burnt Offering

1 1 The LORD called to Moses and spoke to him from the tent of meeting. He said, 2 "Speak to the Israelites and say to them: 'When anyone among you brings an offering to the LORD, bring as your offering an animal from either the herd or the flock.

3 " 'If the offering is a burnt offering from the herd, you are to offer a male without defect. You must present it at the entrance to the tent of meeting so that it will be acceptable to the LORD. 4 You are to lay your hand on the head of the burnt offering, and it will be accepted on your behalf to make atonement for you. 5 You are to slaughter the young bull before the LORD, and then Aaron's sons the priests shall bring the blood and splash it against the sides of the altar at the entrance to the tent of meeting. 6 You are to skin the burnt offering and cut it into pieces. 7 The sons of Aaron the priest are to put fire on the altar and arrange wood on the fire. 8 Then Aaron's sons the priests shall arrange the pieces, including the head and the fat, on the wood that is burning on the altar. 9 You are to wash the internal organs and the legs with water, and the priest is to burn all of it on the altar. It is a burnt offering, a food offering, an aroma pleasing to the LORD.

10 " 'If the offering is a burnt offering from the flock, from either the sheep or the goats, you are to offer a male without defect. 11 You are to slaughter it at the north side of the altar before the LORD, and Aaron's sons the priests shall splash its blood against the sides of the altar. 12 You are to cut it into pieces, and the priest shall arrange them, including the head and the fat, on the wood that is burning on the altar. 13 You are to wash the internal organs and the legs with water, and the priest is to bring all of them and burn them on the altar. It is a burnt offering, a food offering, an aroma pleasing to the LORD.

14 " 'If the offering to the LORD is a burnt offering of birds, you are to offer a dove or a young pigeon. 15 The priest shall bring it to the altar, wring off the head and burn it on the altar; its blood shall be drained out on the side of the altar. 16 He is to remove the crop and the feathers[a] and throw them down east of the

[a] 1:16 Or *crop with its contents*; the meaning of the Hebrew for this word is uncertain.

Le Lévitique

LOIS SUR LES SACRIFICES ET LES OFFRANDES

1 1 L'Eternel appela Moïse et lui dit depuis la tente de la Rencontre : 2 Parle aux Israélites en ces termes :

Les holocaustes

Lorsque l'un d'entre vous offrira un animal en sacrifice à l'Eternel, il apportera un animal pris parmi le gros ou le petit bétail.

3 Si c'est du gros bétail[a] qu'on offre en holocauste[b], on apportera un mâle sans défaut et on l'offrira à l'entrée de la tente de la Rencontre afin qu'il soit agréé par l'Eternel. 4 Celui qui l'offre posera sa main sur la tête de l'animal[c] et celui-ci sera accepté comme victime expiatoire pour lui. 5 Il égorgera le jeune taureau devant l'Eternel, et les descendants d'Aaron, les prêtres, en présenteront le sang. Ils en aspergeront tous les côtés de l'autel qui se trouve à l'entrée de la tente de la Rencontre. 6 Après lui avoir enlevé la peau, on découpera la victime en quartiers. 7 Puis les descendants du prêtre Aaron allumeront le feu sur l'autel et empileront des bûches sur le feu. 8 Ensuite, les prêtres disposeront les quartiers de viande, la tête et les parties grasses sur le bois du foyer qui est sur l'autel. 9 On lavera à l'eau les entrailles et les pattes, puis le prêtre brûlera le tout sur l'autel. C'est un holocauste, un sacrifice consumé par le feu, à l'odeur apaisante pour l'Eternel[d].

10 Si c'est du petit bétail qu'on offre en holocauste, on présentera un agneau ou un chevreau mâle sans défaut. 11 On l'égorgera devant l'Eternel, du côté nord de l'autel, et les prêtres, descendants d'Aaron, aspergeront de son sang tous les côtés de l'autel. 12 On découpera la victime en quartiers, et le prêtre les disposera avec la tête et les parties grasses sur le bois du foyer qui est sur l'autel. 13 On lavera à l'eau les entrailles et les pattes, et le prêtre offrira le tout et le brûlera sur l'autel. C'est un holocauste, un sacrifice consumé par le feu, à l'odeur apaisante pour l'Eternel.

14 Si ce sont des oiseaux qu'on offre comme holocauste à l'Eternel, on apportera des tourterelles ou des pigeonneaux. 15 Le prêtre présentera la victime devant l'autel, lui détachera la tête qu'il brûlera sur l'autel ; il fera couler le sang contre la paroi de l'autel. 16 Il enlèvera le jabot avec son contenu et le jettera près de l'autel, du côté est, dans

[a] **1.3** Trois sortes de victimes pouvaient être offertes en holocauste suivant la fortune de l'offrant : les taureaux pour les riches (v. 3), les moutons ou les chevreaux (v. 10) et les oiseaux (v. 14) pour les pauvres (Lv 5.7 ; 12.8 ; Lc 2.24).

[b] **1.3** Le mot *holocauste* rend un mot hébreu de sens inconnu et dérive d'un terme grec signifiant : « entièrement consumé ». En effet, la victime de ce sacrifice était presque entièrement brûlée. Voir Ex 29.39-42 ; Nb 28.9-10, 26-31.

[c] **1.4** L'imposition des mains représente l'identification avec l'animal qui, par ce geste, devient le substitut de l'offrant (voir 24.14 ; 16.21).

[d] **1.9** Autre traduction (ici comme dans tout l'Ancien Testament) : *au parfum de bonne odeur pour l'Eternel.*

altar where the ashes are. 17 He shall tear it open by the wings, not dividing it completely, and then the priest shall burn it on the wood that is burning on the altar. It is a burnt offering, a food offering, an aroma pleasing to the LORD.

The Grain Offering

2 1 " 'When anyone brings a grain offering to the LORD, their offering is to be of the finest flour. They are to pour olive oil on it, put incense on it 2 and take it to Aaron's sons the priests. The priest shall take a handful of the flour and oil, together with all the incense, and burn this as a memorial[b] portion on the altar, a food offering, an aroma pleasing to the LORD. 3 The rest of the grain offering belongs to Aaron and his sons; it is a most holy part of the food offerings presented to the LORD.

4 " 'If you bring a grain offering baked in an oven, it is to consist of the finest flour: either thick loaves made without yeast and with olive oil mixed in or thin loaves made without yeast and brushed with olive oil. 5 If your grain offering is prepared on a griddle, it is to be made of the finest flour mixed with oil, and without yeast. 6 Crumble it and pour oil on it; it is a grain offering. 7 If your grain offering is cooked in a pan, it is to be made of the finest flour and some olive oil. 8 Bring the grain offering made of these things to the LORD; present it to the priest, who shall take it to the altar. 9 He shall take out the memorial portion from the grain offering and burn it on the altar as a food offering, an aroma pleasing to the LORD. 10 The rest of the grain offering belongs to Aaron and his sons; it is a most holy part of the food offerings presented to the LORD.

11 " 'Every grain offering you bring to the LORD must be made without yeast, for you are not to burn any yeast or honey in a food offering presented to the LORD. 12 You may bring them to the LORD as an offering of the firstfruits, but they are not to be offered on the altar as a pleasing aroma. 13 Season all your grain offerings with salt. Do not leave the salt of the covenant of your God out of your grain offerings; add salt to all your offerings.

14 " 'If you bring a grain offering of firstfruits to the LORD, offer crushed heads of new grain roasted in the fire. 15 Put oil and incense on it; it is a grain offering. 16 The priest shall burn the memorial portion of the crushed grain and the oil, together with all the incense, as a food offering presented to the LORD.

[b] **2:2** Or *representative*; also in verses 9 and 16

le dépôt des cendres. 17 Il ouvrira l'oiseau entre les ailes sans les détacher. Ensuite il le brûlera sur le bois qui est sur le foyer. C'est un holocauste, un sacrifice consumé par le feu, à l'odeur apaisante pour l'Eternel.

Les offrandes

2 1 Lorsque quelqu'un apportera à l'Eternel une offrande[e], elle consistera en fleur de farine qu'il arrosera d'huile et sur laquelle il mettra de l'encens. 2 Il l'apportera aux prêtres, descendants d'Aaron. Le prêtre prendra une pleine poignée de la farine arrosée d'huile, avec tout l'encens, et la fera brûler pour servir de mémorial sur l'autel. C'est une offrande consumée par le feu, à l'odeur apaisante pour l'Eternel. 3 Ce qui restera de cette offrande reviendra à Aaron et à ses descendants comme part très sainte de ce qui est consumé par le feu pour l'Eternel[f].

4 Lorsqu'on apportera une offrande de pâte cuite au four[g], elle consistera en gâteaux sans levain[h] faits avec de la fleur de farine pétrie avec de l'huile, et en galettes sans levain arrosées d'huile.

5 Si c'est une offrande rôtie sur le gril qu'on apporte, elle sera également faite de fleur de farine pétrie avec de l'huile, sans levain. 6 On la coupera en morceaux et on versera de l'huile dessus : c'est une offrande.

7 Si c'est une offrande de céréales cuite à la poêle qu'on apporte, elle sera composée de fleur de farine et d'huile.

8 On apportera l'offrande ainsi préparée à l'Eternel pour la remettre au prêtre qui l'approchera de l'autel. 9 Il en prélèvera ce qui doit être offert comme mémorial et le brûlera sur l'autel. C'est une offrande consumée par le feu, à l'odeur apaisante pour l'Eternel. 10 Ce qui restera de l'offrande sera pour Aaron et ses fils, comme part très sainte de ce qui est consumé par le feu pour l'Eternel.

11 Quelle que soit l'offrande que vous apporterez à l'Eternel, elle ne devra pas être confectionnée avec du levain, car on ne brûlera jamais ni levain ni miel pour l'Eternel. 12 Vous en offrirez à l'Eternel comme présents des premiers fruits, mais ils ne seront pas placés sur l'autel comme offrandes à l'odeur apaisante.

13 On assaisonnera de sel toute offrande qu'on apportera. On n'omettra jamais de mettre du sel[i], qui représente l'alliance qui te lie à ton Dieu.

14 Si on apporte à l'Eternel une offrande des premiers épis de la moisson, on présentera pour cette offrande, des épis grillés au feu, des grains nouveaux. 15 On y versera de l'huile et on mettra de l'encens dessus ; c'est une offrande. 16 Le prêtre brûlera comme mémorial une partie du grain et de l'huile avec tout l'encens. C'est une offrande consumée par le feu pour l'Eternel.

[e] **2.1** Cette offrande consistait en produits du sol cultivé. Elle accompagnait les sacrifices sanglants.

[f] **2.3** La *part très sainte* était réservée aux prêtres et elle consacrait ceux qui la touchaient (Ex 29.37). Elle ne pouvait être mangée que dans le parvis du sanctuaire (6.16-19), par les prêtres eux-mêmes.

[g] **2.4** Sorte de jarre en terre que l'on chauffait en y allumant du feu. Ensuite on sortait les braises et l'on appliquait la pâte sur les parois intérieures.

[h] **2.4** Seules les offrandes accompagnant les sacrifices de communion ou les offrandes de prémices pouvaient contenir du levain (7.13 ; 23.10, 17).

[i] **2.13** Chez divers peuples, on consommait du sel lors des conclusions d'alliance.

The Fellowship Offering

3 1“ ‘If your offering is a fellowship offering, and
you offer an animal from the herd, whether male
or female, you are to present before the LORD an animal
without defect. 2You are to lay your hand on the head
of your offering and slaughter it at the entrance to
the tent of meeting. Then Aaron’s sons the priests
shall splash the blood against the sides of the altar.
3From the fellowship offering you are to bring a food
offering to the LORD: the internal organs and all the
fat that is connected to them, 4both kidneys with the
fat on them near the loins, and the long lobe of the
liver, which you will remove with the kidneys. 5Then
Aaron’s sons are to burn it on the altar on top of the
burnt offering that is lying on the burning wood; it is
a food offering, an aroma pleasing to the LORD.

6“ ‘If you offer an animal from the flock as a fellowship offering to the LORD, you are to offer a male or
female without defect. 7If you offer a lamb, you are to
present it before the LORD, 8lay your hand on its head
and slaughter it in front of the tent of meeting. Then
Aaron’s sons shall splash its blood against the sides
of the altar. 9From the fellowship offering you are to
bring a food offering to the LORD: its fat, the entire
fat tail cut off close to the backbone, the internal organs and all the fat that is connected to them, 10both
kidneys with the fat on them near the loins, and the
long lobe of the liver, which you will remove with the
kidneys. 11The priest shall burn them on the altar as
a food offering presented to the LORD.

12“ ‘If your offering is a goat, you are to present
it before the LORD, 13lay your hand on its head and
slaughter it in front of the tent of meeting. Then
Aaron’s sons shall splash its blood against the sides
of the altar. 14From what you offer you are to present
this food offering to the LORD: the internal organs and
all the fat that is connected to them, 15both kidneys
with the fat on them near the loins, and the long lobe
of the liver, which you will remove with the kidneys.
16The priest shall burn them on the altar as a food
offering, a pleasing aroma. All the fat is the LORD’s.

17“ ‘This is a lasting ordinance for the generations
to come, wherever you live: You must not eat any fat
or any blood.’ ”

Les sacrifices de communion

3 1Si on offre en sacrifice de communion[j] une tête de
gros bétail, mâle ou femelle, on présentera un animal
sans défaut à l’Eternel. 2On posera la main sur la tête de
la victime avant de l’égorger à l’entrée de la tente de la
Rencontre. Les prêtres, descendants d’Aaron, aspergeront
de son sang tous les côtés de l’autel. 3De ce sacrifice de
communion, on offrira à l’Eternel, en les consumant par
le feu, la graisse qui recouvre les entrailles et toute celle
qui y est attachée, 4les deux rognons et la graisse qui les
enveloppe, qui couvre le dos, ainsi que le dessus du foie,
qu’on ôtera avec les rognons. 5Les descendants d’Aaron
les feront brûler sur l’autel, par-dessus l’holocauste déjà
placé sur les bûches qui sont sur le feu. Ce sera un sacrifice
consumé par le feu, à l’odeur apaisante pour l’Eternel.

6Si c’est du petit bétail qu’on offre en sacrifice de communion à l’Eternel, on offrira un mâle ou une femelle
sans défaut. 7Si l’on offre un mouton en sacrifice, on le
présentera devant l’Eternel. 8Celui qui l’offre posera sa
main sur la tête de la victime avant de l’égorger devant
la tente de la Rencontre, et les descendants d’Aaron
aspergeront de son sang tous les côtés de l’autel. 9On
prélèvera de ce sacrifice de communion, pour l’offrir à
l’Eternel en le consumant par le feu, les parties grasses :
la queue entière coupée près de l’échine, la graisse qui
recouvre les entrailles et toute celle qui y est attachée,
10les deux rognons et la graisse qui les enveloppe et qui
couvre le dos, ainsi que le dessus du foie qu’on ôtera
avec les rognons. 11Le prêtre les fera brûler sur l’autel :
c’est un aliment consumé par le feu, à l’odeur apaisante
pour l’Eternel.

12Si c’est une chèvre qu’on offre, on la présentera devant
l’Eternel. 13On posera la main sur la tête de l’animal avant
de l’égorger devant la tente de la Rencontre et les descendants d’Aaron en aspergeront de son sang tous les côtés
de l’autel. 14On en offrira à l’Eternel en les consumant par
le feu, la graisse qui recouvre les entrailles et toute celle
qui y est attachée, 15les deux rognons et la graisse qui les
enveloppe et qui couvre le dos, ainsi que le dessus du foie
qu’on ôtera avec les rognons. 16Le prêtre fera brûler ces
morceaux sur l’autel ; c’est un aliment consumé par le feu,
à l’odeur apaisante pour l’Eternel.

Toute graisse revient à l’Eternel. 17C’est une ordonnance
immuable que vous respecterez de génération en génération partout où vous habiterez : vous ne consommerez
aucune graisse, ni aucun sang.

---

j **3.1** Appelé aussi « sacrifice de paix, de reconnaissance, d’action de grâces ». Par ce sacrifice, l’Israélite exprimait sa reconnaissance envers Dieu pour ses bienfaits (voir7.11-15 ; Ps 50.14, 23 ; 56.13 ; Hé 13.15).

The Sin Offering

4 1 The LORD said to Moses, 2 "Say to the Israelites: 'When anyone sins unintentionally and does what is forbidden in any of the LORD's commands –

3 "'If the anointed priest sins, bringing guilt on the people, he must bring to the LORD a young bull without defect as a sin offering[c] for the sin he has committed. 4 He is to present the bull at the entrance to the tent of meeting before the LORD. He is to lay his hand on its head and slaughter it there before the LORD. 5 Then the anointed priest shall take some of the bull's blood and carry it into the tent of meeting. 6 He is to dip his finger into the blood and sprinkle some of it seven times before the LORD, in front of the curtain of the sanctuary. 7 The priest shall then put some of the blood on the horns of the altar of fragrant incense that is before the LORD in the tent of meeting. The rest of the bull's blood he shall pour out at the base of the altar of burnt offering at the entrance to the tent of meeting. 8 He shall remove all the fat from the bull of the sin offering – all the fat that is connected to the internal organs, 9 both kidneys with the fat on them near the loins, and the long lobe of the liver, which he will remove with the kidneys – 10 just as the fat is removed from the ox[d] sacrificed as a fellowship offering. Then the priest shall burn them on the altar of burnt offering. 11 But the hide of the bull and all its flesh, as well as the head and legs, the internal organs and the intestines – 12 that is, all the rest of the bull – he must take outside the camp to a place ceremonially clean, where the ashes are thrown, and burn it there in a wood fire on the ash heap.

13 "'If the whole Israelite community sins unintentionally and does what is forbidden in any of the LORD's commands, even though the community is unaware of the matter, when they realize their guilt 14 and the sin they committed becomes known, the assembly must bring a young bull as a sin offering and present it before the tent of meeting. 15 The elders of the community are to lay their hands on the bull's head before the LORD, and the bull shall be slaughtered before the LORD. 16 Then the anointed priest is to take some of the bull's blood into the tent of meeting. 17 He shall dip his finger into the blood and sprinkle it before the LORD seven times in front of the curtain. 18 He is to put some of the blood on the horns of the altar that is before the LORD in the tent of meeting. The rest of the blood he shall pour out at the base of the altar of burnt offering at the entrance to the tent of meeting. 19 He shall remove all the fat from it and burn it on the altar, 20 and do with this bull just as he did with the bull for the sin offering. In this way the priest will

[c] **4:3** Or *purification offering*; here and throughout this chapter
[d] **4:10** The Hebrew word can refer to either male or female.

Les sacrifices pour le péché

4 1 L'Eternel s'adressa à Moïse en ces termes : 2 Parle aux Israélites et dis-leur : Lorsque quelqu'un aura péché involontairement[k] en commettant l'une quelconque des choses qui sont interdites par les commandements de l'Eternel, voici comment on procédera :

Pour le grand-prêtre

3 Si c'est le prêtre qui a reçu l'onction[l] qui a péché et qui par là même a chargé le peuple de culpabilité, il offrira à l'Eternel pour le péché qu'il aura commis, un jeune taureau sans défaut, en sacrifice pour le péché. 4 Il amènera le taureau à l'entrée de la tente de la Rencontre devant l'Eternel, il posera sa main sur la tête du taureau et l'égorgera devant l'Eternel. 5 Le prêtre qui a reçu l'onction prendra du sang de la victime et l'apportera dans la tente de la Rencontre. 6 Il trempera son doigt dans le sang et en aspergera sept fois le voile du sanctuaire devant l'Eternel. 7 Puis il appliquera de ce sang sur les cornes de l'autel des parfums aromatiques, devant l'Eternel, dans la tente de la Rencontre. Il répandra tout le reste du sang du taureau sur le socle de l'autel des holocaustes situé à l'entrée de la tente de la Rencontre. 8 Ensuite, il enlèvera toute la graisse du taureau du sacrifice pour le péché, celle qui recouvre les entrailles et toute celle qui y est attachée, 9 les deux rognons et la graisse qui les enveloppe et qui couvre le dos, ainsi que le dessus du foie qu'il ôtera avec les rognons, 10 comme on le fait pour le sacrifice de communion. Le prêtre les brûlera sur l'autel des holocaustes. 11 Quant à la peau du taureau, toute sa viande, sa tête, ses pattes, ses entrailles avec leur contenu, 12 soit tout le reste du taureau, il l'emportera hors du camp en un lieu rituellement pur, où sont déversées les cendres grasses, et il le brûlera sur un feu de bûches, à l'endroit où l'on déverse les cendres.

Pour l'ensemble du peuple

13 Si c'est l'ensemble de la communauté d'Israël qui s'est rendue coupable d'un péché involontaire – si, sans le savoir, l'assemblée a fait l'une des choses que l'Eternel a défendues dans ses commandements et s'est ainsi rendue coupable – 14 l'assemblée offrira, quand on découvrira la faute, un jeune taureau en sacrifice pour le péché. On l'amènera devant la tente de la Rencontre, 15 les responsables de la communauté poseront leurs mains sur la tête du taureau devant l'Eternel, et on l'égorgera devant lui. 16 Le prêtre ayant reçu l'onction apportera du sang de la victime dans la tente de la Rencontre. 17 Il y trempera son doigt et en aspergera sept fois le voile devant l'Eternel. 18 Il appliquera du sang sur les cornes de l'autel, devant l'Eternel dans la tente de la Rencontre. Il répandra tout le reste du sang sur le socle de l'autel des holocaustes situé à l'entrée de la tente. 19 Ensuite, il enlèvera toute la graisse et la brûlera sur l'autel. 20 Il suivra, pour le reste du taureau, la même procédure que pour le taureau sacrifié pour son

[k] **4.2** Par mégarde, ou par erreur. Pour les péchés commis délibérément, voir Nb 15.30.
[l] **4.3** Il s'agit du grand-prêtre, seul consacré par l'onction (Ex 29.7), les autres prêtres l'étant par aspersion (Ex 29.21).

make atonement for the community, and they will be forgiven. 21 Then he shall take the bull outside the camp and burn it as he burned the first bull. This is the sin offering for the community.

22 " 'When a leader sins unintentionally and does what is forbidden in any of the commands of the LORD his God, when he realizes his guilt 23 and the sin he has committed becomes known, he must bring as his offering a male goat without defect. 24 He is to lay his hand on the goat's head and slaughter it at the place where the burnt offering is slaughtered before the LORD. It is a sin offering. 25 Then the priest shall take some of the blood of the sin offering with his finger and put it on the horns of the altar of burnt offering and pour out the rest of the blood at the base of the altar. 26 He shall burn all the fat on the altar as he burned the fat of the fellowship offering. In this way the priest will make atonement for the leader's sin, and he will be forgiven.

27 " 'If any member of the community sins unintentionally and does what is forbidden in any of the LORD's commands, when they realize their guilt 28 and the sin they have committed becomes known, they must bring as their offering for the sin they committed a female goat without defect. 29 They are to lay their hand on the head of the sin offering and slaughter it at the place of the burnt offering. 30 Then the priest is to take some of the blood with his finger and put it on the horns of the altar of burnt offering and pour out the rest of the blood at the base of the altar. 31 They shall remove all the fat, just as the fat is removed from the fellowship offering, and the priest shall burn it on the altar as an aroma pleasing to the LORD. In this way the priest will make atonement for them, and they will be forgiven.

32 " 'If someone brings a lamb as their sin offering, they are to bring a female without defect. 33 They are to lay their hand on its head and slaughter it for a sin offering at the place where the burnt offering is slaughtered. 34 Then the priest shall take some of the blood of the sin offering with his finger and put it on the horns of the altar of burnt offering and pour out the rest of the blood at the base of the altar. 35 They shall remove all the fat, just as the fat is removed from the lamb of the fellowship offering, and the priest shall burn it on the altar on top of the food offerings presented to the LORD. In this way the priest will make atonement for them for the sin they have committed, and they will be forgiven.

5 1 " 'If anyone sins because they do not speak up when they hear a public charge to testify regarding something they have seen or learned about, they will be held responsible.

péché. Le prêtre accomplira ainsi le rite d'expiation pour eux, et il leur sera pardonné. 21 Il fera transporter le taureau hors du camp et le brûlera comme il a été ordonné pour le taureau précédent. Tel est le sacrifice pour le péché de la communauté.

Pour un chef

22 Si c'est un chef qui a péché en faisant involontairement l'une des choses que l'Eternel son Dieu a défendues dans ses commandements, et s'il prend conscience de sa faute, 23 ou si on lui fait connaître le péché qu'il a commis, il amènera comme sacrifice un bouc mâle sans défaut. 24 Il posera sa main sur la tête de la victime avant de l'égorger à l'endroit où l'on égorge l'holocauste devant l'Eternel. C'est un sacrifice pour le péché. 25 Le prêtre prendra avec son doigt du sang du sacrifice pour le péché et en appliquera sur les cornes de l'autel des holocaustes ; puis il répandra le reste du sang sur le socle de l'autel des holocaustes. 26 Il brûlera toute la graisse sur l'autel, comme dans le cas du sacrifice de communion. Ainsi le prêtre accomplira pour ce chef le rite d'expiation de son péché, et il lui sera pardonné.

Pour un simple membre du peuple

27 Si c'est un simple membre du peuple qui a péché en faisant involontairement quelque chose que l'Eternel a défendu dans ses commandements, et s'il prend conscience de sa faute[m], 28 ou si on lui fait connaître le péché qu'il a commis, il apportera comme sacrifice une chèvre[n] sans défaut pour le péché qu'il a commis. 29 Il posera sa main sur la tête de la victime sacrifiée pour le péché et l'égorgera dans le lieu où l'on offre l'holocauste. 30 Puis le prêtre prendra avec son doigt du sang de la victime pour l'appliquer sur les cornes de l'autel des holocaustes, et il répandra tout le reste du sang sur le socle de l'autel. 31 Il ôtera toute la graisse, comme on le fait pour le sacrifice de communion, et il la brûlera sur l'autel, produisant ainsi une odeur apaisante pour l'Eternel. Le prêtre accomplira ainsi le rite d'expiation pour cet homme, et il lui sera pardonné.

32 Si c'est un agneau qu'il présente en sacrifice pour le péché, il amènera une femelle sans défaut. 33 Il posera sa main sur la tête de la victime du sacrifice pour le péché et l'égorgera comme telle à l'endroit où l'on immole l'holocauste. 34 Puis le prêtre prendra avec son doigt du sang de l'animal sacrifié pour le péché et le mettra sur les cornes de l'autel des holocaustes ; puis il répandra le reste du sang sur le socle de l'autel. 35 Il enlèvera toute la graisse, comme on le fait pour l'agneau offert en sacrifice de communion ; ensuite le prêtre la brûlera sur l'autel, sur les sacrifices et offrandes consumés par le feu qui appartiennent à l'Eternel. Le prêtre accomplira ainsi le rite d'expiation pour le péché commis par cet homme, et il lui sera pardonné.

Exemples de péchés expiés par ce sacrifice

5 1 Si, dans une procédure de justice, quelqu'un entend la formule d'adjuration et ne dit pas ce qu'il sait alors qu'il est témoin ou qu'il a vu ou appris quelque chose, il portera la responsabilité de sa faute.

[m] **4.27** Pour les v. 27-31, voir Nb 15.27-28.
[n] **4.28** De moindre valeur que le bouc. Si le coupable était trop pauvre, il pouvait offrir un oiseau (5.7-8 ; 12.6, 8).

2 " 'If anyone becomes aware that they are guilty – if they unwittingly touch anything ceremonially unclean (whether the carcass of an unclean animal, wild or domestic, or of any unclean creature that moves along the ground) and they are unaware that they have become unclean, but then they come to realize their guilt; 3 or if they touch human uncleanness (anything that would make them unclean) even though they are unaware of it, but then they learn of it and realize their guilt; 4 or if anyone thoughtlessly takes an oath to do anything, whether good or evil (in any matter one might carelessly swear about) even though they are unaware of it, but then they learn of it and realize their guilt – 5 when anyone becomes aware that they are guilty in any of these matters, they must confess in what way they have sinned. 6 As a penalty for the sin they have committed, they must bring to the LORD a female lamb or goat from the flock as a sin offering[e]; and the priest shall make atonement for them for their sin.

7 " 'Anyone who cannot afford a lamb is to bring two doves or two young pigeons to the LORD as a penalty for their sin – one for a sin offering and the other for a burnt offering. 8 They are to bring them to the priest, who shall first offer the one for the sin offering. He is to wring its head from its neck, not dividing it completely, 9 and is to splash some of the blood of the sin offering against the side of the altar; the rest of the blood must be drained out at the base of the altar. It is a sin offering. 10 The priest shall then offer the other as a burnt offering in the prescribed way and make atonement for them for the sin they have committed, and they will be forgiven.

11 " 'If, however, they cannot afford two doves or two young pigeons, they are to bring as an offering for their sin a tenth of an ephah[f] of the finest flour for a sin offering. They must not put olive oil or incense on it, because it is a sin offering. 12 They are to bring it to the priest, who shall take a handful of it as a memorial[g] portion and burn it on the altar on top of the food offerings presented to the LORD. It is a sin offering. 13 In this way the priest will make atonement for them for any of these sins they have committed, and they will be forgiven. The rest of the offering will belong to the priest, as in the case of the grain offering.' "

The Guilt Offering

14 The LORD said to Moses: 15 "When anyone is unfaithful to the LORD by sinning unintentionally in regard to any of the LORD's holy things, they are to bring to the LORD as a penalty a ram from the flock, one without defect and of the proper value in silver, according to the sanctuary shekel.[h] It is a guilt offering. 16 They must make restitution for what they have failed to do in regard to the holy things, pay an additional penalty of a fifth of its value and give it

[e] 5:6 Or *purification offering*; here and throughout this chapter
[f] 5:11 That is, probably about 3 1/2 pounds or about 1.6 kilograms
[g] 5:12 Or *representative*
[h] 5:15 That is, about 2/5 ounce or about 12 grams

2 Si quelqu'un touche par inadvertance une chose rituellement impure, que ce soit le cadavre d'une bête sauvage ou domestique impure, ou celui d'un reptile impur, il deviendra lui-même impur et sera coupable.

3 Si quelqu'un touche sans le savoir une impureté humaine dont le contact rend impur, s'il s'en rend compte et se reconnaît coupable ; 4 ou si quelqu'un s'est laissé aller à jurer de faire du mal ou du bien, toutes choses que l'on promet sans réfléchir, s'il s'en rend compte, et se reconnaît coupable ; 5 si quelqu'un se trouve en faute dans l'un de ces cas, il avouera son péché, 6 et, comme réparation envers l'Eternel pour la faute qu'il a commise, il amènera une femelle de petit bétail, brebis ou chèvre, en sacrifice pour le péché. Le prêtre accomplira pour lui le rite d'expiation pour son péché.

Si quelqu'un est trop pauvre

7 Si l'homme n'a pas les moyens de se procurer une brebis ou une chèvre, il apportera à l'Eternel, comme réparation pour son péché, deux tourterelles ou deux pigeonneaux ; l'un sera offert comme sacrifice pour le péché, l'autre comme holocauste. 8 Il les apportera au prêtre qui offrira en premier lieu l'oiseau destiné au sacrifice pour le péché ; il lui rompra la nuque sans détacher complètement la tête, 9 puis il fera l'aspersion du sang du sacrifice pour le péché sur la paroi de l'autel ; le reste du sang sera répandu sur le socle de l'autel. C'est un sacrifice pour le péché. 10 Il offrira le second oiseau en holocauste selon la règle. Le prêtre accomplira ainsi pour cet homme le rite d'expiation pour sa faute, et il lui sera pardonné.

11 S'il n'a pas les moyens de se procurer deux tourterelles ou deux pigeonneaux, il apportera en offrande pour sa faute trois kilogrammes de fleur de farine, comme sacrifice pour le péché. Il n'y versera pas d'huile, il n'y ajoutera pas d'encens, car c'est un sacrifice pour le péché. 12 Il l'apportera au prêtre, qui en prendra une pleine poignée pour servir de mémorial et la brûlera sur l'autel, sur les sacrifices et offrandes consumés par le feu qui appartiennent à l'Eternel. C'est un sacrifice pour le péché. 13 Le prêtre accomplira ainsi le rite d'expiation pour la faute que cet homme a commise, dans l'un ou l'autre des cas énumérés, et il lui sera pardonné. Le reste sera pour le prêtre, comme dans le cas de l'offrande.

Le sacrifice de réparation

14 L'Eternel parla encore à Moïse :

15 Si quelqu'un se rend coupable d'une infraction, d'une faute involontaire à l'égard de ce qui est consacré à l'Eternel, il apportera à l'Eternel en sacrifice de réparation un bélier sans défaut, choisi dans le troupeau, d'après ton estimation de sa valeur en argent, selon l'unité de poids en vigueur au sanctuaire, pour le sacrifice de réparation[o]. 16 De plus, il restituera ce dont il a lésé le sanctuaire par sa faute[p] ; cette restitution sera majorée d'un cinquième,

[o] 5.15 Il est difficile de distinguer nettement ce sacrifice du sacrifice pour le péché. On offrait, semble-t-il, un sacrifice de réparation lorsque la restitution était possible (voir 5.21-26) alors qu'on offrait un sacrifice pour le péché lorsqu'une telle réparation était impossible.
[p] 5.16 Amende qui punissait la négligence. Pour les détournements volontaires, elle était de dix à vingt-cinq fois plus forte (Ex 22.1-4).

all to the priest. The priest will make atonement for them with the ram as a guilt offering, and they will be forgiven.

[17]"If anyone sins and does what is forbidden in any of the LORD's commands, even though they do not know it, they are guilty and will be held responsible. [18]They are to bring to the priest as a guilt offering a ram from the flock, one without defect and of the proper value. In this way the priest will make atonement for them for the wrong they have committed unintentionally, and they will be forgiven. [19]It is a guilt offering; they have been guilty of[i] wrongdoing against the LORD."

6 [1][j]The LORD said to Moses: [2]"If anyone sins and is unfaithful to the LORD by deceiving a neighbor about something entrusted to them or left in their care or about something stolen, or if they cheat their neighbor, [3]or if they find lost property and lie about it, or if they swear falsely about any such sin that people may commit – [4]when they sin in any of these ways and realize their guilt, they must return what they have stolen or taken by extortion, or what was entrusted to them, or the lost property they found, [5]or whatever it was they swore falsely about. They must make restitution in full, add a fifth of the value to it and give it all to the owner on the day they present their guilt offering. [6]And as a penalty they must bring to the priest, that is, to the LORD, their guilt offering, a ram from the flock, one without defect and of the proper value. [7]In this way the priest will make atonement for them before the LORD, and they will be forgiven for any of the things they did that made them guilty."

The Burnt Offering

[8]The LORD said to Moses: [9]"Give Aaron and his sons this command: 'These are the regulations for the burnt offering: The burnt offering is to remain on the altar hearth throughout the night, till morning, and the fire must be kept burning on the altar. [10]The priest shall then put on his linen clothes, with linen undergarments next to his body, and shall remove the ashes of the burnt offering that the fire has consumed on the altar and place them beside the altar. [11]Then he is to take off these clothes and put on others, and carry the ashes outside the camp to a place that is ceremonially clean. [12]The fire on the altar must be kept burning; it must not go out. Every morning the priest is to add firewood and arrange the burnt offering on the fire and burn the fat of the fellowship offerings on it. [13]The fire must be kept burning on the altar continuously; it must not go out.

The Grain Offering

[14]" 'These are the regulations for the grain offering: Aaron's sons are to bring it before the LORD, in front of the altar. [15]The priest is to take a handful of the

et il la remettra au prêtre, qui fera l'expiation pour lui avec le bélier offert en sacrifice de réparation, et il lui sera pardonné.

[17]Si quelqu'un pèche en faisant sans le savoir l'une des choses que l'Eternel a interdites dans ses commandements, il sera tenu pour coupable et portera la responsabilité de sa faute.

[18]Il présentera au prêtre, pour le sacrifice de réparation, un bélier sans défaut, choisi dans le troupeau d'après ton estimation, et le prêtre accomplira pour lui le rite d'expiation pour la faute qu'il a commise involontairement, sans s'en rendre compte, et il lui sera pardonné. [19]C'est un sacrifice de réparation, car cet homme était effectivement coupable envers l'Eternel.

[20]L'Eternel parla à Moïse en disant : [21]Lorsqu'un homme pèche et se rend coupable de désobéissance à l'Eternel en trompant son prochain au sujet d'un objet reçu en dépôt, prêté ou volé, lui extorque quelque chose, [22]dit un mensonge concernant un objet perdu qu'il a trouvé ou prête un faux serment au sujet d'un méfait comme ceux dont les hommes peuvent se rendre coupables – [23]lorsqu'il a commis un tel péché et s'est rendu coupable, il rendra ce qu'il a volé ou extorqué, l'objet qui lui a été confié en dépôt ou l'objet perdu qu'il a trouvé, [24]ou tout objet au sujet duquel il a prononcé un faux serment, il le restituera et il y ajoutera un cinquième de sa valeur ; il le remettra à son propriétaire le jour même où il se reconnaîtra coupable. [25]A titre de réparation envers l'Eternel, il amènera au prêtre un bélier sans défaut, choisi dans le troupeau, d'après ton estimation, pour le sacrifice de réparation. [26]Le prêtre accomplira le rite d'expiation pour lui devant l'Eternel, et il lui sera pardonné ce dont il s'est rendu coupable, quoi que ce soit[q].

Les lois complémentaires destinées aux prêtres

6 [1]L'Eternel parla à Moïse en ces termes :

Sur l'holocauste

[2]Transmets ces commandements à Aaron et à ses fils : Voici la loi concernant l'holocauste[r] : l'holocauste restera sur le foyer de l'autel toute la nuit jusqu'au matin et le feu y restera allumé. [3]Le matin, le prêtre mettra ses caleçons de lin et sa tunique de lin, il enlèvera les cendres grasses provenant de la combustion de l'holocauste sur l'autel et les déposera à côté de l'autel. [4]Puis il changera de vêtements[s] et emportera les cendres hors du camp dans un endroit rituellement pur. [5]Le feu devra rester allumé sur l'autel et ne jamais s'éteindre[t]. Le prêtre l'alimentera en bois tous les matins, il disposera l'holocauste dessus et y brûlera les graisses des sacrifices de communion. [6]Le feu sera perpétuellement allumé sur l'autel, il ne devra jamais s'éteindre.

Sur l'offrande

[7]Voici la loi concernant l'offrande : les fils d'Aaron l'apporteront devant l'Eternel, devant l'autel. [8]L'un des

[i] **5:19** Or *offering; atonement has been made for their*
[j] In Hebrew texts 6:1-7 is numbered 5:20-26, and 6:8-30 is numbered 6:1-23.

[q] **5.26** Pour les v. 20-26, voir Nb 5.5-8.
[r] **6.2** Il s'agit de l'holocauste public offert tous les matins et tous les soirs pour le peuple.
[s] **6.4** Les vêtements des prêtres étaient réservés au sanctuaire (voir Ez 44.17-19).
[t] **6.5** Parce qu'il symbolisait le culte perpétuel que le peuple devait rendre à son Dieu.

finest flour and some olive oil, together with all the incense on the grain offering, and burn the memorial[k] portion on the altar as an aroma pleasing to the LORD. 16 Aaron and his sons shall eat the rest of it, but it is to be eaten without yeast in the sanctuary area; they are to eat it in the courtyard of the tent of meeting. 17 It must not be baked with yeast; I have given it as their share of the food offerings presented to me. Like the sin offering[l] and the guilt offering, it is most holy. 18 Any male descendant of Aaron may eat it. For all generations to come it is his perpetual share of the food offerings presented to the LORD. Whatever touches them will become holy.[m]' "

19 The LORD also said to Moses, 20 "This is the offering Aaron and his sons are to bring to the LORD on the day he[n] is anointed: a tenth of an ephah[o] of the finest flour as a regular grain offering, half of it in the morning and half in the evening. 21 It must be prepared with oil on a griddle; bring it well-mixed and present the grain offering broken[p] in pieces as an aroma pleasing to the LORD. 22 The son who is to succeed him as anointed priest shall prepare it. It is the LORD's perpetual share and is to be burned completely. 23 Every grain offering of a priest shall be burned completely; it must not be eaten."

The Sin Offering

24 The LORD said to Moses, 25 "Say to Aaron and his sons: 'These are the regulations for the sin offering: The sin offering is to be slaughtered before the LORD in the place the burnt offering is slaughtered; it is most holy. 26 The priest who offers it shall eat it; it is to be eaten in the sanctuary area, in the courtyard of the tent of meeting. 27 Whatever touches any of the flesh will become holy, and if any of the blood is spattered on a garment, you must wash it in the sanctuary area. 28 The clay pot the meat is cooked in must be broken; but if it is cooked in a bronze pot, the pot is to be scoured and rinsed with water. 29 Any male in a priest's family may eat it; it is most holy. 30 But any sin offering whose blood is brought into the tent of meeting to make atonement in the Holy Place must not be eaten; it must be burned up.

The Guilt Offering

7 1 " 'These are the regulations for the guilt offering, which is most holy: 2 The guilt offering is to be slaughtered in the place where the burnt offering is slaughtered, and its blood is to be splashed against the sides of the altar. 3 All its fat shall be offered: the fat tail and the fat that covers the internal organs,

prêtres prélèvera une poignée de fleur de farine de l'offrande, avec de l'huile et tout l'encens qui se trouve sur l'offrande, et il les brûlera sur l'autel pour produire une odeur apaisante et que ce soit un mémorial pour l'Eternel. 9 Ce qui restera de l'offrande sera mangé par Aaron et ses fils ; ils le mangeront sans levain dans un lieu saint, dans le parvis de la tente de la Rencontre. 10 On ne le fera pas cuire avec du levain. C'est la part que je leur ai donnée de mes offrandes consumées par le feu. C'est une chose très sainte, comme le sacrifice pour le péché et le sacrifice de réparation. 11 Tous les hommes descendants d'Aaron[u] pourront en manger. C'est la part qui leur revient pour toujours, de génération en génération, sur les offrandes consumées par le feu qui appartiennent à l'Eternel. Tous ceux qui y toucheront seront sacrés.

12 L'Eternel parla à Moïse en ces termes : 13 Voici ce qu'Aaron et ses fils offriront à l'Eternel le jour où ils recevront l'onction : trois kilogrammes de fleur de farine, à titre d'offrande permanente, la moitié le matin et l'autre moitié le soir. 14 Cette farine sera pétrie avec de l'huile et la pâte obtenue sera cuite à la poêle. Tu offriras cette galette en morceaux, produisant ainsi une odeur apaisante pour l'Eternel[v].

15 Le fils d'Aaron qui aura reçu l'onction pour lui succéder comme prêtre fera aussi cette offrande : c'est la part qui revient pour toujours à l'Eternel ; elle sera entièrement brûlée[w]. 16 Toute offrande faite par un prêtre sera entièrement brûlée : on n'en mangera rien.

Sur le sacrifice pour le péché

17 L'Eternel parla à Moïse en ces termes : 18 Dis à Aaron et à ses fils : Voici la loi concernant le sacrifice pour le péché : la victime pour ce sacrifice sera égorgée devant l'Eternel au même endroit que l'holocauste. C'est une chose très sainte.

19 Le prêtre qui officie pour ce sacrifice la mangera ; il le fera dans un lieu saint, dans le parvis de la tente de la Rencontre. 20 Quiconque entrera en contact avec la viande de ce sacrifice sera sacré. Si du sang gicle sur un vêtement, tu laveras ce qui a été taché dans un lieu saint. 21 Si on a fait cuire la viande du sacrifice dans un récipient de terre, on le brisera, si c'est dans une marmite en bronze qu'on l'a fait cuire, on la nettoiera, puis on la rincera à grande eau. 22 Tous les hommes de la famille du prêtre pourront manger de cette viande ; c'est une chose très sainte. 23 Toutefois, on ne mangera aucune viande d'un sacrifice pour le péché dont on doit porter du sang dans la tente de la Rencontre pour accomplir le rite d'expiation dans le sanctuaire. Elle sera brûlée au feu.

Sur le sacrifice de réparation

7 1 Voici la loi concernant le sacrifice de réparation. C'est une chose très sainte. 2 On égorgera la victime du sacrifice de réparation au même endroit que l'holocauste, et l'on aspergera de son sang tous les côtés de l'autel. 3 On en offrira toutes les parties grasses, c'est-à-dire

k 6:15 Or *representative*
l 6:17 Or *purification offering*; also in verses 25 and 30
m 6:18 Or *Whoever touches them must be holy*; similarly in verse 27
n 6:20 Or *each*
o 6:20 That is, probably about 3 1/2 pounds or about 1.6 kilograms
p 6:21 The meaning of the Hebrew for this word is uncertain.

u 6.11 Ces parties énumérées étaient réservées aux hommes (comparer 6.22 ; 7.6), d'autres pouvaient être aussi consommées par les membres féminins de la famille sacerdotale (10.14 ; 22.12-13).
v 6.14 Le prêtre faisait six galettes avec chaque moitié de la farine. Il offrait donc douze galettes chaque jour, selon le nombre des tribus d'Israël présentées ainsi symboliquement en hommage à l'Eternel. *En morceaux:* terme hébreu de sens incertain.
w 6.15 Puisqu'il offrait ce sacrifice pour lui-même.

4 both kidneys with the fat on them near the loins, and the long lobe of the liver, which is to be removed with the kidneys. 5 The priest shall burn them on the altar as a food offering presented to the LORD. It is a guilt offering. 6 Any male in a priest's family may eat it, but it must be eaten in the sanctuary area; it is most holy.

7 " 'The same law applies to both the sin offering[q] and the guilt offering: They belong to the priest who makes atonement with them. 8 The priest who offers a burnt offering for anyone may keep its hide for himself. 9 Every grain offering baked in an oven or cooked in a pan or on a griddle belongs to the priest who offers it, 10 and every grain offering, whether mixed with olive oil or dry, belongs equally to all the sons of Aaron.

The Fellowship Offering

11 " 'These are the regulations for the fellowship offering anyone may present to the LORD:

12 " 'If they offer it as an expression of thankfulness, then along with this thank offering they are to offer thick loaves made without yeast and with olive oil mixed in, thin loaves made without yeast and brushed with oil, and thick loaves of the finest flour well-kneaded and with oil mixed in. 13 Along with their fellowship offering of thanksgiving they are to present an offering with thick loaves of bread made with yeast. 14 They are to bring one of each kind as an offering, a contribution to the LORD; it belongs to the priest who splashes the blood of the fellowship offering against the altar. 15 The meat of their fellowship offering of thanksgiving must be eaten on the day it is offered; they must leave none of it till morning.

16 " 'If, however, their offering is the result of a vow or is a freewill offering, the sacrifice shall be eaten on the day they offer it, but anything left over may be eaten on the next day. 17 Any meat of the sacrifice left over till the third day must be burned up. 18 If any meat of the fellowship offering is eaten on the third day, the one who offered it will not be accepted. It will not be reckoned to their credit, for it has become impure; the person who eats any of it will be held responsible.

19 " 'Meat that touches anything ceremonially unclean must not be eaten; it must be burned up. As for other meat, anyone ceremonially clean may eat it. 20 But if anyone who is unclean eats any meat of the fellowship offering belonging to the LORD, they must be cut off from their people. 21 Anyone who touches something unclean – whether human uncleanness or an unclean animal or any unclean creature that moves along the ground[r] – and then eats any of the meat of the fellowship offering belonging to the LORD must be cut off from their people.' "

Eating Fat and Blood Forbidden

22 The LORD said to Moses, 23 "Say to the Israelites: 'Do not eat any of the fat of cattle, sheep or goats. 24 The

q 7:7 Or *purification offering*; also in verse 37
r 7:21 A few Hebrew manuscripts, Samaritan Pentateuch, Syriac and Targum (see 5:2); most Hebrew manuscripts *any unclean, detestable thing*

la queue, la graisse qui recouvre les entrailles, 4 les deux rognons, la graisse qui les enveloppe et celle qui couvre le dos, ainsi que le dessus du foie qu'on enlèvera avec les rognons. 5 Le prêtre les brûlera sur l'autel. C'est un sacrifice de réparation consumé par le feu pour l'Eternel. 6 Tout homme faisant partie des prêtres pourra en manger ; il le consommera dans un lieu saint, car c'est une chose très sainte. 7 La même loi régit le sacrifice de réparation et le sacrifice pour le péché : la viande de la victime revient au prêtre qui fait l'expiation.

8 Quand un prêtre offre l'holocauste d'une personne, la peau de la victime qu'il a offerte lui revient.

9 Toute offrande, cuite au four, dans une marmite ou une poêle, reviendra au prêtre qui l'a offerte. 10 Par contre, toute autre offrande, pétrie à l'huile ou sans huile, appartiendra à tous les descendants d'Aaron, sans distinction.

Sur le sacrifice de communion

11 Voici la loi concernant le sacrifice de communion que l'on offre à l'Eternel. 12 Si on l'offre comme expression de sa reconnaissance, on offrira, avec ce sacrifice de reconnaissance, des gâteaux sans levain pétris à l'huile et des galettes sans levain arrosées d'huile, ainsi que des gâteaux faits de fleur de farine pétrie à l'huile. 13 On présentera l'offrande sur des gâteaux de pain levé[x], pour compléter le sacrifice de communion, offert par reconnaissance. 14 On prélèvera sur chacune de ces offrandes une portion pour l'offrir à l'Eternel ; celle-ci reviendra au prêtre qui aura fait l'aspersion du sang pour le sacrifice de communion. 15 La viande du sacrifice de communion, offert par reconnaissance, sera mangée le jour où on l'offre. On n'en laissera rien jusqu'au lendemain matin.

16 Si le sacrifice de communion est offert pour accomplir un vœu ou comme don volontaire, une partie de la viande de la victime sera mangée le jour où on l'offre, mais le reste pourra être mangé le lendemain. 17 Ce qui restera de la viande du sacrifice le surlendemain sera brûlé. 18 Si l'on en mange le surlendemain, celui qui a offert le sacrifice ne sera pas agréé, son sacrifice ne compte pas. Car cette viande est devenue impure, et celui qui en mange se rend coupable d'une faute.

19 Si la viande est entrée en contact avec une personne ou un objet rituellement impur, on ne la mangera pas : il faudra la brûler.

Toute personne rituellement pure[y] pourra manger de la viande du sacrifice de communion, 20 mais si quelqu'un mange de la viande du sacrifice de communion qui appartient à l'Eternel, alors qu'il se trouve en état d'impureté rituelle, il sera retranché de son peuple. 21 De même, si quelqu'un mange de la viande du sacrifice de communion qui appartient à l'Eternel, après avoir touché quoi que ce soit de rituellement impur – impureté d'homme, animal impur ou quelque autre impureté abominable – il sera retranché de son peuple.

22 L'Eternel parla à Moïse en ces termes : 23 Dis aux Israélites : Vous ne mangerez pas de graisse de bœuf, de mouton, ni de chèvre. 24 La graisse d'une bête crevée ou

x 7.13 C'est-à-dire du pain ordinaire qui n'était pas brûlé sur l'autel.
y 7.19 Il s'agit d'une pureté rituelle définie ailleurs dans le Lévitique (voir 5.2-3 ; 13.45-46 ; 15.2, 3, 19).

fat of an animal found dead or torn by wild animals may be used for any other purpose, but you must not eat it. 25Anyone who eats the fat of an animal from which a food offering may be[s] presented to the LORD must be cut off from their people. 26And wherever you live, you must not eat the blood of any bird or animal. 27Anyone who eats blood must be cut off from their people.' "

The Priests' Share

28The LORD said to Moses, 29"Say to the Israelites: 'Anyone who brings a fellowship offering to the LORD is to bring part of it as their sacrifice to the LORD. 30With their own hands they are to present the food offering to the LORD; they are to bring the fat, together with the breast, and wave the breast before the LORD as a wave offering. 31The priest shall burn the fat on the altar, but the breast belongs to Aaron and his sons. 32You are to give the right thigh of your fellowship offerings to the priest as a contribution. 33The son of Aaron who offers the blood and the fat of the fellowship offering shall have the right thigh as his share. 34From the fellowship offerings of the Israelites, I have taken the breast that is waved and the thigh that is presented and have given them to Aaron the priest and his sons as their perpetual share from the Israelites.' "

35This is the portion of the food offerings presented to the LORD that were allotted to Aaron and his sons on the day they were presented to serve the LORD as priests. 36On the day they were anointed, the LORD commanded that the Israelites give this to them as their perpetual share for the generations to come.

37These, then, are the regulations for the burnt offering, the grain offering, the sin offering, the guilt offering, the ordination offering and the fellowship offering, 38which the LORD gave Moses at Mount Sinai in the Desert of Sinai on the day he commanded the Israelites to bring their offerings to the LORD.

The Ordination of Aaron and His Sons

8 1The LORD said to Moses, 2"Bring Aaron and his sons, their garments, the anointing oil, the bull for the sin offering,[t] the two rams and the basket containing bread made without yeast, 3and gather the entire assembly at the entrance to the tent of meeting." 4Moses did as the LORD commanded him, and the assembly gathered at the entrance to the tent of meeting.

5Moses said to the assembly, "This is what the LORD has commanded to be done." 6Then Moses brought Aaron and his sons forward and washed them with water. 7He put the tunic on Aaron, tied the sash around him, clothed him with the robe and put the

[s] **7:25** Or *offering is*

[t] **8:2** Or *purification offering*; also in verse 14

déchiquetée par un fauve pourra servir à d'autres usages, mais vous ne devez pas en manger. 25En effet, celui qui mange de la graisse des animaux qu'on offre à l'Eternel en la consumant par le feu sera retranché de son peuple. 26Nulle part où vous habiterez, vous ne consommerez de sang, que ce soit celui d'un oiseau ou d'un quadrupède. 27Si une personne consomme du sang, quel qu'il soit, elle sera retranchée de son peuple.

28L'Eternel parla à Moïse en ces termes : 29Dis aux Israélites : Celui qui offre à l'Eternel un sacrifice de communion en apportera la part qu'il donne à l'Eternel. 30Il l'apportera de ses propres mains pour qu'elle soit consumée par le feu pour l'Eternel. Il apportera la graisse avec la poitrine de l'animal et il fera avec la poitrine le geste de présentation devant l'Eternel. 31Le prêtre brûlera la graisse sur l'autel ; quant à la poitrine, elle reviendra à Aaron et à ses fils. 32Vous donnerez aussi comme offrande au prêtre le gigot droit de vos sacrifices de communion. 33Celui des fils d'Aaron qui offrira le sang et les parties grasses des sacrifices de communion aura ainsi comme part le gigot droit. 34Car je reçois des Israélites la poitrine pour laquelle on fait le geste de présentation et le gigot que l'on prélève sur les sacrifices de communion, et je les donne au prêtre Aaron et à ses descendants ; c'est une prescription qui restera en vigueur à perpétuité pour les Israélites.

35C'est la part qui revient à Aaron et à ses descendants sur les sacrifices consumés par le feu qui appartiennent à l'Eternel, à partir du jour où ils seront installés dans leur fonction de prêtre pour l'Eternel. 36C'est là ce que l'Eternel ordonna aux Israélites de donner aux prêtres à partir du jour où ceux-ci reçoivent l'onction. C'est une règle en vigueur à perpétuité, pour toutes les générations.

Conclusion

37Telles sont les lois concernant l'holocauste, l'offrande, le sacrifice pour le péché, le sacrifice de réparation, celui qu'on offre à l'occasion d'une investiture et le sacrifice de communion. 38L'Eternel les a données à Moïse au mont Sinaï, le jour où il commanda aux Israélites de lui offrir leurs sacrifices et leurs offrandes dans le désert du Sinaï.

ENTRÉE EN FONCTION DES PRÊTRES

L'investiture d'Aaron et de ses fils

8 1L'Eternel parla à Moïse en ces termes : 2Prends Aaron et ses fils avec lui, prends les vêtements sacerdotaux et l'huile d'onction, fais amener le taureau pour le sacrifice pour le péché, les deux béliers et la corbeille de pains sans levain 3et rassemble toute la communauté à l'entrée de la tente de la Rencontre.

4Moïse fit ce que l'Eternel lui avait ordonné et l'assemblée se réunit à l'entrée de la tente de la Rencontre. 5Moïse transmit à la communauté ces ordres que l'Eternel lui avait donnés. 6Puis il fit avancer Aaron et ses fils, pour les laver avec de l'eau[z]. 7Ensuite il revêtit Aaron de la tunique, lui noua la ceinture, et lui mit la robe et l'éphod par-dessus.

[z] **8.6** Pour les v. 6-9, voir Ex 28.4-43 ; 39.1-31.

ephod on him. He also fastened the ephod with a dec-
orative waistband, which he tied around him. 8He
placed the breastpiece on him and put the Urim and
Thummim in the breastpiece. 9Then he placed the
turban on Aaron's head and set the gold plate, the
sacred emblem, on the front of it, as the LORD commanded Moses.

10Then Moses took the anointing oil and anointed
the tabernacle and everything in it, and so consecrated them. 11He sprinkled some of the oil on the altar
seven times, anointing the altar and all its utensils
and the basin with its stand, to consecrate them. 12He
poured some of the anointing oil on Aaron's head and
anointed him to consecrate him. 13Then he brought
Aaron's sons forward, put tunics on them, tied sashes
around them and fastened caps on them, as the LORD
commanded Moses.

14He then presented the bull for the sin offering,
and Aaron and his sons laid their hands on its head.
15Moses slaughtered the bull and took some of the
blood, and with his finger he put it on all the horns
of the altar to purify the altar. He poured out the rest
of the blood at the base of the altar. So he consecrated
it to make atonement for it. 16Moses also took all the
fat around the internal organs, the long lobe of the
liver, and both kidneys and their fat, and burned it
on the altar. 17But the bull with its hide and its flesh
and its intestines he burned up outside the camp, as
the LORD commanded Moses.

18He then presented the ram for the burnt offering,
and Aaron and his sons laid their hands on its head.
19Then Moses slaughtered the ram and splashed the
blood against the sides of the altar. 20He cut the ram
into pieces and burned the head, the pieces and the
fat. 21He washed the internal organs and the legs with
water and burned the whole ram on the altar. It was
a burnt offering, a pleasing aroma, a food offering
presented to the LORD, as the LORD commanded Moses.

22He then presented the other ram, the ram for the
ordination, and Aaron and his sons laid their hands on
its head. 23Moses slaughtered the ram and took some
of its blood and put it on the lobe of Aaron's right ear,
on the thumb of his right hand and on the big toe of
his right foot. 24Moses also brought Aaron's sons forward and put some of the blood on the lobes of their
right ears, on the thumbs of their right hands and
on the big toes of their right feet. Then he splashed
blood against the sides of the altar. 25After that, he
took the fat, the fat tail, all the fat around the internal
organs, the long lobe of the liver, both kidneys and
their fat and the right thigh. 26And from the basket
of bread made without yeast, which was before the
LORD, he took one thick loaf, one thick loaf with olive
oil mixed in, and one thin loaf, and he put these on the
fat portions and on the right thigh. 27He put all these
in the hands of Aaron and his sons, and they waved
them before the LORD as a wave offering. 28Then Moses
took them from their hands and burned them on the
altar on top of the burnt offering as an ordination offering, a pleasing aroma, a food offering presented to
the LORD. 29Moses also took the breast, which was his

il l'entoura avec la ceinture de l'éphod pour l'en revêtir.
8Il plaça sur sa poitrine le pectoral, dans lequel il plaça
l'ourim et le toummim. 9Il coiffa sa tête du turban sur
le devant duquel il ajusta l'insigne d'or, le diadème de
consécration, comme l'Eternel le lui avait ordonné.

10Moïse prit l'huile d'onction et oignit le tabernacle
et tout ce qu'il contenait ; c'est ainsi qu'il les consacra[a].
11Il en fit sept fois aspersion sur l'autel, puis il oignit ce
dernier et tous les accessoires, la cuve et son socle, pour
les consacrer. 12Ensuite il versa de l'huile d'onction sur
la tête d'Aaron et l'oignit pour le consacrer. 13Après cela,
il fit avancer les fils d'Aaron, les revêtit de tuniques, leur
mit une ceinture et les coiffa de turbans, comme l'Eternel
le lui avait ordonné.

14Il fit approcher le taureau du sacrifice pour le péché.
Aaron et ses fils posèrent leurs mains sur la tête du taureau. 15Moïse l'égorgea, prit le sang et en appliqua avec
son doigt sur les cornes de l'autel pour purifier l'autel.
Ensuite il répandit le reste du sang sur le socle de l'autel
et le consacra pour y accomplir le rite d'expiation. 16Il prit
toute la graisse qui recouvrait les entrailles, le dessus du
foie et les deux rognons avec leur graisse, et il fit brûler
le tout sur l'autel. 17Le reste du taureau, avec la peau, la
chair et les excréments, il le brûla à l'extérieur du camp,
comme l'Eternel le lui avait ordonné.

18Ensuite il fit amener le bélier destiné à l'holocauste ;
Aaron et ses fils posèrent leurs mains sur sa tête. 19Moïse
l'égorgea, et aspergea de son sang tous les côtés de l'autel.
20On découpa le bélier en quartiers, et Moïse les brûla
avec la tête et les parties grasses. 21On lava à l'eau les entrailles et les pattes, et Moïse fit brûler tout le bélier sur
l'autel ; c'était un holocauste à l'odeur apaisante, un sacrifice consumé par le feu pour l'Eternel, comme il l'avait
ordonné à Moïse.

22Après cela, Moïse fit approcher le second bélier, le bélier d'investiture ; Aaron et ses fils posèrent leurs mains sur
sa tête. 23Moïse l'égorgea et prit de son sang qu'il appliqua
sur le lobe de l'oreille droite d'Aaron, sur le pouce de sa
main droite et sur le gros orteil de son pied droit. 24Puis il
fit avancer les fils d'Aaron et appliqua du sang sur le lobe
de leur oreille droite, sur leur pouce droit et sur leur gros
orteil droit. Avec le reste du sang, il aspergea tous les côtés
de l'autel. 25Il prit la graisse, la queue, toute la graisse qui
recouvrait les entrailles, le dessus du foie, les deux rognons
avec leur graisse et le gigot droit. 26Dans la corbeille des
pains sans levain qui se trouvait devant l'Eternel, il prit
un gâteau de pain sans levain, un gâteau à l'huile et une
galette ; il les posa sur les graisses et le gigot, 27plaça le tout
dans les mains d'Aaron et de ses fils, et leur dit de présenter ces aliments à l'Eternel par le geste de présentation.
28Ensuite Moïse reprit ces offrandes de leurs mains et les
fit brûler sur l'autel au-dessus de l'holocauste. C'était un
sacrifice d'investiture à l'odeur apaisante, consumé par
le feu pour l'Eternel.

29Moïse prit aussi la poitrine du bélier d'investiture
pour faire devant l'Eternel le geste de présentation ; ce

[a] 8.10 Pour les v. 10-15, voir Ex 40.9-11.

share of the ordination ram, and waved it before the
LORD as a wave offering, as the LORD commanded Moses.
30 Then Moses took some of the anointing oil and
some of the blood from the altar and sprinkled them
on Aaron and his garments and on his sons and their
garments. So he consecrated Aaron and his garments
and his sons and their garments.
31 Moses then said to Aaron and his sons, "Cook the
meat at the entrance to the tent of meeting and eat
it there with the bread from the basket of ordination
offerings, as I was commanded: 'Aaron and his sons
are to eat it.' 32 Then burn up the rest of the meat and
the bread. 33 Do not leave the entrance to the tent of
meeting for seven days, until the days of your ordination are completed, for your ordination will last seven
days. 34 What has been done today was commanded by
the LORD to make atonement for you. 35 You must stay
at the entrance to the tent of meeting day and night
for seven days and do what the LORD requires, so you
will not die; for that is what I have been commanded."
36 So Aaron and his sons did everything the LORD
commanded through Moses.

The Priests Begin Their Ministry

9 1 On the eighth day Moses summoned Aaron
and his sons and the elders of Israel. 2 He said
to Aaron, "Take a bull calf for your sin offering[u] and
a ram for your burnt offering, both without defect,
and present them before the LORD. 3 Then say to the
Israelites: 'Take a male goat for a sin offering, a calf
and a lamb – both a year old and without defect – for a
burnt offering, 4 and an ox[v] and a ram for a fellowship
offering to sacrifice before the LORD, together with a
grain offering mixed with olive oil. For today the LORD
will appear to you.'"
5 They took the things Moses commanded to the
front of the tent of meeting, and the entire assembly
came near and stood before the LORD. 6 Then Moses
said, "This is what the LORD has commanded you to
do, so that the glory of the LORD may appear to you."
7 Moses said to Aaron, "Come to the altar and sacrifice your sin offering and your burnt offering and
make atonement for yourself and the people; sacrifice
the offering that is for the people and make atonement for them, as the LORD has commanded."
8 So Aaron came to the altar and slaughtered the
calf as a sin offering for himself. 9 His sons brought
the blood to him, and he dipped his finger into the
blood and put it on the horns of the altar; the rest
of the blood he poured out at the base of the altar.
10 On the altar he burned the fat, the kidneys and the
long lobe of the liver from the sin offering, as the LORD
commanded Moses; 11 the flesh and the hide he burned
up outside the camp.
12 Then he slaughtered the burnt offering. His sons
handed him the blood, and he splashed it against the
sides of the altar. 13 They handed him the burnt offer-

[u] 9:2 Or *purification offering*; here and throughout this chapter
[v] 9:4 The Hebrew word can refer to either male or female; also in verses 18 and 19.

morceau lui revint comme sa part, comme l'Eternel le lui
avait ordonné.
30 Moïse prit ensuite de l'huile d'onction et du sang qui
était sur l'autel, et il en fit aspersion sur Aaron et sur ses
vêtements, sur ses fils et leurs vêtements ; il consacra
ainsi Aaron et ses vêtements, ainsi que ses fils et leurs
vêtements.
31 Moïse dit à Aaron et à ses fils : Faites cuire la viande
à l'entrée de la tente de la Rencontre. Vous la mangerez
là avec le pain qui est dans la corbeille de l'investiture,
comme je vous l'ai ordonné lorsque j'ai dit : « Aaron et
ses fils la mangeront. » 32 Ce qui restera de la viande et du
pain, vous le brûlerez. 33 Pendant sept jours, c'est-à-dire
jusqu'au terme des cérémonies de votre investiture, vous
ne quitterez pas l'entrée de la tente de la Rencontre. On
prendra en effet sept jours pour vous installer dans votre
charge. 34 C'est l'Eternel qui a ordonné de procéder comme
on l'a fait aujourd'hui pour accomplir sur vous le rite d'expiation. 35 Vous resterez sept jours, jour et nuit, à l'entrée
de la tente de la Rencontre et vous assurerez le service de
l'Eternel, et vous ne mourrez pas, car tel est l'ordre que
j'ai reçu. 36 Aaron et ses fils se conformèrent à tout ce que
l'Eternel leur avait ordonné par l'intermédiaire de Moïse.

Le premier culte de sacrifices

9 1 Le huitième jour[b], Moïse appela Aaron et ses fils et
les responsables d'Israël. 2 Il dit à Aaron : Prends un
jeune veau pour le sacrifice pour le péché et un bélier pour
l'holocauste, tous deux sans défaut. Tu les offriras devant
l'Eternel. 3 Puis tu diras aux Israélites : « Prenez un bouc
destiné au sacrifice pour le péché, un veau et un agneau
sans défaut, dans sa première année, pour l'holocauste,
4 un taureau et un bélier qui seront immolés devant l'Eternel en sacrifice de communion accompagnés d'offrande
de farine pétrie à l'huile ; car aujourd'hui l'Eternel vous
apparaîtra. »
5 Ils amenèrent devant la tente de la Rencontre tout ce
que Moïse avait demandé. Toute la communauté s'approcha
et se tint debout devant l'Eternel. 6 Moïse dit : Voici ce que
l'Eternel vous ordonne ; faites-le, et la gloire de l'Eternel
vous apparaîtra.
7 S'adressant à Aaron, il poursuivit : Approche-toi de
l'autel ; offre ton sacrifice pour le péché et ton holocauste,
tu accompliras ainsi le rite d'expiation pour toi et pour le
peuple ; offre aussi les sacrifices et les offrandes du peuple
et accomplis le rite d'expiation pour lui, comme l'Eternel
l'a ordonné.
8 Aaron s'approcha de l'autel et il égorgea le veau de son
sacrifice pour le péché. 9 Ses fils lui présentèrent le sang de
l'animal ; il y trempa son doigt et en appliqua sur les cornes
de l'autel, puis il répandit le reste sur le socle de l'autel.
10 Il brûla sur l'autel la graisse, les rognons et le dessus du
foie de l'animal offert en sacrifice pour le péché, comme
l'Eternel l'avait ordonné à Moïse. 11 Il brûla sa viande et sa
peau à l'extérieur du camp.
12 Puis il immola l'holocauste. Ses fils lui présentèrent
le sang, et il en aspergea tous les côtés de l'autel. 13 Ils lui

[b] 9.1 Voir 8.33-35. Les huit jours forment une seule et même cérémonie. Ce dernier jour est le couronnement de la consécration sacerdotale, puisque Aaron et ses fils vont exercer pour la première fois leurs fonctions en offrant les quatre principaux sacrifices (le sacrifice de réparation destiné à réparer des torts n'était pas nécessaire).

ing piece by piece, including the head, and he burned
them on the altar. 14 He washed the internal organs
and the legs and burned them on top of the burnt
offering on the altar.
15 Aaron then brought the offering that was for the
people. He took the goat for the people's sin offering
and slaughtered it and offered it for a sin offering as
he did with the first one.
16 He brought the burnt offering and offered it in
the prescribed way. 17 He also brought the grain offering, took a handful of it and burned it on the altar in
addition to the morning's burnt offering.
18 He slaughtered the ox and the ram as the fellowship offering for the people. His sons handed him the
blood, and he splashed it against the sides of the altar.
19 But the fat portions of the ox and the ram – the fat
tail, the layer of fat, the kidneys and the long lobe of
the liver – 20 these they laid on the breasts, and then
Aaron burned the fat on the altar. 21 Aaron waved the
breasts and the right thigh before the LORD as a wave
offering, as Moses commanded.
22 Then Aaron lifted his hands toward the people
and blessed them. And having sacrificed the sin offering, the burnt offering and the fellowship offering,
he stepped down.
23 Moses and Aaron then went into the tent of meeting. When they came out, they blessed the people; and
the glory of the LORD appeared to all the people. 24 Fire
came out from the presence of the LORD and consumed
the burnt offering and the fat portions on the altar.
And when all the people saw it, they shouted for joy
and fell facedown.

The Death of Nadab and Abihu

10 1 Aaron's sons Nadab and Abihu took their
censers, put fire in them and added incense;
and they offered unauthorized fire before the LORD,
contrary to his command. 2 So fire came out from the
presence of the LORD and consumed them, and they
died before the LORD. 3 Moses then said to Aaron, "This
is what the LORD spoke of when he said:

"'Among those who approach me
I will be proved holy;
in the sight of all the people
I will be honored.'"

Aaron remained silent.
4 Moses summoned Mishael and Elzaphan, sons of
Aaron's uncle Uzziel, and said to them, "Come here;
carry your cousins outside the camp, away from the
front of the sanctuary." 5 So they came and carried
them, still in their tunics, outside the camp, as Moses
ordered.
6 Then Moses said to Aaron and his sons Eleazar and
Ithamar, "Do not let your hair become unkempt[w] and
do not tear your clothes, or you will die and the LORD
will be angry with the whole community. But your relatives, all the Israelites, may mourn for those the LORD
has destroyed by fire. 7 Do not leave the entrance to
the tent of meeting or you will die, because the LORD's
anointing oil is on you." So they did as Moses said.

[w] 10:6 Or *Do not uncover your heads*

remirent aussi l'holocauste découpé en quartiers, avec
la tête. Il les brûla sur l'autel. 14 Il lava les entrailles et les
pattes, et les fit brûler avec l'holocauste sur l'autel.
15 Après cela, il présenta les offrandes du peuple. Il prit
le bouc du sacrifice pour le péché du peuple ; il l'immola
et l'offrit pour expier le péché, comme il avait fait pour la
première victime. 16 Il offrit l'holocauste en se conformant
aux règles. 17 Il y joignit l'offrande : il en prit une pleine
poignée qu'il fit brûler sur l'autel, en plus de l'holocauste
du matin. 18 Il immola le taureau et le bélier en sacrifice de
communion pour le peuple. Ses fils lui présentèrent le sang
dont il aspergea l'autel sur tous ses côtés. 19 Ils lui remirent
aussi les parties grasses du taureau et du bélier, la queue, la
graisse qui recouvre les entrailles, les rognons et le dessus
du foie. 20 Ils posèrent les graisses sur les poitrines des deux
animaux, et Aaron brûla les graisses sur l'autel. 21 Il fit
avec les poitrines et le gigot droit le geste de présentation
devant l'Eternel, comme Moïse l'avait ordonné.
22 Puis Aaron leva ses mains vers le peuple et le bénit ; il
redescendit de l'autel après avoir offert le sacrifice pour le
péché, l'holocauste et le sacrifice de communion.
23 Moïse et Aaron entrèrent dans la tente de la
Rencontre, puis ils ressortirent et bénirent le peuple.
Alors la gloire de l'Eternel apparut à tout le peuple. 24 Une
flamme jaillit devant l'Eternel et consuma l'holocauste et
les graisses sur l'autel. A cette vue, tout le peuple poussa
des cris de joie et se jeta face contre terre.

La faute de Nadab et d'Abihou

10 1 Nadab et Abihou, deux des fils d'Aaron, prirent
chacun son encensoir, y mirent des braises incandescentes sur lesquelles ils répandirent de l'encens.
Ils présentèrent ainsi à l'Eternel un feu profane, qui ne
correspondait pas à ce qui leur avait été ordonné. 2 Alors,
une flamme jaillit de devant l'Eternel et les consuma ; ils
périrent là devant l'Eternel.
3 Moïse dit à Aaron : C'est bien ce que disait l'Eternel :
« Ma sainteté doit être respectée par ceux qui s'approchent de moi, et je manifesterai ma gloire aux yeux de
tout le peuple. »
Aaron garda le silence[c].
4 Moïse appela Mishaël et Eltsaphân, fils d'Ouzziel, l'oncle
d'Aaron. Il leur dit : Venez, emportez de devant le sanctuaire, à l'extérieur du camp, ces hommes de votre parenté.
5 Ils s'approchèrent et les emportèrent dans leurs
tuniques à l'extérieur du camp, comme Moïse le leur avait
ordonné.
6 Moïse dit ensuite à Aaron et à ses fils Eléazar et Itamar :
Ne vous défaites pas les cheveux, ne vous déchirez pas les
vêtements[d], pour ne pas mourir à votre tour et attirer la
colère de Dieu sur toute l'assemblée. Ce sont tous vos frères
israélites qui pleureront ceux que l'Eternel a brûlés par
le feu. 7 Mais vous, vous ne devez pas quitter l'entrée de la
tente de la Rencontre, sinon vous mourrez, car vous avez
été oints de l'huile d'onction de l'Eternel.

[c] **10.3** Autre traduction : *entonna une lamentation.*
[d] **10.6** Le grand-prêtre n'avait pas le droit de manifester son deuil par ces signes habituels (Lv 21.10). Ici la règle est étendue à ses fils.

8 Then the LORD said to Aaron, 9 "You and your sons
are not to drink wine or other fermented drink whenever you go into the tent of meeting, or you will die.
This is a lasting ordinance for the generations to
come, 10 so that you can distinguish between the holy
and the common, between the unclean and the clean,
11 and so you can teach the Israelites all the decrees
the LORD has given them through Moses."

12 Moses said to Aaron and his remaining sons,
Eleazar and Ithamar, "Take the grain offering left
over from the food offerings prepared without yeast
and presented to the LORD and eat it beside the altar, for it is most holy. 13 Eat it in the sanctuary area,
because it is your share and your sons' share of the
food offerings presented to the LORD; for so I have been
commanded. 14 But you and your sons and your daughters may eat the breast that was waved and the thigh
that was presented. Eat them in a ceremonially clean
place; they have been given to you and your children
as your share of the Israelites' fellowship offerings.
15 The thigh that was presented and the breast that
was waved must be brought with the fat portions of
the food offerings, to be waved before the LORD as a
wave offering. This will be the perpetual share for
you and your children, as the LORD has commanded."

16 When Moses inquired about the goat of the sin
offering[x] and found that it had been burned up, he
was angry with Eleazar and Ithamar, Aaron's remaining sons, and asked, 17 "Why didn't you eat the sin
offering in the sanctuary area? It is most holy; it was
given to you to take away the guilt of the community by making atonement for them before the LORD.
18 Since its blood was not taken into the Holy Place,
you should have eaten the goat in the sanctuary area,
as I commanded."

19 Aaron replied to Moses, "Today they sacrificed
their sin offering and their burnt offering before the
LORD, but such things as this have happened to me.
Would the LORD have been pleased if I had eaten the
sin offering today?" 20 When Moses heard this, he was
satisfied.

Clean and Unclean Food

11 1 The LORD said to Moses and Aaron, 2 "Say to
the Israelites: 'Of all the animals that live on
land, these are the ones you may eat: 3 You may eat any
animal that has a divided hoof and that chews the cud.
4 " 'There are some that only chew the cud or only
have a divided hoof, but you must not eat them. The

x 10:16 Or *purification offering*; also in verses 17 and 19

Aaron et ses fils obéirent à Moïse.

Les prescriptions diverses pour les prêtres

8 L'Eternel s'adressa à Aaron et lui dit : 9 Ne bois ni vin,
ni autre boisson fermentée quand tu entres dans la tente
de la Rencontre, ni toi, ni tes fils, afin de ne pas mourir.
C'est une prescription en vigueur à perpétuité pour vos
descendants. 10 Vous devez être en état de distinguer ce qui
est saint de ce qui est profane, et ce qui est rituellement
pur de ce qui est impur. 11 Vous devez aussi être capables
d'enseigner aux Israélites toutes les ordonnances que
l'Eternel leur a données par Moïse.
12 Moïse dit à Aaron, ainsi qu'à Eléazar et Itamar, les
fils qui restaient à Aaron : Prenez la part de l'offrande
qui reste, celle qui n'a pas été consumée par le feu pour
l'Eternel, et mangez-la sans levain à côté de l'autel, car c'est
une chose très sainte[e]. 13 Vous la mangerez dans un lieu
saint, car c'est la part qui vous revient, à toi et à tes fils,
sur les offrandes de l'Eternel consumées par le feu, comme
il me l'a ordonné. 14 Quant à la poitrine pour laquelle on
accomplira le geste de présentation, et au gigot offert à
l'Eternel[f], tu pourras les manger avec tes fils et tes filles
dans un endroit pur, car c'est la part qui vous est donnée,
à toi et à tes enfants, sur les sacrifices de communion des
Israélites[g]. 15 Outre les graisses destinées à être consumées,
les offrants apporteront le gigot offert à l'Eternel et la
poitrine qui doit lui être présentée, pour qu'on accomplisse
avec ce gigot et cette poitrine le geste de présentation
devant l'Eternel. Ensuite ils te reviendront, à toi et à tes
fils, en vertu d'une loi en vigueur à perpétuité, comme
l'Eternel l'a ordonné.
16 Moïse s'informa de ce qu'était devenu le bouc offert
en sacrifice pour le péché ; il découvrit qu'on l'avait brûlé.
Alors il se fâcha contre Eléazar et Itamar, les fils qui
restaient à Aaron, et leur demanda : 17 Pourquoi n'avez-
vous pas mangé la viande du sacrifice pour le péché
dans le lieu saint, puisque c'est une chose très sainte ?
L'Eternel vous l'a donnée pour que vous vous chargiez
des fautes de la communauté et que vous accomplissiez
le rite d'expiation pour eux devant l'Eternel. 18 Le sang
de la victime n'a pas été porté à l'intérieur du sanctuaire,
vous devez donc en manger la viande dans le lieu saint,
comme je l'ai ordonné.
19 Aaron dit à Moïse : Voici, aujourd'hui même ils ont
offert leur sacrifice pour le péché et leur holocauste devant
l'Eternel et il m'est arrivé ce que tu sais ! Si j'avais en un
jour comme aujourd'hui mangé la viande du sacrifice pour
le péché, l'Eternel l'aurait-il approuvé ?
20 Moïse écouta ces raisons et les trouva bonnes.

LOIS SUR LE PUR ET L'IMPUR

La loi sur les animaux purs et impurs

11 1 L'Eternel s'adressa à Moïse et à Aaron, et leur dit :
2 Parlez aux Israélites et dites-leur : Voici, parmi
tous les grands mammifères terrestres, ceux que vous
pourrez manger : 3 tous ceux qui ont le sabot fendu et qui
remuent constamment les mâchoires. 4 Mais vous ne mangerez pas ceux qui remuent constamment les mâchoires

e **10.12** Pour les v. 12-13, voir Lv 6.7-11.
f **10.14** Morceaux provenant du sacrifice de communion (voir 9.18-21).
g **10.14** Pour les v. 14-15, voir Lv 7.30-34.

camel, though it chews the cud, does not have a divided hoof; it is ceremonially unclean for you. 5 The hyrax, though it chews the cud, does not have a divided hoof; it is unclean for you. 6 The rabbit, though it chews the cud, does not have a divided hoof; it is unclean for you. 7 And the pig, though it has a divided hoof, does not chew the cud; it is unclean for you. 8 You must not eat their meat or touch their carcasses; they are unclean for you.

9 " 'Of all the creatures living in the water of the seas and the streams you may eat any that have fins and scales. 10 But all creatures in the seas or streams that do not have fins and scales – whether among all the swarming things or among all the other living creatures in the water – you are to regard as unclean. 11 And since you are to regard them as unclean, you must not eat their meat; you must regard their carcasses as unclean. 12 Anything living in the water that does not have fins and scales is to be regarded as unclean by you.

13 " 'These are the birds you are to regard as unclean and not eat because they are unclean: the eagle,[y] the vulture, the black vulture, 14 the red kite, any kind of black kite, 15 any kind of raven, 16 the horned owl, the screech owl, the gull, any kind of hawk, 17 the little owl, the cormorant, the great owl, 18 the white owl, the desert owl, the osprey, 19 the stork, any kind of heron, the hoopoe and the bat.

20 " 'All flying insects that walk on all fours are to be regarded as unclean by you. 21 There are, however, some flying insects that walk on all fours that you may eat: those that have jointed legs for hopping on the ground. 22 Of these you may eat any kind of locust, katydid, cricket or grasshopper. 23 But all other flying insects that have four legs you are to regard as unclean.

24 " 'You will make yourselves unclean by these; whoever touches their carcasses will be unclean till evening. 25 Whoever picks up one of their carcasses must wash their clothes, and they will be unclean till evening.

26 " 'Every animal that does not have a divided hoof or that does not chew the cud is unclean for you; whoever touches the carcass of any of them will be unclean. 27 Of all the animals that walk on all fours, those that walk on their paws are unclean for you; whoever touches their carcasses will be unclean till evening. 28 Anyone who picks up their carcasses must wash their clothes, and they will be unclean till evening. These animals are unclean for you.

29 " 'Of the animals that move along the ground, these are unclean for you: the weasel, the rat, any kind of great lizard, 30 the gecko, the monitor lizard,

[y] 11:13 The precise identification of some of the birds, insects and animals in this chapter is uncertain.

seulement ou qui ont seulement le sabot fendu : le chameau, 5 le daman[h], 6 ou le lièvre, qui remuent constamment les mâchoires[i], mais n'ont pas le sabot fendu ; vous les considérerez comme impurs. 7 Vous tiendrez aussi pour impur le porc, qui a bien le sabot fendu, mais qui ne remue pas constamment les mâchoires. 8 Vous ne mangerez pas la viande de ces animaux, vous ne toucherez même pas leurs cadavres ; vous les tiendrez pour impurs.

9 Vous pourrez manger tous les poissons qui peuplent les mers et les rivières et qui ont des nageoires et des écailles. 10 Mais vous aurez en abomination tout ce qui n'a pas de nageoires ni d'écailles, parmi tout ce qui grouille et qui vit dans les mers et dans les rivières. 11 Ils seront pour vous une abomination ; vous n'en mangerez pas la chair et leurs cadavres vous seront en abomination. 12 Tout animal aquatique dépourvu de nageoires et d'écailles sera pour vous une abomination.

13 Voici les oiseaux que vous aurez en abomination et que vous ne mangerez pas[j] : l'aigle, le gypaète et le vautour, 14 le milan et toutes les espèces de faucons, 15 toutes les variétés de corbeaux, 16 l'autruche, la chouette, la mouette et toutes les espèces d'éperviers, 17 le hibou, le cormoran, le chat-huant, 18 l'effraie, le pélican, l'orfraie, 19 la cigogne, les différentes espèces de hérons, la huppe et la chauve-souris. 20 Vous aurez en abomination toute bestiole ailée marchant à quatre pattes, 21 sauf celles qui ont, à leurs pattes, des membres qui leur permettent de sauter sur le sol. De celles-là, vous pourrez en manger. 22 Ainsi, vous pourrez manger les différentes espèces de sauterelles, de criquets, de grillons et de locustes. 23 Mais toutes les autres bestioles ailées marchant à quatre pattes seront une abomination pour vous.

24 Ces animaux vous rendront impurs et si vous en touchez le cadavre, vous serez impurs jusqu'au soir. 25 Quiconque prend en main quelque partie de leur cadavre devra nettoyer ses vêtements et restera en état d'impureté jusqu'au soir.

26 Vous tiendrez aussi pour impur tout animal dont le sabot n'est pas fendu ou qui ne remue pas constamment les mâchoires ; quiconque les touchera sera impur. 27 Tout quadrupède qui marche sur la plante des pieds[k] sera impur pour vous. Quiconque touchera leur cadavre sera en état d'impureté jusqu'au soir. 28 Celui qui transportera leur cadavre nettoiera ses vêtements et restera impur jusqu'au soir. Vous tiendrez ces animaux pour impurs.

29 Voici la liste des petites bêtes qui se meuvent sur le sol et que vous devrez considérer comme impures : la taupe, la souris et les différentes espèces de lézards, 30 le gecko,

[h] 11.5 Petit mammifère rongeur de la taille d'un lapin qui vit en bande dans les rochers du Proche-Orient et d'Afrique du Nord.

[i] 11.6 Selon la classification antique, fondée sur des critères observables, il ne s'agit pas uniquement de ruminants mais de l'ensemble des bêtes qui remuent constamment au moins une mâchoire, même sans mastiquer de nourriture.

[j] 11.13 Beaucoup d'oiseaux cités comme impurs étaient des prédateurs qui se nourrissaient de charognes. L'identification de plusieurs des oiseaux et des insectes n'est pas assurée, d'où les divergences entre les versions.

[k] 11.27 C'est-à-dire les plantigrades, par exemple les chiens, les chats, les ours.

the wall lizard, the skink and the chameleon. 31 Of all
those that move along the ground, these are unclean
for you. Whoever touches them when they are dead
will be unclean till evening. 32 When one of them dies
and falls on something, that article, whatever its use,
will be unclean, whether it is made of wood, cloth,
hide or sackcloth. Put it in water; it will be unclean till
evening, and then it will be clean. 33 If one of them falls
into a clay pot, everything in it will be unclean, and
you must break the pot. 34 Any food you are allowed
to eat that has come into contact with water from any
such pot is unclean, and any liquid that is drunk from
such a pot is unclean. 35 Anything that one of their carcasses falls on becomes unclean; an oven or cooking
pot must be broken up. They are unclean, and you are
to regard them as unclean. 36 A spring, however, or a
cistern for collecting water remains clean, but anyone
who touches one of these carcasses is unclean. 37 If a
carcass falls on any seeds that are to be planted, they
remain clean. 38 But if water has been put on the seed
and a carcass falls on it, it is unclean for you.

39 " 'If an animal that you are allowed to eat dies,
anyone who touches its carcass will be unclean till
evening. 40 Anyone who eats some of its carcass must
wash their clothes, and they will be unclean till evening. Anyone who picks up the carcass must wash
their clothes, and they will be unclean till evening.
41 " 'Every creature that moves along the ground
is to be regarded as unclean; it is not to be eaten.
42 You are not to eat any creature that moves along
the ground, whether it moves on its belly or walks on
all fours or on many feet; it is unclean. 43 Do not defile
yourselves by any of these creatures. Do not make
yourselves unclean by means of them or be made unclean by them. 44 I am the LORD your God; consecrate
yourselves and be holy, because I am holy. Do not make
yourselves unclean by any creature that moves along
the ground. 45 I am the LORD, who brought you up out
of Egypt to be your God; therefore be holy, because
I am holy.

46 " 'These are the regulations concerning animals,
birds, every living thing that moves about in the water and every creature that moves along the ground.
47 You must distinguish between the unclean and the
clean, between living creatures that may be eaten and
those that may not be eaten.' "

Purification After Childbirth

12 1 The LORD said to Moses, 2 "Say to the Israelites:
'A woman who becomes pregnant and gives
birth to a son will be ceremonially unclean for seven
days, just as she is unclean during her monthly period.
3 On the eighth day the boy is to be circumcised. 4 Then
the woman must wait thirty-three days to be purified from her bleeding. She must not touch anything
sacred or go to the sanctuary until the days of her

le lézard ocellé, le lézard vert, la limace et le caméléon.
31 Ces bêtes qui grouillent sur le sol seront impures pour
vous. Quiconque les touchera quand elles sont mortes sera
en état d'impureté jusqu'au soir. 32 Tout objet sur lequel
tombera l'une de ces bêtes mortes sera impur, qu'il s'agisse
d'un ustensile en bois, d'un vêtement, d'une peau ou d'un
sac, bref, tout objet destiné à un usage quelconque sera
passé à l'eau et restera impur jusqu'au soir, puis il redevi-
endra pur. 33 Si l'une de ces bestioles mortes tombe dans un
récipient de terre cuite, tout son contenu devient impur,
et vous briserez le récipient. 34 Si l'eau contenue dans ce
récipient a été versée sur un aliment comestible, celui-ci
devient impur, de même que toute boisson, quel que soit le
récipient dans lequel elle se trouve. 35 Tout objet sur lequel
tombera le cadavre d'une de ces bêtes sera impur. S'il s'agit
d'un four ou d'un foyer, ils seront mis en pièces, car ils
sont impurs et vous les tiendrez pour tels. 36 Toutefois, les
sources et les puits constituant une réserve d'eau resteront
purs, seul celui qui touche le cadavre sera impur. 37 Si une
partie de leur cadavre tombe sur une semence végétale
quelconque, celle-ci restera pure. 38 Mais si l'on a mis de
l'eau sur du grain et qu'il y tombe un de ces cadavres, vous
la tiendrez pour impure.

39 Si l'un des animaux qui vous sert normalement de
nourriture vient à mourir, celui qui touchera son cadavre
sera impur jusqu'au soir. 40 Celui qui aura mangé de sa viande nettoiera ses vêtements et restera en état d'impureté
jusqu'au soir ; il en est de même pour celui qui transportera
le cadavre de la bête.
41 Toute bestiole qui se meut à ras de terre vous sera en
abomination, vous n'en mangerez pas. 42 Qu'elle rampe sur
son ventre, qu'elle se déplace à quatre pattes ou qu'elle ait
beaucoup de pattes, de tout ce qui se meut à ras de terre,
vous n'en mangerez pas et vous les aurez en abomination.
43 Ne vous faites pas vous-mêmes prendre en abomination
à cause de l'une de ces bêtes qui se meuvent à ras du sol,
ne vous rendez pas impurs par elles pour vous trouver en
état d'impureté à cause d'elles, 44 car je suis l'Eternel votre
Dieu. Comportez-vous en gens saints et soyez saints, car je
suis saint, et ne vous rendez pas impurs par l'une de ces
bêtes qui se meuvent à ras de terre[l]. 45 Car je suis l'Eternel
qui vous ai fait sortir d'Egypte pour être votre Dieu. Soyez
donc saints, car je suis saint.

46 Telle est la loi concernant les quadrupèdes, les oiseaux
et tout être vivant qui se meut dans les eaux ou qui se meut
à ras de terre, 47 afin qu'on sépare ce qui est impur de ce
qui est pur, et qu'on distingue les animaux qui peuvent
être mangés de ceux qu'on ne doit pas manger.

La loi sur la purification après un accouchement

12 1 L'Eternel s'adressa à Moïse en ces termes : 2 Parle
aux Israélites : Lorsqu'une femme conçoit et met
au monde un garçon, elle sera rituellement impure durant
sept jours, comme lors de son indisposition menstruelle.
3 Le huitième jour, on circoncira l'enfant. 4 Il lui faudra
attendre encore trente-trois jours pour être purifiée de
son sang ; elle ne touchera aucune chose consacrée ; elle
n'ira pas au sanctuaire jusqu'à ce que le temps de sa purification parvienne à son terme.

[l] 11.44 Pour les v. 44-45, voir Lv 19.2. Cité en 1 P 1.16.

purification are over. 5If she gives birth to a daughter,
for two weeks the woman will be unclean, as during
her period. Then she must wait sixty-six days to be
purified from her bleeding.
6" 'When the days of her purification for a son or
daughter are over, she is to bring to the priest at the
entrance to the tent of meeting a year-old lamb for a
burnt offering and a young pigeon or a dove for a sin
offering.[z] 7He shall offer them before the LORD to make
atonement for her, and then she will be ceremonially
clean from her flow of blood.
" 'These are the regulations for the woman who
gives birth to a boy or a girl. 8But if she cannot afford a lamb, she is to bring two doves or two young
pigeons, one for a burnt offering and the other for a
sin offering. In this way the priest will make atonement for her, and she will be clean.' "

Regulations About Defiling Skin Diseases

13 1The LORD said to Moses and Aaron, 2"When
anyone has a swelling or a rash or a shiny
spot on their skin that may be a defiling skin disease,[a]
they must be brought to Aaron the priest or to one of
his sons[b] who is a priest. 3The priest is to examine the
sore on the skin, and if the hair in the sore has turned
white and the sore appears to be more than skin deep,
it is a defiling skin disease. When the priest examines
that person, he shall pronounce them ceremonially
unclean. 4If the shiny spot on the skin is white but
does not appear to be more than skin deep and the
hair in it has not turned white, the priest is to isolate
the affected person for seven days. 5On the seventh
day the priest is to examine them, and if he sees that
the sore is unchanged and has not spread in the skin,
he is to isolate them for another seven days. 6On the
seventh day the priest is to examine them again, and if
the sore has faded and has not spread in the skin, the
priest shall pronounce them clean; it is only a rash.
They must wash their clothes, and they will be clean.
7But if the rash does spread in their skin after they
have shown themselves to the priest to be pronounced
clean, they must appear before the priest again. 8The
priest is to examine that person, and if the rash has
spread in the skin, he shall pronounce them unclean;
it is a defiling skin disease.
9"When anyone has a defiling skin disease, they
must be brought to the priest. 10The priest is to examine them, and if there is a white swelling in the
skin that has turned the hair white and if there is
raw flesh in the swelling, 11it is a chronic skin disease
and the priest shall pronounce them unclean. He is
not to isolate them, because they are already unclean.

[z] 12:6 Or *purification offering*; also in verse 8

[a] 13:2 The Hebrew word for *defiling skin disease*, traditionally translated "leprosy," was used for various diseases affecting the skin; here and throughout verses 3-46.

[b] 13:2 Or *descendants*

5Si c'est une fille à laquelle elle donne naissance, elle
sera rituellement impure deux semaines comme lors de
ses règles, puis il lui faudra attendre encore soixante-six
jours pour être purifiée de son sang.
6Quand les jours de sa purification seront achevés
– qu'il s'agisse d'un garçon ou d'une fille – elle apportera
à l'entrée de la tente de la Rencontre un agneau dans sa
première année pour l'holocauste, et un pigeonneau ou
une tourterelle pour le sacrifice pour le péché, et elle les
remettra au prêtre. 7Celui-ci les présentera à l'Eternel,
accomplira pour elle le rite d'expiation et elle sera rituellement purifiée de sa perte de sang.
Telle est la règle concernant la femme qui donne naissance à un garçon ou à une fille.
8Si elle n'a pas de quoi offrir un agneau, elle prendra
deux tourterelles ou deux pigeonneaux, l'un pour l'holocauste et l'autre pour le sacrifice pour le péché ; le
prêtre accomplira pour elle le rite d'expiation et elle sera
purifiée[m].

Les lois sur les maladies de peau évolutives et les moisissures

Les maladies de la peau

13 1L'Eternel parla à Moïse et à Aaron en ces termes :
2Si une boursouflure, une dartre ou une tache sur
la peau de quelqu'un devient une plaie qui fait suspecter
une maladie de peau évolutive[n], on l'amènera au prêtre
Aaron ou à l'un de ses descendants. 3Celui-ci examinera
cette affection de la peau. Si, à l'endroit malade, les poils
sont devenus blancs et si la plaie forme un creux dans la
peau, c'est bien un cas de maladie de peau évolutive. Sur
la base de l'examen, le prêtre déclarera cette personne
impure. 4Mais si la tache blanche ne forme pas de creux
visible de la peau, et si le poil n'est pas devenu blanc, le
prêtre isolera le sujet pendant sept jours. 5Le septième
jour, il l'examinera. S'il constate que le mal est resté stationnaire sans s'étendre sur la peau, il isolera le malade
une deuxième semaine, 6puis il procédera à un nouvel
examen. Si la partie malade s'est estompée, et ne s'est
pas étendue sur la peau, le prêtre déclarera cet homme
pur ; c'est une simple dartre. La personne nettoiera ses
vêtements et sera pure. 7Mais si la dartre s'étend sur la
peau après que le prêtre a examiné la personne et l'ait
déclarée pure, celle-ci retournera se faire examiner par
le prêtre. 8Si celui-ci constate une extension de la dartre
sur la peau, il déclarera la personne impure : c'est une
maladie de peau évolutive.

9Lorsqu'un homme sera suspecté d'être atteint d'une
maladie de peau évolutive, on l'amènera au prêtre 10qui
l'examinera. S'il constate une boursouflure blanche sur
la peau qui ait fait blanchir le poil et qu'il y ait un bour-
geonnement de chair vive dans la tumeur, 11c'est une
maladie de peau infectieuse et chronique. Le prêtre déclarera cet homme impur ; il ne sera pas nécessaire de

[m] 12.8 Allusion en Lc 2.24.

[n] 13.2 Le mot hébreu traditionnellement rendu par *lèpre* était utilisé pour différentes affections graves de la peau que nous n'appellerions pas lèpre. Ce même mot est utilisé pour des moisissures sur des tissus (13.47-59) ou sur des murs (14.33-53). D'où la traduction : « maladie de peau évolutive » ou « à caractère infectieux ». Voir 14.54-57.

12 “If the disease breaks out all over their skin and, so far as the priest can see, it covers all the skin of the affected person from head to foot, 13 the priest is to examine them, and if the disease has covered their whole body, he shall pronounce them clean. Since it has all turned white, they are clean. 14 But whenever raw flesh appears on them, they will be unclean. 15 When the priest sees the raw flesh, he shall pronounce them unclean. The raw flesh is unclean; they have a defiling disease. 16 If the raw flesh changes and turns white, they must go to the priest. 17 The priest is to examine them, and if the sores have turned white, the priest shall pronounce the affected person clean; then they will be clean.

18 “When someone has a boil on their skin and it heals, 19 and in the place where the boil was, a white swelling or reddish-white spot appears, they must present themselves to the priest. 20 The priest is to examine it, and if it appears to be more than skin deep and the hair in it has turned white, the priest shall pronounce that person unclean. It is a defiling skin disease that has broken out where the boil was. 21 But if, when the priest examines it, there is no white hair in it and it is not more than skin deep and has faded, then the priest is to isolate them for seven days. 22 If it is spreading in the skin, the priest shall pronounce them unclean; it is a defiling disease. 23 But if the spot is unchanged and has not spread, it is only a scar from the boil, and the priest shall pronounce them clean.

24 “When someone has a burn on their skin and a reddish-white or white spot appears in the raw flesh of the burn, 25 the priest is to examine the spot, and if the hair in it has turned white, and it appears to be more than skin deep, it is a defiling disease that has broken out in the burn. The priest shall pronounce them unclean; it is a defiling skin disease. 26 But if the priest examines it and there is no white hair in the spot and if it is not more than skin deep and has faded, then the priest is to isolate them for seven days. 27 On the seventh day the priest is to examine that person, and if it is spreading in the skin, the priest shall pronounce them unclean; it is a defiling skin disease. 28 If, however, the spot is unchanged and has not spread in the skin but has faded, it is a swelling from the burn, and the priest shall pronounce them clean; it is only a scar from the burn.

29 “If a man or woman has a sore on their head or chin, 30 the priest is to examine the sore, and if it appears to be more than skin deep and the hair in it is yellow and thin, the priest shall pronounce them unclean; it is a defiling skin disease on the head or chin. 31 But if, when the priest examines the sore, it does not seem to be more than skin deep and there is no black hair in it, then the priest is to isolate the affected person for seven days. 32 On the seventh day the priest is to examine the sore, and if it has not spread and there is no yellow hair in it and it does not appear to be more than skin deep, 33 then the man or woman must shave themselves, except for the affected area, and the priest is to keep them isolated another

l’isoler, car il est manifestement impur. 12 Mais si cette affection s’étend sur toute la peau du malade et le couvre de la tête aux pieds, où que porte le regard du prêtre, 13 celui-ci procédera à un nouvel examen. S’il constate que l’éruption couvre tout le corps du malade, il le déclarera pur : puisqu’il est devenu complètement blanc, il est pur. 14 Toutefois, le jour où l’on apercevra sur lui de la chair vive, il devient impur. 15 Après avoir constaté la présence de cette chair vive, le prêtre déclarera la personne impure : la chair vive est impure : c’est une maladie de peau évolutive. 16 Si la chair vive redevient blanche, la personne retournera auprès du prêtre 17 qui l’examinera. S’il constate que la plaie est effectivement devenue blanche, il déclarera la chair pure, et la personne sera en état de pureté.

18 Si quelqu’un avait sur la peau un abcès[o] qui a guéri, 19 mais qu’à la place de cet abcès apparaisse une boursouflure blanche ou une tache d’un blanc rougeâtre, cette personne se fera examiner par le prêtre. 20 Si celui-ci constate un creux dans la peau et un blanchissement du poil, il déclarera cette personne impure : c’est une affection de peau infectieuse qui est en train de bourgeonner dans l’abcès. 21 Mais si, à l’examen, le prêtre constate qu’il n’y a pas de poil blanc à cet endroit, ni de creux dans la peau et que la tache s’est estompée, il isolera le malade pendant sept jours. 22 Si la tache s’étend sur la peau, il le déclarera impur : c’est une plaie infectieuse. 23 Mais si la tache est restée stationnaire, sans s’étendre, ce n’est que la cicatrice de l’abcès ; alors le prêtre le déclarera pur.

24 Autre cas : lorsque la peau de quelqu’un aura une brûlure causée par le feu et qu’il se forme sur l’endroit de cette brûlure une tache blanche ou d’un blanc rougeâtre, 25 le prêtre l’examinera ; si le poil a viré au blanc dans la tache et s’il y a un creux dans la peau, c’est une affection de peau infectieuse qui s’est développée sur la brûlure. Le prêtre déclarera cette personne impure, car elle est atteinte d’une maladie de peau évolutive.

26 Si, au contraire, le prêtre, à l’examen, ne constate pas de poils blancs dans la tache, ni de creux dans la peau, et si la tache s’est estompée, il isolera le sujet pendant sept jours. 27 Il l’examinera le septième jour, si la tache s’est étendue sur la peau, il le déclarera impur : c’est une plaie infectieuse. 28 Mais si la tache est restée stationnaire, sans s’étendre, et qu’elle s’est estompée, c’était une boursouflure due à la brûlure ; le prêtre déclarera donc le sujet pur, car c’est la cicatrice de la brûlure.

29 Si un homme ou une femme a une plaie à la tête ou au menton, 30 le prêtre examinera cette plaie. Si elle forme un creux dans la peau et qu’il s’y trouve du poil jaunâtre ou clairsemé, il déclarera cette personne impure : c’est la teigne, c’est-à-dire une maladie de peau infectieuse de la tête ou du menton. 31 Mais si le prêtre constate, à l’examen, qu’il n’y a pas de creux visible de la peau, sans toutefois qu’il y ait de poil noir[p], il isolera le sujet pendant sept jours. 32 Le septième jour, s’il constate que l’éruption ne s’est pas étendue, qu’elle ne renferme pas de poil de couleur jaunâtre et que la plaie ne semble pas plus profonde que la peau, 33 le malade se rasera – sauf à l’endroit de la plaie – et le prêtre l’isolera de nouveau pour sept jours.

o **13.18** Autres traductions : *furoncle* ou *ulcère*.

p **13.31** L’ancienne version grecque porte « poil jaunâtre ».

seven days. 34 On the seventh day the priest is to examine the sore, and if it has not spread in the skin and
appears to be no more than skin deep, the priest shall
pronounce them clean. They must wash their clothes,
and they will be clean. 35 But if the sore does spread in
the skin after they are pronounced clean, 36 the priest
is to examine them, and if he finds that the sore has
spread in the skin, he does not need to look for yellow
hair; they are unclean. 37 If, however, the sore is unchanged so far as the priest can see, and if black hair
has grown in it, the affected person is healed. They
are clean, and the priest shall pronounce them clean.

38 "When a man or woman has white spots on the
skin, 39 the priest is to examine them, and if the spots
are dull white, it is a harmless rash that has broken
out on the skin; they are clean.

40 "A man who has lost his hair and is bald is clean.
41 If he has lost his hair from the front of his scalp
and has a bald forehead, he is clean. 42 But if he has
a reddish-white sore on his bald head or forehead,
it is a defiling disease breaking out on his head or
forehead. 43 The priest is to examine him, and if the
swollen sore on his head or forehead is reddish-white
like a defiling skin disease, 44 the man is diseased and
is unclean. The priest shall pronounce him unclean
because of the sore on his head.

45 "Anyone with such a defiling disease must wear
torn clothes, let their hair be unkempt,[c] cover the lower part of their face and cry out, 'Unclean! Unclean!'
46 As long as they have the disease they remain unclean. They must live alone; they must live outside
the camp.

Regulations About Defiling Molds

47 "As for any fabric that is spoiled with a defiling
mold – any woolen or linen clothing, 48 any woven or
knitted material of linen or wool, any leather or anything made of leather – 49 if the affected area in the
fabric, the leather, the woven or knitted material, or
any leather article, is greenish or reddish, it is a defiling mold and must be shown to the priest. 50 The priest
is to examine the affected area and isolate the article
for seven days. 51 On the seventh day he is to examine
it, and if the mold has spread in the fabric, the woven
or knitted material, or the leather, whatever its use,
it is a persistent defiling mold; the article is unclean.
52 He must burn the fabric, the woven or knitted material of wool or linen, or any leather article that has
been spoiled; because the defiling mold is persistent,
the article must be burned.

53 "But if, when the priest examines it, the mold
has not spread in the fabric, the woven or knitted
material, or the leather article, 54 he shall order that
the spoiled article be washed. Then he is to isolate it
for another seven days. 55 After the article has been
washed, the priest is to examine it again, and if the
mold has not changed its appearance, even though
it has not spread, it is unclean. Burn it, no matter
which side of the fabric has been spoiled. 56 If, when

[c] 13:45 Or *clothes, uncover their head*

34 Le septième jour, il examinera le mal. Si le mal ne s'est
pas étendu sur la peau et s'il ne forme pas de creux visible, il le déclarera pur ; le sujet nettoiera ses vêtements
et il sera pur. 35 Mais si la teigne s'est étendue sur la peau
après que le malade a été déclaré pur, 36 le prêtre en fera
le constat et n'aura pas besoin de vérifier si le poil est
de couleur jaunâtre : la personne est impure. 37 Si le mal
semble stationnaire et que des poils sombres ont poussé
à l'endroit malade, c'est qu'il est guéri et pur. Le prêtre
déclarera la personne pure.

38 Si un homme ou une femme a des taches blanches sur
la peau, 39 le prêtre l'examinera ; si les taches sont d'un
blanc pâle, c'est une éruption bénigne : le sujet est pur.

40 Lorsqu'un homme perd ses cheveux, c'est une calvitie ;
il est pur. 41 Si la tête se dégarnit sur le devant, c'est une
calvitie du front ; il est pur. 42 Mais si une plaie d'un blanc
rougeâtre apparaît dans la partie chauve sur la tête ou
sur le front, c'est une plaie infectieuse qui a bourgeonné
dans la partie chauve ou sur le front. 43 Si, à l'examen, le
prêtre constate que la plaie provoque une boursouflure
d'un blanc rougeâtre sur le crâne ou sur le front chauve,
et qu'elle a l'aspect d'une maladie évolutive de la peau,
44 l'homme a une maladie infectieuse, il est impur, et le
prêtre doit le déclarer impur. C'est à la tête que le mal
l'a frappé.

45 La personne atteinte d'une telle maladie de la peau
portera des vêtements déchirés et aura la tête décoiffée ;
elle se couvrira la partie inférieure du visage[q] et criera :
« Impur ! Impur ! » 46 Tant qu'elle a ce mal, elle est impure.
Elle habitera à l'écart, à l'extérieur du camp.

Les moisissures sur les habits

47 Si une tache de moisissure apparaît sur des vêtements
en laine ou en lin, 48 ou sur un tissu ou un tricot de lin ou
de laine, ou encore sur une peau ou sur un objet en cuir,
49 si elle devient verdâtre ou rougeâtre, sur le vêtement ou
sur la peau, sur le tissu ou le tricot ou sur tout objet en cuir,
c'est une sorte d'infection[r] des tissus : on la montrera au
prêtre. 50 Celui-ci l'examinera et enfermera l'objet atteint
pendant sept jours. 51 Le septième jour, il examinera la
tache. Si elle s'est étendue sur le vêtement, le tissu ou le
tricot, sur la peau ou l'objet en cuir, il s'agit d'une moisissure maligne ; l'objet est impur. 52 Il le brûlera, quel qu'il
soit, car il s'agit d'une moisissure maligne ; l'objet doit
être brûlé au feu.

53 Mais si le prêtre constate que la tache ne s'est pas
étendue sur l'objet, 54 il ordonnera de le laver, puis il le
tiendra enfermé une deuxième semaine. 55 Après ce lavage,
il examinera à nouveau la tache ; si elle n'a pas changé
d'aspect de façon visible, même si elle ne s'est pas étendue,
l'objet est impur et devra être brûlé, que la moisissure l'ait
corrodé à l'endroit ou à l'envers. 56 Mais si le prêtre voit que

[q] **13.45** Manifestations habituelles du deuil (Lv 10.6 ; Ez 24.17).
[r] **13.49** Voir note v. 2.

the priest examines it, the mold has faded after the
article has been washed, he is to tear the spoiled part
out of the fabric, the leather, or the woven or knitted
material. 57But if it reappears in the fabric, in the woven or knitted material, or in the leather article, it
is a spreading mold; whatever has the mold must be
burned. 58Any fabric, woven or knitted material, or
any leather article that has been washed and is rid of
the mold, must be washed again. Then it will be clean."

59These are the regulations concerning defiling
molds in woolen or linen clothing, woven or knitted
material, or any leather article, for pronouncing them
clean or unclean.

Cleansing From Defiling Skin Diseases

14 1The LORD said to Moses, 2"These are the regulations for any diseased person at the time
of their ceremonial cleansing, when they are brought
to the priest: 3The priest is to go outside the camp
and examine them. If they have been healed of their
defiling skin disease,[d] 4the priest shall order that two
live clean birds and some cedar wood, scarlet yarn
and hyssop be brought for the person to be cleansed.
5Then the priest shall order that one of the birds be
killed over fresh water in a clay pot. 6He is then to take
the live bird and dip it, together with the cedar wood,
the scarlet yarn and the hyssop, into the blood of the
bird that was killed over the fresh water. 7Seven times
he shall sprinkle the one to be cleansed of the defiling
disease, and then pronounce them clean. After that,
he is to release the live bird in the open fields.

8"The person to be cleansed must wash their
clothes, shave off all their hair and bathe with water;
then they will be ceremonially clean. After this they
may come into the camp, but they must stay outside
their tent for seven days. 9On the seventh day they
must shave off all their hair; they must shave their
head, their beard, their eyebrows and the rest of their
hair. They must wash their clothes and bathe themselves with water, and they will be clean.

10"On the eighth day they must bring two male
lambs and one ewe lamb a year old, each without
defect, along with three-tenths of an ephah[e] of the
finest flour mixed with olive oil for a grain offering,
and one log[f] of oil. 11The priest who pronounces them
clean shall present both the one to be cleansed and
their offerings before the LORD at the entrance to the
tent of meeting.

12"Then the priest is to take one of the male lambs
and offer it as a guilt offering, along with the log of oil;
he shall wave them before the LORD as a wave offering.
13He is to slaughter the lamb in the sanctuary area
where the sin offering[g] and the burnt offering are
slaughtered. Like the sin offering, the guilt offering
belongs to the priest; it is most holy. 14The priest is
to take some of the blood of the guilt offering and

[d] **14:3** The Hebrew word for *defiling skin disease*, traditionally translated "leprosy," was used for various diseases affecting the skin; also in verses 7, 32, 54 and 57.
[e] **14:10** That is, probably about 11 pounds or about 5 kilograms
[f] **14:10** That is, about 1/3 quart or about 0.3 liter; also in verses 12, 15, 21 and 24
[g] **14:13** Or *purification offering*; also in verses 19, 22 and 31

la tache s'est estompée après le lavage, il arrachera cette
partie du vêtement, de la peau, du tissu ou du tricot. 57Si
la tache réapparaît plus tard sur l'objet, c'est une moisissure qui se développe, tu brûleras l'objet où est la tache.
58Quant au vêtement, au tissu, au tricot, ou à l'objet en
cuir que tu auras lavé et d'où la tache aura disparu, tu le
laveras une seconde fois, et il sera pur.

59Telle est la loi relative à une tache de moisissure sur
un vêtement de laine ou de lin, sur un tissu ou un tricot
ou sur tout objet de cuir selon laquelle on déterminera
s'il est pur ou impur.

La purification des personnes atteintes

14 1L'Eternel parla à Moïse en ces termes : 2Voici la
loi concernant la purification de l'homme atteint
d'une maladie de peau évolutive : on l'amènera au prêtre,
3qui sortira du camp pour l'examiner. S'il est guéri de sa
maladie de peau, 4le prêtre ordonnera qu'il apporte en vue
de sa purification deux oiseaux purs vivants, du bois de
cèdre, du fil rouge éclatant et une branche d'hysope[s]. 5Le
prêtre donnera l'ordre d'égorger l'un des oiseaux au-dessus d'un récipient de terre cuite rempli d'eau de source.
6Puis il prendra l'oiseau vivant, le bois de cèdre, le fil rouge
et l'hysope, et il les trempera avec l'oiseau vivant dans
le sang de l'oiseau égorgé, sur l'eau de source. 7Il en fera
sept fois aspersion sur celui qui doit être purifié de son
affection de la peau, il le déclarera pur et lâchera l'oiseau
vivant dans la nature.

8Celui qui est soumis au rite de purification nettoiera
ses vêtements, se rasera tous les poils et se lavera à l'eau,
ainsi il sera pur. Après cela, il pourra réintégrer le camp,
mais il restera hors de sa tente pendant sept jours. 9Le
septième jour, il rasera tous les poils de sa peau, ses cheveux, sa barbe, ses sourcils et tout autre poil, il nettoiera
ses vêtements, se lavera à l'eau et alors il sera pur.

10Le huitième jour, il prendra deux agneaux sans défaut
et une brebis dans sa première année, sans défaut, il y
ajoutera neuf kilogrammes de fleur de farine en offrande
pétrie à l'huile et un demi-litre d'huile. 11Le prêtre qui
procède à sa purification le placera avec tout cela devant
l'Eternel à l'entrée de la tente de la Rencontre. 12Le prêtre
prendra l'un des agneaux et l'offrira en sacrifice de réparation avec l'huile offerte ; il fera devant l'Eternel le geste
de présentation. 13Il égorgera l'agneau au lieu où l'on immole le sacrifice pour le péché et l'holocauste, dans ce lieu
saint ; car la victime du sacrifice de réparation revient au
prêtre comme le sacrifice pour le péché ; c'est une chose
très sainte. 14Le prêtre prendra du sang du sacrifice de

[s] **14.4** Petite plante qui pousse sur les murs servant dans les cérémonies de purification (Ex 12.22 ; Nb 19.6, 18 ; Ps 51.7 ; Jn 19.29).

›ut it on the lobe of the right ear of the one to be leansed, on the thumb of their right hand and on the ›ig toe of their right foot. 15 The priest shall then take ome of the log of oil, pour it in the palm of his own eft hand, 16 dip his right forefinger into the oil in his ›alm, and with his finger sprinkle some of it before he LORD seven times. 17 The priest is to put some of he oil remaining in his palm on the lobe of the right ›ar of the one to be cleansed, on the thumb of their ight hand and on the big toe of their right foot, on op of the blood of the guilt offering. 18 The rest of he oil in his palm the priest shall put on the head of he one to be cleansed and make atonement for them ›efore the LORD.

19 "Then the priest is to sacrifice the sin offering and nake atonement for the one to be cleansed from their ncleanness. After that, the priest shall slaughter he burnt offering 20 and offer it on the altar, togeth-›r with the grain offering, and make atonement for hem, and they will be clean.

21 "If, however, they are poor and cannot afford hese, they must take one male lamb as a guilt offer-ng to be waved to make atonement for them, together vith a tenth of an ephah[h] of the finest flour mixed vith olive oil for a grain offering, a log of oil, 22 and wo doves or two young pigeons, such as they can ıfford, one for a sin offering and the other for a burnt ›ffering.

23 "On the eighth day they must bring them for their leansing to the priest at the entrance to the tent of neeting, before the LORD. 24 The priest is to take the amb for the guilt offering, together with the log of oil, nd wave them before the LORD as a wave offering. 25 He hall slaughter the lamb for the guilt offering and take ome of its blood and put it on the lobe of the right ear ›f the one to be cleansed, on the thumb of their right ıand and on the big toe of their right foot. 26 The priest s to pour some of the oil into the palm of his own left ıand, 27 and with his right forefinger sprinkle some ›f the oil from his palm seven times before the LORD. 8 Some of the oil in his palm he is to put on the same ›laces he put the blood of the guilt offering – on the obe of the right ear of the one to be cleansed, on the humb of their right hand and on the big toe of their ight foot. 29 The rest of the oil in his palm the priest hall put on the head of the one to be cleansed, to nake atonement for them before the LORD. 30 Then he hall sacrifice the doves or the young pigeons, such s the person can afford, 31 one as a sin offering and he other as a burnt offering, together with the grain ffering. In this way the priest will make atonement ›efore the LORD on behalf of the one to be cleansed."

32 These are the regulations for anyone who has a lefiling skin disease and who cannot afford the reg-ılar offerings for their cleansing.

:leansing From Defiling Molds

33 The LORD said to Moses and Aaron, 34 "When you nter the land of Canaan, which I am giving you as ›our possession, and I put a spreading mold in a house n that land, 35 the owner of the house must go and

14:21 That is, probably about 3 1/2 pounds or about 1.6 kilograms

réparation, et en mettra sur le lobe de l'oreille droite de celui qui se purifie, sur le pouce de sa main droite et sur le gros orteil de son pied droit. 15 Ensuite il prendra le demi-litre d'huile, et en versera un peu dans le creux de sa main gauche. 16 Il y trempera l'index droit et fera sept fois aspersion de l'huile devant l'Eternel. 17 Puis il appliquera de l'huile qui reste dans le creux de sa main sur le lobe de l'oreille droite de celui qui se purifie, sur le pouce de sa main droite et sur le gros orteil de son pied droit, à l'endroit où il a mis du sang du sacrifice de réparation. 18 Il versera ce qui reste d'huile dans sa main sur la tête de celui qui se purifie, afin de faire le rite d'expiation pour lui devant l'Eternel. 19 Après cela, il offrira le sacrifice pour le péché afin d'accomplir le rite d'expiation pour celui qui se purifie de son impureté ; ensuite il immolera l'holocauste. 20 Il placera l'holocauste avec l'offrande sur l'autel. Ainsi il accomplira le rite d'expiation pour cet homme, et il sera pur.

21 Si l'homme est trop pauvre pour se procurer tout cela, il prendra un seul agneau qui sera offert en sacrifice de réparation avec le geste de présentation pour accomplir le rite d'expiation en sa faveur ; il y ajoutera une offrande de trois kilogrammes de fleur de farine pétrie à l'huile et un demi-litre d'huile. 22 Il prendra aussi deux tourterelles ou deux pigeonneaux, selon ses ressources ; l'un des oiseaux sera destiné au sacrifice pour le péché, l'autre à l'holocauste. 23 Il les apportera au prêtre le huitième jour, pour sa purification, à l'entrée de la tente de la Rencontre devant l'Eternel. 24 Le prêtre prendra l'agneau du sacrifice de réparation et la mesure d'huile, et il accomplira le geste de présentation devant l'Eternel. 25 Il immolera l'agneau du sacrifice de réparation et il prendra du sang de l'animal pour en mettre sur le lobe de l'oreille droite de celui qui se purifie, sur le pouce de sa main droite et sur l'orteil de son pied droit. 26 Il versera une partie de l'huile dans le creux de sa main gauche. 27 Il fera sept fois l'aspersion de l'huile qui est dans sa main devant l'Eternel avec son index droit. 28 Puis il appliquera un peu de cette huile sur le lobe de l'oreille droite de celui qui se purifie, sur le pouce de sa main droite et sur le gros orteil de son pied droit, à l'endroit où il a mis du sang de la victime du sacrifice de réparation. 29 Il versera ce qui reste d'huile dans sa main sur la tête de celui qui se purifie, afin d'accomplir le rite d'expiation pour lui devant l'Eternel. 30 Il offrira l'une des tourterelles ou l'un des pigeonneaux – selon ce que la personne a pu se procurer – 31 comme sacrifice pour le péché, et l'autre comme holocauste accompagnant l'offrande. Le prêtre accomplira ainsi le rite d'expiation devant l'Eternel pour celui qui se purifie.

32 Telle est la loi pour la purification de l'homme atteint d'une maladie de peau évolutive dont les ressources sont insuffisantes.

Le cas des moisissures dans les maisons

33 L'Eternel parla à Moïse et à Aaron en ces termes : 34 Lorsque vous serez entrés au pays de Canaan que je vous donne en propriété, si je produis une tache de moisissure à une maison du pays que vous posséderez, 35 le propriétaire

tell the priest, 'I have seen something that looks like
a defiling mold in my house.' 36 The priest is to order
the house to be emptied before he goes in to examine
the mold, so that nothing in the house will be pronounced unclean. After this the priest is to go in and
inspect the house. 37 He is to examine the mold on the
walls, and if it has greenish or reddish depressions
that appear to be deeper than the surface of the wall,
38 the priest shall go out the doorway of the house
and close it up for seven days. 39 On the seventh day
the priest shall return to inspect the house. If the
mold has spread on the walls, 40 he is to order that the
contaminated stones be torn out and thrown into an
unclean place outside the town. 41 He must have all
the inside walls of the house scraped and the material
that is scraped off dumped into an unclean place outside the town. 42 Then they are to take other stones to
replace these and take new clay and plaster the house.

43 "If the defiling mold reappears in the house after
the stones have been torn out and the house scraped
and plastered, 44 the priest is to go and examine it and,
if the mold has spread in the house, it is a persistent
defiling mold; the house is unclean. 45 It must be torn
down – its stones, timbers and all the plaster – and
taken out of the town to an unclean place.

46 "Anyone who goes into the house while it is closed
up will be unclean till evening. 47 Anyone who sleeps
or eats in the house must wash their clothes.

48 "But if the priest comes to examine it and the
mold has not spread after the house has been plastered, he shall pronounce the house clean, because
the defiling mold is gone. 49 To purify the house he is
to take two birds and some cedar wood, scarlet yarn
and hyssop. 50 He shall kill one of the birds over fresh
water in a clay pot. 51 Then he is to take the cedar
wood, the hyssop, the scarlet yarn and the live bird,
dip them into the blood of the dead bird and the fresh
water, and sprinkle the house seven times. 52 He shall
purify the house with the bird's blood, the fresh water, the live bird, the cedar wood, the hyssop and the
scarlet yarn. 53 Then he is to release the live bird in
the open fields outside the town. In this way he will
make atonement for the house, and it will be clean."

54 These are the regulations for any defiling skin
disease, for a sore, 55 for defiling molds in fabric or in
a house, 56 and for a swelling, a rash or a shiny spot,
57 to determine when something is clean or unclean.

These are the regulations for defiling skin diseases
and defiling molds.

Discharges Causing Uncleanness

15 1 The LORD said to Moses and Aaron, 2 "Speak to
the Israelites and say to them: 'When any man
has an unusual bodily discharge, such a discharge is
unclean. 3 Whether it continues flowing from his body

de la maison ira déclarer au prêtre : « J'ai remarqué un
sorte de tache sur ma maison. » 36 Alors le prêtre ordon
nera de vider la maison avant qu'il y entre pour examine
la tache, afin que tout ce qui est dans la maison ne devi
enne pas impur. Puis il entrera pour examiner la maison
37 Il examinera la tache : s'il voit qu'elle se présent
sous forme de plaques verdâtres ou rougeâtres, forman
un creux visible dans le mur, 38 il sortira de la maison, s
placera à l'entrée et mettra pour sept jours la maison sou
séquestre. 39 Il y retournera le septième jour, et s'il constat
que la tache s'est étendue sur les murs de la maison, 40 i
ordonnera d'arracher les pierres tachées et les fera jeter
l'extérieur de la ville dans un endroit impur. 41 Puis il fer
racler toutes les parois intérieures et jeter le crépi ains
arraché à l'extérieur de la ville dans un endroit impur
42 On remplacera les pierres enlevées par de nouvelles e
l'on prendra un nouveau mortier pour recrépir la maison

43 Si la tache réapparaît dans la maison après qu'on
enlevé les pierres, raclé et recrépi les murs, 44 le prêtr
viendra l'examiner ; s'il constate que la tache s'est étendu
dans la maison, c'est une moisissure maligne, une sort
d'infection : cette maison est impure. 45 On la démolira. Le
pierres, sa charpente et tout son crépi seront transporté
à l'extérieur de la ville dans un endroit impur.

46 Quiconque entrerait dans la maison durant toute l
période où elle est sous séquestre sera impur jusqu'au soi
47 Celui qui y coucherait ou qui y mangerait, devra nettoye
ses vêtements.

48 Mais si le prêtre, lorsqu'il vient, constate que la tach
ne s'est pas étendue dans la maison après qu'elle a ét
recrépie, il la déclarera pure, car le mal est guéri. 49 I
prendra, pour purifier rituellement la maison, deux pe
tits oiseaux, du bois de cèdre, un fil rouge éclatant et un
branche d'hysope. 50 Il égorgera l'un des oiseaux au-dessu
d'un récipient de terre cuite rempli d'eau de source. 51 Pui
il prendra le bois de cèdre, l'hysope, le fil rouge et l'oisea
vivant, et il les trempera dans le sang de l'oiseau égorgé
mêlé à l'eau de source, et il en fera l'aspersion sept fois su
la maison. 52 Il purifiera ainsi la maison avec le sang d
l'oiseau, l'eau de source, l'oiseau vivant, le bois de cèdre
l'hysope et le fil rouge éclatant. 53 Ensuite il lâchera l'oi
seau vivant à l'extérieur de la ville, dans la nature. C'es
ainsi qu'il accomplira le rite d'expiation pour la maiso
et elle sera pure.

Conclusion des lois sur les maladies de la peau et les moisissures à caractère évolutif

54 Telle est la loi concernant toute affection de la peau
caractère évolutif ou teigne, 55 concernant la moisissur
à caractère évolutif sur les tissus et dans les maisons
56 les boursouflures, les dartres et les taches. 57 Cette lo
permet de déterminer si une personne ou un objet son
rituellement purs ou impurs. Telle est la loi concernan
toutes les formes d'affections de la peau et de moisissure
à caractère évolutif.

Les impuretés sexuelles de l'homme

15 1 L'Eternel s'adressa à Moïse et à Aaron en ces ter
mes : 2 Parlez aux Israélites et dites-leur : Si u
homme est atteint d'une gonorrhée, l'écoulement qu'ell
provoque le rend impur – 3 qu'il y ait écoulement ou ob

r is blocked, it will make him unclean. This is how
ıis discharge will bring about uncleanness:
4“ ‘Any bed the man with a discharge lies on will
e unclean, and anything he sits on will be unclean.
Anyone who touches his bed must wash their clothes
ınd bathe with water, and they will be unclean till
vening. 6Whoever sits on anything that the man with
discharge sat on must wash their clothes and bathe
vith water, and they will be unclean till evening.
7“ ‘Whoever touches the man who has a discharge
nust wash their clothes and bathe with water, and
hey will be unclean till evening.
8“ ‘If the man with the discharge spits on anyone
vho is clean, they must wash their clothes and bathe
vith water, and they will be unclean till evening.
9“ ‘Everything the man sits on when riding will be
ınclean, 10and whoever touches any of the things that
vere under him will be unclean till evening; whover picks up those things must wash their clothes
ınd bathe with water, and they will be unclean till
vening.
11“ ‘Anyone the man with a discharge touches
vithout rinsing his hands with water must wash
heir clothes and bathe with water, and they will be
ınclean till evening.
12“ ‘A clay pot that the man touches must be broken,
ınd any wooden article is to be rinsed with water.
13“ ‘When a man is cleansed from his discharge, he
s to count off seven days for his ceremonial cleansing;
e must wash his clothes and bathe himself with fresh
vater, and he will be clean. 14On the eighth day he
nust take two doves or two young pigeons and come
efore the LORD to the entrance to the tent of meeting
nd give them to the priest. 15The priest is to sacrifice
hem, the one for a sin offering[i] and the other for a
urnt offering. In this way he will make atonement
efore the LORD for the man because of his discharge.
16“ ‘When a man has an emission of semen, he must
athe his whole body with water, and he will be un-
lean till evening. 17Any clothing or leather that has
emen on it must be washed with water, and it will be
ınclean till evening. 18When a man has sexual rela-
ions with a woman and there is an emission of semen,
oth of them must bathe with water, and they will be
ınclean till evening.

19“ ‘When a woman has her regular flow of blood,
he impurity of her monthly period will last seven
lays, and anyone who touches her will be unclean
ill evening.
20“ ‘Anything she lies on during her period will be
ınclean, and anything she sits on will be unclean.
1Anyone who touches her bed will be unclean; they
nust wash their clothes and bathe with water, and
hey will be unclean till evening. 22Anyone who touch-
s anything she sits on will be unclean; they must
vash their clothes and bathe with water, and they
vill be unclean till evening. 23Whether it is the bed
r anything she was sitting on, when anyone touches
t, they will be unclean till evening.

i 15:15 Or *purification offering*; also in verse 30

struction des organes – il y a impureté. 4Tout lit sur lequel
cet homme couchera et tout meuble sur lequel il s'assiéra
seront impurs. 5Celui qui touchera son lit nettoiera ses
vêtements, se lavera à l'eau et sera impur jusqu'au soir.
6Celui qui s'assiéra sur le siège utilisé par cet homme
nettoiera ses vêtements, se lavera à l'eau et sera impur
jusqu'au soir. 7Celui qui touchera le malade nettoiera
ses vêtements, se lavera et sera impur jusqu'au soir. 8Si
le malade crache sur quelqu'un qui est pur, ce dernier
nettoiera ses vêtements, se lavera et sera impur jusqu'au
soir. 9Toute selle sur laquelle aura voyagé le malade sera
impure. 10Quiconque touchera à un objet quelconque placé
sous lui sera impur jusqu'au soir ; et quiconque prendra un
tel objet nettoiera ses vêtements, se lavera et sera impur
jusqu'au soir. 11Celui que le malade aura touché, sans s'être
rincé les mains à l'eau, nettoiera ses vêtements, se lavera
et sera impur jusqu'au soir. 12Tout récipient de terre cuite
que le malade aura touché sera brisé et tout objet en bois
sera lavé à l'eau.

13Quand le malade sera guéri de sa gonorrhée, il comptera sept jours comme temps de purification, puis il
nettoiera ses vêtements, se lavera à l'eau de source, et il
sera pur. 14Le huitième jour, il prendra deux tourterelles ou
deux pigeonneaux, il se présentera devant l'Eternel, à l'entrée de la tente de la Rencontre, et donnera les oiseaux au
prêtre. 15Celui-ci les offrira, l'un comme sacrifice pour le
péché, l'autre comme holocauste. Il accomplira ainsi pour
lui le rite d'expiation de son écoulement devant l'Eternel.

16Quand un homme aura un épanchement séminal, il
lavera tout son corps à l'eau et sera impur jusqu'au soir.
17Tout vêtement ou cuir qui en aura été atteint sera lavé
à l'eau et sera impur jusqu'au soir.
18Quand un homme et une femme ont eu des relations
sexuelles, ils se laveront tous deux à l'eau et seront impurs
jusqu'au soir.

Les impuretés sexuelles de la femme

19Quand une femme perd du sang parce qu'elle a ses
règles, sa période d'impureté durera sept jours, quiconque
la touchera sera impur jusqu'au soir. 20Tout lit sur lequel
elle s'étendra pendant ce temps sera impur, ainsi que tout
objet sur lequel elle s'assiéra. 21Quiconque touchera son
lit nettoiera ses vêtements, se lavera à l'eau et sera impur
jusqu'au soir. 22Celui qui touchera un meuble quelconque
sur lequel elle se sera assise nettoiera ses vêtements, se
lavera à l'eau et sera impur jusqu'au soir. 23S'il y a un objet
sur le lit ou sur le meuble qu'elle occupe, celui qui y touche

24 " 'If a man has sexual relations with her and her monthly flow touches him, he will be unclean for seven days; any bed he lies on will be unclean.

25 " 'When a woman has a discharge of blood for many days at a time other than her monthly period or has a discharge that continues beyond her period, she will be unclean as long as she has the discharge, just as in the days of her period. 26 Any bed she lies on while her discharge continues will be unclean, as is her bed during her monthly period, and anything she sits on will be unclean, as during her period. 27 Anyone who touches them will be unclean; they must wash their clothes and bathe with water, and they will be unclean till evening.

28 " 'When she is cleansed from her discharge, she must count off seven days, and after that she will be ceremonially clean. 29 On the eighth day she must take two doves or two young pigeons and bring them to the priest at the entrance to the tent of meeting. 30 The priest is to sacrifice one for a sin offering and the other for a burnt offering. In this way he will make atonement for her before the LORD for the uncleanness of her discharge.

31 " 'You must keep the Israelites separate from things that make them unclean, so they will not die in their uncleanness for defiling my dwelling place,[j] which is among them.' "

32 These are the regulations for a man with a discharge, for anyone made unclean by an emission of semen, 33 for a woman in her monthly period, for a man or a woman with a discharge, and for a man who has sexual relations with a woman who is ceremonially unclean.

The Day of Atonement

16 1 The LORD spoke to Moses after the death of the two sons of Aaron who died when they approached the LORD. 2 The LORD said to Moses: "Tell your brother Aaron that he is not to come whenever he chooses into the Most Holy Place behind the curtain in front of the atonement cover on the ark, or else he will die. For I will appear in the cloud over the atonement cover.

3 "This is how Aaron is to enter the Most Holy Place: He must first bring a young bull for a sin offering[k] and a ram for a burnt offering. 4 He is to put on the sacred linen tunic, with linen undergarments next to his body; he is to tie the linen sash around him and put on the linen turban. These are sacred garments; so he must bathe himself with water before he puts them on. 5 From the Israelite community he is to take two male goats for a sin offering and a ram for a burnt offering.

6 "Aaron is to offer the bull for his own sin offering to make atonement for himself and his household. 7 Then he is to take the two goats and present them before the LORD at the entrance to the tent of meeting. 8 He is to cast lots for the two goats – one lot for the

[j] 15:31 Or *my tabernacle*
[k] 16:3 Or *purification offering*; here and throughout this chapter

sera impur jusqu'au soir. 24 Si un homme a des relation sexuelles avec elle, elle lui communique son état menstru el : il sera impur pendant sept jours, et tout lit sur leque il couchera sera souillé.

25 Si une femme a des pertes de sang pendant plusieur jours en dehors de la période de ses règles ou au-delà, ell sera impure tout le temps que durent ses pertes, comme a temps de ses règles. 26 Tout lit sur lequel elle se coucher pendant le temps que durent ses pertes, et tout meuble su lequel elle s'assiéra seront impurs comme dans le cas de se règles. 27 Quiconque les touchera sera impur ; il nettoier ses vêtements, se lavera à l'eau et sera impur jusqu'au soi

28 Lorsque ses pertes cesseront, elle comptera sept jours après quoi elle sera pure. 29 Le huitième jour, elle prendr deux tourterelles ou deux pigeonneaux et les apportera a prêtre, à l'entrée de la tente de la Rencontre. 30 Le prêtr offrira l'un d'eux comme sacrifice pour le péché et l'autr comme holocauste, il fera ainsi pour elle devant l'Eter nel l'expiation des pertes qui la rendaient impure. 31 C'es ainsi que vous tiendrez les Israélites à l'écart de ce qu pourrait les rendre rituellement impurs et les exposera à être frappés de mort s'ils venaient à rendre impure m demeure qui est au milieu d'eux.

32 Telle est la loi concernant celui qui a une gonorrhé ou un épanchement séminal et qui est ainsi rendu impu 33 concernant la femme durant ses règles, toute personne homme ou femme, atteinte d'un écoulement, et l'homm qui partage la couche d'une femme en état d'impureté.

Le jour des Expiations

16 1 L'Eternel parla à Moïse après la mort des deu fils d'Aaron qui périrent lorsqu'ils se présentèren devant l'Eternel. 2 Il lui dit : Dis à ton frère Aaron de ne pa entrer à tout moment dans le sanctuaire au-delà du voile devant le propitiatoire qui repose sur le coffre sacré afi qu'il ne meure pas ; car j'apparais[t] dans la nuée au-dessu du propitiatoire[u].

3 Voici de quelle manière Aaron pourra pénétrer dans l sanctuaire : il prendra un jeune taureau pour le sacrific pour le péché et un bélier pour l'holocauste. 4 Il se revêtir d'une tunique sainte en lin, il mettra sur lui des caleçon de lin, se ceindra d'une écharpe de lin et se coiffera d'u turban de lin. Il mettra ces vêtements sacrés après s'êtr lavé le corps dans l'eau. 5 L'assemblée des Israélites lu fournira deux boucs pour le sacrifice pour le péché et u bélier pour l'holocauste.

6 Aaron offrira pour lui-même le taureau du sacrific pour le péché, et il fera l'expiation pour lui et pour s famille. 7 Puis il prendra les deux boucs et les placer devant l'Eternel à l'entrée de la tente de la Rencontre 8 Il tirera au sort pour savoir lequel des deux sera destin à être sacrifié à l'Eternel et lequel sera destiné à être u

[t] 16.2 Autre traduction : *afin qu'il ne meure pas lorsque j'apparaîtrai.*
[u] 16.2 Pour les v. 2-3, allusion en Hé 9.7.

LORD and the other for the scapegoat.[l] 9 Aaron shall bring the goat whose lot falls to the LORD and sacrifice it for a sin offering. 10 But the goat chosen by lot as the scapegoat shall be presented alive before the LORD to be used for making atonement by sending it into the wilderness as a scapegoat.

11 "Aaron shall bring the bull for his own sin offering to make atonement for himself and his household, and he is to slaughter the bull for his own sin offering. 12 He is to take a censer full of burning coals from the altar before the LORD and two handfuls of finely ground fragrant incense and take them behind the curtain. 13 He is to put the incense on the fire before the LORD, and the smoke of the incense will conceal the atonement cover above the tablets of the covenant law, so that he will not die. 14 He is to take some of the bull's blood and with his finger sprinkle it on the front of the atonement cover; then he shall sprinkle some of it with his finger seven times before the atonement cover.

15 "He shall then slaughter the goat for the sin offering for the people and take its blood behind the curtain and do with it as he did with the bull's blood: He shall sprinkle it on the atonement cover and in front of it. 16 In this way he will make atonement for the Most Holy Place because of the uncleanness and rebellion of the Israelites, whatever their sins have been. He is to do the same for the tent of meeting, which is among them in the midst of their uncleanness. 17 No one is to be in the tent of meeting from the time Aaron goes in to make atonement in the Most Holy Place until he comes out, having made atonement for himself, his household and the whole community of Israel.

18 "Then he shall come out to the altar that is before the LORD and make atonement for it. He shall take some of the bull's blood and some of the goat's blood and put it on all the horns of the altar. 19 He shall sprinkle some of the blood on it with his finger seven times to cleanse it and to consecrate it from the uncleanness of the Israelites.

20 "When Aaron has finished making atonement for the Most Holy Place, the tent of meeting and the altar, he shall bring forward the live goat. 21 He is to lay both hands on the head of the live goat and confess over it all the wickedness and rebellion of the Israelites – all their sins – and put them on the goat's head. He shall send the goat away into the wilderness in the care of someone appointed for the task. 22 The goat will carry on itself all their sins to a remote place; and the man shall release it in the wilderness.

23 "Then Aaron is to go into the tent of meeting and take off the linen garments he put on before he entered the Most Holy Place, and he is to leave them there. 24 He shall bathe himself with water in the sanctuary area and put on his regular garments. Then he shall come out and sacrifice the burnt offering for

[l] 16:8 The meaning of the Hebrew for this word is uncertain; also in verses 10 and 26.

bouc émissaire[v]. 9 Il fera approcher le bouc que le sort aura attribué à l'Eternel, et l'offrira en sacrifice pour le péché. 10 Quant au bouc désigné par le sort comme bouc émissaire, on le présentera vivant devant l'Eternel, pour servir à l'expiation et pour être chassé comme bouc émissaire dans le désert.

11 Aaron offrira pour lui-même le taureau du sacrifice pour le péché afin de faire l'expiation pour lui-même et pour sa famille. Il immolera le taureau de son sacrifice pour le péché. 12 Après cela, il prendra un plein encensoir de charbons ardents de l'autel, de devant l'Eternel, et deux pleines poignées de parfum à brûler réduit en poudre, et il emportera le tout au-delà du voile. 13 Là, il répandra le parfum sur le feu devant l'Eternel, de sorte que le nuage de fumée couvre le propitiatoire qui se trouve au-dessus de l'acte de l'alliance[w]. Ainsi il ne mourra pas. 14 Il prendra du sang du taureau et en fera aspersion avec son doigt sur le côté oriental du propitiatoire, puis il en fera sept fois aspersion devant le propitiatoire. 15 Il immolera le bouc du sacrifice pour le péché du peuple et en portera le sang au-delà du voile ; il procédera avec ce sang comme avec celui du taureau : il en fera des aspersions sur le propitiatoire et devant lui.

16 C'est ainsi qu'il accomplira le rite d'expiation pour purifier le sanctuaire de l'impureté et des désobéissances des Israélites, de toutes leurs fautes quelle qu'en soit la nature. Il procédera de même pour la tente de la Rencontre, qui demeure avec eux, au milieu de leurs impuretés. 17 Personne ne devra se trouver dans la tente de la Rencontre depuis le moment où il y entrera pour accomplir le rite d'expiation dans le sanctuaire jusqu'à ce qu'il en ressorte. Il accomplira ces rites d'expiation pour lui-même, pour sa famille et pour toute l'assemblée d'Israël.

18 Après cela, il sortira vers l'autel qui est devant l'Eternel et accomplira le rite d'expiation pour celui-ci ; il prendra du sang du taureau et du sang du bouc, et il en appliquera sur les cornes de l'autel tout autour. 19 Puis, avec son doigt, il fera sept fois l'aspersion du sang sur l'autel. Il le purifiera ainsi des impuretés des Israélites et le consacrera.

20 Quand il aura achevé le rite d'expiation pour le sanctuaire, pour la tente de la Rencontre et pour l'autel, il fera amener le bouc vivant. 21 Il posera ses deux mains sur la tête du bouc vivant et confessera sur lui toutes les désobéissances, tous les péchés, toutes les fautes des Israélites ; ainsi il les fera passer sur la tête du bouc, puis il fera chasser celui-ci au désert par un homme désigné pour cela. 22 Le bouc emportera sur lui tous leurs péchés dans un lieu à l'écart : on le chassera au désert.

23 Aaron retournera dans la tente de la Rencontre, il ôtera les vêtements de lin qu'il avait mis pour pénétrer dans le sanctuaire, et les déposera là. 24 Il se lavera à l'eau dans un lieu saint, puis remettra ses vêtements sacerdotaux ordinaires, et il sortira pour offrir son holocauste

[v] 16.8 *Bouc émissaire* est la traduction adoptée par les versions grecques et latines pour un mot hébreu dont le sens nous est inconnu. Certains traduisent : *un bouc pour Azazel*, en identifiant Azazel à un démon hantant le désert ou à une personnification des esprits mauvais qui s'y trouvent (mais cette compréhension est exclue par 17.7).

[w] 16.13 C'est-à-dire des deux tablettes des Dix Commandements (voir Ex 25.16).

himself and the burnt offering for the people, to make atonement for himself and for the people. 25 He shall also burn the fat of the sin offering on the altar.

26 "The man who releases the goat as a scapegoat must wash his clothes and bathe himself with water; afterward he may come into the camp. 27 The bull and the goat for the sin offerings, whose blood was brought into the Most Holy Place to make atonement, must be taken outside the camp; their hides, flesh and intestines are to be burned up. 28 The man who burns them must wash his clothes and bathe himself with water; afterward he may come into the camp.

29 "This is to be a lasting ordinance for you: On the tenth day of the seventh month you must deny yourselves[m] and not do any work – whether native-born or a foreigner residing among you – 30 because on this day atonement will be made for you, to cleanse you. Then, before the LORD, you will be clean from all your sins. 31 It is a day of sabbath rest, and you must deny yourselves; it is a lasting ordinance. 32 The priest who is anointed and ordained to succeed his father as high priest is to make atonement. He is to put on the sacred linen garments 33 and make atonement for the Most Holy Place, for the tent of meeting and the altar, and for the priests and all the members of the community.

34 "This is to be a lasting ordinance for you: Atonement is to be made once a year for all the sins of the Israelites."

And it was done, as the LORD commanded Moses.

Eating Blood Forbidden

17 1 The LORD said to Moses, 2 "Speak to Aaron and his sons and to all the Israelites and say to them: 'This is what the LORD has commanded: 3 Any Israelite who sacrifices an ox,[n] a lamb or a goat in the camp or outside of it 4 instead of bringing it to the entrance to the tent of meeting to present it as an offering to the LORD in front of the tabernacle of the LORD – that person shall be considered guilty of bloodshed; they have shed blood and must be cut off from their people. 5 This is so the Israelites will bring to the LORD the sacrifices they are now making in the open fields. They must bring them to the priest, that is, to the LORD, at the entrance to the tent of meeting and sacrifice them as fellowship offerings. 6 The priest is to splash the blood against the altar of the LORD at the entrance to the tent of meeting and burn the fat as an aroma pleasing to the LORD. 7 They must no longer offer any of their sacrifices to the goat idols[o] to whom they prostitute themselves. This is to be a lasting ordinance for them and for the generations to come.'

8 "Say to them: 'Any Israelite or any foreigner residing among them who offers a burnt offering or sacrifice 9 and does not bring it to the entrance to the

[m] **16:29** Or *must fast;* also in verse 31

[n] **17:3** The Hebrew word can refer to either male or female.

[o] **17:7** Or *the demons*

ainsi que celui du peuple, afin d'accomplir le rite d'expiation pour lui et pour le peuple. 25 Il brûlera sur l'autel la graisse de la victime du sacrifice pour le péché.

26 L'homme qui aura chassé le bouc émissaire nettoiera ses vêtements, se lavera le corps à l'eau, et après cela, il pourra rentrer au camp. 27 Quant au taureau et au bouc offerts en sacrifice pour le péché et dont le sang aura été introduit dans le sanctuaire pour accomplir le rite d'expiation, on emportera leur peau, leur viande et leurs déchets à l'extérieur du camp pour les brûler. 28 Celui qui les aura brûlés nettoiera ses vêtements, se lavera le corps à l'eau, et après cela, il pourra rentrer au camp.

29 Ceci sera pour vous une règle en vigueur à perpétuité. Le dixième jour du septième mois vous vous humilierez et vous ne ferez aucun travail ce jour-là – aussi bien les autochtones que les étrangers résidant au milieu de vous[x]. 30 Car en ce jour-là, on accomplira le rite d'expiation pour vous afin de vous purifier de toutes vos fautes ; ainsi vous serez purs devant l'Eternel. 31 Ce sera pour vous un sabbat, un jour de repos complet, pendant lequel vous vous humilierez ; c'est là une institution pour toujours.

32 Le rite d'expiation sera accompli par le prêtre qui aura reçu l'onction et l'office sacerdotal à la place de son père. Il revêtira les vêtements de lin, les vêtements sacrés. 33 Il accomplira le rite d'expiation pour le sanctuaire sacré, pour la tente de la Rencontre, le rite d'expiation pour l'autel, le rite d'expiation pour les prêtres et pour tout le peuple rassemblé.

34 C'est pour vous une ordonnance en vigueur à perpétuité : une fois par an, on doit accomplir pour les Israélites le rite d'expiation de toutes leurs fautes.

On fit tout ce que l'Eternel avait ordonné à Moïse.

LOIS RITUELLES SUR LA CONSOMMATION DE VIANDE

Le lieu de sacrifice des animaux

17 1 L'Eternel s'adressa à Moïse en ces termes : 2 Parle à Aaron, à ses fils et à tous les Israélites et dis-leur : Voici ce que l'Eternel a commandé : 3 A tout homme d'Israël qui abattra un bœuf, un agneau ou une chèvre dans le camp ou à l'extérieur du camp 4 sans l'avoir amené à l'entrée de la tente de la Rencontre pour le présenter en offrande à l'Eternel devant son tabernacle, il sera demandé compte du sang : puisqu'il a versé le sang, il sera retranché de son peuple. 5 Ainsi, au lieu de faire leurs sacrifices en pleine campagne, les Israélites amèneront les victimes de leurs sacrifices au prêtre, à l'entrée de la tente de la Rencontre, pour l'Eternel, et ils les offriront en sacrifice de communion à l'Eternel. 6 Le prêtre aspergera du sang de ce sacrifice l'autel de l'Eternel, à l'entrée de la tente de la Rencontre, et il brûlera la graisse, produisant ainsi une odeur apaisante pour l'Eternel. 7 Le peuple d'Israël n'offrira plus des sacrifices aux idoles à forme de boucs avec lesquelles il se prostitue[z]. C'est une loi en vigueur à perpétuité et pour toutes les générations.

8 Tu leur diras encore : Si un Israélite ou un étranger résidant au milieu d'eux offre un holocauste ou un autre sacrifice 9 sans amener la victime à l'entrée de la tente

[x] **16.29** Pour les v. 29-34, voir Lv 23.26-32 ; Nb 29.7-11.

[y] **17.7** La traduction *idoles à forme de bouc* rend le mot hébreu qui signifie *boucs* et qui pourrait désigner des démons.

[z] **17.7** Autre traduction : *ils se prostituent.*

tent of meeting to sacrifice it to the LORD must be cut off from the people of Israel.

10 " 'I will set my face against any Israelite or any foreigner residing among them who eats blood, and I will cut them off from the people. 11 For the life of a creature is in the blood, and I have given it to you to make atonement for yourselves on the altar; it is the blood that makes atonement for one's life.[p] 12 Therefore I say to the Israelites, "None of you may eat blood, nor may any foreigner residing among you eat blood."

13 " 'Any Israelite or any foreigner residing among you who hunts any animal or bird that may be eaten must drain out the blood and cover it with earth, 14 because the life of every creature is its blood. That is why I have said to the Israelites, "You must not eat the blood of any creature, because the life of every creature is its blood; anyone who eats it must be cut off."

15 " 'Anyone, whether native-born or foreigner, who eats anything found dead or torn by wild animals must wash their clothes and bathe with water, and they will be ceremonially unclean till evening; then they will be clean. 16 But if they do not wash their clothes and bathe themselves, they will be held responsible.' "

Unlawful Sexual Relations

18 1 The LORD said to Moses, 2 "Speak to the Israelites and say to them: 'I am the LORD your God. 3 You must not do as they do in Egypt, where you used to live, and you must not do as they do in the land of Canaan, where I am bringing you. Do not follow their practices. 4 You must obey my laws and be careful to follow my decrees. I am the LORD your God. 5 Keep my decrees and laws, for the person who obeys them will live by them. I am the LORD.

6 " 'No one is to approach any close relative to have sexual relations. I am the LORD.

7 " 'Do not dishonor your father by having sexual relations with your mother. She is your mother; do not have relations with her.

8 " 'Do not have sexual relations with your father's wife; that would dishonor your father.

9 " 'Do not have sexual relations with your sister, either your father's daughter or your mother's daughter, whether she was born in the same home or elsewhere.

10 " 'Do not have sexual relations with your son's daughter or your daughter's daughter; that would dishonor you.

11 " 'Do not have sexual relations with the daughter of your father's wife, born to your father; she is your sister.

12 " 'Do not have sexual relations with your father's sister; she is your father's close relative.

[p] 17:11 Or *atonement by the life in the blood*

de la Rencontre pour l'offrir à l'Eternel, il sera retranché du peuple.

Le respect du sang

10 Tout Israélite ou étranger résidant au milieu d'eux qui consommera du sang, je me retournerai contre lui et je le retrancherai de son peuple. 11 Car le sang, c'est la vie de toute créature. Et moi, je vous l'ai donné afin qu'il serve à accomplir sur l'autel le rite d'expiation pour votre vie. En effet c'est parce qu'il représente la vie que le sang sert d'expiation. 12 C'est pourquoi j'ai dit aux Israélites : Aucun de vous ne doit manger du sang et l'étranger qui réside au milieu de vous n'en consommera pas non plus.

13 Lorsqu'un Israélite ou un étranger installé parmi vous aura pris à la chasse un animal ou un oiseau qu'on a le droit de manger, il en fera couler le sang sur le sol et le recouvrira de terre ; 14 car la vie de toute créature, tant qu'elle est vivante, c'est son sang. C'est pourquoi j'ai dit aux Israélites : Vous ne consommerez le sang d'aucune créature, car son sang, c'est sa vie. Quiconque en consommera sera exclu du peuple.

La consommation d'animaux trouvés morts

15 Toute personne – autochtone ou immigrée – qui mangera une bête morte ou déchiquetée par une bête sauvage, nettoiera ses vêtements, se lavera à l'eau et restera impure jusqu'au soir ; ensuite elle sera pure. 16 Si elle ne nettoie pas ses vêtements et ne se lave pas le corps, elle sera tenue pour coupable de sa faute.

LE CODE DE SAINTETÉ

Les unions sexuelles illicites

18 1 L'Eternel s'adressa à Moïse en ces termes : 2 Parle aux Israélites et dis-leur : Je suis l'Eternel, votre Dieu. 3 Vous n'agirez pas à l'exemple de ce qui se fait en Egypte, où vous avez habité, ni de ce qui se fait au pays de Canaan où je vous conduis. Vous ne suivrez pas les coutumes de ces pays. 4 Vous obéirez à mes lois et vous observerez mes ordonnances, vous les appliquerez. Je suis l'Eternel votre Dieu.

5 Vous obéirez à mes ordonnances et à mes lois ; l'homme qui les appliquera vivra grâce à cela. Je suis l'Eternel.

6 Aucun d'entre vous n'aura de relations sexuelles avec une proche parente. Je suis l'Eternel.

7 Tu ne porteras pas atteinte à ton père en ayant des relations sexuelles avec ta mère. Puisque c'est ta mère, tu ne lui porteras pas atteinte.

8 Tu n'en auras pas non plus avec une autre femme de ton père, ce serait porter atteinte à ton père. 9 Tu n'auras pas non plus de relations sexuelles avec ta sœur ou ta demi-sœur, fille de ton père ou fille de ta mère, née dans la maison ou au dehors.

10 Tu n'auras pas de relations sexuelles avec la fille de ton fils ou de ta fille ; tu te porterais atteinte à toi-même.

11 Tu n'auras pas de relations sexuelles avec la fille d'une autre femme de ton père si c'est la fille de ton père, car elle est ta sœur.

12 Tu n'auras pas de relations sexuelles avec la sœur de ton père ; elle est une proche parente de ton père ; 13 ni

13 " 'Do not have sexual relations with your mother's sister, because she is your mother's close relative.

14 " 'Do not dishonor your father's brother by approaching his wife to have sexual relations; she is your aunt.

15 " 'Do not have sexual relations with your daughter-in-law. She is your son's wife; do not have relations with her.

16 " 'Do not have sexual relations with your brother's wife; that would dishonor your brother.

17 " 'Do not have sexual relations with both a woman and her daughter. Do not have sexual relations with either her son's daughter or her daughter's daughter; they are her close relatives. That is wickedness.

18 " 'Do not take your wife's sister as a rival wife and have sexual relations with her while your wife is living.

19 " 'Do not approach a woman to have sexual relations during the uncleanness of her monthly period.

20 " 'Do not have sexual relations with your neighbor's wife and defile yourself with her.

21 " 'Do not give any of your children to be sacrificed to Molek, for you must not profane the name of your God. I am the LORD.

22 " 'Do not have sexual relations with a man as one does with a woman; that is detestable.

23 " 'Do not have sexual relations with an animal and defile yourself with it. A woman must not present herself to an animal to have sexual relations with it; that is a perversion.

24 " 'Do not defile yourselves in any of these ways, because this is how the nations that I am going to drive out before you became defiled. 25 Even the land was defiled; so I punished it for its sin, and the land vomited out its inhabitants. 26 But you must keep my decrees and my laws. The native-born and the foreigners residing among you must not do any of these detestable things, 27 for all these things were done by the people who lived in the land before you, and the land became defiled. 28 And if you defile the land, it will vomit you out as it vomited out the nations that were before you.

29 " 'Everyone who does any of these detestable things – such persons must be cut off from their people. 30 Keep my requirements and do not follow any of the detestable customs that were practiced before you came and do not defile yourselves with them. I am the LORD your God.' "

Various Laws

19 1 The LORD said to Moses, 2 "Speak to the entire assembly of Israel and say to them: 'Be holy because I, the LORD your God, am holy.

3 " 'Each of you must respect your mother and father, and you must observe my Sabbaths. I am the LORD your God.

avec la sœur de ta mère, car c'est la proche parente de ta mère.

14 Tu ne porteras pas atteinte au frère de ton père en t'approchant de son épouse, car elle est ta tante.

15 Tu n'auras pas de relations sexuelles avec ta belle-fille ; c'est la femme de ton fils, tu ne lui porteras pas atteinte.

16 Tu n'auras pas non plus de relations sexuelles avec la femme de ton frère ; car de la sorte, c'est à ton frère que tu porterais atteinte.

17 Tu n'auras pas de relations sexuelles avec une femme et sa fille ; tu n'épouseras ni la fille de son fils, ni celle de sa fille, car elles sont ses proches parentes et ce serait une infamie.

18 Tu ne prendras pas pour autre épouse la sœur de ta femme, car tu provoquerais des rivalités entre elles en ayant des relations avec elle, tant que ta femme est en vie.

19 Tu n'auras pas de relations sexuelles avec une femme pendant que ses règles la rendent impure.

20 Tu ne coucheras pas avec la femme de ton prochain : tu te rendrais impur avec elle.

21 Tu ne livreras pas l'un de tes enfants pour les sacrifices à Molok[a], car tu ne déshonoreras pas ton Dieu. Je suis l'Eternel.

22 Tu ne coucheras pas avec un homme comme on couche avec une femme ; c'est une abomination.

23 Tu n'auras pas de rapports sexuels avec une bête : tu te rendrais impur avec elle. Une femme n'ira pas s'accoupler avec un animal ; c'est une dépravation.

24 Ne vous rendez impurs par aucune de ces pratiques ; c'est en s'y adonnant que les peuples étrangers que je vais déposséder en votre faveur se rendent impurs. 25 Le pays entier a été souillé, et je vais intervenir contre lui pour punir sa faute, et le pays vomira ses habitants.

26 Vous, au contraire, vous obéirez à mes lois et à mes ordonnances et vous ne commettrez aucun de ces actes abominables, ni l'autochtone, ni l'étranger qui réside au milieu de vous. 27 Car toutes ces abominations ont été commises par les hommes du pays qui y ont séjourné avant vous, et le pays en a été souillé. 28 Craignez donc qu'il ne vous vomisse, vous aussi, si vous le souillez, comme il aura vomi les populations qui vous ont précédés. 29 Car tous ceux qui commettront l'un ou l'autre de ces actes abominables seront retranchés de leur peuple.

30 Vous obéirez donc à mes commandements, et vous ne suivrez aucune des coutumes abominables que l'on pratiquait avant vous ; vous ne vous rendrez pas impurs par elles. Je suis l'Eternel, votre Dieu.

« Vous serez saints »

19 1 L'Eternel s'adressa à Moïse en ces termes : 2 Parle à toute la communauté des Israélites et dis-leur : Soyez saints, car je suis saint, moi l'Eternel, votre Dieu.

3 Que chacun de vous respecte l'autorité de sa mère et de son père, et observe les jours de repos que j'ai prescrits. Je suis l'Eternel, votre Dieu.

[a] **18.21** Selon certains, *Molok* serait une divinité cananéenne à laquelle on sacrifiait de jeunes enfants. D'autres pensent que le nom commun *molok* qualifie le sacrifice lui-même : il s'agirait d'un sacrifice *votif* (voir20.2-5 ; 2 R 23.10 ; Jr 32.35).

4 " 'Do not turn to idols or make metal gods for yourselves. I am the LORD your God.

5 " 'When you sacrifice a fellowship offering to the LORD, sacrifice it in such a way that it will be accepted on your behalf. 6 It shall be eaten on the day you sacrifice it or on the next day; anything left over until the third day must be burned up. 7 If any of it is eaten on the third day, it is impure and will not be accepted. 8 Whoever eats it will be held responsible because they have desecrated what is holy to the LORD; they must be cut off from their people.

9 " 'When you reap the harvest of your land, do not reap to the very edges of your field or gather the gleanings of your harvest. 10 Do not go over your vineyard a second time or pick up the grapes that have fallen. Leave them for the poor and the foreigner. I am the LORD your God.

11 " 'Do not steal.

" 'Do not lie.

" 'Do not deceive one another.

12 " 'Do not swear falsely by my name and so profane the name of your God. I am the LORD.

13 " 'Do not defraud or rob your neighbor.

" 'Do not hold back the wages of a hired worker overnight.

14 " 'Do not curse the deaf or put a stumbling block in front of the blind, but fear your God. I am the LORD.

15 " 'Do not pervert justice; do not show partiality to the poor or favoritism to the great, but judge your neighbor fairly.

16 " 'Do not go about spreading slander among your people.

" 'Do not do anything that endangers your neighbor's life. I am the LORD.

17 " 'Do not hate a fellow Israelite in your heart. Rebuke your neighbor frankly so you will not share in their guilt.

18 " 'Do not seek revenge or bear a grudge against anyone among your people, but love your neighbor as yourself. I am the LORD.

19 " 'Keep my decrees.

" 'Do not mate different kinds of animals.

" 'Do not plant your field with two kinds of seed.

" 'Do not wear clothing woven of two kinds of material.

20 " 'If a man sleeps with a female slave who is promised to another man but who has not been ransomed or given her freedom, there must be due punishment.[q] Yet they are not to be put to death, because she had not been freed. 21 The man, however, must bring a ram to the entrance to the tent of meeting for a guilt offering to the LORD. 22 With the ram of the guilt offering the priest is to make atonement for him before the LORD for the sin he has committed, and his sin will be forgiven.

[q] **19:20** Or *be an inquiry*

4 Ne vous tournez pas vers les faux dieux, ne vous fabriquez pas d'idoles sous forme de statues en métal fondu. Je suis l'Eternel, votre Dieu.

5 Lorsque vous m'offrirez un sacrifice de communion, faites-le de façon à ce qu'il puisse être agréé. 6 La victime sera mangée le jour même où vous l'offrirez en sacrifice, ou le lendemain ; ce qui en restera le troisième jour sera brûlé, 7 le troisième jour, si on en mange, ce sera impur et le sacrifice ne sera pas agréé. 8 Celui qui en mangera portera le poids de sa faute, car il a profané une chose consacrée à l'Eternel, et il sera retranché de son peuple.

9 Quand vous ferez les moissons dans votre pays, tu ne couperas pas les épis jusqu'au bord de ton champ, et tu ne ramasseras pas ce qui reste à glaner[b]. 10 De même, tu ne cueilleras pas les grappes restées dans ta vigne et tu ne ramasseras pas les fruits qui y seront tombés. Tu laisseras tout cela au pauvre et à l'immigré. Je suis l'Eternel, votre Dieu.

11 Vous ne commettrez pas de vol, vous n'userez ni de mensonge[c] ni de tromperie à l'égard de votre prochain. 12 Vous ne prononcerez pas de faux serment par mon nom, car vous profaneriez le nom de votre Dieu. Je suis l'Eternel.

13 Tu n'exploiteras pas ton prochain et tu ne le voleras pas. Tu ne retiendras pas le salaire d'un ouvrier jusqu'au lendemain matin. 14 Tu n'insulteras pas un sourd et tu ne mettras pas d'obstacle sur le chemin d'un aveugle, et tu craindras ton Dieu. Je suis l'Eternel.

15 Vous ne commettrez pas d'injustice dans les jugements. Tu n'avantageras pas le pauvre, et tu ne favoriseras pas le grand ; tu jugeras ton prochain selon la justice. 16 Tu ne calomnieras pas les membres de ton peuple ; tu ne porteras pas atteinte à la vie de ton prochain par un faux témoignage. Je suis l'Eternel. 17 Tu ne haïras pas ton frère dans ton cœur, mais tu ne manqueras pas de reprendre ton prochain pour ne pas te charger d'un péché[d]. 18 Tu ne te vengeras pas et tu ne garderas pas de rancune envers les membres de ton peuple, mais tu aimeras ton prochain comme toi-même. Je suis l'Eternel.

19 Vous obéirez à mes commandements. Tu n'accoupleras pas des animaux de ton bétail d'espèces différentes. Tu n'ensemenceras pas ton champ de deux espèces de graines. Tu ne porteras pas un vêtement tissé de deux fibres différentes.

20 Si un homme couche avec une servante fiancée à un autre homme sans qu'elle ait été ni achetée ni affranchie, il versera une indemnité, mais les deux ne seront pas punis de mort car elle n'avait pas encore été affranchie. 21 Cet homme apportera à l'Eternel, à l'entrée de la tente de la Rencontre, comme sacrifice de réparation pour sa faute, un bélier 22 avec lequel le prêtre accomplira le rite d'expiation pour lui devant l'Eternel, pour le péché qu'il a commis, et sa faute lui sera pardonnée.

[b] **19.9** Pour les v. 9-10, voir Lv 23.22 ; Dt 24.19-22.

[c] **19.11** *vol:* voir Ex 20.15 ; Dt 5.19. *mensonge:* voir Lv 5.21-22 ; Za 8.16 ; Ep 4.25.

[d] **19.17** Cité en Mt 18.15.

23 " 'When you enter the land and plant any kind of fruit tree, regard its fruit as forbidden.[r] For three years you are to consider it forbidden[s]; it must not be eaten. 24 In the fourth year all its fruit will be holy, an offering of praise to the LORD. 25 But in the fifth year you may eat its fruit. In this way your harvest will be increased. I am the LORD your God.

26 " 'Do not eat any meat with the blood still in it.

" 'Do not practice divination or seek omens.

27 " 'Do not cut the hair at the sides of your head or clip off the edges of your beard.

28 " 'Do not cut your bodies for the dead or put tattoo marks on yourselves. I am the LORD.

29 " 'Do not degrade your daughter by making her a prostitute, or the land will turn to prostitution and be filled with wickedness.

30 " 'Observe my Sabbaths and have reverence for my sanctuary. I am the LORD.

31 " 'Do not turn to mediums or seek out spiritists, for you will be defiled by them. I am the LORD your God.

32 " 'Stand up in the presence of the aged, show respect for the elderly and revere your God. I am the LORD.

33 " 'When a foreigner resides among you in your land, do not mistreat them. 34 The foreigner residing among you must be treated as your native-born. Love them as yourself, for you were foreigners in Egypt. I am the LORD your God.

35 " 'Do not use dishonest standards when measuring length, weight or quantity. 36 Use honest scales and honest weights, an honest ephah[t] and an honest hin.[u] I am the LORD your God, who brought you out of Egypt.

37 " 'Keep all my decrees and all my laws and follow them. I am the LORD.' "

Punishments for Sin

20 1 The LORD said to Moses, 2 "Say to the Israelites: 'Any Israelite or any foreigner residing in Israel who sacrifices any of his children to Molek is to be put to death. The members of the community are to stone him. 3 I myself will set my face against him and will cut him off from his people; for by sacrificing his children to Molek, he has defiled my sanctuary and profaned my holy name. 4 If the members of the community close their eyes when that man sacrifices one of his children to Molek and if they fail to put him to death, 5 I myself will set my face against him and his family and will cut them off from their people together with all who follow him in prostituting themselves to Molek.

[r] **19:23** Hebrew *uncircumcised*
[s] **19:23** Hebrew *uncircumcised*
[t] **19:36** An ephah was a dry measure having the capacity of about 3/5 of a bushel or about 22 liters.
[u] **19:36** A hin was a liquid measure having the capacity of about 1 gallon or about 3.8 liters.

23 Quand vous serez entrés dans le pays promis et que vous planterez toutes sortes d'arbres fruitiers, vous considérerez pendant trois ans leurs fruits comme impurs[e] : vous n'en mangerez donc pas. 24 La quatrième année, tous leurs fruits seront consacrés à l'Eternel en témoignage de reconnaissance. 25 La cinquième année, vous en mangerez les fruits. Ainsi vous aurez des récoltes abondantes. Je suis l'Eternel, votre Dieu.

26 Vous ne mangerez aucune viande contenant encore son sang. Vous ne pratiquerez pas la divination ; vous ne rechercherez pas les augures. 27 Vous ne vous taillerez pas en rond le bord de la chevelure, vous ne vous raserez pas les coins de la barbe. 28 Vous ne vous ferez pas d'incisions sur le corps à cause d'un mort et vous ne ferez pas dessiner des tatouages sur le corps[f]. Je suis l'Eternel.

29 Ne déshonorez pas vos filles en faisant d'elles des prostituées ; le pays entier s'adonnerait à la prostitution et se remplirait d'immoralité.

30 Vous observerez les jours de repos que je vous ai prescrits et vous révérerez mon sanctuaire. Je suis l'Eternel.

31 Ne vous adressez ni à des médiums, ni à des devins : ne les consultez pas, vous vous rendriez impurs. Je suis l'Eternel, votre Dieu.

32 Tu te lèveras devant les cheveux blancs, tu honoreras la personne du vieillard, et tu craindras ton Dieu. Je suis l'Eternel.

33 Si un étranger vient s'installer dans votre pays, ne l'exploitez pas[g]. 34 Traitez-le comme s'il était l'un des vôtres. Tu l'aimeras comme toi-même : car vous avez été vous-mêmes étrangers en Egypte. Je suis l'Eternel, votre Dieu.

35 Vous ne commettrez pas de malhonnêteté en fraudant sur les mesures de longueur, de poids ou de capacité[h]. 36 Vous vous servirez de balances justes, de poids justes, de mesures de capacité justes. Je suis l'Eternel, votre Dieu qui vous ai fait sortir d'Egypte.

37 Vous obéirez donc à toutes mes ordonnances et à toutes mes lois et vous les appliquerez. Je suis l'Eternel.

Le salaire du péché

20 1 L'Eternel s'adressa à Moïse en ces termes[i] : 2 Dis aux Israélites : Si un membre du peuple d'Israël ou l'un des étrangers résidant en Israël livre l'un de ses enfants en sacrifice à Molok, il doit être mis à mort ; les habitants du pays le lapideront. 3 Et moi, je me retournerai contre cet homme et je le retrancherai du milieu de son peuple, pour avoir livré un de ses enfants à Molok[j], et avoir ainsi souillé mon sanctuaire et profané ma sainteté. 4 Si les gens du pays se ferment les yeux, ne mettent pas à mort cet homme qui a livré un de ses enfants à Molok, 5 c'est moi qui me tournerai contre cet homme et contre sa famille et je le retrancherai de son peuple, avec tous ceux qui se sont laissé entraîner à sa suite pour se prostituer à Molok.

[e] **19.23** Le terme hébreu signifie habituellement *incirconcis*.
[f] **19.28** Rites pratiqués par les Egyptiens et certains peuples du Moyen-Orient (voir Lv 21.5 ; Dt 14.1 ; Jr 41.5).
[g] **19.33** Pour les v. 33-34, voir Ex 22.20 ; Dt 24.17-18 ; 27.19.
[h] **19.35** Pour les v. 35-36, voir Dt 25.13-16 ; Pr 11.1 ; 20.10 ; Ez 45.10-12 ; Am 8.5 ; Mi 6.11.
[i] **20.1** Ce chapitre précise les peines prévues pour les transgressions mentionnées au chapitre 18.
[j] **20.3** Voir note Lv 18.21.

6 “‘I will set my face against anyone who turns to
mediums and spiritists to prostitute themselves by
following them, and I will cut them off from their
people.
7 “‘Consecrate yourselves and be holy, because I am
the Lord your God. 8 Keep my decrees and follow them.
I am the Lord, who makes you holy.
9 “‘Anyone who curses their father or mother is to
be put to death. Because they have cursed their father
or mother, their blood will be on their own head.
10 “‘If a man commits adultery with another man's
wife – with the wife of his neighbor – both the adulterer and the adulteress are to be put to death.
11 “‘If a man has sexual relations with his father's
wife, he has dishonored his father. Both the man and
the woman are to be put to death; their blood will be
on their own heads.
12 “‘If a man has sexual relations with his daughter-in-law, both of them are to be put to death. What
they have done is a perversion; their blood will be on
their own heads.
13 “‘If a man has sexual relations with a man as one
does with a woman, both of them have done what is
detestable. They are to be put to death; their blood
will be on their own heads.
14 “‘If a man marries both a woman and her mother,
it is wicked. Both he and they must be burned in the
fire, so that no wickedness will be among you.
15 “‘If a man has sexual relations with an animal,
he is to be put to death, and you must kill the animal.
16 “‘If a woman approaches an animal to have sexual
relations with it, kill both the woman and the animal.
They are to be put to death; their blood will be on
their own heads.
17 “‘If a man marries his sister, the daughter of either his father or his mother, and they have sexual
relations, it is a disgrace. They are to be publicly removed from their people. He has dishonored his sister
and will be held responsible.
18 “‘If a man has sexual relations with a woman
during her monthly period, he has exposed the source
of her flow, and she has also uncovered it. Both of
them are to be cut off from their people.
19 “‘Do not have sexual relations with the sister
of either your mother or your father, for that would
dishonor a close relative; both of you would be held
responsible.
20 “‘If a man has sexual relations with his aunt, he
has dishonored his uncle. They will be held responsible; they will die childless.
21 “‘If a man marries his brother's wife, it is an act
of impurity; he has dishonored his brother. They will
be childless.
22 “‘Keep all my decrees and laws and follow them,
so that the land where I am bringing you to live may
not vomit you out. 23 You must not live according to
the customs of the nations I am going to drive out before you. Because they did all these things, I abhorred

6 J'agirai de même envers celui qui consulte les médiums
et les devins et se prostitue ainsi à eux : je me retournerai
contre lui et je le retrancherai de son peuple.
7 Vous vous rendrez saints, vous serez saints ; car je suis
l'Eternel, votre Dieu.
8 Vous observerez mes ordonnances et vous y obéirez.
Je suis l'Eternel qui vous rends saints.
9 Tout homme qui maudit son père ou sa mère sera mis
à mort : puisqu'il a maudit son père ou sa mère, il porte la
responsabilité de sa mort.
10 Si un homme commet adultère avec une femme
mariée, s'il commet adultère avec la femme de son prochain, cet homme adultère et la femme adultère seront
mis à mort.
11 Si un homme couche avec la femme de son père, il
porte atteinte à son père : les deux coupables seront mis
à mort et porteront la responsabilité de leur mort.
12 Si quelqu'un couche avec sa belle-fille, ils seront tous
deux mis à mort ; ils ont commis une infamie et porteront
la responsabilité de leur mort.
13 Si deux hommes ont des rapports homosexuels, ils
ont commis un acte abominable ; ils seront mis à mort et
porteront la responsabilité de leur mort.
14 Si un homme prend pour épouses une femme et sa
mère, c'est une infamie ; ils seront tous trois brûlés pour
qu'il n'y ait pas d'infamie parmi vous.
15 Si un homme a des rapports sexuels avec une bête, il
sera mis à mort et vous tuerez la bête. 16 De même, si une
femme s'accouple à une bête, vous tuerez la femme et la
bête ; toutes deux seront mises à mort et elles porteront
la responsabilité de leur mort.
17 Si un homme épouse sa demi-sœur, fille de son père
ou de sa mère, et qu'ils se déshonorent ainsi l'un l'autre,
c'est une infamie ; ils seront retranchés sous les yeux des
membres de leur peuple ; l'homme portera toute la responsabilité de sa faute pour avoir déshonoré sa sœur.
18 Si un homme couche avec une femme pendant ses
règles, ils seront tous deux retranchés de leur peuple, pour
avoir l'un et l'autre exposé sa perte de sang.
19 Tu n'auras pas de relations sexuelles avec la sœur de ta
mère ou de ton père. Si quelqu'un a des relations avec une
proche parente, ils porteront tous deux la responsabilité
de leur faute[k].
20 Si un homme couche avec sa tante, il porte atteinte à
son oncle, les deux coupables porteront la responsabilité
de leur faute, ils mourront sans enfants.
21 Si un homme épouse la femme de son frère, c'est un
acte impur ; il a porté atteinte à son frère ; ils resteront
sans enfants.
22 Vous obéirez à toutes mes ordonnances et à toutes
mes lois et vous les appliquerez. Ainsi le pays où je vous
mène pour que vous vous y installiez ne vous vomira pas.
23 Vous ne suivrez pas les coutumes des peuples étrangers
que je vais chasser devant vous ; car c'est parce qu'ils ont
commis toutes ces actions que je les ai pris en aversion.

k **20.19** Pour les v. 19-20, voir 18.12-14.

them. 24But I said to you, "You will possess their land; I will give it to you as an inheritance, a land flowing with milk and honey." I am the LORD your God, who has set you apart from the nations.

25" 'You must therefore make a distinction between clean and unclean animals and between unclean and clean birds. Do not defile yourselves by any animal or bird or anything that moves along the ground – those that I have set apart as unclean for you. 26You are to be holy to me because I, the LORD, am holy, and I have set you apart from the nations to be my own.

27" 'A man or woman who is a medium or spiritist among you must be put to death. You are to stone them; their blood will be on their own heads.' "

Rules for Priests

21 1The LORD said to Moses, "Speak to the priests, the sons of Aaron, and say to them: 'A priest must not make himself ceremonially unclean for any of his people who die, 2except for a close relative, such as his mother or father, his son or daughter, his brother, 3or an unmarried sister who is dependent on him since she has no husband – for her he may make himself unclean. 4He must not make himself unclean for people related to him by marriage,[v] and so defile himself.

5" 'Priests must not shave their heads or shave off the edges of their beards or cut their bodies. 6They must be holy to their God and must not profane the name of their God. Because they present the food offerings to the LORD, the food of their God, they are to be holy.

7" 'They must not marry women defiled by prostitution or divorced from their husbands, because priests are holy to their God. 8Regard them as holy, because they offer up the food of your God. Consider them holy, because I the LORD am holy – I who make you holy.

9" 'If a priest's daughter defiles herself by becoming a prostitute, she disgraces her father; she must be burned in the fire.

10" 'The high priest, the one among his brothers who has had the anointing oil poured on his head and who has been ordained to wear the priestly garments, must not let his hair become unkempt[w] or tear his clothes. 11He must not enter a place where there is a dead body. He must not make himself unclean, even for his father or mother, 12nor leave the sanctuary of his God or desecrate it, because he has been dedicated by the anointing oil of his God. I am the LORD.

13" 'The woman he marries must be a virgin. 14He must not marry a widow, a divorced woman, or a woman defiled by prostitution, but only a virgin from his own people, 15so that he will not defile his offspring among his people. I am the LORD, who makes him holy.' "

16The LORD said to Moses, 17"Say to Aaron: 'For the generations to come none of your descendants who has a defect may come near to offer the food of his

[v] 21:4 Or *unclean as a leader among his people*
[w] 21:10 Or *not uncover his head*

24Aussi, je vous ai dit : C'est vous qui posséderez leur pays ; je vous le donnerai à posséder ; un pays ruisselant de lait et de miel. Je suis l'Eternel, votre Dieu, qui vous ai mis à part des autres peuples. 25Faites donc la différence entre les bêtes pures et celles qui sont impures, entre les oiseaux purs et les oiseaux impurs, et ne vous rendez pas vous-mêmes abominables par des bêtes, des oiseaux et tout ce qui se meut à ras de terre, que j'ai mis à part pour vous comme impurs.

26Vous serez saints pour moi, car moi, l'Eternel, je suis saint et je vous ai mis à part des autres peuples pour que vous m'apparteniez.

27Un homme ou une femme qui évoquent les esprits ou qui pratiquent la divination, doivent être mis à mort : on les lapidera et ils porteront la responsabilité de leur mort.

Les conditions de sainteté pour les prêtres

21 1L'Eternel dit à Moïse : Parle aux prêtres, fils d'Aaron, et dis-leur : Un prêtre ne doit pas se rendre rituellement impur en touchant le corps d'une personne de son peuple qui vient de mourir, 2excepté s'il s'agit d'un proche parent : sa mère, son père, son fils, sa fille, son frère 3ou sa sœur si elle n'est pas mariée – pour une jeune fille de sa proche parenté qui n'est pas mariée, il peut se rendre impur. 4Chef parmi son peuple, il ne se rendra pas impur[l], car il se profanerait[m].

5Les prêtres ne se tonsureront pas, ils ne se raseront pas les coins de la barbe, ni se feront d'incisions sur leur corps. 6Ils seront saints pour leur Dieu et ne déshonoreront pas leur Dieu, car ce sont eux qui offrent à l'Eternel les aliments de leur Dieu consumés par le feu. C'est pourquoi ils seront saints.

7Ils n'épouseront pas une femme prostituée ou déshonorée ou répudiée par son mari, car le prêtre est saint pour son Dieu. 8Tu le considéreras comme saint, car c'est lui qui offre l'aliment de ton Dieu, et il sera pour toi quelqu'un de saint, car je suis saint, moi, l'Eternel, qui vous rends saints. 9Si une fille de prêtre se déshonore en s'adonnant à la prostitution, elle profane son père, elle périra par le feu.

10Le prêtre qui a la prééminence sur les autres prêtres, sur la tête duquel a été répandue l'huile d'onction et qui a reçu sa charge pour porter les vêtements sacrés, ne se décoiffera pas la tête et ne déchirera pas ses vêtements. 11Il ne s'approchera d'aucun corps mort ; il ne se rendra même pas impur, pour son père ou sa mère. 12Il ne quittera pas le sanctuaire pour ne pas profaner le sanctuaire de son Dieu, car il a été consacré par l'huile d'onction de son Dieu. Je suis l'Eternel.

13Il prendra pour femme une jeune fille. 14Il n'épousera ni une veuve ni une femme répudiée, déshonorée ou prostituée ; c'est une jeune fille de son peuple qu'il épousera. 15Il ne profanera pas sa descendance au milieu de son peuple, car moi, l'Eternel, je le rends saint.

16Puis l'Eternel s'adressa à Moïse en ces termes : 17Parle à Aaron et dis-lui : Aucun homme parmi tes descendants, dans toutes les générations, qui serait atteint d'une malformation corporelle ne s'approchera pour offrir l'aliment

[l] 21.4 Traduction incertaine. Autre traduction : *il ne doit pas se rendre impur pour une personne qui lui est apparentée par mariage.*
[m] 21.4 Autres traductions : *profanerait son peuple, profanerait cette personne.*

od. 18 No man who has any defect may come near: o man who is blind or lame, disfigured or deformed; 9 no man with a crippled foot or hand, 20 or who is a unchback or a dwarf, or who has any eye defect, or vho has festering or running sores or damaged testiles. 21 No descendant of Aaron the priest who has any lefect is to come near to present the food offerings o the LORD. He has a defect; he must not come near o offer the food of his God. 22 He may eat the most oly food of his God, as well as the holy food; 23 yet ecause of his defect, he must not go near the curtain r approach the altar, and so desecrate my sanctuary. am the LORD, who makes them holy.' "

24 So Moses told this to Aaron and his sons and to ll the Israelites.

22 1 The LORD said to Moses, 2 "Tell Aaron and his sons to treat with respect the sacred offerngs the Israelites consecrate to me, so they will not rofane my holy name. I am the LORD.

3 "Say to them: 'For the generations to come, if any f your descendants is ceremonially unclean and yet omes near the sacred offerings that the Israelites onsecrate to the LORD, that person must be cut off rom my presence. I am the LORD.

4 " 'If a descendant of Aaron has a defiling skin isease[x] or a bodily discharge, he may not eat the acred offerings until he is cleansed. He will also be nclean if he touches something defiled by a corpse r by anyone who has an emission of semen, 5 or if he ouches any crawling thing that makes him unclean, r any person who makes him unclean, whatever the ncleanness may be. 6 The one who touches any such hing will be unclean till evening. He must not eat any f the sacred offerings unless he has bathed himself vith water. 7 When the sun goes down, he will be clean, nd after that he may eat the sacred offerings, for hey are his food. 8 He must not eat anything found ead or torn by wild animals, and so become unclean hrough it. I am the LORD.

9 " 'The priests are to perform my service in such way that they do not become guilty and die for reating it with contempt. I am the LORD, who makes hem holy.

10 " 'No one outside a priest's family may eat the acred offering, nor may the guest of a priest or his ired worker eat it. 11 But if a priest buys a slave with noney, or if slaves are born in his household, they may at his food. 12 If a priest's daughter marries anyone ther than a priest, she may not eat any of the sacred ontributions. 13 But if a priest's daughter becomes a vidow or is divorced, yet has no children, and she reurns to live in her father's household as in her youth, he may eat her father's food. No unauthorized person, owever, may eat it.

22:4 The Hebrew word for *defiling skin disease*, traditionally transated "leprosy," was used for various diseases affecting the skin.

de son Dieu. 18 Sont exclus du service tous ceux qui ont une infirmité : quelqu'un qui est aveugle ou boiteux, qui est défiguré ou qui a des membres disproportionnés, 19 qui est estropié de la jambe ou du bras, 20 bossu ou nain, affligé d'une taie sur l'œil, qui a la gale, des plaies purulentes ou les testicules écrasés. 21 Aucun descendant du prêtre Aaron ayant une malformation n'offrira à l'Eternel les sacrifices consumés par le feu ; du moment qu'il a une malformation en lui, il ne s'approchera pas pour offrir les aliments de son Dieu. 22 Il pourra consommer l'aliment de son Dieu, les offrandes saintes et très saintes, 23 mais il ne s'avancera pas jusqu'au voile et ne s'approchera pas de l'autel, à cause de sa malformation ; ainsi il ne profanera pas mes lieux saints[n], car moi, l'Eternel, je les rends saints.

24 Moïse transmit ces paroles à Aaron, à ses fils et à tous les Israélites.

La loi sur les offrandes saintes

Ceux qui peuvent y avoir part

22 1 L'Eternel s'adressa à Moïse en ces termes : 2 Instruis Aaron et ses fils des cas où ils doivent se tenir à l'écart des offrandes saintes des Israélites, afin de ne pas profaner ma sainteté au travers des choses qu'ils me consacrent. Je suis l'Eternel.

3 Dis-leur : pour les générations présentes et futures, si l'un de vos descendants s'approche en état d'impureté rituelle des offrandes saintes que les Israélites m'ont consacrées, il sera exclu de ma présence. Je suis l'Eternel.

4 Aucun descendant d'Aaron atteint d'une maladie de la peau à caractère évolutif ou d'une gonorrhée ne mangera des offrandes saintes jusqu'à ce qu'il soit en état de pureté. La même règle s'appliquera à celui qui aura touché toute impureté liée à un cadavre, à celui qui aura une émission séminale, 5 qui aura touché quelque bestiole qui se meut à ras de terre et rend impur, ou une personne dont le contact rend impur, quelle que soit l'impureté. 6 Celui qui aura eu de tels contacts restera en état d'impureté jusqu'au soir et il ne mangera pas d'offrandes saintes sans s'être lavé le corps à l'eau. 7 Après le coucher du soleil, il sera pur, et alors seulement il pourra manger des offrandes saintes, car c'est sa nourriture. 8 Il ne doit pas manger de bête crevée ou déchirée par une bête sauvage, cela le rendrait impur. Je suis l'Eternel.

9 Les prêtres devront observer mes prescriptions pour ne pas se charger d'une faute et mourir pour avoir commis en cela une profanation. Moi, l'Eternel, je les rends saints.

10 Aucun profane ne mangera d'une offrande sainte ; même pas l'hôte d'un prêtre ou son salarié. 11 Par contre, si une personne a été acquise à prix d'argent par un prêtre, ou si elle est née dans sa maison, elle pourra partager sa nourriture. 12 Une fille de prêtre mariée à un homme d'une autre tribu ne pourra plus manger de ce qui a été prélevé sur les offrandes saintes. 13 Mais si elle est devenue veuve ou si elle a été répudiée et est sans enfants, et qu'elle soit retournée dans la maison de son père comme au temps de sa jeunesse, elle partagera la nourriture de son père ; mais aucun profane n'en mangera.

n 21.23 Autre traduction : *mes choses qui me sont consacrées.*

14 " 'Anyone who eats a sacred offering by mistake
must make restitution to the priest for the offering
and add a fifth of the value to it. 15 The priests must
not desecrate the sacred offerings the Israelites present to the LORD 16 by allowing them to eat the sacred
offerings and so bring upon them guilt requiring payment. I am the LORD, who makes them holy.' "

Unacceptable Sacrifices

17 The LORD said to Moses, 18 "Speak to Aaron and his
sons and to all the Israelites and say to them: 'If any
of you – whether an Israelite or a foreigner residing
in Israel – presents a gift for a burnt offering to the
LORD, either to fulfill a vow or as a freewill offering,
19 you must present a male without defect from the
cattle, sheep or goats in order that it may be accepted
on your behalf. 20 Do not bring anything with a defect, because it will not be accepted on your behalf.
21 When anyone brings from the herd or flock a fellowship offering to the LORD to fulfill a special vow or as a
freewill offering, it must be without defect or blemish
to be acceptable. 22 Do not offer to the LORD the blind,
the injured or the maimed, or anything with warts or
festering or running sores. Do not place any of these
on the altar as a food offering presented to the LORD.
23 You may, however, present as a freewill offering an
ox[y] or a sheep that is deformed or stunted, but it will
not be accepted in fulfillment of a vow. 24 You must not
offer to the LORD an animal whose testicles are bruised,
crushed, torn or cut. You must not do this in your own
land, 25 and you must not accept such animals from
the hand of a foreigner and offer them as the food of
your God. They will not be accepted on your behalf,
because they are deformed and have defects.' "

26 The LORD said to Moses, 27 "When a calf, a lamb or a
goat is born, it is to remain with its mother for seven
days. From the eighth day on, it will be acceptable as a
food offering presented to the LORD. 28 Do not slaughter
a cow or a sheep and its young on the same day.

29 "When you sacrifice a thank offering to the LORD,
sacrifice it in such a way that it will be accepted on
your behalf. 30 It must be eaten that same day; leave
none of it till morning. I am the LORD.

31 "Keep my commands and follow them. I am the
LORD. 32 Do not profane my holy name, for I must be
acknowledged as holy by the Israelites. I am the LORD,
who made you holy 33 and who brought you out of
Egypt to be your God. I am the LORD."

The Appointed Festivals

23 1 The LORD said to Moses, 2 "Speak to the
Israelites and say to them: 'These are my appointed festivals, the appointed festivals of the LORD,
which you are to proclaim as sacred assemblies.

y 22:23 The Hebrew word can refer to either male or female.

14 Si quelqu'un a mangé par inadvertance une offrand
sainte, il en rendra l'équivalent au prêtre en y ajoutan
un cinquième.
15 Les prêtres ne profaneront pas les offrandes saint
es des Israélites, ce qu'ils prélèvent pour l'Eternel. 16 E
consommant leurs offrandes saintes, ils se chargeraien
d'une faute exigeant réparation, car moi, l'Eternel, je le
rends saintes.

Les sacrifices acceptables et inacceptables

17 L'Eternel s'adressa à Moïse en ces termes : 18 Parle
Aaron, à ses fils et à tous les Israélites, et dis-leur : Tou
homme – Israélite ou immigré – qui offre un holocaust
à l'Eternel – soit pour l'accomplissement de quelque vœ
soit comme don volontaire – 19 devra apporter, pour êtr
agréé, une bête mâle sans défaut, un bovin, un mouton o
un chevreau. 20 Vous n'offrirez pas un animal présentar
une malformation, car votre sacrifice ne serait pas agréé
21 De même, si un homme offre à l'Eternel un sacrifice d
communion sous forme de gros ou de menu bétail pou
accomplir un vœu, ou comme don volontaire, il devr
présenter, s'il veut être agréé, une victime sans défaut n
présentant aucune malformation. 22 Vous n'offrirez pas
l'Eternel une bête aveugle, estropiée, mutilée ou affecté
d'un ulcère, de la gale ou d'une dartre, vous ne la ferez pa
brûler sur l'autel comme sacrifice consumé pour l'Eterne
23 Si un bovin ou un agneau a un membre trop long ou tro
court, tu pourras l'offrir comme don volontaire, mais u
tel animal ne serait pas agréé pour l'accomplissement d'u
vœu. 24 Vous n'offrirez pas à l'Eternel un animal ayant de
organes génitaux écrasés ou broyés, arrachés ou coupés
vous ne ferez pas cela quand vous serez dans votre pay
25 Vous n'accepterez même pas de tels animaux de la par
d'un étranger pour les offrir comme aliment à votre Dieu
du moment qu'ils sont mutilés ou ont une malformatio
ils ne seront pas agréés de votre part.
26 L'Eternel parla à Moïse en ces termes : 27 Quand u
veau, un agneau ou un chevreau naîtra, il restera sep
jours avec sa mère ; à partir du huitième jour seulemen
il pourra être agréé comme sacrifice consumé offert
l'Eternel. 28 Mais vous n'immolerez jamais une vache, un
brebis ou une chèvre le même jour que son petit[o].
29 Quand vous offrirez un sacrifice de reconnaissance
l'Eternel, faites-le de manière à être agréés. 30 Il sera mang
le jour même ; vous n'en laisserez rien jusqu'au lendemai
matin. Je suis l'Eternel.
31 Vous obéirez à mes commandements et vous les ac
complirez. Je suis l'Eternel.
32 Vous ne profanerez pas ma sainteté ; ma sainteté ser
respectée par les Israélites. Moi, l'Eternel, je vous rend
saints, 33 moi qui vous ai fait sortir d'Egypte pour êtr
votre Dieu. Je suis l'Eternel.

La loi sur les fêtes

23 1 L'Eternel s'adressa à Moïse en ces termes : 2 Parl
aux Israélites et dis-leur : Voici les fêtes que vou
devez célébrer pour le Seigneur et à l'occasion desquelle
vous convoquerez le peuple pour qu'il me rende un culte

o **22.28** Il s'agit peut-être là d'un rite païen, où d'une mesure exprimant le souci du respect de la vie animale (cf. Ex 23.19 ; Dt 22.6-7 ; 20.19-20).

he Sabbath

[3]" 'There are six days when you may work, but the
eventh day is a day of sabbath rest, a day of sacred
ssembly. You are not to do any work; wherever you
ve, it is a sabbath to the LORD.

he Passover and the Festival of Unleavened Bread

[4]" 'These are the LORD's appointed festivals, the
acred assemblies you are to proclaim at their ap-
ointed times: [5]The LORD's Passover begins at twilight
n the fourteenth day of the first month. [6]On the
ifteenth day of that month the LORD's Festival of
Jnleavened Bread begins; for seven days you must
at bread made without yeast. [7]On the first day hold
sacred assembly and do no regular work. [8]For sev-
n days present a food offering to the LORD. And on
he seventh day hold a sacred assembly and do no
egular work.' "

ffering the Firstfruits

[9]The LORD said to Moses, [10]"Speak to the Israelites
nd say to them: 'When you enter the land I am go-
ng to give you and you reap its harvest, bring to the
riest a sheaf of the first grain you harvest. [11]He is to
vave the sheaf before the LORD so it will be accepted
n your behalf; the priest is to wave it on the day
fter the Sabbath. [12]On the day you wave the sheaf,
ou must sacrifice as a burnt offering to the LORD a
amb a year old without defect, [13]together with its
rain offering of two-tenths of an ephah[z] of the finest
lour mixed with olive oil – a food offering presented
o the LORD, a pleasing aroma – and its drink offering
f a quarter of a hin[a] of wine. [14]You must not eat any
read, or roasted or new grain, until the very day
ou bring this offering to your God. This is to be a
asting ordinance for the generations to come, wherever you live.

he Festival of Weeks

[15]" 'From the day after the Sabbath, the day you
rought the sheaf of the wave offering, count off seven
ull weeks. [16]Count off fifty days up to the day after
he seventh Sabbath, and then present an offering
f new grain to the LORD. [17]From wherever you live,

23:13 That is, probably about 7 pounds or about 3.2 kilograms;
lso in verse 17
23:13 That is, about 1 quart or about 1 liter

Le sabbat

[3]Durant six jours on fera son travail, mais le septième
jour est un sabbat, un jour de repos ; il y aura une assemblée cultuelle et vous ne ferez aucun travail ce jour-là,
c'est un sabbat en l'honneur de l'Eternel partout où vous
habiterez.

[4]Voici les autres fêtes de l'Eternel pour lesquelles vous
convoquerez le peuple pour qu'il me rende un culte aux
dates fixées.

La Pâque et la fête des Pains sans levain

[5]Au soir du quatorzième jour du premier mois[p], à la nuit
tombante, c'est la Pâque de l'Eternel ; [6]et le quinzième jour
du mois c'est la fête des Pains sans levain en l'honneur de
l'Eternel ; pendant sept jours, vous mangerez des pains
sans levain. [7]Vous consacrerez le premier jour de cette
fête à une assemblée cultuelle ; vous n'accomplirez ce
jour-là aucune des tâches de votre travail de la semaine[q].
[8]Pendant sept jours, vous offrirez à l'Eternel des sacrifices
consumés par le feu. Le septième jour, vous convoquerez
le peuple pour qu'il se rassemble afin de me rendre un
culte et vous n'accomplirez aucune des tâches de votre
travail de la semaine.

La fête de la Première Gerbe

[9]L'Eternel parla encore à Moïse en ces termes : [10]Dis aux
Israélites : Quand vous serez dans le pays que je vais vous
donner et que vous y ferez la moisson, vous apporterez au
prêtre la première gerbe de votre récolte. [11]Le lendemain
du sabbat, il fera devant moi le geste de présentation avec
cette gerbe pour que vous obteniez ma faveur. [12]Le jour où
vous accomplirez ce geste avec la gerbe, vous m'offrirez en
holocauste un agneau sans défaut, dans sa première année. [13]Vous y adjoindrez une offrande de six kilogrammes
de farine[r] pétrie à l'huile, qui, consumée par le feu pour
l'Eternel, aura une odeur apaisante, et une libation d'un
litre et demi de vin[s]. [14]Avant ce jour où vous apporterez
l'offrande à votre Dieu, vous ne mangerez ni pain, ni épis
grillés ou grains nouveaux. C'est là une ordonnance en
vigueur à perpétuité pour toutes les générations partout
où vous habiterez.

La fête des Semaines[t]

[15]Vous compterez sept semaines entières à partir du
lendemain du jour du sabbat, jour où vous aurez apporté
la gerbe destinée à m'être présentée[u]. [16]Vous compterez
cinquante jours jusqu'au lendemain du septième jour de
sabbat et, ce jour-là, vous me présenterez une nouvelle
offrande. [17]Vous apporterez, des lieux où vous habiterez,
deux pains pour le geste de présentation : chacun d'eux

[p] **23.5** C'est-à-dire mars-avril (mois de Nisân).

[q] **23.7** Contrairement au jour du sabbat où aucun travail n'était autorisé, pas même la préparation d'un repas ou l'allumage d'un feu (Ex 35.2-3), l'interdiction ne porte ici que sur les tâches relatives au travail qu'on peut assimiler à une activité professionnelle. La préparation d'un repas, par exemple, est autorisée (voir Ex 12.6).

[r] **23.13** Il s'agit de *deux dixièmes d'épha*, c'est-à-dire environ sept litres.

[s] **23.13** Il s'agit d'*un quart de hîn*. Le hîn contenait six litres.

[t] **23.15 titre** Ainsi nommée parce qu'elle tombe sept semaines après le premier dimanche tombant lors de la Pâque ou de la fête des Pains sans levain.

[u] **23.15** Pour les v. 15-21, voir Ex 23.16 ; 34.22 ; Nb 28.26 ; Dt 16.9-16.

bring two loaves made of two-tenths of an ephah of the finest flour, baked with yeast, as a wave offering of firstfruits to the LORD. 18 Present with this bread seven male lambs, each a year old and without defect, one young bull and two rams. They will be a burnt offering to the LORD, together with their grain offerings and drink offerings – a food offering, an aroma pleasing to the LORD. 19 Then sacrifice one male goat for a sin offering[b] and two lambs, each a year old, for a fellowship offering. 20 The priest is to wave the two lambs before the LORD as a wave offering, together with the bread of the firstfruits. They are a sacred offering to the LORD for the priest. 21 On that same day you are to proclaim a sacred assembly and do no regular work. This is to be a lasting ordinance for the generations to come, wherever you live.

22 " 'When you reap the harvest of your land, do not reap to the very edges of your field or gather the gleanings of your harvest. Leave them for the poor and for the foreigner residing among you. I am the LORD your God.' "

The Festival of Trumpets

23 The LORD said to Moses, 24 "Say to the Israelites: 'On the first day of the seventh month you are to have a day of sabbath rest, a sacred assembly commemorated with trumpet blasts. 25 Do no regular work, but present a food offering to the LORD.' "

The Day of Atonement

26 The LORD said to Moses, 27 "The tenth day of this seventh month is the Day of Atonement. Hold a sacred assembly and deny yourselves,[c] and present a food offering to the LORD. 28 Do not do any work on that day, because it is the Day of Atonement, when atonement is made for you before the LORD your God. 29 Those who do not deny themselves on that day must be cut off from their people. 30 I will destroy from among their people anyone who does any work on that day. 31 You shall do no work at all. This is to be a lasting ordinance for the generations to come, wherever you live. 32 It is a day of sabbath rest for you, and you must deny yourselves. From the evening of the ninth day of the month until the following evening you are to observe your sabbath."

The Festival of Tabernacles

33 The LORD said to Moses, 34 "Say to the Israelites: 'On the fifteenth day of the seventh month the LORD's Festival of Tabernacles begins, and it lasts for seven days. 35 The first day is a sacred assembly; do no regular work. 36 For seven days present food offerings to

---

b 23:19 Or *purification offering*
c 23:27 Or *and fast*; similarly in verses 29 and 32

sera fait de six kilogrammes de fleur de farine cuits e pâte avec du levain. Ce sera une offrande de vos première récoltes pour l'Eternel. 18 Avec le pain vous offrirez auss sept agneaux sans défaut, dans leur première année, u jeune taureau et deux béliers, qui me seront offerts e holocauste, accompagnés de leur offrande et de leur li bation. Ce sera un sacrifice consumé par le feu, à l'odeu apaisante pour l'Eternel. 19 Vous offrirez aussi un bou en sacrifice pour le péché et deux agneaux d'un an e sacrifice de communion. 20 Le prêtre fera avec le pai des premières récoltes le geste de présentation devan l'Eternel. Ils me seront consacrés avec les deux agneaux e reviendront au prêtre. 21 Ce même jour, vous convoquere le peuple pour qu'il me rende un culte. Vous n'accomplire aucune des tâches de votre travail de la semaine ; c'est un ordonnance en vigueur à perpétuité et pour toutes le générations dans tous les lieux où vous habiterez.

22 Quand vous ferez la moisson dans votre pays, vous n moissonnerez pas vos champs jusqu'au bord, et vous n glanerez pas ce qui pourra rester de votre moisson ; vou laisserez cela au pauvre et à l'immigré. Je suis l'Eterne votre Dieu.

La fête des Trompettes

23 L'Eternel s'adressa à Moïse en ces termes : 24 Parle au Israélites, et dis-leur : Le premier jour du septième moi sera pour vous un grand jour de repos et de sonnerie d trompettes pour vous rappeler à mon souvenir, ainsi qu d'un rassemblement cultuel[v]. 25 Vous n'accomplirez ce jour là aucune des tâches de votre travail de la semaine, e vous offrirez à l'Eternel des sacrifices consumés par le feu

Le jour des Expiations

26 L'Eternel parla encore à Moïse en ces termes : 27 Le dix ième jour de ce septième mois est le jour des Expiations[w] ce sera un jour d'assemblée cultuelle, vous vous humil ierez et vous offrirez à l'Eternel des sacrifices consumé par le feu. 28 Vous ne ferez aucun travail ce jour-là, ca c'est le jour des Expiations destiné à faire l'expiation pou vous devant l'Eternel votre Dieu. 29 Toute personne qu ne s'humilierait pas ce jour-là sera exclue de son peuple 30 Et je ferai moi-même disparaître de mon peuple celu qui fera un travail quelconque ce jour-là. 31 Vous ne fere aucune sorte de travail. C'est une ordonnance en vigueur perpétuité pour toutes les générations dans tous les lieu où vous habiterez. 32 Ce sera pour vous un jour de repo complet, au cours duquel vous vous humilierez. Dès le soi du neuvième jour du mois jusqu'au lendemain soir, vou observerez ce repos.

La fête des Cabanes

33 L'Eternel s'adressa à Moïse en ces termes : 34 Parle au Israélites, et dis-leur : Le quinzième jour de ce septièm mois, aura lieu la fête des Cabanes ; on la célébrera duran sept jours en l'honneur de l'Eternel. 35 Le premier jour, i y aura une assemblée cultuelle ; vous n'accomplirez c jour-là aucune des tâches de votre travail de la semaine 36 Pendant sept jours, vous offrirez à l'Eternel des sacrifice consumés par le feu. Le huitième jour, vous aurez encor une assemblée cultuelle et vous m'offrirez des sacrifice

---

v 23.24 Pour les v. 24-25, voir Nb 29.1-6.
w 23.27 Il s'agit du jour du *Yom Kippour* (pour les détails, voir chap. 16 ; Nb 29.7-11).

the LORD, and on the eighth day hold a sacred assembly and present a food offering to the LORD. It is the closing special assembly; do no regular work.

37("'These are the LORD's appointed festivals, which you are to proclaim as sacred assemblies for bringing food offerings to the LORD – the burnt offerings and grain offerings, sacrifices and drink offerings required for each day. 38These offerings are in addition to those for the LORD's Sabbaths and[d] in addition to your gifts and whatever you have vowed and all the freewill offerings you give to the LORD.)

39"'So beginning with the fifteenth day of the seventh month, after you have gathered the crops of the land, celebrate the festival to the LORD for seven days; the first day is a day of sabbath rest, and the eighth day also is a day of sabbath rest. 40On the first day you are to take branches from luxuriant trees – from palms, willows and other leafy trees – and rejoice before the LORD your God for seven days. 41Celebrate this as a festival to the LORD for seven days each year. This is to be a lasting ordinance for the generations to come; celebrate it in the seventh month. 42Live in temporary shelters for seven days: All native-born Israelites are to live in such shelters 43so your descendants will know that I had the Israelites live in temporary shelters when I brought them out of Egypt. I am the LORD your God.'"

44So Moses announced to the Israelites the appointed festivals of the LORD.

Olive Oil and Bread Set Before the LORD

24 1The LORD said to Moses, 2"Command the Israelites to bring you clear oil of pressed olives for the light so that the lamps may be kept burning continually. 3Outside the curtain that shields the ark of the covenant law in the tent of meeting, Aaron is to tend the lamps before the LORD from evening till morning, continually. This is to be a lasting ordinance for the generations to come. 4The lamps on the pure gold lampstand before the LORD must be tended continually.

5"Take the finest flour and bake twelve loaves of bread, using two-tenths of an ephah[e] for each loaf. 6Arrange them in two stacks, six in each stack, on the table of pure gold before the LORD. 7By each stack put some pure incense as a memorial[f] portion to represent the bread and to be a food offering presented to the LORD. 8This bread is to be set out before the LORD regularly, Sabbath after Sabbath, on behalf of the Israelites, as a lasting covenant. 9It belongs to Aaron and his sons, who are to eat it in the sanctuary area, because it is a most holy part of their perpetual share of the food offerings presented to the LORD."

consumés par le feu. C'est un jour de fête cultuelle ; vous n'accomplirez ce jour-là aucune des tâches de votre travail de la semaine.

37Telles sont les fêtes à célébrer en l'honneur de l'Eternel, et pour lesquelles vous convoquerez le peuple pour qu'il rende un culte à l'Eternel et lui offre, en sacrifices consumés par le feu, les holocaustes et les offrandes, les sacrifices et les libations requis pour chaque jour. 38Ils viendront s'ajouter à ceux que vous offrirez lors des sabbats de l'Eternel, ainsi qu'à vos dons, et aux sacrifices que vous offrez à l'Eternel pour accomplir un vœu ou volontairement.

39Le quinzième jour du septième mois quand vous aurez récolté tous les produits de vos terres, vous célébrerez une fête en l'honneur de l'Eternel pendant sept jours[x]. Le premier et le huitième jour seront des jours de repos[y].

40Le premier jour, vous prendrez du produit de vos arbres d'ornement, des branches de palmiers, des rameaux d'arbres touffus et de saules des rivières. Pendant sept jours, vous vous réjouirez devant moi, l'Eternel votre Dieu. 41Vous célébrerez cette fête en l'honneur de l'Eternel sept jours par an. C'est une ordonnance en vigueur à perpétuité, pour toutes les générations : vous la célébrerez le septième mois. 42Vous habiterez pendant sept jours dans des cabanes ; tous ceux qui seront nés en Israël logeront dans des cabanes 43pour que vos descendants sachent que j'ai fait habiter les Israélites sous des tentes[z] lorsque je les ai fait sortir d'Egypte. Je suis l'Eternel votre Dieu.

Conclusion

44Moïse transmit aux Israélites les instructions concernant les fêtes de l'Eternel.

Le chandelier et les pains exposés devant l'Eternel

24 1L'Eternel parla à Moïse en ces termes : 2Ordonne aux Israélites de t'apporter pour le chandelier de l'huile raffinée d'olives concassées pour alimenter en permanence les lampes du chandelier. 3Aaron disposera ces lampes devant le voile qui cache le coffre de l'acte de l'alliance, dans la tente de la Rencontre, pour qu'elles brûlent continuellement du soir au matin devant l'Eternel. C'est une loi en vigueur à perpétuité pour toutes les générations. 4Il disposera les lampes sur le chandelier d'or pur pour qu'elles brûlent en permanence devant moi[a].

5Tu prendras de la fleur de farine et tu feras cuire douze pains de six kilogrammes chacun. 6Tu les disposeras en deux rangées de six pains sur la table d'or pur devant l'Eternel. 7Tu saupoudreras chaque rangée d'encens pur qui sera ensuite brûlé à la place des pains comme un mets consumé pour l'Eternel et qui servira de mémorial.

8Chaque sabbat, on disposera ces pains devant l'Eternel pour qu'il y en ait toujours. C'est une alliance qui lie pour toujours les Israélites. 9Ces pains reviendront à Aaron et à ses fils qui les mangeront dans un lieu saint, car c'est une chose très sainte, prélevée sur les offrandes de l'Eternel consumées par le feu. C'est une ordonnance en vigueur à perpétuité.

[d] **23:38** Or *These festivals are in addition to the LORD's Sabbaths, and these offerings are*
[e] **24:5** That is, probably about 7 pounds or about 3.2 kilograms
[f] **24:7** Or *representative*

[x] **23.39** Cette fête des récoltes est identique à la fête des Cabanes (v. 34-36 : mêmes dates).
[y] **23.39** Pour les v. 39-43, voir Ex 23.16 ; 34.22 ; Nb 29.12 ; Dt 16.13-15.
[z] **23.43** En hébreu, un même terme signifie tantôt « cabanes » (v. 42), tantôt « tentes ».
[a] **24.4** Pour les v. 2-4, voir Ex 27.20-21.

A Blasphemer Put to Death

10 Now the son of an Israelite mother and an Egyptian father went out among the Israelites, and a fight broke out in the camp between him and an Israelite. 11 The son of the Israelite woman blasphemed the Name with a curse; so they brought him to Moses. (His mother's name was Shelomith, the daughter of Dibri the Danite.) 12 They put him in custody until the will of the LORD should be made clear to them.

13 Then the LORD said to Moses: 14 "Take the blasphemer outside the camp. All those who heard him are to lay their hands on his head, and the entire assembly is to stone him. 15 Say to the Israelites: 'Anyone who curses their God will be held responsible; 16 anyone who blasphemes the name of the LORD is to be put to death. The entire assembly must stone them. Whether foreigner or native-born, when they blaspheme the Name they are to be put to death.

17 " 'Anyone who takes the life of a human being is to be put to death. 18 Anyone who takes the life of someone's animal must make restitution – life for life. 19 Anyone who injures their neighbor is to be injured in the same manner: 20 fracture for fracture, eye for eye, tooth for tooth. The one who has inflicted the injury must suffer the same injury. 21 Whoever kills an animal must make restitution, but whoever kills a human being is to be put to death. 22 You are to have the same law for the foreigner and the native-born. I am the LORD your God.' "

23 Then Moses spoke to the Israelites, and they took the blasphemer outside the camp and stoned him. The Israelites did as the LORD commanded Moses.

The Sabbath Year

25 1 The LORD said to Moses at Mount Sinai, 2 "Speak to the Israelites and say to them: 'When you enter the land I am going to give you, the land itself must observe a sabbath to the LORD. 3 For six years sow your fields, and for six years prune your vineyards and gather their crops. 4 But in the seventh year the land is to have a year of sabbath rest, a sabbath to the LORD. Do not sow your fields or prune your vineyards. 5 Do not reap what grows of itself or harvest the grapes of your untended vines. The land is to have a year of rest. 6 Whatever the land yields during the sabbath year will be food for you – for yourself, your

Les peines pour divers crimes

Châtiment d'un blasphémateur

10 Le fils d'une femme israélite et d'un père égyptien[b] s'avança parmi les Israélites et se disputa dans le camp avec un Israélite. 11 Le fils de la femme israélite blasphéma et maudit le Nom par excellence. Alors on l'amena devant Moïse. Sa mère s'appelait Shelomith, elle était la fille de Dibri, de la tribu de Dan. 12 On le mit sous bonne garde en attendant que l'Eternel leur communique sa décision.

13 L'Eternel parla à Moïse en ces termes : 14 Fais sortir le blasphémateur hors du camp, tous ceux qui l'ont entendu poseront leurs mains sur sa tête ; ensuite, toute l'assemblée le lapidera.

15 Tu diras aux Israélites : Quiconque maudira son Dieu portera la responsabilité de sa faute. 16 Celui qui blasphème le nom de l'Eternel sera puni de mort ; toute la communauté le lapidera ; qu'il soit immigré ou autochtone, il sera mis à mort pour avoir blasphémé le Nom par excellence.

Œil pour œil, dent pour dent

17 Celui qui frappe à mort tout être humain sera puni de mort. 18 S'il fait périr un animal d'autrui, il le remplacera selon le principe : une vie pour une vie.

19 Si quelqu'un cause une infirmité à son prochain, on agira à son égard comme il a agi lui-même[c] : 20 fracture pour fracture, œil pour œil, dent pour dent ; on lui infligera la même infirmité que celle qu'il a causée.

21 Donc, celui qui frappe à mort un animal le remplacera, et celui qui tue un homme sera puni de mort.

22 Vous appliquerez le même jugement à tous, immigrés comme autochtones, car je suis l'Eternel, votre Dieu.

Exécution du châtiment du blasphémateur

23 Moïse dit aux Israélites de faire sortir le blasphémateur du camp ; ils le lapidèrent, appliquant ainsi l'ordre que l'Eternel avait donné à Moïse.

Le droit de rachat des terres et des personnes

L'année de repos pour la terre

25 1 Au mont Sinaï, l'Eternel s'adressa à Moïse en ces termes[d] :

2 Dis aux Israélites : Quand vous serez entrés dans le pays que je vais vous donner, la terre se reposera ; ce sera un temps de sabbat en l'honneur de l'Eternel. 3 Pendant six ans, tu ensemenceras ton champ, et pendant six ans, tu tailleras ta vigne et tu en récolteras les produits. 4 Mais la septième année sera un temps de sabbat, une année de repos pour la terre, un sabbat en l'honneur de l'Eternel ; tu n'ensemenceras pas ton champ et tu ne tailleras pas ta vigne. 5 Tu ne moissonneras pas les repousses de ta moisson précédente, et tu ne vendangeras pas les raisins de ta vigne non taillée : ce sera une année de repos pour la terre. 6 Vous vous nourrirez de ce que la terre produira pendant son

[b] **24.10** Des étrangers s'étaient joints aux Israélites lors de l'Exode (Ex 12.38) et exerçaient une mauvaise influence sur eux (Nb 11.4). Cet épisode introduit une nouvelle série de prescriptions applicable aussi aux étrangers.

[c] **24.19** Pour les v. 19-20, voir Ex 21.23-25 ; Dt 19.12. Cité en Mt 5.38.

[d] **25.1** Pour les v. 1-7, voir Ex 23.10-11.

male and female servants, and the hired worker and temporary resident who live among you, 7as well as for your livestock and the wild animals in your land. Whatever the land produces may be eaten.

The Year of Jubilee

8" 'Count off seven sabbath years – seven times seven years – so that the seven sabbath years amount to a period of forty-nine years. 9Then have the trumpet sounded everywhere on the tenth day of the seventh month; on the Day of Atonement sound the trumpet throughout your land. 10Consecrate the fiftieth year and proclaim liberty throughout the land to all its inhabitants. It shall be a jubilee for you; each of you is to return to your family property and to your own clan. 11The fiftieth year shall be a jubilee for you; do not sow and do not reap what grows of itself or harvest the untended vines. 12For it is a jubilee and is to be holy for you; eat only what is taken directly from the fields.

13" 'In this Year of Jubilee everyone is to return to their own property.

14" 'If you sell land to any of your own people or buy land from them, do not take advantage of each other. 15You are to buy from your own people on the basis of the number of years since the Jubilee. And they are to sell to you on the basis of the number of years left for harvesting crops. 16When the years are many, you are to increase the price, and when the years are few, you are to decrease the price, because what is really being sold to you is the number of crops. 17Do not take advantage of each other, but fear your God. I am the LORD your God.

18" 'Follow my decrees and be careful to obey my laws, and you will live safely in the land. 19Then the land will yield its fruit, and you will eat your fill and live there in safety. 20You may ask, "What will we eat in the seventh year if we do not plant or harvest our crops?" 21I will send you such a blessing in the sixth year that the land will yield enough for three years. 22While you plant during the eighth year, you will eat from the old crop and will continue to eat from it until the harvest of the ninth year comes in.

23" 'The land must not be sold permanently, because the land is mine and you reside in my land as foreigners and strangers. 24Throughout the land that you hold as a possession, you must provide for the redemption of the land.

25" 'If one of your fellow Israelites becomes poor and sells some of their property, their nearest relative is to come and redeem what they have sold. 26If, however, there is no one to redeem it for them but later on they prosper and acquire sufficient means to redeem it themselves, 27they are to determine the value for the years since they sold it and refund the balance to the one to whom they sold it; they can then go back to their own property. 28But if they do not acquire the means to repay, what was sold will remain in the

temps de repos, toi, ton serviteur, ta servante, ton ouvrier journalier et les étrangers résidant chez vous, 7ainsi que ton bétail et les animaux sauvages qui vivent dans ton pays : tout produit des terres leur servira de nourriture.

L'année du jubilé

8Vous compterez sept années de repos, soit sept fois sept ans, c'est-à-dire une période de quarante-neuf ans. 9Le dixième jour du septième mois, le jour des Expiations, vous ferez retentir le son du cor à travers tout le pays. 10Vous déclarerez année sainte cette cinquantième année et, dans tout le pays, vous proclamerez la libération pour tous ses habitants. Ce sera pour vous l'année du jubilé[e] ; chacun rentrera en possession de sa terre, et chacun retournera dans sa famille. 11La cinquantième année sera donc pour vous l'année du jubilé : vous ne sèmerez pas, vous ne moissonnerez pas les repousses, et vous ne vendangerez pas la vigne non taillée, 12car c'est l'année du jubilé ; vous la tiendrez pour sainte ; vous mangerez ce qui aura poussé dans les terres.

13En cette année jubilaire, chacun de vous retournera dans sa propriété. 14Si donc vous vendez une propriété à votre compatriote, ou si vous en achetez une de lui, qu'aucun de vous ne lèse son compatriote. 15On tiendra compte pour le prix d'achat du nombre d'années écoulées depuis le dernier jubilé, et son prix de vente sera donc fixé en fonction du nombre d'années de récolte restantes. 16Selon qu'il reste plus ou moins d'années, le prix d'achat sera élevé ou faible, car, en fait, ce qui est vendu, c'est un certain nombre de récoltes. 17Que nul de vous ne lèse donc son prochain, mais agissez par crainte de votre Dieu ; car je suis l'Eternel, votre Dieu.

18Vous obéirez à mes commandements, vous observerez mes lois et vous les appliquerez ; ainsi vous demeurerez dans le pays en sécurité ; 19et la terre vous donnera ses fruits, vous mangerez à satiété et vous y vivrez en sécurité.

20Peut-être direz-vous : « Que mangerons-nous la septième année puisque nous n'aurons ni semé ni rentré de récoltes ? » 21Sachez que la sixième année, je répandrai ma bénédiction sur vous, en vous assurant une récolte suffisante pour trois ans. 22Lorsque vous sèmerez la huitième année, vous vivrez encore sur l'ancienne récolte dont vous mangerez jusqu'à la récolte de la neuvième année.

Loi sur la vente de terres et de maisons

23Une terre ne devra jamais être vendue à titre définitif car le pays m'appartient et vous êtes chez moi des étrangers et des immigrés. 24Dans tout le pays que vous aurez en possession, vous garantirez le droit de rachat des terres.

25Lorsque ton compatriote devient pauvre et doit vendre une partie de son patrimoine foncier, un proche parent qui a le droit de rachat pourra racheter ce que son parent aura vendu. 26S'il ne se trouve personne qui ait le droit de rachat, mais que cet homme ait de quoi racheter lui-même la terre, 27il considérera le nombre d'années écoulées depuis la vente et versera le prix des années restantes à l'acquéreur ; ainsi il rentrera en possession de sa propriété. 28Mais s'il ne trouve pas les moyens de racheter sa

e **25.10** Jubilé vient de *Yôbêl,* « trompe, trompette » (de Jubal, Gn 4.21), celle qui annonçait le début de cette année de grâce à travers le pays, occasion « de jubiler » pour tous les opprimés.

possession of the buyer until the Year of Jubilee. It will be returned in the Jubilee, and they can then go back to their property.

29 " 'Anyone who sells a house in a walled city retains the right of redemption a full year after its sale. During that time the seller may redeem it. 30 If it is not redeemed before a full year has passed, the house in the walled city shall belong permanently to the buyer and the buyer's descendants. It is not to be returned in the Jubilee. 31 But houses in villages without walls around them are to be considered as belonging to the open country. They can be redeemed, and they are to be returned in the Jubilee.

32 " 'The Levites always have the right to redeem their houses in the Levitical towns, which they possess. 33 So the property of the Levites is redeemable – that is, a house sold in any town they hold – and is to be returned in the Jubilee, because the houses in the towns of the Levites are their property among the Israelites. 34 But the pastureland belonging to their towns must not be sold; it is their permanent possession.

35 " 'If any of your fellow Israelites become poor and are unable to support themselves among you, help them as you would a foreigner and stranger, so they can continue to live among you. 36 Do not take interest or any profit from them, but fear your God, so that they may continue to live among you. 37 You must not lend them money at interest or sell them food at a profit. 38 I am the LORD your God, who brought you out of Egypt to give you the land of Canaan and to be your God.

39 " 'If any of your fellow Israelites become poor and sell themselves to you, do not make them work as slaves. 40 They are to be treated as hired workers or temporary residents among you; they are to work for you until the Year of Jubilee. 41 Then they and their children are to be released, and they will go back to their own clans and to the property of their ancestors. 42 Because the Israelites are my servants, whom I brought out of Egypt, they must not be sold as slaves. 43 Do not rule over them ruthlessly, but fear your God.

44 " 'Your male and female slaves are to come from the nations around you; from them you may buy slaves. 45 You may also buy some of the temporary residents living among you and members of their clans born in your country, and they will become your property. 46 You can bequeath them to your children as inherited property and can make them slaves for life, but you must not rule over your fellow Israelites ruthlessly.

47 " 'If a foreigner residing among you becomes rich and any of your fellow Israelites become poor and sell themselves to the foreigner or to a member of the foreigner's clan, 48 they retain the right of redemption

terre, elle restera entre les mains de l'acquéreur jusqu'à l'année du jubilé. A ce moment-là, elle lui sera rendue et il en reprendra possession.

29 Si quelqu'un vend une maison d'habitation située dans une ville entourée de remparts, son droit de rachat durera une année entière à partir du jour de la vente, et sera limité à cela. 30 Si la maison n'a pas été rachetée au terme d'une année complète, elle sera définitivement acquise à l'acquéreur et à ses descendants : elle ne sera pas rendue à son propriétaire d'origine à l'année du jubilé. 31 Par contre, les maisons des villages sans mur d'enceinte seront considérées comme les champs du pays ; elles pourront être rachetées en permanence et seront rendues au jubilé.

32 Quant aux villes des lévites et aux maisons qu'ils y posséderont, ceux-ci bénéficieront d'un droit de rachat perpétuel sur ces maisons. 33 Si un lévite a vendu sa maison, l'acquéreur en sortira l'année du jubilé[f] ; en effet, les maisons des villes de lévites sont leur propriété inaliénable parmi les Israélites. 34 Les champs dépendant de leurs villes ne pourront pas être vendus ; car ils sont leur propriété à perpétuité.

L'aide aux pauvres

35 Si ton prochain qui vit près de toi s'appauvrit et tombe dans la misère, tu lui viendras en aide – il se trouve être comme un étranger ou un immigré –, afin qu'il survive à côté de toi. 36 Agis par crainte de Dieu : ne reçois de la part de ton prochain ni intérêt, ni profit, pour que celui-ci puisse vivre à côté de toi[g]. 37 Si tu lui prêtes de l'argent, tu n'en exigeras pas d'intérêt et si tu lui donnes de tes vivres, tu n'en tireras pas de profit. 38 Je suis l'Eternel, votre Dieu, qui vous ai fait sortir d'Egypte pour vous donner le pays de Canaan, pour être votre Dieu.

Loi sur les serviteurs et les esclaves

39 Si ton prochain qui vit près de toi devient pauvre et se vend à toi, tu ne le feras pas travailler comme un esclave[h]. 40 Tu le traiteras comme un ouvrier salarié ou comme un immigré ; il sera ton serviteur jusqu'à l'année du jubilé. 41 Alors il quittera ton service, lui et ses enfants, pour retourner dans sa famille et rentrer en possession du patrimoine de ses ancêtres. 42 Car ce sont mes esclaves que j'ai fait sortir d'Egypte ; ils ne doivent pas être vendus comme esclaves. 43 Tu ne les traiteras pas avec brutalité ; tu craindras ton Dieu.

44 Les esclaves, hommes ou femmes, qui vous appartiendront, proviendront des peuples étrangers qui vous entourent. C'est d'eux que vous pourrez acquérir des esclaves et des servantes. 45 De plus, vous pourrez acheter des étrangers résidant chez vous et des membres de leurs familles qui vivent parmi vous et qui sont nés dans votre pays, et ils deviendront votre propriété. 46 Vous pourrez les léguer en héritage à vos enfants pour qu'ils en aient la propriété. Ils seront vos esclaves à perpétuité ; mais vous ne traiterez pas avec brutalité vos compatriotes, les Israélites.

47 Si un étranger résidant chez toi s'enrichit, et que l'un de tes compatriotes s'endette envers lui et se vende à lui ou à l'un des descendants d'une famille étrangère, 48 il

f **25.33** Texte hébreu obscur. Autre traduction : *Même si c'est un lévite qui a acheté l'une de ces maisons, il en sortira l'année du jubilé.*

g **25.36** Pour les v. 36-37, voir Ex 22.24 ; Dt 15.7-11 ; 23.20-21.

h **25.39** Pour les v. 39-46, voir Ex 21.2-6 ; Dt 15.12-18.

after they have sold themselves. One of their relatives may redeem them: 49 An uncle or a cousin or any blood relative in their clan may redeem them. Or if they prosper, they may redeem themselves. 50 They and their buyer are to count the time from the year they sold themselves up to the Year of Jubilee. The price for their release is to be based on the rate paid to a hired worker for that number of years. 51 If many years remain, they must pay for their redemption a larger share of the price paid for them. 52 If only a few years remain until the Year of Jubilee, they are to compute that and pay for their redemption accordingly. 53 They are to be treated as workers hired from year to year; you must see to it that those to whom they owe service do not rule over them ruthlessly.

54 " 'Even if someone is not redeemed in any of these ways, they and their children are to be released in the Year of Jubilee, 55 for the Israelites belong to me as servants. They are my servants, whom I brought out of Egypt. I am the LORD your God.

Reward for Obedience

26 1 " 'Do not make idols or set up an image or a sacred stone for yourselves, and do not place a carved stone in your land to bow down before it. I am the LORD your God.

2 " 'Observe my Sabbaths and have reverence for my sanctuary. I am the LORD.

3 " 'If you follow my decrees and are careful to obey my commands, 4 I will send you rain in its season, and the ground will yield its crops and the trees their fruit. 5 Your threshing will continue until grape harvest and the grape harvest will continue until planting, and you will eat all the food you want and live in safety in your land.

6 " 'I will grant peace in the land, and you will lie down and no one will make you afraid. I will remove wild beasts from the land, and the sword will not pass through your country. 7 You will pursue your enemies, and they will fall by the sword before you. 8 Five of you will chase a hundred, and a hundred of you will chase ten thousand, and your enemies will fall by the sword before you.

9 " 'I will look on you with favor and make you fruitful and increase your numbers, and I will keep my covenant with you. 10 You will still be eating last year's harvest when you will have to move it out to make room for the new. 11 I will put my dwelling place[g] among you, and I will not abhor you. 12 I will walk among you and be your God, and you will be my people. 13 I am the LORD your God, who brought you out of Egypt so that you would no longer be slaves to the

[g] 26:11 Or *my tabernacle*

jouira, même après que la vente aura été effectuée, d'un droit de rachat : l'un de ses frères pourra le racheter. 49 Son oncle paternel ou son cousin[i], ou un autre membre de sa parenté proche ou éloignée pourra le racheter ; ou encore il pourra se racheter lui-même s'il en trouve les moyens. 50 Il calculera, avec l'acquéreur, le nombre d'années comprises entre la date de la vente et l'année du jubilé. Le prix du rachat sera fixé en fonction du nombre d'années, sur la base du salaire d'un ouvrier. 51 S'il reste encore beaucoup d'années, il versera pour son rachat une large part du prix payé par l'acquéreur. 52 Et s'il reste peu d'années jusqu'à celle du jubilé, il en tiendra compte et versera comme prix de rachat une somme proportionnelle au nombre de ces années. 53 L'homme sera chez son maître comme un ouvrier engagé à l'année, mais tu ne permettras pas qu'il soit traité avec brutalité. 54 S'il n'est racheté d'aucune de ces manières, il retrouvera sa liberté l'année du jubilé, lui et ses enfants. 55 Car c'est de moi que les Israélites sont esclaves, ce sont mes esclaves que j'ai fait sortir d'Egypte. Je suis l'Eternel votre Dieu.

LES SANCTIONS DE L'ALLIANCE

Les bénédictions

26 1 Vous ne vous fabriquerez pas d'idoles, vous ne vous dresserez ni statue ni stèle, et vous ne mettrez pas dans votre pays de pierre sculptée avec des figures pour vous prosterner devant elle ; car je suis l'Eternel, votre Dieu.

2 Vous observerez les jours de repos que je vous ai prescrits et vous révérerez mon sanctuaire. Je suis l'Eternel.

3 Si vous suivez mes ordonnances, si vous obéissez à mes commandements et si vous les appliquez[j], 4 je vous donnerai vos pluies en leur saison[k], la terre livrera ses produits et les vergers donneront leurs fruits. 5 Vous serez encore en train de battre le blé quand viendra le temps de la vendange et celle-ci durera jusqu'aux semailles[l] ; vous mangerez du pain à satiété, et vous habiterez en sécurité dans votre pays. 6 Je ferai régner la paix dans le pays ; quand vous vous coucherez, rien ne viendra troubler votre sommeil. Je ferai disparaître du pays les animaux nuisibles, et l'épée ne traversera pas votre territoire. 7 Vous poursuivrez vos ennemis, et ils succomberont devant vous sous les coups de l'épée. 8 Cinq d'entre vous en poursuivront cent, et cent d'entre vous en mettront dix mille en fuite, et vos ennemis tomberont devant vous sous les coups de l'épée. 9 Je prendrai soin de vous, je vous rendrai féconds et vous multiplierai, et je maintiendrai mon alliance avec vous. 10 Vous pourrez vivre longtemps de la récolte précédente, et vous devrez sortir l'ancienne pour engranger la nouvelle. 11 Je mettrai ma demeure au milieu de vous, et je ne vous rejetterai pas. 12 Je marcherai au milieu de vous : je serai votre Dieu et vous serez mon peuple[m]. 13 Je suis l'Eternel votre Dieu, qui vous ai fait sortir d'Egypte et

[i] **25.49** Il s'agit du fils de l'oncle paternel.
[j] **26.3** Pour les v. 3-5, voir Dt 11.13-15.
[k] **26.4** Les deux saisons de pluies nécessaires à la fertilité du sol : celles d'automne (octobre-décembre) pour ameublir le sol avant les semailles, celles de printemps pour faire grossir les grains et les fruits.
[l] **26.5** La moisson sera si abondante que le battage du blé se prolongera jusqu'en septembre, et la vendange si productive qu'elle durera jusqu'à fin octobre (voir Am 9.13).
[m] **26.12** Cité en 2 Co 6.16 ; Ap 21.3.

Egyptians; I broke the bars of your yoke and enabled you to walk with heads held high.

Punishment for Disobedience

14 " 'But if you will not listen to me and carry out all these commands, 15 and if you reject my decrees and abhor my laws and fail to carry out all my commands and so violate my covenant, 16 then I will do this to you: I will bring on you sudden terror, wasting diseases and fever that will destroy your sight and sap your strength. You will plant seed in vain, because your enemies will eat it. 17 I will set my face against you so that you will be defeated by your enemies; those who hate you will rule over you, and you will flee even when no one is pursuing you.

18 " 'If after all this you will not listen to me, I will punish you for your sins seven times over. 19 I will break down your stubborn pride and make the sky above you like iron and the ground beneath you like bronze. 20 Your strength will be spent in vain, because your soil will not yield its crops, nor will the trees of your land yield their fruit.

21 " 'If you remain hostile toward me and refuse to listen to me, I will multiply your afflictions seven times over, as your sins deserve. 22 I will send wild animals against you, and they will rob you of your children, destroy your cattle and make you so few in number that your roads will be deserted.

23 " 'If in spite of these things you do not accept my correction but continue to be hostile toward me, 24 I myself will be hostile toward you and will afflict you for your sins seven times over. 25 And I will bring the sword on you to avenge the breaking of the covenant. When you withdraw into your cities, I will send a plague among you, and you will be given into enemy hands. 26 When I cut off your supply of bread, ten women will be able to bake your bread in one oven, and they will dole out the bread by weight. You will eat, but you will not be satisfied.

27 " 'If in spite of this you still do not listen to me but continue to be hostile toward me, 28 then in my anger I will be hostile toward you, and I myself will punish you for your sins seven times over. 29 You will eat the flesh of your sons and the flesh of your daughters. 30 I will destroy your high places, cut down your incense altars and pile your dead bodies[h] on the lifeless forms of your idols, and I will abhor you. 31 I will turn your cities into ruins and lay waste your sanctuaries, and I will take no delight in the pleasing aroma of your offerings. 32 I myself will lay waste the land, so that your enemies who live there will be appalled. 33 I will scatter you among the nations and will draw out my sword and pursue you. Your land will be laid waste, and your cities will lie in ruins. 34 Then the land will enjoy its sabbath years all the time that it lies desolate and you are in the country of your enemies; then the land will rest and enjoy its sabbaths. 35 All the time that it lies desolate, the land will have the rest it did not have during the sabbaths you lived in it.

[h] **26:30** Or *your funeral offerings*

vous ai libérés de l'esclavage. J'ai brisé les barres de votre joug et je vous ai fait marcher la tête haute.

Les malédictions

14 Mais si vous ne m'écoutez pas, et si vous n'appliquez pas tous ces commandements, 15 si vous méprisez mes ordonnances et si vous rejetez mes lois, pour ne plus appliquer tous mes commandements, si vous violez ainsi mon alliance, 16 voici comment j'agirai envers vous : j'interviendrai contre vous pour vous plonger dans l'épouvante et vous envoyer le dépérissement et la fièvre qui consumeront vos yeux et vous mineront. Vous répandrez en vain vos semences, car vos ennemis s'empareront de vos récoltes. 17 Je me retournerai contre vous : vous serez battus par vos ennemis ; ceux qui vous haïssent domineront sur vous ; vous fuirez même sans que personne ne vous poursuive.

18 Si malgré cela vous ne m'écoutez pas encore, je vous infligerai, pour vos péchés, une correction sept fois plus sévère. 19 Je briserai la force dont vous vous enorgueillissez ; je rendrai le ciel au-dessus de vous dur comme du fer, et votre terre comme du bronze. 20 Vous épuiserez vos forces en vains efforts ; vos terres ne produiront plus rien et les vergers ne porteront plus de fruit.

21 Si vous continuez à me résister en refusant de m'écouter, je vous infligerai sept fois plus de coups pour vous punir de vos péchés. 22 Je lâcherai contre vous les bêtes sauvages qui vous raviront vos enfants, déchireront vos bêtes et vous réduiront à un petit nombre, en sorte que vos chemins deviendront déserts[n].

23 Et si, malgré ces châtiments, vous ne vous laissez pas corriger par moi, si vous vous opposez à moi, 24 moi aussi, je m'opposerai à vous et je vous frapperai moi aussi sept fois plus à cause de vos péchés. 25 Je déclencherai des guerres contre vous pour vous punir d'avoir transgressé l'alliance. Si vous vous réfugiez dans vos villes, je déchaînerai la peste au milieu de vous, et vous serez livrés à la merci de l'ennemi. 26 Je vous couperai les vivres, de sorte que dix femmes pourront cuire tout votre pain dans un seul four, elles vous le distribueront par rations pesées, et il n'apaisera pas votre faim.

27 Si malgré cela vous ne m'écoutez pas, si vous continuez à vous opposer à moi, 28 je m'opposerai à vous avec fureur et je vous corrigerai encore sept fois plus à cause de vos péchés. 29 Vous mangerez vos propres enfants. 30 Je dévasterai vos lieux de culte sur les hauteurs, j'abattrai vos autels à parfum, j'entasserai vos cadavres sur les cadavres de vos idoles, et je vous prendrai en aversion. 31 Je réduirai vos villes en ruine, je ravagerai vos sanctuaires, je ne me laisserai pas apaiser par l'odeur de vos sacrifices. 32 Je dévasterai moi-même le pays, de sorte que vos ennemis venus l'occuper en seront stupéfaits. 33 Quant à vous, je vous disperserai parmi des peuples étrangers et je vous poursuivrai avec l'épée, votre pays sera dévasté et vos villes deviendront des monceaux de ruines.

34 Alors la terre jouira d'années de repos durant tout le temps qu'elle sera désolée et que vous serez dans le pays de vos ennemis ; enfin elle chômera et jouira de son repos. 35 Durant toute cette période où elle demeurera dévastée, elle se reposera pour les années de repos dont vous l'aurez frustrée le temps que vous l'aurez habitée.

[n] **26.22** Les fauves se multiplient dans les campagnes dépeuplées (2 R 17.26 ; Ez 5.17).

36 "'As for those of you who are left, I will make their hearts so fearful in the lands of their enemies that the sound of a windblown leaf will put them to flight. They will run as though fleeing from the sword, and they will fall, even though no one is pursuing them. 37 They will stumble over one another as though fleeing from the sword, even though no one is pursuing them. So you will not be able to stand before your enemies. 38 You will perish among the nations; the land of your enemies will devour you. 39 Those of you who are left will waste away in the lands of their enemies because of their sins; also because of their ancestors' sins they will waste away.

40 "'But if they will confess their sins and the sins of their ancestors – their unfaithfulness and their hostility toward me, 41 which made me hostile toward them so that I sent them into the land of their enemies – then when their uncircumcised hearts are humbled and they pay for their sin, 42 I will remember my covenant with Jacob and my covenant with Isaac and my covenant with Abraham, and I will remember the land. 43 For the land will be deserted by them and will enjoy its sabbaths while it lies desolate without them. They will pay for their sins because they rejected my laws and abhorred my decrees. 44 Yet in spite of this, when they are in the land of their enemies, I will not reject them or abhor them so as to destroy them completely, breaking my covenant with them. I am the LORD their God. 45 But for their sake I will remember the covenant with their ancestors whom I brought out of Egypt in the sight of the nations to be their God. I am the LORD.'"

46 These are the decrees, the laws and the regulations that the LORD established at Mount Sinai between himself and the Israelites through Moses.

Redeeming What Is the LORD's

27

1 The LORD said to Moses, 2 "Speak to the Israelites and say to them: 'If anyone makes a special vow to dedicate a person to the LORD by giving the equivalent value, 3 set the value of a male between the ages of twenty and sixty at fifty shekels[i] of silver, according to the sanctuary shekel[j]; 4 for a female, set her value at thirty shekels[k]; 5 for a person between the ages of five and twenty, set the value of a male at twenty shekels[l] and of a female at ten shekels[m]; 6 for a person between one month and five years, set the value of a male at five shekels[n] of silver and that of a female at three shekels[o] of silver; 7 for a person sixty years old or more, set the value of a male at fifteen shekels[p] and of a female at ten shekels. 8 If anyone making the vow is too poor to pay the specified

[i] 27:3 That is, about 1 1/4 pounds or about 575 grams; also in verse 16
[j] 27:3 That is, about 2/5 ounce or about 12 grams; also in verse 25
[k] 27:4 That is, about 12 ounces or about 345 grams
[l] 27:5 That is, about 8 ounces or about 230 grams
[m] 27:5 That is, about 4 ounces or about 115 grams; also in verse 7
[n] 27:6 That is, about 2 ounces or about 58 grams
[o] 27:6 That is, about 1 1/4 ounces or about 35 grams
[p] 27:7 That is, about 6 ounces or about 175 grams

36 Quant à ceux d'entre vous qui survivront, je plongerai leur cœur dans l'angoisse en exil, chez leurs ennemis ; au seul bruit d'une feuille, ils fuiront comme on fuit devant l'épée de l'ennemi et ils tomberont sans que personne les poursuive. 37 Ils trébucheront l'un sur l'autre comme lorsqu'on fuit devant l'épée sans que personne ne les poursuive, et ils seront incapables de résister à leurs ennemis. 38 Vous périrez chez des peuples étrangers et le pays de vos ennemis vous dévorera. 39 Ceux d'entre vous qui survivront dépériront dans le pays de vos ennemis à cause de leurs péchés et aussi à cause de ceux de leurs ancêtres.

L'Eternel maintiendra son alliance

40 Alors ils reconnaîtront leur faute et celle de leurs ancêtres, qu'ils ont commises en se rebellant contre moi et en s'opposant à moi. 41 C'est à cause de cela qu'à mon tour je m'opposerai à eux et que je les enverrai dans le pays de leurs ennemis. Si alors leur cœur incirconcis s'humilie et qu'ils reconnaissent que leur châtiment est juste[o], 42 j'agirai en fonction de mon alliance avec Jacob, de mon alliance avec Isaac, et de mon alliance avec Abraham, et j'interviendrai en faveur du pays. 43 Car le pays sera abandonné par eux et il jouira du repos, après sa dévastation, pendant leur absence. Ils reconnaîtront la justice de leur châtiment, parce qu'ils auront méprisé mes commandements et rejeté mes lois. 44 Et pourtant, même alors, lorsqu'ils seront dans le pays de leurs ennemis, je ne les rejetterai pas et je ne les prendrai pas en aversion au point de les exterminer et de rompre mon alliance avec eux ; car je suis l'Eternel leur Dieu. 45 J'agirai en leur faveur conformément à l'alliance conclue avec leurs ancêtres que j'ai fait sortir d'Egypte aux yeux des autres peuples pour être leur Dieu : je suis l'Eternel.

Conclusion

46 Telles sont les ordonnances, les articles de droit et les lois que l'Eternel établit entre lui et les Israélites au mont Sinaï, par l'intermédiaire de Moïse.

Les personnes et les biens voués à l'Eternel

27

1 L'Eternel s'adressa à Moïse en disant : 2 Parle aux Israélites, et dis-leur : Quand quelqu'un dédie une personne à l'Eternel par un vœu, il s'en acquittera d'après l'estimation suivante. 3 S'il s'agit d'un homme entre vingt et soixante ans, sa valeur s'estime à 600 grammes d'argent, selon l'unité de poids en vigueur au sanctuaire. 4 Si c'est une femme, sa valeur sera de 360 grammes d'argent. 5 Un garçon entre cinq et vingt ans s'estime à 240 grammes d'argent, et une fille à 120 grammes d'argent. 6 Depuis l'âge d'un mois jusqu'à cinq ans, un garçon s'estime à 60 grammes d'argent et une fille à 36 grammes. 7 A soixante ans et au-dessus, un homme s'estime à 180 grammes d'argent, et une femme à 120 grammes.

8 Si la personne qui a fait le vœu est trop pauvre pour payer la valeur fixée, on la présentera au prêtre pour qu'il fasse une estimation en fonction de ses ressources.

[o] 26.41 Autres traductions : *qu'ils reconnaissent leurs fautes*, ou : *qu'ils fassent amende honorable pour leurs fautes.*

amount, the person being dedicated is to be presented to the priest, who will set the value according to what the one making the vow can afford.

9 " 'If what they vowed is an animal that is acceptable as an offering to the LORD, such an animal given to the LORD becomes holy. 10 They must not exchange it or substitute a good one for a bad one, or a bad one for a good one; if they should substitute one animal for another, both it and the substitute become holy. 11 If what they vowed is a ceremonially unclean animal – one that is not acceptable as an offering to the LORD – the animal must be presented to the priest, 12 who will judge its quality as good or bad. Whatever value the priest then sets, that is what it will be. 13 If the owner wishes to redeem the animal, a fifth must be added to its value.

14 " 'If anyone dedicates their house as something holy to the LORD, the priest will judge its quality as good or bad. Whatever value the priest then sets, so it will remain. 15 If the one who dedicates their house wishes to redeem it, they must add a fifth to its value, and the house will again become theirs.

16 " 'If anyone dedicates to the LORD part of their family land, its value is to be set according to the amount of seed required for it – fifty shekels of silver to a homer[q] of barley seed. 17 If they dedicate a field during the Year of Jubilee, the value that has been set remains. 18 But if they dedicate a field after the Jubilee, the priest will determine the value according to the number of years that remain until the next Year of Jubilee, and its set value will be reduced. 19 If the one who dedicates the field wishes to redeem it, they must add a fifth to its value, and the field will again become theirs. 20 If, however, they do not redeem the field, or if they have sold it to someone else, it can never be redeemed. 21 When the field is released in the Jubilee, it will become holy, like a field devoted to the LORD; it will become priestly property.

22 " 'If anyone dedicates to the LORD a field they have bought, which is not part of their family land, 23 the priest will determine its value up to the Year of Jubilee, and the owner must pay its value on that day as something holy to the LORD. 24 In the Year of Jubilee the field will revert to the person from whom it was bought, the one whose land it was. 25 Every value is to be set according to the sanctuary shekel, twenty gerahs to the shekel.

26 " 'No one, however, may dedicate the firstborn of an animal, since the firstborn already belongs to the LORD; whether an ox[r] or a sheep, it is the LORD's. 27 If it is one of the unclean animals, it may be bought back at its set value, adding a fifth of the value to it. If it is not redeemed, it is to be sold at its set value.

28 " 'But nothing that a person owns and devotes[s] to the LORD – whether a human being or an animal or family land – may be sold or redeemed; everything so devoted is most holy to the LORD.

[q] 27:16 That is, probably about 300 pounds or about 135 kilograms
[r] 27:26 The Hebrew word can refer to either male or female.
[s] 27:28 The Hebrew term refers to the irrevocable giving over of things or persons to the LORD.

9 Si c'est un animal qu'on peut offrir à l'Eternel, tout ce qui en a été donné à l'Eternel sera tenu pour sacré. 10 On ne le remplacera pas par un autre, on ne substituera pas une bête bonne à une mauvaise, ni inversement, car si l'on remplace une bête par une autre, toutes les deux, celle qui est remplacée et celle qui la remplace, seront tenues pour sacrées.

11 Si l'on a dédié par vœu à l'Eternel un animal impur qu'on ne peut donc pas offrir en sacrifice[p] à l'Eternel, on le présentera au prêtre 12 qui en estimera la valeur en fonction de ses qualités et de ses défauts ; et l'on s'en tiendra à son estimation. 13 Si l'offrant veut racheter la bête, il majorera cette estimation d'un cinquième.

14 Lorsque quelqu'un consacre sa maison à l'Eternel, le prêtre en fera l'estimation en tenant compte de son état, et l'on s'en tiendra à la valeur qu'il aura fixée. 15 Si celui qui l'a consacrée veut la racheter, il ajoutera un cinquième au prix estimé, et elle lui appartiendra à nouveau.

16 Si c'est un terrain faisant partie de son patrimoine que quelqu'un consacre à l'Eternel, la valeur en sera estimée en fonction de ce qu'on peut y semer à raison de 600 grammes d'argent pour quatre hectolitres d'orge. 17 S'il consacre son champ dès l'année du jubilé, c'est à ce taux qu'il sera estimé. 18 Mais s'il le consacre à l'Eternel après le jubilé, le prêtre en calculera la valeur en fonction du nombre d'années qui restent jusqu'au jubilé suivant, et il réduira le prix en conséquence.

19 Si celui qui a consacré son champ veut le racheter, il ajoutera un cinquième au prix estimé et pourra en reprendre possession. 20 S'il ne rachète pas le champ et qu'on le vende à un tiers, il perd son droit de rachat, 21 de sorte que cette terre, au moment du jubilé, sera consacrée à l'Eternel tout comme un champ voué à l'Eternel ; elle deviendra la propriété du prêtre. 22 Si quelqu'un consacre à l'Eternel un champ qu'il a acquis pour lui, et qui ne fait donc pas partie de son patrimoine, 23 le prêtre en estimera la valeur en fonction du nombre d'années qui restent jusqu'au jubilé. L'homme paiera ce prix le jour même puisque le champ est consacré à l'Eternel. 24 L'année du jubilé, le champ reviendra à la personne à qui on l'avait acheté et qui le comptait dans son patrimoine. 25 Toute estimation sera faite selon l'unité de poids en vigueur au sanctuaire ; cette unité (le sicle) vaut douze grammes (vingt guéras).

26 Cependant, personne ne pourra consacrer les premiers-nés de son bétail à l'Eternel car, comme premiers-nés, qu'il s'agisse de gros ou de petit bétail, ils appartiennent à l'Eternel. 27 S'il s'agit du premier-né d'un animal impur, son propriétaire pourra le racheter au prix estimé majoré d'un cinquième ; s'il n'est pas racheté, il sera vendu au prix estimé.

28 Par contre, rien de ce que quelqu'un a voué à l'Eternel – homme, animal ou champ de son patrimoine – ne pourra se vendre ou se racheter : car tout ce qui a été voué est

[p] 27.11 Comme le cheval, l'âne ou le chameau (voir Lv 11.2-8).

29 " 'No person devoted to destruction[t] may be ransomed; they are to be put to death.

30 " 'A tithe of everything from the land, whether grain from the soil or fruit from the trees, belongs to the LORD; it is holy to the LORD. 31 Whoever would redeem any of their tithe must add a fifth of the value to it. 32 Every tithe of the herd and flock – every tenth animal that passes under the shepherd's rod – will be holy to the LORD. 33 No one may pick out the good from the bad or make any substitution. If anyone does make a substitution, both the animal and its substitute become holy and cannot be redeemed.' "

34 These are the commands the LORD gave Moses at Mount Sinai for the Israelites.

t 27:29 The Hebrew term refers to the irrevocable giving over of things or persons to the LORD, often by totally destroying them.

très saint et appartient à l'Eternel. 29 Si une personne a été vouée à l'Eternel, elle ne pourra pas être rachetée ; elle sera mise à mort[q].

30 Toute dîme prélevée sur les produits de la terre et sur les fruits des arbres appartient à l'Eternel : c'est une chose sacrée qui est à lui[r]. 31 Si quelqu'un tient à racheter une partie de sa dîme, il en majorera le prix d'un cinquième de sa valeur[s].

32 Toute dîme de gros et de menu bétail, c'est-à-dire chaque dixième bête qui passe sous la houlette, sera consacrée à l'Eternel. 33 Le propriétaire ne choisira pas entre celles qui sont bonnes et celles qui sont mauvaises, et on ne fera pas d'échange ; si on procède quand même à un échange, les deux bêtes, celle qui est remplacée et celle qui la remplace, seront tenues pour sacrées et ne pourront pas être rachetées.

34 Tels sont les commandements que l'Eternel a donnés à Moïse pour les Israélites au mont Sinaï.

q 27.29 Il ne s'agit pas d'un sacrifice, mais d'une forme de jugement.
r 27.30 Pour les v. 30-33, voir Nb 18.21 ; Dt 14.22-23.
s 27.31 La dîme était généralement payée en nature. Elle pouvait aussi être acquittée en argent à condition d'être majorée de vingt pour cent de la valeur du produit (v. 13).

Numbers

The Census

1 1 The LORD spoke to Moses in the tent of meeting
in the Desert of Sinai on the first day of the second month of the second year after the Israelites came
out of Egypt. He said: 2 "Take a census of the whole
Israelite community by their clans and families, list-
ing every man by name, one by one. 3 You and Aaron
are to count according to their divisions all the men
in Israel who are twenty years old or more and able to
serve in the army. 4 One man from each tribe, each of
them the head of his family, is to help you.
5 "These are the names of the men who are to assist
you:

"from Reuben, Elizur son of Shedeur;
6 from Simeon, Shelumiel son of Zurishaddai;
7 from Judah, Nahshon son of Amminadab;
8 from Issachar, Nethanel son of Zuar;
9 from Zebulun, Eliab son of Helon;
10 from the sons of Joseph:
from Ephraim, Elishama son of Ammihud;
from Manasseh, Gamaliel son of Pedahzur;
11 from Benjamin, Abidan son of Gideoni;
12 from Dan, Ahiezer son of Ammishaddai;
13 from Asher, Pagiel son of Okran;
14 from Gad, Eliasaph son of Deuel;
15 from Naphtali, Ahira son of Enan."

16 These were the men appointed from the community, the leaders of their ancestral tribes. They were
the heads of the clans of Israel.
17 Moses and Aaron took these men whose names
had been specified, 18 and they called the whole
community together on the first day of the second
month. The people registered their ancestry by their
clans and families, and the men twenty years old or
more were listed by name, one by one, 19 as the LORD
commanded Moses. And so he counted them in the
Desert of Sinai:
20 From the descendants of Reuben the firstborn
son of Israel:
All the men twenty years old or more who were able
to serve in the army were listed by name, one by one,

Les Nombres

RECENSEMENT ET ORGANISATION DES ISRAÉLITES

Le premier recensement d'Israël

1 1 Le premier jour du deuxième mois de la deuxième année après la sortie d'Egypte[a], l'Eternel
s'adressa à Moïse dans le désert du Sinaï dans la tente
de la Rencontre. Il lui dit : 2 Faites le recensement
de toute la communauté des Israélites selon leurs
familles et leurs groupes familiaux, en comptant tous
les hommes 3 âgés de vingt ans et plus, tous ceux qui
sont aptes à servir dans l'armée d'Israël. Toi et Aaron,
vous les dénombrerez par corps d'armée.
4 Vous vous adjoindrez un homme par tribu ;
vous prendrez celui qui se trouve à la tête de son
groupe familial. 5 Voici le nom des hommes qui vous
assisteront[b] :

– pour Ruben : Elitsour, fils de Shedéour ;
– 6 pour Siméon : Sheloumiel, fils de Tsourishaddaï ;
– 7 pour Juda : Nahshôn, fils d'Amminadab ;
– 8 pour Issacar : Netanéel, fils de Tsouar ;
– 9 pour Zabulon : Eliab, fils de Hélôn ;
– 10 pour les fils de Joseph :
pour Ephraïm : Elishama, fils d'Ammihoud ;
pour Manassé : Gamliel, fils de Pédahtsour ;
– 11 pour Benjamin : Abidân, fils de Guideoni ;
– 12 pour Dan : Ahiézer, fils d'Ammishaddaï ;
– 13 pour Aser : Paguiel, fils d'Okrân ;
– 14 pour Gad : Eliasaph, fils de Deouel[c] ;
– 15 pour Nephtali : Ahira, fils d'Enân.

16 Tels sont les membres de la communauté qui
furent convoqués. C'étaient les chefs de leurs tribus,
ils étaient aussi à la tête des corps d'armée d'Israël.
17 Moïse et Aaron s'adjoignirent ces hommes qui avaient
été nommément désignés 18 et convoquèrent toute l'assemblée, le premier jour du second mois ; les Israélites
furent recensés, selon leurs familles et leurs groupes
familiaux, on releva le nom des hommes de vingt ans
et au-dessus, un par un, 19 comme l'Eternel l'avait
ordonné à Moïse. De cette manière, Moïse fit leur
dénombrement au désert du Sinaï.
20 On établit le recensement des descendants de Ruben,
premier-né d'Israël, par familles et par groupes famil-

---

[a] **1.1** C'est-à-dire onze mois après l'arrivée des Israélites dans le désert du Sinaï (Ex 19.1), un mois après l'achèvement du tabernacle (Ex 40.17) et quinze jours après la célébration de la Pâque au Sinaï (9.1-5).

[b] **1.5** Les tribus sont mentionnées dans l'ordre suivant : 1. les fils de Léa (sans Lévi, v. 47) ; 2. les fils de Rachel ; 3. les fils des servantes. Les noms de ces hommes reviennent aux chap. 2 ; 7 et 10.

[c] **1.14** L'ancienne version grecque et la version syriaque ont : *Reouel* (voir 2.14).

according to the records of their clans and families.
21 The number from the tribe of Reuben was 46,500.

22 From the descendants of Simeon:
All the men twenty years old or more who were
able to serve in the army were counted and listed by
name, one by one, according to the records of their
clans and families. 23 The number from the tribe of
Simeon was 59,300.

24 From the descendants of Gad:
All the men twenty years old or more who were able
to serve in the army were listed by name, according to
the records of their clans and families. 25 The number
from the tribe of Gad was 45,650.

26 From the descendants of Judah:
All the men twenty years old or more who were able
to serve in the army were listed by name, according to
the records of their clans and families. 27 The number
from the tribe of Judah was 74,600.

28 From the descendants of Issachar:
All the men twenty years old or more who were able
to serve in the army were listed by name, according to
the records of their clans and families. 29 The number
from the tribe of Issachar was 54,400.

30 From the descendants of Zebulun:
All the men twenty years old or more who were able
to serve in the army were listed by name, according to
the records of their clans and families. 31 The number
from the tribe of Zebulun was 57,400.

32 From the sons of Joseph:
From the descendants of Ephraim:
All the men twenty years old or more who were able
to serve in the army were listed by name, according to
the records of their clans and families. 33 The number
from the tribe of Ephraim was 40,500.

34 From the descendants of Manasseh:
All the men twenty years old or more who were able
to serve in the army were listed by name, according to
the records of their clans and families. 35 The number
from the tribe of Manasseh was 32,200.

36 From the descendants of Benjamin:
All the men twenty years old or more who were able
to serve in the army were listed by name, according to
the records of their clans and families. 37 The number
from the tribe of Benjamin was 35,400.

38 From the descendants of Dan:
All the men twenty years old or more who were able
to serve in the army were listed by name, according to
the records of their clans and families. 39 The number
from the tribe of Dan was 62,700.

40 From the descendants of Asher:
All the men twenty years old or more who were able
to serve in the army were listed by name, according to

iaux en relevant un par un le nom de tous les hommes
de vingt ans et plus, aptes à servir dans l'armée. 21 On en
dénombra 46 500[d].

22 On établit le recensement des descendants de
Siméon par familles et par groupes familiaux en
relevant un par un le nom de tous les hommes de
vingt ans et plus, aptes à servir dans l'armée. 23 On
en dénombra 59 300.

24 On établit le recensement des descendants de Gad par
familles et par groupes familiaux en relevant un par un
le nom de tous les hommes de vingt ans et plus, aptes à
servir dans l'armée. 25 On en dénombra 45 650.

26 On établit le recensement des descendants de Juda
par familles et par groupes familiaux en relevant un par
un le nom de tous les hommes de vingt ans et plus, aptes
à servir dans l'armée. 27 On en dénombra 74 600.

28 On établit le recensement des descendants d'Issacar
par familles et par groupes familiaux en relevant un par
un le nom de tous les hommes de vingt ans et plus, aptes
à servir dans l'armée. 29 On en dénombra 54 400.

30 On établit le recensement des descendants de Zabulon
par familles et par groupes familiaux en relevant un par
un le nom de tous les hommes de vingt ans et plus, aptes
à servir dans l'armée. 31 On en dénombra 57 400.

32 Parmi les fils de Joseph[e] : on établit le recensement
des descendants d'Ephraïm par familles et par groupes
familiaux en relevant un par un le nom de tous les hommes
de vingt ans et plus, aptes à servir dans l'armée. 33 On en
dénombra 40 500. 34 On établit le recensement des descendants de Manassé par familles et par groupes familiaux
en relevant un par un le nom de tous les hommes de vingt
ans et plus, aptes à servir dans l'armée. 35 On en dénombra
32 200.

36 On établit le recensement des descendants de
Benjamin par familles et par groupes familiaux en relevant un par un le nom de tous les hommes de vingt ans et
plus, aptes à servir dans l'armée. 37 On en dénombra 35 400.

38 On établit le recensement des descendants de Dan par
familles et par groupes familiaux en relevant un par un
le nom de tous les hommes de vingt ans et plus, aptes à
servir dans l'armée. 39 On en dénombra 62 700.

40 On établit le recensement des descendants d'Aser par
familles et par groupes familiaux en relevant un par un

---

[d] **1.21** Tous les nombres sont arrondis à la centaine (sauf pour Gad, v. 25, dont le total est aussi arrondi dans certaines versions). Selon certains, les *milliers* que contiennent les divers nombres du recensement ne désigneraient pas mille individus mais des corps d'armées moins nombreux ou des chefs de troupe, conformément au sens que peut avoir le terme en hébreu (voir, p. ex., 31.14, 48). Une telle interprétation pose le problème du total des v. 45-46.

[e] **1.32** Les descendants de Lévi étant exclus de ce recensement (v. 47), les descendants de Joseph sont groupés en deux tribus composées de la famille de ses deux fils, Ephraïm et Manassé. Le nombre de douze tribus est ainsi maintenu, et Joseph, qui devait recevoir le droit d'aînesse (1 Ch 5.2), a un héritage double.

the records of their clans and families. 41 The number
from the tribe of Asher was 41,500.
42 From the descendants of Naphtali:
All the men twenty years old or more who were able
to serve in the army were listed by name, according to
the records of their clans and families. 43 The number
from the tribe of Naphtali was 53,400.
44 These were the men counted by Moses and Aaron
and the twelve leaders of Israel, each one representing his family. 45 All the Israelites twenty years old
or more who were able to serve in Israel's army were
counted according to their families. 46 The total number was 603,550.
47 The ancestral tribe of the Levites, however, was
not counted along with the others. 48 The LORD had
said to Moses: 49 "You must not count the tribe of Levi
or include them in the census of the other Israelites.
50 Instead, appoint the Levites to be in charge of the
tabernacle of the covenant law – over all its furnishings and everything belonging to it. They are to carry
the tabernacle and all its furnishings; they are to take
care of it and encamp around it. 51 Whenever the tabernacle is to move, the Levites are to take it down, and
whenever the tabernacle is to be set up, the Levites
shall do it. Anyone else who approaches it is to be put
to death. 52 The Israelites are to set up their tents by
divisions, each of them in their own camp under their
standard. 53 The Levites, however, are to set up their
tents around the tabernacle of the covenant law so
that my wrath will not fall on the Israelite community.
The Levites are to be responsible for the care of the
tabernacle of the covenant law."
54 The Israelites did all this just as the LORD commanded Moses.

The Arrangement of the Tribal Camps

2 1 The LORD said to Moses and Aaron: 2 "The
Israelites are to camp around the tent of meeting some distance from it, each of them under their
standard and holding the banners of their family."
3 On the east, toward the sunrise:
the divisions of the camp of Judah are to encamp
under their standard. The leader of the people of
Judah is Nahshon son of Amminadab. 4 His division
numbers 74,600.
5 The tribe of Issachar will camp next to them. The
leader of the people of Issachar is Nethanel son of
Zuar. 6 His division numbers 54,400.
7 The tribe of Zebulun will be next. The leader of the
people of Zebulun is Eliab son of Helon. 8 His division
numbers 57,400.
9 All the men assigned to the camp of Judah, according to their divisions, number 186,400. They will
set out first.

le nom de tous les hommes de vingt ans et plus, aptes à
servir dans l'armée. 41 On en dénombra 41 500.
42 On établit le recensement des descendants de Nephtali
par familles et par groupes familiaux en relevant un par
un le nom de tous les hommes de vingt ans et plus, aptes
à servir dans l'armée. 43 On en dénombra 53 400.
44 Tels sont les effectifs que recensèrent Moïse et Aaron,
assistés de douze chefs d'Israël, un par tribu. 45 Le total des
Israélites de vingt ans et plus, aptes à servir dans l'armée,
dont on fit le recensement selon leurs groupes familiaux,
46 était de 603 550.
47 Les lévites, en tant que tribu patriarcale, ne furent pas
recensés avec les autres tribus. 48 En effet, l'Eternel avait
dit à Moïse : 49 N'inclus pas la tribu de Lévi dans le recensement et ne les compte pas avec les Israélites[f]. 50 Charge-les
du service du tabernacle qui abrite l'acte de l'alliance[g], de
tous ses ustensiles et de tout son matériel ; ce sont eux qui
transporteront le tabernacle avec tous ses accessoires et
qui en assureront le service ; ils camperont autour du tabernacle. 51 Quand il sera déplacé, les lévites le démonteront,
puis ils le dresseront au nouveau campement. Tout membre
étranger à leur tribu qui en approchera sera puni de mort.
52 Les Israélites camperont chacun dans l'aire qui lui sera
assignée, sous sa bannière, et selon leurs corps d'armée.
53 Les lévites camperont autour du tabernacle qui abrite
l'acte de l'alliance, pour que ma colère ne s'abatte pas sur
la communauté des Israélites. Les lévites prendront soin
du tabernacle.
54 Les Israélites obéirent à tous les ordres que l'Eternel
avait donnés à Moïse et les accomplirent.

Le campement

2 1 L'Eternel parla à Moïse et à Aaron en ces termes :
2 Les Israélites camperont chacun près de sa bannière,
sous les enseignes de son groupe familial, à une certaine
distance autour de la tente de la Rencontre.
3 A l'est, campera la tribu de Juda, sous sa bannière,
rangée par corps d'armée, sous la direction de son chef
Nahshôn, fils d'Amminadab[h] ; 4 son armée compte un effectif de 74 600 hommes. 5 A ses côtés camperont la tribu
d'Issacar sous la direction de son chef Netanéel, fils de
Tsouar, 6 avec un effectif de 54 400 hommes, 7 et la tribu de
Zabulon sous la direction de son chef Eliab, fils de Hélôn,
8 avec un effectif de 57 400 hommes. 9 Total des hommes
recensés dans le camp de Juda[i] : 186 400 hommes pour les
trois armées. Ils ouvriront la marche.

f **1.49** Ils seront recensés à part (3.14-39 ; 4.34-49).

g **1.50** C'est-à-dire les dix commandements gravés sur des tablettes de pierre (Ex 31.18 ; 32.15 ; 34.29) déposées dans le coffre (Ex 25.16, 21 ; 40.20).

h **2.3** Les chefs désignés pour présider au recensement (1.5-15) commandent aussi les différentes tribus.

i **2.9** Juda, Issacar et Zabulon qui constituaient le premier camp étaient tous trois fils de la même mère. Il en est de même du troisième camp. L'avant-garde et l'arrière-garde comprenaient les tribus les plus nombreuses.

[10]On the south will be:
the divisions of the camp of Reuben under their standard. The leader of the people of Reuben is Elizur son of Shedeur. [11]His division numbers 46,500.
[12]The tribe of Simeon will camp next to them. The leader of the people of Simeon is Shelumiel son of Zurishaddai. [13]His division numbers 59,300.
[14]The tribe of Gad will be next. The leader of the people of Gad is Eliasaph son of Deuel.[a] [15]His division numbers 45,650.
[16]All the men assigned to the camp of Reuben, according to their divisions, number 151,450. They will set out second.
[17]Then the tent of meeting and the camp of the Levites will set out in the middle of the camps. They will set out in the same order as they encamp, each in their own place under their standard.
[18]On the west will be:
the divisions of the camp of Ephraim under their standard. The leader of the people of Ephraim is Elishama son of Ammihud. [19]His division numbers 40,500.
[20]The tribe of Manasseh will be next to them. The leader of the people of Manasseh is Gamaliel son of Pedahzur. [21]His division numbers 32,200.
[22]The tribe of Benjamin will be next. The leader of the people of Benjamin is Abidan son of Gideoni. [23]His division numbers 35,400.
[24]All the men assigned to the camp of Ephraim, according to their divisions, number 108,100. They will set out third.
[25]On the north will be:
the divisions of the camp of Dan under their standard. The leader of the people of Dan is Ahiezer son of Ammishaddai. [26]His division numbers 62,700.
[27]The tribe of Asher will camp next to them. The leader of the people of Asher is Pagiel son of Okran.
[28]His division numbers 41,500.
[29]The tribe of Naphtali will be next. The leader of the people of Naphtali is Ahira son of Enan. [30]His division numbers 53,400.
[31]All the men assigned to the camp of Dan number 157,600. They will set out last, under their standards.
[32]These are the Israelites, counted according to their families. All the men in the camps, by their divisions, number 603,550. [33]The Levites, however, were not counted along with the other Israelites, as the LORD commanded Moses.
[34]So the Israelites did everything the LORD commanded Moses; that is the way they encamped under their standards, and that is the way they set out, each of them with their clan and family.

The Levites

3 [1]This is the account of the family of Aaron and Moses at the time the LORD spoke to Moses at Mount Sinai.

[a] **2:14** Many manuscripts of the Masoretic Text, Samaritan Pentateuch and Vulgate (see also 1:14); most manuscripts of the Masoretic Text *Reuel*

[10]Au sud se dressera la bannière du camp de Ruben rangé par corps d'armée, ayant pour chef Elitsour, fils de Shedéour, [11]avec un effectif de 46 500 hommes. [12]A ses côtés camperont la tribu de Siméon sous la direction de son chef Sheloumiel, fils de Tsourishaddaï, [13]avec un effectif de 59 300 hommes, [14]et la tribu de Gad sous la direction de Eliasaph, fils de Deouel[j], [15]avec un effectif de 45 650 hommes. [16]Total des hommes recensés dans le camp de Ruben : 151 450 pour les trois armées. Ils seront les seconds à se mettre en marche.

[17]Ensuite partira la tente de la Rencontre avec le camp des lévites, au centre des autres camps. Ils partiront dans l'ordre dans lequel ils campent, chacun à son tour sous sa bannière.
[18]La bannière du camp d'Ephraïm sera dressée à l'occident. Il sera rangé par corps d'armée, ayant pour chef Elishama, fils d'Ammihoud, [19]avec un effectif de 40 500 hommes. [20]A ses côtés camperont la tribu de Manassé[k], sous la direction de son chef Gamliel, fils de Pédahtsour,
[21]avec un effectif de 32 200 hommes [22]et la tribu de Benjamin sous la direction de son chef Abidân, fils de Guideoni, [23]avec un effectif de 35 400 hommes. [24]Total des hommes recensés dans le camp d'Ephraïm : 108 100 hommes pour les trois armées. Ils partiront en troisième lieu.

[25]Au nord campera la tribu de Dan rangée par corps d'armée et ayant pour chef Ahiézer, fils d'Ammishaddaï,
[26]avec un effectif de 62 700 hommes. [27]A ses côtés, la tribu d'Aser sous la direction de son chef Paguiel, fils d'Okrân,
[28]avec un effectif de 41 500 hommes. [29]Puis la tribu de Nephtali sous la direction de son chef Ahira, fils d'Enân,
[30]avec un effectif de 53 400 hommes. [31]Total des hommes recensés dans le camp de Dan : 157 600 hommes. Ils partiront en dernier lieu avec leurs bannières.

[32]Le nombre total des Israélites recensés par groupes familiaux et rangés par corps d'armée était de 603 550 hommes. [33]Les lévites ne furent pas recensés avec les autres Israélites, conformément à l'ordre donné par l'Eternel à Moïse.
[34]Les Israélites firent tout comme l'Eternel avait ordonné à Moïse : ils campaient sous leurs bannières et partaient par familles et par groupes familiaux.

Les prêtres

3 [1]Voici la liste des descendants d'Aaron et de Moïse à l'époque où l'Eternel s'adressa à Moïse sur le mont Sinaï.

[j] **2.14** D'après plusieurs manuscrits hébreux, le Pentateuque samaritain et la Vulgate, ainsi que Nb 7.42, 47 ; 10.20. La plupart des manuscrits hébreux ont ici *Reouel*.
[k] **2.20** Les trois tribus descendant de Rachel campaient à l'ouest, la tribu d'Ephraïm commandant cette triade (voir Gn 48.5-20).

2 The names of the sons of Aaron were Nadab the firstborn and Abihu, Eleazar and Ithamar. 3 Those were the names of Aaron's sons, the anointed priests, who were ordained to serve as priests. 4 Nadab and Abihu, however, died before the LORD when they made an offering with unauthorized fire before him in the Desert of Sinai. They had no sons, so Eleazar and Ithamar served as priests during the lifetime of their father Aaron.

5 The LORD said to Moses, 6 "Bring the tribe of Levi and present them to Aaron the priest to assist him. 7 They are to perform duties for him and for the whole community at the tent of meeting by doing the work of the tabernacle. 8 They are to take care of all the furnishings of the tent of meeting, fulfilling the obligations of the Israelites by doing the work of the tabernacle. 9 Give the Levites to Aaron and his sons; they are the Israelites who are to be given wholly to him.[b] 10 Appoint Aaron and his sons to serve as priests; anyone else who approaches the sanctuary is to be put to death."

11 The LORD also said to Moses, 12 "I have taken the Levites from among the Israelites in place of the first male offspring of every Israelite woman. The Levites are mine, 13 for all the firstborn are mine. When I struck down all the firstborn in Egypt, I set apart for myself every firstborn in Israel, whether human or animal. They are to be mine. I am the LORD."

14 The LORD said to Moses in the Desert of Sinai, 15 "Count the Levites by their families and clans. Count every male a month old or more." 16 So Moses counted them, as he was commanded by the word of the LORD.

17 These were the names of the sons of Levi:
Gershon, Kohath and Merari.
18 These were the names of the Gershonite clans:
Libni and Shimei.
19 The Kohathite clans:
Amram, Izhar, Hebron and Uzziel.
20 The Merarite clans:
Mahli and Mushi.
These were the Levite clans, according to their families.

21 To Gershon belonged the clans of the Libnites and Shimeites; these were the Gershonite clans.
22 The number of all the males a month old or more who were counted was 7,500.
23 The Gershonite clans were to camp on the west, behind the tabernacle.

[b] 3:9 Most manuscripts of the Masoretic Text; some manuscripts of the Masoretic Text, Samaritan Pentateuch and Septuagint (see also 8:16) *to me*

2 Voici les noms des fils d'Aaron : l'aîné s'appelait Nadab, puis vinrent Abihou, Eléazar et Itamar. 3 Ils étaient prêtres ayant reçu l'onction pour être investis de la fonction sacerdotale. 4 Mais Nadab et Abihou moururent devant l'Eternel, dans le désert du Sinaï, parce qu'ils lui avaient présenté un feu profane ; ils n'avaient pas eu d'enfants. Eléazar et Itamar exercèrent le ministère sacerdotal sous la supervision de leur père Aaron.

Les lévites, au service des prêtres

5 L'Eternel parla à Moïse en ces termes : 6 Fais venir la tribu de Lévi et mets ses membres à la disposition du prêtre Aaron pour qu'ils l'assistent[l]. 7 Ils seront à son service et au service de toute la communauté devant la tente de la Rencontre, pour accomplir les tâches relatives au tabernacle. 8 Ils prendront soin de tous les ustensiles de la tente de la Rencontre et seront au service des Israélites pour accomplir les tâches relatives au tabernacle. 9 Donc, tu mettras les lévites à la disposition d'Aaron et de ses fils ; ils lui[m] seront attribués comme représentants des Israélites. 10 Tu veilleras à ce qu'Aaron et ses fils exercent les fonctions sacerdotales ; celui qui ne serait pas de leur famille et qui s'approcherait du tabernacle sera puni de mort.

11 L'Eternel parla encore à Moïse en ces termes : 12 Voici : j'ai choisi les lévites du milieu des Israélites à la place de tous les premiers-nés des mères israélites ; ils m'appartiennent donc. 13 Tout premier-né m'appartient en effet, depuis le jour où j'ai fait mourir tous les premiers-nés des Egyptiens et où je me suis consacré tout premier-né en Israël, tant ceux des hommes que ceux des animaux. Ils sont à moi. Je suis l'Eternel.

Le recensement, le campement et les fonctions des lévites

14 Là-dessus, l'Eternel commanda à Moïse, au désert du Sinaï : 15 Fais le recensement des descendants de Lévi, selon leurs groupes familiaux et leurs familles ; tu compteras tous les lévites de sexe masculin de l'âge d'un mois et plus[n]. 16 Moïse fit ce recensement sur l'ordre de l'Eternel de la manière qu'il lui avait prescrite.

17 Voici les noms des fils de Lévi : Guershôn, Qehath et Merari. 18 Guershôn avait pour fils Libni et Shimeï, qui ont donné leurs noms à leurs familles. 19 Qehath eut pour fils Amram et Yitsehar, Hébron et Ouzziel qui ont donné leur nom à leur famille. 20 Merari eut pour fils Mahli et Moushi qui ont donné leur nom à leur famille. Telles sont les familles des groupes familiaux de Lévi.

21 Les descendants de Guershôn comprennent la famille de Libni et celle de Shimeï, qui représentent les familles guershonites. 22 Elles comptaient au moment du recensement 7 500 membres de sexe masculin, âgés d'un mois et plus. 23 Les familles guershonites campaient derrière le

[l] **3.6** Les lévites sont clairement distingués des prêtres, descendants d'Aaron (qui forment une branche des lévites). Ils seront les assistants, les aides des prêtres, mais n'accompliront pas toutes leurs fonctions.
[m] **3.9** Certains manuscrits du texte hébreu traditionnel, le Pentateuque samaritain et l'ancienne version grecque ont : *me*.
[n] **3.15** Les lévites ne devaient pas faire de service militaire ; c'est pourquoi ils ne sont pas comptés à partir de vingt ans comme les autres Israélites. Ce recensement sert à déterminer le rapport de leur nombre avec celui des premiers-nés (voir v. 40-51).

24 The leader of the families of the Gershonites was Eliasaph son of Lael.

25 At the tent of meeting the Gershonites were responsible for the care of the tabernacle and tent, its coverings, the curtain at the entrance to the tent of meeting, 26 the curtains of the courtyard, the curtain at the entrance to the courtyard surrounding the tabernacle and altar, and the ropes – and everything related to their use.

27 To Kohath belonged the clans of the Amramites, Izharites, Hebronites and Uzzielites; these were the Kohathite clans.

28 The number of all the males a month old or more was 8,600.[c]

The Kohathites were responsible for the care of the sanctuary.

29 The Kohathite clans were to camp on the south side of the tabernacle.

30 The leader of the families of the Kohathite clans was Elizaphan son of Uzziel.

31 They were responsible for the care of the ark, the table, the lampstand, the altars, the articles of the sanctuary used in ministering, the curtain, and everything related to their use.

32 The chief leader of the Levites was Eleazar son of Aaron, the priest. He was appointed over those who were responsible for the care of the sanctuary.

33 To Merari belonged the clans of the Mahlites and the Mushites; these were the Merarite clans.

34 The number of all the males a month old or more who were counted was 6,200.

35 The leader of the families of the Merarite clans was Zuriel son of Abihail.

They were to camp on the north side of the tabernacle.

36 The Merarites were appointed to take care of the frames of the tabernacle, its crossbars, posts, bases, all its equipment, and everything related to their use, 37 as well as the posts of the surrounding courtyard with their bases, tent pegs and ropes.

38 Moses and Aaron and his sons were to camp to the east of the tabernacle, toward the sunrise, in front of the tent of meeting.

They were responsible for the care of the sanctuary on behalf of the Israelites.

Anyone else who approached the sanctuary was to be put to death.

39 The total number of Levites counted at the LORD's command by Moses and Aaron according to their clans, including every male a month old or more, was 22,000.

40 The LORD said to Moses, "Count all the firstborn Israelite males who are a month old or more and make a list of their names. 41 Take the Levites for me in place of all the firstborn of the Israelites, and the livestock of the Levites in place of all the firstborn of the livestock of the Israelites. I am the LORD."

42 So Moses counted all the firstborn of the Israelites, as the LORD commanded him. 43 The total

---

c 3:28 Hebrew; some Septuagint manuscripts *8,300*

tabernacle, du côté ouest. 24 Le chef de leur groupe familial était Eliasaph, fils de Laël. 25 Dans la tente de la Rencontre, ils avaient la responsabilité du tabernacle et de la tenture qui le recouvrait, du rideau de l'entrée de la tente, 26 des tentures du parvis qui entoure le tabernacle et l'autel, et de sa porte d'entrée ainsi que des cordages. Ils étaient chargés de tous les travaux liés à ces objets.

27 De Qehath sont issues les familles des Amramites, des Yitseharites, des Hébronites et des Ouzziélites, qui représentent les familles qehatites. 28 Elles comptaient 8 600[o] membres de sexe masculin de plus d'un mois. Ils étaient affectés au service du sanctuaire 29 et campaient du côté sud de la Demeure. 30 Leur chef était Elitsaphân, fils d'Ouzziel. 31 On avait confié à leur responsabilité : le coffre, la table, le chandelier, les autels, les objets sacrés dont on se sert pour officier, et le voile[p]. Ils étaient chargés de tous les travaux liés à ces objets.

32 Le chef suprême des lévites était Eléazar, fils du prêtre Aaron. Il supervisait les lévites préposés au service du sanctuaire. 33 De Merari sont issues la famille de Mahli et celle de Moushi. 34 Ils étaient 6 200 de sexe masculin âgés de plus d'un mois. 35 Le chef du groupe familial et des familles de Merari était Tsouriel, fils d'Abihaïl. Ils campaient du côté nord de la Demeure. 36 Les Merarites étaient responsables des planches du tabernacle, de ses traverses, de ses piliers, de leurs socles et de tous les ustensiles, pour accomplir tous les travaux relatifs à ces objets. 37 Ils avaient aussi la charge des piliers autour du parvis avec leurs socles, leurs piquets et leurs cordages.

38 Moïse, Aaron et ses fils campaient devant le tabernacle, à l'est, devant la tente de la Rencontre. Ils étaient chargés du service du sanctuaire au nom des Israélites. Toute personne profane qui s'en serait approchée comme eux devait être mise à mort.

39 Le nombre total des lévites de sexe masculin d'un mois et plus, recensés par Moïse et Aaron sur l'ordre de l'Eternel et par familles, était de 22 000.

Le rachat des fils aînés

40 L'Eternel dit à Moïse : Fais à présent le recensement de tous les fils aînés parmi les Israélites depuis l'âge d'un mois et au-dessus, en dressant leur liste nominative. 41 A leur place, tu m'attribueras les lévites – je suis l'Eternel. Le bétail des lévites m'appartiendra aussi en échange de tous les premiers-nés du bétail des Israélites.

42 Moïse fit le recensement de tous les fils aînés des Israélites selon l'ordre que l'Eternel lui avait donné. 43 Le

---

o 3.28 L'ancienne version grecque porte *8 300*, ce qui s'accorde avec le total donné au v. 39.

p 3.31 Séparant le lieu saint du lieu très saint.

number of firstborn males a month old or more, listed by name, was 22,273.

44 The LORD also said to Moses, 45 "Take the Levites in place of all the firstborn of Israel, and the livestock of the Levites in place of their livestock. The Levites are to be mine. I am the LORD. 46 To redeem the 273 firstborn Israelites who exceed the number of the Levites, 47 collect five shekels[d] for each one, according to the sanctuary shekel, which weighs twenty gerahs. 48 Give the money for the redemption of the additional Israelites to Aaron and his sons."

49 So Moses collected the redemption money from those who exceeded the number redeemed by the Levites. 50 From the firstborn of the Israelites he collected silver weighing 1,365 shekels,[e] according to the sanctuary shekel. 51 Moses gave the redemption money to Aaron and his sons, as he was commanded by the word of the LORD.

The Kohathites

4 1 The LORD said to Moses and Aaron: 2 "Take a census of the Kohathite branch of the Levites by their clans and families. 3 Count all the men from thirty to fifty years of age who come to serve in the work at the tent of meeting.

4 "This is the work of the Kohathites at the tent of meeting: the care of the most holy things. 5 When the camp is to move, Aaron and his sons are to go in and take down the shielding curtain and put it over the ark of the covenant law. 6 Then they are to cover the curtain with a durable leather,[f] spread a cloth of solid blue over that and put the poles in place.

7 "Over the table of the Presence they are to spread a blue cloth and put on it the plates, dishes and bowls, and the jars for drink offerings; the bread that is continually there is to remain on it. 8 They are to spread a scarlet cloth over them, cover that with the durable leather and put the poles in place.

9 "They are to take a blue cloth and cover the lampstand that is for light, together with its lamps, its wick trimmers and trays, and all its jars for the olive oil used to supply it. 10 Then they are to wrap it and all its accessories in a covering of the durable leather and put it on a carrying frame.

11 "Over the gold altar they are to spread a blue cloth and cover that with the durable leather and put the poles in place.

12 "They are to take all the articles used for ministering in the sanctuary, wrap them in a blue cloth, cover that with the durable leather and put them on a carrying frame.

13 "They are to remove the ashes from the bronze altar and spread a purple cloth over it. 14 Then they are

[d] 3:47 That is, about 2 ounces or about 58 grams
[e] 3:50 That is, about 35 pounds or about 16 kilograms
[f] 4:6 Possibly the hides of large aquatic mammals; also in verses 8, 10, 11, 12, 14 and 25

total des fils aînés âgés d'au moins un mois et dont il enregistra les noms était de 22 273.

44 L'Eternel parla à Moïse et dit : 45 Attribue-moi les lévites en échange de tous les fils aînés des Israélites, et le bétail des lévites à la place du leur, ainsi les lévites seront à moi. Je suis l'Eternel. 46 Pour le rachat des 273 fils aînés en surplus par rapport au nombre des lévites, 47 tu feras payer cinq pièces d'argent par tête au taux du sicle utilisé au sanctuaire, qui pèse vingt guéras[q]. 48 Tu donneras l'argent à Aaron et à ses fils comme prix du rachat de ceux qui sont en surplus par rapport au nombre des lévites.

49 Moïse reçut l'argent du rachat pour ceux qui étaient en excédent sur le nombre des fils aînés rachetés par les lévites ; 50 il reçut de la part des fils aînés israélites la somme de 1 365 sicles au taux du sicle en vigueur au sanctuaire. 51 Il remit l'argent du rachat à Aaron et à ses fils, selon l'ordre que l'Eternel lui avait donné.

Les fonctions des Qehatites

4 1 L'Eternel parla à Moïse et à Aaron et dit : 2 Fais le recensement des descendants de Qehath d'entre les fils de Lévi, selon leurs familles et leurs groupes familiaux, 3 depuis l'âge de trente ans jusqu'à celui de cinquante ans, c'est-à-dire de tous ceux qui seront recrutés pour accomplir quelque tâche dans la tente de la Rencontre.

4 Voici quelle est la tâche des Qehatites dans la tente de la Rencontre : ils auront la responsabilité des objets très saints. 5 Lorsqu'on lèvera le camp, Aaron et ses fils descendront le voile de séparation, ils en couvriront le coffre de l'acte de l'alliance, 6 puis ils mettront par-dessus une couverture de peau de dauphin sur laquelle ils étendront une étoffe entièrement teinte de pourpre violette ; ensuite, ils fixeront les barres servant à transporter le coffre. 7 Ils étendront également une étoffe de pourpre violette sur la table des pains qui sont exposés devant moi, ils y mettront les plats, les coupes, les bols et les gobelets pour la libation. Quant au pain de l'oblation perpétuelle, il restera sur la table. 8 Ils étendront sur ces objets une étoffe de rouge éclatant, et recouvriront le tout d'une couverture de peau de dauphin, puis ils y fixeront les barres pour le transport. 9 Ils prendront une étoffe de pourpre violette et ils recouvriront le chandelier, ses lampes, ses pincettes, ses mouchettes et tous les récipients d'huile destinés à son service. 10 Ils l'envelopperont avec tous ses accessoires dans une housse de peau de dauphin, et déposeront le tout sur un brancard. 11 Ils déploieront une étoffe de pourpre violette sur l'autel d'or, et ils le recouvriront d'une couverture de peau de dauphin ; puis ils y fixeront les barres pour le transport. 12 Ils prendront tous les objets dont on se sert pour officier dans le sanctuaire, ils les mettront dans une étoffe de pourpre violette, et les envelopperont d'une couverture de peau de dauphin, puis ils les déposeront sur un brancard. 13 Ils ôteront les cendres grasses de l'autel[r] et étendront par-dessus une étoffe de pourpre écarlate 14 sur laquelle ils poseront tous les instruments utilisés pour le

[q] 3.47 C'est-à-dire douze grammes. Comme il existait plusieurs systèmes de poids et mesures, il est précisé ici que c'est le système du sanctuaire qui est seul valable pour cette transaction. Le guéra valait environ 0,6 grammes d'argent ; le sicle pesait donc environ 12 grammes. Cette rançon constituera un revenu régulier pour les prêtres (voir 18.16).
[r] 4.13 L'autel des holocaustes (Ex 27.1-8). La cuve de bronze n'est pas mentionnée (comme dans 3.31).

to place on it all the utensils used for ministering at
the altar, including the firepans, meat forks, shovels
and sprinkling bowls. Over it they are to spread a covering of the durable leather and put the poles in place.
15 "After Aaron and his sons have finished covering the holy furnishings and all the holy articles, and
when the camp is ready to move, only then are the
Kohathites to come and do the carrying. But they
must not touch the holy things or they will die. The
Kohathites are to carry those things that are in the
tent of meeting.
16 "Eleazar son of Aaron, the priest, is to have charge
of the oil for the light, the fragrant incense, the regular grain offering and the anointing oil. He is to be in
charge of the entire tabernacle and everything in it,
including its holy furnishings and articles."
17 The LORD said to Moses and Aaron, 18 "See that the
Kohathite tribal clans are not destroyed from among
the Levites. 19 So that they may live and not die when
they come near the most holy things, do this for them:
Aaron and his sons are to go into the sanctuary and
assign to each man his work and what he is to carry.
20 But the Kohathites must not go in to look at the holy
things, even for a moment, or they will die."

The Gershonites

21 The LORD said to Moses, 22 "Take a census also of
the Gershonites by their families and clans. 23 Count
all the men from thirty to fifty years of age who come
to serve in the work at the tent of meeting.

24 "This is the service of the Gershonite clans in
their carrying and their other work: 25 They are to
carry the curtains of the tabernacle, that is, the tent
of meeting, its covering and its outer covering of durable leather, the curtains for the entrance to the tent of
meeting, 26 the curtains of the courtyard surrounding
the tabernacle and altar, the curtain for the entrance
to the courtyard, the ropes and all the equipment used
in the service of the tent. The Gershonites are to do
all that needs to be done with these things. 27 All their
service, whether carrying or doing other work, is to be
done under the direction of Aaron and his sons. You
shall assign to them as their responsibility all they are
to carry. 28 This is the service of the Gershonite clans
at the tent of meeting. Their duties are to be under the
direction of Ithamar son of Aaron, the priest.

The Merarites

29 "Count the Merarites by their clans and families.
30 Count all the men from thirty to fifty years of age
who come to serve in the work at the tent of meeting.
31 As part of all their service at the tent, they are to
carry the frames of the tabernacle, its crossbars, posts
and bases, 32 as well as the posts of the surrounding
courtyard with their bases, tent pegs, ropes, all their
equipment and everything related to their use. Assign
to each man the specific things he is to carry. 33 This is

service de l'autel : les encensoirs, les fourchettes, les pelles
à cendres et les bassines ; puis ils étendront par-dessus le
tout une couverture de peau de dauphin et fixeront les
barres pour le transport.
15 Quand Aaron et ses fils auront fini de couvrir le
sanctuaire et tous ses ustensiles, au moment du départ
du camp, les Qehatites viendront pour les transporter. Ils
ne toucheront pas directement au sanctuaire, car ils seraient mis à mort. Telle est la responsabilité des Qehatites
concernant la tente de la Rencontre.

16 Quant à Eléazar, fils du prêtre Aaron, il sera responsable de l'huile du chandelier, de l'encens aromatique, de
l'offrande perpétuelle et de l'huile d'onction ; il assurera la
supervision de tout le tabernacle, de tout ce qui s'y trouve,
tant du sanctuaire que de ses accessoires.
17 L'Eternel parla à Moïse et Aaron et dit : 18 N'exposez
pas le groupe des familles des Qehatites à être retranché
du milieu des lévites. 19 Voici la manière dont vous agirez
à leur égard pour qu'ils vivent et ne soient pas frappés de
mort lorsqu'ils s'approcheront des objets très saints : Toi,
Aaron et tes fils, vous entrerez et vous assignerez à chacun
sa tâche en lui indiquant ce qu'il devra transporter. 20 Ils
ne doivent jamais entrer seuls pour regarder le sanctuaire,
ne fût-ce qu'un instant, car ils mourraient.

Les fonctions des Guershonites

21 L'Eternel parla à Moïse et dit : 22 Fais aussi le recensement des descendants de Guershôn, selon leurs groupes
familiaux et leurs familles. 23 Tu compteras tous les hommes âgés de trente à cinquante ans, tous ceux qui seront
recrutés pour effectuer une tâche quelconque dans la tente
de la Rencontre.
24 Voici quelle sera la tâche des familles des
Guershonites, ce qu'ils auront à faire et à transporter :
25 ils porteront les tentures du tabernacle ainsi que la tente
de la Rencontre avec sa couverture et la bâche de peau de
dauphin qui se met par-dessus, le rideau de l'entrée de la
tente de la Rencontre, 26 les toiles du parvis, avec le rideau
de la porte du parvis, qui entourent le tabernacle et l'autel,
leurs cordages et tous les ustensiles qui en dépendent.
Ils feront tout le travail qui s'y rapporte. 27 Ils feront tout
leur service sous la direction d'Aaron et de ses fils, pour
porter ce qu'ils doivent et accomplir leurs tâches ; vous
leur indiquerez tout ce qu'ils auront à transporter. 28 Tel
est le service des familles des Guershonites concernant la
tente de la Rencontre. Ils l'accompliront sous la direction
d'Itamar, fils du prêtre Aaron.

Les fonctions des Merarites

29 Tu feras aussi le recensement des descendants de
Merari, par familles et par groupes familiaux. 30 Tu compteras tous les hommes âgés de trente à cinquante ans, ceux
qui seront recrutés pour effectuer une tâche quelconque
dans la tente de la Rencontre.
31 Voici quelles parties de la tente de la Rencontre ils
auront pour tâche de transporter : les planches du tabernacle, ses traverses, ses piliers, ses socles, 32 les piliers
qui entourent le parvis, leurs socles, leurs piquets, leurs
cordages, ainsi que tous les outils nécessaires à leur mon-
tage. Vous attribuerez à chacun nominativement les objets
qu'il aura pour tâche de transporter. 33 Tel est le service des

the service of the Merarite clans as they work at the tent of meeting under the direction of Ithamar son of Aaron, the priest."

The Numbering of the Levite Clans

34 Moses, Aaron and the leaders of the community counted the Kohathites by their clans and families. 35 All the men from thirty to fifty years of age who came to serve in the work at the tent of meeting, 36 counted by clans, were 2,750. 37 This was the total of all those in the Kohathite clans who served at the tent of meeting. Moses and Aaron counted them according to the LORD's command through Moses.

38 The Gershonites were counted by their clans and families. 39 All the men from thirty to fifty years of age who came to serve in the work at the tent of meeting, 40 counted by their clans and families, were 2,630. 41 This was the total of those in the Gershonite clans who served at the tent of meeting. Moses and Aaron counted them according to the LORD's command.

42 The Merarites were counted by their clans and families. 43 All the men from thirty to fifty years of age who came to serve in the work at the tent of meeting, 44 counted by their clans, were 3,200. 45 This was the total of those in the Merarite clans. Moses and Aaron counted them according to the LORD's command through Moses.

46 So Moses, Aaron and the leaders of Israel counted all the Levites by their clans and families. 47 All the men from thirty to fifty years of age who came to do the work of serving and carrying the tent of meeting 48 numbered 8,580. 49 At the LORD's command through Moses, each was assigned his work and told what to carry.

Thus they were counted, as the LORD commanded Moses.

The Purity of the Camp

5 1 The LORD said to Moses, 2 "Command the Israelites to send away from the camp anyone who has a defiling skin disease[g] or a discharge of any kind, or who is ceremonially unclean because of a dead body. 3 Send away male and female alike; send them outside the camp so they will not defile their camp, where I dwell among them." 4 The Israelites did so; they sent them outside the camp. They did just as the LORD had instructed Moses.

Restitution for Wrongs

5 The LORD said to Moses, 6 "Say to the Israelites: 'Any man or woman who wrongs another in any way[h] and so is unfaithful to the LORD is guilty 7 and must confess the sin they have committed. They must make full restitution for the wrong they have done, add a fifth

[g] **5:2** The Hebrew word for *defiling skin disease*, traditionally translated "leprosy," was used for various diseases affecting the skin.
[h] **5:6** Or *woman who commits any wrong common to mankind*

familles des Merarites, c'est là leur travail concernant la tente de la Rencontre. Ils l'accompliront sous la direction d'Itamar, fils du prêtre Aaron.

Le compte des lévites en service

34 Moïse, Aaron et les chefs de la communauté firent le recensement des Qehatites, par familles et par groupes familiaux ; 35 ils dénombrèrent tous les hommes âgés de trente à cinquante ans, ceux qui devaient être recrutés pour accomplir une tâche quelconque dans la tente de la Rencontre. 36 L'effectif total de leurs familles était de 2 750. 37 Tel fut le contingent des familles des Qehatites qui avaient tous un service à effectuer dans la tente de la Rencontre. Moïse et Aaron en firent le recensement comme l'Eternel l'avait ordonné à Moïse.

38-41 Les descendants de Guershôn recensés de la même manière étaient au nombre de 2 630 ; 42-45 ceux des descendants de Merari : 3 200. 46 Le nombre total des lévites recensés par Moïse, Aaron et les chefs d'Israël, par familles et par groupes familiaux, 47 âgés de trente à cinquante ans, et qui devaient être recrutés pour accomplir leur tâche dans la tente de la Rencontre, 48 était de 8 580. 49 Sur l'ordre de l'Eternel, Moïse assigna à chacun le service qu'il devait accomplir et ce qu'il devait transporter, comme l'Eternel le lui avait ordonné.

LOIS RITUELLES DIVERSES

Les personnes en état d'impureté

5 1 L'Eternel parla à Moïse et dit : 2 Ordonne aux Israélites de renvoyer du camp tous ceux qui ont une maladie de peau à caractère évolutif ou une gonorrhée, ainsi que tous ceux qui se sont rendus rituellement impurs par le contact d'un cadavre. 3 Vous renverrez les hommes comme les femmes et vous les reléguerez à l'extérieur du camp pour qu'ils ne rendent pas impur leur camp au milieu duquel j'habite.

4 Les Israélites obéirent, et renvoyèrent ces gens à l'extérieur du camp, comme l'Eternel l'avait ordonné à Moïse.

La réparation pour une faute commise envers un tiers

5 L'Eternel parla à Moïse en ces termes[s] : 6 Dis aux Israélites : Si un homme ou une femme cause du tort à quelqu'un d'autre, il se rend infidèle à l'égard de l'Eternel et doit être tenu pour coupable. 7 Il avouera le péché qu'il a commis et restituera à la personne à qui il a causé du tort

[s] **5.5** Pour les v. 5-8, voir Lv 5.20-26.

of the value to it and give it all to the person they have wronged. 8 But if that person has no close relative to whom restitution can be made for the wrong, the restitution belongs to the LORD and must be given to the priest, along with the ram with which atonement is made for the wrongdoer. 9 All the sacred contributions the Israelites bring to a priest will belong to him. 10 Sacred things belong to their owners, but what they give to the priest will belong to the priest.' "

The Test for an Unfaithful Wife

11 Then the LORD said to Moses, 12 "Speak to the Israelites and say to them: 'If a man's wife goes astray and is unfaithful to him 13 so that another man has sexual relations with her, and this is hidden from her husband and her impurity is undetected (since there is no witness against her and she has not been caught in the act), 14 and if feelings of jealousy come over her husband and he suspects his wife and she is impure – or if he is jealous and suspects her even though she is not impure – 15 then he is to take his wife to the priest. He must also take an offering of a tenth of an ephah[i] of barley flour on her behalf. He must not pour olive oil on it or put incense on it, because it is a grain offering for jealousy, a reminder-offering to draw attention to wrongdoing.

16 " 'The priest shall bring her and have her stand before the LORD. 17 Then he shall take some holy water in a clay jar and put some dust from the tabernacle floor into the water. 18 After the priest has had the woman stand before the LORD, he shall loosen her hair and place in her hands the reminder-offering, the grain offering for jealousy, while he himself holds the bitter water that brings a curse. 19 Then the priest shall put the woman under oath and say to her, "If no other man has had sexual relations with you and you have not gone astray and become impure while married to your husband, may this bitter water that brings a curse not harm you. 20 But if you have gone astray while married to your husband and you have made yourself impure by having sexual relations with a man other than your husband" – 21 here the priest is to put the woman under this curse – "may the LORD cause you to become a curse[j] among your people when he makes your womb miscarry and your abdomen swell. 22 May this water that brings a curse enter your body so that your abdomen swells or your womb miscarries."

" 'Then the woman is to say, "Amen. So be it."

23 " 'The priest is to write these curses on a scroll and then wash them off into the bitter water. 24 He shall make the woman drink the bitter water that brings a curse, and this water that brings a curse and causes bitter suffering will enter her. 25 The priest is to take from her hands the grain offering for jealousy, wave it before the LORD and bring it to the altar. 26 The priest is then to take a handful of the grain offering as a memorial[k] offering and burn it on the altar; after that, he is to have the woman drink the water. 27 If she

[i] 5:15 That is, probably about 3 1/2 pounds or about 1.6 kilograms
[j] 5:21 That is, may he cause your name to be used in cursing (see Jer. 29:22); or, may others see that you are cursed; similarly in verse 27.
[k] 5:26 Or *representative*

ce dont il l'a lésé en y ajoutant un cinquième de sa valeur. 8 Si la personne lésée est décédée et n'a pas d'héritier pour recevoir réparation, tout ceci sera donné à l'Eternel, c'est-à-dire au prêtre, en plus du bélier expiatoire par lequel le prêtre accomplira le rite d'expiation pour le coupable. 9 Tout don spécial prélevé sur les choses saintes que les Israélites présenteront au prêtre, appartiendra à celui-ci. 10 Chaque prêtre pourra disposer des choses saintes qu'on lui donnera : elles lui appartiennent[t].

La femme soupçonnée d'infidélité

11 L'Eternel parla à Moïse en ces termes : 12 Dis aux Israélites : Voici ce que vous ferez si une femme trompe son mari et lui est infidèle ; 13 si un autre homme a couché avec elle sans que son mari en ait la certitude parce que cela s'est fait en cachette, et qu'il n'y a aucun témoin pour déposer contre elle et sans qu'elle ait été surprise en flagrant délit. 14 Lorsque la jalousie s'emparera de son mari et qu'il soupçonne sa femme – qu'elle se soit effectivement rendue impure ou non – 15 il la fera comparaître devant le prêtre et présentera pour elle trois kilogrammes de farine d'orge en offrande ; il n'y versera pas d'huile, et n'y mettra pas d'encens, car c'est une offrande de jalousie, une offrande qui rappelle le souvenir d'une faute. 16 Le prêtre fera approcher la femme et elle se tiendra devant l'Eternel. 17 Il puisera de l'eau consacrée dans un vase de terre cuite, puis il prendra de la poussière sur l'enceinte du tabernacle pour la mettre dans l'eau. 18 Il placera la femme debout devant l'Eternel, lui dénouera la chevelure[u] et lui remettra entre les mains l'offrande rappelant la faute, c'est-à-dire l'offrande de jalousie, mais lui-même gardera en main l'eau amère[v] qui porte la malédiction. 19 Ensuite, il fera prêter serment à la femme en lui disant : « Si un autre homme n'a pas couché avec toi et que tu ne t'es pas rendue impure en trompant ton mari depuis que tu es mariée, alors que cette eau amère qui porte la malédiction ne te fasse encourir aucun châtiment ! 20 Mais si, au contraire, étant mariée, tu as trompé ton mari et si tu t'es rendue impure en partageant la couche d'un autre homme », 21 tu jures de prendre sur toi les imprécations suivantes : « Que l'Eternel te livre à la malédiction et à l'exécration au milieu de ton peuple ! Qu'il fasse dépérir tes cuisses[w] et enfler ton ventre, 22 que ces eaux de malédiction pénétrant en toi produisent cet effet ! » La femme répondra : « Oui, qu'il en soit ainsi ! »

23 Le prêtre mettra ces imprécations par écrit et les dissoudra dans l'eau amère. 24 Puis il fera boire cette eau amère et porteuse de malédiction à la femme et l'eau pénétrera en elle. 25 Le prêtre prendra des mains de la femme l'offrande de jalousie avec laquelle il fera le geste de présentation devant l'Eternel, et l'apportera à l'autel ; 26 il en prendra une pleine poignée comme mémorial, et la fera brûler sur l'autel ; après cela, il fera boire l'eau à la femme. 27 Si elle s'est effectivement rendue impure en étant

[t] 5.10 Autre traduction : *les choses saintes de chacun sont à lui, mais ce qu'on donne au prêtre appartient au prêtre.*
[u] 5.18 En signe d'humiliation (cf. les gestes de deuil, Lv 10.6).
[v] 5.18 L'eau consacrée additionnée de poussière et servant à découvrir le coupable.
[w] 5.21 Certains traduisent : *te rende stérile.*

has made herself impure and been unfaithful to her husband, this will be the result: When she is made to drink the water that brings a curse and causes bitter suffering, it will enter her, her abdomen will swell and her womb will miscarry, and she will become a curse. 28 If, however, the woman has not made herself impure, but is clean, she will be cleared of guilt and will be able to have children.

29 " 'This, then, is the law of jealousy when a woman goes astray and makes herself impure while married to her husband, 30 or when feelings of jealousy come over a man because he suspects his wife. The priest is to have her stand before the LORD and is to apply this entire law to her. 31 The husband will be innocent of any wrongdoing, but the woman will bear the consequences of her sin.' "

The Nazirite

6 1 The LORD said to Moses, 2 "Speak to the Israelites and say to them: 'If a man or woman wants to make a special vow, a vow of dedication to the LORD as a Nazirite, 3 they must abstain from wine and other fermented drink and must not drink vinegar made from wine or other fermented drink. They must not drink grape juice or eat grapes or raisins. 4 As long as they remain under their Nazirite vow, they must not eat anything that comes from the grapevine, not even the seeds or skins.

5 " 'During the entire period of their Nazirite vow, no razor may be used on their head. They must be holy until the period of their dedication to the LORD is over; they must let their hair grow long.

6 " 'Throughout the period of their dedication to the LORD, the Nazirite must not go near a dead body. 7 Even if their own father or mother or brother or sister dies, they must not make themselves ceremonially unclean on account of them, because the symbol of their dedication to God is on their head. 8 Throughout the period of their dedication, they are consecrated to the LORD.

9 " 'If someone dies suddenly in the Nazirite's presence, thus defiling the hair that symbolizes their dedication, they must shave their head on the seventh day – the day of their cleansing. 10 Then on the eighth day they must bring two doves or two young pigeons to the priest at the entrance to the tent of meeting. 11 The priest is to offer one as a sin offering[l] and the other as a burnt offering to make atonement for the Nazirite because they sinned by being in the presence of the dead body. That same day they are to consecrate their head again. 12 They must rededicate themselves to the LORD for the same period of dedication and must bring a year-old male lamb as a guilt offering. The previous days do not count, because they became defiled during their period of dedication.

13 " 'Now this is the law of the Nazirite when the period of their dedication is over. They are to be brought

[l] 6:11 Or *purification offering*; also in verses 14 and 16

infidèle à son mari, il arrivera que l'eau porteuse de malédiction pénétrera en elle pour y produire l'amertume : son ventre enflera et sa cuisse dépérira[x], et cette femme sera maudite au milieu de son peuple. 28 Mais si la femme ne s'est pas rendue impure, si elle est vraiment pure, elle n'éprouvera aucun mal et pourra encore avoir des enfants.

29 Telle est la loi concernant la jalousie quand une femme mariée trompe son mari et se rend impure, 30 ou quand la jalousie s'empare d'un homme et qu'il soupçonne sa femme d'infidélité : il la fera comparaître devant l'Eternel, et le prêtre lui appliquera intégralement cette loi. 31 Le mari sera alors tenu pour innocent de la faute et c'est la femme qui en portera la responsabilité.

Les personnes qui se consacrent à l'Eternel

6 1 L'Eternel parla à Moïse en ces termes : 2 Dis aux Israélites : Lorsqu'un homme ou une femme se consacre d'une manière spéciale à l'Eternel en faisant vœu de consécration[y], 3 il s'abstiendra de vin et de boissons fermentées, il ne consommera ni vinaigre de vin ni vinaigre d'une autre boisson enivrante, il ne boira pas de jus de raisin et ne mangera pas de raisins, qu'ils soient frais ou secs. 4 Durant tout le temps de sa consécration, il ne mangera aucun produit confectionné à partir du fruit de la vigne, depuis les pépins jusqu'à la peau du raisin. 5 Pendant toute cette période, le rasoir ne devra pas toucher sa tête ; jusqu'à ce que s'achève le temps de sa consécration à l'Eternel, il sera saint et se laissera pousser librement les cheveux et la barbe. 6 Durant tout le temps pendant lequel il est consacré à l'Eternel, il ne touchera aucun corps mort. 7 Il ne se rendra même pas rituellement impur pour son père, sa mère, son frère ou sa sœur si ceux-ci viennent à mourir, car il porte sur sa tête la marque de sa consécration à son Dieu. 8 Tout le temps de sa consécration, il est saint pour l'Eternel.

9 Si quelqu'un meurt subitement près de lui, sa tête consacrée se trouve rendue impure. Sept jours plus tard, le jour de sa purification, il se rasera les cheveux et la barbe. 10 Le huitième jour, il apportera au prêtre deux tourterelles ou deux pigeonneaux, à l'entrée de la tente de la Rencontre. 11 Le prêtre en offrira l'un comme sacrifice pour le péché et l'autre comme holocauste, ainsi il fera le rite d'expiation pour la faute qui a été commise par le contact avec un mort. Ce même jour, il consacrera de nouveau sa tête, 12 et se consacrera lui-même de nouveau à l'Eternel pour le temps de consécration qu'il avait fixé. Il offrira un agneau dans sa première année à titre de sacrifice de réparation. Les jours déjà écoulés ne compteront pas, du fait que sa période de consécration a été profanée.

13 Voici la loi concernant le consacré pour le jour où il aura achevé le temps de sa consécration. Ce jour-là, on le

[x] 5.27 Certains traduisent : *elle deviendra stérile.*

[y] 6.2 Selon la signification du terme hébreu, souvent transcrit *vœu de naziréat*. De même aux v. 13, 19, 21. Ce vœu concernait trois domaines : l'alimentation, l'apparence extérieure et la pureté rituelle. Ce vœu de consécration particulière concernait une période définie, pouvant, dans quelques cas, durer toute la vie (Samson, Samuel, Jean-Baptiste). Voir Jg 13.5 ; 16.17 ; 1 S 1.11 ; Lc 1.15 ; Ac 21.23-26.

to the entrance to the tent of meeting. 14There they are to present their offerings to the LORD: a year-old male lamb without defect for a burnt offering, a year-old ewe lamb without defect for a sin offering, a ram without defect for a fellowship offering, 15together with their grain offerings and drink offerings, and a basket of bread made with the finest flour and without yeast – thick loaves with olive oil mixed in, and thin loaves brushed with olive oil.

16" 'The priest is to present all these before the LORD and make the sin offering and the burnt offering. 17He is to present the basket of unleavened bread and is to sacrifice the ram as a fellowship offering to the LORD, together with its grain offering and drink offering.

18" 'Then at the entrance to the tent of meeting, the Nazirite must shave off the hair that symbolizes their dedication. They are to take the hair and put it in the fire that is under the sacrifice of the fellowship offering.

19" 'After the Nazirite has shaved off the hair that symbolizes their dedication, the priest is to place in their hands a boiled shoulder of the ram, and one thick loaf and one thin loaf from the basket, both made without yeast. 20The priest shall then wave these before the LORD as a wave offering; they are holy and belong to the priest, together with the breast that was waved and the thigh that was presented. After that, the Nazirite may drink wine.

21" 'This is the law of the Nazirite who vows offerings to the LORD in accordance with their dedication, in addition to whatever else they can afford. They must fulfill the vows they have made, according to the law of the Nazirite.' "

The Priestly Blessing

22The LORD said to Moses, 23"Tell Aaron and his sons, 'This is how you are to bless the Israelites. Say to them:

24 " ' "The LORD bless you
and keep you;
25 the LORD make his face shine on you
and be gracious to you;
26 the LORD turn his face toward you
and give you peace." '

27"So they will put my name on the Israelites, and I will bless them."

Offerings at the Dedication of the Tabernacle

7 1When Moses finished setting up the tabernacle, he anointed and consecrated it and all its furnishings. He also anointed and consecrated the altar and all its utensils. 2Then the leaders of Israel, the heads of families who were the tribal leaders in charge of those who were counted, made offerings.

fera venir à l'entrée de la tente de la Rencontre, 14et il offrira son sacrifice à l'Eternel : un agneau dans sa première année, sans défaut, comme holocauste ; une brebis dans sa première année, sans défaut, comme sacrifice pour le péché, et un bélier sans défaut comme sacrifice de communion. 15Il y joindra une corbeille de pains sans levain faits avec de la fleur de farine pétrie à l'huile et des galettes sans levain arrosées d'huile, ainsi que les offrandes et les libations accompagnant ces sacrifices. 16Le prêtre approchera le tout devant l'Eternel, et offrira son sacrifice pour le péché et son holocauste ; 17il offrira aussi à l'Eternel le bélier comme sacrifice de communion, avec la corbeille de pains sans levain et il y joindra son offrande et sa libation. 18Alors, le consacré rasera sa tête consacrée à l'entrée de la tente de la Rencontre, il prendra les cheveux et les poils de barbe de sa tête consacrée et les jettera sur le feu qui brûle sous le sacrifice de communion. 19Le prêtre prendra l'épaule du bélier quand elle sera cuite, ainsi qu'un gâteau sans levain de la corbeille et une galette sans levain[z], et il les déposera dans les mains du consacré, après que celui-ci se sera rasé sa tête consacrée. 20Puis le prêtre accomplira le geste de présentation devant l'Eternel. Ces aliments sont une chose sainte qui revient au prêtre, tout comme la poitrine avec laquelle le geste de présentation a été accompli, et le gigot qui a été prélevé. Après cela, le consacré pourra de nouveau boire du vin.

21Telle est la règle relative au consacré qui a fait un vœu, et voilà ce qu'il offrira à l'Eternel pour sa consécration, sans compter les dons volontaires qu'il pourra promettre si ses moyens le lui permettent. Il agira conformément au vœu qu'il aura prononcé, en plus de ce que prévoit la loi relative à sa consécration.

Bénédiction

22L'Eternel dit à Moïse : 23Parle à Aaron et à ses fils et dis-leur : Voici en quels termes vous bénirez les Israélites. Vous leur direz :

24 Que l'Eternel te bénisse et te protège !
25 Que l'Eternel te regarde avec bonté ! Et qu'il te fasse
grâce !
26 Que l'Eternel veille sur toi et t'accorde la paix !

27C'est ainsi qu'ils m'invoqueront en faveur des Israélites, et moi, je les bénirai.

MISE EN PLACE DES INSTITUTIONS CULTUELLES

La mise en service du tabernacle et de l'autel

Offrandes pour la consécration du tabernacle

7 1Le jour où Moïse acheva de dresser le tabernacle, il versa de l'huile dessus pour le consacrer et fit de même pour ses accessoires ainsi que pour l'autel et tous ses accessoires. Il les oignit d'huile pour les consacrer[a]. 2Alors les chefs d'Israël, chefs de leurs groupes familiaux qui sont à la tête des tribus et qui avaient été chargés du

z 6.19 Part normale du prêtre dans le sacrifice de communion, plus l'épaule du bélier et une galette de pain sans levain.
a 7.1 Voir, pour les détails, Ex 40. Pour la consécration des prêtres, voir Lv 8.

3 They brought as their gifts before the LORD six covered carts and twelve oxen – an ox from each leader and a cart from every two. These they presented before the tabernacle.

4 The LORD said to Moses, 5 "Accept these from them, that they may be used in the work at the tent of meeting. Give them to the Levites as each man's work requires."

6 So Moses took the carts and oxen and gave them to the Levites. 7 He gave two carts and four oxen to the Gershonites, as their work required, 8 and he gave four carts and eight oxen to the Merarites, as their work required. They were all under the direction of Ithamar son of Aaron, the priest. 9 But Moses did not give any to the Kohathites, because they were to carry on their shoulders the holy things, for which they were responsible.

10 When the altar was anointed, the leaders brought their offerings for its dedication and presented them before the altar. 11 For the LORD had said to Moses, "Each day one leader is to bring his offering for the dedication of the altar."

12 The one who brought his offering on the first day was Nahshon son of Amminadab of the tribe of Judah.

13 His offering was:

one silver plate weighing a hundred and thirty shekels[m] and one silver sprinkling bowl weighing seventy shekels,[n] both according to the sanctuary shekel, each filled with the finest flour mixed with olive oil as a grain offering;

14 one gold dish weighing ten shekels,[o] filled with incense;

15 one young bull, one ram and one male lamb a year old for a burnt offering;

16 one male goat for a sin offering[p];

17 and two oxen, five rams, five male goats and five male lambs a year old to be sacrificed as a fellowship offering.

This was the offering of Nahshon son of Amminadab.

18 On the second day Nethanel son of Zuar, the leader of Issachar, brought his offering.

19 The offering he brought was:

one silver plate weighing a hundred and thirty shekels and one silver sprinkling bowl weighing seventy shekels, both according to the sanctuary shekel, each filled with the finest flour mixed with olive oil as a grain offering;

20 one gold dish weighing ten shekels, filled with incense;

21 one young bull, one ram and one male lamb a year old for a burnt offering;

22 one male goat for a sin offering;

23 and two oxen, five rams, five male goats and five male lambs a year old to be sacrificed as a fellowship offering.

[m] 7:13 That is, about 3 1/4 pounds or about 1.5 kilograms; also elsewhere in this chapter

[n] 7:13 That is, about 1 3/4 pounds or about 800 grams; also elsewhere in this chapter

[o] 7:14 That is, about 4 ounces or about 115 grams; also elsewhere in this chapter

[p] 7:16 Or *purification offering*; also elsewhere in this chapter

recensement, 3 apportèrent leur offrande devant l'Eternel : six chariots couverts[b] et douze bœufs – soit un chariot pour deux chefs et un bœuf pour chacun d'eux ; ils les apportèrent devant le tabernacle.

4 L'Eternel parla à Moïse en ces termes : 5 Accepte ces présents de leur part ; ils seront destinés au service de la tente de la Rencontre. Tu les remettras aux lévites, à chacun selon les besoins de son service. 6 Moïse prit les chariots et les bœufs et les donna aux lévites. 7 Il donna deux chariots et quatre bœufs aux Guershonites selon les besoins de leur service. 8 Il donna quatre chariots et huit bœufs aux Merarites, en raison du service qu'ils effectuaient sous la direction d'Itamar, le fils du prêtre Aaron. 9 Il n'en donna pas aux Qehatites, car ils étaient responsables des objets sacrés et devaient les porter sur les épaules.

Offrandes pour la dédicace de l'autel

10 Les chefs présentèrent leur offrande pour la dédicace de l'autel le jour où l'on en fit l'onction. Ils apportèrent leurs présents devant l'autel. 11 Alors l'Eternel dit à Moïse : Que les chefs viennent à tour de rôle, un par jour, apporter leur offrande pour la dédicace de l'autel.

12 Le premier jour, Nahshôn, fils d'Amminadab, vint présenter son offrande pour la tribu de Juda.

13 Elle consistait en un plat d'argent pesant 1,5 kilogramme[c], un calice d'argent de 800 grammes, selon le poids utilisé au sanctuaire, tous deux remplis de fleur de farine pétrie à l'huile, pour l'offrande, 14 et une coupe d'or de 110 grammes pleine d'encens. 15 Il amena aussi un jeune taureau, un bélier et un agneau dans sa première année pour l'holocauste, 16 un bouc comme sacrifice pour le péché 17 et deux taureaux, cinq béliers, cinq boucs et cinq agneaux dans leur première année pour le sacrifice de communion. Telle fut l'offrande de Nahshôn, fils d'Amminadab.

18 Le deuxième jour, Netanéel, fils de Tsouar, chef de la tribu d'Issacar, vint présenter son offrande.

19 Elle consistait en un plat d'argent pesant 1,5 kilogramme, un calice d'argent de 800 grammes, selon le poids utilisé au sanctuaire, tous deux remplis de fleur de farine pétrie à l'huile, pour l'offrande, 20 et une coupe d'or de 110 grammes pleine d'encens. 21 Il amena aussi un jeune taureau, un bélier et un agneau dans sa première année pour l'holocauste, 22 un bouc comme sacrifice pour le péché 23 et deux taureaux, cinq béliers, cinq boucs et cinq agneaux dans leur première année pour le sacrifice de communion. Telle fut l'offrande de Netanéel, fils de Tsouar.

[b] 7.3 Autre traduction : *six tombereaux.*

[c] 7.13 Dans tout ce chapitre, les poids sont donnés en *sicles.*

This was the offering of Nethanel son of Zuar.
24 On the third day, Eliab son of Helon, the leader of
the people of Zebulun, brought his offering.
25 His offering was:
one silver plate weighing a hundred and thirty
shekels and one silver sprinkling bowl weighing seventy shekels, both according to the sanctuary shekel,
each filled with the finest flour mixed with olive oil
as a grain offering;
26 one gold dish weighing ten shekels, filled with
incense;
27 one young bull, one ram and one male lamb a year
old for a burnt offering;
28 one male goat for a sin offering;
29 and two oxen, five rams, five male goats and five
male lambs a year old to be sacrificed as a fellowship
offering.
This was the offering of Eliab son of Helon.
30 On the fourth day Elizur son of Shedeur, the leader of the people of Reuben, brought his offering.
31 His offering was:
one silver plate weighing a hundred and thirty
shekels and one silver sprinkling bowl weighing seventy shekels, both according to the sanctuary shekel,
each filled with the finest flour mixed with olive oil
as a grain offering;
32 one gold dish weighing ten shekels, filled with
incense;
33 one young bull, one ram and one male lamb a year
old for a burnt offering;
34 one male goat for a sin offering;
35 and two oxen, five rams, five male goats and five
male lambs a year old to be sacrificed as a fellowship
offering.
This was the offering of Elizur son of Shedeur.
36 On the fifth day Shelumiel son of Zurishaddai, the
leader of the people of Simeon, brought his offering.
37 His offering was:
one silver plate weighing a hundred and thirty
shekels and one silver sprinkling bowl weighing seventy shekels, both according to the sanctuary shekel,
each filled with the finest flour mixed with olive oil
as a grain offering;
38 one gold dish weighing ten shekels, filled with
incense;
39 one young bull, one ram and one male lamb a year
old for a burnt offering;
40 one male goat for a sin offering;
41 and two oxen, five rams, five male goats and five
male lambs a year old to be sacrificed as a fellowship
offering.
This was the offering of Shelumiel son of
Zurishaddai.
42 On the sixth day Eliasaph son of Deuel, the leader
of the people of Gad, brought his offering.
43 His offering was:
one silver plate weighing a hundred and thirty
shekels and one silver sprinkling bowl weighing seventy shekels, both according to the sanctuary shekel,
each filled with the finest flour mixed with olive oil
as a grain offering;
44 one gold dish weighing ten shekels, filled with
incense;

24 Le troisième jour, Eliab, fils de Hélôn, chef de la tribu
de Zabulon, vint présenter son offrande.
25 Elle consistait en un plat d'argent pesant 1,5 kilogramme, un calice d'argent de 800 grammes, selon le poids
utilisé au sanctuaire, tous deux remplis de fleur de farine
pétrie à l'huile, pour l'offrande, 26 et une coupe d'or de 110
grammes pleine d'encens. 27 Il amena aussi un jeune taureau, un bélier et un agneau dans sa première année pour
l'holocauste, 28 un bouc comme sacrifice pour le péché 29 et
deux taureaux, cinq béliers, cinq boucs et cinq agneaux
dans leur première année pour le sacrifice de communion.
Telle fut l'offrande de Eliab, fils de Hélôn.

30 Le quatrième jour, Elitsour, fils de Shedéour, chef de
la tribu de Ruben, vint présenter son offrande.
31 Elle consistait en un plat d'argent pesant 1,5 kilogramme, un calice d'argent de 800 grammes, selon le poids
utilisé au sanctuaire, tous deux remplis de fleur de farine
pétrie à l'huile, pour l'offrande, 32 et une coupe d'or de 110
grammes pleine d'encens. 33 Il amena aussi un jeune taureau, un bélier et un agneau dans sa première année pour
l'holocauste, 34 un bouc comme sacrifice pour le péché 35 et
deux taureaux, cinq béliers, cinq boucs et cinq agneaux
dans leur première année pour le sacrifice de communion.
Telle fut l'offrande de Elitsour, fils de Shedéour.

36 Le cinquième jour, Sheloumiel, fils de Tsourishaddaï,
chef de la tribu de Siméon, vint présenter son offrande.
37 Elle consistait en un plat d'argent pesant 1,5 kilogramme, un calice d'argent de 800 grammes, selon le poids
utilisé au sanctuaire, tous deux remplis de fleur de farine
pétrie à l'huile, pour l'offrande, 38 et une coupe d'or de 110
grammes pleine d'encens. 39 Il amena aussi un jeune taureau, un bélier et un agneau dans sa première année pour
l'holocauste, 40 un bouc comme sacrifice pour le péché 41 et
deux taureaux, cinq béliers, cinq boucs et cinq agneaux
dans leur première année pour le sacrifice de communion.
Telle fut l'offrande de Sheloumiel, fils de Tsourishaddaï.

42 Le sixième jour, Eliasaph, fils de Déouel, chef de la
tribu de Gad, vint présenter son offrande.
43 Elle consistait en un plat d'argent pesant 1,5 kilogramme, un calice d'argent de 800 grammes, selon le poids
utilisé au sanctuaire, tous deux remplis de fleur de farine
pétrie à l'huile, pour l'offrande, 44 et une coupe d'or de 110

45 one young bull, one ram and one male lamb a year
old for a burnt offering;
46 one male goat for a sin offering;
47 and two oxen, five rams, five male goats and five
male lambs a year old to be sacrificed as a fellowship
offering.
This was the offering of Eliasaph son of Deuel.
48 On the seventh day Elishama son of Ammihud, the
leader of the people of Ephraim, brought his offering.
49 His offering was:
one silver plate weighing a hundred and thirty
shekels and one silver sprinkling bowl weighing seventy shekels, both according to the sanctuary shekel,
each filled with the finest flour mixed with olive oil
as a grain offering;
50 one gold dish weighing ten shekels, filled with
incense;
51 one young bull, one ram and one male lamb a year
old for a burnt offering;
52 one male goat for a sin offering;
53 and two oxen, five rams, five male goats and five
male lambs a year old to be sacrificed as a fellowship
offering.
This was the offering of Elishama son of Ammihud.
54 On the eighth day Gamaliel son of Pedahzur, the
leader of the people of Manasseh, brought his offering.
55 His offering was:
one silver plate weighing a hundred and thirty
shekels and one silver sprinkling bowl weighing seventy shekels, both according to the sanctuary shekel,
each filled with the finest flour mixed with olive oil
as a grain offering;
56 one gold dish weighing ten shekels, filled with
incense;
57 one young bull, one ram and one male lamb a year
old for a burnt offering;
58 one male goat for a sin offering;
59 and two oxen, five rams, five male goats and five
male lambs a year old to be sacrificed as a fellowship
offering.
This was the offering of Gamaliel son of Pedahzur.
60 On the ninth day Abidan son of Gideoni, the leader
of the people of Benjamin, brought his offering.
61 His offering was:
one silver plate weighing a hundred and thirty
shekels and one silver sprinkling bowl weighing seventy shekels, both according to the sanctuary shekel,
each filled with the finest flour mixed with olive oil
as a grain offering;
62 one gold dish weighing ten shekels, filled with
incense;
63 one young bull, one ram and one male lamb a year
old for a burnt offering;
64 one male goat for a sin offering;
65 and two oxen, five rams, five male goats and five
male lambs a year old to be sacrificed as a fellowship
offering.
This was the offering of Abidan son of Gideoni.
66 On the tenth day Ahiezer son of Ammishaddai,
the leader of the people of Dan, brought his offering.
67 His offering was:
one silver plate weighing a hundred and thirty
shekels and one silver sprinkling bowl weighing sev-

grammes pleine d'encens. 45 Il amena aussi un jeune taureau, un bélier et un agneau dans sa première année pour
l'holocauste, 46 un bouc comme sacrifice pour le péché 47 et
deux taureaux, cinq béliers, cinq boucs et cinq agneaux
dans leur première année pour le sacrifice de communion.
Telle fut l'offrande d'Eliasaph, fils de Déouel.

48 Le septième jour, Elishama, fils d'Ammihoud, chef de
la tribu d'Ephraïm, vint présenter son offrande.
49 Elle consistait en un plat d'argent pesant 1,5 kilogramme, un calice d'argent de 800 grammes, selon le poids
utilisé au sanctuaire, tous deux remplis de fleur de farine
pétrie à l'huile, pour l'offrande, 50 et une coupe d'or de 110
grammes pleine d'encens. 51 Il amena aussi un jeune taureau, un bélier et un agneau dans sa première année pour
l'holocauste, 52 un bouc comme sacrifice pour le péché 53 et
deux taureaux, cinq béliers, cinq boucs et cinq agneaux
dans leur première année pour le sacrifice de communion.
Telle fut l'offrande d'Elishama, fils d'Ammihoud.

54 Le huitième jour, Gamliel, fils de Pédahtsour, chef de
la tribu de Manassé, vint présenter son offrande.
55 Elle consistait en un plat d'argent pesant 1,5 kilogramme, un calice d'argent de 800 grammes, selon le poids
utilisé au sanctuaire, tous deux remplis de fleur de farine
pétrie à l'huile, pour l'offrande, 56 et une coupe d'or de 110
grammes pleine d'encens. 57 Il amena aussi un jeune taureau, un bélier et un agneau dans sa première année pour
l'holocauste, 58 un bouc comme sacrifice pour le péché 59 et
deux taureaux, cinq béliers, cinq boucs et cinq agneaux
dans leur première année pour le sacrifice de communion.
Telle fut l'offrande de Gamliel, fils de Pédahtsour.

60 Le neuvième jour, Abidân, fils de Guideoni, chef de la
tribu de Benjamin, vint présenter son offrande.
61 Elle consistait en un plat d'argent pesant 1,5 kilogramme, un calice d'argent de 800 grammes, selon le poids
utilisé au sanctuaire, tous deux remplis de fleur de farine
pétrie à l'huile, pour l'offrande, 62 et une coupe d'or de 110
grammes pleine d'encens. 63 Il amena aussi un jeune taureau, un bélier et un agneau dans sa première année pour
l'holocauste, 64 un bouc comme sacrifice pour le péché 65 et
deux taureaux, cinq béliers, cinq boucs et cinq agneaux
dans leur première année pour le sacrifice de communion.
Telle fut l'offrande d'Abidân, fils de Guideoni.

66 Le dixième jour, Ahiézer, fils d'Ammishaddaï, chef de
la tribu de Dan, vint présenter son offrande.
67 Elle consistait en un plat d'argent pesant 1,5 kilogramme, un calice d'argent de 800 grammes, selon le poids

enty shekels, both according to the sanctuary shekel,
each filled with the finest flour mixed with olive oil
as a grain offering;
68 one gold dish weighing ten shekels, filled with
incense;
69 one young bull, one ram and one male lamb a year
old for a burnt offering;
70 one male goat for a sin offering;
71 and two oxen, five rams, five male goats and five
male lambs a year old to be sacrificed as a fellowship
offering.
This was the offering of Ahiezer son of
Ammishaddai.
72 On the eleventh day Pagiel son of Okran, the leader of the people of Asher, brought his offering.
73 His offering was:
one silver plate weighing a hundred and thirty
shekels and one silver sprinkling bowl weighing seventy shekels, both according to the sanctuary shekel,
each filled with the finest flour mixed with olive oil
as a grain offering;
74 one gold dish weighing ten shekels, filled with
incense;
75 one young bull, one ram and one male lamb a year
old for a burnt offering;
76 one male goat for a sin offering;
77 and two oxen, five rams, five male goats and five
male lambs a year old to be sacrificed as a fellowship
offering.
This was the offering of Pagiel son of Okran.
78 On the twelfth day Ahira son of Enan, the leader
of the people of Naphtali, brought his offering.
79 His offering was:
one silver plate weighing a hundred and thirty
shekels and one silver sprinkling bowl weighing seventy shekels, both according to the sanctuary shekel,
each filled with the finest flour mixed with olive oil
as a grain offering;
80 one gold dish weighing ten shekels, filled with
incense;
81 one young bull, one ram and one male lamb a year
old for a burnt offering;
82 one male goat for a sin offering;
83 and two oxen, five rams, five male goats and five
male lambs a year old to be sacrificed as a fellowship
offering.
This was the offering of Ahira son of Enan.
84 These were the offerings of the Israelite leaders
for the dedication of the altar when it was anointed:
twelve silver plates, twelve silver sprinkling bowls
and twelve gold dishes. 85 Each silver plate weighed a
hundred and thirty shekels, and each sprinkling bowl
seventy shekels. Altogether, the silver dishes weighed
two thousand four hundred shekels,[q] according to the
sanctuary shekel. 86 The twelve gold dishes filled with
incense weighed ten shekels each, according to the
sanctuary shekel. Altogether, the gold dishes weighed
a hundred and twenty shekels.[r]
87 The total number of animals for the burnt offering came to twelve young bulls, twelve rams and

[q] 7:85 That is, about 60 pounds or about 28 kilograms
[r] 7:86 That is, about 3 pounds or about 1.4 kilograms

utilisé au sanctuaire, tous deux remplis de fleur de farine
pétrie à l'huile, pour l'offrande, 68 et une coupe d'or de 110
grammes pleine d'encens. 69 Il amena aussi un jeune taureau, un bélier et un agneau dans sa première année pour
l'holocauste, 70 un bouc comme sacrifice pour le péché 71 et
deux taureaux, cinq béliers, cinq boucs et cinq agneaux
dans leur première année pour le sacrifice de communion.
Telle fut l'offrande d'Ahiézer, fils d'Ammishaddaï.

72 Le onzième jour, Paguiel, fils d'Okrân, chef de la tribu
d'Aser, vint présenter son offrande.
73 Elle consistait en un plat d'argent pesant 1,5 kilogramme, un calice d'argent de 800 grammes, selon le poids
utilisé au sanctuaire, tous deux remplis de fleur de farine
pétrie à l'huile, pour l'offrande, 74 et une coupe d'or de 110
grammes pleine d'encens. 75 Il amena aussi un jeune taureau, un bélier et un agneau dans sa première année pour
l'holocauste, 76 un bouc comme sacrifice pour le péché 77 et
deux taureaux, cinq béliers, cinq boucs et cinq agneaux
dans leur première année pour le sacrifice de communion.
Telle fut l'offrande de Paguiel, fils d'Okrân.

78 Le douzième jour, Ahira, fils d'Enân, chef de la tribu
de Nephtali, vint présenter son offrande.
79 Elle consistait en un plat d'argent pesant 1,5 kilogramme, un calice d'argent de 800 grammes, selon le poids
utilisé au sanctuaire, tous deux remplis de fleur de farine
pétrie à l'huile, pour l'offrande, 80 et une coupe d'or de 110
grammes pleine d'encens. 81 Il amena aussi un jeune taureau, un bélier et un agneau dans sa première année pour
l'holocauste, 82 un bouc comme sacrifice pour le péché 83 et
deux taureaux, cinq béliers, cinq boucs et cinq agneaux
dans leur première année pour le sacrifice de communion.
Telle fut l'offrande d'Ahira, fils d'Enân.

84 En tout, pour la dédicace de l'autel le jour où l'on en fit
l'onction, les chefs d'Israël offrirent donc douze plats d'argent, douze calices d'argent et douze coupes d'or. 85 Chaque
plat pesait 1,5 kilogramme et chaque calice 800 grammes,
ils offrirent donc en tout 27,5 kilogrammes d'argent selon
l'unité de poids du sanctuaire. 86 Chaque coupe pesait 110
grammes, ils offrirent donc en tout 1 300 grammes d'or.
87 Pour les holocaustes, ils apportèrent douze taureaux,

twelve male lambs a year old, together with their grain offering. Twelve male goats were used for the sin offering.

88 The total number of animals for the sacrifice of the fellowship offering came to twenty-four oxen, sixty rams, sixty male goats and sixty male lambs a year old.

These were the offerings for the dedication of the altar after it was anointed.

89 When Moses entered the tent of meeting to speak with the LORD, he heard the voice speaking to him from between the two cherubim above the atonement cover on the ark of the covenant law. In this way the LORD spoke to him.

Setting Up the Lamps

8 1 The LORD said to Moses, 2 "Speak to Aaron and say to him, 'When you set up the lamps, see that all seven light up the area in front of the lampstand.' "

3 Aaron did so; he set up the lamps so that they faced forward on the lampstand, just as the LORD commanded Moses. 4 This is how the lampstand was made: It was made of hammered gold – from its base to its blossoms. The lampstand was made exactly like the pattern the LORD had shown Moses.

The Setting Apart of the Levites

5 The LORD said to Moses: 6 "Take the Levites from among all the Israelites and make them ceremonially clean. 7 To purify them, do this: Sprinkle the water of cleansing on them; then have them shave their whole bodies and wash their clothes. And so they will purify themselves. 8 Have them take a young bull with its grain offering of the finest flour mixed with olive oil; then you are to take a second young bull for a sin offering.[s] 9 Bring the Levites to the front of the tent of meeting and assemble the whole Israelite community. 10 You are to bring the Levites before the LORD, and the Israelites are to lay their hands on them. 11 Aaron is to present the Levites before the LORD as a wave offering from the Israelites, so that they may be ready to do the work of the LORD.

12 "Then the Levites are to lay their hands on the heads of the bulls, using one for a sin offering to the LORD and the other for a burnt offering, to make atonement for the Levites. 13 Have the Levites stand in front of Aaron and his sons and then present them as a wave offering to the LORD. 14 In this way you are to set the Levites apart from the other Israelites, and the Levites will be mine.

15 "After you have purified the Levites and presented them as a wave offering, they are to come to do their work at the tent of meeting. 16 They are the Israelites who are to be given wholly to me. I have taken them as my own in place of the firstborn, the first male offspring from every Israelite woman. 17 Every firstborn male in Israel, whether human or animal, is mine. When I struck down all the firstborn in Egypt, I set them apart for myself. 18 And I have taken the Levites

[s] **8:8** Or *purification offering;* also in verse 12

douze béliers et douze agneaux dans leur première année avec les offrandes qui les accompagnent et douze boucs pour le sacrifice pour le péché. 88 Pour le sacrifice de communion, ils offrirent vingt-quatre taureaux, soixante béliers, soixante boucs et soixante agneaux d'un an. Tels furent les présents offerts pour la dédicace de l'autel, après son onction.

L'Eternel et Moïse

89 Lorsque Moïse entrait dans la tente de la Rencontre pour parler avec l'Eternel, il entendait la voix qui lui parlait d'au-dessus du propitiatoire placé sur le coffre de l'acte de l'alliance entre les deux chérubins. Et il lui parlait.

Comment placer les lampes

8 1 L'Eternel parla à Moïse en ces termes : 2 Dis à Aaron : Lorsque tu mettras les sept lampes en place, tu les disposeras de manière à ce qu'elles projettent leur lumière sur le devant du chandelier.

3 Aaron fit ainsi. Il plaça les lampes sur le devant du chandelier, comme l'Eternel l'avait ordonné à Moïse. 4 Ce chandelier était fait d'or massif martelé, du pied jusqu'à ses fleurs. On l'avait façonné d'après le modèle que l'Eternel avait montré à Moïse[d].

L'entrée en fonction des lévites

Purification des lévites

5 L'Eternel parla à Moïse en ces termes : 6 Sépare les lévites du reste des Israélites et purifie-les. 7 Voici comment tu procéderas pour les purifier : tu les aspergeras d'eau purificatrice, puis ils se raseront tout le corps et laveront leurs vêtements. Alors ils seront rituellement purs. 8 Ils prendront un jeune taureau, avec l'offrande correspondante, c'est-à-dire de la fleur de farine pétrie à l'huile. Tu prendras un second taureau comme sacrifice pour le péché. 9 Tu feras avancer les lévites devant la tente de la Rencontre et tu convoqueras toute la communauté des Israélites. 10 Tu feras avancer les lévites devant l'Eternel, et les Israélites poseront les mains sur eux. 11 Alors Aaron fera devant l'Eternel le geste de présentation pour m'offrir les lévites de la part des Israélites et ils seront affectés à mon service. 12 Les lévites poseront leurs mains sur la tête des deux taureaux et tu m'offriras[e] l'un comme sacrifice pour le péché, et l'autre comme holocauste afin d'accomplir le rite d'expiation pour les lévites. 13 Tu placeras les lévites devant Aaron et ses fils et tu feras le geste de présentation pour les offrir à l'Eternel. 14 Ainsi tu mettras à part les lévites du reste des Israélites et ils m'appartiendront. 15 Après cela, ils entreront en fonction pour le service de la tente de la Rencontre.

Tu les purifieras donc et tu feras le geste de présentation pour eux, 16 car ils me sont entièrement donnés parmi les Israélites en échange de tous les premiers-nés des Israélites ; je les ai pris pour moi. 17 En effet tout premier-né chez les Israélites m'appartient, homme ou animal ; je les ai consacrés à moi-même, le jour où j'ai fait mourir tous les fils aînés des Egyptiens. 18 J'ai pris les lévites en échange

[d] **8.4** Pour les v. 1-4, voir Ex 25.31-40 ; 37.17-24.
[e] **8.12** L'ancienne version grecque a : *Aaron m'offrira.*

in place of all the firstborn sons in Israel. 19 From among all the Israelites, I have given the Levites as gifts to Aaron and his sons to do the work at the tent of meeting on behalf of the Israelites and to make atonement for them so that no plague will strike the Israelites when they go near the sanctuary."

20 Moses, Aaron and the whole Israelite community did with the Levites just as the LORD commanded Moses. 21 The Levites purified themselves and washed their clothes. Then Aaron presented them as a wave offering before the LORD and made atonement for them to purify them. 22 After that, the Levites came to do their work at the tent of meeting under the supervision of Aaron and his sons. They did with the Levites just as the LORD commanded Moses.

23 The LORD said to Moses, 24 "This applies to the Levites: Men twenty-five years old or more shall come to take part in the work at the tent of meeting, 25 but at the age of fifty, they must retire from their regular service and work no longer. 26 They may assist their brothers in performing their duties at the tent of meeting, but they themselves must not do the work. This, then, is how you are to assign the responsibilities of the Levites."

The Passover

9 1 The LORD spoke to Moses in the Desert of Sinai in the first month of the second year after they came out of Egypt. He said, 2 "Have the Israelites celebrate the Passover at the appointed time. 3 Celebrate it at the appointed time, at twilight on the fourteenth day of this month, in accordance with all its rules and regulations."

4 So Moses told the Israelites to celebrate the Passover, 5 and they did so in the Desert of Sinai at twilight on the fourteenth day of the first month. The Israelites did everything just as the LORD commanded Moses.

6 But some of them could not celebrate the Passover on that day because they were ceremonially unclean on account of a dead body. So they came to Moses and Aaron that same day 7 and said to Moses, "We have become unclean because of a dead body, but why should we be kept from presenting the LORD's offering with the other Israelites at the appointed time?"

8 Moses answered them, "Wait until I find out what the LORD commands concerning you."

9 Then the LORD said to Moses, 10 "Tell the Israelites: 'When any of you or your descendants are unclean because of a dead body or are away on a journey, they

de tous les fils aînés israélites, 19 et je les ai donnés à Aaron et à ses fils d'entre les Israélites, pour qu'ils accomplissent le service des Israélites dans la tente de la Rencontre et qu'ils aient ainsi une fonction expiatoire pour eux afin que les Israélites ne soient frappés d'aucun fléau pour s'être approchés du sanctuaire.

20 Moïse, Aaron et toute la communauté des Israélites firent pour les lévites tout ce que l'Eternel avait ordonné à Moïse à leur sujet. 21 Les lévites se purifièrent et lavèrent leurs vêtements. Aaron fit le geste de présentation devant l'Eternel, puis il accomplit le rite d'expiation pour eux afin de les purifier. 22 Après cela, ils entrèrent en fonction dans la tente de la Rencontre sous la direction d'Aaron et de ses fils. On procéda donc à leur égard conformément à ce que l'Eternel avait ordonné à Moïse.

L'âge du service pour les lévites

23 L'Eternel parla encore à Moïse en ces termes : 24 Les lévites âgés de vingt-cinq ans et plus seront recrutés pour accomplir un service dans la tente de la Rencontre. 25 A cinquante ans, ils se retireront du service et n'exerceront plus leurs fonctions ; 26 ils aideront leurs collègues à accomplir le service dans la tente de la Rencontre, mais ils n'auront plus eux-mêmes de service actif. Telles sont les dispositions que tu prendras à l'égard du service des lévites.

La célébration de la Pâque

Célébration

9 1 Le premier mois de la deuxième année après la sortie d'Egypte[f], l'Eternel s'adressa à Moïse dans le désert du Sinaï. Il lui dit : 2 Que les Israélites célèbrent la Pâque à la date fixée, 3 c'est-à-dire le soir du quatorzième jour de ce mois à la nuit tombante ; vous la célébrerez en vous conformant exactement à toutes les ordonnances et les lois qui la concernent.

4 Moïse demanda donc aux Israélites de célébrer la Pâque, 5 et ils la célébrèrent dans le désert du Sinaï le soir du quatorzième jour du premier mois à la nuit tombante, en se conformant à tout ce que l'Eternel avait ordonné à Moïse.

Les personnes en état d'impureté rituelle

6 Or, il arriva que des hommes qui s'étaient rendus rituellement impurs par le contact avec un mort, ne purent célébrer la Pâque ce jour-là. Ils allèrent trouver Moïse et Aaron ce même jour 7 et leur dirent : Nous sommes en état d'impureté rituelle parce que nous avons été en contact avec un mort, pourquoi n'avons-nous pas le droit d'apporter notre offrande à l'Eternel à la date fixée, avec les autres Israélites ?

8 Moïse leur répondit : Attendez là pendant que j'écouterai ce que l'Eternel ordonne à votre sujet.

9 L'Eternel dit à Moïse : 10 Dis aux Israélites : Si quelqu'un d'entre vous – maintenant ou dans les générations à venir – se trouve en état d'impureté rituelle par son contact avec un mort, ou s'il est en voyage au loin, il pourra quand même célébrer la Pâque en l'honneur de l'Eternel[g].

f **9.1** Cette directive fut donnée avant les événements racontés au début de ce livre (voir 1.1-2). Elle est mentionnée pour introduire les v. 6-14.

g **9.10** La purification après le contact avec un mort exigeait sept jours (19.11).

are still to celebrate the LORD's Passover, 11 but they are to do it on the fourteenth day of the second month at twilight. They are to eat the lamb, together with unleavened bread and bitter herbs. 12 They must not leave any of it till morning or break any of its bones. When they celebrate the Passover, they must follow all the regulations. 13 But if anyone who is ceremonially clean and not on a journey fails to celebrate the Passover, they must be cut off from their people for not presenting the LORD's offering at the appointed time. They will bear the consequences of their sin.

14 " 'A foreigner residing among you is also to celebrate the LORD's Passover in accordance with its rules and regulations. You must have the same regulations for both the foreigner and the native-born.' "

The Cloud Above the Tabernacle

15 On the day the tabernacle, the tent of the covenant law, was set up, the cloud covered it. From evening till morning the cloud above the tabernacle looked like fire. 16 That is how it continued to be; the cloud covered it, and at night it looked like fire. 17 Whenever the cloud lifted from above the tent, the Israelites set out; wherever the cloud settled, the Israelites encamped. 18 At the LORD's command the Israelites set out, and at his command they encamped. As long as the cloud stayed over the tabernacle, they remained in camp. 19 When the cloud remained over the tabernacle a long time, the Israelites obeyed the LORD's order and did not set out. 20 Sometimes the cloud was over the tabernacle only a few days; at the LORD's command they would encamp, and then at his command they would set out. 21 Sometimes the cloud stayed only from evening till morning, and when it lifted in the morning, they set out. Whether by day or by night, whenever the cloud lifted, they set out. 22 Whether the cloud stayed over the tabernacle for two days or a month or a year, the Israelites would remain in camp and not set out; but when it lifted, they would set out. 23 At the LORD's command they encamped, and at the LORD's command they set out. They obeyed the LORD's order, in accordance with his command through Moses.

The Silver Trumpets

10 1 The LORD said to Moses: 2 "Make two trumpets of hammered silver, and use them for calling the community together and for having the camps set out. 3 When both are sounded, the whole community is to assemble before you at the entrance to the tent of meeting. 4 If only one is sounded, the leaders – the heads of the clans of Israel – are to assemble before you. 5 When a trumpet blast is sounded, the tribes camping on the east are to set out. 6 At the sounding of a second blast, the camps on the south are to set out. The blast will be the signal for setting out. 7 To gather the assembly, blow the trumpets, but not with the signal for setting out.

8 "The sons of Aaron, the priests, are to blow the trumpets. This is to be a lasting ordinance for you and

11 C'est le soir du quatorzième jour du second mois qu'ils la célébreront, à la nuit tombante, en mangeant l'agneau avec des pains sans levain et des herbes amères. 12 Ils n'en laisseront rien jusqu'au matin et n'en briseront aucun os. Ils se conformeront à toutes les ordonnances relatives à la Pâque. 13 Mais si quelqu'un qui est rituellement pur et qui n'est pas en voyage néglige de célébrer la Pâque, il sera retranché de la communauté de son peuple : il portera la responsabilité de sa faute parce qu'il n'a pas présenté l'offrande à l'Eternel à la date fixée. 14 Si un étranger installé chez vous veut célébrer la Pâque de l'Eternel, il se conformera au rituel de la Pâque et aux ordonnances qui s'y rapportent. Il y aura un seul et même rituel pour l'immigré et pour l'autochtone.

La nuée : signe de la présence de Dieu

15 Le jour où l'on érigea le tabernacle, qui sert de tente aux tablettes de l'acte de l'alliance, la nuée le couvrit ; le soir, cette nuée au-dessus du tabernacle devint comme du feu et resta là jusqu'au matin. 16 Il en fut continuellement ainsi : le jour, la nuée couvrait le tabernacle, et pendant la nuit, elle avait l'apparence d'un feu. 17 Chaque fois que la nuée s'élevait au-dessus de la tente, les Israélites levaient le camp ; et là où elle s'arrêtait, ils dressaient leurs campements. 18 Ainsi, c'est au signal de l'Eternel que les Israélites levaient le camp et à son signal qu'ils le réinstallaient. Aussi longtemps que la nuée restait sur le tabernacle, ils ne bougeaient pas de l'endroit. 19 Même si elle s'attardait longtemps sur le tabernacle, ils observaient fidèlement les indications de l'Eternel et ne partaient pas. 20 Parfois la nuée ne s'arrêtait que quelques jours sur le tabernacle ; c'était toujours au signal de l'Eternel qu'ils dressaient le camp, et qu'ils le levaient. 21 Il arrivait même qu'elle ne s'arrête que durant une nuit : lorsqu'elle s'élevait le matin, ils levaient le camp ; ou bien elle s'élevait après un jour et une nuit, aussitôt ils partaient. 22 Qu'elle demeure deux jours ou un mois ou plus longtemps encore sur le tabernacle, les Israélites restaient campés sans partir ; ils levaient seulement le camp lorsqu'elle s'élevait. 23 C'est sur l'ordre de l'Eternel qu'ils dressaient le camp et le levaient. Ainsi ils observaient ce que l'Eternel indiquait, conformément aux instructions qu'il leur avait données par l'intermédiaire de Moïse.

Les deux trompettes d'argent

10 1 L'Eternel parla à Moïse en ces termes : 2 Fais fabriquer deux trompettes d'argent martelé. Elles te serviront pour convoquer la communauté et donner le signal du départ aux camps. 3 Dès que ces deux trompettes sonneront ensemble, toute la communauté se rassemblera auprès de toi à l'entrée de la tente de la Rencontre. 4 Si on ne sonne que d'une trompette, seuls les chefs des corps d'armée d'Israël se réuniront auprès de toi. 5 Quand vous ferez retentir un signal éclatant, les camps stationnés à l'est partiront. 6 Lorsque ce signal éclatant retentira pour la deuxième fois, les tribus campant au sud se mettront en marche. La sonnerie éclatante sera le signal des départs. 7 Mais pour convoquer l'assemblée, vous sonnerez de la trompette sans faire entendre un son éclatant.

8 Seuls les prêtres descendants d'Aaron sonneront des trompettes. Ce sera une ordonnance en vigueur à perpétuité pour vous et vos descendants.

the generations to come. 9 When you go into battle in your own land against an enemy who is oppressing you, sound a blast on the trumpets. Then you will be remembered by the LORD your God and rescued from your enemies. 10 Also at your times of rejoicing – your appointed festivals and New Moon feasts – you are to sound the trumpets over your burnt offerings and fellowship offerings, and they will be a memorial for you before your God. I am the LORD your God."

The Israelites Leave Sinai

11 On the twentieth day of the second month of the second year, the cloud lifted from above the tabernacle of the covenant law. 12 Then the Israelites set out from the Desert of Sinai and traveled from place to place until the cloud came to rest in the Desert of Paran. 13 They set out, this first time, at the LORD's command through Moses.

14 The divisions of the camp of Judah went first, under their standard. Nahshon son of Amminadab was in command. 15 Nethanel son of Zuar was over the division of the tribe of Issachar, 16 and Eliab son of Helon was over the division of the tribe of Zebulun. 17 Then the tabernacle was taken down, and the Gershonites and Merarites, who carried it, set out.

18 The divisions of the camp of Reuben went next, under their standard. Elizur son of Shedeur was in command. 19 Shelumiel son of Zurishaddai was over the division of the tribe of Simeon, 20 and Eliasaph son of Deuel was over the division of the tribe of Gad. 21 Then the Kohathites set out, carrying the holy things. The tabernacle was to be set up before they arrived.

22 The divisions of the camp of Ephraim went next, under their standard. Elishama son of Ammihud was in command. 23 Gamaliel son of Pedahzur was over the division of the tribe of Manasseh, 24 and Abidan son of Gideoni was over the division of the tribe of Benjamin.

25 Finally, as the rear guard for all the units, the divisions of the camp of Dan set out under their standard. Ahiezer son of Ammishaddai was in command. 26 Pagiel son of Okran was over the division of the tribe of Asher, 27 and Ahira son of Enan was over the division of the tribe of Naphtali. 28 This was the order of march for the Israelite divisions as they set out.

29 Now Moses said to Hobab son of Reuel the Midianite, Moses' father-in-law, "We are setting out for the place about which the LORD said, 'I will give it to you.' Come with us and we will treat you well, for the LORD has promised good things to Israel."

30 He answered, "No, I will not go; I am going back to my own land and my own people."

9 Lorsque vous serez installés dans votre pays et que vous partirez en guerre contre un agresseur, vous ferez retentir un signal éclatant de vos trompettes, ainsi vous vous rappellerez à l'attention de l'Eternel votre Dieu, et vous serez délivrés de vos ennemis. 10 Vous sonnerez aussi de ces trompettes dans vos jours de joie, lors de vos fêtes religieuses et au commencement des mois, lorsque vous offrirez vos holocaustes et vos sacrifices de communion. Ce sera un moyen de vous rappeler au souvenir de votre Dieu. Je suis l'Eternel, votre Dieu.

DU SINAÏ AUX STEPPES DE MOAB

L'ordre de départ des troupes d'Israël

11 Le vingtième jour du deuxième mois de la deuxième année, la nuée s'éleva au-dessus du tabernacle de l'acte de l'alliance. 12 Les Israélites partirent du désert du Sinaï, marchant d'étape en étape. La nuée s'arrêta dans le désert de Parân. 13 C'était la première fois qu'ils levaient le camp sur l'ordre de l'Eternel transmis par Moïse. 14 Le camp des descendants de Juda précédé de sa bannière se mit d'abord en marche avec ses troupes, comprenant les troupes de Juda, sous les ordres de Nahshôn, fils d'Amminadab, 15 les troupes de la tribu des descendants d'Issacar, sous les ordres de Netanéel, fils de Tsouar, 16 et celles de la tribu des descendants de Zabulon, sous les ordres d'Eliab, fils de Hélôn.

17 Après cela, le tabernacle fut démonté, et les Guershonites ainsi que les Merarites se mirent en marche, en le portant. 18 Puis le camp de Ruben se mit en marche précédé de sa bannière, avec ses troupes comprenant les troupes de Ruben, sous les ordres d'Elitsour, fils de Shedéour, 19 les troupes de la tribu des descendants de Siméon, sous les ordres de Sheloumiel descendant de Tsourishaddaï, 20 et celles de la tribu des descendants de Gad, sous les ordres d'Eliasaph, fils de Déouel.

21 Ensuite les Qehatites se mirent en marche portant les objets sacrés. On devait monter le tabernacle avant l'arrivée des Qehatites à l'étape suivante. 22 Ensuite le camp des descendants d'Ephraïm se mit en marche précédé de sa bannière avec ses troupes comprenant les troupes d'Ephraïm, sous les ordres d'Elishama, fils d'Ammihoud, 23 les troupes de la tribu des descendants de Manassé, sous les ordres de Gamliel, fils de Pédahtsour, 24 et celles de la tribu des descendants de Benjamin, sous les ordres d'Abidân, fils de Guideoni.

25 A l'arrière-garde de toutes les troupes le camp des descendants de Dan partit précédé de sa bannière avec ses troupes comprenant les troupes de Dan, sous les ordres d'Ahiézer, fils d'Ammishaddaï, 26 les troupes de la tribu des descendants d'Aser sous les ordres de Paguiel, fils d'Okrân, 27 et celles de la tribu de Nephtali, sous les ordres d'Ahira, fils d'Enân. 28 Tel était l'ordre de départ des Israélites répartis en corps d'armée lorsqu'ils levaient le camp.

Le départ du Sinaï

29 Moïse dit à Hobab, fils de son beau-père Reouel le Madianite : Nous partons pour la contrée que l'Eternel a promis de nous donner. Viens donc avec nous ; tu t'en trouveras bien car l'Eternel a promis de faire du bien à Israël.

30 Hobab lui répondit : Je ne te suivrai pas, je préfère retourner dans mon pays auprès de ma famille.

31 But Moses said, "Please do not leave us. You know
where we should camp in the wilderness, and you can
be our eyes. 32 If you come with us, we will share with
you whatever good things the LORD gives us."

33 So they set out from the mountain of the LORD and
traveled for three days. The ark of the covenant of
the LORD went before them during those three days to
find them a place to rest. 34 The cloud of the LORD was
over them by day when they set out from the camp.
35 Whenever the ark set out, Moses said,

"Rise up, LORD!
May your enemies be scattered;
may your foes flee before you."

36 Whenever it came to rest, he said,

"Return, LORD,
to the countless thousands of Israel."

Fire From the LORD

11 1 Now the people complained about their
hardships in the hearing of the LORD, and
when he heard them his anger was aroused. Then
fire from the LORD burned among them and consumed
some of the outskirts of the camp. 2 When the people
cried out to Moses, he prayed to the LORD and the fire
died down. 3 So that place was called Taberah,[t] because
fire from the LORD had burned among them.

Quail From the LORD

4 The rabble with them began to crave other food,
and again the Israelites started wailing and said, "If
only we had meat to eat! 5 We remember the fish we
ate in Egypt at no cost – also the cucumbers, melons,
leeks, onions and garlic. 6 But now we have lost our
appetite; we never see anything but this manna!"

7 The manna was like coriander seed and looked
like resin. 8 The people went around gathering it, and
then ground it in a hand mill or crushed it in a mortar.
They cooked it in a pot or made it into loaves. And
it tasted like something made with olive oil. 9 When
the dew settled on the camp at night, the manna also
came down.
10 Moses heard the people of every family wailing at
the entrance to their tents. The LORD became exceedingly angry, and Moses was troubled. 11 He asked the
LORD, "Why have you brought this trouble on your servant? What have I done to displease you that you put
the burden of all these people on me? 12 Did I conceive
all these people? Did I give them birth? Why do you
tell me to carry them in my arms, as a nurse carries
an infant, to the land you promised on oath to their
ancestors? 13 Where can I get meat for all these people? They keep wailing to me, 'Give us meat to eat!' 14 I
cannot carry all these people by myself; the burden is
too heavy for me. 15 If this is how you are going to treat

t 11:3 *Taberah* means *burning.*

31 Moïse insista : Ne nous quitte pas, je te prie ; car tu
connais bien ce désert et les endroits où nous pourrons y
installer notre camp, et tu pourras nous servir de guide.
32 Si tu nous accompagnes, nous te ferons participer au
bonheur que l'Eternel va nous accorder.
33 Les Israélites partirent de la montagne de l'Eternel et
marchèrent durant trois jours. Durant ces trois jours, le
coffre de l'alliance de l'Eternel les précéda pour leur chercher un lieu d'étape. 34 Lorsqu'ils quittaient le campement,
la nuée de l'Eternel les couvrait pendant le jour.
35 Chaque fois que le coffre sacré partait, Moïse priait :
Lève-toi, Eternel, et que tes ennemis soient dispersés ;
que ceux qui te haïssent fuient devant toi !

36 Et lorsqu'on le déposait, il disait :
Reviens, Eternel, auprès des multitudes des troupes
d'Israël !

Les premières crises

Les Israélites se plaignent

11 1 Un jour, le peuple adressa d'amères plaintes à
l'Eternel. Lorsqu'il les entendit, il se mit en colère
et déchaîna la foudre contre eux. Déjà, le feu dévorait une
extrémité du camp.
2 Le peuple implora Moïse à grands cris ; celui-ci pria
l'Eternel, et le feu s'arrêta. 3 On appela ce lieu Tabeéra,
parce que le feu de l'Eternel s'était embrasé contre le
peuple.

4 Il y avait parmi le peuple un ramassis d'individus qui
furent saisis de toutes sortes de désirs. Alors les Israélites,
à leur tour, recommencèrent à pleurer en disant : Ah ! Si
seulement nous pouvions manger de la viande ! 5 Nous
regrettons le poisson qu'on mangeait pour rien en Egypte !
Et les concombres ! Et les melons ! Et les poireaux ! Et les
oignons ! Et l'ail ! 6 A présent, nous dépérissons. Nous sommes privés de tout, rien que de la manne, toujours de la
manne !
7 La manne ressemblait à de la graine de coriandre, elle
était transparente comme de la résine de bdellium. 8 Le
peuple se dispersait pour la ramasser ; puis on la broyait
à la meule ou la pilait au mortier, et on la faisait cuire
dans des pots pour en faire des galettes qui avaient un
goût de gâteau à l'huile. 9 Elle se déposait la nuit sur le
camp avec la rosée.
10 Chaque famille se lamentait à l'entrée de sa tente.
Moïse entendit le peuple pleurer, et l'Eternel entra dans
une grande colère. Moïse en fut très affecté. 11 Il dit
à l'Eternel : Pourquoi fais-tu du mal à ton serviteur ?
Pourquoi ne m'accordes-tu pas ta faveur ? Comment peux-
tu m'imposer la charge de tout ce peuple ? 12 Est-ce moi qui
ai conçu tout ce peuple ? Est-ce moi qui l'ai mis au monde
pour que tu me dises : « Porte-le sur ton cœur comme une
nourrice porte le bébé qu'elle allaite, et cela jusqu'au pays
que tu as promis à ses ancêtres » ? 13 Où trouverai-je de
la viande pour la distribuer à tous ces gens qui pleurent
autour de moi en disant : « Donne-nous de la viande à
manger ! » 14 Je ne suis pas capable de porter, à moi seul,
la responsabilité de tout ce peuple. C'est trop lourd pour
moi ! 15 Si tu veux bien m'accorder une faveur, prends ma

me, please go ahead and kill me – if I have found favor
in your eyes – and do not let me face my own ruin."

[16]The LORD said to Moses: "Bring me seventy of
Israel's elders who are known to you as leaders and
officials among the people. Have them come to the
tent of meeting, that they may stand there with you.
[17]I will come down and speak with you there, and I
will take some of the power of the Spirit that is on
you and put it on them. They will share the burden
of the people with you so that you will not have to
carry it alone.
[18]"Tell the people: 'Consecrate yourselves in preparation for tomorrow, when you will eat meat. The LORD
heard you when you wailed, "If only we had meat to
eat! We were better off in Egypt!" Now the LORD will
give you meat, and you will eat it. [19]You will not eat
it for just one day, or two days, or five, ten or twenty days, [20]but for a whole month – until it comes out
of your nostrils and you loathe it – because you have
rejected the LORD, who is among you, and have wailed
before him, saying, "Why did we ever leave Egypt?"'"
[21]But Moses said, "Here I am among six hundred
thousand men on foot, and you say, 'I will give them
meat to eat for a whole month!' [22]Would they have
enough if flocks and herds were slaughtered for them?
Would they have enough if all the fish in the sea were
caught for them?"
[23]The LORD answered Moses, "Is the LORD's arm too
short? Now you will see whether or not what I say will
come true for you."

[24]So Moses went out and told the people what the
LORD had said. He brought together seventy of their
elders and had them stand around the tent. [25]Then
the LORD came down in the cloud and spoke with him,
and he took some of the power of the Spirit that was
on him and put it on the seventy elders. When the
Spirit rested on them, they prophesied – but did not
do so again.
[26]However, two men, whose names were Eldad and
Medad, had remained in the camp. They were listed
among the elders, but did not go out to the tent. Yet
the Spirit also rested on them, and they prophesied in
the camp. [27]A young man ran and told Moses, "Eldad
and Medad are prophesying in the camp."

[28]Joshua son of Nun, who had been Moses' aide since
youth, spoke up and said, "Moses, my lord, stop them!"
[29]But Moses replied, "Are you jealous for my sake?
I wish that all the LORD's people were prophets and
that the LORD would put his Spirit on them!" [30]Then
Moses and the elders of Israel returned to the camp.

[31]Now a wind went out from the LORD and drove
quail in from the sea. It scattered them up to two

vie plutôt que de me traiter ainsi, et que je n'aie plus à
contempler mon malheur.

Les soixante-dix responsables du peuple adjoints à Moïse

[16]L'Eternel répondit à Moïse : Rassemble-moi soixante-dix hommes choisis parmi les responsables d'Israël,
des hommes que tu sais être des responsables et des chefs
du peuple, et amène-les devant la tente de la Rencontre.
Qu'ils se tiennent là avec toi. [17]Alors je descendrai m'entretenir là avec toi, je prendrai de l'Esprit qui est sur toi et je
le leur donnerai, pour qu'ils portent avec toi la charge de
ce peuple, de sorte que tu n'auras plus à la porter seul. [18]Tu
diras au peuple : « Purifiez-vous pour demain, et vous mangerez de la viande, puisque vous avez pleuré aux oreilles
de l'Eternel en disant : "Ah ! Si seulement nous pouvions
manger de la viande ! Nous étions si bien en Egypte !" Eh
bien, l'Eternel va vous donner de la viande à manger. [19]Pas
un seul jour, ni deux jours, ni cinq jours, ni dix jours, ni
même vingt jours, [20]mais durant tout un mois vous en
mangerez, jusqu'à ce qu'elle vous sorte par les narines et
que vous en ayez la nausée. Car vous avez méprisé l'Eternel
qui est au milieu de vous, et vous avez pleuré devant lui,
en disant : "Pourquoi donc avons-nous quitté l'Egypte ?" »
[21]Moïse répondit : Ce peuple dont je fais partie compte
six cent mille hommes de pied, et toi tu leur promets, pour
un mois entier, de la viande à manger ! [22]Abattra-t-on pour
eux des brebis et des bœufs pour qu'ils en aient suffisamment ? Et même si on leur pêchait tous les poissons de la
mer, en auraient-ils assez ?
[23]L'Eternel lui répondit : Le bras de l'Eternel serait-il trop
court ? Tu verras sans tarder si, oui ou non, ma parole se
réalise devant toi.

L'Esprit de Dieu se pose sur les soixante-dix responsables du peuple

[24]Moïse sortit et rapporta au peuple les paroles de
l'Eternel, puis il rassembla soixante-dix hommes choisis
parmi leurs responsables, et les plaça autour de la tente.
[25]L'Eternel descendit dans la nuée et lui parla ; il prit
de l'Esprit qui reposait sur lui et le donna à ces soixante-dix responsables. Quand l'Esprit se fut posé sur eux,
ils se mirent à parler sous son inspiration, comme des
prophètes – c'est l'unique fois que cela leur arriva.
[26]L'Esprit vint également demeurer sur deux hommes
qui se trouvaient dans le camp, et qui s'appelaient Eldad
et Médad. L'Esprit vint reposer sur eux car ils figuraient
parmi les inscrits, bien qu'ils ne se soient pas rendus à la
tente, et, dans le camp, ils se mirent à parler sous l'inspiration de Dieu. [27]Un jeune homme courut avertir Moïse :
Eldad et Médad sont en train de parler sous l'inspiration
de Dieu dans le camp !
[28]Alors Josué, fils de Noun, qui était l'assistant de Moïse
depuis sa jeunesse, intervint en disant : Moïse, mon maître,
empêche-les de faire cela !
[29]Moïse lui répondit : Serais-tu jaloux pour moi ? Que
l'Eternel, au contraire, accorde son Esprit à tous les
membres de son peuple pour qu'ils deviennent tous des
prophètes !
[30]Puis Moïse regagna le camp avec les responsables
d'Israël.
[31]Un vent envoyé par l'Eternel entraîna des cailles
par-dessus la mer et les fit s'abattre autour du camp, sur

cubits[u] deep all around the camp, as far as a day's
walk in any direction. 32 All that day and night and all
the next day the people went out and gathered quail.
No one gathered less than ten homers.[v] Then they
spread them out all around the camp. 33 But while the
meat was still between their teeth and before it could
be consumed, the anger of the LORD burned against
the people, and he struck them with a severe plague.
34 Therefore the place was named Kibroth Hattaavah,[w]
because there they buried the people who had craved
other food.
35 From Kibroth Hattaavah the people traveled to
Hazeroth and stayed there.

Miriam and Aaron Oppose Moses

12 1 Miriam and Aaron began to talk against
Moses because of his Cushite wife, for he had
married a Cushite. 2 "Has the LORD spoken only through
Moses?" they asked. "Hasn't he also spoken through
us?" And the LORD heard this.
3 (Now Moses was a very humble man, more humble
than anyone else on the face of the earth.)
4 At once the LORD said to Moses, Aaron and Miriam,
"Come out to the tent of meeting, all three of you." So
the three of them went out. 5 Then the LORD came down
in a pillar of cloud; he stood at the entrance to the tent
and summoned Aaron and Miriam. When the two of
them stepped forward, 6 he said, "Listen to my words:

"When there is a prophet among you,
I, the LORD, reveal myself to them in visions,
I speak to them in dreams.

7 But this is not true of my servant Moses;
he is faithful in all my house.

8 With him I speak face to face,
clearly and not in riddles;
he sees the form of the LORD.
Why then were you not afraid
to speak against my servant Moses?"

9 The anger of the LORD burned against them, and
he left them.
10 When the cloud lifted from above the tent,
Miriam's skin was leprous[x] – it became as white as
snow. Aaron turned toward her and saw that she had
a defiling skin disease, 11 and he said to Moses, "Please,
my lord, I ask you not to hold against us the sin we
have so foolishly committed. 12 Do not let her be like a
stillborn infant coming from its mother's womb with
its flesh half eaten away."
13 So Moses cried out to the LORD, "Please, God, heal
her!"
14 The LORD replied to Moses, "If her father had spit
in her face, would she not have been in disgrace for
seven days? Confine her outside the camp for seven

[u] 11:31 That is, about 3 feet or about 90 centimeters
[v] 11:32 That is, possibly about 1 3/4 tons or about 1.6 metric tons
[w] 11:34 *Kibroth Hattaavah* means *graves of craving.*
[x] 12:10 The Hebrew for *leprous* was used for various diseases affecting the skin.

un rayon d'une journée de marche. Elles recouvraient le sol
jusqu'à un mètre de hauteur. 32 Le peuple fut debout toute
cette journée et toute la nuit, et encore tout le lendemain
pour ramasser les cailles. Personne n'en prit moins d'une
tonne[h]. Ils les étalèrent tout autour du camp.
33 Ils avaient encore la viande à la bouche quand la
colère de l'Eternel éclata contre le peuple, et il le frappa
d'une grave épidémie. 34 On appela cet endroit Qibroth-
Hattaava (Tombeaux de la convoitise), car c'est là qu'on
enterra beaucoup de gens, qui avaient cédé à la convoitise[i].
35 De Qibroth-Hattaava le peuple se mit en marche pour
Hatséroth, où il s'installa.

Miryam et Aaron critiquent Moïse

12 1 Moïse avait épousé une femme koushite. Miryam
et Aaron se mirent à le critiquer à cause de cela
2 Et ils dirent : Est-ce seulement par l'intermédiaire de
Moïse que l'Eternel a parlé ? N'est-ce pas aussi par notre
intermédiaire[j] ?
L'Eternel entendit cela. 3 Or, Moïse était un homme très
humble, plus que tout autre homme sur la terre.
4 Alors l'Eternel ordonna soudainement à Moïse, à Aaron
et à Miryam : Rendez-vous tous les trois à la tente de la
Rencontre !
Ils y allèrent. 5 L'Eternel descendit dans la colonne de
nuée et se tint à l'entrée de la tente. Il appela Aaron et
Miryam et tous deux s'avancèrent. 6 Il dit :

Ecoutez bien ce que j'ai à vous dire !
S'il se trouve parmi vous un prophète de l'Eternel,
c'est dans une vision qu'à lui je me révélerai,
ou dans un rêve que je lui parlerai.
7 Mais il en va différemment avec mon serviteur
Moïse,
qui est fidèle dans toute ma maison[k].
8 Car c'est de vive voix que je lui parle,
de façon claire et non dans un langage énigmatique
et il voit l'Eternel de manière visible.
Comment donc n'avez-vous pas craint
de critiquer mon serviteur Moïse ?

9 L'Eternel se mit en colère contre eux, et il se retira
10 A peine la nuée avait-elle quitté la tente, que Miryam
se trouva couverte d'une lèpre blanche comme la neige
Quand Aaron se tourna vers Miryam, il vit qu'elle était
lépreuse. 11 Alors il dit à Moïse : De grâce, mon seigneur, ne
nous tiens pas rigueur du péché que nous avons commis
dans un moment de folie ! 12 Ah ! que notre sœur ne soit pas
comme l'enfant mort-né dont la moitié du corps se trouve
déjà en état de putréfaction au moment de sa naissance.
13 Moïse implora l'Eternel : O Dieu, je t'en prie, guéris-la !
14 Mais l'Eternel lui répondit : Si son père lui avait craché
au visage, n'en porterait-elle pas la honte pendant sept
jours ? Qu'elle soit exclue du camp pendant sept jours,
après quoi elle sera réadmise parmi vous.

[h] 11.32 En hébreu, il s'agit de *dix homers.* Le homer contenait environ 360 litres.
[i] 11.34 L'apôtre Paul fait allusion à cet épisode dans 1 Co 10.6.
[j] 12.2 Autre traduction : *Est-ce seulement à Moïse que l'Eternel a parlé ? N'est-ce pas aussi à nous ?*
[k] 12.7 Allusion en Hé 3.2.

days; after that she can be brought back." 15 So Miriam
was confined outside the camp for seven days, and
the people did not move on till she was brought back.
16 After that, the people left Hazeroth and encamped in the Desert of Paran.

Exploring Canaan

13 1 The LORD said to Moses, 2 "Send some men to
explore the land of Canaan, which I am giving
to the Israelites. From each ancestral tribe send one
of its leaders."
3 So at the LORD's command Moses sent them out
from the Desert of Paran. All of them were leaders
of the Israelites.
4 These are their names:
from the tribe of Reuben, Shammua son of Zakkur;
5 from the tribe of Simeon, Shaphat son of Hori;
6 from the tribe of Judah, Caleb son of Jephunneh;
7 from the tribe of Issachar, Igal son of Joseph;
8 from the tribe of Ephraim, Hoshea son of Nun;
9 from the tribe of Benjamin, Palti son of Raphu;
10 from the tribe of Zebulun, Gaddiel son of Sodi;
11 from the tribe of Manasseh (a tribe of Joseph),
Gaddi son of Susi;
12 from the tribe of Dan, Ammiel son of Gemalli;
13 from the tribe of Asher, Sethur son of Michael;
14 from the tribe of Naphtali, Nahbi son of Vophsi;
15 from the tribe of Gad, Geuel son of Maki.
16 These are the names of the men Moses sent to
explore the land. (Moses gave Hoshea son of Nun the
name Joshua.)
17 When Moses sent them to explore Canaan, he
said, "Go up through the Negev and on into the hill
country. 18 See what the land is like and whether the
people who live there are strong or weak, few or many.
19 What kind of land do they live in? Is it good or bad?
What kind of towns do they live in? Are they unwalled
or fortified? 20 How is the soil? Is it fertile or poor? Are
there trees in it or not? Do your best to bring back
some of the fruit of the land." (It was the season for
the first ripe grapes.)
21 So they went up and explored the land from the
Desert of Zin as far as Rehob, toward Lebo Hamath.
22 They went up through the Negev and came to
Hebron, where Ahiman, Sheshai and Talmai, the descendants of Anak, lived. (Hebron had been built seven
years before Zoan in Egypt.) 23 When they reached
the Valley of Eshkol,[y] they cut off a branch bearing a
single cluster of grapes. Two of them carried it on a
pole between them, along with some pomegranates
and figs. 24 That place was called the Valley of Eshkol
because of the cluster of grapes the Israelites cut off

[y] 13:23 *Eshkol* means *cluster*; also in verse 24.

15 Miryam fut donc exclue du camp pour sept jours. Et le
peuple ne leva le camp que lorsqu'elle y eut été réintégrée.
16 Après cela, ils quittèrent Hatséroth et campèrent dans
le désert de Parân.

L'entrée en Canaan retardée de quarante ans

L'exploration du pays de Canaan

13 1 L'Eternel parla à Moïse et dit : 2 Envoie des
hommes, un de chaque tribu, choisis parmi les
chefs, pour explorer le pays de Canaan que je donne aux
Israélites.
3 Moïse envoya des hommes depuis le désert de Parân,
comme l'Eternel le lui avait demandé. C'étaient tous des
chefs des Israélites. 4 Voici leurs noms :
Pour la tribu de Ruben : Shammoua, fils de
Zakkour ;
5 Pour la tribu de Siméon : Shaphath, fils de Hori ;
6 Pour la tribu de Juda : Caleb, fils de Yephounné ;
7 Pour la tribu d'Issacar : Yiguéal, fils de Joseph ;
8 Pour la tribu d'Ephraïm : Osée, fils de Noun ;
9 Pour la tribu de Benjamin : Palti, fils de Raphou ;
10 Pour la tribu de Zabulon : Gaddiel, fils de Sodi ;
11 Pour la tribu de Joseph, c'est-à-dire celle de
Manassé : Gaddi, fils de Sousi ;
12 Pour la tribu de Dan : Ammiel, fils de Guemalli ;
13 Pour la tribu d'Aser : Setour, fils de Michaël ;
14 Pour la tribu de Nephtali : Nahbi, fils de Vophsi ;
15 Pour la tribu de Gad : Guéouel, fils de Maki.
16 Tels sont les noms des hommes que Moïse envoya pour
explorer le pays. Moïse donna à Osée[l], fils de Noun, le nom
de Josué[m].
17 Moïse les envoya donc pour reconnaître le pays de
Canaan, en leur disant : Passez par le Néguev, gagnez la
région montagneuse 18 et examinez le pays. Voyez comment il se présente et quel peuple l'habite, observez s'il est
fort ou faible, nombreux ou pas ; 19 voyez de quel genre est
le pays où il habite ; s'il est bon ou mauvais ; et comment
sont les villes, si elles sont ouvertes ou fortifiées. 20 La terre
est-elle fertile ou pauvre, y trouve-t-on des arbres ou non ?
Ayez du courage et rapportez des fruits du pays.
C'était, en effet, l'époque des premiers raisins.
21 Ainsi, ces hommes partirent et explorèrent le pays
depuis le désert de Tsîn jusqu'à Rehob, près de Lebo-
Hamath[n]. 22 Ils montèrent dans le Néguev et parvinrent à
Hébron où vivaient les familles d'Ahimân, de Shéshaï et
de Talmaï, descendants d'Anaq[o]. Hébron avait été fondée
sept ans avant Tanis[p] en Egypte. 23 Arrivés dans la vallée
d'Eshkol, ils coupèrent un sarment de vigne portant une
grappe de raisins si lourde qu'ils durent la porter à deux
au moyen d'une perche ; ils prirent aussi des grenades et
des figues. 24 C'est depuis lors qu'on a nommé ce lieu : la
vallée d'Eshkol (de la Grappe) en souvenir de la grappe de
raisin que les Israélites y avaient coupée.

[l] 13.16 Voir v. 8. Osée signifie : *Salut.*

[m] 13.16 Voir Ex 17.8-16. Josué signifie : *l'Eternel sauve.*

[n] 13.21 Autre traduction : *jusqu'à Rehob, à l'entrée de Hamath.* Le désert de Tsîn se trouve au sud-est du pays d'Israël, Rehob tout au nord, à l'entrée du territoire de Hamath sur l'Oronte, à quelque 200 kilomètres au nord de Damas : un voyage d'environ 800 kilomètres aller-retour qui leur a pris quarante jours (v. 25).

[o] 13.22 Anciens habitants de Canaan, décrits comme étant des géants.

[p] 13.22 Ville fondée vers 1730 av. J.-C.

there. [25]At the end of forty days they returned from exploring the land.

Report on the Exploration

[26]They came back to Moses and Aaron and the whole Israelite community at Kadesh in the Desert of Paran. There they reported to them and to the whole assembly and showed them the fruit of the land. [27]They gave Moses this account: "We went into the land to which you sent us, and it does flow with milk and honey! Here is its fruit. [28]But the people who live there are powerful, and the cities are fortified and very large. We even saw descendants of Anak there. [29]The Amalekites live in the Negev; the Hittites, Jebusites and Amorites live in the hill country; and the Canaanites live near the sea and along the Jordan."

[30]Then Caleb silenced the people before Moses and said, "We should go up and take possession of the land, for we can certainly do it."

[31]But the men who had gone up with him said, "We can't attack those people; they are stronger than we are." [32]And they spread among the Israelites a bad report about the land they had explored. They said, "The land we explored devours those living in it. All the people we saw there are of great size. [33]We saw the Nephilim there (the descendants of Anak come from the Nephilim). We seemed like grasshoppers in our own eyes, and we looked the same to them."

The People Rebel

14 [1]That night all the members of the community raised their voices and wept aloud. [2]All the Israelites grumbled against Moses and Aaron, and the whole assembly said to them, "If only we had died in Egypt! Or in this wilderness! [3]Why is the LORD bringing us to this land only to let us fall by the sword? Our wives and children will be taken as plunder. Wouldn't it be better for us to go back to Egypt?" [4]And they said to each other, "We should choose a leader and go back to Egypt."

[5]Then Moses and Aaron fell facedown in front of the whole Israelite assembly gathered there. [6]Joshua son of Nun and Caleb son of Jephunneh, who were among those who had explored the land, tore their clothes [7]and said to the entire Israelite assembly, "The land we passed through and explored is exceedingly good. [8]If the LORD is pleased with us, he will lead us into that land, a land flowing with milk and honey, and will

Le rapport des envoyés

[25]Au bout de quarante jours, ils furent de retour de leur exploration du pays. [26]Ils vinrent trouver Moïse et Aaron et toute la communauté des Israélites dans le désert de Parân à Qadesh, ils leur rendirent compte de leur expédition et leur montrèrent les fruits du pays. [27]Voici le rapport qu'ils firent à Moïse : Nous sommes arrivés dans le pays où tu nous as envoyés. Oui, c'est vraiment un pays ruisselant de lait et de miel ; et en voici les fruits. [28]Seulement, le peuple qui l'habite est terriblement fort, les villes sont d'immenses forteresses et nous avons même vu des descendants d'Anaq. [29]Les Amalécites occupent la région du Néguev, les Hittites, les Yebousiens et les Amoréens tiennent la montagne, et les Cananéens[q] occupent le littoral de la Méditerranée et toute la vallée du Jourdain.

[30]Alors Caleb essaya de faire taire le peuple qui commençait à s'en prendre à Moïse. Il lui dit : Allons-y, faisons la conquête de ce pays, car nous en sommes vraiment capables.

[31]Mais les hommes qui l'avaient accompagné disaient : Nous ne sommes pas en mesure d'attaquer ce peuple, car il est plus fort que nous.

[32]Puis ils se mirent à décrier le pays qu'ils avaient exploré devant les Israélites, en disant : Le pays que nous avons parcouru et exploré est une terre qui consume ses habitants ; quant à la population que nous y avons vue, ce sont tous des gens très grands. [33]Nous y avons même vu des géants, des descendants d'Anaq, de cette race de géants ; à côté d'eux, nous avions l'impression d'être comme des sauterelles, et c'est bien l'effet que nous leur faisions.

La rébellion des Israélites

14 [1]Alors toute la communauté se souleva, se mit à pousser de grands cris, et le peuple passa toute la nuit à pleurer. [2]Tous les Israélites critiquèrent Moïse et Aaron, et toute la communauté leur dit : Si seulement nous étions morts en Egypte – ou du moins dans ce désert ! [3]Pourquoi l'Eternel veut-il nous mener dans ce pays-là pour nous y faire massacrer par l'épée, tandis que nos femmes et nos enfants deviendront la proie de nos ennemis ? Ne ferions-nous pas mieux de retourner en Egypte ?

[4]Et ils se dirent l'un à l'autre : Nommons-nous un chef et retournons en Egypte.

[5]Moïse et Aaron tombèrent face contre terre, en présence de toute l'assemblée réunie des Israélites. [6]Josué, fils de Noun, et Caleb, fils de Yephounné, qui faisaient partie de ceux qui avaient exploré le pays, déchirèrent leurs vêtements[r], [7]et dirent à toute la communauté des Israélites : Le pays que nous avons parcouru et exploré est un excellent pays. [8]Si l'Eternel nous est favorable, il nous y mènera et il nous donnera ce pays ruisselant de

[q] **13.29** Noms des différents peuples habitant ce qui deviendra le pays d'Israël. Pour les *Hittites*, voir note Gn 23.3. Les *Yebousiens* occupaient la région de la future Jérusalem (Jos 15.63), les *Amoréens* étaient installés dans les régions montagneuses bordant la vallée du Jourdain (Gn 15.16 ; Nb 21.31).

[r] **14.6** En signe de deuil ou de colère.

ive it to us. [9]Only do not rebel against the LORD. And
o not be afraid of the people of the land, because we
vill devour them. Their protection is gone, but the
ORD is with us. Do not be afraid of them."

[10]But the whole assembly talked about stoning
hem. Then the glory of the LORD appeared at the
ent of meeting to all the Israelites. [11]The LORD said
o Moses, "How long will these people treat me with
ontempt? How long will they refuse to believe in me,
n spite of all the signs I have performed among them?
2I will strike them down with a plague and destroy
hem, but I will make you into a nation greater and
tronger than they."

[13]Moses said to the LORD, "Then the Egyptians will
ear about it! By your power you brought these people
p from among them. [14]And they will tell the inhab-
tants of this land about it. They have already heard
hat you, LORD, are with these people and that you,
ORD, have been seen face to face, that your cloud stays
ver them, and that you go before them in a pillar
f cloud by day and a pillar of fire by night. [15]If you
ut all these people to death, leaving none alive, the
ations who have heard this report about you will
ay, [16]'The LORD was not able to bring these people into
he land he promised them on oath, so he slaughtered
hem in the wilderness.'

[17]"Now may the Lord's strength be displayed, just
s you have declared: [18]'The LORD is slow to anger,
bounding in love and forgiving sin and rebellion.
et he does not leave the guilty unpunished; he pun-
shes the children for the sin of the parents to the
hird and fourth generation.' [19]In accordance with
our great love, forgive the sin of these people, just
s you have pardoned them from the time they left
gypt until now."

[20]The LORD replied, "I have forgiven them, as you
sked. [21]Nevertheless, as surely as I live and as surely
s the glory of the LORD fills the whole earth, [22]not one
f those who saw my glory and the signs I performed
n Egypt and in the wilderness but who disobeyed me
nd tested me ten times – [23]not one of them will ever
ee the land I promised on oath to their ancestors. No
ne who has treated me with contempt will ever see it.
4But because my servant Caleb has a different spirit
nd follows me wholeheartedly, I will bring him into
he land he went to, and his descendants will inher-
t it. [25]Since the Amalekites and the Canaanites are
iving in the valleys, turn back tomorrow and set out
oward the desert along the route to the Red Sea.[z]"

[26]The LORD said to Moses and Aaron: [27]"How long
will this wicked community grumble against me?
have heard the complaints of these grumbling
sraelites. [28]So tell them, 'As surely as I live, declares

14:25 Or *the Sea of Reeds*

lait et de miel. [9]Seulement, ne vous révoltez pas contre l'Eternel et n'ayez pas peur des gens de ce pays, car nous n'en ferons qu'une bouchée : leur ombre[s] protectrice s'est éloignée d'eux ; tandis que l'Eternel est avec nous. Ne les craignez donc pas !

Le châtiment

[10]Toute la communauté parlait de les lapider quand la gloire de l'Eternel apparut sur la tente de la Rencontre aux yeux de tous les Israélites.

[11]L'Eternel dit à Moïse : Combien de temps ce peuple me méprisera-t-il encore ? Quand cessera-t-il de me refuser sa confiance, alors que j'ai produit au milieu d'eux tant de manifestations extraordinaires ? [12]Je vais le frapper de la peste pour l'exterminer, puis je formerai, à partir de toi, un peuple plus nombreux et plus puissant que lui !

[13]Moïse répondit à l'Eternel : Les Egyptiens savent que c'est toi qui as fait sortir ce peuple de chez eux par ta puissance[t], [14]et ils l'ont dit aux habitants de ce pays qui ont appris que toi, Eternel, tu es parmi ce peuple à qui toi, Eternel, tu apparais de façon visible, que ta nuée se tient au-dessus d'eux, que tu marches à leur tête dans une colonne de nuée le jour, et dans une colonne de feu la nuit. [15]Si tu fais périr ce peuple tout entier, les autres peuples qui ont entendu parler de toi diront : [16]« L'Eternel n'était pas capable de faire entrer ce peuple dans le pays qu'il leur avait promis par serment ; il les a massacrés dans le désert. » [17]Maintenant, de grâce, que la puissance du Seigneur se manifeste dans toute sa force, selon ce que tu as déclaré en disant : [18]« L'Eternel est patient et riche en amour, il pardonne faute et péché, mais il n'acquitte pas le coupable et il fait payer aux fils le péché des pères jusqu'à la troisième, voire la quatrième génération. » [19]Pardonne, je te prie, la faute de ce peuple, en vertu de ton immense amour, tout comme tu n'as cessé de pardonner à ce peuple depuis qu'il est sorti d'Egypte.

[20]L'Eternel répondit : Je lui pardonne comme tu l'as demandé. [21]Néanmoins, aussi vrai que je suis vivant et que toute la terre sera remplie de la gloire de l'Eternel[u], [22]aucun de ces hommes qui ont vu ma gloire et les manifestations extraordinaires que j'ai produites en Egypte et dans le désert, qui ont, déjà dix fois, voulu me forcer la main et qui ne m'ont pas obéi, [23]aucun de ces hommes ne verra le pays que j'ai promis par serment à leurs ancêtres ! Aucun de ceux qui m'ont méprisé n'y entrera ! [24]Mais mon serviteur Caleb a été animé d'un esprit différent : il m'a obéi sans hésitation jusqu'au bout ; c'est pourquoi je le ferai entrer dans le pays où il s'est déjà rendu, et ses descendants en hériteront. [25]Comme les Amalécites et les Cananéens demeurent dans la vallée, dès demain, vous ferez demi-tour et vous retournerez au désert, en direction de la mer des Roseaux.

[26]L'Eternel poursuivit en disant à Moïse et à Aaron : [27]Combien de temps encore vais-je laisser cette communauté rebelle se plaindre contre moi ? Car j'ai bien entendu les plaintes incessantes des Israélites contre moi. [28]Dis-

s 14.9 *Leur ombre:* langage imagé pour évoquer la protection que leurs dieux étaient censés leur apporter (voir Ps 91.1 ; 121.2-6 ; Lm 4.20 ; Lc 1.35).
t 14.13 Pour les v. 13-19, voir Ex 32.11-14.
u 14.21 Pour les v. 21-23, allusion en Hé 3.18.

the LORD, I will do to you the very thing I heard you say: 29 In this wilderness your bodies will fall – every one of you twenty years old or more who was counted in the census and who has grumbled against me. 30 Not one of you will enter the land I swore with uplifted hand to make your home, except Caleb son of Jephunneh and Joshua son of Nun. 31 As for your children that you said would be taken as plunder, I will bring them in to enjoy the land you have rejected. 32 But as for you, your bodies will fall in this wilderness. 33 Your children will be shepherds here for forty years, suffering for your unfaithfulness, until the last of your bodies lies in the wilderness. 34 For forty years – one year for each of the forty days you explored the land – you will suffer for your sins and know what it is like to have me against you.' 35 I, the LORD, have spoken, and I will surely do these things to this whole wicked community, which has banded together against me. They will meet their end in this wilderness; here they will die."

36 So the men Moses had sent to explore the land, who returned and made the whole community grumble against him by spreading a bad report about it – 37 these men who were responsible for spreading the bad report about the land were struck down and died of a plague before the LORD. 38 Of the men who went to explore the land, only Joshua son of Nun and Caleb son of Jephunneh survived.

39 When Moses reported this to all the Israelites, they mourned bitterly. 40 Early the next morning they set out for the highest point in the hill country, saying, "Now we are ready to go up to the land the LORD promised. Surely we have sinned!"

41 But Moses said, "Why are you disobeying the LORD's command? This will not succeed! 42 Do not go up, because the LORD is not with you. You will be defeated by your enemies, 43 for the Amalekites and the Canaanites will face you there. Because you have turned away from the LORD, he will not be with you and you will fall by the sword."

44 Nevertheless, in their presumption they went up toward the highest point in the hill country, though neither Moses nor the ark of the LORD's covenant moved from the camp. 45 Then the Amalekites and the Canaanites who lived in that hill country came down and attacked them and beat them down all the way to Hormah.

Supplementary Offerings

15 1 The LORD said to Moses, 2 "Speak to the Israelites and say to them: 'After you enter

leur : « Aussi vrai que je suis vivant, parole de l'Eternel je vous traiterai selon les plaintes que vous m'avez exprimées : 29 vos cadavres tomberont dans ce désert[v]. Vous tous qui avez été recensés, vous qui avez donc vingt ans et plus, puisque vous vous êtes plaints contre moi en aussi grand nombre que vous êtes, 30 vous n'entrerez pas dans le pays où j'avais promis par serment de vous installer – excepté Caleb, fils de Yephounné, et Josué, fils de Noun ! 31 Mais vos enfants, dont vous avez dit qu'ils deviendraient la proie de l'ennemi, je les y conduirai, et ils connaîtront le pays que vous avez méprisé. 32 Quant à vous, vos cadavres tomberont dans le désert 33 où vos fils seront nomades pendant quarante ans. Ils supporteront ainsi les conséquences de votre infidélité à mon égard jusqu'à ce que le désert ait englouti tous vos cadavres. 34 Vous avez mis quarante jours à reconnaître le pays, eh bien, vous porterez les conséquences de vos fautes durant quarante ans : une année pour chaque jour. Ainsi vous saurez ce qu'il en coûte de m'abandonner[w] ! 35 Moi, l'Eternel, j'ai parlé ! Oui, c'est ainsi que je traiterai cette communauté rebelle qui s'est liguée contre moi ! Ils disparaîtront dans ce désert ; c'est là qu'ils mourront. »

36 Les hommes que Moïse avait envoyés reconnaître le pays et qui, à leur retour, avaient entraîné toute l'assemblée à se plaindre contre lui en décriant le pays, 37 ces hommes qui avaient débité de mauvais propos contre le pays moururent frappés d'une mort brutale devant l'Eternel. 38 Des hommes qui étaient allés prospecter le pays, seuls Josué, fils de Noun, et Caleb, fils de Yephounné restèrent en vie.

Nouvelle désobéissance

39 Quand Moïse rapporta ces paroles aux Israélites, le peuple se livra à de grandes lamentations. 40 Le lendemain ils se levèrent de bon matin et montèrent vers les hauteurs de la région montagneuse[x] en disant : Nous avons péché ; mais à présent nous allons marcher vers le lieu dont l'Eternel a parlé.

41 Moïse leur déclara : Pourquoi passez-vous outre à ce qu'a dit l'Eternel ? Vous allez au-devant d'un échec ! 42 N'y allez pas, car l'Eternel n'est pas au milieu de vous, n'allez donc pas vous faire battre par vos ennemis ! 43 Car vous trouverez les Amalécites et les Cananéens sur votre chemin, et vous vous ferez massacrer. Comme vous vous êtes détournés de l'Eternel, il ne sera pas avec vous.

44 Dans leur présomption, ils montèrent quand même vers les hauteurs de la région montagneuse ; mais ni le coffre de l'alliance de l'Eternel ni Moïse ne quittèrent le camp. 45 Les Amalécites et les Cananéens qui demeuraient sur les montagnes descendirent, les battirent et les écrasèrent en les poursuivant jusqu'à Horma[y].

Les lois rituelles diverses

Les offrandes et les libations

15 1 L'Eternel s'adressa à Moïse en ces termes : 2 Parle aux Israélites, et dis-leur : Lorsque vous serez arrivés dans le pays que je vais vous donner pour que vous

v **14.29** Voir v. 2 ; Hé 3.17.
w **14.34** Autre traduction : *ce que c'est que de m'avoir contre vous.*
x **14.40** Dont il a été question en 13.17.
y **14.45** Ville inconnue de nos jours que l'on situe à l'est de Beer-Sheva. Le récit continuera au chap. 20.

he land I am giving you as a home [3]and you present to
he LORD food offerings from the herd or the flock, as
n aroma pleasing to the LORD – whether burnt offerngs or sacrifices, for special vows or freewill offerings
r festival offerings – [4]then the person who brings an
ffering shall present to the LORD a grain offering of
tenth of an ephah[a] of the finest flour mixed with a
uarter of a hin[b] of olive oil. [5]With each lamb for the
urnt offering or the sacrifice, prepare a quarter of
hin of wine as a drink offering.

[6]" 'With a ram prepare a grain offering of two-
enths of an ephah[c] of the finest flour mixed with
third of a hin[d] of olive oil, [7]and a third of a hin of
vine as a drink offering. Offer it as an aroma pleasing
o the LORD.

[8]" 'When you prepare a young bull as a burnt of-
ering or sacrifice, for a special vow or a fellowship
ffering to the LORD, [9]bring with the bull a grain of-
ering of three-tenths of an ephah[e] of the finest flour
nixed with half a hin[f] of olive oil, [10]and also bring half
hin of wine as a drink offering. This will be a food
ffering, an aroma pleasing to the LORD. [11]Each bull
r ram, each lamb or young goat, is to be prepared in
his manner. [12]Do this for each one, for as many as
ou prepare.

[13]" 'Everyone who is native-born must do these
hings in this way when they present a food offering
s an aroma pleasing to the LORD. [14]For the genera-
ions to come, whenever a foreigner or anyone else
ving among you presents a food offering as an aroma
leasing to the LORD, they must do exactly as you do.
[15]The community is to have the same rules for you
nd for the foreigner residing among you; this is a
asting ordinance for the generations to come. You
nd the foreigner shall be the same before the LORD:
[16]The same laws and regulations will apply both to
ou and to the foreigner residing among you.' "

[17]The LORD said to Moses, [18]"Speak to the Israelites
nd say to them: 'When you enter the land to which
am taking you [19]and you eat the food of the land,
resent a portion as an offering to the LORD. [20]Present
loaf from the first of your ground meal and present it
s an offering from the threshing floor. [21]Throughout
he generations to come you are to give this offering
o the LORD from the first of your ground meal.

ffferings for Unintentional Sins

[22]" 'Now if you as a community unintentionally fail
o keep any of these commands the LORD gave Moses –
[23]any of the LORD's commands to you through him,
rom the day the LORD gave them and continuing
hrough the generations to come – [24]and if this is
one unintentionally without the community being
ware of it, then the whole community is to offer a

15:4 That is, probably about 3 1/2 pounds or about 1.6 kilograms
15:4 That is, about 1 quart or about 1 liter; also in verse 5
15:6 That is, probably about 7 pounds or about 3.2 kilograms
15:6 That is, about 1 1/3 quarts or about 1.3 liters; also in verse 7
15:9 That is, probably about 11 pounds or about 5 kilograms
15:9 That is, about 2 quarts or about 1.9 liters; also in verse 10

y fassiez votre demeure, [3]et que vous voudrez m'offrir un
sacrifice de gros ou de petit bétail consumé par le feu dont
l'odeur apaisera l'Eternel – que ce soit un holocauste ou un
sacrifice destiné à accomplir un vœu, un sacrifice volontaire, ou encore un sacrifice offert à l'occasion de l'une
de vos fêtes religieuses – [4]vous y joindrez une offrande
de trois kilogrammes de fleur de farine pétrie avec deux
litres d'huile [5]et une libation de deux litres de vin. Cette
offrande de céréales et cette libation accompagneront
chaque agneau offert en holocauste ou en sacrifice. [6]Pour
un bélier, vous ferez une offrande de six kilogrammes de
fleur de farine pétrie avec deux litres et demi d'huile d'olive [7]et une libation de deux litres et demi de vin. L'odeur
de ces sacrifices que tu offriras ainsi apaisera l'Eternel.
[8]Si c'est un veau que vous offrez à l'Eternel soit en holocauste, soit comme sacrifice destiné à accomplir un vœu,
soit comme sacrifice de communion, [9]vous y adjoindrez
une offrande de neuf kilogrammes de fleur de farine pétrie
avec quatre litres d'huile [10]et une libation de quatre litres de vin. L'odeur de ces sacrifices consumés par le feu
apaisera l'Eternel.

[11]Chaque bœuf, chaque bélier, chaque agneau ou
chevreau sera offert de cette manière. [12]Quel que soit le
nombre des victimes que vous offrirez, vous accompagnerez chacune d'elles de l'offrande de céréales et de la
libation correspondantes. [13]L'Israélite de naissance suivra
ces prescriptions pour offrir les sacrifices consumés par le
feu dont l'odeur apaise l'Eternel. [14]Et l'étranger séjournant
parmi vous ou établi depuis plusieurs générations au milieu de vous procédera de la même manière que vous pour
offrir un sacrifice consumé par le feu dont l'odeur apaise
l'Eternel[z]. [15]La communauté aura un seul et même rituel,
qui s'appliquera aux uns comme aux autres. Ce sera un
rituel immuable pour les générations à venir, et il en sera
de même pour vous et pour l'immigré, devant l'Eternel.
[16]Une même loi et une même ordonnance vous régiront,
vous et l'étranger qui réside parmi vous.

L'offrande des premiers pains

[17]L'Eternel s'adressa à Moïse en ces termes : [18]Dis aux
Israélites : Lorsque vous serez arrivés au pays vers lequel
je vous conduis, [19]et que vous mangerez du pain du pays,
vous en prélèverez une offrande pour l'Eternel[a]. [20]Quand
vous cuirez votre pain, vous prélèverez la première miche
que vous m'offrirez comme ce qu'on prélève sur la nouvelle
récolte de blé. [21]Vous ferez ainsi une offrande à l'Eternel
des premiers produits de vos fournées, de génération en
génération.

L'expiation de fautes commises par inadvertance

[22]Supposons que vous négligiez par inadvertance
d'obéir à l'un de ces commandements que j'ai communiqués à Moïse, [23]à l'un de ces ordres que je vous ai
transmis par son intermédiaire, à partir du jour où je les
ai prescrits et par la suite, de génération en génération.
[24]Si donc cette faute a été commise par inadvertance

z 15.14 Pour les v. 14-16, voir Lv 24.22.
a 15.19 Offrandes qui revenaient aux prêtres et constituaient un apport important (comparer 18.12).

young bull for a burnt offering as an aroma pleasing to the LORD, along with its prescribed grain offering and drink offering, and a male goat for a sin offering.[g] 25 The priest is to make atonement for the whole Israelite community, and they will be forgiven, for it was not intentional and they have presented to the LORD for their wrong a food offering and a sin offering. 26 The whole Israelite community and the foreigners residing among them will be forgiven, because all the people were involved in the unintentional wrong.

27 " 'But if just one person sins unintentionally, that person must bring a year-old female goat for a sin offering. 28 The priest is to make atonement before the LORD for the one who erred by sinning unintentionally, and when atonement has been made, that person will be forgiven. 29 One and the same law applies to everyone who sins unintentionally, whether a native-born Israelite or a foreigner residing among you.

30 " 'But anyone who sins defiantly, whether native-born or foreigner, blasphemes the LORD and must be cut off from the people of Israel. 31 Because they have despised the LORD's word and broken his commands, they must surely be cut off; their guilt remains on them.' "

The Sabbath-Breaker Put to Death

32 While the Israelites were in the wilderness, a man was found gathering wood on the Sabbath day. 33 Those who found him gathering wood brought him to Moses and Aaron and the whole assembly, 34 and they kept him in custody, because it was not clear what should be done to him. 35 Then the LORD said to Moses, "The man must die. The whole assembly must stone him outside the camp." 36 So the assembly took him outside the camp and stoned him to death, as the LORD commanded Moses.

Tassels on Garments

37 The LORD said to Moses, 38 "Speak to the Israelites and say to them: 'Throughout the generations to come you are to make tassels on the corners of your garments, with a blue cord on each tassel. 39 You will have these tassels to look at and so you will remember all the commands of the LORD, that you may obey them and not prostitute yourselves by chasing after the lusts of your own hearts and eyes. 40 Then you will remember to obey all my commands and will be consecrated to your God. 41 I am the LORD your God,

et qu'elle a échappé à la communauté, toute la com munauté offrira un jeune taureau comme holocaust dont l'odeur apaisera l'Eternel – avec l'offrande et l libation prescrites – ainsi qu'un bouc en sacrifice pou le péché. 25 Le prêtre fera le rite d'expiation pour tout la communauté des Israélites, et il leur sera pardonné puisque c'est une faute commise par mégarde. Quan ils auront apporté leur sacrifice, un sacrifice consum par le feu pour l'Eternel, et présenté leur sacrifice pou le péché devant moi, pour leur faute commise par in advertance, 26 il sera pardonné à toute la communaut des Israélites et à l'immigré installé au milieu d'eux, ca c'est par inadvertance que tout le peuple aura commi cette faute.

27 Si c'est une seule personne qui a commis une faute pa inadvertance, elle offrira un chevreau dans sa premièr année en sacrifice pour le péché[b]. 28 Le prêtre accomplir devant l'Eternel le rite d'expiation pour la personne qu a commis une faute par inadvertance. Une fois que le rit d'expiation sera accompli pour elle, il lui sera pardonné 29 Une seule et même loi régira les Israélites nés dans l pays qui commettent une faute par inadvertance et le immigrés installés parmi eux.

30 Mais si quelqu'un commet délibérément une faut – qu'il soit autochtone ou immigré – il fait injure à l'Eterne et il sera retranché du milieu de son peuple. 31 Pour avoi méprisé la parole de l'Eternel et violé son commandemen il doit être retranché car il porte la responsabilité de s faute.

Le respect du sabbat

32 Pendant leur séjour au désert, les Israélites trouvèren un homme qui ramassait du bois le jour du sabbat. 33 Ceu qui l'avaient surpris ainsi l'amenèrent devant Moïse, Aaro et toute la communauté. 34 Ils le tinrent sous bonne gard car rien n'avait encore été prescrit quant à la peine qu' fallait lui infliger. 35 L'Eternel dit à Moïse : Cet homme do être mis à mort, toute la communauté le lapidera à l'ex térieur du camp.

36 Alors toute la communauté le fit sortir du camp e le lapida jusqu'à ce que mort s'ensuive comme l'Etern l'avait ordonné à Moïse.

Les prescriptions vestimentaires

37 L'Eternel dit à Moïse : 38 Parle aux Israélites pour leu dire de se faire, eux et tous leurs descendants, des frange sur les bords de leurs vêtements en passant dans chacun un cordon de pourpre violette. 39 Ainsi, lorsque vous verre ces franges, vous penserez à tous les commandements d l'Eternel pour les appliquer et vous ne vous égarerez pa en suivant les désirs de votre cœur et de vos yeux qui vou incitent à l'infidélité. 40 Ainsi vous vous souviendrez d tous mes commandements, vous y obéirez, et vous sere saints pour votre Dieu. 41 Je suis l'Eternel, votre Dieu, qu

g 15:24 Or *purification offering*; also in verses 25 and 27

b 15.27 Pour les v. 27-28, voir Lv 4.27-31.

ho brought you out of Egypt to be your God. I am he LORD your God.'"

orah, Dathan and Abiram

16 [1]Korah son of Izhar, the son of Kohath, the son of Levi, and certain Reubenites – Dathan and biram, sons of Eliab, and On son of Peleth – became nsolent[h] [2]and rose up against Moses. With them were 50 Israelite men, well-known community leaders ho had been appointed members of the council. They came as a group to oppose Moses and Aaron nd said to them, "You have gone too far! The whole ommunity is holy, every one of them, and the LORD with them. Why then do you set yourselves above he LORD's assembly?"

[4]When Moses heard this, he fell facedown. [5]Then e said to Korah and all his followers: "In the morn-ng the LORD will show who belongs to him and who holy, and he will have that person come near him. he man he chooses he will cause to come near him. You, Korah, and all your followers are to do this: Take ensers [7]and tomorrow put burning coals and incense n them before the LORD. The man the LORD chooses will e the one who is holy. You Levites have gone too far!"

[8]Moses also said to Korah, "Now listen, you Levites! sn't it enough for you that the God of Israel has sepa-ated you from the rest of the Israelite community and rought you near himself to do the work at the LORD's abernacle and to stand before the community and inister to them? [10]He has brought you and all your llow Levites near himself, but now you are trying to et the priesthood too. [11]It is against the LORD that you nd all your followers have banded together. Who is aron that you should grumble against him?"

[12]Then Moses summoned Dathan and Abiram, ne sons of Eliab. But they said, "We will not come! Isn't it enough that you have brought us up out of land flowing with milk and honey to kill us in the ilderness? And now you also want to lord it over us! Moreover, you haven't brought us into a land flowing ith milk and honey or given us an inheritance of elds and vineyards. Do you want to treat these men ke slaves[i]? No, we will not come!"

[15]Then Moses became very angry and said to the ORD, "Do not accept their offering. I have not taken o much as a donkey from them, nor have I wronged ny of them."

[16]Moses said to Korah, "You and all your followers re to appear before the LORD tomorrow – you and they nd Aaron. [17]Each man is to take his censer and put ncense in it – 250 censers in all – and present it before he LORD. You and Aaron are to present your censers

16:1 Or *Peleth – took men*
16:14 Or *to deceive these men*; Hebrew *Will you gouge out the eyes of ese men*

vous ai fait sortir d'Egypte pour être votre Dieu. Oui, je suis l'Eternel, votre Dieu.

Les nouvelles révoltes

La révolte de Qoré[c]

16 [1]Qoré, un lévite, fils de Yitsehar, de la famille des Qehatites, conspira avec trois Rubénites : Datan, Abiram, fils d'Eliab, et On, fils de Péleth. [2]Ils se soulevèrent contre Moïse avec deux cent cinquante autres Israélites, des chefs de la communauté, des membres du conseil, des hommes considérés. [3]Ils s'attroupèrent autour de Moïse et d'Aaron et leur lancèrent : C'en est assez ! C'est la communauté tout entière qui est sainte et l'Eternel est au milieu de nous tous. De quel droit vous mettez-vous au-dessus de la communauté de l'Eternel ?

[4]En entendant ces reproches, Moïse se jeta face contre terre. [5]Puis il s'adressa à Qoré et à toute sa troupe en disant : Demain matin, l'Eternel fera connaître celui qui lui appartient[d] et qui est saint et peut venir en sa présence : il fera approcher de lui celui qu'il choisira. [6]Voilà donc ce que vous ferez : Que Qoré et tous ses partisans prennent des encensoirs[e], [7]qu'ils les remplissent demain de charbons embrasés, et y répandent de l'encens devant l'Eternel. C'est celui que l'Eternel choisira, qui est saint. C'en est assez, descendants de Lévi !

[8]Puis Moïse ajouta à l'adresse de Qoré : Ecoutez-moi bien, vous les lévites ! [9]Ne vous suffit-il pas d'avoir été mis à part du reste de la communauté d'Israël par le Dieu d'Israël qui vous permet de l'approcher pour faire le service du tabernacle de l'Eternel et pour vous tenir devant la communauté en accomplissant un ministère en sa faveur ? [10]Il vous permet, à toi et à tous tes frères lévites, de vous approcher de lui, et vous réclamez en plus le sacerdoce ! [11]C'est pour cela que toi et toute ta troupe, vous vous liguez contre l'Eternel ! Car en fait, qu'est Aaron pour que vous protestiez contre lui ?

[12]Puis Moïse envoya chercher Datan et Abiram, fils d'Eliab. Mais ceux-ci lui répondirent : Nous n'irons pas ! [13]Ne te suffit-il pas de nous avoir fait quitter un pays ruisselant de lait et de miel pour nous faire mourir au désert ? Faut-il encore que tu t'ériges en dictateur au-dessus de nous ? [14]Ce n'est pas dans un pays ruisselant de lait et de miel que tu nous as conduits ! Ce ne sont pas des champs et des vignes que tu nous as donnés en possession ! Prends-tu tous ces gens-là pour des aveugles ? Non, nous n'irons pas !

[15]Moïse entra dans une violente colère et il dit à l'Eternel : N'accepte pas leur offrande ! Je n'ai jamais rien pris de ce qui leur appartenait, pas même un âne, et je n'ai fait de tort à aucun d'eux.

Le châtiment des révoltés

[16]Moïse dit à Qoré : Toi et toute ta troupe, présentez-vous demain avec Aaron devant l'Eternel. [17]Prenez chacun votre encensoir, mettez-y de l'encens et présentez-vous devant l'Eternel avec vos deux cent cinquante encensoirs ; toi aussi et Aaron vous tiendrez chacun le vôtre.

c **16 titre** Jd 11 fait allusion au récit contenu dans ce chapitre.
d **16.5** Allusion en 2 Tm 2.19.
e **16.6** Sans doute les pelles à braise en bronze (voir 4.14 ; 17.3) ; souvent traduit *cassolettes*. Faire fumer de l'encens était la tâche des prêtres (Ex 30.7-8 ; Lv 10.1).

also." 18 So each of them took his censer, put burning coals and incense in it, and stood with Moses and Aaron at the entrance to the tent of meeting. 19 When Korah had gathered all his followers in opposition to them at the entrance to the tent of meeting, the glory of the LORD appeared to the entire assembly. 20 The LORD said to Moses and Aaron, 21 "Separate yourselves from this assembly so I can put an end to them at once."

22 But Moses and Aaron fell facedown and cried out, "O God, the God who gives breath to all living things, will you be angry with the entire assembly when only one man sins?"

23 Then the LORD said to Moses, 24 "Say to the assembly, 'Move away from the tents of Korah, Dathan and Abiram.' "

25 Moses got up and went to Dathan and Abiram, and the elders of Israel followed him. 26 He warned the assembly, "Move back from the tents of these wicked men! Do not touch anything belonging to them, or you will be swept away because of all their sins." 27 So they moved away from the tents of Korah, Dathan and Abiram. Dathan and Abiram had come out and were standing with their wives, children and little ones at the entrances to their tents.

28 Then Moses said, "This is how you will know that the LORD has sent me to do all these things and that it was not my idea: 29 If these men die a natural death and suffer the fate of all mankind, then the LORD has not sent me. 30 But if the LORD brings about something totally new, and the earth opens its mouth and swallows them, with everything that belongs to them, and they go down alive into the realm of the dead, then you will know that these men have treated the LORD with contempt."

31 As soon as he finished saying all this, the ground under them split apart 32 and the earth opened its mouth and swallowed them and their households, and all those associated with Korah, together with their possessions. 33 They went down alive into the realm of the dead, with everything they owned; the earth closed over them, and they perished and were gone from the community. 34 At their cries, all the Israelites around them fled, shouting, "The earth is going to swallow us too!"

35 And fire came out from the LORD and consumed the 250 men who were offering the incense.

36 The LORD said to Moses, 37 "Tell Eleazar son of Aaron, the priest, to remove the censers from the charred remains and scatter the coals some distance away, for the censers are holy – 38 the censers of the men who sinned at the cost of their lives. Hammer the censers into sheets to overlay the altar, for they were

18 Chacun prit donc son encensoir et y mit des charbon ardents qu'il couvrit d'encens. Ils se placèrent tous à l'en trée de la tente de la Rencontre, de même que Moïse e Aaron. 19 Qoré avait rassemblé toute la communauté à l'en trée de la tente de la Rencontre en l'excitant contre eux

Soudain, la gloire de l'Eternel apparut à toute l'assem blée. 20 L'Eternel parla à Moïse et à Aaron en ces termes 21 Séparez-vous du milieu de cette communauté, et je le consumerai en un seul instant !

22 Mais ils se jetèrent face contre terre et prièrent : Dieu ! Dieu qui disposes du souffle de vie de toutes les créa tures, t'emporteras-tu contre toute la communauté alor qu'un seul homme a péché ?

23 L'Eternel répondit à Moïse : 24 Parle à la communaut et ordonne-leur de s'écarter des abords des tentes de Qoré de Datan et d'Abiram.

25 Moïse se releva et, suivi des responsables d'Israël, i marcha vers Datan et Abiram, 26 et il dit à la communauté Eloignez-vous des tentes de ces hommes méchants et n touchez à rien de ce qui leur appartient, si vous ne voule pas périr, vous aussi, à cause de toutes leurs fautes ! 27 Aussitôt, on s'éloigna des tentes de Qoré, de Data et d'Abiram. Datan et Abiram sortirent et se postèren à l'entrée de leurs tentes avec leurs femmes, leurs fils e leurs enfants.

28 Moïse déclara : Voici comment vous reconnaîtrez qu l'Eternel m'a confié la mission d'accomplir tout ce que j fais et que je n'agis pas de mon propre chef : 29 Si ces gens-l meurent de mort naturelle, et s'ils subissent seulement l sort commun à tous les hommes, alors ce n'est pas l'Eterne qui m'a confié ma mission. 30 Mais si l'Eternel accompli quelque chose d'extraordinaire, si la terre s'ouvre pou les engloutir avec tout ce qui leur appartient et qu'il descendent vivants dans le séjour des morts, alors vou reconnaîtrez que ces gens ont outragé l'Eternel.

31 A peine eut-il achevé de prononcer ces paroles, qu le sol se fendit sous les pieds de Datan et d'Abiram. 32 L terre s'ouvrit et les engloutit, eux et les leurs, ainsi qu tous les partisans de Qoré et tous leurs biens[f]. 33 Ces hom mes descendirent vivants dans le séjour des morts ave tous les leurs, et la terre se referma sur eux. C'est ains qu'ils disparurent du milieu de l'assemblée. 34 A leurs cris tous les Israélites, qui se tenaient autour, s'enfuirent e criant : Fuyons, de peur que la terre ne nous engloutiss nous aussi !

35 Un feu jaillit d'auprès de l'Eternel et consuma les deu cent cinquante hommes qui présentaient l'encens.

Qui peut s'approcher de Dieu ?

17 1 L'Eternel parla à Moïse et dit[g] : 2 Parle à Eléaza fils du prêtre Aaron, et demande-lui d'arracher d l'incendie les encensoirs et d'en répandre au loin les char bons ardents, car ils sont devenus des objets sacrés. 3 Qu l'on prenne donc les encensoirs de ces gens qui ont péch et l'ont payé de leur vie et qu'on les martèle pour en fair des lames minces dont on recouvrira l'autel ; car ils on

f **16.32** Certains membres de la famille n'ont pas dû suivre Qoré dans sa révolte et furent épargnés (voir 26.11). Samuel et les chantres, auteurs de psaumes, furent parmi ses descendants (1 Ch 6.33-38 ; Ps 84.1).

g **17.1** Certaines Bibles rattachent les v. 1-15 de ce chapitre au chap. 16 (v. 36-50). Le chap. 17 ne commence alors qu'au v. 16 et n'a que treize versets. Les Bibles plus récentes ont repris la numérotation des Bibles hébraïques.

resented before the LORD and have become holy. Let hem be a sign to the Israelites."
39 So Eleazar the priest collected the bronze censers rought by those who had been burned to death, and e had them hammered out to overlay the altar, 40 as he LORD directed him through Moses. This was to re-
nind the Israelites that no one except a descendant of aron should come to burn incense before the LORD, or e would become like Korah and his followers.

41 The next day the whole Israelite community rumbled against Moses and Aaron. "You have killed he LORD's people," they said.
42 But when the assembly gathered in opposition o Moses and Aaron and turned toward the tent of neeting, suddenly the cloud covered it and the glory f the LORD appeared.
43 Then Moses and Aaron went o the front of the tent of meeting,
44 and the LORD said o Moses,
45 "Get away from this assembly so I can ut an end to them at once." And they fell facedown.
46 Then Moses said to Aaron, "Take your censer and ut incense in it, along with burning coals from the ltar, and hurry to the assembly to make atonement or them. Wrath has come out from the LORD; the lague has started."
47 So Aaron did as Moses said, nd ran into the midst of the assembly. The plague ad already started among the people, but Aaron of-ered the incense and made atonement for them.
48 He tood between the living and the dead, and the plague topped.
49 But 14,700 people died from the plague, n addition to those who had died because of Korah.
50 Then Aaron returned to Moses at the entrance to the ent of meeting, for the plague had stopped.[j]

he Budding of Aaron's Staff

17 1[k] The LORD said to Moses,
2 "Speak to the Israelites and get twelve staffs from them, ne from the leader of each of their ancestral tribes. Vrite the name of each man on his staff.
3 On the staff f Levi write Aaron's name, for there must be one staff or the head of each ancestral tribe.
4 Place them in he tent of meeting in front of the ark of the covenant aw, where I meet with you.
5 The staff belonging to he man I choose will sprout, and I will rid myself of his constant grumbling against you by the Israelites."

6 So Moses spoke to the Israelites, and their leaders ave him twelve staffs, one for the leader of each of heir ancestral tribes, and Aaron's staff was among hem.
7 Moses placed the staffs before the LORD in the ent of the covenant law.
8 The next day Moses entered the tent and saw that aron's staff, which represented the tribe of Levi, had ot only sprouted but had budded, blossomed and roduced almonds.
9 Then Moses brought out all the

16:50 In Hebrew texts 16:36-50 is numbered 17:1-15. In Hebrew texts 17:1-13 is numbered 17:16-28.

été présentés devant l'Eternel et ils sont devenus sacrés : ils serviront de signe d'avertissement aux Israélites.
4 Eléazar le prêtre prit les brasiers de bronze qu'avaient présentés les hommes qui avaient été consumés et l'on en fit des lames pour recouvrir l'autel.
5 Ces plaques rappellent aux Israélites qu'aucun profane, étranger à la descendance d'Aaron, ne doit s'approcher pour offrir de l'encens devant l'Eternel, sous peine de subir le même sort que Qoré et sa troupe, comme l'Eternel l'avait demandé par l'intermédiaire de Moïse.

Tout le peuple se plaint

6 Le lendemain, toute la communauté des Israélites se mit à se plaindre de Moïse et d'Aaron, en disant : Vous faites mourir le peuple de l'Eternel !
7 Mais pendant qu'ils s'attroupaient pour s'en prendre à eux et qu'ils se tournaient vers la tente de la Rencontre, voici que soudain la nuée la couvrit et que la gloire de l'Eternel apparut.
8 Moïse et Aaron allèrent se placer devant la tente de la Rencontre.
9 L'Eternel dit à Moïse :
10 Ecartez-vous de cette communauté et je les consumerai en un instant.
Alors ils se jetèrent face contre terre,
11 puis Moïse dit à Aaron : Prends vite ton encensoir et mets-y des charbons ardents pris sur l'autel, répands-y de l'encens et hâte-toi d'aller avec cela vers la communauté, accomplis pour elle un rite d'expiation, car la colère de l'Eternel se déchaîne et, déjà, le fléau sévit.
12 Aaron fit ce que Moïse lui avait dit : il prit l'encensoir et courut au milieu de l'assemblée ; le fléau avait effectivement déjà commencé à frapper le peuple. Aaron répandit l'encens pour accomplir le rite d'expiation pour le peuple.
13 Il se plaça entre les morts et les vivants, et la mort cessa de frapper.
14 Le nombre des victimes qui périrent de ce fléau s'éleva à 14 700, sans parler de ceux qui avaient péri à cause de l'affaire de Qoré.
15 Aaron retourna auprès de Moïse à l'entrée de la tente de la Rencontre. Le fléau s'était arrêté.

Le bâton d'Aaron

16 L'Eternel parla à Moïse en ces termes :
17 Demande aux Israélites de te donner un bâton par tribu, les chefs de tribu te remettront douze bâtons, et tu inscriras le nom de chacun d'eux sur son bâton.
18 Et tu inscriras le nom d'Aaron sur le bâton de la tribu de Lévi ; car il y aura un bâton par chef de tribu.
19 Puis tu déposeras ces bâtons dans la tente de la Rencontre, devant le coffre de l'acte de l'alliance, à l'endroit où je vous rencontre.
20 Le bâton de l'homme que je choisirai bourgeonnera. Ainsi je mettrai fin, pour ne plus les entendre, à ces plaintes que les Israélites ne cessent d'élever contre vous.
21 Moïse transmit ces instructions aux Israélites et tous les chefs lui apportèrent un bâton, un par chef et par tribu, soit douze bâtons en tout. Le bâton d'Aaron était au milieu des autres.
22 Moïse les déposa devant l'Eternel, dans la tente de l'acte de l'alliance.
23 Le lendemain, il entra dans la tente et constata que le bâton d'Aaron qu'il avait déposé pour la tribu de Lévi avait produit des bourgeons, et qu'il s'y trouvait des fleurs écloses et même des amandes déjà mûres[h].
24 Moïse reprit tous les bâtons qui se trou-

h 17.23 Pour les v. 23-25, allusion en Hé 9.4.

staffs from the LORD's presence to all the Israelites. They looked at them, and each of the leaders took his own staff.

10 The LORD said to Moses, "Put back Aaron's staff in front of the ark of the covenant law, to be kept as a sign to the rebellious. This will put an end to their grumbling against me, so that they will not die." 11 Moses did just as the LORD commanded him.

12 The Israelites said to Moses, "We will die! We are lost, we are all lost! 13 Anyone who even comes near the tabernacle of the LORD will die. Are we all going to die?"

Duties of Priests and Levites

18 1 The LORD said to Aaron, "You, your sons and your family are to bear the responsibility for offenses connected with the sanctuary, and you and your sons alone are to bear the responsibility for offenses connected with the priesthood. 2 Bring your fellow Levites from your ancestral tribe to join you and assist you when you and your sons minister before the tent of the covenant law. 3 They are to be responsible to you and are to perform all the duties of the tent, but they must not go near the furnishings of the sanctuary or the altar. Otherwise both they and you will die. 4 They are to join you and be responsible for the care of the tent of meeting – all the work at the tent – and no one else may come near where you are.

5 "You are to be responsible for the care of the sanctuary and the altar, so that my wrath will not fall on the Israelites again. 6 I myself have selected your fellow Levites from among the Israelites as a gift to you, dedicated to the LORD to do the work at the tent of meeting. 7 But only you and your sons may serve as priests in connection with everything at the altar and inside the curtain. I am giving you the service of the priesthood as a gift. Anyone else who comes near the sanctuary is to be put to death."

Offerings for Priests and Levites

8 Then the LORD said to Aaron, "I myself have put you in charge of the offerings presented to me; all the holy offerings the Israelites give me I give to you and your sons as your portion, your perpetual share. 9 You are to have the part of the most holy offerings that is kept from the fire. From all the gifts they bring me as most holy offerings, whether grain or sin[l] or guilt

[l] 18:9 Or *purification*

vaient devant l'Eternel et les apporta aux Israélites ; il constatèrent ce qui s'était passé et chacun des homme reprit son bâton.

25 L'Eternel dit à Moïse : Remets le bâton d'Aaron devan le coffre de l'acte de l'alliance. On le conservera là comm un avertissement pour ceux qui voudraient se révolter Ainsi tu mettras fin à leurs plaintes qui cesseront de mor ter jusqu'à moi, pour qu'ils ne soient pas frappés de mor

26 Moïse obéit à l'ordre de l'Eternel.

27 Puis les Israélites dirent à Moïse : Voici : nous som mes perdus, nous allons tous mourir ! 28 Car quiconqu s'approche du tabernacle de l'Eternel est frappé de mor Faudra-t-il donc que nous expirions jusqu'au dernier ?

Les prêtres et les lévites

La fonction des prêtres et des lévites

18 1 L'Eternel dit à Aaron : Toi, tes descendants et le membres de ta tribu, vous serez responsables d sanctuaire et vous porterez les conséquences des faute commises contre lui. De plus, toi et tes descendants, vou serez responsables des fautes commises à l'égard du sac erdoce. 2 Associe-toi tes frères de la tribu de ton ancêtr Lévi pour qu'ils soient attachés[i] à ton service et à celu de tes descendants devant la tente de l'acte de l'allianc 3 Ils seront à ton service et assureront le service de tout la tente, mais ils ne s'approcheront ni de l'autel ni d'aucu des objets sacrés du sanctuaire de façon à n'exposer n eux ni vous, à la mort. 4 Ils seront attachés à ton servic et assureront le service de la tente de la Rencontre, en accomplissant tous les travaux nécessaires ; mais aucu profane ne se joindra à vous. 5 Vous aurez la responsabilit du sanctuaire et de l'autel, et ma colère ne se déchaîner plus contre les Israélites[j]. 6 Car moi-même j'ai choisi vo frères, les lévites, du milieu des Israélites pour vous le attribuer car ils ont été donnés à l'Eternel pour accom plir les tâches relatives à la tente de la Rencontre. 7 Quar à toi et tes descendants, vous assumerez vos fonction sacerdotales pour tout ce qui concerne l'autel et ce qu se trouve dans le lieu très saint derrière le voile, c'est l votre tâche. Je vous ai fait don de votre sacerdoce. Tou profane qui s'approchera comme vous sera puni de mor

La part des prêtres

8 L'Eternel dit encore à Aaron : Voici : je te confie mo même la gérance de tout ce qui est prélevé pour moi su toutes les choses saintes offertes par les Israélites ; je te l donne, à toi et à tes fils, comme la part qui vous revient c'est là une ordonnance en vigueur à perpétuité[k]. 9 Voici c qui te reviendra des offrandes très saintes, de la partie qu n'en est pas brûlée : toutes les offrandes, tous les sacrifice pour le péché et tous les sacrifices de réparation qu'il m'apportent ; ces choses très saintes te reviendront, à toi e

[i] **18.2** En hébreu, le nom de *Lévi* et le verbe *attacher* font assonance.

[j] **18.5** Allusion à l'événement rapporté en 17.11-12 et à la réaction du peuple en 17.27-28.

[k] **18.8** La tribu de Lévi n'aura pas de patrimoine dans le pays d'Israël, c'est-à-dire pas de terres en propre. Les lévites ne posséderont que quelques villes et les pâturages d'alentour ; les prêtres n'auront rien. Les lévites recevaient en compensation la dîme des Israélites ; ils en redonnaient la dixième partie aux prêtres (v. 25-32). Ceux-ci avaient droit en plus, à une part des sacrifices offerts par le peuple. Ils pouvaient la manger, selon les cas, soit seuls, soit avec leurs fils (v. 9-10), soit avec toute leur famille en dehors du sanctuaire (v. 11).

fferings, that part belongs to you and your sons. [10]Eat : as something most holy; every male shall eat it. You ıust regard it as holy.

[11]"This also is yours: whatever is set aside from he gifts of all the wave offerings of the Israelites. I ive this to you and your sons and daughters as your erpetual share. Everyone in your household who is eremonially clean may eat it.

[12]"I give you all the finest olive oil and all the finest ıew wine and grain they give the LORD as the first-ruits of their harvest. [13]All the land's firstfruits that hey bring to the LORD will be yours. Everyone in your ıousehold who is ceremonially clean may eat it.

[14]"Everything in Israel that is devoted[m] to the LORD s yours. [15]The first offspring of every womb, both ıuman and animal, that is offered to the LORD is yours. ut you must redeem every firstborn son and every irstborn male of unclean animals. [16]When they are . month old, you must redeem them at the redemp-ion price set at five shekels[n] of silver, according to he sanctuary shekel, which weighs twenty gerahs.

[17]"But you must not redeem the firstborn of a cow, ı sheep or a goat; they are holy. Splash their blood gainst the altar and burn their fat as a food offering, .n aroma pleasing to the LORD. [18]Their meat is to be ours, just as the breast of the wave offering and the ight thigh are yours. [19]Whatever is set aside from the ıoly offerings the Israelites present to the LORD I give o you and your sons and daughters as your perpetual hare. It is an everlasting covenant of salt before the ORD for both you and your offspring."

[20]The LORD said to Aaron, "You will have no inheri-ance in their land, nor will you have any share among hem; I am your share and your inheritance among he Israelites.

[21]"I give to the Levites all the tithes in Israel as heir inheritance in return for the work they do while erving at the tent of meeting. [22]From now on the sraelites must not go near the tent of meeting, or hey will bear the consequences of their sin and will ie. [23]It is the Levites who are to do the work at the ent of meeting and bear the responsibility for any ffenses they commit against it. This is a lasting ordi-ıance for the generations to come. They will receive ıo inheritance among the Israelites. [24]Instead, I give o the Levites as their inheritance the tithes that the sraelites present as an offering to the LORD. That is vhy I said concerning them: 'They will have no in-ıeritance among the Israelites.' "

[25]The LORD said to Moses, [26]"Speak to the Levites and ay to them: 'When you receive from the Israelites the

[m] **18:14** The Hebrew term refers to the irrevocable giving over of hings or persons to the LORD.
[n] **18:16** That is, about 2 ounces or about 58 grams

à tes fils. [10]Tu les mangeras dans un endroit très saint ; les hommes seuls en mangeront ; tu les tiendras pour sacrées.

[11]De plus, tu recevras ce qui est prélevé sur leurs dons, c'est-à-dire tout ce qui m'est offert de la part des Israélites avec le geste de présentation. Tout cela, je te le donne à toi, à tes fils et à tes filles, en vertu d'une loi immuable. Tous ceux qui, dans ta famille, seront en état de pureté rituelle pourront en manger. [12]Je te donne aussi les prémices de l'huile, du vin et du blé qu'ils m'offriront, [13]ainsi que les premiers produits du sol qu'ils apporteront à l'Eternel. Tous ceux qui, dans ta famille, seront en état de pureté rituelle pourront en manger.

[14]Tout ce qui, en Israël, m'a été voué définitivement sera pour toi. [15]Les premiers-nés que les Israélites m'offrent, qu'il s'agisse d'hommes ou d'animaux, te reviendront. Mais tu devras faire racheter tout garçon premier-né, ainsi que le premier-né des animaux rituellement impurs[l]. [16]Tu feras racheter les enfants à l'âge d'un mois au prix que tu indiqueras, c'est-à-dire cinq sicles d'argent, au cours du sicle utilisé au sanctuaire, qui est de vingt guéras. [17]Mais tu n'accepteras pas qu'on rachète les premiers-nés de la vache, de la brebis et de la chèvre : ils sont sacrés. Tu répandras leur sang sur l'autel et tu en brûleras les parties grasses ; c'est un sacrifice consumé par le feu, dont l'odeur apaise l'Eternel. [18]Leur viande te reviendra, comme te reviennent la poitrine pour laquelle on fait le geste de présentation et le gigot droit. [19]Toutes les choses saintes que les Israélites prélèvent pour l'Eternel sur les offrandes, je te les donne, à toi, à tes fils et à tes filles, en vertu d'une ordonnance immuable. C'est une alliance irrévocable[m] et immuable, garantie par l'Eternel en ta faveur et en faveur de tes descendants.

La dîme pour les lévites

[20]L'Eternel dit à Aaron : Tu ne posséderas pas de patrimoine foncier[n] dans leur pays et il ne te reviendra aucune part au milieu d'eux ; car c'est moi qui suis ta part et ton patrimoine au milieu des Israélites. [21]Aux lévites, je donne comme possession toutes les dîmes qui seront perçues en Israël, pour le service qu'ils assurent, celui qu'ils accomplissent dans la tente de la Rencontre. [22]Ainsi les Israélites ne risqueront plus de commettre une faute qui entraînerait leur mort en s'approchant de la tente de la Rencontre. [23]Ce seront les lévites qui assureront le service de la tente de la Rencontre et qui porteront la responsabilité des fautes qui s'y commettraient. C'est une ordonnance en vigueur à perpétuité et de génération en génération ; ils n'auront pas de patrimoine foncier au milieu des Israélites, [24]car je leur donne pour possession la dîme que les Israélites prélèveront pour l'Eternel. C'est pourquoi je leur ai dit qu'ils n'auront pas de patrimoine foncier parmi les Israélites.

La dîme donnée par les lévites

[25]L'Eternel parla encore à Moïse en ces termes : [26]Dis aux lévites : Lorsque vous recevrez des Israélites les dîmes que

[l] **18.15** C'est-à-dire qui ne pouvait être ni offert en sacrifice ni consommé (voir Lv 11 ; 27.27 ; Ex 13.13). Revenu supplémentaire pour les prêtres.
[m] **18.19** En hébreu : *une alliance de sel*, c'est-à-dire comme le précise le mot suivant : immuable, perpétuelle (voir Lv 2.13). Chaque sacrifice devait être assaisonné de sel (comparer Mt 5.13 ; Mc 9.49-50 ; Col 4.6).
[n] **18.20** Ou *héritage*, ainsi que dans la suite du verset et aux v. 23 et 24.

tithe I give you as your inheritance, you must present a tenth of that tithe as the LORD's offering. 27 Your offering will be reckoned to you as grain from the threshing floor or juice from the winepress. 28 In this way you also will present an offering to the LORD from all the tithes you receive from the Israelites. From these tithes you must give the LORD's portion to Aaron the priest. 29 You must present as the LORD's portion the best and holiest part of everything given to you.'

30 "Say to the Levites: 'When you present the best part, it will be reckoned to you as the product of the threshing floor or the winepress. 31 You and your households may eat the rest of it anywhere, for it is your wages for your work at the tent of meeting. 32 By presenting the best part of it you will not be guilty in this matter; then you will not defile the holy offerings of the Israelites, and you will not die.' "

The Water of Cleansing

19 1 The LORD said to Moses and Aaron: 2 "This is a requirement of the law that the LORD has commanded: Tell the Israelites to bring you a red heifer without defect or blemish and that has never been under a yoke. 3 Give it to Eleazar the priest; it is to be taken outside the camp and slaughtered in his presence. 4 Then Eleazar the priest is to take some of its blood on his finger and sprinkle it seven times toward the front of the tent of meeting. 5 While he watches, the heifer is to be burned – its hide, flesh, blood and intestines. 6 The priest is to take some cedar wood, hyssop and scarlet wool and throw them onto the burning heifer. 7 After that, the priest must wash his clothes and bathe himself with water. He may then come into the camp, but he will be ceremonially unclean till evening. 8 The man who burns it must also wash his clothes and bathe with water, and he too will be unclean till evening.

9 "A man who is clean shall gather up the ashes of the heifer and put them in a ceremonially clean place outside the camp. They are to be kept by the Israelite community for use in the water of cleansing; it is for purification from sin. 10 The man who gathers up the ashes of the heifer must also wash his clothes, and he too will be unclean till evening. This will be a lasting ordinance both for the Israelites and for the foreigners residing among them.

11 "Whoever touches a human corpse will be unclean for seven days. 12 They must purify themselves with the water on the third day and on the seventh day; then they will be clean. But if they do not purify themselves on the third and seventh days, they will not be clean. 13 If they fail to purify themselves after touching a human corpse, they defile the LORD's tabernacle. They must be cut off from Israel. Because the water of cleansing has not been sprinkled on them, they are unclean; their uncleanness remains on them.

je vous donne de leur part en guise de possession, vous en prélèverez le dixième comme offrande pour l'Eternel, ce sera donc la dîme de la dîme. 27 Cette offrande que vous ferez sera considérée comme équivalente aux offrandes prélevées sur la moisson de blé ramassée sur l'aire et sur le vin nouveau coulant du pressoir. 28 C'est ainsi que vous prélèverez, vous aussi, l'offrande pour l'Eternel sur toutes les dîmes que vous recevrez des Israélites, et vous la donnerez au prêtre Aaron comme une offrande à l'Eternel. 29 Sur tous les dons que vous recevrez, vous prélèverez une offrande pour l'Eternel, vous prélèverez la meilleure part comme part la plus sainte.

30 Tu leur diras encore : Quand vous en aurez prélevé la meilleure part, le reste équivaudra pour vous, lévites, au produit de l'aire et du pressoir. 31 Vous le mangerez où vous voudrez, avec vos familles ; car c'est là votre salaire pour les services que vous accomplissez dans la tente de la Rencontre. 32 Vous ne vous rendrez coupables d'aucune faute en cela, du moment que vous en aurez prélevé la meilleure part. Ainsi, vous ne profanerez pas les saintes offrandes des Israélites et vous ne serez pas frappés de mort.

L'eau de purification

19 1 L'Eternel parla à Moïse et à Aaron, en ces termes : 2 Voici ce que prescrit la Loi de l'Eternel. Demandez aux Israélites de vous amener une vache rousse sans défaut et sans tache, qui n'ait pas encore porté le joug. 3 Vous la remettrez au prêtre Eléazar. Celui-ci la mènera à l'extérieur du camp et on l'immolera en sa présence. 4 Il prendra du sang de la vache avec son doigt, et il en fera sept fois l'aspersion en direction de l'entrée de la tente de la Rencontre. 5 Puis on brûlera la vache sous ses yeux : peau, chair, sang et excréments. 6 Ensuite, le prêtre prendra du bois de cèdre, de l'hysope et un fil de laine teint en rouge éclatant, et il les jettera au milieu des flammes où se consume la vache. 7 Après cela, il lavera ses vêtements et se baignera avant de rentrer dans le camp ; néanmoins il sera rituellement impur jusqu'au soir. 8 Celui qui aura brûlé la vache lavera aussi ses vêtements et se baignera, et il sera impur jusqu'au soir. 9 Un homme rituellement pur recueillera les cendres de la vache et les déposera hors du camp dans un endroit pur où elles seront conservées pour la communauté des Israélites pour la préparation de l'eau de purification. Cela équivaut à un sacrifice pour le péché[o]. 10 Celui qui aura recueilli les cendres de la vache lavera aussi ses vêtements et sera impur jusqu'au soir. Ce sera pour les Israélites aussi bien que pour l'immigré installé au milieu d'eux, une ordonnance en vigueur à perpétuité.

11 Celui qui touchera le cadavre d'un homme, quel qu'il soit, sera rituellement impur pendant sept jours. 12 S'il se purifie le troisième et le septième jour avec cette eau, il sera pur[p], sinon il restera impur. 13 Si quelqu'un touche un cadavre et néglige de se purifier, il souille le tabernacle de l'Eternel. Cet homme sera retranché d'Israël, parce que l'eau de purification n'a pas été répandue sur lui ; il est encore souillé, son impureté reste attachée à lui.

o **19.9** Allusion en Hé 9.13.

p **19.12** D'après les versions anciennes. Le texte hébreu traditionnel a : *s'il se purifie le troisième jour avec cette eau, le septième jour, il sera pur.*

14 "This is the law that applies when a person dies in a tent: Anyone who enters the tent and anyone who is in it will be unclean for seven days, 15 and every open container without a lid fastened on it will be unclean.

16 "Anyone out in the open who touches someone who has been killed with a sword or someone who has died a natural death, or anyone who touches a human bone or a grave, will be unclean for seven days.

17 "For the unclean person, put some ashes from the burned purification offering into a jar and pour fresh water over them. 18 Then a man who is ceremonially clean is to take some hyssop, dip it in the water and sprinkle the tent and all the furnishings and the people who were there. He must also sprinkle anyone who has touched a human bone or a grave or anyone who has been killed or anyone who has died a natural death. 19 The man who is clean is to sprinkle those who are unclean on the third and seventh days, and on the seventh day he is to purify them. Those who are being cleansed must wash their clothes and bathe with water, and that evening they will be clean. 20 But if those who are unclean do not purify themselves, they must be cut off from the community, because they have defiled the sanctuary of the LORD. The water of cleansing has not been sprinkled on them, and they are unclean. 21 This is a lasting ordinance for them.

"The man who sprinkles the water of cleansing must also wash his clothes, and anyone who touches the water of cleansing will be unclean till evening. 22 Anything that an unclean person touches becomes unclean, and anyone who touches it becomes unclean till evening."

Water From the Rock

20 1 In the first month the whole Israelite community arrived at the Desert of Zin, and they stayed at Kadesh. There Miriam died and was buried.

2 Now there was no water for the community, and the people gathered in opposition to Moses and Aaron. 3 They quarreled with Moses and said, "If only we had died when our brothers fell dead before the LORD! 4 Why did you bring the LORD's community into this wilderness, that we and our livestock should die here? 5 Why did you bring us up out of Egypt to this terrible place? It has no grain or figs, grapevines or pomegranates. And there is no water to drink!"

6 Moses and Aaron went from the assembly to the entrance to the tent of meeting and fell facedown, and the glory of the LORD appeared to them. 7 The LORD said to Moses, 8 "Take the staff, and you and your brother Aaron gather the assembly together. Speak to that rock before their eyes and it will pour out its water.

14 Voici la loi qu'il convient de suivre si quelqu'un meurt dans une tente : tous ceux qui entrent dans la tente comme tous ceux qui se trouvent déjà dans la tente seront impurs pendant sept jours. 15 Tout récipient ouvert sur lequel il n'y a pas de couvercle attaché sera impur. 16 Si quelqu'un touche dans les champs le cadavre d'un homme tué par un autre ou mort naturellement, ou bien butte sur des ossements humains ou sur une tombe, il sera impur pendant sept jours. 17 Pour le purifier, on prendra des cendres de la vache consumée en sacrifice pour le péché, on les mettra dans un récipient et l'on versera dessus de l'eau de source. 18 Un homme en état de pureté prendra une branche d'hysope et la trempera dans l'eau, en aspergera la tente où quelqu'un est mort, ainsi que tous les ustensiles et toutes les personnes qui s'y trouvaient. Il fera de même pour celui qui a touché des ossements, le cadavre d'un homme tué par un autre ou mort naturellement, ou une tombe. 19 L'homme pur aspergera celui qui est souillé le troisième et le septième jour. Le septième jour, il le purifiera entièrement de sa faute. L'homme impur lavera ses vêtements et se baignera ; et le soir, il sera pur.

20 Mais si l'homme qui s'est souillé néglige de se purifier ainsi, il sera retranché de la communauté, car il souille le sanctuaire de l'Eternel. Puisque l'eau de purification n'a pas été répandue sur lui, il reste impur. 21 Ce sera pour eux une ordonnance en vigueur à perpétuité. Celui qui aura fait l'aspersion de l'eau de purification lavera ses vêtements, et celui qui touchera cette eau sera impur jusqu'au soir. 22 Tout ce que touchera l'homme impur sera impur, et la personne qui le touchera sera impure jusqu'au soir.

De Qadesh aux steppes de Moab

La contestation contre Moïse et Aaron

20 1 Le premier mois de l'année[q], toute la communauté des Israélites parvint au désert de Tsîn. Le peuple établit son campement à Qadesh. C'est là que mourut Miryam[r] et qu'elle fut enterrée.

2 L'eau vint à manquer. Alors le peuple s'attroupa pour s'en prendre à Moïse et Aaron. 3 Ils s'en prirent à Moïse et lui dirent : Ah ! Si seulement nous étions morts quand nos compatriotes ont péri devant l'Eternel[s] ! 4 Pourquoi avez-vous mené la communauté de l'Eternel dans ce désert ? Pour nous y faire mourir, nous et notre bétail ? 5 Pourquoi nous avez-vous fait quitter l'Egypte et venir dans ce lieu de misère ? Ici on ne peut rien semer ! Il n'y a ni figuier, ni vigne, ni grenadier. Il n'y a même pas d'eau à boire !

6 Moïse et Aaron s'éloignèrent de l'assemblée pour se diriger vers l'entrée de la tente de la Rencontre où ils se jetèrent face contre terre. Alors la gloire de l'Eternel leur apparut.

7 L'Eternel parla à Moïse et lui dit : 8 Prends ton bâton et, avec ton frère Aaron, rassemblez la communauté. Devant eux, vous parlerez à ce rocher pour qu'il donne son eau.

[q] **20.1** Le premier mois de l'année juive débute en mars ou avril suivant les années. L'année n'est pas indiquée. En comparant les v. 22-29 avec 33.38, on peut conclure qu'il s'agit de la quarantième année après l'Exode.

[r] **20.1** Sœur de Moïse et d'Aaron (Ex 2.4 ; 15.20-21 ; Nb 12.1) plus âgée qu'eux (Ex 2.4-8). D'après 33.39, Aaron mourut quatre mois après elle, âgé de cent vingt-trois ans, donc Miryam devait avoir environ cent trente ans.

[s] **20.3** Allusion à l'épisode rapporté en 16.28-35.

You will bring water out of the rock for the community so they and their livestock can drink."
9 So Moses took the staff from the LORD's presence,
just as he commanded him. 10 He and Aaron gathered
the assembly together in front of the rock and Moses
said to them, "Listen, you rebels, must we bring you
water out of this rock?" 11 Then Moses raised his arm
and struck the rock twice with his staff. Water gushed
out, and the community and their livestock drank.

12 But the LORD said to Moses and Aaron, "Because
you did not trust in me enough to honor me as holy
in the sight of the Israelites, you will not bring this
community into the land I give them."
13 These were the waters of Meribah,[o] where the
Israelites quarreled with the LORD and where he was
proved holy among them.

Edom Denies Israel Passage

14 Moses sent messengers from Kadesh to the king
of Edom, saying:
"This is what your brother Israel says: You know
about all the hardships that have come on us. 15 Our
ancestors went down into Egypt, and we lived there
many years. The Egyptians mistreated us and our
ancestors, 16 but when we cried out to the LORD, he
heard our cry and sent an angel and brought us
out of Egypt.
"Now we are here at Kadesh, a town on the edge of
your territory. 17 Please let us pass through your
country. We will not go through any field or vineyard, or drink water from any well. We will travel
along the King's Highway and not turn to the right
or to the left until we have passed through your
territory."
18 But Edom answered:
"You may not pass through here; if you try, we will
march out and attack you with the sword."
19 The Israelites replied:
"We will go along the main road, and if we or our
livestock drink any of your water, we will pay for
it. We only want to pass through on foot – nothing
else."
20 Again they answered:
"You may not pass through."
Then Edom came out against them with a large and
powerful army. 21 Since Edom refused to let them go
through their territory, Israel turned away from them.

The Death of Aaron

22 The whole Israelite community set out from
Kadesh and came to Mount Hor. 23 At Mount Hor, near
the border of Edom, the LORD said to Moses and Aaron,
24 "Aaron will be gathered to his people. He will not

[o] **20:13** *Meribah* means *quarreling.*

Ainsi tu feras jaillir pour eux de l'eau du rocher, et tu don
neras à boire à la communauté et au bétail.
9 Moïse prit le bâton qui se trouvait devant l'Eterne
comme celui-ci le lui avait ordonné. 10 Moïse et Aaron con
voquèrent l'assemblée devant le rocher désigné ; et Moïs
leur dit : Ecoutez donc, rebelles que vous êtes ! Croyez
vous que nous pourrons faire jaillir pour vous de l'ea
de ce rocher ?
11 Moïse leva la main et, par deux fois, frappa le roche
avec son bâton. L'eau jaillit en abondance. Hommes et bête
purent se désaltérer[t].
12 Mais l'Eternel dit à Moïse et à Aaron : Vous ne m'ave
pas été fidèles et vous n'avez pas honoré ma sainteté au
yeux des Israélites. A cause de cela, vous ne ferez pas entre
cette assemblée dans le pays que je leur destine.
13 Ce sont là les eaux de Meriba (de la Querelle), où le
Israélites avaient cherché querelle à l'Eternel, et où il man
ifesta sa sainteté devant eux.

Le roi d'Edom refuse le droit de passage

14 De Qadesh, Moïse envoya des messagers au roi d'Edon
pour lui faire dire : Ainsi parle ton frère Israël[u] : Tu con
nais toutes les difficultés que nous avons rencontrées
15 Jadis, nos ancêtres se sont rendus en Egypte, où nou
avons séjourné de nombreuses années. Mais les Egyptien
nous ont maltraités, après avoir maltraité nos ancêtres
16 Alors nous avons crié à l'Eternel, et il nous a entendus. I
a envoyé un ange et nous a fait sortir d'Egypte. A présent
nous sommes à Qadesh, une ville située aux confins de to
territoire. 17 Permets-nous de traverser ton pays ! Nous n
passerons ni dans les champs ni dans les vignes, et nou
ne boirons pas d'eau de vos puits ; nous suivrons la rout
royale sans nous en écarter ni à droite ni à gauche, jusqu'
ce que nous ayons traversé ton territoire.

18 Le roi d'Edom lui répondit : Vous ne traverserez pa
mon pays, sinon je vous attaquerai avec mon armée.

19 Les émissaires d'Israël lui dirent : Nous ne ferons qu
suivre la grande route ; et si nous buvons de ton eau, nou
et nos troupeaux, nous t'en payerons le prix, nous ne de
mandons rien d'autre que le droit de passer à pied.

20 Mais le roi répondit : Vous ne passerez pas !
Et les Edomites marchèrent à la rencontre des Israélite
avec des forces considérables et une armée puissante
21 Devant le refus d'Edom de donner le droit de passag
aux Israélites sur son territoire, ces derniers prirent un
autre direction[v].

La mort d'Aaron

22 Toute la communauté des Israélites quitta Qadesh
Ils arrivèrent à la montagne de Hor. 23 Là, à la montagn
de Hor, sur les confins d'Edom, l'Eternel dit à Moïs
et à Aaron : 24 Aaron va bientôt rejoindre ses ancêtre

[t] **20.11** Au lieu de *parler au rocher* (v. 8), selon l'ordre de l'Eternel, Moïse frappe le rocher après avoir parlé au peuple (cp. Ex 17.6), et qui plus est à deux reprises. Voir Ps 106.32-33.

[u] **20.14** Israël est un autre nom de Jacob, frère d'Esaü. Ne pouvant passer par le sud (14.45), Israël essaie de contourner la mer Morte et d'entrer en Canaan par l'est.

[v] **20.21** Sans doute longèrent-ils la frontière d'Edom (21.4) pour se rendre vers l'est du pays de Moab.

nter the land I give the Israelites, because both of you rebelled against my command at the waters of Meribah. 25 Get Aaron and his son Eleazar and take them up Mount Hor. 26 Remove Aaron's garments and put them on his son Eleazar, for Aaron will be gathered to his people; he will die there."

27 Moses did as the LORD commanded: They went up Mount Hor in the sight of the whole community. 28 Moses removed Aaron's garments and put them on his son Eleazar. And Aaron died there on top of the mountain. Then Moses and Eleazar came down from the mountain, 29 and when the whole community learned that Aaron had died, all the Israelites mourned for him thirty days.

Arad Destroyed

21 1 When the Canaanite king of Arad, who lived in the Negev, heard that Israel was coming along the road to Atharim, he attacked the Israelites and captured some of them. 2 Then Israel made this vow to the LORD: "If you will deliver these people into our hands, we will totally destroy[p] their cities." 3 The LORD listened to Israel's plea and gave the Canaanites over to them. They completely destroyed them and their towns; so the place was named Hormah.[q]

The Bronze Snake

4 They traveled from Mount Hor along the route to the Red Sea,[r] to go around Edom. But the people grew impatient on the way; 5 they spoke against God and against Moses, and said, "Why have you brought us up out of Egypt to die in the wilderness? There is no bread! There is no water! And we detest this miserable food!"

6 Then the LORD sent venomous snakes among them; they bit the people and many Israelites died. 7 The people came to Moses and said, "We sinned when we spoke against the LORD and against you. Pray that the LORD will take the snakes away from us." So Moses prayed for the people.

8 The LORD said to Moses, "Make a snake and put it up on a pole; anyone who is bitten can look at it and live." 9 So Moses made a bronze snake and put it up on

[p] 21:2 The Hebrew term refers to the irrevocable giving over of things or persons to the LORD, often by totally destroying them; also in verse 3.
[q] 21:3 *Hormah* means *destruction*.
[r] 21:4 Or *the Sea of Reeds*

décédés. Il n'entrera pas dans le pays que je vais donner aux Israélites car vous avez désobéi à mes ordres au sujet des eaux de Meriba. 25 Prends donc Aaron et son fils Eléazar, et fais-les monter sur la montagne de Hor. 26 Tu enlèveras à Aaron ses vêtements de prêtre et tu en revêtiras son fils Eléazar. Alors Aaron ira rejoindre les siens : il mourra là.

27 Moïse fit ce que l'Eternel avait ordonné. Les trois hommes gravirent la montagne de Hor sous les yeux de toute la communauté. 28 Moïse ôta les vêtements d'Aaron et en revêtit son fils Eléazar. Aaron mourut là au sommet de la montagne. Moïse et Eléazar redescendirent de la montagne. 29 Toute la communauté comprit qu'Aaron était mort. Alors tout le peuple d'Israël célébra son deuil pendant trente jours.

La victoire sur le roi d'Arad

21 1 Le roi cananéen d'Arad qui habitait le Néguev apprit que les Israélites arrivaient par la route d'Atarim. Il les attaqua et fit des prisonniers parmi eux[w]. 2 Alors les Israélites firent un vœu à l'Eternel en disant : Si tu livres ce peuple entre nos mains, nous vouerons leurs villes à l'Eternel en les détruisant.

3 L'Eternel exauça les Israélites et leur donna la victoire sur les Cananéens. Ils les lui vouèrent en détruisant leurs villes avec leurs habitants, et l'on donna à ce lieu le nom de Horma (Destruction).

Le serpent de bronze

4 Les Israélites quittèrent la montagne de Hor par la route de la mer des Roseaux pour contourner le pays d'Edom[x]. En cours de route, le peuple se découragea. 5 Ils se mirent à parler contre Dieu et contre Moïse en disant : Pourquoi nous avez-vous fait sortir d'Egypte pour nous faire mourir dans le désert ? Car il n'y a ni pain ni eau, et nous sommes dégoûtés de cette nourriture de misère[y] !

6 Alors l'Eternel envoya contre le peuple des serpents venimeux[z] qui les mordirent, et il mourut beaucoup de gens d'Israël. 7 Le peuple vint trouver Moïse en disant : Nous avons péché lorsque nous avons parlé contre l'Eternel et contre toi. Maintenant, veuille implorer l'Eternel pour qu'il nous débarrasse de ces serpents !

Moïse pria donc pour le peuple.

8 L'Eternel lui répondit : Fais-toi un serpent en métal et fixe-le en haut d'une perche. Celui qui aura été mordu et qui fixera son regard sur ce serpent aura la vie sauve.

9 Moïse façonna un serpent de bronze et le fixa au haut d'une perche. Dès lors, si quelqu'un était mordu par un

[w] **21.1** Arad était une ville du sud du pays de Canaan (voir Jg 1.16 ; Jos 12.14) à 25 kilomètres environ au sud d'Hébron. C'est la première victoire depuis les défaites infligées par les Amalécites et les Cananéens, que rappelle le nom de Horma donné à ce lieu (v. 3 ; voir 14.41-45).
[x] **21.4** Voir Dt 2.1. *Roseaux:* route pénible à travers un désert aride, décrite en Dt 8.15 (voir Ps 107.4-7), pour contourner Edom par l'ouest.
[y] **21.5** Pour les v. 5-6, allusion en 1 Co 10.9.
[z] **21.6** En hébreu : *serpents brûlants*, à la morsure cuisante, causant une douleur semblable à celle d'une brûlure. Paul fait allusion à cet épisode en 1 Co 10.9.

a pole. Then when anyone was bitten by a snake and
looked at the bronze snake, they lived.

The Journey to Moab

10 The Israelites moved on and camped at Oboth.
11 Then they set out from Oboth and camped in Iye
Abarim, in the wilderness that faces Moab toward
the sunrise. 12 From there they moved on and camped
in the Zered Valley. 13 They set out from there and
camped alongside the Arnon, which is in the wilderness extending into Amorite territory. The Arnon is
the border of Moab, between Moab and the Amorites.
14 That is why the Book of the Wars of the LORD says:
"... Zahab[s] in Suphah and the ravines,
the Arnon 15 and[t] the slopes of the ravines
that lead to the settlement of Ar
and lie along the border of Moab."
16 From there they continued on to Beer, the well
where the LORD said to Moses, "Gather the people together and I will give them water."
17 Then Israel sang this song:
"Spring up, O well!
Sing about it,
18 about the well that the princes dug,
that the nobles of the people sank –
the nobles with scepters and staffs."
Then they went from the wilderness to Mattanah,
19 from Mattanah to Nahaliel, from Nahaliel to
Bamoth, 20 and from Bamoth to the valley in Moab
where the top of Pisgah overlooks the wasteland.

Defeat of Sihon and Og

21 Israel sent messengers to say to Sihon king of the
Amorites:
22 "Let us pass through your country. We will not
turn aside into any field or vineyard, or drink water from any well. We will travel along the King's
Highway until we have passed through your
territory."
23 But Sihon would not let Israel pass through his
territory. He mustered his entire army and marched
out into the wilderness against Israel. When he
reached Jahaz, he fought with Israel. 24 Israel, however,
put him to the sword and took over his land from the
Arnon to the Jabbok, but only as far as the Ammonites,
because their border was fortified. 25 Israel captured
all the cities of the Amorites and occupied them, including Heshbon and all its surrounding settlements.
26 Heshbon was the city of Sihon king of the Amorites,
who had fought against the former king of Moab and
had taken from him all his land as far as the Arnon.
27 That is why the poets say:
"Come to Heshbon and let it be rebuilt;
let Sihon's city be restored.
28 "Fire went out from Heshbon,

[s] **21:14** Septuagint; Hebrew *Waheb*
[t] **21:14,15** Or *"I have been given from Suphah and the ravines / of the Arnon [15] to*

serpent, et qu'il levait les yeux vers le serpent de bronze
il avait la vie sauve.

Jusqu'aux frontières du pays promis

10 Après cela, les Israélites levèrent le camp et s'établi
rent à Oboth[a]. 11 De là, ils partirent vers Iyé-Abarim dan
le désert situé en face de Moab, à l'est. 12 Ensuite, ils trans
portèrent leur camp dans la vallée de Zéred, 13 puis d
l'autre côté de l'Arnon, le torrent qui passe par le déser
après être descendu du territoire des Amoréens et qu
marque la frontière entre Moab et le pays des Amoréens
14 C'est pourquoi il est précisé dans le livre des Guerres d
l'Eternel[b] : Waheb en Soupha, avec ses vallées, et l'Arnon
15 avec ses gorges qui descendent vers la ville d'Ar et touch
au territoire de Moab.

16 De là, ils gagnèrent Beer. C'est à propos de ce puit
que l'Eternel dit à Moïse : Assemble le peuple, et je leu
donnerai de l'eau.
17 Alors Israël entonna le chant suivant :
Monte, ô puits ! Lancez des acclamations !
18 Voici le puits qui fut creusé par des princes,
celui que les grands du peuple ont foré avec leur
sceptre[c], avec leurs cannes.
De Beer, ils se rendirent successivement à Mattana, 19 à
Nahaliel, à Bamoth, 20 puis au plateau qui s'étend dans
la campagne de Moab vers le sommet du Pisga d'où l'o
domine le désert.

La victoire sur Sihôn et les Amoréens

21 Les Israélites envoyèrent des émissaires à Sihôn, ro
des Amoréens, pour lui demander 22 la permission de traverser son pays.
– Nous n'entrerons ni dans vos champs ni dans vos vignes, lui dirent-ils, et nous ne boirons pas l'eau des puits
nous suivrons la route royale jusqu'à ce que nous ayon
traversé ton territoire.
23 Mais Sihôn leur refusa l'autorisation de traverse
son territoire. Il mobilisa toutes ses troupes et march
contre Israël dans le désert, il arriva à Yahats et lu
livra bataille. 24 Mais Israël le battit et prit possessior
de son pays depuis l'Arnon jusqu'au Yabboq et jusqu'au
territoire des Ammonites dont la frontière était fortifiée
25 Israël s'empara de toutes ces villes et occupa toutes
les villes des Amoréens, y compris la cité de Heshbôn
et les localités qui en dépendaient. 26 Heshbôn était la
capitale où résidait Sihôn, le roi des Amoréens, depuis
qu'il avait combattu le précédent roi de Moab et s'étai
emparé de tout le pays jusqu'à l'Arnon. 27 C'est pourquo
les poètes chantent :
Venez à Heshbôn !
Que la ville de Sihôn soit rebâtie et consolidée !
28 Car de Heshbôn est sorti un feu.

[a] **21.10** A l'ouest de la Araba (entre le sud de la mer Morte et le golfe d'Aqaba). Israël a dû contourner Edom par le sud (voir Nb 33.40-44).
[b] **21.14** Livre mentionné seulement ici. Peut-être un recueil de poèmes relatant les guerres dans lesquelles l'Eternel a soutenu son peuple.
[c] **21.18** C'est-à-dire ont présidé au forage, mais peut-être est-ce aussi une allusion au fait qu'il a suffi de creuser à une faible profondeur avec un bâton pour trouver de l'eau (comme c'est le cas à l'est du Jourdain).

a blaze from the city of Sihon.
It consumed Ar of Moab,
the citizens of Arnon's heights.
29 Woe to you, Moab!
You are destroyed, people of Chemosh!
He has given up his sons as fugitives
and his daughters as captives
to Sihon king of the Amorites.
30 "But we have overthrown them;
Heshbon's dominion has been destroyed all
the way to Dibon.
We have demolished them as far as Nophah,
which extends to Medeba."
31 So Israel settled in the land of the Amorites.
32 After Moses had sent spies to Jazer, the Israelites
aptured its surrounding settlements and drove out
he Amorites who were there. 33 Then they turned and
vent up along the road toward Bashan, and Og king
of Bashan and his whole army marched out to meet
hem in battle at Edrei.
34 The LORD said to Moses, "Do not be afraid of him,
or I have delivered him into your hands, along with
his whole army and his land. Do to him what you
did to Sihon king of the Amorites, who reigned in
Heshbon."
35 So they struck him down, together with his sons
and his whole army, leaving them no survivors. And
hey took possession of his land.

alak Summons Balaam

22 1 Then the Israelites traveled to the plains of
Moab and camped along the Jordan across
rom Jericho.
2 Now Balak son of Zippor saw all that Israel had
one to the Amorites, 3 and Moab was terrified because
here were so many people. Indeed, Moab was filled
vith dread because of the Israelites.
4 The Moabites said to the elders of Midian, "This
horde is going to lick up everything around us, as an
ox licks up the grass of the field."
So Balak son of Zippor, who was king of Moab at
hat time, 5 sent messengers to summon Balaam son
of Beor, who was at Pethor, near the Euphrates River,
n his native land. Balak said:

De la cité de Sihôn, la flamme a jailli[d],
elle a consumé Ar au pays de Moab,
avec ceux qui règnent sur les hauteurs de l'Arnon.
29 Malheur à toi, ô Moab !
Oui, tu es perdu, peuple de Kemosh[e] !
Tes fils sont en fuite,
et tes filles sont captives
du roi des Amoréens,
oui, du roi Sihôn.
30 Mais nous les avons criblés de nos flèches,
de Heshbôn jusqu'à Dibôn voilà que tout est
détruit !
Nous avons tout dévasté jusques à Nophah,
et jusques à Médeba.
31 Israël s'établit dans le pays des Amoréens. 32 Moïse
envoya des gens en reconnaissance dans la région de
Yaezer[f] ; ils s'emparèrent des villes qui en dépendaient[g]
et chassèrent les Amoréens qui s'y trouvaient.

La victoire sur Og, roi du Basan

33 Puis ils changèrent de direction et se dirigèrent du
côté du Basan[h]. Og, roi du Basan, marcha contre eux avec
toutes ses troupes et leur livra bataille à Edréi. 34 Alors
l'Eternel dit à Moïse : Ne le crains pas, car je le livre en ton
pouvoir, lui, toute son armée et son pays ; tu le traiteras
comme tu as traité Sihôn, roi des Amoréens, qui régnait
à Heshbôn.
35 Les Israélites le battirent, lui et ses fils et toute son
armée, sans lui laisser aucun survivant, et ils prirent possession de son pays[i].

PÉCHÉ D'ISRAËL DANS LES STEPPES DE MOAB

Balaam et Balaq

Balaq, roi de Moab, fait appel à Balaam

22 1 Les Israélites repartirent et campèrent dans les
steppes de Moab à l'est du Jourdain, vis-à-vis de
Jéricho[j]. 2 Balaq, fils de Tsippor, avait appris tout ce qu'Israël avait fait aux Amoréens. 3 Alors les gens de Moab
furent pris de panique en face d'un peuple si nombreux, ils
furent épouvantés devant les Israélites. 4 Ils eurent une entrevue avec les responsables des Madianites et leur dirent :
Cette multitude va venir ravager tout le pays d'alentour
comme des bœufs qui broutent l'herbe des champs.
A cette époque-là, Balaq, fils de Tsippor, régnait sur
Moab. 5 Il envoya des messagers à Balaam, fils de Béor,
qui vivait à Petor sur l'Euphrate, son pays d'origine, pour
le faire venir, en lui disant : Voici qu'un peuple est sor-

---

d **21.28** Le roi des Amoréens est parti de Heshbôn pour faire la conquête des territoires de Moab jusqu'à l'Arnon.

e **21.29** Divinité principale des Moabites. Ses fils et ses filles sont les membres de son peuple qu'il n'a pas su défendre contre Sihôn.

f **21.32** A 25 kilomètres à l'est du Jourdain, du côté du Basan.

g **21.32** L'ancienne version grecque a : *ils s'en emparèrent ainsi que des villes qui en dépendent.*

h **21.33** Région au nord-est du lac de Galilée.

i **21.35** Après cette victoire, Israël contrôlait tout l'est du Jourdain depuis Moab jusqu'aux hauteurs du Basan dans les environs de l'Hermon. La victoire sur Sihôn et Og fut souvent célébrée (Ps 135.10-11 ; 136.19-20).

j **22.1** Suite de 21.20. Les Israélites redescendent depuis Edréi en Basan en direction de la mer Morte à l'est de laquelle se trouve le royaume de Moab. Le roi de Moab ne connaît pas les intentions des Israélites et, pris de panique, fait appel à Balaam. Le livre de Josué reprendra le récit de la conquête de Canaan à ce point.

"A people has come out of Egypt; they cover the face
of the land and have settled next to me. 6Now come
and put a curse on these people, because they are
too powerful for me. Perhaps then I will be able to
defeat them and drive them out of the land. For I
know that whoever you bless is blessed, and whoever you curse is cursed."
7The elders of Moab and Midian left, taking with
them the fee for divination. When they came to
Balaam, they told him what Balak had said.
8"Spend the night here," Balaam said to them, "and
I will report back to you with the answer the Lord
gives me." So the Moabite officials stayed with him.

9God came to Balaam and asked, "Who are these
men with you?"
10Balaam said to God, "Balak son of Zippor, king of
Moab, sent me this message: 11'A people that has come
out of Egypt covers the face of the land. Now come and
put a curse on them for me. Perhaps then I will be able
to fight them and drive them away.' "
12But God said to Balaam, "Do not go with them.
You must not put a curse on those people, because
they are blessed."
13The next morning Balaam got up and said to
Balak's officials, "Go back to your own country, for
the Lord has refused to let me go with you."
14So the Moabite officials returned to Balak and
said, "Balaam refused to come with us."
15Then Balak sent other officials, more numerous
and more distinguished than the first. 16They came
to Balaam and said:

"This is what Balak son of Zippor says: Do not let
anything keep you from coming to me, 17because I
will reward you handsomely and do whatever you
say. Come and put a curse on these people for me."

18But Balaam answered them, "Even if Balak gave
me all the silver and gold in his palace, I could not do
anything great or small to go beyond the command of
the Lord my God. 19Now spend the night here so that I
can find out what else the Lord will tell me."

20That night God came to Balaam and said, "Since
these men have come to summon you, go with them,
but do only what I tell you."

Balaam's Donkey

21Balaam got up in the morning, saddled his donkey
and went with the Moabite officials. 22But God was
very angry when he went, and the angel of the Lord
stood in the road to oppose him. Balaam was riding
on his donkey, and his two servants were with him.
23When the donkey saw the angel of the Lord standing
in the road with a drawn sword in his hand, it turned
off the road into a field. Balaam beat it to get it back
on the road.
24Then the angel of the Lord stood in a narrow
path through the vineyards, with walls on both
sides. 25When the donkey saw the angel of the Lord,
it pressed close to the wall, crushing Balaam's foot
against it. So he beat the donkey again.
26Then the angel of the Lord moved on ahead and
stood in a narrow place where there was no room to

ti d'Egypte ! Il envahit toute la région et il s'est install
vis-à-vis de mon pays. 6Maintenant, viens, je te prie
Maudis-moi ce peuple, car il est plus fort que moi. Peut
être parviendrai-je alors à le battre et à le chasser du pays
car je le sais, celui que tu bénis est béni, et celui que t
maudis est maudit.

7Les responsables de Moab et ceux de Madian partiren
en emportant des présents pour payer le devin. Ils ar
rivèrent chez Balaam et lui transmirent le message d
Balaq. 8Balaam leur répondit : Restez ici cette nuit, et de
main je vous donnerai ma réponse, selon ce que l'Eterne
me dira.
Les chefs moabites logèrent donc chez Balaam.
9Dieu vint trouver Balaam et lui demanda : Qui sont ce
gens qui logent chez toi ?
10Balaam lui répondit : Ce sont les envoyés de Balaq, fil
de Tsippor, roi de Moab, qui m'a fait dire : 11« Le peupl
qui est sorti d'Egypte envahit maintenant le pays ! Vien
donc le maudire pour moi ; peut-être arriverai-je alors
le combattre et à le chasser ! »
12Mais Dieu dit à Balaam : Ne va pas avec eux. Tu n
maudiras pas ce peuple, car il est béni.

13Le lendemain, Balaam alla déclarer aux chefs envoyé
par Balaq : Retournez dans votre pays, car l'Eternel ne m
permet pas de partir avec vous.
14Les chefs de Moab se levèrent et retournèrent aupr
de Balaq pour lui dire : Balaam a refusé de venir avec nou
15Balaq revint à la charge et envoya une nouvell
délégation composée de princes plus nombreux et plu
importants que la première fois. 16Ils arrivèrent che
Balaam et lui dirent : Ainsi parle Balaq, fils de Tsippor : « D
grâce, ne refuse pas de me venir en aide. 17Je te comblera
d'honneurs et je ferai tout ce que tu me demanderas. Mai
viens donc, maudis-moi ce peuple ! »
18Balaam répondit aux serviteurs de Balaq : Même s
Balaq me donnait son palais rempli d'argent et d'or, je n
pourrais pas transgresser l'ordre de l'Eternel, mon Dieu
même pour une petite chose. 19Pourtant, restez ici cett
nuit, vous aussi, pour que je puisse savoir ce que l'Etern
a encore à me dire.
20Pendant la nuit, Dieu vint vers Balaam et lui dit : S
c'est pour t'inviter à les accompagner que ces homme
sont venus, vas-y, pars avec eux. Mais tu ne pourras fair
que ce que je te dirai.

21Le lendemain, Balaam alla seller son ânesse et part
avec les princes de Moab.

L'intervention de l'ange de l'Eternel

22Dieu se mit en colère parce qu'il avait entrepris c
déplacement, et l'ange de l'Eternel se posta en travers d
chemin pour lui barrer le passage. Or, Balaam montait so
ânesse et était accompagné de deux serviteurs. 23Alors
l'ânesse vit l'ange de l'Eternel posté sur le chemin, so
épée dégainée à la main. Elle se détourna du chemin e
prit à travers champs. Balaam se mit à la frapper pour l
ramener sur le chemin. 24Alors l'ange de l'Eternel se plaç
dans un chemin creux passant dans les vignes entre deu
murets. 25L'ânesse vit l'ange de l'Eternel et elle rasa l
mur, de sorte qu'elle serra le pied de Balaam contre le mu
Celui-ci recommença à la battre. 26L'ange de l'Eternel le

turn, either to the right or to the left. 27 When the donkey saw the angel of the LORD, it lay down under Balaam, and he was angry and beat it with his staff. 28 Then the LORD opened the donkey's mouth, and it said to Balaam, "What have I done to you to make you beat me these three times?"

29 Balaam answered the donkey, "You have made a fool of me! If only I had a sword in my hand, I would kill you right now."

30 The donkey said to Balaam, "Am I not your own donkey, which you have always ridden, to this day? Have I been in the habit of doing this to you?"

"No," he said.

31 Then the LORD opened Balaam's eyes, and he saw the angel of the LORD standing in the road with his sword drawn. So he bowed low and fell facedown.

32 The angel of the LORD asked him, "Why have you beaten your donkey these three times? I have come here to oppose you because your path is a reckless one before me.[u] 33 The donkey saw me and turned away from me these three times. If it had not turned away, I would certainly have killed you by now, but I would have spared it."

34 Balaam said to the angel of the LORD, "I have sinned. I did not realize you were standing in the road to oppose me. Now if you are displeased, I will go back."

35 The angel of the LORD said to Balaam, "Go with the men, but speak only what I tell you." So Balaam went with Balak's officials.

36 When Balak heard that Balaam was coming, he went out to meet him at the Moabite town on the Arnon border, at the edge of his territory. 37 Balak said to Balaam, "Did I not send you an urgent summons? Why didn't you come to me? Am I really not able to reward you?"

38 "Well, I have come to you now," Balaam replied. "But I can't say whatever I please. I must speak only what God puts in my mouth."

39 Then Balaam went with Balak to Kiriath Huzoth. 40 Balak sacrificed cattle and sheep, and gave some to Balaam and the officials who were with him. 41 The next morning Balak took Balaam up to Bamoth Baal, and from there he could see the outskirts of the Israelite camp.

Balaam's First Message

23 1 Balaam said, "Build me seven altars here, and prepare seven bulls and seven rams for

22:32 The meaning of the Hebrew for this clause is uncertain.

dépassa encore une fois et vint se poster dans un passage étroit où l'on ne pouvait l'éviter ni à droite ni à gauche. 27 L'ânesse vit l'ange de l'Eternel et elle s'affaissa sous son maître. Balaam se mit en colère et lui administra une volée de coups de bâton. 28 Alors l'Eternel fit parler l'ânesse, qui dit à Balaam : Que t'ai-je fait pour que tu me battes ainsi par trois fois ?

29 Balaam lui répondit : C'est parce que tu te moques de moi. Ah ! si j'avais une épée sous la main, je t'abattrais sur-le-champ !

30 L'ânesse reprit : Ne suis-je pas ton ânesse qui te sert de monture depuis toujours ? Est-ce que j'ai l'habitude d'agir ainsi avec toi ?

Et il répondit : Non !

31 Alors l'Eternel ouvrit les yeux de Balaam, qui vit l'ange de l'Eternel posté sur le chemin, son épée dégainée à la main. Balaam s'agenouilla et se prosterna la face contre terre. 32 L'ange de l'Eternel lui dit : Pourquoi as-tu frappé par trois fois ton ânesse ? C'est moi qui suis venu pour te barrer le passage, car ce voyage a été entrepris à la légère[k]. 33 L'ânesse m'a vu et s'est détournée à trois reprises devant moi. Si elle ne s'était pas détournée, je t'aurais déjà abattu, tandis qu'elle, je l'aurais laissée en vie.

34 Balaam dit à l'ange de l'Eternel : J'ai tort, car je ne savais pas que tu te tenais devant moi sur le chemin. Et maintenant, si ce voyage te déplaît, je m'en retournerai.

35 L'ange de l'Eternel lui dit : Va avec ces hommes, mais tu répéteras seulement les paroles que je te dicterai.

Balaam poursuivit donc la route avec les princes envoyés par Balaq.

Balaam rencontre Balaq

36 Lorsque Balaq apprit que Balaam arrivait, il alla à sa rencontre à Ir-Moab située à la limite de son territoire sur la frontière formée par l'Arnon. 37 Il lui demanda : N'avais-je pas déjà envoyé une première délégation vers toi pour te faire venir ? Pourquoi n'es-tu pas venu tout de suite chez moi ? As-tu pensé que je ne serais pas capable de te traiter avec honneur ?

38 Balaam répondit à Balaq : Tu le vois, je suis venu vers toi. Maintenant, crois-tu que je pourrai dire quoi que ce soit de moi-même ? Non, je ne pourrai prononcer que les paroles que Dieu lui-même mettra dans ma bouche.

39 Balaam accompagna Balaq, et ils se rendirent à Qiryath-Houtsoth. 40 Balaq offrit des bœufs et des moutons en sacrifice et il envoya des parts à Balaam et aux chefs qui étaient venus avec lui.

41 Le lendemain matin, Balaq vint chercher Balaam et le fit monter aux hauts lieux de Baal[l] d'où l'on avait vue sur les dernières lignes du camp d'Israël.

Balaam bénit Israël

23 1 Alors Balaam dit à Balaq : Construis-moi ici sept autels et prépare-moi sept taureaux et sept béliers.

k 22.32 Texte hébreu obscur, traduction incertaine.
l 22.41 Autre traduction : *Bamot-Baal. Baal,* terme qui signifie : *seigneur,* désignation du dieu de l'orage la plus répandue chez les Sémites de Syrie et de Canaan à partir du IIIe millénaire av. J.-C. Les textes le présentent comme un dieu de la nature. Son culte s'accompagnait de pratiques dévoyées.

me." 2 Balak did as Balaam said, and the two of them
offered a bull and a ram on each altar.
3 Then Balaam said to Balak, "Stay here beside your
offering while I go aside. Perhaps the LORD will come
to meet with me. Whatever he reveals to me I will tell
you." Then he went off to a barren height.
4 God met with him, and Balaam said, "I have prepared seven altars, and on each altar I have offered
a bull and a ram."
5 The LORD put a word in Balaam's mouth and said,
"Go back to Balak and give him this word."
6 So he went back to him and found him standing beside his offering, with all the Moabite officials. 7 Then
Balaam spoke his message:

"Balak brought me from Aram,
the king of Moab from the eastern
mountains.
'Come,' he said, 'curse Jacob for me;
come, denounce Israel.'
8 How can I curse
those whom God has not cursed?
How can I denounce
those whom the LORD has not denounced?
9 From the rocky peaks I see them,
from the heights I view them.
I see a people who live apart
and do not consider themselves one of the
nations.
10 Who can count the dust of Jacob
or number even a fourth of Israel?
Let me die the death of the righteous,
and may my final end be like theirs!"

11 Balak said to Balaam, "What have you done to
me? I brought you to curse my enemies, but you have
done nothing but bless them!"
12 He answered, "Must I not speak what the LORD
puts in my mouth?"

Balaam's Second Message

13 Then Balak said to him, "Come with me to another
place where you can see them; you will not see them
all but only the outskirts of their camp. And from
there, curse them for me." 14 So he took him to the
field of Zophim on the top of Pisgah, and there he built
seven altars and offered a bull and a ram on each altar.
15 Balaam said to Balak, "Stay here beside your offering while I meet with him over there."
16 The LORD met with Balaam and put a word in his
mouth and said, "Go back to Balak and give him this
word."
17 So he went to him and found him standing beside
his offering, with the Moabite officials. Balak asked
him, "What did the LORD say?"
18 Then he spoke his message:

2 Balaq fit ce que Balaam lui avait demandé et, ensem
ble, ils offrirent un taureau et un bélier sur chaque autel
3 Balaam dit à Balaq : Reste ici près de ton holocauste
pendant que je me rendrai à l'écart. Peut-être l'Eterne
viendra-t-il à ma rencontre. Alors je te communiquera
ce qu'il me révélera.
Et il s'en alla sur une crête[m]. 4 Dieu se manifesta à Balaam
qui lui dit : J'ai fait dresser sept autels et j'ai offert un tau
reau et un bélier sur chacun d'eux.
5 Alors l'Eternel mit sa parole dans la bouche de Balaam
puis il ajouta : Retourne auprès de Balaq et transmets-lu
ce message.
6 Balaam retourna vers Balaq et le trouva debout ave
tous les chefs de Moab près de son holocauste. 7 Alors i
déclama cet oracle :

D'Aram[n], Balaq m'a fait venir,
oui, le roi de Moab m'a fait venir des monts de l'Est.
Allons ! Maudis Jacob pour moi !
Viens et profère des menaces contre Israël !
8 Mais comment maudirais-je ? Dieu ne l'a pas
maudit.
Comment menacerais-je celui que l'Eternel ne veut
pas menacer ?
9 Voici : je le contemple du sommet des rochers,
et, du haut des collines, je le regarde.
Je le vois : c'est un peuple qui demeure à l'écart,
il ne se considère pas semblable aux autres peuples.
10 Qui a jamais compté les foules de Jacob, qui sont
aussi nombreuses que les grains de poussière,
ou qui a dénombré le quart du peuple d'Israël ?
Qu'il me soit accordé la même mort que celle de ces
justes,
et que mon avenir soit identique au leur !

11 Balaq dit à Balaam : Que m'as-tu fait ? Je t'ai fait veni
pour maudire mes ennemis, et voilà que tu les combles d
bénédictions !
12 Balaam répondit : Puis-je prononcer autre chose qu
les paroles que l'Eternel met dans ma bouche ?

Balaam bénit Israël une deuxième fois

13 Balaq reprit : Viens donc avec moi à un autre endroi
d'où tu pourras voir ce peuple, tu n'en apercevras qu'un
partie et tu ne pourras pas le voir tout entier. Et maudis-l
pour moi de cet endroit.
14 Et Balaq le conduisit au champ des Guetteurs[o] au som
met du Pisga. Là aussi, il construisit sept autels et offri
un taureau et un bélier sur chacun d'eux. 15 Balaam dit
Balaq : Tiens-toi debout près de ton holocauste, tandis qu
j'irai là-bas à sa rencontre.
16 L'Eternel se manifesta à Balaam et lui mit des parole
dans la bouche, puis il ajouta : Retourne auprès de Bala
et tu lui parleras comme je viens de te le dire.
17 Balaam revint vers Balaq et le trouva toujours debou
près de son holocauste, les princes de Moab à ses côtés.
– Qu'a dit l'Eternel ? lui demanda Balaq.
18 Alors Balaam prononça son oracle :

m **23.3** Autre traduction : *en un endroit dégagé, sur une colline dénudée.*
n **23.7** Nom complet : Aram-Naharaïm (Syrie des deux fleuves), c'est-à-dire la Mésopotamie.
o **23.14** Un poste élevé sur la chaîne des Abarim d'où l'on surveillait l'approche des ennemis.

"Arise, Balak, and listen;
hear me, son of Zippor.
19 God is not human, that he should lie,
not a human being, that he should change his mind.
Does he speak and then not act?
Does he promise and not fulfill?
20 I have received a command to bless;
he has blessed, and I cannot change it.

21 "No misfortune is seen in Jacob,
no misery observed[v] in Israel.
The LORD their God is with them;
the shout of the King is among them.
22 God brought them out of Egypt;
they have the strength of a wild ox.
23 There is no divination against[w] Jacob,
no evil omens against[x] Israel.
It will now be said of Jacob
and of Israel, 'See what God has done!'
24 The people rise like a lioness;
they rouse themselves like a lion
that does not rest till it devours its prey
and drinks the blood of its victims."

25 Then Balak said to Balaam, "Neither curse them
t all nor bless them at all!"
26 Balaam answered, "Did I not tell you I must do
vhatever the LORD says?"

alaam's Third Message

27 Then Balak said to Balaam, "Come, let me take
ou to another place. Perhaps it will please God to let
ou curse them for me from there." 28 And Balak took
alaam to the top of Peor, overlooking the wasteland.
29 Balaam said, "Build me seven altars here, and
repare seven bulls and seven rams for me." 30 Balak
id as Balaam had said, and offered a bull and a ram
n each altar.

24 1 Now when Balaam saw that it pleased the
LORD to bless Israel, he did not resort to div-
nation as at other times, but turned his face toward
he wilderness. 2 When Balaam looked out and saw
srael encamped tribe by tribe, the Spirit of God came
n him 3 and he spoke his message:

"The prophecy of Balaam son of Beor,
the prophecy of one whose eye sees clearly,
4 the prophecy of one who hears the words of God,
who sees a vision from the Almighty,[y]
who falls prostrate, and whose eyes are opened:
5 "How beautiful are your tents, Jacob,
your dwelling places, Israel!
6 "Like valleys they spread out,
like gardens beside a river,

Allons, Balaq, écoute !
Fils de Tsippor, prête-moi attention,
19 Dieu n'est pas homme pour mentir,
ni humain pour se repentir.
A-t-il jamais parlé sans qu'il tienne parole ?
Et n'accomplit-il pas ce qu'il a déclaré ?

20 Oui, j'ai reçu la charge de prononcer une bénédiction.
Il a béni : je n'y changerai rien.
21 Il n'a pas constaté de péché chez Jacob,
et il ne trouve pas de mal en Israël[p].
Oui, l'Eternel son Dieu est avec lui.
Dans ses rangs retentit l'acclamation royale.
22 Dieu les a fait sortir d'Egypte :
sa puissance est semblable à la force du buffle,
23 et la divination est absente en Jacob :
on ne consulte pas d'augure en Israël,
il est dit à Jacob au moment opportun,
oui, il est dit à Israël ce que Dieu accomplit[q].
24 Voici, comme un lion, un peuple qui se lève,
il bondit comme un lion,
il ne se couche pas sans avoir dévoré sa proie,
sans avoir bu le sang de ses victimes.

25 Balaq dit à Balaam : Si tu ne peux pas le maudire, au
moins ne le bénis pas !
26 Mais Balaam répondit à Balaq : Ne t'ai-je pas prévenu
que je ferai tout ce que l'Eternel m'ordonnera ?

Troisième bénédiction d'Israël

27 Balaq dit à Balaam : Viens, je vais t'emmener à un autre
endroit. Peut-être que de là, l'Eternel trouvera bon que tu
les maudisses pour moi.
28 Et Balaq emmena Balaam au sommet du mont Peor
d'où l'on a vue sur tout le désert. 29 Balaam dit de nouveau à Balaq de lui bâtir sept autels et de lui préparer
sept taureaux et sept béliers. 30 Balaq fit ce que Balaam
lui avait demandé et il offrit un taureau et un bélier sur
chaque autel.

24 1 Balaam, voyant bien que l'Eternel trouvait bon de
bénir Israël, n'alla pas, comme les autres fois, à la
recherche d'augures. Il se tourna vers le désert et 2 regarda
Israël campé par tribus. Alors l'Esprit de Dieu vint sur lui.
3 Et il prononça son oracle :

C'est là ce que déclare Balaam, le fils de Béor,
voici ce que proclame l'homme au regard pénétrant,
4 oui, celui qui entend les paroles de Dieu,
qui perçoit la révélation du Tout-Puissant,
dont les yeux se dessillent alors qu'il est tombé à terre :

5 Que tes tentes sont belles, ô peuple de Jacob !
Et tes demeures, ô Israël !
6 Comme des torrents, elles se répandent,
c'est comme des jardins alignés près d'un fleuve,
comme des aloès plantés par l'Eternel,

23:21 Or *He has not looked on Jacob's offenses / or on the wrongs found*
23:23 Or *in*
23:23 Or *in*
24:4 Hebrew *Shaddai*; also in verse 16

p 23.21 Autre traduction : *on ne constate aucune faute ..., on ne trouve aucun mal ...* D'autres comprennent : *on ne voit aucun malheur en Jacob, on ne trouve aucune misère en Israël.*
q 23.23 Autre traduction : *on ne peut recourir à la magie contre Jacob, à la divination contre Israël ; on ne peut que proclamer ce que Dieu accomplit pour eux.*

like aloes planted by the LORD,
like cedars beside the waters.
7 Water will flow from their buckets;
their seed will have abundant water.
"Their king will be greater than Agag;
their kingdom will be exalted.
8 "God brought them out of Egypt;
they have the strength of a wild ox.
They devour hostile nations
and break their bones in pieces;
with their arrows they pierce them.
9 Like a lion they crouch and lie down,
like a lioness – who dares to rouse them?
"May those who bless you be blessed
and those who curse you be cursed!"

10 Then Balak's anger burned against Balaam. He
struck his hands together and said to him, "I summoned you to curse my enemies, but you have blessed
them these three times. 11 Now leave at once and go
home! I said I would reward you handsomely, but the
LORD has kept you from being rewarded."
12 Balaam answered Balak, "Did I not tell the messengers you sent me, 13 'Even if Balak gave me all the
silver and gold in his palace, I could not do anything
of my own accord, good or bad, to go beyond the command of the LORD – and I must say only what the LORD
says'? 14 Now I am going back to my people, but come,
let me warn you of what this people will do to your
people in days to come."

Balaam's Fourth Message

15 Then he spoke his message:
"The prophecy of Balaam son of Beor,
the prophecy of one whose eye sees clearly,
16 the prophecy of one who hears the words of God,
who has knowledge from the Most High,
who sees a vision from the Almighty,
who falls prostrate, and whose eyes are opened:
17 "I see him, but not now;
I behold him, but not near.
A star will come out of Jacob;
a scepter will rise out of Israel.
He will crush the foreheads of Moab,
the skulls[z] of[a] all the people of Sheth.[b]
18 Edom will be conquered;
Seir, his enemy, will be conquered,
but Israel will grow strong.
19 A ruler will come out of Jacob
and destroy the survivors of the city."

ou bien comme des cèdres croissant au bord des eaux.
7 De ses réservoirs l'eau déborde,
la semence est plantée dans des champs irrigués.
Son roi est grand, plus que le roi Agag ;
et son royaume gagnera en puissance.
8 Quand Dieu le fit sortir d'Egypte,
avec une puissance semblable à la force du buffle,
il dévora les peuples qui lui étaient hostiles,
il leur brisa les os
et les cribla de flèches.
9 Le voici couché comme un lion,
au repos comme un lion. Qui le fera lever ?
Il est béni celui qui te bénit,
il est maudit celui qui te maudit !

La prophétie sur l'avenir d'Israël

10 Alors Balaq se mit en colère contre Balaam, frappa de
mains et lui dit : C'est pour maudire mes ennemis que j
t'ai appelé ; et voici la troisième fois que tu les combles d
bénédictions ! 11 Puisqu'il en est ainsi, retourne chez toi
Je voulais te combler d'honneurs, mais voici que l'Eterne
te frustre de ces honneurs.
12 Balaam lui répondit : N'ai-je pas expressément dit au
messagers que tu m'as envoyés : 13 « Même si Balaq me don
nait son palais rempli d'argent et d'or, je ne pourrais pa
transgresser l'ordre de l'Eternel pour faire quoi que ce soi
en bien ou en mal » ? Je ne pourrai dire que ce que l'Eterne
dira. 14 Maintenant, je m'en retourne chez les miens. Mai
auparavant, viens, je vais t'annoncer ce que ce peuple-c
fera au tien dans les temps à venir.

15 Et il prononça son oracle :
C'est là ce que déclare Balaam, le fils de Béor,
voici ce que proclame l'homme au regard pénétrant,
16 oui, celui qui entend les paroles de Dieu,
qui a accès à la science du Très-Haut,
qui perçoit la révélation du Tout-Puissant,
dont les yeux se dessillent
alors qu'il est tombé à terre :
17 Je le vois bien, mais ce n'est pas pour maintenant,
je le contemple, mais non de près ;
un astre[r] monte de Jacob,
un sceptre surgit d'Israël ;
il brise les flancs de Moab,
il abat[s] tous les fils de Seth.
18 Edom sera conquis ;
Séir, son ennemi[t], tombera en sa possession.
Le peuple d'Israël accomplit des exploits.
19 Celui qui surgira de Jacob régnera,
et il fera périr des villes les derniers survivants.

[z] **24:17** Samaritan Pentateuch (see also Jer. 48:45); the meaning of the word in the Masoretic Text is uncertain.
[a] **24:17** Or possibly *Moab, / batter*
[b] **24:17** Or *all the noisy boasters*

[r] **24.17** Dans les textes orientaux et les hiéroglyphes, l'étoile désigne un roi, ce que confirme la mention du sceptre. Voir Ap 22.16.
[s] **24.17** Le Pentateuque samaritain : *il frappe à la tête.*
[t] **24.18** Les *Edomites,* descendants d'Esaü, habitaient la région montagneuse de Séir (voir Abd 19).

Balaam's Fifth Message

[20]Then Balaam saw Amalek and spoke his message:
"Amalek was first among the nations,
but their end will be utter destruction."

Balaam's Sixth Message

[21]Then he saw the Kenites and spoke his message:
"Your dwelling place is secure,
your nest is set in a rock;
[22] yet you Kenites will be destroyed
when Ashur takes you captive."

Balaam's Seventh Message

[23]Then he spoke his message:
"Alas! Who can live when God does this?[c]
[24] Ships will come from the shores of Cyprus;
they will subdue Ashur and Eber,
but they too will come to ruin."
[25]Then Balaam got up and returned home, and
alak went his own way.

Moab Seduces Israel

25 [1]While Israel was staying in Shittim, the men
began to indulge in sexual immorality with
Moabite women, [2]who invited them to the sacrific-
s to their gods. The people ate the sacrificial meal
nd bowed down before these gods. [3]So Israel yoked
hemselves to the Baal of Peor. And the LORD's anger
urned against them.
[4]The LORD said to Moses, "Take all the leaders of
hese people, kill them and expose them in broad day-
ight before the LORD, so that the LORD's fierce anger
nay turn away from Israel."
[5]So Moses said to Israel's judges, "Each of you must
ut to death those of your people who have yoked
hemselves to the Baal of Peor."
[6]Then an Israelite man brought into the camp a
Midianite woman right before the eyes of Moses and
he whole assembly of Israel while they were weep-
ng at the entrance to the tent of meeting. [7]When
hinehas son of Eleazar, the son of Aaron, the priest,
aw this, he left the assembly, took a spear in his hand
and followed the Israelite into the tent. He drove the
pear into both of them, right through the Israelite

24:23 Masoretic Text; with a different word division of the
ebrew *The people from the islands will gather from the north.*

Les prophéties sur d'autres peuples

[20]Balaam aperçut Amalec et il prononça son oracle :
Amalec était à la tête de tous les peuples[u],
mais sa postérité en fin de compte disparaîtra.

[21]Puis il vit les Qéniens et prononça son oracle :
Ta demeure est solide,
ton nid[v] est juché sur le roc,
[22] mais finalement le Qénien sera exterminé
quand, en captivité, Assour[w] t'emmènera captif.

[23]Enfin il prononça encore un oracle :
Hélas : Qui survivra[x] lorsque Dieu agira ?
[24] Des bateaux viennent de Kittim[y],
ils soumettront Assour, ils soumettront Héber[z],
et même ce dernier court à sa ruine.
[25]Puis Balaam se mit en route et s'en retourna chez lui.
Balaq, lui aussi, s'en alla de son côté.

L'idolâtrie dans les steppes de Moab

25 [1]Israël s'établit à Shittim. Là, le peuple commença
à se livrer à la débauche avec des filles de Moab[a]
[2]qui les invitèrent aux sacrifices offerts à leurs dieux. Les
Israélites participèrent à leurs repas sacrés et se prosternèrent devant leurs dieux. [3]Ils adoptèrent ainsi le culte
du dieu Baal de Peor[b], et l'Eternel se mit en colère contre
eux. [4]L'Eternel dit à Moïse : Prends avec toi tous les chefs
du peuple et fais-les pendre en ma présence face au soleil,
afin que l'ardeur de ma colère se détourne d'Israël.

[5]Moïse ordonna aux juges d'Israël[c] : Que chacun de vous
exécute ceux de ses gens qui se sont adonnés au culte du
Baal de Peor.
[6]A ce moment survint un Israélite amenant vers ses
compatriotes une fille madianite, sous les yeux de Moïse et
devant toute la communauté des Israélites qui pleuraient à
l'entrée de la tente de la Rencontre. [7]Voyant cela, Phinéas,
fils d'Eléazar et petit-fils du prêtre Aaron, se leva du milieu
de la communauté, saisit une lance [8]et suivit cet Israélite
jusque dans la partie arrière de sa tente. Là, il transperça
tous les deux, l'homme et la femme, d'un coup en plein

[u] **24.20** Les *Amalécites* étaient des nomades de la partie sud de Canaan (voir Gn 14.7 ; Ex 17.8-16 ; Nb 13.29). Ils furent les premiers à attaquer Israël (Ex 17.8-13). Saül et David exécuteront cette menace (1 S 15.32).

[v] **24.21** En hébreu, il y a assonance entre les noms *Qénien* et *nid*.

[w] **24.22** C'est-à-dire l'Assyrie (voir Gn 10.11) qui emmènera les Qéniens en exil.

[x] **24.23** Selon le texte hébreu traditionnel. En coupant différemment les mots de l'hébreu, on obtient : *un peuple se rassemblera du nord*.

[y] **24.24** *Kittim* désigne l'île de Chypre, puis, par extension, les côtes d'Asie Mineure et toutes les côtes méditerranéennes (Gn 10.4).

[z] **24.24** Héber était l'ancêtre des Hébreux (1 Ch 1.25-27) et d'autres peuplades désignées sans doute ici (voir Gn 10.25).

[a] **25.1** Shittim se trouvait à l'est du Jourdain, en face de Jéricho. Les Moabites, les plus proches voisins d'Israël alors, voulaient leur ruine. C'est pourquoi ils s'étaient alliés aux Madianites (22.4). Selon 31.8, 16 (voir Ap 2.14), c'est sur le conseil de Balaam que les filles moabites invitèrent les jeunes gens israélites à participer à leur culte païen comportant des rites de fertilité, avec leur débauche sexuelle.

[b] **25.3** *Baal:* voir 22.41. *Baal de Peor:* voir Dt 4.3 ; Os 9.10 ; Ps 106.28.

[c] **25.5** Institués selon Ex 18.19-26.

man and into the woman's stomach. Then the plague against the Israelites was stopped; 9but those who died in the plague numbered 24,000.

10The LORD said to Moses, 11"Phinehas son of Eleazar, the son of Aaron, the priest, has turned my anger away from the Israelites. Since he was as zealous for my honor among them as I am, I did not put an end to them in my zeal. 12Therefore tell him I am making my covenant of peace with him. 13He and his descendants will have a covenant of a lasting priesthood, because he was zealous for the honor of his God and made atonement for the Israelites."

14The name of the Israelite who was killed with the Midianite woman was Zimri son of Salu, the leader of a Simeonite family. 15And the name of the Midianite woman who was put to death was Kozbi daughter of Zur, a tribal chief of a Midianite family.

16The LORD said to Moses, 17"Treat the Midianites as enemies and kill them. 18They treated you as enemies when they deceived you in the Peor incident involving their sister Kozbi, the daughter of a Midianite leader, the woman who was killed when the plague came as a result of that incident."

The Second Census

26 1After the plague the LORD said to Moses and Eleazar son of Aaron, the priest, 2"Take a census of the whole Israelite community by families – all those twenty years old or more who are able to serve in the army of Israel." 3So on the plains of Moab by the Jordan across from Jericho, Moses and Eleazar the priest spoke with them and said, 4"Take a census of the men twenty years old or more, as the LORD commanded Moses."

These were the Israelites who came out of Egypt:

5The descendants of Reuben, the firstborn son of Israel, were:

through Hanok, the Hanokite clan;
through Pallu, the Palluite clan;
6through Hezron, the Hezronite clan;
through Karmi, the Karmite clan.

7These were the clans of Reuben; those numbered were 43,730.

8The son of Pallu was Eliab, 9and the sons of Eliab were Nemuel, Dathan and Abiram. The same Dathan and Abiram were the community officials who rebelled against Moses and Aaron and were among Korah's followers when they rebelled against the LORD. 10The earth opened its mouth and swallowed them along with Korah, whose followers died when the fire devoured the 250 men. And they served as a warning sign. 11The line of Korah, however, did not die out.

ventre. Et le fléau qui sévissait parmi les Israélites cessa
9Mais il avait déjà fait vingt-quatre mille victimes[d].

10Alors l'Eternel parla à Moïse en ces termes : 11Phinéas fils d'Eléazar, petit-fils du prêtre Aaron, a détourné m colère des Israélites, car il a pris vivement à cœur me intérêts. Aussi, je n'ai pas exterminé les Israélites dan ma colère de les voir bafouer mon amour pour eux. 12C'es pourquoi, déclare-lui que je conclus avec lui une allianc de paix. 13Cette alliance lui garantira, à lui et à ses de scendants, le sacerdoce à perpétuité, parce qu'il a pri vivement à cœur les intérêts de son Dieu, et qu'il a accom pli un acte expiatoire pour les Israélites.

14L'Israélite qui avait été tué avec la Madianite s'appelai Zimri, il était fils de Salou et chef d'un groupe familia de la tribu de Siméon. 15La Madianite se nommait Kozbi c'était une fille de Tsour, un chef de plusieurs familles d'u groupe familial des Madianites.

16L'Eternel parla à Moïse, en ces termes : 17Attaque les Madianites et battez-les, 18car ils sont devenus vo ennemis en usant de ruse contre vous dans l'affaire d Peor et au moyen de Kozbi, fille d'un de leurs chefs, qui fu mise à mort lors du fléau survenu à cause du Baal de Peor

PRÉPARATIFS EN VUE DE L'ENTRÉE DANS LE PAYS PROMIS

Le nouveau recensement

Le recensement des douze tribus

19Après ce fléau,

26 1l'Eternel dit à Moïse et à Eléazar, fils du prêtr Aaron : 2Faites le recensement de toute la commu nauté d'Israël ; vous dénombrerez, par groupes familiaux tous les hommes de vingt ans et plus, aptes à servir dan l'armée d'Israël[e].

3Moïse et le prêtre Eléazar s'adressèrent au peuple dan les plaines de Moab au bord du Jourdain à la hauteur d Jéricho. Ils leur dirent : 4Nous allons faire le recensemen de tous les hommes de vingt ans et plus, comme l'Eterne l'a ordonné à Moïse. Voici les descendants d'Israël sorti d'Egypte.

5Fils de Ruben, premier-né d'Israël : Hénok, de qui es issue la famille des Hénokites ; de Pallou, la famille de Pallouites ; 6de Hetsrôn, celle des Hetsronites ; de Karm celle des Karmites.

7Telles étaient les familles de Ruben. Leur effectif étai de 43 730 hommes. 8Eliab, fils de Pallou, 9eut pour fils Nemouel, Datan et Abiram. Ce sont ces deux derniers membres du conseil de la communauté, qui s'en prirent Moïse et Aaron avec les partisans de Qoré, lorsque ceux-c se rebellèrent contre l'Eternel[f]. 10La terre se fendit et le engloutit avec Qoré le jour où tous ses partisans périren par le feu qui dévora les deux cent cinquante hommes. Il servirent ainsi d'exemple. 11Par contre, les fils de Qoré n moururent pas.

---

[d] 25.9 Allusion à ce récit dans 1 Co 10.8.

[e] 26.2 Le premier recensement avait eu lieu trente-huit ans plus tôt (voir Nb 1 à 3). A l'exception de Caleb et de Josué, les hommes du premie recensement sont tous morts (voir 26.64-65).

[f] 26.9 Voir le chapitre 16.

12 The descendants of Simeon by their clans were:
through Nemuel, the Nemuelite clan;
through Jamin, the Jaminite clan;
through Jakin, the Jakinite clan;
13 through Zerah, the Zerahite clan;
through Shaul, the Shaulite clan.
14 These were the clans of Simeon; those numbered were 22,200.

15 The descendants of Gad by their clans were:
through Zephon, the Zephonite clan;
through Haggi, the Haggite clan;
through Shuni, the Shunite clan;
16 through Ozni, the Oznite clan;
through Eri, the Erite clan;
17 through Arodi,[d] the Arodite clan;
through Areli, the Arelite clan.
18 These were the clans of Gad; those numbered were 40,500.

19 Er and Onan were sons of Judah, but they died in Canaan.

20 The descendants of Judah by their clans were:
through Shelah, the Shelanite clan;
through Perez, the Perezite clan;
through Zerah, the Zerahite clan.
21 The descendants of Perez were:
through Hezron, the Hezronite clan;
through Hamul, the Hamulite clan.
22 These were the clans of Judah; those numbered were 76,500.

23 The descendants of Issachar by their clans were:
through Tola, the Tolaite clan;
through Puah, the Puite[e] clan;
24 through Jashub, the Jashubite clan;
through Shimron, the Shimronite clan.
25 These were the clans of Issachar; those numbered were 64,300.

26 The descendants of Zebulun by their clans were:
through Sered, the Seredite clan;
through Elon, the Elonite clan;
through Jahleel, the Jahleelite clan.
27 These were the clans of Zebulun; those numbered were 60,500.

28 The descendants of Joseph by their clans through Manasseh and Ephraim were:
29 The descendants of Manasseh:
through Makir, the Makirite clan (Makir was the father of Gilead);
through Gilead, the Gileadite clan.
30 These were the descendants of Gilead:
through Iezer, the Iezerite clan;
through Helek, the Helekite clan;
31 through Asriel, the Asrielite clan;
through Shechem, the Shechemite clan;
32 through Shemida, the Shemidaite clan;
through Hepher, the Hepherite clan.
33 (Zelophehad son of Hepher had no sons; he had only daughters, whose names were Mahlah, Noah, Hoglah, Milkah and Tirzah.)

12 Descendants de Siméon, classés par familles : issue
de Nemouel, la famille des Nemouélites ; de Yamîn, celle
des Yaminites ; de Yakîn, celle des Yakinites ; 13 de Zérah,
celle des Zérahites ; de Saül, celle des Saülites. 14 Telles
étaient les familles de Siméon. Leur effectif était de 22 200
hommes.

15 Descendants de Gad, classés par familles : de Tsephôn,
la famille des Tsephonites ; de Haggui, celle des Hagguites ;
de Shouni, celle des Shounites ; 16 d'Ozni, celle des Oznites ;
d'Eri, celle des Erites ; 17 d'Arod[g], celle des Arodites ; d'Areéli, celle des Areélites. 18 Telles étaient les familles de Gad.
Leur effectif était de 40 500 hommes.

19 Descendants de Juda : deux d'entre eux, Er et Onân,
moururent dans le pays de Canaan. 20 Autres descendants
de Juda, classés par familles : de Shéla, la famille des
Shélanites ; de Pérets, celle des Partsites ; de Zérah, celle
des Zérahites. 21 Pérets eut deux fils : Hetsrôn, de qui est
issue la famille des Hetsronites, et Hamoul, de qui est issue
la famille des Hamoulites. 22 Telles étaient les familles de
Juda. Leur effectif était de 76 500 hommes.

23 Descendants d'Issacar, classés par familles : de Tola,
la famille des Tolaïtes ; de Pouva, celle des Pouvites[h] ;
24 de Yashoub, celle des Yashoubites ; de Shimrôn, celle
des Shimronites. 25 Telles étaient les familles d'Issacar.
Leur effectif était de 64 300 hommes.

26 Descendants de Zabulon, classés par familles : de
Séred, la famille des Sardites ; d'Elôn, celle des Elonites ;
de Yahléel, celle des Yahleélites. 27 Telles étaient les familles de Zabulon. Leur effectif était de 60 500 hommes.

28 Joseph eut pour fils Manassé et Ephraïm. 29 Fils de
Manassé : Makir, de qui est issue la famille des Makirites
et qui eut pour fils Galaad, de qui sont issus les Galaadites.
30 Voici les descendants de Galaad : Yézer, de qui est issue la famille des Yézérites ; Héleq avec la famille des
Hélqites ; 31 Asriel avec la famille des Asriélites ; Sichem
avec la famille des Sichémites ; 32 Shemida avec la famille
des Shemidaïtes ; Hépher avec la famille des Héphrites.
33 Tselophhad, fils de Hépher, n'eut pas de fils, mais il eut

[d] **26:17** Samaritan Pentateuch and Syriac (see also Gen. 46:16); Masoretic Text *Arod*

[e] **26:23** Samaritan Pentateuch, Septuagint, Vulgate and Syriac (see also 1 Chron. 7:1); Masoretic Text *through Puvah, the Punite*

g **26.17** Selon le texte hébreu traditionnel. Le Pentateuque samaritain, la version syriaque et Gn 46.16 ont : *Arodi.*

h **26.23** Le Pentateuque samaritain, l'ancienne version grecque, la Vulgate et 1 Ch 7.1 ont : *Poua ... Pouites.*

34 These were the clans of Manasseh; those numbered were 52,700.

35 These were the descendants of Ephraim by their clans:
through Shuthelah, the Shuthelahite clan;
through Beker, the Bekerite clan;
through Tahan, the Tahanite clan.
36 These were the descendants of Shuthelah:
through Eran, the Eranite clan.
37 These were the clans of Ephraim; those numbered
were 32,500.
These were the descendants of Joseph by their clans.
38 The descendants of Benjamin by their clans were:
through Bela, the Belaite clan;
through Ashbel, the Ashbelite clan;
through Ahiram, the Ahiramite clan;
39 through Shupham,[f] the Shuphamite clan;
through Hupham, the Huphamite clan.
40 The descendants of Bela through Ard and Naaman
were:
through Ard,[g] the Ardite clan;
through Naaman, the Naamite clan.
41 These were the clans of Benjamin; those numbered were 45,600.
42 These were the descendants of Dan by their clans:
through Shuham, the Shuhamite clan.
These were the clans of Dan: 43 All of them were
Shuhamite clans; and those numbered were 64,400.
44 The descendants of Asher by their clans were:
through Imnah, the Imnite clan;
through Ishvi, the Ishvite clan;
through Beriah, the Beriite clan;
45 and through the descendants of Beriah:
through Heber, the Heberite clan;
through Malkiel, the Malkielite clan.
46 Asher had a daughter named Serah.
47 These were the clans of Asher; those numbered
were 53,400.
48 The descendants of Naphtali by their clans were:
through Jahzeel, the Jahzeelite clan;
through Guni, the Gunite clan;
49 through Jezer, the Jezerite clan;
through Shillem, the Shillemite clan.
50 These were the clans of Naphtali; those numbered
were 45,400.
51 The total number of the men of Israel was 601,730.
52 The LORD said to Moses, 53 "The land is to be allotted to them as an inheritance based on the number of
names. 54 To a larger group give a larger inheritance,
and to a smaller group a smaller one; each is to receive
its inheritance according to the number of those listed. 55 Be sure that the land is distributed by lot. What
each group inherits will be according to the names

f 26:39 A few manuscripts of the Masoretic Text, Samaritan Pentateuch, Vulgate and Syriac (see also Septuagint); most manuscripts of the Masoretic Text *Shephupham*
g 26:40 Samaritan Pentateuch and Vulgate (see also Septuagint); Masoretic Text does not have *through Ard.*

pour filles : Mahla, Noa, Hogla, Milka et Tirtsa. 34 Telle
étaient les familles de Manassé. Leur effectif était de 52 70
hommes.
35 Voici les descendants d'Ephraïm classés par familles
de Shoutélah, la famille des Shoutalhites ; de Béker, cell
des Bakrites ; de Tahân, celle des Tahanites. 36 Shoutéla
eut pour fils Erân de qui est issue la famille des Eranites
37 Telles étaient les familles d'Ephraïm. Leur effectif éta
de 32 500 hommes. Tels sont les descendants de Josep
selon leurs familles.

38 Descendants de Benjamin, classés par familles : d
Béla, la famille des Balites ; d'Ashbel, celle des Ashbélites
d'Ahiram, celle des Ahiramites ; 39 de Shoupham[i], cell
des Shouphamites ; de Houpham, celle des Houphamites
40 Béla eut deux fils : Ard[j], de qui est issue la famill
des Ardites, et Naaman, de qui est issue la famille de
Naamanites. 41 Telles étaient les familles de Benjamin
Leur effectif était de 45 600 hommes.

42 Voici les descendants de Dan classés par familles : d
Shouham est issue la famille des Shouhamites. Les familles
de Dan sont les familles des Shouhamites. 43 L'ensembl
des familles des Shouhamites était de 64 400 hommes.
44 Descendants d'Aser, classés par familles : de Yimn
la famille des Yimnites ; de Yishvi, celle des Yishvites
de Beria, celle des Beriites. 45 De ce dernier sont issues l
famille des Hébrites de Héber et celle des Malkiélites d
Malkiel. 46 Aser avait aussi une fille appelée Sérah. 47 Telle
étaient les familles d'Aser. Leur effectif était de 53 40
hommes.

48 Descendants de Nephtali, classés par familles : d
Yahtséel, la famille des Yahtseélites ; de Gouni, celle de
Gounites ; 49 de Yétser, celle des Yitsrites ; de Shillem, cell
des Shillémites. 50 Telles étaient les familles de Nephtali
Leur effectif était de 45 400 hommes.

51 L'effectif total des Israélites recensés était de 601 73
hommes.
52 L'Eternel parla à Moïse, en ces termes[k] : 53 C'est entr
ceux-là que le pays sera partagé, et donné en possessio
en se basant sur le nombre de personnes. 54 Aux tribus plu
nombreuses, tu donneras un patrimoine plus grand, et au
moins nombreuses, un plus petit ; à chacun sera donné u
territoire proportionné à son effectif. 55 Toutefois, c'est pa
tirage au sort que se fera le partage du pays ; chaque trib
recevra sa part d'après le nombre de ses ressortissants

i 26.39 D'après quelques manuscrits du texte hébreu traditionnel, le Pentateuque samaritain, la version syriaque et la Vulgate. La plupart de manuscrits du texte hébreu traditionnel ont : *Shephoupham.*
j 26.40 D'après le Pentateuque samaritain et la version syriaque. Manqu dans le texte hébreu traditionnel.
k 26.52 Pour les v. 52-56, voir Nb 33.54 ; 34.13 ; Jos 14.1-2.

or its ancestral tribe. 56 Each inheritance is to be dis-
ributed by lot among the larger and smaller groups."

57 These were the Levites who were counted by their
lans:
through Gershon, the Gershonite clan;
through Kohath, the Kohathite clan;
through Merari, the Merarite clan.
58 These also were Levite clans:
the Libnite clan,
the Hebronite clan,
the Mahlite clan,
the Mushite clan,
the Korahite clan.
(Kohath was the forefather of Amram; 59 the name of
mram's wife was Jochebed, a descendant of Levi, who
vas born to the Levites[h] in Egypt. To Amram she bore
aron, Moses and their sister Miriam. 60 Aaron was the
ather of Nadab and Abihu, Eleazar and Ithamar. 61 But
Jadab and Abihu died when they made an offering
efore the LORD with unauthorized fire.)
62 All the male Levites a month old or more num-
ered 23,000. They were not counted along with the
other Israelites because they received no inheritance
mong them.

63 These are the ones counted by Moses and Eleazar
he priest when they counted the Israelites on the
lains of Moab by the Jordan across from Jericho.
4 Not one of them was among those counted by
Moses and Aaron the priest when they counted the
sraelites in the Desert of Sinai. 65 For the LORD had told
hose Israelites they would surely die in the wilder-
ess, and not one of them was left except Caleb son
of Jephunneh and Joshua son of Nun.

Zelophehad's Daughters

27 1 The daughters of Zelophehad son of Hepher,
the son of Gilead, the son of Makir, the son
of Manasseh, belonged to the clans of Manasseh son
of Joseph. The names of the daughters were Mahlah,
Noah, Hoglah, Milkah and Tirzah. They came forward 2 and stood before Moses, Eleazar the priest,
he leaders and the whole assembly at the entrance
o the tent of meeting and said, 3 "Our father died in
he wilderness. He was not among Korah's followers,
who banded together against the LORD, but he died for
is own sin and left no sons. 4 Why should our father's
name disappear from his clan because he had no son?
Give us property among our father's relatives."
5 So Moses brought their case before the LORD, 6 and
he LORD said to him, 7 "What Zelophehad's daughters
re saying is right. You must certainly give them property as an inheritance among their father's relatives
nd give their father's inheritance to them.
8 "Say to the Israelites, 'If a man dies and leaves no
son, give his inheritance to his daughter. 9 If he has
no daughter, give his inheritance to his brothers. 10 If
ne has no brothers, give his inheritance to his father's

h 26:59 Or *Jochebed, a daughter of Levi, who was born to Levi*

56 C'est le sort qui décidera du territoire attribué aux plus
nombreux et à ceux qui le sont moins.

Le recensement des lévites

57 Voici les effectifs des lévites recensés par familles :
de Guershôn est issue la famille des Guershonites ; de
Qehath, celle des Qehatites ; de Merari, celle des Merarites.
58 Voici les familles issues de Lévi : celle des Libnites, des
Hébronites, des Mahlites, des Moushites et des Qoréites.
Qehath eut pour fils Amram 59 qui épousa Yokébed, fille
de Lévi, née en Egypte. Ils eurent pour enfants Aaron,
Moïse et leur sœur Miryam. 60 Aaron eut pour fils : Nadab,
Abihou, Eléazar et Itamar. 61 Nadab et Abihou moururent
pour avoir présenté devant l'Eternel un feu profane.

62 L'effectif des lévites de sexe masculin âgés d'un mois
et plus était de 23 000. Les lévites ne furent pas compris
dans le recensement des Israélites, car ils ne devaient pas
recevoir de patrimoine comme ceux-ci.

Conclusion

63 Tel fut le résultat du recensement des Israélites effectué par Moïse et le prêtre Eléazar dans les plaines de Moab
au bord du Jourdain, en face de Jéricho. 64 Parmi eux, il ne
restait plus personne de ceux que Moïse et Aaron avaient
recensés dans le désert du Sinaï, 65 car l'Eternel leur avait
déclaré qu'ils mourraient dans le désert. Il ne subsistait
donc aucun d'entre eux, excepté Caleb, fils de Yephounné,
et Josué, fils de Noun.

Les problèmes d'héritage

27 1 Tselophhad, un descendant de Joseph par
Manassé, Makir, Galaad et Hépher, avait eu cinq
filles : Mahla, Noa, Hogla, Milka et Tirtsa. Elles vinrent 2 se
présenter devant Moïse, devant le prêtre Eléazar, devant
les princes et toute la communauté à l'entrée de la tente
de la Rencontre. Elles déclarèrent : 3 Notre père est mort
dans le désert, mais il ne faisait pas partie du groupe des
partisans de Qoré qui se sont ligués contre l'Eternel. Il est
décédé pour ses propres fautes sans laisser de fils. 4 Faut-il
que le nom de notre père disparaisse de sa famille parce
qu'il n'a pas laissé de fils ? Donne-nous aussi une propriété
comme aux frères de notre père.

5 Moïse porta leur affaire devant l'Eternel.
6 L'Eternel lui dit : 7 Les filles de Tselophhad ont raison.
Tu leur donneras une propriété en patrimoine comme aux
frères de leur père et tu leur transmettras le patrimoine
foncier de leur père. 8 De plus, tu déclareras aux Israélites :
Si un homme meurt sans laisser de fils, vous transmettrez
son héritage à sa fille. 9 S'il n'a pas de fille, vous donnerez
son héritage à ses frères. 10 S'il n'a pas de frère, l'héritage

brothers. 11 If his father had no brothers, give his inheritance to the nearest relative in his clan, that he may possess it. This is to have the force of law for the Israelites, as the LORD commanded Moses.' "

Joshua to Succeed Moses

12 Then the LORD said to Moses, "Go up this mountain in the Abarim Range and see the land I have given the Israelites. 13 After you have seen it, you too will be gathered to your people, as your brother Aaron was, 14 for when the community rebelled at the waters in the Desert of Zin, both of you disobeyed my command to honor me as holy before their eyes." (These were the waters of Meribah Kadesh, in the Desert of Zin.)

15 Moses said to the LORD, 16 "May the LORD, the God who gives breath to all living things, appoint someone over this community 17 to go out and come in before them, one who will lead them out and bring them in, so the LORD's people will not be like sheep without a shepherd."

18 So the LORD said to Moses, "Take Joshua son of Nun, a man in whom is the spirit of leadership,[i] and lay your hand on him. 19 Have him stand before Eleazar the priest and the entire assembly and commission him in their presence. 20 Give him some of your authority so the whole Israelite community will obey him. 21 He is to stand before Eleazar the priest, who will obtain decisions for him by inquiring of the Urim before the LORD. At his command he and the entire community of the Israelites will go out, and at his command they will come in."

22 Moses did as the LORD commanded him. He took Joshua and had him stand before Eleazar the priest and the whole assembly. 23 Then he laid his hands on him and commissioned him, as the LORD instructed through Moses.

Daily Offerings

28 1 The LORD said to Moses, 2 "Give this command to the Israelites and say to them: 'Make sure that you present to me at the appointed time my food offerings, as an aroma pleasing to me.' 3 Say to them: 'This is the food offering you are to present to the LORD: two lambs a year old without defect, as a regular burnt offering each day. 4 Offer one lamb in the morning and the other at twilight, 5 together with a grain offering of a tenth of an ephah[j] of the finest flour mixed with a quarter of a hin[k] of oil from pressed olives. 6 This is the regular burnt offering instituted at Mount Sinai as a

[i] 27:18 Or *the Spirit*
[j] 28:5 That is, probably about 3 1/2 pounds or about 1.6 kilograms; also in verses 13, 21 and 29
[k] 28:5 That is, about 1 quart or about 1 liter; also in verses 7 and 14

reviendra à ses oncles paternels 11 ou, à défaut, à son plus proche parent dans sa famille. Ce dernier en deviendra le propriétaire. Ce sera pour les Israélites un article de loi conforme aux ordres que je te donne.

Josué, successeur de Moïse

12 L'Eternel dit à Moïse : Gravis cette montagne de la chaîne des Abarim[l] et contemple le pays que je vais donner aux Israélites[m]. 13 Tu le regarderas, puis tu iras rejoindre tes ancêtres décédés comme ton frère Aaron, 14 car vous avez désobéi à mon ordre dans le désert de Tsîn lorsque la communauté me cherchait querelle. Vous n'avez pas honoré ma sainteté devant le peuple, en faisant jaillir de l'eau. Il s'agit de l'épisode des eaux de Meriba qui eut lieu à Qadesh, dans le désert de Tsîn.

15 Moïse lui répondit : 16 Que l'Eternel, qui dispose du souffle de vie de toute créature, désigne un homme pour chef de la communauté, 17 quelqu'un qui marche au combat à leur tête, et qui conduise leurs mouvements militaires, afin que la communauté de l'Eternel ne soit pas comme un troupeau sans berger.

18 L'Eternel dit à Moïse : Prends avec toi Josué, fils de Noun, un homme en qui réside l'Esprit, et pose ta main sur lui. 19 Tu le placeras devant le prêtre Eléazar et devant toute la communauté, et tu l'investiras de ses fonctions devant tous. 20 Tu lui transmettras une part de ton autorité afin que toute la communauté des Israélites lui obéisse. 21 Il se tiendra devant le prêtre Eléazar, et celui-ci me consultera pour lui par l'ourim. C'est d'après ce qu'il dira que Josué et toute la communauté des Israélites opéreront leurs mouvements militaires.

22 Moïse fit ce que l'Eternel lui avait ordonné : il fit venir Josué et le plaça devant le prêtre Eléazar et devant toute la communauté. 23 Il posa ses mains sur lui et l'établit dans sa charge, comme l'Eternel l'avait ordonné par l'intermédiaire de Moïse.

MESURES PRISES DANS LES STEPPES DE MOAB

La loi sur les sacrifices consumés par le feu

Introduction

28 1 L'Eternel parla à Moïse en disant : 2 Ordonne aux Israélites ce qui suit : Ayez soin de m'apporter au temps fixé l'offrande qui me revient, c'est-à-dire ces aliments qui sont consumés pour moi par le feu et dont l'odeur est apaisante.

3 Tu leur diras aussi : Voici quels sacrifices consumés par le feu vous offrirez à l'Eternel.

Les sacrifices quotidiens

Chaque jour, vous immolerez deux agneaux dans leur première année et sans défaut, à titre d'holocauste perpétuel, 4 l'un d'eux le matin, l'autre à la nuit tombante. 5 Vous joindrez à chacun une offrande de trois kilogrammes de fleur de farine pétrie avec deux litres d'huile d'olive vierge. 6 Il s'agit là de l'holocauste perpétuel tel qu'il a été offert

[l] 27.12 Qui domine la rive orientale du Jourdain et de la mer Morte. Les principaux sommets sont les monts Pisga (21.20), Peor (23.28) et Nébo (33.47 ; Dt 32.49) d'où l'on domine tout le pays d'Israël. C'est sur cette montagne que Dieu a conduit Moïse (voir Dt 32.49 ; 34.1).
[m] 27.12 Pour les v. 12-13, voir Dt 3.23-27 ; 32.48-52.

pleasing aroma, a food offering presented to the LORD. The accompanying drink offering is to be a quarter of a hin of fermented drink with each lamb. Pour out the drink offering to the LORD at the sanctuary. 8 Offer the second lamb at twilight, along with the same kind of grain offering and drink offering that you offer in the morning. This is a food offering, an aroma pleasing to the LORD.

Sabbath Offerings

9 " 'On the Sabbath day, make an offering of two lambs a year old without defect, together with its drink offering and a grain offering of two-tenths of an ephah[l] of the finest flour mixed with olive oil. 10 This is the burnt offering for every Sabbath, in addition to the regular burnt offering and its drink offering.

Monthly Offerings

11 " 'On the first of every month, present to the LORD a burnt offering of two young bulls, one ram and seven male lambs a year old, all without defect. 12 With each bull there is to be a grain offering of three-tenths of an ephah[m] of the finest flour mixed with oil; with the ram, a grain offering of two-tenths of an ephah of the finest flour mixed with oil; 13 and with each lamb, a grain offering of a tenth of an ephah of the finest flour mixed with oil. This is for a burnt offering, a pleasing aroma, a food offering presented to the LORD. 14 With each bull there is to be a drink offering of half a hin[n] of wine; with the ram, a third of a hin[o]; and with each lamb, a quarter of a hin. This is the monthly burnt offering to be made at each new moon during the year. 15 Besides the regular burnt offering with its drink offering, one male goat is to be presented to the LORD as a sin offering.[p]

The Passover

16 " 'On the fourteenth day of the first month the LORD's Passover is to be held. 17 On the fifteenth day of this month there is to be a festival; for seven days eat bread made without yeast. 18 On the first day hold a sacred assembly and do no regular work. 19 Present to the LORD a food offering consisting of a burnt offering of two young bulls, one ram and seven male lambs a year old, all without defect. 20 With each bull offer a grain offering of three-tenths of an ephah of the finest flour mixed with oil; with the ram, two-tenths; 21 and with each of the seven lambs, one-tenth. 22 Include one male goat as a sin offering to make atonement for you. 23 Offer these in addition to the regular morning burnt offering. 24 In this way present the food offering every day for seven days as an aroma pleasing to the LORD; it is to be offered in addition to the regular burnt offering and its drink offering. 25 On the seventh day hold a sacred assembly and do no regular work.

l 28:9 That is, probably about 7 pounds or about 3.2 kilograms; also in verses 12, 20 and 28
m 28:12 That is, probably about 11 pounds or about 5 kilograms; also in verses 20 and 28
n 28:14 That is, about 2 quarts or about 1.9 liters
o 28:14 That is, about 1 1/3 quarts or about 1.3 liters
p 28:15 Or *purification offering*; also in verse 22

sur la montagne du Sinaï. C'est un sacrifice consumé par le feu pour l'Eternel dont l'odeur est apaisante. 7 Vous y joindrez également une libation de deux litres de vin pur pour le premier agneau ; c'est dans le lieu saint que l'on offrira cette libation de boisson fermentée à l'Eternel. 8 Le second agneau sera offert à la nuit tombante avec la même offrande et la même libation que le matin, c'est un sacrifice consumé par le feu dont l'odeur apaise l'Eternel.

Les sacrifices pour le jour du sabbat

9 Le jour du sabbat, on offrira deux agneaux dans leur première année, sans défaut[n], accompagnés d'une offrande de six kilogrammes de fleur de farine pétrie à l'huile et de la libation correspondante. 10 Chaque jour du sabbat, cet holocauste s'ajoutera à l'holocauste perpétuel et à sa libation.

Les sacrifices pour le début du mois

11 Au début de chaque mois, vous offrirez en holocauste à l'Eternel deux jeunes taureaux, un bélier et sept agneaux dans leur première année, sans défaut. 12 Chaque taureau sera accompagné d'une offrande de neuf kilogrammes de fleur de farine pétrie à l'huile ; chaque bélier d'une offrande de six kilogrammes de fleur de farine pétrie à l'huile ; 13 et chaque agneau, de trois kilogrammes de fleur de farine pétrie à l'huile. C'est un holocauste à l'odeur apaisante, un sacrifice consumé pour l'Eternel. 14 Les libations respectives seront de quatre litres de vin par taureau, de trois litres par bélier, et de deux litres par agneau. Tel est l'holocauste mensuel offert au début de chaque mois de l'année. 15 On offrira à l'Eternel un bouc en sacrifice pour le péché, en plus de l'holocauste perpétuel et de sa libation.

Les sacrifices pour la Pâque

16 Le quatorzième jour du premier mois, on célébrera la Pâque en l'honneur de l'Eternel.

17 Le quinzième jour de ce mois commencera la fête. Pendant sept jours, on mangera du pain sans levain[o]. 18 Le premier jour aura lieu une assemblée cultuelle. Ce jour-là vous n'accomplirez aucune tâche de votre travail habituel, 19 et vous offrirez à l'Eternel en sacrifice consumé par le feu en holocauste : deux jeunes taureaux, un bélier et sept agneaux dans leur première année ; vous les choisirez sans défaut. 20 Ils seront accompagnés d'offrandes de fleur de farine pétrie à l'huile : neuf kilogrammes[p] pour chaque taureau, six kilogrammes pour chaque bélier, 21 et trois kilogrammes pour chacun des sept agneaux. 22 Vous offrirez également un bouc en sacrifice pour le péché, pour accomplir le rite d'expiation pour vous. 23 Tout ceci viendra s'ajouter à l'holocauste perpétuel du matin. 24 Vous offrirez chaque jour, pendant sept jours, ces aliments consumés par le feu et leur odeur apaisera l'Eternel. On les offrira en plus de l'holocauste perpétuel et de sa libation. 25 Le septième jour, vous aurez une assemblée cultuelle ; vous n'accomplirez ce jour-là aucune tâche relative à votre travail habituel.

n 28.9 En plus du sacrifice quotidien.
o 28.17 Pour les v. 17-25, voir Ex 12.14-20.
p 28.20 En hébreu, ici et dans les versets qui suivent, les poids sont en *sicles*.

The Festival of Weeks

26 " 'On the day of firstfruits, when you present to the LORD an offering of new grain during the Festival of Weeks, hold a sacred assembly and do no regular work. 27 Present a burnt offering of two young bulls, one ram and seven male lambs a year old as an aroma pleasing to the LORD. 28 With each bull there is to be a grain offering of three-tenths of an ephah of the finest flour mixed with oil; with the ram, two-tenths; 29 and with each of the seven lambs, one-tenth. 30 Include one male goat to make atonement for you. 31 Offer these together with their drink offerings, in addition to the regular burnt offering and its grain offering. Be sure the animals are without defect.

The Festival of Trumpets

29 1 " 'On the first day of the seventh month hold a sacred assembly and do no regular work. It is a day for you to sound the trumpets. 2 As an aroma pleasing to the LORD, offer a burnt offering of one young bull, one ram and seven male lambs a year old, all without defect. 3 With the bull offer a grain offering of three-tenths of an ephah[q] of the finest flour mixed with olive oil; with the ram, two-tenths[r]; 4 and with each of the seven lambs, one-tenth.[s] 5 Include one male goat as a sin offering[t] to make atonement for you. 6 These are in addition to the monthly and daily burnt offerings with their grain offerings and drink offerings as specified. They are food offerings presented to the LORD, a pleasing aroma.

The Day of Atonement

7 " 'On the tenth day of this seventh month hold a sacred assembly. You must deny yourselves[u] and do no work. 8 Present as an aroma pleasing to the LORD a burnt offering of one young bull, one ram and seven male lambs a year old, all without defect. 9 With the bull offer a grain offering of three-tenths of an ephah of the finest flour mixed with oil; with the ram, two-tenths; 10 and with each of the seven lambs, one-tenth. 11 Include one male goat as a sin offering, in addition to the sin offering for atonement and the regular burnt offering with its grain offering, and their drink offerings.

The Festival of Tabernacles

12 " 'On the fifteenth day of the seventh month, hold a sacred assembly and do no regular work. Celebrate a festival to the LORD for seven days. 13 Present as an

[q] 29:3 That is, probably about 11 pounds or about 5 kilograms; also in verses 9 and 14
[r] 29:3 That is, probably about 7 pounds or about 3.2 kilograms; also in verses 9 and 14
[s] 29:4 That is, probably about 3 1/2 pounds or about 1.6 kilograms; also in verses 10 and 15
[t] 29:5 Or *purification offering;* also elsewhere in this chapter
[u] 29:7 Or *must fast*

Les sacrifices pour la Pentecôte

26 Au jour des Prémices, quand vous apporterez l'Eternel l'offrande de la nouvelle récolte pour la fêt des Semaines, vous aurez une assemblée cultuelle ; vou n'accomplirez ce jour-là aucune tâche de votre travai habituel. 27 Vous offrirez en holocauste dont l'odeur apa isera l'Eternel deux jeunes taureaux, un bélier et sep agneaux dans leur première année. 28 Ils seront accom pagnés d'offrandes de fleur de farine pétrie à l'huile, neu kilogrammes pour chaque taureau, six kilogrammes pou le bélier 29 et trois kilogrammes pour chacun des sept ag neaux. 30 Vous immolerez aussi un bouc, pour accompli le rite d'expiation pour vous. 31 Tout ceci viendra s'ajoute à l'holocauste perpétuel et à l'offrande qui l'accompagne Vous les choisirez sans défaut et vous y joindrez les liba tions correspondantes.

Les sacrifices pour la fête des Trompettes

29 1 Le premier jour du septième mois, vous aure une assemblée cultuelle et vous n'accomplirez c jour-là aucune tâche de votre travail habituel. Vous le mar querez par des sonneries de trompettes. 2 Vous offrirez, e holocauste dont l'odeur apaisera l'Eternel, un jeune tau reau, un bélier et sept agneaux dans leur première anné tous sans défaut. 3 Vous y ajouterez l'offrande correspon dante de fleur de farine pétrie à l'huile, neuf kilogramme pour le taureau, six kilogrammes pour le bélier 4 et troi kilogrammes pour chacun des sept agneaux.

5 De plus, vous immolerez un bouc en sacrifice pour l péché pour accomplir le rite d'expiation pour vous. 6 Ce sacrifices viendront s'ajouter à l'holocauste mensuel et son offrande, ainsi qu'à l'holocauste perpétuel avec so offrande et à la libation qui les accompagne, selon le ritu prescrit à leur sujet. Ce sont des aliments consumés par l feu, pour l'Eternel, et dont l'odeur est apaisante.

Les sacrifices pour le jour des Expiations[q]

7 Au dixième jour du septième mois vous tiendrez un assemblée cultuelle. Vous vous humilierez et vous ne fere aucun travail. 8 Vous offrirez à l'Eternel en holocaust à l'odeur apaisante : un jeune taureau, un bélier et sep agneaux dans leur première année, sans défaut. 9 Vou y joindrez l'offrande correspondante de fleur de farin pétrie avec de l'huile, neuf kilogrammes pour le taureau six kilogrammes pour le bélier 10 et trois kilogrammes pou chacun des sept agneaux. 11 Vous immolerez aussi un bou en sacrifice pour le péché. Ces sacrifices viendront s'ajout er au sacrifice pour le péché qui est offert spécialemen en ce jour des Expiations et à l'holocauste perpétuel ave son offrande et leurs libations.

Les sacrifices pour la fête des Cabanes

12 Le quinzième jour du septième mois, vous tiendre une autre assemblée cultuelle. Vous n'accomplirez en ce jour-là aucune tâche relative à votre travail habituel, e vous célébrerez pendant sept jours une fête en l'honneur de l'Eternel[r]. 13 Vous offrirez en holocauste et en sacrifice

[q] 29.7 Pour les v. 7-11, voir Lv 16 ; 23.27-32.
[r] 29.12 Il s'agit de la fête des Cabanes : voir Ex 23.16 ; 34.22 ; Lv 23.33-43 ; Dt 16.13-15.

roma pleasing to the LORD a food offering consisting
f a burnt offering of thirteen young bulls, two rams
nd fourteen male lambs a year old, all without de-
ect. 14 With each of the thirteen bulls offer a grain
ffering of three-tenths of an ephah of the finest flour
nixed with oil; with each of the two rams, two-tenths;
5 and with each of the fourteen lambs, one-tenth.
6 Include one male goat as a sin offering, in addition
o the regular burnt offering with its grain offering
nd drink offering.

17 " 'On the second day offer twelve young bulls, two
ams and fourteen male lambs a year old, all without
efect. 18 With the bulls, rams and lambs, offer their
rain offerings and drink offerings according to the
umber specified. 19 Include one male goat as a sin
ffering, in addition to the regular burnt offering with
ts grain offering, and their drink offerings.

20 " 'On the third day offer eleven bulls, two rams
nd fourteen male lambs a year old, all without defect.
1 With the bulls, rams and lambs, offer their grain
fferings and drink offerings according to the number
pecified. 22 Include one male goat as a sin offering, in
ddition to the regular burnt offering with its grain
ffering and drink offering.

23 " 'On the fourth day offer ten bulls, two rams and
ourteen male lambs a year old, all without defect.
4 With the bulls, rams and lambs, offer their grain
fferings and drink offerings according to the number
pecified. 25 Include one male goat as a sin offering, in
ddition to the regular burnt offering with its grain
ffering and drink offering.

26 " 'On the fifth day offer nine bulls, two rams and
ourteen male lambs a year old, all without defect.
7 With the bulls, rams and lambs, offer their grain
fferings and drink offerings according to the number
pecified. 28 Include one male goat as a sin offering, in
ddition to the regular burnt offering with its grain
ffering and drink offering.

29 " 'On the sixth day offer eight bulls, two rams and
ourteen male lambs a year old, all without defect.
0 With the bulls, rams and lambs, offer their grain
fferings and drink offerings according to the number
pecified. 31 Include one male goat as a sin offering, in
ddition to the regular burnt offering with its grain
ffering and drink offering.

32 " 'On the seventh day offer seven bulls, two rams
nd fourteen male lambs a year old, all without defect.
3 With the bulls, rams and lambs, offer their grain
fferings and drink offerings according to the number
pecified. 34 Include one male goat as a sin offering, in
ddition to the regular burnt offering with its grain
ffering and drink offering.

35 " 'On the eighth day hold a closing special assembly and do no regular work. 36 Present as an aroma
pleasing to the LORD a food offering consisting of a
burnt offering of one bull, one ram and seven male
ambs a year old, all without defect. 37 With the bull,
he ram and the lambs, offer their grain offerings and
drink offerings according to the number specified.
8 Include one male goat as a sin offering, in addition

consumé par le feu dont l'odeur apaisera l'Eternel treize
jeunes taureaux, deux béliers et quatorze agneaux dans
leur première année et sans défaut. 14 Vous y joindrez
l'offrande correspondante de fleur de farine pétrie avec
de l'huile, soit neuf kilogrammes pour chacun des treize
taureaux, six kilogrammes pour chacun des deux béliers,
15 et trois kilogrammes pour chacun des quatorze agneaux.
16 Vous immolerez aussi un bouc en sacrifice pour le péché,
tout ceci en plus de l'holocauste perpétuel, de son offrande
et de sa libation.

17 Le second jour, vous offrirez douze jeunes taureaux,
deux béliers et quatorze agneaux dans leur première année et sans défaut, 18 avec les offrandes de farine et les
libations de vin requises pour les taureaux, les béliers et
les agneaux, selon leur nombre et conformément aux prescriptions rituelles. 19 Vous immolerez aussi un bouc en
sacrifice pour le péché, tout ceci en plus de l'holocauste
perpétuel, de l'offrande et des libations qui l'accompagnent. 20 Le troisième jour, vous offrirez onze taureaux,
deux béliers et quatorze agneaux dans leur première
année et sans défaut 21 avec les offrandes et les libations
correspondantes selon leur nombre et conformément au
rituel prescrit, 22 et aussi, un bouc en sacrifice pour le
péché, tout ceci en plus de l'holocauste perpétuel, de son
offrande et de sa libation.

23 Le quatrième jour, vous offrirez dix taureaux, deux
béliers et quatorze agneaux dans leur première année et
sans défaut, 24 avec les offrandes et les libations correspondantes, 25 ainsi qu'un bouc en sacrifice pour le péché.

26 Le cinquième jour, vous sacrifierez neuf taureaux,
deux béliers, et quatorze agneaux, 27-28 dans les mêmes
conditions que les jours précédents. 29-31 Le sixième jour,
huit taureaux et le même nombre de béliers et d'agneaux
que les autres jours, 32-34 et le septième jour, sept taureaux,
deux béliers et quatorze agneaux.

35 Le huitième jour, vous aurez un jour de fête cultuelle[s].
Vous n'accomplirez ce jour-là aucune tâche de votre travail
habituel. 36 Vous offrirez en holocauste, et en sacrifice
consumé par le feu, à l'odeur qui apaisera l'Eternel : un
taureau, un bélier, sept agneaux dans leur première année,
sans défaut, 37 avec les offrandes et les libations correspondantes pour le taureau, le bélier et les agneaux, selon
leur nombre et conformément au rituel prescrit. 38 Vous

s 29.35 Autre traduction : *une cérémonie de clôture* (voir Jn 7.37).

to the regular burnt offering with its grain offering and drink offering.

39 "'In addition to what you vow and your freewill offerings, offer these to the LORD at your appointed festivals: your burnt offerings, grain offerings, drink offerings and fellowship offerings.'"

40 Moses told the Israelites all that the LORD commanded him.[v]

Vows

30 1 [w]Moses said to the heads of the tribes of Israel: "This is what the LORD commands: 2 When a man makes a vow to the LORD or takes an oath to obligate himself by a pledge, he must not break his word but must do everything he said.

3 "When a young woman still living in her father's household makes a vow to the LORD or obligates herself by a pledge 4 and her father hears about her vow or pledge but says nothing to her, then all her vows and every pledge by which she obligated herself will stand. 5 But if her father forbids her when he hears about it, none of her vows or the pledges by which she obligated herself will stand; the LORD will release her because her father has forbidden her.

6 "If she marries after she makes a vow or after her lips utter a rash promise by which she obligates herself 7 and her husband hears about it but says nothing to her, then her vows or the pledges by which she obligated herself will stand. 8 But if her husband forbids her when he hears about it, he nullifies the vow that obligates her or the rash promise by which she obligates herself, and the LORD will release her.

9 "Any vow or obligation taken by a widow or divorced woman will be binding on her.

10 "If a woman living with her husband makes a vow or obligates herself by a pledge under oath 11 and her husband hears about it but says nothing to her and does not forbid her, then all her vows or the pledges by which she obligated herself will stand. 12 But if her husband nullifies them when he hears about them, then none of the vows or pledges that came from her lips will stand. Her husband has nullified them, and the LORD will release her. 13 Her husband may confirm or nullify any vow she makes or any sworn pledge to deny herself.[x] 14 But if her husband says nothing to her about it from day to day, then he confirms all her vows or the pledges binding on her. He confirms them by saying nothing to her when he hears about them. 15 If, however, he nullifies them some time after he hears about them, then he must bear the consequences of her wrongdoing."

16 These are the regulations the LORD gave Moses concerning relationships between a man and his wife,

[v] **29:40** In Hebrew texts this verse (29:40) is numbered 30:1.
[w] In Hebrew texts 30:1-16 is numbered 30:2-17.
[x] **30:13** Or *to fast*

immolerez un bouc en sacrifice pour le péché, tout cec en plus de l'holocauste perpétuel, de son offrande et d sa libation.

Conclusion

39 Voilà ce que vous offrirez à l'Eternel à l'occasion d vos jours de fêtes et en plus de vos sacrifices volontaires de ceux que vous faites pour accomplir un vœu et de vo holocaustes, de vos offrandes, de vos libations et de vo sacrifices de communion.

La loi sur les vœux

30 1 Moïse communiqua aux Israélites tout ce qu l'Eternel lui avait ordonné.

2 Il parla aux chefs des tribus d'Israël en disant : Voic ce que l'Eternel a ordonné : 3 Si un homme fait un vœu à l'Eternel, ou s'il prend certains engagements par serment il ne violera pas sa parole ; il agira conformément à c qu'il a dit. 4 Si une jeune fille fait un vœu à l'Eternel e prenant un certain engagement pendant qu'elle habit encore chez son père, 5 et que son père, après en avoir ét informé, n'y objecte pas, ces vœux et ces engagement seront valables. 6 Mais si son père la désapprouve le jou où il en est informé, aucun de ses vœux et de ses engage ments qu'elle se sera imposés ne sera valide ; il ne lui ser pas tenu rigueur d'avoir manqué à sa parole puisque so père a annulé ses vœux.

7 Supposons qu'une jeune fille ait fait un vœu ou se soi engagée verbalement, et qu'ensuite elle vienne à se marier 8 Si son mari en est informé et n'y objecte pas le jour o il l'apprend, ses vœux et ses engagements seront valides 9 Mais si, ce jour-là, il la désapprouve et annule le vœ qu'elle a fait et l'engagement qu'elle a pris, l'Eternel ne lu tiendra pas rigueur d'avoir manqué à sa parole.

10 Mais une femme veuve ou divorcée reste liée, elle par ses vœux et par tout engagement qu'elle a pris. 11 S une femme mariée fait un vœu ou prend un engagemen par serment, 12 et si son mari, après en avoir été informé n'y a pas fait d'objection et ne l'a pas désapprouvée, ell reste liée par ses vœux et engagements. 13 Si, toutefois, i les annule le jour où il en est informé, tout ce qu'elle aur prononcé, en fait de vœux ou d'engagements, sera san valeur. Puisque son mari les a annulés, l'Eternel ne lu tiendra pas rigueur d'avoir manqué à sa parole. 14 Son mar peut donc ratifier ou annuler tout vœu ou tout sermen par lequel elle s'impose de renoncer à quelque chose. 15 S'i n'oppose aucune objection jusqu'au lendemain, sa femm est alors liée par tous les vœux ou les engagements qu'ell a pris, car il les ratifie en ne lui disant rien le jour où il en a été informé. 16 S'il décide de les annuler après le jour où i en a eu connaissance, c'est lui qui portera la responsabilit de la faute de sa femme.

17 Telles sont les lois que l'Eternel a prescrites à Moïse sur les relations entre un homme et sa femme, ainsi qu'entre

and between a father and his young daughter still living at home.

Vengeance on the Midianites

31 1 The LORD said to Moses, 2 "Take vengeance on the Midianites for the Israelites. After that, you will be gathered to your people."

3 So Moses said to the people, "Arm some of your men to go to war against the Midianites so that they may carry out the LORD's vengeance on them. 4 Send into battle a thousand men from each of the tribes of Israel." 5 So twelve thousand men armed for battle, a thousand from each tribe, were supplied from the clans of Israel. 6 Moses sent them into battle, a thousand from each tribe, along with Phinehas son of Eleazar, the priest, who took with him articles from the sanctuary and the trumpets for signaling.

7 They fought against Midian, as the LORD commanded Moses, and killed every man. 8 Among their victims were Evi, Rekem, Zur, Hur and Reba – the five kings of Midian. They also killed Balaam son of Beor with the sword. 9 The Israelites captured the Midianite women and children and took all the Midianite herds, flocks and goods as plunder. 10 They burned all the towns where the Midianites had settled, as well as all their camps. 11 They took all the plunder and spoils, including the people and animals, 12 and brought the captives, spoils and plunder to Moses and Eleazar the priest and the Israelite assembly at their camp on the plains of Moab, by the Jordan across from Jericho.

13 Moses, Eleazar the priest and all the leaders of the community went to meet them outside the camp. 14 Moses was angry with the officers of the army – the commanders of thousands and commanders of hundreds – who returned from the battle.

15 "Have you allowed all the women to live?" he asked them. 16 "They were the ones who followed Balaam's advice and enticed the Israelites to be unfaithful to the LORD in the Peor incident, so that a plague struck the LORD's people. 17 Now kill all the boys. And kill every woman who has slept with a man, 18 but save for yourselves every girl who has never slept with a man.

19 "Anyone who has killed someone or touched someone who was killed must stay outside the camp seven days. On the third and seventh days you must purify yourselves and your captives. 20 Purify every garment as well as everything made of leather, goat hair or wood."

21 Then Eleazar the priest said to the soldiers who had gone into battle, "This is what is required by the law that the LORD gave Moses: 22 Gold, silver, bronze, iron, tin, lead 23 and anything else that can withstand

un père et sa fille, tant qu'elle est chez son père, durant sa jeunesse.

Le châtiment des Madianites

L'expédition punitive

31 1 L'Eternel parla à Moïse et lui dit : 2 Fais payer aux Madianites le mal qu'ils ont fait aux Israélites. Après cela, tu iras rejoindre tes ancêtres décédés.

3 Moïse s'adressa au peuple en disant : Que certains de vos hommes s'équipent pour partir en campagne et qu'ils aillent attaquer les Madianites pour leur infliger un châtiment de la part de l'Eternel. 4 Envoyez au combat mille hommes de chacune des tribus d'Israël.

5 On mobilisa donc mille hommes par tribu parmi les corps d'armée d'Israël, soit douze mille hommes armés pour le combat. 6 Moïse les envoya au combat avec Phinéas[t], fils du prêtre Eléazar, qui portait les objets sacrés et les trompettes[u] pour donner le signal.

7 Ils marchèrent contre Madian, comme l'Eternel l'avait ordonné à Moïse, et ils tuèrent tous les hommes, 8 y compris cinq rois de Madian : Evi, Réqem, Tsour[v], Hour et Réba. Ils firent aussi périr par l'épée Balaam, fils de Béor. 9 Ils firent prisonniers les femmes des Madianites et leurs enfants, et s'emparèrent de toutes leurs bêtes, de tous leurs troupeaux et de tous leurs biens. 10 Ils mirent le feu à toutes les villes qu'ils habitaient ainsi qu'à tous leurs campements[w]. 11 Ils emportèrent tout leur butin et toutes les personnes et les bêtes qu'ils avaient capturées, 12 et ils amenèrent les prisonniers, le bétail capturé et le butin à Moïse, au prêtre Eléazar et à la communauté des Israélites, qui avaient leur campement dans les steppes de Moab, près du Jourdain, en face de Jéricho.

La purification des combattants

13 Moïse et le prêtre Eléazar et tous les chefs de la communauté sortirent du camp à leur rencontre. 14 Moïse se fâcha contre les commandants de l'armée, chef des « milliers » et chefs des « centaines » qui revenaient du combat. 15 Il leur demanda : Pourquoi avez-vous laissé la vie à toutes ces femmes ? 16 Rappelez-vous que ce sont elles qui, sur les conseils de Balaam, ont incité les Israélites à être infidèles à l'Eternel dans l'affaire de Peor, de sorte qu'un fléau a frappé la communauté de l'Eternel. 17 Maintenant donc, tuez tous les garçons et toutes les femmes qui ont déjà partagé la couche d'un homme. 18 Vous ne laisserez en vie et ne garderez pour vous que les filles qui sont vierges. 19 Et vous qui avez tué quelqu'un ou touché un cadavre, restez sept jours à l'extérieur du camp ; purifiez-vous le troisième et le septième jour, vous et vos prisonnières. 20 Vous purifierez aussi tout vêtement, tout objet de cuir, tout tissu de poil de chèvre et tout ustensile en bois.

21 Le prêtre Eléazar dit aux soldats de l'armée qui revenaient de la bataille : Voici les dispositions de la Loi que l'Eternel a donnée à Moïse : 22-23 Vous purifierez par le feu

[t] **31.6** Qui s'était distingué par son zèle dans la lutte contre l'idolâtrie (25.7-11) et avait mis fin au fléau. Il commande en tant que chef religieux donnant les signaux prescrits.
[u] **31.6** *sacrés:* voir Ex 28.30. *trompettes:* voir Nb 10.9.
[v] **31.8** Père de Kozbi (25.15), chef de plusieurs familles madianites.
[w] **31.10** Autre traduction : *palais.*

fire must be put through the fire, and then it will be clean. But it must also be purified with the water of cleansing. And whatever cannot withstand fire must be put through that water. 24 On the seventh day wash your clothes and you will be clean. Then you may come into the camp."

Dividing the Spoils

25 The LORD said to Moses, 26 "You and Eleazar the priest and the family heads of the community are to count all the people and animals that were captured. 27 Divide the spoils equally between the soldiers who took part in the battle and the rest of the community. 28 From the soldiers who fought in the battle, set apart as tribute for the LORD one out of every five hundred, whether people, cattle, donkeys or sheep. 29 Take this tribute from their half share and give it to Eleazar the priest as the LORD's part. 30 From the Israelites' half, select one out of every fifty, whether people, cattle, donkeys, sheep or other animals. Give them to the Levites, who are responsible for the care of the LORD's tabernacle." 31 So Moses and Eleazar the priest did as the LORD commanded Moses.

32 The plunder remaining from the spoils that the soldiers took was 675,000 sheep, 33 72,000 cattle, 34 61,000 donkeys 35 and 32,000 women who had never slept with a man.

36 The half share of those who fought in the battle was:

337,500 sheep, 37 of which the tribute for the LORD was 675;

38 36,000 cattle, of which the tribute for the LORD was 72;

39 30,500 donkeys, of which the tribute for the LORD was 61;

40 16,000 people, of whom the tribute for the LORD was 32.

41 Moses gave the tribute to Eleazar the priest as the LORD's part, as the LORD commanded Moses.

42 The half belonging to the Israelites, which Moses set apart from that of the fighting men – 43 the community's half – was 337,500 sheep, 44 36,000 cattle, 45 30,500 donkeys 46 and 16,000 people. 47 From the Israelites' half, Moses selected one out of every fifty people and animals, as the LORD commanded him, and gave them to the Levites, who were responsible for the care of the LORD's tabernacle.

48 Then the officers who were over the units of the army – the commanders of thousands and commanders of hundreds – went to Moses 49 and said to him, "Your servants have counted the soldiers under our command, and not one is missing. 50 So we have brought as an offering to the LORD the gold articles each of us acquired – armlets, bracelets, signet rings, earrings and necklaces – to make atonement for ourselves before the LORD."

51 Moses and Eleazar the priest accepted from them the gold – all the crafted articles. 52 All the gold from

tous les objets qui ne brûlent pas : ceux qui sont en or, en argent, en bronze, en fer, en étain et en plomb ; ensuite vous les purifierez avec l'eau de purification[x], et tout ce qui ne supporte pas le feu, vous le passerez à l'eau. 24 Vous laverez vos vêtements le septième jour, après quoi vous serez rituellement purs et vous rentrerez au camp.

Le partage du butin

25 L'Eternel dit à Moïse : 26 Prends avec toi le prêtre Eléazar et les chefs des groupes familiaux de la communauté, vous ferez le compte de ce qui a été capturé prisonniers et bestiaux. 27 Ensuite tu partageras ce butin en deux moitiés, l'une sera pour les combattants qui ont pris part à l'expédition, l'autre pour le reste de la communauté. 28 Tu prélèveras sur la part des soldats qui ont participé au combat, comme tribut pour l'Eternel, une personne sur cinq cents et une bête sur cinq cents pour les bovins, les ânes et le petit bétail. 29 Vous les prendrez sur la moitié qui leur revient et tu les remettras au prêtre Eléazar comme offrande pour l'Eternel. 30 Sur la part revenant aux Israélites, tu prendras une personne sur cinquante et un animal sur cinquante parmi les ânes, le petit et le gros bétail, et tu les remettras aux lévites qui assurent le service du tabernacle de l'Eternel. 31 Moïse et le prêtre Eléazar firent ce que l'Eternel avait ordonné à Moïse. 32 Bilan du butin restant ramené par ceux qui avaient participé à l'expédition : 675 000 moutons et chèvres, 33 72 000 têtes de bovins, 34 61 000 ânes 35 et 32 000 jeunes filles vierges.

36 La moitié revenant à ceux qui étaient allés à la guerre se montait à 337 500 moutons et chèvres, 37 dont 675 revinrent comme tribut à l'Eternel ; 38 36 000 têtes de bovins dont un tribut de 72 pour l'Eternel ; 39 30 500 ânes dont 61 comme tribut pour l'Eternel ; 40 et 16 000 personnes dont 32 comme tribut pour l'Eternel. 41 Moïse remit le tribut pour l'Eternel au prêtre Eléazar comme l'Eternel le lui avait ordonné.

42 Quant à la moitié attribuée à la communauté des Israélites que Moïse avait mise à part de celle des combattants qui avaient fait la campagne, 43 elle consistait en 337 500 moutons et chèvres, 44 36 000 bovins, 45 30 500 ânes 46 et 16 000 personnes. 47 Moïse préleva sur cette moitié une personne sur cinquante et un animal sur cinquante et il les donna aux lévites qui assurent le service du tabernacle de l'Eternel, comme l'Eternel le lui avait ordonné.

L'offrande volontaire de reconnaissance

48 Les commandants des divers corps d'armée, chefs de « milliers » et chefs des « centaines », vinrent alors 49 dire à Moïse : Tes serviteurs ont fait le compte des combattants qui étaient sous nos ordres et il n'en manque pas un seul. 50 Aussi nous apportons, comme offrande à l'Eternel, chacun ce qu'il a trouvé comme bijoux en or, chaînettes et bracelets, bagues, boucles d'oreilles et colliers, comme un rite d'expiation pour nos personnes devant l'Eternel.

51 Moïse et le prêtre Eléazar acceptèrent de leurs mains tous ces objets ouvragés en or. 52 Le poids total de l'o

x **31.22-23** Voir Nb 19.9.

the commanders of thousands and commanders of hundreds that Moses and Eleazar presented as a gift to the LORD weighed 16,750 shekels.[y] 53 Each soldier had taken plunder for himself. 54 Moses and Eleazar the priest accepted the gold from the commanders of thousands and commanders of hundreds and brought it into the tent of meeting as a memorial for the Israelites before the LORD.

The Transjordan Tribes

32 1 The Reubenites and Gadites, who had very large herds and flocks, saw that the lands of Jazer and Gilead were suitable for livestock. 2 So they came to Moses and Eleazar the priest and to the leaders of the community, and said, 3 "Ataroth, Dibon, Jazer, Nimrah, Heshbon, Elealeh, Sebam, Nebo and Beon – 4 the land the LORD subdued before the people of Israel – are suitable for livestock, and your servants have livestock. 5 If we have found favor in your eyes," they said, "let this land be given to your servants as our possession. Do not make us cross the Jordan."

6 Moses said to the Gadites and Reubenites, "Should your fellow Israelites go to war while you sit here? 7 Why do you discourage the Israelites from crossing over into the land the LORD has given them? 8 This is what your fathers did when I sent them from Kadesh Barnea to look over the land. 9 After they went up to the Valley of Eshkol and viewed the land, they discouraged the Israelites from entering the land the LORD had given them. 10 The LORD's anger was aroused that day and he swore this oath: 11 'Because they have not followed me wholeheartedly, not one of those who were twenty years old or more when they came up out of Egypt will see the land I promised on oath to Abraham, Isaac and Jacob – 12 not one except Caleb son of Jephunneh the Kenizzite and Joshua son of Nun, for they followed the LORD wholeheartedly.' 13 The LORD's anger burned against Israel and he made them wander in the wilderness forty years, until the whole generation of those who had done evil in his sight was gone.

14 "And here you are, a brood of sinners, standing in the place of your fathers and making the LORD even more angry with Israel. 15 If you turn away from following him, he will again leave all this people in the wilderness, and you will be the cause of their destruction."

16 Then they came up to him and said, "We would like to build pens here for our livestock and cities for our women and children. 17 But we will arm ourselves for battle[z] and go ahead of the Israelites until we have brought them to their place. Meanwhile our women and children will live in fortified cities, for protection from the inhabitants of the land. 18 We will not return to our homes until each of the Israelites has

31:52 That is, about 420 pounds or about 190 kilograms
32:17 Septuagint; Hebrew *will be quick to arm ourselves*

ainsi prélevé en offrande pour l'Eternel par les chefs des « milliers » et des « centaines » fut de 184 kilogrammes[y]. 53 Les hommes de la troupe prirent leur butin chacun pour son compte. 54 Moïse et le prêtre Eléazar prirent l'or des chefs des « milliers » et des « centaines » et l'apportèrent devant l'Eternel dans la tente de la Rencontre comme mémorial pour les Israélites.

L'installation de quelques tribus à l'est du Jourdain

32 1 Les descendants de Ruben et de Gad avaient de très grands troupeaux. Ils constatèrent que les pays de Yaezer et de Galaad convenaient bien à l'élevage. 2 Alors ils vinrent trouver Moïse, le prêtre Eléazar et les chefs de la communauté et leur dirent : 3 Les villes d'Ataroth, de Dibôn, Yaezer, Nimra, Heshbôn, Eleálé, Sebam, Nébo et Beôn[z], 4 c'est-à-dire ce territoire que l'Eternel a soumis aux Israélites, est un pays favorable à l'élevage. Or, tes serviteurs possèdent de nombreux troupeaux. 5 Puis ils ajoutèrent : Si tu veux bien nous accorder une faveur, attribue à tes serviteurs la possession de ce pays et ne nous fais pas traverser le Jourdain.

6 Moïse répondit aux membres des deux tribus : Vous voulez rester ici pendant que vos compatriotes vont à la guerre ? 7 Pourquoi découragez-vous les Israélites de se rendre dans le pays que l'Eternel leur donne ? 8 C'est exactement ce qu'ont fait vos ancêtres quand je les ai envoyés de Qadesh-Barnéa pour explorer le pays[a]. 9 Ils sont montés jusqu'à la vallée d'Eshkol, ils ont observé le pays et, à leur retour, ils ont découragé les Israélites d'aller dans le pays que l'Eternel leur destinait. 10 L'Eternel s'est mis en colère ce jour-là au point qu'il fit ce serment[b] : 11 « Jamais ces hommes qui sont sortis d'Egypte et qui ont aujourd'hui vingt ans et plus ne verront la terre que j'ai promise par serment à Abraham, à Isaac et à Jacob, car ils ne m'ont pas obéi fidèlement, 12 excepté Caleb, fils de Yephounné le Qenizien[c], et Josué, fils de Noun, qui ont fidèlement obéi à l'Eternel. »

13 L'Eternel se mit donc en colère contre Israël, et il les fit errer dans le désert durant quarante années jusqu'à l'extinction de toute la génération qui avait mal agi envers l'Eternel. 14 Et maintenant, voilà que vous prenez le relais de vos pères comme une race de pécheurs, pour attiser encore davantage l'ardente colère de l'Eternel contre Israël. 15 Car si vous refusez de lui obéir, il vous laissera encore traîner dans ce désert et vous causerez la perte de tout ce peuple.

16 – Non, répondirent-ils à Moïse, nous construirons seulement des enclos ici pour nos troupeaux de moutons et de chèvres et des villes pour nos familles. 17 Quant à nous, nous nous armerons sans tarder pour marcher à la tête des Israélites, jusqu'à ce que nous les ayons fait entrer dans le territoire qui leur revient. Nos familles seules resteront dans les villes fortifiées où elles seront à l'abri des habitants du pays. 18 Nous ne rentrerons pas dans nos foyers avant que chacun des Israélites ait pris possession

y **31.52** En hébreu : *16 750 sicles.*
z **32.3** Ces localités se trouvent toutes entre l'Arnon et le Yabboq et faisaient partie du royaume de Sihôn.
a **32.8** Pour les v. 8-9, voir 13.17-33.
b **32.10** Pour les v. 10-13, voir 14.26-35.
c **32.12** D'après Gn 15.19 et 36.11, les Qeniziens étaient une peuplade cananéenne, descendante d'Esaü. Les ancêtres de Caleb avaient sans doute des affinités avec cette peuplade (voir Jos 14.6, 14).

received their inheritance. 19 We will not receive any inheritance with them on the other side of the Jordan, because our inheritance has come to us on the east side of the Jordan."

20 Then Moses said to them, "If you will do this – if you will arm yourselves before the LORD for battle 21 and if all of you who are armed cross over the Jordan before the LORD until he has driven his enemies out before him – 22 then when the land is subdued before the LORD, you may return and be free from your obligation to the LORD and to Israel. And this land will be your possession before the LORD.

23 "But if you fail to do this, you will be sinning against the LORD; and you may be sure that your sin will find you out. 24 Build cities for your women and children, and pens for your flocks, but do what you have promised."

25 The Gadites and Reubenites said to Moses, "We your servants will do as our lord commands. 26 Our children and wives, our flocks and herds will remain here in the cities of Gilead. 27 But your servants, every man who is armed for battle, will cross over to fight before the LORD, just as our lord says."

28 Then Moses gave orders about them to Eleazar the priest and Joshua son of Nun and to the family heads of the Israelite tribes. 29 He said to them, "If the Gadites and Reubenites, every man armed for battle, cross over the Jordan with you before the LORD, then when the land is subdued before you, you must give them the land of Gilead as their possession. 30 But if they do not cross over with you armed, they must accept their possession with you in Canaan."

31 The Gadites and Reubenites answered, "Your servants will do what the LORD has said. 32 We will cross over before the LORD into Canaan armed, but the property we inherit will be on this side of the Jordan."

33 Then Moses gave to the Gadites, the Reubenites and the half-tribe of Manasseh son of Joseph the kingdom of Sihon king of the Amorites and the kingdom of Og king of Bashan – the whole land with its cities and the territory around them.

34 The Gadites built up Dibon, Ataroth, Aroer, 35 Atroth Shophan, Jazer, Jogbehah, 36 Beth Nimrah and Beth Haran as fortified cities, and built pens for their flocks. 37 And the Reubenites rebuilt Heshbon, Elealeh and Kiriathaim, 38 as well as Nebo and Baal Meon (these names were changed) and Sibmah. They gave names to the cities they rebuilt.

39 The descendants of Makir son of Manasseh went to Gilead, captured it and drove out the Amorites who were there. 40 So Moses gave Gilead to the Makirites, the descendants of Manasseh, and they settled there. 41 Jair, a descendant of Manasseh, captured their settlements and called them Havvoth Jair.[a] 42 And Nobah captured Kenath and its surrounding settlements and called it Nobah after himself.

[a] 32:41 *Or them the settlements of Jair*

de l'héritage qui lui revient. 19 Mais nous ne posséderon pas de territoire de l'autre côté du Jourdain et au-delà puisque nous aurons déjà reçu notre patrimoine fonciei de ce côté-ci, à l'est du Jourdain.

20 Moïse leur répondit : Si vous tenez parole, si vous ête prêts à combattre en présence de l'Eternel, 21 si tous vo guerriers passent le Jourdain devant l'Eternel jusqu'à c qu'il ait dépossédé ses ennemis devant lui, 22 et si vou revenez seulement lorsque le pays sera soumis devan l'Eternel, alors vous aurez satisfait à vos obligations envers lui et envers Israël, et cette région-ci vous appartiendra e pleine propriété avec l'accord de l'Eternel. 23 Mais si vou n'agissez pas ainsi, vous péchez contre l'Eternel. Sache alors que les conséquences de votre péché retomberont su vous ! 24 Construisez-vous donc des villes pour vos famille et des enclos pour vos troupeaux ; puis tenez parole !

25 Les descendants de Gad et de Ruben dirent à Moïse Tes serviteurs obéiront aux ordres de mon seigneur. 26 No enfants, nos femmes, nos troupeaux et tout notre bétai resteront ici dans les villes de Galaad, 27 tandis que nous tes serviteurs, tous ceux qui sont aptes à la guerre, nou passerons le Jourdain devant l'Eternel pour aller en guerre comme mon seigneur l'a ordonné.

28 Moïse donna des ordres à leur sujet au prêtre Eléazar à Josué fils de Noun et aux chefs de tribus des Israélites[d] 29 Il leur dit : Si parmi les descendants de Gad et ceux d Ruben, tous les hommes aptes à la guerre traversent ave vous le Jourdain pour aller au combat devant l'Eternel, un fois que le pays vous sera soumis, vous leur donnerez l région de Galaad en propriété. 30 Mais s'ils ne passent pas prêts à combattre avec vous, ils s'installeront au milieu d vous dans le pays de Canaan.

31 Les Rubénites et les Gadites déclarèrent : Nous feron ce que l'Eternel a ordonné à tes serviteurs. 32 Nous passerons équipés pour la bataille devant l'Eternel au pays d Canaan ; mais le territoire que nous posséderons comm patrimoine foncier se trouvera de ce côté-ci du Jourdain

33 Alors Moïse octroya aux descendants de Gad et d Ruben, ainsi qu'à la moitié de la tribu de Manassé, fils d Joseph, le royaume de Sihôn, roi des Amoréens, et celu d'Og, roi du Basan, c'est-à-dire leur pays avec leurs ville et les terres qui en dépendaient.

34 Les hommes de Gad rebâtirent Dibôn, Ataroth, Aroë 35 Atroth-Shophân, Yaezer, Yogbeha, 36 Beth-Nimra et Beth Harân : autant de villes fortifiées avec des enclos pour le moutons et les chèvres.

37 Les Rubénites rebâtirent Heshbôn, Elealé et Qiryataïm 38 Nébo et Baal-Meôn, dont les noms furent changés, e Sibma ; ils donnèrent de nouveaux noms aux villes qu'il rebâtirent.

39 Les descendants de Makir, fils de Manassé, envahirent le pays de Galaad[e], le conquirent et dépossédèren les Amoréens qui s'y trouvaient. 40 Moïse leur donna le pay de Galaad et ils s'y établirent. 41 Yaïr, un autre descendan de Manassé, attaqua plusieurs villages et s'en empara ; i les appela villages de Yaïr[f]. 42 Nobah attaqua Qenath e s'empara des villes qui en dépendaient ; il leur donna so propre nom.

[d] 32.28 Pour les v. 28-32, voir Jos 1.12-15.

[e] 32.39 Le nord de ce pays, le sud étant déjà occupé par la tribu de Gad.

[f] 32.41 Les villages de Yaïr se trouvent en Transjordanie, au sud du lac d Tibériade (Jg 10.3-5).

Stages in Israel's Journey

33 1 Here are the stages in the journey of the
Israelites when they came out of Egypt by
divisions under the leadership of Moses and Aaron.
2 At the LORD's command Moses recorded the stages in
their journey. This is their journey by stages:
3 The Israelites set out from Rameses on the
fifteenth day of the first month, the day after the
Passover. They marched out defiantly in full view of
all the Egyptians, 4 who were burying all their firstborn, whom the LORD had struck down among them;
for the LORD had brought judgment on their gods.
5 The Israelites left Rameses and camped at
Sukkoth.
6 They left Sukkoth and camped at Etham, on
the edge of the desert.
7 They left Etham, turned back to Pi Hahiroth,
to the east of Baal Zephon, and camped near Migdol.
8 They left Pi Hahiroth[b] and passed through
the sea into the desert, and when they had traveled
for three days in the Desert of Etham, they camped
at Marah.
9 They left Marah and went to Elim, where there
were twelve springs and seventy palm trees, and
they camped there.
10 They left Elim and camped by the Red Sea.[c]
11 They left the Red Sea and camped in the
Desert of Sin.
12 They left the Desert of Sin and camped at
Dophkah.
13 They left Dophkah and camped at Alush.
14 They left Alush and camped at Rephidim,
where there was no water for the people to drink.
15 They left Rephidim and camped in the Desert
of Sinai.
16 They left the Desert of Sinai and camped at
Kibroth Hattaavah.
17 They left Kibroth Hattaavah and camped at
Hazeroth.
18 They left Hazeroth and camped at Rithmah.
19 They left Rithmah and camped at Rimmon
Perez.
20 They left Rimmon Perez and camped at
Libnah.
21 They left Libnah and camped at Rissah.
22 They left Rissah and camped at Kehelathah.
23 They left Kehelathah and camped at Mount
Shepher.
24 They left Mount Shepher and camped at
Haradah.
25 They left Haradah and camped at Makheloth.
26 They left Makheloth and camped at Tahath.
27 They left Tahath and camped at Terah.
28 They left Terah and camped at Mithkah.
29 They left Mithkah and camped at
Hashmonah.
30 They left Hashmonah and camped at
Moseroth.

33:8 Many manuscripts of the Masoretic Text, Samaritan Pentateuch and Vulgate; most manuscripts of the Masoretic Text *left from before Hahiroth*
33:10 Or *the Sea of Reeds*; also in verse 11

Itinéraire de l'Égypte aux steppes de Moab

33 1 Voici les étapes des Israélites depuis leur départ
d'Egypte, rangés en ordre sous la conduite de
Moïse et d'Aaron. 2 Sur ordre de l'Eternel, Moïse consigna
par écrit leurs lieux de campement, d'étape en étape. Voici
donc quel fut leur itinéraire.
3 Le quinzième jour du premier mois, le lendemain de la
Pâque, ils partirent de Ramsès. Les Israélites s'en allèrent
librement sous les yeux de tous les Egyptiens, 4 qui enter-
raient tous leurs fils aînés que l'Eternel avait frappés pour
exercer ses jugements contre leurs divinités.

5 Les Israélites partirent de Ramsès et campèrent à
Soukkoth. 6 Ils partirent de Soukkoth et campèrent
à Etam, à la limite du désert. 7 Ils partirent d'Etam et
rebroussèrent chemin vers Pi-Hahiroth à l'est de Baal-
Tsephôn et campèrent en face de Migdol. 8 Ils partirent de
Hahiroth[g] et traversèrent la mer des Roseaux en direction
du désert. Après trois journées de marche dans le désert
d'Etam, ils campèrent à Mara. 9 Ils partirent de Mara et
gagnèrent Elim, où ils trouvèrent douze sources d'eau et
soixante-dix palmiers. Ils campèrent là. 10-11 Partis d'Elim,
ils dressèrent leur camp près de la mer des Roseaux, puis
dans le désert de Sin. 12 De là ils allèrent camper à Dophqa,
13 puis à Aloush, 14 puis à Rephidim, où le peuple ne trouva
pas d'eau potable.

15 Partis de Rephidim, ils campèrent dans le désert du
Sinaï, puis aux endroits suivants : 16 Qibroth-Hattaava,
17 Hatséroth, 18 Ritma, 19 Rimmôn-Pérets, 20 Libna, 21 Rissa,
22 Qehélata, 23 à la montagne de Shapher, 24 Harada,
25 Maqhéloth, 26 Tahath, 27 Tarah, 28 Mitqa, 29 Hashmona,
30 Moséroth, 31 Bené-Yaaqân, 32 Hor-Guidgad, 33 Yotbata,

g 33.8 Selon la plupart des manuscrits du texte hébreu traditionnel. Certains manuscrits du texte hébreu traditionnel, le Pentateuque samaritain et la Vulgate ont : *Pi-Hahiroth*.

31 They left Moseroth and camped at Bene
Jaakan.
32 They left Bene Jaakan and camped at Hor
Haggidgad.
33 They left Hor Haggidgad and camped at
Jotbathah.
34 They left Jotbathah and camped at Abronah.
35 They left Abronah and camped at Ezion
Geber.
36 They left Ezion Geber and camped at Kadesh,
in the Desert of Zin.
37 They left Kadesh and camped at Mount Hor,
on the border of Edom. 38 At the LORD's command
Aaron the priest went up Mount Hor, where he died
on the first day of the fifth month of the fortieth
year after the Israelites came out of Egypt. 39 Aaron
was a hundred and twenty-three years old when he
died on Mount Hor.
40 The Canaanite king of Arad, who lived in the
Negev of Canaan, heard that the Israelites were
coming.

41 They left Mount Hor and camped at
Zalmonah.
42 They left Zalmonah and camped at Punon.
43 They left Punon and camped at Oboth.
44 They left Oboth and camped at Iye Abarim,
on the border of Moab.
45 They left Iye Abarim and camped at Dibon
Gad.
46 They left Dibon Gad and camped at Almon
Diblathaim.
47 They left Almon Diblathaim and camped in
the mountains of Abarim, near Nebo.
48 They left the mountains of Abarim and
camped on the plains of Moab by the Jordan across
from Jericho. 49 There on the plains of Moab they
camped along the Jordan from Beth Jeshimoth to
Abel Shittim.
50 On the plains of Moab by the Jordan across
from Jericho the LORD said to Moses, 51 "Speak to the
Israelites and say to them: 'When you cross the Jordan
into Canaan, 52 drive out all the inhabitants of the land
before you. Destroy all their carved images and their
cast idols, and demolish all their high places. 53 Take
possession of the land and settle in it, for I have given
you the land to possess. 54 Distribute the land by lot,
according to your clans. To a larger group give a larger
inheritance, and to a smaller group a smaller one.
Whatever falls to them by lot will be theirs. Distribute
it according to your ancestral tribes.
55 " 'But if you do not drive out the inhabitants of the
land, those you allow to remain will become barbs in
your eyes and thorns in your sides. They will give you
trouble in the land where you will live. 56 And then I
will do to you what I plan to do to them.' "

34 Abrona, 35 Etsyôn-Guéber 36 et dans le désert de Tsîn,
c'est-à-dire Qadesh, 37 à la montagne de Hor, à la limite
du pays d'Edom.
38 Là, sur ordre de l'Eternel, le prêtre Aaron gravit la montagne de Hor, où il mourut le premier jour du
cinquième mois de la quarantième année après le départ
des Israélites d'Egypte. 39 Il était âgé de cent vingt-trois
ans.

40 C'est alors que le roi cananéen d'Arad, qui habitait
le Néguev dans le pays de Canaan, apprit l'approche des
Israélites.

PRÉPARATIFS AVANT LA CONQUÊTE DE CANAAN

Les instructions en vue de la conquête

41 Partis de la montagne de Hor, ils dressèrent successivement leur camp à Tsalmona, 42 Pounôn, 43 Oboth,
44 Iyé-Abarim à la frontière de Moab, 45 Dibôn-Gad,
46 Almôn-Diblataïm, 47 puis dans les montagnes d'Abarim,
devant le mont Nébo, 48 et dans les steppes de Moab, au
bord du Jourdain en face de Jéricho. 49 Leur camp s'étalait
sur la rive du Jourdain de Beth-Hayeshimoth à Abel-
Shittim dans les steppes de Moab.

50 C'est là que l'Eternel s'adressa à Moïse, dans les steppes
de Moab, au bord du Jourdain en face de Jéricho, pour lui
dire : 51 Dis aux Israélites : Lorsque vous aurez traversé le
Jourdain pour pénétrer dans le pays de Canaan, 52 vous
déposséderez en votre faveur tous les habitants du pays
et vous détruirez toutes les idoles de pierre sculptée et
toutes leurs statues de métal fondu, vous démolirez tous
leurs hauts lieux. 53 Vous prendrez possession du pays et
vous vous y établirez, car je vous ai donné le pays pour
qu'il vous appartienne. 54 Vous le partagerez par tirage
au sort entre vos familles, attribuant un patrimoine plus
grand à ceux qui sont plus nombreux, et un plus petit
à ceux qui le sont moins. Chacun acceptera comme son
patrimoine foncier celui que le sort lui attribuera. Vous
ferez le partage entre vos tribus. 55 Si vous ne dépossédez
pas les habitants du pays en votre faveur, ceux que vous
laisserez là seront comme des épines dans vos yeux et des
échardes dans vos flancs ; ils seront vos adversaires dans le
pays que vous habiterez. 56 Alors c'est vous que je traiterai
comme j'avais résolu de les traiter.

Boundaries of Canaan

34 1The LORD said to Moses, 2"Command the Israelites and say to them: 'When you enter Canaan, the land that will be allotted to you as an inheritance is to have these boundaries:

3" 'Your southern side will include some of the Desert of Zin along the border of Edom. Your southern boundary will start in the east from the southern end of the Dead Sea, 4cross south of Scorpion Pass, continue on to Zin and go south of Kadesh Barnea. Then it will go to Hazar Addar and over to Azmon, 5where it will turn, join the Wadi of Egypt and end at the Mediterranean Sea.

6"Your western boundary will be the coast of the Mediterranean Sea. This will be your boundary on the west.

7"For your northern boundary, run a line from the Mediterranean Sea to Mount Hor 8and from Mount Hor to Lebo Hamath. Then the boundary will go to Zedad, 9continue to Ziphron and end at Hazar Enan. This will be your boundary on the north.

10"For your eastern boundary, run a line from Hazar Enan to Shepham. 11The boundary will go down from Shepham to Riblah on the east side of Ain and continue along the slopes east of the Sea of Galilee.[d] 12Then the boundary will go down along the Jordan and end at the Dead Sea.

" 'This will be your land, with its boundaries on every side.' "

13Moses commanded the Israelites: "Assign this land by lot as an inheritance. The LORD has ordered that it be given to the nine-and-a-half tribes, 14because the families of the tribe of Reuben, the tribe of Gad and the half-tribe of Manasseh have received their inheritance. 15These two-and-a-half tribes have received their inheritance east of the Jordan across from Jericho, toward the sunrise."

16The LORD said to Moses, 17"These are the names of the men who are to assign the land for you as an inheritance: Eleazar the priest and Joshua son of Nun. 18And appoint one leader from each tribe to help assign the land.

19"These are their names:

"from the tribe of Judah, Caleb son of Jephunneh;

20from the tribe of Simeon, Shemuel son of Ammihud;

21from the tribe of Benjamin, Elidad son of Kislon;

22from the tribe of Dan, the leader was Bukki son of Jogli;

23from the tribe of Manasseh son of Joseph, the leader was Hanniel son of Ephod;

24from the tribe of Ephraim son of Joseph, the leader was Kemuel son of Shiphtan;

25from the tribe of Zebulun, the leader was Elizaphan son of Parnak;

26from the tribe of Issachar, the leader was Paltiel son of Azzan;

d 34:11 Hebrew *Kinnereth*

Les frontières du pays promis

34 1L'Eternel parla à Moïse, en disant : 2Ordonne aux Israélites : Quand vous serez entrés dans le pays de Canaan, voici quel territoire vous reviendra en possession : ses frontières sont les suivantes[h] : 3la limite méridionale de votre pays partira du désert de Tsîn et longera le pays d'Edom. A l'est, votre frontière sud partira de la mer Morte ; 4elle obliquera au sud vers la montée des Scorpions et passera par Tsîn pour aboutir au sud de Qadesh-Barnéa. Elle ira ensuite vers Hatsar-Addar, et passera à Atsmôn. 5De là, elle se dirigera vers le torrent d'Egypte pour aboutir à la mer. 6La mer Méditerranée[i] constituera votre frontière à l'ouest. 7Au nord, vous ferez aller votre frontière de la mer Méditerranée jusqu'à la montagne de Hor[j]. 8De là, vous la ferez aller en direction de Lebo-Hamath[k] pour aboutir à Tsedad. 9De là, elle repartira en direction de Ziphrôn et atteindra Hatsar-Enân. Ce sera là votre frontière nord. 10A l'est, vous ferez aller votre frontière de Hatsar-Enân à Shepham, 11d'où elle descendra vers Ribla à l'est d'Aïn et suivra les pentes qui bordent la rive orientale du lac de Kinnéreth[l] 12jusqu'au Jourdain pour aboutir à la mer Morte. Voilà ce que sera votre pays avec les frontières qui l'entourent.

13Moïse donna les instructions suivantes aux Israélites : C'est là le territoire que vous partagerez par tirage au sort et que l'Eternel a ordonné d'attribuer aux neuf tribus et demie. 14Car la tribu de Ruben et celle de Gad ont déjà reçu leur propriété pour leur tribu, de même que la demi-tribu de Manassé. 15Ces deux tribus et demie ont reçu leur patrimoine foncier de ce côté-ci du Jourdain, en face de Jéricho, à l'est.

Les responsables du partage du pays

16L'Eternel parla encore à Moïse : 17Voici les noms des hommes qui procéderont au partage du pays entre vous : le prêtre Eléazar et Josué, fils de Noun. 18De plus, vous prendrez un chef par tribu pour répartir le pays. 19Voici les noms de ces hommes : Pour la tribu de Juda : Caleb, fils de Yephounné ; 20pour celle de Siméon : Samuel, fils d'Ammihoud ; 21pour celle de Benjamin : Elidad, fils de Kislôn ; 22pour celle de Dan : le chef Bouqqi, fils de Yogli ; 23pour les descendants de Joseph, pour la tribu de Manassé : le chef Hanniel, fils d'Ephod ; 24pour celle d'Ephraïm : le chef Qemouel, fils de Shiphtân ; 25pour celle de Zabulon ; le prince Elitsaphân, fils de Parnak ; 26pour celle d'Issacar :

h **34.2** En approchant du moment d'entrer en Canaan, Israël reçoit des indications précises sur les limites du pays. Celles-ci ne furent atteintes qu'au temps de Salomon (voir Jos 15 ; Ez 47.13-20).

i **34.6** En hébreu, la *Grande Mer*.

j **34.7** Une montagne au nord du pays d'Israël, sans doute un sommet du Liban, à ne pas confondre avec la montagne de même nom où mourut Aaron (Nb 20.22 ; 33.37-41) au sud du pays.

k **34.8** Certains traduisent : *l'entrée de Hamath*.

l **34.11** Ribla sur l'Oronte (2 R 23.33 ; 25.21) est à 80 kilomètres au sud du Hamath. Le lac mentionné (appelé ici *lac de Kinnéreth*) est celui de Tibériade, souvent mentionné dans les évangiles.

27 from the tribe of Asher, the leader was Ahihud son of Shelomi;

28 from the tribe of Naphtali, the leader was Pedahel son of Ammihud."

29 These are the men the LORD commanded to assign the inheritance to the Israelites in the land of Canaan.

Towns for the Levites

35 1 On the plains of Moab by the Jordan across from Jericho, the LORD said to Moses, 2 "Command the Israelites to give the Levites towns to live in from the inheritance the Israelites will possess. And give them pasturelands around the towns. 3 Then they will have towns to live in and pasturelands for the cattle they own and all their other animals.

4 "The pasturelands around the towns that you give the Levites will extend a thousand cubits[e] from the town wall. 5 Outside the town, measure two thousand cubits[f] on the east side, two thousand on the south side, two thousand on the west and two thousand on the north, with the town in the center. They will have this area as pastureland for the towns.

Cities of Refuge

6 "Six of the towns you give the Levites will be cities of refuge, to which a person who has killed someone may flee. In addition, give them forty-two other towns. 7 In all you must give the Levites forty-eight towns, together with their pasturelands. 8 The towns you give the Levites from the land the Israelites possess are to be given in proportion to the inheritance of each tribe: Take many towns from a tribe that has many, but few from one that has few."

9 Then the LORD said to Moses: 10 "Speak to the Israelites and say to them: 'When you cross the Jordan into Canaan, 11 select some towns to be your cities of refuge, to which a person who has killed someone accidentally may flee. 12 They will be places of refuge from the avenger, so that anyone accused of murder may not die before they stand trial before the assembly. 13 These six towns you give will be your cities of refuge. 14 Give three on this side of the Jordan and three in Canaan as cities of refuge. 15 These six towns will be a place of refuge for Israelites and for foreigners residing among them, so that anyone who has killed another accidentally can flee there.

16 " 'If anyone strikes someone a fatal blow with an iron object, that person is a murderer; the murderer is to be put to death. 17 Or if anyone is holding a stone and strikes someone a fatal blow with it, that person is a murderer; the murderer is to be put to death. 18 Or if anyone is holding a wooden object and strikes someone a fatal blow with it, that person is a murderer; the murderer is to be put to death. 19 The avenger of blood shall put the murderer to death; when the avenger comes upon the murderer, the avenger shall put the murderer to death. 20 If anyone with malice aforethought shoves another or throws something at them intentionally so that they die 21 or if out of

[e] 35:4 That is, about 1,500 feet or about 450 meters
[f] 35:5 That is, about 3,000 feet or about 900 meters

le prince Paltiel, fils d'Azzân ; 27 pour celle d'Aser : le chef Ahihoud, fils de Shelomi ; 28 pour celle de Nephtali : le chef Pedahel, fils d'Ammihoud. 29 Tels sont ceux à qui l'Eternel ordonna de répartir le pays de Canaan entre les Israélites.

Les villes des lévites

35 1 L'Eternel parla à Moïse, dans les steppes de Moab, sur la rive du Jourdain en face de Jéricho, en disant : 2 Ordonne aux Israélites de donner aux lévites sur la part de propriété qu'ils recevront, des villes où ils pourront s'établir avec des pâturages autour d'elles[m]. 3 Ces villes leur serviront de résidence ; et ils disposeront des terres alentour pour leur bétail, leurs biens et tous leurs animaux. 4 Les terrains attenant aux villes que vous donnerez aux lévites s'étendront sur une distance de cinq cents mètres tout autour, à partir du mur de la ville. 5 Vous délimiterez donc, à l'extérieur de la ville, un carré de mille mètres[n] de côté au milieu duquel se situera la ville. Tels seront les territoires autour de leurs villes. 6 Vous donnerez aux lévites les six villes de refuge que vous aurez désignées pour que des meurtriers involontaires puissent s'y réfugier ainsi que quarante-deux autres villes, 7 vous leur céderez donc en tout quarante-huit villes, chacune avec ses terres avoisinantes. 8 Vous prendrez ces villes sur les patrimoines fonciers des Israélites, en en prenant davantage des tribus qui ont reçu un plus grand nombre de villes, et moins de celles qui en ont moins ; chaque tribu cédera de ses villes aux lévites en proportion du territoire qu'elle aura reçu.

Les villes de refuge

9 L'Eternel parla encore à Moïse, et lui dit : 10 Dis aux Israélites : Vous allez traverser le Jourdain pour entrer dans le pays de Canaan, 11 et vous vous choisirez des villes qui vous serviront de cités de refuge où pourront se réfugier les auteurs d'homicides involontaires. 12 Ces villes vous serviront d'asile pour protéger le meurtrier de l'homme chargé de punir le crime[o], afin qu'un meurtrier ne soit pas mis à mort avant d'avoir comparu devant la communauté pour être jugé. 13 Vous désignerez six villes de refuge 14 trois villes au-delà du Jourdain, et trois autres dans le pays de Canaan. Elles serviront de refuge 15 aux Israélites à l'immigré et au résident qui demeurera au milieu de vous ; quiconque aura tué quelqu'un involontairement pourra s'y réfugier.

16 S'il a frappé avec un objet en fer et causé la mort, c'est un meurtrier ; il sera puni de mort. 17-18 Il en sera de même s'il était armé d'une pierre ou d'un instrument en bois capable de causer la mort. 19 L'homme chargé de punir le crime le mettra à mort dès qu'il le trouvera. 20-21 S'il lui a

[m] **35.2** Voir Lv 25.32-34 ; Jos 21.1-42 ; 1 Ch 6.39-66. Puisque les lévites ne devaient pas recevoir de patrimoine héréditaire dans le pays de Canaan (1.47-53), Dieu leur fait attribuer des villes où ils pourront vivre et élever leur famille. Jos 21 rapporte l'exécution de cet ordre. Les lévites partageaient ces villes avec d'autres habitants (voir 1 S 6.13-14).

[n] **35.5** En hébreu, *mille* et *deux mille coudées*.

[o] **35.12** Selon certains, un proche parent de la victime qui avait le devoir de châtier ce crime en mettant le meurtrier à mort (v. 19), selon d'autres, un représentant des responsables du peuple chargé d'exécuter cette sanction.

enmity one person hits another with their fist so that the other dies, that person is to be put to death; that person is a murderer. The avenger of blood shall put the murderer to death when they meet.

22 “ ‘But if without enmity someone suddenly pushes another or throws something at them unintentionally 23 or, without seeing them, drops on them a stone heavy enough to kill them, and they die, then since that other person was not an enemy and no harm was intended, 24 the assembly must judge between the accused and the avenger of blood according to these regulations. 25 The assembly must protect the one accused of murder from the avenger of blood and send the accused back to the city of refuge to which they fled. The accused must stay there until the death of the high priest, who was anointed with the holy oil.

26 “ ‘But if the accused ever goes outside the limits of the city of refuge to which they fled 27 and the avenger of blood finds them outside the city, the avenger of blood may kill the accused without being guilty of murder. 28 The accused must stay in the city of refuge until the death of the high priest; only after the death of the high priest may they return to their own property.

29 “ ‘This is to have the force of law for you throughout the generations to come, wherever you live.

30 “ ‘Anyone who kills a person is to be put to death as a murderer only on the testimony of witnesses. But no one is to be put to death on the testimony of only one witness.

31 “ ‘Do not accept a ransom for the life of a murderer, who deserves to die. They are to be put to death.

32 “ ‘Do not accept a ransom for anyone who has fled to a city of refuge and so allow them to go back and live on their own land before the death of the high priest.

33 “ ‘Do not pollute the land where you are. Bloodshed pollutes the land, and atonement cannot be made for the land on which blood has been shed, except by the blood of the one who shed it. 34 Do not defile the land where you live and where I dwell, for I, the Lord, dwell among the Israelites.’ ”

Inheritance of Zelophehad’s Daughters

36 1 The family heads of the clan of Gilead son of Makir, the son of Manasseh, who were from the clans of the descendants of Joseph, came and spoke before Moses and the leaders, the heads of the Israelite families. 2 They said, “When the Lord commanded my lord to give the land as an inheritance to the Israelites by lot, he ordered you to give the inheritance of our brother Zelophehad to his daughters. 3 Now suppose they marry men from other Israelite tribes; then their inheritance will be taken from our ancestral inheritance and added to that of the tribe they marry into. And so part of the inheritance allotted to us will be taken away. 4 When the Year of Jubilee for the Israelites comes, their inheritance will be added to that of the tribe into which they marry, and their property will be taken from the tribal inheritance of our ancestors.”

lancé un projectile avec préméditation ou s’il l’a frappé du poing avec inimitié, et qu’il a causé sa mort, c’est un meurtrier : l’homme chargé de punir le crime le mettra à mort dès qu’il le trouvera.

22 Mais s’il l’a bousculé par accident et non par inimitié, ou lui a lancé un projectile sans mauvaise intention, 23 ou s’il a fait tomber sur lui une pierre sans l’avoir vu, et qu’il a causé sa mort sans avoir d’intention hostile à son égard et sans avoir cherché à lui faire de mal, 24 la communauté prononcera un jugement selon ces règles entre l’auteur de la mort et l’homme chargé de punir le crime. 25 Elle délivrera le meurtrier de l’homme chargé de punir le crime et le fera retourner dans la ville de refuge où il s’était réfugié.

Il devra y rester jusqu’à la mort du grand-prêtre qui a été oint d’huile sainte. 26 Mais s’il quitte l’enceinte de la ville de refuge où il s’est retiré, 27 et si l’homme chargé de punir le crime le rencontre à l’extérieur du territoire de sa ville de refuge et le tue, cet homme ne sera pas coupable de crime. 28 Car le meurtrier doit demeurer dans sa ville de refuge jusqu’à la mort du grand-prêtre ; après cela il pourra retourner sur les terres qui lui appartiennent.

29 Ces ordonnances auront pour vous force de loi, pour toutes les générations, partout où vous habiterez. 30 Toutes les fois qu’un meurtre aura été commis, c’est seulement sur la déposition de plusieurs témoins que le meurtrier sera mis à mort. La déclaration d’un seul témoin n’est pas suffisante pour prononcer une condamnation à la peine capitale.

31 D’autre part, vous n’accepterez pas de rançon en échange de la vie d’un meurtrier qui a été reconnu coupable d’un crime méritant la mort ; il doit être mis à mort. 32 Vous n’en accepterez pas non plus pour que le meurtrier qui s’est retiré dans sa ville de refuge puisse retourner habiter chez lui avant la mort du prêtre. 33 Ne profanez pas le pays où vous vous trouvez : en effet, le sang versé profane le pays ; car, pour le pays, il n’y a pas d’expiation pour le sang qui y a été versé sinon par le sang de celui qui l’a répandu. 34 Vous ne rendrez pas impur le pays où vous demeurerez et dans lequel j’habiterai, car je suis l’Eternel, qui habite au milieu des Israélites.

La loi sur le patrimoine foncier des familles

36 1 Les chefs des groupes familiaux des descendants de Galaad, fils de Makir, et petit-fils de Manassé, de la lignée des descendants de Joseph, se présentèrent devant Moïse et devant les chefs des groupes familiaux des Israélites, 2 pour leur dire : L’Eternel a ordonné à mon seigneur d’attribuer la possession du pays aux Israélites en le partageant par tirage au sort. De plus, mon seigneur a reçu de l’Eternel l’ordre de donner le patrimoine foncier de Tselophhad, notre parent, à ses filles. 3 Or, si elles épousent l’un des membres d’une autre tribu d’Israël, leur patrimoine sera retranché de l’héritage de nos ancêtres pour être ajouté à celui de la tribu à laquelle elles appartiendront par leur mariage, de sorte que notre part de patrimoine foncier sera diminuée d’autant. 4 Quand viendra l’année du jubilé pour les Israélites, la part de ces femmes s’ajoutera à celle de la tribu dans laquelle elles seront entrées et, par conséquent, le patrimoine de notre tribu en sera diminué d’autant.

5 Then at the Lord's command Moses gave this order
to the Israelites: "What the tribe of the descendants of
Joseph is saying is right. 6 This is what the Lord commands for Zelophehad's daughters: They may marry
anyone they please as long as they marry within
their father's tribal clan. 7 No inheritance in Israel is
to pass from one tribe to another, for every Israelite
shall keep the tribal inheritance of their ancestors.
8 Every daughter who inherits land in any Israelite
tribe must marry someone in her father's tribal clan,
so that every Israelite will possess the inheritance of
their ancestors. 9 No inheritance may pass from one
tribe to another, for each Israelite tribe is to keep the
land it inherits."

10 So Zelophehad's daughters did as the Lord commanded Moses. 11 Zelophehad's daughters – Mahlah,
Tirzah, Hoglah, Milkah and Noah – married their cousins on their father's side. 12 They married within the
clans of the descendants of Manasseh son of Joseph,
and their inheritance remained in their father's tribe
and clan.

13 These are the commands and regulations the Lord
gave through Moses to the Israelites on the plains of
Moab by the Jordan across from Jericho.

5 Moïse ordonna aux Israélites de la part de l'Eternel :
Les gens de la tribu des descendants de Joseph ont raison. 6 Voici ce que l'Eternel ordonne au sujet des filles de
Tselophhad : Elles peuvent épouser qui elles voudront,
à condition que ce soit un membre d'une famille de la
tribu de leurs ancêtres. 7 Ainsi, le patrimoine foncier des
Israélites ne passera pas d'une tribu à l'autre et chaque
Israélite restera attaché au patrimoine foncier de la tribu
de ses ancêtres. 8 Si dans l'une des tribus des Israélites,
une fille hérite d'un patrimoine foncier, elle devra épouser
un homme d'une famille de la tribu de son père, afin que
chaque Israélite conserve intact le patrimoine foncier de
ses ancêtres. 9 Aucun patrimoine ne pourra être transféré
d'une tribu à une autre, chaque tribu des Israélites restera
attachée à son patrimoine foncier.

10 Les filles de Tselophhad firent ce que l'Eternel avait
ordonné à Moïse : 11 Mahla, Tirtsa, Hogla, Milka et Noa
épousèrent des fils de leurs oncles paternels, 12 donc des
hommes appartenant aux familles issues de Manassé, fils
de Joseph, de sorte que leur patrimoine foncier resta dans
la tribu à laquelle appartenait leur famille paternelle.

13 Tels sont les commandements et les lois que l'Eternel
donna aux Israélites par l'intermédiaire de Moïse dans
les steppes de Moab, sur la rive du Jourdain, à la hauteur
de Jéricho.

Deuteronomy

The Command to Leave Horeb

1 1 These are the words Moses spoke to all Israel in the wilderness east of the Jordan – that is, in the Arabah – opposite Suph, between Paran and Tophel, Laban, Hazeroth and Dizahab. 2 (It takes eleven days to go from Horeb to Kadesh Barnea by the Mount Seir road.)

3 In the fortieth year, on the first day of the eleventh month, Moses proclaimed to the Israelites all that the Lord had commanded him concerning them. 4 This was after he had defeated Sihon king of the Amorites, who reigned in Heshbon, and at Edrei had defeated Og king of Bashan, who reigned in Ashtaroth.

5 East of the Jordan in the territory of Moab, Moses began to expound this law, saying:

6 The Lord our God said to us at Horeb, "You have stayed long enough at this mountain. 7 Break camp and advance into the hill country of the Amorites; go to all the neighboring peoples in the Arabah, in the mountains, in the western foothills, in the Negev and along the coast, to the land of the Canaanites and to Lebanon, as far as the great river, the Euphrates. 8 See, I have given you this land. Go in and take possession of the land the Lord swore he would give to your fathers – to Abraham, Isaac and Jacob – and to their descendants after them."

The Appointment of Leaders

9 At that time I said to you, "You are too heavy a burden for me to carry alone. 10 The Lord your God has increased your numbers so that today you are as numerous as the stars in the sky. 11 May the Lord, the God of your ancestors, increase you a thousand times and bless you as he has promised! 12 But how can I bear your problems and your burdens and your disputes all by myself? 13 Choose some wise, understanding and respected men from each of your tribes, and I will set them over you."

14 You answered me, "What you propose to do is good."

Le Deutéronome

Préambule

1 1 Voici les paroles que Moïse adressa à tout Israël à l'est du Jourdain, dans le désert, dans la plaine qui fait face à Souph, entre Parân et Tophel, et entre Labân, Hatséroth et Di-Zahab[a]. 2 Il y a onze journées de marche depuis Horeb[b], par le chemin de la montagne de Séir, jusqu'à Qadesh-Barnéa. 3 Le premier jour du onzième mois de la quarantième année[c] après la sortie d'Egypte, Moïse communiqua aux Israélites tout ce que l'Eternel lui ordonna pour eux. 4 Cela se passait après leur victoire sur Sihôn, roi des Amoréens, dont la capitale était Heshbôn, et sur Og, roi du Basan, qui résidait à Ashtaroth et à Edréi[d].

5 C'est au-delà du Jourdain, au pays de Moab, que Moïse se mit à leur exposer cette Loi. Il leur dit :

Prologue historique

La première génération des Juifs dans le désert

Le départ du Sinaï pour le pays de Canaan

6 L'Eternel notre Dieu nous a parlé au mont Horeb en ces termes : « Vous avez assez longtemps séjourné près de cette montagne[e]. 7 Levez le camp et partez, rendez-vous dans la région montagneuse des Amoréens et dans toutes les contrées voisines, la steppe, la montagne et la plaine côtière, le Néguev et les côtes de la mer, dans le pays des Cananéens et le Liban jusqu'au grand fleuve, l'Euphrate. 8 Voyez, je vous donne cette terre, entrez-y et prenez possession du pays que l'Eternel a promis par serment à vos ancêtres Abraham, Isaac et Jacob, de leur donner, à eux et à leurs descendants. »

L'institution des juges

9 A cette époque-là, je vous ai dit : « Je ne peux pas, à moi seul, assumer la responsabilité de vous tous[f]. 10 L'Eternel votre Dieu vous a multipliés, au point que vous êtes aujourd'hui aussi nombreux que les étoiles du ciel. 11 Que l'Eternel, le Dieu de vos ancêtres, vous rende mille fois plus nombreux encore, et qu'il vous bénisse comme il vous l'a promis. 12 Comment pourrais-je à moi seul m'occuper de vous, de vos affaires et de vos différends ? 13 Désignez dans chacune de vos tribus des hommes sages, intelligents et estimés, et je les mettrai à votre tête. » 14 Vous m'avez

---

[a] **1.1** Lieux difficiles à identifier à moins qu'ils ne correspondent aux étapes de la traversée du désert par les Israélites (voir Nb 11.35 ; 12.16 ; 33.20).

[b] **1.2** Nom habituel du mont Sinaï dans le Deutéronome (sauf 33.2).

[c] **1.3** Dieu avait condamné Israël à errer durant quarante ans au désert (Nb 14.33-34). Ce décompte inclut les deux années passées près du Sinaï et sur le chemin vers Qadesh et les trente-huit ans dans le désert (voir2.14 ; 8.2-5 ; 29.4-6 ; Hé 3.7-19).

[d] **1.4** Manque dans le texte hébreu traditionnel. Voir Nb 21.21-35 ; Jos 12.4.

[e] **1.6** Selon Ex 19.1 comparé à Nb 10.11: un peu plus de onze mois (du calendrier israélite, qui compte en mois lunaires).

[f] **1.9** Allusion à la nomination des juges sur le conseil de Jéthro (Ex 18.13-27).

15 So I took the leading men of your tribes, wise and respected men, and appointed them to have authority over you – as commanders of thousands, of hundreds, of fifties and of tens and as tribal officials. 16 And I charged your judges at that time, "Hear the disputes between your people and judge fairly, whether the case is between two Israelites or between an Israelite and a foreigner residing among you. 17 Do not show partiality in judging; hear both small and great alike. Do not be afraid of anyone, for judgment belongs to God. Bring me any case too hard for you, and I will hear it." 18 And at that time I told you everything you were to do.

Spies Sent Out

19 Then, as the LORD our God commanded us, we set out from Horeb and went toward the hill country of the Amorites through all that vast and dreadful wilderness that you have seen, and so we reached Kadesh Barnea. 20 Then I said to you, "You have reached the hill country of the Amorites, which the LORD our God is giving us. 21 See, the LORD your God has given you the land. Go up and take possession of it as the LORD, the God of your ancestors, told you. Do not be afraid; do not be discouraged."

22 Then all of you came to me and said, "Let us send men ahead to spy out the land for us and bring back a report about the route we are to take and the towns we will come to."

23 The idea seemed good to me; so I selected twelve of you, one man from each tribe. 24 They left and went up into the hill country, and came to the Valley of Eshkol and explored it. 25 Taking with them some of the fruit of the land, they brought it down to us and reported, "It is a good land that the LORD our God is giving us."

Rebellion Against the LORD

26 But you were unwilling to go up; you rebelled against the command of the LORD your God. 27 You grumbled in your tents and said, "The LORD hates us; so he brought us out of Egypt to deliver us into the hands of the Amorites to destroy us. 28 Where can we go? Our brothers have made our hearts melt in fear. They say, 'The people are stronger and taller than we are; the cities are large, with walls up to the sky. We even saw the Anakites there.' "

29 Then I said to you, "Do not be terrified; do not be afraid of them. 30 The LORD your God, who is going before you, will fight for you, as he did for you in Egypt, before your very eyes, 31 and in the wilderness. There you saw how the LORD your God carried you, as a father carries his son, all the way you went until you reached this place."

32 In spite of this, you did not trust in the LORD your God, 33 who went ahead of you on your journey, in fire

alors répondu : « Ce que tu proposes est une bonne chose. » 15 J'ai donc pris les chefs de vos tribus, des hommes sages et estimés, et je les ai établis chefs de vos « milliers » de vos « centaines », de vos « cinquantaines » et de vos « dizaines » et administrateurs pour vos tribus. 16 J'ai donné, en ce temps-là, les instructions suivantes à vos juges : « Ecoutez avec une attention égale les causes de vos compatriotes et jugez avec équité les différends de chacun dans ses rapports avec son compatriote ou avec un étranger. 17 Soyez impartiaux dans vos décisions, écoutez le petit comme le grand, et ne vous laissez pas intimider par qui que ce soit ; car la justice relève de Dieu. Si une cause paraît trop difficile pour vous, soumettez-la moi et je l'examinerai. » 18 C'est ainsi que je vous ai ordonné à ce moment-là tout ce que vous avez à faire.

L'envoi d'éclaireurs

19 Après cela, nous sommes partis du mont Horeb, nous avons traversé tout ce vaste et terrible désert que vous avez vu, en nous dirigeant vers la montagne des Amoréens, comme l'Eternel notre Dieu nous l'avait ordonné ; et nous sommes arrivés à Qadesh-Barnéa[g]. 20 Je vous ai dit alors : « Vous voilà arrivés à la montagne des Amoréens que l'Eternel notre Dieu nous donne. 21 Regardez : l'Eternel votre Dieu met le pays à votre disposition ; allez-y et prenez-en possession, comme l'Eternel, le Dieu de vos ancêtres, vous l'a dit. N'ayez pas peur, ne vous laissez pas effrayer. »

La révolte du peuple

22 Alors vous êtes tous venus me trouver pour me dire : « Nous voudrions envoyer quelques hommes en avant pour qu'ils fassent, pour nous, une reconnaissance du pays et qu'ils nous renseignent sur la route que nous devons prendre et sur les villes où nous devons aller. » 23 La proposition m'a parue bonne et j'ai pris douze hommes d'entre vous, un par tribu. 24 Ils ont pris la direction de la montagne et sont arrivés jusqu'à la vallée d'Eshkol qu'ils ont explorée. 25 Ils ont emporté des produits du pays et nous les ont rapportés. Dans leur rapport, ils nous ont dit : « Le pays que l'Eternel notre Dieu nous donne est un bon pays. »

26 Mais vous avez refusé de vous y rendre et vous avez désobéi à l'Eternel votre Dieu. 27 Vous vous êtes plaints sous vos tentes en disant : « C'est parce que l'Eternel nous hait qu'il nous a fait sortir d'Egypte, pour nous livrer aux Amoréens afin de nous exterminer. 28 Où veux-tu que nous allions ? Nos compatriotes nous ont démoralisés en disant : "C'est un peuple plus grand et plus fort que nous, leurs villes sont immenses et leurs remparts atteignent le ciel ; nous avons même vu là-bas des descendants d'Anaq[h]." »

29 Je vous ai répondu : « Ne vous effrayez pas et n'ayez pas peur d'eux. 30 L'Eternel votre Dieu, qui marche à votre tête, combattra lui-même pour vous, tout comme il l'a fait pour vous en Egypte – vous l'avez bien vu – 31 et dans le désert, où vous avez pu constater que l'Eternel votre Dieu s'est occupé de vous comme un homme s'occupe de son fils ; il l'a fait tout au long du chemin que vous avez parcouru pour arriver jusqu'ici. » 32 Malgré tout cela, vous n'avez

g **1.19** Pour les v. 19-46, voir Nb 13.1 à 14.45.
h **1.28** Anciens habitants de Canaan, décrits comme étant des « géants ».

y night and in a cloud by day, to search out places for
ou to camp and to show you the way you should go.

34 When the Lord heard what you said, he was angry
nd solemnly swore: 35 "No one from this evil gen-
ration shall see the good land I swore to give your
ncestors, 36 except Caleb son of Jephunneh. He will
ee it, and I will give him and his descendants the
and he set his feet on, because he followed the Lord
wholeheartedly."
37 Because of you the Lord became angry with me
lso and said, "You shall not enter it, either. 38 But your
ssistant, Joshua son of Nun, will enter it. Encourage
im, because he will lead Israel to inherit it. 39 And the
ittle ones that you said would be taken captive, your
children who do not yet know good from bad – they
will enter the land. I will give it to them and they will
ake possession of it. 40 But as for you, turn around
nd set out toward the desert along the route to the
Red Sea.[a]"

41 Then you replied, "We have sinned against the
Lord. We will go up and fight, as the Lord our God commanded us." So every one of you put on his weapons,
hinking it easy to go up into the hill country.
42 But the Lord said to me, "Tell them, 'Do not go up
nd fight, because I will not be with you. You will be
defeated by your enemies.' "
43 So I told you, but you would not listen. You
ebelled against the Lord's command and in your arrogance you marched up into the hill country. 44 The
Amorites who lived in those hills came out against
you; they chased you like a swarm of bees and beat
you down from Seir all the way to Hormah. 45 You
came back and wept before the Lord, but he paid no
attention to your weeping and turned a deaf ear to
you. 46 And so you stayed in Kadesh many days – all
he time you spent there.

Wanderings in the Wilderness

2 1 Then we turned back and set out toward the
wilderness along the route to the Red Sea,[b] as
he Lord had directed me. For a long time we made
our way around the hill country of Seir.
2 Then the Lord said to me, 3 "You have made your
way around this hill country long enough; now turn
north. 4 Give the people these orders: 'You are about
to pass through the territory of your relatives the descendants of Esau, who live in Seir. They will be afraid
of you, but be very careful. 5 Do not provoke them to
war, for I will not give you any of their land, not even
enough to put your foot on. I have given Esau the hill
country of Seir as his own. 6 You are to pay them in
silver for the food you eat and the water you drink.' "

[a] 1:40 Or *the Sea of Reeds*
[b] 2:1 Or *the Sea of Reeds*

pas fait confiance à l'Eternel votre Dieu, 33 qui marchait
devant vous sur le chemin pour vous chercher vos lieux
de campement, vous précédant la nuit dans une colonne
de feu pour vous montrer la route sur laquelle marcher,
et le jour dans la nuée.

Le salaire de l'incrédulité

34 Quand l'Eternel entendit vos propos, il s'est irrité et a
fait ce serment : 35 « Aucun des hommes de cette génération rebelle ne verra le beau pays que j'ai promis par
serment à vos ancêtres, 36 excepté Caleb, fils de Yephounné.
Lui, il le verra et je lui donnerai, à lui et à ses descendants,
le pays que son pied a foulé, parce qu'il a fidèlement accompli ma volonté. »
37 L'Eternel s'est aussi mis en colère contre moi à cause
de vous et il a dit : « Toi non plus, tu n'y entreras pas. 38 Par
contre, Josué, fils de Noun ton assistant, y entrera ; encourage-le, car c'est lui qui mettra Israël en possession de
ce pays. 39 Ce sont vos enfants, dont vous avez prétendu
qu'ils deviendraient la proie des ennemis, vos fils qui aujourd'hui ne savent pas encore distinguer le bien du mal,
qui y entreront ; c'est à eux que je le donnerai, et ils en
prendront possession. 40 Quant à vous, faites demi-tour.
Repartez au désert en direction de la mer des Roseaux ! »

La défaite face aux Amoréens

41 Alors vous vous êtes écriés : « Nous avons commis une
faute contre l'Eternel. Nous irons et combattrons, comme
l'Eternel notre Dieu nous l'a ordonné. » Chacun de vous a
pris ses armes. Vous avez décidé présomptueusement de
gravir la montagne. 42 Mais l'Eternel m'a dit : « Ordonne-
leur de ne pas monter et de ne pas combattre, car je ne suis
pas avec eux, et ils vont se faire battre par leurs ennemis. »
43 Cependant, j'ai eu beau vous parler, vous n'avez pas
écouté : vous avez désobéi à l'Eternel et vous avez eu la
témérité de gravir la montagne. 44 Alors les Amoréens qui
l'occupent sont sortis pour marcher contre vous et vous
ont poursuivis comme un essaim d'abeilles, ils vous ont
battus depuis Séir jusqu'à Horma. 45 A votre retour, vous
avez pleuré devant l'Eternel, mais il ne vous a pas écoutés,
il a fait la sourde oreille à vos lamentations. 46 C'est ainsi
que vous êtes restés très longtemps à Qadesh.

Vers Canaan

Le contournement d'Edom, de Moab et d'Ammon

2 1 Nous avons fait demi-tour et nous sommes repartis
pour le désert en direction de la mer des Roseaux,
comme l'Eternel me l'avait demandé. Pendant de longs
jours, nous avons tourné autour de la montagne de Séir.
2 Alors l'Eternel me dit : 3 « Vous avez fait assez longtemps le tour de ces montagnes, prenez la direction du
nord. 4 Ordonne au peuple : "Vous allez passer près de la
frontière de vos frères, les descendants d'Esaü, qui habitent la région de Séir ; ils auront peur de vous, mais faites
bien attention : 5 n'allez pas les attaquer, car je ne vous
donnerai rien dans leur pays, pas même de quoi poser le
pied. En effet, j'ai donné la région montagneuse de Séir
en possession à Esaü[i]. 6 Vous achèterez d'eux tout ce que
vous mangerez et vous leur paierez même l'eau que vous

[i] 2.5 Edom, Moab et Ammon étaient des parents d'Israël auxquels Dieu avait donné un pays en possession – comme il en donnera un à Israël.

7 The LORD your God has blessed you in all the work of your hands. He has watched over your journey through this vast wilderness. These forty years the LORD your God has been with you, and you have not lacked anything.

8 So we went on past our relatives the descendants of Esau, who live in Seir. We turned from the Arabah road, which comes up from Elath and Ezion Geber, and traveled along the desert road of Moab.

9 Then the LORD said to me, "Do not harass the Moabites or provoke them to war, for I will not give you any part of their land. I have given Ar to the descendants of Lot as a possession."

10 (The Emites used to live there – a people strong and numerous, and as tall as the Anakites. 11 Like the Anakites, they too were considered Rephaites, but the Moabites called them Emites. 12 Horites used to live in Seir, but the descendants of Esau drove them out. They destroyed the Horites from before them and settled in their place, just as Israel did in the land the LORD gave them as their possession.)

13 And the LORD said, "Now get up and cross the Zered Valley." So we crossed the valley.

14 Thirty-eight years passed from the time we left Kadesh Barnea until we crossed the Zered Valley. By then, that entire generation of fighting men had perished from the camp, as the LORD had sworn to them. 15 The LORD's hand was against them until he had completely eliminated them from the camp.

16 Now when the last of these fighting men among the people had died, 17 the LORD said to me, 18 "Today you are to pass by the region of Moab at Ar. 19 When you come to the Ammonites, do not harass them or provoke them to war, for I will not give you possession of any land belonging to the Ammonites. I have given it as a possession to the descendants of Lot."

20 (That too was considered a land of the Rephaites, who used to live there; but the Ammonites called them Zamzummites. 21 They were a people strong and numerous, and as tall as the Anakites. The LORD destroyed them from before the Ammonites, who drove them out and settled in their place. 22 The LORD had done the same for the descendants of Esau, who lived in Seir, when he destroyed the Horites from before them. They drove them out and have lived in their place to this day. 23 And as for the Avvites who lived in villages as far as Gaza, the Caphtorites coming out from Caphtor[c] destroyed them and settled in their place.)

c 2:23 That is, Crete

boirez : 7 car l'Eternel votre Dieu vous a bénis dans toute vos entreprises, il a veillé sur vous pendant votre marche à travers ce vaste désert ; voilà quarante années que l'Eternel votre Dieu est avec vous et vous n'avez manqué de rien." »

8 Nous avons donc passé plus loin, laissant de côté nos frères, les descendants d'Esaü[j], qui habitent la région de Séir, et nous avons pris la route de la vallée d'Eilath et d'Etsyôn-Guéber, puis, changeant de direction, nous avons pris la route du désert de Moab.

9 Alors l'Eternel m'avertit : « Ne traitez pas Moab en ennemi et n'engagez pas de combat contre lui, car je ne vous donnerai rien dans son pays ; en effet, j'ai donné le pays d'Ar en possession aux descendants de Loth[k]. »

10 Autrefois, les Emim y habitaient[l], c'était un grand peuple, nombreux et de haute taille, comme les Anaqim. 11 Ils passaient, eux aussi, de même que les Anaqim, pour des Rephaïm, et les Moabites les appellaient Emim. 12 Auparavant, le pays de Séir était habité par les Horiens, mais les descendants d'Esaü les ont chassés : ils les ont exterminés et se sont établis à leur place, comme Israël a fait pour le pays que l'Eternel lui a donné en possession.

13 « Maintenant, dit l'Eternel, en route, traversez le torrent du Zéred. » Nous avons donc traversé le torrent du Zéred[m]. 14 Entre notre départ de Qadesh-Barnéa et notre traversée du torrent du Zéred, il s'est écoulé trente-huit ans, le temps que disparaisse l'ensemble des hommes en âge de combattre, comme l'Eternel le leur avait juré. 15 La main de l'Eternel vint même les atteindre à l'intérieur du camp, jusqu'à leur complète disparition.

16 Lorsque la mort eut fait disparaître du milieu du peuple tous les hommes en âge de porter les armes jusqu'au dernier, 17 l'Eternel me dit : 18 « Aujourd'hui, tu franchiras la frontière de Moab et tu traverseras le pays d'Ar. 19 Tu te trouveras en face des Ammonites. Ne les attaque pas et ne les provoque pas, car je ne te donne aucun territoire dans le pays des Ammonites ; en effet, c'est aux descendants de Loth que je l'ai donné en possession[n]. »

20 Ce pays[o] aussi passait pour avoir été habité par des Rephaïm. Ceux-ci l'occupaient autrefois, et ils étaient appelés Zamzoummim par les Ammonites. 21 C'était un grand peuple, nombreux et de haute taille comme les Anaqim, mais l'Eternel les avait détruits par les Ammonites, qui avaient pris possession de leur pays pour s'établir à leur place. 22 Il fit pour les Ammonites comme pour les descendants d'Esaü qui demeurent dans le pays de Séir, pour lesquels il a détruit les Horiens et qui ont pris possession de leur pays, où ils ont habité à leur place jusqu'à ce jour. 23 Il en est de même des Avviens qui habitent dans les villages jusqu'à Gaza ; les Crétois, venus de Crète[p], les détruisirent et s'installèrent à leur place.

j **2.8** C'est-à-dire les Edomites. Ils sont qualifiés de frères parce que leur ancêtre Esaü était le frère de Jacob (Gn 25.24-26).

k **2.9** Voir Gn 19.30-38 pour l'origine des Moabites.

l **2.10** Les versets 10-12 constituent une remarque explicative interrompant le discours de Moïse. Voir allusion aux Emim dans Gn 14.5. Pour les Anaqim : Nb 13.22, 33.

m **2.13** Oued intermittent qui se jette dans la partie sud-est de la mer Morte.

n **2.19** Pour l'origine des Ammonites, voir Gn 19.30-38. Ils s'étaient fixés à l'est du Jourdain, au nord des Moabites.

o **2.20** Les v. 20-23 interrompent le discours de Moïse par une nouvelle remarque explicative.

p **2.23** Ces Crétois ont envahi cette région au XIIe siècle av. J.-C. et furent appelés Philistins.

Defeat of Sihon King of Heshbon

24“Set out now and cross the Arnon Gorge. See, I
have given into your hand Sihon the Amorite, king
of Heshbon, and his country. Begin to take possession of it and engage him in battle. 25This very day I
will begin to put the terror and fear of you on all the
nations under heaven. They will hear reports of you
and will tremble and be in anguish because of you.”

26From the Desert of Kedemoth I sent messengers
to Sihon king of Heshbon offering peace and saying,
27“Let us pass through your country. We will stay on
the main road; we will not turn aside to the right or
to the left. 28Sell us food to eat and water to drink
for their price in silver. Only let us pass through on
foot – 29as the descendants of Esau, who live in Seir,
and the Moabites, who live in Ar, did for us – until
we cross the Jordan into the land the LORD our God is
giving us.” 30But Sihon king of Heshbon refused to let
us pass through. For the LORD your God had made his
spirit stubborn and his heart obstinate in order to give
him into your hands, as he has now done.

31The LORD said to me, “See, I have begun to deliver
Sihon and his country over to you. Now begin to conquer and possess his land.”

32When Sihon and all his army came out to meet us
in battle at Jahaz, 33the LORD our God delivered him
over to us and we struck him down, together with his
sons and his whole army. 34At that time we took all his
towns and completely destroyed[d] them – men, women
and children. We left no survivors. 35But the livestock
and the plunder from the towns we had captured we
carried off for ourselves. 36From Aroer on the rim of
the Arnon Gorge, and from the town in the gorge, even
as far as Gilead, not one town was too strong for us.
The LORD our God gave us all of them. 37But in accordance with the command of the LORD our God, you did
not encroach on any of the land of the Ammonites,
neither the land along the course of the Jabbok nor
that around the towns in the hills.

Defeat of Og King of Bashan

3 1Next we turned and went up along the road
toward Bashan, and Og king of Bashan with his
whole army marched out to meet us in battle at Edrei.
2The LORD said to me, “Do not be afraid of him, for I
have delivered him into your hands, along with his
whole army and his land. Do to him what you did to
Sihon king of the Amorites, who reigned in Heshbon.”

3So the LORD our God also gave into our hands Og
king of Bashan and all his army. We struck them
down, leaving no survivors. 4At that time we took
all his cities. There was not one of the sixty cities
that we did not take from them – the whole region of
Argob, Og’s kingdom in Bashan. 5All these cities were
fortified with high walls and with gates and bars, and

[d] 2:34 The Hebrew term refers to the irrevocable giving over of things or persons to the LORD, often by totally destroying them.

La victoire sur Sihôn et Og

24« Allons, mettez-vous en route, dit l’Eternel, et traversez le torrent de l’Arnon. Je vais vous livrer Sihôn
l’Amoréen, roi de Heshbôn, avec tout son pays. Commencez
à prendre possession de son domaine, engagez le combat contre lui. 25Aujourd’hui je vais commencer à faire
de vous la terreur de tous les peuples qui habitent sous
le ciel, ils vous craindront tellement qu’au seul bruit de
votre approche, ils se mettront à trembler et seront pris
de panique en face de vous. »

26Alors, depuis le désert de Qedémoth, j’ai envoyé à
Sihôn, roi de Heshbôn, des émissaires, avec ce message
de paix : 27« Permets-nous de passer par ton pays. Nous
suivrons uniquement la route sans nous en écarter ni à
droite, ni à gauche. 28Tu nous fourniras à prix d’argent la
nourriture que nous mangerons et tu nous donneras contre paiement l’eau que nous boirons, 29comme l’ont fait les
descendants d’Esaü qui habitent en Séir et les Moabites qui
vivent dans le pays d’Ar. Laisse-nous simplement passer à
pied jusqu’à ce que nous ayons traversé le Jourdain pour
entrer dans le pays que l’Eternel notre Dieu nous donne. »
30Mais Sihôn, roi de Heshbôn, refusa de nous laisser passer
chez lui, car l’Eternel votre Dieu l’avait rendu inflexible
et entêté, afin de le livrer en votre pouvoir – comme cela
est arrivé.

31Puis l’Eternel me dit : « Vois, j’ai commencé de vous
livrer Sihôn et son pays. Entreprends la conquête de son
pays. » 32Alors Sihôn se mit en campagne contre nous et
nous attaqua à Yahats avec toute son armée. 33Mais l’Eternel notre Dieu le livra à notre merci, et nous l’avons vaincu,
lui, ses fils et toute son armée. 34Nous nous sommes alors
emparés de toutes ses villes et nous en avons exterminé
la population pour la vouer à l’Eternel, hommes, femmes
et enfants, sans laisser aucun survivant. 35Nous avons
seulement gardé pour nous le bétail ainsi que le butin
trouvé dans les villes conquises. 36Depuis Aroër sur la
falaise au-dessus du torrent de l’Arnon, et depuis la ville
qui est au fond des gorges du torrent jusqu’à Galaad, il n’y
a pas eu de cité imprenable pour nous, car l’Eternel notre
Dieu nous les a toutes livrées. 37Mais vous ne vous êtes
pas approchés du pays des Ammonites, ni d’aucun endroit
situé sur la rive du torrent du Yabboq, ni des villes de la
montagne, ni d’aucun des lieux que l’Eternel notre Dieu
nous avait commandé d’épargner.

3 1Nous avons changé de direction et pris la route du
Basan ; mais Og, roi du Basan, a marché contre nous
avec toute son armée et nous a attaqués à Edréi. 2Alors
l’Eternel m’a dit : « N’aie pas peur de lui, car je te le livre
avec toute son armée et tout son pays. Tu le traiteras comme tu as traité Sihôn, roi des Amoréens, qui habitait à
Heshbôn. » 3Ainsi l’Eternel notre Dieu nous livra aussi
Og, roi du Basan, avec toute son armée, et nous l’avons
battu jusqu’à ce qu’il ne lui reste plus de survivant. 4Puis
nous nous sommes emparés de toutes ses villes ; il y en
avait soixante dans toute la contrée d’Argob qui constituaient le royaume d’Og en Basan ; nous les avons prises
toutes sans exception. 5Toutes ces villes étaient fortifiées,
entourées de hautes murailles et munies de portes verrouillées de barres de fer. En plus, nous avons pris un très

there were also a great many unwalled villages. 6 We
completely destroyed[e] them, as we had done with
Sihon king of Heshbon, destroying[f] every city – men,
women and children. 7 But all the livestock and the
plunder from their cities we carried off for ourselves.

8 So at that time we took from these two kings of
the Amorites the territory east of the Jordan, from
the Arnon Gorge as far as Mount Hermon. 9 (Hermon
is called Sirion by the Sidonians; the Amorites call it
Senir.) 10 We took all the towns on the plateau, and
all Gilead, and all Bashan as far as Salekah and Edrei,
towns of Og's kingdom in Bashan. 11 (Og king of Bashan
was the last of the Rephaites. His bed was decorated
with iron and was more than nine cubits long and four
cubits wide.[g] It is still in Rabbah of the Ammonites.)

Division of the Land

12 Of the land that we took over at that time, I gave
the Reubenites and the Gadites the territory north
of Aroer by the Arnon Gorge, including half the hill
country of Gilead, together with its towns. 13 The rest
of Gilead and also all of Bashan, the kingdom of Og, I
gave to the half-tribe of Manasseh. (The whole region
of Argob in Bashan used to be known as a land of
the Rephaites. 14 Jair, a descendant of Manasseh, took
the whole region of Argob as far as the border of the
Geshurites and the Maakathites; it was named after
him, so that to this day Bashan is called Havvoth Jair.[h])
15 And I gave Gilead to Makir. 16 But to the Reubenites
and the Gadites I gave the territory extending from
Gilead down to the Arnon Gorge (the middle of the
gorge being the border) and out to the Jabbok River,
which is the border of the Ammonites. 17 Its western
border was the Jordan in the Arabah, from Kinnereth
to the Sea of the Arabah (that is, the Dead Sea), below
the slopes of Pisgah.

18 I commanded you at that time: "The LORD your
God has given you this land to take possession of it.
But all your able-bodied men, armed for battle, must
cross over ahead of the other Israelites. 19 However,
your wives, your children and your livestock (I know
you have much livestock) may stay in the towns I have
given you, 20 until the LORD gives rest to your fellow
Israelites as he has to you, and they too have taken
over the land that the LORD your God is giving them
across the Jordan. After that, each of you may go back
to the possession I have given you."

Moses Forbidden to Cross the Jordan

21 At that time I commanded Joshua: "You have seen
with your own eyes all that the LORD your God has
done to these two kings. The LORD will do the same

[e] 3:6 The Hebrew term refers to the irrevocable giving over of things or persons to the LORD, often by totally destroying them.
[f] 3:6 The Hebrew term refers to the irrevocable giving over of things or persons to the LORD, often by totally destroying them.
[g] 3:11 That is, about 14 feet long and 6 feet wide or about 4 meters long and 1.8 meters wide
[h] 3:14 Or *called the settlements of Jair*

grand nombre de villages non fortifiés. 6 Et nous en avons
complètement exterminé la population pour la vouer à
l'Eternel, hommes, femmes et enfants, comme nous l'avions fait à l'égard du royaume de Sihôn, roi de Heshbôn.
7 Mais nous nous sommes réservé tout le bétail et le butin
pris dans les villes.
8 Nous avons donc conquis à cette époque-là le pays de
deux rois amoréens qui se trouvaient à l'est du Jourdain,
depuis le torrent de l'Arnon jusqu'au mont Hermon.
9 (Les Sidoniens nomment le mont Hermon Siriôn, et les
Amoréens l'appellent Senir[q].) 10 Nous avons pris toutes
les villes du Haut-Plateau, tout le Galaad et tout le Basan
jusqu'aux villes de Salka et d'Edréi qui faisaient partie du
royaume d'Og en Basan. 11 Og, roi du Basan, était le seul
survivant des Rephaïm[r]. Son lit[s], un lit en fer, qui se trouve
toujours dans la ville ammonite de Rabbath, faisait plus
de quatre mètres de long et près de deux mètres de large[t].

Le partage du pays à l'est du Jourdain

12 Nous avons conquis en ce temps-là tout ce pays. J'ai
donné aux tribus de Ruben et de Gad le territoire qui
s'étend depuis Aroër sur le torrent de l'Arnon jusqu'à la
moitié de la région montagneuse de Galaad avec ses villes.
13 J'ai attribué à la demi-tribu de Manassé le reste de Galaad
et tout le royaume d'Og en Basan, c'est-à-dire toute la région de l'Argob, avec tout le Basan ; c'est ce qu'on appelait
le pays des Rephaïm. 14 Yaïr, un descendant de Manassé,
conquit toute la contrée d'Argob, jusqu'à la frontière des
Gueshouriens et des Maakathiens, il donna son nom aux
villages du Basan qu'on appelle jusqu'à ce jour villages de
Yaïr. 15 J'ai assigné Galaad à Makir[u]. 16 Et j'ai attribué aux
tribus de Ruben et de Gad une partie de Galaad s'étendant
jusqu'à la vallée de l'Arnon, dont le lit sert de frontière,
et jusqu'au torrent du Yabboq, qui sert de frontière aux
Ammonites, 17 ainsi que la plaine jusqu'au Jourdain qui sert
de frontière depuis Kinnéreth jusqu'à la mer Morte, la mer
Salée, au pied du versant oriental du Pisga.

18 En même temps, je leur ai donné ces ordres : « L'Eternel
votre Dieu vous a donné ce pays en possession. Mais tous
ceux d'entre vous qui sont aptes à porter les armes, vous
marcherez en tête de vos frères israélites en tenue de
combat[v]. 19 Vos femmes seulement, vos enfants et votre
nombreux bétail resteront dans les villes que je vous ai
données 20 jusqu'à ce que l'Eternel ait accordé une existence paisible à vos frères comme à vous, et qu'ils aient pris
possession, eux aussi, du pays que l'Eternel votre Dieu leur
donne de l'autre côté du Jourdain ; puis vous retournerez
chacun dans le territoire que je vous ai donné. »

21 A cette même époque, j'ai dit à Josué : « Tu as vu comment l'Eternel votre Dieu a traité ces deux rois ; il traitera

[q] 3.9 Le *mont Hermon*, sommet de l'Anti-Liban (2 860 mètres) couvert de neige une grande partie de l'année. Le Jourdain y prend sa source. Les noms *Siriôn* et *Senir* ont été retrouvés dans des documents cananéens et assyriens de l'époque.
[r] 3.11 Race de géants en voie d'extinction au moment de la conquête de Canaan.
[s] 3.11 Certains comprennent : *cercueil*.
[t] 3.11 Hébreu : neuf coudées de long et quatre de larges, en coudées d'homme, c'est-à-dire ordinaires.
[u] 3.15 Fils de Manassé.
[v] 3.18 Pour les v. 18-20, voir Jos 1.12-15.

to all the kingdoms over there where you are going.
22 Do not be afraid of them; the LORD your God himself
will fight for you."

23 At that time I pleaded with the LORD: 24 "Sovereign
LORD, you have begun to show to your servant your
greatness and your strong hand. For what god is
there in heaven or on earth who can do the deeds and
mighty works you do? 25 Let me go over and see the
good land beyond the Jordan – that fine hill country
and Lebanon."
26 But because of you the LORD was angry with me
and would not listen to me. "That is enough," the LORD
said. "Do not speak to me anymore about this matter.
27 Go up to the top of Pisgah and look west and north
and south and east. Look at the land with your own
eyes, since you are not going to cross this Jordan. 28 But
commission Joshua, and encourage and strengthen
him, for he will lead this people across and will cause
them to inherit the land that you will see." 29 So we
stayed in the valley near Beth Peor.

Obedience Commanded

4 1 Now, Israel, hear the decrees and laws I am
about to teach you. Follow them so that you may
live and may go in and take possession of the land the
LORD, the God of your ancestors, is giving you. 2 Do
not add to what I command you and do not subtract
from it, but keep the commands of the LORD your God
that I give you.
3 You saw with your own eyes what the LORD did at
Baal Peor. The LORD your God destroyed from among
you everyone who followed the Baal of Peor, 4 but all
of you who held fast to the LORD your God are still
alive today.
5 See, I have taught you decrees and laws as the
LORD my God commanded me, so that you may follow
them in the land you are entering to take possession
of it. 6 Observe them carefully, for this will show your
wisdom and understanding to the nations, who will
hear about all these decrees and say, "Surely this great
nation is a wise and understanding people." 7 What
other nation is so great as to have their gods near
them the way the LORD our God is near us whenever
we pray to him? 8 And what other nation is so great as
to have such righteous decrees and laws as this body
of laws I am setting before you today?

9 Only be careful, and watch yourselves closely so
that you do not forget the things your eyes have seen
or let them fade from your heart as long as you live.
Teach them to your children and to their children
after them. 10 Remember the day you stood before the

de même tous les royaumes dans lesquels tu vas passer.
22 Vous n'en aurez pas peur, car l'Eternel, votre Dieu, combat lui-même pour vous. »

Moïse n'entrera pas au pays promis

23 Je demandai alors une faveur à l'Eternel[w] : 24 « Seigneur
Eternel, lui dis-je, tu as commencé à montrer à ton serviteur ta grandeur et ta puissance ; et quel dieu, dans le ciel
et sur la terre, pourrait accomplir de telles œuvres, et avec
autant de puissance ? 25 Permets-moi, je te prie, de traverser le Jourdain[x] pour voir ce bon pays qui se trouve de
l'autre côté, cette belle contrée montagneuse et le Liban. »
26 Mais l'Eternel s'était mis en colère contre moi à cause de
vous et il ne voulut pas me l'accorder. « Assez ! me dit-il,
ne me parle plus de cette affaire. 27 Monte au sommet du
Pisga et promène tes regards vers l'ouest, le nord, le sud et
l'est, et contemple le pays de tes yeux, mais tu ne passeras
pas le Jourdain. 28 Donne tes ordres à Josué, encourage-le
et affermis-le, car c'est lui qui conduira ce peuple et qui
le mettra en possession du pays que tu vas contempler. »
29 Nous sommes donc restés dans la vallée vis-à-vis de
Beth-Peor.

L'appel à la fidélité à l'Eternel

L'obéissance à la Loi

4 1 Maintenant, Israël, écoute les commandements et
les lois que je t'enseigne. Respecte-les, afin de vivre et
d'entrer en possession du pays que l'Eternel, le Dieu de tes
ancêtres, te donne. 2 Vous n'ajouterez rien à ce que je vous
commande et vous n'en retrancherez rien. Vous obéirez
aux commandements de l'Eternel votre Dieu, que je vous
transmets. 3 Vous avez vu de vos yeux ce que l'Eternel votre
Dieu a fait à cause du dieu Baal de Peor[y] : il a exterminé
tous ceux d'entre vous qui s'étaient adonnés au culte de
cette divinité. 4 Mais vous, qui êtes restés fidèles à l'Eternel
votre Dieu, vous êtes tous vivants aujourd'hui.

5 Vous le savez : je vous ai enseigné les commandements
et les lois, comme l'Eternel mon Dieu me l'a ordonné, afin
que vous y obéissiez dans le pays où vous allez entrer pour
en prendre possession. 6 Obéissez-y et appliquez-les, c'est
là ce qui vous rendra sages et intelligents aux yeux des
peuples : ils en entendront parler et ils s'écrieront : « Il n'y
a qu'un peuple sage et avisé, c'est cette grande nation ! »
7 Où est, en effet, le peuple, même parmi les plus grands,
qui a des dieux aussi proches de lui que l'Eternel notre
Dieu l'est pour nous toutes les fois que nous l'invoquons ?
8 Et quel est le grand peuple qui a des commandements et
des lois aussi justes que toute cette Loi que je vous donne
aujourd'hui ?

La révélation sur le mont Sinaï

9 Seulement, veille attentivement sur toi-même, et garde-toi bien d'oublier les événements dont tu as été témoin ;
qu'ils restent gravés dans ta mémoire pour tous les jours
de ta vie et informes-en tes fils et tes petits-fils.
10 En particulier, n'oublie pas ce jour où tu t'es tenu
devant l'Eternel ton Dieu au mont Horeb, lorsque l'Eternel

---

w 3.23 Pour les v. 23-27, voir Nb 27.12-14 ; Dt 32.48-52.
x 3.25 Par rapport aux territoires de ces tribus, c'est-à-dire à l'ouest du Jourdain.
y 4.3 Allusion à l'événement récent relaté en Nb 25.1-18.

LORD your God at Horeb, when he said to me, "Assemble the people before me to hear my words so that they may learn to revere me as long as they live in the land and may teach them to their children." 11 You came near and stood at the foot of the mountain while it blazed with fire to the very heavens, with black clouds and deep darkness. 12 Then the LORD spoke to you out of the fire. You heard the sound of words but saw no form; there was only a voice. 13 He declared to you his covenant, the Ten Commandments, which he commanded you to follow and then wrote them on two stone tablets. 14 And the LORD directed me at that time to teach you the decrees and laws you are to follow in the land that you are crossing the Jordan to possess.

Idolatry Forbidden

15 You saw no form of any kind the day the LORD spoke to you at Horeb out of the fire. Therefore watch yourselves very carefully, 16 so that you do not become corrupt and make for yourselves an idol, an image of any shape, whether formed like a man or a woman, 17 or like any animal on earth or any bird that flies in the air, 18 or like any creature that moves along the ground or any fish in the waters below. 19 And when you look up to the sky and see the sun, the moon and the stars – all the heavenly array – do not be enticed into bowing down to them and worshiping things the LORD your God has apportioned to all the nations under heaven. 20 But as for you, the LORD took you and brought you out of the iron-smelting furnace, out of Egypt, to be the people of his inheritance, as you now are.

21 The LORD was angry with me because of you, and he solemnly swore that I would not cross the Jordan and enter the good land the LORD your God is giving you as your inheritance. 22 I will die in this land; I will not cross the Jordan; but you are about to cross over and take possession of that good land. 23 Be careful not to forget the covenant of the LORD your God that he made with you; do not make for yourselves an idol in the form of anything the LORD your God has forbidden. 24 For the LORD your God is a consuming fire, a jealous God.

25 After you have had children and grandchildren and have lived in the land a long time – if you then become corrupt and make any kind of idol, doing evil in the eyes of the LORD your God and arousing his anger, 26 I call the heavens and the earth as witnesses against you this day that you will quickly perish from the land that you are crossing the Jordan to possess. You will not live there long but will certainly be destroyed. 27 The LORD will scatter you among the peoples, and

m'a dit : « Assemble ce peuple devant moi et je lui communiquerai mes paroles, afin qu'il apprenne à me craindre tous les jours de sa vie sur la terre et qu'il l'enseigne à ses enfants[z]. » 11 A ce moment-là, vous vous êtes approchés du pied de la montagne et vous vous êtes tenus là alors qu'elle était embrasée d'un feu qui montait jusqu'au ciel, cerné de ténèbres et d'épais nuages. 12 L'Eternel vous a parlé du milieu du feu, vous avez entendu ses paroles, mais vous n'avez vu aucune forme ; il n'y avait qu'une voix. 13 Il vous a révélé les clauses de son alliance, ce qu'il vous ordonnait d'observer, à savoir les dix commandements[a]. Puis il les a écrites sur deux tablettes de pierre. 14 En même temps, il m'a ordonné de vous enseigner des commandements et des lois que vous devrez appliquer dans les pays où vous vous rendez pour en prendre possession.

L'interdiction des idoles

15 Vous prendrez bien garde à vous-mêmes, car vous n'avez vu aucune forme le jour où l'Eternel vous a parlé au mont Horeb du milieu du feu. 16 N'allez pas vous corrompre en vous fabriquant des idoles, des figures ou des représentations quelconques, d'après le modèle d'un homme ou d'une femme[b], 17 ou le modèle de quelque animal vivant sur la terre, celui d'un oiseau volant dans le ciel 18 ou celui d'un animal qui se meut à ras de terre ou encore d'un poisson nageant dans les eaux plus bas que la terre. 19 N'allez pas lever les yeux vers le ciel et regarder le soleil, la lune, les étoiles et tous les astres du ciel, pour vous laisser entraîner à vous prosterner devant eux et leur rendre un culte. L'Eternel, votre Dieu, a laissé cela à tous les peuples qui sont sous tous les cieux. 20 Mais vous, l'Eternel est allé vous chercher, il vous a arrachés à cette fournaise de fer qu'était l'Egypte pour faire de vous son peuple, celui qui lui appartient, comme vous l'êtes à présent.

21 L'Eternel s'est mis en colère contre moi à cause de vous et il a déclaré avec serment que je ne franchirais pas le Jourdain et que je n'entrerais pas dans le bon pays que l'Eternel, votre Dieu, vous donne à posséder. 22 Car je vais mourir dans cet endroit-ci sans passer le Jourdain, mais vous, vous le franchirez et vous prendrez possession de ce bon pays. 23 Gardez-vous d'oublier l'alliance que l'Eternel votre Dieu a conclue avec vous et de vous fabriquer une idole représentant quoi que ce soit, contrairement aux ordres de l'Eternel votre Dieu. 24 Car l'Eternel votre Dieu est comme un feu qui consume[c], un Dieu qui ne tolère aucun rival.

L'exil, châtiment de l'idolâtrie

25 Ainsi, lorsque vous aurez des enfants et des petits-enfants, et que vous aurez habité un certain temps dans le pays, si vous vous laissez aller à fabriquer des idoles représentant quoi que ce soit, si vous faites ainsi ce que l'Eternel votre Dieu juge mauvais et que vous l'irritez, 26 je prends aujourd'hui à témoin contre vous le ciel et la terre : si vous faites cela, vous ne tarderez pas à disparaître du pays dont vous allez prendre possession après avoir traversé le Jourdain, vous n'y subsisterez pas longtemps car vous serez entièrement détruits. 27 L'Eternel vous dis-

[z] **4.10** Pour les v. 10-12, voir Ex 19.10-25; voir Hé 12.18-19.
[a] **4.13** Le terme utilisé dans l'ancienne version grecque a donné notre mot décalogue. Voir Ex 20.1-17 ; 31.18 ; Dt 5.6-21.
[b] **4.16** Pour les v. 16-18, voir Ex 20.4 ; Lv 26.1 ; Dt 5.8 ; 27.15 ; Rm 1.23.
[c] **4.24** Réminiscence en Hé 12.29.

only a few of you will survive among the nations to which the LORD will drive you. 28 There you will worship man-made gods of wood and stone, which cannot see or hear or eat or smell. 29 But if from there you seek the LORD your God, you will find him if you seek him with all your heart and with all your soul. 30 When you are in distress and all these things have happened to you, then in later days you will return to the LORD your God and obey him. 31 For the LORD your God is a merciful God; he will not abandon or destroy you or forget the covenant with your ancestors, which he confirmed to them by oath.

The LORD Is God

32 Ask now about the former days, long before your time, from the day God created human beings on the earth; ask from one end of the heavens to the other. Has anything so great as this ever happened, or has anything like it ever been heard of? 33 Has any other people heard the voice of God[i] speaking out of fire, as you have, and lived? 34 Has any god ever tried to take for himself one nation out of another nation, by testings, by signs and wonders, by war, by a mighty hand and an outstretched arm, or by great and awesome deeds, like all the things the LORD your God did for you in Egypt before your very eyes?

35 You were shown these things so that you might know that the LORD is God; besides him there is no other. 36 From heaven he made you hear his voice to discipline you. On earth he showed you his great fire, and you heard his words from out of the fire. 37 Because he loved your ancestors and chose their descendants after them, he brought you out of Egypt by his Presence and his great strength, 38 to drive out before you nations greater and stronger than you and to bring you into their land to give it to you for your inheritance, as it is today.

39 Acknowledge and take to heart this day that the LORD is God in heaven above and on the earth below. There is no other. 40 Keep his decrees and commands, which I am giving you today, so that it may go well with you and your children after you and that you may live long in the land the LORD your God gives you for all time.

Cities of Refuge

41 Then Moses set aside three cities east of the Jordan, 42 to which anyone who had killed a person could flee if they had unintentionally killed a neighbor without malice aforethought. They could flee into one of these cities and save their life. 43 The cities were these: Bezer in the wilderness plateau, for the Reubenites; Ramoth in Gilead, for the Gadites; and Golan in Bashan, for the Manassites.

4:33 Or *of a god*

persera parmi les peuples et vous serez réduits à un petit nombre au milieu de ces peuples chez lesquels l'Eternel vous forcera à aller[d]. 28 Là, vous serez soumis à des dieux fabriqués par les hommes, des dieux de bois et de pierre, incapables de voir et d'entendre, de manger et de sentir. 29 Alors vous chercherez l'Eternel votre Dieu, et vous le trouverez, si vous vous tournez vers lui de tout votre cœur et de tout votre être. 30 Dans votre détresse, lorsque tous ces malheurs auront fondu sur vous, dans la suite des temps, vous reviendrez à l'Eternel votre Dieu et vous lui obéirez. 31 Car l'Eternel votre Dieu est un Dieu compatissant, il ne vous abandonnera pas, ni ne vous détruira, il n'oubliera pas l'alliance qu'il a conclue par serment avec vos ancêtres.

L'Eternel seul est Dieu

32 En effet, Israël, informe-toi sur les temps anciens où tu n'étais pas encore né, depuis le jour où Dieu a créé l'homme sur la terre, informe-toi, d'un bout du ciel à l'autre : est-il jamais arrivé un événement aussi extraordinaire ? A-t-on jamais entendu rien de pareil ? 33 Un peuple a-t-il entendu comme toi la voix de Dieu[e] parlant au milieu du feu, sans perdre la vie ? 34 Et quel dieu a jamais entrepris d'aller se chercher un peuple du milieu d'un autre peuple, à force d'épreuves, de signes miraculeux, de prodiges, par des combats, et en intervenant avec puissance, en semant la terreur, comme tout ce que l'Eternel, votre Dieu, a fait pour vous en Egypte, et dont tu as été témoin ? 35 Toi, il t'a fait voir tout cela, pour que tu saches que l'Eternel seul est Dieu, et qu'il n'y en a pas d'autre. 36 Il t'a fait entendre sa voix du haut du ciel pour faire ton éducation ; et sur la terre, il t'a fait voir son feu imposant, d'où tu as entendu ses paroles. 37 Parce qu'il a aimé tes ancêtres et parce qu'il a choisi leurs descendants après eux, il t'a fait lui-même sortir d'Egypte en déployant une grande puissance 38 pour déposséder à ton profit des peuples plus grands et plus puissants que toi, afin de te faire entrer dans leur pays et de te le donner en possession, comme il va le faire maintenant. 39 Reconnais donc aujourd'hui et garde présent à l'esprit que l'Eternel seul est Dieu en haut dans le ciel et en bas sur la terre, et qu'il n'y en a pas d'autre. 40 Obéis à ses lois et à ses commandements que je te transmets aujourd'hui, afin que tu sois heureux, toi et tes enfants après toi, et que tu vives de nombreux jours dans le pays que l'Eternel ton Dieu te donne pour toujours.

Les cités de refuge à l'est du Jourdain

41 Alors Moïse choisit trois villes à l'est du Jourdain, 42 pour servir de refuge à celui qui aurait tué quelqu'un involontairement sans lui avoir porté de haine ; le meurtrier pourra s'enfuir dans l'une de ces villes et il aura la vie sauve. 43 Pour la tribu de Ruben, c'était Bétser, sur le plateau du désert ; pour celle de Gad, Ramoth en Galaad ; et pour Manassé, Golân en Basan.

[d] **4.27** Pour les v. 27-28, voir Dt 28.36.
[e] **4.33** Certains traduisent : *d'un dieu*.

Introduction to the Law

44 This is the law Moses set before the Israelites. 45 These are the stipulations, decrees and laws Moses gave them when they came out of Egypt 46 and were in the valley near Beth Peor east of the Jordan, in the land of Sihon king of the Amorites, who reigned in Heshbon and was defeated by Moses and the Israelites as they came out of Egypt. 47 They took possession of his land and the land of Og king of Bashan, the two Amorite kings east of the Jordan. 48 This land extended from Aroer on the rim of the Arnon Gorge to Mount Sirion[j] (that is, Hermon), 49 and included all the Arabah east of the Jordan, as far as the Dead Sea,[k] below the slopes of Pisgah.

The Ten Commandments

5 1 Moses summoned all Israel and said:

Hear, Israel, the decrees and laws I declare in your hearing today. Learn them and be sure to follow them. 2 The LORD our God made a covenant with us at Horeb. 3 It was not with our ancestors[l] that the LORD made this covenant, but with us, with all of us who are alive here today. 4 The LORD spoke to you face to face out of the fire on the mountain. 5 (At that time I stood between the LORD and you to declare to you the word of the LORD, because you were afraid of the fire and did not go up the mountain.)

And he said:

6 "I am the LORD your God, who brought you out of Egypt, out of the land of slavery.

7 "You shall have no other gods before[m] me.

8 You shall not make for yourself an image in the form of anything in heaven above or on the earth beneath or in the waters below. 9 You shall not bow down to them or worship them; for I, the LORD your God, am a jealous God, punishing the children for the sin of the parents to the third and fourth generation of those who hate me, 10 but showing love to a thousand generations of those who love me and keep my commandments.

11 You shall not misuse the name of the LORD your God, for the LORD will not hold anyone guiltless who misuses his name.

12 Observe the Sabbath day by keeping it holy, as the LORD your God has commanded you. 13 Six days you shall labor and do all your work, 14 but the seventh day is a sabbath to the LORD your God. On it you shall not do any work, neither you, nor your son or daughter, nor your male or female servant, nor your ox, your donkey or any of your animals, nor any foreigner residing in your towns, so that your male and female servants may rest, as you do. 15 Remember that you were slaves in Egypt and that the LORD your God brought you out of there with a mighty hand and an outstretched arm.

j 4:48 Syriac (see also 3:9); Hebrew *Siyon*
k 4:49 Hebrew *the Sea of the Arabah*
l 5:3 Or *not only with our parents*
m 5:7 Or *besides*

ISRAËL DOIT S'ATTACHER À L'ETERNEL SEUL

Introduction

44 Voici la Loi que Moïse exposa aux Israélites, 45 c'est-à-dire les ordonnances, les lois et les décrets qu'il leur communiqua après leur sortie d'Egypte, 46 lorsqu'ils campaient à l'est du Jourdain, dans la vallée en face de Beth-Peor au pays de Sihôn. Ce roi des Amoréens avait habité à Heshbôn et avait été battu par Moïse et les Israélites après leur sortie d'Egypte. 47 Ils prirent possession de son pays, ainsi que de celui d'Og, roi du Basan ; ces deux rois amoréens avaient régné sur les régions situées à l'est du Jourdain. 48 Israël occupa tout le pays qui s'étendait depuis Aroër sur la falaise qui domine le torrent de l'Arnon jusqu'à la montagne de Syôn, c'est-à-dire l'Hermon, 49 – y compris toute la plaine de la vallée du Jourdain du côté oriental du Jourdain, jusqu'à la mer Morte au pied du Pisga

Les Dix Commandements

5 1 Moïse convoqua tout Israël et leur dit : Ecoute, Israël les ordonnances et les lois que je vous communique aujourd'hui de vive voix ; apprenez-les, obéissez-y et appliquez-les. 2 L'Eternel notre Dieu a conclu une alliance avec nous au mont Horeb[f]. 3 Ce n'est pas seulement avec vos ancêtres que l'Eternel a conclu cette alliance, c'est avec nous tous qui sommes ici aujourd'hui, et en vie. 4 Sur la montagne, l'Eternel vous a parlé directement du milieu du feu. 5 Je me tenais alors entre l'Eternel et vous, pour vous transmettre sa parole, car vous aviez peur de ce feu et vous n'êtes pas montés sur la montagne. Voici ce qu'il a dit :

6 « Je suis l'Eternel, ton Dieu, qui t'ai fait sortir d'Egypte du pays où tu étais esclave[g].

7 Tu n'auras pas d'autre dieu que moi.

8 Tu ne te feras pas d'idole ni de représentation quelconque de ce qui se trouve en haut dans le ciel, ici-bas sur la terre, ou dans les eaux plus bas que la terre. 9 Tu ne te prosterneras pas devant de telles idoles et tu ne leur rendras pas de culte, car moi, l'Eternel, ton Dieu, je suis un Dieu qui ne tolère aucun rival : je punis les fils pour la faute de leur père jusqu'à la troisième, voire la quatrième génération de ceux qui me haïssent. 10 Mais j'agis avec amour jusqu'à la millième génération envers ceux qui m'aiment et qui obéissent à mes commandements.

11 Tu n'utiliseras pas le nom de l'Eternel ton Dieu pour tromper, car l'Eternel ne laisse pas impuni celui qui utilise son nom pour tromper.

12 Observe le jour du sabbat et fais-en un jour consacré à l'Eternel, comme l'Eternel ton Dieu te l'a commandé. 13 Tu travailleras six jours pour faire tout ce que tu as à faire 14 Mais le septième jour est le jour du repos consacré à l'Eternel ton Dieu ; tu ne feras aucun travail ce jour-là, ni toi, ni ton fils, ni ta fille, ni ton serviteur, ni ta servante ni ton bœuf, ni ton âne, ni tout ton bétail, ni l'étranger qui réside chez toi, afin que ton serviteur et ta servante se reposent comme toi. 15 Tu te souviendras que tu as été esclave en Egypte et que l'Eternel ton Dieu t'a tiré de là en

f 5.2 Pour les v. 2-5, voir Ex 19.
g 5.6 Pour les v. 6-21, voir Ex 20.1-17.

Therefore the LORD your God has commanded you to observe the Sabbath day.

16 Honor your father and your mother, as the LORD your God has commanded you, so that you may live long and that it may go well with you in the land the LORD your God is giving you.

17 You shall not murder.

18 You shall not commit adultery.

19 You shall not steal.

20 You shall not give false testimony against your neighbor.

21 You shall not covet your neighbor's wife. You shall not set your desire on your neighbor's house or land, his male or female servant, his ox or donkey, or anything that belongs to your neighbor."

22 These are the commandments the LORD proclaimed in a loud voice to your whole assembly there on the mountain from out of the fire, the cloud and the deep darkness; and he added nothing more. Then he wrote them on two stone tablets and gave them to me.

23 When you heard the voice out of the darkness, while the mountain was ablaze with fire, all the leaders of your tribes and your elders came to me. 24 And you said, "The LORD our God has shown us his glory and his majesty, and we have heard his voice from the fire. Today we have seen that a person can live even if God speaks with them. 25 But now, why should we die? This great fire will consume us, and we will die if we hear the voice of the LORD our God any longer. 26 For what mortal has ever heard the voice of the living God speaking out of fire, as we have, and survived? 27 Go near and listen to all that the LORD our God says. Then tell us whatever the LORD our God tells you. We will listen and obey."

28 The LORD heard you when you spoke to me, and the LORD said to me, "I have heard what this people said to you. Everything they said was good. 29 Oh, that their hearts would be inclined to fear me and keep all my commands always, so that it might go well with them and their children forever!

30 "Go, tell them to return to their tents. 31 But you stay here with me so that I may give you all the commands, decrees and laws you are to teach them to follow in the land I am giving them to possess."

32 So be careful to do what the LORD your God has commanded you; do not turn aside to the right or to the left. 33 Walk in obedience to all that the LORD your God has commanded you, so that you may live and prosper and prolong your days in the land that you will possess.

Love the LORD Your God

6 1 These are the commands, decrees and laws the LORD your God directed me to teach you to observe in the land that you are crossing the Jordan to

intervenant avec puissance ; c'est pourquoi l'Eternel ton Dieu t'a demandé d'observer le jour du sabbat.

16 Honore ton père et ta mère, comme l'Eternel ton Dieu te l'a ordonné, afin de jouir d'une longue vie et de vivre heureux dans le pays que l'Eternel ton Dieu te donne.

17 Tu ne commettras pas de meurtre.

18 Tu ne commettras pas d'adultère.

19 Tu ne commettras pas de vol.

20 Tu ne porteras pas de faux témoignage contre ton prochain.

21 Tu ne porteras pas tes désirs sur la femme de ton prochain. Tu ne convoiteras pas la maison de ton prochain, ni son champ, ni son serviteur, ni sa servante, ni son bœuf, ni son âne, ni rien de ce qui lui appartient[h]. »

22 Ces paroles-là, l'Eternel les a prononcées d'une voix forte, du milieu du feu, et de l'épaisse nuée, pour toute l'assemblée qui se tenait au pied de la montagne. Il n'y ajouta rien. Puis il les écrivit sur deux tables de pierre qu'il me remit[i].

La réponse du peuple

23 Or, quand vous avez entendu la voix qui sortait des ténèbres tandis que la montagne était tout en feu, vous vous êtes approchés de moi avec tous vos chefs de tribus et vos responsables, 24 et vous avez dit : « Certes, l'Eternel notre Dieu nous a fait voir sa gloire et sa grandeur et nous avons entendu sa voix du milieu du feu ; nous avons vu aujourd'hui qu'il est possible que Dieu parle aux hommes en les laissant en vie. 25 Mais maintenant, pourquoi nous exposerions-nous à la mort ? Ce terrible feu pourrait nous consumer ; et si nous continuons à entendre la voix de l'Eternel notre Dieu, nous risquons de mourir. 26 Car est-il un seul homme au monde qui ait entendu comme nous la voix du Dieu vivant parlant du milieu du feu et qui soit resté en vie ? 27 Va donc toi-même t'approcher ! Tu écouteras tout ce que dira l'Eternel notre Dieu, puis tu nous le répéteras. Nous l'écouterons et nous obéirons. »

28 L'Eternel entendit vos paroles pendant que vous me parliez, et il me dit : « J'ai entendu ce que t'a dit ce peuple et je l'approuve pleinement. 29 Si seulement ils pouvaient garder ces mêmes dispositions à me craindre et à suivre tous les jours tous mes commandements, afin qu'eux et leurs descendants soient heureux pour toujours. 30 Va leur dire : Retournez dans vos tentes ! 31 Quant à toi, reste ici avec moi, et je te communiquerai tous les commandements, les ordonnances et les lois que tu leur enseigneras, afin qu'ils y obéissent dans le pays que je leur donne en possession. »

32 Ayez donc soin de faire ce que l'Eternel votre Dieu vous a commandé, sans vous en détourner ni à droite ni à gauche. 33 Suivez exactement le chemin que l'Eternel votre Dieu vous a prescrit, et vous vivrez heureux et vous jouirez d'une longue vie dans le pays dont vous allez prendre possession.

L'Eternel seul

6 1 Voici les commandements, les ordonnances et les lois que l'Eternel ton Dieu m'a chargé de t'enseigner pour que tu les appliques dans le pays où tu vas entrer

h **5.21** Voir Rm 7.7. Le Nouveau Testament cite souvent les v. 16-21.
i **5.22** Pour les v. 22-27, allusion en Hé 12.18-19.

possess, 2 so that you, your children and their children
after them may fear the LORD your God as long as you
live by keeping all his decrees and commands that I
give you, and so that you may enjoy long life. 3 Hear,
Israel, and be careful to obey so that it may go well
with you and that you may increase greatly in a land
flowing with milk and honey, just as the LORD, the God
of your ancestors, promised you.
4 Hear, O Israel: The LORD our God, the LORD is one.[n]
5 Love the LORD your God with all your heart and with
all your soul and with all your strength. 6 These commandments that I give you today are to be on your
hearts. 7 Impress them on your children. Talk about
them when you sit at home and when you walk along
the road, when you lie down and when you get up.
8 Tie them as symbols on your hands and bind them
on your foreheads. 9 Write them on the doorframes of
your houses and on your gates.
10 When the LORD your God brings you into the land
he swore to your fathers, to Abraham, Isaac and Jacob,
to give you – a land with large, flourishing cities you
did not build, 11 houses filled with all kinds of good
things you did not provide, wells you did not dig, and
vineyards and olive groves you did not plant – then
when you eat and are satisfied, 12 be careful that you
do not forget the LORD, who brought you out of Egypt,
out of the land of slavery.
13 Fear the LORD your God, serve him only and take
your oaths in his name. 14 Do not follow other gods,
the gods of the peoples around you; 15 for the LORD your
God, who is among you, is a jealous God and his anger
will burn against you, and he will destroy you from
the face of the land. 16 Do not put the LORD your God
to the test as you did at Massah. 17 Be sure to keep the
commands of the LORD your God and the stipulations
and decrees he has given you. 18 Do what is right and
good in the LORD's sight, so that it may go well with
you and you may go in and take over the good land the
LORD promised on oath to your ancestors, 19 thrusting
out all your enemies before you, as the LORD said.

20 In the future, when your son asks you, "What is
the meaning of the stipulations, decrees and laws
the LORD our God has commanded you?" 21 tell him:
"We were slaves of Pharaoh in Egypt, but the LORD
brought us out of Egypt with a mighty hand. 22 Before
our eyes the LORD sent signs and wonders – great and
terrible – on Egypt and Pharaoh and his whole household. 23 But he brought us out from there to bring us
in and give us the land he promised on oath to our
ancestors. 24 The LORD commanded us to obey all these

[n] **6:4** Or *The LORD our God is one LORD*; or *The LORD is our God, the LORD is one*; or *The LORD is our God, the LORD alone*

pour en prendre possession, 2 et que tu craignes l'Eternel
ton Dieu en obéissant toute ta vie à toutes ses ordonnances
et à tous ses commandements que je te transmets. Ils sont
pour toi, pour tes fils et pour leurs descendants. Ainsi tu
jouiras d'une longue vie. 3 C'est pourquoi, ô Israël, écoute-
les, veille à y obéir, et applique-les, afin d'être heureux et
de devenir très nombreux dans ce pays ruisselant de lait et
de miel, comme l'Eternel, le Dieu de tes ancêtres, te l'a dit.
4 Ecoute, Israël, l'Eternel est notre Dieu, l'Eternel seul[j].
5 Tu aimeras l'Eternel ton Dieu de tout ton cœur, de toute
ton âme et de toute ta force[k]. 6 Que ces commandements
que je te donne aujourd'hui restent gravés dans ton cœur[l].
7 Tu les inculqueras à tes enfants et tu en parleras chez toi
dans ta maison, et quand tu marcheras sur la route, quand
tu te coucheras et quand tu te lèveras. 8 Qu'ils soient attachés comme un signe sur ta main et comme une marque
sur ton front. 9 Tu les inscriras sur les poteaux de ta maison
et sur les montants de tes portes[m].
10 Lorsque l'Eternel ton Dieu t'aura fait entrer dans le
pays qu'il a promis par serment à tes ancêtres Abraham,
Isaac et Jacob de te donner, tu y trouveras de grandes et
belles cités que tu n'as pas bâties, 11 des maisons remplies
de toutes sortes de biens que tu n'as pas amassés, des citernes taillées dans le roc que tu n'as pas creusées, des
vignes et des oliviers que tu n'as pas plantés. Lorsque tu
mangeras et que tu seras rassasié, 12 garde-toi bien d'oublier l'Eternel qui t'a fait sortir d'Egypte, du pays où tu étais
esclave. 13 C'est l'Eternel ton Dieu que tu dois craindre,
c'est à lui que tu rendras un culte, et c'est par son nom
que tu prêteras serment[n]. 14 Vous ne vous rallierez pas à
d'autres dieux, ces dieux des peuples qui vous entoureront,
15 car l'Eternel votre Dieu, qui est au milieu de vous, est
un Dieu qui ne tolère aucun rival : il se mettrait en colère
contre vous et vous ferait disparaître de la surface de la
terre. 16 Vous ne forcerez pas la main à l'Eternel votre Dieu
comme vous l'avez fait à Massa ; 17 mais vous aurez soin
d'obéir aux commandements, aux lois et aux ordonnances
que l'Eternel votre Dieu vous a donnés. 18 Tu feras ce que
l'Eternel juge juste et bon, afin que tu sois heureux et que
tu parviennes à prendre possession du bon pays que l'Eternel a promis par serment à tes ancêtres, 19 en chassant tous
tes ennemis, comme il l'a promis.
20 Lorsque, plus tard, vos fils vous demanderont : « De
quel droit l'Eternel notre Dieu vous a-t-il imposé ces ordonnances, ces lois et ces décrets ? » 21 vous leur répondrez :
« Nous avons été esclaves du pharaon en Egypte, et l'Eternel nous a tirés de là avec puissance. 22 Il a accompli sous
nos yeux des signes miraculeux et de grands prodiges
pour le malheur de l'Egypte, du pharaon et de tous ceux
de son entourage. 23 Mais nous, il nous a fait sortir de là
pour nous amener ici et nous donner le pays qu'il avait
promis par serment à nos ancêtres. 24 Et l'Eternel notre
Dieu nous a ordonné d'appliquer toutes ces lois et de le

[j] **6.4** Autres traductions : *L'Eternel est unique* ou *l'Eternel le seul Dieu.* Voir Mc 12.29.

[k] **6.5** Cité en Mt 22.37 ; Mc 12.30 ; Lc 10.27.

[l] **6.6** Pour les v. 6-9, voir Dt 11.18-20.

[m] **6.9** Ou : *sur les portes (des villes).* Les v. 8-9 utilisent un langage imagé. Le judaïsme les a pris à la lettre, d'où les *tefilins*, ou phylactères, petites boîtes en cuir que portent les Israélites sur le front et sur le bras gauche (fixées à l'aide de bandelettes de cuir) lors de la prière quotidienne (voit Mt 23.5), ainsi que les *mezouzas* fixées sur le montant de leur porte d'entrée. Ces objets contiennent trois textes du Pentateuque sur des bandes de parchemin.

[n] **6.13** Cité en Mt 4.10 ; Lc 4.8.

decrees and to fear the LORD our God, so that we might
always prosper and be kept alive, as is the case today.
[25]And if we are careful to obey all this law before the
LORD our God, as he has commanded us, that will be
our righteousness."

Driving Out the Nations

7 [1]When the LORD your God brings you into the land
you are entering to possess and drives out before
you many nations – the Hittites, Girgashites, Amorites,
Canaanites, Perizzites, Hivites and Jebusites, seven
nations larger and stronger than you – [2]and when
the LORD your God has delivered them over to you and
you have defeated them, then you must destroy them
totally.[o] Make no treaty with them, and show them
no mercy. [3]Do not intermarry with them. Do not give
your daughters to their sons or take their daughters
for your sons, [4]for they will turn your children away
from following me to serve other gods, and the LORD's
anger will burn against you and will quickly destroy
you. [5]This is what you are to do to them: Break down
their altars, smash their sacred stones, cut down their
Asherah poles[p] and burn their idols in the fire. [6]For
you are a people holy to the LORD your God. The LORD
your God has chosen you out of all the peoples on
the face of the earth to be his people, his treasured
possession.

[7]The LORD did not set his affection on you and choose
you because you were more numerous than other
peoples, for you were the fewest of all peoples. [8]But
it was because the LORD loved you and kept the oath
he swore to your ancestors that he brought you out
with a mighty hand and redeemed you from the land
of slavery, from the power of Pharaoh king of Egypt.
[9]Know therefore that the LORD your God is God; he is
the faithful God, keeping his covenant of love to a
thousand generations of those who love him and keep
his commandments. [10]But

> those who hate him he will repay to their face
> by destruction;
> he will not be slow to repay to their face
> those who hate him.

[11]Therefore, take care to follow the commands, decrees and laws I give you today.

[12]If you pay attention to these laws and are careful
to follow them, then the LORD your God will keep his
covenant of love with you, as he swore to your ancestors. [13]He will love you and bless you and increase
your numbers. He will bless the fruit of your womb,
the crops of your land – your grain, new wine and olive
oil – the calves of your herds and the lambs of your
flocks in the land he swore to your ancestors to give
you. [14]You will be blessed more than any other people;
none of your men or women will be childless, nor will
any of your livestock be without young. [15]The LORD will

[o] 7:2 The Hebrew term refers to the irrevocable giving over of things or persons to the LORD, often by totally destroying them; also in verse 26.
[p] 7:5 That is, wooden symbols of the goddess Asherah; here and elsewhere in Deuteronomy

craindre ainsi, afin que nous soyons toujours heureux et
qu'il nous accorde de vivre comme il l'a fait jusqu'à ce jour.
[25]Nous serons donc justes[o] si nous prenons soin d'obéir à
tous ces commandements en présence de l'Eternel notre
Dieu, comme il nous l'a ordonné. »

Les Cananéens et leurs idoles

7 [1]Lorsque l'Eternel ton Dieu t'aura fait entrer dans
le pays où tu te rends pour en prendre possession,
et qu'il aura chassé devant toi de nombreux peuples : les
Hittites, les Guirgasiens, les Amoréens, les Cananéens, les
Phéréziens, les Héviens et les Yebousiens, ces sept peuples
plus nombreux et plus puissants que toi, [2]lorsqu'il te les
aura livrés et que tu les auras vaincus, tu les extermineras
totalement pour les vouer à l'Eternel ; tu ne concluras pas
d'alliance avec eux et tu n'auras pour eux aucune pitié. [3]Tu
ne t'uniras pas avec eux par des mariages, tu ne donneras
pas tes filles à leurs fils et tu ne prendras pas leurs filles
pour tes fils ; [4]car ils détourneraient de moi tes enfants,
qui iraient rendre un culte à d'autres dieux : ma colère
s'enflammerait alors contre vous et je ne tarderais pas
à vous exterminer. [5]Voici, au contraire, comment vous
agirez à leur égard : vous démolirez leurs autels, vous briserez leurs statues, vous abattrez leurs pieux sacrés voués
à la déesse Ashéra et vous brûlerez leurs idoles sculptées.
[6]Tu es, en effet, un peuple saint pour l'Eternel ton Dieu,
il t'a choisi parmi tous les peuples qui se trouvent sur la
surface de la terre pour que tu sois son peuple précieux.

[7]Si l'Eternel s'est attaché à vous et vous a choisis, ce
n'est nullement parce que vous êtes plus nombreux que
les autres peuples. En fait, vous êtes le moindre de tous.
[8]Mais c'est parce que l'Eternel vous aime et parce qu'il
veut accomplir ce qu'il a promis par serment à vos ancêtres, c'est pour cela qu'il vous a arrachés avec puissance
au pouvoir du pharaon, roi d'Egypte, et qu'il vous a libérés
de l'esclavage.

[9]Reconnais donc que l'Eternel ton Dieu est le seul vrai
Dieu, un Dieu fidèle à son alliance en témoignant de
l'amour pour mille générations envers ceux qui l'aiment
et qui obéissent à ses commandements[p]. [10]Mais il rend
directement leur dû à ceux qui le haïssent et il les fait
périr ; sans tarder, il paie de retour directement ceux qui le
haïssent. [11]C'est pourquoi, obéissez aux commandements,
aux ordonnances et aux lois que je vous donne aujourd'hui
et appliquez-les.

[12]Car si vous prêtez attention à ces lois, si vous y obéissez et si vous les appliquez, l'Eternel votre Dieu tiendra
l'engagement de vous aimer qu'il a pris par serment en
concluant une alliance avec vos ancêtres[q]. [13]Il vous aimera, vous bénira, vous rendra nombreux, et il bénira
vos enfants, il vous bénira par tout ce que produiront vos
terres : votre blé, votre vin nouveau, votre huile fraîche,
et en accroissant les portées de votre gros et de votre petit
bétail sur la terre qu'il a promis par serment à vos ancêtres
de vous donner. [14]Vous jouirez de plus de bénédictions que
tous les autres peuples, et il n'y aura chez vous ni homme
ni femme stérile, ni bête stérile dans vos troupeaux.
[15]L'Eternel vous préservera de toute maladie ; il ne vous
infligera aucune de ces terribles épidémies qui ont frappé

[o] 6.25 Autres traductions : *ce ne sera donc pour nous que justice si ... ou nous serons donc tenus pour justes si ...*
[p] 7.9 Pour les v. 9-10, voir Ex 20.5-6 ; 34.6-7 ; Nb 14.18 ; Dt 5.9-10.
[q] 7.12 Pour les v. 12-16, voir Dt 11.13-17.

keep you free from every disease. He will not inflict
on you the horrible diseases you knew in Egypt, but
he will inflict them on all who hate you. 16 You must
destroy all the peoples the LORD your God gives over to
you. Do not look on them with pity and do not serve
their gods, for that will be a snare to you.
17 You may say to yourselves, "These nations are
stronger than we are. How can we drive them out?"
18 But do not be afraid of them; remember well what
the LORD your God did to Pharaoh and to all Egypt.
19 You saw with your own eyes the great trials, the
signs and wonders, the mighty hand and outstretched
arm, with which the LORD your God brought you out.
The LORD your God will do the same to all the peoples
you now fear. 20 Moreover, the LORD your God will send
the hornet among them until even the survivors who
hide from you have perished. 21 Do not be terrified
by them, for the LORD your God, who is among you, is
a great and awesome God. 22 The LORD your God will
drive out those nations before you, little by little. You
will not be allowed to eliminate them all at once, or
the wild animals will multiply around you. 23 But the
LORD your God will deliver them over to you, throwing
them into great confusion until they are destroyed.
24 He will give their kings into your hand, and you
will wipe out their names from under heaven. No one
will be able to stand up against you; you will destroy
them. 25 The images of their gods you are to burn in
the fire. Do not covet the silver and gold on them, and
do not take it for yourselves, or you will be ensnared
by it, for it is detestable to the LORD your God. 26 Do not
bring a detestable thing into your house or you, like
it, will be set apart for destruction. Regard it as vile
and utterly detest it, for it is set apart for destruction.

Do Not Forget the LORD

8 1 Be careful to follow every command I am giving
you today, so that you may live and increase and
may enter and possess the land the LORD promised
on oath to your ancestors. 2 Remember how the LORD
your God led you all the way in the wilderness these
forty years, to humble and test you in order to know
what was in your heart, whether or not you would
keep his commands. 3 He humbled you, causing you
to hunger and then feeding you with manna, which
neither you nor your ancestors had known, to teach
you that man does not live on bread alone but on every
word that comes from the mouth of the LORD. 4 Your

l'Egypte comme vous le savez. Il les enverra à tous ceux
qui vous haïssent.
16 Vous supprimerez tous les peuples que l'Eternel votre
Dieu livrera en votre pouvoir, sans avoir de pitié pour eux
vous ne rendrez pas de culte à leurs dieux : ce serait un
piège pour vous.
17 Peut-être te diras-tu : « Ces peuples sont plus puissants
que moi ! Comment pourrais-je les déposséder ? » 18 N'aie
pas peur d'eux ! Souviens-toi seulement de ce que l'Eternel
ton Dieu a fait au pharaon et à toute l'Egypte. 19 Rappelle-
toi les terribles épreuves que tu as vues de tes yeux, les
signes miraculeux et les prodiges, et le déploiement de
puissance par lesquels l'Eternel ton Dieu t'a fait sortir
d'Egypte. L'Eternel ton Dieu traitera de la même manière
tous les peuples que tu crains. 20 De plus, il enverra contre
eux les frelons[r] pour faire périr les rescapés qui se seraient
cachés pour t'échapper. 21 Ne tremble pas devant eux, car
l'Eternel ton Dieu qui est au milieu de toi est un Dieu grand
et redoutable. 22 C'est seulement petit à petit que l'Eternel
ton Dieu chassera ces peuples étrangers devant toi, tu ne
pourras pas les éliminer d'un seul coup, sinon les bêtes
sauvages se multiplieraient dangereusement chez toi[s].
23 L'Eternel ton Dieu livrera ces peuples en ton pouvoir
et les mettra en déroute, jusqu'à leur destruction totale.
24 Il te livrera leurs rois, et tu feras disparaître leur nom
de dessous le ciel ; personne ne pourra te résister : tu les
extermineras tous. 25 Vous brûlerez les statues de leurs
dieux. Ne cède pas à la tentation de récupérer l'argent
ou l'or qui les recouvre ! Ne le prends pas ! Cela pourrait
constituer un piège pour toi, car c'est une abomination
pour l'Eternel ton Dieu. 26 Tu n'introduiras donc pas dans
ta maison une abomination, car tu te mettrais avec elle
sous le coup de la malédiction. Tu la tiendras pour une
chose réprouvée, tu l'auras en abomination, car elle est
sous la malédiction.

L'éducation d'Israël au désert

8 1 Vous vous appliquerez à obéir à tous les commandements que je vous donne aujourd'hui, afin que vous
viviez, que vous deveniez nombreux et que vous puissiez
entrer dans le pays que l'Eternel a promis par serment à
vos ancêtres et en prendre possession.
2 N'oublie jamais tout le chemin que l'Eternel ton Dieu t'a
fait parcourir pendant ces quarante ans dans le désert afin
de te faire connaître la pauvreté pour t'éprouver. Il a agi
ainsi pour découvrir tes véritables dispositions intérieures
et savoir si tu allais, ou non, obéir à ses commandements.
3 Oui, il t'a fait connaître la pauvreté et la faim, et il t'a
nourri avec cette manne que tu ne connaissais pas et que
tes ancêtres n'avaient pas connue. De cette manière, il
voulait t'apprendre que l'homme ne vit pas seulement de
pain, mais aussi de toute parole prononcée par l'Eternel[t].
4 Le vêtement que tu portais ne s'est pas usé sur toi et

[r] **7.20** Voir Ex 23.28 ; Jos 24.12. Mot hébreu rare. Les commentaires juifs et les versions anciennes l'ont traduit : *frelons.* Il pourrait s'agir de plaies comme celles d'Egypte. Les insectes sont l'un des fléaux les plus redoutés des agriculteurs. D'autres voient dans les frelons une allusion à une expédition militaire de l'Egypte qui avait pris le frelon comme emblème. D'autres encore traduisent : *Dieu enverra le découragement.* Dt 1.44 et Ps 118.12 comparent les ennemis à des abeilles.

[s] **7.22** Voir v. 1. Les bêtes sauvages se multiplient rapidement dans un pays dépeuplé (voir Ex 23.29-30) ; les lions et les ours étaient fréquents dans le pays alloué à Israël (Jg 14.5 ; 1 S 17.34-35 ; 2 R 17.25-26 ; Am 5.19).

[t] **8.3** Cité en Mt 4.4 ; Lc 4.4.

clothes did not wear out and your feet did not swell during these forty years. 5 Know then in your heart that as a man disciplines his son, so the LORD your God disciplines you.

6 Observe the commands of the LORD your God, walking in obedience to him and revering him. 7 For the LORD your God is bringing you into a good land – a land with brooks, streams, and deep springs gushing out into the valleys and hills; 8 a land with wheat and barley, vines and fig trees, pomegranates, olive oil and honey; 9 a land where bread will not be scarce and you will lack nothing; a land where the rocks are iron and you can dig copper out of the hills.

10 When you have eaten and are satisfied, praise the LORD your God for the good land he has given you. 11 Be careful that you do not forget the LORD your God, failing to observe his commands, his laws and his decrees that I am giving you this day. 12 Otherwise, when you eat and are satisfied, when you build fine houses and settle down, 13 and when your herds and flocks grow large and your silver and gold increase and all you have is multiplied, 14 then your heart will become proud and you will forget the LORD your God, who brought you out of Egypt, out of the land of slavery. 15 He led you through the vast and dreadful wilderness, that thirsty and waterless land, with its venomous snakes and scorpions. He brought you water out of hard rock. 16 He gave you manna to eat in the wilderness, something your ancestors had never known, to humble and test you so that in the end it might go well with you. 17 You may say to yourself, "My power and the strength of my hands have produced this wealth for me." 18 But remember the LORD your God, for it is he who gives you the ability to produce wealth, and so confirms his covenant, which he swore to your ancestors, as it is today.

19 If you ever forget the LORD your God and follow other gods and worship and bow down to them, I testify against you today that you will surely be destroyed. 20 Like the nations the LORD destroyed before you, so you will be destroyed for not obeying the LORD your God.

Not Because of Israel's Righteousness

9 1 Hear, Israel: You are now about to cross the Jordan to go in and dispossess nations greater and stronger than you, with large cities that have walls up to the sky. 2 The people are strong and tall – Anakites! You know about them and have heard it said: "Who can stand up against the Anakites?" 3 But be assured today that the LORD your God is the one who goes across ahead of you like a devouring fire. He will destroy them; he will subdue them before you. And you will drive them out and annihilate them quickly, as the LORD has promised you.

tes pieds ne se sont pas enflés pendant ces quarante ans. 5 Ainsi, en y réfléchissant, tu reconnaîtras que l'Eternel ton Dieu fait ton éducation comme un père éduque son enfant. 6 Obéis donc à ses commandements, marche sur les chemins qu'il te prescrit et ainsi crains-le. 7 Car l'Eternel ton Dieu va te faire entrer dans un bon pays, un pays plein de cours d'eau, de sources et de nappes souterraines qui s'épandent dans la plaine et la montagne. 8 C'est un pays où poussent le froment et l'orge, la vigne, les figuiers et les grenadiers, un pays d'oliviers, d'huile et de miel 9 où tu ne mangeras pas parcimonieusement, un pays où tu ne manqueras de rien, dont les roches contiennent du fer, et où tu pourras extraire du cuivre des montagnes[u]. 10 Ainsi, tu jouiras de ces biens, tu mangeras à satiété, et tu béniras l'Eternel ton Dieu pour le bon pays qu'il t'aura donné.

11 Garde-toi d'oublier l'Eternel, ton Dieu, et de négliger d'obéir à ses commandements, à ses ordonnances et à ses lois que je te donne aujourd'hui. 12 Si tu manges à satiété, si tu te construis de belles maisons et que tu y habites, 13 si ton gros et ton petit bétail se multiplient, si ton argent et ton or s'accumulent, si tous tes biens s'accroissent, 14 prends garde de ne pas céder à l'orgueil et d'oublier l'Eternel ton Dieu, qui t'a fait sortir d'Egypte, du pays où tu étais esclave, 15 qui t'a conduit à travers ce vaste et terrible désert peuplé de serpents venimeux et de scorpions, dans des lieux arides et sans eau où il a fait jaillir pour toi de l'eau du rocher le plus dur.

16 Dans ce désert, il t'a encore nourri en te donnant une manne que tes ancêtres ne connaissaient pas. Il a fait tout cela afin de te faire connaître la pauvreté et de te mettre à l'épreuve, pour ensuite te faire du bien. 17 Prends donc garde de ne pas te dire : « C'est par mes propres forces et ma puissance que j'ai acquis toutes ces richesses. » 18 Souviens-toi au contraire que c'est l'Eternel ton Dieu qui te donne la force de parvenir à la prospérité et qu'il le fait aujourd'hui pour tenir envers toi les engagements qu'il a pris par serment en concluant alliance avec tes ancêtres.

19 Mais si vous en venez à oublier l'Eternel votre Dieu, et à rendre un culte à d'autres dieux, à les servir et à vous prosterner devant eux, je vous avertis aujourd'hui que vous périrez totalement. 20 Vous périrez comme les autres peuples que l'Eternel votre Dieu va faire périr devant vous, parce que vous ne lui aurez pas obéi.

Israël est un peuple rebelle

La raison du châtiment des Cananéens

9 1 Ecoute, Israël ! Te voilà aujourd'hui sur le point de franchir le Jourdain pour aller à la conquête du territoire de peuples plus grands et plus puissants que toi, qui vivent dans des villes importantes, fortifiées par des remparts montant jusqu'au ciel. 2 Ce sont des peuples puissants, des géants de la race des Anaqim. Tu les connais et tu as entendu dire : « Qui peut résister aux descendants d'Anaq ? » 3 Mais sache aussi aujourd'hui que l'Eternel ton Dieu marche lui-même devant toi comme un feu dévorant ; il détruira ces peuples, il les fera plier devant toi, si bien que tu prendras possession de leur territoire et tu les feras périr sans tarder, comme l'Eternel te l'a promis.

[u] **8.9** Le cuivre et le fer abondaient dans la vallée au sud de la mer Morte. Salomon y a exploité des mines de cuivre qui restent en activité aujourd'hui (1 R 7.45-46).

4 After the LORD your God has driven them out before
you, do not say to yourself, "The LORD has brought me
here to take possession of this land because of my
righteousness." No, it is on account of the wickedness
of these nations that the LORD is going to drive them
out before you. 5 It is not because of your righteousness
or your integrity that you are going in to take possession of their land; but on account of the wickedness
of these nations, the LORD your God will drive them
out before you, to accomplish what he swore to your
fathers, to Abraham, Isaac and Jacob. 6 Understand,
then, that it is not because of your righteousness that
the LORD your God is giving you this good land to possess, for you are a stiff-necked people.

The Golden Calf

7 Remember this and never forget how you aroused
the anger of the LORD your God in the wilderness. From
the day you left Egypt until you arrived here, you
have been rebellious against the LORD. 8 At Horeb you
aroused the LORD's wrath so that he was angry enough
to destroy you. 9 When I went up on the mountain to
receive the tablets of stone, the tablets of the covenant that the LORD had made with you, I stayed on the
mountain forty days and forty nights; I ate no bread
and drank no water. 10 The LORD gave me two stone tablets inscribed by the finger of God. On them were all
the commandments the LORD proclaimed to you on the
mountain out of the fire, on the day of the assembly.

11 At the end of the forty days and forty nights, the
LORD gave me the two stone tablets, the tablets of the
covenant. 12 Then the LORD told me, "Go down from
here at once, because your people whom you brought
out of Egypt have become corrupt. They have turned
away quickly from what I commanded them and have
made an idol for themselves."

13 And the LORD said to me, "I have seen this people,
and they are a stiff-necked people indeed! 14 Let me
alone, so that I may destroy them and blot out their
name from under heaven. And I will make you into
a nation stronger and more numerous than they."

15 So I turned and went down from the mountain
while it was ablaze with fire. And the two tablets of
the covenant were in my hands. 16 When I looked, I
saw that you had sinned against the LORD your God;
you had made for yourselves an idol cast in the shape
of a calf. You had turned aside quickly from the way
that the LORD had commanded you. 17 So I took the two
tablets and threw them out of my hands, breaking
them to pieces before your eyes.

18 Then once again I fell prostrate before the LORD for
forty days and forty nights; I ate no bread and drank
no water, because of all the sin you had committed,
doing what was evil in the LORD's sight and so arousing
his anger. 19 I feared the anger and wrath of the LORD,
for he was angry enough with you to destroy you.
But again the LORD listened to me. 20 And the LORD was
angry enough with Aaron to destroy him, but at that
time I prayed for Aaron too. 21 Also I took that sinful

4 Lorsque l'Eternel ton Dieu les aura dépossédés en ta
faveur, ne t'avise pas de penser : « C'est parce que je suis
juste que l'Eternel m'a fait venir pour prendre possession
de ce pays. » Non ! C'est à cause de la perversité de ces peuples qu'il va les chasser devant toi. 5 Ce n'est vraiment pas
parce que tu es juste, ou que tu as la droiture dans le cœur
que tu vas entrer en possession de leur pays ; en vérité
c'est parce que ces peuples sont pervertis que l'Eternel ton
Dieu va les déposséder en ta faveur. C'est aussi pour tenir la
promesse que l'Eternel a faite avec serment à tes ancêtres
Abraham, Isaac et Jacob. 6 Sache donc bien que ce n'est pas
parce que tu es juste que l'Eternel ton Dieu te donne ce
bon pays en possession ; en fait, tu es un peuple rebelle.

Le veau d'or

7 Rappelle-toi – et ne l'oublie jamais – combien tu as
provoqué la colère de l'Eternel ton Dieu dans le désert
depuis le jour où vous êtes sortis du pays d'Egypte jusqu'à
votre arrivée en ce lieu-ci, vous n'avez cessé de lui désobéir.
8 Souvenez-vous en particulier à quel point vous avez
irrité l'Eternel au mont Horeb[v] : il s'est emporté contre
vous au point de vouloir vous exterminer. 9 Quand j'étais
monté sur la montagne pour recevoir les tablettes de
pierre de l'alliance que l'Eternel avait conclue avec vous,
je suis resté là-haut durant quarante jours et quarante
nuits sans manger ni boire. 10 L'Eternel m'a remis les deux
tablettes de pierre écrites du doigt de Dieu. Elles portaient
toutes les paroles qu'il vous avait adressées du milieu du
feu sur la montagne le jour où vous étiez tous assemblés.
11 Au bout de quarante jours et quarante nuits, l'Eternel
m'a remis les deux tablettes de pierre de l'alliance 12 et il
m'a dit : « Va, redescends vite de cette montagne, car ton
peuple que tu as conduit hors d'Egypte s'est corrompu :
ils se sont vite détournés de la voie que je leur avais commandé de suivre. Ils se sont fabriqué une idole de métal
fondu. » 13 Puis il a ajouté : « J'ai observé ce peuple : c'est
un peuple rebelle. 14 Laisse-moi faire : je vais les détruire
et j'effacerai tout souvenir d'eux de dessous le ciel, mais
je ferai de toi le père d'un peuple plus puissant et plus
nombreux que celui-ci. » 15 Alors, je m'en suis retourné,
je suis redescendu de la montagne qui était encore tout
embrasée, tenant des deux mains les deux tablettes de
l'alliance. 16 J'ai regardé et j'ai constaté qu'en effet vous
aviez commis un péché contre l'Eternel, votre Dieu : vous
vous étiez fabriqué une idole de métal fondu en forme de
veau, vous vous étiez vite détournés de la voie que l'Eternel
vous avait prescrite. 17 Alors j'ai pris les deux tablettes,
et je les ai jetées à terre des deux mains et les ai brisées
sous vos yeux.

18 Ensuite, je me suis effondré devant l'Eternel et suis
resté comme la première fois sans manger ni boire durant
quarante jours et quarante nuits à cause du grand péché
que vous aviez commis en faisant ce que l'Eternel juge
mauvais et par lequel vous aviez provoqué sa colère. 19 Car
je redoutais cette colère, cette fureur, dont l'Eternel était
animé contre vous au point de vouloir vous détruire. Mais
cette fois encore, l'Eternel m'a exaucé. 20 Il était aussi très
irrité contre Aaron, au point de vouloir le détruire, et j'ai
aussi prié pour Aaron. 21 Quant à l'objet de votre péché, ce

v 9.8 Voir note 1.2. Voir Ex 32 à 34.

thing of yours, the calf you had made, and burned it
in the fire. Then I crushed it and ground it to powder
as fine as dust and threw the dust into a stream that
flowed down the mountain.

22 You also made the LORD angry at Taberah, at
Massah and at Kibroth Hattaavah.
23 And when the LORD sent you out from Kadesh
Barnea, he said, "Go up and take possession of the
land I have given you." But you rebelled against the
command of the LORD your God. You did not trust him
or obey him. 24 You have been rebellious against the
LORD ever since I have known you.
25 I lay prostrate before the LORD those forty days and
forty nights because the LORD had said he would destroy you. 26 I prayed to the LORD and said, "Sovereign
LORD, do not destroy your people, your own inheritance that you redeemed by your great power and
brought out of Egypt with a mighty hand. 27 Remember
your servants Abraham, Isaac and Jacob. Overlook the
stubbornness of this people, their wickedness and
their sin. 28 Otherwise, the country from which you
brought us will say, 'Because the LORD was not able to
take them into the land he had promised them, and
because he hated them, he brought them out to put
them to death in the wilderness.' 29 But they are your
people, your inheritance that you brought out by your
great power and your outstretched arm."

Tablets Like the First Ones

10 1 At that time the LORD said to me, "Chisel out
two stone tablets like the first ones and come
up to me on the mountain. Also make a wooden ark.[q]
2 I will write on the tablets the words that were on
the first tablets, which you broke. Then you are to
put them in the ark."
3 So I made the ark out of acacia wood and chiseled
out two stone tablets like the first ones, and I went up
on the mountain with the two tablets in my hands.
4 The LORD wrote on these tablets what he had written
before, the Ten Commandments he had proclaimed
to you on the mountain, out of the fire, on the day of
the assembly. And the LORD gave them to me. 5 Then I
came back down the mountain and put the tablets in
the ark I had made, as the LORD commanded me, and
they are there now.
6 (The Israelites traveled from the wells of Bene
Jaakan to Moserah. There Aaron died and was buried,
and Eleazar his son succeeded him as priest. 7 From
there they traveled to Gudgodah and on to Jotbathah,
a land with streams of water. 8 At that time the LORD
set apart the tribe of Levi to carry the ark of the covenant of the LORD, to stand before the LORD to minister
and to pronounce blessings in his name, as they still

[q] **10:1** That is, a chest

veau que vous aviez fabriqué, je l'ai pris et je l'ai jeté au feu,
je l'ai mis entièrement en pièces, puis je l'ai broyé jusqu'à
le réduire en poussière et j'ai dispersé cette poussière dans
le torrent qui descend de la montagne[w].

Autres fautes et intercession de Moïse

22 A Tabeéra, à Massa, à Qibroth-Hattaava, vous avez continuellement provoqué la colère de l'Eternel[x]. 23 Lorsque
l'Eternel voulut vous faire quitter Qadesh-Barnéa, il vous
a commandé : « Allez-y ! Prenez possession du pays que
je vous ai donné ! » Mais vous avez désobéi à l'Eternel
votre Dieu, vous n'avez pas eu confiance en lui, et vous ne
l'avez pas écouté. 24 Depuis que je vous connais, vous êtes
désobéissants à l'Eternel.
25 Je me suis donc effondré devant l'Eternel et je suis
resté prosterné devant lui pendant quarante jours et quarante nuits, car il parlait de vous détruire. 26 Je l'implorais
en disant : « Seigneur Eternel, ne détruis pas ton peuple,
celui qui t'appartient, que tu as magistralement délivré en
le faisant sortir d'Egypte avec puissance. 27 Souviens-toi
de tes serviteurs Abraham, Isaac et Jacob ! Ne tiens pas
compte du caractère rebelle de ce peuple, de sa méchanceté et de son péché ! 28 Sinon les gens du pays d'où tu
nous as fait sortir risquent de dire : "Si l'Eternel leur a
fait quitter l'Egypte pour les faire mourir dans le désert,
c'est parce qu'il n'était pas capable de les faire entrer dans
le pays dont il leur avait parlé", ou : "C'est parce qu'il les
détestait." 29 Et pourtant, ils sont ton peuple, celui qui t'appartient et que tu as fait sortir d'Egypte en déployant ta
grande puissance. »

L'Eternel pardonne

10 1 Alors, l'Eternel m'a dit : « Taille-toi deux tablettes
de pierre pareilles aux premières et viens me trouver sur la montagne ; tu fabriqueras aussi un coffre en
bois. 2 J'inscrirai sur les tablettes les paroles qui étaient
gravées sur les premières que tu as brisées et tu les déposeras dans le coffre. » 3 Je fabriquai donc un coffre en
bois d'acacia et je taillai deux tablettes de pierre semblables aux premières. Après quoi, je gravis la montagne, les
deux tablettes en main. 4 L'Eternel écrivit sur les nouvelles
tablettes comme il l'avait fait sur les premières, les dix
commandements qu'il vous avait communiqués sur la
montagne du milieu du feu, le jour où vous étiez assemblés, et il me les remit. 5 Je m'en retournai et redescendis
de la montagne. Puis je déposai les tablettes dans le coffre
que j'avais fabriqué : elles y sont restées comme l'Eternel
me l'avait ordonné.
6 Les Israélites[y] partirent des puits des descendants de
Yaaqân pour Moséra. C'est là que mourut Aaron, et qu'il fut
enseveli. Eléazar, son fils, lui succéda comme grand-prêtre.
7 De là, ils partirent pour Goudgoda, puis de là pour Yotbata
où abondent les cours d'eau[z]. 8 C'est à cette époque que
l'Eternel choisit la tribu de Lévi pour porter le coffre de
l'alliance de l'Eternel et se tenir en sa présence, pour être
à son service et pour bénir le peuple en son nom – comme

[w] **9.21** Ex 32.20 ajoute que Moïse fit boire cette eau aux coupables.
[x] **9.22** Ces versets ne suivent pas l'ordre chronologique. D'autres exemples de révolte des Israélites sont intercalés ici (v. 22-24) ; voir Nb 11.1-3 ; Ex 17.1-7 ; Nb 11.31-34.
[y] **10.6** Les v. 6-9 se rapportent à des événements postérieurs à ceux du Sinaï.
[z] **10.7** Dernière marche dans le désert, la quarantième année de leurs pérégrinations.

do today. [9]That is why the Levites have no share or
inheritance among their fellow Israelites; the LORD is
their inheritance, as the LORD your God told them.)

[10]Now I had stayed on the mountain forty days
and forty nights, as I did the first time, and the LORD
listened to me at this time also. It was not his will to
destroy you. [11]"Go," the LORD said to me, "and lead the
people on their way, so that they may enter and possess the land I swore to their ancestors to give them."

Fear the LORD

[12]And now, Israel, what does the LORD your God ask
of you but to fear the LORD your God, to walk in obedience to him, to love him, to serve the LORD your God
with all your heart and with all your soul, [13]and to
observe the LORD's commands and decrees that I am
giving you today for your own good?
[14]To the LORD your God belong the heavens, even the
highest heavens, the earth and everything in it. [15]Yet
the LORD set his affection on your ancestors and loved
them, and he chose you, their descendants, above all
the nations – as it is today. [16]Circumcise your hearts,
therefore, and do not be stiff-necked any longer. [17]For
the LORD your God is God of gods and Lord of lords, the
great God, mighty and awesome, who shows no partiality and accepts no bribes. [18]He defends the cause of
the fatherless and the widow, and loves the foreigner
residing among you, giving them food and clothing.
[19]And you are to love those who are foreigners, for you
yourselves were foreigners in Egypt. [20]Fear the LORD
your God and serve him. Hold fast to him and take
your oaths in his name. [21]He is the one you praise; he
is your God, who performed for you those great and
awesome wonders you saw with your own eyes. [22]Your
ancestors who went down into Egypt were seventy
in all, and now the LORD your God has made you as
numerous as the stars in the sky.

Love and Obey the LORD

11 [1]Love the LORD your God and keep his requirements, his decrees, his laws and his
commands always. [2]Remember today that your children were not the ones who saw and experienced the
discipline of the LORD your God: his majesty, his mighty
hand, his outstretched arm; [3]the signs he performed
and the things he did in the heart of Egypt, both to
Pharaoh king of Egypt and to his whole country;
[4]what he did to the Egyptian army, to its horses and
chariots, how he overwhelmed them with the waters
of the Red Sea[r] as they were pursuing you, and how
the LORD brought lasting ruin on them. [5]It was not your
children who saw what he did for you in the wilderness until you arrived at this place, [6]and what he did
to Dathan and Abiram, sons of Eliab the Reubenite,

[r] 11:4 Or *the Sea of Reeds*

elle l'a fait jusqu'à ce jour. [9]C'est pour cela que la tribu de
Lévi n'a reçu ni part, ni patrimoine foncier comme ses tribus sœurs ; c'est l'Eternel ton Dieu qui est son patrimoine
comme il le lui a promis.
[10]Moi donc, je suis resté sur la montagne pendant quarante jours et quarante nuits, comme la première fois. Et
cette fois-ci encore, l'Eternel m'exauça et renonça à vous
détruire. [11]Il me dit : « Lève-toi, va prendre la tête de ce
peuple pour qu'ils partent à la conquête du pays que j'a
promis par serment à leurs ancêtres ! »

L'appel à changer de vie

[12]Et maintenant, Israël, qu'attend de toi l'Eternel ton
Dieu ? Simplement que tu le craignes en suivant toutes
les voies qu'il t'a prescrites, en l'aimant et en le servant
de tout ton cœur et de tout ton être, [13]en observant ses
commandements et ses lois que je te prescris aujourd'hu
pour ton bien. [14]Voici : le ciel, et même les cieux les plus
élevés, appartiennent à l'Eternel ton Dieu ainsi que la terre
et tout ce qu'elle contient. [15]Et pourtant, c'est uniquement à tes ancêtres que l'Eternel s'est attaché pour les
aimer, et c'est leurs descendants, c'est-à-dire vous, qu'il a
choisis parmi tous les peuples, comme vous le constatez
aujourd'hui. [16]Opérez donc aussi une circoncision dans
votre cœur et ne vous rebellez plus contre l'Eternel ; [17]car
l'Eternel votre Dieu est le Dieu suprême et le Seigneur des
seigneurs[a], le grand Dieu, puissant et redoutable, qui ne
fait pas de favoritisme et ne se laisse pas corrompre par
des présents. [18]Il rend justice à l'orphelin et à la veuve et
témoigne son amour à l'étranger en lui assurant le pain et
le vêtement. [19]Vous aussi, vous aimerez l'étranger parmi
vous, car vous avez été étrangers en Egypte.

Israël face à un choix

Craindre l'Eternel

[20]C'est l'Eternel ton Dieu que tu craindras, c'est à lui que
tu rendras un culte, à lui seul que tu t'attacheras, et si tu
prêtes serment, c'est par son nom que tu le feras. [21]Il est
le sujet de tes louanges, il est ton Dieu ; c'est lui qui a accompli pour toi ces œuvres extraordinaires et redoutables
dont tu as été témoin. [22]Tes ancêtres vinrent en Egypte au
nombre de soixante-dix, et maintenant l'Eternel ton Dieu
t'a rendu aussi nombreux que les étoiles du ciel.

Aimer l'Eternel et obéir à ses commandements

11 [1]Tu aimeras donc l'Eternel ton Dieu, et tu obéiras
en tout temps à ce qu'il t'a ordonné : à ses lois, ses
ordonnances, et ses commandements. [2]Contrairement
à vos enfants qui n'en savent rien et qui n'ont pas vu
tout cela, vous qui êtes là aujourd'hui, vous savez ce que
l'Eternel vous a appris : sa grandeur, ses déploiements
de puissance, [3]ainsi que les signes miraculeux et les œuvres qu'il a accomplies en Egypte contre le pharaon, roi
d'Egypte, et contre tout son pays. [4]Vous avez vu comment
il a traité l'armée égyptienne, ses chevaux et ses chars,
comment il a fait déferler sur eux les eaux de la mer des
Roseaux, lorsqu'ils vous poursuivaient, et comment il les a
fait disparaître pour toujours, [5]et vous savez tout ce qu'il
a fait pour vous dans le désert jusqu'à votre arrivée en ce
lieu ; [6]comment il a traité Datan et Abiram, fils d'Eliab, de

[a] 10.17 Titre repris en 1 Tm 6.15 ; Ap 17.14 ; 19.16.

when the earth opened its mouth right in the middle of all Israel and swallowed them up with their households, their tents and every living thing that belonged to them. 7But it was your own eyes that saw all these great things the LORD has done.

8Observe therefore all the commands I am giving you today, so that you may have the strength to go in and take over the land that you are crossing the Jordan to possess, 9and so that you may live long in the land the LORD swore to your ancestors to give to them and their descendants, a land flowing with milk and honey. 10The land you are entering to take over is not like the land of Egypt, from which you have come, where you planted your seed and irrigated it by foot as in a vegetable garden. 11But the land you are crossing the Jordan to take possession of is a land of mountains and valleys that drinks rain from heaven. 12It is a land the LORD your God cares for; the eyes of the LORD your God are continually on it from the beginning of the year to its end.

13So if you faithfully obey the commands I am giving you today – to love the LORD your God and to serve him with all your heart and with all your soul – 14then I will send rain on your land in its season, both autumn and spring rains, so that you may gather in your grain, new wine and olive oil. 15I will provide grass in the fields for your cattle, and you will eat and be satisfied.

16Be careful, or you will be enticed to turn away and worship other gods and bow down to them. 17Then the LORD's anger will burn against you, and he will shut up the heavens so that it will not rain and the ground will yield no produce, and you will soon perish from the good land the LORD is giving you. 18Fix these words of mine in your hearts and minds; tie them as symbols on your hands and bind them on your foreheads. 19Teach them to your children, talking about them when you sit at home and when you walk along the road, when you lie down and when you get up. 20Write them on the doorframes of your houses and on your gates, 21so that your days and the days of your children may be many in the land the LORD swore to give your ancestors, as many as the days that the heavens are above the earth.

la tribu de Ruben, quand la terre s'est fendue sous leurs pieds et les a engloutis avec leurs familles, leurs tentes et tous leurs partisans en Israël. 7Oui, c'est de vos propres yeux que vous avez vu toutes les œuvres extraordinaires que l'Eternel a accomplies. 8Obéissez donc à tous les commandements que je vous prescris aujourd'hui, alors vous serez forts et vous pourrez conquérir le pays dans lequel vous êtes sur le point d'entrer, pour en prendre possession, 9et vous prolongerez vos jours sur la terre ruisselant de lait et de miel que l'Eternel a promis par serment de donner à vos ancêtres et à toute leur descendance.

La bénédiction dans le pays

10Le pays où tu vas pénétrer pour en prendre possession ne ressemble pas à l'Egypte d'où vous êtes sortis ; là-bas, après avoir fait vos semailles, vous deviez irriguer vos champs en actionnant des norias[b] avec vos pieds comme dans un jardin potager. 11Par contre, le pays où vous vous rendez pour en prendre possession est un pays de montagnes et de vallées arrosé par la pluie du ciel. 12C'est un pays dont l'Eternel ton Dieu prend lui-même soin et sur lequel il veille continuellement du début à la fin de l'année.

13Si vous obéissez aux commandements que je vous donne aujourd'hui, en aimant l'Eternel votre Dieu et en lui rendant un culte de tout votre cœur et de tout votre être[c], 14je répandrai[d] sur votre pays la pluie au temps opportun, la pluie d'automne et la pluie de printemps[e], et vous aurez de belles récoltes de blé, de vin nouveau et d'huile. 15Je ferai croître l'herbe dans vos prés pour votre bétail et vous mangerez à satiété.

Se garder de l'idolâtrie

16Gardez-vous bien de vous laisser séduire et de vous détourner vers des dieux étrangers pour leur rendre un culte et vous prosterner devant eux. 17L'Eternel se mettrait en colère contre vous, il fermerait le ciel pour qu'il ne pleuve pas, la terre ne produirait plus ses récoltes et vous ne tarderiez pas à disparaître de ce bon pays que l'Eternel vous donne. 18Gravez donc bien ces ordres que je vous donne dans votre cœur et au tréfonds de votre être, qu'ils soient attachés comme un signe sur vos mains, et comme une marque sur votre front[f]. 19Vous les enseignerez à vos enfants et vous leur en parlerez, chez vous dans votre maison et quand vous marcherez sur la route, quand vous vous coucherez et quand vous vous lèverez. 20Vous les inscrirez sur les poteaux de votre maison et sur les montants de vos portes[g]. 21Alors vos jours et ceux de vos enfants dans le pays que l'Eternel a promis par serment de donner à vos ancêtres dureront aussi longtemps que le ciel restera au-dessus de la terre.

[b] **11.10** L'Egypte était un pays plat et aux rares pluies. L'irrigation devait donc se faire par des moyens artificiels, au moyen de roues mues au pied et des rigoles ouvertes ou fermées au pied.

[c] **11.13** Pour les v. 13-17, voir Lv 26.3-5 ; Dt 7.12-16 ; 28.1-14.

[d] **11.14** Texte hébreu traditionnel. Le Pentateuque samaritain, l'ancienne version grecque et la Vulgate ont : *il répandra*.

[e] **11.14** Le pays d'Israël connaît deux saisons de pluies : en automne, lorsque la terre est préparée pour les semailles, et au printemps, lorsque le grain commence à mûrir. La fertilité du sol dépend de ces deux saisons de pluies (voir Gn 41.28-30 ; 1 R 17.1).

[f] **11.18** Pour les v. 18-20, voir Dt 6.6-9.

[g] **11.20** Voir note 6.9.

22 If you carefully observe all these commands I am giving you to follow – to love the LORD your God, to walk in obedience to him and to hold fast to him – 23 then the LORD will drive out all these nations before you, and you will dispossess nations larger and stronger than you. 24 Every place where you set your foot will be yours: Your territory will extend from the desert to Lebanon, and from the Euphrates River to the Mediterranean Sea. 25 No one will be able to stand against you. The LORD your God, as he promised you, will put the terror and fear of you on the whole land, wherever you go.

26 See, I am setting before you today a blessing and a curse – 27 the blessing if you obey the commands of the LORD your God that I am giving you today; 28 the curse if you disobey the commands of the LORD your God and turn from the way that I command you today by following other gods, which you have not known. 29 When the LORD your God has brought you into the land you are entering to possess, you are to proclaim on Mount Gerizim the blessings, and on Mount Ebal the curses. 30 As you know, these mountains are across the Jordan, westward, toward the setting sun, near the great trees of Moreh, in the territory of those Canaanites living in the Arabah in the vicinity of Gilgal. 31 You are about to cross the Jordan to enter and take possession of the land the LORD your God is giving you. When you have taken it over and are living there, 32 be sure that you obey all the decrees and laws I am setting before you today.

The One Place of Worship

12 1 These are the decrees and laws you must be careful to follow in the land that the LORD, the God of your ancestors, has given you to possess – as long as you live in the land. 2 Destroy completely all the places on the high mountains, on the hills and under every spreading tree, where the nations you are dispossessing worship their gods. 3 Break down their altars, smash their sacred stones and burn their Asherah poles in the fire; cut down the idols of their gods and wipe out their names from those places.

4 You must not worship the LORD your God in their way. 5 But you are to seek the place the LORD your God will choose from among all your tribes to put his Name there for his dwelling. To that place you must

Le don du pays

22 Car si vraiment vous obéissez à tous ces commandements que je vous ordonne d'appliquer, en aimant l'Eternel votre Dieu, en suivant tous les chemins qu'il vous a prescrits et en vous attachant à lui, 23 il dépossédera en votre faveur tous ces peuples étrangers, et vous prendrez ainsi possession du territoire de peuples plus grands et plus puissants que vous. 24 Tout endroit sur lequel vous poserez le pied vous appartiendra, votre territoire s'étendra du désert jusqu'au Liban, et de l'Euphrate jusqu'à la mer Méditerranée[h]. 25 Personne ne pourra vous résister : comme il vous l'a dit, l'Eternel votre Dieu sèmera devant vous la terreur et la panique dans tout le territoire que vous traverserez.

La bénédiction ou la malédiction

26 Ecoutez, je propose aujourd'hui à votre choix la bénédiction et la malédiction : 27 la bénédiction si vous obéissez aux commandements de l'Eternel votre Dieu, ceux que je vous donne aujourd'hui ; 28 ou la malédiction, si vous n'obéissez pas aux commandements de l'Eternel votre Dieu, et si vous vous écartez de la voie que je vous trace moi-même aujourd'hui, pour vous rallier à d'autres dieux que vous ne connaissez pas.

29 Quand l'Eternel votre Dieu vous aura fait entrer dans le pays où vous vous rendez pour en prendre possession, vous prononcerez la bénédiction sur le mont Garizim et la malédiction sur le mont Ebal[i]. 30 Ces deux sommets se trouvent au-delà du Jourdain, de l'autre côté de la route de l'occident[j], au pays des Cananéens qui habitent dans la plaine de la vallée du Jourdain, face à Guilgal[k], près des chênes de Moré. 31 Car vous allez bientôt franchir le Jourdain pour aller à la conquête du pays que l'Eternel votre Dieu vous donne. Vous en prendrez possession et vous y habiterez. 32 Vous vous appliquerez à obéir à toutes les ordonnances et toutes les lois que je vous donne aujourd'hui.

LES CLAUSES DE L'ALLIANCE

Un seul sanctuaire

12 1 Voici les ordonnances et les lois auxquelles vous obéirez et que vous appliquerez dans le pays que l'Eternel, le Dieu de vos ancêtres, vous donne en possession, aussi longtemps que vous y vivrez.

2 Vous ferez totalement disparaître tous les lieux où les gens des peuples que vous allez chasser ont adoré leurs dieux, sur les sommets des hautes montagnes et des collines et sous tout arbre verdoyant. 3 Vous démolirez leurs autels, vous briserez leurs stèles sacrées, vous brûlerez leurs pieux sacrés, vous mettrez en pièces les idoles de leurs dieux et vous effacerez leur souvenir de cette contrée. 4 Vous agirez tout autrement à l'égard de l'Eternel votre Dieu. 5 L'Eternel votre Dieu choisira un lieu au milieu des territoires de toutes vos tribus pour y établir sa présence et pour en faire sa demeure ; c'est là

h **11.24** Pour les v. 24-25, voir Jos 1.3-5.
i **11.29** Deux montagnes abruptes dominant, au sud et au nord, l'étroite vallée où est construite la ville de Sichem. L'ordre est répété 27.1-13. Jos 8.30-35 en rapporte l'exécution.
j **11.30** A 30 kilomètres à l'ouest du Jourdain.
k **11.30** Probablement un village à une dizaine de kilomètres au nord-ouest de Béthel (voir 2 R 2.1) et non le Guilgal, mentionné dans Jos 4.19, situé près du Jourdain (voir Gn 12.6).

go; 6 there bring your burnt offerings and sacrifices, your tithes and special gifts, what you have vowed to give and your freewill offerings, and the firstborn of your herds and flocks. 7 There, in the presence of the LORD your God, you and your families shall eat and shall rejoice in everything you have put your hand to, because the LORD your God has blessed you.

8 You are not to do as we do here today, everyone doing as they see fit, 9 since you have not yet reached the resting place and the inheritance the LORD your God is giving you. 10 But you will cross the Jordan and settle in the land the LORD your God is giving you as an inheritance, and he will give you rest from all your enemies around you so that you will live in safety. 11 Then to the place the LORD your God will choose as a dwelling for his Name – there you are to bring everything I command you: your burnt offerings and sacrifices, your tithes and special gifts, and all the choice possessions you have vowed to the LORD. 12 And there rejoice before the LORD your God – you, your sons and daughters, your male and female servants, and the Levites from your towns who have no allotment or inheritance of their own. 13 Be careful not to sacrifice your burnt offerings anywhere you please. 14 Offer them only at the place the LORD will choose in one of your tribes, and there observe everything I command you.

15 Nevertheless, you may slaughter your animals in any of your towns and eat as much of the meat as you want, as if it were gazelle or deer, according to the blessing the LORD your God gives you. Both the ceremonially unclean and the clean may eat it. 16 But you must not eat the blood; pour it out on the ground like water. 17 You must not eat in your own towns the tithe of your grain and new wine and olive oil, or the firstborn of your herds and flocks, or whatever you have vowed to give, or your freewill offerings or special gifts. 18 Instead, you are to eat them in the presence of the LORD your God at the place the LORD your God will choose – you, your sons and daughters, your male and female servants, and the Levites from your towns – and you are to rejoice before the LORD your God in everything you put your hand to. 19 Be careful not to neglect the Levites as long as you live in your land.

20 When the LORD your God has enlarged your territory as he promised you, and you crave meat and say, "I would like some meat," then you may eat as much of it as you want. 21 If the place where the LORD your God chooses to put his Name is too far away from you, you may slaughter animals from the herds and flocks the LORD has given you, as I have commanded you, and in your own towns you may eat as much of them as you want. 22 Eat them as you would gazelle or deer.

seulement que vous irez l'invoquer. 6 Là, vous apporterez vos holocaustes et vos sacrifices, vos dîmes et vos offrandes prélevées sur le fruit de votre travail, celles que vous ferez pour accomplir un vœu, vos dons spontanés et les premiers-nés de votre gros et de votre petit bétail. 7 Là aussi, vous prendrez vos repas cultuels en présence de l'Eternel votre Dieu, et vous vous réjouirez, vous et vos familles, de tous les produits de votre travail par lesquels l'Eternel votre Dieu vous aura bénis.

8 Vous n'agirez donc plus comme nous agissons ici aujourd'hui, où chacun fait ce qui lui semble bon. 9 Car jusqu'à présent vous ne connaissez pas encore une existence paisible et vous n'avez pas encore reçu le patrimoine que l'Eternel votre Dieu va vous donner pour que vous meniez une existence paisible. 10 Vous allez traverser le Jourdain et vous habiterez le pays que l'Eternel votre Dieu vous donne comme patrimoine ; il vous fera connaître une existence paisible en vous délivrant de tous les ennemis qui vous entourent, et vous habiterez en toute sécurité dans le pays. 11 Alors l'Eternel votre Dieu choisira un lieu pour y faire habiter son nom ; c'est là que vous apporterez tout ce que je vous ordonne : vos holocaustes, vos sacrifices, vos dîmes et vos offrandes prélevées sur le produit de votre travail et toutes les choses excellentes que vous offrirez à l'Eternel pour accomplir vos vœux. 12 Vous vous réjouirez en présence de l'Eternel votre Dieu, vous, vos fils et vos filles, vos serviteurs et vos servantes et les lévites habitant dans vos villes, car ils n'ont reçu ni part, ni patrimoine foncier comme vous.

13 Gardez-vous d'offrir vos holocaustes dans n'importe quel lieu que vous trouverez. 14 C'est uniquement dans le lieu que l'Eternel choisira dans l'une de vos tribus que vous offrirez vos holocaustes ; c'est là seulement que vous ferez tout ce que je vous prescris. 15 Néanmoins vous pourrez à votre gré abattre des bêtes et en manger la viande dans toutes vos villes, selon les bénédictions que l'Eternel votre Dieu vous accordera. Celui qui sera rituellement pur comme celui qui ne le sera pas pourra en manger comme dans le cas de la gazelle ou du cerf. 16 Seulement, vous ne mangerez pas le sang ; vous le répandrez sur la terre comme de l'eau.

17 Par contre, vous ne pourrez pas consommer dans vos villes la dîme de votre blé, de votre vin nouveau et de votre huile, ni les premiers-nés de votre gros et de votre petit bétail, ni rien de ce que vous avez fait vœu d'offrir, ni vos dons spontanés, ni vos offrandes prélevées sur le fruit de votre travail. 18 C'est seulement en présence de l'Eternel votre Dieu, dans le lieu qu'il choisira, que vous les mangerez, vous, vos fils, vos filles, vos serviteurs, vos servantes et les lévites qui résident dans vos villes, et vous vous réjouirez devant l'Eternel votre Dieu, de tous les produits de votre travail. 19 Gardez-vous bien d'oublier les lévites, aussi longtemps que vous habiterez dans votre pays.

20 Lorsque l'Eternel votre Dieu aura agrandi votre territoire comme il vous l'a promis et que vous aurez envie de manger de la viande, vous pourrez manger tout ce qui vous plaira. 21 Si le lieu que l'Eternel votre Dieu choisira pour y établir sa présence est trop loin de chez vous, vous abattrez des bêtes de votre gros ou de votre petit bétail que vous aura donné l'Eternel, en faisant comme je vous l'ai ordonné, et vous pourrez manger tout ce qui vous plaira là où vous habiterez. 22 Mais vous en mangerez comme on mange de la gazelle et du cerf ; ceux qui seront rituellement purs

Both the ceremonially unclean and the clean may eat. 23 But be sure you do not eat the blood, because the blood is the life, and you must not eat the life with the meat. 24 You must not eat the blood; pour it out on the ground like water. 25 Do not eat it, so that it may go well with you and your children after you, because you will be doing what is right in the eyes of the LORD.

26 But take your consecrated things and whatever you have vowed to give, and go to the place the LORD will choose. 27 Present your burnt offerings on the altar of the LORD your God, both the meat and the blood. The blood of your sacrifices must be poured beside the altar of the LORD your God, but you may eat the meat. 28 Be careful to obey all these regulations I am giving you, so that it may always go well with you and your children after you, because you will be doing what is good and right in the eyes of the LORD your God.

29 The LORD your God will cut off before you the nations you are about to invade and dispossess. But when you have driven them out and settled in their land, 30 and after they have been destroyed before you, be careful not to be ensnared by inquiring about their gods, saying, "How do these nations serve their gods? We will do the same." 31 You must not worship the LORD your God in their way, because in worshiping their gods, they do all kinds of detestable things the LORD hates. They even burn their sons and daughters in the fire as sacrifices to their gods.

32 See that you do all I command you; do not add to it or take away from it.[s]

Worshiping Other Gods

13 1[t] If a prophet, or one who foretells by dreams, appears among you and announces to you a sign or wonder, 2 and if the sign or wonder spoken of takes place, and the prophet says, "Let us follow other gods" (gods you have not known) "and let us worship them," 3 you must not listen to the words of that prophet or dreamer. The LORD your God is testing you to find out whether you love him with all your heart and with all your soul. 4 It is the LORD your God you must follow, and him you must revere. Keep his commands and obey him; serve him and hold fast to him. 5 That prophet or dreamer must be put to death for inciting rebellion against the LORD your God, who brought you out of Egypt and redeemed you from the land of slavery. That prophet or dreamer tried to turn you from the way the LORD your God commanded you to follow. You must purge the evil from among you.

et ceux qui seront impurs, pourront en manger ensemble. 23 Seulement, évitez avec soin d'en manger le sang, car le sang c'est la vie, et vous ne mangerez pas la vie avec la viande. 24 Vous n'en mangerez pas, vous le répandrez sur la terre comme de l'eau. 25 Vous n'en consommerez pas afin d'être heureux, vous et vos descendants après vous pour avoir fait ce que l'Eternel considère comme juste.

26 Cependant, vous prendrez les animaux consacrés qui sont à vous et ce que vous avez fait vœu d'offrir, et vous les amènerez au lieu que l'Eternel choisira. 27 Vous offrirez vos holocaustes avec la viande et le sang sur l'autel de l'Eternel votre Dieu ; le sang de vos autres sacrifices sera répandu sur l'autel de l'Eternel votre Dieu, et vous pourrez en manger la viande.

28 Retenez tous ces commandements que je vous donne et obéissez-y. Alors vous serez heureux, vous et vos descendants après vous pour toujours, parce que vous aurez fait ce que l'Eternel votre Dieu juge bon et juste.

Contre l'idolâtrie

N'imitez pas les peuples cananéens !

29 Lorsque l'Eternel votre Dieu aura fait disparaître les peuples chez qui vous vous rendez pour les déposséder, lorsque vous les aurez chassés et que vous serez installés dans leur pays, 30 gardez-vous bien de vous laisser prendre au piège en les imitant après leur extermination, et n'allez pas vous rallier à leurs divinités en disant : « Comment ces peuples adoraient-ils leurs dieux ? Nous voulons nous aussi faire comme eux. » 31 Non, vous n'agirez pas ainsi envers l'Eternel votre Dieu. Car ces gens faisaient pour leurs dieux toutes sortes de choses que l'Eternel a en abomination et qu'il déteste ; ils allaient même jusqu'à brûler leurs fils et leurs filles en sacrifice à leurs dieux[l].

Ne suivez pas les faux prophètes !

13 1 Vous obéirez à tout ce que je vous commande et vous l'appliquerez, sans rien y ajouter et sans rien en retrancher.

2 Peut-être un prophète apparaîtra-t-il un jour parmi vous, ou un visionnaire qui vous donnera un signe miraculeux ou vous annoncera un prodige[m]. 3 Si le signe ou le prodige annoncé s'accomplit, et s'il vous dit : « Allons suivre d'autres dieux que vous ne connaissez pas et rendons-leur un culte », 4 vous n'écouterez pas les paroles de ce prophète ou de ce visionnaire, car l'Eternel votre Dieu se servira de lui pour vous mettre à l'épreuve, afin de voir si vous l'aimez réellement de tout votre cœur et de tout votre être. 5 C'est à l'Eternel votre Dieu que vous rendrez un culte, c'est lui que vous craindrez ; vous obéirez à ses commandements, vous l'écouterez, c'est à lui seul que vous rendrez un culte, et c'est à lui seul que vous vous attacherez. 6 Quant à ce prophète ou ce visionnaire, il sera puni de mort pour avoir prêché la désobéissance à l'Eternel votre Dieu, qui vous a fait sortir d'Egypte et vous a libérés de l'esclavage, car il aura voulu vous entraîner hors du chemin que l'Eternel votre Dieu vous a ordonné de suivre. Ainsi, vous ferez disparaître le mal du milieu de vous.

[s] 12:32 In Hebrew texts this verse (12:32) is numbered 13:1.
[t] In Hebrew texts 13:1-18 is numbered 13:2-19.

[l] 12.31 Voir Lv 18.21 et note.
[m] 13.2 Pour les v. 2-6, sur les faux prophètes, voir aussi Jr 23.25-32.

6 If your very own brother, or your son or daughter, ·r the wife you love, or your closest friend secret- / entices you, saying, "Let us go and worship other ,ods" (gods that neither you nor your ancestors have nown, 7 gods of the peoples around you, whether near r far, from one end of the land to the other), 8 do not ield to them or listen to them. Show them no pity. Do ot spare them or shield them. 9 You must certainly ·ut them to death. Your hand must be the first in utting them to death, and then the hands of all the ·eople. 10 Stone them to death, because they tried to urn you away from the LORD your God, who brought ou out of Egypt, out of the land of slavery. 11 Then all srael will hear and be afraid, and no one among you vill do such an evil thing again.

12 If you hear it said about one of the towns the LORD our God is giving you to live in 13 that troublemakers ave arisen among you and have led the people of heir town astray, saying, "Let us go and worship other ods" (gods you have not known), 14 then you must nquire, probe and investigate it thoroughly. And if is true and it has been proved that this detestable hing has been done among you, 15 you must certainly ut to the sword all who live in that town. You must estroy it completely,[u] both its people and its live- tock. 16 You are to gather all the plunder of the town nto the middle of the public square and completely urn the town and all its plunder as a whole burnt ffering to the LORD your God. That town is to remain ruin forever, never to be rebuilt, 17 and none of the ondemned things[v] are to be found in your hands. hen the LORD will turn from his fierce anger, will how you mercy, and will have compassion on you. He vill increase your numbers, as he promised on oath o your ancestors – 18 because you obey the LORD your od by keeping all his commands that I am giving you oday and doing what is right in his eyes.

lean and Unclean Food

14 1 You are the children of the LORD your God. Do not cut yourselves or shave the front of our heads for the dead, 2 for you are a people holy o the LORD your God. Out of all the peoples on the ace of the earth, the LORD has chosen you to be his reasured possession.

3 Do not eat any detestable thing. 4 These are the nimals you may eat: the ox, the sheep, the goat, 5 the eer, the gazelle, the roe deer, the wild goat, the ibex,

Ne vous laissez pas entraîner par un proche !

7 Si ton frère, fils de ta mère, ou ton fils ou ta fille, ou la femme que tu serres contre ton cœur, ou ton ami intime essaie de te séduire en secret en te disant : « Allons rendre un culte à d'autres dieux que ni toi ni tes ancêtres n'avez connus, 8 des dieux d'entre les divinités des peuples étrangers, proches ou lointains, qui habitent d'une extrémité de la terre à l'autre », 9 tu n'accepteras pas sa suggestion et tu ne l'écouteras pas ; bien plus, tu ne t'apitoieras pas sur lui, tu ne l'épargneras pas et tu ne couvriras pas sa faute. 10 Au contraire, tu as le devoir de le faire périr. Ta main se lèvera la première sur lui pour le mettre à mort, puis tout le peuple t'imitera. 11 Tu le lapideras pour le faire mourir[n], parce qu'il a cherché à te détourner de l'Eternel ton Dieu qui t'a fait sortir d'Egypte où tu étais esclave. 12 Tout Israël l'apprendra et sera saisi de crainte, et l'on ne recommencera pas à commettre un tel méfait au milieu de vous.

Le châtiment des Israélites infidèles

13 Si vous entendez dire que, dans l'une des villes que l'Eternel ton Dieu vous donne pour y habiter, 14 des vauriens[o] de votre propre peuple ont entraîné les habitants en disant : « Allons rendre un culte à d'autres dieux que vous ne connaissez pas ! », 15 vous ferez des recherches, vous mènerez une enquête approfondie en interrogeant les gens avec soin. Si la chose est vraie, s'il est établi qu'une telle abomination a été commise chez vous, 16 vous ferez périr par l'épée tous les habitants de cette ville ainsi que le bétail. Vous la détruirez avec tout ce qu'elle contient pour la vouer à l'Eternel. 17 Vous rassemblerez toutes ses richesses au milieu de la place et vous brûlerez entièrement la ville et tous ses biens pour l'Eternel votre Dieu. Elle restera pour toujours un monceau de ruines et ne sera plus jamais rebâtie. 18 Vous ne mettrez la main sur rien de ce qui, voué à la malédiction, a été détruit, afin que l'ardente colère de l'Eternel s'apaise. Il vous accordera sa compassion et vous fera grâce en vous rendant nombreux, comme il l'a promis à vos ancêtres, 19 si vous l'écoutez pour obéir à tous ses commandements que je vous transmets aujourd'hui et pour faire ce qu'il considère comme juste.

Les lois sur la pureté des Israélites

14 1 Vous êtes les enfants de l'Eternel votre Dieu : vous ne vous ferez donc pas d'incision sur le corps ni de tonsure sur le front de votre tête[p]. 2 Vous êtes, en effet, un peuple saint pour l'Eternel votre Dieu, et l'Eternel vous a choisis parmi tous les peuples répandus sur la surface de la terre pour que vous lui apparteniez comme un peuple précieux.

3 Vous ne mangerez rien d'abominable[q]. 4 Voici les animaux que vous pourrez manger : le bœuf, le mouton et la chèvre, 5 le cerf, la gazelle et le daim, le bouquetin, le

13:15 The Hebrew term refers to the irrevocable giving over of ·ings or persons to the LORD, often by totally destroying them.
13:17 The Hebrew term refers to the irrevocable giving over of ·ings or persons to the LORD, often by totally destroying them.

[n] **13.11** Par cette exécution à coups de pierre (lapidation), chaque membre du peuple se désolidarisait du coupable et exprimait son accord avec le jugement, ainsi que sa volonté d'éradiquer le mal et de maintenir le respect de la Loi. Les témoins accusateurs jetaient les premières pierres (v. 10 ; 17.7).

[o] **13.14** Littéralement : *des hommes, fils de Bélial* (cf. 1 S 1.16 ; 2.12 ; 25.17). Plus tard, le mot *Bélial* sera utilisé comme nom de Satan (2 Co 6.15).

[p] **14.1** Divers rites de deuil païens (voir Lv 19.28 ; 21.5 ; 1 R 18.28 ; Jr 16.6 ; 41.5 ; 47.5).

[q] **14.3** Pour les v. 3-20, voir Lv 11.1-23.

the antelope and the mountain sheep.[w] 6You may eat
any animal that has a divided hoof and that chews the
cud. 7However, of those that chew the cud or that have
a divided hoof you may not eat the camel, the rabbit
or the hyrax. Although they chew the cud, they do not
have a divided hoof; they are ceremonially unclean
for you. 8The pig is also unclean; although it has a
divided hoof, it does not chew the cud. You are not to
eat their meat or touch their carcasses.

9Of all the creatures living in the water, you may
eat any that has fins and scales. 10But anything that
does not have fins and scales you may not eat; for
you it is unclean.
11You may eat any clean bird. 12But these you may
not eat: the eagle, the vulture, the black vulture, 13the
red kite, the black kite, any kind of falcon, 14any kind
of raven, 15the horned owl, the screech owl, the gull,
any kind of hawk, 16the little owl, the great owl, the
white owl, 17the desert owl, the osprey, the cormorant,
18the stork, any kind of heron, the hoopoe and the bat.

19All flying insects are unclean to you; do not eat
them. 20But any winged creature that is clean you
may eat.
21Do not eat anything you find already dead. You
may give it to the foreigner residing in any of your
towns, and they may eat it, or you may sell it to any
other foreigner. But you are a people holy to the Lord
your God.
Do not cook a young goat in its mother's milk.

Tithes

22Be sure to set aside a tenth of all that your fields
produce each year. 23Eat the tithe of your grain, new
wine and olive oil, and the firstborn of your herds and
flocks in the presence of the Lord your God at the place
he will choose as a dwelling for his Name, so that you
may learn to revere the Lord your God always. 24But
if that place is too distant and you have been blessed by the Lord your God and cannot carry your tithe
(because the place where the Lord will choose to put
his Name is so far away), 25then exchange your tithe
for silver, and take the silver with you and go to the
place the Lord your God will choose. 26Use the silver
to buy whatever you like: cattle, sheep, wine or other
fermented drink, or anything you wish. Then you and
your household shall eat there in the presence of the
Lord your God and rejoice. 27And do not neglect the
Levites living in your towns, for they have no allotment or inheritance of their own.

28At the end of every three years, bring all the
tithes of that year's produce and store it in your

[w] 14:5 The precise identification of some of the birds and animals in this chapter is uncertain.

chevreuil, le mouflon, la chèvre sauvage 6et toute bêt
qui a les sabots fendus en deux et qui remue constam
ment les mâchoires[r]. 7Mais vous ne mangerez pas celle
qui remuent constamment les mâchoires seulement o
qui ont seulement les sabots fendus, comme le chamea
le lièvre et le daman, car bien qu'ils remuent constam
ment les mâchoires, ils n'ont pas le sabot fendu. Vous le
tiendrez donc pour impurs. 8Le porc, lui, a le sabot fend
mais ne remue pas constamment les mâchoires ; vous l
considérerez comme impur. Vous ne mangerez pas de s
viande et vous ne toucherez pas à son cadavre.
9Parmi les animaux aquatiques, vous pourrez mange
tous ceux qui ont des nageoires et des écailles. 10Mai
vous ne mangerez pas ceux qui n'ont pas de nageoires e
d'écailles, vous les considérerez comme impurs.
11Vous pourrez manger tout oiseau pur. 12Mais voi
une liste d'oiseaux que vous ne devez pas manger[s] : l'a
gle, le gypaète, le vautour, 13la buse, le faucon, toutes le
diverses espèces de milans, 14toutes les variétés de co
beaux, 15l'autruche, la chouette, la mouette et toutes le
espèces d'éperviers, 16le hibou, le chat-huant et l'effrai
17le pélican, l'orfraie et le cormoran, 18la cigogne et le
diverses variétés de hérons, la huppe et la chauve-souri
19Vous considérerez comme impur tout insecte ailé, e
vous n'en mangerez pas. 20Vous pourrez cependant man
ger ce qui vole et qui est pur.
21Vous ne mangerez pas une bête morte. Vous pourre
la donner à l'immigré pour qu'il la mange[t], ou la vendre
un étranger. Vous, en effet, vous êtes un peuple saint pou
l'Eternel votre Dieu. Vous ne ferez pas cuire un chevrea
dans le lait de sa mère.

Les lois sociales

La dîme

22Chaque année, vous prélèverez la dîme de tous le
produits de vos champs. 23Vous mangerez, devant l'Ete
nel votre Dieu au lieu qu'il aura choisi pour y établir s
présence, la dîme de votre blé, du vin nouveau et de l'huil
ainsi que les premiers-nés de vos troupeaux de gros et d
petit bétail. Ainsi vous apprendrez à craindre l'Etern
votre Dieu tous les jours de votre vie. 24Lorsque l'Etern
t'aura comblé de bénédictions, si tu ne peux pas tran
porter ta dîme jusqu'à l'endroit que l'Eternel ton Dieu aur
choisi pour y établir sa présence parce qu'il sera trop loi
de chez toi, 25tu vendras la dîme, tu prendras l'argent et t
te rendras au lieu que l'Eternel ton Dieu aura choisi. 26L
tu achèteras avec l'argent tout ce qui te plaira : bœuf
moutons ou chevreaux, vin ou autres boissons alcoolisée
bref, tout ce dont tu auras envie, et tu le consommera
là devant l'Eternel ton Dieu, en te réjouissant avec ta fa
mille. 27Vous n'oublierez pas de partager avec les lévite
qui habiteront dans vos villes, car ils n'ont pas reçu d
part de patrimoine foncier comme vous.
28Tous les trois ans, vous prélèverez toute la dîme de
récoltes de cette année-là, et vous la déposerez à l'ir

[r] 14.6 La classification zoologique des Hébreux se fondait sur des critères extérieurs faciles à discerner : il s'agit ici, non seulement des ruminants, mais de tout animal qui remue constamment au moins une mâchoire (voir note Lv 11.6).

[s] 14.12 L'identification des oiseaux qui suivent n'est pas toujours certaine.

[t] 14.21 Parce qu'ils ne sont pas soumis aux règles rituelles des Juifs.

owns, 29 so that the Levites (who have no allotment r inheritance of their own) and the foreigners, the atherless and the widows who live in your towns may ome and eat and be satisfied, and so that the LORD our God may bless you in all the work of your hands.

he Year for Canceling Debts

15 1 At the end of every seven years you must cancel debts. 2 This is how it is to be done: very creditor shall cancel any loan they have made o a fellow Israelite. They shall not require payment rom anyone among their own people, because the ORD's time for canceling debts has been proclaimed. You may require payment from a foreigner, but ou must cancel any debt your fellow Israelite owes ou. 4 However, there need be no poor people among ou, for in the land the LORD your God is giving you o possess as your inheritance, he will richly bless ou, 5 if only you fully obey the LORD your God and are areful to follow all these commands I am giving you oday. 6 For the LORD your God will bless you as he has romised, and you will lend to many nations but will orrow from none. You will rule over many nations ut none will rule over you.

7 If anyone is poor among your fellow Israelites n any of the towns of the land the LORD your God is iving you, do not be hardhearted or tightfisted toward them. 8 Rather, be openhanded and freely lend hem whatever they need. 9 Be careful not to harbor his wicked thought: "The seventh year, the year for anceling debts, is near," so that you do not show ill ill toward the needy among your fellow Israelites nd give them nothing. They may then appeal to the ORD against you, and you will be found guilty of sin. Give generously to them and do so without a grudgg heart; then because of this the LORD your God will less you in all your work and in everything you put our hand to. 11 There will always be poor people in e land. Therefore I command you to be openhanded oward your fellow Israelites who are poor and needy your land.

reeing Servants

12 If any of your people – Hebrew men or women – sell themselves to you and serve you six years, the seventh year you must let them go free. 13 And hen you release them, do not send them away empy-handed. 14 Supply them liberally from your flock, our threshing floor and your winepress. Give to them s the LORD your God has blessed you. 15 Remember hat you were slaves in Egypt and the LORD your God edeemed you. That is why I give you this command oday.

térieur de votre ville. 29 Alors les lévites, qui n'ont pas de part de patrimoine foncier comme vous, viendront, ainsi que les immigrés, les orphelins et les veuves qui habitent dans votre ville, et ils mangeront à satiété. Alors l'Eternel votre Dieu vous bénira dans tous les travaux que vous entreprendrez.

L'année de la remise des dettes et de la libération des esclaves

15 1 Tous les sept ans, vous remettrez les dettes. 2 Voici ce qui concerne cette remise des dettes : lorsque l'année de la remise aura été proclamée en l'honneur de l'Eternel, tout créancier remettra la dette contractée envers lui par son prochain, qui est son compatriote, sans rien exiger de lui. 3 Vous pourrez exiger des étrangers le remboursement de leurs dettes, mais vous annulerez les dettes[u] de vos compatriotes envers vous. 4 En fait, il ne doit pas y avoir de pauvres parmi vous, car l'Eternel votre Dieu veut vous combler de bénédictions dans le pays qu'il vous donne comme patrimoine foncier pour que vous en preniez possession – 5 à condition toutefois que vous l'écoutiez pour obéir à tous les commandements que je vous transmets aujourd'hui et pour les appliquer, 6 car l'Eternel votre Dieu vous bénira comme il vous l'a promis. Alors vous prêterez de l'argent à beaucoup de peuples étrangers, sans jamais avoir besoin d'emprunter. En effet, vous dominerez beaucoup de peuples, et aucun ne vous dominera.

7 Si l'un de tes compatriotes tombe dans la pauvreté dans le pays que l'Eternel ton Dieu te donne, tu ne lui fermeras pas ton cœur et tu ne lui refuseras pas ton aide. 8 Au contraire, tu lui ouvriras ta main toute grande et tu lui prêteras suffisamment selon ses besoins. 9 Garde-toi bien de nourrir dans ton cœur des pensées mesquines et de te dire : « C'est bientôt la septième année, l'année de la remise des dettes » et, pour cette raison, de regarder ton compatriote pauvre d'un mauvais œil sans rien lui donner. Car alors, il se plaindrait de toi à l'Eternel et tu porterais la responsabilité d'une faute. 10 Donne-lui généreusement et non pas à contrecœur. Et pour cela, l'Eternel ton Dieu te bénira dans tout ce que tu feras et dans tout ce que tu entreprendras. 11 En fait, il y aura toujours des nécessiteux[v] dans le pays : c'est pourquoi, je t'ordonne d'ouvrir toute grande ta main à ton compatriote, au malheureux et au pauvre dans ton pays.

12 Si l'un de tes compatriotes hébreux, homme ou femme, se vend à toi comme esclave, il sera à ton service pendant six ans. La septième année[w], tu lui rendras la liberté[x]. 13 Mais le jour de sa libération, tu ne le laisseras pas partir les mains vides. 14 Tu lui donneras en présent une part de ce que l'Eternel t'aura accordé comme bénédiction : du petit bétail, du blé et du vin. 15 Souvenez-vous que vous avez vous-mêmes été esclaves en Egypte et que l'Eternel votre Dieu vous en a libérés. C'est pour cela que je vous donne aujourd'hui ce commandement.

---

u **15.3** Puisqu'ils n'étaient pas obligés, comme les Israélites, de laisser leurs terres en friche cette année-là, ils pouvaient donc gagner de quoi rembourser leurs dettes.

v **15.11** Réminiscence en Mt 26.11 ; Mc 14.7 ; Jn 12.8.

w **15.12** Non l'année sabbatique, mais la septième année après l'entrée en service. Cette loi s'applique à ceux qui avaient dû se vendre comme esclaves parce qu'ils ne pouvaient rembourser une dette.

x **15.12** Pour les v. 12-18, voir Lv 25.39-46.

[16]But if your servant says to you, "I do not want to leave you," because he loves you and your family and is well off with you, [17]then take an awl and push it through his earlobe into the door, and he will become your servant for life. Do the same for your female servant.

[18]Do not consider it a hardship to set your servant free, because their service to you these six years has been worth twice as much as that of a hired hand. And the LORD your God will bless you in everything you do.

The Firstborn Animals

[19]Set apart for the LORD your God every firstborn male of your herds and flocks. Do not put the firstborn of your cows to work, and do not shear the firstborn of your sheep. [20]Each year you and your family are to eat them in the presence of the LORD your God at the place he will choose. [21]If an animal has a defect, is lame or blind, or has any serious flaw, you must not sacrifice it to the LORD your God. [22]You are to eat it in your own towns. Both the ceremonially unclean and the clean may eat it, as if it were gazelle or deer. [23]But you must not eat the blood; pour it out on the ground like water.

The Passover

16 [1]Observe the month of Aviv and celebrate the Passover of the LORD your God, because in the month of Aviv he brought you out of Egypt by night. [2]Sacrifice as the Passover to the LORD your God an animal from your flock or herd at the place the LORD will choose as a dwelling for his Name. [3]Do not eat it with bread made with yeast, but for seven days eat unleavened bread, the bread of affliction, because you left Egypt in haste – so that all the days of your life you may remember the time of your departure from Egypt. [4]Let no yeast be found in your possession in all your land for seven days. Do not let any of the meat you sacrifice on the evening of the first day remain until morning.

[5]You must not sacrifice the Passover in any town the LORD your God gives you [6]except in the place he will choose as a dwelling for his Name. There you must sacrifice the Passover in the evening, when the sun goes down, on the anniversary[x] of your departure from Egypt. [7]Roast it and eat it at the place the LORD your God will choose. Then in the morning return to your tents. [8]For six days eat unleavened bread and on the seventh day hold an assembly to the LORD your God and do no work.

[x] **16:6** Or *down, at the time of day*

[16]Il peut arriver que ton esclave te dise : « Je ne veux pa te quitter », parce qu'il s'est attaché à toi et à ta famille e qu'il est heureux chez toi[y]. [17]Alors tu prendras un poinço et tu lui perceras l'oreille en l'appuyant contre le battan de ta porte[z]. Ainsi, il sera pour toujours ton serviteur. T agiras de même pour ta servante.

[18]Mais si tu dois rendre la liberté à un esclave, n'en soi pas contrarié, car après t'avoir servi pendant six ans, i t'a rapporté deux fois plus qu'un ouvrier salarié. Rends-lu donc sa liberté, et l'Eternel ton Dieu te bénira dans tou ce que tu entreprendras.

Les manifestations au sanctuaire unique

Loi sur les premiers-nés mâles du bétail

[19]Tu consacreras à l'Eternel ton Dieu tous les pre miers-nés mâles de ton gros et ton petit bétail. Tu ne fera pas travailler un bœuf ou un taureau premier-né et tu n tondras pas un mouton premier-né. [20]Tu les mangera chaque année avec ta famille devant l'Eternel ton Dieu au lieu que l'Eternel ton Dieu aura choisi. [21]Si l'un de ce animaux a quelque tare, s'il est boiteux ou aveugle, ou s' a n'importe quel autre défaut grave, tu ne l'offriras pa en sacrifice à l'Eternel ton Dieu. [22]Tu le mangeras là où t habites et chacun pourra en manger, qu'il soit rituellemen pur ou impur, comme lorsqu'on mange de la gazelle o du cerf. [23]Toutefois, tu n'en mangeras pas le sang, que t répandras sur la terre comme de l'eau.

La Pâque

16 [1]Aie soin de célébrer la Pâque en l'honneur d l'Eternel ton Dieu au cours du mois des épis[a] ; ca c'est au cours d'une nuit de ce mois-là que l'Eternel votr Dieu vous a fait sortir d'Egypte. [2]Tu immoleras un bœuf, u mouton ou une chèvre comme sacrifice pascal, en l'hon neur de l'Eternel ton Dieu, au lieu qu'il aura choisi pou y établir sa présence. [3]Tu ne mangeras pas de pain lev avec ce repas pascal ; pendant sept jours, tu mangeras d pain sans levain. Ce pain de misère te rappellera que c'es précipitamment que vous avez quitté l'Egypte. Ainsi tu t souviendras durant toute ta vie du jour de ton départ d pays d'Egypte. [4]Durant ces sept jours, on ne devra trouve chez vous aucune trace de levain dans toute l'étendue d votre territoire. Quant à la viande du sacrifice offert le soi on n'en gardera rien jusqu'au lendemain matin. [5]Vous n pourrez pas immoler le sacrifice pascal dans n'import laquelle des villes que l'Eternel votre Dieu vous donner pour y habiter. [6]C'est uniquement au lieu que l'Eterne ton Dieu aura choisi pour y établir sa présence que vou sacrifierez la Pâque. Vous immolerez la victime le soir, a coucher du soleil, c'est-à-dire au moment[b] où vous ête partis d'Egypte. [7]Vous ferez cuire la viande et vous la man gerez à l'endroit que l'Eternel aura choisi. Le lendemai matin vous pourrez regagner votre demeure. [8]Pendan six jours vous mangerez du pain sans levain, le septièm jour, vous aurez une réunion cultuelle en l'honneur d l'Eternel votre Dieu. Vous ne ferez aucun travail ce jour-là

[y] **15.16** Ex 21.5-6 ajoute une autre raison : s'il veut rester avec sa famille.
[z] **15.17** Geste symbolisant le lien définitif entre lui et la famille de son maître.
[a] **16.1** Mars-avril, premier mois du calendrier lévitique (voir Ex 12.1-20 ; Lv 23.5-8, 14 ; Nb 28.16-25).
[b] **16.6** Autre traduction : *à la date.*

he Festival of Weeks

9Count off seven weeks from the time you begin to ut the sickle to the standing grain. 10Then celebrate he Festival of Weeks to the LORD your God by giving freewill offering in proportion to the blessings the ORD your God has given you. 11And rejoice before the ORD your God at the place he will choose as a dwelling or his Name – you, your sons and daughters, your nale and female servants, the Levites in your towns, nd the foreigners, the fatherless and the widows liv-ng among you. 12Remember that you were slaves in gypt, and follow carefully these decrees.

he Festival of Tabernacles

13Celebrate the Festival of Tabernacles for seven ays after you have gathered the produce of your hreshing floor and your winepress. 14Be joyful at our festival – you, your sons and daughters, your nale and female servants, and the Levites, the for-igners, the fatherless and the widows who live in our towns. 15For seven days celebrate the festival to he LORD your God at the place the LORD will choose. For he LORD your God will bless you in all your harvest nd in all the work of your hands, and your joy will e complete.

16Three times a year all your men must appear be-ore the LORD your God at the place he will choose: t the Festival of Unleavened Bread, the Festival of Veeks and the Festival of Tabernacles. No one should ppear before the LORD empty-handed: 17Each of you nust bring a gift in proportion to the way the LORD our God has blessed you.

udges

18Appoint judges and officials for each of your tribes n every town the LORD your God is giving you, and hey shall judge the people fairly. 19Do not pervert ustice or show partiality. Do not accept a bribe, for a ribe blinds the eyes of the wise and twists the words f the innocent. 20Follow justice and justice alone, so hat you may live and possess the land the LORD your od is giving you.

Vorshiping Other Gods

21Do not set up any wooden Asherah pole beside he altar you build to the LORD your God, 22and do not rect a sacred stone, for these the LORD your God hates.

17 1Do not sacrifice to the LORD your God an ox or a sheep that has any defect or flaw in it, for hat would be detestable to him.

2If a man or woman living among you in one of the owns the LORD gives you is found doing evil in the eyes

La fête de la Pentecôte

9A partir du jour du début de la moisson[c], vous compterez sept semaines, 10et vous célébrerez la fête des Semaines en l'honneur de l'Eternel votre Dieu. Vous lui offrirez des dons volontaires en fonction des bénédictions que votre Dieu vous aura accordées. 11Vous vous réjouirez devant l'Eternel votre Dieu, vous, vos fils et vos filles, vos serviteurs et vos servantes, les lévites qui habitent dans vos villes, les immigrés, les orphelins et les veuves qu'il y aura parmi vous, dans le lieu que l'Eternel votre Dieu aura choisi pour y établir sa présence. 12Vous vous souviendrez que vous avez été esclaves en Egypte et vous veillerez à observer fidèlement ces ordonnances.

La fête des Cabanes

13Lorsque vous aurez rentré le blé battu et terminé la vendange, vous célébrerez pendant sept jours la fête des Cabanes[d]. 14Vous serez dans la joie en célébrant la fête, vous, vos fils et vos filles, vos serviteurs et vos servantes avec les lévites et les immigrés, les orphelins et les veuves qui habitent parmi vous. 15Pendant sept jours, vous célébrerez la fête en l'honneur de l'Eternel votre Dieu dans le lieu qu'il aura choisi, parce qu'il vous aura bénis dans toutes vos récoltes et dans tout le travail que vous entreprendrez, pour que vous soyez tout à la joie.

16Trois fois par an, tous les hommes se présenteront donc devant l'Eternel votre Dieu au lieu qu'il aura choisi : lors de la fête des Pains sans levain, de la fête des Semaines et de celle des Cabanes. On ne se présentera pas les mains vides devant l'Eternel : 17chacun apportera des dons en fonction des bénédictions que l'Eternel votre Dieu lui aura accordées.

Les responsables du peuple

Les juges et les magistrats

18Dans toutes les villes que l'Eternel votre Dieu vous donnera, vous instituerez des juges et des magistrats dans vos tribus, et ils jugeront le peuple en rendant de justes jugements. 19Vous ne fausserez pas le cours de la justice, vous ne ferez pas preuve de partialité envers les personnes, et vous ne vous laisserez pas corrompre par des cadeaux, car ceux-ci aveuglent même les sages et compromettent la cause des innocents[e]. 20Cherchez à rendre une pleine justice afin que vous viviez et que vous conserviez la possession du pays que l'Eternel votre Dieu vous donne.

21Vous ne vous planterez pas de pieu sacré en bois à côté de l'autel que vous érigerez pour votre Dieu. 22Vous ne dresserez pas non plus chez vous de ces stèles sculptées que l'Eternel votre Dieu déteste.

17 1Tu n'offriras pas à l'Eternel ton Dieu un animal – bœuf ou mouton – ayant quelque défaut ou malformation. Ce serait une abomination aux yeux de l'Eternel ton Dieu.

2Il se peut que vous trouviez parmi vous, dans l'une des villes que l'Eternel votre Dieu va vous donner, un homme

[c] **16.9** Le 16 du mois des épis, second jour de la fête de la Pâque. Pour la fête de Pentecôte, voir Lv 23.15-21 ; Nb 28.26-31.
[d] **16.13** Pour les v. 13-15, voir Lv 23.33-43 ; Nb 29.12-38.
[e] **16.19** Autre traduction : *et corrompent le verdict des justes.* Voir Ex 23.3, 6-8 ; Lv 19.15.

of the LORD your God in violation of his covenant, 3 and contrary to my command has worshiped other gods, bowing down to them or to the sun or the moon or the stars in the sky, 4 and this has been brought to your attention, then you must investigate it thoroughly. If it is true and it has been proved that this detestable thing has been done in Israel, 5 take the man or woman who has done this evil deed to your city gate and stone that person to death. 6 On the testimony of two or three witnesses a person is to be put to death, but no one is to be put to death on the testimony of only one witness. 7 The hands of the witnesses must be the first in putting that person to death, and then the hands of all the people. You must purge the evil from among you.

Law Courts

8 If cases come before your courts that are too difficult for you to judge – whether bloodshed, lawsuits or assaults – take them to the place the LORD your God will choose. 9 Go to the Levitical priests and to the judge who is in office at that time. Inquire of them and they will give you the verdict. 10 You must act according to the decisions they give you at the place the LORD will choose. Be careful to do everything they instruct you to do. 11 Act according to whatever they teach you and the decisions they give you. Do not turn aside from what they tell you, to the right or to the left. 12 Anyone who shows contempt for the judge or for the priest who stands ministering there to the LORD your God is to be put to death. You must purge the evil from Israel. 13 All the people will hear and be afraid, and will not be contemptuous again.

The King

14 When you enter the land the LORD your God is giving you and have taken possession of it and settled in it, and you say, "Let us set a king over us like all the nations around us," 15 be sure to appoint over you a king the LORD your God chooses. He must be from among your fellow Israelites. Do not place a foreigner over you, one who is not an Israelite. 16 The king, moreover, must not acquire great numbers of horses for himself or make the people return to Egypt to get more of them, for the LORD has told you, "You are not to go back that way again." 17 He must not take many wives, or his heart will be led astray. He must not accumulate large amounts of silver and gold.

18 When he takes the throne of his kingdom, he is to write for himself on a scroll a copy of this law, taken from that of the Levitical priests. 19 It is to be with him, and he is to read it all the days of his life so that he may learn to revere the LORD his God and follow carefully all the words of this law and these decrees 20 and not consider himself better than his fellow Israelites and turn from the law to the right or to the left. Then he and his descendants will reign a long time over his kingdom in Israel.

ou une femme qui fasse ce que l'Eternel votre Dieu considère comme mal et qui transgresse son alliance, 3 en allant rendre un culte à d'autres dieux et se prosternant devant eux, devant le soleil, la lune ou toute la multitude des étoiles, contrairement à ce que j'ai ordonné. 4 Dès que le fait vous aura été rapporté et que vous en aurez connaissance, vous ferez une enquête minutieuse. Si la chose est vraie, s'il est établi qu'une telle abomination a été commise en Israël, 5 vous amènerez aux portes de la ville celui ou celle qui s'est rendu coupable de cette mauvaise action, et vous l'exécuterez par lapidation.

6 C'est seulement sur la déposition de deux ou de trois témoins qu'on le mettra à mort, les déclarations d'un seul témoin ne suffiront pas pour cela. 7 Les témoins seront les premiers à lui jeter des pierres pour le mettre à mort, et le reste du peuple interviendra ensuite. Ainsi, vous ferez disparaître le mal du milieu de vous[f].

8 S'il se présente une affaire de meurtre, de litige, de coups et blessures ou quelque autre affaire qu'il est trop difficile au tribunal local de traiter, vous vous rendrez au lieu que l'Eternel votre Dieu aura choisi 9 et vous irez trouver les prêtres-lévites et le juge qui sera alors en fonction. Vous les consulterez, et ils rendront pour vous leur verdict. 10 Alors vous vous conformerez au verdict qu'ils auront rendu dans le lieu que l'Eternel aura choisi, et vous aurez soin de suivre pleinement leurs instructions. 11 Vous agirez selon les instructions qu'ils vous auront données et selon le verdict qu'ils auront rendu sans vous en écarter ni dans un sens ni dans l'autre. 12 Si quelqu'un refuse par orgueil d'écouter le prêtre qui se tient là au service de l'Eternel votre Dieu, ou le juge, cet homme sera puni de mort. Vous ferez disparaître ainsi le mal du milieu d'Israël. 13 En l'apprenant, tout le peuple sera saisi de crainte et personne d'autre n'osera plus agir avec tant d'orgueil.

Le roi

14 Lorsque vous serez entrés dans le pays que l'Eternel vous donne, que vous en aurez pris possession et que vous y serez installés, il se peut que vous disiez : « Donnons-nous un roi comme tous les peuples qui nous entourent. » 15 Vous établirez alors sur vous le roi que l'Eternel votre Dieu aura choisi ; c'est l'un de vos compatriotes que vous prendrez pour régner sur vous ; vous ne pourrez pas choisir un étranger pour roi. 16 Ce roi ne devra pas avoir une importante cavalerie, et il ne renverra pas le peuple en Egypte pour s'y procurer des chevaux en grand nombre. Car l'Eternel vous a dit : « Vous ne retournerez plus par ce chemin-là. » 17 Qu'il ne prenne pas un grand nombre de femmes, pour qu'il ne se corrompe pas. Qu'il n'amasse pas non plus de grandes quantités d'argent et d'or[g].

18 Quand il accèdera au trône, il écrira sur un livre pour son usage personnel, une copie de cette Loi que lui communiqueront les prêtres-lévites. 19 Cette copie ne le quittera pas, il y lira tous les jours de sa vie afin qu'il apprenne à craindre l'Eternel son Dieu, en obéissant à toute cette Loi et en appliquant toutes ces ordonnances. 20 Ainsi, il ne s'enorgueillira pas pour s'élever au-dessus de ses compatriotes et il ne déviera de la Loi ni dans un sens ni dans l'autre. De la sorte, il s'assurera, ainsi qu'à ses descendants, un long règne sur le trône d'Israël.

f **17.7** Cité en 1 Co 5.13.
g **17.17** Salomon sera jugé en fonction de ces trois interdictions : 1 R 10.26 à 11.8.

fferings for Priests and Levites

18 1 The Levitical priests – indeed, the whole
tribe of Levi – are to have no allotment or
nheritance with Israel. They shall live on the food
fferings presented to the LORD, for that is their in-
eritance. 2 They shall have no inheritance among
heir fellow Israelites; the LORD is their inheritance,
s he promised them.
3 This is the share due the priests from the people
vho sacrifice a bull or a sheep: the shoulder, the in-
ernal organs and the meat from the head. 4 You are
o give them the firstfruits of your grain, new wine
nd olive oil, and the first wool from the shearing of
our sheep, 5 for the LORD your God has chosen them
nd their descendants out of all your tribes to stand
nd minister in the LORD's name always.

6 If a Levite moves from one of your towns any-
vhere in Israel where he is living, and comes in all
arnestness to the place the LORD will choose, 7 he may
ninister in the name of the LORD his God like all his
ellow Levites who serve there in the presence of the
ORD. 8 He is to share equally in their benefits, even
hough he has received money from the sale of family
ossessions.

ccult Practices

9 When you enter the land the LORD your God is giv-
ng you, do not learn to imitate the detestable ways
f the nations there. 10 Let no one be found among you
vho sacrifices their son or daughter in the fire, who
ractices divination or sorcery, interprets omens,
ngages in witchcraft, 11 or casts spells, or who is a me-
ium or spiritist or who consults the dead. 12 Anyone
vho does these things is detestable to the LORD; be-
ause of these same detestable practices the LORD your
od will drive out those nations before you. 13 You
nust be blameless before the LORD your God.

he Prophet

14 The nations you will dispossess listen to those
vho practice sorcery or divination. But as for you, the
ORD your God has not permitted you to do so. 15 The
ORD your God will raise up for you a prophet like me
rom among you, from your fellow Israelites. You must
sten to him. 16 For this is what you asked of the LORD
our God at Horeb on the day of the assembly when
ou said, "Let us not hear the voice of the LORD our
od nor see this great fire anymore, or we will die."
17 The LORD said to me: "What they say is good. 18 I
vill raise up for them a prophet like you from among
heir fellow Israelites, and I will put my words in his
nouth. He will tell them everything I command him.
9 I myself will call to account anyone who does not
sten to my words that the prophet speaks in my
ame. 20 But a prophet who presumes to speak in my
ame anything I have not commanded, or a prophet

Les prêtres-lévites

18 1 Les prêtres-lévites et tous les autres descendants
de Lévi ne recevront ni part ni héritage comme le
reste des Israélites ; ils vivront des sacrifices consumés en
l'honneur de l'Eternel, et de ce qui lui revient. 2 Ils n'auront
pas de patrimoine foncier au milieu de leurs compatriotes ;
l'Eternel est leur patrimoine, comme il le leur a lui-même
déclaré.
3 Voici ce qui revient de droit aux prêtres de la part du
peuple : tous ceux qui offriront en sacrifice un bœuf ou un
mouton leur remettront l'épaule, les joues et l'estomac.
4 Vous leur donnerez également les premiers produits du
sol en blé, vin nouveau et huile ainsi que la première laine
que vous tondrez sur vos moutons ; 5 car, parmi vos tribus,
l'Eternel votre Dieu a choisi Lévi et ses descendants pour
qu'ils se tiennent pour toujours au service du sanctuaire
en son nom.
6 Si un lévite quitte l'une des villes d'Israël où il habitait,
parce qu'il a le vif désir de se rendre au lieu que l'Eternel
aura choisi, 7 pour y accomplir le service au nom de l'Eternel son Dieu au même titre que tous ses frères lévites qui
se tiennent là devant l'Eternel, 8 il aura droit, pour son
entretien, à une part égale à la leur – indépendamment du
produit éventuel de la vente des biens qu'il aura hérités
de son père.

9 Lorsque vous serez entrés dans le pays que l'Eternel
votre Dieu vous donne, n'allez pas imiter les pratiques
abominables des peuples qui y habitent actuellement.
10 Qu'on ne trouve chez vous personne qui immole son
fils ou sa fille par le feu[h], personne qui pratique la divination, qui recherche les présages, consulte les augures
ou s'adonne à la magie, 11 personne qui jette des sorts, consulte les spirites et les devins ou interroge les morts. 12 Car
le Seigneur a en abomination ceux qui se livrent à de telles
pratiques, et c'est parce que les peuples qui habitent le pays
où vous allez entrer s'y adonnent que l'Eternel votre Dieu
va les déposséder en votre faveur. 13 Quant à vous, soyez
irréprochables envers l'Eternel votre Dieu.

Les prophètes

14 Car ces peuples étrangers que vous allez déposséder
écoutent les faiseurs de présages et les devins ; mais pour
vous, l'Eternel votre Dieu n'a rien voulu de pareil. 15 Il suscitera pour vous un prophète comme moi, issu de votre
peuple, l'un de vos compatriotes : écoutez-le[i]. 16 Cela est
conforme à ce que vous avez demandé à l'Eternel votre
Dieu le jour où vous étiez rassemblés au mont Horeb :
« Nous ne voulons plus entendre la voix de l'Eternel notre
Dieu, nous ne voulons plus voir ce grand feu ! Nous ne voulons pas mourir ! » 17 Alors l'Eternel m'a dit : « J'approuve ce
qu'ils disent là. » 18 Je vais leur susciter un prophète comme
toi, l'un de leurs compatriotes. Je mettrai mes paroles dans
sa bouche et il leur transmettra tout ce que je lui ordonnerai. 19 Et si quelqu'un refuse d'écouter ce qu'il dira de
ma part, je lui en demanderai compte moi-même[j]. 20 Mais
si un prophète a l'audace de prononcer en mon nom un

---

h **18.10** Voir Lv 18.21 et note.
i **18.15** Cité en Ac 3.22 ; 7.37. Voir aussi Jn 1.21.
j **18.19** Cité en Ac 3.23.

who speaks in the name of other gods, is to be put to death."

21 You may say to yourselves, "How can we know when a message has not been spoken by the LORD?" 22 If what a prophet proclaims in the name of the LORD does not take place or come true, that is a message the LORD has not spoken. That prophet has spoken presumptuously, so do not be alarmed.

Cities of Refuge

19 1 When the LORD your God has destroyed the nations whose land he is giving you, and when you have driven them out and settled in their towns and houses, 2 then set aside for yourselves three cities in the land the LORD your God is giving you to possess. 3 Determine the distances involved and divide into three parts the land the LORD your God is giving you as an inheritance, so that a person who kills someone may flee for refuge to one of these cities.

4 This is the rule concerning anyone who kills a person and flees there for safety – anyone who kills a neighbor unintentionally, without malice aforethought. 5 For instance, a man may go into the forest with his neighbor to cut wood, and as he swings his ax to fell a tree, the head may fly off and hit his neighbor and kill him. That man may flee to one of these cities and save his life. 6 Otherwise, the avenger of blood might pursue him in a rage, overtake him if the distance is too great, and kill him even though he is not deserving of death, since he did it to his neighbor without malice aforethought. 7 This is why I command you to set aside for yourselves three cities.

8 If the LORD your God enlarges your territory, as he promised on oath to your ancestors, and gives you the whole land he promised them, 9 because you carefully follow all these laws I command you today – to love the LORD your God and to walk always in obedience to him – then you are to set aside three more cities. 10 Do this so that innocent blood will not be shed in your land, which the LORD your God is giving you as your inheritance, and so that you will not be guilty of bloodshed.

11 But if out of hate someone lies in wait, assaults and kills a neighbor, and then flees to one of these cities, 12 the killer shall be sent for by the town elders, be brought back from the city, and be handed over to the avenger of blood to die. 13 Show no pity. You must purge from Israel the guilt of shedding innocent blood, so that it may go well with you.

14 Do not move your neighbor's boundary stone set up by your predecessors in the inheritance you receive in the land the LORD your God is giving you to possess.

message dont je ne l'ai pas chargé, ou s'il se met à parle au nom d'autres divinités, il sera mis à mort.

21 Peut-être vous demanderez-vous : « Comment sau rons-nous qu'une prophétie ne vient pas de l'Eternel ? 22 Sachez donc que si le prophète annonce de la part d l'Eternel une chose qui ne se réalise pas, si sa parole rest sans effet, c'est que son message ne vient pas de l'Eterne c'est par présomption que le prophète l'aura prononcé vous ne vous laisserez donc pas impressionner par lui.

Les atteintes aux personnes

Les meurtriers et les villes de refuge

19 1 Lorsque l'Eternel votre Dieu aura fait disparaîtr les peuples dont il veut vous donner le pays, quan vous les aurez dépossédés et que vous serez établis dan leurs villes et dans leurs maisons, 2 vous mettrez à par trois villes au milieu du pays que l'Eternel votre Dieu vou donne en possession[k]. 3 Vous y ferez aboutir des route pour qu'un meurtrier puisse y chercher refuge et vou partagerez en trois districts tout le territoire du pays qu l'Eternel votre Dieu vous donne.

4 Voici dans quel cas le meurtrier pourra se réfugier dan l'une de ces villes et y avoir la vie sauve : s'il a tué so prochain involontairement sans avoir jamais eu de hain contre lui auparavant. 5 Ce sera le cas, par exemple, s'i s'est rendu avec son camarade en forêt pour y couper d bois, et si pendant que sa main brandissait la hache pou abattre un arbre, le fer s'est détaché du manche et a touch son compagnon qui en est mort. Cet homme-là pourr s'enfuir dans l'une de ces villes et avoir la vie sauve. 6 I ne faudrait pas que l'homme chargé de punir le crime l poursuive avec colère et, la distance jusqu'à la ville étan trop longue, le rattrape et le mette à mort alors que ce homme n'a pas mérité d'être mis à mort. En effet, il n' jamais eu de haine contre celui qu'il a tué. 7 C'est pourqu je vous ordonne de mettre à part trois villes.

8 Et si l'Eternel votre Dieu agrandit votre territoire, com me il l'a promis à vos ancêtres, et qu'il vous donne tou le pays qu'il a promis de leur donner, 9 c'est-à-dire si vou obéissez fidèlement à tous ces commandements que j vous prescris aujourd'hui, en aimant l'Eternel votre Die et en suivant toujours ses voies, vous ajouterez encor trois villes aux premières. 10 De cette manière, on éviter de mettre à mort des innocents dans le pays que l'Eterne votre Dieu vous donne en possession, car vous porterie alors la responsabilité d'une telle mort.

11 Mais si un homme est animé de haine contre son pro chain, s'il lui dresse des embûches, l'attaque et le frapp mortellement, puis va se réfugier dans l'une de ces villes 12 les responsables de sa ville enverront quelqu'un le cher cher et ils le livreront à celui qui est chargé de punir l crime, et il sera mis à mort. 13 Vous ne vous apitoierez pa sur lui, mais vous purifierez Israël du sang d'un innocen qui a été versé, et vous vous en trouverez bien.

Le respect de la propriété foncière

14 Lorsque vous serez établis dans le pays que l'Eterne votre Dieu vous donne en partage, vous ne déplacerez pa

k 19.2 Trois villes avaient déjà été désignées dans le territoire conquis à l'est du Jourdain (4.41-43). Il s'agit ici de trois autres villes à l'ouest du Jourdain pour arriver au nombre de six indiqué en Nb 35.13.

Vitnesses

[15]One witness is not enough to convict anyone
ccused of any crime or offense they may have com-
nitted. A matter must be established by the testimony
of two or three witnesses.

[16]If a malicious witness takes the stand to accuse
omeone of a crime, [17]the two people involved in the
lispute must stand in the presence of the LORD before
he priests and the judges who are in office at the
ime. [18]The judges must make a thorough investiga-
ion, and if the witness proves to be a liar, giving false
estimony against a fellow Israelite, [19]then do to the
alse witness as that witness intended to do to the
ther party. You must purge the evil from among you.
[0]The rest of the people will hear of this and be afraid,
nd never again will such an evil thing be done among
ou. [21]Show no pity: life for life, eye for eye, tooth for
ooth, hand for hand, foot for foot.

Going to War

20 [1]When you go to war against your enemies
and see horses and chariots and an army
greater than yours, do not be afraid of them, because
he LORD your God, who brought you up out of Egypt,
vill be with you. [2]When you are about to go into bat-
le, the priest shall come forward and address the
rmy. [3]He shall say: "Hear, Israel: Today you are going
nto battle against your enemies. Do not be faintheart-
d or afraid; do not panic or be terrified by them. [4]For
he LORD your God is the one who goes with you to
ight for you against your enemies to give you victory."

[5]The officers shall say to the army: "Has anyone
uilt a new house and not yet begun to live in it? Let
im go home, or he may die in battle and someone
lse may begin to live in it. [6]Has anyone planted a
vineyard and not begun to enjoy it? Let him go home,
or he may die in battle and someone else enjoy it. [7]Has
nyone become pledged to a woman and not married
er? Let him go home, or he may die in battle and
omeone else marry her." [8]Then the officers shall add,
"Is anyone afraid or fainthearted? Let him go home so
hat his fellow soldiers will not become disheartened
oo." [9]When the officers have finished speaking to the
rmy, they shall appoint commanders over it.

[10]When you march up to attack a city, make its people an offer of peace. [11]If they accept and open their
gates, all the people in it shall be subject to forced

les bornes qui marquent les limites de la propriété de vos
voisins qui auront été fixées par les premiers arrivés[l].

Les témoins d'un crime ou d'un délit

[15]La déposition d'un seul témoin ne suffira pas pour
établir la culpabilité d'un homme accusé d'un crime, d'un
délit ou d'une faute quelle qu'elle soit, on ne pourra instruire l'affaire qu'après avoir entendu les déclarations
de deux ou de trois témoins.

[16]Si un témoin malveillant accuse quelqu'un d'un méfait, [17]les deux parties comparaîtront devant l'Eternel,
devant les prêtres et les juges qui seront en fonction à
ce moment-là. [18]Les juges feront une enquête sérieuse.
S'ils découvrent que le témoin a menti et qu'il a fait une
fausse déposition contre son frère, [19]vous lui infligerez la
peine qu'il voulait faire subir à celui-ci. Ainsi, vous ferez
disparaître le mal du milieu de vous. [20]Les autres, qui l'apprendront, en éprouveront de la crainte et l'on n'osera
plus commettre un tel méfait parmi vous. [21]Vous ne vous
laisserez pas apitoyer, la règle sera : vie pour vie, œil pour
œil, dent pour dent, main pour main et pied pour pied.

Les lois sur la guerre

20 [1]Lorsque vous partirez en guerre contre vos
ennemis et que vous verrez des chevaux, des
chars de combat et une armée plus nombreuse que la
vôtre, n'en ayez pas peur, car l'Eternel votre Dieu, qui vous
a fait sortir d'Egypte, est avec vous. [2]Quand vous serez
sur le point d'engager le combat, le prêtre s'avancera et
s'adressera aux armées. [3]Il leur dira : « Soldats d'Israël,
écoutez ! Vous êtes aujourd'hui sur le point de combattre
vos ennemis. Ne perdez pas courage ! N'ayez pas peur !
Ne tremblez pas et ne cédez pas à la panique devant vos
ennemis ! [4]Car l'Eternel votre Dieu marche lui-même avec
vous : il combattra pour vous contre vos ennemis et il vous
sauvera. »

[5]Ensuite les officiers s'adresseront aux soldats en ces
termes : « Y a-t-il parmi vous quelqu'un qui vient de bâtir
une maison et n'y a pas encore habité ? Qu'il rentre chez
lui, pour qu'il ne meure pas au combat et qu'un autre n'y
habite pas le premier. [6]L'un d'entre vous a-t-il planté une
vigne et n'en a pas encore cueilli les premiers fruits ?
Qu'il rentre chez lui, pour qu'il ne meure pas au combat
et qu'un autre ne recueille pas les premiers fruits de sa
vigne. [7]Y a-t-il quelqu'un qui se soit fiancé et qui n'ait pas
encore épousé sa fiancée ? Qu'il rentre chez lui, pour qu'il
ne meure pas au combat et qu'un autre n'épouse pas sa
fiancée. » [8]Puis les officiers diront encore aux soldats :
« Quelqu'un parmi vous a-t-il peur et manque-t-il de courage ? Qu'il rentre chez lui, pour ne pas démoraliser ses
compagnons d'armes ! » [9]Quand les officiers auront fini
de parler aux soldats, on désignera les chefs des armées
pour commander les troupes.

Le sort des ennemis lors d'un conflit

[10]Quand vous marcherez sur une ville pour l'attaquer,
vous proposerez d'abord à ses habitants de se rendre sans
combat. [11]S'ils acceptent vos propositions et vous ouvrent
la porte de la ville, toute la population sera soumise à des

[l] **19.14** Les haies et les murs étaient généralement utilisés pour enclore les jardins ; les limites des champs étaient marquées par de simples pierres faciles à déplacer (voir 27.17).

labor and shall work for you. 12 If they refuse to make peace and they engage you in battle, lay siege to that city. 13 When the LORD your God delivers it into your hand, put to the sword all the men in it. 14 As for the women, the children, the livestock and everything else in the city, you may take these as plunder for yourselves. And you may use the plunder the LORD your God gives you from your enemies. 15 This is how you are to treat all the cities that are at a distance from you and do not belong to the nations nearby.

16 However, in the cities of the nations the LORD your God is giving you as an inheritance, do not leave alive anything that breathes. 17 Completely destroy[y] them – the Hittites, Amorites, Canaanites, Perizzites, Hivites and Jebusites – as the LORD your God has commanded you. 18 Otherwise, they will teach you to follow all the detestable things they do in worshiping their gods, and you will sin against the LORD your God.

19 When you lay siege to a city for a long time, fighting against it to capture it, do not destroy its trees by putting an ax to them, because you can eat their fruit. Do not cut them down. Are the trees people, that you should besiege them?[z] 20 However, you may cut down trees that you know are not fruit trees and use them to build siege works until the city at war with you falls.

Atonement for an Unsolved Murder

21 1 If someone is found slain, lying in a field in the land the LORD your God is giving you to possess, and it is not known who the killer was, 2 your elders and judges shall go out and measure the distance from the body to the neighboring towns. 3 Then the elders of the town nearest the body shall take a heifer that has never been worked and has never worn a yoke 4 and lead it down to a valley that has not been plowed or planted and where there is a flowing stream. There in the valley they are to break the heifer's neck. 5 The Levitical priests shall step forward, for the LORD your God has chosen them to minister and to pronounce blessings in the name of the LORD and to decide all cases of dispute and assault. 6 Then all the elders of the town nearest the body shall wash their hands over the heifer whose neck was broken in the valley, 7 and they shall declare: "Our hands did not shed this blood, nor did our eyes see it done. 8 Accept this atonement for your people Israel, whom you have redeemed, LORD, and do not hold your people guilty of the blood of an innocent person." Then the bloodshed will be atoned for, 9 and you will have purged from yourselves the guilt of shedding innocent blood, since you have done what is right in the eyes of the LORD.

y **20:17** The Hebrew term refers to the irrevocable giving over of things or persons to the LORD, often by totally destroying them.
z **20:19** Or *down to use in the siege, for the fruit trees are for the benefit of people.*

corvées et vous servira comme esclave. 12 S'ils refusen votre proposition et engagent le combat contre vous vous assiégerez la ville. 13 L'Eternel votre Dieu la livrer entre vos mains, et vous y ferez périr tous les hommes pa l'épée. 14 Mais vous pourrez vous réserver les femmes, le enfants, le bétail et tout le butin que vous trouverez dan la ville. Vous disposerez du butin pris sur vos ennemi que l'Eternel votre Dieu vous aura livrés. 15 Vous agire ainsi à l'égard de toutes les villes situées loin de che vous et qui ne font pas partie du pays où vous allez vou installer. 16 Quant aux villes de ces peuples que l'Eterne votre Dieu vous donne en possession, vous n'y laisserez pa subsister âme qui vive. 17 Vous exterminerez totalemen pour les vouer à l'Eternel les Hittites, les Amoréens, le Cananéens, les Phéréziens, les Héviens et les Yebousiens comme l'Eternel votre Dieu vous l'a ordonné, 18 afin qu'il ne vous apprennent pas à imiter les pratiques abominable auxquelles ils se livrent en l'honneur de leurs dieux, e par lesquelles vous pécheriez contre l'Eternel votre Dieu

19 Lorsque vous attaquerez une ville et que vous sere obligés de prolonger le siège avant de pouvoir vous en em parer, vous ne porterez pas la hache sur les arbres fruitier des alentours ; vous pourrez en manger les fruits, mai vous ne les abattrez pas, car l'arbre des champs n'est pa un homme pour que vous le traitiez comme un assiégé 20 Vous pourrez seulement détruire et abattre les arbre dont vous savez qu'ils ne portent pas de fruits comestibles Vous pourrez en utiliser le bois pour des ouvrages de sièg contre la ville qui est en guerre contre vous, jusqu'à c qu'elle succombe.

En cas de meurtre

21 1 Si l'on trouve dans le pays que l'Eternel votre Die vous donne à posséder, le cadavre d'un homme as sassiné étendu en pleine campagne sans que l'on connaiss le meurtrier, 2 vos responsables et vos juges se rendron sur les lieux et mesureront la distance entre la victim et les villes d'alentour, 3 pour déterminer la plus proche Les responsables de cette ville prendront une génisse qu n'aura pas encore été employée au travail et n'aura jamai porté le joug. 4 Ils l'amèneront dans un ruisseau qui ne tari jamais, en un lieu qui ne soit ni labouré ni ensemencé. Là ils lui briseront la nuque dans le ruisseau.

5 Alors les prêtres descendants de Lévi s'avanceront, ca ce sont eux que l'Eternel votre Dieu a choisis pour être son service et pour donner la bénédiction en son nom Leurs décisions trancheront tout litige et tous les cas d coups et blessures. 6 Puis les responsables de la ville e question, désignée comme la plus proche, se laveront le mains au-dessus de la génisse décapitée dans le ruisseau[m] 7 et ils déclareront : « Ce ne sont pas nos mains qui on répandu ce sang et nos yeux n'ont été témoins de rien. 8 (Eternel, pardonne à ton peuple Israël, que tu as libéré, e ne lui fais pas porter la responsabilité du meurtre d'u innocent ! »

Ainsi ce meurtre sera expié, 9 et vous aurez ôté la souil lure qu'entraîne le meurtre d'un innocent, car vous aure fait ce que l'Eternel considère comme juste.

m **21.6** Acte symbolique déclarant qu'ils sont innocents du meurtre et d recel du coupable (voir Mt 27.24).

ſarrying a Captive Woman

10 When you go to war against your enemies and
ne Lord your God delivers them into your hands and
ou take captives, 11 if you notice among the captives
beautiful woman and are attracted to her, you may
ake her as your wife. 12 Bring her into your home
nd have her shave her head, trim her nails 13 and
ut aside the clothes she was wearing when captured.
fter she has lived in your house and mourned her
ather and mother for a full month, then you may go
ɔ her and be her husband and she shall be your wife.
1 If you are not pleased with her, let her go wherever
he wishes. You must not sell her or treat her as a
lave, since you have dishonored her.

he Right of the Firstborn

15 If a man has two wives, and he loves one but not
he other, and both bear him sons but the firstborn is
he son of the wife he does not love, 16 when he wills
is property to his sons, he must not give the rights
f the firstborn to the son of the wife he loves in pref-
rence to his actual firstborn, the son of the wife he
loes not love. 17 He must acknowledge the son of his
nloved wife as the firstborn by giving him a double
hare of all he has. That son is the first sign of his
ather's strength. The right of the firstborn belongs
ɔ him.

Rebellious Son

18 If someone has a stubborn and rebellious son who
oes not obey his father and mother and will not lis-
en to them when they discipline him, 19 his father and
nother shall take hold of him and bring him to the
lders at the gate of his town. 20 They shall say to the
lders, "This son of ours is stubborn and rebellious.
Ie will not obey us. He is a glutton and a drunkard."
1 Then all the men of his town are to stone him to
leath. You must purge the evil from among you. All
srael will hear of it and be afraid.

/arious Laws

22 If someone guilty of a capital offense is put to
leath and their body is exposed on a pole, 23 you must
ıot leave the body hanging on the pole overnight. Be
ure to bury it that same day, because anyone who
s hung on a pole is under God's curse. You must not
lesecrate the land the Lord your God is giving you as
ın inheritance.

22

1 If you see your fellow Israelite's ox or sheep
straying, do not ignore it but be sure to take
t back to its owner. 2 If they do not live near you or
f you do not know who owns it, take it home with
ou and keep it until they come looking for it. Then
give it back. 3 Do the same if you find their donkey or
loak or anything else they have lost. Do not ignore it.

Les captives ennemies

10 Lorsque vous partirez en guerre contre vos ennemis,
et que l'Eternel votre Dieu les livrera en votre pouvoir, il
se peut que parmi les prisonniers que tu feras 11 tu remar-
queras une belle captive, que tu en tombes amoureux et
que tu l'épouses. 12 Alors tu l'emmèneras chez toi dans ta
maison, là elle se rasera la tête et se coupera les ongles,
13 elle enlèvera le vêtement qu'elle portait comme prisonnière et elle demeurera dans ta maison. Pendant un mois,
elle pleurera son père et sa mère. Après cela seulement,
tu t'uniras à elle, tu seras son mari et elle sera ta femme.
14 Si, plus tard, elle cesse de te plaire, tu la laisseras partir
où elle voudra ; tu ne pourras ni la vendre, ni en faire ton
esclave après qu'elle aura été ta femme.

Le droit du fils aîné

15 Si un homme a deux femmes, il se peut qu'il préfère
l'une et aime moins l'autre. Si l'une et l'autre lui donnent
des enfants, il peut se trouver que le fils premier-né est
de la femme qu'il aime moins. 16 Le jour où il partagera ses
biens entre ses fils, il ne pourra pas conférer le droit de
l'aîné au fils de la femme préférée, au détriment de celui
de la femme moins aimée. 17 Au contraire, il reconnaîtra
comme premier-né le fils de la femme qu'il aime moins
et lui donnera une double part de l'héritage de tout ce
qu'il possède, car c'est lui qui est le premier rejeton de sa
vigueur, c'est à lui qu'appartient le droit d'aînesse.

Les délinquants

18 Si un homme a un fils révolté et rebelle qui n'obéit
ni à son père ni à sa mère, et reste insensible aux corrections qu'ils lui infligent, 19 ses parents se saisiront de lui et
l'amèneront devant les responsables de la ville à la porte
de leur cité. 20 Ils déclareront aux responsables : « Notre
fils que voici est révolté et rebelle, il ne nous obéit pas, c'est
un débauché et un ivrogne. » 21 Alors tous les hommes de
sa ville le lapideront pour le faire mourir. Ainsi vous ferez
disparaître la souillure qu'entraîne le mal du milieu de
vous. Tout Israël en entendra parler et sera saisi de crainte.

En cas de pendaison

22 Si un homme qui a encouru la peine capitale pour un
crime a été exécuté et pendu à un arbre, 23 son cadavre
ne devra pas rester là pendant la nuit sur l'arbre, vous
l'enterrerez le jour même, car un pendu est un objet de
malédiction divine et vous ne rendrez pas impure la terre
que l'Eternel votre Dieu vous donne en possession[n].

Les lois diverses

L'entraide

22

1 Si tu vois errer à l'aventure le bœuf de ton compatriote ou son mouton, ne t'en désintéresse pas ;
au contraire, tu ne manqueras pas de le ramener à son
propriétaire[o]. 2 Si celui-ci habite trop loin de toi ou si tu
ne sais qui est le propriétaire, tu prendras l'animal chez
toi, et tu le garderas dans ta maison jusqu'à ce que son
propriétaire vienne le réclamer, et alors tu le lui rendras.
3 Tu agiras de même si tu trouves son âne, son manteau ou

n **21.23** Cité en Ga 3.13.
o **22.1** Pour les v. 1-4, voir Ex 23.4-5.

4 If you see your fellow Israelite's donkey or ox fallen on the road, do not ignore it. Help the owner get it to its feet.

5 A woman must not wear men's clothing, nor a man wear women's clothing, for the LORD your God detests anyone who does this.

6 If you come across a bird's nest beside the road, either in a tree or on the ground, and the mother is sitting on the young or on the eggs, do not take the mother with the young. 7 You may take the young, but be sure to let the mother go, so that it may go well with you and you may have a long life.

8 When you build a new house, make a parapet around your roof so that you may not bring the guilt of bloodshed on your house if someone falls from the roof.

9 Do not plant two kinds of seed in your vineyard; if you do, not only the crops you plant but also the fruit of the vineyard will be defiled.[a]

10 Do not plow with an ox and a donkey yoked together.

11 Do not wear clothes of wool and linen woven together.

12 Make tassels on the four corners of the cloak you wear.

Marriage Violations

13 If a man takes a wife and, after sleeping with her, dislikes her 14 and slanders her and gives her a bad name, saying, "I married this woman, but when I approached her, I did not find proof of her virginity," 15 then the young woman's father and mother shall bring to the town elders at the gate proof that she was a virgin. 16 Her father will say to the elders, "I gave my daughter in marriage to this man, but he dislikes her. 17 Now he has slandered her and said, 'I did not find your daughter to be a virgin.' But here is the proof of my daughter's virginity." Then her parents shall display the cloth before the elders of the town, 18 and the elders shall take the man and punish him. 19 They shall fine him a hundred shekels[b] of silver and give them to the young woman's father, because this man has given an Israelite virgin a bad name. She shall continue to be his wife; he must not divorce her as long as he lives.

20 If, however, the charge is true and no proof of the young woman's virginity can be found, 21 she shall be brought to the door of her father's house and there the men of her town shall stone her to death. She has done an outrageous thing in Israel by being promiscuous while still in her father's house. You must purge the evil from among you.

[a] 22:9 Or *be forfeited to the sanctuary*

[b] 22:19 That is, about 2 1/2 pounds or about 1.2 kilograms

tout autre objet que ton compatriote aura perdu et que t trouveras : tu n'as pas le droit de t'en désintéresser.

4 Si tu vois l'âne de ton compatriote ou son bœuf tombe sur un chemin, ne t'en désintéresse pas, va aider son propriétaire à relever l'animal.

Contre les mélanges et autres lois

5 Une femme ne portera pas des habits d'homme, ni u homme des vêtements féminins, car l'Eternel a en abom ination ceux qui agissent ainsi. 6 Si tu trouves en chemi un nid d'oiseau sur un arbre ou par terre, un nid avec un mère couvant des œufs ou abritant des oisillons, tu n prendras pas la mère avec sa couvée ; 7 laisse s'envoler l mère, et tu pourras prendre les petits. Si tu agis ainsi, t seras heureux et tu vivras longtemps.

8 Si tu construis une nouvelle maison, tu installeras un balustrade autour de ton toit en terrasse, pour que tu n sois pas responsable de la mort de quelqu'un qui tomberai du toit[p].

9 Tu ne sèmeras pas d'autres plantes dans ta vigne, si non tout ce qu'elle produira – les raisins comme la récolt des autres graines – deviendra sacré[q]. 10 Tu ne laboureras pas en attelant un bœuf et un âne ensemble à la mêm charrue.

11 Tu ne porteras pas de vêtement coupé dans un tiss de laine et de lin mélangés.

12 Tu mettras des cordons aux quatre coins du vêtemen dont tu t'envelopperas.

L'épouse accusée à tort

13 Supposons qu'un homme ait épousé une femme, qu'i se soit uni à elle et que, par la suite, il la prenne en aver sion 14 et invente contre elle une fausse accusation et lu fasse une mauvaise réputation, en disant qu'il ne l'a pa trouvée vierge quand il l'a épousée et s'est approché d'elle 15 Dans ce cas, les parents de la jeune femme apporteron aux responsables de la ville qui siègent aux portes de l cité les preuves de sa virginité. 16 Le père leur déclarera « J'ai donné ma fille en mariage à cet homme, mais il l' prise en aversion, 17 et maintenant, il invente contre ell une fausse accusation, prétextant ne pas l'avoir trouvé vierge. Or, voici les preuves de sa virginité. » Alors ils dé plieront devant les responsables le drap de la nuit de noce 18 Les responsables de cette ville prendront l'homme et lu infligeront un châtiment, 19 parce qu'il a porté atteinte la réputation d'une vierge d'Israël, ils le condamneront une amende de cent pièces d'argent qu'ils remettront a père de la jeune femme[r] ; elle restera sa femme tant qu'i vivra : il n'aura plus le droit de la renvoyer.

20 Si, au contraire, l'accusation s'avère fondée et si la vir ginité de la jeune femme n'est pas prouvée, 21 on l'amènera à l'entrée de la maison de son père, ses concitoyens l feront mourir par lapidation parce qu'elle a commis une chose infâme en Israël en se déshonorant lorsqu'elle vivai encore dans la maison de son père. Ainsi vous ferez disparaître du milieu de vous la souillure qu'entraîne le mal

[p] 22.8 Les toits d'Orient étaient des terrasses sur lesquelles on se promenait et où l'on dormait quand la nuit était trop chaude.

[q] 22.9 Pour les v. 9-11, voir Lv 19.19.

[r] 22.19 Amende sévère, double de celle imposée à celui qui séduit une vierge (voir v. 29).

22 If a man is found sleeping with another man's
wife, both the man who slept with her and the woman
must die. You must purge the evil from Israel.

23 If a man happens to meet in a town a virgin
pledged to be married and he sleeps with her, 24 you
shall take both of them to the gate of that town and
stone them to death – the young woman because she
was in a town and did not scream for help, and the
man because he violated another man's wife. You must
purge the evil from among you.
25 But if out in the country a man happens to meet
a young woman pledged to be married and rapes
her, only the man who has done this shall die. 26 Do
nothing to the woman; she has committed no sin deserving death. This case is like that of someone who
attacks and murders a neighbor, 27 for the man found
the young woman out in the country, and though
the betrothed woman screamed, there was no one
to rescue her.
28 If a man happens to meet a virgin who is not
pledged to be married and rapes her and they are
discovered, 29 he shall pay her father fifty shekels[c] of
silver. He must marry the young woman, for he has violated her. He can never divorce her as long as he lives.

30 A man is not to marry his father's wife; he must
not dishonor his father's bed.[d]

Exclusion From the Assembly

23 1[e] No one who has been emasculated by crushing or cutting may enter the assembly of the
LORD.
2 No one born of a forbidden marriage[f] nor any of
their descendants may enter the assembly of the LORD,
not even in the tenth generation.
3 No Ammonite or Moabite or any of their descendants may enter the assembly of the LORD, not even in
the tenth generation. 4 For they did not come to meet
you with bread and water on your way when you came
out of Egypt, and they hired Balaam son of Beor from
Pethor in Aram Naharaim[g] to pronounce a curse on
you. 5 However, the LORD your God would not listen to
Balaam but turned the curse into a blessing for you,
because the LORD your God loves you. 6 Do not seek a
treaty of friendship with them as long as you live.

7 Do not despise an Edomite, for the Edomites are
related to you. Do not despise an Egyptian, because
you resided as foreigners in their country. 8 The third
generation of children born to them may enter the
assembly of the LORD.

---

c 22:29 That is, about 1 1/4 pounds or about 575 grams
d 22:30 In Hebrew texts this verse (22:30) is numbered 23:1.
e In Hebrew texts 23:1-25 is numbered 23:2-26.
f 23:2 Or *one of illegitimate birth*
g 23:4 That is, Northwest Mesopotamia

Les relations sexuelles illicites

22 Si l'on surprend un homme en train de coucher avec
une femme mariée, tous les deux, l'homme et la femme,
seront mis à mort. Ainsi vous ferez disparaître du milieu
d'Israël la souillure qu'entraîne le mal.
23 Si une jeune fille vierge est fiancée à quelqu'un et
qu'un autre homme la rencontre dans la ville et couche
avec elle, 24 vous les amènerez tous les deux à la porte de
la ville et vous les lapiderez pour les faire mourir. La jeune
fille mourra parce qu'elle n'a pas appelé au secours, bien
que cela se soit passé en ville, et l'homme parce qu'il a
déshonoré la femme de son prochain. Ainsi vous ferez disparaître du milieu de vous la souillure qu'entraîne le mal.
25 Mais si c'est en pleine campagne que l'homme trouve la
jeune fille fiancée et qu'il la viole, lui seul sera mis à mort.
26 Vous ne ferez rien à la jeune fille, car elle n'a pas commis
de faute qui mérite la mort. En effet, elle s'est trouvée dans
le même cas que lorsqu'un homme attaque son prochain
et le tue. 27 Puisque c'est en plein champ que l'homme l'a
rencontrée, elle aura eu beau crier, personne n'est venu
à son secours.
28 Si un homme rencontre une jeune fille non fiancée,
qu'il s'empare d'elle et couche avec elle et qu'on les prenne
sur le fait, 29 l'homme qui a couché avec elle versera au
père de la jeune fille cinquante pièces d'argent et devra
l'épouser puisqu'il l'a violée. De plus, il ne pourra jamais
la renvoyer tant qu'il vivra.

23 1 Personne ne prendra pour épouse l'une des
femmes de son père et ne portera ainsi atteinte
à son père.

L'admission dans l'assemblée de l'Eternel

2 Aucun homme dont les testicules ont été écrasés, ou
dont le membre viril a été mutilé, ne sera admis dans l'assemblée de l'Eternel[s]. 3 L'homme né d'une union illicite, et
ses descendants jusqu'à la dixième génération ne seront
pas admis dans l'assemblée de l'Eternel.

4 Les Ammonites et les Moabites ne seront jamais admis
dans l'assemblée de l'Eternel – pas même leurs descendants
de la dixième génération. 5 En effet, lorsque vous êtes sortis
d'Egypte, ils ne sont pas venus vous accueillir sur votre
route avec du pain et de l'eau. Au contraire, ils ont soudoyé
contre vous Balaam, fils de Béor, et l'ont fait venir de Petor
en Mésopotamie pour vous maudire. 6 Mais l'Eternel votre
Dieu a refusé d'écouter Balaam et il a changé pour vous
la malédiction en bénédiction, car l'Eternel votre Dieu
vous aime. 7 Tant que vous vivrez, vous ne conclurez pas
de traité de paix et d'amitié avec eux.
8 Vous ne considérerez pas les Edomites comme abominables, car c'est un peuple frère[t]. Vous ne tiendrez pas
non plus les Egyptiens pour abominables, car vous avez
séjourné dans leur pays. 9 Les membres de ces deux peuples
pourront entrer dans l'assemblée de l'Eternel à partir de
la troisième génération.

---

s **23.2** Par cette interdiction, la Loi empêche les eunuques de jouer un rôle religieux prédominant, comme cela se passait dans certaines religions païennes. Ou peut-être cette disposition est-elle liée au fait que le signe de l'alliance, la circoncision, était « porté » sur les organes génitaux.

t **23.8** Les Edomites étaient les descendants d'Esaü, frère de Jacob-Israël (Gn 25.25-26).

Uncleanness in the Camp

9 When you are encamped against your enemies, keep away from everything impure. 10 If one of your men is unclean because of a nocturnal emission, he is to go outside the camp and stay there. 11 But as evening approaches he is to wash himself, and at sunset he may return to the camp.

12 Designate a place outside the camp where you can go to relieve yourself. 13 As part of your equipment have something to dig with, and when you relieve yourself, dig a hole and cover up your excrement. 14 For the LORD your God moves about in your camp to protect you and to deliver your enemies to you. Your camp must be holy, so that he will not see among you anything indecent and turn away from you.

Miscellaneous Laws

15 If a slave has taken refuge with you, do not hand them over to their master. 16 Let them live among you wherever they like and in whatever town they choose. Do not oppress them.

17 No Israelite man or woman is to become a shrine prostitute. 18 You must not bring the earnings of a female prostitute or of a male prostitute[h] into the house of the LORD your God to pay any vow, because the LORD your God detests them both.

19 Do not charge a fellow Israelite interest, whether on money or food or anything else that may earn interest. 20 You may charge a foreigner interest, but not a fellow Israelite, so that the LORD your God may bless you in everything you put your hand to in the land you are entering to possess.

21 If you make a vow to the LORD your God, do not be slow to pay it, for the LORD your God will certainly demand it of you and you will be guilty of sin. 22 But if you refrain from making a vow, you will not be guilty. 23 Whatever your lips utter you must be sure to do, because you made your vow freely to the LORD your God with your own mouth.

24 If you enter your neighbor's vineyard, you may eat all the grapes you want, but do not put any in your basket. 25 If you enter your neighbor's grainfield, you

La pureté des campements militaires

10 Lorsque vous partirez en campagne pour faire l
guerre à vos ennemis, vous éviterez avec soin tout ce qu
est mal. 11 Si l'un des hommes devient rituellement impu
pendant la nuit par suite d'une émission séminale, il s
retirera du camp et n'y rentrera pas pendant la journée
12 A l'approche du soir, il se lavera et au coucher du solei
il pourra réintégrer le camp.

13 Vous désignerez un endroit, à l'extérieur du camp
où vous pourrez vous retirer pour satisfaire vos beso
ins naturels. 14 Chaque soldat aura une pelle dans so
équipement et, lorsqu'il se rendra à l'écart, il creuser
d'abord un trou et, en partant, il recouvrira ses excré
ments. 15 Car l'Eternel votre Dieu parcourt votre cam
pour vous protéger et pour vous donner la victoire sur vo
ennemis. Tout votre camp doit donc être tenu pour sain
et Dieu ne doit y voir rien d'inconvenant qui l'obligerai
à se détourner de vous.

Le droit d'asile

16 Si un esclave s'enfuit de chez son maître et vient s
réfugier dans votre pays, vous ne le ramènerez pas à so
maître. 17 Il pourra demeurer parmi vous dans votre pays
à l'endroit qui lui plaira, dans l'une de vos villes où il s
trouvera bien. Vous ne l'exploiterez pas.

Interdiction de la prostitution sacrée

18 Il n'y aura pas de prostituées sacrées parmi les fille
d'Israël, ni d'homme qui se livre à la prostitution sacré
parmi les Israélites. 19 Vous n'apporterez jamais dans l
maison de l'Eternel votre Dieu, pour l'accomplissemen
d'un vœu, le salaire de la prostitution d'une femme o
d'un homme, car l'un et l'autre sont en horreur à l'Eterne
votre Dieu.

Les prêts à intérêt

20 Lorsque tu prêteras de l'argent, des vivres ou tout
autre chose à un compatriote, vous n'exigerez pas d'intérê
de sa part. 21 Vous pouvez exiger des intérêts lorsque vou
faites un prêt à un étranger, mais vous ne prêterez pas
intérêt à vos compatriotes. Alors l'Eternel votre Dieu vou
bénira dans tout ce que vous entreprendrez dans le pay
où vous allez entrer pour en prendre possession.

Les vœux

22 Quand tu auras fait un vœu à l'Eternel votre Dieu, tu
n'en différeras pas l'accomplissement, car l'Eternel to
Dieu ne manquerait pas de t'en demander compte, et t
porterais la responsabilité d'une faute. 23 D'ailleurs, tu
n'es pas tenu de prononcer un vœu ; si tu t'en abstiens, t
ne seras pas coupable pour cela. 24 Mais si une promesse
franchi tes lèvres, tu dois la tenir et accomplir le vœu qu
tu auras librement fait à l'Eternel ton Dieu de ta propr
bouche.

Le droit de grappiller

25 Si tu viens à passer par le vignoble de ton prochain
tu pourras manger autant de raisin que tu veux, jusqu'à
satiété, mais tu n'en emporteras pas dans ton panier. 26 De
même, si tu traverses le champ de blé mûr de ton prochain

h 23:18 Hebrew *of a dog*

ıay pick kernels with your hands, but you must not ut a sickle to their standing grain.

24 [1]If a man marries a woman who becomes displeasing to him because he finds something ıdecent about her, and he writes her a certificate of ivorce, gives it to her and sends her from his house, and if after she leaves his house she becomes the wife f another man, [3]and her second husband dislikes er and writes her a certificate of divorce, gives it to er and sends her from his house, or if he dies, [4]then er first husband, who divorced her, is not allowed o marry her again after she has been defiled. That vould be detestable in the eyes of the LORD. Do not ring sin upon the land the LORD your God is giving ou as an inheritance.

[5]If a man has recently married, he must not be sent o war or have any other duty laid on him. For one ear he is to be free to stay at home and bring happiess to the wife he has married.

[6]Do not take a pair of millstones – not even the uper one – as security for a debt, because that would e taking a person's livelihood as security.

[7]If someone is caught kidnapping a fellow Israelite nd treating or selling them as a slave, the kidnapper ıust die. You must purge the evil from among you.

[8]In cases of defiling skin diseases,[i] be very careful o do exactly as the Levitical priests instruct you. You ıust follow carefully what I have commanded them. Remember what the LORD your God did to Miriam long the way after you came out of Egypt.

[10]When you make a loan of any kind to your neighor, do not go into their house to get what is offered to ou as a pledge. [11]Stay outside and let the neighbor to vhom you are making the loan bring the pledge out o you. [12]If the neighbor is poor, do not go to sleep vith their pledge in your possession. [13]Return their loak by sunset so that your neighbor may sleep in t. Then they will thank you, and it will be regarded s a righteous act in the sight of the LORD your God.

[14]Do not take advantage of a hired worker who s poor and needy, whether that worker is a fellow sraelite or a foreigner residing in one of your towns. 5Pay them their wages each day before sunset, beause they are poor and are counting on it. Otherwise hey may cry to the LORD against you, and you will be uilty of sin.

24:8 The Hebrew word for *defiling skin diseases*, traditionally transated "leprosy," was used for various diseases affecting the skin.

tu pourras cueillir des épis à la main, mais tu n'en couperas pas à la faucille.

Divorce et remariage

24 [1]Supposons qu'un homme ait épousé une femme et que, plus tard, il cesse de la considérer avec faveur parce qu'il trouve quelque chose d'infâme à lui reprocher. Alors il rédige une lettre de divorce, il la lui remet et la renvoie de chez lui[u]. [2]Après être partie de chez lui, cette femme se remarie avec un autre homme. [3]Supposons que ce second mari cesse aussi de l'aimer, qu'il rédige à son tour une lettre de divorce, la lui remette et la renvoie de chez lui, ou supposons qu'il meure. [4]Dans ce cas, le premier mari qui l'a renvoyée n'aura pas le droit de la reprendre pour femme, car elle est devenue impure pour lui, et ce serait une chose abominable aux yeux de l'Eternel. Vous ne chargerez pas de péché le pays que l'Eternel votre Dieu vous donne en possession.

Quelques atteintes aux personnes

[5]Lorsqu'un homme vient de se marier, il sera dispensé du service militaire et on ne le chargera d'aucune obligation particulière ; il restera disponible pour son foyer pendant un an, et fera la joie de la femme qu'il aura épousée.

[6]On ne prendra pas en gage les deux meules de son prochain, on ne saisira même pas celle du dessus, car ce serait prendre en gage ses moyens d'existence.

[7]Si l'on découvre qu'un Israélite a enlevé l'un de ses compatriotes israélites et l'a réduit en esclavage ou l'a vendu, cet homme sera puni de mort. Ainsi vous ferez disparaître du milieu de vous la souillure qu'entraîne le mal.

Les maladies de peau

[8]Veillez à observer les prescriptions relatives aux maladies de peau à caractère évolutif, du genre « lèpre ». Suivez très soigneusement tous les ordres que j'ai donnés aux prêtres-lévites et qu'ils vous transmettront. Obéissez-y et appliquez-les[v]. [9]Souvenez-vous de ce que l'Eternel votre Dieu a fait à Miryam pendant votre voyage après la sortie d'Egypte.

Protection des démunis

[10]Si tu prêtes quelque chose à ton prochain, tu ne pénétreras pas dans sa maison pour te saisir d'un gage[w] ; [11]tu attendras dehors que l'emprunteur t'apporte son gage à l'extérieur. [12]S'il s'agit d'un pauvre, tu ne te coucheras pas sans lui avoir restitué le gage. [13]Tu ne manqueras pas de le lui rapporter au coucher du soleil pour qu'il puisse s'en couvrir à son coucher en te bénissant, et l'Eternel ton Dieu considérera cela comme une marque de justice.

[14]Tu n'exploiteras pas l'ouvrier journalier qui est d'humble condition ou pauvre – qu'il s'agisse d'un Israélite ou d'un immigré habitant chez toi dans ton pays. [15]Tu lui donneras son salaire chaque jour avant le coucher du soleil, car étant pauvre, il attend sa paie avec impatience ; sinon il en appellerait à l'Eternel contre toi et tu porterais la responsabilité d'un péché.

u **24.1** Cité en Mt 5.31 ; 19.7 ; Mc 10.4.
v **24.8** A propos de ces maladies de peau, voir Lv 13 et 14.
w **24.10** Pour les v. 10-13, voir Ex 22.25-26.

16 Parents are not to be put to death for their children, nor children put to death for their parents; each will die for their own sin.

17 Do not deprive the foreigner or the fatherless of justice, or take the cloak of the widow as a pledge. 18 Remember that you were slaves in Egypt and the LORD your God redeemed you from there. That is why I command you to do this.

19 When you are harvesting in your field and you overlook a sheaf, do not go back to get it. Leave it for the foreigner, the fatherless and the widow, so that the LORD your God may bless you in all the work of your hands. 20 When you beat the olives from your trees, do not go over the branches a second time. Leave what remains for the foreigner, the fatherless and the widow. 21 When you harvest the grapes in your vineyard, do not go over the vines again. Leave what remains for the foreigner, the fatherless and the widow. 22 Remember that you were slaves in Egypt. That is why I command you to do this.

25 1 When people have a dispute, they are to take it to court and the judges will decide the case, acquitting the innocent and condemning the guilty. 2 If the guilty person deserves to be beaten, the judge shall make them lie down and have them flogged in his presence with the number of lashes the crime deserves, 3 but the judge must not impose more than forty lashes. If the guilty party is flogged more than that, your fellow Israelite will be degraded in your eyes.

4 Do not muzzle an ox while it is treading out the grain.

5 If brothers are living together and one of them dies without a son, his widow must not marry outside the family. Her husband's brother shall take her and marry her and fulfill the duty of a brother-in-law to her. 6 The first son she bears shall carry on the name of the dead brother so that his name will not be blotted out from Israel.

7 However, if a man does not want to marry his brother's wife, she shall go to the elders at the town gate and say, "My husband's brother refuses to carry on his brother's name in Israel. He will not fulfill the duty of a brother-in-law to me." 8 Then the elders of his town shall summon him and talk to him. If he persists in saying, "I do not want to marry her," 9 his brother's widow shall go up to him in the presence of the elders, take off one of his sandals, spit in his face and say, "This is what is done to the man who will not build up his brother's family line." 10 That man's line shall be known in Israel as The Family of the Unsandaled.

16 Les parents ne seront pas mis à mort pour les crime commis par leurs enfants, ni les enfants pour ceux de leu parents : si quelqu'un doit être mis à mort, ce sera pou son propre péché.

17 Tu ne fausseras pas le cours de la justice au détrimer d'un immigré, ni d'un orphelin, et tu ne prendras pas e gage le vêtement d'une veuve. 18 Rappelez-vous que vou avez été esclaves en Egypte, et que l'Eternel votre Die vous en a libérés ; c'est pourquoi je vous ordonne d'ag ainsi.

19 Quand tu moissonneras ton champ, si tu oublies un gerbe dans le champ, ne retourne pas pour la ramasse laisse-la pour l'immigré, pour l'orphelin ou la veuve, afi que l'Eternel ton Dieu te bénisse dans tout ce que tu entre prendras. 20 Quand tu secoueras tes oliviers, ne cueille pa ensuite ce qui reste aux branches, ce sera pour l'immigr l'orphelin ou la veuve. 21 De même, quand tu vendangera ta vigne, n'y reviens pas pour grappiller ce qui reste, c sera pour l'étranger, l'orphelin ou la veuve. 22 Rappelez vous que vous avez été esclaves en Egypte ; c'est pourqu je vous ordonne d'agir ainsi.

Protection des coupables

25 1 Si deux hommes sont en litige, ils se présenteron devant le tribunal, on les jugera, l'innocent ser acquitté et le coupable condamné. 2 Si ce dernier a mérit d'être battu, le juge le fera étendre par terre et le fer battre en sa présence d'un nombre de coups proportionne à la gravité de son délit. 3 Mais on ne lui infligera pas plu de quarante coups, car dépasser ce nombre de coups serai dégrader votre compatriote.

Protection des animaux

4 Tu ne mettras pas de muselière à un bœuf pendan qu'il foule le blé[x].

Le cas du frère décédé sans laisser d'enfants

5 Si deux frères demeurent ensemble et que l'un d'eu vienne à mourir sans avoir d'enfant[y], sa veuve ne se re mariera pas en dehors de la famille ; son beau-frèr l'épousera pour accomplir son devoir de beau-frère enver elle. 6 Le premier fils qu'elle mettra au monde perpétuer le nom du frère défunt pour que ce nom ne s'éteign pas en Israël[z]. 7 Si cet homme n'a pas envie d'épouser s belle-sœur, elle se rendra à la porte de la ville vers le responsables et leur dira : « Mon beau-frère refuse de per pétuer le nom de son frère en Israël, il ne veut pas rempli son devoir de beau-frère. » 8 Alors les responsables de l ville le convoqueront et lui parleront. S'il persiste dan son refus d'épouser sa belle-sœur, 9 celle-ci s'approcher de lui en présence des responsables, elle lui ôtera sa san dale et lui crachera au visage ; puis elle déclarera à haut voix : « Voilà comment doit être traité l'homme qui n veut pas constituer une famille pour son frère ! » 10 Dè lors, on surnommera la famille de cet homme en Isra « la famille du Déchaussé ».

x **25.4** Cité en 1 Co 9.9 ; 1 Tm 5.18. Le blé était foulé par un bœuf (ou un âne) qui tirait une sorte de herse et piétinait les épis.
y **25.5** Fils ou fille (voir Nb 36). Selon d'autres : *de fils.*
z **25.6** Cité en Mt 22.24 ; Mc 12.19 ; Lc 20.28.

11 If two men are fighting and the wife of one of hem comes to rescue her husband from his assailnt, and she reaches out and seizes him by his private parts, 12 you shall cut off her hand. Show her no pity.

13 Do not have two differing weights in your ag – one heavy, one light. 14 Do not have two differing neasures in your house – one large, one small. 15 You nust have accurate and honest weights and measures, o that you may live long in the land the LORD your God s giving you. 16 For the LORD your God detests anyone vho does these things, anyone who deals dishonestly.

17 Remember what the Amalekites did to you along he way when you came out of Egypt. 18 When you were veary and worn out, they met you on your journey nd attacked all who were lagging behind; they had o fear of God. 19 When the LORD your God gives you est from all the enemies around you in the land he s giving you to possess as an inheritance, you shall lot out the name of Amalek from under heaven. Do ot forget!

irstfruits and Tithes

26 1 When you have entered the land the LORD your God is giving you as an inheritance and ave taken possession of it and settled in it, 2 take ome of the firstfruits of all that you produce from he soil of the land the LORD your God is giving you nd put them in a basket. Then go to the place the ORD your God will choose as a dwelling for his Name and say to the priest in office at the time, "I declare oday to the LORD your God that I have come to the and the LORD swore to our ancestors to give us." 4 The riest shall take the basket from your hands and set t down in front of the altar of the LORD your God. Then you shall declare before the LORD your God: My father was a wandering Aramean, and he went lown into Egypt with a few people and lived there nd became a great nation, powerful and numerous. But the Egyptians mistreated us and made us suffer, ubjecting us to harsh labor. 7 Then we cried out to the ORD, the God of our ancestors, and the LORD heard our oice and saw our misery, toil and oppression. 8 So the ORD brought us out of Egypt with a mighty hand and n outstretched arm, with great terror and with signs nd wonders. 9 He brought us to this place and gave us

Les gestes déplacés

11 Supposons que deux Israélites se battent ensemble et que la femme de l'un d'eux intervienne pour délivrer son mari des coups de son adversaire. Si elle empoigne ce dernier par les organes sexuels, 12 vous lui couperez la main sans vous laisser apitoyer.

Les poids et les mesures

13 Tu n'auras pas dans ton sac deux sortes de poids différents : l'un plus lourd, l'autre plus léger[a]. 14 Tu n'auras pas dans ta maison deux mesures de capacité : l'une plus grande et l'autre plus petite. 15 Tu auras des poids exacts et justes, des mesures exactes et justes afin que tu vives longtemps dans le pays que l'Eternel ton Dieu te donne. 16 Car l'Eternel ton Dieu a en abomination ceux qui commettent de telles fraudes.

Contre les Amalécites

17 Rappelez-vous comment les Amalécites vous ont traités quand vous étiez en chemin après votre sortie d'Egypte[b] ; 18 sans aucune crainte de Dieu, ils vous ont rejoints sur votre route et ont attaqué par-derrière les éclopés qui fermaient votre marche, alors que vous étiez épuisés et à bout de forces. 19 Lorsque l'Eternel votre Dieu vous aura assuré une existence paisible en vous délivrant de tous vos ennemis d'alentour, dans le pays qu'il vous donne comme patrimoine pour que vous le possédiez, vous détruirez les Amalécites de dessous le ciel pour effacer leur souvenir. N'oubliez pas de faire cela.

Les premiers fruits du pays promis

26 1 Lorsque vous serez arrivés dans le pays que l'Eternel votre Dieu vous donne comme patrimoine, lorsque vous en aurez pris possession et que vous y serez installés, 2 chacun de vous prélèvera une part de tous les premiers produits du sol qu'il aura récoltés dans le pays que l'Eternel votre Dieu vous donne, il les déposera dans une corbeille et se rendra au lieu que l'Eternel votre Dieu aura choisi pour y établir sa présence. 3 Il ira trouver le prêtre qui sera en fonction à ce moment-là et lui dira : « Je déclare aujourd'hui devant l'Eternel ton Dieu que je suis entré dans le pays que l'Eternel avait promis par serment à nos ancêtres de nous donner. » 4 Le prêtre prendra la corbeille de sa main et la déposera devant l'autel de l'Eternel votre Dieu. 5 Alors tu prendras la parole et tu diras devant l'Eternel ton Dieu : « Mon ancêtre était un Araméen errant[c]. Il s'est rendu en Egypte et y a émigré avec une poignée d'hommes, et ils y sont devenus un grand peuple puissant et nombreux. 6 Mais les Egyptiens nous ont maltraités et opprimés en nous imposant des travaux pénibles. 7 Alors nous avons crié à l'Eternel le Dieu de nos ancêtres, et il a entendu nos plaintes, il a vu notre misère, notre peine et notre détresse, 8 et nous a fait sortir d'Egypte en déployant sa puissance ; il a plongé les Egyptiens dans la terreur en opérant des signes miraculeux et des prodiges. 9 Puis il nous a conduits jusqu'ici et nous a fait cadeau de ce pays où ruissellent le lait et le

[a] **25.13** Pour les v. 13-16, voir Lv 19.35-36.
[b] **25.17** Pour les v. 17-19, voir Ex 17.8-14 ; 1 S 15.2-9.
[c] **26.5** Il s'agit de Jacob : voir Gn 25.20 ; 28.1-2. Cette confession était récitée par les Juifs lors de la Pâque et le jour suivant la présentation de la première gerbe.

this land, a land flowing with milk and honey; 10 and now I bring the firstfruits of the soil that you, LORD, have given me." Place the basket before the LORD your God and bow down before him. 11 Then you and the Levites and the foreigners residing among you shall rejoice in all the good things the LORD your God has given to you and your household.

12 When you have finished setting aside a tenth of all your produce in the third year, the year of the tithe, you shall give it to the Levite, the foreigner, the fatherless and the widow, so that they may eat in your towns and be satisfied. 13 Then say to the LORD your God: "I have removed from my house the sacred portion and have given it to the Levite, the foreigner, the fatherless and the widow, according to all you commanded. I have not turned aside from your commands nor have I forgotten any of them. 14 I have not eaten any of the sacred portion while I was in mourning, nor have I removed any of it while I was unclean, nor have I offered any of it to the dead. I have obeyed the LORD my God; I have done everything you commanded me. 15 Look down from heaven, your holy dwelling place, and bless your people Israel and the land you have given us as you promised on oath to our ancestors, a land flowing with milk and honey."

Follow the LORD's Commands

16 The LORD your God commands you this day to follow these decrees and laws; carefully observe them with all your heart and with all your soul. 17 You have declared this day that the LORD is your God and that you will walk in obedience to him, that you will keep his decrees, commands and laws – that you will listen to him. 18 And the LORD has declared this day that you are his people, his treasured possession as he promised, and that you are to keep all his commands. 19 He has declared that he will set you in praise, fame and honor high above all the nations he has made and that you will be a people holy to the LORD your God, as he promised.

The Altar on Mount Ebal

27 1 Moses and the elders of Israel commanded the people: "Keep all these commands that I give you today. 2 When you have crossed the Jordan into the land the LORD your God is giving you, set up some large stones and coat them with plaster. 3 Write on them all the words of this law when you have crossed over to enter the land the LORD your God is giving you, a land flowing with milk and honey, just as the LORD, the God of your ancestors, promised you.

miel. 10 C'est pourquoi, ô Eternel, j'apporte maintenant le premiers produits de la terre que tu m'as donnée ! » Aprè cela, tu déposeras la corbeille devant l'Eternel ton Dieu et tu te prosterneras devant lui pour l'adorer. 11 Ensuite avec le lévite et l'immigré qui réside au milieu de vous, t te réjouiras de tous les biens que l'Eternel ton Dieu t'aur accordés, à toi et à ta famille[d].

La dîme des trois ans

12 Tous les trois ans, ce sera l'année de la dîme. Quand t auras achevé de prélever toute la dîme sur toutes tes récol tes et que tu l'auras distribuée aux lévites, aux immigrés aux orphelins et aux veuves, pour qu'ils aient de quoi man ger à satiété là où tu habiteras, 13 tu feras cette déclaratio devant l'Eternel ton Dieu : « J'ai fait disparaître de chez mo tout ce qui était consacré et je l'ai distribué aux lévites, au immigrés, aux orphelins et aux veuves, conformément au ordres que tu m'as donnés. Je n'ai transgressé ni néglig aucun de tes commandements. 14 Je n'ai mangé aucune par de cette dîme pendant que j'étais en deuil, je n'en ai rie prélevé pour un usage impur, ni rien donné pour un mort J'ai obéi à l'Eternel mon Dieu, j'ai fait tout ce que tu m'a ordonné. 15 Regarde donc du haut de ta demeure sainte du haut du ciel et bénis ton peuple, Israël, et le pays qu tu nous as donné comme tu l'avais promis par sermen à nos ancêtres, un pays où ruissellent le lait et le miel. »

Conclusion : obéir à l'Eternel de tout son cœur

16 Aujourd'hui, l'Eternel votre Dieu vous ordonne d'appli quer ces ordonnances et ces lois. Vous y obéirez et vous le appliquerez de tout votre cœur, de tout votre être. 17 Vou avez obtenu aujourd'hui cette déclaration de la part d l'Eternel qu'il serait votre Dieu si vous suivez le chemi qu'il vous a prescrit, en obéissant à ses ordonnances, se commandements et ses lois, et en écoutant sa parole. 18 A son tour, l'Eternel vous a fait déclarer aujourd'hui que vou serez pour lui, comme il vous l'a dit, un peuple précieu et qui obéit à tous ses commandements. 19 L'Eternel votr Dieu veut vous élever en gloire, en renommée et en dignit au-dessus de tous les autres peuples qu'il a créés. Il veu faire de vous un peuple saint, comme il l'a déclaré.

LES SANCTIONS DE L'ALLIANCE

Le renouvellement de l'alliance

La mise par écrit de la Loi

27 1 Moïse, accompagné des responsables d'Israë donna au peuple les ordres suivants : Vous ob serverez tous les commandements que je vous donn aujourd'hui. 2 Le jour où vous traverserez le Jourdain pou entrer dans le pays que l'Eternel votre Dieu vous donne vous érigerez de grandes pierres et vous les enduirez d chaux[e]. 3 Dès que vous aurez traversé le fleuve, vous in scrirez toutes les paroles de cette Loi sur ces pierres. Ains vous entrerez dans le pays que l'Eternel votre Dieu vou donne, un pays où ruissellent le lait et le miel, comm

d **26.11** Au cours du repas accompagnant le sacrifice et auquel étaient invités le lévite (12.12 ; 14.29) et l'étranger (16.11, 14). C'est la dîme annuelle (voir chap. 12) qui constituait ce repas, les prémices étant offertes au prêtre (18.4 ; Nb 18.12).

e **27.2** Pour les v. 2-8, voir Jos 8.30-32.

And when you have crossed the Jordan, set up these
tones on Mount Ebal, as I command you today, and
:oat them with plaster. 5Build there an altar to the
.ORD your God, an altar of stones. Do not use any iron
ool on them. 6Build the altar of the LORD your God
vith fieldstones and offer burnt offerings on it to the
.ORD your God. 7Sacrifice fellowship offerings there,
:ating them and rejoicing in the presence of the LORD
/our God. 8And you shall write very clearly all the
vords of this law on these stones you have set up."

:urses From Mount Ebal

9Then Moses and the Levitical priests said to all
srael, "Be silent, Israel, and listen! You have now be-
:ome the people of the LORD your God. 10Obey the LORD
/our God and follow his commands and decrees that
give you today."

11On the same day Moses commanded the people:
12When you have crossed the Jordan, these tribes
hall stand on Mount Gerizim to bless the people:
;imeon, Levi, Judah, Issachar, Joseph and Benjamin.
3And these tribes shall stand on Mount Ebal to pro-
ounce curses: Reuben, Gad, Asher, Zebulun, Dan and
Japhtali.
14The Levites shall recite to all the people of Israel
n a loud voice:
15"Cursed is anyone who makes an idol – a thing
letestable to the LORD, the work of skilled hands – and
ets it up in secret."

Then all the people
shall say, "Amen!"

16"Cursed is anyone who dishonors their father or
nother."

Then all the people
shall say, "Amen!"

17"Cursed is anyone who moves their neighbor's
oundary stone."

Then all the people
shall say, "Amen!"

18"Cursed is anyone who leads the blind astray on
he road."

Then all the people
shall say, "Amen!"

19"Cursed is anyone who withholds justice from the
oreigner, the fatherless or the widow."

Then all the people
shall say, "Amen!"

20"Cursed is anyone who sleeps with his father's
vife, for he dishonors his father's bed."

Then all the people
shall say, "Amen!"

l'Eternel, le Dieu de vos pères, vous l'a promis. 4Après le
passage du Jourdain, vous dresserez ces pierres sur le mont
Ebal[f] comme je vous le commande aujourd'hui, et vous les
enduirez de chaux. 5Au même endroit, vous construirez
un autel à l'Eternel votre Dieu, avec des pierres qu'aucun
ciseau de fer n'aura encore touchées. 6C'est en pierres
brutes que vous bâtirez l'autel de l'Eternel votre Dieu, et
vous lui offrirez sur cet autel des holocaustes 7ainsi que
des sacrifices de communion. Vous mangerez ces derniers
sur place, et vous vous réjouirez devant l'Eternel votre
Dieu. 8Puis vous graverez sur les pierres, en caractères
bien lisibles, toutes les paroles de cette Loi.
9Ensuite Moïse, assisté des prêtres-lévites, s'adressa encore à tout Israël en disant : Fais silence, ô Israël, et écoute !
Aujourd'hui, vous êtes devenus le peuple de l'Eternel votre
Dieu. 10Obéissez donc à la voix de l'Eternel votre Dieu et
observez avec soin ses commandements et ses lois que je
vous transmets aujourd'hui.

Les malédictions

11Le même jour, Moïse donna au peuple l'ordre suivant :
12Lorsque vous aurez traversé le Jourdain, les tribus de
Siméon, Lévi, Juda, Issacar, Joseph et Benjamin se tiendront sur le mont Garizim pour prononcer les bénédictions
en faveur du peuple[g]. 13Les tribus de Ruben, Gad, Aser,
Zabulon, Dan et Nephtali se placeront sur le mont Ebal
pour prononcer les malédictions.
14Les lévites prendront la parole et diront d'une voix
forte à tous les Israélites :
15« Maudit soit l'homme qui fabrique une idole sculptée
ou une statue en métal fondu pour l'ériger dans un lieu
secret ; l'Eternel a en abomination de tels ouvrages d'artisan. » Et tout le peuple répondra : « Amen ! »

16« Maudit soit celui qui traite son père ou sa mère avec
mépris. » Et tout le peuple répondra : « Amen ! »

17« Maudit soit celui qui déplace la borne de la propriété
de son voisin. » Et tout le peuple répondra : « Amen ! »

18« Maudit soit celui qui met un aveugle sur un faux
chemin. » Et tout le peuple répondra : « Amen ! »

19« Maudit soit celui qui fausse le cours de la justice au
détriment de l'immigré, de l'orphelin et de la veuve. » Et
tout le peuple répondra : « Amen ! »

20« Maudit soit celui qui couche avec l'une des femmes
de son père car il porte ainsi atteinte à son père. » Et tout
le peuple répondra : « Amen ! »

---

f **27.4** A une cinquantaine de kilomètres de l'endroit où les Israélites traverseront le Jourdain, au nord de Sichem. Voir Dt 11.29. Le Pentateuque samaritain et une ancienne version latine portent : *le mont Garizim.*

g **27.12** Voir Dt 11.29. Le mont Garizim se trouve au sud de Sichem et fait face au mont Ebal. Les tribus choisies pour prononcer les bénédictions sont celles qui descendent des fils de Jacob et de ses épouses légitimes : Rachel et Léa. Les descendants de Ruben (à cause de sa faute rapportée en Gn 35.22?) et de Zabulon, le fils cadet de Léa, rejoignent les descendants des servantes de Jacob pour prononcer les malédictions.

[21]"Cursed is anyone who has sexual relations with
any animal."

Then all the people
shall say, "Amen!"

[22]"Cursed is anyone who sleeps with his sister, the
daughter of his father or the daughter of his mother."

Then all the people
shall say, "Amen!"

[23]"Cursed is anyone who sleeps with his
mother-in-law."

Then all the people
shall say, "Amen!"

[24]"Cursed is anyone who kills their neighbor
secretly."

Then all the people
shall say, "Amen!"

[25]"Cursed is anyone who accepts a bribe to kill an
innocent person."

Then all the people
shall say, "Amen!"

[26]"Cursed is anyone who does not uphold the words
of this law by carrying them out."

Then all the people
shall say, "Amen!"

Blessings for Obedience

28 [1]If you fully obey the LORD your God and
carefully follow all his commands I give you
today, the LORD your God will set you high above all
the nations on earth. [2]All these blessings will come on
you and accompany you if you obey the LORD your God:

[3]You will be blessed in the city and blessed in the
country.
[4]The fruit of your womb will be blessed, and the
crops of your land and the young of your livestock – the calves of your herds and the lambs of
your flocks.
[5]Your basket and your kneading trough will be
blessed.
[6]You will be blessed when you come in and blessed
when you go out.

[7]The LORD will grant that the enemies who rise up
against you will be defeated before you. They will
come at you from one direction but flee from you in
seven.
[8]The LORD will send a blessing on your barns and on
everything you put your hand to. The LORD your God
will bless you in the land he is giving you.
[9]The LORD will establish you as his holy people, as
he promised you on oath, if you keep the commands
of the LORD your God and walk in obedience to him.
[10]Then all the peoples on earth will see that you are
called by the name of the LORD, and they will fear you.
[11]The LORD will grant you abundant prosperity – in
the fruit of your womb, the young of your livestock
and the crops of your ground – in the land he swore
to your ancestors to give you.

[21]« Maudit soit celui qui s'accouple avec un animal, que
qu'il soit. » Et tout le peuple répondra : « Amen ! »

[22]« Maudit soit celui qui couche avec sa demi-sœur, fille
de son père, ou fille de sa mère. » Et tout le peuple répondra : « Amen ! »

[23]« Maudit soit celui qui couche avec la mère de sa
femme. » Et tout le peuple répondra : « Amen ! »

[24]« Maudit soit celui qui assassine son prochain en secret. » Et tout le peuple répondra : « Amen ! »

[25]« Maudit soit celui qui accepte un pot-de-vin pour
condamner à mort un innocent. » Et tout le peuple répondra : « Amen ! »

[26]« Maudit soit quiconque ne respecte pas les paroles
de cette Loi et néglige de les appliquer. » Et tout le peuple
répondra : « Amen[h] ! »

Les sanctions

Les bénédictions

28 [1]Si vous écoutez attentivement la parole de
l'Eternel votre Dieu et si vous obéissez à tous les
commandements que je vous donne aujourd'hui, si vous
les appliquez, alors l'Eternel votre Dieu vous donnera une
place prépondérante au-dessus de tous les autres peuples
de la terre[i]. [2]Si vous obéissez à l'Eternel votre Dieu, voici
toutes les bénédictions dont Dieu vous comblera.
[3]Vous jouirez de ces bénédictions à la ville comme aux
champs. [4]Il vous bénira en vous donnant de nombreux
enfants et d'abondantes récoltes, en multipliant le nombre
de vos bœufs, de vos moutons et de vos chèvres. [5]Il vous
bénira en remplissant votre corbeille et votre pétrin. [6]Il
vous bénira lors de vos allées et venues, au départ comme
à l'arrivée.

[7]L'Eternel mettra en déroute les ennemis qui vous attaqueront ; s'ils marchent contre vous par un seul chemin,
ils s'enfuiront en débandade en tous sens. [8]L'Eternel vous
bénira en remplissant vos greniers et en faisant réussir
tout ce que vous entreprendrez. Oui, l'Eternel votre Dieu
vous bénira dans le pays qu'il vous donnera.

[9]Si vous obéissez aux commandements de l'Eternel
votre Dieu et si vous suivez les chemins qu'il vous a prescrits, il fera de vous un peuple saint pour lui, comme
il l'a promis par serment. [10]Tous les peuples de la terre
verront alors que l'Eternel est invoqué en votre faveur
et ils vous craindront. [11]L'Eternel vous comblera de biens
dans le pays qu'il a promis par serment à vos ancêtres
de vous donner, il vous accordera de nombreux enfants,
multipliera vos troupeaux et vous donnera des récoltes

[h] **27.26** Cité en Ga 3.10.
[i] **28.1** Pour les v. 1-14, voir 11.13-17.

12 The LORD will open the heavens, the storehouse of is bounty, to send rain on your land in season and to less all the work of your hands. You will lend to many ations but will borrow from none. 13 The LORD will ıake you the head, not the tail. If you pay attention to ıe commands of the LORD your God that I give you this ay and carefully follow them, you will always be at ıe top, never at the bottom. 14 Do not turn aside from ny of the commands I give you today, to the right or ɔ the left, following other gods and serving them.

urses for Disobedience

15 However, if you do not obey the LORD your God and o not carefully follow all his commands and decrees am giving you today, all these curses will come on ou and overtake you:

16 You will be cursed in the city and cursed in the country.
17 Your basket and your kneading trough will be cursed.
18 The fruit of your womb will be cursed, and the crops of your land, and the calves of your herds and the lambs of your flocks.
19 You will be cursed when you come in and cursed when you go out.

20 The LORD will send on you curses, confusion and ebuke in everything you put your hand to, until you re destroyed and come to sudden ruin because of ıe evil you have done in forsaking him.[j] 21 The LORD vill plague you with diseases until he has destroyed ou from the land you are entering to possess. 22 The ORD will strike you with wasting disease, with fever nd inflammation, with scorching heat and drought, vith blight and mildew, which will plague you until ou perish. 23 The sky over your head will be bronze, ıe ground beneath you iron. 24 The LORD will turn ıe rain of your country into dust and powder; it will ome down from the skies until you are destroyed.

25 The LORD will cause you to be defeated before your nemies. You will come at them from one direction ut flee from them in seven, and you will become a ning of horror to all the kingdoms on earth. 26 Your arcasses will be food for all the birds and the wild nimals, and there will be no one to frighten them way. 27 The LORD will afflict you with the boils of Egypt nd with tumors, festering sores and the itch, from vhich you cannot be cured. 28 The LORD will afflict you vith madness, blindness and confusion of mind. 29 At ıidday you will grope about like a blind person in the ark. You will be unsuccessful in everything you do; ay after day you will be oppressed and robbed, with o one to rescue you.

30 You will be pledged to be married to a woman, ut another will take her and rape her. You will build house, but you will not live in it. You will plant a

28:20 Hebrew *me*

abondantes. 12 L'Eternel ouvrira pour vous son bon trésor céleste pour donner en temps voulu la pluie nécessaire aux terres et pour bénir tout travail que vous accomplirez. Vous prêterez à de nombreux peuples et vous n'aurez vous-mêmes pas besoin d'emprunter. 13 L'Eternel vous fera tenir le premier rang parmi les peuples, jamais le dernier. Vous occuperez toujours la position la plus haute, et non une position inférieure, à condition que vous écoutiez les commandements de l'Eternel votre Dieu, que je vous prescris aujourd'hui, pour y obéir et les appliquer, 14 sans vous écarter ni dans un sens ni dans l'autre de tout ce que je vous ordonne aujourd'hui, pour vous attacher à d'autres dieux et leur rendre un culte.

Les malédictions

15 Par contre, si vous n'obéissez pas à l'Eternel votre Dieu, si vous ne veillez pas à appliquer tous ses commandements et ses lois que je vous transmets moi-même aujourd'hui, voici quelles malédictions fondront sur vous :

16 Vous serez maudits à la ville comme aux champs. 17 La malédiction reposera sur votre corbeille à fruits et sur votre pétrin. 18 Dieu maudira vos enfants et vos récoltes, et les portées de vos troupeaux de gros et de petit bétail. 19 Maudits serez-vous dans vos allées et venues, au départ comme à l'arrivée.

20 L'Eternel déchaînera contre vous la misère, le désordre et la ruine dans tout ce que vous entreprendrez et que vous exécuterez, jusqu'à ce que vous soyez complètement détruits, et vous ne tarderez pas à disparaître, parce que vous m'aurez abandonné et que vous aurez commis de mauvaises actions.

21 L'Eternel vous enverra une épidémie de peste qui finira par vous éliminer du pays dans lequel vous allez entrer pour en prendre possession. 22 Il vous frappera de maladies qui vous feront dépérir : des fièvres et des inflammations de toute nature. Il frappera aussi vos champs par la sécheresse[j], la rouille et le charbon. Tous ces fléaux vous poursuivront jusqu'à ce que vous disparaissiez. 23 Le ciel au-dessus de vos têtes sera aussi dur que du bronze, et la terre sous vos pieds sera comme du fer. 24 Au lieu de pluie, l'Eternel enverra sur votre pays de la poussière et du sable qui tomberont du ciel sur vous jusqu'à ce que vous soyez exterminés[k]. 25 Il vous mettra en déroute devant vos ennemis ; si vous marchez contre eux par un seul chemin, vous fuirez devant eux en débandade en tous sens. En voyant ce qui vous arrivera, tous les royaumes de la terre seront terrifiés. 26 Vos cadavres serviront de pâture aux rapaces et aux fauves que personne ne viendra déranger.

27 L'Eternel vous affligera d'ulcères, comme les Egyptiens, d'hémorroïdes, de gale et de pustules incurables. 28 Il vous frappera de folie, d'aveuglement et d'égarement d'esprit, 29 au point que vous tâtonnerez en plein jour comme des aveugles dans l'obscurité. Aucune de vos entreprises ne réussira ; tous les jours vous serez exploités et dépouillés sans personne pour vous délivrer.

30 Si un homme se fiance, un autre homme épousera sa fiancée ; si quelqu'un bâtit une maison, il ne s'y install-

j 28.22 D'après la Vulgate. Texte hébreu traditionnel : *par la guerre*.
k 28.24 Les vents entraînent la poussière et le sable d'un pays vers un autre et recouvrent ce dernier d'une couche qui peut lui ôter sa fertilité.

vineyard, but you will not even begin to enjoy its fruit. 31 Your ox will be slaughtered before your eyes, but you will eat none of it. Your donkey will be forcibly taken from you and will not be returned. Your sheep will be given to your enemies, and no one will rescue them. 32 Your sons and daughters will be given to another nation, and you will wear out your eyes watching for them day after day, powerless to lift a hand. 33 A people that you do not know will eat what your land and labor produce, and you will have nothing but cruel oppression all your days. 34 The sights you see will drive you mad. 35 The LORD will afflict your knees and legs with painful boils that cannot be cured, spreading from the soles of your feet to the top of your head.

36 The LORD will drive you and the king you set over you to a nation unknown to you or your ancestors. There you will worship other gods, gods of wood and stone. 37 You will become a thing of horror, a byword and an object of ridicule among all the peoples where the LORD will drive you.

38 You will sow much seed in the field but you will harvest little, because locusts will devour it. 39 You will plant vineyards and cultivate them but you will not drink the wine or gather the grapes, because worms will eat them. 40 You will have olive trees throughout your country but you will not use the oil, because the olives will drop off. 41 You will have sons and daughters but you will not keep them, because they will go into captivity. 42 Swarms of locusts will take over all your trees and the crops of your land.

43 The foreigners who reside among you will rise above you higher and higher, but you will sink lower and lower. 44 They will lend to you, but you will not lend to them. They will be the head, but you will be the tail.

45 All these curses will come on you. They will pursue you and overtake you until you are destroyed, because you did not obey the LORD your God and observe the commands and decrees he gave you. 46 They will be a sign and a wonder to you and your descendants forever. 47 Because you did not serve the LORD your God joyfully and gladly in the time of prosperity, 48 therefore in hunger and thirst, in nakedness and dire poverty, you will serve the enemies the LORD sends against you. He will put an iron yoke on your neck until he has destroyed you.

49 The LORD will bring a nation against you from far away, from the ends of the earth, like an eagle swooping down, a nation whose language you will not understand, 50 a fierce-looking nation without respect for the old or pity for the young. 51 They will devour the young of your livestock and the crops of your land until you are destroyed. They will leave you no grain, new wine or olive oil, nor any calves of your herds or lambs of your flocks until you are ruined. 52 They will lay siege to all the cities throughout your land until the high fortified walls in which you trust fall down.

era pas ; s'il plante une vigne, il n'en recueillera pas le fruits. 31 Vos bœufs seront abattus sous vos yeux, et vou n'en mangerez pas la viande. Vos ânes seront volés devar vous et ne vous seront jamais restitués ; vos moutons e vos chèvres tomberont entre les mains de vos ennemis e personne ne viendra à votre secours. 32 Vos fils et vos fille seront livrés à un peuple étranger ; vos yeux s'épuiseror à force de guetter leur retour, jour après jour, mais vou n'y pourrez rien. 33 Un peuple que vous ne connaissez pa mangera les produits de votre terre et tout le produit d votre travail ; vous serez continuellement exploités e maltraités. 34 A force de voir ce qui se présentera sous vc yeux, vous en perdrez la raison.

35 L'Eternel vous frappera d'ulcères malins incurable aux genoux et aux cuisses qui vous gagneront tout le corp de la plante des pieds au sommet de la tête.

36 L'Eternel vous exilera – avec le roi que vous aurez étab sur vous – chez un peuple que ni vous, ni vos ancêtre n'auront connu ; et là, vous serez asservis à d'autres dieu qui ne sont que du bois et de la pierre. 37 Tous les peuple chez lesquels l'Eternel vous aura menés seront abasourd de votre sort, vous serez le sujet de leurs moqueries et i vous tourneront en dérision.

38 Vous sèmerez beaucoup de grains dans vos champ mais vous ferez de maigres récoltes, car les sauterelle auront tout dévasté. 39 Vous planterez des vignes et vou y travaillerez, mais vous n'en boirez pas le vin, et vou n'aurez rien à y récolter, car les chenilles auront tou dévoré. 40 Vous posséderez des oliviers sur tout votre te ritoire, mais vous n'en récolterez même pas assez d'hui pour enduire votre corps, car vos olives seront tombée avant d'être mûres. 41 Vous donnerez naissance à des fi et des filles, mais vous ne les garderez pas avec vous, ca ils s'en iront en captivité. 42 Les criquets dévasteront tou vos arbres et mangeront les produits de vos terres.

43 Les immigrés qui vivront parmi vous parviendront d plus en plus à une position au-dessus de la vôtre, tand que vous déclinerez de plus en plus. 44 Ce sont eux qu vous prêteront, alors que vous, vous n'aurez plus rien leur prêter ; ils seront au premier rang, et vous au dernie

45 Toutes ces malédictions fondront sur vous, vous pou suivront et vous atteindront, jusqu'à ce que vous soye exterminés, parce que vous n'aurez pas obéi à l'Etern votre Dieu, en observant les commandements et les lo qu'il vous a donnés. 46 Ils seront pour vous et vos descer dants un signe d'avertissement à jamais.

47 Si vous ne servez pas l'Eternel votre Dieu avec la jo et le bonheur au cœur au sein de l'abondance en toute choses, 48 vous serez asservis aux ennemis que l'Eternel er verra contre vous. Vous aurez faim et soif, vous manquere de vêtements et vous serez privés de tout. L'Eternel place un joug de fer sur vos épaules jusqu'à ce qu'il vous a détruits. 49 Il lancera contre vous, depuis les confins d monde, un peuple lointain dont vous ne comprendrez pa la langue, il fondra sur vous comme un aigle sur sa proi 50 Ce sera un peuple d'hommes au visage dur, sans respe pour le vieillard ni pitié pour les enfants. 51 Ils dévoreror votre bétail et les produits de votre sol jusqu'à ce que vou soyez exterminés. Vous mourrez de faim, car ils ne vou laisseront ni blé, ni vin, ni huile, ni veaux, ni agneaux, chevreaux jusqu'à ce qu'ils vous aient fait périr.

52 Ils assiégeront vos villes jusqu'à ce que s'écrouler dans tout votre territoire les hautes murailles fortifiée

hey will besiege all the cities throughout the land ıe LORD your God is giving you.

53 Because of the suffering your enemy will inflict n you during the siege, you will eat the fruit of ıe womb, the flesh of the sons and daughters the ORD your God has given you. 54 Even the most gentle nd sensitive man among you will have no compasion on his own brother or the wife he loves or his urviving children, 55 and he will not give to one of ıem any of the flesh of his children that he is eatıg. It will be all he has left because of the suffering our enemy will inflict on you during the siege of all our cities. 56 The most gentle and sensitive woman mong you – so sensitive and gentle that she would ot venture to touch the ground with the sole of er foot – will begrudge the husband she loves and er own son or daughter 57 the afterbirth from her omb and the children she bears. For in her dire eed she intends to eat them secretly because of ıe suffering your enemy will inflict on you during ıe siege of your cities.

58 If you do not carefully follow all the words of this w, which are written in this book, and do not reere this glorious and awesome name – the LORD your od – 59 the LORD will send fearful plagues on you and our descendants, harsh and prolonged disasters, and evere and lingering illnesses. 60 He will bring on you ll the diseases of Egypt that you dreaded, and they ill cling to you. 61 The LORD will also bring on you very kind of sickness and disaster not recorded in ıis Book of the Law, until you are destroyed. 62 You ho were as numerous as the stars in the sky will be ft but few in number, because you did not obey the ORD your God. 63 Just as it pleased the LORD to make ou prosper and increase in number, so it will please im to ruin and destroy you. You will be uprooted om the land you are entering to possess.

64 Then the LORD will scatter you among all nations, om one end of the earth to the other. There you will orship other gods – gods of wood and stone, which either you nor your ancestors have known. 65 Among ıose nations you will find no repose, no resting place r the sole of your foot. There the LORD will give you n anxious mind, eyes weary with longing, and a deoairing heart. 66 You will live in constant suspense, lled with dread both night and day, never sure of our life. 67 In the morning you will say, "If only it ere evening!" and in the evening, "If only it were orning!" – because of the terror that will fill your earts and the sights that your eyes will see. 68 The ORD will send you back in ships to Egypt on a journey said you should never make again. There you will ffer yourselves for sale to your enemies as male and emale slaves, but no one will buy you.

dans lesquelles vous aurez mis votre confiance. Ils assiégeront toutes les villes du pays que l'Eternel votre Dieu vous donne. 53 Pendant le siège, vos ennemis vous réduiront à une telle détresse que vous en viendrez à manger vos propres enfants ; oui, vous dévorerez la chair des fils et des filles que l'Eternel votre Dieu vous aura donnés. 54 L'homme le plus délicat et le plus raffiné parmi vous regardera avec malveillance son frère, sa femme qu'il aura serrée contre son cœur et les enfants qui lui resteront encore 55 de peur d'avoir à partager avec eux la chair de ses enfants, seule nourriture dont il disposera encore, dans la détresse à laquelle vos ennemis vous auront réduits en assiégeant toutes vos villes. 56 La femme la plus délicate et la plus raffinée parmi vous, celle qui était si délicate et si raffinée qu'elle ne se risquait même pas à poser la plante du pied sur le sol, regardera avec malveillance le mari qu'elle a serré contre son cœur, son fils et sa fille, 57 car elle voudra manger toute seule, en cachette, le bébé qu'elle vient de mettre au monde, et son placenta dont elle sera juste délivrée, à cause de la détresse à laquelle vous auront réduits vos ennemis en assiégeant toutes vos villes.

58 Si vous ne veillez pas avec soin à appliquer toutes les paroles de cette Loi consignées dans ce livre, pour craindre celui qui est glorieux et redoutable, c'est-à-dire l'Eternel votre Dieu, 59 alors l'Eternel interviendra de façon prodigieuse pour vous frapper, vous et vos descendants, de plaies intenses et tenaces, il vous infligera des maladies graves et persistantes. 60 Il déchaînera contre vous toutes ces plaies d'Egypte que vous avez redoutées, et elles s'attacheront à vous[l]. 61 De plus, il vous enverra toutes sortes de maladies et de fléaux qui ne sont pas mentionnés dans ce livre de la Loi, jusqu'à ce que vous soyez exterminés. 62 Après avoir été aussi nombreux que les étoiles du ciel, vous ne serez plus qu'une poignée d'hommes, parce que vous n'aurez pas obéi à l'Eternel votre Dieu. 63 Il arrivera donc qu'autant l'Eternel s'était plu à vous combler et à vous multiplier, autant il prendra plaisir à vous faire périr et disparaître. Ainsi vous serez arrachés du pays où vous allez entrer pour en prendre possession, 64 et l'Eternel vous dispersera parmi tous les peuples d'un bout de la terre à l'autre. Là, vous serez asservis à d'autres dieux que ni vous, ni vos ancêtres n'aurez connus, des dieux de bois et de pierre. 65 Même au milieu de ces peuples étrangers, vous ne trouverez ni tranquillité ni lieu où vous installer pour mener une existence paisible. L'Eternel vous donnera là un cœur inquiet et des yeux éteints, le découragement vous rongera, 66 votre avenir sera très incertain, vous connaîtrez nuit et jour la peur, vous n'aurez aucune assurance pour votre vie. 67 La terreur envahira votre cœur à cause de tout ce que vous aurez constamment sous les yeux, de sorte que le matin vous direz : « Si seulement c'était le soir ! » Et le soir : « Quand donc viendra le matin ? » 68 L'Eternel vous fera reprendre le chemin de l'Egypte sur des bateaux, alors qu'il vous avait dit[m] que vous ne la reverriez plus jamais. Là, vous vous offrirez vous-mêmes comme esclaves à vos ennemis, mais personne ne voudra vous acheter.

l **28.60** Celles que les Egyptiens eurent à subir : voir7.15 ; Ex 9.1-12 ; 15.26.
m **28.68** Autre traduction : *que je vous avais dit.*

Renewal of the Covenant

29 1[k]These are the terms of the covenant the LORD commanded Moses to make with the Israelites in Moab, in addition to the covenant he had made with them at Horeb.

2Moses summoned all the Israelites and said to them:

Your eyes have seen all that the LORD did in Egypt to Pharaoh, to all his officials and to all his land. 3With your own eyes you saw those great trials, those signs and great wonders. 4But to this day the LORD has not given you a mind that understands or eyes that see or ears that hear. 5Yet the LORD says, "During the forty years that I led you through the wilderness, your clothes did not wear out, nor did the sandals on your feet. 6You ate no bread and drank no wine or other fermented drink. I did this so that you might know that I am the LORD your God."

7When you reached this place, Sihon king of Heshbon and Og king of Bashan came out to fight against us, but we defeated them. 8We took their land and gave it as an inheritance to the Reubenites, the Gadites and the half-tribe of Manasseh.

9Carefully follow the terms of this covenant, so that you may prosper in everything you do. 10All of you are standing today in the presence of the LORD your God – your leaders and chief men, your elders and officials, and all the other men of Israel, 11together with your children and your wives, and the foreigners living in your camps who chop your wood and carry your water. 12You are standing here in order to enter into a covenant with the LORD your God, a covenant the LORD is making with you this day and sealing with an oath, 13to confirm you this day as his people, that he may be your God as he promised you and as he swore to your fathers, Abraham, Isaac and Jacob. 14I am making this covenant, with its oath, not only with you 15who are standing here with us today in the presence of the LORD our God but also with those who are not here today.

16You yourselves know how we lived in Egypt and how we passed through the countries on the way here. 17You saw among them their detestable images and idols of wood and stone, of silver and gold. 18Make sure there is no man or woman, clan or tribe among you today whose heart turns away from the LORD our God to go and worship the gods of those nations; make

[k] In Hebrew texts 29:1 is numbered 28:69, and 29:2-29 is numbered 29:1-28.

La vie sous l'alliance

Introduction

69Voici les paroles de l'alliance que l'Eternel ordonna Moïse de conclure avec les Israélites dans le pays de Moal en plus de l'alliance qu'il avait conclue avec eux au mon Horeb.

Les actes passés de l'Eternel

29 1Moïse convoqua tous les Israélites et leur dit Vous avez constaté de vos propres yeux tout c que l'Eternel a fait en Egypte au pharaon, à tous ses ser viteurs et à tout son pays. 2Vous avez vu quelles grande épreuves il leur a infligées, vous avez été témoins de signes miraculeux et des prodiges qu'il a accompli 3Pourtant, jusqu'à ce jour, l'Eternel ne vous a pas donn un cœur capable de comprendre, ni des yeux pour voir o des oreilles pour entendre. 4Pendant quarante ans, mc l'Eternel, je vous ai fait marcher dans le désert : ni vo vêtements, ni vos sandales ne se sont usés sur vous. 5Vou n'avez pas eu de pain pour vous nourrir, ni de vin ou d bière pour vous désaltérer, afin que vous reconnaissie que moi, je suis l'Eternel votre Dieu. 6Finalement, vou êtes arrivés jusqu'ici dans cette contrée. Sihôn, roi d Heshbôn et Og, roi du Basan, ont marché contre nous e nous ont attaqués, mais nous les avons vaincus. 7Nou avons conquis leur territoire et nous l'avons donné e possession aux tribus de Ruben et de Gad, ainsi qu'à l demi-tribu de Manassé. 8Obéissez aux clauses de cett alliance et appliquez-les, afin que vous réussissiez dan tout ce que vous entreprendrez.

Les perspectives d'avenir

Pour qui est cette alliance ?

9Vous vous présentez aujourd'hui devant l'Eternel votr Dieu, vous tous, chefs de tribus, responsables, officier et tous les hommes d'Israël. 10Vos enfants, vos femme et les étrangers qui sont parmi vous dans votre camp e qui coupent le bois ou qui puisent de l'eau pour vous sont aussi là. 11Vous êtes là pour entrer dans l'allianc que l'Eternel votre Dieu veut conclure aujourd'hui ave vous avec imprécations, 12afin que vous soyez son peup et qu'il soit lui-même votre Dieu, comme il vous l'a ar noncé et comme il l'a promis par serment à vos ancêtre Abraham, Isaac et Jacob. 13Ce n'est pas avec vous seuls qu je conclus cette alliance avec imprécations. 14Elle concern non seulement ceux qui sont ici aujourd'hui avec nous, e se tiennent devant l'Eternel notre Dieu, mais aussi tou ceux qui ne sont pas encore là.

Mise en garde contre l'idolâtrie

15Vous savez comment nous avons vécu en Egypte e comment nous avons traversé le territoire des peuple étrangers chez qui vous êtes passés. 16Vous avez v quelles idoles abominables de bois, de pierre, d'arger ou d'or ces peuples adorent. 17Qu'il n'y ait donc parm vous personne, ni homme ni femme, ni famille ni trib dont le cœur se détourne dès aujourd'hui de l'Etern

[n] 29.10 Travail le plus pénible accompli généralement par des esclaves (voir11.10 ; Jos 9.21-27).

ure there is no root among you that produces such
itter poison.
[19]When such a person hears the words of this oath
nd they invoke a blessing on themselves, thinking,
I will be safe, even though I persist in going my own
vay," they will bring disaster on the watered land as
vell as the dry. [20]The LORD will never be willing to
orgive them; his wrath and zeal will burn against
hem. All the curses written in this book will fall on
hem, and the LORD will blot out their names from
under heaven. [21]The LORD will single them out from
ll the tribes of Israel for disaster, according to all the
urses of the covenant written in this Book of the Law.

[22]Your children who follow you in later genera-
ions and foreigners who come from distant lands
vill see the calamities that have fallen on the land
nd the diseases with which the LORD has afflicted it.
[3]The whole land will be a burning waste of salt and
ulfur – nothing planted, nothing sprouting, no veg-
tation growing on it. It will be like the destruction
f Sodom and Gomorrah, Admah and Zeboyim, which
he LORD overthrew in fierce anger. [24]All the nations
vill ask: "Why has the LORD done this to this land?
Vhy this fierce, burning anger?"
[25]And the answer will be: "It is because this people
bandoned the covenant of the LORD, the God of their
ncestors, the covenant he made with them when he
rought them out of Egypt. [26]They went off and wor-
hiped other gods and bowed down to them, gods they
lid not know, gods he had not given them. [27]Therefore
he LORD's anger burned against this land, so that he
rought on it all the curses written in this book. [28]In
urious anger and in great wrath the LORD uprooted
hem from their land and thrust them into another
and, as it is now."

[29]The secret things belong to the LORD our God, but
he things revealed belong to us and to our children
orever, that we may follow all the words of this law.

rosperity After Turning to the LORD

30 [1]When all these blessings and curses I have
set before you come on you and you take
hem to heart wherever the LORD your God dispers-
s you among the nations, [2]and when you and your
hildren return to the LORD your God and obey him
vith all your heart and with all your soul accord-

notre Dieu, pour aller rendre un culte aux dieux de ces
peuples étrangers. Craignez qu'il n'y ait parmi vous une
racine d'où naîtraient des plantes aux fruits vénéneux et
amers[o]. [18]Qu'il n'y ait personne parmi vous qui se félicite
en lui-même après avoir entendu ces imprécations, et qui
se dise : « Tout ira bien pour moi, si je suis les penchants
de mon cœur obstiné », car le coupable entraînerait l'innocent dans sa ruine[p]. [19]L'Eternel ne consentirait pas à
lui pardonner ; il laisserait s'enflammer sa colère et son
indignation contre l'infidélité de cet homme qui verrait
s'abattre sur lui toutes les malédictions inscrites dans ce
livre, et il effacerait son souvenir de dessous le ciel. [20]Il
le séparerait de toutes les tribus d'Israël pour le livrer
au malheur, en lui infligeant toutes les malédictions
que comporte l'alliance et qui sont mentionnées dans
ce livre de la Loi.

Le châtiment de l'idolâtrie

[21]Lorsque la génération à venir, celle de vos fils qui vous
suivront, et les étrangers venus de pays lointains, verront
les fléaux et les catastrophes que l'Eternel aura infligés à
ce pays, [22]lorsqu'ils constateront que tout est ravagé par
le soufre, le sel et le feu, que la terre est inculte et improductive au point qu'aucune herbe n'y pousse, qu'elle est
ruinée comme Sodome et Gomorrhe, Adma et Tseboïm,
ces villes que l'Eternel a détruites dans sa colère ardente[q],
[23]tous ces peuples se demanderont : « Pourquoi l'Eternel
a-t-il ainsi traité ce pays ? Quelle était la cause de cette
grande et ardente colère ? » [24]Alors on répondra : « Cela
est arrivé parce qu'ils ont abandonné l'alliance que l'Eternel, le Dieu de leurs ancêtres, avait conclue avec eux après
les avoir fait sortir d'Egypte. [25]Ils se sont mis à rendre un
culte à d'autres divinités, ils ont adoré des dieux qu'ils ne
connaissaient pas auparavant et qui ne leur avaient pas été
donnés en partage. [26]C'est pourquoi la colère de l'Eternel
s'est enflammée contre ce pays et il a fait venir sur lui
toutes les malédictions inscrites dans ce livre. [27]Dans sa
colère, sa fureur et son indignation, il a déraciné ce peuple
de son pays et l'a chassé dans un pays étranger où il vit
encore aujourd'hui. »

Appliquer ce qui est révélé

[28]Ce qui est caché est réservé à l'Eternel notre Dieu. Par
contre, nous sommes concernés, nous et les générations
suivantes, par ce qui a été révélé, par toutes les paroles de
cette Loi qu'il nous faut appliquer.

Les bénédictions d'un retour à l'Eternel

30 [1]Ces paroles que je viens de prononcer, les bénédictions et les malédictions entre lesquelles
je vous offre le choix, se réaliseront. Si vous les prenez
de nouveau à cœur, au milieu de tous les peuples parmi lesquels l'Eternel votre Dieu vous aura dispersés, [2]si
vous revenez à l'Eternel votre Dieu et si vous l'écoutez en
obéissant de tout votre cœur et de tout votre être, vous
et vos enfants, à tout ce que je vous ordonne aujourd'hui,

---

o **29.17** Cité en Hé 12.15.
p **29.18** Selon l'ancienne version grecque, l'hébreu a : *en ajoutant l'ivresse à la soif*, texte que certains traduisent *en sorte que (le terrain) arrosé disparaisse en même temps que (le terrain) desséché*.
q **29.22** Voir Gn 19.24-25. Adma et Tseboïm étaient des villes proches de Sodome et de Gomorrhe (Gn 10.19 ; 13.10 ; 14.8 ; Os 11.8).

ing to everything I command you today, 3then the LORD your God will restore your fortunes[l] and have compassion on you and gather you again from all the nations where he scattered you. 4Even if you have been banished to the most distant land under the heavens, from there the LORD your God will gather you and bring you back. 5He will bring you to the land that belonged to your ancestors, and you will take possession of it. He will make you more prosperous and numerous than your ancestors. 6The LORD your God will circumcise your hearts and the hearts of your descendants, so that you may love him with all your heart and with all your soul, and live. 7The LORD your God will put all these curses on your enemies who hate and persecute you. 8You will again obey the LORD and follow all his commands I am giving you today. 9Then the LORD your God will make you most prosperous in all the work of your hands and in the fruit of your womb, the young of your livestock and the crops of your land. The LORD will again delight in you and make you prosperous, just as he delighted in your ancestors, 10if you obey the LORD your God and keep his commands and decrees that are written in this Book of the Law and turn to the LORD your God with all your heart and with all your soul.

The Offer of Life or Death

11Now what I am commanding you today is not too difficult for you or beyond your reach. 12It is not up in heaven, so that you have to ask, "Who will ascend into heaven to get it and proclaim it to us so we may obey it?" 13Nor is it beyond the sea, so that you have to ask, "Who will cross the sea to get it and proclaim it to us so we may obey it?" 14No, the word is very near you; it is in your mouth and in your heart so you may obey it.

15See, I set before you today life and prosperity, death and destruction. 16For I command you today to love the LORD your God, to walk in obedience to him, and to keep his commands, decrees and laws; then you will live and increase, and the LORD your God will bless you in the land you are entering to possess.

17But if your heart turns away and you are not obedient, and if you are drawn away to bow down to other gods and worship them, 18I declare to you this day that you will certainly be destroyed. You will not live long in the land you are crossing the Jordan to enter and possess.

19This day I call the heavens and the earth as witnesses against you that I have set before you life and death, blessings and curses. Now choose life, so that you and your children may live 20and that you may love the LORD your God, listen to his voice, and hold

[l] **30:3** Or *will bring you back from captivity*

3alors l'Eternel votre Dieu aura compassion de vous : vous restaurera[r] et vous rassemblera pour vous faire reve nir de chez tous les peuples parmi lesquels il vous aur dispersés. 4Même si les exilés de votre peuple sont au confins du monde, l'Eternel votre Dieu ira les cherche là-bas et les rassembler 5pour les ramener au pays qu leurs ancêtres auront possédé et ils en retrouveront l possession. Il les y rendra plus heureux et plus nombreu que leurs ancêtres. 6L'Eternel votre Dieu vous circoncir le cœur et celui de vos descendants pour que vous l'aimie de tout votre cœur et de tout votre être, et qu'ainsi vou viviez. 7Il infligera alors toutes ces malédictions que j vous ai décrites à vos ennemis, à ceux qui vous haïssen et qui vous auront persécutés. 8Quant à vous, vous revi endrez à lui, vous l'écouterez et vous appliquerez tou ses commandements que je vous transmets aujourd'hu 9L'Eternel votre Dieu vous comblera de bonheur en faisan réussir tout ce que vous entreprendrez ; il vous donner de nombreux enfants, il multipliera votre bétail et vou accordera d'abondantes récoltes. Car l'Eternel prendra d nouveau plaisir à votre bonheur comme il prenait plais à celui de vos ancêtres, 10pourvu que vous l'écoutiez e obéissant à ses commandements et ses ordonnances con signés dans ce livre de la Loi, et que vous reveniez à lui d tout votre cœur et de tout votre être !

La Loi dans le cœur

11Le code de lois que je vous donne aujourd'hui n'es certainement pas trop difficile pour vous, ni hors de votr portée. 12Il n'est pas au ciel pour que l'on dise : « Qui mon tera au ciel pour aller nous le chercher et nous le fair comprendre afin que nous puissions l'appliquer ? » 13I n'est pas non plus au-delà de l'océan pour que l'on dise « Qui traversera pour nous les mers pour aller nous le cher cher, et nous le faire comprendre, afin que nous puission l'appliquer ? » 14Non, la parole est toute proche de vous elle est dans votre bouche et dans votre cœur, pour qu vous l'appliquiez[s].

La vie et la mort

15Voyez, je place aujourd'hui devant vous, d'un côté, l vie et le bonheur, de l'autre, la mort et le malheur. 16C que je vous commande aujourd'hui, c'est d'aimer l'Eterne votre Dieu, de suivre le chemin qu'il vous trace et d'obéi à ses commandements, ses ordonnances et ses lois. E faisant cela, vous aurez la vie, vous deviendrez nombreu et vous serez bénis par l'Eternel votre Dieu dans le pay où vous vous rendez pour en prendre possession. 17Mais s votre cœur se détourne de lui, si vous refusez de lui obéi et si vous vous laissez entraîner à adorer d'autres dieux e à leur rendre un culte, 18je vous préviens dès aujourd'hu que vous périrez à coup sûr. Vous ne vivrez pas longtemp dans le pays au-delà du Jourdain où vous vous rendez pou en prendre possession.

19Je prends aujourd'hui le ciel et la terre à témoins : j vous offre le choix entre la vie et la mort, entre la béné diction et la malédiction. Choisissez donc la vie, afin qu vous viviez, vous et vos descendants. 20Choisissez d'aime l'Eternel votre Dieu, de lui obéir et de lui rester attachés car c'est lui qui vous fait vivre et qui pourra vous accorde

[r] **30.3** On peut peut-être traduire *il ramènera ceux d'entre vous qui auront été en captivité.*

[s] **30.14** Les formules de ce verset sont reprises en Rm 10.6-8.

ıst to him. For the LORD is your life, and he will give
ou many years in the land he swore to give to your
ıthers, Abraham, Isaac and Jacob.

›shua to Succeed Moses

31 1Then Moses went out and spoke these words
to all Israel: 2"I am now a hundred and twen-
y years old and I am no longer able to lead you. The
ORD has said to me, 'You shall not cross the Jordan.'
The LORD your God himself will cross over ahead of
ou. He will destroy these nations before you, and
ou will take possession of their land. Joshua also will
ross over ahead of you, as the LORD said. 4And the LORD
ill do to them what he did to Sihon and Og, the kings
f the Amorites, whom he destroyed along with their
ınd. 5The LORD will deliver them to you, and you must
o to them all that I have commanded you. 6Be strong
nd courageous. Do not be afraid or terrified because
f them, for the LORD your God goes with you; he will
ever leave you nor forsake you."

7Then Moses summoned Joshua and said to him in
he presence of all Israel, "Be strong and courageous,
or you must go with this people into the land that
he LORD swore to their ancestors to give them, and
ou must divide it among them as their inheritance.
The LORD himself goes before you and will be with
ou; he will never leave you nor forsake you. Do not
e afraid; do not be discouraged."

'ublic Reading of the Law

9So Moses wrote down this law and gave it to the
evitical priests, who carried the ark of the covenant
f the LORD, and to all the elders of Israel. 10Then Moses
ommanded them: "At the end of every seven years,
n the year for canceling debts, during the Festival
f Tabernacles, 11when all Israel comes to appear be-
ore the LORD your God at the place he will choose,
ou shall read this law before them in their hearing.
2Assemble the people – men, women and children,
nd the foreigners residing in your towns – so they can
isten and learn to fear the LORD your God and follow
arefully all the words of this law. 13Their children,
who do not know this law, must hear it and learn to
ear the LORD your God as long as you live in the land
ou are crossing the Jordan to possess."

srael's Rebellion Predicted

14The LORD said to Moses, "Now the day of your
leath is near. Call Joshua and present yourselves at
he tent of meeting, where I will commission him."
o Moses and Joshua came and presented themselves
ıt the tent of meeting.

15Then the LORD appeared at the tent in a pillar of
cloud, and the cloud stood over the entrance to the
ent. 16And the LORD said to Moses: "You are going to
est with your ancestors, and these people will soon
prostitute themselves to the foreign gods of the land

de passer de nombreux jours dans le pays que l'Eternel a
promis par serment de donner à vos ancêtres Abraham,
Isaac et Jacob.

LES DERNIERS ACTES DE MOÏSE

Josué, successeur de Moïse

31 1Moïse adressa à tout Israël le discours suivant :
2J'ai maintenant cent vingt ans, je ne pourrai plus
marcher à votre tête. L'Eternel m'a dit que je ne traverserai
pas le Jourdain que voici. 3L'Eternel votre Dieu marchera
lui-même devant vous. Il exterminera devant vous les peuples qui habitent là-bas, pour que vous puissiez prendre
possession de leur pays ; et c'est Josué qui sera à votre
tête, comme l'Eternel l'a déclaré. 4L'Eternel les détruira
comme il a détruit Sihôn et Og, rois des Amoréens ainsi
que leur pays. 5Il vous donnera la victoire sur ces peuples, et vous les traiterez exactement comme je vous l'ai
ordonné. 6Prenez courage, tenez bon ! Ne craignez rien
et ne vous laissez pas effrayer par eux, car l'Eternel votre
Dieu marche lui-même avec vous, il ne vous délaissera pas
et ne vous abandonnera pas.

7Puis Moïse appela Josué et lui dit devant tout Israël :
Prends courage, tiens bon, car c'est toi qui feras entrer ce
peuple dans le pays que l'Eternel a promis par serment à
leurs ancêtres de leur donner, et c'est toi qui leur en feras
prendre possession[t]. 8L'Eternel lui-même marchera devant
toi, il sera avec toi, il ne te délaissera pas et il ne t'abandonnera pas. Ne crains rien et ne te laisse pas effrayer !

La lecture périodique de la Loi

9Moïse mit cette Loi par écrit et la confia aux prêtres
descendants de Lévi chargés de porter le coffre de l'alliance de l'Eternel, ainsi qu'à tous les responsables d'Israël.

10Il leur donna cet ordre : Tous les sept ans, au moment
où commencera l'année de la remise des dettes, lors de la
fête des Cabanes, 11quand tout Israël viendra se présenter
devant l'Eternel votre Dieu dans le lieu qu'il aura choisi,
vous lirez cette Loi pour tout Israël. 12Vous rassemblerez
tout le peuple, les hommes, les femmes, les enfants et les
étrangers qui résident chez vous, afin qu'ils entendent la
lecture de la Loi, qu'ils apprennent à craindre l'Eternel
votre Dieu et à obéir à toute cette Loi en en appliquant
toutes les ordonnances[u]. 13Ainsi leurs enfants, qui ne la
connaîtront pas encore, l'entendront aussi et apprendront
à craindre l'Eternel votre Dieu, tant que vous vivrez dans
le pays dont vous allez prendre possession, après avoir
traversé le Jourdain.

Les textes-témoins contre l'infidélité

14L'Eternel dit à Moïse : Voici que le moment de ta fin
approche. Fais venir Josué et présentez-vous dans la tente
de la Rencontre ; là, je lui donnerai mes ordres.

Moïse et Josué se rendirent à la tente de la Rencontre
et se tinrent à l'intérieur. 15Là, l'Eternel leur apparut
dans la colonne de nuée qui se tint à l'entrée de la tente.
16S'adressant à Moïse, il dit : Voici, tu vas bientôt rejoindre
tes ancêtres décédés. Après ta mort, ce peuple ira se prostituer avec les dieux étrangers du pays dans lequel il se

t 31.7 Les v. 7-8 sont repris en Jos 1.5-7 ; 1 Ch 28.20. Cités en Hé 13.5.

u 31.12 Seule fête à laquelle il est explicitement demandé aux femmes et aux enfants d'assister afin qu'ils entendent la lecture de la Loi.

they are entering. They will forsake me and break the covenant I made with them. [17]And in that day I will become angry with them and forsake them; I will hide my face from them, and they will be destroyed. Many disasters and calamities will come on them, and in that day they will ask, 'Have not these disasters come on us because our God is not with us?' [18]And I will certainly hide my face in that day because of all their wickedness in turning to other gods.

[19]"Now write down this song and teach it to the Israelites and have them sing it, so that it may be a witness for me against them. [20]When I have brought them into the land flowing with milk and honey, the land I promised on oath to their ancestors, and when they eat their fill and thrive, they will turn to other gods and worship them, rejecting me and breaking my covenant. [21]And when many disasters and calamities come on them, this song will testify against them, because it will not be forgotten by their descendants. I know what they are disposed to do, even before I bring them into the land I promised them on oath." [22]So Moses wrote down this song that day and taught it to the Israelites.

[23]The LORD gave this command to Joshua son of Nun: "Be strong and courageous, for you will bring the Israelites into the land I promised them on oath, and I myself will be with you."

[24]After Moses finished writing in a book the words of this law from beginning to end, [25]he gave this command to the Levites who carried the ark of the covenant of the LORD: [26]"Take this Book of the Law and place it beside the ark of the covenant of the LORD your God. There it will remain as a witness against you. [27]For I know how rebellious and stiff-necked you are. If you have been rebellious against the LORD while I am still alive and with you, how much more will you rebel after I die! [28]Assemble before me all the elders of your tribes and all your officials, so that I can speak these words in their hearing and call the heavens and the earth to testify against them. [29]For I know that after my death you are sure to become utterly corrupt and to turn from the way I have commanded you. In days to come, disaster will fall on you because you will do evil in the sight of the LORD and arouse his anger by what your hands have made."

The Song of Moses

[30]And Moses recited the words of this song from beginning to end in the hearing of the whole assembly of Israel:

32 [1]Listen, you heavens, and I will speak;
hear, you earth, the words of my mouth.
[2] Let my teaching fall like rain
and my words descend like dew,
like showers on new grass,

rend, il m'abandonnera et violera l'alliance que j'ai conclu avec lui. [17]A cause de cela, ma colère s'enflammera contr lui en ce jour-là ; je l'abandonnerai, et je me détournera de lui. Alors le peuple deviendra la proie d'autres peuples beaucoup de malheurs et de grandes détresses s'abattron sur lui. Ce jour-là, les Israélites se diront : « En vérité c'es parce que notre Dieu n'est plus au milieu de nous que tou ces malheurs nous arrivent. »

[18]Oui, à ce moment-là, je me détournerai totalemen d'eux, à cause de tout le mal qu'ils auront commis en s tournant vers d'autres dieux.

[19]Et maintenant, mettez par écrit le cantique qui suit Toi, Moïse, tu l'apprendras aux Israélites : fais-le leu chanter afin que ce cantique me serve de témoin contr eux. [20]En effet, je les ferai entrer dans le pays où ruis sellent le lait et le miel, que j'ai promis par serment leurs ancêtres : ils y mangeront à satiété et vivront dan l'abondance ; alors ils se tourneront vers d'autres dieux e leur rendront un culte, ils m'irriteront et violeront mo alliance. [21]Beaucoup de malheurs et de grandes détresse s'abattront sur eux, alors ce cantique servira de témoin charge contre eux. Car leurs descendants ne l'oublieron pas et ne cesseront pas de le chanter. Je connais, en effet les dispositions de leur cœur dès à présent, avant mêm que je les fasse entrer dans le pays que je leur ai promi par serment.

[22]Ce même jour, Moïse mit par écrit le cantique qui sui et l'apprit aux Israélites.

[23]Après cela, l'Eternel donna ses ordres à Josué, fils d Noun. Il lui dit : Prends courage et tiens bon, car c'est to qui feras entrer les Israélites dans le pays que je leur a promis par serment ; et moi je serai avec toi.

[24]Lorsque Moïse eut fini de transcrire dans un livr toutes les paroles de cette Loi dans leur intégralité, [25]i donna cet ordre aux lévites chargés de porter le coffre d l'alliance de l'Eternel : [26]Prenez ce livre de la Loi et dépo sez-le à côté du coffre de l'alliance de l'Eternel votre Dieu Il y restera pour servir de témoin contre le peuple d'Israël [27]En effet, je sais que vous êtes indociles et rebelles. S aujourd'hui, alors que je suis encore en vie au milieu d vous, vous vous révoltez contre l'Eternel, combien plu le ferez-vous après ma mort ! [28]Maintenant, rassemble autour de moi tous les responsables de vos tribus et vo responsables, je leur communiquerai les paroles de ce can tique et je prendrai le ciel et la terre à témoin contre eux [29]Je sais, en effet, qu'après ma mort vous ne manquere pas de vous corrompre et de vous détourner du chemi que je vous ai prescrit. Alors le malheur fondra sur vou dans l'avenir, parce que vous aurez fait ce que l'Eterne considère comme mal et que vous aurez provoqué sa colère par vos actes.

[30]Moïse transmit donc à toute l'assemblée d'Israël l cantique suivant dans sa totalité :

Le cantique de l'alliance

Introduction

32 [1]O ciel, prête l'oreille, je parlerai.
Et toi, ô terre, écoute ce que je vais dire.
[2] Mes instructions ruissellent comme la pluie,
et ma parole coule ainsi que la rosée
– comme une fine pluie tombe sur la verdure

like abundant rain on tender plants.
3 I will proclaim the name of the LORD.
Oh, praise the greatness of our God!

4 He is the Rock, his works are perfect,
and all his ways are just.
A faithful God who does no wrong,
upright and just is he.
5 They are corrupt and not his children;
to their shame they are a warped and
crooked generation.
6 Is this the way you repay the LORD,
you foolish and unwise people?
Is he not your Father, your Creator,[m]
who made you and formed you?

7 Remember the days of old;
consider the generations long past.
Ask your father and he will tell you,
your elders, and they will explain to you.
8 When the Most High gave the nations their
inheritance,
when he divided all mankind,
he set up boundaries for the peoples
according to the number of the sons of
Israel.[n]
9 For the LORD's portion is his people,
Jacob his allotted inheritance.
10 In a desert land he found him,
in a barren and howling waste.
He shielded him and cared for him;
he guarded him as the apple of his eye,
11 like an eagle that stirs up its nest
and hovers over its young,
that spreads its wings to catch them
and carries them aloft.
12 The LORD alone led him;
no foreign god was with him.
13 He made him ride on the heights of the land
and fed him with the fruit of the fields.
He nourished him with honey from the rock,
and with oil from the flinty crag,

14 with curds and milk from herd and flock
and with fattened lambs and goats,
with choice rams of Bashan
and the finest kernels of wheat.
You drank the foaming blood of the grape.

15 Jeshurun[o] grew fat and kicked;
filled with food, they became heavy and
sleek.
They abandoned the God who made them

[m] 32:6 Or *Father, who bought you*
[n] 32:8 Masoretic Text; Dead Sea Scrolls (see also Septuagint) *sons of God*
[o] 32:15 *Jeshurun* means *the upright one*, that is, Israel.

ou comme des ondées sur l'herbe.
3 Car je vais proclamer comment est l'Eternel.
Célébrez la grandeur de notre Dieu !

Dieu est juste, Israël est corrompu

4 Il est comme un rocher, ses œuvres sont parfaites,
tout ce qu'il fait est juste.
Il est un Dieu fidèle qui ne commet pas d'injustice,
c'est un Dieu juste et droit.
5 Mais vous, à son égard, vous êtes corrompus,
vous n'êtes plus ses fils, à cause de vos tares,
gens pervers, dépravés !
6 Comment peut-on ainsi se conduire envers lui,
peuple fou, insensé !
N'est-il pas votre père et votre créateur,
celui qui vous a faits, qui vous a établis ?

Les œuvres de Dieu en faveur d'Israël

7 Pensez aux jours d'alors
et songez aux années du temps de vos aïeux !
Interrogez vos pères et ils vous le diront,
demandez aux vieillards et ils vous l'apprendront.
8 Quand le Très-Haut donna un territoire aux
peuples,
quand il dissémina les hommes sur la terre,
en fixant les frontières des diverses nations,
il tint compte du nombre des enfants d'Israël[v].

9 L'Eternel a pour bien son peuple ;
les enfants de Jacob, voilà sa possession.
10 L'Eternel l'a trouvé dans une steppe aride,
dans un désert inhabité, rempli de hurlements.
Il a pris soin de lui et il l'a éduqué.
Il a veillé sur lui comme sur la prunelle de ses yeux !
11 Il fut comme un grand aigle qui pousse sa couvée à
prendre son envol,
planant sur ses aiglons,
puis, étendant ses ailes, il les a pris
et portés sur ses ailes.
12 Lui seul les a conduits,
aucun dieu étranger n'est venu à son aide.
13 Il les fit chevaucher les hauteurs du pays,
et il les a nourris des productions des champs.
Il leur a fait goûter le miel qui s'écoulait dans le
creux des rochers
et l'huile qui jaillit dans un sol rocailleux[w],
14 le lait des vaches et des brebis,
les viandes grasses des agneaux,
des béliers du Basan aussi bien que des boucs.
Ils se sont régalés du meilleur des froments,
ils ont bu le vin rouge extrait de bons raisins.

La trahison d'Israël

15 Mais bientôt Yeshouroun[x], après s'être engraissé,
s'est mis à regimber.
Devenu gros et gras, bien chargé d'embonpoint,
il a abandonné le Dieu qui l'a créé,

[v] 32.8 Texte hébreu traditionnel. Un manuscrit hébreu de Qumrân et plusieurs versions anciennes portent : *des anges*. Allusion en Ac 17.26.
[w] 32.13 Les abeilles construisent parfois leurs ruches dans des creux de rochers (voir Es 7.18-19 ; Ps 81.17).
[x] 32.15 Nom poétique d'Israël (voir33.5 ; Es 44.2), signifiant : *celui qui est droit.*

and rejected the Rock their Savior.
16 They made him jealous with their foreign gods
and angered him with their detestable idols.

17 They sacrificed to false gods, which are not
God –
gods they had not known,
gods that recently appeared,
gods your ancestors did not fear.
18 You deserted the Rock, who fathered you;
you forgot the God who gave you birth.

19 The LORD saw this and rejected them
because he was angered by his sons and
daughters.
20 "I will hide my face from them," he said,
"and see what their end will be;
for they are a perverse generation,
children who are unfaithful.
21 They made me jealous by what is no god
and angered me with their worthless idols.
I will make them envious by those who are not
a people;
I will make them angry by a nation that has
no understanding.
22 For a fire will be kindled by my wrath,
one that burns down to the realm of the dead
below.
It will devour the earth and its harvests
and set afire the foundations of the
mountains.
23 "I will heap calamities on them
and spend my arrows against them.
24 I will send wasting famine against them,
consuming pestilence and deadly plague;
I will send against them the fangs of wild
beasts,
the venom of vipers that glide in the dust.
25 In the street the sword will make them
childless;
in their homes terror will reign.
The young men and young women will perish,
the infants and those with gray hair.

26 I said I would scatter them
and erase their name from human memory,
27 but I dreaded the taunt of the enemy,
lest the adversary misunderstand
and say, 'Our hand has triumphed;
the LORD has not done all this.' "

28 They are a nation without sense,
there is no discernment in them.
29 If only they were wise and would understand
this
and discern what their end will be!

et il a méprisé le Roc qui l'a sauvé.
16 Ils l'ont rendu jaloux parce qu'ils l'ont trahi en
suivant d'autres dieux,
et ils l'ont irrité par leurs pratiques abominables.
17 Ils ont sacrifié à des démons qui ne sont pas des
dieux,
à des divinités qu'ils n'avaient pas connues,
des dieux nouveaux venus,
des dieux que vos ancêtres n'avaient pas redoutés.
18 Israël, tu oublies le rocher protecteur par lequel tu
es né,
tu négliges le Dieu qui t'a donné la vie.

La colère de l'Eternel

19 Quand l'Eternel l'a vu, il s'est mis en colère :
il était offensé par ses fils et ses filles,

20 et il a déclaré : « Je me détourne d'eux,
je verrai bien alors le sort qui les attend.
Car ce sont des gens fourbes,
des enfants infidèles[y].
21 Ils m'ont rendu jaloux par ce qui n'est pas Dieu
et ils m'ont irrité par des divinités qui ne sont pas
des dieux.
Eh bien, de mon côté, je les rendrai jaloux de ceux
qui ne sont pas un peuple[z].
Je les irriterai par une nation folle.
22 Comme un feu, ma colère s'enflamme,
et elle brûle jusqu'au fond de l'abîme,
elle incendie la terre avec tous ses produits,
elle va embraser les fondements des monts.

23 Je lancerai contre eux un malheur après l'autre,
j'épuiserai mes flèches à les persécuter.
24 Ils seront consumés par la famine, dévorés par la
fièvre
et la peste mortelle,
et j'enverrai encore contre eux les crocs des fauves
et les poisons brûlants des serpents venimeux.
25 A l'extérieur des murs, c'est l'épée qui les prive de
leurs enfants ;
au-dedans, c'est l'effroi :
jeune homme et jeune fille,
nourrisson et vieillard auront le même sort.

Contre les ennemis du peuple de l'Eternel

26 Je voulais tout d'abord les réduire à néant
et faire disparaître jusqu'à leur souvenir du milieu
des humains.
27 Mais ce que je craignais c'est que les ennemis y
trouvent l'occasion de venir m'insulter,
et que leurs adversaires se méprennent et disent :
"C'est par notre puissance que nous avons vaincu",
et non : "C'est l'Eternel qui a fait tout cela !" »
28 Car voilà bien un peuple dont les projets avortent ;
ils n'ont pas de bon sens.
29 S'ils en avaient un peu, ils auraient bien compris,
ils auraient réfléchi à ce qui les attend.

y 32.20 Autre traduction : *pas dignes de confiance.*
z 32.21 Texte cité dans Rm 10.19.

30 How could one man chase a thousand,
or two put ten thousand to flight,
unless their Rock had sold them,
unless the LORD had given them up?
31 For their rock is not like our Rock,
as even our enemies concede.
32 Their vine comes from the vine of Sodom
and from the fields of Gomorrah.
Their grapes are filled with poison,
and their clusters with bitterness.
33 Their wine is the venom of serpents,
the deadly poison of cobras.
34 "Have I not kept this in reserve
and sealed it in my vaults?
35 It is mine to avenge; I will repay.
In due time their foot will slip;
their day of disaster is near
and their doom rushes upon them."
36 The LORD will vindicate his people
and relent concerning his servants
when he sees their strength is gone
and no one is left, slave or free.[p]
37 He will say: "Now where are their gods,
the rock they took refuge in,
38 the gods who ate the fat of their sacrifices
and drank the wine of their drink offerings?
Let them rise up to help you!
Let them give you shelter!
39 "See now that I myself am he!
There is no god besides me.
I put to death and I bring to life,
I have wounded and I will heal,
and no one can deliver out of my hand.
40 I lift my hand to heaven and solemnly swear:
As surely as I live forever,
41 when I sharpen my flashing sword
and my hand grasps it in judgment,
I will take vengeance on my adversaries
and repay those who hate me.
42 I will make my arrows drunk with blood,
while my sword devours flesh:
the blood of the slain and the captives,
the heads of the enemy leaders."

43 Rejoice, you nations, with his people,[q,r]
for he will avenge the blood of his servants;
he will take vengeance on his enemies
and make atonement for his land and people.

44 Moses came with Joshua[s] son of Nun and spoke
all the words of this song in the hearing of the people.

[p] 32:36 Or *and they are without a ruler or leader*
[q] 32:43 Or *Make his people rejoice, you nations*
[r] 32:43 Masoretic Text; Dead Sea Scrolls (see also Septuagint)
people, / and let all the angels worship him, /
[s] 32:44 Hebrew *Hoshea*, a variant of *Joshua*

30 Comment est-il possible qu'un guerrier à lui seul en
poursuive un millier,
ou que deux seulement en fassent fuir dix mille,
si Dieu, qui fut toujours leur rocher protecteur, ne
les avait vendus,
si l'Eternel n'avait livré son peuple à d'autres ?
31 Car leur rocher n'est pas comme notre rocher.
Même nos ennemis devront le reconnaître.
32 Ils sont comme une vigne transplantée de Sodome,
ce sont des plantations qui viennent de Gomorrhe.
Ils ne font que produire des raisins vénéneux,
leurs grappes sont amères.
33 Leur vin est un venin craché par des serpents,
c'est un poison mortel craché par des vipères.
34 Mais je tiens en réserve,
scellé dans mes trésors, de quoi faire justice.
35 C'est à moi qu'il revient de leur payer leur dû
au moment où leur pied viendra à trébucher,
car le jour de leur ruine se rapproche à grands pas,
le sort prévu pour eux se hâte de venir[a].
36 Car voici : l'Eternel rend justice à son peuple,
et il a compassion de nous ses serviteurs[b]
quand il constatera qu'ils sont à bout de forces,
qu'il n'y a plus chez eux ni esclave, ni libre.
37 Alors il s'écriera : « Où donc sont leurs faux dieux ?
Où donc est le rocher auquel ils se confiaient ?
38 Et ces dieux qui mangeaient la graisse des victimes,
et qui buvaient le vin offert en libation ?
A présent qu'ils se lèvent et viennent vous aider !
Qu'ils soient votre refuge !
39 Reconnaissez-le donc : C'est moi seul qui suis Dieu,
il n'y en a pas d'autre !
C'est moi qui fais mourir et moi seul qui fais vivre,
c'est moi qui ai blessé, c'est moi qui guérirai,
et de ma main, nul ne peut délivrer.
40 La main levée au ciel, j'atteste
et je déclare : Aussi vrai que je vis à perpétuité,
41 voici : j'aiguiserai la lame de l'épée,
et ma main brandira l'arme du jugement,
je ferai rendre compte à tous mes ennemis,
je paierai de retour tous ceux qui me haïssent.
42 J'enivrerai mes flèches du sang des adversaires,
mon épée pourfendra la chair de ses victimes
et la tête des chefs des peuples ennemis.
Je verserai le sang des blessés, des captifs. »

Conclusion

43 Peuples, réjouissez-vous avec son peuple[c] !
Adorez-le vous tous les anges[d].
Car Dieu venge la mort de ceux qui sont ses
serviteurs,
et il paie de retour ses ennemis.
Il fait l'expiation pour son pays et pour son peuple.
44 Moïse, accompagné d'Osée[e], fils de Noun, vint réciter
tout le texte de ce cantique au peuple.

[a] **32.35** Cité en Rm 12.19 ; Hé 10.30.
[b] **32.36** Cité en Ps 135.14.
[c] **32.43** D'après l'ancienne version grecque. Cité en Rm 15.10.
[d] **32.43** Ces mots, absents du texte hébreu traditionnel, se trouvent dans les manuscrits de Qumrân et l'ancienne version grecque. Cité en Hé 1.6.
[e] **32.44** C'est-à-dire Josué. Voir Nb 13.16.

45 When Moses finished reciting all these words to all
Israel, 46 he said to them, "Take to heart all the words
I have solemnly declared to you this day, so that you
may command your children to obey carefully all the
words of this law. 47 They are not just idle words for
you – they are your life. By them you will live long
in the land you are crossing the Jordan to possess."

Moses to Die on Mount Nebo

48 On that same day the LORD told Moses, 49 "Go up
into the Abarim Range to Mount Nebo in Moab, across
from Jericho, and view Canaan, the land I am giving
the Israelites as their own possession. 50 There on the
mountain that you have climbed you will die and be
gathered to your people, just as your brother Aaron
died on Mount Hor and was gathered to his people.
51 This is because both of you broke faith with me in
the presence of the Israelites at the waters of Meribah
Kadesh in the Desert of Zin and because you did not
uphold my holiness among the Israelites. 52 Therefore,
you will see the land only from a distance; you will
not enter the land I am giving to the people of Israel."

Moses Blesses the Tribes

33 1 This is the blessing that Moses the man of
God pronounced on the Israelites before his
death. 2 He said:

"The LORD came from Sinai
and dawned over them from Seir;
he shone forth from Mount Paran.
He came with[t] myriads of holy ones
from the south, from his mountain slopes.[u]

3 Surely it is you who love the people;
all the holy ones are in your hand.
At your feet they all bow down,
and from you receive instruction,
4 the law that Moses gave us,
the possession of the assembly of Jacob.
5 He was king over Jeshurun[v]
when the leaders of the people assembled,
along with the tribes of Israel.

6 "Let Reuben live and not die,
nor[w] his people be few."

7 And this he said about Judah:

"Hear, LORD, the cry of Judah;
bring him to his people.
With his own hands he defends his cause.
Oh, be his help against his foes!"

8 About Levi he said:

"Your Thummim and Urim belong
to your faithful servant.
You tested him at Massah;

[t] 33:2 Or *from*
[u] 33:2 The meaning of the Hebrew for this phrase is uncertain.
[v] 33:5 *Jeshurun* means *the upright one,* that is, Israel; also in verse 26.
[w] 33:6 Or *but let*

L'appel à l'obéissance

45 Quand il eut achevé de communiquer toutes ces pa
roles à tout le peuple d'Israël, 46 il leur dit : Prenez à cœu
toutes ces paroles par lesquelles je témoigne contre vou
aujourd'hui. Vous les inculquerez à vos enfants afin qu'il
obéissent à tous les commandements de cette Loi et qu'il
les appliquent. 47 Car ce n'est pas une parole sans impor
tance pour vous ; d'elle dépend votre vie même : en lu
obéissant vous obtiendrez une longue vie dans le pay
dont vous allez prendre possession après avoir travers
le Jourdain.

L'ordre de gravir le mont Nébo

48 Ce même jour, l'Eternel parla à Moïse et lui dit[f]
49 Monte sur les Abarim, sur le mont Nébo[g] situé dans l
pays de Moab en face de Jéricho, et contemple le pays d
Canaan que je donne en possession aux Israélites. 50 Tu va
mourir sur cette montagne où tu vas monter et tu rejoindras tes ancêtres décédés, comme ton frère Aaron est mor
sur la montagne de Hor et est allé rejoindre les siens. 51 Ca
vous m'avez tous deux désobéi devant les Israélites au
eaux de Meriba près de Qadesh dans le désert de Tsîn. Vou
n'avez pas permis à ma sainteté de se manifester devant le
Israélites. 52 C'est de loin seulement que tu verras le pay
que je donne aux Israélites, tu n'y entreras pas.

Moïse bénit les douze tribus d'Israël

33 1 Voici les paroles de bénédiction que Moïse, l'homme de Dieu, prononça sur les Israélites avant s
mort. 2 Il dit :

L'Eternel est venu du Sinaï,
il s'est levé pour eux ; aux confins de Séir[h] tel le
soleil à l'horizon,
et il a resplendi de la montagne de Parân.
Et les saints anges par myriades étaient autour de
lui[i].

3 Oui, il aime des peuples,
il prend soin de ceux qui lui appartiennent.
Les voici à tes pieds,
recueillant tes paroles.
4 C'est pour nous qu'il donna à Moïse une Loi,
l'assemblée de Jacob en obtint possession :
5 et il fut roi de Yeshouroun
quand tous les chefs du peuple ont été rassemblés
avec les tribus d'Israël.

6 Que Ruben vive et qu'il ne meure pas,
que sa population peu nombreuse subsiste.

7 Et pour Juda il dit :

Ecoute, ô Eternel, la tribu de Juda,
conduis-la vers son peuple !
Que ses mains la défendent,
sois toi-même son aide contre ses ennemis !

8 Et pour Lévi il dit :

L'ourim et le toummim appartiennent à l'homme
qui t'est très attaché,

[f] 32.48 Pour les v. 48-52, voir Nb 27.12-14 ; Dt 3.23-27.
[g] 32.49 Un des sommets du Pisga, la partie nord des monts Abarim.
[h] 33.2 Le Sinaï et le mont Séir sont associés au don de la Loi qui fut comme un lever de soleil illuminant le peuple de sa clarté.
[i] 33.2 Hébreu obscur. Certains traduisent *du midi, vers les pentes des montagnes, ou du midi, des pentes des montagnes.*

you contended with him at the waters of
Meribah.
9 He said of his father and mother,
'I have no regard for them.'
He did not recognize his brothers
or acknowledge his own children,
but he watched over your word
and guarded your covenant.
10 He teaches your precepts to Jacob
and your law to Israel.
He offers incense before you
and whole burnt offerings on your altar.
11 Bless all his skills, LORD,
and be pleased with the work of his hands.
Strike down those who rise against him,
his foes till they rise no more."
12 About Benjamin he said:
"Let the beloved of the LORD rest secure in him,
for he shields him all day long,
and the one the LORD loves rests between his
shoulders."
13 About Joseph he said:
"May the LORD bless his land
with the precious dew from heaven above
and with the deep waters that lie below;
14 with the best the sun brings forth
and the finest the moon can yield;
15 with the choicest gifts of the ancient
mountains
and the fruitfulness of the everlasting hills;
16 with the best gifts of the earth and its fullness
and the favor of him who dwelt in the
burning bush.
Let all these rest on the head of Joseph,
on the brow of the prince among[x] his
brothers.
17 In majesty he is like a firstborn bull;
his horns are the horns of a wild ox.
With them he will gore the nations,
even those at the ends of the earth.
Such are the ten thousands of Ephraim;
such are the thousands of Manasseh."
18 About Zebulun he said:
"Rejoice, Zebulun, in your going out,
and you, Issachar, in your tents.
19 They will summon peoples to the mountain
and there offer the sacrifices of the
righteous;
they will feast on the abundance of the seas,
on the treasures hidden in the sand."
20 About Gad he said:
"Blessed is he who enlarges Gad's domain!
Gad lives there like a lion,
tearing at arm or head.
21 He chose the best land for himself;

[x] 33:16 Or *of the one separated from*

que tu as fait passer par l'épreuve à Massa,
avec qui tu as contesté aux eaux de Meriba,
9 qui a dit de son père et de sa propre mère :
« Je n'y ai pas égard ! »
Qui pour ses fils, ses frères,
n'a pas fait d'exception
et s'est montré fidèle à ta parole seule
et à ton alliance.
10 Les lévites enseignent tout ton droit à Jacob,
ta Loi à Israël,
ils font monter vers toi le parfum de l'encens
et offrent l'holocauste sur ton autel.
11 Bénis, ô Eternel, tout ce qu'ils accomplissent,
reçois avec faveur les œuvres de leurs mains !
Brise les reins, ô Dieu, de tous leurs adversaires,
que ceux qui les haïssent ne se relèvent plus !
12 Pour Benjamin, il dit :
Aimé de l'Eternel,
il demeure en sécurité auprès de lui,
ce Dieu qui le protège continuellement,
qui habite lui-même entre ses deux épaules.
13 Et pour Joseph, il dit :
L'Eternel bénit son pays
par la rosée précieuse qui vient du ciel
et par les eaux profondes, des nappes souterraines,
14 par les produits précieux que mûrit le soleil
et par les fruits exquis qui germent chaque mois,
15 par les dons excellents des montagnes anciennes
et les meilleurs produits des antiques coteaux,
16 par les plus précieux fruits dont la terre est
remplie.
Que la faveur du Dieu qui s'est manifesté dans le
buisson ardent
vienne pour couronner la tête de Joseph,
et pour orner le front du prince de ses frères !
17 Qu'il est majestueux, son taureau premier-né.
Ses cornes sont semblables à celles des grands
buffles,
il en frappe les peuples
jusqu'aux confins du monde.
Voilà pour les myriades descendant d'Ephraïm,
voilà pour les « milliers » issus de Manassé.
18 Pour Zabulon, il dit :
Réjouis-toi, Zabulon, dans tes expéditions !
Sois heureux, Issacar, quand tu es sous tes tentes !
19 Ils convieront des peuples au haut de leur
montagne ;
là, ils immoleront des sacrifices conformément aux
règles,
par mer, ils draineront d'abondantes richesses
et ils recueilleront les trésors enfouis dans le sable
des plages[j].
20 Pour Gad, il dit :
Que soit béni celui qui fait pour Gad beaucoup de
place !
Couché comme un lion,
il déchire sa proie des pattes jusqu'au crâne.
21 Il a jeté les yeux sur la meilleure part,
on lui a réservé une portion de chef,

[j] 33.19 Il peut s'agir soit de la récolte de mollusques dont on tirait la pourpre, soit de l'exploitation du sable pour la fabrication du verre.

the leader's portion was kept for him.
When the heads of the people assembled,
he carried out the LORD's righteous will,
and his judgments concerning Israel."
22 About Dan he said:
"Dan is a lion's cub,
springing out of Bashan."
23 About Naphtali he said:
"Naphtali is abounding with the favor of the LORD
and is full of his blessing;
he will inherit southward to the lake."
24 About Asher he said:
"Most blessed of sons is Asher;
let him be favored by his brothers,
and let him bathe his feet in oil.
25 The bolts of your gates will be iron and bronze,
and your strength will equal your days.

26 "There is no one like the God of Jeshurun,
who rides across the heavens to help you
and on the clouds in his majesty.
27 The eternal God is your refuge,
and underneath are the everlasting arms.
He will drive out your enemies before you,
saying, 'Destroy them!'
28 So Israel will live in safety;
Jacob will dwell[y] secure
in a land of grain and new wine,
where the heavens drop dew.
29 Blessed are you, Israel!
Who is like you,
a people saved by the LORD?
He is your shield and helper
and your glorious sword.
Your enemies will cower before you,
and you will tread on their heights."

The Death of Moses

34 1 Then Moses climbed Mount Nebo from the
plains of Moab to the top of Pisgah, across
from Jericho. There the LORD showed him the whole
land – from Gilead to Dan, 2 all of Naphtali, the territory of Ephraim and Manasseh, all the land of Judah
as far as the Mediterranean Sea, 3 the Negev and the
whole region from the Valley of Jericho, the City of
Palms, as far as Zoar. 4 Then the LORD said to him, "This
is the land I promised on oath to Abraham, Isaac and
Jacob when I said, 'I will give it to your descendants.'
I have let you see it with your eyes, but you will not
cross over into it."

y 33:28 Septuagint; Hebrew *Jacob's spring is*

et il s'est élancé à la tête du peuple
pour agir en toute justice tel que Dieu le voulait,
et pour se conformer au droit qu'il avait défini en
faveur d'Israël.
22 Pour Dan, il dit :
Dan est un jeune lion
qui bondit du Basan.
23 Pour Nephtali, il dit :
Nephtali est comblé de la faveur de l'Eternel,
de ses bénédictions.
Qu'il prenne possession de l'ouest et du midi[k].

24 Et pour Aser, il dit :
Que parmi les fils de Jacob, il soit béni, Aser.
Qu'il ait la faveur de ses frères
et que ses pieds trempent dans l'huile[l].
25 Que les verrous de tes villes soient de fer et de
bronze !
Que ta vigueur dure autant que tes jours[m] !
26 Nul n'est semblable à Dieu, ô Yeshouroun !
Chevauchant dans le ciel, il vient à ton secours,
il est majestueux, monté sur les nuages.
27 Le Dieu d'éternité est un refuge,
il est depuis toujours un soutien ici-bas.
Et il met devant toi l'ennemi en déroute
et il dit : « Extermine ! »
28 Car Israël demeure dans la sécurité,
la source de Jacob jaillit bien à l'écart
vers un pays où poussent le froment et la vigne
et où le ciel distille la rosée.
29 Que tu es heureux, Israël, car qui est comme toi
un peuple secouru par l'Eternel lui-même ?
Il est le bouclier qui vient à ton secours,
il est aussi le glaive qui te mène au triomphe !
Tes ennemis te flatteront,
mais toi, tu marcheras sur les hauteurs de leur
pays.

La mort de Moïse

34 1 Des plaines de Moab, Moïse monta sur le mont
Nébo, au sommet du Pisga, qui se trouve en face
de Jéricho[n]. L'Eternel lui fit contempler tout le pays, de
la région de Galaad jusqu'à Dan, 2 tout le territoire de
Nephtali, d'Ephraïm et de Manassé, tout le pays de Juda
jusqu'à la mer Méditerranée, 3 puis la région du Néguev
et la région qui comprend la vallée de Jéricho – la ville des
palmiers – jusqu'à Tsoar[o]. 4 Alors l'Eternel lui dit : Voilà le
pays que j'ai promis par serment à Abraham, à Isaac et à
Jacob, lorsque je leur ai dit : « Je donnerai ce pays à vos
descendants. » Je te l'ai fait voir de tes propres yeux, mais
tu n'y entreras pas.

k **33.23** Le même mot hébreu désigne l'ouest et la mer ; Nephtali s'installera au nord-ouest de Canaan et occupera les coteaux sud du Liban et de l'Hermon. Le mot *midi* désigne aussi un pays bien ensoleillé et fertile comme l'était son territoire. Si l'on opte pour le sens de mer, ce mot désignerait la « mer de Galilée ».

l **33.24** L'abondance d'huile est signe de prospérité agricole.

m **33.25** D'après l'ancienne version grecque et la version syriaque. Le mot hébreu du texte hébreu traditionnel est de sens incertain.

n **34.1** Comme l'Eternel le lui avait ordonné (32.48-52). Le mont Nébo fait partie de la chaîne du Pisga dans les monts Abarim qui dominent l'est de la mer Morte et tout le territoire décrit aux v. 1-3.

o **34.3** Le regard passe des territoires les plus éloignés aux plus proches, Tsoar se trouvant sur la rive sud-ouest de la mer Morte (Gn 13.10 ; 14.2 ; 19.22).

5 And Moses the servant of the LORD died there in Moab, as the LORD had said. 6 He buried him[z] in Moab, in the valley opposite Beth Peor, but to this day no one knows where his grave is. 7 Moses was a hundred and twenty years old when he died, yet his eyes were not weak nor his strength gone. 8 The Israelites grieved for Moses in the plains of Moab thirty days, until the time of weeping and mourning was over.

9 Now Joshua son of Nun was filled with the spirit[a] of wisdom because Moses had laid his hands on him. So the Israelites listened to him and did what the LORD had commanded Moses.

10 Since then, no prophet has risen in Israel like Moses, whom the LORD knew face to face, 11 who did all those signs and wonders the LORD sent him to do in Egypt – to Pharaoh and to all his officials and to his whole land. 12 For no one has ever shown the mighty power or performed the awesome deeds that Moses did in the sight of all Israel.

[z] **34:6** Or *He was buried*
[a] **34:9** Or *Spirit*

5 Moïse, serviteur de l'Eternel, mourut là, dans le pays de Moab, comme l'Eternel l'avait déclaré. 6 Dieu lui-même l'enterra dans la vallée de Moab, en face de Beth-Peor, et jusqu'à ce jour personne n'a jamais su où était son tombeau.

7 Moïse était âgé de cent vingt ans quand il mourut ; sa vue n'avait pas baissé, il n'avait pas perdu sa vitalité. 8 Les Israélites le pleurèrent dans les steppes de Moab pendant trente jours, puis le temps du deuil de Moïse prit fin.

9 Josué, fils de Noun, était rempli d'un Esprit de sagesse, car Moïse lui avait imposé les mains. Dès lors, les Israélites lui obéirent et se conformèrent aux ordres que l'Eternel avait donnés à Moïse.

10 Au sein du peuple d'Israël, il n'a plus jamais paru de prophète comme Moïse avec qui l'Eternel s'entretenait directement, 11 aucun ne fut son égal pour tous les signes miraculeux et les prodiges que l'Eternel l'avait envoyé accomplir en Egypte devant le pharaon, devant ses ministres et tout son peuple, 12 et pour tous les actes puissants et redoutables que Moïse a accomplis aux yeux des Israélites.

Joshua

Joshua Installed as Leader

1 1After the death of Moses the servant of the LORD, the LORD said to Joshua son of Nun, Moses' aide: 2"Moses my servant is dead. Now then, you and all these people, get ready to cross the Jordan River into the land I am about to give to them – to the Israelites. 3I will give you every place where you set your foot, as I promised Moses. 4Your territory will extend from the desert to Lebanon, and from the great river, the Euphrates – all the Hittite country – to the Mediterranean Sea in the west. 5No one will be able to stand against you all the days of your life. As I was with Moses, so I will be with you; I will never leave you nor forsake you. 6Be strong and courageous, because you will lead these people to inherit the land I swore to their ancestors to give them.

7"Be strong and very courageous. Be careful to obey all the law my servant Moses gave you; do not turn from it to the right or to the left, that you may be successful wherever you go. 8Keep this Book of the Law always on your lips; meditate on it day and night, so that you may be careful to do everything written in it. Then you will be prosperous and successful. 9Have I not commanded you? Be strong and courageous. Do not be afraid; do not be discouraged, for the LORD your God will be with you wherever you go."

10So Joshua ordered the officers of the people: 11"Go through the camp and tell the people, 'Get your provisions ready. Three days from now you will cross the Jordan here to go in and take possession of the land the LORD your God is giving you for your own.'"

12But to the Reubenites, the Gadites and the half-tribe of Manasseh, Joshua said, 13"Remember the command that Moses the servant of the LORD gave you after he said, 'The LORD your God will give you rest by giving you this land.' 14Your wives, your children and your livestock may stay in the land that Moses gave you east of the Jordan, but all your fighting men, ready for battle, must cross over ahead of your fellow Israelites. You are to help them 15until the LORD gives

Josué

LA CONQUÊTE DU PAYS DE CANAAN

Josué, successeur de Moïse

1 1Après la mort de Moïse, serviteur de l'Eternel, l'Eternel dit à Josué, fils de Noun, l'assistant de Moïse : 2Mon serviteur Moïse est mort. Maintenant donc, dispose-toi à traverser le Jourdain[a] avec tout ce peuple, pour entrer dans le pays que je donne aux Israélites. 3Comme je l'ai promis à Moïse, je vous donne tout endroit où vous poserez vos pieds. 4Votre territoire s'étendra du désert[b] jusqu'aux montagnes du Liban et du grand fleuve, l'Euphrate, à travers tout le pays des Hittites[c] jusqu'à la mer Méditerranée, à l'ouest[d]. 5Tant que tu vivras, personne ne pourra te résister, car je serai avec toi comme j'ai été avec Moïse, je ne te délaisserai pas et je ne t'abandonnerai pas[e]. 6Prends courage et tiens bon, car c'est toi qui feras entrer ce peuple en possession du pays que j'ai promis par serment à leurs ancêtres de leur donner. 7Simplement, prends courage et tiens bon pour veiller à obéir à toute la Loi que mon serviteur Moïse t'a prescrite, sans t'en écarter ni d'un côté ni de l'autre. Alors tu réussiras dans tout ce que tu entreprendras. 8Aie soin de répéter sans cesse les paroles de ce livre de la Loi, médite-les jour et nuit afin d'y obéir et d'appliquer tout ce qui y est écrit, car alors tu auras du succès dans tes entreprises, alors tu réussiras. 9Je t'ai donné cet ordre : Prends courage et tiens bon, ne crains rien et ne te laisse pas effrayer, car moi, l'Eternel ton Dieu, je serai avec toi pour tout ce que tu entreprendras.

Josué donne ses ordres aux chefs du peuple

10Josué donna aux chefs du peuple les ordres suivants : 11Parcourez le camp et ordonnez au peuple : Préparez-vous des provisions, car dans trois jours vous franchirez le Jourdain que voici pour aller prendre possession du pays que l'Eternel votre Dieu vous donne.

12Aux tribus de Ruben, de Gad et à la demi-tribu de Manassé, Josué s'adressa ainsi : 13Rappelez-vous ce que vous a ordonné Moïse, le serviteur de l'Eternel. Il vous a dit : « L'Eternel votre Dieu vous a donné ce pays et vous a accordé une existence paisible[f]. » 14Vos femmes, vos enfants et vos troupeaux peuvent donc rester dans le pays que Moïse vous a donné au-delà du Jourdain, mais vous tous qui êtes des hommes de guerre, vous passerez en ordre de bataille en tête de vos frères et vous leur prêterez main-forte, 15jusqu'à ce que l'Eternel votre Dieu leur ait

[a] **1.2** Le peuple était alors à Shittim (2.1) dans les plaines de Moab (Dt 34.1, 8) près du Jourdain.
[b] **1.4** Le *désert* qui couvre la majeure partie de la péninsule Arabique.
[c] **1.4** Ce nom s'applique aux descendants de Heth (voir Gn 23.3ss) qui habitaient le sud de ce qui deviendra le pays d'Israël, de Beer-Sheva à Hébron. Selon certains, ces Hittites n'avaient aucun lien avec les Hittites qui, de 1800–1200 av. J.-C., régnèrent en Asie Mineure sur un grand empire qui s'est étendu jusqu'en Syrie et au Liban. Pour d'autres, ces deux groupes hittites ont une lointaine origine commune.
[d] **1.4** Limites extrêmes du pays, conquises et maintenues seulement sous David et Salomon.
[e] **1.5** Les v. 5-6 reprennent Dt 31.6-8, 23. Repris en 1 Ch 28.20.
[f] **1.13** Pour les v. 13-15, voir Nb 32.28-32 ; Dt 3.18-20.

hem rest, as he has done for you, and until they too ıave taken possession of the land the LORD your God is ;iving them. After that, you may go back and occupy 'our own land, which Moses the servant of the LORD ;ave you east of the Jordan toward the sunrise."

16 Then they answered Joshua, "Whatever you have :ommanded us we will do, and wherever you send ıs we will go. 17 Just as we fully obeyed Moses, so we vill obey you. Only may the LORD your God be with 'ou as he was with Moses. 18 Whoever rebels against 'our word and does not obey it, whatever you may :ommand them, will be put to death. Only be strong ınd courageous!"

ƚahab and the Spies

2 1 Then Joshua son of Nun secretly sent two spies from Shittim. "Go, look over the land," he said, 'especially Jericho." So they went and entered the ıouse of a prostitute named Rahab and stayed there.

2 The king of Jericho was told, "Look, some of the sraelites have come here tonight to spy out the land." So the king of Jericho sent this message to Rahab: 'Bring out the men who came to you and entered 'our house, because they have come to spy out the vhole land."

4 But the woman had taken the two men and hidden hem. She said, "Yes, the men came to me, but I did not :now where they had come from. 5 At dusk, when it vas time to close the city gate, they left. I don't know vhich way they went. Go after them quickly. You may :atch up with them." 6 (But she had taken them up o the roof and hidden them under the stalks of flax he had laid out on the roof.) 7 So the men set out in ursuit of the spies on the road that leads to the fords f the Jordan, and as soon as the pursuers had gone ut, the gate was shut.

8 Before the spies lay down for the night, she went ıp on the roof 9 and said to them, "I know that the LORD ıas given you this land and that a great fear of you ıas fallen on us, so that all who live in this country ıre melting in fear because of you. 10 We have heard ıow the LORD dried up the water of the Red Sea[a] for 'ou when you came out of Egypt, and what you did to ;ihon and Og, the two kings of the Amorites east of the ordan, whom you completely destroyed.[b] 11 When we ıeard of it, our hearts melted in fear and everyone's ourage failed because of you, for the LORD your God is ;od in heaven above and on the earth below.

12 "Now then, please swear to me by the LORD that 'ou will show kindness to my family, because I have

2:10 Or *the Sea of Reeds*
2:10 The Hebrew term refers to the irrevocable giving over of hings or persons to the LORD, often by totally destroying them.

accordé une existence paisible, comme à vous, et qu'eux aussi soient entrés en possession du pays qu'il leur donne. Ensuite, vous retournerez au pays qui vous appartient et vous occuperez cette contrée que Moïse, le serviteur de l'Eternel, vous a accordée à l'est du Jourdain.

16 Ils répondirent à Josué : Nous ferons tout ce que tu nous as ordonné et nous irons partout où tu nous enverras. 17 Nous voulons t'obéir en toute chose, comme nous avons obéi à Moïse. Que l'Eternel ton Dieu soit avec toi, comme il a été avec Moïse. 18 Celui qui s'opposera à ton autorité et désobéira à tes ordres sera mis à mort, quelle que soit la chose que tu auras ordonnée. Prends donc courage et tiens bon !

La mission de reconnaissance à Jéricho

2 1 De Shittim[g], Josué, fils de Noun, envoya secrètement deux hommes chargés d'une mission de reconnaissance. Il leur donna cette consigne : « Allez explorer le pays, en particulier la ville de Jéricho[h] ! » Ils partirent et, arrivés à Jéricho, ils entrèrent dans la maison d'une prostituée nommée Rahab, et y passèrent la nuit. 2 On prévint le roi de Jéricho[i] que des Israélites étaient arrivés là pendant la nuit pour reconnaître la région. 3 Alors il envoya dire à Rahab : Livre-nous les hommes qui sont venus chez toi et qui logent dans ta maison, car ils sont venus pour espionner tout le pays.

4 Mais la femme emmena les deux hommes et les cacha, puis elle répondit : Effectivement, des hommes sont venus chez moi, mais j'ignorais d'où ils étaient. 5 Et comme on allait fermer la porte, ils sont repartis à la tombée de la nuit. Je ne sais pas où ils sont allés. Dépêchez-vous de les poursuivre, car vous pouvez encore les rattraper.

6 En fait, elle les avait fait monter sur le toit en terrasse de sa maison et les avait cachés sous un tas de tiges de lin qu'elle avait rangées là[j].

7 Les envoyés du roi se lancèrent à leur poursuite sur le chemin qui mène aux gués du Jourdain. Dès qu'ils eurent quitté la ville, on referma la porte derrière eux.

L'accord avec Rahab

8 Rahab monta sur la terrasse et vint trouver ses hôtes avant qu'ils ne se couchent. 9 Elle leur dit : Je sais que l'Eternel vous a donné ce pays : la terreur s'est emparée de nous et tous les habitants de la région sont pris de panique à cause de vous. 10 Car nous avons entendu que l'Eternel a mis à sec les eaux de la mer des Roseaux devant vous lorsque vous êtes sortis d'Egypte. Nous avons appris comment vous avez traité les deux rois des Amoréens, Sihôn et Og, qui régnaient de l'autre côté du Jourdain, pour les vouer à l'Eternel, en les exterminant. 11 Depuis que nous avons entendu ces nouvelles, le cœur nous manque, et personne n'a plus le courage de vous tenir tête. En effet, c'est l'Eternel votre Dieu qui est Dieu, en haut dans le ciel et ici-bas sur la terre 12 Maintenant, je vous prie, jurez-moi par le

[g] **2.1** Situé à une douzaine de kilomètres à l'est du Jourdain, à la hauteur de Jéricho (voir Nb 25.1 ; 33.49 ; Jos 3.1).
[h] **2.1** Ville fortifiée très ancienne située à 8 kilomètres à l'ouest du Jourdain. Alimentée par de bonnes sources et entourée de fortes murailles, elle aurait pu soutenir un long siège et détenait une position clé à l'entrée du pays promis (voir Nb 22.1 ; 26.3, 63 ; 31.12 ; Dt 32.49 ; 34.1-3).
[i] **2.2** Les principales villes de Canaan étaient de petits royaumes indépendants régis par des roitelets locaux.
[j] **2.6** Le lin mûrit en mars en Israël. Ses tiges atteignent la longueur d'un mètre.

shown kindness to you. Give me a sure sign 13 that
you will spare the lives of my father and mother, my
brothers and sisters, and all who belong to them – and
that you will save us from death."

14 "Our lives for your lives!" the men assured her.
"If you don't tell what we are doing, we will treat you
kindly and faithfully when the LORD gives us the land."

15 So she let them down by a rope through the window, for the house she lived in was part of the city
wall. 16 She said to them, "Go to the hills so the pursuers will not find you. Hide yourselves there three
days until they return, and then go on your way."

17 Now the men had said to her, "This oath you made
us swear will not be binding on us 18 unless, when we
enter the land, you have tied this scarlet cord in the
window through which you let us down, and unless
you have brought your father and mother, your brothers and all your family into your house. 19 If any of
them go outside your house into the street, their blood
will be on their own heads; we will not be responsible.
As for those who are in the house with you, their blood
will be on our head if a hand is laid on them. 20 But if
you tell what we are doing, we will be released from
the oath you made us swear."

21 "Agreed," she replied. "Let it be as you say."
So she sent them away, and they departed. And she
tied the scarlet cord in the window.
22 When they left, they went into the hills and stayed
there three days, until the pursuers had searched all
along the road and returned without finding them.
23 Then the two men started back. They went down out
of the hills, forded the river and came to Joshua son
of Nun and told him everything that had happened
to them. 24 They said to Joshua, "The LORD has surely
given the whole land into our hands; all the people
are melting in fear because of us."

Crossing the Jordan

3 1 Early in the morning Joshua and all the
Israelites set out from Shittim and went to the
Jordan, where they camped before crossing over.
2 After three days the officers went throughout the
camp, 3 giving orders to the people: "When you see
the ark of the covenant of the LORD your God, and
the Levitical priests carrying it, you are to move out
from your positions and follow it. 4 Then you will know
which way to go, since you have never been this way
before. But keep a distance of about two thousand
cubits[c] between you and the ark; do not go near it."

[c] 3:4 That is, about 3,000 feet or about 900 meters

nom de l'Eternel qu'en reconnaissance pour la bonté que
je vous ai témoignée, vous aussi vous traiterez ma famille
avec la même bonté, et donnez-moi un gage certain 13 que
vous laisserez la vie sauve à mon père, à ma mère, à mes
frères et sœurs, et à tous les membres de leurs familles, et
que vous empêcherez que nous soyons mis à mort.
14 Les deux hommes lui répondirent : Notre vie répondra
de la vôtre pourvu que tu gardes le secret de cet engagement entre nous. Lorsque l'Eternel nous donnera ce pays,
nous serons fidèles à notre promesse et nous te traiterons
avec bonté.
15 Or la maison de Rahab était construite dans le mur
même des remparts de la ville, et elle habitait ainsi sur le
rempart. Ainsi elle put faire descendre les deux hommes
par la fenêtre au moyen d'une corde.
16 – Dirigez-vous vers les collines, leur recomman-
da-t-elle, pour échapper à ceux qui vous poursuivent, et
cachez-vous là pendant trois jours jusqu'à ce qu'ils soient
de retour. Après cela, vous pourrez reprendre votre route.
17 Les deux hommes lui dirent : Voici de quelle manière
nous allons nous acquitter du serment que tu nous as fait
prêter : 18 lorsque nous serons entrés dans ton pays, attache ce cordon rouge à la fenêtre par laquelle tu nous fais
descendre, puis réunis dans ta maison ton père, ta mère,
tes frères et toute ta famille. 19 Si l'un d'eux franchit la
porte de ta maison pour aller dehors, il sera seul responsable de sa mort, nous en serons innocents. Par contre,
si l'on porte la main sur l'un de ceux qui seront avec toi
dans la maison, c'est nous qui porterons la responsabilité
de sa mort. 20 Toutefois, si tu divulgues cet engagement
entre nous, nous serons dégagés du serment que tu nous
as fait prononcer.
21 Elle répondit : D'accord ! Que les choses soient comme
vous l'avez dit ! Puis elle les fit partir et ils s'en allèrent.
Aussitôt, elle attacha le cordon rouge à sa fenêtre. 22 Les
deux hommes gagnèrent les collines et s'y tinrent cachés
pendant trois jours, jusqu'à ce que la patrouille lancée à
leur poursuite soit de retour ; elle avait battu toute la région le long de la route sans les trouver[k]. 23 Alors les deux
hommes firent demi-tour, descendirent des collines et
traversèrent le Jourdain. Ils vinrent trouver Josué et lui
racontèrent tout ce qu'ils avaient constaté.
24 – Certainement l'Eternel nous livre tout le pays, lui
dirent-ils, car déjà toute la population de la région est
prise de panique à cause de nous.

La traversée du Jourdain

3 1 Le lendemain matin, Josué et tous les Israélites quittèrent le camp de Shittim et gagnèrent les rives du
Jourdain. Ils s'installèrent là avant de traverser le fleuve.
2 Au bout de trois jours, les chefs du peuple parcoururent le
camp 3 et donnèrent au peuple les ordres suivants : Quand
vous verrez les prêtres-lévites emporter le coffre de l'alliance de l'Eternel, votre Dieu, vous quitterez le lieu où vous
êtes installés et vous le suivrez. 4 Vous maintiendrez entre
vous et le coffre de l'alliance une distance d'un kilomètre.
Vous ne vous en approcherez pas plus. Ainsi vous saurez
quel chemin emprunter, car vous n'avez encore jamais
fait ce trajet.

[k] 2.22 A l'ouest de l'ancienne Jéricho se trouvent des collines élevées et abruptes, trouées de cavernes, où il est facile de se cacher.

5 Joshua told the people, “Consecrate yourselves, for tomorrow the LORD will do amazing things among you.”

6 Joshua said to the priests, “Take up the ark of the covenant and pass on ahead of the people.” So they took it up and went ahead of them.

7 And the LORD said to Joshua, “Today I will begin to exalt you in the eyes of all Israel, so they may know that I am with you as I was with Moses. 8 Tell the priests who carry the ark of the covenant: ‘When you reach the edge of the Jordan’s waters, go and stand in the river.’ ”

9 Joshua said to the Israelites, “Come here and listen to the words of the LORD your God. 10 This is how you will know that the living God is among you and that he will certainly drive out before you the Canaanites, Hittites, Hivites, Perizzites, Girgashites, Amorites and Jebusites. 11 See, the ark of the covenant of the Lord of all the earth will go into the Jordan ahead of you. 12 Now then, choose twelve men from the tribes of Israel, one from each tribe. 13 And as soon as the priests who carry the ark of the LORD – the Lord of all the earth – set foot in the Jordan, its waters flowing downstream will be cut off and stand up in a heap.”

14 So when the people broke camp to cross the Jordan, the priests carrying the ark of the covenant went ahead of them. 15 Now the Jordan is at flood stage all during harvest. Yet as soon as the priests who carried the ark reached the Jordan and their feet touched the water’s edge, 16 the water from upstream stopped flowing. It piled up in a heap a great distance away, at a town called Adam in the vicinity of Zarethan, while the water flowing down to the Sea of the Arabah (that is, the Dead Sea) was completely cut off. So the people crossed over opposite Jericho. 17 The priests who carried the ark of the covenant of the LORD stopped in the middle of the Jordan and stood on dry ground, while all Israel passed by until the whole nation had completed the crossing on dry ground.

4 1 When the whole nation had finished crossing the Jordan, the LORD said to Joshua, 2 “Choose twelve men from among the people, one from each tribe, 3 and tell them to take up twelve stones from the middle of the Jordan, from right where the priests are standing, and carry them over with you and put them down at the place where you stay tonight.”

4 So Joshua called together the twelve men he had appointed from the Israelites, one from each tribe, 5 and said to them, “Go over before the ark of the LORD your God into the middle of the Jordan. Each of you is to take up a stone on his shoulder, according to the number of the tribes of the Israelites, 6 to serve as a

5 Josué dit au peuple : Purifiez-vous, car demain l’Eternel fera des prodiges au milieu de vous.

6 Aux prêtres il dit : Prenez le coffre de l’alliance et marchez en tête du peuple.

Ils portèrent le coffre de l’alliance et marchèrent devant le peuple. 7 L’Eternel dit à Josué : Aujourd’hui même, je commencerai à t’honorer aux yeux de tout Israël pour qu’ils sachent que je serai avec toi tout comme je l’ai été avec Moïse. 8 Donne aux prêtres qui portent le coffre de l’alliance l’ordre suivant : « Dès que vous aurez atteint le bord du Jourdain et que vous aurez mis les pieds dans l’eau, arrêtez-vous là. »

9 Alors Josué s’adressa à tous les Israélites et leur dit : Approchez-vous et écoutez les paroles de l’Eternel, votre Dieu. 10 Voici comment vous saurez que le Dieu vivant est au milieu de vous et qu’il ne manquera pas de déposséder en votre faveur les Cananéens, les Hittites, les Héviens, les Phéréziens, les Guirgasiens, les Amoréens et les Yebousiens : 11 le coffre de l’alliance du Seigneur de toute la terre va traverser le Jourdain devant vous. 12 Maintenant, choisissez douze hommes dans les tribus d’Israël, un par tribu. 13 Dès que les prêtres qui porteront le coffre de l’Eternel, le Seigneur de toute la terre, poseront la plante des pieds dans le Jourdain, le fleuve sera coupé en deux : les eaux venant de l’amont s’arrêteront net en formant comme un mur.

14 Le peuple plia ses tentes pour traverser le Jourdain ; les prêtres portant le coffre de l’alliance marchaient en tête. 15 C’était l’époque de la moisson où le Jourdain déborde continuellement par-dessus ses rives[l]. Au moment où ceux qui portaient le coffre arrivèrent sur ses bords et où ces prêtres mirent les pieds dans l’eau, 16 les eaux venant de l’amont cessèrent de couler et formèrent comme un mur sur une grande distance, à partir de la ville d’Adam située à côté de Tsartân[m], tandis qu’en aval, les eaux qui descendaient vers la mer de la vallée du Jourdain, c’est-à-dire la mer Morte, s’écoulèrent. 17 Le peuple traversa à la hauteur de Jéricho. Les prêtres qui portaient le coffre de l’alliance de l’Eternel s’arrêtèrent dans le lit desséché, au milieu du Jourdain, pendant que tout Israël passait à pied sec. Ils s’y tinrent fermement jusqu’à ce que tout le peuple eût achevé la traversée.

Le mémorial de la traversée du Jourdain

4 1 Lorsque tout le peuple eut fini de traverser le Jourdain, l’Eternel dit à Josué : 2 Choisissez parmi le peuple douze hommes, un par tribu, 3 et demandez-leur d’aller chercher douze pierres au milieu du lit du fleuve à l’endroit où les prêtres se sont arrêtés, et de les apporter à l’endroit où vous camperez cette nuit.

4 Josué appela les douze hommes qu’il avait fait désigner parmi les Israélites, un par tribu, 5 et il leur dit : Passez devant le coffre de l’Eternel votre Dieu et allez au milieu du Jourdain. Que chacun de vous y ramasse une pierre et la charge sur son épaule pour qu’il y en ait une pour chaque tribu d’Israël. 6 Ces pierres resteront comme un

[l] **3.15** Au temps de la moisson de l’orge, c’est-à-dire au mois d’avril, le Jourdain déborde de son lit à cause des pluies de printemps et de la fonte des neiges sur les monts du Liban.

[m] **3.16** Texte difficile que la version grecque interprète différemment. L’épisode se situe près de l’embouchure du Yabboq dans le Jourdain.

sign among you. In the future, when your children ask you, 'What do these stones mean?' 7 tell them that the flow of the Jordan was cut off before the ark of the covenant of the LORD. When it crossed the Jordan, the waters of the Jordan were cut off. These stones are to be a memorial to the people of Israel forever."

8 So the Israelites did as Joshua commanded them. They took twelve stones from the middle of the Jordan, according to the number of the tribes of the Israelites, as the LORD had told Joshua; and they carried them over with them to their camp, where they put them down. 9 Joshua set up the twelve stones that had been[d] in the middle of the Jordan at the spot where the priests who carried the ark of the covenant had stood. And they are there to this day.

10 Now the priests who carried the ark remained standing in the middle of the Jordan until everything the LORD had commanded Joshua was done by the people, just as Moses had directed Joshua. The people hurried over, 11 and as soon as all of them had crossed, the ark of the LORD and the priests came to the other side while the people watched. 12 The men of Reuben, Gad and the half-tribe of Manasseh crossed over, ready for battle, in front of the Israelites, as Moses had directed them. 13 About forty thousand armed for battle crossed over before the LORD to the plains of Jericho for war.

14 That day the LORD exalted Joshua in the sight of all Israel; and they stood in awe of him all the days of his life, just as they had stood in awe of Moses.

15 Then the LORD said to Joshua, 16 "Command the priests carrying the ark of the covenant law to come up out of the Jordan."

17 So Joshua commanded the priests, "Come up out of the Jordan."

18 And the priests came up out of the river carrying the ark of the covenant of the LORD. No sooner had they set their feet on the dry ground than the waters of the Jordan returned to their place and ran at flood stage as before.

19 On the tenth day of the first month the people went up from the Jordan and camped at Gilgal on the eastern border of Jericho. 20 And Joshua set up at Gilgal the twelve stones they had taken out of the Jordan. 21 He said to the Israelites, "In the future when your descendants ask their parents, 'What do these stones mean?' 22 tell them, 'Israel crossed the Jordan on dry ground.' 23 For the LORD your God dried up the Jordan before you until you had crossed over. The LORD your God did to the Jordan what he had done to the Red Sea[e] when he dried it up before us until we had crossed over. 24 He did this so that all the peoples of the earth might know that the hand of the LORD is powerful and so that you might always fear the LORD your God."

5

1 Now when all the Amorite kings west of the Jordan and all the Canaanite kings along the coast heard how the LORD had dried up the Jordan be-

d 4:9 Or *Joshua also set up twelve stones*
e 4:23 Or *the Sea of Reeds*

signe au milieu de vous. Lorsque par la suite vos fils vou demanderont ce que ces pierres signifient pour vous, 7 vou leur répondrez : « Les eaux du Jourdain ont été coupées e deux devant le coffre de l'alliance de l'Eternel lorsqu'il a traversé le fleuve. Ces pierres servent de mémorial rappe lant pour toujours aux Israélites que les eaux du Jourdai ont été coupées en deux. »

8 Les Israélites firent ce que Josué leur avait ordonné ils prirent douze pierres au milieu du lit du Jourdain, un pour chaque tribu d'Israël, comme l'Eternel l'avait de mandé à Josué, ils les emportèrent au campement et le posèrent là. 9 Josué érigea aussi douze autres pierres a milieu du lit du Jourdain, à l'endroit où les prêtres qu portaient le coffre de l'alliance avaient posé leurs pieds et elles y sont restées jusqu'à ce jour.

10 Les prêtres qui portaient le coffre se tinrent au mi lieu du lit du Jourdain jusqu'à ce qu'on eût exécuté tou ce que l'Eternel avait ordonné à Josué de demander a peuple. Josué se conforma ainsi aux ordres que Moïse lu avait donnés. C'est rapidement que le peuple traversa l fleuve. 11 Lorsque tout le monde eut passé de l'autre côté le coffre de l'Eternel porté par les prêtres reprit la tête d peuple. 12 Les hommes des tribus de Ruben, de Gad et de l demi-tribu de Manassé marchèrent en ordre de bataill en tête des autres Israélites, comme Moïse le leur avai demandé. 13 Environ quarante mille soldats armés, équipé pour la guerre, s'avancèrent pour le combat, devan l'Eternel, en direction des plaines de Jéricho. 14 Ce jour là, l'Eternel honora Josué aux yeux de tous les Israélites et ils le craignirent comme ils avaient craint Moïse duran toute sa vie.

15 Ensuite l'Eternel dit à Josué : 16 Ordonne aux prêtre qui portent le coffre contenant l'acte de l'alliance de sorti du milieu du Jourdain.

17 Josué donna cet ordre aux prêtres : Sortez du milie du Jourdain !

18 Dès que les prêtres qui portaient le coffre de l'allianc de l'Eternel eurent quitté le lit du fleuve et posé le pie sur la terre ferme, les eaux du Jourdain revinrent à leu place et se mirent à couler comme auparavant le long d ses berges. 19 C'est le dixième jour du premier mois qu le peuple traversa le Jourdain. Ils établirent leur camp Guilgal, à la limite orientale de Jéricho.

20 C'est à Guilgal que Josué fit ériger les douze pierres ra massées dans le lit du Jourdain. 21 Puis il dit aux Israélites Lorsque plus tard vos descendants demanderont à leur pères ce que sont ces pierres, 22 vous leur expliquerez com ment le peuple d'Israël a traversé le Jourdain à pied se 23 parce que l'Eternel votre Dieu a asséché le lit du fleuv devant vous jusqu'à ce que vous l'ayez traversé – tout com me il avait asséché la mer des Roseaux devant nous pou que nous la traversions. 24 Il a agi ainsi pour que tous le peuples de la terre sachent combien grande est sa puis sance et pour que vous-mêmes vous craigniez l'Etern votre Dieu pour toujours.

5

1 Tous les rois des Amoréens établis sur la rive occi dentale du Jourdain et tous les rois des Cananéen établis sur le littoral de la mer Méditerranée appriren que l'Eternel avait asséché le Jourdain devant les Israélite

ore the Israelites until they[f] had crossed over, their
ıearts melted in fear and they no longer had the cour-
ıge to face the Israelites.

:ircumcision and Passover at Gilgal

2 At that time the LORD said to Joshua, "Make flint
:nives and circumcise the Israelites again." 3 So Joshua
nade flint knives and circumcised the Israelites at
ɜibeath Haaraloth.[g]

4 Now this is why he did so: All those who came out
ɔf Egypt – all the men of military age – died in the
vilderness on the way after leaving Egypt. 5 All the
ɔeople that came out had been circumcised, but all
he people born in the wilderness during the journey
rom Egypt had not. 6 The Israelites had moved about
n the wilderness forty years until all the men who
vere of military age when they left Egypt had died,
ince they had not obeyed the LORD. For the LORD had
sworn to them that they would not see the land he
ıad solemnly promised their ancestors to give us,
ı land flowing with milk and honey. 7 So he raised
ıp their sons in their place, and these were the ones
oshua circumcised. They were still uncircumcised
ecause they had not been circumcised on the way.
And after the whole nation had been circumcised,
hey remained where they were in camp until they
vere healed.

9 Then the LORD said to Joshua, "Today I have rolled
ıway the reproach of Egypt from you." So the place
ıas been called Gilgal[h] to this day.

10 On the evening of the fourteenth day of the
nonth, while camped at Gilgal on the plains of Jericho,
he Israelites celebrated the Passover. 11 The day after
he Passover, that very day, they ate some of the pro-
luce of the land: unleavened bread and roasted grain.
2 The manna stopped the day after[i] they ate this food
rom the land; there was no longer any manna for
he Israelites, but that year they ate the produce of
:anaan.

The Fall of Jericho

13 Now when Joshua was near Jericho, he looked up
ınd saw a man standing in front of him with a drawn
sword in his hand. Joshua went up to him and asked,
'Are you for us or for our enemies?"

14 "Neither," he replied, "but as commander of the
ırmy of the LORD I have now come." Then Joshua fell
acedown to the ground in reverence, and asked him,
'What message does my Lord[j] have for his servant?"

15 The commander of the LORD's army replied, "Take
ɔff your sandals, for the place where you are standing
s holy." And Joshua did so.

5:1 Another textual tradition *we*
5:3 *Gibeath Haaraloth* means *the hill of foreskins.*
5:9 *Gilgal* sounds like the Hebrew for *roll.*
5:12 Or *the day*
5:14 Or *lord*

jusqu'à ce qu'ils l'aient traversé. Alors le courage leur
manqua et ils perdirent tous leurs moyens en face des
Israélites.

La circoncision de la nouvelle génération

2 A cette même époque, l'Eternel dit à Josué : Fais-toi des
couteaux de silex et circoncis cette deuxième génération
d'Israélites.

3 Josué se munit de couteaux de silex et circoncit les
Israélites sur la colline d'Araloth.

4 Voici pourquoi Josué les circoncit : tous les hommes
en âge de porter les armes qui étaient sortis d'Egypte
étaient morts en chemin dans le désert après avoir quitté
l'Egypte. 5 Ils étaient tous circoncis. Mais les garçons nés
pendant la traversée du désert, après la sortie d'Egypte,
ne l'avaient pas été. 6 Pendant quarante ans, les Israélites
avaient marché dans le désert jusqu'à l'extinction de toute
la génération des hommes en âge de porter les armes
au moment de la sortie d'Egypte. En effet, parce qu'ils
n'avaient pas obéi à l'Eternel, l'Eternel avait juré de ne pas
leur laisser voir le pays qu'il avait promis par serment à
leurs ancêtres de nous donner, ce pays ruisselant de lait
et de miel. 7 Mais il leur substitua leurs fils : ce sont eux
que Josué circoncit puisqu'ils ne l'avaient pas été pendant
la marche dans le désert.

8 Après que tout le peuple eut été circoncis, ils restèrent
sur place dans le camp jusqu'à leur guérison. 9 Puis l'Eternel dit à Josué : Aujourd'hui, j'ai fait rouler loin de vous
l'opprobre de l'Egypte.

C'est pourquoi cet endroit fut appelé Guilgal (Le rou-
lement), nom qu'il a conservé jusqu'à ce jour.

La célébration de la Pâque – fin de la manne

10 Pendant que les Israélites campaient à Guilgal, ils
célébrèrent la Pâque le soir du quatorzième jour du mois,
dans les plaines de Jéricho. 11 Le lendemain, ils mangèrent
des produits du pays : des pains sans levain et des épis
grillés. 12 A partir du lendemain de ce jour-là, la manne
cessa de tomber puisqu'ils pouvaient se nourrir des produits du pays ; il n'y eut plus de manne pour les Israélites
qui vécurent des productions du pays de Canaan cette
année-là.

L'arrivée du chef de l'armée de l'Eternel

13 Un jour où Josué se trouvait près de Jéricho, il vit
soudain un individu qui se tenait debout devant lui, avec
son épée dégainée à la main. Josué s'avança vers lui et lui
demanda : Es-tu des nôtres ou de nos ennemis ?

14 – Non, répondit l'homme. Je suis le chef de l'armée de
l'Eternel et je viens maintenant.

Alors Josué se prosterna, le visage contre terre, et lui
dit : Seigneur, je suis ton serviteur, quels sont tes ordres ?

15 Le chef de l'armée de l'Eternel lui répondit : Ote tes
sandales de tes pieds, car l'endroit où tu te tiens est un
lieu saint.

Et Josué obéit.

6

1Now the gates of Jericho were securely barred because of the Israelites. No one went out and no one came in.

2Then the LORD said to Joshua, "See, I have delivered Jericho into your hands, along with its king and its fighting men. 3March around the city once with all the armed men. Do this for six days. 4Have seven priests carry trumpets of rams' horns in front of the ark. On the seventh day, march around the city seven times, with the priests blowing the trumpets. 5When you hear them sound a long blast on the trumpets, have the whole army give a loud shout; then the wall of the city will collapse and the army will go up, everyone straight in."

6So Joshua son of Nun called the priests and said to them, "Take up the ark of the covenant of the LORD and have seven priests carry trumpets in front of it." 7And he ordered the army, "Advance! March around the city, with an armed guard going ahead of the ark of the LORD."

8When Joshua had spoken to the people, the seven priests carrying the seven trumpets before the LORD went forward, blowing their trumpets, and the ark of the LORD's covenant followed them. 9The armed guard marched ahead of the priests who blew the trumpets, and the rear guard followed the ark. All this time the trumpets were sounding. 10But Joshua had commanded the army, "Do not give a war cry, do not raise your voices, do not say a word until the day I tell you to shout. Then shout!" 11So he had the ark of the LORD carried around the city, circling it once. Then the army returned to camp and spent the night there.

12Joshua got up early the next morning and the priests took up the ark of the LORD. 13The seven priests carrying the seven trumpets went forward, marching before the ark of the LORD and blowing the trumpets. The armed men went ahead of them and the rear guard followed the ark of the LORD, while the trumpets kept sounding. 14So on the second day they marched around the city once and returned to the camp. They did this for six days.

15On the seventh day, they got up at daybreak and marched around the city seven times in the same manner, except that on that day they circled the city seven times. 16The seventh time around, when the priests sounded the trumpet blast, Joshua commanded the army, "Shout! For the LORD has given you the city! 17The city and all that is in it are to be devoted[k] to the LORD. Only Rahab the prostitute and all who are with her in her house shall be spared, because she hid the spies we sent. 18But keep away from the devoted things, so that you will not bring about your own destruction by taking any of them. Otherwise you will make the camp of Israel liable to destruction and bring trouble on it. 19All the silver and gold and the articles of bronze and iron are sacred to the LORD and must go into his treasury."

[k] 6:17 The Hebrew term refers to the irrevocable giving over of things or persons to the LORD, often by totally destroying them; also in verses 18 and 21.

La chute de Jéricho

6

1La ville de Jéricho avait soigneusement fermé toutes ses portes et s'était barricadée derrière, par peur des Israélites. Plus personne n'entrait ni ne sortait par ses portes. 2L'Eternel dit alors à Josué : Regarde, je te livre Jéricho, son roi et tous ses guerriers. 3Pendant six jours, toi et tous tes soldats vous ferez chaque jour le tour de la ville, une fois par jour. 4Sept prêtres portant chacun un cor fait d'une corne de bélier précéderont le coffre de l'alliance. Le septième jour, vous ferez sept fois le tour de la ville, et les prêtres sonneront du cor. 5Quand le peuple les entendra produire, avec leur cor, un son prolongé, tout le monde poussera un grand cri, et les remparts de la ville s'écrouleront sur place. Alors le peuple donnera l'assaut, chacun droit devant soi.

6Josué, fils de Noun, convoqua les prêtres et leur dit : Chargez le coffre de l'alliance sur vos épaules et que sept d'entre vous prennent sept cors faits de cornes de béliers et marchent devant le coffre de l'Eternel.

7Puis il dit au peuple : En avant : faites le tour de la ville, et que les hommes armés précèdent le coffre de l'Eternel.

8Le peuple fit comme Josué l'avait ordonné : sept prêtres portant sept cors faits de cornes de béliers passèrent devant l'Eternel et se mirent à sonner de leur instrument tandis que le coffre de l'alliance suivait. 9Les hommes armés les précédaient ; une arrière-garde suivait aussi le coffre ; ils marchaient au son du cor. 10Josué avait donné cette consigne au peuple : « Pas de cri ! Restez muets ! Ne dites pas une parole jusqu'au jour où je vous ordonnerai de pousser des cris ! »

11Le coffre de l'Eternel fit une fois le tour de la ville, puis tous rentrèrent au camp pour la nuit.

12Le lendemain, Josué se leva de bon matin et les prêtres chargèrent le coffre de l'Eternel sur leurs épaules. 13Sept prêtres, portant sept cors faits de cornes de béliers, se remirent en route devant le coffre de l'Eternel, en sonnant de leur instrument. L'avant-garde les précédait et l'arrière-garde suivait le coffre de l'Eternel ; ils marchaient au son des cors. 14Ils refirent une fois le tour de la ville ce jour-là, avant de regagner le camp. Ils firent ainsi pendant six jours.

15Le septième jour, ils se levèrent dès l'aurore et firent sept fois le tour de la ville de la même manière. C'est le seul jour où ils en firent sept fois le tour. 16La septième fois, lorsque les prêtres sonnèrent du cor, Josué ordonna au peuple : Poussez des cris, car l'Eternel vous livre la ville ! 17La ville avec tout ce qu'elle contient sera vouée à l'Eternel ; seule Rahab, la prostituée, sera laissée en vie avec tous ceux qui se trouveront dans sa maison, car elle a caché les hommes que nous avions envoyés. 18Mais attention ! Prenez bien garde à ce qui doit être voué à l'Eternel. Ne prenez rien de cela, sinon vous placeriez le camp d'Israël sous une sentence de destruction et vous lui attireriez le malheur. 19Tout l'argent et l'or, tous les objets de bronze et de fer seront consacrés à l'Eternel et on les mettra dans son trésor.

20 When the trumpets sounded, the army shouted, and at the sound of the trumpet, when the men gave a loud shout, the wall collapsed; so everyone charged straight in, and they took the city. 21 They devoted the city to the LORD and destroyed with the sword every living thing in it – men and women, young and old, cattle, sheep and donkeys.

22 Joshua said to the two men who had spied out the land, "Go into the prostitute's house and bring her out and all who belong to her, in accordance with your oath to her." 23 So the young men who had done the spying went in and brought out Rahab, her father and mother, her brothers and sisters and all who belonged to her. They brought out her entire family and put them in a place outside the camp of Israel.

24 Then they burned the whole city and everything in it, but they put the silver and gold and the articles of bronze and iron into the treasury of the LORD's house. 25 But Joshua spared Rahab the prostitute, with her family and all who belonged to her, because she hid the men Joshua had sent as spies to Jericho – and she lives among the Israelites to this day.

26 At that time Joshua pronounced this solemn oath: "Cursed before the LORD is the one who undertakes to rebuild this city, Jericho:

"At the cost of his firstborn son
 he will lay its foundations;
at the cost of his youngest
 he will set up its gates."

27 So the LORD was with Joshua, and his fame spread throughout the land.

Achan's Sin

7 1 But the Israelites were unfaithful in regard to the devoted things[l]; Achan son of Karmi, the son of Zimri,[m] the son of Zerah, of the tribe of Judah, took some of them. So the LORD's anger burned against Israel.

2 Now Joshua sent men from Jericho to Ai, which is near Beth Aven to the east of Bethel, and told them, "Go up and spy out the region." So the men went up and spied out Ai.

3 When they returned to Joshua, they said, "Not all the army will have to go up against Ai. Send two or three thousand men to take it and do not weary the whole army, for only a few people live there." 4 So about three thousand went up; but they were routed by the men of Ai, 5 who killed about thirty-six of them. They chased the Israelites from the city gate as far as the stone quarries and struck them down on the slopes. At this the hearts of the people melted in fear and became like water.

6 Then Joshua tore his clothes and fell facedown to the ground before the ark of the LORD, remaining

[l] **7:1** The Hebrew term refers to the irrevocable giving over of things or persons to the LORD, often by totally destroying them; also in verses 11, 12, 13 and 15.
[m] **7:1** See Septuagint and 1 Chron. 2:6; Hebrew *Zabdi*; also in verses 17 and 18.

20 On sonna donc du cor. Dès que le peuple l'entendit, il poussa un formidable cri, et le rempart s'écroula sur place. Aussitôt, les Israélites s'élancèrent à l'assaut de la ville, chacun droit devant soi, et ils s'en emparèrent. 21 Ils exterminèrent par l'épée pour les vouer à l'Eternel hommes et femmes, enfants et vieillards, taureaux, moutons et ânes : tout ce qui vivait dans la ville.

La famille de Rahab est épargnée

22 Josué dit aux deux hommes qu'il avait envoyés pour explorer le pays : Allez à la maison de Rahab, la prostituée, et faites-la sortir de là avec les siens, comme vous le lui avez juré.

23 Les deux hommes y allèrent et firent sortir Rahab, son père, sa mère, ses frères, ses biens et toute sa parenté, et ils les installèrent en dehors du camp d'Israël. 24 Puis ils brûlèrent la ville avec tout ce qui s'y trouvait, excepté l'argent, l'or et les objets de bronze et de fer que l'on déposa dans le trésor du sanctuaire de l'Eternel. 25 Josué laissa la vie sauve à Rahab, la prostituée, ainsi qu'aux membres de sa famille, et il épargna tous ses biens parce qu'elle avait caché les hommes que Josué avait envoyés en reconnaissance à Jéricho. Elle a habité parmi les Israélites jusqu'à aujourd'hui.

26 A la même époque, Josué prononça ce serment solennel :

Maudit soit devant l'Eternel celui qui tentera de
 rebâtir cette cité,
de reconstruire Jéricho.
C'est au prix de son fils aîné qu'il posera ses
 fondations,
et au prix de son fils cadet qu'il fixera ses portes[n].

27 L'Eternel fut avec Josué, et sa renommée se répandit dans tout le pays.

La faute d'Akân

7 1 Les Israélites commirent un acte d'infidélité à l'égard des objets voués à l'Eternel : Akân, fils de Karmi[o] et descendant de Zabdi et de Zérah, de la tribu de Juda, prit pour lui certains de ces objets, et l'Eternel se mit en colère contre les Israélites.

2 De Jéricho, Josué envoya des hommes à la ville d'Aï[p] près de Beth-Aven à l'est de Béthel, en leur demandant d'explorer cette région. Ils allèrent explorer Aï. 3 A leur retour, ils dirent à Josué : Il est inutile d'envoyer toute l'armée : deux ou trois mille hommes suffiront pour battre Aï. Ne donne pas de fatigue à tout le peuple, car l'adversaire est peu nombreux.

4 Ainsi, environ trois mille soldats allèrent attaquer la ville, mais ils furent mis en fuite par les habitants d'Aï 5 qui leur tuèrent environ trente-six hommes : ils les poursuivirent depuis la porte de la ville jusqu'à Shebarim et les battirent dans la descente. Alors le peuple atterré perdit tous ses moyens.

6 Josué déchira ses vêtements[q], il se jeta, la face contre terre, devant le coffre de l'Eternel et resta là jusqu'au soir.

[n] **6.26** Pour l'accomplissement de cette malédiction, voir 1 R 16.34.
[o] **7.1** L'ancienne version grecque et 1 Ch 2.6 ont : *Zimri*.
[p] **7.2** Selon l'identification traditionnelle, ville à environ 2 kilomètres à l'est de Béthel (10.2), qui existait déjà du temps d'Abraham (Gn 12.8).
[q] **7.6** Signe de consternation et de détresse ou de deuil (voir Gn 37.29, 34 ; Jg 11.35).

there till evening. The elders of Israel did the same,
and sprinkled dust on their heads. 7 And Joshua said,
"Alas, Sovereign LORD, why did you ever bring this people across the Jordan to deliver us into the hands of
the Amorites to destroy us? If only we had been content to stay on the other side of the Jordan! 8 Pardon
your servant, Lord. What can I say, now that Israel
has been routed by its enemies? 9 The Canaanites and
the other people of the country will hear about this
and they will surround us and wipe out our name
from the earth. What then will you do for your own
great name?"

10 The LORD said to Joshua, "Stand up! What are you
doing down on your face? 11 Israel has sinned; they
have violated my covenant, which I commanded
them to keep. They have taken some of the devoted
things; they have stolen, they have lied, they have put
them with their own possessions. 12 That is why the
Israelites cannot stand against their enemies; they
turn their backs and run because they have been
made liable to destruction. I will not be with you
anymore unless you destroy whatever among you is
devoted to destruction.

13 "Go, consecrate the people. Tell them, 'Consecrate
yourselves in preparation for tomorrow; for this is
what the LORD, the God of Israel, says: There are devoted things among you, Israel. You cannot stand against
your enemies until you remove them.

14 " 'In the morning, present yourselves tribe by
tribe. The tribe the LORD chooses shall come forward
clan by clan; the clan the LORD chooses shall come forward family by family; and the family the LORD chooses
shall come forward man by man. 15 Whoever is caught
with the devoted things shall be destroyed by fire,
along with all that belongs to him. He has violated
the covenant of the LORD and has done an outrageous
thing in Israel!' "

16 Early the next morning Joshua had Israel come
forward by tribes, and Judah was chosen. 17 The clans
of Judah came forward, and the Zerahites were chosen. He had the clan of the Zerahites come forward
by families, and Zimri was chosen. 18 Joshua had his
family come forward man by man, and Achan son of
Karmi, the son of Zimri, the son of Zerah, of the tribe
of Judah, was chosen.

19 Then Joshua said to Achan, "My son, give glory
to the LORD, the God of Israel, and honor him. Tell me
what you have done; do not hide it from me."

20 Achan replied, "It is true! I have sinned against
the LORD, the God of Israel. This is what I have done:
21 When I saw in the plunder a beautiful robe from
Babylonia,[n] two hundred shekels[o] of silver and a bar
of gold weighing fifty shekels,[p] I coveted them and
took them. They are hidden in the ground inside my
tent, with the silver underneath."

22 So Joshua sent messengers, and they ran to the
tent, and there it was, hidden in his tent, with the

Les responsables d'Israël firent de même. Et ils se jetèren
de la poussière sur la tête. 7 Josué s'écria : Ah ! Seigneu
Eternel, pourquoi donc as-tu fait traverser le Jourdain à
ce peuple, si c'est pour nous livrer aux Amoréens et nou
faire périr ? Si seulement nous étions restés de l'autre côt
du fleuve ! 8 Maintenant, je te prie, Seigneur, que puis-j
dire après qu'Israël a pris la fuite devant ses ennemis ? 9 Le
Cananéens et les autres habitants du pays l'apprendront
ils nous encercleront et feront disparaître notre nom de l
terre. Comment alors feras-tu reconnaître ta grandeur ?

10 L'Eternel répondit à Josué : Lève-toi ! Pourquoi rest
es-tu prostré la face contre terre ? 11 Israël a commi
un péché. On a transgressé l'alliance que j'avais établi
pour eux. On a pris des objets qui m'étaient voués, on e
a dérobé, caché et mis dans ses propres affaires. 12 C'es
pourquoi les Israélites ne pourront plus résister à leur
ennemis, ils fuiront devant eux car ils sont sous le cou
d'une sentence de destruction. Je ne continuerai pas à êtr
avec vous si vous ne détruisez pas ce qui est au milieu d
vous. 13 Maintenant, lève-toi, Josué, convoque le peupl
et purifie-le. Dis-leur : « Purifiez-vous pour demain, ca
voici ce que déclare l'Eternel, le Dieu d'Israël ! Vous ave
au milieu de vous, Israélites, ce qui m'est voué. Vous n
pourrez pas résister à vos ennemis tant que vous n'aure
pas ôté cela du milieu de vous. 14 Demain matin, vous vou
présenterez devant moi, par tribus. Puis la tribu que l'Eter
nel désignera par le sort[r] se présentera, groupe familia
par groupe familial, et le groupe familial que l'Etern
désignera s'avancera famille par famille. Dans la famill
que j'aurai désignée, les hommes se présenteront un pa
un. 15 Celui qui sera désigné comme coupable d'avoir pris c
qui m'était voué sera brûlé avec tout ce qui lui appartient
parce qu'il a transgressé l'alliance de l'Eternel et qu'il a
commis une infamie en Israël. »

Le châtiment d'Akân

16 Le lendemain, Josué se leva de bon matin et fit avance
les Israélites tribu par tribu. Et c'est la tribu de Juda qui fu
désignée. 17 Il la fit approcher groupe familial par group
familial, le sort désigna celui de Zérah. Il fit passer le
familles du groupe familial de Zérah l'une après l'autre
et c'est la famille de Zabdi qui fut désignée. 18 Il fit avance
cette famille homme par homme, et Akân, fils de Karmi
descendant de Zabdi et de Zérah, de la tribu de Juda, fu
désigné par le sort.

19 Josué lui dit : Mon fils, je te prie solennellement, au
nom de l'Eternel, le Dieu d'Israël, de l'honorer en m'av
ouant ce que tu as fait, sans rien me cacher.

20 Akân lui répondit : C'est vrai, j'ai commis une faut
envers l'Eternel, le Dieu d'Israël. Voici ce que j'ai fait : 21 J'a
vu dans le butin un magnifique manteau de Babylone[s]
deux cents pièces d'argent et un lingot d'or d'une livre
J'en ai eu fortement envie, alors je m'en suis emparé. Ce
objets sont enterrés au milieu de ma tente, et l'argent es
en-dessous.

22 Josué envoya des hommes à la tente d'Akân, ils s
dépêchèrent d'y aller et retrouvèrent effectivement l

[n] 7:21 Hebrew *Shinar*
[o] 7:21 That is, about 5 pounds or about 2.3 kilograms
[p] 7:21 That is, about 1 1/4 pounds or about 575 grams

[r] 7.14 Sans doute au moyen de l'ourim et du toummim (voir note Ex 28.30).
[s] 7.21 En hébreu, *Shinéar*, ancien nom du territoire de Babylone (Gn 10.10).

silver underneath. 23 They took the things from the tent, brought them to Joshua and all the Israelites and spread them out before the LORD.

24 Then Joshua, together with all Israel, took Achan son of Zerah, the silver, the robe, the gold bar, his sons and daughters, his cattle, donkeys and sheep, his tent and all that he had, to the Valley of Achor. 25 Joshua said, "Why have you brought this trouble on us? The LORD will bring trouble on you today."

Then all Israel stoned him, and after they had stoned the rest, they burned them. 26 Over Achan they heaped up a large pile of rocks, which remains to this day. Then the LORD turned from his fierce anger. Therefore that place has been called the Valley of Achor[q] ever since.

Ai Destroyed

8 1 Then the LORD said to Joshua, "Do not be afraid; do not be discouraged. Take the whole army with you, and go up and attack Ai. For I have delivered into your hands the king of Ai, his people, his city and his land. 2 You shall do to Ai and its king as you did to Jericho and its king, except that you may carry off their plunder and livestock for yourselves. Set an ambush behind the city."

3 So Joshua and the whole army moved out to attack Ai. He chose thirty thousand of his best fighting men and sent them out at night 4 with these orders: "Listen carefully. You are to set an ambush behind the city. Don't go very far from it. All of you be on the alert. 5 I and all those with me will advance on the city, and when the men come out against us, as they did before, we will flee from them. 6 They will pursue us until we have lured them away from the city, for they will say, 'They are running away from us as they did before.' So when we flee from them, 7 you are to rise up from ambush and take the city. The LORD your God will give it into your hand. 8 When you have taken the city, set it on fire. Do what the LORD has commanded. See to it; you have my orders."

9 Then Joshua sent them off, and they went to the place of ambush and lay in wait between Bethel and Ai, to the west of Ai – but Joshua spent that night with the people.

10 Early the next morning Joshua mustered his army, and he and the leaders of Israel marched before them to Ai. 11 The entire force that was with him marched up and approached the city and arrived in front of it. They set up camp north of Ai, with the valley between them and the city. 12 Joshua had taken about five thousand men and set them in ambush between Bethel and Ai, to the west of the city. 13 So the soldiers took up their positions – with the main camp to the north of the city and the ambush to the west of it. That night Joshua went into the valley.

14 When the king of Ai saw this, he and all the men of the city hurried out early in the morning to meet

[q] 7:26 *Achor* means *trouble.*

manteau enfoui dans la tente et l'argent en-dessous. 23 Ils prirent le tout et l'apportèrent à Josué et à tous les Israélites, puis on le déposa devant l'Eternel. 24 Josué, aidé de tous les Israélites, saisit Akân avec l'argent, le manteau et le lingot d'or, ainsi que ses fils, ses filles, ses bœufs, ses ânes, ses brebis, sa tente, bref, tout ce qui lui appartenait, et ils les menèrent dans la vallée d'Akor[t]. 25 Josué dit à Akân : Pourquoi nous as-tu attiré le malheur[u] ? Que l'Eternel fasse ton malheur aujourd'hui ! Alors tous les Israélites le lapidèrent. Ils lapidèrent aussi tous les siens et brûlèrent les cadavres. 26 Puis on éleva sur lui un grand tas de pierres qui existe encore aujourd'hui. Après cela, l'Eternel abandonna sa colère. C'est à cette occasion que l'endroit fut appelé vallée d'Akor (vallée du Malheur), nom qui lui est resté jusqu'à ce jour.

La conquête de la ville d'Aï

8 1 L'Eternel dit à Josué : N'aie pas peur, ne crains rien ! Emmène avec toi tous les soldats et va attaquer Aï ! Car je livre le roi d'Aï en ton pouvoir ainsi que son peuple, sa ville et tout son territoire. 2 Tu traiteras Aï et son roi comme tu as traité Jéricho et son roi. Toutefois, vous pourrez prendre pour vous comme butin ses biens et son bétail. Place des guerriers en embuscade derrière la ville[v].

3 Josué se mit en route avec toute son armée pour attaquer Aï. Il choisit trente mille valeureux guerriers et les fit partir de nuit 4 en leur donnant les ordres suivants : Allez vous poster en embuscade derrière la ville, sans trop vous en éloigner, et tenez-vous tous prêts à intervenir. 5 Je m'approcherai de la ville avec le gros de la troupe. Lorsque les gens d'Aï sortiront pour nous affronter comme la première fois, nous fuirons devant eux. 6 Ils se lanceront à notre poursuite et nous les attirerons loin de la ville. En effet, ils penseront que nous fuyons encore devant eux, comme l'autre fois. 7 A ce moment-là, vous surgirez de votre cachette et vous vous emparerez de la ville, car l'Eternel votre Dieu la livre en votre pouvoir. 8 Dès que vous en serez maîtres, vous y mettrez le feu, comme l'Eternel l'a commandé. Voilà quels sont mes ordres.

9 Là-dessus, Josué les fit partir et ils allèrent se poster en embuscade entre Béthel et Aï, à l'ouest d'Aï, tandis que Josué passa la nuit avec le reste du peuple.

10 Le lendemain, Josué se leva de bon matin et passa ses troupes en revue, puis il prit la tête de l'armée, accompagné des responsables d'Israël, pour marcher contre Aï[w]. 11 Toute l'armée qu'il conduisait s'avança ainsi jusqu'à ce qu'elle arrive en face de la ville. Ils prirent position au nord d'Aï dont une vallée les séparait. 12 Josué avait pris environ cinq mille hommes et les avait postés en embuscade entre Béthel et Aï, à l'ouest de la ville. 13 Le gros de l'armée installa son camp au nord de la ville tandis que l'arrière-garde des troupes se tenait à l'ouest. Durant cette nuit, Josué partit en reconnaissance au milieu de la vallée. 14 Quand le roi d'Aï vit la situation, il fit lever en hâte tous les hommes et se dépêcha de sortir de la ville pour se

[t] 7.24 Vallée que l'on n'identifie pas avec certitude.

[u] 7.25 Le verbe hébreu rendu par *attiré le malheur* fait assonance avec le nom *Akor.*

[v] 8.2 C'est-à-dire du côté opposé à la porte de la ville qui constituait généralement la cible des attaquants.

[w] 8.10 A une vingtaine de kilomètres.

Israel in battle at a certain place overlooking the Arabah. But he did not know that an ambush had been set against him behind the city. 15Joshua and all Israel let themselves be driven back before them, and they fled toward the wilderness. 16All the men of Ai were called to pursue them, and they pursued Joshua and were lured away from the city. 17Not a man remained in Ai or Bethel who did not go after Israel. They left the city open and went in pursuit of Israel.

18Then the LORD said to Joshua, "Hold out toward Ai the javelin that is in your hand, for into your hand I will deliver the city." So Joshua held out toward the city the javelin that was in his hand. 19As soon as he did this, the men in the ambush rose quickly from their position and rushed forward. They entered the city and captured it and quickly set it on fire.

20The men of Ai looked back and saw the smoke of the city rising up into the sky, but they had no chance to escape in any direction; the Israelites who had been fleeing toward the wilderness had turned back against their pursuers. 21For when Joshua and all Israel saw that the ambush had taken the city and that smoke was going up from it, they turned around and attacked the men of Ai. 22Those in the ambush also came out of the city against them, so that they were caught in the middle, with Israelites on both sides. Israel cut them down, leaving them neither survivors nor fugitives. 23But they took the king of Ai alive and brought him to Joshua.

24When Israel had finished killing all the men of Ai in the fields and in the wilderness where they had chased them, and when every one of them had been put to the sword, all the Israelites returned to Ai and killed those who were in it. 25Twelve thousand men and women fell that day – all the people of Ai. 26For Joshua did not draw back the hand that held out his javelin until he had destroyed[r] all who lived in Ai. 27But Israel did carry off for themselves the livestock and plunder of this city, as the LORD had instructed Joshua.

28So Joshua burned Ai[s] and made it a permanent heap of ruins, a desolate place to this day. 29He impaled the body of the king of Ai on a pole and left it there until evening. At sunset, Joshua ordered them to take the body from the pole and throw it down at the entrance of the city gate. And they raised a large pile of rocks over it, which remains to this day.

The Covenant Renewed at Mount Ebal

30Then Joshua built on Mount Ebal an altar to the LORD, the God of Israel, 31as Moses the servant of the LORD had commanded the Israelites. He built it according to what is written in the Book of the Law of Moses – an altar of uncut stones, on which no iron tool had been used. On it they offered to the LORD burnt offerings and sacrificed fellowship offerings. 32There, in

[r] **8:26** The Hebrew term refers to the irrevocable giving over of things or persons to the LORD, often by totally destroying them.
[s] **8:28** *Ai* means *the ruin.*

rendre sur le champ de bataille et affronter Israël en face de la plaine. Il ne se doutait pas qu'une embuscade avait été dressée contre lui derrière la ville. 15Josué et les Israélites firent semblant d'être battus par eux et s'enfuirent en direction du désert. 16Tous les gens qui étaient dans la ville furent appelés à grands cris pour les poursuivre. Ils se précipitèrent donc sur les pas de Josué et se laissèrent attirer loin de la ville. 17Il ne resta dans Aï[x] pas un homme qui ne sortît à la poursuite d'Israël. Ainsi ils abandonnèrent la ville ouverte pour poursuivre les Israélites.

La victoire sur Aï

18Alors l'Eternel dit à Josué : Pointe le javelot que tu tiens en main en direction d'Aï, car je vais la livrer en ton pouvoir. Josué pointa le javelot en direction de la ville. 19Aussitôt, les hommes qui se tenaient en embuscade surgirent de leur cachette à toute vitesse et s'élancèrent vers la ville ; ils y entrèrent, s'en emparèrent, et y mirent le feu. 20Lorsque les hommes d'Aï se retournèrent, ils virent la fumée qui s'élevait de leur ville dans le ciel. Ils n'eurent même plus la possibilité de fuir, toute retraite d'un côté comme de l'autre leur étant coupée, car les Israélites qui fuyaient vers le désert faisaient à présent volte-face contre leurs poursuivants. 21En effet, Josué et ses troupes, voyant que la ville avait été prise et incendiée par les hommes placés en embuscade, se retournaient pour attaquer les gens d'Aï. 22Et les autres soldats sortaient à leur tour de la ville pour les rejoindre, si bien que les gens d'Aï se trouvaient cernés de part et d'autre par les Israélites qui les battirent sans en laisser échapper un seul et sans leur laisser de survivants. 23Le roi d'Aï fut capturé vivant et amené à Josué. 24Les Israélites tuèrent tous les habitants d'Aï, soit en pleine campagne, soit dans le désert où ils les avaient poursuivis ; tous tombèrent sous les coups de leurs épées jusqu'au dernier. Après cela, tous les hommes d'Israël rentrèrent dans la ville et exterminèrent le reste de la population. 25Ainsi périrent, ce jour-là, douze mille personnes, hommes et femmes, c'est-à-dire toute la population d'Aï. 26Josué n'avait cessé de tenir son javelot tendu jusqu'à ce que tous les habitants de la ville aient été exterminés. 27Les Israélites prirent cependant comme butin le bétail et les biens qui se trouvaient dans la ville, comme l'Eternel l'avait ordonné à Josué. 28Josué incendia Aï, il en fit pour toujours un monceau de ruines, un lieu désert ce qu'elle est encore aujourd'hui. 29Quant au roi d'Aï, on le pendit à un arbre où on laissa son corps jusqu'au soir. Comme le soleil se couchait, Josué ordonna de descendre le cadavre de l'arbre. On le jeta à l'entrée de la porte de la ville et l'on dressa sur lui un grand tas de pierres qui se voit encore aujourd'hui.

La lecture de la Loi devant toute l'assemblée

30Alors Josué bâtit un autel à l'Eternel, le Dieu d'Israël sur le mont Ebal[y]. 31Il le construisit conformément aux ordres que Moïse, serviteur de l'Eternel, avait donnés aux Israélites et qui sont consignés dans le livre de la Loi de Moïse : un autel de pierres brutes qu'aucun outil de fer n'avait touchées. On y offrit des holocaustes à l'Eternel et des sacrifices de communion. 32Josué grava sur des pierre

[x] **8.17** D'après l'ancienne version grecque. Texte hébreu traditionnel : *dans Aï et dans Béthel.*
[y] **8.30** Voir Dt 11.29. Au pied de ce mont se trouvait la forteresse de Sichem.

the presence of the Israelites, Joshua wrote on stones a copy of the law of Moses. 33 All the Israelites, with their elders, officials and judges, were standing on both sides of the ark of the covenant of the LORD, facing the Levitical priests who carried it. Both the foreigners living among them and the native-born were there. Half of the people stood in front of Mount Gerizim and half of them in front of Mount Ebal, as Moses the servant of the LORD had formerly commanded when he gave instructions to bless the people of Israel.

34 Afterward, Joshua read all the words of the law – the blessings and the curses – just as it is written in the Book of the Law. 35 There was not a word of all that Moses had commanded that Joshua did not read to the whole assembly of Israel, including the women and children, and the foreigners who lived among them.

The Gibeonite Deception

9 1 Now when all the kings west of the Jordan heard about these things – the kings in the hill country, in the western foothills, and along the entire coast of the Mediterranean Sea as far as Lebanon (the kings of the Hittites, Amorites, Canaanites, Perizzites, Hivites and Jebusites) – 2 they came together to wage war against Joshua and Israel.

3 However, when the people of Gibeon heard what Joshua had done to Jericho and Ai, 4 they resorted to a ruse: They went as a delegation whose donkeys were loaded[t] with worn-out sacks and old wineskins, cracked and mended. 5 They put worn and patched sandals on their feet and wore old clothes. All the bread of their food supply was dry and moldy. 6 Then they went to Joshua in the camp at Gilgal and said to him and the Israelites, "We have come from a distant country; make a treaty with us."

7 The Israelites said to the Hivites, "But perhaps you live near us, so how can we make a treaty with you?"

8 "We are your servants," they said to Joshua.

But Joshua asked, "Who are you and where do you come from?"

9 They answered: "Your servants have come from a very distant country because of the fame of the LORD your God. For we have heard reports of him: all that he did in Egypt, 10 and all that he did to the two kings of the Amorites east of the Jordan – Sihon king of Heshbon, and Og king of Bashan, who reigned in Ashtaroth. 11 And our elders and all those living in our

[t] 9:4 Most Hebrew manuscripts; some Hebrew manuscripts, Vulgate and Syriac (see also Septuagint) *They prepared provisions and loaded their donkeys*

une copie de la Loi que Moïse avait mise par écrit sous les yeux des Israélites. 33 Pendant ce temps, tout Israël avec ses responsables, ses officiers et ses chefs se tenaient debout de part et d'autre du coffre de l'alliance de l'Eternel en face des prêtres-lévites qui le portaient. Les étrangers comme les Israélites d'origine étaient là. La moitié d'entre eux se tenaient du côté du mont Garizim, l'autre moitié du côté du mont Ebal comme Moïse, serviteur de l'Eternel, avait autrefois ordonné de procéder pour bénir le peuple d'Israël. 34 Josué lut ensuite tout le texte de la Loi, les paroles de bénédiction comme de malédiction, telles qu'elles se trouvaient dans le livre de la Loi. 35 Devant toute l'assemblée d'Israël, y compris les femmes, les enfants et les étrangers qui vivaient au milieu du peuple, il lut tout ce que Moïse avait ordonné, sans en rien omettre.

La ruse des Gabaonites

9 1 La nouvelle de ces événements parvint à tous les rois des pays situés à l'ouest du Jourdain, dans la région des montagnes, dans la plaine côtière et sur tout le littoral de la Méditerranée jusqu'en face du Liban : les rois des Hittites, des Amoréens, des Cananéens, des Phéréziens, des Héviens et des Yebousiens. 2 Alors ils s'assemblèrent pour combattre Josué et les Israélites sous un commandement unique.

3 Par contre, les habitants de Gabaon[z], en apprenant comment Josué avait traité Jéricho et Aï, 4 décidèrent de recourir à la ruse : ils partirent déguisés[a] et chargèrent leurs ânes de sacs usés et d'outres à vin usées, trouées et rapiécées. 5 Ils chaussèrent de vieilles sandales raccommodées et endossèrent des vêtements en lambeaux ; ils prirent en guise de provision du pain dur et tout moisi. 6 Ils se rendirent ainsi au camp de Guilgal et vinrent trouver Josué auquel ils dirent en présence des hommes d'Israël : Nous arrivons d'un pays lointain pour vous prier de conclure une alliance avec nous.

7 Les Israélites répondirent à ces Héviens[b] : Qui sait si vous n'êtes pas des habitants du voisinage ? Dans ce cas, nous ne pouvons pas conclure une alliance avec vous[c].

8 Ils déclarèrent à Josué : Nous voulons être tes serviteurs.

– Mais qui êtes-vous, leur demanda Josué, et d'où venez-vous ?

9 Ils lui répondirent : Tes serviteurs viennent d'un pays très éloigné à cause du renom de l'Eternel ton Dieu : nous avons entendu parler de lui et de tout ce qu'il a fait en Egypte, 10 et comment il a traité les deux rois des Amoréens qui régnaient de l'autre côté du Jourdain, Sihôn, roi de Heshbôn, et Og, roi du Basan, qui résidait à Ashtaroth. 11 Alors nos responsables et tous les habitants de notre pays nous ont dit : « Emportez des provisions pour le

[z] **9.3** A une dizaine de kilomètres au nord de Jérusalem (Jos 10.2 ; 18.25 ; 21.17). Ville importante en ce temps-là, avec des villages vassaux (v. 17), habitée par des Héviens (v. 7 ; voir Gn 10.17).

[a] **9.4** Certains traduisent : *ils partirent en délégation*. Certains manuscrits hébreux et les versions anciennes portent : *ils prirent des provisions*.

[b] **9.7** Groupe ethnique originaire de Mésopotamie (11.19 ; Gn 10.17 ; Ex 23.23 ; Jg 3.3). Désigné sous le nom plus général d'Amoréens en 2 S 21.2.

[c] **9.7** Dt 7.2 ; 20.16-18 interdisait de conclure une telle alliance avec les habitants du pays pour que les Israélites ne se laissent pas contaminer par leur religion.

country said to us, 'Take provisions for your journey;
go and meet them and say to them, "We are your servants; make a treaty with us."' [12]This bread of ours
was warm when we packed it at home on the day we
left to come to you. But now see how dry and moldy it
is. [13]And these wineskins that we filled were new, but
see how cracked they are. And our clothes and sandals
are worn out by the very long journey."

[14]The Israelites sampled their provisions but did
not inquire of the LORD. [15]Then Joshua made a treaty
of peace with them to let them live, and the leaders
of the assembly ratified it by oath.

[16]Three days after they made the treaty with
the Gibeonites, the Israelites heard that they were
neighbors, living near them. [17]So the Israelites set
out and on the third day came to their cities: Gibeon,
Kephirah, Beeroth and Kiriath Jearim. [18]But the
Israelites did not attack them, because the leaders of
the assembly had sworn an oath to them by the LORD,
the God of Israel.

The whole assembly grumbled against the leaders,
[19]but all the leaders answered, "We have given them
our oath by the LORD, the God of Israel, and we cannot
touch them now. [20]This is what we will do to them: We
will let them live, so that God's wrath will not fall on
us for breaking the oath we swore to them." [21]They
continued, "Let them live, but let them be woodcutters and water carriers in the service of the whole
assembly." So the leaders' promise to them was kept.
[22]Then Joshua summoned the Gibeonites and said,
"Why did you deceive us by saying, 'We live a long
way from you,' while actually you live near us? [23]You
are now under a curse: You will never be released
from service as woodcutters and water carriers for
the house of my God."

[24]They answered Joshua, "Your servants were clearly told how the LORD your God had commanded his
servant Moses to give you the whole land and to wipe
out all its inhabitants from before you. So we feared
for our lives because of you, and that is why we did
this. [25]We are now in your hands. Do to us whatever
seems good and right to you."

[26]So Joshua saved them from the Israelites, and they
did not kill them. [27]That day he made the Gibeonites
woodcutters and water carriers for the assembly, to
provide for the needs of the altar of the LORD at the
place the LORD would choose. And that is what they
are to this day.

voyage, allez trouver les Israélites et dites-leur : Nous
voulons être vos serviteurs, concluez une alliance avec
nous. » [12]Regardez notre pain, il était encore tout chaud
quand nous l'avons pris pour nos provisions dans nos maisons, quand nous nous sommes mis en route pour venir
vous trouver et le voilà maintenant dur et tout moisi !
[13]Regardez nos outres de vin : elles étaient neuves quand
nous les avons remplies, les voilà maintenant déchirées ;
voyez comme nos vêtements et nos sandales se sont usés
à cause du long voyage que nous avons fait.

[14]Les hommes d'Israël prirent de leurs provisions,
mais ils ne consultèrent pas l'Eternel à ce sujet. [15]Josué
fit la paix avec eux et conclut une alliance leur garantissant la vie sauve par un serment des responsables de la
communauté[d].

L'alliance avec les Gabaonites

[16]Trois jours après avoir conclu cette alliance avec
eux, les Israélites apprirent qu'ils avaient eu affaire à de
proches voisins qui demeuraient dans la région même. [17]En
effet, après avoir quitté leur camp, ils parvinrent à leurs
villes le troisième jour de marche, c'est-à-dire à Gabaon,
Kephira, Beéroth, et Qiryath-Yearim. [18]A cause du serment
que les responsables du peuple leur avaient prêté au nom
de l'Eternel, le Dieu d'Israël, ils ne les tuèrent pas. Tout le
peuple se mit à critiquer les responsables, [19]mais ceux-ci
répondirent : Nous avons prêté serment par l'Eternel, le
Dieu d'Israël, nous ne pouvons donc pas faire de mal à
ces gens. [20]Mais voici comment nous les traiterons : nous
allons leur laisser la vie sauve, pour ne pas nous attirer la
colère divine en violant le serment que nous leur avons
fait.

[21]– Donc ils vivront ! leur dirent les responsables. Mais
ils seront astreints à couper du bois et à puiser l'eau pour
toute la communauté[e].

Telle fut la décision des responsables. [22]Josué convoqua
les Gabaonites et leur demanda : Pourquoi nous avez-vous
trompés en prétendant que vous habitiez très loin de nous,
alors que vous demeurez tout près ? [23]Maintenant, vous
êtes sous une malédiction et vous ne cesserez pas d'être
esclaves, à couper du bois et à puiser de l'eau pour le sanctuaire de mon Dieu.

[24]Les Gabaonites lui répondirent : Nous avons agi de la
sorte parce qu'on nous a bien informés que l'Eternel ton
Dieu a ordonné à son serviteur Moïse de vous donner tout
le pays et de vous demander d'exterminer tous ses habitants au fur et à mesure de votre avance. Alors nous avons
eu très peur pour notre vie à votre arrivée ; c'est pourquoi
nous avons agi de la sorte. [25]Nous voici maintenant en ton
pouvoir, traite-nous comme il te semblera bon et juste.

[26]C'est ce que fit Josué : il les protégea des Israélites pour
qu'ils ne les mettent pas à mort, [27]et il les chargea des corvées de bois et d'eau pour la communauté et pour l'autel de
l'Eternel, au lieu que celui-ci désignerait, fonctions qu'ils
exercent encore aujourd'hui.

[d] **9.15** Sur les serments, voir Ex 20.7 ; Lv 19.12 ; 1 S 14.24.
[e] **9.21** Travaux inférieurs, souvent réservés aux esclaves.

The Sun Stands Still

10 1 Now Adoni-Zedek king of Jerusalem heard that Joshua had taken Ai and totally destroyed[u] it, doing to Ai and its king as he had done to Jericho and its king, and that the people of Gibeon had made a treaty of peace with Israel and had become their allies. 2 He and his people were very much alarmed at this, because Gibeon was an important city, like one of the royal cities; it was larger than Ai, and all its men were good fighters. 3 So Adoni-Zedek king of Jerusalem appealed to Hoham king of Hebron, Piram king of Jarmuth, Japhia king of Lachish and Debir king of Eglon. 4 "Come up and help me attack Gibeon," he said, "because it has made peace with Joshua and the Israelites."

5 Then the five kings of the Amorites – the kings of Jerusalem, Hebron, Jarmuth, Lachish and Eglon – joined forces. They moved up with all their troops and took up positions against Gibeon and attacked it.

6 The Gibeonites then sent word to Joshua in the camp at Gilgal: "Do not abandon your servants. Come up to us quickly and save us! Help us, because all the Amorite kings from the hill country have joined forces against us."

7 So Joshua marched up from Gilgal with his entire army, including all the best fighting men. 8 The LORD said to Joshua, "Do not be afraid of them; I have given them into your hand. Not one of them will be able to withstand you."

9 After an all-night march from Gilgal, Joshua took them by surprise. 10 The LORD threw them into confusion before Israel, so Joshua and the Israelites defeated them completely at Gibeon. Israel pursued them along the road going up to Beth Horon and cut them down all the way to Azekah and Makkedah. 11 As they fled before Israel on the road down from Beth Horon to Azekah, the LORD hurled large hailstones down on them, and more of them died from the hail than were killed by the swords of the Israelites.

12 On the day the LORD gave the Amorites over to Israel, Joshua said to the LORD in the presence of Israel:

"Sun, stand still over Gibeon,
  and you, moon, over the Valley of Aijalon."
13 So the sun stood still,
  and the moon stopped,
  till the nation avenged itself on[v] its enemies,

as it is written in the Book of Jashar.

The sun stopped in the middle of the sky and delayed going down about a full day. 14 There has never been a day like it before or since, a day when the LORD listened to a human being. Surely the LORD was fighting for Israel!

10:1 The Hebrew term refers to the irrevocable giving over of things or persons to the LORD, often by totally destroying them; also in verses 28, 35, 37, 39 and 40.
10:13 Or *nation triumphed over*

La bataille de Gabaon

10 1 Adoni-Tsédeq, roi de Jérusalem, apprit que Josué s'était emparé d'Aï et l'avait totalement détruite pour la vouer à l'Eternel, en faisant subir à cette ville et à son roi le même sort qu'à Jéricho et à son roi. Il entendit également que les habitants de Gabaon avaient fait la paix avec les Israélites et qu'ils vivaient au milieu d'eux. 2 Alors il fut saisi d'une grande peur, car Gabaon était une ville importante, comme les villes royales, plus grande qu'Aï, et tous ses hommes étaient des guerriers. 3 C'est pourquoi Adoni-Tsédeq, roi de Jérusalem, envoya des messagers à Hoham, roi d'Hébron, à Piream, roi de Yarmouth, à Yaphia, roi de Lakish et à Debir, roi de Eglôn[f], pour leur faire dire : 4 Venez me prêter main-forte pour attaquer Gabaon, puisque ses habitants ont conclu la paix avec Josué et les Israélites.

5 C'est ainsi que cinq rois des Amoréens, ceux de Jérusalem, d'Hébron, de Yarmouth, de Lakish et de Eglôn formèrent une coalition et marchèrent à la tête de toutes leurs armées contre Gabaon. Ils établirent leur camp devant la ville et engagèrent les hostilités.

6 Les habitants de Gabaon envoyèrent des messagers à Josué au camp de Guilgal pour lui faire dire : N'abandonne pas tes serviteurs. Viens vite à notre secours, sauve-nous, car tous les rois amoréens de la région montagneuse se sont ligués contre nous[g].

7 Josué vint depuis Guilgal avec toute son armée et ses plus valeureux guerriers.

8 L'Eternel dit à Josué : N'aie pas peur de ces rois, car je te donne la victoire sur eux ; aucun d'eux ne pourra te résister.

9 Après avoir marché toute la nuit depuis Guilgal[h], Josué tomba sur eux à l'improviste. 10 L'Eternel les mit en déroute devant Israël et leur fit essuyer une grande défaite devant Gabaon ; les Israélites les battirent en les poursuivant sur la montée de Beth-Horôn[i] et jusqu'à Azéqa et Maqqéda. 11 Pendant que les Amoréens s'enfuyaient devant Israël sur la pente qui descend de Beth-Horôn, l'Eternel fit tomber sur eux du ciel d'énormes grêlons qui, jusqu'à Azéqa, firent encore plus de victimes que les épées des Israélites.

12 Ce jour-là où l'Eternel donna aux Israélites la victoire sur les Amoréens, Josué s'écria devant tout Israël : Soleil, arrête-toi sur Gabaon ! Et toi, lune, fais halte sur la vallée d'Ayalôn.

13 Et le soleil s'arrêta, la lune suspendit son cours jusqu'à ce que le peuple d'Israël eût réglé ses comptes avec ses ennemis. C'est bien ce qui est écrit dans le livre du Juste. Le soleil s'immobilisa au milieu du ciel et différa son coucher pendant environ un jour entier. 14 Jamais auparavant et jamais depuis lors, il n'y eut de jour comparable à celui-là, où l'Eternel a écouté la voix d'un homme. C'est qu'il com-

f **10.3** Toutes ces villes se situaient à quelques kilomètres les unes des autres. Elles constituaient les cinq villes les plus importantes de la région montagneuse du sud du pays.
g **10.6** L'alliance conclue avec Josué (9.11-15) impliquait l'assistance militaire de la nation suzeraine à ses vassaux si ceux-ci étaient attaqués.
h **10.9** Parcourant une trentaine de kilomètres pendant la nuit.
i **10.10** De Gabaon à Beth-Horôn vers le village de Beth-Horôn la Haute, le chemin monte pendant deux heures, puis il descend par un sentier abrupt et rocailleux du col de Beth-Horôn la Basse. C'est sur ce sentier que Josué poursuivit les fuyards pendant que les grêlons pleuvaient sur eux.

15 Then Joshua returned with all Israel to the camp at Gilgal.

Five Amorite Kings Killed

16 Now the five kings had fled and hidden in the cave at Makkedah. 17 When Joshua was told that the five kings had been found hiding in the cave at Makkedah, 18 he said, “Roll large rocks up to the mouth of the cave, and post some men there to guard it. 19 But don’t stop; pursue your enemies! Attack them from the rear and don’t let them reach their cities, for the LORD your God has given them into your hand.”

20 So Joshua and the Israelites defeated them completely, but a few survivors managed to reach their fortified cities. 21 The whole army then returned safely to Joshua in the camp at Makkedah, and no one uttered a word against the Israelites.

22 Joshua said, “Open the mouth of the cave and bring those five kings out to me.” 23 So they brought the five kings out of the cave – the kings of Jerusalem, Hebron, Jarmuth, Lachish and Eglon. 24 When they had brought these kings to Joshua, he summoned all the men of Israel and said to the army commanders who had come with him, “Come here and put your feet on the necks of these kings.” So they came forward and placed their feet on their necks.

25 Joshua said to them, “Do not be afraid; do not be discouraged. Be strong and courageous. This is what the LORD will do to all the enemies you are going to fight.” 26 Then Joshua put the kings to death and exposed their bodies on five poles, and they were left hanging on the poles until evening.

27 At sunset Joshua gave the order and they took them down from the poles and threw them into the cave where they had been hiding. At the mouth of the cave they placed large rocks, which are there to this day.

Southern Cities Conquered

28 That day Joshua took Makkedah. He put the city and its king to the sword and totally destroyed everyone in it. He left no survivors. And he did to the king of Makkedah as he had done to the king of Jericho.

29 Then Joshua and all Israel with him moved on from Makkedah to Libnah and attacked it. 30 The LORD also gave that city and its king into Israel’s hand. The city and everyone in it Joshua put to the sword. He left no survivors there. And he did to its king as he had done to the king of Jericho.

31 Then Joshua and all Israel with him moved on from Libnah to Lachish; he took up positions against it and attacked it. 32 The LORD gave Lachish into Israel’s hands, and Joshua took it on the second day. The city and everyone in it he put to the sword, just as he had done to Libnah. 33 Meanwhile, Horam king of Gezer had come up to help Lachish, but Joshua defeated him and his army – until no survivors were left.

34 Then Joshua and all Israel with him moved on from Lachish to Eglon; they took up positions against it and attacked it. 35 They captured it that same day

battait lui-même pour Israël. 15 Après cela, Josué et toute l’armée d’Israël regagnèrent le camp de Guilgal.

La capture et l’exécution des rois vaincus

16 Or, pendant la bataille, les cinq rois avaient réussi à s’enfuir et ils s’étaient cachés dans la grotte de Maqqéda. 17 On les découvrit cachés dans cette grotte et on vint en informer Josué 18 qui donna l’ordre suivant : Roulez de grandes pierres à l’entrée de la grotte et postez-y des hommes pour monter la garde, 19 mais ne vous y attardez pas poursuivez vos ennemis et coupez-leur la retraite ! Ne les laissez pas rentrer dans leurs villes puisque l’Eternel votre Dieu les livre en votre pouvoir !

20 Josué et les Israélites leur infligèrent une cuisante défaite et achevèrent de les exterminer tous, à part quelques rescapés qui purent regagner leurs villes fortifiées. 21 Puis tout le peuple revint sain et sauf auprès de Josué au camp établi à Maqqéda. Après cela, plus personne dans le pays n’osa parler contre les Israélites.

22 Josué ordonna de dégager l’entrée de la grotte et d’en faire sortir les cinq rois pour les lui amener. 23 On fit ains et on lui amena les cinq rois qui se trouvaient dans la caverne, les rois de Jérusalem, d’Hébron, de Yarmouth, de Lakish et de Eglôn. 24 Pendant qu’on les faisait sortir pour les lui amener, Josué convoqua tous les hommes d’Israë et dit aux chefs des soldats qui avaient combattu avec lui Approchez-vous et posez vos pieds sur la nuque de ces rois Les chefs s’avancèrent et firent ainsi. 25 Josué reprit N’ayez pas peur, ne vous laissez pas effrayer ! Prenez courage et tenez bon ! Car c’est ainsi que l’Eternel traitera tous vos ennemis contre lesquels vous combattrez.

26 Après cela, Josué les mit à mort et les fit pendre à cinq arbres. Ils y restèrent pendus jusqu’au soir. 27 Au moment du coucher du soleil, il ordonna de descendre leurs corps et de les jeter dans la grotte où les rois s’étaient cachés Ensuite, on en boucha l’entrée avec de grandes pierres qu s’y trouvent encore aujourd’hui.

La conquête de la partie sud du pays

28 Le même jour, Josué s’empara de Maqqéda, il la frappa du tranchant de l’épée, il exécuta son roi et extermina tous les êtres vivants qui s’y trouvaient sans laisser aucun survivant pour les vouer à l’Eternel. Il traita le roi de Maqqéda comme il avait traité celui de Jéricho.

29 De Maqqéda, Josué et tout Israël avec lui passèrent à Libna qu’ils attaquèrent. 30 L’Eternel la livra aussi, elle e son roi, au pouvoir des Israélites, ils tuèrent tous les êtres vivants qui s’y trouvaient sans laisser aucun survivant Josué traita son roi comme il avait traité celui de Jéricho

31 De Libna, Josué et tout Israël avec lui passèrent à Lakish. Ils établirent leur camp devant la ville et l’attaquèrent. 32 L’Eternel la livra en leur pouvoir et ils s’en emparèrent le second jour ; ils la frappèrent du tranchant de l’épée et tuèrent tous les êtres vivants qui s’y trouvaien comme ils l’avaient fait à Libna. 33 Horam, le roi de Guézer vint au secours de Lakish, mais Josué le battit, lui et son armée, sans lui laisser aucun survivant.

34 De Lakish, Josué et tout Israël avec lui se dirigèrent vers Eglôn, ils établirent leur camp devant la ville e l’attaquèrent. 35 Ils s’en emparèrent le même jour et la

and put it to the sword and totally destroyed everyone in it, just as they had done to Lachish.

36 Then Joshua and all Israel with him went up from Eglon to Hebron and attacked it. 37 They took the city and put it to the sword, together with its king, its villages and everyone in it. They left no survivors. Just as at Eglon, they totally destroyed it and everyone in it. 38 Then Joshua and all Israel with him turned around and attacked Debir. 39 They took the city, its king and its villages, and put them to the sword. Everyone in it they totally destroyed. They left no survivors. They did to Debir and its king as they had done to Libnah and its king and to Hebron.

40 So Joshua subdued the whole region, including the hill country, the Negev, the western foothills and the mountain slopes, together with all their kings. He left no survivors. He totally destroyed all who breathed, just as the LORD, the God of Israel, had commanded. 41 Joshua subdued them from Kadesh Barnea to Gaza and from the whole region of Goshen to Gibeon. 42 All these kings and their lands Joshua conquered in one campaign, because the LORD, the God of Israel, fought for Israel.

43 Then Joshua returned with all Israel to the camp at Gilgal.

Northern Kings Defeated

11 1 When Jabin king of Hazor heard of this, he sent word to Jobab king of Madon, to the kings of Shimron and Akshaph, 2 and to the northern kings who were in the mountains, in the Arabah south of Kinnereth, in the western foothills and in Naphoth Dor on the west; 3 to the Canaanites in the east and west; to the Amorites, Hittites, Perizzites and Jebusites in the hill country; and to the Hivites below Hermon in the region of Mizpah. 4 They came out with all their troops and a large number of horses and chariots – a huge army, as numerous as the sand on the seashore. 5 All these kings joined forces and made camp together at the Waters of Merom to fight against Israel.

6 The LORD said to Joshua, "Do not be afraid of them, because by this time tomorrow I will hand all of them,

frappèrent du tranchant de l'épée, ils exécutèrent tous les êtres vivants qui s'y trouvaient pour les vouer à l'Eternel, comme ils l'avaient fait à Lakish.

36 De Eglôn, Josué et tout Israël avec lui se rendirent à Hébron et l'attaquèrent[j]. 37 Ils s'en emparèrent et tuèrent son roi, et tous les êtres vivants qui s'y trouvaient ainsi que dans les villes qui en dépendaient. Il n'y resta aucun survivant, comme ils l'avaient fait à Eglôn. Josué détruisit la ville et extermina tous les êtres vivants qui s'y trouvaient pour les vouer à l'Eternel. 38 Après cela, Josué et tout Israël avec lui revinrent sur Debir et l'attaquèrent. 39 Ils s'emparèrent de la ville, capturèrent son roi et prirent toutes les villes qui en dépendaient. Ils exterminèrent tous les êtres vivants qui s'y trouvaient pour les vouer à l'Eternel et n'y laissèrent aucun survivant, comme à Hébron. Josué traita Debir et son roi comme il avait traité Libna et son roi.

40 Josué conquit tout le pays, il battit tous les rois de la région montagneuse, ceux du Néguev, de la plaine côtière et des contreforts des montagnes. Il extermina tous les êtres vivants sans épargner personne, pour les vouer à l'Eternel, comme l'Eternel, le Dieu d'Israël, l'avait ordonné. 41 Il soumit toute la région de Qadesh-Barnéa jusqu'à Gaza, et le district de Goshen[k] jusqu'à Gabaon. 42 En une seule campagne, il vainquit tous les rois et s'empara de leurs territoires, car l'Eternel, le Dieu d'Israël, combattait pour son peuple. 43 Ensuite, Josué et tout Israël avec lui regagnèrent le camp de Guilgal.

La victoire sur une coalition de rois de la partie nord du pays

11 1 Lorsque Yabîn[l], le roi de Hatsor[m], apprit les victoires de Josué, il envoya des messagers à Yobab, roi de Madôn[n], aux rois de Shimrôn[o] et d'Akshaph[p], 2 ainsi qu'à ceux qui étaient établis dans la région montagneuse du nord[q], dans la plaine du Jourdain au sud du lac de Kinaroth, dans la plaine côtière et sur les coteaux de Dor à l'ouest[r]. 3 Il adressa des messages aux Cananéens établis à l'est et à l'ouest, aux Amoréens, aux Hittites, aux Phéréziens, et aux Yebousiens établis dans la région montagneuse, et aux Héviens établis au pied de l'Hermon dans la région de Mitspa[s]. 4 Tous ces rois se mirent en campagne avec leurs armées au complet. C'était une multitude innombrable comme les grains de sable des bords de la mer, et ils étaient équipés d'un nombre énorme de chevaux et de chars de guerre. 5 Ils se donnèrent rendez-vous et vinrent établir leur camp près des eaux de Mérom[t], pour attaquer Israël. 6 L'Eternel dit à Josué : N'aie pas peur d'eux, car demain à cette heure-ci, je les livrerai tous, blessés à

[j] **10.36** Située dans la vallée et occupée par des Hittites (voir note 1.4).
[k] **10.41** Ville de la montagne (11.16 ; 15.51), à ne pas confondre avec la région égyptienne du delta du Nil (Gn 45.10).
[l] **11.1** Yabîn était peut-être un nom de dynastie (voir Jg 4.2, 17).
[m] **11.1** Après les campagnes dans le centre et le sud du pays, Josué voit se former une coalition des rois du Nord sous la direction du roi de Hatsor, principale ville de cette région et la mieux fortifiée.
[n] **11.1** Située près de Tibériade.
[o] **11.1** A l'ouest de Nazareth, en haute Galilée (voir 12.20 ; 19.15-16).
[p] **11.1** Localisation incertaine.
[q] **11.2** Allant jusqu'au Liban et à l'Hermon.
[r] **11.2** A quelques kilomètres au sud du mont Carmel.
[s] **11.3** Au sud de l'Anti-Liban près des sources du Jourdain. Ces différentes peuplades (voir. 3.10 ; 9.1 ; Ex 3.8, 17) formèrent la plus grande armée qu'Israël eut à combattre.
[t] **11.5** A une dizaine de kilomètres au nord-ouest du lac de Galilée.

slain, over to Israel. You are to hamstring their horses and burn their chariots."

7 So Joshua and his whole army came against them suddenly at the Waters of Merom and attacked them, 8 and the LORD gave them into the hand of Israel. They defeated them and pursued them all the way to Greater Sidon, to Misrephoth Maim, and to the Valley of Mizpah on the east, until no survivors were left. 9 Joshua did to them as the LORD had directed: He hamstrung their horses and burned their chariots.

10 At that time Joshua turned back and captured Hazor and put its king to the sword. (Hazor had been the head of all these kingdoms.) 11 Everyone in it they put to the sword. They totally destroyed[w] them, not sparing anyone that breathed, and he burned Hazor itself.

12 Joshua took all these royal cities and their kings and put them to the sword. He totally destroyed them, as Moses the servant of the LORD had commanded. 13 Yet Israel did not burn any of the cities built on their mounds – except Hazor, which Joshua burned. 14 The Israelites carried off for themselves all the plunder and livestock of these cities, but all the people they put to the sword until they completely destroyed them, not sparing anyone that breathed. 15 As the LORD commanded his servant Moses, so Moses commanded Joshua, and Joshua did it; he left nothing undone of all that the LORD commanded Moses.

16 So Joshua took this entire land: the hill country, all the Negev, the whole region of Goshen, the western foothills, the Arabah and the mountains of Israel with their foothills, 17 from Mount Halak, which rises toward Seir, to Baal Gad in the Valley of Lebanon below Mount Hermon. He captured all their kings and put them to death. 18 Joshua waged war against all these kings for a long time. 19 Except for the Hivites living in Gibeon, not one city made a treaty of peace with the Israelites, who took them all in battle. 20 For it was the LORD himself who hardened their hearts to wage war against Israel, so that he might destroy them totally, exterminating them without mercy, as the LORD had commanded Moses.

21 At that time Joshua went and destroyed the Anakites from the hill country: from Hebron, Debir and Anab, from all the hill country of Judah, and from all the hill country of Israel. Joshua totally destroyed them and their towns. 22 No Anakites were left in Israelite territory; only in Gaza, Gath and Ashdod did any survive.

23 So Joshua took the entire land, just as the LORD had directed Moses, and he gave it as an inheritance to Israel according to their tribal divisions. Then the land had rest from war.

[w] **11:11** The Hebrew term refers to the irrevocable giving over of things or persons to the LORD, often by totally destroying them; also in verses 12, 20 and 21.

mort, au pouvoir d'Israël ; tu couperas les jarrets à leurs chevaux et tu brûleras leurs chars.

7 Josué et toute son armée vinrent attaquer leurs ennemis par surprise près des eaux de Mérom et ils se ruèrent sur eux. 8 L'Eternel les livra au pouvoir des Israélites qui les battirent en les poursuivant jusqu'à Sidon la grande ville, jusqu'à Misrephoth-Maïm[u] et jusqu'à la vallée de Mitspé à l'est. Ils leur infligèrent une défaite totale au point de ne leur laisser aucun survivant. 9 Josué les traita comme l'Eternel le lui avait ordonné : il coupa les jarrets à leurs chevaux et brûla leurs chars.

La conquête des villes de ces rois

10 A la même époque, sur le chemin du retour, Josué s'empara de Hatsor qui était autrefois la capitale de tous ces royaumes. Il tua son roi par l'épée 11 et il frappa du tranchant de l'épée tous les êtres vivants qui s'y trouvaient sans y laisser âme qui vive pour les vouer à l'Eternel, puis il incendia la ville. 12 Il s'empara aussi de toutes les villes des autres rois coalisés. Il captura leurs rois et les fit périr, il extermina totalement leurs habitants et les détruisit complètement pour les vouer à l'Eternel, comme Moïse, serviteur de l'Eternel, l'avait ordonné. 13 Cependant, les Israélites n'incendièrent aucune des villes situées sur les collines, excepté Hatsor, que Josué fit brûler. 14 Ils emportèrent comme butin toutes les richesses et le bétail de ces villes, mais ils en exterminèrent toute la population sans épargner personne. 15 Josué se conforma entièrement aux ordres que l'Eternel avait donnés à son serviteur Moïse et que celui-ci lui avait transmis. Il n'enfreignit aucun de ces ordres.

Les territoires conquis par Josué

16 C'est ainsi que Josué conquit tout le pays : la région montagneuse, tout le Néguev, la région de Goshen, la plaine côtière, la vallée du Jourdain, ainsi que la région montagneuse et les plaines du Nord. 17 Il captura et tua tous les rois des régions situées entre le mont Halaq qui se dresse près de Séir au sud, jusqu'à Baal-Gad dans la dépression du Liban au pied du mont Hermon au nord. 18 La guerre qu'il livra contre tous ces rois dura de longues années[v]. 19 Aucune ville – sauf Gabaon habitée par les Héviens – ne fit la paix avec les Israélites ; il s'en empara par les armes. 20 Cela venait de l'Eternel ; en effet, il avait rendu ces gens obstinés pour qu'ils affrontent Israël, afin qu'ils soient détruits sans pitié jusqu'à leur totale extermination pour lui être voués, comme il l'avait ordonné à Moïse.

21 A la même époque, Josué alla éliminer les Anaqim[w] qui vivaient dans les montagnes d'Hébron, de Debir, d'Anab dans les monts de Juda et dans la montagne d'Israël. Il les extermina et détruisit totalement leurs villes pour les vouer à l'Eternel. 22 Il ne resta plus d'Anaqim dans le pays des Israélites, sauf dans les villes de Gaza, Gath et Ashdod. 23 Josué conquit donc tout le pays, comme l'Eternel l'avait dit à Moïse, et il le répartit entre les tribus d'Israël pour qu'elles possèdent chacune sa part. Et la guerre cessa dans le pays.

[u] **11.8** Ce nom signifie *incendie des eaux*, peut-être une allusion à des sources chaudes. Cette ville pourrait se situer entre Tyr et Acre.

[v] **11.18** Au moins sept ans : Caleb avait 78 ans lors de la conquête de Canaan (Dt 2.14 ; Jos 14.7) et 85 ans lorsqu'il prit Hébron (14.10).

[w] **11.21** Les *géants* dont les douze espions avaient parlé (Nb 13.32). Josué les anéantit avec Caleb (14.12-15; voir Dt 2.10, 11, 21).

ist of Defeated Kings

12 1 These are the kings of the land whom the
Israelites had defeated and whose territory
hey took over east of the Jordan, from the Arnon
orge to Mount Hermon, including all the eastern
ide of the Arabah:
2 Sihon king of the Amorites, who reigned in
Ieshbon.
He ruled from Aroer on the rim of the Arnon
orge – from the middle of the gorge – to the Jabbok
iver, which is the border of the Ammonites. This in-
luded half of Gilead.
3 He also ruled over the eastern Arabah from the Sea
f Galilee[x] to the Sea of the Arabah (that is, the Dead
ea), to Beth Jeshimoth, and then southward below
he slopes of Pisgah.
4 And the territory of Og king of Bashan, one of the
ast of the Rephaites, who reigned in Ashtaroth and
drei.
5 He ruled over Mount Hermon, Salekah, all of
ashan to the border of the people of Geshur and
Iaakah, and half of Gilead to the border of Sihon
ing of Heshbon.
6 Moses, the servant of the LORD, and the Israelites
onquered them. And Moses the servant of the LORD
ave their land to the Reubenites, the Gadites and the
alf-tribe of Manasseh to be their possession.

7 Here is a list of the kings of the land that Joshua
nd the Israelites conquered on the west side of the
ordan, from Baal Gad in the Valley of Lebanon to
Iount Halak, which rises toward Seir. Joshua gave
heir lands as an inheritance to the tribes of Israel
ccording to their tribal divisions. 8 The lands included
ie hill country, the western foothills, the Arabah, the
iountain slopes, the wilderness and the Negev. These
vere the lands of the Hittites, Amorites, Canaanites,
erizzites, Hivites and Jebusites.
These were the kings:

the king of Jericho one
ie king of Ai (near Bethel) one
the king of Jerusalem one
ie king of Hebron one
the king of Jarmuth one
ie king of Lachish one
the king of Eglon one
ie king of Gezer one
the king of Debir one
ie king of Geder one
the king of Hormah one
ie king of Arad one
the king of Libnah one
ie king of Adullam one
the king of Makkedah one
ie king of Bethel one
the king of Tappuah one
ie king of Hepher one
the king of Aphek one
ie king of Lasharon one
the king of Madon one

12:3 Hebrew *Kinnereth*

La liste des rois vaincus à l'époque de Moïse

12 1 Voici les rois que les Israélites ont vaincus à l'est
du Jourdain et dont ils ont occupé le territoire
depuis le torrent de l'Arnon jusqu'au mont Hermon, c'est-
à-dire toute la plaine orientale de la vallée du Jourdain.
2 Le premier était Sihôn, le roi des Amoréens, qui résidait
à Heshbôn ; sa domination s'étendait sur la moitié de la
vallée de l'Arnon à partir d'Aroër et sur la moitié du territoire de Galaad jusqu'au torrent de Yabboq qui marque
la frontière avec les Ammonites. 3 Il régnait aussi sur la
partie orientale de la vallée du Jourdain depuis le lac de
Génézareth jusqu'à la mer Morte, en direction de Beth-
Hayeshimoth, et jusque sur les pentes du Pisga au sud.

4 Les Israélites conquirent aussi le territoire d'Og, roi du
Basan, l'un des derniers Rephaïm qui régnait à Ashtaroth
et à Edréi 5 Il dominait sur le mont Hermon, sur Salka et
sur le Basan jusqu'à la frontière des Gueshouriens et des
Maakathiens, ainsi que sur l'autre moitié du territoire
de Galaad, jusqu'à la frontière de Sihôn, roi de Heshbôn.
6 Moïse, serviteur de l'Eternel, et les Israélites avaient
vaincu ces deux rois et Moïse avait donné leur pays en
possession aux tribus de Ruben, de Gad et à la demi-tribu
de Manassé.

La liste des rois vaincus à l'époque de Josué

7 Voici la liste des rois que Josué et les Israélites ont vaincu à l'ouest du Jourdain, et dont les territoires s'étendaient
depuis Baal-Gad, dans la dépression du Liban, jusqu'au
mont Halaq qui s'élève en direction de Séir. Josué les donna
en possession aux tribus d'Israël en les partageant entre
elles. 8 Ces territoires comprenaient la région montagneuse, la plaine côtière, la vallée du Jourdain, la région des
contreforts des montagnes, le désert de Judée et le Néguev.
C'étaient les territoires des Hittites, des Amoréens, des
Cananéens, des Phéréziens, des Héviens et des Yebousiens.
9 Les rois vaincus étaient le roi de Jéricho, le roi d'Aï à côté
de Béthel, 10 le roi de Jérusalem, le roi d'Hébron, 11 le roi
de Yarmouth, le roi de Lakish, 12 le roi de Eglôn, le roi de
Guézer, 13 le roi de Debir, le roi de Guéder, 14 le roi de Horma,
le roi d'Arad, 15 le roi de Libna, le roi d'Adoullam, 16 le roi
de Maqqéda, le roi de Béthel, 17 le roi de Tappouah, le roi
de Hépher, 18 le roi d'Apheq, le roi de Lasharôn, 19 le roi de

the king of Hazor one
20the king of Shimron Meron one
the king of Akshaph one
21the king of Taanach one
the king of Megiddo one
22the king of Kedesh one
the king of Jokneam in Carmel one
23the king of Dor (in Naphoth Dor) one
the king of Goyim in Gilgal one
24the king of Tirzah one
~ thirty-one kings in all.

Land Still to Be Taken

13 1When Joshua had grown old, the LORD said to him, "You are now very old, and there are still very large areas of land to be taken over.

2"This is the land that remains:

"all the regions of the Philistines and Geshurites, 3from the Shihor River on the east of Egypt to the territory of Ekron on the north, all of it counted as Canaanite though held by the five Philistine rulers in Gaza, Ashdod, Ashkelon, Gath and Ekron;

the territory of the Avvites 4on the south;

all the land of the Canaanites, from Arah of the Sidonians as far as Aphek and the border of the Amorites;

5the area of Byblos;

and all Lebanon to the east, from Baal Gad below Mount Hermon to Lebo Hamath.

6"As for all the inhabitants of the mountain regions from Lebanon to Misrephoth Maim, that is, all the Sidonians, I myself will drive them out before the Israelites. Be sure to allocate this land to Israel for an inheritance, as I have instructed you, 7and divide it as an inheritance among the nine tribes and half of the tribe of Manasseh."

Division of the Land East of the Jordan

8The other half of Manasseh,[y] the Reubenites and the Gadites had received the inheritance that Moses had given them east of the Jordan, as he, the servant of the LORD, had assigned it to them.

9It extended from Aroer on the rim of the Arnon Gorge, and from the town in the middle of the gorge, and included the whole plateau of Medeba as far as Dibon, 10and all the towns of Sihon king of the Amorites, who ruled in Heshbon, out to the border of the Ammonites.

11It also included Gilead, the territory of the people of Geshur and Maakah, all of Mount Hermon and all Bashan as far as Salekah – 12that is, the whole kingdom of Og in Bashan, who had reigned in Ashtaroth and Edrei. (He was the last of the Rephaites.) Moses had defeated them and taken over their land. 13But the Israelites did not drive out the people of Geshur and Maakah, so they continue to live among the Israelites to this day.

14But to the tribe of Levi he gave no inheritance, since the food offerings presented to the LORD, the God of Israel, are their inheritance, as he promised them.

y 13:8 Hebrew *With it* (that is, with the other half of Manasseh)

Madôn, le roi de Hatsor, 20le roi de Shimrôn-Merôn, le ro d'Akshaph, 21le roi de Taanak, le roi de Meguiddo, 22le ro de Qédesh, le roi de Yoqneam au Carmel, 23le roi de Dor sur les hauteurs, le roi de Goyim près de Guilgal[x], 24et l roi de Tirtsa.

En tout, cela fait trente et un rois.

Le partage du pays

Les territoires restant à conquérir

13 1Josué était devenu vieux[y]. L'Eternel lui dit : T voilà âgé à présent, et il reste encore un granc pays à conquérir. 2Voici le territoire qui reste : tous le districts des Philistins et le territoire des Gueshouriens[z] 3c'est-à-dire la région qui s'étend depuis le torrent d Shihor[a] qui coule en face de l'Egypte jusqu'au territoir d'Eqrôn au nord, toute cette contrée doit être considéré comme cananéenne. Elle comprend les cinq principauté philistines de Gaza, d'Ashdod, d'Ashkelôn, de Gath e d'Eqrôn, ainsi que le domaine des Avviens[b] au sud. 4I reste également à conquérir tout le pays des Cananéen depuis Meara qui appartient aux Sidoniens jusqu'à Aphe à la frontière des Amoréens, 5celui des Guibliens[c] et tout l Liban oriental, depuis Baal-Gad au pied du mont Hermo jusqu'à Lebo-Hamath, 6ainsi que toute la région montag neuse située entre le Liban et Misrephoth-Maïm habité par les Sidoniens[d]. Je déposséderai les populations de c pays au fur et à mesure de l'avance des Israélites. En at tendant, partage-leur déjà ce pays par le sort pour qu'il le possèdent, comme je te l'ai ordonné.

Le territoire des tribus restées à l'est du Jourdain

7Maintenant, procède au partage pour attribuer l pays en possession aux neuf tribus et à la demi-tribu d Manassé.

8L'autre moitié de la tribu de Manassé, et les tribus d Ruben et de Gad, ont déjà reçu leur patrimoine. Moïse serviteur de l'Eternel, le leur a attribué à l'est du Jourdair 9Il s'étend jusqu'à Aroër, sur le bord du torrent de l'Arno et jusqu'à la ville située au milieu de la vallée et com prend tout le plateau de Médeba jusqu'à Dibôn 10et toute les villes de Sihôn, roi des Amoréens qui avait régné Heshbôn, jusqu'à la frontière des Ammonites 11Il compren aussi le pays de Galaad et le territoire des Gueshouriens e des Maakathiens, le mont Hermon et tout le Basan jusqu' Salka : 12dans le Basan, c'est l'ensemble du royaume d Og, le dernier des Rephaïm qui a régné à Ashtaroth et Edréi. Moïse a vaincu ces rois et les a dépossédés de leur territoires. 13Toutefois les Israélites n'ont pas dépossédé le Gueshouriens et les Maakathiens, si bien qu'ils ont habit jusqu'à aujourd'hui au milieu d'Israël. 14A la tribu de Lév

x 12.23 Cette *Guilgal* doit être distinguée de la Guilgal située près de Jéricho (4.19). L'ancienne version grecque la situe en Galilée.
y 13.1 Il avait entre 90 et 100 ans. Caleb en avait 85 (14.10).
z 13.2 Peuplade habitant le sud de la Philistie du côté de l'Egypte. David les combattit pendant son séjour à Tsiqlag (1 S 27.8).
a 13.3 Le Wadi el-Arish qui coule à la limite est du Sinaï.
b 13.3 Sur les Avviens, voir Dt 2.23.
c 13.5 Habitants de l'ancienne Byblos (au nord de l'actuelle Beyrouth), des Phéniciens.
d 13.6 Originaires de la ville phénicienne de Sidon.

15 This is what Moses had given to the tribe of
Reuben, according to its clans:
16 The territory from Aroer on the rim of the Arnon
Gorge, and from the town in the middle of the gorge,
and the whole plateau past Medeba 17 to Heshbon and
all its towns on the plateau, including Dibon, Bamoth
Baal, Beth Baal Meon, 18 Jahaz, Kedemoth, Mephaath,
19 Kiriathaim, Sibmah, Zereth Shahar on the hill in
the valley, 20 Beth Peor, the slopes of Pisgah, and Beth
Jeshimoth – 21 all the towns on the plateau and the entire realm of Sihon king of the Amorites, who ruled at
Heshbon. Moses had defeated him and the Midianite
chiefs, Evi, Rekem, Zur, Hur and Reba – princes allied
with Sihon – who lived in that country. 22 In addition
to those slain in battle, the Israelites had put to the
sword Balaam son of Beor, who practiced divination.
23 The boundary of the Reubenites was the bank of
the Jordan. These towns and their villages were the inheritance of the Reubenites, according to their clans.

24 This is what Moses had given to the tribe of Gad,
according to its clans:
25 The territory of Jazer, all the towns of Gilead
and half the Ammonite country as far as Aroer, near
Rabbah; 26 and from Heshbon to Ramath Mizpah and
Betonim, and from Mahanaim to the territory of
Debir; 27 and in the valley, Beth Haram, Beth Nimrah,
Sukkoth and Zaphon with the rest of the realm of
Sihon king of Heshbon (the east side of the Jordan, the
territory up to the end of the Sea of Galilee[z]).
28 These towns and their villages were the inheritance of the Gadites, according to their clans.

29 This is what Moses had given to the half-tribe of
Manasseh, that is, to half the family of the descendants of Manasseh, according to its clans:
30 The territory extending from Mahanaim and including all of Bashan, the entire realm of Og king of
Bashan – all the settlements of Jair in Bashan, sixty
towns, 31 half of Gilead, and Ashtaroth and Edrei (the
royal cities of Og in Bashan).
This was for the descendants of Makir son of
Manasseh – for half of the sons of Makir, according
to their clans.
32 This is the inheritance Moses had given when he
was in the plains of Moab across the Jordan east of
Jericho. 33 But to the tribe of Levi, Moses had given
no inheritance; the LORD, the God of Israel, is their
inheritance, as he promised them.

z 13:27 Hebrew *Kinnereth*

et à elle seule, il ne donna pas de patrimoine. En effet, ce sont les sacrifices consumés par le feu qui appartiennent à l'Eternel, le Dieu d'Israël, qui constituent son bien comme Dieu le lui a déclaré.

Le territoire de la tribu de Ruben

15 Le territoire que Moïse avait attribué aux familles de
la tribu de Ruben 16 s'étend depuis la ville d'Aroër au bord
du torrent de l'Arnon et la ville située au milieu de cette
vallée. Il comprenait tout le plateau autour de Médeba,
17 Heshbôn et toutes les bourgades du plateau qui en
dépendaient, c'est-à-dire Dibôn, Bamoth-Baal, Beth-Baal-
Meôn, 18 Yahats, Qedémoth, Méphaath, 19 Qiryataïm, Sibma,
Tséreth-Hashahar sur la montagne qui domine la vallée,
20 Beth-Peor, les pentes du Pisga et Beth-Hayeshimoth. 21 En
outre, il comprenait toutes les villes du plateau et tout le
royaume de Sihôn, roi des Amoréens, qui avait régné à
Heshbôn, que Moïse avait vaincu en même temps que les
chefs de Madian, vassaux de Sihôn qui habitaient le pays :
Evi, Réqem, Tsour, Hour et Réba. 22 Parmi les victimes des
Israélites il y avait aussi le devin Balaam, fils de Béor, qu'ils
tuèrent par l'épée à ce moment-là[e]. 23 La frontière des descendants de Ruben était constituée par le Jourdain et le
territoire limitrophe. Tel était le patrimoine réparti entre
les familles de Ruben, avec les villes qu'il comprenait et
les villages qui en dépendaient.

Le territoire de la tribu de Gad

24 Moïse avait aussi donné sa part aux familles de la tribu
de Gad. 25 Leur territoire comprenait Yaezer, toutes les
villes de Galaad et la moitié du pays des Ammonites jusqu'à
Aroër près de Rabba. 26 Il s'étendait depuis Heshbôn jusqu'à
Ramath-Mitspé et Betonim, et depuis Mahanaïm jusqu'à
la frontière de Debir. 27 Enfin, dans la vallée du Jourdain,
il comprenait Beth-Haram, Beth-Nimra, Soukkoth et
Tsaphôn, qui formaient le reste du royaume de Sihôn, roi
de Heshbôn, et toute la rive est du Jourdain qui constituait
la frontière jusqu'au lac de Génézareth. 28 Tel était le patrimoine réparti entre les familles de Gad avec les villes qu'il
comprenait et les villages qui en dépendaient.

Le territoire de la demi-tribu de Manassé (domaine oriental)

29 Enfin Moïse avait donné sa part à la demi-tribu de
Manassé, répartie selon ses familles. 30 Leur territoire comprenait, à partir de Mahanaïm, le Basan, tout le royaume
de Og, le roi du Basan, ainsi que les soixante bourgs de
Yaïr en Basan. 31 La moitié du pays de Galaad, Ashtaroth et
Edréi, les anciennes capitales du royaume de Og en Basan,
échurent aux descendants de Makir, fils de Manassé, à la
moitié d'entre eux, réparties entre leurs familles. 32 Telle
fut la répartition faite par Moïse, lorsqu'il se trouvait dans
les plaines de Moab, du côté oriental du Jourdain, en face
de Jéricho. 33 Il n'attribua pas de patrimoine à la tribu de
Lévi. L'Eternel, le Dieu d'Israël, est lui-même leur patrimoine, comme il le leur a dit.

e 13.22 Voir Nb 22 à 24. Balaam fut tué avec les Madianites qui tentèrent de séduire Israël par l'idolâtrie et la débauche (Nb 25 ; 31.8).

Division of the Land West of the Jordan

14 1 Now these are the areas the Israelites received as an inheritance in the land of
Canaan, which Eleazar the priest, Joshua son of Nun
and the heads of the tribal clans of Israel allotted to
them. 2 Their inheritances were assigned by lot to the
nine-and-a-half tribes, as the LORD had commanded
through Moses. 3 Moses had granted the two-and-a-
half tribes their inheritance east of the Jordan but
had not granted the Levites an inheritance among
the rest, 4 for Joseph's descendants had become two
tribes – Manasseh and Ephraim. The Levites received
no share of the land but only towns to live in, with
pasturelands for their flocks and herds. 5 So the
Israelites divided the land, just as the LORD had commanded Moses.

Allotment for Caleb

6 Now the people of Judah approached Joshua at
Gilgal, and Caleb son of Jephunneh the Kenizzite said
to him, "You know what the LORD said to Moses the
man of God at Kadesh Barnea about you and me. 7 I
was forty years old when Moses the servant of the LORD
sent me from Kadesh Barnea to explore the land. And
I brought him back a report according to my convictions, 8 but my fellow Israelites who went up with me
made the hearts of the people melt in fear. I, however,
followed the LORD my God wholeheartedly. 9 So on that
day Moses swore to me, 'The land on which your feet
have walked will be your inheritance and that of your
children forever, because you have followed the LORD
my God wholeheartedly.'

10 "Now then, just as the LORD promised, he has kept
me alive for forty-five years since the time he said this
to Moses, while Israel moved about in the wilderness.
So here I am today, eighty-five years old! 11 I am still as
strong today as the day Moses sent me out; I'm just as
vigorous to go out to battle now as I was then. 12 Now
give me this hill country that the LORD promised me
that day. You yourself heard then that the Anakites
were there and their cities were large and fortified,
but, the LORD helping me, I will drive them out just
as he said."

13 Then Joshua blessed Caleb son of Jephunneh and
gave him Hebron as his inheritance. 14 So Hebron has
belonged to Caleb son of Jephunneh the Kenizzite ever
since, because he followed the LORD, the God of Israel,
wholeheartedly. 15 (Hebron used to be called Kiriath
Arba after Arba, who was the greatest man among
the Anakites.)

Then the land had rest from war.

Allotment for Judah

15 1 The allotment for the tribe of Judah, according to its clans, extended down to the
territory of Edom, to the Desert of Zin in the extreme
south.

Le partage du pays de Canaan à l'ouest du Jourdain

14 1 Voici les territoires que les Israélites reçuren
en possession dans le pays de Canaan. Le prêtr
Eléazar[f] et Josué, fils de Noun, assistés des chefs de group
familial des tribus israélites, les leur attribuèrent. 2 Cett
répartition des terres entre les neuf tribus et la demi-trib
se fit par tirage au sort, comme l'Eternel l'avait ordonn
par l'intermédiaire de Moïse. 3 Car Moïse avait déjà at
tribué leur patrimoine aux deux tribus et à la demi-trib
à l'est du Jourdain, et il n'en avait pas destiné aux lévites
4 car les fils de Joseph, Manassé et Ephraïm, formaien
deux tribus. C'est pourquoi il n'avait pas attribué de pat
rimoine aux lévites dans le pays, sinon quelques villes ave
leurs terres attenantes pour y habiter, y faire vivre leur
troupeaux et y conserver leurs biens[g]. 5 Ainsi les Israélite
procédèrent comme l'Eternel l'avait ordonné à Moïse pou
le partage du pays.

Caleb reçoit la ville d'Hébron

6 Des membres de la tribu de Juda vinrent trouver Josu
à Guilgal. Caleb, fils de Yephounné, le Qenizien lui dit : T
sais ce que l'Eternel a dit à Moïse, l'homme de Dieu, à mo
sujet et à ton sujet lorsque nous étions à Qadesh-Barné
7 J'avais quarante ans, lorsque Moïse, serviteur de l'Eterne
m'a envoyé de Qadesh-Barnéa pour explorer ce pays. A mo
retour, je lui ai fait un rapport en toute bonne conscienc
8 Alors que les hommes qui étaient venus avec moi on
découragé le peuple, j'ai été pleinement fidèle à l'Eterne
mon Dieu. 9 Ce jour-là, Moïse fit ce serment : « Assurémen
ce pays que tu as parcouru t'appartiendra, ainsi qu'à te
descendants, pour toujours, parce que tu as été pleine
ment fidèle à l'Eternel mon Dieu ! » 10 Effectivement, il
a quarante-cinq ans depuis que l'Eternel a adressé cett
parole à Moïse pendant qu'Israël voyageait à travers l
désert, et il m'a conservé en vie selon sa promesse. J'a
aujourd'hui quatre-vingt-cinq ans 11 et je suis aussi ro
buste qu'à l'époque où Moïse m'a envoyé en mission ; j'a
autant de force qu'alors, soit pour combattre, soit pou
mener une expédition militaire. 12 Maintenant, donne-mo
cette contrée montagneuse[h] que l'Eternel m'a promise
ce moment-là. A l'époque, tu as appris que des Anaqim
habitaient dans de grandes villes fortifiées. Si l'Eterne
m'assiste, je les en déposséderai comme il l'a affirmé.

13 Josué bénit Caleb, fils de Yephounné, et lui donna l
ville d'Hébron pour patrimoine. 14 C'est pourquoi Hébro
appartient encore aujourd'hui aux descendants de Calel
fils de Yephounné le Qenizien, parce qu'il avait été pleine
ment fidèle à l'Eternel, le Dieu d'Israël. 15 Autrefois, Hébro
s'appelait Qiryath-Arba, du nom du plus grand des Anaqin
Alors la guerre cessa dans le pays.

Le territoire de la tribu de Juda

15 1 Le territoire que le tirage au sort attribua aux fa
milles de la tribu de Juda s'étendait au sud jusqu'

f **14.1** Fils d'Aaron et grand-prêtre (voir Nb 20.26-28).

g **14.4** Jacob avait adopté les deux fils de Joseph (Gn 48.5) ; ils devaient donc être considérés comme ses propres fils et recevoir leur héritage comme les autres.

h **14.12** Hébron est situé dans la région montagneuse de Juda à une quarantaine de kilomètres au sud de Jérusalem.

[2]Their southern boundary started from the bay at he southern end of the Dead Sea, [3]crossed south of corpion Pass, continued on to Zin and went over to he south of Kadesh Barnea. Then it ran past Hezron ıp to Addar and curved around to Karka. [4]It then assed along to Azmon and joined the Wadi of Egypt, nding at the Mediterranean Sea. This is their[a] south- rn boundary.

[5]The eastern boundary is the Dead Sea as far as the nouth of the Jordan.

The northern boundary started from the bay of he sea at the mouth of the Jordan, [6]went up to Beth Ioglah and continued north of Beth Arabah to the tone of Bohan son of Reuben. [7]The boundary then vent up to Debir from the Valley of Achor and turned orth to Gilgal, which faces the Pass of Adummim outh of the gorge. It continued along to the waters f En Shemesh and came out at En Rogel. [8]Then it ran ıp the Valley of Ben Hinnom along the southern slope f the Jebusite city (that is, Jerusalem). From there t climbed to the top of the hill west of the Hinnom 'alley at the northern end of the Valley of Rephaim. From the hilltop the boundary headed toward the pring of the waters of Nephtoah, came out at the owns of Mount Ephron and went down toward Baalah that is, Kiriath Jearim). [10]Then it curved westward rom Baalah to Mount Seir, ran along the northern lope of Mount Jearim (that is, Kesalon), continued lown to Beth Shemesh and crossed to Timnah. [11]It vent to the northern slope of Ekron, turned toward hikkeron, passed along to Mount Baalah and reached abneel. The boundary ended at the sea.

[12]The western boundary is the coastline of the Mediterranean Sea.

These are the boundaries around the people of udah by their clans.

[13]In accordance with the LORD's command to him, oshua gave to Caleb son of Jephunneh a portion in udah – Kiriath Arba, that is, Hebron. (Arba was the orefather of Anak.) [14]From Hebron Caleb drove out he three Anakites – Sheshai, Ahiman and Talmai, he sons of Anak. [15]From there he marched against he people living in Debir (formerly called Kiriath epher). [16]And Caleb said, "I will give my daughter ksah in marriage to the man who attacks and cap- ures Kiriath Sepher." [17]Othniel son of Kenaz, Caleb's rother, took it; so Caleb gave his daughter Aksah to im in marriage.

[18]One day when she came to Othniel, she urged im[b] to ask her father for a field. When she got off er donkey, Caleb asked her, "What can I do for you?"

[19]She replied, "Do me a special favor. Since you have given me land in the Negev, give me also springs of vater." So Caleb gave her the upper and lower springs.

[20]This is the inheritance of the tribe of Judah, ac- ording to its clans:

15:4 Septuagint; Hebrew *your*
15:18 Hebrew and some Septuagint manuscripts; other eptuagint manuscripts (see also note at Judges 1:14) *Othniel, he rged her*

la frontière d'Edom dans le désert de Tsîn vers le Néguev à l'extrême sud. [2]Leur frontière méridionale partait de la baie qui se trouve à la pointe de la mer Morte, face au Néguev, [3]et passait au sud de la montée des Scorpions pour aller en direction de Tsîn, passer au sud de Qadesh-Barnéa, et remonter par Hetsrôn vers Addar, d'où elle tournait en direction de Qarqaa. [4]De là, elle passait par Atsmôn et débouchait au torrent d'Egypte pour aboutir à la mer Méditerranée. Telle est votre frontière méridionale.

[5]A l'est, la frontière était constituée par la mer Morte jusqu'à l'embouchure du Jourdain. Au nord, elle partait de la baie qui est à l'embouchure du Jourdain [6]et remontait vers Beth-Hogla pour passer au nord de Beth-Araba jusqu'à la pierre dite de Bohân, l'un des fils de Ruben. [7]La frontière montait ensuite vers Debir, depuis la vallée d'Akor, puis se dirigeait au nord vers Guilgal[i], en face de la montée d'Adoummim du côté sud du torrent. Puis elle passait près des sources d'Eyn-Shémesh et débouchait sur Eyn-Roguel. [8]Alors elle remontait par la vallée de Ben-Hinnom sur le flanc sud de la montagne des Yebousiens où se trouve Jérusalem, pour s'élever vers le sommet situé en face à l'ouest de la vallée de Hinnom, et à l'extrémité nord de la plaine des Rephaïm. [9]De ce sommet, elle s'incurvait vers la source de Nephtoah et se dirigeait vers les villes de la montagne d'Ephrôn avant de tourner en direction de Baala, c'est-à-dire Qiryath-Yearim. [10]De là, elle tournait du côté ouest vers le mont Séir et longeait le versant nord de la montagne des Forêts – ou mont Kesalôn – pour redescendre à Beth-Shémesh et passer à Timna. [11]De là, elle gagnait le versant nord d'Eqrôn, et s'incurvait vers Shikrôn, passait par le mont Baala puis à Yabnéel, pour déboucher sur la mer Méditerranée. [12]La mer Méditerranée constituait la frontière ouest du territoire attribué aux familles de la tribu de Juda.

Caleb conquiert son domaine

[13]Caleb, fils de Yephounné, reçut une part du territoire de Juda, comme l'Eternel l'avait ordonné à Josué. On lui donna Hébron qui s'appelait Qiryath-Arba, du nom d'Arba, l'ancêtre d'Anaq[j]. [14]Caleb en déposséda les trois descendants d'Anaq : Shéshaï, Ahimân et Talmaï. [15]De là, il partit attaquer les habitants de Debir – qui s'appelait autrefois Qiryath-Sépher.

[16]Caleb promit sa fille Aksa en mariage à celui qui battrait et prendrait Qiryath-Sépher. [17]Son neveu Otniel, fils de son frère Qenaz, s'en rendit maître, et Caleb lui donna sa fille Aksa en mariage. [18]Lorsqu'elle fut arrivée auprès de son mari, elle l'engagea à demander un certain champ à son père Caleb. Puis elle sauta de son âne, et Caleb lui demanda : Quel est ton désir ?

[19]Elle lui répondit : Accorde-moi un cadeau. Puisque tu m'as établie dans une terre aride, donne-moi aussi des points d'eau !

Et Caleb lui donna les sources supérieures et les sources inférieures. [20]Tel est le patrimoine de la tribu de Juda pour ses familles.

i **15.7** Un *Débir* différent de celui de Jos 10.38-39 et un *Guilgal* à ne pas confondre avec celui de 4.19-20 près de Jéricho.
j **15.13** Pour les v. 13-19, voir Jg 1.10-15.

21 The southernmost towns of the tribe of Judah in
the Negev toward the boundary of Edom were:
Kabzeel, Eder, Jagur, 22 Kinah, Dimonah, Adadah,
23 Kedesh, Hazor, Ithnan, 24 Ziph, Telem, Bealoth,
25 Hazor Hadattah, Kerioth Hezron (that is, Hazor),
26 Amam, Shema, Moladah, 27 Hazar Gaddah, Heshmon,
Beth Pelet, 28 Hazar Shual, Beersheba, Biziothiah,
29 Baalah, Iyim, Ezem, 30 Eltolad, Kesil, Hormah,
31 Ziklag, Madmannah, Sansannah, 32 Lebaoth,
Shilhim, Ain and Rimmon – a total of twenty-nine
towns and their villages.

33 In the western foothills:
Eshtaol, Zorah, Ashnah, 34 Zanoah, En Gannim,
Tappuah, Enam, 35 Jarmuth, Adullam, Sokoh,
Azekah, 36 Shaaraim, Adithaim and Gederah (or
Gederothaim)[c] – fourteen towns and their villages.
37 Zenan, Hadashah, Migdal Gad, 38 Dilean, Mizpah,
Joktheel, 39 Lachish, Bozkath, Eglon, 40 Kabbon,
Lahmas, Kitlish, 41 Gederoth, Beth Dagon, Naamah
and Makkedah – sixteen towns and their villages.
42 Libnah, Ether, Ashan, 43 Iphtah, Ashnah, Nezib,
44 Keilah, Akzib and Mareshah – nine towns and their
villages.
45 Ekron, with its surrounding settlements and villages; 46 west of Ekron, all that were in the vicinity of
Ashdod, together with their villages; 47 Ashdod, its
surrounding settlements and villages; and Gaza, its
settlements and villages, as far as the Wadi of Egypt
and the coastline of the Mediterranean Sea.

48 In the hill country:
Shamir, Jattir, Sokoh, 49 Dannah, Kiriath Sannah
(that is, Debir), 50 Anab, Eshtemoh, Anim, 51 Goshen,
Holon and Giloh – eleven towns and their villages.
52 Arab, Dumah, Eshan, 53 Janim, Beth Tappuah,
Aphekah, 54 Humtah, Kiriath Arba (that is, Hebron)
and Zior – nine towns and their villages.
55 Maon, Carmel, Ziph, Juttah, 56 Jezreel, Jokdeam,
Zanoah, 57 Kain, Gibeah and Timnah – ten towns and
their villages.
58 Halhul, Beth Zur, Gedor, 59 Maarath, Beth Anoth
and Eltekon – six towns and their villages.[d]
60 Kiriath Baal (that is, Kiriath Jearim) and
Rabbah – two towns and their villages.

61 In the wilderness:
Beth Arabah, Middin, Sekakah, 62 Nibshan, the City
of Salt and En Gedi – six towns and their villages.

63 Judah could not dislodge the Jebusites, who were
living in Jerusalem; to this day the Jebusites live there
with the people of Judah.

Allotment for Ephraim and Manasseh

16 1 The allotment for Joseph began at the Jordan,
east of the springs of Jericho, and went up

[c] 15:36 Or *Gederah and Gederothaim*
[d] 15:59 The Septuagint adds another district of eleven towns, including Tekoa and Ephrathah (Bethlehem).

Les villes de Juda

21 Voici quelles étaient les villes situées dans la part
ie méridionale du territoire de Juda, près de la frontière
d'Edom, dans le Néguev ; Qabtséel, Eder, Yagour, 22 Kina
Dimôna, Adada, 23 Qédesh, Hatsor, Itân, 24 Ziph, Télem
Bealoth, 25 Hatsor-Hadatta, Qeriyoth-Hetsrôn, appelée
aussi Hatsor, 26 Amam, Shema, Molada, 27 Hatsar-Gadda
Heshmôn, Beth-Paleth, 28 Hatsar-Shoual, Beer-Sheva
Bizyotya[k], 29 Baala, Iyim, Atsem, 30 Eltolad, Kesil, Horma
31 Tsiqlag, Madmanna, Sansanna, 32 Lebaoth, Shilhim, Aïn
et Rimmôn : soit en tout : vingt-neuf villes et les villages
qui en dépendent.
33 Dans le Bas-Pays se trouvaient les villes suivantes[l]
Eshtaol, Tsorea, Ashna, 34 Zanoah, Eyn-Gannim, Tappouah
Enam, 35 Yarmouth, Adoullam, Soko, Azéqa, 36 Shaaraïm
Aditaïm, Guedéra et Guedérotaïm : soit quatorze villes avec
les villages qui en dépendent. 37 Tsenân, Hadasha, Migdal
Gad, 38 Dileân, Mitspé, Yoqtéel, 39 Lakish, Botsqath, Eglôn
40 Kabbôn, Lahmas, Kitlish, 41 Guedéroth, Beth-Dagôn
Naama et Maqqéda, soit seize villes avec les villages qu
en dépendent. 42 Libna, Eter, Ashân ; 43 Yiphtah, Ashna
Netsib, 44 Qeïla, Akzib et Marésha : soit neuf villes et les
villages qui en dépendent. 45 Il y avait aussi Eqrôn avec
les villes qui en dépendaient et ses villages. 46 Toutes les
villes et tous les villages aux alentours d'Ashdod, situés
entre Eqrôn et la mer, 47 Ashdod et Gaza avec les villes qu
en dépendaient et leurs villages jusqu'au torrent d'Egypte
et jusqu'à la côte de la Méditerranée.

48 Dans la région montagneuse[m], il y avait les villes de
Shamir, Yattir, Soko, 49 Danna, Qiryath-Sanna appelée
aussi Debir, 50 Anab, Eshtemo, Anim, 51 Goshen, Holôn et
Guilo : soit onze villes avec les villages qui en dépendent
52 Il y avait de plus : Arab, Douma, Esheân, 53 Yanoum
Beth-Tappouah, Aphéqa, 54 Houmeta, Qiryath-Arba, c'est
à-dire Hébron, et Tsior : soit neuf villes et les villages qu
en dépendent, 55 Maôn, Karmel, Ziph, Youtta, 56 Jizréel
Yoqdeam, Zanoah, 57 Qaïn, Guibéa et Timna : dix villes
et les villages qui en dépendent. 58 Halhoul, Beth-Tsour
Guedor, 59 Maarath, Beth-Anoth et Elteqôn : six villes et les
villages qui en dépendent. 60 Qiryath-Baal, appelée auss
Qiryath-Yearim, et Rabba : deux villes et les villages qu
en dépendent. 61 Dans le désert[n] étaient situées les villes
de Beth-Araba, Middin, Sekaka, 62 Nibshân, Ir-Hammélah
et Eyn-Guédi : six villes et les villages qui en dépendent.

63 Les descendants de Juda ne réussirent pas à dépos
séder les Yebousiens qui habitaient à Jérusalem, de sorte
qu'ils y vivent encore aujourd'hui avec les gens de Juda.

Le territoire des descendants de Joseph

16 1 Les descendants de Joseph reçurent par tirage
au sort un territoire dont la frontière com
mençait au Jourdain près de Jéricho, à l'est des sources

[k] 15.28 Au lieu de *Bizyotya*, l'ancienne version grecque et Né 11.27 ont : *et les localités voisines.*
[l] 15.33 Cette région de la plaine côtière située entre la Judée montagneuse et la Philistie ne sera en grande partie occupée par Israël qu'après la victoire de David.
[m] 15.48 *La région montagneuse* au sud de Jérusalem.
[n] 15.61 La région calcaire et stérile, à l'est et au sud de Jérusalem, qui borde la mer Morte.

rom there through the desert into the hill country of
3ethel. [2]It went on from Bethel (that is, Luz),[e] crossed
ver to the territory of the Arkites in Ataroth, [3]de-
cended westward to the territory of the Japhletites
ıs far as the region of Lower Beth Horon and on to
Gezer, ending at the Mediterranean Sea.
[4]So Manasseh and Ephraim, the descendants of
oseph, received their inheritance.

[5]This was the territory of Ephraim, according to
ts clans:
The boundary of their inheritance went from
Ataroth Addar in the east to Upper Beth Horon
and continued to the Mediterranean Sea. From
Mikmethath on the north it curved eastward to
Taanath Shiloh, passing by it to Janoah on the east.
Then it went down from Janoah to Ataroth and
Naarah, touched Jericho and came out at the Jordan.
From Tappuah the border went west to the Kanah
Ravine and ended at the Mediterranean Sea. This
was the inheritance of the tribe of the Ephraimites,
according to its clans.
[9]It also included all the towns and their villages
hat were set aside for the Ephraimites within the
nheritance of the Manassites.
[10]They did not dislodge the Canaanites living in
Gezer; to this day the Canaanites live among the people of Ephraim but are required to do forced labor.

17 [1]This was the allotment for the tribe of
Manasseh as Joseph's firstborn. Makir,
Manasseh's firstborn, the ancestor of the Gileadites,
had received Gilead and Bashan because the Makirites
were great soldiers. [2]So this allotment was for the
rest of the people of Manasseh – the clans of Abiezer,
Helek, Asriel, Shechem, Hepher and Shemida. These
are the other male descendants of Manasseh son of
oseph by their clans.
[3]Now Zelophehad son of Hepher, the son of Gilead,
he son of Makir, the son of Manasseh, had no sons
but only daughters, whose names were Mahlah, Noah,
Hoglah, Milkah and Tirzah. [4]They went to Eleazar
he priest, Joshua son of Nun, and the leaders and
said, "The LORD commanded Moses to give us an inheritance among our relatives." So Joshua gave them
an inheritance along with the brothers of their fa-
her, according to the LORD's command. [5]Manasseh's
hare consisted of ten tracts of land besides Gilead and
Bashan east of the Jordan, [6]because the daughters of
he tribe of Manasseh received an inheritance among
he sons. The land of Gilead belonged to the rest of the
descendants of Manasseh.

[7]The territory of Manasseh extended from Asher
o Mikmethath east of Shechem. The boundary ran
southward from there to include the people living at
En Tappuah. [8](Manasseh had the land of Tappuah,

16:2 Septuagint; Hebrew *Bethel to Luz*

qui alimentaient la ville. De là, elle gravissait la montagne dans le désert vers Béthel, [2]puis elle continuait
jusqu'à Louz[o] et passait le long du territoire des Arkiens
à Ataroth. [3]Ensuite, elle descendait à l'ouest vers celui des
Yapheléthiens jusqu'au territoire de Beth-Horôn la Basse
et jusqu'à Guézer, pour aboutir à la mer Méditerranée.
[4]Tel est le patrimoine qui échut aux descendants des fils
de Joseph, Manassé et Ephraïm.

Le territoire de la tribu d'Ephraïm

[5]Voici le territoire des descendants d'Ephraïm
pour leurs familles : leur frontière allait du côté est
d'Ataroth-Addar jusqu'à Beth-Horôn la Haute, [6]puis se prolongeait jusqu'à la mer. Au nord, elle passait à Mikmetath
et tournait à l'est vers Taanath-Silo qu'elle traversait
vers l'est en direction de Yanoah, [7]d'où elle descendait
à Ataroth et à Naarata, touchait Jéricho et aboutissait au
Jourdain. [8]De Tappouah, elle allait vers l'ouest au torrent
de Qana pour rejoindre la mer. Tel fut le patrimoine des
familles de la tribu d'Ephraïm, [9]avec les villes et les villages qui en dépendent et qui leur furent réservés dans le
territoire de la tribu de Manassé.

[10]Les gens d'Ephraïm ne dépossédèrent pas les
Cananéens établis à Guézer. Ceux-ci continuèrent à vivre
au milieu des gens d'Ephraïm qui leur imposèrent des corvées. Ils y demeurent encore aujourd'hui.

Le territoire de la demi-tribu de Manassé (domaine occidental)

17 [1]Puis le tirage au sort attribua un patrimoine à la
tribu de Manassé, fils premier-né de Joseph. Makir,
le fils aîné de Manassé, le père de Galaad qui fut un homme de guerre, avait déjà reçu les régions de Galaad et du
Basan. [2]Les autres descendants de Manassé, c'est-à-dire
ceux d'Abiézer, de Héleq, d'Asriel, de Sichem, de Hépher
et de Shemida, les fils de Manassé, fils de Joseph, reçurent
aussi une part pour leurs familles.

[3]Tselophhad, descendant de Manassé par Makir, Galaad
et Hépher, n'eut pas de fils ; il n'eut que des filles qui
s'appelaient : Mahla, Noa, Hogla, Milka et Tirtsa ; [4]elles
allèrent trouver le prêtre Eléazar, Josué, fils de Noun, et
les responsables du peuple. Elles leur dirent : L'Eternel a
ordonné à Moïse de nous donner un patrimoine comme
aux hommes de notre tribu.
On leur attribua donc un patrimoine comme aux frères
de leur père, conformément à l'ordre de l'Eternel. [5]La
tribu de Manassé reçut par conséquent dix parts – sans
compter les régions de Galaad et du Basan situées à l'est du
Jourdain. [6]En effet, des descendantes de Manassé reçurent
une propriété, tout comme les hommes de cette tribu, et
le pays de Galaad appartint aux autres descendants de
Manassé.
[7]Le territoire de Manassé s'étendait d'Aser à Mikmetath,
en face de Sichem. Puis leur frontière descendait vers
Yamîn chez les habitants d'Eyn-Tappouah. [8]Le territoire

o **16.2** Voir v. 1-2 : Au lieu de *de là, elle gravissait ... jusqu'à Louz,* l'ancienne version grecque a : *de Béthel (c'est-à-dire Louz), elle ...* En Gn 28.19, les noms de Béthel et de Louz désignent la même ville.

but Tappuah itself, on the boundary of Manasseh, belonged to the Ephraimites.) 9 Then the boundary continued south to the Kanah Ravine. There were towns belonging to Ephraim lying among the towns of Manasseh, but the boundary of Manasseh was the northern side of the ravine and ended at the Mediterranean Sea. 10 On the south the land belonged to Ephraim, on the north to Manasseh. The territory of Manasseh reached the Mediterranean Sea and bordered Asher on the north and Issachar on the east.

11 Within Issachar and Asher, Manasseh also had Beth Shan, Ibleam and the people of Dor, Endor, Taanach and Megiddo, together with their surrounding settlements (the third in the list is Naphoth[f]).

12 Yet the Manassites were not able to occupy these towns, for the Canaanites were determined to live in that region. 13 However, when the Israelites grew stronger, they subjected the Canaanites to forced labor but did not drive them out completely.

14 The people of Joseph said to Joshua, "Why have you given us only one allotment and one portion for an inheritance? We are a numerous people, and the Lord has blessed us abundantly."

15 "If you are so numerous," Joshua answered, "and if the hill country of Ephraim is too small for you, go up into the forest and clear land for yourselves there in the land of the Perizzites and Rephaites."

16 The people of Joseph replied, "The hill country is not enough for us, and all the Canaanites who live in the plain have chariots fitted with iron, both those in Beth Shan and its settlements and those in the Valley of Jezreel."

17 But Joshua said to the tribes of Joseph – to Ephraim and Manasseh – "You are numerous and very powerful. You will have not only one allotment 18 but the forested hill country as well. Clear it, and its farthest limits will be yours; though the Canaanites have chariots fitted with iron and though they are strong, you can drive them out."

Division of the Rest of the Land

18 1 The whole assembly of the Israelites gathered at Shiloh and set up the tent of meeting there. The country was brought under their control, 2 but there were still seven Israelite tribes who had not yet received their inheritance.

3 So Joshua said to the Israelites: "How long will you wait before you begin to take possession of the land that the Lord, the God of your ancestors, has given

[f] 17:11 That is, Naphoth Dor

de Tappouah appartenait à Manassé, mais la ville elle même, située à la limite de Manassé, était aux descendant d'Ephraïm. 9 Ensuite, la frontière descendait au torren de Qana, qu'elle rejoignait sur la rive sud. Les villes d cette région, enclavées parmi celles de Manassé, étaien à Ephraïm. La frontière de Manassé passait au nord d torrent et débouchait sur la mer. 10 Ainsi le territoir d'Ephraïm s'étendait vers le sud, celui de Manassé, ver le nord. La mer servait de frontière à l'ouest. Du côté nord ils touchaient à Aser, du côté est à Issacar.

11 Manassé reçut encore plusieurs villes dans les terri toires d'Aser et d'Issacar : Beth-Sheân[p] et les villes qui e dépendent, Yibleam et les villes qui en dépendent, ains que Dor, Eyn-Dor, Taanak, Meguiddo avec leurs habitant et les villes qui en dépendent, c'est-à-dire trois contrées 12 Cependant les gens de Manassé ne réussirent pas déposséder les habitants de ces villes et les Cananéens s maintinrent dans le pays. 13 Même lorsque les Israélite eurent accru leur puissance, ils leur imposèrent des cor vées, mais ne les dépossédèrent pas.

Les descendants de Joseph veulent s'étendre

14 Les descendants de Joseph[q] vinrent se plaindre Josué en disant : Pourquoi nous as-tu attribué par le sor seulement une part du pays, alors que l'Eternel nous tellement bénis jusqu'à présent que nous sommes devenu très nombreux ?

15 Josué leur répondit : Si vous êtes tellement nombreux et si la région montagneuse d'Ephraïm ne vous suffit pas allez donc vous défricher du terrain dans les forêts ap partenant aux Phéréziens et aux Rephaïm.

16 Les fils de Joseph répliquèrent : Il est vrai que la régio montagneuse ne nous suffit pas, mais tous les Cananéen qui habitent dans les plaines de Beth-Sheân et des ville voisines, ainsi que ceux de la vallée de Jizréel[r], possèden des chars bardés de fer pour combattre[s].

17 Alors Josué dit aux gens d'Ephraïm et de Manassé descendants de Joseph : Vous êtes un peuple nombreux e fort, vous ne serez pas réduits à un lot unique. 18 Vous pos séderez toute la région montagneuse couverte de forêts vous la défricherez et vous l'occuperez jusqu'à ses limite extrêmes. Vous en déposséderez les Cananéens malgr leurs chars bardés de fer et malgré leur puissance.

Le partage du reste du pays entre les sept autres tribus

18 1 Toute la communauté des Israélites se réunit Silo[t] ; ils y dressèrent la tente de la Rencontre, ca tout le pays était soumis devant eux. 2 Mais il restait parm les Israélites sept tribus qui n'avaient pas encore pris pos session de leur patrimoine. 3 Josué dit alors aux Israélites Pendant combien de temps encore négligerez-vous d'alle prendre possession du pays que l'Eternel, le Dieu de vo

[p] 17.11 Une ville importante au sud du lac de Galilée conquise plus tard (voir 1 S 31.10 où elle est encore aux mains des alliés des Philistins).

[q] 17.14 C'est-à-dire les deux tribus d'Ephraïm et de Manassé.

[r] 17.16 Vallée fertile de la Galilée appelée plus tard vallée d'Esdrelon.

[s] 17.16 Chars de combat à deux roues, bardés de plaques de fer, donnant l'avantage dans les batailles en plaine.

[t] 18.1 A une quarantaine de kilomètres au nord de Jérusalem, dans une position centrale pour les tribus principales (Juda et les descendants de Joseph). Silo devint le centre politique et religieux du pays. Le tabernacle y resta jusqu'au temps de Samuel (1 S 4.1-11) où il fut transféré à Gabaon (1 Ch 21.29).

you? 4 Appoint three men from each tribe. I will send them out to make a survey of the land and to write a description of it, according to the inheritance of each. Then they will return to me. 5 You are to divide the land into seven parts. Judah is to remain in its territory on the south and the tribes of Joseph in their territory on the north. 6 After you have written descriptions of the seven parts of the land, bring them here to me and I will cast lots for you in the presence of the LORD our God. 7 The Levites, however, do not get a portion among you, because the priestly service of the LORD is their inheritance. And Gad, Reuben and the half-tribe of Manasseh have already received their inheritance on the east side of the Jordan. Moses the servant of the LORD gave it to them."

8 As the men started on their way to map out the land, Joshua instructed them, "Go and make a survey of the land and write a description of it. Then return to me, and I will cast lots for you here at Shiloh in the presence of the LORD." 9 So the men left and went through the land. They wrote its description on a scroll, town by town, in seven parts, and returned to Joshua in the camp at Shiloh.

10 Joshua then cast lots for them in Shiloh in the presence of the LORD, and there he distributed the land to the Israelites according to their tribal divisions.

Allotment for Benjamin

11 The first lot came up for the tribe of Benjamin according to its clans. Their allotted territory lay between the tribes of Judah and Joseph:

12 On the north side their boundary began at the Jordan, passed the northern slope of Jericho and headed west into the hill country, coming out at the wilderness of Beth Aven. 13 From there it crossed to the south slope of Luz (that is, Bethel) and went down to Ataroth Addar on the hill south of Lower Beth Horon.

14 From the hill facing Beth Horon on the south the boundary turned south along the western side and came out at Kiriath Baal (that is, Kiriath Jearim), a town of the people of Judah. This was the western side.

15 The southern side began at the outskirts of Kiriath Jearim on the west, and the boundary came out at the spring of the waters of Nephtoah. 16 The boundary went down to the foot of the hill facing the Valley of Ben Hinnom, north of the Valley of Rephaim. It continued down the Hinnom Valley along the southern slope of the Jebusite city and so to En Rogel. 17 It then curved north, went to En Shemesh, continued to Geliloth, which faces the Pass of Adummim, and ran down to the Stone of Bohan son of Reuben. 18 It continued to the northern slope of Beth Arabah[g] and on down into the Arabah. 19 It then went to the northern slope of Beth Hoglah and came out at the northern bay of the Dead Sea, at the mouth of the Jordan in the south. This was the southern boundary.

20 The Jordan formed the boundary on the eastern side.

These were the boundaries that marked out the inheritance of the clans of Benjamin on all sides.

18:18 Septuagint; Hebrew *slope facing the Arabah*

ancêtres, vous a donné ? 4 Désignez trois hommes par tribu et je les enverrai en mission : ils iront parcourir le pays et ils feront le plan de leurs patrimoines respectifs, après quoi ils reviendront me trouver. 5 Alors ils le partageront en sept parts. Les descendants de Juda conserveront leur territoire au sud, et ceux de Joseph le leur au nord. 6 Etablissez donc un relevé descriptif du pays en y délimitant sept parts. Vous viendrez ensuite me le présenter et je tirerai ici vos lots au sort devant l'Eternel notre Dieu. 7 Mais les descendants de Lévi ne recevront aucun territoire parmi vous, car le sacerdoce de l'Eternel constitue leur part. Quant aux tribus de Gad, de Ruben et à la demi-tribu de Manassé, ils ont déjà reçu, à l'est du Jourdain, la part que Moïse, serviteur de l'Eternel, leur a attribuée.

8 Les hommes désignés pour faire le relevé du pays se mirent en route. Avant leur départ, Josué leur avait donné les ordres suivants : Allez parcourir le pays, faites-en le relevé, puis revenez auprès de moi. Ici même à Silo, je procéderai au tirage au sort devant l'Eternel.

9 Ces hommes partirent donc et parcoururent le pays, ils en dressèrent le relevé, ville par ville, sur un document, et partagèrent tout le territoire en sept sections. Puis ils revinrent trouver Josué au camp de Silo. 10 Devant l'Eternel, à Silo, Josué partagea le pays entre les Israélites par tirage au sort, en assignant à chaque tribu la part qui lui revenait.

Le territoire de la tribu de Benjamin

11 Le premier lot revint aux familles de la tribu des Benjaminites. Le territoire qui leur échut était situé entre celui des descendants de Juda et celui des descendants de Joseph. 12 Leur frontière nord partait du Jourdain, montait au flanc de Jéricho au nord, puis traversait la région montagneuse à l'ouest, pour aboutir au désert de Beth-Aven. 13 De là, elle gagnait Louz, appelée aujourd'hui Béthel, qu'elle contournait sur le flanc sud, puis elle descendait à Ataroth-Addar par-dessus la montagne située au sud de Beth-Horôn la Basse. 14 Ensuite, depuis cette montagne, elle s'infléchissait du côté de l'ouest et tournait vers le sud pour aboutir à Qiryath-Baal, devenu Qiryath-Yearim, ville de la tribu de Juda. Voilà où passait la frontière du côté ouest.

15 La frontière méridionale partait de Qiryath-Yearim, allait vers l'ouest en direction de la source des eaux de Nephtoah, 16 d'où elle descendait au pied de la montagne qui domine la vallée de Ben-Hinnom, au nord de la vallée des Rephaïm. Elle descendait la vallée de Hinnom, sur le versant sud de la colline des Yebousiens jusqu'à Eyn-Roguel. 17 Alors elle tournait vers le nord pour aboutir à Eyn-Shémesh, puis vers Gueliloth en face de la montée d'Adoummim. De là, elle descendait vers la pierre dite de Bohân, du nom d'un des fils de Ruben. 18 Elle passait par le versant nord de la montagne qui domine la vallée du Jourdain[u] et descendait dans cette vallée. 19 Elle continuait sur le flanc nord de Beth-Hogla et aboutissait à la pointe nord de la mer Morte vers l'embouchure du Jourdain. Voilà où passait leur frontière méridionale. 20 Le Jourdain constituait la frontière du côté est. Telles furent les frontières du territoire attribué aux familles des Benjaminites.

u 18.18 Au lieu de : *qui domine la vallée du Jourdain*, l'ancienne version grecque a : *de Beth Arabah.*

21 The tribe of Benjamin, according to its clans, had the following towns:

Jericho, Beth Hoglah, Emek Keziz, 22 Beth Arabah, Zemaraim, Bethel, 23 Avvim, Parah, Ophrah, 24 Kephar Ammoni, Ophni and Geba – twelve towns and their villages.

25 Gibeon, Ramah, Beeroth, 26 Mizpah, Kephirah, Mozah, 27 Rekem, Irpeel, Taralah, 28 Zelah, Haeleph, the Jebusite city (that is, Jerusalem), Gibeah and Kiriath – fourteen towns and their villages.

This was the inheritance of Benjamin for its clans.

Allotment for Simeon

19 1 The second lot came out for the tribe of Simeon according to its clans. Their inheritance lay within the territory of Judah. 2 It included:

Beersheba (or Sheba),[h] Moladah, 3 Hazar Shual, Balah, Ezem, 4 Eltolad, Bethul, Hormah, 5 Ziklag, Beth Markaboth, Hazar Susah, 6 Beth Lebaoth and Sharuhen – thirteen towns and their villages;

7 Ain, Rimmon, Ether and Ashan – four towns and their villages – 8 and all the villages around these towns as far as Baalath Beer (Ramah in the Negev).

This was the inheritance of the tribe of the Simeonites, according to its clans. 9 The inheritance of the Simeonites was taken from the share of Judah, because Judah's portion was more than they needed. So the Simeonites received their inheritance within the territory of Judah.

Allotment for Zebulun

10 The third lot came up for Zebulun according to its clans:

The boundary of their inheritance went as far as Sarid. 11 Going west it ran to Maralah, touched Dabbesheth, and extended to the ravine near Jokneam. 12 It turned east from Sarid toward the sunrise to the territory of Kisloth Tabor and went on to Daberath and up to Japhia. 13 Then it continued eastward to Gath Hepher and Eth Kazin; it came out at Rimmon and turned toward Neah. 14 There the boundary went around on the north to Hannathon and ended at the Valley of Iphtah El.

15 Included were Kattath, Nahalal, Shimron, Idalah and Bethlehem. There were twelve towns and their villages.

16 These towns and their villages were the inheritance of Zebulun, according to its clans.

Allotment for Issachar

17 The fourth lot came out for Issachar according to its clans. 18 Their territory included:

Jezreel, Kesulloth, Shunem, 19 Hapharaim, Shion, Anaharath, 20 Rabbith, Kishion, Ebez, 21 Remeth, En Gannim, En Haddah and Beth Pazzez.

22 The boundary touched Tabor, Shahazumah and Beth Shemesh, and ended at the Jordan.

There were sixteen towns and their villages.

23 These towns and their villages were the inheritance of the tribe of Issachar, according to its clans.

h **19:2** Or *Beersheba, Sheba*; 1 Chron. 4:28 does not have *Sheba*.

21 Voici les villes attribuées aux familles de la tri bu de Benjamin : Jéricho, Beth-Hogla, Emeq-Qetsits 22 Beth-Araba, Tsemaraïm, Béthel, 23 Avvim, Para, Ophra 24 Kephar-Ammonaï, Ophni et Guéba : soit douze villes e leurs villages, 25 Gabaon, Rama, Beéroth, 26 Mitspé, Kephira Motsa, 27 Réqem, Yirpéel, Tareala, 28 Tsela, Eleph, Yebou c'est-à-dire Jérusalem, Guibeath, Qiryath : soit quatorz villes avec les villages qui en dépendent. Tout cela constituait le patrimoine des familles de Benjamin.

Le territoire de la tribu de Siméon

19 1 Le deuxième lot échut par le sort aux famille de la tribu de Siméon. Leur territoire était au milieu de celui de Juda. 2 Il comprenait Beer-Sheva, Shéba Molada, 3 Hatsar-Shoual, Bala, Atsem, 4 Eltolad, Betoul Horma, 5 Tsiqlag, Beth-Markaboth, Hatsar-Sousa, 6 Beth Lebaoth et Sharouhen : soit treize villes avec leurs villages 7 Aïn, Rimmôn, Eter et Ashân : quatre villes et leurs villages. 8 Tous les villages qui sont aux alentours de ce villes jusqu'à Baalath-Beer, la Ramath du Néguev. Tou cela constituait le patrimoine des familles de la tribu d Siméon. 9 Leur territoire fut pris sur la part attribué aux descendants de Juda car celle-ci était trop grand pour eux. Voilà pourquoi le territoire des descendants d Siméon se trouvait au milieu de celui de Juda.

Le territoire de la tribu de Zabulon

10 Le troisième lot fut attribué par tirage au sort au familles de la tribu de Zabulon. Leur territoire s'étendai jusqu'à Sarid. 11 De là, la frontière de leur domaine remontait à l'ouest vers Mareala, touchait à Dabbésheth et a torrent qui coule près de Yoqneam. 12 De Sarid, elle allai vers l'est rejoindre le territoire de Kisloth-Thabor, se dirigeait vers Dabrath, et montait à Yaphia. 13 Ensuite, ell continuait plus à l'est sur Guitta-Hépher, Itta-Qatsin, pui se dirigeait sur Rimmôn, et s'incurvait pour passer à Néa 14 Au nord, la frontière contournait Hannathôn et débouchait dans la vallée de Yiphtah-El. 15 Le territoire comprenai douze villes avec les villages qui en dépendaient, don Qattath, Nahalal, Shimrôn, Yideala, et Bethléhem[v]. 16 Te fut le patrimoine des familles de Zabulon, avec leurs ville et les villages qui en dépendaient.

Le territoire de la tribu d'Issacar

17 Le quatrième lot fut attribué par le sort aux famille d'Issacar. 18 Leur territoire comprenait Jizréel, Kesoulloth Sunem, 19 Hapharaïm, Shiôn, Anaharath, 20 Rabbith Qishyôn, Abets, 21 Rémeth, Eyn-Gannim, Eyn-Hadda e Beth-Patsets. 22 La frontière touchait à Thabor, Shahatsim et à Beth-Shémesh, pour aboutir au Jourdain. Le territoir comprenait seize villes et les villages qui en dépendaient 23 Tel fut le patrimoine des familles d'Issacar avec les villages qui en dépendaient.

v **19.15** Différente de la Bethléhem de Juda où naîtra Jésus (1 S 17.12 ; Rt 1.1).

llotment for Asher

24 The fifth lot came out for the tribe of Asher ac-
ording to its clans. 25 Their territory included:
Helkath, Hali, Beten, Akshaph, 26 Allammelek, Amad
nd Mishal. On the west the boundary touched Carmel
nd Shihor Libnath. 27 It then turned east toward Beth
)agon, touched Zebulun and the Valley of Iphtah El,
nd went north to Beth Emek and Neiel, passing Kabul
n the left. 28 It went to Abdon,[i] Rehob, Hammon and
anah, as far as Greater Sidon. 29 The boundary then
urned back toward Ramah and went to the fortified
ity of Tyre, turned toward Hosah and came out at the
Mediterranean Sea in the region of Akzib, 30 Ummah,
phek and Rehob.

There were twenty-two towns and their villages.

31 These towns and their villages were the inher-
tance of the tribe of Asher, according to its clans.

llotment for Naphtali

32 The sixth lot came out for Naphtali according to
ts clans:

33 Their boundary went from Heleph and the large
ree in Zaanannim, passing Adami Nekeb and Jabneel
o Lakkum and ending at the Jordan. 34 The bound-
ry ran west through Aznoth Tabor and came out at
Hukkok. It touched Zebulun on the south, Asher on
he west and the Jordan[j] on the east.

35 The fortified towns were Ziddim, Zer, Hammath,
Rakkath, Kinnereth, 36 Adamah, Ramah, Hazor,
7 Kedesh, Edrei, En Hazor, 38 Iron, Migdal El, Horem,
Beth Anath and Beth Shemesh.

There were nineteen towns and their villages.

39 These towns and their villages were the inheri-
ance of the tribe of Naphtali, according to its clans.

llotment for Dan

40 The seventh lot came out for the tribe of Dan
ccording to its clans. 41 The territory of their inher-
tance included:

Zorah, Eshtaol, Ir Shemesh, 42 Shaalabbin, Aijalon,
thlah, 43 Elon, Timnah, Ekron, 44 Eltekeh, Gibbethon,
Baalath, 45 Jehud, Bene Berak, Gath Rimmon, 46 Me
arkon and Rakkon, with the area facing Joppa.

47 (When the territory of the Danites was lost to
hem, they went up and attacked Leshem, took it, put
t to the sword and occupied it. They settled in Leshem
nd named it Dan after their ancestor.)

48 These towns and their villages were the inheri-
ance of the tribe of Dan, according to its clans.

19:28 Some Hebrew manuscripts (see also 21:30); most Hebrew manuscripts *Ebron*
19:34 Septuagint; Hebrew *west, and Judah, the Jordan,*

Le territoire de la tribu d'Aser

24 Le cinquième lot échut par le sort aux familles de la
tribu d'Aser. 25 Leur territoire comprenait les villes de
Helqath, Hali, Béten, Akshaph, 26 Allammélek, Amead et
Misheal. La frontière atteignait le mont Carmel à l'ouest,
et Shihor-Libnath.

27 Puis elle tournait à l'est vers Beth-Dagôn, touchait le
territoire de Zabulon et la vallée de Yiphtah-El, au nord
de Beth-Emeq et Neïel, pour se prolonger vers Kaboul
à gauche, 28 Ebrôn[w], Rehob, Hammôn et Qana, jusqu'à
Sidon-la-Grande. 29 Ensuite elle tournait vers Rama et la
forteresse de Tyr, partait vers Hosa, pour aboutir à la mer
Méditerranée en passant dans la région d'Akzib, 30 puis par
Oumma, Apheq et Rehob. Le territoire comprenait vingt-
deux villes et leurs villages. 31 Tel fut le patrimoine des
familles de la tribu d'Aser avec leurs villes et leurs villages.

Le territoire de la tribu de Nephtali

32 Le sixième lot échut par le sort aux familles de
Nephtali. 33 Leur frontière partait de Héleph et du chêne
de Tsaanannim, puis passait par Adami-Nékeb et Yabnéel
pour aller à Laqqoum et déboucher sur le Jourdain. 34 Elle
tournait à l'ouest vers Aznoth-Thabor, et de là se dirigeait
vers Houqoq et touchait le territoire de Zabulon au sud,
puis celui d'Aser à l'ouest. A l'est[x], elle était constituée par
le Jourdain. 35 Les villes fortifiées étaient Tsiddim, Tser,
Hamath, Raqqath, Kinnéreth, 36 Adama, Rama, Hatsor ;
37 Qédesh, Edréi, Eyn-Hatsor ; 38 Yireôn, Migdal-El, Horem,
Beth-Anath et Beth-Shémesh : soit dix-neuf villes et les
villages qui en dépendaient. 39 Tel fut le patrimoine des
familles de la tribu de Nephtali avec leurs villes et les villages qui en dépendaient.

Le territoire de la tribu de Dan

40 La septième part fut attribuée par le sort aux familles de la tribu de Dan. 41 Le territoire qu'ils reçurent
en possession comprenait Tsorea, Eshtaol, Ir-Shémesh :
42 Shaalabbîn, Ayalôn, Yitla ; 43 Elôn, Timnata, Eqrôn :
44 Elteqé, Guibbetôn, Baalath ; 45 Yehoud, Bené-Beraq,
Gath-Rimmôn ; 46 le cours du Yarqôn, Raqôn[y] et le territoire en face de Jaffa[z]. – 47 Mais le territoire des Danites leur
échappa. Alors les Danites allèrent attaquer Léshem. Ils
s'emparèrent de la ville et en tuèrent les habitants, puis
ils en prirent possession et s'y installèrent. Ils donnèrent
à Léshem le nom de Dan, du nom de leur ancêtre[a]. – 48 Tel
fut le patrimoine des familles de la tribu de Dan, avec leurs
villes et les villages qui en dépendaient.

[w] **19.28** Au lieu d'*Ebrôn*, certains manuscrits ont *Abdôn*, ce qui correspond à Jos 21.30.
[x] **19.34** D'après l'ancienne version grecque. Le texte hébreu traditionnel intercale *en Juda* entre *à l'ouest* et *à l'est*.
[y] **19.46** *Raqôn*: ce nom est omis par l'ancienne version grecque.
[z] **19.46** Le Yarqôn arrose Jaffa (la cité de Ac 9.36), près de l'actuelle Tel-Aviv.
[a] **19.47** Le territoire attribué à la tribu de Dan se situait près de la Méditerranée. Mais à cause des pressions exercées par les Amoréens (Jg 1.34), les Danites émigrèrent vers le nord de la vallée du Jourdain et s'emparèrent de la ville de Léshem (ou Laïsh ; voir Jg 18.2-10) qu'ils appelèrent Dan.

Allotment for Joshua

49 When they had finished dividing the land into its allotted portions, the Israelites gave Joshua son of Nun an inheritance among them, 50 as the LORD had commanded. They gave him the town he asked for – Timnath Serah[k] in the hill country of Ephraim. And he built up the town and settled there.

51 These are the territories that Eleazar the priest, Joshua son of Nun and the heads of the tribal clans of Israel assigned by lot at Shiloh in the presence of the LORD at the entrance to the tent of meeting. And so they finished dividing the land.

Cities of Refuge

20 1 Then the LORD said to Joshua: 2 "Tell the Israelites to designate the cities of refuge, as I instructed you through Moses, 3 so that anyone who kills a person accidentally and unintentionally may flee there and find protection from the avenger of blood. 4 When they flee to one of these cities, they are to stand in the entrance of the city gate and state their case before the elders of that city. Then the elders are to admit the fugitive into their city and provide a place to live among them. 5 If the avenger of blood comes in pursuit, the elders must not surrender the fugitive, because the fugitive killed their neighbor unintentionally and without malice aforethought. 6 They are to stay in that city until they have stood trial before the assembly and until the death of the high priest who is serving at that time. Then they may go back to their own home in the town from which they fled."

7 So they set apart Kedesh in Galilee in the hill country of Naphtali, Shechem in the hill country of Ephraim, and Kiriath Arba (that is, Hebron) in the hill country of Judah. 8 East of the Jordan (on the other side from Jericho) they designated Bezer in the wilderness on the plateau in the tribe of Reuben, Ramoth in Gilead in the tribe of Gad, and Golan in Bashan in the tribe of Manasseh. 9 Any of the Israelites or any foreigner residing among them who killed someone accidentally could flee to these designated cities and not be killed by the avenger of blood prior to standing trial before the assembly.

Towns for the Levites

21 1 Now the family heads of the Levites approached Eleazar the priest, Joshua son of Nun, and the heads of the other tribal families of Israel 2 at Shiloh in Canaan and said to them, "The LORD commanded through Moses that you give us towns to live in, with pasturelands for our livestock."

3 So, as the LORD had commanded, the Israelites gave the Levites the following towns and pasturelands out of their own inheritance:

k 19:50 Also known as *Timnath Heres* (see Judges 2:9)

Le patrimoine attribué à Josué

49 Lorsque les Israélites eurent fini de partager le pays en patrimoines délimités, ils attribuèrent un patrimoine à Josué, fils de Noun, parmi les leurs. 50 Sur l'ordre de l'Eternel, ils lui donnèrent la ville qu'il avait demandée, c'est-à-dire Timnath-Sérah dans la région montagneuse d'Ephraïm. Josué rebâtit la ville et s'y installa.

51 Tels furent les patrimoines que le prêtre Eléazar, Josué, fils de Noun, et les chefs des groupes familiaux des tribus d'Israël attribuèrent par tirage au sort, à Silo, devant l'Eternel, à l'entrée de la tente de la Rencontre. Ainsi fut achevé le partage du pays.

Les villes de refuge pour les meurtriers involontaires

20 1 L'Eternel parla à Josué et lui demanda 2 de communiquer les instructions suivantes aux Israélites : Choisissez-vous les villes de refuge dont je vous ai parlé par l'intermédiaire de Moïse. 3 Celui qui aura tué quelqu'un involontairement, par inadvertance, pourra s'enfuir dans l'une de ces villes qui vous serviront ainsi de refuge contre l'homme chargé de punir le crime. 4 L'homicide s'enfuira donc dans l'une de ces villes et s'arrêtera à l'entrée de la porte pour exposer son cas aux responsables de la ville. Ceux-ci l'admettront auprès d'eux dans la ville et lui attribueront un lieu, et il habitera là chez eux.

5 Si l'homme chargé de punir le crime le poursuit, ils ne lui livreront pas le meurtrier, puisque c'est par inadvertance qu'il a tué la personne, sans avoir jamais éprouvé de haine pour elle. 6 Il restera dans cette ville jusqu'à ce qu'il comparaisse devant l'assemblée pour être jugé, et jusqu'à la mort du grand-prêtre en fonction à cette époque-là. Après cela, il pourra retourner dans sa maison, dans sa ville d'origine, celle dont il s'était enfui.

7 Les Israélites réservèrent à cet usage Qédesh en Galilée dans la région montagneuse de Nephtali, Sichem dans les montagnes d'Ephraïm, Qiryath-Arba, c'est-à-dire Hébron, dans les montagnes de Juda. 8 De l'autre côté du Jourdain, à l'est de Jéricho, ils désignèrent Bétser sur le plateau désertique de la tribu de Ruben, Ramoth en Galaad, une ville de la tribu de Gad, et Golân en Basan, ville de la tribu de Manassé. 9 Ces villes furent désignées pour servir de refuge à tout Israélite et aux étrangers séjournant parmi eux : quiconque aurait tué quelqu'un involontairement pourrait s'y enfuir pour ne pas être tué par l'homme chargé de punir le crime, avant qu'il comparaisse devant l'assemblée.

Le tirage au sort de l'ordre d'attribution de villes aux lévites

21 1 Les chefs de groupe familial des lévites vinrent trouver le prêtre Eléazar, Josué, fils de Noun, et les chefs de groupe familial des autres tribus d'Israël 2 à Silo dans le pays de Canaan. Ils leur dirent : L'Eternel a ordonné par l'intermédiaire de Moïse de nous donner des villes pour que nous y habitions, avec leurs terres attenantes pour que nous y fassions paître notre bétail.

3 Les Israélites prélevèrent donc sur leur patrimoine un certain nombre de villes avec leurs terres attenantes pour les donner aux lévites, conformément à l'ordre de l'Eternel.

4 The first lot came out for the Kohathites, according
o their clans. The Levites who were descendants of
aron the priest were allotted thirteen towns from
he tribes of Judah, Simeon and Benjamin.
5 The rest of Kohath's descendants were allotted ten
owns from the clans of the tribes of Ephraim, Dan
nd half of Manasseh.
6 The descendants of Gershon were allotted thirteen
owns from the clans of the tribes of Issachar, Asher,
aphtali and the half-tribe of Manasseh in Bashan.
7 The descendants of Merari, according to their
lans, received twelve towns from the tribes of
euben, Gad and Zebulun.
8 So the Israelites allotted to the Levites these towns
nd their pasturelands, as the LORD had commanded
hrough Moses.

9 They allotted towns by name from the tribes of
udah and Simeon. 10 The following towns were as-
igned to the descendants of Aaron who were from
he Kohathite clans of the Levites, because the first
ot fell to them:
11 They gave them Kiriath Arba (that is, Hebron),
vith its surrounding pastureland, in the hill country
f Judah. (Arba was the forefather of Anak.) 12 But the
elds and villages around the city they had given to
aleb son of Jephunneh as his possession. 13 So to the
escendants of Aaron the priest they gave Hebron
a city of refuge for one accused of murder), Libnah,
4 Jattir, Eshtemoa, 15 Holon, Debir, 16 Ain, Juttah and
eth Shemesh, together with their pasturelands – nine
owns from these two tribes.
17 And from the tribe of Benjamin they gave them:
Gibeon, Geba, 18 Anathoth and Almon, together with
heir pasturelands – four towns.
19 The total number of towns for the priests, the
escendants of Aaron, came to thirteen, together with
heir pasturelands.
20 The rest of the Kohathite clans of the Levites were
llotted towns from the tribe of Ephraim:
21 In the hill country of Ephraim they were given:
Shechem (a city of refuge for one accused of murder)
nd Gezer, 22 Kibzaim and Beth Horon, together with
heir pasturelands – four towns.
23 Also from the tribe of Dan they received:
Eltekeh, Gibbethon, 24 Aijalon and Gath Rimmon,
ogether with their pasturelands – four towns.
25 From half the tribe of Manasseh they received:
Taanach and Gath Rimmon, together with their
asturelands – two towns.
26 All these ten towns and their pasturelands were
iven to the rest of the Kohathite clans.
27 The Levite clans of the Gershonites were given:
from the half-tribe of Manasseh:
Golan in Bashan (a city of refuge for one accused
f murder) and Be Eshterah, together with their pas-
urelands – two towns;
28 from the tribe of Issachar:
Kishion, Daberath, 29 Jarmuth and En Gannim, to-
ether with their pasturelands – four towns;
30 from the tribe of Asher:

4 Le tirage au sort désigna en premier lieu les familles des
Qehatites. Parmi eux, les lévites qui descendaient du prêtre
Aaron reçurent par tirage au sort treize villes situées dans
les territoires de Juda, de Siméon et de Benjamin. 5 Les
autres Qehatites obtinrent par tirage au sort dix villes
dans les territoires des familles de la tribu d'Ephraïm,
de la tribu de Dan et de la demi-tribu de Manassé. 6 Les
Guershonites obtinrent par tirage au sort treize villes dans
les territoires des familles des tribus d'Issacar, d'Aser, de
Nephtali et de la demi-tribu de Manassé établie dans le
Basan. 7 Les Merarites reçurent pour leurs familles douze
villes situées dans les territoires des tribus de Ruben, de
Gad et de Zabulon. 8 Les Israélites attribuèrent ces villes
et leurs terres attenantes par le sort aux lévites, comme
l'Eternel l'avait ordonné par l'intermédiaire de Moïse.

Les villes des descendants d'Aaron

9 Ils attribuèrent les villes suivantes désignées par leur
nom et situées dans le territoire des tribus de Juda et de
Siméon 10 aux descendants d'Aaron appartenant aux familles des Qehatites, descendants de Lévi, auxquels fut
attribué par le sort le premier lot : 11 Qiryath-Arba, c'est-
à-dire la ville d'Arba, l'ancêtre d'Anaq, appelée Hébron.
Cette ville est située dans la région montagneuse de Juda
et fut donnée avec ses terres attenantes, 12 mais les champs
et les villages qui dépendaient de la ville furent donnés
à Caleb, fils de Yephounné. 13 On donna aux descendants
du prêtre Aaron les villes suivantes, avec leurs terres attenantes : Hébron, la ville de refuge pour les meurtriers,
Libna, 14 Yattir, Eshtemoa, 15 Holôn, Debir, 16 Aïn[b], Youtta et
Beth-Shémesh ; soit neuf villes avec leurs terres attenantes
situées dans le territoire des tribus de Juda et de Siméon.
17 Dans le territoire de la tribu de Benjamin, ils reçurent
avec leurs terres attenantes : Gabaon, Guéba, 18 Anatoth,
Almôn, soit quatre villes. 19 Au total treize villes et leurs
terres attenantes pour les descendants du prêtre Aaron.

Les villes des Qehatites

20 Les autres lévites, appartenant aux familles des
Qehatites[c], obtinrent par tirage au sort des villes dans
le territoire de la tribu d'Ephraïm 21 avec leurs terres
attenantes : Sichem, la ville de refuge, dans la région montagneuse d'Ephraïm, Guézer, 22 Qibtsaïm, Beth-Horôn, soit
quatre villes. 23 Dans le territoire de la tribu de Dan, ils
eurent, avec leurs terres attenantes : Elteqé, Guibbetôn,
24 Ayalôn, Gath-Rimmôn, soit quatre villes. 25 Dans le territoire de la demi-tribu de Manassé, ils reçurent, avec leurs
terres attenantes : Taanak, Gath-Rimmôn[d], soit deux villes.
26 Les autres familles des descendants de Qehath reçurent
donc en tout dix villes avec leurs terres attenantes.

Les villes des descendants de Guershôn

27 Les familles de lévites issus de Guershôn reçurent,
dans le territoire de la demi-tribu de Manassé, les villes
suivantes avec leurs terres attenantes : Golân, la ville
de refuge, dans le Basan, et Beéshtra, soit deux villes.
28 Dans le territoire de la tribu d'Issacar, ils reçurent, avec
leurs terres attenantes : Qishyôn, Dobrath, 29 Yarmouth,
Eyn-Gannim, soit quatre villes. 30 Dans le territoire de la

---

b **21.16** Au lieu d'*Aïn*, l'ancienne version grecque a : *Achan*.
c **21.20** Qui n'étaient pas prêtres puisqu'ils ne descendaient pas d'Aaron.
d **21.25** Au lieu de *Gath-Rimmôn*, déjà mentionnée au v. 24, l'ancienne version grecque a : *Ibléam*.

Mishal, Abdon, 31 Helkath and Rehob, together with their pasturelands – four towns;

32 from the tribe of Naphtali:

Kedesh in Galilee (a city of refuge for one accused of murder), Hammoth Dor and Kartan, together with their pasturelands – three towns.

33 The total number of towns of the Gershonite clans came to thirteen, together with their pasturelands.

34 The Merarite clans (the rest of the Levites) were given:

from the tribe of Zebulun:

Jokneam, Kartah, 35 Dimnah and Nahalal, together with their pasturelands – four towns;

36 from the tribe of Reuben:

Bezer, Jahaz, 37 Kedemoth and Mephaath, together with their pasturelands – four towns;

38 from the tribe of Gad:

Ramoth in Gilead (a city of refuge for one accused of murder), Mahanaim, 39 Heshbon and Jazer, together with their pasturelands – four towns in all.

40 The total number of towns allotted to the Merarite clans, who were the rest of the Levites, came to twelve.

41 The towns of the Levites in the territory held by the Israelites were forty-eight in all, together with their pasturelands. 42 Each of these towns had pasturelands surrounding it; this was true for all these towns.

43 So the LORD gave Israel all the land he had sworn to give their ancestors, and they took possession of it and settled there. 44 The LORD gave them rest on every side, just as he had sworn to their ancestors. Not one of their enemies withstood them; the LORD gave all their enemies into their hands. 45 Not one of all the LORD's good promises to Israel failed; every one was fulfilled.

Eastern Tribes Return Home

22 1 Then Joshua summoned the Reubenites, the Gadites and the half-tribe of Manasseh 2 and said to them, "You have done all that Moses the servant of the LORD commanded, and you have obeyed me in everything I commanded. 3 For a long time now – to this very day – you have not deserted your fellow Israelites but have carried out the mission the LORD your God gave you. 4 Now that the LORD your God has given them rest as he promised, return to your homes in the land that Moses the servant of the LORD gave you on the other side of the Jordan. 5 But be very careful to keep the commandment and the law that Moses the servant of the LORD gave you: to love the

tribu d'Aser, avec les terres attenantes : Misheal, Abdô 31 Helqath, Rehob, soit quatre villes. 32 Et dans le territoir de la tribu de Nephtali : Qédesh en Galilée, la ville de re uge, Hammoth-Dor et les terres attenantes, Qartân et le terres attenantes, soit trois villes. 33 Les familles guer shonites reçurent donc en tout treize villes avec leur terres attenantes.

Les villes des descendants de Merari

34 Les familles des descendants de Merari reçurent, dan le territoire de la tribu de Zabulon, les villes suivante avec leurs terres attenantes : Yoqneam, Qarta, 35 Dimna Nahalal, soit quatre villes. 36 En Transjordanie, dans le ter ritoire de la tribu de Ruben, ils reçurent avec leurs terre attenantes : Bétser, la ville de refuge, Yahats[e], 37 Qedémot Méphaath, soit quatre villes. 38 Et dans le territoire de l tribu de Gad, avec leurs terres attenantes : Ramoth e Galaad, la ville de refuge, Mahanaïm, 39 Heshbôn, Yaeze soit quatre villes. 40 Les descendants de Merari reçuren donc en tout par tirage au sort pour leurs familles, ap partenant aux familles des lévites, douze villes.

41 Au total les lévites reçurent quarante-huit ville avec les terres attenantes dans les territoires des autre Israélites. 42 Chacune de ces villes comprenait des terre attenantes servant de pâturages.

Dieu tient ses promesses

43 L'Eternel donna aux Israélites tout le pays qu'il avai promis par serment à leurs ancêtres. Ils en prirent posses sion et s'y établirent. 44 L'Eternel leur accorda de vivre san être inquiétés par aucun ennemi autour d'eux, comme l'avait promis par serment à leurs ancêtres ; il leur donn la victoire sur tous leurs ennemis, aucun d'eux ne pu leur résister. 45 Ainsi toutes les promesses de bienfaits qu l'Eternel avait données au peuple d'Israël s'accomplirent aucune d'elles ne resta sans effet.

LES DERNIERS ACTES DE JOSUÉ

Josué renvoie chez eux les guerriers des tribus installées en Transjordanie

22 1 Alors Josué réunit les hommes de Ruben, d Gad et de la demi-tribu de Manassé 2 et leur dit Vous avez fait tout ce que Moïse, serviteur de l'Eterne vous a ordonné et vous avez obéi à tout ce que je vous a commandé. 3 Durant toutes ces années jusqu'à ce jou vous n'avez pas abandonné vos compatriotes et vous ave obéi fidèlement à l'ordre que l'Eternel vous avait donn 4 Maintenant, l'Eternel votre Dieu a accordé à vos compa triotes une existence paisible dans le pays, comme il l leur avait promis. Vous pouvez donc maintenant parti et rentrer dans le pays qui vous appartient et que Moïs serviteur de l'Eternel, vous a donné en propriété de l'autr côté du Jourdain. 5 Seulement, veillez bien à appliquer l commandement et la Loi que Moïse, serviteur de l'Ete nel, vous a transmis : aimez l'Eternel, votre Dieu ! Suive

[e] **21.36** Les v. 36 et 37 manquent dans les manuscrits hébreux les plus an ciens mais ils se trouvent dans l'ancienne version grecque et la Vulgate et ils ont leur parallèle en 1 Ch 6.62-66.

ORD your God, to walk in obedience to him, to keep is commands, to hold fast to him and to serve him vith all your heart and with all your soul."

6 Then Joshua blessed them and sent them away, nd they went to their homes. 7 (To the half-tribe f Manasseh Moses had given land in Bashan, and o the other half of the tribe Joshua gave land on he west side of the Jordan along with their fellow sraelites.) When Joshua sent them home, he blessed hem, 8 saying, "Return to your homes with your great vealth – with large herds of livestock, with silver, gold, ronze and iron, and a great quantity of clothing – and ivide the plunder from your enemies with your fellow Israelites."

9 So the Reubenites, the Gadites and the half-tribe f Manasseh left the Israelites at Shiloh in Canaan o return to Gilead, their own land, which they had cquired in accordance with the command of the LORD hrough Moses.

10 When they came to Geliloth near the Jordan in he land of Canaan, the Reubenites, the Gadites and he half-tribe of Manasseh built an imposing altar here by the Jordan. 11 And when the Israelites heard hat they had built the altar on the border of Canaan t Geliloth near the Jordan on the Israelite side, 12 the vhole assembly of Israel gathered at Shiloh to go to var against them.

13 So the Israelites sent Phinehas son of Eleazar, the riest, to the land of Gilead – to Reuben, Gad and alf-tribe of Manasseh. 14 With him they sent ten of he chief men, one from each of the tribes of Israel, ach the head of a family division among the Israelite lans.

15 When they went to Gilead – to Reuben, Gad and he half-tribe of Manasseh – they said to them: 16 "The vhole assembly of the LORD says: 'How could you break aith with the God of Israel like this? How could you urn away from the LORD and build yourselves an altar n rebellion against him now? 17 Was not the sin of eor enough for us? Up to this very day we have not leansed ourselves from that sin, even though a plague ell on the community of the LORD! 18 And are you now urning away from the LORD?

" 'If you rebel against the LORD today, tomorrow he vill be angry with the whole community of Israel. 19 If he land you possess is defiled, come over to the LORD's and, where the LORD's tabernacle stands, and share he land with us. But do not rebel against the LORD or gainst us by building an altar for yourselves, other than the altar of the LORD our God. 20 When Achan on of Zerah was unfaithful in regard to the devoted hings,[l] did not wrath come on the whole community

[l] 22:20 The Hebrew term refers to the irrevocable giving over of hings or persons to the LORD, often by totally destroying them.

tous les chemins qu'il a prescrits pour vous, obéissez à ses commandements, attachez-vous à lui et servez-le de tout votre cœur et de tout votre être !

6 Puis Josué les bénit et les renvoya, et ils rentrèrent chez eux. 7 Moïse avait donné un territoire dans le Basan à la moitié de la tribu de Manassé[f]. L'autre moitié fut installée par Josué à l'ouest du Jourdain avec leurs compatriotes israélites. Lorsque Josué les renvoya chez eux, il leur donna sa bénédiction 8 et ajouta : Vous vous en retournez chez vous avec de grandes richesses, avec des troupeaux très nombreux, avec une quantité considérable d'argent, d'or, de bronze et de fer, ainsi que des vêtements en abondance. Vous partagerez ce butin pris sur vos ennemis avec vos compatriotes.

9 Les descendants de Ruben, de Gad et la demi-tribu de Manassé partirent donc et quittèrent les autres Israélites à Silo dans le pays de Canaan pour retourner au pays de Galaad[g], le territoire que Moïse leur avait donné en propriété sur l'ordre de l'Eternel.

L'autel des Israélites installés en Transjordanie

10 Lorsqu'ils arrivèrent à Gueliloth aux environs du Jourdain qui se trouve dans le pays de Canaan, ils érigèrent là un autel monumental au bord du fleuve[h]. 11 La nouvelle en parvint aux autres Israélites car on racontait : Voilà que les hommes de Ruben, de Gad et de la demi-tribu de Manassé ont construit un autel face au pays de Canaan près de Gueliloth sur les bords du Jourdain, du côté des Israélites.

12 Dès que les Israélites l'apprirent, ils se rassemblèrent tous à Silo, pour aller attaquer les hommes des tribus transjordaniennes. 13 Ils envoyèrent aux hommes des tribus de Ruben, de Gad et de la demi-tribu de Manassé en Galaad, Phinéas, fils du prêtre Eléazar, 14 dix responsables, chefs de groupe familial parmi les familles d'Israël, un par tribu. 15 Ils se rendirent auprès des hommes de Ruben, de Gad et de la demi-tribu de Manassé en Galaad et leur parlèrent en ces termes : 16 Voici ce que vous fait dire toute la communauté de l'Eternel : « Pourquoi vous révoltez-vous contre le Dieu d'Israël ? Pourquoi vous détournez-vous maintenant de l'Eternel ? Car, en construisant un autel pour vous-mêmes, vous vous révoltez contre lui. 17 Nous avons déjà commis une faute grave à Peor, et nous n'en sommes pas encore purifiés à ce jour, malgré le fléau qui nous a tous frappés. Cela ne suffit-il pas ? 18 Faut-il donc maintenant que vous vous détourniez de l'Eternel ? Si, aujourd'hui, vous vous révoltez contre lui, demain, il s'irritera contre toute l'assemblée d'Israël. 19 Si le pays qui vous a été donné en propriété vous paraît impur, venez donc dans le territoire qui appartient à l'Eternel, et où il a établi sa demeure, et installez-vous au milieu de nous ; mais ne vous révoltez pas contre l'Eternel et ne vous opposez pas à nous en vous construisant un autel rival de celui de l'Eternel notre Dieu ! 20 Lorsque Akân, fils de Zérah, a commis une faute grave en dérobant un objet voué à l'Eternel, tout le

[f] 22.7 La moitié de la tribu de Manassé était installée dans la région du Basan à l'est du Jourdain (13.29-31), l'autre moitié à l'ouest du Jourdain (sur un territoire s'étendant jusqu'à la côte de la Méditerranée, 5.1 ; 12.7).

[g] 22.9 Expression désignant ici tout le territoire à l'est du Jourdain.

[h] 22.10 Du côté occidental. Les tribus orientales voulaient signifier par là qu'elles avaient leur part dans le pays de Canaan et dans son culte.

of Israel? He was not the only one who died for his sin.'"

21 Then Reuben, Gad and the half-tribe of Manasseh replied to the heads of the clans of Israel: 22 "The Mighty One, God, the LORD! The Mighty One, God, the LORD! He knows! And let Israel know! If this has been in rebellion or disobedience to the LORD, do not spare us this day. 23 If we have built our own altar to turn away from the LORD and to offer burnt offerings and grain offerings, or to sacrifice fellowship offerings on it, may the LORD himself call us to account.

24 "No! We did it for fear that some day your descendants might say to ours, 'What do you have to do with the LORD, the God of Israel? 25 The LORD has made the Jordan a boundary between us and you – you Reubenites and Gadites! You have no share in the LORD.' So your descendants might cause ours to stop fearing the LORD.

26 "That is why we said, 'Let us get ready and build an altar – but not for burnt offerings or sacrifices.' 27 On the contrary, it is to be a witness between us and you and the generations that follow, that we will worship the LORD at his sanctuary with our burnt offerings, sacrifices and fellowship offerings. Then in the future your descendants will not be able to say to ours, 'You have no share in the LORD.'

28 "And we said, 'If they ever say this to us, or to our descendants, we will answer: Look at the replica of the LORD's altar, which our ancestors built, not for burnt offerings and sacrifices, but as a witness between us and you.'

29 "Far be it from us to rebel against the LORD and turn away from him today by building an altar for burnt offerings, grain offerings and sacrifices, other than the altar of the LORD our God that stands before his tabernacle."

30 When Phinehas the priest and the leaders of the community – the heads of the clans of the Israelites – heard what Reuben, Gad and Manasseh had to say, they were pleased. 31 And Phinehas son of Eleazar, the priest, said to Reuben, Gad and Manasseh, "Today we know that the LORD is with us, because you have not been unfaithful to the LORD in this matter. Now you have rescued the Israelites from the LORD's hand."

32 Then Phinehas son of Eleazar, the priest, and the leaders returned to Canaan from their meeting with the Reubenites and Gadites in Gilead and reported to the Israelites. 33 They were glad to hear the report and praised God. And they talked no more about going to war against them to devastate the country where the Reubenites and the Gadites lived.

34 And the Reubenites and the Gadites gave the altar this name: A Witness Between Us – that the LORD is God.

Joshua's Farewell to the Leaders

23 1 After a long time had passed and the LORD had given Israel rest from all their enemies around them, Joshua, by then a very old man,

peuple d'Israël a subi le contrecoup de la colère divine. I n'a pas été le seul à périr à cause de sa faute. »

La réconciliation est-ouest

21 Les hommes de Ruben, de Gad et de la demi-tribu d Manassé répondirent aux responsables d'Israël : 22 Le Die suprême, l'Eternel, oui, le Dieu suprême, l'Eternel sait c qu'il en est ; qu'Israël aussi le sache. Si c'est pour nous ré volter et être infidèles à l'Eternel que nous avons construi cet autel, alors qu'il ne nous épargne pas. 23 Si c'est pou nous détourner de l'Eternel que nous l'avons érigé, pou y offrir des holocaustes et des offrandes ou des sacrifice de communion, que l'Eternel lui-même nous en demand compte. 24 Mais ce n'est pas le cas ! Nous l'avons fait parc que nous avions peur qu'un jour vos descendants ne diser aux nôtres : « Qu'avez-vous à faire avec l'Eternel, le Die d'Israël ? 25 N'a-t-il pas lui-même placé le Jourdain comm frontière entre nous et vous, descendants de Ruben et d Gad ? Vous n'avez donc rien à faire avec lui ! » Ainsi vo descendants pourraient empêcher les nôtres de craindr l'Eternel. 26 C'est alors que nous avons pensé à construir cet autel, non pour y offrir des holocaustes et des sacri fices, 27 mais pour servir de témoin entre nous et vous, e pour les générations qui nous succéderont, attestant qu nous aussi nous rendons notre culte à l'Eternel devan lui, par nos holocaustes, nos sacrifices de communion e nos autres sacrifices. Nous voulions éviter qu'un jour vo descendants ne disent aux nôtres : « Vous n'avez rien faire avec l'Eternel ! » 28 Nous nous sommes dit : S'ils ve naient un jour à parler ainsi, à nous ou à nos descendant nous pourrons leur répondre : Regardez l'autel que no ancêtres ont construit et qui est une réplique de l'aute de l'Eternel. Ils l'ont fait non pour y offrir des holocauste et des sacrifices, mais pour servir de témoin entre nous e vous ! 29 Ainsi nous n'avons jamais eu l'idée de nous révolt er contre l'Eternel et d'abandonner son culte en érigean un autel servant à offrir des holocaustes, des offrandes e autres sacrifices, un autel rival de l'autel de l'Eternel notr Dieu qui est dressé devant son tabernacle.

30 Lorsque le prêtre Phinéas, les responsables et le chefs des familles d'Israël eurent entendu les explica tions des hommes de Ruben, de Gad et de Manassé, il furent satisfaits. 31 Phinéas, le fils du prêtre Eléazar, leu dit : Aujourd'hui nous reconnaissons que l'Eternel est a milieu de nous, puisque vous ne vous êtes pas révolté contre lui. Vous avez préservé les Israélites d'une inter vention de l'Eternel.

32 Après cela, Phinéas, le fils du prêtre Eléazar, et le responsables de tous les hommes de Ruben et de Ga revinrent de Galaad en terre de Canaan, auprès des au tres Israélites, et leur rendirent compte de ce qui s'étai passé. 33 Les Israélites furent satisfaits et ils bénirent Dieu Plus personne ne parla de partir en guerre contre les de scendants de Ruben et de Gad pour dévaster leur pays 34 Ceux-ci appelèrent l'autel qu'ils avaient construit : E (Témoin) en disant : Il est témoin entre nous que l'Etern seul est Dieu.

Le discours d'adieu de Josué

23 1 Une longue période s'écoula après que l'Eter nel eut accordé aux Israélites de vivre sans êtr inquiétés par aucun ennemi autour d'eux, et Josué étai

summoned all Israel – their elders, leaders, judges
nd officials – and said to them: "I am very old. 3 You
ourselves have seen everything the LORD your God
as done to all these nations for your sake; it was the
ORD your God who fought for you. 4 Remember how I
ave allotted as an inheritance for your tribes all the
and of the nations that remain – the nations I con-
uered – between the Jordan and the Mediterranean
ea in the west. 5 The LORD your God himself will push
hem out for your sake. He will drive them out before
ou, and you will take possession of their land, as the
ORD your God promised you.
6 "Be very strong; be careful to obey all that is writ-
en in the Book of the Law of Moses, without turning
side to the right or to the left. 7 Do not associate with
hese nations that remain among you; do not invoke
he names of their gods or swear by them. You must
ot serve them or bow down to them. 8 But you are to
old fast to the LORD your God, as you have until now.
9 "The LORD has driven out before you great and
owerful nations; to this day no one has been able to
vithstand you. 10 One of you routs a thousand, because
he LORD your God fights for you, just as he promised.
1 So be very careful to love the LORD your God.
12 "But if you turn away and ally yourselves with
he survivors of these nations that remain among
ou and if you intermarry with them and associate
vith them, 13 then you may be sure that the LORD your
od will no longer drive out these nations before you.
nstead, they will become snares and traps for you,
vhips on your backs and thorns in your eyes, until
ou perish from this good land, which the LORD your
od has given you.

14 "Now I am about to go the way of all the earth.
ou know with all your heart and soul that not one
f all the good promises the LORD your God gave you
as failed. Every promise has been fulfilled; not one
as failed. 15 But just as all the good things the LORD
our God has promised you have come to you, so he
vill bring on you all the evil things he has threatened,
ntil the LORD your God has destroyed you from this
ood land he has given you. 16 If you violate the cove-
ant of the LORD your God, which he commanded you,
nd go and serve other gods and bow down to them,
he LORD's anger will burn against you, and you will
uickly perish from the good land he has given you."

he Covenant Renewed at Shechem

24 1 Then Joshua assembled all the tribes of Israel
at Shechem. He summoned the elders, lead-
rs, judges and officials of Israel, and they presented
hemselves before God.
2 Joshua said to all the people, "This is what the LORD,
he God of Israel, says: 'Long ago your ancestors, in-
luding Terah the father of Abraham and Nahor, lived
eyond the Euphrates River and worshiped other gods.
But I took your father Abraham from the land be-
ond the Euphrates and led him throughout Canaan
nd gave him many descendants. I gave him Isaac,

devenu très vieux. 2 Il convoqua tout Israël, ses responsables, ses chefs, ses juges et ses officiers, et leur dit : Je
suis devenu très vieux. 3 Vous avez constaté vous-mêmes
comment l'Eternel votre Dieu a traité tous ces peuples
devant vous : il a lui-même combattu pour vous. 4 Voyez :
j'ai attribué en possession à vos tribus le territoire de ces
peuples qui subsistent encore, de même que celui des
peuples que j'ai exterminés, entre le Jourdain et la mer
Méditerranée à l'ouest. 5 L'Eternel, votre Dieu, les dépossédera lui-même en votre faveur, il les fera fuir au fur et
à mesure de votre avance et vous posséderez leur pays,
comme il vous l'a promis. 6 Appliquez-vous donc de toutes
vos forces à obéir et à faire tout ce qui est écrit dans le livre
de la Loi de Moïse, sans vous en écarter ni d'un côté ni de
l'autre. 7 Ne vous mêlez pas à ces populations qui subsistent
parmi vous. N'ayez aucune pensée pour leurs dieux, ne
prêtez pas serment par leur nom, ne leur rendez pas de
culte et ne vous prosternez pas devant eux pour les adorer.
8 Attachez-vous uniquement à l'Eternel, votre Dieu, comme
vous l'avez fait jusqu'à présent. 9 Alors l'Eternel dépossédera en votre faveur des peuples nombreux et puissants ; or,
jusqu'à ce jour, personne n'a pu vous résister. 10 Un seul
d'entre vous en mettait mille en fuite, car l'Eternel votre
Dieu combattait pour vous, comme il vous l'avait promis.
11 Veillez donc sur vous-mêmes pour aimer l'Eternel votre
Dieu ! 12 Car si vous vous détournez de lui et si vous vous
associez au reste de ces peuples qui subsistent parmi vous,
si vous vous alliez à eux par des mariages et si vous avez
des relations avec eux, 13 sachez bien que l'Eternel votre
Dieu ne continuera pas à déposséder ces peuples en votre
faveur. Alors ils deviendront pour vous des pièges et des
filets, ils seront des fouets à vos côtés, et des épines dans
vos yeux. Et vous finirez par disparaître de ce bon pays
que l'Eternel votre Dieu vous a donné.
14 Voilà que je m'en vais par le chemin que prend tout
être humain. Reconnaissez de tout votre cœur et de tout
votre être qu'aucune des promesses de bienfaits que l'Eternel votre Dieu vous a faites n'est restée sans effet : elles
se sont toutes accomplies pour vous, sans exception aucune. 15 Eh bien, comme il a tenu toutes ses promesses de
bienfaits, l'Eternel votre Dieu accomplira aussi toutes ses
menaces contre vous, jusqu'à vous faire disparaître de
ce bon pays qu'il vous a donné. 16 Si vous violez l'alliance
qu'il a établie pour vous et si vous allez rendre un culte à
d'autres dieux en vous prosternant devant eux, l'Eternel
se mettra en colère contre vous et vous disparaîtrez sans
tarder de ce bon pays qu'il vous a donné.

Le rappel des hauts faits de Dieu : prologue historique

24 1 Josué rassembla toutes les tribus d'Israël à
Sichem[i]. Il convoqua les responsables, les chefs,
les juges et les officiers d'Israël et ils se placèrent devant
Dieu. 2 Alors Josué dit à tout le peuple : Voici ce que déclare l'Eternel, le Dieu d'Israël : Il y a bien longtemps,
vos ancêtres, en particulier Térah, le père d'Abraham
et de Nahor, ont habité de l'autre côté de l'Euphrate et
ils rendaient un culte à d'autres dieux. 3 J'ai fait venir
votre ancêtre Abraham d'au-delà de l'Euphrate, je lui ai
fait parcourir tout le pays de Canaan et j'ai multiplié ses

i **24.1** Ville située à une cinquantaine de kilomètres au nord de Jérusalem (voir Jos 20.7 ; 8.30-35).

4 and to Isaac I gave Jacob and Esau. I assigned the
hill country of Seir to Esau, but Jacob and his family
went down to Egypt.
5 "'Then I sent Moses and Aaron, and I afflicted
the Egyptians by what I did there, and I brought you
out. 6 When I brought your people out of Egypt, you
came to the sea, and the Egyptians pursued them with
chariots and horsemen[m] as far as the Red Sea.[n] 7 But
they cried to the LORD for help, and he put darkness
between you and the Egyptians; he brought the sea
over them and covered them. You saw with your own
eyes what I did to the Egyptians. Then you lived in the
wilderness for a long time.
8 "'I brought you to the land of the Amorites who
lived east of the Jordan. They fought against you, but I
gave them into your hands. I destroyed them from before you, and you took possession of their land. 9 When
Balak son of Zippor, the king of Moab, prepared to
fight against Israel, he sent for Balaam son of Beor to
put a curse on you. 10 But I would not listen to Balaam,
so he blessed you again and again, and I delivered you
out of his hand.

11 "'Then you crossed the Jordan and came to
Jericho. The citizens of Jericho fought against you,
as did also the Amorites, Perizzites, Canaanites,
Hittites, Girgashites, Hivites and Jebusites, but I gave
them into your hands. 12 I sent the hornet ahead of
you, which drove them out before you – also the two
Amorite kings. You did not do it with your own sword
and bow. 13 So I gave you a land on which you did not
toil and cities you did not build; and you live in them
and eat from vineyards and olive groves that you did
not plant.'

14 "Now fear the LORD and serve him with all faithfulness. Throw away the gods your ancestors worshiped
beyond the Euphrates River and in Egypt, and serve
the LORD. 15 But if serving the LORD seems undesirable
to you, then choose for yourselves this day whom you
will serve, whether the gods your ancestors served
beyond the Euphrates, or the gods of the Amorites,
in whose land you are living. But as for me and my
household, we will serve the LORD."

16 Then the people answered, "Far be it from us to
forsake the LORD to serve other gods! 17 It was the LORD
our God himself who brought us and our parents up
out of Egypt, from that land of slavery, and performed
those great signs before our eyes. He protected us on
our entire journey and among all the nations through
which we traveled. 18 And the LORD drove out before
us all the nations, including the Amorites, who lived
in the land. We too will serve the LORD, because he is
our God."

[m] **24:6** Or *charioteers*
[n] **24:6** Or *the Sea of Reeds*

descendants. Je lui ai donné pour fils Isaac, 4 auquel j'a
donné Jacob et Esaü. A ce dernier, j'ai attribué en pro
priété la région montagneuse de Séir ; et Jacob et ses fil
se sont rendus en Egypte. 5 Plus tard, j'ai envoyé Moïse e
Aaron, j'ai infligé à l'Egypte divers fléaux par tout ce qu
j'ai fait au milieu d'elle ; après quoi je vous en ai fait sorti
6 Après que j'ai fait sortir vos ancêtres d'Egypte, ils son
arrivés à la mer des Roseaux, mais les Egyptiens les or
poursuivis jusque-là avec des chars et des cavaliers. 7 Alor
ils m'ont imploré et j'ai interposé un écran de ténèbre
entre votre peuple et les Egyptiens. Puis l'eau est revenu
sur ces derniers et les a submergés. Vous avez vu de vo
yeux ce que j'ai fait aux Egyptiens. Après cela, vous ête
restés pendant très longtemps dans le désert. 8 Ensuite
je vous ai fait pénétrer dans le pays des Amoréens établi
à l'est du Jourdain. Ils vous ont combattus, mais je vou
ai donné la victoire sur eux, et vous avez pris possessio
de leur pays, car je les ai détruits devant vous. 9 Le ro
de Moab, Balaq, fils de Tsippor, a également entrepris d
faire la guerre à votre peuple. Il a appelé Balaam, fils d
Béor, pour qu'il vienne vous maudire. 10 Mais j'ai refus
d'écouter Balaam, qui a dû, au contraire, vous bénir, et j
vous ai délivrés de lui.
11 Vous avez traversé le Jourdain et vous êtes arrivé
à Jéricho. Les habitants de cette ville ont combattu con
tre vous et je vous ai donné la victoire sur eux, de mêm
que sur les Amoréens, les Phéréziens, les Cananéens, le
Hittites, les Guirgasiens, les Héviens et les Yebousien
12 J'ai envoyé devant vous les frelons qui les ont chassé
devant vous, comme je l'avais fait pour les deux rois de
Amoréens. Ainsi ce ne sont ni vos épées, ni vos arcs qu
vous ont donné la victoire. 13 Je vous ai donné un pays qu
vous n'aviez pas cultivé, des villes que vous n'aviez pa
bâties et où vous êtes installés, des vignobles et des oliv
iers que vous n'aviez pas plantés, mais dont vous mange
les fruits.

Les Israélites choisissent d'adorer l'Eternel

14 Maintenant donc, dit Josué, craignez l'Eternel e
servez-le de façon irréprochable et avec fidélité. Rejete
les dieux auxquels vos ancêtres rendaient un culte d
l'autre côté de l'Euphrate et en Egypte, et rendez u
culte à l'Eternel seulement. 15 S'il vous déplaît de servi
l'Eternel, alors choisissez aujourd'hui à quels dieux vou
voulez rendre un culte : ceux que vos ancêtres adoraier
de l'autre côté de l'Euphrate ou ceux des Amoréens dor
vous habitez le pays ; quant à moi et à ma famille, nou
adorerons l'Eternel.
16 Le peuple répondit : Loin de nous la pensée d'abar
donner l'Eternel pour adorer d'autres dieux ! 17 Car c'es
l'Eternel notre Dieu qui nous a fait sortir, nous et nc
ancêtres, d'Egypte, le pays où nous étions esclaves, il
accompli sous nos yeux des signes extraordinaires, il nou
a protégés tout au long du chemin que nous avons parcou
ru et parmi tous les peuples dont nous avons traversé l
territoire. 18 C'est l'Eternel qui a chassé devant nous tou
ces peuples, et en particulier les Amoréens qui habitaier
la contrée. Oui, nous aussi, nous voulons adorer l'Eterne
car il est notre Dieu.

19 Joshua said to the people, "You are not able to erve the LORD. He is a holy God; he is a jealous God. Ie will not forgive your rebellion and your sins. 20 If ou forsake the LORD and serve foreign gods, he will urn and bring disaster on you and make an end of ou, after he has been good to you."

21 But the people said to Joshua, "No! We will serve he LORD."

22 Then Joshua said, "You are witnesses against ourselves that you have chosen to serve the LORD."

"Yes, we are witnesses," they replied.

23 "Now then," said Joshua, "throw away the foreign ods that are among you and yield your hearts to the ORD, the God of Israel."

24 And the people said to Joshua, "We will serve the ORD our God and obey him."

25 On that day Joshua made a covenant for the peo-le, and there at Shechem he reaffirmed for them ecrees and laws. 26 And Joshua recorded these things n the Book of the Law of God. Then he took a large tone and set it up there under the oak near the holy lace of the LORD.

27 "See!" he said to all the people. "This stone will e a witness against us. It has heard all the words the ORD has said to us. It will be a witness against you if ou are untrue to your God."

28 Then Joshua dismissed the people, each to their wn inheritance.

uried in the Promised Land

29 After these things, Joshua son of Nun, the ser-ant of the LORD, died at the age of a hundred and ten. And they buried him in the land of his inheritance, t Timnath Serah[o] in the hill country of Ephraim, orth of Mount Gaash.

31 Israel served the LORD throughout the lifetime of oshua and of the elders who outlived him and who ad experienced everything the LORD had done for srael.

32 And Joseph's bones, which the Israelites had rought up from Egypt, were buried at Shechem in the ract of land that Jacob bought for a hundred pieces of ilver[p] from the sons of Hamor, the father of Shechem. his became the inheritance of Joseph's descendants.

33 And Eleazar son of Aaron died and was buried at ibeah, which had been allotted to his son Phinehas n the hill country of Ephraim.

24:30 Also known as *Timnath Heres* (see Judges 2:9)
24:32 Hebrew *hundred kesitahs*; a kesitah was a unit of money of nknown weight and value.

19 Alors Josué dit au peuple : Vous ne serez pas capables de servir l'Eternel, car c'est un Dieu saint, un Dieu qui ne tolère aucun rival. Il ne tolérera ni vos révoltes ni vos péchés.

20 Si vous l'abandonnez pour adorer des dieux étrangers, il se retournera contre vous pour vous faire du mal. Après vous avoir fait tant de bien, il vous consumera.

21 – Non, répondit le peuple. C'est bien l'Eternel que nous voulons adorer !

22 Josué reprit : Vous êtes vous-mêmes témoins contre vous que vous avez vous-mêmes choisi l'Eternel pour l'adorer.

Ils répondirent : Nous en sommes témoins.

23 – Dans ce cas, dit Josué, débarrassez-vous des dieux étrangers qui se trouvent encore au milieu de vous et tournez-vous de tout votre cœur vers l'Eternel, le Dieu d'Israël.

24 Le peuple répondit : Nous adorerons l'Eternel notre Dieu, et nous lui obéirons.

La conclusion de l'alliance

25 Ce jour-là à Sichem, Josué conclut une alliance avec le peuple et lui donna une Loi et des décrets, 26 Josué consigna ces choses par écrit dans le livre de la Loi de Dieu. Puis il prit une grande pierre et la dressa là, sous le chêne qui se trouvait dans l'enceinte du sanctuaire de l'Eternel, 27 et il dit à tout le peuple : Cette pierre servira de témoin entre nous, car elle a entendu toutes les paroles que l'Eternel nous a adressées. Oui, elle servira de témoin contre vous pour que vous ne reniiez pas votre Dieu.

28 Puis Josué congédia le peuple pour que chacun se ren-de dans son patrimoine.

La mort de Josué

29 Après ces événements, Josué, fils de Noun, serviteur de l'Eternel, mourut à l'âge de 110 ans. 30 On l'enterra dans le domaine qu'il avait reçu pour propriété, à Timnath-Sérah, dans la région montagneuse d'Ephraïm, au nord du mont Gaash. 31 Les Israélites servirent l'Eternel pendant toute la vie de Josué et, après sa mort, tant que vécurent les responsables qui avaient vu toute l'œuvre de l'Eternel en faveur d'Israël. 32 On ensevelit aussi à Sichem les ossements de Joseph que les Israélites avaient ramenés d'Egypte. On les inhuma dans le terrain que Jacob avait acheté pour cent pièces d'argent aux descendants de Hamor, le père de Sichem, et qui faisait partie du patrimoine des descen-dants de Joseph. 33 Eléazar, fils d'Aaron, mourut aussi et on l'enterra sur la colline qui avait été attribuée à son fils Phinéas dans la région montagneuse d'Ephraïm.

Judges

Israel Fights the Remaining Canaanites

1 [1]After the death of Joshua, the Israelites asked the LORD, "Who of us is to go up first to fight against the Canaanites?"

[2]The LORD answered, "Judah shall go up; I have given the land into their hands."

[3]The men of Judah then said to the Simeonites their fellow Israelites, "Come up with us into the territory allotted to us, to fight against the Canaanites. We in turn will go with you into yours." So the Simeonites went with them.

[4]When Judah attacked, the LORD gave the Canaanites and Perizzites into their hands, and they struck down ten thousand men at Bezek. [5]It was there that they found Adoni-Bezek and fought against him, putting to rout the Canaanites and Perizzites. [6]Adoni-Bezek fled, but they chased him and caught him, and cut off his thumbs and big toes.

[7]Then Adoni-Bezek said, "Seventy kings with their thumbs and big toes cut off have picked up scraps under my table. Now God has paid me back for what I did to them." They brought him to Jerusalem, and he died there.

[8]The men of Judah attacked Jerusalem also and took it. They put the city to the sword and set it on fire.

[9]After that, Judah went down to fight against the Canaanites living in the hill country, the Negev and the western foothills. [10]They advanced against the Canaanites living in Hebron (formerly called Kiriath Arba) and defeated Sheshai, Ahiman and Talmai. [11]From there they advanced against the people living in Debir (formerly called Kiriath Sepher).

[12]And Caleb said, "I will give my daughter Aksah in marriage to the man who attacks and captures Kiriath Sepher." [13]Othniel son of Kenaz, Caleb's younger brother, took it; so Caleb gave his daughter Aksah to him in marriage.

[14]One day when she came to Othniel, she urged him[a] to ask her father for a field. When she got off her donkey, Caleb asked her, "What can I do for you?"

[15]She replied, "Do me a special favor. Since you have given me land in the Negev, give me also springs of water." So Caleb gave her the upper and lower springs.

[a] **1:14** Hebrew; Septuagint and Vulgate *Othniel, he urged her*

Les Juges

INTRODUCTION : CONQUÊTE LIMITÉE DU PAYS

Les tribus du Sud conquièrent en partie leur territoire

1 [1]Après la mort de Josué, les Israélites consultèren l'Eternel pour savoir quelle tribu devait aller l première attaquer les Cananéens. [2]L'Eternel répondit C'est Juda qui ira la première : je livre le pays en so pouvoir.

[3]Alors les hommes de Juda dirent à ceux de Siméon frère de Juda[a] : Venez avec nous à la conquête du terri toire qui nous a été attribué. Nous combattrons ensembl les Cananéens. Ensuite, nous vous aiderons également conquérir le territoire qui vous est échu.

Les gens de Siméon se joignirent donc à eux, [4]et Jud. se mit en campagne. L'Eternel leur donna la victoire su les Cananéens et les Phéréziens[b]. A Bézeq, ils battiren dix mille hommes. [5]En effet, ils tombèrent là sur le ro Adoni-Bézeq et l'attaquèrent. Ils battirent les Cananéen et les Phéréziens. [6]Adoni-Bézeq s'enfuit, mais ils le pour suivirent, s'emparèrent de lui et lui coupèrent les pouce des mains et des pieds[c]. [7]Adoni-Bézeq s'exclama : Soixante dix rois[d], dont on avait coupé les pouces des mains et de pieds, ramassaient les miettes qui tombaient sous ma table Dieu m'a rendu ce que j'ai fait.

On l'emmena à Jérusalem et c'est là qu'il mourut.

[8]Les hommes de Juda attaquèrent Jérusalem et s'en em parèrent. Ils massacrèrent ses habitants et mirent le fe à la ville. [9]Ensuite, ils partirent combattre les Cananéen qui occupaient la région montagneuse, le Néguev et l Bas-Pays.

[10]Juda marcha aussi contre les Cananéens qui habitaien Hébron, dont le nom était autrefois Qiryath-Arba. Ils bat tirent Shéshaï, Ahimân et Talmaï[e]. [11]De là, ils partiren attaquer les habitants de Debir, appelée autrefois Qiryath Sépher[f]. [12]Caleb promit sa fille Aksa en mariage à celui qu battrait et prendrait Qiryath-Sépher. [13]Ce fut son neve Otniel, fils de Qenaz, le frère cadet de Caleb, qui s'en em para ; et Caleb lui donna sa fille Aksa en mariage. [14]Dè son arrivée auprès de son mari, elle l'engagea à demande un champ à son père Caleb. Puis elle sauta de son âne e Caleb lui demanda : Quel est ton désir ?

[15]Elle lui répondit : Accorde-moi un cadeau. Puisqu tu m'as établie dans une terre aride, donne-moi aussi de points d'eau.

[a] **1.3** Les deux étaient fils de Léa. D'autre part, des villes attribuées à la tribu de Siméon se trouvaient incluses dans le territoire de Juda.

[b] **1.4** Peuplade souvent associée aux Cananéens (Gn 13.7 ; 34.30 ; Jos 17.15), qui nous est par ailleurs inconnue.

[c] **1.6** La mutilation des prisonniers de guerre était une pratique courante dans le Moyen-Orient ancien (voir 16.21) ; elle était destinée à rendre inapte au combat.

[d] **1.7** Canaan était divisée en petits Etats groupés autour d'une ville ; chacun d'eux était gouverné par un roi.

[e] **1.10** Pour les v. 10-15, voir Jos 15.13-14.

[f] **1.11** Voir Jos 15.15-19 et les notes.

16 The descendants of Moses' father-in-law, the Kenite, went up from the City of Palms[b] with the people of Judah to live among the inhabitants of the Desert of Judah in the Negev near Arad.

17 Then the men of Judah went with the Simeonites their fellow Israelites and attacked the Canaanites living in Zephath, and they totally destroyed[c] the city. Therefore it was called Hormah.[d] 18 Judah also took[e] Gaza, Ashkelon and Ekron – each city with its territory.

19 The LORD was with the men of Judah. They took possession of the hill country, but they were unable to drive the people from the plains, because they had chariots fitted with iron. 20 As Moses had promised, Hebron was given to Caleb, who drove from it the three sons of Anak. 21 The Benjamites, however, did not drive out the Jebusites, who were living in Jerusalem; to this day the Jebusites live there with the Benjamites.

22 Now the tribes of Joseph attacked Bethel, and the LORD was with them. 23 When they sent men to spy out Bethel (formerly called Luz), 24 the spies saw a man coming out of the city and they said to him, "Show us how to get into the city and we will see that you are treated well." 25 So he showed them, and they put the city to the sword but spared the man and his whole family. 26 He then went to the land of the Hittites, where he built a city and called it Luz, which is its name to this day.

27 But Manasseh did not drive out the people of Beth Shan or Taanach or Dor or Ibleam or Megiddo and their surrounding settlements, for the Canaanites were determined to live in that land. 28 When Israel became strong, they pressed the Canaanites into forced labor but never drove them out completely. 29 Nor did Ephraim drive out the Canaanites living in Gezer, but the Canaanites continued to live there among them. 30 Neither did Zebulun drive out the Canaanites living in Kitron or Nahalol, so these Canaanites lived among them, but Zebulun did subject them to forced labor. 31 Nor did Asher drive out those living in Akko or Sidon or Ahlab or Akzib or Helbah or Aphek or Rehob. 32 The Asherites lived among the Canaanite inhabitants of the land because they did not drive them out.

b 1:16 That is, Jericho

c 1:17 The Hebrew term refers to the irrevocable giving over of things or persons to the LORD, often by totally destroying them.

d 1:17 *Hormah* means *destruction.*

e 1:18 Hebrew; Septuagint *Judah did not take*

Et Caleb lui donna les sources supérieures et les sources inférieures.

16 Les descendants du Qénien, beau-père de Moïse, quittèrent la ville des palmiers[g] avec les hommes de Juda pour aller s'installer parmi le peuple dans les territoires désertiques de Juda qui se situent au sud d'Arad. 17 Les hommes de Juda se joignirent à ceux de Siméon, frère de Juda, pour battre les Cananéens qui habitaient Tsephath, ils en exterminèrent la population et détruisirent entièrement la ville, pour la vouer à l'Eternel, et on lui donna le nom de Horma.

18 Les gens de Juda s'emparèrent également[h] de Gaza, d'Ashkelôn et d'Eqrôn[i] ainsi que des territoires voisins de ces villes. 19 L'Eternel lui-même était avec eux, et c'est ainsi que les hommes de Juda purent conquérir la région montagneuse. Ils ne réussirent pas à déposséder les habitants de la vallée, car ceux-ci disposaient de chars de combat bardés de fer. 20 On attribua Hébron à Caleb, comme Moïse l'avait dit. Il en expulsa les trois descendants d'Anaq 21 Les descendants de Benjamin ne dépossédèrent pas les Yebousiens qui habitaient Jérusalem ; ceux-ci y vivent encore aujourd'hui avec les Benjaminites.

Les tribus du Nord conquièrent en partie leur territoire

22 Les descendants de Joseph partirent de leur côté attaquer Béthel et l'Eternel fut avec eux. 23 Ils envoyèrent d'abord des hommes en reconnaissance à Béthel qui s'appelait autrefois Louz. 24 Les envoyés virent un homme sortir de la ville et ils lui dirent : Montre-nous par où on peut pénétrer dans la ville, et nous te traiterons avec bonté.

25 L'homme leur montra donc comment pénétrer dans la ville. Ils massacrèrent tous les habitants, mais laissèrent partir cet homme avec toute sa famille. 26 L'homme émigra dans le pays des Hittites[j] ; il y construisit une ville à laquelle il donna le nom de Louz qu'elle porte encore aujourd'hui.

27 Les hommes de Manassé ne dépossédèrent pas les habitants de Beth-Sheân, de Taanak, de Dor, de Yibleam, de Meguiddo et des localités qui dépendaient de ces villes. Les Cananéens continuèrent donc à se maintenir dans cette région. 28 Lorsque les Israélites furent devenus plus forts, ils leur imposèrent des corvées, mais ils ne les dépossédèrent pas.

29 Les gens d'Ephraïm ne dépossédèrent pas les Cananéens établis à Guézer, et ceux-ci continuèrent à y vivre au milieu des Ephraïmites.

30 Ceux de Zabulon ne dépossédèrent pas non plus les habitants de Qitrôn et de Nahalol ; les Cananéens habitèrent donc au milieu des gens de Zabulon qui leur imposèrent des corvées.

31 Les gens d'Aser ne dépossédèrent pas les habitants d'Akko[k], de Sidon, d'Ahlab, d'Akzib, de Helba, d'Aphiq et de Rehob. 32 Les descendants d'Aser s'établirent donc au milieu des Cananéens qui occupaient le pays, car ils ne les dépossédèrent pas.

g 1.16 Jéricho.

h 1.18 L'ancienne version grecque a : *ne s'emparèrent pas.*

i 1.18 Trois villes de la Philistie (cf. Jos 13.3).

j 1.26 Voir note Jos 1.4.

k 1.31 Ancienne ville phénicienne près du mont Carmel, que les Grecs appelaient Ptolémaïs (Ac 21.7). C'est la Saint-Jean-d'Acre du temps des croisades.

33 Neither did Naphtali drive out those living in Beth Shemesh or Beth Anath; but the Naphtalites too lived among the Canaanite inhabitants of the land, and those living in Beth Shemesh and Beth Anath became forced laborers for them. 34 The Amorites confined the Danites to the hill country, not allowing them to come down into the plain. 35 And the Amorites were determined also to hold out in Mount Heres, Aijalon and Shaalbim, but when the power of the tribes of Joseph increased, they too were pressed into forced labor. 36 The boundary of the Amorites was from Scorpion Pass to Sela and beyond.

The Angel of the Lord at Bokim

2 1 The angel of the Lord went up from Gilgal to Bokim and said, "I brought you up out of Egypt and led you into the land I swore to give to your ancestors. I said, 'I will never break my covenant with you, 2 and you shall not make a covenant with the people of this land, but you shall break down their altars.' Yet you have disobeyed me. Why have you done this? 3 And I have also said, 'I will not drive them out before you; they will become traps for you, and their gods will become snares to you.' "

4 When the angel of the Lord had spoken these things to all the Israelites, the people wept aloud, 5 and they called that place Bokim.[f] There they offered sacrifices to the Lord.

Disobedience and Defeat

6 After Joshua had dismissed the Israelites, they went to take possession of the land, each to their own inheritance. 7 The people served the Lord throughout the lifetime of Joshua and of the elders who outlived him and who had seen all the great things the Lord had done for Israel.

8 Joshua son of Nun, the servant of the Lord, died at the age of a hundred and ten. 9 And they buried him in the land of his inheritance, at Timnath Heres[g] in the hill country of Ephraim, north of Mount Gaash.

10 After that whole generation had been gathered to their ancestors, another generation grew up who knew neither the Lord nor what he had done for Israel. 11 Then the Israelites did evil in the eyes of the Lord and served the Baals. 12 They forsook the Lord, the God of their ancestors, who had brought them out of Egypt. They followed and worshiped various gods of the peoples around them. They aroused the Lord's anger 13 because they forsook him and served Baal and the Ashtoreths. 14 In his anger against Israel the Lord gave them into the hands of raiders who plundered them. He sold them into the hands of their enemies all around, whom they were no longer able to resist. 15 Whenever Israel went out to fight, the hand of the Lord was against them to defeat them, just as he had sworn to them. They were in great distress.

[f] 2:5 *Bokim* means *weepers*.
[g] 2:9 Also known as *Timnath Serah* (see Joshua 19:50 and 24:30)

33 Les gens de Nephtali ne dépossédèrent pas les ha bitants de Beth-Shémesh ni ceux de Beth-Anath. Il s'installèrent au milieu des Cananéens qui habitaient l pays et ils soumirent à des corvées les habitants de ce deux villes.

34 Les Amoréens refoulèrent les Danites dans la régio montagneuse et les empêchèrent de descendre dans l vallée. 35 Les Amoréens continuèrent donc à se maintenir Har-Hérès, à Ayalôn et à Shaalbim, mais les descendants d Joseph furent de plus en plus puissants et leur imposèren des corvées. 36 Le territoire des Amoréens s'étendait de l montée des Scorpions, depuis Séla et en remontant.

Les Israélites sont infidèles

2 1 L'ange de l'Eternel monta de Guilgal à Bokim e déclara au peuple d'Israël : Je vous ai fait sorti d'Egypte et je vous ai amenés dans le pays que j'ai solen nellement promis à vos ancêtres. J'ai déclaré que je n romprais jamais mon alliance avec vous. 2 Et vous de même vous ne conclurez pas d'alliance avec les habitants de c pays et vous démolirez leurs autels. Or, vous ne m'avez pa obéi. Pourquoi avez-vous fait cela ? 3 Aussi ai-je résolu d ne pas déposséder les habitants du pays en votre faveur. Il resteront pour vous des adversaires[l] et leurs dieux seron un piège pour vous.

4 Lorsque l'ange de l'Eternel eut adressé ces paroles a peuple d'Israël, tous se mirent à se lamenter et à pleure 5 Ils appelèrent l'endroit Bokim (Les pleureurs) et ils offri rent des sacrifices à l'Eternel.

L'histoire des chefs en Israël

6 Après que Josué eut congédié le peuple, les Israélite se rendirent chacun dans son patrimoine pour prendr possession du pays[m]. 7 Ils servirent l'Eternel pendant tout la vie de Josué et, après sa mort, tant que vécurent le responsables qui avaient vu toute l'œuvre de l'Eternel e faveur d'Israël. 8 Josué, fils de Noun, serviteur de l'Eterne mourut à l'âge de 110 ans. 9 On l'enterra dans le domain qu'il avait reçu pour propriété à Timnath-Hérès, dans l région montagneuse d'Ephraïm, au nord du mont Gaash 10 Tous ceux de sa génération disparurent à leur tour. Un nouvelle génération se leva, qui ne connaissait pas l'Eter nel, et n'avait pas vu les œuvres qu'il avait accomplies e faveur d'Israël.

11 Alors les Israélites firent ce que l'Eternel considèr comme mal, et ils se mirent à rendre un culte aux dieu Baals. 12 Ils abandonnèrent l'Eternel, le Dieu de leurs an cêtres qui les avait fait sortir d'Egypte, et se rallièren à d'autres dieux, à ceux des peuples qui vivaient autou d'eux. Ils se prosternèrent devant ces dieux et irritèren l'Eternel. 13 Ainsi, ils abandonnèrent l'Eternel pour rendr un culte aux Baals et aux Astartés.

14 Alors l'Eternel se mit en colère contre les Israélite et il les abandonna aux violences de pillards qui le dépouillèrent ; il les livra au pouvoir de leurs ennemi d'alentour, de sorte qu'ils ne furent plus capables de leu résister. 15 Chaque fois qu'ils entreprenaient une cam pagne, l'Eternel intervenait contre eux pour leur malheu comme il le leur avait déclaré, et même annoncé par ser ment. Ainsi ils furent réduits à la plus grande détresse

[l] 2.3 Autre traduction : *comme des traquenards.*
[m] 2.6 Pour les v. 6-9, voir Jos 24.29-31.

16Then the LORD raised up judges,[h] who saved them ut of the hands of these raiders. 17Yet they would not isten to their judges but prostituted themselves to ther gods and worshiped them. They quickly turned rom the ways of their ancestors, who had been obe- lient to the LORD's commands. 18Whenever the LORD aised up a judge for them, he was with the judge and aved them out of the hands of their enemies as long s the judge lived; for the LORD relented because of heir groaning under those who oppressed and af- licted them. 19But when the judge died, the people eturned to ways even more corrupt than those of heir ancestors, following other gods and serving and vorshiping them. They refused to give up their evil ractices and stubborn ways.

20Therefore the LORD was very angry with Israel and aid, "Because this nation has violated the covenant ordained for their ancestors and has not listened o me, 21I will no longer drive out before them any f the nations Joshua left when he died. 22I will use hem to test Israel and see whether they will keep the vay of the LORD and walk in it as their ancestors did." 23The LORD had allowed those nations to remain; he lid not drive them out at once by giving them into he hands of Joshua.

3 1These are the nations the LORD left to test all those Israelites who had not experienced any of he wars in Canaan 2(he did this only to teach war- are to the descendants of the Israelites who had not ad previous battle experience): 3the five rulers of he Philistines, all the Canaanites, the Sidonians, and he Hivites living in the Lebanon mountains from Mount Baal Hermon to Lebo Hamath. 4They were left o test the Israelites to see whether they would obey he LORD's commands, which he had given their an- estors through Moses.

5The Israelites lived among the Canaanites, Hittites, Amorites, Perizzites, Hivites and Jebusites. 6They ook their daughters in marriage and gave their own laughters to their sons, and served their gods.

Othniel

7The Israelites did evil in the eyes of the LORD; they orgot the LORD their God and served the Baals and he Asherahs. 8The anger of the LORD burned against srael so that he sold them into the hands of Cushan- Rishathaim king of Aram Naharaim,[i] to whom the sraelites were subject for eight years. 9But when they ried out to the LORD, he raised up for them a deliverer, Othniel son of Kenaz, Caleb's younger brother, who aved them. 10The Spirit of the LORD came on him, so hat he became Israel's judge[j] and went to war. The LORD gave Cushan-Rishathaim king of Aram into the

[h] 2:16 Or *leaders*; similarly in verses 17-19
[i] 3:8 That is, Northwest Mesopotamia
[j] 3:10 Or *leader*

16Alors l'Eternel leur suscita des chefs[n] qui les délivrèrent des pillards. 17Mais les Israélites n'obéirent pas non plus à ces chefs, ils se prostituaient avec d'autres dieux et se prosternaient devant eux. Ils s'écartèrent très vite du chemin qu'avaient suivi leurs ancêtres qui obéissaient aux commandements de l'Eternel ; ils ne suivirent pas leur exemple. 18Chaque fois que l'Eternel leur suscitait un chef, il aidait cet homme, et il délivrait les Israélites de leurs ennemis pendant toute la vie de ce chef. En effet, lorsque l'Eternel entendait son peuple gémir sous le joug de ses oppresseurs et de ceux qui le maltraitaient, il avait pitié d'eux. 19Mais après la mort du chef, le peuple recommençait à se corrompre encore plus que les générations précédentes, en se ralliant à d'autres dieux pour leur rendre un culte et se prosterner devant eux ; ils refusaient d'abandonner leurs pratiques et s'obstinaient dans leur conduite.

Dieu met son peuple à l'épreuve

20L'Eternel se mit donc en colère contre Israël et déclara : Puisque ce peuple a violé l'alliance que j'avais conclue avec leurs ancêtres et qu'il ne m'écoute pas, 21désormais, je ne déposséderai plus devant eux un seul des peuples qui subsistaient dans le pays à la mort de Josué. 22Je me servirai d'eux pour éprouver les Israélites pour voir si oui ou non ils suivent la voie que je leur ai prescrite et m'obéissent comme l'ont fait leurs ancêtres. 23L'Eternel laissa donc subsister, sans se presser de les déposséder, ces peuples qu'il n'avait pas livrés au pouvoir de Josué.

3 1Voici quels peuples l'Eternel laissa subsister pour mettre à l'épreuve les Israélites qui n'avaient pas participé aux guerres pour la conquête de Canaan. 2Il voulait que les nouvelles générations d'Israélites, qui n'avaient pas connu la guerre, apprennent ce qu'est la guerre. 3L'Eternel laissa donc dans le pays les cinq principautés philistines, tous les Cananéens et les Sidoniens[o], les Héviens[p] qui habitaient la chaîne du Liban depuis la montagne de Baal-Hermon jusqu'à Lebo-Hamath.

4Ces peuples servirent à éprouver les Israélites pour savoir s'ils obéiraient aux commandements que l'Eternel avait donnés à leurs ancêtres par Moïse. 5Ainsi les Israélites habitèrent au milieu des Cananéens, des Hittites, des Amoréens, des Phéréziens, des Héviens et des Yebousiens. 6Ils épousèrent leurs filles, donnèrent leurs propres filles à leurs fils et adorèrent leurs dieux.

Otniel

7Les Israélites firent ce que l'Eternel considère comme mal : ils oublièrent l'Eternel leur Dieu et rendirent un culte aux dieux Baals et Ashéras. 8L'Eternel se mit en colère contre Israël et il les livra au pouvoir de Koushân-Risheatayim, roi de Mésopotamie. Les Israélites lui furent assujettis pendant huit ans. 9Ils implorèrent l'Eternel et celui-ci leur suscita un libérateur en la personne d'Otniel, fils de Qenaz, qui était le frère cadet de Caleb. Et Otniel les délivra[q]. 10L'Esprit de l'Eternel vint sur lui et il prit la direction d'Israël. Il partit en guerre contre Koushân-Risheatayim, roi de Mésopotamie, et l'Eternel lui donna la

[n] 2.16 Terme traditionnellement traduit par *juges* (voir introduction).
[o] 3.3 Des Phéniciens (Sidon était la plus ancienne ville de Phénicie).
[p] 3.3 Voir note Jos 9.7.
[q] 3.9 *Otniel* s'était déjà signalé par la prise d'Hébron (voir Jos 15.17 ; Jg 1.13-15).

hands of Othniel, who overpowered him. 11 So the land had peace for forty years, until Othniel son of Kenaz died.

Ehud

12 Again the Israelites did evil in the eyes of the LORD, and because they did this evil the LORD gave Eglon king of Moab power over Israel. 13 Getting the Ammonites and Amalekites to join him, Eglon came and attacked Israel, and they took possession of the City of Palms.[k] 14 The Israelites were subject to Eglon king of Moab for eighteen years.

15 Again the Israelites cried out to the LORD, and he gave them a deliverer – Ehud, a left-handed man, the son of Gera the Benjamite. The Israelites sent him with tribute to Eglon king of Moab. 16 Now Ehud had made a double-edged sword about a cubit[l] long, which he strapped to his right thigh under his clothing. 17 He presented the tribute to Eglon king of Moab, who was a very fat man. 18 After Ehud had presented the tribute, he sent on their way those who had carried it. 19 But on reaching the stone images near Gilgal he himself went back to Eglon and said, "Your Majesty, I have a secret message for you."

The king said to his attendants, "Leave us!" And they all left.

20 Ehud then approached him while he was sitting alone in the upper room of his palace[m] and said, "I have a message from God for you." As the king rose from his seat, 21 Ehud reached with his left hand, drew the sword from his right thigh and plunged it into the king's belly. 22 Even the handle sank in after the blade, and his bowels discharged. Ehud did not pull the sword out, and the fat closed in over it. 23 Then Ehud went out to the porch[n]; he shut the doors of the upper room behind him and locked them.

24 After he had gone, the servants came and found the doors of the upper room locked. They said, "He must be relieving himself in the inner room of the palace." 25 They waited to the point of embarrassment, but when he did not open the doors of the room, they took a key and unlocked them. There they saw their lord fallen to the floor, dead.

26 While they waited, Ehud got away. He passed by the stone images and escaped to Seirah. 27 When he arrived there, he blew a trumpet in the hill country of Ephraim, and the Israelites went down with him from the hills, with him leading them.

28 "Follow me," he ordered, "for the LORD has given Moab, your enemy, into your hands." So they followed him down and took possession of the fords of the Jordan that led to Moab; they allowed no one to cross over. 29 At that time they struck down about ten thousand Moabites, all vigorous and strong; not one escaped. 30 That day Moab was made subject to Israel, and the land had peace for eighty years.

[k] 3:13 That is, Jericho

[l] 3:16 That is, about 18 inches or about 45 centimeters

[m] 3:20 The meaning of the Hebrew for this word is uncertain; also in verse 24.

[n] 3:23 The meaning of the Hebrew for this word is uncertain.

victoire sur lui. 11 Après cela, la région fut en paix pendant quarante ans ; puis Otniel, fils de Qenaz, mourut.

Ehoud

12 Les Israélites recommencèrent à faire ce que l'Eternel considère comme mal. A cause de cela, l'Eternel fortifia Eglôn, roi de Moab, et le dressa contre Israël. 13 Eglôn s'allia aux Ammonites et aux Amalécites[r], et ils attaquèrent les Israélites, les battirent et s'emparèrent de la ville des palmiers[s]. 14 Pendant dix-huit ans, les Israélites furent assujettis à Eglôn, roi de Moab.

15 Alors ils implorèrent l'Eternel, et celui-ci leur suscita un libérateur en la personne d'Ehoud, fils de Guéra, de la tribu de Benjamin, un homme qui était gaucher. Les Israélites le chargèrent de porter le tribut à Eglôn, roi de Moab. 16 Ehoud se fabriqua une épée à deux tranchants d'environ cinquante centimètres de long et il la ceignit sous ses vêtements, le long de la cuisse droite. 17 Il alla remettre le tribut à Eglôn, roi de Moab qui était très gros. 18 Lorsqu'il eut fini de présenter le tribut, il renvoya les hommes qui l'avaient apporté. 19 Arrivé aux idoles de pierre à côté de Guilgal, il revint sur ses pas et dit au roi : Majesté, j'ai un message secret à te communiquer. Le roi ordonna à tous ceux qui se tenaient autour de lui de le laisser, et tous ses familiers se retirèrent. 20 Alors Ehoud s'approcha du roi qui était assis dans la chambre haute[t] qu'il s'était réservée sur la terrasse, au frais. Ehoud lui dit : J'ai pour toi un message de Dieu. Le roi se leva de son siège. 21 De sa main gauche, Ehoud saisit l'épée qu'il portait sur sa cuisse droite et l'enfonça dans le ventre du roi. 22 La poignée elle-même pénétra après la lame, et la graisse se referma sur la lame, car Ehoud laissa l'arme dans le ventre du roi, 23 puis il sortit par le vestibule[u], après avoir fermé les portes de la chambre haute à clé derrière lui.

24 Quand il fut sorti, les serviteurs du roi revinrent et ils constatèrent que les portes de la chambre haute étaient fermées à clé. Ils attendirent, se disant que le roi était en train de faire ses besoins dans la chambre d'été. 25 Ils attendirent un bon moment. Enfin, ne sachant plus que penser, et comme il n'ouvrait toujours pas les portes, ils prirent la clé et ouvrirent eux-mêmes et voici que leur maître était étendu à terre, mort. 26 Pendant qu'ils s'étaient ainsi attardés, Ehoud s'était échappé. Il dépassa les idoles de pierre et s'enfuit vers Sëira[v]. 27 Dès qu'il fut arrivé là, il sonna du cor dans les montagnes d'Ephraïm. Les Israélites descendirent des collines et il se mit à leur tête.

28 Suivez-moi, leur dit-il, car l'Eternel vous donne la victoire sur vos ennemis les Moabites.

Ils le suivirent donc et ils occupèrent les gués du Jourdain pour couper le passage aux Moabites, ne laissant personne traverser la rivière. 29 Ils tuèrent ce jour-là environ dix mille hommes de Moab, tous robustes et aguerris et ils ne laissèrent aucun rescapé. 30 Moab fut affaibli à

[r] 3.13 Les *Ammonites* étaient les descendants de Loth (Gn 19.38), les *Amalécites* ceux d'Esaü (Gn 36.12, 16) ; ils vivaient dans le Néguev (Nb 13.29). Ennemis des plus farouches, ils étaient voisins d'Israël à l'est et au sud.

[s] 3.13 Jéricho (voir 1.16).

[t] 3.20 Sens incertain. Autre traduction : *le palais d'été*.

[u] 3.23 Autre traduction : *par-derrière*.

[v] 3.26 Localisation incertaine, dans la région du mont Séir en Edom ou au nord de Jéricho.

hamgar

31 After Ehud came Shamgar son of Anath, who truck down six hundred Philistines with an oxgoad. le too saved Israel.

›eborah

4 1 Again the Israelites did evil in the eyes of the LORD, now that Ehud was dead. 2 So the LORD sold hem into the hands of Jabin king of Canaan, who eigned in Hazor. Sisera, the commander of his army, vas based in Harosheth Haggoyim. 3 Because he had ine hundred chariots fitted with iron and had cruelly ›ppressed the Israelites for twenty years, they cried o the LORD for help.

4 Now Deborah, a prophet, the wife of Lappidoth, vas leading[o] Israel at that time. 5 She held court under he Palm of Deborah between Ramah and Bethel in he hill country of Ephraim, and the Israelites went p to her to have their disputes decided. 6 She sent for arak son of Abinoam from Kedesh in Naphtali and aid to him, "The LORD, the God of Israel, commands ou: 'Go, take with you ten thousand men of Naphtali nd Zebulun and lead them up to Mount Tabor. 7 I will ead Sisera, the commander of Jabin's army, with his hariots and his troops to the Kishon River and give im into your hands.' "

8 Barak said to her, "If you go with me, I will go; but f you don't go with me, I won't go."

9 "Certainly I will go with you," said Deborah. "But ecause of the course you are taking, the honor will ot be yours, for the LORD will deliver Sisera into the ands of a woman." So Deborah went with Barak o Kedesh. 10 There Barak summoned Zebulun and Japhtali, and ten thousand men went up under his ommand. Deborah also went up with him.

11 Now Heber the Kenite had left the other Kenites, he descendants of Hobab, Moses' brother-in-law,[p] nd pitched his tent by the great tree in Zaanannim ear Kedesh.

12 When they told Sisera that Barak son of Abinoam ad gone up to Mount Tabor, 13 Sisera summoned from Iarosheth Haggoyim to the Kishon River all his men nd his nine hundred chariots fitted with iron.

14 Then Deborah said to Barak, "Go! This is the day he LORD has given Sisera into your hands. Has not the ORD gone ahead of you?" So Barak went down Mount abor, with ten thousand men following him. 15 At arak's advance, the LORD routed Sisera and all his hariots and army by the sword, and Sisera got down rom his chariot and fled on foot.

4:4 Traditionally *judging*
4:11 Or *father-in-law*

partir de là par les Israélites et la région connut la paix pendant quatre-vingts ans.

Shamgar

31 Après Ehoud, vint Shamgar, fils d'Anath. Il tua six cents Philistins avec un aiguillon à bœufs. Lui aussi fut un libérateur d'Israël.

Débora et Baraq

4 1 Après la mort d'Ehoud, les Israélites recommencèrent à faire ce que l'Eternel considère comme mal. 2 Alors l'Eternel les livra au pouvoir de Yabîn[w], un roi cananéen qui régnait sur la ville de Hatsor[x]. Le chef de son armée s'appelait Sisera et demeurait à Harosheth-Goyim. 3 Yabîn possédait neuf cents chars bardés de fer et il opprima durement les Israélites pendant vingt ans. Alors ceux-ci implorèrent l'Eternel.

4 A cette époque, Débora, une prophétesse, femme de Lappidoth, administrait la justice en Israël. 5 Elle siégeait sous le palmier qui, depuis lors, porte son nom, entre Rama et Béthel, dans la région montagneuse d'Ephraïm. Les Israélites se rendaient auprès d'elle pour régler leurs litiges. 6 Un jour, elle envoya chercher Baraq, fils d'Abinoam, de Qédesh[y] en Nephtali, et lui dit : Voici ce que t'ordonne l'Eternel, le Dieu d'Israël : « Va recruter dix mille hommes dans les tribus de Nephtali et de Zabulon et conduis-les sur le mont Thabor. 7 Je mènerai au torrent de Qishôn Sisera, le chef de l'armée de Yabîn, avec ses chars et ses troupes, et je te donnerai la victoire sur lui. »

8 Baraq répondit à Débora : Si tu m'accompagnes, j'irai ; mais si tu ne viens pas avec moi, je n'irai pas.

9 – Soit, lui répondit-elle, j'irai avec toi ; mais sache que ce n'est pas à toi que reviendra l'honneur de l'expédition que tu vas entreprendre, car c'est entre les mains d'une femme que l'Eternel livrera Sisera.

Débora se mit donc en route pour se rendre avec Baraq à Qédesh. 10 Celui-ci y convoqua les tribus de Zabulon et de Nephtali. Dix mille hommes le suivirent et Débora partit avec lui.

11 A la même époque, Héber le Qénien s'était séparé des autres Qéniens, descendants de Hobab[z], le beau-frère de Moïse, et était venu dresser sa tente près de Qédesh, à côté du chêne de Tsaannaïm[a].

12 Sisera fut informé que Baraq, fils d'Abinoam, était monté sur le mont Thabor. 13 Il mobilisa toutes ses troupes et rassembla les neuf cents chars bardés de fer. Il achemina toute l'armée de Harosheth-Goyim vers le torrent du Qishôn. 14 Alors Débora dit à Baraq : En avant ! C'est aujourd'hui que l'Eternel te donnera la victoire sur Sisera. Il marche lui-même devant toi.

Baraq descendit du mont Thabor à la tête de ses dix mille hommes. 15 Alors l'Eternel mit en déroute Sisera, ses chars et toutes ses troupes, par l'épée devant Baraq. Sisera lui-

w **4.2** Voir note Jos 11.1.
x **4.2** *Hatsor* avait été démolie mais avait dû être reconstruite (voir Jos 11.13 ; 12.19 ; 19.36).
y **4.6** Qédesh se situait au nord du pays d'Israël (voir Jos 12.22 ; 19.37 ; 21.32).
z **4.11** Sur *Hobab*, voir Nb 10.29.
a **4.11** Les *Qéniens* étaient alliés aux Israélites depuis l'époque de Moïse (voir Ex 3.1). Ils ont combattu avec eux lors de la conquête de Canaan (Jg 1.16; voir Nb 10.29-32). *Héber* a émigré du sud vers le nord du pays et s'est allié aux Cananéens. C'est certainement lui qui a informé Sisera des préparatifs militaires de Baraq.

16 Barak pursued the chariots and army as far as
Harosheth Haggoyim, and all Sisera's troops fell by the
sword; not a man was left. 17 Sisera, meanwhile, fled on
foot to the tent of Jael, the wife of Heber the Kenite,
because there was an alliance between Jabin king of
Hazor and the family of Heber the Kenite.
18 Jael went out to meet Sisera and said to him,
"Come, my lord, come right in. Don't be afraid." So he
entered her tent, and she covered him with a blanket.

19 "I'm thirsty," he said. "Please give me some water." She opened a skin of milk, gave him a drink, and
covered him up.
20 "Stand in the doorway of the tent," he told her. "If
someone comes by and asks you, 'Is anyone in there?'
say 'No.'"
21 But Jael, Heber's wife, picked up a tent peg and
a hammer and went quietly to him while he lay fast
asleep, exhausted. She drove the peg through his temple into the ground, and he died.
22 Just then Barak came by in pursuit of Sisera, and
Jael went out to meet him. "Come," she said, "I will
show you the man you're looking for." So he went
in with her, and there lay Sisera with the tent peg
through his temple – dead.

23 On that day God subdued Jabin king of Canaan
before the Israelites. 24 And the hand of the Israelites
pressed harder and harder against Jabin king of
Canaan until they destroyed him.

The Song of Deborah

5 1 On that day Deborah and Barak son of Abinoam
sang this song:

2 "When the princes in Israel take the lead,
when the people willingly offer themselves –
praise the LORD!
3 "Hear this, you kings! Listen, you rulers!
I, even I, will sing to[q] the LORD;
I will praise the LORD, the God of Israel, in
song.
4 "When you, LORD, went out from Seir,
when you marched from the land of Edom,
the earth shook, the heavens poured,
the clouds poured down water.
5 The mountains quaked before the LORD, the One
of Sinai,
before the LORD, the God of Israel.
6 "In the days of Shamgar son of Anath,
in the days of Jael, the highways were
abandoned;
travelers took to winding paths.
7 Villagers in Israel would not fight;
they held back until I, Deborah, arose,
until I arose, a mother in Israel.

8 God chose new leaders
when war came to the city gates,
but not a shield or spear was seen

q 5:3 Or *of*

même abandonna son char et s'enfuit à pied. 16 Mais Bara
poursuivit les chars et l'armée jusqu'à Harosheth-Goyin
et toutes les troupes de Sisera furent massacrées. Pas u
homme n'échappa.
17 Sisera s'enfuit à pied jusqu'à la tente de Yaël, la femm
de Héber, le Qénien, car la paix avait été conclue entr
Yabîn roi de Hatsor et la famille de Héber. 18 Yaël sort
à la rencontre de Sisera et lui dit : Entre, mon seigneu
retire-toi chez moi. Tu n'as rien à craindre ici.
Il la suivit donc dans sa tente, et elle le recouvrit d'un
couverture.
19 – Donne-moi, s'il te plaît, un peu d'eau à boire, lui dit
il, car j'ai soif.
Elle ouvrit l'outre de lait, le fit boire et le recouvrit
20 Il ajouta : Va te poster à l'entrée de la tente, et si l'o
vient te demander s'il y a quelqu'un ici, tu répondras
« Personne ! »
21 Puis il s'endormit profondément car il était épuis
Alors Yaël saisit un piquet de la tente, prit le marteau
se glissa doucement près de lui, et lui enfonça le pique
dans la tempe, et le piquet lui transperça la tête et se plan
ta dans le sol, si bien qu'il mourut. 22 Sur ces entrefaite
survint Baraq poursuivant Sisera. Yaël sortit au-devan
de lui et lui dit : Viens, je te montrerai l'homme que t
cherches.
Il la suivit et vit Sisera mort, étendu sur le sol, la temp
transpercée du piquet.
23 C'est ainsi que ce jour-là Dieu humilia Yabîn, le ro
cananéen, devant les Israélites. 24 Leur pression contre lu
devint de plus en plus forte et ils finirent par l'éliminer

Le cantique de Débora

5 1 En ce même jour, Débora chanta ce cantique ave
Baraq, fils d'Abinoam :

2 Bénissez l'Eternel :
Voici qu'en Israël on a laissé flotter les chevelures[b],
le peuple s'est offert pour le combat.
3 Ecoutez-moi, ô rois ! Prêtez l'oreille, ô princes !
Je veux chanter pour l'Eternel,
je veux jouer de la musique en l'honneur du Dieu
d'Israël.
4 O Eternel, lorsque tu sortis de Séir,
lorsque tu t'avanças depuis les champs d'Edom,
la terre se mit à trembler et le ciel se fondit en eau :
les nuées déversèrent une pluie abondante.
5 Devant toi, Eternel, les montagnes ont vacillé[c],
devant le Dieu du Sinaï,
oui, devant l'Eternel, Dieu d'Israël.
6 Au temps de Shamgar, fils d'Anath,
et au temps de Yaël, les routes étaient désertes,
les voyageurs suivaient des sentiers détournés.

7 Les villes d'Israël étaient abandonnées,
la vie avait cessé.
Alors, moi, Débora, je suis intervenue,
je suis intervenue comme une mère pour Israël.
8 Le peuple d'Israël s'est choisi d'autres dieux,
et aussitôt, la guerre venait jusqu'à ses portes.
Ils sont quarante mille soldats en Israël,

b 5.2 Geste qui montre la détermination à aller au combat.
c 5.5 Autre traduction : *se sont affaissées.*

among forty thousand in Israel.
9 My heart is with Israel's princes,
with the willing volunteers among the people.
Praise the LORD!
10 "You who ride on white donkeys,
sitting on your saddle blankets,
and you who walk along the road,
consider 11 the voice of the singers[r] at the watering places.
They recite the victories of the LORD,
the victories of his villagers in Israel.
"Then the people of the LORD
went down to the city gates.
12 'Wake up, wake up, Deborah!
Wake up, wake up, break out in song!
Arise, Barak!
Take captive your captives, son of Abinoam.'
13 "The remnant of the nobles came down;
the people of the LORD came down to me against the mighty.
14 Some came from Ephraim, whose roots were in Amalek;
Benjamin was with the people who followed you.
From Makir captains came down,
from Zebulun those who bear a commander's[s] staff.
15 The princes of Issachar were with Deborah;
yes, Issachar was with Barak,
sent under his command into the valley.
In the districts of Reuben
there was much searching of heart.
16 Why did you stay among the sheep pens[t]
to hear the whistling for the flocks?
In the districts of Reuben
there was much searching of heart.
17 Gilead stayed beyond the Jordan.
And Dan, why did he linger by the ships?
Asher remained on the coast
and stayed in his coves.
18 The people of Zebulun risked their very lives;
so did Naphtali on the terraced fields.
19 "Kings came, they fought,
the kings of Canaan fought.
At Taanach, by the waters of Megiddo,
they took no plunder of silver.
20 From the heavens the stars fought,
from their courses they fought against Sisera.
21 The river Kishon swept them away,
the age-old river, the river Kishon.
March on, my soul; be strong!
22 Then thundered the horses' hooves –
galloping, galloping go his mighty steeds.
23 'Curse Meroz,' said the angel of the LORD.

5:11 The meaning of the Hebrew for this word is uncertain.
5:14 The meaning of the Hebrew for this word is uncertain.
5:16 Or *the campfires*; or *the saddlebags*

mais pas un bouclier, pas une seule lance !
9 Mon cœur bat pour les chefs en Israël,
ceux qui se sont offerts au sein du peuple pour le combat.
Bénissez l'Eternel !
10 Vous tous qui chevauchez sur des ânesses blanches,
vous qui êtes assis sur des tapis,
et vous qui parcourez les chemins : pensez-y !
11 Ecoutez comme ils chantent, ceux qui font le partage de l'eau près des fontaines :
ils chantent comment l'Eternel a fait justice,
oui, comment il a fait justice par son gouvernement[d] sur Israël,
son peuple est descendu aux portes de la ville.
12 Debout ! Eveille-toi, Débora, interviens !
Debout, éveille-toi, entonne un chant de guerre !
Toi, Baraq, lève-toi, ramène tes captifs, ô fils d'Abinoam !
13 Voici qu'un faible reste a triomphé des grands,
oui, le peuple de l'Eternel a maîtrisé pour moi les braves[e] !
14 Ceux qui ont vaincu Amalec sont sortis d'Ephraïm.
Benjamin t'a suivi, il est parmi tes troupes.
De Makir sont venus ceux qui ont commandé,
et de Zabulon ceux qui tiennent le bâton de commandement.
15 Les princes d'Issacar ont rejoint Débora,
et toute sa tribu, sur les pas de Baraq,
s'est précipitée dans la plaine.
Dans les rangs de Ruben, on a délibéré
et discuté sans fin.
16 Pourquoi es-tu resté au milieu des enclos,
écoutant bêler les troupeaux ?
Dans les rangs de Ruben, on a délibéré
et discuté sans fin !
17 Galaad est resté au-delà du Jourdain,
et Dan n'a pas bougé d'auprès de ses vaisseaux[f].
Aser est demeuré près du bord de la mer
et il s'est cantonné auprès des ports paisibles.
18 Zabulon est un peuple qui a bravé la mort,
et Nephtali aussi,
sur les hauteurs, dans la campagne.
19 Des rois ennemis vinrent et ils nous combattirent ;
oui, ils nous combattirent, les rois de Canaan,
à Taanak, tout près des eaux de Meguiddo ;
mais ils n'ont emporté ni argent ni butin.
20 Dans le ciel, même les étoiles ont pris part au combat ;
du haut de leurs orbites, elles combattaient Sisera.
21 Le torrent de Qishôn les a tous balayés,
le torrent de Qishôn, celui des temps anciens.
Marchons avec hardiesse !
22 Comme ils ont résonné, les sabots des chevaux qui martelaient le sol !
Au galop ! au galop ! Fuyez, puissants coursiers !
23 L'ange de l'Eternel dit : Maudissez Méroz[g] ;
maudissez, maudissez ses habitants :

[d] 5.11 Sens incertain.
[e] 5.13 Autre traduction : *est venu auprès de moi parmi les braves.*
[f] 5.17 Le port de Jaffa lui appartenait.
[g] 5.23 Une ville de Nephtali qui n'a pas participé au combat.

'Curse its people bitterly,
because they did not come to help the LORD,
to help the LORD against the mighty.'
24 "Most blessed of women be Jael,
the wife of Heber the Kenite,
most blessed of tent-dwelling women.

25 He asked for water, and she gave him milk;
in a bowl fit for nobles she brought him
curdled milk.
26 Her hand reached for the tent peg,
her right hand for the workman's hammer.
She struck Sisera, she crushed his head,
she shattered and pierced his temple.
27 At her feet he sank,
he fell; there he lay.
At her feet he sank, he fell;
where he sank, there he fell – dead.
28 "Through the window peered Sisera's mother;
behind the lattice she cried out,
'Why is his chariot so long in coming?
Why is the clatter of his chariots delayed?'

29 The wisest of her ladies answer her;
indeed, she keeps saying to herself,
30 'Are they not finding and dividing the spoils:
a woman or two for each man,
colorful garments as plunder for Sisera,
colorful garments embroidered,
highly embroidered garments for my neck –
all this as plunder?'

31 "So may all your enemies perish, LORD!
But may all who love you be like the sun
when it rises in its strength."
Then the land had peace forty years.

Gideon

6 [1]The Israelites did evil in the eyes of the LORD,
and for seven years he gave them into the hands
of the Midianites. [2]Because the power of Midian was
so oppressive, the Israelites prepared shelters for
themselves in mountain clefts, caves and strongholds. [3]Whenever the Israelites planted their crops,
the Midianites, Amalekites and other eastern peoples
invaded the country. [4]They camped on the land and
ruined the crops all the way to Gaza and did not spare
a living thing for Israel, neither sheep nor cattle nor
donkeys. [5]They came up with their livestock and their
tents like swarms of locusts. It was impossible to count
them or their camels; they invaded the land to ravage
it. [6]Midian so impoverished the Israelites that they
cried out to the LORD for help.
[7]When the Israelites cried out to the LORD because
of Midian, [8]he sent them a prophet, who said, "This

ils ne sont pas venus prêter main-forte à l'Eternel,
prêter main-forte à l'Eternel au milieu de ses
braves.
24 Que Yaël soit bénie entre toutes les femmes,
Yaël la femme de Héber le Qénien !
Oui, qu'elle soit bénie entre toutes les femmes qui
vivent sous la tente.
25 Sisera demanda de l'eau, elle a donné du lait.
Dans la coupe d'honneur[h], elle a offert du lait caill

26 Et puis elle a saisi un piquet dans sa main
et a pris de sa droite le marteau d'ouvrier
pour frapper Sisera, pour lui percer la tête.
Elle lui a brisé et transpercé la tempe.
27 A ses pieds, il s'affaisse,
il s'écroule, il succombe.
A ses pieds, il s'affaisse, oui, il s'écroule.
Et à l'endroit où il s'est écroulé il gît inanimé !
28 Par la fenêtre, sa mère guette au loin ;
à travers le grillage,
elle exhale sa plainte :
pourquoi, pourquoi son char tarde-t-il à paraître ?
Pourquoi n'entend-on pas le fracas de ses chars ?
29 Sans cesse, elle répète
ce qu'ont dit les plus sages des dames de sa suite :
30 « Sans doute ont-ils trouvé un butin abondant et ils
se le partagent :
une fille ou deux filles pour chaque combattant !
Sisera, lui, reçoit des habits de couleur,
des habits de couleur,
deux vêtements brodés d'étoffe de couleur
pour le cou du vainqueur ! »
31 O Eternel, que tous tes ennemis périssent de la
sorte !
Et que tous ceux qui t'aiment soient comme le solei
quand, tout éclatant, il se lève !
Après cela, le pays fut en paix pendant quarante ans.

L'oppression des Madianites

6 [1]Les Israélites firent de nouveau ce que l'Eternel cor
sidère comme mal, de sorte que l'Eternel les livra a
pouvoir des Madianites[i] pendant sept ans. [2]L'oppressio
des Madianites fut si dure que les Israélites s'aménagèren
des abris dans les cavernes, les grottes et les endroit
escarpés des montagnes. [3]Chaque fois que les Israélite
avaient ensemencé leurs champs, les Madianites venaien
les attaquer avec les Amalécites et d'autres tribus nomade
de l'Orient. [4]Ils établissaient leur campement dans le pay
et détruisaient les récoltes jusqu'aux abords de Gaza. Ils n
laissaient aux Israélites ni vivres, ni moutons, ni bœuf
ni ânes. [5]En effet, ils arrivaient en grand nombre, comm
des sauterelles, avec leurs troupeaux et leurs tentes. Eux e
leurs chameaux étaient innombrables, et ils envahissaien
le pays pour le ravager.
[6]Les Israélites furent réduits à une grande misère pa
les Madianites et ils implorèrent l'Eternel. [7]Lorsque le

[h] **5.25** La *coupe* est celle dans laquelle on offre le vin d'honneur lors des fêtes.

[i] **6.1** Les Madianites, issus d'Abraham et de Qetoura (Gn 25.2 ; 1 Ch 1.32), sont connus dans l'Ancien Testament comme un peuple nomade dont on situe le territoire en Arabie du Nord, à l'est du golfe d'Aqaba. Ils faisaient des incursions vers l'ouest. Tantôt alliés d'Israël (Ex 2.15-22 ; 18.1-11 ; Nb 10.29-32), tantôt ennemis (Nb 22.4 ; 25.6-18), ils s'alliaient à d'autres peuplades pour ravager les terres des sédentaires.

; what the LORD, the God of Israel, says: I brought you
p out of Egypt, out of the land of slavery. 9I rescued
ou from the hand of the Egyptians. And I delivered
ou from the hand of all your oppressors; I drove them
ut before you and gave you their land. 10I said to you,
am the LORD your God; do not worship the gods of
he Amorites, in whose land you live.' But you have
ot listened to me."

11The angel of the LORD came and sat down un-
er the oak in Ophrah that belonged to Joash the
biezrite, where his son Gideon was threshing wheat
a winepress to keep it from the Midianites. 12When
he angel of the LORD appeared to Gideon, he said, "The
ORD is with you, mighty warrior."
13"Pardon me, my lord," Gideon replied, "but if the
ORD is with us, why has all this happened to us? Where
re all his wonders that our ancestors told us about
hen they said, 'Did not the LORD bring us up out of
gypt?' But now the LORD has abandoned us and given
s into the hand of Midian."
14The LORD turned to him and said, "Go in the
trength you have and save Israel out of Midian's hand.
m I not sending you?"
15"Pardon me, my lord," Gideon replied, "but how
an I save Israel? My clan is the weakest in Manasseh,
nd I am the least in my family."
16The LORD answered, "I will be with you, and you
ill strike down all the Midianites, leaving none
live."
17Gideon replied, "If now I have found favor in your
yes, give me a sign that it is really you talking to me.
Please do not go away until I come back and bring
ny offering and set it before you."
And the LORD said, "I will wait until you return."
19Gideon went inside, prepared a young goat, and
rom an ephah[u] of flour he made bread without yeast.
utting the meat in a basket and its broth in a pot,
e brought them out and offered them to him under
he oak.
20The angel of God said to him, "Take the meat and
he unleavened bread, place them on this rock, and
our out the broth." And Gideon did so. 21Then the
ngel of the LORD touched the meat and the unleavened
read with the tip of the staff that was in his hand.
ire flared from the rock, consuming the meat and the
read. And the angel of the LORD disappeared. 22When
ideon realized that it was the angel of the LORD, he
xclaimed, "Alas, Sovereign LORD! I have seen the angel
f the LORD face to face!"
23But the LORD said to him, "Peace! Do not be afraid.
ou are not going to die."
24So Gideon built an altar to the LORD there and
alled it The LORD Is Peace. To this day it stands in
phrah of the Abiezrites.

6:19 That is, probably about 36 pounds or about 16 kilograms

Israélites implorèrent l'Eternel à cause des Madianites, 8il
leur envoya un prophète qui leur dit : Voici ce que déclare
l'Eternel, le Dieu d'Israël : « C'est moi qui vous ai fait sortir
d'Egypte, de ce pays où vous étiez réduits à l'esclavage. 9Je
vous ai délivrés des Egyptiens et de tous ceux qui vous
opprimaient : je les ai chassés devant vous et je vous ai
donné leur pays. 10Je vous ai dit : Je suis l'Eternel votre
Dieu ; ne craignez pas les dieux des Amoréens dont vous
habitez le pays. Mais vous ne m'avez pas écouté. »

Gédéon

11L'ange de l'Eternel vint s'asseoir sous le chêne qui se
trouvait à Ophra dans la propriété de Joas, un homme de
la famille d'Abiézer. Gédéon, un fils de Joas, était en train
de battre le blé dans le pressoir à raisin pour le cacher
des Madianites. 12L'ange de l'Eternel lui apparut et dit :
L'Eternel est avec toi, guerrier valeureux !
13Gédéon lui répondit : De grâce, mon seigneur, si l'Eternel est avec nous, pourquoi tant de malheurs s'abattent-ils
sur nous ? Où sont donc tous ces prodiges que nos pères
nous ont racontés en nous disant que l'Eternel nous a fait
sortir d'Egypte ? En réalité, l'Eternel nous a abandonnés
et nous a livrés au pouvoir des Madianites.
14Alors l'Eternel se tourna vers lui et dit : Va avec cette
force que tu as, et délivre Israël des Madianites. N'est-ce
pas moi qui t'envoie ?
15Mais Gédéon répliqua : De grâce, mon Seigneur ! Avec
quoi pourrais-je délivrer Israël ? Ma famille est peu importante dans la tribu de Manassé, et moi je suis le plus
jeune des fils de mon père.
16L'Eternel lui répondit : Je serai avec toi, c'est pourquoi
tu battras les Madianites tous ensemble.

17Gédéon lui dit : Eh bien, si réellement tu m'accordes ta
faveur, prouve-moi par un signe que c'est bien toi qui me
parles. 18Ne t'éloigne pas d'ici, je te prie, avant que je sois
revenu vers toi avec une offrande que je te présenterai.
– J'attendrai ton retour, lui dit-il.
19Gédéon rentra chez lui, apprêta un jeune chevreau et
prépara des pains sans levain avec trente kilos de farine.
Il mit la viande dans une corbeille et le jus dans un pot,
puis il apporta le tout à l'ange de Dieu qui se tenait sous
le chêne et le lui offrit. 20L'ange de Dieu lui dit : Prends la
viande et les pains sans levain et dépose-les sur ce rocher,
puis verse le jus par-dessus.
Gédéon obéit. 21L'ange de l'Eternel avança le bout du
bâton qu'il tenait en main et en toucha la viande et les
pains sans levain. Une flamme jaillit du rocher et consuma
la viande et les pains sans levain. Puis l'ange de l'Eternel
disparut à ses yeux. 22A ce moment, Gédéon reconnut
que c'était l'ange de l'Eternel et il s'écria : Malheur à moi,
Seigneur Eternel ! Car j'ai vu l'ange de l'Eternel face à face[j].

23Mais l'Eternel lui dit : Rassure-toi, n'aie pas peur, tu
ne mourras pas.
24Gédéon construisit à cet endroit un autel à l'Eternel
et il l'appela « L'Eternel assure la paix ». Cet autel existe
encore aujourd'hui à Ophra, un village du groupe familial
d'Abiézer.

j 6.22 Puisqu'on ne peut voir Dieu et vivre
(Gn 16.13 ; 32.31 ; Ex 33.20 ; 19.21 ; Jg 13.22 ; Es 6.5).

[25]That same night the LORD said to him, "Take the second bull from your father's herd, the one seven years old.[v] Tear down your father's altar to Baal and cut down the Asherah pole[w] beside it. [26]Then build a proper kind of[x] altar to the LORD your God on the top of this height. Using the wood of the Asherah pole that you cut down, offer the second[y] bull as a burnt offering."

[27]So Gideon took ten of his servants and did as the LORD told him. But because he was afraid of his family and the townspeople, he did it at night rather than in the daytime.

[28]In the morning when the people of the town got up, there was Baal's altar, demolished, with the Asherah pole beside it cut down and the second bull sacrificed on the newly built altar!

[29]They asked each other, "Who did this?"

When they carefully investigated, they were told, "Gideon son of Joash did it."

[30]The people of the town demanded of Joash, "Bring out your son. He must die, because he has broken down Baal's altar and cut down the Asherah pole beside it."

[31]But Joash replied to the hostile crowd around him, "Are you going to plead Baal's cause? Are you trying to save him? Whoever fights for him shall be put to death by morning! If Baal really is a god, he can defend himself when someone breaks down his altar." [32]So because Gideon broke down Baal's altar, they gave him the name Jerub-Baal[z] that day, saying, "Let Baal contend with him."

[33]Now all the Midianites, Amalekites and other eastern peoples joined forces and crossed over the Jordan and camped in the Valley of Jezreel. [34]Then the Spirit of the LORD came on Gideon, and he blew a trumpet, summoning the Abiezrites to follow him. [35]He sent messengers throughout Manasseh, calling them to arms, and also into Asher, Zebulun and Naphtali, so that they too went up to meet them.

[36]Gideon said to God, "If you will save Israel by my hand as you have promised – [37]look, I will place a wool fleece on the threshing floor. If there is dew only on the fleece and all the ground is dry, then I will know that you will save Israel by my hand, as you said." [38]And that is what happened. Gideon rose early the next day; he squeezed the fleece and wrung out the dew – a bowlful of water.

[39]Then Gideon said to God, "Do not be angry with me. Let me make just one more request. Allow me one more test with the fleece, but this time make the fleece dry and let the ground be covered with dew."

v **6:25** Or *Take a full-grown, mature bull from your father's herd*
w **6:25** That is, a wooden symbol of the goddess Asherah; also in verses 26, 28 and 30
x **6:26** Or *build with layers of stone an*
y **6:26** Or *full-grown*; also in verse 28
z **6:32** *Jerub-Baal* probably means *let Baal contend.*

Gédéon démolit l'autel de Baal

[25]La nuit suivante, l'Eternel dit à Gédéon : Prends l jeune taureau de ton père, le second, celui de sept an Démolis l'autel de Baal qui est à ton père et abats le potea sacré voué à la déesse Ashéra qui est dressé à côté. [26]Pu tu bâtiras un autel bien aménagé à l'Eternel ton Dieu a sommet de cette colline. Tu prendras le second taureau e tu l'offriras en holocauste, en utilisant comme combustibl le bois du poteau sacré que tu auras abattu.

[27]Gédéon prit dix hommes parmi ses serviteurs et fit c que l'Eternel lui avait demandé, mais comme il n'osait pa agir en plein jour par crainte de sa famille et des habitant du village, il opéra de nuit. [28]Le lendemain matin, les gen du village découvrirent que l'autel de Baal avait été démol que le poteau sacré était abattu et qu'un taureau avait ét offert en holocauste sur l'autel qui venait d'être construi [29]Ils se demandèrent les uns aux autres : Qui a fait cela

Alors qu'ils cherchaient à se renseigner, on leur dit qu c'était Gédéon, le fils de Joas, qui avait fait cela. [30]Alor ils dirent à Joas : Fais sortir ton fils et il mourra, car a démoli l'autel de Baal et abattu le poteau sacré qui s trouvait à côté.

[31]Mais Joas répondit à tous ceux qui se tenaient autou de lui : Est-ce à vous de défendre la cause de Baal ? Est-c à vous de lui venir en aide ? Celui qui prendra parti pou Baal sera mis à mort avant demain matin. Si Baal est dieu qu'il se défende lui-même, puisqu'on a démoli son autel.

[32]A partir de ce jour, on surnomma Gédéon Yeroubbaa (Que Baal se défende) parce qu'on avait dit : Que Baal s défende contre lui puisqu'il a démoli son autel !

Gédéon demande un signe

[33]Les Madianites, les Amalécites et les nomades de l'Or ent rassemblèrent leurs troupes, traversèrent le Jourda et installèrent leur camp dans la vallée de Jizréel. [34]L'Espr de l'Eternel s'empara de Gédéon qui se mit à sonner d cor. Alors les hommes de la famille d'Abiézer se rassem blèrent pour le suivre. [35]Gédéon envoya des messager dans tout le territoire de Manassé. Là aussi, les hommes s rassemblèrent pour marcher avec lui. Il envoya de mêm des messagers dans les tribus d'Aser, de Zabulon et d Nephtali, et tous vinrent le rejoindre.

[36]Gédéon dit à Dieu : Si réellement tu veux délivrer Isra par mes soins, comme tu l'as dit, [37]voici ce que je te de mande : j'étendrai une toison de laine sur le sol de l'aire o l'on bat le blé. Si la rosée se dépose seulement sur la toiso et si tout le sol autour reste sec, je saurai que c'est par me soins que tu veux délivrer Israël, comme tu l'as déclaré.

[38]C'est exactement ce qui arriva. Le lendemain, il se lev de bon matin, pressa la toison et en fit sortir assez de rosé pour remplir d'eau tout un bol. [39]Alors il dit à Dieu : N te fâche pas contre moi si je t'adresse encore une fois un demande, permets-moi seulement une dernière épreuv avec la toison : qu'elle seule reste sèche et que la rosé mouille le sol tout autour.

9That night God did so. Only the fleece was dry; all he ground was covered with dew.

ideon Defeats the Midianites

7 1Early in the morning, Jerub-Baal (that is, Gideon) and all his men camped at the spring of Iarod. The camp of Midian was north of them in the alley near the hill of Moreh. 2The LORD said to Gideon, You have too many men. I cannot deliver Midian into heir hands, or Israel would boast against me, 'My own trength has saved me.' 3Now announce to the army, Anyone who trembles with fear may turn back and eave Mount Gilead.'" So twenty-two thousand men eft, while ten thousand remained.

4But the LORD said to Gideon, "There are still too nany men. Take them down to the water, and I will hin them out for you there. If I say, 'This one shall go ith you,' he shall go; but if I say, 'This one shall not o with you,' he shall not go."

5So Gideon took the men down to the water. There he LORD told him, "Separate those who lap the water ith their tongues as a dog laps from those who kneel own to drink." 6Three hundred of them drank from upped hands, lapping like dogs. All the rest got down n their knees to drink.

7The LORD said to Gideon, "With the three hunred men that lapped I will save you and give the Iidianites into your hands. Let all the others go ome." 8So Gideon sent the rest of the Israelites home ut kept the three hundred, who took over the provi-ions and trumpets of the others.

Now the camp of Midian lay below him in the valey. 9During that night the LORD said to Gideon, "Get p, go down against the camp, because I am going to ive it into your hands. 10If you are afraid to attack, o down to the camp with your servant Purah 11and sten to what they are saying. Afterward, you will e encouraged to attack the camp." So he and Purah is servant went down to the outposts of the camp. 2The Midianites, the Amalekites and all the other astern peoples had settled in the valley, thick as lousts. Their camels could no more be counted than he sand on the seashore.

13Gideon arrived just as a man was telling a friend is dream. "I had a dream," he was saying. "A round oaf of barley bread came tumbling into the Midianite

40Et Dieu fit cette nuit-là ce que Gédéon lui avait demandé : seule la toison resta sèche, alors que tout le sol reçut de la rosée.

Gédéon et les trois cents soldats

7 1Le lendemain matin, Yeroubbaal, c'est-à-dire Gédéon, se mit en route avec toutes ses troupes et ils établirent leur camp près de Eyn-Harod. L'armée des Madianites était campée plus au nord dans la vallée qui s'étend au pied de la colline de Moré[k]. 2L'Eternel dit à Gédéon : Ton armée est trop nombreuse pour que je te donne la victoire sur les Madianites. Sinon les Israélites s'en vanteraient à mes dépens, en pensant que c'est par leurs propres forces qu'ils se sont délivrés. 3Fais donc la proclamation suivante à tes troupes : « Qui d'entre vous a peur au point de trembler[l] ? Qu'il s'éloigne du mont Galaad[m] et rentre chez lui. »

Vingt-deux mille hommes de son armée s'en allèrent, et il en resta dix mille. 4Mais l'Eternel dit à Gédéon : Les troupes sont encore trop nombreuses. Fais-les descendre au bord du torrent, et là je les trierai pour toi. Ceux que je désignerai pour t'accompagner iront avec toi, mais ceux dont je te dirai qu'ils ne doivent pas t'accompagner n'iront pas avec toi.

5Gédéon fit descendre ses hommes au bord du torrent, et l'Eternel lui dit : Tu mettras d'un côté tous ceux qui lapent l'eau avec la langue comme les chiens, et de l'autre côté ceux qui s'agenouillent pour boire.

6Il y eut trois cents hommes qui prirent de l'eau dans leurs mains pour la porter à leur bouche et la laper, et tous les autres s'agenouillèrent pour boire. 7L'Eternel dit à Gédéon : C'est avec ces trois cents hommes qui ont lapé l'eau dans leurs mains que je vous délivrerai des Madianites en vous donnant la victoire sur eux. Que tous les autres rentrent chez eux !

8Les trois cents hommes reçurent les provisions et les cors des autres et Gédéon renvoya le gros des hommes d'Israël chez eux, en ne retenant que les trois cents hommes. Or, le camp des Madianites était en dessous du sien dans la vallée.

Le rêve du soldat ennemi

9Cette nuit-là, l'Eternel dit à Gédéon : Va, descends attaquer le camp madianite, car je le livre en ton pouvoir. 10Cependant, si tu as peur d'y aller, vas-y d'abord avec ton serviteur Poura. 11Ecoute ce qu'ils disent, et cela t'encouragera ; tu descendras ensuite attaquer le camp.

Gédéon descendit donc avec son serviteur Poura jusqu'aux avant-postes du camp. 12Les Madianites, les Amalécites et les nomades de l'Orient étaient répandus dans la vallée en aussi grand nombre qu'une nuée de sauterelles, et leurs chameaux étaient innombrables comme le sable au bord de la mer. 13Gédéon s'approcha et il entendit un homme raconter un rêve à son camarade.

– Ecoute, disait-il, j'ai fait un rêve. Je voyais une miche de pain d'orge rouler à travers le camp de Madian ; arrivée à la tente, elle l'a frappée de plein fouet, l'a fait tomber

[k] 7.1 De l'autre côté de la vallée de Jizréel, à une quinzaine de kilomètres des Israélites.

[l] 7.3 En hébreu, le verbe *trembler* fait jeu de mots avec le nom Harod (v. 1).

[m] 7.3 Le mont *Galaad* se trouve à l'est du Jourdain. Peut-être ce mot désignait-il aussi le mont Guilboa.

camp. It struck the tent with such force that the tent
overturned and collapsed."
14 His friend responded, "This can be nothing other
than the sword of Gideon son of Joash, the Israelite.
God has given the Midianites and the whole camp
into his hands."
15 When Gideon heard the dream and its interpretation, he bowed down and worshiped. He returned
to the camp of Israel and called out, "Get up! The
LORD has given the Midianite camp into your hands."
16 Dividing the three hundred men into three companies, he placed trumpets and empty jars in the hands
of all of them, with torches inside.
17 "Watch me," he told them. "Follow my lead.
When I get to the edge of the camp, do exactly as I do.
18 When I and all who are with me blow our trumpets,
then from all around the camp blow yours and shout,
'For the LORD and for Gideon.'"

19 Gideon and the hundred men with him reached
the edge of the camp at the beginning of the middle
watch, just after they had changed the guard. They
blew their trumpets and broke the jars that were in
their hands. 20 The three companies blew the trumpets and smashed the jars. Grasping the torches in
their left hands and holding in their right hands the
trumpets they were to blow, they shouted, "A sword
for the LORD and for Gideon!" 21 While each man held
his position around the camp, all the Midianites ran,
crying out as they fled.
22 When the three hundred trumpets sounded, the
LORD caused the men throughout the camp to turn on
each other with their swords. The army fled to Beth
Shittah toward Zererah as far as the border of Abel
Meholah near Tabbath. 23 Israelites from Naphtali,
Asher and all Manasseh were called out, and they
pursued the Midianites. 24 Gideon sent messengers
throughout the hill country of Ephraim, saying,
"Come down against the Midianites and seize the waters of the Jordan ahead of them as far as Beth Barah."
So all the men of Ephraim were called out and they
seized the waters of the Jordan as far as Beth Barah.
25 They also captured two of the Midianite leaders,
Oreb and Zeeb. They killed Oreb at the rock of Oreb,
and Zeeb at the winepress of Zeeb. They pursued the
Midianites and brought the heads of Oreb and Zeeb
to Gideon, who was by the Jordan.

Zebah and Zalmunna

8 1 Now the Ephraimites asked Gideon, "Why have
you treated us like this? Why didn't you call us
when you went to fight Midian?" And they challenged
him vigorously.

2 But he answered them, "What have I accomplished
compared to you? Aren't the gleanings of Ephraim's
grapes better than the full grape harvest of Abiezer?
3 God gave Oreb and Zeeb, the Midianite leaders, into
your hands. What was I able to do compared to you?"
At this, their resentment against him subsided.

et l'a renversée sens dessus dessous, si bien que la tent
était par terre.
14 Son camarade répondit : Cela ne représente rien d'au
tre que l'épée de Gédéon, fils de Joas, homme d'Israël
qui Dieu donne la victoire sur Madian et toute l'armée.

15 Lorsque Gédéon eut entendu le récit du rêve et so
interprétation, il se prosterna, puis il retourna au cam
d'Israël et cria : Tout le monde debout, car l'Eternel vo
donne la victoire sur l'armée de Madian !
16 Gédéon divisa les trois cents hommes en trois groupe
et remit à chaque soldat un cor et une cruche vide dan
laquelle fut mise une torche allumée. 17 Il leur dit : Vous m
regarderez faire et vous ferez exactement comme moi. J
vais m'avancer jusqu'aux abords du camp. Quand j'y sera
arrivé, vous n'aurez qu'à m'imiter. 18 Quand je sonnera
du cor avec ceux de mon groupe, vous sonnerez aussi d
cor tout autour du camp et vous crierez : « Pour l'Etern
et pour Gédéon ! »

L'Eternel donne la victoire

19 Peu avant minuit, Gédéon et les cent hommes de so
groupe arrivèrent aux abords du camp. On venait juste d
remplacer les sentinelles. Soudain, ils sonnèrent du cor e
cassèrent les cruches qu'ils tenaient à la main. 20 Les troi
groupes sonnèrent du cor et cassèrent leurs cruches. D
la main gauche, ils brandirent les torches, et de la droit
ils tenaient les cors pour en sonner, et ils crièrent : « A vo
épées, pour l'Eternel et pour Gédéon ! » 21 tout en restar
chacun à sa place autour du camp. Les hommes dans l
camp se mirent à courir, à crier et à se sauver. 22 Les troi
cents Israélites continuèrent à sonner du cor, et l'Etern
fit que dans tout le camp chacun tourne son épée contr
son compagnon. Finalement, ils s'enfuirent tous jusqu'
Beth-Shitta, du côté de Tseréra et jusqu'aux abords de Abe
Mehola près de Tabbath.

Des troupes israélites viennent en renfort

23 Les hommes d'Israël se rassemblèrent, ceux des tr
bus de Nephtali, d'Aser et de tout Manassé s'unirent e
se lancèrent à la poursuite des Madianites. 24 Gédéon er
voya des messagers dans toute la région montagneus
d'Ephraïm pour faire dire aux hommes de descendre afi
de couper la retraite aux Madianites en occupant tous le
points d'eau jusqu'à Beth-Bara et tous les gués le long d
Jourdain. Tous les hommes d'Ephraïm se rassemblèrer
et occupèrent les points d'eau jusqu'à Beth-Bara et le
gués du Jourdain. 25 Ils capturèrent deux chefs madiar
ites appelés Oreb et Zéeb. Ils tuèrent le premier au roche
d'Oreb et le second au pressoir de Zéeb. Ils poursuivirer
les Madianites et rapportèrent les têtes d'Oreb et de Zée
à Gédéon qui se trouvait alors à l'est du Jourdain.

8 1 Les hommes d'Ephraïm dirent à Gédéon : Pourqu
as-tu agi de cette manière envers nous ? Pourqu
ne nous as-tu pas appelés en renfort quand tu es part
combattre les Madianites ?
Et ils le prirent violemment à partie.
2 Gédéon leur répondit : Qu'ai-je fait en comparaison d
vous ? Le grappillage d'Ephraïm a été plus productif qu
toute la vendange de la famille d'Abiézer. 3 Après tout : c'es
à vous que Dieu a livré les chefs madianites Oreb et Zéel
Qu'ai-je pu faire en comparaison avec vous ?
Ces paroles apaisèrent leur colère.

4Gideon and his three hundred men, exhausted
'et keeping up the pursuit, came to the Jordan and
rossed it. 5He said to the men of Sukkoth, "Give my
roops some bread; they are worn out, and I am still
ursuing Zebah and Zalmunna, the kings of Midian."

6But the officials of Sukkoth said, "Do you already
ave the hands of Zebah and Zalmunna in your pos-
ession? Why should we give bread to your troops?"
7Then Gideon replied, "Just for that, when the LORD
as given Zebah and Zalmunna into my hand, I will
ear your flesh with desert thorns and briers."
8From there he went up to Peniel[a] and made the
ame request of them, but they answered as the men
f Sukkoth had. 9So he said to the men of Peniel,
When I return in triumph, I will tear down this
ower."
10Now Zebah and Zalmunna were in Karkor with
force of about fifteen thousand men, all that were
eft of the armies of the eastern peoples; a hundred
nd twenty thousand swordsmen had fallen. 11Gideon
vent up by the route of the nomads east of Nobah
nd Jogbehah and attacked the unsuspecting army.
2Zebah and Zalmunna, the two kings of Midian, fled,
ut he pursued them and captured them, routing their
ntire army.

13Gideon son of Joash then returned from the bat-
le by the Pass of Heres. 14He caught a young man
f Sukkoth and questioned him, and the young man
vrote down for him the names of the seventy-seven
fficials of Sukkoth, the elders of the town. 15Then
ideon came and said to the men of Sukkoth, "Here
re Zebah and Zalmunna, about whom you taunted
e by saying, 'Do you already have the hands of Zebah
nd Zalmunna in your possession? Why should we give
read to your exhausted men?' " 16He took the elders
f the town and taught the men of Sukkoth a lesson by
unishing them with desert thorns and briers. 17He
lso pulled down the tower of Peniel and killed the
nen of the town.
18Then he asked Zebah and Zalmunna, "What kind
f men did you kill at Tabor?"
"Men like you," they answered, "each one with the
earing of a prince."
19Gideon replied, "Those were my brothers, the sons
f my own mother. As surely as the LORD lives, if you
ad spared their lives, I would not kill you." 20Turning
o Jether, his oldest son, he said, "Kill them!" But
ether did not draw his sword, because he was only a
oy and was afraid.
21Zebah and Zalmunna said, "Come, do it yourself.
As is the man, so is his strength.' " So Gideon stepped

[a] 8:8 Hebrew *Penuel,* a variant of *Peniel;* also in verses 9 and 17

La victoire sur les rois madianites

4Lorsqu'il atteignit le Jourdain, Gédéon le traversa avec
les trois cents hommes qui l'accompagnaient. Malgré leur
fatigue, ils continuaient à poursuivre l'ennemi. 5Arrivés à
la ville de Soukkoth[n], Gédéon dit à ses habitants : Donnez,
je vous prie, des miches de pain aux hommes qui m'accompagnent, car ils sont épuisés et je suis à la poursuite des
deux rois madianites Zébah et Tsalmounna.
6Mais les chefs de Soukkoth lui répondirent : Tiens-tu
déjà Zébah et Tsalmounna en ton pouvoir pour que nous
donnions du pain à ta troupe ?
7– Eh bien, riposta Gédéon, quand l'Eternel aura livré
Zébah et Tsalmounna en mon pouvoir, je vous fouetterai
avec des chardons et des épines du désert !
8De là, Gédéon se rendit à Penouel[o] où il adressa la même
demande aux habitants. Il reçut la même réponse qu'à
Soukkoth 9et déclara aux gens de Penouel : Quand je repasserai, une fois le combat terminé, je démolirai cette tour.
10Or, Zébah et Tsalmounna s'étaient retranchés à Qarqor
avec leur troupe qui comprenait quinze mille hommes.
C'était tout ce qui leur restait de la grande armée des
Bédouins de l'Orient. En effet, cent vingt mille soldats
étaient déjà tombés. 11Gédéon prit la route des caravanes
de nomades à l'est de Nobah et de Yogbeha et attaqua le
camp ennemi qui se croyait en sécurité. 12Les deux rois
de Madian, Zébah et Tsalmounna, s'enfuirent, Gédéon les
poursuivit, il les captura tous les deux et sema la panique
dans toute leur armée.

Le châtiment de Soukkoth et de Penouel

13Lorsque la guerre fut terminée, Gédéon fils de Joas
retourna par la montée de Hérès. 14Il mit la main sur un
jeune homme de Soukkoth qu'il questionna et qui lui
inscrivit les noms des soixante-dix-sept chefs et responsables de Soukkoth. 15Gédéon alla trouver les habitants de
Soukkoth et leur dit : Rappelez-vous comment vous m'avez
insulté en disant : « Tiens-tu déjà Zébah et Tsalmounna en
ton pouvoir pour que nous soyons obligés de donner du
pain à tes gens fatigués ? » Eh bien, les voilà !
16Alors il fit saisir les responsables de la ville et les fit
fouetter à coups de chardons et d'épines du désert. 17Il
démolit aussi la tour de Penouel et massacra les hommes
de la localité.

18Puis il demanda à Zébah et Tsalmounna : Comment
étaient les hommes que vous avez tués au Thabor ?
– Ils te ressemblaient, répondirent-ils, ils avaient le port
d'un fils de roi.
19– C'étaient mes frères, les fils de ma propre mère,
s'écria Gédéon. Par le Dieu vivant je jure que si vous les
aviez épargnés, je ne vous tuerais pas non plus.
20Puis il ordonna à son fils aîné Yéter : Viens, tue-les !
Mais le jeune homme ne dégaina pas son épée, car il
n'était encore qu'un jeune garçon et il avait peur. 21Zébah
et Tsalmounna dirent alors à Gédéon : Frappe-nous donc
toi-même, car c'est la tâche d'un homme fort.

[n] **8.5** A l'est du Jourdain (voir Gn 33.17). Cette ville devait être importante vu le nombre de ses chefs et responsables (v. 14).
[o] **8.8** Le lieu où Jacob avait lutté avec Dieu (nommé *Péniel* dans
Gn 32.30-31) à 8 kilomètres de Soukkoth.

forward and killed them, and took the ornaments off their camels' necks.

Gideon's Ephod

22 The Israelites said to Gideon, "Rule over us – you, your son and your grandson – because you have saved us from the hand of Midian."

23 But Gideon told them, "I will not rule over you, nor will my son rule over you. The LORD will rule over you." 24 And he said, "I do have one request, that each of you give me an earring from your share of the plunder." (It was the custom of the Ishmaelites to wear gold earrings.)

25 They answered, "We'll be glad to give them." So they spread out a garment, and each of them threw a ring from his plunder onto it. 26 The weight of the gold rings he asked for came to seventeen hundred shekels,[b] not counting the ornaments, the pendants and the purple garments worn by the kings of Midian or the chains that were on their camels' necks. 27 Gideon made the gold into an ephod, which he placed in Ophrah, his town. All Israel prostituted themselves by worshiping it there, and it became a snare to Gideon and his family.

Gideon's Death

28 Thus Midian was subdued before the Israelites and did not raise its head again. During Gideon's lifetime, the land had peace forty years.

29 Jerub-Baal son of Joash went back home to live. 30 He had seventy sons of his own, for he had many wives. 31 His concubine, who lived in Shechem, also bore him a son, whom he named Abimelek. 32 Gideon son of Joash died at a good old age and was buried in the tomb of his father Joash in Ophrah of the Abiezrites.

33 No sooner had Gideon died than the Israelites again prostituted themselves to the Baals. They set up Baal-Berith as their god 34 and did not remember the LORD their God, who had rescued them from the hands of all their enemies on every side. 35 They also failed to show any loyalty to the family of Jerub-Baal (that is, Gideon) in spite of all the good things he had done for them.

Abimelek

9 1 Abimelek son of Jerub-Baal went to his mother's brothers in Shechem and said to them and to all his mother's clan, 2 "Ask all the citizens of Shechem, 'Which is better for you: to have all seventy of Jerub-Baal's sons rule over you, or just one man?' Remember, I am your flesh and blood."

[b] 8:26 That is, about 43 pounds or about 20 kilograms

Alors Gédéon tua Zébah et Tsalmounna. Puis il prit le ornements en forme de croissants qui pendaient au co de leurs chameaux.

Gédéon refuse la royauté

22 Après cela, les hommes d'Israël dirent à Gédéon Règne sur nous, puisque tu nous as délivrés de Madianites. Ton fils, puis ton petit-fils te succéderont.

23 Gédéon leur répondit : Non, je ne régnerai pas su vous, et mon fils ne vous gouvernera pas non plus. C'es l'Eternel qui régnera sur vous.

24 Puis il ajouta : J'aurais cependant une demande à vou faire : Donnez-moi chacun une boucle d'oreille en or pris sur votre butin.

Les ennemis portaient, en effet, des boucles d'or, car i étaient ismaélites[p].

25 – Très volontiers, lui répondirent-ils.

Ils étendirent un manteau par terre, et chacun y jet un anneau prélevé sur son butin. 26 Les anneaux d'o que Gédéon avait demandés pesaient près de vingt kilo grammes en tout. Il reçut également les croissants d'o les pendants d'oreilles et les manteaux de pourpre qu portaient les rois madianites, ainsi que les colliers qu ornaient le cou de leurs chameaux. 27 Avec l'or, Gédéo fabriqua une statue qu'il installa dans son village, à Ophr Tout Israël s'y prostitua, en lui rendant un culte, de sort que cette statue devint un piège pour Gédéon et pour s famille.

La fin de la vie de Gédéon

28 Ainsi les Madianites furent affaiblis par les Israélite et ils ne se relevèrent pas de leur défaite. Aussi longtemp que Gédéon vécut, c'est-à-dire encore pendant quarant ans, le pays jouit de la paix.

29 Yeroubbaal, fils de Joas, s'en retourna dans sa maiso et y demeura. 30 Gédéon eut soixante-dix fils car il avait d nombreuses femmes. 31 Une épouse de second rang hab tant à Sichem lui donna aussi un fils qu'il appela Abimélel

32 Après une heureuse vieillesse, Gédéon, fils de Joa mourut et fut enterré dans le tombeau de Joas son père, Ophra de la famille d'Abiézer.

33 Après la mort de Gédéon, les Israélites recom mencèrent à se prostituer aux Baals et adoptèrer Baal-Berith comme dieu[q]. 34 Ils oublièrent l'Eternel leu Dieu qui les avait délivrés de tous les ennemis qui les en touraient. 35 Ils ne témoignèrent aucune gratitude à l famille de Yeroubbaal-Gédéon pour tout le bien que celu ci avait fait à Israël.

Abimélek

9 1 Abimélek, l'un des fils de Yeroubbaal, se rendit Sichem auprès de ses oncles maternels, et leur d en présence de tout le groupe familial de sa mère : 2 Pose donc à tous les notables de Sichem la question suivante « Que vaut-il mieux pour vous ? Etre gouvernés par le soixante-dix fils de Yeroubbaal ou par un seul homme Souvenez-vous que nous sommes du même sang, vous e moi ! »

[p] 8.24 Les Ismaélites étaient parents des Madianites (Gn 25.1-2) et leur sont quelquefois identifiés (v. 22, 24 ; Gn 37.25-28 ; 39.1).

[q] 8.33 *Baal-Berith*, divinité qui avait un sanctuaire à Sichem (voir 9.4).

3When the brothers repeated all this to the citizens f Shechem, they were inclined to follow Abimelek, for ney said, "He is related to us." 4They gave him sevenу shekels[c] of silver from the temple of Baal-Berith, nd Abimelek used it to hire reckless scoundrels, who ecame his followers. 5He went to his father's home n Ophrah and on one stone murdered his seventy rothers, the sons of Jerub-Baal. But Jotham, the oungest son of Jerub-Baal, escaped by hiding. 6Then ll the citizens of Shechem and Beth Millo gathered eside the great tree at the pillar in Shechem to crown bimelek king.

7When Jotham was told about this, he climbed up on ne top of Mount Gerizim and shouted to them, "Listen o me, citizens of Shechem, so that God may listen to ou. 8One day the trees went out to anoint a king for nemselves. They said to the olive tree, 'Be our king.'

9"But the olive tree answered, 'Should I give up my il, by which both gods and humans are honored, to old sway over the trees?'

10"Next, the trees said to the fig tree, 'Come and e our king.'

11"But the fig tree replied, 'Should I give up my uit, so good and sweet, to hold sway over the trees?'

12"Then the trees said to the vine, 'Come and be ur king.'

13"But the vine answered, 'Should I give up my ine, which cheers both gods and humans, to hold way over the trees?'

14"Finally all the trees said to the thornbush, 'Come nd be our king.'

15"The thornbush said to the trees, 'If you really ant to anoint me king over you, come and take refge in my shade; but if not, then let fire come out of ne thornbush and consume the cedars of Lebanon!'

16"Have you acted honorably and in good faith y making Abimelek king? Have you been fair to erub-Baal and his family? Have you treated him as e deserves? 17Remember that my father fought for ou and risked his life to rescue you from the hand f Midian. 18But today you have revolted against my ather's family. You have murdered his seventy sons n a single stone and have made Abimelek, the son of is female slave, king over the citizens of Shechem ecause he is related to you. 19So have you acted honrably and in good faith toward Jerub-Baal and his amily today? If you have, may Abimelek be your joy, nd may you be his, too! 20But if you have not, let re come out from Abimelek and consume you, the itizens of Shechem and Beth Millo, and let fire come ut from you, the citizens of Shechem and Beth Millo, nd consume Abimelek!"

21Then Jotham fled, escaping to Beer, and he lived nere because he was afraid of his brother Abimelek.

3Ses oncles allèrent répéter ses paroles à tous les notables de Sichem. Ceux-ci décidèrent de suivre son parti puisqu'il était l'un des leurs. 4Ils lui donnèrent soixante-dix pièces d'argent prélevées dans le temple de Baal-Berith. Avec cet argent, Abimélek embaucha des vauriens et des aventuriers pour qu'ils le suivent. 5Puis il se rendit à Ophra où vivait la famille de son père et massacra ses soixante-dix frères, fils de Yeroubbaal, en les tuant sur le même rocher. Seul Yotam, le plus jeune fils de Yeroubbaal, échappa, car il s'était caché. 6Tous les notables de Sichem et de Beth-Millo se rassemblèrent et proclamèrent Abimélek roi, près du chêne de la stèle, aux environs de Sichem[r].

La fable de Yotam

7On en informa Yotam qui se rendit au sommet du mont Garizim[s], d'où il cria à pleine voix : Ecoutez-moi, gens de Sichem, si vous voulez que Dieu vous écoute ! 8Un jour, les arbres se décidèrent à choisir un roi pour les commander. Ils dirent à l'olivier : « Règne sur nous ! » 9Mais l'olivier répondit : « Devrais-je renoncer à produire mon huile, avec laquelle on honore Dieu et les hommes, pour aller me pavaner au-dessus des autres arbres ? » 10Alors les arbres dirent au figuier : « Viens, toi, règne sur nous ! » 11Mais le figuier leur répondit : « Vais-je renoncer à produire des fruits exquis et sucrés pour aller me pavaner au-dessus des autres arbres ? » 12Puis les arbres dirent à la vigne : « Viens donc, toi, règne sur nous ! » 13Mais la vigne leur répondit : « Vais-je renoncer à produire mon vin qui réjouit Dieu et les hommes pour aller me pavaner au-dessus des autres arbres ? » 14Finalement, tous les arbres dirent au buisson d'épines : « Viens donc, toi, règne sur nous ! » 15Et le buisson d'épines leur répondit : « Si, de bonne foi, vous voulez faire de moi votre roi, venez vous abriter sous mon ombrage. Si vous refusez, un feu jaillira du buisson d'épines et consumera même les cèdres du Liban. »

16Maintenant donc, est-ce de bonne foi et en toute droiture que vous avez agi en proclamant Abimélek roi ? Avez-vous bien agi envers Yeroubbaal et sa famille ? L'avez-vous traité selon ce qu'il méritait ? 17Mon père a combattu pour vous, il a risqué sa vie pour vous délivrer des Madianites. 18Et vous, aujourd'hui vous vous êtes attaqués à sa famille, vous avez tué ses fils, soixante-dix hommes à la fois sur un même rocher, et vous avez établi roi de Sichem Abimélek, le fils de sa servante, parce qu'il est des vôtres. 19Si donc, aujourd'hui c'est de bonne foi et en toute droiture que vous avez agi à l'égard de Yeroubbaal et de sa famille, eh bien, qu'Abimélek fasse votre bonheur et vous le sien ! 20Sinon, qu'un feu sorte d'Abimélek et consume les habitants de Sichem et de Beth-Millo, et qu'un feu sorte des habitants de Sichem et de Beth-Millo et consume Abimélek.

21Puis Yotam s'enfuit et alla se réfugier à Beer où il s'établit pour échapper à son frère Abimélek.

[c] 9:4 That is, about 1 3/4 pounds or about 800 grams

[r] 9.6 Sur le chêne de Sichem, voir Jos 24.26.

[s] 9.7 Les précipices du mont Garizim surplombent par endroits la ville de Sichem, située entre les monts Garizim et Ebal.

[22] After Abimelek had governed Israel three years, [23] God stirred up animosity between Abimelek and the citizens of Shechem so that they acted treacherously against Abimelek. [24] God did this in order that the crime against Jerub-Baal's seventy sons, the shedding of their blood, might be avenged on their brother Abimelek and on the citizens of Shechem, who had helped him murder his brothers. [25] In opposition to him these citizens of Shechem set men on the hilltops to ambush and rob everyone who passed by, and this was reported to Abimelek.

[26] Now Gaal son of Ebed moved with his clan into Shechem, and its citizens put their confidence in him. [27] After they had gone out into the fields and gathered the grapes and trodden them, they held a festival in the temple of their god. While they were eating and drinking, they cursed Abimelek. [28] Then Gaal son of Ebed said, "Who is Abimelek, and why should we Shechemites be subject to him? Isn't he Jerub-Baal's son, and isn't Zebul his deputy? Serve the family of Hamor, Shechem's father! Why should we serve Abimelek? [29] If only this people were under my command! Then I would get rid of him. I would say to Abimelek, 'Call out your whole army!' "[d]

[30] When Zebul the governor of the city heard what Gaal son of Ebed said, he was very angry. [31] Under cover he sent messengers to Abimelek, saying, "Gaal son of Ebed and his clan have come to Shechem and are stirring up the city against you. [32] Now then, during the night you and your men should come and lie in wait in the fields. [33] In the morning at sunrise, advance against the city. When Gaal and his men come out against you, seize the opportunity to attack them."

[34] So Abimelek and all his troops set out by night and took up concealed positions near Shechem in four companies. [35] Now Gaal son of Ebed had gone out and was standing at the entrance of the city gate just as Abimelek and his troops came out from their hiding place.

[36] When Gaal saw them, he said to Zebul, "Look, people are coming down from the tops of the mountains!"

Zebul replied, "You mistake the shadows of the mountains for men."

[37] But Gaal spoke up again: "Look, people are coming down from the central hill,[e] and a company is coming from the direction of the diviners' tree."

[38] Then Zebul said to him, "Where is your big talk now, you who said, 'Who is Abimelek that we should be subject to him?' Aren't these the men you ridiculed? Go out and fight them!"

[d] **9:29** Septuagint; Hebrew *him." Then he said to Abimelek, "Call out your whole army!"*
[e] **9:37** The Hebrew for this phrase means *the navel of the earth.*

La révolte de Sichem

[22] Abimélek gouverna Israël pendant trois ans. [23] Aprè quoi Dieu envoya un esprit de discorde entre Abimélek e les notables de Sichem qui se révoltèrent contre Abimélek [24] Ainsi les violences commises contre les soixante-di fils de Yeroubbaal et leur meurtre allaient retomber su Abimélek, parce qu'il avait tué ses frères, et sur les gen de Sichem parce qu'ils l'avaient soutenu pour commettr ce meurtre. [25] Les habitants de Sichem postèrent sur le hauteurs proches de la ville des hommes qui dévalisaien tous les voyageurs qui passaient près d'eux sur la route Abimélek en fut informé.

[26] A la même époque, Gaal, fils d'Ebed, vint à passer pa Sichem avec les hommes de sa parenté. Ils s'y établiren et il gagna la confiance des habitants de la ville. [27] Au mo ment de la vendange, ces gens sortirent dans les vignes, il foulèrent le raisin, puis ils organisèrent des réjouissance dans le temple de leur dieu ; ils mangèrent et burent et il lancèrent des malédictions contre Abimélek. [28] A ce mo ment-là, Gaal s'écria : Qu'est-ce qu'un Abimélek par rappor à Sichem, pour que nous nous laissions dominer par ce homme ? Après tout, ce n'est qu'un fils de Yeroubbaal et fait gouverner la ville par son lieutenant Zeboul ! Ce son les descendants de Hamor, le père de Sichem, qu'il vou faut comme maîtres, mais Abimélek n'a aucun titre à notr soumission. [29] Ah ! Si seulement on me confiait la directio de ce peuple ! J'aurais vite fait de chasser Abimélek ! Je lu dirais[t] : « Allez, Abimélek, rassemble tes troupes et vien te battre ! »

[30] Zeboul, le gouverneur de la ville, entendit les pa roles de Gaal, fils d'Ebed, et il se mit en colère. [31] Il envoy secrètement des messagers dire à Abimélek : Sache qu Gaal, fils d'Ebed, et les gens de sa parenté sont venus Sichem et qu'ils sont en train de soulever la ville contre to [32] Maintenant donc, viens durant la nuit avec tes hommes Vous vous mettrez en embuscade dans la campagne. [33] L matin, au lever du soleil, tu lanceras une attaque contr la ville. Lorsque Gaal et ses hommes sortiront contre to tu sauras les traiter comme il convient.

[34] Abimélek et toutes ses troupes se levèrent la nui suivante et se mirent en embuscade en quatre groupe aux alentours de Sichem. [35] Lorsque Gaal sortit de la vill et vint s'installer à l'entrée devant la porte, Abimélek e ses hommes surgirent de l'endroit où ils se tenaient e embuscade. [36] Gaal les vit et dit à Zeboul : Voilà une troup qui descend du haut des collines !

– Mais non, lui répondit Zeboul, c'est l'ombre des colline que tu prends pour des hommes.

[37] Mais Gaal insista : Si, regarde ! C'est une troupe qu descend de la colline du milieu du pays, et une autre arriv par la route du chêne des devins.

[38] Alors Zeboul dit : Où donc sont tes beaux discours N'as-tu pas dit : « Qu'est-ce qu'un Abimélek pour que nou nous laissions dominer par lui ? » Et cette troupe, n'est-c pas celle que tu méprisais ? Eh bien, sors maintenant, c'es le moment d'aller te battre contre lui !

[t] **9.29** *Je lui dirais:* d'après l'ancienne version grecque. Le texte hébreu traditionnel a : *et il s'écria.*

39 So Gaal led out[f] the citizens of Shechem and
ɔught Abimelek. 40 Abimelek chased him all the way
ɔ the entrance of the gate, and many were killed as
hey fled. 41 Then Abimelek stayed in Arumah, and
ebul drove Gaal and his clan out of Shechem.

42 The next day the people of Shechem went out to
he fields, and this was reported to Abimelek. 43 So
e took his men, divided them into three companies
nd set an ambush in the fields. When he saw the
eople coming out of the city, he rose to attack them.
4 Abimelek and the companies with him rushed for-
vard to a position at the entrance of the city gate.
hen two companies attacked those in the fields and
truck them down. 45 All that day Abimelek pressed
is attack against the city until he had captured it
nd killed its people. Then he destroyed the city and
cattered salt over it.

46 On hearing this, the citizens in the tower of
hechem went into the stronghold of the temple of
l-Berith. 47 When Abimelek heard that they had as-
embled there, 48 he and all his men went up Mount
almon. He took an ax and cut off some branches,
vhich he lifted to his shoulders. He ordered the men
vith him, "Quick! Do what you have seen me do!" 49 So
ll the men cut branches and followed Abimelek. They
iled them against the stronghold and set it on fire
vith the people still inside. So all the people in the
ɔwer of Shechem, about a thousand men and women,
lso died.

50 Next Abimelek went to Thebez and besieged it and
aptured it. 51 Inside the city, however, was a strong
ɔwer, to which all the men and women – all the people
f the city – had fled. They had locked themselves in
nd climbed up on the tower roof. 52 Abimelek went
ɔ the tower and attacked it. But as he approached
he entrance to the tower to set it on fire, 53 a woman
ropped an upper millstone on his head and cracked
is skull.

54 Hurriedly he called to his armor-bearer, "Draw
our sword and kill me, so that they can't say, 'A wom-
n killed him.'" So his servant ran him through, and
e died. 55 When the Israelites saw that Abimelek was
ead, they went home.

56 Thus God repaid the wickedness that Abimelek
ad done to his father by murdering his seventy
rothers. 57 God also made the people of Shechem pay
ɔr all their wickedness. The curse of Jotham son of
erub-Baal came on them.

ola

10 1 After the time of Abimelek, a man of Issachar
named Tola son of Puah, the son of Dodo, rose
ɔ save Israel. He lived in Shamir, in the hill country
f Ephraim. 2 He led[g] Israel twenty-three years; then
e died, and was buried in Shamir.

39 Alors Gaal conduisit les hommes de Sichem au combat contre Abimélek. 40 Mais celui-ci le mit en fuite et se lança à sa poursuite. Beaucoup d'hommes tombèrent jusqu'à la porte de la ville. 41 Abimélek alla s'installer à Arouma, et Zeboul expulsa Gaal et les hommes de sa parenté de Sichem en leur interdisant d'y revenir.

Abimélek détruit Sichem

42 Le lendemain, les gens de Sichem se rendirent dans les champs. Abimélek en fut informé. 43 Alors il réunit ses hommes, les répartit en trois corps et les posta en embuscade dans la campagne. Dès qu'il vit les gens sortir de la ville, il se précipita sur eux et les tua. 44 Laissant deux groupes continuer le massacre dans la campagne, Abimélek et les siens vinrent prendre position à l'entrée de la ville. 45 Il donna l'assaut et poursuivit son offensive durant toute la journée. Finalement, il s'empara de la ville et en massacra les habitants, puis il rasa la ville et répandit du sel sur son emplacement. 46 Lorsque les habitants de Migdal-Sichem apprirent ce qui s'était passé, ils allèrent tous se réfugier dans la crypte du temple du dieu Berith. 47 On informa Abimélek que les habitants de Migdal-Sichem s'étaient rassemblés. 48 Il gravit le mont Tsalmôn avec sa troupe, prit une hache et coupa une branche d'arbre qu'il plaça sur son épaule. Puis il ordonna à ses hommes : « Vous voyez ce que je viens de faire. Dépêchez-vous de faire la même chose ! » 49 Chacun coupa sa branche et suivit Abimélek. Ils allèrent entasser ces branches autour de la crypte du temple et l'incendièrent avec tous ceux qui s'y trouvaient. Ainsi périrent aussi tous les habitants de Migdal-Sichem : un millier d'hommes et de femmes.

La mort d'Abimélek

50 Après cela, Abimélek se dirigea sur Tébets. Il l'assiégea et la prit d'assaut. 51 Au milieu de la ville se trouvait une tour fortifiée. Toute la population, hommes et femmes, courut s'y réfugier. Ils verrouillèrent les portes derrière eux et montèrent sur le toit de la tour. 52 Abimélek parvint jusqu'à la tour et l'attaqua. Déjà, il s'approchait de l'entrée pour y mettre le feu, 53 lorsqu'une femme lui lança une meule de moulin sur la tête, qui lui fractura le crâne. 54 Aussitôt, il appela le jeune homme qui portait ses armes et lui ordonna : Tire ton épée et tue-moi pour que l'on ne puisse pas dire que c'est une femme qui m'a tué.

Alors son écuyer le transperça, et il mourut. 55 Quand les hommes d'Israël virent qu'Abimélek était mort, ils s'en allèrent chacun chez soi.

56 Ainsi Dieu fit retomber sur Abimélek tout le mal qu'il avait commis à l'égard de son père en tuant ses soixante-dix frères. 57 Il fit aussi retomber leurs crimes sur les gens de Sichem. De cette manière se réalisa la malédiction que Yotam, fils de Yeroubbaal, avait prononcée contre eux.

Tola et Yaïr

10 1 Après la mort d'Abimélek, ce fut Tola, fils de Poua et petit-fils de Dodo, de la tribu d'Issacar, qui entreprit de délivrer Israël. Il habitait à Shamir dans la région montagneuse d'Ephraïm. 2 Il fut chef en Israël pendant vingt-trois ans, puis il mourut et fut enterré à Shamir.

f 9:39 Or *Gaal went out in the sight of*
g 10:2 Traditionally *judged*; also in verse 3

Jair

3 He was followed by Jair of Gilead, who led Israel twenty-two years. 4 He had thirty sons, who rode thirty donkeys. They controlled thirty towns in Gilead, which to this day are called Havvoth Jair.[h] 5 When Jair died, he was buried in Kamon.

Jephthah

6 Again the Israelites did evil in the eyes of the LORD. They served the Baals and the Ashtoreths, and the gods of Aram, the gods of Sidon, the gods of Moab, the gods of the Ammonites and the gods of the Philistines. And because the Israelites forsook the LORD and no longer served him, 7 he became angry with them. He sold them into the hands of the Philistines and the Ammonites, 8 who that year shattered and crushed them. For eighteen years they oppressed all the Israelites on the east side of the Jordan in Gilead, the land of the Amorites. 9 The Ammonites also crossed the Jordan to fight against Judah, Benjamin and Ephraim; Israel was in great distress. 10 Then the Israelites cried out to the LORD, "We have sinned against you, forsaking our God and serving the Baals."

11 The LORD replied, "When the Egyptians, the Amorites, the Ammonites, the Philistines, 12 the Sidonians, the Amalekites and the Maonites[i] oppressed you and you cried to me for help, did I not save you from their hands? 13 But you have forsaken me and served other gods, so I will no longer save you. 14 Go and cry out to the gods you have chosen. Let them save you when you are in trouble!"

15 But the Israelites said to the LORD, "We have sinned. Do with us whatever you think best, but please rescue us now." 16 Then they got rid of the foreign gods among them and served the LORD. And he could bear Israel's misery no longer.

17 When the Ammonites were called to arms and camped in Gilead, the Israelites assembled and camped at Mizpah. 18 The leaders of the people of Gilead said to each other, "Whoever will take the lead in attacking the Ammonites will be head over all who live in Gilead."

11 1 Jephthah the Gileadite was a mighty warrior. His father was Gilead; his mother was a prostitute. 2 Gilead's wife also bore him sons, and when they were grown up, they drove Jephthah away. "You are not going to get any inheritance in our family," they said, "because you are the son of another wom-

[h] 10:4 Or *called the settlements of Jair*
[i] 10:12 Hebrew; some Septuagint manuscripts *Midianites*

3 Son successeur fut Yaïr de Galaad qui fut chef en Israë pendant vingt-deux ans. 4 Ses trente fils montaient trent ânons et possédaient, dans le pays de Galaad, trente vi lages que l'on appelle encore aujourd'hui « les bourgs d Yaïr ». 5 Yaïr mourut et fut enterré à Qamôn.

Israël infidèle est opprimé par les Ammonites

6 Les Israélites recommencèrent à faire ce que l'Etern considère comme mal : ils rendirent un culte aux Baa et aux Astartés, aux dieux de la Syrie, de Sidon, de Moa et à ceux des Ammonites et des Philistins. Ils abandon nèrent l'Eternel et ne lui rendirent plus de culte. 7 Alor l'Eternel se mit en colère contre les Israélites et il les livr au pouvoir des Philistins et des Ammonites. 8 A partir d cette année-là, ceux-ci opprimèrent et maltraitèrer les Israélites. Pour les Israélites qui habitaient à l'est d Jourdain dans le pays des Amoréens, en Galaad, l'oppres sion dura dix-huit ans. 9 Les Ammonites traversèrent mêm le Jourdain pour attaquer les tribus de Juda, de Benjami et d'Ephraïm. Israël fut dans une extrême détresse. 10 Alor les Israélites implorèrent l'Eternel de les aider en con fessant : Nous avons péché contre toi, car nous avon abandonné notre Dieu et nous avons rendu un culte au Baals.

11 L'Eternel leur répondit : Ne vous ai-je pas délivré des Egyptiens, des Amoréens, des Ammonites et de Philistins ? 12 Et lorsque les Sidoniens, les Amalécites e les Maônites[u] vous ont opprimés, et que vous avez implor mon aide, ne vous ai-je pas délivrés d'eux ? 13 Mais vou vous m'avez abandonné et vous avez adoré d'autres dieu C'est pourquoi je ne viendrai plus à votre secours. 14 Alle implorer les dieux que vous vous êtes choisis. Qu'ils vou délivrent maintenant que vous êtes en détresse !

15 Mais les Israélites plaidèrent avec l'Eternel : Nou avons péché. Traite-nous comme tu le trouveras bon, ma de grâce, délivre-nous encore cette fois !

16 Ils firent disparaître du milieu d'eux les dieux étrang ers et rendirent de nouveau un culte à l'Eternel. Alor l'Eternel ne put pas supporter plus longtemps les sou frances d'Israël.

17 Les Ammonites mobilisèrent leurs troupes et pr rent position dans la région de Galaad. De leur côté, le Israélites rassemblèrent leurs forces et dressèrent leu camp à Mitspa[v]. 18 Alors les hommes et les chefs installés e Galaad se demandèrent les uns aux autres : Qui va lance l'attaque contre les Ammonites ? Celui qui le fera devier dra le chef de tous les habitants de Galaad.

Jephté

11 1 Jephté, originaire de Galaad, était un guerr er valeureux. Il était le fils d'une prostituée e d'un homme appelé Galaad. 2 Lorsque la femme légitim de cet homme lui eut aussi donné des fils, et que ceux- furent devenus adultes, ils chassèrent Jephté du foyer e lui disant : Tu n'auras pas d'héritage chez notre père, ca tu es le fils d'une autre femme !

[u] 10.12 Il s'agit très certainement d'autres Maônites que ceux de la vill de Maôn en Juda (Jos 15.55 ; 1 S 25.2). L'ancienne version grecque a : *les Madianites.*
[v] 10.17 Selon le sens du mot, *observatoire* en Galaad (Gn 31.49), à distingu er du Mitspé de Benjamin (Jos 18.26).

n.” [3]So Jephthah fled from his brothers and settled in
he land of Tob, where a gang of scoundrels gathered
round him and followed him.
[4]Some time later, when the Ammonites were fight-
ng against Israel, [5]the elders of Gilead went to get
ephthah from the land of Tob. [6]“Come,” they said,
be our commander, so we can fight the Ammonites.”

[7]Jephthah said to them, “Didn’t you hate me and
rive me from my father’s house? Why do you come
o me now, when you’re in trouble?”
[8]The elders of Gilead said to him, “Nevertheless,
ve are turning to you now; come with us to fight the
mmonites, and you will be head over all of us who
ve in Gilead.”
[9]Jephthah answered, “Suppose you take me back
o fight the Ammonites and the LORD gives them to
ne – will I really be your head?”
[10]The elders of Gilead replied, “The LORD is our wit-
ess; we will certainly do as you say.” [11]So Jephthah
vent with the elders of Gilead, and the people made
im head and commander over them. And he repeated
ll his words before the LORD in Mizpah.

[12]Then Jephthah sent messengers to the Ammonite
ing with the question: “What do you have against me
nat you have attacked my country?”
[13]The king of the Ammonites answered Jephthah’s
essengers, “When Israel came up out of Egypt, they
ook away my land from the Arnon to the Jabbok, all
he way to the Jordan. Now give it back peaceably.”

[14]Jephthah sent back messengers to the Ammonite
ing, [15]saying:
“This is what Jephthah says: Israel did not take
the land of Moab or the land of the Ammonites.
[16]But when they came up out of Egypt, Israel went
through the wilderness to the Red Sea[j] and on to
Kadesh. [17]Then Israel sent messengers to the king
of Edom, saying, ‘Give us permission to go through
your country,’ but the king of Edom would not
listen. They sent also to the king of Moab, and he
refused. So Israel stayed at Kadesh.
[18]“Next they traveled through the wilderness, skirt-
ed the lands of Edom and Moab, passed along the
eastern side of the country of Moab, and camped
on the other side of the Arnon. They did not enter
the territory of Moab, for the Arnon was its border.
[19]“Then Israel sent messengers to Sihon king of
the Amorites, who ruled in Heshbon, and said to
him, ‘Let us pass through your country to our own
place.’ [20]Sihon, however, did not trust Israel[k] to pass
through his territory. He mustered all his troops
and encamped at Jahaz and fought with Israel.
[21]“Then the LORD, the God of Israel, gave Sihon
and his whole army into Israel’s hands, and they

11:16 Or *the Sea of Reeds*
11:20 Or *however, would not make an agreement for Israel*

[3]Et Jephté s’enfuit loin de ses frères. Il se fixa dans la
région de Tob. Bientôt, toute une bande d’aventuriers se re-
groupa autour de lui pour entreprendre des raids avec lui.
[4]C’est à cette période que les Ammonites[w] firent la
guerre à Israël. [5]Quand ils attaquèrent les Israélites, les
responsables de Galaad allèrent chercher Jephté, dans la
région de Tob. [6]Ils lui dirent : Viens prendre le commandement de nos troupes pour que nous combattions les
Ammonites.
[7]Jephté leur répondit : Vous m’avez haï et vous m’avez
chassé de chez mon père. Comment osez-vous faire appel
à moi maintenant que vous êtes dans la détresse ?
[8]Les responsables reprirent : C’est bien pour cela que
nous revenons vers toi maintenant. Si tu viens avec nous
et si tu combats les Ammonites, tu deviendras notre chef
à tous et tu seras à la tête de toute la population de Galaad.
[9]– Soit, répliqua Jephté. Mais si vous me faites revenir
pour combattre les Ammonites, et que l’Eternel me donne
la victoire sur eux, je resterai votre chef.
[10]Alors les responsables de Galaad lui déclarèrent :
L’Eternel en est témoin ! Qu’il nous punisse si nous ne
faisons pas ce que tu as dit.
[11]Alors Jephté partit avec les responsables de Galaad. Le
peuple le nomma chef et le mit à la tête des troupes. Jephté
répéta les termes de l’accord conclu avec les responsables
devant l’Eternel à Mitspa.

Le message de Jephté aux Ammonites

[12]Jephté envoya des messagers dire au roi des
Ammonites : Qu’est-ce que tu as contre moi pour que tu
viennes faire la guerre dans mon pays ?
[13]Le roi des Ammonites répondit aux messagers : C’est
parce que les Israélites se sont emparés de mon pays lorsqu’ils sont sortis d’Egypte. Ils m’ont pris tout le territoire
situé entre la vallée de l’Arnon, le torrent du Yabboq et la
vallée du Jourdain. Rends-les-moi maintenant de bon gré.
[14]Jephté envoya de nouveau une délégation au roi des
Ammonites [15]pour lui dire : Ainsi parle Jephté : « Israël
ne s’est emparé ni du pays de Moab ni de celui des
Ammonites. »
[16]En effet, après avoir quitté l’Egypte, les Israélites ont
traversé le désert jusqu’à la mer des Roseaux et ils sont
arrivés à Qadesh. [17]Alors ils ont envoyé des messagers au
roi d’Edom pour lui demander l’autorisation de traverser
son pays. Mais celui-ci refusa. Après cela, ils ont fait la
même demande au roi de Moab, qui refusa également. Et
Israël est resté à Qadesh. [18]Par la suite, ils ont repris leur
marche à travers le désert en contournant le pays d’Edom
et celui de Moab. Ils sont arrivés à l’est du pays de Moab
et ils ont établi leur camp de l’autre côté de l’Arnon, sans
pénétrer dans le territoire de Moab dont l’Arnon constitue
la frontière. [19]Alors Israël a envoyé des messagers à Sihôn,
roi des Amoréens à Heshbôn, en lui faisant dire : « Permets-
nous, s’il te plaît, de traverser ton pays pour arriver au
lieu où nous allons. »
[20]Mais Sihôn ne fit pas confiance à Israël pour lui permettre de passer sur son territoire. Il mobilisa toutes ses
troupes et prit position à Yahats, puis engagea le combat
contre Israël. [21]Mais l’Eternel, le Dieu d’Israël, a livré Sihôn
et toute son armée aux Israélites qui les ont battus. Ainsi

w **11.4** Voir note 3.13.

defeated them. Israel took over all the land of the Amorites who lived in that country, 22capturing all of it from the Arnon to the Jabbok and from the desert to the Jordan.

23"Now since the LORD, the God of Israel, has driven the Amorites out before his people Israel, what right have you to take it over? 24Will you not take what your god Chemosh gives you? Likewise, whatever the LORD our God has given us, we will possess. 25Are you any better than Balak son of Zippor, king of Moab? Did he ever quarrel with Israel or fight with them? 26For three hundred years Israel occupied Heshbon, Aroer, the surrounding settlements and all the towns along the Arnon. Why didn't you retake them during that time? 27I have not wronged you, but you are doing me wrong by waging war against me. Let the LORD, the Judge, decide the dispute this day between the Israelites and the Ammonites."

28The king of Ammon, however, paid no attention to the message Jephthah sent him.

29Then the Spirit of the LORD came on Jephthah. He crossed Gilead and Manasseh, passed through Mizpah of Gilead, and from there he advanced against the Ammonites. 30And Jephthah made a vow to the LORD: "If you give the Ammonites into my hands, 31whatever comes out of the door of my house to meet me when I return in triumph from the Ammonites will be the LORD's, and I will sacrifice it as a burnt offering."

32Then Jephthah went over to fight the Ammonites, and the LORD gave them into his hands. 33He devastated twenty towns from Aroer to the vicinity of Minnith, as far as Abel Keramim. Thus Israel subdued Ammon.

34When Jephthah returned to his home in Mizpah, who should come out to meet him but his daughter, dancing to the sound of timbrels! She was an only child. Except for her he had neither son nor daughter. 35When he saw her, he tore his clothes and cried, "Oh no, my daughter! You have brought me down and I am devastated. I have made a vow to the LORD that I cannot break."

36"My father," she replied, "you have given your word to the LORD. Do to me just as you promised, now that the LORD has avenged you of your enemies, the Ammonites. 37But grant me this one request," she said. "Give me two months to roam the hills and weep with my friends, because I will never marry."

38"You may go," he said. And he let her go for two months. She and her friends went into the hills and wept because she would never marry. 39After the two months, she returned to her father, and he did to her as he had vowed. And she was a virgin.

les Israélites ont conquis tout le pays des Amoréens qu habitaient dans cette contrée. 22Ils ont conquis tout l territoire des Amoréens depuis l'Arnon jusqu'au torren du Yabboq et depuis le désert jusqu'au Jourdain.

23Maintenant que l'Eternel, le Dieu d'Israël, a enlevé leu territoire aux Amoréens et l'a donné à son peuple Israë tu voudrais, toi, les en déposséder ? 24Tu possèdes bie tout le territoire que ton dieu Kemosh t'a donné. Alor pourquoi ne posséderions-nous pas tout ce que l'Eterne notre Dieu nous a permis de conquérir ? 25D'autre part, t crois-tu vraiment plus fort que Balaq, fils de Tsippor, le ro de Moab ? A-t-il jamais osé contester avec Israël ou lui fair la guerre ? 26Cela fait trois cents ans qu'Israël est install à Heshbôn et Aroër, et dans les villes qui en dépendent ainsi que dans toutes les localités qui bordent l'Arnon Pourquoi ne les leur avez-vous pas reprises pendant tou ce temps-là ? 27Moi, je n'ai commis aucune faute contr toi, c'est toi qui agis mal en venant me faire la guerre. Qu l'Eternel, le Juge, rende aujourd'hui son jugement entr les descendants d'Israël et ceux d'Ammon !

28Mais le roi des Ammonites ne tint aucun compte d message que Jephté lui avait fait transmettre.

Le vœu de Jephté et sa victoire sur les Ammonites

29Alors l'Esprit de l'Eternel descendit sur Jephté. Celui ci traversa les territoires de Galaad et de Manassé, puis i passa à Mitspé en Galaad, et de là, il s'avança pour attaque les Ammonites. 30Jephté fit un vœu à l'Eternel et dit : S vraiment tu me donnes la victoire sur les Ammonites, 31j te consacrerai et je t'offrirai en holocauste la premièr personne qui sortira de ma maison pour venir à ma ren contre, quand je reviendrai en vainqueur de la bataill contre les Ammonites.

32Jephté se lança à l'attaque des Ammonites et l'Eterne lui donna la victoire sur eux. 33Il leur infligea de lourde pertes dans vingt bourgs situés entre Aroër et Minnith e jusqu'à la région d'Abel-Qeramim. Ce fut une très grand défaite pour les Ammonites qui furent ainsi affaiblis pa les Israélites.

La fille de Jephté

34Après la bataille, Jephté retourna chez lui à Mitspa Et voici que sa fille sortit à sa rencontre en dansant a rythme des tambourins. C'était son unique enfant ; à par elle, il n'avait ni fils, ni fille. 35Dès qu'il l'aperçut, il déchir ses vêtements et s'écria : Ah ! ma fille ! Tu m'accables d chagrin ! Faut-il que ce soit toi qui causes mon désespoir J'ai donné ma parole à l'Eternel et je ne puis revenir su ma promesse.

36Elle lui dit : Mon père, si tu as donné ta parole l'Eternel, agis envers moi comme tu l'as promis, puisqu l'Eternel a réglé leur compte aux Ammonites, tes ennemis 37Puis elle ajouta : Je ne te demande qu'une chose Accorde-moi un délai de deux mois : j'irai avec mes amie dans les montagnes, pour y pleurer de ce qu'il me faill mourir avant d'avoir été mariée.

38Jephté lui dit : « Va ! » et la laissa partir pour deu mois. Elle s'en alla avec ses amies sur les montagnes pou y pleurer de devoir mourir sans être mariée. 39A la fin de deux mois, elle revint auprès de son père, et il accompli envers sa fille, qui était vierge, le vœu qu'il avait fait. C'es

From this comes the Israelite tradition [40]that each
ear the young women of Israel go out for four days to
ommemorate the daughter of Jephthah the Gileadite.

ephthah and Ephraim

12 [1]The Ephraimite forces were called out, and
they crossed over to Zaphon. They said to
ephthah, "Why did you go to fight the Ammonites
vithout calling us to go with you? We're going to burn
own your house over your head."
[2]Jephthah answered, "I and my people were en-
aged in a great struggle with the Ammonites, and
lthough I called, you didn't save me out of their
ands. [3]When I saw that you wouldn't help, I took
ny life in my hands and crossed over to fight the
mmonites, and the LORD gave me the victory over
nem. Now why have you come up today to fight me?"
[4]Jephthah then called together the men of Gilead
nd fought against Ephraim. The Gileadites struck
hem down because the Ephraimites had said,
You Gileadites are renegades from Ephraim and
Ianasseh." [5]The Gileadites captured the fords of the
ordan leading to Ephraim, and whenever a survivor
f Ephraim said, "Let me cross over," the men of Gilead
sked him, "Are you an Ephraimite?" If he replied,
No," [6]they said, "All right, say 'Shibboleth.' " If he
aid, "Sibboleth," because he could not pronounce the
ord correctly, they seized him and killed him at the
rds of the Jordan. Forty-two thousand Ephraimites
ere killed at that time.

[7]Jephthah led[l] Israel six years. Then Jephthah the
ileadite died and was buried in a town in Gilead.

bzan, Elon and Abdon

[8]After him, Ibzan of Bethlehem led Israel. [9]He had
hirty sons and thirty daughters. He gave his daugh-
ers away in marriage to those outside his clan, and
or his sons he brought in thirty young women as
ives from outside his clan. Ibzan led Israel seven
ears. [10]Then Ibzan died and was buried in Bethlehem.
[11]After him, Elon the Zebulunite led Israel ten years.
Then Elon died and was buried in Aijalon in the land
f Zebulun.
[13]After him, Abdon son of Hillel, from Pirathon,
d Israel. [14]He had forty sons and thirty grandsons,
ho rode on seventy donkeys. He led Israel eight
ears. [15]Then Abdon son of Hillel died and was bur-
d at Pirathon in Ephraim, in the hill country of the
malekites.

l 2:7 Traditionally *judged*; also in verses 8-14

là l'origine de la coutume qui s'établit en Israël : [40]chaque
année les jeunes filles s'en vont pendant quatre jours pour
célébrer la fille de Jephté, le Galaadite.

Conflit avec Ephraïm

12 [1]Les hommes de la tribu d'Ephraïm se rassemblèrent, ils se rendirent à Tsaphôn[x], et ils dirent
à Jephté : Pourquoi es-tu allé combattre les Ammonites
sans nous avoir appelés pour aller au combat avec toi ?
Nous allons brûler ta maison sur toi.
[2]Jephté leur répondit : J'étais engagé, moi et mon peuple,
dans un grand conflit avec les Ammonites et lorsque je
vous ai appelés à l'aide, vous n'êtes pas venus à mon secours contre eux. [3]Quand j'ai vu qu'il ne fallait pas compter
sur vous, je suis allé seul combattre les Ammonites au
risque de ma vie et l'Eternel m'a donné la victoire sur eux.
Pourquoi donc venez-vous aujourd'hui m'attaquer ?
[4]Puis Jephté mobilisa tous les hommes de Galaad et
combattit ceux d'Ephraïm qui leur avaient dit : Vous, les
gens de Galaad, vous n'êtes que des fuyards d'Ephraïm
passés en Manassé.
Les hommes de Galaad battirent ceux d'Ephraïm
[5]et leur coupèrent la retraite en occupant les gués du
Jourdain menant à Ephraïm. Quand l'un des fuyards
d'Ephraïm voulait traverser la rivière, les hommes
de Galaad lui demandaient s'il venait d'Ephraïm. S'il
répondait : « Non », [6]ils lui ordonnaient de prononcer le mot Shibboleth. S'il disait : « Sibboleth », parce
qu'il n'arrivait pas à le prononcer comme eux, ils le
saisissaient et l'exécutaient près des gués du Jourdain.
Quarante-deux mille hommes d'Ephraïm périrent en
cette circonstance.
[7]Après avoir été chef en Israël pendant six ans, Jephté
de Galaad mourut et fut enterré dans l'une des villes de
Galaad[y].

Ibtsân, Elôn et Abdôn

[8]Après lui, Ibtsân de Bethléhem[z] fut chef en Israël. [9]Il
eut trente fils et trente filles qu'il maria avec des filles et
des fils étrangers. Après avoir dirigé Israël pendant sept
ans, [10]il mourut et fut enterré à Bethléhem.

[11]Après lui, Elôn de Zabulon fut chef en Israël pendant
dix ans. [12]A sa mort, il fut enterré à Ayalôn dans le territoire de Zabulon.
[13]Après lui, Abdôn, fils de Hillel, de Piratôn, fut chef
en Israël [14]pendant huit ans. Il eut quarante fils et trente
petits-fils qui montaient soixante-dix ânons. [15]Lorsqu'il
mourut, il fut enterré à Piratôn sur la montagne des
Amalécites dans le territoire d'Ephraïm.

x **12.1** Ville du territoire de Gad, mentionnée à côté de Soukkoth en Jos 13.27. On peut aussi traduire : *en direction du nord.*
y **12.7** L'ancienne version grecque a : *en Galaad ; dans sa ville natale.*
z **12.8** La *Bethléhem* de Zabulon (Jos 19.15), près de Nazareth, non celle de Juda.

The Birth of Samson

13 1 Again the Israelites did evil in the eyes of the LORD, so the LORD delivered them into the hands of the Philistines for forty years.

2 A certain man of Zorah, named Manoah, from the clan of the Danites, had a wife who was childless, unable to give birth. 3 The angel of the LORD appeared to her and said, "You are barren and childless, but you are going to become pregnant and give birth to a son. 4 Now see to it that you drink no wine or other fermented drink and that you do not eat anything unclean. 5 You will become pregnant and have a son whose head is never to be touched by a razor because the boy is to be a Nazirite, dedicated to God from the womb. He will take the lead in delivering Israel from the hands of the Philistines."

6 Then the woman went to her husband and told him, "A man of God came to me. He looked like an angel of God, very awesome. I didn't ask him where he came from, and he didn't tell me his name. 7 But he said to me, 'You will become pregnant and have a son. Now then, drink no wine or other fermented drink and do not eat anything unclean, because the boy will be a Nazirite of God from the womb until the day of his death.' "

8 Then Manoah prayed to the LORD: "Pardon your servant, Lord. I beg you to let the man of God you sent to us come again to teach us how to bring up the boy who is to be born."

9 God heard Manoah, and the angel of God came again to the woman while she was out in the field; but her husband Manoah was not with her. 10 The woman hurried to tell her husband, "He's here! The man who appeared to me the other day!"

11 Manoah got up and followed his wife. When he came to the man, he said, "Are you the man who talked to my wife?"

"I am," he said.

12 So Manoah asked him, "When your words are fulfilled, what is to be the rule that governs the boy's life and work?"

13 The angel of the LORD answered, "Your wife must do all that I have told her. 14 She must not eat anything that comes from the grapevine, nor drink any wine or other fermented drink nor eat anything unclean. She must do everything I have commanded her."

15 Manoah said to the angel of the LORD, "We would like you to stay until we prepare a young goat for you."

16 The angel of the LORD replied, "Even though you detain me, I will not eat any of your food. But if you prepare a burnt offering, offer it to the LORD." (Manoah did not realize that it was the angel of the LORD.)

17 Then Manoah inquired of the angel of the LORD, "What is your name, so that we may honor you when your word comes true?"

18 He replied, "Why do you ask my name? It is beyond understanding.[m]" 19 Then Manoah took a young

m 13:18 Or *is wonderful*

La naissance de Samson

13 1 Les Israélites recommencèrent à faire ce qu
l'Eternel considère comme mal, et l'Eternel le
livra au pouvoir des Philistins pendant quarante ans.

2 A Tsorea[a] vivait un homme de la tribu de Dan appel
Manoah. Sa femme était stérile et n'avait jamais pu avoi
d'enfant. 3 Un jour, l'ange de l'Eternel apparut à cett
femme et lui dit : Tu es stérile et tu n'as jamais eu d'enfan
Pourtant, tu vas être enceinte et tu donneras le jour à u
fils. 4 A partir de maintenant, prends bien garde de ne boir
ni vin, ni autre boisson alcoolisée et de ne rien mange
qui soit rituellement impur. 5 Car tu vas être enceinte e
tu mettras au monde un fils. Ce garçon sera consacré
Dieu dès le sein maternel : jamais il ne devra se couper le
cheveux ou la barbe. C'est lui qui commencera à délivre
Israël des Philistins.

6 La femme rentra chez elle et dit à son mari : Un homm
de Dieu m'a abordée, son aspect était comme celui d'u
ange de Dieu ; il était terrifiant. Je ne lui ai pas demand
d'où il venait, et il ne m'a pas dit son nom. 7 Mais il m'
annoncé que je vais être enceinte et que je mettrai un fi
au monde. Il m'a dit de ne boire ni vin, ni boisson alcoolisé
et de ne rien manger d'impur, car l'enfant sera consacré
Dieu dès le sein maternel et jusqu'à sa mort.

8 Alors Manoah adressa cette prière à l'Eternel : Je t
prie, Seigneur, fais revenir vers nous l'homme de Dieu qu
tu as déjà envoyé, pour qu'il nous apprenne ce que nou
aurons à faire à l'égard de l'enfant à naître.

9 Dieu exauça la prière de Manoah. L'ange de Dieu re
vint se présenter à la femme pendant qu'elle était assis
dans un champ. Manoah n'était pas avec elle. 10 Elle couru
aussitôt le lui annoncer : L'homme qui est venu l'autre jou
se présenter à moi, m'est de nouveau apparu.

11 Immédiatement, Manoah se leva et suivit sa femm
Il se rendit auprès de l'homme, et lui demanda : Est-ce t
qui as parlé à cette femme ?

– Oui, c'est moi, lui répondit-il.

12 Et Manoah lui dit : Maintenant, quand tes paroles s
réaliseront, quelles règles devra-t-on suivre à l'égard d
ce garçon, et que devra-t-il faire ?

13 L'ange de l'Eternel lui répondit : Ta femme devr
s'abstenir de tout ce que je lui ai mentionné. 14 Elle n
mangera aucun fruit de la vigne, ne boira ni vin, ni boi
son alcoolisée et ne prendra aucune nourriture qui so
rituellement impure. Qu'elle observe soigneusement tou
ce que je lui ai ordonné.

15 Alors Manoah dit à l'ange de l'Eternel : Permets-nou
de te retenir et de te présenter un chevreau.

16 L'ange lui répondit : Même si tu me retiens, je ne man
gerai pas la nourriture que tu me présenteras ; mais si t
le veux, offre un holocauste à l'Eternel.

Manoah ne savait pas que c'était l'ange de l'Eternel. 17
demanda à l'ange : Quel est ton nom ? Ainsi, quand ce qu
tu as annoncé se réalisera, nous pourrons t'honorer.

18 L'ange de l'Eternel répliqua : Pourquoi demandes-t
mon nom ? Il est merveilleux.

a 13.2 *Tsorea*, à une vingtaine de kilomètres à l'ouest de Jérusalem, fut d'abord attribuée à la tribu de Juda (Jos 15.33), puis à celle de Dan (Jos 19.41). C'est de là que les Danites émigrèrent vers le nord (Jos 18.2, 8, 11). La ville revint alors à Juda.

oat, together with the grain offering, and sacrificed : on a rock to the LORD. And the LORD did an amaz-ıg thing while Manoah and his wife watched: [20]As he flame blazed up from the altar toward heaven, he angel of the LORD ascended in the flame. Seeing his, Manoah and his wife fell with their faces to the round. [21]When the angel of the LORD did not show imself again to Manoah and his wife, Manoah real-zed that it was the angel of the LORD.

[22]"We are doomed to die!" he said to his wife. "We ave seen God!"

[23]But his wife answered, "If the LORD had meant to ill us, he would not have accepted a burnt offering nd grain offering from our hands, nor shown us all hese things or now told us this."

[24]The woman gave birth to a boy and named him amson. He grew and the LORD blessed him, [25]and the pirit of the LORD began to stir him while he was in ahaneh Dan, between Zorah and Eshtaol.

amson's Marriage

14 [1]Samson went down to Timnah and saw there a young Philistine woman. [2]When he eturned, he said to his father and mother, "I have een a Philistine woman in Timnah; now get her for ıe as my wife."

[3]His father and mother replied, "Isn't there an cceptable woman among your relatives or among ll our people? Must you go to the uncircumcised hilistines to get a wife?"

But Samson said to his father, "Get her for me. She's he right one for me." [4](His parents did not know that his was from the LORD, who was seeking an occasion ɔ confront the Philistines; for at that time they were uling over Israel.)

[5]Samson went down to Timnah together with his ather and mother. As they approached the vineyards f Timnah, suddenly a young lion came roaring to-vard him. [6]The Spirit of the LORD came powerfully pon him so that he tore the lion apart with his bare ands as he might have torn a young goat. But he told either his father nor his mother what he had done. Then he went down and talked with the woman, and e liked her.

[8]Some time later, when he went back to marry her, e turned aside to look at the lion's carcass, and in it e saw a swarm of bees and some honey. [9]He scooped ut the honey with his hands and ate as he went along. When he rejoined his parents, he gave them some, and ıey too ate it. But he did not tell them that he had ıken the honey from the lion's carcass.

[10]Now his father went down to see the woman. And ıere Samson held a feast, as was customary for young ıen. [11]When the people saw him, they chose thirty ıen to be his companions.

[12]"Let me tell you a riddle," Samson said to them. If you can give me the answer within the seven days

[19]Alors Manoah prit un chevreau et l'offrande de céréales qui doit accompagner l'holocauste et il les offrit à l'Eternel sur le rocher. Pendant que Manoah et sa femme regardaient, il se produisit une chose merveilleuse : [20]lorsque la flamme monta de l'autel vers le ciel, l'ange de l'Eternel s'éleva au milieu de la flamme sous leurs yeux. Alors ils se jetèrent la face contre terre. [21]L'ange de l'Eternel n'apparut plus à Manoah et à sa femme. Manoah comprit que c'était l'ange de l'Eternel qui leur était apparu, [22]et il dit à sa femme : Nous allons sûrement mourir, car nous avons vu Dieu !

[23]Mais sa femme lui dit : Si l'Eternel avait voulu nous faire mourir, il n'aurait pas accepté notre holocauste et notre offrande, il ne nous aurait pas fait voir toutes ces choses, et il ne nous aurait pas annoncé aujourd'hui tout ce qu'il nous a communiqué.

[24]La femme donna naissance à un fils et elle l'appela Samson. L'enfant grandit et l'Eternel le bénit. [25]L'Esprit de l'Eternel commença à le pousser à l'action lorsqu'il était à Mahané-Dan entre Tsorea et Eshtaol.

Samson épouse une Philistine

14 [1]Un jour, Samson se rendit à Timna[b], il y remarqua une jeune fille philistine. [2]A son retour, il raconta la chose à ses parents et leur dit : J'ai remarqué une femme parmi les Philistines et je voudrais que vous alliez la demander en mariage pour moi.

[3]Ses parents lui répondirent : Est-ce qu'il n'y a pas de jeune fille dans ta tribu ou dans les autres tribus de notre peuple, pour que tu ailles chercher une épouse chez ces Philistins incirconcis ?

Mais Samson dit à son père : C'est elle que je juge bon de prendre, va la demander pour moi !

[4]Ses parents ne savaient pas que cela était dirigé par l'Eternel, car il cherchait une occasion de conflit avec les Philistins. En effet, en ce temps-là, les Philistins dominaient sur Israël.

[5]Samson se rendit donc avec son père et sa mère à Timna. Quand ils arrivèrent près des vignobles de la ville, tout à coup un jeune lion[c] marcha sur lui en rugissant. [6]Alors l'Esprit de l'Eternel fondit sur lui et, les mains nues, Samson déchira le lion en deux, comme on le fait d'un chevreau. Il se garda de raconter la chose à ses parents. [7]Ensuite, il alla faire sa déclaration à la femme qui lui plut beaucoup.

[8]Lorsqu'il revint, quelque temps après, pour l'épouser, il fit un détour pour aller voir le cadavre du lion, et voici qu'il trouva dans la carcasse un essaim d'abeilles et du miel. [9]Il en prit dans ses mains et, tout en marchant, il en mangea. Lorsqu'il eut rejoint ses parents, il leur en offrit, sans leur indiquer qu'il avait recueilli ce miel dans le cadavre du lion.

L'énigme de Samson

[10]Son père se rendit chez la femme pour convenir du mariage, et Samson organisa un banquet de mariage, comme c'était la coutume des jeunes gens. [11]Lorsqu'on le vit, on choisit trente compagnons pour être avec lui. [12]Samson leur dit : Je vais vous proposer une énigme.

b **14.1** Ville de la tribu de Dan (Jos 19.43) occupée alors par les Philistins.
c **14.5** Les lions étaient nombreux dans le sud du pays d'Israël à cette époque (1 S 17.34 ; 2 S 23.20 ; 1 R 13.24 ; 20.36).

of the feast, I will give you thirty linen garments and thirty sets of clothes. 13 If you can't tell me the answer, you must give me thirty linen garments and thirty sets of clothes."

"Tell us your riddle," they said. "Let's hear it."

14 He replied,

"Out of the eater, something to eat;
out of the strong, something sweet."

For three days they could not give the answer.

15 On the fourth[n] day, they said to Samson's wife, "Coax your husband into explaining the riddle for us, or we will burn you and your father's household to death. Did you invite us here to steal our property?"

16 Then Samson's wife threw herself on him, sobbing, "You hate me! You don't really love me. You've given my people a riddle, but you haven't told me the answer."

"I haven't even explained it to my father or mother," he replied, "so why should I explain it to you?" 17 She cried the whole seven days of the feast. So on the seventh day he finally told her, because she continued to press him. She in turn explained the riddle to her people.

18 Before sunset on the seventh day the men of the town said to him,

"What is sweeter than honey?
What is stronger than a lion?"

Samson said to them,

"If you had not plowed with my heifer,
you would not have solved my riddle."

19 Then the Spirit of the Lord came powerfully upon him. He went down to Ashkelon, struck down thirty of their men, stripped them of everything and gave their clothes to those who had explained the riddle. Burning with anger, he returned to his father's home. 20 And Samson's wife was given to one of his companions who had attended him at the feast.

Samson's Vengeance on the Philistines

15 1 Later on, at the time of wheat harvest, Samson took a young goat and went to visit his wife. He said, "I'm going to my wife's room." But her father would not let him go in.

2 "I was so sure you hated her," he said, "that I gave her to your companion. Isn't her younger sister more attractive? Take her instead."

[n] **14:15** Some Septuagint manuscripts and Syriac; Hebrew *seventh*

Si vous trouvez la solution et que vous me la donne d'ici la fin des sept jours du festin, je vous donnera trente tuniques et trente habits de rechange. 13 Ma si vous ne pouvez pas me donner la solution, c'est vou qui me donnerez trente chemises et trente habits d rechange.

– Nous t'écoutons, lui répondirent-ils. Propose-nou ton énigme !

14 Alors il leur dit :

De celui qui mange vient ce que l'on mange,
et ce qui est doux est sorti du fort.

Pendant trois jours, les jeunes gens ne réussirent pa à trouver la solution de la devinette. 15 Le quatrièm jour[d], ils dirent à la femme de Samson : Enjôle to mari pour qu'il te donne la réponse de la devinett et viens nous la rapporter, sinon nous te brûleron toi et ta famille. Est-ce pour nous déposséder qu vous nous avez invités ? 16 Alors elle se mit à pleure tout contre son mari et lui dit : Tu ne m'aimes pas Tu me détestes ! Tu as proposé une devinette à me compatriotes et tu ne m'en as pas révélé la solutio

– Vois-tu, lui répondit-il, je ne l'ai même pas révélée mes parents, comment te la donnerais-je à toi ?

17 Elle le poursuivit de ses pleurs jusqu'au bout des sep jours de festin, si bien que le septième jour, harcelé pa ses instances, il lui donna la solution de la devinette. El s'empressa de la rapporter à ses compatriotes. 18 Le sep tième jour, les jeunes gens de la ville dirent à Samson ava le coucher du soleil : Qu'y a-t-il de plus doux que le miel e de plus fort qu'un lion ?

Il leur répondit : Si vous n'aviez pas labouré avec m génisse, vous n'auriez pas trouvé la réponse.

19 Alors l'Esprit de l'Eternel fondit sur lui, il se ren dit à Ashkelôn[e], y tua trente hommes, s'empara d leurs vêtements et donna les habits de rechange ceux qui lui avaient révélé le sens de la devinett Il rentra chez lui, bouillant de colère. 20 On maria s femme à celui de ses compagnons qui lui avait serv de garçon d'honneur.

La vengeance de Samson contre les Philistins

15 1 Quelque temps après, lors de la moisson des blés[f] Samson rendit visite à sa femme et lui apporta u jeune chevreau[g]. Il déclara : Je veux aller auprès de m femme dans sa chambre.

Mais son beau-père ne le laissa pas y aller.

2 – J'étais persuadé, lui dit-il, que tu l'avais prise e haine, alors je l'ai donnée à ton garçon d'honneur. Es ce que sa jeune sœur n'est pas plus charmante qu'elle Prends-la donc à sa place.

[d] **14.15** Selon certains manuscrits de l'ancienne version grecque et la version syriaque. Le texte hébreu traditionnel a : *le septième jour.*

[e] **14.19** L'une des cinq villes principales des Philistins, située en bord de mer.

[f] **15.1** Fin mai, début juin.

[g] **15.1** Présent habituel dans ce cas (voir Gn 38.17). Dans ce type de mariage, la mariée restait dans la maison de son père qui ne percevait pas de dot, mais des cadeaux lors de chaque visite de l'époux.

3 Samson said to them, "This time I have a right to
get even with the Philistines; I will really harm them."
4 So he went out and caught three hundred foxes and
tied them tail to tail in pairs. He then fastened a torch
to every pair of tails, 5 lit the torches and let the foxes loose in the standing grain of the Philistines. He
burned up the shocks and standing grain, together
with the vineyards and olive groves.

6 When the Philistines asked, "Who did this?" they
were told, "Samson, the Timnite's son-in-law, because
his wife was given to his companion."
So the Philistines went up and burned her and her
father to death. 7 Samson said to them, "Since you've
acted like this, I swear that I won't stop until I get my
revenge on you." 8 He attacked them viciously and
slaughtered many of them. Then he went down and
stayed in a cave in the rock of Etam.

9 The Philistines went up and camped in Judah,
spreading out near Lehi. 10 The people of Judah asked,
"Why have you come to fight us?"
"We have come to take Samson prisoner," they answered, "to do to him as he did to us."
11 Then three thousand men from Judah went down
to the cave in the rock of Etam and said to Samson,
"Don't you realize that the Philistines are rulers over
us? What have you done to us?"
He answered, "I merely did to them what they did
to me."
12 They said to him, "We've come to tie you up and
hand you over to the Philistines."
Samson said, "Swear to me that you won't kill me
yourselves."
13 "Agreed," they answered. "We will only tie you up
and hand you over to them. We will not kill you." So
they bound him with two new ropes and led him up
from the rock. 14 As he approached Lehi, the Philistines
came toward him shouting. The Spirit of the LORD came
powerfully upon him. The ropes on his arms became
like charred flax, and the bindings dropped from
his hands. 15 Finding a fresh jawbone of a donkey, he
grabbed it and struck down a thousand men.
16 Then Samson said,

"With a donkey's jawbone
I have made donkeys of them.[o]
With a donkey's jawbone
I have killed a thousand men."

17 When he finished speaking, he threw away the jawbone; and the place was called Ramath Lehi.[p]
18 Because he was very thirsty, he cried out to the
LORD, "You have given your servant this great victory. Must I now die of thirst and fall into the hands

[o] 15:16 Or *made a heap or two*; the Hebrew for *donkey* sounds like the Hebrew for *heap*.
[p] 15:17 *Ramath Lehi* means *jawbone hill*.

3 Samson répliqua : Cette fois-ci, on ne pourra pas me
reprocher le mal que je vais faire aux Philistins.
4 Là-dessus, il s'en alla et attrapa trois cents chacals[h].
Après quoi, il prit des torches, attacha les animaux deux
par deux par leurs queues en fixant une torche entre chaque paire de queues. 5 Puis il alluma les torches et lâcha
les chacals dans les blés mûrs des Philistins. Le feu ravagea
les blés en meule aussi bien que ceux sur pied, et jusqu'aux
vignes et aux oliviers.
6 Les Philistins demandèrent : Qui a fait cela ?
On leur répondit : C'est Samson, le gendre d'un homme
de Timna, parce que celui-ci lui a repris sa femme et l'a
donnée à son garçon d'honneur.
Alors les Philistins allèrent brûler vifs la femme et son
père. 7 Samson leur dit : Puisque c'est ainsi que vous agissez, je n'aurai de cesse jusqu'à ce que je me sois vengé
sur vous !
8 Là-dessus, il les battit à plate couture et leur infligea
une grande défaite. Puis il partit vivre dans la caverne
du rocher d'Etam[i].

Samson livré aux Philistins

9 Les Philistins pénétrèrent dans le territoire de Juda,
et y installèrent leur camp, et ils se répandirent dans la
région de Léhi. 10 Les habitants de Juda demandèrent :
Pourquoi êtes-vous venus nous attaquer ?
Ils répondirent : C'est pour capturer Samson que nous
sommes venus, afin de lui rendre le mal qu'il nous a fait.
11 Alors trois mille hommes de Juda se rendirent à la
caverne du rocher d'Etam et dirent à Samson : Ne sais-tu
pas que les Philistins exercent leur domination sur nous ?
Te rends-tu compte de ce que tu nous as fait ?
Il répondit : Je les ai traités comme ils m'ont traité.
12 Mais ils reprirent : Nous sommes venus pour te ligoter
et te livrer ensuite aux Philistins.
Samson leur dit : Jurez-moi que vous ne me tuerez pas
vous-mêmes.
13 Ils lui assurèrent : Non, nous voulons seulement te
ligoter et te remettre à eux ; nous ne te ferons pas mourir.
Ils le lièrent avec deux cordes neuves et le firent sortir
de la grotte. 14 C'est ainsi que Samson arriva à Léhi. Les
Philistins accoururent en poussant des cris de triomphe.
Alors l'Esprit de l'Eternel fondit sur lui et les cordes qui
liaient ses bras se déchirèrent comme si c'étaient des fils
de lin brûlés. Ses liens se désagrégèrent sur ses mains.
15 Il trouva une mâchoire d'âne encore fraîche, la ramassa et s'en servit pour tuer mille hommes. 16 Puis il s'écria :

Avec la mâchoire d'un âne j'en ai fait des tas et des
tas,
oui, j'ai tué un millier d'hommes avec la mâchoire
d'un âne.

17 Après avoir dit cela, il jeta la mâchoire loin de lui et
nomma le lieu Ramath-Léhi (la colline de la Mâchoire).
18 Comme il avait horriblement soif, il pria l'Eternel et
dit : C'est toi qui as accordé cette grande victoire à ton
serviteur. Me laisseras-tu maintenant mourir de soif et
tomber entre les mains de ces incirconcis ?

h **15.4** Mot qui signifie aussi *renard*. Ici, il s'agit sans doute de *chacals* car ces animaux vivent en bandes et sont donc relativement faciles à attraper.
i **15.8** Entre Bethléhem (de Juda) et Teqoa (2 Ch 11.6) ; cette région est trouée de grottes.

of the uncircumcised?" 19 Then God opened up the hollow place in Lehi, and water came out of it. When Samson drank, his strength returned and he revived. So the spring was called En Hakkore,[q] and it is still there in Lehi.

20 Samson led[r] Israel for twenty years in the days of the Philistines.

Samson and Delilah

16 1 One day Samson went to Gaza, where he saw a prostitute. He went in to spend the night with her. 2 The people of Gaza were told, "Samson is here!" So they surrounded the place and lay in wait for him all night at the city gate. They made no move during the night, saying, "At dawn we'll kill him."

3 But Samson lay there only until the middle of the night. Then he got up and took hold of the doors of the city gate, together with the two posts, and tore them loose, bar and all. He lifted them to his shoulders and carried them to the top of the hill that faces Hebron.

4 Some time later, he fell in love with a woman in the Valley of Sorek whose name was Delilah. 5 The rulers of the Philistines went to her and said, "See if you can lure him into showing you the secret of his great strength and how we can overpower him so we may tie him up and subdue him. Each one of us will give you eleven hundred shekels[s] of silver."

6 So Delilah said to Samson, "Tell me the secret of your great strength and how you can be tied up and subdued."

7 Samson answered her, "If anyone ties me with seven fresh bowstrings that have not been dried, I'll become as weak as any other man."

8 Then the rulers of the Philistines brought her seven fresh bowstrings that had not been dried, and she tied him with them. 9 With men hidden in the room, she called to him, "Samson, the Philistines are upon you!" But he snapped the bowstrings as easily as a piece of string snaps when it comes close to a flame. So the secret of his strength was not discovered.

10 Then Delilah said to Samson, "You have made a fool of me; you lied to me. Come now, tell me how you can be tied."

11 He said, "If anyone ties me securely with new ropes that have never been used, I'll become as weak as any other man."

12 So Delilah took new ropes and tied him with them. Then, with men hidden in the room, she called to

[q] 15:19 *En Hakkore* means *caller's spring.*
[r] 15:20 Traditionally *judged*
[s] 16:5 That is, about 28 pounds or about 13 kilograms

19 Alors Dieu fendit le rocher creux qui se trouve à Léhi, et il en jaillit de l'eau. Samson but, il reprit ses esprits et se sentit revivre. C'est pourquoi on a nommé cette source Eyn-Haqqoré (la Source de celui qui prie) ; elle existe encore aujourd'hui à Léhi. 20 Samson fut chef en Israël pendant vingt ans à l'époque où les Philistins dominaient le pays.

Samson à Gaza

16 1 Samson se rendit à Gaza[j]. Il y vit une prostituée et entra chez elle. 2 La nouvelle se répandit parmi les gens de Gaza qu'il se trouvait dans la ville. Pendant toute la nuit, ils gardèrent les issues et firent le guet à la porte de la ville. Cependant, ils se tinrent tranquilles pendant la nuit, se proposant de le tuer au point du jour. 3 Mais Samson resta couché jusqu'au milieu de la nuit seulement ; à minuit, il se leva. Arrivé à la porte de la ville, il empoigna les deux battants avec les deux montants et les arracha avec la traverse, puis il chargea le tout sur ses épaules et le transporta jusqu'au sommet de la colline en face d'Hébron[k].

Samson trahi par Dalila

4 Plus tard, Samson tomba amoureux d'une femme nommée Dalila qui habitait dans la vallée de Soreq[l]. 5 Les princes des Philistins[m] vinrent la trouver et lui dirent : Enjôle-le, et tâche de découvrir d'où lui vient sa force extraordinaire et comment nous pourrions réussir à le ligoter pour le maîtriser. Chacun de nous te donnera onze cents pièces d'argent[n].

6 Dalila demanda à Samson : Dis-moi, je te prie, d'où te vient ta grande force et avec quoi il faudrait te lier pour te maîtriser.

7 Samson lui répondit : Si on me lie avec sept cordes fraîches qui n'ont pas encore séché, je perdrai ma force et je deviendrai comme n'importe quel autre homme.

8 Les princes des Philistins procurèrent à Dalila sept cordes fraîches qui n'étaient pas encore sèches, et elle ligota Samson avec ces cordes, 9 tandis que des hommes se tenaient cachés chez elle, dans la chambre. Tout à coup, elle s'écria : Samson ! Les Philistins t'attaquent !

Il rompit les cordes comme se rompt une mèche d'étoupe quand elle a pris feu. Ainsi on ne découvrit pas le secret de sa force.

10 Dalila dit à Samson : Voici : tu t'es moqué de moi, tu m'as raconté des mensonges. Maintenant, dis-moi donc, je te prie, avec quoi l'on pourrait te lier.

11 Il lui répondit : Si on m'attache fortement avec des cordes neuves qui n'ont jamais servi, je perdrai ma force et deviendrai comme n'importe quel autre homme.

12 Alors Dalila prit des cordes neuves dont elle le ligota. Puis elle s'écria : Samson ! Les Philistins t'attaquent !

[j] 16.1 Important port de maritime, situé dans le sud de la Philistie.
[k] 16.3 Ou : *en direction d'Hébron.* Dans ce cas, il s'agirait d'une hauteur située à une demi-heure à l'est de Gaza. Hébron était à 70 kilomètres de Gaza.
[l] 16.4 Petite vallée proche du lieu de naissance de Samson.
[m] 16.5 La Philistie était une confédération de cinq villes gouvernées par cinq princes.
[n] 16.5 Il s'agit de *sicles* d'argent. Somme considérable (82,5 kg d'argent) équivalente au prix de 275 esclaves (d'après le prix offert pour Joseph quelques siècles auparavant).

im, "Samson, the Philistines are upon you!" But he
napped the ropes off his arms as if they were threads.

13 Delilah then said to Samson, "All this time you
ave been making a fool of me and lying to me. Tell
ne how you can be tied."

He replied, "If you weave the seven braids of my
ead into the fabric on the loom and tighten it with
he pin, I'll become as weak as any other man." So
while he was sleeping, Delilah took the seven braids of
is head, wove them into the fabric 14 and[t] tightened
t with the pin.

Again she called to him, "Samson, the Philistines
are upon you!" He awoke from his sleep and pulled
ıp the pin and the loom, with the fabric.

15 Then she said to him, "How can you say, 'I love
you,' when you won't confide in me? This is the third
ime you have made a fool of me and haven't told me
he secret of your great strength." 16 With such nagging she prodded him day after day until he was sick
o death of it.

17 So he told her everything. "No razor has ever been
ised on my head," he said, "because I have been a
Nazirite dedicated to God from my mother's womb.
f my head were shaved, my strength would leave me,
and I would become as weak as any other man."

18 When Delilah saw that he had told her everything,
she sent word to the rulers of the Philistines, "Come
back once more; he has told me everything." So the
rulers of the Philistines returned with the silver in
their hands. 19 After putting him to sleep on her lap,
she called for someone to shave off the seven braids
of his hair, and so began to subdue him.[u] And his
strength left him.

20 Then she called, "Samson, the Philistines are
upon you!"

He awoke from his sleep and thought, "I'll go out
as before and shake myself free." But he did not know
that the LORD had left him.

21 Then the Philistines seized him, gouged out his
eyes and took him down to Gaza. Binding him with
bronze shackles, they set him to grinding grain in
the prison. 22 But the hair on his head began to grow
again after it had been shaved.

The Death of Samson

23 Now the rulers of the Philistines assembled to
offer a great sacrifice to Dagon their god and to celebrate, saying, "Our god has delivered Samson, our
enemy, into our hands."

24 When the people saw him, they praised their god,
saying,

[t] 16:13,14 Some Septuagint manuscripts; Hebrew *replied, "I can if you weave the seven braids of my head into the fabric on the loom."* 14 *So she*

[u] 16:19 Hebrew; some Septuagint manuscripts *and he began to weaken*

Des hommes se tenaient de nouveau cachés dans la
chambre. Mais il rompit les cordes comme un fil et les fit
tomber de ses bras.

13 Dalila dit à Samson : Jusqu'à présent, tu t'es moqué
de moi et tu ne m'as raconté que des mensonges. Dis-moi
enfin avec quoi il faudrait te lier.

Il lui répondit : Si tu tisses les sept tresses de ma tête
dans la chaîne d'un métier à tisser et que tu les fixes au
moyen d'une cheville, je perdrai ma force et je deviendrai
comme n'importe quel autre homme[o].

14 Alors elle l'endormit, tissa les sept tresses de sa chevelure sur la chaîne du métier à tisser et les fixa avec
la cheville. Puis elle s'écria : Samson ! Les Philistins
t'attaquent !

Il se réveilla de son sommeil et arracha la cheville
du métier avec la chaîne. 15 Alors elle lui dit : Comment
peux-tu prétendre que tu m'aimes alors que tu ne me
fais pas confiance ! Voilà trois fois que tu t'es moqué de
moi et que tu as refusé de m'indiquer d'où venait ta force
extraordinaire.

16 Tous les jours, elle le harcelait par ses paroles et le
poussait à bout par ses instances. Excédé à en mourir, 17 il
finit par lui révéler son secret.

– Jamais encore, lui dit-il, mes cheveux et ma barbe n'ont
été coupés, car j'ai été consacré à Dieu dès le sein maternel.
Si l'on me rasait la tête, ma force m'abandonnerait et je
deviendrais comme n'importe quel autre homme.

18 Dalila comprit qu'il lui avait révélé son secret. Elle fit
prévenir les princes des Philistins en leur disant : Venez,
car cette fois-ci, il m'a dit son secret.

Ils se rendirent chez elle avec l'argent promis. 19 Elle
endormit Samson sur ses genoux, puis appela un homme
pour lui couper les sept tresses de sa tête. Ainsi elle commença à le maîtriser, car il perdit sa force[p]. 20 Puis elle cria :
Samson ! Les Philistins t'attaquent !

Il se réveilla de son sommeil et se dit : Je m'en tirerai
comme les autres fois et je me dégagerai !

Mais il ne savait pas que l'Eternel s'était détourné de
lui. 21 Les Philistins se saisirent de lui et lui crevèrent les
yeux[q], puis ils l'emmenèrent à Gaza, le ligotèrent avec une
double chaîne de bronze, et lui firent tourner la meule à
grain dans la prison.

L'ultime vengeance de Samson

22 Après avoir été rasés, ses cheveux commencèrent à
repousser. 23 Les princes des Philistins s'assemblèrent pour
offrir un sacrifice important à Dagôn[r] leur dieu et pour se
livrer aux réjouissances. Ils disaient :

C'est notre Dieu qui a livré entre nos mains notre
ennemi : Samson.

24 Quand le peuple le vit, il loua son dieu en disant :

[o] **16.13** Les v. 13 et 14 sont traduits d'après l'ancienne version grecque. Le texte hébreu traditionnel est plus court ; il semble qu'une partie se soit perdue.

[p] **16.19** Le texte hébreu traditionnel a : *et elle coupa*, mais les versions anciennes ont : *qui coupa*.

[q] **16.21** Traitement souvent infligé aux prisonniers de guerre (1 S 11.2 ; 2 R 25.7).

[r] **16.23** Divinité principale des Philistins. Son nom, en hébreu, signifie *grain*. Dagôn devait donc être un dieu de la végétation. Par la suite, à cause de l'assonance avec le terme hébreu *dag*, « poisson », Dagôn a été représenté par une statue mi-homme, mi-poisson.

"Our god has delivered our enemy
into our hands,
the one who laid waste our land
and multiplied our slain."

25 While they were in high spirits, they shouted, "Bring out Samson to entertain us." So they called Samson out of the prison, and he performed for them.

When they stood him among the pillars, 26 Samson said to the servant who held his hand, "Put me where I can feel the pillars that support the temple, so that I may lean against them." 27 Now the temple was crowded with men and women; all the rulers of the Philistines were there, and on the roof were about three thousand men and women watching Samson perform. 28 Then Samson prayed to the LORD, "Sovereign LORD, remember me. Please, God, strengthen me just once more, and let me with one blow get revenge on the Philistines for my two eyes." 29 Then Samson reached toward the two central pillars on which the temple stood. Bracing himself against them, his right hand on the one and his left hand on the other, 30 Samson said, "Let me die with the Philistines!" Then he pushed with all his might, and down came the temple on the rulers and all the people in it. Thus he killed many more when he died than while he lived.

31 Then his brothers and his father's whole family went down to get him. They brought him back and buried him between Zorah and Eshtaol in the tomb of Manoah his father. He had led[v] Israel twenty years.

Micah's Idols

17 1 Now a man named Micah from the hill country of Ephraim 2 said to his mother, "The eleven hundred shekels[w] of silver that were taken from you and about which I heard you utter a curse – I have that silver with me; I took it."

Then his mother said, "The LORD bless you, my son!"

3 When he returned the eleven hundred shekels of silver to his mother, she said, "I solemnly consecrate my silver to the LORD for my son to make an image overlaid with silver. I will give it back to you."

4 So after he returned the silver to his mother, she took two hundred shekels[x] of silver and gave them to a silversmith, who used them to make the idol. And it was put in Micah's house.

5 Now this man Micah had a shrine, and he made an ephod and some household gods and installed one of his sons as his priest. 6 In those days Israel had no king; everyone did as they saw fit.

7 A young Levite from Bethlehem in Judah, who had been living within the clan of Judah, 8 left that town in search of some other place to stay. On his way[y] he came to Micah's house in the hill country of Ephraim.

v 16:31 Traditionally *judged*
w 17:2 That is, about 28 pounds or about 13 kilograms
x 17:4 That is, about 5 pounds or about 2.3 kilograms
y 17:8 Or *To carry on his profession*

C'est notre Dieu qui a livré entre nos mains notre
ennemi
qui ravageait notre pays
et qui a fait tant de victimes parmi nous.

25 Comme ils étaient en joie, ils s'écrièrent : Appele: Samson, qu'il nous divertisse !

Ils firent sortir Samson de la prison et il dut se livre à des pitreries devant eux, puis ils le placèrent entre le colonnes du bâtiment. 26 Alors Samson demanda au jeun homme qui le conduisait par la main : Guide-moi ! Fais-mo toucher les colonnes qui soutiennent l'édifice pour que je puisse m'y appuyer.

27 Or, le bâtiment était rempli d'hommes et de femmes tous les princes des Philistins s'y trouvaient et, sur la terrasse, il y avait trois mille personnes environ, hommes e femmes, qui regardaient Samson les amuser. 28 Samsor pria l'Eternel et dit : Seigneur Eternel ! Je te prie, intervien en ma faveur ! Rends-moi ma force, une dernière fois, ô Dieu, pour que je me venge en une fois des Philistins pou la perte de mes deux yeux !

29 Il toucha les deux colonnes centrales qui soutenaien l'édifice et s'arc-bouta contre elles, de la main droite contre l'une et de la main gauche contre l'autre. 30 Puis il dit Que je meure avec les Philistins !

Puis il poussa de toutes ses forces, et le bâtiment s'écroula sur les princes et sur toute la foule qui s'y trouvait. Ains il fit périr plus de monde par sa mort que de son vivant 31 Ses frères et tous les siens descendirent pour emporte son corps et pour l'ensevelir entre Tsorea et Eshtaol dan le tombeau de Manoah, son père. Il avait été chef en Israë pendant vingt ans.

La déchéance morale et spirituelle d'Israël

Le sanctuaire de Mika

17 1 Dans la région montagneuse d'Ephraïm[s] vivait un homme nommé Mika. 2 Il déclara à sa mère : Tu te souviens qu'on t'a volé onze cents pièces d'argent[t] et que tu as maudit le voleur en ma présence. Eh bien, c'est mo qui ai pris cet argent, il est chez moi.

– Que mon fils soit béni de l'Eternel ! lui dit sa mère.

3 Il rendit les onze cents pièces d'argent à sa mère qu dit : Je consacre cet argent à l'Eternel en faveur de mon fils pour en faire une statue et une idole en métal fondu Je vais donc te le rendre.

4 Le fils remit l'argent à sa mère, qui en préleva deux cents pièces pour les donner à un orfèvre. Celui-ci en fi une statue et une idole en métal fondu, qu'on plaça dan la maison de Mika. 5 Ayant donc chez lui un lieu de culte il fit faire une autre statue et des idoles domestiques, puis il établit prêtre l'un de ses fils.

Le prêtre de Mika

6 En ce temps-là, il n'y avait pas de roi en Israël. Chacun faisait ce qu'il jugeait bon. 7 Or, il y avait là un jeune lévite originaire de Bethléhem en Juda, qui appartient à la tribu de Juda. Il résidait là[u]. 8 Il avait quitté Bethléhem pour aller s'établir là où il trouverait un domicile. En cours de route il était arrivé dans la région montagneuse d'Ephraïm et jusqu'à la maison de Mika.

s 17.1 Au nord de Jérusalem.
t 17.2 Il s'agit de *sicles* d'argent.
u 17.7 Le verbe indique que le lévite y demeurait en étranger.

9 Micah asked him, "Where are you from?"
"I'm a Levite from Bethlehem in Judah," he said,
and I'm looking for a place to stay."
10 Then Micah said to him, "Live with me and be my
ather and priest, and I'll give you ten shekels[z] of silver
. year, your clothes and your food." 11 So the Levite
greed to live with him, and the young man became
ike one of his sons to him. 12 Then Micah installed
he Levite, and the young man became his priest and
ived in his house. 13 And Micah said, "Now I know
hat the LORD will be good to me, since this Levite has
ecome my priest."

he Danites Settle in Laish

18 1 In those days Israel had no king.
And in those days the tribe of the Danites
vas seeking a place of their own where they might set-
le, because they had not yet come into an inheritance
mong the tribes of Israel. 2 So the Danites sent five of
heir leading men from Zorah and Eshtaol to spy out
he land and explore it. These men represented all
he Danites. They told them, "Go, explore the land."
So they entered the hill country of Ephraim and
ame to the house of Micah, where they spent the
ight. 3 When they were near Micah's house, they rec-
gnized the voice of the young Levite; so they turned
n there and asked him, "Who brought you here? What
re you doing in this place? Why are you here?"
4 He told them what Micah had done for him, and
aid, "He has hired me and I am his priest."
5 Then they said to him, "Please inquire of God to
earn whether our journey will be successful."
6 The priest answered them, "Go in peace. Your jour-
ey has the LORD's approval."
7 So the five men left and came to Laish, where
hey saw that the people were living in safety, like
he Sidonians, at peace and secure. And since their
and lacked nothing, they were prosperous.[a] Also,
hey lived a long way from the Sidonians and had no
elationship with anyone else.[b]
8 When they returned to Zorah and Eshtaol, their
ellow Danites asked them, "How did you find things?"
9 They answered, "Come on, let's attack them! We
ave seen the land, and it is very good. Aren't you
oing to do something? Don't hesitate to go there and
ake it over. 10 When you get there, you will find an
nsuspecting people and a spacious land that God
as put into your hands, a land that lacks nothing
vhatever."

11 Then six hundred men of the Danites, armed for
attle, set out from Zorah and Eshtaol. 12 On their

9 – D'où viens-tu ? lui demanda celui-ci.
– Je suis un lévite, répondit-il, de Bethléhem en Juda. Je
suis en route pour m'établir là où je trouverai un endroit.
10 – Eh bien, lui dit Mika, reste donc chez moi. Tu me serviras de « père[v] » et de prêtre, et je te donnerai dix pièces
d'argent par an, en plus du vêtement et de la nourriture.
Le lévite entra à son service. 11 Il accepta de rester chez
cet homme qui le traita comme l'un de ses fils. 12 Mika
établit le lévite dans sa charge, et le jeune homme devint
donc son prêtre. Il logea dans sa propre maison. 13 Mika
dit : Maintenant, je suis certain que l'Eternel me fera du
bien, puisque j'ai pu avoir un lévite pour prêtre.

Les Danites à la recherche d'un lieu pour s'établir

18 1 En ce temps-là, il n'y avait pas de roi en Israël.
La tribu de Dan cherchait un territoire pour s'y
établir, car jusqu'à ce moment-là, elle n'avait pas obtenu de
patrimoine parmi les autres tribus d'Israël. 2 Les Danites
envoyèrent donc cinq hommes d'entre eux, particulièrement courageux, de Tsorea et d'Eshtaol, avec pour mission
d'explorer et de reconnaître le pays. Ces cinq hommes
arrivèrent dans la région montagneuse d'Ephraïm près
de la maison de Mika, et y passèrent la nuit. 3 Comme ils
étaient tout près de la maison, ils remarquèrent l'accent
du jeune lévite et allèrent le trouver pour lui demander :
Qui t'a fait venir à cet endroit ? Qu'est-ce que tu fais là ?
Pourquoi restes-tu ici ?
4 Il leur dit tout ce que Mika faisait pour lui.
– Il me donne un salaire et je suis devenu son prêtre.
5 Alors ils lui dirent : Consulte donc Dieu, nous t'en prions, pour que nous sachions si le voyage que nous avons
entrepris réussira.
6 Le prêtre leur répondit : Poursuivez tranquillement
votre route ! L'Eternel approuve le voyage que vous faites.
7 Les cinq hommes se remirent en route et allèrent
jusqu'à Laïsh[w]. Ils y trouvèrent une population, vivant en
toute sécurité, à la manière des Sidoniens[x], tranquille et
confiante. Personne ne leur causait d'ennuis, personne
n'y exerçait une autorité oppressive, et ils se trouvaient
loin des Sidoniens, sans relation avec personne. 8 Les cinq
hommes revinrent à Tsorea et Eshtaol vers leur tribu où
on leur demanda : Quelles sont les nouvelles ?
9 Ils leur répondirent : Allons-y, marchons contre eux !
Car nous avons examiné le pays et il est excellent. Quoi !
Vous ne dites rien ! Ne lambinez pas ! Mettez-vous en route
et allez le conquérir ! 10 En arrivant là-bas, vous trouverez une population sans défiance et un pays spacieux et
largement ouvert que Dieu a livré entre vos mains ; c'est
une contrée où rien ne manque de ce que la terre peut
produire.

Le vol d'une idole et de son prêtre

11 Alors six cents hommes de la tribu de Dan armés
pour le combat quittèrent Tsorea et Eshtaol. 12 En cours
de route, ils campèrent près de Qiryath-Yearim en Juda.

17:10 That is, about 4 ounces or about 115 grams
18:7 The meaning of the Hebrew for this clause is uncertain.
18:7 Hebrew; some Septuagint manuscripts *with the Arameans*

v 17.10 Terme de respect.
w 18.7 Ville appelée Léshem en Jos 19.47, située à l'extrême nord-est du pays alloué à Israël, au pied du mont Hermon. C'était aussi la limite nord du territoire israélite (20.1 ; 1 S 3.20 ; 2 S 3.10).
x 18.7 Les habitants s'occupaient d'agriculture et de commerce, mais pas d'expéditions guerrières. Ils entretenaient peut-être des relations commerciales avec les Phéniciens de Sidon.

way they set up camp near Kiriath Jearim in Judah. This is why the place west of Kiriath Jearim is called Mahaneh Dan[c] to this day. 13 From there they went on to the hill country of Ephraim and came to Micah's house.

14 Then the five men who had spied out the land of Laish said to their fellow Danites, "Do you know that one of these houses has an ephod, some household gods and an image overlaid with silver? Now you know what to do." 15 So they turned in there and went to the house of the young Levite at Micah's place and greeted him. 16 The six hundred Danites, armed for battle, stood at the entrance of the gate. 17 The five men who had spied out the land went inside and took the idol, the ephod and the household gods while the priest and the six hundred armed men stood at the entrance of the gate.

18 When the five men went into Micah's house and took the idol, the ephod and the household gods, the priest said to them, "What are you doing?"

19 They answered him, "Be quiet! Don't say a word. Come with us, and be our father and priest. Isn't it better that you serve a tribe and clan in Israel as priest rather than just one man's household?" 20 The priest was very pleased. He took the ephod, the household gods and the idol and went along with the people. 21 Putting their little children, their livestock and their possessions in front of them, they turned away and left.

22 When they had gone some distance from Micah's house, the men who lived near Micah were called together and overtook the Danites. 23 As they shouted after them, the Danites turned and said to Micah, "What's the matter with you that you called out your men to fight?"

24 He replied, "You took the gods I made, and my priest, and went away. What else do I have? How can you ask, 'What's the matter with you?' "

25 The Danites answered, "Don't argue with us, or some of the men may get angry and attack you, and you and your family will lose your lives." 26 So the Danites went their way, and Micah, seeing that they were too strong for him, turned around and went back home.

27 Then they took what Micah had made, and his priest, and went on to Laish, against a people at peace and secure. They attacked them with the sword and burned down their city. 28 There was no one to rescue them because they lived a long way from Sidon and had no relationship with anyone else. The city was in a valley near Beth Rehob.

The Danites rebuilt the city and settled there. 29 They named it Dan after their ancestor Dan, who was born to Israel – though the city used to be called Laish. 30 There the Danites set up for themselves the

[c] **18:12** *Mahaneh Dan* means *Dan's camp.*

C'est pourquoi cet endroit s'appelle encore aujourd'hu Mahané-Dan (Le camp de Dan). Il est situé à l'ouest d Qiryath-Yearim[y]. 13 De là, ils se dirigèrent vers la régio montagneuse d'Ephraïm et ils parvinrent aux abords d la maison de Mika. 14 Alors les cinq hommes qui étaien allés reconnaître la région de Laïsh, dirent à leurs com pagnons : Savez-vous qu'il y a dans l'une de ces maisons-l un vêtement sacerdotal, des statuettes sacrées, une statu et une idole en métal fondu ? Maintenant, vous savez c que vous avez à faire !

15 Alors ils firent un détour jusque-là, entrèrent dans l maison du jeune lévite, la maison de Mika, pour le saluer 16 Pendant ce temps, les six cents Danites armés pour l combat s'étaient postés à l'entrée de la porte. 17 Les cin hommes qui étaient allés reconnaître le pays entrèrent e s'emparèrent des deux statues, des idoles domestiques e de l'idole en métal fondu. Le prêtre se tenait sur le seuil d la porte avec les six cents hommes armés. 18 Mais alors qu les autres entraient dans la maison de Mika et prenaien les statues, les idoles domestiques et l'idole de métal fondu il leur demanda : Que faites-vous là ?

19 – Chut, pas un mot ! lui dirent-ils. Viens avec nous, t seras notre « père » et notre prêtre ! Qu'est-ce qui vau mieux pour toi ? Etre prêtre de la famille d'un seul homme ou prêtre d'une tribu et d'une famille en Israël ?

20 Le prêtre fut très heureux de cette proposition. Il pri les statues et les idoles domestiques, et s'en alla avec cett troupe.

21 Là-dessus, ils se remirent en route, en plaçant le enfants, le bétail et les choses précieuses à l'avant d la troupe. 22 Lorsqu'ils étaient déjà assez loin de la mai son de Mika, les voisins de celui-ci donnèrent l'alarm et se lancèrent à la poursuite des Danites. 23 Arrivés prè d'eux, ils les interpellèrent. Ceux-ci se retournèrent e demandèrent à Mika : Qu'est-ce qui te prend d'ameute tous ces gens ?

24 Il leur répondit : Vous avez pris les dieux que je m suis faits, vous avez enlevé mon prêtre et vous êtes partis Il ne me reste plus rien. Et vous osez me demander ce qu me prend !

25 Les Danites répliquèrent : Ne nous rebats pas le oreilles ! Sinon des hommes exaspérés pourraient bie tomber sur vous et tu risquerais d'y laisser ta vie et cell de ta famille.

26 Les Danites poursuivirent leur route, tandis que Mika voyant qu'ils étaient plus forts que lui, fit demi-tour e rentra chez lui. 27 C'est ainsi que les Danites enlevèrent c que Mika avait fabriqué ainsi que son prêtre.

Les Danites s'établissent à Laïsh

Ensuite, ils allèrent attaquer Laïsh et massacrèrent l population tranquille et vivant en sécurité qui s'y trou vait, puis ils mirent le feu à la ville. 28 Il n'y eut personn pour venir à son secours, car elle était éloignée de Sido et n'avait de relations avec personne d'autre. La vill était située dans la vallée attenante à Beth-Rehob. Le descendants de Dan rebâtirent la ville et s'y installèrent 29 Ils appelèrent la ville Dan, du nom de leur ancêtre Dan le fils d'Israël, alors qu'auparavant elle s'appelait Laïsh 30 Ils érigèrent pour eux la statue sculptée et établiren

[y] **18.12** A une quinzaine de kilomètres à l'ouest de Jérusalem (1 S 6.21 ; 7.1 ; 2 S 6.2).

dol, and Jonathan son of Gershom, the son of Moses,[d] nd his sons were priests for the tribe of Dan until the ime of the captivity of the land. 31 They continued to se the idol Micah had made, all the time the house f God was in Shiloh.

Levite and His Concubine

19 1 In those days Israel had no king.

Now a Levite who lived in a remote area in he hill country of Ephraim took a concubine from ethlehem in Judah. 2 But she was unfaithful to him. he left him and went back to her parents' home in ethlehem, Judah. After she had been there four nonths, 3 her husband went to her to persuade her o return. He had with him his servant and two donreys. She took him into her parents' home, and when er father saw him, he gladly welcomed him. 4 His ather-in-law, the woman's father, prevailed on him o stay; so he remained with him three days, eating nd drinking, and sleeping there.

5 On the fourth day they got up early and he preared to leave, but the woman's father said to his on-in-law, "Refresh yourself with something to eat; hen you can go." 6 So the two of them sat down to eat nd drink together. Afterward the woman's father aid, "Please stay tonight and enjoy yourself." 7 And vhen the man got up to go, his father-in-law persuadd him, so he stayed there that night. 8 On the morning f the fifth day, when he rose to go, the woman's father aid, "Refresh yourself. Wait till afternoon!" So the wo of them ate together.

9 Then when the man, with his concubine and his ervant, got up to leave, his father-in-law, the woman's ather, said, "Now look, it's almost evening. Spend he night here; the day is nearly over. Stay and enjoy ourself. Early tomorrow morning you can get up nd be on your way home." 10 But, unwilling to stay nother night, the man left and went toward Jebus that is, Jerusalem), with his two saddled donkeys and is concubine.

11 When they were near Jebus and the day was alnost gone, the servant said to his master, "Come, let's top at this city of the Jebusites and spend the night."

12 His master replied, "No. We won't go into any ity whose people are not Israelites. We will go on to ibeah." 13 He added, "Come, let's try to reach Gibeah r Ramah and spend the night in one of those places." 4 So they went on, and the sun set as they neared

18:30 Many Hebrew manuscripts, some Septuagint manuscripts nd Vulgate; many other Hebrew manuscripts and some other eptuagint manuscripts *Manasseh*

Jonathan, fils de Guershom et petit-fils de Moïse[z], comme prêtre de la tribu des Danites. Ses descendants remplirent cet office jusqu'au temps où les gens de la région furent emmenés en captivité. 31 Ils dressèrent donc pour eux la statue que Mika avait fabriquée, et elle y resta pendant tout le temps qu'il y eut un sanctuaire de Dieu à Silo.

Le crime des habitants de Guibéa

19 1 A cette époque où il n'y avait pas de roi en Israël, un lévite qui résidait dans l'arrière-pays de la région montagneuse d'Ephraïm prit pour épouse de second rang, une femme de Bethléhem en Juda. 2 Mais celle-ci se livra à la prostitution[a] et le quitta pour retourner chez son père à Bethléhem où elle resta quatre mois. 3 Son mari alla la trouver pour lui parler et la persuader de revenir chez lui. Il était accompagné d'un serviteur et avait emmené deux ânes. La femme l'introduisit dans la maison de son père. Lorsque ce dernier le vit, il l'accueillit avec joie.

4 Le beau-père retint son gendre trois jours chez lui. Ils mangèrent et burent et logèrent là.

5 Le quatrième jour, ils se levèrent de bon matin et le lévite se disposait à partir quand son beau-père lui dit : Restaure-toi ! Prends un morceau de pain, vous partirez après.

6 Ils s'assirent donc, mangèrent et burent tous deux ensemble. Puis le père de la jeune femme dit au mari : Consens à rester cette nuit ici et donne-toi encore du bon temps.

7 Le mari se leva d'abord pour s'en aller, mais son beau-père insista tellement qu'il finit par rester et passer encore la nuit là.

8 Le matin du cinquième jour, il se leva de bonne heure pour partir. Et, de nouveau, son beau-père lui dit : Restaure-toi d'abord et remets ton départ jusqu'à ce que le jour baisse.

Puis ils mangèrent tous deux ensemble. 9 Lorsque le mari se leva pour partir avec sa femme et son serviteur, son beau-père lui dit : Vois-tu, le jour baisse, c'est déjà presque le soir, pourquoi ne passeriez-vous pas la nuit encore ici ? Oui, le jour décline et vous pouvez tranquillement dormir là et prendre du bon temps. Demain vous vous lèverez de bonne heure pour vous mettre en route, et tu retourneras chez toi.

10 Mais cette fois-ci, le lévite refusa de passer une autre nuit, il se leva et partit avec ses deux ânes sellés et sa femme. Il arriva en vue de Yebous – c'est-à-dire Jérusalem. 11 Alors qu'ils approchaient de Yebous, le jour tombait et le serviteur conseilla à son maître : Viens, je te prie, faisons un détour vers cette ville des Yebousiens pour y passer la nuit.

12 – Non, lui répondit son maître, nous ne nous arrêterons pas dans une ville étrangère où il n'y a pas d'Israélite. Poussons jusqu'à Guibéa[b]. 13 Puis il ajouta : Allons, essayons d'arriver jusqu'à Guibéa ou à Rama[c], et nous passerons la nuit dans l'une de ces localités.

14 Ils continuèrent donc leur marche et arrivèrent près de Guibéa, une ville de la tribu de Benjamin, quand le soleil

z 18.30 D'après les versions anciennes. Le texte hébreu traditionnel a : *Manassé.*

a 19.2 L'ancienne version grecque porte : *se mit en colère.*

b 19.12 En Benjamin (voir v. 14).

c 19.13 Ces deux villes sont à quelque 7 kilomètres de Jérusalem.

Gibeah in Benjamin. [15]There they stopped to spend the night. They went and sat in the city square, but no one took them in for the night.

[16]That evening an old man from the hill country of Ephraim, who was living in Gibeah (the inhabitants of the place were Benjamites), came in from his work in the fields. [17]When he looked and saw the traveler in the city square, the old man asked, "Where are you going? Where did you come from?"

[18]He answered, "We are on our way from Bethlehem in Judah to a remote area in the hill country of Ephraim where I live. I have been to Bethlehem in Judah and now I am going to the house of the LORD.[e] No one has taken me in for the night. [19]We have both straw and fodder for our donkeys and bread and wine for ourselves your servants – me, the woman and the young man with us. We don't need anything."

[20]"You are welcome at my house," the old man said. "Let me supply whatever you need. Only don't spend the night in the square." [21]So he took him into his house and fed his donkeys. After they had washed their feet, they had something to eat and drink.

[22]While they were enjoying themselves, some of the wicked men of the city surrounded the house. Pounding on the door, they shouted to the old man who owned the house, "Bring out the man who came to your house so we can have sex with him."

[23]The owner of the house went outside and said to them, "No, my friends, don't be so vile. Since this man is my guest, don't do this outrageous thing. [24]Look, here is my virgin daughter, and his concubine. I will bring them out to you now, and you can use them and do to them whatever you wish. But as for this man, don't do such an outrageous thing."

[25]But the men would not listen to him. So the man took his concubine and sent her outside to them, and they raped her and abused her throughout the night, and at dawn they let her go. [26]At daybreak the woman went back to the house where her master was staying, fell down at the door and lay there until daylight.

[27]When her master got up in the morning and opened the door of the house and stepped out to continue on his way, there lay his concubine, fallen in the doorway of the house, with her hands on the threshold. [28]He said to her, "Get up; let's go." But there was no answer. Then the man put her on his donkey and set out for home.

[29]When he reached home, he took a knife and cut up his concubine, limb by limb, into twelve parts and sent them into all the areas of Israel. [30]Everyone who saw it was saying to one another, "Such a thing has never been seen or done, not since the day the

[e] 19:18 Hebrew, Vulgate, Syriac and Targum; Septuagint *going home*

se couchait. [15]Alors ils s'écartèrent de leur route pour alle dormir à Guibéa. Le lévite entra dans la ville et s'arrêta su la place, mais personne ne leur offrit l'hospitalité pour l nuit dans sa maison.

[16]Finalement, un vieillard rentra tard dans la soirée d son travail des champs. C'était un homme originaire d la région montagneuse d'Ephraïm qui séjournait à Guibé parmi les Benjaminites. [17]Lorsqu'il aperçut le voyageu sur la place de la ville, il lui demanda : Où vas-tu et d'o viens-tu ?

[18]L'autre lui répondit : Nous venons de Bethléhem d Juda, et nous nous rendons dans l'arrière-pays de la régio montagneuse d'Ephraïm, où je suis né. Je viens de quitte Bethléhem de Juda et je me rends au sanctuaire de l'Eter nel[d], mais il n'y a personne qui veuille me recevoir dan sa maison. [19]Pourtant j'ai de la paille et du fourrage pou nos ânes, ainsi que du pain et du vin pour moi, pour m femme et pour le serviteur qui nous accompagne ; nou n'avons besoin de rien.

[20]Le vieillard dit alors : La paix soit avec toi ! Sois l bienvenu ! Laisse-moi pourvoir à tous tes besoins, tu n vas pas passer la nuit sur la place.

[21]Il le fit entrer dans sa maison et donna du fourrag aux ânes, les voyageurs se lavèrent les pieds[e], puis il mangèrent et burent.

[22]Pendant qu'ils se donnaient du bon temps, des hom mes de la ville, une bande de vauriens, encercla la maison Ils frappaient violemment à la porte et criaient au vieil lard, propriétaire de la maison : Fais sortir l'homme qu tu as reçu chez toi pour que nous en jouissions.

[23]Le maître de la maison sortit vers eux et leur dit : Non mes amis, ne commettez pas de mal, je vous prie ! Puisqu cet homme est l'hôte de ma maison, ne faites pas une chos si infâme. [24]Ecoutez : j'ai une fille qui est encore vierge l'homme a une épouse de second rang avec lui, je vous le amènerai, vous pourrez en disposer et les traiter comm vous jugerez bon[f]. Mais ne commettez pas une action s infâme envers cet homme.

[25]Mais ces hommes ne voulurent rien entendre. Alor le lévite prit son épouse et la fit sortir vers eux. Ils la vi olèrent et abusèrent d'elle toute la nuit jusqu'au matin ne l'abandonnant qu'au lever du jour. [26]Aux approche du matin, la femme vint s'écrouler à la porte de la maiso où se trouvait son mari. Elle y resta jusqu'à ce qu'il fass jour. [27]Le matin venu, son mari se leva, ouvrit la port de la maison et sortit pour continuer son voyage, quan il vit cette femme, son épouse de second rang, affalée l'entrée de la maison, les mains sur le seuil. [28]Il lui dit Lève-toi et partons !

Mais il n'y eut pas de réponse. Alors le mari la charge sur l'un de ses ânes et se remit en route pour rentrer che lui. [29]Arrivé dans sa maison, il saisit un coutelas, prit l corps de la femme et le découpa membre par membr en douze morceaux, qu'il envoya dans tout le territoir d'Israël. [30]A tous ceux qui voyaient cela, les émissaire demandaient : A-t-on jamais vu un crime aussi horribl

[d] 19.18 Le lévite désire se rendre à Silo, semble-t-il (voir18.31 ; Jos 18.1). L'ancienne version grecque a : *chez moi.*

[e] 19.21 Témoignage d'hospitalité dans une région où l'on marche en sandales sur des routes poussiéreuses (voir Gn 18.4 ; 24.32 ; 43.24 ; Lc 7.44 ; Jn 13.5-14).

[f] 19.24 Il s'agit ici du refrain fréquent dans le livre et qui est généralement rendu ailleurs par : *comme ils le jugeaient bon.*

sraelites came up out of Egypt. Just imagine! We must
lo something! So speak up!"

:he Israelites Punish the Benjamites

20 [1]Then all Israel from Dan to Beersheba and
from the land of Gilead came together as
›ne and assembled before the LORD in Mizpah. [2]The
eaders of all the people of the tribes of Israel took
heir places in the assembly of God's people, four
ıundred thousand men armed with swords. [3](The
Benjamites heard that the Israelites had gone up to
Mizpah.) Then the Israelites said, "Tell us how this
ıwful thing happened."

[4]So the Levite, the husband of the murdered wom-
ın, said, "I and my concubine came to Gibeah in
Benjamin to spend the night. [5]During the night the
nen of Gibeah came after me and surrounded the
ıouse, intending to kill me. They raped my concu-
›ine, and she died. [6]I took my concubine, cut her into
›ieces and sent one piece to each region of Israel's
nheritance, because they committed this lewd and
›utrageous act in Israel. [7]Now, all you Israelites, speak
ıp and tell me what you have decided to do."

[8]All the men rose up together as one, saying, "None
›f us will go home. No, not one of us will return to his
ıouse. [9]But now this is what we'll do to Gibeah: We'll
ɡo up against it in the order decided by casting lots.
[10]We'll take ten men out of every hundred from all the
ribes of Israel, and a hundred from a thousand, and
thousand from ten thousand, to get provisions for
he army. Then, when the army arrives at Gibeah[f] in
Benjamin, it can give them what they deserve for this
›utrageous act done in Israel." [11]So all the Israelites
ɡot together and united as one against the city.

[12]The tribes of Israel sent messengers throughout
he tribe of Benjamin, saying, "What about this awful
rime that was committed among you? [13]Now turn
hose wicked men of Gibeah over to us so that we may
›ut them to death and purge the evil from Israel."
But the Benjamites would not listen to their fellow
sraelites. [14]From their towns they came together at
Gibeah to fight against the Israelites. [15]At once the
Benjamites mobilized twenty-six thousand swords-
nen from their towns, in addition to seven hundred
ıble young men from those living in Gibeah. [16]Among
ıll these soldiers there were seven hundred select
roops who were left-handed, each of whom could
ling a stone at a hair and not miss.

[17]Israel, apart from Benjamin, mustered four hun-
lred thousand swordsmen, all of them fit for battle.

[18]The Israelites went up to Bethel[g] and inquired
›f God. They said, "Who of us is to go up first to fight
ıgainst the Benjamites?"

[f] 20:10 One Hebrew manuscript; most Hebrew manuscripts *Geba*, a variant of *Gibeah*

[g] 20:18 Or *to the house of God*; also in verse 26

depuis que les Israélites sont sortis d'Egypte ? Réfléchissez,
consultez-vous, et prenez une décision !

Les Israélites décident de punir les gens de Guibéa

20 [1]Tous les Israélites vinrent depuis Dan jusqu'à
Beer-Sheva et jusqu'au pays de Galaad, et l'assemblée se réunit comme un seul homme devant l'Eternel à
Mitspa[g]. [2]Les chefs de tout le peuple, de toutes les tribus
d'Israël, prirent part à cette assemblée du peuple de Dieu
composée de quatre cents « milliers » de fantassins portant l'épée. [3]Les Benjaminites apprirent que tous les autres
Israélites s'étaient rendus à Mitspa. A cette réunion, les
Israélites demandèrent qu'on leur explique comment ce
crime avait été commis. [4]Alors le lévite dont la femme
avait été tuée prit la parole et dit : J'étais arrivé avec mon
épouse de second rang à Guibéa de Benjamin pour y passer la nuit. [5]Les habitants de la ville s'en sont pris à moi.
Pendant la nuit, ils ont encerclé la maison où je logeais
avec l'intention de me tuer, ils ont abusé de ma femme
jusqu'à ce qu'elle en meure. [6]Alors j'ai pris son corps et je
l'ai coupé en douze morceaux que j'ai envoyés dans tout le
territoire attribué à Israël, parce qu'un crime abominable
et infâme a été commis en Israël. [7]Vous voici tous réunis,
Israélites. A vous de délibérer et de tenir conseil ici même.
[8]Tout le peuple se leva unanime en disant : Aucun de
nous ne retournera chez lui et nul ne se retirera dans sa
maison. [9]Maintenant, voici comment nous agirons contre
Guibéa. Nous tirerons au sort pour déterminer qui ira la
combattre. [10]Nous choisirons dix hommes sur cent, cent
sur mille et mille sur dix mille de toutes les tribus d'Israël
et nous les chargerons d'assurer le ravitaillement du reste
de l'armée. A leur retour, les autres iront châtier Guibéa et
Benjamin pour l'acte infâme qu'ils ont commis en Israël.
[11]Tous les hommes d'Israël se rassemblèrent pour
marcher contre la ville, unis comme un seul homme.

Les Benjaminites refusent de livrer les coupables

[12]Les différentes tribus envoyèrent d'abord des messagers dans toute la tribu de Benjamin pour leur dire :
Comment un crime aussi horrible a-t-il pu être commis
chez vous ? [13]Maintenant, livrez-nous sans tarder ces
vauriens qui sont à Guibéa pour que nous les exécutions
et que nous fassions disparaître le mal du milieu d'Israël !
Mais les Benjaminites ne voulurent pas écouter leurs
compatriotes israélites. [14]Au contraire, ils quittèrent leurs
villes et se rassemblèrent à Guibéa pour partir en guerre
contre les Israélites. [15]Vingt-six « milliers » d'hommes
de Benjamin tirant l'épée furent recensés ce jour-là,
sans compter les habitants de Guibéa qui fournirent sept
« centaines » de soldats d'élite. [16]Dans cette troupe, il y
avait sept « centaines » de soldats d'élite gauchers, tous
capables de toucher un cheveu, sans le manquer, avec une
pierre de leur fronde. [17]L'armée d'Israël sans Benjamin
comptait quatre cents « milliers » d'hommes maniant
l'épée et tous aguerris.

L'expédition punitive contre la tribu de Benjamin

[18]Les Israélites se rendirent à Béthel pour consulter Dieu. Ils demandèrent : Quelle tribu doit attaquer la
première les gens de Benjamin ?

[g] 20.1 La ville de *Mitspa* qui se trouve à 13 kilomètres au nord de Jérusalem (1 S 7.5-14 ; 10.17), à ne pas confondre avec la Mitspa de Galaad (Jg 10.17).

The LORD replied, "Judah shall go first."
19The next morning the Israelites got up and
pitched camp near Gibeah. 20The Israelites went out
to fight the Benjamites and took up battle positions
against them at Gibeah. 21The Benjamites came out of
Gibeah and cut down twenty-two thousand Israelites
on the battlefield that day. 22But the Israelites encouraged one another and again took up their positions
where they had stationed themselves the first day.
23The Israelites went up and wept before the LORD until evening, and they inquired of the LORD. They said,
"Shall we go up again to fight against the Benjamites,
our fellow Israelites?"

The LORD answered, "Go up against them."
24Then the Israelites drew near to Benjamin the
second day. 25This time, when the Benjamites came
out from Gibeah to oppose them, they cut down another eighteen thousand Israelites, all of them armed
with swords.
26Then all the Israelites, the whole army, went up
to Bethel, and there they sat weeping before the LORD.
They fasted that day until evening and presented
burnt offerings and fellowship offerings to the LORD.
27And the Israelites inquired of the LORD. (In those
days the ark of the covenant of God was there, 28with
Phinehas son of Eleazar, the son of Aaron, ministering
before it.) They asked, "Shall we go up again to fight
against the Benjamites, our fellow Israelites, or not?"

The LORD responded, "Go, for tomorrow I will give
them into your hands."
29Then Israel set an ambush around Gibeah. 30They
went up against the Benjamites on the third day and
took up positions against Gibeah as they had done
before. 31The Benjamites came out to meet them and
were drawn away from the city. They began to inflict
casualties on the Israelites as before, so that about
thirty men fell in the open field and on the roads – the
one leading to Bethel and the other to Gibeah. 32While
the Benjamites were saying, "We are defeating them as
before," the Israelites were saying, "Let's retreat and
draw them away from the city to the roads."
33All the men of Israel moved from their places and
took up positions at Baal Tamar, and the Israelite ambush charged out of its place on the west[h] of Gibeah.[i]
34Then ten thousand of Israel's able young men
made a frontal attack on Gibeah. The fighting was so
heavy that the Benjamites did not realize how near
disaster was. 35The LORD defeated Benjamin before
Israel, and on that day the Israelites struck down
25,100 Benjamites, all armed with swords. 36Then the
Benjamites saw that they were beaten.

Now the men of Israel had given way before
Benjamin, because they relied on the ambush they
had set near Gibeah. 37Those who had been in ambush made a sudden dash into Gibeah, spread out and
put the whole city to the sword. 38The Israelites had
arranged with the ambush that they should send up

[h] 20:33 Some Septuagint manuscripts and Vulgate; the meaning of the Hebrew for this word is uncertain.
[i] 20:33 Hebrew *Geba*, a variant of *Gibeah*

L'Eternel répondit : Juda marchera en premier.
19Dès le lendemain matin, les Israélites se mirent e
marche et dressèrent leur camp en face de Guibéa. 20Pui
ils sortirent pour aller combattre les Benjaminites et s
rangèrent en ordre de bataille, face à Guibéa. 21Les hom
mes de Benjamin sortirent de Guibéa et ils tuèrent c
jour-là sur le champ de bataille 22 000 hommes d'Israë
22Mais l'armée d'Israël reprit courage et se rangea d
nouveau en ordre de bataille, au même emplacement qu
la veille. 23Jusqu'au soir, les Israélites étaient allés pleu
rer devant l'Eternel, et ils l'avaient interrogé en disant
Devons-nous engager de nouveau le combat contre le
Benjaminites, nos compatriotes ?

L'Eternel répondit : Marchez contre eux !
24Le lendemain donc, les Israélites attaquèrent un
seconde fois ceux de Benjamin, 25qui sortirent de Guibé
pour les affronter et massacrèrent encore ce jour-là sur l
terrain 18 000 soldats d'Israël portant l'épée. 26Alors tou
les Israélites montèrent en foule à Béthel. Ils restèrent là
assis devant l'Eternel, pleurant et jeûnant jusqu'au soir
et ils offrirent des holocaustes et des sacrifices de com
munion devant l'Eternel. 27Puis ils consultèrent encor
l'Eternel. En effet, à cet endroit, se trouvait alors le coffr
de l'alliance de Dieu. 28Phinéas, fils d'Eléazar et petit-fil
d'Aaron, était en fonction devant le coffre à cette époque
Il demanda : Devons-nous à nouveau aller combattre no
frères de la tribu de Benjamin ou cesser les hostilités ?

L'Eternel répondit : Allez-y, car demain je vous donnera
la victoire sur eux.

29Les Israélites postèrent des hommes en embuscad
tout autour de Guibéa, 30puis ils allèrent à nouveau at
taquer les Benjaminites le troisième jour. Ils se rangèren
en ordre de bataille face à Guibéa, comme les deux foi
précédentes. 31Les hommes de Benjamin sortirent de nou
veau pour les affronter. Les Benjaminites se laissèren
entraîner loin de la ville, ils commencèrent comm
précédemment à faire des victimes en plein champ su
les routes qui mènent l'une à Béthel, l'autre à Guibéa
Ils tuèrent ainsi une trentaine d'Israélites. 32Alors le
Benjaminites se dirent : Les voilà battus comme les au
tres fois !

Mais les Israélites avaient convenu de fuir et de les at
tirer sur des chemins de campagne loin de leur ville. 33E
soudain, tous les hommes d'Israël quittèrent leurs posi
tions et se regroupèrent en ordre de bataille à Baal-Tamar
Au même moment, les Israélites embusqués débouchaien
de leur poste à Maaré-Guéba[h]. 34Dix mille hommes d'élite
sélectionnés dans toute l'armée d'Israël, arrivèrent devan
Guibéa. La bataille fut acharnée. Les Benjaminites n
se doutaient pas du désastre qui allait fondre sur eux
35L'Eternel battit Benjamin devant Israël et, ce jour-là
les Israélites leur tuèrent 25 100 hommes, tous sachan
manier l'épée.

36Alors les Benjaminites comprirent qu'ils étaient bat
tus. Les hommes d'Israël leur avaient cédé du terrain parc
qu'ils comptaient sur l'embuscade postée près de Guibéa
37De fait, les hommes cachés se précipitèrent sur Guibéa
ils se répandirent dans la ville et y massacrèrent les habi
tants. 38Ils avaient convenu avec le reste de l'armée d'Israë

[h] 20.33 Certains manuscrits de l'ancienne version grecque et la Vulgate ont : *à l'ouest de Guéba.*

great cloud of smoke from the city, 39 and then the
sraelites would counterattack.
The Benjamites had begun to inflict casualties on
he Israelites (about thirty), and they said, "We are
lefeating them as in the first battle." 40 But when
he column of smoke began to rise from the city, the
Benjamites turned and saw the whole city going up in
moke. 41 Then the Israelites counterattacked, and the
Benjamites were terrified, because they realized that
lisaster had come on them. 42 So they fled before the
sraelites in the direction of the wilderness, but they
could not escape the battle. And the Israelites who
came out of the towns cut them down there. 43 They
urrounded the Benjamites, chased them and easily[j]
overran them in the vicinity of Gibeah on the east.
44 Eighteen thousand Benjamites fell, all of them valant fighters. 45 As they turned and fled toward the
vilderness to the rock of Rimmon, the Israelites cut
lown five thousand men along the roads. They kept
pressing after the Benjamites as far as Gidom and
truck down two thousand more.
46 On that day twenty-five thousand Benjamite
swordsmen fell, all of them valiant fighters. 47 But
ix hundred of them turned and fled into the wilderness to the rock of Rimmon, where they stayed four
nonths. 48 The men of Israel went back to Benjamin
and put all the towns to the sword, including the an-
mals and everything else they found. All the towns
hey came across they set on fire.

Wives for the Benjamites

21 1 The men of Israel had taken an oath at
Mizpah: "Not one of us will give his daughter
n marriage to a Benjamite."
2 The people went to Bethel,[k] where they sat before
God until evening, raising their voices and weeping
bitterly. 3 "LORD, God of Israel," they cried, "why has
his happened to Israel? Why should one tribe be missng from Israel today?"
4 Early the next day the people built an altar and
presented burnt offerings and fellowship offerings.
5 Then the Israelites asked, "Who from all the tribes
of Israel has failed to assemble before the LORD?" For
hey had taken a solemn oath that anyone who failed
o assemble before the LORD at Mizpah was to be put
o death.
6 Now the Israelites grieved for the tribe of
Benjamin, their fellow Israelites. "Today one tribe is
cut off from Israel," they said. 7 "How can we provide
wives for those who are left, since we have taken an
oath by the LORD not to give them any of our daughters
n marriage?" 8 Then they asked, "Which one of the
ribes of Israel failed to assemble before the LORD at
Mizpah?" They discovered that no one from Jabesh

20:43 The meaning of the Hebrew for this word is uncertain.
21:2 Or *to the house of God*

de faire monter de la ville une épaisse fumée. 39 Les hommes d'Israël devaient alors faire volte-face dans la bataille.
Donc, alors que les Benjaminites avaient commencé à leur
tuer une trentaine d'hommes et pensaient les avoir battus
comme précédemment, 40 une épaisse colonne de fumée
commença à s'élever de la ville. Les Benjaminites se retournèrent et virent que toute leur ville était en flammes
s'élevant vers le ciel. 41 A ce moment-là, les hommes d'Israël se retournèrent contre ceux de Benjamin qui furent
terrifiés, car ils virent le désastre fondre sur eux. 42 Ils s'enfuirent devant les hommes d'Israël en prenant le chemin
du désert, mais l'armée d'Israël les serra de près tandis
que les hommes qui avaient été en embuscade près des
villes les prirent à revers et les massacrèrent à mi-chemin. 43 Les Israélites encerclèrent les Benjaminites, les
pourchassèrent sans leur laisser de répit[i] et les écrasèrent
du côté est de Guibéa. 44 Ainsi périrent 18 000 hommes de
Benjamin, tous hommes de guerre. 45 Les survivants s'enfuirent en direction du désert vers le rocher de Rimmôn[j].
En chemin, 5 000 hommes furent tués, puis en les serrant
de près jusqu'à Guideôm, les Israélites en abattirent encore
2 000 de plus. 46 Le total des Benjaminites tués ce jour-là fut
donc de 25 000 soldats portant l'épée, tous des hommes de
guerre. 47 Six cents hommes qui avaient tourné les talons
et s'étaient enfuis au désert restèrent durant quatre mois
sur le rocher de Rimmôn. 48 Entre-temps, les Israélites
se tournèrent contre les Benjaminites et exterminèrent
de ville en ville les hommes, les bêtes et tout ce qui leur
tombait sous la main. Après quoi, ils mirent le feu à toutes
les villes de la région.

La tribu de Benjamin rétablie

21 1 A Mitspa, les hommes avaient fait le serment
qu'aucun d'entre eux ne donnerait sa fille en
mariage à un Benjaminite. 2 Le peuple vint à Béthel et y
resta assis jusqu'au soir devant Dieu. Ils se lamentèrent à
haute voix et pleurèrent amèrement 3 en disant : Pourquoi,
ô Eternel, Dieu d'Israël, ce malheur est-il arrivé en Israël ?
Pourquoi une tribu d'Israël manque-t-elle aujourd'hui ?

4 Le lendemain, le peuple se leva de bonne heure et
ils bâtirent là un autel. Ils y offrirent des holocaustes et
des sacrifices de communion. 5 Puis les Israélites se demandèrent les uns aux autres quel groupe, parmi toutes les
tribus d'Israël, n'était pas venu à l'assemblée tenue devant
l'Eternel. Car on s'était solennellement engagé par serment à mettre à mort quiconque ne viendrait pas à Mitspa
devant l'Eternel. 6 Les Israélites furent pris de pitié pour
les Benjaminites, leurs frères. Ils disaient : Aujourd'hui,
une tribu a été retranchée d'Israël. 7 Que ferons-nous pour
que les survivants d'entre eux aient des femmes ? Car nous
avons juré par l'Eternel de ne pas leur donner nos filles
en mariage.
8 C'est pourquoi ils demandaient : Quel est parmi les tribus d'Israël le groupe qui n'est pas venu devant l'Eternel
à Mitspa ?
Ils découvrirent que personne de Yabesh en Galaad[k]
n'était venu au camp et à l'assemblée.

i **20.43** Traduction incertaine.
j **20.45** A une dizaine de kilomètres au nord-est de Guibéa.
k **21.8** Une des principales villes israélites, à l'est du Jourdain (voir 1 S 11 ; 31.11-13 ; 2 S 2.5-7 ; 21.12).

Gilead had come to the camp for the assembly. 9 For
when they counted the people, they found that none
of the people of Jabesh Gilead were there.
10 So the assembly sent twelve thousand fighting
men with instructions to go to Jabesh Gilead and put
to the sword those living there, including the wom-
en and children. 11 "This is what you are to do," they
said. "Kill every male and every woman who is not
a virgin." 12 They found among the people living in
Jabesh Gilead four hundred young women who had
never slept with a man, and they took them to the
camp at Shiloh in Canaan.
13 Then the whole assembly sent an offer of peace
to the Benjamites at the rock of Rimmon. 14 So the
Benjamites returned at that time and were given the
women of Jabesh Gilead who had been spared. But
there were not enough for all of them.
15 The people grieved for Benjamin, because the LORD
had made a gap in the tribes of Israel. 16 And the elders
of the assembly said, "With the women of Benjamin
destroyed, how shall we provide wives for the men
who are left? 17 The Benjamite survivors must have
heirs," they said, "so that a tribe of Israel will not
be wiped out. 18 We can't give them our daughters as
wives, since we Israelites have taken this oath: 'Cursed
be anyone who gives a wife to a Benjamite.' 19 But look,
there is the annual festival of the LORD in Shiloh, which
lies north of Bethel, east of the road that goes from
Bethel to Shechem, and south of Lebonah."
20 So they instructed the Benjamites, saying, "Go
and hide in the vineyards 21 and watch. When the
young women of Shiloh come out to join in the dancing, rush from the vineyards and each of you seize one
of them to be your wife. Then return to the land of
Benjamin. 22 When their fathers or brothers complain
to us, we will say to them, 'Do us the favor of helping
them, because we did not get wives for them during
the war. You will not be guilty of breaking your oath
because you did not give your daughters to them.'"

23 So that is what the Benjamites did. While the
young women were dancing, each man caught one
and carried her off to be his wife. Then they returned
to their inheritance and rebuilt the towns and settled
in them.
24 At that time the Israelites left that place and
went home to their tribes and clans, each to his own
inheritance.
25 In those days Israel had no king; everyone did
as they saw fit.

9 En effet, lorsqu'on fit le recensement du peuple, on n
trouva aucun habitant de Yabesh en Galaad. 10 L'assemblé
envoya contre eux douze mille soldats en leur donnan
les ordres suivants : Allez massacrer tous les habitant
de Yabesh en Galaad, y compris les femmes et les enfants
11 Voilà comment vous procéderez : Vous tuerez tout hom
me et toute femme qui a déjà vécu avec un homme.
12 Ces soldats trouvèrent parmi les habitants de Yabes
en Galaad quatre cents jeunes filles vierges qui n'avaien
pas été touchées par un homme. Ils les amenèrent au cam
de Silo dans le pays de Canaan.

13 Toute l'assemblée envoya des messagers auprès de
Benjaminites réfugiés au rocher de Rimmôn pour faire l
paix avec eux. 14 Ceux-ci retournèrent aussitôt chez eux
On leur donna les filles qui avaient été épargnées à Yabes
en Galaad, mais il ne s'en trouva pas assez pour eux tous
15 Le peuple était pris de pitié pour Benjamin, parc
que l'Eternel avait creusé un vide parmi les tribus d'Is
raël. 16 Les responsables de l'assemblée dirent : Commen
ferons-nous pour trouver des femmes à ceux qui resten
encore, puisque celles de Benjamin ont été exterminées
17 Ils ajoutèrent : Il faut assurer une descendance aux res
capés de Benjamin, afin qu'une tribu ne disparaisse pa
d'Israël. 18 Mais nous, nous ne pouvons pas leur donner no
filles en mariage, puisque nous avons juré : « Maudit soi
celui qui donnera sa fille en mariage à un Benjaminite !
19 Ils dirent alors qu'on allait bientôt célébrer comm
chaque année la fête de l'Eternel à Silo, située au nord d
Béthel, à l'est de la route de Béthel à Sichem, et au sud d
Lebona. 20 Alors ils ordonnèrent aux Benjaminites : Alle
vous mettre en embuscade dans les vignes. 21 Lorsque vou
verrez les filles de Silo sortir de la ville pour danser leur
rondes, vous surgirez des vignes, chacun de vous enlèver
une fille et l'emmènera dans le pays de Benjamin pou
en faire sa femme. 22 Si leurs pères ou leurs frères vien
nent se plaindre à nous, nous leur répondrons : « Soye
compréhensifs envers eux, puisque nous n'avons pas pri
une femme pour chacun d'eux lors de l'expédition contr
Yabesh. D'ailleurs vous n'êtes pas coupables de parjure
puisque ce n'est pas vous qui les leur avez données. »
23 Les Benjaminites suivirent ce conseil, ils prirent l
nombre de femmes voulues parmi les jeunes filles qu
dansaient. Ils les enlevèrent et partirent avec elles dan
leur territoire. Ils rebâtirent leurs villes et s'y établirent
24 Les autres Israélites quittèrent ces lieux pour regagne
leurs tribus et leurs familles ; de là, chacun rentra dan
son territoire.
25 En ces temps-là, il n'y avait pas de roi en Israël. Chacu
faisait ce qu'il jugeait bon.

Ruth

Iaomi Loses Her Husband and Sons

1 1 In the days when the judges ruled,[a] there was a famine in the land. So a man from Bethlehem n Judah, together with his wife and two sons, went o live for a while in the country of Moab. 2 The man's ıame was Elimelek, his wife's name was Naomi, and he names of his two sons were Mahlon and Kilion. 'hey were Ephrathites from Bethlehem, Judah. And hey went to Moab and lived there.

3 Now Elimelek, Naomi's husband, died, and she was eft with her two sons. 4 They married Moabite women, ne named Orpah and the other Ruth. After they had ived there about ten years, 5 both Mahlon and Kilion ılso died, and Naomi was left without her two sons nd her husband.

Iaomi and Ruth Return to Bethlehem

6 When Naomi heard in Moab that the Lord had come o the aid of his people by providing food for them, she nd her daughters-in-law prepared to return home rom there. 7 With her two daughters-in-law she left he place where she had been living and set out on the oad that would take them back to the land of Judah.

8 Then Naomi said to her two daughters-in-law, "Go ack, each of you, to your mother's home. May the Lord how you kindness, as you have shown kindness to our dead husbands and to me. 9 May the Lord grant hat each of you will find rest in the home of another usband."

Then she kissed them goodbye and they wept aloud 10 and said to her, "We will go back with you to your eople."

11 But Naomi said, "Return home, my daughters. Vhy would you come with me? Am I going to have ny more sons, who could become your husbands? 12 Return home, my daughters; I am too old to have nother husband. Even if I thought there was still ope for me – even if I had a husband tonight and hen gave birth to sons – 13 would you wait until they rew up? Would you remain unmarried for them? No, ny daughters. It is more bitter for me than for you, ecause the Lord's hand has turned against me!"

1:1 Traditionally *judged*

Ruth

La famille d'Elimélek en Moab

1 1 A l'époque où les chefs gouvernaient Israël, une famine survint dans le pays[a]. Un homme de Bethléhem en Juda[b] partit séjourner avec sa femme et ses deux fils dans la campagne du pays de Moab[c]. 2 Cet homme s'appelait Elimélek, sa femme Noémi et ses deux fils Mahlôn et Kilyôn. Ils faisaient partie des Ephratiens[d], de Bethléhem en Juda. Ils parvinrent en Moab, dans la campagne, et s'y établirent. 3 Elimélek, le mari de Noémi, mourut là et elle resta seule avec ses deux fils. 4 Ils épousèrent des femmes moabites, dont l'une s'appelait Orpa et l'autre Ruth. Ils demeurèrent là une dizaine d'années, 5 puis Mahlôn et Kilyôn moururent à leur tour, et Noémi resta seule, privée à la fois de ses deux fils et de son mari.

Noémi et Ruth à Bethléhem

6 Lorsqu'elle apprit que l'Eternel était intervenu en faveur de son peuple et qu'il lui avait donné de quoi se nourrir, Noémi se mit en route avec ses deux belles-filles pour rentrer du pays de Moab. 7 Elles quittèrent donc ensemble l'endroit où elles s'étaient établies et prirent le chemin du pays de Juda.

8 Alors Noémi dit à ses deux belles-filles : Allez et rentrez chacune dans la famille de votre mère[e] ! Que l'Eternel soit bon pour vous, comme vous l'avez été pour ceux qui sont morts et pour moi-même. 9 Qu'il vous donne à chacune de trouver le bonheur dans un nouveau foyer.

Puis elle les embrassa pour prendre congé. Les deux jeunes femmes pleurèrent à gros sanglots 10 et lui dirent : Non ! nous t'accompagnerons dans ta patrie.

11 Noémi leur répondit : Retournez chez vous, mes filles ! Pourquoi viendriez-vous avec moi ? Je ne peux plus avoir des fils qui pourraient vous épouser[f]. 12 Retournez chez vous, mes filles, allez ! Je suis trop âgée pour me remarier. Et même si je disais : « J'ai de quoi espérer des enfants, je me donnerai à un mari cette nuit même et j'en aurai des fils, 13 attendriez-vous qu'ils aient grandi et renonceriez-vous pour cela à vous remarier ? Bien sûr que non, mes filles ! Je suis bien plus affligée que vous, car l'Eternel est intervenu contre moi. »

[a] 1.1 L'époque des chefs d'Israël – les juges – s'étend du xive ou du xiie siècle au xie siècle av. J.-C.

[b] 1.1 A une douzaine de kilomètres au sud-est de Jérusalem. La précision *en Juda* distingue cette ville de la Bethléhem de Zabulon (Jos 19.15).

[c] 1.1 Plateau fertile situé à l'est de la mer Morte.

[d] 1.2 *Ephrata* était le nom du groupe familial auquel appartenait Elimélek. Il a donné son nom au territoire environnant Bethléhem qui est parfois appelée Bethléhem Ephrata (voir4.11 ; Gn 35.19 ; 1 S 17.12 ; Mi 5.1).

[e] 1.8 Les filles et les veuves habitaient avec leur mère (Gn 24.28, 67). Le père de Ruth était encore en vie (2.11).

[f] 1.11 Voir Dt 25.5-10. Allusion à la coutume du lévirat stipulant que la veuve sans enfant devait être épousée par le frère du mari défunt (Gn 38.6-8 ; Dt 25.5-10 ; Mc 12.18-23).

14 At this they wept aloud again. Then Orpah kissed
her mother-in-law goodbye, but Ruth clung to her.

15 "Look," said Naomi, "your sister-in-law is going
back to her people and her gods. Go back with her."

16 But Ruth replied, "Don't urge me to leave you or to
turn back from you. Where you go I will go, and where
you stay I will stay. Your people will be my people
and your God my God. 17 Where you die I will die, and
there I will be buried. May the LORD deal with me, be it
ever so severely, if even death separates you and me."
18 When Naomi realized that Ruth was determined to
go with her, she stopped urging her.
19 So the two women went on until they came to
Bethlehem. When they arrived in Bethlehem, the
whole town was stirred because of them, and the
women exclaimed, "Can this be Naomi?"
20 "Don't call me Naomi,[b]" she told them. "Call me
Mara,[c] because the Almighty[d] has made my life very
bitter. 21 I went away full, but the LORD has brought
me back empty. Why call me Naomi? The LORD has
afflicted[e] me; the Almighty has brought misfortune
upon me."

22 So Naomi returned from Moab accompanied by
Ruth the Moabite, her daughter-in-law, arriving in
Bethlehem as the barley harvest was beginning.

Ruth Meets Boaz in the Grain Field

2 1 Now Naomi had a relative on her husband's side,
a man of standing from the clan of Elimelek,
whose name was Boaz.
2 And Ruth the Moabite said to Naomi, "Let me go
to the fields and pick up the leftover grain behind
anyone in whose eyes I find favor."
Naomi said to her, "Go ahead, my daughter." 3 So she
went out, entered a field and began to glean behind
the harvesters. As it turned out, she was working in
a field belonging to Boaz, who was from the clan of
Elimelek.
4 Just then Boaz arrived from Bethlehem and greeted the harvesters, "The LORD be with you!"
"The LORD bless you!" they answered.
5 Boaz asked the overseer of his harvesters, "Who
does that young woman belong to?"
6 The overseer replied, "She is the Moabite who came
back from Moab with Naomi. 7 She said, 'Please let me
glean and gather among the sheaves behind the harvesters.' She came into the field and has remained
here from morning till now, except for a short rest
in the shelter."
8 So Boaz said to Ruth, "My daughter, listen to me.
Don't go and glean in another field and don't go away
from here. Stay here with the women who work for
me. 9 Watch the field where the men are harvesting,
and follow along after the women. I have told the
men not to lay a hand on you. And whenever you are

[b] 1:20 *Naomi* means *pleasant.*
[c] 1:20 *Mara* means *bitter.*
[d] 1:20 Hebrew *Shaddai;* also in verse 21
[e] 1:21 Or *has testified against*

14 Alors les deux belles-filles se remirent à sangloter.
Finalement, Orpa embrassa sa belle-mère, mais Ruth resta
avec elle.
15 Noémi lui dit : Regarde : ta belle-sœur est partie re
joindre son peuple et ses dieux, fais comme elle : retourne
chez les tiens !
16 Mais Ruth lui répondit : N'insiste pas pour que je te
quitte et que je me détourne de ta route ; partout où tu
iras, j'irai ; où tu t'installeras, je m'installerai ; ton peuple
sera mon peuple et ton Dieu sera mon Dieu. 17 Là où tu
mourras, je mourrai aussi et j'y serai enterrée. Que l'Eter
nel me punisse avec la plus grande sévérité, si autre chose
que la mort me sépare de toi !
18 Devant une telle résolution à la suivre, Noémi cessa
d'insister 19 et elles s'en allèrent toutes deux ensemble
jusqu'à Bethléhem. Leur arrivée là-bas mit toute la lo
calité en émoi.
– Est-ce bien là Noémi ? demandèrent les femmes.
20 Elle leur répondit : Ne m'appelez plus Noémi
(L'heureuse), appelez-moi Mara (L'affligée), car le Tout
Puissant m'a beaucoup affligée. 21 Je suis partie d'ici
comblée, et l'Eternel m'y fait revenir les mains vides. Alors
pourquoi m'appeler encore Noémi quand l'Eternel s'est
prononcé contre moi et que le Tout-Puissant m'a plongée
dans l'affliction ?
22 C'est ainsi que Noémi et sa belle-fille, Ruth, la Moabite
revinrent des plaines de Moab. Lorsqu'elles arrivèrent à
Bethléhem, c'était le début de la moisson de l'orge[g].

Ruth rencontre Booz

2 1 Noémi avait un parent du côté de son mari, un
homme de valeur influent, de la famille d'Elimélek
nommé Booz.
2 Ruth la Moabite dit à Noémi : Permets-moi d'aller aux
champs ramasser des épis laissés par les moissonneurs[h].
J'irai derrière celui qui m'accueillera aimablement.
Noémi lui répondit : Va ma fille.
3 Ruth partit donc et se mit à glaner dans les champs
derrière les moissonneurs. Il arriva par hasard qu'elle se
trouvait dans un champ appartenant à Booz, ce parent
d'Elimélek. 4 Un peu plus tard, Booz lui-même vint de
Bethléhem et salua les moissonneurs en leur disant : Que
l'Eternel soit avec vous !
Ils lui répondirent : Que l'Eternel te bénisse !
5 Booz demanda au serviteur qui était responsable des
moissonneurs : A qui est cette jeune femme ?
6 Le responsable des moissonneurs lui répondit : C'est la
jeune Moabite qui est revenue avec Noémi des plaines de
Moab. 7 Elle nous a demandé la permission de glaner les
épis entre les gerbes derrière les moissonneurs. Elle est
venue ce matin et, depuis, elle a été à pied d'œuvre jusqu'à
maintenant et s'est à peine reposée un instant[i].
8 Booz dit à Ruth : Ecoute bien, ma fille : Ne va pas glaner
dans un autre champ ; reste ici et suis mes servantes
9 Regarde bien où mes hommes moissonneront et suis les
femmes qui ramassent les épis. J'ai interdit à mes servi-

[g] 1.22 C'est-à-dire avril-mai. C'était la première moisson, le blé se moissonnait quelques semaines plus tard (voir 2.23).
[h] 2.2 Privilège des veuves et des orphelins comme des étrangers (Lv 19.9-10 ; 23.22 ; Dt 24.19-22).
[i] 2.7 Texte hébreu peu clair. Certains comprennent : *ne s'est assise qu'un moment à la maison.*

hirsty, go and get a drink from the water jars the
nen have filled."
[10]At this, she bowed down with her face to the
;round. She asked him, "Why have I found such favor
n your eyes that you notice me – a foreigner?"
[11]Boaz replied, "I've been told all about what you
ave done for your mother-in-law since the death of
our husband – how you left your father and mother
nd your homeland and came to live with a people
ou did not know before. [12]May the LORD repay you
or what you have done. May you be richly rewarded
y the LORD, the God of Israel, under whose wings you
ave come to take refuge."
[13]"May I continue to find favor in your eyes, my
ord," she said. "You have put me at ease by speak-
ng kindly to your servant – though I do not have the
tanding of one of your servants."
[14]At mealtime Boaz said to her, "Come over here.
Have some bread and dip it in the wine vinegar."
When she sat down with the harvesters, he offered
er some roasted grain. She ate all she wanted and
ad some left over. [15]As she got up to glean, Boaz gave
orders to his men, "Let her gather among the sheaves
nd don't reprimand her. [16]Even pull out some stalks
or her from the bundles and leave them for her to
pick up, and don't rebuke her."

[17]So Ruth gleaned in the field until evening. Then
he threshed the barley she had gathered, and it
mounted to about an ephah.[f] [18]She carried it back
o town, and her mother-in-law saw how much she
ad gathered. Ruth also brought out and gave her
what she had left over after she had eaten enough.

[19]Her mother-in-law asked her, "Where did you
glean today? Where did you work? Blessed be the man
who took notice of you!"
Then Ruth told her mother-in-law about the one at
whose place she had been working. "The name of the
man I worked with today is Boaz," she said.
[20]"The LORD bless him!" Naomi said to her daughter-
n-law. "He has not stopped showing his kindness to
he living and the dead." She added, "That man is our
close relative; he is one of our guardian-redeemers.[g]"

2:17 That is, probably about 30 pounds or about 13 kilograms
2:20 The Hebrew word for *guardian-redeemer* is a legal term for
ne who has the obligation to redeem a relative in serious difficul-
y (see Lev. 25:25-55).

teurs de t'ennuyer. Et si tu as soif, va boire aux cruches
qu'ils ont remplies.
[10]Ruth s'inclina jusqu'à terre[j], se prosterna et lui dit :
Pourquoi m'accueilles-tu avec tant de faveur et t'intéress-
es-tu à moi qui ne suis qu'une étrangère[k] ?
[11]Booz lui répondit : On m'a bien raconté tout ce que
tu as fait pour ta belle-mère après la mort de ton mari. Je
sais que tu as quitté ton père et ta mère et ton pays natal
pour venir vivre chez un peuple que tu ne connaissais pas
auparavant. [12]Que l'Eternel te récompense pour ce que
tu as fait et que le Dieu d'Israël, sous la protection duquel
tu es venue t'abriter, t'accorde une pleine récompense !

[13]Ruth dit : Mon maître, tu m'accueilles avec tant de
faveur que j'en suis réconfortée. Tes paroles me touchent,
moi ta servante, bien que je ne sois pas même au rang de
tes servantes.
[14]A l'heure du repas, Booz lui dit : Approche-toi et
viens prendre un morceau de pain. Trempe-le dans la
vinaigrette[l] !
Alors elle s'assit à côté des moissonneurs, et Booz lui
offrit des épis grillés[m]. Elle en mangea à satiété et garda
le reste. [15]Quand elle retourna pour glaner, Booz ordonna
à ses serviteurs : Permettez-lui aussi de glaner entre les
gerbes sans la rabrouer ! [16]Laissez même tomber exprès
pour elle quelques épis des javelles et abandonnez-les
pour qu'elle puisse les ramasser ! Et ne lui faites pas de
reproches !
[17]Ainsi Ruth glana dans le champ jusqu'au soir, puis elle
battit ce qu'elle avait ramassé[n]. Il y avait quarante litres
d'orge[o]. [18]Elle l'emporta, rentra au village et montra à sa
belle-mère ce qu'elle avait ramassé. Elle sortit aussi les
épis qui restaient de son repas de midi après qu'elle se fut
rassasiée et les lui donna.

Noémi reconnaît la main de Dieu

[19]Sa belle-mère lui demanda : Mais où donc as-tu glané
aujourd'hui ? Dans quel champ as-tu travaillé ? Que l'Eternel bénisse celui qui a eu pour toi tant d'attention[p] !
Alors Ruth raconta à sa belle-mère chez qui elle avait
travaillé et lui apprit qu'il s'appelait Booz.

[20]Noémi dit à sa belle-fille : Que l'Eternel le bénisse !
L'Eternel n'a cessé d'être bon envers nous les vivants comme il l'a été envers ceux qui sont morts. Puis elle ajouta :
Cet homme est notre proche parent, l'un de ceux qui ont
le devoir de prendre soin de notre lignée[q].

j **2.10** Signe de profond respect (voir Gn 17.3 ; Lv 9.24).
k **2.10** En hébreu, il y a un jeu de mots entre *s'intéresser à* et *étrangère*.
l **2.14** Boisson faite de vin acidulé et d'un peu d'huile.
m **2.14** *épis grillés:* voir Lv 2.14.
n **2.17** Normalement, le grain était foulé par des animaux (Dt 25.4 ; Os 10.11), mais lorsqu'on avait peu de récolte, on le battait au fléau (voir Jg 6.11).
o **2.17** Hébreu : *Il y eut environ un épha d'orge.* L'épha était une mesure de capacité pour les solides. Il contenait environ 36 litres, c'est-à-dire près de trente kilogrammes d'orge. D'où le v. 19.
p **2.19** En hébreu, le même verbe qu'au v. 10. Nouveau jeu de mots sur *étrangère*.
q **2.20** Il s'agit de l'un des proches parents du défunt qui avait le droit de racheter en priorité les terres qui avaient appartenues à ce dernier (voir4.1, 8 ; Jr 32.7-9) ; il devait épouser sa veuve lorsqu'elle n'avait pas d'enfant (1.11 ; 3.9 ; 4.5, 14 ; Dt 25.5-10).

21 Then Ruth the Moabite said, "He even said to me, 'Stay with my workers until they finish harvesting all my grain.'"

22 Naomi said to Ruth her daughter-in-law, "It will be good for you, my daughter, to go with the women who work for him, because in someone else's field you might be harmed."

23 So Ruth stayed close to the women of Boaz to glean until the barley and wheat harvests were finished. And she lived with her mother-in-law.

Ruth and Boaz at the Threshing Floor

3 1 One day Ruth's mother-in-law Naomi said to her, "My daughter, I must find a home[h] for you, where you will be well provided for. 2 Now Boaz, with whose women you have worked, is a relative of ours. Tonight he will be winnowing barley on the threshing floor. 3 Wash, put on perfume, and get dressed in your best clothes. Then go down to the threshing floor, but don't let him know you are there until he has finished eating and drinking. 4 When he lies down, note the place where he is lying. Then go and uncover his feet and lie down. He will tell you what to do."

5 "I will do whatever you say," Ruth answered. 6 So she went down to the threshing floor and did everything her mother-in-law told her to do.

7 When Boaz had finished eating and drinking and was in good spirits, he went over to lie down at the far end of the grain pile. Ruth approached quietly, uncovered his feet and lay down. 8 In the middle of the night something startled the man; he turned – and there was a woman lying at his feet!

9 "Who are you?" he asked.

"I am your servant Ruth," she said. "Spread the corner of your garment over me, since you are a guardian-redeemer[i] of our family."

10 "The LORD bless you, my daughter," he replied. "This kindness is greater than that which you showed earlier: You have not run after the younger men, whether rich or poor. 11 And now, my daughter, don't be afraid. I will do for you all you ask. All the people of my town know that you are a woman of noble character. 12 Although it is true that I am a guardian-redeemer of our family, there is another who is more closely related than I. 13 Stay here for the night, and in the morning if he wants to do his duty as your guardian-redeemer, good; let him redeem you. But if he is not willing, as surely as the LORD lives I will do it. Lie here until morning."

[h] 3:1 Hebrew *find rest* (see 1:9)
[i] 3:9 The Hebrew word for *guardian-redeemer* is a legal term for one who has the obligation to redeem a relative in serious difficulty (see Lev. 25:25-55); also in verses 12 and 13.

21 Alors Ruth la Moabite reprit : Il m'a même dit : « Rest avec mes serviteurs jusqu'à ce qu'ils aient fini toute m moisson ! »

22 Noémi lui répondit : C'est bien, ma fille, continue d'al ler avec ses servantes, ainsi tu ne risqueras pas de te fair maltraiter dans un autre champ.

23 Ruth resta donc avec les servantes de Booz pour glane jusqu'à la fin de la moisson des orges, puis de celle des blés Et elle habitait avec sa belle-mère.

La demande de Ruth

3 1 Noémi, la belle-mère de Ruth, lui dit un jour : M fille, je ne veux pas négliger de te chercher une sit uation qui te rende heureuse. 2 Tu sais que Booz, avec le servantes duquel tu as travaillé, est notre parent. Ce soi il doit vanner l'orge amassée dans l'aire. 3 Lave-toi don et parfume-toi, puis mets tes plus beaux habits et rends toi à l'aire où il bat son orge[s]. Mais ne fais pas connaîtr ta présence avant qu'il ait fini de manger et de boire 4 Quand il se couchera pour dormir, note bien l'endroi où il s'installe, approche-toi, écarte la couverture pour lu découvrir les pieds et puis, couche-toi là. Il te dira alor ce que tu devras faire.

5 Ruth lui répondit : Je ferai tout ce que tu me dis.

6 Elle descendit dans l'aire et suivit toutes les instruc tions de sa belle-mère. 7 Booz mangea et but et il fut trè content, puis il alla se coucher au bord du tas d'orge. Alor Ruth s'approcha tout doucement, elle écarta la couvertur pour découvrir ses pieds et se coucha là. 8 Au milieu de l nuit, Booz eut un frisson, il se pencha en avant et s'aperçu qu'une femme était couchée à ses pieds.

9 – Qui es-tu ? lui demanda-t-il.

– Je suis Ruth, ta servante. Veuille me prendre sous t protection[t] car, en tant que proche parent, tu es respons able de moi.

10 – Que l'Eternel te bénisse, ma fille, lui dit-il. Ce que t viens de faire est une preuve d'amour envers ta belle-mèr encore plus grande que ce que tu as déjà fait. En effet, t aurais pu courir après les jeunes hommes, qu'ils soien pauvres ou riches. 11 Maintenant, ma fille, ne t'inquièt pas : je ferai pour toi tout ce que tu demandes, car tou les gens de l'endroit savent que tu es une femme de val eur. 12 Il est vrai que j'ai envers toi la responsabilité d'u proche parent, mais il existe un parent plus direct que mo 13 Passe ici la fin de la nuit, et demain matin nous verron si cet homme veut s'acquitter envers toi de sa respons abilité de proche parent. Si oui, qu'il le fasse. S'il refuse je te promets, aussi vrai que l'Eternel est vivant[u], que j m'en acquitterai envers toi. En attendant, reste couché jusqu'au matin !

[r] **2.23** Fin mai, début juin.
[s] **3.3** L'orge était battue par les animaux durant la journée. On profitait de la brise du soir pour la vanner : on jetait en l'air des pelletées de grains mélangés à la paille et à la bale. Le vent emportait ces dernières, le grain, plus lourd, retombait sur l'aire.
[t] **3.9** Voir 2.12. Littéralement : *Etends sur moi ton aile ou le pan de ton manteau* (même mot) : en signe de protection matrimoniale. Lors du mariage le marié étendait un pan de son manteau au-dessus de sa fiancée pour symboliser cette protection.
[u] **3.13** Formule de serment : puisque l'Eternel est vivant, il veillera à l'exécution de la promesse.

14So she lay at his feet until morning, but got up efore anyone could be recognized; and he said, "No ne must know that a woman came to the threshing loor."

15He also said, "Bring me the shawl you are wearing nd hold it out." When she did so, he poured into it ix measures of barley and placed the bundle on her. hen he[j] went back to town.

16When Ruth came to her mother-in-law, Naomi sked, "How did it go, my daughter?"

Then she told her everything Boaz had done for er 17and added, "He gave me these six measures of arley, saying, 'Don't go back to your mother-in-law mpty-handed.'"

18Then Naomi said, "Wait, my daughter, until you nd out what happens. For the man will not rest until he matter is settled today."

oaz Marries Ruth

4 1Meanwhile Boaz went up to the town gate and sat down there just as the guardian-redeemer[k] e had mentioned came along. Boaz said, "Come over ere, my friend, and sit down." So he went over and at down.

2Boaz took ten of the elders of the town and said, Sit here," and they did so. 3Then he said to the guard-an-redeemer, "Naomi, who has come back from Moab, s selling the piece of land that belonged to our rela-ive Elimelek. 4I thought I should bring the matter to our attention and suggest that you buy it in the pres-nce of these seated here and in the presence of the lders of my people. If you will redeem it, do so. But you[l] will not, tell me, so I will know. For no one has he right to do it except you, and I am next in line."

"I will redeem it," he said.

5Then Boaz said, "On the day you buy the land from aomi, you also acquire Ruth the Moabite, the[m] dead nan's widow, in order to maintain the name of the ead with his property."

6At this, the guardian-redeemer said, "Then I annot redeem it because I might endanger my own state. You redeem it yourself. I cannot do it."

7(Now in earlier times in Israel, for the redemption nd transfer of property to become final, one party ook off his sandal and gave it to the other. This was he method of legalizing transactions in Israel.)

8So the guardian-redeemer said to Boaz, "Buy it ourself." And he removed his sandal.

9Then Boaz announced to the elders and all the eople, "Today you are witnesses that I have bought

3:15 Most Hebrew manuscripts; many Hebrew manuscripts, ulgate and Syriac *she*

4:1 The Hebrew word for *guardian-redeemer* is a legal term for one ho has the obligation to redeem a relative in serious difficulty ee Lev. 25:25-55); also in verses 3, 6, 8 and 14.

4:4 Many Hebrew manuscripts, Septuagint, Vulgate and Syriac; ost Hebrew manuscripts *he*

4:5 Vulgate and Syriac; Hebrew (see also Septuagint) *Naomi and om Ruth the Moabite, you acquire the*

14Elle resta couchée à ses pieds jusqu'au matin, puis elle se leva au petit jour avant que l'on puisse se reconnaître, car Booz avait dit : Il ne faut pas que l'on sache qu'une femme est venue sur l'aire. 15Avant qu'elle parte, il lui dit : Donne la cape que tu portes, tiens-la bien !

Elle la tint ainsi, et il y versa vingt-cinq litres d'orge et l'aida à les charger sur elle, puis elle rentra à la ville[v].

16Quand elle arriva chez sa belle-mère, celle-ci lui demanda : Comment les choses se sont-elles passées, ma fille ?

Alors Ruth lui raconta tout ce que cet homme avait fait pour elle. 17Elle ajouta : Il m'a même donné ces vingt-cinq litres d'orge, car il m'a dit : « Tu ne retourneras pas les mains vides auprès de ta belle-mère. »

18Noémi lui dit : Maintenant, ma fille, reste là jusqu'à ce que tu saches comment les choses tourneront, car cet homme ne se donnera aucun répit avant d'avoir réglé cette affaire aujourd'hui.

Le mariage de Ruth et de Booz

4 1Booz se rendit à la porte de la ville, et il y prit place. Quand le plus proche parent, dont il avait parlé et qui avait le devoir de s'occuper de Ruth vint à passer, Booz lui dit : Un tel ! Viens donc t'asseoir ici !

L'homme s'approcha et s'assit. 2Booz fit approcher dix hommes parmi les responsables de la ville et leur demanda de s'asseoir avec eux[w]. Lorsqu'ils se furent installés, 3il s'adressa ainsi au plus proche parent : Noémi, qui est revenue du pays de Moab, met en vente le champ d'Elimélek, notre parent. 4J'ai pensé t'en informer et te proposer de le racheter par-devant les habitants de la ville et les responsables de mon peuple ici présents. Si tu veux exercer ton droit de rachat, fais-le. Sinon, déclare-le-moi, que je le sache, car tu viens en premier lieu pour disposer du droit de rachat, et je viens directement après toi.

L'homme lui répondit : Oui, je veux le racheter.

5Booz poursuivit : Si tu acquiers le champ de la main de Noémi, tu prendras pour femme Ruth[x] la Moabite, la veuve du défunt, pour donner au défunt une descendance qui héritera de son patrimoine.

6– Dans ces conditions, dit le plus proche parent, je ne peux pas racheter pour mon compte, car je ferais tort à mon propre patrimoine. Reprends donc à ton compte mon droit de rachat, car je ne puis en profiter moi-même.

7Autrefois, en Israël, lorsqu'on procédait à un rachat ou à un échange de biens, la coutume voulait que l'un des contractants ôte sa sandale et la donne à l'autre pour valider la transaction[y]. 8Ainsi, l'homme qui avait le droit de rachat dit à Booz : « Acquiers le champ », et il retira sa sandale[z].

9Alors Booz déclara aux responsables et à tous ceux qui étaient là : Vous êtes témoins aujourd'hui que j'ai acquis

v 3.15 D'après certains manuscrits hébreux, la version syriaque et la Vulgate. Le texte hébreu traditionnel a : *il rentra*...

w 4.2 Les responsables d'une ville faisaient aussi fonction de juges (Dt 21.19 ; 22.15 ; 25.7). Ici, ils seront surtout témoins de la transaction entre Booz et son parent.

x 4.5 D'après la version syriaque et la Vulgate. Le texte hébreu traditionnel a : *et de Ruth*...

y 4.7 Dans les pays orientaux, la sandale est symbole de possession (voir Ps 60.10). Conférer un droit ou une propriété à quelqu'un était souligné par le geste symbolique du don d'une sandale (voir Am 2.6 ; 8.6).

z 4.8 L'ancienne version grecque a : *et la lui donna.*

from Naomi all the property of Elimelek, Kilion and Mahlon. 10 I have also acquired Ruth the Moabite, Mahlon's widow, as my wife, in order to maintain the name of the dead with his property, so that his name will not disappear from among his family or from his hometown. Today you are witnesses!"

11 Then the elders and all the people at the gate said, "We are witnesses. May the LORD make the woman who is coming into your home like Rachel and Leah, who together built up the family of Israel. May you have standing in Ephrathah and be famous in Bethlehem. 12 Through the offspring the LORD gives you by this young woman, may your family be like that of Perez, whom Tamar bore to Judah."

Naomi Gains a Son

13 So Boaz took Ruth and she became his wife. When he made love to her, the LORD enabled her to conceive, and she gave birth to a son. 14 The women said to Naomi: "Praise be to the LORD, who this day has not left you without a guardian-redeemer. May he become famous throughout Israel! 15 He will renew your life and sustain you in your old age. For your daughter-in-law, who loves you and who is better to you than seven sons, has given him birth."

16 Then Naomi took the child in her arms and cared for him. 17 The women living there said, "Naomi has a son!" And they named him Obed. He was the father of Jesse, the father of David.

The Genealogy of David

18 This, then, is the family line of Perez:

Perez was the father of Hezron,
19 Hezron the father of Ram,
Ram the father of Amminadab,
20 Amminadab the father of Nahshon,
Nahshon the father of Salmon,[n]
21 Salmon the father of Boaz,
Boaz the father of Obed,
22 Obed the father of Jesse,
and Jesse the father of David.

de la main de Noémi tout ce qui appartenait à Eliméle et tout ce qui était à Kilyôn et à Mahlôn. 10 De ce fait, j prends aussi pour femme Ruth la Moabite, la veuve d Mahlôn, pour susciter au défunt une descendance qu recevra son héritage et pour que son nom ne disparaiss pas dans son lignage et dans sa ville natale. Vous en ête témoins aujourd'hui.

11 Alors tous ceux qui se trouvaient à la porte et tou les responsables dirent : Oui : nous en sommes témoins Que l'Eternel rende la femme qui entre dans ta famill semblable à Rachel et à Léa[a] qui, à elles deux, ont donn naissance à tout le peuple d'Israël ! Puisses-tu toi-mêm prospérer à Ephrata et devenir célèbre à Bethléhem 12 Que l'Eternel t'accorde, par cette jeune femme, une de scendance aussi nombreuse que celle de Pérets, le fils qu Tamar a donné à Juda[b].

Un petit-fils pour Noémi

13 C'est ainsi que Booz prit Ruth pour femme.

Lorsqu'il se fut uni à elle, l'Eternel accorda à Ruth d devenir enceinte, et elle donna naissance à un fils. 14 Le femmes de Bethléhem dirent à Noémi : Béni soit l'Etern qui ne t'a pas privée d'un soutien de famille ! Que son no devienne célèbre en Israël ! 15 Il te rendra une raison d vivre et prendra soin de toi dans tes vieux jours, puisqu c'est ta belle-fille qui t'aime qui t'a donné ce petit-fils. Ell vaut mieux pour toi que sept fils.

16 Noémi prit le nouveau-né et le serra sur son cœur. C'es elle qui se chargea de l'élever. 17 Les voisines s'écrièrent Noémi a eu un fils !

Et elles lui donnèrent le nom d'Obed.

Obed fut le père d'Isaï et le grand-père de David.

La liste généalogique de Pérets

18 Voici la liste généalogique de Pérets : Pérets eut pou fils Hetsrôn, 19 qui eut pour fils Ram, qui eut pour fi Amminadab, 20 qui eut pour fils Nahshôn, qui eut pou fils Salma[c], 21 qui eut pour fils Booz, qui eut pour fils Obe 22 qui eut pour fils Isaï, qui eut pour fils David.

n 4:20 A few Hebrew manuscripts, some Septuagint manuscripts and Vulgate (see also verse 21 and Septuagint of 1 Chron. 2:11); most Hebrew manuscripts *Salma*

a 4.11 Rachel et Léa ont donné naissance à tout le peuple d'Israël. Ainsi Ruth donnera naissance à la lignée de David, et donc du Messie.
b 4.12 *Pérets* était un ancêtre de Booz (voir 18-21 ; Mt 1.3 ; Lc 3.33).
c 4.20 D'après quelques manuscrits hébreux, la Vulgate et 1 Ch 2.11. Le texte hébreu traditionnel a : *Salmôn*.

1 Samuel

he Birth of Samuel

1 1There was a certain man from Ramathaim, a Zuphite[a] from the hill country of Ephraim, hose name was Elkanah son of Jeroham, the son of lihu, the son of Tohu, the son of Zuph, an Ephraimite. He had two wives; one was called Hannah and the ther Peninnah. Peninnah had children, but Hannah ad none.

3Year after year this man went up from his town to orship and sacrifice to the LORD Almighty at Shiloh, here Hophni and Phinehas, the two sons of Eli, ere priests of the LORD. 4Whenever the day came for lkanah to sacrifice, he would give portions of the eat to his wife Peninnah and to all her sons and aughters. 5But to Hannah he gave a double portion ecause he loved her, and the LORD had closed her omb. 6Because the LORD had closed Hannah's womb, er rival kept provoking her in order to irritate her. This went on year after year. Whenever Hannah went p to the house of the LORD, her rival provoked her till e wept and would not eat. 8Her husband Elkanah ould say to her, "Hannah, why are you weeping? hy don't you eat? Why are you downhearted? Don't mean more to you than ten sons?"

9Once when they had finished eating and drinkg in Shiloh, Hannah stood up. Now Eli the priest as sitting on his chair by the doorpost of the LORD's ouse. 10In her deep anguish Hannah prayed to the ORD, weeping bitterly. 11And she made a vow, saying, LORD Almighty, if you will only look on your servant's isery and remember me, and not forget your servant ut give her a son, then I will give him to the LORD for l the days of his life, and no razor will ever be used n his head."

12As she kept on praying to the LORD, Eli observed er mouth. 13Hannah was praying in her heart, and er lips were moving but her voice was not heard. Eli ought she was drunk 14and said to her, "How long re you going to stay drunk? Put away your wine."

15"Not so, my lord," Hannah replied, "I am a wom- n who is deeply troubled. I have not been drinking ine or beer; I was pouring out my soul to the LORD.

a 1:1 See Septuagint and 1 Chron. 6:26-27,33-35; or *from Ramathaim phim.*

Premier livre de Samuel

La fin de l'époque des chefs

Anne et Peninna

1 1Un homme nommé Elqana[a] vivait à Ramataïm-Tsophim[b], dans la région montagneuse d'Ephraïm ; il était fils de Yeroham et petit-fils d'Elihou, de la famille de Tohou, descendant de Tsouph, un Ephraïmite[c]. 2Il avait épousé deux femmes : l'une s'appelait Anne et l'autre Peninna. Peninna avait des enfants, mais Anne n'en avait pas. 3Chaque année, Elqana se rendait de sa ville à Silo[d] pour y adorer l'Eternel, le Seigneur des armées célestes, et pour lui offrir des sacrifices. Les deux fils d'Eli, Hophni et Phinéas, y officiaient comme prêtres de l'Eternel. 4Le jour où Elqana offrait son sacrifice, il attribuait des parts de viande à sa femme Peninna et à tous ses enfants, 5et il donnait une double part à Anne parce qu'il l'aimait, bien que le Seigneur l'ait empêchée d'avoir des enfants. 6Sa rivale ne cessait de la vexer pour l'irriter contre Dieu de ce qu'il l'ait rendue stérile. 7Cela se reproduisait chaque année : toutes les fois qu'Anne se rendait au sanctuaire de l'Eternel, Peninna l'exaspérait. Alors Anne pleurait et restait sans manger. 8Elqana lui demandait : Anne, pourquoi pleures-tu ? Pourquoi restes-tu sans manger ? Pourquoi es-tu si malheureuse ? Est-ce que je ne vaux pas mieux pour toi que dix fils ?

La prière d'Anne

9Cette fois-ci, après qu'on eut mangé et bu à Silo, Anne se leva et se rendit au sanctuaire de l'Eternel. Le prêtre Eli y était assis sur son siège près de la porte. 10Très affligée, Anne pria l'Eternel en pleurant à chaudes larmes. 11Alors elle fit le vœu suivant : Eternel, Seigneur des armées célestes, si tu veux bien considérer la misère de ta servante et si tu interviens en ma faveur, si tu ne délaisses pas ta servante et si tu me donnes un fils, alors je te le consacrerai pour toute sa vie ; ses cheveux et sa barbe ne seront jamais coupés.

12Comme elle priait longuement devant l'Eternel, Eli observait le mouvement de ses lèvres. 13Anne priait intérieurement : ses lèvres bougeaient, mais on n'entendait pas sa voix. Eli pensa qu'elle était ivre 14et il l'interpella : Combien de temps encore veux-tu étaler ton ivresse ? Va cuver ton vin ailleurs !

15Anne lui répondit : Non, monseigneur, je ne suis pas ivre, je n'ai bu ni vin ni boisson alcoolisée, mais je suis très malheureuse et j'épanchais mon cœur devant l'Eternel.

a **1.1** Elqana devait être un lévite de la lignée de Qehath et de la famille de Qoré (1 Ch 6.18-23) dont les descendants officiaient comme musiciens dans le sanctuaire.

b **1.1** Probablement Rama de Benjamin (2.11 ; Jos 18.25).

c **1.1** Ceci peut simplement signifier qu'Elqana habitait le territoire d'Ephraïm, dans une des villes d'Ephraïm données aux lévites (Jos 21.20-21).

d **1.3** Le coffre de l'alliance et la tente de la Rencontre (3.3 ; Jos 18.1) se trouvaient à une trentaine de kilomètres au nord de Jérusalem. Chaque année, tous les Israélites devaient se rendre trois fois au sanctuaire central (Ex 23.14-19 ; 34.23 ; Dt 16.16-17).

16 Do not take your servant for a wicked woman; I have been praying here out of my great anguish and grief."

17 Eli answered, "Go in peace, and may the God of Israel grant you what you have asked of him."

18 She said, "May your servant find favor in your eyes." Then she went her way and ate something, and her face was no longer downcast.

19 Early the next morning they arose and worshiped before the LORD and then went back to their home at Ramah. Elkanah made love to his wife Hannah, and the LORD remembered her. 20 So in the course of time Hannah became pregnant and gave birth to a son. She named him Samuel,[b] saying, "Because I asked the LORD for him."

Hannah Dedicates Samuel

21 When her husband Elkanah went up with all his family to offer the annual sacrifice to the LORD and to fulfill his vow, 22 Hannah did not go. She said to her husband, "After the boy is weaned, I will take him and present him before the LORD, and he will live there always."[c]

23 "Do what seems best to you," her husband Elkanah told her. "Stay here until you have weaned him; only may the LORD make good his[d] word." So the woman stayed at home and nursed her son until she had weaned him.

24 After he was weaned, she took the boy with her, young as he was, along with a three-year-old bull,[e] an ephah[f] of flour and a skin of wine, and brought him to the house of the LORD at Shiloh. 25 When the bull had been sacrificed, they brought the boy to Eli, 26 and she said to him, "Pardon me, my lord. As surely as you live, I am the woman who stood here beside you praying to the LORD. 27 I prayed for this child, and the LORD has granted me what I asked of him. 28 So now I give him to the LORD. For his whole life he will be given over to the LORD." And he worshiped the LORD there.

Hannah's Prayer

2 1 Then Hannah prayed and said:

"My heart rejoices in the LORD;
  in the LORD my horn[g] is lifted high.
My mouth boasts over my enemies,
  for I delight in your deliverance.

2 "There is no one holy like the LORD;
  there is no one besides you;
  there is no Rock like our God.

3 "Do not keep talking so proudly
  or let your mouth speak such arrogance,
for the LORD is a God who knows,
  and by him deeds are weighed.

[b] 1:20 *Samuel* sounds like the Hebrew for *heard by God.*

[c] 1:22 Masoretic Text; Dead Sea Scrolls *always. I have dedicated him as a Nazirite – all the days of his life."*

[d] 1:23 Masoretic Text; Dead Sea Scrolls, Septuagint and Syriac *your*

[e] 1:24 Dead Sea Scrolls, Septuagint and Syriac; Masoretic Text *with three bulls*

[f] 1:24 That is, probably about 36 pounds or about 16 kilograms

[g] 2:1 *Horn* here symbolizes strength; also in verse 10.

16 Ne me juge pas mal et ne me considère pas comme ur femme perverse. Si j'ai prié aussi longtemps, c'est parc que mon cœur débordait de chagrin et de douleur.

17 – Dans ce cas, lui dit Eli, va en paix, et que le Die d'Israël exauce la requête que tu lui as adressée.

18 Anne répondit : Je me recommande à ta bienveillanc Puis elle s'en alla, se restaura et son visage fut différen

19 Le lendemain, de bon matin, Elqana et sa famille s prosternèrent devant l'Eternel, puis ils rentrèrent che eux à Rama. Elqana s'unit à Anne, sa femme, et l'Etern intervint en sa faveur. 20 Elle fut enceinte et, au terme de s grossesse, elle mit au monde un garçon auquel elle donr le nom de Samuel (Dieu a entendu) car, dit-elle, « je l'a demandé à l'Eternel[e] ».

Anne consacre son enfant à Dieu

21 L'année suivante, Elqana se rendit de nouveau à Si avec toute sa famille pour offrir à l'Eternel le sacrifice ar nuel et pour accomplir le vœu qu'il avait fait. 22 Mais Anr ne l'accompagna pas. Elle dit en effet à son mari : J'attenc que l'enfant soit sevré[f], alors je l'emmènerai à Silo pou le présenter à l'Eternel et il restera là-bas pour toujour 23 Son mari lui dit : Fais comme tu le juges bon et attenc de l'avoir sevré. Que la promesse de l'Eternel se réalise. Anne resta donc à la maison pour allaiter son enfar jusqu'à ce qu'il soit sevré.

24 A ce moment-là, elle l'emmena avec elle au sanct aire de l'Eternel à Silo, en apportant un taureau de tro ans[g], dix kilogrammes de farine et une outre de vin. L garçon était encore tout jeune. 25 Ils offrirent le taurea en sacrifice et présentèrent l'enfant à Eli. 26 Anne lui dit Excuse-moi, monseigneur, aussi vrai que tu vis, monse gneur, je suis cette femme qui se tenait près de toi, i même, pour prier l'Eternel. 27 C'était pour obtenir ce enfant que je priais, et l'Eternel m'a accordé ce que je l demandais. 28 A mon tour, je veux le consacrer à l'Eterne pour toute sa vie, il lui sera consacré.

Là-dessus, ils se prosternèrent[h] là devant l'Eternel.

Le cantique d'Anne

2 1 Alors Anne prononça cette prière[i] :

La joie remplit mon cœur, c'est grâce à l'Eternel ;
oui, grâce à l'Eternel, mon front s'est relevé
et j'ai de quoi répondre à ceux qui me blessaient.
Oui, je jubile, car Dieu m'a secourue.

2 Nul ne l'égale. L'Eternel seul est saint,
et, à part lui, il n'y a pas de Dieu,
pas de rocher semblable à notre Dieu.

3 Que cessent donc, vos paroles hautaines
et les bravades sortant de votre bouche !
Car l'Eternel est un Dieu qui sait tout,
c'est lui qui pèse les actes des humains.

[e] 1.20 En hébreu, le nom *Samuel* fait assonance avec le verbe *entendre, exaucer.*

[f] 1.22 Ce qui, selon les habitudes de ces pays, pouvait durer trois ans ou plus.

[g] 1.24 D'après le manuscrit hébreu de Qumrân, l'ancienne version grecque et la version syriaque ; le texte hébreu traditionnel a : *trois taureaux*

[h] 1.28 D'après certains manuscrits hébreux, certains manuscrits de l'ancienne version grecque, la version syriaque et la Vulgate ; le texte hébreu traditionnel a : *il se prosterna.*

[i] 2.1 Pour les v. 1-10, voir Lc 1.46-55.

4 "The bows of the warriors are broken,
but those who stumbled are armed with
strength.
5 Those who were full hire themselves out for
food,
but those who were hungry are hungry no
more.
She who was barren has borne seven children,
but she who has had many sons pines away.
6 "The LORD brings death and makes alive;
he brings down to the grave and raises up.
7 The LORD sends poverty and wealth;
he humbles and he exalts.
8 He raises the poor from the dust
and lifts the needy from the ash heap;
he seats them with princes
and has them inherit a throne of honor.
"For the foundations of the earth are the LORD's;
on them he has set the world.
9 He will guard the feet of his faithful servants,
but the wicked will be silenced in the place
of darkness.
"It is not by strength that one prevails;
10 those who oppose the LORD will be broken.
The Most High will thunder from heaven;
the LORD will judge the ends of the earth.
"He will give strength to his king
and exalt the horn of his anointed."

11 Then Elkanah went home to Ramah, but the boy
ninistered before the LORD under Eli the priest.

li's Wicked Sons

12 Eli's sons were scoundrels; they had no regard
or the LORD. 13 Now it was the practice of the priests
hat, whenever any of the people offered a sacrifice,
he priest's servant would come with a three-pronged
ork in his hand while the meat was being boiled 14 and
vould plunge the fork into the pan or kettle or cal-
ron or pot. Whatever the fork brought up the priest
vould take for himself. This is how they treated all
he Israelites who came to Shiloh. 15 But even before
he fat was burned, the priest's servant would come
nd say to the person who was sacrificing, "Give the
riest some meat to roast; he won't accept boiled meat
rom you, but only raw."
16 If the person said to him, "Let the fat be burned
irst, and then take whatever you want," the servant
vould answer, "No, hand it over now; if you don't, I'll
ake it by force."
17 This sin of the young men was very great in the
ORD's sight, for they[h] were treating the LORD's offering
vith contempt.

18 But Samuel was ministering before the LORD – a
oy wearing a linen ephod. 19 Each year his mother
nade him a little robe and took it to him when she

2:17 Dead Sea Scrolls and Septuagint; Masoretic Text *people*

4 Voilà brisé l'arc des guerriers !
Ceux qui chancellent sont armés de vigueur.
5 Tous les repus s'embauchent pour du pain,
les affamés seront comblés de biens
et la stérile met sept enfants au monde,
alors que celle qui en avait beaucoup sera flétrie.

6 C'est l'Eternel qui fait mourir et vivre,
il fait descendre dans le séjour des morts et en fait
remonter.
7 L'Eternel seul dépouille et enrichit,
il humilie, et il élève aussi.
8 De la poussière, il arrache le pauvre,
et il relève l'indigent de la fange
pour l'installer au milieu des puissants
et lui donner une place d'honneur.
A l'Eternel sont les fondements de la terre,
et c'est sur eux qu'il a posé le monde.
9 Il gardera les pas de ceux qui lui sont attachés,
mais les méchants périront dans la nuit,
car aucun homme n'est vainqueur par la force.

10 Ceux qui contestent contre Dieu sont brisés.
Du haut du ciel, il tonnera contre eux.
Il jugera les confins de la terre ;
il donnera la puissance à son roi
et il élèvera l'homme qui, de sa part, a reçu
l'onction d'huile.
11 Après cela, Elqana retourna chez lui à Rama, et le jeune
garçon fut au service de l'Eternel auprès du prêtre Eli.

Des prêtres corrompus

12 Les fils d'Eli étaient des vauriens qui ne se souciaient
pas de l'Eternel. 13 En effet, voici comment ils agissaient
à l'égard du peuple. Chaque fois que quelqu'un offrait un
sacrifice, au moment où la viande cuisait, un de leurs serviteurs arrivait, une fourchette à trois dents à la main.
14 Il piquait dans la casserole, la marmite, le chaudron ou
le pot, et prenait pour le prêtre tout ce que la fourchette
ramenait. C'est ainsi qu'ils procédaient envers tous les
Israélites qui venaient à Silo. 15 Et même parfois, avant que
l'on fasse brûler la graisse[j], le serviteur du prêtre arrivait
et disait à l'homme qui offrait le sacrifice : Donne-moi de
la viande à rôtir pour le prêtre, car il n'acceptera de toi que
de la viande crue, il ne veut pas de viande cuite.
16 Si l'offrant objectait : « Il faut d'abord brûler la graisse,
ensuite tu pourras prendre ce que tu voudras », le serviteur lui répondait : Tu m'en donnes immédiatement, sinon
j'en prends de force.
17 Le péché de ces jeunes gens était très grave aux yeux
de l'Eternel, car ils profanaient les offrandes faites à
l'Eternel.

Samuel et ses parents

18 Mais Samuel accomplissait son service en présence
de l'Eternel. Ce jeune garçon était vêtu d'un vêtement de
lin semblable à ceux des prêtres. 19 Chaque année, sa mère
lui confectionnait un petit vêtement qu'elle lui apportait

j **2.15** La Loi prescrivait de brûler sur l'autel la graisse et les parties grasses de la victime dès que celle-ci était égorgée (Lv 3.16 ; 4.8-10, 26, 31, 35 ; 7.28-31 ; 17.6).

went up with her husband to offer the annual sacrifice. 20 Eli would bless Elkanah and his wife, saying, "May the LORD give you children by this woman to take the place of the one she prayed for and gave to[i] the LORD." Then they would go home. 21 And the LORD was gracious to Hannah; she gave birth to three sons and two daughters. Meanwhile, the boy Samuel grew up in the presence of the LORD.

22 Now Eli, who was very old, heard about everything his sons were doing to all Israel and how they slept with the women who served at the entrance to the tent of meeting. 23 So he said to them, "Why do you do such things? I hear from all the people about these wicked deeds of yours. 24 No, my sons; the report I hear spreading among the LORD's people is not good. 25 If one person sins against another, God[j] may mediate for the offender; but if anyone sins against the LORD, who will intercede for them?" His sons, however, did not listen to their father's rebuke, for it was the LORD's will to put them to death.

26 And the boy Samuel continued to grow in stature and in favor with the LORD and with people.

Prophecy Against the House of Eli

27 Now a man of God came to Eli and said to him, "This is what the LORD says: 'Did I not clearly reveal myself to your ancestor's family when they were in Egypt under Pharaoh? 28 I chose your ancestor out of all the tribes of Israel to be my priest, to go up to my altar, to burn incense, and to wear an ephod in my presence. I also gave your ancestor's family all the food offerings presented by the Israelites. 29 Why do you[k] scorn my sacrifice and offering that I prescribed for my dwelling? Why do you honor your sons more than me by fattening yourselves on the choice parts of every offering made by my people Israel?'

30 "Therefore the LORD, the God of Israel, declares: 'I promised that members of your family would minister before me forever.' But now the LORD declares: 'Far be it from me! Those who honor me I will honor, but those who despise me will be disdained. 31 The time is coming when I will cut short your strength and the strength of your priestly house, so that no one in it will reach old age, 32 and you will see distress in my dwelling. Although good will be done to Israel, no one in your family line will ever reach old age. 33 Every one of you that I do not cut off from serving at my altar I will spare only to destroy your sight and sap your strength, and all your descendants will die in the prime of life.

34 " 'And what happens to your two sons, Hophni and Phinehas, will be a sign to you – they will both die on the same day. 35 I will raise up for myself a faithful priest, who will do according to what is in my heart and mind. I will firmly establish his priestly house, and they will minister before my anointed one always. 36 Then everyone left in your family line will come and

[i] 2:20 Dead Sea Scrolls; Masoretic Text *and asked from*
[j] 2:25 Or *the judges*
[k] 2:29 The Hebrew is plural.

quand elle venait avec son mari offrir le sacrifice annuel. 20 Eli bénit Elqana et sa femme en disant : Que l'Eternel t'accorde d'autres enfants de cette femme pour remplacer celui qu'elle a consacré à l'Eternel !

Puis ils repartirent chez eux. 21 L'Eternel intervint en faveur d'Anne : elle fut plusieurs fois enceinte et mit au monde trois fils et deux filles, tandis que le jeune Samuel grandissait dans la présence de l'Eternel.

Eli et ses fils

22 Eli était très âgé. Il entendait dire comment ses fils agissaient envers les Israélites, et même qu'ils couchaient avec les femmes qui se rassemblaient à l'entrée de la tente de la Rencontre. 23 Il leur dit : Pourquoi agissez-vous ainsi ? J'apprends de tout le peuple votre mauvaise conduite. 24 Cessez donc, mes fils, car ce que j'entends raconter n'est pas beau. Vous détournez de la bonne voie le peuple de l'Eternel. 25 Si un homme pèche contre un autre, Dieu est là pour arbitrer, mais si quelqu'un pèche contre l'Eternel lui-même, qui interviendra en sa faveur ?

Mais les fils ne tinrent aucun compte de l'avertissement de leur père, car l'Eternel voulait les faire mourir.

26 Le jeune Samuel continuait à croître et il gagnait de plus en plus la faveur de Dieu et celle des hommes.

L'Eternel annonce le châtiment à Eli

27 Un jour, un homme de Dieu[k] vint trouver Eli et lui dit : Voici ce que déclare l'Eternel : « Est-ce que je ne me suis pas clairement fait connaître à tes ancêtres et à leur famille quand ils vivaient encore en Egypte, esclaves du pharaon ? 28 Je les ai choisis parmi toutes les tribus d'Israël pour qu'ils exercent le sacerdoce pour moi en offrant les sacrifices sur mon autel, en brûlant l'encens, et pour qu'ils portent le vêtement sacerdotal devant moi. Je leur ai attribué une part de viande de tous les sacrifices consumés par le feu offerts par les Israélites. 29 Pourquoi donc méprisez-vous les sacrifices et les offrandes qui me sont destinés et que j'ai ordonné d'offrir dans ma demeure ? Pourquoi honores-tu tes fils plus que moi en vous engraissant des meilleurs morceaux des sacrifices que mon peuple Israël vient m'offrir ? » 30 Puisqu'il en est ainsi, voici ce que moi, l'Eternel, le Dieu d'Israël, je déclare : « J'avais promis à ta famille et à celle de tes ancêtres que vous seriez toujours chargés du service devant moiMais à présent, moi l'Eternel, je le déclare : c'est fini ! Car j'honorerai ceux qui m'honorent, mais ceux qui me méprisent seront à leur tour couverts d'opprobre. 31 Voici que le temps va venir où je briserai ta vigueur et celle de ta famille, de sorte qu'on n'y trouvera plus de vieillard. 32 Alors que tout ira bien pour Israël, tu verras la détresse au sujet de ma demeure et personne n'atteindra plus jamais un âge avancé dans ta famille. 33 Cependant, je maintiendrai l'un des tiens au service de mon autel, mais ce sera pour épuiser tes yeux à pleurer et pour t'affliger, et tous tes descendants mourront dans la force de l'âge. 34 Ce qui arrivera à tes deux fils, Hophni et Phinéas, sera pour toi un signe : ils mourront tous deux le même jour. 35 Ensuite, je me choisirai un prêtre fidèle qui agira selon ma pensée et mes désirs. Je lui bâtirai une dynastie qui me sera fidèle et qui officiera en présence du roi auquel j'aurai accordé l'onction. 36 Ceux qui subsisteront dans ta famille viendront se prosterner

[k] 2.27 Désignation fréquente des prophètes (voir9.6, 10 ; 1 R 13.1, 14).

ow down before him for a piece of silver and a loaf of
read and plead, "Appoint me to some priestly office
o I can have food to eat." ' "

he LORD Calls Samuel

3 1The boy Samuel ministered before the LORD under Eli. In those days the word of the LORD was
are; there were not many visions.
2One night Eli, whose eyes were becoming so weak
hat he could barely see, was lying down in his usual
lace. 3The lamp of God had not yet gone out, and
amuel was lying down in the house of the LORD, where
he ark of God was. 4Then the LORD called Samuel.
Samuel answered, "Here I am." 5And he ran to Eli
nd said, "Here I am; you called me."
But Eli said, "I did not call; go back and lie down."
o he went and lay down.
6Again the LORD called, "Samuel!" And Samuel got up
nd went to Eli and said, "Here I am; you called me."
"My son," Eli said, "I did not call; go back and lie
own."
7Now Samuel did not yet know the LORD: The word
f the LORD had not yet been revealed to him.
8A third time the LORD called, "Samuel!" And Samuel
ot up and went to Eli and said, "Here I am; you called
ne."
Then Eli realized that the LORD was calling the boy.
So Eli told Samuel, "Go and lie down, and if he calls
ou, say, 'Speak, LORD, for your servant is listening.' "
o Samuel went and lay down in his place.
10The LORD came and stood there, calling as at the
ther times, "Samuel! Samuel!"
Then Samuel said, "Speak, for your servant is
stening."
11And the LORD said to Samuel: "See, I am about to
o something in Israel that will make the ears of ev-
ryone who hears about it tingle. 12At that time I will
arry out against Eli everything I spoke against his
amily – from beginning to end. 13For I told him that
would judge his family forever because of the sin he
new about; his sons blasphemed God,[l] and he failed
o restrain them. 14Therefore I swore to the house of
li, 'The guilt of Eli's house will never be atoned for
y sacrifice or offering.' "
15Samuel lay down until morning and then opened
he doors of the house of the LORD. He was afraid to tell
li the vision, 16but Eli called him and said, "Samuel,
ny son."
Samuel answered, "Here I am."
17"What was it he said to you?" Eli asked. "Do not
ide it from me. May God deal with you, be it ever so
everely, if you hide from me anything he told you."
8So Samuel told him everything, hiding nothing from
im. Then Eli said, "He is the LORD; let him do what is
ood in his eyes."
19The LORD was with Samuel as he grew up, and he
et none of Samuel's words fall to the ground. 20And all

[l] 3:13 An ancient Hebrew scribal tradition (see also Septuagint); Masoretic Text *sons made themselves contemptible*

devant lui pour obtenir une obole et un morceau de pain,
et ils lui diront : De grâce, accorde-nous une charge sacerdotale quelconque à côté de toi, pour que nous ayons du
moins quelque chose à manger. »

Dieu parle à Samuel

3 1Le jeune Samuel accomplissait le service de l'Eternel auprès d'Eli. A cette époque, l'Eternel parlait
rarement aux hommes et les révélations que Dieu leur
montrait n'étaient pas fréquentes. 2Une nuit, le prêtre
Eli, dont la vue s'était très affaiblie et qui était presque
aveugle, était couché dans sa chambre. 3La lampe sacrée[l]
brûlait encore et Samuel dormait dans le sanctuaire de
l'Eternel, là où était déposé le coffre de Dieu. 4L'Eternel
appela Samuel ; celui-ci répondit : Oui, je suis là !
5Il courut vers Eli et lui dit : Tu m'as appelé, je suis là.
– Je n'ai pas appelé, lui dit Eli, retourne te coucher.
Et Samuel alla se recoucher. 6L'Eternel appela encore :
Samuel !
Samuel se leva et retourna auprès d'Eli.
– Tu m'as appelé, je suis là, lui dit-il.
– Je n'ai pas appelé, mon fils, lui dit Eli, va te recoucher.
7Or Samuel ne connaissait pas encore l'Eternel et celui-ci
ne lui avait encore jamais parlé directement.
8L'Eternel appela Samuel pour la troisième fois ; celui-ci
se leva, se rendit auprès d'Eli et lui répéta : Me voici, car
tu m'as appelé.
Alors Eli comprit que c'était l'Eternel qui appelait le
jeune garçon 9et il dit à Samuel : Va, couche-toi, et si on
t'appelle, tu diras : « Parle, Eternel, car ton serviteur
écoute. »
Samuel alla donc se coucher à sa place.
10L'Eternel vint se placer près de lui et il l'appela comme
les autres fois : Samuel ! Samuel !
Celui-ci répondit : Parle, car ton serviteur écoute.
11Alors l'Eternel dit à Samuel : Voici, je vais faire quelque
chose en Israël qui abasourdira tous ceux qui l'apprendront. 12J'accomplirai à l'égard d'Eli toutes les menaces
que j'ai prononcées contre sa famille, du début à la fin. 13Je
l'ai averti que j'exerce mon jugement sur sa famille pour
toujours parce qu'il a su la faute de ses fils qui se rendent
méprisables[m], et il ne les a pas châtiés. 14C'est pourquoi je
déclare solennellement à la famille d'Eli qu'aucun sacrifice,
aucune offrande n'expiera jamais leur faute.
15Samuel resta couché jusqu'au matin, puis il se leva
pour ouvrir les portes du sanctuaire de l'Eternel. Il redoutait de devoir rapporter à Eli ce qui venait de lui être
révélé. 16Mais Eli l'appela et lui dit : Samuel, mon fils !
– Oui, je suis là, répondit l'enfant.
17– Qu'est-ce qu'il t'a dit ? lui demanda Eli. Ne me cache
rien. Que Dieu te punisse sévèrement si tu me caches un
seul mot de tout ce qu'il t'a dit.
18Alors Samuel lui rapporta toutes les paroles de l'Eternel sans rien lui cacher. Eli déclara : C'est l'Eternel. Qu'il
fasse ce qu'il jugera bon !
19Samuel grandissait, et l'Eternel était avec lui et ne laissait aucune de ses paroles rester sans effet. 20Si bien que

[l] 3.3 La lampe du chandelier d'or dans le lieu saint devait brûler toute la nuit (Ex 27.20-21 ; 30.7-8 ; Lv 24.3-4 ; 2 Ch 13.11). C'était donc vers le matin, mais avant l'aube.
[m] 3.13 L'ancienne version grecque a : *qui blasphémaient Dieu.*

Israel from Dan to Beersheba recognized that Samuel
was attested as a prophet of the LORD. 21 The LORD continued to appear at Shiloh, and there he revealed
himself to Samuel through his word.

4 1 And Samuel's word came to all Israel.

The Philistines Capture the Ark

Now the Israelites went out to fight against the
Philistines. The Israelites camped at Ebenezer, and
the Philistines at Aphek. 2 The Philistines deployed
their forces to meet Israel, and as the battle spread,
Israel was defeated by the Philistines, who killed about
four thousand of them on the battlefield. 3 When the
soldiers returned to camp, the elders of Israel asked,
"Why did the LORD bring defeat on us today before the
Philistines? Let us bring the ark of the LORD's covenant
from Shiloh, so that he may go with us and save us
from the hand of our enemies."

4 So the people sent men to Shiloh, and they brought
back the ark of the covenant of the LORD Almighty,
who is enthroned between the cherubim. And Eli's
two sons, Hophni and Phinehas, were there with the
ark of the covenant of God.
5 When the ark of the LORD's covenant came into
the camp, all Israel raised such a great shout that the
ground shook. 6 Hearing the uproar, the Philistines
asked, "What's all this shouting in the Hebrew camp?"
When they learned that the ark of the LORD had
come into the camp, 7 the Philistines were afraid.
"A god has[m] come into the camp," they said. "Oh
no! Nothing like this has happened before. 8 We're
doomed! Who will deliver us from the hand of these
mighty gods? They are the gods who struck the
Egyptians with all kinds of plagues in the wilderness. 9 Be strong, Philistines! Be men, or you will be
subject to the Hebrews, as they have been to you. Be
men, and fight!"
10 So the Philistines fought, and the Israelites were
defeated and every man fled to his tent. The slaughter was very great; Israel lost thirty thousand foot
soldiers. 11 The ark of God was captured, and Eli's two
sons, Hophni and Phinehas, died.

Death of Eli

12 That same day a Benjamite ran from the battle
line and went to Shiloh with his clothes torn and dust

m 4:7 Or "*Gods have* (see Septuagint)

tout Israël, depuis Dan jusqu'à Beer-Sheva[n], reconnut qu
Samuel était vraiment un prophète de l'Eternel. 21 L'Etern
continua de se manifester à Silo. Là, il se révélait à Samue
et lui communiquait sa parole. [Eli devint très vieux e
ses fils se conduisaient de plus en plus mal aux yeux d
l'Eternel[o].]

4 1 Samuel transmettait à tout Israël la parole qu
l'Eternel lui adressait.

Le coffre de l'alliance aux mains des Philistins

[En ce temps-là, les Philistins se rassemblèrent pou
faire la guerre à Israël et[p]] les Israélites se mirent en cam
pagne pour les affronter. Ils dressèrent leur camp prè
d'Eben-Ezer et les Philistins établirent le leur à Apheq
2 Les Philistins se rangèrent en ordre de bataille pour af
fronter les Israélites. Le combat s'amplifia, les Philistin
défirent les Israélites et tuèrent dans leurs rangs enviro
quatre mille hommes sur le champ de bataille. 3 Lorsqu
le peuple regagna le camp, les responsables d'Israël s
demandèrent :
– Pourquoi l'Eternel nous a-t-il fait battre aujourd'hu
par les Philistins ? Allons chercher le coffre de l'allianc
de l'Eternel à Silo et ramenons-le au milieu de nous pou
qu'il nous délivre de nos ennemis.
4 On envoya donc des gens à Silo et ils en ramenèrent l
coffre de l'alliance de l'Eternel, le Seigneur des armée
célestes qui trône entre les chérubins. Les deux fils d'El
Hophni et Phinéas, accompagnèrent le coffre de l'allianc
de Dieu.
5 Dès que le coffre arriva au camp, tous les Israélite
poussèrent de si grands cris de joie que la terre en fu
ébranlée. 6 En entendant ces acclamations, les Philistin
se demandèrent ce que signifiaient ces grands cris dan
le camp des Hébreux. Ils apprirent que le coffre de l'Eter
nel était arrivé au camp. 7 Alors ils prirent peur car ils s
disaient : Dieu est venu dans le camp des Hébreux ! Et il
ajoutaient : Malheur à nous ! Il n'en était pas ainsi aupara
vant. 8 Malheur à nous ! Qui nous délivrera de ces dieu
puissants ? Ce sont ces dieux-là[r] qui ont infligé toute
sortes de coups aux Egyptiens dans le désert[s]. 9 Philistins
soyez forts, soyez des hommes, sinon vous deviendrez le
esclaves des Hébreux comme ils ont été les vôtres. Soye
donc des hommes et combattez !
10 Les Philistins livrèrent bataille et Israël fut vaincu
Chacun s'enfuit sous sa tente et ce fut une très lourd
défaite : Israël perdit trente mille hommes. 11 Le coffre d
Dieu fut pris par les Philistins et les deux fils d'Eli, Hophn
et Phinéas, moururent.

La mort d'Eli et de sa belle-fille

12 Un homme de Benjamin s'échappa du champ d
bataille et courut jusqu'à Silo le jour même ; il avait déchir
ses vêtements et couvert sa tête de poussière en signe d

n 3.20 Formule consacrée pour désigner tout le pays d'Israël, du nord (Dan) au sud (Beer-Sheva) (voir Jg 20.1).
o 3.21 Les mots entre crochets ne se trouvent que dans l'ancienne version grecque.
p 4.1 Les mots entre crochets ne se trouvent que dans l'ancienne versio grecque.
q 4.1 *Eben-Ezer* et *Apheq*, deux lieux situés à quelque 40 kilomètres au nord-ouest de Jérusalem et distants de quelques kilomètres.
r 4.8 Les Philistins ne croyaient pas en un Dieu unique.
s 4.8 Allusion aux fléaux infligés à l'Egypte (Ex 7 à 11) et à l'anéantissement de l'armée égyptienne (Ex 14) dont la nouvelle s'était répandue en Canaan (Jos 2.10).

n his head. 13When he arrived, there was Eli sitting n his chair by the side of the road, watching, because is heart feared for the ark of God. When the man ntered the town and told what had happened, the vhole town sent up a cry.

14Eli heard the outcry and asked, "What is the neaning of this uproar?"

The man hurried over to Eli, 15who was ninety-eight ears old and whose eyes had failed so that he could ot see. 16He told Eli, "I have just come from the battle ne; I fled from it this very day."

Eli asked, "What happened, my son?"

17The man who brought the news replied, "Israel led before the Philistines, and the army has sufered heavy losses. Also your two sons, Hophni and hinehas, are dead, and the ark of God has been aptured."

18When he mentioned the ark of God, Eli fell backvard off his chair by the side of the gate. His neck was roken and he died, for he was an old man, and he was eavy. He had led[n] Israel forty years.

19His daughter-in-law, the wife of Phinehas, was regnant and near the time of delivery. When she eard the news that the ark of God had been capured and that her father-in-law and her husband vere dead, she went into labor and gave birth, but was vercome by her labor pains. 20As she was dying, the vomen attending her said, "Don't despair; you have iven birth to a son." But she did not respond or pay ny attention.

21She named the boy Ichabod,[o] saying, "The Glory as departed from Israel" – because of the capture f the ark of God and the deaths of her father-in-law nd her husband. 22She said, "The Glory has departed rom Israel, for the ark of God has been captured."

he Ark in Ashdod and Ekron

5 1After the Philistines had captured the ark of God, they took it from Ebenezer to Ashdod. Then they carried the ark into Dagon's temple and et it beside Dagon. 3When the people of Ashdod rose arly the next day, there was Dagon, fallen on his ace on the ground before the ark of the LORD! They ook Dagon and put him back in his place. 4But the ollowing morning when they rose, there was Dagon, allen on his face on the ground before the ark of the ORD! His head and hands had been broken off and vere lying on the threshold; only his body remained. That is why to this day neither the priests of Dagon or any others who enter Dagon's temple at Ashdod tep on the threshold.

6The LORD's hand was heavy on the people of Ashdod nd its vicinity; he brought devastation on them and fflicted them with tumors.[p] 7When the people of

4:18 Traditionally *judged*
4:21 *Ichabod* means *no glory.*
5:6 Hebrew; Septuagint and Vulgate *tumors. And rats appeared in heir land, and there was death and destruction throughout the city*

deuil. 13Au moment où il arriva, Eli était assis sur son siège, aux aguets près de la route, car il était très inquiet au sujet du coffre de Dieu. L'homme vint annoncer la nouvelle dans la ville, et tous les habitants se mirent à pousser de grands cris. 14Quand Eli entendit ces cris, il demanda : Que signifie ce tumulte de la foule ?

L'homme se dépêcha de venir lui annoncer la nouvelle. 15Or Eli était âgé de quatre-vingt-dix-huit ans, il avait les yeux éteints, il était complètement aveugle. 16L'homme dit à Eli : J'arrive du champ de bataille. Je m'en suis enfui aujourd'hui même.

– Et que s'est-il passé, mon fils ? lui demanda Eli.

17Le messager lui répondit : Israël a pris la fuite devant les Philistins ; nous avons subi une terrible défaite ; même tes deux fils Hophni et Phinéas sont morts, et le coffre de Dieu a été pris.

18Lorsque le messager fit mention du coffre de Dieu, Eli tomba de son siège à la renverse, à côté de la porte du sanctuaire, il se brisa la nuque et mourut, car il était âgé et lourd. Il avait dirigé Israël pendant quarante ans.

19Quand sa belle-fille, la femme de Phinéas qui arrivait au terme de sa grossesse, entendit que le coffre de Dieu avait été pris et que son beau-père ainsi que son mari étaient morts, elle chancela[t] et, brusquement prise de contractions, elle accoucha. 20Comme elle était près de mourir, les femmes qui l'entouraient lui dirent : Rassure-toi : c'est un garçon.

Mais elle y fut indifférente et ne répondit rien. 21Elle donna à l'enfant le nom d'I-Kabod (Plus de gloire), en expliquant : La gloire divine a quitté Israël.

Elle pensait au coffre de Dieu qui avait été pris, à son beau-père et à son mari.

22Elle s'écria encore : Oui, la gloire a quitté Israël, car le coffre de Dieu a été pris.

Le coffre de l'alliance chez les Philistins

5 1Après s'être emparés du coffre de Dieu, les Philistins l'emportèrent d'Eben-Ezer à Ashdod[u]. 2Là, ils le mirent dans le temple de leur dieu Dagôn et l'installèrent à côté de la statue de l'idole[v]. 3Le lendemain matin, les habitants d'Ashdod découvrirent Dagôn étendu par terre sur sa face devant le coffre de l'Eternel. Ils le relevèrent et le remirent en place. 4Le jour suivant, de bonne heure, ils trouvèrent encore Dagôn par terre sur sa face devant le coffre de l'Eternel, sa tête et ses deux mains coupées gisaient sur le seuil de la pièce, seul le tronc était resté là. 5C'est pour cette raison que, jusqu'à ce jour, les prêtres de Dagôn et tous ceux qui entrent dans son temple à Ashdod évitent de poser leur pied sur le seuil.

6Puis l'Eternel frappa très sévèrement les Ashdodiens et fit des ravages parmi eux en les frappant de tumeurs ; [des rats apparurent dans le pays, semant la mort et la destruction[w]] dans la ville et les territoires qui en dépendaient. 7En voyant ce qui leur arrivait, les gens d'Ashdod

t 4.19 Autre traduction : *elle s'accroupit.*
u 5.1 Pour *Eben-Ezer,* voir note 4.1. *Ashdod:* l'une des cinq principales villes des Philistins, à quelque 55 kilomètres à l'ouest de Jérusalem, près de la Méditerranée (Jos 11.22 ; Ac 8.40).
v 5.2 *Dagôn:* divinité principale des Philistins (voir note Jg 16.23; cf. 1 S 31.10 ; 1 Ch 10.10).
w 5.6 Les mots entre crochets manquent dans le texte hébreu traditionnel. Ils sont restitués d'après l'ancienne version grecque ; voir 1 S 6.5.

Ashdod saw what was happening, they said, "The ark of the god of Israel must not stay here with us, because his hand is heavy on us and on Dagon our god." [8]So they called together all the rulers of the Philistines and asked them, "What shall we do with the ark of the god of Israel?"

They answered, "Have the ark of the god of Israel moved to Gath." So they moved the ark of the God of Israel.

[9]But after they had moved it, the LORD's hand was against that city, throwing it into a great panic. He afflicted the people of the city, both young and old, with an outbreak of tumors.[q] [10]So they sent the ark of God to Ekron.

As the ark of God was entering Ekron, the people of Ekron cried out, "They have brought the ark of the god of Israel around to us to kill us and our people." [11]So they called together all the rulers of the Philistines and said, "Send the ark of the god of Israel away; let it go back to its own place, or it[r] will kill us and our people." For death had filled the city with panic; God's hand was very heavy on it. [12]Those who did not die were afflicted with tumors, and the outcry of the city went up to heaven.

The Ark Returned to Israel

6 [1]When the ark of the LORD had been in Philistine territory seven months, [2]the Philistines called for the priests and the diviners and said, "What shall we do with the ark of the LORD? Tell us how we should send it back to its place."

[3]They answered, "If you return the ark of the god of Israel, do not send it back to him without a gift; by all means send a guilt offering to him. Then you will be healed, and you will know why his hand has not been lifted from you."

[4]The Philistines asked, "What guilt offering should we send to him?"

They replied, "Five gold tumors and five gold rats, according to the number of the Philistine rulers, because the same plague has struck both you and your rulers. [5]Make models of the tumors and of the rats that are destroying the country, and give glory to Israel's god. Perhaps he will lift his hand from you and your gods and your land. [6]Why do you harden your hearts as the Egyptians and Pharaoh did? When Israel's god dealt harshly with them, did they not send the Israelites out so they could go on their way?

[7]"Now then, get a new cart ready, with two cows that have calved and have never been yoked. Hitch the cows to the cart, but take their calves away and pen them up. [8]Take the ark of the LORD and put it on the cart, and in a chest beside it put the gold objects

[q] 5:9 Or *with tumors in the groin* (see Septuagint)
[r] 5:11 Or *he*

déclarèrent : Le coffre du Dieu d'Israël ne restera pas plu longtemps chez nous, car il nous frappe très sévèrement nous et Dagôn notre dieu.

[8]Ils envoyèrent chercher les princes des Philistins pou les réunir chez eux et ils leur demandèrent ce qu'il fallai faire du coffre du Dieu d'Israël. Ceux-ci décidèrent de l transférer à Gath. Ainsi on y transporta le coffre du Dieu d'Israël.

[9]Mais quand on l'eut transféré là-bas, l'Eternel intervin contre les habitants de la ville, et y sema la terreur. E effet, l'Eternel les frappa tous, quelle que soit leur condi tion sociale, et ils furent atteints de tumeurs[x]. [10]Alors il expédièrent le coffre de Dieu à Eqrôn.

Mais lorsqu'il arriva là-bas, les Eqroniens[y] protestèren en criant : Ils ont transporté le coffre du Dieu d'Israël che nous pour nous faire mourir, nous et tout notre peuple !

[11]A leur tour, ils firent chercher les princes des Philistin pour qu'ils se réunissent et ils leur dirent : Renvoyez l coffre du Dieu d'Israël et qu'il retourne dans son pays pou qu'il ne nous fasse pas mourir toute la population.

Une peur mortelle régnait dans toute la ville, car Dieu la frappait sévèrement. [12]Les gens qui avaient échappé à la mort étaient atteints de tumeurs et les cris de détress de la ville montaient jusqu'au ciel.

Le retour du coffre de l'alliance en Israël

6 [1]Pendant sept mois le coffre de l'Eternel fut dans l pays des Philistins. [2]Alors les Philistins convoquèren leurs prêtres et leurs devins pour leur demander : Qu ferons-nous du coffre de l'Eternel ? Faites-nous savoir d quelle manière nous devons procéder pour le renvoye dans son pays !

[3]– Si vous renvoyez le coffre du Dieu d'Israël, dirent ils, ne le renvoyez pas à vide. Faites-le accompagner d'u présent pour expier votre faute ! Alors vous serez guéri et vous saurez pourquoi il n'a cessé de sévir contre vous.

[4]– Mais quelle sorte de réparation devons-nous lui of frir ? demandèrent les gens.

Ils leur répondirent : Vous ferez cinq représentation en or[z] des tumeurs qui vous ont affligés et cinq rats en o selon le nombre des princes des Philistins, car le mêm fléau a atteint tout le monde – y compris vos princes. [5]Vou fabriquerez donc des effigies de vos tumeurs et des rat qui dévastent le pays, et vous les offrirez en hommage a Dieu d'Israël. Peut-être cessera-t-il de vous frapper sévère ment, vous, vos dieux et votre pays. [6]Ne vous obstinez pa comme les Egyptiens et le pharaon. Rappelez-vous qu'aprè avoir été malmenés par ce Dieu, ils ont dû laisser partir le Israélites. [7]Maintenant donc, fabriquez un chariot neuf e prenez deux vaches qui allaitent et qui n'ont pas encor porté le joug. Attelez-les au chariot et séparez-les de leur petits que vous ramènerez à l'étable ! [8]Prenez le coffr de l'Eternel et placez-le sur le chariot ! Déposez dans u coffret que vous mettrez à côté de lui les objets d'or qu

[x] 5.9 On hésite sur cette maladie. Selon certains, il s'agirait de dysenterie, d'autres pensent à des hémorroïdes et d'autres encore à une peste bubonique propagée par les rats.
[y] 5.10 *Eqrôn:* la plus septentrionale des villes principales de Philistie, à une vingtaine de kilomètres au nord d'Ashdod, proche de la frontière israélite.
[z] 6.4 Selon une coutume païenne qui consistait à offrir ces représentations à la divinité comme vœu de guérison.

ou are sending back to him as a guilt offering. Send
t on its way, [9]but keep watching it. If it goes up to its
wn territory, toward Beth Shemesh, then the LORD has
rought this great disaster on us. But if it does not,
hen we will know that it was not his hand that struck
s but that it happened to us by chance."

[10]So they did this. They took two such cows and
itched them to the cart and penned up their calves.
[1]They placed the ark of the LORD on the cart and along
vith it the chest containing the gold rats and the mod-
ls of the tumors. [12]Then the cows went straight up
oward Beth Shemesh, keeping on the road and lowing
ll the way; they did not turn to the right or to the
eft. The rulers of the Philistines followed them as far
s the border of Beth Shemesh.

[13]Now the people of Beth Shemesh were harvesting
heir wheat in the valley, and when they looked up
nd saw the ark, they rejoiced at the sight. [14]The cart
ame to the field of Joshua of Beth Shemesh, and there
t stopped beside a large rock. The people chopped up
he wood of the cart and sacrificed the cows as a burnt
ffering to the LORD. [15]The Levites took down the ark
f the LORD, together with the chest containing the
old objects, and placed them on the large rock. On
hat day the people of Beth Shemesh offered burnt
fferings and made sacrifices to the LORD. [16]The five
ulers of the Philistines saw all this and then returned
hat same day to Ekron.

[17]These are the gold tumors the Philistines sent as a
uilt offering to the LORD – one each for Ashdod, Gaza,
shkelon, Gath and Ekron. [18]And the number of the
old rats was according to the number of Philistine
owns belonging to the five rulers – the fortified towns
vith their country villages. The large rock on which
he Levites set the ark of the LORD is a witness to this
lay in the field of Joshua of Beth Shemesh.

[19]But God struck down some of the inhabitants of
eth Shemesh, putting seventy[s] of them to death be-
ause they looked into the ark of the LORD. The people
nourned because of the heavy blow the LORD had dealt
hem. [20]And the people of Beth Shemesh asked, "Who
an stand in the presence of the LORD, this holy God?
o whom will the ark go up from here?"

vous offrez à Dieu pour réparer votre faute, ensuite vous
laisserez partir l'attelage. [9]Vous le suivrez des yeux : si
les vaches se dirigent vers la frontière du pays d'Israël du
côté de Beth-Shémesh[a], cela veut dire que c'est leur Dieu
qui nous a infligé tous ces grands malheurs ; sinon, nous
conclurons que ce n'est pas lui qui nous a frappés ; mais
que cela nous est arrivé par hasard.

[10]Les Philistins suivirent ces instructions : ils prirent
deux vaches qui allaitaient et les attelèrent au chariot, tout
en enfermant leurs veaux dans l'étable. [11]Ils placèrent le
coffre de l'Eternel sur le chariot, ainsi que le coffret contenant les rats en or et les représentations de tumeurs. [12]Les
vaches prirent tout droit la direction de Beth-Shémesh,
elles suivirent en meuglant toujours le même chemin,
sans en dévier ni à droite ni à gauche ; les princes des
Philistins marchèrent derrière elles jusqu'à la frontière,
vers Beth-Shémesh.

[13]Les habitants de Beth-Shémesh étaient en train
de moissonner[b] les blés dans la vallée. Tout à coup, ils
aperçurent le coffre et s'en réjouirent. [14]L'attelage arriva
au champ de Josué de Beth-Shémesh[c] et s'arrêta là à côté
d'une grande pierre. On fendit le bois du chariot et l'on
offrit les vaches en holocaustes à l'Eternel. [15]Des lévites
avaient enlevé du char le coffre de l'Eternel et le coffret
contenant les objets d'or et ils les avaient déposés sur
la grande pierre. Ce même jour, les habitants de Beth-
Shémesh offrirent des holocaustes et d'autres sacrifices
à l'Eternel[d]. [16]Quand les cinq princes des Philistins virent
cela, ils retournèrent ce même jour à Eqrôn.

[17]Les Philistins avaient donné à l'Eternel en offrande de
réparation cinq objets d'or représentant leurs tumeurs,
une pour chacune de leurs villes principales : Ashdod,
Gaza, Ashkelôn, Gath et Eqrôn. [18]Il y avait aussi des rats
en or, selon le nombre des villes soumises aux cinq princes
philistins, depuis les villes fortifiées jusqu'aux villages
ouverts. La grande pierre[e] sur laquelle fut déposé le coffre
de l'Eternel sert encore aujourd'hui de témoin dans le
champ de Josué à Beth-Shémesh.

[19]L'Eternel frappa soixante-dix habitants[f] de Beth-
Shémesh parce qu'ils avaient regardé dans le coffre de
l'Eternel. Le peuple prit le deuil à cause de ce grand fléau
que l'Eternel leur avait infligé. [20]Les gens de Beth-Shémesh
dirent : Qui pourrait subsister devant l'Eternel, ce Dieu
saint ? Chez qui pourrions-nous envoyer le coffre sacré
pour le faire partir de chez nous ?

6:19 A few Hebrew manuscripts; most Hebrew manuscripts and Septuagint *50,070*

[a] **6.9** Ville située à 25 kilomètres à l'ouest de Jérusalem, dans le pays de Juda (Jos 15.10 ; 21.16).

[b] **6.13** Cette moisson avait lieu entre mi-avril et mi-juin.

[c] **6.14** Personnage différent du Josué successeur de Moïse.

[d] **6.15** Beth-Shémesh était une ville lévitique (Jos 21.16). Les lévites seuls étaient habilités à transporter le coffre sacré (Dt 10.8).

[e] **6.18** D'après quelques manuscrits hébreux, l'ancienne version grecque et la version syriaque. La plupart des manuscrits hébreux portent : *et jusqu'à Abel la Grande.*

[f] **6.19** D'après quelques manuscrits hébreux. La plupart des manuscrits du texte hébreu traditionnel et l'ancienne version grecque portent : *50 070.*

21 Then they sent messengers to the people of Kiriath Jearim, saying, "The Philistines have returned the ark of the LORD. Come down and take it up to your town."

7 1 So the men of Kiriath Jearim came and took up the ark of the LORD. They brought it to Abinadab's house on the hill and consecrated Eleazar his son to guard the ark of the LORD. 2 The ark remained at Kiriath Jearim a long time – twenty years in all.

Samuel Subdues the Philistines at Mizpah

Then all the people of Israel turned back to the LORD. 3 So Samuel said to all the Israelites, "If you are returning to the LORD with all your hearts, then rid yourselves of the foreign gods and the Ashtoreths and commit yourselves to the LORD and serve him only, and he will deliver you out of the hand of the Philistines." 4 So the Israelites put away their Baals and Ashtoreths, and served the LORD only.

5 Then Samuel said, "Assemble all Israel at Mizpah, and I will intercede with the LORD for you." 6 When they had assembled at Mizpah, they drew water and poured it out before the LORD. On that day they fasted and there they confessed, "We have sinned against the LORD." Now Samuel was serving as leader[t] of Israel at Mizpah.

7 When the Philistines heard that Israel had assembled at Mizpah, the rulers of the Philistines came up to attack them. When the Israelites heard of it, they were afraid because of the Philistines. 8 They said to Samuel, "Do not stop crying out to the LORD our God for us, that he may rescue us from the hand of the Philistines." 9 Then Samuel took a suckling lamb and sacrificed it as a whole burnt offering to the LORD. He cried out to the LORD on Israel's behalf, and the LORD answered him.

10 While Samuel was sacrificing the burnt offering, the Philistines drew near to engage Israel in battle. But that day the LORD thundered with loud thunder against the Philistines and threw them into such a panic that they were routed before the Israelites. 11 The men of Israel rushed out of Mizpah and pursued the Philistines, slaughtering them along the way to a point below Beth Kar.

12 Then Samuel took a stone and set it up between Mizpah and Shen. He named it Ebenezer,[u] saying, "Thus far the LORD has helped us."

13 So the Philistines were subdued and they stopped invading Israel's territory. Throughout Samuel's lifetime, the hand of the LORD was against the Philistines. 14 The towns from Ekron to Gath that the Philistines had captured from Israel were restored to Israel, and Israel delivered the neighboring territory from the

[t] 7:6 Traditionally *judge*; also in verse 15
[u] 7:12 *Ebenezer* means *stone of help.*

21 Ils envoyèrent des messagers aux habitants de Qiryath Yearim[g] pour leur dire : Les Philistins ont restitué le coffr de l'Eternel, venez donc le chercher pour l'emporter che vous.

7 1 Les gens de Qiryath-Yearim vinrent prendre le cof fre de l'Eternel et le transportèrent dans la maiso d'Abinadab sur la colline. Ils établirent son fils Eléaza comme gardien du coffre de l'Eternel[h].

Les Israélites reviennent à l'Eternel

2 Vingt ans s'écoulèrent depuis le jour où le coffre avai été déposé à Qiryath-Yearim. L'ensemble du peuple d'Is raël aspirait à revenir à l'Eternel. 3 Alors Samuel dit à tou les Israélites : Si c'est de tout votre cœur que vous voule revenir à l'Eternel, faites disparaître de chez vous les dieu étrangers et les idoles d'Astarté, et attachez-vous de tou votre cœur à l'Eternel et rendez-lui un culte à lui seu Alors il vous délivrera des Philistins.

4 Les Israélites firent disparaître de chez eux les Baals e les Astartés, et ils ne rendirent plus de culte qu'à l'Eterne

5 Samuel leur dit alors : Assemblez tout Israël à Mitspa je prierai l'Eternel pour vous[i]. 6 Ils s'assemblèrent à Mitspa puisèrent de l'eau et la répandirent sur le sol devant l'Eter nel ; ils jeûnèrent ce jour-là et confessèrent : Nous avon péché contre l'Eternel.

C'est là, à Mitspa, que Samuel fut le juge du peupl d'Israël.

L'Eternel donne la victoire sur les Philistins

7 Lorsque les Philistins apprirent que les Israélite s'étaient réunis à Mitspa, leurs cinq princes décidèrent d les attaquer. Les Israélites en furent informés et ils priren peur des Philistins. 8 Ils dirent à Samuel : Ne cesse pas d supplier l'Eternel notre Dieu en notre faveur pour qu'i nous sauve des Philistins !

9 Samuel prit un agneau de lait et l'offrit entièrement e holocauste à l'Eternel ; puis il supplia l'Eternel de venir e aide à Israël, et l'Eternel exauça sa prière.

10 Pendant que Samuel offrait l'holocauste, les Philistin s'approchèrent pour attaquer Israël. Mais à ce moment-là l'Eternel fit tourner contre les Philistins un puissant ton nerre qui les mit en déroute, de sorte qu'ils furent battu par les Israélites. 11 Ces derniers sortirent de Mitspa, e battirent les Philistins en les poursuivant jusqu'au-del de Beth-Kar.

12 Samuel prit alors une pierre, la dressa entre Mitsp et Shén et l'appela du nom d'Eben-Ezer (la Pierre d Secours), en disant : « Jusqu'ici l'Eternel nous a secourus. 13 Les Philistins furent humiliés par cette défaite. Ils n pénétrèrent plus à l'intérieur des frontières d'Israël car l'Eternel intervint contre eux pendant toute la vi de Samuel. 14 Les villes que les Philistins avaient pris es à Israël, d'Eqrôn à Gath, revinrent aux Israélites, qu

[g] 6.21 A quelque 13 kilomètres au nord-ouest de Jérusalem (voir Jos 9.17 ; 15.9).
[h] 7.1 Le coffre restera là jusqu'à ce que David le fasse transférer à Jérusalem (2 S 6.2-3).
[i] 7.5 *Mitspa:* localité du territoire de Benjamin, à 12 kilomètres au nord de Jérusalem, où s'était déjà rassemblé le peuple (Jg 20.1 ; 21.1).

ands of the Philistines. And there was peace between
rael and the Amorites.

15Samuel continued as Israel's leader all the days of
is life. 16From year to year he went on a circuit from
ethel to Gilgal to Mizpah, judging Israel in all those
laces. 17But he always went back to Ramah, where
is home was, and there he also held court for Israel.
nd he built an altar there to the LORD.

rael Asks for a King

8 1When Samuel grew old, he appointed his sons
as Israel's leaders.[v] 2The name of his firstborn
as Joel and the name of his second was Abijah, and
ey served at Beersheba. 3But his sons did not follow
is ways. They turned aside after dishonest gain and
ccepted bribes and perverted justice.
4So all the elders of Israel gathered together and
ame to Samuel at Ramah. 5They said to him, "You
re old, and your sons do not follow your ways; now
ppoint a king to lead[w] us, such as all the other na-
ons have."
6But when they said, "Give us a king to lead us," this
ispleased Samuel; so he prayed to the LORD. 7And the
ORD told him: "Listen to all that the people are saying
you; it is not you they have rejected, but they have
ejected me as their king. 8As they have done from the
ay I brought them up out of Egypt until this day, for-
aking me and serving other gods, so they are doing
you. 9Now listen to them; but warn them solemnly
nd let them know what the king who will reign over
em will claim as his rights."

10Samuel told all the words of the LORD to the peo-
le who were asking him for a king. 11He said, "This
what the king who will reign over you will claim
s his rights: He will take your sons and make them
erve with his chariots and horses, and they will run
n front of his chariots. 12Some he will assign to be
mmanders of thousands and commanders of fifties,
nd others to plow his ground and reap his harvest,
nd still others to make weapons of war and equip-
ent for his chariots. 13He will take your daughters to
e perfumers and cooks and bakers. 14He will take the
est of your fields and vineyards and olive groves and

8:1 Traditionally *judges*
8:5 Traditionally *judge*; also in verses 6 and 20

libérèrent tout leur territoire de leur emprise. La paix
régna également entre Israël et les Amoréens[j].

Saül et l'échec de la royauté

Samuel exerce le pouvoir judiciaire

15Samuel continua à exercer le pouvoir judiciaire en
Israël durant toute sa vie. 16Chaque année, il faisait un
circuit, s'arrêtant à Béthel, à Guilgal et à Mitspa[k], et il
rendait la justice pour les Israélites en chacun de ces endroits. 17Puis il revenait à Rama[l] où il demeurait. Là aussi,
il rendait la justice pour les Israélites. Il y avait bâti un
autel à l'Eternel.

Les Israélites demandent un roi

8 1Samuel, devenu vieux, confia à ses fils l'administration de la justice en Israël. 2L'aîné s'appelait Joël et le
cadet Abiya. Ils s'établirent à Beer-Sheva[m] pour y rendre la
justice. 3Mais ils ne suivaient pas les traces de leur père :
comme ils étaient corrompus par l'amour de l'argent, ils
acceptaient des pots-de-vin et faussaient le droit. 4C'est
pourquoi tous les responsables d'Israël se réunirent auprès
de Samuel à Rama. 5Ils lui déclarèrent : Te voilà devenu âgé,
et tes fils ne suivent pas tes traces ; maintenant, établis
sur nous un roi pour qu'il nous dirige[n] comme cela se fait
chez tous les autres peuples.
6Cette demande d'établir sur eux un roi pour les diriger
déplut à Samuel et il pria l'Eternel. 7L'Eternel lui répondit :
Ecoute ce peuple et accepte toutes leurs demandes. En effet, ce n'est pas toi qu'ils rejettent, c'est moi : ils ne veulent
plus que je règne sur eux. 8Ils agissent à ton égard comme
ils n'ont cessé d'agir envers moi depuis le jour où je les ai
fait sortir d'Egypte jusqu'à aujourd'hui : ils m'ont abandonné pour rendre un culte à d'autres dieux. 9Maintenant,
fais donc ce qu'ils te demandent, mais avertis-les bien en
leur faisant connaître les droits du roi qui régnera sur eux.

Les droits du roi

10Samuel rapporta au peuple qui lui demandait un roi
toutes les paroles de l'Eternel. 11Il leur dit : Voilà quels
seront les droits du roi qui régnera sur vous. Il prendra
vos fils pour en faire ses soldats et les affectera au service
de ses chars de guerre et de ses chevaux, et ils auront à
courir devant son char personnel[o]. 12Il choisira certains
parmi eux pour en faire des officiers commandant de
« milliers » et de « cinquantaines[p] ». Il en prendra d'autres pour labourer ses champs et récolter ses moissons,
ou pour fabriquer ses armes et l'équipement de ses chars.
13Il prendra vos filles comme parfumeuses, cuisinières et
boulangères. 14Il prendra vos champs, vos vignes et vos
meilleurs oliviers pour les donner à ses hauts fonction-

j 7.14 Terme général désignant toutes les populations de Canaan.
k 7.16 Trois villes de Benjamin, assez rapprochées, où se trouvaient des sanctuaires (voir Jos 4.19 ; Jg 1.22 ; 20.1 ; 21.1).
l 7.17 En Benjamin (voir 1.1 et note).
m 8.2 A 70 kilomètres au sud-ouest de Jérusalem, donc loin de la région où Samuel rendait la justice : c'est donc pour compléter son action que Samuel institua ses fils, non pour qu'ils le remplacent ou prennent sa succession.
n 8.5 Autre traduction : *pour qu'il rende la justice pour nous* (de même aux v. 6 et 20).
o 8.11 Les chars royaux étaient précédés de coureurs (2 S 15.1 ; 1 R 1.5).
p 8.12 Il s'agit peut-être là de régiments et de compagnies de soldats comportant respectivement quelques centaines et quelques dizaines d'hommes.

give them to his attendants. 15He will take a tenth of your grain and of your vintage and give it to his officials and attendants. 16Your male and female servants and the best of your cattle[x] and donkeys he will take for his own use. 17He will take a tenth of your flocks, and you yourselves will become his slaves. 18When that day comes, you will cry out for relief from the king you have chosen, but the LORD will not answer you in that day."

19But the people refused to listen to Samuel. "No!" they said. "We want a king over us. 20Then we will be like all the other nations, with a king to lead us and to go out before us and fight our battles."

21When Samuel heard all that the people said, he repeated it before the LORD. 22The LORD answered, "Listen to them and give them a king."

Then Samuel said to the Israelites, "Everyone go back to your own town."

Samuel Anoints Saul

9 1There was a Benjamite, a man of standing, whose name was Kish son of Abiel, the son of Zeror, the son of Bekorath, the son of Aphiah of Benjamin. 2Kish had a son named Saul, as handsome a young man as could be found anywhere in Israel, and he was a head taller than anyone else.

3Now the donkeys belonging to Saul's father Kish were lost, and Kish said to his son Saul, "Take one of the servants with you and go and look for the donkeys." 4So he passed through the hill country of Ephraim and through the area around Shalisha, but they did not find them. They went on into the district of Shaalim, but the donkeys were not there. Then he passed through the territory of Benjamin, but they did not find them.

5When they reached the district of Zuph, Saul said to the servant who was with him, "Come, let's go back, or my father will stop thinking about the donkeys and start worrying about us."

6But the servant replied, "Look, in this town there is a man of God; he is highly respected, and everything he says comes true. Let's go there now. Perhaps he will tell us what way to take."

7Saul said to his servant, "If we go, what can we give the man? The food in our sacks is gone. We have no gift to take to the man of God. What do we have?"

8The servant answered him again. "Look," he said, "I have a quarter of a shekel[y] of silver. I will give it to the man of God so that he will tell us what way to take." 9(Formerly in Israel, if someone went to inquire of God, they would say, "Come, let us go to the seer," because the prophet of today used to be called a seer.)

10"Good," Saul said to his servant. "Come, let's go." So they set out for the town where the man of God was.

x 8:16 Septuagint; Hebrew *young men*
y 9:8 That is, about 1/10 ounce or about 3 grams

naires. 15Il prélèvera une redevance de dix pour cent su
les produits de vos champs et de vos vignes et il la di
tribuera à ses courtisans et à ses hauts fonctionnaires. 16
prendra vos serviteurs, vos servantes et vos jeunes gen
vigoureux, et même vos ânes, et il s'en servira pour se
propres travaux. 17Il prélèvera une bête sur dix dans vo
troupeaux et vous deviendrez ses serviteurs. 18Ce jour-l
vous vous lamenterez à cause du roi que vous aurez chois
mais l'Eternel ne vous écoutera pas.

19Le peuple refusa de tenir compte des avertisse
ments de Samuel. Les Israélites insistèrent en déclarant
Qu'importe ! Nous voulons quand même un roi. 20Nou
voulons, nous aussi, être dirigés comme tous les autre
peuples. Notre roi rendra la justice parmi nous et prend
notre commandement pour nous mener au combat.

21Samuel écouta tout ce que disait le peuple et le rap
porta à l'Eternel. 22L'Eternel lui répondit : Accorde-leur c
qu'ils te demandent et établis un roi sur eux !

Puis Samuel dit aux gens d'Israël : Que chacun retourr
dans sa ville !

Saül rencontre Samuel

9 1Un homme de la tribu de Benjamin nommé Qish ava
pour ancêtres en ligne ascendante : Abiel, Tsero
Bekorath et Aphiah, qui descendaient d'un Benjaminit
Qish était un guerrier valeureux. 2Il avait un fils nomm
Saül. C'était un beau jeune homme[r], aucun Israélite n'ava
plus belle allure que lui ; il les dépassait tous de la tête.

3Un jour, les ânesses de son père s'égarèrent et Qis
lui dit : Mon fils, emmène l'un des serviteurs et pars à l
recherche des ânesses !

4Saül parcourut la région montagneuse d'Ephraïm, pu
le territoire de Shalisha sans les trouver. Ensuite ils tra
versèrent la région de Shaalim sans succès, puis le pays d
Benjamin, toujours sans trouver les ânesses.

5Arrivés au territoire de Tsouph, Saül dit au serviteu
qui l'accompagnait : Viens, nous allons rentrer, sino
mon père va s'inquiéter à notre sujet sans plus pense
aux ânesses.

6Le serviteur lui répondit : Attends, il y a justemen
dans cette ville[s] un homme de Dieu très considéré ; to
ce qu'il annonce arrive immanquablement. Allons le voir
Peut-être nous indiquera-t-il par quel chemin continue
notre route.

7– D'accord, allons-y ! dit Saül. Mais qu'est-ce que nou
apporterons à cet homme ? Nos provisions sont épuisée
et nous n'avons aucun cadeau que nous puissions offrir
l'homme de Dieu. Il ne nous reste plus rien.

8Le serviteur lui répondit : Il se trouve que j'ai encore su
moi une petite pièce d'argent[t], je la donnerai à l'homme d
Dieu et il nous indiquera le chemin à prendre.

9Autrefois en Israël, quand on allait consulter Dieu
on disait : « Venez, allons chez l'homme qui reçoit de
révélations ! » C'était là le nom par lequel on désigna
ceux qu'on appelle aujourd'hui des « prophètes ». 10Saü
dit à son serviteur : Tu as raison ! Allons-y !

q 8.16 Au lieu de : *vos jeunes gens*, l'ancienne version grecque a : *votre bétail.*
r 9.2 Autre traduction : *homme d'élite.*
s 9.6 Probablement Rama où résidait Samuel (7.17 ; 8.4).
t 9.8 En hébreu : *un quart de sicle*, le sicle valant 12 g.

11 As they were going up the hill to the town, they
iet some young women coming out to draw water,
nd they asked them, "Is the seer here?"

12 "He is," they answered. "He's ahead of you. Hurry
ow; he has just come to our town today, for the peo-
le have a sacrifice at the high place. 13 As soon as you
nter the town, you will find him before he goes up to
ie high place to eat. The people will not begin eating
ntil he comes, because he must bless the sacrifice;
fterward, those who are invited will eat. Go up now;
ou should find him about this time."

14 They went up to the town, and as they were en-
ering it, there was Samuel, coming toward them on
is way up to the high place.

15 Now the day before Saul came, the LORD had re-
ealed this to Samuel: 16 "About this time tomorrow I
ill send you a man from the land of Benjamin. Anoint
im ruler over my people Israel; he will deliver them
om the hand of the Philistines. I have looked on my
eople, for their cry has reached me."

17 When Samuel caught sight of Saul, the LORD said
him, "This is the man I spoke to you about; he will
overn my people."

18 Saul approached Samuel in the gateway and
sked, "Would you please tell me where the seer's
ouse is?"

19 "I am the seer," Samuel replied. "Go up ahead of
ie to the high place, for today you are to eat with
ie, and in the morning I will send you on your way
nd will tell you all that is in your heart. 20 As for the
onkeys you lost three days ago, do not worry about
iem; they have been found. And to whom is all the
esire of Israel turned, if not to you and your whole
imily line?"

21 Saul answered, "But am I not a Benjamite, from
ie smallest tribe of Israel, and is not my clan the least
f all the clans of the tribe of Benjamin? Why do you
iy such a thing to me?"

22 Then Samuel brought Saul and his servant into
ie hall and seated them at the head of those who
ere invited – about thirty in number. 23 Samuel said
the cook, "Bring the piece of meat I gave you, the
ie I told you to lay aside."

24 So the cook took up the thigh with what was on it
nd set it in front of Saul. Samuel said, "Here is what
as been kept for you. Eat, because it was set aside
r you for this occasion from the time I said, 'I have
ivited guests.'" And Saul dined with Samuel that day.

25 After they came down from the high place to
ie town, Samuel talked with Saul on the roof of his

Et ils se dirigèrent vers la ville où habitait l'homme de Dieu.

11 Pendant qu'ils gravissaient la montée qui mène vers
la ville, ils croisèrent des jeunes filles qui en descendaient
pour aller puiser de l'eau. Ils leur demandèrent : L'homme
qui reçoit des révélations est-il là ?

12 – Oui, lui répondirent-elles, il est là-haut, droit devant
vous ! Mais dépêchez-vous, il vient d'arriver en ville car
il y a aujourd'hui un sacrifice pour le peuple sur le haut
lieu. 13 Dès que vous serez entrés dans la ville, vous allez le
trouver avant qu'il monte sur le haut lieu pour le repas[u] ;
car le peuple ne se mettra pas à table avant son arrivée,
parce que c'est lui qui doit bénir le sacrifice ; après cela,
les invités prendront part au repas. Si vous montez tout
de suite, vous le trouverez sûrement.

Dieu amène Saül auprès de Samuel

14 Ils montèrent donc à la ville. Au moment où ils y
pénétrèrent par la porte, Samuel sortait dans leur direction pour monter au haut lieu. 15 Or, la veille, l'Eternel avait
fait cette révélation à Samuel : 16 « Demain, à cette même
heure, lui avait-il dit, je t'enverrai un homme du territoire
de Benjamin, tu lui conféreras l'onction pour l'établir chef
de mon peuple Israël, et il le délivrera des Philistins, car
j'ai vu la misère de mon peuple, et j'ai entendu sa plainte. »

17 Dès que Samuel aperçut Saül, l'Eternel l'avertit : Voici
l'homme dont je t'ai dit qu'il gouvernerait mon peuple.

18 Saül aborda Samuel au milieu de la porte et lui demanda : Peux-tu m'indiquer où est la maison de l'homme qui
reçoit des révélations ?

19 Samuel lui répondit : C'est moi cet homme qui reçoit
des révélations ! Passe devant moi et montons au haut lieu.
Ton serviteur et toi, vous mangerez avec moi aujourd'hui ;
demain matin, je te laisserai repartir après avoir répondu
à toutes les questions qui te préoccupent. 20 Quant aux
ânesses disparues il y a trois jours, ne t'en inquiète plus ;
elles sont retrouvées. D'ailleurs, à qui est réservé tout ce
qu'il y a de précieux en Israël ? N'est-ce pas à toi et à toute
ta famille ?

21 Saül réplique : Que dis-tu là ? Ne suis-je pas un
Benjaminite, de la plus petite des tribus d'Israël, et ma
famille n'est-elle pas la moins importante de toutes celles
de ma tribu ? Pourquoi parles-tu donc de cette manière ?

22 Samuel emmena Saül et son serviteur et les fit entrer
dans la salle du festin. Il les installa à la place d'honneur
au milieu d'une trentaine d'invités. 23 Ensuite, il ordonna
au cuisinier : Sors pour lui le morceau de viande que je t'ai
remis pour que tu le mettes de côté.

24 Le cuisinier apporta le gigot et sa garniture[v] et le
déposa devant Saül pendant que Samuel lui dit : Voici la
part qui t'a été réservée. Sers-toi et mange, car, pour cette
occasion, elle a été gardée exprès pour toi, lorsque j'ai
invité le peuple.

Ainsi Saül mangea avec Samuel ce jour-là. 25 Puis ils redescendirent ensemble du haut lieu à la ville, et Samuel
s'entretint avec Saül sur la terrasse de sa maison.

[u] **9.13** *Repas* qui accompagnait certains sacrifices (1.4 ; 2.13-16 ; Dt 12.6-7).
[v] **9.24** Traduction incertaine. La version syriaque a : *la queue.* Cette partie était normalement réservée au prêtre (Ex 29.22, 27 ; Lv 7.32-33, 35 ; Nb 6.20 ; 18.18).

house. [26]They rose about daybreak, and Samuel called to Saul on the roof, "Get ready, and I will send you on your way." When Saul got ready, he and Samuel went outside together. [27]As they were going down to the edge of the town, Samuel said to Saul, "Tell the servant to go on ahead of us" – and the servant did so – "but you stay here for a while, so that I may give you a message from God."

10 [1]Then Samuel took a flask of olive oil and poured it on Saul's head and kissed him, saying, "Has not the LORD anointed you ruler over his inheritance?[z] [2]When you leave me today, you will meet two men near Rachel's tomb, at Zelzah on the border of Benjamin. They will say to you, 'The donkeys you set out to look for have been found. And now your father has stopped thinking about them and is worried about you. He is asking, "What shall I do about my son?"'

[3]"Then you will go on from there until you reach the great tree of Tabor. Three men going up to worship God at Bethel will meet you there. One will be carrying three young goats, another three loaves of bread, and another a skin of wine. [4]They will greet you and offer you two loaves of bread, which you will accept from them.

[5]"After that you will go to Gibeah of God, where there is a Philistine outpost. As you approach the town, you will meet a procession of prophets coming down from the high place with lyres, timbrels, pipes and harps being played before them, and they will be prophesying. [6]The Spirit of the LORD will come powerfully upon you, and you will prophesy with them; and you will be changed into a different person. [7]Once these signs are fulfilled, do whatever your hand finds to do, for God is with you.

[8]"Go down ahead of me to Gilgal. I will surely come down to you to sacrifice burnt offerings and fellowship offerings, but you must wait seven days until I come to you and tell you what you are to do."

Saul Made King

[9]As Saul turned to leave Samuel, God changed Saul's heart, and all these signs were fulfilled that day. [10]When he and his servant arrived at Gibeah, a procession of prophets met him; the Spirit of God came powerfully upon him, and he joined in their prophesying. [11]When all those who had formerly known him saw him prophesying

[z] **10:1** Hebrew; Septuagint and Vulgate *over his people Israel? You will reign over the LORD's people and save them from the power of their enemies round about. And this will be a sign to you that the LORD has anointed you ruler over his inheritance:*

Samuel confère la royauté à Saül et lui donne ses instructions

[26]Le lendemain, au lever du jour, Samuel appela Saül su la terrasse : Mets-toi en route, et je prendrai congé de tc

Saül se leva et se mit en route. Il sortit en compagn de Samuel. [27]Quand ils arrivèrent à la limite de la vill Samuel dit à Saül : Ordonne à ton serviteur d'aller devar nous.

Le serviteur s'éloigna.

– Maintenant, tiens-toi là et je te ferai savoir ce qu Dieu a dit.

10 [1]Samuel prit le flacon d'huile qu'il avait emport et en répandit le contenu sur la tête de Saül, pu il l'embrassa et dit : Par cette onction, l'Eternel t'établ chef du peuple qui lui appartient. [C'est toi qui le gou verneras, tu le sauveras des ennemis qui l'entourent. I voici la preuve que c'est l'Eternel qui t'établit chef de so peuple par cette onction[w].] [2]Aujourd'hui, quand tu m'aura quitté, tu rencontreras deux hommes près du tombeau d Rachel, à Tseltsah, dans le territoire de Benjamin. Ils t diront : « Les ânesses que tu es allé rechercher ont été re trouvées. Maintenant, ton père ne se préoccupe plus à leu sujet, mais il s'inquiète de vous et se demande ce qu'il do faire pour te retrouver. » [3]En poursuivant ta route, lorsqu tu arriveras au chêne de Thabor, tu rencontreras tro hommes montant à Béthel pour adorer Dieu. L'un d'eu portera trois chevreaux, l'autre trois miches de pain et dernier une outre de vin. [4]Ils te salueront et t'offriron deux pains. Tu les accepteras. [5]Après cela, tu arriveras Guibéa-Elohim[x] où se trouve une garnison de Philistin Puis, en entrant dans la ville, tu rencontreras une co frérie de disciples des prophètes descendant du haut lieu ils seront précédés de joueurs de luth, de tambourin, d flûte et de lyre. Ils seront dans un état d'exaltation. [6]Alor l'Esprit de l'Eternel tombera sur toi, tu deviendras tou exalté comme eux et tu seras changé en un autre homm. [7]Quand ces signes se seront réalisés pour toi, agis selo ce que tu trouveras à faire, car Dieu est avec toi ! [8]Tu m précéderas à Guilgal[y] où je te rejoindrai pour offrir des ho locaustes et des sacrifices de communion. Tu m'attendra sept jours jusqu'à ce que je vienne te retrouver. Alors je t ferai savoir ce que tu dois faire.

L'Esprit de Dieu s'empare de Saül

[9]Saül quitta Samuel, et lorsqu'il se retourna pour re prendre la route, Dieu opéra une transformation en so être intérieur, et tous les signes annoncés se produisiren ce même jour. [10]Quand ils arrivèrent à Guibéa, une cor frérie de disciples des prophètes venait dans sa directio Alors l'Esprit de Dieu tomba sur lui et il entra dans u état d'exaltation au milieu d'eux. [11]Tous ceux qui le cor naissaient auparavant et qui le virent dans un tel éta avec les disciples des prophètes se demandèrent l'un

[w] **10.1** Les mots entre crochets ne se trouvent pas dans le texte hébreu traditionnel. Ils sont rajoutés d'après l'ancienne version grecque et la version syriaque.

[x] **10.5** A 6 kilomètres au nord de Jérusalem ; patrie de Saül (v. 26 ; 11.4), appelée Guibéa *de Benjamin* (13.2, 15) ou *de Saül* (15.34 ; 2 S 21.6). Ici, Samuel l'appelle *Guibéa-Elohim*, c'est-à-dire *de Dieu*, peut-être pour rappeler qu'elle appartient à Dieu malgré la présence des Philistins (Dt 32.43 ; Es 14.2 ; Os 9.3).

[y] **10.8** Où se trouvait le premier sanctuaire érigé en Canaan (Jos 4.19-24 ; 5.10 ; Jg 2.1 ; 3.19).

ith the prophets, they asked each other, "What this that has happened to the son of Kish? Is aul also among the prophets?"

[12] A man who lived there answered, "And who is heir father?" So it became a saying: "Is Saul also mong the prophets?" [13] After Saul stopped proph-sying, he went to the high place.

[14] Now Saul's uncle asked him and his servant, Where have you been?"

"Looking for the donkeys," he said. "But when e saw they were not to be found, we went to amuel."

[15] Saul's uncle said, "Tell me what Samuel said to ou."

[16] Saul replied, "He assured us that the donkeys had een found." But he did not tell his uncle what Samuel ad said about the kingship.

[17] Samuel summoned the people of Israel to he LORD at Mizpah [18] and said to them, "This is hat the LORD, the God of Israel, says: 'I brought srael up out of Egypt, and I delivered you from he power of Egypt and all the kingdoms that ppressed you.' [19] But you have now rejected your od, who saves you out of all your disasters and alamities. And you have said, 'No, appoint a king ver us.' So now present yourselves before the ORD by your tribes and clans."

[20] When Samuel had all Israel come forward by ribes, the tribe of Benjamin was taken by lot. [21] Then e brought forward the tribe of Benjamin, clan by lan, and Matri's clan was taken. Finally Saul son of ish was taken. But when they looked for him, he was ot to be found. [22] So they inquired further of the LORD, Has the man come here yet?"

And the LORD said, "Yes, he has hidden himself mong the supplies."

[23] They ran and brought him out, and as he stood mong the people he was a head taller than any of he others. [24] Samuel said to all the people, "Do you ee the man the LORD has chosen? There is no one like im among all the people."

Then the people shouted, "Long live the king!"

[25] Samuel explained to the people the rights and du-ies of kingship. He wrote them down on a scroll and eposited it before the LORD. Then Samuel dismissed he people to go to their own homes.

[26] Saul also went to his home in Gibeah, accompa-ied by valiant men whose hearts God had touched. [27] But some scoundrels said, "How can this fellow save s?" They despised him and brought him no gifts. But aul kept silent.

l'autre : « Qu'est-il donc arrivé au fils de Qish ? Saül fait-il maintenant partie, lui aussi, des disciples des prophètes ? »

[12] L'un des assistants ajouta : Et qui donc est leur maître ?

C'est ainsi qu'est née l'expression proverbiale : Saül fait-il maintenant partie, lui aussi, des disciples des prophètes ?

[13] Lorsque Saül fut sorti de son état d'exaltation, il se rendit au haut lieu. [14] Son oncle lui demanda ainsi qu'à son serviteur : Où donc êtes-vous allés ?

– A la recherche des ânesses, dit-il. Comme nous ne les avons trouvées nulle part, nous sommes allés consulter Samuel.

[15] – Raconte-moi donc ce qu'il vous a dit, demanda l'oncle.

[16] Saül lui répondit : Il nous a assuré que les ânesses étaient retrouvées.

Mais il ne souffla mot de ce que Samuel avait dit au sujet de la royauté.

Saül devient roi d'Israël

[17] Samuel convoqua le peuple auprès de l'Eternel à Mitspa[z]. [18] Il dit aux Israélites : Voici ce que déclare l'Eternel, le Dieu d'Israël : « Je vous ai moi-même fait sortir d'Egypte et je vous ai libérés des Egyptiens et de tous les royaumes qui vous opprimaient. [19] Et vous, aujourd'hui, vous avez rejeté votre Dieu, qui pourtant vous a délivrés de tous vos maux et de toutes vos détresses. Vous lui avez dit[a] : Il faut que tu établisses un roi sur nous. Eh bien, puisqu'il en est ainsi, présentez-vous devant l'Eternel, par tribus et par familles. »

[20] Samuel fit avancer toutes les tribus d'Israël l'une après l'autre, et le sort[b] désigna la tribu de Benjamin. [21] Puis il fit approcher la tribu de Benjamin par familles, et le sort désigna la famille de Matri. Finalement, ce fut Saül, fils de Qish, qui fut désigné. On le chercha, mais on ne réussit pas à le trouver. [22] Alors on interrogea de nouveau l'Eternel en demandant : Y a-t-il encore quelqu'un qui soit venu ici ?

Et l'Eternel répondit : Oui, il se cache du côté des bagages.

[23] Ils coururent et le tirèrent de là pour le placer au milieu du peuple ; et voici qu'il dépassait tout le monde de la tête. [24] Samuel dit à tout le peuple : Voyez celui que l'Eternel a choisi ! Il n'a pas son pareil dans tout Israël.

Tous l'acclamèrent aux cris de Vive le roi !

[25] Samuel énuméra devant eux le droit concernant le roi, puis il le consigna par écrit dans un document qu'il déposa dans le sanctuaire devant l'Eternel. Après cela, il renvoya le peuple chacun chez soi.

[26] Saül aussi retourna chez lui, à Guibéa, accompagné d'un groupe de vaillants hommes que Dieu avait incités à le suivre. [27] Il y eut toutefois quelques vauriens pour dire : De quel secours nous serait-il, celui-là ?

Ils le méprisèrent et ne lui offrirent aucun présent. Mais Saül n'y fit pas attention.

[z] **10.17** Jg 20.1 ; 21.1 ; 1 S 7.5. Lieu habituel de délibération du peuple.

[a] **10.19** D'après la plupart des manuscrits hébreux. Quelques manuscrits hébreux et les versions anciennes ont : *vous m'avez dit*.

[b] **10.20** Ce tirage au sort a sans doute été effectué à l'aide de l'ourim et du toummim (2.28 ; Ex 28.30 ; Jos 7.15-18).

Saul Rescues the City of Jabesh

11 1Nahash[a] the Ammonite went up and besieged
Jabesh Gilead. And all the men of Jabesh said
to him, "Make a treaty with us, and we will be subject
to you."
2But Nahash the Ammonite replied, "I will make
a treaty with you only on the condition that I gouge
out the right eye of every one of you and so bring
disgrace on all Israel."
3The elders of Jabesh said to him, "Give us seven
days so we can send messengers throughout Israel; if
no one comes to rescue us, we will surrender to you."

4When the messengers came to Gibeah of Saul and
reported these terms to the people, they all wept
aloud. 5Just then Saul was returning from the fields,
behind his oxen, and he asked, "What is wrong with
everyone? Why are they weeping?" Then they repeated to him what the men of Jabesh had said.
6When Saul heard their words, the Spirit of God
came powerfully upon him, and he burned with anger.
7He took a pair of oxen, cut them into pieces, and sent
the pieces by messengers throughout Israel, proclaiming, "This is what will be done to the oxen of anyone
who does not follow Saul and Samuel." Then the terror of the LORD fell on the people, and they came out
together as one. 8When Saul mustered them at Bezek,
the men of Israel numbered three hundred thousand
and those of Judah thirty thousand.
9They told the messengers who had come, "Say to
the men of Jabesh Gilead, 'By the time the sun is hot
tomorrow, you will be rescued.'" When the messengers went and reported this to the men of Jabesh,
they were elated. 10They said to the Ammonites,
"Tomorrow we will surrender to you, and you can do
to us whatever you like."
11The next day Saul separated his men into three divisions; during the last watch of the night they broke
into the camp of the Ammonites and slaughtered them
until the heat of the day. Those who survived were
scattered, so that no two of them were left together.

Saul Confirmed as King

12The people then said to Samuel, "Who was it that
asked, 'Shall Saul reign over us?' Turn these men over
to us so that we may put them to death."
13But Saul said, "No one will be put to death today,
for this day the LORD has rescued Israel."
14Then Samuel said to the people, "Come, let us go to
Gilgal and there renew the kingship." 15So all the peo-

[a] 11:1 Masoretic Text; Dead Sea Scrolls *gifts. Now Nahash king of the Ammonites oppressed the Gadites and Reubenites severely. He gouged out all their right eyes and struck terror and dread in Israel. Not a man remained among the Israelites beyond the Jordan whose right eye was not gouged out by Nahash king of the Ammonites, except that seven thousand men fled from the Ammonites and entered Jabesh Gilead. About a month later,* [1] *Nahash*

La première victoire de Saül

11 1Environ un mois plus tard[c], Nahash l'Ammonite
vint mettre le siège devant Yabesh en Galaad[e]. Le
habitants de la ville dirent à Nahash : Conclus une allianc
avec nous et nous te serons assujettis.
2Nahash leur répondit : Voilà à quelle condition je trai
erai avec vous : je vous crèverai à tous l'œil droit[f]. Ainsi j
couvrirai de honte tout le peuple d'Israël.

3Les responsables de Yabesh lui dirent : Accorde-nou
un délai de sept jours. Nous enverrons des messagers dan
tout le territoire d'Israël, et si personne ne vient à notr
secours, nous nous rendrons à toi.
4Les messagers arrivèrent à Guibéa, la ville de Saül, e
exposèrent aux gens ce qui se passait. Tous les habitant
se mirent à se lamenter et à pleurer.
5Juste à ce moment, Saül revenait des champs derrièr
ses bœufs. Il demanda : Qu'a donc le peuple à pleurer ainsi
On lui raconta ce qu'avaient dit les messagers de Yabesh
6Lorsqu'il eut entendu cela, l'Esprit de Dieu tomba sur lu
et il entra dans une violente colère. 7Il prit une paire d
bœufs et les découpa en morceaux qu'il envoya dans tou
le territoire d'Israël par des messagers chargés de proc
lamer : Celui qui ne suivra pas Saül et Samuel au comba
verra ses bœufs traités de la même manière.
Alors une frayeur venant de l'Eternel s'empara du peu
ple, qui se mit en marche comme un seul homme. 8Saü
les recensa à Bézeq[g] ; il en compta 300 000 des tribus d
Nord et 30 000 de la tribu de Juda. 9Les messagers venu
de Yabesh furent chargés de dire à leurs compatriotes
Demain, quand le soleil donnera toute sa chaleur, vou
serez délivrés.
Les messagers rentrèrent chez eux et rapportèrent ce
paroles aux leurs, qui en furent remplis de joie. 10Les gen
de Yabesh firent transmettre aux Ammonites : Demai
nous nous rendrons à vous et vous nous traiterez comm
il vous plaira.
11Le lendemain matin, Saül répartit ses hommes en troi
compagnies qui investirent le camp ennemi à la dernièr
veille de la nuit. Ils battirent les Ammonites jusqu'au mo
ment de la plus grande chaleur. Les rescapés furent si bie
dispersés qu'il n'en resta pas deux ensemble.

12Alors le peuple dit à Samuel : Où sont donc ces homme
qui disaient : « Ce Saül va-t-il régner sur nous ? » Qu'o
nous les livre et nous les mettrons à mort.
13Mais Saül dit : On ne mettra personne à mort en u
jour pareil, car aujourd'hui l'Eternel a délivré Israël.
14Samuel ajouta : Venez et allons à Guilgal[h] pour y con
firmer la royauté !

[c] **11.1** Ces mots se trouvent dans le manuscrit hébreu de Qumrân, mais pas dans le texte hébreu traditionnel.
[d] **11.1** Les Ammonites étaient des descendants de Loth (Gn 19.38 ; Dt 2.19 établis à l'est du Jourdain près du cours supérieur du Yabboq (Dt 2.37 ; Jos 12.2). Ils avaient déjà tenté d'envahir le territoire d'Israël a temps des « juges » (Jg 3.13 ; 11.4-33).
[e] **11.1** Situé à l'est du Jourdain dans le territoire attribué à la demi-tribu de Manassé.
[f] **11.2** Voir note Jg 1.6.
[g] **11.8** Au nord de Sichem, à 70 kilomètres au nord de Jérusalem, à l'ouest du Jourdain, mais relativement près de Yabesh en Galaad.
[h] **11.14** Voir note 10.8.

le went to Gilgal and made Saul king in the presence
f the LORD. There they sacrificed fellowship offerings
efore the LORD, and Saul and all the Israelites held a
reat celebration.

amuel's Farewell Speech

12 1 Samuel said to all Israel, "I have listened to
everything you said to me and have set a king
ver you. 2 Now you have a king as your leader. As for
ne, I am old and gray, and my sons are here with you.
have been your leader from my youth until this day.
Here I stand. Testify against me in the presence of the
ORD and his anointed. Whose ox have I taken? Whose
lonkey have I taken? Whom have I cheated? Whom
ave I oppressed? From whose hand have I accepted
bribe to make me shut my eyes? If I have done any
f these things, I will make it right."

4 "You have not cheated or oppressed us," they relied. "You have not taken anything from anyone's
and."

5 Samuel said to them, "The LORD is witness against
ou, and also his anointed is witness this day, that you
ave not found anything in my hand."

"He is witness," they said.

6 Then Samuel said to the people, "It is the LORD who
ppointed Moses and Aaron and brought your ances-
ors up out of Egypt. 7 Now then, stand here, because
am going to confront you with evidence before the
ORD as to all the righteous acts performed by the LORD
or you and your ancestors.

8 "After Jacob entered Egypt, they cried to the LORD
or help, and the LORD sent Moses and Aaron, who
rought your ancestors out of Egypt and settled them
n this place.

9 "But they forgot the LORD their God; so he sold them
nto the hand of Sisera, the commander of the army
f Hazor, and into the hands of the Philistines and
he king of Moab, who fought against them. 10 They
ried out to the LORD and said, 'We have sinned; we
ave forsaken the LORD and served the Baals and the
shtoreths. But now deliver us from the hands of
ur enemies, and we will serve you.' 11 Then the LORD
ent Jerub-Baal,[b] Barak,[c] Jephthah and Samuel,[d] and
e delivered you from the hands of your enemies all
round you, so that you lived in safety.

12 "But when you saw that Nahash king of the
mmonites was moving against you, you said to me,
No, we want a king to rule over us' – even though
he LORD your God was your king. 13 Now here is the
ing you have chosen, the one you asked for; see, the
ORD has set a king over you. 14 If you fear the LORD
nd serve and obey him and do not rebel against his
ommands, and if both you and the king who reigns
ver you follow the LORD your God – good! 15 But if you
lo not obey the LORD, and if you rebel against his com-
nands, his hand will be against you, as it was against
our ancestors.

12:11 Also called *Gideon*
12:11 Some Septuagint manuscripts and Syriac; Hebrew *Bedan*
12:11 Hebrew; some Septuagint manuscripts and Syriac *Samson*

15 Tout le peuple se rendit à Guilgal, ils y établirent Saül
pour roi devant l'Eternel et ils offrirent des sacrifices de
communion devant l'Eternel. Ensuite Saül et tous les gens
d'Israël se livrèrent là à de grandes réjouissances.

Le discours d'adieu de Samuel

12 1 Samuel dit à tout le peuple d'Israël : Vous avez vu
que je vous ai accordé tout ce que vous m'avez demandé : j'ai établi un roi sur vous. 2 Maintenant, voici le roi
qui vous dirigera. Quant à moi, je suis devenu vieux, mes
cheveux ont blanchi et mes fils sont parmi vous. Je vous
ai dirigés depuis ma jeunesse jusqu'à ce jour. 3 Je me tiens
aujourd'hui devant vous. Répondez-moi devant l'Eternel
et devant celui qui a reçu son onction : De qui ai-je pris le
bœuf ? De qui ai-je pris l'âne ? Ai-je exploité ou opprimé
l'un de vous ? De qui ai-je accepté un présent pour fermer
les yeux sur sa conduite ? Dites-le, et je vous rendrai tout
ce que j'aurais pris injustement.

4 Ils lui répondirent : Tu ne nous as ni exploités, ni opprimés, et tu n'as jamais rien accepté de personne.

5 Il reprit : L'Eternel est donc témoin devant vous, et celui
qui a reçu l'onction de sa part l'est aussi aujourd'hui : vous
n'avez rien trouvé à me reprocher.

Le peuple confirma : Oui, il en est témoin.

6 Samuel dit encore au peuple : C'est l'Eternel qui a établi
Moïse et Aaron et qui a fait sortir nos ancêtres d'Egypte.
7 Maintenant donc, comparaissez en sa présence et je vais
vous citer tous les actes puissants qu'il a accomplis pour
vous sauver, vous et vos ancêtres.

8 Après que Jacob fut venu en Egypte, lorsque vos ancêtres ont imploré l'Eternel, il a envoyé Moïse et Aaron
qui les ont fait sortir d'Egypte pour les établir dans le
pays où nous sommes. 9 Mais eux, ils ont délaissé l'Eternel
leur Dieu. C'est pourquoi il les a livrés à Sisera, le chef de
l'armée de Hatsor, aux Philistins et au roi de Moab qui leur
ont fait la guerre. 10 Alors ils ont de nouveau imploré l'Eternel en confessant : « Nous avons péché, car nous avons
abandonné l'Eternel et nous avons adoré les dieux Baals
et Astartés. Mais à présent, délivre-nous de nos ennemis
et nous te servirons. »

11 Alors l'Eternel a envoyé Yeroubbaal[i], Baraq, et finalement moi, Samuel[j]. Il vous a délivrés de tous les ennemis
qui vous entourent et vous avez habité le pays en sécurité.

12 Lorsque vous avez vu Nahash le roi des Ammonites
venir vous attaquer, vous êtes venus me dire : « Nous ne
voulons pas continuer ainsi ; il faut qu'un roi règne sur
nous. » Comme si l'Eternel n'était pas votre roi ! 13 Eh bien,
maintenant, voici votre roi selon ce que vous avez choisi et
demandé. C'est l'Eternel qui l'a établi sur vous. 14 Si désormais vous craignez l'Eternel, si vous lui rendez votre culte,
si vous lui obéissez sans vous révolter contre ses paroles et
si vous et votre roi qui règne sur vous, vous suivez l'Eternel votre Dieu, tout ira bien. 15 Mais si vous n'écoutez pas
l'Eternel et si vous êtes rebelles à ses commandements,
l'Eternel vous frappera sévèrement, ainsi que votre roi,
comme il a frappé sévèrement vos ancêtres.

i 12.11 Autre nom de Gédéon (Jg 6.32). Voir Jg 6 à 8.
j 12.11 Certains manuscrits de l'ancienne version grecque et la version syriaque ont : *Samson*.

16“Now then, stand still and see this great thing the
Lord is about to do before your eyes! 17Is it not wheat
harvest now? I will call on the Lord to send thunder
and rain. And you will realize what an evil thing you
did in the eyes of the Lord when you asked for a king.”

18Then Samuel called on the Lord, and that same
day the Lord sent thunder and rain. So all the people
stood in awe of the Lord and of Samuel.

19The people all said to Samuel, “Pray to the Lord
your God for your servants so that we will not die, for
we have added to all our other sins the evil of asking
for a king.”

20“Do not be afraid,” Samuel replied. “You have
done all this evil; yet do not turn away from the Lord,
but serve the Lord with all your heart. 21Do not turn
away after useless idols. They can do you no good, nor
can they rescue you, because they are useless. 22For
the sake of his great name the Lord will not reject his
people, because the Lord was pleased to make you his
own. 23As for me, far be it from me that I should sin
against the Lord by failing to pray for you. And I will
teach you the way that is good and right. 24But be sure
to fear the Lord and serve him faithfully with all your
heart; consider what great things he has done for you.
25Yet if you persist in doing evil, both you and your
king will perish.”

Samuel Rebukes Saul

13 1Saul was thirty[e] years old when he became
king, and he reigned over Israel forty-[f] two
years.

2Saul chose three thousand men from Israel; two
thousand were with him at Mikmash and in the hill
country of Bethel, and a thousand were with Jonathan
at Gibeah in Benjamin. The rest of the men he sent
back to their homes.

3Jonathan attacked the Philistine outpost at Geba,
and the Philistines heard about it. Then Saul had the
trumpet blown throughout the land and said, “Let the
Hebrews hear!” 4So all Israel heard the news: “Saul
has attacked the Philistine outpost, and now Israel has
become obnoxious to the Philistines.” And the people
were summoned to join Saul at Gilgal.

5The Philistines assembled to fight Israel, with
three thousand[g] chariots, six thousand charioteers,

[e] 13:1 A few late manuscripts of the Septuagint; Hebrew does not have *thirty*.

[f] 13:1 Probable reading of the original Hebrew text (see Acts 13:21); Masoretic Text does not have *forty-*.

[g] 13:5 Some Septuagint manuscripts and Syriac; Hebrew *thirty thousand*

16Maintenant, restez encore là, et observez la chos
extraordinaire que l’Eternel va accomplir sous vos yeux
17Ne sommes-nous pas actuellement au temps de la mois
son des blés[k] ? Eh bien, je vais invoquer l’Eternel et il fer
tonner et pleuvoir pour que vous soyez bien conscients qu
vous avez commis une grave faute aux yeux de l’Eterne
en demandant un roi.

18Alors Samuel invoqua l’Eternel, et l’Eternel fit ton
ner et pleuvoir ce jour-là. Tout le peuple fut saisi d’un
grande crainte à l’égard de l’Eternel et de Samuel. 19Tou
supplièrent Samuel : Intercède pour tes serviteurs auprè
de l’Eternel ton Dieu afin que nous ne mourions pas, ca
nous avons ajouté à toutes nos fautes celle de demande
un roi pour nous.

20Samuel rassura le peuple : Soyez sans crainte ! Oui
vous êtes bien coupables de ce mal, mais ne vous détourne
pas de l’Eternel et servez-le de tout votre cœur. 21Ne vou
éloignez pas de lui, sinon vous courrez après des chose
de néant qui sont inutiles et incapables de secourir, parc
qu’elles ne sont que néant. 22Il a plu à l’Eternel de faire d
vous son peuple. C’est pourquoi il ne vous abandonner
pas, car il tient à faire honneur à son grand nom. 23En c
qui me concerne, que l’Eternel me garde de commettr
une faute contre lui en cessant de prier pour vous. J
continuerai à vous enseigner le bon et droit chemin. 24D
votre côté, craignez l’Eternel et servez-le sincèrement d
tout votre cœur en considérant les grandes choses qu’i
a accomplies pour vous. 25Mais si vous faites le mal, vou
serez détruits, vous et votre roi.

Israël se révolte contre les Philistins

13 1Saül était âgé de [trente] ans à son avènemen
et il régna [quarante-]deux ans sur Israël[l]. 2I
sélectionna trois mille soldats d’Israël, deux mille pou
rester avec lui à Mikmas[m] et dans la région montagneus
de Béthel, et mille qu’il plaça sous les ordres de son fil
Jonathan à Guibéa de Benjamin. Les autres soldats furen
renvoyés dans leurs foyers.

3Jonathan abattit la stèle dressée par les Philistins
Guéba[n]. Alors se répandit rapidement parmi les Philistin
la nouvelle que les Hébreux s’étaient révoltés. Saül fit an
noncer la chose au son du cor dans tout le pays : Que le
Hébreux le sachent !

4Tout Israël apprit que Saül avait abattu la stèle de
Philistins, et qu’Israël s’était ainsi rendu odieux au
Philistins.

Tout le peuple se rassembla donc à Guilgal[o] pour alle
combattre avec Saül.

5Les Philistins mobilisèrent leurs troupes pour com
battre Israël. Ils avaient trois mille chars[p] de guerre e

[k] 12.17 C’est-à-dire entre mi-avril et mi-juin. La pluie est rare en Israël à cette époque de l’année.

[l] 13.1 Les mots entre crochets manquent dans le texte hébreu traditionnel. *Trente* est rajouté d’après certains manuscrits de l’ancienne version grecque, et *quarante* d’après Ac 13.21. On pourrait aussi comprendre : *quand il eut régné deux ans,* [2] *il sélectionna ...*

[m] 13.2 Située à 12 kilomètres au nord de Jérusalem, sur une chaîne de collines s’étendant au nord-ouest jusqu’à Béthel, ce qui explique la suite du verset. *Guibéa* se trouvait au sud-ouest.

[n] 13.3 L’ancienne version grecque a : *Guibéa.*

[o] 13.4 Lieu de rassemblement convenu avec Samuel (10.8). Voir Jos 9.6 et note 1 S 10.8.

[p] 13.5 D’après certains manuscrits de l’ancienne version grecque et la version syriaque. Le texte hébreu traditionnel a : *trente mille chars.*

nd soldiers as numerous as the sand on the seashore. hey went up and camped at Mikmash, east of Beth ven. 6 When the Israelites saw that their situation as critical and that their army was hard pressed, ney hid in caves and thickets, among the rocks, and pits and cisterns. 7 Some Hebrews even crossed the rdan to the land of Gad and Gilead.

Saul remained at Gilgal, and all the troops with him ere quaking with fear. 8 He waited seven days, the me set by Samuel; but Samuel did not come to Gilgal, nd Saul's men began to scatter. 9 So he said, "Bring e the burnt offering and the fellowship offerings." nd Saul offered up the burnt offering. 10 Just as he nished making the offering, Samuel arrived, and aul went out to greet him.

11 "What have you done?" asked Samuel.

Saul replied, "When I saw that the men were scatering, and that you did not come at the set time, and nat the Philistines were assembling at Mikmash, 12 I nought, 'Now the Philistines will come down against e at Gilgal, and I have not sought the Lord's favor.' So felt compelled to offer the burnt offering."

13 "You have done a foolish thing," Samuel said. "You ave not kept the command the Lord your God gave ou; if you had, he would have established your kingom over Israel for all time. 14 But now your kingdom ill not endure; the Lord has sought out a man after is own heart and appointed him ruler of his people, ecause you have not kept the Lord's command."

15 Then Samuel left Gilgal[h] and went up to Gibeah in enjamin, and Saul counted the men who were with im. They numbered about six hundred.

rael Without Weapons

16 Saul and his son Jonathan and the men with nem were staying in Gibeah[i] in Benjamin, while the hilistines camped at Mikmash. 17 Raiding parties ent out from the Philistine camp in three detachents. One turned toward Ophrah in the vicinity of hual, 18 another toward Beth Horon, and the third oward the borderland overlooking the Valley of eboyim facing the wilderness.

19 Not a blacksmith could be found in the whole land f Israel, because the Philistines had said, "Otherwise he Hebrews will make swords or spears!" 20 So all rael went down to the Philistines to have their plow oints, mattocks, axes and sickles[j] sharpened. 21 The rice was two-thirds of a shekel[k] for sharpening plow

six mille soldats sur char, ainsi qu'une multitude de fantassins, nombreux comme les grains de sable des mers. Ils allèrent prendre position à Mikmas à l'est de Beth-Aven. 6 Les hommes d'Israël virent qu'ils étaient dans une situation extrêmement critique, car ils étaient serrés de près par l'ennemi. Ils se cachèrent dans les grottes, les buissons, les cavernes, les souterrains et les citernes. 7 Certains Hébreux franchirent le Jourdain et se réfugièrent dans le territoire de Gad et de Galaad. Pendant ce temps, Saül était toujours à Guilgal, au milieu de son armée qui tremblait d'épouvante. 8 Il attendit sept jours le rendez-vous fixé par Samuel. Celui-ci n'arrivant pas, les soldats commencèrent à abandonner Saül et à se disperser.

La faute de Saül

9 Alors Saül dit : Amenez-moi les bêtes de l'holocauste et des sacrifices de communion.

Et il offrit lui-même l'holocauste. 10 Au moment où il achevait de l'offrir, Samuel arriva. Saül alla à sa rencontre pour le saluer. 11 Samuel lui demanda : Qu'as-tu fait ?

Saül répondit : Quand j'ai vu que mes soldats se dispersaient loin de moi, que tu n'arrivais pas au rendez-vous fixé et que les Philistins étaient concentrés à Mikmas, 12 je me suis dit : « Les Philistins vont tomber sur moi à Guilgal avant que j'aie pu implorer l'Eternel. » Alors je me suis fait violence et j'ai offert l'holocauste.

13 Samuel dit à Saül : Tu as agi comme un insensé. Tu n'as pas obéi au commandement que l'Eternel ton Dieu t'avait donné. Si tu l'avais fait, l'Eternel aurait affermi ton autorité royale sur Israël et il aurait fait en sorte que tes descendants y gardent pour toujours la royauté. 14 Mais puisque tu as désobéi aux ordres de l'Eternel, ta royauté ne subsistera pas. L'Eternel a décidé de se chercher un homme qui corresponde à ses désirs et de l'établir chef de son peuple.

15 Puis Samuel le quitta et monta de Guilgal à Guibéa de Benjamin. Saül dénombra la troupe qui se trouvait avec lui : il lui restait environ six cents hommes[q].

Les armées prennent position

16 Saül et son fils Jonathan avaient pris position à Guéba de Benjamin avec les gens qui leur restaient, tandis que les Philistins campaient à Mikmas. 17 Une troupe de destructeurs sortit des camps des Philistins et se divisa en trois compagnies ; l'une d'elles prit la direction d'Ophra dans le pays de Shoual[r], 18 la deuxième se dirigea vers Beth-Horôn[s] et la troisième monta sur les hauteurs par le chemin de la frontière qui domine la vallée de Tseboïm[t] du côté du désert.

19 A cette époque, il n'y avait pas de forgeron dans tout le pays d'Israël, car les Philistins avaient voulu empêcher que les Hébreux fabriquent des épées et des lances. 20 Tous les Israélites devaient donc se rendre chez les Philistins pour faire affûter leurs socs de charrue, leurs pioches, leurs haches, leurs bêches 21 lorsque leurs bêches, leurs

13:15 Hebrew; Septuagint *Gilgal and went his way; the rest of the ople went after Saul to meet the army, and they went out of Gilgal*
13:16 Two Hebrew manuscripts; most Hebrew manuscripts *Geba*, variant of *Gibeah*
13:20 Septuagint; Hebrew *plow points*
13:21 That is, about 1/4 ounce or about 8 grams

q 13.15 L'ancienne version grecque et deux manuscrits de l'ancienne version latine ont : *Samuel s'en alla de Guilgal. Le reste du peuple quitta Guilgal et suivit Saül pour aller rejoindre l'armée, à Guibéa de Benjamin.*
r 13.17 A l'est de Béthel, donc du côté de Mikmas.
s 13.18 A l'ouest de Mikmas (voir Jos 16.3,5).
t 13.18 Au sud-est de Mikmas.

points and mattocks, and a third of a shekel[l] for sharpening forks and axes and for repointing goads.

22 So on the day of the battle not a soldier with Saul and Jonathan had a sword or spear in his hand; only Saul and his son Jonathan had them.

Jonathan Attacks the Philistines

23 Now a detachment of Philistines had gone out to the pass at Mikmash.

14 1 One day Jonathan son of Saul said to his young armor-bearer, "Come, let's go over to the Philistine outpost on the other side." But he did not tell his father.

2 Saul was staying on the outskirts of Gibeah under a pomegranate tree in Migron. With him were about six hundred men, 3 among whom was Ahijah, who was wearing an ephod. He was a son of Ichabod's brother Ahitub son of Phinehas, the son of Eli, the LORD's priest in Shiloh. No one was aware that Jonathan had left.

4 On each side of the pass that Jonathan intended to cross to reach the Philistine outpost was a cliff; one was called Bozez and the other Seneh. 5 One cliff stood to the north toward Mikmash, the other to the south toward Geba.

6 Jonathan said to his young armor-bearer, "Come, let's go over to the outpost of those uncircumcised men. Perhaps the LORD will act in our behalf. Nothing can hinder the LORD from saving, whether by many or by few."

7 "Do all that you have in mind," his armor-bearer said. "Go ahead; I am with you heart and soul."

8 Jonathan said, "Come on, then; we will cross over toward them and let them see us. 9 If they say to us, 'Wait there until we come to you,' we will stay where we are and not go up to them. 10 But if they say, 'Come up to us,' we will climb up, because that will be our sign that the LORD has given them into our hands."

11 So both of them showed themselves to the Philistine outpost. "Look!" said the Philistines. "The Hebrews are crawling out of the holes they were hiding in." 12 The men of the outpost shouted to Jonathan and his armor-bearer, "Come up to us and we'll teach you a lesson."

So Jonathan said to his armor-bearer, "Climb up after me; the LORD has given them into the hand of Israel."

13 Jonathan climbed up, using his hands and feet, with his armor-bearer right behind him. The Philistines fell before Jonathan, and his armor-bearer followed and killed behind him. 14 In that first attack Jonathan and his armor-bearer killed some twenty men in an area of about half an acre.

[l] 13:21 That is, about 1/8 ounce or about 4 grams

pioches, leurs tridents et leurs haches étaient émoussé ainsi que pour redresser leurs aiguillons. 22 C'est pourqu le jour de la bataille, les hommes qui étaient avec Saül Jonathan n'avaient ni épée ni lance ; seuls Saül et son fi Jonathan en possédaient[u]. 23 Un avant-poste philistin vi prendre position au défilé de Mikmas[v].

L'exploit de Jonathan

14 1 Un jour, Jonathan, le fils de Saül, dit à son écuye Viens, allons attaquer ce poste des Philistins q est en face, de l'autre côté de la gorge.

Mais il ne prévint pas son père.

2 Saül se trouvait alors à la sortie de Guibéa avec s quelque six cents hommes sous le grenadier de Migrô 3 Il y avait aussi comme prêtre portant l'éphod[w] Ahiy fils d'Ahitoub, frère d'I-Kabod, le fils de Phinéas et p tit-fils d'Eli qui avait été prêtre de l'Eternel à Silo. Person n'avait remarqué que Jonathan était parti.

4 Dans le défilé que Jonathan cherchait à franchir po atteindre le poste des Philistins se dressaient de part d'autre deux pointes rocheuses appelées Botsets et Sén 5 L'une d'elles s'élève au nord en face de Mikmas et l'aut au sud en face de Guéba.

6 Jonathan dit au jeune homme qui portait ses arme Viens et attaquons le poste de ces incirconcis. Peut-êt l'Eternel agira-t-il en notre faveur, car rien ne l'empêcl de sauver par un petit nombre aussi bien que par un gran

7 Son serviteur lui répondit : Fais tout ce que tu as cœur. Allons-y ! Je suis prêt à te suivre où tu voudras.

8 Jonathan lui expliqua : Ecoute, nous allons nous fa filer jusqu'à ces hommes, puis nous nous découvriro brusquement à eux. 9 S'ils nous disent : « Halte ! Ne boug pas jusqu'à ce que nous vous ayons rejoints », nous re terons sur place et nous ne monterons pas jusqu'à eu 10 Mais s'ils nous disent de monter jusqu'à eux, nous iron ce sera pour nous le signe que l'Eternel nous donne victoire sur eux.

11 Lorsqu'ils se montrèrent tous deux aux hommes d poste des Philistins, ceux-ci s'écrièrent : Tiens ! Voici d Hébreux qui sortent des trous où ils s'étaient cachés. 12 Et s'adressant à Jonathan et au jeune homme qui po tait ses armes, ils leur crièrent : Montez jusqu'à nous, no avons quelque chose à vous apprendre.

Alors Jonathan dit à son serviteur : Suis-moi là-haut, c l'Eternel donne à Israël la victoire sur eux.

13 Jonathan grimpa en s'aidant des mains et des pied et le jeune homme qui portait ses armes le suivait. Ils a taquèrent les Philistins qui tombèrent sous les coups c Jonathan, tandis que le jeune homme les achevait derriè lui. 14 Ils massacrèrent ainsi une vingtaine d'hommes s un espace de quelques mètres carrés.

[u] 13.22 Les Israélites combattaient avec des arcs, des flèches et des frondes.

[v] 13.23 Un défilé étroit au nord de Guibéa où se trouvaient les rochers escarpés mentionnés en 14.4-5 qui formaient des observatoires nature

[w] 14.3 Qui contenait l'ourim et le toummim servant à consulter Dieu (v. 18 et 36-42).

rael Routs the Philistines

15 Then panic struck the whole army – those in the
ımp and field, and those in the outposts and raiding
arties – and the ground shook. It was a panic sent
y God.[m]

16 Saul's lookouts at Gibeah in Benjamin saw the
rmy melting away in all directions. 17 Then Saul said
the men who were with him, "Muster the forces and
e who has left us." When they did, it was Jonathan
d his armor-bearer who were not there.
18 Saul said to Ahijah, "Bring the ark of God." (At
at time it was with the Israelites.)[n] 19 While Saul was
lking to the priest, the tumult in the Philistine camp
creased more and more. So Saul said to the priest,
Withdraw your hand."

20 Then Saul and all his men assembled and went to
e battle. They found the Philistines in total confu-
on, striking each other with their swords. 21 Those
ebrews who had previously been with the Philistines
d had gone up with them to their camp went over
the Israelites who were with Saul and Jonathan.
When all the Israelites who had hidden in the hill
ountry of Ephraim heard that the Philistines were
the run, they joined the battle in hot pursuit. 23 So
that day the LORD saved Israel, and the battle moved
beyond Beth Aven.

nathan Eats Honey

24 Now the Israelites were in distress that day,
ecause Saul had bound the people under an oath, say-
g, "Cursed be anyone who eats food before evening
omes, before I have avenged myself on my enemies!"
none of the troops tasted food.
25 The entire army entered the woods, and there
as honey on the ground. 26 When they went into the
oods, they saw the honey oozing out; yet no one
it his hand to his mouth, because they feared the
ath. 27 But Jonathan had not heard that his father
d bound the people with the oath, so he reached out
e end of the staff that was in his hand and dipped it
to the honeycomb. He raised his hand to his mouth,
d his eyes brightened.[o] 28 Then one of the soldiers
ld him, "Your father bound the army under a strict
ath, saying, 'Cursed be anyone who eats food today!'
hat is why the men are faint."
29 Jonathan said, "My father has made trouble for
e country. See how my eyes brightened when I tast-
a little of this honey. 30 How much better it would
ave been if the men had eaten today some of the
lunder they took from their enemies. Would not the
aughter of the Philistines have been even greater?"

14:15 Or *a terrible panic*
14:18 Hebrew; Septuagint *"Bring the ephod." (At that time he wore the ephod before the Israelites.)*
14:27 Or *his strength was renewed*; similarly in verse 29

15 La panique se répandit dans le camp philistin, elle
gagna toute la région et toute l'armée ; les avant-postes
et la troupe de choc furent terrifiés à leur tour, de plus,
la terre se mit à trembler. Dieu lui-même sema la panique
parmi eux.

La délivrance

16 Les guetteurs postés par Saül autour de Guibéa de
Benjamin virent les soldats du camp ennemi courir en
tous sens et se disperser çà et là. 17 Alors Saül ordonna
à ses soldats : Faites l'appel et voyez qui nous a quittés.
On fit l'appel et l'on s'aperçut que Jonathan et le jeune
homme qui portait ses armes manquaient. 18 Saül dit à
Ahiya : Apportez l'éphod[x] !
Car le prêtre portait en ce temps-là l'éphod devant les
Israélites.
19 Pendant que Saül parlait au prêtre, le désordre augmentait dans le camp des Philistins. Alors Saül dit au
prêtre : Cela suffit ! Retire ta main.
20 Saül et ses hommes se rassemblèrent et s'avancèrent
sur le champ de bataille. Et que virent-ils ? Leurs ennemis
étaient en train de s'entretuer à coups d'épée dans une
mêlée indescriptible. 21 Les Hébreux qui, depuis longtemps,
étaient au service des Philistins et qui participaient à leurs
expéditions, firent volte-face et passèrent du côté des
Israélites qui étaient avec Saül et Jonathan. 22 De même,
tous les Israélites qui s'étaient cachés dans la région montagneuse d'Ephraïm apprirent la défaite des Philistins et
se mirent, eux aussi, à les talonner pour les combattre.
23 Ainsi, ce jour-là, l'Eternel accorda la délivrance à Israël
et le combat se poursuivit jusqu'au-delà de Beth-Aven.

Le serment insensé

24 Les hommes d'Israël étaient exténués car Saül les avait
placés sous cette imprécation : Maudit soit l'homme qui
prendra de la nourriture avant le soir, avant que je me sois
vengé de mes ennemis !
Personne n'avait donc rien mangé. 25 Toute l'armée avait
atteint un bois où du miel coulait jusque sur le sol. 26 En
arrivant, les hommes virent bien ce miel qui ruisselait des
rayons, mais aucun d'eux n'osa y toucher et en porter à sa
bouche par respect du serment. 27 Toutefois Jonathan, qui
ignorait que son père avait fait prêter serment à tout le
peuple, tendit le bâton qu'il tenait en main et en trempa
le bout dans le rayon de miel, puis il le porta à sa bouche.
Immédiatement, ses yeux s'éclaircirent. 28 A ce moment,
l'un des soldats l'avertit en disant : Ton père a adjuré le
peuple par un serment en disant : « Maudit soit l'homme
qui prendra aujourd'hui de la nourriture ! » C'est pour
cela que tous sont épuisés.
29 Jonathan déclara : Mon père fait le malheur du pays.
Voyez donc comme ma vue s'est éclaircie depuis que j'ai
mangé un peu de ce miel. 30 Ah ! si nos hommes avaient
mangé aujourd'hui de la nourriture qu'ils ont trouvée
chez nos ennemis, la défaite des Philistins serait bien plus
grande !

[x] 14.18 D'après l'ancienne version grecque ; le texte hébreu traditionnel parle du *coffre de Dieu*. L'expression de la fin du v. 19 montre qu'il s'agit bien de l'éphod.

31 That day, after the Israelites had struck down the Philistines from Mikmash to Aijalon, they were exhausted. 32 They pounced on the plunder and, taking sheep, cattle and calves, they butchered them on the ground and ate them, together with the blood. 33 Then someone said to Saul, "Look, the men are sinning against the LORD by eating meat that has blood in it."

"You have broken faith," he said. "Roll a large stone over here at once." 34 Then he said, "Go out among the men and tell them, 'Each of you bring me your cattle and sheep, and slaughter them here and eat them. Do not sin against the LORD by eating meat with blood still in it.'"

So everyone brought his ox that night and slaughtered it there. 35 Then Saul built an altar to the LORD; it was the first time he had done this.

36 Saul said, "Let us go down and pursue the Philistines by night and plunder them till dawn, and let us not leave one of them alive."

"Do whatever seems best to you," they replied.

But the priest said, "Let us inquire of God here."

37 So Saul asked God, "Shall I go down and pursue the Philistines? Will you give them into Israel's hand?" But God did not answer him that day.

38 Saul therefore said, "Come here, all you who are leaders of the army, and let us find out what sin has been committed today. 39 As surely as the LORD who rescues Israel lives, even if the guilt lies with my son Jonathan, he must die." But not one of them said a word.

40 Saul then said to all the Israelites, "You stand over there; I and Jonathan my son will stand over here."

"Do what seems best to you," they replied.

41 Then Saul prayed to the LORD, the God of Israel, "Why have you not answered your servant today? If the fault is in me or my son Jonathan, respond with Urim, but if the men of Israel are at fault,[p] respond with Thummim." Jonathan and Saul were taken by lot, and the men were cleared. 42 Saul said, "Cast the lot between me and Jonathan my son." And Jonathan was taken.

43 Then Saul said to Jonathan, "Tell me what you have done."

So Jonathan told him, "I tasted a little honey with the end of my staff. And now I must die!"

44 Saul said, "May God deal with me, be it ever so severely, if you do not die, Jonathan."

45 But the men said to Saul, "Should Jonathan die – he who has brought about this great deliverance in Israel? Never! As surely as the LORD lives, not a hair

[p] **14:41** Septuagint; Hebrew does not have "*Why … at fault.*

31 Les Israélites battirent ce jour-là les Philistins depu Mikmas jusqu'à Ayalôn[y], ensuite les hommes étaient épuisés 32 qu'ils se ruèrent sur le butin, ils prirent des mou tons, des bœufs et des veaux, les égorgèrent sur place e les mangèrent avec le sang. 33 On vint dire à Saül que le hommes étaient en train de commettre une faute contr l'Eternel en mangeant des bêtes avec le sang. Alors le ro s'écria : Vous êtes des infidèles ! Roulez immédiatemen vers moi une grande pierre ! 34 Puis il ajouta : Répandez vous dans l'armée et dites à chacun de venir m'amene son bœuf ou son mouton et de l'égorger ici. Ensuite vou en mangerez et vous ne commettrez plus de faute contr l'Eternel en mangeant ces bêtes avec le sang !

Chacun amena donc pendant la nuit le bétail qu'il ava sous la main et on l'égorgea en cet endroit. 35 Saül bât un autel à l'Eternel. Ce fut le premier qu'il édifia en so honneur.

36 Saül proposa : Descendons cette nuit derrière le Philistins et pillons-les jusqu'à l'aube. Nous ne laisseron pas de survivants.

Les soldats lui dirent : Fais comme tu le juges bon.

Alors le prêtre intervint en disant : Consultons d'abor Dieu ici.

37 Saül interrogea Dieu : Descendrai-je à la poursuite de Philistins ? Les livreras-tu en notre pouvoir ?

Mais Dieu ne lui répondit pas ce jour-là. 38 Alors Saü convoqua tous les chefs du peuple auprès de lui et leu dit : Faites des recherches et tâchez de savoir quelle faut a été commise aujourd'hui ! 39 Aussi vrai que l'Eternel qu vient de délivrer Israël est vivant, je jure que le coupabl mourra, même s'il s'agissait de mon fils Jonathan.

Mais personne dans tout le peuple ne lui répondit mo

40 Alors il dit : Mettez-vous tous d'un côté, et mon fil Jonathan et moi-même, nous nous mettrons de l'autre.

– Fais comme tu le juges bon, lui répondirent ses soldat

41 Saül dit à l'Eternel : Dieu d'Israël, [pourquoi n'as-t pas répondu à ton serviteur aujourd'hui ? Si la faute s trouve en moi-même ou en mon fils Jonathan, répond par l'ourim ; si elle se trouve dans l'armée, réponds pa le toummim[z].]

Dans sa réponse, Dieu désigna Saül et Jonathan. Ains le peuple fut mis hors de cause. 42 Alors Saül ordonna Jetez le sort pour déterminer s'il s'agit de moi ou de mo fils Jonathan[a] !

Et le sort tomba sur Jonathan. 43 Alors Saül lui demanda Qu'as-tu fait ? Avoue-le-moi !

Et Jonathan lui déclara : J'ai goûté un peu de miel avec l bâton que j'avais en main. Me voici prêt à mourir.

44 Saül s'écria : Oui, certainement, tu seras puni de mor Jonathan ! Que Dieu me punisse très sévèrement si je t laisse en vie.

45 Mais les soldats intervinrent et dirent : Comment Jonathan mourrait alors que c'est lui qui est à l'origin de cette grande victoire pour Israël ! Sûrement pas ! Aus vrai que l'Eternel est vivant, nous ne permettrons pa

[y] **14.31** A quelque 25 kilomètres à l'ouest de Mikmas.

[z] **14.41** Les mots entre crochets se trouvent seulement dans l'ancienne version grecque et la Vulgate. Le texte hébreu traditionnel dit simplement : *fais connaître la vérité.* Sur l'ourim et le toummim, voir Ex 28.30.

[a] **14.42** L'ancienne version grecque ajoute : *Celui que l'Eternel désignera mourra. » Le peuple protesta en disant à Saül : « Jamais ! Cela ne se fera pas ! » Mais Saül s'obstina et fit prévaloir sa volonté sur celle de ses hommes et l'on tira au sort entre lui et son fils Jonathan.*

f his head will fall to the ground, for he did this today ith God's help." So the men rescued Jonathan, and e was not put to death.

46 Then Saul stopped pursuing the Philistines, and ey withdrew to their own land.

47 After Saul had assumed rule over Israel, he ought against their enemies on every side: Moab, e Ammonites, Edom, the kings[q] of Zobah, and the hilistines. Wherever he turned, he inflicted punishent on them.[r] 48 He fought valiantly and defeated the malekites, delivering Israel from the hands of those ho had plundered them.

aul's Family

49 Saul's sons were Jonathan, Ishvi and Malki-Shua. he name of his older daughter was Merab, and that f the younger was Michal. 50 His wife's name was hinoam daughter of Ahimaaz. The name of the ommander of Saul's army was Abner son of Ner, and er was Saul's uncle. 51 Saul's father Kish and Abner's ather Ner were sons of Abiel.

52 All the days of Saul there was bitter war with the hilistines, and whenever Saul saw a mighty or brave an, he took him into his service.

he Lord Rejects Saul as King

15 1 Samuel said to Saul, "I am the one the Lord sent to anoint you king over his people srael; so listen now to the message from the Lord. This is what the Lord Almighty says: 'I will punish he Amalekites for what they did to Israel when they aylaid them as they came up from Egypt. 3 Now go, ttack the Amalekites and totally destroy[s] all that elongs to them. Do not spare them; put to death men nd women, children and infants, cattle and sheep, amels and donkeys.'"

4 So Saul summoned the men and mustered them t Telaim – two hundred thousand foot soldiers and en thousand from Judah. 5 Saul went to the city of malek and set an ambush in the ravine. 6 Then he aid to the Kenites, "Go away, leave the Amalekites o that I do not destroy you along with them; for you howed kindness to all the Israelites when they came p out of Egypt." So the Kenites moved away from he Amalekites.

7 Then Saul attacked the Amalekites all the way rom Havilah to Shur, near the eastern border of gypt. 8 He took Agag king of the Amalekites alive, nd all his people he totally destroyed with the sword. But Saul and the army spared Agag and the best of he sheep and cattle, the fat calves[t] and lambs – everything that was good. These they were unwilling to

14:47 Masoretic Text; Dead Sea Scrolls and Septuagint *king*
14:47 Hebrew; Septuagint *he was victorious*
15:3 The Hebrew term refers to the irrevocable giving over of hings or persons to the Lord, often by totally destroying them; lso in verses 8, 9, 15, 18, 20 and 21.
15:9 Or *the grown bulls*; the meaning of the Hebrew for this phrase s uncertain.

qu'un seul cheveu tombe de sa tête, car ce qu'il a fait aujourd'hui, c'est avec l'aide de Dieu qu'il l'a réalisé.

Ainsi, l'intervention du peuple sauva Jonathan et il ne fut pas mis à mort. 46 Saül abandonna la poursuite des Philistins, et ceux-ci regagnèrent leur pays.

Les victoires militaires de Saül

47 Une fois que Saül eut reçu la royauté sur Israël, il fit la guerre à tous les ennemis d'alentour : aux Moabites, aux Ammonites, aux Edomites, aux rois[b] de Tsoba[c] et aux Philistins ; partout où il se tournait, il les malmenait. 48 Il signala sa bravoure en battant les Amalécites et en délivrant Israël de ceux qui le pillaient.

49 Saül avait des fils : Jonathan, Yishvi et Malkishoua, ainsi que deux filles : Mérab, l'aînée, et Mikal, la cadette. 50 Sa femme s'appelait Ahinoam, elle était fille d'Ahimaats. Le général en chef de son armée était Abner, le fils de son oncle Ner. 51 Ner, comme Qish le père de Saül, était fils d'Abiel. 52 La guerre contre les Philistins se poursuivit avec acharnement pendant toute la vie de Saül. Dès que celui-ci remarquait un homme fort et courageux, il l'enrôlait dans son armée.

La guerre contre les Amalécites et la nouvelle désobéissance de Saül

15 1 Un jour, Samuel dit à Saül : C'est moi que l'Eternel a envoyé pour te conférer l'onction qui t'a établi roi de son peuple, Israël. Maintenant donc, écoute les paroles de l'Eternel. 2 Voici ce que déclare l'Eternel, le Seigneur des armées célestes : « J'ai décidé de punir les Amalécites pour ce qu'ils ont fait au peuple d'Israël, en se mettant en travers de sa route quand il venait d'Egypte. 3 Maintenant, va les attaquer et voue-les moi en les exterminant totalement avec tout ce qui leur appartient. Sois sans pitié et fais périr hommes et femmes, enfants et bébés, bœufs, moutons, chèvres, chameaux et ânes. »

4 Saül mobilisa son armée et la passa en revue à Telaïm ; il compta deux cent mille soldats des provinces du Nord et dix mille hommes de Juda[d]. 5 Il les conduisit jusqu'à la ville d'Amalec et plaça une embuscade dans le ravin. 6 Puis il fit dire aux Qéniens : Partez, séparez-vous des Amalécites pour que je ne vous fasse pas subir le même sort qu'à eux, car vous avez été bons envers les Israélites quand ils venaient d'Egypte.

Les Qéniens se retirèrent donc du milieu des Amalécites[e].

7 Saül battit Amalec depuis Havila jusqu'aux abords de Shour à l'est de l'Egypte[f]. 8 Il captura Agag, roi d'Amalec, vivant, et extermina toute la population par l'épée. 9 Saül et ses soldats épargnèrent Agag ainsi que les meilleurs animaux du butin : moutons, chèvres et bœufs, bêtes grasses et agneaux ; ils ne voulurent pas les détruire pour les vouer

b **14.47** Selon le texte hébreu traditionnel. Le texte hébreu de Qumrân et l'ancienne version grecque ont le singulier.
c **14.47** Sans doute une région de Syrie (voir 2 S 10.6).
d **15.4** Il pourrait s'agir de *deux cents « milliers » de soldats et de dix « milliers » d'hommes de Juda* (voir note 8.12).
e **15.6** Voir Jg 4.11 et note.
f **15.7** *Shour* est situé sur la frontière orientale de l'Egypte (27.8 ; Gn 16.7 ; 20.1). *Havila* semble s'appliquer à toute la région du désert au sud-est du pays d'Israël (voir Gn 25.18).

destroy completely, but everything that was despised
and weak they totally destroyed.

10 Then the word of the LORD came to Samuel: 11 "I
regret that I have made Saul king, because he has
turned away from me and has not carried out my instructions." Samuel was angry, and he cried out to
the LORD all that night.
12 Early in the morning Samuel got up and went to
meet Saul, but he was told, "Saul has gone to Carmel.
There he has set up a monument in his own honor and
has turned and gone on down to Gilgal."
13 When Samuel reached him, Saul said, "The LORD
bless you! I have carried out the LORD's instructions."
14 But Samuel said, "What then is this bleating of
sheep in my ears? What is this lowing of cattle that
I hear?"
15 Saul answered, "The soldiers brought them from
the Amalekites; they spared the best of the sheep and
cattle to sacrifice to the LORD your God, but we totally
destroyed the rest."
16 "Enough!" Samuel said to Saul. "Let me tell you
what the LORD said to me last night."
"Tell me," Saul replied.
17 Samuel said, "Although you were once small in
your own eyes, did you not become the head of the
tribes of Israel? The LORD anointed you king over Israel.
18 And he sent you on a mission, saying, 'Go and completely destroy those wicked people, the Amalekites;
wage war against them until you have wiped them
out.' 19 Why did you not obey the LORD? Why did you
pounce on the plunder and do evil in the eyes of the
LORD?"
20 "But I did obey the LORD," Saul said. "I went on
the mission the LORD assigned me. I completely destroyed the Amalekites and brought back Agag their
king. 21 The soldiers took sheep and cattle from the
plunder, the best of what was devoted to God, in order
to sacrifice them to the LORD your God at Gilgal."

22 But Samuel replied:
"Does the LORD delight in burnt offerings and
sacrifices
as much as in obeying the LORD?
To obey is better than sacrifice,
and to heed is better than the fat of rams.
23 For rebellion is like the sin of divination,
and arrogance like the evil of idolatry.
Because you have rejected the word of the LORD,
he has rejected you as king."

à l'Eternel. Par contre, ils détruisirent tout ce qui éta
méprisable et sans valeur.

L'Eternel rejette Saül

10 L'Eternel parla à Samuel et lui dit : 11 Je décide d'a
nuler ce que j'ai fait en établissant Saül roi, car il s'e
détourné de moi et il n'a pas tenu compte de mes ordre
Samuel en fut bouleversé et il implora l'Eternel tou
la nuit. 12 Le lendemain matin, il partit trouver Saül. E
chemin, il apprit que celui-ci s'était rendu à Karmel[g] po
y ériger un mémorial, puis qu'il était reparti en directi
de Guilgal. 13 Finalement, Samuel le rejoignit[h]. Saül l'abor
par ces mots : Que l'Eternel te bénisse ! J'ai exécuté l'ord
de l'Eternel.

14 Mais Samuel lui demanda : D'où viennent donc c
bêlements de moutons qui résonnent à mes oreilles et c
mugissements de bœufs que j'entends ?
15 Saül répondit : Ils les ont ramenés de chez l
Amalécites, car les soldats ont épargné les meilleures bêt
parmi les moutons et les bœufs pour les offrir en sacrifice
l'Eternel ton Dieu ; le reste nous l'avons totalement détru
16 – Assez, interrompit Samuel. Je vais t'apprendre c
que l'Eternel m'a dit cette nuit.
– Parle, lui dit Saül.
17 Et Samuel lui déclara : Alors que tu te considéra
comme un personnage peu important, tu es devenu
chef des tribus d'Israël et l'Eternel t'a oint pour t'établ
roi d'Israël. 18 Il t'a envoyé en campagne avec cet ordr
précis : « Va et détruis les Amalécites pour me les vouer, c
peuple de pécheurs, en les combattant jusqu'à leur tota
extermination. »
19 Alors pourquoi n'as-tu pas obéi à l'ordre de l'Eternel
Pourquoi as-tu fait ce qu'il considère comme mal en
précipitant sur le butin ?
20 Saül répliqua : Mais si, j'ai obéi à l'ordre de l'Eternel
j'ai accompli la mission qu'il m'avait confiée : j'ai ramer
Agag, roi d'Amalec, et j'ai exterminé les Amalécites pou
les vouer à l'Eternel. 21 Mais les soldats ont prélevé sur
butin les meilleurs moutons et les meilleurs bœufs q
devaient être voués à l'Eternel par destruction, pour l
offrir en sacrifice à l'Eternel ton Dieu à Guilgal.

L'obéissance vaut mieux que les sacrifices

22 Samuel lui dit alors :
Les holocaustes et les sacrifices
font-ils autant plaisir à l'Eternel
que l'obéissance à ses ordres ?
Non ! Car l'obéissance est préférable aux sacrifices,
la soumission vaut mieux que la graisse des béliers
23 Car l'insoumission est aussi coupable que le péché
de divination
et la désobéissance aussi grave que le péché
d'idolâtrie.
Puisque tu as rejeté les ordres de
l'Eternel,
lui aussi te rejette et te retire la
royauté.

[g] **15.12** Localité de Juda située à une douzaine de kilomètres au sud d'Hébron (voir25.2 ; Jos 15.55).

[h] **15.13** L'ancienne version grecque ajoute ici : *pendant qu'il offrait des holocaustes à l'Eternel, pris sur le butin qu'il avait ramené d'Amalec.*

24 Then Saul said to Samuel, "I have sinned. I violat-
l the Lord's command and your instructions. I was
raid of the men and so I gave in to them. 25 Now I beg
u, forgive my sin and come back with me, so that I
ay worship the Lord."
26 But Samuel said to him, "I will not go back with
u. You have rejected the word of the Lord, and the
rd has rejected you as king over Israel!"
27 As Samuel turned to leave, Saul caught hold of
e hem of his robe, and it tore. 28 Samuel said to him,
The Lord has torn the kingdom of Israel from you
day and has given it to one of your neighbors – to
ne better than you. 29 He who is the Glory of Israel
es not lie or change his mind; for he is not a human
ing, that he should change his mind."
30 Saul replied, "I have sinned. But please honor
e before the elders of my people and before Israel;
me back with me, so that I may worship the Lord
ur God." 31 So Samuel went back with Saul, and Saul
orshiped the Lord.
32 Then Samuel said, "Bring me Agag king of the
malekites."
Agag came to him in chains.[u] And he thought,
Surely the bitterness of death is past."
33 But Samuel said,

"As your sword has made women childless,
so will your mother be childless among
women."

nd Samuel put Agag to death before the Lord at Gilgal.
34 Then Samuel left for Ramah, but Saul went up to
is home in Gibeah of Saul. 35 Until the day Samuel
ed, he did not go to see Saul again, though Samuel
ourned for him. And the Lord regretted that he had
ade Saul king over Israel.

amuel Anoints David

16 1 The Lord said to Samuel, "How long will you
mourn for Saul, since I have rejected him as
ng over Israel? Fill your horn with oil and be on your
ay; I am sending you to Jesse of Bethlehem. I have
osen one of his sons to be king."
2 But Samuel said, "How can I go? If Saul hears about
, he will kill me."
The Lord said, "Take a heifer with you and say, 'I
ave come to sacrifice to the Lord.' 3 Invite Jesse to
e sacrifice, and I will show you what to do. You are
anoint for me the one I indicate."
4 Samuel did what the Lord said. When he arrived
Bethlehem, the elders of the town trembled when
ey met him. They asked, "Do you come in peace?"
5 Samuel replied, "Yes, in peace; I have come to sac-
fice to the Lord. Consecrate yourselves and come to

15:32 The meaning of the Hebrew for this phrase is uncertain.

24 Alors Saül répondit à Samuel : J'ai péché, car j'ai
transgressé l'ordre de l'Eternel et tes instructions, parce
que j'ai eu peur de mécontenter mes soldats, et j'ai cédé
à leurs demandes. 25 A présent, je t'en prie, pardonne ma
faute ; et reviens avec moi pour que je me prosterne devant
l'Eternel.
26 – Non, répliqua Samuel. Je n'irai pas avec toi, car tu
as rejeté les ordres de l'Eternel, c'est pourquoi l'Eternel te
rejette aussi et te retire la royauté sur Israël.
27 Comme Samuel se retournait pour partir, Saül le saisit par le pan de son manteau et le morceau fut arraché.
28 Alors Samuel lui déclara : C'est ainsi que l'Eternel t'arrache aujourd'hui la royauté d'Israël pour la donner à un
autre qui est meilleur que toi. 29 Sois-en certain : Celui qui
est la gloire d'Israël ne ment pas et ne se rétractera pas,
car il n'est pas comme un être humain pour se rétracter.
30 Saül répéta : J'ai péché ! Toutefois, en ce moment, je
t'en supplie, continue à m'honorer devant les responsables
de mon peuple et devant Israël. Reviens avec moi et je me
prosternerai devant l'Eternel ton Dieu !
31 A la fin, Samuel l'accompagna et Saül se prosterna
devant l'Eternel. 32 Samuel ordonna : Amenez-moi Agag,
roi d'Amalec !
Celui-ci arriva d'un air content[i], car il se disait :
« Certainement l'amertume de la mort s'est éloignée. »
33 Mais Samuel lui déclara : Ton épée a privé bien des
femmes de leurs enfants, à présent c'est ta mère qui sera
privée de son fils !
Et Samuel exécuta Agag devant l'Eternel à Guilgal.
34 Puis il retourna à Rama, et Saül rentra chez lui à
Guibéa de Saül.
35 Samuel n'alla plus voir Saül jusqu'au jour de sa mort ;
mais il était dans l'affliction à son sujet parce que l'Eternel
avait décidé d'annuler ce qu'il avait fait en l'établissant
roi sur Israël.

L'Eternel fait oindre un nouveau roi et lui donne son Esprit

16 1 L'Eternel dit à Samuel : Combien de temps encore
vas-tu pleurer sur Saül, alors que moi, je l'ai rejeté
pour lui retirer la royauté sur Israël ? Remplis ta corne
d'huile et va à Bethléhem[j], je t'envoie chez Isaï[k], car je
me suis choisi pour moi un roi parmi ses fils.
2 Samuel répondit : Comment puis-je faire cela ? Saül
l'apprendra et il me fera mourir !
L'Eternel lui dit : Tu emmèneras une génisse et tu diras
que tu vas m'offrir un sacrifice. 3 Tu inviteras Isaï à y assister et je t'indiquerai alors ce que tu devras faire. Tu
conféreras de ma part l'onction à celui que je te désignerai.
4 Samuel fit ce que l'Eternel lui avait ordonné. Lorsqu'il
arriva à Bethléhem, les responsables de la ville, inquiets,
vinrent au-devant de lui et lui demandèrent : Ta venue
annonce-t-elle quelque chose de bon ?
5 – Oui, répondit-il, c'est quelque chose de bon : je suis
venu offrir un sacrifice à l'Eternel. Purifiez-vous et venez
ensuite avec moi au sacrifice.

i 15.32 Autres traductions : *plein d'assurance* ou *en tremblant*.

j 16.1 Ville de Juda à 7 kilomètres de Jérusalem, connue sous le nom d'Ephrata (Gn 48.7) et appelée plus tard *la ville de David* (Lc 2.4) où naîtra le Christ (Mi 5.1 ; Mt 2.1).

k 16.1 Appelé aussi *Jessé* dans certaines traductions de la Bible.

the sacrifice with me." Then he consecrated Jesse and
his sons and invited them to the sacrifice.
6When they arrived, Samuel saw Eliab and thought,
"Surely the LORD's anointed stands here before the
LORD."
7But the LORD said to Samuel, "Do not consider his
appearance or his height, for I have rejected him. The
LORD does not look at the things people look at. People
look at the outward appearance, but the LORD looks
at the heart."
8Then Jesse called Abinadab and had him pass in
front of Samuel. But Samuel said, "The LORD has not
chosen this one either." 9Jesse then had Shammah
pass by, but Samuel said, "Nor has the LORD chosen
this one." 10Jesse had seven of his sons pass before
Samuel, but Samuel said to him, "The LORD has not
chosen these." 11So he asked Jesse, "Are these all the
sons you have?"
"There is still the youngest," Jesse answered. "He
is tending the sheep."
Samuel said, "Send for him; we will not sit down
until he arrives."
12So he sent for him and had him brought in. He
was glowing with health and had a fine appearance
and handsome features.
Then the LORD said, "Rise and anoint him; this is
the one."
13So Samuel took the horn of oil and anointed him
in the presence of his brothers, and from that day on
the Spirit of the LORD came powerfully upon David.
Samuel then went to Ramah.

David in Saul's Service

14Now the Spirit of the LORD had departed from Saul,
and an evil[v] spirit from the LORD tormented him.
15Saul's attendants said to him, "See, an evil spirit
from God is tormenting you. 16Let our lord command
his servants here to search for someone who can play
the lyre. He will play when the evil spirit from God
comes on you, and you will feel better."
17So Saul said to his attendants, "Find someone who
plays well and bring him to me."
18One of the servants answered, "I have seen a son
of Jesse of Bethlehem who knows how to play the lyre.
He is a brave man and a warrior. He speaks well and is
a fine-looking man. And the LORD is with him."
19Then Saul sent messengers to Jesse and said, "Send
me your son David, who is with the sheep." 20So Jesse
took a donkey loaded with bread, a skin of wine and a
young goat and sent them with his son David to Saul.
21David came to Saul and entered his service. Saul
liked him very much, and David became one of his
armor-bearers. 22Then Saul sent word to Jesse, saying, "Allow David to remain in my service, for I am
pleased with him."
23Whenever the spirit from God came on Saul, David
would take up his lyre and play. Then relief would

[v] **16:14** Or *and a harmful*; similarly in verses 15, 16 and 23

Il demanda également à Isaï et ses fils de se purifier e
les invitant à prendre part au repas du sacrifice.
6A leur arrivée, il remarqua Eliab et se dit
Certainement, c'est celui qui se tient maintenant devar
l'Eternel qu'il a choisi pour lui donner l'onction.
7Mais l'Eternel lui dit : Ne te laisse pas impressionner pa
son apparence physique et sa taille imposante, car ce n'es
pas lui que j'ai choisi. Je ne juge pas de la même manièr
que les hommes. L'homme ne voit que ce qui frappe le
yeux, mais l'Eternel regarde au cœur.
8Ensuite Isaï appela Abinadab et le présenta à Samue
mais il dit : L'Eternel n'a pas non plus choisi celui-ci.
9Puis Isaï fit avancer Shamma. Samuel dit à nouveau
L'Eternel n'a pas non plus choisi celui-ci.
10Isaï présenta ainsi sept fils à Samuel et celui-ci lui dit
L'Eternel n'a choisi aucun de ceux-là.
11Puis il lui demanda : Est-ce que ce sont là tous te
garçons ?
– Non, répondit Isaï. Il reste encore le plus jeune qu
garde les moutons au pâturage.
– Envoie-le chercher ! ordonna Samuel, car nous ne nou
installerons pas pour le repas du sacrifice avant qu'il n
soit arrivé ici.
12Isaï le fit donc venir. C'était un garçon aux cheveu
roux, avec de beaux yeux et qui avait belle apparence
L'Eternel dit à Samuel : C'est lui. Vas-y, confère-lu
l'onction.
13Samuel prit la corne pleine d'huile et il en oignit Davi
en présence de sa famille. L'Esprit de l'Eternel tomba su
David et demeura sur lui à partir de ce jour-là et dans l
suite. Après cela, Samuel se remit en route et retourn
à Rama.

L'Eternel retire son Esprit à Saül

14L'Esprit de l'Eternel se retira de Saül, tandis qu'u
mauvais esprit envoyé par l'Eternel se mit à le tourmente
15Les serviteurs de Saül lui dirent : Voilà qu'un mauvai
esprit envoyé par Dieu te tourmente. 16Il te suffit, notr
seigneur, de dire un mot et tes serviteurs ici présents t
chercheront quelqu'un qui sache jouer de la lyre. Quan
le mauvais esprit de Dieu t'assaillira, le musicien jouer
de son instrument et cela te soulagera.
17Saül répondit : D'accord, cherchez-moi donc un bo
musicien et amenez-le-moi !
18L'un des serviteurs dit alors : J'ai justement remarqu
un fils d'Isaï de Bethléhem, qui sait jouer de la lyre. C'es
aussi un brave guerrier. De plus, il s'exprime bien, il a bel
apparence et l'Eternel est avec lui.
19Saül envoya alors des messagers à Isaï avec cet ordre
Envoie-moi ton fils David, celui qui garde les moutons.
20Isaï prit un âne qu'il chargea de pains, d'une outre d
vin et d'un chevreau et il envoya ces présents à Saül pa
son fils David. 21Quand celui-ci arriva chez Saül, il entra
son service ; Saül le prit en affection et lui confia le soin d
porter ses armes. 22Il envoya dire à Isaï : J'apprécie beau
coup David. Qu'il reste donc à mon service !
23Dès lors, chaque fois que le mauvais esprit venu d
Dieu assaillait Saül, David prenait sa lyre et en jouait. Alor

ome to Saul; he would feel better, and the evil spirit
vould leave him.

)avid and Goliath

17 1 Now the Philistines gathered their forces for
war and assembled at Sokoh in Judah. They
)itched camp at Ephes Dammim, between Sokoh
ınd Azekah. 2 Saul and the Israelites assembled and
amped in the Valley of Elah and drew up their battle
ine to meet the Philistines. 3 The Philistines occupied
ne hill and the Israelites another, with the valley
etween them.

4 A champion named Goliath, who was from Gath,
ame out of the Philistine camp. His height was six
ubits and a span.[w] 5 He had a bronze helmet on his
ead and wore a coat of scale armor of bronze weigh-
ng five thousand shekels[x]; 6 on his legs he wore bronze
reaves, and a bronze javelin was slung on his back.
His spear shaft was like a weaver's rod, and its iron
oint weighed six hundred shekels.[y] His shield bearer
vent ahead of him.

8 Goliath stood and shouted to the ranks of Israel,
Why do you come out and line up for battle? Am I
ıot a Philistine, and are you not the servants of Saul?
hoose a man and have him come down to me. 9 If he is
ble to fight and kill me, we will become your subjects;
ut if I overcome him and kill him, you will become
ur subjects and serve us." 10 Then the Philistine
aid, "This day I defy the armies of Israel! Give me
man and let us fight each other." 11 On hearing the
hilistine's words, Saul and all the Israelites were dismayed and terrified.

12 Now David was the son of an Ephrathite named
esse, who was from Bethlehem in Judah. Jesse had
ight sons, and in Saul's time he was very old. 13 Jesse's
hree oldest sons had followed Saul to the war: The
irstborn was Eliab; the second, Abinadab; and the
hird, Shammah. 14 David was the youngest. The three
ldest followed Saul, 15 but David went back and forth
rom Saul to tend his father's sheep at Bethlehem.

16 For forty days the Philistine came forward every
morning and evening and took his stand.

17 Now Jesse said to his son David, "Take this ephah[z]
f roasted grain and these ten loaves of bread for your
rothers and hurry to their camp. 18 Take along these
en cheeses to the commander of their unit. See how
our brothers are and bring back some assurance[a]
rom them. 19 They are with Saul and all the men

[w] 17:4 That is, about 9 feet 9 inches or about 3 meters
[x] 17:5 That is, about 125 pounds or about 58 kilograms
[y] 17:7 That is, about 15 pounds or about 6.9 kilograms
[z] 17:17 That is, probably about 36 pounds or about 16 kilograms
[a] 17:18 Or *some token*; or *some pledge of spoils*

Saül se calmait et se sentait mieux, et le mauvais esprit
le quittait.

Goliath défie l'armée d'Israël

17 1 Les Philistins mobilisèrent leurs troupes pour
une expédition guerrière, ils se rassemblèrent à
Soko en Juda et dressèrent leur camp entre Soko et Azéqa[l],
à Ephès-Dammim.

2 Saül, de son côté, rassembla les hommes d'Israël et ils
campèrent dans la vallée du Chêne. C'est là qu'ils prirent
position en ordre de bataille face aux Philistins[m]. 3 Ceux-ci
occupaient un versant de la montagne, et les Israélites le
versant de montagne qui lui faisait face ; la vallée séparait
les deux armées.

4 Alors un champion sortit du camp des Philistins et
s'avança vers Israël. C'était un géant mesurant près de
trois mètres, nommé Goliath, originaire de Gath[n]. 5 Il était
revêtu d'un casque de bronze et d'une cuirasse à écailles
en bronze pesant une soixantaine de kilos. 6 Ses jambes
étaient protégées par des plaques de bronze et il portait
en bandoulière sur ses épaules un javelot de bronze. 7 Le
bois de sa lance avait la grosseur d'un cylindre de métier
à tisser, le fer de lance à lui seul pesait près de sept kilos. Il
était précédé d'un homme qui portait son bouclier.

8 Il se campa face aux troupes israélites, et leur cria :
Pourquoi vous êtes-vous rangés en ordre de combat ? Moi,
je suis le Philistin, et vous, les esclaves de Saül. Choisissez
parmi vous un homme, et qu'il m'affronte en combat singulier ! 9 S'il peut me battre et qu'il me tue, alors nous
vous serons assujettis. Mais si c'est moi le vainqueur et si
je le tue, c'est vous qui nous serez assujettis et vous serez
nos esclaves. 10 Puis il ajouta : Je lance aujourd'hui ce défi
à l'armée d'Israël. Envoyez-moi un homme et nous nous
affronterons en combat singulier.

11 Quand Saül et toute son armée entendirent ces paroles
du Philistin, ils furent démoralisés et une grande peur
s'empara d'eux.

David se rend au campement de l'armée israélite

12 Or, David était fils d'un Ephratien de Bethléhem en
Juda nommé Isaï et qui avait huit fils. Au temps de Saül,
Isaï était très âgé. 13 Ses trois fils aînés avaient suivi Saül à
la guerre : l'aîné s'appelait Eliab, le second Abinadab et le
troisième Shamma. 14 Quant à David, c'était le plus jeune.
Lorsque les trois aînés eurent suivi Saül, 15 David faisait
le va-et-vient entre le camp de Saül et Bethléhem pour y
garder les moutons de son père.

16 Chaque matin et chaque soir, le Philistin venait se
présenter en face de l'armée d'Israël et cela depuis quarante jours. 17 C'est à cette époque qu'Isaï dit à son fils David :
– Prends cette mesure de grains rôtis et ces dix pains et
porte-les vite au camp pour tes frères. 18 Emporte aussi ces
dix fromages, tu les donneras au chef de leur « millier ».
Tu verras si tes frères se portent bien et tu me rapporteras de leur part un gage. 19 Tu les trouveras avec Saül et

[l] 17.1 Deux localités situées sur le versant ouest des monts de Judée, à une trentaine de kilomètres au sud-ouest de Jérusalem, non loin de Gath.
[m] 17.2 C'est-à-dire à une vingtaine de kilomètres de Bethléhem.
[n] 17.4 *Goliath* était un descendant des Anaqim, qui furent presque entièrement exterminés par Josué, mais dont quelques survivants restaient à Gaza, Ashkelôn et Gath d'où Goliath était originaire (Nb 13.32-33 ; Jos 11.21-22).

of Israel in the Valley of Elah, fighting against the Philistines."

[20]Early in the morning David left the flock in the care of a shepherd, loaded up and set out, as Jesse had directed. He reached the camp as the army was going out to its battle positions, shouting the war cry. [21]Israel and the Philistines were drawing up their lines facing each other. [22]David left his things with the keeper of supplies, ran to the battle lines and asked his brothers how they were. [23]As he was talking with them, Goliath, the Philistine champion from Gath, stepped out from his lines and shouted his usual defiance, and David heard it. [24]Whenever the Israelites saw the man, they all fled from him in great fear.

[25]Now the Israelites had been saying, "Do you see how this man keeps coming out? He comes out to defy Israel. The king will give great wealth to the man who kills him. He will also give him his daughter in marriage and will exempt his family from taxes in Israel."

[26]David asked the men standing near him, "What will be done for the man who kills this Philistine and removes this disgrace from Israel? Who is this uncircumcised Philistine that he should defy the armies of the living God?"

[27]They repeated to him what they had been saying and told him, "This is what will be done for the man who kills him."

[28]When Eliab, David's oldest brother, heard him speaking with the men, he burned with anger at him and asked, "Why have you come down here? And with whom did you leave those few sheep in the wilderness? I know how conceited you are and how wicked your heart is; you came down only to watch the battle."

[29]"Now what have I done?" said David. "Can't I even speak?" [30]He then turned away to someone else and brought up the same matter, and the men answered him as before. [31]What David said was overheard and reported to Saul, and Saul sent for him.

[32]David said to Saul, "Let no one lose heart on account of this Philistine; your servant will go and fight him."

[33]Saul replied, "You are not able to go out against this Philistine and fight him; you are only a young man, and he has been a warrior from his youth."

[34]But David said to Saul, "Your servant has been keeping his father's sheep. When a lion or a bear came and carried off a sheep from the flock, [35]I went after it, struck it and rescued the sheep from its mouth. When it turned on me, I seized it by its hair, struck it and killed it. [36]Your servant has killed both the lion and the bear; this uncircumcised Philistine will be like one of them, because he has defied the armies of

toute l'armée d'Israël dans la vallée du Chêne, face au Philistins.

[20]Le lendemain de bon matin, David confia ses mouton à quelqu'un pour les garder, il prit ses provisions et parti comme Isaï le lui avait ordonné. Quand il arriva au campe ment, l'armée était en train de prendre position pour l bataille en lançant le cri de guerre.

[21]Israélites et Philistins se rangèrent en ordre de bataill face à face. [22]David déposa son chargement et le confi au gardien des bagages, puis il courut au front. Aussitô arrivé, il vint demander de leurs nouvelles à ses frères [23]Pendant qu'il parlait avec eux, Goliath, le champio des Philistins, originaire de Gath, sortit de leurs rangs et lança son défi habituel. David l'entendit. [24]A la vue d cet homme, tous les soldats d'Israël s'enfuirent terrorisés

[25]– L'avez-vous vu s'avancer contre nous ? dit l'un d'eux Il vient encore insulter Israël. Celui qui le tuera, recevr de grandes richesses de la part du roi qui lui donnera e plus sa propre fille en mariage et exonérera toute sa fa mille d'impôts.

[26]David demanda aux hommes qui se tenaient autou de lui : Qu'est-ce que l'on donnera à celui qui abattra c Philistin et qui lavera le peuple d'Israël de la honte qui lu est infligée ? Qu'est donc cet incirconcis de Philistin, pou oser insulter les bataillons du Dieu vivant ?

[27]On répéta à David ce qui était promis comme récom pense à celui qui tuerait le géant. [28]Lorsque son frère aîn Eliab l'entendit discuter avec les soldats, il se mit en colèr contre lui et lui dit : Que viens-tu faire ici ? A qui as-t laissé nos quelques moutons dans la steppe ? Je te connai bien, moi, petit prétentieux ! Je sais quelles mauvaise intentions tu as dans ton cœur ! Tu n'es venu que pou voir la bataille !

[29]David lui répondit : Eh ! Qu'est-ce que j'ai fait de mal Est-ce que je n'ai plus le droit de parler maintenant ?

[30]Puis, il tourna le dos à son frère et alla se renseigne auprès d'un autre soldat, et on lui fit la même réponse qu la première fois.

David se propose pour relever le défi

[31]Ce que David avait dit se propagea rapidement e parvint jusqu'aux oreilles de Saül qui, aussitôt, le fit venir

[32]David lui dit : Que personne ne perde courage à caus de ce Philistin ! Moi, ton serviteur, j'irai et je le combattrai

[33]Mais Saül lui répondit : Tu ne peux pas aller lutte contre ce Philistin. Tu n'es qu'un gamin, alors que lui, c'es un homme de guerre depuis sa jeunesse.

[34]David répondit à Saül : Quand ton serviteur gardait le moutons de son père et qu'un lion ou même un ours[p] sur venait pour emporter une bête du troupeau, [35]je courai après lui, je l'attaquais et j'arrachais la bête de sa gueule et si le fauve se dressait contre moi, je le prenais par so poil et je le frappais jusqu'à ce qu'il soit mort. [36]Puisqu ton serviteur a tué des lions et même des ours, il abattr bien cet incirconcis de Philistin comme l'un d'eux, car i a insulté les bataillons du Dieu vivant.

---

o 17.23 Selon une note en marge du texte hébreu traditionnel qui a : *des cavernes.*

p 17.34 Pour la présence de ces fauves dans le pays, voir 2 S 17.8 ; 23.20 ; Jg 14.5-18 ; 1 R 13.24-26 ; 2 R 2.24 ; Am 3.12 ; 5.19.

ne living God. 37The LORD who rescued me from the
aw of the lion and the paw of the bear will rescue
ne from the hand of this Philistine."
Saul said to David, "Go, and the LORD be with you."
38Then Saul dressed David in his own tunic. He put a
oat of armor on him and a bronze helmet on his head.
David fastened on his sword over the tunic and tried
alking around, because he was not used to them.
"I cannot go in these," he said to Saul, "because I am
ot used to them." So he took them off. 40Then he took
is staff in his hand, chose five smooth stones from
he stream, put them in the pouch of his shepherd's
ag and, with his sling in his hand, approached the
hilistine.

41Meanwhile, the Philistine, with his shield bearer
n front of him, kept coming closer to David. 42He
ooked David over and saw that he was little more
han a boy, glowing with health and handsome, and he
espised him. 43He said to David, "Am I a dog, that you
ome at me with sticks?" And the Philistine cursed
avid by his gods. 44"Come here," he said, "and I'll
ive your flesh to the birds and the wild animals!"

45David said to the Philistine, "You come against me
vith sword and spear and javelin, but I come against
ou in the name of the LORD Almighty, the God of the
rmies of Israel, whom you have defied. 46This day
he LORD will deliver you into my hands, and I'll strike
ou down and cut off your head. This very day I will
ive the carcasses of the Philistine army to the birds
nd the wild animals, and the whole world will know
hat there is a God in Israel. 47All those gathered here
vill know that it is not by sword or spear that the LORD
aves; for the battle is the LORD's, and he will give all
f you into our hands."
48As the Philistine moved closer to attack him,
avid ran quickly toward the battle line to meet him.
9Reaching into his bag and taking out a stone, he
lung it and struck the Philistine on the forehead. The
tone sank into his forehead, and he fell facedown on
he ground.
50So David triumphed over the Philistine with a
ling and a stone; without a sword in his hand he
truck down the Philistine and killed him.
51David ran and stood over him. He took hold of
he Philistine's sword and drew it from the sheath.
fter he killed him, he cut off his head with the sword.
When the Philistines saw that their hero was dead,
hey turned and ran. 52Then the men of Israel and
udah surged forward with a shout and pursued the
hilistines to the entrance of Gath[b] and to the gates
f Ekron. Their dead were strewn along the Shaaraim
oad to Gath and Ekron. 53When the Israelites reurned from chasing the Philistines, they plundered
heir camp.
54David took the Philistine's head and brought it
o Jerusalem; he put the Philistine's weapons in his
wn tent.

17:52 Some Septuagint manuscripts; Hebrew *of a valley*

37Puis David ajouta : L'Eternel qui m'a délivré de la griffe
du lion et de l'ours me délivrera aussi de ce Philistin.
Finalement, Saül dit à David : Vas-y donc et que l'Eternel
soit avec toi !
38Puis il lui fit revêtir sa propre armure, il lui fit mettre
un casque de bronze et endosser sa cuirasse.
39Par-dessus son équipement, David ceignit aussi l'épée
de Saül, puis il essaya de marcher, mais il n'y parvint pas,
car il n'en avait pas l'habitude. Alors il dit à Saül : Je ne
peux pas marcher avec tout cet équipement, car je n'y
suis pas entraîné.
Puis il se débarrassa de tout. 40Il prit son bâton en main
et choisit, dans le torrent, cinq cailloux bien lisses qu'il
mit dans le sac de berger qui lui servait de besace et, sa
fronde à la main, il s'avança vers le Philistin.

La victoire de David sur Goliath

41Celui-ci, précédé de son porte-bouclier, s'avança vers
David. 42Il l'examina et, lorsqu'il vit devant lui un jeune
homme roux et de belle figure, il le regarda avec mépris
43et lui lança : Est-ce que tu me prends pour un chien pour
venir contre moi avec un bâton ?
Puis il le maudit par ses dieux.
44– Approche un peu, ajouta-t-il, pour que je donne
ta chair à manger aux oiseaux du ciel et aux bêtes des
champs !
45A quoi David répondit : Tu marches contre moi avec
l'épée, la lance et le javelot, et moi je marche contre toi au
nom de l'Eternel, le Seigneur des armées célestes, le Dieu
des bataillons d'Israël, que tu as insulté. 46Aujourd'hui
même, l'Eternel me donnera la victoire sur toi, je t'abattrai, je te couperai la tête et, avant ce soir, je donnerai
les cadavres des soldats philistins à manger aux oiseaux
du ciel et aux bêtes sauvages de la terre. Alors toute la
terre saura qu'Israël a un Dieu. 47Et toute cette multitude
assemblée saura que ce n'est ni par l'épée ni par la lance
que l'Eternel délivre. Car l'issue de cette bataille dépend
de lui, et il vous livre en notre pouvoir.
48Aussitôt, le Philistin se remit à avancer en direction
de David qui, de son côté, se hâta de courir vers la ligne
ennemie au-devant du Philistin. 49David plongea la main
dans son sac, en tira un caillou, et le lança avec sa fronde :
il atteignit le Philistin en plein front. La pierre pénétra
dans son crâne et il s'écroula, la face contre terre. 50Ainsi,
sans épée, avec sa fronde et une pierre, David triompha du
Philistin en le frappant mortellement. 51Alors il se précipita sur son adversaire, saisit l'épée de celui-ci, la tira de
son fourreau, acheva l'homme ; puis il lui trancha la tête.
Quand les Philistins virent que leur héros était mort,
ils prirent la fuite. 52Les soldats d'Israël et de Juda
s'élancèrent en poussant des cris de guerre et poursuivirent les Philistins jusqu'aux abords de la vallée[q] et
jusqu'aux portes d'Eqrôn. Les cadavres des ennemis jonchèrent la route de Shaaraïm jusqu'à Gath et Eqrôn. 53Au
retour de cette poursuite acharnée, les Israélites pillèrent
le camp des Philistins. 54David prit la tête du Philistin
et la fit porter à Jérusalem. Il déposa ses armes dans sa
propre tente.

q 17.52 L'ancienne version grecque a : *de Gath*.

[55]As Saul watched David going out to meet the Philistine, he said to Abner, commander of the army, "Abner, whose son is that young man?"

Abner replied, "As surely as you live, Your Majesty, I don't know."

[56]The king said, "Find out whose son this young man is."

[57]As soon as David returned from killing the Philistine, Abner took him and brought him before Saul, with David still holding the Philistine's head.

[58]"Whose son are you, young man?" Saul asked him.

David said, "I am the son of your servant Jesse of Bethlehem."

Saul's Growing Fear of David

18 [1]After David had finished talking with Saul, Jonathan became one in spirit with David, and he loved him as himself. [2]From that day Saul kept David with him and did not let him return home to his family. [3]And Jonathan made a covenant with David because he loved him as himself. [4]Jonathan took off the robe he was wearing and gave it to David, along with his tunic, and even his sword, his bow and his belt.

[5]Whatever mission Saul sent him on, David was so successful that Saul gave him a high rank in the army. This pleased all the troops, and Saul's officers as well.

[6]When the men were returning home after David had killed the Philistine, the women came out from all the towns of Israel to meet King Saul with singing and dancing, with joyful songs and with timbrels and lyres. [7]As they danced, they sang:

"Saul has slain his thousands,
and David his tens of thousands."

[8]Saul was very angry; this refrain displeased him greatly. "They have credited David with tens of thousands," he thought, "but me with only thousands. What more can he get but the kingdom?" [9]And from that time on Saul kept a close eye on David.

[10]The next day an evil[c] spirit from God came forcefully on Saul. He was prophesying in his house, while David was playing the lyre, as he usually did. Saul had a spear in his hand [11]and he hurled it, saying to himself, "I'll pin David to the wall." But David eluded him twice.

[12]Saul was afraid of David, because the LORD was with David but had departed from Saul. [13]So he sent David away from him and gave him command over a thousand men, and David led the troops in their campaigns. [14]In everything he did he had great success, because the LORD was with him. [15]When Saul saw how successful he was, he was afraid of him. [16]But all

c 18:10 Or *a harmful*

[55]Lorsque Saül avait vu David s'avancer à la rencontr du Philistin, il avait demandé à son général Abner : De qu ce jeune homme est-il fils, Abner ?

Abner répondit : Aussi vrai que tu es vivant, ô Roi, j n'en sais rien.

[56]– Alors, ordonna Saül, informe-toi donc pour savoi qui est le père de ce jeune homme.

[57]Quand David fut de retour au camp après avoir tué l Philistin, Abner le prit et le conduisit devant Saül. Davi tenait encore en main la tête du Philistin. [58]Quand Saü lui demanda : De qui es-tu le fils, mon garçon ?

David lui répondit : Je suis fils de ton serviteur Isaï d Bethléhem.

Le pacte d'amitié entre Jonathan et David

18 [1]Quand David eut terminé de parler avec Saü Jonathan s'était profondément attaché à David e s'était mis à l'aimer comme lui-même. [2]Saül ne le laissa pa retourner dans la maison de son père ce jour-là, il le pr chez lui. [3]Jonathan conclut un pacte d'amitié avec Davi parce qu'il l'aimait comme lui-même. [4]Il enleva son man teau et le donna à David, il lui offrit aussi son équipemen et jusqu'à son épée, son arc et son ceinturon. [5]Chaqu fois que Saül l'envoyait en expédition militaire, David ac complissait sa mission avec succès, de sorte que le roi lu confia le commandement de ses troupes de choc. Il étai estimé de tout le peuple ainsi que des ministres de Saül

Saül devient jaloux de David

[6]Lorsqu'ils étaient revenus de la guerre, après que Davi eut tué le Philistin, les femmes étaient sorties de toute les villes d'Israël à la rencontre du roi Saül en chantan en dansant et en poussant des cris de joie au son de tam bourins et de cymbales. [7]Elles chantaient en chœur alternés, tout en dansant :

Saül a vaincu ses milliers
et David ses dizaines de milliers.

[8]Saül le prit très mal et se mit dans une grande colère – Elles en attribuent dix mille à David, dit-il, et à mo seulement mille ! Il ne lui manque plus que la royauté !

[9]A partir de ce moment-là, Saül regarda David d'u mauvais œil.

[10]Dès le lendemain, un mauvais esprit envoyé par Die s'empara de Saül, de sorte qu'il entra dans un état d'ex altation au milieu de sa maison. Comme les autres jour David jouait de son instrument. Saül avait sa lance e main. [11]Soudain, il la lança en se disant : Je vais le cloue contre la paroi.

Mais, par deux fois, David esquiva le coup.

[12]A partir de ce jour-là, Saül craignit David, ca l'Eternel était avec David alors qu'il s'était retiré de lu [13]C'est pourquoi Saül l'écarta d'auprès de lui et le nom ma commandant d'un « millier » d'hommes. Ainsi Davi entreprenait des expéditions militaires à la tête de se hommes. [14]Il réussissait dans tout ce qu'il entreprenait car l'Eternel était avec lui. [15]Lorsque Saül constata se grands succès, sa peur ne fit qu'augmenter. [16]Par contre

rael and Judah loved David, because he led them in ıeir campaigns.

17 Saul said to David, "Here is my older daughter lerab. I will give her to you in marriage; only serve ıe bravely and fight the battles of the LORD." For Saul ıid to himself, "I will not raise a hand against him. et the Philistines do that!"

18 But David said to Saul, "Who am I, and what is ıy family or my clan in Israel, that I should become ıe king's son-in-law?" 19 So[d] when the time came for lerab, Saul's daughter, to be given to David, she was iven in marriage to Adriel of Meholah.

20 Now Saul's daughter Michal was in love with avid, and when they told Saul about it, he was leased. 21 "I will give her to him," he thought, "so ıat she may be a snare to him and so that the hand f the Philistines may be against him." So Saul said to avid, "Now you have a second opportunity to become ıy son-in-law."

22 Then Saul ordered his attendants: "Speak to David rivately and say, 'Look, the king likes you, and his ttendants all love you; now become his son-in-law.' "

23 They repeated these words to David. But David aid, "Do you think it is a small matter to become ıe king's son-in-law? I'm only a poor man and little nown."

24 When Saul's servants told him what David had aid, 25 Saul replied, "Say to David, 'The king wants o other price for the bride than a hundred Philistine oreskins, to take revenge on his enemies.' " Saul's plan as to have David fall by the hands of the Philistines.

26 When the attendants told David these things, he as pleased to become the king's son-in-law. So before ıe allotted time elapsed, 27 David took his men with im and went out and killed two hundred Philistines nd brought back their foreskins. They counted out ıe full number to the king so that David might become the king's son-in-law. Then Saul gave him his aughter Michal in marriage.

28 When Saul realized that the LORD was with David nd that his daughter Michal loved David, 29 Saul became still more afraid of him, and he remained his nemy the rest of his days.

30 The Philistine commanders continued to go out to attle, and as often as they did, David met with more uccess than the rest of Saul's officers, and his name ecame well known.

aul Tries to Kill David

19 1 Saul told his son Jonathan and all the attendants to kill David. But Jonathan had taken great liking to David 2 and warned him, "My father aul is looking for a chance to kill you. Be on your uard tomorrow morning; go into hiding and stay

18:19 Or *However,*

tout Israël et tout Juda aimaient David, car il marchait à la tête de leurs soldats dans les expéditions militaires.

David devient le gendre du roi

17 Un jour, Saül dit à David : Je suis prêt à te donner ma fille aînée Mérab en mariage à condition que tu me serves vaillamment et que tu livres les combats de l'Eternel.

Il se disait : Il vaut mieux que ce ne soit pas moi-même qui attente à sa vie, mais plutôt les Philistins !

18 David lui répondit : Qui suis-je et que vaut ma vie, de quelle importance est la famille de mon père en Israël, pour que je devienne le gendre du roi ?

19 Mais, quand vint le moment où Mérab, la fille de Saül, devait être donnée à David, Saül la donna à Adriel de Mehola.

20 Or Mikal, l'autre fille de Saül, aimait David. Quand Saül l'apprit, il en fut ravi, 21 car il se dit : Je vais la lui donner en mariage, elle sera un bon piège pour lui, ainsi il tombera par la main des Philistins !

Il dit donc à David : Aujourd'hui, tu as une seconde occasion de devenir mon gendre.

22 Puis il ordonna à ses hommes de confiance de parler discrètement à David et de lui dire : Tu vois que le roi t'a pris en affection et tous ses gens t'aiment, accepte donc maintenant de devenir son gendre !

23 Les ministres de Saül allèrent répéter ces paroles à David ; mais celui-ci leur répondit : Croyez-vous que ce soit une petite affaire que de devenir le gendre du roi ? Je ne suis qu'un homme pauvre et insignifiant.

24 Les ministres du roi lui rapportèrent la réponse de David.

25 – Eh bien, reprit Saül, voilà ce que vous lui direz : « Le roi ne demande pas de dot d'argent pour sa fille. Tout ce qu'il désire, c'est que tu lui apportes cent prépuces de Philistins pour le venger de ses ennemis. »

En fait, Saül avait comme but de faire périr David par la main des Philistins.

26 Les hauts fonctionnaires de Saül rapportèrent ces paroles à David. La proposition de devenir le gendre du roi à ces conditions lui parut acceptable. Avant même l'expiration du délai fixé par le roi, 27 David se mit en campagne avec ses hommes, il tua deux cents Philistins et rapporta la totalité de leurs prépuces au roi pour devenir son gendre. Saül donna donc en mariage à David sa fille Mikal.

28 Saül vit ainsi très clairement que l'Eternel était avec David et que Mikal sa propre fille aimait David. 29 Sa crainte à l'égard de David redoubla et, dès lors, sa haine envers lui devint définitive. 30 Mais à chaque incursion des princes des Philistins, David remportait plus de succès que tous les autres chefs militaires de Saül, de sorte que son nom devint très célèbre.

Jonathan plaide pour David

19 1 Saül se mit à parler ouvertement à son fils Jonathan et à tous ses ministres de faire mourir David, mais Jonathan était très attaché à David. 2 Il le prévint : Mon père Saül cherche à te faire mourir. Sois donc sur tes gardes demain matin ! Ne te montre pas, tiens-toi

there. 3 I will go out and stand with my father in the field where you are. I'll speak to him about you and will tell you what I find out."

4 Jonathan spoke well of David to Saul his father and said to him, "Let not the king do wrong to his servant David; he has not wronged you, and what he has done has benefited you greatly. 5 He took his life in his hands when he killed the Philistine. The LORD won a great victory for all Israel, and you saw it and were glad. Why then would you do wrong to an innocent man like David by killing him for no reason?"

6 Saul listened to Jonathan and took this oath: "As surely as the LORD lives, David will not be put to death."

7 So Jonathan called David and told him the whole conversation. He brought him to Saul, and David was with Saul as before.

8 Once more war broke out, and David went out and fought the Philistines. He struck them with such force that they fled before him.

9 But an evil[e] spirit from the LORD came on Saul as he was sitting in his house with his spear in his hand. While David was playing the lyre, 10 Saul tried to pin him to the wall with his spear, but David eluded him as Saul drove the spear into the wall. That night David made good his escape.

11 Saul sent men to David's house to watch it and to kill him in the morning. But Michal, David's wife, warned him, "If you don't run for your life tonight, tomorrow you'll be killed." 12 So Michal let David down through a window, and he fled and escaped. 13 Then Michal took an idol and laid it on the bed, covering it with a garment and putting some goats' hair at the head.

14 When Saul sent the men to capture David, Michal said, "He is ill."

15 Then Saul sent the men back to see David and told them, "Bring him up to me in his bed so that I may kill him." 16 But when the men entered, there was the idol in the bed, and at the head was some goats' hair.

17 Saul said to Michal, "Why did you deceive me like this and send my enemy away so that he escaped?"

Michal told him, "He said to me, 'Let me get away. Why should I kill you?' "

18 When David had fled and made his escape, he went to Samuel at Ramah and told him all that Saul had done to him. Then he and Samuel went to Naioth and stayed there. 19 Word came to Saul: "David is in Naioth at Ramah"; 20 so he sent men to capture him. But when they saw a group of prophets prophesying, with Samuel standing there as their leader, the Spirit of God came on Saul's men, and they also prophesied.

---

[e] 19:9 Or *But a harmful*

caché ! 3 Je sortirai en compagnie de mon père et nous pa
serons dans le champ où tu seras caché. Je parlerai de t
à mon père, je verrai ce qu'il en est et je te le ferai savoi

4 Jonathan fit l'éloge de David à son père, puis il ajouta
Que le roi ne se rende donc pas coupable à l'égard de so
serviteur David, car il n'a commis aucune faute envers to
Au contraire, ses services t'ont toujours été très utiles. 5
a risqué sa vie pour tuer le Philistin, et ce jour-là, l'Etern
a accordé une grande délivrance à tout Israël. Tu l'as vu
tu t'en es réjoui. Alors pourquoi commettrais-tu un péch
en versant le sang d'un innocent, en faisant mourir Dav
sans raison ?

6 Saül écouta les arguments de Jonathan et il fit ce se
ment : Aussi vrai que l'Eternel est vivant, David ne se
pas mis à mort !

7 Alors Jonathan appela David et lui rapporta toute
conversation, puis il le conduisit auprès du roi où Davi
reprit sa place comme par le passé.

David prend la fuite

8 La guerre ayant recommencé avec les Philistins, Dav
les attaqua et leur infligea une grande défaite, les metta
en fuite devant lui.

9 Le mauvais esprit venu de l'Eternel tourmenta de no
veau Saül. Il était assis dans sa maison, sa lance à la mai
tandis que David jouait de son instrument 10 quand, so
dain, Saül tenta de le clouer contre la paroi avec sa lanc
mais David esquiva le coup et la lance se planta dans
mur. David s'enfuit et réussit à s'échapper dans la nuit.

11 Saül envoya des hommes dans la maison de David po
s'assurer de lui et le faire mourir le lendemain matin, ma
Mikal la femme de David prévint son mari : Si tu ne t'e
fuis pas avant le jour, lui dit-elle, tu es un homme mort
12 Elle l'aida à descendre par la fenêtre. Ainsi il prit
fuite et s'échappa. 13 Mikal prit ensuite l'idole dome
tique[r] et la plaça dans le lit ; elle mit un coussin en poi
de chèvres à l'endroit de la tête et recouvrit le tout d'u
vêtement. 14 Lorsque les hommes envoyés par Saül po
arrêter David arrivèrent, elle leur dit : Il est malade.

15 Saül les renvoya avec l'ordre de voir David et de le l
amener dans son lit, pour qu'il puisse le mettre à mor
16 Les hommes retournèrent dans la maison de David
ils découvrirent qu'il n'y avait dans le lit qu'une idole
un coussin en peau de chèvre à l'endroit de la tête. 17 Alo
Saül demanda à Mikal : Pourquoi m'as-tu ainsi trompé
as-tu aidé mon ennemi à s'échapper ?

Mikal lui répondit : C'est lui qui m'a dit : « Laisse-m
fuir, sinon je te tuerai. »

Saül poursuit David

18 Pendant ce temps, David, qui s'était échappé et fuya
alla se réfugier chez Samuel à Rama et lui raconta tout
que Saül avait fait. Alors ils allèrent ensemble s'install
dans la communauté des disciples des prophètes. 19 On
rapporta à Saül en disant : David se trouve à la comm
nauté des disciples des prophètes près de Rama.

20 Saül envoya des hommes pour l'arrêter, mais à le
arrivée, ils trouvèrent toute la communauté des discipl
des prophètes dans un état d'exaltation et Samuel se tena
debout, à leur tête. Alors l'Esprit de Dieu vint sur les e

---

[r] 19.13 Petite statuette de forme humaine constituant une divinité domestique (voir Gn 31.19).

Saul was told about it, and he sent more men, and
ıey prophesied too. Saul sent men a third time, and
ıey also prophesied. 22 Finally, he himself left for
amah and went to the great cistern at Seku. And he
ked, "Where are Samuel and David?"
"Over in Naioth at Ramah," they said.

23 So Saul went to Naioth at Ramah. But the Spirit of
od came even on him, and he walked along proph-
sying until he came to Naioth. 24 He stripped off his
arments, and he too prophesied in Samuel's presence.
e lay naked all that day and all that night. This is
hy people say, "Is Saul also among the prophets?"

avid and Jonathan

20 1 Then David fled from Naioth at Ramah and
went to Jonathan and asked, "What have I
one? What is my crime? How have I wronged your
ather, that he is trying to kill me?"

2 "Never!" Jonathan replied. "You are not going to
ie! Look, my father doesn't do anything, great or
nall, without letting me know. Why would he hide
is from me? It isn't so!"

3 But David took an oath and said, "Your father
nows very well that I have found favor in your eyes,
nd he has said to himself, 'Jonathan must not know
is or he will be grieved.' Yet as surely as the LORD
ves and as you live, there is only a step between me
nd death."

4 Jonathan said to David, "Whatever you want me
do, I'll do for you."

5 So David said, "Look, tomorrow is the New Moon
ast, and I am supposed to dine with the king; but let
e go and hide in the field until the evening of the day
fter tomorrow. 6 If your father misses me at all, tell
im, 'David earnestly asked my permission to hurry
Bethlehem, his hometown, because an annual sacri-
ce is being made there for his whole clan.' 7 If he says,
Very well,' then your servant is safe. But if he loses
is temper, you can be sure that he is determined to
arm me. 8 As for you, show kindness to your servant,
or you have brought him into a covenant with you
efore the LORD. If I am guilty, then kill me yourself!
Why hand me over to your father?"

9 "Never!" Jonathan said. "If I had the least inkling
at my father was determined to harm you, wouldn't
tell you?"

voyés de Saül qui entrèrent eux aussi dans un tel état. 21 On
vint le rapporter à Saül qui envoya d'autres émissaires ;
mais eux aussi entrèrent dans un état d'exaltation. Un
troisième groupe envoyé par Saül entra également dans
un tel état.

22 Alors Saül se rendit lui-même à Rama. Arrivé à la
grande citerne à Sékou, il demanda : Où sont Samuel et
David ?

On lui répondit : Ils sont à la communauté des disciples
des prophètes près de Rama.

23 Pendant qu'il se rendait là-bas, l'Esprit de Dieu le saisit
à son tour, et il continua son chemin dans un état d'exaltation jusqu'à son arrivée à la communauté des prophètes
près de Rama. 24 Là, il ôta comme les autres ses vêtements
et resta dans un état d'exaltation devant Samuel ; puis il
s'effondra et resta à terre prostré, dévêtu, tout ce jour-
là et toute la nuit suivante, revêtu de ses seuls habits de
dessous. C'est pourquoi on dit : Saül est-il aussi parmi les
disciples des prophètes ?

David demande à Jonathan de sonder les intentions de Saül

20 1 David s'enfuit de la communauté des prophètes à
Rama et il alla trouver Jonathan pour lui demander : Qu'ai-je donc fait à ton père ? En quoi suis-je coupable
à son égard ? Quel tort lui ai-je fait pour qu'il veuille me
faire mourir ?

2 Jonathan lui répondit : Dieu te garde de cette pensée !
Il n'est pas question que tu meures. Mon père n'entreprend
rien sans m'en parler, qu'il s'agisse d'une affaire importante ou d'une petite chose. Pourquoi me cacherait-il ce
projet-là ? Certainement, il n'en est rien.

3 Mais David insista : Je te jure pourtant qu'il en est bien
ainsi. Seulement ton père sait très bien que je jouis de
ta faveur. Il a dû se dire : « Il ne faut pas que Jonathan
l'apprenne, il en serait trop affligé ! » Mais aussi vrai que
l'Eternel est vivant, aussi vrai que tu es toi-même en vie,
je ne suis qu'à deux doigts de la mort.

4 Alors Jonathan demanda à David : Que voudrais-tu que
je fasse pour toi ? Je ferai ce que tu désires.

5 David lui répondit : Ecoute : demain c'est la fête de la
nouvelle lune[s], je devrais normalement dîner à la table
royale. Permets-moi de m'absenter ! Je me cacherai dans
la campagne jusqu'à après-demain soir. 6 Si ton père s'en-
quiert à mon sujet, tu lui diras : « David m'a instamment
demandé la permission d'aller à Bethléhem, sa ville natale, pour y participer au sacrifice annuel avec toute sa
famille. » 7 S'il répond : « C'est bien ! », alors moi, ton serviteur, je n'ai rien à craindre. Mais s'il se met en colère, tu
sauras qu'il a résolu ma perte. 8 Puisque tu t'es lié à moi,
ton serviteur, par un pacte d'amitié au nom de l'Eternel,
agis envers moi avec bienveillance. Et si je suis coupable
de quoi que ce soit, ce n'est pas la peine de me livrer à ton
père : mets-moi toi-même à mort.

9 – Jamais de la vie, s'exclama Jonathan. Si je constate
que mon père a véritablement résolu ta perte, je te jure
que je t'en informerai.

[s] 20.5 Les mois israélites commençaient avec la nouvelle lune. A ce moment-là on cessait tout travail, on faisait retentir des sonneries de trompettes (Nb 10.10 ; Ps 81.4), on offrait des sacrifices spéciaux (Nb 28.11-15) et c'était l'occasion d'un repas de fête, surtout au début du septième mois (voir Lv 23.24-25 ; Nb 29.1-6 ; 2 R 4.23 ; Es 1.13 ; Ez 46.1-7 ; Am 8.5).

10David asked, "Who will tell me if your father answers you harshly?"
11"Come," Jonathan said, "let's go out into the field."
So they went there together.
12Then Jonathan said to David, "I swear by the LORD,
the God of Israel, that I will surely sound out my father
by this time the day after tomorrow! If he is favorably disposed toward you, will I not send you word
and let you know? 13But if my father intends to harm
you, may the LORD deal with Jonathan, be it ever so
severely, if I do not let you know and send you away in
peace. May the LORD be with you as he has been with
my father. 14But show me unfailing kindness like the
LORD's kindness as long as I live, so that I may not be
killed, 15and do not ever cut off your kindness from
my family – not even when the LORD has cut off every
one of David's enemies from the face of the earth."

16So Jonathan made a covenant with the house of
David, saying, "May the LORD call David's enemies to
account." 17And Jonathan had David reaffirm his oath
out of love for him, because he loved him as he loved
himself.

18Then Jonathan said to David, "Tomorrow is the
New Moon feast. You will be missed, because your seat
will be empty. 19The day after tomorrow, toward evening, go to the place where you hid when this trouble
began, and wait by the stone Ezel. 20I will shoot three
arrows to the side of it, as though I were shooting at a
target. 21Then I will send a boy and say, 'Go, find the
arrows.' If I say to him, 'Look, the arrows are on this
side of you; bring them here,' then come, because,
as surely as the LORD lives, you are safe; there is no
danger. 22But if I say to the boy, 'Look, the arrows
are beyond you,' then you must go, because the LORD
has sent you away. 23And about the matter you and
I discussed – remember, the LORD is witness between
you and me forever."

24So David hid in the field, and when the New Moon
feast came, the king sat down to eat. 25He sat in his
customary place by the wall, opposite Jonathan,[f]
and Abner sat next to Saul, but David's place was
empty. 26Saul said nothing that day, for he thought,
"Something must have happened to David to make
him ceremonially unclean – surely he is unclean."
27But the next day, the second day of the month,
David's place was empty again. Then Saul said to his
son Jonathan, "Why hasn't the son of Jesse come to
the meal, either yesterday or today?"

28Jonathan answered, "David earnestly asked me
for permission to go to Bethlehem. 29He said, 'Let me
go, because our family is observing a sacrifice in the
town and my brother has ordered me to be there. If
I have found favor in your eyes, let me get away to

f 20:25 Septuagint; Hebrew *wall. Jonathan arose*

10Mais David lui demanda : Comment me préviendras-t
si ton père te répond durement à mon sujet ?
11Jonathan proposa à David : Viens, sortons dans l
campagne.
Ils sortirent tous deux dans la campagne. 12Jonatha
dit : Par l'Eternel, le Dieu d'Israël, je te promets que demai
ou après-demain, à cette heure-ci, j'essaierai de savo
quelles sont les dispositions de mon père à ton égard.
elles te sont favorables, je te le ferai savoir. 13Mais si mo
père veut te nuire, alors que l'Eternel me punisse trè
sévèrement si je ne t'en informe pas ! Dans ce cas, je t
ferai partir et tu iras en paix. Puisse alors l'Eternel êtr
avec toi comme il a été avec mon père ! 14Plus tard, si j
suis encore en vie, agis envers moi avec la bienveillanc
à laquelle tu t'es engagé devant l'Eternel. Et si je viens
mourir, 15tu ne cesseras jamais d'agir avec bienveillanc
envers les membres de ma famille – même lorsque l'Etern
aura fait disparaître tous tes ennemis sans exception d
la surface de la terre.
16Ainsi Jonathan conclut un pacte avec David et sa fa
mille en déclarant : Que l'Eternel fasse payer les ennemi
de David !
17Puis il lui fit encore une fois prêter serment au no
de l'affection qu'il lui portait, car il l'aimait comme s
propre personne.
18Jonathan reprit : Demain, c'est la fête de la nouvel
lune, on remarquera ton absence à table, car ta plac
restera vide. 19Après-demain, tu descendras vite jusqu'
l'endroit où tu t'étais caché le jour où tout cela a com
mencé ; tu te tiendras près de la pierre d'Ezel. 20Je viendr
et je tirerai trois flèches dans cette direction, sur une cib
que j'aurai choisie, 21puis j'enverrai mon jeune servite
les chercher. Si je lui crie : « Regarde, les flèches sont de
rière toi, reviens les ramasser ! » alors tu peux revenir, ca
tout va bien pour toi. Aussi vrai que l'Eternel est vivant, t
n'auras rien à craindre. 22Mais si je crie au jeune homme
« Va plus loin, les flèches sont plus loin que toi ! » alor
pars, car l'Eternel te fait partir. 23Mais l'Eternel rester
à jamais le garant pour moi et toi de notre engageme
l'un envers l'autre.

Saül est résolu à faire mourir David

24David alla donc se cacher dans la campagne. Le soir d
la célébration de la nouvelle lune, le roi se mit à table pou
le repas. 25Il s'assit comme d'habitude sur le siège adoss
au mur qui lui était réservé. Jonathan se mit en face[t], e
Abner[u] à côté de lui. La place de David resta vide. 26Saü
ne fit aucune remarque ce jour-là. Il pensait qu'il avait d
contracter accidentellement quelque impureté rituelle.
– Certainement il n'est pas pur, se disait-il.
27Mais le second jour de la nouvelle lune, comme la plac
de David restait encore inoccupée, Saül demanda à son fi
Jonathan : Pourquoi le fils d'Isaï n'est-il pas venu au repa
ni hier, ni aujourd'hui ?
28Jonathan répondit à Saül : David m'a demandé ave
insistance la permission d'aller jusqu'à Bethléhem. 29
m'a dit : « Laisse-moi partir, je te prie, car nous devon
célébrer un sacrifice de famille à la ville, et mon frère m'
ordonné d'y assister. Veuille donc m'accorder la faveur d

t 20.25 D'après l'ancienne version grecque ; le texte hébreu traditionnel
a : *se leva.*
u 20.25 Cousin et général en chef de Saül (14.50).

:e my brothers.' That is why he has not come to the
ing's table."
30 Saul's anger flared up at Jonathan and he said to
im, "You son of a perverse and rebellious woman!
on't I know that you have sided with the son of Jesse
) your own shame and to the shame of the mother
ho bore you? 31 As long as the son of Jesse lives on
is earth, neither you nor your kingdom will be es-
ablished. Now send someone to bring him to me, for
e must die!"
32 "Why should he be put to death? What has he
one?" Jonathan asked his father. 33 But Saul hurled
is spear at him to kill him. Then Jonathan knew that
is father intended to kill David.
34 Jonathan got up from the table in fierce anger; on
at second day of the feast he did not eat, because
e was grieved at his father's shameful treatment of
avid.

35 In the morning Jonathan went out to the field for
is meeting with David. He had a small boy with him,
and he said to the boy, "Run and find the arrows I
oot." As the boy ran, he shot an arrow beyond him.
When the boy came to the place where Jonathan's
rrow had fallen, Jonathan called out after him, "Isn't
e arrow beyond you?" 38 Then he shouted, "Hurry!
o quickly! Don't stop!" The boy picked up the arrow
nd returned to his master. 39 (The boy knew nothing
out all this; only Jonathan and David knew.) 40 Then
nathan gave his weapons to the boy and said, "Go,
arry them back to town."

41 After the boy had gone, David got up from the
outh side of the stone and bowed down before
nathan three times, with his face to the ground.
hen they kissed each other and wept together – but
avid wept the most.

42 Jonathan said to David, "Go in peace, for we have
worn friendship with each other in the name of the
ORD, saying, 'The LORD is witness between you and me,
nd between your descendants and my descendants
rever.' " Then David left, and Jonathan went back
the town.[g]

avid at Nob

21 1[h] David went to Nob, to Ahimelek the priest.
Ahimelek trembled when he met him, and
sked, "Why are you alone? Why is no one with you?"
2 David answered Ahimelek the priest, "The king
ent me on a mission and said to me, 'No one is to
now anything about the mission I am sending you
n.' As for my men, I have told them to meet me at

pouvoir m'absenter pour voir mes frères. » C'est pour cela
qu'il n'est pas venu à la table du roi.
30 Alors Saül se mit en colère contre Jonathan et lui cria :
Fils de chienne, fils de rebelle ! Crois-tu que je ne sais pas
que tu as pris parti pour le fils d'Isaï, à ta honte et à celle
de ta mère ? 31 Aussi longtemps que le fils d'Isaï sera en
vie, tu ne pourras pas t'imposer ni établir ta royauté. C'est
pourquoi, fais-le chercher et ordonne qu'on me l'amène
sans retard, car il mérite la mort.

32 Jonathan répliqua à Saül son père : Pourquoi devrait-il
mourir ? Qu'a-t-il fait ?
33 Alors Saül brandit sa lance contre lui pour le frapper.
Jonathan comprit que son père avait fermement décidé de
faire mourir David. 34 Il se leva de table dans une grande
colère et ne mangea rien ce jour-là, car il était trop affligé à cause de la manière injurieuse dont son père avait
traité David.

Jonathan prévient David des intentions hostiles de son père

35 Le lendemain matin, Jonathan se rendit dans la campagne à l'endroit convenu avec David. Un jeune serviteur
l'accompagnait. 36 Il lui dit : Cours ramasser les flèches
que je vais tirer !
Le garçon courut en avant et Jonathan tira une flèche
au-delà du garçon. 37 Quand le serviteur s'approcha de
l'endroit où la flèche s'était plantée, Jonathan lui cria : La
flèche n'est-elle pas plus loin que toi ? 38 Vite, dépêche-toi !
Ne reste pas là !
Le serviteur de Jonathan ramassa la flèche et revint
vers son maître 39 sans se douter de rien. Seuls Jonathan
et David comprenaient la chose. 40 Jonathan remit son arc
et ses flèches à son serviteur et lui dit : Va les rapporter
dans la ville !
41 Après son départ, David sortit de sa cachette du côté
du sud et se prosterna trois fois devant Jonathan, le visage
contre terre, puis ils s'embrassèrent longuement en pleurant, David encore plus que Jonathan. 42 Alors Jonathan
lui dit : Va en paix, puisque nous nous sommes engagés
l'un envers l'autre par serment au nom de l'Eternel en
disant : Que l'Eternel soit garant entre toi et moi, entre
tes descendants et les miens, à tout jamais.
21 1 Là-dessus, David se mit en route et s'en alla, tandis que Jonathan retourna en ville.

David chez le prêtre Ahimélek

2 David se rendit à Nob[v], auprès du prêtre Ahimélek.
Celui-ci accourut tout tremblant au-devant de lui et lui
demanda : Comment se fait-il que tu sois seul ? Pourquoi
n'y a-t-il personne avec toi ?
3 – Le roi m'a chargé d'une mission, lui répondit David,
et il m'a dit : « Que personne ne sache rien de l'affaire
pour laquelle je t'envoie et de l'ordre que je t'ai donné. »
C'est pourquoi j'ai donné rendez-vous à mes hommes à un

20:42 In Hebrew texts this sentence (20:42b) is numbered 21:1.
In Hebrew texts 21:1-15 is numbered 21:2-16.

v 21.2 Ville des environs de Jérusalem où la tente de la Rencontre fut installée après la destruction de Silo (4.3-4 ; Jr 7.12). D'après 22.10, 15, il semble que David y soit venu pour consulter l'Eternel par l'ourim et le toummim.

a certain place. 3Now then, what do you have on hand? Give me five loaves of bread, or whatever you can find."

4But the priest answered David, "I don't have any ordinary bread on hand; however, there is some consecrated bread here – provided the men have kept themselves from women."

5David replied, "Indeed women have been kept from us, as usual whenever[i] I set out. The men's bodies are holy even on missions that are not holy. How much more so today!" 6So the priest gave him the consecrated bread, since there was no bread there except the bread of the Presence that had been removed from before the LORD and replaced by hot bread on the day it was taken away.

7Now one of Saul's servants was there that day, detained before the LORD; he was Doeg the Edomite, Saul's chief shepherd.

8David asked Ahimelek, "Don't you have a spear or a sword here? I haven't brought my sword or any other weapon, because the king's mission was urgent."

9The priest replied, "The sword of Goliath the Philistine, whom you killed in the Valley of Elah, is here; it is wrapped in a cloth behind the ephod. If you want it, take it; there is no sword here but that one."

David said, "There is none like it; give it to me."

David at Gath

10That day David fled from Saul and went to Achish king of Gath. 11But the servants of Achish said to him, "Isn't this David, the king of the land? Isn't he the one they sing about in their dances:

"'Saul has slain his thousands,
and David his tens of thousands'?"

12David took these words to heart and was very much afraid of Achish king of Gath. 13So he pretended to be insane in their presence; and while he was in their hands he acted like a madman, making marks on the doors of the gate and letting saliva run down his beard.

14Achish said to his servants, "Look at the man! He is insane! Why bring him to me? 15Am I so short of madmen that you have to bring this fellow here to carry on like this in front of me? Must this man come into my house?"

David at Adullam and Mizpah

22 1David left Gath and escaped to the cave of Adullam. When his brothers and his father's household heard about it, they went down to him there. 2All those who were in distress or in debt or discontented gathered around him, and he became their commander. About four hundred men were with him.

i 21:5 Or *from us in the past few days since*

certain endroit. 4Maintenant, qu'as-tu à manger sous
main ? Peux-tu me donner cinq pains ou quelque chos
d'autre ?

5Le prêtre lui répondit : Je n'ai pas de pain ordinaire sou
la main, mais seulement des pains consacrés. Tu peux l
prendre pour tes hommes s'ils n'ont pas eu de relation
sexuelles récemment.

6David répondit au prêtre : Ils n'en ont certainement pa
eues, tout comme par le passé quand je suis parti en can
pagne. Si l'équipement de mes hommes est consacré pou
une expédition profane, à plus forte raison aujourd'hu
sont-ils tous consacrés avec leur équipement.

7Alors le prêtre lui remit des pains consacrés, car il n'e
avait pas d'autres sous la main. C'étaient des pains qu
avaient été exposés devant l'Eternel et qui venaient d'êtr
retirés de la table de l'Eternel pour être remplacés pa
du pain frais[w]. 8Or, ce même jour, un haut fonctionnair
de Saül se trouvait là pour accomplir un devoir religieu
devant l'Eternel. Il s'appelait Doëg l'Edomite. C'était l
chef des bergers de Saül.

9David demanda ensuite à Ahimélek : N'aurais-tu pa
une lance ou une épée sous la main ? La mission du roi éta
si urgente que je n'ai pas même eu le temps d'emport
mon épée ou d'autres armes.

10Le prêtre répondit : Il y a l'épée de Goliath, le Philisti
que tu as vaincu dans la vallée du Chêne. La voilà, envelop
pée dans un drap derrière l'éphod. Si tu veux, tu peux l
prendre, car c'est la seule arme que nous ayons ici.

– Oui, donne-la moi, dit David, elle est sans pareille.

David chez les Philistins

11Puis David partit ce même jour pour s'enfuir loin d
Saül. Il se rendit chez Akish, le roi de Gath[x].

12Les hauts fonctionnaires d'Akish dirent au roi : N'es
ce pas David, le roi du pays ? N'est-ce pas celui pour q
l'on chantait en dansant : « Saül a vaincu ses milliers
David ses dizaines de milliers » ?

13David prit ces paroles très au sérieux. Il eut une granc
peur d'Akish, le roi de Gath. 14Alors il fit semblant devar
eux d'avoir perdu la raison : il se comportait de maniè
extravagante et faisait des marques sur les battants de
portes et laissait la bave couler sur sa barbe. 15Akish d
à ses familiers : Vous voyez bien que cet homme est fo
Pourquoi me l'avez-vous amené ? 16Est-ce que je n'ai pa
assez de fous ici que vous m'ameniez encore celui-là pou
se livrer à des extravagances devant moi ? Il n'est pas que
tion qu'il mette les pieds dans ma maison !

David, chef de bande

22 1Là-dessus David quitta la ville de Gath et alla s
réfugier dans la grotte d'Adoullam[y]. Lorsque se
frères et tous les membres de sa famille l'apprirent, i
allèrent l'y rejoindre. 2Et tous les gens qui étaient dar
la détresse, tous ceux qui avaient des dettes et tous le
mécontents se rallièrent à lui, et il devint leur chef. Il y e
ainsi quelque quatre cents hommes qui se regroupère
autour de lui.

w 21.7 Allusion à cet épisode en Mt 12.3-4 ; Mc 2.25-26 ; Lc 6.3-4.
x 21.11 L'une des cinq principales villes de la Philistie.
y 22.1 *La grotte d'Adoullam* est située à une vingtaine de kilomètres de Bethléhem, au sud-ouest de Jérusalem. Elle était d'accès difficile, donc facile à défendre. Voir les Ps 57 et 142.

3 From there David went to Mizpah in Moab and
iid to the king of Moab, "Would you let my father
ıd mother come and stay with you until I learn what
od will do for me?" 4 So he left them with the king
f Moab, and they stayed with him as long as David
as in the stronghold.

5 But the prophet Gad said to David, "Do not stay in
ıe stronghold. Go into the land of Judah." So David
ft and went to the forest of Hereth.

aul Kills the Priests of Nob

6 Now Saul heard that David and his men had been
iscovered. And Saul was seated, spear in hand, un-
er the tamarisk tree on the hill at Gibeah, with all
is officials standing at his side. 7 He said to them,
Listen, men of Benjamin! Will the son of Jesse give
ll of you fields and vineyards? Will he make all of
ou commanders of thousands and commanders of
undreds? 8 Is that why you have all conspired against
ıe? No one tells me when my son makes a covenant
ith the son of Jesse. None of you is concerned about
ıe or tells me that my son has incited my servant to
e in wait for me, as he does today."

9 But Doeg the Edomite, who was standing with
aul's officials, said, "I saw the son of Jesse come to
himelek son of Ahitub at Nob. 10 Ahimelek inquired
f the LORD for him; he also gave him provisions and
ıe sword of Goliath the Philistine."

11 Then the king sent for the priest Ahimelek son of
hitub and all the men of his family, who were the
riests at Nob, and they all came to the king. 12 Saul
iid, "Listen now, son of Ahitub."

"Yes, my lord," he answered.

13 Saul said to him, "Why have you conspired against
ıe, you and the son of Jesse, giving him bread and a
word and inquiring of God for him, so that he has
ebelled against me and lies in wait for me, as he does
oday?"

14 Ahimelek answered the king, "Who of all your
ervants is as loyal as David, the king's son-in-law, cap-
ain of your bodyguard and highly respected in your
ousehold? 15 Was that day the first time I inquired
f God for him? Of course not! Let not the king accuse
our servant or any of his father's family, for your
ervant knows nothing at all about this whole affair."

16 But the king said, "You will surely die, Ahimelek,
ou and your whole family."

17 Then the king ordered the guards at his side:
Turn and kill the priests of the LORD, because they
o have sided with David. They knew he was fleeing,
et they did not tell me."

But the king's officials were unwilling to raise a
and to strike the priests of the LORD.

18 The king then ordered Doeg, "You turn and strike
own the priests." So Doeg the Edomite turned and

3 Plus tard, David se rendit de là à Mitspé de Moab et il
dit au roi de Moab[z] : Permets, je te prie, à mon père et à
ma mère de venir se réfugier chez vous jusqu'à ce que je
sache ce que Dieu fera pour moi.

4 Il amena donc ses parents auprès du roi de Moab, et
ils restèrent chez lui tout le temps que David passa dans
son refuge fortifié.

5 Un jour, le prophète Gad dit à David : Ne reste pas dans
cette forteresse. Pars et rentre au pays de Juda.

David s'en alla et s'enfonça dans la forêt de Héreth.

Saül se venge sur Ahimélek et sa famille

6 Saül apprit qu'on avait repéré David et ses hommes. Il
siégeait à Guibéa sur la colline, à l'ombre d'un tamaris, sa
lance à la main. Tous ses familiers se tenaient autour de
lui. 7 Saül leur dit : Ecoutez bien, hommes de Benjamin :
croyez-vous que le fils d'Isaï donnera à chacun de vous des
champs et des vignes ? Est-ce qu'il fera de vous tous des
chefs de « milliers » et de « centaines » ? 8 Alors pourquoi
avez-vous tous comploté contre moi de sorte que personne
ne m'a averti que mon fils a conclu un pacte avec le fils
d'Isaï. Aucun de vous ne se soucie de moi et personne ne
m'a prévenu que mon fils a dressé mon serviteur contre
moi pour me tendre des pièges, comme cela apparaît
aujourd'hui.

9 Doëg l'Edomite, qui était à la tête des fonctionnaires
de Saül, répondit : J'ai vu le fils d'Isaï arriver à Nob, chez
Ahimélek, le fils d'Ahitoub. 10 Celui-ci a consulté l'Eternel
pour lui et lui a fourni des vivres. Il lui a aussi remis l'épée
de Goliath le Philistin.

11 Alors le roi envoya chercher le prêtre Ahimélek, fils
d'Ahitoub, ainsi que tous les prêtres, membres de son
groupe familial qui étaient à Nob. Tous vinrent se présenter devant le roi.

12 – Ecoute bien, fils d'Ahitoub ! lui dit Saül quand celui-
ci fut devant lui.

– Oui, mon seigneur, j'écoute, lui répondit-il.

13 – Pourquoi avez-vous comploté contre moi, toi et le fils
d'Isaï ? lui dit Saül. Tu lui as donné du pain et une épée, et
tu as consulté Dieu pour lui, pour qu'il se révolte contre
moi et me tende des pièges, comme c'est le cas aujourd'hui.

14 Ahimélek répondit au roi en disant : Y a-t-il parmi
tous tes fonctionnaires quelqu'un d'aussi fidèle que David ?
De plus, c'est le gendre du roi. Et n'est-il pas le chef de ta
garde personnelle ? N'est-il pas hautement honoré à la
cour royale ? 15 Et si j'ai consulté Dieu pour lui, était-ce la
première fois ? Je n'ai jamais eu l'idée de comploter contre
toi. Que le roi ne mette pas sur mon compte ni sur celui
d'aucun membre de mon groupe familial une telle chose,
car ton serviteur ignorait absolument tout de cette affaire.

16 Le roi dit : Ahimélek, tu mourras, toi et tout ton groupe
familial, c'est décidé.

17 Puis il ordonna à ses gardes qui se tenaient près de
lui : Allez, mettez à mort ces prêtres de l'Eternel, parce
qu'eux aussi ont soutenu David. Ils savaient qu'il était en
fuite et ils ne m'en ont pas averti.

Mais les gardes refusèrent de porter la main sur les
prêtres de l'Eternel.

18 Alors le roi ordonna à Doëg : Vas-y, toi, exécute ces
prêtres.

z 22.3 L'aïeule de David était moabite (Rt 1.22 ; 4.17-22).

struck them down. That day he killed eighty-five men who wore the linen ephod. 19He also put to the sword Nob, the town of the priests, with its men and women, its children and infants, and its cattle, donkeys and sheep.

20But one son of Ahimelek son of Ahitub, named Abiathar, escaped and fled to join David. 21He told David that Saul had killed the priests of the LORD. 22Then David said to Abiathar, "That day, when Doeg the Edomite was there, I knew he would be sure to tell Saul. I am responsible for the death of your whole family. 23Stay with me; don't be afraid. The man who wants to kill you is trying to kill me too. You will be safe with me."

David Saves Keilah

23 1When David was told, "Look, the Philistines are fighting against Keilah and are looting the threshing floors," 2he inquired of the LORD, saying, "Shall I go and attack these Philistines?"

The LORD answered him, "Go, attack the Philistines and save Keilah."

3But David's men said to him, "Here in Judah we are afraid. How much more, then, if we go to Keilah against the Philistine forces!"

4Once again David inquired of the LORD, and the LORD answered him, "Go down to Keilah, for I am going to give the Philistines into your hand." 5So David and his men went to Keilah, fought the Philistines and carried off their livestock. He inflicted heavy losses on the Philistines and saved the people of Keilah. 6(Now Abiathar son of Ahimelek had brought the ephod down with him when he fled to David at Keilah.)

Saul Pursues David

7Saul was told that David had gone to Keilah, and he said, "God has delivered him into my hands, for David has imprisoned himself by entering a town with gates and bars." 8And Saul called up all his forces for battle, to go down to Keilah to besiege David and his men.

9When David learned that Saul was plotting against him, he said to Abiathar the priest, "Bring the ephod." 10David said, "LORD, God of Israel, your servant has heard definitely that Saul plans to come to Keilah and destroy the town on account of me. 11Will the citizens of Keilah surrender me to him? Will Saul come down, as your servant has heard? LORD, God of Israel, tell your servant."

And the LORD said, "He will."

12Again David asked, "Will the citizens of Keilah surrender me and my men to Saul?"

And the LORD said, "They will."

13So David and his men, about six hundred in number, left Keilah and kept moving from place to place.

Doëg l'Edomite s'avança et ce fut lui qui tua les prêtre Il mit à mort en ce jour quatre-vingt-cinq hommes porta le vêtement sacerdotal en lin. 19Saül fit aussi massacrer p l'épée tous les autres habitants de Nob, la ville des prêtre tous y passèrent : hommes, femmes, enfants, nourrisson bœufs, ânes, brebis.

20Un fils d'Ahimélek, fils d'Ahitoub, nommé Abiat réussit cependant à s'échapper et il s'enfuit auprès d David. 21Il lui annonça que Saül avait fait tuer les prêtr de l'Eternel. 22David s'exclama : Je m'étais bien dout l'autre jour, que Doëg l'Edomite, qui était aussi à Nob, manquerait pas d'informer Saül de tout ce qui s'est pass C'est donc moi qui suis la cause de la mort de toutes l personnes de ton groupe familial. 23Maintenant, reste av moi et ne crains rien. Nous avons un ennemi commu toi et moi, qui en veut à notre vie, mais auprès de moi t seras en sécurité.

David délivre la ville de Qeïla

23 1On vint prévenir David que les Philistins avaie attaqué la ville de Qeïla[a] et qu'ils pillaient l céréales sur les aires. 2David consulta l'Eternel pour sav s'il devait aller attaquer les Philistins et s'il les vaincra L'Eternel[b] lui répondit : Va, tu battras les Philistins et t délivreras Qeïla.

3Mais les hommes de David répondirent : Déjà ici, da le territoire de Juda, nous vivons constamment dans crainte, qu'est-ce que ce sera si nous allons à Qeïla no battre contre les bataillons des Philistins ?

4David consulta une nouvelle fois l'Eternel qui lui répo dit : Mets-toi en route, va à Qeïla, car je te donne la victoi sur les Philistins.

5David marcha donc avec ses hommes sur Qeïla ils attaquèrent les Philistins. Ils s'emparèrent de leu troupeaux et leur infligèrent une lourde défaite. Ain David délivra les habitants de Qeïla. 6Il faut dire que qua Abiatar, fils d'Ahimélek, s'était enfui auprès de David Qeïla, il avait emporté avec lui l'éphod servant à consult l'Eternel.

7On fit savoir à Saül que David était allé à Qeïla ; alors s'écria : Dieu l'a livré en mon pouvoir, car il s'est lui-mêm enfermé dans un piège en entrant dans une ville qui a d portes et des verrous.

8Il mobilisa tous ses hommes pour marcher sur Qeï et assiéger David et sa troupe. 9David apprit quel ma vais dessein Saül méditait contre lui. Aussi demanda-t- au prêtre Abiatar d'apporter l'éphod. 10Il pria : Etern Dieu d'Israël, ton serviteur a appris que Saül s'apprête marcher sur Qeïla pour détruire la ville à cause de m 11Les autorités de Qeïla me livreront-elles à lui ? Saül vie dra-t-il vraiment comme ton serviteur l'a entendu dire Eternel, Dieu d'Israël, je t'en prie, informe ton serviteu L'Eternel répondit : Il viendra.

12David ajouta : Les autorités de Qeïla me livreront-ell à Saül, moi et mes hommes ?

L'Eternel répondit : Oui, elles vous livreront.

13Alors David se mit en route avec sa troupe d'env ron six cents hommes et ils quittèrent Qeïla, marchant

[a] **23.1** Ville de Juda, à 4 ou 5 kilomètres de la grotte d'Adoullam (22.1), proche de la frontière de la Philistie.

[b] **23.2** Par Abiatar (v. 6) et par l'ourim et le toummim.

'hen Saul was told that David had escaped from
eilah, he did not go there.

14 David stayed in the wilderness strongholds and
n the hills of the Desert of Ziph. Day after day Saul
earched for him, but God did not give David into his
ands.
15 While David was at Horesh in the Desert of Ziph,
e learned that[j] Saul had come out to take his life.
And Saul's son Jonathan went to David at Horesh and
elped him find strength in God. 17 "Don't be afraid,"
e said. "My father Saul will not lay a hand on you. You
ill be king over Israel, and I will be second to you.
ven my father Saul knows this." 18 The two of them
ade a covenant before the LORD. Then Jonathan went
ome, but David remained at Horesh.

19 The Ziphites went up to Saul at Gibeah and said,
's not David hiding among us in the strongholds at
oresh, on the hill of Hakilah, south of Jeshimon?
Now, Your Majesty, come down whenever it pleases
ou to do so, and we will be responsible for giving him
ito your hands."
21 Saul replied, "The LORD bless you for your con-
ern for me. 22 Go and get more information. Find out
here David usually goes and who has seen him there.
hey tell me he is very crafty. 23 Find out about all
e hiding places he uses and come back to me with
efinite information. Then I will go with you; if he
in the area, I will track him down among all the
ans of Judah."
24 So they set out and went to Ziph ahead of Saul.
ow David and his men were in the Desert of Maon,
n the Arabah south of Jeshimon. 25 Saul and his men
egan the search, and when David was told about it,
e went down to the rock and stayed in the Desert of
Iaon. When Saul heard this, he went into the Desert
f Maon in pursuit of David.
26 Saul was going along one side of the mountain,
nd David and his men were on the other side, hurry-
ng to get away from Saul. As Saul and his forces were
losing in on David and his men to capture them, 27 a
essenger came to Saul, saying, "Come quickly! The
hilistines are raiding the land." 28 Then Saul broke off
is pursuit of David and went to meet the Philistines.
hat is why they call this place Sela Hammahlekoth.[k]
9 And David went up from there and lived in the
trongholds of En Gedi.[l]

avid Spares Saul's Life

24 1[m] After Saul returned from pursuing the
Philistines, he was told, "David is in the

23:15 Or *he was afraid because*
23:28 *Sela Hammahlekoth* means *rock of parting.*
23:29 In Hebrew texts this verse (23:29) is numbered 24:1.
In Hebrew texts 24:1-22 is numbered 24:22-23.

l'aventure. On informa Saül que David avait quitté Qeïla
et il renonça à son expédition.

La visite de Jonathan

14 David gagna la région désertique de Ziph[c] et s'installa
dans des refuges escarpés de la montagne. Saül le cherchait jour après jour ; mais Dieu ne le fit pas tomber entre
ses mains.
15 David s'aperçut que Saül s'était mis en campagne pour
lui ôter la vie, et il resta dans le désert de Ziph du côté
de Horsha. 16 Jonathan, le fils de Saül, se mit en route et
se rendit auprès de David à Horsha pour l'encourager en
affermissant sa confiance en Dieu. 17 Il lui dit : Sois sans
crainte ! Mon père ne réussira pas à mettre la main sur
toi ; tu régneras sur Israël, et moi je serai au second rang
près de toi ; mon père lui-même sait bien qu'il en sera ainsi.
18 Tous deux renouvelèrent leur pacte d'amitié devant
l'Eternel. David resta à Horsha et Jonathan rentra chez lui.

David échappe de peu à Saül

19 Quelques hommes de Ziph allèrent trouver Saül à
Guibéa pour lui dire : Sais-tu que David se tient caché dans
notre région dans des refuges escarpés à Horsha, dans les
collines de Hakila au sud des steppes[d] ? 20 Maintenant, ô
roi, quand tu le désireras, viens, et nous nous chargerons
de te le livrer.
21 Saül répondit : Vous êtes bénis par l'Eternel, vous qui
avez eu pitié de moi ! 22 Allez donc, confirmez vos ren-
seignements, observez et tenez-vous au courant de ses
déplacements, sachez qui l'a vu dans ces endroits-là, car on
m'a dit qu'il est très rusé. 23 Repérez toutes ses cachettes,
et revenez me voir avec des informations sûres ; alors j'irai
avec vous, et s'il est dans le pays, je fouillerai au besoin
chaque recoin du territoire de Juda pour le chercher.
24 Les gens de Ziph quittèrent Saül et repartirent chez
eux, précédant le roi. David et ses hommes se trouvaient
au désert de Maôn[e], dans la plaine qui se trouve au sud
des steppes.
25 Saül partit à sa recherche avec ses hommes. On en
informa David, et il descendit dans un endroit rocheux
du désert de Maôn où il s'installa. Saül l'apprit et se mit
à le poursuivre dans cette région. 26 Saül marchait sur
l'un des flancs de la montagne, tandis que David et ses
hommes s'enfuyaient sur le flanc opposé. David précipitait
sa marche pour échapper à Saül. Mais déjà le roi et ses
hommes les cernaient et allaient les capturer. 27 Alors un
messager vint dire à Saül : Reviens tout de suite, car les
Philistins ont fait une incursion dans le pays.
28 Aussitôt Saül cessa de poursuivre David pour aller affronter les Philistins. C'est pourquoi on a appelé cet endroit
le Rocher des Séparations.

David épargne et confond Saül

24 1 David repartit de là pour s'installer dans les
falaises escarpées d'Eyn-Guédi[f]. 2 Lorsque Saül
revint de sa campagne contre les Philistins, on l'infor-

c **23.14** Au centre du désert de Judée, au sud-est d'Hébron (Jos 15.55).
d **23.19** Ou : *du Yéshimôn*, nom désignant une steppe inculte. Il pourrait avoir valeur de nom propre ici (voir v. 24 ; 26.1, 3).
e **23.24** Au sud du désert de Ziph, près de la localité de Karmel (15.12).
f **24.1** C'est-à-dire *la source du Chevreau*, dominant la rive ouest de la mer Morte, région criblée de grottes en bordure du désert de Ziph, renommée pour sa fertilité (Ct 1.14).

Desert of En Gedi." 2 So Saul took three thousand able young men from all Israel and set out to look for David and his men near the Crags of the Wild Goats.

3 He came to the sheep pens along the way; a cave was there, and Saul went in to relieve himself. David and his men were far back in the cave. 4 The men said, "This is the day the LORD spoke of when he said[n] to you, 'I will give your enemy into your hands for you to deal with as you wish.'" Then David crept up unnoticed and cut off a corner of Saul's robe.

5 Afterward, David was conscience-stricken for having cut off a corner of his robe. 6 He said to his men, "The LORD forbid that I should do such a thing to my master, the LORD's anointed, or lay my hand on him; for he is the anointed of the LORD." 7 With these words David sharply rebuked his men and did not allow them to attack Saul. And Saul left the cave and went his way.

8 Then David went out of the cave and called out to Saul, "My lord the king!" When Saul looked behind him, David bowed down and prostrated himself with his face to the ground. 9 He said to Saul, "Why do you listen when men say, 'David is bent on harming you'? 10 This day you have seen with your own eyes how the LORD delivered you into my hands in the cave. Some urged me to kill you, but I spared you; I said, 'I will not lay my hand on my lord, because he is the LORD's anointed.' 11 See, my father, look at this piece of your robe in my hand! I cut off the corner of your robe but did not kill you. See that there is nothing in my hand to indicate that I am guilty of wrongdoing or rebellion. I have not wronged you, but you are hunting me down to take my life. 12 May the LORD judge between you and me. And may the LORD avenge the wrongs you have done to me, but my hand will not touch you. 13 As the old saying goes, 'From evildoers come evil deeds,' so my hand will not touch you.

14 "Against whom has the king of Israel come out? Who are you pursuing? A dead dog? A flea? 15 May the LORD be our judge and decide between us. May he consider my cause and uphold it; may he vindicate me by delivering me from your hand."

16 When David finished saying this, Saul asked, "Is that your voice, David my son?" And he wept aloud. 17 "You are more righteous than I," he said. "You have treated me well, but I have treated you badly. 18 You have just now told me about the good you did to me; the LORD delivered me into your hands, but you did not kill me. 19 When a man finds his enemy, does he let him get away unharmed? May the LORD reward you well for the way you treated me today. 20 I know that you will surely be king and that the kingdom of Israel will be established in your hands. 21 Now swear to me by the

n 24:4 Or "*Today the LORD is saying*

ma que David se trouvait maintenant dans le déser d'Eyn-Guédi. 3 Alors le roi rassembla trois « milliers d'hommes d'élite, choisis dans tout Israël, et il se mit la recherche de David et de ses compagnons jusqu'en fac du Rocher des Bouquetins. 4 En passant près des parcs moutons en bordure du chemin, il vit une grotte et y entr pour satisfaire un besoin naturel. Or David et ses homme se tenaient précisément au fond de cette grotte.

5 Les compagnons de David lui chuchotèrent : Voici l moment annoncé par l'Eternel lorsqu'il t'a promis de t livrer ton ennemi pour que tu le traites comme bon t semble.

Alors David se leva et alla couper un pan du manteau d Saül sans que celui-ci s'en aperçoive. 6 Dès qu'il l'eut fai son cœur se mit à battre très fort parce qu'il avait coup un pan du manteau de Saül. 7 Il dit à ses hommes : Qu l'Eternel me garde de jamais faire une chose pareille e de porter la main sur mon seigneur à qui Dieu a confér l'onction, car c'est de la part de l'Eternel qu'il a été oint 8 Par ces paroles, David arrêta ses hommes ; il ne le laissa pas se jeter sur Saül. Le roi sortit de la grotte e continua son chemin.

9 Alors David sortit de la grotte derrière lui et appel Saül : Mon seigneur le roi !

Saül se retourna et David s'inclina respectueusemen le visage contre terre, et se prosterna. 10 Puis il dit à Saü Pourquoi écoutes-tu ceux qui te disent que je cherche te nuire ? 11 Aujourd'hui même, tu vois de tes yeux qu l'Eternel t'avait livré en mon pouvoir dans la grotte. O me disait de te tuer, mais je t'ai épargné et j'ai dit : « J ne porterai pas la main sur mon seigneur, car il a reç l'onction de la part de l'Eternel. » 12 Regarde, ô mon père oui, regarde ce que je tiens dans ma main : un pan de to manteau. Puisque j'ai coupé le pan de ton manteau et qu je ne t'ai pas tué, reconnais donc qu'il n'y a de ma part malveillance ni révolte, et que je n'ai aucun tort enver toi. Alors que toi, tu me traques pour m'ôter la vie. 13 Qu l'Eternel juge entre moi et toi et qu'il te fasse payer l mal que tu m'as fait, mais moi je ne porterai pas la mai sur toi. 14 Comme le dit le vieux proverbe : « Du méchar vient la méchanceté » ! Mais je ne porterai pas la main su toi. 15 Contre qui le roi d'Israël est-il parti en guerre ? Qu poursuis-tu ? Un chien mort ! Une misérable puce ! 16 Ou l'Eternel sera notre juge et prononcera son verdict entr moi et toi ! Qu'il examine et qu'il défende ma cause ! Qu' me fasse justice et me délivre de toi !

17 Quand David eut fini de parler ainsi à Saül, celui-ci lu dit : Est-ce bien toi qui me parles, mon fils David ?

Et il se mit à pleurer à chaudes larmes. 18 Puis il lu dit : Tu es plus juste que moi, tu m'as traité avec bonte alors que moi je t'ai fait du mal. 19 Tu viens de montre aujourd'hui que tu agis avec bonté envers moi, puisqu l'Eternel m'avait livré en ton pouvoir et que tu ne m'a pas tué. 20 Si quelqu'un surprend son ennemi, le laisse-t- avec bienveillance poursuivre sa route ? Que l'Eternel t récompense pour ce que tu as fait pour moi en ce jour 21 Maintenant, tu vois, je sais que tu seras certainemen roi un jour et que le royaume d'Israël sera stable sous to autorité. 22 A présent, jure-moi seulement par l'Eternel qu tu n'extermineras pas mes descendants après ma mort e

g 24.12 Titre de respect. De plus, Saül était le beau-père de David (18.27).

ɔRD that you will not kill off my descendants or wipe ɿt my name from my father's family."

22 So David gave his oath to Saul. Then Saul returned ome, but David and his men went up to the strong-old.

avid, Nabal and Abigail

25 1 Now Samuel died, and all Israel assembled and mourned for him; and they buried him : his home in Ramah. Then David moved down into ıe Desert of Paran.[o]

2 A certain man in Maon, who had property there t Carmel, was very wealthy. He had a thousand goats nd three thousand sheep, which he was shearing ı Carmel. 3 His name was Nabal and his wife's name 'as Abigail. She was an intelligent and beautiful 'oman, but her husband was surly and mean in his ealings – he was a Calebite.

4 While David was in the wilderness, he heard that ıabal was shearing sheep. 5 So he sent ten young men nd said to them, "Go up to Nabal at Carmel and greet im in my name. 6 Say to him: 'Long life to you! Good ealth to you and your household! And good health ɔ all that is yours!

7 " 'Now I hear that it is sheep-shearing time. When our shepherds were with us, we did not mistreat ıem, and the whole time they were at Carmel noth-ıg of theirs was missing. 8 Ask your own servants nd they will tell you. Therefore be favorable toward ıy men, since we come at a festive time. Please give our servants and your son David whatever you can nd for them.' "

9 When David's men arrived, they gave Nabal this ıessage in David's name. Then they waited.

10 Nabal answered David's servants, "Who is this 'avid? Who is this son of Jesse? Many servants are reaking away from their masters these days. 11 Why hould I take my bread and water, and the meat I have laughtered for my shearers, and give it to men com-ıg from who knows where?"

12 David's men turned around and went back. When hey arrived, they reported every word. 13 David said ɔ his men, "Each of you strap on your sword!" So they id, and David strapped his on as well. About four undred men went up with David, while two hundred tayed with the supplies.

14 One of the servants told Abigail, Nabal's wife, David sent messengers from the wilderness to give ur master his greetings, but he hurled insults at hem. 15 Yet these men were very good to us. They id not mistreat us, and the whole time we were out n the fields near them nothing was missing. 16 Night nd day they were a wall around us the whole time ve were herding our sheep near them. 17 Now think

25:1 Hebrew and some Septuagint manuscripts; other Septuagint ıanuscripts *Maon*

que tu ne chercheras pas à faire disparaître mon nom de mon groupe familial.

23 Alors David le promit par serment à Saül, qui retourna chez lui, tandis que David et ses compagnons regagnèrent leur refuge dans la montagne.

La mort de Samuel

25 1 A cette époque, Samuel mourut, et tout Israël se rassembla pour célébrer son deuil. On l'enterra chez lui à Rama.

Nabal ne veut rien donner à David

David se mit en route et se retira au désert de Parân. 2 A Maôn vivait un homme très riche qui avait des propriétés dans le village de Karmel[h]. Il possédait trois mille moutons et mille chèvres. A cette époque, il se trouvait à Karmel pour la tonte de ses moutons. 3 Cet homme, un descendant de Caleb, s'appelait Nabal. Sa femme, Abigaïl, était très intelligente et belle, tandis que son mari était dur et méchant. 4 David apprit au désert que Nabal tondait ses moutons. 5 Il chargea dix de ses hommes d'aller le trouver à Karmel et de le saluer de sa part.

6 – Voici comment vous lui parlerez, leur dit-il : « Longue vie à toi ! Que la paix soit avec toi et avec ta maison ! Que toutes tes affaires prospèrent ! 7 J'apprends qu'on fait la tonte de tes moutons. Tant que tes bergers ont été avec nous, nous ne leur avons fait aucun tort. Rien n'a été dérobé de leur troupeau pendant tout leur séjour à Karmel. 8 Interroge tes serviteurs, ils te le confirmeront. Puissent donc mes serviteurs trouver également bon accueil auprès de toi, puisque nous arrivons en ce jour de fête ! Donne-leur donc, je te prie, ce que tu auras sous la main pour tes serviteurs et ton fils David. »

9 Les jeunes compagnons de David allèrent et répétèrent à Nabal toutes ces paroles au nom de David, puis ils attendirent.

10 Nabal leur répondit : Qui est David, et qui est le fils d'Isaï ? De nos jours il y a trop de serviteurs qui s'enfuient de chez leurs maîtres. 11 Et vous croyez que je vais prendre de mon pain, de mon eau et de ma viande, que j'ai fait débiter pour mes tondeurs, pour les donner à des gens venus de je ne sais où ?

12 Les serviteurs de David repartirent et rentrèrent. Ils rapportèrent intégralement à David la réponse de Nabal. 13 Alors David ordonna à ses hommes : Que chacun prenne son épée !

Et chacun mit son épée à sa ceinture. David aussi ceignit la sienne et partit avec environ quatre cents hommes, laissant les deux cents autres pour garder leurs affaires.

L'intervention d'Abigaïl auprès de David

14 L'un des serviteurs de Nabal alla informer Abigaïl de ce qui s'était passé. Il lui dit : Voici que David a envoyé des messagers depuis le désert pour saluer notre maître, mais celui-ci les a mal reçus. 15 Pourtant ces gens ont été très bons pour nous, ils ne nous ont jamais fait aucun mal et rien n'a disparu pendant tout le temps que nous étions auprès d'eux dans la campagne. 16 Ils nous ont protégés comme un rempart, nuit et jour, pendant tout le temps que nous avons passé avec eux auprès des moutons. 17 Maintenant, réfléchis bien et vois ce que tu peux faire.

[h] 25.2 Dans les monts de Judée (15.12).

it over and see what you can do, because disaster is
hanging over our master and his whole household.
He is such a wicked man that no one can talk to him."
18Abigail acted quickly. She took two hundred
loaves of bread, two skins of wine, five dressed sheep,
five seahs[p] of roasted grain, a hundred cakes of raisins
and two hundred cakes of pressed figs, and loaded
them on donkeys. 19Then she told her servants, "Go
on ahead; I'll follow you." But she did not tell her husband Nabal.
20As she came riding her donkey into a mountain
ravine, there were David and his men descending toward her, and she met them. 21David had just said,
"It's been useless – all my watching over this fellow's
property in the wilderness so that nothing of his was
missing. He has paid me back evil for good. 22May God
deal with David,[q] be it ever so severely, if by morning I
leave alive one male of all who belong to him!"

23When Abigail saw David, she quickly got off her
donkey and bowed down before David with her face
to the ground. 24She fell at his feet and said: "Pardon
your servant, my lord, and let me speak to you; hear
what your servant has to say. 25Please pay no attention, my lord, to that wicked man Nabal. He is just
like his name – his name means Fool, and folly goes
with him. And as for me, your servant, I did not see
the men my lord sent. 26And now, my lord, as surely
as the LORD your God lives and as you live, since the
LORD has kept you from bloodshed and from avenging
yourself with your own hands, may your enemies and
all who are intent on harming my lord be like Nabal.
27And let this gift, which your servant has brought to
my lord, be given to the men who follow you.
28"Please forgive your servant's presumption. The
LORD your God will certainly make a lasting dynasty
for my lord, because you fight the LORD's battles, and
no wrongdoing will be found in you as long as you live.
29Even though someone is pursuing you to take your
life, the life of my lord will be bound securely in the
bundle of the living by the LORD your God, but the lives
of your enemies he will hurl away as from the pocket
of a sling. 30When the LORD has fulfilled for my lord
every good thing he promised concerning him and
has appointed him ruler over Israel, 31my lord will
not have on his conscience the staggering burden of
needless bloodshed or of having avenged himself. And
when the LORD your God has brought my lord success,
remember your servant."

32David said to Abigail, "Praise be to the LORD, the
God of Israel, who has sent you today to meet me.
33May you be blessed for your good judgment and for
keeping me from bloodshed this day and from avenging myself with my own hands. 34Otherwise, as surely
as the LORD, the God of Israel, lives, who has kept me
from harming you, if you had not come quickly to
meet me, not one male belonging to Nabal would have
been left alive by daybreak."

[p] 25:18 That is, probably about 60 pounds or about 27 kilograms
[q] 25:22 Some Septuagint manuscripts; Hebrew *with David's enemies*

Car si tu ne fais rien, certainement il arrivera malheur
notre maître et à toute sa famille. Quant à lui, il a si mau
vais caractère qu'on ne peut rien lui dire.
18Abigaïl prit en toute hâte deux cents pains, deu
outres de vin et cinq moutons déjà préparés, cinq me
sures de blé grillé, cent paquets de raisins secs et deu
cents gâteaux de figues sèches. Elle chargea le tout su
des ânes 19et elle ordonna à ses serviteurs : « Passe
devant, je vous suis. » Son mari Nabal ne savait rien d
tout cela. 20Installée sur son âne, elle descendait, caché
par la montagne. En même temps, David et ses homme
descendaient le versant opposé dans sa direction, et ell
se trouva bientôt face à eux. 21David venait justement d
se dire : C'est donc en vain que j'ai protégé tous les bien
de cet homme dans la steppe pour qu'il ne perde rien d
ce qu'il possède ! Il me rend le mal pour le bien ! 22Qu
Dieu fortifie tous mes ennemis[i] et même qu'il les bénis
si d'ici demain matin au lever du jour, je laisse subsiste
un seul homme dans sa famille !
23Quand Abigaïl aperçut David, elle se hâta de descendr
de son âne et, s'inclinant la face contre terre, se prostern
devant lui. 24Puis elle se jeta à ses pieds et lui dit : Mo
seigneur, fais comme si tout cela était ma faute ! Permet
à ta servante de t'adresser quelques mots d'explication, e
daigne écouter ses paroles. 25Que mon seigneur ne fass
donc pas attention à ce bon à rien de Nabal, car vraimen
il porte bien son nom : il s'appelle Nabal (l'insensé), et c'es
bien vrai qu'il est insensé ! Moi, ta servante, je n'ai pas v
les serviteurs que mon seigneur a envoyés. 26Mais main
tenant, mon seigneur, aussi vrai que l'Eternel est vivan
et que tu l'es toi-même, c'est l'Eternel qui t'a empêch
de t'engager dans la voie du meurtre et de te venger to
même. Que les ennemis de mon seigneur et ceux qui lu
veulent du mal deviennent comme Nabal ! 27A présen
veuille accepter ces présents que moi, ta servante, j'ap
porte à mon seigneur, et les distribuer aux jeunes gens qu
suivent mon seigneur. 28Veuille aussi pardonner la faut
de ta servante. Certainement, l'Eternel ne manquera pa
d'accorder à mon seigneur une dynastie stable, car mo
seigneur livre les guerres de l'Eternel et, si l'on considèr
toute la durée de ta vie, on ne te trouve coupable d'aucu
mal. 29Si quelqu'un s'avise de te poursuivre pour t'ôter l
vie, l'Eternel ton Dieu gardera la vie de mon seigneur pou
que tu restes au nombre des vivants. Mais il jettera la vi
de tes ennemis au loin comme avec une fronde. 30Lorsqu
l'Eternel aura accompli pour mon seigneur tous les bien
faits qu'il t'a promis, et qu'il t'aura institué comme che
d'Israël, 31alors mon seigneur n'aura ni remords ni troubl
de conscience pour avoir tué quelqu'un inutilement e
s'être vengé lui-même. L'Eternel fera du bien à mon sei
gneur et tu te souviendras de ta servante.
32David répondit à Abigaïl : Béni soit l'Eternel, le Dieu
d'Israël, de t'avoir envoyée aujourd'hui sur ma route
33Bénie sois-tu pour ton bon sens. Bénie sois-tu de m'avoi
préservé d'en venir au meurtre et de me venger moi-même
34Vraiment, l'Eternel, le Dieu d'Israël, m'a empêché de vou
faire du mal. Car je te le jure, aussi vrai qu'il est vivant, s
tu n'étais pas venue me trouver si rapidement, il ne serai
pas resté un seul homme à Nabal d'ici demain matin.

[i] 25.22 L'ancienne version grecque a : *que Dieu inflige à David un châtiment sévère.*

35 Then David accepted from her hand what she had rought him and said, "Go home in peace. I have heard our words and granted your request."

36 When Abigail went to Nabal, he was in the house olding a banquet like that of a king. He was in high pirits and very drunk. So she told him nothing at all ntil daybreak. 37 Then in the morning, when Nabal as sober, his wife told him all these things, and his eart failed him and he became like a stone. 38 About n days later, the LORD struck Nabal and he died.

39 When David heard that Nabal was dead, he said, Praise be to the LORD, who has upheld my cause gainst Nabal for treating me with contempt. He has ept his servant from doing wrong and has brought abal's wrongdoing down on his own head."

Then David sent word to Abigail, asking her to beome his wife. 40 His servants went to Carmel and said Abigail, "David has sent us to you to take you to ecome his wife."

41 She bowed down with her face to the ground and id, "I am your servant and am ready to serve you nd wash the feet of my lord's servants." 42 Abigail uickly got on a donkey and, attended by her five male servants, went with David's messengers and ecame his wife. 43 David had also married Ahinoam f Jezreel, and they both were his wives. 44 But Saul ad given his daughter Michal, David's wife, to Paltiel[1] on of Laish, who was from Gallim.

avid Again Spares Saul's Life

26 1 The Ziphites went to Saul at Gibeah and said, "Is not David hiding on the hill of Hakilah, hich faces Jeshimon?"

2 So Saul went down to the Desert of Ziph, with his ree thousand select Israelite troops, to search there r David. 3 Saul made his camp beside the road on the ill of Hakilah facing Jeshimon, but David stayed in e wilderness. When he saw that Saul had followed im there, 4 he sent out scouts and learned that Saul ad definitely arrived.

5 Then David set out and went to the place where aul had camped. He saw where Saul and Abner son of er, the commander of the army, had lain down. Saul as lying inside the camp, with the army encamped round him.

6 David then asked Ahimelek the Hittite and Abishai on of Zeruiah, Joab's brother, "Who will go down into e camp with me to Saul?"

"I'll go with you," said Abishai.

7 So David and Abishai went to the army by night, nd there was Saul, lying asleep inside the camp with is spear stuck in the ground near his head. Abner nd the soldiers were lying around him.

8 Abishai said to David, "Today God has delivered our enemy into your hands. Now let me pin him to

25:44 Hebrew *Palti*, a variant of *Paltiel*

35 David accepta les présents qu'elle lui avait apportés et lui dit : Rentre chez toi en paix. Je t'ai entendue et j'agirai comme tu me l'as demandé.

La mort de Nabal – David épouse Abigaïl

36 Lorsque Abigaïl arriva à la maison, elle y trouva Nabal en train de festoyer comme un roi. Il était tout joyeux et complètement ivre. Aussi ne le mit-elle au courant de rien avant le lendemain matin. 37 Alors, au matin, quand son ivresse fut dissipée, elle lui raconta ce qui s'était passé. Il en eut une attaque et resta paralysé. 38 Environ dix jours plus tard, l'Eternel le frappa de nouveau, et il mourut.

39 Quand David apprit que Nabal était mort, il s'écria : Béni soit l'Eternel qui a pris ma cause en main. Il a lui-même lavé l'affront que Nabal m'avait fait, et l'a puni pour sa méchanceté, tout en me préservant de commettre le mal.

Puis David envoya des messagers vers Abigaïl pour lui proposer de devenir sa femme.

40 En arrivant chez elle à Karmel, ils lui parlèrent ainsi : David nous a envoyés vers toi parce qu'il désire que tu deviennes sa femme.

41 Aussitôt, elle se prosterna le visage contre terre et dit : Je suis prête à être une esclave pour laver les pieds des serviteurs de mon seigneur.

42 Puis elle se mit promptement en route à dos d'âne et suivit les messagers de David, accompagnée par cinq de ses servantes. C'est ainsi qu'elle devint la femme de David. 43 Comme il avait déjà épousé Ahinoam[j] de Jizréel[k], il les eut toutes les deux pour femmes. 44 Saül avait donné sa fille Mikal, femme de David, à Palti, fils de Laïsh de Gallim.

David épargne encore Saül

26 1 Les gens de Ziph se rendirent encore auprès de Saül à Guibéa pour lui dire : Sais-tu que David est caché dans les collines de Hakila, à la lisière du désert ? 2 Saül partit et se rendit au désert de Ziph avec trois mille hommes d'élite d'Israël pour y traquer David. 3 Il établit son camp dans les collines de Hakila, à la lisière du désert, près de la route. David séjournait au désert et il s'aperçut que Saül était venu le poursuivre là. 4 Il envoya des éclaireurs en reconnaissance et apprit que Saül était effectivement arrivé. 5 Il se mit en route et parvint à l'endroit où Saül campait. Il repéra l'endroit précis où dormaient Saül et Abner, fils de Ner, son général. Saül était couché au milieu du camp et ses hommes campaient autour de lui.

6 David appela Ahimélek le Hittite et Abishaï, fils de Tserouya[l] et frère de Joab, et leur demanda : Qui de vous viendrait avec moi jusqu'à Saül dans le camp ?

Abishaï répondit : Je suis prêt à y aller avec toi.

7 David et Abishaï se glissèrent donc de nuit au milieu de la troupe. Ils trouvèrent Saül dormant au centre du camp, sa lance fichée en terre à son chevet. Abner et les soldats dormaient autour de lui. 8 Alors Abishaï dit à David : Cette

j **25.43** *Ahinoam:* Première femme de David après Mikal, que Saül avait mariée à un autre homme après la fuite de David (27.3 ; 30.5 ; 2 S 2.2). Ahinoam a donné à David son fils aîné, Amnôn (2 S 3.2).

k **25.43** *Jizréel* de Juda (Jos 15.56) près de Karmel (v. 2) et non de la ville de même nom au nord du pays (29.1, 11 ; 1 R 18.45).

l **26.6** *Tserouya* était une sœur aînée de David (1 Ch 2.16), *Abishaï* était donc son neveu comme *Joab* (qui deviendra son général en chef) et *Asaël* (2 S 2.18).

the ground with one thrust of the spear; I won't strike
him twice."

9 But David said to Abishai, "Don't destroy him! Who
can lay a hand on the LORD's anointed and be guiltless?
10 As surely as the LORD lives," he said, "the LORD himself
will strike him, or his time will come and he will die,
or he will go into battle and perish. 11 But the LORD
forbid that I should lay a hand on the LORD's anointed.
Now get the spear and water jug that are near his
head, and let's go."

12 So David took the spear and water jug near Saul's
head, and they left. No one saw or knew about it, nor
did anyone wake up. They were all sleeping, because
the LORD had put them into a deep sleep.

13 Then David crossed over to the other side and
stood on top of the hill some distance away; there
was a wide space between them. 14 He called out to
the army and to Abner son of Ner, "Aren't you going
to answer me, Abner?"

Abner replied, "Who are you who calls to the king?"

15 David said, "You're a man, aren't you? And who is
like you in Israel? Why didn't you guard your lord the
king? Someone came to destroy your lord the king.
16 What you have done is not good. As surely as the
LORD lives, you and your men must die, because you
did not guard your master, the LORD's anointed. Look
around you. Where are the king's spear and water jug
that were near his head?"

17 Saul recognized David's voice and said, "Is that
your voice, David my son?"

David replied, "Yes it is, my lord the king." 18 And he
added, "Why is my lord pursuing his servant? What
have I done, and what wrong am I guilty of? 19 Now let
my lord the king listen to his servant's words. If the
LORD has incited you against me, then may he accept
an offering. If, however, people have done it, may they
be cursed before the LORD! They have driven me today
from my share in the LORD's inheritance and have said,
'Go, serve other gods.' 20 Now do not let my blood fall
to the ground far from the presence of the LORD. The
king of Israel has come out to look for a flea – as one
hunts a partridge in the mountains."

21 Then Saul said, "I have sinned. Come back, David
my son. Because you considered my life precious today, I will not try to harm you again. Surely I have
acted like a fool and have been terribly wrong."

22 "Here is the king's spear," David answered. "Let
one of your young men come over and get it. 23 The
LORD rewards everyone for their righteousness and
faithfulness. The LORD delivered you into my hands
today, but I would not lay a hand on the LORD's anointed. 24 As surely as I valued your life today, so may the
LORD value my life and deliver me from all trouble."

25 Then Saul said to David, "May you be blessed,
David my son; you will do great things and surely
triumph."

nuit, Dieu livre ton ennemi en ton pouvoir. Permets-m
de le clouer au sol d'un seul coup de lance, je n'aurai p
à y revenir à deux fois.

9 – Non, lui dit David, ne le tue pas. Car qui restera
impuni après avoir porté la main sur celui à qui l'Etern
a conféré l'onction ? 10 Aussi vrai que l'Eternel est vivar
ajouta-t-il, c'est l'Eternel qui le frappera, soit en le fai
ant mourir de mort naturelle, soit en le faisant périr à
guerre. 11 Que l'Eternel me garde de porter la main su
celui qui a reçu l'onction de la part de l'Eternel ! Preno
seulement la lance qui est à son chevet et la cruche d'ea
et allons-nous-en.

12 David enleva la lance et la cruche d'eau qui étaie
au chevet de Saül, et ils partirent. Personne ne les vi
personne ne s'aperçut de rien, personne ne se réveill
tous dormaient, car l'Eternel avait fait tomber sur eu
un profond sommeil.

13 David franchit la vallée et grimpa au sommet de
montagne au loin, à une bonne distance du camp de Saü
14 Puis il se mit à crier en direction de l'armée d'Abner, fi
de Ner : Eh, Abner ! répondras-tu ?

Abner dit : Qui es-tu, toi qui oses interpeller le roi ?

15 David reprit : Tu es un homme, toi, un vrai ! Tu n'
pas ton pareil en Israël, n'est-ce pas ? Alors pourquoi n'a
tu pas veillé sur le roi ton maître ? Quelqu'un du peup
est venu pour tuer le roi, ton maître. 16 Ce n'est pas bie
ce que tu as fait là ! Aussi vrai que l'Eternel est vivan
vous méritez tous la mort pour n'avoir pas veillé su
votre maître, sur celui qui a reçu l'onction de la part d
l'Eternel ! Regarde maintenant où sont la lance du roi
la cruche d'eau qui étaient à son chevet !

17 Saül reconnut la voix de David et dit : Est-ce bien t
que j'entends, mon fils David ?

David répondit : C'est bien ma voix, mon seigneur le ro
18 Et il ajouta : Pourquoi mon seigneur poursuit-il ain
son serviteur ? Qu'ai-je fait ? Quel crime ai-je commis
19 Maintenant, que mon seigneur daigne écouter les parol
de son serviteur : Si c'est l'Eternel qui t'incite à agir ain
contre moi, qu'il se laisse apaiser par mon offrande ! Ma
si ce sont des hommes qui t'excitent, qu'ils soient maudi
devant l'Eternel, puisqu'ils m'ont banni pour m'empêch
de rester dans le pays accordé par l'Eternel comme posse
sion à son peuple. Au fond, c'est comme s'ils disaient : « V
adorer des dieux étrangers » ! 20 Mais maintenant, que mo
sang ne soit pas versé loin de l'Eternel, car le roi d'Isra
s'est mis en campagne pour chercher une misérable puc
comme on pourchasserait une perdrix dans les montagne

21 Alors Saül s'écria : J'ai commis une faute, reviens, mo
fils David, je ne te ferai plus de mal, puisque cette nuit tu
épargné ma vie. J'ai agi comme un insensé et j'ai comm
une grave erreur.

22 David répondit : Voici ta lance, ô roi ! Envoie l'un de t
jeunes gens pour venir la prendre. 23 Que chacun de no
soit traité selon sa justice et sa fidélité par l'Eternel, car
t'avait livré aujourd'hui en mon pouvoir, mais je n'ai p
voulu porter la main sur celui qui a reçu l'onction de s
part. 24 Comme ta vie a été pour moi d'un grand prix auj
urd'hui, ainsi ma vie sera d'un grand prix pour l'Eterne
et il me délivrera de toute détresse.

25 Alors Saül reprit : Sois béni, mon fils David
Certainement tu accompliras beaucoup de choses et t
réussiras tout ce que tu entreprendras.

So David went on his way, and Saul returned home.

avid Among the Philistines

27 1But David thought to himself, "One of these days I will be destroyed by the hand of Saul. e best thing I can do is to escape to the land of the ilistines. Then Saul will give up searching for me ywhere in Israel, and I will slip out of his hand."
2So David and the six hundred men with him left d went over to Achish son of Maok king of Gath. avid and his men settled in Gath with Achish. Each an had his family with him, and David had his two ives: Ahinoam of Jezreel and Abigail of Carmel, the idow of Nabal. 4When Saul was told that David had d to Gath, he no longer searched for him.
5Then David said to Achish, "If I have found favor your eyes, let a place be assigned to me in one of e country towns, that I may live there. Why should ur servant live in the royal city with you?"
6So on that day Achish gave him Ziklag, and it has longed to the kings of Judah ever since. 7David lived Philistine territory a year and four months.

8Now David and his men went up and raided the eshurites, the Girzites and the Amalekites. (From cient times these peoples had lived in the land tending to Shur and Egypt.) 9Whenever David atcked an area, he did not leave a man or woman alive, t took sheep and cattle, donkeys and camels, and othes. Then he returned to Achish.

10When Achish asked, "Where did you go raiding day?" David would say, "Against the Negev of Judah" "Against the Negev of Jerahmeel" or "Against the egev of the Kenites." 11He did not leave a man or oman alive to be brought to Gath, for he thought, hey might inform on us and say, 'This is what David d.'" And such was his practice as long as he lived in ilistine territory. 12Achish trusted David and said himself, "He has become so obnoxious to his peoe, the Israelites, that he will be my servant for life."

28 1In those days the Philistines gathered their forces to fight against Israel. Achish said to avid, "You must understand that you and your men ill accompany me in the army."

2David said, "Then you will see for yourself what ur servant can do."
Achish replied, "Very well, I will make you my bodyuard for life."

ul and the Medium at Endor

3Now Samuel was dead, and all Israel had mourned r him and buried him in his own town of Ramah.

Puis David reprit son chemin, tandis que Saül retournait chez lui.

David se réfugie de nouveau chez les Philistins

27 1David réfléchit et se dit : Un jour ou l'autre, Saül finira bien par me tuer. Ce que j'ai de mieux à faire, c'est de m'enfuir pour de bon et de me réfugier au pays des Philistins, pour qu'il renonce à me traquer dans tout le territoire d'Israël ; ainsi j'échapperai à son emprise.
2-3Là-dessus, David se mit en route avec ses deux femmes, Ahinoam de Jizréel et Abigaïl, femme de Nabal de Karmel, ainsi qu'avec ses six cents hommes et leurs familles ; ils se rendirent chez Akish, fils de Maok, roi de Gath, et s'établirent là. 4On informa Saül que David s'était enfui à Gath et il cessa de le poursuivre.

5David dit à Akish : Si tu acceptes de me faire une faveur, autorise-moi à m'installer dans un village quelconque de la campagne. Il n'y a pas de raison pour que ton serviteur réside dans la ville royale avec toi.
6Alors Akish lui attribua ce même jour Tsiqlag. C'est pourquoi Tsiqlag a appartenu jusqu'à ce jour aux rois de Juda. 7David demeura un an et quatre mois en Philistie.

Les razzias de David

8Pendant ce temps, il faisait avec ses hommes des razzias, tour à tour, chez les Gueshouriens, les Guizriens et les Amalécites, des peuplades qui habitaient depuis très longtemps dans le pays qui s'étend en direction de Shour jusqu'à la frontière de l'Egypte. 9David ravageait cette contrée et ne laissait en vie ni homme ni femme ; il ramenait brebis, chèvres et bœufs, ânes, chameaux et vêtements et, à son retour, se rendait chez Akish.
10Quand Akish lui demandait : Où avez-vous fait votre razzia cette fois-ci ?
David répondait : Dans le sud de Juda. Ou : Dans la partie sud du territoire des Yerahmeélites ou des Qéniens[m].
11Il ne laissait pas de survivant pour ne pas avoir à les amener à Gath, afin qu'ils ne rapportent pas les agissements de David. David suivit cette ligne de conduite pendant tout le temps qu'il séjourna en territoire philistin.
12Akish comptait de plus en plus sur David, car il se disait : Il s'est sûrement attiré la haine d'Israël, son peuple, et il restera pour toujours à mon service.

Les Philistins se mettent en campagne contre Israël

28 1A cette époque-là, les Philistins rassemblèrent toutes leurs troupes en une seule armée pour faire la guerre à Israël. Le roi Akish dit à David : Tu dois savoir que toi et tes hommes, vous partirez en guerre avec moi.
2David lui répondit : Eh bien, tu verras ce que ton serviteur va faire.
– Bien, reprit Akish, je te nomme mon garde de corps à titre définitif.

Saül chez une femme qui interroge les morts

3Entre-temps, Samuel était mort et tout Israël avait pris le deuil à cause de lui. On l'avait enterré à Rama, dans sa ville. D'autre part, Saül avait fait disparaître du pays tous

m 27.10 D'après 1 Ch 2.9, 25, 26, les *Yerahmeélites* étaient des descendants de Juda par Hetsrôn. Pour les *Qéniens*, voir Jg 4.11 et note.

Saul had expelled the mediums and spiritists from
the land.

4 The Philistines assembled and came and set up
camp at Shunem, while Saul gathered all Israel and
set up camp at Gilboa. 5 When Saul saw the Philistine
army, he was afraid; terror filled his heart. 6 He inquired of the Lord, but the Lord did not answer him
by dreams or Urim or prophets. 7 Saul then said to his
attendants, "Find me a woman who is a medium, so I
may go and inquire of her."

"There is one in Endor," they said.

8 So Saul disguised himself, putting on other clothes,
and at night he and two men went to the woman.
"Consult a spirit for me," he said, "and bring up for
me the one I name."

9 But the woman said to him, "Surely you know what
Saul has done. He has cut off the mediums and spiritists from the land. Why have you set a trap for my
life to bring about my death?"

10 Saul swore to her by the Lord, "As surely as the
Lord lives, you will not be punished for this."

11 Then the woman asked, "Whom shall I bring up
for you?"

"Bring up Samuel," he said.

12 When the woman saw Samuel, she cried out at
the top of her voice and said to Saul, "Why have you
deceived me? You are Saul!"

13 The king said to her, "Don't be afraid. What do
you see?"

The woman said, "I see a ghostly figure[s] coming up
out of the earth."

14 "What does he look like?" he asked.

"An old man wearing a robe is coming up," she said.

Then Saul knew it was Samuel, and he bowed down
and prostrated himself with his face to the ground.

15 Samuel said to Saul, "Why have you disturbed me
by bringing me up?"

"I am in great distress," Saul said. "The Philistines
are fighting against me, and God has departed from
me. He no longer answers me, either by prophets or by
dreams. So I have called on you to tell me what to do."

16 Samuel said, "Why do you consult me, now that
the Lord has departed from you and become your enemy? 17 The Lord has done what he predicted through
me. The Lord has torn the kingdom out of your hands
and given it to one of your neighbors – to David.
18 Because you did not obey the Lord or carry out his
fierce wrath against the Amalekites, the Lord has
done this to you today. 19 The Lord will deliver both
Israel and you into the hands of the Philistines, and
tomorrow you and your sons will be with me. The
Lord will also give the army of Israel into the hands
of the Philistines."

[s] **28:13** Or *see spirits*; or *see gods*

ceux qui évoquaient les morts et ceux qui pratiquaie
la divination.

4 Les Philistins regroupèrent leurs troupes et établire
leur camp à Sunem[n] ; Saül mobilisa tout Israël et dressa s
camp à Guilboa. 5 Lorsque Saül vit le camp des Philistins,
eut grand-peur et son cœur fut saisi d'angoisse. 6 Il voul
consulter l'Eternel, mais l'Eternel ne lui répondit ni p
des rêves, ni par l'ourim, ni par les prophètes.

7 Alors il ordonna à ses fonctionnaires : Recherche
moi une femme capable d'interroger les morts, afin q
je puisse aller chez elle pour la consulter.

Ses serviteurs lui dirent : Il reste encore à Eyn-Dor[o] u
femme qui interroge les morts.

8 Saül se déguisa en endossant d'autres vêtements, pu
il se mit en route avec deux hommes. Ils arrivèrent de nu
chez la femme, et Saül lui dit : Je désire que tu me prédis
l'avenir en faisant apparaître l'esprit d'un mort, celui q
je te désignerai.

9 La femme lui répondit : Tu sais bien que Saül a fait di
paraître du pays ceux qui évoquent les morts et ceux q
pratiquent la divination. Pourquoi donc me tends-tu u
piège ? Est-ce que tu veux ma mort ?

10 Saül prêta serment par l'Eternel : Aussi vrai que l'Ete
nel est vivant, dit-il, il ne t'arrivera aucun mal pour cet
affaire.

11 Alors la femme lui demanda : Qui dois-je faire reven
pour toi ?

– Fais-moi revenir Samuel, dit-il.

12 Quand la femme vit Samuel, elle poussa un gran
cri, puis, s'adressant à Saül, elle dit : Pourquoi m'as-t
trompée ? Tu es Saül !

13 – N'aie pas peur, lui dit le roi. Dis-moi plutôt ce q
tu as vu.

– Je vois un être surnaturel qui monte des profondeu
de la terre, lui répondit-elle.

14 – Quel est son aspect ? lui demanda Saül.

– C'est un vieillard qui revient, drapé dans un mantea

Alors Saül comprit que c'était Samuel et il s'inclina,
face contre terre, et se prosterna.

15 – Pourquoi troubles-tu mon repos ? lui demand
Samuel. Pourquoi m'as-tu fait revenir ?

– Je suis dans une grande détresse, lui dit Saül. Le
Philistins m'ont déclaré la guerre et Dieu s'est détour
de moi, il ne me répond plus ni par les prophètes ni p
des rêves. Alors je t'ai fait appeler pour que tu m'indiqu
ce que je dois faire.

16 – Et pourquoi donc me consultes-tu, reprit Samue
si l'Eternel s'est détourné de toi et s'il t'est devenu ho
tile ? 17 Oui, l'Eternel exécute ce qu'il t'a déclaré par m
intermédiaire, il t'a arraché la royauté et l'a donnée à l'u
de tes proches, à David, 18 parce que tu n'as pas obéi à s
ordres et que tu n'as pas exécuté le jugement qu'il ava
décidé dans sa colère contre les Amalécites. Voilà pourqu
l'Eternel agit ainsi envers toi aujourd'hui. 19 Bien plus : av
toi, l'Eternel livrera aussi Israël au pouvoir des Philistin
Demain, toi et tes fils, vous serez avec moi. Oui, c'est bie
toute l'armée d'Israël que le Seigneur livre au pouvo
des Philistins.

[n] **28.4** Sur le territoire d'Issacar, en Galilée à quelque 80 kilomètres au nord de Jérusalem.

[o] **28.7** A une douzaine de kilomètres de Guilboa (v. 4).

20 Immediately Saul fell full length on the ground,
lled with fear because of Samuel's words. His
trength was gone, for he had eaten nothing all that
ay and all that night.
21 When the woman came to Saul and saw that he
as greatly shaken, she said, "Look, your servant has
beyed you. I took my life in my hands and did what
ou told me to do. 22 Now please listen to your servant
nd let me give you some food so you may eat and have
he strength to go on your way."
23 He refused and said, "I will not eat."
But his men joined the woman in urging him, and
e listened to them. He got up from the ground and
at on the couch.
24 The woman had a fattened calf at the house,
hich she butchered at once. She took some flour,
neaded it and baked bread without yeast. 25 Then
he set it before Saul and his men, and they ate. That
ame night they got up and left.

chish Sends David Back to Ziklag

29 1 The Philistines gathered all their forces at
Aphek, and Israel camped by the spring in
zreel. 2 As the Philistine rulers marched with their
nits of hundreds and thousands, David and his men
ere marching at the rear with Achish. 3 The com-
anders of the Philistines asked, "What about these
ebrews?"
Achish replied, "Is this not David, who was an of-
cer of Saul king of Israel? He has already been with
e for over a year, and from the day he left Saul until
ow, I have found no fault in him."
4 But the Philistine commanders were angry with
chish and said, "Send the man back, that he may
eturn to the place you assigned him. He must not go
ith us into battle, or he will turn against us during
e fighting. How better could he regain his master's
vor than by taking the heads of our own men? 5 Isn't
is the David they sang about in their dances:
"'Saul has slain his thousands,
and David his tens of thousands'?"
6 So Achish called David and said to him, "As surely
the LORD lives, you have been reliable, and I would be
leased to have you serve with me in the army. From
e day you came to me until today, I have found no
ult in you, but the rulers don't approve of you. 7 Now
rn back and go in peace; do nothing to displease the
hilistine rulers."
8 "But what have I done?" asked David. "What have
ou found against your servant from the day I came
you until now? Why can't I go and fight against the
nemies of my lord the king?"
9 Achish answered, "I know that you have been as
leasing in my eyes as an angel of God; nevertheless,
e Philistine commanders have said, 'He must not go
p with us into battle.' 10 Now get up early, along with
our master's servants who have come with you, and
ave in the morning as soon as it is light."

20 A ces mots, Saül s'affala de tout son long sur le sol,
épouvanté par les paroles de Samuel. De plus, comme il
n'avait rien mangé depuis la veille, il était sans forces.

21 La femme s'approcha de lui, vit qu'il était terrifié et
lui dit : Voici que ta servante a obéi à tes ordres. J'ai risqué
ma vie pour faire ce que tu m'as demandé. 22 Maintenant,
je te prie, écoute aussi la voix de ta servante : Laisse-moi
te servir un morceau de pain. Mange, afin que tu aies des
forces pour reprendre ta route.
23 Saül refusa en disant : « Je ne mangerai pas », mais ses
hauts fonctionnaires et la femme insistèrent, si bien qu'il
finit par céder à leurs instances. Il se releva et s'assit sur
le lit. 24 La femme avait chez elle un veau à l'engrais. Elle
se hâta de l'abattre, prit de la farine et la pétrit pour en
cuire des pains sans levain. 25 Elle servit ce repas à Saül et à
ses hauts fonctionnaires ; ils mangèrent, puis ils se mirent
en route et repartirent pendant qu'il faisait encore nuit.

David renvoyé à Tsiqlag par les princes des Philistins

29 1 Les Philistins concentrèrent toutes leurs troupes
à Apheq, tandis qu'Israël était campé près de
la source de Jizréel[p]. 2 Les cinq princes des Philistins
défilèrent en tête de leurs unités, des « centaines » et
des « milliers », et David et ses hommes formaient l'arrière-garde autour d'Akish. 3 Les princes des Philistins
demandèrent : Que font ici ces Hébreux ?
Akish leur répondit : Ne reconnaissez-vous pas David qui
avait été au service de Saül, roi d'Israël, mais qui, depuis un
an ou deux, est chez moi ? Depuis qu'il s'est rallié à nous,
je n'ai jamais rien eu à lui reprocher.
4 Mais les princes des Philistins se fâchèrent contre
Akish et lui dirent : Renvoie cet homme dans la ville que
tu lui as assignée. Il ne faut pas qu'il participe avec nous
au combat, sinon il pourrait se retourner contre nous
avec ses hommes en pleine bataille. N'est-ce pas au prix
de la tête de nos gens qu'il pourrait regagner la faveur de
son souverain ? 5 N'oublions pas que c'est pour David que
les femmes chantaient en dansant : « Saül a frappé ses
milliers, et David ses dizaines de milliers. »
6 Finalement, Akish appela David et lui dit : Aussi vrai
que l'Eternel est vivant, tu es un homme juste et j'aurais
aimé que tu prennes part avec moi à cette expédition militaire, car je n'ai jamais rien eu à te reprocher, depuis que
tu es venu chez moi jusqu'à ce jour ; mais tu n'es pas bien
vu des autres princes philistins. 7 Maintenant donc, repars
en paix chez toi, pour ne pas les indisposer.
8 David lui dit : Mais qu'ai-je donc fait pour que je ne
puisse pas aller combattre les ennemis de mon seigneur le
roi ? Qu'as-tu trouvé à reprocher à ton serviteur depuis le
jour où je me suis mis à ton service jusqu'à maintenant ?
9 Akish répondit à David : Je le sais bien, car je t'ai apprécié comme un ange de Dieu ; seulement, les princes des
Philistins m'ont dit : « Il ne participera pas à la bataille
avec nous » ! 10 Maintenant, lève-toi de bon matin, toi et les
serviteurs de ton maître, qui sont venus avec toi[q]. Levez-
vous de bon matin dès qu'il fera clair et partez.

---

[p] **29.1** *Apheq* se trouve dans les environs de Sunem (28.4), à distinguer de l'Apheq mentionné dans 4.1 (voir 1 R 20.26, 30 ; 2 R 13.17).

[q] **29.10** L'ancienne version grecque ajoute : *retournez au lieu que je vous ai assigné et ne gardez pas de ressentiment, car je te tiens pour un homme juste.*

11 So David and his men got up early in the morning to go back to the land of the Philistines, and the Philistines went up to Jezreel.

David Destroys the Amalekites

30 1 David and his men reached Ziklag on the third day. Now the Amalekites had raided the Negev and Ziklag. They had attacked Ziklag and burned it, 2 and had taken captive the women and everyone else in it, both young and old. They killed none of them, but carried them off as they went on their way.

3 When David and his men reached Ziklag, they found it destroyed by fire and their wives and sons and daughters taken captive. 4 So David and his men wept aloud until they had no strength left to weep. 5 David's two wives had been captured – Ahinoam of Jezreel and Abigail, the widow of Nabal of Carmel. 6 David was greatly distressed because the men were talking of stoning him; each one was bitter in spirit because of his sons and daughters. But David found strength in the LORD his God.

7 Then David said to Abiathar the priest, the son of Ahimelek, "Bring me the ephod." Abiathar brought it to him, 8 and David inquired of the LORD, "Shall I pursue this raiding party? Will I overtake them?"

"Pursue them," he answered. "You will certainly overtake them and succeed in the rescue."

9 David and the six hundred men with him came to the Besor Valley, where some stayed behind. 10 Two hundred of them were too exhausted to cross the valley, but David and the other four hundred continued the pursuit.

11 They found an Egyptian in a field and brought him to David. They gave him water to drink and food to eat – 12 part of a cake of pressed figs and two cakes of raisins. He ate and was revived, for he had not eaten any food or drunk any water for three days and three nights.

13 David asked him, "Who do you belong to? Where do you come from?"

He said, "I am an Egyptian, the slave of an Amalekite. My master abandoned me when I became ill three days ago. 14 We raided the Negev of the Kerethites, some territory belonging to Judah and the Negev of Caleb. And we burned Ziklag."

15 David asked him, "Can you lead me down to this raiding party?"

He answered, "Swear to me before God that you will not kill me or hand me over to my master, and I will take you down to them."

16 He led David down, and there they were, scattered over the countryside, eating, drinking and reveling because of the great amount of plunder they had taken from the land of the Philistines and from Judah.

11 Le lendemain, David et ses hommes se levèrent d bonne heure pour se mettre en route et regagner l Philistie, tandis que les Philistins montèrent vers Jizréel

David poursuit les pillards amalécites

30 1 Lorsque David arriva le surlendemain avec se hommes à Tsiqlag, il la trouva ravagée et in cendiée ; les Amalécites avaient fait une incursion dan le Néguev et contre Tsiqlag. 2 Ils s'étaient emparés de femmes et de ceux[r] qui se trouvaient dans la ville, quell que soit leur condition sociale, sans toutefois tuer per sonne. Ils les avaient emmenés et avaient continué leu chemin. 3 Quand David et ses compagnons arrivèrent la ville, ils découvrirent donc qu'elle avait été incendié et que leurs femmes, leurs fils et leurs filles avaient ét emmenés captifs. 4 David et ses compagnons se mirent crier et à pleurer jusqu'à en être épuisés. 5 Les deux femme de David, Ahinoam de Jizréel et Abigaïl, veuve de Nabal d Karmel, étaient parmi les prisonnières.

6 David était dans une situation très angoissante parc que ses compagnons étaient pleins d'amertume en pen sant chacun à ses fils et à ses filles, et ils parlaient de l lapider. Mais David puisa de nouvelles forces en se conf ant en l'Eternel son Dieu. 7 Il demanda au prêtre Abiata fils d'Ahimélek, d'apporter l'éphod servant à consulte l'Eternel. Abiatar le lui présenta. 8 David interrogea l'Ete nel en lui demandant : Dois-je poursuivre cette bande Parviendrai-je à les rattraper ?

Et l'Eternel lui répondit : Poursuis-les, car tu vas le rattraper et tout récupérer.

9 David se mit en route avec ses six cents hommes, i parvinrent au torrent de Besor et certains s'arrêtèren là. 10 David continua la poursuite avec quatre cents hom mes ; les deux cents autres, trop fatigués pour traverse le torrent de Besor, restèrent sur place.

11 Les hommes rencontrèrent dans la campagne u Egyptien, ils l'amenèrent à David, lui donnèrent du pai qu'il mangea, et de l'eau. 12 Puis ils lui donnèrent quelque figues sèches et deux gâteaux de raisins secs. Quand il le eut mangés, il retrouva ses esprits, car il n'avait ni mang ni bu pendant trois jours et trois nuits. 13 David l'interro gea : Qui est ton maître ? D'où viens-tu ?

– Je suis un jeune Egyptien, répondit-il, esclave d'u Amalécite ; mon maître m'a abandonné parce que je su tombé malade il y a trois jours. 14 Nous venions de fair une razzia dans le sud du pays des Kérétiens[s], dans le te ritoire de Juda et dans le désert de Caleb ; nous avons aus incendié Tsiqlag.

15 David lui demanda : Veux-tu me guider jusqu'à cet bande ?

– Jure-moi par Dieu que tu ne me tueras pas et que t ne me livreras pas à mon maître, lui répondit l'Egyptie et je te conduirai jusqu'à eux.

16 Il guida donc David jusqu'aux Amalécites qu'ils tro vèrent éparpillés sur toute la contrée en train de mange de boire et de danser à cause de l'énorme butin qu'i avaient rapporté du pays des Philistins et de celui de Jud

[r] **30.2** Les mots *et de ceux* se trouvent dans l'ancienne version grecque, mais ils sont absents dans le texte hébreu traditionnel.

[s] **30.14** Une tribu de l'extrême sud-ouest du pays d'Israël, parente des Philistins (le nom suggère une origine crétoise, voir Am 9.7). Plus tard, ils figureront parmi les soldats de métier de David (2 S 15.18 ; 20.7 ; 1 R 1.38).

⁷David fought them from dusk until the evening of he next day, and none of them got away, except four undred young men who rode off on camels and fled. ³David recovered everything the Amalekites had aken, including his two wives. 19 Nothing was missng: young or old, boy or girl, plunder or anything lse they had taken. David brought everything back. ᵓHe took all the flocks and herds, and his men drove hem ahead of the other livestock, saying, "This is avid's plunder."

21 Then David came to the two hundred men who ad been too exhausted to follow him and who were eft behind at the Besor Valley. They came out to meet avid and the men with him. As David and his men aproached, he asked them how they were. 22 But all the vil men and troublemakers among David's followers aid, "Because they did not go out with us, we will not hare with them the plunder we recovered. However, ach man may take his wife and children and go."

23 David replied, "No, my brothers, you must not do hat with what the Lord has given us. He has protected s and delivered into our hands the raiding party that ame against us. 24 Who will listen to what you say? he share of the man who stayed with the supplies ; to be the same as that of him who went down to he battle. All will share alike." 25 David made this a :atute and ordinance for Israel from that day to this.

26 When David reached Ziklag, he sent some of the lunder to the elders of Judah, who were his friends, aying, "Here is a gift for you from the plunder of the ORD's enemies."

27 David sent it to those who were in Bethel, Ramoth 'egev and Jattir; 28 to those in Aroer, Siphmoth, shtemoa 29 and Rakal; to those in the towns of the rahmeelites and the Kenites; 30 to those in Hormah, or Ashan, Athak 31 and Hebron; and to those in all ne other places where he and his men had roamed.

aul Takes His Life

31 1 Now the Philistines fought against Israel; the Israelites fled before them, and many fell ead on Mount Gilboa. 2 The Philistines were in hot ursuit of Saul and his sons, and they killed his sons onathan, Abinadab and Malki-Shua. 3 The fighting rew fierce around Saul, and when the archers overook him, they wounded him critically.

4 Saul said to his armor-bearer, "Draw your sword nd run me through, or these uncircumcised fellows ill come and run me through and abuse me."

17 David les attaqua à l'aube et les battit jusqu'au lendemain soir. Aucun d'eux ne lui échappa, excepté quatre cents jeunes gens qui réussirent à fuir sur des chameaux. 18 David récupéra tout ce que les Amalécites avaient pris. Il délivra ainsi ses deux femmes. 19 Personne ne manqua à l'appel, ni petit ni grand, ni fils ni fille ; ils trouvèrent également tout le butin qui leur avait été enlevé. David ramena tout. 20 Il s'empara aussi de tout le gros et le menu bétail. Ceux qui marchaient en tête de ce troupeau disaient : Voilà le butin de David !

Le partage du butin

21 David revint vers les deux cents hommes qui avaient été trop fatigués pour le suivre et qui étaient restés au torrent de Besor. Ils vinrent au-devant de David et de ceux qui l'accompagnaient. David s'approcha d'eux et les salua. 22 A ce moment, un groupe de vauriens et de mauvais sujets qui avaient accompagné David se mirent à dire : Puisqu'ils ne sont pas venus avec nous, on ne leur donnera rien du butin que nous avons récupéré, sauf leurs femmes et leurs enfants. Qu'ils les emmènent et qu'ils s'en aillent !

23 Mais David dit : Mes amis, n'agissez pas ainsi avec ce que l'Eternel nous a donné ; il nous a gardés et il nous a donné la victoire sur la bande des pillards qui nous avaient attaqués. 24 Qui donc pourrait vous approuver dans cette affaire ? La part de celui qui a gardé le camp sera la même que celle du soldat qui a participé au combat. Ils partageront équitablement.

25 De fait, à partir de ce jour, cette manière d'agir fut érigée comme loi et règle en Israël. Elle est encore en vigueur aujourd'hui.

David envoie des présents aux responsables de Juda

26 David rentra à Tsiqlag et il envoya des parts du butin aux responsables de Juda qui étaient ses amis. Il y joignit le message suivant : Voici un présent pour vous provenant du butin pris aux ennemis de l'Eternel.

27 Il fit cet envoi aux responsables de Béthel[t], de Ramoth du Néguev, de Yattir, 28 d'Aroër, de Siphmoth, d'Eshtemoa, 29 de Rakal, des villes des Yerahmeélites, de celles des Qéniens, 30 aux responsables de Horma, de Bor-Ashân, d'Atak, 31 d'Hébron, et de tous les endroits où David et ses hommes avaient passé.

La fin de Saül

(2 S 1.4-12 ; 1 Ch 10.1-12)

31 1 Les Philistins attaquaient Israël. Les soldats israélites s'enfuirent devant eux et beaucoup d'entre eux furent tués sur le mont Guilboa. 2 Les Philistins s'acharnèrent sur Saül et sur ses fils et ils tuèrent Jonathan, Abinadab et Malkishoua, fils de Saül. 3 Dès lors, tout le combat se concentra sur Saül. Les archers le découvrirent et il en fut très terrifié[u]. 4 Alors, il ordonna à celui qui portait ses armes : Dégaine ton épée et tue-moi, pour que ces incirconcis ne viennent pas me transpercer et me faire subir leurs outrages.

---

[t] **30.27** Les villes citées aux v. 27-31 se trouvent presque toutes dans le territoire de Juda (Jos 15). Les Judéens seront les premiers, à Hébron, à introniser David.

[u] **31.3** En suivant l'ancienne version grecque qui rattache la forme verbale de l'hébreu à une autre racine, d'autres comprennent : *il fut grièvement blessé par les archers.*

But his armor-bearer was terrified and would not do
it; so Saul took his own sword and fell on it. 5When the
armor-bearer saw that Saul was dead, he too fell on his
sword and died with him. 6So Saul and his three sons
and his armor-bearer and all his men died together
that same day.

7When the Israelites along the valley and those
across the Jordan saw that the Israelite army had fled
and that Saul and his sons had died, they abandoned
their towns and fled. And the Philistines came and
occupied them.

8The next day, when the Philistines came to strip
the dead, they found Saul and his three sons fallen on
Mount Gilboa. 9They cut off his head and stripped off
his armor, and they sent messengers throughout the
land of the Philistines to proclaim the news in the
temple of their idols and among their people. 10They
put his armor in the temple of the Ashtoreths and
fastened his body to the wall of Beth Shan.

11When the people of Jabesh Gilead heard what the
Philistines had done to Saul, 12all their valiant men
marched through the night to Beth Shan. They took
down the bodies of Saul and his sons from the wall
of Beth Shan and went to Jabesh, where they burned
them. 13Then they took their bones and buried them
under a tamarisk tree at Jabesh, and they fasted sev-
en days.

Mais celui-ci refusa, car il tremblait de peur. Alors Saü
prit lui-même l'épée et se jeta dessus. 5Quand l'écuye
vit que Saül était mort, il se jeta lui aussi sur son arme e
mourut aux côtés de son maître. 6Ainsi périrent ensembl
le même jour, Saül, ses trois fils, l'homme qui portait se
armes, et tous ses hommes.

7Quand les Israélites qui habitaient de l'autre côté d
la vallée[v] et ceux qui s'étaient fixés au-delà du Jourdai
virent que l'armée d'Israël était en déroute et que Saü
et ses fils étaient morts, ils abandonnèrent les villes e
prirent la fuite. Les Philistins allèrent s'y établir.

8Le lendemain, les Philistins vinrent sur le champ d
bataille pour détrousser les cadavres. Ils découvrirent Saü
et ses trois fils qui étaient tombés sur le mont Guilboa. 9I
coupèrent la tête du roi et le dépouillèrent de ses arme
Ils firent annoncer la nouvelle de leur triomphe à traver
tout le pays des Philistins, dans les temples de leurs idole
et parmi la population. 10Ils disposèrent les armes de Saü
dans le temple de leurs déesses, les Astartés, et suspe
dirent son cadavre sur le rempart de Beth-Shân[w].

11Lorsque les habitants de Yabesh en Galaad apprire
ce que les Philistins avaient fait à Saül, 12les hommes le
plus vaillants se mirent en route et marchèrent toute l
nuit, ils enlevèrent le cadavre de Saül et ceux de ses fils d
rempart de Beth-Shân et ils revinrent à Yabesh. Là, ils le
brûlèrent. 13Ensuite, ils rassemblèrent les ossements et le
enterrèrent sous le tamaris de Yabesh, puis ils jeûnère
pendant sept jours[x].

[v] **31.7** C'est-à-dire la plaine de Jizréel ou d'Esdrelon bordée par les mon
de Guilboa (28.4 ; 29.1) où les Philistins ont installé leur camp.

[w] **31.10** Dans la vallée du Jourdain, côté ouest, à 75 kilomètres de
Jérusalem. Les Philistins avaient envahi le pays jusqu'au Jourdain.

[x] **31.13** Durée des rites de deuil (Gn 50.10). Le jeûne faisait partie de ces
rites (2 S 1.12 ; 3.35).

2 Samuel

David Hears of Saul's Death

1 [1]After the death of Saul, David returned from
striking down the Amalekites and stayed in
Ziklag two days. [2]On the third day a man arrived
from Saul's camp with his clothes torn and dust on
his head. When he came to David, he fell to the ground
to pay him honor.

[3]"Where have you come from?" David asked him.

He answered, "I have escaped from the Israelite
camp."

[4]"What happened?" David asked. "Tell me."

"The men fled from the battle," he replied. "Many
of them fell and died. And Saul and his son Jonathan
are dead."

[5]Then David said to the young man who brought
him the report, "How do you know that Saul and his
son Jonathan are dead?"

[6]"I happened to be on Mount Gilboa," the young
man said, "and there was Saul, leaning on his spear,
with the chariots and their drivers in hot pursuit.
[7]When he turned around and saw me, he called out
to me, and I said, 'What can I do?'

[8]"He asked me, 'Who are you?'

"'An Amalekite,' I answered.

[9]"Then he said to me, 'Stand here by me and kill me!
I'm in the throes of death, but I'm still alive.'

[10]"So I stood beside him and killed him, because I
knew that after he had fallen he could not survive.
And I took the crown that was on his head and the
band on his arm and have brought them here to my
lord."

[11]Then David and all the men with him took hold
of their clothes and tore them. [12]They mourned and
wept and fasted till evening for Saul and his son
Jonathan, and for the army of the LORD and for the
nation of Israel, because they had fallen by the sword.

[13]David said to the young man who brought him
the report, "Where are you from?"

"I am the son of a foreigner, an Amalekite," he
answered.

[14]David asked him, "Why weren't you afraid to lift
your hand to destroy the LORD's anointed?"

[15]Then David called one of his men and said, "Go,
strike him down!" So he struck him down, and he
died. [16]For David had said to him, "Your blood be on
your own head. Your own mouth testified against you
when you said, 'I killed the LORD's anointed.'"

David's Lament for Saul and Jonathan

[17]David took up this lament concerning Saul and
his son Jonathan, [18]and he ordered that the people of

Deuxième livre de Samuel

Le règne de David

David apprend la mort de Saül et de Jonathan

1 [1]Saül était déjà mort quand, après avoir battu les
Amalécites, David rentra à Tsiqlag. Il y passa deux
jours, [2]et le troisième jour, un homme arriva du camp de
Saül, les habits déchirés et la tête couverte de poussière
en signe de deuil. Lorsqu'il fut arrivé auprès de David, il
se jeta à terre pour se prosterner devant lui. [3]David lui
demanda : D'où viens-tu ?

– Je me suis sauvé du camp d'Israël, dit-il.

(1 S 31.1-13 ; 1 Ch 10.1-12)

[4]– Qu'est-il arrivé ? poursuivit David, raconte-le-moi,
je t'en prie.

– L'armée d'Israël s'est enfuie du champ de bataille,
beaucoup d'hommes ont été tués. Même Saül et Jonathan
son fils sont morts.

[5]David demanda au jeune homme qui lui faisait ce rapport : Comment sais-tu que Saül et son fils Jonathan sont
morts ?

[6]Le jeune homme lui dit : Je me trouvais justement sur
le mont Guilboa ; Saül était appuyé sur sa lance, tandis
que les chars et les cavaliers allaient l'atteindre. [7]S'étant
retourné, il m'a aperçu et m'a appelé. J'ai répondu : « Oui, je
viens ! » [8]Alors il m'a demandé : « Qui es-tu ? » J'ai dit : « Je
suis un Amalécite. » [9]Alors il m'a ordonné : « Approche-toi
et donne-moi la mort, car je suis pris d'un malaise bien que
je sois encore plein de vie. » [10]Je me suis approché de lui
et je lui ai donné un coup mortel parce que je savais qu'il
ne survivrait pas à sa défaite. Puis j'ai enlevé la couronne
de sa tête et le bracelet qu'il avait au bras. Les voici, je te
les apporte, mon seigneur.

[11]Alors David saisit ses vêtements et les déchira en signe
de deuil, et tous ses hommes firent comme lui. [12]Ils prirent le deuil, se lamentèrent et jeûnèrent jusqu'au soir à
cause de Saül, de son fils Jonathan et de toute l'armée de
l'Eternel et du peuple d'Israël qui avaient péri par l'épée.

[13]David dit encore au jeune homme qui lui avait apporté
ces nouvelles : D'où es-tu ?

– Je suis le fils d'un immigré amalécite.

[14]Et David lui dit : Comment as-tu osé tuer de ta main
celui à qui l'Eternel avait conféré l'onction ?

[15]Alors David appela l'un de ses hommes, et lui dit :
Viens et tue-le !

Le soldat le frappa et il mourut.

[16]David lui dit : Tu es toi-même responsable de ta mort,
car tu as toi-même déposé contre toi lorsque tu as dit :
« C'est moi qui ai mis à mort l'oint de l'Eternel. »

Elégie sur Saül et Jonathan

[17]David composa cette complainte sur Saül et son fils
Jonathan.

Judah be taught this lament of the bow (it is written in the Book of Jashar):

19 "A gazelle[a] lies slain on your heights, Israel.
How the mighty have fallen!

20 "Tell it not in Gath,
proclaim it not in the streets of Ashkelon,
lest the daughters of the Philistines be glad,
lest the daughters of the uncircumcised
rejoice.
21 "Mountains of Gilboa,
may you have neither dew nor rain,
may no showers fall on your terraced fields.[b]
For there the shield of the mighty was despised,
the shield of Saul – no longer rubbed with oil.

22 "From the blood of the slain,
from the flesh of the mighty,
the bow of Jonathan did not turn back,
the sword of Saul did not return unsatisfied.
23 Saul and Jonathan –
in life they were loved and admired,
and in death they were not parted.
They were swifter than eagles,
they were stronger than lions.
24 "Daughters of Israel,
weep for Saul,
who clothed you in scarlet and finery,
who adorned your garments with ornaments
of gold.
25 "How the mighty have fallen in battle!
Jonathan lies slain on your heights.
26 I grieve for you, Jonathan my brother;
you were very dear to me.
Your love for me was wonderful,
more wonderful than that of women.

27 "How the mighty have fallen!
The weapons of war have perished!"

David Anointed King Over Judah

2 [1]In the course of time, David inquired of the LORD. "Shall I go up to one of the towns of Judah?" he asked.

The LORD said, "Go up."

David asked, "Where shall I go?"

"To Hebron," the LORD answered.

[2]So David went up there with his two wives,
Ahinoam of Jezreel and Abigail, the widow of Nabal of
Carmel. [3]David also took the men who were with him,
each with his family, and they settled in Hebron and
its towns. [4]Then the men of Judah came to Hebron,

[a] 1:19 *Gazelle* here symbolizes a human dignitary.
[b] 1:21 Or / *nor fields that yield grain for offerings*

[18]Il ordonna de l'enseigner aux descendants de Juda
c'est la complainte de l'Arc qui est consignée dans le livr
du Juste[a].

19 Ton élite, Israël, a été transpercée là-bas sur tes
collines.
Hélas, ils sont tombés tous les guerriers !
20 N'allez pas publier cette nouvelle à Gath,
et ne l'annoncez pas dans les rues d'Ashkelôn[b] :
les filles philistines se mettraient à chanter,
les filles des incirconcis en sauteraient de joie.

21 O monts de Guilboa,
qu'il n'y ait ni rosée ni pluie tombant sur vous,
qu'il n'y ait sur vos pentes plus de champs
plantureux d'où viennent des offrandes,
là furent avilis les boucliers des braves
et celui de Saül
que l'on n'enduira plus jamais avec de l'huile[c].
22 Ah ! l'arc de Jonathan ne reculait jamais
sans avoir fait couler le sang de ses victimes, sans
avoir transpercé la graisse des guerriers,
et l'épée de Saül ne revenait jamais sans avoir
accompli sa tâche avec succès.
23 Saül et Jonathan, aimés et estimés pendant toute
leur vie,
n'ont pas été séparés dans leur mort.
Oui, vous étiez tous deux plus légers que les aigles
et plus forts que les lions.
24 O filles d'Israël, pleurez, pleurez Saül
qui vous a revêtues de pourpre et de parures et
comblées de délices,
qui ornait vos habits
d'une parure d'or.
25 Hélas, ils sont tombés ces braves au milieu du
combat !
Oui ! Hélas, Jonathan ! Il a été frappé à mort sur les
collines !
26 Ah ! Jonathan, mon frère,
je suis dans la détresse à cause de ta mort,
toi, mon meilleur ami, qui m'as été si cher !
Ton affection pour moi m'a été plus précieuse
que l'amour d'une femme !
27 Hélas, ils sont tombés tous ces guerriers !
Hélas, ils ont péri ces hommes de combat !

David devient roi de Juda à Hébron

2 [1]Après ces événements, David consulta l'Eternel e
lui demanda s'il devait aller s'installer dans l'une de
villes de Juda. L'Eternel lui répondit : Oui.

– Dans laquelle dois-je aller ?

– A Hébron.

[2]David s'y rendit donc avec ses deux femmes Ahinoam d
Jizréel et Abigaïl, veuve de Nabal, de Karmel. [3]Il emmen
aussi ses compagnons et leurs familles, et ils s'établiren
dans les localités aux alentours d'Hébron. [4]Les dirigeant

[a] 1.18 Livre mentionné en Jos 10.13.
[b] 1.20 *Gath* et *Ashkelôn* étaient deux métropoles philistines, l'une la plus proche des frontières d'Israël, l'autre la plus éloignée. Elles représenten donc toute la Philistie.
[c] 1.21 Les boucliers, faits de cuir, étaient enduits d'huile, ce qui les entretenait et faisait glisser les flèches ennemies. Ces boucliers, souillés par le sang des braves, ne serviront jamais plus.

nd there they anointed David king over the tribe of Judah.

When David was told that it was the men from abesh Gilead who had buried Saul, 5 he sent messengers to them to say to them, "The LORD bless you for showing this kindness to Saul your master by burying him. 6 May the LORD now show you kindness and aithfulness, and I too will show you the same favor because you have done this. 7 Now then, be strong and brave, for Saul your master is dead, and the people of udah have anointed me king over them."

Var Between the Houses of David and Saul

8 Meanwhile, Abner son of Ner, the commander of Saul's army, had taken Ish-Bosheth son of Saul and brought him over to Mahanaim. 9 He made him king over Gilead, Ashuri and Jezreel, and also over Ephraim, Benjamin and all Israel.

10 Ish-Bosheth son of Saul was forty years old when he became king over Israel, and he reigned two years. The tribe of Judah, however, remained loyal to David. 11 The length of time David was king in Hebron over udah was seven years and six months.

12 Abner son of Ner, together with the men of Ish-Bosheth son of Saul, left Mahanaim and went to Gibeon. 13 Joab son of Zeruiah and David's men went out and met them at the pool of Gibeon. One group sat down on one side of the pool and one group on he other side.

14 Then Abner said to Joab, "Let's have some of the young men get up and fight hand to hand in front of us."

"All right, let them do it," Joab said.

15 So they stood up and were counted off – twelve men for Benjamin and Ish-Bosheth son of Saul, and twelve for David. 16 Then each man grabbed his opponent by the head and thrust his dagger into his opponent's side, and they fell down together. So that place in Gibeon was called Helkath Hazzurim.[c]

17 The battle that day was very fierce, and Abner and he Israelites were defeated by David's men.

18 The three sons of Zeruiah were there: Joab, Abishai and Asahel. Now Asahel was as fleet-footed as a wild gazelle. 19 He chased Abner, turning neither to the right nor to the left as he pursued him. 20 Abner looked behind him and asked, "Is that you, Asahel?"

"It is," he answered.

21 Then Abner said to him, "Turn aside to the right or to the left; take on one of the young men and strip him of his weapons." But Asahel would not stop chasing him.

22 Again Abner warned Asahel, "Stop chasing me! Why should I strike you down? How could I look your brother Joab in the face?"

2:16 *Helkath Hazzurim* means *field of daggers* or *field of hostilities.*

de la tribu de Juda vinrent à Hébron pour y établir David roi de leur tribu en lui conférant l'onction d'huile.

On vint informer David que les hommes de Yabesh en Galaad avaient enterré Saül. 5 David leur envoya des messagers pour leur dire : Que l'Eternel vous bénisse pour avoir accompli cet acte de bonté envers votre seigneur Saül en l'ensevelissant dans un tombeau. 6 A présent, que l'Eternel vous témoigne à son tour sa grande bonté. Et moi-même, je veux aussi agir envers vous avec la même bonté que la vôtre. 7 Alors maintenant, soyez forts et montrez-vous vaillants ! Votre seigneur Saül est mort ; mais sachez que les gens de Juda m'ont établi roi sur eux par l'onction.

Ish-Bosheth est proclamé roi d'Israël

8 Cependant Abner, fils de Ner[d], général en chef de l'armée de Saül, avait emmené Ish-Bosheth, un des fils de Saül à Mahanaïm 9 et l'avait fait proclamer roi sur Galaad, sur les Ashourites[e], sur Jizréel, sur Ephraïm, sur Benjamin et sur tout Israël. 10 Ish-Bosheth, fils de Saül, avait quarante ans quand il devint roi sur Israël et il régna deux ans. Mais la tribu de Juda se rallia à David 11 qui régna sept ans et six mois à Hébron sur cette tribu.

La guerre civile

12 Abner, fils de Ner, et les hommes d'Ish-Bosheth, fils de Saül, quittèrent Mahanaïm pour marcher sur Gabaon[f]. 13 Joab, fils de Tserouya[g], et les hommes de David se mirent aussi en marche. Les deux troupes se rejoignirent près de l'étang de Gabaon, et elles prirent position l'une en face de l'autre, de part et d'autre de cet étang. 14 Abner proposa à Joab : Que quelques-uns de nos jeunes hommes se mesurent en combat singulier devant nous !

– D'accord, répondit Joab.

15 Douze soldats se présentèrent pour Benjamin et pour Ish-Bosheth, fils de Saül, et douze parmi les hommes de David. 16 Chaque soldat saisit son adversaire par la tête et lui plongea son épée dans le côté, si bien qu'ils tombèrent tous ensemble. On appela cet endroit près de Gabaon : le champ des Rocs[h].

17 Alors s'engagea un combat extrêmement violent. Abner et les hommes d'Israël furent battus ce jour-là par les hommes de David. 18 Parmi les combattants se trouvaient les trois fils de Tserouya : Joab, Abishaï et Asaël. Asaël était agile comme une gazelle sauvage. 19 Il se lança à la poursuite d'Abner et le suivit sans dévier ni à droite ni à gauche. 20 Abner se retourna et demanda : Est-ce toi, Asaël ?

– Oui, c'est moi !

21 – Passe à droite ou à gauche, lui dit Abner, attaque l'un de ces jeunes soldats et empare-toi de son équipement !

Mais Asaël ne voulut pas le laisser échapper. 22 Abner insista : Cesse de me poursuivre. Pourquoi m'obligerais-tu

---

d **2.8** *Abner*, cousin de Saül (1 S 14.50), sera le principal défenseur de la dynastie du roi défunt.

e **2.9** C'est-à-dire sur les membres de la tribu d'Aser. La version syriaque a : *Asser.*

f **2.12** A 10 kilomètres au nord-ouest de Jérusalem (voir Jos 9.3). Abner veut empêcher David d'étendre son influence au nord de Juda.

g **2.13** *Joab*, comme Abishaï et Asaël (v. 18), était un neveu de David, fils de sa sœur.

h **2.16** En hébreu, le mot signifiant *roc* désigne aussi le tranchant d'une épée.

[23]But Asahel refused to give up the pursuit; so Abner thrust the butt of his spear into Asahel's stomach, and the spear came out through his back. He fell there and died on the spot. And every man stopped when he came to the place where Asahel had fallen and died.

[24]But Joab and Abishai pursued Abner, and as the sun was setting, they came to the hill of Ammah, near Giah on the way to the wasteland of Gibeon.
[25]Then the men of Benjamin rallied behind Abner. They formed themselves into a group and took their stand on top of a hill.

[26]Abner called out to Joab, "Must the sword devour forever? Don't you realize that this will end in bitterness? How long before you order your men to stop pursuing their fellow Israelites?"

[27]Joab answered, "As surely as God lives, if you had not spoken, the men would have continued pursuing them until morning."
[28]So Joab blew the trumpet, and all the troops came to a halt; they no longer pursued Israel, nor did they fight anymore.

[29]All that night Abner and his men marched through the Arabah. They crossed the Jordan, continued through the morning hours[d] and came to Mahanaim.
[30]Then Joab stopped pursuing Abner and assembled the whole army. Besides Asahel, nineteen of David's men were found missing. [31]But David's men had killed three hundred and sixty Benjamites who were with Abner. [32]They took Asahel and buried him in his father's tomb at Bethlehem. Then Joab and his men marched all night and arrived at Hebron by daybreak.

3 [1]The war between the house of Saul and the house of David lasted a long time. David grew stronger and stronger, while the house of Saul grew weaker and weaker.

[2]Sons were born to David in Hebron:

His firstborn was Amnon the son of Ahinoam of Jezreel;

[3]his second, Kileab the son of Abigail the widow of Nabal of Carmel;

the third, Absalom the son of Maakah daughter of Talmai king of Geshur;

[4]the fourth, Adonijah the son of Haggith;

the fifth, Shephatiah the son of Abital;

[5]and the sixth, Ithream the son of David's wife Eglah.

These were born to David in Hebron.

[d] 2:29 See Septuagint; the meaning of the Hebrew for this phrase is uncertain.

à t'abattre ? Comment oserais-je ensuite regarder ton frèr Joab en face ?

[23]Mais Asaël refusa de le lâcher. Alors Abner lui enfonç la pointe de sa lance dans le ventre et l'arme ressortit pa le dos. Asaël s'affaissa sur place et mourut là. Tous ceux qu arrivèrent à l'endroit où Asaël était mort, s'arrêtèrent là

[24]Joab et Abishaï continuèrent à poursuivre Abner. L soleil se couchait quand ils atteignirent la colline d'Am ma en face de Guiah, sur le chemin du désert de Gabaon
[25]Alors les Benjaminites se rassemblèrent autour d'Abne en formation serrée et occupèrent le sommet d'une colline
[26]Abner cria en direction de Joab : N'allons-nous pas cesse de nous combattre par l'épée ? Ne comprends-tu pas qu tout cela finira par beaucoup d'amertume ? Quand est-c que tu diras à tes hommes de ne plus poursuivre leur compatriotes ?
[27]Joab répondit : Aussi vrai que Dieu est vivant, j t'assure que si tu n'avais pas parlé ainsi, mes gens vou auraient pourchassés jusqu'à demain matin.

[28]Puis Joab sonna du cor[i], et toute la troupe s'arrêta e cessa de poursuivre et de combattre Israël.

[29]Abner et ses hommes marchèrent toute la nuit dan la vallée du Jourdain, puis ils franchirent le Jourdain e traversèrent le Bitrôn[j] pour arriver à Mahanaïm. [30]Joab re vint de la poursuite d'Abner et rassembla toute sa troupe en plus d'Asaël, dix-neuf hommes de David manquaient à l'appel. [31]Mais les hommes de David en avaient tué troi cent soixante parmi les Benjaminites et les hommes d'Ab ner. [32]Ils emportèrent le corps d'Asaël et l'enterrèren dans le sépulcre de son père à Bethléhem[k]. Joab et se hommes marchèrent toute la nuit et atteignirent Hébro au point du jour.

3 [1]La guerre dura longtemps entre la maison de Saül e celle de David, mais la maison de David devenait d plus en plus puissante, tandis que celle de Saül ne cessai de s'affaiblir.

Les fils de David nés à Hébron

(1 Ch 3.1-4)

[2]Il naquit à David des fils à Hébron : son premier-n s'appelait Amnôn, il était fils d'Ahinoam de Jizreél. [3]So deuxième, Kileab, était fils d'Abigaïl, veuve de Nabal d Karmel ; le troisième, Absalom, était le fils de Maaka, fill de Talmaï, le roi de Gueshour[l] ; [4]le quatrième, Adoniya était le fils de Haggith ; le cinquième, Shephatia, était l fils d'Abital ; [5]et le sixième Yitream, fils d'Egla, femme d David. Tels sont les fils de David qui naquirent à Hébron

[i] 2.28 Marquait le début comme la fin des combats (18.16 ; 20.22).
[j] 2.29 Autres traductions : *le ravin* ou *toute la matinée*.
[k] 2.32 Patrie de David et de sa famille (1 S 16.1).
[l] 3.3 *Gueshour* était un petit royaume syrien situé à l'est du Jourdain et au nord-est du lac de Galilée (voir15.8 ; Jos 12.5 ; 13.11-13 ; Dt 3.14) où Absalom cherchera refuge (13.37-38 ; 14.23).

bner Goes Over to David

[6]During the war between the house of Saul and he house of David, Abner had been strengthening is own position in the house of Saul. [7]Now Saul had ad a concubine named Rizpah daughter of Aiah. And sh-Bosheth said to Abner, "Why did you sleep with ny father's concubine?"

[8]Abner was very angry because of what Ish-Bosheth aid. So he answered, "Am I a dog's head – on Judah's ide? This very day I am loyal to the house of your ather Saul and to his family and friends. I haven't anded you over to David. Yet now you accuse me of n offense involving this woman! [9]May God deal with bner, be it ever so severely, if I do not do for David vhat the LORD promised him on oath [10]and transfer he kingdom from the house of Saul and establish David's throne over Israel and Judah from Dan to Beersheba." [11]Ish-Bosheth did not dare to say another vord to Abner, because he was afraid of him.

[12]Then Abner sent messengers on his behalf to say o David, "Whose land is it? Make an agreement with ne, and I will help you bring all Israel over to you."

[13]"Good," said David. "I will make an agreement vith you. But I demand one thing of you: Do not come nto my presence unless you bring Michal daughter f Saul when you come to see me." [14]Then David sent nessengers to Ish-Bosheth son of Saul, demanding, 'Give me my wife Michal, whom I betrothed to myself or the price of a hundred Philistine foreskins."

[15]So Ish-Bosheth gave orders and had her taken way from her husband Paltiel son of Laish. [16]Her usband, however, went with her, weeping behind er all the way to Bahurim. Then Abner said to him, 'Go back home!" So he went back.

[17]Abner conferred with the elders of Israel and said, 'For some time you have wanted to make David your ing. [18]Now do it! For the LORD promised David, 'By ny servant David I will rescue my people Israel from he hand of the Philistines and from the hand of all heir enemies.'"

[19]Abner also spoke to the Benjamites in person. Then he went to Hebron to tell David everything that srael and the whole tribe of Benjamin wanted to do. [20]When Abner, who had twenty men with him, came o David at Hebron, David prepared a feast for him nd his men. [21]Then Abner said to David, "Let me go t once and assemble all Israel for my lord the king, so hat they may make a covenant with you, and that you nay rule over all that your heart desires." So David ent Abner away, and he went in peace.

oab Murders Abner

[22]Just then David's men and Joab returned from raid and brought with them a great deal of plunler. But Abner was no longer with David in Hebron,

Abner se rallie à David

[6]Tant que dura la guerre entre la maison de Saül et celle de David, Abner renforça son influence dans la maison de Saül. [7]Or, Saül avait eu une épouse de second rang, Ritspa, fille d'Aya. Ish-Bosheth fit un reproche à Abner en lui disant : Pourquoi as-tu couché avec l'épouse de mon père ?

[8]A ces mots, Abner entra dans une violente colère et lança à Ish-Bosheth : Est-ce que je suis un chien au service de Juda ? Depuis toujours, j'ai traité avec faveur la famille de Saül, ton père, ses frères et ses amis, et je ne t'ai pas laissé tomber entre les mains de David, et voilà que tu viens aujourd'hui me reprocher une faute avec cette femme ! [9]Que Dieu me punisse très sévèrement si je n'œuvre pas à la réalisation de ce que l'Eternel a promis à David. [10]Car il a juré d'enlever la royauté à la famille de Saül et d'affermir l'autorité royale de David sur Israël et sur Juda depuis Dan jusqu'à Beer-Sheva[m].

[11]Ish-Bosheth ne put lui répliquer un seul mot car il avait peur de lui.

[12]Abner envoya des émissaires auprès de David pour lui faire cette proposition : A qui doit appartenir ce pays ? Conclus une alliance avec moi et je t'aiderai à rallier tout Israël autour de toi.

[13]– D'accord, leur répondit David, je ferai alliance avec toi, mais à une condition : je ne te recevrai pas si tu ne m'envoies pas d'abord Mikal, la fille de Saül, lorsque tu viendras me rencontrer.

[14]En même temps, David envoya des messagers à Ish-Bosheth, fils de Saül, pour lui dire : Rends-moi ma femme Mikal que j'ai acquise au prix de cent prépuces de Philistins.

[15]Ish-Bosheth la fit enlever chez son second mari Paltiel, fils de Laïsh, [16]qui la suivit en pleurant jusqu'à Bahourim[n]. Là, Abner lui ordonna de retourner chez lui – et il s'en alla.

[17]Abner engagea des pourparlers avec les responsables d'Israël. Il leur dit : Depuis longtemps déjà vous souhaitez que David devienne votre roi. [18]Le moment est venu de passer aux actes. Rappelez-vous que l'Eternel a promis à David : « C'est par David, mon serviteur, que je délivrerai mon peuple Israël des Philistins et de tous ses ennemis. » [19]Abner s'entretint de la même manière avec les responsables de la tribu de Benjamin, puis il se rendit à Hébron pour communiquer à David les décisions prises en accord avec les autres Israélites et toute la tribu de Benjamin.

[20]Il arriva chez David à Hébron accompagné de vingt hommes. David leur offrit à tous un festin. [21]Puis Abner lui dit : Je m'en vais rassembler tout Israël autour de mon seigneur le roi ; ils concluront une alliance avec toi, et tu régneras partout où tu voudras.

David le laissa partir et celui-ci s'en alla en paix.

La mort d'Abner

[22]Peu après, Joab et les hommes de David rentrèrent d'une expédition militaire en rapportant un butin con-

---

[m] 3.10 Expression classique désignant tout le pays d'Israël, de l'extrême nord à l'extrême sud (voir Jg 20.1).

[n] 3.16 A quelques kilomètres de Jérusalem, sans doute la dernière localité du ressort d'Ish-Bosheth.

because David had sent him away, and he had gone
in peace. 23When Joab and all the soldiers with him
arrived, he was told that Abner son of Ner had come
to the king and that the king had sent him away and
that he had gone in peace.
24So Joab went to the king and said, "What have you
done? Look, Abner came to you. Why did you let him
go? Now he is gone! 25You know Abner son of Ner; he
came to deceive you and observe your movements
and find out everything you are doing."
26Joab then left David and sent messengers after
Abner, and they brought him back from the cistern at
Sirah. But David did not know it. 27Now when Abner
returned to Hebron, Joab took him aside into an inner
chamber, as if to speak with him privately. And there,
to avenge the blood of his brother Asahel, Joab stabbed
him in the stomach, and he died.
28Later, when David heard about this, he said, "I
and my kingdom are forever innocent before the LORD
concerning the blood of Abner son of Ner. 29May his
blood fall on the head of Joab and on his whole family!
May Joab's family never be without someone who has
a running sore or leprosy[e] or who leans on a crutch or
who falls by the sword or who lacks food."
30(Joab and his brother Abishai murdered Abner
because he had killed their brother Asahel in the
battle at Gibeon.)
31Then David said to Joab and all the people with
him, "Tear your clothes and put on sackcloth and
walk in mourning in front of Abner." King David himself walked behind the bier. 32They buried Abner in
Hebron, and the king wept aloud at Abner's tomb. All
the people wept also.
33The king sang this lament for Abner:
"Should Abner have died as the lawless die?
34 Your hands were not bound,
your feet were not fettered.
You fell as one falls before the wicked."
And all the people wept over him again.
35Then they all came and urged David to eat something while it was still day; but David took an oath,
saying, "May God deal with me, be it ever so severely,
if I taste bread or anything else before the sun sets!"
36All the people took note and were pleased; indeed,
everything the king did pleased them. 37So on that
day all the people there and all Israel knew that the
king had no part in the murder of Abner son of Ner.
38Then the king said to his men, "Do you not realize
that a commander and a great man has fallen in Israel
this day? 39And today, though I am the anointed king,
I am weak, and these sons of Zeruiah are too strong
for me. May the LORD repay the evildoer according to
his evil deeds!"

Ish-Bosheth Murdered

4 1When Ish-Bosheth son of Saul heard that Abner
had died in Hebron, he lost courage, and all Israel

[e] 3:29 The Hebrew for *leprosy* was used for various diseases affecting the skin.

sidérable. Abner n'était plus chez David à Hébron, puisqu
celui-ci l'avait laissé repartir en paix. 23Quand Joab e
toute l'armée qui l'accompagnait arrivèrent, on inform
Joab qu'Abner, fils de Ner, était venu trouver le roi et qu
celui-ci l'avait laissé repartir en paix. 24Alors Joab se rendi
auprès du roi et lui dit : Qu'as-tu fait ? Abner est venu ver
toi et toi, tu l'as laissé repartir librement ! 25Pourtant tu l
connais, cet Abner, fils de Ner : c'est pour te tromper qu'i
est venu, pour apprendre quels sont tes plans de campagn
et pour savoir tout ce que tu fais.
26Joab sortit de chez David et sans que celui-ci en sach
rien, il envoya sur les pas d'Abner des messagers qui lui fi
rent rebrousser chemin depuis la citerne de Sira[o]. 27Quan
Abner fut de retour à Hébron, Joab l'entraîna à l'écart à
l'intérieur de la porte de la ville comme pour lui parle
confidentiellement, et là il le poignarda en plein ventre e
le tua pour venger la mort de son frère Asaël.
28Quand David apprit ce qui s'était passé, il s'écria : J
suis à jamais innocent devant l'Eternel, moi ainsi que mon
royaume, du meurtre d'Abner, fils de Ner. 29Que la respons
abilité de ce meurtre retombe sur Joab et sa famille ! Qu'i
ne cesse d'y avoir parmi ses descendants quelqu'un qu
soit atteint d'un flux ou de la lèpre, ou qui s'appuie su
des béquilles, ou qui meure par l'épée, ou qui manqu
de nourriture !
30Joab et son frère Abishaï avaient assassiné Abner, parc
qu'il avait tué leur frère Asaël au cours de la bataille d
Gabaon.
31David ordonna à Joab et à toute la troupe qui l'accom
pagnait : Déchirez vos vêtements, revêtez-vous d'un habi
de toile de sac et portez le deuil pour Abner !
Le roi David marchait derrière le cercueil. 32On enterr
Abner à Hébron ; le roi éclata en sanglots sur son tombeau
et tout le peuple se mit à pleurer.
33Puis le roi entonna sur Abner la complainte que voici
Fallait-il qu'Abner meure comme les insensés ?
34 Tu n'avais pas les mains liées
ni les pieds enchaînés.
Pourtant tu es tombé
comme lorsque l'on tombe devant des gens pervers.
Et tout le peuple se remit à pleurer sur lui. 35Ensuite
tout le monde pressa David de prendre quelque nourriture
pendant qu'il faisait encore jour. Mais il fit ce serment
Que Dieu me punisse très sévèrement si je mange un
seul morceau de pain ou quoi que ce soit d'autre avant le
coucher du soleil. 36Tout le peuple en eut connaissance et
l'approuva, comme du reste il approuvait tout ce que faisai
le roi. 37Toute l'armée et tout Israël reconnurent ce jour-là
que le roi n'était pour rien dans l'assassinat d'Abner, fils
de Ner. 38Le roi dit à ses officiers : Est-ce que vous vous
rendez compte qu'un prince et un grand chef est tombé
aujourd'hui en Israël ? 39Même si j'ai reçu l'onction royale
je suis encore faible, et ces gens, les fils de Tserouya, sont
trop puissants pour moi. Que l'Eternel lui-même punisse
celui qui a commis ce crime selon le mal qu'il a fait !

L'assassinat d'Ish-Bosheth et la réaction de David

4 1Lorsque Ish-Bosheth, fils de Saül, apprit qu'Abner
était mort à Hébron, il en fut consterné et la peur
s'empara de tout Israël.

[o] 3.26 Un des points d'eau du désert, très certainement situé au nord d'Hébron.

became alarmed. ²Now Saul's son had two men who
were leaders of raiding bands. One was named Baanah
and the other Rekab; they were sons of Rimmon the
Beerothite from the tribe of Benjamin – Beeroth is
considered part of Benjamin, ³because the people
of Beeroth fled to Gittaim and have resided there as
foreigners to this day.

⁴(Jonathan son of Saul had a son who was lame in
both feet. He was five years old when the news about
Saul and Jonathan came from Jezreel. His nurse picked
him up and fled, but as she hurried to leave, he fell
and became disabled. His name was Mephibosheth.)

⁵Now Rekab and Baanah, the sons of Rimmon the
Beerothite, set out for the house of Ish-Bosheth, and
they arrived there in the heat of the day while he
was taking his noonday rest. ⁶They went into the
inner part of the house as if to get some wheat, and
they stabbed him in the stomach. Then Rekab and his
brother Baanah slipped away.

⁷They had gone into the house while he was lying
on the bed in his bedroom. After they stabbed and
killed him, they cut off his head. Taking it with them,
they traveled all night by way of the Arabah. ⁸They
brought the head of Ish-Bosheth to David at Hebron
and said to the king, "Here is the head of Ish-Bosheth
son of Saul, your enemy, who tried to kill you. This
day the LORD has avenged my lord the king against
Saul and his offspring."

⁹David answered Rekab and his brother Baanah,
the sons of Rimmon the Beerothite, "As surely as the
LORD lives, who has delivered me out of every trouble,
¹⁰when someone told me, 'Saul is dead,' and thought
he was bringing good news, I seized him and put him
to death in Ziklag. That was the reward I gave him for
his news! ¹¹How much more – when wicked men have
killed an innocent man in his own house and on his
own bed – should I not now demand his blood from
your hand and rid the earth of you!"

¹²So David gave an order to his men, and they
killed them. They cut off their hands and feet and
hung the bodies by the pool in Hebron. But they took
the head of Ish-Bosheth and buried it in Abner's tomb
at Hebron.

David Becomes King Over Israel

5 ¹All the tribes of Israel came to David at Hebron
and said, "We are your own flesh and blood. ²In
the past, while Saul was king over us, you were the one
who led Israel on their military campaigns. And the
LORD said to you, 'You will shepherd my people Israel,
and you will become their ruler.' "

³When all the elders of Israel had come to King
David at Hebron, the king made a covenant with them
at Hebron before the LORD, and they anointed David
king over Israel.

⁴David was thirty years old when he became king,
and he reigned forty years. ⁵In Hebron he reigned over

²Parmi ceux qui étaient sous ses ordres, il y avait deux
chefs de bandes appelés Baana et Rékab ; ils étaient fils de
Rimmôn de Beéroth[p], des Benjaminites, car Beéroth faisait
partie de Benjamin ³bien que, depuis lors, ses habitants se
soient réfugiés à Guittaïm où leurs descendants habitent
encore aujourd'hui.

⁴Or Jonathan, le fils de Saül, avait un fils qui était infirme des deux pieds. En effet, il avait cinq ans au moment
de la bataille de Jizréel, et lorsqu'on avait appris ce qui
était arrivé à Saül et Jonathan, sa nourrice l'avait pris pour
s'enfuir. Dans sa précipitation, elle l'avait laissé tomber
et il en était resté estropié. Son nom était Mephibosheth.

⁵Rékab et Baana, les deux fils de Rimmôn de Beéroth, se
rendirent à l'heure la plus chaude dans la maison d'Ish-
Bosheth, celui-ci était couché pour faire la sieste ; il était
midi. ⁶⁻⁷Ils s'introduisirent dans la maison en apportant
du blé, entrèrent dans la chambre à coucher d'Ish-Bosheth
pendant qu'il reposait sur son lit, le frappèrent mortellement au ventre et le décapitèrent, puis ils prirent sa tête
et s'enfuirent. Après avoir marché toute la nuit le long
de la vallée du Jourdain, ⁸ils apportèrent la tête d'Ish-
Bosheth au roi David à Hébron et lui dirent : Voici la tête
d'Ish-Bosheth, fils de Saül, ton ennemi qui cherchait à te
tuer. L'Eternel a vengé aujourd'hui le roi, mon seigneur,
de Saül et de ses descendants.

⁹Mais David répondit à Rékab et à son frère Baana, fils
de Rimmôn de Beéroth : L'Eternel qui m'a délivré de toute
détresse est vivant ! ¹⁰A Tsiqlag, un homme est venu me
dire : « Voici : Saül est mort », croyant m'annoncer une
bonne nouvelle. Je l'ai fait saisir et exécuter pour le payer
de sa « bonne nouvelle ». ¹¹A plus forte raison vais-je payer
des misérables qui ont assassiné un homme innocent sur
son lit, dans sa maison. Oui, je vous demanderai compte du
meurtre que vous avez commis, et je vous ferai disparaître
de la surface de la terre.

¹²Là-dessus, David donna un ordre à ses hommes qui
les tuèrent. Ensuite, ils leur tranchèrent les mains et les
pieds qu'ils suspendirent au bord de l'étang d'Hébron.
Ils prirent la tête d'Ish-Bosheth et l'enterrèrent dans le
tombeau d'Abner à Hébron.

David devient roi de tout Israël

(1 Ch 11.1-3)

5 ¹Des représentants de toutes les tribus d'Israël vinrent auprès de David à Hébron et lui dirent : Nous
voici ! Nous sommes de ta race et de ton sang. ²Autrefois
déjà, du temps où Saül était notre roi, c'est toi qui dirigeais
les expéditions militaires d'Israël. Or l'Eternel t'a promis
que tu serais le berger d'Israël son peuple et que tu en
deviendrais le chef.

³Ainsi tous les responsables d'Israël vinrent trouver
le roi à Hébron. Là, le roi David conclut une alliance avec
eux devant l'Eternel, et ils lui conférèrent l'onction pour
le faire roi d'Israël[q].

⁴David était âgé de trente ans à son avènement, et son
règne dura quarante ans. ⁵Il régna sept ans et six mois sur

[p] **4.2** A environ 15 kilomètres de Jérusalem.

[q] **5.3** Troisième onction (1 S 16.13 ; 2 S 2.4) qui fait de lui le roi de tout Israël.

Judah seven years and six months, and in Jerusalem he
reigned over all Israel and Judah thirty-three years.

David Conquers Jerusalem

6The king and his men marched to Jerusalem to
attack the Jebusites, who lived there. The Jebusites
said to David, "You will not get in here; even the blind
and the lame can ward you off." They thought, "David
cannot get in here." 7Nevertheless, David captured the
fortress of Zion – which is the City of David.
8On that day David had said, "Anyone who conquers
the Jebusites will have to use the water shaft to reach
those 'lame and blind' who are David's enemies.[f]" That
is why they say, "The 'blind and lame' will not enter
the palace."

9David then took up residence in the fortress and
called it the City of David. He built up the area around
it, from the terraces[g] inward. 10And he became more
and more powerful, because the LORD God Almighty
was with him.

11Now Hiram king of Tyre sent envoys to David,
along with cedar logs and carpenters and stonemasons, and they built a palace for David. 12Then David
knew that the LORD had established him as king over
Israel and had exalted his kingdom for the sake of
his people Israel.

13After he left Hebron, David took more concubines
and wives in Jerusalem, and more sons and daughters
were born to him. 14These are the names of the children born to him there: Shammua, Shobab, Nathan,
Solomon, 15Ibhar, Elishua, Nepheg, Japhia, 16Elishama,
Eliada and Eliphelet.

David Defeats the Philistines

17When the Philistines heard that David had been
anointed king over Israel, they went up in full force
to search for him, but David heard about it and went
down to the stronghold. 18Now the Philistines had
come and spread out in the Valley of Rephaim; 19so
David inquired of the LORD, "Shall I go and attack the
Philistines? Will you deliver them into my hands?"

The LORD answered him, "Go, for I will surely deliver
the Philistines into your hands."

Juda à Hébron, et il régna trente-trois ans sur tout Israë
et Juda à Jérusalem.

La conquête de Jérusalem

(1 Ch 11.4-9)

6Le roi marcha avec ses hommes sur Jérusalem pou
combattre les Yebousiens qui habitaient la région. Ceux
ci déclarèrent à David : Tu n'entreras pas ici ! Même de
aveugles et des boiteux te repousseraient.

C'était une manière de dire : David n'entrera pas dans l
ville. 7Mais David s'empara de la forteresse de Sion, qu'o
appelle la cité de David. 8Ce jour-là, David avait déclaré
ses hommes : Celui qui veut battre les Yebousiens n'a qu'
grimper par le canal souterrain pour les atteindre. Quan
à ces boiteux et ces aveugles, je les déteste. C'est de là qu
vient le dicton : Les aveugles et les boiteux n'entreron
pas dans ma maison[r].

9David s'installa dans la forteresse qu'il appela la cité d
David. Il fit des constructions tout autour, depuis les ter
rasses aménagées pour les cultures jusque vers l'intérieur
10David devenait de plus en plus puissant, et l'Eternel, l
Dieu des armées célestes, était avec lui.

La délégation d'Hiram, roi de Tyr

(1 Ch 14.1-2)

11Hiram, le roi de Tyr, envoya une délégation à David
en lui faisant livrer du bois de cèdre et en lui envoyan
des charpentiers et des tailleurs de pierre qui lui constru
isirent un palais. 12David reconnut alors que l'Eternel l
confirmait comme roi sur Israël et qu'il donnait de l'écla
à son règne à cause d'Israël, son peuple.

Les fils de David nés à Jérusalem

(1 Ch 3.5-9 ; 14.3-7)

13Après son départ d'Hébron et son installation
Jérusalem, David épousa encore d'autres femmes de pre
mier et de second rang, dont il eut des fils et des filles.
14Voici le nom de ses enfants nés à Jérusalem
Shammoua, Shobab, Nathan, Salomon[s], 15Yibhar
Elishoua, Népheg, Yaphia, 16Elishama, Elyada e
Eliphéleth.

David défait les Philistins

(1 Ch 14.8-16)

17Lorsque les Philistins apprirent que David avait ét
établi roi d'Israël par l'onction, ils se mirent tous en cam
pagne à sa recherche. David en fut informé et se retir
dans le refuge fortifié[t]. 18Les Philistins arrivèrent et s
déployèrent dans la vallée des Rephaïm[u]. 19David consult
l'Eternel et lui demanda : Dois-je attaquer les Philistins
Me donneras-tu la victoire sur eux ?

L'Eternel répondit à David : Attaque-les ! Car je t'assur
que je te donnerai la victoire sur les Philistins.

[f] 5:8 *Or are hated by David*
[g] 5:9 Or *the Millo*

[r] 5.8 Autre traduction : *dans le Temple.*
[s] 5.14 Tous fils de Bath-Shéba (voir 1 Ch 3.5).
[t] 5.17 Probablement le refuge d'Adoullam près de Bethléhem (voir 1 S 22.1 ; 2 S 23.14).
[u] 5.18 Au sud-ouest de Jérusalem (Jos 15.8 ; 18.16).

20So David went to Baal Perazim, and there he de-
:ated them. He said, "As waters break out, the LORD
as broken out against my enemies before me." So
ıat place was called Baal Perazim.[h] 21The Philistines
bandoned their idols there, and David and his men
arried them off.

22Once more the Philistines came up and spread
ut in the Valley of Rephaim; 23so David inquired of
ne LORD, and he answered, "Do not go straight up, but
ircle around behind them and attack them in front
f the poplar trees. 24As soon as you hear the sound of
ıarching in the tops of the poplar trees, move quickly,
ecause that will mean the LORD has gone out in front
f you to strike the Philistine army." 25So David did
s the LORD commanded him, and he struck down the
hilistines all the way from Gibeon[i] to Gezer.

'he Ark Brought to Jerusalem

6 1David again brought together all the able young
men of Israel – thirty thousand. 2He and all
ıis men went to Baalah[j] in Judah to bring up from
here the ark of God, which is called by the Name,[k]
ne name of the LORD Almighty, who is enthroned
etween the cherubim on the ark. 3They set the ark
f God on a new cart and brought it from the house
f Abinadab, which was on the hill. Uzzah and Ahio,
ons of Abinadab, were guiding the new cart 4with
he ark of God on it,[l] and Ahio was walking in front
f it. 5David and all Israel were celebrating with all
heir might before the LORD, with castanets,[m] harps,
yres, timbrels, sistrums and cymbals.

6When they came to the threshing floor of Nakon,
Jzzah reached out and took hold of the ark of God,
ecause the oxen stumbled. 7The LORD's anger burned
gainst Uzzah because of his irreverent act; therefore
od struck him down, and he died there beside the
rk of God.
8Then David was angry because the LORD's wrath
ıad broken out against Uzzah, and to this day that
lace is called Perez Uzzah.[n]
9David was afraid of the LORD that day and said,
How can the ark of the LORD ever come to me?" 10He

20David se rendit donc jusqu'à Baal-Peratsim et les battit
là. Puis il déclara : Comme les eaux rompent une digue,
l'Eternel a fait une brèche devant moi dans les rangs de
mes ennemis.
C'est pourquoi on a donné à ce lieu le nom de Baal-
Peratsim (le Maître des brèches[v]). 21Les Philistins
abandonnèrent leurs idoles sur place, et David et ses gens
les emportèrent.
22Les Philistins revinrent à l'attaque et se
déployèrent de nouveau dans la vallée des Rephaïm.
23David consulta l'Eternel qui lui répondit : N'y va
pas directement ! Contourne-les par leurs arrières,
puis reviens sur eux en face de la forêt des mûriers.
24Quand tu entendras un bruissement de pas dans
les cimes des mûriers, alors hâte-toi, car je me serai
mis en campagne devant toi pour battre l'armée des
Philistins.
25David fit ce que l'Eternel lui avait ordonné, et il battit
les Philistins en les poursuivant depuis Guéba[w] jusqu'à
l'entrée de Guézer.

Le transport du coffre de l'alliance à Jérusalem

(1 Ch 13.5-14)

6 1David rassembla les trente « milliers »[x] des
meilleurs guerriers d'Israël, 2puis il se mit en
route avec toute cette armée et partit de Baalé-Juda[y]
pour en ramener le coffre de Dieu sur lequel a été
invoqué l'Eternel, le Seigneur des armées célestes
qui siège entre les chérubins. 3On chargea le coffre
de Dieu sur un chariot neuf et on l'emporta de la
maison d'Abinadab située sur la colline. Ouzza et
Ahyo, fils d'Abinadab, conduisaient le chariot neuf.
4On fit partir le chariot, sur lequel on avait posé le
coffre, de la maison d'Abinadab située sur la colline.
Ahyo marchait devant le coffre. 5David et toute la
communauté d'Israël exprimaient leur joie devant
l'Eternel en jouant sur toutes sortes d'instruments
de bois de cyprès, sur des lyres[z], des luths, des tambourins, des sistres et des cymbales.
6Lorsqu'ils furent arrivés près de l'aire de Nakôn, les
bœufs firent un écart et Ouzza tendit la main et saisit le
coffre de Dieu. 7Alors l'Eternel se mit en colère contre
Ouzza et Dieu le frappa sur place à cause de sa faute. Ouzza
mourut là, à côté du coffre de Dieu.
8David s'irrita de ce que l'Eternel avait ouvert une
brèche en frappant Ouzza, et il appela ce lieu Pérets-Ouzza
(brèche d'Ouzza), nom qu'il porte encore aujourd'hui.
9Ce jour-là, David prit peur de l'Eternel et il se demanda :
Comment oserais-je faire venir le coffre de l'Eternel chez
moi ?
10Il renonça donc à transporter le coffre de l'Eternel
chez lui dans la cité de David, et il le fit déposer dans la

5:20 *Baal Perazim* means *the lord who breaks out.*
5:25 Septuagint (see also 1 Chron. 14:16); Hebrew *Geba*
6:2 That is, Kiriath Jearim (see 1 Chron. 13:6)
6:2 Hebrew; Septuagint and Vulgate do not have *the Name.*
6:3,4 Dead Sea Scrolls and some Septuagint manuscripts;
Masoretic Text *cart* [4] *and they brought it with the ark of God from the*
ouse of Abinadab, which was on the hill
6:5 Masoretic Text; Dead Sea Scrolls and Septuagint (see also 1
hron. 13:8) *songs*
6:8 *Perez Uzzah* means *outbreak against Uzzah.*

v 5.20 Victoire mentionnée en Es 28.21.
w 5.25 L'ancienne version grecque, comme 1 Ch 14.16, a : *Gabaon.*
x 6.1 Un *millier* était sans doute un régiment de quelques centaines
d'hommes.
y 6.2 Sans doute un autre nom de *Qiryath-Yearim* (voir
Jos 15.60 ; 18.14 ; 1 S 6.21 ; 1 Ch 13.1-6) où le coffre de Dieu avait été laissé
(1 S 7.1).
z 6.5 Au lieu de : *en jouant sur toutes sortes d'instruments de bois de cyprès,*
sur des lyres... le manuscrit hébreu de Qumrân, l'ancienne version grecque et 1 Ch 13.8 ont : *par des chants en jouant sur des lyres*...

was not willing to take the ark of the LORD to be with him in the City of David. Instead, he took it to the house of Obed-Edom the Gittite. 11 The ark of the LORD remained in the house of Obed-Edom the Gittite for three months, and the LORD blessed him and his entire household.

12 Now King David was told, "The LORD has blessed the household of Obed-Edom and everything he has, because of the ark of God." So David went to bring up the ark of God from the house of Obed-Edom to the City of David with rejoicing. 13 When those who were carrying the ark of the LORD had taken six steps, he sacrificed a bull and a fattened calf. 14 Wearing a linen ephod, David was dancing before the LORD with all his might, 15 while he and all Israel were bringing up the ark of the LORD with shouts and the sound of trumpets.

16 As the ark of the LORD was entering the City of David, Michal daughter of Saul watched from a window. And when she saw King David leaping and dancing before the LORD, she despised him in her heart.

17 They brought the ark of the LORD and set it in its place inside the tent that David had pitched for it, and David sacrificed burnt offerings and fellowship offerings before the LORD. 18 After he had finished sacrificing the burnt offerings and fellowship offerings, he blessed the people in the name of the LORD Almighty. 19 Then he gave a loaf of bread, a cake of dates and a cake of raisins to each person in the whole crowd of Israelites, both men and women. And all the people went to their homes.

20 When David returned home to bless his household, Michal daughter of Saul came out to meet him and said, "How the king of Israel has distinguished himself today, going around half-naked in full view of the slave girls of his servants as any vulgar fellow would!"

21 David said to Michal, "It was before the LORD, who chose me rather than your father or anyone from his house when he appointed me ruler over the LORD's people Israel – I will celebrate before the LORD. 22 I will become even more undignified than this, and I will be humiliated in my own eyes. But by these slave girls you spoke of, I will be held in honor."

23 And Michal daughter of Saul had no children to the day of her death.

God's Promise to David

7 1 After the king was settled in his palace and the LORD had given him rest from all his enemies around him, 2 he said to Nathan the prophet, "Here I am, living in a house of cedar, while the ark of God remains in a tent."

maison d'Obed-Edom[a], un homme originaire de Gath. 11 L coffre y resta trois mois et l'Eternel bénit Obed-Edom e toute sa famille.

(1 Ch 15.25 à 16.3)

12 On fit savoir au roi David que l'Eternel avait béni l famille d'Obed-Edom et qu'il avait fait prospérer tous se biens à cause du coffre de Dieu. Alors David fit transporte le coffre de Dieu depuis la maison d'Obed-Edom jusqu dans la cité de David, au milieu des réjouissances. 13 Quan ceux qui portaient le coffre de l'Eternel eurent avancé d six pas, ils s'arrêtèrent et l'on offrit en sacrifice un taurea et un veau gras. 14 David dansait de toutes ses forces devan l'Eternel, vêtu seulement d'un vêtement de lin semblabl à celui des prêtres. 15 Ainsi David et tout le peuple d'Isra transportèrent le coffre de l'Eternel en poussant des cri de joie et en faisant résonner les cors.

16 Lorsque le coffre de l'Eternel arriva dans la cité d David, Mikal, la fille de Saül, regardait par la fenêtre. Ell vit le roi David sauter et danser devant l'Eternel ; alor elle conçut du mépris pour lui dans son cœur. 17 On ame na le coffre de l'Eternel et on le déposa au milieu de l tente que David avait fait dresser pour lui. David offri des holocaustes et des sacrifices de communion devan l'Eternel. 18 Quand David eut achevé d'offrir ces sacrific es, il bénit le peuple au nom de l'Eternel, le Seigneur de armées célestes. 19 Puis il fit distribuer des vivres à tout l peuple, c'est-à-dire à toute la foule des Israélites, homme et femmes ; chacun reçut une miche de pain, une portio de viande rôtie et une masse de raisins secs[b]. Après cela chacun retourna chez soi.

20 David rentra chez lui pour bénir sa maisonnée. Alor Mikal, fille de Saül, sortit à sa rencontre et s'exclama Ah, vraiment, le roi d'Israël s'est couvert d'honneur au jourd'hui ! Il s'est exhibé à demi nu aux servantes de se serviteurs, comme aurait pu le faire un homme de rien

21 David répondit à Mikal : C'est devant l'Eternel qu j'ai manifesté ma joie, lui qui m'a choisi de préférence ton père et à toute sa famille, pour m'établir comme che d'Israël, son peuple. 22 Je m'abaisserais volontiers encor davantage pour m'humilier. Néanmoins, je serai honor par les servantes dont tu as parlé.

23 A la suite de cela, Mikal n'eut jamais d'enfant jusqu' sa mort.

David veut bâtir un temple à l'Eternel

(1 Ch 17.1-15)

7 1 Comme le roi s'était installé dans son palais, et qu l'Eternel lui avait accordé une existence paisible en l délivrant de tous ses ennemis à l'entour, 2 il dit au prophèt Nathan : Regarde ! J'habite dans un palais de cèdre, alor que le coffre de Dieu est installé au milieu d'une tent de toile.

[a] **6.10** D'après 1 Ch 13.13 ; 15.18, 24 ; 16.5 ; 26.4-8, 15 ; 2 Ch 25.24, c'était un lévite. Il semble avoir été originaire de *Gath* en Philistie, à moins que ce nom ne renvoie à la ville lévitique de Gath-Rimmôn, dans la tribu de Da (Jos 19.45 ; 21.24-25).

[b] **6.19** Traduction incertaine. Autre traduction : *un gâteau de dattes* (ou de *figues) et un gâteau de raisins secs.*

3 Nathan replied to the king, “Whatever you have
1 mind, go ahead and do it, for the LORD is with you.”
4 But that night the word of the LORD came to
athan, saying:
5 “Go and tell my servant David, ‘This is what the
LORD says: Are you the one to build me a house to
dwell in? 6 I have not dwelt in a house from the day
I brought the Israelites up out of Egypt to this day.
I have been moving from place to place with a tent
as my dwelling. 7 Wherever I have moved with all
the Israelites, did I ever say to any of their rulers
whom I commanded to shepherd my people Israel,
“Why have you not built me a house of cedar?” ’
8 “Now then, tell my servant David, ‘This is what
the LORD Almighty says: I took you from the pasture, from tending the flock, and appointed you
ruler over my people Israel. 9 I have been with you
wherever you have gone, and I have cut off all your
enemies from before you. Now I will make your
name great, like the names of the greatest men on
earth. 10 And I will provide a place for my people
Israel and will plant them so that they can have
a home of their own and no longer be disturbed.
Wicked people will not oppress them anymore, as
they did at the beginning 11 and have done ever
since the time I appointed leaders[o] over my people Israel. I will also give you rest from all your
enemies.
“ ‘The LORD declares to you that the LORD himself will
establish a house for you: 12 When your days are
over and you rest with your ancestors, I will raise
up your offspring to succeed you, your own flesh
and blood, and I will establish his kingdom. 13 He is
the one who will build a house for my Name, and I
will establish the throne of his kingdom forever. 14 I
will be his father, and he will be my son. When he
does wrong, I will punish him with a rod wielded
by men, with floggings inflicted by human hands.
15 But my love will never be taken away from him,
as I took it away from Saul, whom I removed from
before you. 16 Your house and your kingdom will
endure forever before me[p]; your throne will be established forever.’ ”
17 Nathan reported to David all the words of this
ntire revelation.

)avid’s Prayer

18 Then King David went in and sat before the LORD,
and he said:
“Who am I, Sovereign LORD, and what is my family,
that you have brought me this far? 19 And as if this
were not enough in your sight, Sovereign LORD, you
have also spoken about the future of the house of
your servant – and this decree, Sovereign LORD, is
for a mere human![q]
20 “What more can David say to you? For you know
your servant, Sovereign LORD. 21 For the sake of your

7:11 Traditionally *judges*
7:16 Some Hebrew manuscripts and Septuagint; most Hebrew
nanuscripts *you*
7:19 Or *for the human race*

3 Nathan lui répondit : Va et réalise les projets qui te
tiennent à cœur, car l’Eternel est avec toi.
4 Cependant, la nuit suivante l’Eternel adressa la parole à Nathan en ces termes : 5 Va dire à mon serviteur
David : « Voici ce que déclare l’Eternel : Tu veux me bâtir
un temple où je puisse habiter ? 6 Je n’ai jamais résidé dans
un temple depuis le jour où j’ai fait sortir les Israélites
d’Egypte jusqu’à aujourd’hui. J’ai cheminé sous une tente,
logeant dans le tabernacle. 7 Pendant tout ce temps où j’ai
accompagné les Israélites, ai-je jamais dit à un seul des
chefs d’Israël que j’avais établis pour diriger mon peuple :
Pourquoi ne me bâtissez-vous pas un temple en bois de
cèdre ? »
8 Voici maintenant ce que tu diras à mon serviteur
David : « Ainsi parle l’Eternel, le Seigneur des armées
célestes : je suis allé te chercher dans les pâturages où
tu gardais les moutons, pour faire de toi le chef de mon
peuple Israël. 9 Je t’ai soutenu dans toutes tes entreprises
et je t’ai débarrassé de tous tes ennemis. Je te ferai un
nom très glorieux comme celui des grands de la terre.
10 J’ai attribué un territoire à mon peuple Israël où je l’ai
implanté pour qu’il habite chez lui et ne soit plus inquiété
et opprimé comme auparavant par des hommes méchants,
11 comme à l’époque où j’avais établi des chefs pour mon
peuple Israël. Je t’ai accordé une existence paisible en te
délivrant de tous tes ennemis. Et l’Eternel t’annonce qu’il
te constituera une dynastie[c].
12 Quand le moment sera venu pour toi de rejoindre tes
ancêtres décédés, j’établirai après toi l’un de tes propres
descendants pour te succéder comme roi, et j’affermirai
son autorité royale. 13 C’est lui qui construira un temple
en mon honneur et je maintiendrai à toujours son trône
royal. 14 Je serai pour lui un Père, et il sera pour moi un
Fils[d] ; s’il fait le mal, je me servirai d’hommes pour le corriger par des coups et des châtiments[e], 15 mais je ne lui
retirerai jamais ma faveur, comme je l’ai retirée à Saül,
que j’ai écarté pour te faire place. 16 Oui, je rendrai stable
pour toujours ta dynastie et ta royauté[f], et ton trône sera
inébranlable à perpétuité. »

17 Nathan rapporta fidèlement à David toutes ces paroles
et toute cette révélation.

La prière de David

(1 Ch 17.16-27)

18 Alors le roi David alla se placer devant l’Eternel et
lui adressa cette prière : Seigneur Eternel, qui suis-je et
qu’est donc ma famille pour que tu m’aies fait parvenir
où je suis ? 19 Et comme si ce n’était pas déjà suffisant à
tes yeux, Seigneur Eternel, voilà que tu fais encore à ton
serviteur des promesses pour l’avenir lointain de sa dynastie. Seigneur Eternel, cela sied-il à un humain ? 20 Que
pourrais-je te dire de plus ? Seigneur Eternel, tu connais

c 7.11 Un même terme hébreu est traduit par *temple* (v. 5, 6, 7) et par *dynastie*.
d 7.14 Repris en Hé 1.5.
e 7.14 Autre traduction : *je le corrigerai par des coups et des châtiments comme un homme corrige son fils.* Allusion aux v. 14-15 en Ps 89.31-35.
f 7.16 Certains manuscrits hébreux et l’ancienne version grecque ont : *ta royauté devant moi.*

word and according to your will, you have done this
great thing and made it known to your servant.
22 "How great you are, Sovereign LORD! There is no
one like you, and there is no God but you, as we have
heard with our own ears. 23 And who is like your
people Israel – the one nation on earth that God
went out to redeem as a people for himself, and to
make a name for himself, and to perform great and
awesome wonders by driving out nations and their
gods from before your people, whom you redeemed
from Egypt?[r] 24 You have established your people
Israel as your very own forever, and you, LORD, have
become their God.
25 "And now, LORD God, keep forever the promise
you have made concerning your servant and his
house. Do as you promised, 26 so that your name
will be great forever. Then people will say, 'The LORD
Almighty is God over Israel!' And the house of your
servant David will be established in your sight.
27 "LORD Almighty, God of Israel, you have revealed
this to your servant, saying, 'I will build a house for
you.' So your servant has found courage to pray this
prayer to you. 28 Sovereign LORD, you are God! Your
covenant is trustworthy, and you have promised
these good things to your servant. 29 Now be pleased
to bless the house of your servant, that it may continue forever in your sight; for you, Sovereign LORD,
have spoken, and with your blessing the house of
your servant will be blessed forever."

David's Victories

8 1 In the course of time, David defeated the
Philistines and subdued them, and he took
Metheg Ammah from the control of the Philistines.
2 David also defeated the Moabites. He made them
lie down on the ground and measured them off with
a length of cord. Every two lengths of them were put
to death, and the third length was allowed to live. So
the Moabites became subject to David and brought
him tribute.
3 Moreover, David defeated Hadadezer son of Rehob,
king of Zobah, when he went to restore his monument
at[s] the Euphrates River. 4 David captured a thousand of
his chariots, seven thousand charioteers[t] and twenty
thousand foot soldiers. He hamstrung all but a hundred of the chariot horses.

toi-même ton serviteur ! 21 C'est parce que tu l'as prom
et que tu en as décidé ainsi que tu as accompli ces grande
choses, et qu'en plus tu les as révélées à ton serviteur.
22 Que tu es grand, Eternel Dieu ! Il n'y a personne com
me toi, il n'existe pas d'autre Dieu que toi, c'est vraimer
comme tout ce que nous avons entendu dire. 23 Y a-t-
un seul autre peuple sur terre qui soit comme Israël, to
peuple, que des dieux soient allés libérer pour en faire leu
peuple et le rendre célèbre en accomplissant pour eux e
en faveur de ton pays des choses grandes et redoutables
N'as-tu pas chassé d'autres peuples avec leurs dieux devar
ton peuple que tu as libéré pour toi de l'Egypte[g] ? 24 Tu a
établi ton peuple Israël comme ton peuple pour toujours
et toi, Eternel, tu es devenu son Dieu.
25 Maintenant donc, Eternel Dieu, veuille toujours teni
la promesse que tu as faite à ton serviteur et à sa dynastie
Oui, veuille l'accomplir ! 26 Ainsi tu seras éternellemer
exalté et l'on proclamera que l'Eternel, le Seigneur de
armées célestes, est le Dieu d'Israël ! Et que la dynastie d
ton serviteur David demeure stable devant toi ! 27 En effe
ô Eternel, Seigneur des armées célestes, Dieu d'Israël, tu a
révélé à ton serviteur que tu lui bâtirais une dynastie. C'es
pourquoi ton serviteur a trouvé le courage de t'adresse
cette prière.
28 Maintenant, Seigneur Eternel, c'est toi qui es Dieu
tes paroles sont vraies, et tu as promis ce bonheur à to
serviteur. 29 Veuille donc à présent bénir ma dynasti
pour qu'elle subsiste à jamais devant toi. Car c'est to
Seigneur Eternel, qui as fait la promesse et c'est grâc
à ta bénédiction que la dynastie de ton serviteur ser
bénie à jamais !

David soumet les peuples voisins

(1 Ch 18.1-13)

8 1 Par la suite, David vainquit les Philistins et les hu
milia ; il leur arracha leur capitale. 2 Il battit auss
les Moabites[h]. Il fit coucher les prisonniers par terre et le
mesura au cordeau. Il fit mettre à mort deux longueurs d
cordeau d'hommes sur trois et accorda la vie sauve au
autres. Ainsi, les Moabites furent assujettis à David et lu
payèrent un tribut. 3 Puis David battit Hadadézer, fils d
Rehob et roi de Tsoba[i], pendant qu'il était en campagn
pour rétablir sa domination sur le Haut-Euphrate. 4 Davi
lui captura un « millier »[j] de chars, sept « milliers »[k] d
soldats sur char et vingt « milliers » de fantassins. Il con
serva une centaine de chevaux d'attelage et fit couper le
jarrets à tous les autres.

[r] 7:23 See Septuagint and 1 Chron. 17:21; Hebrew *wonders for your land and before your people, whom you redeemed from Egypt, from the nations and their gods.*
[s] 8:3 Or *his control along*
[t] 8:4 Septuagint (see also Dead Sea Scrolls and 1 Chron. 18:4); Masoretic Text *captured seventeen hundred of his charioteers*

[g] 7.23 *des choses grandes et redoutables ? N'as-tu pas chassé ... de l'Egypte ?* Voir 1 Ch 17.21. Hébreu obscur. Autre traduction : *des choses grandes et terribles devant ton peuple que tu as libéré pour toi de l'Egypte, de cette nation et de ses dieux.*
[h] 8.2 Descendants de Loth (Gn 19.37) qui occupaient le territoire à l'est de la mer Morte. Saül les avait déjà combattus (1 S 14.47). David y avait placé ses parents (1 S 22.3-4) pendant son exil, étant lui-même descendant d'une Moabite (voir Rt 1.22 ; 4.22).
[i] 8.3 Royaume syrien situé au nord de Damas entre le Liban et l'Anti-Liban, sur la frontière nord d'Israël. Saül l'avait déjà combattu (1 S 14.47).
[j] 8.4 Voir note 2 S 6.1.
[k] 8.4 D'après le manuscrit hébreu de Qumrân et 1 Ch 18.4; le texte hébre traditionnel a : *mille sept cents.*

5 When the Arameans of Damascus came to help
Iadadezer king of Zobah, David struck down twen-
y-two thousand of them. 6 He put garrisons in the
Aramean kingdom of Damascus, and the Arameans
ecame subject to him and brought tribute. The LORD
gave David victory wherever he went.
7 David took the gold shields that belonged to the
fficers of Hadadezer and brought them to Jerusalem.
From Tebah[u] and Berothai, towns that belonged to
Iadadezer, King David took a great quantity of bronze.

9 When Tou[v] king of Hamath heard that David had
lefeated the entire army of Hadadezer, 10 he sent his
on Joram[w] to King David to greet him and congratu-
ate him on his victory in battle over Hadadezer, who
ad been at war with Tou. Joram brought with him
rticles of silver, of gold and of bronze.
11 King David dedicated these articles to the LORD,
s he had done with the silver and gold from all the
ations he had subdued: 12 Edom[x] and Moab, the
mmonites and the Philistines, and Amalek. He also
ledicated the plunder taken from Hadadezer son of
Rehob, king of Zobah.
13 And David became famous after he returned from
triking down eighteen thousand Edomites[y] in the
Valley of Salt.
14 He put garrisons throughout Edom, and all the
Edomites became subject to David. The LORD gave David
ictory wherever he went.

David's Officials

15 David reigned over all Israel, doing what was just
nd right for all his people. 16 Joab son of Zeruiah
vas over the army; Jehoshaphat son of Ahilud was
ecorder; 17 Zadok son of Ahitub and Ahimelek son
f Abiathar were priests; Seraiah was secretary;
8 Benaiah son of Jehoiada was over the Kerethites
nd Pelethites; and David's sons were priests.[z]

8:8 See some Septuagint manuscripts (see also 1 Chron. 18:8);
ebrew *Betah.*
8:9 Hebrew *Toi,* a variant of *Tou;* also in verse 10
8:10 A variant of *Hadoram*
8:12 Some Hebrew manuscripts, Septuagint and Syriac (see also 1
hron. 18:11); most Hebrew manuscripts *Aram*
8:13 A few Hebrew manuscripts, Septuagint and Syriac (see also 1
hron. 18:12); most Hebrew manuscripts *Aram* (that is, Arameans)
8:18 Or *were chief officials* (see Septuagint and Targum; see also 1
hron. 18:17)

5 Les Syriens de Damas envoyèrent du secours à
Hadadézer, roi de Tsoba, mais David battit également
les Syriens au nombre de vingt-deux mille hommes.
6 Puis il installa des garnisons[l] sur le territoire syrien de Damas, et les Syriens lui furent assujettis et
durent lui payer un tribut. Ainsi l'Eternel accorda la
victoire à David dans toutes ses campagnes militaires.
7 David s'empara des boucliers d'or que portaient les
soldats de Hadadézer et il les fit porter à Jérusalem.
8 A Bétah[m] et à Bérotaï, villes du roi Hadadézer, il
enleva une énorme quantité de bronze.
9 Lorsque Toï, le roi de Hamath[n], apprit que David avait
défait toute l'armée de Hadadézer, 10 il lui envoya son fils
Yoram pour lui transmettre ses salutations et ses félicitations d'avoir attaqué et vaincu Hadadézer avec lequel Toï
avait été continuellement en guerre. Yoram apporta avec
lui toutes sortes d'objets d'argent, d'or et de bronze. 11 Le
roi David les consacra à l'Eternel, comme il avait consacré
l'argent et l'or des peuples qu'il avait vaincus, 12 c'est-à-
dire des Edomites[o], des Moabites, des Ammonites, des
Philistins et des Amalécites, ainsi que tout le butin enlevé
à Hadadézer, fils de Rehob et roi de Tsoba.

13 David devint encore plus célèbre après son retour
d'une campagne où il avait battu dix-huit mille Edomites[p]
dans la vallée du Sel[q]. 14 Après cela, il établit des garnisons[r]
en Edom, dans tout le pays, et tous les Edomites lui furent
assujettis. L'Eternel donnait la victoire à David dans toutes
ses campagnes militaires.

Les hauts fonctionnaires de David

(1 Ch 18.14-17)

15 David régna sur tout Israël ; il administrait le droit
et rendait la justice pour tout son peuple. 16 Joab, fils de
Tserouya[s], était à la tête de l'armée ; Josaphat, fils d'Ahiloud, était archiviste ; 17 Tsadoq, fils d'Ahitoub[t], et Abiatar,
fils d'Ahimélek[u], étaient prêtres ; Seraya était secrétaire.
18 Benaya, fils de Yehoyada, commandait les Kérétiens et
les Pélétiens[v], tandis que les fils de David étaient ses administrateurs[w].

[l] **8.6** Autre traduction : *préfets.*
[m] **8.8** Certains manuscrits de l'ancienne version grecque et 1 Ch 18.8 ont : *Tébah.*
[n] **8.9** Grande ville sur l'Oronte (Es 10.9 ; Za 9.2), appelée Epiphania par les Grecs.
[o] **8.12** D'après certains manuscrits hébreux, l'ancienne version grecque, la version syriaque et 1 Ch 18.11. La plupart des manuscrits hébreux ont : *Syriens.*
[p] **8.13** D'après certains manuscrits hébreux, l'ancienne version grecque, la version syriaque et 1 Ch 18.12. La plupart des manuscrits hébreux ont : *Syriens.*
[q] **8.13** Au sud de la mer Morte, vers le golfe d'Aqaba.
[r] **8.14** Autre traduction : *préfets.*
[s] **8.16** Neveu de David (voir 2.13 et note).
[t] **8.17** Descendant d'Eléazar, fils d'Aaron (voir 1 Ch 6.35-38 ; 24.1-3). Tsadoq restera fidèle à David durant tout son règne (15.24-29 ; 17.15-16 ; 19.12) et donnera l'onction à Salomon comme successeur du roi (1 R 1.8, 45 ; 2.35 ; 4.4).
[u] **8.17** Selon la version syriaque (voir 1 S 22.20 ; 23.6 ; 30.7), le texte hébreu traditionnel a : *Ahimélek, fils d'Abiatar.*
[v] **8.18** Les *Kérétiens* et les *Pélétiens* étaient des mercenaires étrangers, les premiers originaires de Crète, les seconds probablement de Philistie. Ils sont souvent mentionnés comme gardes royaux (15.18 ; 20.7 ; 1 R 1.38, 44 ; voir 1 S 30.14).
[w] **8.18** Le texte hébreu traditionnel a : *prêtres.* Les deux mots se ressemblent en hébreu. Les fils de David, n'étant pas des descendants d'Aaron, ne pouvaient être prêtres.

David and Mephibosheth

9 1 David asked, "Is there anyone still left of the
house of Saul to whom I can show kindness for
Jonathan's sake?"
2 Now there was a servant of Saul's household named
Ziba. They summoned him to appear before David, and
the king said to him, "Are you Ziba?"
"At your service," he replied.
3 The king asked, "Is there no one still alive from the
house of Saul to whom I can show God's kindness?"
Ziba answered the king, "There is still a son of
Jonathan; he is lame in both feet."
4 "Where is he?" the king asked.
Ziba answered, "He is at the house of Makir son of
Ammiel in Lo Debar."
5 So King David had him brought from Lo Debar,
from the house of Makir son of Ammiel.
6 When Mephibosheth son of Jonathan, the son of
Saul, came to David, he bowed down to pay him honor.
David said, "Mephibosheth!"
"At your service," he replied.
7 "Don't be afraid," David said to him, "for I will
surely show you kindness for the sake of your father
Jonathan. I will restore to you all the land that belonged to your grandfather Saul, and you will always
eat at my table."
8 Mephibosheth bowed down and said, "What is your
servant, that you should notice a dead dog like me?"
9 Then the king summoned Ziba, Saul's steward, and
said to him, "I have given your master's grandson everything that belonged to Saul and his family. 10 You
and your sons and your servants are to farm the land
for him and bring in the crops, so that your master's
grandson may be provided for. And Mephibosheth,
grandson of your master, will always eat at my table."
(Now Ziba had fifteen sons and twenty servants.)
11 Then Ziba said to the king, "Your servant will do
whatever my lord the king commands his servant to
do." So Mephibosheth ate at David's[a] table like one
of the king's sons.
12 Mephibosheth had a young son named Mika,
and all the members of Ziba's household were servants of Mephibosheth. 13 And Mephibosheth lived in
Jerusalem, because he always ate at the king's table;
he was lame in both feet.

David Defeats the Ammonites

10 1 In the course of time, the king of the
Ammonites died, and his son Hanun succeed-
ed him as king. 2 David thought, "I will show kindness
to Hanun son of Nahash, just as his father showed
kindness to me." So David sent a delegation to express
his sympathy to Hanun concerning his father.
When David's men came to the land of the
Ammonites, 3 the Ammonite commanders said to

a 9:11 Septuagint; Hebrew *my*

David témoigne sa faveur au fils de Jonathan

9 1 David demanda : Reste-t-il encore un survivant de l
famille de Saül ? J'aimerais lui témoigner ma faveu
par amitié pour Jonathan.
2 Or, il y avait un ancien serviteur de la maison de Saü
nommé Tsiba. On le fit venir auprès de David. Le roi lu
demanda : Es-tu bien Tsiba ?
Il répondit : C'est moi, ton serviteur !
3 Puis le roi lui posa la question : Reste-t-il encor
quelqu'un de la famille de Saül ? Je voudrais lui témoigne
ma faveur comme je l'ai promis devant Dieu.
Tsiba lui répondit : Il existe encore un fils de Jonatha
qui a les deux jambes estropiées.
4 – Où vit-il ? lui demanda le roi.
Tsiba répondit : Dans la maison de Makir, un fils d'Am
miel à Lo-Debar[x].
5 Le roi David l'envoya donc chercher à Lo-Debar dan
la maison de Makir.
6 Lorsque Mephibosheth, fils de Jonathan et petit-fils d
Saül, fut arrivé chez David, il s'inclina face contre terre e
se prosterna devant lui. David l'appela : Mephibosheth !
– C'est bien moi, pour te servir.
7 Et David lui dit : N'aie aucune crainte ; car je t'assur
que je veux te traiter avec faveur par amitié pour ton pèr
Jonathan. De plus, je te rendrai toutes les terres qui ap
partenaient à ton grand-père Saül. Quant à toi, tu prendra
tous tes repas à ma table.
8 Mephibosheth se prosterna de nouveau et dit : Qu'es
donc ton serviteur pour que tu t'intéresses à lui ? Je n
vaux pas plus qu'un chien mort.
9 Le roi appela Tsiba, le domestique de Saül, et lui dit
Tout ce qui appartenait à Saül et à toute sa famille, je l
donne au petit-fils de ton maître. 10 Toi, tes fils et tes servi
teurs, vous cultiverez ses terres pour lui et tu apportera
ce que vous récolterez pour assurer l'entretien du fils d
ton maître. Quant à Mephibosheth, le fils de ton maître
c'est à ma table qu'il prendra tous les jours ses repas.
Or Tsiba avait quinze fils et vingt serviteurs. 11 Il dit a
roi : Ton serviteur fera tout ce que le roi mon seigneu
lui a ordonné.
Ainsi Mephibosheth mangea à la table royale comme s'i
était l'un des fils du roi. 12 Mephibosheth avait un jeun
fils nommé Mika. Tous ceux qui demeuraient chez Tsib
étaient à son service. 13 Comme il était estropié des deu
pieds, il résidait à Jérusalem pour pouvoir aller tous le
jours manger à la table du roi.

Le conflit avec les Ammonites et les Syriens

(1 Ch 19.1-19)

10 1 Quelque temps après, le roi des Ammonites
mourut, et Hanoun son fils régna à sa place
2 David se dit : « Je veux témoigner de la bonté à Hanour
fils de Nahash, comme son père m'en a témoigné. » Davi
lui envoya donc certains de ses hauts fonctionnaire
pour lui présenter ses condoléances à l'occasion de l
mort de son père. Lorsque ceux-ci arrivèrent au pays de
Ammonites, 3 les dirigeants de ce peuple dirent à Hanour
leur souverain : Crois-tu que ce soit pour honorer l

x 9.4 Un riche bienfaiteur de Mephibosheth qui viendra rejoindre David (17.27). *Lo-Debar* est situé dans le territoire de Galaad, à l'est du Jourdain (Jos 13.25-26).

y 10.1 Peuple établi dans le désert à l'est du Jourdain (voir note 1 S 11.1).

Ianun their lord, "Do you think David is honoring 'our father by sending envoys to you to express sym›athy? Hasn't David sent them to you only to explore he city and spy it out and overthrow it?" 4 So Hanun eized David's envoys, shaved off half of each man's ›eard, cut off their garments at the buttocks, and sent hem away.

5 When David was told about this, he sent mes›engers to meet the men, for they were greatly ıumiliated. The king said, "Stay at Jericho till your ›eards have grown, and then come back."

6 When the Ammonites realized that they had be:ome obnoxious to David, they hired twenty thousand Aramean foot soldiers from Beth Rehob and Zobah, :s well as the king of Maakah with a thousand men, ınd also twelve thousand men from Tob.

7 On hearing this, David sent Joab out with the entire ırmy of fighting men. 8 The Ammonites came out and lrew up in battle formation at the entrance of their :ity gate, while the Arameans of Zobah and Rehob ınd the men of Tob and Maakah were by themselves n the open country.

9 Joab saw that there were battle lines in front ›f him and behind him; so he selected some of the ›est troops in Israel and deployed them against the ›rameans. 10 He put the rest of the men under the :ommand of Abishai his brother and deployed them ıgainst the Ammonites. 11 Joab said, "If the Arameans ıre too strong for me, then you are to come to my escue; but if the Ammonites are too strong for you, hen I will come to rescue you. 12 Be strong, and let us ight bravely for our people and the cities of our God. 'he LORD will do what is good in his sight."

13 Then Joab and the troops with him advanced to ight the Arameans, and they fled before him. 14 When he Ammonites realized that the Arameans were fleeıng, they fled before Abishai and went inside the city. ;o Joab returned from fighting the Ammonites and 'ame to Jerusalem.

15 After the Arameans saw that they had been 'outed by Israel, they regrouped. 16 Hadadezer had Arameans brought from beyond the Euphrates River; hey went to Helam, with Shobak the commander of Iadadezer's army leading them.

17 When David was told of this, he gathered all Israel, rossed the Jordan and went to Helam. The Arameans ormed their battle lines to meet David and fought ıgainst him. 18 But they fled before Israel, and David illed seven hundred of their charioteers and fory thousand of their foot soldiers.[b] He also struck lown Shobak the commander of their army, and he lied there. 19 When all the kings who were vassals of Iadadezer saw that they had been routed by Israel, hey made peace with the Israelites and became subect to them.

So the Arameans were afraid to help the Ammonites ınymore.

[b] 10:18 Some Septuagint manuscripts (see also 1 Chron. 19:18); Iebrew *horsemen*

mémoire de ton père que David t'envoie des gens t'adresser des condoléances ? N'est-ce pas plutôt pour reconnaître et espionner la ville[z] afin de la détruire ?

4 Alors Hanoun s'empara des ambassadeurs de David, leur fit raser la moitié de la barbe et leur fit couper les habits à mi-corps jusqu'en bas du dos, puis il les renvoya. 5 Ceux-ci en furent si honteux que, lorsqu'on informa David de ce qui s'était passé, il envoya des messagers à leur rencontre pour leur faire dire : Restez à Jéricho jusqu'à ce que votre barbe ait repoussé ; vous reviendrez ensuite.

6 Les Ammonites comprirent qu'ils s'étaient rendus odieux à David. Alors ils envoyèrent des hommes pour enrôler à leur solde vingt « milliers »[a] de mercenaires chez les Syriens de Beth-Rehob et de Tsoba[b], un « millier » d'hommes chez le roi de Maaka, et douze « milliers » chez celui de Tob. 7 Quand David l'apprit, il envoya contre eux Joab avec toute l'armée des soldats de métier.

8 Les Ammonites firent une sortie et se rangèrent en ordre de bataille à la porte de leur capitale, tandis que les Syriens de Tsoba et de Rehob avec les soldats de Tob et de Maaka restaient à part en rase campagne. 9 Voyant qu'il aurait à faire face sur deux fronts à la fois, devant et derrière lui, Joab sélectionna ses meilleurs soldats et les fit ranger en ordre de bataille face aux Syriens ; 10 il confia le commandement du reste de l'armée à son frère Abishaï qui le rangea en ordre de bataille pour affronter les Ammonites. 11 Joab dit à son frère : Si tu vois que les Syriens l'emportent sur moi, tu viendras à ma rescousse ; si les Ammonites sont plus forts que toi, c'est moi qui viendrai à ton secours. 12 Bon courage, et luttons vaillamment pour défendre notre peuple et les villes de notre Dieu ! Et que l'Eternel fasse ce qu'il jugera bon !

13 Alors Joab et sa troupe s'avancèrent pour le combat contre les Syriens. Ceux-ci prirent la fuite devant eux. 14 Quand les Ammonites virent que les Syriens avaient pris la fuite, ils s'enfuirent à leur tour devant Abishaï et se retirèrent dans la ville. Alors Joab mit fin à la campagne contre les Ammonites et rentra à Jérusalem.

15 Les Syriens, voyant qu'ils avaient été mis en fuite par les Israélites, rassemblèrent toutes leurs troupes. 16 Le roi Hadadézer envoya des messagers pour mobiliser les Syriens établis de l'autre côté de l'Euphrate. Ils arrivèrent à Hélam avec, à leur tête, Shobak, le chef de l'armée de Hadadézer. 17 Quand David en fut informé, il mobilisa tout Israël, traversa le Jourdain et marcha sur Hélam[c]. Les Syriens se rangèrent en ordre de bataille pour affronter David et engagèrent le combat, 18 mais ils furent mis en fuite par les Israélites. David leur tua sept cents chevaux attelés aux chars et quarante mille soldats sur char[d]. Il frappa aussi Shobak, leur général en chef, qui mourut sur le champ de bataille. 19 Quand tous les rois vassaux de Hadadézer virent qu'ils avaient été battus par Israël, ils firent la paix avec les Israélites et leur furent assujettis. Après cela, les Syriens n'osèrent plus venir au secours des Ammonites.

[z] **10.3** C'est-à-dire Rabba, la capitale des Ammonites (11.1).

[a] **10.6** Voir note 2 S 6.1.

[b] **10.6** Voir note 8.3.

[c] **10.17** Ville proche de la frontière nord de Galaad.

[d] **10.18** Certains manuscrits de l'ancienne version grecque ont : *les soldats de sept cents chars et quarante mille fantassins.* 1 Ch 19.18 dit : *les soldats de sept mille chars et quarante mille fantassins.*

David and Bathsheba

11 [1]In the spring, at the time when kings go off to war, David sent Joab out with the king's men and the whole Israelite army. They destroyed the Ammonites and besieged Rabbah. But David remained in Jerusalem.

[2]One evening David got up from his bed and walked around on the roof of the palace. From the roof he saw a woman bathing. The woman was very beautiful, [3]and David sent someone to find out about her. The man said, "She is Bathsheba, the daughter of Eliam and the wife of Uriah the Hittite." [4]Then David sent messengers to get her. She came to him, and he slept with her. (Now she was purifying herself from her monthly uncleanness.) Then she went back home. [5]The woman conceived and sent word to David, saying, "I am pregnant."

[6]So David sent this word to Joab: "Send me Uriah the Hittite." And Joab sent him to David. [7]When Uriah came to him, David asked him how Joab was, how the soldiers were and how the war was going. [8]Then David said to Uriah, "Go down to your house and wash your feet." So Uriah left the palace, and a gift from the king was sent after him. [9]But Uriah slept at the entrance to the palace with all his master's servants and did not go down to his house.

[10]David was told, "Uriah did not go home." So he asked Uriah, "Haven't you just come from a military campaign? Why didn't you go home?"

[11]Uriah said to David, "The ark and Israel and Judah are staying in tents,[c] and my commander Joab and my lord's men are camped in the open country. How could I go to my house to eat and drink and make love to my wife? As surely as you live, I will not do such a thing!"

[12]Then David said to him, "Stay here one more day, and tomorrow I will send you back." So Uriah remained in Jerusalem that day and the next. [13]At David's invitation, he ate and drank with him, and David made him drunk. But in the evening Uriah went out to sleep on his mat among his master's servants; he did not go home.

[14]In the morning David wrote a letter to Joab and sent it with Uriah. [15]In it he wrote, "Put Uriah out in front where the fighting is fiercest. Then withdraw from him so he will be struck down and die."

[16]So while Joab had the city under siege, he put Uriah at a place where he knew the strongest defenders were. [17]When the men of the city came out and fought against Joab, some of the men in David's army fell; moreover, Uriah the Hittite died.

[18]Joab sent David a full account of the battle. [19]He instructed the messenger: "When you have finished giving the king this account of the battle, [20]the king's anger may flare up, and he may ask you, 'Why did you get so close to the city to fight? Didn't you know they would shoot arrows from the wall? [21]Who killed

[c] **11:11** Or *staying at Sukkoth*

La double faute de David

11 [1]Au printemps suivant, à l'époque où les rois on coutume de partir en guerre, David envoya Joab e ses officiers en campagne à la tête de toute l'armée d'Israë Ils ravagèrent le pays des Ammonites et mirent le siège devant Rabba, leur capitale. David était resté à Jérusalem [2]Or, vers le soir, après avoir fait la sieste, David se leva e alla se promener sur le toit en terrasse de son palais. De là il aperçut une femme qui se baignait ; cette femme étai très belle. [3]David fit demander qui elle était, et on lui dit C'est Bath-Shéba, la fille d'Eliam, l'épouse d'Urie le Hittite [4]David envoya des messagers la chercher. Elle se rendi chez lui, et il s'unit à elle. Elle venait de se purifier d ses règles. Puis elle retourna dans sa maison. [5]Mais voic qu'elle se trouva enceinte et envoya dire à David : J'attend un enfant.

[6]Alors David fit parvenir à Joab l'ordre de lui envoye Urie le Hittite. Joab donna ordre à celui-ci de rejoindr le roi. [7]Urie se présenta à David qui lui demanda de nouvelles de Joab, de l'armée et du déroulement des opéra tions. [8]Puis David lui dit : Maintenant, rentre chez toi e repose-toi !

Dès qu'il fut sorti du palais, le roi lui fit porter u présent. [9]Mais Urie ne rentra pas dans sa maison : il s coucha à l'entrée du palais royal en compagnie des garde de son seigneur. [10]On vint dire à David qu'Urie n'était pa rentré chez lui. Le roi le fit appeler et lui demanda : Voyons tu reviens après une longue absence, pourquoi n'es-tu pa rentré chez toi ?

[11]Urie lui répondit : Le coffre sacré, Israël et Juda logen sous des tentes, mon général Joab et ses officiers couchen en rase campagne, et moi, j'irais dans ma maison pou manger, pour boire et pour coucher avec ma femme ! Auss vrai que tu es vivant, je te jure que je ne ferai jamais pa reille chose.

[12]David lui dit : Reste encore ici aujourd'hui, demain j te laisserai repartir.

Urie resta donc à Jérusalem ce jour-là et le lendemain [13]David l'invita à manger chez lui. Il le fit boire jusqu' l'enivrer. Mais le soir, Urie alla quand même se couche avec les gardes de son seigneur et ne rentra pas chez lui

[14]Le lendemain matin, David écrivit une lettre à Joa et chargea Urie de la lui remettre. [15]Dans cette lettre i écrivait : Place Urie en première ligne, là où le combat es le plus rude, puis retirez-vous en arrière pour qu'il soi touché et qu'il meure !

[16]Comme Joab faisait le siège de la ville, il plaça Urie l'endroit qu'il savait gardé par des soldats ennemis trè valeureux. [17]Les assiégés de la ville firent une sortie pou attaquer Joab. Ils tuèrent plusieurs soldats et officiers d l'armée de David ; Urie le Hittite était parmi les victime [18]Joab envoya à David un rapport de toutes les circon stances de la bataille. [19]Puis il dit au messager chargé d rapport : Quand tu auras fini de raconter au roi tout c qui s'est passé durant la bataille, [20]il est possible qu' se mette en colère et te demande : « Pourquoi vous êtes vous tellement approchés de la ville lors de ce combat Ne saviez-vous pas qu'on tirerait des flèches du haut de remparts ? [21]Vous rappelez-vous qui a tué Abimélek, fil

ıbimelek son of Jerub-Besheth[d]? Didn't a woman drop
ın upper millstone on him from the wall, so that he
lied in Thebez? Why did you get so close to the wall?'
f he asks you this, then say to him, 'Moreover, your
ervant Uriah the Hittite is dead.'"
22 The messenger set out, and when he arrived he
old David everything Joab had sent him to say. 23 The
nessenger said to David, "The men overpowered us
ınd came out against us in the open, but we drove
hem back to the entrance of the city gate. 24 Then
he archers shot arrows at your servants from the
vall, and some of the king's men died. Moreover, your
ervant Uriah the Hittite is dead."
25 David told the messenger, "Say this to Joab: 'Don't
et this upset you; the sword devours one as well as
nother. Press the attack against the city and destroy
t.' Say this to encourage Joab."
26 When Uriah's wife heard that her husband was
lead, she mourned for him. 27 After the time of
nourning was over, David had her brought to his
ıouse, and she became his wife and bore him a son.
ut the thing David had done displeased the LORD.

Nathan Rebukes David

12 1 The LORD sent Nathan to David. When he
came to him, he said, "There were two men
n a certain town, one rich and the other poor. 2 The
ich man had a very large number of sheep and cat-
le, 3 but the poor man had nothing except one little
we lamb he had bought. He raised it, and it grew up
vith him and his children. It shared his food, drank
rom his cup and even slept in his arms. It was like a
laughter to him.
4 "Now a traveler came to the rich man, but the rich
nan refrained from taking one of his own sheep or
attle to prepare a meal for the traveler who had come
o him. Instead, he took the ewe lamb that belonged
o the poor man and prepared it for the one who had
ome to him."
5 David burned with anger against the man and said
o Nathan, "As surely as the LORD lives, the man who
lid this must die! 6 He must pay for that lamb four
imes over, because he did such a thing and had no
ity."
7 Then Nathan said to David, "You are the man! This
s what the LORD, the God of Israel, says: 'I anointed you
ing over Israel, and I delivered you from the hand
f Saul. 8 I gave your master's house to you, and your
naster's wives into your arms. I gave you all Israel and
udah. And if all this had been too little, I would have
iven you even more. 9 Why did you despise the word
f the LORD by doing what is evil in his eyes? You struck
own Uriah the Hittite with the sword and took his
vife to be your own. You killed him with the sword of
he Ammonites. 10 Now, therefore, the sword will never
epart from your house, because you despised me and
ook the wife of Uriah the Hittite to be your own.'
11 "This is what the LORD says: 'Out of your own
ousehold I am going to bring calamity on you. Before
our very eyes I will take your wives and give them to
ne who is close to you, and he will sleep with your

11:21 Also known as *Jerub-Baal* (that is, Gideon)

de Yeroubbésheth à Tébets ? N'est-ce pas une femme qui
a lancé sur lui un morceau de meule du haut du rempart,
de sorte qu'il en est mort ? Alors pourquoi vous êtes-vous
tant approchés du rempart ? » Alors tu répondras : « Ton
serviteur Urie le Hittite est aussi parmi les victimes. »
22 Le messager partit et alla rapporter à David tout ce
que Joab l'avait chargé de lui dire. 23 Il dit à David : Les
défenseurs de la ville ont d'abord eu l'avantage sur nous :
ils ont fait une sortie jusque dans la campagne, mais nous
les avons repoussés jusqu'à l'entrée de la porte. 24 A ce moment-là, les archers ont tiré sur tes serviteurs du haut du
rempart et plusieurs des soldats du roi sont morts ; parmi
eux se trouvait ton serviteur Urie le Hittite.
25 David dit au messager : Tu diras à Joab : « Ne prends
pas cet incident au tragique. A la guerre, il y a toujours des
morts tantôt ici, tantôt là. Poursuis ton attaque contre la
ville et détruis-la ! » Encourage-le ainsi !
26 Lorsque la femme d'Urie apprit que son mari était
mort, elle prit le deuil pour lui. 27 Quand les jours de deuil
furent passés, David l'envoya chercher et l'installa dans
sa maison, elle devint sa femme et lui donna un fils. Mais
ce que David avait fait déplut à l'Eternel.

Les reproches du prophète Nathan

12 1 L'Eternel envoya Nathan chez David. Le prophète
alla donc le trouver et lui dit : Dans une ville vivaient deux hommes, l'un riche et l'autre pauvre. 2 Le riche
possédait beaucoup de moutons et de bœufs. 3 Le pauvre
n'avait qu'une petite brebis qu'il avait achetée et qu'il élevait ; elle grandissait chez lui auprès de ses enfants, elle
mangeait de son pain, buvait à son bol et couchait dans
ses bras ; elle était pour lui comme une fille. 4 Un jour, un
voyageur arriva chez l'homme riche, mais celui-ci ne voulut pas prendre une bête de ses troupeaux de moutons ou
de bœufs pour préparer un repas au voyageur de passage.
Alors il alla prendre la brebis du pauvre et la fit apprêter
pour son hôte.
5 David entra dans une violente colère contre cet homme.
Il dit à Nathan : Aussi vrai que l'Eternel est vivant, l'homme qui a fait cela mérite la mort ! 6 Il restituera quatre fois
la valeur de la brebis pour avoir commis un tel acte et pour
avoir agi sans pitié.
7 Alors Nathan dit à David : Cet homme-là, c'est toi ! Voici
ce que déclare l'Eternel, le Dieu d'Israël : « Je t'ai conféré
l'onction pour t'établir roi d'Israël et je t'ai délivré de Saül.
8 Je t'ai livré la maison de ton seigneur Saül, j'ai mis les
femmes de ton seigneur dans tes bras et je t'ai établi chef
sur Israël et sur Juda ; et si cela était trop peu, j'étais prêt
à y ajouter encore d'autres dons. 9 Alors pourquoi as-tu
méprisé ma parole en faisant ce que je considère comme
mal ? Tu as assassiné par l'épée Urie le Hittite. Tu as pris
sa femme pour en faire la tienne, et lui-même tu l'as fait
mourir par l'épée des Ammonites. 10 Maintenant, la violence ne quittera plus jamais ta famille parce que tu m'as
méprisé et que tu as pris la femme d'Urie le Hittite pour
en faire ta femme. » 11 Voici ce que déclare l'Eternel : « Je
vais faire venir le malheur contre toi, du sein même de
ta famille, je prendrai sous tes yeux tes propres femmes
pour les donner à un autre, qui s'unira à elles au grand

wives in broad daylight. 12 You did it in secret, but I will do this thing in broad daylight before all Israel.' "

13 Then David said to Nathan, "I have sinned against the LORD."

Nathan replied, "The LORD has taken away your sin. You are not going to die. 14 But because by doing this you have shown utter contempt for[e] the LORD, the son born to you will die."

15 After Nathan had gone home, the LORD struck the child that Uriah's wife had borne to David, and he became ill. 16 David pleaded with God for the child. He fasted and spent the nights lying in sackcloth[f] on the ground. 17 The elders of his household stood beside him to get him up from the ground, but he refused, and he would not eat any food with them.

18 On the seventh day the child died. David's attendants were afraid to tell him that the child was dead, for they thought, "While the child was still living, he wouldn't listen to us when we spoke to him. How can we now tell him the child is dead? He may do something desperate."

19 David noticed that his attendants were whispering among themselves, and he realized the child was dead. "Is the child dead?" he asked.

"Yes," they replied, "he is dead."

20 Then David got up from the ground. After he had washed, put on lotions and changed his clothes, he went into the house of the LORD and worshiped. Then he went to his own house, and at his request they served him food, and he ate.

21 His attendants asked him, "Why are you acting this way? While the child was alive, you fasted and wept, but now that the child is dead, you get up and eat!"

22 He answered, "While the child was still alive, I fasted and wept. I thought, 'Who knows? The LORD may be gracious to me and let the child live.' 23 But now that he is dead, why should I go on fasting? Can I bring him back again? I will go to him, but he will not return to me."

24 Then David comforted his wife Bathsheba, and he went to her and made love to her. She gave birth to a son, and they named him Solomon. The LORD loved him; 25 and because the LORD loved him, he sent word through Nathan the prophet to name him Jedidiah.[g]

26 Meanwhile Joab fought against Rabbah of the Ammonites and captured the royal citadel. 27 Joab then sent messengers to David, saying, "I have fought against Rabbah and taken its water supply. 28 Now muster the rest of the troops and besiege the city and capture it. Otherwise I will take the city, and it will be named after me."

[e] **12:14** An ancient Hebrew scribal tradition; Masoretic Text *for the enemies of*

[f] **12:16** Dead Sea Scrolls and Septuagint; Masoretic Text does not have *in sackcloth.*

[g] **12:25** *Jedidiah* means *loved by the LORD.*

jour. 12 Toi, tu as agi en cachette ; mais moi j'exécutera cela sous les yeux de tout Israël, au grand jour. »

13 David dit à Nathan : J'ai péché contre l'Eternel !

Nathan lui répondit : Eh bien, l'Eternel a passé sur ton péché. Tu ne mourras pas. 14 Toutefois, comme par cette affaire tu as fourni aux ennemis de l'Eternel[e] une occasion de le mépriser, le fils qui t'est né mourra.

Les conséquences de la faute de David

15 Nathan retourna chez lui. L'Eternel rendit gravement malade l'enfant que la femme d'Urie avait donné à David. 16 Le roi implora Dieu en sa faveur, il s'imposa un jeûne et passa toute la nuit prostré à terre. 17 Les hauts responsable du palais insistèrent auprès de lui pour qu'il se lève, mai il refusa et ne consentit pas à manger avec eux. 18 Au bou de sept jours, l'enfant mourut ; les serviteurs de David n'osaient pas lui annoncer la nouvelle car ils se disaient Quand l'enfant vivait encore, nous lui avons parlé, mais i n'a rien voulu entendre. Si nous lui annonçons maintenan que l'enfant est mort, il va faire un malheur !

19 Mais David s'aperçut que ses serviteurs chuchotaien entre eux, il comprit que l'enfant était mort et leur demanda : L'enfant est-il mort ?

Ils répondirent : Il est mort.

20 Alors David se releva de terre, prit un bain, se parfuma et changea de vêtements, puis il se rendit au sanctuaire de l'Eternel et se prosterna devant lui. Ensuite, il rentra chez lui, demanda qu'on lui prépare un repas et se mit à manger. 21 Ses serviteurs le questionnèrent : Que signifie ta façon d'agir ? Tant que l'enfant était vivant, tu as jeûné et pleuré et maintenant qu'il est mort, tu te relèves et tu manges !

22 David leur répondit : Tant que l'enfant vivait encore j'ai jeûné et pleuré, car je me disais : « Qui sait ? Peut-être l'Eternel aura-t-il pitié, et laissera-t-il l'enfant en vie. » 23 Maintenant qu'il est mort, pourquoi jeûnerais-je ? Est-ce que je peux le faire revenir à la vie ? C'est moi qui irai le rejoindre, mais lui ne reviendra pas vers moi.

La naissance de Salomon

24 David consola Bath-Shéba sa femme, il alla vers elle et s'unit à elle. Elle eut de nouveau un fils qu'elle appel Salomon, (le Pacifique[f]). L'Eternel l'aima 25 et envoya le prophète Nathan adresser une parole de sa part à David Aussi celui-ci appela l'enfant Yedidya (Bien-aimé de l'Eternel), à cause de l'Eternel.

David s'empare de la capitale des Ammonites

26 Entre-temps, Joab attaqua Rabba, la cité ammonite, e il s'empara de la ville royale. 27 Alors il envoya des messagers à David pour lui dire : J'ai donné l'assaut à Rabba et je me suis même emparé du quartier d'en bas où se trouve l réserve d'eau. 28 Maintenant rassemble le reste de l'armé et viens toi-même assiéger la ville et t'en emparer. Il n convient pas que ce soit moi qui la prenne et que tou l'honneur m'en revienne.

[e] **12.14** On pourrait comprendre : *tu as montré beaucoup de mépris pour l'Eternel.*

[f] **12.24** *Salomon* fait assonance avec *paix.*

29 So David mustered the entire army and went to Rabbah, and attacked and captured it. 30 David took the crown from their king's[h] head, and it was placed on his own head. It weighed a talent[i] of gold, and it was set with precious stones. David took a great quantity of plunder from the city 31 and brought out the people who were there, consigning them to labor with saws and with iron picks and axes, and he made them work at brickmaking.[j] David did this to all the Ammonite towns. Then he and his entire army returned to Jerusalem.

Amnon and Tamar

13 1 In the course of time, Amnon son of David fell in love with Tamar, the beautiful sister of Absalom son of David.

2 Amnon became so obsessed with his sister Tamar that he made himself ill. She was a virgin, and it seemed impossible for him to do anything to her.

3 Now Amnon had an adviser named Jonadab son of Shimeah, David's brother. Jonadab was a very shrewd man. 4 He asked Amnon, "Why do you, the king's son, look so haggard morning after morning? Won't you tell me?"

Amnon said to him, "I'm in love with Tamar, my brother Absalom's sister."

5 "Go to bed and pretend to be ill," Jonadab said. "When your father comes to see you, say to him, 'I would like my sister Tamar to come and give me something to eat. Let her prepare the food in my sight so I may watch her and then eat it from her hand.' "

6 So Amnon lay down and pretended to be ill. When the king came to see him, Amnon said to him, "I would like my sister Tamar to come and make some special bread in my sight, so I may eat from her hand."

7 David sent word to Tamar at the palace: "Go to the house of your brother Amnon and prepare some food for him." 8 So Tamar went to the house of her brother Amnon, who was lying down. She took some dough, kneaded it, made the bread in his sight and baked it. 9 Then she took the pan and served him the bread, but he refused to eat.

"Send everyone out of here," Amnon said. So everyone left him. 10 Then Amnon said to Tamar, "Bring the food here into my bedroom so I may eat from your hand." And Tamar took the bread she had prepared and brought it to her brother Amnon in his bedroom. 11 But when she took it to him to eat, he grabbed her and said, "Come to bed with me, my sister."

12 "No, my brother!" she said to him. "Don't force me! Such a thing should not be done in Israel! Don't do this wicked thing. 13 What about me? Where could I get rid of my disgrace? And what about you? You would

h 12:30 Or *from Milkom's* (that is, Molek's)
i 12:30 That is, about 75 pounds or about 34 kilograms
j 12:31 The meaning of the Hebrew for this clause is uncertain.

(1 Ch 20.1-3)

29 David rassembla donc tout le peuple et partit pour Rabba. Il donna l'assaut à la ville et s'en empara. 30 Il prit la couronne qui se trouvait sur la tête de leur roi[g]. Cette couronne, qui était tout en or, pesait une trentaine de kilos et était garnie d'une pierre précieuse. Elle vint orner la tête de David. Le roi emporta de la ville un immense butin. 31 Quant aux habitants, il les emmena et les affecta à diverses corvées pour manier la scie, les herses de fer et les haches de fer[h]. Il en établit aussi comme mouleurs de briques. Il agit de même avec les populations de toutes les villes des Ammonites. Après cela, David et toute son armée rentrèrent à Jérusalem.

Le viol de la princesse Tamar

13 1 Absalom, un fils de David, avait une sœur qui était très belle et qui se nommait Tamar[i]. Amnôn, un autre fils du roi David, en tomba passionnément amoureux. 2 Il se rongeait tant à propos de sa demi-sœur qu'il s'en rendait malade, car elle était vierge et il lui semblait impossible de l'approcher[j]. 3 Amnôn avait un ami nommé Yonadab, un fils de Shimea, le frère de David. C'était un homme très astucieux. 4 Il demanda à Amnôn : Fils du roi, pourquoi es-tu si déprimé ? Chaque matin tu parais l'être davantage. Ne veux-tu pas m'en dire la cause ?

Amnôn lui répondit : Je suis amoureux de Tamar, la sœur de mon frère Absalom.

5 Yonadab lui dit alors : Mets-toi au lit et fais comme si tu étais malade. Quand ton père viendra te voir, dis-lui : « Permets à ma sœur Tamar de venir me faire à manger, qu'elle prépare le repas sous mes yeux afin que je la voie faire, puis je mangerai de sa main. »

6 Amnôn se mit donc au lit et fit semblant d'être malade. Le roi vint le voir et Amnôn lui dit : Fais venir ma sœur Tamar pour qu'elle me prépare deux galettes sous mes yeux, et je les mangerai de sa main.

7 David envoya dire à Tamar dans son appartement : Va chez ton frère Amnôn et prépare-lui son repas.

8 Tamar se rendit donc chez son frère Amnôn et le trouva couché. Elle prépara de la pâte et la pétrit, puis confectionna des galettes devant lui et les fit cuire. 9 Ensuite elle prit la poêle et lui en servit le contenu devant lui, mais il refusa d'en manger et dit : Faites sortir tout le monde d'ici.

Tous se retirèrent. 10 Alors il demanda à Tamar : Apporte-moi ces galettes dans ma chambre pour que je les mange de ta main.

Tamar prit les galettes qu'elle avait faites et les apporta à son frère Amnôn dans sa chambre. 11 Au moment où elle les lui présentait, il l'empoigna et lui dit : Viens, couche avec moi, ma sœur !

12 Mais elle s'écria : Non, mon frère, ne me fais pas violence ! Cela ne se fait pas en Israël. Ne commets pas une telle infamie ! 13 Après cela, où irais-je porter ma honte ? Et toi, tu serais considéré comme un individu méprisable

g **12.30** L'ancienne version grecque a compris : *leur dieu Milkom.*
h **12.31** Certains traduisent : *et les fit supplicier par la scie, les herses de fer et les haches de fer.*
i **13.1** Fille de Maaka, princesse de Gueshour (3.3). *Amnôn* était fils d'Ahinoam, première femme de David ; il était le fils aîné de David, donc l'héritier présomptif du trône (3.2).
j **13.2** Les filles non mariées vivaient dans l'appartement des femmes et ne fréquentaient guère les hommes, pas même leurs demi-frères.

be like one of the wicked fools in Israel. Please speak to the king; he will not keep me from being married to you." 14But he refused to listen to her, and since he was stronger than she, he raped her.

15Then Amnon hated her with intense hatred. In fact, he hated her more than he had loved her. Amnon said to her, "Get up and get out!"

16"No!" she said to him. "Sending me away would be a greater wrong than what you have already done to me."

But he refused to listen to her. 17He called his personal servant and said, "Get this woman out of my sight and bolt the door after her." 18So his servant put her out and bolted the door after her. She was wearing an ornate[k] robe, for this was the kind of garment the virgin daughters of the king wore. 19Tamar put ashes on her head and tore the ornate robe she was wearing. She put her hands on her head and went away, weeping aloud as she went.

20Her brother Absalom said to her, "Has that Amnon, your brother, been with you? Be quiet for now, my sister; he is your brother. Don't take this thing to heart." And Tamar lived in her brother Absalom's house, a desolate woman.

21When King David heard all this, he was furious. 22And Absalom never said a word to Amnon, either good or bad; he hated Amnon because he had disgraced his sister Tamar.

Absalom Kills Amnon

23Two years later, when Absalom's sheepshearers were at Baal Hazor near the border of Ephraim, he invited all the king's sons to come there. 24Absalom went to the king and said, "Your servant has had shearers come. Will the king and his attendants please join me?"

25"No, my son," the king replied. "All of us should not go; we would only be a burden to you." Although Absalom urged him, he still refused to go but gave him his blessing.

26Then Absalom said, "If not, please let my brother Amnon come with us."

The king asked him, "Why should he go with you?" 27But Absalom urged him, so he sent with him Amnon and the rest of the king's sons.

28Absalom ordered his men, "Listen! When Amnon is in high spirits from drinking wine and I say to you, 'Strike Amnon down,' then kill him. Don't be afraid. Haven't I given you this order? Be strong and brave." 29So Absalom's men did to Amnon what Absalom had ordered. Then all the king's sons got up, mounted their mules and fled.

30While they were on their way, the report came to David: "Absalom has struck down all the king's sons; not one of them is left." 31The king stood up, tore his clothes and lay down on the ground; and all his attendants stood by with their clothes torn.

[k] 13:18 The meaning of the Hebrew for this word is uncertain; also in verse 19.

dans notre peuple. Pourquoi ne parles-tu pas au roi ? Il n refusera pas de me donner à toi.

14Mais il ne voulut rien entendre, et comme il était plu fort qu'elle, il lui fit violence et coucha avec elle.

15Après cela, il conçut pour elle une forte aversion, plu violente que la passion qu'il avait éprouvée pour elle. Tou à coup, il lui ordonna : Lève-toi, va-t'en !

16– Non, lui dit-elle, en me chassant, tu commettrais u crime encore pire que le mal que tu m'as déjà fait.

Mais il ne voulut pas l'écouter. 17Il appela le domestiqu qui était à son service et lui ordonna : Débarrassez-moi d cette fille ! Jetez-la dehors et verrouillez la porte derrièr elle !

18Elle portait jusque-là une longue robe multicolore, ca c'était autrefois la tenue des princesses aussi longtemp qu'elles étaient vierges. Le domestique la mit dehors e verrouilla la porte derrière elle. 19Alors Tamar répandi de la cendre sur sa tête, elle déchira sa longue robe, se pri à deux mains la tête, puis elle partit en poussant des cris 20Son frère Absalom lui demanda : Ton frère Amnôn t'a-t-i fait violence ? Maintenant, ma sœur, n'en parle pas, c'es ton frère, et ne prends pas la chose trop à cœur !

Dès lors Tamar alla demeurer dans la maison d'Absalom comme une femme abandonnée.

21Le roi David apprit tout ce qui s'était passé et il en fu très irrité[k]. 22Quant à Absalom, il n'adressait plus la parol à Amnôn, ni en bien, ni en mal, car il l'avait pris en hain à cause du viol de sa sœur Tamar.

Absalom venge sa sœur et prend la fuite

23Deux ans plus tard, Absalom avait les tondeurs à Baal Hatsor, près d'Ephraïm[l]. Il invita tous les fils du roi. 24Il s rendit chez le roi et lui dit : Tu sais que ton serviteur fai tondre ses moutons ; que le roi et ses hauts fonctionnaire veuillent bien venir chez ton serviteur !

25Mais le roi lui répondit : Non, mon fils, nous n'allon pas tous venir, ce serait une trop lourde charge pour toi

Absalom insista, mais le roi refusa l'invitation et lu donna simplement sa bénédiction. 26Absalom reprit : Si t ne veux pas venir, permets au moins à mon frère Amnô de nous accompagner.

Le roi lui dit : Pourquoi t'accompagnerait-il ?

27Mais Absalom insista tellement que David laissa parti avec lui Amnôn et tous les autres fils du roi.

28Absalom donna des ordres à ses serviteurs en disant Quand vous verrez qu'Amnôn sera égayé par le vin, e que je vous dirai : « Frappez Amnôn ! » vous le tuerez. N craignez rien, car c'est moi qui en prends la responsabilité Ayez du courage et soyez forts !

29Les serviteurs d'Absalom exécutèrent les ordres d leur maître et tuèrent Amnôn. Aussitôt, tous les autres fil du roi se levèrent de table, enfourchèrent chacun son mu let et prirent la fuite. 30Ils étaient encore en route quan la nouvelle parvint à David qu'Absalom avait tué tous le fils du roi sans qu'aucun d'eux en réchappe. 31Le roi s leva, déchira ses vêtements en signe de deuil et s'étendi

[k] 13.21 Un manuscrit hébreu, l'ancienne version grecque et la Vulgate ajoutent ici : *il ne fit cependant aucun reproche à Amnôn, car c'était son fils aîné et il l'aimait beaucoup.*

[l] 13.23 Près de Béthel, à 25 kilomètres au nord de Jérusalem (Né 11.33). La tonte des moutons était une occasion annuelle de réjouissances (1 S 25.2-8).

[32]But Jonadab son of Shimeah, David's brother, said, My lord should not think that they killed all the rinces; only Amnon is dead. This has been Absalom's xpress intention ever since the day Amnon raped is sister Tamar. [33]My lord the king should not be oncerned about the report that all the king's sons re dead. Only Amnon is dead."

[34]Meanwhile, Absalom had fled.

Now the man standing watch looked up and saw nany people on the road west of him, coming down he side of the hill. The watchman went and told the ing, "I see men in the direction of Horonaim, on the ide of the hill."[l]

[35]Jonadab said to the king, "See, the king's sons ave come; it has happened just as your servant said."

[36]As he finished speaking, the king's sons came in, vailing loudly. The king, too, and all his attendants vept very bitterly.

[37]Absalom fled and went to Talmai son of Ammihud, he king of Geshur. But King David mourned many lays for his son.

[38]After Absalom fled and went to Geshur, he stayed here three years. [39]And King David longed to go to bsalom, for he was consoled concerning Amnon's leath.

bsalom Returns to Jerusalem

14 [1]Joab son of Zeruiah knew that the king's heart longed for Absalom. [2]So Joab sent someone to Tekoa and had a wise woman brought from here. He said to her, "Pretend you are in mourning. Dress in mourning clothes, and don't use any cosnetic lotions. Act like a woman who has spent many lays grieving for the dead. [3]Then go to the king and peak these words to him." And Joab put the words n her mouth.

[4]When the woman from Tekoa went[m] to the king, he fell with her face to the ground to pay him honor, nd she said, "Help me, Your Majesty!"

[5]The king asked her, "What is troubling you?"

She said, "I am a widow; my husband is dead. [6]I your ervant had two sons. They got into a fight with each other in the field, and no one was there to separate hem. One struck the other and killed him. [7]Now the whole clan has risen up against your servant; they ay, 'Hand over the one who struck his brother down, o that we may put him to death for the life of his brother whom he killed; then we will get rid of the heir as well.' They would put out the only burning oal I have left, leaving my husband neither name nor descendant on the face of the earth."

13:34 Septuagint; Hebrew does not have this sentence.
m 14:4 Many Hebrew manuscripts, Septuagint, Vulgate and Syriac; nost Hebrew manuscripts *spoke*

à même le sol. Tous ses ministres se tenaient autour de lui avec leurs habits déchirés. [32]A ce moment-là, Yonadab, fils de Shimea, le frère de David, prit la parole et déclara : Que mon seigneur ne pense pas que tous les fils du roi ont été tués ; Amnôn seul est mort. Depuis le jour où il a violé sa sœur Tamar, Absalom parlait de le tuer. [33]Que le roi mon seigneur ne s'imagine donc pas que tous les princes ont péri ! Non, Amnôn seul est mort.

[34]Absalom, quant à lui, avait pris la fuite. Lorsque le guetteur regarda au loin, il aperçut soudain une troupe nombreuse arrivant par la route occidentale[m], au flanc de la colline. [35]Alors Yonadab dit au roi : Ce sont les fils du roi qui viennent. Tout s'est passé comme ton serviteur l'a dit.

[36]A peine achevait-il de parler, que les fils du roi entrèrent et se mirent à parler fort et à pleurer. Alors le roi et toute sa cour se répandirent aussi en pleurs et en lamentations. [37]Entre-temps, Absalom avait fui jusque chez Talmaï, fils d'Ammihoud, roi de Gueshour. Pendant tout ce temps, David porta le deuil de son fils.

[38]Absalom resta pendant trois ans réfugié à Gueshour. [39]Le roi David finit par renoncer à poursuivre Absalom[n], car il se consolait peu à peu de la mort d'Amnôn.

Joab convainc David de faire revenir Absalom

14 [1]Joab, fils de Tserouya, remarqua que le roi était de nouveau disposé favorablement envers Absalom. [2]Il fit venir de Teqoa[o] une femme habile à laquelle il dit : Fais semblant d'être en deuil, je te prie, revêts-toi d'habits de deuil, ne te parfume pas d'huile odorante, aie bien l'air d'une femme qui depuis longtemps porte le deuil d'un mort. [3]Puis tu te présenteras devant le roi et tu lui répéteras ce que je vais te dire.

Joab lui indiqua exactement ce qu'elle devait dire au roi. [4]La femme de Teqoa alla parler au roi[p] ; elle s'inclina face contre terre, pour se prosterner, et s'écria : Viens à mon secours, ô roi !

[5]– Que veux-tu ? lui demanda le roi.

– Hélas ! dit-elle, je suis veuve ; mon mari est mort, [6]et ta servante avait deux fils. Ils se sont disputés dans les champs, il n'y avait personne pour les séparer, si bien que l'un a frappé l'autre et l'a tué. [7]Maintenant, toute ma famille a pris parti contre ta servante, et ils m'ont demandé : « Livre celui qui a frappé son frère. Nous le mettrons à mort pour le meurtre de son frère. Ainsi, nous supprimerons du même coup l'héritier ! » De cette manière, ils éteindraient la dernière lueur d'espoir qui me reste, et le nom et la postérité de mon mari disparaîtraient de la terre.

m **13.34** L'ancienne version grecque a : *par la route de Horonaïm.* A la suite du verset, l'ancienne version grecque ajoute : *il vint en informer le roi en ces termes : « J'ai vu des hommes arriver par la route de Horonaïm, au flanc de la colline. »*

n **13.39** Autres traductions : *le roi David languissait après Absalom* ou *la colère du roi David contre Absalom s'apaisait.* Le nom *David* manque dans le texte hébreu de Qumrân et dans certains manuscrits de l'ancienne version grecque.

o **14.2** A une quinzaine de kilomètres au sud de Jérusalem.

p **14.4** De nombreux manuscrits hébreux, l'ancienne version grecque et la Vulgate ont : *se rendit chez le roi.*

8 The king said to the woman, "Go home, and I will issue an order in your behalf."

9 But the woman from Tekoa said to him, "Let my lord the king pardon me and my family, and let the king and his throne be without guilt."

10 The king replied, "If anyone says anything to you, bring them to me, and they will not bother you again."

11 She said, "Then let the king invoke the LORD his God to prevent the avenger of blood from adding to the destruction, so that my son will not be destroyed."

"As surely as the LORD lives," he said, "not one hair of your son's head will fall to the ground."

12 Then the woman said, "Let your servant speak a word to my lord the king."

"Speak," he replied.

13 The woman said, "Why then have you devised a thing like this against the people of God? When the king says this, does he not convict himself, for the king has not brought back his banished son? 14 Like water spilled on the ground, which cannot be recovered, so we must die. But that is not what God desires; rather, he devises ways so that a banished person does not remain banished from him.

15 "And now I have come to say this to my lord the king because the people have made me afraid. Your servant thought, 'I will speak to the king; perhaps he will grant his servant's request. 16 Perhaps the king will agree to deliver his servant from the hand of the man who is trying to cut off both me and my son from God's inheritance.'

17 "And now your servant says, 'May the word of my lord the king secure my inheritance, for my lord the king is like an angel of God in discerning good and evil. May the LORD your God be with you.' "

18 Then the king said to the woman, "Don't keep from me the answer to what I am going to ask you."

"Let my lord the king speak," the woman said.

19 The king asked, "Isn't the hand of Joab with you in all this?"

The woman answered, "As surely as you live, my lord the king, no one can turn to the right or to the left from anything my lord the king says. Yes, it was your servant Joab who instructed me to do this and who put all these words into the mouth of your servant. 20 Your servant Joab did this to change the present situation. My lord has wisdom like that of an angel of God – he knows everything that happens in the land."

21 The king said to Joab, "Very well, I will do it. Go, bring back the young man Absalom."

22 Joab fell with his face to the ground to pay him honor, and he blessed the king. Joab said, "Today your servant knows that he has found favor in your eyes, my lord the king, because the king has granted his servant's request."

23 Then Joab went to Geshur and brought Absalom back to Jerusalem. 24 But the king said, "He must go to his own house; he must not see my face." So Absalom

8 Le roi dit à la femme : Retourne chez toi ; je donnera des ordres à ton sujet.

9 La femme de Teqoa lui répondit : Mon seigneur le roi Que la faute retombe sur moi et sur mon groupe familia et que le roi et son trône soient hors de cause.

10 Le roi lui dit : Si quelqu'un te fait des remarques à ce sujet, amène-le vers moi et il te laissera tranquille.

11 La femme répliqua : Que sa majesté veuille prendre cet engagement au nom de l'Eternel son Dieu, pour que l'homme chargé de punir la mort de mon fils n'aggrave pas encore le malheur en faisant mourir celui qui me reste

Le roi dit : Aussi vrai que l'Eternel est vivant, il ne tombera pas à terre un cheveu de la tête de ton fils !

12 La femme reprit : Permettras-tu à ta servante de dire encore quelque chose à mon seigneur le roi ?

– Parle ! lui dit-il.

13 Et la femme ajouta : Pourquoi alors as-tu de telles pensées à l'égard du peuple de Dieu ? Car en prononçant cette sentence tout à l'heure, le roi a reconnu qu'il avait tort de ne pas faire revenir celui qu'il a exilé. 14 Nous devons tous mourir, notre vie est comme de l'eau répandue sur le sol et qu'on ne peut plus recueillir si Dieu n'en assure l'être[q]. Mais son dessein n'est pas de tenir loin de lui l'exilé 15 Maintenant, si je suis venue parler ainsi au roi mon seigneur, c'est parce que l'état du peuple m'a fait peur. Alors ta servante s'est dit : « Je vais parler au roi. Peut-être le roi suivra-t-il le conseil de son humble servante. 16 Peut-être consentira-t-il à protéger sa servante contre l'homme qui voudrait nous supprimer, moi et mon fils, du peuple que Dieu s'est choisi pour qu'il lui appartienne. » 17 Oui, je me suis dit que la parole du roi mon seigneur serait une parole d'apaisement, car mon seigneur le roi est comme un ange de Dieu pour discerner le bien et le mal. Que l'Eternel ton Dieu soit donc avec toi.

18 Le roi dit alors à la femme : Je vais te poser à mon tour une question. Promets-moi de me répondre sans rien me cacher.

La femme lui dit : Que le roi mon seigneur parle !

19 Le roi reprit : Ne serait-ce pas Joab qui est derrière tout cela ?

La femme répondit : Aussi vrai que tu es vivant, ô roi mon seigneur, on ne peut s'écarter ni à droite ni à gauche de tout ce que dit mon seigneur le roi. C'est bien ton serviteur Joab qui m'a chargée de te parler, c'est lui qui a indiqué à ta servante tout ce qu'elle devait dire. 20 Si ton serviteur Joab a agi ainsi, c'est pour donner à cette affaire une autre tournure. Mais mon seigneur possède la sagesse d'un ange de Dieu pour connaître tout ce qui se passe dans le pays.

21 Le roi alla donc parler à Joab et lui dit : J'ai décidé d'agir comme tu me l'as suggéré : Va chercher le jeune homme Absalom et ramène-le ici !

22 Joab s'inclina face contre terre pour se prosterner et dit au roi : Dieu te bénisse, Majesté. Maintenant, je sais que tu es bien disposé à mon égard, ô roi, mon seigneur puisque le roi accepte de faire ce que son serviteur lui a suggéré.

23 Joab se releva et partit pour Gueshour d'où il ramena Absalom à Jérusalem. 24 Le roi ordonna qu'il se retire dans sa maison et ne paraisse pas en sa

q 14.14 Autre traduction : *mais Dieu ne conserve pas d'animosité.*

went to his own house and did not see the face of the king.

25 In all Israel there was not a man so highly praised for his handsome appearance as Absalom. From the top of his head to the sole of his foot there was no blemish in him. 26 Whenever he cut the hair of his head – he used to cut his hair once a year because it became too heavy for him – he would weigh it, and its weight was two hundred shekels[n] by the royal standard.

27 Three sons and a daughter were born to Absalom. His daughter's name was Tamar, and she became a beautiful woman.

28 Absalom lived two years in Jerusalem without seeing the king's face. 29 Then Absalom sent for Joab in order to send him to the king, but Joab refused to come to him. So he sent a second time, but he refused to come. 30 Then he said to his servants, "Look, Joab's field is next to mine, and he has barley there. Go and set it on fire." So Absalom's servants set the field on fire.

31 Then Joab did go to Absalom's house, and he said to him, "Why have your servants set my field on fire?"

32 Absalom said to Joab, "Look, I sent word to you and said, 'Come here so I can send you to the king to ask, "Why have I come from Geshur? It would be better for me if I were still there!"' Now then, I want to see the king's face, and if I am guilty of anything, let him put me to death."

33 So Joab went to the king and told him this. Then the king summoned Absalom, and he came in and bowed down with his face to the ground before the king. And the king kissed Absalom.

Absalom's Conspiracy

15 1 In the course of time, Absalom provided himself with a chariot and horses and with fifty men to run ahead of him. 2 He would get up early and stand by the side of the road leading to the city gate. Whenever anyone came with a complaint to be placed before the king for a decision, Absalom would call out to him, "What town are you from?" He would answer, "Your servant is from one of the tribes of Israel." 3 Then Absalom would say to him, "Look, your claims are valid and proper, but there is no representative of the king to hear you." 4 And Absalom would add, "If only I were appointed judge in the land! Then everyone who has a complaint or case could come to me and I would see that they receive justice."

5 Also, whenever anyone approached him to bow down before him, Absalom would reach out his hand, take hold of him and kiss him. 6 Absalom behaved in this way toward all the Israelites who came to the

n 14:26 That is, about 5 pounds or about 2.3 kilograms

présence. Absalom se confina donc chez lui et il ne parut pas en présence du roi.

David accepte de recevoir Absalom

25 Dans tout Israël il n'y avait personne qui fût autant admiré pour sa beauté qu'Absalom ; de la plante du pied au sommet de la tête, il était sans défaut. 26 Chaque année, il se rasait la tête, car sa chevelure devenait trop pesante. Lorsqu'on lui coupait les cheveux, on les pesait : il y en avait près de deux kilos et demi selon les poids officiels du roi. 27 Absalom eut trois fils et une fille nommée Tamar qui devint une très belle femme.

28 Absalom resta deux ans à Jérusalem sans paraître en présence du roi. 29 Après ce temps, il fit appeler Joab pour lui demander de parler au roi ; mais Joab refusa de venir chez lui. Absalom revint à la charge une seconde fois, mais Joab refusa de nouveau. 30 Alors Absalom dit à ses serviteurs : Vous voyez le champ de Joab à côté du mien, il y a de l'orge ; allez y mettre le feu !

Les serviteurs d'Absalom exécutèrent ses ordres. 31 Alors, Joab se rendit chez Absalom et lui demanda pourquoi ses serviteurs avaient mis le feu à son champ. 32 Absalom lui répondit : Je t'avais demandé de venir et tu as refusé. Je voulais t'envoyer chez le roi pour lui demander : « Pourquoi m'as-tu fait revenir de Gueshour ? J'aurais mieux fait d'y rester. » Maintenant, je voudrais être reçu par le roi ; et si je suis coupable, eh bien, qu'il me fasse mourir !

33 Joab se rendit chez le roi et lui rapporta les paroles de son fils. Alors le roi fit appeler Absalom. Celui-ci se rendit auprès de lui et se prosterna la face contre terre devant lui et le roi l'embrassa.

Les intrigues d'Absalom

15 1 Après cela, Absalom se procura un char et des chevaux ainsi qu'une garde personnelle de cinquante hommes qui couraient devant son char. 2 Il se levait de bon matin et se postait au bord de la route qui conduisait à l'entrée de la ville. Chaque fois que passait un homme qui se rendait auprès du roi pour demander justice à propos d'un litige, Absalom l'interpellait et lui demandait : De quelle ville viens-tu ?

L'autre répondait : Ton serviteur est de telle tribu d'Israël.

3 Alors Absalom lui disait : Ta cause est juste et tu es dans ton bon droit, mais vois-tu, personne ne t'écoutera chez le roi.

4 Puis il ajoutait : Ah ! si je rendais la justice dans ce pays ! Tous ceux qui seraient en litige ou en procès viendraient me trouver et je leur ferais justice !

5 Quand quelqu'un s'approchait pour s'incliner devant lui, il lui tendait la main, le saisissait et l'embrassait. 6 Absalom agissait ainsi envers tous ceux d'Israël qui se rendaient auprès du roi pour demander justice. De cette

king asking for justice, and so he stole the hearts of the people of Israel.

7 At the end of four[o] years, Absalom said to the king, "Let me go to Hebron and fulfill a vow I made to the LORD. 8 While your servant was living at Geshur in Aram, I made this vow: 'If the LORD takes me back to Jerusalem, I will worship the LORD in Hebron.[p]' "

9 The king said to him, "Go in peace." So he went to Hebron.

10 Then Absalom sent secret messengers throughout the tribes of Israel to say, "As soon as you hear the sound of the trumpets, then say, 'Absalom is king in Hebron.' " 11 Two hundred men from Jerusalem had accompanied Absalom. They had been invited as guests and went quite innocently, knowing nothing about the matter. 12 While Absalom was offering sacrifices, he also sent for Ahithophel the Gilonite, David's counselor, to come from Giloh, his hometown. And so the conspiracy gained strength, and Absalom's following kept on increasing.

David Flees

13 A messenger came and told David, "The hearts of the people of Israel are with Absalom."

14 Then David said to all his officials who were with him in Jerusalem, "Come! We must flee, or none of us will escape from Absalom. We must leave immediately, or he will move quickly to overtake us and bring ruin on us and put the city to the sword."

15 The king's officials answered him, "Your servants are ready to do whatever our lord the king chooses."

16 The king set out, with his entire household following him; but he left ten concubines to take care of the palace. 17 So the king set out, with all the people following him, and they halted at the edge of the city. 18 All his men marched past him, along with all the Kerethites and Pelethites; and all the six hundred Gittites who had accompanied him from Gath marched before the king.

19 The king said to Ittai the Gittite, "Why should you come along with us? Go back and stay with King Absalom. You are a foreigner, an exile from your homeland. 20 You came only yesterday. And today shall I make you wander about with us, when I do not know where I am going? Go back, and take your people with you. May the LORD show you kindness and faithfulness."[q]

21 But Ittai replied to the king, "As surely as the LORD lives, and as my lord the king lives, wherever my lord the king may be, whether it means life or death, there will your servant be."

[o] 15:7 Some Septuagint manuscripts, Syriac and Josephus; Hebrew *forty*

[p] 15:8 Some Septuagint manuscripts; Hebrew does not have *in Hebron.*

[q] 15:20 Septuagint; Hebrew *May kindness and faithfulness be with you*

manière, il conquit insidieusement les suffrages des gen d'Israël.

7 Au bout de quatre ans[r], Absalom dit au roi Permets-moi d'aller à Hébron pour accomplir u vœu que j'ai fait à l'Eternel. 8 En effet, pendant so séjour à Gueshour en Syrie, ton serviteur a fait c vœu : Si l'Eternel me laisse retourner à Jérusalem je lui offrirai un sacrifice[s].

9 Le roi lui dit : Va en paix !

Absalom partit donc et se rendit à Hébron. 10 De là, i envoya des émissaires dans toutes les tribus d'Israël pou dire : Dès que vous entendrez une sonnerie de cor, vou pourrez dire : « Absalom est devenu roi à Hébron. »

11 Deux cents hommes de Jérusalem, invités par Absalom partirent de bonne foi avec lui, sans se douter de ses inten tions. 12 Pendant qu'Absalom offrait les sacrifices, il envoy chercher Ahitophel[t], le Guilonite, conseiller de David, dan la ville de Guilo[u]. Ainsi la conjuration devint puissante e le parti d'Absalom fut de plus en plus nombreux.

David s'enfuit de Jérusalem

13 On vint annoncer à David que les Israélites prenaien parti pour Absalom. 14 Alors David dit à tous ses ministre qui étaient avec lui à Jérusalem : Allons, fuyons au plu vite, sans quoi personne n'échappera à Absalom. Hâtez vous de partir, sinon il nous prendra de vitesse et nou rattrapera ; il nous précipitera alors dans le malheur e massacrera toute la population de la ville.

15 Les ministres lui dirent : Quelle que soit la décisio que prenne notre seigneur le roi, nous sommes là à s disposition.

16 Le roi partit à pied, suivi de tous ses proches. Il n laissa que dix épouses de second rang pour garder le palais 17 Il sortit accompagné de toute la population, et ils firen halte près de la dernière maison de la ville. 18 Tous se fonctionnaires marchaient à ses côtés, ainsi que sa gar de personnelle composée des Kérétiens et des Pélétiens[v] tandis que les six cents Gathiens, qui l'avaient suivi depui Gath[w], précédaient le roi.

19 Le roi demanda à Ittaï, le chef des Gathiens : Pourquo veux-tu venir, toi aussi avec nous ? Rebrousse chemin e reste avec le nouveau roi ! Après tout, tu es un étrange ici et tu es en exil loin de ta patrie. 20 Tu n'es à mon servic que depuis peu de temps, alors pourquoi t'entraînerais-j aujourd'hui dans une aventure ? Moi-même je m'en vai sans savoir où. Retourne plutôt et emmène tes compag nons avec toi ! Que l'Eternel te témoigne sa grande bonté

21 Mais Ittaï répondit au roi : Aussi vrai que l'Eternel es vivant et que mon seigneur le roi est vivant, ton serviteu restera avec mon seigneur le roi partout où il ira, soit pou mourir, soit pour vivre.

[r] 15.7 D'après certains manuscrits de l'ancienne version grecque, la version syriaque et Flavius Josèphe ; le texte hébreu traditionnel a : *quarante ans.*

[s] 15.8 L'ancienne version grecque ajoute ici : *à Hébron.*

[t] 15.12 Grand-père de Bath-Shéba (11.3 ; 23.34), conseiller royal (16.23).

[u] 15.12 A 10 kilomètres au nord-ouest d'Hébron (Jos 15.48-51) dans les montagnes du désert de Judée.

[v] 15.18 Voir note 8.18.

[w] 15.18 Une des capitales de la Philistie où David s'était réfugié (1 S 5.8 ; 27).

22 David said to Ittai, "Go ahead, march on." So Ittai he Gittite marched on with all his men and the famies that were with him.
23 The whole countryside wept aloud as all the peole passed by. The king also crossed the Kidron Valley, nd all the people moved on toward the wilderness.

24 Zadok was there, too, and all the Levites who vere with him were carrying the ark of the covenant f God. They set down the ark of God, and Abiathar ffered sacrifices until all the people had finished eaving the city.
25 Then the king said to Zadok, "Take the ark of God ack into the city. If I find favor in the LORD's eyes, he vill bring me back and let me see it and his dwelling lace again. 26 But if he says, 'I am not pleased with ou,' then I am ready; let him do to me whatever seems ood to him."
27 The king also said to Zadok the priest, "Do you nderstand? Go back to the city with my blessing. ake your son Ahimaaz with you, and also Abiathar's on Jonathan. You and Abiathar return with your two ons. 28 I will wait at the fords in the wilderness until vord comes from you to inform me." 29 So Zadok and biathar took the ark of God back to Jerusalem and tayed there.
30 But David continued up the Mount of Olives, veeping as he went; his head was covered and he vas barefoot. All the people with him covered their eads too and were weeping as they went up. 31 Now David had been told, "Ahithophel is among the conpirators with Absalom." So David prayed, "LORD, turn hithophel's counsel into foolishness."
32 When David arrived at the summit, where people sed to worship God, Hushai the Arkite was there to neet him, his robe torn and dust on his head. 33 David aid to him, "If you go with me, you will be a burlen to me. 34 But if you return to the city and say to bsalom, 'Your Majesty, I will be your servant; I was our father's servant in the past, but now I will be your servant,' then you can help me by frustrating hithophel's advice. 35 Won't the priests Zadok and biathar be there with you? Tell them anything you ear in the king's palace. 36 Their two sons, Ahimaaz on of Zadok and Jonathan son of Abiathar, are there vith them. Send them to me with anything you hear."

37 So Hushai, David's confidant, arrived at Jerusalem as Absalom was entering the city.

22 David lui répondit : C'est bon ! Va donc et passe devant !

Ittaï de Gath passa devant avec tous ses hommes et tous les membres de leurs familles. 23 A mesure que la troupe passait, toute la population du pays se lamentait à grands cris. Le roi franchit la vallée du Cédron[x] avec toute sa suite et s'avança sur la route qui mène au désert[y].

David laisse de fidèles serviteurs à Jérusalem

24 Tsadoq vint aussi avec tous les lévites qui portaient le coffre de l'alliance de Dieu. Ils déposèrent le coffre de Dieu à terre tandis qu'Abiatar offrait des sacrifices jusqu'à ce que toute la population eut fini de sortir de la ville. 25 Mais le roi dit à Tsadoq : Ramène le coffre de Dieu dans la ville. Si l'Eternel m'est favorable, il me fera revenir et me permettra de revoir le coffre ainsi que le sanctuaire. 26 Si, par contre, il déclare : « Je ne prends plus plaisir en toi », eh bien, qu'il me traite comme bon lui semblera.

27 Le roi dit encore au prêtre Tsadoq : N'es-tu pas un prophète ? Retourne tranquillement dans la ville et que ton fils Ahimaats et Jonathan, fils d'Abiatar, vos deux fils vous[z] accompagnent. 28 Quant à moi, j'attendrai aux défilés du désert jusqu'à ce que je reçoive un message de votre part qui me donne des nouvelles.

29 Ainsi Tsadoq et Abiatar rapportèrent le coffre de Dieu à Jérusalem et ils y restèrent.

30 Cependant David gravissait pieds nus et la tête voilée[a] la montée des Oliviers, il s'avançait en pleurant. Tous ceux qui l'accompagnaient s'étaient aussi voilé la tête et montaient en pleurant. 31 On vint rapporter à David qu'Ahitophel s'était joint aux conspirateurs autour d'Absalom. David s'écria : O Eternel, rends les conseils d'Ahitophel inefficaces !

32 Lorsque David eut atteint le sommet de la colline où l'on adore Dieu, Houshaï l'Arkien[b], son conseiller personnel, vint à sa rencontre, son vêtement déchiré et la tête couverte de poussière.

33 David lui dit : Si tu me suis, tu me seras à charge. 34 Mais si, au contraire, tu retournes à la ville et si tu dis à Absalom : « Je suis ton serviteur, ô roi ! J'ai été jusqu'ici au service de ton père, mais maintenant c'est toi que je veux servir », tu pourras contrecarrer en ma faveur les conseils d'Ahitophel. 35 De plus, tu auras l'appui des prêtres Tsadoq et Abiatar. Tu leur rapporteras tout ce que tu apprendras au palais royal. 36 Leurs deux fils, Ahimaats, fils de Tsadoq, et Jonathan, fils d'Abiatar, sont avec eux : vous me communiquerez par leur intermédiaire toutes les nouvelles que vous apprendrez.

37 Houshaï, l'ami de David, retourna donc en ville au moment où Absalom faisait son entrée à Jérusalem.

---

x **15.23** Vallée située entre Jérusalem et le mont des Oliviers. En hiver, le Cédron y forme un torrent important (1 R 2.37 ; 15.13 ; Jn 18.1).
y **15.23** Entre Jérusalem et Jéricho.
z **15.27** C'est-à-dire Tsadoq et Abiatar dont il a été question au v. 24 : voir v. 29.
a **15.30** Signe de profonde tristesse ou de deuil (voir Est 6.12 ; Es 20.2, 4 ; Jr 14.3-4 ; Ez 24.17 ; Mi 1.8).
b **15.32** Groupe familial, non juif selon certains, habitant au sud-ouest de Béthel (Jos 16.2). Sur le rôle de Houshaï, voir16.16 ; 17.5-6, 14-16 ; 1 Ch 27.33.

David and Ziba

16 1When David had gone a short distance beyond the summit, there was Ziba, the steward
of Mephibosheth, waiting to meet him. He had a string
of donkeys saddled and loaded with two hundred
loaves of bread, a hundred cakes of raisins, a hundred
cakes of figs and a skin of wine.
2The king asked Ziba, "Why have you brought
these?"
Ziba answered, "The donkeys are for the king's
household to ride on, the bread and fruit are for the
men to eat, and the wine is to refresh those who become exhausted in the wilderness."
3The king then asked, "Where is your master's
grandson?"
Ziba said to him, "He is staying in Jerusalem, because he thinks, 'Today the Israelites will restore to
me my grandfather's kingdom.' "
4Then the king said to Ziba, "All that belonged to
Mephibosheth is now yours."
"I humbly bow," Ziba said. "May I find favor in your
eyes, my lord the king."

Shimei Curses David

5As King David approached Bahurim, a man from
the same clan as Saul's family came out from there.
His name was Shimei son of Gera, and he cursed as
he came out. 6He pelted David and all the king's officials with stones, though all the troops and the special
guard were on David's right and left. 7As he cursed,
Shimei said, "Get out, get out, you murderer, you
scoundrel! 8The LORD has repaid you for all the blood
you shed in the household of Saul, in whose place you
have reigned. The LORD has given the kingdom into the
hands of your son Absalom. You have come to ruin
because you are a murderer!"
9Then Abishai son of Zeruiah said to the king, "Why
should this dead dog curse my lord the king? Let me
go over and cut off his head."
10But the king said, "What does this have to do with
you, you sons of Zeruiah? If he is cursing because the
LORD said to him, 'Curse David,' who can ask, 'Why do
you do this?' "
11David then said to Abishai and all his officials,
"My son, my own flesh and blood, is trying to kill
me. How much more, then, this Benjamite! Leave him
alone; let him curse, for the LORD has told him to. 12It
may be that the LORD will look upon my misery and
restore to me his covenant blessing instead of his
curse today."
13So David and his men continued along the road
while Shimei was going along the hillside opposite
him, cursing as he went and throwing stones at him
and showering him with dirt. 14The king and all the
people with him arrived at their destination exhausted. And there he refreshed himself.

David et Tsiba

16 1Quand David eut un peu dépassé le sommet de l
colline, Tsiba, l'intendant de Mephibosheth, vin
à sa rencontre avec deux ânes bâtés portant deux cent
pains, cent paquets de raisins secs, cent autres de fruit
d'été et une outre de vin. 2Le roi lui demanda : Que veux
tu faire de tout cela ?
Tsiba lui répondit : Les ânes sont destinés à la famill
du roi pour être montés ; les pains et les fruits serviron
de nourriture aux jeunes gens et le vin rafraîchira ceu
qui seront fatigués dans le désert.

3Le roi reprit : Mais où est donc le fils de ton maître ?
Tsiba répondit : Il est resté à Jérusalem, car il s'est dit
« Maintenant le peuple d'Israël me restituera la royaut
de mon père. »

4Le roi déclara alors à Tsiba : Dans ce cas, je te donn
tout ce qui appartient à Mephibosheth.
Tsiba répondit : Je me prosterne devant toi, mon sei
gneur le roi ! Puissé-je conserver toujours ta faveur.

Shimeï maudit David

5Alors que David s'approchait de Bahourim[c], un homm
sortit de ce village. Il appartenait au même groupe familia
que Saül et s'appelait Shimeï ; c'était un fils de Guéra. I
s'avançait en prononçant des malédictions contre Davi
6et lançait des pierres sur lui et tous ses hauts fonction
naires, malgré la foule et les soldats qui entouraient le ro
à sa droite et à sa gauche. 7Shimeï criait en le maudissant
Va-t'en, va-t'en, assassin, vaurien ! 8La mort des membre
de la famille de Saül, à la place duquel tu as régné, te re
tombe dessus. L'Eternel a fait passer la royauté à ton fil
Absalom. Te voilà dans le malheur parce que tu as vers
le sang.
9Alors Abishaï, fils de Tserouya[d], dit au roi : Pourquo
laisse-t-on ce chien crevé insulter mon seigneur le roi
Permets-moi d'aller lui couper la tête !
10– Cela vous regarde-t-il, fils de Tserouya ? lui répondi
le roi. Qu'il prononce ses malédictions, car si l'Eternel lu
a dit de me maudire, qui peut le lui reprocher ?

11Puis David déclara à Abishaï et à tous ses fonction
naires : Si mon propre fils que j'ai engendré cherche à me
faire mourir, à plus forte raison ce Benjaminite agira-t-i
ainsi ! Laissez-le tranquille et qu'il maudisse, car l'Eter
nel le lui a dit. 12Peut-être l'Eternel considérera-t-il ma
situation misérable et changera-t-il la malédiction d'au
jourd'hui en bien.
13David et ses gens poursuivirent leur route, mais Shime
avançait parallèlement à lui sur le flanc de la montagne
continuant à maudire, à lancer des pierres et de la terre
14Finalement, le roi et toute sa suite arrivèrent exténués
à Bahourim. Là, ils purent prendre quelque repos.

---

c **16.5** Sur le flanc oriental du mont des Oliviers, vers le Jourdain.
d **16.9** *Tserouya:* sœur de David. *Abishaï* était donc son neveu (comme Joab).

'he Advice of Ahithophel and Hushai

15 Meanwhile, Absalom and all the men of Israel
ame to Jerusalem, and Ahithophel was with him.
6 Then Hushai the Arkite, David's confidant, went to
bsalom and said to him, "Long live the king! Long
ive the king!"
17 Absalom said to Hushai, "So this is the love you
how your friend? If he's your friend, why didn't you
o with him?"
18 Hushai said to Absalom, "No, the one chosen
y the Lord, by these people, and by all the men of
srael – his I will be, and I will remain with him.
9 Furthermore, whom should I serve? Should I not
erve the son? Just as I served your father, so I will
erve you."
20 Absalom said to Ahithophel, "Give us your advice.
Vhat should we do?"
21 Ahithophel answered, "Sleep with your father's
oncubines whom he left to take care of the palace.
'hen all Israel will hear that you have made yourself
bnoxious to your father, and the hands of everyone
vith you will be more resolute." 22 So they pitched a
ent for Absalom on the roof, and he slept with his
ather's concubines in the sight of all Israel.
23 Now in those days the advice Ahithophel gave was
ike that of one who inquires of God. That was how
oth David and Absalom regarded all of Ahithophel's
dvice.

17 1 Ahithophel said to Absalom, "I would[r] choose
twelve thousand men and set out tonight in
ursuit of David. 2 I would attack him while he is wea-
y and weak. I would strike him with terror, and then
ll the people with him will flee. I would strike down
nly the king 3 and bring all the people back to you.
'he death of the man you seek will mean the return
f all; all the people will be unharmed." 4 This plan
eemed good to Absalom and to all the elders of Israel.
5 But Absalom said, "Summon also Hushai
he Arkite, so we can hear what he has to say as
vell." 6 When Hushai came to him, Absalom said,
'Ahithophel has given this advice. Should we do what
e says? If not, give us your opinion."

7 Hushai replied to Absalom, "The advice Ahithophel
as given is not good this time. 8 You know your father
nd his men; they are fighters, and as fierce as a wild
ear robbed of her cubs. Besides, your father is an ex-
erienced fighter; he will not spend the night with the
roops. 9 Even now, he is hidden in a cave or some other
lace. If he should attack your troops first,[s] whoever
ears about it will say, 'There has been a slaughter
mong the troops who follow Absalom.' 10 Then even
he bravest soldier, whose heart is like the heart of a
ion, will melt with fear, for all Israel knows that your
ather is a fighter and that those with him are brave.
11 "So I advise you: Let all Israel, from Dan to
Beersheba – as numerous as the sand on the sea-

r 17:1 Or *Let me*
s 17:9 Or *When some of the men fall at the first attack*

Absalom arrive à Jérusalem

15 Entre-temps, Absalom et toute la troupe des hommes
d'Israël étaient entrés dans Jérusalem ; Ahitophel était
avec lui. 16 Lorsque Houshaï l'Arkien, l'ami de David, arriva
auprès d'Absalom, il s'écria : Vive le roi, vive le roi !

17 Absalom lui dit : C'est là toute l'affection que tu as pour
ton ami ? Pourquoi n'es-tu pas allé avec lui ?

18 Houshaï lui répondit : Non, je me rallie à celui qui a été
choisi par l'Eternel, par ce peuple et par tous les soldats
d'Israël, et je veux rester de son côté. 19 D'ailleurs, qui est-
ce que je vais servir ? N'est-ce pas son fils ? Comme j'ai été
le serviteur de ton père, ainsi je serai le tien.

20 Alors Absalom dit à Ahitophel : Tenez conseil ensemble. Que dois-je faire ?
21 Ahitophel lui répondit : Va vers les épouses de second rang de ton père qu'il a laissées pour garder le palais,
couche avec elles, et tout Israël saura que tu as outragé ton
père. Ainsi le courage de tous tes partisans en sera affermi.
22 On dressa donc une tente sur le toit en terrasse du
palais, et Absalom y alla coucher avec les épouses de second rang de son père sous les yeux de tout Israël. 23 En ce
temps-là, les conseils d'Ahitophel avaient autant d'autorité,
pour David comme pour Absalom, qu'une parole de Dieu
lui-même.

L'Eternel rend les conseils d'Ahitophel inefficaces

17 1 Peu après, Ahitophel fit à Absalom la proposition suivante : Permets-moi de lever douze mille
hommes et je me lancerai cette nuit même à la poursuite
de David. 2 Je fondrai sur lui pendant qu'il est exténué et
à bout de forces, je provoquerai la panique chez lui, tous
ceux qui sont avec lui s'enfuiront ; comme le roi sera isolé,
je le tuerai 3 et je rallierai tous ses hommes à toi ; le retour
de tous vaut bien l'homme que tu recherches ! Et tout le
peuple vivra en paix.
4 Cette proposition parut juste à Absalom et à tous les
responsables d'Israël. 5 Cependant Absalom ordonna :
Appelle encore Houshaï l'Arkien pour que nous sachions
ce qu'il en pense.
6 Houshaï entra chez Absalom qui lui demanda : Voici
ce qu'Ahitophel propose. Devons-nous faire ce qu'il dit ou
bien es-tu d'un autre avis ?
7 Houshaï répondit : Pour une fois, le conseil d'Ahitophel
n'est pas bon. 8 Tu connais bien ton père, poursuivit-il, ses
hommes sont aguerris et ils sont furieux comme une ourse
à qui on aurait pris ses petits en pleine campagne. Et puis,
n'oublie pas que ton père est un homme qui a l'expérience
de la guerre, il ne passera pas la nuit avec ses troupes. 9 A
l'heure qu'il est, il doit être caché dans une grotte ou dans
quelque autre endroit retiré. Il suffirait que, dès le début,
quelques-uns de tes soldats tombent sous leurs coups pour
qu'aussitôt le bruit s'en répande et que l'on dise : « Il y a
eu un carnage parmi les partisans d'Absalom ! » 10 Alors,
même les braves au cœur de lion se décourageront ; car
tout Israël sait que ton père est aguerri et qu'il a à ses côtés
des hommes valeureux. 11 C'est pourquoi je propose autre
chose : Que tout Israël depuis Dan jusqu'à Beer-Sheva soit
mobilisé autour de toi ; tu auras une armée aussi nom-

shore – be gathered to you, with you yourself leading them into battle. 12Then we will attack him wherever he may be found, and we will fall on him as dew settles on the ground. Neither he nor any of his men will be left alive. 13If he withdraws into a city, then all Israel will bring ropes to that city, and we will drag it down to the valley until not so much as a pebble is left."

14Absalom and all the men of Israel said, "The advice of Hushai the Arkite is better than that of Ahithophel." For the LORD had determined to frustrate the good advice of Ahithophel in order to bring disaster on Absalom.

15Hushai told Zadok and Abiathar, the priests, "Ahithophel has advised Absalom and the elders of Israel to do such and such, but I have advised them to do so and so. 16Now send a message at once and tell David, 'Do not spend the night at the fords in the wilderness; cross over without fail, or the king and all the people with him will be swallowed up.' "

17Jonathan and Ahimaaz were staying at En Rogel. A female servant was to go and inform them, and they were to go and tell King David, for they could not risk being seen entering the city. 18But a young man saw them and told Absalom. So the two of them left at once and went to the house of a man in Bahurim. He had a well in his courtyard, and they climbed down into it. 19His wife took a covering and spread it out over the opening of the well and scattered grain over it. No one knew anything about it.

20When Absalom's men came to the woman at the house, they asked, "Where are Ahimaaz and Jonathan?"

The woman answered them, "They crossed over the brook."[t] The men searched but found no one, so they returned to Jerusalem.

21After they had gone, the two climbed out of the well and went to inform King David. They said to him, "Set out and cross the river at once; Ahithophel has advised such and such against you." 22So David and all the people with him set out and crossed the Jordan. By daybreak, no one was left who had not crossed the Jordan.

23When Ahithophel saw that his advice had not been followed, he saddled his donkey and set out for his house in his hometown. He put his house in order and then hanged himself. So he died and was buried in his father's tomb.

Absalom's Death

24David went to Mahanaim, and Absalom crossed the Jordan with all the men of Israel. 25Absalom had appointed Amasa over the army in place of Joab.

[t] 17:20 Or *"They passed by the sheep pen toward the water."*

breuse que les grains de sable des plages, tu te mettra à leur tête et tu iras personnellement au combat. 12Nou traquerons David en quelque lieu qu'il se cache et nou tomberons sur lui comme la rosée tombe sur le sol ; ni lu ni aucun de ses compagnons ne nous échappera. 13S'il s réfugie dans une ville, tout Israël apportera des cordes e nous traînerons cette ville dans le torrent voisin jusqu' ce qu'il n'en reste pas même un caillou.

14Absalom et tous les hommes d'Israël déclarèrent Le conseil de Houshaï l'Arkien est meilleur que celu d'Ahitophel.

L'Eternel avait, en effet, décidé de faire échec au bo conseil d'Ahitophel afin d'amener le malheur sur Absalom

David passe à l'est du Jourdain

15Houshaï alla rapporter aux prêtres Tsadoq et Abiata ce qu'Ahitophel avait conseillé à Absalom et aux respons ables d'Israël, et ce que lui-même avait ensuite proposé.

16– Et maintenant, ajouta-t-il, envoyez prévenir David d toute urgence. Faites-lui dire qu'il ne reste pas cette nuit-l dans les steppes du désert, mais qu'il passe le Jourdai avant le matin, sinon il risque d'être exterminé avec tou ceux qui l'accompagnent.

17Jonathan et Ahimaats se tenaient à Eyn-Roguel[e] ; un servante devait aller leur porter le message, et eux de vaient aller le transmettre au roi David. Car ils ne devaien pas entrer dans la ville, pour ne pas se faire voir. 18Mai un jeune homme les aperçut et signala leur présence Absalom. Les deux messagers partirent en hâte et se ren dirent à la maison d'un homme de Bahourim qui avait un citerne dans sa cour ; ils y descendirent pour se cacher 19La maîtresse de maison prit une couverture et l'étendi sur l'ouverture de la citerne puis elle répandit par-dessu du grain concassé pour qu'on ne se doute de rien. 20Les en voyés d'Absalom entrèrent chez la femme et demandèrent Où sont Ahimaats et Jonathan ?

La femme répondit : Ils ont passé l'eau[f].

Ils les cherchèrent sans succès puis rentrèrent Jérusalem. 21Après leur départ, les deux messagers sor tirent de la citerne et partirent informer le roi David.

– Mettez-vous en route, lui dirent-ils, dépêchez-vous d traverser la rivière, car voici ce qu'Ahitophel a conseill de faire contre vous !

22David et tous les gens qui étaient avec lui se miren en route et traversèrent le Jourdain ; avant que le jou paraisse, ils avaient tous passé.

23Quand Ahitophel vit qu'on ne suivait pas son conseil il sella son âne et se mit en route pour retourner chez lu dans sa ville. Il mit ses affaires en ordre, puis se pendit e mourut. Il fut enterré dans le tombeau de son père.

24David avait gagné Mahanaïm[g]. Pendant ce temps Absalom franchit le Jourdain avec tous les Israélite qui étaient avec lui. 25Il avait nommé Amasa chef d l'armée, en remplacement de Joab. Cet Amasa était fil

[e] 17.17 Source située dans la vallée du Cédron au sud-est de Jérusalem, près des murailles de la ville.

[f] 17.20 Phrase ambiguë qui exprime la vérité : *ils sont au-dessus de l'eau (du puits)* mais qui a été comprise par les envoyés d'Absalom : *ils ont passé la rivière.*

[g] 17.24 A une dizaine de kilomètres à l'est du Jourdain (voir 2.8).

masa was the son of Jether,[u] an Ishmaelite[v] who
ad married Abigail,[w] the daughter of Nahash and
ster of Zeruiah the mother of Joab. 26 The Israelites
ad Absalom camped in the land of Gilead.
27 When David came to Mahanaim, Shobi son of
ahash from Rabbah of the Ammonites, and Makir
on of Ammiel from Lo Debar, and Barzillai the
leadite from Rogelim 28 brought bedding and bowls
ad articles of pottery. They also brought wheat and
arley, flour and roasted grain, beans and lentils,[x]
honey and curds, sheep, and cheese from cows'
ilk for David and his people to eat. For they said,
The people have become exhausted and hungry and
irsty in the wilderness."

8 1 David mustered the men who were with him
and appointed over them commanders of
ousands and commanders of hundreds. 2 David sent
t his troops, a third under the command of Joab, a
ird under Joab's brother Abishai son of Zeruiah, and
third under Ittai the Gittite. The king told the troops,
myself will surely march out with you."
3 But the men said, "You must not go out; if we are
rced to flee, they won't care about us. Even if half of
die, they won't care; but you are worth ten thou-
nd of us.[y] It would be better now for you to give us
pport from the city."
4 The king answered, "I will do whatever seems best
you."
So the king stood beside the gate while all his men
arched out in units of hundreds and of thousands.
he king commanded Joab, Abishai and Ittai, "Be
ntle with the young man Absalom for my sake." And
the troops heard the king giving orders concerning
salom to each of the commanders.
6 David's army marched out of the city to fight
rael, and the battle took place in the forest of
hraim. 7 There Israel's troops were routed by David's
en, and the casualties that day were great – twenty
ousand men. 8 The battle spread out over the whole
untryside, and the forest swallowed up more men
at day than the sword.

9 Now Absalom happened to meet David's men.
was riding his mule, and as the mule went under
e thick branches of a large oak, Absalom's hair got
ught in the tree. He was left hanging in midair,
ile the mule he was riding kept on going.
10 When one of the men saw what had happened,
told Joab, "I just saw Absalom hanging in an
k tree."

7:25 Hebrew *Ithra*, a variant of *Jether*
7:25 Some Septuagint manuscripts (see also 1 Chron. 2:17);
brew and other Septuagint manuscripts *Israelite*
7:25 Hebrew *Abigal*, a variant of *Abigail*
7:28 Most Septuagint manuscripts and Syriac; Hebrew *lentils,*
l roasted grain
8:3 Two Hebrew manuscripts, some Septuagint manuscripts
d Vulgate; most Hebrew manuscripts *care; for now there are ten*
usand like us

d'un Israélite[h] nommé Yitra qui avait eu une relation avec
Abigaïl, fille de Nahash, sœur de Tserouya, la mère de Joab.
26 Absalom et les Israélites établirent leur campement dans
le pays de Galaad.
27 Lorsque David arriva à Mahanaïm, il fut accueilli par
Shovi, fils de Nahash de Rabba des Ammonites, Makir,
fils d'Ammiel de Lo-Debar[i] et Barzillaï, le Galaadite de
Roguelim. 28 Ils apportèrent du matériel de couchage, des
lainages et de la vaisselle, du blé, de l'orge, de la farine,
des épis grillés, des fèves, des lentilles, 29 du miel, du lait
caillé et du fromage pour ravitailler David et ses gens, car
ils se disaient : Ces gens doivent être exténués par leur
marche à travers le désert, ils ont sûrement faim et soif.

La bataille décisive

18 1 David passa en revue les troupes qui étaient avec
lui et il nomma des officiers, chefs de « milliers »
et de « centaines ». 2 Ensuite, il partagea l'armée en trois
corps qu'il confia à Joab, à Abishaï, fils de Tserouya, frère
de Joab, et à Ittaï, de Gath[j]. Puis il annonça à la troupe
qu'il les accompagnerait lui-même au combat. 3 Mais les
soldats s'écrièrent : Non, tu ne dois pas venir avec nous !
Car si nous étions mis en fuite, on ne ferait pas attention à
nous, et si même la moitié d'entre nous succombait, on n'y
attacherait pas d'importance, mais toi, tu comptes autant
que dix mille d'entre nous ; d'autre part, il est préférable
que tu puisses à tout moment venir à notre aide depuis
la ville.
4 Le roi leur dit : Je ferai ce que vous jugerez bon.
Il se plaça donc près de la porte de la ville et toute
l'armée sortit par « centaines » et par « milliers[k] ». 5 Le
roi donna cet ordre à Joab, à Abishaï et à Ittaï : Par égard
pour moi, ménagez le jeune Absalom !
Toute la troupe l'entendit donner cet ordre à tous les
chefs de l'armée au sujet d'Absalom. 6 L'armée sortit dans
la campagne pour aller combattre Israël. La bataille s'engagea dans la forêt d'Ephraïm[l]. 7 L'armée d'Israël fut battue
là par les hommes de David, elle subit une lourde perte de
vingt mille hommes. 8 Les combattants s'éparpillèrent sur
toute la région et, ce jour-là, ceux qui trouvèrent la mort
dans la forêt furent plus nombreux que ceux qui furent
tués par l'épée.

La fin d'Absalom

9 Absalom se trouva soudain face à face avec des hommes
de David ; il s'enfuit sur son mulet qui s'engagea sous les
branches enchevêtrées d'un grand chêne. Sa chevelure
s'accrocha aux branches de l'arbre et il demeura suspendu
entre ciel et terre tandis que son mulet s'échappait sous
lui. 10 Un soldat le vit et le rapporta à Joab. Il dit : Je viens
de voir Absalom suspendu à un chêne.

h **17.25** Selon le texte hébreu traditionnel et certains manuscrits de l'ancienne version grecque. D'autres manuscrits de cette ancienne version et 1 Ch 2.17 ont : *un Ismaélite*.
i **17.27** *Makir* qui avait recueilli Mephibosheth (9.4).
j **18.2** *Joab* et *Abishaï* sont deux neveux de David (voir 2.18). Pour *Ittaï*, voir 15.18-22.
k **18.4** Ces « *centaines* » et ces « *milliers* » étaient peut-être des corps d'armée comprenant respectivement quelques dizaines et quelques centaines d'hommes.
l **18.6** Cette forêt semble se situer, non sur le territoire d'Ephraïm, mais à l'est du Jourdain. Elle fut appelée ainsi soit parce que les Ephraïmites avaient manifesté des prétentions sur cette région, soit parce que certains d'entre eux s'étaient établis là.

[11]Joab said to the man who had told him this, "What! You saw him? Why didn't you strike him to the ground right there? Then I would have had to give you ten shekels[z] of silver and a warrior's belt."

[12]But the man replied, "Even if a thousand shekels[a] were weighed out into my hands, I would not lay a hand on the king's son. In our hearing the king commanded you and Abishai and Ittai, 'Protect the young man Absalom for my sake.[b]' [13]And if I had put my life in jeopardy[c] – and nothing is hidden from the king – you would have kept your distance from me."

[14]Joab said, "I'm not going to wait like this for you." So he took three javelins in his hand and plunged them into Absalom's heart while Absalom was still alive in the oak tree. [15]And ten of Joab's armor-bearers surrounded Absalom, struck him and killed him.

[16]Then Joab sounded the trumpet, and the troops stopped pursuing Israel, for Joab halted them. [17]They took Absalom, threw him into a big pit in the forest and piled up a large heap of rocks over him. Meanwhile, all the Israelites fled to their homes.

[18]During his lifetime Absalom had taken a pillar and erected it in the King's Valley as a monument to himself, for he thought, "I have no son to carry on the memory of my name." He named the pillar after himself, and it is called Absalom's Monument to this day.

David Mourns

[19]Now Ahimaaz son of Zadok said, "Let me run and take the news to the king that the LORD has vindicated him by delivering him from the hand of his enemies."

[20]"You are not the one to take the news today," Joab told him. "You may take the news another time, but you must not do so today, because the king's son is dead."

[21]Then Joab said to a Cushite, "Go, tell the king what you have seen." The Cushite bowed down before Joab and ran off.

[22]Ahimaaz son of Zadok again said to Joab, "Come what may, please let me run behind the Cushite."

But Joab replied, "My son, why do you want to go? You don't have any news that will bring you a reward."

[23]He said, "Come what may, I want to run."

So Joab said, "Run!" Then Ahimaaz ran by way of the plain[d] and outran the Cushite.

[24]While David was sitting between the inner and outer gates, the watchman went up to the roof of the

---

[z] **18:11** That is, about 4 ounces or about 115 grams
[a] **18:12** That is, about 25 pounds or about 12 kilograms
[b] **18:12** A few Hebrew manuscripts, Septuagint, Vulgate and Syriac; most Hebrew manuscripts may be translated *Absalom, whoever you may be.*
[c] **18:13** Or *Otherwise, if I had acted treacherously toward him*
[d] **18:23** That is, the plain of the Jordan

[11]Joab lui dit : Comment ? Tu l'as vu ! Alors pourqu ne l'as-tu pas abattu sur-le-champ ? Je t'aurais bien do né une centaine de grammes d'argent[m] et une ceintu d'apparat.

[12]Mais le soldat lui répondit : Non, même si tu me pesa et me mettais en main mille pièces d'argent, je ne portera pas la main sur le fils du roi, car nous avons entendu l'o dre que le roi t'a donné, à toi comme à Abishaï et à Itta lorsqu'il a dit : « Par égard pour moi, épargnez le jeu Absalom. » [13]D'ailleurs, si j'avais agi traîtreusement a péril de ma vie, le roi aurait fini par le découvrir – car ri ne lui demeure caché – et toi-même tu te serais bien gar d'intervenir en ma faveur.

[14]Joab s'écria : Je n'ai pas de temps à perdre à rester avec toi.

Il empoigna trois épieux et les planta dans la poitri d'Absalom retenu vivant au milieu du chêne. [15]Puis l dix soldats qui portaient les armes de Joab entourère aussitôt Absalom et lui portèrent leurs coups po l'achever.

[16]Alors Joab fit sonner du cor pour arrêter le comba Son armée cessa de poursuivre celle d'Israël et prit le ch min du retour, car Joab voulait épargner le peuple. [17](saisit le corps d'Absalom et on le jeta dans une fosse pr fonde en pleine forêt, puis on accumula sur lui un énorn tas de pierres. Pendant ce temps, les hommes d'Israël s'e fuirent, chacun chez soi.

[18]De son vivant, Absalom s'était fait ériger la stèle q est dans la vallée royale[n], car il disait : Je n'ai pas de fi pour perpétuer mon nom.

Il avait donné son propre nom à la stèle qui s'appel encore aujourd'hui le Monument d'Absalom.

David apprend la mort d'Absalom

[19]Ahimaats, fils de Tsadoq, dit à Joab : Permets-moi courir annoncer au roi la nouvelle que l'Eternel lui a ren justice en le délivrant de ses ennemis.

[20]Joab lui répondit : Si tu y vas, tu ne seras pas porte d'une bonne nouvelle aujourd'hui. Tu pourras être u autre fois porteur de bonnes nouvelles. Mais aujourd'h ce ne sera pas une bonne nouvelle puisque le fils du r est mort.

[21]Joab dit à un Ethiopien : Va raconter au roi ce que as vu.

L'homme s'inclina devant Joab et partit en courant.

[22]Ahimaats, fils de Tsadoq, revint à la charge et insis auprès de Joab : Advienne que pourra ! Laisse-moi cour derrière cet Ethiopien.

Mais Joab lui dit : Pourquoi veux-tu courir, mon am Pareille nouvelle ne te vaudra aucune récompense !

[23]Advienne que pourra, répéta-t-il, je voudrais y cour – Eh bien, cours donc, lui dit Joab.

Ahimaats s'élança sur le chemin de la plaine du Jourda et dépassa l'Ethiopien.

[24]David était assis entre la porte extérieure et la por intérieure de la ville. La sentinelle se rendit sur le rempa

---

[m] **18.11** Dix fois l'unité, le sicle, celui-ci étant de 11,4 g.
[n] **18.18** Située aux environs de Jérusalem (voir Gn 14.17).

teway by the wall. As he looked out, he saw a man
nning alone. 25 The watchman called out to the king
d reported it.
The king said, “If he is alone, he must have good
ws.” And the runner came closer and closer.
26 Then the watchman saw another runner, and he
lled down to the gatekeeper, “Look, another man
nning alone!”
The king said, “He must be bringing good news,
o.”
27 The watchman said, “It seems to me that the first
e runs like Ahimaaz son of Zadok.”
“He’s a good man,” the king said. “He comes with
od news.”
28 Then Ahimaaz called out to the king, “All is well!”
e bowed down before the king with his face to the
ound and said, “Praise be to the Lord your God! He
s delivered up those who lifted their hands against
y lord the king.”
29 The king asked, “Is the young man Absalom safe?”
Ahimaaz answered, “I saw great confusion just as
ab was about to send the king’s servant and me, your
rvant, but I don’t know what it was.”
30 The king said, “Stand aside and wait here.” So he
epped aside and stood there.
31 Then the Cushite arrived and said, “My lord the
ng, hear the good news! The Lord has vindicated you
day by delivering you from the hand of all who rose
against you.”
32 The king asked the Cushite, “Is the young man
salom safe?”
The Cushite replied, “May the enemies of my lord
e king and all who rise up to harm you be like that
ung man.”

33 The king was shaken. He went up to the room over
e gateway and wept. As he went, he said: “O my son
salom! My son, my son Absalom! If only I had died
stead of you – O Absalom, my son, my son!”[e]

9 1 [f]Joab was told, “The king is weeping and
mourning for Absalom.” 2 And for the whole
my the victory that day was turned into mourning,
cause on that day the troops heard it said, “The
ng is grieving for his son.” 3 The men stole into the
y that day as men steal in who are ashamed when
ey flee from battle. 4 The king covered his face and
ied aloud, “O my son Absalom! O Absalom, my son,
y son!”
5 Then Joab went into the house to the king and
id, “Today you have humiliated all your men, who
ve just saved your life and the lives of your sons and
ughters and the lives of your wives and concubines.
ou love those who hate you and hate those who love
u. You have made it clear today that the command-
s and their men mean nothing to you. I see that you
uld be pleased if Absalom were alive today and all
us were dead. 7 Now go out and encourage your men.

8:33 In Hebrew texts this verse (18:33) is numbered 19:1.
n Hebrew texts 19:1-43 is numbered 19:2-44.

au-dessus de la porte, et scruta l’horizon. Soudain, elle
aperçut au loin un homme qui courait seul. 25 La sentinelle
cria la nouvelle pour en informer le roi. Celui-ci lui répondit : S’il est seul, il apporte une bonne nouvelle.
L’homme poursuivait sa course et s’approchait. 26 Alors
la sentinelle aperçut un autre homme qui courait. Elle
cria au gardien de la porte : Voilà un autre coureur isolé.
Le roi déclara : Lui aussi apporte une bonne nouvelle.

27 La sentinelle reprit : A la manière de courir du premier,
je crois reconnaître Ahimaats, fils de Tsadoq.
Le roi dit : C’est un homme de bien, et il apporte certainement une bonne nouvelle.
28 Ahimaats s’approcha et s’écria en s’adressant au roi :
Tout va bien !
Puis il se prosterna devant le roi, le visage contre terre,
et dit : Béni soit l’Eternel ton Dieu, qui t’a donné la victoire
sur ceux qui avaient osé s’attaquer au roi mon seigneur.
29 Le roi lui demanda : Est-ce que le jeune Absalom est
sain et sauf ?
Ahimaats répondit : Au moment où Joab m’a envoyé vers
toi en même temps qu’un autre serviteur, j’ai vu qu’on
s’agitait beaucoup, mais je ne sais pas pourquoi.
30 Le roi lui dit : Mets-toi de côté et tiens-toi là.
Il s’écarta et attendit.
31 Alors l’Ethiopien arriva et dit : C’est une bonne nouvelle que je viens apprendre au roi mon seigneur, car
l’Eternel t’a rendu justice aujourd’hui en te délivrant de
tous ceux qui s’étaient révoltés contre toi.
32 Le roi lui demanda alors : Le jeune Absalom, est-il sain
et sauf ?
L’Ethiopien répondit : Que tous les ennemis de mon seigneur le roi et tous ceux qui se révoltent contre toi pour te
faire du mal subissent le même sort que ce jeune homme.

David pleure son fils

19 1 Alors le roi frémit ; il monta dans la chambre
supérieure au-dessus de la porte et pleura. Tout en
marchant et sanglotant, il ne cessait de répéter : Mon fils
Absalom ! Mon fils, mon fils Absalom ! Si seulement j’étais
mort à ta place ! Absalom, mon fils, mon fils !
2 On vint dire à Joab : Voici que le roi pleure et mène
deuil sur Absalom.
3 Et ce jour-là, au lieu de chanter la victoire, tout le peuple mena le deuil, car il avait entendu dire que le roi était
accablé de douleur à cause de la mort de son fils. 4 Ce même
jour, tous les hommes rentrèrent à la dérobée dans la ville
comme une armée honteuse d’avoir pris la fuite dans une
bataille. 5 Le roi s’était voilé le visage[o] et continuait à crier :
Mon fils Absalom ! Absalom, mon fils, mon fils !
6 Joab alla le trouver dans la maison et lui dit : Tes soldats
viennent de te sauver la vie ainsi que celle de tes fils et de
tes filles, de tes femmes et de tes épouses de second rang,
et aujourd’hui, toi, tu les couvres de honte. 7 Tu aimes ceux
qui te haïssent, et tu hais ceux qui t’aiment, et tu montres aujourd’hui que les chefs de ton armée et les hommes
qui te servent ne comptent pour rien à tes yeux. Oui, je
vois bien à présent que si Absalom était vivant et si nous
étions tous morts, tu trouverais cela bien. 8 Maintenant
ressaisis-toi, sors et adresse à tes soldats des paroles de

o 19.5 En signe de tristesse et de deuil (voir15.30 ; Jr 14.3-4).

I swear by the Lord that if you don't go out, not a man will be left with you by nightfall. This will be worse for you than all the calamities that have come on you from your youth till now."

8 So the king got up and took his seat in the gateway. When the men were told, "The king is sitting in the gateway," they all came before him.

Meanwhile, the Israelites had fled to their homes.

David Returns to Jerusalem

9 Throughout the tribes of Israel, all the people were arguing among themselves, saying, "The king delivered us from the hand of our enemies; he is the one who rescued us from the hand of the Philistines. But now he has fled the country to escape from Absalom; 10 and Absalom, whom we anointed to rule over us, has died in battle. So why do you say nothing about bringing the king back?"

11 King David sent this message to Zadok and Abiathar, the priests: "Ask the elders of Judah, 'Why should you be the last to bring the king back to his palace, since what is being said throughout Israel has reached the king at his quarters? 12 You are my relatives, my own flesh and blood. So why should you be the last to bring back the king?' 13 And say to Amasa, 'Are you not my own flesh and blood? May God deal with me, be it ever so severely, if you are not the commander of my army for life in place of Joab.' "

14 He won over the hearts of the men of Judah so that they were all of one mind. They sent word to the king, "Return, you and all your men." 15 Then the king returned and went as far as the Jordan.

Now the men of Judah had come to Gilgal to go out and meet the king and bring him across the Jordan. 16 Shimei son of Gera, the Benjamite from Bahurim, hurried down with the men of Judah to meet King David. 17 With him were a thousand Benjamites, along with Ziba, the steward of Saul's household, and his fifteen sons and twenty servants. They rushed to the Jordan, where the king was. 18 They crossed at the ford to take the king's household over and to do whatever he wished.

When Shimei son of Gera crossed the Jordan, he fell prostrate before the king 19 and said to him, "May my lord not hold me guilty. Do not remember how your servant did wrong on the day my lord the king left Jerusalem. May the king put it out of his mind. 20 For I your servant know that I have sinned, but today I have come here as the first from the tribes of Joseph to come down and meet my lord the king."

21 Then Abishai son of Zeruiah said, "Shouldn't Shimei be put to death for this? He cursed the Lord's anointed."

22 David replied, "What does this have to do with you, you sons of Zeruiah? What right do you have to

félicitations et d'encouragements ! Car je te jure par l'Ete nel que si tu ne le fais pas, pas un seul homme ne reste cette nuit avec toi. Et ce sera pour toi le pire des malheu qui te soit arrivé depuis ta jeunesse.

9 Alors le roi se leva et alla s'installer à la porte. On annoncer à toute l'armée que le roi siégeait à la porte tous vinrent se présenter devant lui.

David prépare son retour à Jérusalem

Quant aux soldats d'Israël, ils s'étaient enfuis, ch cun chez soi 10 et, dans toutes les tribus d'Israël, tout monde discutait en disant : Le roi nous avait délivrés nos ennemis : c'est lui en particulier qui nous a délivrés d Philistins, et maintenant il a dû s'enfuir à cause d'Absalo et quitter le pays. 11 Cet Absalom à qui nous avions co féré l'onction pour en faire notre roi est mort au comba Qu'attendez-vous donc pour rappeler David et le rétab comme roi ?

12 Ce qui se disait dans tout Israël était parvenu jusqu'a oreilles du roi[p]. Alors il envoya dire aux prêtres Tsadoq Abiatar : Allez parler aux responsables de Juda et dite leur : « Pourquoi seriez-vous les derniers à faire reven le roi chez lui ? 13 Vous êtes les frères du roi, vous êt sa tribu. Alors pourquoi seriez-vous les derniers à fai revenir le roi ? » 14 Vous direz ensuite à Amasa : « Tu es ma proche parenté, n'est-ce pas ? A partir d'aujourd'h je te nomme chef de l'armée en remplacement de Joa Que Dieu me punisse très sévèrement si je n'exécute p cette promesse. »

15 En parlant ainsi, David gagna le cœur de tous les hor mes de Juda de façon unanime. Alors ils firent dire au ro Reviens ici avec tous tes serviteurs !

David épargne Shimeï

16 Le roi prit donc le chemin du retour et atteignit l bords du Jourdain ; tout Juda était accouru à Guilgal po l'accueillir et lui faire traverser la rivière. 17 Shimeï, fils Guéra, le Benjaminite de Bahourim, se hâta de descend avec les hommes de Juda à la rencontre du roi David. 18 était accompagné de mille autres Benjaminites ainsi q de Tsiba, l'intendant de la famille de Saül, de ses quinze f et ses vingt serviteurs. Ils se précipitèrent vers le Jourda au-devant du roi, 19 pendant qu'un radeau allait traverser rivière pour faire passer la famille royale de l'autre côté, exécuter ce que le roi jugerait bon. Shimeï se jeta aux pie du roi au moment où il s'apprêtait à passer le Jourdain 20 lui dit : Que mon seigneur veuille bien ne pas tenir comp de ma faute et ne pas se souvenir du mal que son servite a commis le jour où mon seigneur le roi a quitté Jérusaler Que le roi ne m'en garde pas rancune ! 21 Car ton servite reconnaît qu'il a péché. Mais aujourd'hui, comme tu pe le voir, je suis le premier de tous les descendants de Jose à venir accueillir mon seigneur le roi.

22 Abishaï, fils de Tserouya, intervint et dit au roi : Shim a maudit celui à qui l'Eternel a conféré l'onction. Apr cela, ne mérite-t-il pas la mort ?

23 Mais David dit : De quoi vous mêlez-vous, fils Tserouya, pour vous comporter aujourd'hui com mes adversaires ? Est-ce vraiment un jour pour mett

p 19.12 Certains intègrent les mots : *ce qui se disait ... oreilles du roi* aux propos du roi : *pourquoi seriez-vous les derniers à faire revenir le roi alors qu ce qui se dit dans tout Israël est parvenu jusqu'à ses oreilles ?*

ıterfere? Should anyone be put to death in Israel to-
ay? Don't I know that today I am king over Israel?"
So the king said to Shimei, "You shall not die." And
e king promised him on oath.

24 Mephibosheth, Saul's grandson, also went down
meet the king. He had not taken care of his feet or
immed his mustache or washed his clothes from
e day the king left until the day he returned safely.
When he came from Jerusalem to meet the king,
e king asked him, "Why didn't you go with me,
ephibosheth?"
26 He said, "My lord the king, since I your servant
n lame, I said, 'I will have my donkey saddled and
ill ride on it, so I can go with the king.' But Ziba my
rvant betrayed me. 27 And he has slandered your
rvant to my lord the king. My lord the king is like an
ıgel of God; so do whatever you wish. 28 All my grand-
ther's descendants deserved nothing but death from
y lord the king, but you gave your servant a place
nong those who eat at your table. So what right do I
ave to make any more appeals to the king?"

29 The king said to him, "Why say more? I order you
d Ziba to divide the land."
30 Mephibosheth said to the king, "Let him take
erything, now that my lord the king has returned
ome safely."

31 Barzillai the Gileadite also came down from
ogelim to cross the Jordan with the king and to
nd him on his way from there. 32 Now Barzillai was
ry old, eighty years of age. He had provided for the
ng during his stay in Mahanaim, for he was a very
ealthy man. 33 The king said to Barzillai, "Cross over
ith me and stay with me in Jerusalem, and I will
ovide for you."
34 But Barzillai answered the king, "How many more
ars will I live, that I should go up to Jerusalem with
e king? 35 I am now eighty years old. Can I tell the
fference between what is enjoyable and what is not?
n your servant taste what he eats and drinks? Can I
ill hear the voices of male and female singers? Why
ould your servant be an added burden to my lord
e king? 36 Your servant will cross over the Jordan
ith the king for a short distance, but why should the
ng reward me in this way? 37 Let your servant return,
at I may die in my own town near the tomb of my
ther and mother. But here is your servant Kimham.
t him cross over with my lord the king. Do for him
hatever you wish."

38 The king said, "Kimham shall cross over with me,
d I will do for him whatever you wish. And anything
u desire from me I will do for you."
39 So all the people crossed the Jordan, and then
e king crossed over. The king kissed Barzillai and
d him farewell, and Barzillai returned to his home.

quelqu'un à mort en Israël ? Est-ce que je n'ai pas aujourd'hui l'assurance de régner sur Israël ?
24 Puis, se tournant vers Shimeï, le roi lui déclara : Tu ne
mourras pas, je te le jure.

Mephibosheth s'explique à David

25 Mephibosheth, fils de Saül, vint aussi à la rencontre
du roi. Il ne s'était ni lavé les pieds, ni taillé la barbe, ni
nettoyé les vêtements[q], depuis le jour où le roi était parti
de Jérusalem jusqu'à celui où il revenait en paix. 26 Lorsqu'il
se rendit au-devant du roi à Jérusalem, celui-ci lui demanda : Pourquoi n'es-tu pas venu avec moi, Mephibosheth ?

27 Il répondit : O roi mon seigneur, mon intendant m'a
trompé, car ton serviteur s'était dit : « Je vais faire seller
mon ânesse, je la monterai – puisque ton serviteur est infirme – et je partirai avec le roi. » 28 Mais mon intendant
a calomnié ton serviteur auprès de mon seigneur le roi.
Heureusement, mon seigneur le roi est comme un ange
de Dieu. Fais donc ce que tu jugeras bon. 29 Car tous les
membres de la famille de mon grand-père Saül n'avaient
rien d'autre à attendre de mon seigneur le roi que la mort ;
malgré cela, tu as accueilli ton serviteur parmi ceux qui
mangent à ta table. Quel droit aurais-je encore d'implorer
d'autres faveurs de la part du roi ?
30 Le roi lui répondit : A quoi bon tant de paroles ? Je
décide que toi et Tsiba, vous vous partagerez les terres.
31 Alors Mephibosheth dit au roi : Il peut même tout prendre, puisque mon seigneur le roi rentre chez lui en paix.

David récompense Barzillaï

32 Barzillaï, le Galaadite, était aussi venu de Roguelim
pour accompagner le roi lors de la traversée de la rivière,
et pour prendre congé de lui sur la rive. 33 Barzillaï était un
vieillard de quatre-vingts ans. C'est lui qui avait pourvu
à l'entretien du roi pendant son séjour à Mahanaïm, car
c'était un homme très riche. 34 Le roi dit à Barzillaï : Viens,
passe la rivière avec moi. Je pourvoirai à tout ton entretien
auprès de moi à Jérusalem.
35 Mais Barzillaï répondit au roi : Combien d'années me
reste-t-il à vivre pour que j'aille avec le roi à Jérusalem ?
36 J'ai maintenant quatre-vingts ans et je ne suis plus capable de distinguer ce qui est bon de ce qui est mauvais.
Ton serviteur ne peut même plus apprécier ce qu'il mange
et ce qu'il boit, ni entendre la voix des chanteurs et des
chanteuses. Alors pourquoi serait-il encore à charge à mon
seigneur le roi ? 37 Ton serviteur traversera le Jourdain
pour faire un petit bout de chemin avec le roi. D'ailleurs,
je ne vois pas pourquoi le roi m'accorderait une telle récompense. 38 Permets donc à ton serviteur de revenir chez
lui pour que je meure dans ma ville, près de la tombe de
mon père et de ma mère ! Mais voici mon fils[r], ton serviteur
Kimham, il peut accompagner mon seigneur le roi ; fais
pour lui ce que tu jugeras bon.
39 Le roi dit : D'accord ! Que Kimham vienne avec moi,
et je ferai pour lui ce que tu jugeras bon ; je ferai pour toi
tout ce que tu désireras que je fasse.
40 Quand tout le monde eut traversé le Jourdain et que
le roi l'eut aussi passé, il embrassa Barzillaï et le bénit,

---

q **19.25** Signes de tristesse et de deuil.
r **19.38** *mon fils:* rajouté d'après l'ancienne version grecque.

40 When the king crossed over to Gilgal, Kimham crossed with him. All the troops of Judah and half the troops of Israel had taken the king over.

41 Soon all the men of Israel were coming to the king and saying to him, "Why did our brothers, the men of Judah, steal the king away and bring him and his household across the Jordan, together with all his men?"

42 All the men of Judah answered the men of Israel, "We did this because the king is closely related to us. Why are you angry about it? Have we eaten any of the king's provisions? Have we taken anything for ourselves?"

43 Then the men of Israel answered the men of Judah, "We have ten shares in the king; so we have a greater claim on David than you have. Why then do you treat us with contempt? Weren't we the first to speak of bringing back our king?"

But the men of Judah pressed their claims even more forcefully than the men of Israel.

Sheba Rebels Against David

20 1 Now a troublemaker named Sheba son of Bikri, a Benjamite, happened to be there. He sounded the trumpet and shouted,

"We have no share in David,
no part in Jesse's son!
Every man to his tent, Israel!"

2 So all the men of Israel deserted David to follow Sheba son of Bikri. But the men of Judah stayed by their king all the way from the Jordan to Jerusalem.

3 When David returned to his palace in Jerusalem, he took the ten concubines he had left to take care of the palace and put them in a house under guard. He provided for them but had no sexual relations with them. They were kept in confinement till the day of their death, living as widows.

4 Then the king said to Amasa, "Summon the men of Judah to come to me within three days, and be here yourself." 5 But when Amasa went to summon Judah, he took longer than the time the king had set for him. 6 David said to Abishai, "Now Sheba son of Bikri will do us more harm than Absalom did. Take your master's men and pursue him, or he will find fortified cities and escape from us."[g] 7 So Joab's men and the Kerethites and Pelethites and all the mighty warriors went out under the command of Abishai. They marched out from Jerusalem to pursue Sheba son of Bikri.

8 While they were at the great rock in Gibeon, Amasa came to meet them. Joab was wearing his military tunic, and strapped over it at his waist was a belt with a dagger in its sheath. As he stepped forward, it dropped out of its sheath.

[g] **20:6** Or *and do us serious injury*

puis Barzillaï s'en retourna chez lui. 41 Le roi poursuivit route en direction de Guilgal, et Kimham l'accompagn

Rivalité entre Juda et Israël

Toute la troupe de Juda et la moitié des Israélites du No étaient présents lorsque le roi avait traversé le Jourdai 42 Alors les gens du Nord vinrent trouver le roi et lui d mandèrent : Pourquoi nos compatriotes, les hommes Juda, se sont-ils emparés furtivement de toi pour te fai traverser le Jourdain, toi, ta famille et tous tes gens ?

43 Les Judéens répondirent aux hommes d'Israël : C'e que le roi nous est apparenté. Quelle raison y a-t-il là po vous mettre en colère ? Avons-nous vécu aux dépens roi ? Nous a-t-il fait des cadeaux ?

44 Les hommes d'Israël répliquèrent aux Judéens : Le r nous appartient dix fois autant qu'à vous, et même s David nous avons plus de droits que vous. Pourquoi no avez-vous traités avec un tel mépris ? N'avons-nous p été les premiers à proposer de faire revenir notre roi ? Mais les hommes de Juda furent encore plus durs da leurs répliques que les hommes d'Israël.

La révolte de Shéba

20 1 Il se trouvait là un vaurien nommé Shéba, f de Bikri, de la tribu de Benjamin. Il sonna du c et proclama : Nous n'avons rien à faire avec David, ri de commun avec le fils d'Isaï ! Rentrons chacun chez s hommes d'Israël !

2 Et tous les hommes d'Israël du Nord se détachèrent David pour se rallier à Shéba, fils de Bikri. Seuls les hor mes de Juda restèrent attachés à leur roi et l'escortère depuis le Jourdain jusqu'à Jérusalem.

3 Dès son arrivée au palais, David fit chercher les d épouses de second rang qu'il avait laissées pour garder palais et les installa dans une maison bien gardée, il le donna tout ce qui leur était nécessaire ; mais il n'eut pl de relations avec elles. Dès lors, elles furent séquestré jusqu'au jour de leur mort, menant la vie des veuves[s].

Joab assassine Amasa

4 Le roi ordonna à Amasa[t] : Mobilise d'ici trois jours l hommes de Juda, puis viens te présenter ici avec eux.

5 Amasa alla mobiliser Juda, mais il tarda au-delà délai fixé par le roi pour le rendez-vous avec lui. 6 Alo David dit à Abishaï : Shéba, fils de Bikri, va maintena nous faire plus de tort qu'Absalom. Pars donc à la tête la garnison royale et poursuis-le ! Il ne faut pas qu'il a le temps de trouver abri dans des villes fortifiées où nous échapperait.

7 Ainsi Abishaï partit avec la troupe commandée p Joab, ainsi qu'avec les Kérétiens et les Pélétiens et tous soldats de métier. Ils quittèrent Jérusalem afin de pou suivre Shéba, fils de Bikri.

8 Lorsqu'ils furent arrivés près de la grande pierre Gabaon, ils virent Amasa venir au-devant d'eux. Joab po tait alors sur sa tenue un ceinturon auquel était attach sur ses reins, le fourreau contenant son épée. Celle-ci to ba pendant que Joab s'avançait.

[s] **20.3** Pour la raison de cette décision, voir 15.16 ; 16.21-22.
[t] **20.4** Voir 17.25 ; 19.14. David écarte Joab qui a mis Absalom à mort, contre ses ordres (18.12-15).

9Joab said to Amasa, "How are you, my brother?"
ıen Joab took Amasa by the beard with his right
ınd to kiss him. 10Amasa was not on his guard
ainst the dagger in Joab's hand, and Joab plunged
into his belly, and his intestines spilled out on the
ound. Without being stabbed again, Amasa died.
ıen Joab and his brother Abishai pursued Sheba son
Bikri.
11One of Joab's men stood beside Amasa and said,
Vhoever favors Joab, and whoever is for David, let
m follow Joab!" 12Amasa lay wallowing in his blood
the middle of the road, and the man saw that all
e troops came to a halt there. When he realized that
eryone who came up to Amasa stopped, he dragged
m from the road into a field and threw a garment
er him. 13After Amasa had been removed from the
ad, everyone went on with Joab to pursue Sheba
n of Bikri.

14Sheba passed through all the tribes of Israel to
oel Beth Maakah and through the entire region of
e Bikrites,[h] who gathered together and followed
m. 15All the troops with Joab came and besieged
eba in Abel Beth Maakah. They built a siege ramp
to the city, and it stood against the outer fortifica-
ons. While they were battering the wall to bring it
own, 16a wise woman called from the city, "Listen!
sten! Tell Joab to come here so I can speak to him."
He went toward her, and she asked, "Are you Joab?"
"I am," he answered.
She said, "Listen to what your servant has to say."
"I'm listening," he said.

18She continued, "Long ago they used to say, 'Get
ur answer at Abel,' and that settled it. 19We are the
eaceful and faithful in Israel. You are trying to de-
roy a city that is a mother in Israel. Why do you want
swallow up the LORD's inheritance?"

20"Far be it from me!" Joab replied, "Far be it from
e to swallow up or destroy! 21That is not the case. A
an named Sheba son of Bikri, from the hill country
Ephraim, has lifted up his hand against the king,
ainst David. Hand over this one man, and I'll with-
aw from the city."
The woman said to Joab, "His head will be thrown
you from the wall."
22Then the woman went to all the people with her
se advice, and they cut off the head of Sheba son of
kri and threw it to Joab. So he sounded the trumpet,
d his men dispersed from the city, each returning to
s home. And Joab went back to the king in Jerusalem.

avid's Officials

23Joab was over Israel's entire army;
Benaiah son of Jehoiada was over the Kerethites
d Pelethites;
24Adoniram[i] was in charge of forced labor;
Jehoshaphat son of Ahilud was recorder;

0:14 See Septuagint and Vulgate; Hebrew *Berites*.
0:24 Some Septuagint manuscripts (see also 1 Kings 4:6 and
4); Hebrew *Adoram*

9Joab dit à Amasa : Vas-tu bien, mon frère ?
De la main droite, il saisit la barbe d'Amasa pour l'embrasser. 10Ce dernier ne prit pas garde à l'épée qui se
trouvait dans la main gauche de Joab. Celui-ci la lui plongea dans le ventre et répandit ses intestins à terre, sans
lui porter un second coup, et Amasa mourut sur le champ.
Après cela, Joab et son frère Abishaï reprirent la poursuite
de Shéba, fils de Bikri.
11Un jeune soldat de Joab s'était arrêté près du cadavre
d'Amasa en répétant : Que tous ceux qui sont partisans de
Joab et qui sont pour David suivent Joab !
12Or, Amasa gisait dans son sang au milieu de la route ;
le soldat vit que toute la troupe s'arrêtait. Alors il ôta le
corps d'Amasa du chemin en le tirant dans un champ, et
le couvrit d'une couverture. 13Une fois le cadavre enlevé
de la route, tous les hommes continuèrent leur chemin à
la suite de Joab pour poursuivre Shéba, fils de Bikri.

La fin de Shéba

14Ils parcoururent toutes les tribus d'Israël en direction d'Abel-Beth-Maaka[u]. Tous les hommes de Bérim se
rassemblèrent et marchèrent aussi à la suite de Joab 15qui,
avec ses troupes, arriva à la ville d'Abel-Beth-Maaka et
l'assiégea. On dressa un remblai de terre contre la ville
jusqu'au niveau du rempart extérieur. Toute l'armée de
Joab se mit à creuser des sapes sous la muraille pour la
faire s'écrouler. 16Alors une femme avisée se mit à crier
du haut du rempart de la ville : Ecoutez, écoutez ! Dites, je
vous prie, à Joab : « Approche jusqu'ici, je veux te parler ! »
17Joab s'approcha d'elle et la femme lui demanda : Es-
tu Joab ?
– Oui, c'est moi, répondit-il.
Elle lui dit : Ecoute les paroles de ta servante !
– J'écoute.
18Elle poursuivit : Autrefois on répétait le dicton :
« Demandez conseil dans Abel ! et l'affaire sera réglée ! »
19Nous sommes parmi les gens les plus paisibles et les plus
loyaux d'Israël. Et toi tu veux détruire une ville qui est une
métropole en Israël ! Pourquoi ruinerais-tu une cité qui
fait partie du pays de l'Eternel ?
20Joab s'écria : Sûrement pas ! Je ne veux ni détruire ni
ruiner quoi que ce soit. 21Ce n'est pas de cela qu'il s'agit.
Mais un homme de la région montagneuse d'Ephraïm nommé Shéba, fils de Bikri, s'est révolté contre le roi David.
Livrez-le, lui seul, et je lèverai le siège de la ville.
La femme lui répondit : Eh bien, sa tête te sera lancée
par-dessus la muraille.

22La femme alla trouver tous ses concitoyens et leur
parla avec sagesse. Ils coupèrent la tête de Shéba et la
lancèrent à Joab. Alors celui-ci fit sonner du cor et les assiégeants se retirèrent de la ville, chacun rentra chez soi.
Joab retourna à Jérusalem, auprès du roi.

Les fonctionnaires de David

23Joab resta à la tête de toute l'armée d'Israël ; Benaya,
fils de Yehoyada, commandait les Kérétiens et les Pélétiens.
24Adoram dirigeait les corvées ; Josaphat, fils d'Ahiloud,

[u] **20.14** Une des localités les plus septentrionales d'Israël, au pied du mont Hermon, à une quarantaine de kilomètres du lac de Galilée (voir 1 R 15.20 ; 2 R 15.29 ; 2 Ch 16.4).

25 Sheva was secretary;
Zadok and Abiathar were priests;
26 and Ira the Jairite[j] was David's priest.

The Gibeonites Avenged

21 1 During the reign of David, there was a famine
for three successive years; so David sought
the face of the LORD. The LORD said, "It is on account of
Saul and his blood-stained house; it is because he put
the Gibeonites to death."
2 The king summoned the Gibeonites and spoke to
them. (Now the Gibeonites were not a part of Israel
but were survivors of the Amorites; the Israelites had
sworn to spare them, but Saul in his zeal for Israel and
Judah had tried to annihilate them.) 3 David asked
the Gibeonites, "What shall I do for you? How shall
I make atonement so that you will bless the LORD's
inheritance?"

4 The Gibeonites answered him, "We have no right
to demand silver or gold from Saul or his family, nor
do we have the right to put anyone in Israel to death."
"What do you want me to do for you?" David asked.

5 They answered the king, "As for the man who
destroyed us and plotted against us so that we have
been decimated and have no place anywhere in Israel,
6 let seven of his male descendants be given to us to
be killed and their bodies exposed before the LORD at
Gibeah of Saul – the LORD's chosen one."
So the king said, "I will give them to you."
7 The king spared Mephibosheth son of Jonathan,
the son of Saul, because of the oath before the LORD
between David and Jonathan son of Saul. 8 But the
king took Armoni and Mephibosheth, the two sons of
Aiah's daughter Rizpah, whom she had borne to Saul,
together with the five sons of Saul's daughter Merab,[k]
whom she had borne to Adriel son of Barzillai the
Meholathite. 9 He handed them over to the Gibeonites,
who killed them and exposed their bodies on a hill
before the LORD. All seven of them fell together; they
were put to death during the first days of the harvest,
just as the barley harvest was beginning.
10 Rizpah daughter of Aiah took sackcloth and
spread it out for herself on a rock. From the beginning of the harvest till the rain poured down from the
heavens on the bodies, she did not let the birds touch
them by day or the wild animals by night. 11 When
David was told what Aiah's daughter Rizpah, Saul's
concubine, had done, 12 he went and took the bones of
Saul and his son Jonathan from the citizens of Jabesh
Gilead. (They had stolen their bodies from the public
square at Beth Shan, where the Philistines had hung
them after they struck Saul down on Gilboa.) 13 David
brought the bones of Saul and his son Jonathan from

j 20:26 Hebrew; some Septuagint manuscripts and Syriac (see also 23:38) *Ithrite*
k 21:8 Two Hebrew manuscripts, some Septuagint manuscripts and Syriac (see also 1 Samuel 18:19); most Hebrew and Septuagint manuscripts *Michal*

était archiviste ; 25 Sheva était secrétaire. Tsadoq et Abiat
étaient prêtres. 26 David avait aussi pour prêtre Ira de Yai

La famine de trois ans

21 1 Pendant le règne de David, une famine sév
pendant trois années. David en demanda ave
instances la raison à l'Eternel, et l'Eternel lui répondi
Cela arrive parce que Saül et sa famille sanguinaire o
fait périr les Gabaonites.
2 Le roi convoqua les survivants des Gabaonites pour le
parler. – Les Gabaonites n'étaient pas des Israélites, ma
ce qui restait des Amoréens[v]. Les Israélites s'étaient liés
eux par un serment ; malgré cela, Saül avait cherché à l
exterminer dans son zèle nationaliste pour les Israélit
et les Judéens.
3 David demanda aux Gabaonites : Que puis-je faire po
vous ? Comment pourrais-je expier le mal que vous av
subi, afin que vous bénissiez le peuple qui appartient
l'Eternel ?
4 Les Gabaonites lui répondirent : Ce n'est pas avec
l'argent ou de l'or que pourra se régler notre différen
avec Saül et sa famille, et il ne nous appartient pas de fai
mourir quelqu'un en Israël.
Le roi leur dit : Que demandez-vous donc ? Je ferai po
vous ce que vous demanderez.
5 Ils répondirent au roi : Cet homme voulait nous exte
miner et il avait projeté de nous faire disparaître de to
le territoire d'Israël. 6 Livre-nous donc sept de ses desce
dants, et nous les pendrons devant l'Eternel à Guibéa
résidait Saül, l'élu de l'Eternel.
Le roi déclara : Je vous les livrerai.

7 Mais le roi épargna Mephibosheth, fils de Jonatha
petit-fils de Saül, à cause du pacte qu'il avait conclu p
serment au nom de l'Eternel avec Jonathan. 8 Il fit do
arrêter Armoni et Mephibosheth, les deux fils que Ritsp
fille d'Aya, avait donnés à Saül, ainsi que les cinq fils q
Mérab[w], fille de Saül, avait donnés à Adriel, fils de Barzill
de Mehola[x]. 9 Il les livra aux Gabaonites qui les pendire
sur la colline devant l'Eternel. Tous les sept succombère
ensemble ; ils furent mis à mort aux premiers jours de
moisson, au début de la récolte de l'orge. 10 Alors Ritsp
fille d'Aya, prit son habit de toile de sac et l'étendit s
le rocher ; elle demeura là depuis le début de la moiss
des orges jusqu'à ce que tombent les pluies d'automn
pendant le jour, elle empêchait les oiseaux de s'abatt
sur les corps, et la nuit elle en éloignait les bêtes sauvage
11 On rapporta à David ce que Ritspa, fille d'Aya, épouse
second rang de Saül, avait fait.
12 Alors le roi alla demander les ossements de Saül
de son fils Jonathan aux notables de Yabesh en Galaa
Ceux-ci avaient en effet subtilisé leurs corps de la pla
de Beth-Shân où les Philistins les avaient attachés le jo
où ils avaient vaincu Saül à Guilboa. 13 Il fit venir de là l

v 21.2 Nom général donné aux habitants de Canaan avant la conquête (Gn 15.16 ; Jos 24.18). Les *Gabaonites* étaient, en fait, des Héviens (Jos 9.7 ; 11.19).
w 21.8 D'après deux manuscrits hébreux, certains manuscrits de l'ancienne version grecque, la version syriaque et 1 S 18.19. La plupart des manuscrits hébreux et de l'ancienne version grecque ont : *Michal.*
x 21.8 A ne pas confondre avec Barzillaï de Galaad (17.27 ; 19.32).

ere, and the bones of those who had been killed and
‹posed were gathered up.
14 They buried the bones of Saul and his son
nathan in the tomb of Saul's father Kish, at Zela in
enjamin, and did everything the king commanded.
fter that, God answered prayer in behalf of the land.

ars Against the Philistines

15 Once again there was a battle between the
ilistines and Israel. David went down with his men
fight against the Philistines, and he became ex-
austed. 16 And Ishbi-Benob, one of the descendants of
apha, whose bronze spearhead weighed three hunred shekels[l] and who was armed with a new sword,
id he would kill David. 17 But Abishai son of Zeruiah
me to David's rescue; he struck the Philistine down
d killed him. Then David's men swore to him, say-
g, "Never again will you go out with us to battle,
that the lamp of Israel will not be extinguished."
18 In the course of time, there was another battle
ith the Philistines, at Gob. At that time Sibbekai
e Hushathite killed Saph, one of the descendants
Rapha.
19 In another battle with the Philistines at Gob,
hanan son of Jair[m] the Bethlehemite killed the
rother of[n] Goliath the Gittite, who had a spear with
shaft like a weaver's rod.
20 In still another battle, which took place at Gath,
ere was a huge man with six fingers on each hand
d six toes on each foot – twenty-four in all. He also
as descended from Rapha. 21 When he taunted Israel,
nathan son of Shimeah, David's brother, killed him.
22 These four were descendants of Rapha in Gath,
d they fell at the hands of David and his men.

avid's Song of Praise

22 1 David sang to the LORD the words of this song
when the LORD delivered him from the hand
all his enemies and from the hand of Saul. 2 He said:

"The LORD is my rock, my fortress and my
deliverer;
3 my God is my rock, in whom I take refuge,
my shield[o] and the horn[p] of my salvation.
He is my stronghold, my refuge and my savior –
from violent people you save me.

4 "I called to the LORD, who is worthy of praise,
and have been saved from my enemies.
5 The waves of death swirled about me;
the torrents of destruction overwhelmed me.
6 The cords of the grave coiled around me;
the snares of death confronted me.

1:16 That is, about 7 1/2 pounds or about 3.5 kilograms
21:19 See 1 Chron. 20:5; Hebrew *Jaare-Oregim*.
21:19 See 1 Chron. 20:5; Hebrew does not have *the brother of*.
22:3 Or *sovereign*
22:3 *Horn* here symbolizes strength.

ossements de Saül et de son fils Jonathan et les joignit à
ceux des suppliciés. 14 Il fit ensevelir les ossements de Saül
et de Jonathan dans le territoire de Benjamin, à Tséla, dans
le tombeau de Qish, père de Saül. On se conforma à tout ce
que le roi avait ordonné. Après cela, Dieu se laissa fléchir
et intervint en faveur du pays.

Les exploits des guerriers de David contre des géants philistins

(1 Ch 20.4-8)

15 Une nouvelle fois, il y eut guerre entre les Philistins et
Israël. David et ses troupes se mirent en campagne pour
combattre les Philistins. David était épuisé. 16 Yishbi-
Benob, un descendant de Rapha, se vanta de tuer David.
Il était ceint d'une épée neuve et portait un javelot dont la
pointe de bronze pesait plus de trois kilogrammes[y]. 17 Mais
Abishaï, fils de Tserouya, vint au secours de David, et mit
à mort le Philistin. Alors les hommes de David adjurèrent
le roi de ne plus venir avec eux au combat, pour ne pas
risquer de mettre le guide[z] d'Israël en péril.

18 Plus tard, à l'occasion d'une nouvelle bataille avec
les Philistins, à Gob, Sibbekaï le Houshatite[a] tua Saph, un
descendant de Rapha.

19 Lors d'un autre combat contre les Philistins à Gob,
Elhanân, fils de Yaaré-Oreguim de Bethléhem[b], tua Goliath
de Gath[c], qui avait une lance dont le bois était aussi gros
que le cylindre d'un métier à tisser.
20 Dans une autre bataille à Gath, un champion, lui aussi
descendant de Rapha et qui avait six doigts à chaque main
et à chaque pied, c'est-à-dire vingt-quatre en tout, 21 lança
un défi à Israël. Jonathan, fils de Shimea, le frère de David,
le tua.
22 Ces quatre descendants de Rapha, nés à Gath, succombèrent devant David et ses hommes.

Un cantique de David

22 1 David adressa à l'Eternel les paroles de ce cantique lorsque l'Eternel l'eut délivré de tous ses
ennemis, et en particulier de Saül. 2 Il dit ceci :

L'Eternel est ma forteresse, mon rocher, mon
libérateur.
3 Dieu est mon roc solide où je me réfugie.
Il est mon Sauveur tout-puissant, mon rempart et
mon bouclier.
Mon asile est en lui.
Toi, mon Sauveur, tu me délivres des hommes
violents.
4 Loué soit l'Eternel : quand je l'ai appelé,
j'ai été délivré de tous mes ennemis.
5 La mort m'enserrait de ses flots,
et, comme un torrent destructeur, me terrifiait.
6 Oui, le séjour des morts m'entourait de ses liens,
le piège de la mort se refermait sur moi.

y 21.16 En hébreu : *trois cents sicles.*
z 21.17 En hébreu : *la lampe.*
a 21.18 *Sibbekaï* était le chef de la huitième division des troupes de David (1 Ch 27.11), il était originaire de *Housha*, au sud-ouest de Bethléhem. D'après 1 Ch 20.4-8, *Gob* devait se trouver près de Guézer (voir Jos 12.12).
b 21.19 D'après 2 S 23.24 et 1 Ch 11.26, *Elhanân* était un oncle de David.
c 21.19 Selon 1 Ch 20.5, Elhanân tua *Lahmi, le frère de Goliath*, ce qui s'accorde avec 1 S 17 qui rappelle que c'est David qui a tué le géant. Il est possible qu'un copiste ait confondu *Lahmi le frère de* avec *Bethléhémite.*

[7] "In my distress I called to the LORD;
I called out to my God.
From his temple he heard my voice;
my cry came to his ears.
[8] The earth trembled and quaked,
the foundations of the heavens[q] shook;
they trembled because he was angry.
[9] Smoke rose from his nostrils;
consuming fire came from his mouth,
burning coals blazed out of it.
[10] He parted the heavens and came down;
dark clouds were under his feet.
[11] He mounted the cherubim and flew;
he soared[r] on the wings of the wind.
[12] He made darkness his canopy around him –
the dark[s] rain clouds of the sky.
[13] Out of the brightness of his presence
bolts of lightning blazed forth.
[14] The LORD thundered from heaven;
the voice of the Most High resounded.
[15] He shot his arrows and scattered the enemy,
with great bolts of lightning he routed them.

[16] The valleys of the sea were exposed
and the foundations of the earth laid bare
at the rebuke of the LORD,
at the blast of breath from his nostrils.
[17] "He reached down from on high and took hold of me;
he drew me out of deep waters.
[18] He rescued me from my powerful enemy,
from my foes, who were too strong for me.
[19] They confronted me in the day of my disaster,
but the LORD was my support.
[20] He brought me out into a spacious place;
he rescued me because he delighted in me.
[21] "The LORD has dealt with me according to my righteousness;
according to the cleanness of my hands he has rewarded me.
[22] For I have kept the ways of the LORD;
I am not guilty of turning from my God.

[23] All his laws are before me;
I have not turned away from his decrees.
[24] I have been blameless before him
and have kept myself from sin.
[25] The LORD has rewarded me according to my righteousness,
according to my cleanness[t] in his sight.
[26] "To the faithful you show yourself faithful,
to the blameless you show yourself blameless,
[27] to the pure you show yourself pure,
but to the devious you show yourself shrewd.

[q] 22:8 Hebrew; Vulgate and Syriac (see also Psalm 18:7) *mountains*
[r] 22:11 Many Hebrew manuscripts (see also Psalm 18:10); most Hebrew manuscripts *appeared*
[s] 22:12 Septuagint (see also Psalm 18:11); Hebrew *massed*
[t] 22:25 Hebrew; Septuagint and Vulgate (see also Psalm 18:24) *to the cleanness of my hands*

[7] Alors, dans ma détresse, je priai l'Eternel.
Vers mon Dieu, je lançai mon appel au secours,
mon cri parvint à ses oreilles
et, de son Temple, il m'entendit.
[8] La terre s'ébranla et elle chancela,
les fondements du ciel se mirent à frémir,
tout secoués par sa colère.
[9] De ses narines s'élevait de la fumée,
et de sa bouche surgissait un feu dévorant,
des charbons embrasés en jaillissaient.
[10] Il inclina le ciel et descendit,
un sombre nuage à ses pieds.
[11] Il chevauchait un chérubin et il volait,
et il apparaissait sur les ailes du vent.
[12] Il s'enveloppait de ténèbres,
des nuages opaques, un amas d'eau formaient sa tente.
[13] De l'éclat brillant devant lui
jaillissaient des charbons ardents.
[14] L'Eternel tonna dans le ciel,
le Dieu très-haut fit retentir sa voix.
[15] Et soudain il tira des flèches[d] pour disperser mes ennemis,
il lança des éclairs pour les mettre en déroute.
[16] A la menace de l'Eternel,
et au souffle tempétueux de sa colère,
le fond des eaux parut,
les fondements du monde se trouvèrent à nu.
[17] Du haut du ciel, il étend sa main pour me prendre,
me retirer des grandes eaux.
[18] Il me délivre d'un ennemi puissant,
de gens qui me haïssent et sont plus forts que moi.
[19] Ils m'affrontaient au jour de mon désastre,
mais l'Eternel a été mon appui.
[20] Il m'a retiré du danger, l'a éloigné de moi,
il m'en a délivré à cause de son affection pour moi.
[21] L'Eternel a agi en tenant compte de ma conduite juste,
comme mes mains sont pures, il m'a récompensé ;
[22] car j'ai suivi les voies qu'il a prescrites,
je n'abandonne pas mon Dieu pour m'adonner au mal.
[23] J'ai toujours ses lois sous mes yeux,
je ne fais fi d'aucun de ses commandements.
[24] Envers lui, je suis sans reproche,
je me suis gardé du péché.
[25] L'Eternel m'a récompensé d'avoir agi avec droiture
et de m'être gardé pur sous ses yeux.

[26] Avec ceux qui sont bienveillants, toi, tu te montres bienveillant.
Avec qui est irréprochable, tu es irréprochable.
[27] Et avec celui qui est pur, tu es toi-même pur,
et avec celui qui agit de manière tordue, tu empruntes des chemins détournés.

[d] 22.15 C'est-à-dire *les éclairs* (Ha 3.11 ; Ps 144.6).

28 You save the humble,
but your eyes are on the haughty to bring them low.
29 You, LORD, are my lamp;
the LORD turns my darkness into light.
30 With your help I can advance against a troop[u];
with my God I can scale a wall.

31 "As for God, his way is perfect:
The LORD's word is flawless;
he shields all who take refuge in him.

32 For who is God besides the LORD?
And who is the Rock except our God?
33 It is God who arms me with strength[v]
and keeps my way secure.
34 He makes my feet like the feet of a deer;
he causes me to stand on the heights.
35 He trains my hands for battle;
my arms can bend a bow of bronze.
36 You make your saving help my shield;
your help has made[w] me great.
37 You provide a broad path for my feet,
so that my ankles do not give way.
38 "I pursued my enemies and crushed them;
I did not turn back till they were destroyed.
39 I crushed them completely, and they could not rise;
they fell beneath my feet.
40 You armed me with strength for battle;
you humbled my adversaries before me.
41 You made my enemies turn their backs in flight,
and I destroyed my foes.
42 They cried for help, but there was no one to save them –
to the LORD, but he did not answer.

43 I beat them as fine as the dust of the earth;
I pounded and trampled them like mud in the streets.
44 "You have delivered me from the attacks of the peoples;
you have preserved me as the head of nations.
People I did not know now serve me,
45 foreigners cower before me;
as soon as they hear of me, they obey me.
46 They all lose heart;
they come trembling[x] from their strongholds.

47 "The LORD lives! Praise be to my Rock!
Exalted be my God, the Rock, my Savior!

48 He is the God who avenges me,

22:30 Or *can run through a barricade*
22:33 Dead Sea Scrolls, some Septuagint manuscripts, Vulgate nd Syriac (see also Psalm 18:32); Masoretic Text *who is my strong fuge*
22:36 Dead Sea Scrolls; Masoretic Text *shield; / you stoop down to ake*
22:46 Some Septuagint manuscripts and Vulgate (see also Psalm :45); Masoretic Text *they arm themselves*

28 Un peuple affligé, tu le sauves,
tu regardes les orgueilleux et puis tu les abaisses.

29 Tu es ma lampe, ô Eternel.
Tu illumines mes ténèbres.
30 Avec toi, je me précipite sur une troupe bien armée[e],
avec mon Dieu, je franchis des murailles.
31 Parfaites sont les voies que Dieu prescrit,
la parole de l'Eternel est éprouvée.
Ceux qui le prennent pour refuge trouvent en lui un bouclier.
32 Qui est Dieu, sinon l'Eternel ?
Qui est un roc ? C'est notre Dieu !
33 C'est Dieu ma place forte[f],
il me trace un chemin parfait.
34 Grâce à lui, je cours comme une gazelle,
il me fait prendre position sur les hauteurs.
35 C'est lui qui m'entraîne au combat,
et me fait tendre l'arc de bronze.
36 Ta délivrance me sert de bouclier,
en m'exauçant, tu me grandis.
37 Tu m'amènes à marcher sur un chemin bien large,
mes jambes ne fléchissent pas.
38 Je poursuis tous mes ennemis, je les détruis
et je ne reviens pas sans les avoir exterminés.
39 Je les achève, je les frappe :
aucun ne se relève,
ils tombent sous mes pieds.
40 Tu me rends fort pour le combat,
tu fais plier mes agresseurs : les voilà à mes pieds.
41 Tu mets mes ennemis en fuite,
et ceux qui me haïssent, je les anéantis.

42 Ils ont beau crier au secours, personne ne vient à leur aide,
et s'ils appellent l'Eternel, celui-ci ne leur répond pas.
43 Je les broie comme la poussière de la terre,
je les piétine, je les foule comme la boue des rues.

44 En face d'un peuple en révolte, tu me fais triompher.
Tu me maintiens chef d'autres peuples.
Un peuple qu'autrefois je ne connaissais pas m'est maintenant soumis.
45 Oui, des étrangers me courtisent,
au premier mot, ils m'obéissent.
46 Les étrangers perdent courage,
tremblants[g], ils quittent leurs bastions.

47 Dieu est vivant ! Qu'il soit béni, lui qui est mon rocher !
Que l'on proclame la grandeur de Dieu, le rocher qui me sauve.
48 Ce Dieu m'accorde ma revanche,

e 22.30 Autre traduction : *une muraille.*
f 22.33 Le texte hébreu de Qumrân, certains manuscrits de l'ancienne version grecque, la version syriaque et la Vulgate ont : *qui m'arme de force.*
g 22.46 D'après quelques manuscrits hébreux, certains manuscrits de l'ancienne version grecque et la Vulgate (voir Ps 18.45). Le texte hébreu traditionnel porte : *ils s'arment.*

who puts the nations under me,
49 who sets me free from my enemies.
You exalted me above my foes;
from a violent man you rescued me.
50 Therefore I will praise you, LORD, among the nations;
I will sing the praises of your name.
51 "He gives his king great victories;
he shows unfailing kindness to his anointed,
to David and his descendants forever."

David's Last Words

23

1 These are the last words of David:
"The inspired utterance of David son of Jesse,
the utterance of the man exalted by the Most High,
the man anointed by the God of Jacob,
the hero of Israel's songs:
2 "The Spirit of the LORD spoke through me;
his word was on my tongue.
3 The God of Israel spoke,
the Rock of Israel said to me:
'When one rules over people in righteousness,
when he rules in the fear of God,
4 he is like the light of morning at sunrise
on a cloudless morning,
like the brightness after rain
that brings grass from the earth.'
5 "If my house were not right with God,
surely he would not have made with me an everlasting covenant,
arranged and secured in every part;
surely he would not bring to fruition my salvation
and grant me my every desire.
6 But evil men are all to be cast aside like thorns,
which are not gathered with the hand.

7 Whoever touches thorns
uses a tool of iron or the shaft of a spear;
they are burned up where they lie."

David's Mighty Warriors

8 These are the names of David's mighty warriors:
Josheb-Basshebeth,[y] a Tahkemonite,[z] was chief of
the Three; he raised his spear against eight hundred
men, whom he killed[a] in one encounter.
9 Next to him was Eleazar son of Dodai the Ahohite.
As one of the three mighty warriors, he was with
David when they taunted the Philistines gathered at
Pas Dammim[b] for battle. Then the Israelites retreated,
10 but Eleazar stood his ground and struck down the

il abaisse sous moi des peuples.
49 Lui, il me fait échapper à mes ennemis.
Oui, tu me fais triompher d'eux,
tu me délivres des hommes violents.
50 Aussi je publie tes louanges, ô Eternel, parmi les peuples,
je te célèbre par mes chants[h].
51 Pour son roi, l'Eternel opère de grandes délivrances.
Il traite avec bonté l'homme qui de sa part a reçu l'onction d'huile sainte,
David et sa postérité, pour toute éternité.

Les dernières déclarations de David

23

1 Voici les dernières paroles de David :
Voici ce que déclare David, fils d'Isaï,
cet homme haut placé,
qui a reçu l'onction de la part du Dieu de Jacob,
oui, voici les paroles qu'Israël se plaît à chanter[i].

2 L'Esprit de l'Eternel s'est exprimé par moi,
ses paroles sont sur ma langue.
3 Le Dieu d'Israël a parlé,
le rocher d'Israël m'a dit :
Le juste gouverneur des hommes
qui gouverne avec la crainte de Dieu
4 est pareil au soleil qui se lève au matin
et répand sa lumière dans un ciel sans nuage,
et la verdure sort de terre par ses rayons et par la pluie.
5 N'en est-il pas ainsi de ma dynastie devant Dieu,
puisqu'il a conclu avec moi une alliance éternelle,
en tout bien établie et qu'il respectera toujours ?
En toutes circonstances, il œuvre à mon salut,
il accomplit tous mes désirs.

6 Mais les vauriens sont tous pareils à des épines que l'on rejette au loin.
On ne les saisit pas avec une main nue,
7 celui qui veut les prendre
se munit d'un crochet de fer ou du bois d'une lance
et il les jette au feu, pour les brûler sur place.

Les valeureux guerriers de David

(1 Ch 11.10-41)

8 Voici les noms des guerriers de David : Le premier e
Yosheb-Bashébeth le Tahkmonite, il était chef du group
des trois. C'est lui qui[j], avec son javelot, tua huit cent
hommes au cours d'un seul combat.
9 Le second était Eléazar, fils de Dodo et petit-fils d'Ahoh
Il était l'un des trois guerriers qui accompagnèrent Davi
lorsqu'il défia les Philistins rassemblés[k] pour la bataill
Déjà, les hommes d'Israël battaient en retraite et gagnaie
les hauteurs, 10 mais lui tint bon et frappa les Philistin

---

y **23:8** Hebrew; some Septuagint manuscripts suggest *Ish-Bosheth,* that is, *Esh-Baal* (see also 1 Chron. 11:11 *Jashobeam*).
z **23:8** Probably a variant of *Hakmonite* (see 1 Chron. 11:11)
a **23:8** Some Septuagint manuscripts (see also 1 Chron. 11:11); Hebrew and other Septuagint manuscripts *Three; it was Adino the Eznite who killed eight hundred men*
b **23:9** See 1 Chron. 11:13; Hebrew *gathered there.*

h **22.50** Cité en Rm 15.9.
i **23.1** Autres traductions : *David ... dont Israël se plaît à chanter les exploits* ou *du chantre agréable d'Israël.*
j **23.8** D'après certains manuscrits de l'ancienne version grecque (voir 1 Ch 11.11) ; le texte hébreu traditionnel et d'autres manuscrits de l'anc enne version grecque ont : *c'est Adino l'Etsnite qui ...*
k **23.9** Selon 1 Ch 11.13: *rassemblés à Pas-Dammin.*

ıilistines till his hand grew tired and froze to the
vord. The LORD brought about a great victory that
ay. The troops returned to Eleazar, but only to strip
e dead.
11 Next to him was Shammah son of Agee the
ararite. When the Philistines banded together at
place where there was a field full of lentils, Israel's
oops fled from them. 12 But Shammah took his stand
the middle of the field. He defended it and struck
e Philistines down, and the LORD brought about a
reat victory.

13 During harvest time, three of the thirty chief
arriors came down to David at the cave of Adullam,
hile a band of Philistines was encamped in the Valley
Rephaim. 14 At that time David was in the strong-
old, and the Philistine garrison was at Bethlehem.
David longed for water and said, "Oh, that someone
ould get me a drink of water from the well near the
ite of Bethlehem!" 16 So the three mighty warriors
oke through the Philistine lines, drew water from
e well near the gate of Bethlehem and carried it
ack to David. But he refused to drink it; instead, he
oured it out before the LORD. 17 "Far be it from me,
ORD, to do this!" he said. "Is it not the blood of men
ho went at the risk of their lives?" And David would
ot drink it.
Such were the exploits of the three mighty warriors.

18 Abishai the brother of Joab son of Zeruiah was
ief of the Three.[c] He raised his spear against three
ndred men, whom he killed, and so he became as
mous as the Three. 19 Was he not held in greater
onor than the Three? He became their commander,
ven though he was not included among them.
20 Benaiah son of Jehoiada, a valiant fighter from
abzeel, performed great exploits. He struck down
oab's two mightiest warriors. He also went down
to a pit on a snowy day and killed a lion. 21 And he
ruck down a huge Egyptian. Although the Egyptian
ad a spear in his hand, Benaiah went against him
ith a club. He snatched the spear from the Egyptian's
and and killed him with his own spear. 22 Such were
e exploits of Benaiah son of Jehoiada; he too was as
mous as the three mighty warriors. 23 He was held
greater honor than any of the Thirty, but he was
ot included among the Three. And David put him in
harge of his bodyguard.

24 Among the Thirty were:
Asahel the brother of Joab,
Elhanan son of Dodo from Bethlehem,
25 Shammah the Harodite,
Elika the Harodite,
26 Helez the Paltite,
Ira son of Ikkesh from Tekoa,
27 Abiezer from Anathoth,
Sibbekai[d] the Hushathite,
28 Zalmon the Ahohite,
Maharai the Netophathite,

23:18 Most Hebrew manuscripts (see also 1 Chron. 11:20); two
ebrew manuscripts and Syriac *Thirty*
23:27 Some Septuagint manuscripts (see also 21:18; 1 Chron.
:29); Hebrew *Mebunnai*

jusqu'à ce que sa main fût engourdie et resta crispée sur
la poignée de son épée. Ce jour-là, l'Eternel accorda une
grande victoire à Israël ; les Israélites n'eurent plus qu'à
revenir derrière Eléazar pour s'emparer des dépouilles.
11 Après lui vient Shamma, fils d'Agué de Harar. Les
Philistins s'étaient rassemblés à Léhi. Il y avait là un
champ couvert de lentilles. Les Israélites avaient pris la
fuite devant les Philistins, 12 mais Shamma prit position
au milieu du champ, le libéra et frappa les Philistins. Ainsi
l'Eternel accorda une victoire éclatante à Israël.

13 Un jour, au début du temps de la moisson, trois membres du groupe des trente vinrent trouver David dans la
caverne d'Adoullam, tandis qu'une troupe de Philistins
était campée dans la vallée des Rephaïm. 14 David se trouvait alors dans son refuge fortifié et un poste de Philistins
occupait Bethléhem.
15 David fut soudain pris d'un brûlant désir et s'écria :
Qui me fera boire de l'eau du puits qui se trouve à la porte
de Bethléhem ?
16 Alors les trois guerriers pénétrèrent dans le camp des
Philistins et puisèrent de l'eau au puits qui est à la porte
de Bethléhem. Ils l'apportèrent et la présentèrent à David ;
mais il ne voulut pas en boire, et il la répandit en libation
pour l'Eternel. 17 Il s'exclama : Que l'Eternel me garde de
faire pareille chose ! Cette eau représente le sang de ces
hommes qui sont allés là-bas au péril de leur vie.
Il refusa donc de la boire. Tel fut l'exploit de ces trois
guerriers.
18 Abishaï, frère de Joab, fils de Tserouya, était le chef de
ce groupe de trois. Un jour, il brandit son javelot contre
trois cents hommes et les tua. Ainsi, il devint célèbre parmi le second groupe des trois. 19 Il était le plus considéré
parmi ces trois et devint leur chef ; mais il n'égala pas les
trois du premier groupe.
20 Benaya de Qabtséel, fils de Yehoyada et petit-fils d'un
homme valeureux qui avait accompli[l] de nombreux exploits, tua deux puissants héros moabites. C'est lui aussi
qui, un jour de neige, descendit au fond d'une citerne pour
y tuer un lion. 21 C'est encore lui qui tua un Egyptien de
taille impressionnante armé d'un javelot. Il bondit sur lui,
armé d'un simple bâton, et lui arracha son javelot dont il
se servit pour le tuer. 22 Tels furent les exploits de Benaya,
fils de Yehoyada, qui se fit une renommée parmi le second
groupe des trois. 23 Il fut le plus estimé parmi les trente,
mais sans égaler ceux du premier groupe des trois. David
lui confia le commandement de sa garde personnelle.

24 Le groupe des trente comprenait aussi Asaël, frère
de Joab, Elhanân, fils de Dodo de Bethléhem, 25 Shamma
et Eliqa, tous deux de Harod, 26 Hélets de Péleth, Ira,
fils d'Iqqesh de Teqoa, 27 Abiézer d'Anatoth, Mebounnaï
de Housha, 28 Tsalmôn, d'Ahoah, Maharaï, de Netopha,

l 23.20 L'ancienne version grecque a : *Benaya, fils de Yehoyada, était un vaillant guerrier de Qabtséel, qui avait accompli ...*

29 Heled[e] son of Baanah the Netophathite,
Ithai son of Ribai from Gibeah in Benjamin,
30 Benaiah the Pirathonite,
Hiddai[f] from the ravines of Gaash,
31 Abi-Albon the Arbathite,
Azmaveth the Barhumite,
32 Eliahba the Shaalbonite,
the sons of Jashen,
Jonathan 33 son of[g] Shammah the Hararite,
Ahiam son of Sharar[h] the Hararite,
34 Eliphelet son of Ahasbai the Maakathite,
Eliam son of Ahithophel the Gilonite,
35 Hezro the Carmelite,
Paarai the Arbite,
36 Igal son of Nathan from Zobah,
the son of Hagri,[i]
37 Zelek the Ammonite,
Naharai the Beerothite, the armor-bearer of Joab
son of Zeruiah,
38 Ira the Ithrite,
Gareb the Ithrite
39 and Uriah the Hittite.
There were thirty-seven in all.

David Enrolls the Fighting Men

24 1 Again the anger of the LORD burned against
Israel, and he incited David against them,
saying, "Go and take a census of Israel and Judah."

2 So the king said to Joab and the army commanders[j]
with him, "Go throughout the tribes of Israel from
Dan to Beersheba and enroll the fighting men, so that
I may know how many there are."
3 But Joab replied to the king, "May the LORD your
God multiply the troops a hundred times over, and
may the eyes of my lord the king see it. But why does
my lord the king want to do such a thing?"
4 The king's word, however, overruled Joab and the
army commanders; so they left the presence of the
king to enroll the fighting men of Israel.
5 After crossing the Jordan, they camped near
Aroer, south of the town in the gorge, and then went
through Gad and on to Jazer. 6 They went to Gilead
and the region of Tahtim Hodshi, and on to Dan Jaan
and around toward Sidon. 7 Then they went toward
the fortress of Tyre and all the towns of the Hivites
and Canaanites. Finally, they went on to Beersheba
in the Negev of Judah.

[e] 23:29 Some Hebrew manuscripts and Vulgate (see also 1 Chron. 11:30); most Hebrew manuscripts *Heleb*
[f] 23:30 Hebrew; some Septuagint manuscripts (see also 1 Chron. 11:32) *Hurai*
[g] 23:33 Some Septuagint manuscripts (see also 1 Chron. 11:34); Hebrew does not have *son of.*
[h] 23:33 Hebrew; some Septuagint manuscripts (see also 1 Chron. 11:35) *Sakar*
[i] 23:36 Some Septuagint manuscripts (see also 1 Chron. 11:38); Hebrew *Haggadi*
[j] 24:2 Septuagint (see also verse 4 and 1 Chron. 21:2); Hebrew *Joab the army commander*

29 Héleb[m], fils de Baana, de Netopha, Ittaï, fils de Rib
de Guibéa en Benjamin, 30 Benaya, de Piratôn, Hidda
de Nahalé-Gaash, 31 Abi-Albôn, de la vallée du Jourdai
Azmaveth, de Barhoum, 32 Eliahba de Shaalbôn, Ben
Yashên, Jonathan, 33 Shamma[p], de Harar, Ahiam, fils
Sharar[q], d'Arar, 34 Eliphéleth, fils de Ahasbaï, fils d'
Maakathien, Eliam, fils d'Ahitophel, de Guilo, 35 Hetsr
de Karmel, Paaraï, d'Arab, 36 Yiguéal, fils de Nathan,
Tsoba, Bani de Gad[r], 37 Tséleq, l'Ammonite, Nahraï,
Beéroth, qui portait les armes de Joab, fils de Tserouy
38 Ira et Gareb, tous deux de Yéter, 39 et Urie, le Hittite.
total, ils étaient trente-sept.

Le recensement coupable et la peste

(1 Ch 21.1-17)

24 1 L'Eternel se mit de nouveau en colère cont
les Israélites et il incita David à agir contre leu
intérêts en lui suggérant l'idée de faire le recenseme
d'Israël et de Juda.
2 Alors le roi ordonna à Joab, chef de son armée[s] qui
trouvait près de lui : Parcours, je te prie, toutes les trib
d'Israël, depuis Dan jusqu'à Beer-Sheva ; que l'on recen
le peuple, pour que je sache quel en est le nombre !
3 Joab dit au roi : Que l'Eternel, ton Dieu, rende le peup
cent fois plus nombreux et que mon seigneur le roi puis
encore le voir de ses yeux ! Mais pourquoi mon seigne
le roi désire-t-il faire pareille chose ?
4 Mais le roi maintint l'ordre donné à Joab et aux che
de l'armée. Ils se mirent donc en route pour faire le r
censement d'Israël. 5 Ils franchirent d'abord le Jourdain
s'arrêtèrent près de Aroër[t], au sud de la ville qui se trou
au fond de la vallée de Gad et près de Yaezer. 6 De là,
passèrent dans le territoire de Galaad et dans la régi
de Tahtim-Hodshi. Ils continuèrent jusqu'à Dan-Yaân
aux environs, vers Sidon, 7 et arrivèrent à la forteresse
Tyr, puis ils allèrent dans toutes les villes des Héviens
des Cananéens[u]. Ils parvinrent enfin au Néguev de Jud

[m] 23.29 Certains manuscrits hébreux, la Vulgate et 1 Ch 11.30 ont : *Héle*
[n] 23.30 Certains manuscrits de l'ancienne version grecque et 1 Ch 11.3 ont : *Houraï.*
[o] 23.31 Ou : *de Beth-Arba.*
[p] 23.33 L'ancienne version grecque et 1 Ch 11.34 ont : *fils de Shamma.*
[q] 23.33 Certains manuscrits de l'ancienne version grecque et 1 Ch 11.3 ont : *Sakar.*
[r] 23.36 Certains manuscrits de l'ancienne version grecque et 1 Ch 11.3 ont : *fils d'Hagri.*
[s] 24.2 L'ancienne version grecque et 1 Ch 21.2 (voir v. 4) ont : *et les chefs l'armée.* Il s'agit d'un recensement militaire (voir v. 9) qui ne comprend donc pas la tribu de Lévi (ni celle de Benjamin, voir 1 Ch 21.6 ; 27.23) ni les hommes de moins de 20 ans.
[t] 24.5 Sur l'Arnon, la frontière sud de la tribu de Ruben, à l'est de la mer Morte, non loin de Rabba, la capitale des Moabites (Jos 13.25). Les envoyés commencent leur travail à l'est du pays, ils passeront au nord, puis à l'ouest et au sud.
[u] 24.7 Deux peuples habitant Canaan avant la conquête du pays par les Israélites (Jos 3.10).

8 After they had gone through the entire land, they ıme back to Jerusalem at the end of nine months ıd twenty days.

9 Joab reported the number of the fighting men to ıe king: In Israel there were eight hundred thousand ɔle-bodied men who could handle a sword, and in ıdah five hundred thousand.

10 David was conscience-stricken after he had count- ɪ the fighting men, and he said to the LORD, "I have nned greatly in what I have done. Now, LORD, I beg ɪu, take away the guilt of your servant. I have done very foolish thing."

11 Before David got up the next morning, the word 'the LORD had come to Gad the prophet, David's seer: "Go and tell David, 'This is what the LORD says: I am ving you three options. Choose one of them for me ɪ carry out against you.' "

13 So Gad went to David and said to him, "Shall there ɔme on you three[k] years of famine in your land? Or ıree months of fleeing from your enemies while they ırsue you? Or three days of plague in your land? Now ıen, think it over and decide how I should answer ıe one who sent me."

14 David said to Gad, "I am in deep distress. Let us ıll into the hands of the LORD, for his mercy is great; ıt do not let me fall into human hands."

15 So the LORD sent a plague on Israel from that ɔrning until the end of the time designated, and ɛventy thousand of the people from Dan to Beersheba ɪed. 16 When the angel stretched out his hand to de- roy Jerusalem, the LORD relented concerning the ısaster and said to the angel who was afflicting the ɛople, "Enough! Withdraw your hand." The angel of ıe LORD was then at the threshing floor of Araunah ıe Jebusite.

17 When David saw the angel who was striking down ıe people, he said to the LORD, "I have sinned; I, the ıepherd,[l] have done wrong. These are but sheep. 'hat have they done? Let your hand fall on me and ıy family."

avid Builds an Altar

18 On that day Gad went to David and said to him, ɔo up and build an altar to the LORD on the threshing ɔor of Araunah the Jebusite." 19 So David went up, s the LORD had commanded through Gad. 20 When raunah looked and saw the king and his officials ɔming toward him, he went out and bowed down efore the king with his face to the ground.

24:13 Septuagint (see also 1 Chron. 21:12); Hebrew *seven*
24:17 Dead Sea Scrolls and Septuagint; Masoretic Text does not ave *the shepherd*.

à Beer-Sheva. 8 Ils parcoururent ainsi tout le pays et, au bout de neuf mois et vingt jours, ils regagnèrent Jérusalem. 9 Joab communiqua au roi le résultat du recensement du peuple : Israël comptait 800 000 hommes aptes à porter les armes et Juda 500 000.

10 Soudain, David sentit son cœur battre parce qu'il avait ainsi recensé le peuple, et il dit à l'Eternel : J'ai commis une grave faute en faisant cela ! Maintenant, Eternel, daigne pardonner la faute de ton serviteur car je reconnais que j'ai agi tout à fait comme un insensé !

11 Quand David se leva le lendemain matin, l'Eternel s'adressa au prophète Gad, attaché à la cour de David, en ces termes : 12 Va dire à David : « Voici ce que déclare l'Eternel : Je t'impose l'un des trois châtiments suivants ; choisis l'un d'eux et je te l'infligerai. »

13 Gad se rendit donc chez David et lui communiqua le message ; il lui dit : Que veux-tu que je fasse venir contre toi : sept années de famine dans ton pays, trois mois de déroute devant tes ennemis qui s'acharneront contre toi, ou trois jours de peste dans ton pays ? Réfléchis donc et décide, puis dis-moi ce que je dois répondre à celui qui m'envoie.

14 David répondit à Gad : Je suis dans un grand désarroi ! Ah ! tombons plutôt entre les mains de l'Eternel, car ses compassions sont grandes ; mais que je ne tombe pas entre les mains des hommes !

15 L'Eternel fit donc sévir une épidémie de peste en Israël, depuis ce matin-là jusqu'au terme fixé. Elle sévit de Dan à Beer-Sheva, et fit périr soixante-dix mille personnes. 16 L'ange allait étendre sa main sur Jérusalem pour la dévaster, mais l'Eternel ne voulut pas ce malheur et y renonça. Il ordonna à l'ange qui était en train de décimer le peuple : Cela suffit maintenant ! Retire ta main !

L'ange de l'Eternel se tenait alors près de l'aire d'Orna, le Yebousien, entre ciel et terre, son épée dégainée à la main[v].

17 En voyant l'ange qui frappait le peuple, David pria en disant : Voici : c'est moi seul qui ai péché, c'est moi, le berger[w], qui ai commis une faute, mais ce pauvre troupeau, qu'a-t-il fait de mal ? Frappe-moi donc plutôt, ainsi que ma famille.

(1 Ch 21.18-26)

18 Ce même jour, Gad se rendit auprès de David et lui ordonna : Monte à l'aire[x] d'Orna[y] le Yebousien et dresses-y un autel à l'Eternel.

19 David s'y rendit comme l'Eternel le lui avait ordonné par l'intermédiaire de Gad. 20 Orna, qui était en train de battre du blé, regarda d'en haut et vit le roi et ses ministres venir vers lui, revêtus de vêtements d'étoffe grossière[z]. Il sortit et se prosterna devant le roi, le visage contre terre[a],

v **24.16** Cette fin du v. 16 manque dans le texte hébreu traditionnel. Elle est restituée d'après le manuscrit hébreu de Qumrân et 1 Ch 21.15.
w **24.17** *c'est moi, le berger:* d'après le texte hébreu de Qumrân (voir 1 Ch 21.17).
x **24.18** Les aires se trouvaient généralement au sommet des collines où le vent emportait la bale du blé que l'on vannait. Cette aire se trouvait au sommet du mont Morija.
y **24.18** *Orna:* d'après le texte hébreu de Qumrân et l'ancienne version grecque ; le texte hébreu traditionnel a : *Aravna.*
z **24.20** Les mots : *Orna, qui était en train de battre du blé* et *revêtus de vêtements d'étoffe grossière* manquent dans le texte hébreu traditionnel. Ils sont rajoutés ici d'après le texte hébreu de Qumrân et 1 Ch 21.20.
a **24.20** D'après le texte hébreu de Qumrân (voir 1 Ch 21.20).

21 Araunah said, "Why has my lord the king come to his servant?"

"To buy your threshing floor," David answered, "so I can build an altar to the LORD, that the plague on the people may be stopped."

22 Araunah said to David, "Let my lord the king take whatever he wishes and offer it up. Here are oxen for the burnt offering, and here are threshing sledges and ox yokes for the wood. 23 Your Majesty, Araunah[m] gives all this to the king." Araunah also said to him, "May the LORD your God accept you."

24 But the king replied to Araunah, "No, I insist on paying you for it. I will not sacrifice to the LORD my God burnt offerings that cost me nothing."

So David bought the threshing floor and the oxen and paid fifty shekels[n] of silver for them. 25 David built an altar to the LORD there and sacrificed burnt offerings and fellowship offerings. Then the LORD answered his prayer in behalf of the land, and the plague on Israel was stopped.

21 et il demanda : Pourquoi mon seigneur le roi vient- vers son serviteur ?

David lui dit : Je viens t'acheter cette aire pour y bât un autel à l'Eternel afin que cesse le fléau qui sévit cont le peuple.

22 Orna répondit à David : Que mon Seigneur le r prenne l'aire et qu'il offre ce qu'il jugera bon. Regard voici les bœufs pour l'holocauste, les herses et l'attelag des bœufs fourniront le bois[b]. 23 O roi, je te donne to cela ! Puis il ajouta : Que l'Eternel ton Dieu accepte favo ablement ton offrande !

24 Mais le roi lui déclara : Non ! Je veux te l'acheter à s prix ; je n'offrirai pas à l'Eternel, mon Dieu, des holocaust qui ne me coûteraient rien !

Et David acheta l'aire et les bœufs pour cinquante pièc d'argent[c].

25 Il bâtit là un autel à l'Eternel et y offrit des holocaust et des sacrifices de communion. Ainsi l'Eternel se lais fléchir en faveur du pays, et la plaie fut détournée d'Israë

m **24:23** Some Hebrew manuscripts and Septuagint; most Hebrew manuscripts *King Araunah*
n **24:24** That is, about 1 1/4 pounds or about 575 grams

b **24.22** Il s'agit des bœufs occupés à ce moment-là à fouler le blé sur l'aire avec une herse de bois (voir Am 1.3).
c **24.24** David acquit donc toute la surface couronnant le sommet du mont Morija où s'élèvera plus tard le Temple, immédiatement au nord d la cité de David (voir 1 Ch 22.1 ; 2 Ch 3.1).

1 Kings

›donijah Sets Himself Up as King

1 1When King David was very old, he could not keep warm even when they put covers over him. So his attendants said to him, "Let us look for a young irgin to serve the king and take care of him. She an lie beside him so that our lord the king may keep varm."

3Then they searched throughout Israel for a beauti-ıl young woman and found Abishag, a Shunammite, nd brought her to the king. 4The woman was very eautiful; she took care of the king and waited on im, but the king had no sexual relations with her.

5Now Adonijah, whose mother was Haggith, put imself forward and said, "I will be king." So he got hariots and horses[a] ready, with fifty men to run head of him. 6(His father had never rebuked him by sking, "Why do you behave as you do?" He was also ery handsome and was born next after Absalom.)

7Adonijah conferred with Joab son of Zeruiah and ith Abiathar the priest, and they gave him their sup-ort. 8But Zadok the priest, Benaiah son of Jehoiada, athan the prophet, Shimei and Rei and David's spe-ial guard did not join Adonijah.

9Adonijah then sacrificed sheep, cattle and fat-ened calves at the Stone of Zoheleth near En Rogel. e invited all his brothers, the king's sons, and all ne royal officials of Judah, 10but he did not invite athan the prophet or Benaiah or the special guard r his brother Solomon.

11Then Nathan asked Bathsheba, Solomon's mother, Have you not heard that Adonijah, the son of Haggith, as become king, and our lord David knows nothing bout it? 12Now then, let me advise you how you can ave your own life and the life of your son Solomon. Go in to King David and say to him, 'My lord the ing, did you not swear to me your servant: "Surely olomon your son shall be king after me, and he will

1:5 Or *charioteers*

Premier livre des Rois

Le règne de Salomon

Adoniya, prétendant au trône

1 1Le roi David était très âgé[a], on avait beau l'envelopper de couvertures, il n'arrivait plus à se réchauffer. 2Ses familiers lui proposèrent de lui rechercher une jeune fille vierge qui soit à son service et le soigne : Elle dormira dans tes bras, lui dirent-ils, ainsi mon seigneur le roi se réchauffera.

3On chercha dans tout le territoire d'Israël une belle jeune fille et l'on trouva Abishag, la Sunamite[b], que l'on fit venir auprès du roi. 4Cette jeune fille était vraiment très belle. Elle prit soin du roi et se mit à son service. Mais le roi n'eut pas de relations conjugales avec elle.

5A cette époque, Adoniya[c], fils de David et de Haggith, exprimait son ambition en prétendant : C'est moi qui régnerai.

Il se procura un char, des chevaux[d] et cinquante hommes qui couraient devant son char. 6Jamais, sa vie durant, son père ne l'avait réprimandé ou ne lui avait dit : Pourquoi fais-tu cela ?

En outre, Adoniya était un très beau jeune homme et il était né après Absalom. 7Il entra en pourparlers avec le général Joab, fils de Tserouya[e], et avec le prêtre Abiatar[f], et ceux-ci se rallièrent à son parti. 8Par contre, ni le prêtre Tsadoq, ni Benaya fils de Yehoyada, ni le prophète Nathan, ni Shimeï[g], ni Réï, ni les soldats de la garde personnelle de David ne prirent son parti.

9Un jour, Adoniya offrit des sacrifices de moutons, de bœufs et de veaux engraissés près de la Pierre-qui-glisse, à côté de Eyn-Roguel. Il y invita tous ses frères, fils du roi, et tous les hommes importants de Juda qui étaient au service du roi. 10Mais il n'invita pas le prophète Nathan, Benaya, les gardes personnels du roi, ni son demi-frère Salomon.

L'intervention de Nathan et de Bath-Shéba auprès de David

11Alors Nathan alla trouver Bath-Shéba, la mère de Salomon, et lui dit : As-tu entendu qu'Adoniya, fils de Haggith, est en train de se faire proclamer roi sans que notre seigneur David le sache ? 12Eh bien ! Ecoute : laisse-moi te donner un conseil qui pourra te sauver la vie ainsi qu'à ton fils Salomon. 13Va immédiatement trouver le roi David et demande-lui : « O roi, mon seigneur, ne m'as-tu pas promis avec serment que mon fils Salomon régnerait

[a] **1.1** Selon 2 S 5.4-5, David devait avoir dans les 70 ans (voir 2.11).
[b] **1.3** De Sunem (2 R 4.8 ; Jos 19.18 ; 1 S 28.4) en Galilée, à 80 kilomètres au nord de Jérusalem, près de la plaine de Jizréel.
[c] **1.5** Quatrième fils de David (2 S 3.4) qui avait environ 35 ans. Sans doute, le fils survivant le plus âgé ; Amnôn et Absalom étaient morts, il n'est plus jamais parlé de Kiléab qui dut mourir jeune.
[d] **1.5** Autre traduction : *des hommes d'équipage de chars.*
[e] **1.7** Voir 1 S 26.6 ; 2 S 2.13 ; 19.13 ; 20.10, 23. *Tserouya* était une sœur de David.
[f] **1.7** Le grand-prêtre, fils d'Ahimélek (1 S 22.20 ; 2 S 8.17 et note).
[g] **1.8** A ne pas confondre avec le *Shimeï* de 2.8, 46 et de 2 S 16.5-8. Peut-être est-ce Shimeï, fils d'Ela (4.18).

sit on my throne"? Why then has Adonijah become
king?' 14 While you are still there talking to the king, I
will come in and add my word to what you have said."

15 So Bathsheba went to see the aged king in his
room, where Abishag the Shunammite was attending
him. 16 Bathsheba bowed down, prostrating herself
before the king.
"What is it you want?" the king asked.
17 She said to him, "My lord, you yourself swore
to me your servant by the LORD your God: 'Solomon
your son shall be king after me, and he will sit on my
throne.' 18 But now Adonijah has become king, and
you, my lord the king, do not know about it. 19 He has
sacrificed great numbers of cattle, fattened calves, and
sheep, and has invited all the king's sons, Abiathar the
priest and Joab the commander of the army, but he
has not invited Solomon your servant. 20 My lord the
king, the eyes of all Israel are on you, to learn from
you who will sit on the throne of my lord the king
after him. 21 Otherwise, as soon as my lord the king is
laid to rest with his ancestors, I and my son Solomon
will be treated as criminals."
22 While she was still speaking with the king,
Nathan the prophet arrived. 23 And the king was told,
"Nathan the prophet is here." So he went before the
king and bowed with his face to the ground.
24 Nathan said, "Have you, my lord the king, declared that Adonijah shall be king after you, and that
he will sit on your throne? 25 Today he has gone down
and sacrificed great numbers of cattle, fattened calves,
and sheep. He has invited all the king's sons, the commanders of the army and Abiathar the priest. Right
now they are eating and drinking with him and saying, 'Long live King Adonijah!' 26 But me your servant,
and Zadok the priest, and Benaiah son of Jehoiada,
and your servant Solomon he did not invite. 27 Is this
something my lord the king has done without letting
his servants know who should sit on the throne of my
lord the king after him?"

David Makes Solomon King

28 Then King David said, "Call in Bathsheba." So she
came into the king's presence and stood before him.
29 The king then took an oath: "As surely as the LORD
lives, who has delivered me out of every trouble, 30 I
will surely carry out this very day what I swore to
you by the LORD, the God of Israel: Solomon your son
shall be king after me, and he will sit on my throne
in my place."
31 Then Bathsheba bowed down with her face to the
ground, prostrating herself before the king, and said,
"May my lord King David live forever!"
32 King David said, "Call in Zadok the priest, Nathan
the prophet and Benaiah son of Jehoiada." When they
came before the king, 33 he said to them: "Take your
lord's servants with you and have Solomon my son
mount my own mule and take him down to Gihon.
34 There have Zadok the priest and Nathan the prophet

après toi et que c'est lui qui siégerait sur ton trône ? Alor
pourquoi donc Adoniya est-il devenu roi ? » 14 Puis Natha
ajouta : Pendant que tu parleras ainsi avec le roi, j'entrera
à mon tour et je compléterai ce que tu auras dit.
15 Bath-Shéba se rendit dans la chambre du roi qui éta
très vieux et recevait les soins d'Abishag, la Sunamite
16 Elle s'inclina jusqu'à terre et s'agenouilla devant le ro
Celui-ci lui demanda : Que désires-tu ?

17 Elle lui répondit : Mon seigneur, tu as promis à t
servante par un serment au nom de l'Eternel, ton Dieu
que ton fils Salomon régnerait après toi et qu'il siégera
sur ton trône. 18 Voici maintenant qu'Adoniya s'est fait ro
à l'insu de mon seigneur le roi. 19 Il a offert en sacrific
beaucoup de bœufs, de veaux engraissés et de moutons,
a invité tous les fils du roi, le prêtre Abiatar et Joab, le ch
de l'armée, mais il n'a pas invité ton serviteur Salomo
20 Pourtant, c'est vers le roi mon seigneur que tout Isra
regarde pour que tu déclares à ton peuple qui succéder
à mon seigneur le roi sur le trône. 21 Sinon, lorsque le ro
mon seigneur aura rejoint ses ancêtres décédés, moi e
mon fils Salomon nous serons traités comme des crimine

22 Pendant qu'elle parlait encore avec le roi, le prophèt
Nathan arriva. 23 On vint l'annoncer au roi en disant : Voi
le prophète Nathan !
Il entra en présence du roi et se prosterna devant lui, l
visage contre terre. 24 Puis il dit : O roi mon seigneur, es
ce toi qui as décidé qu'Adoniya régnerait après toi et qu'
siégerait sur ton trône ? 25 En effet, il est allé aujourd'hu
offrir des sacrifices de bœufs, de veaux gras et de mouto
en grand nombre, il a invité tous les fils du roi, les che
de l'armée et le prêtre Abiatar. Ils sont en train de mange
et de boire avec lui en criant : « Vive le roi Adoniya !
26 Mais il ne m'a pas invité, moi qui suis ton serviteur, pa
plus que le prêtre Tsadoq, ni Benaya, fils de Yehoyada,
ton serviteur Salomon. 27 Est-il possible qu'une telle chos
se fasse par ordre de mon seigneur le roi sans que tu aie
fait connaître à ton serviteur quel est celui qui succéder
à mon seigneur le roi sur le trône ?

David désigne son successeur

(1 Ch 29.21-25)

28 Le roi David répondit : Rappelez-moi Bath-Shéba !
Elle entra dans la présence du roi et se tint devant lu
29 Alors le roi lui déclara par serment : Aussi vrai que l'Ete
nel qui m'a délivré de toutes les détresses est vivant, 30 je
promets de réaliser aujourd'hui même la promesse que
t'ai faite avec serment au nom de l'Eternel, du Dieu d'Israë
lorsque je t'ai dit que ton fils Salomon régnerait après m
et qu'il siégerait sur mon trône à ma place.
31 Bath-Shéba s'inclina le visage contre terre, se proste
na aux pieds du roi et dit : Que mon seigneur le roi Dav
vive à jamais !
32 Puis le roi David ordonna : Appelez-moi le prêtr
Tsadoq, le prophète Nathan et Benaya, fils de Yehoyada
Ils entrèrent en présence du roi. 33 Alors le roi ordonn
Rassemblez tous mes serviteurs[h]. Faites monter mon fi
Salomon sur ma propre mule et conduisez-le à la sourc
de Guihôn ! 34 Là, le prêtre Tsadoq et le prophète Natha
lui conféreront l'onction pour l'établir roi sur Israël. Vo

h **1.33** C'est-à-dire la garde royale.

noint him king over Israel. Blow the trumpet and
ıout, 'Long live King Solomon!' 35 Then you are to go
p with him, and he is to come and sit on my throne
nd reign in my place. I have appointed him ruler over
rael and Judah."

36 Benaiah son of Jehoiada answered the king,
Amen! May the LORD, the God of my lord the king, so
eclare it. 37 As the LORD was with my lord the king,
o may he be with Solomon to make his throne even
reater than the throne of my lord King David!"

38 So Zadok the priest, Nathan the prophet, Benaiah
on of Jehoiada, the Kerethites and the Pelethites went
own and had Solomon mount King David's mule, and
ıey escorted him to Gihon. 39 Zadok the priest took
he horn of oil from the sacred tent and anointed
olomon. Then they sounded the trumpet and all the
eople shouted, "Long live King Solomon!" 40 And all
ıe people went up after him, playing pipes and rejoic-
ıg greatly, so that the ground shook with the sound.

41 Adonijah and all the guests who were with him
eard it as they were finishing their feast. On hearing
ıe sound of the trumpet, Joab asked, "What's the
ıeaning of all the noise in the city?"
42 Even as he was speaking, Jonathan son of Abiathar
ıe priest arrived. Adonijah said, "Come in. A worthy
ıan like you must be bringing good news."
43 "Not at all!" Jonathan answered. "Our lord
ing David has made Solomon king. 44 The king has
ent with him Zadok the priest, Nathan the proph-
t, Benaiah son of Jehoiada, the Kerethites and the
elethites, and they have put him on the king's mule,
and Zadok the priest and Nathan the prophet have
nointed him king at Gihon. From there they have
one up cheering, and the city resounds with it.
hat's the noise you hear. 46 Moreover, Solomon has
ken his seat on the royal throne. 47 Also, the roy-
officials have come to congratulate our lord King
avid, saying, 'May your God make Solomon's name
ore famous than yours and his throne greater than
ours!' And the king bowed in worship on his bed
and said, 'Praise be to the LORD, the God of Israel,
ho has allowed my eyes to see a successor on my
rone today.' "

49 At this, all Adonijah's guests rose in alarm
nd dispersed. 50 But Adonijah, in fear of Solomon,

sonnerez du cor et vous crierez : « Vive le roi Salomon ! »
35 Vous remonterez de la source derrière lui, il viendra
siéger sur mon trône et régnera à ma place, car c'est lui
que j'ai choisi pour être le conducteur d'Israël et de Juda.

36 Benaya, fils de Yehoyada, répondit au roi : Qu'il en
soit ainsi ! Que l'Eternel, le Dieu de mon seigneur le roi,
confirme les paroles que tu as prononcées, 37 et, comme
il a été avec mon seigneur le roi, qu'il soit avec Salomon !
Qu'il rende son règne encore plus glorieux que ne l'a été
celui de mon seigneur le roi David !

38 Alors le prêtre Tsadoq descendit à la source de Guihôn
avec le prophète Nathan, avec Benaya, fils de Yehoyada,
et avec les Kérétiens et les Pélétiens[i] de la garde royale,
accompagnant Salomon qu'ils avaient fait monter sur la
mule du roi David. 39 Le prêtre Tsadoq prit la fiole d'huile[j]
dans la tente[k] du coffre de l'alliance et conféra l'onction
à Salomon. On sonna du cor et tout le peuple s'écria : Vive
le roi Salomon !
40 Une foule immense remonta derrière lui, les gens
jouaient de la flûte et exultaient de joie, au point que la
terre tremblait au bruit de leurs acclamations.

Adoniya se soumet

41 Adoniya et ses convives entendirent tout ce bruit[l] au
moment où ils achevaient leur festin. Et lorsque Joab entendit le son du cor, il demanda : Que signifie ce vacarme
dans la ville ?
42 Il n'avait pas fini de parler que Jonathan, fils du prêtre
Abiatar, survint. Adoniya lui dit : Viens, car tu es un homme de valeur et tu viens certainement apporter de bonnes
nouvelles.
43 Jonathan répondit à Adoniya : Au contraire, notre
seigneur le roi David a établi Salomon comme roi. 44 Il a envoyé avec lui le prêtre Tsadoq, le prophète Nathan, Benaya,
fils de Yehoyada, ainsi que les Kérétiens et les Pélétiens de
la garde royale pour qu'ils le fassent monter sur la mule
royale 45 et que le prêtre Tsadoq et le prophète Nathan lui
confèrent l'onction royale à la source de Guihôn. De là,
tout le monde est remonté en poussant des cris de joie et
l'excitation s'est répandue dans toute la ville ; c'est là le
bruit que vous avez entendu. 46 Salomon s'est même assis
sur le trône royal, 47 et les ministres du roi sont venus bénir
notre seigneur le roi David en disant : « Que ton Dieu rende
le nom de Salomon encore plus célèbre que le tien, et son
règne encore plus glorieux ! » Alors le roi s'est prosterné
sur sa couche 48 et il a déclaré : « Béni soit l'Eternel, le Dieu
d'Israël qui m'a donné l'un de mes fils comme successeur
sur mon trône et m'a permis de le voir aujourd'hui de
mes yeux ! »
49 A ces mots, tous les invités d'Adoniya furent pris de
panique, ils se levèrent et partirent chacun de son côté.
50 Adoniya lui-même eut tellement peur de Salomon qu'il
alla saisir les cornes de l'autel à la tente du coffre de
l'alliance.

---

i **1.38** C'est-à-dire la garde personnelle de David formée d'étrangers originaires de Crète et peut-être de Philistie (voir 2 S 8.18 et note).

j **1.39** L'*huile* consacrée est sans doute celle dont il est question en Ex 30.22-33.

k **1.39** Il s'agit de la *tente* que David a fait dresser à Jérusalem pour abriter le coffre de l'alliance, la tente de la Rencontre, construite au désert, étant restée à Gabaon (voir3.4 ; 2 S 6.17 ; 2 Ch 1.3).

l **1.41** Bien que les deux partis n'aient pu se voir, la distance entre la source de Guihôn et Eyn-Roguel (v. 9) n'était pas très grande.

went and took hold of the horns of the altar. 51 Then
Solomon was told, "Adonijah is afraid of King Solomon
and is clinging to the horns of the altar. He says, 'Let
King Solomon swear to me today that he will not put
his servant to death with the sword.' "
52 Solomon replied, "If he shows himself to be worthy, not a hair of his head will fall to the ground; but if
evil is found in him, he will die." 53 Then King Solomon
sent men, and they brought him down from the altar.
And Adonijah came and bowed down to King Solomon,
and Solomon said, "Go to your home."

David's Charge to Solomon

2 1 When the time drew near for David to die, he
gave a charge to Solomon his son.
2 "I am about to go the way of all the earth," he said.
"So be strong, act like a man, 3 and observe what the
LORD your God requires: Walk in obedience to him,
and keep his decrees and commands, his laws and
regulations, as written in the Law of Moses. Do this
so that you may prosper in all you do and wherever
you go 4 and that the LORD may keep his promise to
me: 'If your descendants watch how they live, and if
they walk faithfully before me with all their heart
and soul, you will never fail to have a successor on
the throne of Israel.'
5 "Now you yourself know what Joab son of Zeruiah
did to me – what he did to the two commanders of
Israel's armies, Abner son of Ner and Amasa son of
Jether. He killed them, shedding their blood in peace-
time as if in battle, and with that blood he stained the
belt around his waist and the sandals on his feet. 6 Deal
with him according to your wisdom, but do not let his
gray head go down to the grave in peace.
7 "But show kindness to the sons of Barzillai of
Gilead and let them be among those who eat at your
table. They stood by me when I fled from your brother
Absalom.
8 "And remember, you have with you Shimei son of
Gera, the Benjamite from Bahurim, who called down
bitter curses on me the day I went to Mahanaim. When
he came down to meet me at the Jordan, I swore to
him by the LORD: 'I will not put you to death by the
sword.' 9 But now, do not consider him innocent. You
are a man of wisdom; you will know what to do to
him. Bring his gray head down to the grave in blood."

10 Then David rested with his ancestors and was buried in the City of David. 11 He had reigned forty years
over Israel – seven years in Hebron and thirty-three
in Jerusalem. 12 So Solomon sat on the throne of his
father David, and his rule was firmly established.

51 On vint dire à Salomon : Voici que, par peur du rc
Salomon, Adoniya est allé saisir les cornes de l'autel e
disant : « Que le roi Salomon me promette aujourd'hui sou
serment qu'il ne me fera pas mettre à mort par l'épée. »

52 Salomon répondit : S'il se conduit en homme loyal, pa
un seul de ses cheveux ne tombera à terre ; mais s'il agi
de manière coupable, il mourra.
53 Puis le roi Salomon envoya des gens pour le faire de
scendre de l'autel. Adoniya vint se prosterner devant le r
Salomon qui lui dit : Tu peux rentrer chez toi !

Les dernières instructions de David

2 1 David approchait de sa fin. Il fit ses dernières recom
mandations à son fils Salomon en ces termes[m] : 2 Voi
que je vais bientôt prendre le chemin que suit tout homm
Montre-toi courageux et conduis-toi en homme !
3 Suis fidèlement les ordres de l'Eternel ton Dieu, e
marchant dans les chemins qu'il a prescrits et en obéis
sant à ses lois, ses commandements, ses articles de droi
et ses ordonnances, tels qu'ils sont consignés dans la L
de Moïse. Alors tu auras du succès dans tout ce que t
entreprendras et partout où tu iras. 4 Et ainsi l'Etern
accomplira la promesse qu'il m'a faite en me disant : « S
tes descendants veillent sur leur conduite pour vivr
fidèlement selon ma volonté de tout leur cœur et de tou
leur être, il y aura toujours l'un d'entre eux sur le trôn
d'Israël. » 5 Par ailleurs, tu sais tout ce que m'a fait Joal
fils de Tserouya, et ce qu'il a fait à deux chefs des armée
d'Israël, à Abner, fils de Ner, et à Amasa, fils de Yéter.
les a assassinés en pleine paix comme s'il s'agissait d'u
fait de guerre, il a pris sur lui la pleine responsabilité d
ce meurtre. 6 Tu agiras envers lui avec sagesse et tu ne
laisseras pas mourir tranquillement de vieillesse. 7 Ma
n'oublie pas de traiter avec bonté les fils de Barzillaï,
Galaadite. Compte-les parmi ceux qui mangent à la ta
ble royale[n], car ils m'ont secouru avec bonté lorsque j
fuyais devant ton frère Absalom. 8 Tu as aussi dans to
entourage[o] Shimeï, fils de Guéra, un Benjaminite du vi
lage de Bahourim. Il a prononcé contre moi de terrible
malédictions le jour où j'ai dû me réfugier à Mahanaïn
Mais lorsqu'il est venu à ma rencontre vers le Jourdain
mon retour, je lui ai juré au nom de l'Eternel que je ne
ferais pas mourir par l'épée.
9 Maintenant, ne le considère pas comme innocent ; tu e
un homme avisé et tu sauras comment tu dois le traiter
tu veilleras à ce qu'il soit mis à mort malgré son grand âg

La mort de David

(1 Ch 29.26-28)

10 David rejoignit ses ancêtres décédés et il fut enterr
dans la cité de David. 11 Il avait régné quarante ans su
Israël : sept ans à Hébron et trente-trois ans à Jérusalen
12 Salomon siégea sur le trône de son père David et
établit fermement son autorité royale.

m **2.1** 1 Ch 28 et 29 donnent d'autres détails sur la fin de la vie de David.
n **2.7** Signe d'honneur particulier associé à d'autres avantages (voir18.19 ; 2 R 25.29 ; 2 S 9.7 ; 19.29 ; Né 5.17).
o **2.8** Le domicile de Shimeï n'était qu'à 8 kilomètres de Jérusalem (2 S 16.5).

olomon's Throne Established

13 Now Adonijah, the son of Haggith, went to
athsheba, Solomon's mother. Bathsheba asked him,
)o you come peacefully?"
He answered, "Yes, peacefully." 14 Then he added,
have something to say to you."
"You may say it," she replied.
15 "As you know," he said, "the kingdom was mine.
ll Israel looked to me as their king. But things
ıanged, and the kingdom has gone to my brother;
r it has come to him from the LORD. 16 Now I have one
equest to make of you. Do not refuse me."
"You may make it," she said.

17 So he continued, "Please ask King Solomon – he
ill not refuse you – to give me Abishag the
ıunammite as my wife."
18 "Very well," Bathsheba replied, "I will speak to
e king for you."
19 When Bathsheba went to King Solomon to speak
› him for Adonijah, the king stood up to meet her,
owed down to her and sat down on his throne. He
ad a throne brought for the king's mother, and she
t down at his right hand.
20 "I have one small request to make of you," she
id. "Do not refuse me."
The king replied, "Make it, my mother; I will not
fuse you."
21 So she said, "Let Abishag the Shunammite be giv-
ı in marriage to your brother Adonijah."
22 King Solomon answered his mother, "Why do you
equest Abishag the Shunammite for Adonijah? You
ight as well request the kingdom for him – after all,
e is my older brother – yes, for him and for Abiathar
e priest and Joab son of Zeruiah!"
23 Then King Solomon swore by the LORD: "May God
eal with me, be it ever so severely, if Adonijah does
ot pay with his life for this request! 24 And now, as
urely as the LORD lives – he who has established me
ecurely on the throne of my father David and has
unded a dynasty for me as he promised – Adonijah
all be put to death today!" 25 So King Solomon gave
rders to Benaiah son of Jehoiada, and he struck down
donijah and he died.

26 To Abiathar the priest the king said, "Go back
› your fields in Anathoth. You deserve to die, but
will not put you to death now, because you carried

Adoniya est condamné à mort

13 Adoniya, fils de Haggith, vint trouver Bath-Shéba, la
mère de Salomon. Elle lui demanda : Viens-tu me voir avec
de bonnes intentions ?
Il répondit : Oui. 14 Et il ajouta : J'aimerais te parler.
Elle dit : Parle ! De quoi s'agit-il ?
15 – Tu sais que la royauté aurait dû me revenir, lui dit-il,
et que tous les Israélites regardaient vers moi comme à
celui qui devait régner. Mais les choses ont tourné autrement : la royauté est passée à mon frère parce que l'Eternel
la lui avait destinée.
16 Maintenant, j'ai une seule demande à t'adresser, ne
me la refuse pas !
Elle répondit : Parle !
17 Il reprit : Si tu demandes quelque chose au roi Salomon,
il ne te le refusera pas. Alors veuille, je te prie, lui demander de me donner pour femme Abishag, la Sunamite.
18 Bath-Shéba dit : Bien ! Je parlerai moi-même au roi
à ton sujet.
19 Elle se rendit auprès du roi Salomon pour lui parler en
faveur d'Adoniya. Le roi se leva pour aller à la rencontre
de sa mère, il se prosterna devant elle, puis il s'assit sur
son trône. Il fit placer un siège pour sa mère à sa droite[p].
20 Elle lui dit : J'ai juste une petite chose à te demander, ne
me la refuse pas !
– Demande ce que tu veux, ma mère, lui dit le roi, car je
n'ai rien à te refuser.

21 Elle continua : Qu'Abishag la Sunamite soit donnée
pour femme à ton frère Adoniya.
22 Le roi Salomon répondit à sa mère : Comment peux-tu
demander Abishag la Sunamite pour Adoniya ? Demande
donc tout de suite la royauté pour lui – puisqu'il est mon
frère aîné – pour lui, pour le prêtre Abiatar et pour Joab
fils de Tserouya !
23 Alors le roi Salomon prêta serment au nom de l'Eternel : Que Dieu me punisse très sévèrement, si Adoniya ne
paie pas cette demande de sa vie ! 24 L'Eternel lui-même m'a
fait siéger sur le trône de mon père David, il a affermi mon
autorité et a fondé pour moi une dynastie, comme il l'avait
promis. Aussi vrai qu'il est vivant, je jure qu'aujourd'hui
même Adoniya sera mis à mort.
25 Alors le roi Salomon donna ordre à Benaya, fils de
Yehoyada, de l'exécuter, et Adoniya mourut.

Abiatar est démis de ses fonctions – Joab est exécuté

26 Ensuite le roi ordonna au prêtre Abiatar : Retire-toi
dans ta propriété à Anatoth, car toi aussi tu mérites la
mort[q] ; mais je ne te ferai pas mourir maintenant car tu
as porté le coffre du Seigneur l'Eternel devant mon père
David et tu as partagé toutes ses tribulations[r].

---

p **2.19** Dans les cours orientales, la reine mère jouissait d'un honneur et d'un pouvoir particuliers (voir15.13 ; Jr 13.18). Le siège à la droite de quelqu'un constituait la place d'honneur (Ps 45.10 ; 110.1).

q **2.26** Comme complice de la trahison d'Adoniya.

r **2.26** Voir 2 S 15.24, 25, 29 ; 1 Ch 15.11-12. *Abiatar* avait fait partie des compagnons de David avant que celui-ci fût roi (1 S 22.20-23 ; 23.6-9 ; 30.7 ; 2 S 17.15 ; 19.12).

the ark of the Sovereign LORD before my father David
and shared all my father's hardships." 27 So Solomon
removed Abiathar from the priesthood of the LORD,
fulfilling the word the LORD had spoken at Shiloh about
the house of Eli.

28 When the news reached Joab, who had conspired
with Adonijah though not with Absalom, he fled to
the tent of the LORD and took hold of the horns of the
altar. 29 King Solomon was told that Joab had fled to
the tent of the LORD and was beside the altar. Then
Solomon ordered Benaiah son of Jehoiada, "Go, strike
him down!"

30 So Benaiah entered the tent of the LORD and said
to Joab, "The king says, 'Come out!' "

But he answered, "No, I will die here."

Benaiah reported to the king, "This is how Joab
answered me."

31 Then the king commanded Benaiah, "Do as he
says. Strike him down and bury him, and so clear me
and my whole family of the guilt of the innocent blood
that Joab shed. 32 The LORD will repay him for the blood
he shed, because without my father David knowing it
he attacked two men and killed them with the sword.
Both of them – Abner son of Ner, commander of Israel's
army, and Amasa son of Jether, commander of Judah's
army – were better men and more upright than he.
33 May the guilt of their blood rest on the head of Joab
and his descendants forever. But on David and his descendants, his house and his throne, may there be the
LORD's peace forever."

34 So Benaiah son of Jehoiada went up and struck
down Joab and killed him, and he was buried at his
home out in the country. 35 The king put Benaiah son
of Jehoiada over the army in Joab's position and replaced Abiathar with Zadok the priest.

36 Then the king sent for Shimei and said to him,
"Build yourself a house in Jerusalem and live there,
but do not go anywhere else. 37 The day you leave and
cross the Kidron Valley, you can be sure you will die;
your blood will be on your own head."

38 Shimei answered the king, "What you say is good.
Your servant will do as my lord the king has said." And
Shimei stayed in Jerusalem for a long time.

39 But three years later, two of Shimei's slaves ran off
to Achish son of Maakah, king of Gath, and Shimei was
told, "Your slaves are in Gath." 40 At this, he saddled
his donkey and went to Achish at Gath in search of his
slaves. So Shimei went away and brought the slaves
back from Gath.

41 When Solomon was told that Shimei had gone
from Jerusalem to Gath and had returned, 42 the king
summoned Shimei and said to him, "Did I not make
you swear by the LORD and warn you, 'On the day you
leave to go anywhere else, you can be sure you will
die'? At that time you said to me, 'What you say is
good. I will obey.' 43 Why then did you not keep your
oath to the LORD and obey the command I gave you?"

27 Ainsi Salomon démit Abiatar de sa fonction de prêt
de l'Eternel. De la sorte, il accomplit la parole que l'Etern
avait prononcée contre les descendants d'Eli à Silo[s].

28 La nouvelle parvint à Joab qui s'était rallié au par
d'Adoniya, bien qu'il n'eût pas suivi le parti d'Absalom. Jo
se réfugia dans la tente de l'Eternel et saisit les cornes
l'autel des sacrifices. 29 On rapporta au roi Salomon qu
Joab s'était réfugié dans la tente de l'Eternel et qu'il s
trouvait près de l'autel. Alors Salomon envoya Benay
fils de Yehoyada, avec l'ordre de l'exécuter. 30 Benaya s
rendit à la tente de l'Eternel et dit à Joab : Par ordre c
roi, sors de là !

Mais Joab répondit : Non ! C'est ici que je veux mouri

Benaya retourna chez le roi pour lui rapporter
réponse de Joab. 31 Le roi lui dit : Très bien. Fais comn
il a dit, exécute-le sur place, puis tu l'enterreras. Ain
tu me déchargeras moi-même et ma maison de toute r
sponsabilité dans les meurtres que Joab a commis sa
cause. 32 L'Eternel fera retomber sur lui la responsabilité
l'assassinat de deux hommes plus justes et meilleurs q
lui : Abner, fils de Ner, chef de l'armée d'Israël, et Amas
fils de Yéter, chef de l'armée de Juda. Il les a tués tous de
par l'épée à l'insu de mon père David. 33 Oui, c'est Joab
ses descendants qui porteront pour toujours la respon
abilité de ces meurtres, tandis que l'Eternel conserver
tout jamais la paix à David, à sa descendance, à sa dynast
et à son trône.

34 Benaya, fils de Yehoyada, partit, il frappa Joab et
fit mourir. On l'enterra dans sa propriété, au désert[t]. 35
roi le remplaça à la tête de l'armée par Benaya, fils c
Yehoyada, et il mit le prêtre Tsadoq à la place d'Abiatar

L'exécution de Shimeï

36 Le roi convoqua Shimeï et lui dit : Construis-toi u
maison à Jérusalem, tu y habiteras et tu ne la quitteras p
pour aller de côté et d'autre. 37 Je t'avertis que le jour où
sortiras de la ville et où tu franchiras la vallée du Cédro
tu mourras et tu porteras seul la responsabilité de ta mo
38 Shimeï répondit au roi : C'est bien ! Ton serviteur
conformera à l'ordre de mon seigneur le roi.

Shimeï demeura longtemps à Jérusalem.

39 Mais trois ans plus tard, deux de ses esclaves s'e
fuirent de chez lui chez Akish, fils de Maaka, roi de Gat
On lui rapporta que ses esclaves étaient à Gath[u]. 40 Alo
Shimeï se prépara à partir, sella son âne, et s'en alla à Ga
chez Akish pour y rechercher ses esclaves, puis il revi
de Gath avec eux.

41 On rapporta à Salomon que Shimeï était allé
Jérusalem à Gath et qu'il était revenu. 42 Le roi convoq
Shimeï et lui dit : Est-ce que je ne t'ai pas fait jurer au no
de l'Eternel de ne pas sortir de la ville ? Et ne t'ai-je p
averti en te disant : « Sache bien que le jour où tu sort
ras de la ville pour aller où que ce soit, tu mourras ? »
m'avais bien dit : « Bien, c'est entendu. » 43 Alors, pourqu
n'as-tu pas respecté le serment fait devant l'Eternel et a

[s] **2.27** Voir 1 S 2.30-36. Seul Abiatar avait échappé au massacre de la famille d'Eli (1 S 22.17-20).

[t] **2.34** Dans le *désert* de Juda, région inculte à l'est de Bethléhem. Il n'existait pas encore de cimetière commun, mais des tombeaux de famille.

[u] **2.39** *Gath* en Philistie (1 S 21.11 ; 27.2).

44The king also said to Shimei, “You know in your
eart all the wrong you did to my father David. Now
ne LORD will repay you for your wrongdoing. 45But
ng Solomon will be blessed, and David’s throne will
emain secure before the LORD forever.”
46Then the king gave the order to Benaiah son of
hoiada, and he went out and struck Shimei down
d he died.
The kingdom was now established in Solomon’s
ands.

olomon Asks for Wisdom

3 1Solomon made an alliance with Pharaoh king
of Egypt and married his daughter. He brought
er to the City of David until he finished building
s palace and the temple of the LORD, and the wall
round Jerusalem. 2The people, however, were still
crificing at the high places, because a temple had
ot yet been built for the Name of the LORD. 3Solomon
owed his love for the LORD by walking according to
ne instructions given him by his father David, except
at he offered sacrifices and burned incense on the
gh places.

4The king went to Gibeon to offer sacrifices, for that
as the most important high place, and Solomon of-
red a thousand burnt offerings on that altar. 5At
beon the LORD appeared to Solomon during the night
a dream, and God said, “Ask for whatever you want
e to give you.”
6Solomon answered, “You have shown great kind-
ess to your servant, my father David, because he was
ithful to you and righteous and upright in heart.
ou have continued this great kindness to him and
ave given him a son to sit on his throne this very day.
7“Now, LORD my God, you have made your servant
ng in place of my father David. But I am only a little
nild and do not know how to carry out my duties.
Your servant is here among the people you have cho-
n, a great people, too numerous to count or number.
o give your servant a discerning heart to govern
our people and to distinguish between right and
rong. For who is able to govern this great people
yours?”

10The Lord was pleased that Solomon had asked for
is. 11So God said to him, “Since you have asked for
is and not for long life or wealth for yourself, nor

tu désobéi à l’ordre que je t’avais donné ? 44Le roi ajouta :
Tu sais bien toi-même tout le mal que tu as fait sciemment
à mon père David. L’Eternel te fera porter le châtiment de
ta méchanceté. 45Mais le roi Salomon sera béni et le trône
de David sera affermi pour toujours devant l’Eternel.
46Le roi donna ses ordres à Benaya, fils de Yehoyada ;
celui-ci sortit et frappa Shimeï qui mourut. Ainsi la royauté
fut consolidée entre les mains de Salomon.

Un mariage avec la fille du pharaon

3 1Salomon s’allia par mariage avec le pharaon, roi
d’Egypte[v], en épousant sa fille. En attendant d’avoir
fini de bâtir son palais, le temple de l’Eternel et le rempart
autour de Jérusalem, il l’installa dans la cité de David[w].

Le peuple continue à sacrifier sur les hauts lieux

2Seulement, en ce temps-là, le peuple continuait à offrir
des sacrifices sur les hauts lieux car on n’avait pas encore
construit le Temple pour l’Eternel. 3Salomon aimait l’Eternel et se conformait aux instructions de son père David.
Seulement, lui aussi offrait des sacrifices et des parfums
sur les hauts lieux.

L’Eternel donne la sagesse à Salomon

(2 Ch 1.2-13)

4Un jour, le roi se rendit à Gabaon[x], où se trouvait alors
le haut lieu le plus important, pour offrir un sacrifice. Il
fit immoler mille holocaustes sur cet autel. 5Pendant la
nuit, l’Eternel lui apparut là en songe et lui dit : Demande
ce que tu désires que je t’accorde.

6Salomon répondit : Tu as témoigné une grande bienveillance à ton serviteur David mon père, parce qu’il vivait
fidèlement selon ta volonté, de façon juste et avec un cœur
droit. Tu lui as conservé cette grande bienveillance et tu
lui as accordé un fils qui siège aujourd’hui sur son trône.
7Maintenant, Eternel mon Dieu, c’est toi qui m’as fait régner, moi ton serviteur, à la place de mon père David, alors
que je ne suis encore qu’un tout jeune homme[y] et que je ne
sais pas gouverner. 8Voilà ton serviteur au milieu de ton
peuple que tu as toi-même choisi, un peuple nombreux qui
ne peut être dénombré ni compté, tant il est nombreux.
9Veuille donc donner à ton serviteur l’intelligence nécessaire pour administrer la justice pour ton peuple, afin
qu’il sache discerner entre le bien et le mal ! Sans cela,
qui pourrait administrer la justice pour ton peuple qui
est si nombreux ?
10Cette demande de Salomon plut au Seigneur. 11Alors
Dieu lui dit : Puisque c’est là ce que tu demandes, et que
tu ne demandes pour toi ni longue vie, ni richesse, ni la

---

v **3.1** Il pourrait s’agir de Smendès ou de Psousennès II, derniers pharaons de la XXIe dynastie – le premier pharaon dont le nom est mentionné dans l’Ancien Testament étant Shishaq (Sheshonq Ier), le fondateur de la XXIIe dynastie (vers 945 av. J.-C.).

w **3.1** L’ancienne forteresse de Jérusalem (2 S 5.7-9). Une vingtaine d’années plus tard, Salomon lui construira un palais particulier (7.8 ; 9.10 ; 2 Ch 8.11).

x **3.4** *Gabaon* où se trouvait la tente de la Rencontre construite au désert (1 Ch 16.39 ; 21.29 ; 2 Ch 1.2-6). Gabaon était à 10 kilomètres au nord-ouest de Jérusalem (Jos 9.3).

y **3.7** Salomon devait avoir environ 20 ans au début de son règne, sa naissance se situant à peu près au milieu des 40 années de règne de David (2.11-12).

have asked for the death of your enemies but for discernment in administering justice, 12 I will do what you have asked. I will give you a wise and discerning heart, so that there will never have been anyone like you, nor will there ever be. 13 Moreover, I will give you what you have not asked for – both wealth and honor – so that in your lifetime you will have no equal among kings. 14 And if you walk in obedience to me and keep my decrees and commands as David your father did, I will give you a long life." 15 Then Solomon awoke – and he realized it had been a dream.

He returned to Jerusalem, stood before the ark of the Lord's covenant and sacrificed burnt offerings and fellowship offerings. Then he gave a feast for all his court.

A Wise Ruling

16 Now two prostitutes came to the king and stood before him. 17 One of them said, "Pardon me, my lord. This woman and I live in the same house, and I had a baby while she was there with me. 18 The third day after my child was born, this woman also had a baby. We were alone; there was no one in the house but the two of us.

19 "During the night this woman's son died because she lay on him. 20 So she got up in the middle of the night and took my son from my side while I your servant was asleep. She put him by her breast and put her dead son by my breast. 21 The next morning, I got up to nurse my son – and he was dead! But when I looked at him closely in the morning light, I saw that it wasn't the son I had borne."

22 The other woman said, "No! The living one is my son; the dead one is yours."

But the first one insisted, "No! The dead one is yours; the living one is mine." And so they argued before the king.

23 The king said, "This one says, 'My son is alive and your son is dead,' while that one says, 'No! Your son is dead and mine is alive.'"

24 Then the king said, "Bring me a sword." So they brought a sword for the king. 25 He then gave an order: "Cut the living child in two and give half to one and half to the other."

26 The woman whose son was alive was deeply moved out of love for her son and said to the king, "Please, my lord, give her the living baby! Don't kill him!"

But the other said, "Neither I nor you shall have him. Cut him in two!"

27 Then the king gave his ruling: "Give the living baby to the first woman. Do not kill him; she is his mother."

mort de tes ennemis, mais l'intelligence nécessaire po exercer la justice avec droiture, 12 eh bien, je vais réalise ton souhait. Je te donnerai de la sagesse et de l'intelligen comme à personne dans le passé, ni dans l'avenir. 13 D plus, je t'accorde ce que tu n'as pas demandé : la riches et la gloire, de sorte que pendant toute ta vie aucun r ne t'égalera.

14 Enfin, si tu marches dans les chemins que j'ai prescrit si tu obéis fidèlement à mes lois et mes commandement comme ton père David, je t'accorderai aussi une longue vi

15 Salomon s'éveilla, avec ce rêve présent à l'esprit, et revint à Jérusalem. Là, il alla se présenter devant le coff de l'alliance de l'Eternel. Il offrit des holocaustes, présen des sacrifices de communion et donna un festin auquel invita tous ses hauts fonctionnaires.

Salomon rend la justice avec sagesse

16 Un jour, deux femmes prostituées vinrent chez le r et se présentèrent devant lui. 17 L'une d'elles lui dit : S' te plaît, mon seigneur, écoute-moi : cette femme et m nous habitons dans la même maison et j'ai donné nai sance à un fils près d'elle. 18 Trois jours après, elle a aus mis un enfant au monde. Nous vivons seules ensemb dans cette maison, il n'y a personne d'autre avec no et nous n'étions que toutes les deux. 19 Or, pendant nuit, elle s'est couchée sur son fils et l'a étouffé. 20 Alo elle s'est levée au milieu de la nuit, elle a enlevé mon fi à mes côtés pendant que moi, je dormais, et l'a couch contre elle, puis elle a déposé son bébé mort près de mo 21 Le matin, je me suis levée pour allaiter mon enfant j'ai trouvé l'enfant mort. Le jour venu, je l'ai examir attentivement et j'ai reconnu que ce n'était pas mon fi que j'avais mis au monde.

22 – C'est faux ! interrompit l'autre femme. C'est mon fi qui est vivant et le tien est mort !

– Pas du tout, riposta la première, c'est ton fils qui e mort et le mien qui est vivant !

Et elles continuèrent à se disputer ainsi devant le roi 23 Celui-ci déclara finalement : L'une dit : « C'est ici mo fils qui est vivant ; et c'est le tien qui est mort. » Mais l'a tre dit : « Pas du tout, c'est ton fils qui est mort et le mie qui est vivant. » 24 Eh bien, ajouta le roi, qu'on m'appor une épée.

On lui apporta une épée. 25 Alors il dit : Coupez l'enfa vivant en deux et donnez-en une moitié à chacune.

26 Alors la mère de l'enfant vivant, poussée par so amour pour son fils, s'écria : De grâce, mon seigneur, qu'o lui donne le bébé vivant, qu'on ne le fasse pas mourir !

Mais l'autre dit : Non, coupez-le en deux. Ainsi il ne se ni à moi ni à elle.

27 Alors le roi prononça son jugement et dit : Ne tuez p l'enfant ! Donnez-le à la première des deux femmes. C'e elle sa vraie mère.

28 When all Israel heard the verdict the king had
ven, they held the king in awe, because they saw
ıat he had wisdom from God to administer justice.

ɔlomon's Officials and Governors

4 1 So King Solomon ruled over all Israel.
2 These were his chief officials:
Azariah son of Zadok, the priest;
3 Elihoreph and Ahijah, sons of Shisha, secretaries;
Jehoshaphat son of Ahilud, recorder;
4 Benaiah son of Jehoiada, commander in chief;
Zadok and Abiathar, priests;
5 Azariah son of Nathan, in charge of the district
ɔvernors;
Zabud son of Nathan, a priest and adviser to the
ing;
6 Ahishar, palace administrator;
Adoniram son of Abda, in charge of forced labor.
7 Solomon had twelve district governors over all
rael, who supplied provisions for the king and the
ɔyal household. Each one had to provide supplies for
ne month in the year.
8 These are their names:
Ben-Hur, in the hill country of Ephraim;
9 Ben-Deker, in Makaz, Shaalbim, Beth Shemesh and
ɔn Bethhanan;
10 Ben-Hesed, in Arubboth (Sokoh and all the land
f Hepher were his);
11 Ben-Abinadab, in Naphoth Dor (he was married
Taphath daughter of Solomon);
12 Baana son of Ahilud, in Taanach and Megiddo,
nd in all of Beth Shan next to Zarethan below Jezreel,
om Beth Shan to Abel Meholah across to Jokmeam;
13 Ben-Geber, in Ramoth Gilead (the settlements of
ir son of Manasseh in Gilead were his, as well as the
gion of Argob in Bashan and its sixty large walled
ties with bronze gate bars);
14 Ahinadab son of Iddo, in Mahanaim;
15 Ahimaaz, in Naphtali (he had married Basemath
aughter of Solomon);
16 Baana son of Hushai, in Asher and in Aloth;
17 Jehoshaphat son of Paruah, in Issachar;
18 Shimei son of Ela, in Benjamin;

28 Tout Israël apprit le jugement que le roi avait prononcé et tous furent remplis de crainte à son égard, car ils
comprirent qu'il avait reçu la sagesse de Dieu pour rendre
la justice.

Les ministres de Salomon

4 1 Le roi Salomon régnait sur tout Israël[z]. 2 Voici
les ministres qui l'assistaient : Azaria, petit-fils
du prêtre Tsadoq[a], 3 Elihoreph et Ahiya, fils de Shisha,
étaient ses secrétaires ; Josaphat, fils d'Ahiloud, était
archiviste[b]. 4 Benaya, fils de Yehoyada, était le général
en chef de l'armée, Tsadoq et Abiatar étaient prêtres ;
5 Azaria, fils de Nathan, était chef des gouverneurs ;
Zaboud, fils de Nathan, était prêtre et conseiller personnel du roi ; 6 Ahishar était l'intendant du palais
royal et Adoniram, fils d'Abda, était préposé à la
surveillance des corvées.

Les douze provinces et leurs gouverneurs

7 Salomon nomma douze gouverneurs sur tout Israël.
Ils étaient chargés de pourvoir à l'entretien du roi et de
tout le personnel de son palais. Chacun d'eux assurait le
ravitaillement un mois par an. 8 Voici leurs noms : Ben-
Hour exerçait sa fonction dans la région montagneuse
d'Ephraïm[c].
9 Ben-Déqer dans la région de Maqats, à Shaalbim, à
Beth-Shémesh, à Elôn et à Beth-Hanân.
10 Ben-Hésed à Aroubboth dont relevaient aussi Soko et
tout le pays de Hépher.
11 Ben-Abinadab dans toute la contrée de Dor. Il avait
épousé Taphath, une fille de Salomon.
12 Baana, fils d'Ahiloud, gouvernait Taanak et
Meguiddo[d] et toute la région de Beth-Sheân qui
est près de Tsartân au-dessous de Jizréel, depuis
Beth-Sheân jusqu'à Abel-Mehola et jusqu'au-delà de
Yoqmeam.
13 Ben-Guéber résidait à Ramoth en Galaad ; il était responsable de la région des villages de Yaïr, fils de Manassé,
en Galaad, et de la contrée d'Argob en Basan qui comprenait soixante grandes villes fortifiées, munies de remparts
et fermées par des barres de bronze.
14 Ahinadab, fils d'Iddo, supervisait la région de
Mahanaïm.
15 Ahimaats, celle de Nephtali. Lui aussi avait épousé
une fille de Salomon nommée Basmath.
16 Baana, fils de Houshaï, était responsable en Aser
et à Bealoth ; 17 Josaphat, fils de Parouah, en Issacar ;
18 Shimeï, fils d'Ela, en Benjamin ; 19 Guéber, fils d'Ouri,

[z] **4.1** C'est-à-dire sur l'ensemble des douze tribus qui se sépareront après sa mort.

[a] **4.2** Il était fils d'Ahimaats, un fils de *Tsadoq* (voir 2 S 15.27, 36 et 1 Ch 5.34). Sans doute Ahimaats était-il mort. *Azaria* restera grand-prêtre durant tout le règne de Salomon. Il présidera la dédicace du Temple.

[b] **4.3** La charge précise de cet *archiviste* ne nous est pas connue, mais elle dut être importante car on la retrouve durant toute l'histoire de la monarchie (2 R 18.18, 37 ; 2 Ch 34.8 ; Es 36.3, 11, 22). L'archiviste dut, entre autres, jouer le rôle d'historiographe, rédacteur des chroniques, chargé de consigner les événements importants du règne.

[c] **4.8** Partie centrale du pays, l'une des plus cultivées du pays d'Israël.

[d] **4.12** *Taanak* et *Meguiddo* se trouvaient près du mont Carmel. Le district englobait la riche plaine de Jizréel.

19 Geber son of Uri, in Gilead (the country of Sihon king of the Amorites and the country of Og king of Bashan). He was the only governor over the district.

Solomon's Daily Provisions

20 The people of Judah and Israel were as numerous as the sand on the seashore; they ate, they drank and they were happy. 21 And Solomon ruled over all the kingdoms from the Euphrates River to the land of the Philistines, as far as the border of Egypt. These countries brought tribute and were Solomon's subjects all his life.

22 Solomon's daily provisions were thirty cors[b] of the finest flour and sixty cors[c] of meal, 23 ten head of stall-fed cattle, twenty of pasture-fed cattle and a hundred sheep and goats, as well as deer, gazelles, roebucks and choice fowl. 24 For he ruled over all the kingdoms west of the Euphrates River, from Tiphsah to Gaza, and had peace on all sides. 25 During Solomon's lifetime Judah and Israel, from Dan to Beersheba, lived in safety, everyone under their own vine and under their own fig tree.

26 Solomon had four[d] thousand stalls for chariot horses, and twelve thousand horses.[e]

27 The district governors, each in his month, supplied provisions for King Solomon and all who came to the king's table. They saw to it that nothing was lacking. 28 They also brought to the proper place their quotas of barley and straw for the chariot horses and the other horses.

Solomon's Wisdom

29 God gave Solomon wisdom and very great insight, and a breadth of understanding as measureless as the sand on the seashore. 30 Solomon's wisdom was greater than the wisdom of all the people of the East, and greater than all the wisdom of Egypt. 31 He was wiser than anyone else, including Ethan the Ezrahite – wiser than Heman, Kalkol and Darda, the sons of Mahol. And his fame spread to all the surrounding nations. 32 He spoke three thousand proverbs and his songs numbered a thousand and five. 33 He spoke about plant life,

b 4:22 That is, probably about 5 1/2 tons or about 5 metric tons
c 4:22 That is, probably about 11 tons or about 10 metric tons
d 4:26 Some Septuagint manuscripts (see also 2 Chron. 9:25); Hebrew *forty*
e 4:26 Or *charioteers*

dans la province de Galaad ; il gouvernait la contrée q avait appartenu à Sihôn, roi des Amoréens, et à Og, roi c Basan[e]. Il y avait, de plus, un gouverneur qui supervisa tout le pays[f].

20 La population de Juda et d'Israël était alors aussi nor breuse que les grains de sable au bord de la mer. Ils avaie à manger et à boire et ils étaient dans la joie.

L'étendue de la domination de Salomon

5 1 Salomon dominait sur tous les petits royaum qui s'étendaient de l'Euphrate jusqu'au pays d Philistins, et jusqu'à la frontière de l'Egypte[g]. Penda toute sa vie, ces peuples lui apportèrent leur tribut et l restèrent assujettis.

2 Chaque jour, Salomon recevait pour son entretien celui de tout son personnel : neuf tonnes de farine fir et dix-huit tonnes de farine ordinaire, 3 dix bœufs e graissés, vingt bœufs de pâturage et cent moutons – sa compter les cerfs, les gazelles, les chevreuils et les volaill engraissées.

4 Il exerçait sa domination sur tout le pays situé au su ouest de l'Euphrate depuis Tiphsah jusqu'à Gaza[h], sur to les rois de ces contrées, et la paix régnait avec tous les pa alentour. 5 Pendant toute sa vie, les habitants des terr toires de Juda et d'Israël, de Dan à Beer-Sheva, vivaient e toute sécurité, chacun sous sa vigne et sous son figuier

6 Salomon avait quatre mille[j] écuries pour les chevau de ses chars, et douze mille[k] hommes d'équipage po ses chars. 7 Les gouverneurs pourvoyaient, chacun pe dant son mois, au ravitaillement du roi Salomon et de to ceux qui mangeaient à sa table ; ils veillaient à ce qu'ils manquent de rien. 8 Ils fournissaient aussi, chacun à sc tour et suivant sa règle, de l'orge et de la paille pour l chevaux de trait et ceux des attelages de chars à l'endro où se trouvait le roi.

La sagesse de Salomon

9 Dieu donna à Salomon une sagesse exceptionnelle, ur très grande intelligence et une large ouverture d'espr qui le fit s'intéresser à des questions aussi nombreuses q les grains de sable au bord de la mer. 10 Sa sagesse dépa sait celle de tous les sages de l'Orient[l] et de l'Egypte. 11 surpassait tous les autres, même Etân l'Ezrahite, Hémâ Kalkol et Darda, les fils de Mahol. Aussi, sa renommée répandit parmi tous les peuples voisins. 12 Il fut l'auteur trois mille proverbes et composa mille cinq chants[m]. 13

e **4.19** Voir Nb 21.21-35. Leur territoire à l'est du Jourdain fut partagé entre les tribus de Ruben, de Gad et la demi-tribu de Manassé (Jos 12.1-6 ; 13.15-29).
f **4.19** Autre traduction : *il n'y avait qu'un gouverneur pour toute cette régio*
g **5.1** C'est-à-dire le torrent d'Egypte (voir Gn 15.18 ; Nb 34.5 ; Jos 15.4 ; 2 Ch 9.26). Les frontières du royaume de Salomon atteignaient les limites du pays promis à Abraham (Gn 15.18-21 ; Dt 1.7 ; 11.24 ; Jos 1.4).
h **5.4** *Tiphsah* était une ville importante sur la rive occidentale de l'Euphrate, elle constituait la limite nord-est du royaume. Gaza en Philisti près de la Méditerranée, marquait la limite sud-ouest : environ 650 kilomètres.
i **5.5** Expression classique, image de paix et de sécurité.
j **5.6** D'après l'ancienne version grecque (voir 2 Ch 9.25). Le texte hébre traditionnel a : *quarante mille* (voir 1 R 10.26 ; 2 Ch 1.14).
k **5.6** Voir note 1 S 8.12.
l **5.10** L'expression *de l'Orient* servait à désigner les membres des tribus arabes à l'est et au sud-est du pays d'Israël (voir Jr 49.28 ; Ez 25.4, 10).
m **5.12** Voir Pr 1.1 ; 10.1 ; 25.1. Les Ps 72 et 127 sont attribués à Salomon.

om the cedar of Lebanon to the hyssop that grows
ıt of walls. He also spoke about animals and birds,
ptiles and fish. 34 From all nations people came to
sten to Solomon's wisdom, sent by all the kings of
e world, who had heard of his wisdom.[f]

reparations for Building the Temple

5 1[g] When Hiram king of Tyre heard that Solomon
had been anointed king to succeed his father
avid, he sent his envoys to Solomon, because he had
ways been on friendly terms with David. 2 Solomon
nt back this message to Hiram:
3 "You know that because of the wars waged against
my father David from all sides, he could not build
a temple for the Name of the LORD his God until the
LORD put his enemies under his feet. 4 But now the
LORD my God has given me rest on every side, and
there is no adversary or disaster. 5 I intend, therefore, to build a temple for the Name of the LORD my
God, as the LORD told my father David, when he said,
'Your son whom I will put on the throne in your
place will build the temple for my Name.'
6 "So give orders that cedars of Lebanon be cut for
me. My men will work with yours, and I will pay
you for your men whatever wages you set. You know
that we have no one so skilled in felling timber as
the Sidonians."
7 When Hiram heard Solomon's message, he was
reatly pleased and said, "Praise be to the LORD to-
ay, for he has given David a wise son to rule over
is great nation."
8 So Hiram sent word to Solomon:
"I have received the message you sent me and will
do all you want in providing the cedar and juniper
logs. 9 My men will haul them down from Lebanon
to the Mediterranean Sea, and I will float them as
rafts by sea to the place you specify. There I will
separate them and you can take them away. And
you are to grant my wish by providing food for my
royal household."
10 In this way Hiram kept Solomon supplied with all
e cedar and juniper logs he wanted, 11 and Solomon
ave Hiram twenty thousand cors[h] of wheat as food
r his household, in addition to twenty thousand
aths[i,j] of pressed olive oil. Solomon continued to
o this for Hiram year after year. 12 The LORD gave
olomon wisdom, just as he had promised him. There
ere peaceful relations between Hiram and Solomon,
nd the two of them made a treaty.

13 King Solomon conscripted laborers from all
rael – thirty thousand men. 14 He sent them off to
ebanon in shifts of ten thousand a month, so that
ey spent one month in Lebanon and two months
home. Adoniram was in charge of the forced la-

a décrit les plantes, du cèdre du Liban jusqu'à la branche
d'hysope qui pousse sur les murailles, il a aussi parlé des
animaux, des oiseaux, des reptiles et des poissons. 14 Tous
les rois de la terre qui avaient entendu vanter sa sagesse,
envoyaient des délégations de tous les pays du monde pour
l'entendre.

L'alliance avec le roi de Tyr

(2 Ch 2.1-17)

15 Hiram, le roi de Tyr, qui avait toujours été un allié
de David, envoya des ambassadeurs auprès de Salomon
quand il apprit qu'on l'avait établi roi par l'onction pour
succéder à son père.
16 Salomon envoya des messagers à Hiram pour lui dire :
17 Tu as toi-même connu David, mon père ; il n'a pas pu construire un temple pour l'Eternel, son Dieu, parce qu'il a dû
livrer des guerres aux peuples qui l'entouraient, jusqu'à ce
que l'Eternel ait fini par les lui soumettre. 18 Maintenant,
l'Eternel, mon Dieu, m'a accordé de vivre sans être inquiété
d'aucun côté, et sans plus avoir à redouter ni adversaire, ni
menace de mauvais coup. 19 A présent, j'ai décidé de bâtir
un temple en l'honneur de l'Eternel, mon Dieu, conformément à ce que l'Eternel a déclaré à mon père David : « C'est
ton fils que je te donnerai pour successeur au trône qui
construira un temple en mon honneur. » 20 Maintenant
donc, veuille donner des ordres pour qu'on coupe pour
moi des cèdres du Liban[n]. Mes ouvriers aideront les tiens
et je te paierai le salaire de ceux qui travaillent, selon ce
que tu fixeras, car tu sais qu'il n'y a personne parmi nous
qui sache couper les arbres comme vous, les Sidoniens[o].
21 Lorsque Hiram reçut le message de Salomon, il s'en
réjouit fort et déclara : Béni soit aujourd'hui l'Eternel, qui
a donné à David un fils plein de sagesse pour gouverner
ce grand peuple !
22 Puis il envoya cette réponse à Salomon : J'ai bien reçu
ton message. Je ferai tout ce que tu désires et je te fournirai
le bois de cèdre et de cyprès nécessaire. 23 Mes ouvriers
transporteront les troncs d'arbre du Liban à la mer, ils les
assembleront en radeaux que je ferai remorquer jusqu'à
l'endroit que tu me désigneras. Là, je les ferai disjoindre
et tes hommes les prendront en charge. Quant à toi, tu
pourras répondre à mes désirs en fournissant des vivres
pour le personnel de mon palais.
24 Ainsi Hiram procura à Salomon autant de bois de cèdre
et de cyprès qu'il en désirait. 25 De son côté, Salomon livrait
chaque année à Hiram six mille tonnes de blé et neuf mille
litres[p] d'huile d'olive de première qualité pour approvi-
sionner son palais.
26 Selon sa promesse, l'Eternel avait donné de la sagesse à
Salomon, de sorte qu'il sut vivre en bonne harmonie avec
Hiram, et ils conclurent ensemble une alliance.

Les préparatifs pour la construction du Temple

27 Le roi Salomon recruta dans tout Israël trente mille
hommes de corvée. 28 Il les divisa en trois groupes de dix
mille, chacun d'eux passait à tour de rôle un mois au Liban
et deux mois à la maison. Adoniram était le responsable en

4:34 In Hebrew texts 4:21-34 is numbered 5:1-14.
In Hebrew texts 5:1-18 is numbered 5:15-32.
5:11 That is, probably about 3,600 tons or about 3,250 metric tons
5:11 Septuagint (see also 2 Chron. 2:10); Hebrew *twenty cors*
5:11 That is, about 120,000 gallons or about 440,000 liters

n 5.20 Pour plus de détails, voir 2 Ch 2.3-10.
o 5.20 Nom donné aux Phéniciens, Sidon étant la ville phénicienne la plus anciennement connue.
p 5.25 D'après l'ancienne version grecque (voir 2 Ch 2.9). Le texte hébreu traditionnel a : *900 litres.*

bor. 15 Solomon had seventy thousand carriers and eighty thousand stonecutters in the hills, 16 as well as thirty-three hundred[k] foremen who supervised the project and directed the workers. 17 At the king's command they removed from the quarry large blocks of high-grade stone to provide a foundation of dressed stone for the temple. 18 The craftsmen of Solomon and Hiram and workers from Byblos cut and prepared the timber and stone for the building of the temple.

Solomon Builds the Temple

6 1 In the four hundred and eightieth[l] year after the Israelites came out of Egypt, in the fourth year of Solomon's reign over Israel, in the month of Ziv, the second month, he began to build the temple of the LORD.

2 The temple that King Solomon built for the LORD was sixty cubits long, twenty wide and thirty high.[m] 3 The portico at the front of the main hall of the temple extended the width of the temple, that is twenty cubits,[n] and projected ten cubits[o] from the front of the temple. 4 He made narrow windows high up in the temple walls. 5 Against the walls of the main hall and inner sanctuary he built a structure around the building, in which there were side rooms. 6 The lowest floor was five cubits[p] wide, the middle floor six cubits[q] and the third floor seven.[r] He made offset ledges around the outside of the temple so that nothing would be inserted into the temple walls.

7 In building the temple, only blocks dressed at the quarry were used, and no hammer, chisel or any other iron tool was heard at the temple site while it was being built.

8 The entrance to the lowest[s] floor was on the south side of the temple; a stairway led up to the middle level and from there to the third. 9 So he built the temple and completed it, roofing it with beams and cedar planks. 10 And he built the side rooms all along the temple. The height of each was five cubits, and they were attached to the temple by beams of cedar.

11 The word of the LORD came to Solomon: 12 "As for this temple you are building, if you follow my decrees, observe my laws and keep all my commands and obey them, I will fulfill through you the promise

---

[k] **5:16** Hebrew; some Septuagint manuscripts (see also 2 Chron. 2:2,18) *thirty-six hundred*
[l] **6:1** Hebrew; Septuagint *four hundred and fortieth*
[m] **6:2** That is, about 90 feet long, 30 feet wide and 45 feet high or about 27 meters long, 9 meters wide and 14 meters high
[n] **6:3** That is, about 30 feet or about 9 meters; also in verses 16 and 20
[o] **6:3** That is, about 15 feet or about 4.5 meters; also in verses 23-26
[p] **6:6** That is, about 7 1/2 feet or about 2.3 meters; also in verses 10 and 24
[q] **6:6** That is, about 9 feet or about 2.7 meters
[r] **6:6** That is, about 11 feet or about 3.2 meters
[s] **6:8** Septuagint; Hebrew *middle*

chef de ces corvées. 29 Salomon employait aussi 70 000 hom mes pour les transports et 80 000 tailleurs pour extrai les pierres dans la montagne ; 30 3 300[q] contremaîtres sul ordonnés aux préfets de Salomon surveillaient les travau de tous ces ouvriers.

31 Le roi ordonna d'extraire de grands blocs de bel pierre qui devaient être taillés pour servir de fondemen au Temple. 32 Les ouvriers de Salomon et ceux de Hiran aidés par des spécialistes de la ville de Byblos, se mirer à les tailler et à préparer les bois et les pierres pour l construction du Temple.

La construction du Temple

(2 Ch 3.1-14)

6 1 Le roi Salomon commença la construction du Templ en l'honneur de l'Eternel quatre cent quatre-ving ans[r] après la sortie des Israélites d'Egypte, soit la qua trième année de son règne sur Israël[s], au deuxième moi le mois de Ziv[t].

2 L'édifice que le roi Salomon bâtit à l'Eternel avait trent mètres de long, dix mètres de large et quinze mètres d haut. 3 Sur la façade avant du Temple, devant la grande sa le, il y avait un portique de dix mètres de largeur, comm le Temple, et de cinq mètres de profondeur.

4 Dans les murs du Temple, on pratiqua des fenêtres claire-voie grillagées. 5 Tout autour du Temple, on adoss aux murs de la grande salle et de la salle du fond un bât ment comprenant des salles annexes. 6 L'étage inférieur d cette annexe avait deux mètres cinquante de large, l'étag intermédiaire, trois mètres, et l'étage supérieur, tro mètres cinquante. En effet, le mur extérieur du Temp devenait moins épais vers le haut, de sorte que la char pente ne venait pas entamer les murs mêmes du Templ

7 Lorsqu'on édifia le Temple, on n'employa que des pierre déjà entièrement taillées, de sorte que, pendant la cor struction, on n'entendit aucun bruit de marteau, de pi ou d'autre instrument de fer dans le Temple.

8 On accédait aux chambres annexes de l'étage ir férieur[u] par une porte située sur le côté sud du Temple de là on montait aux étages supérieurs par des escalier en colimaçon.

9 Après avoir achevé de bâtir le Temple, Salomon le f couvrir d'un plafond soutenu par une armature de poutre de cèdre. 10 Il construisit les étages adossés à tout le bât ment en donnant à chacun d'eux deux mètres cinquant de hauteur. Ils étaient reliés au Temple par des poutre de cèdre.

11 L'Eternel s'adressa à Salomon et lui dit : Tu es en trai de bâtir ce temple. 12 Si tu te conduis selon mes ordor nances, si tu obéis à mes lois, si tu suis fidèlement tou mes commandements pour vivre en conformité avec eu je réaliserai pour toi la promesse que j'ai faite à ton pèr

---

[q] **5.30** Certains manuscrits de l'ancienne version grecque et 2 Ch 2.1, 17 ont : *3 600*.
[r] **6.1** L'ancienne version grecque a : *440 ans.*
[s] **6.1** Ce qui correspond environ à l'an 960 av. J.-C.
[t] **6.1** *Ziv:* mois de mai, deuxième mois de l'année juive.
[u] **6.8** L'ancienne version grecque a : *de l'étage du milieu.*

gave to David your father. 13 And I will live among
he Israelites and will not abandon my people Israel."

14 So Solomon built the temple and completed it.
5He lined its interior walls with cedar boards, pan-
ling them from the floor of the temple to the ceiling,
nd covered the floor of the temple with planks of ju-
iper. 16 He partitioned off twenty cubits at the rear of
he temple with cedar boards from floor to ceiling to
orm within the temple an inner sanctuary, the Most
Ioly Place. 17 The main hall in front of this room was
orty cubits[t] long. 18 The inside of the temple was ce-
lar, carved with gourds and open flowers. Everything
vas cedar; no stone was to be seen.

19 He prepared the inner sanctuary within the tem-
le to set the ark of the covenant of the LORD there.
The inner sanctuary was twenty cubits long, twenty
vide and twenty high. He overlaid the inside with
ure gold, and he also overlaid the altar of cedar.
1Solomon covered the inside of the temple with pure
old, and he extended gold chains across the front of
he inner sanctuary, which was overlaid with gold.
2So he overlaid the whole interior with gold. He also
verlaid with gold the altar that belonged to the inner
anctuary.

23 For the inner sanctuary he made a pair of cher-
bim out of olive wood, each ten cubits high. 24 One
ving of the first cherub was five cubits long, and the
ther wing five cubits – ten cubits from wing tip to
ving tip. 25 The second cherub also measured ten cuits, for the two cherubim were identical in size and
hape. 26 The height of each cherub was ten cubits.
7He placed the cherubim inside the innermost room
f the temple, with their wings spread out. The wing
f one cherub touched one wall, while the wing of the
ther touched the other wall, and their wings touched
ach other in the middle of the room. 28 He overlaid
he cherubim with gold.

29 On the walls all around the temple, in both the inner and outer rooms, he carved cherubim, palm trees
nd open flowers. 30 He also covered the floors of both
he inner and outer rooms of the temple with gold.

31 For the entrance to the inner sanctuary he made
loors out of olive wood that were one fifth of the
vidth of the sanctuary. 32 And on the two olive-wood
loors he carved cherubim, palm trees and open flowers, and overlaid the cherubim and palm trees with
ammered gold. 33 In the same way, for the entrance to
he main hall he made doorframes out of olive wood
hat were one fourth of the width of the hall. 34 He also
nade two doors out of juniper wood, each having two

David 13 Je viendrai habiter au milieu des Israélites et je
n'abandonnerai pas mon peuple Israël.

L'aménagement intérieur du Temple

14 Après avoir achevé le gros œuvre du Temple, Salomon
15 fit lambrisser l'intérieur des murs, de bas en haut, avec
des boiseries de cèdre et revêtir le sol du Temple d'un
plancher de cyprès. 16 Il fit aussi recouvrir de boiseries de
cèdre depuis le sol jusqu'au plafond les murs intérieurs
de l'arrière-corps de l'édifice, bâti sur dix mètres de long.
Puis il fit aménager l'intérieur de cette partie pour en
faire le lieu très saint.

17 Le reste du Temple, la grande salle qui était devant,
avait vingt mètres de long. 18 Les boiseries de cèdre qui
revêtaient l'intérieur du sanctuaire étaient ornées de
sculptures en formes de coloquintes et de fleurs entrouvertes. Tout était recouvert de boiseries de cèdre, on ne
voyait aucune pierre.

19 Salomon fit arranger dans l'arrière-corps la pièce la
plus importante du Temple pour y déposer le coffre de
l'alliance de l'Eternel. 20 Cette pièce avait la forme d'un
cube de dix mètres de côté[v]. Ses murs étaient plaqués d'or
fin[w]. On lambrissa également un autel en cèdre. 21 Salomon
plaqua tout l'intérieur de l'édifice d'or fin. Devant l'entrée
de la salle du fond, il fit tendre des chaînettes d'or. 22 Tout
l'intérieur du Temple était donc plaqué d'or, de même que
l'autel[x] placé devant l'entrée du lieu très saint. 23 On sculpta en bois d'olivier sauvage deux chérubins de cinq mètres
de haut pour les placer dans le lieu très saint[y]. 24 Chacune
de leurs ailes avait deux mètres cinquante de long, il y
avait donc cinq mètres de l'extrémité d'une aile à celle de
l'autre. 25-26 Les deux chérubins avaient la même dimension
et la même forme. 27 Salomon fit placer les chérubins au
milieu de la pièce la plus intérieure du Temple. De leurs
ailes extérieures déployées, ils touchaient les deux parois
opposées alors que leurs deux autres ailes se touchaient
au milieu de la pièce.

28 Salomon fit aussi plaquer d'or ces chérubins. 29 Il fit
sculpter en relief sur tous les murs intérieurs du Temple,
dans les deux pièces, des chérubins, des palmes et des
fleurs entrouvertes.
30 Il fit recouvrir d'or le plancher des deux pièces.

31 Pour fermer le lieu très saint, il fit faire une porte
à deux battants en bois d'olivier sauvage. Le linteau et
les montants prenaient un cinquième du mur. 32 Les deux
battants étaient de bois d'olivier sauvage, ils étaient ornés
de sculptures plaquées d'or représentant des chérubins,
des palmes et des fleurs entrouvertes. On étendit l'or en
pellicules sur les chérubins et sur les palmes.

33-34 Pour fermer l'entrée de la grande salle du Temple,
le roi fit également faire une porte à deux battants en bois
de cyprès avec un encadrement de bois d'olivier sauvage
prenant le quart de la dimension du mur. Chacun des deux

t 6:17 That is, about 60 feet or about 18 meters

v 6.20 Pour comparaison, le lieu très saint de la tente de la Rencontre ne faisait à la base que 5 mètres sur 4,50 mètres, avec 5 mètres de hauteur (Ex 26).

w 6.20 L'or symbolise la gloire de Dieu (comparer Ap 21.10-11, 18, 21).

x 6.22 Il s'agit de l'autel des parfums (7.48 ; Ex 30.1, 6 ; 37.25-28 ; Hé 9.3-4).

y 6.23 Pour les v. 23-28, voir Ex 25.18-20.

leaves that turned in sockets. 35 He carved cherubim, palm trees and open flowers on them and overlaid them with gold hammered evenly over the carvings.

36 And he built the inner courtyard of three courses of dressed stone and one course of trimmed cedar beams.

37 The foundation of the temple of the LORD was laid in the fourth year, in the month of Ziv. 38 In the eleventh year in the month of Bul, the eighth month, the temple was finished in all its details according to its specifications. He had spent seven years building it.

Solomon Builds His Palace

7 1 It took Solomon thirteen years, however, to complete the construction of his palace. 2 He built the Palace of the Forest of Lebanon a hundred cubits long, fifty wide and thirty high,[u] with four rows of cedar columns supporting trimmed cedar beams. 3 It was roofed with cedar above the beams that rested on the columns – forty-five beams, fifteen to a row. 4 Its windows were placed high in sets of three, facing each other. 5 All the doorways had rectangular frames; they were in the front part in sets of three, facing each other.[v]

6 He made a colonnade fifty cubits long and thirty wide.[w] In front of it was a portico, and in front of that were pillars and an overhanging roof.

7 He built the throne hall, the Hall of Justice, where he was to judge, and he covered it with cedar from floor to ceiling.[x] 8 And the palace in which he was to live, set farther back, was similar in design. Solomon also made a palace like this hall for Pharaoh's daughter, whom he had married.

9 All these structures, from the outside to the great courtyard and from foundation to eaves, were made of blocks of high-grade stone cut to size and smoothed on their inner and outer faces. 10 The foundations were laid with large stones of good quality, some measuring ten cubits[y] and some eight.[z] 11 Above were high-grade stones, cut to size, and cedar beams. 12 The great courtyard was surrounded by a wall of three courses of dressed stone and one course of trimmed cedar beams, as was the inner courtyard of the temple of the LORD with its portico.

[u] 7:2 That is, about 150 feet long, 75 feet wide and 45 feet high or about 45 meters long, 23 meters wide and 14 meters high
[v] 7:5 The meaning of the Hebrew for this verse is uncertain.
[w] 7:6 That is, about 75 feet long and 45 feet wide or about 23 meters long and 14 meters wide
[x] 7:7 Vulgate and Syriac; Hebrew *floor*
[y] 7:10 That is, about 15 feet or about 4.5 meters; also in verse 23
[z] 7:10 That is, about 12 feet or about 3.6 meters

battants était muni de deux gonds[z]. 35 Ils étaient décorés c sculptures plaquées d'or représentant des chérubins, de palmes et des fleurs entrouvertes, le placage d'or suiva exactement les contours des sculptures.

36 Puis Salomon fit entourer la cour intérieure d'un mu de trois rangées de pierres de taille superposées et d'un rangée de poutres de cèdre.

37 Les fondations du temple de l'Eternel furent posée la quatrième année, au mois de Ziv. 38 La onzième anné au mois de Boul[a] – le huitième mois – le Temple fut achev dans tous ses détails conformément à tout ce qui éta prévu. Salomon avait donc mis sept ans pour le construir

La construction du palais royal

7 1 Salomon entreprit aussi de construire son propr palais. Il lui fallut treize années pour l'achever.

2 Il bâtit d'abord le palais de la Forêt-du-Liban[b], et lu donna les dimensions suivantes : cinquante mètres d long, vingt-cinq mètres de large et quinze mètres de hau Son plafond, supporté par des poutres de cèdre, reposa sur quatre rangées de colonnes de cèdre.

3 Par-dessus les poutres s'étendaient trois rangées d quinze traverses de cèdre, soit quarante-cinq en tou soutenues aussi par les colonnes. 4 Sur chaque côté d bâtiment, trois rangées de fenêtres à cadres se faisaien face sur trois niveaux. 5 Toutes ces portes et ces fenêtre avaient une forme carrée et les fenêtres étaient placée les unes en face des autres en trois rangées.

6 Salomon construisit ensuite la salle des colonnes, d'un longueur de vingt-cinq mètres et d'une largeur de quinz mètres. On y entrait par un portique à auvent soutenu pa des colonnes sur la façade. 7 Puis il fit construire la sall du trône où il rendait la justice, appelée aussi la salle d Jugement. Elle était lambrissée de boiseries de cèdre d sol jusqu'au plafond[c].

8 Son habitation privée se trouvait dans une autre cou que la salle du Trône. Elle était construite selon le mêm plan. Salomon fit construire un palais semblable pour l fille du pharaon qu'il avait épousée.

9 Les murs de tous ces bâtiments, des fondations au corniches du toit, et les constructions extérieures jusqu' la muraille de la grande cour, étaient faits de belles pierre de taille, sciées sur mesure sur leurs faces intérieures e extérieures. 10 Les fondations consistaient en grands bloc de pierres de prix ayant quatre et cinq mètres de long 11 Par-dessus ces fondations étaient posées des pierre taillées sur mesure et des poutres de cèdre.

12 Les murs de la cour du palais étaient faits tout à l'en tour de trois rangées de pierres de taille et d'une rangé de poutres de cèdre comme le parvis intérieur du templ de l'Eternel et comme le portique.

[z] 6.33-34 Autre traduction : *constitué de deux parties pivotantes.*
[a] 6.38 Sans doute octobre-novembre.
[b] 7.2 Appelée ainsi peut-être parce que les colonnes de cèdre formaient comme une forêt. Les cèdres venaient du Liban.
[c] 7.7 D'après l'ancienne version grecque et la Vulgate. Le texte hébreu traditionnel a : *sur tout le sol.*

he Temple's Furnishings

13 King Solomon sent to Tyre and brought Huram,[a]
[14] whose mother was a widow from the tribe of
aphtali and whose father was from Tyre and a skilled
raftsman in bronze. Huram was filled with wisdom,
vith understanding and with knowledge to do all
inds of bronze work. He came to King Solomon and
id all the work assigned to him.

15 He cast two bronze pillars, each eighteen cubits
igh and twelve cubits in circumference.[b] 16 He also
nade two capitals of cast bronze to set on the tops
f the pillars; each capital was five cubits[c] high. 17 A
etwork of interwoven chains adorned the capitals
n top of the pillars, seven for each capital. 18 He made
omegranates in two rows[d] encircling each network
o decorate the capitals on top of the pillars.[e] He did
he same for each capital. 19 The capitals on top of the
illars in the portico were in the shape of lilies, four
ubits[f] high. 20 On the capitals of both pillars, above
he bowl-shaped part next to the network, were the
wo hundred pomegranates in rows all around. 21 He
rected the pillars at the portico of the temple. The
illar to the south he named Jakin[g] and the one to the
orth Boaz.[h] 22 The capitals on top were in the shape of
lies. And so the work on the pillars was completed.

23 He made the Sea of cast metal, circular in shape,
neasuring ten cubits from rim to rim and five cuits high. It took a line of thirty cubits[i] to measure
round it. 24 Below the rim, gourds encircled it – ten
o a cubit. The gourds were cast in two rows in one
iece with the Sea.

25 The Sea stood on twelve bulls, three facing north,
hree facing west, three facing south and three fac-
ng east. The Sea rested on top of them, and their
indquarters were toward the center. 26 It was a hand-
readth[j] in thickness, and its rim was like the rim of a
up, like a lily blossom. It held two thousand baths.[k]

7:13 Hebrew *Hiram,* a variant of *Huram;* also in verses 40 and 45
7:15 That is, about 27 feet high and 18 feet in circumference or
bout 8.1 meters high and 5.4 meters in circumference
7:16 That is, about 7 1/2 feet or about 2.3 meters; also in verse 23
7:18 Two Hebrew manuscripts and Septuagint; most Hebrew
nanuscripts *made the pillars, and there were two rows*
7:18 Many Hebrew manuscripts and Syriac; most Hebrew manu-
cripts *pomegranates*
7:19 That is, about 6 feet or about 1.8 meters; also in verse 38
7:21 *Jakin* probably means *he establishes.*
7:21 *Boaz* probably means *in him is strength.*
7:23 That is, about 45 feet or about 14 meters
7:26 That is, about 3 inches or about 7.5 centimeters
7:26 That is, about 12,000 gallons or about 44,000 liters; the
eptuagint does not have this sentence.

La fabrication des objets de bronze et d'or pour le Temple

Le fabricant des objets de bronze

(2 Ch 2.12-13)

13 Le roi Salomon envoya chercher à Tyr un ouvrier
nommé Hiram. 14 C'était le fils d'une veuve de la tribu de
Nephtali et d'un père tyrien. Il travaillait le bronze. Il était
très habile, intelligent et compétent pour fabriquer toutes
sortes d'ouvrages de bronze. Il vint auprès du roi Salomon
et effectua tous ses ouvrages.

Les colonnes de bronze

(2 Ch 3.15-17)

15 Il fit les deux colonnes de bronze hautes de neuf
mètres et ayant cinq mètres cinquante de circonférence.
16 Il coula ensuite les deux chapiteaux en bronze destinés au sommet de ces colonnes ; chacun d'eux avait
deux mètres cinquante de haut. 17 Ces chapiteaux étaient
décorés de figures en forme de treillis et de chaînettes en
forme de guirlandes. Il y en avait sept sur chaque chapiteau. 18 Hiram disposa des grenades en deux rangées autour
de chaque treillis pour orner les chapiteaux. 19 Sur les colonnes du portique, il y avait un chapiteau de deux mètres
de haut en forme de fleur de lis. 20 Au-dessus du renflement qui dépassait le treillis des chapiteaux placés sur les
deux colonnes, on pouvait compter deux cents grenades
placées en rangées circulaires autour de chaque chapiteau.
21 Hiram érigea les deux colonnes devant le portique du
Temple. Il appela la colonne de droite Yakîn (Il affermit) et
celle de gauche Boaz (La force est en Lui). 22 Sur le sommet
de chaque colonne, il y avait une sculpture représentant
des lis. Ainsi fut achevée la fabrication des colonnes.

La grande cuve

(2 Ch 4.2-5)

23 Puis il fit la grande cuve ronde en métal fondu[d].
Elle mesurait cinq mètres de diamètre et deux mètres
cinquante de hauteur, un cordeau de quinze mètres mesurait sa circonférence. 24 Au-dessous de son rebord, sur
tout le pourtour, se trouvaient deux rangées de coloquintes
coulées d'une seule pièce avec la cuve. Il y en avait dix par
demi-mètre. 25 La cuve elle-même reposait sur douze bœufs
de bronze ayant leurs têtes tournées trois par trois vers le
nord, l'ouest, le sud et l'est, alors que la partie postérieure
de leur corps était tournée vers l'intérieur et portait la
cuve. 26 La paroi de la cuve avait huit centimètres d'épaisseur et son rebord était façonné comme celui d'une coupe
en forme de pétale de lis. Elle contenait environ quarante
mille litres d'eau.

[d] **7.23** *Cuve* de bronze employée pour les ablutions rituelles des prêtres (voir Ex 30.17-21).

27He also made ten movable stands of bronze; each was four cubits long, four wide and three high.[l] 28This is how the stands were made: They had side panels attached to uprights. 29On the panels between the uprights were lions, bulls and cherubim – and on the uprights as well. Above and below the lions and bulls were wreaths of hammered work. 30Each stand had four bronze wheels with bronze axles, and each had a basin resting on four supports, cast with wreaths on each side. 31On the inside of the stand there was an opening that had a circular frame one cubit[m] deep. This opening was round, and with its basework it measured a cubit and a half.[n] Around its opening there was engraving. The panels of the stands were square, not round. 32The four wheels were under the panels, and the axles of the wheels were attached to the stand. The diameter of each wheel was a cubit and a half. 33The wheels were made like chariot wheels; the axles, rims, spokes and hubs were all of cast metal.

34Each stand had four handles, one on each corner, projecting from the stand. 35At the top of the stand there was a circular band half a cubit[o] deep. The supports and panels were attached to the top of the stand. 36He engraved cherubim, lions and palm trees on the surfaces of the supports and on the panels, in every available space, with wreaths all around. 37This is the way he made the ten stands. They were all cast in the same molds and were identical in size and shape.

38He then made ten bronze basins, each holding forty baths[p] and measuring four cubits across, one basin to go on each of the ten stands. 39He placed five of the stands on the south side of the temple and five on the north. He placed the Sea on the south side, at the southeast corner of the temple. 40He also made the pots[q] and shovels and sprinkling bowls.

So Huram finished all the work he had undertaken for King Solomon in the temple of the Lord:

41the two pillars;

the two bowl-shaped capitals on top of the pillars;

the two sets of network decorating the two bowl-shaped capitals on top of the pillars;

42the four hundred pomegranates for the two sets of network (two rows of pomegranates for each network decorating the bowl-shaped capitals on top of the pillars);

[l] 7:27 That is, about 6 feet long and wide and about 4 1/2 feet high or about 1.8 meters long and wide and 1.4 meters high
[m] 7:31 That is, about 18 inches or about 45 centimeters
[n] 7:31 That is, about 2 1/4 feet or about 68 centimeters; also in verse 32
[o] 7:35 That is, about 9 inches or about 23 centimeters
[p] 7:38 That is, about 240 gallons or about 880 liters
[q] 7:40 Many Hebrew manuscripts, Septuagint, Syriac and Vulgate (see also verse 45 and 2 Chron. 4:11); many other Hebrew manuscripts *basins*

Les chariots de bronze

27Hiram fabriqua ensuite les dix chariots de bronz Chacun d'eux mesurait deux mètres de long, autant d large et un mètre cinquante de haut. 28Ils étaient const tués de châssis faits de plaques de bronze, entretoisée de traverses 29sur lesquelles Hiram sculpta des lions, de bœufs et des chérubins, de même que sur les plaques d châssis ; au-dessus et en dessous des lions et des bœuf il y avait des guirlandes de fleurs. 30Chaque chariot avai quatre roues de bronze montées sur des essieux de bronz Les quatre angles étaient munis de consoles qui allaien plus bas que les guirlandes et étaient destinées à souteni un bassin. 31Sur le dessus de chaque chariot se trouvai un renfoncement circulaire de cinquante centimètre de profondeur et de soixante-quinze centimètres d diamètre pour servir de support au bassin. Hiram y cis ela des sculptures. Le châssis était carré et non arrond 32Les quatre roues se trouvaient sous les traverses et leur essieux étaient fixés à la base du chariot. Chaque rou avait soixante-quinze centimètres de diamètre. 33Elle étaient conçues comme les roues d'un char. Leurs es sieux, leurs jantes, leurs rayons et leurs moyeux étaien en métal fondu. 34Les quatre consoles aux quatre angle de chaque chariot faisaient corps avec les châssis. 35L partie supérieure de chaque chariot était décorée d'un couronne de vingt-cinq centimètres de large qui faisai le tour du renfoncement. Là se trouvaient également de poignées et des traverses qui faisaient corps avec le rest du chariot. 36Sur les surfaces libres de ces poignées et d ces traverses, Hiram grava des chérubins, des lions et de palmes, entourés de guirlandes. 37Il procéda de la mêm manière pour les dix chariots. Ils avaient tous les même dimensions et la même forme, et étaient tous coulés e métal fondu.

(2 Ch 4.6, 10 à 5.1)

38Il fabriqua encore dix bassins de bronze de deu mètres de diamètre pouvant contenir mille litres d'eau Chaque bassin reposait sur l'un des dix chariots. 39Il dis posa cinq chariots avec leurs bassins à droite du Templ et les cinq autres sur le côté gauche. La grande cuve rond fut placée du côté droit du Temple vers le sud-est.

Les accessoires du culte

(2 Ch 4.11a)

40Hiram fabriqua les bassins[e], les pelles et les coupe à aspersion.

Récapitulation des objets de bronze fabriqués

(2 Ch 4.11b-18)

Il termina ainsi tout le travail que le roi Salomon lu avait confié pour le temple de l'Eternel : 41les deux col onnes avec leurs chapiteaux évasés qui les surmontaient les deux treillis pour recouvrir les évasements de ces chap iteaux, 42les quatre cents grenades accrochées aux treilli

[e] 7.40 Utilisés peut-être pour faire cuire la viande des sacrifices de communion (Lv 7.11-17).

43 the ten stands with their ten basins;
44 the Sea and the twelve bulls under it;
45 the pots, shovels and sprinkling bowls.
All these objects that Huram made for King Solomon
or the temple of the LORD were of burnished bronze.
6 The king had them cast in clay molds in the plain of
he Jordan between Sukkoth and Zarethan. 47 Solomon
eft all these things unweighed, because there were so
many; the weight of the bronze was not determined.

48 Solomon also made all the furnishings that were
n the LORD's temple:
the golden altar;
the golden table on which was the bread of the
Presence;
49 the lampstands of pure gold (five on the right and
ive on the left, in front of the inner sanctuary);
the gold floral work and lamps and tongs;
50 the pure gold basins, wick trimmers, sprinkling
bowls, dishes and censers;
and the gold sockets for the doors of the innermost
room, the Most Holy Place, and also for the doors of
he main hall of the temple.
51 When all the work King Solomon had done for
he temple of the LORD was finished, he brought in the
hings his father David had dedicated – the silver and
gold and the furnishings – and he placed them in the
reasuries of the LORD's temple.

The Ark Brought to the Temple

8 1 Then King Solomon summoned into his presence at Jerusalem the elders of Israel, all the
heads of the tribes and the chiefs of the Israelite
families, to bring up the ark of the LORD's covenant
from Zion, the City of David. 2 All the Israelites came
together to King Solomon at the time of the festival in
he month of Ethanim, the seventh month.
3 When all the elders of Israel had arrived, the
priests took up the ark, 4 and they brought up the ark
of the LORD and the tent of meeting and all the sacred
furnishings in it. The priests and Levites carried them
up, 5 and King Solomon and the entire assembly of
srael that had gathered about him were before the
ark, sacrificing so many sheep and cattle that they
could not be recorded or counted.
6 The priests then brought the ark of the LORD's covenant to its place in the inner sanctuary of the temple,
he Most Holy Place, and put it beneath the wings of
he cherubim. 7 The cherubim spread their wings over
he place of the ark and overshadowed the ark and its
carrying poles. 8 These poles were so long that their
ends could be seen from the Holy Place in front of the
nner sanctuary, but not from outside the Holy Place;
and they are still there today. 9 There was nothing in

– deux rangées de grenades par treillis – 43 les dix chariots
et les dix bassins placés dessus, 44 la grande cuve, unique
en son genre, et les douze bœufs qui la supportaient, 45 les
chaudrons, les pelles et les coupes à aspersion. Tous ces
objets, destinés au temple de l'Eternel, que Hiram avait fabriqués pour le roi Salomon étaient de bronze poli. 46 Le roi
les fit fondre dans la plaine du Jourdain, dans des couches
d'argile, entre Soukkoth et Tsartân[f]. 47 Salomon mit en
place tous ces objets ; on ne pouvait évaluer le poids de
bronze utilisé, car la quantité en était trop grande.

Les objets en or
(2 Ch 4.19-22)

48 Il fit encore fabriquer tous les autres objets destinés au
temple de l'Eternel : l'autel des parfums en or, la table d'or
sur laquelle on plaçait les pains exposés devant l'Eternel,
49 les chandeliers d'or fin avec leurs lampes, placés cinq à
droite et cinq à gauche devant la salle du fond, avec leurs
fleurons, leurs lampes et les mouchettes en or[g], 50 les bassins, les couteaux, les calices, les coupes et les brasiers
d'or fin, ainsi que les gonds en or pour les portes de l'intérieur du Temple, à l'entrée du lieu très saint, et pour les
portes de la grande salle, à l'entrée du Temple. 51 Quand
tous les travaux que le roi Salomon fit exécuter pour le
temple de l'Eternel furent achevés, Salomon fit apporter
les objets que son père David avait consacrés : l'argent, l'or
et les ustensiles, et il les déposa dans le trésor du temple
de l'Eternel.

L'inauguration du Temple

L'Eternel vient habiter dans le Temple
(2 Ch 5.2 à 6.11)

8 1 Alors Salomon rassembla auprès de lui à Jérusalem
tous les responsables d'Israël, tous les chefs des tribus
et les chefs de familles des Israélites pour faire transporter
le coffre de l'alliance de l'Eternel depuis la cité de David,
qui est Sion. 2 Tous les hommes d'Israël s'assemblèrent
auprès du roi Salomon, au mois d'Etanim, qui est le septième mois[h], pendant la fête des Cabanes.
3 Tous les responsables d'Israël vinrent, et les prêtres
se chargèrent de porter le coffre sacré. 4 Les prêtres et les
lévites transportèrent le coffre de l'Eternel ainsi que la
tente de la Rencontre et tous les ustensiles sacrés qu'elle
contenait. 5 Le roi Salomon et toute la communauté d'Israël
rassemblée auprès de lui, devant le coffre, offrirent en
sacrifice un très grand nombre de petit et de gros bétail
qu'on ne pouvait évaluer.
6 Les prêtres installèrent le coffre de l'alliance de l'Eternel à la place qui lui était destinée dans la salle du fond du
Temple, c'est-à-dire dans le lieu très saint, sous les ailes des
chérubins. 7 Car les chérubins avaient leurs ailes déployées
au-dessus de l'emplacement du coffre, de sorte qu'ils formaient un dais protecteur au-dessus du coffre et de ses
barres. 8 On avait donné à ces barres une longueur telle que
leurs extrémités se voyaient depuis le lieu saint qui précédait le sanctuaire intérieur, mais elles ne se voyaient pas
de l'extérieur. Elles sont restées là jusqu'à ce jour. 9 Dans

f **7.46** *Soukkoth* se trouvait sur la rive orientale du Jourdain (voir Gn 33.17 ; Jos 13.27 ; Jg 8.4-5), un peu au nord de l'embouchure du Yabboq.
g **7.49** Dans le tabernacle, il n'y avait qu'un seul chandelier à sept branches (Ex 25.31-40 ; 26.35). Salomon le remplaça par dix chandeliers.
h **8.2** Septembre-octobre.

the ark except the two stone tablets that Moses had
placed in it at Horeb, where the LORD made a covenant
with the Israelites after they came out of Egypt.
10 When the priests withdrew from the Holy Place,
the cloud filled the temple of the LORD. 11 And the
priests could not perform their service because of
the cloud, for the glory of the LORD filled his temple.

12 Then Solomon said, "The LORD has said that he
would dwell in a dark cloud; 13 I have indeed built a
magnificent temple for you, a place for you to dwell
forever."

14 While the whole assembly of Israel was standing there, the king turned around and blessed them.
15 Then he said:
"Praise be to the LORD, the God of Israel, who with
his own hand has fulfilled what he promised with
his own mouth to my father David. For he said,
16 'Since the day I brought my people Israel out of
Egypt, I have not chosen a city in any tribe of Israel
to have a temple built so that my Name might be
there, but I have chosen David to rule my people
Israel.'
17 "My father David had it in his heart to build a
temple for the Name of the LORD, the God of Israel.
18 But the LORD said to my father David, 'You did
well to have it in your heart to build a temple for
my Name. 19 Nevertheless, you are not the one to
build the temple, but your son, your own flesh and
blood – he is the one who will build the temple for
my Name.'
20 "The LORD has kept the promise he made: I have
succeeded David my father and now I sit on the
throne of Israel, just as the LORD promised, and I
have built the temple for the Name of the LORD, the
God of Israel. 21 I have provided a place there for
the ark, in which is the covenant of the LORD that
he made with our ancestors when he brought them
out of Egypt."

Solomon's Prayer of Dedication

22 Then Solomon stood before the altar of the LORD
in front of the whole assembly of Israel, spread out
his hands toward heaven 23 and said:
"LORD, the God of Israel, there is no God like you in
heaven above or on earth below – you who keep your
covenant of love with your servants who continue
wholeheartedly in your way. 24 You have kept your
promise to your servant David my father; with your
mouth you have promised and with your hand you
have fulfilled it – as it is today.
25 "Now LORD, the God of Israel, keep for your servant David my father the promises you made to
him when you said, 'You shall never fail to have a
successor to sit before me on the throne of Israel, if
only your descendants are careful in all they do to
walk before me faithfully as you have done.' 26 And
now, God of Israel, let your word that you promised
your servant David my father come true.
27 "But will God really dwell on earth? The heavens,
even the highest heaven, cannot contain you. How

le coffre, il y avait seulement les deux tablettes de pierre
que Moïse y avait déposées à Horeb, lorsque l'Eternel conclut une alliance avec les Israélites à leur sortie d'Egypte.
10 Au moment où les prêtres sortirent du lieu saint,
la nuée lumineuse remplit le temple de l'Eternel. 11 Les
prêtres ne purent pas y rester pour accomplir le service,
à cause de la nuée, car la gloire de l'Eternel remplissait
son temple.
12 Alors Salomon dit : L'Eternel a déclaré qu'il demeurerait dans un lieu obscur. 13 J'ai enfin bâti pour toi une
résidence, un lieu où tu habiteras éternellement !

Salomon loue l'Eternel

14 Puis le roi se retourna et bénit toute l'assemblée d'Israël qui se tenait debout.
15 Il dit : Béni soit l'Eternel, le Dieu d'Israël qui a, de sa
propre bouche, parlé à mon père David et qui a agi pour
accomplir la promesse qu'il lui avait faite. Il lui avait dit :
16 « Depuis le jour où j'ai fait sortir mon peuple Israël
d'Egypte, je n'ai jamais choisi une ville particulière parmi
toutes les tribus d'Israël pour qu'on y bâtisse un temple où
je sois présent, mais j'ai choisi David pour gouverner mon
peuple Israël. » 17 Mon père David avait à cœur de bâtir un
temple en l'honneur de l'Eternel, le Dieu d'Israël. 18 Mais
l'Eternel lui a déclaré : « Ton projet de bâtir un temple
en mon honneur est une excellente chose : tu as bien fait
de prendre cela à cœur. 19 Toutefois, ce n'est pas toi qui
bâtiras ce temple, c'est ton propre fils qui le bâtira pour
moi. » 20 L'Eternel a tenu sa promesse : j'ai succédé à mon
père David et j'occupe le trône d'Israël comme l'Eternel
l'avait annoncé, et j'ai construit ce temple en l'honneur de
l'Eternel, le Dieu d'Israël. 21 J'y ai réservé un emplacement
pour le coffre qui contient le code de l'alliance de l'Eternel,
cette alliance qu'il a conclue avec nos ancêtres quand il
les a fait sortir d'Egypte.

Prière d'intercession de Salomon
(2 Ch 6.12-40)

22 Puis Salomon se plaça devant l'autel de l'Eternel, en
faisant face à toute l'assemblée d'Israël. Il leva les mains
vers le ciel 23 et pria : Eternel, Dieu d'Israël ! Il n'y a pas de
Dieu semblable à toi, ni là-haut dans le ciel, ni ici-bas sur
la terre ! Tu es fidèle à ton alliance et tu conserves ta bonté
à tes serviteurs qui se conduisent selon ta volonté de tout
leur cœur. 24 Ainsi tu as tenu la promesse que tu avais faite
à ton serviteur David, mon père, oui, tu as agi pour que
soit accompli aujourd'hui ce que tu lui avais déclaré de ta
propre bouche. 25 A présent, Eternel, Dieu d'Israël, veuille
aussi tenir l'autre promesse que tu lui as faite lorsque tu
lui as dit : « Il y aura toujours l'un de tes descendants qui
siégera sous mon regard sur le trône d'Israël, à condition
qu'ils veillent sur leur conduite pour vivre selon ma volonté comme tu as toi-même vécu. » 26 Oui, maintenant, Dieu
d'Israël, daigne réaliser cette promesse que tu as faite à
ton serviteur, mon père David.

27 Mais est-ce qu'en vérité Dieu habiterait sur la terre,
alors que le ciel dans toute son immensité ne saurait le

much less this temple I have built! 28 Yet give attention to your servant's prayer and his plea for mercy, LORD my God. Hear the cry and the prayer that your servant is praying in your presence this day. 29 May your eyes be open toward this temple night and day, this place of which you said, 'My Name shall be there,' so that you will hear the prayer your servant prays toward this place. 30 Hear the supplication of your servant and of your people Israel when they pray toward this place. Hear from heaven, your dwelling place, and when you hear, forgive.

31 "When anyone wrongs their neighbor and is required to take an oath and they come and swear the oath before your altar in this temple, 32 then hear from heaven and act. Judge between your servants, condemning the guilty by bringing down on their heads what they have done, and vindicating the innocent by treating them in accordance with their innocence.

33 "When your people Israel have been defeated by an enemy because they have sinned against you, and when they turn back to you and give praise to your name, praying and making supplication to you in this temple, 34 then hear from heaven and forgive the sin of your people Israel and bring them back to the land you gave to their ancestors.

35 "When the heavens are shut up and there is no rain because your people have sinned against you, and when they pray toward this place and give praise to your name and turn from their sin because you have afflicted them, 36 then hear from heaven and forgive the sin of your servants, your people Israel. Teach them the right way to live, and send rain on the land you gave your people for an inheritance.

37 "When famine or plague comes to the land, or blight or mildew, locusts or grasshoppers, or when an enemy besieges them in any of their cities, whatever disaster or disease may come, 38 and when a prayer or plea is made by anyone among your people Israel – being aware of the afflictions of their own hearts, and spreading out their hands toward this temple – 39 then hear from heaven, your dwelling place. Forgive and act; deal with everyone according to all they do, since you know their hearts (for you alone know every human heart), 40 so that they will fear you all the time they live in the land you gave our ancestors.

41 "As for the foreigner who does not belong to your people Israel but has come from a distant land because of your name – 42 for they will hear of your great name and your mighty hand and your outstretched arm – when they come and pray toward this temple, 43 then hear from heaven, your dwelling place. Do whatever the foreigner asks of you, so that all the peoples of the earth may know your name and fear you, as do your own people Israel, and may know that this house I have built bears your Name.

44 "When your people go to war against their enemies, wherever you send them, and when they pray to the LORD toward the city you have chosen and the temple I have built for your Name, 45 then

contenir ? Combien moins ce temple que je viens de te construire ! 28 Toutefois, Eternel, mon Dieu, veuille être attentif à la prière et à la supplication de ton serviteur et écouter l'appel que je t'adresse en ce jour. 29 Que tes yeux veillent nuit et jour sur ce temple, ce lieu dont tu as toi-même dit : « Là, je serai présent. » Et exauce la prière que ton serviteur t'adresse en ce lieu. 30 Daigne écouter ma supplication et celle de ton peuple Israël lorsqu'il viendra prier ici. Depuis le lieu où tu demeures, depuis le ciel, entends notre prière et veuille pardonner !

31 Lorsque quelqu'un sera accusé d'avoir commis une faute envers son prochain et qu'on exigera de lui qu'il prête serment avec des imprécations ici devant ton autel dans ce temple, 32 sois attentif depuis le ciel, interviens et juge tes serviteurs pour condamner le coupable, afin qu'il reçoive le châtiment que mérite sa conduite et pour faire reconnaître l'innocence du juste afin qu'il soit traité selon son innocence.

33 Quand ton peuple Israël aura été battu par un ennemi, parce que ses membres auront péché contre toi, si ensuite ils reviennent à toi, s'ils t'adressent leurs louanges, te prient et t'expriment leurs supplications dans ce temple, 34 écoute-les depuis le ciel, pardonne le péché de ton peuple Israël et ramène-les dans le pays que tu as donné à leurs ancêtres !

35 Quand le ciel sera fermé et refusera de donner la pluie, parce que ton peuple aura péché contre toi, si ce peuple prie en ce lieu, s'il te loue et se détourne de ses fautes, après que tu l'as affligé, 36 écoute-le depuis le ciel, pardonne le péché de tes serviteurs et de ton peuple Israël, indique-leur la bonne ligne de conduite à suivre, et fais tomber la pluie sur ton pays que tu as donné en possession à ton peuple !

37 Quand la famine ou la peste sévira dans le pays, quand les céréales seront atteintes de maladie, quand surviendra une invasion de sauterelles ou de criquets, ou quand l'ennemi assiégera ton peuple dans les villes fortifiées du pays, quand quelque maladie ou quelque malheur s'abattra sur lui, 38-39 si, considérant sa peine, chacun tend les mains vers ce temple, veuille exaucer du ciel, le lieu où tu demeures, les prières et les supplications que t'adressera tout homme ou tout ton peuple Israël. Pardonne-leur et traite chacun selon sa conduite, puisque tu connais le cœur de chacun. En effet, toi seul tu connais le cœur de tous les humains. 40 De cette manière, ils te craindront tout le temps qu'ils vivront sur l'étendue du territoire que tu as donné à nos ancêtres.

41 Et même si un étranger qui ne fait pas partie de ton peuple Israël entend parler de toi et vient d'un pays lointain 42 – car les étrangers apprendront que tu es un grand Dieu qui agit en déployant sa puissance – quand un étranger viendra prier dans ce temple, 43 veuille l'écouter depuis le ciel, la demeure où tu habites, et lui accorder tout ce qu'il t'aura demandé. De cette manière, tous les peuples du monde te connaîtront, ils te craindront comme le fait ton peuple Israël et ils reconnaîtront que le temple que j'ai construit t'appartient.

44 Lorsque ton peuple partira pour combattre son ennemi, sur le chemin où tu l'enverras, s'il prie l'Eternel en se tournant vers la ville que tu as choisie et vers ce temple que j'ai construit en ton honneur, 45 daigne écout-

hear from heaven their prayer and their plea, and uphold their cause.

46“When they sin against you – for there is no one who does not sin – and you become angry with them and give them over to their enemies, who take them captive to their own lands, far away or near; 47and if they have a change of heart in the land where they are held captive, and repent and plead with you in the land of their captors and say, ‘We have sinned, we have done wrong, we have acted wickedly’; 48and if they turn back to you with all their heart and soul in the land of their enemies who took them captive, and pray to you toward the land you gave their ancestors, toward the city you have chosen and the temple I have built for your Name; 49then from heaven, your dwelling place, hear their prayer and their plea, and uphold their cause. 50And forgive your people, who have sinned against you; forgive all the offenses they have committed against you, and cause their captors to show them mercy; 51for they are your people and your inheritance, whom you brought out of Egypt, out of that iron-smelting furnace.

52“May your eyes be open to your servant’s plea and to the plea of your people Israel, and may you listen to them whenever they cry out to you. 53For you singled them out from all the nations of the world to be your own inheritance, just as you declared through your servant Moses when you, Sovereign LORD, brought our ancestors out of Egypt.”

54When Solomon had finished all these prayers and supplications to the LORD, he rose from before the altar of the LORD, where he had been kneeling with his hands spread out toward heaven. 55He stood and blessed the whole assembly of Israel in a loud voice, saying:

56“Praise be to the LORD, who has given rest to his people Israel just as he promised. Not one word has failed of all the good promises he gave through his servant Moses. 57May the LORD our God be with us as he was with our ancestors; may he never leave us nor forsake us. 58May he turn our hearts to him, to walk in obedience to him and keep the commands, decrees and laws he gave our ancestors. 59And may these words of mine, which I have prayed before the LORD, be near to the LORD our God day and night, that he may uphold the cause of his servant and the cause of his people Israel according to each day’s need, 60so that all the peoples of the earth may know that the LORD is God and that there is no other. 61And may your hearts be fully committed to the LORD our God, to live by his decrees and obey his commands, as at this time.”

The Dedication of the Temple

62Then the king and all Israel with him offered sacrifices before the LORD. 63Solomon offered a sacrifice of

er, depuis le ciel, leurs prières et leurs supplications e défendre leur cause !

46Il se peut qu’ils commettent un péché contre toi – ca quel est l’homme qui ne commet jamais de péché ? Alors tu seras irrité contre eux, tu les livreras au pouvoir de leur ennemis, qui les emmèneront en captivité dans un pay ennemi, proche ou lointain. 47S’ils se mettent à réfléchi dans le pays où ils auront été déportés, s’ils reviennent e arrière et t’adressent leurs supplications dans le pays d leurs vainqueurs et qu’ils disent : « Nous avons péché, nou avons mal agi, nous sommes coupables », 48s’ils reviennen à toi de tout leur cœur et de tout leur être, dans le pay des ennemis qui les auront déportés, et s’ils te prient en s tournant vers le pays que tu as donné à leurs ancêtres, ver la ville que tu as choisie et vers le temple que j’ai construi en ton honneur, 49alors, depuis le ciel, la demeure où tu habites, veuille écouter leur prière et leur supplication e défendre leur cause !

50Pardonne à ton peuple les péchés qu’il aura commi contre toi et toutes ses fautes contre toi ! Inspire à leur vainqueurs qui les retiennent captifs de la compassion pour eux, et qu’ils aient compassion d’eux. 51En effet, Israë n’est-il pas ton peuple, celui qui t’appartient, depuis que t l’as fait sortir d’Egypte, de cette fournaise à fondre le fer

52Veuille considérer favorablement la supplication d ton serviteur et celle de ton peuple Israël pour les exauce chaque fois qu’ils te prieront. 53Car c’est toi, ô Seigneu Eternel, qui as choisi ce peuple pour toi parmi tous le autres peuples de la terre pour en faire le peuple qui t’ap partient, comme tu l’as déclaré par l’intermédiaire d ton serviteur Moïse quand tu as fait sortir nos ancêtre d’Egypte.

Bénédiction de l’assemblée

54Or, lorsque Salomon eut terminé toute cette prière de supplication à l’Eternel, il se releva de devant l’aute de l’Eternel, où il était resté agenouillé, les mains levée vers le ciel. 55Il se releva et, d’une voix forte, il bénit tout l’assemblée d’Israël, en disant : 56Béni soit l’Eternel qui a accordé la paix à son peuple Israël, conformément à se promesses. En effet, aucune promesse de bienfait qu’i nous a faite par l’intermédiaire de son serviteur Moïs n’a manqué de se réaliser. 57Que l’Eternel, notre Dieu, soi avec nous, comme il a été avec nos ancêtres ! Qu’il ne nou abandonne jamais, qu’il ne nous délaisse pas, 58mais qu’i incline notre cœur vers lui, pour que nous marchions dan les voies qu’il a prescrites pour nous, en obéissant à se commandements, ses ordonnances et ses lois qu’il a don nés à nos ancêtres. 59Puisse l’Eternel notre Dieu prendre e considération jour et nuit toutes les prières de supplicatior que je viens de lui présenter et défendre jour après jour l cause de son serviteur et de son peuple Israël. 60Ainsi tou les peuples de la terre reconnaîtront que c’est l’Eterne qui est Dieu et qu’il n’y en a pas d’autre. 61Quant à vous que votre cœur soit attaché sans réserve à l’Eternel notre Dieu, pour que vous viviez d’une manière conforme à se lois et que vous obéissiez à ses commandements, comme c’est le cas aujourd’hui.

La première fête célébrée au Temple

(2 Ch 7.4-10)

62Le roi et tout Israël offrirent des sacrifices devant l’Eternel. 63Salomon offrit à l’Eternel un sacrifice de com

llowship offerings to the LORD: twenty-two thousand
ıttle and a hundred and twenty thousand sheep and
›ats. So the king and all the Israelites dedicated the
·mple of the LORD.
64 On that same day the king consecrated the middle
ırt of the courtyard in front of the temple of the LORD,
ıd there he offered burnt offerings, grain offerings
ıd the fat of the fellowship offerings, because the
·onze altar that stood before the LORD was too small
› hold the burnt offerings, the grain offerings and
ıe fat of the fellowship offerings.
65 So Solomon observed the festival at that time,
ıd all Israel with him – a vast assembly, people from
ebo Hamath to the Wadi of Egypt. They celebrated it
efore the LORD our God for seven days and seven days
ıore, fourteen days in all. 66 On the following day he
·nt the people away. They blessed the king and then
ent home, joyful and glad in heart for all the good
ıings the LORD had done for his servant David and
is people Israel.

he LORD Appears to Solomon

9 1 When Solomon had finished building the temple of the LORD and the royal palace, and had
:hieved all he had desired to do, 2 the LORD appeared
› him a second time, as he had appeared to him at
ibeon. 3 The LORD said to him:
"I have heard the prayer and plea you have made
before me; I have consecrated this temple, which
you have built, by putting my Name there forever.
My eyes and my heart will always be there.
4 "As for you, if you walk before me faithfully with
integrity of heart and uprightness, as David your
father did, and do all I command and observe my
decrees and laws, 5 I will establish your royal throne
over Israel forever, as I promised David your father
when I said, 'You shall never fail to have a successor
on the throne of Israel.'
6 "But if you[r] or your descendants turn away from
me and do not observe the commands and decrees
I have given you[s] and go off to serve other gods and
worship them, 7 then I will cut off Israel from the
land I have given them and will reject this temple I
have consecrated for my Name. Israel will then become a byword and an object of ridicule among all
peoples. 8 This temple will become a heap of rubble.
All[t] who pass by will be appalled and will scoff and
say, 'Why has the LORD done such a thing to this land
and to this temple?' 9 People will answer, 'Because
they have forsaken the LORD their God, who brought
their ancestors out of Egypt, and have embraced
other gods, worshiping and serving them – that is
why the LORD brought all this disaster on them.' "

›lomon's Other Activities

10 At the end of twenty years, during which Solomon
ıilt these two buildings – the temple of the LORD and

munion pour lequel il immola 22 000 bœufs et 120 000
moutons. C'est de cette manière que le roi et tous les
Israélites inaugurèrent le temple de l'Eternel. 64 Ce même
jour, le roi consacra l'intérieur de la cour qui s'étend
devant le temple de l'Eternel pour y offrir les holocaustes,
les offrandes et les graisses des sacrifices de communion,
car l'autel de bronze qui se trouvait devant l'Eternel était
trop petit pour recevoir tous les holocaustes, les offrandes
et les graisses des sacrifices de communion.

65 Salomon et tout Israël célébrèrent la fête. Une grande
assemblée de gens venus depuis la région de Lebo-Hamath
jusqu'au torrent d'Egypte[i] se tint devant l'Eternel, notre
Dieu, pendant sept jours puis encore sept autres jours,
soit quatorze jours en tout[j]. 66 Après cela, le huitième jour
de la seconde semaine, Salomon renvoya le peuple. Les
gens vinrent le bénir, puis chacun rentra chez soi. Tous
étaient joyeux et avaient le cœur content à cause de tous
les bienfaits que l'Eternel avait accordés à son serviteur
David et à Israël.

Dieu exauce la prière de Salomon

(2 Ch 7.11-22)

9 1 Lorsque Salomon eut achevé de bâtir le temple de
l'Eternel, le palais royal et tout ce qu'il avait désiré
construire, 2 l'Eternel lui apparut une seconde fois, de
la même manière qu'il lui était apparu à Gabaon. 3 Il lui
dit : J'ai exaucé ta prière et la supplication que tu m'as
adressée : je fais de cet édifice que tu as construit un lieu
saint pour y établir à jamais ma présence. Je veillerai toujours sur lui et j'y aurai mon cœur. 4 Quant à toi, si tu te
conduis devant moi comme ton père David, avec un cœur
intègre et droit, en faisant tout ce que je t'ai ordonné, si
tu obéis aux ordonnances et aux lois que je t'ai données,
5 je rendrai stable pour toujours ton trône royal sur Israël,
comme je l'ai promis à ton père David, lorsque je lui ai dit :
« Il y aura toujours l'un de tes descendants sur le trône
d'Israël. » 6 Mais si vous vous détournez délibérément de
moi, vous et vos descendants, si vous n'obéissez pas à mes
lois et à mes ordonnances que j'ai établies pour vous, et si
vous allez rendre un culte à d'autres dieux et vous prosterner devant eux, 7 je ferai disparaître le peuple d'Israël
du pays que je lui ai donné, je rejetterai loin de ma vue ce
temple que j'ai consacré pour y être présent, et tous les
peuples se moqueront d'Israël et ricaneront à son sujet.
8 Quant à ce temple si glorieux, tous ceux qui passeront
à proximité seront consternés et épouvantés. On s'excla-
mera : « Pourquoi l'Eternel a-t-il traité ainsi ce pays et ce
temple ? » 9 Et l'on répondra : « C'est parce qu'ils ont abandonné l'Eternel leur Dieu, qui a fait sortir leurs ancêtres
d'Egypte, parce qu'ils se sont attachés à d'autres dieux,
qu'ils se sont prosternés devant eux et les ont adorés. Voilà
pourquoi l'Eternel leur a infligé tout ce malheur. »

Les dons de villes à Hiram en échange des matériaux

(2 Ch 8.1-18)

10 Salomon mit vingt ans pour construire les deux édifices : le temple de l'Eternel et le palais royal. 11 Comme

---

:6 The Hebrew is plural.
·:6 The Hebrew is plural.
:8 See some Septuagint manuscripts, Old Latin, Syriac, Arabic
ıd Targum; Hebrew *And though this temple is now imposing, all*

i **8.65** C'est-à-dire du nord (*Lebo-Hamath*) au sud (le *torrent d'Egypte*) du royaume.
j **8.65** Les mots *puis encore sept autres jours ... en tout* manquent dans l'ancienne version grecque.

the royal palace – 11 King Solomon gave twenty towns in Galilee to Hiram king of Tyre, because Hiram had supplied him with all the cedar and juniper and gold he wanted. 12 But when Hiram went from Tyre to see the towns that Solomon had given him, he was not pleased with them. 13 "What kind of towns are these you have given me, my brother?" he asked. And he called them the Land of Kabul,[u] a name they have to this day. 14 Now Hiram had sent to the king 120 talents[v] of gold.

15 Here is the account of the forced labor King Solomon conscripted to build the LORD's temple, his own palace, the terraces,[w] the wall of Jerusalem, and Hazor, Megiddo and Gezer. 16 (Pharaoh king of Egypt had attacked and captured Gezer. He had set it on fire. He killed its Canaanite inhabitants and then gave it as a wedding gift to his daughter, Solomon's wife. 17 And Solomon rebuilt Gezer.) He built up Lower Beth Horon, 18 Baalath, and Tadmor[x] in the desert, within his land, 19 as well as all his store cities and the towns for his chariots and for his horses[y] – whatever he desired to build in Jerusalem, in Lebanon and throughout all the territory he ruled.

20 There were still people left from the Amorites, Hittites, Perizzites, Hivites and Jebusites (these peoples were not Israelites). 21 Solomon conscripted the descendants of all these peoples remaining in the land – whom the Israelites could not exterminate[z] – to serve as slave labor, as it is to this day. 22 But Solomon did not make slaves of any of the Israelites; they were his fighting men, his government officials, his officers, his captains, and the commanders of his chariots and charioteers. 23 They were also the chief officials in charge of Solomon's projects – 550 officials supervising those who did the work.

24 After Pharaoh's daughter had come up from the City of David to the palace Solomon had built for her, he constructed the terraces.

25 Three times a year Solomon sacrificed burnt offerings and fellowship offerings on the altar he had built for the LORD, burning incense before the LORD along with them, and so fulfilled the temple obligations.

26 King Solomon also built ships at Ezion Geber, which is near Elath in Edom, on the shore of the Red Sea.[a] 27 And Hiram sent his men – sailors who knew the

[u] 9:13 *Kabul* sounds like the Hebrew for *good-for-nothing.*
[v] 9:14 That is, about 4 1/2 tons or about 4 metric tons
[w] 9:15 Or *the Millo*; also in verse 24
[x] 9:18 The Hebrew may also be read *Tamar.*
[y] 9:19 Or *charioteers*
[z] 9:21 The Hebrew term refers to the irrevocable giving over of things or persons to the LORD, often by totally destroying them.
[a] 9:26 Or *the Sea of Reeds*

Hiram, le roi de Tyr, lui avait fourni autant d'or et de bo
de cèdre et de cyprès qu'il avait voulu, Salomon lui céc
vingt villes dans la région de Galilée. 12 Hiram vint de Ty
pour examiner les villes que lui donnait Salomon. Ma
elles ne lui plurent pas 13 et il s'exclama : Qu'est-ce que ce
villes que tu m'as données là, mon allié ?

Et il les appela pays de Kaboul (Sans valeur), nom qu'elle
ont conservé jusqu'à ce jour. 14 Hiram avait envoyé au r
trois tonnes et demie d'or.

Les réalisations et les activités diverses de Salomon

15 Le roi Salomon avait organisé des corvées pour l
construction du temple de l'Eternel, du palais royal, pou
l'aménagement des terres pour des cultures en terrass
ainsi que pour la construction du rempart qui entour
Jérusalem et les villes de Hatsor, Meguiddo et Guézer.

16 Le pharaon, roi d'Egypte, s'était mis en campagne pou
s'emparer de Guézer, il l'avait incendiée après avoir tu
les Cananéens qui l'habitaient. Plus tard, il l'avait donné
en cadeau de noces à sa fille lorsqu'elle était devenue l
femme de Salomon. 17 Salomon reconstruisit Guézer ain
que Beth-Horôn la Basse[k], 18 Baalath[l] et Tadmor[m] dans l
contrée désertique du pays, 19 et toutes les villes qui l
servaient d'entrepôts[n] et celles où il tenait en réserve se
chars de guerre et ses équipages de char. Il construisit to
ce qu'il avait envie de construire à Jérusalem, au Liban
dans tout le pays soumis à son autorité. 20 Il y avait un
population qui n'était pas israélite : des Amoréens, de
Hittites, des Phéréziens, des Héviens et des Yebousier
21 dont les descendants étaient restés dans le pays et qu
les Israélites n'avaient pu vouer à l'extermination. Salomo
les employa comme esclaves de corvée, et ils le sont rest
jusqu'à ce jour. 22 Mais Salomon n'astreignit à l'esclavag
aucun des Israélites ; il les enrôla dans l'armée comme so
dats, fonctionnaires, officiers, écuyers, chefs de ses cha
et de ses soldats sur char. 23 550 fonctionnaires principau
dirigeaient les ouvriers qui exécutaient les travaux forc
effectués pour Salomon.

24 Lorsque la fille du pharaon déménagea de la cité d
David dans le palais que Salomon lui avait fait constr
ire, le roi en fit aménager les abords pour les cultures e
terrasse.

25 Trois fois dans l'année[o], Salomon offrait des hol
caustes et des sacrifices de communion sur l'autel qu'
avait fait construire à l'Eternel et il brûlait des parfun
sur celui qui était dressé devant l'Eternel. C'est ainsi qu
le Temple fut mis en fonction.

26 Le roi Salomon arma aussi une flotte à Etsyôn-Guéber
près d'Eilath, sur les bords de la mer des Roseaux, da
le pays d'Edom. 27 Hiram envoya à bord des navires de

[k] 9.17 Beth-Horôn la Basse, située au nord-ouest de Jérusalem, à l'entré du col par lequel on accédait aux montagnes de Juda et à la capitale.
[l] 9.18 Soit la ville de Jos 19.44, au sud-ouest de Beth-Horôn, soit celle de Jos 15.24, au sud d'Hébron.
[m] 9.18 Identifiée avec la grande oasis de Palmyre située dans le désert à l'est de la Syrie, à mi-chemin entre Damas et l'Euphrate ; importante localité commerciale.
[n] 9.19 C'étaient des villes fortifiées qui servaient d'entrepôts de provisions pour les temps de guerre et de famine (2 Ch 32.28).
[o] 9.25 Aux trois grandes fêtes de l'année : fête des Pains sans levain, de Semaines et des Cabanes (Ex 23.14-17 ; Dt 16.16 ; 2 Ch 8.13).
[p] 9.26 *Etsyôn-Guéber* était située au sommet du bras nord-est de la mer Rouge, appelé golfe d'Aqaba (Nb 33.36), dans le territoire d'Edom soum par David (2 S 8.13-14). La possession de ce port permettait à Salomon l'accès de la mer Rouge et de l'océan Indien.

ea – to serve in the fleet with Solomon's men. 28 They ailed to Ophir and brought back 420 talents[b] of gold, 'hich they delivered to King Solomon.

he Queen of Sheba Visits Solomon

10 1 When the queen of Sheba heard about the fame of Solomon and his relationship to the ORD, she came to test Solomon with hard questions. Arriving at Jerusalem with a very great caraan – with camels carrying spices, large quantities f gold, and precious stones – she came to Solomon nd talked with him about all that she had on her ind. 3 Solomon answered all her questions; nothing as too hard for the king to explain to her. 4 When e queen of Sheba saw all the wisdom of Solomon nd the palace he had built, 5 the food on his table, ne seating of his officials, the attending servants 1 their robes, his cupbearers, and the burnt oferings he made at[c] the temple of the LORD, she was verwhelmed.

6 She said to the king, "The report I heard in my own ountry about your achievements and your wisdom is ue. 7 But I did not believe these things until I came nd saw with my own eyes. Indeed, not even half was old me; in wisdom and wealth you have far exceeded e report I heard. 8 How happy your people must be! ow happy your officials, who continually stand beore you and hear your wisdom! 9 Praise be to the LORD our God, who has delighted in you and placed you on e throne of Israel. Because of the LORD's eternal love or Israel, he has made you king to maintain justice nd righteousness."

10 And she gave the king 120 talents[d] of gold, large uantities of spices, and precious stones. Never again ere so many spices brought in as those the queen of heba gave to King Solomon.

11 (Hiram's ships brought gold from Ophir; and from nere they brought great cargoes of almugwood[e] and recious stones. 12 The king used the almugwood to ake supports[f] for the temple of the LORD and for the oyal palace, and to make harps and lyres for the mucians. So much almugwood has never been imported r seen since that day.)

13 King Solomon gave the queen of Sheba all she deired and asked for, besides what he had given her out

---

9:28 That is, about 16 tons or about 14 metric tons
10:5 Or *the ascent by which he went up to*
10:10 That is, about 4 1/2 tons or about 4 metric tons
10:11 Probably a variant of *algumwood*; also in verse 12
10:12 The meaning of the Hebrew for this word is uncertain.

marins phéniciens expérimentés qui étaient à son service pour aider les serviteurs de Salomon. 28 Ils parvinrent à Ophir[q], d'où ils rapportèrent plus de douze tonnes d'or qu'ils remirent au roi Salomon.

La visite de la reine de Saba

(2 Ch 9.1-12)

10 1 La reine de Saba[r] entendit parler de la réputation que Salomon avait acquise grâce à l'Eternel. Elle vint donc pour éprouver sa sagesse en lui posant des questions difficiles[s]. 2 Elle arriva à Jérusalem avec une suite importante et des chameaux chargés d'épices, de parfums, d'or en très grande quantité et de pierres précieuses. Elle se présenta devant Salomon et lui parla de tout ce qu'elle avait sur le cœur. 3 Salomon lui expliqua tout ce qu'elle demandait ; rien n'était trop difficile pour lui, il n'y avait aucun sujet sur lequel il ne pouvait lui donner de réponse.

4 La reine de Saba constata combien Salomon était rempli de sagesse, elle vit le palais qu'il avait construit, 5 les mets de sa table, le logement de ses serviteurs, l'organisation de leur service, leur tenue, ceux qui servaient à manger et à boire, et les holocaustes qu'il offrait dans le temple de l'Eternel. Elle en perdit le souffle 6 et elle dit au roi : C'était donc bien vrai ce que j'avais entendu dire dans mon pays au sujet de tes propos et de ta sagesse ! 7 Je ne croyais pas ce qu'on en disait avant d'être venue ici et de l'avoir vu de mes propres yeux. Et voici qu'on ne m'en avait pas raconté la moitié de ce qui est. Ta sagesse et ta prospérité surpassent tout ce que j'avais entendu dire. 8 Qu'ils en ont de la chance, tous ceux qui t'entourent et qui sont toujours en ta présence, de pouvoir profiter sans cesse de ta sagesse ! 9 Béni soit l'Eternel, ton Dieu, qui t'a témoigné sa faveur en te plaçant sur le trône d'Israël ! C'est à cause de son amour éternel pour Israël que l'Eternel t'a établi roi pour que tu gouvernes avec justice et équité.

10 Ensuite, la reine fit cadeau au roi de trois tonnes et demie d'or, d'une très grande quantité de parfums et d'épices, et de pierres précieuses. En fait, il n'arriva plus jamais une aussi grande quantité de parfums et d'épices que celle que la reine de Saba offrit au roi Salomon.

Les richesses de Salomon

11 De plus, les navires de Hiram, qui rapportaient de l'or d'Ophir, ramenèrent aussi de là-bas une grande quantité de bois de santal, et des pierres précieuses. 12 Le roi utilisa le bois de santal pour faire une balustrade pour le temple de l'Eternel et pour le palais royal ainsi que des lyres et des luths pour les musiciens. Plus jamais, pareil bois de santal ne fut importé et l'on n'en a plus vu jusqu'à aujourd'hui. 13 Le roi Salomon donna à la reine de Saba tout ce qu'elle désirait et ce qu'elle demanda ; de plus, il lui fit des présents dignes d'un roi tel que Salomon. Après

---

q **9.28** Région aurifère souvent nommée dans la Bible (10.11 ; 22.49 ; Gn 10.29 ; 1 Ch 29.4 ; Jb 22.24 ; 28.16 ; Ps 45.10 ; Es 13.12). On a proposé plusieurs localisations : Arabie, côte africaine des Somalis, Inde, Zimbabwe. Puisque les navires de Salomon mettaient trois ans pour leur expédition (10.22), *Ophir* se trouvait sans doute au-delà de la côte arabe.

r **10.1** Royaume situé au sud-ouest de l'Arabie, par lequel passaient les routes commerçantes allant d'Inde et d'Afrique orientale à Damas et Gaza (Es 60.6 ; Jr 6.20 ; Ps 72.10).

s **10.1** Voir v. 1-9 ; allusion en Mt 12.42 ; Lc 11.31.

of his royal bounty. Then she left and returned with her retinue to her own country.

Solomon's Splendor

14 The weight of the gold that Solomon received yearly was 666 talents,[g] 15 not including the revenues from merchants and traders and from all the Arabian kings and the governors of the territories.

16 King Solomon made two hundred large shields of hammered gold; six hundred shekels[h] of gold went into each shield. 17 He also made three hundred small shields of hammered gold, with three minas[i] of gold in each shield. The king put them in the Palace of the Forest of Lebanon.

18 Then the king made a great throne covered with ivory and overlaid with fine gold. 19 The throne had six steps, and its back had a rounded top. On both sides of the seat were armrests, with a lion standing beside each of them. 20 Twelve lions stood on the six steps, one at either end of each step. Nothing like it had ever been made for any other kingdom. 21 All King Solomon's goblets were gold, and all the household articles in the Palace of the Forest of Lebanon were pure gold. Nothing was made of silver, because silver was considered of little value in Solomon's days. 22 The king had a fleet of trading ships[j] at sea along with the ships of Hiram. Once every three years it returned, carrying gold, silver and ivory, and apes and baboons.

23 King Solomon was greater in riches and wisdom than all the other kings of the earth. 24 The whole world sought audience with Solomon to hear the wisdom God had put in his heart. 25 Year after year, everyone who came brought a gift – articles of silver and gold, robes, weapons and spices, and horses and mules.

26 Solomon accumulated chariots and horses; he had fourteen hundred chariots and twelve thousand horses,[k] which he kept in the chariot cities and also with him in Jerusalem. 27 The king made silver as common in Jerusalem as stones, and cedar as plentiful as sycamore-fig trees in the foothills. 28 Solomon's horses were imported from Egypt and from Kue[l] – the royal merchants purchased them from Kue at the current price. 29 They imported a chariot from Egypt for six hundred shekels of silver, and a horse for a hundred and fifty.[m] They also exported them to all the kings of the Hittites and of the Arameans.

cela, elle s'en retourna dans son pays, accompagnée d ses serviteurs.

(2 Ch 1.14-17 ; 9.13-28)

14 Chaque année, Salomon recevait vingt tonnes d'o 15 sans compter le produit des taxes payées par les in portateurs et les marchands, ainsi que les tributs versé par tous les rois occidentaux et les impôts perçus par le gouverneurs du pays.

16 Le roi Salomon fit fabriquer deux cents grands boucl ers d'or battu, pour lesquels on employa six kilogramme d'or par pièce, 17 et trois cents petits boucliers d'or batt pour chacun desquels on employa un kilo et demi d'or. L roi les fit placer dans le palais de la Forêt-du-Liban. 18 fit aussi fabriquer un grand trône d'ivoire plaqué d'or fi 19 Six marches y conduisaient, le dossier était arrondi, et y avait des accoudoirs de part et d'autre du siège, avec, côté d'eux, deux lions sculptés. 20 Douze lions se tenaier debout de part et d'autre des six marches. Rien de sem blable n'existait dans aucun royaume. 21 Tout le service boisson du roi Salomon était en or, et toute la vaisselle d palais de la Forêt-du-Liban en or fin. Rien n'était en argen car, du temps du roi Salomon, l'argent était considéré com me un métal sans grande valeur. 22 En effet, le roi disposa d'une flotte de navires au long cours[t] qui naviguaient ave ceux de Hiram et qui, tous les trois ans, revenaient charg d'or, d'argent, d'ivoire, de singes et de paons.

Conclusion

23 Le roi Salomon surpassa tous les rois de la terre pa sa richesse et sa sagesse. 24 Tous les gens de la terre cher chaient à le rencontrer pour se mettre à l'écoute de l sagesse que Dieu lui avait donnée. 25 Et chaque année, ce visiteurs lui apportaient leurs présents : des objets d'a gent et d'or, des vêtements, des armes, des épices et de parfums, des chevaux et des mulets.

Des chevaux importés d'Egypte – trop d'argent et d'o

26 Salomon se procura mille quatre cents chars e douze mille hommes d'équipage pour ces chars. Il le cantonna dans les villes de garnison ainsi qu'auprès d lui à Jérusalem. 27 Le roi rendit l'argent aussi commun Jérusalem que les pierres, et les cèdres aussi nombreu que les sycomores qui croissent dans la plaine côtière long de la Méditerranée. 28 Les chevaux de Salomon étaier importés d'Egypte[u] par convois ; une caravane de march ands du roi allait les acheter par convois[v] contre leur pri 29 Chaque char qu'ils importaient d'Egypte revenait à si cents pièces d'argent et chaque cheval à cent cinquant Ces marchands en importaient dans les mêmes condition pour tous les rois des Hittites et pour les rois de Syrie.

---

g 10:14 That is, about 25 tons or about 23 metric tons
h 10:16 That is, about 15 pounds or about 6.9 kilograms; also in verse 29
i 10:17 That is, about 3 3/4 pounds or about 1.7 kilograms; or perhaps reference is to double minas, that is, about 7 1/2 pounds or about 3.5 kilograms.
j 10:22 Hebrew *of ships of Tarshish*
k 10:26 Or *charioteers*
l 10:28 Probably *Cilicia*
m 10:29 That is, about 3 3/4 pounds or about 1.7 kilograms

t 10.22 En hébreu, ces *navires au long cours* sont appelés *navires de Tarsis.* Tarsis était une colonie phénicienne située probablement sur la côte atlantique de l'Espagne, près de l'actuelle Cadix. Les navires qui se rendaient à Tarsis (2 Ch 20.35-37) semblent avoir donné leur nom à tout navire partant pour une expédition lointaine.
u 10.28 Il pourrait s'agir non *d'Egypte* (en hébreu : *mizrim*) mais de *Muzu* une région de Cilicie. De même au v. 29. Les Mousrites étaient installés en Cilicie et s'adonnaient à l'élevage des chevaux.
v 10.28 Autre traduction : *à Qevé.*

olomon's Wives

1

1King Solomon, however, loved many
foreign women besides Pharaoh's daugh-
er – Moabites, Ammonites, Edomites, Sidonians and
ittites. 2They were from nations about which the
ORD had told the Israelites, "You must not intermarry
ith them, because they will surely turn your hearts
fter their gods." Nevertheless, Solomon held fast to
iem in love. 3He had seven hundred wives of royal
rth and three hundred concubines, and his wives led
im astray. 4As Solomon grew old, his wives turned
is heart after other gods, and his heart was not fully
evoted to the LORD his God, as the heart of David his
ther had been. 5He followed Ashtoreth the goddess
f the Sidonians, and Molek the detestable god of the
mmonites. 6So Solomon did evil in the eyes of the
ORD; he did not follow the LORD completely, as David
is father had done.
7On a hill east of Jerusalem, Solomon built a high
ace for Chemosh the detestable god of Moab, and for
olek the detestable god of the Ammonites. 8He did
e same for all his foreign wives, who burned incense
nd offered sacrifices to their gods.

9The LORD became angry with Solomon because his
eart had turned away from the LORD, the God of Israel,
ho had appeared to him twice. 10Although he had
rbidden Solomon to follow other gods, Solomon did
ot keep the LORD's command. 11So the LORD said to
olomon, "Since this is your attitude and you have
ot kept my covenant and my decrees, which I com-
anded you, I will most certainly tear the kingdom
way from you and give it to one of your subordinates.
Nevertheless, for the sake of David your father, I will
ot do it during your lifetime. I will tear it out of the
and of your son. 13Yet I will not tear the whole kingom from him, but will give him one tribe for the sake
f David my servant and for the sake of Jerusalem,
hich I have chosen."

olomon's Adversaries

14Then the LORD raised up against Solomon an ad-
ersary, Hadad the Edomite, from the royal line of
dom. 15Earlier when David was fighting with Edom,
ab the commander of the army, who had gone up
bury the dead, had struck down all the men in
dom. 16Joab and all the Israelites stayed there for six
onths, until they had destroyed all the men in Edom.
But Hadad, still only a boy, fled to Egypt with some
domite officials who had served his father. 18They
et out from Midian and went to Paran. Then taking
eople from Paran with them, they went to Egypt, to
haraoh king of Egypt, who gave Hadad a house and
nd and provided him with food.

Les femmes de Salomon – son idolâtrie

11

1Le roi Salomon aima beaucoup de femmes
étrangères, outre la fille du pharaon : des
Moabites, des Ammonites, des Edomites, des Sidoniennes,
des Hittites. 2Elles venaient de ces peuples étrangers au
sujet desquels l'Eternel avait dit aux Israélites : « Vous
ne vous unirez pas à eux, et ils ne s'uniront pas à vous ;
sinon ils détourneront votre cœur et vous entraîneront à
adorer leurs dieux. » Or, c'est précisément à des femmes
de ces peuples-là que Salomon s'attacha, entraîné par
l'amour. 3Il eut sept cents épouses de rang princier et
trois cents épouses de second rang, et toutes ces femmes
détournèrent son cœur. 4En effet, lorsque Salomon fut
devenu vieux, ses femmes détournèrent son cœur vers
des dieux étrangers, de sorte que son cœur n'appartint
plus sans réserve à l'Eternel son Dieu, à la différence de
son père David. 5Il pratiqua le culte d'Astarté, la déesse
des Sidoniens, et celui de Milkom, l'idole abominable des
Ammonites. 6Il fit ce que l'Eternel considère comme mal,
car il n'obéit pas pleinement à l'Eternel comme l'avait fait
son père David. 7A cette époque, Salomon bâtit sur la colline à l'est de Jérusalem[w] un haut lieu pour Kemosh, l'idole
abominable de Moab, et pour Milkom[x], l'idole abominable
des Ammonites. 8Il fit de même pour toutes ses femmes
étrangères pour qu'elles puissent offrir des parfums et
des sacrifices à leurs dieux.

L'annonce des sanctions

9L'Eternel, qui était apparu deux fois à Salomon, s'irrita
contre lui, parce que son cœur s'était détaché de l'Eternel,
le Dieu d'Israël. 10Il lui avait pourtant donné des ordres sur
ce point, lui défendant de s'attacher à des dieux étrangers,
mais Salomon désobéit aux ordres de l'Eternel. 11Alors
l'Eternel lui dit : Puisque tu te conduis ainsi et que tu n'as
pas respecté mon alliance et les ordres que je t'avais donnés, je t'arracherai la royauté et je la donnerai à l'un de tes
sujets. 12Toutefois, à cause de ton père David, je n'accomplirai pas cette menace de ton vivant, mais j'arracherai le
royaume à ton fils. 13Encore, je ne lui enlèverai pas tout le
royaume, je lui laisserai une tribu à cause de mon serviteur David et à cause de Jérusalem, la ville que j'ai choisie.

La rançon de l'infidélité

14L'Eternel suscita un adversaire à Salomon : Hadad
l'Edomite, un descendant de la famille royale d'Edom.
15Jadis, au temps où David avait combattu les Edomites,
Joab, son chef d'armée, avait enterré les morts et tué tous
les Edomites de sexe masculin. 16Il était resté pendant six
mois avec toute l'armée d'Israël en Edom, jusqu'à ce qu'il
eût exterminé tous les Edomites de sexe masculin. 17Hadad
qui, à l'époque, était un jeune garçon, avait cependant
réussi à s'enfuir en Egypte avec quelques Edomites, serviteurs de son père. 18Ils quittèrent la région de Madian et
traversèrent le désert de Parân. Ils entraînèrent avec eux
quelques hommes de Parân, puis se rendirent en Egypte
chez le pharaon, roi d'Egypte. Celui-ci fournit à Hadad une

[w] **11.7** C'est-à-dire le mont des Oliviers, appelé mont de la Destruction dans 2 R 23.13.

[x] **11.7** D'après l'ancienne version grecque (voir v. 5 et 33). Le texte hébreu traditionnel a : *Molok*.

19 Pharaoh was so pleased with Hadad that he gave him a sister of his own wife, Queen Tahpenes, in marriage. 20 The sister of Tahpenes bore him a son named Genubath, whom Tahpenes brought up in the royal palace. There Genubath lived with Pharaoh's own children.

21 While he was in Egypt, Hadad heard that David rested with his ancestors and that Joab the commander of the army was also dead. Then Hadad said to Pharaoh, "Let me go, that I may return to my own country."

22 "What have you lacked here that you want to go back to your own country?" Pharaoh asked.

"Nothing," Hadad replied, "but do let me go!"

23 And God raised up against Solomon another adversary, Rezon son of Eliada, who had fled from his master, Hadadezer king of Zobah. 24 When David destroyed Zobah's army, Rezon gathered a band of men around him and became their leader; they went to Damascus, where they settled and took control. 25 Rezon was Israel's adversary as long as Solomon lived, adding to the trouble caused by Hadad. So Rezon ruled in Aram and was hostile toward Israel.

Jeroboam Rebels Against Solomon

26 Also, Jeroboam son of Nebat rebelled against the king. He was one of Solomon's officials, an Ephraimite from Zeredah, and his mother was a widow named Zeruah.

27 Here is the account of how he rebelled against the king: Solomon had built the terraces[n] and had filled in the gap in the wall of the city of David his father. 28 Now Jeroboam was a man of standing, and when Solomon saw how well the young man did his work, he put him in charge of the whole labor force of the tribes of Joseph.

29 About that time Jeroboam was going out of Jerusalem, and Ahijah the prophet of Shiloh met him on the way, wearing a new cloak. The two of them were alone out in the country, 30 and Ahijah took hold of the new cloak he was wearing and tore it into twelve pieces. 31 Then he said to Jeroboam, "Take ten pieces for yourself, for this is what the LORD, the God of Israel, says: 'See, I am going to tear the kingdom out of Solomon's hand and give you ten tribes. 32 But for the sake of my servant David and the city of Jerusalem, which I have chosen out of all the tribes of Israel, he will have one tribe. 33 I will do this because they have[o] forsaken me and worshiped Ashtoreth the goddess of the Sidonians, Chemosh the god of the Moabites, and Molek the god of the Ammonites, and have not walked in obedience to me, nor done what is right in my eyes, nor kept my decrees and laws as David, Solomon's father, did.

[n] 11:27 Or *the Millo*
[o] 11:33 Hebrew; Septuagint, Vulgate and Syriac *because he has*

maison, lui donna de quoi vivre et lui fit présent d'un terre. 19 Hadad gagna la faveur du pharaon au point qu celui-ci lui accorda pour femme sa belle-sœur, c'est-à-dir la sœur de la reine Tahpenès. 20 Elle lui donna un fils qu' appela Guenoubath. La reine Tahpenès l'éleva dans le pa ais du pharaon avec les fils du roi. 21 En Egypte, Hada apprit que David était mort et que Joab son général éta également mort. Il demanda au pharaon l'autorisation d retourner dans son pays. 22 Le pharaon lui dit : Pourqu veux-tu rentrer chez toi ? Que te manque-t-il auprès d moi ?

– Rien, lui répondit Hadad, mais laisse-moi quand mêm partir[y].

23 Dieu suscita un autre adversaire à Salomon : Rezôn, fi d'Elyada, qui s'était enfui de chez son maître Hadadéze roi de Tsoba[z]. 24 Rezôn avait rassemblé des partisans au our de lui et était devenu leur chef de bande au temps c David avait massacré les troupes de son maître. Rezôn e ses hommes marchèrent sur Damas, s'y installèrent et prirent le pouvoir. 25 Rezôn fut l'adversaire d'Israël durar tout le règne de Salomon. Pendant que Hadad s'acharna contre Israël, Rezôn, devenu roi de Syrie, eut aussi de l haine à l'égard d'Israël.

L'exécution des sanctions se prépare

26 Jéroboam, fils de Nebath, un Ephratien de Tseréda[a], fi d'une veuve nommée Tseroua, qui avait été au service d Salomon, se révolta contre le roi 27 dans les circonstance suivantes : à l'époque où Salomon faisait aménager le abords du palais pour des cultures en terrasse, et répa er une brèche dans le rempart de la cité de David, so père, 28 ce Jéroboam était un jeune homme énergique e capable. Salomon avait remarqué comment il exécuta son travail et lui avait confié la surveillance de toutes le corvées exécutées par les hommes des tribus issues d Joseph. 29 A cette époque-là, Jéroboam sortit un jour d Jérusalem et fut abordé en chemin par le prophète Ahiy de Silo[b], vêtu d'un manteau neuf. Ils étaient tous deu seuls dans la campagne. 30 Ahiya prit le manteau neuf qu' portait, le déchira en douze morceaux 31 et dit à Jéroboam Prends pour toi dix de ces morceaux ! Car voici ce qu déclare l'Eternel, le Dieu d'Israël : « J'ai décidé d'arrache le royaume à Salomon et de te confier dix tribus. 32 Un seule tribu lui restera à cause de mon serviteur David e de Jérusalem, la ville que j'ai choisie parmi toutes les tr bus d'Israël. 33 Je ferai cela, parce que les Israélites m'or abandonné et se sont prosternés devant Astarté la déess des Sidoniens, devant Kemosh le dieu de Moab, et devar Milkom, le dieu des Ammonites, et parce qu'ils n'ont pa suivi les chemins que je leur ai prescrits pour faire ce qu je considère comme juste et pour obéir à mes ordonnance et à mes lois comme l'a fait David, le père de Salomon

[y] 11.22 L'ancienne version grecque ajoute : *Hadad s'en retourna donc dans son pays. Devenu roi d'Edom, il traita Israël en ennemi.*
[z] 11.23 Petit royaume araméen au sud-est du Liban. David a vaincu son roi (2 S 8.3-8, voir note).
[a] 11.26 *Ephratien:* c'est-à-dire d'Ephraïm. *Tseréda* se trouvait au milieu du territoire du futur royaume du Nord.
[b] 11.29 L'un des sanctuaires israélites datant de l'époque de la conquête de Canaan (Jos 18.1) où le coffre de l'alliance était demeuré un certain temps (1 S 1.3 ; 4.3).
[c] 11.33 Dans l'ancienne version grecque, la version syriaque et la Vulgate, les verbes de ce verset sont au singulier et Salomon en est le sujet.

34“ ‘But I will not take the whole kingdom out of
olomon’s hand; I have made him ruler all the days
f his life for the sake of David my servant, whom I
hose and who obeyed my commands and decrees. 35I
ill take the kingdom from his son’s hands and give
ou ten tribes. 36I will give one tribe to his son so that
avid my servant may always have a lamp before me
ı Jerusalem, the city where I chose to put my Name.
’However, as for you, I will take you, and you will
ule over all that your heart desires; you will be king
ver Israel. 38If you do whatever I command you and
alk in obedience to me and do what is right in my
yes by obeying my decrees and commands, as David
y servant did, I will be with you. I will build you a
ynasty as enduring as the one I built for David and
ill give Israel to you. 39I will humble David’s descen-
ants because of this, but not forever.’ ”
40Solomon tried to kill Jeroboam, but Jeroboam fled
Egypt, to Shishak the king, and stayed there until
olomon’s death.

olomon’s Death

41As for the other events of Solomon’s reign – all he
id and the wisdom he displayed – are they not writ-
en in the book of the annals of Solomon? 42Solomon
eigned in Jerusalem over all Israel forty years. 43Then
e rested with his ancestors and was buried in the city
f David his father. And Rehoboam his son succeeded
im as king.

rael Rebels Against Rehoboam

12 1Rehoboam went to Shechem, for all Israel
had gone there to make him king. 2When
eroboam son of Nebat heard this (he was still in
gypt, where he had fled from King Solomon), he reurned from[p] Egypt. 3So they sent for Jeroboam, and
e and the whole assembly of Israel went to Rehoboam
nd said to him: 4“Your father put a heavy yoke on us,
ut now lighten the harsh labor and the heavy yoke
e put on us, and we will serve you.”

5Rehoboam answered, “Go away for three days and
hen come back to me.” So the people went away.

6Then King Rehoboam consulted the elders who
ad served his father Solomon during his lifetime.
How would you advise me to answer these people?”
e asked.
7They replied, “If today you will be a servant to
hese people and serve them and give them a favorable
nswer, they will always be your servants.”

12:2 Or *he remained in*

34Toutefois, ce n’est pas ce dernier que je dépouillerai de
la royauté ; je le laisserai régner jusqu’à la fin de sa vie à
cause de mon serviteur David que j’ai choisi et qui a obéi
à mes commandements et mes ordonnances. 35Mais je
reprendrai la royauté à son fils et je te donnerai dix tribus, 36laissant une tribu à son fils, afin que mon serviteur
David ait toujours un de ses descendants qui règne devant
moi à Jérusalem, la ville que j’ai choisie pour y établir ma
présence. 37Quant à toi, je te ferai roi et tu régneras comme tu le désires sur Israël. 38Si tu obéis à tout ce que je
t’ordonnerai, si tu suis les chemins que j’ai prescrits et
si tu fais ce que je considère comme juste en observant
mes ordonnances et mes commandements, comme l’a fait
mon serviteur David, je serai avec toi, je ferai de toi le chef
d’une dynastie durable comme je l’ai fait pour David, et je
te confierai Israël. 39J’humilierai ainsi les descendants de
David. Mais ce ne sera pas pour toujours. »
40Par la suite, Salomon chercha à faire périr Jéroboam.
Alors Jéroboam s’en alla et s’enfuit en Egypte pour se réfugier auprès de Shishaq, roi d’Egypte. Il y resta jusqu’à
la mort de Salomon[d].

La fin du règne de Salomon

(2 Ch 9.29-31)

41Les autres faits et gestes de Salomon, toutes ses réalisations et sa sagesse sont cités dans le livre des Annales
de Salomon[e]. 42La durée du règne de Salomon à Jérusalem
sur tout Israël fut de quarante ans. 43Après cela, Salomon
rejoignit ses ancêtres décédés et fut enterré dans la cité de
David, son père. Son fils Roboam lui succéda sur le trône.

Le royaume divisé

La dureté de Roboam envers le peuple

(2 Ch 10.1 à 11.4)

12 1Roboam se rendit à Sichem[f], où tout Israël
s’était rassemblé pour le proclamer roi. 2Quand
Jéroboam, fils de Nebath, qui se trouvait encore en Egypte
où il s’était réfugié pour échapper au roi Salomon, en fut
informé, il resta en Egypte. 3On l’envoya chercher et
Jéroboam vint avec toute l’assemblée d’Israël parler à
Roboam. Ils lui dirent : 4Ton père nous a imposé un joug
très pesant. Nous te serons soumis à condition que toi, tu
allèges maintenant la lourde servitude et ce joug pesant
que ton père nous a imposés.
5Roboam leur répondit : Allez, laissez-moi réfléchir et
revenez me trouver après-demain.
Le peuple se retira donc.
6Le roi Roboam consulta les responsables qui avaient
conseillé son père Salomon de son vivant. Il leur demanda :
Que me conseillez-vous de répondre à ces gens ?

7Les responsables lui dirent : Si aujourd’hui tu te montres le serviteur de ce peuple, si tu cèdes à leur requête et

[d] **11.40** Voir 14.25-26. *Shishaq* est le premier pharaon de la XXII[e] dynastie égyptienne (945-924 av. J.-C.).

[e] **11.41** Rouleau où l’on consignait les décisions et les expéditions du roi (voir 14.19, 29 ; 15.7, 23), comme il en existait dans tous les royaumes de l’époque.

[f] **12.1** Ville très ancienne qui a servi depuis longtemps de lieu saint et de point de rassemblement des tribus du Nord (voir Gn 12.6 ; 33.18-20 ; Jos 8.30-35 ; 20.7 ; 21.21 ; 24.1-33 ; Jg 9.6). Elle était située à une cinquantaine de kilomètres au nord de Jérusalem.

[8]But Rehoboam rejected the advice the elders gave
him and consulted the young men who had grown
up with him and were serving him. [9]He asked them,
"What is your advice? How should we answer these
people who say to me, 'Lighten the yoke your father
put on us'?"
[10]The young men who had grown up with him replied, "These people have said to you, 'Your father put
a heavy yoke on us, but make our yoke lighter.' Now
tell them, 'My little finger is thicker than my father's
waist. [11]My father laid on you a heavy yoke; I will
make it even heavier. My father scourged you with
whips; I will scourge you with scorpions.'"

[12]Three days later Jeroboam and all the people returned to Rehoboam, as the king had said, "Come back
to me in three days." [13]The king answered the people
harshly. Rejecting the advice given him by the elders,
[14]he followed the advice of the young men and said,
"My father made your yoke heavy; I will make it even
heavier. My father scourged you with whips; I will
scourge you with scorpions." [15]So the king did not
listen to the people, for this turn of events was from
the LORD, to fulfill the word the LORD had spoken to
Jeroboam son of Nebat through Ahijah the Shilonite.

[16]When all Israel saw that the king refused to listen
to them, they answered the king:

"What share do we have in David,
what part in Jesse's son?
To your tents, Israel!
Look after your own house, David!"

So the Israelites went home. [17]But as for the Israelites
who were living in the towns of Judah, Rehoboam still
ruled over them.
[18]King Rehoboam sent out Adoniram,[q] who was
in charge of forced labor, but all Israel stoned him
to death. King Rehoboam, however, managed to get
into his chariot and escape to Jerusalem. [19]So Israel
has been in rebellion against the house of David to
this day.
[20]When all the Israelites heard that Jeroboam had
returned, they sent and called him to the assembly
and made him king over all Israel. Only the tribe of
Judah remained loyal to the house of David.

[21]When Rehoboam arrived in Jerusalem, he
mustered all Judah and the tribe of Benjamin – a
hundred and eighty thousand able young men – to
go to war against Israel and to regain the kingdom
for Rehoboam son of Solomon.
[22]But this word of God came to Shemaiah the man
of God: [23]"Say to Rehoboam son of Solomon king of

[q] 12:18 Some Septuagint manuscripts and Syriac (see also 4:6 and 5:14); Hebrew *Adoram*

si tu leur réponds en termes bienveillants, ils seront pou
toujours tes serviteurs.
[8]Mais Roboam n'écouta pas le conseil que lui donnaien
les responsables. Il consulta les hommes jeunes de so
entourage qui avaient grandi avec lui. [9]Il leur demanda
Ces gens me demandent d'alléger le joug que mon pèr
leur a imposé. Que me conseillez-vous de leur répondre
[10]Les hommes jeunes qui avaient grandi avec lui l
répondirent : Ces gens se plaignent en prétendant que to
père a rendu leur joug trop pesant, et ils te demandent c
l'alléger ? Eh bien, voici comment tu leur parleras : « Mo
petit doigt est plus gros que les reins de mon père. [11]Ou
mon père vous a chargés d'un joug pesant, mais moi, je
rendrai encore plus pesant. Mon père vous a fait march
er à coups de fouet, moi, je vous ferai marcher avec de
lanières cloutées. »
[12]Le surlendemain, Jéroboam et tout le peuple vinren
trouver Roboam comme le roi le leur avait command
[13]Le roi ne tint pas compte du conseil des responsables e
il parla durement au peuple. [14]Il lui répondit comme le
hommes jeunes le lui avaient conseillé : Mon père vous
imposé un joug pesant, leur dit-il ; et bien, moi je le rendra
encore plus pesant. Mon père vous a fait marcher à coup
de fouet, moi je vous ferai marcher à coups de lanière
cloutées.
[15]Le roi refusa donc de tenir compte des revendication
du peuple, car l'Eternel dirigeait le cours des événement
pour accomplir ce qu'il avait annoncé à Jéroboam, fils d
Nebath, par l'intermédiaire d'Ahiya de Silo.

La révolte des Israélites du Nord

[16]Voyant que le roi ne les écoutait pas, tous les Israélite
répliquèrent au roi : Qu'avons-nous à faire avec David
Nous n'avons rien à voir avec le fils d'Isaï ! Retournons che
nous, gens d'Israël ! Quant à toi, descendant de David, t
n'as qu'à t'occuper de ta propre maison !
Et les Israélites rentrèrent chez eux. [17]Roboam régna su
les Israélites qui habitaient les villes de Juda. [18]Alors le r
Roboam envoya Adoram[h], le chef des corvées, auprès de
Israélites du Nord ; mais tous les Israélites le lapidèren
et il mourut. Le roi lui-même réussit de justesse à saute
sur un char pour s'enfuir à Jérusalem. [19]C'est ainsi qu
les Israélites du Nord sont en révolte contre la dynast
de David jusqu'à ce jour.

[20]Lorsque les Israélites du Nord apprirent que Jéroboa
était revenu d'Egypte, ils l'invitèrent à l'assemblée du peu
ple et le proclamèrent roi sur tout Israël. Seule la tribu d
Juda resta fidèle à la dynastie de David.

Le prophète Shemaya empêche la guerre fratricide

[21]Lorsque Roboam fut de retour à Jérusalem, il mobilis
tous les hommes des tribus de Juda et de Benjamin, so
180 000 soldats d'élite, pour combattre les Israélites d
Nord afin de ramener le royaume sous son autorité. [22]Ma
Dieu adressa le message suivant à Shemaya, homme d
Dieu : [23]Parle à Roboam, fils de Salomon, roi de Juda, e

[g] 12.16 C'est-à-dire les Israélites du Nord (voir note v. 1).

[h] 12.18 Peut-être *Adoniram* – qui avait déjà été ministre de David et de Salomon (2 S 20.24 ; 1 R 4.6 ; 5.28) – comme le lisent certains manuscrits de l'ancienne version grecque et la version syriaque.

udah, to all Judah and Benjamin, and to the rest of
he people, 24 'This is what the LORD says: Do not go
ıp to fight against your brothers, the Israelites. Go
ome, every one of you, for this is my doing.' " So they
beyed the word of the LORD and went home again, as
he LORD had ordered.

olden Calves at Bethel and Dan

25 Then Jeroboam fortified Shechem in the hill coun-
ry of Ephraim and lived there. From there he went
ut and built up Peniel.[r]
26 Jeroboam thought to himself, "The kingdom will
ıow likely revert to the house of David. 27 If these peo-
le go up to offer sacrifices at the temple of the LORD
n Jerusalem, they will again give their allegiance to
heir lord, Rehoboam king of Judah. They will kill me
ınd return to King Rehoboam."
28 After seeking advice, the king made two gold-
en calves. He said to the people, "It is too much for
ou to go up to Jerusalem. Here are your gods, Israel,
who brought you up out of Egypt." 29 One he set up in
Bethel, and the other in Dan. 30 And this thing became
ı sin; the people came to worship the one at Bethel
ınd went as far as Dan to worship the other.[s]
31 Jeroboam built shrines on high places and appointed priests from all sorts of people, even though
hey were not Levites. 32 He instituted a festival on
he fifteenth day of the eighth month, like the festival held in Judah, and offered sacrifices on the altar.
This he did in Bethel, sacrificing to the calves he had
nade. And at Bethel he also installed priests at the
ıigh places he had made. 33 On the fifteenth day of
he eighth month, a month of his own choosing, he
ffered sacrifices on the altar he had built at Bethel.
So he instituted the festival for the Israelites and went
ıp to the altar to make offerings.

The Man of God From Judah

13 1 By the word of the LORD a man of God came
from Judah to Bethel, as Jeroboam was stand-
ng by the altar to make an offering. 2 By the word of
he LORD he cried out against the altar: "Altar, altar!
This is what the LORD says: 'A son named Josiah will be
orn to the house of David. On you he will sacrifice the
priests of the high places who make offerings here,
ınd human bones will be burned on you.' " 3 That same
day the man of God gave a sign: "This is the sign the

12:25 Hebrew *Penuel*, a variant of *Peniel*
12:30 Probable reading of the original Hebrew text; Masoretic
Text *people went to the one as far as Dan*

à toute la tribu de Juda et de Benjamin, ainsi qu'au reste
du peuple pour leur dire : 24 « Voici ce que déclare l'Eternel : Ne partez pas en guerre contre vos compatriotes,
les Israélites, n'allez pas les combattre ! Que chacun de
vous rentre chez soi, car c'est moi qui ai produit tout ce
qui s'est passé. »
Ils obéirent à l'Eternel et s'en retournèrent chez eux.

Le péché de Jéroboam

25 Jéroboam fortifia la ville de Sichem dans la région
montagneuse d'Ephraïm et il en fit sa résidence. Par la
suite, il la quitta et fortifia Penouel[i].
26 Jéroboam se dit : Telles que les choses se présentent,
les sujets de mon royaume pourraient bien retourner sous
l'autorité du fils de David. 27 S'ils continuent à se rendre
à Jérusalem pour y offrir des sacrifices dans le temple de
l'Eternel, ce peuple s'attachera de nouveau à son seigneur
Roboam, roi de Juda. Alors ils me tueront et se soumettront
à Roboam.
28 Après avoir pris conseil, le roi fit faire deux veaux d'or
et déclara au peuple : En voilà assez avec ces pèlerinages à
Jérusalem ! Voici vos dieux, Israël, qui vous ont fait sortir
d'Egypte !
29 Il dressa l'une des statues d'or à Béthel et installa
l'autre à Dan[j]. 30 Ce fut là un péché. Beaucoup de gens accompagnèrent l'un des veaux jusqu'à Dan. 31 Jéroboam fit
aussi construire des sanctuaires sur des hauts lieux et il
établit prêtres des hommes pris dans la masse du peuple
qui n'appartenaient pas à la tribu de Lévi[k].
32 Jéroboam institua au quinzième jour du huitième
mois une fête semblable à celle qui se célébrait en Juda[l]
et il offrit lui-même des sacrifices sur l'autel. C'est ainsi
qu'il agit à Béthel en offrant des sacrifices aux veaux qu'il
avait fait fabriquer. Il établit aussi à Béthel les prêtres des
hauts lieux qu'il avait fondés. 33 Il se rendit à l'autel qu'il
avait érigé à Béthel le quinzième jour du huitième mois,
date qu'il avait fixée de sa propre initiative. Il institua
une fête pour les Israélites et gravit l'autel pour y offrir
des parfums.

Un prophète à Béthel

13 1 Un homme de Dieu se rendit de Juda à Béthel
sur ordre de l'Eternel. Il arriva pendant que
Jéroboam se tenait devant l'autel et s'apprêtait à faire
brûler les parfums. 2 L'homme de Dieu se mit à lancer des
invectives contre l'autel, selon l'ordre de l'Eternel. Il cria :
Autel ! Autel ! Voici ce que déclare l'Eternel : il naîtra un
fils parmi les descendants de David ; son nom sera Josias.
Sur cet autel, il égorgera les prêtres des hauts lieux qui
offrent sur toi des parfums, et l'on fera brûler sur toi des
ossements humains !
3 En même temps, le prophète leur donna un signe : Voici
le signe qui vous prouvera que l'Eternel a parlé : l'autel

i **12.25** C'est-à-dire *Péniel* (Gn 32.31 ; Jg 8.8, 17) située à l'est du Jourdain ; un endroit de grande importance stratégique dans la défense contre les Araméens de Damas (voir 11.22-25) et les Ammonites.
j **12.29** *Béthel* est un ancien sanctuaire d'Israël (Gn 12.8 ; 28.11-19 ; 35.6-7 ; Jg 20.26-28 ; 1 S 7.16) à une vingtaine de kilomètres au nord de Jérusalem, tout au sud du nouveau royaume. *Dan* (voir Jg 18.27-31) est tout au nord du pays, près du mont Hermon.
k **12.31** Parce que la plupart des lévites s'étaient réfugiés auprès de Roboam (2 Ch 11.13-17).
l **12.32** Fête semblable à celle des Cabanes, décalée d'un mois (du 7e au 8e mois, mais le même jour).

Lord has declared: The altar will be split apart and the ashes on it will be poured out."

4 When King Jeroboam heard what the man of God cried out against the altar at Bethel, he stretched out his hand from the altar and said, "Seize him!" But the hand he stretched out toward the man shriveled up, so that he could not pull it back. 5 Also, the altar was split apart and its ashes poured out according to the sign given by the man of God by the word of the Lord.

6 Then the king said to the man of God, "Intercede with the Lord your God and pray for me that my hand may be restored." So the man of God interceded with the Lord, and the king's hand was restored and became as it was before.

7 The king said to the man of God, "Come home with me for a meal, and I will give you a gift."

8 But the man of God answered the king, "Even if you were to give me half your possessions, I would not go with you, nor would I eat bread or drink water here. 9 For I was commanded by the word of the Lord: 'You must not eat bread or drink water or return by the way you came.' " 10 So he took another road and did not return by the way he had come to Bethel.

11 Now there was a certain old prophet living in Bethel, whose sons came and told him all that the man of God had done there that day. They also told their father what he had said to the king. 12 Their father asked them, "Which way did he go?" And his sons showed him which road the man of God from Judah had taken. 13 So he said to his sons, "Saddle the donkey for me." And when they had saddled the donkey for him, he mounted it 14 and rode after the man of God. He found him sitting under an oak tree and asked, "Are you the man of God who came from Judah?"

"I am," he replied.

15 So the prophet said to him, "Come home with me and eat."

16 The man of God said, "I cannot turn back and go with you, nor can I eat bread or drink water with you in this place. 17 I have been told by the word of the Lord: 'You must not eat bread or drink water there or return by the way you came.' "

18 The old prophet answered, "I too am a prophet, as you are. And an angel said to me by the word of the Lord: 'Bring him back with you to your house so that he may eat bread and drink water.' " (But he was lying to him.) 19 So the man of God returned with him and ate and drank in his house.

20 While they were sitting at the table, the word of the Lord came to the old prophet who had brought him back. 21 He cried out to the man of God who had

va se fendre et la graisse qui le recouvre sera répandue sur le sol.

4 Lorsque le roi Jéroboam entendit la menace que l'homme de Dieu proférait contre l'autel de Béthel, il étendit la main par-dessus l'autel et cria à ses gardes : « Arrêtez-le ! » Mais la main que Jéroboam avait étendue contre le prophète devint paralysée, de sorte qu'il ne put plus la ramener à lui. 5 Au même moment, l'autel se fendit et la graisse qui était dessus se répandit par terre. C'était exactement le signe que l'homme de Dieu avait annoncé sur ordre de l'Eternel. 6 Alors le roi dit à l'homme de Dieu : Je t'en prie, implore l'Eternel, ton Dieu, et prie pour moi, afin que je puisse ramener ma main à moi.

Le prophète implora l'Eternel, et le roi put ramener sa main à lui comme auparavant. 7 Alors le roi invita l'homme de Dieu : Viens avec moi dans mon palais te restaurer. Ensuite, je te ferai un cadeau.

8 Mais celui-ci répondit : Même si tu me donnais la moitié de ton palais, je n'entrerais pas chez toi. Je ne mangerai rien et je ne boirai pas une goutte d'eau en ce lieu, 9 car l'Eternel m'a donné l'ordre suivant : Tu ne prendras pas de nourriture, tu ne boiras pas d'eau en ce lieu et tu n'emprunteras pas à ton retour le même chemin qu'à l'aller.

10 Il repartit donc par un autre chemin que celui par lequel il était venu à Béthel.

Le prophète désobéit à l'Eternel

11 A cette même époque vivait à Béthel un vieux prophète. L'un de ses fils vint[m] lui raconter tout ce que l'homme de Dieu avait fait ce jour-là à Béthel et toutes les paroles qu'il avait dites au roi.

12 Alors il demanda à ses fils : Par quel chemin est-il parti ?

Ses fils lui indiquèrent la route par laquelle l'homme de Dieu venu de Juda était reparti. 13 Puis il leur dit : Préparez-moi mon âne !

Ils lui sellèrent l'âne, il l'enfourcha 14 et prit le même chemin que l'homme de Dieu. Il le rattrapa alors qu'il était assis au pied du Chêne et lui demanda : Es-tu l'homme de Dieu qui est venu de Juda ?

– C'est bien moi !

15 Alors il reprit : Viens chez moi pour manger quelque chose.

16 Mais le Judéen répondit : Je ne peux ni retourner avec toi, ni entrer chez toi. Je ne dois rien manger ni boire avec toi dans ce pays, 17 car j'ai reçu l'ordre de la part de l'Eternel de ne pas manger de pain, de ne pas boire d'eau en ce lieu et de ne pas prendre à mon retour le même chemin qu'à l'aller.

18 Mais le vieillard insista : Moi aussi, je suis prophète comme toi ; or, un ange m'a parlé en ces termes de la part de l'Eternel : « Ramène-le avec toi dans ta maison, pour qu'il mange du pain et boive de l'eau. »

En fait, en disant cela il mentait.

19 Le prophète de Juda retourna avec lui à Béthel pour manger et boire de l'eau chez lui.

L'Eternel punit le prophète désobéissant

20 Comme ils étaient tous deux à table, l'Eternel adressa la parole au vieux prophète qui l'avait ramené 21 et il s'adressa à l'homme de Dieu venu de Juda en disant : Voici

m 13.11 Certaines versions ont lu : *ses fils vinrent* (voir la suite du récit).

ome from Judah, "This is what the LORD says: 'You
ave defied the word of the LORD and have not kept
he command the LORD your God gave you. 22 You came
ack and ate bread and drank water in the place where
e told you not to eat or drink. Therefore your body
will not be buried in the tomb of your ancestors.' "
23 When the man of God had finished eating and
rinking, the prophet who had brought him back sad-
lled his donkey for him. 24 As he went on his way, a
ion met him on the road and killed him, and his body
was left lying on the road, with both the donkey and
he lion standing beside it. 25 Some people who passed
y saw the body lying there, with the lion standing
eside the body, and they went and reported it in the
ity where the old prophet lived.
26 When the prophet who had brought him back
rom his journey heard of it, he said, "It is the man
f God who defied the word of the LORD. The LORD has
iven him over to the lion, which has mauled him and
illed him, as the word of the LORD had warned him."
27 The prophet said to his sons, "Saddle the donkey
or me," and they did so. 28 Then he went out and found
he body lying on the road, with the donkey and the
ion standing beside it. The lion had neither eaten the
ody nor mauled the donkey. 29 So the prophet picked
p the body of the man of God, laid it on the donkey,
nd brought it back to his own city to mourn for him
nd bury him. 30 Then he laid the body in his own
omb, and they mourned over him and said, "Alas,
ny brother!"
31 After burying him, he said to his sons, "When I
die, bury me in the grave where the man of God is bur-
ed; lay my bones beside his bones. 32 For the message
e declared by the word of the LORD against the altar in
Bethel and against all the shrines on the high places
n the towns of Samaria will certainly come true."

33 Even after this, Jeroboam did not change his evil
ways, but once more appointed priests for the high
places from all sorts of people. Anyone who wanted
o become a priest he consecrated for the high places.
34 This was the sin of the house of Jeroboam that led
o its downfall and to its destruction from the face
f the earth.

Ahijah's Prophecy Against Jeroboam

14 1 At that time Abijah son of Jeroboam became
ill, 2 and Jeroboam said to his wife, "Go, disguise yourself, so you won't be recognized as the wife
of Jeroboam. Then go to Shiloh. Ahijah the prophet
s there – the one who told me I would be king over
his people. 3 Take ten loaves of bread with you, some
cakes and a jar of honey, and go to him. He will tell

ce que déclare l'Eternel : « Tu as désobéi à l'ordre de l'Eternel et tu n'as pas respecté le commandement que l'Eternel
ton Dieu t'avait donné. 22 Tu as rebroussé chemin et tu as
mangé et bu dans le lieu où je t'avais défendu de le faire. A
cause de cela, ton corps ne sera pas enterré dans la tombe
de tes ancêtres. »
23 Après que l'homme de Dieu eut mangé du pain et bu
de l'eau, le vieillard sella l'âne du prophète qu'il avait fait
revenir 24 et celui-ci repartit. En cours de route, un lion se
jeta sur lui et le tua. Son cadavre resta étendu sur le chemin, l'âne et le lion se tenaient chacun d'un côté du corps.
25 Des passants l'aperçurent, abandonné sur le chemin, et le
lion arrêté auprès de lui. Ils le racontèrent dans la ville où
habitait le vieux prophète. 26 Quand celui-ci, qui l'avait fait
revenir en arrière, l'apprit, il s'écria : C'est certainement
l'homme de Dieu qui a désobéi à l'ordre de l'Eternel. C'est
pourquoi l'Eternel l'a livré au lion qui l'a déchiré et mis à
mort, comme l'Eternel le lui avait prédit.

27 Puis il ordonna à ses fils de seller son âne. Ce qu'ils
firent. 28 Il partit et trouva le corps du prophète étendu
sur la route, ainsi que l'âne et le lion qui se tenaient à
côté de lui. Le lion n'avait pas mangé le cadavre ni déchiré
l'âne. 29 Le vieux prophète ramassa le cadavre de l'homme
de Dieu, le chargea sur l'âne et le ramena à la ville pour
procéder à la cérémonie funèbre et ensevelir le corps. 30 Il
le déposa dans son propre tombeau et entonna sur lui cette
complainte funèbre : « Hélas, mon frère[n] ! »

31 Après l'enterrement, le vieillard dit à ses fils : Après
ma mort, vous m'enterrerez dans le tombeau où repose
l'homme de Dieu. Vous déposerez mes ossements à côté
des siens. 32 Car c'est sur ordre de l'Eternel qu'il a prononcé
ces paroles contre l'autel de Béthel et contre tous les sanctuaires des hauts lieux qui se trouvent dans les villes de
Samarie[o], et les menaces qu'il a proférées s'accompliront
sûrement.

Jéroboam persiste dans son péché

33 Malgré ces avertissements, Jéroboam ne renonça pas
à sa mauvaise conduite. Il continua d'instituer comme
prêtres des hauts lieux des hommes pris dans la masse du
peuple ; en fait, il conférait l'office sacerdotal à tous ceux
qui le désiraient et il les installait dans les hauts lieux.
34 Ce fut là le grand péché de la maison de Jéroboam ; il
entraîna sa ruine et la disparition de sa dynastie de la
surface de la terre.

Le prophète Ahiya annonce le châtiment

14 1 A la même époque, Abiya, fils de Jéroboam, tomba
malade.
2 Jéroboam ordonna à sa femme : Viens, déguise-toi pour
qu'on ne reconnaisse pas que tu es la reine, puis va à Silo.
C'est là qu'habite le prophète Ahiya, celui qui a prédit que
je deviendrais roi de ce peuple. 3 Tu emporteras comme
cadeaux dix pains, des gâteaux et un pot de miel. Tu iras
le trouver et il te fera savoir ce qui arrivera au garçon.

[n] **13.30** Complainte connue par ailleurs (Jr 22.18 ; 34.5).
[o] **13.32** Nom donné rétrospectivement par l'auteur au royaume du Nord (puisque Samarie ne sera fondée par Omri qu'une cinquantaine d'années plus tard : 16.24).

you what will happen to the boy." 4 So Jeroboam's wife did what he said and went to Ahijah's house in Shiloh.

Now Ahijah could not see; his sight was gone because of his age. 5 But the LORD had told Ahijah, "Jeroboam's wife is coming to ask you about her son, for he is ill, and you are to give her such and such an answer. When she arrives, she will pretend to be someone else."

6 So when Ahijah heard the sound of her footsteps at the door, he said, "Come in, wife of Jeroboam. Why this pretense? I have been sent to you with bad news. 7 Go, tell Jeroboam that this is what the LORD, the God of Israel, says: 'I raised you up from among the people and appointed you ruler over my people Israel. 8 I tore the kingdom away from the house of David and gave it to you, but you have not been like my servant David, who kept my commands and followed me with all his heart, doing only what was right in my eyes. 9 You have done more evil than all who lived before you. You have made for yourself other gods, idols made of metal; you have aroused my anger and turned your back on me.

10 " 'Because of this, I am going to bring disaster on the house of Jeroboam. I will cut off from Jeroboam every last male in Israel – slave or free.[t] I will burn up the house of Jeroboam as one burns dung, until it is all gone. 11 Dogs will eat those belonging to Jeroboam who die in the city, and the birds will feed on those who die in the country. The LORD has spoken!'

12 "As for you, go back home. When you set foot in your city, the boy will die. 13 All Israel will mourn for him and bury him. He is the only one belonging to Jeroboam who will be buried, because he is the only one in the house of Jeroboam in whom the LORD, the God of Israel, has found anything good.

14 "The LORD will raise up for himself a king over Israel who will cut off the family of Jeroboam. Even now this is beginning to happen.[u] 15 And the LORD will strike Israel, so that it will be like a reed swaying in the water. He will uproot Israel from this good land that he gave to their ancestors and scatter them beyond the Euphrates River, because they aroused the LORD's anger by making Asherah poles.[v] 16 And he will give Israel up because of the sins Jeroboam has committed and has caused Israel to commit."

17 Then Jeroboam's wife got up and left and went to Tirzah. As soon as she stepped over the threshold of the house, the boy died. 18 They buried him, and all Israel mourned for him, as the LORD had said through his servant the prophet Ahijah.

19 The other events of Jeroboam's reign, his wars and how he ruled, are written in the book of the annals of the kings of Israel. 20 He reigned for twenty-two years and then rested with his ancestors. And Nadab his son succeeded him as king.

4 La femme de Jéroboam fit comme son mari le lui avai demandé : elle se mit en route pour Silo et se rendit dan la maison d'Ahiya. Ahiya était si âgé que ses yeux s'étaien éteints et qu'il ne voyait plus.

5 Mais l'Eternel lui avait dit : Voici que la femme de Jéroboam va venir te consulter au sujet de son fils parce qu'il est malade. Tu lui parleras de telle et telle manière Quand elle entrera chez toi, elle essaiera de se faire passe pour quelqu'un d'autre.

6 Dès qu'Ahiya entendit le bruit de ses pas devant la porte, il s'écria : Entre, femme de Jéroboam ! Pourquo essaies-tu de te faire passer pour une autre ? De toute manière, je suis chargé de te transmettre une parole sévère. 7 Retourne dire à Jéroboam : « Voici ce que te dé clare l'Eternel, le Dieu d'Israël : Je t'ai mis en honneur au sein de ton peuple et je t'ai établi chef de mon peuple Israël 8 J'ai arraché le royaume à la dynastie de David pour te le donner. Mais tu n'as pas imité mon serviteur David qui a obéi à mes commandements et m'a suivi de tout son cœur pour faire uniquement ce que je considère comme juste 9 Tu as agi encore plus mal que tous tes prédécesseurs : tu es allé fabriquer d'autres dieux, des idoles de métal fondu tu m'as ainsi irrité et tu m'as tourné le dos. 10 C'est pourquo je vais faire venir le malheur sur ta famille : j'en extermin erai tous les hommes, qu'ils soient esclaves ou hommes libres, je balaierai tous tes descendants, comme on balaie les ordures jusqu'à ce qu'il n'en reste plus rien. 11 Ceux d'entre eux qui mourront dans la ville seront mangés par les chiens et ceux qui mourront dans la campagne seront déchiquetés par les rapaces. » Voilà ce que l'Eterne a déclaré. 12 Quant à toi, va, rentre chez toi. Dès que tu mettras le pied dans la ville, ton enfant mourra. 13 Tout Israël prendra le deuil pour lui et on l'enterrera ; c'est le seul descendant de Jéroboam qui sera déposé dans une tombe parce qu'il est le seul membre de sa famille en qu l'Eternel, le Dieu d'Israël, ait trouvé quelque chose de bon 14 Par la suite, l'Eternel établira pour lui-même un nouveau roi sur Israël qui exterminera la famille de Jéroboam. Ce jour viendra. Que dis-je : il est déjà là. 15 L'Eternel frappera les gens d'Israël qui ressembleront aux roseaux agités dans les eaux. Il arrachera Israël de ce bon pays qu'il a donné à leurs ancêtres et il les dispersera de l'autre côté de l'Eu phrate, parce qu'ils ont provoqué sa colère en fabriquant des poteaux sacrés dédiés à la déesse Ashéra. 16 L'Eternel le abandonnera à cause des péchés que Jéroboam a commis et à cause de ceux dans lesquels il a entraîné le peuple.

17 La femme de Jéroboam se mit en route pour regag ner Tirtsa[p]. Au moment où elle franchissait le seuil de sa maison, son garçon mourut. 18 On l'enterra et tout Israë prit le deuil pour lui, comme l'Eternel l'avait annoncé par l'intermédiaire de son serviteur le prophète Ahiya.

La fin de Jéroboam

19 Les autres faits et gestes de Jéroboam, ses guerres et les événements de son règne, sont consignés dans le livre des Annales des rois d'Israël. 20 Après vingt-deux ans[q] de règne, il rejoignit ses ancêtres décédés et son fils Nadab lui succéda sur le trône.

---

[t] **14:10** Or *Israel – every ruler or leader*
[u] **14:14** The meaning of the Hebrew for this sentence is uncertain.
[v] **14:15** That is, wooden symbols of the goddess Asherah; here and elsewhere in 1 Kings

[p] **14.17** Cité royale, avec Sichem (15.33 ; 16.8), des souverains d'Israël jusqu'à la construction de Samarie par Omri (16.24). Sa localisation n'est pas sûre : on propose Tell el-Farah à une douzaine de kilomètres au nord de Sichem.
[q] **14.20** Jéroboam a régné environ de 931 à 913 av. J.-C.

ehoboam King of Judah

21 Rehoboam son of Solomon was king in Judah. He vas forty-one years old when he became king, and e reigned seventeen years in Jerusalem, the city the ORD had chosen out of all the tribes of Israel in which o put his Name. His mother's name was Naamah; she vas an Ammonite.

22 Judah did evil in the eyes of the LORD. By the sins hey committed they stirred up his jealous anger more han those who were before them had done. 23 They lso set up for themselves high places, sacred stones nd Asherah poles on every high hill and under evry spreading tree. 24 There were even male shrine rostitutes in the land; the people engaged in all the etestable practices of the nations the LORD had driven ut before the Israelites.

25 In the fifth year of King Rehoboam, Shishak king f Egypt attacked Jerusalem. 26 He carried off the treaures of the temple of the LORD and the treasures of ne royal palace. He took everything, including all the old shields Solomon had made. 27 So King Rehoboam nade bronze shields to replace them and assigned hese to the commanders of the guard on duty at the ntrance to the royal palace. 28 Whenever the king vent to the LORD's temple, the guards bore the shields, nd afterward they returned them to the guardroom.

29 As for the other events of Rehoboam's reign, and ll he did, are they not written in the book of the nnals of the kings of Judah? 30 There was continual arfare between Rehoboam and Jeroboam. 31 And ehoboam rested with his ancestors and was buried ith them in the City of David. His mother's name was aamah; she was an Ammonite. And Abijah[w] his son ucceeded him as king.

bijah King of Judah

15 1 In the eighteenth year of the reign of Jeroboam son of Nebat, Abijah[x] became king f Judah, 2 and he reigned in Jerusalem three years. His nother's name was Maakah daughter of Abishalom.[y]

3 He committed all the sins his father had done efore him; his heart was not fully devoted to the ORD his God, as the heart of David his forefather had een. 4 Nevertheless, for David's sake the LORD his God ave him a lamp in Jerusalem by raising up a son to ucceed him and by making Jerusalem strong. 5 For avid had done what was right in the eyes of the LORD nd had not failed to keep any of the LORD's commands ll the days of his life – except in the case of Uriah ne Hittite.

14:31 Some Hebrew manuscripts and Septuagint (see also 2 hron. 12:16); most Hebrew manuscripts *Abijam*
15:1 Some Hebrew manuscripts and Septuagint (see also 2 Chron. :16); most Hebrew manuscripts *Abijam*; also in verses 7 and 8
15:2 A variant of *Absalom*; also in verse 10

Le règne de Roboam sur Juda

(2 Ch 12.13-14)

21 Roboam, le fils de Salomon, régna sur Juda ; il avait quarante et un ans à son avènement et il régna dix-sept ans à Jérusalem, la ville que l'Eternel avait choisie parmi toutes les tribus d'Israël pour y établir sa présence. Sa mère était une Ammonite nommée Naama.

22 Les gens de Juda firent ce que l'Eternel considère comme mal ; par les péchés qu'ils commirent, ils provoquèrent la colère de son amour bafoué plus que ne l'avaient jamais fait leurs ancêtres. 23 Eux aussi, ils se construisirent des hauts lieux et ils dressèrent des stèles et des poteaux pour la déesse Ashéra sur toute colline élevée, sous les arbres verdoyants. 24 Il y eut même, dans le pays, des hommes et des femmes se livrant à la prostitution sacrée. Le peuple reprit toutes les pratiques abominables des peuples que l'Eternel avait dépossédés en faveur des Israélites.

L'invasion égyptienne

(2 Ch 12.2-12)

25 La cinquième année du règne de Roboam, Shishaq[r], roi d'Egypte, vint attaquer Jérusalem. 26 Il s'empara des trésors du temple de l'Eternel et de ceux du palais royal. Il prit absolument tout, notamment tous les boucliers d'or que Salomon avait fait faire. 27 Le roi Roboam fit faire des boucliers de bronze pour les remplacer et les confia aux chefs des gardes chargés de surveiller l'entrée du palais royal. 28 Chaque fois que le roi se rendait au temple de l'Eternel, les gardes les enlevaient, puis ils les replaçaient dans la salle du corps de garde.

29 Les autres faits et gestes de Roboam et toutes ses réalisations sont cités dans le livre des Annales des rois de Juda. 30 Roboam et Jéroboam furent tout le temps en guerre l'un contre l'autre. 31 Quand Roboam rejoignit ses ancêtres décédés, il fut enterré dans leur tombeau dans la cité de David. Sa mère était une Ammonite du nom de Naama. Son fils Abiyam[s] lui succéda sur le trône.

Le règne d'Abiyam sur Juda

(2 Ch 13.1-2)

15 1 La dix-huitième année du règne de Jéroboam, fils de Nebath, Abiyam devint roi de Juda. 2 Il régna trois ans à Jérusalem. Sa mère s'appelait Maaka, elle était une fille d'Abishalom.

3 Il se rendit coupable des mêmes péchés que son père avant lui, et son cœur ne fut pas entièrement attaché à l'Eternel son Dieu, comme celui de son ancêtre David. 4 Mais à cause de David, l'Eternel, son Dieu, lui accorda quand même un descendant à Jérusalem pour lui succéder, pour que sa dynastie ne s'éteigne pas, et pour que la ville subsiste. 5 En effet, David avait fait ce que l'Eternel considère comme juste et, durant toute sa vie, il n'avait jamais désobéi à rien de ce qui lui avait été ordonné, sauf dans l'affaire d'Urie le Hittite.

[r] **14.25** Voir note 11.40.
[s] **14.31** Il régna de 913 à 910 av. J.-C. Quelques manuscrits hébreux, plusieurs versions anciennes et 2 Ch 12.16 l'appellent : *Abiya.*

6 There was war between Abijah[z] and Jeroboam
throughout Abijah's lifetime. 7 As for the other events
of Abijah's reign, and all he did, are they not written
in the book of the annals of the kings of Judah? There
was war between Abijah and Jeroboam. 8 And Abijah
rested with his ancestors and was buried in the City of
David. And Asa his son succeeded him as king.

Asa King of Judah

9 In the twentieth year of Jeroboam king of Israel,
Asa became king of Judah, 10 and he reigned in
Jerusalem forty-one years. His grandmother's name
was Maakah daughter of Abishalom.
11 Asa did what was right in the eyes of the Lord, as
his father David had done. 12 He expelled the male
shrine prostitutes from the land and got rid of all
the idols his ancestors had made. 13 He even deposed
his grandmother Maakah from her position as queen
mother, because she had made a repulsive image for
the worship of Asherah. Asa cut it down and burned
it in the Kidron Valley. 14 Although he did not remove
the high places, Asa's heart was fully committed to
the Lord all his life. 15 He brought into the temple of
the Lord the silver and gold and the articles that he
and his father had dedicated.
16 There was war between Asa and Baasha king of
Israel throughout their reigns. 17 Baasha king of Israel
went up against Judah and fortified Ramah to prevent
anyone from leaving or entering the territory of Asa
king of Judah.
18 Asa then took all the silver and gold that was left
in the treasuries of the Lord's temple and of his own
palace. He entrusted it to his officials and sent them
to Ben-Hadad son of Tabrimmon, the son of Hezion,
the king of Aram, who was ruling in Damascus. 19 "Let
there be a treaty between me and you," he said, "as
there was between my father and your father. See, I
am sending you a gift of silver and gold. Now break
your treaty with Baasha king of Israel so he will withdraw from me."
20 Ben-Hadad agreed with King Asa and sent the
commanders of his forces against the towns of Israel.
He conquered Ijon, Dan, Abel Beth Maakah and all
Kinnereth in addition to Naphtali. 21 When Baasha
heard this, he stopped building Ramah and withdrew to Tirzah. 22 Then King Asa issued an order to
all Judah – no one was exempt – and they carried away
from Ramah the stones and timber Baasha had been

[z] 15:6 Some Hebrew manuscripts and Syriac *Abijam* (that is, Abijah); most Hebrew manuscripts *Rehoboam*

6 Il y eut la guerre entre Roboam et Jéroboam pendan
toute la vie de Roboam.

(2 Ch 13.22-23)

7 Les autres faits et gestes d'Abiyam et toutes ses réal
isations sont cités dans le livre des Annales des rois d
Juda. Lui aussi fut en guerre contre Jéroboam. 8 Quand
rejoignit ses ancêtres décédés, on l'enterra dans la cité d
David et son fils Asa lui succéda sur le trône.

Le règne d'Asa sur Juda

(2 Ch 14.2-3 ; 15.16 à 16.6)

9 La vingtième année du règne de Jéroboam, roi d'Israë
Asa devint roi de Juda[t]. 10 Il régna quarante et un ans
Jérusalem. Il descendait d'Abishalom par sa grand-mèr
Maaka[u].
11 Asa fit ce que l'Eternel considère comme juste, com
me son ancêtre David. 12 Il expulsa du pays les gens qu
se livraient à la prostitution sacrée et il fit disparaîtr
toutes les idoles que ses ancêtres avaient fabriquées. 13
destitua même sa grand-mère Maaka de son rang de rein
mère parce qu'elle avait fait dresser une idole obscène
la déesse Ashéra. Asa abattit cette horrible idole et la f
brûler dans la vallée du Cédron. 14 Cependant, bien qu'As
ait eu un cœur attaché sans partage à l'Eternel durar
toute sa vie, les hauts lieux ne disparurent pas. 15 Il dépos
dans le temple de l'Eternel tous les objets d'argent et d'c
et d'autres ustensiles que son père avait consacrés, en
ajoutant ceux que lui-même consacra.
16 Il y eut la guerre entre Asa et Baésha, roi d'Is
raël, pendant toute leur vie. 17 Baésha, roi d'Israë
vint attaquer le royaume de Juda. Il fortifia Rama
pour empêcher qu'on pénètre sur le territoire d'As
roi de Juda[w], et qu'on en sorte. 18 Alors Asa prit tou
l'argent et l'or qui étaient restés dans le trésor d
temple de l'Eternel[x] et les richesses du palais roya
et il les remit à ses ministres pour les faire porter
Ben-Hadad, fils de Tabrimmôn et petit-fils de Hézyiô
roi de Syrie qui résidait à Damas. Il les accompagna d
message suivant : 19 « Faisons une alliance comme
y en a eu une entre nos pères respectifs. Voici que j
t'envoie de l'argent et de l'or en cadeau. Je te demand
en échange, de rompre ton alliance avec Baésha, r
d'Israël, afin qu'il cesse de me faire la guerre. » 20 Ber
Hadad accepta la proposition du roi Asa ; il envoya se
chefs militaires attaquer les villes d'Israël et il frapp
les villes d'Iyôn, de Dan et d'Abel-Beth-Maaka, ain
que toute la région de Kinneroth et le territoire d
Nephtali[y]. 21 Lorsque Baésha apprit cette nouvelle,
renonça à fortifier Rama, et se retira à Tirtsa. 22 Alor
le roi Asa mobilisa tous les Judéens sans exceptio
pour enlever les pierres et le bois que Baésha ava
rassemblés pour fortifier Rama, et il s'en servit pou

[t] 15.9 Il régna de 910 à 869 av. J.-C.
[u] 15.10 Voir v. 2.
[v] 15.17 Village de Benjamin (Jos 18.25 ; Jg 19.13) situé à 9 kilomètres au nord de Jérusalem, aux confins des deux royaumes, au sommet d'un co par lequel passait la seule route de Jérusalem vers le centre du royaum du Nord.
[w] 15.17 Autre traduction : *Rama, pour barrer le passage à Asa, roi de Juda.*
[x] 15.18 Après le pillage mentionné en 14.26.
[y] 15.20 Les villes prises par Ben-Hadad contrôlaient les routes commer ciales vers l'Egypte au sud, le long de la côte, et vers Tyr à l'ouest.

sing there. With them King Asa built up Geba in
enjamin, and also Mizpah.

23 As for all the other events of Asa's reign, all his
chievements, all he did and the cities he built, are
ney not written in the book of the annals of the kings
f Judah? In his old age, however, his feet became dis-
ased. 24 Then Asa rested with his ancestors and was
uried with them in the city of his father David. And
hoshaphat his son succeeded him as king.

adab King of Israel

25 Nadab son of Jeroboam became king of Israel in
ne second year of Asa king of Judah, and he reigned
ver Israel two years. 26 He did evil in the eyes of the
ORD, following the ways of his father and committing
ne same sin his father had caused Israel to commit.
27 Baasha son of Ahijah from the tribe of Issachar
lotted against him, and he struck him down at
ibbethon, a Philistine town, while Nadab and all
rael were besieging it. 28 Baasha killed Nadab in the
nird year of Asa king of Judah and succeeded him
s king.
29 As soon as he began to reign, he killed Jeroboam's
hole family. He did not leave Jeroboam anyone that
reathed, but destroyed them all, according to the
ord of the LORD given through his servant Ahijah
ne Shilonite. 30 This happened because of the sins
roboam had committed and had caused Israel to
mmit, and because he aroused the anger of the LORD,
ne God of Israel.
31 As for the other events of Nadab's reign, and all
e did, are they not written in the book of the annals
f the kings of Israel? 32 There was war between Asa
nd Baasha king of Israel throughout their reigns.

aasha King of Israel

33 In the third year of Asa king of Judah, Baasha son
f Ahijah became king of all Israel in Tirzah, and he
eigned twenty-four years. 34 He did evil in the eyes
f the LORD, following the ways of Jeroboam and com-
itting the same sin Jeroboam had caused Israel to
ommit.

6 1 Then the word of the LORD came to Jehu son
of Hanani concerning Baasha: 2 "I lifted you
p from the dust and appointed you ruler over my
eople Israel, but you followed the ways of Jeroboam
nd caused my people Israel to sin and to arouse my
nger by their sins. 3 So I am about to wipe out Baasha
d his house, and I will make your house like that of
roboam son of Nebat. 4 Dogs will eat those belonging
Baasha who die in the city, and birds will feed on
ose who die in the country."

fortifier la ville de Guéba sur le territoire de Benjamin
ainsi que celle de Mitspa[z].

(2 Ch 16.11 à 17.1)

23 Les autres faits et gestes d'Asa, sa bravoure, ses réalisations et les villes qu'il a fait bâtir, sont cités dans le livre
des Annales des rois de Juda. Dans ses vieux jours, il eut
une maladie des pieds. 24 Quand il rejoignit ses ancêtres
décédés, il fut enterré auprès d'eux dans la cité de David.
Son fils Josaphat lui succéda sur le trône[a].

Le règne de Nadab sur Israël et la fin de la dynastie de Jéroboam

25 Nadab, fils de Jéroboam, devint roi d'Israël la deuxième année du règne d'Asa, roi de Juda. Il régna deux ans
sur Israël[b]. 26 Il fit ce que l'Eternel considère comme mal
en imitant l'exemple de son père et en entraînant son
peuple dans le même péché. 27 Alors Baésha, fils d'Ahiya, de la tribu d'Issacar, conspira contre lui et l'assassina
devant Guibbetôn, une ville des Philistins[c], au moment où
Nadab et l'armée d'Israël l'assiégeaient. 28 Baésha commit
ce meurtre la troisième année du règne d'Asa, roi de Juda,
et il le supplanta sur le trône. 29 Quand il fut roi, il fit périr
tous les membres de la famille de Jéroboam. Il n'y laissa
subsister personne, massacrant tout le monde, comme
l'Eternel l'avait prédit par l'intermédiaire de son serviteur
Ahiya de Silo, 30 à cause des péchés que Jéroboam avait
commis et de ceux qu'il avait fait commettre au peuple
d'Israël, ce qui avait irrité l'Eternel, leur Dieu.

31 Les autres faits et gestes de Nadab et toutes ses réalisations sont cités dans le livre des Annales des rois d'Israël.
32 Asa et Baésha, roi d'Israël, furent, toute leur vie, en
guerre l'un contre l'autre[d].

Le règne de Baésha sur Israël et le prophète Jéhu

33 La troisième année du règne d'Asa, roi de Juda, Baésha,
fils d'Ahiya, devint roi de tout Israël à Tirtsa. Il régna
vingt-quatre ans[e]. 34 Il fit ce que l'Eternel considère comme mal en imitant l'exemple de Jéroboam et en entraînant
Israël dans le même péché.

16 1 L'Eternel s'adressa au prophète Jéhu, fils de
Hanani, avec le message suivant pour Baésha : 2 Je
t'ai tiré de la poussière pour t'établir chef de mon peuple
Israël, mais tu as imité l'exemple de Jéroboam, tu as entraîné mon peuple Israël dans le péché, et tu m'as ainsi
irrité. 3 C'est pourquoi je vais te balayer, toi et ta famille,
je vous traiterai comme la famille de Jéroboam, fils de
Nebath. 4 Ceux de la maison de Baésha qui mourront dans
la ville seront dévorés par les chiens, et ceux qui mourront
dans la campagne seront déchiquetés par les rapaces.

---

z **15.22** Au nord de Jérusalem, Asa établit des forteresses sur ses frontières septentrionales pour empêcher Baésha de s'étendre vers le sud. *Guéba* se trouvait à l'est et *Mitspa* au sud-ouest de Rama.

a **15.24** La suite de l'histoire de Josaphat reprend en 22.41.

b **15.25** De 909 à 908 av. J.-C.

c **15.27** *Guibbetôn* avait été une ville lévitique de la tribu de Dan (Jos 19.44 ; 21.23) sur la frontière de la Philistie.

d **15.32** Voir v. 16.

e **15.33** De 908 à 886 av. J.-C.

5 As for the other events of Baasha's reign, what he
did and his achievements, are they not written in the
book of the annals of the kings of Israel? 6 Baasha rested with his ancestors and was buried in Tirzah. And
Elah his son succeeded him as king.
7 Moreover, the word of the LORD came through the
prophet Jehu son of Hanani to Baasha and his house,
because of all the evil he had done in the eyes of the
LORD, arousing his anger by the things he did, becoming like the house of Jeroboam – and also because he
destroyed it.

Elah King of Israel

8 In the twenty-sixth year of Asa king of Judah, Elah
son of Baasha became king of Israel, and he reigned
in Tirzah two years.
9 Zimri, one of his officials, who had command of
half his chariots, plotted against him. Elah was in
Tirzah at the time, getting drunk in the home of Arza,
the palace administrator at Tirzah. 10 Zimri came in,
struck him down and killed him in the twenty-seventh year of Asa king of Judah. Then he succeeded
him as king.
11 As soon as he began to reign and was seated on
the throne, he killed off Baasha's whole family. He did
not spare a single male, whether relative or friend.
12 So Zimri destroyed the whole family of Baasha, in
accordance with the word of the LORD spoken against
Baasha through the prophet Jehu – 13 because of all
the sins Baasha and his son Elah had committed and
had caused Israel to commit, so that they aroused the
anger of the LORD, the God of Israel, by their worthless
idols.
14 As for the other events of Elah's reign, and all he
did, are they not written in the book of the annals of
the kings of Israel?

Zimri King of Israel

15 In the twenty-seventh year of Asa king of Judah,
Zimri reigned in Tirzah seven days. The army was
encamped near Gibbethon, a Philistine town. 16 When
the Israelites in the camp heard that Zimri had plotted
against the king and murdered him, they proclaimed
Omri, the commander of the army, king over Israel
that very day there in the camp. 17 Then Omri and
all the Israelites with him withdrew from Gibbethon
and laid siege to Tirzah. 18 When Zimri saw that the
city was taken, he went into the citadel of the royal
palace and set the palace on fire around him. So he
died, 19 because of the sins he had committed, doing
evil in the eyes of the LORD and following the ways of
Jeroboam and committing the same sin Jeroboam had
caused Israel to commit.
20 As for the other events of Zimri's reign, and the
rebellion he carried out, are they not written in the
book of the annals of the kings of Israel?

5 Les autres faits et gestes de Baésha, ses réalisations e
ses exploits, sont cités dans le livre des Annales des ro
d'Israël. 6 Quand il rejoignit ses ancêtres décédés, il fu
enterré à Tirtsa et son fils Ela lui succéda sur le trôn
7 La parole de l'Eternel lui avait été adressée, à lui et
sa maison, par l'intermédiaire du prophète Jéhu, fils d
Hanani, pour deux raisons : d'une part à cause de tout c
qu'il avait fait de mal aux yeux de l'Eternel, l'irritant ain
par ses actions, exactement comme la famille de Jéroboam
et d'autre part parce qu'il avait exterminé les membre
de cette famille.

Le règne d'Ela sur Israël – fin de la dynastie de Baésha

8 La vingt-sixième année du règne d'Asa, roi de Juda
Ela, fils de Baésha, devint roi d'Israël à Tirtsa. Il régn
deux ans[f].
9 Son officier Zimri, qui commandait la moitié des cha
de guerre, complota contre lui. Pendant qu'Ela était
Tirtsa, buvant comme un ivrogne dans la maison d'Arts
l'intendant du palais royal à Tirtsa, 10 Zimri survint et l
frappa à mort. Cela se passa la vingt-septième année d
règne d'Asa, roi de Juda. Zimri lui succéda sur le trône. 11
peine était-il devenu roi, qu'il fit périr toute la famille d
Baésha, sans épargner un seul homme, enfant ou adult
dans sa parenté ou parmi ses partisans. 12 Zimri détruis
ainsi toute la maison de Baésha, comme l'Eternel l'ava
annoncé contre lui par l'intermédiaire du prophète Jéh
13 Tout cela arriva à cause de tous les péchés que Baésha
son fils Ela avaient commis, ainsi que ceux dans lesque
ils avaient entraîné Israël, irritant ainsi l'Eternel, le Die
d'Israël, par leurs vaines idoles.
14 Les autres faits et gestes d'Ela et toutes ses réalisatio
sont cités dans le livre des Annales des rois d'Israël.

Le règne de Zimri sur Israël

15 La vingt-septième année du règne d'Asa sur Jud
Zimri devint roi pour sept jours à Tirtsa[g].
L'armée d'Israël était alors en train d'assiéger la vil
philistine de Guibbetôn. 16 Quand les soldats apprirent q
Zimri avait comploté contre le roi et l'avait assassiné, i
proclamèrent aussitôt leur général Omri roi d'Israël dar
le camp. 17 Alors celui-ci et toute son armée quittère
Guibbetôn et partirent assiéger Tirtsa. 18 Lorsque Zimri v
que la ville était sur le point d'être prise, il se retira dar
le donjon du palais royal, mit le feu au palais et périt dar
l'incendie. 19 Il mourut à cause des péchés dont il s'éta
rendu coupable en faisant ce que l'Eternel considère cor
me mal, en imitant l'exemple de Jéroboam et en entraînar
le peuple d'Israël dans le même péché que lui.
20 Les autres faits et gestes de Zimri, ainsi que les déta
du complot qu'il avait organisé, sont cités dans le livre d
Annales des rois d'Israël.

f **16.8** De 886 à 885 av. J.-C.
g **16.15** Au cours de l'année 885 av. J.-C.

mri King of Israel

21 Then the people of Israel were split into two fac-
ons; half supported Tibni son of Ginath for king, and
ıe other half supported Omri. 22 But Omri's followers
roved stronger than those of Tibni son of Ginath. So
ibni died and Omri became king.

23 In the thirty-first year of Asa king of Judah, Omri
ecame king of Israel, and he reigned twelve years,
x of them in Tirzah. 24 He bought the hill of Samaria
om Shemer for two talents[a] of silver and built a city
n the hill, calling it Samaria, after Shemer, the name
f the former owner of the hill.
25 But Omri did evil in the eyes of the LORD and
nned more than all those before him. 26 He followed
ompletely the ways of Jeroboam son of Nebat, com-
itting the same sin Jeroboam had caused Israel to
ommit, so that they aroused the anger of the LORD,
ıe God of Israel, by their worthless idols.
27 As for the other events of Omri's reign, what he
id and the things he achieved, are they not written
the book of the annals of the kings of Israel? 28 Omri
ested with his ancestors and was buried in Samaria.
nd Ahab his son succeeded him as king.

hab Becomes King of Israel

29 In the thirty-eighth year of Asa king of Judah,
hab son of Omri became king of Israel, and he
eigned in Samaria over Israel twenty-two years.
Ahab son of Omri did more evil in the eyes of the
ORD than any of those before him. 31 He not only
onsidered it trivial to commit the sins of Jeroboam
n of Nebat, but he also married Jezebel daughter
Ethbaal king of the Sidonians, and began to serve
aal and worship him. 32 He set up an altar for Baal
the temple of Baal that he built in Samaria. 33 Ahab
so made an Asherah pole and did more to arouse the
nger of the LORD, the God of Israel, than did all the
ings of Israel before him.
34 In Ahab's time, Hiel of Bethel rebuilt Jericho.
e laid its foundations at the cost of his firstborn
n Abiram, and he set up its gates at the cost of his
oungest son Segub, in accordance with the word of
ıe LORD spoken by Joshua son of Nun.

lijah Announces a Great Drought

7 1 Now Elijah the Tishbite, from Tishbe[b] in
Gilead, said to Ahab, "As the LORD, the God of
rael, lives, whom I serve, there will be neither dew
or rain in the next few years except at my word."

16:24 That is, about 150 pounds or about 68 kilograms
17:1 Or *Tishbite, of the settlers*

21 Alors les tribus du Nord se partagèrent en deux partis :
une moitié du peuple se rallia à Tibni, fils de Guinath, pour
le faire régner, l'autre moitié se déclara pour Omri. 22 Les
partisans de ce dernier l'emportèrent sur ceux de Tibni,
fils de Guinath. Tibni mourut et Omri devint roi.

Le règne d'Omri sur Israël

23 La trente et unième année du règne d'Asa, roi de Juda,
Omri devint roi sur Israël. Il régna douze ans[h]. Il régna
d'abord six ans à Tirtsa, 24 puis il acheta à Shémer la colline
de Samarie pour 6 000 pièces d'argent ; il la fortifia et y
construisit une ville, qu'il appela Samarie, d'après le nom
de Shémer, l'ancien propriétaire de la colline.
25 Omri fit ce que l'Eternel considère comme mal ; il agit
encore plus mal que tous ses prédécesseurs. 26 Il imita en
tout l'exemple de Jéroboam, fils de Nebath, il entraîna le
peuple d'Israël dans le péché, en sorte qu'ils irritèrent
l'Eternel leur Dieu par leur idolâtrie.

27 Les autres faits et gestes d'Omri, ainsi que la vaillance dont il fit preuve, tout cela est cité dans le livre des
Annales des rois d'Israël. 28 Lorsqu'il rejoignit ses ancêtres
décédés il fut enseveli à Samarie et son fils Achab lui succéda sur le trône.

Le règne d'Achab sur Israël

29 La trente-huitième année du règne d'Asa, roi de Juda,
Achab, fils d'Omri, devint roi d'Israël. Il régna sur Israël
à Samarie pendant vingt-deux ans[i]. 30 Achab, fils d'Omri,
fit ce que l'Eternel considère comme mal et fut pire que
tous ses prédécesseurs. 31 Non content d'imiter les péchés
de Jéroboam, fils de Nebath, il épousa encore Jézabel, fille
d'Ethbaal, le roi des Sidoniens[j], et alla jusqu'à rendre un
culte au dieu Baal et à se prosterner devant lui. 32 Il construisit un temple en l'honneur de Baal à Samarie et y
dressa un autel. 33 Il érigea aussi un poteau sacré à la déesse
Ashéra. Par tous ses actes, il irrita l'Eternel, le Dieu d'Israël,
plus que tous les rois d'Israël qui l'avaient précédé.

34 C'est sous son règne qu'un certain Hiel de Béthel rebâtit Jéricho. La pose des fondations coûta la vie à son
fils aîné Abiram et lorsqu'on en posa les portes, son cadet
Segoub mourut. Cela arriva conformément à la parole que
l'Eternel avait prononcée par l'intermédiaire de Josué,
fils de Noun.

Le prophète Elie et la sécheresse

17 1 Un prophète nommé Elie, originaire du village
de Tishbé en Galaad, vint dire au roi Achab : Aussi
vrai que l'Eternel, le Dieu d'Israël que je sers, est vivant,
il n'y aura ces prochaines années ni rosée ni pluie, sauf
si je le demande[k].

h **16.23** De 885 à 874 av. J.-C. Les 12 ans du règne d'Omri incluent les trois années de rivalité qui ont opposé Omri à Tibni. Ils vont donc de la 27e à la 38e année du règne d'Asa (v. 15 et 29), tandis que le règne d'Omri sur l'ensemble d'Israël débute la 31e année du règne d'Asa (v. 23).
i **16.29** De 874 à 853 av. J.-C.
j **16.31** C'est-à-dire des Phéniciens (5.20).
k **17.1** Allusion en Jc 5.17.

Elijah Fed by Ravens

2 Then the word of the LORD came to Elijah: 3 "Leave here, turn eastward and hide in the Kerith Ravine, east of the Jordan. 4 You will drink from the brook, and I have directed the ravens to supply you with food there."

5 So he did what the LORD had told him. He went to the Kerith Ravine, east of the Jordan, and stayed there. 6 The ravens brought him bread and meat in the morning and bread and meat in the evening, and he drank from the brook.

Elijah and the Widow at Zarephath

7 Some time later the brook dried up because there had been no rain in the land. 8 Then the word of the LORD came to him: 9 "Go at once to Zarephath in the region of Sidon and stay there. I have directed a widow there to supply you with food." 10 So he went to Zarephath. When he came to the town gate, a widow was there gathering sticks. He called to her and asked, "Would you bring me a little water in a jar so I may have a drink?" 11 As she was going to get it, he called, "And bring me, please, a piece of bread."

12 "As surely as the LORD your God lives," she replied, "I don't have any bread – only a handful of flour in a jar and a little olive oil in a jug. I am gathering a few sticks to take home and make a meal for myself and my son, that we may eat it – and die."

13 Elijah said to her, "Don't be afraid. Go home and do as you have said. But first make a small loaf of bread for me from what you have and bring it to me, and then make something for yourself and your son. 14 For this is what the LORD, the God of Israel, says: 'The jar of flour will not be used up and the jug of oil will not run dry until the day the LORD sends rain on the land.'"

15 She went away and did as Elijah had told her. So there was food every day for Elijah and for the woman and her family. 16 For the jar of flour was not used up and the jug of oil did not run dry, in keeping with the word of the LORD spoken by Elijah.

17 Some time later the son of the woman who owned the house became ill. He grew worse and worse, and finally stopped breathing. 18 She said to Elijah, "What do you have against me, man of God? Did you come to remind me of my sin and kill my son?"

2 Après cela l'Eternel dit à Elie : 3 Quitte ce lieu, va ver l'est et cache-toi dans le ravin du torrent de Kerith à l'es du Jourdain[l]. 4 L'eau du torrent te servira de boisson et j'a ordonné aux corbeaux de te nourrir là-bas.

5 Elie partit donc et fit ce que l'Eternel lui avait de mandé : il alla s'installer près du torrent de Kerith à l'es du Jourdain. 6 Matin et soir, les corbeaux lui apportaient d pain et de la viande, et il se désaltérait de l'eau du torren 7 Mais au bout d'un certain temps, comme il n'y avait plu de pluie dans le pays, le torrent se dessécha.

Elie chez une veuve à Sarepta

8 Alors l'Eternel lui adressa la parole en ces termes 9 Mets-toi en route et va à Sarepta[m], dans le pays de Sidor et installe-toi là-bas. J'ai ordonné à une veuve de là-bas d pourvoir à ta nourriture[n].

10 Elie se mit donc en route et se rendit à Sarepta Lorsqu'il arriva à l'entrée de la ville, il aperçut une veuv qui ramassait du bois. Il l'appela et lui dit : S'il te plaît va me puiser un peu d'eau dans une cruche pour que j puisse boire.

11 Comme elle partait en chercher, il la rappela pour lu demander : S'il te plaît, apporte-moi aussi un morcea de pain.

12 Mais elle lui répondit : Aussi vrai que l'Eternel, to Dieu, est vivant, je n'ai pas le moindre morceau de pai chez moi. Il me reste tout juste une poignée de farin dans un pot, et un peu d'huile dans une jarre. J'étai en train de ramasser deux bouts de bois. Je vais rentre et préparer ce qui me reste pour moi et pour mon fil Quand nous l'aurons mangé, nous n'aurons plus qu' attendre la mort.

13 Elie reprit : Sois sans crainte, rentre, fais ce que tu a dit. Seulement, prépare-moi d'abord, avec ce que tu a une petite miche de pain et apporte-la moi ; ensuite, t en feras pour toi et pour ton fils. 14 Car voici ce que décla l'Eternel, le Dieu d'Israël : « Le pot de farine ne se vider pas, et la jarre d'huile non plus, jusqu'au jour où l'Eterne fera pleuvoir sur le pays. »

15 La femme partit et fit ce qu'Elie lui avait demand Pendant longtemps, elle eut de quoi manger, elle et s famille ainsi qu'Elie. 16 Le pot de farine ne se vida pas e la jarre d'huile non plus, conformément à la parole qu l'Eternel avait prononcée par l'intermédiaire d'Elie.

La résurrection du fils de la veuve

17 Quelque temps après, le fils de la veuve qui avait accue illi Elie tomba malade. Le mal devint si grave qu'il cessa d respirer. 18 Alors la mère dit au prophète : Qu'avions-nou à faire ensemble, toi et moi, homme de Dieu ? Es-tu ven chez moi pour me faire payer mes fautes et causer la mor de mon fils ?

[l] 17.3 Oued non identifié, venant des collines transjordaniennes et coulant par intermittences dans le Jourdain.
[m] 17.9 Ville phénicienne sur la côte méditerranéenne à 15 kilomètres a sud de Sidon en direction de Tyr.
[n] 17.9 Allusion en Lc 4.25-26.

19"Give me your son," Elijah replied. He took him rom her arms, carried him to the upper room where e was staying, and laid him on his bed. 20Then he ried out to the LORD, "LORD my God, have you brought ragedy even on this widow I am staying with, by causng her son to die?" 21Then he stretched himself out n the boy three times and cried out to the LORD, "LORD ny God, let this boy's life return to him!"

22The LORD heard Elijah's cry, and the boy's life reurned to him, and he lived. 23Elijah picked up the hild and carried him down from the room into the ouse. He gave him to his mother and said, "Look, our son is alive!"

24Then the woman said to Elijah, "Now I know that ou are a man of God and that the word of the LORD rom your mouth is the truth."

lijah and Obadiah

18 1After a long time, in the third year, the word of the LORD came to Elijah: "Go and present ourself to Ahab, and I will send rain on the land." So Elijah went to present himself to Ahab.

Now the famine was severe in Samaria, 3and Ahab ad summoned Obadiah, his palace administrator. Obadiah was a devout believer in the LORD. 4While ezebel was killing off the LORD's prophets, Obadiah ad taken a hundred prophets and hidden them in two aves, fifty in each, and had supplied them with food nd water.) 5Ahab had said to Obadiah, "Go through ne land to all the springs and valleys. Maybe we can nd some grass to keep the horses and mules alive so e will not have to kill any of our animals." 6So they ivided the land they were to cover, Ahab going in ne direction and Obadiah in another.

7As Obadiah was walking along, Elijah met him. badiah recognized him, bowed down to the ground, nd said, "Is it really you, my lord Elijah?"

8"Yes," he replied. "Go tell your master, 'Elijah is ere.'"

9"What have I done wrong," asked Obadiah, "that ou are handing your servant over to Ahab to be put death? 10As surely as the LORD your God lives, there not a nation or kingdom where my master has not ent someone to look for you. And whenever a nation r kingdom claimed you were not there, he made them wear they could not find you. 11But now you tell me go to my master and say, 'Elijah is here.' 12I don't now where the Spirit of the LORD may carry you when leave you. If I go and tell Ahab and he doesn't find ou, he will kill me. Yet I your servant have worshiped ne LORD since my youth. 13Haven't you heard, my lord, hat I did while Jezebel was killing the prophets of ne LORD? I hid a hundred of the LORD's prophets in two aves, fifty in each, and supplied them with food and ater. 14And now you tell me to go to my master and ay, 'Elijah is here.' He will kill me!"

19Il lui répondit : Donne-moi ton fils ! Il le prit des bras de sa mère, le porta dans la chambre haute° où il logeait et l'étendit sur son lit. 20Puis il implora l'Eternel : O Eternel, mon Dieu, cette veuve m'a accueilli chez elle. Est-ce que vraiment tu lui voudrais du mal au point de faire mourir son fils ?

21Puis il s'allongea par trois fois de tout son long sur l'enfant et implora l'Eternel : Eternel, mon Dieu, je t'en prie, veuille faire revenir en lui le souffle de vie de cet enfant !

22L'Eternel exauça la prière d'Elie : le souffle de l'enfant revint en lui et il reprit vie. 23Elie prit l'enfant, le descendit de la chambre haute à l'intérieur de la maison et le rendit à sa mère, en disant : Viens voir, ton fils est vivant.

24Alors la femme s'écria : Maintenant je sais que tu es un homme de Dieu et que la parole de l'Eternel que tu prononces est vraie.

Elie va trouver Achab

18 1Bien des jours s'écoulèrent. Au cours de la troisième année de sécheresse, l'Eternel adressa la parole à Elie en ces termes : Va trouver Achab, et je ferai pleuvoir sur ce pays.

2Elie partit afin de rencontrer Achab.

Comme la famine s'était aggravée à Samarie, 3Achab avait convoqué Abdias, l'intendant de son palais. Celui-ci craignait l'Eternel : 4lorsque la reine Jézabel avait voulu exterminer tous les prophètes de l'Eternel, Abdias avait sauvé cent d'entre eux en les cachant en deux groupes de cinquante dans des grottes et en leur procurant à manger et à boire. 5Achab avait ordonné à Abdias : Va, parcours le pays à la recherche de toute source d'eau et de tout fond de torrent ; peut-être découvrirons-nous assez d'herbe pour maintenir en vie nos chevaux et nos mulets sans être obligés d'abattre une partie de notre bétail.

6Ils se répartirent le pays à parcourir. Achab partit seul de son côté, et Abdias prit une autre direction.

7Alors qu'Abdias était en chemin, Elie arriva à sa rencontre. Abdias le reconnut et s'inclina face contre terre devant lui en demandant : Est-ce bien toi, mon seigneur Elie ?

8– C'est moi-même, lui répondit-il. Va dire à ton maître que j'arrive.

9– Oh ! répliqua Abdias, par quel péché ai-je mérité que tu me fasses mettre à mort par la main d'Achab ? 10Aussi vrai que l'Eternel est vivant, je t'assure qu'il n'y a pas un peuple ni un royaume où mon maître ne t'ait pas fait chercher ; et quand les représentants de ces pays disaient que tu n'étais pas chez eux, il les faisait jurer qu'on ne t'avait pas trouvé. 11Et maintenant, tu me demandes d'aller annoncer à mon seigneur que tu arrives. 12Mais, à peine t'aurai-je quitté que l'Esprit de l'Eternel te transportera je ne sais où ; moi, j'irai t'annoncer à Achab, mais il ne te trouvera plus et c'est moi qu'il tuera. Pourtant, rappelle-toi que ton serviteur craint l'Eternel depuis sa jeunesse. 13Mon seigneur, n'as-tu pas appris ce que j'ai fait quand Jézabel massacrait les prophètes de l'Eternel ? J'en ai caché cent en deux groupes de cinquante dans des grottes et je leur ai fourni à manger et à boire. 14Et c'est moi que tu envoies maintenant à mon seigneur pour lui annoncer que tu viens. Mais il va me tuer !

° **17.19** Construite sur la terrasse de la maison, servant de réserve pour les provisions et de chambre d'hôte.

15 Elijah said, "As the LORD Almighty lives, whom
I serve, I will surely present myself to Ahab today."

Elijah on Mount Carmel

16 So Obadiah went to meet Ahab and told him, and
Ahab went to meet Elijah. 17 When he saw Elijah, he
said to him, "Is that you, you troubler of Israel?"

18 "I have not made trouble for Israel," Elijah
replied. "But you and your father's family have.
You have abandoned the LORD's commands and
have followed the Baals. 19 Now summon the people
from all over Israel to meet me on Mount Carmel.
And bring the four hundred and fifty prophets of
Baal and the four hundred prophets of Asherah,
who eat at Jezebel's table."

20 So Ahab sent word throughout all Israel and assembled the prophets on Mount Carmel. 21 Elijah went
before the people and said, "How long will you waver
between two opinions? If the LORD is God, follow him;
but if Baal is God, follow him."

But the people said nothing.

22 Then Elijah said to them, "I am the only one of
the LORD's prophets left, but Baal has four hundred
and fifty prophets. 23 Get two bulls for us. Let Baal's
prophets choose one for themselves, and let them cut
it into pieces and put it on the wood but not set fire to
it. I will prepare the other bull and put it on the wood
but not set fire to it. 24 Then you call on the name of
your god, and I will call on the name of the LORD. The
god who answers by fire – he is God."

Then all the people said, "What you say is good."

25 Elijah said to the prophets of Baal, "Choose one
of the bulls and prepare it first, since there are so
many of you. Call on the name of your god, but do
not light the fire." 26 So they took the bull given them
and prepared it.

Then they called on the name of Baal from morning
till noon. "Baal, answer us!" they shouted. But there
was no response; no one answered. And they danced
around the altar they had made.

27 At noon Elijah began to taunt them. "Shout
louder!" he said. "Surely he is a god! Perhaps he is
deep in thought, or busy, or traveling. Maybe he is
sleeping and must be awakened." 28 So they shouted louder and slashed themselves with swords and
spears, as was their custom, until their blood flowed.
29 Midday passed, and they continued their frantic
prophesying until the time for the evening sacrifice.
But there was no response, no one answered, no
one paid attention.

30 Then Elijah said to all the people, "Come here to
me." They came to him, and he repaired the altar of
the LORD, which had been torn down. 31 Elijah took

15 Elie lui dit : Aussi vrai que l'Eternel, le Seigneur de
armées célestes, au service duquel je me tiens, est vivan
je t'assure que je me présenterai aujourd'hui même deva
Achab.

16 Abdias courut donc rejoindre Achab et lui annonça l
chose. Alors Achab vint à la rencontre d'Elie. 17 Lorsqu'
l'aperçut, il lui cria : Te voilà, toi qui sèmes le malheu
en Israël !

18 Elie lui répondit : Ce n'est pas moi qui sème le ma
heur en Israël, mais c'est toi et la famille de ton pèr
puisque vous avez refusé d'obéir aux commandemen
de l'Eternel, et que tu t'es rallié au culte des dieux Baal
19 Maintenant, convoque tout Israël en ma présence su
le mont Carmel[p]. Tu y rassembleras aussi les quatre ce
cinquante prophètes de Baal et les quatre cents prophète
de la déesse Ashéra qui sont tous entretenus par la rei
Jézabel.

La confrontation entre Elie et les prophètes de Baal

20 Achab envoya des messagers à tous les Israélites et
rassembla les prophètes sur le mont Carmel. 21 Alors El
s'avança devant tout le peuple et s'écria : Combien de tem
encore sauterez-vous des deux côtés ? Si l'Eternel est l
vrai Dieu, suivez-le. Si c'est Baal, alors ralliez-vous à lui

Mais le peuple ne lui répondit pas un mot.

22 Elie poursuivit : Je suis le seul prophète de l'Etern
qui reste et il y a quatre cent cinquante prophètes de Baa
23 Qu'on nous amène deux taureaux ; qu'ils choisissent po
eux l'un d'eux, qu'ils le découpent et qu'ils en disposent l
morceaux sur le bois, mais sans y allumer de feu. Je fer
de même avec l'autre taureau : je le placerai sur le bo
et je n'y mettrai pas le feu. 24 Puis vous invoquerez vot
dieu, et moi j'invoquerai l'Eternel. Le dieu qui répond
en faisant descendre le feu, c'est celui-là qui est Dieu[q].

Tout le peuple répondit : D'accord ! C'est bien !

25 Elie se tourna vers les prophètes de Baal et leur di
Choisissez pour vous l'un des taureaux et préparez-le l
premiers, car vous êtes les plus nombreux ; puis invoque
votre dieu, mais ne mettez pas le feu au bois.

26 On leur donna le taureau et ils le prirent et l
préparèrent. Puis ils invoquèrent Baal, du matin jusqu
midi, en répétant : O Baal, réponds-nous !

Mais il n'y eut ni voix ni réponse. Ils sautaient auto
de l'autel qu'ils avaient dressé.

27 Vers midi, Elie se moqua d'eux et leur dit : Criez pl
fort ! Puisqu'il est dieu, il doit être plongé dans ses r
flexions, ou il a dû s'absenter, ou bien il est en voyage ! O
peut-être dort-il et faut-il le réveiller.

28 Les prophètes crièrent à tue-tête et se firent, selo
leur coutume, des incisions dans la peau à coups d'épé
et de lances jusqu'à ce que le sang ruisselle sur leur corp
29 L'heure de midi était passée et ils demeurèrent enco
dans un état d'exaltation jusqu'au moment de l'offrande d
soir. Mais il n'y eut ni voix, ni réponse, ni aucune réactio
30 Alors Elie ordonna à tout le peuple : Approchez-vo
de moi !

Tout le peuple avança vers lui. Elie rétablit l'autel d
l'Eternel qui avait été démoli. 31 A cet effet, il prit douz

p 18.19 Montagne proche de la Phénicie, dominant actuellement la vill
moderne de Haïfa. Lieu de culte des religions qui se sont succédé sur le
territoire israélite.

q 18.24 Baal était la désignation la plus répandue du dieu de l'orage che
les Sémites de Syrie et de Canaan à partir du IIIe millénaire av. J.-C.

velve stones, one for each of the tribes descended
om Jacob, to whom the word of the LORD had come,
ying, "Your name shall be Israel." 32 With the stones
e built an altar in the name of the LORD, and he dug a
ench around it large enough to hold two seahs[c] of
ed. 33 He arranged the wood, cut the bull into pieces
nd laid it on the wood. Then he said to them, "Fill
ur large jars with water and pour it on the offering
nd on the wood."

34 "Do it again," he said, and they did it again.

"Do it a third time," he ordered, and they did it the
hird time. 35 The water ran down around the altar
nd even filled the trench.

36 At the time of sacrifice, the prophet Elijah stepped
rward and prayed: "LORD, the God of Abraham, Isaac
nd Israel, let it be known today that you are God in
rael and that I am your servant and have done all
hese things at your command. 37 Answer me, LORD,
nswer me, so these people will know that you, LORD,
e God, and that you are turning their hearts back
gain."

38 Then the fire of the LORD fell and burned up the
crifice, the wood, the stones and the soil, and also
cked up the water in the trench.

39 When all the people saw this, they fell prostrate
nd cried, "The LORD – he is God! The LORD – he is God!"

40 Then Elijah commanded them, "Seize the prophts of Baal. Don't let anyone get away!" They seized
hem, and Elijah had them brought down to the
ishon Valley and slaughtered there.

41 And Elijah said to Ahab, "Go, eat and drink, for
here is the sound of a heavy rain." 42 So Ahab went
ff to eat and drink, but Elijah climbed to the top of
armel, bent down to the ground and put his face
etween his knees.

43 "Go and look toward the sea," he told his servant.
nd he went up and looked.

"There is nothing there," he said.

Seven times Elijah said, "Go back."

44 The seventh time the servant reported, "A cloud
s small as a man's hand is rising from the sea."

So Elijah said, "Go and tell Ahab, 'Hitch up your
hariot and go down before the rain stops you.' "

45 Meanwhile, the sky grew black with clouds, the
ind rose, a heavy rain started falling and Ahab rode
ff to Jezreel. 46 The power of the LORD came on Elijah
nd, tucking his cloak into his belt, he ran ahead of
hab all the way to Jezreel.

18:32 That is, probably about 24 pounds or about 11 kilograms

pierres, une pour chacune des tribus des descendants
de Jacob, à qui l'Eternel avait déclaré : « Tu t'appelleras
Israël. » 32 Il rebâtit avec ces pierres un autel dédié à l'Eternel. Autour, il creusa une rigole capable de contenir une
trentaine de litres. 33 Puis il disposa des bûches de bois sur
l'autel, dépeça le taureau, plaça les morceaux de viande
sur le bois 34 et ordonna : Remplissez quatre cruches d'eau
et répandez-la sur l'holocauste et sur le bois.

On fit ainsi.

– Faites-le encore une fois, ordonna-t-il.

Ils le firent.

– Une troisième fois !

Et ils le firent une troisième fois. 35 L'eau se répandit
autour de l'autel et remplit la rigole.

36 A l'heure habituelle de l'offrande du soir, le prophète
Elie s'approcha de l'autel et pria : Eternel, Dieu d'Abraham,
d'Isaac et d'Israël, que l'on sache aujourd'hui que c'est toi
qui es Dieu en Israël, que je suis ton serviteur et que j'ai fait
tout cela sur ton ordre ! 37 Réponds-moi, Eternel, réponds-
moi, afin que ce peuple sache que c'est toi, Eternel, qui es
le vrai Dieu, et que c'est toi qui veux ramener leurs cœurs
à toi comme autrefois.

38 Le feu de l'Eternel tomba du ciel, et consuma l'holocauste, le bois, les pierres et la terre, et il réduisit en
vapeur l'eau de la rigole. 39 Quand le peuple vit cela, tous
tombèrent le visage contre terre en s'écriant : C'est l'Eternel qui est Dieu ! C'est l'Eternel qui est Dieu !

40 Elie leur ordonna : Saisissez les prophètes de Baal,
qu'aucun d'eux ne s'échappe !

Ils se saisirent d'eux. Elie les fit descendre dans le ravin
du Qishôn[r] pour les y égorger.

La fin de la sécheresse

41 Ensuite, Elie dit à Achab : Allez, va manger et boire, car
j'entends le grondement qui annonce l'averse.

42 Achab alla manger et boire, tandis qu'Elie montait vers
le sommet du mont Carmel où il se prosterna jusqu'à terre,
le visage entre les genoux[s]. 43 Il dit à son jeune serviteur :
Monte plus haut et regarde du côté de la mer[t].

Celui-ci monta, scruta l'horizon et revint dire : Je ne
vois rien.

Elie l'envoya sept fois pour regarder. 44 A la septième
fois, le serviteur annonça : Je vois venir un petit nuage
qui s'élève de la mer, il n'est pas plus grand que la main
d'un homme.

Alors Elie lui ordonna : Va dire à Achab : « Dépêche-toi
d'atteler ton char et de rentrer chez toi, sinon la pluie te
bloquera[u]. »

45 Déjà, de tous côtés, le ciel s'obscurcissait d'épais nuages poussés par un vent de tempête. Soudain, une pluie
torrentielle se mit à tomber. Achab monta sur son char et
partit pour Jizréel[v]. 46 Rempli de force par l'Eternel, Elie
serra sa ceinture autour des reins et courut devant le char
du roi Achab jusqu'à l'entrée de Jizréel[w].

r 18.40 Torrent qui coule à l'est du mont Carmel (Jg 4.7,13 ; 5.21).
s 18.42 Voir v. 42-45 : allusion en Jc 5.18.
t 18.43 Du sommet du Carmel, on domine la Méditerranée.
u 18.44 Les premières pluies d'automne, très violentes, peuvent empêcher toute circulation.
v 18.45 Ville dans la plaine du même nom qui sépare la Galilée de la Samarie. Achab y avait une résidence (21.1).
w 18.46 Vingt-sept kilomètres séparaient le Carmel de Jizréel.

Elijah Flees to Horeb

19 1Now Ahab told Jezebel everything Elijah had done and how he had killed all the prophets with the sword. 2So Jezebel sent a messenger to Elijah to say, "May the gods deal with me, be it ever so severely, if by this time tomorrow I do not make your life like that of one of them."

3Elijah was afraid[d] and ran for his life. When he came to Beersheba in Judah, he left his servant there, 4while he himself went a day's journey into the wilderness. He came to a broom bush, sat down under it and prayed that he might die. "I have had enough, LORD," he said. "Take my life; I am no better than my ancestors." 5Then he lay down under the bush and fell asleep.

All at once an angel touched him and said, "Get up and eat." 6He looked around, and there by his head was some bread baked over hot coals, and a jar of water. He ate and drank and then lay down again.

7The angel of the LORD came back a second time and touched him and said, "Get up and eat, for the journey is too much for you." 8So he got up and ate and drank. Strengthened by that food, he traveled forty days and forty nights until he reached Horeb, the mountain of God. 9There he went into a cave and spent the night.

The LORD Appears to Elijah

And the word of the LORD came to him: "What are you doing here, Elijah?"

10He replied, "I have been very zealous for the LORD God Almighty. The Israelites have rejected your covenant, torn down your altars, and put your prophets to death with the sword. I am the only one left, and now they are trying to kill me too."

11The LORD said, "Go out and stand on the mountain in the presence of the LORD, for the LORD is about to pass by."

Then a great and powerful wind tore the mountains apart and shattered the rocks before the LORD, but the LORD was not in the wind. After the wind there was an earthquake, but the LORD was not in the earthquake. 12After the earthquake came a fire, but the LORD was not in the fire. And after the fire came a gentle whisper. 13When Elijah heard it, he pulled his cloak over his face and went out and stood at the mouth of the cave.

Then a voice said to him, "What are you doing here, Elijah?"

14He replied, "I have been very zealous for the LORD God Almighty. The Israelites have rejected your covenant, torn down your altars, and put your prophets to death with the sword. I am the only one left, and now they are trying to kill me too."

[d] **19:3** Or *Elijah saw*

La fuite d'Elie

19 1Achab raconta à la reine Jézabel tout ce qu'ava fait Elie et comment il avait fait périr par l'épé tous les prophètes de Baal. 2Alors Jézabel envoya un mes sager à Elie pour lui dire : Que les dieux me punissent trè sévèrement si demain, à la même heure, je ne t'ai pas fa subir le sort que tu as infligé à chacun de ces prophètes

3Elie prit peur[x] et s'enfuit pour sauver sa vie. Il se ren dit d'abord à Beer-Sheva, dans le territoire de Juda, où laissa son jeune serviteur. 4Puis il s'enfonça dans le déser Après avoir marché toute une journée, il s'assit à l'ombr d'un genêt isolé et demanda la mort : C'en est trop, dit-il Maintenant Eternel, prends-moi la vie, car je ne vaux pa mieux que mes ancêtres !

5Il se coucha et s'endormit sous le genêt. Soudain, u ange le toucha et lui dit : Lève-toi et mange !

6Il regarda et aperçut près de sa tête un de ces gâteau que l'on cuit sur des pierres chauffées et une cruche plein d'eau. Il mangea et but, puis se recoucha. 7L'ange de l'Ete nel revint une seconde fois, le toucha et dit : Lève-to mange, car autrement le chemin serait trop long pour to

8Il se leva, mangea et but ; puis, fortifié par cette nou riture, il marcha quarante jours et quarante nuits jusqu' la montagne de Dieu, à Horeb[y].

A Horeb, l'Eternel se révèle à Elie

9Là-bas, il entra dans la grotte[z] et y passa la nui Soudain, l'Eternel lui adressa la parole en ces termes Que viens-tu faire ici, Elie ?

10Il répondit : J'ai ardemment défendu la cause d l'Eternel, le Dieu des armées célestes, car les Israélite ont abandonné ton alliance et ils ont renversé tes autel ils ont massacré tes prophètes ; je suis le seul qui reste, e les voilà qui cherchent à me prendre la vie[a].

11L'Eternel dit : Sors et tiens-toi sur la montagne, devan l'Eternel.

Et voici que l'Eternel passa. Devant lui soufflait un ven si violent qu'il fendait les montagnes et fracassait le rochers. Mais l'Eternel n'était pas dans l'ouragan. Aprè l'ouragan, il y eut un tremblement de terre. Mais l'Etern n'était pas dans ce tremblement de terre. 12Après cela il y eut un feu ; l'Eternel n'était pas dans ce feu. Enfir après le feu, ce fut un bruissement doux et léger. 13Dè qu'Elie l'entendit, il se couvrit le visage d'un pan de so manteau[b] et sortit se placer à l'entrée de la grotte. Et voic que quelqu'un s'adressa à lui : Que fais-tu ici, Elie ?

14Il répondit : J'ai ardemment défendu la cause d l'Eternel, le Dieu des armées célestes, car les Israélite ont abandonné ton alliance, ils ont renversé tes autel ils ont massacré tes prophètes ; je suis le seul qui reste e les voilà qui cherchent à me prendre la vie.

[x] **19.3** Sens obtenu en modifiant la vocalisation du texte hébreu traditionnel, selon l'ancienne version grecque, la version syriaque et la Vulgate. La vocalisation du texte hébreu traditionnel donne le sens : *Elie vit.*

[y] **19.8** Autre nom pour le *Sinaï* où Dieu s'est révélé à Moïse (Ex 3.1 ; 19.1-3 Entre Beer-Sheva et le Sinaï, il y avait près de 400 kilomètres.

[z] **19.9** Peut-être la caverne où Dieu s'était révélé à Moïse (Ex 33.18-23).

[a] **19.10** Cité en Rm 11.3.

[b] **19.13** Parce que nulle créature ne peut voir Dieu et vivre (voir Ex 33.20-23 ; Es 6.2, 5).

15The Lord said to him, "Go back the way you came,
nd go to the Desert of Damascus. When you get there,
noint Hazael king over Aram. 16Also, anoint Jehu son
f Nimshi king over Israel, and anoint Elisha son of
haphat from Abel Meholah to succeed you as prophet.
'Jehu will put to death any who escape the sword of
azael, and Elisha will put to death any who escape
he sword of Jehu. 18Yet I reserve seven thousand in
srael – all whose knees have not bowed down to Baal
nd whose mouths have not kissed him."

he Call of Elisha

19So Elijah went from there and found Elisha son
f Shaphat. He was plowing with twelve yoke of oxen,
nd he himself was driving the twelfth pair. Elijah
vent up to him and threw his cloak around him.
Elisha then left his oxen and ran after Elijah. "Let
ne kiss my father and mother goodbye," he said, "and
hen I will come with you."
"Go back," Elijah replied. "What have I done to you?"

21So Elisha left him and went back. He took his yoke
f oxen and slaughtered them. He burned the plowing
quipment to cook the meat and gave it to the peo-
le, and they ate. Then he set out to follow Elijah and
ecame his servant.

en-Hadad Attacks Samaria

20 1Now Ben-Hadad king of Aram mustered
his entire army. Accompanied by thirty-two
ings with their horses and chariots, he went up and
esieged Samaria and attacked it. 2He sent messengers
nto the city to Ahab king of Israel, saying, "This is
vhat Ben-Hadad says: 3'Your silver and gold are mine,
nd the best of your wives and children are mine.'"

4The king of Israel answered, "Just as you say, my
ord the king. I and all I have are yours."
5The messengers came again and said, "This is
vhat Ben-Hadad says: 'I sent to demand your silver
nd gold, your wives and your children. 6But about
his time tomorrow I am going to send my officials
o search your palace and the houses of your offi-
ials. They will seize everything you value and carry
away.'"
7The king of Israel summoned all the elders of the
and and said to them, "See how this man is looking

15L'Eternel lui dit : Va, retourne sur tes pas, à travers le
désert, jusqu'à Damas[c] ; quand tu seras arrivé, tu oindras
Hazaël comme roi de Syrie. 16Puis tu iras oindre Jéhu, fils
de Nimshi, comme roi d'Israël ; tu oindras aussi Elisée, fils
de Shaphath, d'Abel-Mehola[d], comme prophète pour te
remplacer. 17Tout homme qui échappera à l'épée de Hazaël
sera mis à mort par Jéhu, et tous ceux qui échapperont à
l'épée de Jéhu seront mis à mort par Elisée. 18Toutefois,
j'épargnerai en Israël les sept mille hommes qui ne se sont
jamais agenouillés devant Baal[e] et qui ne l'ont jamais baisé
de leurs lèvres[f].

Elie appelle Elisée à lui succéder

19Elie partit de là et rencontra Elisée, fils de Shaphath,
qui était en train de labourer un champ avec douze paires
de bœufs. Lui-même conduisait le douzième attelage[g].
Elie s'approcha de lui et jeta son manteau sur lui. 20Elisée
abandonna ses bœufs, courut derrière Elie et dit : Je vais
aller embrasser mon père et ma mère pour prendre congé
d'eux, puis je te suivrai.
Elie lui répondit : Va et reviens à cause de ce que je t'ai
fait.
21Elisée quitta Elie, prit une paire de bœufs et l'offrit en
sacrifice. Il se servit du bois de l'attelage pour faire cuire
la viande et la distribua aux siens qui la mangèrent. Puis
il se mit en route pour suivre Elie et être à son service.

Les Syriens assiègent Samarie

20 1Ben-Hadad, roi de Syrie[h], mobilisa toute son
armée et, assisté de trente-deux rois alliés[i], de
chevaux et de chars de guerre, il alla assiéger la ville de
Samarie[j] et se prépara à lui donner l'assaut. 2Avant cela, il
envoya dans la ville des messagers à Achab, le roi d'Israël :
3il lui fit dire : Voici un message de la part de Ben-Hadad :
« Livre-moi ton argent et ton or, ainsi que tes femmes et
les plus vigoureux de tes fils. »
4Le roi d'Israël répondit : A tes ordres, mon seigneur le
roi, je me livre à toi avec tout ce qui m'appartient.
5Les messagers vinrent de nouveau et dirent : Voici un
message de la part de Ben-Hadad : « Je t'ai envoyé l'ordre
de me livrer ton argent et ton or, tes femmes et tes fils.
6J'enverrai donc demain à cette heure-ci mes officiers
chez toi ; ils fouilleront ta maison et celles de tes hauts
fonctionnaires, ils prendront tout ce qui a de la valeur à
tes yeux et l'emporteront. »
7Alors le roi d'Israël convoqua tous les responsables du
pays et leur dit : Vous pouvez constater que cet homme
nous veut du mal, car il m'a fait réclamer mes femmes

c **19.15** Capitale du royaume de Syrie (Aram), au nord d'Israël ; un trajet de plus de 500 kilomètres.
d **19.16** Dans la vallée du Jourdain, au sud du lac de Galilée (voir Jg 7.22 ; 1 R 4.12).
e **19.18** Cité en Rm 11.4.
f **19.18** Geste d'adoration d'une idole (voir 1 R 8.54 ; Jb 31.27 ; Es 45.23 ; Os 13.2).
g **19.19** Autre traduction : *un champ de douze arpents. Il en était au douzième.*
h **20.1** Il s'agit probablement de Ben-Hadad II, fils ou petit-fils de Ben-Hadad Ier (900 à 895 av. J.-C. ; voir 15.9-10, 18-20), père ou ascendant de Ben-Hadad III (2 R 13.3). Les événements de ce chapitre, qui se sont déroulés sur une période de deux ans (v. 21-22), se situent aux environs de l'année 857 et précèdent trois années de paix entre Israël et la Syrie (22.1). Achab mourut à la fin de ces années (22.37).
i **20.1** Des roitelets locaux, vassaux de Ben-Hadad, qui lui devaient le tribut et l'assistance militaire.
j **20.1** Capitale du royaume du Nord depuis Omri (16.24).

for trouble! When he sent for my wives and my children, my silver and my gold, I did not refuse him."

8 The elders and the people all answered, "Don't listen to him or agree to his demands."

9 So he replied to Ben-Hadad's messengers, "Tell my lord the king, 'Your servant will do all you demanded the first time, but this demand I cannot meet.' " They left and took the answer back to Ben-Hadad.

10 Then Ben-Hadad sent another message to Ahab: "May the gods deal with me, be it ever so severely, if enough dust remains in Samaria to give each of my men a handful."

11 The king of Israel answered, "Tell him: 'One who puts on his armor should not boast like one who takes it off.' "

12 Ben-Hadad heard this message while he and the kings were drinking in their tents,[e] and he ordered his men: "Prepare to attack." So they prepared to attack the city.

Ahab Defeats Ben-Hadad

13 Meanwhile a prophet came to Ahab king of Israel and announced, "This is what the LORD says: 'Do you see this vast army? I will give it into your hand today, and then you will know that I am the LORD.' "

14 "But who will do this?" asked Ahab.

The prophet replied, "This is what the LORD says: 'The junior officers under the provincial commanders will do it.' "

"And who will start the battle?" he asked.

The prophet answered, "You will."

15 So Ahab summoned the 232 junior officers under the provincial commanders. Then he assembled the rest of the Israelites, 7,000 in all. 16 They set out at noon while Ben-Hadad and the 32 kings allied with him were in their tents getting drunk. 17 The junior officers under the provincial commanders went out first.

Now Ben-Hadad had dispatched scouts, who reported, "Men are advancing from Samaria."

18 He said, "If they have come out for peace, take them alive; if they have come out for war, take them alive."

19 The junior officers under the provincial commanders marched out of the city with the army behind them 20 and each one struck down his opponent. At that, the Arameans fled, with the Israelites in pursuit. But Ben-Hadad king of Aram escaped on horseback with some of his horsemen. 21 The king of Israel advanced and overpowered the horses and chariots and inflicted heavy losses on the Arameans.

22 Afterward, the prophet came to the king of Israel and said, "Strengthen your position and see what must be done, because next spring the king of Aram will attack you again."

[e] 20:12 Or *in Sukkoth*; also in verse 16

et mes fils, mon argent et mon or, et je ne lui avais rie refusé !

8 Tous les responsables et tout le peuple dirent à Achab Ne l'écoute pas ! N'accepte pas !

9 Alors Achab répondit aux messagers de Ben-Hadac Dites à mon seigneur le roi : « Je ferai tout ce que tu as fa demander à ton serviteur la première fois, mais je ne pu céder à tes nouvelles exigences. »

Les messagers allèrent rapporter cette réponse à leu maître.

10 Alors Ben-Hadad envoya ce message au roi Achab Que les dieux me punissent très sévèrement, si je laiss subsister de Samarie assez de poussière pour remplir le mains de tous les guerriers qui me suivent.

11 Mais le roi d'Israël dit aux messagers : Allez donc lu dire : « Que celui qui part au combat ne se vante pas com me celui qui en revient ! »

12 Lorsque Ben-Hadad entendit cette réponse, il éta en train de boire avec les rois alliés sous les tentes[k]. commanda à ses officiers : En position pour l'attaque !

Et ils disposèrent leurs troupes pour donner l'assau à la ville.

L'intervention d'un prophète et victoire d'Israël

13 A ce moment, un prophète vint trouver Achab, le r d'Israël, et lui dit : Voici ce que déclare l'Eternel : « As-t vu cette immense armée ? Je vais la livrer aujourd'hui e ton pouvoir, ainsi tu sauras que je suis l'Eternel. »

14 Achab demanda : Par qui l'Eternel la livrera-t-il ?

Il répondit : Voici ce que déclare l'Eternel : « Je la livre par les jeunes recrues des chefs des provinces. »

Achab demanda encore : Et qui devra engager l combat ?

Le prophète répondit : C'est toi.

15 Alors Achab passa en revue les jeunes recrues des che des provinces, et il s'en trouva 232. Puis il recensa aus toute l'armée des Israélites, et ils étaient sept mille.

16 Ils firent une sortie à midi : Ben-Hadad était en trai de s'enivrer sous les tentes avec les trente-deux rois venu à son aide.

17 Les jeunes recrues des chefs des provinces sortiren les premiers. Ben-Hadad envoya des hommes voir ce q se passait. On lui fit ce rapport : Des hommes sont sort de Samarie.

18 – Que ce soit pour demander la paix ou au contra re pour nous attaquer qu'ils sont sortis, amenez-les-m vivants !

19 Les recrues et l'armée qui les suivait sortirent de l ville. 20 Chacun s'acharna contre un adversaire et l'abatti si bien que les Syriens prirent la fuite. Les Israélites s lancèrent à leur poursuite. Ben-Hadad, le roi de Syrie, s sauva sur un cheval avec d'autres cavaliers. 21 Le roi d'Isra lança le gros de ses troupes et extermina les chevaux et l chars ennemis. Il fit subir une grande défaite aux Syrien

La nouvelle victoire d'Israël

22 Alors le prophète vint trouver le roi d'Israël et lui dit Va de l'avant avec courage, fortifie tes positions, examin et réfléchis à ce que tu dois faire, car l'année prochair à la même époque, le roi de Syrie reviendra t'attaquer.

[k] 20.12 Autre traduction : *à Soukkot*. De même au v. 16.

23 Meanwhile, the officials of the king of Aram ad-
ised him, "Their gods are gods of the hills. That is
hy they were too strong for us. But if we fight them
n the plains, surely we will be stronger than they.
Do this: Remove all the kings from their commands
nd replace them with other officers. 25 You must also
aise an army like the one you lost – horse for horse
nd chariot for chariot – so we can fight Israel on the
lains. Then surely we will be stronger than they." He
greed with them and acted accordingly.

26 The next spring Ben-Hadad mustered the
rameans and went up to Aphek to fight against
srael. 27 When the Israelites were also mustered and
iven provisions, they marched out to meet them. The
raelites camped opposite them like two small flocks
f goats, while the Arameans covered the countryside.

28 The man of God came up and told the king of
srael, "This is what the LORD says: 'Because the
rameans think the LORD is a god of the hills and not
god of the valleys, I will deliver this vast army into
our hands, and you will know that I am the LORD.' "

29 For seven days they camped opposite each other,
nd on the seventh day the battle was joined. The
sraelites inflicted a hundred thousand casualties on
he Aramean foot soldiers in one day. 30 The rest of
hem escaped to the city of Aphek, where the wall
ollapsed on twenty-seven thousand of them. And
en-Hadad fled to the city and hid in an inner room.
31 His officials said to him, "Look, we have heard that
he kings of Israel are merciful. Let us go to the king
f Israel with sackcloth around our waists and ropes
round our heads. Perhaps he will spare your life."

32 Wearing sackcloth around their waists and ropes
round their heads, they went to the king of Israel
nd said, "Your servant Ben-Hadad says: 'Please let
e live.' "
The king answered, "Is he still alive? He is my
rother."
33 The men took this as a good sign and were quick
o pick up his word. "Yes, your brother Ben-Hadad!"
hey said.
"Go and get him," the king said. When Ben-Hadad
ame out, Ahab had him come up into his chariot.
34 "I will return the cities my father took from your
ather," Ben-Hadad offered. "You may set up your
wn market areas in Damascus, as my father did in
amaria."
Ahab said, "On the basis of a treaty I will set you
ree." So he made a treaty with him, and let him go.

23 Les ministres du roi de Syrie lui dirent : Leur Dieu est
un Dieu des montagnes, c'est pourquoi ils nous ont vaincus.
Attaquons-les en plaine et, sûrement, nous l'emporterons
sur eux. 24 Voici donc ce que tu devrais faire. Destitue tous
ces rois de leurs postes et remplace-les par des gouverneurs. 25 Ensuite, recrute une armée aussi nombreuse que
celle que tu as perdue, avec autant de chevaux et de chars.
Puis nous les combattrons dans la plaine et, certainement,
nous les vaincrons.
Ben-Hadad suivit leur conseil et fit tout ce qu'ils lui
avaient proposé.
26 L'année suivante, à la même époque, il passa les Syriens
en revue et s'avança jusqu'à la ville d'Apheq[l] pour attaquer
Israël. 27 De leur côté, les Israélites furent aussi passés en
revue et, pourvus de ravitaillement, ils se préparèrent à
les affronter. Ils établirent leur camp en face d'eux, mais
leurs troupes ressemblaient à deux petits troupeaux de
chèvres, alors que les Syriens couvraient toute la plaine.
28 Alors l'homme de Dieu vint trouver le roi d'Israël et
lui dit : Voici ce que déclare l'Eternel : « Les Syriens prétendent que je suis un Dieu des montagnes et non pas un
Dieu des plaines. A cause de cela, je livrerai toute cette
immense multitude en ton pouvoir. Ainsi vous saurez que
je suis l'Eternel. »
29 Pendant sept jours, les deux armées campèrent l'une
en face de l'autre. Le septième jour, la bataille s'engagea,
et les Israélites tuèrent cent mille fantassins syriens en un
seul jour. 30 Les survivants s'enfuirent à la ville d'Apheq où
le rempart s'écroula sur vingt-sept mille rescapés.

Achab fait alliance avec le roi de Syrie

Ben-Hadad s'était enfui et réfugié dans la ville et il s'y
cachait en passant de chambre en chambre. 31 Les ministres lui dirent : Ecoute, nous avons entendu dire que les
rois d'Israël sont des rois pleins de bienveillance. Permets-
nous de nous revêtir des habits de toile de sac et d'entourer
nos têtes de cordes[m]. Nous nous rendrons au roi d'Israël,
et peut-être te laissera-t-il la vie sauve.
32 Ils revêtirent donc des habits de toile de sac et mirent
des cordes autour de leurs têtes, puis ils se rendirent chez
le roi d'Israël et lui dirent : Ton serviteur Ben-Hadad te fait
dire : « Laisse-moi la vie sauve ! »
Achab leur demanda : Il est donc encore vivant ? Eh bien,
il sera mon allié.
33 Ces hommes prirent cette parole comme un signe favorable et s'empressèrent de prendre Achab au mot.
– Oui, lui dirent-ils, Ben-Hadad sera ton allié !
Achab ordonna : Allez le chercher !
Ben-Hadad sortit de sa cachette et vint se présenter à
lui. Achab le fit monter sur son char. 34 Ben-Hadad lui dit :
Je te restituerai les villes que mon père a prises à ton père,
et tu pourras établir des comptoirs à Damas, comme mon
père en avait installés à Samarie.
– Et moi, reprit Achab, je te rendrai la liberté et je conclurai une alliance avec toi.
Il conclut donc une alliance avec lui et le laissa repartir
libre.

[l] 20.26 Plusieurs villes israélites portent ce nom. Celle dont il est question est probablement située à l'est du lac de Galilée qu'elle domine.
[m] 20.31 En signe de soumission.

A Prophet Condemns Ahab

35 By the word of the LORD one of the company of the prophets said to his companion, "Strike me with your weapon," but he refused.

36 So the prophet said, "Because you have not obeyed the LORD, as soon as you leave me a lion will kill you." And after the man went away, a lion found him and killed him.

37 The prophet found another man and said, "Strike me, please." So the man struck him and wounded him. 38 Then the prophet went and stood by the road waiting for the king. He disguised himself with his headband down over his eyes. 39 As the king passed by, the prophet called out to him, "Your servant went into the thick of the battle, and someone came to me with a captive and said, 'Guard this man. If he is missing, it will be your life for his life, or you must pay a talent[f] of silver.' 40 While your servant was busy here and there, the man disappeared."

"That is your sentence," the king of Israel said. "You have pronounced it yourself."

41 Then the prophet quickly removed the headband from his eyes, and the king of Israel recognized him as one of the prophets. 42 He said to the king, "This is what the LORD says: 'You have set free a man I had determined should die.[g] Therefore it is your life for his life, your people for his people.' " 43 Sullen and angry, the king of Israel went to his palace in Samaria.

Naboth's Vineyard

21 1 Some time later there was an incident involving a vineyard belonging to Naboth the Jezreelite. The vineyard was in Jezreel, close to the palace of Ahab king of Samaria. 2 Ahab said to Naboth, "Let me have your vineyard to use for a vegetable garden, since it is close to my palace. In exchange I will give you a better vineyard or, if you prefer, I will pay you whatever it is worth."

3 But Naboth replied, "The LORD forbid that I should give you the inheritance of my ancestors."

4 So Ahab went home, sullen and angry because Naboth the Jezreelite had said, "I will not give you the inheritance of my ancestors." He lay on his bed sulking and refused to eat.

5 His wife Jezebel came in and asked him, "Why are you so sullen? Why won't you eat?"

6 He answered her, "Because I said to Naboth the Jezreelite, 'Sell me your vineyard; or if you prefer, I will give you another vineyard in its place.' But he said, 'I will not give you my vineyard.' "

7 Jezebel his wife said, "Is this how you act as king over Israel? Get up and eat! Cheer up. I'll get you the vineyard of Naboth the Jezreelite."

f **20:39** That is, about 75 pounds or about 34 kilograms

g **20:42** The Hebrew term refers to the irrevocable giving over of things or persons to the LORD, often by totally destroying them.

Un disciple des prophètes reproche cette alliance à Achab

35 Sur ordre de l'Eternel, l'un des disciples des prophète demanda à son compagnon de le frapper. Mais cet homm refusa de le frapper.

36 – Eh bien, lui dit le premier, puisque tu n'as pas ob à l'ordre de l'Eternel, un lion t'attaquera et te frapper lorsque tu m'auras quitté.

En effet, quand il l'eut quitté, un lion se jeta sur lui e le frappa.

37 Le premier alla trouver un autre homme et lui adress la même demande. Cet homme le frappa et le blessa.

38 Alors le disciple des prophètes, après s'être rendu me connaissable en se mettant un bandeau sur les yeux, all se poster sur le chemin que le roi devait prendre.

39 Lorsque le roi passa, il lui cria : Ton serviteur a pri part au combat. Pendant la bataille, un homme a quitté le rangs et m'a amené un prisonnier en disant : « Surveille moi cet homme, si tu le laisses s'échapper, tu prendra sa place, ou bien tu devras me verser trois mille pièce d'argent ! » 40 Or, pendant que j'étais occupé ça et là, prisonnier a disparu.

Le roi d'Israël lui dit : Tu as prononcé toi-même l verdict !

41 Aussitôt le disciple des prophètes enleva le bandea qui lui masquait les yeux, et le roi d'Israël reconnut qu c'était un des disciples des prophètes. 42 Il dit alors au roi Voici ce que déclare l'Eternel : Tu as laissé échapper d'entr tes mains l'homme que je m'étais voué. C'est pourquoi t prendras sa place et ton peuple périra à la place du sien

43 Le roi d'Israël s'en retourna chez lui maussade et aba tu. C'est ainsi qu'il regagna Samarie.

Le meurtre de Naboth

21 1 Quelque temps après ces événements, voici ce qu arriva : Naboth, un habitant de Jizréel, posséda une vigne à Jizréel, près du palais d'Achab, roi de Samarie

2 Achab fit à Naboth la proposition suivante : Cède-moi t vigne. Je voudrais en faire un jardin potager, car elle es juste à côté de mon palais. Je te donnerai en échange un vigne meilleure ou, si tu préfères, je t'en paierai la valeu en argent.

3 Mais Naboth répondit à Achab : Que l'Eternel me gard de te céder la propriété héritée de mes ancêtres !

4 Achab rentra chez lui, maussade et abattu, parce qu Naboth de Jizréel lui avait dit qu'il ne lui céderait pas l propriété héritée de ses ancêtres. Il se jeta sur son lit, tour na le visage contre le mur et refusa de manger.

5 Sa femme Jézabel vint le trouver et lui demanda Pourquoi es-tu de si mauvaise humeur et refuses-tu d manger ?

6 Il lui répondit : J'ai parlé à Naboth de Jizréel et je lu ai proposé de lui acheter sa vigne ou, s'il préférait, d l'échanger contre une autre. Mais il a répondu : « Je ne t céderai pas ma vigne ! »

7 Alors sa femme Jézabel lui dit : Est-ce toi qui exerces l royauté sur Israël ? Allons ! Lève-toi, mange et réjouis-toi la vigne de Naboth de Jizréel, je vais te la donner.

n **21.1** *Samarie* est la capitale du royaume du Nord, elle représente tout le royaume. Achab possédait un palais à Jizréel (comparer 18.45-46).

[8]So she wrote letters in Ahab's name, placed his
:al on them, and sent them to the elders and nobles
'ho lived in Naboth's city with him. [9]In those letters
ıe wrote:
"Proclaim a day of fasting and seat Naboth in a
prominent place among the people. [10]But seat
two scoundrels opposite him and have them bring
charges that he has cursed both God and the king.
Then take him out and stone him to death."
[11]So the elders and nobles who lived in Naboth's city
id as Jezebel directed in the letters she had written
› them. [12]They proclaimed a fast and seated Naboth
ı a prominent place among the people. [13]Then two
:oundrels came and sat opposite him and brought
harges against Naboth before the people, saying,
Naboth has cursed both God and the king." So they
ɔok him outside the city and stoned him to death.
Then they sent word to Jezebel: "Naboth has been
:oned to death."

[15]As soon as Jezebel heard that Naboth had been
:oned to death, she said to Ahab, "Get up and take
ossession of the vineyard of Naboth the Jezreelite
ıat he refused to sell you. He is no longer alive, but
ead." [16]When Ahab heard that Naboth was dead, he
ot up and went down to take possession of Naboth's
ineyard.

[17]Then the word of the LORD came to Elijah the
ishbite: [18]"Go down to meet Ahab king of Israel,
'ho rules in Samaria. He is now in Naboth's vineyard,
vhere he has gone to take possession of it. [19]Say to
im, 'This is what the LORD says: Have you not mur-
ered a man and seized his property?' Then say to
im, 'This is what the LORD says: In the place where
ogs licked up Naboth's blood, dogs will lick up your
lood – yes, yours!' "

[20]Ahab said to Elijah, "So you have found me, my
nemy!"
"I have found you," he answered, "because you have
ɔld yourself to do evil in the eyes of the LORD. [21]He
ays, 'I am going to bring disaster on you. I will wipe
ut your descendants and cut off from Ahab every
ıst male in Israel – slave or free.[h] [22]I will make your
ouse like that of Jeroboam son of Nebat and that of
aasha son of Ahijah, because you have aroused my
nger and have caused Israel to sin.'
[23]"And also concerning Jezebel the LORD says: 'Dogs
vill devour Jezebel by the wall of[i] Jezreel.'
[24]"Dogs will eat those belonging to Ahab who die
ı the city, and the birds will feed on those who die
ı the country."

21:21 Or *Israel – every ruler or leader*
21:23 Most Hebrew manuscripts; a few Hebrew manuscripts,
ulgate and Syriac (see also 2 Kings 9:26) *the plot of ground at*

[8]Elle écrivit des lettres au nom d'Achab, les scella du
sceau royal et les fit porter aux responsables et aux magistrats de la ville où demeurait Naboth. [9]Dans ces lettres,
elle leur ordonnait : « Proclamez un jour de jeûne. Installez
Naboth au premier rang de l'assemblée [10]et faites asseoir
en face de lui deux vauriens qui l'accuseront d'avoir maudit Dieu et le roi ! Puis menez-le en dehors de la ville et
lapidez-le pour le faire mourir. »

[11]Les gens de la ville de Naboth, les responsables et
les magistrats, concitoyens de Naboth, obéirent à l'ordre
de Jézabel et firent ce qu'elle demandait dans les lettres
qu'elle leur avait envoyées. [12]Ils proclamèrent un jeûne
et firent asseoir Naboth au premier rang de l'assemblée.
[13]Les deux vauriens vinrent se placer en face de lui et se
mirent à l'accuser devant tout le monde en disant : Naboth
a maudit Dieu et le roi !
Alors on le fit sortir de la ville et on le lapida et il
mourut. [14]Puis les autorités de la ville envoyèrent dire à
Jézabel : Naboth a été lapidé ; il est mort.
[15]Lorsque Jézabel apprit que Naboth avait été lapidé
et qu'il était mort, elle dit à Achab : Lève-toi, va prendre possession de la vigne de Naboth de Jizréel qui a
refusé de te la vendre, car Naboth n'est plus en vie ;
il est mort.
[16]Lorsqu'il entendit que Naboth était mort, Achab se
mit en route pour se rendre à la vigne de Naboth de Jizréel
afin d'en prendre possession.

Elie annonce le châtiment

[17]Alors l'Eternel adressa la parole à Elie de Tishbé en
ces termes : [18]Mets-toi en route, va trouver Achab, le roi
d'Israël, qui vit à Samarie. En ce moment, il se trouve
dans la vigne de Naboth où il est allé pour en prendre
possession. [19]Tu lui parleras en ces termes : « Voici ce que
déclare l'Eternel : Quoi ? Après avoir assassiné l'homme, tu
prétends prendre possession de ses biens ! » Tu ajouteras :
« Voici ce que déclare l'Eternel : A l'endroit même où les
chiens ont léché le sang de Naboth, ils lécheront aussi le
tien. »
[20]En voyant Elie, Achab s'écria : Ah ! Te voilà, mon
ennemi ! Tu m'as donc retrouvé !
Elie répondit : Oui, je t'ai retrouvé parce que tu t'es
vendu toi-même au mal en faisant ce qui déplaît à
l'Eternel. [21]Eh bien, voici ce qu'il déclare : « Je vais
te frapper d'un grand malheur : je te balaierai de
la surface de la terre, toi et ta descendance, je retrancherai d'Israël tous les hommes de ta famille,
qu'ils soient esclaves ou hommes libres. [22]Je traiterai
ta famille comme celle de Jéroboam, fils de Nebath,
et celle de Baésha, fils d'Ahiya, parce que tu m'as
irrité et que tu as entraîné Israël dans le péché. »
[23]L'Eternel annonce aussi quelque chose concernant
Jézabel : les chiens la dévoreront près du rempart
de Jizréel. [24]Tout membre de ta famille, Achab, qui
mourra dans la ville sera mangé par les chiens, et
celui qui mourra dans la campagne sera déchiqueté
par les rapaces.

25 (There was never anyone like Ahab, who sold himself to do evil in the eyes of the LORD, urged on by Jezebel his wife. 26 He behaved in the vilest manner by going after idols, like the Amorites the LORD drove out before Israel.)

27 When Ahab heard these words, he tore his clothes, put on sackcloth and fasted. He lay in sackcloth and went around meekly.

28 Then the word of the LORD came to Elijah the Tishbite: 29 "Have you noticed how Ahab has humbled himself before me? Because he has humbled himself, I will not bring this disaster in his day, but I will bring it on his house in the days of his son."

Micaiah Prophesies Against Ahab

22 1 For three years there was no war between Aram and Israel. 2 But in the third year Jehoshaphat king of Judah went down to see the king of Israel. 3 The king of Israel had said to his officials, "Don't you know that Ramoth Gilead belongs to us and yet we are doing nothing to retake it from the king of Aram?"

4 So he asked Jehoshaphat, "Will you go with me to fight against Ramoth Gilead?"

Jehoshaphat replied to the king of Israel, "I am as you are, my people as your people, my horses as your horses." 5 But Jehoshaphat also said to the king of Israel, "First seek the counsel of the LORD."

6 So the king of Israel brought together the prophets – about four hundred men – and asked them, "Shall I go to war against Ramoth Gilead, or shall I refrain?"

"Go," they answered, "for the Lord will give it into the king's hand."

7 But Jehoshaphat asked, "Is there no longer a prophet of the LORD here whom we can inquire of?"

8 The king of Israel answered Jehoshaphat, "There is still one prophet through whom we can inquire of the LORD, but I hate him because he never prophesies anything good about me, but always bad. He is Micaiah son of Imlah."

"The king should not say such a thing," Jehoshaphat replied.

9 So the king of Israel called one of his officials and said, "Bring Micaiah son of Imlah at once."

10 Dressed in their royal robes, the king of Israel and Jehoshaphat king of Judah were sitting on their thrones at the threshing floor by the entrance of the gate of Samaria, with all the prophets prophesying before them. 11 Now Zedekiah son of Kenaanah had

25 En vérité, personne ne s'était jamais vendu au ma autant qu'Achab en faisant ce que l'Eternel considère com me mal. C'est que sa femme Jézabel l'y poussait. 26 Il ag de façon abominable en adoptant le culte des idoles, tou comme les Amoréens que l'Eternel avait dépossédés e faveur des Israélites[o].

Achab s'humilie

27 Après avoir entendu les paroles d'Elie, Achab déchir ses vêtements en signe d'humiliation, il revêtit un hab de toile de sac à même la peau et refusa de manger ; l nuit, il dormait dans ce vêtement ; et le jour, il se traîna à pas lents. 28 Alors l'Eternel adressa de nouveau la pa role à Elie de Tishbé. Il lui dit : 29 As-tu vu comment Acha s'est humilié devant moi ? Puisqu'il s'est humilié ainsi, j ne ferai pas venir le malheur pendant sa vie, mais c'es durant le règne de son fils que j'amènerai la catastroph sur sa famille.

Achab veut reprendre une ville israélite

(2 Ch 18.1-27)

22 1 Trois années s'écoulèrent sans qu'il y ait d guerre entre la Syrie et Israël. 2 Dans le courar de la troisième année, Josaphat, le roi de Juda, rendit visit à Achab, le roi d'Israël.

3 Or, celui-ci avait dit à ses ministres : Savez-vous qu Ramoth en Galaad[p] est à nous ? Et pourtant nous ne faison rien pour la reprendre au roi de Syrie !

4 Quand Josaphat vint le voir, Achab lui demanda donc Viendras-tu attaquer avec moi Ramoth en Galaad ?

Josaphat lui répondit : J'irai avec toi, mes troupes iror avec les tiennes, et mes chevaux avec les tiens.

5 Mais il ajouta : Consulte d'abord l'Eternel, je te prie.

Le prophète Michée face aux faux prophètes

6 Le roi d'Israël rassembla les prophètes, qui étaient envi ron quatre cents, et leur demanda : Dois-je aller combattr pour reprendre Ramoth en Galaad, ou dois-je y renoncer

Ils répondirent : Vas-y ! Le Seigneur la livrera au roi.

7 Mais Josaphat insista : N'y a-t-il plus ici aucun prophèt de l'Eternel, par qui nous puissions le consulter ?

8 Le roi d'Israël lui répondit : Il y a encore un homme pa qui l'on pourrait consulter l'Eternel ; mais je le déteste, ca il ne m'annonce jamais rien de bon ; il ne m'annonce qu du mal. Il s'agit de Michée[q], fils de Yimla.

Josaphat s'écria : Que le roi ne parle pas ainsi !

9 Alors le roi d'Israël appela un chambellan et lui ordor na de faire venir au plus vite Michée, fils de Yimla. 10 Le rc d'Israël et Josaphat, roi de Juda, revêtus de leurs costume royaux, siégeaient chacun sur un trône, sur l'esplanad qui s'étend devant la porte de Samarie, tandis que tous le prophètes étaient devant eux dans un état d'exaltatior 11 L'un d'eux, Sédécias, fils de Kenaana, s'était fabriqué de

[o] **21.26** Le terme d'*Amoréens* désigne tous les peuples habitant le pays alloué à Israël avant l'arrivée des Israélites (voir Gn 15.16 ; Ex 23.23 ; Dt 1.7

[p] **22.3** Ville à l'est du lac de Galilée en Transjordanie. Elle appartenait aux Israélites depuis l'époque de Moïse (voir4.13 ; Dt 4.43 ; Jos 20.8). Les Syriens s'en étaient emparés, mais Ben-Hadad avait promis de la rendre (20.34). Il n'a apparemment pas tenu parole.

[q] **22.8** A ne pas confondre avec le prophète qui est l'auteur du livre de Michée et qui a vécu un siècle et demi plus tard.

ade iron horns and he declared, "This is what the
RD says: 'With these you will gore the Arameans until
ey are destroyed.'"
12 All the other prophets were prophesying the same
ing. "Attack Ramoth Gilead and be victorious," they
id, "for the LORD will give it into the king's hand."
13 The messenger who had gone to summon Micaiah
id to him, "Look, the other prophets without excep-
on are predicting success for the king. Let your word
gree with theirs, and speak favorably."
14 But Micaiah said, "As surely as the LORD lives, I can
ll him only what the LORD tells me."
15 When he arrived, the king asked him, "Micaiah,
hall we go to war against Ramoth Gilead, or not?"
"Attack and be victorious," he answered, "for the
RD will give it into the king's hand."

16 The king said to him, "How many times must I
ake you swear to tell me nothing but the truth in
e name of the LORD?"
17 Then Micaiah answered, "I saw all Israel scattered
n the hills like sheep without a shepherd, and the
RD said, 'These people have no master. Let each one
o home in peace.'"

18 The king of Israel said to Jehoshaphat, "Didn't I
ll you that he never prophesies anything good about
e, but only bad?"
19 Micaiah continued, "Therefore hear the word of
e LORD: I saw the LORD sitting on his throne with all
e multitudes of heaven standing around him on his
ght and on his left. 20 And the LORD said, 'Who will
ntice Ahab into attacking Ramoth Gilead and going
his death there?'
"One suggested this, and another that. 21 Finally, a
irit came forward, stood before the LORD and said,
will entice him.'
22 "'By what means?' the LORD asked.
"'I will go out and be a deceiving spirit in the
ouths of all his prophets,' he said.
"'You will succeed in enticing him,' said the LORD.
o and do it.'
23 "So now the LORD has put a deceiving spirit in the
ouths of all these prophets of yours. The LORD has
ecreed disaster for you."
24 Then Zedekiah son of Kenaanah went up and
apped Micaiah in the face. "Which way did the spirit
om[j] the LORD go when he went from me to speak to
ou?" he asked.
25 Micaiah replied, "You will find out on the day you
to hide in an inner room."
26 The king of Israel then ordered, "Take Micaiah
nd send him back to Amon the ruler of the city and
Joash the king's son 27 and say, 'This is what the king

2:24 Or *Spirit of*

cornes de fer et affirmait : Voici ce que déclare l'Eternel :
« Avec ces cornes, tu frapperas les Syriens jusqu'à leur
extermination. »
12 Tous les autres prophètes confirmaient ce message et
disaient : Va attaquer Ramoth en Galaad ! Tu seras vainqueur, et l'Eternel livrera la ville au roi.
13 Pendant ce temps, le messager qui était allé chercher
Michée lui dit : Les prophètes sont unanimes pour prédire
du bien au roi. Tu ferais bien de parler comme eux et de
lui prédire aussi le succès !
14 Michée lui répondit : Aussi vrai que l'Eternel est vivant, je transmettrai ce que l'Eternel me dira.
15 Lorsqu'il fut arrivé devant le roi, celui-ci lui demanda :
Michée, devons-nous aller attaquer Ramoth en Galaad ou
devons-nous y renoncer ?
– Bien sûr, vas-y, lui répondit Michée, tu seras vainqueur,
et l'Eternel livrera la ville au roi !
16 Mais le roi lui rétorqua : Combien de fois faudra-t-il
que je t'adjure de me dire seulement la vérité de la part
de l'Eternel ?
17 Alors Michée déclara :

J'ai vu tous les Israélites
disséminés sur les montagnes ;
ils ressemblaient à des brebis qui n'ont pas de
berger.
Et l'Eternel a dit :
« Ces gens n'ont plus de souverain.
Que chacun d'eux retourne tranquillement chez
soi ! »

18 Le roi d'Israël dit alors à Josaphat : Je te l'avais bien
dit : « Cet homme-là ne me prophétise jamais rien de bon,
c'est toujours du mal. »
19 Mais Michée continua : Eh bien, oui. Ecoute ce que
dit l'Eternel ! J'ai vu l'Eternel siégeant sur son trône,
tandis que toute l'armée des êtres célestes se tenait près
de lui, à sa droite et à sa gauche. 20 L'Eternel demanda :
« Qui trompera Achab pour qu'il aille attaquer Ramoth en
Galaad et qu'il tombe sur le champ de bataille ? » L'un proposait ceci, l'autre cela. 21 Finalement, un esprit s'avança,
se plaça devant l'Eternel et dit : « Moi, je le tromperai. »
L'Eternel lui demanda : « Et comment t'y prendras-tu ? »
22 « J'irai, répondit-il, inspirer des mensonges à tous ses
prophètes. » L'Eternel dit : « Pour sûr, tu le tromperas, tu
y réussiras. Va donc et fais comme tu l'as dit ! » 23 Et maintenant, conclut Michée, c'est ce qui est arrivé : l'Eternel a
fait qu'un esprit de mensonge inspire tous tes prophètes
ici présents, car l'Eternel a résolu ta perte.

24 Alors Sédécias, fils de Kenaana, l'un des prophètes,
s'approcha, gifla Michée et lui demanda : Par où l'esprit
qui vient de l'Eternel[r] est-il sorti de moi pour te parler ?
25 Michée répondit : Tu le sauras le jour où tu fuiras en
passant de chambre en chambre pour te cacher.
26 Aussitôt le roi d'Israël ordonna à l'un de ses officiers :
Arrête Michée et emmène-le à Amôn, le gouverneur de la
ville, et à Joas, le fils du roi[s]. 27 Tu leur ordonneras de ma
part de jeter cet individu en prison et de ne lui donner

r 22.24 Autre traduction : *l'Esprit de l'Eternel.*
s 22.26 L'expression *fils du roi* désigne peut-être ici un haut fonctionnaire du roi.

says: Put this fellow in prison and give him nothing but bread and water until I return safely.' "

28 Micaiah declared, "If you ever return safely, the LORD has not spoken through me." Then he added, "Mark my words, all you people!"

Ahab Killed at Ramoth Gilead

29 So the king of Israel and Jehoshaphat king of Judah went up to Ramoth Gilead. 30 The king of Israel said to Jehoshaphat, "I will enter the battle in disguise, but you wear your royal robes." So the king of Israel disguised himself and went into battle.

31 Now the king of Aram had ordered his thirty-two chariot commanders, "Do not fight with anyone, small or great, except the king of Israel." 32 When the chariot commanders saw Jehoshaphat, they thought, "Surely this is the king of Israel." So they turned to attack him, but when Jehoshaphat cried out, 33 the chariot commanders saw that he was not the king of Israel and stopped pursuing him.

34 But someone drew his bow at random and hit the king of Israel between the sections of his armor. The king told his chariot driver, "Wheel around and get me out of the fighting. I've been wounded." 35 All day long the battle raged, and the king was propped up in his chariot facing the Arameans. The blood from his wound ran onto the floor of the chariot, and that evening he died. 36 As the sun was setting, a cry spread through the army: "Every man to his town. Every man to his land!"

37 So the king died and was brought to Samaria, and they buried him there. 38 They washed the chariot at a pool in Samaria (where the prostitutes bathed),[k] and the dogs licked up his blood, as the word of the LORD had declared.

39 As for the other events of Ahab's reign, including all he did, the palace he built and adorned with ivory, and the cities he fortified, are they not written in the book of the annals of the kings of Israel? 40 Ahab rested with his ancestors. And Ahaziah his son succeeded him as king.

Jehoshaphat King of Judah

41 Jehoshaphat son of Asa became king of Judah in the fourth year of Ahab king of Israel. 42 Jehoshaphat was thirty-five years old when he became king, and he reigned in Jerusalem twenty-five years. His mother's name was Azubah daughter of Shilhi. 43 In everything he followed the ways of his father Asa and did not stray from them; he did what was right in the eyes of the LORD. The high places, however, were not removed, and the people continued to offer sacrifices and burn incense there.[l] 44 Jehoshaphat was also at peace with the king of Israel.

45 As for the other events of Jehoshaphat's reign, the things he achieved and his military exploits, are they not written in the book of the annals of the kings of

[k] 22:38 Or *Samaria and cleaned the weapons*
[l] 22:43 In Hebrew texts this sentence (22:43b) is numbered 22:44, and 22:44-53 is numbered 22:45-54.

qu'une ration réduite de pain et d'eau jusqu'à ce que revienne sain et sauf de cette expédition.

28 Michée s'écria : Si vraiment tu reviens sain et sauf, c sera la preuve que l'Eternel n'a pas parlé par moi.

Puis il ajouta : Ecoutez, vous tous les peuples !

La mort d'Achab

(2 Ch 18.28-34)

29 Alors le roi d'Israël et Josaphat, le roi de Juda, pa tirent pour Ramoth en Galaad. 30 En chemin, Achab dit Josaphat : Je vais me déguiser pour aller au combat ; ma toi, garde tes habits royaux.

Le roi d'Israël se déguisa donc pour la bataille. 31 Le r de Syrie avait donné cet ordre aux trente-deux chefs d ses chars : Vous ne vous occuperez ni des simples solda ni des officiers, vous concentrerez votre attaque sur le r d'Israël uniquement.

32 Quand les chefs des chars aperçurent Josaphat, ils s dirent : « C'est certainement lui le roi d'Israël », et ils s dirigèrent sur lui pour l'attaquer. Mais Josaphat pouss un cri. 33 Quand les chefs des chars se rendirent comp que ce n'était pas le roi d'Israël, ils se détournèrent de lu 34 Un soldat syrien tira une flèche de son arc, au hasard elle atteignit le roi d'Israël à la jointure entre les pièc de la cuirasse. Alors le roi cria au conducteur de son cha Fais demi-tour et conduis-moi hors du champ de batail car je suis blessé.

35 Mais, ce jour-là, le combat devint si rude que le r dut être maintenu debout dans son char face aux Syrien Finalement, il expira dans la soirée. Le sang de sa blessu s'était répandu à l'intérieur de son char. 36 Au coucher d soleil, un cri se répandit dans toute l'armée : Que chacu retourne dans sa ville et dans ses terres !

37 Le roi étant mort, on le ramena à Samarie où o l'enterra.

38 Lorsqu'on lava son char à l'étang de la ville, les chie lapèrent le sang d'Achab, et les prostituées s'y lavère Ainsi s'accomplit ce que l'Eternel avait annoncé.

39 Les autres faits et gestes d'Achab, toutes ses entrepri es, le palais d'ivoire qu'il fit construire et toutes les vill qu'il fortifia, sont cités dans le livre des Annales des ro d'Israël. 40 Quand Achab eut rejoint ses ancêtres décédé son fils Ahazia lui succéda sur le trône.

Le règne de Josaphat sur Juda

(2 Ch 20.31 à 21.1)

41 Josaphat, fils d'Asa, devint roi de Juda la quatrièm année du règne d'Achab sur Israël. 42 Il était âgé de trent cinq ans à son avènement et il régna vingt-cinq ans Jérusalem[t]. Sa mère s'appelait Azouba, elle était fille d Shilhi. 43 Josaphat suivit en tout l'exemple de son père As sans en dévier, faisant ce que l'Eternel considère comm juste. 44 Cependant, les hauts lieux ne disparurent pas : peuple continuait à y offrir des sacrifices et à faire brûl des parfums. 45 Josaphat vécut en paix avec le roi d'Isra

46 Ses autres faits et gestes, ses exploits au cours d batailles sont cités dans le livre des Annales des rois d

[t] 22.42 De 872 à 848 av. J.-C., y compris les trois années de corégence avec son père, de 872 à 869, lorsque celui-ci était malade (15.10, 23 ; 2 Ch 16.12-13).

ıdah? 46He rid the land of the rest of the male shrine
rostitutes who remained there even after the reign
f his father Asa. 47There was then no king in Edom;
provincial governor ruled.

48Now Jehoshaphat built a fleet of trading ships[m]
go to Ophir for gold, but they never set sail – they
ere wrecked at Ezion Geber. 49At that time Ahaziah
on of Ahab said to Jehoshaphat, "Let my men sail
ith yours," but Jehoshaphat refused.

50Then Jehoshaphat rested with his ancestors and
as buried with them in the city of David his father.
nd Jehoram his son succeeded him as king.

haziah King of Israel

51Ahaziah son of Ahab became king of Israel in
ımaria in the seventeenth year of Jehoshaphat king
f Judah, and he reigned over Israel two years. 52He
id evil in the eyes of the LORD, because he followed
ıe ways of his father and mother and of Jeroboam
on of Nebat, who caused Israel to sin. 53He served and
orshiped Baal and aroused the anger of the LORD, the
od of Israel, just as his father had done.

Juda. 47C'est lui qui débarrassa le pays des derniers hommes qui s'adonnaient à la prostitution sacrée et qui avaient
subsisté dans les hauts lieux du temps de son père.

48A cette époque, il n'y avait pas de roi dans le pays
d'Edom, mais seulement un gouverneur nommé par le
roi de Juda.

49Josaphat fit construire des navires au long cours
pour aller à Ophir chercher de l'or ; mais l'expédition
n'y parvint jamais, car les navires se brisèrent à Etsyôn-
Guéber. 50Alors Ahazia, fils d'Achab, proposa à Josaphat :
Faisons une expédition commune : mes serviteurs iront
avec les tiens sur des navires.

Mais Josaphat refusa.

51Josaphat rejoignit ses ancêtres décédés et il fut enseveli auprès d'eux dans la cité de David, son ancêtre, et son
fils Yoram lui succéda sur le trône.

Le règne d'Ahazia sur Israël

52La dix-septième année du règne de Josaphat, roi de
Juda, Ahazia[u], fils d'Achab, devint roi sur Israël à Samarie.
Il régna deux ans. 53Il fit ce que l'Eternel considère com-
me mal et imita l'exemple de son père, de sa mère[v] et de
Jéroboam, fils de Nebath, qui avait entraîné le peuple d'Is-
raël dans le péché.

54Il rendit un culte à Baal et se prosterna devant lui,
irritant ainsi l'Eternel, le Dieu d'Israël, tout comme l'avait
fait son père.

22:48 Hebrew *of ships of Tarshish*

u **22.52** De 853 à 852 av. J.-C.

v **22.53** C'est-à-dire d'Achab et de Jézabel.

2 Kings

The Lord's Judgment on Ahaziah

1 1 After Ahab's death, Moab rebelled against Israel. 2 Now Ahaziah had fallen through the lattice of his upper room in Samaria and injured himself. So he sent messengers, saying to them, "Go and consult Baal-Zebub, the god of Ekron, to see if I will recover from this injury."

3 But the angel of the Lord said to Elijah the Tishbite, "Go up and meet the messengers of the king of Samaria and ask them, 'Is it because there is no God in Israel that you are going off to consult Baal-Zebub, the god of Ekron?' 4 Therefore this is what the Lord says: 'You will not leave the bed you are lying on. You will certainly die!' " So Elijah went.

5 When the messengers returned to the king, he asked them, "Why have you come back?"

6 "A man came to meet us," they replied. "And he said to us, 'Go back to the king who sent you and tell him, "This is what the Lord says: Is it because there is no God in Israel that you are sending messengers to consult Baal-Zebub, the god of Ekron? Therefore you will not leave the bed you are lying on. You will certainly die!" ' "

7 The king asked them, "What kind of man was it who came to meet you and told you this?"

8 They replied, "He had a garment of hair[a] and had a leather belt around his waist."

The king said, "That was Elijah the Tishbite."

9 Then he sent to Elijah a captain with his company of fifty men. The captain went up to Elijah, who was sitting on the top of a hill, and said to him, "Man of God, the king says, 'Come down!' "

10 Elijah answered the captain, "If I am a man of God, may fire come down from heaven and consume you and your fifty men!" Then fire fell from heaven and consumed the captain and his men.

11 At this the king sent to Elijah another captain with his fifty men. The captain said to him, "Man of God, this is what the king says, 'Come down at once!' "

12 "If I am a man of God," Elijah replied, "may fire come down from heaven and consume you and your

[a] **1:8** Or *He was a hairy man*

Deuxième livre des Rois

Les rois de Juda et d'Israël

La maladie et la faute d'Ahazia

1 1 Après la mort d'Achab[a], les Moabites se révoltère
contre Israël[b]. 2 Le roi Ahazia tomba de sa chamb
haute à Samarie par la fenêtre et se blessa grièvemen
Il envoya des messagers consulter Baal-Zeboub[c], die
d'Eqrôn[d], pour savoir s'il se remettrait de cet acciden
3 Mais l'ange de l'Eternel dit à Elie de Tishbé : Mets-toi e
route, va à la rencontre des messagers du roi de Samar
et demande-leur : « N'y a-t-il pas de Dieu en Israël pou
que vous alliez consulter Baal-Zeboub, le dieu d'Eqrôn
4 C'est pourquoi, voici ce que déclare l'Eternel à votre ro
Tu ne quitteras plus le lit sur lequel tu t'es couché et t
vas mourir. »

Elie y alla.

5 Alors les messagers retournèrent auprès d'Ahazia, q
leur demanda : Pourquoi revenez-vous déjà ?

6 Ils lui répondirent : Un homme est venu à notre re
contre et nous a ordonné : Allez, retournez auprès du r
qui vous a envoyés et dites-lui : Voici ce que déclare l'Ete
nel : « N'y a-t-il pas de Dieu en Israël pour que tu envoi
consulter Baal-Zeboub, le dieu d'Eqrôn ? C'est pourqu
tu ne quitteras plus le lit sur lequel tu t'es couché. Tu v
mourir. »

7 Ahazia leur demanda : Quelle allure avait l'homm
qui est venu à votre rencontre et qui vous a transmis c
message ?

8 Ils lui répondirent : C'était un homme habillé d'u
vêtement en poil de chameau, noué d'une ceinture au
our des reins.

Alors Ahazia dit : C'est Elie, de Tishbé.

Ahazia envoie arrêter Elie

9 Aussitôt, il envoya vers Elie un officier avec u
cinquantaine d'hommes pour qu'ils le lui ramènen
L'officier monta vers Elie, qui se tenait sur le sommet d
la montagne. Il lui dit : Homme de Dieu, le roi t'ordon
de descendre.

10 Elie lui répondit : Si je suis un homme de Die
que le feu tombe du ciel et qu'il te foudroie, toi et t
« cinquantaine » !

Aussitôt, la foudre tomba du ciel et consuma l'offici
et sa cinquantaine de soldats.

11 Ahazia envoya un autre officier accompagné d'u
« cinquantaine ». Celui-ci dit à Elie : Homme de Dieu, p
ordre du roi : Dépêche-toi de descendre !

12 Elie lui répliqua : Si je suis un homme de Dieu, que
feu tombe du ciel et te foudroie, toi et tes hommes !

[a] **1.1** Suite de 1 R 22.52-54.
[b] **1.1** Les *Moabites* avaient été soumis par David (2 S 8.2). A partir du schisme, ils ont dû se trouver assujettis au royaume du Nord.
[c] **1.2** C'est-à-dire *le Seigneur des Mouches*, une déformation ridiculisante de Baal-Zeboul (Baal le prince), connu par d'anciens textes cananéens. Ce nom reparaît dans les évangiles sous la forme Béelzébul pour désigr er le prince des démons (Mt 10.25 ; 12.27).
[d] **1.2** La plus septentrionale des cinq villes princières des Philistins.

fty men!" Then the fire of God fell from heaven and
onsumed him and his fifty men.
13 So the king sent a third captain with his fifty men.
his third captain went up and fell on his knees be-
ore Elijah. "Man of God," he begged, "please have
espect for my life and the lives of these fifty men,
our servants! 14 See, fire has fallen from heaven and
onsumed the first two captains and all their men.
ut now have respect for my life!"
15 The angel of the LORD said to Elijah, "Go down with
im; do not be afraid of him." So Elijah got up and
ent down with him to the king.
16 He told the king, "This is what the LORD says: Is it
ecause there is no God in Israel for you to consult
hat you have sent messengers to consult Baal-Zebub,
he god of Ekron? Because you have done this, you
ill never leave the bed you are lying on. You will
ertainly die!" 17 So he died, according to the word of
he LORD that Elijah had spoken.
Because Ahaziah had no son, Joram[b] succeeded
im as king in the second year of Jehoram son of
ehoshaphat king of Judah. 18 As for all the other
vents of Ahaziah's reign, and what he did, are they
ot written in the book of the annals of the kings
f Israel?

lijah Taken Up to Heaven

2 1 When the LORD was about to take Elijah up to
heaven in a whirlwind, Elijah and Elisha were
n their way from Gilgal. 2 Elijah said to Elisha, "Stay
ere; the LORD has sent me to Bethel."
But Elisha said, "As surely as the LORD lives and as
ou live, I will not leave you." So they went down to
ethel.
3 The company of the prophets at Bethel came out to
lisha and asked, "Do you know that the LORD is going
o take your master from you today?"
"Yes, I know," Elisha replied, "so be quiet."
4 Then Elijah said to him, "Stay here, Elisha; the LORD
as sent me to Jericho."
And he replied, "As surely as the LORD lives and as
ou live, I will not leave you." So they went to Jericho.
5 The company of the prophets at Jericho went up
o Elisha and asked him, "Do you know that the LORD
going to take your master from you today?"

[b] 1:17 Hebrew *Jehoram,* a variant of *Joram*

Aussitôt, la foudre tomba du ciel et consuma l'officier
et sa cinquantaine de soldats.
13 Ahazia envoya un troisième officier avec une
« cinquantaine ». Cet officier-ci, après être monté, fléchit
les genoux devant Elie et le supplia : Homme de Dieu, je
te prie, aie égard à ma vie et à celle de cette cinquantaine
d'hommes ! 14 Le feu est tombé du ciel et a foudroyé les
deux premiers chefs et leur « cinquantaine » ; mais maintenant, aie égard à ma vie !
15 L'ange de l'Eternel dit alors à Elie : Descends avec lui,
ne crains rien de sa part !
Alors Elie se mit en route pour descendre avec l'officier
chez le roi. 16 Lorsqu'il fut arrivé, il lui dit : Voici ce que
déclare l'Eternel : « Puisque tu as envoyé des messagers
pour consulter Baal-Zeboub, le dieu d'Eqrôn, comme s'il
n'y avait pas de Dieu en Israël que l'on puisse consulter,
eh bien, tu ne quitteras plus le lit sur lequel tu t'es couché
et tu vas mourir. »

La mort d'Ahazia

17 Ahazia mourut effectivement, comme l'Eternel l'avait
annoncé par Elie. Comme il n'avait pas de fils, son frère[e]
Yoram lui succéda sur le trône, la deuxième année de
Yoram, fils de Josaphat, roi de Juda[f]. 18 Les autres faits et
gestes d'Ahazia sont cités dans le livre des Annales des
rois d'Israël.

L'Eternel enlève Elie au ciel – Elisée lui succède

2 1 Le jour où l'Eternel enleva Elie au ciel dans un tourbillon de vent, celui-ci partait de Guilgal[g] avec Elisée.
2 A un moment donné, il lui dit : Reste ici, je te prie, car
l'Eternel m'ordonne d'aller jusqu'à Béthel[h].
Elisée répondit : Aussi vrai que l'Eternel est vivant et
que tu es toi-même en vie, je ne te quitterai pas.
Ils se rendirent donc ensemble à Béthel.
3 Les disciples des prophètes qui habitaient à Béthel
sortirent au-devant d'Elisée et lui demandèrent : Sais-tu
que l'Eternel va enlever aujourd'hui ton maître au-dessus
de toi ?
Il leur répondit : Oui, je le sais, moi aussi, mais ne parlez
pas de cela !
4 Elie lui dit de nouveau : Arrête-toi ici, car l'Eternel
m'ordonne d'aller à Jéricho.
Il répondit : Aussi vrai que l'Eternel est vivant et que tu
es toi-même en vie, je ne te quitterai pas !
Ils allèrent donc ensemble à Jéricho.
5 Les disciples des prophètes qui habitaient Jéricho vinrent au-devant d'Elisée et lui demandèrent : Sais-tu que
l'Eternel va enlever aujourd'hui ton maître au-dessus de
toi ?

[e] **1.17** Les mots : *son frère,* absents du texte hébreu traditionnel, se trouvent dans l'ancienne version grecque.

[f] **1.17** Le règne de Yoram a commencé par cinq années de corégence avec son père Josaphat, de 853 à 848 av. J.-C. (8.16). La 18e année du règne de Josaphat (3.1) est par conséquent la même que la seconde année du règne de Yoram (en corégence) : 852.

[g] **2.1** Non pas le Guilgal de la vallée du Jourdain (Jos 4.19 ; 5.9) près de Jéricho, mais un village à 11 kilomètres au nord-ouest de Béthel, à la frontière des deux royaumes. C'est là qu'Elisée reviendra (4.38) ; il s'y trouvait une école de disciples des prophètes.

[h] **2.2** Lieu important depuis l'époque des patriarches (Gn 12.8 ; 28.10-22 ; 35.1-5). Jéroboam y avait édifié un sanctuaire rival du temple de Jérusalem (1 R 12.28-33), mais l'Eternel y avait aussi ses représentants.

"Yes, I know," he replied, "so be quiet."

6 Then Elijah said to him, "Stay here; the LORD has sent me to the Jordan."

And he replied, "As surely as the LORD lives and as you live, I will not leave you." So the two of them walked on.

7 Fifty men from the company of the prophets went and stood at a distance, facing the place where Elijah and Elisha had stopped at the Jordan. 8 Elijah took his cloak, rolled it up and struck the water with it. The water divided to the right and to the left, and the two of them crossed over on dry ground.

9 When they had crossed, Elijah said to Elisha, "Tell me, what can I do for you before I am taken from you?"

"Let me inherit a double portion of your spirit," Elisha replied.

10 "You have asked a difficult thing," Elijah said, "yet if you see me when I am taken from you, it will be yours – otherwise, it will not."

11 As they were walking along and talking together, suddenly a chariot of fire and horses of fire appeared and separated the two of them, and Elijah went up to heaven in a whirlwind. 12 Elisha saw this and cried out, "My father! My father! The chariots and horsemen of Israel!" And Elisha saw him no more. Then he took hold of his garment and tore it in two.

13 Elisha then picked up Elijah's cloak that had fallen from him and went back and stood on the bank of the Jordan. 14 He took the cloak that had fallen from Elijah and struck the water with it. "Where now is the LORD, the God of Elijah?" he asked. When he struck the water, it divided to the right and to the left, and he crossed over.

15 The company of the prophets from Jericho, who were watching, said, "The spirit of Elijah is resting on Elisha." And they went to meet him and bowed to the ground before him. 16 "Look," they said, "we your servants have fifty able men. Let them go and look for your master. Perhaps the Spirit of the LORD has picked him up and set him down on some mountain or in some valley."

"No," Elisha replied, "do not send them."

17 But they persisted until he was too embarrassed to refuse. So he said, "Send them." And they sent fifty men, who searched for three days but did not find him. 18 When they returned to Elisha, who was staying in Jericho, he said to them, "Didn't I tell you not to go?"

Healing of the Water

19 The people of the city said to Elisha, "Look, our lord, this town is well situated, as you can see, but the water is bad and the land is unproductive."

20 "Bring me a new bowl," he said, "and put salt in it." So they brought it to him.

21 Then he went out to the spring and threw the salt into it, saying, "This is what the LORD says: 'I have

Il répondit : Oui, je le sais, moi aussi, mais ne parlez p de cela !

6 Elie lui dit : Reste ici, je te prie, car l'Eternel m'ordon de me rendre jusqu'au Jourdain.

Mais Elisée lui répondit : Aussi vrai que l'Eternel e vivant et que tu es toi-même en vie, je ne te quitterai pa Ils poursuivirent donc tous deux leur chemin.

7 Cinquante disciples des prophètes les suivirent et postèrent en face d'eux à une certaine distance, lorsqu'i s'arrêtèrent au bord du Jourdain. 8 Alors Elie enleva sc manteau, le roula et en frappa l'eau du fleuve qui s'écar de part et d'autre, de sorte qu'ils purent traverser tou deux à sec. 9 Lorsqu'ils eurent passé, Elie dit à Elisée : Qu voudrais-tu que je fasse pour toi ? Demande-le-moi ava que je sois enlevé loin de toi.

Elisée répondit : J'aimerais recevoir une double part c l'Esprit qui réside en toi.

10 Elie répondit : Tu as exprimé une demande difficile satisfaire, mais si tu me vois pendant que je serai enle d'auprès de toi, cela te sera accordé ; si tu ne me vois pa il n'en sera rien.

11 Pendant qu'ils continuaient à marcher tout en parlan un char de feu tiré par des chevaux de feu vint entre eu et les sépara l'un de l'autre. Elie fut entraîné au ciel dar un tourbillon de vent. 12 A cette vue, Elisée s'écria : Mc père ! Mon père ! Toi qui étais comme les chars d'Isra et ses équipages !

Puis il le perdit de vue. Saisissant alors ses vêtement il les déchira en deux, 13 et ramassa le manteau qui éta tombé des épaules d'Elie. Puis il revint sur ses pas et s'a rêta sur la rive du Jourdain ; 14 il prit le manteau d'Eli en frappa les eaux du fleuve et s'écria : Où est l'Etern le Dieu d'Elie ?

Ainsi il frappa lui aussi l'eau du fleuve qui s'écarta c part et d'autre, et il traversa à pied sec.

15 Les disciples des prophètes de Jéricho qui le vire d'en face s'exclamèrent : L'esprit d'Elie repose maintena sur Elisée !

Ils allèrent à sa rencontre et se prosternèrent jusqu terre devant lui. 16 Ils lui proposèrent : Vois-tu, nous avo avec nous, tes serviteurs, cinquante hommes robuste Permets qu'ils aillent à la recherche de ton maître ! Peu être l'Esprit de l'Eternel n'a-t-il fait que l'emporter et jeter sur quelque montagne ou dans quelque ravin.

Il répondit : Non, ne les envoyez pas !

17 Mais ils insistèrent tant et plus, si bien qu'il leur di Eh bien, envoyez-les.

Ils envoyèrent donc les cinquante hommes qui che chèrent pendant trois jours en vain. 18 Ils revinrent aupr d'Elisée qui était resté à Jéricho. Il leur dit : Je vous ava bien dit de ne pas y aller !

La parole prophétique d'Elisée est suivie d'effet

19 Les habitants de la ville vinrent dire à Elisée : Vois-t notre ville est bien située, comme mon seigneur peut voir, mais l'eau est malsaine et la terre est infertile.

20 Il répondit : Apportez-moi un plat neuf et mettez-du sel.

Ils le lui apportèrent.

21 Il se rendit à la source des eaux, y jeta du sel et di Voici ce que déclare l'Eternel : « J'ai rendu cette eau saine

ealed this water. Never again will it cause death or
ıake the land unproductive.' " 22 And the water has
emained pure to this day, according to the word
lisha had spoken.

lisha Is Jeered

23 From there Elisha went up to Bethel. As he was
alking along the road, some boys came out of the
own and jeered at him. "Get out of here, baldy!" they
aid. "Get out of here, baldy!" 24 He turned around,
oked at them and called down a curse on them in
e name of the LORD. Then two bears came out of the
oods and mauled forty-two of the boys. 25 And he
ent on to Mount Carmel and from there returned
 Samaria.

oab Revolts

3 1 Joram[c] son of Ahab became king of Israel in
Samaria in the eighteenth year of Jehoshaphat
ing of Judah, and he reigned twelve years. 2 He did
vil in the eyes of the LORD, but not as his father and
other had done. He got rid of the sacred stone of
aal that his father had made. 3 Nevertheless he clung
 the sins of Jeroboam son of Nebat, which he had
aused Israel to commit; he did not turn away from
em.

4 Now Mesha king of Moab raised sheep, and he
ad to pay the king of Israel a tribute of a hundred
ousand lambs and the wool of a hundred thousand
ms. 5 But after Ahab died, the king of Moab rebelled
ainst the king of Israel. 6 So at that time King Joram
t out from Samaria and mobilized all Israel. 7 He also
nt this message to Jehoshaphat king of Judah: "The
ng of Moab has rebelled against me. Will you go with
e to fight against Moab?"

"I will go with you," he replied. "I am as you are,
y people as your people, my horses as your horses."

8 "By what route shall we attack?" he asked.

"Through the Desert of Edom," he answered.

9 So the king of Israel set out with the king of Judah
nd the king of Edom. After a roundabout march of
even days, the army had no more water for them-
lves or for the animals with them.

10 "What!" exclaimed the king of Israel. "Has the
RD called us three kings together only to deliver us
to the hands of Moab?"

11 But Jehoshaphat asked, "Is there no prophet of the
RD here, through whom we may inquire of the LORD?"

An officer of the king of Israel answered, "Elisha
n of Shaphat is here. He used to pour water on the
ands of Elijah.[d]"

:1 Hebrew *Jehoram*, a variant of *Joram*; also in verse 6
:11 That is, he was Elijah's personal servant.

elle ne causera plus la mort et ne rendra plus la terre
infertile. »

22 Les eaux devinrent saines et le sont restées jusqu'à ce
jour, conformément à la parole qu'Elisée avait prononcée.

23 De Jéricho, Elisée se rendit à Béthel. Pendant qu'il
montait par la route, des enfants sortirent de la ville et
se moquèrent de lui en criant : Monte, chauve ! Monte,
chauve !

24 Il se retourna pour les regarder et appela sur eux la
malédiction au nom de l'Eternel. Aussitôt, deux ourses
sortirent de la forêt et déchirèrent quarante-deux de ces
enfants. 25 De là, Elisée se rendit au mont Carmel, d'où il
retourna à Samarie[i].

Le règne de Yoram sur Israël

3 1 Yoram, fils d'Achab, devint roi d'Israël à Samarie,
la dix-huitième année du règne de Josaphat, roi de
Juda. Il régna douze ans[j]. 2 Il fit ce que l'Eternel considère
comme mal, sans toutefois aller aussi loin que son père et
sa mère[k]. Il renversa la statue de Baal que son père avait
fait ériger, 3 mais il resta attaché aux péchés de Jéroboam,
fils de Nebath, qui avait entraîné le peuple d'Israël dans
le péché. Il ne s'en détourna pas.

La campagne contre les Moabites – Elisée annonce la victoire

4 Mésha, roi de Moab[l], élevait de nombreux troupeaux de
moutons. Chaque année, il devait payer au roi d'Israël un
tribut de cent mille agneaux et de cent mille béliers avec
leur laine. 5 A la mort d'Achab, le roi de Moab se révolta
contre le roi d'Israël. 6 Alors, le roi Yoram quitta Samarie
et passa toute l'armée d'Israël en revue. 7 Il envoya un message à Josaphat, roi de Juda, pour lui dire : Le roi de Moab
s'est révolté contre moi. Viendras-tu l'attaquer avec moi ?

Josaphat répondit : Oui, je viendrai. Nous nous unirons
pour l'attaquer, toi et moi, mes troupes avec les tiennes
et mes chevaux avec les tiens. 8 Il ajouta : Quel chemin
prendrons-nous ?

Yoram répondit : Nous attaquerons par le chemin du
désert d'Edom[m].

9 Les rois d'Israël, de Juda et d'Edom[n] se mirent donc
en campagne. Ils firent sept jours de marche, mais l'eau
vint à manquer pour les hommes comme pour les bêtes
de somme qui les suivaient. 10 Alors le roi d'Israël s'écria :
Hélas ! Que ferons-nous ? L'Eternel nous a certainement attirés ici, nous les trois rois, pour nous livrer aux Moabites.
11 Mais Josaphat demanda : N'y a-t-il ici aucun prophète
de l'Eternel par qui nous pourrions consulter l'Eternel ?

i **2.25** Où était son domicile (6.32).

j **3.1** Voir1.17 ; 1 R 15.24. Yoram régna de 852 à 841 av. J.-C. La 18e année de Josaphat s'explique par la corégence de celui-ci avec son père Asa de 872 à 869. 852 est donc la 18e année de son règne personnel (voir 8.16).

k **3.2** Achab (voir 1 R 16.29-33) et Jézabel (voir 1 R 18.4 ; 19.1-2 ; 21.7-15).

l **3.4** Mentionné sur la « pierre de Moab » ou *stèle de Mésha* découverte en 1868, datant d'environ 850 av. J.-C. et retraçant les conflits de Moab avec Israël depuis les temps d'Omri. Le pays de Moab était situé sur le plateau fertile s'étendant à l'est de la mer Morte sur 50 kilomètres de long et 40 kilomètres de large (Es 16.1, 7).

m **3.8** C'est-à-dire en contournant la mer Morte par l'ouest afin d'attaquer Moab par le sud. Ils devaient donc passer par le territoire d'Edom soumis à Juda.

n **3.9** Le roi d'Edom était en réalité un gouverneur nommé par Josaphat (voir8.20 ; 1 R 22.48).

[12]Jehoshaphat said, "The word of the LORD is with
him." So the king of Israel and Jehoshaphat and the
king of Edom went down to him.
[13]Elisha said to the king of Israel, "Why do you want
to involve me? Go to the prophets of your father and
the prophets of your mother."
"No," the king of Israel answered, "because it was
the LORD who called us three kings together to deliver
us into the hands of Moab."
[14]Elisha said, "As surely as the LORD Almighty lives,
whom I serve, if I did not have respect for the presence of Jehoshaphat king of Judah, I would not pay
any attention to you. [15]But now bring me a harpist."
While the harpist was playing, the hand of the LORD
came on Elisha [16]and he said, "This is what the LORD
says: I will fill this valley with pools of water. [17]For this
is what the LORD says: You will see neither wind nor
rain, yet this valley will be filled with water, and you,
your cattle and your other animals will drink. [18]This
is an easy thing in the eyes of the LORD; he will also
deliver Moab into your hands. [19]You will overthrow
every fortified city and every major town. You will
cut down every good tree, stop up all the springs, and
ruin every good field with stones."

[20]The next morning, about the time for offering
the sacrifice, there it was – water flowing from the
direction of Edom! And the land was filled with water.
[21]Now all the Moabites had heard that the kings
had come to fight against them; so every man, young
and old, who could bear arms was called up and stationed on the border. [22]When they got up early in the
morning, the sun was shining on the water. To the
Moabites across the way, the water looked red – like
blood. [23]"That's blood!" they said. "Those kings must
have fought and slaughtered each other. Now to the
plunder, Moab!"
[24]But when the Moabites came to the camp of Israel,
the Israelites rose up and fought them until they fled.
And the Israelites invaded the land and slaughtered
the Moabites. [25]They destroyed the towns, and each
man threw a stone on every good field until it was
covered. They stopped up all the springs and cut down
every good tree. Only Kir Hareseth was left with its
stones in place, but men armed with slings surrounded it and attacked it.
[26]When the king of Moab saw that the battle had
gone against him, he took with him seven hundred
swordsmen to break through to the king of Edom, but
they failed. [27]Then he took his firstborn son, who was
to succeed him as king, and offered him as a sacrifice
on the city wall. The fury against Israel was great;
they withdrew and returned to their own land.

L'un des officiers du roi d'Israël répondit : Il y a ici Elisé
fils de Shaphath, le serviteur d'Elie.
[12]Josaphat déclara : En effet, cet homme-là reçoit l
parole de l'Eternel.
Le roi d'Israël, Josaphat et le roi d'Edom se rendiren
donc auprès de lui. [13]Mais Elisée apostropha le roi d'Israë
Qu'ai-je à faire avec toi ? Va donc trouver les prophètes d
ton père et ceux de ta mère !
Alors le roi d'Israël lui dit : Mais non ! C'est certainemen
l'Eternel qui a attiré ces trois rois ici pour les livrer au
Moabites.
[14]Elisée répondit : Aussi vrai que l'Eternel, le Dieu de
armées célestes dont je suis le serviteur, est vivant, j
t'assure que si ce n'était par égard pour Josaphat, roi d
Juda, je ne te prêterais nulle attention ; je ne te regarderai
même pas. [15]Maintenant, amenez-moi un joueur de harpe
Quand le harpiste se mit à jouer, l'Eternel se saisi
d'Elisée [16]qui dit : Voici ce que déclare l'Eternel : « Creuse
beaucoup de fosses dans le lit desséché de ce torrent ! [17]Ca
l'Eternel vous le dit : ce ravin se remplira d'eau sans qu
vous voyiez ici ni vent ni pluie. Et vous aurez à boire vou
vos troupeaux et vos bêtes de somme. [18]Mais c'est encor
peu de chose pour l'Eternel. Il vous donnera aussi la vic
toire sur les Moabites. [19]Vous attaquerez toutes leurs ville
fortifiées et toutes les villes importantes, vous abattre
tous leurs arbres, vous boucherez toutes leurs source
d'eau et vous dévasterez tous leurs meilleurs terrains e
les couvrant de pierres. »
[20]Le lendemain matin, à l'heure de la présentation d
l'offrande, de l'eau descendit du côté d'Edom et la contré
fut inondée. [21]Cependant, les Moabites, ayant appris qu
les trois rois venaient les attaquer, avaient mobilisé tou
les hommes en âge de porter les armes et même ceux qu
avaient passé l'âge, et avaient pris position sur la fron
tière. [22]Le matin, quand ils se levèrent, les soldats moabite
virent en face d'eux des eaux rouges comme du sang, ca
le soleil se reflétait dans l'eau. [23]Ils s'écrièrent : C'est d
sang ! Certainement les rois ont tiré l'épée l'un contr
l'autre, et ils se sont mutuellement entre-tués. A présen
Moabites, courons au pillage !
[24]Et ils se précipitèrent sur le camp des Israélites ; ma
ceux-ci surgirent devant eux et les battirent, puis les pour
suivirent après les avoir mis en fuite. Ils pénétrèrent plu
avant dans leur pays et leur infligèrent une lourde défait
[25]Ils détruisirent les villes, saccagèrent tous les champ
cultivés en y jetant chacun sa pierre jusqu'à ce qu'ils e
soient couverts, ils bouchèrent toutes les sources d'eau e
abattirent tous les bons arbres. Finalement, seule la vil
de Qir-Hareseth° resta intacte, mais elle fut encerclée e
attaquée à son tour par les hommes armés de frondes
[26]Quand le roi de Moab comprit qu'il ne pourrait résiste
à l'attaque, il prit avec lui sept cents soldats armés d'épée
et tenta de se frayer un passage en direction du roi d'Edon
mais il n'y réussit pas. [27]Alors, il fit venir son fils aîné qu
devait lui succéder sur le trône et il l'offrit en holocaust
sur le rempart. A ce spectacle, les Israélites furent si in
dignés qu'ils se retirèrent loin du roi et rentrèrent dan
leur pays.

° **3.25** Ancienne capitale moabite appelée aussi *Qir-Harès* (Es 16.11), *Qir-Hérès* (Jr 48.31) ou *Qir-Moab* (Es 15.1) ; elle était située à 18 kilomètres à l'est de la mer Morte et à 24 kilomètres au sud de l'Arnon.

he Widow's Olive Oil

4 1 The wife of a man from the company of the prophets cried out to Elisha, "Your servant my usband is dead, and you know that he revered the ORD. But now his creditor is coming to take my two oys as his slaves."

2 Elisha replied to her, "How can I help you? Tell me, hat do you have in your house?"

"Your servant has nothing there at all," she said, except a small jar of olive oil."

3 Elisha said, "Go around and ask all your neighors for empty jars. Don't ask for just a few. 4 Then go iside and shut the door behind you and your sons. our oil into all the jars, and as each is filled, put it o one side."

5 She left him and shut the door behind her and er sons. They brought the jars to her and she kept ouring. 6 When all the jars were full, she said to her on, "Bring me another one."

But he replied, "There is not a jar left." Then the il stopped flowing.

7 She went and told the man of God, and he said, "Go, ell the oil and pay your debts. You and your sons can ve on what is left."

he Shunammite's Son Restored to Life

8 One day Elisha went to Shunem. And a well-to-do oman was there, who urged him to stay for a meal. o whenever he came by, he stopped there to eat. 9 She aid to her husband, "I know that this man who often omes our way is a holy man of God. 10 Let's make a mall room on the roof and put in it a bed and a table, chair and a lamp for him. Then he can stay there henever he comes to us."

11 One day when Elisha came, he went up to his room nd lay down there. 12 He said to his servant Gehazi, Call the Shunammite." So he called her, and she stood efore him. 13 Elisha said to him, "Tell her, 'You have one to all this trouble for us. Now what can be done or you? Can we speak on your behalf to the king or he commander of the army?'"

She replied, "I have a home among my own people."

14 "What can be done for her?" Elisha asked.

Gehazi said, "She has no son, and her husband is ld."

15 Then Elisha said, "Call her." So he called her, and he stood in the doorway. 16 "About this time next ear," Elisha said, "you will hold a son in your arms."

Elisée secourt une pauvre veuve

4 1 La veuve d'un disciple des prophètes implora Elisée en ces termes : Ton serviteur mon mari est mort. Tu sais combien il craignait l'Eternel. Or, voilà que l'homme qui lui avait prêté de l'argent veut prendre mes deux enfants et en faire des esclaves.

2 Elisée lui demanda : Que puis-je faire pour toi ? Dis-moi ce que tu as dans ta maison.

Elle répondit : Je n'ai plus rien d'autre chez moi qu'un flacon d'huile[p].

3 Il dit alors : Va donc emprunter chez tous tes voisins autant de récipients vides que tu pourras. 4 Puis tu rentreras chez toi, tu fermeras la porte sur toi et sur tes fils, tu verseras de l'huile dans tous ces récipients et tu les mettras de côté à mesure qu'ils seront pleins.

5 La femme le quitta et fit ce qu'il lui avait dit. Elle ferma la porte sur elle et sur ses fils ; ceux-ci lui présentaient les récipients, et elle les remplissait. 6 Lorsqu'ils furent tous pleins, elle dit à l'un de ses fils : Passe-moi encore un récipient.

Mais il lui répondit : Il n'y en a plus.

Au même moment, l'huile s'arrêta de couler. 7 Elle alla le raconter à l'homme de Dieu qui lui dit : Va vendre cette huile. Tu pourras rembourser ta dette et vivre, toi et tes fils, avec ce qui te restera.

Elisée et le fils de la Sunamite

La naissance de l'enfant

8 Un jour, Elisée passait par le village de Sunem[q]. Une femme riche insista auprès de lui pour qu'il accepte de prendre un repas chez elle. Dès lors, chaque fois qu'il passait par ce village, il s'arrêtait chez elle pour manger. 9 Elle dit à son mari : Je sais que cet homme qui passe toujours chez nous est un saint homme de Dieu. 10 Nous pourrions lui construire une petite chambre sur le toit et y mettre pour lui un lit, une table, une chaise et une lampe. Il pourrait loger là quand il viendra chez nous.

11 Un jour qu'Elisée repassait à Sunem, il alla donc se retirer dans la petite chambre haute et y passa la nuit. 12 Puis il dit à son serviteur Guéhazi : Appelle cette Sunamite !

Guéhazi l'appela, et elle vint se présenter devant lui. 13 Elisée dit à Guéhazi : Dis-lui : « Tu t'es donné beaucoup de peine en faisant tout cela pour nous. Que pouvons-nous faire pour toi ? Faut-il parler en ta faveur au roi ou au chef de l'armée ? »

Elle répondit : Non, merci. Je vis heureuse au milieu de mon peuple.

14 Elisée demanda à son serviteur : Que pourrions-nous faire pour elle ?

Guéhazi répondit : Hélas ! elle n'a pas d'enfant, et son mari est âgé.

15 Elisée lui dit : Appelle-la !

Guéhazi obéit, et elle vint se présenter sur le pas de la porte.

16 Elisée lui dit : L'an prochain, à la même époque, tu tiendras un fils dans tes bras !

p 4.2 En Orient, l'huile est la base de l'alimentation comme des soins du corps.

q 4.8 Dans la plaine de Jizréel attribuée à la tribu d'Issacar (voir Jos 19.18 ; 1 S 28.4 ; 1 R 1.3).

"No, my lord!" she objected. "Please, man of God,
don't mislead your servant!"
17 But the woman became pregnant, and the next
year about that same time she gave birth to a son, just
as Elisha had told her.

18 The child grew, and one day he went out to his
father, who was with the reapers. 19 He said to his father, "My head! My head!"
His father told a servant, "Carry him to his mother."
20 After the servant had lifted him up and carried him
to his mother, the boy sat on her lap until noon, and
then he died. 21 She went up and laid him on the bed
of the man of God, then shut the door and went out.
22 She called her husband and said, "Please send me
one of the servants and a donkey so I can go to the
man of God quickly and return."
23 "Why go to him today?" he asked. "It's not the
New Moon or the Sabbath."
"That's all right," she said.
24 She saddled the donkey and said to her servant,
"Lead on; don't slow down for me unless I tell you."
25 So she set out and came to the man of God at Mount
Carmel.
When he saw her in the distance, the man of
God said to his servant Gehazi, "Look! There's the
Shunammite! 26 Run to meet her and ask her, 'Are
you all right? Is your husband all right? Is your child
all right?' "
"Everything is all right," she said.
27 When she reached the man of God at the mountain, she took hold of his feet. Gehazi came over to
push her away, but the man of God said, "Leave her
alone! She is in bitter distress, but the LORD has hidden
it from me and has not told me why."
28 "Did I ask you for a son, my lord?" she said. "Didn't
I tell you, 'Don't raise my hopes'?"

29 Elisha said to Gehazi, "Tuck your cloak into your
belt, take my staff in your hand and run. Don't greet
anyone you meet, and if anyone greets you, do not
answer. Lay my staff on the boy's face."

30 But the child's mother said, "As surely as the LORD
lives and as you live, I will not leave you." So he got
up and followed her.
31 Gehazi went on ahead and laid the staff on the
boy's face, but there was no sound or response. So
Gehazi went back to meet Elisha and told him, "The
boy has not awakened."
32 When Elisha reached the house, there was the boy
lying dead on his couch. 33 He went in, shut the door
on the two of them and prayed to the LORD. 34 Then he

Elle s'écria alors : Que mon seigneur, homme de Dieu, r
me donne pas de faux espoirs, moi qui suis sa servante
17 Cependant, cette femme devint enceinte et, l'anné
suivante à la même époque, elle donna naissance à un fil
exactement comme Elisée le lui avait prédit.

La mort de l'enfant

18 L'enfant grandit. Un jour qu'il était allé rejoindre so
père auprès des moissonneurs, 19 il cria soudain à son pèr
Oh, ma tête ! Que j'ai mal à la tête[r] !
Le père ordonna à son serviteur : Emporte-le vite che
sa mère !
20 Le serviteur l'emporta et l'amena à sa mère, qui le pr
sur ses genoux. Il y resta jusqu'à midi, puis il mourut. 21 El
monta dans la chambre du prophète, le coucha sur le lit c
l'homme de Dieu, referma la porte sur lui et sortit. 22 Pu
elle appela son mari et lui dit : Donne-moi, je te prie, l'u
des jeunes serviteurs et une ânesse ; je vais vite aller che
l'homme de Dieu et je reviens aussitôt.
23 – Pourquoi veux-tu aller chez lui aujourd'hui ? lui d
manda-t-il. Ce n'est ni la nouvelle lune ni un jour de sabba
Elle lui répondit : Tout va bien.
24 Puis elle fit seller l'ânesse et dit à son jeune serviteur
Conduis-moi rapidement ! Ne m'arrête pas en cours d
route sans que je te l'ordonne !
25 Elle voyagea ainsi et parvint jusqu'au mont Carme
où habitait l'homme de Dieu. Quand celui-ci l'aperçut d
loin, il dit à son serviteur Guéhazi : Regarde, c'est notr
Sunamite. 26 Cours vite à sa rencontre et demande-lui
« Tout va-t-il bien pour toi ? Ton mari est-il en bonn
santé ? L'enfant va-t-il bien ? »
Elle répondit : Tout va bien.
27 Elle poursuivit jusqu'à l'homme de Dieu sur la mor
tagne, elle se jeta à ses pieds. Guéhazi s'approcha pou
l'écarter. Mais Elisée lui dit : Laisse-la faire ! Elle est pr
fondément affligée, mais l'Eternel ne me l'a pas fait savo
et il ne m'en a pas révélé la cause.
28 Alors la femme s'écria : Est-ce que j'ai demandé u
fils à mon seigneur ? Ne t'avais-je pas dit : « Ne me donn
pas de faux espoirs » ?

Elisée ressuscite l'enfant

29 Elisée ordonna à Guéhazi : Mets ta ceinture ! Prenc
mon bâton en main et va. Si tu rencontres quelqu'un e
chemin, ne perds pas de temps à le saluer, et si quelqu'un t
salue, ne t'arrête pas pour lui répondre. Quand tu arrivera
dans la maison de cette femme, tu poseras mon bâton su
le visage du garçon.
30 La mère de l'enfant s'écria : Aussi vrai que l'Etern
est vivant et que tu es toi-même en vie, je ne partirai pa
sans toi !
Alors Elisée se leva et se mit en route avec elle. 31 Guéha
les avait devancés et il avait posé le bâton sur le visage d
petit garçon, mais rien ne s'était passé : pas un son, pa
une réaction. Il revint donc sur ses pas, à la rencontr
d'Elisée, et lui annonça que l'enfant n'était pas revenu
lui. 32 Quand Elisée arriva à la maison, le petit garçon éta
mort, étendu sur le lit. 33 Elisée entra, ferma la porte su
eux deux et pria l'Eternel. 34 Il monta sur le lit et se plaç
sur l'enfant, il appliqua sa bouche sur sa bouche, ses yeu

r **4.19** Il s'agit probablement d'une insolation (voir Ps 121.6), l'époque de
la moisson étant l'une des plus chaudes de l'année.
s **4.25** Voir 2.25. A une trentaine de kilomètres de Sunem.

ɔt on the bed and lay on the boy, mouth to mouth,
/es to eyes, hands to hands. As he stretched himself
ıt on him, the boy's body grew warm. 35 Elisha turned
way and walked back and forth in the room and then
ɔt on the bed and stretched out on him once more.
ne boy sneezed seven times and opened his eyes.
36 Elisha summoned Gehazi and said, "Call the
unammite." And he did. When she came, he said,
Take your son." 37 She came in, fell at his feet and
ɔwed to the ground. Then she took her son and went
ıt.

eath in the Pot

38 Elisha returned to Gilgal and there was a famine
ı that region. While the company of the prophets
as meeting with him, he said to his servant, "Put on
ıe large pot and cook some stew for these prophets."
39 One of them went out into the fields to gather
erbs and found a wild vine and picked as many of its
ɔurds as his garment could hold. When he returned,
e cut them up into the pot of stew, though no one
new what they were. 40 The stew was poured out for
ıe men, but as they began to eat it, they cried out,
Man of God, there is death in the pot!" And they
ɔuld not eat it.
41 Elisha said, "Get some flour." He put it into the pot
ıd said, "Serve it to the people to eat." And there was
othing harmful in the pot.

eeding of a Hundred

42 A man came from Baal Shalishah, bringing the
ıan of God twenty loaves of barley bread baked from
ıe first ripe grain, along with some heads of new
rain. "Give it to the people to eat," Elisha said.

43 "How can I set this before a hundred men?" his
ervant asked.
But Elisha answered, "Give it to the people to eat.
ɔr this is what the LORD says: 'They will eat and have
ɔme left over.'" 44 Then he set it before them, and
ıey ate and had some left over, according to the word
f the LORD.

aaman Healed of Leprosy

5 1 Now Naaman was commander of the army of
the king of Aram. He was a great man in the sight
f his master and highly regarded, because through
im the LORD had given victory to Aram. He was a
aliant soldier, but he had leprosy.[e]
2 Now bands of raiders from Aram had gone out
nd had taken captive a young girl from Israel, and
ıe served Naaman's wife. 3 She said to her mistress,

5:1 The Hebrew for *leprosy* was used for various diseases affecting
ıe skin; also in verses 3, 6, 7, 11 and 27.

sur ses yeux, ses mains sur ses mains. Comme il restait
ainsi étendu sur lui, le corps de l'enfant commença à se
réchauffer. 35 Le prophète se releva, marcha de long en
large dans la chambre, puis s'étendit de nouveau sur l'enfant. Soudain le petit garçon éternua sept fois et rouvrit
les yeux. 36 Elisée appela Guéhazi et lui dit : Va chercher
cette Sunamite !

Guéhazi l'appela et elle vint vers Elisée qui lui dit : Voici
ton fils, reprends-le !

37 Elle s'avança, se jeta à ses pieds et se prosterna jusqu'à
terre, puis elle prit son fils dans ses bras et sortit de la
pièce.

Elisée pourvoit à la nourriture de ses disciples

38 Elisée retourna à Guilgal[t]. Or, la famine sévissait dans
cette contrée. Un jour, ses disciples étaient assis devant
lui. Il s'interrompit et dit à son serviteur : Mets la grande
marmite sur le feu et prépare une soupe pour les disciples !
39 Alors un membre du groupe sortit dans la campagne
pour ramasser des légumes. Dans une vigne sauvage, il
trouva des coloquintes sauvages[u] et en remplit le pan de
son vêtement. A son retour, il les coupa en morceaux et en
remplit la marmite pour la soupe, mais personne ne savait
ce que c'était. 40 On servit la soupe aux hommes, mais dès
qu'ils l'eurent goûtée, ils s'écrièrent : Cette soupe est du
poison, homme de Dieu !

Et ils ne purent la manger. 41 Mais Elisée ordonna :
Apportez-moi de la farine !

Il en versa dans la marmite et dit : Que l'on serve ces
gens et qu'ils mangent !

La soupe qui était dans la marmite ne contenait plus
rien de mauvais.

42 A cette époque, un homme vint de Baal-Shalisha[v]. Il
apporta des vivres à l'homme de Dieu : vingt pains d'orge
et de blé nouveau dans son sac, comme premiers produits
de la nouvelle récolte. Elisée dit à son serviteur : Partage
ces vivres entre tout le monde et qu'ils mangent.
43 Celui-ci répondit : Comment pourrais-je nourrir cent
personnes avec cela ?

Mais Elisée répéta : Partage ces vivres entre tous et qu'ils
mangent, car l'Eternel déclare : « Chacun mangera à sa
faim, et il y aura même des restes. »
44 Le serviteur distribua les pains à tout le monde, ils
mangèrent, et il y eut effectivement des restes, comme
l'Eternel l'avait annoncé.

La guérison de Naaman

5 1 Naaman, le général en chef de l'armée du roi de
Syrie[w], était un homme que son maître, le roi de
Syrie, tenait en haute estime et auquel il accordait toute
sa faveur, car, par lui, l'Eternel avait accordé la victoire aux
Syriens. Hélas, ce valeureux guerrier était atteint d'une
maladie de peau rendant impur. 2 Or, au cours d'une incursion dans le territoire d'Israël, des troupes de pillards
syriens avaient enlevé une petite fille. A présent, elle était
au service de la femme de Naaman. 3 Un jour, elle dit à sa

t **4.38** Le Guilgal de 2.1 (voir note) où se trouvait une école de disciples du prophète.

u **4.39** Plante ressemblant à des concombres. Son fruit allongé, de la grosseur d'une orange, est extrêmement amer.

v **4.42** D'après 1 S 9.4, cette localité mentionnée seulement ici se trouvait à l'ouest de la montagne d'Ephraïm.

w **5.1** Ce roi était sans doute Ben-Hadad II (8.7 ; 13.3 ; voir 1 R 20.1 et note).

"If only my master would see the prophet who is in
Samaria! He would cure him of his leprosy."

4 Naaman went to his master and told him what
the girl from Israel had said. 5 "By all means, go,"
the king of Aram replied. "I will send a letter to the
king of Israel." So Naaman left, taking with him ten
talents[f] of silver, six thousand shekels[g] of gold and
ten sets of clothing. 6 The letter that he took to the
king of Israel read: "With this letter I am sending my
servant Naaman to you so that you may cure him of
his leprosy."

7 As soon as the king of Israel read the letter, he tore
his robes and said, "Am I God? Can I kill and bring back
to life? Why does this fellow send someone to me to
be cured of his leprosy? See how he is trying to pick
a quarrel with me!"

8 When Elisha the man of God heard that the king
of Israel had torn his robes, he sent him this message:
"Why have you torn your robes? Have the man come to
me and he will know that there is a prophet in Israel."
9 So Naaman went with his horses and chariots and
stopped at the door of Elisha's house. 10 Elisha sent a
messenger to say to him, "Go, wash yourself seven
times in the Jordan, and your flesh will be restored
and you will be cleansed."

11 But Naaman went away angry and said, "I thought
that he would surely come out to me and stand and
call on the name of the LORD his God, wave his hand
over the spot and cure me of my leprosy. 12 Are not
Abana and Pharpar, the rivers of Damascus, better
than all the waters of Israel? Couldn't I wash in them
and be cleansed?" So he turned and went off in a rage.

13 Naaman's servants went to him and said, "My
father, if the prophet had told you to do some great
thing, would you not have done it? How much more,
then, when he tells you, 'Wash and be cleansed'!" 14 So
he went down and dipped himself in the Jordan seven
times, as the man of God had told him, and his flesh
was restored and became clean like that of a young
boy.

15 Then Naaman and all his attendants went back to
the man of God. He stood before him and said, "Now
I know that there is no God in all the world except
in Israel. So please accept a gift from your servant."

16 The prophet answered, "As surely as the LORD lives,
whom I serve, I will not accept a thing." And even
though Naaman urged him, he refused.

17 "If you will not," said Naaman, "please let me,
your servant, be given as much earth as a pair of

[f] 5:5 That is, about 750 pounds or about 340 kilograms
[g] 5:5 That is, about 150 pounds or about 69 kilograms

maîtresse : Si seulement mon maître pouvait aller aupr
du prophète qui habite à Samarie ! Cet homme le guérira
de sa maladie.

4 Naaman répéta au roi les propos de la jeune fille d
pays d'Israël. 5 Alors le roi de Syrie lui dit : C'est bien
Rends-toi là-bas. Je vais te donner une lettre pour le r
d'Israël[x].

Ainsi Naaman se mit en route, emportant trois cer
cinquante kilos d'argent, soixante-dix kilos d'or et di
vêtements de rechange. 6 Arrivé à Samarie, il remit au r
d'Israël la lettre dans laquelle il était dit : « Tu recevra
ce message par l'intermédiaire de mon général Naama
que je t'envoie pour que tu le guérisses de sa maladie d
la peau. »

7 Quand le roi d'Israël eut pris connaissance du conten
de cette lettre, il déchira ses vêtements[y] et s'écria : Est-c
que je suis Dieu, moi ? Est-ce que je suis le maître de la v
et de la mort pour que cet homme me demande de guér
quelqu'un de sa maladie de la peau ? Reconnaissez do
et voyez qu'il me cherche querelle.

8 Lorsque Elisée, l'homme de Dieu, apprit que le roi d'Is
raël avait déchiré ses vêtements, il lui fit dire : Pourqu
as-tu déchiré tes vêtements ? Que cet homme vienne do
me voir et il saura qu'il y a un prophète en Israël.

9 Naaman vint donc avec ses chevaux et son char, et a
tendit devant la porte de la maison d'Elisée. 10 Celui-ci l
fit dire par un envoyé : Va te laver sept fois dans le Jourdai
et tu seras complètement purifié.

11 Naaman se mit en colère et il s'en alla en disant : J
pensais que cet homme viendrait en personne vers mo
qu'il se tiendrait là pour invoquer l'Eternel, son Dieu, pu
qu'il passerait sa main sur la partie malade et me guérira
de ma maladie de la peau. 12 Les fleuves de Damas, l'Aman
et le Parpar[z], ne valent-ils pas mieux que tous les cour
d'eau d'Israël ? Ne pourrais-je pas m'y baigner pour êtr
purifié ?

Il fit donc demi-tour et partit furieux. 13 Mais ses ser
viteurs s'approchèrent de lui pour lui dire : Maître, si c
prophète t'avait ordonné quelque chose de difficile, ne l
ferais-tu pas ? A plus forte raison devrais-tu faire ce qu'
t'a dit, s'il ne te demande que de te laver dans l'eau, po
être purifié.

14 Alors Naaman descendit dans le Jourdain et s'y tremp
sept fois, comme l'homme de Dieu le lui avait ordonné, e
sa chair redevint nette comme celle d'un jeune enfant :
était complètement purifié.

15 Il retourna vers l'homme de Dieu avec toute son es
corte. Lorsqu'il fut arrivé, il se présenta à lui en disant
Voici : je reconnais qu'il n'y a pas d'autre Dieu sur tout
la terre que celui d'Israël. Maintenant, accepte, je te pri
un cadeau de la part de ton serviteur.

16 Elisée répondit : Aussi vrai que l'Eternel que je ser
est vivant, je n'accepterai rien.

Naaman insista, mais Elisée persista dans son refu
17 Alors Naaman dit : Puisque tu refuses tout cadeau, per

[x] 5.5 C'est-à-dire *Yoram* (cf. 1.17 ; 3.1 ; 9.24). Les troubles frontaliers n'avaient pas anéanti la paix officielle établie par traité entre les deux royaumes.
[y] 5.7 En signe de consternation.
[z] 5.12 L'*Amana* (ou Abana) correspond au Barada actuel venant de l'Anti-Liban et traversant Damas, le « fleuve d'or » des Grecs, célèbre pour la pureté de ses eaux. Le *Parpar* jaillit de l'Hermon et se jette dans un lac a sud-est de Damas.

ıules can carry, for your servant will never again
ıake burnt offerings and sacrifices to any other god
ut the LORD. 18 But may the LORD forgive your servant
ır this one thing: When my master enters the tem-
le of Rimmon to bow down and he is leaning on my
rm and I have to bow there also – when I bow down
ı the temple of Rimmon, may the LORD forgive your
ervant for this."

19 "Go in peace," Elisha said.
After Naaman had traveled some distance, 20 Gehazi,
ne servant of Elisha the man of God, said to himself,
My master was too easy on Naaman, this Aramean,
y not accepting from him what he brought. As surely
s the LORD lives, I will run after him and get somehing from him."

21 So Gehazi hurried after Naaman. When Naaman
aw him running toward him, he got down from the
hariot to meet him. "Is everything all right?" he
sked.
22 "Everything is all right," Gehazi answered. "My
ıaster sent me to say, 'Two young men from the com-
ıany of the prophets have just come to me from the
ill country of Ephraim. Please give them a talent[h] of
ilver and two sets of clothing.'"

23 "By all means, take two talents," said Naaman. He
rged Gehazi to accept them, and then tied up the two
alents of silver in two bags, with two sets of clothing.
le gave them to two of his servants, and they carried
hem ahead of Gehazi. 24 When Gehazi came to the hill,
e took the things from the servants and put them
way in the house. He sent the men away and they left.
25 When he went in and stood before his master,
lisha asked him, "Where have you been, Gehazi?"
"Your servant didn't go anywhere," Gehazi
nswered.

26 But Elisha said to him, "Was not my spirit with
ou when the man got down from his chariot to
neet you? Is this the time to take money or to accept
lothes – or olive groves and vineyards, or flocks and
ıerds, or male and female slaves? 27 Naaman's leprosy
vill cling to you and to your descendants forever."
hen Gehazi went from Elisha's presence and his skin
vas leprous – it had become as white as snow.

n Axhead Floats

6 1 The company of the prophets said to Elisha,
"Look, the place where we meet with you is too
mall for us. 2 Let us go to the Jordan, where each of
ıs can get a pole; and let us build a place there for
ıs to meet."
And he said, "Go."

5:22 That is, about 75 pounds or about 34 kilograms

mets-moi du moins d'emporter un peu de terre de ton
pays, juste autant que deux mulets peuvent en porter, car
dorénavant ton serviteur ne veut plus offrir ni holocauste
ni sacrifice de communion à d'autre dieu qu'à l'Eternel.
18 Seulement, que l'Eternel veuille me pardonner la chose
suivante : quand mon souverain se rend dans le temple du
dieu Rimmôn pour s'y prosterner, je dois me prosterner
en même temps que lui car il s'appuie sur mon bras. Que
l'Eternel pardonne donc ce geste à ton serviteur.
19 Elisée lui dit : Va en paix !
Et Naaman le quitta.

La faute et le châtiment de Guéhazi

Lorsque Naaman eut parcouru une certaine distance,
20 Guéhazi, le serviteur d'Elisée l'homme de Dieu, se dit :
Mon maître a voulu ménager ce Syrien, Naaman, et il l'a
laissé partir sans accepter aucun des cadeaux qu'il lui avait
apportés. Aussi vrai que l'Eternel est vivant, je vais le rattraper et j'obtiendrai certainement quelque chose de lui.
21 Guéhazi se mit donc à courir après Naaman. Lorsque
celui-ci le vit accourir, il sauta de son char et se précipita
vers lui.
– Est-ce que tout va bien, lui demanda-t-il ?
22 – Oui, tout va bien, répondit Guéhazi. Mon maître
m'envoie te dire : « A l'instant, deux jeunes disciples
des prophètes viennent d'arriver chez moi de la région
montagneuse d'Ephraïm. Peux-tu me donner pour eux
trente-cinq kilos d'argent, je te prie, et deux vêtements
de rechange ? »
23 Naaman lui dit : Fais-moi le plaisir d'accepter soixante-dix kilos d'argent !
Il insista auprès de lui pour qu'il accepte et mit lui-même
les soixante-dix kilos d'argent dans deux sacs qu'il lui
donna. Il lui remit aussi deux vêtements d'apparat que
deux de ses serviteurs portèrent devant Guéhazi. 24 Quand
Guéhazi fut arrivé à la colline située près de l'entrée de la
ville, il prit les objets de leurs mains, les déposa chez lui, et
renvoya les deux serviteurs qui s'en allèrent. 25 Puis il alla
lui-même se présenter à son maître. Elisée lui demanda :
D'où viens-tu, Guéhazi ?
Il répondit : Ton serviteur n'est allé nulle part.
26 Mais Elisée lui dit : Crois-tu que mon esprit n'était
pas avec toi lorsque cet homme a sauté de son char pour
aller à ta rencontre ? Penses-tu que c'est le moment de
prendre de l'argent et d'acquérir des vêtements, puis des
oliviers, des vignes, des brebis et des bœufs, des serviteurs
et des servantes ? 27 Puisque tu as fait cela, la maladie de
la peau de Naaman s'attachera à toi et à tes descendants
pour toujours.
Alors Guéhazi quitta Elisée ; il y avait sur sa peau des
taches blanches comme neige[a].

Le fer qui surnage

6 1 Un jour, les disciples des prophètes[b] dirent à Elisée :
Tu vois que la salle où nous nous réunissons avec toi
est devenue trop petite pour nous. 2 Permets-nous d'aller
jusqu'au Jourdain : là, chacun de nous taillera une poutre
et nous la rapporterons pour construire une nouvelle maison. Elisée leur dit : Allez-y !

[a] 5.27 L'apparition de taches blanches signalait une maladie de peau rendant rituellement impur (cf. Ex 4.6 ; Lv 13.3 ; Nb 12.10).
[b] 6.1 Probablement à Jéricho, l'école de disciples du prophète la plus proche du Jourdain.

3 Then one of them said, "Won't you please come with your servants?"

"I will," Elisha replied. 4 And he went with them.

They went to the Jordan and began to cut down trees. 5 As one of them was cutting down a tree, the iron axhead fell into the water. "Oh no, my lord!" he cried out. "It was borrowed!"

6 The man of God asked, "Where did it fall?" When he showed him the place, Elisha cut a stick and threw it there, and made the iron float. 7 "Lift it out," he said. Then the man reached out his hand and took it.

Elisha Traps Blinded Arameans

8 Now the king of Aram was at war with Israel. After conferring with his officers, he said, "I will set up my camp in such and such a place."

9 The man of God sent word to the king of Israel: "Beware of passing that place, because the Arameans are going down there." 10 So the king of Israel checked on the place indicated by the man of God. Time and again Elisha warned the king, so that he was on his guard in such places.

11 This enraged the king of Aram. He summoned his officers and demanded of them, "Tell me! Which of us is on the side of the king of Israel?"

12 "None of us, my lord the king," said one of his officers, "but Elisha, the prophet who is in Israel, tells the king of Israel the very words you speak in your bedroom."

13 "Go, find out where he is," the king ordered, "so I can send men and capture him." The report came back: "He is in Dothan." 14 Then he sent horses and chariots and a strong force there. They went by night and surrounded the city.

15 When the servant of the man of God got up and went out early the next morning, an army with horses and chariots had surrounded the city. "Oh no, my lord! What shall we do?" the servant asked.

16 "Don't be afraid," the prophet answered. "Those who are with us are more than those who are with them."

17 And Elisha prayed, "Open his eyes, LORD, so that he may see." Then the LORD opened the servant's eyes, and he looked and saw the hills full of horses and chariots of fire all around Elisha.

18 As the enemy came down toward him, Elisha prayed to the LORD, "Strike this army with blindness." So he struck them with blindness, as Elisha had asked.

19 Elisha told them, "This is not the road and this is not the city. Follow me, and I will lead you to the man you are looking for." And he led them to Samaria.

20 After they entered the city, Elisha said, "LORD, open the eyes of these men so they can see." Then the LORD opened their eyes and they looked, and there they were, inside Samaria.

3 Mais l'un d'eux le pria : Accepte de venir avec t serviteurs.

Il répondit : D'accord, je viens.

4 Il descendit donc avec eux. Arrivés au Jourdain, i abattirent des arbres. 5 Pendant que l'un d'eux abattait so arbre, le fer de sa hache tomba dans l'eau. Il s'écria : A mon maître ! Quel malheur ! C'était une hache empruntée

6 L'homme de Dieu lui demanda : Où est tombé le fer ? L'homme lui indiqua l'endroit. Alors Elisée tailla u morceau de bois et le lança au même endroit. Aussitôt, l fer revint à la surface, 7 et le prophète dit : Ramène-le à to L'autre n'eut qu'à tendre la main pour le reprendre.

Les Syriens veulent capturer Elisée

8 Le roi de Syrie[c] était en guerre contre Israël ; il tir conseil avec son état-major et décida : J'établirai mo campement à tel et tel endroit. 9 Immédiatement, l'homm de Dieu fit dire au roi d'Israël[d] : Garde-toi bien de passe par tel endroit, car les Syriens y ont pris position.

10 Alors le roi d'Israël envoya quelques hommes en recon naissance à l'endroit que lui avait signalé l'homme de Dieu Cela se produisit à plusieurs reprises, 11 au point que l roi de Syrie en fut profondément troublé. Il convoqua se officiers et leur dit : Ne voulez-vous pas me dire qui, parm nous, est du côté du roi d'Israël ?

12 L'un de ses officiers lui répondit : Personne, mon sei gneur le roi. C'est Elisée, le prophète d'Israël, qui révèle son roi jusqu'aux paroles que tu prononces dans ta cham bre à coucher.

13 Le roi dit : Allez voir où il se trouve, pour que je puiss le faire saisir !

On vint lui annoncer : Il est à Dotân[e].

14 Le roi y envoya une forte troupe de soldats avec de chevaux et des chars. Ils arrivèrent de nuit et cernèrent l localité. 15 Le lendemain matin, le serviteur de l'homme d Dieu se leva de bonne heure et sortit. Il vit qu'une troup entourait la cité avec des chevaux et des chars. Le serviteu dit à son maître : Ah, mon seigneur ! Qu'allons-nous faire

16 Elisée répondit : N'aie pas peur, car ceux qui sont ave nous sont plus nombreux qu'eux.

17 Puis il pria : Eternel, je t'en prie : ouvre-lui les yeux pour qu'il voie !

L'Eternel ouvrit les yeux du serviteur qui vit la montagn pleine de chevaux et de chars de feu autour d'Elisée.

18 Les Syriens se dirigèrent vers Elisée. Celui-ci pri l'Eternel en disant : Je te prie, frappe d'aveuglement tout cette troupe !

Et l'Eternel les frappa d'aveuglement, comme Elisé l'avait demandé. 19 Elisée dit aux soldats : Vous n'êtes pa sur le bon chemin ! Ce n'est pas ici la ville où vous voule aller. Suivez-moi, et je vous conduirai vers l'homme qu vous cherchez !

Il les conduisit à Samarie. 20 Lorsqu'ils furent arrivés à Samarie, Elisée pria encore : Eternel, ouvre les yeux de ce hommes pour qu'ils voient maintenant !

L'Eternel leur ouvrit les yeux et ils s'aperçurent qu'il étaient à l'intérieur de la ville de Samarie.

[c] **6.8** C'est-à-dire Ben-Hadad II (5.1 et note).
[d] **6.9** C'est-à-dire à *Yoram* (cf. 1.17 ; 3.1 ; 9.24).
[e] **6.13** Situé sur une colline à mi-chemin entre Jizréel et Samarie, à une quinzaine de kilomètres au nord de Samarie (cf. Gn 37.17).

21 When the king of Israel saw them, he asked Elisha,
;hall I kill them, my father? Shall I kill them?"
22 "Do not kill them," he answered. "Would you
ill those you have captured with your own sword
: bow? Set food and water before them so that they
ıay eat and drink and then go back to their master."
So he prepared a great feast for them, and after
ıey had finished eating and drinking, he sent them
way, and they returned to their master. So the bands
om Aram stopped raiding Israel's territory.

amine in Besieged Samaria

24 Some time later, Ben-Hadad king of Aram mobi-
zed his entire army and marched up and laid siege
› Samaria. 25 There was a great famine in the city;
ıe siege lasted so long that a donkey's head sold for
ghty shekels[i] of silver, and a quarter of a cab[j] of seed
ods[k] for five shekels.[l]
26 As the king of Israel was passing by on the wall,
woman cried to him, "Help me, my lord the king!"
27 The king replied, "If the LORD does not help you,
'here can I get help for you? From the threshing floor?
rom the winepress?" 28 Then he asked her, "What's
ıe matter?"
She answered, "This woman said to me, 'Give up
our son so we may eat him today, and tomorrow we'll
at my son.' 29 So we cooked my son and ate him. The
ext day I said to her, 'Give up your son so we may eat
im,' but she had hidden him."
30 When the king heard the woman's words, he
ore his robes. As he went along the wall, the people
ooked, and they saw that, under his robes, he had
ackcloth on his body. 31 He said, "May God deal with
ıe, be it ever so severely, if the head of Elisha son of
haphat remains on his shoulders today!"

32 Now Elisha was sitting in his house, and the el-
ers were sitting with him. The king sent a messenger
head, but before he arrived, Elisha said to the elders,
Don't you see how this murderer is sending some-
ne to cut off my head? Look, when the messenger
omes, shut the door and hold it shut against him. Is
ot the sound of his master's footsteps behind him?"
3 While he was still talking to them, the messenger
ame down to him.
The king said, "This disaster is from the LORD. Why
hould I wait for the LORD any longer?"
7 1 Elisha replied, "Hear the word of the LORD. This is
what the LORD says: About this time tomorrow, a
eah[m] of the finest flour will sell for a shekel[n] and two
eahs[o] of barley for a shekel at the gate of Samaria."

6:25 That is, about 2 pounds or about 920 grams
6:25 That is, probably about 1/4 pound or about 100 grams
6:25 Or *of doves' dung*
6:25 That is, about 2 ounces or about 58 grams
7:1 That is, probably about 12 pounds or about 5.5 kilograms of
our; also in verses 16 and 18
7:1 That is, about 2/5 ounce or about 12 grams; also in verses 16
nd 18
7:1 That is, probably about 20 pounds or about 9 kilograms of
arley; also in verses 16 and 18

21 Lorsque le roi d'Israël les vit, il demanda à Elisée : Dois-
je les tuer, mon père ?
22 – Non, lui répondit Elisée, ne les tue pas ! Massacres-
tu des soldats que tu as capturés grâce à ton épée ou ton
arc ? Au contraire : fais-leur servir du pain et de l'eau pour
qu'ils mangent et qu'ils boivent. Puis qu'ils retournent
chez leur souverain !
23 Alors le roi d'Israël leur fit servir un repas copieux, ils
mangèrent et burent, puis il les renvoya et ils retournèrent
chez leur souverain. Depuis lors, les troupes syriennes
cessèrent leurs incursions sur le territoire d'Israël.

La famine règne dans Samarie assiégée

24 Quelque temps plus tard, Ben-Hadad, le roi de Syrie,
mobilisa toute son armée et alla mettre le siège devant
Samarie. 25 Pendant que le siège de la ville se prolongeait,
une grande famine y sévissait au point qu'une tête d'âne[f]
valait quatre-vingts pièces d'argent et une livre de pois
chiches[g] cinq pièces d'argent.
26 Un jour, le roi d'Israël passait sur le rempart. Une
femme lui cria : Viens à mon secours, mon seigneur le roi !
27 Il répondit : Si l'Eternel ne vient pas à ton secours,
comment pourrais-je te secourir ? Je n'ai ni blé, ni vin à
te donner. 28 Pourtant le roi ajouta : Qu'est-ce qui t'arrive ?
Elle répondit : Cette femme-là m'a proposé : « Donne ton
fils ! Nous le mangerons aujourd'hui, et demain ce sera le
tour du mien. » 29 Nous avons donc fait cuire mon fils, et
nous l'avons mangé. Mais le lendemain, quand je lui ai dit :
« Donne ton fils pour que nous le mangions », elle l'a caché.
30 Lorsque le roi entendit le récit de cette femme, il
déchira ses vêtements[h]. Lorsqu'il passa de nouveau sur le
rempart, le peuple s'aperçut qu'il portait sous ses habits
royaux un vêtement de toile grossière à même la peau.
31 Il déclara : Que Dieu me punisse très sévèrement, si la
tête d'Elisée, fils de Shaphath, reste encore aujourd'hui
sur ses épaules.

Elisée annonce la fin de la famine

32 Or, Elisée se tenait dans sa maison, avec les responsables de la ville. Le roi envoya quelqu'un chez lui. Mais
avant que l'émissaire soit arrivé, Elisée avait dit aux
responsables : Ne voyez-vous pas que ce fils d'assassin envoie quelqu'un pour me couper la tête ? Faites attention !
Quand vous verrez venir cet émissaire, fermez la porte
pour l'empêcher d'entrer ! N'entend-on pas déjà le bruit
des pas de son maître derrière lui ?
33 Il n'avait pas fini de parler que, déjà, l'émissaire[i] arriva. Le roi dit à Elisée : Tout ce mal vient de l'Eternel ! Que
puis-je encore attendre de lui ?
7 1 Elisée répondit : Ecoutez ce que dit l'Eternel. Voici
ce qu'il déclare : « Demain, à cette heure, sur la place
de Samarie à la porte de la ville, on vendra dix kilos de
fine farine pour une pièce d'argent et vingt kilos d'orge
pour le même prix. »

f **6.25** L'*âne* était un animal impur (Lv 11.2-8 ; Dt 14.4-8), il ne devait donc pas être mangé.
g **6.25** Autres traductions : *de bulbes d'oignons sauvages* ou *de fiente de pigeon* (servant de combustible).
h **6.30** En signe de consternation.
i **6.33** Avec une autre vocalisation du texte hébreu traditionnel : *le roi*.

2 The officer on whose arm the king was leaning said
to the man of God, "Look, even if the LORD should open
the floodgates of the heavens, could this happen?"
"You will see it with your own eyes," answered
Elisha, "but you will not eat any of it!"

The Siege Lifted

3 Now there were four men with leprosy[p] at the entrance of the city gate. They said to each other, "Why
stay here until we die? 4 If we say, 'We'll go into the
city' – the famine is there, and we will die. And if we
stay here, we will die. So let's go over to the camp of
the Arameans and surrender. If they spare us, we live;
if they kill us, then we die."

5 At dusk they got up and went to the camp of
the Arameans. When they reached the edge of the
camp, no one was there, 6 for the Lord had caused the
Arameans to hear the sound of chariots and horses
and a great army, so that they said to one another,
"Look, the king of Israel has hired the Hittite and
Egyptian kings to attack us!" 7 So they got up and
fled in the dusk and abandoned their tents and their
horses and donkeys. They left the camp as it was and
ran for their lives.
8 The men who had leprosy reached the edge of the
camp, entered one of the tents and ate and drank.
Then they took silver, gold and clothes, and went off
and hid them. They returned and entered another
tent and took some things from it and hid them also.

9 Then they said to each other, "What we're doing
is not right. This is a day of good news and we are
keeping it to ourselves. If we wait until daylight, punishment will overtake us. Let's go at once and report
this to the royal palace."
10 So they went and called out to the city gatekeepers and told them, "We went into the Aramean camp
and no one was there – not a sound of anyone – only
tethered horses and donkeys, and the tents left just
as they were." 11 The gatekeepers shouted the news,
and it was reported within the palace.
12 The king got up in the night and said to his officers, "I will tell you what the Arameans have done to

p 7:3 The Hebrew for *leprosy* was used for various diseases affecting the skin; also in verse 8.

2 L'aide de camp du roi qui l'accompagnait répondit
l'homme de Dieu : Même si l'Eternel perçait des trous da
le ciel, comment pareille chose pourrait-elle se réaliser
Elisée répliqua : Tu le verras de tes propres yeux, ma
tu n'en mangeras pas.

Des hommes à la peau malade se rendent au camp des Syriens

3 Près de la porte d'entrée de la ville se trouvaient quat
hommes atteints d'une maladie de peau rendant impu
Ils se dirent l'un à l'autre : A quoi bon rester ici à attend
la mort ? 4 Si nous décidons d'entrer dans la ville, nou
y mourrons, car la famine y règne. Si nous restons ic
nous mourrons également. Venez, descendons plutôt a
camp des Syriens et rendons-nous à eux ! S'ils nous lai
sent vivre, tant mieux, et s'ils nous font mourir, eh bien
nous mourrons !
5 Vers le soir, ils se préparèrent donc à descendre a
camp des Syriens. Lorsqu'ils furent arrivés à la limite d
camp, il n'y avait plus personne. 6 Le Seigneur avait fa
entendre aux assiégeants le bruit d'une grande armé
venant avec des chars et des chevaux. Les Syriens s'étaie
dit l'un à l'autre : Le roi d'Israël a certainement enrô
contre nous les rois des Hittites[k] et les rois des Egyptien
pour qu'ils viennent nous attaquer.
7 Ainsi, pour sauver leurs vies, ils se levèrent et s'en
fuirent à la tombée de la nuit, abandonnant leurs tente
leurs chevaux, leurs ânes et laissant leur camp tel que
8 Lorsque les hommes affectés d'une maladie de la pea
furent donc arrivés à la limite du camp, ils entrèrent da
une tente, où ils mangèrent et burent ce qu'ils y trou
vèrent. Puis ils emportèrent de l'argent, de l'or et de
vêtements pour les cacher ailleurs. Ensuite, ils revinre
et pénétrèrent sous une autre tente, y prirent ce qu'il
trouvèrent et allèrent encore le cacher.

Les malades de la peau informent le roi

9 Puis ils se dirent l'un à l'autre : Ce n'est pas bien, ce qu
nous faisons là ! Ce jour est un jour de bonne nouvelle. S
nous gardons cette bonne nouvelle pour nous et si nou
attendons qu'il fasse jour pour la publier, le châtimen
nous atteindra. Venez maintenant, allons prévenir l
palais royal.
10 Ils retournèrent à la ville et appelèrent les sentinelle
Ils leur firent ce rapport : Nous avons poussé jusqu'au cam
des Syriens, et voici qu'il n'y a plus personne, on n'y enten
plus une seule voix humaine ; il reste seulement des che
vaux et des ânes attachés, les tentes ont été abandonnée
telles quelles.
11 Les sentinelles de la porte appelèrent quelqu'un d
l'intérieur pour transmettre la nouvelle au palais roya
12 Le roi se leva au milieu de la nuit et dit à ses ministres :
mon avis, voici ce que les Syriens sont en train de machine
contre nous : ils savent que nous sommes affamés, c'es

j 7.3 Sur cette maladie, voir Lv 13.2 et la note. Ce type d'affection de la peau rendait rituellement impur et ceux qui en étaient atteints n'avaient pas le droit d'habiter dans les localités (Lv 13.46 ; Nb 5.2-3 ; 2 R 15.5 ; Lc 17.12).

k 7.6 Rois de petits Etats dirigés par des dynasties d'origine hittite au nord de la Syrie après la chute du grand Empire hittite en Asie Mineure (vers 1200 av. J.-C.).

l 7.6 Certains manuscrits ont *Musrim* (Mousrites) à la place de *Mizrim* (Egyptiens). Les Mousrites étaient installés en Cilicie et s'adonnaient à l'élevage des chevaux (voir 1 R 10.28-29 et note).

. They know we are starving; so they have left the
mp to hide in the countryside, thinking, 'They will
rely come out, and then we will take them alive and
t into the city.' "
13 One of his officers answered, "Have some men
ke five of the horses that are left in the city.
ieir plight will be like that of all the Israelites left
ere – yes, they will only be like all these Israelites
ho are doomed. So let us send them to find out what
appened."
14 So they selected two chariots with their horses,
ad the king sent them after the Aramean army. He
ommanded the drivers, "Go and find out what has
appened." 15 They followed them as far as the Jordan,
ad they found the whole road strewn with the cloth-
g and equipment the Arameans had thrown away
their headlong flight. So the messengers returned
ad reported to the king. 16 Then the people went out
ad plundered the camp of the Arameans. So a seah
the finest flour sold for a shekel, and two seahs of
arley sold for a shekel, as the LORD had said.
17 Now the king had put the officer on whose arm he
aned in charge of the gate, and the people trampled
m in the gateway, and he died, just as the man of
od had foretold when the king came down to his
ouse. 18 It happened as the man of God had said to the
ng: "About this time tomorrow, a seah of the finest
our will sell for a shekel and two seahs of barley for
shekel at the gate of Samaria."
19 The officer had said to the man of God, "Look,
en if the LORD should open the floodgates of the
eavens, could this happen?" The man of God had
plied, "You will see it with your own eyes, but you
ill not eat any of it!" 20 And that is exactly what
appened to him, for the people trampled him in the
ateway, and he died.

he Shunammite's Land Restored

8 1 Now Elisha had said to the woman whose son he
had restored to life, "Go away with your family
ad stay for a while wherever you can, because the
RD has decreed a famine in the land that will last
ven years." 2 The woman proceeded to do as the man
God said. She and her family went away and stayed
the land of the Philistines seven years.
3 At the end of the seven years she came back from
e land of the Philistines and went to appeal to the
ng for her house and land. 4 The king was talking to
ehazi, the servant of the man of God, and had said,
Tell me about all the great things Elisha has done."
ust as Gehazi was telling the king how Elisha had
stored the dead to life, the woman whose son Elisha
ad brought back to life came to appeal to the king
r her house and land.
Gehazi said, "This is the woman, my lord the king,
ad this is her son whom Elisha restored to life." 6 The
ng asked the woman about it, and she told him.

pourquoi ils ont quitté leur camp pour se cacher dans la
campagne. Ils doivent se dire : « Les assiégés vont sortir de
la ville, alors nous les saisirons vivants et nous pénétrerons
dans la ville. »
13 L'un des ministres proposa la chose suivante : On
pourrait envoyer quelques hommes et les cinq chevaux
qui nous restent encore dans la ville. Nous n'avons rien
à y perdre, car ils connaîtront le même sort que celui de
toute la multitude d'Israël qui reste dans la ville et qui va
vers sa fin. Envoyons-les donc et nous verrons bien.
14 On équipa donc deux chars attelés de chevaux, et le roi
envoya une patrouille à la recherche de l'armée syrienne
en leur disant d'aller voir ce qui se passait.
15 La patrouille suivit les traces de l'armée syrienne
jusqu'au Jourdain. Les hommes virent la route toute jon-
chée de vêtements et de matériel que les Syriens avaient
abandonnés dans leur précipitation. Ils revinrent faire
leur rapport au roi.

Les prédictions d'Elisée se réalisent

16 Alors le peuple de Samarie se précipita vers le camp
des Syriens pour le piller. C'est ainsi que l'on put acheter dix kilos de fine farine ou vingt kilos d'orge pour une
pièce d'argent, comme l'Eternel l'avait dit. 17 Le roi avait
chargé son aide de camp qui l'accompagnait de surveiller
la porte de la ville, mais celui-ci fut piétiné là par la foule
et il mourut, comme l'homme de Dieu l'avait annoncé au
moment où le roi était venu le trouver. 18 En effet, c'est à
ce moment qu'il avait dit au roi : Demain, à cette heure,
sur la place de Samarie, à la porte de la ville, on pourra
acheter vingt kilos d'orge ou dix kilos de fine farine pour
une pièce d'argent.
19 Et l'aide de camp lui avait répliqué : Même si l'Eternel perçait des trous dans le ciel, comment pareille chose
pourrait-elle se réaliser ?
A quoi Elisée avait répondu : Tu le verras de tes propres
yeux, mais tu n'en mangeras pas.
20 C'est bien en effet ce qui lui arriva : la foule le piétina
à la porte de la ville, et il mourut.

Le roi rend justice à la Sunamite

8 1 Elisée dit à la femme dont il avait ressuscité le fils :
Mets-toi en route et va à l'étranger avec ta famille.
Allez vous installer où vous pourrez, car l'Eternel a décidé
d'envoyer dans ce pays une famine qui sévira durant sept
ans.
2 La femme suivit le conseil de l'homme de Dieu : elle s'en
alla avec sa famille et s'installa pendant sept ans dans le
pays des Philistins[m]. 3 A la fin de la septième année, elle
en revint et se rendit chez le roi pour implorer son intervention afin qu'on lui rende sa maison et ses terres. 4 Le
roi s'entretenait justement avec Guéhazi, le serviteur de
l'homme de Dieu, et lui demandait : Raconte-moi donc
toutes les grandes choses qu'Elisée a accomplies.
5 Or, au moment précis où il lui racontait comment
Elisée avait ramené un mort à la vie, la femme dont il avait
ressuscité le fils arriva auprès du roi pour implorer son
intervention au sujet de sa maison et de ses terres. Alors
Guéhazi s'exclama : Mon seigneur le roi, voici la femme
dont je te parlais et voici son fils qu'Elisée a rendu à la vie !

m 8.2 Plus fertile que les montagnes d'Israël, moins menacé par les incursions des Syriens.

Then he assigned an official to her case and said to him, "Give back everything that belonged to her, including all the income from her land from the day she left the country until now."

Hazael Murders Ben-Hadad

7 Elisha went to Damascus, and Ben-Hadad king of Aram was ill. When the king was told, "The man of God has come all the way up here," 8 he said to Hazael, "Take a gift with you and go to meet the man of God. Consult the LORD through him; ask him, 'Will I recover from this illness?' "

9 Hazael went to meet Elisha, taking with him as a gift forty camel-loads of all the finest wares of Damascus. He went in and stood before him, and said, "Your son Ben-Hadad king of Aram has sent me to ask, 'Will I recover from this illness?' "

10 Elisha answered, "Go and say to him, 'You will certainly recover.' Nevertheless,[q] the LORD has revealed to me that he will in fact die." 11 He stared at him with a fixed gaze until Hazael was embarrassed. Then the man of God began to weep.

12 "Why is my lord weeping?" asked Hazael.

"Because I know the harm you will do to the Israelites," he answered. "You will set fire to their fortified places, kill their young men with the sword, dash their little children to the ground, and rip open their pregnant women."

13 Hazael said, "How could your servant, a mere dog, accomplish such a feat?"

"The LORD has shown me that you will become king of Aram," answered Elisha.

14 Then Hazael left Elisha and returned to his master. When Ben-Hadad asked, "What did Elisha say to you?" Hazael replied, "He told me that you would certainly recover." 15 But the next day he took a thick cloth, soaked it in water and spread it over the king's face, so that he died. Then Hazael succeeded him as king.

Jehoram King of Judah

16 In the fifth year of Joram son of Ahab king of Israel, when Jehoshaphat was king of Judah, Jehoram son of Jehoshaphat began his reign as king of Judah. 17 He was thirty-two years old when he became king, and he reigned in Jerusalem eight years. 18 He followed the ways of the kings of Israel, as the house of Ahab had done, for he married a daughter of Ahab. He did evil in the eyes of the LORD. 19 Nevertheless, for the sake of his servant David, the LORD was not willing to destroy Judah. He had promised to maintain a lamp for David and his descendants forever.

[q] **8:10** The Hebrew may also be read *Go and say, 'You will certainly not recover,' for.*

6 Le roi interrogea la femme et elle lui raconta toute s histoire. Puis le roi mit à sa disposition l'un de ses cha bellans auquel il dit : Fais restituer à cette femme tout qui lui appartient, et qu'on lui paie même une redevan pour ce que ses terres ont rapporté depuis le jour où e a quitté le pays jusqu'à maintenant.

Hazaël rencontre Elisée et devient roi de Syrie

7 Une autre fois, Elisée se rendit à Damas. Ben-Hadad, roi de Syrie, était malade. On lui annonça que l'homme Dieu était venu jusque-là. 8 Le roi dit à Hazaël : Prends cadeau, va trouver l'homme de Dieu et consulte l'Eterr par son intermédiaire pour savoir si je guérirai de cet maladie.

9 Hazaël alla trouver Elisée en emportant un prése composé des meilleurs produits de Damas[n], chargés s quarante chameaux. Lorsqu'il fut arrivé auprès de l il se tint devant lui et dit : Ton serviteur Ben-Hadad, r de Syrie, m'envoie vers toi pour te demander s'il sorti vivant de cette maladie.

10 Elisée lui répondit : Va et dis-lui : « Oui, certaineme tu guériras de cette maladie. » Cependant, l'Eternel m révélé qu'il va mourir.

11 Puis le regard de l'homme de Dieu se figea, il fi Hazaël avec intensité, jusqu'à ce que celui-ci rougisse honte, puis il se mit à pleurer.

12 Hazaël lui demanda : Pourquoi mon seigne pleure-t-il ?

Elisée répondit : Parce que je sais tout le mal que feras aux Israélites, tu incendieras leurs villes fortifié tu massacreras leurs jeunes gens, tu écraseras leurs pet enfants et tu fendras le ventre de leurs femmes enceint

13 Hazaël reprit étonné : Mais qu'est donc ton servite pour accomplir de pareilles choses ? Je n'ai pas plus valeur qu'un chien.

Elisée répliqua : L'Eternel m'a fait voir que tu deviendr roi de Syrie.

14 Hazaël quitta Elisée et revint auprès de son souvera qui lui demanda : Que t'a dit Elisée ?

Il répondit : Il m'a dit : « Oui, certainement tu guérir de cette maladie. »

15 Le lendemain Hazaël prit une couverture, la trem dans l'eau et en recouvrit le visage du roi qui mour Hazaël lui succéda sur le trône.

Le règne de Yoram sur Juda

(2 Ch 21.5-10, 20)

16 La cinquième année du règne de Yoram, fils d'Acha roi d'Israël, tandis que Josaphat était encore roi de Juc Yoram, son fils, devint roi de Juda. 17 Il avait trente-de ans à son avènement et il régna huit ans à Jérusalem[o]. 18 suivit l'exemple des rois d'Israël, agissant comme la dyna tie d'Achab, car il avait épousé une fille d'Achab[p]. Il fit que l'Eternel considère comme mal. 19 Pourtant, l'Etern ne voulut pas détruire Juda, à cause de son serviteur Dav à qui il avait promis que ses descendants régneraient po toujours.

[n] **8.9** *Damas* était un centre commercial important au carrefour des routes entre l'Egypte, l'Asie Mineure et la Mésopotamie.

[o] **8.17** De 848 à 841 av. J.-C. Ne pas confondre Yoram et Ahazia de Juda avec Ahazia et Yoram d'Israël.

[p] **8.18** La femme de Yoram était *Athalie*, une fille d'Achab (v. 26 ; 2 Ch 18.1).

20 In the time of Jehoram, Edom rebelled against
dah and set up its own king. 21 So Jehoram[r] went
Zair with all his chariots. The Edomites surround-
him and his chariot commanders, but he rose up
d broke through by night; his army, however, fled
ck home. 22 To this day Edom has been in rebellion
ainst Judah. Libnah revolted at the same time.

23 As for the other events of Jehoram's reign, and
l he did, are they not written in the book of the
nals of the kings of Judah? 24 Jehoram rested with
s ancestors and was buried with them in the City
David. And Ahaziah his son succeeded him as king.

naziah King of Judah

25 In the twelfth year of Joram son of Ahab king of
rael, Ahaziah son of Jehoram king of Judah began to
ign. 26 Ahaziah was twenty-two years old when he
came king, and he reigned in Jerusalem one year.
s mother's name was Athaliah, a granddaughter
Omri king of Israel. 27 He followed the ways of the
use of Ahab and did evil in the eyes of the LORD, as
e house of Ahab had done, for he was related by
arriage to Ahab's family.
28 Ahaziah went with Joram son of Ahab to war
ainst Hazael king of Aram at Ramoth Gilead. The
ameans wounded Joram; 29 so King Joram returned
Jezreel to recover from the wounds the Arameans
d inflicted on him at Ramoth[s] in his battle with
azael king of Aram.
Then Ahaziah son of Jehoram king of Judah went
wn to Jezreel to see Joram son of Ahab, because he
d been wounded.

hu Anointed King of Israel

1 The prophet Elisha summoned a man from the
company of the prophets and said to him, "Tuck
ur cloak into your belt, take this flask of olive oil
th you and go to Ramoth Gilead. 2 When you get
ere, look for Jehu son of Jehoshaphat, the son of
mshi. Go to him, get him away from his companions
d take him into an inner room. 3 Then take the flask
d pour the oil on his head and declare, 'This is what
e LORD says: I anoint you king over Israel.' Then open
e door and run; don't delay!"
4 So the young prophet went to Ramoth Gilead.
When he arrived, he found the army officers sitting
gether. "I have a message for you, commander," he
id.
"For which of us?" asked Jehu.
"For you, commander," he replied.
6 Jehu got up and went into the house. Then the
ophet poured the oil on Jehu's head and declared,

:21 Hebrew *Joram*, a variant of *Jehoram*; also in verses 23 and 24
:29 Hebrew *Ramah*, a variant of *Ramoth*

20 Sous le règne de Yoram, les Edomites se révoltèrent contre la domination de Juda, et se donnèrent un roi[q]. 21 Alors Yoram partit pour Tsaïr[r] avec tous ses chars de guerre. En pleine nuit, il tomba sur les Edomites qui l'avaient déjà encerclé, et il les battit ainsi que les chefs des chars ; les soldats s'enfuirent chez eux. 22 Depuis lors, Edom fut en révolte contre Juda, et il l'est toujours. A la même époque, Libna[s] se révolta également.

23 Les autres faits et gestes de Yoram et toutes ses réalisations sont cités dans le livre des Annales des rois de Juda. 24 Yoram rejoignit ses ancêtres décédés et fut enterré à leurs côtés dans la cité de David. Ahazia, son fils, lui succéda sur le trône.

Le règne d'Ahazia sur Juda

(2 Ch 22.1-6)

25 La douzième année du règne de Yoram, fils d'Achab, roi d'Israël, Ahazia, fils de Yoram, devint roi de Juda. 26 Il était âgé de vingt-deux ans à son avènement et il régna un an à Jérusalem[t]. Sa mère s'appelait Athalie, elle était une petite-fille d'Omri, roi d'Israël. 27 Ahazia suivit l'exemple de la dynastie d'Achab et fit ce que l'Eternel considère comme mal, comme la famille d'Achab, car il était allié par mariage à cette famille. 28 Il partit avec Yoram, le fils d'Achab, pour une expédition militaire contre Hazaël, roi de Syrie, à Ramoth en Galaad. Yoram fut blessé par les Syriens. 29 Alors, il retourna à Jizréel[u] pour se faire soigner des blessures que les Syriens lui avaient infligées à Rama pendant le combat contre Hazaël, roi de Syrie. Ahazia, fils de Yoram, roi de Juda, y alla pour lui rendre visite au cours de sa maladie.

Elisée envoie l'un de ses disciples oindre Jéhu

9 1 Le prophète Elisée appela l'un des disciples des prophètes et lui dit : Habille-toi pour partir. Prends cette fiole d'huile et va à Ramoth en Galaad. 2 Là tu iras voir Jéhu, fils de Josaphat et petit-fils de Nimshi. Tu l'aborderas et tu lui demanderas de laisser ses compagnons et de te suivre seul dans une pièce retirée. 3 Tu prendras la fiole d'huile et tu en verseras le contenu sur sa tête en disant : « Voici ce que déclare l'Eternel : Je te confère l'onction pour t'établir roi d'Israël ! » Puis tu te précipiteras vers la porte et tu t'enfuiras sans attendre.

4 Le jeune prophète partit donc pour Ramoth en Galaad. 5 Quand il arriva, il trouva les chefs de l'armée d'Israël siégeant ensemble. Il dit : Chef, j'ai un message pour toi.

Jéhu demanda : Pour lequel d'entre nous ?

Il répondit : Pour toi, chef !

6 Jéhu se leva et entra dans la maison. Le prophète lui répandit l'huile sur la tête et lui dit : Voici ce que déclare

q **8.20** Voir Gn 27.40. Jusque-là, Edom avait été vassal de Juda, sous les ordres d'un gouverneur (3.9 ; 1 R 22.48).
r **8.21** Localité inconnue, très certainement en Edom ou proche d'Edom.
s **8.22** Ville de Juda sur les confins de la Philistie, près de Lakish (19.8), à une quarantaine de kilomètres à l'ouest de Jérusalem. C'était l'une des villes des prêtres (Jos 21.13). Sa révolte est peut-être liée à celles des Philistins et des Arabes mentionnées en 2 Ch 21.16-17.
t **8.26** En 841 av. J.-C.
u **8.29** Où était l'une des résidences des rois d'Israël (cf. 1 R 18.45-46 ; 21.1-2).

"This is what the LORD, the God of Israel, says: 'I anoint you king over the LORD's people Israel. 7 You are to destroy the house of Ahab your master, and I will avenge the blood of my servants the prophets and the blood of all the LORD's servants shed by Jezebel. 8 The whole house of Ahab will perish. I will cut off from Ahab every last male in Israel – slave or free.[t] 9 I will make the house of Ahab like the house of Jeroboam son of Nebat and like the house of Baasha son of Ahijah. 10 As for Jezebel, dogs will devour her on the plot of ground at Jezreel, and no one will bury her.' " Then he opened the door and ran.

11 When Jehu went out to his fellow officers, one of them asked him, "Is everything all right? Why did this maniac come to you?"

"You know the man and the sort of things he says," Jehu replied.

12 "That's not true!" they said. "Tell us."

Jehu said, "Here is what he told me: 'This is what the LORD says: I anoint you king over Israel.' "

13 They quickly took their cloaks and spread them under him on the bare steps. Then they blew the trumpet and shouted, "Jehu is king!"

Jehu Kills Joram and Ahaziah

14 So Jehu son of Jehoshaphat, the son of Nimshi, conspired against Joram. (Now Joram and all Israel had been defending Ramoth Gilead against Hazael king of Aram, 15 but King Joram[u] had returned to Jezreel to recover from the wounds the Arameans had inflicted on him in the battle with Hazael king of Aram.) Jehu said, "If you desire to make me king, don't let anyone slip out of the city to go and tell the news in Jezreel." 16 Then he got into his chariot and rode to Jezreel, because Joram was resting there and Ahaziah king of Judah had gone down to see him.

17 When the lookout standing on the tower in Jezreel saw Jehu's troops approaching, he called out, "I see some troops coming."

"Get a horseman," Joram ordered. "Send him to meet them and ask, 'Do you come in peace?' "

18 The horseman rode off to meet Jehu and said, "This is what the king says: 'Do you come in peace?' "

"What do you have to do with peace?" Jehu replied. "Fall in behind me."

The lookout reported, "The messenger has reached them, but he isn't coming back."

19 So the king sent out a second horseman. When he came to them he said, "This is what the king says: 'Do you come in peace?' "

Jehu replied, "What do you have to do with peace? Fall in behind me."

20 The lookout reported, "He has reached them, but he isn't coming back either. The driving is like that of Jehu son of Nimshi – he drives like a maniac."

[t] 9:8 Or *Israel – every ruler or leader*

[u] 9:15 Hebrew *Jehoram,* a variant of *Joram;* also in verses 17 and 21-24

l'Eternel, le Dieu d'Israël : « Je te confère l'onction po t'établir roi d'Israël, le peuple de l'Eternel. 7 Tu frappe as la maison d'Achab, ton seigneur. Ainsi, je vengerai meurtre de mes serviteurs les prophètes et celui de to les serviteurs de l'Eternel assassinés par Jézabel. 8 Ou toute la famille d'Achab périra. J'en exterminerai tous l hommes, esclaves et libres, en Israël. 9 Je traiterai cet maison comme j'ai traité celle de Jéroboam, fils de Nebat et celle de Baésha, fils d'Ahiya. 10 Quant à Jézabel, elle se dévorée par les chiens dans le domaine de Jizréel, sa qu'il y ait personne pour l'enterrer. »

Après avoir dit cela, le prophète ouvrit la porte s'enfuit.

11 Lorsque Jéhu revint auprès des autres officiers du r ils lui demandèrent : Est-ce que ça va ? Pourquoi cet exa est-il venu te voir ?

Jéhu leur répondit : Vous connaissez bien ce genre personnes et leurs divagations.

12 Mais ils répliquèrent : Tu mens ! Raconte-nous do ce qui s'est passé.

– Eh bien, dit-il, voici comment il m'a parlé. Il m'a di « Voici ce que déclare l'Eternel : Je te confère l'oncti pour t'établir roi d'Israël. »

13 A ces mots, les officiers s'empressèrent d'étendre leu manteaux devant lui sur les marches de l'escalier, puis sonnèrent du cor et se mirent à crier : Vive le roi Jéhu !

Jéhu assassine Yoram et Ahazia

14 C'est ainsi que Jéhu, fils de Josaphat, petit-fils Nimshi, forma une conspiration contre Yoram à l'époq où celui-ci défendait, avec tout Israël, Ramoth en Gala contre Hazaël, roi de Syrie. 15 Le roi Yoram était retour à Jizréel pour se faire soigner des blessures que lui avaie infligées les Syriens pendant le combat contre Hazaël, r de Syrie. Jéhu dit à ses compagnons : Si vous êtes décid à vous rallier à moi, il faut que personne ne s'échappe la ville pour aller annoncer la chose à Jizréel.

16 Puis Jéhu monta sur son char et partit pour Jizré où Yoram était alité et recevait la visite d'Ahazia, le r de Juda.

17 La sentinelle, postée sur la tour de Jizréel, vit ven la troupe de Jéhu et fit dire au roi : J'aperçois une troup Yoram ordonna : Qu'on désigne un cavalier et qu'on l'e voie à leur rencontre pour leur demander s'ils vienne pour la paix.

18 Le cavalier se rendit à la rencontre de Jéhu et lui di Ainsi parle le roi : « Viens-tu pour la paix ? »

Jéhu répondit : Que t'importe la paix ? Fais demi-to et passe derrière moi.

La sentinelle fit son rapport en disant : Le messager e arrivé jusqu'à eux, mais il ne revient pas.

19 On envoya un deuxième cavalier qui arriva aupr d'eux et dit : Ainsi parle le roi : « Viens-tu pour la paix ?

Jéhu répondit : Que t'importe la paix ? Fais demi-to et passe derrière moi.

20 La sentinelle fit son rapport en disant : Il est arri jusqu'à eux, mais il ne revient pas. Le chef de la trou conduit son char à la manière de Jéhu, petit-fils de Nimsh il conduit comme un fou.

21“Hitch up my chariot,” Joram ordered. And when
: was hitched up, Joram king of Israel and Ahaziah
ing of Judah rode out, each in his own chariot, to
neet Jehu. They met him at the plot of ground that
ad belonged to Naboth the Jezreelite. 22When Joram
aw Jehu he asked, “Have you come in peace, Jehu?”
“How can there be peace,” Jehu replied, “as long as
ll the idolatry and witchcraft of your mother Jezebel
bound?”
23Joram turned about and fled, calling out to
hhaziah, “Treachery, Ahaziah!”
24Then Jehu drew his bow and shot Joram between
he shoulders. The arrow pierced his heart and he
lumped down in his chariot. 25Jehu said to Bidkar,
is chariot officer, “Pick him up and throw him on the
eld that belonged to Naboth the Jezreelite. Remember
ow you and I were riding together in chariots behind
hab his father when the Lord spoke this prophecy
gainst him: 26‘Yesterday I saw the blood of Naboth
nd the blood of his sons, declares the Lord, and I will
urely make you pay for it on this plot of ground, de-
lares the Lord.’[v] Now then, pick him up and throw him
n that plot, in accordance with the word of the Lord.”
27When Ahaziah king of Judah saw what had hapened, he fled up the road to Beth Haggan.[w] Jehu
hased him, shouting, “Kill him too!” They wounded
im in his chariot on the way up to Gur near Ibleam,
ut he escaped to Megiddo and died there. 28His ser-
ants took him by chariot to Jerusalem and buried
im with his ancestors in his tomb in the City of
avid. 29(In the eleventh year of Joram son of Ahab,
haziah had become king of Judah.)

ezebel Killed

30Then Jehu went to Jezreel. When Jezebel heard
bout it, she put on eye makeup, arranged her hair
nd looked out of a window. 31As Jehu entered the
ate, she asked, “Have you come in peace, you Zimri,
ou murderer of your master?”[x]
32He looked up at the window and called out, “Who
s on my side? Who?” Two or three eunuchs looked
own at him. 33“Throw her down!” Jehu said. So they
hrew her down, and some of her blood spattered the
vall and the horses as they trampled her underfoot.
34Jehu went in and ate and drank. “Take care of
hat cursed woman,” he said, “and bury her, for she
vas a king’s daughter.” 35But when they went out to
ury her, they found nothing except her skull, her
eet and her hands. 36They went back and told Jehu,
vho said, “This is the word of the Lord that he spoke
hrough his servant Elijah the Tishbite: On the plot
f ground at Jezreel dogs will devour Jezebel’s flesh.[y]
7Jezebel’s body will be like dung on the ground in
he plot at Jezreel, so that no one will be able to say,
This is Jezebel.’ ”

9:26 See 1 Kings 21:19.
9:27 Or *fled by way of the garden house*
9:31 Or *“Was there peace for Zimri, who murdered his master?”*
9:36 See 1 Kings 21:23.

(2 Ch 22.7-9)

21Alors Yoram ordonna : Qu’on attelle mon char !
Et l’on attela son char. Yoram, roi d’Israël et Ahazia, roi
de Juda, sortirent chacun sur son char pour aller au-devant
de Jéhu, ils le rejoignirent dans le champ de Naboth de
Jizréel. 22Dès que Yoram fut à portée de voix de Jéhu, il
lui demanda : Viens-tu pour la paix, Jéhu ?
Jéhu répondit : Comment peut-il être question de paix
tant que durent les prostitutions de ta mère Jézabel et ses
innombrables pratiques de sorcellerie ?
23Alors Yoram fit demi-tour et s’enfuit, en criant à
Ahazia : Attention, Ahazia ! c’est une trahison !
24Mais Jéhu saisit son arc et tira. La flèche frappa Yoram
entre les deux épaules, lui transperça le cœur et ressortit par la poitrine. Yoram s’effondra mort dans son char.
25Jéhu dit à son écuyer Bidqar : Prends son cadavre et jette-
le dans le champ de Naboth de Jizréel ! Te rappelles-tu ?
Lorsque nous étions ensemble sur un char derrière son
père Achab, l’Eternel a prononcé contre lui cette sentence :
26« Voici ce que déclare l’Eternel : Puisque j’ai vu couler le
sang de Naboth et celui de ses enfants, je te le ferai payer
dans ce champ même – l’Eternel le déclare ! » Maintenant
donc, emporte-le et jette-le dans ce champ, comme l’Eternel l’a annoncé.
27Quand Ahazia, roi de Juda, vit ce qui se passait, il s’enfuit en direction de Beth-Hagân. Mais Jéhu se lança à sa
poursuite et ordonna à ses hommes : Lui aussi, frappez-le
sur son char !
Il fut blessé à la montée de Gour près de Yibleam et réussit à fuir jusqu’à Meguiddo où il mourut. 28Ses serviteurs
le ramenèrent sur un char à Jérusalem, et l’ensevelirent
dans son tombeau à côté de ses ancêtres dans la cité de
David. 29Ahazia était devenu roi de Juda la onzième année
du règne de Yoram, fils d’Achab.

La fin de Jézabel

30Jéhu était sur le point d’entrer à Jizréel. A cette nouvelle, Jézabel se farda les yeux, arrangea sa chevelure et
se pencha à sa fenêtre pour regarder. 31Lorsque Jéhu eut
franchi la porte de la ville, elle lui cria : Viens-tu pour la
paix, nouveau Zimri[v], assassin de ton seigneur ?
32Il leva les yeux vers la fenêtre et s’écria : Qui de vous
est pour moi ? Qui donc ?
Alors deux ou trois chambellans se penchèrent vers lui
aux fenêtres. 33Il leur ordonna : Jetez-la en bas !
Ils la précipitèrent dans le vide, et son sang éclaboussa
le mur et les chevaux. Jéhu passa sur elle avec son char,
34puis il entra dans le palais pour manger et pour boire.
Ensuite, il ordonna à ses compagnons : Occupez-vous de
cette femme maudite et enterrez-la. Après tout, c’est une
fille de roi[w]. 35Ses hommes allèrent pour la mettre au
tombeau, mais ils ne trouvèrent d’elle que son crâne, ses
pieds et ses mains. 36Ils retournèrent l’annoncer à Jéhu qui
s’écria : C’est bien ce que l’Eternel avait annoncé par son
serviteur Elie de Tishbé, lorsqu’il a déclaré : « Les chiens
dévoreront le corps de Jézabel dans le champ de Jizréel.
37Les restes du cadavre de Jézabel seront dispersés comme
du fumier épandu sur le sol du champ de Jizréel, de sorte
que personne ne pourra dire : C’est Jézabel. »

v **9.31** Allusion à Zimri, qui tua le roi Ela d’Israël 45 ans plus tôt, assassina toute la famille de Baésha, mais ne régna que sept jours (1 R 16.8-20).
w **9.34** Du roi des Sidoniens (1 R 16.31).

Ahab's Family Killed

10 1 Now there were in Samaria seventy sons of
the house of Ahab. So Jehu wrote letters and
sent them to Samaria: to the officials of Jezreel,[z] to
the elders and to the guardians of Ahab's children. He
said, 2 "You have your master's sons with you and you
have chariots and horses, a fortified city and weapons. Now as soon as this letter reaches you, 3 choose
the best and most worthy of your master's sons and
set him on his father's throne. Then fight for your
master's house."

4 But they were terrified and said, "If two kings
could not resist him, how can we?"

5 So the palace administrator, the city governor, the
elders and the guardians sent this message to Jehu:
"We are your servants and we will do anything you
say. We will not appoint anyone as king; you do whatever you think best."

6 Then Jehu wrote them a second letter, saying, "If
you are on my side and will obey me, take the heads
of your master's sons and come to me in Jezreel by
this time tomorrow."

Now the royal princes, seventy of them, were with
the leading men of the city, who were rearing them.
7 When the letter arrived, these men took the princes
and slaughtered all seventy of them. They put their
heads in baskets and sent them to Jehu in Jezreel.
8 When the messenger arrived, he told Jehu, "They
have brought the heads of the princes."

Then Jehu ordered, "Put them in two piles at the
entrance of the city gate until morning."

9 The next morning Jehu went out. He stood before
all the people and said, "You are innocent. It was I
who conspired against my master and killed him, but
who killed all these? 10 Know, then, that not a word the
LORD has spoken against the house of Ahab will fail.
The LORD has done what he announced through his
servant Elijah." 11 So Jehu killed everyone in Jezreel
who remained of the house of Ahab, as well as all his
chief men, his close friends and his priests, leaving
him no survivor.

12 Jehu then set out and went toward Samaria. At
Beth Eked of the Shepherds, 13 he met some relatives
of Ahaziah king of Judah and asked, "Who are you?"

They said, "We are relatives of Ahaziah, and we have
come down to greet the families of the king and of
the queen mother."

14 "Take them alive!" he ordered. So they took
them alive and slaughtered them by the well of Beth
Eked – forty-two of them. He left no survivor.

[z] 10:1 Hebrew; some Septuagint manuscripts and Vulgate *of the city*

L'extermination de la famille d'Achab

10 1 Soixante-dix princes descendant d'Achab vi
vaient à Samarie[x]. Jéhu écrivit des lettres qu'
fit envoyer à Samarie, aux chefs militaires de Jizréel
aux responsables, aux chefs de la ville et aux précepteur
chargés d'élever les descendants d'Achab. Dans ces lettre
il disait : 2 Vous avez parmi vous les princes de la famil
royale. Vous disposez d'autre part de chars, de chevau
et d'armes, vous habitez une ville fortifiée. Dès que cett
lettre vous sera parvenue, 3 choisissez parmi les descen
dants du roi celui qui vous paraît le plus qualifié et le plu
juste, et installez-le sur le trône de son père ; puis com
battez pour la maison de votre souverain.

4 Quand les destinataires reçurent cette lettre, ils furer
pris de panique et ils se dirent les uns aux autres : Deu
rois[z] n'ont pas pu résister à ce Jéhu. Comment pourr
ons-nous lui tenir tête ?

5 C'est pourquoi le chef du palais royal, le commandar
de la ville, les responsables et les précepteurs des fi
royaux envoyèrent ce message à Jéhu : Nous sommes
ton service et nous ferons tout ce que tu nous ordonneras
nous ne proclamerons personne roi. Agis donc comm
bon te semblera.

6 Jéhu leur écrivit une seconde lettre, dans laquelle
disait : Si vous êtes de mon côté et si vous voulez m'obéi
prenez les têtes de tous les descendants de votre souverair
et venez me les amener demain à la même heure à Jizrée

Or, les soixante-dix princes descendant du roi étaier
répartis chez les principaux personnages de la ville qui as
suraient leur éducation. 7 Quand les dirigeants reçurent l
lettre, ils saisirent les soixante-dix princes et les tuèren
puis ils entassèrent leurs têtes dans des corbeilles qu'i
firent porter à Jéhu, à Jizréel. 8 Un messager vint l'inform
er qu'on avait apporté les têtes des princes royaux. Jéh
ordonna qu'on en fasse deux tas et qu'on les expose su
la place à l'entrée de la ville jusqu'au matin suivant. 9 L
lendemain matin, il sortit et, se tenant devant tout l
peuple, il dit : Vous êtes innocents. C'est moi seul qui su
responsable d'avoir comploté contre mon maître le ro
Yoram et de l'avoir tué ; mais tous ceux-ci, qui les a mas
sacrés ? 10 Reconnaissez donc qu'aucune des paroles qu
l'Eternel a prononcées contre la maison d'Achab ne rester
sans effet : l'Eternel a accompli ce qu'il avait annoncé pa
l'intermédiaire de son serviteur Elie.

11 Jéhu tua encore tous ceux qui restaient de la maiso
d'Achab à Jizréel, il fit mettre à mort tous ses grands, se
familiers et ses prêtres sans en laisser survivre aucu
12 Puis il partit et rentra à Samarie.

En chemin, à Beth-Eqed-des-Bergers, 13 il rencontra de
proches parents d'Ahazia, l'ancien roi de Juda. Il leur de
manda : Qui êtes-vous ?

– Nous sommes des parents d'Ahazia, lui répondirent-il
et nous allons saluer les fils du roi et la reine.

14 Alors Jéhu ordonna : Saisissez-les vivants !

On les saisit et on les égorgea pour les jeter dans la ci
erne de Beth-Eqed. Ils étaient au nombre de quarante-deu
et Jéhu n'en épargna aucun.

[x] 10.1 Capitale du royaume du Nord depuis Omri (1 R 16.24).
[y] 10.1 Certains manuscrits de l'ancienne version grecque et la Vulgate ont : *la ville.*
[z] 10.4 Yoram et Ahazia (9.22-28).

15 After he left there, he came upon Jehonadab son
f Rekab, who was on his way to meet him. Jehu greet-
d him and said, "Are you in accord with me, as I am
ith you?"
"I am," Jehonadab answered.
"If so," said Jehu, "give me your hand." So he did,
nd Jehu helped him up into the chariot. 16 Jehu said,
Come with me and see my zeal for the LORD." Then
e had him ride along in his chariot.
17 When Jehu came to Samaria, he killed all who
vere left there of Ahab's family; he destroyed them,
ccording to the word of the LORD spoken to Elijah.

ervants of Baal Killed

18 Then Jehu brought all the people together and
aid to them, "Ahab served Baal a little; Jehu will serve
im much. 19 Now summon all the prophets of Baal,
ll his servants and all his priests. See that no one is
nissing, because I am going to hold a great sacrifice
or Baal. Anyone who fails to come will no longer live."
ut Jehu was acting deceptively in order to destroy
he servants of Baal.
20 Jehu said, "Call an assembly in honor of Baal."
o they proclaimed it. 21 Then he sent word through-
ut Israel, and all the servants of Baal came; not one
tayed away. They crowded into the temple of Baal
ntil it was full from one end to the other. 22 And Jehu
aid to the keeper of the wardrobe, "Bring robes for
ll the servants of Baal." So he brought out robes for
hem.
23 Then Jehu and Jehonadab son of Rekab went into
he temple of Baal. Jehu said to the servants of Baal,
Look around and see that no one who serves the LORD
here with you – only servants of Baal." 24 So they
ent in to make sacrifices and burnt offerings. Now
hu had posted eighty men outside with this warning:
f one of you lets any of the men I am placing in your
ands escape, it will be your life for his life."

25 As soon as Jehu had finished making the burnt of-
ering, he ordered the guards and officers: "Go in and
ill them; let no one escape." So they cut them down
ith the sword. The guards and officers threw the
odies out and then entered the inner shrine of the
emple of Baal. 26 They brought the sacred stone out of
he temple of Baal and burned it. 27 They demolished
he sacred stone of Baal and tore down the temple of
aal, and people have used it for a latrine to this day.
28 So Jehu destroyed Baal worship in Israel.
9 However, he did not turn away from the sins of
eroboam son of Nebat, which he had caused Israel

15 Jéhu partit de là et rencontra Yonadab, fils de Rékab[a],
qui venait à sa rencontre. Il le salua et lui demanda : Es-tu
aussi loyal envers moi que je le suis envers toi ?
Yonadab répondit : Tout autant.
– S'il en est ainsi, répliqua Jéhu, donne-moi la main.
Ils se serrèrent la main. Alors Jéhu le fit monter à côté
de lui sur son char.
16 Il lui dit : Viens avec moi et tu verras avec quel zèle je
combats pour l'Eternel.
Il l'emmena ainsi dans son char.
17 Rentré à Samarie, il mit à mort tous les survivants
de la maison d'Achab jusqu'à leur entière extermination,
conformément à ce que l'Eternel avait annoncé par Elie.

Jéhu extermine les adorateurs de Baal

18 Puis Jéhu convoqua toute la population. Il leur dit :
Achab a un peu rendu un culte au dieu Baal ; moi, je vais
l'adorer beaucoup plus. 19 Maintenant, convoquez auprès
de moi tous les prophètes de Baal, tous ses fidèles et tous
ses prêtres ! Que personne ne manque, car je vais offrir
un grand sacrifice à Baal. Quiconque manquera ne restera
pas en vie.
Jéhu agissait ainsi par ruse afin d'exterminer tous les
adorateurs de Baal. 20 Il ordonna : Convoquez une assemblée cultuelle en l'honneur de Baal !
Ce qui fut fait.
21 Jéhu envoya des messagers dans tout Israël, et tous
les fidèles de Baal accoururent. Pas un ne manqua. Ils se
rendirent tous au temple de Baal[b], qui fut complètement
rempli. 22 Alors Jéhu ordonna au responsable des vêtements
sacrés de sortir les vêtements pour en fournir à tous les
fidèles de Baal. L'homme les leur sortit donc. 23 Puis Jéhu
se rendit au temple de Baal en compagnie de Yonadab,
fils de Rékab. Il s'adressa aux adorateurs de Baal en leur
disant : Assurez-vous bien que vous êtes entre vous et qu'il
n'y a ici aucun adorateur de l'Eternel, mais seulement des
adorateurs de Baal.
24 Ensuite Jéhu et Yonadab s'apprêtèrent à offrir des
sacrifices et des holocaustes.
Or Jéhu avait posté à l'extérieur de la maison quatre-vingts soldats avec cette consigne : Je remets tous ces
gens entre vos mains. Celui qui laissera s'échapper un seul
d'entre eux le paiera de sa vie.
25 Lorsqu'on eut achevé de préparer les holocaustes, Jéhu
sortit et dit aux soldats et à leurs chefs : Entrez et massa-
crez-les ! Que personne ne sorte vivant !
Les soldats entrèrent donc, l'épée à la main et les massacrèrent, puis ils jetèrent leurs cadavres dehors. Après
cela, ils revinrent à la ville où se trouvait le temple de Baal.
26 Ils en sortirent les stèles sacrées et les jetèrent au feu.
27 Ils renversèrent la stèle de Baal et démolirent le temple
lui-même, qu'ils transformèrent en toilettes publiques qui
existent encore aujourd'hui. 28 C'est ainsi que Jéhu mit fin
au culte de Baal dans le royaume d'Israël.

Le règne de Jéhu sur Israël

29 Toutefois, il ne se détourna pas des péchés que
Jéroboam, fils de Nebath, avait fait commettre à Israël,

[a] **10.15** Les Rékabites, descendants de Rékab, existaient encore au temps de Jérémie (Jr 35.6, 8). Ils se caractérisaient par un zèle ardent pour l'Eternel et l'attachement à la vie nomade. Ils descendaient des Qéniens dont Jéthro, le beau-père de Moïse, avait fait partie (1 Ch 2.55; cf. Jg 4.11).
[b] **10.21** Construit par Achab (1 R 16.32).

to commit – the worship of the golden calves at Bethel
and Dan.
30 The LORD said to Jehu, "Because you have done
well in accomplishing what is right in my eyes and
have done to the house of Ahab all I had in mind to
do, your descendants will sit on the throne of Israel to
the fourth generation." 31 Yet Jehu was not careful to
keep the law of the LORD, the God of Israel, with all his
heart. He did not turn away from the sins of Jeroboam,
which he had caused Israel to commit.
32 In those days the LORD began to reduce the size of
Israel. Hazael overpowered the Israelites throughout
their territory 33 east of the Jordan in all the land of
Gilead (the region of Gad, Reuben and Manasseh), from
Aroer by the Arnon Gorge through Gilead to Bashan.

34 As for the other events of Jehu's reign, all he did,
and all his achievements, are they not written in the
book of the annals of the kings of Israel?
35 Jehu rested with his ancestors and was buried in
Samaria. And Jehoahaz his son succeeded him as king.
36 The time that Jehu reigned over Israel in Samaria
was twenty-eight years.

Athaliah and Joash

11 1 When Athaliah the mother of Ahaziah saw
that her son was dead, she proceeded to destroy the whole royal family. 2 But Jehosheba, the
daughter of King Jehoram[a] and sister of Ahaziah, took
Joash son of Ahaziah and stole him away from among
the royal princes, who were about to be murdered. She
put him and his nurse in a bedroom to hide him from
Athaliah; so he was not killed. 3 He remained hidden
with his nurse at the temple of the LORD for six years
while Athaliah ruled the land.

4 In the seventh year Jehoiada sent for the commanders of units of a hundred, the Carites and the
guards and had them brought to him at the temple of
the LORD. He made a covenant with them and put them
under oath at the temple of the LORD. Then he showed
them the king's son. 5 He commanded them, saying,
"This is what you are to do: You who are in the three
companies that are going on duty on the Sabbath – a
third of you guarding the royal palace, 6 a third at the
Sur Gate, and a third at the gate behind the guard,

[a] 11:2 Hebrew *Joram*, a variant of *Jehoram*

c'est-à-dire que les Israélites adorèrent les veaux d'or
Béthel et à Dan.
30 L'Eternel lui fit cette promesse : Parce que tu as bie
accompli ce que je considère comme juste et que tu a
traité la famille d'Achab tout à fait comme je le désirai
tes descendants te succéderont sur le trône d'Israël jusqu'
la quatrième génération.
31 Pourtant Jéhu n'eut pas soin d'obéir de tout son cœu
à la Loi de l'Eternel, le Dieu d'Israël. Il ne se détourna pa
des péchés que Jéroboam avait fait commettre à Israë
32 C'est vers cette même époque que l'Eternel commenç
à réduire le territoire du royaume d'Israël. Tout au lon
de la frontière, Hazaël, le roi de Syrie, mit les Israélite
en déroute. 33 Il occupa le pays à l'est du Jourdain, depui
Aroër situé sur le torrent de l'Arnon jusqu'à Galaad et a
Basan, c'est-à-dire toute la région de Galaad et le territoir
des tribus de Gad, de Ruben et de Manassé.
34 Les autres faits et gestes de Jéhu, toutes ses réalisa
tions et toutes ses victoires sont cités dans le livre de
Annales des rois d'Israël. 35 Jéhu rejoignit ses ancêtre
décédés et on l'ensevelit à Samarie. Son fils Yoahaz lu
succéda sur le trône. 36 Jéhu avait régné vingt-huit an
sur Israël à Samarie[c].

Joas échappe au massacre des princes de Juda

(2 Ch 22.10 à 23.21)

11 1 Lorsque Athalie, la mère d'Ahazia, vit que son fi
était mort[d], elle entreprit de faire mourir tout
la descendance royale de Juda. 2 Mais au moment du mas
sacre, Yehoshéba, fille du roi Yoram et sœur d'Ahazia
parvint à soustraire Joas, un fils d'Ahazia, du milieu de se
frères, pour l'installer avec sa nourrice[f] dans le dortoir d
Temple. On le cacha ainsi d'Athalie, et il échappa à la mor
3 Pendant six ans, il resta caché avec Yehoshéba dans l
temple de l'Eternel, tandis qu'Athalie régnait sur le pays

Joas devient roi

4 La septième année, le prêtre Yehoyada fit venir les chef
des « centaines » des Kariens[h], ceux de la garde royale e
des autres soldats de la garde. Il les convoqua auprès de lu
au temple de l'Eternel[i]. Il conclut une alliance avec eux
leur fit prêter serment dans l'enceinte du Temple et leu
présenta le fils du roi. 5 Puis il leur donna les ordres suiva
nts : Voici ce que vous allez faire : ce prochain sabbat, l'un
de vos compagnies sera de service ; la première sectio
monte d'ordinaire la garde au palais royal, 6 la deuxièm
section se tient en faction à la porte de Sour et la troisièm
section surveille la porte derrière le corps de garde ; ce
trois sections monteront la garde à tour de rôle autour d

[c] 10.36 De 841 à 814 av. J.-C.

[d] 11.1 Ahazia, roi de Juda, a été tué par Jéhu lorsque celui-ci s'est assuré la royauté sur le royaume du Nord en tuant le roi d'Israël Yoram (9.27). Athalie, fille d'Achab, avait été la femme de Yoram, roi de Juda, père d'Ahazia (8.16-18, 24, 26).

[e] 11.2 Vraisemblablement d'une autre mère qu'Athalie. Elle était l'épouse du grand-prêtre Yehoyada (2 Ch 22.11). C'est pourquoi elle a pu cacher Joas dans le Temple, c'est-à-dire dans les appartements des prêtres.

[f] 11.2 Joas n'avait guère plus d'un an et n'était pas encore sevré (v. 3 ; 12.1).

[g] 11.3 De 841 à 835 av. J.-C.

[h] 11.4 Mercenaires originaires d'Asie Mineure qui remplaçaient les Kérétiens du temps de David (2 S 8.18).

[i] 11.4 2 Ch 23.2 inclut les lévites et les chefs des familles de Juda dans cette conspiration.

/ho take turns guarding the temple – 7and you who
re in the other two companies that normally go off
abbath duty are all to guard the temple for the king.
Station yourselves around the king, each of you with
/eapon in hand. Anyone who approaches your ranks[b]
; to be put to death. Stay close to the king wherever
e goes."
9The commanders of units of a hundred did just
s Jehoiada the priest ordered. Each one took his
nen – those who were going on duty on the Sabbath
nd those who were going off duty – and came to
ehoiada the priest. 10Then he gave the command-
rs the spears and shields that had belonged to King
avid and that were in the temple of the LORD. 11The
uards, each with weapon in hand, stationed themelves around the king – near the altar and the temple,
rom the south side to the north side of the temple.
12Jehoiada brought out the king's son and put the
rown on him; he presented him with a copy of the
ovenant and proclaimed him king. They anointed
im, and the people clapped their hands and shouted,
Long live the king!"
13When Athaliah heard the noise made by the
uards and the people, she went to the people at the
emple of the LORD. 14She looked and there was the
ing, standing by the pillar, as the custom was. The
fficers and the trumpeters were beside the king, and
ll the people of the land were rejoicing and blowing
rumpets. Then Athaliah tore her robes and called
ut, "Treason! Treason!"
15Jehoiada the priest ordered the commanders
f units of a hundred, who were in charge of the
roops: "Bring her out between the ranks[c] and put
o the sword anyone who follows her." For the priest
ad said, "She must not be put to death in the temple
f the LORD." 16So they seized her as she reached the
lace where the horses enter the palace grounds, and
here she was put to death.

17Jehoiada then made a covenant between the LORD
nd the king and people that they would be the LORD's
eople. He also made a covenant between the king
nd the people. 18All the people of the land went to
he temple of Baal and tore it down. They smashed
he altars and idols to pieces and killed Mattan the
riest of Baal in front of the altars.
Then Jehoiada the priest posted guards at the tem-
le of the LORD. 19He took with him the commanders of
undreds, the Carites, the guards and all the people
f the land, and together they brought the king down
rom the temple of the LORD and went into the palace,
ntering by way of the gate of the guards. The king
hen took his place on the royal throne. 20All the
eople of the land rejoiced, and the city was calm,
ecause Athaliah had been slain with the sword at
he palace.

11:8 Or *approaches the precincts*
11:15 Or *out from the precincts*

Temple. 7Vos deux autres compagnies, composées de tous
ceux qui normalement ne sont pas de service le jour du
sabbat, monteront aussi la garde au temple de l'Eternel
pour assurer la protection du jeune roi. 8Vous entoure-
rez le roi de tous les côtés, chacun les armes à la main.
Quiconque voudra forcer vos rangs sera mis à mort. Vous
accompagnerez le roi dans toutes ses allées et venues.
9Les chefs de « centaines » exécutèrent ponctuellement
tous les ordres que le prêtre Yehoyada leur avait donnés.
Ils prirent chacun leurs hommes, ceux qui commençaient
leur service le jour du repos et ceux qui le terminaient ce
jour-là, et ils se rendirent vers le prêtre Yehoyada. 10Le
prêtre remit aux chefs de « centaines » la lance et les boucliers du roi David qui se trouvaient dans le temple de
l'Eternel. 11Les gardes se postèrent, chacun les armes à la
main, en demi-cercle devant l'édifice, depuis l'angle sud-
est du Temple jusqu'à l'angle nord-est, près de l'autel, de
manière à entourer le roi. 12Alors le prêtre fit sortir le fils
du roi, lui plaça la couronne sur la tête et lui remit l'acte
de l'alliance. On le sacra roi en l'oignant d'huile puis, au
milieu des applaudissements, tous crièrent : Vive le roi !

La mort d'Athalie

13Athalie entendit le bruit du peuple qui accourait. Elle
vint au milieu de la foule au temple de l'Eternel, 14regarda
et vit le roi qui se tenait debout sur l'estrade, selon l'usage.
Il était entouré des capitaines de la garde et des joueurs
de trompettes. Toute la population exultait de joie tandis
que les musiciens sonnaient des trompettes. A ce spectacle,
Athalie déchira ses vêtements et s'écria : C'est un complot !
C'est un complot !
15Alors le prêtre Yehoyada ordonna aux chefs de « centaines » qui commandaient l'armée : Faites-la sortir de
l'enceinte du Temple entre les rangs ! Et si quelqu'un la suit,
vous le mettrez à mort. Car, avait dit le prêtre : « Qu'elle
ne meure pas dans l'enceinte du temple de l'Eternel. »
16Ils s'emparèrent donc d'Athalie et la menèrent vers
le palais royal par l'entrée des chevaux. Là, elle fut mise
à mort.

Joas monte sur le trône

17Yehoyada conclut entre l'Eternel, le roi et le peuple une
alliance qui engageait celui-ci à être le peuple de l'Eternel,
et une alliance entre le peuple et le roi. 18Toute la population du pays se rendit au temple de Baal et le démolit. On
mit complètement en pièces ses autels et ses statues et l'on
tua devant les autels Mattân, le prêtre de Baal. Le prêtre
Yehoyada organisa la surveillance du temple de l'Eternel.
19Il rassembla les chefs de « centaines », les Kariens et les
soldats de la garde ainsi que toute la population du pays,
et ils firent descendre le roi du Temple au palais royal par
le chemin de la porte des gardes, puis Joas prit place sur le
trône royal. 20Tout le peuple du pays était dans la joie, et
le calme régnait dans la ville, maintenant qu'on avait fait
mourir Athalie par l'épée dans le palais royal.

21Joash[d] was seven years old when he began to
reign.[e]

Joash Repairs the Temple

12 1[f]In the seventh year of Jehu, Joash[g] became
king, and he reigned in Jerusalem forty
years. His mother's name was Zibiah; she was from
Beersheba. 2Joash did what was right in the eyes of
the LORD all the years Jehoiada the priest instructed
him. 3The high places, however, were not removed;
the people continued to offer sacrifices and burn incense there.

4Joash said to the priests, "Collect all the money
that is brought as sacred offerings to the temple of the
LORD – the money collected in the census, the money
received from personal vows and the money brought
voluntarily to the temple. 5Let every priest receive the
money from one of the treasurers, then use it to repair
whatever damage is found in the temple."

6But by the twenty-third year of King Joash the
priests still had not repaired the temple. 7Therefore
King Joash summoned Jehoiada the priest and the
other priests and asked them, "Why aren't you repairing the damage done to the temple? Take no
more money from your treasurers, but hand it over
for repairing the temple." 8The priests agreed that
they would not collect any more money from the
people and that they would not repair the temple
themselves.

9Jehoiada the priest took a chest and bored a hole
in its lid. He placed it beside the altar, on the right
side as one enters the temple of the LORD. The priests
who guarded the entrance put into the chest all the
money that was brought to the temple of the LORD.
10Whenever they saw that there was a large amount
of money in the chest, the royal secretary and the
high priest came, counted the money that had been
brought into the temple of the LORD and put it into
bags. 11When the amount had been determined, they
gave the money to the men appointed to supervise
the work on the temple. With it they paid those who
worked on the temple of the LORD – the carpenters
and builders, 12the masons and stonecutters. They
purchased timber and blocks of dressed stone for the
repair of the temple of the LORD, and met all the other
expenses of restoring the temple.

13The money brought into the temple was not spent
for making silver basins, wick trimmers, sprinkling
bowls, trumpets or any other articles of gold or silver
for the temple of the LORD; 14it was paid to the workers, who used it to repair the temple. 15They did not
require an accounting from those to whom they gave
the money to pay the workers, because they acted
with complete honesty. 16The money from the guilt

[d] **11:21** Hebrew *Jehoash,* a variant of *Joash*
[e] **11:21** In Hebrew texts this verse (11:21) is numbered 12:1.
[f] In Hebrew texts 12:1-21 is numbered 12:2-22
[g] **12:1** Hebrew *Jehoash,* a variant of *Joash;* also in verses 2, 4, 6, 7 and 18

Appréciation sur le règne de Joas

(2 Ch 24.1-14 ; 24.23-27)

12 1Joas était âgé de sept ans lorsqu'il devint ro
2Il accéda au trône la septième année du règn
de Jéhu et régna quarante ans à Jérusalem[j]. Sa mère s
nommait Tsibia, elle était originaire de Beer-Sheva. 3Joa
fit ce que l'Eternel considère comme juste pendant tou
le temps qu'il suivit les instructions du prêtre Yehoyada
4Toutefois les hauts lieux ne disparurent pas ; le peup
continuait à offrir des sacrifices et à brûler des parfum
dans ces sanctuaires.

La réfection du Temple

5Joas dit aux prêtres : Mettez à part tout l'argen
consacré que l'on apporte dans le temple de l'Eternel, l'a
gent qui a cours[k], l'argent provenant des taxes versées pa
tout Israélite recensé et celui qui est offert volontairemen
au Temple. 6Faites donc collecter tout cet argent par vo
receveurs et utilisez-le pour faire réparer le Temple de
dégradations qu'il a subies, partout où l'on en constatera
7Mais la vingt-troisième année du règne de Joas, le
prêtres n'avaient pas encore fait réparer les dégâts subi
par le Temple[l]. 8Alors le roi convoqua le prêtre Yehoyad
ainsi que les autres prêtres, et leur demanda : Pourquo
n'avez-vous pas fait réparer le Temple ? A l'avenir, vous n
garderez plus l'argent que vous recevez de vos collecteur
vous le remettrez directement pour les réparations d
Temple.

9Les prêtres acceptèrent de ne plus recevoir de l'argen
de la population et de ne plus s'occuper des réparation
du Temple. 10Le prêtre Yehoyada prit un coffre, dont
fit percer le couvercle d'un trou, puis il le plaça à côté d
l'autel, à droite de l'entrée du Temple. Les prêtres qui su
veillaient cette entrée y déposaient tout l'argent qui éta
apporté au temple de l'Eternel. 11Lorsqu'ils constataien
qu'il y avait beaucoup d'argent dans le tronc, le secrétair
du roi venait avec le grand-prêtre, ils emportaient le
dons puis les comptaient ensemble. 12Une fois l'argen
comptabilisé, ils le remettaient aux entrepreneurs qu
avaient la responsabilité des travaux du Temple. Avec ce
argent, ceux-ci payaient les charpentiers et les ouvrier
du bâtiment qui travaillaient à la réparation du temple d
l'Eternel, 13ainsi que les maçons et les tailleurs de pierre
Ils achetaient le bois et les pierres de taille nécessaire
pour réparer les dégradations du temple de l'Eternel e
couvraient tous les frais de cette réfection. 14On n'utilis
pas les sommes apportées au Temple pour confectionne
des coupes à aspersion, des couteaux, des coupes, des tron
pettes ou d'autres objets d'or ou d'argent. 15On le remetta
intégralement aux artisans qui faisaient le travail afi
qu'ils effectuent les réparations du Temple. 16D'ailleur
on ne demandait pas de comptes aux hommes chargés d
payer les ouvriers qui exécutaient l'ouvrage, car c'étaien
des gens honnêtes. 17L'argent versé à la place d'un sacrific

[j] **12.2** De 835 à 796 av. J.-C.
[k] **12.5** *l'argent qui a cours:* traduction incertaine.
[l] **12.7** Joas a 30 ans à présent et prend les affaires personnellement en main.

fferings and sin offerings[h] was not brought into the
emple of the LORD; it belonged to the priests.

17 About this time Hazael king of Aram went up
nd attacked Gath and captured it. Then he turned
) attack Jerusalem. 18 But Joash king of Judah took
ll the sacred objects dedicated by his predeces-
ors – Jehoshaphat, Jehoram and Ahaziah, the kings
f Judah – and the gifts he himself had dedicated and
ll the gold found in the treasuries of the temple of
ne LORD and of the royal palace, and he sent them
) Hazael king of Aram, who then withdrew from
erusalem.
19 As for the other events of the reign of Joash, and
ll he did, are they not written in the book of the
nnals of the kings of Judah? 20 His officials conspired
gainst him and assassinated him at Beth Millo, on
ne road down to Silla. 21 The officials who murdered
im were Jozabad son of Shimeath and Jehozabad son
f Shomer. He died and was buried with his ancestors
n the City of David. And Amaziah his son succeeded
im as king.

ehoahaz King of Israel

13 1 In the twenty-third year of Joash son of
Ahaziah king of Judah, Jehoahaz son of Jehu
ecame king of Israel in Samaria, and he reigned sev-
nteen years. 2 He did evil in the eyes of the LORD by
ollowing the sins of Jeroboam son of Nebat, which
e had caused Israel to commit, and he did not turn
way from them. 3 So the LORD's anger burned against
srael, and for a long time he kept them under the
ower of Hazael king of Aram and Ben-Hadad his son.
4 Then Jehoahaz sought the LORD's favor, and the LORD
stened to him, for he saw how severely the king of
ram was oppressing Israel. 5 The LORD provided a de-
verer for Israel, and they escaped from the power of
ram. So the Israelites lived in their own homes as
hey had before. 6 But they did not turn away from the
ins of the house of Jeroboam, which he had caused
srael to commit; they continued in them. Also, the
sherah pole[i] remained standing in Samaria.
7 Nothing had been left of the army of Jehoahaz ex-
ept fifty horsemen, ten chariots and ten thousand

12:16 Or *purification offerings*
13:6 That is, a wooden symbol of the goddess Asherah; here and
lsewhere in 2 Kings

de culpabilité ou d'un sacrifice pour le péché n'était pas
déposé dans le coffre du Temple, il revenait aux prêtres.

La fin de Joas

18 En ce temps-là[m], Hazaël, roi de Syrie, vint attaquer la
ville de Gath[n] et s'en empara, puis il décida de marcher sur
Jérusalem. 19 Joas, roi de Juda, prit tous les objets consacrés,
ceux que ses ancêtres Josaphat, Yoram et Ahazia, rois de
Juda, avaient consacrés. Il y ajouta ceux qu'il avait lui-
même consacrés et tout l'or déposé dans la chambre du
trésor du temple de l'Eternel et dans le palais royal, et il
fit porter le tout à Hazaël, roi de Syrie. Là-dessus, celui-ci
se détourna de Jérusalem.

20 Les autres faits et gestes de Joas et toutes ses réalisations sont cités dans le livre des Annales des rois de Juda.
21 Ses ministres se révoltèrent contre lui et fomentèrent
un complot. Ils assassinèrent Joas à Beth-Millo[o] sur la
route qui descend vers Silla[p]. 22 Ce furent Yozabad, fils de
Shimeath et Yehozabad, fils de Shomer, ses ministres, qui
le frappèrent à mort. On l'enterra auprès de ses ancêtres
dans la cité de David. Son fils Amatsia lui succéda sur le
trône.

Le règne de Yoahaz sur Israël

13 1 La vingt-troisième année du règne de Joas, fils
d'Ahazia, roi de Juda, Yoahaz, fils de Jéhu, devint
roi d'Israël à Samarie. Il régna dix-sept ans[q]. 2 Il fit ce que
l'Eternel considère comme mal et adopta la conduite
coupable de Jéroboam, fils de Nebath, qui avait entraîné
Israël dans le péché[r]. Il ne se détourna pas de cette mauvaise voie. 3 Alors l'Eternel se mit en colère contre Israël. Il
livra ses habitants pendant toute cette période au pouvoir
de Hazaël, roi de Syrie, et de Ben-Hadad, fils de Hazaël[s].
4 Mais Yoahaz supplia l'Eternel d'apaiser sa colère. L'Eternel
l'exauça, car il avait vu comment le roi de Syrie opprimait Israël. 5 Il envoya aux Israélites un libérateur pour
les délivrer des Syriens[t]. Dès lors, ils purent de nouveau
vivre tranquilles chez eux comme autrefois. 6 Mais ils ne
se détournèrent pas pour autant des péchés dans lesquels
la maison de Jéroboam les avait entraînés. Ils persistèrent
dans cette voie ; le pieu sacré d'Ashéra était même dressé
à Samarie[u]. 7 De toute l'armée du roi, il ne restait à Yoahaz
que cinquante hommes d'équipage de chars, dix chars
et dix « milliers » de fantassins, car le roi de Syrie avait

m **12.18** Vers la fin du règne de Joas (voir 2 Ch 24.18-25).
n **12.18** L'une des cinq principales villes de la Philistie (Jos 13.3), conquise par David (1 Ch 18.1), qui demeura soumise à Juda durant le règne de Roboam (2 Ch 11.8).
o **12.21** Sans doute un édifice élevé sur les terrasses de la cité de David (cf. 2 S 5.9 ; 1 R 11.27) où le roi fut assassiné « dans son lit » (2 Ch 24.25).
p **12.21** Peut-être un chemin en pente qui descend de la cité de David à la vallée du Cédron.
q **13.1** De 814 à 798 av. J.-C.
r **13.2** Cf. 1 R 12.25-33 ; 13.33-34 ; 14.16.
s **13.3** Voir 8.7-15 ; 10.32 ; 1 R 19.15. Le règne de Ben-Hadad (v. 24) a commencé en 806 ou en 796 av. J.-C.
t **13.5** Le *libérateur* a été soit le roi assyrien Adadnirari III (810 à 783 av. J.-C.) – qui a attaqué les Syriens de Damas en 806 et 804, ce qui a permis aux Israélites de se soustraire à l'emprise syrienne (v. 25 ; 14.25) – soit Joas, fils de Yoahaz (v. 17, 19, 25), soit encore Jéroboam II qui a étendu les frontières israélites vers le nord (14.25, 28) en tirant profit de la faiblesse des Syriens battus par les Assyriens.
u **13.6** Dressé par Achab (1 R 16.33) ; soit il a été épargné par Jéhu (10.27-28), soit il a été réédifié sous Yoahaz.

foot soldiers, for the king of Aram had destroyed the
rest and made them like the dust at threshing time.
8 As for the other events of the reign of Jehoahaz, all
he did and his achievements, are they not written in
the book of the annals of the kings of Israel? 9 Jehoahaz
rested with his ancestors and was buried in Samaria.
And Jehoash[j] his son succeeded him as king.

Jehoash King of Israel

10 In the thirty-seventh year of Joash king of Judah,
Jehoash son of Jehoahaz became king of Israel in
Samaria, and he reigned sixteen years. 11 He did evil
in the eyes of the LORD and did not turn away from
any of the sins of Jeroboam son of Nebat, which he
had caused Israel to commit; he continued in them.
12 As for the other events of the reign of Jehoash, all
he did and his achievements, including his war against
Amaziah king of Judah, are they not written in the
book of the annals of the kings of Israel? 13 Jehoash
rested with his ancestors, and Jeroboam succeeded
him on the throne. Jehoash was buried in Samaria
with the kings of Israel.
14 Now Elisha had been suffering from the illness
from which he died. Jehoash king of Israel went down
to see him and wept over him. "My father! My father!"
he cried. "The chariots and horsemen of Israel!"
15 Elisha said, "Get a bow and some arrows," and he
did so. 16 "Take the bow in your hands," he said to the
king of Israel. When he had taken it, Elisha put his
hands on the king's hands.
17 "Open the east window," he said, and he opened
it. "Shoot!" Elisha said, and he shot. "The LORD's arrow
of victory, the arrow of victory over Aram!" Elisha
declared. "You will completely destroy the Arameans
at Aphek."
18 Then he said, "Take the arrows," and the king
took them. Elisha told him, "Strike the ground." He
struck it three times and stopped. 19 The man of God
was angry with him and said, "You should have struck
the ground five or six times; then you would have
defeated Aram and completely destroyed it. But now
you will defeat it only three times."
20 Elisha died and was buried.
Now Moabite raiders used to enter the country every spring. 21 Once while some Israelites were burying
a man, suddenly they saw a band of raiders; so they
threw the man's body into Elisha's tomb. When the
body touched Elisha's bones, the man came to life and
stood up on his feet.
22 Hazael king of Aram oppressed Israel throughout
the reign of Jehoahaz. 23 But the LORD was gracious to
them and had compassion and showed concern for
them because of his covenant with Abraham, Isaac
and Jacob. To this day he has been unwilling to destroy them or banish them from his presence.
24 Hazael king of Aram died, and Ben-Hadad his
son succeeded him as king. 25 Then Jehoash son of
Jehoahaz recaptured from Ben-Hadad son of Hazael

j 13:9 Hebrew *Joash*, a variant of *Jehoash*; also in verses 12-14 and 25

détruit le reste et l'avait réduit à l'état de poussière qu
l'on piétine.
8 Les autres faits et gestes de Yoahaz, toutes ses réalisa
tions et sa vaillance sont cités dans le livre des Annales de
rois d'Israël. 9 Yoahaz rejoignit ses ancêtres décédés et fu
enterré à Samarie. Son fils Joas lui succéda sur le trône.

Le règne de Joas sur Israël

10 La trente-septième année du règne de Joas, roi de Juda
Joas, fils de Yoahaz, devint roi d'Israël à Samarie. Il régn
seize ans[v]. 11 Il fit ce que l'Eternel considère comme mal
il n'abandonna pas les péchés dans lesquels Jéroboam, fil
de Nebath, avait entraîné Israël, il persista dans cette voie
12 Les autres faits et gestes de Joas, toutes ses réalisations
la vaillance dont il a fait preuve dans la guerre contr
Amatsia, roi de Juda, sont cités dans le livre des Annale
des rois d'Israël. 13 Joas rejoignit ses ancêtres décédés e
fut enterré à Samarie avec les rois d'Israël, et Jéroboan
son fils accéda à son trône.

La fin de l'histoire d'Elisée

14 Elisée était atteint de la maladie dont il mourut, quan
Joas, le roi d'Israël, lui rendit visite. Il se pencha sur so
visage et pleura en répétant : Mon père ! Mon père ! Mo
père ! Toi qui es comme les chars d'Israël et ses équipages
15 Elisée lui dit : Prends un arc et des flèches !
Joas se les fit apporter. 16 Puis Elisée lui ordonna : Tend
l'arc !
Quand il l'eut tendu, Elisée posa ses mains sur celles d
roi 17 et dit : Ouvre la fenêtre du côté de l'est !
Joas l'ouvrit. Puis Elisée commanda : Tire !
Il tira. Elisée s'écria : C'est la flèche de la victoire d
l'Eternel, la flèche de la victoire contre les Syriens. Oui, t
battras les Syriens à Apheq[w] jusqu'à leur extermination
18 Elisée ajouta : Prends maintenant d'autres flèches !
Il les prit.
– Frappe contre le sol !
Le roi d'Israël frappa trois coups et s'arrêta. 19 L'homm
de Dieu se mit en colère contre lui et lui déclara : Il fallai
frapper cinq ou six coups, alors tu aurais vaincu les Syrien
jusqu'à leur extermination, tandis qu'à présent tu ne le
battras que trois fois.
20 Elisée mourut et fut enterré. L'année suivante, de
bandes de pillards moabites[x] firent une incursion dans l
pays. 21 On était en train d'enterrer un mort quand, tout
coup, on vit venir une de ces bandes. Alors on jeta le corp
en hâte dans la tombe d'Elisée. Au contact des ossement
du prophète, le mort reprit vie et se dressa sur ses pieds
22 Pendant tout le règne de Yoahaz, Hazaël, roi de Syrie
avait opprimé les Israélites. 23 Mais l'Eternel leur témoign
sa grâce : il eut de la compassion pour eux et leur vint e
aide à cause de son alliance avec Abraham, Isaac et Jacob[y]
A cette époque, il ne voulut pas les détruire et il ne voulu
pas encore les exiler loin de sa présence.
24 Hazaël, roi de Syrie, mourut et son fils Ben-Hadad lu
succéda sur le trône. 25 Alors Joas, fils de Yoahaz, reprit

v **13.10** De 798 à 782 av. J.-C.
w **13.17** Les Syriens dominaient la Transjordanie (10.32-33).
x **13.20** Les Moabites demeuraient à l'est de la mer Morte.
y **13.23** Cf.
Ex 2.24 ; 3.6 ; Lv 26.42 ; Dt 1.8 ; 6.10 ; 9.5, 27 ; 29.12 ; 34.4 ; 1 R 18.36.

e towns he had taken in battle from his father
hoahaz. Three times Jehoash defeated him, and so
recovered the Israelite towns.

naziah King of Judah

4 [1]In the second year of Jehoash[k] son of
Jehoahaz king of Israel, Amaziah son of Joash
ng of Judah began to reign. [2]He was twenty-five
ars old when he became king, and he reigned in
rusalem twenty-nine years. His mother's name was
hoaddan; she was from Jerusalem. [3]He did what was
ght in the eyes of the LORD, but not as his father David
d done. In everything he followed the example of
s father Joash. [4]The high places, however, were not
moved; the people continued to offer sacrifices and
rn incense there.
[5]After the kingdom was firmly in his grasp, he ex-
uted the officials who had murdered his father the
ng. [6]Yet he did not put the children of the assassins
death, in accordance with what is written in the
ok of the Law of Moses where the LORD commanded:
arents are not to be put to death for their children,
r children put to death for their parents; each will
e for their own sin."
[7]He was the one who defeated ten thousand
lomites in the Valley of Salt and captured Sela in
ttle, calling it Joktheel, the name it has to this day.

[8]Then Amaziah sent messengers to Jehoash son
Jehoahaz, the son of Jehu, king of Israel, with the
allenge: "Come, let us face each other in battle."
[9]But Jehoash king of Israel replied to Amaziah king
Judah: "A thistle in Lebanon sent a message to a
dar in Lebanon, 'Give your daughter to my son in
arriage.' Then a wild beast in Lebanon came along
d trampled the thistle underfoot. [10]You have indeed
feated Edom and now you are arrogant. Glory in
ur victory, but stay at home! Why ask for trouble
d cause your own downfall and that of Judah also?"
[11]Amaziah, however, would not listen, so Jehoash
ng of Israel attacked. He and Amaziah king of Judah
ced each other at Beth Shemesh in Judah. [12]Judah
as routed by Israel, and every man fled to his home.
Jehoash king of Israel captured Amaziah king of
dah, the son of Joash, the son of Ahaziah, at Beth
emesh. Then Jehoash went to Jerusalem and broke
own the wall of Jerusalem from the Ephraim Gate
the Corner Gate – a section about four hundred

4:1 Hebrew *Joash,* a variant of *Jehoash;* also in verses 13, 23 and 27

Ben-Hadad, fils de Hazaël, les villes enlevées par ce dernier
à son père Yoahaz à la suite des guerres[z]. Joas le battit à
trois reprises et reconquit les villes d'Israël.

Le règne d'Amatsia sur Juda

(2 Ch 25.1-4, 11-12)

14 [1]La deuxième année du règne de Joas, fils de
Yoahaz, roi d'Israël, Amatsia, fils de Joas, roi de
Juda, devint roi. [2]Il avait vingt-cinq ans à son avènement
et régna vingt-neuf ans à Jérusalem[a]. Sa mère s'appelait
Yehoaddân, elle était de Jérusalem. [3]Il fit ce que l'Eternel
considère comme juste, mais pas autant que David son
ancêtre. Il suivit en tout l'exemple de son père Joas. [4]Les
hauts lieux ne furent pas supprimés et le peuple continuait
à y offrir des sacrifices et à y brûler des parfums.

[5]Dès qu'Amatsia eut affermi son autorité royale, il fit exécuter les ministres qui avaient assassiné son père. [6]Mais il
ne fit pas mourir les fils de ces meurtriers, conformément
aux ordres donnés par l'Eternel dans le livre de la Loi de
Moïse, lorsqu'il dit : « On ne fera pas mourir les pères pour
les fils, ni les fils pour les pères ; mais chacun mourra pour
son propre péché. »

[7]Amatsia battit dix mille Edomites dans la vallée du Sel[b]
et conquit de haute lutte la ville de Séla[c]. Il lui donna le
nom de Yoqtéel qu'elle porte encore aujourd'hui.

Juda est battu par Israël

(2 Ch 25.17 à 26.2)

[8]Là-dessus, Amatsia envoya des messagers à Joas, fils
de Yoahaz et petit-fils de Jéhu, roi d'Israël, pour lui dire :
Allons nous affronter !

[9]Joas lui fit répondre : Un jour, le chardon du Liban envoya dire au cèdre du Liban : « Donne ta fille en mariage
à mon fils ! » Mais les bêtes sauvages du Liban passèrent
par là et piétinèrent le chardon. [10]Certes, tu as vaincu les
Edomites, et cela t'est monté à la tête ! Jouis de ta gloire,
mais reste chez toi ! Pourquoi veux-tu t'engager dans une
entreprise malheureuse et courir au-devant d'un désastre
pour toi et pour le royaume de Juda ?

[11]Mais Amatsia n'écouta pas son avertissement. Alors
Joas, roi d'Israël, se mit en campagne. Les deux rois s'affrontèrent à Beth-Shémesh au pays de Juda[d]. [12]L'armée
de Juda fut battue par celle d'Israël, et les soldats de Juda
s'enfuirent chacun chez soi. [13]A Beth-Shémesh, Joas, roi
d'Israël, fit prisonnier Amatsia, roi de Juda, fils de Joas et
petit-fils d'Ahazia. Il se rendit à Jérusalem et démolit le
rempart de la ville sur une longueur de cent quatre-vingts
mètres, depuis la porte d'Ephraïm[e] jusqu'à la porte de l'An-

[z] **13.25** Il s'agit sans doute de villes à l'ouest du Jourdain puisque celles qui étaient situées à l'est, et qui avaient été perdues au temps de Jéhu (10.32-33), ne furent récupérées que par Jéroboam II (14.25).

[a] **14.2** De 796 à 767 av. J.-C. Son règne comprend une corégence de 24 ans avec son fils Azaria.

[b] **14.7** Vallée qui s'étend au sud de la mer Morte (2 S 8.13). David y avait déjà battu les Edomites (2 S 8.13 ; 1 Ch 18.12) qui ont reconquis leur indépendance sous Yoram (2 R 8.20).

[c] **14.7** C'est-à-dire *la Roche* ou *le Rocher,* située dans la même région que *Petra* (nom grec de même sens), capitale de l'Idumée (voir Es 16) : on ignore si les deux sites sont identiques.

[d] **14.11** A 25 kilomètres à l'ouest de Jérusalem.

[e] **14.13** Appelée aujourd'hui porte de Damas, au nord de la ville (Né 8.16 ; 12.39).

cubits long.[l] 14 He took all the gold and silver and all the articles found in the temple of the LORD and in the treasuries of the royal palace. He also took hostages and returned to Samaria.

15 As for the other events of the reign of Jehoash, what he did and his achievements, including his war against Amaziah king of Judah, are they not written in the book of the annals of the kings of Israel? 16 Jehoash rested with his ancestors and was buried in Samaria with the kings of Israel. And Jeroboam his son succeeded him as king.

17 Amaziah son of Joash king of Judah lived for fifteen years after the death of Jehoash son of Jehoahaz king of Israel. 18 As for the other events of Amaziah's reign, are they not written in the book of the annals of the kings of Judah?

19 They conspired against him in Jerusalem, and he fled to Lachish, but they sent men after him to Lachish and killed him there. 20 He was brought back by horse and was buried in Jerusalem with his ancestors, in the City of David.

21 Then all the people of Judah took Azariah,[m] who was sixteen years old, and made him king in place of his father Amaziah. 22 He was the one who rebuilt Elath and restored it to Judah after Amaziah rested with his ancestors.

Jeroboam II King of Israel

23 In the fifteenth year of Amaziah son of Joash king of Judah, Jeroboam son of Jehoash king of Israel became king in Samaria, and he reigned forty-one years. 24 He did evil in the eyes of the LORD and did not turn away from any of the sins of Jeroboam son of Nebat, which he had caused Israel to commit. 25 He was the one who restored the boundaries of Israel from Lebo Hamath to the Dead Sea,[n] in accordance with the word of the LORD, the God of Israel, spoken through his servant Jonah son of Amittai, the prophet from Gath Hepher.

26 The LORD had seen how bitterly everyone in Israel, whether slave or free, was suffering;[o] there was no one to help them. 27 And since the LORD had not said he would blot out the name of Israel from under heaven, he saved them by the hand of Jeroboam son of Jehoash.

28 As for the other events of Jeroboam's reign, all he did, and his military achievements, including how

[l] **14:13** That is, about 600 feet or about 180 meters
[m] **14:21** Also called *Uzziah*
[n] **14:25** Hebrew *the Sea of the Arabah*
[o] **14:26** Or *Israel was suffering. They were without a ruler or leader, and*

gle[f]. 14 Il prit tout l'or et l'argent et tous les objets précie qui se trouvaient dans le temple de l'Eternel et dans l trésors du palais royal ; il prit en plus des otages, pu retourna à Samarie.

15 Les autres faits et gestes de Joas, la vaillance dont fit preuve dans la guerre contre Amatsia, roi de Juda, so cités dans le livre des Annales des rois d'Israël[g]. 16 Joas r joignit ses ancêtres décédés et fut enterré à Samarie av les rois d'Israël. Son fils Jéroboam lui succéda sur le trôr

17 Amatsia, fils de Joas, roi de Juda, vécut encore quin années après la mort de Joas, fils de Yoahaz, roi d'Israë 18 Les autres faits et gestes d'Amatsia sont cités dans le liv des Annales des rois de Juda. 19 On trama un complot co tre lui à Jérusalem et il s'enfuit à Lakish[i]. Mais ses ennen envoyèrent des gens jusque-là pour le faire assassin 20 Son corps fut ramené à dos de cheval à Jérusalem où fut enterré aux côtés de ses ancêtres dans la cité de Dav

21 Tout le peuple de Juda prit son fils Azaria[j] âgé de sei ans pour le proclamer roi à la place de son père Amats 22 C'est lui qui ramena Eilath sous la domination de Ju et qui la reconstruisit, après la mort du roi.

Le règne de Jéroboam II sur Israël

23 La quinzième année du règne d'Amatsia, fils de Jo roi de Juda, Jéroboam, fils de Joas, devint roi d'Isra à Samarie. Il régna quarante et un ans[k]. 24 Il fit ce q l'Eternel considère comme mal ; il ne renonça à aucu des péchés dans lesquels Jéroboam, fils de Nebath, ava entraîné le peuple d'Israël. 25 C'est lui qui reconquit to les territoires qui avaient appartenu à Israël depuis Leb Hamath[l] jusqu'à la mer Morte. Ainsi s'accomplit ce q l'Eternel, le Dieu d'Israël, avait annoncé par l'interméd aire de son serviteur, le prophète Jonas, fils d'Amittaï, Gath-Hépher. 26 Car l'Eternel avait vu l'extrême misè dans laquelle Israël était tombé[m]. Il n'y avait plus chez e ni esclave, ni homme libre : personne pour venir à son s cours. 27 Or, l'Eternel n'avait pas dit qu'il ferait disparaît le nom d'Israël de dessous le ciel, et il sauva le pays p Jéroboam, fils de Joas.

28 Les autres faits et gestes de Jéroboam, toutes ses réa isations, la vaillance dont il fit preuve à la guerre, et

[f] **14.13** Au nord-ouest de la ville (Jr 31.38 ; Za 14.10). Cette section nord-ouest était la partie la plus vulnérable de la capitale.
[g] **14.15** L'une des sources (perdue) du rédacteur du livre des Rois (v. 28)
[h] **14.17** Joas mourut en 782 et Amatsia en 767 av. J.-C.
[i] **14.19** Une cité fortifiée dans le sud de Juda, à quelque 45 kilomètres d Jérusalem (18.14 ; 2 Ch 11.9).
[j] **14.21** *Azaria,* connu aussi sous le nom d'*Ozias* dans 15.13, 32, etc., dans les Chroniques et dans Es 6.1. Azaria a peut-être été proclamé roi pendant que son père était prisonnier en Israël. Il a été corégent avec son père durant 24 ans.
[k] **14.23** De 793 à 753 av. J.-C., y compris la corégence avec son père Joas de 793 à 782.
[l] **14.25** Autre traduction : *depuis les environs de Hamath* (voir Nb 13.21 ; 1 R 8.65). Jéroboam libéra la partie du royaume du Nord soumise par Hazaël et Ben-Hadad, rois de Syrie (10.32 ; 12.18 ; 13.3, 22, 25). Il soumit la Syrie de Damas affaiblie par les attaques des rois assyriens Salmanasar IV en 773 et Assour-Dan III en 772 av. J.-C.
[m] **14.26** Sous les coups des Syriens (cf. 10.32-33 ; 13.3-7), des Moabites (13.20) et des Ammonites (Am 1.13).

recovered for Israel both Damascus and Hamath,
ıich had belonged to Judah, are they not writ-
n in the book of the annals of the kings of Israel?
Jeroboam rested with his ancestors, the kings of
ael. And Zechariah his son succeeded him as king.

:ariah King of Judah

.5 [1]In the twenty-seventh year of Jeroboam
king of Israel, Azariah[p] son of Amaziah king
Judah began to reign. [2]He was sixteen years old
ıen he became king, and he reigned in Jerusalem fif-
-two years. His mother's name was Jekoliah; she was
om Jerusalem. [3]He did what was right in the eyes of
e LORD, just as his father Amaziah had done. [4]The
gh places, however, were not removed; the people
ntinued to offer sacrifices and burn incense there.
[5]The LORD afflicted the king with leprosy[q] until the
y he died, and he lived in a separate house.[r] Jotham
e king's son had charge of the palace and governed
e people of the land.
[6]As for the other events of Azariah's reign, and all
did, are they not written in the book of the annals
the kings of Judah? [7]Azariah rested with his ances-
rs and was buried near them in the City of David.
ıd Jotham his son succeeded him as king.

chariah King of Israel

[8]In the thirty-eighth year of Azariah king of Judah,
chariah son of Jeroboam became king of Israel in
maria, and he reigned six months. [9]He did evil in
e eyes of the LORD, as his predecessors had done. He
d not turn away from the sins of Jeroboam son of
bat, which he had caused Israel to commit.
[10]Shallum son of Jabesh conspired against
chariah. He attacked him in front of the people,[s]
sassinated him and succeeded him as king. [11]The
her events of Zechariah's reign are written in the
ok of the annals of the kings of Israel. [12]So the word
the LORD spoken to Jehu was fulfilled: "Your descen-
nts will sit on the throne of Israel to the fourth
neration."

allum King of Israel

[13]Shallum son of Jabesh became king in the thir-
-ninth year of Uzziah king of Judah, and he reigned
Samaria one month. [14]Then Menahem son of Gadi
nt from Tirzah up to Samaria. He attacked Shallum
n of Jabesh in Samaria, assassinated him and suc-
eded him as king.

5:1 Also called *Uzziah*; also in verses 6, 7, 8, 17, 23 and 27
5:5 The Hebrew for *leprosy* was used for various diseases affect-
g the skin.
5:5 Or *in a house where he was relieved of responsibilities*
5:10 Hebrew; some Septuagint manuscripts *in Ibleam*

manière dont il ramena sous la domination d'Israël les
villes de Damas et de Hamath qui avaient appartenu à
Juda[n], tout cela est cité dans le livre des Annales des rois
d'Israël[o]. [29]Jéroboam rejoignit ses ancêtres décédés et fut
enterré[p] avec les rois d'Israël. Son fils Zacharie lui succéda
sur le trône.

Le règne d'Azaria sur Juda

(2 Ch 26.3-4, 21-23)

15 [1]Au cours de la vingt-septième année du règne
de Jéroboam, roi d'Israël, Azaria, fils d'Amatsia,
devint roi de Juda[q]. [2]Il était âgé de seize ans à son avènement et il régna cinquante-deux ans[r] à Jérusalem. Sa mère
se nommait Yekolia. Elle était de Jérusalem. [3]Il fit ce que
l'Eternel considère comme juste, imitant en tout point
son père Amatsia. [4]Toutefois, il ne supprima pas les hauts
lieux, et le peuple continuait à y offrir des sacrifices et à y
brûler des parfums. [5]L'Eternel frappa le roi d'une maladie
de peau le rendant impur ; celui-ci en resta affecté jusqu'au
jour de sa mort[s] et vécut dans une maison d'isolement.
Yotam, le fils du roi, avait la charge du palais royal et gouvernait le peuple du pays[t].
[6]Les autres faits et gestes d'Azaria et toutes ses réalisations sont cités dans le livre des Annales des rois de
Juda. [7]Azaria rejoignit ses ancêtres décédés et fut enterré
auprès d'eux dans la cité de David, et son fils Yotam lui
succéda sur le trône.

Le règne de Zacharie sur Israël

[8]La trente-huitième année du règne d'Azaria, roi de
Juda, Zacharie, fils de Jéroboam, devint roi d'Israël à
Samarie. Il régna six mois[u]. [9]Il fit ce que l'Eternel considère comme mal, comme ses ancêtres. Il n'abandonna
pas les péchés dans lesquels Jéroboam, fils de Nebath, avait
entraîné le peuple d'Israël. [10]Shalloum, fils de Yabesh,
complota contre lui, il le frappa en présence du peuple[v]
et le mit à mort, puis il lui succéda sur le trône. [11]Les autres faits et gestes de Zacharie sont cités dans le livre des
Annales des rois d'Israël.
[12]Ainsi s'accomplit ce que l'Eternel avait annoncé à Jéhu
lorsqu'il lui avait dit : « Tes descendants te succéderont
comme rois d'Israël jusqu'à la quatrième génération ! »
C'est donc bien ce qui arriva.

Le règne de Shalloum sur Israël

[13]La trente-neuvième année d'Ozias, roi de Juda,
Shalloum, fils de Yabesh, devint roi. Il régna un mois à
Samarie[w]. [14]Un certain Menahem, fils de Gadi, venant de

n **14.28** Voir 2 S 8.6 ; 2 Ch 8.3. Certains pensent que le terme *Juda* désigne ici, non le royaume davidique, mais celui de *Yaudi*, situé au nord de la Syrie, auquel certaines inscriptions assyriennes font allusion.
o **14.28** Voir v. 15.
p **14.29** *et fut enterré:* ces mots manquent dans le texte hébreu traditionnel.
q **15.1** C'est-à-dire en 767 av. J.-C. (en datant le début de la corégence de Jéroboam II avec Joas en 793 ; voir 14.23).
r **15.2** De 792 à 740 av. J.-C. (avec une corégence de 792 à 767 avec Amatsia).
s **15.5** Selon 2 Ch 26.16-21, Dieu a infligé cette affection de la peau au roi parce qu'il a usurpé les fonctions du prêtre.
t **15.5** Yotam a gouverné pendant le reste de la vie d'Azaria (de 750 à 740 av. J.-C.).
u **15.8** En 753 av. J.-C.
v **15.10** *en présence du peuple:* certains manuscrits de l'ancienne version grecque ont : *à Yibleam.*
w **15.13** En 752 av. J.-C.

15 The other events of Shallum's reign, and the conspiracy he led, are written in the book of the annals of the kings of Israel.

16 At that time Menahem, starting out from Tirzah, attacked Tiphsah and everyone in the city and its vicinity, because they refused to open their gates. He sacked Tiphsah and ripped open all the pregnant women.

Menahem King of Israel

17 In the thirty-ninth year of Azariah king of Judah, Menahem son of Gadi became king of Israel, and he reigned in Samaria ten years. 18 He did evil in the eyes of the LORD. During his entire reign he did not turn away from the sins of Jeroboam son of Nebat, which he had caused Israel to commit.

19 Then Pul[t] king of Assyria invaded the land, and Menahem gave him a thousand talents[u] of silver to gain his support and strengthen his own hold on the kingdom. 20 Menahem exacted this money from Israel. Every wealthy person had to contribute fifty shekels[v] of silver to be given to the king of Assyria. So the king of Assyria withdrew and stayed in the land no longer.

21 As for the other events of Menahem's reign, and all he did, are they not written in the book of the annals of the kings of Israel? 22 Menahem rested with his ancestors. And Pekahiah his son succeeded him as king.

Pekahiah King of Israel

23 In the fiftieth year of Azariah king of Judah, Pekahiah son of Menahem became king of Israel in Samaria, and he reigned two years. 24 Pekahiah did evil in the eyes of the LORD. He did not turn away from the sins of Jeroboam son of Nebat, which he had caused Israel to commit. 25 One of his chief officers, Pekah son of Remaliah, conspired against him. Taking fifty men of Gilead with him, he assassinated Pekahiah, along with Argob and Arieh, in the citadel of the royal palace at Samaria. So Pekah killed Pekahiah and succeeded him as king.

26 The other events of Pekahiah's reign, and all he did, are written in the book of the annals of the kings of Israel.

t 15:19 Also called *Tiglath-Pileser*
u 15:19 That is, about 38 tons or about 34 metric tons
v 15:20 That is, about 1 1/4 pounds or about 575 grams

Tirtsa[x], se rendit à Samarie. Il assassina Shalloum, fils Yabesh, et lui succéda sur le trône. 15 Les autres faits gestes de Shalloum, et le complot qu'il fomenta, sont cit dans le livre des Annales des rois d'Israël.

16 Après s'être emparé du pouvoir, Menahem attaq la ville de Tiphsah[y], tua tous ses habitants et ravagea territoire environnant depuis Tirtsa, parce que la vi avait refusé de lui ouvrir ses portes. Il éventra toutes l femmes enceintes.

Le règne de Menahem sur Israël

17 La trente-neuvième année du règne d'Azaria, r de Juda, Menahem, fils de Gadi, devint roi d'Isra Il régna dix ans à Samarie[z]. 18 Il fit ce que l'Etern considère comme mal. Pendant toute la durée de s règne, il n'abandonna pas les péchés dans lesque Jéroboam, fils de Nebath, avait entraîné le peup d'Israël[a]. 19 De son temps, Poul[b], roi d'Assyrie, env hit le pays ; mais Menahem lui donna trente-quat tonnes d'argent pour qu'il l'aide à se maintenir s le trône et à renforcer son pouvoir. 20 Menahem procura cet argent en prélevant un impôt sur to les Israélites fortunés, à raison de cinquante pièc d'argent par personne, et il le versa au roi d'Assyri Celui-ci accepta de se retirer du pays et retour chez lui.

21 Les autres faits et gestes de Menahem et toutes s réalisations sont cités dans le livre des Annales des rc d'Israël. 22 Menahem rejoignit ses ancêtres décédés et sc fils Peqahya lui succéda sur le trône.

Le règne de Peqahya sur Israël

23 La cinquantième année du règne d'Azaria, roi d Juda, Peqahya, fils de Menahem, devint roi d'Israë Samarie où il régna deux ans[c]. 24 Il fit ce que l'Ete nel considère comme mal ; il n'abandonna pas l péchés dans lesquels Jéroboam, fils de Nebath, ava entraîné le peuple d'Israël. 25 L'un de ses aides de can nommé Péqah, fils de Remalia, conspira contre lu Il l'assassina dans la forteresse intérieure du pala royal avec l'aide d'Argob et d'Arié et avec le concou de cinquante hommes de Galaad. Après l'avoir mis mort, il lui succéda sur le trône. 26 Les autres faits gestes de Peqahya et toutes ses réalisations sont cit dans le livre des Annales des rois d'Israël.

x **15.14** L'ancienne capitale des rois d'Israël (1 R 14.17 ; 15.21, 33) où Menahem dirigeait probablement la garnison de l'armée.
y **15.16** Localité inconnue (il ne peut s'agir de Tiphsah sur l'Euphrate : 1 R 5.4). Certains suivent l'ancienne version grecque qui a : *Tappouah*, une ville située à la frontière entre Ephraïm et Manassé (Jos 16.8 ; 17.7-8).
z **15.17** De 752 à 742 av. J.-C.
a **15.18** Cf. 1 R 12.28-31 ; 15.26.
b **15.19** *Poul* était le nom babylonien du roi assyrien Tiglath-Piléser III (v. 29 ; voir 1 Ch 5.26) qui a régné de 745 à 727 av. J.-C.
c **15.23** De 742 à 740 av. J.-C.

ekah King of Israel

27 In the fifty-second year of Azariah king of Judah, ekah son of Remaliah became king of Israel in amaria, and he reigned twenty years. 28 He did evil n the eyes of the LORD. He did not turn away from the ins of Jeroboam son of Nebat, which he had caused srael to commit.

29 In the time of Pekah king of Israel, Tiglath-Pileser ing of Assyria came and took Ijon, Abel Beth Maakah, anoah, Kedesh and Hazor. He took Gilead and Galilee, ncluding all the land of Naphtali, and deported the eople to Assyria. 30 Then Hoshea son of Elah conpired against Pekah son of Remaliah. He attacked and ssassinated him, and then succeeded him as king in he twentieth year of Jotham son of Uzziah.

31 As for the other events of Pekah's reign, and all e did, are they not written in the book of the annals f the kings of Israel?

otham King of Judah

32 In the second year of Pekah son of Remaliah king f Israel, Jotham son of Uzziah king of Judah began to eign. 33 He was twenty-five years old when he became ing, and he reigned in Jerusalem sixteen years. His nother's name was Jerusha daughter of Zadok. 34 He lid what was right in the eyes of the LORD, just as his ather Uzziah had done. 35 The high places, however, were not removed; the people continued to offer acrifices and burn incense there. Jotham rebuilt the Jpper Gate of the temple of the LORD.

36 As for the other events of Jotham's reign, and what e did, are they not written in the book of the annals f the kings of Judah? 37 (In those days the LORD began o send Rezin king of Aram and Pekah son of Remaliah gainst Judah.) 38 Jotham rested with his ancestors and vas buried with them in the City of David, the city of is father. And Ahaz his son succeeded him as king.

haz King of Judah

16 1 In the seventeenth year of Pekah son of Remaliah, Ahaz son of Jotham king of Judah egan to reign. 2 Ahaz was twenty years old when he ecame king, and he reigned in Jerusalem sixteen ears. Unlike David his father, he did not do what was ight in the eyes of the LORD his God. 3 He followed the vays of the kings of Israel and even sacrificed his son n the fire, engaging in the detestable practices of the nations the LORD had driven out before the Israelites.

Le règne de Péqah sur Israël

27 La cinquante-deuxième année du règne d'Azaria, roi de Juda, Péqah, fils de Remalia, devint roi sur Israël à Samarie. Il régna vingt ans[d]. 28 Il fit ce que l'Eternel considère comme mal : il n'abandonna pas les péchés dans lesquels Jéroboam, fils de Nebath, avait entraîné le peuple d'Israël. 29 Sous le règne de Péqah, roi d'Israël, Tiglath-Piléser, roi d'Assyrie, fit une invasion et s'empara des villes de Iyôn, Abel-Beth-Maaka, Yanoah, Qédesh, Hatsor et Galaad ; il occupa aussi la Galilée et tout le territoire de Nephtali. Il en déporta les habitants en Assyrie. 30 Osée, fils d'Ela, forma une conspiration contre Péqah, fils de Remalia, il l'assassina et lui succéda sur le trône au cours de la vingtième année du règne de Yotam, fils d'Ozias. 31 Les autres faits et gestes de Péqah et toutes ses réalisations sont cités dans le livre des Annales des rois d'Israël.

Le règne de Yotam sur Juda

32 La deuxième année du règne de Péqah, fils de Remalia, roi d'Israël, Yotam, fils d'Ozias, devint roi de Juda.

(2 Ch 27.1-4, 7-9)

33 Il avait vingt-cinq ans à son avènement et il régna seize ans à Jérusalem[e]. Le nom de sa mère était Yerousha, fille de Tsadoq. 34 Il fit ce que l'Eternel considère comme juste et suivit en tout l'exemple de son père Ozias. 35 Toutefois, les hauts lieux ne furent pas supprimés et le peuple continuait à y offrir des sacrifices et à y brûler des parfums. Yotam bâtit la porte supérieure du temple de l'Eternel. 36 Les autres faits et gestes de Yotam sont cités dans le livre des Annales des rois de Juda.

37 Pendant son règne, l'Eternel commença à envoyer contre Juda Retsîn, roi de Syrie, et Péqah, fils de Remalia. 38 Yotam rejoignit ses ancêtres décédés et fut enterré à leurs côtés dans la cité de David, son ancêtre. Son fils Ahaz lui succéda sur le trône.

Le règne d'Ahaz sur Juda

(2 Ch 28.1-27)

16 1 La dix-septième année du règne de Péqah, fils de Remalia, Ahaz, fils de Yotam, roi de Juda, devint roi[f]. 2 Il était âgé de vingt ans à son avènement et il régna seize ans à Jérusalem[g]. Il ne fit pas ce que l'Eternel son Dieu considère comme juste, contrairement à son ancêtre David. 3 Mais il suivit l'exemple des rois d'Israël. Il alla même jusqu'à brûler son propre fils pour l'offrir en sacrifice aux idoles, commettant ainsi la même abomination que les peuples étrangers que l'Eternel avait dépossédés

---

d **15.27** De 752 à 732 av. J.-C. Les données historiques suggèrent que Péqah a exercé, de 752 à 740 av. J.-C., un contre-pouvoir face à Menahem puis à Peqahya sur la rive est du Jourdain après l'assassinat de Shalloum par Menahem. Lors de son accession au pouvoir, ces années ont été comptabilisées dans la durée de son règne.

e **15.33** De 750 à 732 av. J.-C. (voir 2 Ch 27.1-6). Yotam a exercé la corégence avec son père de 750 à 740. Son règne effectif a cessé en 735 lorsque son fils Ahaz a pris le gouvernement en main. Yotam a continué à vivre (avec le titre de roi) au moins jusqu'en 732.

f **16.1** Le règne d'Ahaz a sans doute commencé par une corégence avec son père Yotam en 735 av. J.-C. (voir note 17.1).

g **16.2** La durée totale du règne d'Ahaz (avec la corégence) fut de 20 ans (735 à 715 av. J.-C.). Le règne personnel après la mort de Yotam a dû commencer en 732, d'où l'indication des 16 ans (cf. note 15.33).

4 He offered sacrifices and burned incense at the high
places, on the hilltops and under every spreading tree.

5 Then Rezin king of Aram and Pekah son of
Remaliah king of Israel marched up to fight against
Jerusalem and besieged Ahaz, but they could not
overpower him. 6 At that time, Rezin king of Aram
recovered Elath for Aram by driving out the people
of Judah. Edomites then moved into Elath and have
lived there to this day.
7 Ahaz sent messengers to say to Tiglath-Pileser king
of Assyria, "I am your servant and vassal. Come up and
save me out of the hand of the king of Aram and of
the king of Israel, who are attacking me." 8 And Ahaz
took the silver and gold found in the temple of the LORD
and in the treasuries of the royal palace and sent it
as a gift to the king of Assyria. 9 The king of Assyria
complied by attacking Damascus and capturing it. He
deported its inhabitants to Kir and put Rezin to death.

10 Then King Ahaz went to Damascus to meet
Tiglath-Pileser king of Assyria. He saw an altar in
Damascus and sent to Uriah the priest a sketch of
the altar, with detailed plans for its construction. 11 So
Uriah the priest built an altar in accordance with all
the plans that King Ahaz had sent from Damascus
and finished it before King Ahaz returned. 12 When
the king came back from Damascus and saw the altar, he approached it and presented offerings[w] on it.
13 He offered up his burnt offering and grain offering,
poured out his drink offering, and splashed the blood
of his fellowship offerings against the altar. 14 As for
the bronze altar that stood before the LORD, he brought
it from the front of the temple – from between the
new altar and the temple of the LORD – and put it on
the north side of the new altar.
15 King Ahaz then gave these orders to Uriah the
priest: "On the large new altar, offer the morning
burnt offering and the evening grain offering, the
king's burnt offering and his grain offering, and the
burnt offering of all the people of the land, and their
grain offering and their drink offering. Splash against
this altar the blood of all the burnt offerings and
sacrifices. But I will use the bronze altar for seeking
guidance." 16 And Uriah the priest did just as King
Ahaz had ordered.
17 King Ahaz cut off the side panels and removed the
basins from the movable stands. He removed the Sea
from the bronze bulls that supported it and set it on a

w 16:12 Or *and went up*

en faveur des Israélites[h]. 4 Il offrait des sacrifices et brûlai
des parfums sur les hauts lieux, sur les collines et sou
chaque arbre verdoyant.

L'Assyrie au secours de Juda

5 Alors Retsîn, roi de Syrie, et Péqah, fils de Remalia, ro
d'Israël, vinrent pour attaquer Jérusalem. Ils assiégèren
Ahaz, mais ils ne purent pas engager le combat[i]. 6 Vers l
même époque, Retsîn, roi de Syrie, ramena Eilath[j] sous l
domination des Syriens[k] ; il en chassa les Judéens, et de
Edomites vinrent s'y installer. Ils l'ont occupée jusqu'à
aujourd'hui. 7 Ahaz envoya des messagers à Tiglath-Piléser
roi d'Assyrie, pour lui dire : Je suis ton vassal et ton fils[l]
Viens me délivrer du roi de Syrie et du roi d'Israël qui son
venus m'attaquer.
8 Ahaz prit l'argent et l'or qui se trouvaient dans l
temple de l'Eternel et dans le trésor du palais royal et i
l'envoya comme présent au roi d'Assyrie. 9 Le roi d'Assyri
répondit à sa demande : il attaqua Damas, prit la ville e
en déporta la population à Qir. Quant à Retsîn, il le fi
mettre à mort.

Des modifications sacrilèges dans le Temple

10 Le roi Ahaz se rendit à Damas pour rencontre
Tiglath-Piléser, le roi d'Assyrie. Là il vit le grand autel qu
se trouvait dans cette ville et il en fit parvenir au prêtr
Urie une reproduction et un plan détaillé pour qu'il e
fasse une copie[m]. 11 Le prêtre Urie construisit un autel e
tous points conforme aux indications que le roi Ahaz lu
avait envoyées depuis Damas, et il l'acheva avant que le ro
soit rentré de Damas. 12 Lorsque celui-ci fut de retour, i
vit l'autel, s'en approcha et y monta ; 13 il y offrit lui-mêm
un holocauste et une offrande de farine, il y répandit un
libation et aspergea l'autel avec le sang des sacrifices d
communion. 14 Quant à l'autel de bronze qui se trouvai
devant l'Eternel, il l'ôta de sa place devant le Temple, entr
le nouvel autel et le Temple, et le fit mettre sur le côté d
nouvel autel, vers le nord. 15 Le roi Ahaz ordonna au prêtr
Urie : Désormais, tu feras brûler sur le grand autel l'holocauste du matin et l'offrande du soir, l'holocauste du ro
et son offrande ainsi que l'holocauste et l'offrande de tou
le peuple du pays avec leurs libations, et tu l'aspergera
de tout le sang des holocaustes et des autres sacrifices. E
ce qui concerne l'autel de bronze, je déciderai moi-mêm
de son usage.
16 Le prêtre Urie exécuta tous les ordres du roi.

17 D'autre part, Ahaz fit démonter les plaques de bronz
des châssis des chariots du Temple et en fit enlever le
bassins. Il ôta la grande cuve qui reposait sur les bœuf
de bronze et il la fit déposer directement sur le sol pavé

h **16.3** Sur les sacrifices d'enfants, voir Lv 20.2-5 ; Dt 12.31 ; 18.10.
i **16.5** Voir Es 7.1-17 ; 2 Ch 28.16-21. *Retsîn* voulait remplacer Ahaz
par le fils de Tabeél pour avoir un nouvel allié dans sa politique
anti-assyrienne.
j **16.6** *Eilath* était un port sur le golfe d'Aqaba qui donnait aux Judéens
l'accès aux mers du sud du pays d'Israël.
k **16.6** Les deux noms : *Syriens* et *Edomites* se ressemblent beaucoup en
hébreu, d'où la proposition de certains de mettre ici *Edomites.* Certains
manuscrits ajoutent plus loin : *et des Syriens vinrent s'y installer.*
l **16.7** Jérusalem perdit ainsi son indépendance.
m **16.10** Probablement un autel dédié à Tiglath-Piléser.

tone base. 18 He took away the Sabbath canopy[x] that
ad been built at the temple and removed the royal
ntryway outside the temple of the LORD, in deference
o the king of Assyria.
19 As for the other events of the reign of Ahaz, and
vhat he did, are they not written in the book of the
nnals of the kings of Judah? 20 Ahaz rested with his
ncestors and was buried with them in the City of
)avid. And Hezekiah his son succeeded him as king.

Ioshea Last King of Israel

17 1 In the twelfth year of Ahaz king of Judah,
Hoshea son of Elah became king of Israel in
amaria, and he reigned nine years. 2 He did evil in
he eyes of the LORD, but not like the kings of Israel
vho preceded him.

3 Shalmaneser king of Assyria came up to attack
Ioshea, who had been Shalmaneser's vassal and had
aid him tribute. 4 But the king of Assyria discovered
hat Hoshea was a traitor, for he had sent envoys to
o[y] king of Egypt, and he no longer paid tribute to the
ing of Assyria, as he had done year by year. Therefore
halmaneser seized him and put him in prison. 5 The
ing of Assyria invaded the entire land, marched
gainst Samaria and laid siege to it for three years.
In the ninth year of Hoshea, the king of Assyria capured Samaria and deported the Israelites to Assyria.
Ie settled them in Halah, in Gozan on the Habor River
nd in the towns of the Medes.

srael Exiled Because of Sin

7 All this took place because the Israelites had sinned
gainst the LORD their God, who had brought them up
ut of Egypt from under the power of Pharaoh king of
gypt. They worshiped other gods 8 and followed the
ractices of the nations the LORD had driven out before
hem, as well as the practices that the kings of Israel
ad introduced. 9 The Israelites secretly did things
gainst the LORD their God that were not right. From
vatchtower to fortified city they built themselves
igh places in all their towns. 10 They set up sacred
tones and Asherah poles on every high hill and un-
ler every spreading tree. 11 At every high place they

16:18 Or *the dais of his throne* (see Septuagint)
17:4 *So* is probably an abbreviation for *Osorkon.*

18 Enfin, à cause du roi d'Assyrie, il supprima aussi dans
le temple de l'Eternel la galerie du sabbat, que l'on avait
construite à l'intérieur et la porte par laquelle les rois
pénétraient dans la cour du Temple.
19 Les autres faits et gestes d'Ahaz sont cités dans le livre
des Annales des rois de Juda. 20 Il rejoignit ses ancêtres
décédés et fut enterré à leurs côtés dans la cité de David.
Son fils Ezéchias lui succéda sur le trône.

Le règne d'Osée sur Israël – l'exil des Israélites du Nord

17 1 Pendant la douzième année du règne d'Ahaz,
roi de Juda, Osée, fils d'Ela, devint roi d'Israël
à Samarie. Il régna neuf ans[n]. 2 Il fit ce que l'Eternel
considère comme mal, moins cependant que ses
prédécesseurs.

(2 R 18.9-12)

3 Salmanasar, roi d'Assyrie[o], vint l'attaquer et Osée lui fut
assujetti et lui paya un tribut. 4 Osée conspira contre le roi
d'Assyrie : il envoya des messagers à So, roi d'Egypte[p], pour
demander son aide, et cessa de payer son tribut annuel.
Après avoir découvert le complot, le souverain assyrien le
fit arrêter et enchaîner dans une prison. 5 Puis il envahit
tout le pays et arriva à Samarie qu'il assiégea pendant trois
ans[q]. 6 La neuvième année du règne d'Osée, le roi d'Assyrie
s'empara de Samarie et déporta les Israélites en Assyrie. Il
les établit à Halah et sur les rives du Habor, dans la région
de Gozân, ainsi que dans les villes de la Médie[r].

Les causes de l'exil des Israélites

7 Ce malheur frappa les Israélites parce qu'ils avaient
péché contre l'Eternel leur Dieu qui les avait fait sortir
d'Egypte et les avait délivrés de l'oppression du pharaon,
roi d'Egypte, et parce qu'ils avaient craint d'autres dieux.
8 Ils avaient adopté les coutumes des peuples étrangers
que l'Eternel avait dépossédés en faveur des Israélites,
ainsi que les coutumes introduites par les rois d'Israël. 9 Les
Israélites avaient commis en secret des actes inadmissibles
offensant l'Eternel leur Dieu. Ils avaient édifié des hauts
lieux dans toutes leurs localités, depuis les postes d'observation jusqu'aux villes fortifiées[s]. 10 Ils avaient dressé
des stèles et des poteaux sacrés pour la déesse Ashéra sur
chaque colline élevée et sous chaque arbre verdoyant. 11 Et
là, sur ces hauts lieux, ils avaient fait brûler des parfums,

n **17.1** De 732 à 722 av. J.-C. La mention de *la douzième année du règne d'Ahaz* pose des problèmes. Certains l'expliquent par une corégence d'Ahaz avec Azaria dès 744 à 743 mais cela reste peu probable (voir note 16.1). D'autres y voient une confusion scribale entre *douzième* et *quatrième* (735 av. J.-C.).

o **17.3** Fils et successeur de Tiglath-Piléser III qui gouverna l'Assyrie de 727 à 722 av. J.-C.

p **17.4** Ce personnage est mal identifié. On a proposé le pharaon Shabako, mais d'autres suggèrent de lire *Sewé*, c'est-à-dire Sibé'é, généralissime de l'armée égyptienne. Certains comprennent : *à la ville de Saïs, au roi d'Egypte.*

q **17.5** Salmanasar V commença le siège de Samarie en 725 av. J.-C., mais, en décembre 722, il fut renversé et assassiné, et Sargon II (722 à 705 av. J.-C.) s'empara du pouvoir. C'est ce dernier qui prit Samarie et s'en vanta dans ses Annales.

r **17.6** Seconde captivité des Israélites du Nord (voir 15.29). Les localités citées se trouvent en Mésopotamie, au sud de la mer Caspienne. Le Habor est un affluent de l'Euphrate.

s **17.9** Pour les v. 9-10, voir 1 R 14.23.

burned incense, as the nations whom the LORD had
driven out before them had done. They did wicked
things that aroused the LORD's anger. 12 They worshiped idols, though the LORD had said, "You shall not
do this." 13 The LORD warned Israel and Judah through
all his prophets and seers: "Turn from your evil ways.
Observe my commands and decrees, in accordance
with the entire Law that I commanded your ancestors to obey and that I delivered to you through my
servants the prophets."

14 But they would not listen and were as stiff-necked
as their ancestors, who did not trust in the LORD their
God. 15 They rejected his decrees and the covenant he
had made with their ancestors and the statutes he had
warned them to keep. They followed worthless idols
and themselves became worthless. They imitated the
nations around them although the LORD had ordered
them, "Do not do as they do."

16 They forsook all the commands of the LORD their
God and made for themselves two idols cast in the
shape of calves, and an Asherah pole. They bowed
down to all the starry hosts, and they worshiped
Baal. 17 They sacrificed their sons and daughters in
the fire. They practiced divination and sought omens
and sold themselves to do evil in the eyes of the LORD,
arousing his anger.

18 So the LORD was very angry with Israel and removed them from his presence. Only the tribe of Judah
was left, 19 and even Judah did not keep the commands
of the LORD their God. They followed the practices
Israel had introduced. 20 Therefore the LORD rejected
all the people of Israel; he afflicted them and gave
them into the hands of plunderers, until he thrust
them from his presence.

21 When he tore Israel away from the house of David,
they made Jeroboam son of Nebat their king. Jeroboam
enticed Israel away from following the LORD and caused
them to commit a great sin. 22 The Israelites persisted in all the sins of Jeroboam and did not turn away
from them 23 until the LORD removed them from his
presence, as he had warned through all his servants
the prophets. So the people of Israel were taken from
their homeland into exile in Assyria, and they are
still there.

Samaria Resettled

24 The king of Assyria brought people from Babylon,
Kuthah, Avva, Hamath and Sepharvaim and settled
them in the towns of Samaria to replace the Israelites.

comme les peuples étrangers que l'Eternel avait chassé
devant eux. Ils s'étaient adonnés à des pratiques coupable
par lesquelles ils avaient irrité l'Eternel. 12 Ils avaient rend
un culte aux idoles alors que l'Eternel leur avait ordonn
de ne pas le faire.

13 L'Eternel avait averti Israël et Juda par l'intermédi
aire de tous ses prophètes, de tous ceux qui reçoivent de
révélations. Il leur avait fait dire :

– Abandonnez votre mauvaise conduite et obéissez
mes commandements et à mes ordonnances contenus dan
toute la Loi que j'ai donnée à vos ancêtres et que je vou
ai communiquée par l'intermédiaire de mes serviteur
les prophètes.

14 Mais ils n'avaient rien voulu entendre ; ils s'étaien
obstinés, comme leurs ancêtres qui n'avaient pas fai
confiance à l'Eternel leur Dieu. 15 Ils avaient rejeté ses or
donnances, violé l'alliance que Dieu avait conclue ave
leurs ancêtres, et n'avaient pas tenu compte des avertisse
ments qu'il leur avait adressés. Ils avaient couru après de
dieux qui ne sont que du vent pour n'être plus eux-même
que du vent. Ils avaient suivi les coutumes des peuple
étrangers qui les entouraient, alors que l'Eternel leur avai
défendu de les imiter. 16 Ils avaient délaissé tous les com
mandements de l'Eternel, leur Dieu. Ils s'étaient fabriqu
deux veaux en métal fondu, ils avaient dressé des poteau
représentant la déesse Ashéra. Ils s'étaient prosterné
devant tous les astres du ciel et ils avaient rendu un cult
au dieu Baal. 17 Ils avaient fait brûler leurs fils et leurs fille
pour les offrir en sacrifice à des idoles, ils avaient consult
les augures et pratiqué la divination ; ils s'étaient adonné
à toutes sortes de mauvaises actions, faisant ce que l'Eter
nel considère comme mal, de sorte qu'ils l'avaient irrité
18 Aussi l'Eternel fut-il très en colère contre Israël et le
a-t-il rejetés loin de lui. Seule la tribu de Juda subsista
19 Mais elle non plus n'a pas observé les commandements d
l'Eternel leur Dieu. Les Judéens ont plutôt suivi les même
coutumes qu'Israël. 20 Voilà pourquoi l'Eternel a rejeté tou
les descendants d'Israël et les a humiliés, il les a livrés a
pouvoir des pillards et il a fini par les chasser loin de lui

21 En effet, il avait arraché Israël à la dynastie de Davic
et les Israélites s'étaient donné pour roi Jéroboam, fils d
Nebath. Celui-ci les avait incités à se détourner de l'Eter
nel et les avait entraînés dans un grave péché. 22 Dès lors
les Israélites n'avaient cessé de se livrer à tous les péché
que Jéroboam lui-même avait commis ; ils ne les abandon
nèrent pas 23 jusqu'au jour où l'Eternel les bannit loin d
lui comme il l'avait annoncé par tous ses serviteurs, le
prophètes. Israël a été déporté loin de son pays, en Assyri
où il est resté jusqu'à ce jour.

Le repeuplement de la Samarie par des païens

24 Le roi d'Assyrie[u] fit venir des gens de Babylone, d
Kouta, de Avva, de Hamath et de Sepharvaïm[v] et les obli
gea à s'établir dans les localités de Samarie, à la plac
des Israélites déportés. Ils occupèrent la Samarie et s'in

[t] **17.18** Le royaume du Sud contenait aussi des éléments des tribus de Siméon et de Benjamin, mais Juda fut la seule tribu à conserver son intégrité (voir 1 R 11.31-32).

[u] **17.24** D'abord Sargon II (722 à 705 av. J.-C.), puis Esar-Haddôn (681 à 669 av. J.-C.) et Assourbanipal (669 à 627 av. J.-C.) transplantèrent des païens en Samarie (voir Esd 4.2, 9-10).

[v] **17.24** *Kouta* (à une dizaine de kilomètres de Babylone) fut soumise avec Babylone par Sargon II en 709, les trois villes suivantes sont en Syrie. En 720, Sargon fit de la Syrie de Hamath une province assyrienne.

hey took over Samaria and lived in its towns. [25]When
hey first lived there, they did not worship the LORD;
o he sent lions among them and they killed some of
he people. [26]It was reported to the king of Assyria:
The people you deported and resettled in the towns
f Samaria do not know what the god of that country
equires. He has sent lions among them, which are
illing them off, because the people do not know what
e requires."

[27]Then the king of Assyria gave this order: "Have
ne of the priests you took captive from Samaria go
ack to live there and teach the people what the god
f the land requires." [28]So one of the priests who had
een exiled from Samaria came to live in Bethel and
aught them how to worship the LORD.

[29]Nevertheless, each national group made its own
ods in the several towns where they settled, and
et them up in the shrines the people of Samaria
ad made at the high places. [30]The people from
abylon made Sukkoth Benoth, those from Kuthah
nade Nergal, and those from Hamath made Ashima;
[31]the Avvites made Nibhaz and Tartak, and the
epharvites burned their children in the fire as sac-
ifices to Adrammelek and Anammelek, the gods of
epharvaim. [32]They worshiped the LORD, but they also
ppointed all sorts of their own people to officiate
or them as priests in the shrines at the high places.
[33]They worshiped the LORD, but they also served their
wn gods in accordance with the customs of the na-
ions from which they had been brought.

[34]To this day they persist in their former practic-
s. They neither worship the LORD nor adhere to the
lecrees and regulations, the laws and commands
hat the LORD gave the descendants of Jacob, whom
e named Israel. [35]When the LORD made a covenant
vith the Israelites, he commanded them: "Do not wor-
hip any other gods or bow down to them, serve them
r sacrifice to them. [36]But the LORD, who brought you
p out of Egypt with mighty power and outstretched
rm, is the one you must worship. To him you shall
ow down and to him offer sacrifices. [37]You must al-
vays be careful to keep the decrees and regulations,
he laws and commands he wrote for you. Do not
vorship other gods. [38]Do not forget the covenant I
ave made with you, and do not worship other gods.
[39]Rather, worship the LORD your God; it is he who will
leliver you from the hand of all your enemies."

[40]They would not listen, however, but persisted in
heir former practices. [41]Even while these people were

stallèrent dans ses villes. [25]Lorsqu'ils commencèrent à y
habiter, ces gens ne craignaient pas l'Eternel. L'Eternel
envoya contre eux des lions qui tuèrent plusieurs d'entre
eux[w]. [26]Alors ils s'adressèrent au roi d'Assyrie en lui faisant dire : Les populations que tu as déportées et que tu as
fait habiter dans les villes de la Samarie ne connaissent
pas les règles à suivre pour adorer le dieu du pays. Alors
ce dieu a envoyé contre elles des lions qui les tuent parce
qu'elles ne connaissent pas les règles à suivre pour adorer
le dieu du pays[x].

[27]Au reçu de cette nouvelle, le roi d'Assyrie édicta l'ordre
suivant : Qu'on renvoie là-bas l'un des prêtres que vous
avez exilés de ce pays[y] ; qu'il aille s'y établir et qu'il leur
enseigne les règles à suivre pour adorer le dieu du pays.

[28]Ainsi l'un des prêtres qui avaient été déportés de
Samarie vint s'installer à Béthel et enseigna aux déportés
comment craindre l'Eternel.

[29]En fait, chacun de ces peuples se fabriqua des statues
de ses propres divinités. Dans chaque ville où ces gens
habitèrent, ils érigèrent ces idoles dans les sanctuaires des
hauts lieux bâtis par le peuple de la Samarie. [30]Les gens
venus de Babylone firent une statue de Soukkoth-Benoth,
ceux de Kouth firent une idole de Nergal, ceux de Hamath
en firent une d'Ashima, [31]ceux d'Avva en firent de Nibhaz
et de Tartaq ; ceux de Sepharvaïm continuaient à brûler
leurs enfants pour les offrir à leurs dieux Adrammélek
et Anammélek. [32]Avec cela, ils craignaient l'Eternel et ils
instituèrent un peu partout des prêtres choisis parmi eux
pour officier en leur nom dans les sanctuaires des hauts
lieux. [33]D'un côté donc, ils craignaient l'Eternel, mais en
même temps, ils continuaient à rendre un culte à leurs
propres dieux selon les coutumes des gens de leurs pays
d'origine.

[34]Jusqu'à aujourd'hui, ils continuent à suivre leurs anciennes coutumes. Ils ne craignent pas vraiment l'Eternel
et n'observent pas les ordonnances et les articles de droit,
ni la Loi et les commandements donnés par l'Eternel aux
descendants de Jacob, auquel il avait donné le nom d'Israël.
[35]L'Eternel avait conclu une alliance avec les descendants
de Jacob et leur avait ordonné : Vous ne craindrez pas d'autres dieux, vous ne vous prosternerez pas devant eux, vous
ne leur rendrez pas de culte et vous ne leur offrirez aucun sacrifice[z]. [36]C'est l'Eternel, lui qui vous a fait sortir
d'Egypte par sa grande force et en déployant sa puissance,
c'est lui seul que vous craindrez ; c'est devant lui que vous
vous prosternerez, c'est à lui que vous offrirez des sacrifices. [37]Vous aurez soin d'observer et d'appliquer chaque jour
les ordonnances, les articles de droit, la Loi et les commandements qu'il vous a donnés par écrit, et vous ne craindrez
pas d'autres dieux. [38]Vous ne serez pas infidèles à l'alliance
que j'ai conclue avec vous et, je le répète, vous ne craindrez
pas d'autres dieux. [39]Mais vous craindrez l'Eternel, votre
Dieu, et il vous délivrera de tous vos ennemis.

[40]Mais ces gens n'ont pas écouté ; ils restent attachés à
leurs anciennes coutumes.

---

w **17.25** Les lions, qui avaient toujours existé dans le pays (Jg 14.5 ; 1 S 17.34 ; 1 R 13.24) se multiplièrent à cause de la dépopulation (voir Lv 26.21-22).

x **17.26** Selon les idées religieuses païennes du temps, chaque divinité régionale régissait son territoire et exigeait d'être adorée selon certains rites.

y **17.27** L'un des prêtres des veaux d'or établis par Jéroboam (1 R 12.31).

z **17.35** Les v. 35 à 39 contiennent des formules qui réapparaissent souvent dans le Deutéronome.

worshiping the LORD, they were serving their idols. To
this day their children and grandchildren continue
to do as their ancestors did.

Hezekiah King of Judah

18 1In the third year of Hoshea son of Elah
king of Israel, Hezekiah son of Ahaz king of
Judah began to reign. 2He was twenty-five years old
when he became king, and he reigned in Jerusalem
twenty-nine years. His mother's name was Abijah[z]
daughter of Zechariah. 3He did what was right in the
eyes of the LORD, just as his father David had done. 4He
removed the high places, smashed the sacred stones
and cut down the Asherah poles. He broke into pieces
the bronze snake Moses had made, for up to that time
the Israelites had been burning incense to it. (It was
called Nehushtan.[a])

5Hezekiah trusted in the LORD, the God of Israel.
There was no one like him among all the kings of
Judah, either before him or after him. 6He held fast
to the LORD and did not stop following him; he kept
the commands the LORD had given Moses. 7And the
LORD was with him; he was successful in whatever he
undertook. He rebelled against the king of Assyria
and did not serve him. 8From watchtower to fortified
city, he defeated the Philistines, as far as Gaza and
its territory.

9In King Hezekiah's fourth year, which was the
seventh year of Hoshea son of Elah king of Israel,
Shalmaneser king of Assyria marched against Samaria
and laid siege to it. 10At the end of three years the
Assyrians took it. So Samaria was captured in
Hezekiah's sixth year, which was the ninth year of
Hoshea king of Israel. 11The king of Assyria deported
Israel to Assyria and settled them in Halah, in Gozan
on the Habor River and in towns of the Medes. 12This
happened because they had not obeyed the LORD their
God, but had violated his covenant – all that Moses the

[z] **18:2** Hebrew *Abi*, a variant of *Abijah*
[a] **18:4** *Nehushtan* sounds like the Hebrew for both *bronze* and *snake*.

41Ainsi donc les gens de ces peuples étrangers craignaient l'Eternel tout en continuant à rendre un culte à
leurs idoles. Jusqu'à ce jour, leurs enfants et leurs descendants ont maintenu les pratiques de leurs ancêtres.

LES DERNIERS ROIS DE JUDA

Le règne d'Ezéchias sur Juda

18 1La troisième année du règne d'Osée, fils d'Ela, roi
d'Israël, Ezéchias, fils d'Ahaz, roi de Juda, devint
roi[a].

(2 Ch 29.1-2 ; 31.1)

2Il était âgé de vingt-cinq ans à son avènement et il
régna vingt-neuf ans à Jérusalem[b]. Sa mère s'appelait
Abi, elle était fille de Zacharie. 3Il fit ce que l'Eternel
considère comme juste, en tout point comme l'avait fait
son ancêtre David. 4Il fit disparaître les hauts lieux,
briser les stèles des idoles, couper le pieu sacré de la
déesse Ashéra. Il fit aussi mettre en pièces le serpent
de bronze que Moïse avait fabriqué, car jusqu'à cette
époque-là, les Israélites faisaient brûler des parfums
pour lui et l'appelaient Nehoushtân.

(2 Ch 31.20-21)

5Ezéchias mit sa confiance en l'Eternel, le Dieu d'Israël. Parmi tous les rois de Juda qui lui succédèrent ou
qui l'avaient précédé, aucun ne l'égala. 6Il demeura attaché à l'Eternel, sans se détourner de lui ; il obéit à tous
les commandements que l'Eternel avait donnés à Moïse.
7Aussi l'Eternel fut-il avec lui. Il réussit dans toutes ses
entreprises. Il se révolta contre le roi d'Assyrie et cessa
de lui être assujetti.

8Il battit les Philistins et les poursuivit jusqu'à Gaza[c]
ravageant la ville et son territoire, et s'emparant des villes
fortifiées aussi bien que des postes d'observation.

La prise de Samarie par les Assyriens

(2 R 17.3-7)

9Ce fut pendant la quatrième année du règne d'Ezéchias[d], qui correspond à la septième année de celui d'Osée,
fils d'Ela, roi d'Israël, que Salmanasar, roi d'Assyrie,
vint attaquer Samarie et l'assiégea. 10Il s'en empara
au bout de trois ans, la sixième année du règne d'Ezéchias, c'est-à-dire la neuvième année du règne d'Osée
roi d'Israël ; ainsi Samarie fut prise. 11Le roi d'Assyrie
déporta les Israélites en Assyrie et les établit à Halah
et sur les rives du Habor, dans la région de Gozân ainsi
que dans les villes de la Médie. 12Ces malheurs leur
arrivèrent parce qu'ils n'avaient pas obéi aux ordres
de l'Eternel, leur Dieu, parce qu'ils avaient été infidèles
à son alliance en désobéissant à tout ce que Moïse, le

[a] **18.1** C'est-à-dire vers 728 av. J.-C. A partir de cette date et jusqu'en 715 av. J.-C., Ezéchias fut corégent avec son père Ahaz.
[b] **18.2** Selon certains, de 715 à 686 av. J.-C., selon d'autres, en comptant les années de corégence, de 728 ou 727 à 698 av. J.-C.
[c] **18.8** L'une des cinq principales villes de la Philistie.
[d] **18.9** En 725 av. J.-C., la 4e année de sa corégence avec Ahaz.

ervant of the LORD commanded. They neither listened
o the commands nor carried them out.

[1]3In the fourteenth year of King Hezekiah's reign,
ennacherib king of Assyria attacked all the fortified
ities of Judah and captured them. 14So Hezekiah king
f Judah sent this message to the king of Assyria at
achish: "I have done wrong. Withdraw from me, and
will pay whatever you demand of me." The king of
ssyria exacted from Hezekiah king of Judah three
undred talents[b] of silver and thirty talents[c] of gold.
5So Hezekiah gave him all the silver that was found
n the temple of the LORD and in the treasuries of the
oyal palace.
16At this time Hezekiah king of Judah stripped off
he gold with which he had covered the doors and
loorposts of the temple of the LORD, and gave it to the
ing of Assyria.

ennacherib Threatens Jerusalem

17The king of Assyria sent his supreme com-
nander, his chief officer and his field commander
vith a large army, from Lachish to King Hezekiah at
erusalem. They came up to Jerusalem and stopped
t the aqueduct of the Upper Pool, on the road to
he Washerman's Field. 18They called for the king;
nd Eliakim son of Hilkiah the palace administrator,
hebna the secretary, and Joah son of Asaph the re-
order went out to them.
19The field commander said to them, "Tell Hezekiah:
" 'This is what the great king, the king of Assyria,
says: On what are you basing this confidence of
yours? 20You say you have the counsel and the
might for war – but you speak only empty words.
On whom are you depending, that you rebel against
me? 21Look, I know you are depending on Egypt,
that splintered reed of a staff, which pierces the
hand of anyone who leans on it! Such is Pharaoh
king of Egypt to all who depend on him. 22But if
you say to me, "We are depending on the LORD our
God" – isn't he the one whose high places and altars
Hezekiah removed, saying to Judah and Jerusalem,
"You must worship before this altar in Jerusalem"?
23" 'Come now, make a bargain with my master,
the king of Assyria: I will give you two thousand
horses – if you can put riders on them! 24How can
you repulse one officer of the least of my master's
officials, even though you are depending on Egypt
for chariots and horsemen[d]? 25Furthermore, have I
come to attack and destroy this place without word

18:14 That is, about 11 tons or about 10 metric tons
18:14 That is, about 1 ton or about 1 metric ton
18:24 Or *charioteers*

serviteur de l'Eternel, leur avait ordonné, au lieu de
l'écouter et de l'appliquer.

L'invasion du royaume de Juda par les Assyriens

13La quatorzième année du règne d'Ezéchias,
Sennachérib, roi d'Assyrie[e], vint attaquer toutes les villes
fortifiées de Juda et s'en empara. 14Alors Ezéchias, roi de
Juda, fit transmettre au roi d'Assyrie à Lakish[f] le message suivant : J'ai commis une faute, cesse de m'attaquer.
J'accepte de payer le tribut que tu m'imposeras.
Le roi d'Assyrie exigea d'Ezéchias dix tonnes d'argent et
une tonne d'or. 15Ezéchias lui fit donc porter tout l'argent
qui se trouvait dans le temple de l'Eternel et dans le trésor
du palais royal. 16Il dut même arracher les plaques d'or
dont il avait fait revêtir les portes et les linteaux du temple
de l'Eternel pour les donner au roi d'Assyrie.

Le siège de Jérusalem

(2 Ch 32.9-19)

17Le roi d'Assyrie envoya de Lakish à Jérusalem vers le
roi Ezéchias son général en chef, son chef d'état-major et
son aide de camp, accompagnés d'une puissante armée.
Lorsque les trois officiers supérieurs furent arrivés en
haut de la côte près de Jérusalem, ils prirent position près
de l'aqueduc du réservoir supérieur qui est sur la route
du champ du Teinturier[g]. 18Ils crièrent qu'ils voulaient
parler au roi. Eliaqim, fils de Hilqiya, qui avait la charge
du palais royal, Shebna, le secrétaire du roi et Yoah, fils
d'Asaph, l'archiviste, sortirent de la ville à leur rencontre.
19L'aide de camp du roi d'Assyrie leur dit : Veuillez transmettre ce message à Ezéchias : « Voici ce que déclare le
grand roi, le roi d'Assyrie : En quoi mets-tu ta confiance ?
20T'imaginerais-tu que de simples paroles peuvent tenir lieu de stratégie et de puissance militaire ? Sur qui
comptes-tu donc pour t'être révolté contre moi ? 21Je le
vois : tu t'appuies sur l'Egypte, ce roseau cassé qui blesse
et qui transperce la main de celui qui s'appuie dessus. Oui,
c'est bien là ce qu'est le pharaon, le roi d'Egypte, pour tous
ceux qui se confient en lui ! 22Peut-être me direz-vous :
C'est en l'Eternel, notre Dieu, que nous nous confions.
Mais n'est-ce pas précisément ce Dieu dont Ezéchias a
fait disparaître les hauts lieux et les autels, en disant aux
habitants de Juda et de Jérusalem de rendre leur culte
uniquement devant l'autel qui se trouve à Jérusalem ? 23Je
te lance aujourd'hui un défi au nom de mon souverain, le
roi d'Assyrie : Je te donnerai deux mille chevaux, si toi tu
es capable de fournir autant d'hommes pour les monter.
24Comment t'y prendrais-tu pour repousser un seul de nos
capitaines, même si c'était le moindre des serviteurs de
mon maître ? Comptes-tu sur l'Egypte pour te fournir des
chars avec leur équipage ? 25D'ailleurs crois-tu que c'est
sans l'assentiment de l'Eternel que je suis venu attaquer

e **18.13** En 701, la 14e année du règne personnel d'Ezéchias. *Sennachérib*, fils de Sargon II, régna de 704 à 681 av. J.-C. A partir de ce verset et jusqu'à 20.19, le récit est parallèle, à quelques variantes près, à Es 36 à 39.
f **18.14** Entre Jérusalem et Gaza, à quelque 35 kilomètres au sud-ouest de Jérusalem.
g **18.17** *L'aqueduc* est sans doute le canal souterrain qu'Ezéchias a fait creuser (20.20) pour amener l'eau de la source de Guihôn (1 R 1.33) au réservoir de Siloé, au sud-est de la ville. Le *champ du Teinturier* devait se trouver près d'Eyn-Roguel, au sud de Jérusalem (cf. 2 S 17.17 ; 1 R 1.9 ; Es 7.3).

from the LORD? The LORD himself told me to march against this country and destroy it.' "

26 Then Eliakim son of Hilkiah, and Shebna and Joah said to the field commander, "Please speak to your servants in Aramaic, since we understand it. Don't speak to us in Hebrew in the hearing of the people on the wall."

27 But the commander replied, "Was it only to your master and you that my master sent me to say these things, and not to the people sitting on the wall – who, like you, will have to eat their own excrement and drink their own urine?"

28 Then the commander stood and called out in Hebrew, "Hear the word of the great king, the king of Assyria! 29 This is what the king says: Do not let Hezekiah deceive you. He cannot deliver you from my hand. 30 Do not let Hezekiah persuade you to trust in the LORD when he says, 'The LORD will surely deliver us; this city will not be given into the hand of the king of Assyria.'

31 "Do not listen to Hezekiah. This is what the king of Assyria says: Make peace with me and come out to me. Then each of you will eat fruit from your own vine and fig tree and drink water from your own cistern, 32 until I come and take you to a land like your own – a land of grain and new wine, a land of bread and vineyards, a land of olive trees and honey. Choose life and not death!

"Do not listen to Hezekiah, for he is misleading you when he says, 'The LORD will deliver us.' 33 Has the god of any nation ever delivered his land from the hand of the king of Assyria? 34 Where are the gods of Hamath and Arpad? Where are the gods of Sepharvaim, Hena and Ivvah? Have they rescued Samaria from my hand? 35 Who of all the gods of these countries has been able to save his land from me? How then can the LORD deliver Jerusalem from my hand?"

36 But the people remained silent and said nothing in reply, because the king had commanded, "Do not answer him."

37 Then Eliakim son of Hilkiah the palace administrator, Shebna the secretary, and Joah son of Asaph the recorder went to Hezekiah, with their clothes torn, and told him what the field commander had said.

Jerusalem's Deliverance Foretold

19 1 When King Hezekiah heard this, he tore his clothes and put on sackcloth and went into the temple of the LORD. 2 He sent Eliakim the palace administrator, Shebna the secretary and the leading priests, all wearing sackcloth, to the prophet Isaiah

ce lieu-ci pour le détruire ? C'est l'Eternel qui m'a dit : V attaquer ce pays et détruis-le ! »

Les Assyriens demandent à la population de se rendre

26 Alors Eliaqim, fils de Hilqiya, Shebna et Yoah dirent l'aide de camp assyrien : Voudrais-tu, s'il te plaît, parle à tes serviteurs en langue araméenne[h], car nous la com prenons. Ne nous parle pas en hébreu alors que les gen sont là, sur les remparts, à écouter !

27 Mais l'aide de camp leur répliqua : Crois-tu que c'es à ton souverain et à toi seulement que mon souverain m' chargé d'adresser ce message ? Crois-tu que ce n'est pa aussi à ces gens assis sur les remparts, qui seront bientô réduits avec vous à manger leurs excréments et à boir leur urine ?

28 Puis l'aide de camp se campa là et se mit à crier d'un voix forte, en hébreu : Ecoutez ce que dit le grand roi, le ro d'Assyrie ! 29 Ainsi parle le roi : « Ne vous laissez pas tromp er par Ezéchias ! Car il ne peut pas vous délivrer ! 30 N vous laissez pas persuader par Ezéchias de vous confie en l'Eternel, s'il vous dit : Sûrement l'Eternel nous délivre ra, cette ville ne tombera pas aux mains du roi d'Assyrie 31 N'écoutez pas Ezéchias ; car voici ce que vous propose l roi d'Assyrie : Faites la paix avec moi, rendez-vous à moi Alors chacun de vous mangera les fruits de sa vigne et d son figuier[i], et chacun boira de l'eau de son puits, 32 en attendant que je vienne vous emmener dans un pays parei au vôtre, un pays où il y a du blé et du vin, du pain et de vignes, des oliviers, de l'huile et du miel. Ainsi vous vivre et vous ne mourrez pas. N'écoutez donc pas Ezéchias ; i vous trompe en vous disant : L'Eternel nous délivrera. 33 Les dieux des autres peuples ont-ils délivré leur pay du roi d'Assyrie ? 34 Où sont les dieux de Hamath et d'Ar pad ? Où sont les dieux de Sepharvaïm, de Héna et d'Ivva[j] Ont-ils délivré Samarie ? 35 De tous les dieux de ces pays quels sont ceux qui ont délivré leur pays pour que l'Eterne délivre Jérusalem ? »

36 Le peuple garda le silence et ne lui répondit pas un mot, car le roi avait donné cet ordre : Vous ne lui répondre pas. 37 Alors Eliaqim, fils de Hilqiya, qui avait la charg du palais, Shebna, le secrétaire et Yoah, fils d'Asaph, l'ar chiviste, retournèrent auprès d'Ezéchias, les vêtement déchirés, et lui rapportèrent les paroles de l'aide de camp

Ezéchias consulte le prophète Esaïe

19 1 Lorsque le roi Ezéchias eut entendu leur rap port, il déchira ses vêtements, se couvrit d'un vêtement d'étoffe grossière et se rendit au temple de l'Eternel. 2 En même temps, il envoya Eliaqim, qui avait la charge du palais, Shebna le secrétaire et les plus ancien des prêtres, tous vêtus de vêtements d'étoffe grossière

h **18.26** Langue diplomatique parlée par les hauts fonctionnaires de l'époque. Elle deviendra la langue commune des Juifs à partir du Ve siècle av. J.-C.

i **18.31** Expression commune caractérisant la vie paisible et prospère (1 R 5.5 ; Os 2.14 ; Mi 4.4 ; Za 3.10).

j **18.34** Villes syriennes prises par les Assyriens vers 722 av. J.-C. en même temps que Samarie.

son of Amoz. 3They told him, "This is what Hezekiah
says: This day is a day of distress and rebuke and
disgrace, as when children come to the moment of
birth and there is no strength to deliver them. 4It
may be that the LORD your God will hear all the words
of the field commander, whom his master, the king
of Assyria, has sent to ridicule the living God, and
that he will rebuke him for the words the LORD your
God has heard. Therefore pray for the remnant that
still survives."

5When King Hezekiah's officials came to Isaiah,
Isaiah said to them, "Tell your master, 'This is what
the LORD says: Do not be afraid of what you have
heard – these words with which the underlings of the
king of Assyria have blasphemed me. 7Listen! When
he hears a certain report, I will make him want to
return to his own country, and there I will have him
cut down with the sword.' "

8When the field commander heard that the king of
Assyria had left Lachish, he withdrew and found the
king fighting against Libnah.
9Now Sennacherib received a report that Tirhakah,
the king of Cush,[e] was marching out to fight against
him. So he again sent messengers to Hezekiah with
this word: 10"Say to Hezekiah king of Judah: Do not
let the god you depend on deceive you when he says,
'Jerusalem will not be given into the hands of the king
of Assyria.' 11Surely you have heard what the kings
of Assyria have done to all the countries, destroying
them completely. And will you be delivered? 12Did the
gods of the nations that were destroyed by my predecessors deliver them – the gods of Gozan, Harran,
Rezeph and the people of Eden who were in Tel Assar?
13Where is the king of Hamath or the king of Arpad?
Where are the kings of Lair, Sepharvaim, Hena and
Ivvah?"

Hezekiah's Prayer

14Hezekiah received the letter from the messengers
and read it. Then he went up to the temple of the
LORD and spread it out before the LORD. 15And Hezekiah
prayed to the LORD: "LORD, the God of Israel, enthroned
between the cherubim, you alone are God over all the
kingdoms of the earth. You have made heaven and
earth. 16Give ear, LORD, and hear; open your eyes, LORD,
and see; listen to the words Sennacherib has sent to
ridicule the living God.
17"It is true, LORD, that the Assyrian kings have laid
waste these nations and their lands. 18They have
thrown their gods into the fire and destroyed them,
for they were not gods but only wood and stone, fashioned by human hands. 19Now, LORD our God, deliver us

19:9 That is, the upper Nile region

chez le prophète Esaïe, fils d'Amots, 3avec ce message :
Voici ce que te fait dire Ezéchias : « Ce jour est un jour de
détresse, de châtiment et de honte. Nous sommes comme
des femmes sur le point d'accoucher qui n'auraient pas la
force de mettre leur enfant au monde. 4Peut-être l'Eternel, ton Dieu, prêtera-t-il attention à toutes ces paroles
que l'aide de camp du roi d'Assyrie a prononcées de la
part de son maître pour insulter le Dieu vivant. Peut-être
l'Eternel ton Dieu le punira-t-il à cause des paroles qu'il a
entendues. Intercède donc en faveur du reste de ce peuple
qui subsiste encore. »
5Les ministres du roi Ezéchias se rendirent donc auprès
d'Esaïe, 6qui leur dit : Voici ce que vous direz à votre souverain : « Ainsi parle l'Eternel : Ne te laisse pas effrayer
par les paroles que tu as entendues et par lesquelles les
officiers du roi d'Assyrie m'ont outragé. 7Ce roi va recevoir
une certaine nouvelle[k] ; là-dessus, je lui ferai prendre la
décision de retourner dans son pays, où je le ferai mourir
assassiné. »

Ezéchias reçoit une lettre de Sennachérib

8L'aide de camp apprit que le roi d'Assyrie était parti
de Lakish et qu'il était en train d'attaquer Libna. Il s'en
retourna donc pour le rejoindre. 9Peu après, le roi d'Assyrie
reçut la nouvelle que Tirhaqa, le roi d'Ethiopie, s'était mis
en campagne pour l'attaquer[l]. Alors il envoya de nouveau
des messagers à Ezéchias, avec ces instructions : 10Vous
direz à Ezéchias, roi de Juda : « Ne te laisse pas tromper
par ton Dieu en qui tu te confies s'il te dit que Jérusalem
ne tombera pas aux mains du roi d'Assyrie. 11Tu as toi-
même appris comment les rois d'Assyrie ont traité tous les
pays, comment ils les ont voués à la destruction complète.
Crois-tu que toi seul tu y échapperais ? 12Mes ancêtres ont
détruit les villes de Gozân, Harân et Retseph, ils ont exterminé les descendants d'Eden qui vivaient à Telassar[m]. Les
dieux de ces pays ont-ils délivré ces gens ? 13Que sont devenus les rois de Hamath, d'Arpad, de la ville de Sepharvaïm,
de Héna et de Ivva ? »

14Ezéchias prit la lettre de la main des messagers ; il la
lut et se rendit au temple de l'Eternel. Il la déroula devant
l'Eternel 15et il pria : Eternel, Dieu d'Israël, qui sièges
au-dessus des chérubins, c'est toi qui es le seul Dieu pour
tous les royaumes de la terre, c'est toi qui as fait le ciel et
la terre. 16Eternel, prête l'oreille et écoute ! Eternel, ouvre
les yeux et regarde ! Entends les paroles que Sennachérib
a envoyé dire pour insulter le Dieu vivant. 17Il est vrai, ô
Eternel, que les rois d'Assyrie ont massacré les gens de
ces autres peuples et ravagé leurs pays, 18et qu'ils ont
jeté au feu leurs dieux, parce que ce n'étaient pas des
dieux. Ils ont pu les détruire parce que ce n'étaient que
des objets en bois ou en pierre fabriqués par des hommes.
19Mais toi, Eternel, notre Dieu, délivre-nous maintenant

k **19.7** Selon certains, la nouvelle de l'avance de l'armée égyptienne (v. 9), selon d'autres, celle du soulèvement de la Babylonie. Cette nouvelle l'amènera à quitter prématurément le pays d'Israël (v. 36).

l **19.9** En 701 av. J.-C., *Tirhaqa*, frère du pharaon Shebitko, n'était que prince en Egypte. Il a régné de 690 à 660 av. J.-C. mais a dû participer à l'expédition envoyée au secours d'Ezéchias.

m **19.12** Localités situées en Mésopotamie (voir Gn 11.31 ; 12.5 ; 2 R 17.6, 24 ; 18.11, 34).

from his hand, so that all the kingdoms of the earth may know that you alone, LORD, are God."

Isaiah Prophesies Sennacherib's Fall

[20]Then Isaiah son of Amoz sent a message to Hezekiah: "This is what the LORD, the God of Israel, says: I have heard your prayer concerning Sennacherib king of Assyria. [21]This is the word that the LORD has spoken against him:

"'Virgin Daughter Zion
despises you and mocks you.
Daughter Jerusalem
tosses her head as you flee.
[22] Who is it you have ridiculed and blasphemed?
Against whom have you raised your voice
and lifted your eyes in pride?
Against the Holy One of Israel!
[23] By your messengers
you have ridiculed the Lord.
And you have said,
"With my many chariots
I have ascended the heights of the mountains,
the utmost heights of Lebanon.
I have cut down its tallest cedars,
the choicest of its junipers.
I have reached its remotest parts,
the finest of its forests.
[24] I have dug wells in foreign lands
and drunk the water there.
With the soles of my feet
I have dried up all the streams of Egypt."
[25] "'Have you not heard?
Long ago I ordained it.
In days of old I planned it;
now I have brought it to pass,
that you have turned fortified cities
into piles of stone.

[26] Their people, drained of power,
are dismayed and put to shame.
They are like plants in the field,
like tender green shoots,
like grass sprouting on the roof,
scorched before it grows up.
[27] "'But I know where you are
and when you come and go
and how you rage against me.
[28] Because you rage against me
and because your insolence has reached my
ears,
I will put my hook in your nose
and my bit in your mouth,
and I will make you return
by the way you came.'
[29]"This will be the sign for you, Hezekiah:
"This year you will eat what grows by itself,
and the second year what springs from that.

de Sennachérib, pour que tous les royaumes de la terre sachent que toi seul, Eternel, tu es Dieu.

La réponse de l'Eternel

[20]Alors Esaïe, fils d'Amots, envoya à Ezéchias le message suivant : Voici ce que déclare l'Eternel, le Dieu d'Israël, que tu as prié au sujet de Sennachérib, roi d'Assyrie : Je t'ai entendu. [21]Voici la parole que l'Eternel prononce contre lui :

Dame Sion
n'a que mépris pour toi et se moque de toi.
Dame Jérusalem
hoche la tête à ton sujet.
[22] Qui as-tu insulté ?
Qui as-tu outragé de ta voix arrogante,
de ton regard hautain ?
Moi, le Saint d'Israël !
[23] Car par tes messagers tu as insulté le Seigneur,
et tu as dit :
« Grâce à mes nombreux chars,
moi j'ai gravi les sommets des montagnes,
j'ai pénétré jusqu'au cœur du Liban ;
pour y couper les cèdres les plus hauts
et les plus beaux cyprès
et parvenir jusqu'au dernier sommet
dans sa forêt la plus touffue.
[24] J'ai fait creuser des puits et j'ai bu l'eau de pays
étrangers,
j'ai asséché sur mon passage
tout le delta du Nil. »
[25] Mais ne sais-tu donc pas que, moi, j'ai décidé depuis
longtemps tous ces événements,
et que, depuis les temps anciens, j'en ai formé le
plan ?
Et à présent je les fais survenir,
en sorte que tu réduises en tas de ruines des villes
fortifiées.
[26] Leurs habitants sont impuissants,
terrifiés, ils ont honte,
ils sont comme l'herbe des champs, comme la
verdure des prés
et l'herbe sur les toits,
flétrie avant d'avoir poussé.
[27] Mais moi je sais quand tu t'assieds, quand tu sors,
quand tu rentres,
quand tu t'emportes contre moi.
[28] Oui, tu t'emportes contre moi !
Tes discours arrogants sont parvenus à mes
oreilles ;
c'est pourquoi je te passerai mon anneau dans le
nez[n]
et je te riverai mon mors entre les lèvres,
puis je te ferai retourner par où tu es venu.
[29] Quant à toi, Ezéchias, ceci te servira de signe :
Cette année-ci, on mangera ce qu'a produit le grain
tombé,
l'année prochaine, ce qui aura poussé tout seul,
mais la troisième année, vous sèmerez, vous ferez
des récoltes,

n **19.28** De la façon dont les Assyriens traitaient leurs prisonniers de guerre.

But in the third year sow and reap,
plant vineyards and eat their fruit.
30 Once more a remnant of the kingdom of Judah
will take root below and bear fruit above.
31 For out of Jerusalem will come a remnant,
and out of Mount Zion a band of survivors.
The zeal of the LORD Almighty will accomplish this.

32 "Therefore this is what the LORD says concerning
the king of Assyria:
" 'He will not enter this city
or shoot an arrow here.
He will not come before it with shield
or build a siege ramp against it.
33 By the way that he came he will return;
he will not enter this city,
declares the LORD.
34 I will defend this city and save it,
for my sake and for the sake of David my
servant.' "

35 That night the angel of the LORD went out and
put to death a hundred and eighty-five thousand
in the Assyrian camp. When the people got up the
next morning – there were all the dead bodies! 36 So
Sennacherib king of Assyria broke camp and withdrew. He returned to Nineveh and stayed there.
37 One day, while he was worshiping in the temple
of his god Nisrok, his sons Adrammelek and Sharezer
killed him with the sword, and they escaped to the
land of Ararat. And Esarhaddon his son succeeded
him as king.

Hezekiah's Illness

20 1 In those days Hezekiah became ill and was
at the point of death. The prophet Isaiah son
of Amoz went to him and said, "This is what the LORD
says: Put your house in order, because you are going
to die; you will not recover."
2 Hezekiah turned his face to the wall and prayed to
the LORD, 3 "Remember, LORD, how I have walked before
you faithfully and with wholehearted devotion and
have done what is good in your eyes." And Hezekiah
wept bitterly.

4 Before Isaiah had left the middle court, the word
of the LORD came to him: 5 "Go back and tell Hezekiah,
the ruler of my people, 'This is what the LORD, the God
of your father David, says: I have heard your prayer
and seen your tears; I will heal you. On the third day
from now you will go up to the temple of the LORD. 6 I
will add fifteen years to your life. And I will deliver
you and this city from the hand of the king of Assyria.
I will defend this city for my sake and for the sake of
my servant David.' "

vous planterez des vignes, et vous en mangerez les
fruits.
30 Alors les survivants, ceux qui seront restés du
peuple de Juda,
seront de nouveau comme un arbre qui plonge dans
le sol de nouvelles racines
et qui porte des fruits.
31 Oui, à Jérusalem, un reste surgira,
sur le mont de Sion, se lèveront des rescapés.
Oui, voilà ce que fera le Seigneur des armées
célestes dans son ardent amour pour vous.
32 C'est pourquoi, voici ce que l'Eternel déclare au sujet
du roi d'Assyrie :
Il n'entrera pas dans la ville,
aucun de ses archers n'y lancera de flèches,
il ne s'en approchera pas à l'abri de ses boucliers,
et il ne dressera aucun terrassement contre elle.
33 Il s'en retournera par où il est venu,
sans entrer dans la ville,
l'Eternel le déclare.
34 Je protégerai cette ville, je la délivrerai
par égard pour moi-même et pour mon serviteur
David.

La délivrance

(2 Ch 32.21 ; Es 37.36-38)

35 Cette nuit-là, l'ange de l'Eternel intervint dans le camp
assyrien et y fit périr cent quatre-vingt-cinq mille hommes. Le matin, au réveil, le camp était rempli de tous ces
cadavres. 36 Alors Sennachérib, roi d'Assyrie, leva le camp
et repartit pour Ninive, où il resta.

37 Un jour, pendant qu'il se prosternait dans le temple
de son dieu Nisrok, ses fils Adrammélek et Sarétser l'assassinèrent de leur épée, puis s'enfuirent dans le pays
d'Ararat. Un autre de ses fils, Esar-Haddôn, lui succéda
sur le trône[o].

La maladie et la guérison d'Ezéchias

(2 Ch 32.24-26)

20 1 A cette époque, Ezéchias tomba malade. Il était
près de mourir, et le prophète Esaïe, fils d'Amots,
se rendit à son chevet. Il lui dit : Voici ce que l'Eternel
déclare : Prends tes dispositions, car tu vas mourir, tu ne
te rétabliras pas.
2 Alors Ezéchias tourna son visage du côté du mur et pria
l'Eternel en ces termes : 3 De grâce, Eternel ! Tiens compte
de ce que je me suis conduit devant toi avec fidélité, d'un
cœur sans partage, et que j'ai fait ce que tu considères
comme bien.

Et Ezéchias versa d'abondantes larmes.
4 Esaïe n'avait pas encore quitté la cour centrale, lorsque l'Eternel s'adressa à lui en disant : 5 Retourne auprès
d'Ezéchias, le chef de mon peuple, et dis-lui : « Voici ce
que déclare l'Eternel, le Dieu de David ton ancêtre : J'ai
entendu ta prière et j'ai vu tes larmes. Je vais te guérir.
Après-demain, tu pourras te rendre au temple de l'Eternel.
6 Je prolongerai ta vie de quinze années. Je te délivrerai, toi
et cette ville, du roi d'Assyrie, et je protégerai cette ville à
cause de moi-même et à cause de David, mon serviteur. »

o **19.37** De 681 à 669 av. J.-C.

7 Then Isaiah said, "Prepare a poultice of figs." They did so and applied it to the boil, and he recovered.

8 Hezekiah had asked Isaiah, "What will be the sign that the LORD will heal me and that I will go up to the temple of the LORD on the third day from now?"

9 Isaiah answered, "This is the LORD's sign to you that the LORD will do what he has promised: Shall the shadow go forward ten steps, or shall it go back ten steps?"

10 "It is a simple matter for the shadow to go forward ten steps," said Hezekiah. "Rather, have it go back ten steps."

11 Then the prophet Isaiah called on the LORD, and the LORD made the shadow go back the ten steps it had gone down on the stairway of Ahaz.

Envoys From Babylon

12 At that time Marduk-Baladan son of Baladan king of Babylon sent Hezekiah letters and a gift, because he had heard of Hezekiah's illness. 13 Hezekiah received the envoys and showed them all that was in his storehouses – the silver, the gold, the spices and the fine olive oil – his armory and everything found among his treasures. There was nothing in his palace or in all his kingdom that Hezekiah did not show them.

14 Then Isaiah the prophet went to King Hezekiah and asked, "What did those men say, and where did they come from?"

"From a distant land," Hezekiah replied. "They came from Babylon."

15 The prophet asked, "What did they see in your palace?"

"They saw everything in my palace," Hezekiah said. "There is nothing among my treasures that I did not show them."

16 Then Isaiah said to Hezekiah, "Hear the word of the LORD: 17 The time will surely come when everything in your palace, and all that your predecessors have stored up until this day, will be carried off to Babylon. Nothing will be left, says the LORD. 18 And some of your descendants, your own flesh and blood who will be born to you, will be taken away, and they will become eunuchs in the palace of the king of Babylon."

19 "The word of the LORD you have spoken is good," Hezekiah replied. For he thought, "Will there not be peace and security in my lifetime?"

20 As for the other events of Hezekiah's reign, all his achievements and how he made the pool and the tunnel by which he brought water into the city, are they not written in the book of the annals of the kings of Judah? 21 Hezekiah rested with his ancestors. And Manasseh his son succeeded him as king.

7 Esaïe ordonna : Qu'on prenne une masse de figues ; o la prit et on l'appliqua sur l'ulcère du roi, qui se rétablit.

8 Ezéchias avait dit à Esaïe : A quel signe reconnaîtrai-j que l'Eternel va me guérir et que je pourrai me rendr après-demain au temple de l'Eternel ?

9 Esaïe lui avait répondu : Voici le signe que l'Eterne t'accorde pour te confirmer qu'il accomplira la promess qu'il vient de te donner : Veux-tu que l'ombre avance d dix degrés ou qu'elle recule de dix degrés ?

10 Ezéchias répondit : Il est plus facile à l'ombre d'avance de dix degrés que de reculer. Qu'elle revienne plutôt d dix degrés en arrière.

11 Alors le prophète Esaïe invoqua l'Eternel qui fit recule l'ombre de dix degrés sur le cadran solaire d'Ahaz où ell était déjà descendue.

La visite des envoyés babyloniens – l'annonce de l'exi

12 Vers cette même époque, Berodak-Baladân, fils d Baladân, roi de Babylone[p], fit parvenir des lettres et de présents à Ezéchias ; car il avait appris sa maladie. 13 Ayan entendu ses envoyés, Ezéchias leur fit visiter tout le bâ timent où l'on conservait les objets précieux, l'argent e l'or, les aromates et les huiles parfumées. Il leur montr aussi son arsenal militaire et tout ce que contenaient se trésors : il n'y eut rien dans son palais ni dans tout so domaine qu'Ezéchias ne leur fasse voir.

14 Alors le prophète Esaïe se rendit auprès du roi Ezéchia et lui demanda : Qu'ont dit ces gens et d'où sont-ils venu te rendre visite ?

Ezéchias lui répondit : Ils sont venus de très loin, d Babylone.

15 Esaïe reprit : Qu'ont-ils vu dans ton palais ?

Ezéchias répondit : Ils ont vu tout ce qui se trouve dan mon palais. Je ne leur ai rien caché de mes trésors.

16 Alors Esaïe dit à Ezéchias : Ecoute ce que dit l'Eternel 17 Un jour viendra où tout ce qui est dans ton palais e tout ce que tes ancêtres ont amassé jusqu'à ce jour ser emporté à Babylone ; il n'en restera rien ici, déclare l'Eter nel. 18 Plusieurs de tes propres descendants, issus de toi seront emmenés et deviendront serviteurs dans le palai du roi de Babylone.

19 Ezéchias répondit à Esaïe : La parole de l'Eternel que t viens de me transmettre est bonne. Car, ajouta-t-il, nou aurons donc la paix et la sécurité tant que je vivrai.

(2 Ch 32.32-33)

20 Les autres faits et gestes d'Ezéchias, tous ses exploits ses réalisations, en particulier la construction du réser voir et de l'acqueduc pour amener l'eau dans la ville[q] tout cela est cité dans le livre des Annales des rois d Juda. 21 Ezéchias rejoignit ses ancêtres décédés et son fil Manassé lui succéda sur le trône.

---

p **20.12** Appelé *Merodak-Baladân* par Esaïe (Mardouk étant le nom d'un dieu des Babyloniens). Il a gouverné Babylone de 721 à 710 et de 705 à 703 av. J.-C. Il faut situer la venue de cette ambassade, qui avait pour but de chercher des alliés contre l'Assyrie, soit en 703, soit en 713 av. J.-C. (voir 18.6, et notes sur 18.1-2).

q **20.20** Ezéchias construisit un canal souterrain pour amener l'eau de la source de Guihôn au réservoir de Siloé à l'intérieur des remparts de la ville (1 R 1.33, 38 ; 2 Ch 32.30) afin d'assurer l'alimentation de la ville en eau potable en cas de siège.

ıanasseh King of Judah

21 1Manasseh was twelve years old when he
became king, and he reigned in Jerusalem
ıfty-five years. His mother's name was Hephzibah.
He did evil in the eyes of the LORD, following the de-
ɛstable practices of the nations the LORD had driven
ut before the Israelites. 3He rebuilt the high places
is father Hezekiah had destroyed; he also erected
ltars to Baal and made an Asherah pole, as Ahab
ing of Israel had done. He bowed down to all the
tarry hosts and worshiped them. 4He built altars in
ne temple of the LORD, of which the LORD had said, "In
ɛrusalem I will put my Name." 5In the two courts of
he temple of the LORD, he built altars to all the starry
osts. 6He sacrificed his own son in the fire, practiced
ivination, sought omens, and consulted mediums
nd spiritists. He did much evil in the eyes of the LORD,
rousing his anger.
7He took the carved Asherah pole he had made and
ut it in the temple, of which the LORD had said to
avid and to his son Solomon, "In this temple and in
ɛrusalem, which I have chosen out of all the tribes
f Israel, I will put my Name forever. 8I will not again
ıake the feet of the Israelites wander from the land
gave their ancestors, if only they will be careful to
o everything I commanded them and will keep the
vhole Law that my servant Moses gave them." 9But
he people did not listen. Manasseh led them astray,
o that they did more evil than the nations the LORD
ad destroyed before the Israelites.

10The LORD said through his servants the prophts: 11"Manasseh king of Judah has committed these
etestable sins. He has done more evil than the
morites who preceded him and has led Judah into
in with his idols. 12Therefore this is what the LORD,
he God of Israel, says: I am going to bring such disas-
ɛr on Jerusalem and Judah that the ears of everyone
vho hears of it will tingle. 13I will stretch out over
ɛrusalem the measuring line used against Samaria
nd the plumb line used against the house of Ahab. I
vill wipe out Jerusalem as one wipes a dish, wiping it
nd turning it upside down. 14I will forsake the rem-
ant of my inheritance and give them into the hands
f enemies. They will be looted and plundered by all
heir enemies; 15they have done evil in my eyes and
ave aroused my anger from the day their ancestors
ame out of Egypt until this day."

Le règne de Manassé sur Juda

(2 Ch 33.1-10)

21 1Manassé était âgé de douze ans à son avènement.
Il régna cinquante-cinq ans à Jérusalem[r]. Sa mère
s'appelait Hephtsiba. 2Il fit ce que l'Eternel considère comme mal et s'adonna aux mêmes pratiques abominables
que les peuples étrangers dépossédés par l'Eternel en
faveur des Israélites[s]. 3Il rebâtit les hauts lieux que son
père Ezéchias avait détruits, il érigea des autels à Baal,
dressa un poteau sacré à la déesse Ashéra comme l'avait
fait Achab, roi d'Israël[t], et il se prosterna devant tous les
astres du ciel, et leur rendit un culte. 4Il construisit des
autels païens dans le temple de l'Eternel, malgré cette
parole de l'Eternel : C'est là, à Jérusalem, que j'établirai
ma présence.
5Il érigea des autels en l'honneur de tous les astres du
ciel dans les deux parvis du temple de l'Eternel. 6Il alla
même jusqu'à brûler son fils pour l'offrir en sacrifice. Il
consultait les augures et les devins. Il installa des gens qui
évoquaient les morts et qui prédisaient l'avenir. Il multi-
plia les actes que l'Eternel considère comme mauvais et
l'irrita de cette manière. 7Il fit dresser dans le Temple la
statue d'Ashéra qu'il avait fabriquée, alors que l'Eternel
avait déclaré à David et à son fils Salomon : C'est dans ce
temple et dans Jérusalem, que j'ai choisie parmi toutes les
tribus d'Israël, que j'établirai pour toujours ma présence[u].
8Si les Israélites s'appliquent à obéir à tout ce que je leur
ai commandé, à toute la Loi que leur a communiquée mon
serviteur Moïse, je ne les ferai plus errer loin du pays que
j'ai donné à leurs ancêtres.
9Mais les Israélites n'obéirent pas. Manassé les égara sur
une mauvaise voie en sorte qu'ils firent encore plus de mal
que les peuples étrangers que l'Eternel avait exterminés
au profit des Israélites.

La fin de Juda est prédite

10Alors, par l'intermédiaire de ses serviteurs les
prophètes, l'Eternel dit : 11A cause du roi Manassé, roi de
Juda, qui s'est rendu coupable de tous ces actes abominables, qui a même fait pire que tout ce qu'avaient fait avant
lui les Amoréens[v] et qui a entraîné le peuple de Juda dans
le péché d'idolâtrie, 12voici ce que déclare l'Eternel, le Dieu
d'Israël : « Je vais amener sur Jérusalem et sur Juda un
malheur tel que tous ceux qui en entendront parler seront
abasourdis. 13Je vais faire subir à Jérusalem le même sort
qu'à Samarie et je la réduirai au même état que la descendance d'Achab. Je viderai la ville de ses habitants comme
on nettoie un plat et qu'on le retourne à l'envers après
l'avoir nettoyé. 14J'abandonnerai ce qui reste du peuple
qui m'appartient et je le livrerai au pouvoir de ses ennemis
qui le pilleront et le dépouilleront. 15J'agirai ainsi parce
qu'ils ont fait ce que je considère comme mal et qu'ils n'ont
pas cessé de m'irriter depuis le jour où leurs ancêtres sont
sortis d'Egypte jusqu'à aujourd'hui. »

---

[r] **21.1** De 698 à 642 av. J.-C. (ce qui implique une corégence avec son père si celui-ci n'est décédé qu'en 686 av. J.-C.).

[s] **21.2** Cf. 1 R 14.24 ; Jr 15.4.

[t] **21.3** Qui avait introduit les cultes idolâtres phéniciens en Israël (1 R 16.32-33).

[u] **21.7** Pour les v. 7-8, voir 2 S 7.8-16 ; 1 R 2.2-4.

[v] **21.11** Terme générique désignant tous les habitants de Canaan avant la conquête par les Israélites (Ex 3.17).

[16]Moreover, Manasseh also shed so much innocent
blood that he filled Jerusalem from end to end – besides the sin that he had caused Judah to commit, so
that they did evil in the eyes of the LORD.

[17]As for the other events of Manasseh's reign, and
all he did, including the sin he committed, are they
not written in the book of the annals of the kings of
Judah? [18]Manasseh rested with his ancestors and was
buried in his palace garden, the garden of Uzza. And
Amon his son succeeded him as king.

Amon King of Judah

[19]Amon was twenty-two years old when he became
king, and he reigned in Jerusalem two years. His mother's name was Meshullemeth daughter of Haruz; she
was from Jotbah. [20]He did evil in the eyes of the LORD,
as his father Manasseh had done. [21]He followed completely the ways of his father, worshiping the idols his
father had worshiped, and bowing down to them. [22]He
forsook the LORD, the God of his ancestors, and did not
walk in obedience to him.
[23]Amon's officials conspired against him and assassinated the king in his palace. [24]Then the people
of the land killed all who had plotted against King
Amon, and they made Josiah his son king in his place.
[25]As for the other events of Amon's reign, and what
he did, are they not written in the book of the annals
of the kings of Judah? [26]He was buried in his tomb
in the garden of Uzza. And Josiah his son succeeded
him as king.

The Book of the Law Found

22 [1]Josiah was eight years old when he became
king, and he reigned in Jerusalem thirty-one
years. His mother's name was Jedidah daughter of
Adaiah; she was from Bozkath. [2]He did what was right
in the eyes of the LORD and followed completely the
ways of his father David, not turning aside to the right
or to the left.

[3]In the eighteenth year of his reign, King Josiah
sent the secretary, Shaphan son of Azaliah, the son of
Meshullam, to the temple of the LORD. He said: [4]"Go up
to Hilkiah the high priest and have him get ready the
money that has been brought into the temple of the
LORD, which the doorkeepers have collected from the
people. [5]Have them entrust it to the men appointed
to supervise the work on the temple. And have these
men pay the workers who repair the temple of the
LORD – [6]the carpenters, the builders and the masons.
Also have them purchase timber and dressed stone to

[16]Manassé fit aussi tuer beaucoup de gens innocents, a
point que Jérusalem fut remplie d'un bout à l'autre de se
victimes, sans compter les péchés dans lequel il entraîn
Juda en faisant ce que l'Eternel considère comme mal.

La mort de Manassé

(2 Ch 33.18-20)

[17]Les autres faits et gestes de Manassé, toutes ses réalisa
tions, ainsi que les péchés dont il s'est rendu coupable, son
cités dans le livre des Annales des rois de Juda. [18]Manass
rejoignit ses ancêtres décédés et fut enterré dans le jardi
de son palais appelé aussi le jardin d'Ouzza. Son fils Amô
lui succéda sur le trône.

Le règne d'Amôn sur Juda

(2 Ch 33.21-25)

[19]Amôn avait vingt-deux ans à son avènement et il régn
deux ans à Jérusalem[w]. Sa mère s'appelait Meshoullémeth
elle était fille de Harouts de Yotba. [20]Il fit ce que l'Eter
nel considère comme mal, comme l'avait fait son pèr
Manassé ; [21]il suivit en tout l'exemple de son père, il ren
dit un culte aux idoles que son père avait servies et il s
prosterna devant elles ; [22]il abandonna l'Eternel, le Dieu d
ses ancêtres, et ne suivit pas les chemins que celui-ci avai
prescrits. [23]Les ministres d'Amôn conspirèrent contre lu
et l'assassinèrent dans son palais. [24]Mais la population d
pays massacra tous ceux qui avaient comploté contre le ro
Amôn et proclama son fils Josias roi à sa place.

[25]Les autres faits et gestes d'Amôn sont cités dans l
livre des Annales des rois de Juda. [26]Il fut enterré dan
son tombeau, dans le jardin d'Ouzza, et son fils Josias lu
succéda sur le trône.

Le règne de Josias sur Juda

(2 Ch 34.1-2, 8-28)

22 [1]Josias avait huit ans à son avènement et il régn
trente et un ans à Jérusalem[x]. Sa mère s'appelai
Yedida, elle était fille d'Adaya de Botsqath. [2]Il fit ce qu
l'Eternel considère comme juste et suivit en tout l'exempl
de son ancêtre David sans jamais s'en écarter ni d'un côt
ni de l'autre.

La découverte du livre de la Loi

[3]La dix-huitième année de son règne[y], Josias envoy
son secrétaire Shaphân[z], fils d'Atsalia et petit-fils d
Meshoullam, au temple de l'Eternel. Il lui dit : [4]Va trouve
le grand-prêtre Hilqiya[a] et demande-lui de compter tou
l'argent qui a été apporté dans le temple de l'Eternel et qu
les portiers ont recueilli. [5]Que l'on remette cet argent au
entrepreneurs qui ont la responsabilité des travaux dan
le temple de l'Eternel. Ceux-ci paieront les ouvriers qui ef
fectuent les réparations dans le Temple : [6]les charpentiers
les ouvriers du bâtiment, les maçons. Ils achèteront auss

[w] **21.19** De 642 à 640 av. J.-C.
[x] **22.1** De 640 à 609 av. J.-C.
[y] **22.3** C'est-à-dire en 622 av. J.-C. A 16 ans, il commença à servir fidèlement le Seigneur et à 20 ans, il entreprit de purifier le pays des pratique idolâtres (2 Ch 34.3).
[z] **22.3** Partisan de la Réforme de Josias, protecteur de Jérémie (Jr 26.24), père de Guedalia qui sera le futur gouverneur de Juda nommé par Nabuchodonosor (25.22 ; Jr 39.14).
[a] **22.4** Père d'Azaria et grand-père de Seraya, le grand-prêtre exécuté au temps de la destruction de Jérusalem par les Babyloniens (25.18-20).

epair the temple. 7But they need not account for the ioney entrusted to them, because they are honest in heir dealings."

8Hilkiah the high priest said to Shaphan the secreary, "I have found the Book of the Law in the temple f the LORD." He gave it to Shaphan, who read it. 9Then haphan the secretary went to the king and reported o him: "Your officials have paid out the money that vas in the temple of the LORD and have entrusted it to he workers and supervisors at the temple." 10Then haphan the secretary informed the king, "Hilkiah he priest has given me a book." And Shaphan read rom it in the presence of the king.

11When the king heard the words of the Book of he Law, he tore his robes. 12He gave these orders to Iilkiah the priest, Ahikam son of Shaphan, Akbor on of Micaiah, Shaphan the secretary and Asaiah he king's attendant: 13"Go and inquire of the LORD for ne and for the people and for all Judah about what s written in this book that has been found. Great is he LORD's anger that burns against us because those vho have gone before us have not obeyed the words f this book; they have not acted in accordance with ll that is written there concerning us."

14Hilkiah the priest, Ahikam, Akbor, Shaphan and saiah went to speak to the prophet Huldah, who was he wife of Shallum son of Tikvah, the son of Harhas, eeper of the wardrobe. She lived in Jerusalem, in he New Quarter.

15She said to them, "This is what the LORD, the God of srael, says: Tell the man who sent you to me, 16'This is vhat the LORD says: I am going to bring disaster on this lace and its people, according to everything written n the book the king of Judah has read. 17Because they ave forsaken me and burned incense to other gods nd aroused my anger by all the idols their hands have nade,[f] my anger will burn against this place and will ot be quenched.' 18Tell the king of Judah, who sent ou to inquire of the LORD, 'This is what the LORD, the od of Israel, says concerning the words you heard: 9Because your heart was responsive and you humbled ourself before the LORD when you heard what I have poken against this place and its people – that they vould become a curse[g] and be laid waste – and because ou tore your robes and wept in my presence, I also ave heard you, declares the LORD. 20Therefore I will ather you to your ancestors, and you will be buried n peace. Your eyes will not see all the disaster I am oing to bring on this place.'"

So they took her answer back to the king.

osiah Renews the Covenant

23 1Then the king called together all the elders of Judah and Jerusalem. 2He went up to he temple of the LORD with the people of Judah, the nhabitants of Jerusalem, the priests and the prophts – all the people from the least to the greatest. He

22:17 Or *by everything they have done*
22:19 That is, their names would be used in cursing (see Jer. 9:22); or, others would see that they are cursed.

le bois et les pierres de taille pour consolider l'édifice. 7On ne leur demandera pas de compte pour l'argent qui leur est confié, car ce sont des gens honnêtes.

8A cette occasion, le grand-prêtre Hilqiya annonça à Shaphân, le secrétaire : J'ai trouvé le livre de la Loi dans le temple de l'Eternel[b].

Et Hilqiya remit le livre à Shaphân. Celui-ci le lut, 9puis il se rendit auprès du roi pour lui faire un rapport : Tes serviteurs, dit-il, ont versé l'argent qui se trouvait dans le Temple aux entrepreneurs responsables des travaux dans le Temple. 10Puis il ajouta : Le prêtre Hilqiya m'a remis un livre.

Et Shaphân se mit à en faire la lecture devant le roi.

L'intervention de la prophétesse Houlda

11Lorsque Josias entendit le contenu du livre de la Loi, il déchira ses vêtements. 12Puis il convoqua le prêtre Hilqiya, Ahiqam, fils de Shaphân, Akbor, fils de Michée, Shaphân, le secrétaire et Asaya, l'un des ministres.

13– Allez consulter l'Eternel pour moi, leur dit-il, ainsi que pour le peuple et pour tout Juda, au sujet des enseignements de ce livre que l'on vient de retrouver. Car la colère de l'Eternel est bien grande. Elle s'est enflammée contre nous, parce que nos ancêtres n'ont pas obéi aux paroles de ce livre et n'ont pas appliqué tout ce qui y est écrit.

14Alors le prêtre Hilqiya, Ahiqam, Akbor, Shaphân et Asaya se rendirent chez la prophétesse Houlda, femme de Shalloum, fils de Tiqva, petit-fils de Harhas, responsable du vestiaire du Temple. Elle habitait à Jérusalem dans le nouveau quartier. Ils lui exposèrent la situation. 15Alors Houlda leur dit : Voici ce que déclare l'Eternel, le Dieu d'Israël : « Annoncez à l'homme qui vous a envoyés à moi : 16L'Eternel dit : Je vais faire venir un malheur sur cette contrée et sur ses habitants : tout ce qui est prévu dans le livre que vient de lire le roi de Juda. 17En effet, parce qu'ils m'ont abandonné et qu'ils ont fait brûler des parfums à d'autres dieux, et parce qu'ils m'ont ainsi irrité par toute leur conduite, ma colère s'est enflammée contre ce lieu et elle n'est pas près de s'apaiser. 18Mais vous direz au roi de Juda qui vous a envoyés pour consulter l'Eternel : Voici ce que déclare l'Eternel, le Dieu d'Israël : Tu as entendu les paroles contenues dans ce livre. 19Ton cœur s'est laissé toucher, tu t'es humilié devant moi en entendant ce que j'ai décrété contre ce lieu et contre ses habitants, à savoir la dévastation et la malédiction. Tu as déchiré tes vêtements et tu as pleuré devant moi. De mon côté, moi aussi, j'ai entendu ta prière – l'Eternel le déclare ! 20C'est pourquoi je te ferai rejoindre tes ancêtres décédés et tu seras déposé paisiblement dans l'un de tes tombeaux, sans avoir vu tout le malheur que je vais amener sur cette contrée. »

Les envoyés rapportèrent cette réponse au roi.

Le renouvellement de l'alliance avec l'Eternel

(2 Ch 34.29-32)

23 1Le roi Josias fit convoquer auprès de lui tous les responsables de Juda et de Jérusalem. 2Puis il monta au temple de l'Eternel accompagné de toute la population de Juda et de tous les habitants de Jérusalem, des prêtres, des prophètes et de tous les gens du peuple,

b 22.8 Ce qui révèle la gravité de la révolte contre l'Eternel sous Manassé. Le livre retrouvé était, soit l'ensemble du Pentateuque, soit uniquement le livre du Deutéronome.

read in their hearing all the words of the Book of the Covenant, which had been found in the temple of the LORD. [3]The king stood by the pillar and renewed the covenant in the presence of the LORD – to follow the LORD and keep his commands, statutes and decrees with all his heart and all his soul, thus confirming the words of the covenant written in this book. Then all the people pledged themselves to the covenant.

[4]The king ordered Hilkiah the high priest, the priests next in rank and the doorkeepers to remove from the temple of the LORD all the articles made for Baal and Asherah and all the starry hosts. He burned them outside Jerusalem in the fields of the Kidron Valley and took the ashes to Bethel. [5]He did away with the idolatrous priests appointed by the kings of Judah to burn incense on the high places of the towns of Judah and on those around Jerusalem – those who burned incense to Baal, to the sun and moon, to the constellations and to all the starry hosts. [6]He took the Asherah pole from the temple of the LORD to the Kidron Valley outside Jerusalem and burned it there. He ground it to powder and scattered the dust over the graves of the common people. [7]He also tore down the quarters of the male shrine prostitutes that were in the temple of the LORD, the quarters where women did weaving for Asherah.

[8]Josiah brought all the priests from the towns of Judah and desecrated the high places, from Geba to Beersheba, where the priests had burned incense. He broke down the gateway at the entrance of the Gate of Joshua, the city governor, which was on the left of the city gate. [9]Although the priests of the high places did not serve at the altar of the LORD in Jerusalem, they ate unleavened bread with their fellow priests.

[10]He desecrated Topheth, which was in the Valley of Ben Hinnom, so no one could use it to sacrifice their son or daughter in the fire to Molek. [11]He removed from the entrance to the temple of the LORD the horses that the kings of Judah had dedicated to the sun. They were in the court[h] near the room of an official named Nathan-Melek. Josiah then burned the chariots dedicated to the sun.

[12]He pulled down the altars the kings of Judah had erected on the roof near the upper room of Ahaz, and the altars Manasseh had built in the two courts of the temple of the LORD. He removed them from there, smashed them to pieces and threw the rubble into the Kidron Valley. [13]The king also desecrated the high places that were east of Jerusalem on the south of the Hill of Corruption – the ones Solomon king of

[h] 23:11 The meaning of the Hebrew for this word is uncertain.

quelle que fût leur condition sociale. Devant tous, il lu tout ce qui était écrit dans le livre de l'alliance que l'o avait retrouvé dans le temple de l'Eternel. [3]Le roi se tenai sur une estrade. Il conclut devant l'Eternel une allianc par laquelle il s'engagea à être fidèle à l'Eternel et à obéi à ses commandements, à ses lois et à ses ordonnances, d tout son cœur et de tout son être, et à respecter toutes le clauses de l'alliance figurant dans ce livre. De son côté tout le peuple adhéra à cette alliance.

La réforme en Juda

(2 Ch 34.3-7, 33)

[4]Ensuite le roi ordonna au grand-prêtre Hilqiya, au prêtres adjoints et aux prêtres qui surveillaient l'entré du Temple de jeter hors du sanctuaire de l'Eternel tou les objets qu'on avait fabriqués pour le culte de Baal d'Ashéra et des astres du ciel. Ils furent brûlés à l'extérieu de Jérusalem, dans les champs de la vallée du Cédron, e l'on transporta leur cendre à Béthel[c]. [5]Le roi destitua le prêtres idolâtres institués par les rois de Juda pour brûle l'encens sur les hauts lieux dans les villes de Juda et près d Jérusalem. Il destitua aussi ceux qui offraient des parfum à Baal, au soleil, à la lune, aux étoiles et à tous les astres [6]Il fit ôter du temple de l'Eternel le pieu sacré de la déess Ashéra[d] et on le fit transporter hors de Jérusalem dans l vallée du Cédron, où on le brûla et le réduisit en cendre que l'on jeta dans la fosse commune. [7]Le roi fit démoli les maisons des prostitués sacrés qui se trouvaient dan le temple de l'Eternel, et où les femmes tissaient des robe pour Ashéra. [8]Il fit venir tous les prêtres des villes de Juda Il profana les hauts lieux depuis Guéba jusqu'à Beer-Sheva où les prêtres brûlaient des parfums. Il fit aussi démoli les sanctuaires construits près des portes des villes, e particulier celui qui se trouvait à l'entrée de la porte d Josué, le gouverneur de la ville, et qui était sur la gauch en entrant par la porte de la ville. [9]On ne permit pas au prêtres des hauts lieux d'officier à l'autel de l'Eternel Jérusalem, ils furent seulement autorisés à manger d pain sans levain avec les autres prêtres.

[10]Le roi profana aussi le brûloir de Topheth qui se trou vait dans la vallée de Ben-Hinnom, pour que personn ne brûle plus son fils ou sa fille pour l'offrir en sacrifice Molok. [11]Il fit disparaître de l'entrée du temple de l'Eterne les chevaux que les rois de Juda avaient dédiés au culte d soleil et qui se trouvaient près de la salle du chambella Netân-Mélek, situé dans les annexes ; il fit aussi brûler le chars du soleil. [12]Le roi fit abattre les autels qui se trou vaient sur la terrasse des appartements d'Ahaz et que le rois de Juda avaient érigés, ainsi que ceux que Manass avait bâtis dans les deux parvis du temple de l'Eterne Après les avoir mis en pièces, il les enleva de là et en fi disperser les débris dans la vallée du Cédron. [13]Il profan également les sanctuaires des hauts lieux situés en fac de Jérusalem, à droite de la montagne de la Destruction et qui avaient été érigés par Salomon, roi d'Israël, e

[c] **23.4** Lieu d'un ancien sanctuaire (Gn 28.19) où les rois d'Israël avaient installé le centre de leur culte idolâtre (1 R 12.25-29).

[d] **23.6** Ce pieu sacré détruit par Ezéchias (18.4) fut rétabli par Manassé (21.7). A la fin de sa vie, il s'en défit sans doute (2 Ch 33.15), mais son fils Amôn a dû le réinstaller (2 R 21.21 ; 2 Ch 33.22).

[e] **23.8** C'est-à-dire de l'extrême nord (à 10 kilomètres de Jérusalem) à l'extrême sud (à 70 kilomètres au sud-ouest) du royaume de Juda.

[f] **23.13** Désignation de l'extrémité sud du mont des Oliviers à cause du culte idolâtre qui y avait été pratiqué. Voir 1 R 11.7.

srael had built for Ashtoreth the vile goddess of the
idonians, for Chemosh the vile god of Moab, and for
Molek the detestable god of the people of Ammon.
14 Josiah smashed the sacred stones and cut down
he Asherah poles and covered the sites with human
ones.

15 Even the altar at Bethel, the high place made
y Jeroboam son of Nebat, who had caused Israel to
in – even that altar and high place he demolished. He
urned the high place and ground it to powder, and
urned the Asherah pole also. 16 Then Josiah looked
round, and when he saw the tombs that were there
n the hillside, he had the bones removed from them
nd burned on the altar to defile it, in accordance
with the word of the LORD proclaimed by the man of
God who foretold these things.
17 The king asked, "What is that tombstone I see?"
The people of the city said, "It marks the tomb of
he man of God who came from Judah and pronounced
gainst the altar of Bethel the very things you have
one to it."

18 "Leave it alone," he said. "Don't let anyone disturb
is bones." So they spared his bones and those of the
rophet who had come from Samaria.

19 Just as he had done at Bethel, Josiah removed
ll the shrines at the high places that the kings of
srael had built in the towns of Samaria and that
ad aroused the LORD's anger. 20 Josiah slaughtered
ll the priests of those high places on the altars and
urned human bones on them. Then he went back
o Jerusalem.

21 The king gave this order to all the people:
Celebrate the Passover to the LORD your God, as it is
written in this Book of the Covenant." 22 Neither in
he days of the judges who led Israel nor in the days
f the kings of Israel and the kings of Judah had any
uch Passover been observed. 23 But in the eighteenth
ear of King Josiah, this Passover was celebrated to
he LORD in Jerusalem.

24 Furthermore, Josiah got rid of the mediums and
piritists, the household gods, the idols and all the
ther detestable things seen in Judah and Jerusalem.
his he did to fulfill the requirements of the law writ-
en in the book that Hilkiah the priest had discovered
n the temple of the LORD. 25 Neither before nor after
osiah was there a king like him who turned to the
ORD as he did – with all his heart and with all his soul

l'honneur d'Astarté, l'abominable idole des Sidoniens, de
Kemosh, l'abominable dieu des Moabites et de Milkom,
l'abominable divinité des Ammonites. Il les profana tous.
14 Josias brisa les stèles, renversa les pieux sacrés d'Ashéra
et remplit d'ossements humains les emplacements sacrés
qu'ils occupaient.

La réforme en Israël

15 Il fit de même à Béthel[g], où il détruisit l'autel qui se
trouvait dans le haut lieu construit par Jéroboam, fils de
Nebath, le roi qui avait entraîné le peuple d'Israël dans le
péché. Il détruisit cet autel et le haut lieu, brûla le pieu
sacré d'Ashéra et incendia le haut lieu pour le réduire en
cendres. 16 A cette occasion, regardant autour de lui, Josias
vit les tombes qui se trouvaient là sur la montagne, alors
il fit exhumer les ossements des tombes et les brûla sur
l'autel pour le profaner ; il accomplit ainsi la parole de
l'Eternel que l'homme de Dieu avait proclamée et qui annonçait ces événements. 17 Puis il demanda : Quel est ce
monument que je vois là ?

Les gens de la ville lui répondirent : C'est la tombe de
l'homme de Dieu qui était venu de Juda et qui a annoncé que se produirait ce que tu viens de faire à l'autel de
Béthel.

18 – Alors, laissez-le, dit le roi. Que personne ne touche
à ses ossements.

On respecta donc les ossements de ce prophète ainsi que
ceux du prophète qui était venu de Samarie.

19 Josias démolit aussi tous les bâtiments des hauts lieux
qui avaient été construits par les rois d'Israël dans les
villes de la Samarie et qui avaient irrité l'Eternel. Il agit à
leur égard exactement comme il l'avait fait à Béthel. 20 Il fit
exécuter tous les prêtres des hauts lieux qui se trouvaient
là en les immolant sur leurs propres autels, puis il y brûla
des ossements humains. Ensuite, il retourna à Jérusalem.

La célébration de la Pâque

(2 Ch 35.1, 18-19)

21 Là-dessus, le roi ordonna à tout le peuple : Célébrez la
Pâque en l'honneur de l'Eternel votre Dieu, comme cela
est prescrit dans ce livre de l'alliance.

22 De fait, aucune Pâque pareille à celle-ci n'avait été
célébrée depuis l'époque où les chefs gouvernaient Israël
et durant toute la période des rois d'Israël et des rois de
Juda. 23 Ce fut seulement la dix-huitième année[h] du règne
de Josias que l'on célébra cette Pâque en l'honneur de
l'Eternel à Jérusalem.

La réforme n'empêchera pas la destruction de Jérusalem

24 Josias fit aussi disparaître du pays de Juda et de
Jérusalem ceux qui évoquaient les esprits des morts et
ceux qui prédisaient l'avenir[i], il fit détruire les statuettes
sacrées, les idoles et tous les autres objets de culte païens,
pour faire respecter les articles de la Loi contenus dans le
livre que le prêtre Hilqiya avait retrouvé dans le temple
de l'Eternel. 25 Aucun roi avant Josias ne revint comme lui
à l'Eternel de tout son cœur, de tout son être et de toutes

g **23.15** Voir v. 4 et note.
h **23.23** En 622 av. J.-C.
i **23.24** Voir Lv 19.26-31 ; 2 R 21.6. Ces pratiques occultes étaient liées aux cultes païens.

and with all his strength, in accordance with all the Law of Moses.

26 Nevertheless, the LORD did not turn away from the heat of his fierce anger, which burned against Judah because of all that Manasseh had done to arouse his anger. 27 So the LORD said, "I will remove Judah also from my presence as I removed Israel, and I will reject Jerusalem, the city I chose, and this temple, about which I said, 'My Name shall be there.'"

28 As for the other events of Josiah's reign, and all he did, are they not written in the book of the annals of the kings of Judah?

29 While Josiah was king, Pharaoh Necho king of Egypt went up to the Euphrates River to help the king of Assyria. King Josiah marched out to meet him in battle, but Necho faced him and killed him at Megiddo. 30 Josiah's servants brought his body in a chariot from Megiddo to Jerusalem and buried him in his own tomb. And the people of the land took Jehoahaz son of Josiah and anointed him and made him king in place of his father.

Jehoahaz King of Judah

31 Jehoahaz was twenty-three years old when he became king, and he reigned in Jerusalem three months. His mother's name was Hamutal daughter of Jeremiah; she was from Libnah. 32 He did evil in the eyes of the LORD, just as his predecessors had done. 33 Pharaoh Necho put him in chains at Riblah in the land of Hamath so that he might not reign in Jerusalem, and he imposed on Judah a levy of a hundred talents[i] of silver and a talent[j] of gold. 34 Pharaoh Necho made Eliakim son of Josiah king in place of his father Josiah and changed Eliakim's name to Jehoiakim. But he took Jehoahaz and carried him off to Egypt, and there he died. 35 Jehoiakim paid Pharaoh Necho the silver and gold he demanded. In order to do so, he taxed the land and exacted the silver and gold from the people of the land according to their assessments.

Jehoiakim King of Judah

36 Jehoiakim was twenty-five years old when he became king, and he reigned in Jerusalem eleven years. His mother's name was Zebidah daughter of Pedaiah;

[i] 23:33 That is, about 3 3/4 tons or about 3.4 metric tons
[j] 23:33 That is, about 75 pounds or about 34 kilograms

ses forces, en observant toute la Loi de Moïse ; et après lu il n'en a point paru de semblable.

26 Néanmoins, l'Eternel n'abandonna pas la grande e ardente colère dans laquelle il était entré contre Juda, cause des nombreux crimes par lesquels Manassé l'avai irrité. 27 C'est pourquoi il décida : Je chasserai aussi Jud loin de moi, comme j'ai chassé Israël, et je rejetterai cett ville, Jérusalem, que j'avais choisie, ainsi que le Temple o j'avais promis d'établir ma présence.

La fin de Josias

(2 Ch 35.20 à 36.1)

28 Les autres faits et gestes de Josias et toutes ses réalisa tions sont cités dans le livre des Annales des rois de Juda

29 Sous son règne, le pharaon Néko, roi d'Egypte[j], all rejoindre le roi d'Assyrie près de l'Euphrate. Le roi Josia essaya de lui barrer la route, mais dans l'affrontement le pharaon le tua à Meguiddo[k]. 30 Ses officiers mirent so corps sur un char, le ramenèrent de Meguiddo à Jérusalen et l'enterrèrent dans son tombeau. Le peuple du pays pr Yoahaz, fils de Josias, et l'établit roi par l'onction pou succéder à son père sur le trône.

Le règne de Yoahaz sur Juda

(2 Ch 36.2-4)

31 Yoahaz avait vingt-trois ans à son avènement e il régna trois mois à Jérusalem[l]. Sa mère s'appelai Hamoutal, elle était fille de Jérémie de Libna. 32 Il f ce que l'Eternel considère comme mal, tout comm ses ancêtres. 33 Le pharaon Néko le fit prisonnier e l'enchaîna à Ribla[m] dans le pays de Hamath, mettan ainsi fin à son règne à Jérusalem. Il imposa au pay un tribut de trois mille quatre cents kilos d'argent e trente-quatre kilos d'or. 34 Le pharaon Néko établi Elyaqim, fils de Josias, comme roi à la place de son père Il changea son nom en celui de Yehoyaqim. Quant Yoahaz, il fut emmené en Egypte. C'est là qu'il mouru

35 Yehoyaqim versa au pharaon l'or et l'argent exigé Pour être en mesure de le faire, il fit estimer les ressou rces de chaque habitant du pays et leva un impôt calcul suivant la fortune de chacun.

Le règne de Yehoyaqim sur Juda

(2 Ch 36.5-8)

36 Yehoyaqim avait vingt-cinq ans à son avènement et il régna onze ans à Jérusalem[n]. Sa mère s'appelai

[j] **23.29** *le pharaon Néko, roi d'Egypte:* il a régné de 610 à 595 av. J.-C. Il s'étai mis en campagne pour aller prêter main-forte aux Assyriens en guerre contre les Babyloniens.
[k] **23.29** Josias a tenté d'arrêter Néko au défilé de Meguiddo par souci de garantir l'indépendance du pays (2 Ch 35.20-24).
[l] **23.31** En 609 av. J.-C. Plus jeune qu'Elyaqim (v. 34 ; voir 1 Ch 3.15), *Yoaha* a dû être préféré à son frère à cause des tendances pro-égyptiennes de celui-ci. Voir Jr 22.11-12.
[m] **23.33** Petit village syrien sur l'Oronte où Néko avait établi son quartie général (comme Nabuchodonosor le fera plus tard : 25.6, 20).
[n] **23.36** 609 à 598 av. J.-C.

he was from Rumah. 37 And he did evil in the eyes of he LORD, just as his predecessors had done.

24 1 During Jehoiakim's reign, Nebuchadnezzar king of Babylon invaded the land, and ehoiakim became his vassal for three years. But hen he turned against Nebuchadnezzar and rebelled. The LORD sent Babylonian,[k] Aramean, Moabite and mmonite raiders against him to destroy Judah, in ccordance with the word of the LORD proclaimed by is servants the prophets. 3 Surely these things hapened to Judah according to the LORD's command, in rder to remove them from his presence because of he sins of Manasseh and all he had done, 4 includng the shedding of innocent blood. For he had filled erusalem with innocent blood, and the LORD was not villing to forgive.

5 As for the other events of Jehoiakim's reign, and all e did, are they not written in the book of the annals f the kings of Judah? 6 Jehoiakim rested with his anestors. And Jehoiachin his son succeeded him as king.

7 The king of Egypt did not march out from his own ountry again, because the king of Babylon had takn all his territory, from the Wadi of Egypt to the uphrates River.

ehoiachin King of Judah

8 Jehoiachin was eighteen years old when he became ing, and he reigned in Jerusalem three months. His nother's name was Nehushta daughter of Elnathan; he was from Jerusalem. 9 He did evil in the eyes of the ORD, just as his father had done.

10 At that time the officers of Nebuchadnezzar king f Babylon advanced on Jerusalem and laid siege to , 11 and Nebuchadnezzar himself came up to the city vhile his officers were besieging it. 12 Jehoiachin king f Judah, his mother, his attendants, his nobles and is officials all surrendered to him.

In the eighth year of the reign of the king of abylon, he took Jehoiachin prisoner. 13 As the LORD ad declared, Nebuchadnezzar removed the treasures rom the temple of the LORD and from the royal palace, nd cut up the gold articles that Solomon king of Israel ad made for the temple of the LORD. 14 He carried all erusalem into exile: all the officers and fighting men, nd all the skilled workers and artisans – a total of

24:2 Or *Chaldean*

Zeboudda, elle était fille de Pedaya de Rouma. 37 Il fit ce que l'Eternel considère comme mal, tout comme ses ancêtres[o].

La première invasion babylonienne

24 1 Sous le règne de Yehoyaqim, Nabuchodonosor, roi de Babylone[p], l'attaqua[q] et Yehoyaqim fut assujetti à Nabuchodonosor pendant trois ans, puis il se révolta de nouveau contre lui[r]. 2 Alors l'Eternel déchaîna contre lui des bandes de Chaldéens, des bandes de Syriens, de Moabites et d'Ammonites. Il les dressa contre le royaume de Juda pour le faire disparaître comme il l'avait annoncé par l'intermédiaire de ses serviteurs, les prophètes. 3 Ces malheurs arrivèrent uniquement sur l'ordre de l'Eternel, parce qu'il voulait chasser Juda loin de lui à cause de tous les péchés commis par Manassé, 4 et parce qu'il avait tué beaucoup d'innocents dont le sang avait rempli Jérusalem. Car l'Eternel ne voulait plus pardonner.

5 Les autres faits et gestes de Yehoyaqim et toutes ses réalisations sont cités dans le livre des Annales des rois de Juda. 6 Il rejoignit ses ancêtres décédés et son fils Yehoyakîn lui succéda sur le trône.

7 A cette époque, le roi d'Egypte cessa ses expéditions militaires, car le roi de Babylone s'était emparé de tous les territoires qui, depuis le torrent bordant la frontière nord de l'Egypte jusqu'à l'Euphrate, avaient été sous domination égyptienne.

Le règne de Yehoyakîn sur Juda

(2 Ch 36.9-10)

8 Yehoyakîn était âgé de dix-huit ans à son avènement, et il régna trois mois à Jérusalem[s]. Sa mère s'appelait Nehoushta, elle était fille d'Elnathan, de Jérusalem. 9 Il fit ce que l'Eternel considère comme mal, tout comme son père.

Le siège de Jérusalem et la déportation de sa population

10 Pendant son règne, les officiers de Nabuchodonosor, roi de Babylone, marchèrent avec leurs troupes contre Jérusalem et l'assiégèrent. 11 Nabuchodonosor lui-même vint sur place pendant le siège. 12 Alors Yehoyakîn, roi de Juda, se rendit au roi de Babylone, avec sa mère, ses ministres, ses officiers et ses hauts fonctionnaires. Ils furent faits prisonniers par le roi de Babylone la huitième année de son règne. 13 Nabuchodonosor emporta tous les trésors du temple de l'Eternel et les trésors du palais royal après avoir mis en pièces tous les ustensiles d'or que Salomon, roi d'Israël, avait fabriqués pour le temple de l'Eternel. Ainsi s'accomplit ce que l'Eternel avait annoncé. 14 Il déporta toute la population de Jérusalem, tous les dirigeants et tous les militaires, tous les artisans et les forgerons :

o **23.37** Pour les v. 36-37, voir Jr 22.18-19 ; 26.1-6.

p **24.1** Fils de Nabopolassar, Nabuchodonosor a été le plus grand roi de l'Empire néo-babylonien (612 à 539 av. J.-C.) et a régné de 605 à 562 av. J.-C.

q **24.1** Après avoir défait les Egyptiens à Karkemish et à Hamath (Jr 46.2), Nabuchodonosor entreprit de conquérir tout « le pays des Hatti » qui comprenait le royaume de Juda (vers 605 av. J.-C. ; voir Dn 1.1-2).

r **24.1** Cette révolte a dû avoir lieu en 601 av. J.-C.

s **24.8** *Yehoyakîn* est appelé Yekonia dans 1 Ch 3.16 et Konia dans Jr 22.24. Il ne régna que trois mois comme vassal du roi de Babylone (de décembre 598 à mars 597 av. J.-C.).

ten thousand. Only the poorest people of the land were left.

15 Nebuchadnezzar took Jehoiachin captive to Babylon. He also took from Jerusalem to Babylon the king's mother, his wives, his officials and the prominent people of the land. 16 The king of Babylon also deported to Babylon the entire force of seven thousand fighting men, strong and fit for war, and a thousand skilled workers and artisans. 17 He made Mattaniah, Jehoiachin's uncle, king in his place and changed his name to Zedekiah.

Zedekiah King of Judah

18 Zedekiah was twenty-one years old when he became king, and he reigned in Jerusalem eleven years. His mother's name was Hamutal daughter of Jeremiah; she was from Libnah. 19 He did evil in the eyes of the LORD, just as Jehoiakim had done. 20 It was because of the LORD's anger that all this happened to Jerusalem and Judah, and in the end he thrust them from his presence.

The Fall of Jerusalem

Now Zedekiah rebelled against the king of Babylon.

25 1 So in the ninth year of Zedekiah's reign, on the tenth day of the tenth month, Nebuchadnezzar king of Babylon marched against Jerusalem with his whole army. He encamped outside the city and built siege works all around it. 2 The city was kept under siege until the eleventh year of King Zedekiah.

3 By the ninth day of the fourth[l] month the famine in the city had become so severe that there was no food for the people to eat. 4 Then the city wall was broken through, and the whole army fled at night through the gate between the two walls near the king's garden, though the Babylonians[m] were surrounding the city. They fled toward the Arabah,[n] 5 but the Babylonian[o] army pursued the king and overtook him in the plains of Jericho. All his soldiers were separated from him and scattered, 6 and he was captured.

He was taken to the king of Babylon at Riblah, where sentence was pronounced on him. 7 They killed the sons of Zedekiah before his eyes. Then they put out his eyes, bound him with bronze shackles and took him to Babylon.

8 On the seventh day of the fifth month, in the nineteenth year of Nebuchadnezzar king of Babylon, Nebuzaradan commander of the imperial guard, an official of the king of Babylon, came to Jerusalem. 9 He set fire to the temple of the LORD, the royal palace and all the houses of Jerusalem. Every important building he burned down. 10 The whole Babylonian army

[l] **25:3** Probable reading of the original Hebrew text (see Jer. 52:6); Masoretic Text does not have *fourth*.
[m] **25:4** Or *Chaldeans*; also in verses 13, 25 and 26
[n] **25:4** Or *the Jordan Valley*
[o] **25:5** Or *Chaldean*; also in verses 10 and 24

en tout, dix mille personnes prirent le chemin de l'ex il ; seule la population la plus pauvre resta dans le pay
15 Yehoyakîn fut déporté de Jérusalem à Babylone avec s mère, ses femmes, ses hauts fonctionnaires et les puissant du pays[t]. 16 Le roi de Babylone emmena aussi en exil dan son pays les sept mille militaires, mille artisans et forg erons et tous les guerriers entraînés au combat.

17 Il établit comme roi à la place de Yehoyakîn l'oncl de celui-ci, Mattania, dont il changea le nom en Sédécia

Le règne de Sédécias sur Juda

(2 Ch 36.11-16)

18 Sédécias avait vingt et un ans à son avènement. Il rég na onze ans à Jérusalem[u]. Sa mère s'appelait Hamouta elle était fille de Jérémie, de Libna. 19 Il fit ce que l'Etern considère comme mal, tout comme Yehoyaqim. 20 Tout cel arriva parce que l'Eternel était en colère contre Jérusaler et Juda, au point de les chasser loin de lui.

Or, Sédécias se révolta contre le roi de Babylone.

Le nouveau siège de Jérusalem et la déportation de Sédécias

(2 Ch 36.17-20)

25 1 La neuvième année de son règne, le dixièm jour du dixième mois[v], Nabuchodonosor, roi d Babylone, vint avec toute son armée attaquer Jérusalem il établit son camp devant la ville et construisit des terr assements tout autour. 2 La ville resta assiégée jusqu'à l onzième année du règne de Sédécias[w]. 3 Le neuvième jou du [quatrième] mois, alors que la famine sévissait dure ment dans la ville et que la population du pays n'avait plu rien à manger[x], 4 une brèche fut ouverte dans le rempart d la ville. A la nuit tombée, le roi et tous les soldats de Jud passèrent par la porte qui se trouvait entre les deux rem parts et qui donnait sur le jardin du roi, tandis que la vill était encerclée par les Chaldéens, et ils prirent le chemi de la vallée du Jourdain. 5 Mais l'armée des Chaldéens s lança à la poursuite du roi et le rattrapa dans la plaine d Jéricho. Alors tous ses soldats se dispersèrent loin de lu 6 Les Chaldéens se saisirent du roi et l'amenèrent au roi d Babylone, à Ribla, et ils prononcèrent leur jugement contr lui. 7 Ils égorgèrent les fils de Sédécias sous ses yeux, pui on creva les yeux à Sédécias et on le lia avec une doubl chaîne de bronze. Après cela, on le déporta à Babylone.

La prise de Jérusalem et la déportation de la population de Juda

8 Le septième jour du cinquième mois – c'était l dix-neuvième année du règne de Nabuchodonosor, roi d Babylone – Nebouzaradân, chef de la garde impériale e officier du roi de Babylone, fit son entrée à Jérusalem. 9 mit le feu au temple de l'Eternel, au palais royal, à toute les maisons, et à tous les édifices importants de la vill
10 Les troupes chaldéennes, sous les ordres du chef de l

[t] **24.15** Cf. Jr 22.24-30 ; 24.1-10 ; 29.1-2 ; Ez 17.12.
[u] **24.18** De 597 à 587 av. J.-C. Sur le règne de *Sédécias*, voir Jr 37 et 38.
[v] **25.1** C'est-à-dire le 15 janvier 588 (voir Jr 39.1 ; 52.4 ; Ez 24.1-2).
[w] **25.2** Jérusalem était bien fortifiée et occupait un site facile à défendre. Nabuchodonosor n'en vint à bout qu'après un siège d'un an et demi, réduisant la ville à une terrible famine (Lm 4.3-10 ; Ez 4.16 ; 5.10 ; Jr 21 ; 24 ; 37 à 39 ; 52).
[x] **25.3** Le mot entre crochets ne se trouve pas dans le texte hébreu traditionnel. Il est rajouté d'après Jr 52.6. Il s'agirait de juin-juillet 587 av. J.-

nder the commander of the imperial guard broke own the walls around Jerusalem. 11 Nebuzaradan he commander of the guard carried into exile the eople who remained in the city, along with the rest f the populace and those who had deserted to the ing of Babylon. 12 But the commander left behind ome of the poorest people of the land to work the ineyards and fields.

13 The Babylonians broke up the bronze pillars, the novable stands and the bronze Sea that were at the emple of the LORD and they carried the bronze to abylon. 14 They also took away the pots, shovels, wick rimmers, dishes and all the bronze articles used in he temple service. 15 The commander of the imperial uard took away the censers and sprinkling bowls – all hat were made of pure gold or silver.

16 The bronze from the two pillars, the Sea and the novable stands, which Solomon had made for the emple of the LORD, was more than could be weighed. 7 Each pillar was eighteen cubits[p] high. The bronze apital on top of one pillar was three cubits[q] high and vas decorated with a network and pomegranates of ronze all around. The other pillar, with its network, vas similar.

18 The commander of the guard took as prisoners eraiah the chief priest, Zephaniah the priest next in ank and the three doorkeepers. 19 Of those still in the ity, he took the officer in charge of the fighting men, nd five royal advisers. He also took the secretary who vas chief officer in charge of conscripting the people f the land and sixty of the conscripts who were found n the city. 20 Nebuzaradan the commander took them ll and brought them to the king of Babylon at Riblah. There at Riblah, in the land of Hamath, the king had hem executed.

So Judah went into captivity, away from her land.

22 Nebuchadnezzar king of Babylon appointed edaliah son of Ahikam, the son of Shaphan, to be ver the people he had left behind in Judah. 23 When ll the army officers and their men heard that the ing of Babylon had appointed Gedaliah as governor, they came to Gedaliah at Mizpah – Ishmael son f Nethaniah, Johanan son of Kareah, Seraiah son f Tanhumeth the Netophathite, Jaazaniah the son f the Maakathite, and their men. 24 Gedaliah took n oath to reassure them and their men. "Do not be fraid of the Babylonian officials," he said. "Settle own in the land and serve the king of Babylon, and will go well with you."

25 In the seventh month, however, Ishmael son of ethaniah, the son of Elishama, who was of royal lood, came with ten men and assassinated Gedaliah nd also the men of Judah and the Babylonians who vere with him at Mizpah. 26 At this, all the people rom the least to the greatest, together with the army fficers, fled to Egypt for fear of the Babylonians.

25:17 That is, about 27 feet or about 8.1 meters
25:17 That is, about 4 1/2 feet or about 1.4 meters

garde, démantelèrent les remparts qui entouraient la ville. 11 Nebouzaradân, chef de la garde impériale, déporta le reste de la population qui était demeuré dans la ville, ceux qui s'étaient déjà rendus au roi de Babylone ainsi que ce qui restait des habitants. 12 Mais il laissa une partie des gens pauvres du pays pour cultiver les vignes et les champs.

13 Les Chaldéens mirent en pièces les colonnes de bronze du temple de l'Eternel, les chariots et la grande cuve de bronze qui étaient dans le parvis, et ils emportèrent le bronze à Babylone. 14 Ils prirent aussi les chaudrons, les pelles, les couteaux, les coupes et tous les autres objets de bronze employés pour le culte. 15 Le chef de la garde s'empara de tous les objets d'or et d'argent massif : les brasiers et les coupes à aspersion. 16 On ne saurait évaluer le poids de bronze des deux colonnes, de la grande cuve et des chariots que Salomon avait fait faire pour le temple de l'Eternel. 17 Chaque colonne avait neuf mètres de haut, elle était surmontée d'un chapiteau de bronze d'un mètre cinquante de haut, entouré d'un treillis décoré de grenades. Le tout était en bronze ; les deux colonnes et leurs treillis étaient identiques.

18 Le chef de la garde fit prisonnier le grand-prêtre Seraya, Sophonie, le prêtre en second, et les trois prêtres chargés de surveiller l'entrée du Temple. 19 Il arrêta aussi dans la ville un haut responsable militaire, cinq conseillers du roi qui étaient restés dans la ville, le secrétaire du chef de l'armée chargé de recruter les soldats dans le pays et soixante Judéens qui se trouvaient dans la ville. 20 Nebouzaradân, chef de la garde, emmena tous ces prisonniers au roi de Babylone, à Ribla. 21 Celui-ci les fit exécuter à Ribla, dans le pays de Hamath. Ainsi la population de Juda fut déportée loin de sa patrie.

22 Nabuchodonosor, roi de Babylone, établit Guedalia, fils d'Ahiqam et petit-fils de Shaphân, comme gouverneur des gens qu'il avait laissés dans le pays de Juda.

L'assassinat du gouverneur – la fuite des Judéens en Egypte

23 Lorsque tous les chefs de l'armée et leurs hommes apprirent que le roi de Babylone avait nommé Guedalia comme gouverneur, ils allèrent trouver ce dernier à Mitspa. C'étaient Ismaël, fils de Netania, Yohanân, fils de Qaréah, Seraya, fils de Tanhoumeth de Netopha et Yaazania, fils d'un Maakathien. Ils vinrent, accompagnés de leurs hommes. 24 Guedalia leur déclara avec serment, à eux et à leurs hommes : Vous n'avez rien à craindre de la part des fonctionnaires des Chaldéens. Installez-vous dans le pays, soumettez-vous au roi de Babylone et tout ira bien pour vous.

25 Au septième mois de l'année, Ismaël, fils de Netania, et petit-fils d'Elishama, qui était de descendance royale, vint avec dix hommes à Mitspa, et ils assassinèrent Guedalia. Ils tuèrent aussi les Judéens et les Chaldéens qui étaient avec lui à Mitspa[y]. 26 Alors tous les habitants de Juda, quelle que fût leur condition sociale, de même que les chefs de l'armée, se mirent en route et se rendirent en Egypte, par peur de représailles des Chaldéens.

y 25.25 En septembre-octobre 587 av. J.-C.

Jehoiachin Released

[27]In the thirty-seventh year of the exile of
Jehoiachin king of Judah, in the year Awel-Marduk
became king of Babylon, he released Jehoiachin king
of Judah from prison. He did this on the twenty-seventh day of the twelfth month. [28]He spoke kindly to
him and gave him a seat of honor higher than those
of the other kings who were with him in Babylon. [29]So
Jehoiachin put aside his prison clothes and for the
rest of his life ate regularly at the king's table. [30]Day
by day the king gave Jehoiachin a regular allowance
as long as he lived.

La grâce particulière accordée au roi de Juda

[27]La trente-septième année de la déportation d
Yehoyakîn, roi de Juda, le vingt-septième jour du douzièm
mois, Evil-Merodak, roi de Babylone, gracia Yehoyakîn, ro
de Juda, l'année de son accession au trône de Babylone[z]
en le faisant sortir de la prison.

[28]Il le traita avec bonté et lui accorda une situatio
supérieure à celle des autres rois exilés avec lui à Babylone
[29]Il lui fit quitter ses vêtements de prisonnier et l'admit
prendre, jusqu'à la fin de sa vie, ses repas à sa table. [30]L
roi pourvut chaque jour à son entretien, tant qu'il vécut

z 25.27 Fils et successeur de Nabuchodonosor, il régna de 562/561 à 559
av. J.-C.

1 Chronicles

Historical Records From Adam to Abraham

To Noah's Sons

1 [1]Adam, Seth, Enosh,
[2]Kenan, Mahalalel, Jared,
[3]Enoch, Methuselah, Lamech,
Noah.
[4]The sons of Noah:[a] Shem, Ham and Japheth.

The Japhethites

[5]The sons[b] of Japheth:
Gomer, Magog, Madai, Javan, Tubal, Meshek and Tiras.
[6]The sons of Gomer:
Ashkenaz, Riphath[c] and Togarmah.
[7]The sons of Javan:
Elishah, Tarshish, the Kittites and the Rodanites.

The Hamites

[8]The sons of Ham:
Cush, Egypt, Put and Canaan.
[9]The sons of Cush:
Seba, Havilah, Sabta, Raamah and Sabteka.
The sons of Raamah:
Sheba and Dedan.
[10]Cush was the father[d] of
Nimrod, who became a mighty warrior on earth.
[11]Egypt was the father of
the Ludites, Anamites, Lehabites, Naphtuhites, [12]Pathrusites, Kasluhites (from whom the Philistines came) and Caphtorites.
[13]Canaan was the father of
Sidon his firstborn,[e] and of the Hittites, [14]Jebusites, Amorites, Girgashites, [15]Hivites, Arkites, Sinites, [16]Arvadites, Zemarites and Hamathites.

The Semites

[17]The sons of Shem:
Elam, Ashur, Arphaxad, Lud and Aram.
The sons of Aram:[f]
Uz, Hul, Gether and Meshek.
[18]Arphaxad was the father of Shelah,
and Shelah the father of Eber.
[19]Two sons were born to Eber:

1:4 Septuagint; Hebrew does not have this line.
1:5 *Sons* may mean *descendants* or *successors* or *nations*; also in verses 6-9, 17 and 23.
1:6 Many Hebrew manuscripts and Vulgate (see also Septuagint and Gen. 10:3); most Hebrew manuscripts *Diphath*
1:10 *Father* may mean *ancestor* or *predecessor* or *founder*; also in verses 11, 13, 18 and 20.
1:13 Or *of the Sidonians, the foremost*
1:17 One Hebrew manuscript and some Septuagint manuscripts (see also Gen. 10:23); most Hebrew manuscripts do not have this line.

Premier livre des Chroniques

Les généalogies

D'Adam à Sem

1 [1]Adam[a], Seth, Enosh, [2]Qénân, Mahalaléel, Yéred,
[3]Hénok, Mathusalem, Lémek, [4]Noé, Sem, Cham et
Japhet.

[5]Fils de Japhet[b] : Gomer, Magog, Madaï, Yavân, Toubal,
Méshek et Tiras.

[6]Fils de Gomer : Ashkenaz, Diphath[c] et Togarma.

[7]Fils de Yavân : Elisha, Tarsis, Kittim et Dodanim[d].

[8]Fils de Cham : Koush, Mitsraïm, Pouth et Canaan.

[9]Fils de Koush : Seba, Havila, Sabta, Raema et Sabteka.
Fils de Raema : Sheba et Dedân. [10]Koush fut le père[e] de
Nimrod qui se mit à exercer un grand pouvoir sur la terre.

[11]Mitsraïm fut l'ancêtre des Loudim, des Anamim,
des Lehabim, des Naphtouim, [12]des Patrousim, des
Kaslouhim – dont sont issus les Philistins[f] – et des Crétois.

[13]Canaan eut pour fils Sidon, son aîné, et Heth. [14]De lui
descendent les Yebousiens, les Amoréens, les Guirgasiens,
[15]les Héviens, les Arqiens, les Siniens, [16]les Arvadiens, les
Tsemariens et les Hamathiens.

[17]Les descendants de Sem furent : Elam, Assour,
Arpakshad, Loud et Aram.
Les descendants d'Aram furent[g] : Outs, Houl, Guéter, et
Méshek. [18]Arpakshad eut pour fils Shélah, et Shélah eut
pour fils Héber. [19]Héber eut deux fils : l'un s'appelait Péleg

[a] 1.1 Pour les v. 1-4, voir Gn 5 et notes.
[b] 1.5 Pour les v. 5-23, voir Gn 10 et notes.
[c] 1.6 Gn 10.3: *Riphath.*
[d] 1.7 D'après plusieurs manuscrits hébreux, la version syriaque et Gn 10.4.
[e] 1.10 Le terme *père* pourrait aussi signifier *fondateur* ou *chef* (de même, entre autres, aux v. 11, 13, 18 et 20).
[f] 1.12 Les Philistins, peuple indo-européen, ont tout d'abord émigré en Crète (voir Jr 47.4 ; Am 9.7) puis ont envahi l'Egypte au début du XII[e] siècle av. J.-C. Chassés de cette région, ils se sont installés sur la côte de Canaan pour étendre plus tard leur influence sur presque tout le pays.
[g] 1.17 *Les descendants d'Aram furent:* d'après un manuscrit hébreu, certains manuscrits de l'ancienne version grecque et Gn 10.23. Ces mots manquent dans la plupart des manuscrits hébreux.

One was named Peleg,[g] because in his time the earth was divided; his brother was named Joktan.

20 Joktan was the father of
Almodad, Sheleph, Hazarmaveth, Jerah, 21 Hadoram, Uzal, Diklah, 22 Obal,[h] Abimael, Sheba, 23 Ophir, Havilah and Jobab. All these were sons of Joktan.

24 Shem, Arphaxad,[i] Shelah,
25 Eber, Peleg, Reu,
26 Serug, Nahor, Terah
27 and Abram (that is, Abraham).

The Family of Abraham

28 The sons of Abraham: Isaac and Ishmael.

Descendants of Hagar

29 These were their descendants:
Nebaioth the firstborn of Ishmael, Kedar, Adbeel, Mibsam, 30 Mishma, Dumah, Massa, Hadad, Tema, 31 Jetur, Naphish and Kedemah.
These were the sons of Ishmael.

Descendants of Keturah

32 The sons born to Keturah, Abraham's concubine:
Zimran, Jokshan, Medan, Midian, Ishbak and Shuah.
The sons of Jokshan:
Sheba and Dedan.
33 The sons of Midian:
Ephah, Epher, Hanok, Abida and Eldaah.
All these were descendants of Keturah.

Descendants of Sarah

34 Abraham was the father of Isaac.
The sons of Isaac:
Esau and Israel.

Esau's Sons

35 The sons of Esau:
Eliphaz, Reuel, Jeush, Jalam and Korah.
36 The sons of Eliphaz:
Teman, Omar, Zepho,[j] Gatam and Kenaz;
by Timna: Amalek.[k]
37 The sons of Reuel:
Nahath, Zerah, Shammah and Mizzah.

The People of Seir in Edom

38 The sons of Seir:
Lotan, Shobal, Zibeon, Anah, Dishon, Ezer and Dishan.
39 The sons of Lotan:
Hori and Homam. Timna was Lotan's sister.
40 The sons of Shobal:

g 1:19 *Peleg* means *division.*
h 1:22 Some Hebrew manuscripts and Syriac (see also Gen. 10:28); most Hebrew manuscripts *Ebal*
i 1:24 Hebrew; some Septuagint manuscripts *Arphaxad, Cainan* (see also note at Gen. 11:10)
j 1:36 Many Hebrew manuscripts, some Septuagint manuscripts and Syriac (see also Gen. 36:11); most Hebrew manuscripts *Zephi*
k 1:36 Some Septuagint manuscripts (see also Gen. 36:12); Hebrew *Gatam, Kenaz, Timna and Amalek*

(Partage) parce que de son temps la terre fut partagée, e
son frère s'appelait Yoqtân.
20 Yoqtân eut pour fils Almodad, Shéleph, Hatsarmaveth
Yérah, 21 Hadoram, Ouzal, Diqla, 22 Obal[h], Abimaël, Saba
23 Ophir, Havila et Yobab. Tous ceux-là étaient des descen
dants de Yoqtân.

De Sem à Esaü et Jacob

24 Sem[i], Arpakshad[j], Shélah, 25 Héber, Péleg, Reou
26 Seroug, Nahor, Térah, 27 Abram, c'est-à-dire Abraham.

28 Abraham eut pour fils : Isaac et Ismaël. 29 Voici leu
postérité : le fils aîné d'Ismaël[k] s'appelait Nebayoth, puis vi
ennent Qédar, Adbéel, Mibsam, 30 Mishma, Douma, Massa
Hadad, Téma, 31 Yetour, Naphish et Qedma. Tels sont le
fils d'Ismaël. 32 Qetoura[l], épouse de second rang d'Abra
ham, donna naissance à Zimrân, Yoqshân, Medân, Madian
Yishbaq et Shouah. Fils de Yoqshân : Saba et Dedân. 33 Fil
de Madian : Epha, Epher, Hénok, Abida et Eldaa. Tous ceux
là sont les descendants de Qetoura.

Les descendants d'Esaü

34 Abraham eut pour fils Isaac qui eut pour fils : Esaü e
Israël[m]. 35 Fils d'Esaü[n] : Eliphaz, Reouel, Yeoush, Yaelam e
Qorah. 36 Fils d'Eliphaz : Témân, Omar, Tsepho[o], Gaetam
Qenaz, Timna et Amalec. 37 Fils de Reouel : Nahath, Zérah
Shamma et Mizza. 38 Descendants de Séir : Lotân, Shobal
Tsibeôn, Ana, Dishôn, Etser et Dishân. 39 Descendants d
Lotân : Hori et Homam. La sœur de Lotân s'appelait Timna
40 Descendants de Shobal : Alvân[p], Manahath, Ebal, Shepho

h 1.22 D'après quelques manuscrits hébreux, certains manuscrits de l'ancienne version grecque, la version syriaque et Gn 10.28.
i 1.24 Pour les v. 24-27, voir Gn 11.10-26.
j 1.24 Certains manuscrits de l'ancienne version grecque ajoutent : *Caïnan.*
k 1.29 Pour les v. 29-31, voir Gn 25.13-16.
l 1.32 Pour les v. 32-34, voir Gn 25.1-4, 19-26.
m 1.34 Nom donné à Jacob (voir Gn 32.29 ; 35.10).
n 1.35 Pour les v. 35-42, voir Gn 36.10-28.
o 1.36 Avec de nombreux manuscrits hébreux, certains manuscrits de l'ancienne version grecque, la version syriaque et Gn 36.11. Le reste des manuscrits hébreux a : *Tsephi.*
p 1.40 D'après de nombreux manuscrits hébreux, certains manuscrits de l'ancienne version grecque, et Gn 36.23. Les autres manuscrits hébreux ont : *Alyân.*
q 1.40 D'après quelques manuscrits hébreux et Gn 36.23.

Alvan,[l] Manahath, Ebal, Shepho and Onam.
The sons of Zibeon:
Aiah and Anah.
41 The son of Anah:
Dishon.
The sons of Dishon:
Hemdan,[m] Eshban, Ithran and Keran.
42 The sons of Ezer:
Bilhan, Zaavan and Akan.[n]
The sons of Dishan[o]:
Uz and Aran.

he Rulers of Edom

43 These were the kings who reigned in Edom before
ny Israelite king reigned:
Bela son of Beor, whose city was named Dinhabah.
44 When Bela died, Jobab son of Zerah from Bozrah
ucceeded him as king.
45 When Jobab died, Husham from the land of the
'emanites succeeded him as king.
46 When Husham died, Hadad son of Bedad, who
lefeated Midian in the country of Moab, succeeded
im as king. His city was named Avith.
47 When Hadad died, Samlah from Masrekah suc-
eeded him as king.
48 When Samlah died, Shaul from Rehoboth on the
iver[p] succeeded him as king.
49 When Shaul died, Baal-Hanan son of Akbor suc-
eeded him as king.
50 When Baal-Hanan died, Hadad succeeded him as
ing. His city was named Pau,[q] and his wife's name
vas Mehetabel daughter of Matred, the daughter of
Ae-Zahab. 51 Hadad also died.
The chiefs of Edom were:
Timna, Alvah, Jetheth, 52 Oholibamah, Elah, Pinon,
3 Kenaz, Teman, Mibzar, 54 Magdiel and Iram.
These were the chiefs of Edom.

srael's Sons

2 1 These were the sons of Israel: Reuben, Simeon,
Levi, Judah, Issachar, Zebulun, 2 Dan, Joseph,
enjamin, Naphtali, Gad and Asher.

udah

o Hezron's Sons

3 The sons of Judah:
Er, Onan and Shelah. These three were born to him
y a Canaanite woman, the daughter of Shua.
(Er, Judah's firstborn, was wicked in the LORD's sight;
o the LORD put him to death.)
4 Judah's daughter-in-law Tamar bore Perez and
erah to Judah.

et Onam. Fils de Tsibeôn : Aya et Ana. 41 Enfants d'Ana :
Dishôn. Fils de Dishôn : Hemdân[r], Eshbân, Yitrân et Kerân.
42 Fils d'Etser : Bilhân, Zaavân et Aqân[s]. Fils de Dishân :
Outs et Arân.

Les rois d'Edom

43 Voici les rois qui ont régné dans le pays d'Edom, avant
qu'il y ait un roi en Israël : Béla, fils de Béor ; sa ville s'appelait Dinhaba. 44 Après sa mort, Yobab, fils de Zérah, de
Botsra, régna à sa place. 45 Yobab mourut et Housham, du
pays des Témanites, régna à sa place. 46 Après la mort de
Housham, Hadad, fils de Bedad, régna à sa place. Il battit
les Madianites dans la campagne de Moab ; il venait de la
ville d'Avith. 47 Après la mort de Hadad, Samla, de Masréqa,
régna à sa place. 48 Puis après la mort de Samla, Saül, de
Rehoboth sur le fleuve, régna à sa place. 49 Après la mort
de Saül, Baal-Hanân, fils d'Akbor, régna à sa place. 50 Après
la mort de Baal-Hanân, Hadad régna à sa place. Sa ville
s'appelait Paou[t], le nom de sa femme était Mehétabéel,
fille de Matred, et petite-fille de Mézahab.
51 Après la mort de Hadad, des chefs de familles gou-
vernèrent Edom. Ce furent les chefs Timna, Alva, Yeteth,
52 Oholibama, Ela, Pinôn, 53 Qenaz, Témân, Mibtsar,
54 Magdiel et Iram. Tels sont les chefs d'Edom.

Les fils de Jacob

2 1 Voici la liste des fils d'Israël[u]. Ruben, Siméon, Lévi,
Juda, Issacar, Zabulon, 2 Dan, Joseph, Benjamin,
Nephtali, Gad et Aser.

Les descendants de Juda

3 Juda eut trois fils, de sa femme cananéenne, la fille de
Shoua : Er, Onân, Shéla. Er, le fils aîné de Juda, était jugé
mauvais par l'Eternel qui le fit mourir. 4 Tamar, la belle-
fille de Juda, lui donna Pérets et Zérah. Juda eut donc en
tout cinq fils.

1:40 Many Hebrew manuscripts and some Septuagint manu-
cripts (see also Gen. 36:23); most Hebrew manuscripts *Alian*
1:41 Many Hebrew manuscripts and some Septuagint manu-
cripts (see also Gen. 36:26); most Hebrew manuscripts *Hamran*
1:42 Many Hebrew and Septuagint manuscripts (see also Gen.
6:27); most Hebrew manuscripts *Zaavan, Jaakan*
1:42 See Gen. 36:28; Hebrew *Dishon*, a variant of *Dishan*
1:48 Possibly the Euphrates
1:50 Many Hebrew manuscripts, some Septuagint manuscripts,
'ulgate and Syriac (see also Gen. 36:39); most Hebrew manuscripts
ai

---

r **1.41** D'après de nombreux manuscrits hébreux, certains manuscrits de l'ancienne version grecque, et Gn 36.26. Les autres manuscrits hébreux ont : *Hamrân*.
s **1.42** D'après de nombreux manuscrits hébreux, des manuscrits de l'ancienne version grecque et Gn 36.27. D'autres manuscrits hébreux et grecs ainsi que d'autres versions anciennes ont : *Yaaqân* ou *et Yaaqân*.
t **1.50** D'après de nombreux manuscrits hébreux, certains manuscrits de l'ancienne version grecque, la version syriaque, la Vulgate et Gn 36.39. Les autres manuscrits hébreux ont : *Paï*.
u **2.1** Pour les v. 1-2, voir Gn 35.23-26.

He had five sons in all.
5 The sons of Perez:
Hezron and Hamul.
6 The sons of Zerah:
Zimri, Ethan, Heman, Kalkol and Darda[r] – five in all.
7 The son of Karmi:
Achar,[s] who brought trouble on Israel by violating
the ban on taking devoted things.[t]
8 The son of Ethan:
Azariah.
9 The sons born to Hezron were:
Jerahmeel, Ram and Caleb.[u]

From Ram Son of Hezron

10 Ram was the father of Amminadab,
and Amminadab the father of Nahshon, the leader
of the people of Judah.
11 Nahshon was the father of Salmon,[v]
Salmon the father of Boaz,
12 Boaz the father of Obed
and Obed the father of Jesse.
13 Jesse was the father of
Eliab his firstborn; the second son was Abinadab,
the third Shimea, 14 the fourth Nethanel,
the fifth Raddai, 15 the sixth Ozem
and the seventh David.
16 Their sisters were Zeruiah and Abigail.
Zeruiah's three sons were Abishai, Joab and Asahel.
17 Abigail was the mother of Amasa, whose father
was Jether the Ishmaelite.

Caleb Son of Hezron

18 Caleb son of Hezron had children by his wife
Azubah (and by Jerioth). These were her sons:
Jesher, Shobab and Ardon.
19 When Azubah died, Caleb married Ephrath, who
bore him Hur.
20 Hur was the father of Uri, and Uri the father of
Bezalel.
21 Later, Hezron, when he was sixty years old, married the daughter of Makir the father of Gilead. He
made love to her, and she bore him Segub.
22 Segub was the father of Jair, who controlled twenty-three towns in Gilead.
23 (But Geshur and Aram captured Havvoth Jair,[w] as
well as Kenath with its surrounding settlements – sixty towns.)
All these were descendants of Makir the father of
Gilead.
24 After Hezron died in Caleb Ephrathah, Abijah the
wife of Hezron bore him Ashhur the father[x] of Tekoa.

[r] 2:6 Many Hebrew manuscripts, some Septuagint manuscripts and Syriac (see also 1 Kings 4:31); most Hebrew manuscripts *Dara*
[s] 2:7 *Achar* means *trouble*; *Achar* is called *Achan* in Joshua.
[t] 2:7 The Hebrew term refers to the irrevocable giving over of things or persons to the LORD, often by totally destroying them.
[u] 2:9 Hebrew *Kelubai*, a variant of *Caleb*
[v] 2:11 Septuagint (see also Ruth 4:21); Hebrew *Salma*
[w] 2:23 Or *captured the settlements of Jair*
[x] 2:24 *Father* may mean *civic leader* or *military leader*; also in verses 42, 45, 49-52 and possibly elsewhere.

5 Fils de Pérets : Hetsrôn et Hamoul.

6 Fils de Zérah : Zimri, Etân, Hémân, Kalkol et Darda[v]
cinq en tout.
7 Fils de Karmi : Akar[w] (Trouble), qui fut cause de désor
dre en Israël lorsqu'il commit une infidélité à l'égard d
ce qui était voué à l'Eternel.
8 Fils d'Etân : Azaria.

9 Fils de Hetsrôn[x] : Yerahméel, Ram et Keloubaï[y].

10 Ram eut pour fils Amminadab, qui eut pour fil
Nahshôn, chef des descendants de Juda. 11 Nahshôn eu
pour fils Salma, qui eut pour fils Booz, 12 qui eut pour fil
Obed, qui eut pour fils Isaï. 13 Isaï[z] eut pour fils : Eliab
son aîné, Abinadab, son deuxième, Shimea, son troisième
14 Netanéel, son quatrième, Raddaï, son cinquième, 15 Otsen
son sixième, et David son septième. 16 Leurs sœurs étaien
Tserouya et Abigaïl. Tserouya eut trois fils : Abshaï, Joal
et Asaël. 17 Abigaïl eut un fils, Amasa, de Yéter, l'Ismaélite

18 Caleb, fils de Hetsrôn, eut de sa femme Azouba un
fille, Yerioth, et trois fils, Yésher, Shobab et Ardôn
19 Azouba mourut, et Caleb prit pour femme Ephrath
qui lui donna Hour. 20 Hour eut pour fils Ouri, et Our
Betsaléel. 21 Ensuite, alors qu'il avait soixante ans
Hetsrôn s'unit à la fille de Makir, le père de Galaad
et l'épousa. Elle lui donna Segoub. 22 Segoub eut pou
fils Yaïr, qui posséda vingt-trois villes dans le pay
de Galaad[a]. 23 Mais les Gueshouriens et les Syrien
prirent de ses descendants les bourgs de Yaïr ains
que la ville de Qenath et les villes qui en dépendaient
ce qui faisait en tout soixante villes. Tous ceux qui
habitaient étaient des descendants de Makir, le pèr
de Galaad.

24 Après la mort de Hetsrôn à Caleb-Ephrata, Abiya
sa femme, donna encore naissance à un fils de lui

[v] 2.6 D'après de nombreux manuscrits hébreux, certains manuscrits de l'ancienne version grecque, la version syriaque et 1 R 5.11. Les autres manuscrits hébreux ont : *Dara*.
[w] 2.7 En hébreu, il y a un jeu de mots avec le nom d'*Akar* et le terme rendu par *désordre*. Il s'agit d'*Akân* (voir Jos 7.1).
[x] 2.9 Pour les v. 9-12, voir Rt 4.18-22.
[y] 2.9 Variante de *Caleb* (v. 18, 42).
[z] 2.13 Pour les v. 13-15, voir 1 S 16.6-13.
[a] 2.22 Le pays de Galaad se trouve à l'est du Jourdain (voir Gn 31.21). Sur les villes de Yaïr, voir Nb 32.41 ; Dt 3.13-14 ; Jos 12.5 ; 13.30 ; Jg 10.4 ; 1 R 4.13.

erahmeel Son of Hezron

25 The sons of Jerahmeel the firstborn of Hezron:
Ram his firstborn, Bunah, Oren, Ozem and[y] Ahijah.
6 Jerahmeel had another wife, whose name was
tarah; she was the mother of Onam.
27 The sons of Ram the firstborn of Jerahmeel:
Maaz, Jamin and Eker.
28 The sons of Onam:
Shammai and Jada.
The sons of Shammai:
Nadab and Abishur. 29 Abishur's wife was named
bihail, who bore him Ahban and Molid.
30 The sons of Nadab:
Seled and Appaim. Seled died without children.
31 The son of Appaim:
Ishi, who was the father of Sheshan. Sheshan was
he father of Ahlai.
32 The sons of Jada, Shammai's brother:
Jether and Jonathan. Jether died without children.
33 The sons of Jonathan:
Peleth and Zaza.
These were the descendants of Jerahmeel.
34 Sheshan had no sons – only daughters.
He had an Egyptian servant named Jarha. 35 Sheshan
gave his daughter in marriage to his servant Jarha,
nd she bore him Attai.
36 Attai was the father of Nathan,
Nathan the father of Zabad,
37 Zabad the father of Ephlal,
Ephlal the father of Obed,
38 Obed the father of Jehu,
Jehu the father of Azariah,
39 Azariah the father of Helez,
Helez the father of Eleasah,
40 Eleasah the father of Sismai,
Sismai the father of Shallum,
41 Shallum the father of Jekamiah,
and Jekamiah the father of Elishama.

he Clans of Caleb

42 The sons of Caleb the brother of Jerahmeel:
Mesha his firstborn, who was the father of Ziph,
and his son Mareshah,[z] who was the father of
Hebron.
43 The sons of Hebron:
Korah, Tappuah, Rekem and Shema.
44 Shema was the father of Raham,
and Raham the father of Jorkeam.
Rekem was the father of Shammai.
45 The son of Shammai was Maon,
and Maon was the father of Beth Zur.
46 Caleb's concubine Ephah was the mother of
Haran, Moza and Gazez.
Haran was the father of Gazez.
47 The sons of Jahdai:
Regem, Jotham, Geshan, Pelet, Ephah and Shaaph.
48 Caleb's concubine Maakah was the mother of
Sheber and Tirhanah.

2:25 Or *Oren and Ozem, by*
2:42 The meaning of the Hebrew for this phrase is uncertain.

Ashhour, le père[b] de Teqoa. 25 Les fils de Yerahméel,
premier-né de Hetsrôn, furent : Ram, l'aîné, Bouna,
Orên, Otsem, et Ahiya.
26 Yerahméel eut une autre femme, Atara, qui lui donna Onam. 27 Les fils de Ram, le premier-né de Yerahméel,
furent : Maats, Yamîn et Eqer. 28 Les fils d'Onam furent :
Shammaï et Yada. Fils de Shammaï : Nadab et Abishour.
29 La femme d'Abishour s'appelait Abihaïl, elle lui donna
Ahbân et Molid. 30 Fils de Nadab : Séled et Appaïm. Séled
mourut sans enfant. 31 Fils d'Appaïm : Yisheï qui fut le père
de Shéshân. Shéshân fut le père de Ahlaï. 32 Fils de Yada,
frère de Shammaï : Yéter et Jonathan. Yéter mourut sans
enfant. 33 Fils de Jonathan : Péleth et Zaza. Ce sont là les
descendants de Yerahméel.

34 Shéshân n'avait pas de fils, il n'avait que des filles.
Il avait un esclave égyptien nommé Yarha 35 à qui il
donna l'une de ses filles pour femme ; celle-ci lui don-
na Attaï. 36 Attaï fut le père de Nathan, Nathan celui de
Zabad, 37 Zabad d'Ephlal, Ephlal d'Obed, 38 Obed de Jéhu,
Jéhu d'Azaria, 39 Azaria de Hélets, Hélets d'Elasa, 40 Elasa
de Sismaï, Sismaï de Shalloum, 41 Shalloum de Yeqamia,
Yeqamia d'Elishama.

42 Fils de Caleb, le frère de Yerahméel : Mésha[c], son
premier-né, qui fut le père de Ziph, et Marésha[d], le père
d'Hébron. 43 Fils d'Hébron : Qorah, Tappouah, Réqem et
Shéma. 44 Shéma fut le père de Raham, et Raham le père
de Yorqeam. Réqem fut le père de Shammaï. 45 Shammaï
eut pour fils Maôn, le père de Beth-Tsour. 46 Epha, épouse
de second rang de Caleb, lui donna Harân, Motsa et Gazez.
Harân fut le père de Gazez. 47 Fils de Yahdaï : Réguém,
Yotam, Guéshân, Péleth, Epha, et Shaaph. 48 Maaka, une
autre épouse de second rang de Caleb, lui donna Shéber et

b 2.24 Le terme *père* pourrait aussi signifier *chef* (militaire ou civil ; de même, entre autres, aux v. 42, 45, 49-52).
c 2.42 L'ancienne version grecque a : *Marésha.*
d 2.42 Le texte hébreu traditionnel a : *les fils de Marésha.*

49She also gave birth to Shaaph the father of
Madmannah
and to Sheva the father of Makbenah and Gibea.
Caleb's daughter was Aksah.
50These were the descendants of Caleb.
The sons of Hur the firstborn of Ephrathah:
Shobal the father of Kiriath Jearim, 51Salma the
father of Bethlehem, and Hareph the father of Beth
Gader.
52The descendants of Shobal the father of Kiriath
Jearim were:
Haroeh, half the Manahathites, 53and the clans of
Kiriath Jearim: the Ithrites, Puthites, Shumathites
and Mishraites. From these descended the Zorathites
and Eshtaolites.
54The descendants of Salma:
Bethlehem, the Netophathites, Atroth Beth
Joab, half the Manahathites, the Zorites, 55and the
clans of scribes[a] who lived at Jabez: the Tirathites,
Shimeathites and Sucathites. These are the Kenites
who came from Hammath, the father of the
Rekabites.[b]

The Sons of David

3 1These were the sons of David born to him in
Hebron:
The firstborn was Amnon the son of Ahinoam of
Jezreel;
the second, Daniel the son of Abigail of Carmel;
2the third, Absalom the son of Maakah daughter of
Talmai king of Geshur;
the fourth, Adonijah the son of Haggith;
3the fifth, Shephatiah the son of Abital;
and the sixth, Ithream, by his wife Eglah.
4These six were born to David in Hebron, where he
reigned seven years and six months.
David reigned in Jerusalem thirty-three years, 5and
these were the children born to him there:
Shammua,[c] Shobab, Nathan and Solomon. These
four were by Bathsheba[d] daughter of Ammiel.
6There were also Ibhar, Elishua,[e] Eliphelet, 7Nogah,
Nepheg, Japhia, 8Elishama, Eliada and Eliphelet – nine
in all.
9All these were the sons of David, besides his sons
by his concubines. And Tamar was their sister.

The Kings of Judah

10Solomon's son was Rehoboam,
Abijah his son,
Asa his son,
Jehoshaphat his son,
11Jehoram[f] his son,
Ahaziah his son,
Joash his son,
12Amaziah his son,
Azariah his son,

Tirhana. 49Plus tard, elle donna encore naissance à Shaaph
le père de Madmanna, et à Sheva, le père de Makbéna et de
Guibéa. De plus, Caleb avait une fille nommée Aksa. 50Tel
furent les descendants de Caleb.
Fils de Hour : le premier-né de son épouse Ephrata
Shobal, père de Qiryath-Yearim, 51Salma, père de
Bethléhem et Hareph, celui de Beth-Gader. 52Shobal
le père de Qiryath-Yearim eut des fils : Haroé et Hatsi
Hammenouhoth. 53Les familles de Qiryath-Yearim
furent : les Yétériens, les Poutiens, les Shoumatiens et le
Mishraïens ; de celles-là sont sortis les Tsoreatiens et le
Eshtaoliens. 54Descendants de Salma : les habitants de
Bethléhem, de Netopha, d'Atroth-Beth-Joab, d'Hatsi-Ham
manahti et de Tsoreïa 55ainsi que les familles des gen
instruits habitant à Yaebets, les Tireatiens, les Shimeatien
et les Soukkatiens. Ce sont les Qéniens, issus de Hamath
ancêtre du groupe familial de Rékab[e].

Les descendants de David

(2 S 3.2-5)

3 1Voici la liste des fils de David qui lui naquirent à
Hébron. Le premier-né s'appelait Amnôn, il était fil
d'Ahinoam de Jizréel ; le deuxième, Daniel, était fils d'Ab
igaïl de Karmel ; 2le troisième, Absalom, était le fils de
Maaka, fille de Talmaï, le roi de Gueshour ; le quatrième
Adoniya, était le fils de Haggith ; 3le cinquième, Shephatia
d'Abital ; le sixième, Yitream, de sa femme Egla. 4Ces six
fils lui naquirent à Hébron, où il régna sept ans et six mois
Il régna ensuite trente-trois ans à Jérusalem.

(2 S 5.14-16 ; 1 Ch 14.4-7)

5Voici les enfants qui lui naquirent à Jérusalem
Shimea, Shobab, Nathan, Salomon, tous les quatre de Bath
Shoua[f], fille d'Ammiel. 6Il eut encore : Yibhar, Elishama[g]
Eliphéleth, 7Noga, Népheg, Yaphia, 8Elishama, Elyada e
Eliphéleth, soit neuf autres fils de David.

9Ses épouses de second rang lui donnèrent aussi des fils
Tamar était leur sœur. 10Les descendants de Salomon[h]
en ligne directe de père en fils, furent : Roboam, Abiya
Asa, Josaphat, 11Yoram, Ahazia, Joas, 12Amatsia, Azaria

a 2:55 Or *of the Sopherites*
b 2:55 Or *father of Beth Rekab*
c 3:5 Hebrew *Shimea*, a variant of *Shammua*
d 3:5 One Hebrew manuscript and Vulgate (see also Septuagint and 2 Samuel 11:3); most Hebrew manuscripts *Bathshua*
e 3:6 Two Hebrew manuscripts (see also 2 Samuel 5:15 and 1 Chron. 14:5); most Hebrew manuscripts *Elishama*
f 3:11 Hebrew *Joram*, a variant of *Jehoram*

e 2.55 Autre traduction : *père de Beth-Rékab.*
f 3.5 Ou *Bath-Shéba*, la mère de Salomon (2 S 11.3).
g 3.6 Deux manuscrits hébreux ont : *Elisha.* 2 S 5.15 et 1 Ch 14.5 ont : *Elishoua.*
h 3.10 Voir v. 10-16 : liste des rois de Juda dont il est question en 1 R 12 à 2 R 25.

Jotham his son,
13 Ahaz his son,
Hezekiah his son,
Manasseh his son,
14 Amon his son,
Josiah his son.
15 The sons of Josiah:
Johanan the firstborn,
Jehoiakim the second son,
Zedekiah the third,
Shallum the fourth.
16 The successors of Jehoiakim:
Jehoiachin[g] his son,
and Zedekiah.

he Royal Line After the Exile

17 The descendants of Jehoiachin the captive:
Shealtiel his son, 18 Malkiram, Pedaiah, Shenazzar,
ekamiah, Hoshama and Nedabiah.
19 The sons of Pedaiah:
Zerubbabel and Shimei.
The sons of Zerubbabel:
Meshullam and Hananiah. Shelomith was their
ster. 20 There were also five others: Hashubah, Ohel,
erekiah, Hasadiah and Jushab-Hesed.
21 The descendants of Hananiah:
Pelatiah and Jeshaiah, and the sons of Rephaiah, of
rnan, of Obadiah and of Shekaniah.
22 The descendants of Shekaniah:
Shemaiah and his sons: Hattush, Igal, Bariah,
eariah and Shaphat – six in all.
23 The sons of Neariah:
Elioenai, Hizkiah and Azrikam – three in all.
24 The sons of Elioenai:
Hodaviah, Eliashib, Pelaiah, Akkub, Johanan,
elaiah and Anani – seven in all.

ther Clans of Judah

4 1 The descendants of Judah:
Perez, Hezron, Karmi, Hur and Shobal.
2 Reaiah son of Shobal was the father of Jahath, and
hath the father of Ahumai and Lahad. These were
e clans of the Zorathites.
3 These were the sons[h] of Etam:
Jezreel, Ishma and Idbash. Their sister was named
azzelelponi. 4 Penuel was the father of Gedor, and
zer the father of Hushah.
These were the descendants of Hur, the firstborn
f Ephrathah and father[i] of Bethlehem.
5 Ashhur the father of Tekoa had two wives, Helah
nd Naarah.
6 Naarah bore him Ahuzzam, Hepher, Temeni and
aahashtari. These were the descendants of Naarah.
7 The sons of Helah:
Zereth, Zohar, Ethnan, 8 and Koz, who was the father
f Anub and Hazzobebah and of the clans of Aharhel
on of Harum.

3:16 Hebrew *Jeconiah*, a variant of *Jehoiachin*; also in verse 17
4:3 Some Septuagint manuscripts (see also Vulgate); Hebrew
ther
4:4 *Father* may mean *civic leader* or *military leader*; also in verses 12,
, 17, 18 and possibly elsewhere.

Yotam, 13 Ahaz, Ezéchias, Manassé, 14 Amôn, Josias. 15 Fils
de Josias : le premier-né, Yohanân ; le second, Yehoyaqim ;
le troisième, Sédécias ; le quatrième, Shalloum. 16 Fils de
Yehoyaqim : Yekonia et Sédécias.

17 Descendants de Yekonia, qui fut emmené en captivité : Shealtiel, son fils, 18 et Malkiram, Pedaya, Shénatsar,
Yeqamia, Hoshama et Nedabia. 19 Fils de Pedaya : Zorobabel
et Shimeï. Zorobabel eut deux fils : Meshoullam et
Hanania ; Shelomith était leur sœur. 20 Puis Hashouba,
Ohel, Bérékia, Hasadia, Youshab-Hésed, soit cinq.
21 Descendants de Hanania : Pelatia et Esaïe ; les fils de
Rephaya, ceux d'Arnân, d'Abdias, et Shekania. 22 Shekania
eut six fils : Shemaya[i], Hattoush, Yiguéal, Bariah, Nearia
et Shaphath. 23 Nearia eut trois fils : Elyoénaï, Ezéchias et
Azriqam. 24 Elyoénaï eut sept fils : Hodavia, Eliashib, Pelaya,
Aqqoub, Yohanân, Delaya et Anani.

Les autres descendants de Juda

4 1 Descendants de Juda : Pérets, Hetsrôn, Karmi[j],
Hour et Shobal. 2 Reaya, fils de Shobal, fut le père de
Yahath, et Yahath celui de Ahoumaï et Lahad. Ce sont les
ancêtres des familles des Tsoreatiens. 3 Fils d'Etam : Jizréel,
Yishma et Yidbash, et leur sœur Hatselelponi. 4 Penouel
était le père de Guedor et Ezer celui de Housha. Ce sont là
les fils de Hour, premier-né d'Ephrata, père de Bethléhem[k].
5 Ashhour, père de Teqoa, eut deux femmes, Héléa et Naara.
6 Naara lui donna ces fils : Ahouzzam, Hépher, Témeni et
Ahashtari. 7 Héléa lui donna ces fils : Tséreth, Tsohar et
Etnân. 8 Qots fut le père d'Anoub et de Hatsobéba, et les

i **3.22** Le texte hébreu traditionnel a : *Shemaya et ses fils*.
j **4.1** Ou *Caleb* (voir 2.9, 18) ?
k **4.4** Le terme *père* pourrait aussi signifier *chef* (militaire ou civil ; de
même, entre autres, aux v. 12, 14, 17, 18).

9 Jabez was more honorable than his brothers. His mother had named him Jabez,[j] saying, "I gave birth to him in pain." 10 Jabez cried out to the God of Israel, "Oh, that you would bless me and enlarge my territory! Let your hand be with me, and keep me from harm so that I will be free from pain." And God granted his request.

11 Kelub, Shuhah's brother, was the father of Mehir, who was the father of Eshton. 12 Eshton was the father of Beth Rapha, Paseah and Tehinnah the father of Ir Nahash.[k] These were the men of Rekah.

13 The sons of Kenaz:
Othniel and Seraiah.
The sons of Othniel:
Hathath and Meonothai.[l] 14 Meonothai was the father of Ophrah.
Seraiah was the father of Joab,
the father of Ge Harashim.[m] It was called this because its people were skilled workers.
15 The sons of Caleb son of Jephunneh:
Iru, Elah and Naam.
The son of Elah:
Kenaz.
16 The sons of Jehallelel:
Ziph, Ziphah, Tiria and Asarel.
17 The sons of Ezrah:
Jether, Mered, Epher and Jalon.
One of Mered's wives gave birth to Miriam, Shammai and Ishbah the father of Eshtemoa. 18 These were the children of Pharaoh's daughter Bithiah, whom Mered had married.
His wife from the tribe of Judah gave birth to Jered the father of Gedor, Heber the father of Soko, and Jekuthiel the father of Zanoah.
19 The sons of Hodiah's wife, the sister of Naham:
the father of Keilah the Garmite, and Eshtemoa the Maakathite.
20 The sons of Shimon:
Amnon, Rinnah, Ben-Hanan and Tilon.
The descendants of Ishi:
Zoheth and Ben-Zoheth.
21 The sons of Shelah son of Judah:
Er the father of Lekah, Laadah the father of Mareshah and the clans of the linen workers at Beth Ashbea,
22 Jokim, the men of Kozeba, and Joash and Saraph, who ruled in Moab and Jashubi Lehem. (These records are from ancient times.) 23 They were the potters who lived at Netaim and Gederah; they stayed there and worked for the king.

---

j 4:9 *Jabez* sounds like the Hebrew for *pain.*
k 4:12 Or *of the city of Nahash*
l 4:13 Some Septuagint manuscripts and Vulgate; Hebrew does not have *and Meonothai.*
m 4:14 *Ge Harashim* means *valley of skilled workers.*

familles d'Aharehél, fils d'Haroum. 9 Yaebets était plu considéré que ses frères, sa mère lui avait donné le nor de Yaebets en disant : « C'est parce que je l'ai enfanté dan la douleur. » 10 Yaebets[l] invoqua le Dieu d'Israël en disant « Si tu me bénis réellement et si tu agrandis mon territoir si tu es avec moi, si tu éloignes de moi le malheur pou m'épargner la souffrance ... » Et Dieu lui accorda ce qu' avait demandé.

11 Keloub, frère de Shouha, eut pour fils Mehir, qui fut l père d'Eshtôn. 12 Eshtôn fut le père de Beth-Rapha, Paséa et Tehinna, le père de Ir-Nahash[m]. Ce sont là les gens qu habitèrent Réka.

13 Fils de Qenaz : Otniel et Seraya. Fils d'Otniel : Hatat 14 et Meonotaï qui fut le père d'Ophra. Seraya fut le pèr de Joab qui fut celui de Ge-Harashim[n]. 15 Fils de Caleb, fi de Yephounné : Irou, Ela et Naam.

Qenaz fut le fils d'Ela. 16 Fils de Yehalléléel : Ziph, Ziphа Tirya et Asaréel. 17-18 Fils d'Esdras[o] : Yéter, Méred, Ephe et Yalôn. Méred épousa Bitya, une fille du pharaon, qu conçut Miryam, Shammaï et Yishbah, le père d'Eshtemoa De sa femme judéenne, il eut Yéred, le père de Guedo Héber, celui de Soko et Yeqoutiel, celui de Zanoah. 19 Fil de la femme de Hodiya, sœur de Naham : le père de Qeïla le Garmite et d'Eshtemoa, le Maakathien.

20 Fils de Simon : Amnôn, Rinna, Ben-Hanan et Tilôn. Fi de Yisheï : Zoheth et Ben-Zoheth. 21 Descendants de Shéla fils de Juda : Er, père de Léka, Laeda, père de Marésha, et le familles qui travaillent le byssus[p] à Beth-Ashbéa, 22 Yoqin les hommes de Kozéba, Joas et Saraph, qui dominèrent su Moab, et sur Yashoubi-Léhem. Ces choses sont ancienne 23 C'étaient des potiers qui habitaient à Netaïm et Guedéra près du roi, et travaillaient pour lui.

---

l 4.10 En hébreu, *Yaebets* fait assonance avec le terme rendu par *douleur* (v. 9), *souffrance* (v. 10).
m 4.12 Autre traduction : *la ville de Nahash.*
n 4.14 Autres traductions : *qui fut l'ancêtre des artisans habitant la Vallée-des-Artisans* ou *le fondateur de la Vallée-des-Artisans.*
o 4.17-18 Le texte hébreu traditionnel de ces versets est corrompu. Autr lecture de ces versets, d'après l'ancienne version grecque : *Fils d'Esdras : Yéter, Méred, Ephar et Yalôn. Fils de Yéter : Miryam, Shammaï et Yishbah, le pèr d'Eshtemoa.* 18 *Sa femme judéenne lui enfanta Yéred, le père de Guedor, Héber, celui de Soko et Yeqoutiel, celui de Zanoah. Voici les fils de Bitya, fille du pharao que Méred avait épousée : ...*
p 4.21 Sorte d'étoffe faite avec les poils de certains animaux. Les clans familiaux étaient souvent associés à des métiers qui se pratiquaient de père en fils : tissage (v. 21), poterie (v. 23), gens instruits (2.55).

imeon

24 The descendants of Simeon:
Nemuel, Jamin, Jarib, Zerah and Shaul;
25 Shallum was Shaul's son, Mibsam his son and
lishma his son.
26 The descendants of Mishma:
Hammuel his son, Zakkur his son and Shimei his
on.
27 Shimei had sixteen sons and six daughters, but
is brothers did not have many children; so their en-
ire clan did not become as numerous as the people
f Judah. 28 They lived in Beersheba, Moladah, Hazar
hual, 29 Bilhah, Ezem, Tolad, 30 Bethuel, Hormah,
iklag, 31 Beth Markaboth, Hazar Susim, Beth Biri and
haaraim. These were their towns until the reign of
avid. 32 Their surrounding villages were Etam, Ain,
immon, Token and Ashan – five towns – 33 and all the
illages around these towns as far as Baalath.[n] These
ere their settlements.
And they kept a genealogical record:
34 Meshobab; Jamlech;
Joshah son of Amaziah; 35 Joel;
Jehu son of Joshibiah, the son of Seraiah, the son
f Asiel;
36 also Elioenai; Jaakobah; Jeshohaiah;
Asaiah; Adiel; Jesimiel; Benaiah;
37 and Ziza son of Shiphi, the son of Allon, the son
f Jedaiah, the son of Shimri, the son of Shemaiah.
38 The men listed above by name were leaders of
heir clans.
Their families increased greatly, 39 and they went
o the outskirts of Gedor to the east of the valley in
earch of pasture for their flocks. 40 They found rich,
ood pasture, and the land was spacious, peaceful
nd quiet. Some Hamites had lived there formerly.
41 The men whose names were listed came in the
ays of Hezekiah king of Judah. They attacked the
Iamites in their dwellings and also the Meunites
vho were there and completely destroyed[o] them, as
evident to this day. Then they settled in their place,
ecause there was pasture for their flocks. 42 And five
undred of these Simeonites, led by Pelatiah, Neariah,
ephaiah and Uzziel, the sons of Ishi, invaded the
ill country of Seir. 43 They killed the remaining
malekites who had escaped, and they have lived
here to this day.

euben

5 1 The sons of Reuben the firstborn of Israel (he
was the firstborn, but when he defiled his fa-
her's marriage bed, his rights as firstborn were given
o the sons of Joseph son of Israel; so he could not be
sted in the genealogical record in accordance with

4:33 Some Septuagint manuscripts (see also Joshua 19:8); Hebrew *aal*
4:41 The Hebrew term refers to the irrevocable giving over of
iings or persons to the LORD, often by totally destroying them.

Les descendants de Siméon

24 Fils de Siméon[q] : Nemouel, Yamîn, Yarib, Zérah, Saül.
25 Son fils : Shalloum, son fils Mibsam, son fils Mishma.
26 Mishma eut pour fils Hammouel, Zakkour et Shimeï.
27 Shimeï eut seize fils et six filles. Ses frères n'eurent pas
beaucoup de fils. C'est pourquoi les familles de Siméon
ne se multiplièrent pas autant que les descendants de
Juda. 28 Elles habitaient à Beer-Sheva, à Molada, à Hatsar-
Shoual[r], 29 à Bilha, à Etsem, à Tolad, 30 à Betouel, à Horma, à
Tsiqlag, 31 à Beth-Markaboth, à Hatsar-Sousim, à Beth-Bireï
et à Shaaraïm. Telles furent leurs villes jusqu'au règne
de David, 32 et leurs villages étaient au nombre de cinq :
Etam, Aïn, Rimmôn, Tokên et Ashân. 33 Il faut ajouter tous
les villages qui sont aux alentours de ces villes, jusqu'à
Baal[s]. Telles furent leurs habitations et leur généalogie.

34 Meshobab ; Yamlek ; Yosha, fils d'Amatsia ; 35 Joël,
Jéhu, fils de Yoshibia, fils de Seraya, fils de Asiel,
36 Elyoénaï, Yaaqoba ; Yeshohaya, Asaya, Adiel, Yesimiel,
Benaya, 37 Ziza, fils de Shipheï, et petit-fils d'Allôn, lui-
même descendant de Yedaya, de Shimri et de Shemaya.
38 Ces hommes qui viennent d'être nommés étaient les
chefs de leurs familles, leurs groupes familiaux devinrent
très nombreux 39 et ils se dispersèrent jusqu'à l'entrée de
Guedor, à l'est de la vallée, afin de chercher des pâturages
pour leurs moutons et chèvres. 40 Ils trouvèrent de gras
et bons pâturages, et un pays vaste, tranquille et paisible ; ceux qui l'habitaient auparavant descendaient de
Cham[t]. 41 Du temps d'Ezéchias, roi de Juda, ces hommes
qui viennent d'être cités arrivèrent dans cette région,
détruisirent les lieux d'habitation et les abris qui se
trouvaient là, ils exterminèrent les habitants pour les
vouer à l'Eternel, et ceux-ci ont disparu jusqu'à ce jour.
Puis ils s'établirent à leur place, car il y avait là des
pâturages pour leur petit bétail. 42 Il y eut aussi cinq
cents descendants de Siméon, qui se rendirent dans la
région montagneuse de Séir, avec, à leur tête, Pelatia,
Nearia, Rephaya et Ouzziel, les fils de Yisheï. 43 Ils tuèrent
le reste des rescapés d'Amalec, et ont habité là jusqu'à
aujourd'hui.

Les descendants de Ruben

5 1 Ruben était le premier-né d'Israël, mais parce
qu'il avait eu des relations sexuelles avec l'une des
femmes de son père, son droit d'aînesse fut donné aux
fils de Joseph, fils d'Israël ; ainsi Ruben ne fut pas recensé

q **4.24** Voir Gn 46.10 ; Ex 6.15 ; Nb 26.12-13. La tribu de Siméon ayant son territoire au sud de celle de Juda, elle s'est trouvée assimilée à celle-ci dans le royaume du Sud, ce qui conduisit ses membres à perdre en grande partie leur identité.
r **4.28** Pour les v. 28-33 : voir Jos 19.1-8.
s **4.33** Certains manuscrits de l'ancienne version grecque et Jos 19.8 ont : *Baalath*.
t **4.40** Canaan est un fils de *Cham* (Gn 9.22). Les descendants de Cham nommés ici sont donc les Cananéens établis dans le pays avant sa conquête par les Israélites.

his birthright, 2 and though Judah was the strongest of
his brothers and a ruler came from him, the rights of
the firstborn belonged to Joseph) – 3 the sons of Reuben
the firstborn of Israel:
Hanok, Pallu, Hezron and Karmi.
4 The descendants of Joel:
Shemaiah his son, Gog his son,
Shimei his son, 5 Micah his son,
Reaiah his son, Baal his son,
6 and Beerah his son, whom Tiglath-Pileser[p] king
of Assyria took into exile. Beerah was a leader of the
Reubenites.
7 Their relatives by clans, listed according to their
genealogical records:
Jeiel the chief, Zechariah, 8 and Bela son of Azaz, the
son of Shema, the son of Joel.
They settled in the area from Aroer to Nebo and
Baal Meon. 9 To the east they occupied the land up to
the edge of the desert that extends to the Euphrates
River, because their livestock had increased in Gilead.
10 During Saul's reign they waged war against the
Hagrites, who were defeated at their hands; they occupied the dwellings of the Hagrites throughout the
entire region east of Gilead.

Gad

11 The Gadites lived next to them in Bashan, as far
as Salekah:
12 Joel was the chief, Shapham the second, then Janai
and Shaphat, in Bashan.
13 Their relatives, by families, were:
Michael, Meshullam, Sheba, Jorai, Jakan, Zia and
Eber – seven in all.
14 These were the sons of Abihail son of Huri, the
son of Jaroah, the son of Gilead, the son of Michael,
the son of Jeshishai, the son of Jahdo, the son of Buz.
15 Ahi son of Abdiel, the son of Guni, was head of
their family.
16 The Gadites lived in Gilead, in Bashan and its outlying villages, and on all the pasturelands of Sharon
as far as they extended.
17 All these were entered in the genealogical records during the reigns of Jotham king of Judah and
Jeroboam king of Israel.
18 The Reubenites, the Gadites and the half-tribe
of Manasseh had 44,760 men ready for military service – able-bodied men who could handle shield and
sword, who could use a bow, and who were trained for
battle. 19 They waged war against the Hagrites, Jetur,
Naphish and Nodab. 20 They were helped in fighting
them, and God delivered the Hagrites and all their
allies into their hands, because they cried out to him
during the battle. He answered their prayers, because
they trusted in him. 21 They seized the livestock of
the Hagrites – fifty thousand camels, two hundred

[p] **5:6** Hebrew *Tilgath-Pilneser*, a variant of *Tiglath-Pileser*; also in verse 26

comme l'aîné[u]. 2 Juda fut puissant parmi ses frères, et d
lui est issu le prince d'Israël, mais le droit d'aînesse ap
partenait à Joseph.
3 Fils de Ruben, premier-né d'Israël : Hénok, Pallou
Hetsrôn et Karmi. 4 Descendants de Joël, de père en fils
Shemaya, Gog, Shimeï ; 5 Michée, Reaya, Baal, 6 Beéra, u
chef des Rubénites que Tiglath-Piléser[v], roi d'Assyrie, en
mena en captivité. 7 Les hommes apparentés à Beéra, cité
par familles selon leurs listes généalogiques sont : le che
Yeïel, Zacharie, 8 Béla, fils d'Azaz, petit-fils de Shéma, le fi
de Joël. Ces hommes habitaient à Aroër et dans le terr
toire qui va jusqu'au mont Nébo et Baal-Meôn. 9 A l'est, il
s'étaient implantés jusqu'à l'entrée du désert qui s'éten
jusqu'à l'Euphrate, car leur cheptel était nombreux dans l
pays de Galaad[w]. 10 Du temps de Saül, ils firent la guerre au
Agaréniens[x], qui furent vaincus par eux ; ils s'installèrer
dans leurs habitations dans la partie orientale de Galaad

Les descendants de Gad

11 Les descendants de Gad habitaient sur le platea
du Basan[y] et jusqu'à Salka. 12 Le groupe familial le plu
important fut celui de Joël, puis, en deuxième, celui d
Shapham, puis celui de Yaenaï et celui de Shaphath. 13 Il
avait à côté d'eux sept groupes familiaux : ceux de Michaë
Meshoullam, Shéba, Yoraï, Yaekan, Zia et Eber. 14 Ils étaier
les fils d'Abihaïl, fils de Houri, dont les ascendants en lign
directe étaient Yaroah, Galaad, Michaël, Yeshishaï, Yahd
et Bouz. 15 Ahi, fils d'Abdiel et petit-fils de Gouni, était l
chef de leurs groupes familiaux. 16 Ils habitaient en Galaad
en Basan et dans les localités qui en dépendent, ainsi qu
dans tous les pâturages du Sarôn jusqu'à leur extrêm
limite. 17 Ils furent tous recensés dans les généalogies, d
temps de Yotam, roi de Juda, et du temps de Jéroboam
roi d'Israël[z].

18 Les membres des tribus de Ruben, de Gad et de l
demi-tribu de Manassé avaient 44 760 hommes valeu
reux capables de manier le bouclier et l'épée, ou tirant
l'arc. Ils étaient exercés à la guerre et prêts à combattre
19 Ils firent la guerre aux Agaréniens et à Yetour, Naphis
et Nodab. 20 Dieu les secourut et leur donna la victoir
sur les Agaréniens et tous leurs alliés, parce qu'ils l'e
avaient imploré pendant la bataille. Il les exauça parc
qu'ils lui avaient fait confiance. 21 Ils s'emparèrent de tou
leur bétail, à savoir : 50 000 chameaux, 250 000 mouton

[u] **5.1** Sur *Ruben* et sa faute, voir Gn 35.22.
[v] **5.6** D'après le livre des Rois, certains manuscrits hébreux et versions anciennes. Texte hébreu traditionnel : *Tilgath-Pilnéser.*
[w] **5.9** A l'est du Jourdain (voir note 2.22).
[x] **5.10** Voir v. 19-22. Soit les descendants d'Ismaël, fils de *Agar,* l'esclave d'Abraham (Gn 16), l'ancêtre des Arabes, soit un groupe composé d'Araméens, mentionné dans des inscriptions assyriennes (27.31 ; Ps 83.5-8)
[y] **5.11** Région montagneuse à l'est du lac de Galilée.
[z] **5.17** Il s'agit de Jéroboam II (2 R 14.23-29). Sur Yotam de Juda, voir 2 R 15.32-38.

fty thousand sheep and two thousand donkeys. They
so took one hundred thousand people captive, 22 and
any others fell slain, because the battle was God's.
nd they occupied the land until the exile.

he Half-Tribe of Manasseh

23 The people of the half-tribe of Manasseh were
ımerous; they settled in the land from Bashan to
ıal Hermon, that is, to Senir (Mount Hermon).
24 These were the heads of their families: Epher, Ishi,
iel, Azriel, Jeremiah, Hodaviah and Jahdiel. They
ere brave warriors, famous men, and heads of their
milies. 25 But they were unfaithful to the God of their
ıcestors and prostituted themselves to the gods of
e peoples of the land, whom God had destroyed be-
re them. 26 So the God of Israel stirred up the spirit
Pul king of Assyria (that is, Tiglath-Pileser king of
ssyria), who took the Reubenites, the Gadites and
e half-tribe of Manasseh into exile. He took them
Halah, Habor, Hara and the river of Gozan, where
ey are to this day.

evi

6 1[q] The sons of Levi:
Gershon, Kohath and Merari.
2 The sons of Kohath:
Amram, Izhar, Hebron and Uzziel.
3 The children of Amram:
Aaron, Moses and Miriam.
The sons of Aaron:
Nadab, Abihu, Eleazar and Ithamar.
4 Eleazar was the father of Phinehas,
Phinehas the father of Abishua,
5 Abishua the father of Bukki,
Bukki the father of Uzzi,
6 Uzzi the father of Zerahiah,
Zerahiah the father of Meraioth,
7 Meraioth the father of Amariah,
Amariah the father of Ahitub,
8 Ahitub the father of Zadok,
Zadok the father of Ahimaaz,
9 Ahimaaz the father of Azariah,
Azariah the father of Johanan,
10 Johanan the father of Azariah.
It was Azariah who served as priest in the temple
lomon built in Jerusalem.
11 Azariah the father of Amariah,
Amariah the father of Ahitub,
12 Ahitub the father of Zadok,
Zadok the father of Shallum,
13 Shallum the father of Hilkiah,
Hilkiah the father of Azariah,
14 Azariah the father of Seraiah,
and Seraiah the father of Jozadak.[r]
15 Jozadak was deported when the LORD sent
dah and Jerusalem into exile by the hand of
ebuchadnezzar.

et chèvres et 2 000 ânes ; de plus, ils firent 100 000 prisonniers. 22 Beaucoup d'ennemis furent aussi tués, car ce
combat était entre les mains de Dieu. Ils s'installèrent à
leur place et y demeurèrent jusqu'à l'exil.

Les descendants de Manassé

23 Les descendants de la demi-tribu de Manassé habitaient dans le pays qui allait du Basan à Baal-Hermon,
Senir, et la montagne de l'Hermon ; ils étaient nombreux.
24 Voici les noms des chefs de leurs groupes familiaux :
Epher, Yisheï, Eliel, Azriel, Jérémie, Hodavia et Yahdiel ; ces
chefs de leurs groupes familiaux étaient tous des hommes
de guerre valeureux, des gens renommés.
25 Mais, par la suite, les descendants de ces tribus furent
infidèles au Dieu de leurs ancêtres et se prostituèrent aux
dieux des peuples du pays, que Dieu avait détruits devant
eux.
26 C'est pourquoi le Dieu d'Israël incita le roi d'Assyrie
Poul, c'est-à-dire Tiglath-Piléser[a] roi d'Assyrie, à déporter
les membres des tribus de Ruben, de Gad et de la demi-tribu de Manassé : il les exila à Halah, Habor et Hara, et sur
les rives du fleuve de Gozân, où ils sont demeurés jusqu'à
ce jour.

Les descendants de Lévi

27 Fils de Lévi : Guershôn, Qehath et Merari. 28 Fils de
Qehath : Amram, Yitsehar, Hébron, et Ouzziel. 29 Enfants
d'Amram : Aaron, Moïse, et Miryam. Fils d'Aaron : Nadab,
Abihou, Eléazar et Itamar. 30 Eléazar eut pour fils Phinéas
dont les descendants en ligne directe de père en fils furent
Abishoua, 31 Bouqqi, Ouzzi, 32 Zerahya, Merayoth, 33 Amaria,
Ahitoub, 34 Tsadoq, Ahimaats, 35 Azaria, Yohanân, 36 Azaria
qui exerça le sacerdoce dans le temple que Salomon avait
bâti à Jérusalem. 37 Puis, toujours de père en fils : Amaria,
Ahitoub, 38 Tsadoq, Shalloum, 39 Hilqiya, Azaria, 40 Seraya,
Yehotsadaq. 41 Ce dernier partit en exil quand l'Eternel
fit déporter la population de Juda et de Jérusalem par
Nabuchodonosor.

ı Hebrew texts 6:1-15 is numbered 5:27-41, and 6:16-81 is num-
red 6:1-66.
:14 Hebrew *Jehozadak*, a variant of *Jozadak*; also in verse 15

[a] **5.26** L'hébreu a : *Tiglath-Pilnéser. Poul* est le nom d'intronisation à
Babylone de ce même roi.

16 The sons of Levi:
Gershon,[s] Kohath and Merari.
17 These are the names of the sons of Gershon:
Libni and Shimei.
18 The sons of Kohath:
Amram, Izhar, Hebron and Uzziel.
19 The sons of Merari:
Mahli and Mushi.
These are the clans of the Levites listed according
to their fathers:
20 Of Gershon:
Libni his son, Jahath his son,
Zimmah his son, 21 Joah his son,
Iddo his son, Zerah his son
and Jeatherai his son.
22 The descendants of Kohath:
Amminadab his son, Korah his son,
Assir his son, 23 Elkanah his son,
Ebiasaph his son, Assir his son,
24 Tahath his son, Uriel his son,
Uzziah his son and Shaul his son.
25 The descendants of Elkanah:
Amasai, Ahimoth,
26 Elkanah his son,[t] Zophai his son,
Nahath his son, 27 Eliab his son,
Jeroham his son, Elkanah his son
and Samuel his son.[u]
28 The sons of Samuel:
Joel[v] the firstborn
and Abijah the second son.
29 The descendants of Merari:
Mahli, Libni his son,
Shimei his son, Uzzah his son,
30 Shimea his son, Haggiah his son
and Asaiah his son.

The Temple Musicians

31 These are the men David put in charge of the
music in the house of the LORD after the ark came to
rest there. 32 They ministered with music before the
tabernacle, the tent of meeting, until Solomon built
the temple of the LORD in Jerusalem. They performed
their duties according to the regulations laid down
for them.

33 Here are the men who served together with their
sons:
From the Kohathites:
Heman, the musician,
the son of Joel, the son of Samuel,
34 the son of Elkanah, the son of Jeroham,
the son of Eliel, the son of Toah,
35 the son of Zuph, the son of Elkanah,
the son of Mahath, the son of Amasai,
36 the son of Elkanah, the son of Joel,
the son of Azariah, the son of Zephaniah,
37 the son of Tahath, the son of Assir,

[s] **6:16** Hebrew *Gershom,* a variant of *Gershon;* also in verses 17, 20, 43, 62 and 71

[t] **6:26** Some Hebrew manuscripts, Septuagint and Syriac; most Hebrew manuscripts *Ahimoth* [26] *and Elkanah. The sons of Elkanah:*

[u] **6:27** Some Septuagint manuscripts (see also 1 Samuel 1:19,20 and 1 Chron. 6:33,34); Hebrew does not have *and Samuel his son.*

[v] **6:28** Some Septuagint manuscripts and Syriac (see also 1 Samuel 8:2 and 1 Chron. 6:33); Hebrew does not have *Joel.*

6

1 Fils de Lévi[b] : Guershôn, Qehath et Merari. 2 Voi
les noms des fils de Guershôn : Libni et Shime
3 Descendants de Qehath : Amram, Yitsehar, Hébron
Ouzziel. 4 Fils de Merari : Mahli et Moushi.

5 Voici les familles de Lévi, données à partir de le
ancêtre. Pour Guershôn, de père en fils : Libni, Yahat
Zimma, 6 Yoah, Iddo, Zérah, Yeatraï.

7 Descendants de Qehath de père en fils : Amminada
Qoré, Assir, 8 Elqana, Ebyasaph, Assir, 9 Tahath, Ouri
Ozias, Saül. 10 Fils d'Elqana : Amasaï et Ahimoth. 11 Voi
les descendants d'Elqana de père en fils[c] : Tsophaï, Nahat
12 Eliab, Yeroham, Elqana, et Samuel[d]. 13 Fils de Samue
Joël[e] l'aîné, et Abiya le cadet. 14 Les descendants de Mera
en ligne directe de père en fils furent : Mahli, Libni, Shim
Ouzza, 15 Shimea, Hagguiya, et Asaya.

16 Voici les noms des lévites à qui David confia la respor
abilité du chant dans le sanctuaire de l'Eternel, dès que
coffre y fut déposé. 17 Ils exerçaient déjà leur service p
le chant devant le tabernacle, la tente de la Rencontr
jusqu'à ce que Salomon ait bâti le temple de l'Eterne
Jérusalem, et ils exerçaient leur fonction d'après la règ
qui leur avait été prescrite.

18 Voici ceux qui accomplissaient ce service avec leu
fils. Parmi les Qehatites, Hémân officiait comme musicie
Ses ascendants en ligne directe étaient : Joël, Samue
19 Elqana, Yeroham, Eliel, Toah, 20 Tsouph, Elqana, Mahat
Amasaï, 21 Elqana, Joël, Azaria, Sophonie, 22 Tahath, Ass

[b] **6.1** Pour les v. 1-4, voir Ex 6.16-19 ; Nb 3.17-20.

[c] **6.11** *Voici les descendants d'Elqana de père en fils:* certains manuscrits hébreux, l'ancienne version grecque et la version syriaque ont : *... desc dants d'Ahimoth, de père en fils : Elqana ...*

[d] **6.12** *et Samuel:* d'après certains manuscrits de l'ancienne version gre que (1 S 1.19, 20 ; 1 Ch 6.18-19). Ces mots manquent dans le texte hébre traditionnel.

[e] **6.13** *Joël:* d'après certains manuscrits de l'ancienne version grecque et la version syriaque (voir 1 S 8.2 et 1 Ch 6.18). Ce nom manque dans l texte hébreu traditionnel.

[f] **6.18** Le prophète et chef-juge en Israël.

the son of Ebiasaph, the son of Korah,
38 the son of Izhar, the son of Kohath,
the son of Levi, the son of Israel;
39 and Heman's associate Asaph, who served at his
ght hand:
Asaph son of Berekiah, the son of Shimea,
40 the son of Michael, the son of Baaseiah,[w]
the son of Malkijah, 41 the son of Ethni,
the son of Zerah, the son of Adaiah,
42 the son of Ethan, the son of Zimmah,
the son of Shimei, 43 the son of Jahath,
the son of Gershon, the son of Levi;
44 and from their associates, the Merarites, at his
ft hand:
Ethan son of Kishi, the son of Abdi,
the son of Malluk, 45 the son of Hashabiah,
the son of Amaziah, the son of Hilkiah,
46 the son of Amzi, the son of Bani,
the son of Shemer, 47 the son of Mahli,
the son of Mushi, the son of Merari,
the son of Levi.
48 Their fellow Levites were assigned to all the other
ıties of the tabernacle, the house of God. 49 But Aaron
ıd his descendants were the ones who presented
ferings on the altar of burnt offering and on the
tar of incense in connection with all that was done
the Most Holy Place, making atonement for Israel,
accordance with all that Moses the servant of God
ıd commanded.
50 These were the descendants of Aaron:
Eleazar his son, Phinehas his son,
Abishua his son, 51 Bukki his son,
Uzzi his son, Zerahiah his son,
52 Meraioth his son, Amariah his son,
Ahitub his son, 53 Zadok his son
and Ahimaaz his son.
54 These were the locations of their settlements al-
tted as their territory (they were assigned to the
scendants of Aaron who were from the Kohathite
an, because the first lot was for them):
55 In Judah they were given Hebron with its sur-
unding pasturelands. 56 (But the fields and villages
ound the city were given to Caleb son of Jephunneh.)
So the descendants of Aaron were given Hebron (a
ty of refuge), and Libnah,[x] Jattir, Eshtemoa, 58 Hilen,
bir, 59 Ashan, Juttah[y] and Beth Shemesh, together
ith their pasturelands.
60 And from the tribe of Benjamin they were given
beon,[z] Geba, Alemeth and Anathoth, together with
eir pasturelands.
The total number of towns distributed among the
hathite clans came to thirteen.
61 The rest of Kohath's descendants were allotted ten
wns from the clans of half the tribe of Manasseh.

:40 Most Hebrew manuscripts; some Hebrew manuscripts, one
ptuagint manuscript and Syriac *Maaseiah*
:57 See Joshua 21:13; Hebrew *given the cities of refuge: Hebron,*
nah.
:59 Syriac (see also Septuagint and Joshua 21:16); Hebrew does
t have *Juttah.*
:60 See Joshua 21:17; Hebrew does not have *Gibeon.*

Ebyasaph, Qoré, 23 Yitsehar, Qehath, Lévi, fils d'Israël. 24 A
la droite de Hémân se tenait Asaph, membre de la même
tribu, dont les ascendants de fils en père étaient Bérékia,
Shimea, 25 Michaël, Baaséya, Malkiya, 26 Etni, Zérah, Adaya,
27 Etân, Zimma, Shimeï, 28 Yahath, Guershôn, fils de Lévi.

29 Sur la gauche se tenait Etân, des descendants de
Merari, membres de la même tribu qu'eux. Les ascendants d'Etân en ligne directe étaient : Qishi, Abdi, Mallouk,
30 Hashabia, Amatsia, Hilqiya, 31 Amtsi, Bani, Shémer,
32 Mahli, Moushi, Merari, Lévi.

33 Les autres lévites étaient affectés à toutes les autres tâches afférentes au sanctuaire de Dieu. 34 Aaron
et ses descendants offraient les sacrifices sur l'autel des
holocaustes et les parfums sur l'autel des parfums ; ils
accomplissaient toutes les tâches relatives au lieu très saint
et faisaient le rite d'expiation pour Israël, conformément à
tout ce qu'avait ordonné Moïse, serviteur de Dieu.

35 Voici la liste des descendants d'Aaron de père en fils :
Eléazar, Phinéas, Abishoua, 36 Bouqqi, Ouzzi, Zerahya,
37 Merayoth, Amaria, Ahitoub, 38 Tsadoq et Ahimaats.

39 Voici la liste des territoires avec leurs enclos attribués
aux descendants d'Aaron, de la famille des Qehatites, auxquels fut attribué par le sort un lot[g] : 40 Hébron, dans le
pays de Juda, avec les terres attenantes ; 41 mais les champs
et les villages qui dépendaient de la ville furent donnés
à Caleb, fils de Yephounné. 42 On donna aux descendants
d'Aaron Hébron, la ville de refuge[h], et les villes suivantes avec leurs terres attenantes : Libna, Yattir, Eshtemoa,
43 Hilên, Debir, 44 Ashân[i], Beth-Shémesh. 45 Dans le territoire de la tribu de Benjamin, ils reçurent, avec leurs
terres attenantes : Guéba, Allémeth, Anatoth. Ils reçurent
donc au total treize villes[j] réparties entre leurs familles.

46 Les autres Qehatites obtinrent par tirage au sort dix
villes situées dans les territoires des familles de la tribu

g **6.39** Pour les v. 39-45, voir Jos 21.10-19.
h **6.42** Où pouvait se réfugier l'auteur d'un homicide involontaire pour échapper à l'homme chargé de punir le crime (Nb 35.9-34).
i **6.44** Certains manuscrits de l'ancienne version grecque, la version syriaque et Jos 21.16 ajoutent ici : *Youtta.*
j **6.45** Onze villes seulement sont citées. *Youtta* et *Gabaon*, mentionnées en Jos 21.16-17, n'existaient peut-être plus à l'époque de la rédaction des Chroniques.

62 The descendants of Gershon, clan by clan, were allotted thirteen towns from the tribes of Issachar, Asher and Naphtali, and from the part of the tribe of Manasseh that is in Bashan.

63 The descendants of Merari, clan by clan, were allotted twelve towns from the tribes of Reuben, Gad and Zebulun.

64 So the Israelites gave the Levites these towns and their pasturelands.

65 From the tribes of Judah, Simeon and Benjamin they allotted the previously named towns.

66 Some of the Kohathite clans were given as their territory towns from the tribe of Ephraim.

67 In the hill country of Ephraim they were given Shechem (a city of refuge), and Gezer,[a] 68 Jokmeam, Beth Horon, 69 Aijalon and Gath Rimmon, together with their pasturelands.

70 And from half the tribe of Manasseh the Israelites gave Aner and Bileam, together with their pasturelands, to the rest of the Kohathite clans.

71 The Gershonites received the following:

From the clan of the half-tribe of Manasseh they received Golan in Bashan and also Ashtaroth, together with their pasturelands;

72 from the tribe of Issachar they received Kedesh, Daberath, 73 Ramoth and Anem, together with their pasturelands;

74 from the tribe of Asher they received Mashal, Abdon, 75 Hukok and Rehob, together with their pasturelands;

76 and from the tribe of Naphtali they received Kedesh in Galilee, Hammon and Kiriathaim, together with their pasturelands.

77 The Merarites (the rest of the Levites) received the following:

From the tribe of Zebulun they received Jokneam, Kartah,[b] Rimmono and Tabor, together with their pasturelands;

78 from the tribe of Reuben across the Jordan east of Jericho they received Bezer in the wilderness, Jahzah, 79 Kedemoth and Mephaath, together with their pasturelands;

80 and from the tribe of Gad they received Ramoth in Gilead, Mahanaim, 81 Heshbon and Jazer, together with their pasturelands.

Issachar

7 1 The sons of Issachar:

Tola, Puah, Jashub and Shimron – four in all.

2 The sons of Tola:

Uzzi, Rephaiah, Jeriel, Jahmai, Ibsam and Samuel – heads of their families. During the reign of David, the descendants of Tola listed as fighting men in their genealogy numbered 22,600.

3 The son of Uzzi:

Izrahiah.

The sons of Izrahiah:

Michael, Obadiah, Joel and Ishiah. All five of them were chiefs. 4 According to their family genealogy,

[a] 6:67 See Joshua 21:21; Hebrew *given the cities of refuge: Shechem, Gezer.*

[b] 6:77 See Septuagint and Joshua 21:34; Hebrew does not have *Jokneam, Kartah.*

[d'Ephraïm, de la tribu de Dan et[k]] de la demi-tribu d Manassé[l]. 47 Les Guershonites obtinrent pour leurs famill treize villes situées dans les territoires des tribus d'Issaca d'Aser, de Nephtali et de la tribu de Manassé établie dar le Basan. 48 Les Merarites reçurent pour leurs famille par tirage au sort, douze villes situées dans les territoir des tribus de Ruben, de Gad et de Zabulon. 49 Les Israélit attribuèrent ces villes et les terres attenantes aux lévite 50 Ils attribuèrent par tirage au sort ces villes désignées p leur nom et situées dans le territoire des tribus de Juda, Siméon et de Benjamin. 51 Les autres familles des Qehatit obtinrent pour domaine[m] des villes situées dans le terr toire de la tribu d'Ephraïm 52 avec leurs terres attenantes Sichem, la ville de refuge, dans la région montagneu d'Ephraïm, Guézer, 53 Yoqmeam, Beth-Horôn, 54 Ayalô Gath-Rimmôn. 55 Dans le territoire de la demi-tribu d Manassé, ils reçurent, avec leurs terres attenantes : An et Bileam. Voilà ce que reçurent les autres familles d descendants de Qehath.

56 Les descendants de Guershôn reçurent : dans le te ritoire des familles de la demi-tribu de Manassé les vill suivantes, avec leurs terres attenantes : Golân, dans Basan, et Ashtaroth. 57 Dans le territoire de la tribu d'I sacar, ils reçurent, avec leurs terres attenantes : Qédes Dobrath, 58 Ramoth et Anem. 59 Dans le territoire de la tr bu d'Aser, avec leurs terres attenantes : Mashal, Abdô 60 Houqoq et Rehob. 61 Et dans le territoire de la trib de Nephtali : Qédesh en Galilée et les terres attenante Hammôn et les terres attenantes et Qiryataïm et les terr attenantes.

62 Le reste des Merarites reçurent, dans le territoire d la tribu de Zabulon[o], les villes suivantes avec leurs terr attenantes : Rimmono, Thabor. 63 En Transjordanie, e face de Jéricho, à l'est du Jourdain, dans le territoire de tribu de Ruben, ils reçurent, avec leurs terres attenante Bétser au désert, Yahats, 64 Qedémoth, Méphaath. 65 Et da le territoire de la tribu de Gad, avec leurs terres attenan es : Ramoth en Galaad, Mahanaïm, 66 Heshbôn et Yaeze

Les descendants d'Issacar

7 1 Issacar eut quatre fils[p] : Tola, Poua, Yashoub, Shimrôn. 2 Descendants de Tola : Ouzzi, Rephay Yeriel, Yahmaï, Yibsam et Samuel ; tous ceux-là fure les chefs des groupes familiaux de Tola, des guerriers va eureux dans leurs lignées ; à l'époque de David, ils étaie au nombre de 22 600. 3 Descendants d'Ouzzi : Yizrahya q eut pour fils : Michaël, Abdias, Joël, Yishiya. Ils furent che tous les cinq. 4 Leurs groupes familiaux comptaient d

[k] 6.46 Les mots entre crochets manquent dans le texte hébreu traditio nel. Ils sont rajoutés ici d'après Jos 21.5.

[l] 6.46 Pour les v. 46-48, voir Jos 21.5-8.

[m] 6.51 Peut-être une erreur de copiste pour : *par tirage au sort* (voir Jos 21.5). En hébreu, les deux expressions se ressemblent.

[n] 6.52 Pour les v. 51-66, voir Jos 21.20-39.

[o] 6.62 L'ancienne version grecque et Jos 21.34 ajoutent : *Yoqneam, Qarta.*

[p] 7.1 Pour les v. 1-5, voir Gn 46.13 ; Nb 1.28 ; 26.23-25.

ıey had 36,000 men ready for battle, for they had
any wives and children.
5The relatives who were fighting men belonging to
l the clans of Issachar, as listed in their genealogy,
ere 87,000 in all.

ɛnjamin

6Three sons of Benjamin:
Bela, Beker and Jediael.
7The sons of Bela:
Ezbon, Uzzi, Uzziel, Jerimoth and Iri, heads of fami-
ɛs – five in all. Their genealogical record listed 22,034
ghting men.
8The sons of Beker:
Zemirah, Joash, Eliezer, Elioenai, Omri, Jeremoth,
ɔijah, Anathoth and Alemeth. All these were the sons
Beker. 9Their genealogical record listed the heads
families and 20,200 fighting men.
10The son of Jediael:
Bilhan.
The sons of Bilhan:
Jeush, Benjamin, Ehud, Kenaanah, Zethan, Tarshish
ıd Ahishahar. 11All these sons of Jediael were heads
families. There were 17,200 fighting men ready to
out to war.
12The Shuppites and Huppites were the descendants
Ir, and the Hushites[c] the descendants of Aher.

ɑphtali

13The sons of Naphtali:
Jahziel, Guni, Jezer and Shillem[d] – the descendants
Bilhah.

anasseh

14The descendants of Manasseh:
Asriel was his descendant through his Aramean
ncubine. She gave birth to Makir the father of
lead. 15Makir took a wife from among the Huppites
ıd Shuppites. His sister's name was Maakah. Another
ɛscendant was named Zelophehad, who had only
ɑughters. 16Makir's wife Maakah gave birth to a
n and named him Peresh. His brother was named
eresh, and his sons were Ulam and Rakem.
17The son of Ulam:
Bedan.
These were the sons of Gilead son of Makir, the son
Manasseh.
18His sister Hammoleketh gave birth to Ishhod,
ɔiezer and Mahlah.
19The sons of Shemida were:
Ahian, Shechem, Likhi and Aniam.

ɦhraim

20The descendants of Ephraim:
Shuthelah, Bered his son,
Tahath his son, Eleadah his son,
Tahath his son, 21Zabad his son
and Shuthelah his son.

corps d'armées totalisant 36 000 soldats, tant leurs femmes
et leurs enfants étaient nombreux. 5L'ensemble des membres de toutes les familles d'Issacar recensées se montait
à 87 000 guerriers valeureux.

Les descendants de Benjamin

6Benjamin eut trois fils[q] : Béla, Béker et Yediaël. 7Béla
eut cinq fils : Etsbôn, Ouzzi, Ouzziel, Yerimoth et Iri qui
furent des chefs de leurs groupes familiaux et de valeureux
guerriers, qu'on recensa au nombre de 22 034 hommes.
8Descendants de Béker : Zemira, Joas, Eliézer, Elyoénaï ;
Omri, Yerémoth, Abiya, Anatoth et Alameth. Tels étaient
les descendants de Béker. 9Le recensement selon les descendants des chefs de groupes familiaux donnait 20 200
guerriers valeureux. 10Descendants de Yediaël : Bilhân, qui
eut pour fils : Yeoush, Benjamin, Ehoud, Kenaana, Zétân,
Tarsis et Ahishahar. 11Tous ces descendants de Yediaël
furent des chefs de leurs groupes familiaux qui comptaient
17 200 guerriers valeureux pouvant sortir pour le combat.
12Shouppim et Houppim étaient fils d'Ir : Houshim était
fils d'Ahèr.

Les descendants de Nephtali

13Fils de Nephtali : Yahtséel, Gouni, Yétser et Shalloum[r],
descendants de Bilha.

Les descendants de Manassé

14Descendants de Manassé[s] : Asriel, enfanté par son
épouse syrienne de second rang. Elle lui donna aussi Makir,
le père de Galaad. 15Makir prit une femme pour Houppim
et une pour Shouppim. Le nom de sa sœur était Maaka. Le
nom du second fils était Tselophhad qui n'eut que des filles.
16Maaka, femme de Makir, lui donna encore un fils qu'elle
appela Péresh, dont le frère fut Shéresh ; ce dernier eut
pour fils Oulam et Réqem. 17Oulam eut pour fils Bedân. Tels
sont les descendants de Galaad, fils de Makir, et petit-fils
de Manassé. 18Sa sœur Hammoléketh donna naissance à
Ishhod, Abiézer et Mahla. 19Les fils de Shemida étaient :
Ahyân, Sichem, Liqhi et Aniam.

Les descendants d'Ephraïm

20Les descendants d'Ephraïm[t] en ligne directe de père
en fils furent : Shoutélah, Béred, Tahath, Eleada, Tahath,
21Zabad, Shoutélah. Quant à Ezer et Elead, ils furent tués

12 Or *Ir. The sons of Dan: Hushim,* (see Gen. 46:23); Hebrew does
: have *The sons of Dan.*
13 Some Hebrew and Septuagint manuscripts (see also Gen.
24 and Num. 26:49); most Hebrew manuscripts *Shallum*

q 7.6 Pour les v. 6-12, voir Gn 46.21 ; Nb 26.38-39 ; 1 Ch 8.1-2.
r 7.13 Certains manuscrits hébreux et certains manuscrits de l'ancienne version grecque ont : *Shillem.*
s 7.14 Pour les v. 14-19, voir Nb 26.29-34 ; Jos 17.1-18.
t 7.20 Pour les v. 20-29, voir Nb 26.35 ; Jos 16 et 17.

(Ezer and Elead were killed by the native-born men
of Gath, when they went down to seize their livestock.
22 Their father Ephraim mourned for them many days,
and his relatives came to comfort him. 23 Then he
made love to his wife again, and she became pregnant and gave birth to a son. He named him Beriah,[e]
because there had been misfortune in his family. 24 His
daughter was Sheerah, who built Lower and Upper
Beth Horon as well as Uzzen Sheerah.)
25 Rephah was his son, Resheph his son,[f]
Telah his son, Tahan his son,
26 Ladan his son, Ammihud his son,
Elishama his son, 27 Nun his son
and Joshua his son.
28 Their lands and settlements included Bethel and
its surrounding villages, Naaran to the east, Gezer and
its villages to the west, and Shechem and its villages
all the way to Ayyah and its villages. 29 Along the borders of Manasseh were Beth Shan, Taanach, Megiddo
and Dor, together with their villages. The descendants
of Joseph son of Israel lived in these towns.

Asher

30 The sons of Asher:
Imnah, Ishvah, Ishvi and Beriah. Their sister was
Serah.
31 The sons of Beriah:
Heber and Malkiel, who was the father of Birzaith.
32 Heber was the father of Japhlet, Shomer and
Hotham and of their sister Shua.
33 The sons of Japhlet:
Pasak, Bimhal and Ashvath.
These were Japhlet's sons.
34 The sons of Shomer:
Ahi, Rohgah,[g] Hubbah and Aram.
35 The sons of his brother Helem:
Zophah, Imna, Shelesh and Amal.
36 The sons of Zophah:
Suah, Harnepher, Shual, Beri, Imrah, 37 Bezer, Hod,
Shamma, Shilshah, Ithran[h] and Beera.
38 The sons of Jether:
Jephunneh, Pispah and Ara.
39 The sons of Ulla:
Arah, Hanniel and Rizia.
40 All these were descendants of Asher – heads of
families, choice men, brave warriors and outstanding
leaders. The number of men ready for battle, as listed
in their genealogy, was 26,000.

The Genealogy of Saul the Benjamite

8 1 Benjamin was the father of:
Bela his firstborn,
Ashbel the second son, Aharah the third,
2 Nohah the fourth and Rapha the fifth.
3 The sons of Bela were:
Addar, Gera, Abihud,[i] 4 Abishua, Naaman, Ahoah,
5 Gera, Shephuphan and Huram.

[e] 7:23 *Beriah* sounds like the Hebrew for *misfortune.*
[f] 7:25 Some Septuagint manuscripts; Hebrew does not have *his son.*
[g] 7:34 Or *of his brother Shomer: Rohgah*
[h] 7:37 Possibly a variant of *Jether*
[i] 8:3 Or *Gera the father of Ehud*

par les habitants de Gath natifs du pays, parce qu'
avaient tenté de s'emparer de leurs troupeaux. 22 Ephraï
leur père, porta longtemps leur deuil. Les gens de
parenté vinrent le consoler. 23 Plus tard, Ephraïm s'un
à sa femme, elle devint enceinte et lui donna un fils qu
appela Beria (Dans le malheur) car sa famille avait é
dans le malheur[u]. 24 Ephraïm eut aussi une fille, Shéé
qui fortifia Beth-Horôn la Basse, Beth-Horôn la Haute,
Ouzzèn-Shééra. 25 Puis, en ligne directe de père en fil
Réphah, Résheph, Télah, Tahân, 26 Laedân, Ammihou
Elishama, 27 Noun et Josué. 28 Les descendants d'Ephraï
avaient en propriété pour y habiter Béthel et les localit
qui en dépendaient, à l'est, Naarân ; à l'ouest, Guézer
Sichem, et les localités qui dépendaient de ces deux ville
leur territoire s'étendait jusqu'à Ayya et les localités qui
dépendaient. 29 Les descendants de Manassé possédaie
les villes de Beth-Sheân, Taanak, Meguiddo, Dor et les
calités qui dépendaient de celles-ci. C'est dans ces vil
qu'habitèrent les descendants de Joseph, fils d'Israël.

Les descendants d'Aser

30 Fils d'Aser[v] : Yimna, Yishva, Yishvi et Beria ; leur sœ
était Sérah. 31 Fils de Beria : Héber et Malkiel. Ce dernier
le fondateur de Birzavith. 32 Héber eut pour fils Yaphle
Shomer, Hotam et leur sœur Shoua. 33 Fils de Yaphlet
Pasak, Bimhal et Ashvath. Tels étaient les fils de Yaphle
34 Fils de Shémer : Ahi, Rohega, Yehoubba et Aram. 35 F
de Hélem, son frère : Tsophah, Yimna, Shélesh et Am
36 Fils de Tsophah : Souah, Harnépher, Shoual, Béri, Yim
37 Bétser, Hod, Shamma, Shilsha, Yitrân et Beéra. 38 F
de Yéter : Yephounné, Pispa et Ara. 39 Fils de Oulla : Ar
Hanniel et Ritsya. 40 Voici donc les descendants d'As
chefs de leurs groupes familiaux, hommes d'élite et gu
riers valeureux, à la tête des chefs de famille[w]. Le nomb
des hommes recensés dans leur armée pour le comb
était de 26 000 hommes.

Les descendants de Benjamin habitant à Jérusalem

8 1 Benjamin eut pour fils[x] : Béla, son premier-n
Ashbel, le deuxième, Ahrah, le troisième, 2 Nol
le quatrième, et Rapha, le cinquième. 3 Béla eut des fi
Addar, Guéra, Abihoud, 4 Abishoua, Naaman, Ahoa
5 Guéra, Shephouphân et Houram.

[u] 7.23 Il y a en hébreu un jeu de mots avec le nom *Beria* et le terme ren
par *malheur.*
[v] 7.30 Pour les v. 30-40, voir Gn 46.17 ; Nb 26.44-46.
[w] 7.40 Autre traduction : *des chefs éminents.*
[x] 8.1 Pour les v. 1-5, voir7.6-12 ; Gn 46.21-22 ; Nb 26.38-41.

6These were the descendants of Ehud, who were
›ads of families of those living in Geba and were
ported to Manahath:
7Naaman, Ahijah, and Gera, who deported them and
ıo was the father of Uzza and Ahihud.
8Sons were born to Shaharaim in Moab after he had
vorced his wives Hushim and Baara. 9By his wife
›desh he had Jobab, Zibia, Mesha, Malkam, 10Jeuz,
kia and Mirmah. These were his sons, heads of fam-
es. 11By Hushim he had Abitub and Elpaal.
12The sons of Elpaal:
Eber, Misham, Shemed (who built Ono and Lod with
surrounding villages), 13and Beriah and Shema,
ıo were heads of families of those living in Aijalon
d who drove out the inhabitants of Gath.
14Ahio, Shashak, Jeremoth, 15Zebadiah, Arad, Eder,
Michael, Ishpah and Joha were the sons of Beriah.
17Zebadiah, Meshullam, Hizki, Heber, 18Ishmerai,
iah and Jobab were the sons of Elpaal.
19Jakim, Zikri, Zabdi, 20Elienai, Zillethai, Eliel,
Adaiah, Beraiah and Shimrath were the sons of
imei.
22Ishpan, Eber, Eliel, 23Abdon, Zikri, Hanan,
Hananiah, Elam, Anthothijah, 25Iphdeiah and Penuel
re the sons of Shashak.
26Shamsherai, Shehariah, Athaliah, 27Jaareshiah,
jah and Zikri were the sons of Jeroham.
28All these were heads of families, chiefs as listed in
eir genealogy, and they lived in Jerusalem.
29Jeiel[j] the father[k] of Gibeon lived in Gibeon.
His wife's name was Maakah, 30and his firstborn son
ıs Abdon, followed by Zur, Kish, Baal, Ner,[l] Nadab,
Gedor, Ahio, Zeker 32and Mikloth, who was the fa-
er of Shimeah. They too lived near their relatives
Jerusalem.
33Ner was the father of Kish, Kish the father of Saul,
d Saul the father of Jonathan, Malki-Shua, Abinadab
d Esh-Baal.[m]
34The son of Jonathan:
Merib-Baal,[n] who was the father of Micah.
35The sons of Micah:
Pithon, Melek, Tarea and Ahaz.
36Ahaz was the father of Jehoaddah, Jehoaddah was
e father of Alemeth, Azmaveth and Zimri, and Zimri
s the father of Moza. 37Moza was the father of Binea;
phah was his son, Eleasah his son and Azel his son.
38Azel had six sons, and these were their names:
Azrikam, Bokeru, Ishmael, Sheariah, Obadiah and
nan. All these were the sons of Azel.
39The sons of his brother Eshek:
Ulam his firstborn, Jeush the second son and
phelet the third. 40The sons of Ulam were brave
rriors who could handle the bow. They had many
ns and grandsons – 150 in all.
All these were the descendants of Benjamin.

29 Some Septuagint manuscripts (see also 9:35); Hebrew does
have *Jeiel.*
29 *Father* may mean *civic leader* or *military leader.*
30 Some Septuagint manuscripts (see also 9:36); Hebrew does
have *Ner.*
33 Also known as *Ish-Bosheth*
34 Also known as *Mephibosheth*

6-7Les fils d'Ehoud, Naaman, Ahiya et Guéra étaient les
chefs de groupe familial des habitants de Guéba. Ceux-ci
furent déplacés à Manahath. C'est Guéra qui les fit émigrer.
Il eut pour fils Ouzza et Ahihoud.
8Shaharaïm eut des enfants dans les plaines de Moab,
après avoir renvoyé ses deux femmes Houshim et Baara. 9Il
eut, de Hodesh, sa femme : Yobab, Tsibia, Mésha, Malkam,
Yeouts, Sakia et Mirma. 10Tels sont les fils de Shaharaïm
qui devinrent des chefs de groupe familial.
11De son épouse Houshim, il avait eu Abitoub et Elpaal.
12Fils d'Elpaal : Eber, Misheam et Shémer qui bâtit Ono,
Lod et les localités qui en dépendaient. 13Beria et Shéma,
qui étaient chefs de groupe familial parmi les habitants
d'Ayalôn, mirent en fuite les habitants de Gath. 14Puis :
Ahyo, Shashaq, Yerémoth, 15Zebadia, Arad, Eder, 16Michaël,
Yishpha et Yoha, les fils de Beria. 17Puis : Zebadia,
Meshoullam, Hizqi, Héber, 18Yishmeraï, Yizliya et Yobab,
les fils d'Elpaal. 19Puis : Yaqim, Zikri, Zabdi, 20Eliénaï,
Tsiltaï, Eliel, 21Adaya, Beraya et Shimrath, les fils de
Shimeï, 22Puis : Yishpân, Eber, Eliel, 23Abdôn, Zikri, Hanân,
24Hanania, Elam, Antotiya, 25Yiphdeya et Penouel, les fils
de Shashaq. 26Shamsheraï, Sheharia, Atalia, 27Yaaréshia,
Eliya et Zikri, les fils de Yeroham.

(1 Ch 9.34-44)

28Ce sont là des chefs de groupe familial, chacun dans
sa génération[y]. Ils habitaient à Jérusalem.
29Le père de Gabaon[z] habitait à Gabaon. Sa femme
s'appelait Maaka. 30Abdôn fut son fils premier-né, puis
vinrent Tsour, Qish, Baal[a], Nadab, 31Guedor, Ahyo et Zéker.
32Miqloth eut pour fils Shimea. Ces derniers habitaient eux
aussi à Jérusalem, avec ceux qui leur étaient apparentés.
33Ner eut pour fils Qish qui eut pour fils Saül ; les fils de
Saül furent Jonathan, Malkishoua, Abinadab et Eshbaal[b].
34Jonathan eut pour fils Merib-Baal[c], qui eut pour fils
Michée. 35Fils de Michée : Pitôn, Mélek, Taréa et Ahaz.
36Ahaz eut pour fils Yehoadda, qui eut pour fils : Alémeth,
Azmaveth et Zimri. 37Voici les descendants de Zimri en
ligne directe : Motsa, Binea, Rapha, Eleasa, Atsel. 38Atsel
eut six fils, dont voici les noms : Azriqam, Bokrou, Ismaël,
Shearia, Abdias et Hanân. Tels étaient les fils d'Atsel.

39Esheq était le frère d'Atsel. Il eut pour fils Oulam,
son premier-né, Yeoush, le deuxième, et Eliphéleth, le
troisième. 40Les fils d'Oulam furent des hommes de guerre
valeureux, tireurs à l'arc ; ils eurent de nombreux fils et
petits-fils : cent cinquante.
Tels étaient les descendants de Benjamin.

y 8.28 Autre traduction : *d'après leur généalogie.*
z 8.29 Le terme *père* pourrait aussi signifier *chef* (militaire ou civil).
Certains manuscrits de l'ancienne version grecque (1 Ch 9.35) précisent
que ce *père* s'appelait *Yeïel.*
a 8.30 Certains manuscrits de l'ancienne version grecque (voir 1 Ch 9.36)
ajoutent : *Ner.*
b 8.33 Autre nom de *Ishbosheth.*
c 8.34 Autre nom de *Mephibosheth* (2 S 4.4 ; 9.6-13).

9 [1]All Israel was listed in the genealogies recorded in the book of the kings of Israel and Judah. They were taken captive to Babylon because of their unfaithfulness.

The People in Jerusalem

[2]Now the first to resettle on their own property in their own towns were some Israelites, priests, Levites and temple servants.

[3]Those from Judah, from Benjamin, and from Ephraim and Manasseh who lived in Jerusalem were:

[4]Uthai son of Ammihud, the son of Omri, the son of Imri, the son of Bani, a descendant of Perez son of Judah.

[5]Of the Shelanites[o]:
Asaiah the firstborn and his sons.

[6]Of the Zerahites:
Jeuel.
The people from Judah numbered 690.

[7]Of the Benjamites:
Sallu son of Meshullam, the son of Hodaviah, the son of Hassenuah;
[8]Ibneiah son of Jeroham;
Elah son of Uzzi, the son of Mikri;
and Meshullam son of Shephatiah, the son of Reuel, the son of Ibnijah.

[9]The people from Benjamin, as listed in their genealogy, numbered 956. All these men were heads of their families.

[10]Of the priests:
Jedaiah; Jehoiarib; Jakin;
[11]Azariah son of Hilkiah, the son of Meshullam, the son of Zadok, the son of Meraioth, the son of Ahitub, the official in charge of the house of God;
[12]Adaiah son of Jeroham, the son of Pashhur, the son of Malkijah;
and Maasai son of Adiel, the son of Jahzerah, the son of Meshullam, the son of Meshillemith, the son of Immer.

[13]The priests, who were heads of families, numbered 1,760. They were able men, responsible for ministering in the house of God.

[14]Of the Levites:
Shemaiah son of Hasshub, the son of Azrikam, the son of Hashabiah, a Merarite;
[15]Bakbakkar, Heresh, Galal and Mattaniah son of Mika, the son of Zikri, the son of Asaph;
[16]Obadiah son of Shemaiah, the son of Galal, the son of Jeduthun;
and Berekiah son of Asa, the son of Elkanah, who lived in the villages of the Netophathites.

[17]The gatekeepers:
Shallum, Akkub, Talmon, Ahiman and their fellow Levites, Shallum their chief [18]being stationed at the King's Gate on the east, up to the present time. These were the gatekeepers belonging to the camp of the Levites.

[o] **9:5** See Num. 26:20; Hebrew *Shilonites.*

Les habitants de Jérusalem après le retour de l'exil

9 [1]Tout Israël a été recensé et inscrit dans les Annal des rois d'Israël[d]. La population de Juda fut déport à Babylone, à cause de ses infidélités. [2]Les premiers s'établir de nouveau dans leurs propriétés et dans leu villes respectives, furent des Israélites, des prêtres, d lévites, et desservants du Temple.

[3]De plus, des gens des tribus de Juda, de Benjami d'Ephraïm et de Manassé s'établirent à Jérusalem : [4]Out fils d'Ammihoud, ayant pour ascendants Omri, Imri, Ba du lignage de Pérets, fils de Juda. [5]Parmi les Shilonites, y avait Asaya, le premier-né et ses fils. [6]Des descendan de Zérah, il y avait Yeouel. Les membres de la tribu d Juda installés à Jérusalem étaient au nombre de 690. [7]De tribu de Benjamin, il y avait Sallou, fils de Meshoullam, q avait pour ascendants : Hodavia et Hassenoua ; [8]Yibney fils de Yeroham ; Ela, fils d'Ouzzi, et petit-fils de Mikr Meshoullam, fils de Shephatia et petit-fils de Reouel, fils de Yibniya.

[9]Les membres de la tribu de Benjamin installés Jérusalem étaient au nombre de 956 et tous ces homm étaient des chefs de groupe familial dans leur grou familial.

[10]Parmi les prêtres, il y avait : Yedaeya, Yehoyari Yakîn, [11]Azaria, fils de Hilqiya, qui avait pour ascendant Meshoullam, Tsadoq, Merayoth, Ahitoub, responsable chef du temple de Dieu ; [12]il y avait aussi Adaya, fils Yeroham, qui avait pour ascendants Pashhour et Malkiy il y avait Maesaï, fils d'Adiel, dont les ascendants étaie Yahzéra, Meshoullam, Meshillémith et Immer. [13]Avec l autres prêtres, chefs de leur groupe familial, ils étaie au nombre de 1 760 hommes forts et valeureux affect au service du temple de Dieu.

[14]Parmi les lévites : Shemaya, fils de Hashoub, desce dant d'Azriqam, Hashabia du lignage de Merari ; [15]il y av aussi Baqbaqar, Héresh, Galal, Mattania, fils de Michée, p tit-fils de Zikri, et descendant d'Asaph. [16]Il y avait Abdi fils de Shemaya, descendant de Galal et Yedoutoun ; i avait Bérékia, fils d'Asa et petit-fils d'Elqana, qui habit dans les villages des Netophatites[e]. [17]Il y avait encore d portiers : Shalloum, Aqqoub, Talmôn, Ahimân et leu frères. Shalloum en était le chef. [18]Et, jusqu'à présent, s descendants surveillent l'entrée orientale du Temple a pelée la porte du Roi. Ce sont là les portiers du camp d

[d] **9.1** Recueil des décrets royaux contenant également les résultats des divers recensements (2 S 24.2-9). Ce chapitre donne un tableau des habitants de Jérusalem, des lévites et de leurs fonctions après le retou de l'exil (voir Né 11.3-19).

[e] **9.16** Voir2.54 ; Né 12.28-29. *Netopha:* ville située près de Bethléhem.

19 Shallum son of Kore, the son of Ebiasaph, the son
Korah, and his fellow gatekeepers from his fami-
(the Korahites) were responsible for guarding the
resholds of the tent just as their ancestors had been
sponsible for guarding the entrance to the dwelling
the LORD.
20 In earlier times Phinehas son of Eleazar was the
ficial in charge of the gatekeepers, and the LORD was
ith him.
21 Zechariah son of Meshelemiah was the gatekeeper
the entrance to the tent of meeting.
22 Altogether, those chosen to be gatekeepers at the
resholds numbered 212. They were registered by
nealogy in their villages.
The gatekeepers had been assigned to their posions of trust by David and Samuel the seer. 23 They
d their descendants were in charge of guarding
e gates of the house of the LORD – the house called
e tent of meeting. 24 The gatekeepers were on the
ur sides: east, west, north and south. 25 Their fellow
vites in their villages had to come from time to time
d share their duties for seven-day periods. 26 But the
ur principal gatekeepers, who were Levites, were
trusted with the responsibility for the rooms and
easuries in the house of God. 27 They would spend
e night stationed around the house of God, because
ey had to guard it; and they had charge of the key
r opening it each morning.
28 Some of them were in charge of the articles
ed in the temple service; they counted them when
ey were brought in and when they were taken out.
Others were assigned to take care of the furnish-
gs and all the other articles of the sanctuary, as
ell as the special flour and wine, and the olive oil,
cense and spices. 30 But some of the priests took care
mixing the spices. 31 A Levite named Mattithiah, the
rstborn son of Shallum the Korahite, was entrusted
th the responsibility for baking the offering bread.
Some of the Kohathites, their fellow Levites, were
charge of preparing for every Sabbath the bread
t out on the table.
33 Those who were musicians, heads of Levite fam-
es, stayed in the rooms of the temple and were
empt from other duties because they were respon-
ble for the work day and night.
34 All these were heads of Levite families, chiefs as
ted in their genealogy, and they lived in Jerusalem.

ne Genealogy of Saul

35 Jeiel the father[p] of Gibeon lived in Gibeon.
His wife's name was Maakah, 36 and his firstborn son
as Abdon, followed by Zur, Kish, Baal, Ner, Nadab,
Gedor, Ahio, Zechariah and Mikloth. 38 Mikloth was
e father of Shimeam. They too lived near their rel-
ives in Jerusalem.
39 Ner was the father of Kish, Kish the father of Saul,
d Saul the father of Jonathan, Malki-Shua, Abinadab
d Esh-Baal.[q]
40 The son of Jonathan:
Merib-Baal,[r] who was the father of Micah.

:35 *Father* may mean *civic leader* or *military leader*.
:39 Also known as *Ish-Bosheth*
:40 Also known as *Mephibosheth*

lévites. 19 Shalloum, fils de Qoré, descendant d'Ebyasaph, et
de Qoré, ainsi que les autres membres du groupe familial
des Qoréites, remplissaient les fonctions de gardiens de
l'entrée de la tente de la Rencontre, comme leurs ancêtres
avaient gardé l'entrée du camp de l'Eternel. 20 Phinéas,
fils d'Eléazar, avait été autrefois leur chef car l'Eternel
était avec lui.

21 Zacharie, fils de Meshélémia, était aussi portier à
l'entrée de la tente de la Rencontre. 22 Ils étaient en tout
212 qui avaient été choisis comme portiers des entrées et
ils avaient été recensés d'après leurs villages d'origine.
David et Samuel le prophète les avaient établis dans leur
fonction de façon permanente. 23 Eux et leurs descendants
ont donc pour fonction de surveiller les portes du sanctuaire de l'Eternel, c'est-à-dire du sanctuaire de la tente.
24 Il y avait des portiers des quatre côtés : à l'est, à l'ouest,
au nord et au sud. 25 D'autres portiers, qui demeuraient
dans leurs villages respectifs, devaient de temps à autre
venir auprès d'eux pendant sept jours. 26 Cependant, ces
quatre portiers principaux étaient en fonction de façon
permanente ; c'étaient des lévites et ils avaient la responsabilité des salles et des trésors du sanctuaire de Dieu. 27 Ils
passaient la nuit dans les environs du sanctuaire de Dieu,
puisqu'ils en avaient la garde et qu'ils devaient en ouvrir
les portes chaque matin[f].

28 Certains lévites avaient la responsabilité des ustensiles
du service : ils les comptaient lorsqu'on les emportait et
lorsqu'on les rapportait. 29 D'autres étaient désignés pour
veiller sur les ustensiles, y compris les ustensiles du sanctuaire, et sur la fleur de farine, le vin, l'huile, l'encens et
les aromates. 30 Mais c'étaient des membres des familles
sacerdotales qui composaient les parfums aromatiques.
31 Mattitia, l'un des lévites, fils aîné de Shalloum le Qoréite,
était responsable de la fabrication des gâteaux cuits à la
poêle. 32 D'autres lévites, faisant partie des Qehatites,
avaient la responsabilité de préparer chaque jour de repos
les pains devant être exposés devant l'Eternel.

33 Les chefs de groupe familial des lévites affectés au
chant avaient leurs chambres ; ils étaient dispensés de
toute autre tâche, parce qu'ils étaient de service jour et
nuit. 34 Ce sont là des chefs de groupe familial des lévites
chacun dans sa génération. Ils habitaient à Jérusalem.

La famille de Saül

(1 Ch 8.28-38)

35 Le père de Gabaon[g], Yeïel, habitait à Gabaon. Sa femme
s'appelait Maaka. 36 Abdôn fut son fils premier-né, puis
vinrent Tsour, Qish, Baal, Ner, Nadab, 37 Guedor, Ahyo,
Zacharie et Miqloth.

38 Miqloth eut pour fils Shimeam. Ces derniers habitaient eux aussi à Jérusalem avec ceux qui leur étaient
apparentés. 39 Ner eut pour fils Qish, qui eut pour fils Saül ;
les fils de Saül furent Jonathan, Malkishoua, Abinadab
et Eshbaal. 40 Jonathan eut pour fils Merib-Baal, qui eut

f **9.27** Le temple était fermé la nuit. La clé était gardée par les portiers qui veillaient autour du sanctuaire.
g **9.35** Voir 8.29 et note.

41 The sons of Micah:
Pithon, Melek, Tahrea and Ahaz.[s]
42 Ahaz was the father of Jadah, Jadah[t] was the father of Alemeth, Azmaveth and Zimri, and Zimri was
the father of Moza. 43 Moza was the father of Binea;
Rephaiah was his son, Eleasah his son and Azel his son.
44 Azel had six sons, and these were their names:
Azrikam, Bokeru, Ishmael, Sheariah, Obadiah and
Hanan. These were the sons of Azel.

Saul Takes His Life

10 1 Now the Philistines fought against Israel; the
Israelites fled before them, and many fell dead
on Mount Gilboa. 2 The Philistines were in hot pursuit
of Saul and his sons, and they killed his sons Jonathan,
Abinadab and Malki-Shua. 3 The fighting grew fierce
around Saul, and when the archers overtook him, they
wounded him.
4 Saul said to his armor-bearer, "Draw your sword
and run me through, or these uncircumcised fellows
will come and abuse me."
But his armor-bearer was terrified and would not
do it; so Saul took his own sword and fell on it. 5 When
the armor-bearer saw that Saul was dead, he too fell
on his sword and died. 6 So Saul and his three sons
died, and all his house died together.
7 When all the Israelites in the valley saw that
the army had fled and that Saul and his sons had
died, they abandoned their towns and fled. And the
Philistines came and occupied them.
8 The next day, when the Philistines came to strip
the dead, they found Saul and his sons fallen on Mount
Gilboa. 9 They stripped him and took his head and his
armor, and sent messengers throughout the land of
the Philistines to proclaim the news among their idols
and their people. 10 They put his armor in the temple
of their gods and hung up his head in the temple of
Dagon.
11 When all the inhabitants of Jabesh Gilead heard
what the Philistines had done to Saul, 12 all their valiant men went and took the bodies of Saul and his
sons and brought them to Jabesh. Then they buried
their bones under the great tree in Jabesh, and they
fasted seven days.
13 Saul died because he was unfaithful to the LORD; he
did not keep the word of the LORD and even consulted
a medium for guidance, 14 and did not inquire of the
LORD. So the LORD put him to death and turned the
kingdom over to David son of Jesse.

---

[s] **9:41** Vulgate and Syriac (see also Septuagint and 8:35); Hebrew does not have *and Ahaz.*
[t] **9:42** Some Hebrew manuscripts and Septuagint (see also 8:36); most Hebrew manuscripts *Jarah, Jarah*

pour fils Michée. 41 Fils de Michée : Pitôn, Mélek et Tahré
42 Ahaz eut pour fils Yaera[i] qui eut pour fils : Alémet
Azmaveth et Zimri. Voici les descendants de Zimri en lig
directe : Motsa, 43 Binea, Rephaya, Eleasa, Atsel. 44 Ats
eut six fils, dont voici les noms : Azriqam, Bokrou, Isma
Shearia, Abdias et Hanân. Tels étaient les fils d'Atsel.

LE RÈGNE DE DAVID

La fin de Saül

(1 S 31.1-13 ; 2 S 1.4-12)

10 1 Les Philistins attaquèrent Israël. Les solda
israélites s'enfuirent devant eux et beaucoup d'e
tre eux furent tués sur le mont Guilboa[j]. 2 Les Philisti
s'acharnèrent à poursuivre Saül et ses fils et ils tuère
Jonathan, Abinadab et Malkishoua, fils de Saül. 3 D
lors, tout le combat se concentra sur Saül. Les archers
découvrirent, et il en fut terrifié. 4 Alors il ordonna à ce
qui portait ses armes : Dégaine ton épée et tue-moi, po
que ces incirconcis ne viennent pas me faire subir leu
outrages.
Mais celui-ci refusa car il tremblait de peur. Alors Sa
prit lui-même l'épée et se jeta dessus. 5 Quand l'écuyer
que Saül était mort, il se jeta lui aussi sur l'arme et mour
6 Ainsi périrent ensemble, le même jour, Saül, ses tr
fils et toute sa famille. 7 Quand tous les hommes d'Israël q
habitaient la vallée virent que l'armée était en déroute
que Saül et ses fils étaient morts, ils abandonnèrent leu
villes et prirent la fuite. Les Philistins allèrent s'y établ
8 Le lendemain, les Philistins vinrent sur le champ
bataille pour détrousser les cadavres. Ils découvrire
Saül et ses fils qui étaient tombés sur le mont Guilbo
9 Alors ils dépouillèrent Saül de son armure, emportère
sa tête et ses armes. Puis ils firent annoncer la nouvelle
leur triomphe à travers tout le pays des Philistins, à leu
idoles et parmi la population. 10 Ils déposèrent les arm
dans le temple de leurs dieux et suspendirent son crâ
dans le temple de Dagôn[k].
11 Lorsque tous les habitants de Yabesh en Galaad[l] a
prirent tout ce que les Philistins avaient fait à Saül, 12
hommes les plus vaillants se mirent en route, ils enlevère
le corps de Saül et celui de ses fils et les ramenèrent
Yabesh. Ils enterrèrent leurs ossements[m] sous le tama
de Yabesh, puis ils jeûnèrent pendant sept jours.
13 Saül mourut à cause de la désobéissance dont il s'ét
rendu coupable envers l'Eternel. Il n'avait pas respecté
parole de l'Eternel et, de plus, il avait interrogé et consu
quelqu'un qui évoque les morts[n] 14 au lieu de consult
l'Eternel. L'Eternel le fit mourir et transféra la royaut
David, fils d'Isaï.

---

[h] **9.41** Certains manuscrits de l'ancienne version grecque, la version syriaque, la Vulgate (voir 1 Ch 8.36) ont : *Tahréa et Achaz.*
[i] **9.42** Certains manuscrits hébreux et l'ancienne version grecque ont *Yaeda* (voir 1 Ch 8.36).
[j] **10.1** Mont situé au nord-est de la Samarie, en bordure de la plaine de Jizréel, à environ 80 kilomètres de Jérusalem.
[k] **10.10** Voir note Jg 16.23.
[l] **10.11** Localité située à quelque 70 kilomètres de Jérusalem, à l'est du Jourdain (voir Jg 21.8 et note).
[m] **10.12** Après avoir incinéré les corps (voir 1 S 31.12).
[n] **10.13** Ce verset fait allusion aux épisodes rapportés en 1 S 13.8-14 ; 15.1-24 ; 28.

ıvid Becomes King Over Israel

1 1 All Israel came together to David at Hebron
. and said, "We are your own flesh and blood.
n the past, even while Saul was king, you were the
ıe who led Israel on their military campaigns. And
e LORD your God said to you, 'You will shepherd my
ople Israel, and you will become their ruler.'"
3 When all the elders of Israel had come to King
ıvid at Hebron, he made a covenant with them at
ebron before the LORD, and they anointed David king
er Israel, as the LORD had promised through Samuel.

ıvid Conquers Jerusalem

4 David and all the Israelites marched to Jerusalem
ıat is, Jebus). The Jebusites who lived there 5 said to
ıvid, "You will not get in here." Nevertheless, David
ptured the fortress of Zion – which is the City of
ıvid.
6 David had said, "Whoever leads the attack on the
busites will become commander in chief." Joab
n of Zeruiah went up first, and so he received the
mmand.
7 David then took up residence in the fortress, and
it was called the City of David. 8 He built up the city
ound it, from the terraces[u] to the surrounding wall,
ıile Joab restored the rest of the city. 9 And David
came more and more powerful, because the LORD
mighty was with him.

ıvid's Mighty Warriors

10 These were the chiefs of David's mighty war-
ɔrs – they, together with all Israel, gave his kingship
rong support to extend it over the whole land, as
e LORD had promised – 11 this is the list of David's
ighty warriors:
Jashobeam,[v] a Hakmonite, was chief of the officers[w];
raised his spear against three hundred men, whom
killed in one encounter.
12 Next to him was Eleazar son of Dodai the Ahohite,
ıe of the three mighty warriors. 13 He was with David
Pas Dammim when the Philistines gathered there
r battle. At a place where there was a field full of
ırley, the troops fled from the Philistines. 14 But
ey took their stand in the middle of the field. They
fended it and struck the Philistines down, and the
RD brought about a great victory.

1:8 Or *the Millo*
1:11 Possibly a variant of *Jashob-Baal*
1:11 Or *Thirty*; some Septuagint manuscripts *Three* (see also 2
muel 23:8)

David devient roi de tout Israël

(2 S 5.1-3)

11 1 Tout Israël se rassembla auprès de David à
Hébron[o] pour lui dire : Voici, nous sommes de ta
race et de ton sang. 2 Autrefois déjà, même du temps où
Saül était roi, c'est toi qui dirigeais les expéditions militaires d'Israël. Or, l'Eternel, ton Dieu, t'a promis que tu
serais le berger d'Israël, son peuple, et que tu en deviendrais le chef.
3 Ainsi tous les responsables d'Israël vinrent trouver
le roi à Hébron. Là, David conclut une alliance avec eux
devant l'Eternel, et ils lui conférèrent l'onction pour le
faire roi d'Israël, conformément à ce qu'avait déclaré
l'Eternel par l'intermédiaire de Samuel.

La conquête de Jérusalem

(2 S 5.6-10)

4 David marcha avec tout Israël sur Jérusalem, qui s'appelait alors Yebous. La ville était occupée par les Yebousiens,
habitants du pays. 5 Ces gens déclarèrent à David : Tu n'entreras pas ici !
Mais David s'empara de la forteresse de Sion[p], qu'on appelle la cité de David. 6 David avait déclaré à ses hommes :
Le premier qui battra les Yebousiens, je le nommerai commandant en chef de l'armée.
Ce fut Joab, fils de Tserouya[q], qui monta le premier à l'assaut et il devint chef de l'armée. 7 David s'installa dans la
forteresse, c'est pourquoi on l'a appelée la cité de David. 8 Il
agrandit la ville par des constructions tout autour, depuis
les terrasses aménagées pour les cultures, jusqu'au mur
d'enceinte, tandis que Joab restaurait le reste de la ville.
9 David devint de plus en plus puissant, et l'Eternel, le
Seigneur des armées célestes, était avec lui.

Les chefs guerriers de David

(2 S 23.8-39)

10 Voici les noms des chefs des guerriers de David qui,
avec tout Israël, lui apportèrent un puissant soutien pendant son règne selon la parole de l'Eternel au sujet d'Israël.
11 Voici donc la liste des guerriers de David : Yashobeam,
descendant de Hakmoni, était le chef du groupe des trois[r].
C'est lui qui brandit son javelot contre trois cents hommes
et les tua tous au cours d'un seul combat.

12 Le second était Eléazar, fils de Dodo l'Ahohite. Il était
l'un des trois guerriers. 13 Il accompagna David à Pas-
Dammin, où les Philistins s'étaient rassemblés pour la
bataille. Il y avait là un champ couvert d'orge. Les Israélites
avaient pris la fuite devant les Philistins. 14 Ils prirent position au milieu du champ, le libérèrent et frappèrent les
Philistins. Ainsi l'Eternel accorda une victoire éclatante
à Israël.

---

o **11.1** Ville située à 35 kilomètres au sud-ouest de Jérusalem (voir Gn 13.18).
p **11.5** A l'origine, cette expression désignait la colline orientale de Jérusalem où sera construit le Temple (voir Es 2.3 ; Mi 4.2,8 ; Jr 31.12). Plus tard, le nom de *Sion* s'étendra à toute la ville.
q **11.6** Sœur de David. Joab était donc le neveu de David (1 S 26.6 ; 1 Ch 2.16).
r **11.11** D'après certains manuscrits de l'ancienne version grecque, la version syriaque, la Vulgate et 1 S 23.8. Le texte hébreu traditionnel a : *du groupe des trente.*

[15]Three of the thirty chiefs came down to David to the rock at the cave of Adullam, while a band of Philistines was encamped in the Valley of Rephaim. [16]At that time David was in the stronghold, and the Philistine garrison was at Bethlehem. [17]David longed for water and said, "Oh, that someone would get me a drink of water from the well near the gate of Bethlehem!" [18]So the Three broke through the Philistine lines, drew water from the well near the gate of Bethlehem and carried it back to David. But he refused to drink it; instead, he poured it out to the LORD. [19]"God forbid that I should do this!" he said. "Should I drink the blood of these men who went at the risk of their lives?" Because they risked their lives to bring it back, David would not drink it.

Such were the exploits of the three mighty warriors.

[20]Abishai the brother of Joab was chief of the Three. He raised his spear against three hundred men, whom he killed, and so he became as famous as the Three. [21]He was doubly honored above the Three and became their commander, even though he was not included among them.

[22]Benaiah son of Jehoiada, a valiant fighter from Kabzeel, performed great exploits. He struck down Moab's two mightiest warriors. He also went down into a pit on a snowy day and killed a lion. [23]And he struck down an Egyptian who was five cubits[x] tall. Although the Egyptian had a spear like a weaver's rod in his hand, Benaiah went against him with a club. He snatched the spear from the Egyptian's hand and killed him with his own spear. [24]Such were the exploits of Benaiah son of Jehoiada; he too was as famous as the three mighty warriors. [25]He was held in greater honor than any of the Thirty, but he was not included among the Three. And David put him in charge of his bodyguard.

[26]The mighty warriors were:
Asahel the brother of Joab,
Elhanan son of Dodo from Bethlehem,
[27]Shammoth the Harorite,
Helez the Pelonite,
[28]Ira son of Ikkesh from Tekoa,
Abiezer from Anathoth,
[29]Sibbekai the Hushathite,
Ilai the Ahohite,
[30]Maharai the Netophathite,
Heled son of Baanah the Netophathite,
[31]Ithai son of Ribai from Gibeah in Benjamin,
Benaiah the Pirathonite,
[32]Hurai from the ravines of Gaash,
Abiel the Arbathite,
[33]Azmaveth the Baharumite,
Eliahba the Shaalbonite,
[34]the sons of Hashem the Gizonite,
Jonathan son of Shagee the Hararite,
[35]Ahiam son of Sakar the Hararite,
Eliphal son of Ur,
[36]Hepher the Mekerathite,

[x] 11:23 That is, about 7 feet 6 inches or about 2.3 meters

[15]Un jour, trois des trente chefs vinrent sur le roche auprès de David, dans la caverne d'Adoullam, tand qu'une troupe de Philistins campait dans la vallée d Rephaïm[s]. [16]David se trouvait alors dans son refuge fo tifié, et des Philistins avaient pris position à Bethléher [17]David fut soudain pris d'un brûlant désir et s'écria : Q me fera boire de l'eau du puits qui se trouve à la porte Bethléhem ?

[18]Alors les trois pénétrèrent dans le camp des Philisti et puisèrent de l'eau au puits qui est à la porte c Bethléhem. Ils l'apportèrent et la présentèrent à Davi mais celui-ci ne voulut pas en boire et la répandit en bation pour l'Eternel. [19]Il s'exclama : Que mon Dieu n garde de faire pareille chose ! Ce serait comme si je buva le sang de ces hommes qui sont allés chercher cette eau péril de leur vie. Car c'est bien au péril de leur vie qu'i ont apporté cette eau.

Il refusa donc de la boire. Tel fut l'exploit de ces tro guerriers.

[20]Abishaï, frère de Joab, était le chef de ce groupe trois. Un jour, il brandit son javelot contre trois cen hommes et les tua. Ainsi il devint célèbre parmi le seco groupe des trois. [21]Il était le plus considéré dans le secor groupe des trois et devint leur chef ; mais il n'égala pas l trois du premier groupe.

[22]Benaya, de Qabtséel, fils de Yehoyada et petit-fils d'u homme valeureux qui avait accompli de nombreux e ploits, tua[t] deux puissants héros moabites. C'est lui aus qui, un jour de neige, descendit au fond d'une citerne po y tuer un lion. [23]C'est encore lui qui tua cet Egyptien m surant près de deux mètres cinquante et qui maniait u javelot aussi gros qu'un cylindre de métier à tisser. Il bond sur lui, armé d'un simple bâton, et lui arracha son javel dont il se servit pour le tuer.

[24]Tels furent les exploits de Benaya, fils de Yehoyad qui se fit une renommée parmi le second groupe des tro [25]Il fut le plus estimé parmi les trente, mais sans égal ceux du premier groupe des trois. David lui confia le cor mandement de sa garde personnelle.

[26]Et voici d'autres guerriers valeureux : Asaël, frère Joab ; Elhanân, fils de Dodo, de Bethléhem ; [27]Shammot de Haror ; Hélets, de Palôn ; [28]Ira, fils d'Iqqesh, de Teqo Abiézer, d'Anatoth ; [29]Sibbekaï, de Housha ; Ilaï, d'Ahoal [30]Maharaï, de Netopha ; Héled, fils de Baana, de Netoph [31]Itaï, fils de Ribaï, de Guibéa en Benjamin ; Benaya, c Piratôn ; [32]Houraï, de Nahalé-Gaash ; Abiel, de la valle du Jourdain[u] ; [33]Azmaveth, de Baharoum ; Eliahba, c Shaalbôn ; [34]Bené-Hashem, de Guizôn ; Jonathan, fi de Shagué, de Harar ; [35]Ahiam, fils de Sakar, de Hara Eliphal, fils d'Our ; [36]Hépher, de Mekéra ; Ahiya, de Palôn

[s] 11.15 Au sud-ouest de Jérusalem (2 S 23.13).
[t] 11.22 L'ancienne version grecque a : *Benaya, fils de Yehoyada, était un homme valeureux de Qabtseel, qui avait accompli de nombreux exploits. Il tua*.
[u] 11.32 Autre traduction : *de Beth-Arba*.

Ahijah the Pelonite,
37 Hezro the Carmelite,
Naarai son of Ezbai,
38 Joel the brother of Nathan,
Mibhar son of Hagri,
39 Zelek the Ammonite,
Naharai the Berothite, the armor-bearer of Joab
›n of Zeruiah,
40 Ira the Ithrite,
Gareb the Ithrite,
41 Uriah the Hittite,
Zabad son of Ahlai,
42 Adina son of Shiza the Reubenite, who was chief
f the Reubenites, and the thirty with him,
43 Hanan son of Maakah,
Joshaphat the Mithnite,
44 Uzzia the Ashterathite,
Shama and Jeiel the sons of Hotham the Aroerite,
45 Jediael son of Shimri,
his brother Joha the Tizite,
46 Eliel the Mahavite,
Jeribai and Joshaviah the sons of Elnaam,
Ithmah the Moabite,
47 Eliel, Obed and Jaasiel the Mezobaite.

'arriors Join David

2 1 These were the men who came to David
at Ziklag, while he was banished from the
resence of Saul son of Kish (they were among the
arriors who helped him in battle; 2 they were armed
ith bows and were able to shoot arrows or to sling
ones right-handed or left-handed; they were rela-
ves of Saul from the tribe of Benjamin):
3 Ahiezer their chief and Joash the sons of Shemaah
ie Gibeathite;
Jeziel and Pelet the sons of Azmaveth;
Berakah, Jehu the Anathothite, 4 and Ishmaiah the
ibeonite, a mighty warrior among the Thirty, who
'as a leader of the Thirty;
Jeremiah, Jahaziel, Johanan, Jozabad the
ederathite,[y] 5 Eluzai, Jerimoth, Bealiah, Shemariah
nd Shephatiah the Haruphite;
6 Elkanah, Ishiah, Azarel, Joezer and Jashobeam the
orahites;
7 and Joelah and Zebadiah the sons of Jeroham from
edor.
8 Some Gadites defected to David at his stronghold
a the wilderness. They were brave warriors, ready for
attle and able to handle the shield and spear. Their
ices were the faces of lions, and they were as swift
s gazelles in the mountains.
9 Ezer was the chief,
Obadiah the second in command, Eliab the third,
10 Mishmannah the fourth, Jeremiah the fifth,
11 Attai the sixth, Eliel the seventh,
12 Johanan the eighth, Elzabad the ninth,
13 Jeremiah the tenth and Makbannai the eleventh.
14 These Gadites were army commanders; the least
'as a match for a hundred, and the greatest for a

12:4 In Hebrew texts the second half of this verse (*Jeremiah ... ederathite*) is numbered 12:5, and 12:5-40 is numbered 12:6-41.

37 Hetsro, de Karmel ; Naaraï, fils d'Ezbaï ; 38 Joël, frère de
Nathan ; Mibhar, fils de Hagri ; 39 Tséleq, l'Ammonite ;
Nahraï, de Béroth, qui portait les armes de Joab, fils de
Tserouya. 40 Ira et Gareb, tous deux de Yéter, 41 Urie, le
Hittite[v] ; Zabad, fils d'Ahlaï ; 42 Adina, fils de Shiza, de la
tribu de Ruben, chef des Rubénites et responsable d'un
groupe de trente ; 43 Hanân, fils de Maaka ;
Josaphat, de Mitni ; 44 Ouzia, d'Ashtaroth, Shama et Yeïel,
fils de Hotam, d'Aroër ; 45 Yediaël, fils de Shimri ; Yoha, son
frère, le Titsite ; 46 Eliel, de Mahavim ; Yeribaï et Yoshavia,
fils d'Elnaam ; Yitma, le Moabite ; 47 Eliel, Obed et Yaasiel,
de Metsobaya.

Les premiers partisans de David

12 1 Voici ensuite les hommes qui rejoignirent David
à Tsiqlag[w], quand il était encore obligé de se tenir
loin de Saül, fils de Qish. C'étaient des guerriers qui lui
prêtèrent main-forte dans les combats. 2 Ils étaient armés
d'arcs et savaient se servir indifféremment de la main
droite ou de la main gauche pour lancer des pierres, ou
tirer des flèches de leur arc. Ils appartenaient à la même
tribu que Saül : celle de Benjamin. 3 Leur chef était Ahiézer.
C'étaient Joas, fils de Shemaa, de Guibéa, Yeziel et Péleth,
fils d'Azmaveth, Beraka, Jéhu, d'Anatoth, 4 Yishmaya, de
Gabaon, un guerrier faisant partie du groupe des trente
et un chef de ce groupe, 5 Jérémie, Yahaziel, Yohanân,
Yozabad, de Guedéra, 6 Elouzaï, Yerimoth, Bealia, Shemaria,
Shephatia, de Haroph, 7 Elqana, Yishiya, Azaréel, Yoézer
et Yashobeam, des Qoréites, 8 Yoéla et Zebadia, fils de
Yeroham, de Guedor.

9 Des membres de la tribu de Gad quittèrent Saül pour
rejoindre David dans son fortin du désert[x]. C'étaient
de valeureux guerriers, des soldats exercés au combat,
sachant manier le bouclier et la lance. Ils étaient aussi
braves que des lions et aussi rapides que des gazelles sur
la montagne. 10 Ezer était leur chef, puis il y avait Abdias, le
deuxième, Eliab, le troisième 11 Mishmanna, le quatrième,
Jérémie, le cinquième, 12 Attaï, le sixième, Eliel, le septième,
13 Yohanân, le huitième, Elzabad, le neuvième, 14 Jérémie, le
dixième, et Makbannaï, le onzième. 15 Ces membres de la
tribu de Gad étaient tous des chefs militaires. Le moindre

[v] **11.41** Le mari de Bath-Shéba (voir note 2 S 23.39).
[w] **12.1** Voir 1 S 27.6 ; Jos 15.31 ; 19.5 ; 1 Ch 4.30. A quelque 50 kilomètres au sud-ouest de Jérusalem.
[x] **12.9** Au *désert de Juda,* dans la caverne d'Adoullam (1 S 22.1-2) où David avait séjourné avant de se rendre chez les Philistins (1 S 23.14 ; 24.1, 23).

thousand. [15]It was they who crossed the Jordan in
the first month when it was overflowing all its banks,
and they put to flight everyone living in the valleys,
to the east and to the west.

[16]Other Benjamites and some men from Judah also
came to David in his stronghold. [17]David went out to
meet them and said to them, "If you have come to me
in peace to help me, I am ready for you to join me. But
if you have come to betray me to my enemies when
my hands are free from violence, may the God of our
ancestors see it and judge you."

[18]Then the Spirit came on Amasai, chief of the
Thirty, and he said:

"We are yours, David!
 We are with you, son of Jesse!
Success, success to you,
 and success to those who help you,
 for your God will help you."

So David received them and made them leaders of
his raiding bands.
[19]Some of the tribe of Manasseh defected to David
when he went with the Philistines to fight against
Saul. (He and his men did not help the Philistines
because, after consultation, their rulers sent him
away. They said, "It will cost us our heads if he deserts to his master Saul.") [20]When David went to Ziklag,
these were the men of Manasseh who defected to him:
Adnah, Jozabad, Jediael, Michael, Jozabad, Elihu and
Zillethai, leaders of units of a thousand in Manasseh.
[21]They helped David against raiding bands, for all of
them were brave warriors, and they were commanders
in his army. [22]Day after day men came to help David,
until he had a great army, like the army of God.[z]

Others Join David at Hebron

[23]These are the numbers of the men armed for
battle who came to David at Hebron to turn Saul's
kingdom over to him, as the LORD had said:

[24]from Judah, carrying shield and spear – 6,800
armed for battle;

[25]from Simeon, warriors ready for battle – 7,100;
[26]from Levi – 4,600, [27]including Jehoiada, leader of
the family of Aaron, with 3,700 men, [28]and Zadok, a
brave young warrior, with 22 officers from his family;

[29]from Benjamin, Saul's tribe – 3,000, most of whom
had remained loyal to Saul's house until then;

[z] 12:22 Or *a great and mighty army*

d'entre eux était capable de se battre contre cent homm
et le meilleur contre mille.
[16]Ce sont eux qui traversèrent le Jourdain le premi
mois[y] de l'année, à l'époque où il déborde sur toutes s
rives, et qui mirent en fuite tous les habitants des vallé
latérales, à l'est comme à l'ouest.
[17]Des hommes des tribus de Benjamin et de Juda rejo
gnirent aussi David dans son refuge fortifié. [18]David sort
au-devant d'eux. Il prit la parole et leur dit : Si vous ven
me trouver dans des intentions pacifiques, pour m'aide
nous serons alliés, vous et moi. Mais si c'est pour me tr
hir et me livrer à mes ennemis, alors que je n'ai comm
aucun acte de violence, que le Dieu de nos ancêtres en sc
témoin et qu'il juge.
[19]Alors l'Esprit de Dieu s'empara d'Amasaï, le chef c
groupe des trente, qui s'écria :

Nous sommes avec toi, David, fils d'Isaï, oui, nous
 sommes de ton côté.
Que la paix te soit assurée, une parfaite paix,
ainsi qu'à ceux qui te soutiennent car ton Dieu te
 soutient !

David les accueillit et en fit des chefs de ses troupes.

[20]Des hommes de la tribu de Manassé se rallièrent
David, lorsqu'il vint avec les Philistins au combat cont
Saül. En fait, David et ses hommes ne se joignirent pas au
Philistins, car les princes philistins les renvoyèrent apr
s'être consultés. Ils se disaient en effet : David risque c
passer du côté de son ancien souverain Saül, et de nou
livrer en son pouvoir.
[21]C'est quand il partit pour revenir à Tsiqlag que d
gens de Manassé se rallièrent à lui : Adnah, Yozaba
Yediaël, Michaël, Yozabad, Elihou et Tsiltaï. Chacun d'eu
était chef de « milliers » dans la tribu de Manassé. [22]Ce f
un sérieux renfort pour David et ses troupes, car c'étaie
tous de valeureux guerriers et ils devinrent des chefs da
l'armée. [23]Journellement, des hommes venaient se joind
à David pour le soutenir, si bien que son armée devi
bientôt immense ; c'était comme l'armée de Dieu[z].

L'armée de David s'agrandit

[24]Voici le nombre des soldats et de leurs chefs, équip
pour faire campagne, qui rejoignirent David à Hébro
pour lui transférer la royauté de Saül, comme l'Etern
l'avait déclaré :
[25]De la tribu de Juda, 6 800 hommes vinrent le rejoindr
ils étaient tous armés de boucliers et de lances et équip
pour la guerre.
[26]De la tribu de Siméon, 7 100 valeureux guerriers prê
à combattre. [27]De la tribu de Lévi, 4 600 hommes [28]ain
que Yehoyada, le chef des descendants d'Aaron[a], qui éta
accompagné de 3 700 hommes. [29]Tsadoq était un jeur
homme de valeur dont le groupe familial comptait ving
deux chefs.
[30]Des membres de la tribu de Benjamin, la tribu de Saï
il y en avait trois mille, dont la plupart étaient jusqu'alo
attachés au service de la maison de Saül.

[y] 12.16 Mois de Nisân (mars-avril) où le Jourdain est en crue par suite c
la fonte des neiges sur l'Hermon.
[z] 12.23 Autre traduction : *une armée formidable.*
[a] 12.28 *Abiatar* était grand-prêtre et *Yehoyada* était le chef militaire des
descendants d'Aaron ; *Benaya* (11.22), le chef des gardes du corps de
David, puis le général en chef de Salomon, était le fils de Yehoyada.

30 from Ephraim, brave warriors, famous in their
vn clans – 20,800;
31 from half the tribe of Manasseh, designated by
ıme to come and make David king – 18,000;
32 from Issachar, men who understood the times
ıd knew what Israel should do – 200 chiefs, with all
.eir relatives under their command;
33 from Zebulun, experienced soldiers prepared for
ıttle with every type of weapon, to help David with
ıdivided loyalty – 50,000;

34 from Naphtali – 1,000 officers, together with
',000 men carrying shields and spears;
35 from Dan, ready for battle – 28,600;
36 from Asher, experienced soldiers prepared for
ıttle – 40,000;
37 and from east of the Jordan, from Reuben, Gad and
ıe half-tribe of Manasseh, armed with every type of
eapon – 120,000.
38 All these were fighting men who volunteered to
rve in the ranks.
They came to Hebron fully determined to make
avid king over all Israel. All the rest of the Israelites
ere also of one mind to make David king. 39 The
en spent three days there with David, eating and
:inking, for their families had supplied provisions
r them. 40 Also, their neighbors from as far away as
sachar, Zebulun and Naphtali came bringing food on
ɔnkeys, camels, mules and oxen. There were plentiful
ıpplies of flour, fig cakes, raisin cakes, wine, olive oil,
ıttle and sheep, for there was joy in Israel.

ringing Back the Ark

3 1 David conferred with each of his officers, the
commanders of thousands and commanders
: hundreds. 2 He then said to the whole assembly of
rael, "If it seems good to you and if it is the will of
ıe LORD our God, let us send word far and wide to the
:st of our people throughout the territories of Israel,
ıd also to the priests and Levites who are with them
ı their towns and pasturelands, to come and join
;. 3 Let us bring the ark of our God back to us, for we
.d not inquire of[a] it[b] during the reign of Saul." 4 The
hole assembly agreed to do this, because it seemed
ght to all the people.
5 So David assembled all Israel, from the Shihor
iver in Egypt to Lebo Hamath, to bring the ark of
ɔd from Kiriath Jearim. 6 David and all Israel went
ı Baalah of Judah (Kiriath Jearim) to bring up from
ıere the ark of God the LORD, who is enthroned be-
ween the cherubim – the ark that is called by the
ame.

13:3 Or *we neglected*
13:3 Or *him*

31 De la tribu d'Ephraïm étaient venus 20 800 valeureux
guerriers, tous des hommes renommés dans leurs groupes
familiaux.
32 De la tribu de Manassé, 18 000 hommes furent nommément désignés pour aller proclamer David roi.
33 De la tribu d'Issacar, 200 chefs vinrent avec les hommes de leur tribu qui étaient sous leurs ordres. C'étaient
des gens qui savaient discerner comment Israël devait agir
en fonction des circonstances. 34 De la tribu de Zabulon,
50 000 hommes, bien entraînés et parfaitement équipés de
toutes les armes de guerre. Ils étaient prêts à combattre
d'un cœur résolu.
35 De la tribu de Nephtali arrivèrent mille officiers accompagnés de 37 000 hommes armés de boucliers et de
lances.
36 De la tribu de Dan, 28 600 hommes prêts au combat.
37 D'Aser, 40 000 hommes entraînés à la guerre et prêts
à combattre.
38 Des tribus installées à l'est du Jourdain, c'est-à-dire de
Ruben, de Gad et de l'autre demi-tribu de Manassé, vinrent
120 000 hommes équipés de toutes les armes de combat.
39 Tous ces hommes de guerre vinrent à Hébron en ordre de bataille, d'un cœur sans partage, pour proclamer
David roi de tout Israël. Tous les autres Israélites étaient
également unanimes pour conférer la royauté à David. 40 Ils
passèrent là trois jours avec David, mangeant et buvant ce
que leurs compatriotes leur avaient préparé.
41 Les gens de tous les environs, jusqu'à ceux des tribus
d'Issacar, de Zabulon et de Nephtali, apportaient des vivres
sur des ânes, des chameaux, des mulets et des bœufs : de
la farine, des paquets de figues sèches et de raisins secs,
du vin, de l'huile, des bœufs et des moutons en quantités,
car la joie régnait en Israël.

David veut faire transporter le coffre de l'alliance à Jérusalem

(2 S 6.1-11)

13 1 David tint conseil avec les chefs commandant
les « milliers » et les « centaines », ainsi qu'avec
les autres notables. 2 Puis il s'adressa à toute l'assemblée
d'Israël et leur dit : Si vous le jugez bon, et si cela est dans
le plan de l'Eternel notre Dieu, envoyons des messages à
tous nos compatriotes qui restent encore dans toutes les
régions d'Israël, ainsi qu'aux prêtres et aux lévites dans
leurs villes de résidence, pour qu'ils nous rejoignent. 3 Puis
nous ramènerons auprès de nous le coffre de notre Dieu,
car nous ne nous sommes pas préoccupés d'aller le chercher sous le règne de Saül.
4 Toute l'assemblée trouva cette proposition judicieuse,
et l'on déclara qu'il fallait la suivre. 5 David rassembla donc tout Israël, depuis le torrent d'Egypte[b] jusqu'à
Lebo-Hamath[c], pour faire venir le coffre de Dieu de
Qiryath-Yearim[d].
6 David, avec tout Israël, se rendit à Baala[e], à Qiryath-
Yearim, dans le territoire de Juda, pour en ramener le
coffre de Dieu, l'Eternel qui siège entre les chérubins et sur

[b] 13.5 Le *torrent du Shihor*, terme égyptien qui signifie « la mare de Horus », divinité égyptienne, sans doute l'un des canaux du Nil (voir Jos 13.3 ; Es 23.3 ; Jr 2.18).
[c] 13.5 Non identifiée, mais au nord du pays. Autre traduction : *jusqu'aux abords de Hamath.*
[d] 13.5 A quelque 13 kilomètres au nord-ouest de Jérusalem. Voir 1 S 6.21.
[e] 13.6 Nom cananéen de Qiryath-Yearim (voir note 2 S 6.2).

7They moved the ark of God from Abinadab's house on a new cart, with Uzzah and Ahio guiding it. 8David and all the Israelites were celebrating with all their might before God, with songs and with harps, lyres, timbrels, cymbals and trumpets.

9When they came to the threshing floor of Kidon, Uzzah reached out his hand to steady the ark, because the oxen stumbled. 10The LORD's anger burned against Uzzah, and he struck him down because he had put his hand on the ark. So he died there before God.

11Then David was angry because the LORD's wrath had broken out against Uzzah, and to this day that place is called Perez Uzzah.[c]

12David was afraid of God that day and asked, "How can I ever bring the ark of God to me?" 13He did not take the ark to be with him in the City of David. Instead, he took it to the house of Obed-Edom the Gittite. 14The ark of God remained with the family of Obed-Edom in his house for three months, and the LORD blessed his household and everything he had.

David's House and Family

14 1Now Hiram king of Tyre sent messengers to David, along with cedar logs, stonemasons and carpenters to build a palace for him. 2And David knew that the LORD had established him as king over Israel and that his kingdom had been highly exalted for the sake of his people Israel.

3In Jerusalem David took more wives and became the father of more sons and daughters. 4These are the names of the children born to him there: Shammua, Shobab, Nathan, Solomon, 5Ibhar, Elishua, Elpelet, 6Nogah, Nepheg, Japhia, 7Elishama, Beeliada[d] and Eliphelet.

David Defeats the Philistines

8When the Philistines heard that David had been anointed king over all Israel, they went up in full force to search for him, but David heard about it and went out to meet them. 9Now the Philistines had come and raided the Valley of Rephaim; 10so David inquired of God: "Shall I go and attack the Philistines? Will you deliver them into my hands?"

The LORD answered him, "Go, I will deliver them into your hands."

11So David and his men went up to Baal Perazim, and there he defeated them. He said, "As waters break out, God has broken out against my enemies by my hand." So that place was called Baal Perazim.[e] 12The Philistines had abandoned their gods there, and David gave orders to burn them in the fire.

13Once more the Philistines raided the valley; 14so David inquired of God again, and God answered him, "Do not go directly after them, but circle around them

[c] **13:11** *Perez Uzzah* means *outbreak against Uzzah.*
[d] **14:7** A variant of *Eliada*
[e] **14:11** *Baal Perazim* means *the lord who breaks out.*

lequel le Nom par excellence a été invoqué. 7On chargea coffre de Dieu sur un chariot neuf après l'avoir pris de maison d'Abinadab. Ouzza et Ahyo conduisaient le chario 8David et tout Israël exprimaient leur joie devant Dieu e chantant de toutes leurs forces et en jouant sur des lyre des luths, des tambourins, des cymbales et des trompette 9Lorsqu'ils furent arrivés près de l'aire de Kidôn, les bœu firent un écart et Ouzza tendit la main pour saisir le coff de Dieu. 10Alors l'Eternel se mit en colère contre Ouzza l'Eternel le frappa parce qu'il avait touché le coffre de main. Ouzza mourut là devant Dieu[g].

11David s'irrita parce que l'Eternel avait ouvert ur brèche en frappant Ouzza, et il appela ce lieu Pérets-Ouz (Brèche d'Ouzza), nom qu'il porte encore aujourd'hui. 12(jour-là, David prit peur de Dieu et il se demanda : Comme oserais-je faire venir le coffre de Dieu chez moi ?

13Il ne transporta donc pas le coffre chez lui, dans cité de David, mais il le fit déposer dans la maison d'Obe Edom, un homme originaire de Gath. 14Le coffre y res trois mois, et l'Eternel bénit la famille d'Obed-Edom tous ses biens.

David à Jérusalem

(2 S 5.11-16 ; 1 Ch 3.5-8)

14 1Hiram, le roi de Tyr, envoya une délégation David en lui faisant livrer du bois de cèdre et e lui envoyant des tailleurs de pierre et des charpentie pour lui construire un palais. 2David reconnut alors qu l'Eternel le confirmait comme roi sur Israël et qu'il donna beaucoup d'éclat à son règne à cause d'Israël son peupl

3Après son installation à Jérusalem, David épousa enco d'autres femmes, et il eut des fils et des filles. 4Voici le no des enfants qui lui naquirent à Jérusalem : Shammou Shobab, Nathan, Salomon, 5Yibhar, Elishoua, Elpélet 6Noga, Népheg, Yaphia, 7Elishama, Beélyada et Eliphélet

David vainqueur des Philistins

(2 S 5.17-25)

8Lorsque les Philistins apprirent que David avait ét établi roi sur tout Israël par l'onction, ils se mirent tous e campagne à sa recherche. David en fut informé et march à leur rencontre. 9Les Philistins arrivèrent et investire la vallée des Rephaïm[h]. 10David consulta Dieu et lui d manda : Dois-je attaquer les Philistins ? Me donneras- la victoire sur eux ?

L'Eternel lui répondit : Attaque-les ! et je te donnerai victoire sur eux.

11Les Philistins s'avancèrent jusqu'à Baal-Peratsim David les battit là. Puis il déclara : Dieu a fait une brèch par ma main, dans le rang de mes ennemis, comme le eaux rompent une digue.

C'est pourquoi on a donné à ce lieu le nom de Baa Peratsim (le Maître des brèches). 12Les Philistir abandonnèrent leurs divinités sur place et David donr l'ordre de les brûler.

13Les Philistins envahirent de nouveau la vallée. 14Dav consulta encore Dieu, qui lui répondit : Ne les suis pas Contourne-les à bonne distance, puis reviens sur eux e

[f] **13.7** Fils ou descendant d'Abinadab.
[g] **13.10** Le coffre aurait dû être transporté sur les épaules des lévites (Ex 25.12-15) et jamais touché, sous peine de mort (Nb 4.15). Ces prescri tions furent observées par la suite (15.1-15).
[h] **14.9** Au sud-ouest de Jérusalem.

ıd attack them in front of the poplar trees. 15 As soon
; you hear the sound of marching in the tops of the
ɔplar trees, move out to battle, because that will
ıean God has gone out in front of you to strike the
ıilistine army." 16 So David did as God commanded
im, and they struck down the Philistine army, all
ıe way from Gibeon to Gezer.
17 So David's fame spread throughout every land,
ıd the LORD made all the nations fear him.

he Ark Brought to Jerusalem

5 1 After David had constructed buildings for
himself in the City of David, he prepared a
ace for the ark of God and pitched a tent for it. 2 Then
avid said, "No one but the Levites may carry the ark
f God, because the LORD chose them to carry the ark
f the LORD and to minister before him forever."
3 David assembled all Israel in Jerusalem to bring up
ıe ark of the LORD to the place he had prepared for it.
4 He called together the descendants of Aaron and
ıe Levites:
5 From the descendants of Kohath,
Uriel the leader and 120 relatives;
6 from the descendants of Merari,
Asaiah the leader and 220 relatives;
7 from the descendants of Gershon,[f]
Joel the leader and 130 relatives;
8 from the descendants of Elizaphan,
Shemaiah the leader and 200 relatives;
9 from the descendants of Hebron,
Eliel the leader and 80 relatives;
10 from the descendants of Uzziel,
Amminadab the leader and 112 relatives.
11 Then David summoned Zadok and Abiathar the
riests, and Uriel, Asaiah, Joel, Shemaiah, Eliel and
mminadab the Levites. 12 He said to them, "You are
ıe heads of the Levitical families; you and your fellow
evites are to consecrate yourselves and bring up the
k of the LORD, the God of Israel, to the place I have
repared for it. 13 It was because you, the Levites, did
ot bring it up the first time that the LORD our God
roke out in anger against us. We did not inquire of
im about how to do it in the prescribed way." 14 So the
riests and Levites consecrated themselves in order to
ring up the ark of the LORD, the God of Israel. 15 And
ıe Levites carried the ark of God with the poles on
ıeir shoulders, as Moses had commanded in accor-
ance with the word of the LORD.

16 David told the leaders of the Levites to appoint
ıeir fellow Levites as musicians to make a joyful
ound with musical instruments: lyres, harps and
mbals.
17 So the Levites appointed Heman son of Joel; from
is relatives, Asaph son of Berekiah; and from their

5:7 Hebrew *Gershom*, a variant of *Gershon*

face de la forêt des mûriers[i]. 15 Quand tu entendras un
bruissement de pas dans les cimes des mûriers, alors lance-
toi à l'attaque, car je me serai mis en campagne devant toi
pour battre l'armée des Philistins.
16 David fit ce que Dieu lui avait ordonné, et ses troupes
battirent l'armée des Philistins en les poursuivant de
Gabaon[j] jusqu'à Guézer[k]. 17 Dès lors la renommée de David
se répandit dans tous les pays, et l'Eternel le fit redouter
par tous les autres peuples.

Le transport du coffre de l'alliance selon la Loi

15 1 David se fit construire des maisons dans la cité de
David. Il prépara un emplacement pour le coffre
de Dieu et dressa une tente pour l'abriter. 2 C'est ainsi qu'il
décréta : Seuls les lévites auront le droit de porter le coffre
de Dieu, car ce sont eux que l'Eternel a choisis pour cela
et pour accomplir son service à jamais.
3 David rassembla tout Israël à Jérusalem pour faire venir le coffre de l'Eternel à l'emplacement qu'il lui avait
préparé. 4 Il réunit aussi les descendants d'Aaron et les
lévites. 5 Des Qehatites, il y avait le chef Ouriel avec 120
membres de cette famille ; 6 des Merarites, le chef Asaya
avec 220 membres de cette famille ; 7 des Guershonites, le
chef Joël avec 130 membres de cette famille ; 8 des descendants d'Elitsaphân, le chef Shemaya avec 200 membres de
cette famille ; 9 des descendants d'Hébron, le chef Eliel avec
80 membres de cette famille, 10 et des descendants d'Ouzziel, le chef Amminadab avec 112 membres de cette famille.

11 David appela les prêtres Tsadoq et Abiatar et les lévites
Ouriel, Asaya, Joël, Shemaya, Eliel et Amminadab. 12 Il leur
dit : Vous êtes les chefs des groupes familiaux des lévites,
purifiez-vous, vous et tous les membres de vos familles,
pour être en mesure de transporter le coffre de l'Eternel,
le Dieu d'Israël, à l'emplacement que je lui ai préparé. 13 En
effet, c'est parce que vous n'étiez pas présents la première
fois, que l'Eternel notre Dieu a fait une brèche parmi nous :
nous ne nous sommes pas occupés selon la Loi de ce qui
le concerne.
14 Les prêtres et les lévites se purifièrent donc pour le
transport du coffre de l'Eternel, le Dieu d'Israël. 15 Les
lévites portèrent le coffre de Dieu avec des barres sur
leurs épaules, conformément aux ordres que Moïse avait
donnés d'après la parole de l'Eternel.

Les musiciens et les gardiens

16 David demanda aussi aux chefs des lévites de disposer
les membres de leurs familles qui étaient chargés du chant
avec leurs instruments de musique, c'est-à-dire leurs luths,
leurs lyres et leurs cymbales, pour accompagner les réjouissances d'une musique éclatante. 17 Les lévites firent donc
mettre en place Hémân, fils de Joël, Asaph, fils de Bérékia,
membre de sa famille et, dans la famille de Merari, Etân,
fils de Qoushaya.

i **14.14** 1 Ch 14.14 semble dire le contraire de 2 S 5.23. Cela est dû au déplacement du terme signifiant « derrière eux » dans l'un des deux textes.
j **14.16** A quelque 10 kilomètres au nord-ouest de Jérusalem.
k **14.16** A quelque 30 kilomètres au nord-ouest de Jérusalem.

relatives the Merarites, Ethan son of Kushaiah; 18 and with them their relatives next in rank: Zechariah,[g] Jaaziel, Shemiramoth, Jehiel, Unni, Eliab, Benaiah, Maaseiah, Mattithiah, Eliphelehu, Mikneiah, Obed-Edom and Jeiel,[h] the gatekeepers.

19 The musicians Heman, Asaph and Ethan were to sound the bronze cymbals; 20 Zechariah, Jaaziel,[i] Shemiramoth, Jehiel, Unni, Eliab, Maaseiah and Benaiah were to play the lyres according to *alamoth*,[j] 21 and Mattithiah, Eliphelehu, Mikneiah, Obed-Edom, Jeiel and Azaziah were to play the harps, directing according to *sheminith*.[k] 22 Kenaniah the head Levite was in charge of the singing; that was his responsibility because he was skillful at it.

23 Berekiah and Elkanah were to be doorkeepers for the ark. 24 Shebaniah, Joshaphat, Nethanel, Amasai, Zechariah, Benaiah and Eliezer the priests were to blow trumpets before the ark of God. Obed-Edom and Jehiah were also to be doorkeepers for the ark.

25 So David and the elders of Israel and the commanders of units of a thousand went to bring up the ark of the covenant of the LORD from the house of Obed-Edom, with rejoicing. 26 Because God had helped the Levites who were carrying the ark of the covenant of the LORD, seven bulls and seven rams were sacrificed. 27 Now David was clothed in a robe of fine linen, as were all the Levites who were carrying the ark, and as were the musicians, and Kenaniah, who was in charge of the singing of the choirs. David also wore a linen ephod. 28 So all Israel brought up the ark of the covenant of the LORD with shouts, with the sounding of rams' horns and trumpets, and of cymbals, and the playing of lyres and harps.

29 As the ark of the covenant of the LORD was entering the City of David, Michal daughter of Saul watched from a window. And when she saw King David dancing and celebrating, she despised him in her heart.

Ministering Before the Ark

16 1 They brought the ark of God and set it inside the tent that David had pitched for it, and they presented burnt offerings and fellowship offerings before God. 2 After David had finished sacrificing the burnt offerings and fellowship offerings, he blessed the people in the name of the LORD. 3 Then he gave a loaf of bread, a cake of dates and a cake of raisins to each Israelite man and woman.

4 He appointed some of the Levites to minister before the ark of the LORD, to extol,[l] thank, and praise the LORD, the God of Israel: 5 Asaph was the chief, and next to him in rank were Zechariah, then Jaaziel,[m] Shemiramoth, Jehiel, Mattithiah, Eliab, Benaiah, Obed-Edom and Jeiel. They were to play the lyres and

g 15:18 Three Hebrew manuscripts and most Septuagint manuscripts (see also verse 20 and 16:5); most Hebrew manuscripts *Zechariah son and* or *Zechariah, Ben and*
h 15:18 Hebrew; Septuagint (see also verse 21) *Jeiel and Azaziah*
i 15:20 See verse 18; Hebrew *Aziel*, a variant of *Jaaziel*.
j 15:20 Probably a musical term
k 15:21 Probably a musical term
l 16:4 Or *petition*; or *invoke*
m 16:5 See 15:18,20; Hebrew *Jeiel*, possibly another name for *Jaaziel*.

18 Et pour les seconder, on prit d'autres lévites : l portiers Zacharie, Ben[l], Yaaziel, Shemiramoth, Yehi Ounni, Eliab, Benaya, Maaséya, Mattitia, Eliphélého Miqnéya, Obed-Edom et Yeïel, 19 les musiciens Hémâ Asaph et Etân jouaient des cymbales de bronze. 20 Zachar Aziel, Shemiramoth, Yehiel, Ounni, Eliab, Maaséya Benaya jouaient du luth pour les voix de soprano[m] ; 21 Mattitia, Eliphéléhou, Miqnéya, Obed-Edom, Yeïel et Azaz des lyres à huit cordes[n] pour diriger le chant. 22 Kenania, chef des lévites, était chargé de la direction du chant, c il était expert en la matière. 23 Bérékia et Elqana étaie les gardiens du coffre.

24 Shebania, Josaphat, Netanéel, Amasaï, Zachari Benaya et Eliézer, les prêtres, sonnaient des trompett devant le coffre de Dieu. Obed-Edom et Yehiya étaient l gardiens du coffre.

Le coffre sacré arrive à Jérusalem

(2 S 6.12-19)

25 Alors David, les responsables d'Israël et les chefs m itaires allèrent faire transporter le coffre de l'allian de l'Eternel depuis la maison d'Obed-Edom, au mili de grandes réjouissances. 26 C'est avec l'aide de Dieu q les lévites portaient le coffre de l'alliance et l'on offrit l'Eternel en sacrifice sept taureaux et sept béliers. 27 Dav avait endossé un manteau de fin lin blanc, comme tous l lévites qui portaient le coffre sacré, ainsi que les musicie et Kenania, le chef responsable des musiciens. De plus, avait endossé un vêtement de lin semblable à celui d prêtres. 28 Ainsi tout Israël transporta le coffre de l'al ance de l'Eternel en poussant des cris de joie, en faisa résonner les cors, les trompettes et les cymbales et retent les luths et les lyres. 29 Lorsque le coffre de l'alliance l'Eternel arriva dans la cité de David, Mikal, la fille de Sa regardait par la fenêtre. Elle vit le roi David qui sauta et dansait de joie. Alors elle conçut du mépris pour l dans son cœur.

Joie et louanges

16 1 On amena le coffre de Dieu et on le déposa a milieu de la tente que David avait fait dresser po lui, et l'on offrit devant Dieu des holocaustes et des sa rifices de communion. 2 Quand David eut achevé d'offr ces sacrifices, il bénit le peuple au nom de l'Eternel. 3 Pu il fit distribuer à tous les Israélites, hommes et femme une miche de pain, une portion de viande rôtie et ur masse de raisins secs[o].

4 Il institua dans leur service devant le coffre de l'Etern un certain nombre de lévites ayant pour fonction d'inv quer l'Eternel, le Dieu d'Israël, de le célébrer et de le lou 5 C'étaient Asaph, leur chef, Zacharie, son second, pu Yeïel, Shemiramoth, Yehiel, Mattitia, Eliab, Benaya, Obe Edom et Yeïel. Ils jouaient des instruments de musique, d luths et des lyres, et Asaph faisait retentir les cymbales

l 15.18 Autre traduction : *fils de…* Ce mot est absent dans trois manuscrits hébreux et dans la plupart des manuscrits de l'ancienne version grecque (1 Ch 16.5).
m 15.20 Traduction incertaine.
n 15.21 Traduction incertaine. Certains traduisent : *à l'octave*, c'est-à-di pour voix de basse ou instruments aux notes basses.
o 16.3 *une portion de viande rôtie et une masse de raisins secs:* traduction incertaine. Autre traduction : *un gâteau de dattes et un gâteau de raisins.* Voir Lv 3.1-17 ; 7.11-21, 28-36.

arps, Asaph was to sound the cymbals, 6 and Benaiah
nd Jahaziel the priests were to blow the trumpets
egularly before the ark of the covenant of God.
7 That day David first appointed Asaph and his asso-
ates to give praise to the LORD in this manner:

8 Give praise to the LORD, proclaim his name;
make known among the nations what he has
done.
9 Sing to him, sing praise to him;
tell of all his wonderful acts.
10 Glory in his holy name;
let the hearts of those who seek the LORD
rejoice.
11 Look to the LORD and his strength;
seek his face always.
12 Remember the wonders he has done,
his miracles, and the judgments he
pronounced,
13 you his servants, the descendants of Israel,
his chosen ones, the children of Jacob.
14 He is the LORD our God;
his judgments are in all the earth.
15 He remembers[n] his covenant forever,
the promise he made, for a thousand
generations,
16 the covenant he made with Abraham,
the oath he swore to Isaac.
17 He confirmed it to Jacob as a decree,
to Israel as an everlasting covenant:
18 "To you I will give the land of Canaan
as the portion you will inherit."
19 When they were but few in number,
few indeed, and strangers in it,
20 they[o] wandered from nation to nation,
from one kingdom to another.
21 He allowed no one to oppress them;
for their sake he rebuked kings:
22 "Do not touch my anointed ones;
do my prophets no harm."
23 Sing to the LORD, all the earth;
proclaim his salvation day after day.
24 Declare his glory among the nations,
his marvelous deeds among all peoples.
25 For great is the LORD and most worthy of praise;
he is to be feared above all gods.
26 For all the gods of the nations are idols,
but the LORD made the heavens.
27 Splendor and majesty are before him;
strength and joy are in his dwelling place.
28 Ascribe to the LORD, all you families of nations,
ascribe to the LORD glory and strength.
29 Ascribe to the LORD the glory due his name;
bring an offering and come before him.

6 Les prêtres Benaya et Yahaziel sonnaient continuellement de la trompette devant le coffre de l'alliance
de Dieu. 7 Ce fut à cette époque que David chargea pour
la première fois Asaph et les membres de sa famille de
célébrer l'Eternel.

8 Louez l'Eternel[p], et faites appel à lui !
Publiez parmi les peuples ses hauts faits !
9 Chantez à sa gloire, et célébrez-le en musique !
Racontez sans cesse toutes ses merveilles !
10 Soyez fiers de lui, car il est très saint !
Que le cœur de ceux qui sont attachés à l'Eternel
soit rempli de joie !
11 Tournez-vous vers l'Eternel ! Faites appel à sa force !
Aspirez à vivre constamment en sa présence !
12 Souvenez-vous des merveilles qu'il a accomplies !
Rappelez-vous ses prodiges et les jugements qu'il a
prononcés,
13 vous, les descendants d'Israël, son serviteur,
vous, descendants de Jacob, vous, qu'il a choisis !
14 Notre Dieu, c'est l'Eternel,
sur toute la terre s'exercent ses jugements.
15 Souvenez-vous pour toujours de son alliance,
de ce qu'il a donné sa parole pour mille
générations :
16 il a conclu un traité avec Abraham,
et l'a confirmé par serment à Isaac[q].
17 Il l'a confirmé à Jacob en en faisant une loi
et, pour Israël, une alliance pour toujours.
18 Il a déclaré : « Je te donnerai le pays de Canaan,
ce sera la part que vous allez posséder. »
19 Vous n'étiez alors qu'un très petit nombre,
une poignée d'immigrés,
20 allant çà et là, d'une peuplade à une autre,
d'un royaume vers un autre peuple.
21 Mais Dieu ne laissa personne les persécuter ;
il réprimanda des rois à leur sujet[r] :
22 « Ne maltraitez pas ceux qui me sont consacrés,
et ne faites pas de mal à ceux qui sont mes
prophètes ! »
23 Chantez à l'Eternel[s], vous, gens du monde entier !
Annoncez chaque jour la bonne nouvelle de son
salut !
24 Oui, publiez sa gloire au milieu des nations !
Racontez ses prodiges chez tous les peuples !
25 Car l'Eternel est grand et digne de louanges,
et il est redoutable bien plus que tous les dieux.
26 Car tous les dieux des peuples ne sont que des faux
dieux,
alors que l'Eternel a fait le ciel.
27 Splendeur et majesté rayonnent de son être,
et puissance et beauté ornent son sanctuaire[t].
28 Célébrez l'Eternel, vous, gens de tous les peuples,
célébrez l'Eternel, en proclamant sa gloire et sa
puissance !
29 Célébrez l'Eternel et son nom glorieux !
Apportez vos offrandes et entrez devant lui

6:15 Some Septuagint manuscripts (see also Psalm 105:8); brew *Remember*
6:18-20 One Hebrew manuscript, Septuagint and Vulgate (see so Psalm 105:12); most Hebrew manuscripts *inherit, / [19] though you but few in number, / few indeed, and strangers in it." / [20] They*

p **16.8** Les v. 8-22 reprennent le Ps 105.1-15.
q **16.16** Pour les v. 16-18, voir Gn 12.7 ; 26.3 ; 28.13.
r **16.21** Pour les v. 21-22, voir Gn 12.17-20 ; 20.3-7.
s **16.23** Les v. 23-33 reprennent le Ps 96.
t **16.27** D'après l'ancienne version grecque et Ps 96.6; le texte hébreu traditionnel a : *son lieu.* Les deux termes se ressemblent en hébreu.

Worship the Lord in the splendor of his[p]
holiness.
30 Tremble before him, all the earth!
The world is firmly established; it cannot be
moved.
31 Let the heavens rejoice, let the earth be glad;
let them say among the nations, "The Lord
reigns!"
32 Let the sea resound, and all that is in it;
let the fields be jubilant, and everything in
them!
33 Let the trees of the forest sing,
let them sing for joy before the Lord,
for he comes to judge the earth.

34 Give thanks to the Lord, for he is good;
his love endures forever.
35 Cry out, "Save us, God our Savior;
gather us and deliver us from the nations,
that we may give thanks to your holy name,
and glory in your praise."
36 Praise be to the Lord, the God of Israel,
from everlasting to everlasting.
Then all the people said "Amen" and "Praise the Lord."

37David left Asaph and his associates before the ark
of the covenant of the Lord to minister there regularly,
according to each day's requirements. 38He also left
Obed-Edom and his sixty-eight associates to minister with them. Obed-Edom son of Jeduthun, and also
Hosah, were gatekeepers.
39David left Zadok the priest and his fellow priests
before the tabernacle of the Lord at the high place in
Gibeon 40to present burnt offerings to the Lord on
the altar of burnt offering regularly, morning and
evening, in accordance with everything written in
the Law of the Lord, which he had given Israel. 41With
them were Heman and Jeduthun and the rest of those
chosen and designated by name to give thanks to
the Lord, "for his love endures forever." 42Heman and
Jeduthun were responsible for the sounding of the
trumpets and cymbals and for the playing of the other
instruments for sacred song. The sons of Jeduthun
were stationed at the gate.

43Then all the people left, each for their own home,
and David returned home to bless his family.

God's Promise to David

17 1After David was settled in his palace, he said
to Nathan the prophet, "Here I am, living in
a house of cedar, while the ark of the covenant of the
Lord is under a tent."

p 16:29 Or *Lord with the splendor of*

et prosternez-vous devant l'Eternel dont la saintet
brille avec éclat[u] !
30 Vous, gens du monde entier, tremblez devant sa
face !
Le monde est ferme, il n'est pas ébranlé.
31 Que le ciel soit en joie ! Et que la terre exulte
d'allégresse !
Qu'à tout peuple on proclame que l'Eternel est roi !
32 Que la mer retentisse et tout ce qui l'habite !
Que toute la campagne et tout ce qui s'y trouve se
réjouissent !
33 Que, dans les bois, les arbres poussent des cris de
joie
devant l'Eternel, car il vient pour gouverner[v] la
terre.
34 Célébrez l'Eternel[w] car il est bon,
car son amour dure à toujours.
35 Et dites : « Délivre-nous, ô Dieu notre Sauveur !
Rassemble-nous, délivre-nous des autres peuples !
Nous te célébrerons, toi qui es saint,
et mettrons notre gloire à te louer. »
36 Béni soit l'Eternel, Dieu d'Israël,
d'éternité jusqu'en éternité !
Tout le peuple répondit « Amen ! » et loua l'Eternel.

L'organisation du culte

37David chargea alors Asaph et les membres de sa famil
de se tenir devant le coffre de l'alliance de l'Eternel, pou
assurer leur service de manière permanente, suivant l
rites prévus pour chaque jour.
38Il désigna, comme portiers, Obed-Edom, fils d
Yedoutoun, ainsi que soixante-huit hommes de sa parent
et Hosa. 39Il chargea aussi le prêtre Tsadoq et les autr
prêtres de sa parenté d'officier devant le tabernacl
de l'Eternel qui se trouvait sur le haut lieu de Gabaon
40en offrant tous les jours, matin et soir, des holocaust
à l'Eternel sur l'autel des holocaustes, selon tout ce q
est écrit dans la Loi que l'Eternel a donnée à Israël. 41I
avaient avec eux Hémân, Yedoutoun et les autres hon
mes qui avaient été choisis et désignés nominativeme
pour louer l'Eternel en ces termes : « Car son amour du
à toujours. » 42Hémân et Yedoutoun étaient chargés c
faire retentir les trompettes et les cymbales, ainsi que l
autres instruments de musique destinés à accompagn
le chant pour Dieu. Les fils de Yedoutoun étaient affect
aux fonctions de gardiens.
43Puis tout le peuple s'en alla, chacun chez soi, et Dav
rentra aussi chez lui pour bénir sa famille.

Les deux maisons

(2 S 7.1-17)

17 1Lorsque David se fut installé dans son palais,
dit au prophète Nathan : Qu'en penses-tu ? J'habit
dans un palais de cèdre, alors que le coffre de l'alliance c
l'Eternel est logé sous une tente de toile.

u **16.29** Autre traduction : *revêtus de vêtements sacrés.*
v **16.33** Voir Ps 82.8 et la note.
w **16.34** Les v. 34-36 reprennent le Ps 106.1, 47-48.
x **16.39** Il s'agit de la tente construite au désert sous la direction de Moïse où étaient toujours offerts les sacrifices prescrits par la Loi (voir Ex 29.38-39 ; Lv 6.7-10 ; Nb 28.3-6).
y **16.39** 1 R 3.4 et note.

2 Nathan replied to David, "Whatever you have in
ind, do it, for God is with you."
3 But that night the word of God came to Nathan,
ying:
4 "Go and tell my servant David, 'This is what the
LORD says: You are not the one to build me a house
to dwell in. 5 I have not dwelt in a house from the
day I brought Israel up out of Egypt to this day. I
have moved from one tent site to another, from one
dwelling place to another. 6 Wherever I have moved
with all the Israelites, did I ever say to any of their
leaders[q] whom I commanded to shepherd my people, "Why have you not built me a house of cedar?"'
7 "Now then, tell my servant David, 'This is what
the LORD Almighty says: I took you from the pasture, from tending the flock, and appointed you
ruler over my people Israel. 8 I have been with you
wherever you have gone, and I have cut off all your
enemies from before you. Now I will make your
name like the names of the greatest men on earth.
9 And I will provide a place for my people Israel and
will plant them so that they can have a home of
their own and no longer be disturbed. Wicked people will not oppress them anymore, as they did at
the beginning 10 and have done ever since the time
I appointed leaders over my people Israel. I will also
subdue all your enemies.
"'I declare to you that the LORD will build a house
for you: 11 When your days are over and you go to be
with your ancestors, I will raise up your offspring
to succeed you, one of your own sons, and I will establish his kingdom. 12 He is the one who will build
a house for me, and I will establish his throne forever. 13 I will be his father, and he will be my son. I
will never take my love away from him, as I took it
away from your predecessor. 14 I will set him over
my house and my kingdom forever; his throne will
be established forever.'"
15 Nathan reported to David all the words of this
tire revelation.

vid's Prayer

16 Then King David went in and sat before the LORD,
d he said:
"Who am I, LORD God, and what is my family, that
you have brought me this far? 17 And as if this were
not enough in your sight, my God, you have spoken
about the future of the house of your servant. You,
LORD God, have looked on me as though I were the
most exalted of men.
18 "What more can David say to you for honoring
your servant? For you know your servant, 19 LORD. For
the sake of your servant and according to your will,
you have done this great thing and made known all
these great promises.
20 "There is no one like you, LORD, and there is no
God but you, as we have heard with our own ears.
21 And who is like your people Israel – the one nation
on earth whose God went out to redeem a people

7:6 Traditionally *judges*; also in verse 10

2 Nathan lui répondit : Réalise les projets qui te tiennent
à cœur, car Dieu est avec toi.
3 Cependant, la nuit suivante, Dieu adressa la parole à
Nathan en ces termes : 4 Va dire à mon serviteur David :
« Voici ce que déclare l'Eternel : Ce n'est pas toi qui me
bâtiras un temple pour que j'y habite. 5 Je n'ai jamais résidé
dans un temple depuis le jour où j'ai fait sortir d'Egypte
Israël, mon peuple, jusqu'à ce jour-ci. Au contraire, j'étais
dans le tabernacle, allant d'un emplacement à un autre.
6 Pendant tout ce temps où j'ai accompagné tout Israël, ai-je
jamais dit à un seul des chefs d'Israël que j'avais établis
pour diriger mon peuple : "Pourquoi ne me bâtissez-vous
pas un temple en bois de cèdre ?" »
7 Voici maintenant ce que tu diras à mon serviteur
David : « Ainsi parle l'Eternel, le Seigneur des armées
célestes : Je suis allé te chercher dans les pâturages où
tu gardais les moutons pour faire de toi le chef de mon
peuple Israël. 8 Je t'ai soutenu dans toutes tes entreprises
et je t'ai débarrassé de tous tes ennemis. Je te ferai un nom
glorieux comme celui des grands de la terre. 9 J'attribuerai
un territoire à mon peuple Israël où je l'implanterai pour
qu'il puisse habiter chez lui et qu'il ne soit plus inquiété et
maltraité comme auparavant par des hommes méchants,
10 comme à l'époque où j'avais établi des chefs pour mon
peuple Israël. Je soumettrai tous tes ennemis. Enfin, je
t'annonce que je te bâtirai une dynastie[z]. 11 Quand le moment sera venu pour toi d'aller rejoindre tes ancêtres,
j'établirai après toi l'un de tes descendants, l'un de tes fils,
pour te succéder comme roi, et j'affermirai son autorité
royale. 12 C'est lui qui me construira un temple et je maintiendrai toujours son trône. 13 Je serai pour lui un père,
et il sera pour moi un fils[a] ; je ne lui retirerai jamais ma
faveur, comme je l'ai retirée à celui qui t'a précédé. 14 Je le
maintiendrai pour toujours dans ma maison et dans mon
royaume, et son trône sera inébranlable à perpétuité. »
15 Nathan rapporta fidèlement à David toutes ces paroles
et toute cette révélation.

Prière de reconnaissance de David

(2 S 7.18-29)

16 Alors le roi David alla se placer devant l'Eternel et lui
adressa cette prière : Eternel Dieu, qui suis-je et qu'est
donc ma famille, pour que tu m'aies fait parvenir où je
suis ? 17 Et comme si ce n'était pas suffisant à tes yeux, ô
Dieu, voilà que tu fais à ton serviteur des promesses pour
l'avenir lointain de sa dynastie. Eternel Dieu, toi tu me
traites comme si j'étais un homme de haut rang. 18 Que
pourrais-je encore ajouter au sujet de la gloire que tu accordes à ton serviteur ? Tu connais toi-même ton serviteur,
19 Eternel. C'est parce que tu aimes ton serviteur et que tu
en as décidé ainsi, que tu as accompli ces grandes choses
pour révéler ta grandeur. 20 Eternel ! Il n'y a personne comme toi, il n'existe pas d'autre Dieu que toi ! C'est vraiment
comme tout ce que nous avons entendu dire. 21 Y a-t-il un
seul peuple sur terre qui soit comme Israël ton peuple,

[z] 17.10 En hébreu, c'est le même terme qui signifie généralement *maison* et qui est rendu ici tantôt par *temple* (v. 4, 5, 6), tantôt par *dynastie*. Il y a là un jeu de mots sur ce terme : ce n'est pas David qui bâtira une *maison* à l'Eternel, mais l'Eternel qui bâtira une *maison* à David.

[a] 17.13 Cité en 2 Co 6.18 ; Hé 1.5.

for himself, and to make a name for yourself, and to perform great and awesome wonders by driving out nations from before your people, whom you redeemed from Egypt? 22 You made your people Israel your very own forever, and you, LORD, have become their God.

23 "And now, LORD, let the promise you have made concerning your servant and his house be established forever. Do as you promised, 24 so that it will be established and that your name will be great forever. Then people will say, 'The LORD Almighty, the God over Israel, is Israel's God!' And the house of your servant David will be established before you.

25 "You, my God, have revealed to your servant that you will build a house for him. So your servant has found courage to pray to you. 26 You, LORD, are God! You have promised these good things to your servant. 27 Now you have been pleased to bless the house of your servant, that it may continue forever in your sight; for you, LORD, have blessed it, and it will be blessed forever."

David's Victories

18 1 In the course of time, David defeated the Philistines and subdued them, and he took Gath and its surrounding villages from the control of the Philistines.

2 David also defeated the Moabites, and they became subject to him and brought him tribute.

3 Moreover, David defeated Hadadezer king of Zobah, in the vicinity of Hamath, when he went to set up his monument at[r] the Euphrates River. 4 David captured a thousand of his chariots, seven thousand charioteers and twenty thousand foot soldiers. He hamstrung all but a hundred of the chariot horses.

5 When the Arameans of Damascus came to help Hadadezer king of Zobah, David struck down twenty-two thousand of them. 6 He put garrisons in the Aramean kingdom of Damascus, and the Arameans became subject to him and brought him tribute. The LORD gave David victory wherever he went.

7 David took the gold shields carried by the officers of Hadadezer and brought them to Jerusalem. 8 From Tebah[s] and Kun, towns that belonged to Hadadezer, David took a great quantity of bronze, which Solomon used to make the bronze Sea, the pillars and various bronze articles.

9 When Tou king of Hamath heard that David had defeated the entire army of Hadadezer king of Zobah, 10 he sent his son Hadoram to King David to greet him and congratulate him on his victory in battle over Hadadezer, who had been at war with Tou. Hadoram brought all kinds of articles of gold, of silver and of bronze.

11 King David dedicated these articles to the LORD, as he had done with the silver and gold he had

[r] **18:3** Or *to restore his control over*
[s] **18:8** Hebrew *Tibhath*, a variant of *Tebah*

que Dieu soit allé libérer pour en faire son peuple ? Air tu t'es rendu célèbre en accomplissant des choses grand et redoutables pour chasser des peuples étrangers deva ton peuple que tu as libéré de l'Egypte. 22 Tu as fait de t peuple Israël ton peuple pour toujours ; et toi, Eternel, es devenu son Dieu.

23 Maintenant donc, ô Eternel, que soit toujours vra la promesse que tu as faite à ton serviteur et à sa dyna tie ! Oui, veuille l'accomplir ! 24 Et que cette promesse confirme. Ainsi tu seras éternellement exalté et l'on pro lamera que l'Eternel, le Seigneur des armées célestes, Dieu d'Israël, est vraiment Dieu pour Israël ! Et que la d nastie de ton serviteur David demeure stable devant to 25 En effet, ô mon Dieu, tu as révélé à ton serviteur que lui bâtirais une dynastie. C'est pourquoi ton serviteu osé prier devant toi.

26 Maintenant, ô Eternel, c'est toi qui es Dieu, et tu promis ce bonheur au sujet de ton serviteur. 27 Et à prése tu as bien voulu bénir ma dynastie pour qu'elle subsis à jamais devant toi ! Car ce que tu bénis, Eternel, est bé à jamais.

David soumet les peuples voisins

(2 S 8.1-14)

18 1 Par la suite, David vainquit les Philistins et humilia ; il leur arracha Gath[b] et les localités c en dépendent. 2 Il battit aussi les Moabites. Ceux-ci furent assujettis et lui payèrent un tribut. 3 Puis David b tit Hadadézer, roi de Tsoba, du côté de Hamath[c], penda qu'il était en campagne pour établir sa domination sur région de l'Euphrate. 4 David lui captura mille chars, se mille soldats sur char et vingt mille fantassins. Il conser une centaine de chevaux d'attelage et fit couper les jarr à tous les autres. 5 Les Syriens de Damas envoyèrent secours à Hadadézer, roi de Tsoba, mais David battit éga ment les Syriens au nombre de vingt-deux mille homm 6 Puis il installa des garnisons[d] sur le territoire syrien Damas, et les Syriens lui furent assujettis et durent payer un tribut. Ainsi l'Eternel accorda la victoire à Dav dans toutes ses campagnes militaires. 7 David s'empara c boucliers d'or que portaient les soldats de Hadadézer il les fit porter à Jérusalem. 8 A Tibhath et à Koun[e], vill du roi Hadadézer, il enleva aussi une énorme quantité bronze. Plus tard, Salomon utilisa ce métal pour fab quer la cuve de bronze, les colonnes et les autres obje de bronze.

9 Lorsque Tôou, le roi de Hamath, apprit que David av défait toute l'armée de Hadadézer, roi de Tsoba, 10 il lui e voya son fils Hadoram pour lui transmettre ses salutatio et ses félicitations d'avoir attaqué et vaincu Hadadéz avec lequel Tôou avait été continuellement en guerre lui envoya aussi toutes sortes d'objets d'or, d'argent et bronze. 11 Le roi David les consacra à l'Eternel, comme avait déjà fait pour l'argent et l'or qu'il avait pris à tous

[b] **18.1** L'une des cinq villes principales de la Philistie. Occupation seulement temporaire (voir 1 R 2.39).
[c] **18.3** Ancienne ville syrienne située sur l'Oronte (voir 2 S 8.9 et note).
[d] **18.6** Autre traduction : *des préfets.* De même au v. 13.
[e] **18.8** Deux localités de Syrie situées dans la vallée entre le Liban et l'Anti-Liban (voir note 2 S 8.8).

ken from all these nations: Edom and Moab, the
nmonites and the Philistines, and Amalek.
[12]Abishai son of Zeruiah struck down eighteen
ousand Edomites in the Valley of Salt. [13]He put gar-
sons in Edom, and all the Edomites became subject
David. The LORD gave David victory wherever he
ent.

avid's Officials

[14]David reigned over all Israel, doing what was just
d right for all his people.
[15]Joab son of Zeruiah was over the army;
Jehoshaphat son of Ahilud was recorder;
[16]Zadok son of Ahitub and Ahimelek[t] son of
biathar were priests;
Shavsha was secretary;
[17]Benaiah son of Jehoiada was over the Kerethites
d Pelethites;
and David's sons were chief officials at the king's
le.

avid Defeats the Ammonites

9 [1]In the course of time, Nahash king of the
Ammonites died, and his son succeeded
m as king. [2]David thought, "I will show kindness
Hanun son of Nahash, because his father showed
ndness to me." So David sent a delegation to express
s sympathy to Hanun concerning his father.
When David's envoys came to Hanun in the land
the Ammonites to express sympathy to him, [3]the
nmonite commanders said to Hanun, "Do you think
avid is honoring your father by sending envoys to
u to express sympathy? Haven't his envoys come to
u only to explore and spy out the country and over-
row it?" [4]So Hanun seized David's envoys, shaved
em, cut off their garments at the buttocks, and sent
em away.
[5]When someone came and told David about the
en, he sent messengers to meet them, for they were
eatly humiliated. The king said, "Stay at Jericho till
ur beards have grown, and then come back."

[6]When the Ammonites realized that they had be-
me obnoxious to David, Hanun and the Ammonites
nt a thousand talents[u] of silver to hire chariots and
arioteers from Aram Naharaim,[v] Aram Maakah and
bah. [7]They hired thirty-two thousand chariots and
arioteers, as well as the king of Maakah with his

:16 Some Hebrew manuscripts, Vulgate and Syriac (see also 2
nuel 8:17); most Hebrew manuscripts *Abimelek*
9:6 That is, about 38 tons or about 34 metric tons
9:6 That is, Northwest Mesopotamia

autres peuples, c'est-à-dire aux Edomites, aux Moabites,
aux Ammonites, aux Philistins et aux Amalécites.
[12]Abishaï, fils de Tserouya, battit dix-huit mille Edomites
dans la vallée du Sel[f]. [13]Après cela, il établit des garnisons
dans le pays d'Edom et tous les Edomites lui furent assujettis. L'Eternel donnait la victoire à David dans toutes ses
campagnes militaires.

Les hauts fonctionnaires de David

(2 S 8.15-18)

[14]David régna sur tout Israël, il administrait le droit
et rendait la justice pour tout son peuple. [15]Joab, fils de
Tserouya, était à la tête de l'armée ; Josaphat, fils d'Ahiloud, était archiviste ; [16]Tsadoq, fils d'Ahitoub[g], et Abiatar,
fils d'Abimélek[h], étaient prêtres ; Shavsha était secrétaire.
[17]Benaya, fils de Yehoyada, commandait les Kérétiens et les
Pélétiens, la garde personnelle du roi[i], tandis que les fils
de David occupaient les premiers rangs aux côtés du roi.

L'affront des Ammonites

(2 S 10.1-19)

19 [1]Quelque temps après, Nahash, le roi des
Ammonites, mourut et son fils régna à sa place.
[2]David se dit : Je veux témoigner de la bonté au jeune roi,
car son père m'en a témoigné.
David lui envoya donc des messagers, pour lui présenter ses condoléances à l'occasion de la mort de son père.
Lorsque les hauts fonctionnaires de David arrivèrent au
pays des Ammonites auprès de Hanoun pour lui présenter
des condoléances, [3]les dirigeants de ce peuple dirent à
Hanoun : Crois-tu que ce soit pour honorer la mémoire
de ton père que David t'envoie des gens pour t'adresser
des condoléances ? N'est-ce pas plutôt pour reconnaître
et espionner le pays afin de le détruire que ces gens sont
venus ?
[4]Alors Hanoun fit arrêter les ambassadeurs de David, les
fit raser et leur fit couper les habits jusqu'en haut des cuisses, puis il les renvoya. [5]Ils s'en allèrent, mais ils étaient
si honteux que lorsqu'on informa David de ce qui s'était
passé, il envoya des messagers à leur rencontre pour leur
faire dire : Restez à Jéricho, jusqu'à ce que votre barbe ait
repoussé ; vous reviendrez ensuite.

La victoire sur les Ammonites et les Syriens

[6]Les Ammonites comprirent qu'ils s'étaient rendus
odieux à David. Alors Hanoun et les Ammonites envoyèrent
trente tonnes d'argent aux Syriens de Mésopotamie, de
Maaka et de Tsoba[j], pour enrôler des soldats sur char et
se procurer [7]trente-deux mille chars de guerre. Ils parvin-

f **18.12** Au sud de la mer Morte (2 S 8.13). Voir Ps 60.2.
g **18.16** Descendant d'Eléazar, fils d'Aaron (voir 1 Ch 6.35-38 ; 24.1-3). *Tsadoq* restera fidèle à David durant tout son règne (15.24-29 ; 17.15-16 ; 19.12) et donnera l'onction à Salomon comme successeur du roi (1 R 1.8, 45 ; 2.35 ; 4.4).
h **18.16** Selon la version syriaque (voir 1 S 22.20 ; 23.6 ; 30.7) ; le texte hébreu traditionnel a : *Abimélek, fils d'Abiatar.* Certains manuscrits hébreux, la version syriaque, la Vulgate et 2 S 8.17 ont : *Ahimélek.*
i **18.17** Il s'agit de mercenaires, originaires de Crète et de Philistie, qui sont toujours restés loyaux envers David (voir 2 S 15.18 ; 20.7) et qui le seront aussi envers Salomon (1 R 1.44).
j **19.6** *Maaka:* voir Dt 3.14 ; Jos 12.5 ; 13.13. *Tsoba:* royaume syrien situé au nord de Damas entre le Liban et l'Anti-Liban sur la frontière nord d'Israël. Saül l'avait déjà combattu (1 S 14.47).

troops, who came and camped near Medeba, while the Ammonites were mustered from their towns and moved out for battle.

8 On hearing this, David sent Joab out with the entire army of fighting men. 9 The Ammonites came out and drew up in battle formation at the entrance to their city, while the kings who had come were by themselves in the open country.

10 Joab saw that there were battle lines in front of him and behind him; so he selected some of the best troops in Israel and deployed them against the Arameans. 11 He put the rest of the men under the command of Abishai his brother, and they were deployed against the Ammonites. 12 Joab said, "If the Arameans are too strong for me, then you are to rescue me; but if the Ammonites are too strong for you, then I will rescue you. 13 Be strong, and let us fight bravely for our people and the cities of our God. The Lord will do what is good in his sight."

14 Then Joab and the troops with him advanced to fight the Arameans, and they fled before him. 15 When the Ammonites realized that the Arameans were fleeing, they too fled before his brother Abishai and went inside the city. So Joab went back to Jerusalem.

16 After the Arameans saw that they had been routed by Israel, they sent messengers and had Arameans brought from beyond the Euphrates River, with Shophak the commander of Hadadezer's army leading them.

17 When David was told of this, he gathered all Israel and crossed the Jordan; he advanced against them and formed his battle lines opposite them. David formed his lines to meet the Arameans in battle, and they fought against him. 18 But they fled before Israel, and David killed seven thousand of their charioteers and forty thousand of their foot soldiers. He also killed Shophak the commander of their army.

19 When the vassals of Hadadezer saw that they had been routed by Israel, they made peace with David and became subject to him.

So the Arameans were not willing to help the Ammonites anymore.

The Capture of Rabbah

20 1 In the spring, at the time when kings go off to war, Joab led out the armed forces. He laid waste the land of the Ammonites and went to Rabbah and besieged it, but David remained in Jerusalem. Joab attacked Rabbah and left it in ruins. 2 David took the crown from the head of their king[w] – its weight was found to be a talent[x] of gold, and it was set with precious stones – and it was placed on David's head. He took a great quantity of plunder from the city 3 and brought out the people who were there, consigning them to labor with saws and with iron picks and axes. David did this to all the Ammonite towns. Then David and his entire army returned to Jerusalem.

[w] **20:2** Or *of Milkom,* that is, Molek
[x] **20:2** That is, about 75 pounds or about 34 kilograms

rent aussi à mobiliser le roi de Maaka avec son armée q
vinrent établir leur camp devant Médeba[k]. De leur côt
les Ammonites sortirent de leurs villes, se rassemblère
et vinrent pour le combat. 8 Quand David l'apprit, il envo
contre eux Joab avec toute l'armée des soldats de méti

9 Les Ammonites firent une sortie et se rangèrent
ordre de bataille à l'entrée de leur capitale, tandis q
les rois qui étaient venus restaient à part, en rase car
pagne. 10 Voyant qu'il aurait à faire face sur deux fron
à la fois, devant et derrière lui, Joab sélectionna ses me
leurs soldats et les fit ranger en ordre de bataille, face a
Syriens ; 11 il confia le commandement du reste de l'arm
à son frère Abishaï et ils le rangèrent en ordre de batai
pour affronter les Ammonites. 12 Joab dit à son frère :
tu vois que les Syriens l'emportent sur moi, tu viendr
à ma rescousse ; si les Ammonites sont plus forts que t
c'est moi qui te porterai secours. 13 Bon courage, et lutto
vaillamment pour défendre notre peuple et les villes
notre Dieu ! Et que l'Eternel fasse ce qu'il jugera bon !

14 Alors Joab et sa troupe s'avancèrent devant les Syrie
pour le combat. Ceux-ci s'enfuirent devant lui. 15 Quar
les Ammonites virent que les Syriens avaient pris la fuit
ils s'enfuirent eux aussi devant Abishaï, le frère de Joa
et se retirèrent dans la ville ; et Joab rentra à Jérusalen

16 Les Syriens, voyant qu'ils avaient été mis en fuite p
les Israélites, envoyèrent des messagers pour mobiliser l
Syriens établis de l'autre côté de l'Euphrate. Shophak, ch
de l'armée de Hadadézer, était à leur tête. 17 Quand Dav
en fut informé, il mobilisa tout Israël, traversa le Jourda
marcha contre les Syriens et prit position en face d'eux.
se rangea en ordre de bataille pour les affronter et ceux-
engagèrent le combat, 18 mais ils furent mis en fuite p
les Israélites. David leur tua les soldats de sept mille cha
et quarante mille fantassins[l] ; il fit aussi mourir Shopha
leur général en chef. 19 Quand les vassaux de Hadadéz
virent qu'ils avaient été battus par Israël, ils firent la pa
avec David et lui furent assujettis. Après cela, les Syrie
ne voulurent plus venir au secours des Ammonites.

La défaite complète des Ammonites

(2 S 11.1 ; 12.29-31)

20 1 Au printemps suivant, à l'époque où les rois o
coutume de partir en guerre, Joab mena une for
armée ravager le pays des Ammonites. Il alla mettre
siège devant Rabba. David était resté à Jérusalem. Jo
conquit Rabba et la détruisit[m]. 2 David prit la couron
qui se trouvait sur la tête de leur roi[n]. Il trouva que cet
couronne, qui était en or, pesait une trentaine de kilo
De plus, elle était garnie d'une pierre précieuse. Elle vi
orner la tête de David. Le roi emporta de la ville un i
mense butin. 3 Quant aux habitants, il les emmena et l
affecta à diverses corvées pour manier la scie, les hers
de fer et la hache. David agit de même avec les populatio
de toutes les villes des Ammonites. Après cela, David
toute son armée rentrèrent à Jérusalem.

[k] **19.7** Une ville moabite apparemment aux mains des Ammonites.
[l] **19.18** Voir 2 S 10.18 et la note.
[m] **20.1** 2 S 12.26-29 précise que Joab se contenta de ravager la ville bass
laissant à David l'honneur de s'emparer de la citadelle.
[n] **20.2** L'ancienne version grecque a compris : *leur dieu Milkom.*

ar With the Philistines

4In the course of time, war broke out with the ıilistines, at Gezer. At that time Sibbekai the ıshathite killed Sippai, one of the descendants of ɪe Rephaites, and the Philistines were subjugated.

5In another battle with the Philistines, Elhanan son Jair killed Lahmi the brother of Goliath the Gittite, ho had a spear with a shaft like a weaver's rod.

6In still another battle, which took place at Gath, ıere was a huge man with six fingers on each hand ıd six toes on each foot – twenty-four in all. He also as descended from Rapha. 7When he taunted Israel, nathan son of Shimea, David's brother, killed him.

8These were descendants of Rapha in Gath, and they ll at the hands of David and his men.

avid Counts the Fighting Men

21 1Satan rose up against Israel and incited David to take a census of Israel. 2So David id to Joab and the commanders of the troops, "Go ıd count the Israelites from Beersheba to Dan. Then port back to me so that I may know how many there e."

3But Joab replied, "May the LORD multiply his troops hundred times over. My lord the king, are they not l my lord's subjects? Why does my lord want to do is? Why should he bring guilt on Israel?"

4The king's word, however, overruled Joab; so Joab ft and went throughout Israel and then came back to rusalem. 5Joab reported the number of the fighting en to David: In all Israel there were one million one ındred thousand men who could handle a sword, inıding four hundred and seventy thousand in Judah. 6But Joab did not include Levi and Benjamin in the ımbering, because the king's command was repulve to him. 7This command was also evil in the sight God; so he punished Israel.

8Then David said to God, "I have sinned greatly by ing this. Now, I beg you, take away the guilt of your rvant. I have done a very foolish thing."

9The LORD said to Gad, David's seer, 10"Go and tell ıvid, 'This is what the LORD says: I am giving you ree options. Choose one of them for me to carry t against you.'"

11So Gad went to David and said to him, "This is ıat the LORD says: 'Take your choice: 12three years famine, three months of being swept away[y] before ur enemies, with their swords overtaking you, or

1:12 Hebrew; Septuagint and Vulgate (see also 2 Samuel 24:13) *leeing*

La lutte contre les Philistins

(2 S 21.15-22)

4Plus tard, lorsqu'eut lieu une nouvelle bataille avec les Philistins, à Guézer, Sibbekaï le Houshatite tua Sippaï, l'un des géants descendant de Rapha[o], et les Philistins furent humiliés.

5Lors d'un autre combat contre les Philistins, Elhanân, fils de Yaïr, tua Lahmi le frère de Goliath, de Gath, qui avait une lance dont le bois était aussi gros que le cylindre d'un métier à tisser. 6Dans une autre bataille à Gath, un homme de haute stature, lui aussi descendant de Rapha et qui avait six doigts à chaque main et à chaque pied, c'est-à-dire vingt-quatre en tout, 7lança un défi à Israël. Jonathan, fils de Shimea, le frère de David, le tua. 8Ces descendants de Rapha, nés à Gath, succombèrent devant David et ses hommes.

Le recensement et la punition

(2 S 24.1-25)

21 1Satan[p] se dressa contre Israël et il incita David à faire le recensement d'Israël. 2Alors David ordonna à Joab et aux chefs du peuple : Allez recenser les Israélites aptes au service militaire depuis Beer-Sheva jusqu'à Dan, puis revenez me faire votre rapport, que je sache quel en est le nombre.

3Joab dit : Que l'Eternel rende son peuple cent fois plus nombreux ! O roi, mon seigneur, ne sont-ils pas tous aujourd'hui déjà des sujets de mon seigneur ? Pourquoi alors, mon seigneur ordonne-t-il pareille chose ? Pourquoi chargerait-il Israël d'une faute ?

4Mais le roi maintint l'ordre donné à Joab. Joab se mit donc en route et parcourut tout Israël. Puis il regagna Jérusalem[q]. 5Joab communiqua à David le résultat du recensement du peuple apte au service militaire : l'ensemble d'Israël comptait 1 100 000 hommes aptes à porter les armes, et Juda 470 000. 6Joab n'avait recensé ni les ressortissants de la tribu de Lévi ni ceux de Benjamin, tant l'ordre du roi lui répugnait.

7Cet acte déplut à Dieu et il sévit contre Israël.

8David dit à Dieu : J'ai commis une grave faute en faisant cela ! Maintenant, daigne pardonner la faute de ton serviteur, car je reconnais que j'ai agi tout à fait comme un insensé !

9L'Eternel parla à Gad, le prophète attaché à la cour de David, en ces termes : 10Va dire à David : « Voici ce que déclare l'Eternel : Je te propose trois châtiments ; choisis l'un d'eux et je te l'infligerai. »

11Gad se rendit donc chez David et lui dit : Voici ce que déclare l'Eternel : Il te faut choisir 12entre trois années de famine, ou trois mois de défaite[r] devant tes ennemis, pendant lesquels leur épée causera des ravages dans tes rangs, ou trois jours durant lesquels l'épée de l'Eternel

o **20.4** Les Rephaïm étaient des hommes de haute taille installés déjà avant Abraham dans ce qui devait devenir le pays d'Israël et dans les pays environnants (Gn 14.5 ; 15.20 ; Dt 2.11, 20 ; 3.11 ; Jos 17.15). Lors de la conquête par les Israélites, ils se réfugièrent chez les Philistins (2 S 21.16, 18, 20, 21).

p **21.1** Autre traduction : *un adversaire.* Voir Jb 1.6 ; Za 3.1 et les notes.

q **21.4** Voir 2 S 24.5-8 pour le détail de l'itinéraire de ce recensement qui dura neuf mois et vingt jours.

r **21.12** L'ancienne version grecque, la Vulgate et 2 S 24.13 ont : *de fuite* ou *de déroute.*

three days of the sword of the LORD – days of plague in the land, with the angel of the LORD ravaging every part of Israel.' Now then, decide how I should answer the one who sent me."

13 David said to Gad, "I am in deep distress. Let me fall into the hands of the LORD, for his mercy is very great; but do not let me fall into human hands."

14 So the LORD sent a plague on Israel, and seventy thousand men of Israel fell dead. 15 And God sent an angel to destroy Jerusalem. But as the angel was doing so, the LORD saw it and relented concerning the disaster and said to the angel who was destroying the people, "Enough! Withdraw your hand." The angel of the LORD was then standing at the threshing floor of Araunah[z] the Jebusite.

16 David looked up and saw the angel of the LORD standing between heaven and earth, with a drawn sword in his hand extended over Jerusalem. Then David and the elders, clothed in sackcloth, fell facedown.

17 David said to God, "Was it not I who ordered the fighting men to be counted? I, the shepherd,[a] have sinned and done wrong. These are but sheep. What have they done? LORD my God, let your hand fall on me and my family, but do not let this plague remain on your people."

David Builds an Altar

18 Then the angel of the LORD ordered Gad to tell David to go up and build an altar to the LORD on the threshing floor of Araunah the Jebusite. 19 So David went up in obedience to the word that Gad had spoken in the name of the LORD.

20 While Araunah was threshing wheat, he turned and saw the angel; his four sons who were with him hid themselves. 21 Then David approached, and when Araunah looked and saw him, he left the threshing floor and bowed down before David with his face to the ground.

22 David said to him, "Let me have the site of your threshing floor so I can build an altar to the LORD, that the plague on the people may be stopped. Sell it to me at the full price."

23 Araunah said to David, "Take it! Let my lord the king do whatever pleases him. Look, I will give the oxen for the burnt offerings, the threshing sledges for the wood, and the wheat for the grain offering. I will give all this."

24 But King David replied to Araunah, "No, I insist on paying the full price. I will not take for the LORD what is yours, or sacrifice a burnt offering that costs me nothing."

25 So David paid Araunah six hundred shekels[b] of gold for the site. 26 David built an altar to the LORD there and sacrificed burnt offerings and fellowship offerings. He called on the LORD, and the LORD answered him with fire from heaven on the altar of burnt offering.

z 21:15 Hebrew *Ornan*, a variant of *Araunah*; also in verses 18-28

a 21:17 Probable reading of the original Hebrew text (see 2 Samuel 24:17 and note); Masoretic Text does not have *the shepherd*.

b 21:25 That is, about 15 pounds or about 6.9 kilograms

frappera le pays de la peste et où l'ange de l'Eternel porte la destruction dans tout le territoire d'Israël. Réfléch donc maintenant et dis-moi ce que je dois répondre à cel qui m'envoie.

13 David répondit à Gad : Je suis dans un grand désarro Ah ! Que je tombe plutôt entre les mains de l'Eternel, c ses compassions sont immenses ; mais que je ne tombe p entre les mains des hommes !

14 L'Eternel fit donc sévir une épidémie de peste en Isra et soixante-dix mille Israélites moururent. 15 Dieu envo un ange à Jérusalem pour la ravager. Mais comme celui-ravageait la ville, l'Eternel regarda ; alors il ne voulut p ce malheur et y renonça. Il ordonna à l'ange destructeu Cela suffit maintenant ! Retire ta main !

L'ange de l'Eternel se tenait alors près de l'aire d'Orn le Yebousien[s]. 16 David leva les yeux et vit l'ange de l'Etern qui se tenait entre la terre et le ciel, son épée dégainée la main, brandie sur Jérusalem. Aussitôt David et les r sponsables, revêtus d'habits de toile de sac, tombère sur leur face. 17 David pria Dieu en disant : C'est moi qui ordonné le recensement du peuple. C'est moi seul qui péché, c'est moi qui ai commis une faute très grave. Ma ce pauvre troupeau, qu'a-t-il fait de mal ? Eternel, mo Dieu, frappe-moi donc plutôt, ainsi que ma famille, ma que ce fléau ne s'abatte pas sur ton peuple !

Un autel sur le futur emplacement du Temple

18 L'ange de l'Eternel dit à Gad d'ordonner à David monter à l'aire d'Ornân, le Yebousien, et d'y dresser u autel à l'Eternel. 19 David s'y rendit comme l'Eternel le avait demandé par l'intermédiaire de Gad. 20 Ornân, q était en train de battre du blé, s'était retourné et avait l'ange. Ses quatre fils qui étaient avec lui s'étaient cach

21 Lorsque David arriva auprès de lui, Ornân leva les ye et le vit ; il sortit de l'aire et se prosterna devant lui, visage contre terre. 22 David dit à Ornân : Cède-moi l'e placement de ton aire contre sa pleine valeur en arge pour que je puisse y bâtir un autel à l'Eternel ; oui, cèd le-moi afin que cesse le fléau qui sévit contre le peuple

23 Ornân répondit à David : Prends mon terrain, et q mon seigneur le roi fasse ce qu'il jugera bon ! Regarde, te donne aussi les bœufs pour les holocaustes, les hers fourniront le bois, et voici le blé pour l'offrande végétal Je te donne tout cela.

24 Mais le roi David lui déclara : Non ! Je veux te l'achet et te payer sa pleine valeur en argent ; je n'apporterai pa l'Eternel ce qui t'appartient pour lui offrir des holocaust qui ne m'auront rien coûté.

25 Et David donna à Ornân six cents pièces d'or po l'achat de ce terrain. 26 Il bâtit là un autel à l'Eternel y offrit des holocaustes et des sacrifices de communio Il invoqua l'Eternel, et l'Eternel lui répondit en faisa tomber le feu du ciel sur l'autel de l'holocauste.

s 21.15 Nom des anciens habitants de Jérusalem.

27Then the Lord spoke to the angel, and he put his
ord back into its sheath. 28At that time, when David
w that the Lord had answered him on the threshing
or of Araunah the Jebusite, he offered sacrifices
ere. 29The tabernacle of the Lord, which Moses had
ade in the wilderness, and the altar of burnt offering
re at that time on the high place at Gibeon. 30But
vid could not go before it to inquire of God, because
was afraid of the sword of the angel of the Lord.

22 1Then David said, "The house of the Lord God
is to be here, and also the altar of burnt of-
ing for Israel."

eparations for the Temple

2So David gave orders to assemble the foreigners
siding in Israel, and from among them he appointed
necutters to prepare dressed stone for building the
use of God. 3He provided a large amount of iron to
ake nails for the doors of the gateways and for the
tings, and more bronze than could be weighed. 4He
so provided more cedar logs than could be count-
, for the Sidonians and Tyrians had brought large
mbers of them to David.
5David said, "My son Solomon is young and inexpe-
nced, and the house to be built for the Lord should
of great magnificence and fame and splendor in the
ht of all the nations. Therefore I will make prepa-
ions for it." So David made extensive preparations
fore his death.

6Then he called for his son Solomon and charged
m to build a house for the Lord, the God of Israel.
avid said to Solomon: "My son, I had it in my heart
build a house for the Name of the Lord my God. 8But
s word of the Lord came to me: 'You have shed much
od and have fought many wars. You are not to build
ouse for my Name, because you have shed much
od on the earth in my sight. 9But you will have a
n who will be a man of peace and rest, and I will
e him rest from all his enemies on every side. His
me will be Solomon,[c] and I will grant Israel peace
d quiet during his reign. 10He is the one who will
ild a house for my Name. He will be my son, and I
ll be his father. And I will establish the throne of
kingdom over Israel forever.'
11"Now, my son, the Lord be with you, and may you
ve success and build the house of the Lord your
d, as he said you would. 12May the Lord give you
scretion and understanding when he puts you in
mmand over Israel, so that you may keep the law of
Lord your God. 13Then you will have success if you
careful to observe the decrees and laws that the
rd gave Moses for Israel. Be strong and courageous.
not be afraid or discouraged.

:9 *Solomon* sounds like and may be derived from the Hebrew
peace.

27Puis l'Eternel ordonna à l'ange de remettre son épée
au fourreau.
28Dès cette époque-là, comme David avait vu que l'Eternel avait exaucé sa prière sur l'aire d'Ornân le Yebousien,
il se mit à y offrir régulièrement des sacrifices. 29Le tabernacle de l'Eternel que Moïse avait fabriqué au désert et
l'autel des holocaustes se trouvaient à cette époque au
haut lieu de Gabaon[t]. 30Or, David ne pouvait se résoudre
à y aller pour s'adresser à Dieu, car il avait été terrifié par
l'épée de l'ange de l'Eternel[u].

22 1David dit donc : C'est ici que se trouvera le sanctuaire de l'Eternel Dieu, et ici sera l'autel pour les
holocaustes d'Israël.

Les préparatifs pour la construction du Temple

2Il ordonna de rassembler tous les étrangers établis en
Israël[v] et il leur imposa la tâche d'extraire et de tailler
des pierres en vue de la construction du temple de Dieu.
3David prépara aussi une grande quantité de fer destiné à
la fabrication des clous et des charnières pour les battants
des portes, ainsi qu'une masse incalculable de bronze 4et
de bois de cèdre que les Sidoniens et les Tyriens lui fournissaient en abondance. 5Il se disait : Mon fils Salomon
est encore jeune et inexpérimenté[w] ; or, le temple qu'il
s'agit de bâtir à l'Eternel devra être d'une grandeur, d'une
splendeur et d'une gloire telles que sa renommée s'étendra dans tous les pays. Je vais donc commencer à faire
des préparatifs pour lui. Ainsi David prépara beaucoup
de matériaux de construction avant sa mort.

Salomon construira le Temple

6Puis il fit venir son fils Salomon et lui ordonna de construire un temple pour l'Eternel, le Dieu d'Israël.
7Il lui dit[x] : Mon fils, j'avais à cœur de bâtir moi-même un
temple en l'honneur de l'Eternel, mon Dieu. 8Mais l'Eternel
m'a parlé en ces termes : « Tu as fait couler beaucoup de
sang, et tu as fait de grandes guerres. A cause de tout le
sang que tu as répandu devant moi sur la terre, ce n'est
pas toi qui bâtiras un temple en mon honneur. 9Mais il te
naîtra un fils qui sera un homme de paix : je lui assurerai
la paix avec tous ses ennemis d'alentour ; il s'appellera
Salomon (le Pacifique) et, durant toute sa vie, j'accorderai
la paix et la tranquillité à Israël. 10Ce sera lui qui bâtira
un temple en mon honneur. Il sera pour moi un fils et je
serai pour lui un père ; je maintiendrai pour toujours le
trône de sa royauté sur Israël. »
11Maintenant, mon fils, que l'Eternel soit avec toi, afin
que tu réussisses à bâtir le temple de l'Eternel, ton Dieu,
comme il l'a dit à ton sujet. 12Oh ! que l'Eternel t'accorde
de la sagesse et de l'intelligence pour obéir à la Loi de
l'Eternel ton Dieu lorsqu'il t'établira sur Israël ! 13Oui, tu
réussiras, si tu veilles à obéir aux ordonnances et aux lois
que l'Eternel a prescrites à Moïse pour Israël. Prends courage et tiens bon, ne crains rien et ne te laisse pas effrayer !

t **21.29** Cf. 1 R 3.4 ; 1 Ch 16.39.
u **21.30** Voir v. 16.
v **22.2** Ces étrangers étaient les descendants des Cananéens qui avaient habité le pays avant la conquête par les Israélites (voir 2 Ch 2.16-17 ; 8.7-10).
w **22.5** Salomon a accédé au pouvoir en 970 av. J.-C. ; il est né vers 991 av. J.-C.
x **22.7** Pour les v. 7-10, voir 1 Ch 17.1-14 ; 2 S 7.1-16.

14"I have taken great pains to provide for the temple of the LORD a hundred thousand talents[d] of gold, a million talents[e] of silver, quantities of bronze and iron too great to be weighed, and wood and stone. And you may add to them. 15You have many workers: stonecutters, masons and carpenters, as well as those skilled in every kind of work 16in gold and silver, bronze and iron – craftsmen beyond number. Now begin the work, and the LORD be with you."

17Then David ordered all the leaders of Israel to help his son Solomon. 18He said to them, "Is not the LORD your God with you? And has he not granted you rest on every side? For he has given the inhabitants of the land into my hands, and the land is subject to the LORD and to his people. 19Now devote your heart and soul to seeking the LORD your God. Begin to build the sanctuary of the LORD God, so that you may bring the ark of the covenant of the LORD and the sacred articles belonging to God into the temple that will be built for the Name of the LORD."

The Levites

23 1When David was old and full of years, he made his son Solomon king over Israel.

2He also gathered together all the leaders of Israel, as well as the priests and Levites. 3The Levites thirty years old or more were counted, and the total number of men was thirty-eight thousand. 4David said, "Of these, twenty-four thousand are to be in charge of the work of the temple of the LORD and six thousand are to be officials and judges. 5Four thousand are to be gatekeepers and four thousand are to praise the LORD with the musical instruments I have provided for that purpose."

6David separated the Levites into divisions corresponding to the sons of Levi: Gershon, Kohath and Merari.

Gershonites

7Belonging to the Gershonites:
Ladan and Shimei.
8The sons of Ladan:
Jehiel the first, Zetham and Joel – three in all.
9The sons of Shimei:
Shelomoth, Haziel and Haran – three in all.
(These were the heads of the families of Ladan.)
10And the sons of Shimei:
Jahath, Ziza,[f] Jeush and Beriah.
These were the sons of Shimei – four in all.
11(Jahath was the first and Ziza the second, but Jeush and Beriah did not have many sons; so they were counted as one family with one assignment.)

Kohathites

12The sons of Kohath:
Amram, Izhar, Hebron and Uzziel – four in all.
13The sons of Amram:

d 22:14 That is, about 3,750 tons or about 3,400 metric tons
e 22:14 That is, about 37,500 tons or about 34,000 metric tons
f 23:10 One Hebrew manuscript, Septuagint and Vulgate (see also verse 11); most Hebrew manuscripts *Zina*

14Vois, à force de peine, j'ai préparé pour le temple d l'Eternel plus de 3 000 tonnes d'or et 30 000 tonnes d'a gent, ainsi qu'une quantité incalculable de bronze et de fe J'ai aussi préparé du bois et des pierres, et tu en ajouter encore. 15Tu as auprès de toi suffisamment d'ouvriers, d tailleurs de pierres, des sculpteurs sur bois et sur pierre des artisans experts pour tous les travaux. 16Tu dispos d'une quantité incalculable d'or, d'argent, de bronze et d fer. Mets-toi donc à l'ouvrage et que l'Eternel soit avec to

17Puis David ordonna à tous les chefs d'Israël de prêt leur concours à son fils Salomon.

18 – L'Eternel, votre Dieu, leur dit-il, est manifesteme avec vous : il vous assure la paix sur toutes vos frontière En effet, il a mis sous ma coupe les anciens habitants pays, et maintenant le pays est soumis devant l'Etern et devant son peuple. 19A présent, appliquez-vous do de tout votre cœur et de tout votre être à vous attach à l'Eternel votre Dieu ! Mettez-vous au travail et bâtiss le sanctuaire de l'Eternel Dieu, afin d'installer le coff de l'alliance de l'Eternel et les objets du sanctuaire[y] Dieu dans le temple qui doit être construit en l'honne de l'Eternel[z] !

L'organisation des lévites

23 1Lorsque David fut âgé et rassasié de jours, désigna son fils Salomon pour régner sur Isra

2Il réunit tous les chefs d'Israël, ainsi que les prêtres les lévites. 3A cette occasion, on dénombra les lévites âg d'au moins trente ans : il y avait 38 000 hommes.

4 – 24 000 d'entre eux auront la responsabilité d travaux du temple de l'Eternel, dit le roi, 6 000 sero administrateurs et juges, 54 000 seront portiers et 4 0 auront pour tâche de louer l'Eternel avec les instrumen de musique que j'ai fait faire pour cet usage.

6David les répartit en trois classes selon les trois fils Lévi : Guershôn, Qehath et Merari.

7Pour les Guershonites : Laedân et Shimeï. 8Laedân ava trois fils : le chef Yehiel, Zétam et Joël. 9Shimeï en ava aussi trois : Shelomith, Haziel et Harân. Ce sont là les che des groupes familiaux issus de Laedân.

10Shimeï eut quatre autres fils : Yahath, Ziza, Yeou et Beria. 11Yahath était l'aîné et Ziza le second. Yeou et Beria n'eurent pas beaucoup de descendants et fure comptés ensemble comme un seul groupe familial da le dénombrement.

12Qehath eut quatre fils : Amram, Yitsehar, Hébron Ouzziel. 13Fils d'Amram : Aaron et Moïse. Aaron fut m

y 22.19 Autre traduction : *les objets sacrés.*
z 22.19 Le coffre de l'alliance se trouvait encore sous une tente sur la colline de Sion (16.1).

Aaron and Moses.
Aaron was set apart, he and his descendants forever,
 consecrate the most holy things, to offer sacrifices
efore the LORD, to minister before him and to pro-
ounce blessings in his name forever. 14 The sons of
oses the man of God were counted as part of the
ibe of Levi.
15 The sons of Moses:
Gershom and Eliezer.
16 The descendants of Gershom:
Shubael was the first.
17 The descendants of Eliezer:
Rehabiah was the first.
(Eliezer had no other sons, but the sons of Rehabiah
ere very numerous.)
18 The sons of Izhar:
Shelomith was the first.
19 The sons of Hebron:
Jeriah the first, Amariah the second,
Jahaziel the third and Jekameam the fourth.
20 The sons of Uzziel:
Micah the first and Ishiah the second.

erarites

21 The sons of Merari:
Mahli and Mushi.
The sons of Mahli:
Eleazar and Kish.
22 (Eleazar died without having sons: he had only
aughters. Their cousins, the sons of Kish, married
em.)
23 The sons of Mushi:
Mahli, Eder and Jerimoth – three in all.
24 These were the descendants of Levi by their fam-
es – the heads of families as they were registered
nder their names and counted individually, that is,
e workers twenty years old or more who served in
e temple of the LORD. 25 For David had said, "Since
e LORD, the God of Israel, has granted rest to his peo-
e and has come to dwell in Jerusalem forever, 26 the
vites no longer need to carry the tabernacle or any
 the articles used in its service." 27 According to the
st instructions of David, the Levites were counted
om those twenty years old or more.
28 The duty of the Levites was to help Aaron's de-
endants in the service of the temple of the LORD:
 be in charge of the courtyards, the side rooms,
e purification of all sacred things and the perfor-
ance of other duties at the house of God. 29 They
ere in charge of the bread set out on the table, the
ecial flour for the grain offerings, the thin loaves
ade without yeast, the baking and the mixing, and
l measurements of quantity and size. 30 They were
so to stand every morning to thank and praise the
RD. They were to do the same in the evening 31 and
henever burnt offerings were presented to the LORD
 the Sabbaths, at the New Moon feasts and at the
pointed festivals. They were to serve before the
RD regularly in the proper number and in the way
escribed for them.
32 And so the Levites carried out their responsibil-
es for the tent of meeting, for the Holy Place and,

à part, avec ses descendants à perpétuité, pour toujours
se consacrer au service du lieu très saint, pour brûler les
parfums devant l'Eternel, pour le servir et pour prononcer
à perpétuité les bénédictions en son nom.
14 Les descendants de Moïse, l'homme de Dieu, furent
comptés, dans la tribu de Lévi. 15 Fils de Moïse : Guershom,
Eliézer. 16 Le fils aîné de Guershom fut Shebouel. 17 Eliézer
n'eut qu'un fils, le chef Rehabia, mais les descendants de
Rehabia furent très nombreux. 18 Shelomith fut le premier des fils de Yitsehar. 19 Fils de Hébron : Yeriya, l'aîné,
Amaria, le deuxième, Yahaziel, le troisième, et Yeqameam,
le quatrième. 20 Les fils d'Ouzziel furent Michée, l'aîné, et
Yishiya, le second.

21 Fils de Merari : Mahli et Moushi. Fils de Mahli : Eléazar
et Qish. 22 Eléazar mourut sans avoir de fils ; il n'eut que
des filles qui épousèrent des hommes qui leur étaient apparentés, les fils de Qish. 23 Moushi eut trois fils : Mahli,
Eder et Yerémoth.

24 Tels furent les descendants de Lévi, selon leurs
groupes familiaux et les chefs des groupes familiaux
enregistrés un à un dans les listes nominatives lors du
recensement. Ils étaient affectés au service du temple de
l'Eternel depuis l'âge de vingt ans. 25 David dit en effet :
L'Eternel, le Dieu d'Israël, a assuré une existence paisible à son peuple et il a établi pour toujours sa demeure à
Jérusalem. 26 Aussi, les lévites n'auront plus à transporter
le tabernacle et tous les ustensiles destinés à son service.
27 Ce fut d'après les dernières instructions de David
qu'eut lieu le dénombrement des descendants de Lévi âgés
d'au moins vingt ans. 28 Leurs fonctions[a] consistaient en
effet à assister les descendants d'Aaron dans le service du
temple de l'Eternel. Ils avaient à surveiller l'entretien des
parvis et des salles annexes, la purification de toutes les
choses saintes et tout travail relatif au service du Temple.
29 Ils devaient s'occuper des pains exposés devant l'Eternel[b], de la farine destinée aux offrandes végétales, des
galettes sans levain et des gâteaux frits à la poêle ou bouil-
lis, et de toutes les mesures de capacité et de longueur.
30 D'autre part, ils étaient chargés de se présenter chaque
matin et chaque soir pour célébrer et louer l'Eternel 31 et
pour offrir à l'Eternel tous les holocaustes les jours de
repos, aux nouvelles lunes et aux fêtes cultuelles, devant
l'Eternel, selon le nombre qui leur a été prescrit. 32 Ils
devaient assurer la garde de la tente de la Rencontre et

[a] **23.28** Pour les v. 28-32, voir Nb 3.5-9.
[b] **23.29** Voir Lv 24.6-9. Ces pains devaient être disposés par rangées chaque sabbat.

under their relatives the descendants of Aaron, for
the service of the temple of the LORD.

The Divisions of Priests

24 1 These were the divisions of the descendants
of Aaron:
The sons of Aaron were Nadab, Abihu, Eleazar and
Ithamar. 2 But Nadab and Abihu died before their father did, and they had no sons; so Eleazar and Ithamar
served as the priests. 3 With the help of Zadok a descendant of Eleazar and Ahimelek a descendant of
Ithamar, David separated them into divisions for their
appointed order of ministering. 4 A larger number of
leaders were found among Eleazar's descendants than
among Ithamar's, and they were divided accordingly:
sixteen heads of families from Eleazar's descendants
and eight heads of families from Ithamar's descendants. 5 They divided them impartially by casting lots,
for there were officials of the sanctuary and officials
of God among the descendants of both Eleazar and
Ithamar.
6 The scribe Shemaiah son of Nethanel, a Levite,
recorded their names in the presence of the king
and of the officials: Zadok the priest, Ahimelek son
of Abiathar and the heads of families of the priests and
of the Levites – one family being taken from Eleazar
and then one from Ithamar.
7 The first lot fell to Jehoiarib,
the second to Jedaiah,
8 the third to Harim,
the fourth to Seorim,
9 the fifth to Malkijah,
the sixth to Mijamin,
10 the seventh to Hakkoz,
the eighth to Abijah,
11 the ninth to Jeshua,
the tenth to Shekaniah,
12 the eleventh to Eliashib,
the twelfth to Jakim,
13 the thirteenth to Huppah,
the fourteenth to Jeshebeab,
14 the fifteenth to Bilgah,
the sixteenth to Immer,
15 the seventeenth to Hezir,
the eighteenth to Happizzez,
16 the nineteenth to Pethahiah,
the twentieth to Jehezkel,
17 the twenty-first to Jakin,
the twenty-second to Gamul,
18 the twenty-third to Delaiah
and the twenty-fourth to Maaziah.
19 This was their appointed order of ministering
when they entered the temple of the LORD, according to the regulations prescribed for them by their
ancestor Aaron, as the LORD, the God of Israel, had
commanded him.

The Rest of the Levites

20 As for the rest of the descendants of Levi:
From the sons of Amram: Shubael;
from the sons of Shubael: Jehdeiah.
21 As for Rehabiah, from his sons, Ishiah was the
first.

celle du sanctuaire et assister leurs frères, les descendan
d'Aaron, dans le service du temple de l'Eternel.

Les groupes de service des prêtres

24 1 Les descendants d'Aaron furent répartis en clas
es d'après les fils d'Aaron : Nadab, Abihou, Eléaz
et Itamar. 2 Nadab et Abihou étaient morts avant leur pèr
et sans laisser de fils. Eléazar et Itamar avaient exercé l
fonctions sacerdotales. 3 Plus tard, David, assisté de Tsadc
de la lignée d'Eléazar et d'Ahimélek de la lignée d'Itama
répartit les descendants d'Aaron en diverses classes sui
ant les services dont ils étaient chargés.
4 On constata que les chefs étaient plus nombreux parr
les descendants d'Eléazar que parmi ceux d'Itamar. C'e
pourquoi les descendants d'Eléazar furent répartis e
seize chefs de groupe familial et ceux d'Itamar en hu
chefs de groupe familial. 5 La répartition des uns et d
autres se fit par tirage au sort car il y avait des respon
ables du lieu saint et des responsables du service de Die
aussi bien parmi les descendants d'Eléazar que parmi ceu
d'Itamar. 6 Le secrétaire Shemaya, fils de Netanéel de
tribu de Lévi, les inscrivit en présence du roi, des chefs, d
prêtre Tsadoq, d'Ahimélek, fils d'Abiatar, et des chefs d
groupes familiaux des prêtres et des lévites. On prena
alternativement un groupe familial pour Eléazar et u
autre pour Itamar.

7 Voici dans quel ordre les chefs de groupe familial fure
désignés par tirage au sort : 1. Yehoyarib, 2. Yedaey
8 3. Harim, 4. Seorim, 9 5. Malkiya, 6. Miyamîn, 10 7. Haqqot
8. Abiya, 11 9. Josué, 10. Shekanya, 12 11. Eliashib, 12. Yaqir
13 13. Houppa, 14. Yéshébeab, 14 15. Bilga, 16. Imme
15 17. Hézir, 18. Happitsets, 16 19. Petahya, 20. Ezéchie
17 21. Yakîn, 22. Gamoul, 18 23. Delaya, 24. Maazia.

19 C'est selon cet ordre que les groupes prenaient le
service pour entrer dans le temple de l'Eternel, ils y a
complissaient leur tâche conformément à la règle établ
par leur ancêtre Aaron, selon ce que lui avait ordonr
l'Eternel, le Dieu d'Israël.

Les autres descendants de Lévi

20 Voici les noms des autres chefs de groupe famili
des descendants de Lévi : Shoubaël pour les descendan
d'Amram, Yéhdeya pour ceux de Shoubaël, 21 Yishiy

22 From the Izharites: Shelomoth;
from the sons of Shelomoth: Jahath.
23 The sons of Hebron:
Jeriah the first,[g] Amariah the second, Jahaziel the
ird and Jekameam the fourth.
24 The son of Uzziel: Micah;
from the sons of Micah: Shamir.
25 The brother of Micah: Ishiah;
from the sons of Ishiah: Zechariah.
26 The sons of Merari: Mahli and Mushi.
The son of Jaaziah: Beno.
27 The sons of Merari:
from Jaaziah: Beno, Shoham, Zakkur and Ibri.
28 From Mahli: Eleazar, who had no sons.
29 From Kish: the son of Kish: Jerahmeel.
30 And the sons of Mushi: Mahli, Eder and Jerimoth.
These were the Levites, according to their families.
31 They also cast lots, just as their relatives the de-
endants of Aaron did, in the presence of King David
ıd of Zadok, Ahimelek, and the heads of families
the priests and of the Levites. The families of the
dest brother were treated the same as those of the
ungest.

ıe Musicians

25 1 David, together with the commanders
of the army, set apart some of the sons
Asaph, Heman and Jeduthun for the ministry
prophesying, accompanied by harps, lyres and
mbals. Here is the list of the men who performed
is service:
2 From the sons of Asaph:
Zakkur, Joseph, Nethaniah and Asarelah. The sons
Asaph were under the supervision of Asaph, who
ophesied under the king's supervision.
3 As for Jeduthun, from his sons:
Gedaliah, Zeri, Jeshaiah, Shimei,[h] Hashabiah and
attithiah, six in all, under the supervision of their
her Jeduthun, who prophesied, using the harp in
anking and praising the LORD.
4 As for Heman, from his sons:
Bukkiah, Mattaniah, Uzziel, Shubael and Jerimoth;
ınaniah, Hanani, Eliathah, Giddalti and Romamti-
er; Joshbekashah, Mallothi, Hothir and Mahazioth.
All these were sons of Heman the king's seer. They
re given him through the promises of God to ex-
him. God gave Heman fourteen sons and three
ughters.)
6 All these men were under the supervision of their
her for the music of the temple of the LORD, with
mbals, lyres and harps, for the ministry at the
use of God.
Asaph, Jeduthun and Heman were under the super-
sion of the king. 7 Along with their relatives – all of
em trained and skilled in music for the LORD – they
mbered 288. 8 Young and old alike, teacher as well
student, cast lots for their duties.

ı:23 Two Hebrew manuscripts and some Septuagint manu-
ipts (see also 23:19); most Hebrew manuscripts *The sons of Jeriah:*
5:3 One Hebrew manuscript and some Septuagint manuscripts
e also verse 17); most Hebrew manuscripts do not have *Shimei.*

pour les descendants de Rehabia, 22 Shelomoth pour les
Yitseharites, Yahath pour les descendants de Shelomoth.
23 Les fils de Hébron : Yeriya, le premier[c], Amaria, le deuxième, Yahaziel, le troisième, Yeqameam, le quatrième.
24 Shamir, pour les descendants de Michée, fils d'Ouzziel.
25 Zacharie pour ceux de Yishiya, frère de Michée. 26 Les fils
de Merari : Mahli et Moushi, et les fils de Yaaziya, son fils.
27 Les descendants de Merari par Yaaziya, son fils : Shoham,
Zakkour et Ibri. 28 Pour Mahli : Eléazar qui n'eut pas de
fils. 29 Pour Qish, son fils Yerahméel. 30 Les fils de Moushi :
Mahli, Eder et Yerimoth. Ce sont là les descendants des
lévites selon leurs groupes familiaux. 31 Eux aussi, comme leurs frères, les descendants d'Aaron, recoururent
au tirage au sort en présence du roi David, de Tsadoq,
d'Ahimélek et des chefs des groupes familiaux des prêtres
et des lévites. Ainsi les groupes familiaux étaient tous sur
le même plan, celui d'un aîné comme celui du plus jeune.

Les groupes de chanteurs

25 1 David, assisté des chefs du corps des fonctionnaires du culte, détacha certains descendants
d'Asaph, d'Hémân et de Yedoutoun qui prophétisaient en
s'accompagnant de lyres, de luths et de cymbales. Voici la
liste de ceux qui furent affectés à ce service :

2 Pour Asaph, les fils d'Asaph : Zakkour, Joseph, Netania
et Asareéla étaient sous la direction de leur père, qui chantait sous la direction du roi des cantiques inspirés. 3 Pour
Yedoutoun, les six fils de Yedoutoun : Guedalia, Tseri, Esaïe,
Shiméï[d], Hashabia et Mattitia étaient sous la direction de
leur père, qui prophétisait par le chant en s'accompagnant
de la lyre, pour célébrer et louer l'Eternel. 4 Pour Hémân,
les fils d'Hémân : Bouqqiya, Mattania, Ouzziel, Shebouel,
Yerimoth, Hanania, Hanani, Eliata, Guiddalti, Romamti-
Ezer, Yoshbeqasha, Malloti, Hotir, Mahazioth. 5 Tous
ceux-là étaient les fils d'Hémân, le prophète du roi, qui recevait des paroles de Dieu pour exalter sa puissance. Outre
ses quatorze fils, Dieu avait donné trois filles à Hémân.
6 Ils chantaient tous sous la direction de leur père dans le
temple de l'Eternel en s'accompagnant des cymbales, des
luths et des lyres, et accomplissaient ainsi leur service
pour le Temple. Asaph[e], Yedoutoun et Hémân étaient sous
la direction du roi. 7 Le nombre des lévites formés et passés
maîtres dans l'art de louer l'Eternel par le chant était de
deux cent quatre-vingt-huit. 8 Leur ordre de service fut

c **24.23** D'après deux manuscrits hébreux, certains manuscrits de l'ancienne version grecque (1 Ch 23.19). La plupart des manuscrits hébreux ont : *Benaï, Yeriya ou les fils de Yeriya.*
d **25.3** D'après un manuscrit hébreu, certains manuscrits de l'ancienne version grecque, 1 Ch 25.17, et à cause du nombre *six* indiqué ici. Ce nom manque dans les autres manuscrits hébreux.
e **25.6** Autre traduction : *... des lyres. Pour accomplir leur service dans le temple, Asaph ...*

[9]The first lot, which was for Asaph, fell to Joseph,
~~ his sons and relatives[i] 12[j]
the second to Gedaliah,
~~ him and his relatives and sons 12
[10]the third to Zakkur,
~~ his sons and relatives 12
[11]the fourth to Izri,[k]
~~ his sons and relatives 12
[12]the fifth to Nethaniah,
~~ his sons and relatives 12
[13]the sixth to Bukkiah,
~~ his sons and relatives 12
[14]the seventh to Jesarelah,[l]
~~ his sons and relatives 12
[15]the eighth to Jeshaiah,
~~ his sons and relatives 12
[16]the ninth to Mattaniah,
~~ his sons and relatives 12
[17]the tenth to Shimei,
~~ his sons and relatives 12
[18]the eleventh to Azarel,[m]
~~ his sons and relatives 12
[19]the twelfth to Hashabiah,
~~ his sons and relatives 12
[20]the thirteenth to Shubael,
~~ his sons and relatives 12
[21]the fourteenth to Mattithiah,
~~ his sons and relatives 12
[22]the fifteenth to Jerimoth,
~~ his sons and relatives 12
[23]the sixteenth to Hananiah,
~~ his sons and relatives 12
[24]the seventeenth to Joshbekashah,
~~ his sons and relatives 12
[25]the eighteenth to Hanani,
~~ his sons and relatives 12
[26]the nineteenth to Mallothi,
~~ his sons and relatives 12
[27]the twentieth to Eliathah,
~~ his sons and relatives 12
[28]the twenty-first to Hothir,
~~ his sons and relatives 12
[29]the twenty-second to Giddalti,
~~ his sons and relatives 12
[30]the twenty-third to Mahazioth,
~~ his sons and relatives 12
[31]the twenty-fourth to Romamti-Ezer,
~~ his sons and relatives 12.

The Gatekeepers

26 [1]The divisions of the gatekeepers:
From the Korahites:
Meshelemiah son of Kore, one of the sons of Asaph.
[2]Meshelemiah had sons:
Zechariah the firstborn, Jediael the second,
Zebadiah the third, Jathniel the fourth,
[3]Elam the fifth, Jehohanan the sixth
and Eliehoenai the seventh.

[i] 25:9 See Septuagint; Hebrew does not have *his sons and relatives.*
[j] 25:9 See the total in verse 7; Hebrew does not have *twelve.*
[k] 25:11 A variant of *Zeri*
[l] 25:14 A variant of *Asarelah*
[m] 25:18 A variant of *Uzziel*

déterminé par tirage au sort, sans faire de différence e
tre ceux de rang élevé et ceux de rang peu important,
entre maîtres et disciples. [9]Le premier sort échut po
Asaph à Joseph, de la famille d'Asaph. [10-31]Ensuite, da
l'ordre résultant du tirage au sort, voici la liste des che
de groupe, chaque groupe comprenant douze homme
soit le chef, ses fils et des hommes de sa parenté. Le deu
ième sort échut à Guedalia. Puis vinrent : Zakkour, Yitse
Netania, Bouqqiya, Yesareéla, Esaïe, Mattania, Shim
Azaréel, Hashabia, Shoubaël, Mattitia, Yerémoth, Hanan
Yoshbeqasha, Hanani, Malloti, Eliyata, Hotir, Guiddal
Mahazioth, Romamti-Ezer.

Les groupes de portiers du Temple

26 [1]Voici quelle était la répartition des portiers
classes : pour les Qoréites, Meshélémia, desce
dant de Qoré, de la famille d'Asaph. [2]Il avait pour fil
Zacharie, l'aîné, Yediaël, le deuxième, Zebadia, le troisièm
[3]Yatniel, le quatrième, Elam, le cinquième, Yohanân,

4 Obed-Edom also had sons:
Shemaiah the firstborn, Jehozabad the second,
Joah the third, Sakar the fourth,
Nethanel the fifth, 5 Ammiel the sixth,
Issachar the seventh and Peullethai the eighth.
(For God had blessed Obed-Edom.)
6 Obed-Edom's son Shemaiah also had sons, who
/ere leaders in their father's family because they were
ery capable men. 7 The sons of Shemaiah:
Othni, Rephael, Obed and Elzabad;
his relatives Elihu and Semakiah were also able
ıen.
8 All these were descendants of Obed-Edom; they
nd their sons and their relatives were capable men
/ith the strength to do the work – descendants of
bed-Edom, 62 in all.
9 Meshelemiah had sons and relatives, who were
ble men – 18 in all.
10 Hosah the Merarite had sons:
Shimri the first (although he was not the firstborn,
is father had appointed him the first),
11 Hilkiah the second, Tabaliah the third
and Zechariah the fourth.
The sons and relatives of Hosah were 13 in all.
12 These divisions of the gatekeepers, through their
eaders, had duties for ministering in the temple of
he LORD, just as their relatives had. 13 Lots were cast
or each gate, according to their families, young and
d alike.

14 The lot for the East Gate fell to Shelemiah.[n]
Then lots were cast for his son Zechariah, a wise
ounselor, and the lot for the North Gate fell to him.
15 The lot for the South Gate fell to Obed-Edom, and
he lot for the storehouse fell to his sons.
16 The lots for the West Gate and the Shalleketh Gate
n the upper road fell to Shuppim and Hosah.
Guard was alongside of guard:
17 There were six Levites a day on the east,
four a day on the north,
four a day on the south
and two at a time at the storehouse.
18 As for the court[o] to the west, there were four at
he road and two at the court[p] itself.
19 These were the divisions of the gatekeepers who
ere descendants of Korah and Merari.

he Treasurers and Other Officials

20 Their fellow Levites were[q] in charge of the trea-
ıries of the house of God and the treasuries for the
edicated things.
21 The descendants of Ladan, who were Gershonites
ırough Ladan and who were heads of families be-
nging to Ladan the Gershonite, were Jehieli, 22 the
ons of Jehieli, Zetham and his brother Joel. They were
ı charge of the treasuries of the temple of the LORD.
23 From the Amramites, the Izharites, the
ebronites and the Uzzielites:

26:14 A variant of *Meshelemiah*
26:18 The meaning of the Hebrew for this word is uncertain.
26:18 The meaning of the Hebrew for this word is uncertain.
26:20 Septuagint; Hebrew *As for the Levites, Ahijah was*

sixième, et Elyoénaï, le septième. 4 Obed-Edom[f] eut pour
fils : Shemaya, l'aîné, Yehozabad, le deuxième, Yoah, le
troisième, Sakar, le quatrième, Netanéel, le cinquième,
5 Ammiel, le sixième, Issacar, le septième, et Peoultaï, le
huitième, car Dieu l'avait béni. 6 Son fils Shemaya, eut des
fils qui jouissaient d'une grande autorité dans leur groupe
familial car c'étaient des hommes de valeur. 7 Ce furent
Otni, Rephaël, Obed, Elzabad, et surtout leurs frères Elihou
et Semakia qui furent particulièrement capables. 8 Tels
étaient les descendants d'Obed-Edom. Eux, leurs fils et
les hommes de leur parenté, au nombre de soixante-deux,
étaient des personnes de valeur, accomplissant leur travail
avec énergie.

9 Pour Meshélémia, il y eut ses fils et les hommes de sa
parenté, hommes de valeur, au nombre de dix-huit. 10 Hosa,
des descendants de Merari, eut des fils.
Shimri en était le chef car, bien qu'il ne fût pas l'aîné,
son père l'avait établi chef. 11 Puis Hilqiya, le deuxième,
Tebalia, le troisième, Zacharie, le quatrième. Les fils et
les hommes de la parenté de Hosa étaient en tout treize.

12 Pour toutes ces classes de portiers, les chefs comme
les autres, accomplissaient leur service dans le temple
de l'Eternel.
13 Ils tirèrent au sort, pour la responsabilité de chaque
porte, entre les différents groupes familiaux, sans faire
de différence entre ceux de rang élevé et ceux de rang
peu important.
14 Le sort attribua à Shélémia la garde de la porte orientale. Son fils Zacharie, qui était un conseiller avisé, se
vit attribuer par le sort la porte du côté nord. 15 La porte
sud échut à Obed-Edom, et la responsabilité des entrepôts
revint à ses fils[g]. 16 Shouppim et Hosa reçurent la responsabilité du côté ouest, avec la porte Shalléketh donnant sur
la route qui montait.
Les services étaient répartis, selon leur importance, de
la manière suivante : 17 à la porte orientale, six lévites[h]
par jour ; au nord, quatre par jour ; au sud, quatre par
jour, et deux groupes de deux aux entrepôts. 18 Du côté des
dépendances[i] à l'ouest, quatre hommes gardaient l'entrée
vers la route et deux vers les dépendances. 19 Ce sont là
les classes des portiers recrutés parmi les descendants
de Qoré et de Merari.

Les autres services confiés aux lévites

20 D'autres lévites, tel Ahiya, étaient préposés aux trésors
du Temple et aux trésors des objets sacrés. 21 C'étaient les
descendants de Laedân de la famille des Guershonites,
chefs de leur groupe familial respectif. Ils comprenaient
Yehiéli 22 et ses fils : Zétam et son frère Joël. Ils avaient la
responsabilité des trésors du temple de l'Eternel. 23 Pour
les Amramites, les Yitseharites, les Hébronites et les

f **26.4** Qui avait pris soin du coffre de l'alliance déposé chez lui (13.13).
g **26.15** Le palais royal était situé au sud du Temple. Le roi entrait donc au sanctuaire par la porte sud. Un honneur particulier se rattachait donc à la garde de cette porte (voir Ez 46.1-10).
h **26.17** L'entrée principale : c'est pourquoi elle se voit affecter six lévites au lieu de quatre.
i **26.18** Sens incertain. Le terme signifie peut-être : *cour.*

24 Shubael, a descendant of Gershom son of Moses, was the official in charge of the treasuries. 25 His relatives through Eliezer: Rehabiah his son, Jeshaiah his son, Joram his son, Zikri his son and Shelomith his son.

26 (Shelomith and his relatives were in charge of all the treasuries for the things dedicated by King David, by the heads of families who were the commanders of thousands and commanders of hundreds, and by the other army commanders. 27 Some of the plunder taken in battle they dedicated for the repair of the temple of the LORD. 28 And everything dedicated by Samuel the seer and by Saul son of Kish, Abner son of Ner and Joab son of Zeruiah, and all the other dedicated things were in the care of Shelomith and his relatives.)

29 From the Izharites:

Kenaniah and his sons were assigned duties away from the temple, as officials and judges over Israel.

30 From the Hebronites:

Hashabiah and his relatives – seventeen hundred able men – were responsible in Israel west of the Jordan for all the work of the LORD and for the king's service. 31 As for the Hebronites, Jeriah was their chief according to the genealogical records of their families.

(In the fortieth year of David's reign a search was made in the records, and capable men among the Hebronites were found at Jazer in Gilead. 32 Jeriah had twenty-seven hundred relatives, who were able men and heads of families, and King David put them in charge of the Reubenites, the Gadites and the half-tribe of Manasseh for every matter pertaining to God and for the affairs of the king.)

Army Divisions

27 1 This is the list of the Israelites – heads of families, commanders of thousands and commanders of hundreds, and their officers, who served the king in all that concerned the army divisions that were on duty month by month throughout the year. Each division consisted of 24,000 men.

2 In charge of the first division, for the first month, was Jashobeam son of Zabdiel. There were 24,000 men in his division. 3 He was a descendant of Perez and chief of all the army officers for the first month.

4 In charge of the division for the second month was Dodai the Ahohite; Mikloth was the leader of his division. There were 24,000 men in his division.

5 The third army commander, for the third month, was Benaiah son of Jehoiada the priest. He was chief and there were 24,000 men in his division. 6 This was the Benaiah who was a mighty warrior among the Thirty and was over the Thirty. His son Ammizabad was in charge of his division.

7 The fourth, for the fourth month, was Asahel the brother of Joab; his son Zebadiah was his successor. There were 24,000 men in his division.

8 The fifth, for the fifth month, was the commander Shamhuth the Izrahite. There were 24,000 men in his division.

9 The sixth, for the sixth month, was Ira the son of Ikkesh the Tekoite. There were 24,000 men in his division.

Ouzziélites, 24 c'était Shebouel, descendant de Guershon fils de Moïse, qui était le responsable en chef des trésors 25 Et ses parents issus d'Eliézer étaient, en ligne descen dante : Rehabia, Esaïe, Yoram, Zikri et Shelomith, 26 qu fut préposé avec les hommes de sa parenté aux trésors de choses sacrées, celles qu'avaient consacrées le roi David les chefs de groupe familial, les chefs des « milliers » et de « centaines » et les chefs de l'armée. 27 Ceux-ci avaient e effet consacré une part du butin des guerres à l'édificatio du temple de l'Eternel. 28 Shelomith et les membres de s parenté avaient aussi la responsabilité de tout ce qui avai été consacré par Samuel, le prophète, par Saül, fils de Qish par Abner, fils de Ner, par Joab, fils de Tserouya, et de tou autre chose consacrée.

29 Parmi les Yitseharites, Kenania et ses fils étaien chargés des affaires publiques en Israël, à titre d'admin istrateurs et de juges. 30 Parmi les Hébronites, Hashabi et les membres de sa parenté, c'est-à-dire mille sept cent hommes de valeur, supervisaient l'administration d'Israë à l'ouest du Jourdain, pour toutes les affaires religieuse et civiles. 31 D'après les généalogies des groupes familiau hébronites, Yeriya était le chef des Hébronites. La quaran tième année du règne de David[j], on fit des recherches e l'on trouva qu'il y avait parmi eux des hommes de valeu à Yaezer en Galaad. 32 Il y avait dans la parenté de Yeriy deux mille sept cents chefs de famille, des hommes d valeur. Le roi David leur confia l'administration de toute les affaires religieuses et civiles des tribus de Ruben et d Gad et de la demi-tribu de Manassé.

L'organisation de l'armée

27 1 Voici la liste des Israélites, chefs de groupe fa milial qui furent les commandants des « milliers ou des « centaines » et les administrateurs qui assistaien le roi pour tout ce qui concernait les divisions militaire appelées tour à tour à prendre mensuellement leur servic Chaque division comptait 24 000 hommes[k].

2 A la tête de la première division affectée au premie mois[l] se trouvait Yashobeam, fils de Zabdiel. Sa divisio comptait 24 000 hommes. 3 Il était de la lignée de Pérets e commandait tous les chefs d'armée du premier mois. 4 A l tête de la division du second mois comprenant égalemer 24 000 hommes se trouvait Dodaï l'Ahohite. Miqloth éta le chef de sa division. 5 Le commandant de la troisièm armée pour le troisième mois était Benaya, fils du granc prêtre Yehoyada. Il avait dans sa division 24 000 homme 6 Ce Benaya était l'un des guerriers du groupe des trent il était à sa tête. Son fils Ammizadab avait sa divisio sous ses ordres. 7 Le quatrième commandant affecté a quatrième mois était Asaël, frère de Joab. Son fils Zebad lui succéda. Sa division comprenait 24 000 hommes. 8 L cinquième, pour le cinquième mois, était le commandar Shamehouth de la famille d'Yizrah. Sa division compta 24 000 hommes. 9 Pour le sixième mois : Ira fils d'Iqqes

j 26.31 C'est-à-dire la dernière année du règne de David (29.27).
k 27.1 Comme dans de nombreux autres textes, il pourrait s'agir de vingt-quatre « milliers » d'hommes. Un « millier » était peut-être un corps d'armée comprenant quelques centaines d'hommes.
l 27.2 Mois de la Pâque (Ex 12.2 ; Esd 6.19).

10 The seventh, for the seventh month, was Helez
he Pelonite, an Ephraimite. There were 24,000 men
n his division.
11 The eighth, for the eighth month, was Sibbekai
he Hushathite, a Zerahite. There were 24,000 men
n his division.
12 The ninth, for the ninth month, was Abiezer the
nathothite, a Benjamite. There were 24,000 men in
is division.
13 The tenth, for the tenth month, was Maharai the
etophathite, a Zerahite. There were 24,000 men in
is division.
14 The eleventh, for the eleventh month, was
enaiah the Pirathonite, an Ephraimite. There were
4,000 men in his division.
15 The twelfth, for the twelfth month, was Heldai
he Netophathite, from the family of Othniel. There
vere 24,000 men in his division.

eaders of the Tribes

16 The leaders of the tribes of Israel:
over the Reubenites: Eliezer son of Zikri;
over the Simeonites: Shephatiah son of Maakah;
17 over Levi: Hashabiah son of Kemuel;
over Aaron: Zadok;
18 over Judah: Elihu, a brother of David;
over Issachar: Omri son of Michael;
19 over Zebulun: Ishmaiah son of Obadiah;
over Naphtali: Jerimoth son of Azriel;
20 over the Ephraimites: Hoshea son of Azaziah;
over half the tribe of Manasseh: Joel son of Pedaiah;
21 over the half-tribe of Manasseh in Gilead: Iddo
on of Zechariah;
over Benjamin: Jaasiel son of Abner;
22 over Dan: Azarel son of Jeroham.
These were the leaders of the tribes of Israel.
23 David did not take the number of the men twenty
ears old or less, because the LORD had promised to
ake Israel as numerous as the stars in the sky. 24 Joab
on of Zeruiah began to count the men but did not
nish. God's wrath came on Israel on account of this
umbering, and the number was not entered in the
ook[r] of the annals of King David.

he King's Overseers

25 Azmaveth son of Adiel was in charge of the royal
orehouses.
Jonathan son of Uzziah was in charge of the store-
ouses in the outlying districts, in the towns, the
illages and the watchtowers.
26 Ezri son of Kelub was in charge of the workers
ho farmed the land.
27 Shimei the Ramathite was in charge of the
ineyards.
Zabdi the Shiphmite was in charge of the produce
f the vineyards for the wine vats.
28 Baal-Hanan the Gederite was in charge of the
live and sycamore-fig trees in the western foothills.
Joash was in charge of the supplies of olive oil.

r 27:24 Septuagint; Hebrew *number*

le Teqoïte. Sa division comptait 24 000 hommes. 10 Le
septième, pour le septième mois : Hélets le Pelonite, des
descendants d'Ephraïm. Sa division comptait 24 000 hommes. 11 Le huitième, pour le huitième mois : Sibbekaï, le
Houshatite, de la famille des Zérahites. Sa division comptait 24 000 hommes. 12 Le neuvième, pour le neuvième
mois : Abiézer, d'Anatoth, des Benjaminites. Sa division
comptait 24 000 hommes. 13 Le dixième, pour le dixième
mois : Maharaï, de Netopha, de la famille des Zérahites.
Sa division comptait 24 000 hommes. 14 Le onzième, pour
le onzième mois : Benaya, de Piratôn, des Ephraïmites. Sa
division comptait 24 000 hommes. 15 Le douzième, pour le
douzième mois : Heldaï, de Netopha, descendant d'Otniel.
Sa division comptait 24 000 hommes.

Les chefs des tribus

16 Voici les chefs des tribus d'Israël : les Rubénites
avaient comme chef Eliézer, fils de Zikri ; les Siméonites :
Shephatia, fils de Maaka. 17 Pour Lévi, c'était Hashabia, fils
de Qemouel ; pour Aaron, Tsadoq ; 18 pour Juda : Elihou,
frère de David ; pour Issacar : Omri, fils de Michaël ;
19 pour Zabulon : Yishmaya, fils d'Abdias ; pour Nephtali :
Yerimoth, fils d'Azriel ; 20 pour les descendants d'Ephraïm :
Osée, fils d'Azazia ; pour la demi-tribu de Manassé : Joël,
fils de Pedaya ; 21 pour la demi-tribu de Manassé en Galaad :
Yiddo, fils de Zacharie ; pour Benjamin : Yaasiel, fils d'Abner ; 22 pour Dan : Azaréel, fils de Yeroham. Ce sont là les
chefs des tribus d'Israël.

23 David ne comptait pas dans le dénombrement les
moins de vingt ans, car l'Eternel avait promis de rendre
Israël aussi nombreux que les étoiles du ciel. 24 Joab, fils
de Tserouya, avait commencé le recensement ; mais il
ne l'acheva pas. D'ailleurs, à cause de ce recensement,
l'Eternel se mit en colère contre Israël. C'est pourquoi les
chiffres de ce recensement n'ont pas été reportés dans les
Annales du roi David.

Les administrateurs des biens du roi

25 Le responsable des trésors du roi était Azmaveth,
fils d'Adiel. Le responsable des trésors entreposés à la
campagne, dans les villes, les villages, et les tours, était
Jonathan, fils d'Ozias. 26 Le responsable des ouvriers agricoles qui cultivaient la terre était Ezri, fils de Keloub. 27 Le
responsable des vignobles était Shimeï, de Rama ; celui des
réserves de vin dans les vignes était Zabdi, de Shepham.
28 Le responsable des plantations d'oliviers et de sycomores
du Bas-Pays[m] était Baal-Hanân, de Guéder ; celui des ré-

m 27.28 C'est-à-dire la plaine côtière du littoral méditerranéen, célèbre pour sa fertilité. Les sycomores ne doivent pas être confondus avec les arbres portant ce nom dans nos régions : ce sont des figuiers aux feuilles semblables à celle du mûrier qui croissent en abondance de l'Egypte à la Syrie (voir Lc 19.4).

29 Shitrai the Sharonite was in charge of the herds grazing in Sharon.

Shaphat son of Adlai was in charge of the herds in the valleys.

30 Obil the Ishmaelite was in charge of the camels.

Jehdeiah the Meronothite was in charge of the donkeys.

31 Jaziz the Hagrite was in charge of the flocks.

All these were the officials in charge of King David's property.

32 Jonathan, David's uncle, was a counselor, a man of insight and a scribe.

Jehiel son of Hakmoni took care of the king's sons.

33 Ahithophel was the king's counselor.

Hushai the Arkite was the king's confidant.

34 (Ahithophel was succeeded by Jehoiada son of Benaiah and by Abiathar.)

Joab was the commander of the royal army.

David's Plans for the Temple

28 1 David summoned all the officials of Israel to assemble at Jerusalem: the officers over the tribes, the commanders of the divisions in the service of the king, the commanders of thousands and commanders of hundreds, and the officials in charge of all the property and livestock belonging to the king and his sons, together with the palace officials, the warriors and all the brave fighting men.

2 King David rose to his feet and said: "Listen to me, my fellow Israelites, my people. I had it in my heart to build a house as a place of rest for the ark of the covenant of the LORD, for the footstool of our God, and I made plans to build it. 3 But God said to me, 'You are not to build a house for my Name, because you are a warrior and have shed blood.'

4 "Yet the LORD, the God of Israel, chose me from my whole family to be king over Israel forever. He chose Judah as leader, and from the tribe of Judah he chose my family, and from my father's sons he was pleased to make me king over all Israel. 5 Of all my sons – and the LORD has given me many – he has chosen my son Solomon to sit on the throne of the kingdom of the LORD over Israel. 6 He said to me: 'Solomon your son is the one who will build my house and my courts, for I have chosen him to be my son, and I will be his father. 7 I will establish his kingdom forever if he is unswerving in carrying out my commands and laws, as is being done at this time.'

8 "So now I charge you in the sight of all Israel and of the assembly of the LORD, and in the hearing of our God: Be careful to follow all the commands of the LORD your God, that you may possess this good land and pass it on as an inheritance to your descendants forever.

9 "And you, my son Solomon, acknowledge the God of your father, and serve him with wholehearted devotion and with a willing mind, for the LORD searches every heart and understands every desire and every thought. If you seek him, he will be found by you; but if you forsake him, he will reject you forever.

serves d'huile était Joas. 29 Le responsable des troupeau de bétail qui avaient leur pâture dans la plaine du Saror était Shitraï, de Saron ; celui du bétail qui se trouvait dar les vallées était Shaphath, fils d'Adlaï. 30 Le responsable d chameaux était Obil, l'Ismaélite[o] ; celui des ânesses éta Yéhdeya, de Méronoth. 31 Le responsable des troupeaux d moutons et de chèvres était Yaziz, l'Agarénien. Tous ceu là étaient les intendants des biens du roi David.

Les conseillers privés de David

32 Jonathan, oncle de David, et son conseiller, un homm intelligent, qui était secrétaire, avait la charge, avec Yehie fils de Hakmoni, de l'éducation des fils du roi. 33 Ahitoph était conseiller du roi. Houshaï, l'Arkien, était son conf dent. 34 Après Ahitophel, il y eut Yehoyada, fils de Benay et Abiatar. Joab était chef des armées du roi.

David confie publiquement la construction du Temple à Salomon

28 1 David rassembla à Jérusalem tous les chefs d'I raël, les chefs des tribus, les chefs des divisior au service du roi, les commandants des « milliers » et d « centaines », les administrateurs des biens et du chept du roi et de ses fils, les hauts fonctionnaires du palais roya les guerriers et tous les hommes de valeur. 2 Le roi Davi se mit debout et leur fit ce discours : Mes frères et mo peuple, écoutez-moi ! J'avais à cœur de bâtir un templ pour y faire reposer le coffre de l'alliance de l'Eternel, et marchepied de notre Dieu[p]. J'ai fait des préparatifs en vu de la construction[q]. 3 Mais Dieu m'a dit : « Ce n'est pas t qui bâtiras un temple en mon honneur, car tu es un homm de guerre et tu as fait couler le sang. » 4 L'Eternel, le Die d'Israël m'a choisi dans ma famille pour être roi d'Isra et pour inaugurer une dynastie éternelle. En effet, c'est tribu de Juda qu'il a choisie pour conduire les autres. Dar cette tribu, il a choisi ma famille et, parmi tous mes frère c'est moi qu'il a élu pour me faire régner sur tout Israë 5 L'Eternel m'a donné beaucoup de fils. Parmi eux tou il a choisi Salomon pour le faire siéger sur le trône de royauté de l'Eternel sur Israël. 6 Puis il m'a déclaré : « C'e ton fils Salomon qui bâtira mon temple et mes parvis, car l'ai choisi pour qu'il soit mon fils et je serai moi-même u père pour lui. 7 Je maintiendrai pour toujours sa royaut s'il met son énergie, comme il le fait aujourd'hui, à obé à mes commandements et à mes lois. » 8 Maintenant, e présence de tout Israël, de l'assemblée de l'Eternel, et e présence de notre Dieu qui vous entend, je vous conjur d'obéir à tous les commandements de l'Eternel votre Die et de chercher à les connaître. Alors vous posséderez c beau pays et vous le transmettrez en héritage à vos d scendants à perpétuité. 9 Quant à toi, Salomon mon fil apprends à bien connaître le Dieu de ton père et adore- d'un cœur sans partage et d'un esprit bien disposé, ca l'Eternel regarde jusqu'au fond des cœurs et il discerr toutes les intentions. Si tu t'attaches à lui, il intervient en ta faveur, mais si tu te détournes de lui, il te rejetter

[n] **27.29** Partie nord de la plaine côtière qui s'étend de Jaffa au pied du mont Carmel.

[o] **27.30** Donc un descendant d'Ismaël (voir Gn 16.11-12 ; 25.12-18).

[p] **28.2** Il s'agit du propitiatoire (couvercle du coffre sacré) sur lequel trône, invisible, l'Eternel (voir Ex 25.22 ; Ps 132.7-8).

[q] **28.2** Pour les v. 2-7, voir 1 Ch 17.1-14 ; 22.6-16 ; 2 S 7.1-16.

ʾConsider now, for the LORD has chosen you to build house as the sanctuary. Be strong and do the work."

11 Then David gave his son Solomon the plans for the ortico of the temple, its buildings, its storerooms, its pper parts, its inner rooms and the place of atone-ıent. 12 He gave him the plans of all that the Spirit ad put in his mind for the courts of the temple of he LORD and all the surrounding rooms, for the trea-uries of the temple of God and for the treasuries for he dedicated things. 13 He gave him instructions for he divisions of the priests and Levites, and for all he work of serving in the temple of the LORD, as well s for all the articles to be used in its service. 14 He esignated the weight of gold for all the gold articles o be used in various kinds of service, and the weight f silver for all the silver articles to be used in vari-us kinds of service: 15 the weight of gold for the gold ımpstands and their lamps, with the weight for each ımpstand and its lamps; and the weight of silver for ach silver lampstand and its lamps, according to the se of each lampstand; 16 the weight of gold for each ıble for consecrated bread; the weight of silver for the ilver tables; 17 the weight of pure gold for the forks, prinkling bowls and pitchers; the weight of gold for ach gold dish; the weight of silver for each silver dish; ³and the weight of the refined gold for the altar of ıcense. He also gave him the plan for the chariot, ıat is, the cherubim of gold that spread their wings nd overshadow the ark of the covenant of the LORD.

19 "All this," David said, "I have in writing as a re-ult of the LORD's hand on me, and he enabled me to nderstand all the details of the plan."

20 David also said to Solomon his son, "Be strong nd courageous, and do the work. Do not be afraid or iscouraged, for the LORD God, my God, is with you. e will not fail you or forsake you until all the work or the service of the temple of the LORD is finished. The divisions of the priests and Levites are ready for l the work on the temple of God, and every willing erson skilled in any craft will help you in all the ork. The officials and all the people will obey your very command."

ifts for Building the Temple

29 1 Then King David said to the whole assem-bly: "My son Solomon, the one whom God as chosen, is young and inexperienced. The task is reat, because this palatial structure is not for man ut for the LORD God. 2 With all my resources I have rovided for the temple of my God – gold for the gold ork, silver for the silver, bronze for the bronze, iron or the iron and wood for the wood, as well as onyx or the settings, turquoise,[s] stones of various colors, nd all kinds of fine stone and marble – all of these ı large quantities. 3 Besides, in my devotion to the emple of my God I now give my personal treasures

29:2 The meaning of the Hebrew for this word is uncertain.

pour toujours. 10 Considère maintenant que l'Eternel t'a choisi pour lui construire un édifice qui serve de sanctu-aire. Prends courage, et au travail !

David remet les plans du sanctuaire à Salomon

11 David remit alors à son fils Salomon le plan du portique et des bâtiments annexes, des entrepôts du tré-sor, des étages, des salles intérieures et de la pièce réservée au propitiatoire. 12 Il lui donna aussi les plans de tout ce qu'il avait prévu de construire : des parvis du temple de l'Eternel et de toutes les salles autour, dans lesquelles se-raient entreposés les trésors du Temple et les réserves des objets sacrés. 13 Le roi lui confia également la liste des classes de prêtres et de lévites, ainsi que les instructions au sujet de toutes les tâches faisant partie du service du temple de l'Eternel, et de tous les objets destinés au service de ce temple. 14 Il lui indiqua le poids de l'or à employer pour tous les objets qui devaient être en or, pour chaque service ; il fit de même pour l'argent de tous les ustensiles d'argent destinés à chaque service. 15 Il précisa le poids des chandeliers d'or et de leurs lampes d'or, pour chacun d'entre eux ; il fit de même pour les chandeliers d'argent, et leurs lampes suivant l'usage auquel chacun d'eux était destiné. 16 Il lui indiqua le poids de l'or pour chacune des tables des pains exposés devant l'Eternel et le poids de l'argent pour les tables d'argent. 17 Il lui donna le modèle des fourchettes, des bassines et des carafes d'or pur, ainsi que des coupes en or, en indiquant le poids d'or de chaque coupe, et de même pour les coupes d'argent. 18 Il lui donna aussi le modèle de l'autel des parfums en or épuré avec l'indication de son poids d'or, ainsi que le plan du chariot des chérubins d'or qui étendent leurs ailes pour recouvrir le coffre de l'alliance de l'Eternel.

19 Tout cela, dit David, se trouve dans un écrit de la main de l'Eternel qui m'a fait comprendre tous les ouvrages décrits sur le plan.

20 Puis David dit à Salomon : Mon fils, prends courage, tiens bon et mets-toi au travail ! Ne crains rien et ne te laisse pas effrayer, car l'Eternel Dieu, mon Dieu, sera avec toi ; il ne te délaissera pas et il ne t'abandonnera pas jusqu'à ce que tu aies achevé tout le travail à effectuer pour le temple de l'Eternel. 21 Il y a aussi les différentes classes de prêtres et de lévites affectées aux divers ser-vices relatifs au Temple ; dans tout cet ouvrage, tu auras le concours d'hommes habiles pour toute espèce de travaux qui se mettront volontairement à ta disposition. Les chefs et tout le peuple seront à tes ordres.

Les dons du roi pour la construction du Temple

29 1 Puis le roi David dit à toute l'assemblée : Mon fils Salomon, le seul que Dieu ait choisi, est jeune et inexpérimenté, alors que l'ouvrage est immense, car ce n'est pas pour un homme qu'il s'agit de construire un palais, mais bien pour l'Eternel Dieu. 2 Quant à moi, j'ai consacré tous mes efforts à préparer pour le temple de mon Dieu de l'or, de l'argent, du bronze, du fer et du bois pour tout ce qui est à fabriquer avec ces divers matéri-aux. J'ai préparé aussi des pierres d'onyx et des pierres à enchâsser, des pierres brillantes et de diverses couleurs, toutes sortes de pierres précieuses et des blocs de marbre blanc en abondance. 3 De plus, par amour pour le temple

of gold and silver for the temple of my God, over and
above everything I have provided for this holy temple:
4 three thousand talents[t] of gold (gold of Ophir) and
seven thousand talents[u] of refined silver, for the over-
laying of the walls of the buildings, 5 for the gold work
and the silver work, and for all the work to be done
by the craftsmen. Now, who is willing to consecrate
themselves to the LORD today?"

6 Then the leaders of families, the officers of the
tribes of Israel, the commanders of thousands and
commanders of hundreds, and the officials in charge
of the king's work gave willingly. 7 They gave toward
the work on the temple of God five thousand talents[v]
and ten thousand darics[w] of gold, ten thousand talents[x] of silver, eighteen thousand talents[y] of bronze
and a hundred thousand talents[z] of iron. 8 Anyone
who had precious stones gave them to the treasury
of the temple of the LORD in the custody of Jehiel the
Gershonite. 9 The people rejoiced at the willing response of their leaders, for they had given freely and
wholeheartedly to the LORD. David the king also rejoiced greatly.

David's Prayer

10 David praised the LORD in the presence of the
whole assembly, saying,

"Praise be to you, LORD,
the God of our father Israel,
from everlasting to everlasting.
11 Yours, LORD, is the greatness and the power
and the glory and the majesty and the
splendor,
for everything in heaven and earth is yours.
Yours, LORD, is the kingdom;
you are exalted as head over all.
12 Wealth and honor come from you;
you are the ruler of all things.
In your hands are strength and power
to exalt and give strength to all.
13 Now, our God, we give you thanks,
and praise your glorious name.

14 "But who am I, and who are my people, that
we should be able to give as generously as this?
Everything comes from you, and we have given you
only what comes from your hand. 15 We are foreigners
and strangers in your sight, as were all our ancestors.
Our days on earth are like a shadow, without hope.
16 LORD our God, all this abundance that we have pro-

t 29:4 That is, about 110 tons or about 100 metric tons
u 29:4 That is, about 260 tons or about 235 metric tons
v 29:7 That is, about 190 tons or about 170 metric tons
w 29:7 That is, about 185 pounds or about 84 kilograms
x 29:7 That is, about 380 tons or about 340 metric tons
y 29:7 That is, about 675 tons or about 610 metric tons
z 29:7 That is, about 3,800 tons or about 3,400 metric tons

de Dieu, je donne pour sa construction des biens précieu
en or et en argent que je possède personnellement, en plu
de tout ce que j'ai préparé pour le sanctuaire. 4 Il y a dan
mes réserves cent tonnes d'or pur d'Ophir[r] et deux cen
cinquante tonnes d'argent affiné pour recouvrir les paroi
des bâtiments. 5 Cet or et cet argent sont destinés à la con
fection de tout ce qui doit être en or et en argent, ains
qu'à tous les travaux que les artisans auront à exécuter.
présent, qui d'entre vous est prêt à donner volontairemen
et de façon généreuse pour l'Eternel ?

Les dons du peuple pour la construction du Temple

6 Alors les chefs des groupes familiaux et des tribus d'Is
raël, les chefs des « milliers » et des « centaines » et le
responsables des affaires du roi offrirent des dons volon
taires. 7 Ils remirent spontanément pour le temple de Die
cent soixante-dix tonnes d'or, dix mille pièces d'or, plu
de trois cents tonnes d'argent, quelque six cents tonne
de bronze et plus de trois mille tonnes de fer. 8 Ceux qu
possédaient des pierres précieuses les confièrent à Yehie
le Guershonite pour le trésor du temple de l'Eternel. 9 L
peuple se réjouit de ses dons volontaires, car c'était d'u
cœur sans partage qu'ils les avaient faits à l'Eternel. Le ro
David en éprouva lui aussi une très grande joie.

Prière de reconnaissance

10 David bénit l'Eternel devant toute l'assemblée e
disant :

Béni sois-tu à tout jamais, ô Eternel,
Dieu de notre ancêtre Israël !

11 A toi, Eternel, appartiennent la grandeur, la
puissance et la magnificence,
et la gloire et la majesté.
Car tout ce qui est dans le ciel et sur la terre est à
toi, Eternel.
C'est à toi qu'appartient le règne,
tu es le souverain au-dessus de tout être[s].
12 Et c'est de toi que viennent la richesse et la gloire.
Tu domines sur tout
et dans ta main résident la force et la puissance,
tu détiens le pouvoir d'élever qui tu veux et de le
rendre fort.
13 C'est pourquoi, notre Dieu, nous te louons,
nous célébrons ta gloire.
14 Car, qui donc suis-je,
et qui donc est mon peuple
pour avoir les moyens de t'offrir de tels dons ?
Tout cela vient de toi,
et c'est de ta main même que nous avons reçu ce
que nous te donnons.
15 Nous sommes devant toi comme des étrangers, des
hôtes, tout comme nos ancêtres.
Notre vie sur la terre est aussi éphémère qu'une
ombre passagère, qui passe sans espoir.
16 Eternel, notre Dieu, c'est de ta main que vient toute
cette fortune

r 29.4 Région souvent mentionnée (1 R 10.11 ; Jb 28.16) comme lieu de provenance de l'or le plus pur (voir note 1 R 9.28).
s 29.11 Cf. Mt 6.13.

ided for building you a temple for your Holy Name
omes from your hand, and all of it belongs to you. [17]I
now, my God, that you test the heart and are pleased
vith integrity. All these things I have given willingly
nd with honest intent. And now I have seen with joy
ow willingly your people who are here have given to
ou. [18]LORD, the God of our fathers Abraham, Isaac and
srael, keep these desires and thoughts in the hearts
f your people forever, and keep their hearts loyal to
ou. [19]And give my son Solomon the wholehearted de-
otion to keep your commands, statutes and decrees
nd to do everything to build the palatial structure
or which I have provided."

[20]Then David said to the whole assembly, "Praise
he LORD your God." So they all praised the LORD, the
od of their fathers; they bowed down, prostrating
hemselves before the LORD and the king.

olomon Acknowledged as King

[21]The next day they made sacrifices to the LORD and
resented burnt offerings to him: a thousand bulls, a
housand rams and a thousand male lambs, togeth-
r with their drink offerings, and other sacrifices in
bundance for all Israel. [22]They ate and drank with
reat joy in the presence of the LORD that day.

Then they acknowledged Solomon son of David as
ing a second time, anointing him before the LORD to
e ruler and Zadok to be priest. [23]So Solomon sat on
he throne of the LORD as king in place of his father
avid. He prospered and all Israel obeyed him. [24]All
he officers and warriors, as well as all of King David's
ons, pledged their submission to King Solomon.

[25]The LORD highly exalted Solomon in the sight of
ll Israel and bestowed on him royal splendor such as
o king over Israel ever had before.

he Death of David

[26]David son of Jesse was king over all Israel. [27]He
uled over Israel forty years – seven in Hebron and
hirty-three in Jerusalem. [28]He died at a good old age,
aving enjoyed long life, wealth and honor. His son
olomon succeeded him as king.

[29]As for the events of King David's reign, from beinning to end, they are written in the records of
amuel the seer, the records of Nathan the prophet
nd the records of Gad the seer, [30]together with the
etails of his reign and power, and the circumstances
hat surrounded him and Israel and the kingdoms of
ll the other lands.

que nous venons de réunir pour te bâtir un temple
qui portera ton nom, toi qui es saint.
Tout cela t'appartient.
[17] Je le sais, ô mon Dieu, tu sondes notre cœur
et tu as du plaisir lorsque quelqu'un est droit.
Eh bien, c'est d'un cœur droit que je t'ai apporté
tous ces dons volontaires,
et j'ai vu avec joie ton peuple ici présent t'apporter
ses dons volontaires.
[18] O Eternel, Dieu d'Abraham, d'Isaac et d'Israël, nos
pères,
conserve pour toujours dans le cœur de ton peuple
ces dispositions, ces pensées,
et maintiens fermement leur cœur tourné vers toi !
[19] A mon fils Salomon donne un cœur sans partage
afin qu'il obéisse à tes commandements,
tes ordonnances et tes lois, et les applique tous,
et qu'il bâtisse le palais[t] en vue duquel j'ai fait tous
ces préparatifs.

L'onction royale de Salomon

[20]Là-dessus, David dit à toute l'assemblée : Bénissez
l'Eternel, votre Dieu !

Alors toute l'assemblée loua l'Eternel, le Dieu de ses ancêtres. Ils s'inclinèrent et se prosternèrent devant l'Eternel
et devant le roi. [21]Le lendemain, ils offrirent des sacrifices
et des holocaustes à l'Eternel : mille taureaux, mille béliers
et mille agneaux, accompagnés des offrandes de vin requises[u] ; et ils offrirent un grand nombre de sacrifices pour
tout Israël. [22]Ils mangèrent et burent ce jour-là devant
l'Eternel dans de grandes réjouissances. Pour la seconde
fois, ils proclamèrent roi Salomon, fils de David, et lui conférèrent l'onction au nom de l'Eternel pour être leur chef.
Ils établirent aussi par l'onction Tsadoq comme prêtre.
[23]Salomon prit place sur le trône de l'Eternel, pour régner
à la place de son père David. Il l'occupa avec succès et tout
Israël lui obéit. [24]Tous les chefs, et les soldats, et même tous
les fils du roi David se soumirent à lui. [25]L'Eternel éleva au
plus haut point le prestige de Salomon aux yeux de tout
Israël, et il rendit son règne plus éclatant que celui de tous
ses prédécesseurs, comme roi sur Israël.

La mort de David

(1 R 2.10-12)

[26]David, fils d'Isaï, avait régné sur tout Israël. [27]Il avait
régné quarante ans sur Israël, sept ans à Hébron[v] et trente-
trois ans à Jérusalem[w].

[28]Et il mourut au terme d'une heureuse vieillesse, rassasié de jours, de richesses et de gloire. Son fils Salomon
lui succéda sur le trône.

[29]Les faits et gestes du roi David, des premiers aux derniers, sont cités dans les Annales du prophète Samuel, dans
les Annales du prophète Nathan, et dans les Annales du
prophète Gad. [30]On y raconte tout son règne, sa puissance,
et tout ce qui lui est arrivé, ainsi qu'à Israël, et à tous les
royaumes de la région.

---

t **29.19** Autre traduction : *qu'il exécute tout pour bâtir le palais.*
u **29.21** Les libations accompagnent obligatoirement les sacrifices (voir Ex 29.40-41 ; Nb 15.1-16).
v **29.27** De 1010 à 1003 av. J.-C.
w **29.27** De 1003 à 970 av. J.-C.

2 Chronicles

Solomon Asks for Wisdom

1 1 Solomon son of David established himself firmly over his kingdom, for the LORD his God was with him and made him exceedingly great.

2 Then Solomon spoke to all Israel – to the commanders of thousands and commanders of hundreds, to the judges and to all the leaders in Israel, the heads of families – 3 and Solomon and the whole assembly went to the high place at Gibeon, for God's tent of meeting was there, which Moses the LORD's servant had made in the wilderness. 4 Now David had brought up the ark of God from Kiriath Jearim to the place he had prepared for it, because he had pitched a tent for it in Jerusalem. 5 But the bronze altar that Bezalel son of Uri, the son of Hur, had made was in Gibeon in front of the tabernacle of the LORD; so Solomon and the assembly inquired of him there. 6 Solomon went up to the bronze altar before the LORD in the tent of meeting and offered a thousand burnt offerings on it.

7 That night God appeared to Solomon and said to him, "Ask for whatever you want me to give you."

8 Solomon answered God, "You have shown great kindness to David my father and have made me king in his place. 9 Now, LORD God, let your promise to my father David be confirmed, for you have made me king over a people who are as numerous as the dust of the earth. 10 Give me wisdom and knowledge, that I may lead this people, for who is able to govern this great people of yours?"

11 God said to Solomon, "Since this is your heart's desire and you have not asked for wealth, possessions or honor, nor for the death of your enemies, and since you have not asked for a long life but for wisdom and knowledge to govern my people over whom I have made you king, 12 therefore wisdom and knowledge will be given you. And I will also give you wealth, possessions and honor, such as no king who was before you ever had and none after you will have."

13 Then Solomon went to Jerusalem from the high place at Gibeon, from before the tent of meeting. And he reigned over Israel.

Deuxième livre des Chroniques

LE RÈGNE DE SALOMON

Le roi Salomon au haut lieu de Gabaon

1 1 Salomon, fils de David, affermit son autorité sur so royaume, et l'Eternel, son Dieu, était avec lui et il lu donna un très grand prestige.

(1 R 3.4-15)

2 Le roi convoqua tout Israël : les chefs de « milliers » e de « centaines », les juges, et les notables de tout Israë les chefs de groupe familial. 3 Salomon se rendit ave toute l'assemblée au haut lieu de Gabaon, car c'est là qu se trouvait la tente de la Rencontre de Dieu que Moïse, l serviteur de l'Eternel, avait fabriquée dans le désert. 4 Mai le coffre de Dieu avait été transporté par David de Qiryath Yearim à l'endroit que le roi lui avait préparé ; il avait, e effet, dressé pour lui une tente à Jérusalem. 5 Devant l tabernacle se trouvait l'autel de bronze qu'avait fabriqu Betsaléel, fils d'Ouri et petit-fils de Hour, et c'est cet aut que Salomon et l'assemblée recherchaient.

6 Le roi se rendit à l'autel de bronze devant l'Eternel, la tente de la Rencontre, et il y offrit mille holocaustes.

Salomon reçoit de Dieu la sagesse, et la promesse de richesse et de gloire

7 Cette nuit-là, Dieu apparut à Salomon et lui dit Demande ce que tu désires que je t'accorde.

8 Salomon répondit à Dieu : Tu as témoigné une grand bienveillance à mon père David et tu m'as fait régner à s place. 9 Maintenant, Eternel Dieu, veuille tenir la promess que tu as faite à mon père David puisque tu m'as fait régne sur un peuple nombreux comme les grains de poussière d la terre. 10 Accorde-moi donc maintenant la sagesse et l connaissance nécessaires pour que je sache comment m conduire à la tête de ce peuple. Car, qui pourrait gouverne ton peuple qui est si grand ?

11 Alors Dieu dit à Salomon : Puisque c'est là le désir d ton cœur, et que tu ne demandes ni richesses, ni trésor ni gloire, ni la mort de tes ennemis, que tu ne demande même pas une longue vie, mais que tu demandes la sag esse et la connaissance nécessaires pour gouverner mo peuple sur lequel je t'ai fait régner, 12 eh bien, je t'accord la sagesse et la connaissance, et, de surcroît, des richesse des trésors et la gloire comme n'en a jamais eus aucun ro avant toi et comme n'en aura aucun après toi.

13 Après cela, Salomon quitta le haut lieu de Gabaon o il était allé devant la tente de la Rencontre, et il revint Jérusalem. Il régna alors sur Israël.

[14]Solomon accumulated chariots and horses; ɩe had fourteen hundred chariots and twelve housand horses,[a] which he kept in the chariot ities and also with him in Jerusalem. [15]The king ıade silver and gold as common in Jerusalem as tones, and cedar as plentiful as sycamore-fig rees in the foothills. [16]Solomon's horses were nported from Egypt and from Kue[b] – the royal ıerchants purchased them from Kue at the curent price. [17]They imported a chariot from Egypt or six hundred shekels[c] of silver, and a horse for hundred and fifty.[d] They also exported them to ll the kings of the Hittites and of the Arameans.

'reparations for Building the Temple

2 [1e]Solomon gave orders to build a temple for the Name of the LORD and a royal palace for himself. He conscripted 70,000 men as carriers and 80,000 as tonecutters in the hills and 3,600 as foremen over hem.

[3]Solomon sent this message to Hiram[f] king of Tyre: "Send me cedar logs as you did for my father David when you sent him cedar to build a palace to live in. [4]Now I am about to build a temple for the Name of the LORD my God and to dedicate it to him for burning fragrant incense before him, for setting out the consecrated bread regularly, and for making burnt offerings every morning and evening and on the Sabbaths, at the New Moons and at the appointed festivals of the LORD our God. This is a lasting ordinance for Israel.

[5]"The temple I am going to build will be great, because our God is greater than all other gods. [6]But who is able to build a temple for him, since the heavens, even the highest heavens, cannot contain him? Who then am I to build a temple for him, except as a place to burn sacrifices before him?

[7]"Send me, therefore, a man skilled to work in gold and silver, bronze and iron, and in purple, crimson and blue yarn, and experienced in the art of engraving, to work in Judah and Jerusalem with my skilled workers, whom my father David provided.

[8]"Send me also cedar, juniper and algum[g] logs from Lebanon, for I know that your servants are skilled in cutting timber there. My servants will work with yours [9]to provide me with plenty of lumber, because the temple I build must be large and magnificent.

1:14 Or *charioteers*
1:16 Probably Cilicia
1:17 That is, about 15 pounds or about 6.9 kilograms
1:17 That is, about 3 3/4 pounds or about 1.7 kilograms
ın Hebrew texts 2:1 is numbered 1:18, and 2:2-18 is numbered 1-17.
2:3 Hebrew *Huram*, a variant of *Hiram* also in verses 11 and 12
2:8 Probably a variant of *almug*

La richesse et la gloire de Salomon

(1 R 10.26-29 ; 2 Ch 9.25-28)

[14]Salomon se procura des chars et des hommes d'équipage pour ses chars : 1 400 chars et 12 000 hommes d'équipage. Il les cantonna dans les villes de garnison ainsi qu'auprès de lui à Jérusalem. [15]Le roi rendit l'argent et l'or aussi communs que les pierres à Jérusalem, et les cèdres aussi nombreux que les sycomores qui croissent dans la plaine côtière le long de la Méditerranée. [16]Les chevaux de Salomon étaient importés d'Egypte par convois ; une caravane de marchands du roi allait les acheter par convois[a], contre leur prix. [17]Chaque char qu'ils importaient d'Egypte coûtait 600 pièces d'argent et chaque cheval 150 pièces. Ces marchands en importaient dans les mêmes conditions pour tous les rois des Hittites et pour les rois de Syrie.

Salomon décide de bâtir le Temple

(1 R 5.15-30 ; 7.13-14)

[18]Salomon décida de bâtir un temple en l'honneur de l'Eternel et un palais royal pour lui-même.

Salomon enrôle des ouvriers et commande les matériaux pour la construction du Temple

2 [1]Salomon enrôla 70 000 hommes pour le transport des matériaux, 80 000 hommes pour extraire et tailler les pierres dans la montagne et 3 600 contremaîtres pour surveiller les travaux.

[2]Salomon envoya des messagers à Hiram, le roi de Tyr, pour lui dire : Veuille faire pour moi ce que tu as fait pour mon père David, à qui tu as fourni des cèdres pour qu'il puisse se construire un palais afin d'y habiter. [3]A présent, je vais bâtir un temple en l'honneur de l'Eternel, mon Dieu, et qui lui sera consacré. Nous y brûlerons devant lui des parfums aromatiques, nous y disposerons en permanence les rangées de pain qui doivent être exposés devant lui, et nous lui offrirons des holocaustes matin et soir. Nous y célébrerons les jours de repos, les nouvelles lunes et les fêtes cultuelles de l'Eternel notre Dieu. Ceci sera accompli à perpétuité en Israël. [4]Le temple que je vais bâtir sera grand, car notre Dieu est plus grand que tous les dieux. [5]Mais qui donc serait capable de bâtir un temple à sa mesure, alors que le ciel dans toute son immensité ne peut le contenir ? Et moi-même, qui suis-je pour ériger un temple pour l'Eternel ? Je peux tout au plus construire un lieu où l'on brûlera des sacrifices devant lui. [6]Maintenant, veuille donc m'envoyer un homme expert dans le travail de l'or, de l'argent, du bronze et du fer, dans la teinture des étoffes en pourpre, en carmin et en violet, et qui s'y connaisse dans l'art de la sculpture. Il collaborera avec mes propres spécialistes en Juda et à Jérusalem, ceux que mon père David a préparés. [7]Veuille aussi m'expédier du Liban des bois de cèdre, de cyprès et de santal, car je sais que tes bûcherons savent s'y prendre pour couper le bois. Mes ouvriers travailleront avec les tiens. [8]Que l'on me prépare une grande quantité de bois, car le temple que je

[a] 1.16 Autre traduction : *à Qevé*.

10 I will give your servants, the woodsmen who cut
the timber, twenty thousand cors[h] of ground wheat,
twenty thousand cors[i] of barley, twenty thousand
baths[j] of wine and twenty thousand baths of olive
oil."
11 Hiram king of Tyre replied by letter to Solomon:
"Because the LORD loves his people, he has made
you their king."
12 And Hiram added:
"Praise be to the LORD, the God of Israel, who made
heaven and earth! He has given King David a wise
son, endowed with intelligence and discernment,
who will build a temple for the LORD and a palace
for himself.
13 "I am sending you Huram-Abi, a man of great
skill, 14 whose mother was from Dan and whose father was from Tyre. He is trained to work in gold
and silver, bronze and iron, stone and wood, and
with purple and blue and crimson yarn and fine
linen. He is experienced in all kinds of engraving
and can execute any design given to him. He will
work with your skilled workers and with those of
my lord, David your father.
15 "Now let my lord send his servants the wheat and
barley and the olive oil and wine he promised, 16 and
we will cut all the logs from Lebanon that you need
and will float them as rafts by sea down to Joppa.
You can then take them up to Jerusalem."
17 Solomon took a census of all the foreigners residing in Israel, after the census his father David had
taken; and they were found to be 153,600. 18 He assigned 70,000 of them to be carriers and 80,000 to
be stonecutters in the hills, with 3,600 foremen over
them to keep the people working.

Solomon Builds the Temple

3 1 Then Solomon began to build the temple of the
LORD in Jerusalem on Mount Moriah, where the
LORD had appeared to his father David. It was on the
threshing floor of Araunah[k] the Jebusite, the place
provided by David. 2 He began building on the second day of the second month in the fourth year of
his reign.
3 The foundation Solomon laid for building the
temple of God was sixty cubits long and twenty cubits wide[l] (using the cubit of the old standard). 4 The
portico at the front of the temple was twenty cubits[m]
long across the width of the building and twenty[n]
cubits high.
He overlaid the inside with pure gold. 5 He paneled
the main hall with juniper and covered it with fine

vais construire sera très grand et magnifique. 9 Je donnera
à tes bûcherons 6 000 tonnes de blé, 4 000 tonnes d'orge
900 000 litres de vin et 900 000 litres d'huile.

10 Hiram, le roi de Tyr, envoya une lettre à Salomon dan
laquelle il disait : « C'est parce que l'Eternel aime son peu
ple qu'il t'a établi roi sur lui. »
11 Par ailleurs, il dit : « Béni soit l'Eternel, le Dieu d'Is
raël, qui a fait le ciel et la terre, de ce qu'il a donné au ro
David un fils plein de sagesse, de bon sens et d'intelligence
qui bâtira un temple à l'Eternel et un palais royal pou
lui-même ! 12 Je t'envoie donc aussitôt un spécialiste par
ticulièrement habile, il s'appelle Houram-Abi, 13 et il es
fils d'une femme de la tribu de Dan et d'un père tyrien.
sait travailler l'or, l'argent, le bronze et le fer, la pierre e
le bois ; il sait teindre les étoffes en pourpre et en violet
travailler les tissus de fin lin et de carmin. Il connaît tou
l'art de la sculpture. Il saura réaliser tout projet qui lu
sera confié. Il travaillera avec tes propres artisans et ave
ceux de mon seigneur David, ton père. 14 Maintenant, qu
mon seigneur fasse parvenir à ses serviteurs le blé, l'orge
l'huile et le vin dont il a parlé. 15 Quant à nous, nous abat
trons au Liban tous les arbres dont tu auras besoin, nou
te les amènerons en radeaux par mer jusqu'à Jaffa[b] d'o
tu les feras transporter à Jérusalem. »

16 Salomon fit le compte de tous les étrangers qui vi
vaient dans le pays d'Israël, après le recensement fait pa
son père David. Il y en avait 153 600. 17 Il en affecta 70 00
aux transports, 80 000 comme tailleurs de pierres dans l
montagne et 3 600 à la surveillance des travaux de tou
ces ouvriers.

La construction du bâtiment à l'emplacement prévu par David

(1 R 6.1-29)

3 1 Salomon commença à bâtir le temple de l'Eternel
Jérusalem, sur la colline de Moriya[c] où l'Eternel étai
apparu à son père David, et à l'emplacement que celui-c
avait prévu sur l'aire d'Ornân, le Yebousien. 2 Salomo
commença à bâtir le deuxième jour du deuxième mois
de la quatrième année de son règne. 3 Les fondations d
Temple avaient, selon l'ancienne unité de mesure, trent
mètres de long et dix mètres de large. 4 Le portique d'en
trée avait dix mètres de large, comme le Temple, et di
mètres de haut[e]. Salomon le fit recouvrir intérieuremen
d'or pur. 5 La grande salle[f] fut lambrissée de bois de cypre

---

[h] **2:10** That is, probably about 3,600 tons or about 3,200 metric tons of wheat
[i] **2:10** That is, probably about 3,000 tons or about 2,700 metric tons of barley
[j] **2:10** That is, about 120,000 gallons or about 440,000 liters
[k] **3:1** Hebrew *Ornan*, a variant of *Araunah*
[l] **3:3** That is, about 90 feet long and 30 feet wide or about 27 meters long and 9 meters wide
[m] **3:4** That is, about 30 feet or about 9 meters; also in verses 8, 11 and 13
[n] **3:4** Some Septuagint and Syriac manuscripts; Hebrew *and a hundred and twenty*

[b] **2.15** Le port d'Israël (Jon 1.3), mentionné depuis le partage du pays (Jos 19.46), qui reste le plus grand port du pays d'Israël.
[c] **3.1** Seul passage de l'Ancien Testament qui identifie la colline de Sion avec le mont Morija où Abraham s'est rendu pour sacrifier Isaac (Gn 22.2). Pour l'apparition de l'Eternel à David, voir 2 S 24.16-17 ; 1 Ch 21.15-16.
[d] **3.2** L'année israélite commence en mars-avril. Le *deuxième mois* tombe donc en avril-mai.
[e] **3.4** Le texte hébreu indique 120 coudées (60 mètres de haut). Certains manuscrits des anciennes versions grecque et syriaque ont 20 coudées (10 mètres), rétablissant sans doute le chiffre primitif.
[f] **3.5** C'est-à-dire le lieu saint.

old and decorated it with palm tree and chain de-
igns. 6He adorned the temple with precious stones.
.nd the gold he used was gold of Parvaim. 7He over-
aid the ceiling beams, doorframes, walls and doors
f the temple with gold, and he carved cherubim on
he walls.

8He built the Most Holy Place, its length corre-
ponding to the width of the temple – twenty cubits
ong and twenty cubits wide. He overlaid the inside
vith six hundred talents[o] of fine gold. 9The gold nails
veighed fifty shekels.[p] He also overlaid the upper
arts with gold.
10For the Most Holy Place he made a pair of sculp-
ured cherubim and overlaid them with gold. 11The
otal wingspan of the cherubim was twenty cubits.
)ne wing of the first cherub was five cubits[q] long and
ouched the temple wall, while its other wing, also
ive cubits long, touched the wing of the other cherub.
2Similarly one wing of the second cherub was five
ubits long and touched the other temple wall, and
ts other wing, also five cubits long, touched the wing
f the first cherub. 13The wings of these cherubim ex-
ended twenty cubits. They stood on their feet, facing
he main hall.[r]
14He made the curtain of blue, purple and crimson
arn and fine linen, with cherubim worked into it.

15For the front of the temple he made two pillars,
vhich together were thirty-five cubits[s] long, each
vith a capital five cubits high. 16He made interwoven
hains[t] and put them on top of the pillars. He also
nade a hundred pomegranates and attached them
o the chains. 17He erected the pillars in the front of
he temple, one to the south and one to the north.
'he one to the south he named Jakin[u] and the one to
he north Boaz.[v]

'he Temple's Furnishings

4 1He made a bronze altar twenty cubits long,
twenty cubits wide and ten cubits high.[w] 2He
nade the Sea of cast metal, circular in shape, measur-
ng ten cubits from rim to rim and five cubits[x] high.
t took a line of thirty cubits[y] to measure around it.
Below the rim, figures of bulls encircled it – ten to a
ubit.[z] The bulls were cast in two rows in one piece
vith the Sea.

3:8 That is, about 23 tons or about 21 metric tons
3:9 That is, about 1 1/4 pounds or about 575 grams
3:11 That is, about 7 1/2 feet or about 2.3 meters; also in verse 15
3:13 Or *facing inward*
3:15 That is, about 53 feet or about 16 meters
3:16 Or possibly *made chains in the inner sanctuary*; the meaning of
he Hebrew for this phrase is uncertain.
3:17 *Jakin* probably means *he establishes.*
3:17 *Boaz* probably means *in him is strength.*
4:1 That is, about 30 feet long and wide and 15 feet high or about
meters long and wide and 4.5 meters high
4:2 That is, about 7 1/2 feet or about 2.3 meters
4:2 That is, about 45 feet or about 14 meters
4:3 That is, about 18 inches or about 45 centimeters

et plaquée d'or pur, et on y cisela des feuilles de palmier et des guirlandes. 6Pour décorer le Temple, on incrusta des pierres précieuses ; l'or était de l'or de Parvaïm. 7Tout le Temple fut plaqué d'or : la salle, les poutres, les seuils, les parois, et les battants des portes, puis Salomon fit sculpter des chérubins sur les parois.

Le lieu très saint

8A l'intérieur, il fit construire la salle du lieu très saint ; elle avait dix mètres de long, sur la largeur du Temple, et dix mètres de large. Il utilisa vingt tonnes du meilleur or pour la recouvrir. 9Les clous, en or, pesaient six cents grammes. Il fit aussi couvrir d'or les plafonds.

10Pour la salle du lieu très saint, on sculpta deux chérubins et on les recouvrit d'or[g]. 11L'envergure totale de leurs ailes était de dix mètres. L'aile de l'un, longue de deux mètres cinquante, touchait le mur de la salle, l'autre aile de deux mètres cinquante touchait celle du second chérubin. 12Celui-ci étendait une aile de deux mètres cinquante jusqu'à l'autre paroi de la salle, et son autre aile de deux mètres cinquante touchait l'aile du premier chérubin. 13Ainsi, les ailes déployées de ces chérubins avaient bien une envergure totale de dix mètres. Les deux chérubins étaient debout sur leurs pieds et regardaient vers la salle.

14Salomon fit tisser le voile de fils violets, pourpres et carmins, et de lin, et il y fit broder des chérubins[h].

Les colonnes de bronze
(1 R 7.15-22)

15Devant le Temple, il fit édifier deux colonnes hautes de dix-sept mètres surmontées d'un chapiteau de deux mètres cinquante de haut. 16Le sommet de ces colonnes était décoré de guirlandes comme celles du sanctuaire. Cent grenades étaient suspendues à ces guirlandes. 17Il fit ériger les colonnes sur la façade du Temple de part et d'autre de l'entrée. Salomon appela celle de droite Yakîn (Il affermit) et celle de gauche Boaz (La force est en Lui).

L'autel et la grande cuve

4 1Salomon fit fabriquer un autel de bronze de dix mètres sur dix et cinq mètres de haut[i].

(1 R 7.23-26)

2Puis il fit faire la grande cuve ronde en métal fondu. Elle mesurait cinq mètres de diamètre, deux mètres cinquante de hauteur, un cordeau de quinze mètres mesurait sa circonférence. 3Au-dessous d'elle, sur tout le pourtour, se trouvaient deux rangées de représentations de bœufs[j] coulés d'une seule pièce avec la cuve. Il y en

g **3.10** Pour les v. 10-13, voir Ex 25.18-20.
h **3.14** Voir Ex 26.31. Le voile, dans le Temple, était doublé d'une porte (4.22 ; 1 R 6.31).
i **4.1** Voir Ex 27.1-2. Cet autel était quatre fois plus long, quatre fois plus large et trois fois plus haut que celui du tabernacle de Moïse.
j **4.3** Dans 1 R 7.24, il s'agit de *coloquintes.* En hébreu, les deux mots se ressemblent, ce qui expliquerait une erreur de copiste dans l'un des deux textes.

4The Sea stood on twelve bulls, three facing north, three facing west, three facing south and three facing east. The Sea rested on top of them, and their hindquarters were toward the center. 5It was a handbreadth[a] in thickness, and its rim was like the rim of a cup, like a lily blossom. It held three thousand baths.[b]

6He then made ten basins for washing and placed five on the south side and five on the north. In them the things to be used for the burnt offerings were rinsed, but the Sea was to be used by the priests for washing.

7He made ten gold lampstands according to the specifications for them and placed them in the temple, five on the south side and five on the north.

8He made ten tables and placed them in the temple, five on the south side and five on the north. He also made a hundred gold sprinkling bowls.

9He made the courtyard of the priests, and the large court and the doors for the court, and overlaid the doors with bronze. 10He placed the Sea on the south side, at the southeast corner.

11And Huram also made the pots and shovels and sprinkling bowls.

So Huram finished the work he had undertaken for King Solomon in the temple of God:

12the two pillars;

the two bowl-shaped capitals on top of the pillars;

the two sets of network decorating the two bowl-shaped capitals on top of the pillars;

13the four hundred pomegranates for the two sets of network (two rows of pomegranates for each network, decorating the bowl-shaped capitals on top of the pillars);

14the stands with their basins;

15the Sea and the twelve bulls under it;

16the pots, shovels, meat forks and all related articles.

All the objects that Huram-Abi made for King Solomon for the temple of the LORD were of polished bronze. 17The king had them cast in clay molds in the plain of the Jordan between Sukkoth and Zarethan.[c] 18All these things that Solomon made amounted to so much that the weight of the bronze could not be calculated.

19Solomon also made all the furnishings that were in God's temple:

the golden altar;

the tables on which was the bread of the Presence;

20the lampstands of pure gold with their lamps, to burn in front of the inner sanctuary as prescribed;

21the gold floral work and lamps and tongs (they were solid gold);

22the pure gold wick trimmers, sprinkling bowls, dishes and censers; and the gold doors of the temple: the inner doors to the Most Holy Place and the doors of the main hall.

---

[a] 4:5 That is, about 3 inches or about 7.5 centimeters
[b] 4:5 That is, about 18,000 gallons or about 66,000 liters
[c] 4:17 Hebrew *Zeredatha,* a variant of *Zarethan*

avait dix par demi-mètre. 4La cuve elle-même reposait su douze bœufs de bronze ayant leurs têtes tournées trois pa trois vers le nord, l'ouest, le sud et l'est, alors que la parti postérieure de leur corps était tournée vers l'intérieur e portait la cuve. 5La paroi de la cuve avait huit centimètre d'épaisseur et son rebord était façonné comme celui d'un coupe en forme de pétale de lis. Elle pouvait contenir en viron quarante mille litres d'eau.

6Salomon fit encore fabriquer dix bassins ; il les fit dis poser cinq à droite et cinq à gauche du Temple pour le lavages. Ils servaient à nettoyer les ustensiles destinés offrir les holocaustes. La grande cuve servait aux purifi cations des prêtres.

Les accessoires du culte

7Salomon fit fabriquer les dix chandeliers d'or selon l modèle prescrit, puis on les plaça dans la grande salle d Temple, cinq à droite et cinq à gauche. 8Il fit faire dix table que l'on disposa également dans la grande salle : cinq droite et cinq à gauche. Il fit aussi façonner cent coupe d'aspersion en or. 9Il fit aménager le parvis des prêtre et la grande cour, il fit fabriquer les portes de la cour e revêtir leurs battants de bronze.

(1 R 7.38-51)

10La grande cuve fut placée du côté droit du Templ vers l'angle sud-est. 11Houram fabriqua les chaudron les pelles et les coupes à aspersion.

Récapitulation des objets fabriqués pour le Temple

Houram termina ainsi le travail que le roi Salomon lu avait confié dans le temple de Dieu : 12les deux colonne avec les chapiteaux évasés qui les surmontaient, les deu treillis pour recouvrir les évasements de ces chapiteau 13les quatre cents grenades accrochées aux treillis – deu rangées de grenades par treillis – 14les dix chariots et le dix bassins placés dessus, 15la grande cuve, unique e son genre, et les douze bœufs qui la supportaient, 16le chaudrons, les pelles et les crochets à viande. Houram-Ab avait fabriqué en bronze poli, pour Salomon, tous les objet destinés au temple de l'Eternel. 17Le roi les fit fondre dan la plaine du Jourdain, dans des couches d'argile, entr Soukkoth et Tserédata. 18Salomon fit fabriquer tous ce objets en si grande quantité qu'on ne pouvait évaluer l poids de bronze utilisé.

19Il fit encore fabriquer tous les autres objets destiné au temple de Dieu : l'autel des parfums en or, les tables su lesquelles on plaçait les pains exposés devant l'Eterne 20les chandeliers d'or fin avec leurs lampes, que l'on deva allumer selon la règle devant la salle du fond, 21avec leur fleurons, leurs lampes et les mouchettes en or, en or trè pur, 22les couteaux, les calices, les coupes et les brasier d'or fin, ainsi que les gonds en or pour les portes de l'in térieur du Temple, à l'entrée du lieu très saint, et pour le portes de la grande salle, à l'entrée du Temple.

5 1 When all the work Solomon had done for the
temple of the LORD was finished, he brought in
ne things his father David had dedicated – the silver
nd gold and all the furnishings – and he placed them
n the treasuries of God's temple.

he Ark Brought to the Temple

2 Then Solomon summoned to Jerusalem the elders
f Israel, all the heads of the tribes and the chiefs of
ne Israelite families, to bring up the ark of the LORD's
ovenant from Zion, the City of David. 3 And all the
sraelites came together to the king at the time of the
stival in the seventh month.
4 When all the elders of Israel had arrived, the
evites took up the ark, 5 and they brought up the ark
nd the tent of meeting and all the sacred furnishings
n it. The Levitical priests carried them up; 6 and King
olomon and the entire assembly of Israel that had
athered about him were before the ark, sacrificing
o many sheep and cattle that they could not be re-
orded or counted.
7 The priests then brought the ark of the LORD's cove-
ant to its place in the inner sanctuary of the temple,
ne Most Holy Place, and put it beneath the wings
f the cherubim. 8 The cherubim spread their wings
ver the place of the ark and covered the ark and its
arrying poles. 9 These poles were so long that their
nds, extending from the ark, could be seen from in
ront of the inner sanctuary, but not from outside the
oly Place; and they are still there today. 10 There was
othing in the ark except the two tablets that Moses
ad placed in it at Horeb, where the LORD made a cov-
nant with the Israelites after they came out of Egypt.
11 The priests then withdrew from the Holy Place.
ll the priests who were there had consecrated themelves, regardless of their divisions. 12 All the Levites
vho were musicians – Asaph, Heman, Jeduthun and
heir sons and relatives – stood on the east side of
ne altar, dressed in fine linen and playing cymbals,
arps and lyres. They were accompanied by 120
riests sounding trumpets. 13 The trumpeters and
usicians joined in unison to give praise and thanks
o the LORD. Accompanied by trumpets, cymbals and
ther instruments, the singers raised their voices in
raise to the LORD and sang:

"He is good;
his love endures forever."

Then the temple of the LORD was filled with the
loud, 14 and the priests could not perform their ser-
ice because of the cloud, for the glory of the LORD
lled the temple of God.

6 1 Then Solomon said, "The LORD has said that
he would dwell in a dark cloud; 2 I have built a
nagnificent temple for you, a place for you to dwell
orever."
3 While the whole assembly of Israel was standing
here, the king turned around and blessed them.
Then he said:

L'installation du coffre de l'alliance dans le Temple

5 1 Quand tous les travaux que le roi Salomon fit exécuter pour le temple de l'Eternel furent achevés,
Salomon fit apporter les objets que son père David avait
consacrés : l'argent, l'or et tous les ustensiles, et il les déposa dans les trésors du temple de Dieu.

(1 R 8.1-21)

2 Alors Salomon rassembla à Jérusalem tous les responsables d'Israël, tous les chefs des tribus et les chefs
de familles des Israélites pour faire transporter le coffre
de l'alliance de l'Eternel depuis la cité de David, qui est
Sion. 3 Tous les hommes d'Israël s'assemblèrent auprès du
roi pendant la fête des Cabanes qui a lieu au septième mois.
4 Tous les responsables d'Israël vinrent et les lévites se
chargèrent de porter le coffre sacré.
5 Les prêtres et les lévites transportèrent le coffre ainsi
que la tente de la Rencontre et tous les ustensiles sacrés
qu'elle contenait. 6 Le roi Salomon et toute la communauté
d'Israël rassemblée auprès de lui devant le coffre offrirent
en sacrifice un très grand nombre de petit et de gros bétail
qu'on ne pouvait évaluer. 7 Les prêtres installèrent le coffre
de l'alliance de l'Eternel à la place qui lui était destinée
dans la salle du fond du Temple, c'est-à-dire dans le lieu
très saint, sous les ailes des chérubins. 8 Les chérubins
avaient leurs ailes déployées au-dessus de l'emplacement
du coffre, de sorte qu'ils formaient une voûte au-dessus
du coffre et de ses barres. 9 On avait donné à ces barres
une longueur telle que leurs extrémités se voyaient à une
certaine distance du coffre sur le devant du sanctuaire
intérieur, mais elles ne se voyaient pas de l'extérieur. Le
coffre est resté là jusqu'à ce jour. 10 Dans le coffre, il y avait
seulement les deux tablettes que Moïse y avait placées
à Horeb lorsque l'Eternel conclut une alliance avec les
Israélites à leur sortie d'Egypte. 11 Les prêtres sortirent
du lieu saint. Tous les prêtres présents s'étaient purifiés
rituellement, sans tenir compte de l'ordre de passage des
classes auxquelles ils appartenaient. 12 Tous les lévites qui
étaient musiciens se tenaient au complet du côté est de
l'autel avec des cymbales, des luths et des lyres. Il y avait
là Asaph, Hémân, Yedoutoun, avec leurs fils et les membres
de leur parenté, tous revêtus de fin lin. Cent vingt prêtres
se tenaient à leurs côtés en sonnant des trompettes. 13 Les
trompettistes et les musiciens jouèrent ensemble, à l'unisson, pour louer et célébrer l'Eternel. Les musiciens firent
retentir les trompettes, les cymbales, et les autres instruments, et louèrent l'Eternel en chantant :

Car il est bon,
car son amour dure à toujours.

Au même moment, le temple de l'Eternel fut rempli
d'une nuée. 14 Les prêtres ne purent pas y rester pour
accomplir le service, à cause de la nuée, car la gloire de
l'Eternel remplissait le Temple.

Salomon loue l'Eternel

6 1 Alors Salomon dit :
L'Eternel a déclaré qu'il demeurerait dans un lieu
obscur. 2 Et moi, j'ai bâti pour toi une résidence, un lieu où
tu habiteras éternellement.
3 Puis le roi se retourna et bénit toute l'assemblée d'Israël
qui se tenait debout. 4 Il dit : Béni soit l'Eternel, le Dieu d'Is-

"Praise be to the LORD, the God of Israel, who with his hands has fulfilled what he promised with his mouth to my father David. For he said, 5 'Since the day I brought my people out of Egypt, I have not chosen a city in any tribe of Israel to have a temple built so that my Name might be there, nor have I chosen anyone to be ruler over my people Israel. 6 But now I have chosen Jerusalem for my Name to be there, and I have chosen David to rule my people Israel.'

7 "My father David had it in his heart to build a temple for the Name of the LORD, the God of Israel. 8 But the LORD said to my father David, 'You did well to have it in your heart to build a temple for my Name. 9 Nevertheless, you are not the one to build the temple, but your son, your own flesh and blood – he is the one who will build the temple for my Name.'

10 "The LORD has kept the promise he made. I have succeeded David my father and now I sit on the throne of Israel, just as the LORD promised, and I have built the temple for the Name of the LORD, the God of Israel. 11 There I have placed the ark, in which is the covenant of the LORD that he made with the people of Israel."

Solomon's Prayer of Dedication

12 Then Solomon stood before the altar of the LORD in front of the whole assembly of Israel and spread out his hands. 13 Now he had made a bronze platform, five cubits long, five cubits wide and three cubits high,[d] and had placed it in the center of the outer court. He stood on the platform and then knelt down before the whole assembly of Israel and spread out his hands toward heaven. 14 He said:

"LORD, the God of Israel, there is no God like you in heaven or on earth – you who keep your covenant of love with your servants who continue wholeheartedly in your way. 15 You have kept your promise to your servant David my father; with your mouth you have promised and with your hand you have fulfilled it – as it is today.

16 "Now, LORD, the God of Israel, keep for your servant David my father the promises you made to him when you said, 'You shall never fail to have a successor to sit before me on the throne of Israel, if only your descendants are careful in all they do to walk before me according to my law, as you have done.' 17 And now, LORD, the God of Israel, let your word that you promised your servant David come true.

18 "But will God really dwell on earth with humans? The heavens, even the highest heavens, cannot contain you. How much less this temple I have built! 19 Yet, LORD my God, give attention to your servant's prayer and his plea for mercy. Hear the cry and the prayer that your servant is praying in your presence. 20 May your eyes be open toward this temple day and night, this place of which you said you would put your Name there. May you hear the prayer your servant prays toward this place. 21 Hear the supplications of your servant and of your peo-

[d] **6:13** That is, about 7 1/2 feet long and wide and 4 1/2 feet high or about 2.3 meters long and wide and 1.4 meters high

raël, qui a, de sa propre bouche, parlé à mon père David, e
qui a agi pour accomplir la promesse qu'il lui avait faite.
lui avait dit[k] : 5 « Depuis le jour où j'ai fait sortir mon peupl
d'Egypte, je n'ai jamais choisi une ville particulière parm
toutes les tribus d'Israël pour qu'on y bâtisse un temple o
je sois présent, et je n'ai pas choisi un homme pour qu'
soit le chef de mon peuple Israël[l]. 6 Mais voici que j'ai él
Jérusalem pour y établir ma présence, et j'ai choisi Davi
pour gouverner mon peuple Israël ! » 7 Mon père Davi
avait à cœur de bâtir un temple en l'honneur de l'Eterne
le Dieu d'Israël. 8 Mais l'Eternel lui a déclaré : « Ton proje
de bâtir un temple en mon honneur est une excellent
chose : tu as bien fait de prendre cela à cœur. 9 Toutefoi
ce n'est pas toi qui bâtiras ce temple, c'est ton propre fi
qui le bâtira pour moi. » 10 L'Eternel a tenu sa promesse
j'ai succédé à mon père David et j'occupe le trône d'Israë
comme l'Eternel l'avait annoncé, et j'ai construit ce templ
en l'honneur de l'Eternel, le Dieu d'Israël. 11 J'y ai déposé l
coffre qui contient le code de l'alliance de l'Eternel, cett
alliance qu'il a conclue avec les Israélites.

La prière d'intercession de Salomon

(1 R 8.22-53)

12 Puis Salomon se plaça devant l'autel de l'Eternel, e
faisant face à toute l'assemblée d'Israël. Il leva les main
pour prier. 13 En effet, Salomon avait fait construire un
estrade de bronze, ayant une forme carrée, de deux mètre
cinquante de côté et d'un mètre cinquante de haut.
l'avait fait installer au milieu du parvis et il se tenait des
sus. Là, il se mit à genoux devant toute l'assemblée d'Israë
Il leva les mains vers le ciel 14 et pria : Eternel, Dieu d'Is
raël ! Il n'y a pas de Dieu semblable à toi, ni dans le ciel r
sur la terre ! Tu es fidèle à ton alliance et tu conserves t
bonté à tes serviteurs qui se conduisent selon ta volont
de tout leur cœur. 15 Ainsi tu as tenu la promesse que t
avais faite à ton serviteur David, mon père, oui, tu as ag
pour que soit accompli ce que tu lui avais déclaré de t
propre bouche. 16 A présent, Eternel, Dieu d'Israël, veuill
aussi tenir l'autre promesse que tu lui as faite lorsque t
lui as dit : « Il y aura toujours l'un de tes descendants qu
siégera sous mon regard sur le trône d'Israël, à conditio
qu'ils veillent sur leur conduite pour vivre selon ma Lo
comme tu as toi-même vécu selon ma volonté. » 17 Ou
maintenant, Eternel, Dieu d'Israël, daigne réaliser cett
promesse que tu as faite à ton serviteur David !

18 Mais est-ce qu'en vérité Dieu habiterait avec les hom
mes sur la terre, alors que le ciel dans toute son immensit
ne saurait le contenir ? Combien moins ce temple que j
viens de construire ! 19 Toutefois, Eternel, mon Dieu, veuill
être attentif à la prière et à la supplication de ton servite
et écouter l'appel que je t'adresse ! 20 Que tes yeux veiller
jour et nuit sur ce temple, ce lieu où tu as toi-même promi
d'établir ta présence ! Et exauce la prière que ton servite
t'adresse en ce lieu ! 21 Daigne écouter ses supplication

[k] **6.4** Pour les v. 4-9, voir 1 Ch 17.1-12 ; 2 S 7.1-13.

[l] **6.5** Dieu avait désigné à plusieurs reprises des chefs temporaires pour Israël, mais jusqu'au temps de David, il n'avait jamais établi de monarchie permanente et héréditaire.

ple Israel when they pray toward this place. Hear from heaven, your dwelling place; and when you hear, forgive.

22 “When anyone wrongs their neighbor and is required to take an oath and they come and swear the oath before your altar in this temple, 23 then hear from heaven and act. Judge between your servants, condemning the guilty and bringing down on their heads what they have done, and vindicating the innocent by treating them in accordance with their innocence.

24 “When your people Israel have been defeated by an enemy because they have sinned against you and when they turn back and give praise to your name, praying and making supplication before you in this temple, 25 then hear from heaven and forgive the sin of your people Israel and bring them back to the land you gave to them and their ancestors.

26 “When the heavens are shut up and there is no rain because your people have sinned against you, and when they pray toward this place and give praise to your name and turn from their sin because you have afflicted them, 27 then hear from heaven and forgive the sin of your servants, your people Israel. Teach them the right way to live, and send rain on the land you gave your people for an inheritance.

28 “When famine or plague comes to the land, or blight or mildew, locusts or grasshoppers, or when enemies besiege them in any of their cities, whatever disaster or disease may come, 29 and when a prayer or plea is made by anyone among your people Israel – being aware of their afflictions and pains, and spreading out their hands toward this temple – 30 then hear from heaven, your dwelling place. Forgive, and deal with everyone according to all they do, since you know their hearts (for you alone know the human heart), 31 so that they will fear you and walk in obedience to you all the time they live in the land you gave our ancestors.

32 “As for the foreigner who does not belong to your people Israel but has come from a distant land because of your great name and your mighty hand and your outstretched arm – when they come and pray toward this temple, 33 then hear from heaven, your dwelling place. Do whatever the foreigner asks of you, so that all the peoples of the earth may know your name and fear you, as do your own people Israel, and may know that this house I have built bears your Name.

34 “When your people go to war against their enemies, wherever you send them, and when they pray to you toward this city you have chosen and the temple I have built for your Name, 35 then hear from heaven their prayer and their plea, and uphold their cause.

36 “When they sin against you – for there is no one who does not sin – and you become angry with them and give them over to the enemy, who takes them captive to a land far away or near; 37 and if they have

et celles de ton peuple Israël lorsqu'il viendra prier ici ! Depuis le lieu où tu demeures, depuis le ciel, entends notre prière et veuille pardonner !

22 Si quelqu'un est accusé d'avoir commis une faute envers son prochain et si l'on exige de lui qu'il prête serment avec des imprécations ici devant ton autel, dans ce temple, 23 sois attentif depuis le ciel, interviens et juge tes serviteurs pour faire venir sur le coupable le châtiment que mérite sa conduite, et pour faire reconnaître l'innocence du juste afin qu'il soit traité selon son innocence.

24 Si ton peuple Israël est battu par un ennemi, parce que ses membres auront péché contre toi, si ensuite ils reviennent en arrière, s'ils t'adressent leurs louanges, te prient et expriment leurs supplications devant toi, dans ce temple, 25 écoute-les depuis le ciel, pardonne le péché de ton peuple Israël et ramène-les dans le pays que tu leur as donné, à eux et à leurs ancêtres !

26 Quand le ciel sera fermé et refusera de donner la pluie parce que ton peuple aura péché contre toi, si ce peuple prie en ce lieu, s'il te loue et se détourne de ses fautes, après que tu l'as affligé, 27 écoute-le depuis le ciel, pardonne le péché de tes serviteurs et de ton peuple Israël, indique-leur la bonne ligne de conduite à suivre, et fais tomber la pluie sur ton pays que tu as donné en possession à ton peuple !

28 Quand la famine ou la peste sévira dans le pays, quand les céréales seront atteintes de maladie, quand surviendra une invasion de sauterelles ou de criquets, ou quand ses ennemis assiégeront ton peuple dans son pays, dans les villes fortifiées du pays, quand quelque maladie ou quelque malheur s'abattra sur lui, 29-30 si, considérant sa peine et sa souffrance, chacun tend les mains vers ce temple, veuille exaucer du ciel, le lieu où tu demeures, les prières et les supplications que t'adressera tout homme ou tout ton peuple Israël. Pardonne-leur et traite chacun selon sa conduite, puisque tu connais le cœur de chacun. En effet, toi seul tu connais le cœur des humains. 31 De cette manière, ils te craindront et se conduiront comme tu le leur as prescrit tout le temps qu'ils vivront sur l'étendue du territoire que tu as donné à nos ancêtres.

32 Et même si un étranger qui ne fait pas partie de ton peuple Israël vient d'un pays lointain pour prier dans ce temple parce qu'il aura entendu parler de ta grandeur et de la puissance que tu déploies pour agir, 33 veuille l'écouter depuis le ciel, depuis la demeure où tu habites, et lui accorder tout ce qu'il t'aura demandé. De cette manière, tous les peuples du monde te connaîtront, ils te craindront comme le fait ton peuple Israël, et ils reconnaîtront que le temple que j'ai construit t'appartient.

34 Lorsque ton peuple partira pour combattre ses ennemis, sur le chemin où tu l'enverras, s'il te prie en se tournant vers cette ville que tu as choisie et vers ce temple que j'ai construit en ton honneur, 35 daigne écouter depuis le ciel leurs prières et leurs supplications et défendre leur cause !

36 Il se peut qu'ils commettent un péché contre toi – car quel est l'homme qui ne commet jamais de péché ? – Alors tu seras irrité contre eux, tu les livreras au pouvoir de leurs ennemis qui les emmèneront en captivité dans un pays étranger, proche ou lointain. 37 S'ils se mettent

a change of heart in the land where they are held
captive, and repent and plead with you in the land
of their captivity and say, 'We have sinned, we have
done wrong and acted wickedly'; 38 and if they turn
back to you with all their heart and soul in the land
of their captivity where they were taken, and pray
toward the land you gave their ancestors, toward
the city you have chosen and toward the temple I
have built for your Name; 39 then from heaven, your
dwelling place, hear their prayer and their pleas,
and uphold their cause. And forgive your people,
who have sinned against you.
40 "Now, my God, may your eyes be open and your
ears attentive to the prayers offered in this place.

41 "Now arise, LORD God, and come to your
resting place,
you and the ark of your might.
May your priests, LORD God, be clothed with
salvation,
may your faithful people rejoice in your
goodness.
42 LORD God, do not reject your anointed one.
Remember the great love promised to David
your servant."

The Dedication of the Temple

7 1 When Solomon finished praying, fire came down
from heaven and consumed the burnt offering
and the sacrifices, and the glory of the LORD filled the
temple. 2 The priests could not enter the temple of
the LORD because the glory of the LORD filled it. 3 When
all the Israelites saw the fire coming down and the
glory of the LORD above the temple, they knelt on the
pavement with their faces to the ground, and they
worshiped and gave thanks to the LORD, saying,

"He is good;
his love endures forever."

4 Then the king and all the people offered sacrifices
before the LORD. 5 And King Solomon offered a sacrifice
of twenty-two thousand head of cattle and a hundred
and twenty thousand sheep and goats. So the king
and all the people dedicated the temple of God. 6 The
priests took their positions, as did the Levites with
the LORD's musical instruments, which King David had
made for praising the LORD and which were used when
he gave thanks, saying, "His love endures forever."
Opposite the Levites, the priests blew their trumpets,
and all the Israelites were standing.
7 Solomon consecrated the middle part of the courtyard in front of the temple of the LORD, and there he
offered burnt offerings and the fat of the fellowship
offerings, because the bronze altar he had made could
not hold the burnt offerings, the grain offerings and
the fat portions.
8 So Solomon observed the festival at that time for
seven days, and all Israel with him – a vast assembly,

à réfléchir dans le pays où ils auront été déportés, s'il
reviennent en arrière et t'adressent leurs supplication
dans le pays de leur captivité et qu'ils disent : « Nous avon
péché, nous avons mal agi, nous sommes coupables », 38 s'il
reviennent à toi de tout leur cœur et de tout leur être, dar
le pays de leur captivité où ils auront été déportés, et s'il
prient en se tournant vers le pays que tu as donné à leur
ancêtres, vers la ville que tu as choisie et vers le templ
que j'ai construit en ton honneur, 39 alors depuis le ciel, l
demeure où tu habites, veuille écouter leur prière et leur
supplications, et défendre leur cause ! Pardonne à ton peu
ple les péchés qu'il aura commis contre toi ! 40 Désormai
donc, mon Dieu, veuille écouter attentivement et con
sidérer favorablement toute prière faite en ce lieu.

41 Et maintenant, ô Dieu, Eternel, lève-toi et viens
dans le lieu de ta paix,
ô viens avec ton coffre d'où rayonne ta force
et que tes prêtres, Eternel Dieu, se parent du salut.
Que ceux qui te sont attachés poussent des cris de
joie, et qu'ils jouissent du bonheur[m] !

42 Eternel Dieu, n'écarte pas le roi qui a reçu l'onction
Veuille te souvenir de ce que, dans ta bienveillance
tu avais promis à David, ton serviteur[n].

La gloire de l'Eternel remplit le Temple

(1 R 8.62-66)

7 1 Lorsque Salomon eut terminé sa prière, le fe
tomba du ciel et consuma l'holocauste ainsi que le
sacrifices, et la gloire de l'Eternel remplit le Temple. 2 Le
prêtres ne pouvaient pénétrer dans le temple de l'Eterne
car la gloire de l'Eternel avait rempli l'édifice. 3 Tous le
Israélites virent descendre le feu et la gloire de l'Etern
sur le Temple ; ils s'inclinèrent le visage contre terre su
le dallage du parvis, se prosternèrent et se mirent à loue
l'Eternel en disant : « Oui il est bon, oui son amour es
éternel ! »

4 Le roi et tout le peuple offrirent des sacrifices devar
l'Eternel. 5 Le roi Salomon offrit en sacrifice 22 000 bœuf
et 120 000 moutons. C'est de cette manière que le roi e
tout le peuple inaugurèrent le temple de Dieu. 6 Les prêtre
se tenaient à leur poste, les lévites prirent position ave
les instruments de musique de l'Eternel que le roi Davi
avait conçus pour louer l'Eternel en chantant : « Oui, so
amour dure à toujours » ; c'est David qui les avait chargé
de jouer de ces instruments pour louer l'Eternel. Quar
aux prêtres, ils faisaient retentir les trompettes vis-à-vi
d'eux et tout Israël se tenait debout.
7 Salomon consacra l'intérieur de la cour qui s'éten
devant le temple de l'Eternel pour y offrir les holocauste
et les graisses des sacrifices de communion, car l'aute
de bronze que Salomon avait fait fabriquer ne pouvai
recevoir tous les holocaustes, les offrandes et les graiss
es. 8 Salomon et tout Israël célébrèrent la fête[o] pendar
sept jours. Un très grand nombre de gens étaient venu
depuis la région de Hamath jusqu'au torrent d'Egypte

[m] **6.41** Les v. 41-42 sont parallèles au Ps 132.8-10.
[n] **6.42** La fin de ce verset reprend Es 55.3.
[o] **7.8** Il s'agit de la fête des Cabanes (voir 5.3).
[p] **7.8** C'est-à-dire de l'extrême nord à l'extrême sud du pays. Le *torrent d'Egypte* est sans doute le Wadi el-Arish qui a son embouchure à quelque 80 kilomètres au sud de Gaza.

eople from Lebo Hamath to the Wadi of Egypt. 9 On he eighth day they held an assembly, for they had elebrated the dedication of the altar for seven days nd the festival for seven days more. 10 On the twen-y-third day of the seventh month he sent the people o their homes, joyful and glad in heart for the good hings the LORD had done for David and Solomon and or his people Israel.

he LORD Appears to Solomon

11 When Solomon had finished the temple of the LORD nd the royal palace, and had succeeded in carrying ut all he had in mind to do in the temple of the LORD nd in his own palace, 12 the LORD appeared to him at ight and said:

"I have heard your prayer and have chosen this place for myself as a temple for sacrifices.

13 "When I shut up the heavens so that there is no rain, or command locusts to devour the land or send a plague among my people, 14 if my people, who are called by my name, will humble themselves and pray and seek my face and turn from their wick-ed ways, then I will hear from heaven, and I will forgive their sin and will heal their land. 15 Now my eyes will be open and my ears attentive to the prayers offered in this place. 16 I have chosen and consecrated this temple so that my Name may be there forever. My eyes and my heart will always be there.

17 "As for you, if you walk before me faithfully as David your father did, and do all I command, and observe my decrees and laws, 18 I will establish your royal throne, as I covenanted with David your father when I said, 'You shall never fail to have a successor to rule over Israel.'

19 "But if you[e] turn away and forsake the decrees and commands I have given you[f] and go off to serve other gods and worship them, 20 then I will uproot Israel from my land, which I have given them, and will reject this temple I have consecrated for my Name. I will make it a byword and an object of ridicule among all peoples. 21 This temple will become a heap of rubble. All[g] who pass by will be appalled and say, 'Why has the LORD done such a thing to this land and to this temple?' 22 People will answer, 'Because they have forsaken the LORD, the God of their ancestors, who brought them out of Egypt, and have embraced other gods, worshiping and serving them – that is why he brought all this disaster on them.'"

olomon's Other Activities

8 1 At the end of twenty years, during which Solomon built the temple of the LORD and his own alace, 2 Solomon rebuilt the villages that Hiram[h] had iven him, and settled Israelites in them. 3 Solomon ıen went to Hamath Zobah and captured it. 4 He also uilt up Tadmor in the desert and all the store cities

9 Le huitième jour eut lieu une réunion cultuelle. Ainsi, on avait fait la dédicace de l'autel pendant sept jours, et l'on avait célébré la fête durant sept autres jours[q]. 10 Le vingt-troisième jour du septième mois, Salomon renvoya le peuple chacun chez soi. Tous étaient joyeux et avaient le cœur content à cause des bienfaits que l'Eternel avait accordés à David, à Salomon et à Israël, son peuple.

La réponse de l'Eternel à Salomon

(1 R 9.1-9)

11 Salomon acheva ainsi le temple de l'Eternel et le palais royal. Il réussit à réaliser tout ce qu'il s'était proposé de faire pour ces deux édifices. 12 Alors l'Eternel apparut à Salomon pendant la nuit et lui dit : J'ai exaucé ta prière et je choisis cet endroit comme lieu de sacrifices pour moi. 13 Lorsque je fermerai le ciel et qu'il n'y aura pas de pluie, lorsque j'ordonnerai aux sauterelles de ravager le pays ou que j'enverrai la peste contre mon peuple, 14 si alors mon peuple qui est appelé de mon nom s'humilie, prie et recherche ma grâce, s'il se détourne de sa mauvaise conduite, moi, je l'écouterai du ciel, je lui pardonnerai ses péchés et je guérirai son pays. 15 Désormais, j'écouterai attentivement et je considérerai favorablement la prière faite en ce lieu. 16 A présent, je choisis cet édifice et j'en fais un lieu saint pour y être à jamais présent. Je veillerai toujours sur lui et j'y aurai mon cœur. 17 Quant à toi, si tu te conduis devant moi comme ton père David, si tu fais tout ce que je t'ai ordonné et si tu obéis aux ordonnances et aux lois que je t'ai données, 18 je rendrai stable pour toujours ton trône royal selon l'alliance que j'ai conclue avec ton père David lorsque je lui ai dit : « Il y aura toujours l'un de tes descendants qui gouvernera Israël. » 19 Mais si vous vous détournez, si vous négligez mes ordonnances et mes lois que j'ai établies pour vous, et si vous allez ren-dre un culte à d'autres dieux et vous prosterner devant eux, 20 alors je vous arracherai de mon pays que je vous ai donné, je rejetterai loin de ma vue ce temple que j'ai consacré pour y être présent, et je ferai en sorte que tous les peuples s'en moquent et ricanent à son sujet. 21 Et ce temple qui aura été si glorieux, tous ceux qui passeront à proximité seront consternés et s'exclameront : « Pourquoi l'Eternel a-t-il traité ainsi ce pays et ce temple ? » 22 Et l'on répondra : « C'est parce qu'ils ont abandonné l'Eternel, le Dieu de leurs ancêtres, qui les avait fait sortir d'Egypte, parce qu'ils se sont attachés à d'autres dieux, qu'ils se sont prosternés devant eux et les ont adorés. Voilà pourquoi il leur a infligé tout ce malheur. »

Les autres travaux de construction

(1 R 9.10-28)

8 1 Salomon mit vingt ans pour construire le temple de l'Eternel et son propre palais. 2 Alors il reconstruisit les villes que le roi Hiram de Tyr lui avait données et il y installa des Israélites. 3 Puis il marcha sur Hamath de Tsoba et s'en empara. 4 Il reconstruisit Tadmor, dans le désert et toutes les villes qu'il avait bâties dans le pays de

---

:19 The Hebrew is plural.
:19 The Hebrew is plural.
:21 See some Septuagint manuscripts, Old Latin, Syriac, Arabic d Targum; Hebrew *And though this temple is now so imposing, all*
:2 Hebrew *Huram*, a variant of *Hiram*; also in verse 18

q 7.9 La fête de la Dédicace avait duré du 8e au 14e jour du mois, la fête des Cabanes du 15e au 22e jour.

he had built in Hamath. 5 He rebuilt Upper Beth Horon and Lower Beth Horon as fortified cities, with walls and with gates and bars, 6 as well as Baalath and all his store cities, and all the cities for his chariots and for his horses[i] – whatever he desired to build in Jerusalem, in Lebanon and throughout all the territory he ruled.

7 There were still people left from the Hittites, Amorites, Perizzites, Hivites and Jebusites (these people were not Israelites). 8 Solomon conscripted the descendants of all these people remaining in the land – whom the Israelites had not destroyed – to serve as slave labor, as it is to this day. 9 But Solomon did not make slaves of the Israelites for his work; they were his fighting men, commanders of his captains, and commanders of his chariots and charioteers. 10 They were also King Solomon's chief officials – two hundred and fifty officials supervising the men.

11 Solomon brought Pharaoh's daughter up from the City of David to the palace he had built for her, for he said, "My wife must not live in the palace of David king of Israel, because the places the ark of the LORD has entered are holy."

12 On the altar of the LORD that he had built in front of the portico, Solomon sacrificed burnt offerings to the LORD, 13 according to the daily requirement for offerings commanded by Moses for the Sabbaths, the New Moons and the three annual festivals – the Festival of Unleavened Bread, the Festival of Weeks and the Festival of Tabernacles. 14 In keeping with the ordinance of his father David, he appointed the divisions of the priests for their duties, and the Levites to lead the praise and to assist the priests according to each day's requirement. He also appointed the gatekeepers by divisions for the various gates, because this was what David the man of God had ordered. 15 They did not deviate from the king's commands to the priests or to the Levites in any matter, including that of the treasuries.

16 All Solomon's work was carried out, from the day the foundation of the temple of the LORD was laid until its completion. So the temple of the LORD was finished.

17 Then Solomon went to Ezion Geber and Elath on the coast of Edom. 18 And Hiram sent him ships commanded by his own men, sailors who knew the sea. These, with Solomon's men, sailed to Ophir and brought back four hundred and fifty talents[j] of gold, which they delivered to King Solomon.

The Queen of Sheba Visits Solomon

9 1 When the queen of Sheba heard of Solomon's fame, she came to Jerusalem to test him with

[i] 8:6 Or *charioteers*
[j] 8:18 That is, about 17 tons or about 15 metric tons

Hamath pour y entreposer ses provisions. 5 Il construisi également Beth-Horôn la Haute et Beth-Horôn la Basse des villes fortifiées entourées de remparts et fermées pa des portes à verrous[r], 6 ainsi que Baalath[s] et toutes les ville qui lui servaient d'entrepôts, et toutes celles où il tenait e réserve ses chars de guerre et ses équipages de char. Il cor struisit tout ce qu'il eut envie de construire à Jérusalem, a Liban et dans tout le pays soumis à son autorité. 7 Il y ava toute une population qui ne faisait pas partie d'Israël, de Hittites, des Amoréens, des Phéréziens, des Héviens et de Yebousiens, 8 dont les descendants étaient restés dans l pays et que les Israélites n'avaient pas anéantis. Salomo les astreignit à la corvée et ils le sont restés jusqu'à c jour. 9 Mais Salomon n'employa aucun des Israélites comm esclave pour ses grands travaux ; il les enrôla dans l'armé comme soldats, chefs de ses écuyers, chefs de ses chars e de ses soldats sur char. 10 Deux cent cinquante fonctior naires principaux du roi Salomon dirigeaient les ouvrier.

11 Salomon fit déménager la fille du pharaon de la cit de David dans le palais qu'il lui avait fait construire, ca il dit : Ma femme n'habitera pas dans le palais de Davic roi d'Israël, parce que le lieu où le coffre de l'Eternel a ét apporté est saint.

L'organisation du culte

12 Dès lors, Salomon offrait des holocaustes à l'Etern sur l'autel de l'Eternel qu'il avait fait construire en fac du portique du sanctuaire. 13 Il le faisait chaque jour cor formément aux ordres donnés par Moïse pour les sabbat les nouvelles lunes et les trois fêtes annuelles, c'est-à-dir pour la fête des Pains sans levain, la fête des Semaines e la fête des Cabanes. 14 Conformément aux règles établie par son père David, il installa dans leurs fonctions les d verses classes de prêtres et mit en poste les lévites pou louer l'Eternel ou accomplir leur service aux côtés de prêtres selon le rituel de chaque jour. Enfin, il assigna au diverses classes de portiers leurs portes respectives selo la réglementation de David, l'homme de Dieu. 15 Sur aucu point, on ne s'écarta des dispositions que David avait prise au sujet des prêtres et des lévites, en ce qui concernait le trésors. 16 Ainsi furent menées à bonne fin toutes les entre prises de Salomon, depuis le jour de la pose des fondatio du temple de l'Eternel jusqu'à son achèvement. Ainsi l temple de l'Eternel fut pleinement achevé.

L'importation d'or

17 Alors Salomon partit pour Etsyôn-Guéber et pou Eilath sur les bords de la mer, dans le pays d'Edom. 18 L roi Hiram lui envoya, par l'intermédiaire de ses serviteur des bateaux conduits par des marins phéniciens expér mentés. Ils se rendirent avec les serviteurs de Salomon Ophir, d'où ils rapportèrent plus de quinze tonnes d'c qu'ils remirent au roi Salomon.

La visite de la reine de Saba

(1 R 10.1-13)

9 1 La reine de Saba[t], ayant entendu parler de la rép tation que Salomon avait acquise, vint à Jérusale

[r] **8.5** Deux villes à 20 kilomètres au nord-ouest de Jérusalem, d'importance stratégique exceptionnelle puisqu'elles commandaient l'accès au col menant à la capitale.
[s] **8.6** A 50 kilomètres à l'ouest de Jérusalem.
[t] **9.1** Sur la *reine de Saba*, voir note 1 R 10.1. Cf. Mt 12.42 ; Lc 11.31.

ard questions. Arriving with a very great caraan – with camels carrying spices, large quantities
f gold, and precious stones – she came to Solomon
nd talked with him about all she had on her mind.
Solomon answered all her questions; nothing was too
ard for him to explain to her. 3 When the queen of
heba saw the wisdom of Solomon, as well as the pal-
ce he had built, 4 the food on his table, the seating of
is officials, the attending servants in their robes, the
upbearers in their robes and the burnt offerings he
nade at[k] the temple of the LORD, she was overwhelmed.
5 She said to the king, "The report I heard in my own
ountry about your achievements and your wisdom
true. 6 But I did not believe what they said until I
ame and saw with my own eyes. Indeed, not even
alf the greatness of your wisdom was told me; you
ave far exceeded the report I heard. 7 How happy
our people must be! How happy your officials, who
ontinually stand before you and hear your wisdom!
Praise be to the LORD your God, who has delighted in
ou and placed you on his throne as king to rule for
ne LORD your God. Because of the love of your God for
rael and his desire to uphold them forever, he has
nade you king over them, to maintain justice and
ghteousness."

9 Then she gave the king 120 talents[l] of gold, large
uantities of spices, and precious stones. There had
ever been such spices as those the queen of Sheba
ave to King Solomon.

10 (The servants of Hiram and the servants of
olomon brought gold from Ophir; they also brought
gumwood[m] and precious stones. 11 The king used
ne algumwood to make steps for the temple of the
RD and for the royal palace, and to make harps and
res for the musicians. Nothing like them had ever
een seen in Judah.)
12 King Solomon gave the queen of Sheba all she dered and asked for; he gave her more than she had
rought to him. Then she left and returned with her
tinue to her own country.

olomon's Splendor

13 The weight of the gold that Solomon received
early was 666 talents,[n] 14 not including the reve-
ues brought in by merchants and traders. Also all the
ngs of Arabia and the governors of the territories
rought gold and silver to Solomon.
15 King Solomon made two hundred large shields of
ammered gold; six hundred shekels[o] of hammered
old went into each shield. 16 He also made three
undred small shields of hammered gold, with three

:4 Or *and the ascent by which he went up to*
:9 That is, about 4 1/2 tons or about 4 metric tons
:10 Probably a variant of *almugwood*
:13 That is, about 25 tons or about 23 metric tons
:15 That is, about 15 pounds or about 6.9 kilograms

pour éprouver sa sagesse en lui posant des questions difficiles. Elle avait une suite importante et des chameaux
chargés d'épices, de parfums, d'or en grande quantité et
de pierres précieuses. Elle se présenta devant Salomon et
parla avec lui de tout ce qu'elle avait sur le cœur. 2 Salomon
lui expliqua tout ce qu'elle demandait ; rien n'était trop
difficile pour Salomon, il n'y avait aucun sujet sur lequel
il ne pouvait lui donner de réponse.
3 La reine de Saba constata combien Salomon était rempli
de sagesse, elle vit le palais qu'il avait construit, 4 les mets
de sa table, le logement de ses serviteurs, l'organisation de
leur service, leur livrée, ceux qui servaient à manger et à
boire et leur tenue, et les holocaustes qu'il offrait dans le
temple de l'Eternel. Elle en perdit le souffle 5 et elle dit au
roi : C'est donc bien vrai ce que j'avais entendu dire dans
mon pays au sujet de tes propos et de ta sagesse ! 6 Je ne
croyais pas ce qu'on disait à ton sujet, avant d'être venue
ici et de l'avoir vu de mes propres yeux. Et voici qu'on ne
m'a pas raconté la moitié de l'ampleur de ta sagesse. Tu
surpasses tout ce que j'avais entendu dire. 7 Qu'ils en ont de
la chance, tous ceux qui t'entourent et qui sont toujours en
ta présence, de pouvoir profiter sans cesse de ta sagesse !
8 Béni soit l'Eternel, ton Dieu, qui t'a témoigné sa faveur
en te plaçant sur son trône afin que tu sois roi pour lui,
l'Eternel, ton Dieu ! C'est à cause de son amour pour Israël,
et pour que ce peuple subsiste pour toujours que ton Dieu
t'a établi roi sur ce peuple pour que tu le gouvernes avec
justice et équité.
9 Ensuite, la reine fit cadeau au roi de trois tonnes et
demie d'or, d'une très grande quantité de parfums et
d'épices, et de pierres précieuses. Il n'y a plus eu de parfums et d'épices comparables à ceux que la reine de Saba
offrit au roi Salomon.
10 De plus, les équipages de Hiram et ceux de Salomon
qui importaient de l'or d'Ophir ramenèrent aussi de là-bas
du bois de santal[u], et des pierres précieuses. 11 Le roi utilisa
le bois de santal pour faire des escaliers pour le temple
de l'Eternel et pour le palais royal, ainsi que des lyres et
des luths pour les musiciens. Jamais on n'avait rien vu de
pareil auparavant dans le pays de Juda. 12 Le roi Salomon
donna à la reine de Saba tout ce qu'elle désirait et ce qu'elle
demandait – incomparablement plus que ce qu'elle avait
apporté au roi. Après cela, elle s'en retourna dans son pays,
accompagnée de ses serviteurs.

La richesse de Salomon

(1 R 10.14-29 ; 2 Ch 1.14-17)

13 Chaque année, Salomon recevait vingt tonnes d'or,
14 sans compter le produit des taxes payées par les importa-
teurs et les marchands ainsi que les tributs versés par tous
les rois d'Arabie et les impôts perçus par les gouverneurs
du pays qui apportaient de l'or et de l'argent à Salomon.
15 Le roi Salomon fit fabriquer deux cents grands boucliers
d'or battu, pour lesquels on employa six kilogrammes d'or
par pièce, 16 et trois cents petits boucliers d'or battu pour

u **9.10** Bois précieux importé par les Phéniciens.

hundred shekels[p] of gold in each shield. The king put them in the Palace of the Forest of Lebanon.

17 Then the king made a great throne covered with ivory and overlaid with pure gold. 18 The throne had six steps, and a footstool of gold was attached to it. On both sides of the seat were armrests, with a lion standing beside each of them. 19 Twelve lions stood on the six steps, one at either end of each step. Nothing like it had ever been made for any other kingdom. 20 All King Solomon's goblets were gold, and all the household articles in the Palace of the Forest of Lebanon were pure gold. Nothing was made of silver, because silver was considered of little value in Solomon's day. 21 The king had a fleet of trading ships[q] manned by Hiram's[r] servants. Once every three years it returned, carrying gold, silver and ivory, and apes and baboons.

22 King Solomon was greater in riches and wisdom than all the other kings of the earth. 23 All the kings of the earth sought audience with Solomon to hear the wisdom God had put in his heart. 24 Year after year, everyone who came brought a gift – articles of silver and gold, and robes, weapons and spices, and horses and mules.

25 Solomon had four thousand stalls for horses and chariots, and twelve thousand horses,[s] which he kept in the chariot cities and also with him in Jerusalem. 26 He ruled over all the kings from the Euphrates River to the land of the Philistines, as far as the border of Egypt. 27 The king made silver as common in Jerusalem as stones, and cedar as plentiful as sycamore-fig trees in the foothills. 28 Solomon's horses were imported from Egypt and from all other countries.

Solomon's Death

29 As for the other events of Solomon's reign, from beginning to end, are they not written in the records of Nathan the prophet, in the prophecy of Ahijah the Shilonite and in the visions of Iddo the seer concerning Jeroboam son of Nebat? 30 Solomon reigned in Jerusalem over all Israel forty years. 31 Then he rested with his ancestors and was buried in the city of David his father. And Rehoboam his son succeeded him as king.

Israel Rebels Against Rehoboam

10 1 Rehoboam went to Shechem, for all Israel had gone there to make him king. 2 When Jeroboam son of Nebat heard this (he was in Egypt, where he had fled from King Solomon), he returned from Egypt. 3 So they sent for Jeroboam, and he and all Israel went to Rehoboam and said to him: 4 "Your father put a heavy yoke on us, but now lighten the

[p] **9:16** That is, about 7 1/2 pounds or about 3.5 kilograms
[q] **9:21** Hebrew *of ships that could go to Tarshish*
[r] **9:21** Hebrew *Huram*, a variant of *Hiram*
[s] **9:25** Or *charioteers*

chacun desquels on employa trois kilogrammes d'or. L roi les fit placer dans le palais de la Forêt-du-Liban[v]. 17 fit aussi fabriquer un grand trône d'ivoire plaqué d'or pu 18 Six marches y conduisaient, un marchepied en or y éta fixé, et il y avait des accoudoirs de part et d'autre du siège avec, à côté d'eux, deux lions sculptés. 19 Douze lions s tenaient debout de part et d'autre des six marches. Rien d semblable n'existait dans aucun royaume. 20 Tout le servic à boisson du roi Salomon était en or, et toute la vaissell du palais de la Forêt-du-Liban en or fin. Car, du temps d roi Salomon, l'argent était considéré comme un métal san grande valeur. 21 En effet, le roi disposait d'une flotte d navires au long cours qui naviguaient avec les marins d Hiram, et qui, tous les trois ans, revenaient chargés d'o d'argent, d'ivoire, de singes et de paons.

Conclusion : richesse et sagesse de Salomon

22 Le roi Salomon surpassa tous les rois de la terre pa sa richesse et sa sagesse. 23 Tous les rois de la terre che chaient à le rencontrer pour se mettre à l'écoute de l sagesse que Dieu lui avait donnée. 24 Et chaque anné ces visiteurs lui apportaient leurs présents : des obje d'argent et d'or, des vêtements, des armes, des épice et des parfums, des chevaux et des mulets. 25 Salomo avait quatre mille écuries pour les chevaux et les cha et douze mille hommes d'équipage pour ses chars. Il le cantonna dans des villes de garnison, ainsi qu'auprès d lui à Jérusalem. 26 Salomon dominait sur tous les rois d la région s'étendant depuis l'Euphrate jusqu'au pays de Philistins et jusqu'à la frontière d'Egypte. 27 Le roi rend l'argent aussi commun à Jérusalem que les pierres, et le cèdres aussi nombreux que les sycomores qui croisser dans la plaine côtière le long de la Méditerranée. 28 De chevaux étaient importés d'Egypte pour Salomon et d tous les autres pays.

La fin du règne de Salomon

(1 R 11.41-43)

29 Les autres faits et gestes de Salomon, des premiers au derniers, sont cités dans les Actes du prophète Natha dans la prophétie d'Ahiya de Silo et dans les Révélation du prophète Yéedo au sujet de Jéroboam, fils de Nebat 30 Salomon régna quarante ans à Jérusalem sur tout Isra 31 Puis il rejoignit ses ancêtres décédés et on l'enterra da la cité de David, son père. Son fils Roboam lui succéd sur le trône.

Les rois de Juda du schisme à l'exil

La dureté de Roboam envers le peuple

(1 R 12.1-24)

10 1 Roboam se rendit à Sichem[w], où tout Isra s'était rassemblé pour le proclamer roi. 2 Quar Jéroboam, fils de Nebath, qui se trouvait en Egypte c il s'était réfugié pour échapper au roi Salomon, en f informé, il revint d'Egypte. 3 On l'envoya chercher, Jéroboam vint avec tout Israël parler à Roboam. Ils l dirent : 4 Ton père nous a imposé un joug très pesant. No te serons soumis à condition que tu allèges maintena

[v] **9.16** Voir 1 R 7.2 et note.
[w] **10.1** Voir note 1 R 12.1.

.arsh labor and the heavy yoke he put on us, and we
vill serve you."
5 Rehoboam answered, "Come back to me in three
lays." So the people went away.
6 Then King Rehoboam consulted the elders who
.ad served his father Solomon during his lifetime.
How would you advise me to answer these people?"
.e asked.
7 They replied, "If you will be kind to these people
nd please them and give them a favorable answer,
hey will always be your servants."
8 But Rehoboam rejected the advice the elders gave
.im and consulted the young men who had grown
.p with him and were serving him. 9 He asked them,
What is your advice? How should we answer these
eople who say to me, 'Lighten the yoke your father
ut on us'?"
10 The young men who had grown up with him relied, "The people have said to you, 'Your father put
heavy yoke on us, but make our yoke lighter.' Now
ell them, 'My little finger is thicker than my father's
vaist. 11 My father laid on you a heavy yoke; I will
nake it even heavier. My father scourged you with
vhips; I will scourge you with scorpions.' "
12 Three days later Jeroboam and all the people
eturned to Rehoboam, as the king had said, "Come
ack to me in three days." 13 The king answered them
arshly. Rejecting the advice of the elders, 14 he fol-
owed the advice of the young men and said, "My
ather made your yoke heavy; I will make it even
eavier. My father scourged you with whips; I will
courge you with scorpions." 15 So the king did not lis-
en to the people, for this turn of events was from God,
fulfill the word the LORD had spoken to Jeroboam
on of Nebat through Ahijah the Shilonite.

16 When all Israel saw that the king refused to listen
them, they answered the king:

"What share do we have in David,
what part in Jesse's son?
To your tents, Israel!
Look after your own house, David!"

o all the Israelites went home. 17 But as for the
sraelites who were living in the towns of Judah,
ehoboam still ruled over them.
18 King Rehoboam sent out Adoniram,[t] who was in
harge of forced labor, but the Israelites stoned him
death. King Rehoboam, however, managed to get
nto his chariot and escape to Jerusalem. 19 So Israel
as been in rebellion against the house of David to
his day.

11 1 When Rehoboam arrived in Jerusalem,
he mustered Judah and Benjamin – a hunred and eighty thousand able young men – to go

10:18 Hebrew *Hadoram*, a variant of *Adoniram*

la lourde servitude et ce joug pesant que ton père nous
a imposés.
5 Roboam leur répondit : Laissez-moi réfléchir et revenez
me trouver après-demain.
Le peuple se retira donc.
6 Le roi Roboam consulta les responsables qui avaient
conseillé son père Salomon de son vivant. Il leur demanda :
Que me conseillez-vous de répondre à ces gens ?
7 Les responsables lui dirent : Si aujourd'hui tu te montres bon envers ce peuple, si tu les traites favorablement
et si tu leur parles en termes bienveillants, ils seront pour
toujours tes serviteurs.
8 Mais Roboam n'écouta pas le conseil que lui donnaient
les responsables. Il consulta les hommes jeunes de son
entourage qui avaient grandi avec lui. 9 Il leur demanda :
Ces gens me demandent d'alléger le joug que mon père
leur a imposé. Que me conseillez-vous de leur répondre ?
10 Les hommes jeunes qui avaient grandi avec lui lui
répondirent : Ces gens se plaignent en prétendant que
ton père a rendu leur joug trop pesant, et ils te demandent
de l'alléger ? Eh bien, voici comment tu leur répondras :
« Mon petit doigt est plus gros que les reins de mon père.
11 Oui, mon père vous a chargés d'un joug pesant, mais
moi, je le rendrai encore plus pesant ! Mon père vous a
fait marcher à coups de fouet, moi, je vous ferai marcher
avec des lanières cloutées. »
12 Le surlendemain, Jéroboam et tout le peuple vinrent
trouver Roboam comme le roi le leur avait commandé. 13 Le
roi Roboam ne tint pas compte du conseil des responsables
et il parla durement au peuple. 14 Il lui répondit comme les
hommes jeunes le lui avaient conseillé : Mon père vous
a imposé[x] un joug pesant, leur dit-il, eh bien, moi je le
rendrai encore plus pesant. Mon père vous a fait marcher
à coups de fouet, moi je vous ferai marcher à coups de
lanières cloutées.
15 Le roi refusa donc de tenir compte des revendications
du peuple, car Dieu dirigeait le cours des événements
pour accomplir ce qu'il avait annoncé à Jéroboam, fils de
Nebath, par l'intermédiaire d'Ahiya de Silo.

La révolte des Israélites du Nord

16 Comme le roi ne les écoutait pas, tous les Israélites
répliquèrent au roi : Qu'avons-nous à faire avec David ?
Nous n'avons rien à voir avec le fils d'Isaï ! Retournons
chacun chez soi, gens d'Israël ! Quant à toi, descendant de
David, tu n'as qu'à t'occuper de ta propre maison !
Et tous les Israélites rentrèrent chez eux. 17 Roboam régna sur les Israélites qui habitaient les villes de Juda. 18 Alors
le roi Roboam envoya Hadoram, le chef des corvées, auprès
des Israélites du Nord, mais les Israélites le lapidèrent et
il mourut. Le roi lui-même réussit de justesse à sauter sur
un char pour s'enfuir à Jérusalem. 19 C'est ainsi que les
Israélites du Nord sont en révolte contre la dynastie de
David jusqu'à ce jour.

L'intervention d'un prophète empêche la guerre

11 1 Lorsque Roboam fut de retour à Jérusalem, il
mobilisa les hommes des tribus de Juda et de

x **10.14** D'après plusieurs manuscrits hébreux, les versions anciennes, et 1 R 12.14. Les autres manuscrits hébreux ont : *je vous imposerai.*

to war against Israel and to regain the kingdom for Rehoboam.

2 But this word of the LORD came to Shemaiah the man of God: 3 "Say to Rehoboam son of Solomon king of Judah and to all Israel in Judah and Benjamin, 4 'This is what the LORD says: Do not go up to fight against your fellow Israelites. Go home, every one of you, for this is my doing.' " So they obeyed the words of the LORD and turned back from marching against Jeroboam.

Rehoboam Fortifies Judah

5 Rehoboam lived in Jerusalem and built up towns for defense in Judah: 6 Bethlehem, Etam, Tekoa, 7 Beth Zur, Soko, Adullam, 8 Gath, Mareshah, Ziph, 9 Adoraim, Lachish, Azekah, 10 Zorah, Aijalon and Hebron. These were fortified cities in Judah and Benjamin. 11 He strengthened their defenses and put commanders in them, with supplies of food, olive oil and wine. 12 He put shields and spears in all the cities, and made them very strong. So Judah and Benjamin were his.

13 The priests and Levites from all their districts throughout Israel sided with him. 14 The Levites even abandoned their pasturelands and property and came to Judah and Jerusalem, because Jeroboam and his sons had rejected them as priests of the LORD 15 when he appointed his own priests for the high places and for the goat and calf idols he had made. 16 Those from every tribe of Israel who set their hearts on seeking the LORD, the God of Israel, followed the Levites to Jerusalem to offer sacrifices to the LORD, the God of their ancestors. 17 They strengthened the kingdom of Judah and supported Rehoboam son of Solomon three years, following the ways of David and Solomon during this time.

Rehoboam's Family

18 Rehoboam married Mahalath, who was the daughter of David's son Jerimoth and of Abihail, the daughter of Jesse's son Eliab. 19 She bore him sons: Jeush, Shemariah and Zaham. 20 Then he married Maakah daughter of Absalom, who bore him Abijah, Attai, Ziza and Shelomith. 21 Rehoboam loved Maakah daughter of Absalom more than any of his other wives and concubines. In all, he had eighteen wives and sixty concubines, twenty-eight sons and sixty daughters.

22 Rehoboam appointed Abijah son of Maakah as crown prince among his brothers, in order to make him king. 23 He acted wisely, dispersing some of his sons throughout the districts of Judah and Benjamin, and to all the fortified cities. He gave them abundant provisions and took many wives for them.

Benjamin, soit 180 000 soldats d'élite pour combattr les Israélites du Nord afin de ramener le royaume sou son autorité. 2 Mais l'Eternel adressa le message suiva nt à Shemaya, homme de Dieu : 3 Parle à Roboam, fils d Salomon, roi de Juda, ainsi qu'à tous les Israélites de Juda e de Benjamin, pour leur dire : 4 « Voici ce que déclare l'Eter nel : Ne partez pas en guerre contre vos compatriotes, e n'allez pas les combattre ! Que chacun de vous rentre che soi, car c'est moi qui ai produit tout ce qui s'est passé. »

Ils obéirent à l'Eternel et s'en retournèrent, au lieu d faire la guerre à Jéroboam.

Les travaux de fortification de Roboam

5 Roboam s'installa donc à Jérusalem et fit des travau dans les villes fortifiées en Juda[y]. 6 Il fortifia Bethléhem Etam, Teqoa, 7 Beth-Tsour, Soko, Adoullam, 8 Gath, Marésha Ziph, 9 Adoraïm, Lakish, Azéqa, 10 Tsorea, Ayalôn et Hébron villes fortes de Juda et de Benjamin. 11 Il renforça leurs for tifications, y nomma des gouverneurs, et y fit entrepose des réserves de nourriture, d'huile et de vin. 12 Dans cha cune de ces villes se trouvait aussi un arsenal de grand boucliers et de lances. Il fortifia donc énormément ce localités ; et Juda et Benjamin lui furent acquis.

Le royaume de Juda est affermi

13 Les prêtres et les lévites qui étaient disséminés dan tout Israël se rallièrent à lui, de tout le pays. 14 Les lévite abandonnèrent leurs pâturages rattachés à leurs villes e leurs propriétés et ils se rendirent en Juda et à Jérusalem parce que Jéroboam et ses fils les avaient empêchés d'ex ercer leurs fonctions sacerdotales pour l'Eternel. 15 Ce rc avait établi pour lui des prêtres pour les sanctuaires de hauts lieux où l'on adorait des idoles en forme de boucs e de veaux que le roi avait fait fabriquer. 16 A leur suite, de membres de toutes les tribus d'Israël qui avaient à cœur d s'attacher à l'Eternel, le Dieu d'Israël, vinrent à Jérusalen pour offrir des sacrifices à l'Eternel, le Dieu de leurs an cêtres. 17 Ils contribuèrent ainsi à affermir le royaume d Juda, et la puissance de Roboam, fils de Salomon. Cela dur trois ans, car pendant trois ans, on suivit l'exemple d David et Salomon.

La famille nombreuse de Roboam

18 Roboam prit pour femme Mahalath, fille de Yerimoth fils de David et d'Abihaïl, fille d'Eliab, fils d'Isaï. 19 Elle lu donna des fils : Yeoush, Shemaria et Zaham. 20 Plus tard, épousa encore Maaka, fille d'Absalom[z], dont il eut des en fants : Abiya, Attaï, Ziza et Shelomith. 21 Roboam préféra Maaka, fille d'Absalom, à toutes ses autres épouses de pre mier ou de second rang. Il eut en tout dix-huit épouse de premier rang et soixante de second rang qui lui don nèrent vingt-huit fils et soixante filles. 22 Roboam donna l prééminence à Abiya, fils de Maaka, et l'établit chef de se frères, car il avait l'intention d'en faire son successeur a trône. 23 Il agit avec habileté à l'égard de ses autres fils : les dispersa dans tout le territoire de Juda et de Benjamin dans toutes les villes fortifiées, il leur fournit des vivres e abondance et leur procura beaucoup de femmes.

y **11.5** Roboam fortifia les villes des frontières ouest, sud et est, mais pa au nord, peut-être dans l'espoir d'une réconciliation avec le royaume du Nord.

z **11.20** Probablement la petite-fille d'Absalom par sa fille Tamar (2 S 14.27 ; 18.18), mariée à Ouriel (2 Ch 13.2).

hishak Attacks Jerusalem

12 [1]After Rehoboam's position as king was established and he had become strong, he and ll Israel[u] with him abandoned the law of the LORD. Because they had been unfaithful to the LORD, Shishak ing of Egypt attacked Jerusalem in the fifth year of ing Rehoboam. [3]With twelve hundred chariots and ixty thousand horsemen and the innumerable troops f Libyans, Sukkites and Cushites[v] that came with him rom Egypt, [4]he captured the fortified cities of Judah nd came as far as Jerusalem.

[5]Then the prophet Shemaiah came to Rehoboam nd to the leaders of Judah who had assembled in erusalem for fear of Shishak, and he said to them, This is what the LORD says, 'You have abandoned me; herefore, I now abandon you to Shishak.' "

[6]The leaders of Israel and the king humbled themelves and said, "The LORD is just."

[7]When the LORD saw that they humbled themselves, his word of the LORD came to Shemaiah: "Since they ave humbled themselves, I will not destroy them but vill soon give them deliverance. My wrath will not e poured out on Jerusalem through Shishak. [8]They vill, however, become subject to him, so that they may earn the difference between serving me and serving he kings of other lands."

[9]When Shishak king of Egypt attacked Jerusalem, he arried off the treasures of the temple of the LORD and he treasures of the royal palace. He took everything, ncluding the gold shields Solomon had made. [10]So ing Rehoboam made bronze shields to replace them nd assigned these to the commanders of the guard on uty at the entrance to the royal palace. [11]Whenever he king went to the LORD's temple, the guards went vith him, bearing the shields, and afterward they eturned them to the guardroom.

[12]Because Rehoboam humbled himself, the LORD's nger turned from him, and he was not totally detroyed. Indeed, there was some good in Judah.

[13]King Rehoboam established himself firmly in erusalem and continued as king. He was forty-one ears old when he became king, and he reigned eventeen years in Jerusalem, the city the LORD had hosen out of all the tribes of Israel in which to put is Name. His mother's name was Naamah; she was n Ammonite. [14]He did evil because he had not set his eart on seeking the LORD.

[15]As for the events of Rehoboam's reign, from beinning to end, are they not written in the records f Shemaiah the prophet and of Iddo the seer that eal with genealogies? There was continual warfare etween Rehoboam and Jeroboam. [16]Rehoboam rested vith his ancestors and was buried in the City of David. nd Abijah his son succeeded him as king.

12:1 That is, Judah, as frequently in 2 Chronicles
12:3 That is, people from the upper Nile region

L'invasion égyptienne

(1 R 14.21-31)

12 [1]Une fois que Roboam eut affermi son autorité royale et qu'il fut devenu puissant, il cessa d'obéir à la Loi de l'Eternel, et tout Israël avec lui. [2]La cinquième année du règne de Roboam, Shishaq, roi d'Egypte[a], vint attaquer Jérusalem ; ce fut la conséquence de l'infidélité d'Israël envers l'Eternel. [3]Shishaq vint d'Egypte avec mille deux cents chars et soixante mille soldats sur char. Il commandait une armée innombrable de soldats égyptiens, libyens, soukkiens et éthiopiens. [4]Il s'empara des villes fortifiées de Juda et s'avança jusqu'à Jérusalem.

[5]Alors le prophète Shemaya alla trouver Roboam et les chefs de Juda qui s'étaient retirés à Jérusalem à l'approche de Shishaq. Il leur dit : Voici ce que déclare l'Eternel : « Vous m'avez abandonné. A mon tour, je vous abandonne entre les mains de Shishaq. »

[6]Les chefs d'Israël et le roi s'humilièrent et déclarèrent : L'Eternel est juste !

[7]Quand l'Eternel vit qu'ils s'humiliaient, il adressa une nouvelle parole à Shemaya : Puisqu'ils se sont humiliés, dit-il, je ne les détruirai pas ; d'ici peu de temps, je leur accorderai la délivrance et je ne déchaînerai pas ma colère sur Jérusalem par le moyen de Shishaq. [8]Toutefois, ils lui seront assujettis et ils pourront apprécier la différence entre me servir et servir des rois d'autres pays.

[9]Shishaq, roi d'Egypte, vint attaquer Jérusalem. Il s'empara des trésors du temple de l'Eternel et de ceux du palais royal. Il prit absolument tout, notamment les boucliers d'or que Salomon avait fait faire. [10]Le roi Roboam fit faire des boucliers de bronze pour les remplacer et les confia aux chefs des gardes chargés de surveiller l'entrée du palais royal. [11]Chaque fois que le roi se rendait au temple de l'Eternel, les gardes venaient les enlever, puis ils les replaçaient dans la salle du corps de garde.

[12]Lorsque Roboam s'humilia, la colère de l'Eternel se détourna de lui et sa ruine ne fut pas totale. D'ailleurs, il y avait encore de bonnes choses en Juda. [13]Le roi Roboam affermit son pouvoir à Jérusalem et continua à régner. Il avait quarante et un ans à son avènement, et il régna dix-sept ans à Jérusalem[b], la ville que l'Eternel avait choisie parmi toutes les tribus d'Israël pour y établir sa présence. Sa mère était une Ammonite nommée Naama. [14]Il fit ce qui est mal, parce qu'il n'appliqua pas son cœur à s'attacher à l'Eternel.

[15]Les faits et gestes de Roboam, des premiers aux derniers, sont cités dans les Actes du prophète Shemaya et du prophète Iddo où sont enregistrées des listes généalogiques. Roboam et Jéroboam furent tout le temps en guerre l'un avec l'autre. [16]Quand Roboam rejoignit ses ancêtres décédés, il fut enterré dans la cité de David. Son fils Abiya lui succéda sur le trône.

[a] 12.2 *Shishaq*, fondateur de la XXII[e] dynastie égyptienne, a régné de 945 à 924 av. J.-C. La cinquième année du règne de Roboam correspond à 925 av. J.-C.

[b] 12.13 De 930 à 913 av. J.-C.

Abijah King of Judah

13 1 In the eighteenth year of the reign of Jeroboam, Abijah became king of Judah, 2 and he reigned in Jerusalem three years. His mother's name was Maakah,[w] a daughter[x] of Uriel of Gibeah.

There was war between Abijah and Jeroboam. 3 Abijah went into battle with an army of four hundred thousand able fighting men, and Jeroboam drew up a battle line against him with eight hundred thousand able troops.

4 Abijah stood on Mount Zemaraim, in the hill country of Ephraim, and said, "Jeroboam and all Israel, listen to me! 5 Don't you know that the LORD, the God of Israel, has given the kingship of Israel to David and his descendants forever by a covenant of salt? 6 Yet Jeroboam son of Nebat, an official of Solomon son of David, rebelled against his master. 7 Some worthless scoundrels gathered around him and opposed Rehoboam son of Solomon when he was young and indecisive and not strong enough to resist them.

8 "And now you plan to resist the kingdom of the LORD, which is in the hands of David's descendants. You are indeed a vast army and have with you the golden calves that Jeroboam made to be your gods. 9 But didn't you drive out the priests of the LORD, the sons of Aaron, and the Levites, and make priests of your own as the peoples of other lands do? Whoever comes to consecrate himself with a young bull and seven rams may become a priest of what are not gods.

10 "As for us, the LORD is our God, and we have not forsaken him. The priests who serve the LORD are sons of Aaron, and the Levites assist them. 11 Every morning and evening they present burnt offerings and fragrant incense to the LORD. They set out the bread on the ceremonially clean table and light the lamps on the gold lampstand every evening. We are observing the requirements of the LORD our God. But you have forsaken him. 12 God is with us; he is our leader. His priests with their trumpets will sound the battle cry against you. People of Israel, do not fight against the LORD, the God of your ancestors, for you will not succeed."

13 Now Jeroboam had sent troops around to the rear, so that while he was in front of Judah the ambush was behind them. 14 Judah turned and saw that they were being attacked at both front and rear. Then they cried out to the LORD. The priests blew their trumpets 15 and the men of Judah raised the battle cry. At the sound of their battle cry, God routed Jeroboam and all Israel before Abijah and Judah. 16 The Israelites fled before Judah, and God delivered them into their hands. 17 Abijah and his troops inflicted heavy losses

[w] **13:2** Most Septuagint manuscripts and Syriac (see also 11:20 and 1 Kings 15:2); Hebrew *Micaiah*
[x] **13:2** Or *granddaughter*

Abiya règne sur Juda

(1 R 15.1-2, 6)

13 1 La dix-huitième année du règne de Jéroboan Abiya devint roi de Juda. 2 Il régna trois ans Jérusalem[c]. Sa mère s'appelait Mikaya, elle était fill d'Ouriel, de Guibéa. Bientôt, il y eut guerre entre Abiy et Jéroboam.

3 Abiya engagea le combat avec une armée de quatre cen mille guerriers valeureux, des soldats d'élite. Jéroboan lui opposa une armée de huit cent mille guerriers valeu reux, des soldats d'élite. 4 Abiya se tint debout sur le mon Tsemaraïm, situé dans la région montagneuse d'Ephraïm[d] et se mit à crier : Jéroboam et tout Israël, écoutez-moi ! 5 N devriez-vous pas reconnaître que l'Eternel, le Dieu d'Israë a donné pour toujours la royauté sur Israël à David et à se descendants en vertu d'une alliance irrévocable[e] ? 6 Mai Jéroboam, fils de Nebath, un serviteur de Salomon, fil de David, s'est révolté contre son maître. 7 Des gens san scrupules, des vauriens se sont groupés autour de lui et s sont opposés à Roboam, le fils de Salomon. Celui-ci éta jeune et inexpérimenté, et il n'a pas pu leur résister. 8 E maintenant, croyez-vous que vous allez résister au pouvoi royal de l'Eternel qu'il a confié aux descendants de David Vous êtes une multitude nombreuse et vous avez avec vou les veaux d'or que Jéroboam a fabriqués pour vous servi de dieux. 9 Mais vous avez chassé les prêtres de l'Eterne les descendants d'Aaron, et les lévites, et vous vous ête pris des prêtres comme le font les autres peuples ! Il suff chez vous de se présenter avec un jeune taureau et sep béliers pour être investi du sacerdoce au service de dieu qui n'en sont pas. 10 Quant à nous, c'est l'Eternel qui es notre Dieu : nous ne l'avons pas abandonné ; nos prêtre qui servent l'Eternel sont des descendants d'Aaron et c sont les lévites qui les assistent. 11 Chaque matin et ch aque soir, nous offrons des holocaustes à l'Eternel, nou faisons fumer des parfums aromatiques, nous disposon sur la table rituellement pure les pains qui doivent êtr exposés devant l'Eternel, et chaque soir nous allumon les lampes du chandelier d'or. Nous suivons le rituel pre scrit par l'Eternel notre Dieu, alors que vous, vous l'ave abandonné. 12 Réfléchissez : Dieu est avec nous, il est notr chef, ses prêtres sont munis des trompettes retentissante prêts à en sonner contre vous. Israélites ! Ne combatte pas contre l'Eternel, le Dieu de vos ancêtres, car vous n réussirez pas dans cette entreprise !

13 Jéroboam fit exécuter un mouvement tournant à un partie de ses troupes pour prendre les Judéens à revers le gros de ses troupes faisait face à celles de Juda, alor que les hommes embusqués se trouvaient derrière eux 14 Les troupes de Juda se virent donc attaquées à la foi par-devant et par-derrière. Alors les Judéens poussèren des cris pour implorer l'Eternel et les prêtres sonnèren des trompettes. 15 En même temps, ils poussèrent le cr de guerre. Au bruit de la clameur des hommes de Juda l'Eternel battit Jéroboam et toute l'armée d'Israël et le fit succomber devant Abiya et les Judéens. 16 Les homme d'Israël s'enfuirent devant Juda, et Dieu donna aux Judéen la victoire sur eux. 17 Abiya et son armée leur infligèren

[c] **13.2** De 913 à 910 av. J.-C.
[d] **13.4** A une trentaine de kilomètres au nord de Jérusalem (voir Jos 18.2 qui parle d'une ville de ce nom).
[e] **13.5** Voir Nb 18.19 et la note.

n them, so that there were five hundred thousand ca-
ualties among Israel's able men. [18]The Israelites were
ubdued on that occasion, and the people of Judah
vere victorious because they relied on the LORD, the
od of their ancestors.
[19]Abijah pursued Jeroboam and took from him the
owns of Bethel, Jeshanah and Ephron, with their sur-
ounding villages. [20]Jeroboam did not regain power
uring the time of Abijah. And the LORD struck him
own and he died.
[21]But Abijah grew in strength. He married four-
een wives and had twenty-two sons and sixteen
aughters.

[22]The other events of Abijah's reign, what he did
nd what he said, are written in the annotations of
he prophet Iddo.
14 [1][y]And Abijah rested with his ancestors and
was buried in the City of David. Asa his son
ucceeded him as king, and in his days the country
vas at peace for ten years.

sa King of Judah

[2]Asa did what was good and right in the eyes of
he LORD his God. [3]He removed the foreign altars and
he high places, smashed the sacred stones and cut
own the Asherah poles.[z] [4]He commanded Judah to
eek the LORD, the God of their ancestors, and to obey
is laws and commands. [5]He removed the high places
nd incense altars in every town in Judah, and the
ingdom was at peace under him. [6]He built up the
ortified cities of Judah, since the land was at peace.
o one was at war with him during those years, for
he LORD gave him rest.
[7]"Let us build up these towns," he said to Judah,
and put walls around them, with towers, gates and
ars. The land is still ours, because we have sought the
ORD our God; we sought him and he has given us rest
n every side." So they built and prospered.

[8]Asa had an army of three hundred thousand men
rom Judah, equipped with large shields and with
pears, and two hundred and eighty thousand from
enjamin, armed with small shields and with bows.
ll these were brave fighting men.
[9]Zerah the Cushite marched out against them with
n army of thousands upon thousands and three hunred chariots, and came as far as Mareshah. [10]Asa
vent out to meet him, and they took up battle po-
itions in the Valley of Zephathah near Mareshah.

In Hebrew texts 14:1 is numbered 13:23, and 14:2-15 is numbered 4:1-14.
14:3 That is, wooden symbols of the goddess Asherah; here and sewhere in 2 Chronicles

une grande défaite : cinq cent mille de leurs soldats d'élite
tombèrent transpercés. [18]Ce fut un jour d'humiliation
pour ceux d'Israël, tandis que les Judéens remportèrent
la victoire parce qu'ils s'étaient appuyés sur l'Eternel, le
Dieu de leurs ancêtres.
[19]Abiya poursuivit Jéroboam et lui enleva plusieurs
villes : Béthel, Yeshana et Ephrôn, avec toutes les localités qui en dépendaient. [20]Pendant tout le règne d'Abiya,
Jéroboam ne retrouva pas sa puissance ; finalement
l'Eternel le frappa et il mourut. [21]Au contraire, Abiya vit
s'accroître sa puissance. Il épousa quatorze femmes et eut
vingt-deux fils et seize filles.

(1 R 15.7-8)

[22]Les autres faits et gestes d'Abiya, sa conduite, ainsi
que ses discours, sont cités dans le livre des Mémoires du
prophète Iddo.
[23]Quand il rejoignit ses ancêtres décédés, on l'enterra
dans la cité de David, et son fils Asa lui succéda sur le
trône[f].

Le début du règne d'Asa en Juda

Sous le règne de ce dernier, le pays connut dix ans de
paix.
14 [1]Asa fit ce que l'Eternel son Dieu considère comme
bien et juste.

(1 R 15.11-12)

[2]Il fit disparaître les autels des divinités étrangères et les
hauts lieux, il brisa les stèles sacrées et abattit les poteaux
d'Ashéra. [3]Il demanda aux Judéens de s'attacher à l'Eternel,
le Dieu de leurs ancêtres, et d'obéir aux commandements
de la Loi.
[4]Il fit détruire les hauts lieux et les autels à parfums[g]
dans toutes les villes de Juda, et le royaume fut tranquille
sous son règne.
[5]Il profita de cette période de paix pour bâtir des villes
fortifiées en Juda et, pendant toutes ces années-là, il n'eut
à soutenir aucune guerre, car l'Eternel lui assurait la paix.
[6]Il déclara donc aux Judéens : Bâtissons ces villes et en-
tourons-les de murailles jalonnées de tours et de portes
à verrous pendant que nous sommes maîtres du pays,
puisque nous avons cherché à faire la volonté de l'Eternel,
notre Dieu. Parce que nous sommes attachés à lui, il nous
a accordé la paix sur toutes nos frontières.
Ils se mirent donc à bâtir et réussirent cette entreprise.

Les victoires d'Asa

[7]Asa avait une armée de trois cent mille hommes de Juda
équipés de lances et de grands boucliers et de deux cent
quatre-vingt mille de Benjamin portant le petit bouclier et maniant l'arc ; tous étaient de valeureux guerriers.
[8]L'Ethiopien Zérah se mit en campagne contre eux avec
une armée d'un million d'hommes et de trois cents chars,
il s'avança jusqu'à Marésha[h]. [9]Asa marcha au-devant de
lui, et les deux armées se rangèrent en ordre de bataille

f **13.23** Asa régna de 910 à 869 av. J.-C.
g **14.4** Terme de sens incertain. Il pourrait aussi s'agir d'un sanctuaire différent d'un haut lieu.
h **14.8** A une quarantaine de kilomètres à l'ouest de Jérusalem (voir Jos 15.44 ; 2 Ch 11.8).

11 Then Asa called to the LORD his God and said, "LORD,
there is no one like you to help the powerless against
the mighty. Help us, LORD our God, for we rely on you,
and in your name we have come against this vast
army. LORD, you are our God; do not let mere mortals
prevail against you."

12 The LORD struck down the Cushites before Asa
and Judah. The Cushites fled, 13 and Asa and his army
pursued them as far as Gerar. Such a great number of
Cushites fell that they could not recover; they were
crushed before the LORD and his forces. The men of
Judah carried off a large amount of plunder. 14 They
destroyed all the villages around Gerar, for the terror
of the LORD had fallen on them. They looted all these
villages, since there was much plunder there. 15 They
also attacked the camps of the herders and carried
off droves of sheep and goats and camels. Then they
returned to Jerusalem.

Asa's Reform

15 1 The Spirit of God came on Azariah son of
Oded. 2 He went out to meet Asa and said to
him, "Listen to me, Asa and all Judah and Benjamin.
The LORD is with you when you are with him. If you
seek him, he will be found by you, but if you forsake
him, he will forsake you. 3 For a long time Israel was
without the true God, without a priest to teach and
without the law. 4 But in their distress they turned
to the LORD, the God of Israel, and sought him, and he
was found by them. 5 In those days it was not safe to
travel about, for all the inhabitants of the lands were
in great turmoil. 6 One nation was being crushed by
another and one city by another, because God was
troubling them with every kind of distress. 7 But as
for you, be strong and do not give up, for your work
will be rewarded."

8 When Asa heard these words and the prophecy of
Azariah son of[a] Oded the prophet, he took courage.
He removed the detestable idols from the whole land
of Judah and Benjamin and from the towns he had
captured in the hills of Ephraim. He repaired the altar of the LORD that was in front of the portico of the
LORD's temple.

9 Then he assembled all Judah and Benjamin and
the people from Ephraim, Manasseh and Simeon who
had settled among them, for large numbers had come

[a] 15:8 Vulgate and Syriac (see also Septuagint and verse 1); Hebrew does not have *Azariah son of.*

dans la vallée de Tsephata, près de Marésha. 10 Asa invoqu
l'Eternel, son Dieu. Il pria : Eternel, personne d'autre qu
toi ne peut venir en aide à un faible contre un fort. Vien
donc à notre secours, Eternel notre Dieu ! Car c'est sur to
que nous nous appuyons, et c'est en ton nom que nou
marchons contre cette multitude. Eternel, tu es notre Dieu
ne permets pas qu'un homme l'emporte sur toi !
11 Alors l'Eternel battit les Ethiopiens devant Asa e
les Judéens, et ils prirent la fuite. 12 Asa et son armée le
poursuivirent jusqu'à Guérar[i]. Les Ethiopiens tombèren
en si grand nombre qu'il n'en subsista pas âme qui vive
car ils furent brisés par l'Eternel et par son armée. As
et les siens rapportèrent un énorme butin. 13 Comme,
cause de l'Eternel, la terreur s'était emparée de toute
les villes situées dans les environs de Guérar, ils les at
taquèrent, les battirent, et en emportèrent de grande
richesses. 14 Ils s'attaquèrent aussi aux parcs des troupeau
et ils capturèrent une grande quantité de moutons et d
chèvres, ainsi que des chameaux. Après quoi, ils regag
nèrent Jérusalem.

Asa renouvelle l'alliance avec l'Eternel

15 1 L'Esprit de Dieu saisit Azaria, fils d'Oded, 2 qu
s'avança à la rencontre d'Asa et lui dit :
Ecoutez-moi, Asa, vous, tous les Judéens et les
Benjaminites !
L'Eternel sera avec vous tant que vous serez avec
lui ;
si vous vous attachez à lui, il interviendra en votre
faveur ;
si vous l'abandonnez, lui, il vous abandonnera.
3 Pendant de nombreux jours, Israël a vécu sans avoi
ni vrai Dieu,
ni prêtres qui l'enseignent, et sans avoir de Loi.
4 Au sein de la détresse, les hommes d'Israël se sont
tournés vers l'Eternel, Dieu d'Israël,
ils se sont adressés à lui,
il est intervenu pour eux.
5 En ces temps-là, il n'y avait ni paix ni sécurité pour
tous ceux qui allaient et venaient,
car les temps étaient bien troublés pour tous les
habitants de ces contrées.
6 Partout, on se battait, peuple contre autre peuple,
et ville contre ville,
car Dieu leur infligeait des malheurs en tous genres
7 Quant à vous, soyez fermes, et ne faiblissez pas,
parce que vos efforts auront leur récompense.

Un temps de réformes

8 Après avoir entendu ce message du prophète [fils d'
Oded, Asa en fut encouragé et il fit disparaître les idole
abominables de tout le pays de Juda et de Benjamin, ains
que des villes dont il s'était emparé dans la région mon
tagneuse d'Ephraïm. Il restaura l'autel de l'Eternel qui s
trouvait devant le portique du temple de l'Eternel. 9 Pui
il rassembla toute la population de Juda et de Benjamin
ainsi que les émigrés des tribus d'Ephraïm, de Manass

[i] 14.12 Vieille ville près de Gaza, sur la route d'Israël en Egypte (voir Gn 10.19 ; 20.1).
[j] 15.8 Les mots entre crochets manquent dans le texte hébreu traditionnel mais sont rajoutés d'après la Vulgate et la version syriaque (voir v. 1)

ver to him from Israel when they saw that the LORD
is God was with him.
10 They assembled at Jerusalem in the third month
f the fifteenth year of Asa's reign. 11 At that time they
acrificed to the LORD seven hundred head of cattle and
even thousand sheep and goats from the plunder they
ad brought back. 12 They entered into a covenant to
eek the LORD, the God of their ancestors, with all their
eart and soul. 13 All who would not seek the LORD, the
od of Israel, were to be put to death, whether small
r great, man or woman. 14 They took an oath to the
ORD with loud acclamation, with shouting and with
rumpets and horns. 15 All Judah rejoiced about the
ath because they had sworn it wholeheartedly. They
ought God eagerly, and he was found by them. So the
ORD gave them rest on every side.

16 King Asa also deposed his grandmother Maakah
rom her position as queen mother, because she had
nade a repulsive image for the worship of Asherah.
sa cut it down, broke it up and burned it in the
idron Valley. 17 Although he did not remove the high
laces from Israel, Asa's heart was fully committed to
he LORD all his life. 18 He brought into the temple of
od the silver and gold and the articles that he and
is father had dedicated.
19 There was no more war until the thirty-fifth year
f Asa's reign.

sa's Last Years

16 1 In the thirty-sixth year of Asa's reign Baasha
king of Israel went up against Judah and
ortified Ramah to prevent anyone from leaving or
ntering the territory of Asa king of Judah.
2 Asa then took the silver and gold out of the trea-
uries of the LORD's temple and of his own palace and
ent it to Ben-Hadad king of Aram, who was ruling in
amascus. 3 "Let there be a treaty between me and
ou," he said, "as there was between my father and
our father. See, I am sending you silver and gold.
low break your treaty with Baasha king of Israel so
e will withdraw from me."
4 Ben-Hadad agreed with King Asa and sent the com-
nanders of his forces against the towns of Israel. They
onquered Ijon, Dan, Abel Maim[b] and all the store cit-
es of Naphtali. 5 When Baasha heard this, he stopped
uilding Ramah and abandoned his work. 6 Then King

16:4 Also known as *Abel Beth Maakah*

et de Siméon, car beaucoup de gens du royaume d'Israël
s'étaient ralliés à lui lorsqu'ils avaient vu que l'Eternel son
Dieu était avec lui. 10 Ils se rassemblèrent tous à Jérusalem
le troisième mois de la quinzième année du règne d'Asa[k].
11 Ce jour-là, ils offrirent des sacrifices à l'Eternel, en
prenant une part du butin qu'ils avaient ramené : sept
cents bœufs et sept mille moutons. 12 Ils s'engagèrent
par une alliance à s'attacher à l'Eternel, le Dieu de leurs
ancêtres, de tout leur cœur et de tout leur être. 13 Cette
alliance stipulait que quiconque ne s'attacherait pas à
l'Eternel, le Dieu d'Israël, serait mis à mort, quelle que
soit sa condition sociale, homme ou femme. 14 Ils prêtèrent
serment à l'Eternel, d'une voix forte, au milieu des acclamations et au son des trompettes et des cors. 15 Tout le
royaume de Juda fut dans la joie à cause de ce serment, car
ses habitants avaient prêté ce serment de tout leur cœur.
C'était de plein gré qu'ils avaient décidé de s'attacher à
l'Eternel et, par conséquent, il intervint en leur faveur et
leur assura la paix sur toutes leurs frontières.

(1 R 15.13-15)

16 Le roi Asa destitua même sa grand-mère Maaka de
son rang de reine mère parce qu'elle avait fait dresser à la
déesse Ashéra une idole obscène. Asa abattit cette horrible
idole, la réduisit en pièces, et la fit brûler dans la vallée
du Cédron. 17 Cependant, bien qu'Asa ait eu un cœur sans
partage durant toute sa vie, les hauts lieux ne disparurent
pas d'Israël. 18 Il déposa dans le temple de Dieu tous les
objets d'argent et d'or, et d'autres ustensiles que son père
avait consacrés, en y ajoutant ceux que lui-même consacra.
19 Il n'y eut plus de guerre jusqu'à la trente-cinquième
année de son règne.

Juda en guerre contre Israël

(1 R 15.17-22)

16 1 La trente-sixième année du règne d'Asa[l], Baésha,
roi d'Israël, vint attaquer le royaume de Juda. Il
fortifia Rama pour empêcher qu'on pénètre sur le territoire d'Asa, roi de Juda, et qu'on en sorte[m].
2 Asa préleva une certaine quantité d'argent et d'or dans
les trésors du temple de l'Eternel et du palais royal, pour
la faire porter à Ben-Hadad, roi de Syrie, qui résidait à
Damas. Il l'accompagna du message suivant : 3 « Faisons
une alliance comme il y en a eu une entre nos ancêtres
respectifs. Voici que je t'envoie de l'argent et de l'or. Je te
demande, en échange, de rompre ton alliance avec Baésha,
roi d'Israël, afin qu'il cesse de me faire la guerre. »
4 Ben-Hadad accepta la proposition du roi Asa ; il envoya
ses chefs militaires attaquer les villes d'Israël et ceux-ci
frappèrent les villes d'Iyôn, de Dan et d'Abel-Maïm[n], ainsi
que tous les entrepôts des villes de Nephtali[o]. 5 Lorsque
Baésha apprit cette nouvelle, il renonça à fortifier Rama
et fit cesser ses travaux. 6 Alors le roi Asa rassembla tous

[k] **15.10** En 895 av. J.-C. La fête des Semaines (Pentecôte) avait lieu durant ce mois (Lv 23.15-21).

[l] **16.1** Les précisions *trente-cinquième année* (15.19) et *trente-sixième année du règne d'Asa* ne s'accordent pas avec les autres données chronologiques des Rois (1 R 15.33 ; 16.8) et des Chroniques. Diverses hypothèses ont été avancées : le Chroniste daterait ces événements des 35e et 36e années après le schisme, ce qui correspondrait aux 15e et 16e années d'Asa ; ou il s'agirait d'une erreur de copiste, l'original pouvant être : 25e et 26e années. Mais aucune de ces solutions n'est satisfaisante.

[m] **16.1** Autre traduction : *... Rama, pour barrer le passage à Asa, roi de Juda.*

[n] **16.4** Autre nom d'Abel Beth-Maaka (1 R 15.20).

[o] **16.4** Voir note 1 R 15.20.

Asa brought all the men of Judah, and they carried away from Ramah the stones and timber Baasha had been using. With them he built up Geba and Mizpah.

7 At that time Hanani the seer came to Asa king of Judah and said to him: "Because you relied on the king of Aram and not on the LORD your God, the army of the king of Aram has escaped from your hand. 8 Were not the Cushites[c] and Libyans a mighty army with great numbers of chariots and horsemen[d]? Yet when you relied on the LORD, he delivered them into your hand. 9 For the eyes of the LORD range throughout the earth to strengthen those whose hearts are fully committed to him. You have done a foolish thing, and from now on you will be at war."

10 Asa was angry with the seer because of this; he was so enraged that he put him in prison. At the same time Asa brutally oppressed some of the people.

11 The events of Asa's reign, from beginning to end, are written in the book of the kings of Judah and Israel. 12 In the thirty-ninth year of his reign Asa was afflicted with a disease in his feet. Though his disease was severe, even in his illness he did not seek help from the LORD, but only from the physicians. 13 Then in the forty-first year of his reign Asa died and rested with his ancestors. 14 They buried him in the tomb that he had cut out for himself in the City of David. They laid him on a bier covered with spices and various blended perfumes, and they made a huge fire in his honor.

Jehoshaphat King of Judah

17 1 Jehoshaphat his son succeeded him as king and strengthened himself against Israel. 2 He stationed troops in all the fortified cities of Judah and put garrisons in Judah and in the towns of Ephraim that his father Asa had captured.

3 The LORD was with Jehoshaphat because he followed the ways of his father David before him. He did not consult the Baals 4 but sought the God of his father and followed his commands rather than the practices of Israel. 5 The LORD established the kingdom under his control; and all Judah brought gifts to Jehoshaphat, so that he had great wealth and honor. 6 His heart was devoted to the ways of the LORD; furthermore, he removed the high places and the Asherah poles from Judah.

7 In the third year of his reign he sent his officials Ben-Hail, Obadiah, Zechariah, Nethanel and Micaiah to teach in the towns of Judah. 8 With them were certain Levites – Shemaiah, Nethaniah, Zebadiah, Asahel, Shemiramoth, Jehonathan, Adonijah, Tobijah and Tob-

[c] **16:8** That is, people from the upper Nile region
[d] **16:8** Or *charioteers*

les Judéens pour enlever les pierres et le bois que Baésh avait rassemblés pour fortifier Rama, et il s'en servit pou fortifier les villes de Guéba et de Mitspa.

Un message prophétique mal reçu

7 C'est alors que le prophète Hanani vint trouver Asa, rc de Juda, et lui dit : Tu t'es appuyé sur le roi de Syrie au lie de t'appuyer sur l'Eternel ton Dieu ; à cause de cela, l'armé de ce roi t'échappera. 8 Rappelle-toi que les Ethiopiens e les Libyens formaient une armée puissante dotée d'un trè grand nombre de chars avec leurs équipages. Cependar l'Eternel t'a donné la victoire sur eux, parce que tu t'étai appuyé sur lui. 9 Car l'Eternel parcourt toute la terre d regard pour soutenir ceux dont le cœur est tourné ver lui sans partage. Tu as agi comme un insensé, et à caus de cela, tu ne cesseras plus d'être en guerre.

10 Asa fut irrité contre le prophète. Furieux contre lu à cause de cette intervention, il le fit jeter en prison, le fers aux pieds. A la même époque, Asa se mit à opprime une partie du peuple.

La fin du règne d'Asa

(1 R 15.23-24)

11 Les faits et gestes d'Asa, des premiers aux dernier sont cités dans les livres des rois de Juda et d'Israël[p]. 12 L trente-neuvième année de son règne, Asa tomba grave ment malade et il souffrit grandement des pieds ; toutefoi même pendant sa maladie, il ne s'adressa pas à l'Etern mais seulement aux guérisseurs.

13 Asa rejoignit ses ancêtres décédés. Il mourut la quar ante et unième année de son règne. 14 On l'enterra dan l'une des tombes qu'il s'était fait creuser dans la cité d David. On le déposa sur un lit garni d'aromates et de bau mes parfumés préparés par des embaumeurs, et l'on f un immense brasier en son honneur.

Le bon roi Josaphat

17 1 Son fils Josaphat lui succéda sur le trône[q]. I développa ses forces pour tenir tête au royaum d'Israël : 2 il installa des garnisons dans toutes les ville fortifiées de Juda et il établit des postes militaires à traver tout le pays de Juda, ainsi que dans les villes d'Ephraïm qu son père Asa avait conquises. 3 L'Eternel fut avec Josapha parce qu'il suivait, dans la première partie de sa vie, l'ex emple laissé par son ancêtre David, et qu'il ne s'attach pas aux Baals. 4 Au contraire, il s'attacha au Dieu de ses an cêtres et vécut selon ses commandements, contrairement ce que l'on faisait en Israël. 5 Aussi l'Eternel affermit-il so pouvoir royal et tout Juda lui apportait des présents. Il fu comblé de richesses et de gloire. 6 Il s'enhardit pour suivr les chemins prescrits par l'Eternel, de sorte qu'il supprim encore les hauts lieux et les poteaux sacrés d'Ashéra dan le pays de Juda.

7 La troisième année de son règne[r], il envoya dans le villes de Juda quelques-uns de ses hauts fonctionnaire Ben-Haïl, Abdias, Zacharie, Netanéel et Michée, pour en seigner les habitants. 8 Ils étaient accompagnés des lévite Shemaya, Netania, Zebadia, Asaël, Shemiramoth, Jonathar

[p] **16.11** Non les livres bibliques des Rois mais des annales rédigées par le secrétaires royaux.
[q] **17.1** Josaphat régna de 872 à 848 av. J.-C., y compris trois années de corégence avec son père Asa, de 872 à 869 av. J.-C. (voir 20.31).
[r] **17.7** A la fin de sa corégence avec son père Asa, en 869 av. J.-C.

donijah – and the priests Elishama and Jehoram. Γhey taught throughout Judah, taking them with ıe Book of the Law of the Lord; they went around to ll the towns of Judah and taught the people.

10 The fear of the Lord fell on all the kingdoms of the ınds surrounding Judah, so that they did not go to ar against Jehoshaphat. 11 Some Philistines brought hoshaphat gifts and silver as tribute, and the Arabs rought him flocks: seven thousand seven hundred ıms and seven thousand seven hundred goats.

12 Jehoshaphat became more and more powerful; he uilt forts and store cities in Judah 13 and had large ıpplies in the towns of Judah. He also kept experiınced fighting men in Jerusalem. 14 Their enrollment y families was as follows:

From Judah, commanders of units of 1,000:
Adnah the commander, with 300,000 fighting men;
15 next, Jehohanan the commander, with 280,000;
16 next, Amasiah son of Zikri, who volunteered himelf for the service of the Lord, with 200,000.
17 From Benjamin:
Eliada, a valiant soldier, with 200,000 men armed ith bows and shields;
18 next, Jehozabad, with 180,000 men armed for attle.

These were the men who served the king, besides ıose he stationed in the fortified cities throughout udah.

icaiah Prophesies Against Ahab

8 1 Now Jehoshaphat had great wealth and honor, and he allied himself with Ahab by arriage. 2 Some years later he went down to see hab in Samaria. Ahab slaughtered many sheep and attle for him and the people with him and urged im to attack Ramoth Gilead. 3 Ahab king of Israel sked Jehoshaphat king of Judah, "Will you go with e against Ramoth Gilead?"

Jehoshaphat replied, "I am as you are, and my peole as your people; we will join you in the war." 4 But hoshaphat also said to the king of Israel, "First seek ıe counsel of the Lord."

5 So the king of Israel brought together the prophts – four hundred men – and asked them, "Shall we go war against Ramoth Gilead, or shall I not?"

"Go," they answered, "for God will give it into the ing's hand."

6 But Jehoshaphat asked, "Is there no longer a propht of the Lord here whom we can inquire of?"

7 The king of Israel answered Jehoshaphat, "There still one prophet through whom we can inquire of ıe Lord, but I hate him because he never prophesies nything good about me, but always bad. He is Micaiah on of Imlah."

"The king should not say such a thing," Jehoshaphat eplied.

Adoniya, Tobiya et Tob-Adoniya ainsi que des prêtres Elishama et Yoram. 9 Ils enseignèrent donc en Juda, ayant avec eux le livre de la Loi de l'Eternel. Ils parcoururent toutes les villes de Juda pour enseigner le peuple.

La puissance de Josaphat

10 A cause de l'Eternel, une terreur s'empara de tous les royaumes environnant Juda, de sorte que personne n'osa faire la guerre à Josaphat. 11 Des Philistins lui apportaient des présents et un tribut en argent. Les nomades arabes lui apportaient aussi du petit bétail : 7 700 béliers et 7 700 boucs. 12 Josaphat devint de plus en plus puissant. Il construisit en Juda des citadelles et des villes-entrepôts.

13 Il disposait de provisions abondantes dans les villes judéennes, et des guerriers valeureux étaient stationnés à Jérusalem. 14 Ces derniers étaient répartis selon leurs groupes familiaux. Pour Juda, voici les chefs de « milliers » : le chef Adna, qui commandait 300 000 valeureux guerriers ; 15 à ses côtés se trouvait le chef Yohanân qui commandait 280 000 hommes ; 16 à ses côtés, Amasia, fils de Zikri, qui s'était volontairement engagé pour l'Eternel et qui commandait 200 000 valeureux guerriers. 17 De Benjamin, il y avait : Elyada, un valeureux guerrier, qui commandait 200 000 hommes armés de l'arc et du bouclier ; 18 à ses côtés Yehozabad qui commandait 180 000 hommes équipés pour la guerre. 19 Tous ceux-ci étaient au service du roi, auxquels il faut ajouter ceux que le roi avait mis en garnison dans les villes fortifiées sur tout le territoire de Juda.

Josaphat fait alliance avec Achab

(1 R 22.1-28)

18 1 Josaphat était comblé de richesse et de gloire. Il s'allia par mariage avec Achab[s]. 2 Au bout de quelques années, il lui rendit visite à Samarie et Achab abattit pour lui et pour ceux qui l'accompagnaient une grande quantité de moutons et de bœufs. Puis il le persuada d'aller avec lui attaquer la ville de Ramoth en Galaad[t]. 3 Achab, roi d'Israël, demanda à Josaphat, roi de Juda : Viendras-tu avec moi à Ramoth en Galaad ?

Celui-ci lui répondit : J'irai avec toi, mes troupes iront avec les tiennes, nous livrerons combat avec toi.

Une unanimité impressionnante

4 Mais il ajouta : Consulte d'abord l'Eternel, je te prie.

5 Le roi d'Israël rassembla les prophètes, qui étaient environ quatre cents, et leur demanda : Devons-nous aller reprendre Ramoth en Galaad, ou dois-je y renoncer ?

Ils répondirent : Vas-y ! Dieu la livrera au roi.

6 Mais Josaphat insista : N'y a-t-il plus ici aucun prophète de l'Eternel, par qui nous puissions le consulter ?

7 Le roi d'Israël lui répondit : Il y a encore un homme par qui l'on pourrait consulter l'Eternel, mais je le déteste, car il ne m'annonce jamais rien de bon ; il m'annonce toujours du malheur. Il s'agit de Michée, fils de Yimla[u].

Josaphat s'écria : Que le roi ne parle pas ainsi !

---

s **18.1** Yoram, fils de Josaphat, épousa Athalie, fille d'Achab (voir 22.2).
t **18.2** Voir note 1 R 22.3.
u **18.7** A ne pas confondre avec le prophète qui est l'auteur du livre de Michée et qui a vécu un siècle et demi plus tard.

8 So the king of Israel called one of his officials and said, "Bring Micaiah son of Imlah at once."

9 Dressed in their royal robes, the king of Israel and Jehoshaphat king of Judah were sitting on their thrones at the threshing floor by the entrance of the gate of Samaria, with all the prophets prophesying before them. 10 Now Zedekiah son of Kenaanah had made iron horns, and he declared, "This is what the LORD says: 'With these you will gore the Arameans until they are destroyed.' "

11 All the other prophets were prophesying the same thing. "Attack Ramoth Gilead and be victorious," they said, "for the LORD will give it into the king's hand."

12 The messenger who had gone to summon Micaiah said to him, "Look, the other prophets without exception are predicting success for the king. Let your word agree with theirs, and speak favorably."

13 But Micaiah said, "As surely as the LORD lives, I can tell him only what my God says."

14 When he arrived, the king asked him, "Micaiah, shall we go to war against Ramoth Gilead, or shall I not?"

"Attack and be victorious," he answered, "for they will be given into your hand."

15 The king said to him, "How many times must I make you swear to tell me nothing but the truth in the name of the LORD?"

16 Then Micaiah answered, "I saw all Israel scattered on the hills like sheep without a shepherd, and the LORD said, 'These people have no master. Let each one go home in peace.' "

17 The king of Israel said to Jehoshaphat, "Didn't I tell you that he never prophesies anything good about me, but only bad?"

18 Micaiah continued, "Therefore hear the word of the LORD: I saw the LORD sitting on his throne with all the multitudes of heaven standing on his right and on his left. 19 And the LORD said, 'Who will entice Ahab king of Israel into attacking Ramoth Gilead and going to his death there?'

"One suggested this, and another that. 20 Finally, a spirit came forward, stood before the LORD and said, 'I will entice him.'

" 'By what means?' the LORD asked.

21 " 'I will go and be a deceiving spirit in the mouths of all his prophets,' he said.

" 'You will succeed in enticing him,' said the LORD. 'Go and do it.'

22 "So now the LORD has put a deceiving spirit in the mouths of these prophets of yours. The LORD has decreed disaster for you."

8 Alors le roi d'Israël appela un chambellan et lui ordon-na de faire venir au plus vite Michée, fils de Yimla.

9 Le roi d'Israël et Josaphat, roi de Juda, revêtus de leu costumes royaux, siégeaient chacun sur un trône, sur l'es-planade qui s'étend devant la porte de Samarie, tand que tous les prophètes étaient devant eux dans un éta d'exaltation. 10 L'un d'eux, Sédécias, fils de Kenaana, s'éta fabriqué des cornes de fer et affirmait : Voici ce que dé-clare l'Eternel : « Avec ces cornes, tu frapperas les Syrien jusqu'à leur extermination. »

11 Tous les autres prophètes confirmaient ce message disaient : Va attaquer Ramoth en Galaad ! Tu seras vai-queur, et l'Eternel livrera la ville au roi.

Un prophète qui dérange

12 Pendant ce temps, le messager qui était allé cherche Michée lui dit : Les prophètes sont unanimes pour prédir du bien au roi. Tu feras bien de parler comme eux et de l prédire aussi le succès !

13 Michée lui répondit : Aussi vrai que l'Eternel est v vant, je transmettrai ce que Dieu me dira.

14 Lorsqu'il fut arrivé devant le roi, celui-ci lui demand Michée, devons-nous aller attaquer Ramoth en Galaad o dois-je y renoncer ?

– Bien sûr, allez-y, répondit Michée, vous serez vai-queurs, et la ville vous sera livrée !

15 Mais le roi lui rétorqua : Combien de fois faudra-t que je t'adjure de me dire seulement la vérité de la pa de l'Eternel ?

16 Alors Michée déclara :

J'ai vu tous les Israélites
disséminés sur les montagnes ;
ils ressemblaient à des brebis qui n'ont pas de
berger.
Et l'Eternel a dit :
« Ces gens n'ont plus de souverain.
Que chacun d'eux retourne tranquillement chez
soi ! »

17 Le roi d'Israël dit alors à Josaphat : Je te l'avais bie dit : « Cet homme-là ne me prophétise jamais rien de bo c'est toujours du mal. »

18 Mais Michée continua : Eh bien, oui. Ecoutez ce que d l'Eternel ! J'ai vu l'Eternel siégeant sur son trône, tand que toute l'armée des êtres célestes se tenait à sa droit et à sa gauche. 19 L'Eternel demanda : « Qui tromper Achab, le roi d'Israël, pour qu'il aille attaquer Ramot en Galaad et qu'il tombe sur le champ de bataille ? L'un proposait ceci, l'autre cela. 20 Finalement, un espr s'avança, se plaça devant l'Eternel et dit : « Moi, je tromperai. » L'Eternel lui demanda : « Et comment t' prendras-tu ? » 21 « J'irai, répondit-il, inspirer des men songes à tous ses prophètes. » L'Eternel dit : « Pour sû tu le tromperas, tu y réussiras. Va donc et fais comm tu l'as dit ! » 22 Et maintenant, conclut Michée, c'est c qui est arrivé : l'Eternel a fait qu'un esprit de mensong inspire tes prophètes ici présents, car l'Eternel a résol ta perte.

23 Then Zedekiah son of Kenaanah went up and
apped Micaiah in the face. "Which way did the spirit
om[e] the LORD go when he went from me to speak to
ou?" he asked.

24 Micaiah replied, "You will find out on the day you
o to hide in an inner room."

25 The king of Israel then ordered, "Take Micaiah
nd send him back to Amon the ruler of the city and to
ash the king's son, 26 and say, 'This is what the king
ays: Put this fellow in prison and give him nothing
ut bread and water until I return safely.'"

27 Micaiah declared, "If you ever return safely, the
ORD has not spoken through me." Then he added,
Mark my words, all you people!"

hab Killed at Ramoth Gilead

28 So the king of Israel and Jehoshaphat king of
udah went up to Ramoth Gilead. 29 The king of Israel
aid to Jehoshaphat, "I will enter the battle in disguise,
ut you wear your royal robes." So the king of Israel
isguised himself and went into battle.

30 Now the king of Aram had ordered his chariot
ommanders, "Do not fight with anyone, small or
reat, except the king of Israel." 31 When the chariot
ommanders saw Jehoshaphat, they thought, "This is
ne king of Israel." So they turned to attack him, but
ehoshaphat cried out, and the LORD helped him. God
rew them away from him, 32 for when the chariot
ommanders saw that he was not the king of Israel,
ney stopped pursuing him.

33 But someone drew his bow at random and hit
ne king of Israel between the breastplate and the
cale armor. The king told the chariot driver, "Wheel
round and get me out of the fighting. I've been
ounded." 34 All day long the battle raged, and the
ing of Israel propped himself up in his chariot facing
ne Arameans until evening. Then at sunset he died.

19 1 When Jehoshaphat king of Judah returned
safely to his palace in Jerusalem, 2 Jehu the
eer, the son of Hanani, went out to meet him and
aid to the king, "Should you help the wicked and love[f]
nose who hate the LORD? Because of this, the wrath
f the LORD is on you. 3 There is, however, some good
n you, for you have rid the land of the Asherah poles
nd have set your heart on seeking God."

ehoshaphat Appoints Judges

4 Jehoshaphat lived in Jerusalem, and he went out
gain among the people from Beersheba to the hill
ountry of Ephraim and turned them back to the LORD,
ne God of their ancestors. 5 He appointed judges in
ne land, in each of the fortified cities of Judah. 6 He

[e] 18:23 Or *Spirit of*
[f] 19:2 Or *and make alliances with*

23 Alors Sédécias, fils de Kenaana, l'un des prophètes,
s'approcha, gifla Michée et lui demanda : Par quel chemin
l'esprit qui vient de l'Eternel[v] est-il sorti de moi pour te
parler ?

24 Michée répondit : Tu le sauras le jour où tu fuiras en
passant de chambre en chambre pour te cacher.

25 Aussitôt le roi d'Israël ordonna : Arrêtez Michée et
emmenez-le à Amôn, le gouverneur de la ville, et à Joas,
le fils du roi[w]. 26 Vous leur ordonnerez de ma part de jeter
cet individu en prison et de ne lui donner qu'une ration
réduite de pain et d'eau, jusqu'à ce que je revienne sain
et sauf de cette expédition.

27 Michée s'écria : Si vraiment tu reviens sain et sauf, ce
sera la preuve que l'Eternel n'a pas parlé par moi.
Puis il ajouta : Ecoutez, vous tous les peuples !

Josaphat échappe de peu à la mort

(1 R 22.29-36)

28 Alors le roi d'Israël et Josaphat, roi de Juda, partirent pour Ramoth en Galaad. 29 En chemin, Achab dit à
Josaphat : Je vais me déguiser pour aller au combat ; mais
toi, garde tes habits royaux.
Le roi d'Israël se déguisa donc pour la bataille. 30 Le roi
de Syrie avait donné cet ordre aux chefs de ses chars :
Vous ne vous occuperez ni des simples soldats ni des officiers, vous concentrerez votre attaque sur le roi d'Israël
uniquement.

31 Quand les chefs des chars aperçurent Josaphat, ils se
dirent : « C'est lui, le roi d'Israël », et ils l'encerclèrent pour
l'attaquer. Mais Josaphat poussa un cri, et l'Eternel le secourut : Dieu détourna les Syriens de lui. 32 En effet, quand
les chefs des chars se rendirent compte qu'il n'était pas le
roi d'Israël, ils se détournèrent de lui. 33 Un soldat syrien
tira une flèche de son arc, au hasard ; elle atteignit le roi
d'Israël à la jointure entre les pièces de la cuirasse. Alors
le roi cria au conducteur de son char : Fais demi-tour et
conduis-moi hors du champ de bataille, car je suis blessé.

34 Mais ce jour-là, le combat devint si rude que le roi d'Israël dut se tenir debout dans son char face aux Syriens. Il
resta ainsi jusqu'au soir et expira vers le coucher du soleil.

Le reproche du prophète Jéhu

19 1 Josaphat, roi de Juda, revint sain et sauf chez
lui à Jérusalem. 2 Jéhu, fils du prophète Hanani,
sortit à sa rencontre et lui dit : Penses-tu qu'il soit juste de
prêter ton concours à un homme malfaisant et de s'allier
avec ceux qui haïssent l'Eternel ? Parce que tu as fait cela,
l'Eternel est en colère contre toi. 3 Cependant, il y a du bon
en toi, car tu as brûlé les poteaux d'Ashéra du pays et tu
t'es résolument attaché à Dieu.

L'organisation de la justice

4 Après être demeuré quelque temps à Jérusalem,
Josaphat fit une nouvelle tournée parmi le peuple, depuis
Beer-Sheva jusqu'à la région montagneuse d'Ephraïm[x],
pour ramener les Israélites à l'Eternel, le Dieu de leurs ancêtres. 5 Il établit des juges dans toutes les villes fortifiées
du pays de Juda, 6 et leur donna les instructions suivantes :

[v] **18.23** Autre traduction : *l'Esprit de l'Eternel.*
[w] **18.25** L'expression *fils du roi* désigne peut-être ici un haut fonctionnaire du roi.
[x] **19.4** Au temps de Josaphat, le royaume de Juda était limité au nord par
les montagnes d'Ephraïm.

told them, "Consider carefully what you do, because you are not judging for mere mortals but for the LORD, who is with you whenever you give a verdict. 7Now let the fear of the LORD be on you. Judge carefully, for with the LORD our God there is no injustice or partiality or bribery."

8In Jerusalem also, Jehoshaphat appointed some of the Levites, priests and heads of Israelite families to administer the law of the LORD and to settle disputes. And they lived in Jerusalem. 9He gave them these orders: "You must serve faithfully and wholeheartedly in the fear of the LORD. 10In every case that comes before you from your people who live in the cities – whether bloodshed or other concerns of the law, commands, decrees or regulations – you are to warn them not to sin against the LORD; otherwise his wrath will come on you and your people. Do this, and you will not sin.

11"Amariah the chief priest will be over you in any matter concerning the LORD, and Zebadiah son of Ishmael, the leader of the tribe of Judah, will be over you in any matter concerning the king, and the Levites will serve as officials before you. Act with courage, and may the LORD be with those who do well."

Jehoshaphat Defeats Moab and Ammon

20 1After this, the Moabites and Ammonites with some of the Meunites[g] came to wage war against Jehoshaphat.

2Some people came and told Jehoshaphat, "A vast army is coming against you from Edom,[h] from the other side of the Dead Sea. It is already in Hazezon Tamar" (that is, En Gedi). 3Alarmed, Jehoshaphat resolved to inquire of the LORD, and he proclaimed a fast for all Judah. 4The people of Judah came together to seek help from the LORD; indeed, they came from every town in Judah to seek him.

5Then Jehoshaphat stood up in the assembly of Judah and Jerusalem at the temple of the LORD in the front of the new courtyard 6and said:

"LORD, the God of our ancestors, are you not the God who is in heaven? You rule over all the kingdoms of the nations. Power and might are in your hand, and no one can withstand you. 7Our God, did you not drive out the inhabitants of this land before your people Israel and give it forever to the descendants of Abraham your friend? 8They have lived in it and have built in it a sanctuary for your Name, saying, 9'If calamity comes upon us, whether the sword of judgment, or plague or famine, we will stand in your presence before this temple that bears your Name and will cry out to you in our distress, and you will hear us and save us.'

[g] 20:1 Some Septuagint manuscripts; Hebrew *Ammonites*
[h] 20:2 One Hebrew manuscript; most Hebrew manuscripts, Septuagint and Vulgate *Aram*

Veillez avec soin à ce que vous faites, car ce n'est pas pou des hommes que vous prononcerez des jugements, ma pour l'Eternel, et il vous assistera lorsque vous rendre la justice[y]. 7Maintenant, ayez la plus grande crainte d l'Eternel et soyez bien circonspects dans tout ce que vou faites, car l'Eternel, notre Dieu, ne tolère ni l'injustice, n la partialité, ni la corruption par des cadeaux.

8De même à Jérusalem, Josaphat établit quelques-uns de lévites, des prêtres et des chefs de groupe familial d'Isra dans la ville pour rendre la justice au nom de l'Eternel e pour régler les litiges entre les habitants de la ville. 9Voi les ordres qu'il leur donna : Vous remplirez vos fonctior dans la crainte de l'Eternel, pour agir consciencieusemer et avec une entière intégrité de cœur. 10Chaque fois que vo compatriotes demeurant dans leurs villes respectives po teront un litige devant vous – qu'il s'agisse d'un meurtr ou d'une contestation au sujet de la Loi, d'un commar dement, d'ordonnances ou d'articles de droit – vous le avertirez afin qu'ils ne se rendent pas coupables enve l'Eternel et que l'Eternel ne se mette pas en colère contr vous et contre vos compatriotes. Agissez de cette maniè et vous serez irréprochables. 11Pour toutes les affaire religieuses, vous avez à votre tête le grand-prêtre Amari et pour les affaires civiles ou royales, c'est Zebadia, fi d'Ismaël, gouverneur de la tribu de Juda. Des lévites sero à votre disposition comme commissaires. Mettez-vou donc courageusement au travail et que l'Eternel assist ceux qui agissent bien !

Une armée ennemie marche sur Juda – la prière de Josaphat

20 1Par la suite, les Moabites et les Ammonites[z] rer forcés par des Maonites[a] se mirent en route pou faire la guerre à Josaphat. 2On vint prévenir Josaphat e ces termes : Une vaste armée est en train de marcher cor tre toi d'au-delà de la mer Morte et d'Edom[b]. Elle a déj atteint Hatsatsôn-Tamar (c'est-à-dire Eyn-Guédi).

3Josaphat prit peur et décida de consulter l'Eterne Il proclama un jeûne pour tout Juda, 4et les Judéens s rassemblèrent pour implorer le secours de l'Eternel. I vinrent de toutes les villes de Juda. 5Josaphat se tint de bout avec l'assemblée des gens de Juda et de Jérusale dans le temple de l'Eternel, en face du nouveau parvi 6Il pria ainsi : Eternel, Dieu de nos ancêtres, n'es-tu pa Dieu, habitant dans le ciel, et n'est-ce pas toi qui domine sur tous les royaumes des peuples ? Tu disposes de forc et de puissance ! Nul ne peut te résister. 7N'est-ce pas to notre Dieu, qui as chassé les anciens habitants de ce pay pour faire place à ton peuple Israël, et qui as donné ce pay pour toujours aux descendants d'Abraham, ton ami q t'aimait ? 8Ils s'y sont établis, ils y ont construit un san tuaire en ton honneur. Puis ils ont dit : 9« Si un malheu s'abat sur nous : une guerre, un châtiment, une épidém ou la famine, nous viendrons nous tenir devant ce templ devant toi, puisque ta présence est établie dans ce san

[y] 19.6 Sur le rôle des juges, voir Dt 16.18-20 ; 17.8-13 ; Ps 82.
[z] 20.1 Pour les *Moabites* et les *Ammonites*, voir note Gn 19.37, 38.
[a] 20.1 D'après certains manuscrits de l'ancienne version grecque ; le te te hébreu traditionnel a : *Ammonites*. Habitants de *Maôn*, au sud d'Edom (Jos 15.55 ; 2 Ch 20.10, 22-23 ; 26.7).
[b] 20.2 D'après un manuscrit hébreu, une ancienne version latine et le contexte géographique. La plupart des manuscrits hébreux, l'ancienne version grecque et la Vulgate ont : *la Syrie*. Les deux noms se ressemble en hébreu et se confondent facilement.

[10]"But now here are men from Ammon, Moab and
Mount Seir, whose territory you would not allow
Israel to invade when they came from Egypt; so
they turned away from them and did not destroy
them. [11]See how they are repaying us by coming
to drive us out of the possession you gave us as an
inheritance. [12]Our God, will you not judge them?
For we have no power to face this vast army that is
attacking us. We do not know what to do, but our
eyes are on you."

[13]All the men of Judah, with their wives and chilren and little ones, stood there before the LORD.

[14]Then the Spirit of the LORD came on Jahaziel son
Zechariah, the son of Benaiah, the son of Jeiel, the
on of Mattaniah, a Levite and descendant of Asaph,
s he stood in the assembly.
[15]He said: "Listen, King Jehoshaphat and all who
ve in Judah and Jerusalem! This is what the LORD says
you: 'Do not be afraid or discouraged because of
is vast army. For the battle is not yours, but God's.
Tomorrow march down against them. They will be
imbing up by the Pass of Ziz, and you will find them
the end of the gorge in the Desert of Jeruel. [17]You
ill not have to fight this battle. Take up your posions; stand firm and see the deliverance the LORD will
ve you, Judah and Jerusalem. Do not be afraid; do
ot be discouraged. Go out to face them tomorrow,
nd the LORD will be with you.'"
[18]Jehoshaphat bowed down with his face to the
round, and all the people of Judah and Jerusalem
ll down in worship before the LORD. [19]Then some
evites from the Kohathites and Korahites stood up
nd praised the LORD, the God of Israel, with a very
ud voice.

[20]Early in the morning they left for the Desert of
ekoa. As they set out, Jehoshaphat stood and said,
isten to me, Judah and people of Jerusalem! Have
ith in the LORD your God and you will be upheld;
ave faith in his prophets and you will be successful."
After consulting the people, Jehoshaphat appoint-
d men to sing to the LORD and to praise him for the
plendor of his[i] holiness as they went out at the head
the army, saying:

"Give thanks to the LORD,
for his love endures forever."

[22]As they began to sing and praise, the LORD set
nbushes against the men of Ammon and Moab and

0:21 Or *him with the splendor of*

tuaire, et du fond de notre détresse, nous implorerons ton
secours ; alors tu écouteras et tu sauveras[c] ! » [10]Eh bien,
maintenant, voici que les Ammonites, les Moabites et les
habitants des monts de Séir viennent nous attaquer. Quand
Israël venait d'Egypte[d], tu ne lui as pas permis de traverser le pays de ces gens-là et il a fait un détour ; il ne les a
pas détruits. [11]Et voilà comment ils nous récompensent :
ils viennent nous chasser de la propriété que tu nous as
attribuée. [12]Notre Dieu, n'exerceras-tu pas tes jugements
sur eux ? Car nous sommes impuissants pour résister à
cette immense armée qui vient nous attaquer et nous ne
savons que faire, mais nous tournons nos regards vers toi.
[13]Tout Juda, femmes et enfants y compris, se tenait debout devant l'Eternel.

La prophétie de Yahaziel

[14]Alors l'Esprit de l'Eternel vint sur Yahaziel, fils de
Zacharie, descendant de Benaya, de Yeïel et de Mattania,
un lévite de la lignée d'Asaph[e], au milieu de l'assemblée.
[15]Yahaziel dit : Soyez attentifs, vous tous qui habitez Juda
et Jérusalem, et toi aussi, roi Josaphat ! Voici ce que vous
déclare l'Eternel : « Ne craignez rien et ne vous laissez pas
effrayer devant cette immense armée, car cette guerre
n'est pas votre affaire, c'est celle de Dieu. [16]Demain matin,
marchez contre eux. Ils vont gravir la montée de la Fleur.
Vous les rencontrerez au bout du défilé à l'entrée du désert
de Yerouel[f]. [17]Vous n'aurez même pas à combattre ; contentez-vous de prendre position et de vous tenir là : vous
verrez l'Eternel vous accorder la délivrance. Gens de Juda
et de Jérusalem, ne craignez rien et ne vous laissez pas
effrayer ! Demain, marchez à leur rencontre, et l'Eternel
sera avec vous ! »
[18]Josaphat se prosterna le visage contre terre et tout
Juda et les habitants de Jérusalem se laissèrent tomber
devant l'Eternel et se prosternèrent devant lui. [19]Alors
les lévites qehatites et qoréites[g] se levèrent pour louer
l'Eternel, le Dieu d'Israël, en chantant d'une voix très forte.

La délivrance

[20]Le lendemain matin, ils se levèrent tôt, et les hommes
se mirent en route pour le désert de Teqoa[h]. Au moment
du départ, Josaphat leur adressa la parole : Ecoutez-moi,
hommes de Juda et habitants de Jérusalem ! Faites confiance à l'Eternel votre Dieu, et vous serez invulnérables !
Faites confiance à ses prophètes, et vous aurez la victoire !
[21]Il s'était concerté avec le peuple et avait placé en tête
de l'armée des musiciens pour louer l'Eternel et la majesté
de sa sainte personne. Ils se mirent en route devant les
soldats en armes en chantant :

Louez l'Eternel,
car son amour dure à toujours.

[22]Au moment où ils entonnèrent leurs cantiques
de louange, l'Eternel plaça une embuscade contre les

c **20.9** Allusion à la prière de Salomon (6.14-42 ; 7.12-22).
d **20.10** Voir Nb 20.14-21 ; Dt 2.1-9 qui précisent que ce sont les Edomites qui ont refusé de laisser passer les Israélites sur leur territoire.
e **20.14** Une famille de musiciens du Temple (voir 1 Ch 15.17).
f **20.16** Partie du désert de Juda qui s'étendait entre la mer Morte et Teqoa. La *montée de la Fleur* était un sentier sinueux taillé dans le roc, débouchant à l'ouest de Teqoa. C'était le seul accès de Jérusalem depuis Eyn-Guédi.
g **20.19** Familles de lévites consacrées au chant sacré et à la musique (1 Ch 6.16-23 ; Ps 42.1).
h **20.20** Au sud de Bethléhem (voir 2 S 14.2).

Mount Seir who were invading Judah, and they were defeated. 23 The Ammonites and Moabites rose up against the men from Mount Seir to destroy and annihilate them. After they finished slaughtering the men from Seir, they helped to destroy one another.

24 When the men of Judah came to the place that overlooks the desert and looked toward the vast army, they saw only dead bodies lying on the ground; no one had escaped. 25 So Jehoshaphat and his men went to carry off their plunder, and they found among them a great amount of equipment and clothing[j] and also articles of value – more than they could take away. There was so much plunder that it took three days to collect it. 26 On the fourth day they assembled in the Valley of Berakah, where they praised the LORD. This is why it is called the Valley of Berakah[k] to this day.

27 Then, led by Jehoshaphat, all the men of Judah and Jerusalem returned joyfully to Jerusalem, for the LORD had given them cause to rejoice over their enemies. 28 They entered Jerusalem and went to the temple of the LORD with harps and lyres and trumpets.

29 The fear of God came on all the surrounding kingdoms when they heard how the LORD had fought against the enemies of Israel. 30 And the kingdom of Jehoshaphat was at peace, for his God had given him rest on every side.

The End of Jehoshaphat's Reign

31 So Jehoshaphat reigned over Judah. He was thirty-five years old when he became king of Judah, and he reigned in Jerusalem twenty-five years. His mother's name was Azubah daughter of Shilhi. 32 He followed the ways of his father Asa and did not stray from them; he did what was right in the eyes of the LORD. 33 The high places, however, were not removed, and the people still had not set their hearts on the God of their ancestors.

34 The other events of Jehoshaphat's reign, from beginning to end, are written in the annals of Jehu son of Hanani, which are recorded in the book of the kings of Israel.

35 Later, Jehoshaphat king of Judah made an alliance with Ahaziah king of Israel, whose ways were wicked. 36 He agreed with him to construct a fleet of trading ships.[l] After these were built at Ezion Geber, 37 Eliezer son of Dodavahu of Mareshah prophesied against Jehoshaphat, saying, "Because you have made an alliance with Ahaziah, the LORD will destroy what you have made." The ships were wrecked and were not able to set sail to trade.[m]

j 20:25 Some Hebrew manuscripts and Vulgate; most Hebrew manuscripts *corpses*
k 20:26 *Berakah* means *praise.*
l 20:36 Hebrew *of ships that could go to Tarshish*
m 20:37 Hebrew *sail for Tarshish*

Ammonites, les Moabites et les habitants des monts de Sé qui venaient attaquer Juda, de sorte qu'ils furent battu 23 Les Ammonites et les Moabites se dressèrent contre le habitants des monts de Séir et les exterminèrent. Quan ils en eurent terminé avec eux, ils se jetèrent les uns su les autres, jusqu'à s'anéantir.

24 Lorsque les Judéens parvinrent au promontoire d'o l'on apercevait le désert, ils regardèrent du côté de leu ennemis et ils ne virent que des cadavres jonchant le so il n'y avait aucun rescapé.

25 Josaphat et son armée allèrent s'emparer du butin ; i trouvèrent en abondance toutes sortes de biens, des vête ments[i] et des objets précieux. Ils en ramassèrent une tel quantité qu'ils ne purent tout emporter. Ils restèrent tro jours à piller le butin tant il était abondant. 26 Le quatrièm jour, ils s'assemblèrent dans la vallée de la Bénédictio où ils bénirent l'Eternel ; c'est pourquoi on a appelé ce endroit vallée de la Bénédiction, nom qu'il porte enco aujourd'hui.

27 Tous les hommes de Juda et de Jérusalem repriren joyeusement le chemin de la ville, Josaphat en tête, ca l'Eternel les avait remplis de joie en les délivrant de leu ennemis. 28 Ils arrivèrent à Jérusalem au son des luths, de lyres et des trompettes et se rendirent au temple de l'Ete nel. 29 Tous les autres peuples furent frappés de terreur cause de l'Eternel lorsqu'ils apprirent comment il ava combattu les ennemis d'Israël. 30 Dès lors, le royaume d Josaphat jouit de la tranquillité et son Dieu lui assura paix sur toutes ses frontières.

La fin du règne de Josaphat – alliance coupable et échec

(1 R 22.41-51)

31 Ainsi régna Josaphat sur Juda. Il était âgé de trent cinq ans à son avènement, et il régna vingt-cinq ans Jérusalem. Sa mère s'appelait Azouba, elle était fille d Shilhi. 32 Il suivit l'exemple de son père Asa sans en dév er, en faisant ce que l'Eternel considère comme just 33 Cependant, les hauts lieux ne disparurent pas : le pe ple n'avait toujours pas attaché fermement son cœur a Dieu de ses ancêtres.

34 Les autres faits et gestes de Josaphat, des premiers au derniers, sont cités dans les Actes de Jéhu, fils de Hanan qui ont été insérés dans le livre des rois d'Israël.

35 Après cela, Josaphat, roi de Juda, s'allia avec Ahazi roi d'Israël, dont la conduite n'était pas conforme à la vo lonté de Dieu. 36 Ils se mirent ensemble pour construire de navires au long cours. Ils fabriquèrent ces navires dans port d'Etsyôn-Guéber. 37 Alors Eliézer, fils de Dodavaho de Marésha, adressa à Josaphat la prophétie suivante Parce que tu t'es allié à Ahazia, l'Eternel va détruire te réalisations.

Effectivement, les navires furent brisés avant d'avo pu atteindre Tarsis[j].

i 20.25 D'après certains manuscrits hébreux et la Vulgate. Les autres manuscrits hébreux ont : *des cadavres.*
j 20.37 *Tarsis:* généralement compris comme un port d'Espagne. Mais il est peu probable que des navires partant d'Etsyôn-Guéber, port du golfe d'Aqaba menant à la mer Rouge, aient pu prendre la direction de l'Espagne. L'expression « aller à Tarsis » était-elle devenue une formule idiomatique pour dire « aller au bout du monde » ?

21 1 Then Jehoshaphat rested with his ancestors and was buried with them in the City of avid. And Jehoram his son succeeded him as king. Jehoram's brothers, the sons of Jehoshaphat, were zariah, Jehiel, Zechariah, Azariahu, Michael and nephatiah. All these were sons of Jehoshaphat king Israel.[n] 3 Their father had given them many gifts of lver and gold and articles of value, as well as fortied cities in Judah, but he had given the kingdom to horam because he was his firstborn son.

horam King of Judah

4 When Jehoram established himself firmly over his ther's kingdom, he put all his brothers to the sword ong with some of the officials of Israel. 5 Jehoram as thirty-two years old when he became king, and e reigned in Jerusalem eight years. 6 He followed e ways of the kings of Israel, as the house of Ahab ad done, for he married a daughter of Ahab. He did vil in the eyes of the LORD. 7 Nevertheless, because f the covenant the LORD had made with David, the ORD was not willing to destroy the house of David. e had promised to maintain a lamp for him and his escendants forever.

8 In the time of Jehoram, Edom rebelled against dah and set up its own king. 9 So Jehoram went there ith his officers and all his chariots. The Edomites rrounded him and his chariot commanders, but e rose up and broke through by night. 10 To this day dom has been in rebellion against Judah.
Libnah revolted at the same time, because Jehoram ad forsaken the LORD, the God of his ancestors. 11 He ad also built high places on the hills of Judah and had aused the people of Jerusalem to prostitute themelves and had led Judah astray.
12 Jehoram received a letter from Elijah the prophet, hich said:

"This is what the LORD, the God of your father David, says: 'You have not followed the ways of your father Jehoshaphat or of Asa king of Judah. 13 But you have followed the ways of the kings of Israel, and you have led Judah and the people of Jerusalem to prostitute themselves, just as the house of Ahab did. You have also murdered your own brothers, members of your own family, men who were better than you. 14 So now the LORD is about to strike your people, your sons, your wives and everything that is yours, with a heavy blow. 15 You yourself will be very ill with a lingering disease of the bowels, until the disease causes your bowels to come out.'"

16 The LORD aroused against Jehoram the hostility f the Philistines and of the Arabs who lived near e Cushites. 17 They attacked Judah, invaded it and rried off all the goods found in the king's palace, gether with his sons and wives. Not a son was left him except Ahaziah,[o] the youngest.
18 After all this, the LORD afflicted Jehoram with an curable disease of the bowels. 19 In the course of

21:2 That is, Judah, as frequently in 2 Chronicles
21:17 Hebrew *Jehoahaz*, a variant of *Ahaziah*

21 1 Josaphat rejoignit ses ancêtres décédés, et il fut enseveli auprès d'eux dans la cité de David, et son fils Yoram lui succéda sur le trône.

Yoram, roi de Juda

2 Yoram avait plusieurs frères : Azaria, Yehiel, Zacharie, Azaria, Michaël et Shephatia, tous fils de Josaphat, roi d'Israël. 3 Leur père leur avait fait de nombreux cadeaux, de l'argent, de l'or et des objets précieux ; de plus, il leur avait confié le gouvernement de plusieurs villes fortifiées en Juda ; mais c'est à Yoram qu'il avait conféré la royauté parce qu'il était l'aîné.
4 Dès que Yoram fut en possession du royaume de son père et qu'il eut affermi son pouvoir, il fit assassiner tous ses frères ainsi que des dirigeants d'Israël.

(2 R 8.16-24)

5 Yoram avait trente-deux ans à son avènement et il régna huit ans à Jérusalem[k]. 6 Il suivit l'exemple des rois d'Israël[l], agissant comme la dynastie d'Achab, car il avait épousé une fille d'Achab[m]. Il fit ce que l'Eternel considère comme mal. 7 Pourtant, l'Eternel ne voulut pas détruire la dynastie de David, à cause de l'alliance qu'il avait conclue avec David à qui il avait promis que ses descendants régneraient pour toujours.
8 Sous le règne de Yoram, les Edomites se révoltèrent contre la domination de Juda et se donnèrent un roi. 9 Alors Yoram partit avec ses officiers et tous ses chars de guerre. En pleine nuit, il tomba sur les Edomites qui l'avaient déjà encerclé et il les battit, ainsi que les chefs des chars. 10 Depuis lors, Edom fut en révolte contre Juda, et l'est toujours. A la même époque, Libna se révolta également contre la domination de Yoram parce qu'il avait abandonné l'Eternel, le Dieu de ses ancêtres.
11 Il construisit même des hauts lieux sur les montagnes de Juda : il incita les habitants de Jérusalem à l'idolâtrie et entraîna les Judéens au mal. 12 C'est alors qu'une lettre du prophète Elie lui parvint. Elle disait : Voici ce que déclare l'Eternel, le Dieu de David, ton ancêtre : « Tu n'as pas suivi l'exemple de ton père Josaphat, et celui d'Asa, roi de Juda. 13 Au contraire, tu as imité la conduite des rois d'Israël ; tu as incité les Judéens et les habitants de Jérusalem à l'idolâtrie, suivant l'exemple d'idolâtrie de la maison d'Achab. Tu es même allé jusqu'à assassiner tes frères, membres de ta famille, qui étaient meilleurs que toi. 14 C'est pourquoi l'Eternel frappera d'un terrible fléau ton peuple, tes fils, tes femmes et tous tes biens. 15 Quant à toi, tu seras atteint de maladies graves, et en particulier d'une maladie au ventre qui empirera de jour en jour au point de faire sortir tes intestins hors de ton ventre. »

16 L'Eternel excita contre Yoram l'hostilité des Philistins et des Arabes voisins des Ethiopiens. 17 Ils attaquèrent Juda, envahirent le pays, emportèrent toutes les richesses accumulées dans le palais du roi et emmenèrent ses fils et ses femmes en captivité, de sorte qu'il ne lui resta plus qu'un fils, Yoahaz, le cadet.
18 Après tout cela, l'Eternel frappa Yoram d'une maladie intestinale incurable. 19 Elle empira de jour en jour, et vers

k **21.5** De 848 à 841 av. J.-C. (voir note 2 R 8.17).
l **21.6** C'est-à-dire du royaume du Nord, en particulier leur idolâtrie (voir 1 R 12.28-33 ; 16.31-32).
m **21.6** Athalie (voir 22.2).

time, at the end of the second year, his bowels came out because of the disease, and he died in great pain. His people made no funeral fire in his honor, as they had for his predecessors.

20 Jehoram was thirty-two years old when he became king, and he reigned in Jerusalem eight years. He passed away, to no one's regret, and was buried in the City of David, but not in the tombs of the kings.

Ahaziah King of Judah

22 1 The people of Jerusalem made Ahaziah, Jehoram's youngest son, king in his place, since the raiders, who came with the Arabs into the camp, had killed all the older sons. So Ahaziah son of Jehoram king of Judah began to reign.

2 Ahaziah was twenty-two[p] years old when he became king, and he reigned in Jerusalem one year. His mother's name was Athaliah, a granddaughter of Omri.

3 He too followed the ways of the house of Ahab, for his mother encouraged him to act wickedly. 4 He did evil in the eyes of the LORD, as the house of Ahab had done, for after his father's death they became his advisers, to his undoing. 5 He also followed their counsel when he went with Joram[q] son of Ahab king of Israel to wage war against Hazael king of Aram at Ramoth Gilead. The Arameans wounded Joram; 6 so he returned to Jezreel to recover from the wounds they had inflicted on him at Ramoth[r] in his battle with Hazael king of Aram.

Then Ahaziah[s] son of Jehoram king of Judah went down to Jezreel to see Joram son of Ahab because he had been wounded.

7 Through Ahaziah's visit to Joram, God brought about Ahaziah's downfall. When Ahaziah arrived, he went out with Joram to meet Jehu son of Nimshi, whom the LORD had anointed to destroy the house of Ahab. 8 While Jehu was executing judgment on the house of Ahab, he found the officials of Judah and the sons of Ahaziah's relatives, who had been attending Ahaziah, and he killed them. 9 He then went in search of Ahaziah, and his men captured him while he was hiding in Samaria. He was brought to Jehu and put to death. They buried him, for they said, "He was a son of Jehoshaphat, who sought the LORD with all his heart." So there was no one in the house of Ahaziah powerful enough to retain the kingdom.

Athaliah and Joash

10 When Athaliah the mother of Ahaziah saw that her son was dead, she proceeded to destroy the whole royal family of the house of Judah. 11 But Jehosheba,[t] the daughter of King Jehoram, took Joash son of

[p] 22:2 Some Septuagint manuscripts and Syriac (see also 2 Kings 8:26); Hebrew *forty-two*
[q] 22:5 Hebrew *Jehoram*, a variant of *Joram*; also in verses 6 and 7
[r] 22:6 Hebrew *Ramah*, a variant of *Ramoth*
[s] 22:6 Some Hebrew manuscripts, Septuagint, Vulgate and Syriac (see also 2 Kings 8:29); most Hebrew manuscripts *Azariah*
[t] 22:11 Hebrew *Jehoshabeath*, a variant of *Jehosheba*

la fin de la seconde année, le mal fit sortir ses intestir de son ventre, de sorte qu'il mourut dans d'atroces sou frances. Le peuple n'alluma pas de brasier en son honneu comme il l'avait fait pour ses ancêtres.

20 Yoram avait trente-deux ans à son avènement et régna huit ans à Jérusalem[n]. Il partit sans être regrett par personne. On l'enterra dans la cité de David, mais p dans les tombeaux des rois.

Ahazia, roi de Juda

(2 R 8.25-29)

22 1 Les habitants de Jérusalem proclamèrent r son plus jeune fils Ahazia pour lui succéder, ca la horde qui avait pénétré dans le camp des Judéens ave les Arabes avait assassiné tous les aînés. C'est ainsi qu commença le règne d'Ahazia, fils de Yoram, roi de Juda. 2 était âgé de vingt-deux ans[o] à son avènement et il régr un an à Jérusalem[p]. Sa mère s'appelait Athalie, elle éta une petite-fille d'Omri[q]. 3 Lui aussi suivit l'exemple de dynastie d'Achab, car sa mère l'incitait au mal par ses co seils. 4 Il fit ce que l'Eternel considère comme mal, comm la maison d'Achab, car, après la mort de son père, ces ge furent ses conseillers et l'entraînèrent vers sa perte. 5 Su leur conseil, il partit avec Yoram[r], fils d'Achab, roi d'Israë pour une expédition militaire contre Hazaël, roi de Syrie, Ramoth en Galaad. Yoram fut blessé par les Syriens. 6 Alor il retourna à Jizréel pour se faire soigner des blessures q lui avaient été infligées à Rama pendant le combat cont Hazaël, roi de Syrie. Ahazia[s], fils de Yoram, roi de Juda, alla pour lui rendre visite au cours de sa maladie.

(2 R 9.21-29)

7 Dieu fit en sorte qu'ait lieu cette visite qui fut fata pour Ahazia. En effet, dès son arrivée, il sortit avec Yora pour aller à la rencontre de Jéhu, fils de Nimshi, à q l'Eternel avait conféré l'onction pour exterminer la f mille d'Achab. 8 Comme Jéhu exécutait le jugement s la famille d'Achab, il surprit les dirigeants de Juda et l neveux d'Ahazia attachés au service de leur oncle et il l tua. 9 Puis il se mit à la recherche d'Ahazia. On le captu dans Samarie où il s'était caché et on l'amena auprès d Jéhu qui le fit mourir. Puis on l'enterra, par égard pour sc grand-père Josaphat qui s'était attaché de tout son cœur l'Eternel. Dès lors, il ne restait plus personne de la famil d'Ahazia qui fût en état de régner.

Joas échappe au massacre des princes de Juda

(2 R 11.1-20)

10 Lorsque Athalie, la mère d'Ahazia, vit que son fi était mort, elle entreprit de faire mourir toute la desce dance royale de Juda. 11 Mais au moment du massacr

[n] 21.20 Voir note 21.5.
[o] 22.2 D'après certains manuscrits de l'ancienne version grecque et la version syriaque (voir 2 R 8.26) ; le texte hébreu traditionnel a : *quarante-deux*, ce qu'exclut l'âge auquel est décédé le père de Yoram (2 Ch 21.20).
[p] 22.2 En 841 av. J.-C.
[q] 22.2 Athalie était une fille d'Achab, le fils d'Omri, fondateur de la nouvelle dynastie du royaume du Nord (1 R 16.23-27).
[r] 22.5 A ne pas confondre avec Yoram, roi de Juda, père d'Ahazia.
[s] 22.6 D'après certains manuscrits hébreux, l'ancienne version grecque la version syriaque et la Vulgate (voir 2 R 8.29) ; le texte hébreu traditionnel a : *Azaria* (cf. 2 R 15.1-7).

haziah and stole him away from among the royal
·inces who were about to be murdered and put him
ıd his nurse in a bedroom. Because Jehosheba,[u]
ıe daughter of King Jehoram and wife of the priest
hoiada, was Ahaziah's sister, she hid the child from
thaliah so she could not kill him. 12 He remained
dden with them at the temple of God for six years
hile Athaliah ruled the land.

23 1 In the seventh year Jehoiada showed his
strength. He made a covenant with the
›mmanders of units of a hundred: Azariah son of
roham, Ishmael son of Jehohanan, Azariah son of
bed, Maaseiah son of Adaiah, and Elishaphat son
Zikri. 2 They went throughout Judah and gathered
e Levites and the heads of Israelite families from all
e towns. When they came to Jerusalem, 3 the whole
sembly made a covenant with the king at the temple
God.
Jehoiada said to them, "The king's son shall reign,
the LORD promised concerning the descendants
David. 4 Now this is what you are to do: A third of
›u priests and Levites who are going on duty on the
bbath are to keep watch at the doors, 5 a third of
›u at the royal palace and a third at the Foundation
ıte, and all the others are to be in the courtyards of
e temple of the LORD. 6 No one is to enter the temple
the LORD except the priests and Levites on duty;
ey may enter because they are consecrated, but all
e others are to observe the LORD's command not to
ter.[v] 7 The Levites are to station themselves around
e king, each with weapon in hand. Anyone who en-
rs the temple is to be put to death. Stay close to the
ng wherever he goes."
8 The Levites and all the men of Judah did just
Jehoiada the priest ordered. Each one took his
en – those who were going on duty on the Sabbath
ıd those who were going off duty – for Jehoiada the
iest had not released any of the divisions. 9 Then he
ve the commanders of units of a hundred the spears
ıd the large and small shields that had belonged to
ng David and that were in the temple of God. 10 He
ationed all the men, each with his weapon in his
ınd, around the king – near the altar and the temple,
om the south side to the north side of the temple.
11 Jehoiada and his sons brought out the king's son
ıd put the crown on him; they presented him with a
py of the covenant and proclaimed him king. They
ıointed him and shouted, "Long live the king!"

12 When Athaliah heard the noise of the people
ınning and cheering the king, she went to them at
e temple of the LORD. 13 She looked, and there was
e king, standing by his pillar at the entrance. The
ficers and the trumpeters were beside the king, and

2:11 Hebrew *Jehoshabeath*, a variant of *Jehosheba*
3:6 Or *are to stand guard where the LORD has assigned them*

Yehoshabeath, une fille de roi, parvint à soustraire Joas, un
fils d'Ahazia, du milieu de ses frères, pour l'installer avec
sa nourrice dans le dortoir du Temple. Yehoshabeath, qui
était une fille du roi Yoram, la femme du prêtre Yehoyada,
et la sœur d'Ahazia, cacha ainsi Joas d'Athalie, dans le
dortoir du Temple, et on ne le fit pas mourir. 12 Pendant six
ans[t], il resta caché avec les deux femmes dans le Temple,
tandis qu'Athalie régnait sur le pays.

Joas devient roi

23 1 La septième année[u], le prêtre Yehoyada s'arma
de courage et fit venir les chefs des « centaines[v] » :
Azaria, fils de Yeroham, Ismaël, fils de Yohanân, Azaria, fils
d'Obed, Maaséya, fils d'Adaya, et Elishaphath, fils de Zikri,
et il fit un pacte avec eux. 2 Les officiers parcoururent le
royaume de Juda et rassemblèrent les lévites de toutes les
villes de Juda et les chefs des groupes familiaux d'Israël,
puis ils revinrent avec eux à Jérusalem, 3 et toute cette
assemblée conclut une alliance avec le jeune roi dans le
Temple. Yehoyada leur dit :
– Voici le fils du roi, il régnera conformément à la
promesse que l'Eternel a faite au sujet des descendants
de David. 4 Voici ce que vous allez faire : ce prochain sabbat, l'une de vos compagnies sera de service ; en qualité
de prêtres et de lévites, un tiers d'entre eux gardera les
entrées, 5 un autre tiers surveillera le palais royal, la
troisième section se tiendra en faction à la porte de Yesod.
Tout le peuple occupera le parvis du temple de l'Eternel.
6 Personne ne doit pénétrer dans le temple de l'Eternel,
excepté les prêtres et les lévites de service qui pourront y
entrer puisqu'ils sont saints. Tout le monde doit respecter
le rituel prescrit par l'Eternel. 7 Les lévites entoureront le
roi de tous les côtés, chacun les armes à la main. Quiconque
voudra forcer l'accès au Temple sera mis à mort. Vous accompagnerez le roi dans toutes ses allées et venues.
8 Les lévites et tous les Judéens exécutèrent ponctuellement tous les ordres que le prêtre Yehoyada leur
avait donnés. Ils prirent chacun leurs hommes, ceux qui
commençaient leur service le jour du repos et ceux qui
le terminaient ce jour-là, car le prêtre Yehoyada n'avait
donné congé à aucune des classes de lévites. 9 Le prêtre
Yehoyada remit aux chefs de « centaines » les lances ainsi
que les grands et les petits boucliers du roi David qui se
trouvaient dans le Temple. 10 Il posta tous les hommes en
demi-cercle, chacun son javelot à la main, en demi-cercle
devant l'édifice, depuis l'angle sud-est du Temple jusqu'à
l'angle nord-est, près de l'autel, de manière à entourer le
roi. 11 Alors on fit sortir le fils du roi, on plaça la couronne
sur sa tête et on lui remit l'acte de l'alliance. On le sacra
roi : Yehoyada et ses fils l'oignirent d'huile et ils crièrent :
Vive le roi !

La mort d'Athalie

12 Athalie entendit le bruit du peuple qui accourait et
acclamait le roi. Elle vint au milieu de la foule au temple
de l'Eternel, 13 regarda et vit le roi qui se tenait debout
sur son estrade à l'entrée du sanctuaire. Il était entouré
des capitaines de la garde et des joueurs de trompette.
Toute la population exultait de joie tandis qu'on sonnait

t **22.12** De 841 à 835 av. J.-C.
u **23.1** En 835 av. J.-C.
v **23.1** Une unité militaire comprenant peut-être quelques dizaines de soldats.

all the people of the land were rejoicing and blowing trumpets, and musicians with their instruments were leading the praises. Then Athaliah tore her robes and shouted, "Treason! Treason!"

14 Jehoiada the priest sent out the commanders of units of a hundred, who were in charge of the troops, and said to them: "Bring her out between the ranks[w] and put to the sword anyone who follows her." For the priest had said, "Do not put her to death at the temple of the LORD." 15 So they seized her as she reached the entrance of the Horse Gate on the palace grounds, and there they put her to death.

16 Jehoiada then made a covenant that he, the people and the king[x] would be the LORD's people. 17 All the people went to the temple of Baal and tore it down. They smashed the altars and idols and killed Mattan the priest of Baal in front of the altars.

18 Then Jehoiada placed the oversight of the temple of the LORD in the hands of the Levitical priests, to whom David had made assignments in the temple, to present the burnt offerings of the LORD as written in the Law of Moses, with rejoicing and singing, as David had ordered. 19 He also stationed gatekeepers at the gates of the LORD's temple so that no one who was in any way unclean might enter.

20 He took with him the commanders of hundreds, the nobles, the rulers of the people and all the people of the land and brought the king down from the temple of the LORD. They went into the palace through the Upper Gate and seated the king on the royal throne. 21 All the people of the land rejoiced, and the city was calm, because Athaliah had been slain with the sword.

Joash Repairs the Temple

24 1 Joash was seven years old when he became king, and he reigned in Jerusalem forty years. His mother's name was Zibiah; she was from Beersheba. 2 Joash did what was right in the eyes of the LORD all the years of Jehoiada the priest. 3 Jehoiada chose two wives for him, and he had sons and daughters.

4 Some time later Joash decided to restore the temple of the LORD. 5 He called together the priests and Levites and said to them, "Go to the towns of Judah and collect the money due annually from all Israel, to repair the temple of your God. Do it now." But the Levites did not act at once.

6 Therefore the king summoned Jehoiada the chief priest and said to him, "Why haven't you required the Levites to bring in from Judah and Jerusalem the tax imposed by Moses the servant of the LORD and by the assembly of Israel for the tent of the covenant law?"

7 Now the sons of that wicked woman Athaliah had broken into the temple of God and had used even its sacred objects for the Baals.

---

w **23:14** Or *out from the precincts*
x **23:16** Or *covenant between the LORD and the people and the king that they* (see 2 Kings 11:17)

des trompettes et que les musiciens, accompagnés leurs instruments, dirigeaient les chants de louanges. ce spectacle, Athalie déchira ses vêtements et dit : C'e un complot ! C'est un complot !

14 Alors le prêtre Yehoyada fit avancer les chefs de « ce taines » qui commandaient l'armée et leur ordonn Faites-la sortir de l'enceinte du Temple entre les rang Et si quelqu'un la suit, qu'il soit mis à mort. Car, dit prêtre, ne la mettez pas à mort dans l'enceinte du temp de l'Eternel.

15 Ils s'emparèrent donc d'Athalie et la menèrent vers palais royal par l'entrée de la porte des chevaux : c'est qu'ils la mirent à mort.

Joas monte sur le trône

16 Yehoyada conclut entre lui, tout le peuple et le r une alliance qui les engageait à être le peuple de l'Etern 17 Toute la population se rendit au temple de Baal et démolit. On mit en pièces ses autels et ses statues, et l' tua devant les autels Mattân, le prêtre de Baal. 18 Yehoya confia la surveillance du temple de l'Eternel aux prêtre lévites que David avait répartis pour le service du temp de l'Eternel, afin d'offrir des holocaustes à l'Eternel, co formément aux prescriptions de la Loi de Moïse, dans joie, et en chantant les cantiques composés par David. 1 installa les portiers aux entrées du temple de l'Etern pour en interdire l'entrée à toute personne rituelleme impure, pour quelque raison que ce soit. 20 Il rassembla chefs de « centaines », les notables, les dirigeants du pe ple, ainsi que toute la population du pays, et il fit descend le roi du Temple au palais royal par la porte supérieur On installa le roi sur le trône du royaume. 21 Tout le peup du pays était dans la joie, et le calme régnait dans la vi maintenant qu'on avait fait mourir Athalie.

Les débuts du règne de Joas

(2 R 12.1-17)

24 1 Joas était âgé de sept ans lorsqu'il devint roi. régna quarante ans à Jérusalem. Sa mère se no mait Tsibia, elle était originaire de Beer-Sheva. 2 Joas fit que l'Eternel considère comme juste pendant toute la v du prêtre Yehoyada. 3 Celui-ci lui fit épouser deux femm qui lui donnèrent des fils et des filles.

La réfection du Temple

4 Plus tard, Joas eut à cœur de restaurer le temple l'Eternel[w]. 5 Il convoqua les prêtres et les lévites et le dit : Allez parcourir les villes de Juda, et collectez chaq année dans tout Israël de l'argent pour réparer le temp de votre Dieu ! Menez promptement cette affaire !

Mais les lévites laissèrent traîner les choses. 6 Le roi co voqua le grand-prêtre Yehoyada et lui demanda : Pourqu n'as-tu pas demandé aux lévites de percevoir des habitar de Juda et de Jérusalem l'impôt fixé par Moïse[x], servite de l'Eternel, à l'assemblée d'Israël, pour la tente où se tro vait l'acte de l'alliance ? 7 En effet, la perverse Athalie ses partisans ont forcé l'entrée du temple de Dieu et ils o même utilisé pour le culte des Baals tous les objets sacr du temple de l'Eternel.

---

w **24.4** Dévasté par Athalie (voir v. 7).
x **24.6** Voir Ex 30.12-16 ; 38.26. Tout homme de 20 ans et plus devait pay cette taxe destinée à l'entretien de la tente de la Rencontre, puis du Temple.

8 At the king's command, a chest was made and
ıced outside, at the gate of the temple of the LORD. 9 A
oclamation was then issued in Judah and Jerusalem
at they should bring to the LORD the tax that Moses
e servant of God had required of Israel in the wil-
rness. 10 All the officials and all the people brought
eir contributions gladly, dropping them into the
ıest until it was full. 11 Whenever the chest was
ought in by the Levites to the king's officials and
ey saw that there was a large amount of money,
e royal secretary and the officer of the chief priest
ould come and empty the chest and carry it back
its place. They did this regularly and collected a
eat amount of money. 12 The king and Jehoiada gave
to those who carried out the work required for the
mple of the LORD. They hired masons and carpenters
restore the LORD's temple, and also workers in iron
d bronze to repair the temple.

13 The men in charge of the work were diligent, and
e repairs progressed under them. They rebuilt the
mple of God according to its original design and
inforced it. 14 When they had finished, they brought
e rest of the money to the king and Jehoiada, and
th it were made articles for the LORD's temple: arties for the service and for the burnt offerings, and
so dishes and other objects of gold and silver. As
ng as Jehoiada lived, burnt offerings were presented
ntinually in the temple of the LORD.

15 Now Jehoiada was old and full of years, and he
ed at the age of a hundred and thirty. 16 He was bur-
d with the kings in the City of David, because of the
od he had done in Israel for God and his temple.

e Wickedness of Joash

17 After the death of Jehoiada, the officials of Judah
me and paid homage to the king, and he listened
them. 18 They abandoned the temple of the LORD,
e God of their ancestors, and worshiped Asherah
les and idols. Because of their guilt, God's anger
me on Judah and Jerusalem. 19 Although the LORD
nt prophets to the people to bring them back to
m, and though they testified against them, they
ould not listen.

20 Then the Spirit of God came on Zechariah son of
hoiada the priest. He stood before the people and
id, "This is what God says: 'Why do you disobey the
RD's commands? You will not prosper. Because you
ve forsaken the LORD, he has forsaken you.'"

21 But they plotted against him, and by order of the
ng they stoned him to death in the courtyard of
e LORD's temple. 22 King Joash did not remember the
ndness Zechariah's father Jehoiada had shown him
t killed his son, who said as he lay dying, "May the
RD see this and call you to account."

23 At the turn of the year,[y] the army of Aram
arched against Joash; it invaded Judah and
rusalem and killed all the leaders of the people.
ey sent all the plunder to their king in Damascus.

4:23 Probably in the spring

8 Sur ordre du roi, on fabriqua un coffre que l'on plaça
près de l'entrée du temple de l'Eternel, à l'extérieur. 9 On fit
proclamer dans Juda et dans Jérusalem qu'il fallait apporter à l'Eternel la contribution imposée à Israël par Moïse,
serviteur de l'Eternel, dans le désert. 10 Tous les dirigeants
et tout le peuple s'en réjouirent : ils apportèrent de l'argent et le mirent dans le coffre jusqu'à ce qu'il fût plein.
11 Lorsque venait le moment pour les lévites de l'apporter
à l'inspection royale, et que l'on constatait qu'il y avait
beaucoup d'argent, le secrétaire du roi et le commissaire
du grand-prêtre venaient le vider, puis les lévites le prenaient pour le rapporter à sa place. On fit ainsi chaque jour
et l'on collecta beaucoup d'argent. 12 Le roi et Yehoyada le
remettaient à l'entrepreneur qui accomplissait les travaux
de restauration du temple de l'Eternel, et ils payèrent des
tailleurs de pierres et des charpentiers pour restaurer le
temple de l'Eternel, ainsi que des artisans travaillant le fer
et le bronze, pour faire des réparations dans le temple de
l'Eternel. 13 Les entrepreneurs se mirent au travail et les
réparations progressèrent par leurs soins. Ils remirent le
Temple en état et le consolidèrent. 14 Lorsqu'ils eurent terminé les travaux, ils rapportèrent au roi et à Yehoyada le
reste de l'argent. On l'utilisa pour fabriquer des objets pour
le service du Temple et divers accessoires pour le culte et
pour les holocaustes : coupes et autres ustensiles d'or et
d'argent. Pendant toute la vie de Yehoyada, on offrit continuellement des holocaustes dans le temple de l'Eternel.

15 Yehoyada devint vieux et mourut rassasié de jours,
à l'âge de cent trente ans. 16 On l'enterra dans la cité de
David avec les rois, parce qu'il avait agi pour le bien en
Israël, pour la cause de Dieu et de son temple.

Idolâtrie et meurtre

17 Après la mort de Yehoyada, les dirigeants de Juda
vinrent se prosterner devant le roi qui les écouta. 18 Ils
délaissèrent le temple de l'Eternel, le Dieu de leurs ancêtres, et ils rendirent un culte aux Ashéras et aux idoles.
Par cette conduite coupable, ils provoquèrent la colère
de l'Eternel contre Juda et Jérusalem. 19 L'Eternel envoya
parmi eux des prophètes pour les faire revenir à lui. Ces
prophètes protestèrent contre eux, mais personne ne
les écouta. 20 Alors l'Esprit de Dieu se saisit de Zacharie,
fils du prêtre Yehoyada, il se présenta devant le peuple
et dit : Voici ce que Dieu vous déclare : « Pourquoi en-
freignez-vous les commandements de l'Eternel ? Vous ne
réussirez rien ! Puisque vous avez abandonné l'Eternel, il
vous a abandonnés. »

21 Alors les gens complotèrent contre lui et on le lapida
sur ordre du roi dans le parvis du temple de l'Eternel[y].

22 Ainsi le roi Joas oublia toute la bienveillance dont
Yehoyada, le père de Zacharie, avait fait preuve envers
lui, et il fit tuer son fils. Zacharie dit en mourant : Que
l'Eternel voie et qu'il fasse rendre compte !

Le châtiment et la fin de Joas

(2 R 12.18-22)

23 A la fin de l'année, l'armée syrienne vint attaquer
Joas. Les Syriens envahirent Juda et Jérusalem. Ils massacrèrent tous les dirigeants du peuple et envoyèrent tout

y 24.21 Allusion en Mt 23.35 ; Lc 11.51.

24 Although the Aramean army had come with only a few men, the LORD delivered into their hands a much larger army. Because Judah had forsaken the LORD, the God of their ancestors, judgment was executed on Joash. 25 When the Arameans withdrew, they left Joash severely wounded. His officials conspired against him for murdering the son of Jehoiada the priest, and they killed him in his bed. So he died and was buried in the City of David, but not in the tombs of the kings.

26 Those who conspired against him were Zabad,[z] son of Shimeath an Ammonite woman, and Jehozabad, son of Shimrith[a] a Moabite woman. 27 The account of his sons, the many prophecies about him, and the record of the restoration of the temple of God are written in the annotations on the book of the kings. And Amaziah his son succeeded him as king.

Amaziah King of Judah

25 1 Amaziah was twenty-five years old when he became king, and he reigned in Jerusalem twenty-nine years. His mother's name was Jehoaddan; she was from Jerusalem. 2 He did what was right in the eyes of the LORD, but not wholeheartedly. 3 After the kingdom was firmly in his control, he executed the officials who had murdered his father the king. 4 Yet he did not put their children to death, but acted in accordance with what is written in the Law, in the Book of Moses, where the LORD commanded: "Parents shall not be put to death for their children, nor children be put to death for their parents; each will die for their own sin."

5 Amaziah called the people of Judah together and assigned them according to their families to commanders of thousands and commanders of hundreds for all Judah and Benjamin. He then mustered those twenty years old or more and found that there were three hundred thousand men fit for military service, able to handle the spear and shield. 6 He also hired a hundred thousand fighting men from Israel for a hundred talents[b] of silver.

7 But a man of God came to him and said, "Your Majesty, these troops from Israel must not march with you, for the LORD is not with Israel – not with any of the people of Ephraim. 8 Even if you go and fight courageously in battle, God will overthrow you before the enemy, for God has the power to help or to overthrow."

9 Amaziah asked the man of God, "But what about the hundred talents I paid for these Israelite troops?"

The man of God replied, "The LORD can give you much more than that."

[z] **24:26** A variant of *Jozabad*
[a] **24:26** A variant of *Shomer*
[b] **25:6** That is, about 3 3/4 tons or about 3.4 metric tons; also in verse 9

le butin au roi de Damas. 24 Les Syriens étaient venus av un petit nombre d'hommes, et cependant, l'Eternel le donna la victoire sur une armée considérable de Judéer parce que ceux-ci avaient abandonné l'Eternel, le Dieu leurs ancêtres. Ainsi les Syriens furent les instrumen du jugement contre Joas. 25 A peine se furent-ils retirés chez lui, en le laissant dans de grandes souffrances, q ses ministres conspirèrent contre lui, à cause du meurt des fils[z] du prêtre Yehoyada ; ils l'assassinèrent dans so lit. Une fois mort, on l'enterra dans la cité de David, ma pas dans les tombeaux des rois[a]. 26 Les auteurs du compl contre lui étaient Zabad, fils d'une femme ammonite nor mée Shimeath, et Yehozabad, fils de Shimrith, une femn moabite. 27 La liste des fils de Joas, le texte des nombre oracles prononcés contre lui et le récit de la restauratic du Temple, tout cela est consigné dans les commentair du livre des rois. Son fils Amatsia, lui succéda sur le trôn

Les actes d'obéissance et la victoire militaire

(2 R 14.1-6)

25 1 Amatsia avait vingt-cinq ans lorsqu'il devint r et il régna vingt-neuf ans à Jérusalem[b]. Sa mè s'appelait Yehoaddân, elle était de Jérusalem. 2 Il fit ce q l'Eternel considère comme juste, mais non pas d'un cœ sans partage[c]. 3 Dès qu'Amatsia eut affermi son autori royale, il fit exécuter les ministres qui avaient assassi son père. 4 Mais il ne fit pas mourir leurs fils, conform ment aux ordres donnés par l'Eternel dans la Loi, da le livre de Moïse, lorsqu'il dit : « Les pères ne seront p mis à mort pour les fils et les fils ne seront pas mis à mo pour les pères ; mais chacun sera mis à mort pour s propre péché[d]. »

La guerre contre les Edomites

5 Amatsia rassembla Juda et établit, pour chaque grou familial, des chefs de « milliers » et de « centaines » po tout Juda et Benjamin. Il recensa ceux qui avaient au moi vingt ans ; il trouva trois cent mille hommes aptes à guerre, et sachant manier la lance et le grand bouclier. 6 enrôla encore pour trois tonnes et demie d'argent, ce mille mercenaires dans le royaume d'Israël du Nord. 7 U homme de Dieu vint lui dire : O roi, qu'une armée d'Isra n'aille pas combattre avec toi, car l'Eternel n'est pas av le royaume du Nord, avec tous ces Ephraïmites. 8 Si tu v au combat avec eux, tu auras beau te battre vaillammer Dieu te fera succomber devant l'ennemi, car Dieu a le po voir de secourir ou de faire succomber.

9 Amatsia demanda à l'homme de Dieu : Mais qu'adv endra-t-il de ces trois tonnes et demie d'argent que j' donné aux troupes d'Israël ?

L'homme de Dieu répondit : L'Eternel peut te donn bien plus que cela.

[z] **24.25** L'ancienne version grecque et la Vulgate ont : *du fils.*
[a] **24.25** Une sépulture plus ou moins honorable était attribuée aux rois suivant leur conduite (voir 21.20 ; 28.27 ; 32.33).
[b] **25.1** De 796 à 767 av. J.-C.
[c] **25.2** Il a maintenu les hauts lieux (2 R 14.4) et adopté des dieux édomites (voir v. 14).
[d] **25.4** Cité en Dt 24.16.

10 So Amaziah dismissed the troops who had come him from Ephraim and sent them home. They were rious with Judah and left for home in a great rage.

11 Amaziah then marshaled his strength and led his my to the Valley of Salt, where he killed ten thousnd men of Seir. 12 The army of Judah also captured n thousand men alive, took them to the top of a iff and threw them down so that all were dashed pieces.

13 Meanwhile the troops that Amaziah had sent ck and had not allowed to take part in the war ided towns belonging to Judah from Samaria to th Horon. They killed three thousand people and rried off great quantities of plunder.

14 When Amaziah returned from slaughtering the lomites, he brought back the gods of the people of ir. He set them up as his own gods, bowed down them and burned sacrifices to them. 15 The anger the LORD burned against Amaziah, and he sent a ophet to him, who said, "Why do you consult this ople's gods, which could not save their own people om your hand?"

16 While he was still speaking, the king said to him, Iave we appointed you an adviser to the king? Stop! hy be struck down?"

So the prophet stopped but said, "I know that God s determined to destroy you, because you have done is and have not listened to my counsel."

17 After Amaziah king of Judah consulted his advis-s, he sent this challenge to Jehoash[c] son of Jehoahaz, e son of Jehu, king of Israel: "Come, let us face each her in battle."

18 But Jehoash king of Israel replied to Amaziah king Judah: "A thistle in Lebanon sent a message to a dar in Lebanon, 'Give your daughter to my son in arriage.' Then a wild beast in Lebanon came along id trampled the thistle underfoot. 19 You say to urself that you have defeated Edom, and now you e arrogant and proud. But stay at home! Why ask r trouble and cause your own downfall and that of dah also?"

20 Amaziah, however, would not listen, for God so orked that he might deliver them into the hands of hoash, because they sought the gods of Edom. 21 So hoash king of Israel attacked. He and Amaziah king Judah faced each other at Beth Shemesh in Judah. Judah was routed by Israel, and every man fled to his me. 23 Jehoash king of Israel captured Amaziah king Judah, the son of Joash, the son of Ahaziah,[d] at Beth emesh. Then Jehoash brought him to Jerusalem and oke down the wall of Jerusalem from the Ephraim ite to the Corner Gate – a section about four hundred

5:17 Hebrew *Joash*, a variant of *Jehoash*; also in verses 18, 21, 23 d 25

5:23 Hebrew *Jehoahaz*, a variant of *Ahaziah*

10 Alors Amatsia renvoya chez eux les soldats qui étaient venus d'Ephraïm. Mais ceux-ci furent très en colère contre Juda et ils rentrèrent chez eux furieux.

(2 R 14.7)

11 Amatsia rassembla son courage, prit la tête de son armée et se dirigea vers la vallée du Sel où il battit dix mille habitants de Séir[e]. 12 Les Judéens capturèrent vivants dix mille hommes qu'ils emmenèrent au sommet d'une falaise[f] d'où ils les précipitèrent tous dans le vide, de sorte qu'ils se rompirent les os.

L'idolâtrie et le refus d'écouter un prophète

13 Mais, pendant ce temps, les soldats de la troupe qu'Amatsia avait renvoyés, pour qu'ils ne participent pas à son expédition, envahirent les villes de Juda depuis Samarie jusqu'à Beth-Horôn. Ils massacrèrent trois mille habitants et emportèrent un butin considérable.

14 Lorsque Amatsia fut de retour après sa victoire sur les Edomites, il rapporta les statues de leurs dieux et en fit ses propres dieux ; il se prosterna devant elles et leur offrit des parfums. 15 Alors l'Eternel se mit en colère contre lui et il lui envoya un prophète qui lui demanda : Pourquoi t'es-tu tourné vers les dieux de ce peuple qui n'ont même pas été capables de délivrer leur propre peuple de ton pouvoir ?

16 Mais le roi l'interrompit en lui répliquant : Est-ce qu'on t'a nommé conseiller du roi ? Tais-toi ! Inutile de te faire tuer !

Le prophète n'insista pas, mais avant de se retirer, il dit cependant : Parce que tu as agi comme tu l'as fait et que tu as refusé d'écouter mes conseils, je reconnais que Dieu a décidé dans son conseil de te détruire.

La défaite devant Israël

(2 R 14.8-20)

17 Amatsia, roi de Juda, prit l'avis de ses conseillers, puis il envoya des messagers à Joas, fils de Yoahaz et petit-fils de Jéhu, roi d'Israël, pour lui faire dire : Allons nous affronter !

18 Joas lui fit répondre : Un jour, le chardon du Liban envoya dire au cèdre du Liban : « Donne ta fille en mariage à mon fils ! » Mais les bêtes sauvages du Liban passèrent par là et piétinèrent le chardon. 19 Tu te dis que tu as vaincu les Edomites, alors l'orgueil t'est monté à la tête et tu te glorifies ! Maintenant, tu ferais mieux de rester chez toi : pourquoi veux-tu t'engager dans une entreprise malheureuse et courir au-devant d'un désastre pour toi et pour le royaume de Juda ?

20 Mais Amatsia n'écouta pas son avertissement, car Dieu faisait en sorte que lui et son peuple subissent la défaite parce qu'ils s'étaient tournés vers les dieux d'Edom. 21 Alors Joas, roi d'Israël, se mit en campagne. Les deux rois s'affrontèrent à Beth-Shémesh au pays de Juda. 22 L'armée de Juda fut battue par celle d'Israël, et les soldats de Juda s'enfuirent chacun chez soi. 23 A Beth-Shémesh, Joas, roi d'Israël, fit prisonnier Amatsia, roi de Juda, fils de Joas et petit-fils de Yoahaz. Il l'emmena à Jérusalem et démolit le rempart de la ville sur une longueur de cent quatre-vingts mètres, depuis la porte d'Ephraïm jusqu'à la porte de l'An-

e **25.11** Des Edomites (2 R 14.7) du désert situé au sud de la mer Morte.

f **25.12** *falaise:* (en hébreu : *séla*) peut-être de la ville de *Séla*, capitale des Edomites (2 R 14.7).

cubits[e] long. 24 He took all the gold and silver and all the articles found in the temple of God that had been in the care of Obed-Edom, together with the palace treasures and the hostages, and returned to Samaria.

25 Amaziah son of Joash king of Judah lived for fifteen years after the death of Jehoash son of Jehoahaz king of Israel. 26 As for the other events of Amaziah's reign, from beginning to end, are they not written in the book of the kings of Judah and Israel? 27 From the time that Amaziah turned away from following the Lord, they conspired against him in Jerusalem and he fled to Lachish, but they sent men after him to Lachish and killed him there. 28 He was brought back by horse and was buried with his ancestors in the City of Judah.[f]

Uzziah King of Judah

26 1 Then all the people of Judah took Uzziah,[g] who was sixteen years old, and made him king in place of his father Amaziah. 2 He was the one who rebuilt Elath and restored it to Judah after Amaziah rested with his ancestors.

3 Uzziah was sixteen years old when he became king, and he reigned in Jerusalem fifty-two years. His mother's name was Jekoliah; she was from Jerusalem. 4 He did what was right in the eyes of the Lord, just as his father Amaziah had done. 5 He sought God during the days of Zechariah, who instructed him in the fear[h] of God. As long as he sought the Lord, God gave him success.

6 He went to war against the Philistines and broke down the walls of Gath, Jabneh and Ashdod. He then rebuilt towns near Ashdod and elsewhere among the Philistines. 7 God helped him against the Philistines and against the Arabs who lived in Gur Baal and against the Meunites. 8 The Ammonites brought tribute to Uzziah, and his fame spread as far as the border of Egypt, because he had become very powerful.

9 Uzziah built towers in Jerusalem at the Corner Gate, at the Valley Gate and at the angle of the wall, and he fortified them. 10 He also built towers in the wilderness and dug many cisterns, because he had much livestock in the foothills and in the plain. He had people working his fields and vineyards in the hills and in the fertile lands, for he loved the soil.

11 Uzziah had a well-trained army, ready to go out by divisions according to their numbers as mustered by Jeiel the secretary and Maaseiah the officer under the direction of Hananiah, one of the royal officials. 12 The total number of family leaders over the fighting men was 2,600. 13 Under their command was an army

[e] 25:23 That is, about 600 feet or about 180 meters
[f] 25:28 Most Hebrew manuscripts; some Hebrew manuscripts, Septuagint, Vulgate and Syriac (see also 2 Kings 14:20) *David*
[g] 26:1 Also called *Azariah*
[h] 26:5 Many Hebrew manuscripts, Septuagint and Syriac; other Hebrew manuscripts *vision*

gle. 24 Il prit tout l'or et l'argent et tous les objets précie qui se trouvaient dans le temple de Dieu, sous la gar d'Obed-Edom[g], ainsi que les trésors du palais royal. Il p en plus des otages, puis retourna à Samarie.

L'assassinat d'Amatsia

25 Amatsia, fils de Joas, roi de Juda, vécut encore quin années après la mort de Joas, fils de Yoahaz, roi d'Isra 26 Les autres faits et gestes d'Amatsia, des premiers a derniers, sont cités dans le livre des rois de Juda et d'Isra 27 A partir du moment où Amatsia se détourna de l'Etern on trama contre lui un complot à Jérusalem. Il s'enfui Lakish. Mais ses ennemis envoyèrent des gens jusque pour le faire assassiner. 28 On ramena son corps à dos cheval à Jérusalem et on l'enterra aux côtés de ses ancêt dans la cité de Juda.

Ozias est fidèle à l'Eternel et il est béni

(2 R 14.21-22 ; 15.1-3)

26 1 Alors tout le peuple de Juda prit son fils Ozia âgé de seize ans, pour le proclamer roi à la pla de son père Amatsia. 2 C'est lui qui ramena Eiloth sous domination de Juda et qui la reconstruisit, après la m du roi. 3 Ozias était âgé de seize ans à son avènement, e régna cinquante-deux ans à Jérusalem[i]. Sa mère se no mait Yekolia. Elle était de Jérusalem. 4 Il fit ce que l'Eter considère comme juste, imitant en tout point son pè Amatsia.

5 Il s'attacha à Dieu tant que vécut Zacharie[j] qui enseignait la crainte de Dieu[k]. Aussi longtemps qu'il res attaché à l'Eternel, Dieu lui accorda la réussite. 6 Il campagne contre les Philistins et démolit les remparts Gath, ceux de Yabné et ceux d'Ashdod. Il fortifia plusieu villes dans la région d'Ashdod et dans d'autres ter toires philistins[l]. 7 Dieu l'assista dans la lutte contre Philistins, contre les Arabes établis à Gour-Baal, et cont les Maonites[m]. 8 Les Ammonites lui payèrent un tribut sa renommée se répandit au loin jusqu'en Egypte, car était devenu extrêmement puissant. 9 Ozias bâtit des tou fortifiées à Jérusalem au-dessus de la porte de l'Angle, la porte de la Vallée et à l'angle. 10 Il construisit aussi d tours de garde dans les régions de steppes et fit creus beaucoup de citernes pour les nombreux troupeaux qu possédait. Il favorisa les agriculteurs dans le Bas-Pa et la plaine côtière, et les vignerons dans les régio montagneuses et sur le Carmel, car il aimait beauco la terre. 11 Il avait une armée bien entraînée. Pour all au combat, elle avait été organisée en divisions d'après nombre des hommes recrutés par le secrétaire Yeïel et commissaire Maaséya, sous la direction de Hanania, ha fonctionnaire du roi. 12 2 600 chefs de groupes familia commandaient ces guerriers valeureux. 13 Ils avaient so leurs ordres une armée de 307 500 combattants toujou

[g] **25.24** Famille à laquelle avait été confiée la garde du sanctuaire et de l'argent de l'alliance (voir 1 Ch 13.13-14 ; 26.4-15).
[h] **26.1** Appelé *Azaria* en 2 R 14.21-22 ; 15.1-7.
[i] **26.3** De 792 à 740 av. J.-C., dont une corégence avec son père Amatsia 792 à 767 av. J.-C.
[j] **26.5** *Zacharie* semble avoir été un conseiller d'Ozias.
[k] **26.5** D'après plusieurs manuscrits hébreux, l'ancienne version grecq et la version syriaque. D'autres manuscrits hébreux ont : *les révélations de Dieu*.
[l] **26.6** Ozias oriente ses conquêtes vers le sud-est et le sud-ouest, le no étant bloqué par le puissant Jéroboam II du royaume du Nord.
[m] **26.7** Voir note 20.1.

307,500 men trained for war, a powerful force to
pport the king against his enemies. 14 Uzziah pro-
ded shields, spears, helmets, coats of armor, bows
ıd slingstones for the entire army. 15 In Jerusalem
made devices invented for use on the towers and
the corner defenses so that soldiers could shoot
rows and hurl large stones from the walls. His fame
read far and wide, for he was greatly helped until
became powerful.

16 But after Uzziah became powerful, his pride led
his downfall. He was unfaithful to the LORD his God,
ıd entered the temple of the LORD to burn incense on
e altar of incense. 17 Azariah the priest with eighty
her courageous priests of the LORD followed him in.
They confronted King Uzziah and said, "It is not
ght for you, Uzziah, to burn incense to the LORD. That
for the priests, the descendants of Aaron, who have
en consecrated to burn incense. Leave the sanctu-
y, for you have been unfaithful; and you will not be
nored by the LORD God."
19 Uzziah, who had a censer in his hand ready to
ırn incense, became angry. While he was raging
the priests in their presence before the incense
tar in the LORD's temple, leprosy[i] broke out on his
rehead. 20 When Azariah the chief priest and all the
her priests looked at him, they saw that he had lep-
sy on his forehead, so they hurried him out. Indeed,
himself was eager to leave, because the LORD had
flicted him.

21 King Uzziah had leprosy until the day he died. He
ed in a separate house[j] – leprous, and banned from
e temple of the LORD. Jotham his son had charge of
e palace and governed the people of the land.
22 The other events of Uzziah's reign, from begin-
ng to end, are recorded by the prophet Isaiah son
Amoz. 23 Uzziah rested with his ancestors and was
ıried near them in a cemetery that belonged to the
ngs, for people said, "He had leprosy." And Jotham
s son succeeded him as king.

tham King of Judah

27 1 Jotham was twenty-five years old when he
became king, and he reigned in Jerusalem
xteen years. His mother's name was Jerusha daugh-
r of Zadok. 2 He did what was right in the eyes of the
RD, just as his father Uzziah had done, but unlike him

6:19 The Hebrew for *leprosy* was used for various diseases affect-
g the skin; also in verses 20, 21 and 23.
6:21 Or *in a house where he was relieved of responsibilities*

prêts à engager le combat avec force pour défendre le
roi contre ses ennemis. 14 A chaque campagne[n], Ozias
leur distribuait des boucliers, des lances, des casques,
des cuirasses, des arcs et des pierres de fronde. 15 Il fit
aussi fabriquer à Jérusalem des engins conçus par un
artisan habile et destinés à être placés sur les tours et
aux angles des murailles pour tirer des flèches et lancer de grosses pierres. Ainsi, sa renommée s'étendit au
loin, car il fut merveilleusement aidé jusqu'à ce qu'il
soit devenu puissant.

L'orgueil et la faute d'Ozias

16 Mais lorsqu'il fut devenu puissant, son cœur se gonfla
d'orgueil, ce qui entraîna sa perte. Il fut rebelle à l'Eternel
son Dieu car il pénétra dans son temple pour offrir des
parfums sur l'autel des parfums[o]. 17 Le prêtre Azaria entra derrière lui accompagné de quatre-vingts prêtres de
l'Eternel, qui, avec courage, 18 s'opposèrent au roi Ozias et
lui dirent : Ce n'est pas à toi, Ozias, d'offrir l'encens à l'Eternel, mais c'est réservé aux prêtres, descendants d'Aaron,
qui ont été consacrés pour cela. Sors du sanctuaire, car
tu commets un acte de rébellion et, de par l'Eternel Dieu,
cet acte ne sera pas à ta gloire.
19 Alors Ozias, qui tenait un encensoir à la main, se mit
en colère contre les prêtres. Au même moment, alors qu'il
était là, dans le temple de l'Eternel, près de l'autel des
parfums, une affection de la peau apparut sur son front
en présence des prêtres. 20 Le grand-prêtre Azaria et tous
les prêtres le regardèrent et aperçurent des taches ma-
lignes sur son front. Ils l'expulsèrent immédiatement du
Temple[p], tandis que lui-même se dépêchait de sortir parce
que l'Eternel l'avait frappé.

(2 R 15.5-7)

21 Le roi Ozias resta affecté de cette maladie jusqu'au jour
de sa mort et vécut dans une maison d'isolement comme
impur, tenu à l'écart du temple de l'Eternel. Son fils Yotam
avait la charge du palais royal et gouvernait le peuple du
pays. 22 Les autres faits et gestes d'Ozias, des premiers aux
derniers, a été consigné par écrit par le prophète Esaïe,
fils d'Amots.
23 Ozias rejoignit ses ancêtres décédés et fut enterré
auprès d'eux sur un terrain de sépultures, car on disait :
« Il était atteint d'une maladie rendant impur. »
Son fils Yotam lui succéda sur le trône.

Yotam, roi de Juda

(2 R 15.33-38)

27 1 Yotam avait vingt-cinq ans à son avènement et il
régna seize ans à Jérusalem[q]. Le nom de sa mère
était Yerousha, fille de Tsadoq. 2 Il fit ce que l'Eternel considère comme juste et suivit en tout l'exemple de son père
Ozias. Toutefois, il n'entra pas dans le temple de l'Eternel.
Mais le peuple continuait à se corrompre.

n **26.14** Autre traduction : *à toute l'armée.*
o **26.16** Seuls les prêtres avaient le droit d'offrir l'encens
(Nb 3.10 ; 17.5 ; 18.7 ; 1 Ch 23.13). Peut-être Ozias voulait-il imiter les rois
païens environnants qui étaient à la fois rois et prêtres ?
p **26.20** La maladie de peau dont était affecté le roi le rendait rituellement impur, ce qui entraînait son exclusion de la communauté
(Lv 13.45-46).
q **27.1** Le règne de *Yotam*, de 750 à 732 av. J.-C., comprend une corégence
avec Ozias, de 750 à 740 av. J.-C., et avec Ahaz, de 735 à 732 av. J.-C.

he did not enter the temple of the LORD. The people, however, continued their corrupt practices. 3 Jotham rebuilt the Upper Gate of the temple of the LORD and did extensive work on the wall at the hill of Ophel. 4 He built towns in the hill country of Judah and forts and towers in the wooded areas.

5 Jotham waged war against the king of the Ammonites and conquered them. That year the Ammonites paid him a hundred talents[k] of silver, ten thousand cors[l] of wheat and ten thousand cors[m] of barley. The Ammonites brought him the same amount also in the second and third years.

6 Jotham grew powerful because he walked steadfastly before the LORD his God.

7 The other events in Jotham's reign, including all his wars and the other things he did, are written in the book of the kings of Israel and Judah. 8 He was twenty-five years old when he became king, and he reigned in Jerusalem sixteen years. 9 Jotham rested with his ancestors and was buried in the City of David. And Ahaz his son succeeded him as king.

Ahaz King of Judah

28 1 Ahaz was twenty years old when he became king, and he reigned in Jerusalem sixteen years. Unlike David his father, he did not do what was right in the eyes of the LORD. 2 He followed the ways of the kings of Israel and also made idols for worshiping the Baals. 3 He burned sacrifices in the Valley of Ben Hinnom and sacrificed his children in the fire, engaging in the detestable practices of the nations the LORD had driven out before the Israelites. 4 He offered sacrifices and burned incense at the high places, on the hilltops and under every spreading tree.

5 Therefore the LORD his God delivered him into the hands of the king of Aram. The Arameans defeated him and took many of his people as prisoners and brought them to Damascus.

He was also given into the hands of the king of Israel, who inflicted heavy casualties on him. 6 In one day Pekah son of Remaliah killed a hundred and twenty thousand soldiers in Judah – because Judah had forsaken the LORD, the God of their ancestors. 7 Zikri, an Ephraimite warrior, killed Maaseiah the king's son, Azrikam the officer in charge of the palace, and Elkanah, second to the king. 8 The men of Israel took captive from their fellow Israelites who were from Judah two hundred thousand wives, sons and daughters. They also took a great deal of plunder, which they carried back to Samaria.

9 But a prophet of the LORD named Oded was there, and he went out to meet the army when it returned to Samaria. He said to them, "Because the LORD, the God of your ancestors, was angry with Judah, he gave them into your hand. But you have slaughtered them

[k] 27:5 That is, about 3 3/4 tons or about 3.4 metric tons
[l] 27:5 That is, probably about 1,800 tons or about 1,600 metric tons of wheat
[m] 27:5 That is, probably about 1,500 tons or about 1,350 metric tons of barley

3 Yotam rebâtit la porte supérieure du temple de l'Ete
nel[r] et réalisa de grands travaux dans le rempart du cô
du quartier de l'Ophel[s]. 4 Il construisit aussi des villes da
les monts de Juda, ainsi que des fortins et des tours da
les forêts. 5 Il fit la guerre au roi des Ammonites et rer
porta la victoire sur eux, de sorte que, cette année-là
les deux suivantes, les Ammonites lui payèrent un trib
de trois tonnes et demie d'argent, quatre tonnes et dem
de blé et autant d'orge par an. 6 Yotam devint très pui
sant parce qu'il vivait dans la droiture devant l'Etern
son Dieu.

7 Les autres faits et gestes de Yotam, toutes ses guerres
toute sa conduite, sont cités dans le livre des rois d'Isra
et de Juda. 8 Il avait vingt-cinq ans à son avènement et
régna seize ans à Jérusalem. 9 Yotam rejoignit ses ancêtr
décédés et on l'enterra dans la cité de David. Son fils Ah
lui succéda sur le trône.

Ahaz, roi de Juda

(2 R 16.1-20)

28 1 Il était âgé de vingt ans à son avènement et
régna seize ans à Jérusalem[t]. Il ne fit pas ce q
l'Eternel considère comme juste, contrairement à son a
cêtre David. 2 Mais il suivit l'exemple des rois d'Israël
ordonna même de fondre des statues en l'honneur d
Baals. 3 Il offrit des parfums dans la vallée de Ben-Hinno
et fit brûler ses propres fils pour les offrir en sacrifi
aux idoles, commettant ainsi la même abomination q
les peuples étrangers que l'Eternel avait dépossédés
faveur des Israélites[u]. 4 Il offrait des sacrifices et brûla
des parfums sur les hauts lieux, sur les collines et so
chaque arbre verdoyant.
5 L'Eternel son Dieu provoqua sa défaite devant le r
de Syrie. Les Syriens le battirent et lui prirent un grar
nombre de prisonniers qu'ils emmenèrent à Damas. I
victoire sur Ahaz fut aussi accordée au roi d'Israël q
lui infligea une lourde défaite. 6 En un seul jour, Péqah
fils de Remalia, massacra en Juda cent vingt mille hon
mes, tous des guerriers valeureux, parce qu'ils avaie
abandonné l'Eternel, le Dieu de leurs ancêtres. 7 Zikri, u
guerrier d'Ephraïm, tua Maaséya, un fils du roi, Azriqar
l'intendant du palais royal, et Elqana, le bras droit du r
8 Les Israélites prirent aux Judéens, leurs compatriote
200 000 personnes, femmes, garçons et filles, ainsi qu'u
butin considérable qu'ils emportèrent à Samarie.

Les bons Samaritains

9 Là vivait un prophète de l'Eternel nommé Oded.
s'avança au-devant de l'armée d'Israël qui arrivait
Samarie et dit aux soldats : Voyez : dans sa colère cont
Juda, l'Eternel, le Dieu de vos ancêtres, vous a donné
victoire sur eux, et vous les avez massacrés avec une ra

[r] **27.3** Sans doute la *porte Neuve*, mentionnée en Jr 26.10 et 36.10, condui
sant au parvis supérieur, celui des prêtres.
[s] **27.3** Siège de la forteresse de Sion (2 S 5.7) au sud du Temple et du pala
royal, centre de la ville au temps des rois.
[t] **28.1** De 732 à 715 av. J.-C.
[u] **28.3** Sur les sacrifices d'enfants, voir Lv 20.2-5 ; Dt 12.31 ; 18.10.
[v] **28.6** Sur *Péqah*, roi d'Israël, voir 2 R 15.27-31; sur les événements men
tionnés ici, voir 2 R 16.5 ; Es 7.1.

a rage that reaches to heaven. 10 And now you intend
make the men and women of Judah and Jerusalem
our slaves. But aren't you also guilty of sins against
he LORD your God? 11 Now listen to me! Send back your
llow Israelites you have taken as prisoners, for the
ORD's fierce anger rests on you."

12 Then some of the leaders in Ephraim – Azariah son
f Jehohanan, Berekiah son of Meshillemoth, Jehizkiah
on of Shallum, and Amasa son of Hadlai – confronted
hose who were arriving from the war. 13 "You must
ot bring those prisoners here," they said, "or we will
e guilty before the LORD. Do you intend to add to our
n and guilt? For our guilt is already great, and his
erce anger rests on Israel."

14 So the soldiers gave up the prisoners and plunder
the presence of the officials and all the assembly.
The men designated by name took the prisoners,
nd from the plunder they clothed all who were na-
ed. They provided them with clothes and sandals,
ood and drink, and healing balm. All those who were
eak they put on donkeys. So they took them back to
heir fellow Israelites at Jericho, the City of Palms, and
eturned to Samaria.

16 At that time King Ahaz sent to the kings[n] of
ssyria for help. 17 The Edomites had again come and
ttacked Judah and carried away prisoners, 18 while
he Philistines had raided towns in the foothills and
the Negev of Judah. They captured and occupied
eth Shemesh, Aijalon and Gederoth, as well as Soko,
imnah and Gimzo, with their surrounding villages.
The LORD had humbled Judah because of Ahaz king
f Israel,[o] for he had promoted wickedness in Judah
nd had been most unfaithful to the LORD. 20 Tiglath-
ileser[p] king of Assyria came to him, but he gave him
ouble instead of help. 21 Ahaz took some of the things
om the temple of the LORD and from the royal palace
nd from the officials and presented them to the king
f Assyria, but that did not help him.

22 In his time of trouble King Ahaz became even
nore unfaithful to the LORD. 23 He offered sacrifices
o the gods of Damascus, who had defeated him; for
e thought, "Since the gods of the kings of Aram have
elped them, I will sacrifice to them so they will help
ne." But they were his downfall and the downfall of
ll Israel.

24 Ahaz gathered together the furnishings from
he temple of God and cut them in pieces. He shut

28:16 Most Hebrew manuscripts; one Hebrew manuscript,
eptuagint and Vulgate (see also 2 Kings 16:7) *king*
28:19 That is, Judah, as frequently in 2 Chronicles
28:20 Hebrew *Tilgath-Pilneser*, a variant of *Tiglath-Pileser*

qui est montée jusqu'au ciel. 10 Et maintenant, vous parlez
de faire de ces gens de Juda et de Jérusalem vos esclaves
et vos servantes. Mais, vous-mêmes, n'êtes-vous pas aussi
coupables envers l'Eternel, votre Dieu ? 11 Maintenant donc,
écoutez-moi ! Ces prisonniers que vous avez faits parmi vos
compatriotes, renvoyez-les chez eux, car la colère ardente
de l'Eternel repose sur vous.

12 Parmi les chefs d'Ephraïm, certains s'opposèrent
également à ceux qui revenaient de la guerre. C'étaient
Azaria, fils de Yohanân, Bérékia, fils de Meshillémoth,
Ezéchias, fils de Shalloum, et Amasa, fils de Hadlaï. 13 Ils
leur dirent : Vous n'introduirez pas ici ces prisonniers,
car vous nous rendriez coupables envers l'Eternel. Vous
voudriez encore ajouter à nos fautes et à notre culpabilité !
Notre culpabilité est déjà bien assez grande, et la colère
ardente de l'Eternel pèse sur Israël.

14 Alors les soldats relâchèrent les prisonniers et abandonnèrent le butin en présence des dirigeants et de toute
la foule. 15 Puis les hommes qui viennent d'être cités se
mirent à réconforter les captifs ; ils prélevèrent sur le butin
des habits pour vêtir tous ceux qui étaient nus ; ils leur
donnèrent aussi des sandales, les firent manger et boire,
et soignèrent les blessés en les oignant d'huile, puis ils
firent monter sur des ânes tous ceux qui ne pouvaient pas
marcher et les ramenèrent à Jéricho, la ville des palmiers,
auprès de leurs compatriotes. Ensuite, ils retournèrent à
Samarie.

Ahaz appelle les Assyriens à l'aide

16 En ce temps-là, le roi Ahaz envoya une ambassade aux
rois d'Assyrie pour leur demander de l'aide. 17 De nouveau,
les Edomites avaient envahi le royaume de Juda, avaient
battu les Judéens et emmené des captifs[w]. 18 A la même époque, les Philistins[x] firent une incursion dans les villes du
Bas-Pays occidental et du Néguev qui appartenaient à Juda.
Ils s'emparèrent de Beth-Shémesh, Ayalôn, Guedéroth,
Soko, Timna et Guimzo, ainsi que des localités dépendant
de ces trois dernières villes, puis ils s'y établirent. 19 Cela
arriva car l'Eternel humiliait le royaume de Juda à cause
d'Ahaz, le roi d'Israël, qui avait relâché tout frein dans
son royaume et s'était révolté contre l'Eternel. 20 Au lieu
de lui venir en aide, Tiglath-Piléser[y], le roi d'Assyrie, vint
attaquer Ahaz et le traita en adversaire. 21 Ahaz avait pris
une partie des biens du temple de l'Eternel, du palais royal
et des maisons de ses grands pour faire des présents au
roi d'Assyrie : cela ne lui fut d'aucune aide. 22 Même dans
sa situation désespérée[z], le roi Ahaz persista dans sa révolte contre l'Eternel : 23 il offrit des sacrifices aux dieux
de Damas, qui l'avaient vaincu, car il se dit : Puisque les
dieux des rois de Syrie viennent à leur aide, je leur offrirai,
moi aussi, des sacrifices pour qu'ils me secourent.

Mais ils ne lui servirent qu'à causer sa chute et celle
de tout Israël.

Sacrilège et idolâtrie

24 Ahaz rassembla tous les objets du temple de Dieu et les
mit en pièces. Il ferma les portes du temple de l'Eternel,

w **28.17** Les Edomites ont profité de ce que les Judéens soient occupés au nord pour s'installer au sud de Juda (2 R 16.6).
x **28.18** Soumis par Ozias (26.6-7).
y **28.20** Voir note 1 Ch 5.6.
z **28.22** A cause de l'oppression des Syriens, des Israélites, puis des Assyriens.

the doors of the LORD's temple and set up altars at every street corner in Jerusalem. 25 In every town in
Judah he built high places to burn sacrifices to other
gods and aroused the anger of the LORD, the God of
his ancestors.
26 The other events of his reign and all his ways,
from beginning to end, are written in the book of
the kings of Judah and Israel. 27 Ahaz rested with his
ancestors and was buried in the city of Jerusalem, but
he was not placed in the tombs of the kings of Israel.
And Hezekiah his son succeeded him as king.

Hezekiah Purifies the Temple

29 1 Hezekiah was twenty-five years old when
he became king, and he reigned in Jerusalem
twenty-nine years. His mother's name was Abijah
daughter of Zechariah. 2 He did what was right in the
eyes of the LORD, just as his father David had done.
3 In the first month of the first year of his reign,
he opened the doors of the temple of the LORD and
repaired them. 4 He brought in the priests and the
Levites, assembled them in the square on the east side
5 and said: "Listen to me, Levites! Consecrate yourselves now and consecrate the temple of the LORD, the
God of your ancestors. Remove all defilement from
the sanctuary. 6 Our parents were unfaithful; they did
evil in the eyes of the LORD our God and forsook him.
They turned their faces away from the LORD's dwelling
place and turned their backs on him. 7 They also shut
the doors of the portico and put out the lamps. They
did not burn incense or present any burnt offerings
at the sanctuary to the God of Israel. 8 Therefore, the
anger of the LORD has fallen on Judah and Jerusalem;
he has made them an object of dread and horror and
scorn, as you can see with your own eyes. 9 This is why
our fathers have fallen by the sword and why our sons
and daughters and our wives are in captivity. 10 Now
I intend to make a covenant with the LORD, the God
of Israel, so that his fierce anger will turn away from
us. 11 My sons, do not be negligent now, for the LORD
has chosen you to stand before him and serve him, to
minister before him and to burn incense."

12 Then these Levites set to work:
from the Kohathites:
Mahath son of Amasai and Joel son of Azariah;
from the Merarites:
Kish son of Abdi and Azariah son of Jehallelel;
from the Gershonites:
Joah son of Zimmah and Eden son of Joah;
13 from the descendants of Elizaphan:
Shimri and Jeiel;
from the descendants of Asaph:
Zechariah and Mattaniah;
14 from the descendants of Heman:
Jehiel and Shimei;
from the descendants of Jeduthun:
Shemaiah and Uzziel.

puis il se fit construire des autels à tous les coins de ru
de Jérusalem. 25 Il fit ériger des hauts lieux dans tout
les villes de Juda pour faire brûler des parfums aux fau
dieux. Il irrita ainsi l'Eternel, le Dieu de ses ancêtres. 26 L
autres faits et gestes d'Ahaz et ses agissements, des pr
miers aux derniers, sont cités dans le livre des rois de Juc
et d'Israël. 27 Il rejoignit ses ancêtres décédés, et on l'er
terra dans la ville de Jérusalem, mais non dans les tomb
des rois d'Israël. Son fils Ezéchias lui succéda sur le trôn

Le roi Ezéchias purifie le Temple

(2 R 18.2-3)

29 1 Ezéchias était âgé de vingt-cinq ans lorsqu'
commença à régner et il régna vingt-neuf ar
à Jérusalem[a]. Sa mère s'appelait Abiya, elle était fille d
Zacharie. 2 Il fit ce que l'Eternel considère comme juste, e
tout point comme l'avait fait son ancêtre David.
3 Au premier mois de la première année de son règne,
rouvrit les portes du temple de l'Eternel et les fit remettr
en état[b]. 4 Il convoqua les prêtres et les lévites et les réun
sur la place orientale.
5 Il leur dit : Ecoutez-moi, lévites ! Maintenant, rer
dez-vous rituellement purs, puis purifiez le temple d
l'Eternel, le Dieu de vos ancêtres. Faites disparaître d
sanctuaire tout ce qui le souille. 6 Car nos pères ont ét
infidèles, ils ont fait ce que l'Eternel notre Dieu considè
comme mal, ils l'ont abandonné, ils ont délaissé la demeur
de l'Eternel et lui ont tourné le dos. 7 Ils ont même fermé l
portes du portique, ils ont éteint les lampes, ils ont cess
d'offrir au Dieu d'Israël les parfums et les holocaustes dar
le sanctuaire. 8 Aussi, l'Eternel s'est mis en colère contr
Juda et Jérusalem et a fait de notre peuple un exempl
terrifiant et un sujet de raillerie, et de notre pays un
étendue désolée, comme vous le constatez vous-même
9 Car nos pères sont tombés par l'épée, nos fils, nos filles e
nos femmes ont été emmenés en captivité à cause de cel
10 C'est pourquoi j'ai décidé de conclure une alliance ave
l'Eternel, le Dieu d'Israël, pour qu'il détourne de nous so
ardente colère. 11 Maintenant, mes amis, ne vous dérobe
pas, car c'est vous que l'Eternel a choisis pour vous ten
devant lui, à son service, pour célébrer son culte et brûle
des parfums en son honneur.
12 Alors les lévites suivants se mirent à l'œuvre : Mahat
fils d'Amasaï, Joël, fils d'Azaria, de la lignée des Qehatites
de la lignée de Merari ce furent Qish, fils d'Abdi, et Azari
fils de Yehalléléel ; parmi les Guershonites : Yoah, fils d
Zimma, et Eden, fils de Yoah ; 13 de la lignée d'Elitsaphân
Shimri et Yeïel ; de la lignée d'Asaph : Zacharie et Mattani
14 De la lignée de Hémân : Yehiel et Shimeï et de celle d
Yedoutoun : Shemaya et Ouzziel.

[a] **29.1** Soit de 715 à 686 av. J.-C., soit plutôt de 728 à 698 av. J.-C., avec un temps de corégence avec son père Ahaz jusqu'en 715.

[b] **29.3** Nécessaire après les déprédations d'Ahaz (28.24). La réparation des portes impliquait l'apposition de plaques d'or (2 R 18.16).

[15]When they had assembled their fellow Levites ıd consecrated themselves, they went in to purify ıe temple of the LORD, as the king had ordered, folwing the word of the LORD. [16]The priests went into ıe sanctuary of the LORD to purify it. They brought ıt to the courtyard of the LORD's temple everything ıclean that they found in the temple of the LORD. The ɜvites took it and carried it out to the Kidron Valley. They began the consecration on the first day of the rst month, and by the eighth day of the month they ɜached the portico of the LORD. For eight more days ıey consecrated the temple of the LORD itself, finishıg on the sixteenth day of the first month.

[18]Then they went in to King Hezekiah and reported: Ve have purified the entire temple of the LORD, the ltar of burnt offering with all its utensils, and the ıble for setting out the consecrated bread, with all s articles. [19]We have prepared and consecrated all ıe articles that King Ahaz removed in his unfaithılness while he was king. They are now in front of ıe LORD's altar."

[20]Early the next morning King Hezekiah gathered ıe city officials together and went up to the temple f the LORD. [21]They brought seven bulls, seven rams, ɜven male lambs and seven male goats as a sin offerıg[q] for the kingdom, for the sanctuary and for Judah. ıe king commanded the priests, the descendants of aron, to offer these on the altar of the LORD. [22]So they aughtered the bulls, and the priests took the blood ıd splashed it against the altar; next they slaughɜred the rams and splashed their blood against the ltar; then they slaughtered the lambs and splashed ıeir blood against the altar. [23]The goats for the sin ffering were brought before the king and the assemy, and they laid their hands on them. [24]The priests ıen slaughtered the goats and presented their blood ı the altar for a sin offering to atone for all Israel, ecause the king had ordered the burnt offering and ıe sin offering for all Israel.

[25]He stationed the Levites in the temple of the LORD ith cymbals, harps and lyres in the way prescribed y David and Gad the king's seer and Nathan the rophet; this was commanded by the LORD through is prophets. [26]So the Levites stood ready with David's ıstruments, and the priests with their trumpets.

[27]Hezekiah gave the order to sacrifice the burnt ffering on the altar. As the offering began, singing to ıe LORD began also, accompanied by trumpets and the ıstruments of David king of Israel. [28]The whole asɜmbly bowed in worship, while the musicians played ıd the trumpets sounded. All this continued until ıe sacrifice of the burnt offering was completed.

[29]When the offerings were finished, the king and veryone present with him knelt down and worshiped. King Hezekiah and his officials ordered the Levites ɔ praise the LORD with the words of David and of saph the seer. So they sang praises with gladness ıd bowed down and worshiped.

[31]Then Hezekiah said, "You have now dedicated ourselves to the LORD. Come and bring sacrifices and

29:21 Or *purification offering*; also in verses 23 and 24

[15]Ils rassemblèrent les membres de leurs familles respectives et, après s'être rendus rituellement purs, ils allèrent entreprendre la purification du temple de l'Eternel, comme le roi le leur avait ordonné et conformément aux paroles de l'Eternel. [16]Les prêtres entrèrent à l'intérieur du temple de l'Eternel pour le purifier, ils jetèrent dans la cour tous les objets impurs qu'ils y trouvèrent. Les lévites les ramassèrent pour les emporter dehors dans la vallée du Cédron. [17]Ils commencèrent cette purification le premier jour du premier mois et, le huitième jour du mois, ils en arrivèrent au portique du Temple. Ils mirent huit jours à purifier le temple de l'Eternel. Le seizième jour du premier mois, le travail était terminé.

[18]Alors ils se rendirent chez le roi Ezéchias et lui dirent : Nous avons purifié tout le temple de l'Eternel, l'autel des holocaustes, tous ses accessoires, et la table des pains exposés devant Dieu avec tous ses accessoires. [19]Nous avons préparé et purifié tous les objets que, dans sa rébellion contre l'Eternel, le roi Ahaz avait profanés pendant son règne : ils sont devant l'autel de l'Eternel.

La reconsécration du Temple

[20]Le lendemain, le roi Ezéchias se leva de grand matin. Il rassembla les dirigeants de la ville et monta au temple de l'Eternel. [21]On amena sept taureaux, sept béliers, sept agneaux, ainsi que sept boucs en sacrifice pour le péché, pour le royaume, pour le sanctuaire et pour Juda. Le roi ordonna aux prêtres, de la lignée d'Aaron, de les offrir sur l'autel de l'Eternel. [22]Les prêtres égorgèrent le gros bétail, recueillirent le sang des victimes et le répandirent sur l'autel. Ils égorgèrent de même les béliers et en répandirent le sang sur l'autel. Ils égorgèrent les agneaux et en répandirent le sang sur l'autel[c]. [23]Ensuite on fit approcher les boucs destinés au sacrifice pour le péché devant le roi et devant l'assemblée. Ceux-ci posèrent leurs mains sur eux. [24]Les prêtres les égorgèrent et en répandirent le sang sur l'autel pour l'offrir en sacrifice pour le péché, et accomplir ainsi le rite d'expiation pour tout Israël. Car le roi avait précisé que l'holocauste et le sacrifice pour le péché devaient être offerts pour tout Israël. [25]Il fit placer les lévites dans la cour du temple de l'Eternel avec des cymbales, des luths et des lyres, selon la règle fixée par David, par Gad, le prophète du roi, et par le prophète Nathan, car c'était un commandement de l'Eternel transmis par l'intermédiaire de ses prophètes. [26]Les lévites prirent place avec les instruments de musique de David, et les prêtres tenaient à la main les trompettes. [27]Ezéchias ordonna d'offrir l'holocauste sur l'autel ; et, au moment où commença l'holocauste, retentit aussi le chant en l'honneur de l'Eternel accompagné des trompettes et des instruments de David, roi d'Israël. [28]Toute l'assemblée se prosterna, le chœur chanta et les trompettes résonnèrent jusqu'à ce qu'on ait terminé d'offrir l'holocauste. [29]Quand le sacrifice fut terminé, le roi et tous ceux qui étaient avec lui s'inclinèrent et se prosternèrent. [30]Puis le roi et les dirigeants dirent aux lévites de louer l'Eternel avec les paroles composées par David et le prophète Asaph. Ils se répandirent en joyeuses louanges, puis ils s'inclinèrent et se prosternèrent.

[31]Alors Ezéchias reprit la parole et dit : Maintenant que vous avez été reconsacrés à l'Eternel, approchez-vous,

c 29.22 Selon l'ordre de Lv 1.3-5.

thank offerings to the temple of the LORD." So the assembly brought sacrifices and thank offerings, and all whose hearts were willing brought burnt offerings.

32 The number of burnt offerings the assembly brought was seventy bulls, a hundred rams and two hundred male lambs – all of them for burnt offerings to the LORD. 33 The animals consecrated as sacrifices amounted to six hundred bulls and three thousand sheep and goats. 34 The priests, however, were too few to skin all the burnt offerings; so their relatives the Levites helped them until the task was finished and until other priests had been consecrated, for the Levites had been more conscientious in consecrating themselves than the priests had been. 35 There were burnt offerings in abundance, together with the fat of the fellowship offerings and the drink offerings that accompanied the burnt offerings.

So the service of the temple of the LORD was reestablished. 36 Hezekiah and all the people rejoiced at what God had brought about for his people, because it was done so quickly.

Hezekiah Celebrates the Passover

30 1 Hezekiah sent word to all Israel and Judah and also wrote letters to Ephraim and Manasseh, inviting them to come to the temple of the LORD in Jerusalem and celebrate the Passover to the LORD, the God of Israel. 2 The king and his officials and the whole assembly in Jerusalem decided to celebrate the Passover in the second month. 3 They had not been able to celebrate it at the regular time because not enough priests had consecrated themselves and the people had not assembled in Jerusalem. 4 The plan seemed right both to the king and to the whole assembly. 5 They decided to send a proclamation throughout Israel, from Beersheba to Dan, calling the people to come to Jerusalem and celebrate the Passover to the LORD, the God of Israel. It had not been celebrated in large numbers according to what was written.

6 At the king's command, couriers went throughout Israel and Judah with letters from the king and from his officials, which read:

"People of Israel, return to the LORD, the God of Abraham, Isaac and Israel, that he may return to you who are left, who have escaped from the hand of the kings of Assyria. 7 Do not be like your parents and your fellow Israelites, who were unfaithful to the LORD, the God of their ancestors, so that he

amenez les victimes des sacrifices et les offrandes de r connaissance au temple de l'Eternel.

L'assemblée amena des victimes pour offrir des sacrific et des offrandes de louange, et tous ceux dont le cœur éta généreux offrirent des holocaustes[d]. 32 L'assemblée offr ainsi en holocauste à l'Eternel soixante-dix taureaux bœufs, cent béliers et deux cents agneaux. 33 On consac en outre six cents bovins et trois mille moutons. 34 Ma les prêtres étaient trop peu nombreux pour dépecer to ces animaux. Leurs frères les lévites les aidèrent[e] jusqu ce que ce travail soit terminé et jusqu'à ce que les autr prêtres se soient tous rendus rituellement purs, car il fa dire que les lévites avaient mis plus d'empressement se purifier que les prêtres. 35 En plus de nombreux hol caustes, il fallait encore brûler la graisse des sacrific de communion et répandre les coupes de vin accompa nant les holocaustes. Ainsi fut rétabli le culte au temp de l'Eternel. 36 Ezéchias et tout le peuple se réjouirent d la manière dont Dieu avait dirigé les choses, car tout ce s'était fait très rapidement.

Les préparatifs de la Pâque

30 1 Ezéchias envoya des messagers dans tout Isra et Juda, et écrivit même des lettres à Ephraï et Manassé[f], pour les inviter à venir au temple de l'Ete nel à Jérusalem afin de célébrer la Pâque en l'honneur d l'Eternel, le Dieu d'Israël. 2 Le roi, ses ministres et toute communauté avaient tenu conseil à Jérusalem et ils avaie convenu de célébrer la Pâque au second mois de l'année 3 Ils n'avaient pas pu la célébrer à la date prescrite, car il n avait pas suffisamment de prêtres qui se soient purifiés le peuple ne s'était pas rassemblé à Jérusalem. 4 Ce proj parut bon au roi et à toute l'assemblée 5 et, comme bea coup d'Israélites ne célébraient plus la Pâque selon ce q est écrit, ils décidèrent de faire une annonce dans to Israël depuis Beer-Sheva jusqu'à Dan pour inviter tout monde à se rendre à Jérusalem afin de célébrer la Pâqu en l'honneur de l'Eternel, le Dieu d'Israël.

6 Les coureurs s'en allèrent dans tout Israël et Juda port les lettres signées par le roi et ses ministres. Le roi le avait ordonné de proclamer : Israélites, revenez à l'Ete nel, le Dieu d'Abraham, d'Isaac et d'Israël, et il reviend à vous, vous, les rescapés, qui avez échappé à l'empris du roi d'Assyrie[h].

7 N'imitez pas vos pères et vos frères qui ont été infidèl à l'Eternel, le Dieu de leurs ancêtres. C'est pour cela q Dieu a fait venir la dévastation sur leur pays comme vo

[d] 29.31 Dans l'holocauste, l'animal était presque entièrement brûlé sur l'autel : rien ne revenait à l'adorateur. D'où la mention de la *générosité* d donateur.

[e] 29.34 Les holocaustes pouvaient normalement être préparés et offert seulement par les prêtres, mais dans ce cas exceptionnel, les lévites les aidèrent.

[f] 30.1 Principales tribus du royaume du Nord qu'elles représentent. Ces messagers furent envoyés dans tout Israël.

[g] 30.2 Selon la Loi, la Pâque devait être célébrée le 14e jour du premier mois (Nisân ; Ex 12.1-12). Mais si quelqu'un était impur ce jour-là, il pouvait la fêter le second mois (Nb 9.2, 3, 10-11). Ici, un nombre insuffisant de prêtres était en état de pureté rituelle et le peuple n'avait pas eu le temps de venir à Jérusalem (v. 3). D'autre part, ce report a peut-être également été motivé par la volonté de donner le temps aux émissaires du roi de parcourir le territoire des tribus du Nord et aux Israélites qui subsistaient de se rendre à Jérusalem.

[h] 30.6 Allusion à la déportation d'une partie des Israélites par Sargon e 722 av. J.-C. (voir 2 R 17.5-41).

made them an object of horror, as you see. 8 Do not be stiff-necked, as your ancestors were; submit to the LORD. Come to his sanctuary, which he has consecrated forever. Serve the LORD your God, so that his fierce anger will turn away from you. 9 If you return to the LORD, then your fellow Israelites and your children will be shown compassion by their captors and will return to this land, for the LORD your God is gracious and compassionate. He will not turn his face from you if you return to him."

10 The couriers went from town to town in Ephraim ıd Manasseh, as far as Zebulun, but people scorned ıd ridiculed them. 11 Nevertheless, some from Asher, anasseh and Zebulun humbled themselves and went Jerusalem. 12 Also in Judah the hand of God was on e people to give them unity of mind to carry out hat the king and his officials had ordered, following e word of the LORD.

13 A very large crowd of people assembled in rusalem to celebrate the Festival of Unleavened read in the second month. 14 They removed the altars Jerusalem and cleared away the incense altars and rew them into the Kidron Valley.

15 They slaughtered the Passover lamb on the fourenth day of the second month. The priests and the evites were ashamed and consecrated themselves ıd brought burnt offerings to the temple of the RD. 16 Then they took up their regular positions as rescribed in the Law of Moses the man of God. The riests splashed against the altar the blood handed to em by the Levites. 17 Since many in the crowd had ot consecrated themselves, the Levites had to kill e Passover lambs for all those who were not ceremonially clean and could not consecrate their lambs[r] the LORD. 18 Although most of the many people who me from Ephraim, Manasseh, Issachar and Zebulun ad not purified themselves, yet they ate the Passover, ontrary to what was written. But Hezekiah prayed r them, saying, "May the LORD, who is good, pardon veryone 19 who sets their heart on seeking God – the RD, the God of their ancestors – even if they are not ean according to the rules of the sanctuary." 20 And e LORD heard Hezekiah and healed the people.

21 The Israelites who were present in Jerusalem elebrated the Festival of Unleavened Bread for sev-ı days with great rejoicing, while the Levites and riests praised the LORD every day with resounding struments dedicated to the LORD.[s]

22 Hezekiah spoke encouragingly to all the Levites, ho showed good understanding of the service of e LORD. For the seven days they ate their assigned ortion and offered fellowship offerings and praised[t] e LORD, the God of their ancestors.

0:17 Or *consecrate themselves*
0:21 Or *priests sang to the LORD every day, accompanied by the LORD's struments of praise*
0:22 Or *and confessed their sins to*

le constatez. 8 Maintenant, ne soyez donc pas rebelles comme vos ancêtres, engagez-vous solennellement envers l'Eternel, revenez à son sanctuaire qu'il a consacré pour toujours ! Servez l'Eternel, votre Dieu, pour que sa colère ardente se détourne de vous ! 9 Si vous revenez vraiment à l'Eternel, vos compatriotes et vos fils qui ont été déportés trouveront de la compassion auprès de leurs conquérants qui les laisseront revenir dans ce pays ; car l'Eternel est plein de compassion et de grâce, et si vous revenez à lui, il ne vous rejettera pas.

10 Les coureurs passèrent ainsi de ville en ville dans le territoire d'Ephraïm et de Manassé. Ils poussèrent au nord jusqu'au territoire de Zabulon[i]. Mais on se moquait d'eux et on les tournait en dérision. 11 Cependant, quelques membres des tribus d'Aser, de Manassé et de Zabulon s'humilièrent et se rendirent à Jérusalem. 12 Au pays de Juda, Dieu agit puissamment sur la population et la rendit unanime pour obéir à l'ordre du roi et des ministres qui était conforme à la parole de l'Eternel.

Une Pâque mémorable

13 Un peuple nombreux afflua donc à Jérusalem pour célébrer la fête des Pains sans levain au second mois. Ils formèrent une immense assemblée. 14 Ils se mirent à détruire les autels qui se trouvaient dans la ville et ils firent disparaître tous les encensoirs en les jetant dans le ravin du Cédron. 15 Puis on immola les agneaux pour la Pâque le quatorzième jour du second mois. Les prêtres et les lévites, saisis de honte, s'étaient purifiés et ils offrirent des holocaustes dans le temple de l'Eternel. 16 Chacun prit son poste attitré comme le prescrit la Loi de Moïse, homme de Dieu. Les lévites remettaient le sang des sacrifices aux prêtres qui le répandaient sur l'autel. 17 Comme il y avait dans l'assemblée beaucoup de gens qui ne s'étaient pas purifiés rituellement, les lévites eurent à immoler les agneaux de la Pâque[j] pour toutes ces personnes qui n'étaient pas rituellement pures et donc aptes à accomplir ce geste cultuel pour le Seigneur. 18 Beaucoup de gens, en effet, et surtout parmi ceux qui étaient venus d'Ephraïm, de Manassé, d'Issacar et de Zabulon, n'avaient pas accompli les rites de purification ; mais ils mangèrent quand même l'agneau de la Pâque, contrairement à ce qui est écrit. C'est pourquoi Ezéchias pria pour eux en ces termes : Eternel, toi qui es bon, veuille pardonner 19 à tous ceux qui se sont efforcés de tout leur cœur de se tourner vers Dieu, l'Eternel, le Dieu de leurs ancêtres, même s'ils ne se sont pas purifiés comme cela est requis pour un acte cultuel.

20 L'Eternel écouta la prière d'Ezéchias et il laissa le peuple indemne. 21 Ainsi les Israélites qui se trouvaient présents à Jérusalem célébrèrent la fête des Pains sans levain pendant sept jours et dans une grande joie. Chaque jour, les lévites et les prêtres chantèrent les louanges de l'Eternel en faisant retentir leurs instruments avec force en son honneur. 22 Ezéchias adressa des encouragements à tous les lévites qui avaient fait preuve de considération envers l'Eternel.

Pendant les sept jours de la fête, ils mangèrent la viande des sacrifices, offrirent des sacrifices de communion, et célébrèrent l'Eternel, le Dieu de leurs ancêtres.

i **30.10** C'est-à-dire dans les territoires des tribus du Nord. Au-delà de Zabulon, les territoires étaient sous la domination du roi d'Assyrie.
j **30.17** Normalement, c'était le chef de famille qui devait immoler l'agneau pascal (Ex 12.3-6 ; Dt 16.1-6).

23 The whole assembly then agreed to celebrate the festival seven more days; so for another seven days they celebrated joyfully. 24 Hezekiah king of Judah provided a thousand bulls and seven thousand sheep and goats for the assembly, and the officials provided them with a thousand bulls and ten thousand sheep and goats. A great number of priests consecrated themselves. 25 The entire assembly of Judah rejoiced, along with the priests and Levites and all who had assembled from Israel, including the foreigners who had come from Israel and also those who resided in Judah. 26 There was great joy in Jerusalem, for since the days of Solomon son of David king of Israel there had been nothing like this in Jerusalem. 27 The priests and the Levites stood to bless the people, and God heard them, for their prayer reached heaven, his holy dwelling place.

31 1 When all this had ended, the Israelites who were there went out to the towns of Judah, smashed the sacred stones and cut down the Asherah poles. They destroyed the high places and the altars throughout Judah and Benjamin and in Ephraim and Manasseh. After they had destroyed all of them, the Israelites returned to their own towns and to their own property.

Contributions for Worship

2 Hezekiah assigned the priests and Levites to divisions – each of them according to their duties as priests or Levites – to offer burnt offerings and fellowship offerings, to minister, to give thanks and to sing praises at the gates of the LORD's dwelling. 3 The king contributed from his own possessions for the morning and evening burnt offerings and for the burnt offerings on the Sabbaths, at the New Moons and at the appointed festivals as written in the Law of the LORD. 4 He ordered the people living in Jerusalem to give the portion due the priests and Levites so they could devote themselves to the Law of the LORD. 5 As soon as the order went out, the Israelites generously gave the firstfruits of their grain, new wine, olive oil and honey and all that the fields produced. They brought a great amount, a tithe of everything. 6 The people of Israel and Judah who lived in the towns of Judah also brought a tithe of their herds and flocks and a tithe of the holy things dedicated to the LORD their God, and they piled them in heaps. 7 They began doing this in the third month and finished in the seventh month. 8 When Hezekiah and his officials came and saw the heaps, they praised the LORD and blessed his people Israel.

9 Hezekiah asked the priests and Levites about the heaps; 10 and Azariah the chief priest, from the family of Zadok, answered, "Since the people began to bring their contributions to the temple of the LORD, we have had enough to eat and plenty to spare, because the LORD has blessed his people, and this great amount is left over."

23 Toute l'assemblée décida de prolonger la fête de se jours, et ces sept jours supplémentaires furent célébr dans la joie, 24 car Ezéchias, roi de Juda, avait donné pour ravitaillement de l'assemblée mille taureaux et sept mi moutons, et les ministres avaient offert mille taureaux dix mille moutons. De nombreux prêtres s'étaient rit ellement purifiés[k]. 25 Toute l'assemblée, Judéens, prêtr et lévites, tous ceux qui étaient venus d'Israël, ainsi q les immigrés venus d'Israël ou habitant dans le roya me de Juda, tous étaient dans la joie. 26 Une grande jo régnait dans toute la ville de Jérusalem. Depuis l'époq de Salomon, fils de David, roi d'Israël, rien de semblab ne s'était produit dans la ville. 27 Finalement, les prêtre lévites se levèrent pour bénir le peuple. Leur voix f entendue et leur prière parvint jusqu'à sa sainte demeu dans le ciel.

Ezéchias réorganise le service du Temple

31 1 Lorsque toute la fête fut terminée, tous l Israélites qui se trouvaient là partirent pour l villes de Juda et brisèrent les stèles des idoles, abattire les pieux sacrés d'Ashéra et démolirent les hauts lieux les autels dans tout Juda et Benjamin, ainsi que dans l territoires d'Ephraïm et de Manassé, jusqu'à ce qu'il n' reste plus. Puis tous les Israélites retournèrent dans leu villes, chacun dans sa propriété.

2 Ezéchias rétablit l'organisation des prêtres et d lévites d'après leurs classes. Dans ces classes, il assig à chacun sa fonction propre ; les prêtres et les lévit devaient s'occuper des holocaustes et des sacrifices communion, du service, du chant des cantiques de louan et de remerciement aux portes de la demeure de l'Etern 3 Le roi réserva une part de ses biens pour les holocaust du matin et du soir et pour ceux des sabbats, des nouvell lunes et des autres fêtes, selon ce qui est écrit dans la L de l'Eternel[l]. 4 D'autre part, il ordonna à la population Jérusalem de donner la part des prêtres et des lévites, af qu'ils puissent se consacrer aux tâches que leur prescr la Loi de l'Eternel[m]. 5 Dès que cet ordre eut été publié, l Israélites apportèrent en grandes quantités les premièr récoltes de blé, de vin nouveau, d'huile, de miel et de to les produits agricoles. Ils apportèrent aussi la dîme de to en abondance. 6 Les Israélites et les Judéens qui habitaie dans les villes de Juda apportèrent eux aussi la dîme gros bétail, des moutons et des chèvres, ainsi que cel des offrandes saintes qui étaient consacrées à l'Etern leur Dieu. On fit des tas considérables des divers produit 7 Cette accumulation, commencée en mai-juin, ne p fin qu'en septembre-octobre. 8 Ezéchias et les ministr vinrent voir tout ce qui avait été apporté, et ils bénire l'Eternel et son peuple d'Israël. 9 Ezéchias s'enquit au s jet de ces dons auprès des prêtres et des lévites. 10 Alo le grand-prêtre Azaria, un descendant de Tsadoq, l répondit : Depuis que le peuple a commencé d'apporter contribution au temple de l'Eternel, nous avons eu de qu manger à satiété, et il en reste énormément, car l'Etern a béni le peuple. Ce qui est entassé ici, c'est le surplus.

k 30.24 Pour pouvoir accomplir leur service et pour ne plus se trouver dans le cas signalé en 29.34.
l 31.3 Sur les *sacrifices*, voir Nb 28 et 29.
m 31.4 Pour les v. 4-5, voir Nb 18.12-13, 21.

11 Hezekiah gave orders to prepare storerooms in ıe temple of the Lord, and this was done. 12 Then ıey faithfully brought in the contributions, tithes ıd dedicated gifts. Konaniah, a Levite, was the ·erseer in charge of these things, and his brother ıimei was next in rank. 13 Jehiel, Azaziah, Nahath, sahel, Jerimoth, Jozabad, Eliel, Ismakiah, Mahath ıd Benaiah were assistants of Konaniah and Shimei ıs brother. All these served by appointment of King ezekiah and Azariah the official in charge of the mple of God.

14 Kore son of Imnah the Levite, keeper of the East ate, was in charge of the freewill offerings given God, distributing the contributions made to the rd and also the consecrated gifts. 15 Eden, Miniamin, shua, Shemaiah, Amariah and Shekaniah assisted m faithfully in the towns of the priests, distributing their fellow priests according to their divisions, old ıd young alike.

16 In addition, they distributed to the males three ars old or more whose names were in the genea- gical records – all who would enter the temple of ıe Lord to perform the daily duties of their various sks, according to their responsibilities and their visions. 17 And they distributed to the priests en- lled by their families in the genealogical records ıd likewise to the Levites twenty years old or more, cording to their responsibilities and their divisions. They included all the little ones, the wives, and the ns and daughters of the whole community listed in ese genealogical records. For they were faithful in nsecrating themselves.

19 As for the priests, the descendants of Aaron, who ved on the farm lands around their towns or in any her towns, men were designated by name to dis- ibute portions to every male among them and to all ho were recorded in the genealogies of the Levites.

20 This is what Hezekiah did throughout Judah, do- g what was good and right and faithful before the rd his God. 21 In everything that he undertook in the rvice of God's temple and in obedience to the law ıd the commands, he sought his God and worked holeheartedly. And so he prospered.

ennacherib Threatens Jerusalem

32 1 After all that Hezekiah had so faithfully done, Sennacherib king of Assyria came ıd invaded Judah. He laid siege to the fortified cit- s, thinking to conquer them for himself. 2 When ezekiah saw that Sennacherib had come and that intended to wage war against Jerusalem, 3 he nsulted with his officials and military staff about ocking off the water from the springs outside the ty, and they helped him. 4 They gathered a large oup of people who blocked all the springs and the ream that flowed through the land. "Why should e kings[u] of Assyria come and find plenty of water?" ey said. 5 Then he worked hard repairing all the bro-

32:4 Hebrew; Septuagint and Syriac *king*

11 Ezéchias donna l'ordre d'aménager des entrepôts dans le temple de l'Eternel. Quand ils furent prêts, 12 on y déposa fidèlement les contributions du peuple, les dîmes et les autres offrandes saintes. Le lévite Konania s'en vit confier la responsabilité. Il était secondé par son frère Shimeï.

13 Sous leur direction, Yehiel, Azazia, Nahath, Asaël, Yerimoth, Yozabad, Eliel, Yismakia, Mahath et Benaya assuraient la supervision des opérations par décision du roi Ezéchias et d'Azaria, le surintendant du temple de Dieu. 14 Le lévite Qoré, fils de Yimna, qui était gardien de la porte orientale, fut chargé de recevoir les dons volontaires faits à Dieu et de répartir les contributions apportées pour l'Eter- nel et les offrandes très saintes. 15 Il avait sous ses ordres des lévites dans les villes sacerdotales. C'étaient Eden, Minyamîn, Josué, Shemaya, Amaria et Shekania. Ils étaient chargés de distribuer consciencieusement les vivres à leurs collègues selon leurs classes, sans faire de différences entre ceux de rang important et ceux de rang moins im- portant. 16 Ils accordaient des parts, non seulement à tous les hommes enregistrés depuis l'âge de trois ans sur les listes du recensement sacerdotal, mais encore à tous ceux qui accomplissaient jour par jour les tâches relatives à leur service, selon leur classe, dans le temple de l'Eternel. 17 Les prêtres furent enregistrés d'après leurs groupes familiaux, tandis que les lévites de vingt ans et plus étaient inscrits d'après leur service et leur classe. 18 Ils étaient enregistrés avec leurs enfants, leurs femmes, leurs fils et leurs filles et cela était le cas pour toute la communauté des prêtres et des lévites, parce qu'ils s'acquittaient fidèlement des rites de purification pour être saints. 19 Quant aux prêtres descendants d'Aaron, qui demeuraient à la campagne dans les alentours des villes sacerdotales, certains d'entre eux furent désignés nommément dans chaque localité pour assurer la distribution des vivres à tous les hommes parmi les prêtres et à tous les lévites enregistrés.

(2 R 18.5-7)

20 C'est ainsi qu'Ezéchias agit dans tout le pays de Juda. Il fit ce qui est bien, juste et fidèle devant l'Eternel son Dieu. 21 Pour tout ce qu'il entreprit, qu'il s'agisse du service du temple de Dieu ou de l'obéissance à la Loi et aux comman- dements, il chercha à plaire à son Dieu de tout son cœur, et tout lui réussit.

La menace assyrienne

32 1 Après ces événements qui démontrèrent la fidélité d'Ezéchias envers Dieu, Sennachérib, roi d'Assyrie, vint envahir le territoire de Juda. Il assiégea les villes fortifiées et ordonna d'en forcer les remparts[n]. 2 Ezéchias, voyant que Sennachérib était venu avec l'inten- tion d'attaquer Jérusalem, 3 tint conseil avec ses ministres et ses officiers pour faire obturer les sources d'eau situées en dehors de la ville. Tous l'aidèrent 4 et beaucoup de gens se rassemblèrent. Ils bouchèrent toutes les sources, y com- pris celle dont l'eau s'écoulait par un canal souterrain[o]. « Pourquoi, disaient-ils, les rois d'Assyrie trouveraient-ils à leur arrivée de l'eau en abondance ? » 5 Ensuite, Ezéchias

n **32.1** Autre traduction : *avec l'intention de s'en emparer.*

o **32.4** Primitivement, les eaux de la source de Guihôn s'écoulaient vers le Cédron. Pour empêcher les assiégeants de trouver de l'eau pour leurs besoins, Ezéchias fit obstruer l'écoulement extérieur et capta les eaux pour les amener par *un canal souterrain* à l'intérieur de la ville où elles ravitaillaient les assiégés en eau potable (voir 2 R 20.20).

ken sections of the wall and building towers on it. He built another wall outside that one and reinforced the terraces[v] of the City of David. He also made large numbers of weapons and shields.

[6]He appointed military officers over the people and assembled them before him in the square at the city gate and encouraged them with these words: [7]"Be strong and courageous. Do not be afraid or discouraged because of the king of Assyria and the vast army with him, for there is a greater power with us than with him. [8]With him is only the arm of flesh, but with us is the LORD our God to help us and to fight our battles." And the people gained confidence from what Hezekiah the king of Judah said.

[9]Later, when Sennacherib king of Assyria and all his forces were laying siege to Lachish, he sent his officers to Jerusalem with this message for Hezekiah king of Judah and for all the people of Judah who were there:

[10]"This is what Sennacherib king of Assyria says: On what are you basing your confidence, that you remain in Jerusalem under siege? [11]When Hezekiah says, 'The LORD our God will save us from the hand of the king of Assyria,' he is misleading you, to let you die of hunger and thirst. [12]Did not Hezekiah himself remove this god's high places and altars, saying to Judah and Jerusalem, 'You must worship before one altar and burn sacrifices on it'?

[13]"Do you not know what I and my predecessors have done to all the peoples of the other lands? Were the gods of those nations ever able to deliver their land from my hand? [14]Who of all the gods of these nations that my predecessors destroyed has been able to save his people from me? How then can your god deliver you from my hand? [15]Now do not let Hezekiah deceive you and mislead you like this. Do not believe him, for no god of any nation or kingdom has been able to deliver his people from my hand or the hand of my predecessors. How much less will your god deliver you from my hand!"

[16]Sennacherib's officers spoke further against the LORD God and against his servant Hezekiah. [17]The king also wrote letters ridiculing the LORD, the God of Israel, and saying this against him: "Just as the gods of the peoples of the other lands did not rescue their people from my hand, so the god of Hezekiah will not rescue his people from my hand." [18]Then they called out in Hebrew to the people of Jerusalem who were on the wall, to terrify them and make them afraid in order to capture the city. [19]They spoke about the God of Jerusalem as they did about the gods of the other peoples of the world – the work of human hands.

se mit courageusement à reconstruire toute la murail
de la ville là où elle avait des brèches et il suréleva le
tours. Il la doubla d'une seconde muraille à l'extérieu
renforça les terrasses aménagées pour les cultures dar
la cité de David. Il fit aussi fabriquer une grande quanti
d'armes et de boucliers. [6]Enfin, il établit des chefs mil
taires sur l'armée, puis il les rassembla autour de lui su
la place près de la porte de la ville pour les encourage
Il leur dit : [7]Soyez forts et prenez courage ! Soyez san
crainte, ne vous laissez pas effrayer par le roi d'Assyr
et les troupes nombreuses qui l'accompagnent ; car nou
avons avec nous quelqu'un de plus puissant que lui. [8]Ce r
n'a avec lui qu'une force humaine, mais nous, nous avon
avec nous l'Eternel notre Dieu. Il viendra à notre secou
et il combattra pour nous.

Alors toute la population fit confiance aux paroles d'Ez
chias, roi de Juda.

Le défi

(2 R 18.17-35)

[9]Après cela, Sennachérib, roi d'Assyrie, envoya une dél
gation à Jérusalem vers Ezéchias, roi de Juda, et vers tou
ceux de Juda qui étaient dans Jérusalem pendant qu'
était lui-même devant Lakish avec toutes ses forces. Il le
fit dire[p] : [10]Voici ce que déclare Sennachérib, roi d'Ass
rie : En quoi placez-vous votre confiance, pour que vou
restiez ainsi enfermés dans la forteresse de Jérusalem
[11]Ne voyez-vous pas qu'Ezéchias vous trompe pour vou
faire mourir de faim et de soif quand il dit : « L'Eterne
notre Dieu, nous délivrera du roi d'Assyrie ? » [12]N'est-c
pas précisément ce Dieu dont Ezéchias a fait disparaît
les hauts lieux et les autels, en disant aux habitants de Juc
et de Jérusalem de rendre leur culte uniquement devan
un seul autel et d'y brûler des parfums ? [13]Ne savez-vou
pas ce que nous avons fait, moi et mes ancêtres, à tous l
peuples des autres pays ? Leurs dieux ont-ils pu délivr
leur pays de mon emprise ? [14]De tous les dieux de ces pe
ples exterminés par mes ancêtres, quels sont ceux q
ont délivré leur peuple pour que votre Dieu soit capab
de vous délivrer ? [15]Maintenant, ne vous laissez donc pa
tromper par Ezéchias et qu'il ne vous abuse pas de cet
manière ! Ne vous fiez pas à lui ! Car aucun dieu d'aucu
peuple ni d'aucun royaume n'a pu délivrer son peup
de moi-même, ou de mes ancêtres. Et vos dieux ne vou
délivreront pas davantage de mon emprise !

[16]Les envoyés de Sennachérib continuèrent à parle
contre l'Eternel Dieu et contre Ezéchias son serviteu
[17]Sennachérib avait aussi écrit des lettres outrageant
pour l'Eternel, le Dieu d'Israël, dans lesquelles il le prena
à partie disant : Pas plus que les dieux des autres pays n'o
délivré leur peuple de mon emprise, le Dieu d'Ezéchias r
délivrera son peuple de mon emprise.

[18]Les envoyés crièrent d'une voix forte en hébreu,
l'adresse des habitants de Jérusalem qui étaient sur la mu
raille, afin de les effrayer et de les terroriser pour pouvo
s'emparer de la ville. [19]Ils parlèrent du Dieu de Jérusalem
comme s'il s'agissait d'un dieu des peuples païens, simp
ouvrage fabriqué par des hommes.

[v] 32:5 Or *the Millo*

[p] 32.9 Voir v. 9-19 : parallèles à Es 36.2-20.

20King Hezekiah and the prophet Isaiah son of Amoz
ied out in prayer to heaven about this. 21And the
ʀᴅ sent an angel, who annihilated all the fighting
en and the commanders and officers in the camp
the Assyrian king. So he withdrew to his own land
disgrace. And when he went into the temple of his
od, some of his sons, his own flesh and blood, cut
m down with the sword.
22So the Lᴏʀᴅ saved Hezekiah and the people of
rusalem from the hand of Sennacherib king of
ssyria and from the hand of all others. He took care
them[w] on every side. 23Many brought offerings to
rusalem for the Lᴏʀᴅ and valuable gifts for Hezekiah
ng of Judah. From then on he was highly regarded
all the nations.

ezekiah's Pride, Success and Death

24In those days Hezekiah became ill and was at the
oint of death. He prayed to the Lᴏʀᴅ, who answered
m and gave him a miraculous sign. 25But Hezekiah's
eart was proud and he did not respond to the kind-
ess shown him; therefore the Lᴏʀᴅ's wrath was on
m and on Judah and Jerusalem. 26Then Hezekiah
pented of the pride of his heart, as did the people
Jerusalem; therefore the Lᴏʀᴅ's wrath did not come
them during the days of Hezekiah.
27Hezekiah had very great wealth and honor, and
made treasuries for his silver and gold and for his
ecious stones, spices, shields and all kinds of valu-
les. 28He also made buildings to store the harvest of
ain, new wine and olive oil; and he made stalls for
rious kinds of cattle, and pens for the flocks. 29He
ilt villages and acquired great numbers of flocks
d herds, for God had given him very great riches.
30It was Hezekiah who blocked the upper outlet of
e Gihon spring and channeled the water down to
e west side of the City of David. He succeeded in
erything he undertook. 31But when envoys were
nt by the rulers of Babylon to ask him about the
iraculous sign that had occurred in the land, God
ft him to test him and to know everything that was
his heart.

32The other events of Hezekiah's reign and his acts
devotion are written in the vision of the prophet
aiah son of Amoz in the book of the kings of Judah
d Israel. 33Hezekiah rested with his ancestors and
as buried on the hill where the tombs of David's de-
endants are. All Judah and the people of Jerusalem

32:22 Hebrew; Septuagint and Vulgate *He gave them rest*

Dieu répond aux prières

(2 R 19.35-37)

20Le roi Ezéchias et le prophète Esaïe, fils d'Amots, se
mirent à prier à ce sujet, et ils crièrent vers le ciel pour
implorer du secours[q]. 21Alors l'Eternel envoya un ange qui
extermina dans le camp du roi d'Assyrie tous les guerriers
valeureux, y compris les généraux et les officiers, si bien
que le roi retourna dans son pays tout confus. Un jour, il
pénétra dans le temple de son dieu, et ses propres fils l'y
assassinèrent d'un coup d'épée.
22C'est ainsi que l'Eternel délivra Ezéchias et les habitants de Jérusalem de Sennachérib, roi d'Assyrie, et de
tout autre ennemi. Il leur accorda la paix sur toutes leurs
frontières[r]. 23Nombreux furent ceux qui apportèrent alors
à Jérusalem une offrande à l'Eternel et de riches présents
pour Ezéchias, roi de Juda. A la suite de ces événements,
il acquit un grand prestige aux yeux de tous les autres
peuples.

La fin du règne d'Ezéchias

(2 R 20.1-21)

24A cette époque Ezéchias tomba très gravement malade.
Il pria l'Eternel qui lui donna un signe prodigieux[s]. 25Mais
Ezéchias ne se conduisit pas ensuite d'une manière qui
marque sa reconnaissance pour cela ; au contraire, il
devint orgueilleux et attira la colère de l'Eternel sur lui,
sur Juda et sur Jérusalem. 26Alors Ezéchias s'humilia de
son orgueil et les habitants de Jérusalem firent de même,
de sorte que l'Eternel ne fit pas éclater sa colère contre
eux du vivant d'Ezéchias.
27Ezéchias fut grandement comblé de richesses et
de gloire. Il se constitua des réserves d'argent, d'or, de
pierres précieuses, de parfums et d'aromates, de boucliers[t]
et de toutes sortes d'objets précieux. 28Il fit bâtir des entrepôts pour engranger les récoltes de blé, de vin nouveau
et d'huile. Il construisit des étables pour toutes sortes
d'animaux domestiques et aménagea des enclos pour ses
troupeaux. 29Il édifia des villes et eut des troupeaux nombreux de petit et de gros bétail, car Dieu lui avait donné
d'immenses richesses. 30Ce fut aussi lui, Ezéchias, qui fit
obturer l'issue supérieure des eaux de la source de Guihôn
et les canalisa plus bas vers l'ouest de la cité de David.
Ainsi, Ezéchias réussit dans toutes ses entreprises.
31Cependant, lors de la visite des ambassadeurs des
dirigeants babyloniens envoyés pour s'informer sur le
prodige qui avait eu lieu dans le pays, Dieu l'abandonna à
lui-même pour le mettre à l'épreuve et savoir ce qui était
réellement au fond de son cœur.
32Les autres faits et gestes d'Ezéchias, et ses actes de
piété sont cités dans la révélation du prophète Esaïe, fils
d'Amots, et dans le livre des rois de Juda et d'Israël[u].
33Ezéchias rejoignit ses ancêtres décédés, et on l'enterra
dans la partie supérieure des tombeaux des descendants
de David. Tout Juda et les habitants de Jérusalem lui ren-

q **32.20** Voir v. 20-21 : parallèles à Es 37.36-38.
r **32.22** D'après l'ancienne version grecque et la Vulgate ; le texte hébreu traditionnel a : *il les conduisit* ou *il prit soin d'eux*.
s **32.24** Miracle raconté en 2 R 20.1-11 que le Chroniste suppose connu de ses lecteurs. Voir v. 24-33 : parallèles à Es 38.1-8 ; 39.1-8.
t **32.27** Sans doute des boucliers décoratifs, peut-être en or (voir 1 R 10.16-17).
u **32.32** Voir 16.11 et note.

honored him when he died. And Manasseh his son
succeeded him as king.

Manasseh King of Judah

33 1Manasseh was twelve years old when he
became king, and he reigned in Jerusalem
fifty-five years. 2He did evil in the eyes of the LORD,
following the detestable practices of the nations the
LORD had driven out before the Israelites. 3He rebuilt
the high places his father Hezekiah had demolished;
he also erected altars to the Baals and made Asherah
poles. He bowed down to all the starry hosts and worshiped them. 4He built altars in the temple of the LORD,
of which the LORD had said, "My Name will remain in
Jerusalem forever." 5In both courts of the temple of
the LORD, he built altars to all the starry hosts. 6He
sacrificed his children in the fire in the Valley of Ben
Hinnom, practiced divination and witchcraft, sought
omens, and consulted mediums and spiritists. He did
much evil in the eyes of the LORD, arousing his anger.
7He took the image he had made and put it in God's
temple, of which God had said to David and to his son
Solomon, "In this temple and in Jerusalem, which I
have chosen out of all the tribes of Israel, I will put my
Name forever. 8I will not again make the feet of the
Israelites leave the land I assigned to your ancestors,
if only they will be careful to do everything I commanded them concerning all the laws, decrees and
regulations given through Moses." 9But Manasseh led
Judah and the people of Jerusalem astray, so that they
did more evil than the nations the LORD had destroyed
before the Israelites.
10The LORD spoke to Manasseh and his people, but
they paid no attention. 11So the LORD brought against
them the army commanders of the king of Assyria,
who took Manasseh prisoner, put a hook in his nose,
bound him with bronze shackles and took him to
Babylon. 12In his distress he sought the favor of the
LORD his God and humbled himself greatly before the
God of his ancestors. 13And when he prayed to him,
the LORD was moved by his entreaty and listened to his
plea; so he brought him back to Jerusalem and to his
kingdom. Then Manasseh knew that the LORD is God.

14Afterward he rebuilt the outer wall of the City of
David, west of the Gihon spring in the valley, as far as
the entrance of the Fish Gate and encircling the hill of
Ophel; he also made it much higher. He stationed military commanders in all the fortified cities in Judah.
15He got rid of the foreign gods and removed the
image from the temple of the LORD, as well as all the
altars he had built on the temple hill and in Jerusalem;

dirent les derniers honneurs. Son fils Manassé lui succé
sur le trône.

Manassé, roi de Juda

(2 R 21.1-10)

33 1Manassé était âgé de douze ans à son avènemen
Il régna cinquante-cinq ans à Jérusalem[v]. 2Il
ce que l'Eternel considère comme mal et s'adonna au
mêmes pratiques abominables que les peuples étrange
dépossédés par l'Eternel en faveur des Israélites. 3Il reb
tit les hauts lieux que son père Ezéchias avait démolis,
érigea des autels aux Baals, et dressa des poteaux sacr
à la déesse Ashéra. Il se prosterna devant tous les astr
du ciel et leur rendit un culte. 4Il construisit des aute
païens dans le temple de l'Eternel, malgré cette parole
l'Eternel : C'est là, à Jérusalem, que j'établirai pour toujou
ma présence.
5Il érigea des autels en l'honneur de tous les astres
ciel dans les deux parvis du temple de l'Eternel. 6Il a
même jusqu'à brûler ses fils pour les offrir en sacrifi
dans la vallée de Ben-Hinnom. Il consultait les augure
les devins et les magiciens. Il installa des gens qui év
quaient les morts et qui prédisaient l'avenir. Il multip
les actes que l'Eternel considère comme mauvais, et l'i
rita de cette manière. 7Il fit dresser dans le Temple l'ido
sculptée qu'il avait fabriquée, alors que Dieu avait décla
à David et à son fils Salomon : C'est dans ce temple et da
Jérusalem, que j'ai choisie parmi toutes les tribus d'Isra
que j'établirai pour toujours ma présence. 8Si les Israélit
s'appliquent à obéir à tout ce que je leur ai commandé
toute la Loi, les ordonnances et les articles de droit qu'
ont reçus par l'intermédiaire de Moïse, je ne leur ferai pl
quitter le pays que j'ai attribué à leurs ancêtres.
9Mais Manassé égara le peuple de Juda et les habitan
de Jérusalem, de sorte qu'ils firent encore plus de mal q
les peuples étrangers que l'Eternel avait exterminés
profit des Israélites. 10L'Eternel adressa des avertissemen
à Manassé et à son peuple, mais ils n'écoutèrent pas.

La réaction de Dieu

11Alors l'Eternel fit venir contre eux les généraux
roi d'Assyrie[w], qui capturèrent Manassé. Ils lui mire
des crochets au nez, l'attachèrent avec des chaînes
bronze et l'emmenèrent à Babylone. 12Lorsqu'il fut da
la détresse, il implora l'Eternel son Dieu et s'humilia pr
fondément devant le Dieu de ses ancêtres. 13Il le pria,
l'Eternel l'exauça, il écouta sa supplication et le fit rever
à Jérusalem dans son royaume. Ainsi Manassé comprit q
l'Eternel seul est Dieu.

14Après ces événements, il construisit à l'extérieur de
cité de David un rempart qui passait à l'ouest des sourc
de Guihôn, longeait la vallée du Cédron jusqu'à l'entrée
la porte des Poissons et contournait l'Ophel. Manassé
donna une très grande hauteur. Il établit aussi des che
militaires dans toutes les villes fortifiées de Juda. 15Il
disparaître du temple de l'Eternel les dieux étrangers
la statue, ainsi que les autels qu'il avait édifiés sur la co
line du Temple et dans Jérusalem. Et on les jeta hors de

v **33.1** Environ de 697 à 642 av. J.-C., avec une éventuelle corégence avec son père Ezéchias si celui-ci a vécu jusqu'en 686 av. J.-C.
(voir note sur 29.1).

w **33.11** Le roi *Esar-Haddôn* (681 à 669 av. J.-C.), fils et successeur de
Sennachérib, ou, plus probablement, son successeur Assourbanipal.

ıd he threw them out of the city. 16 Then he restored
e altar of the LORD and sacrificed fellowship offerings
ıd thank offerings on it, and told Judah to serve the
RD, the God of Israel. 17 The people, however, con-
nued to sacrifice at the high places, but only to the
RD their God.

18 The other events of Manasseh's reign, including
s prayer to his God and the words the seers spoke
him in the name of the LORD, the God of Israel, are
ritten in the annals of the kings of Israel.[x] 19 His
ayer and how God was moved by his entreaty, as
ell as all his sins and unfaithfulness, and the sites
nere he built high places and set up Asherah poles
ıd idols before he humbled himself – all these are
ritten in the records of the seers.[y] 20 Manasseh rested
ith his ancestors and was buried in his palace. And
non his son succeeded him as king.

non King of Judah

21 Amon was twenty-two years old when he became
ng, and he reigned in Jerusalem two years. 22 He did
il in the eyes of the LORD, as his father Manasseh had
one. Amon worshiped and offered sacrifices to all
e idols Manasseh had made. 23 But unlike his father
anasseh, he did not humble himself before the LORD;
non increased his guilt.
24 Amon's officials conspired against him and as-
ssinated him in his palace. 25 Then the people of the
nd killed all who had plotted against King Amon,
ıd they made Josiah his son king in his place.

siah's Reforms

34 1 Josiah was eight years old when he became
king, and he reigned in Jerusalem thirty-one
ars. 2 He did what was right in the eyes of the LORD
ıd followed the ways of his father David, not turning
ide to the right or to the left.

3 In the eighth year of his reign, while he was still
ung, he began to seek the God of his father David.
his twelfth year he began to purge Judah and
rusalem of high places, Asherah poles and idols.
Inder his direction the altars of the Baals were torn
wn; he cut to pieces the incense altars that were
ove them, and smashed the Asherah poles and the
ols. These he broke to pieces and scattered over
e graves of those who had sacrificed to them. 5 He
rned the bones of the priests on their altars, and
he purged Judah and Jerusalem. 6 In the towns of
anasseh, Ephraim and Simeon, as far as Naphtali,

3:18 That is, Judah, as frequently in 2 Chronicles
3:19 One Hebrew manuscript and Septuagint; most Hebrew
ınuscripts *of Hozai*

ville. 16 Il rebâtit l'autel de l'Eternel. Il offrit des sacrifices
de communion et de reconnaissance et il ordonna aux
Judéens de rendre leur culte à l'Eternel, le Dieu d'Israël.
17 A vrai dire, le peuple continuait à offrir des sacrifices
sur les hauts lieux, mais seulement à l'Eternel son Dieu.

(2 R 21.17-18)

18 Les autres faits et gestes de Manassé, la prière qu'il
adressa à son Dieu et les messages que les prophètes lui
adressèrent de la part de l'Eternel, le Dieu d'Israël, se
trouvent dans les Actes des rois d'Israël. 19 Sa prière et
l'exaucement que Dieu lui accorda, toutes ses fautes et
son infidélité envers Dieu, la liste des endroits où il bâtit
des hauts lieux et où il dressa des pieux sacrés d'Ashéra et
des statues avant de s'humilier, tout cela est cité dans les
Actes de Hozaï[x]. 20 Manassé rejoignit ses ancêtres décédés,
et on l'enterra dans son palais. Son fils Amôn lui succéda
sur le trône.

Le bref règne d'Amôn

(2 R 21.19-24)

21 Amôn avait vingt-deux ans à son avènement et il
régna deux ans à Jérusalem[y]. 22 Il fit ce que l'Eternel considère comme mal, comme l'avait fait son père Manassé.
Il sacrifia à toutes les idoles que son père Manassé avait
fait dresser et leur rendit un culte. 23 Il ne s'humilia pas
devant l'Eternel comme l'avait fait son père Manassé. Au
contraire, il se rendit extrêmement coupable. 24 Ses ministres conspirèrent contre lui et l'assassinèrent dans son
palais. 25 Mais la population du pays massacra tous ceux
qui avaient comploté contre le roi Amôn et proclama son
fils Josias roi à sa place.

Les réformes de Josias

(2 R 22.1-2)

34 1 Josias avait huit ans à son avènement et il régna trente et un ans à Jérusalem[z]. 2 Il fit ce que
l'Eternel considère comme juste et suivit l'exemple de
son ancêtre David sans jamais s'en écarter ni d'un côté
ni de l'autre.

(2 R 23.4-20)

3 Dès la huitième année de son règne, alors qu'il était
encore jeune, il entreprit de chercher à plaire au Dieu de
David, son ancêtre, et la douzième année, il se mit à purifier Juda et Jérusalem des hauts lieux, des pieux sacrés
d'Ashéra, des idoles de bois sculpté et des idoles en métal
fondu. 4 On démolit en sa présence les autels des Baals.
On abattit les autels à parfums[a] placés sur ces autels. Il
coupa les pieux sacrés d'Ashéra, brisa les idoles sculptées
ou fondues et les réduisit en poussière qu'il dispersa sur
les tombes de ceux qui avaient offert des sacrifices à ces
faux dieux. 5 Il brûla les ossements des prêtres des idoles
sur leurs autels[b]. C'est ainsi qu'il purifia Juda et Jérusalem.
6 Puis il passa dans les villes de Manassé, d'Ephraïm, de
Siméon et jusqu'en Nephtali et fit de même dans les ruines

x **33.19** *Hozaï*: personnage inconnu. Un manuscrit hébreu et l'ancienne version grecque ont : *des prophètes*.
y **33.21** De 642 à 640 av. J.-C.
z **34.1** De 640 à 609 av. J.-C.
a **34.4** Terme de sens incertain. Il pourrait aussi s'agir d'un sanctuaire différent d'un haut lieu.
b **34.5** Pour les profaner (voir 1 R 13.2).

and in the ruins around them, 7 he tore down the altars and the Asherah poles and crushed the idols to powder and cut to pieces all the incense altars throughout Israel. Then he went back to Jerusalem.

8 In the eighteenth year of Josiah's reign, to purify the land and the temple, he sent Shaphan son of Azaliah and Maaseiah the ruler of the city, with Joah son of Joahaz, the recorder, to repair the temple of the LORD his God.

9 They went to Hilkiah the high priest and gave him the money that had been brought into the temple of God, which the Levites who were the gatekeepers had collected from the people of Manasseh, Ephraim and the entire remnant of Israel and from all the people of Judah and Benjamin and the inhabitants of Jerusalem. 10 Then they entrusted it to the men appointed to supervise the work on the LORD's temple. These men paid the workers who repaired and restored the temple. 11 They also gave money to the carpenters and builders to purchase dressed stone, and timber for joists and beams for the buildings that the kings of Judah had allowed to fall into ruin.

12 The workers labored faithfully. Over them to direct them were Jahath and Obadiah, Levites descended from Merari, and Zechariah and Meshullam, descended from Kohath. The Levites – all who were skilled in playing musical instruments – 13 had charge of the laborers and supervised all the workers from job to job. Some of the Levites were secretaries, scribes and gatekeepers.

The Book of the Law Found

14 While they were bringing out the money that had been taken into the temple of the LORD, Hilkiah the priest found the Book of the Law of the LORD that had been given through Moses. 15 Hilkiah said to Shaphan the secretary, "I have found the Book of the Law in the temple of the LORD." He gave it to Shaphan.

16 Then Shaphan took the book to the king and reported to him: "Your officials are doing everything that has been committed to them. 17 They have paid out the money that was in the temple of the LORD and have entrusted it to the supervisors and workers." 18 Then Shaphan the secretary informed the king, "Hilkiah the priest has given me a book." And Shaphan read from it in the presence of the king.

19 When the king heard the words of the Law, he tore his robes. 20 He gave these orders to Hilkiah, Ahikam son of Shaphan, Abdon son of Micah,[z] Shaphan the secretary and Asaiah the king's attendant: 21 "Go and inquire of the LORD for me and for the remnant in Israel and Judah about what is written in this book that has been found. Great is the LORD's anger that is poured out on us because those who have gone before us have

[z] **34:20** Also called *Akbor son of Micaiah*

aux alentours[c]. 7 Il démolit les autels et les pieux sacr d'Ashéra, brisa les statues d'idoles et les réduisit en pou sière. Il abattit tous les autels à parfums dans tout le pa d'Israël. Ensuite, il retourna à Jérusalem.

Le livre de la Loi redécouvert

(2 R 22.3-7)

8 La dix-huitième année de son règne[d], afin de purifi le pays et le Temple, il envoya Shaphân, fils d'Atsalia, Maaséya, le chef de la ville, et Yoah, fils de Yoahaz, l'a chiviste, pour réparer le temple de l'Eternel son Die 9 Ces trois hommes se rendirent auprès du grand-prêt Hilqiya et lui remirent l'argent qui avait été apporté da le temple de Dieu, et que les lévites-portiers de l'entr avaient collecté des tribus de Manassé et d'Ephraïm du reste des Israélites du Nord, ainsi que de tout Juda Benjamin, et des habitants de Jérusalem. 10 On remit c argent aux entrepreneurs qui avaient la responsabilité d travaux dans le temple de l'Eternel. Ceux-ci payaient l ouvriers qui effectuaient les travaux de restauration de réparation dans le Temple. 11 Ils le donnaient donc a charpentiers et aux ouvriers du bâtiment pour l'achat pierres de taille et du bois pour les poutres d'assemblage la charpente que les rois de Juda avaient laissé tomber ruine. 12 Ces hommes accomplissaient honnêtement le travail. Ils étaient placés sous la direction de Yahath d'Abdias, des lévites de la lignée de Merari, et de Zachar et Meshoullam de la lignée des Qehatites, chargés de la s pervision des travaux. 13 Les lévites étaient tous d'habil musiciens. Ils surveillaient les porteurs et dirigeaient to les ouvriers des différents corps de métier dans chaq sorte de travail. D'autres lévites étaient secrétaires, i tendants et portiers.

(2 R 22.8-20)

14 Au moment où l'on retira du coffre l'argent qui ava été apporté au temple de l'Eternel, le prêtre Hilqiya déco vrit le livre de la Loi de l'Eternel transmise par Moï 15 Alors Hilqiya dit à Shaphân, le secrétaire : J'ai trouvé livre de la Loi[e] dans le temple de l'Eternel.

Et Hilqiya remit le livre à Shaphân.

16 Celui-ci l'apporta au roi et lui fit un rapport : Tes serv teurs, dit-il, ont fait tout ce qui leur a été commandé. 17 ont versé l'argent qui se trouvait dans le temple de l'Ete nel aux responsables et aux entrepreneurs des travau 18 Puis il ajouta : Le prêtre Hilqiya m'a remis un livre.

Et Shaphân se mit à en faire la lecture devant le roi.

Les conséquences d'une lecture

19 Lorsque Josias entendit le contenu de la Loi, il déchi ses vêtements. 20 Puis il convoqua Hilqiya, Ahiqam, fils Shaphân, Abdôn, fils de Michée, Shaphân, le secrétaire, Asaya, l'un des ministres.

21 – Allez consulter l'Eternel pour moi, leur dit-il, ai que pour le reste du peuple qui se trouve en Israël et Juda, au sujet des enseignements du livre que l'on vient retrouver. Car la colère de l'Eternel est bien grande. E s'est répandue sur nous parce que nos ancêtres n'ont p

[c] **34.6** Ruines du royaume du Nord dévasté par les Assyriens près d'un siècle auparavant.

[d] **34.8** En 622 av. J.-C.

[e] **34.15** Voir note 2 R 22.8.

ɔt kept the word of the Lord; they have not acted
accordance with all that is written in this book."
22 Hilkiah and those the king had sent with him[a]
ent to speak to the prophet Huldah, who was the
ife of Shallum son of Tokhath,[b] the son of Hasrah,[c]
eeper of the wardrobe. She lived in Jerusalem, in
e New Quarter.
23 She said to them, "This is what the Lord, the God
Israel, says: Tell the man who sent you to me, 24 'This
what the Lord says: I am going to bring disaster on
is place and its people – all the curses written in
e book that has been read in the presence of the
ng of Judah. 25 Because they have forsaken me and
irned incense to other gods and aroused my anger
all that their hands have made,[d] my anger will be
oured out on this place and will not be quenched.'
Tell the king of Judah, who sent you to inquire of
e Lord, 'This is what the Lord, the God of Israel, says
ncerning the words you heard: 27 Because your heart
as responsive and you humbled yourself before God
hen you heard what he spoke against this place and
s people, and because you humbled yourself before
e and tore your robes and wept in my presence, I
ave heard you, declares the Lord. 28 Now I will gather
u to your ancestors, and you will be buried in peace.
our eyes will not see all the disaster I am going to
ing on this place and on those who live here.' "
So they took her answer back to the king.

29 Then the king called together all the elders of
dah and Jerusalem. 30 He went up to the temple of
e Lord with the people of Judah, the inhabitants of
rusalem, the priests and the Levites – all the people
om the least to the greatest. He read in their hear-
g all the words of the Book of the Covenant, which
d been found in the temple of the Lord. 31 The king
ood by his pillar and renewed the covenant in the
esence of the Lord – to follow the Lord and keep his
mmands, statutes and decrees with all his heart
d all his soul, and to obey the words of the covenant
ritten in this book.
32 Then he had everyone in Jerusalem and Benjamin
edge themselves to it; the people of Jerusalem did
is in accordance with the covenant of God, the God
their ancestors.

33 Josiah removed all the detestable idols from all
e territory belonging to the Israelites, and he had
l who were present in Israel serve the Lord their God.
s long as he lived, they did not fail to follow the Lord,
e God of their ancestors.

obéi à la parole de l'Eternel et n'ont pas appliqué tout ce
qui est écrit dans ce livre.
22 Hilqiya et ceux que le roi avait désignés se rendirent
chez la prophétesse Houlda, femme de Shalloum, fils de
Toqehath, et petit-fils de Hasra, responsable du vestiaire
du Temple. Elle habitait à Jérusalem dans le nouveau
quartier. Ils lui exposèrent la situation comme convenu.
23 Alors Houlda leur dit : Voici ce que déclare l'Eternel, le
Dieu d'Israël : « Annoncez à l'homme qui vous a envoyés
à moi : 24 L'Eternel dit : Je vais faire venir un malheur sur
cette contrée et sur ses habitants en accomplissant toutes
les malédictions inscrites dans ce livre que l'on a lu devant
le roi de Juda. 25 En effet, parce qu'ils m'ont abandonné et
qu'ils ont fait brûler des parfums à d'autres dieux, et parce
qu'ils m'ont ainsi irrité par toute leur conduite, ma colère
s'est répandue sur ce lieu et elle n'est pas près de s'apaiser. 26 Mais vous direz au roi de Juda qui vous a envoyés
pour consulter l'Eternel : Voici ce que déclare l'Eternel, le
Dieu d'Israël : Tu as entendu les paroles contenues dans
ce livre. 27 Ton cœur s'est laissé toucher, tu t'es humilié
devant Dieu en entendant ce qu'il a décrété contre ce lieu
et contre ses habitants. Tu t'es humilié devant moi, tu as
déchiré tes vêtements et tu as pleuré devant moi. De mon
côté, moi aussi, j'ai entendu ta prière – l'Eternel le déclare.
28 C'est pourquoi je te ferai rejoindre tes ancêtres décédés
et tu seras déposé paisiblement dans l'un de tes tombeaux,
sans avoir vu tout le malheur que je vais amener sur cette
contrée et sur ses habitants. »
Les envoyés rapportèrent cette réponse au roi.

Le renouvellement de l'alliance avec Dieu

(2 R 23.1-3)

29 Le roi Josias fit convoquer auprès de lui tous les responsables de Juda et de Jérusalem. 30 Puis il monta au
temple de l'Eternel, accompagné de toute la population
de Juda et des habitants de Jérusalem, des prêtres, des
lévites et de tous les gens du peuple, quelle que fût leur
condition sociale. Devant tous, il lut tout ce qui était écrit
dans le livre de l'alliance que l'on avait retrouvé au temple de l'Eternel. 31 Il se tint debout sur l'estrade qui lui
était réservée et, en présence de l'Eternel, il conclut cette
alliance avec lui par laquelle il s'engagea à être fidèle à
l'Eternel et à obéir à ses commandements, à ses lois et à
ses ordonnances, de tout son cœur et de tout son être, et
à appliquer toutes les clauses de l'alliance figurant dans
ce livre. 32 Le roi fit aussi prendre ce même engagement
à tous les gens qui se trouvaient à Jérusalem et dans le
territoire de Benjamin. Et les habitants de Jérusalem se
conformèrent aux termes de l'alliance de Dieu, du Dieu
de leurs ancêtres.
33 Puis Josias fit disparaître toutes les idoles abominables dans tous les territoires appartenant aux Israélites.
Il obligea tous les gens qui se trouvaient en Israël à servir
l'Eternel leur Dieu. De cette manière, ils ne se détournèrent
pas de l'Eternel, le Dieu de leurs ancêtres, durant toute la
vie de Josias.

34:22 One Hebrew manuscript, Vulgate and Syriac; most Hebrew manuscripts do not have *had sent with him.*
34:22 Also called *Tikvah*
34:22 Also called *Harhas*
34:25 Or *by everything they have done*

Josiah Celebrates the Passover

35 1 Josiah celebrated the Passover to the LORD in Jerusalem, and the Passover lamb was slaughtered on the fourteenth day of the first month. 2 He appointed the priests to their duties and encouraged them in the service of the LORD's temple. 3 He said to the Levites, who instructed all Israel and who had been consecrated to the LORD: "Put the sacred ark in the temple that Solomon son of David king of Israel built. It is not to be carried about on your shoulders. Now serve the LORD your God and his people Israel. 4 Prepare yourselves by families in your divisions, according to the instructions written by David king of Israel and by his son Solomon.

5 "Stand in the holy place with a group of Levites for each subdivision of the families of your fellow Israelites, the lay people. 6 Slaughter the Passover lambs, consecrate yourselves and prepare the lambs for your fellow Israelites, doing what the LORD commanded through Moses."

7 Josiah provided for all the lay people who were there a total of thirty thousand lambs and goats for the Passover offerings, and also three thousand cattle – all from the king's own possessions.

8 His officials also contributed voluntarily to the people and the priests and Levites. Hilkiah, Zechariah and Jehiel, the officials in charge of God's temple, gave the priests twenty-six hundred Passover offerings and three hundred cattle. 9 Also Konaniah along with Shemaiah and Nethanel, his brothers, and Hashabiah, Jeiel and Jozabad, the leaders of the Levites, provided five thousand Passover offerings and five hundred head of cattle for the Levites.

10 The service was arranged and the priests stood in their places with the Levites in their divisions as the king had ordered. 11 The Passover lambs were slaughtered, and the priests splashed against the altar the blood handed to them, while the Levites skinned the animals. 12 They set aside the burnt offerings to give them to the subdivisions of the families of the people to offer to the LORD, as it is written in the Book of Moses. They did the same with the cattle. 13 They roasted the Passover animals over the fire as prescribed, and boiled the holy offerings in pots, caldrons and pans and served them quickly to all the people. 14 After this, they made preparations for themselves and for the priests, because the priests, the descendants of Aaron, were sacrificing the burnt offerings and the fat portions until nightfall. So the Levites made preparations for themselves and for the Aaronic priests.

15 The musicians, the descendants of Asaph, were in the places prescribed by David, Asaph, Heman and Jeduthun the king's seer. The gatekeepers at each gate did not need to leave their posts, because their fellow Levites made the preparations for them.

Josias célèbre la Pâque

35 1 Josias célébra la Pâque à Jérusalem en l'honne de l'Eternel, et l'on immola les agneaux pour cet fête le quatorzième jour du premier mois[f]. 2 Il rétablit l prêtres dans leurs fonctions et il les encouragea dans le service du temple de l'Eternel. 3 Puis il s'adressa aux lévit chargés d'enseigner tout le peuple d'Israël et qui étaie consacrés à l'Eternel. Il leur dit : Déposez le coffre sac dans le temple que Salomon, fils de David, roi d'Israël, construit. Maintenant vous n'avez plus à le transport sur vos épaules. Servez l'Eternel votre Dieu et son peup Israël. 4 Organisez-vous en vous répartissant par group familiaux et selon vos classes, d'après les instructio écrites de David, le roi d'Israël, et de son fils Salomo 5 Occupez vos postes dans le sanctuaire de façon à fai correspondre une classe de groupe familial lévitique chaque subdivision des groupes familiaux de vos compat otes, les gens du peuple. 6 Immolez les agneaux de la Pâqu Purifiez-vous rituellement et préparez la Pâque pour v compatriotes[g] selon la parole de l'Eternel, transmise p l'intermédiaire de Moïse.

7 Josias préleva pour la Pâque trente mille agneaux chevreaux ainsi que trois mille bœufs sur ses propr troupeaux pour tous les gens du peuple qui se trouvaie à Jérusalem. 8 Ses grands firent aussi volontaireme des dons au peuple, aux prêtres et aux lévites. Hilqiy Zacharie et Yehiel, les responsables du Temple, donnère aux prêtres deux mille six cents agneaux et chevrea pour la Pâque ainsi que trois cents bœufs. 9 Konania et s frères Shemaya et Netanéel, Hashabia, Yeïel et Yozaba chefs des lévites, fournirent aux lévites cinq mille agnea et chevreaux pour la Pâque et cinq cents bœufs.

10 Voici comment la cérémonie fut organisée : les prêtr se tinrent à leur poste et les lévites étaient répartis selc leur classe conformément aux ordres du roi. 11 Ils ir molèrent les agneaux de la Pâque. Les lévites remettaie aux prêtres le sang des animaux pour qu'ils le répande sur l'autel, puis ils ôtaient la peau des victimes. 12 I mettaient de côté les parties des bêtes qui devaient êt offertes en holocaustes pour les donner aux différent subdivisions des groupes familiaux afin qu'ils les offre à l'Eternel comme cela est prescrit dans le livre de Moïs On fit de même pour le gros bétail. 13 Ils firent rôtir les a neaux de la Pâque au feu, selon le rituel prescrit, tandis q les offrandes consacrées furent cuites dans des chaudière des chaudrons et des poêles pour être ensuite rapideme distribuées à tous les gens du peuple. 14 Enfin, les lévit préparèrent la Pâque pour eux-mêmes et pour les prêtre car les prêtres descendants d'Aaron furent occupés jusqu la nuit à offrir les holocaustes et les graisses. C'est pou quoi les lévites préparèrent la Pâque pour eux-mêmes pour les prêtres descendants d'Aaron.

15 Les musiciens descendants d'Asaph étaient à leu poste selon les directives de David, d'Asaph, d'Hémân de Yedoutoun, le prophète du roi. Les portiers aussi étaie à chaque porte ; ils n'eurent pas à interrompre leur servic car leurs collègues lévites firent les préparatifs pour eu

f **35.1** La fête est célébrée à la date réglementaire (Lv 23.5).
g **35.6** Autre traduction : *et aidez vos compatriotes à agir.*

[16]So at that time the entire service of the LORD was rried out for the celebration of the Passover and the fering of burnt offerings on the altar of the LORD, as ng Josiah had ordered. [17]The Israelites who were esent celebrated the Passover at that time and served the Festival of Unleavened Bread for seven ys. [18]The Passover had not been observed like this Israel since the days of the prophet Samuel; and one of the kings of Israel had ever celebrated such Passover as did Josiah, with the priests, the Levites d all Judah and Israel who were there with the peo- e of Jerusalem. [19]This Passover was celebrated in the ghteenth year of Josiah's reign.

he Death of Josiah

[20]After all this, when Josiah had set the temple order, Necho king of Egypt went up to fight at archemish on the Euphrates, and Josiah marched out meet him in battle. [21]But Necho sent messengers him, saying, "What quarrel is there, king of Judah, etween you and me? It is not you I am attacking at is time, but the house with which I am at war. God as told me to hurry; so stop opposing God, who is ith me, or he will destroy you."

[22]Josiah, however, would not turn away from him, it disguised himself to engage him in battle. He ould not listen to what Necho had said at God's com- and but went to fight him on the plain of Megiddo. [23]Archers shot King Josiah, and he told his officers, Take me away; I am badly wounded." [24]So they took m out of his chariot, put him in his other chariot d brought him to Jerusalem, where he died. He was ried in the tombs of his ancestors, and all Judah and rusalem mourned for him.

[25]Jeremiah composed laments for Josiah, and to this ay all the male and female singers commemorate siah in the laments. These became a tradition in rael and are written in the Laments.

[26]The other events of Josiah's reign and his acts of evotion in accordance with what is written in the aw of the LORD – [27]all the events, from beginning to d, are written in the book of the kings of Israel and dah.

36 [1]And the people of the land took Jehoahaz son of Josiah and made him king in Jerusalem in ace of his father.

[16]Ainsi furent organisées ce jour-là toutes les cérémonies en l'honneur de l'Eternel pour célébrer la Pâque et pour offrir les holocaustes sur l'autel de l'Eternel, conformément aux ordres du roi Josias.

[17]Les Israélites qui se trouvaient là célébrèrent la Pâque à ce moment-là et la fête des Pains sans levain pendant sept jours.

(2 R 23.22-23)

[18]Aucune Pâque semblable n'avait été célébrée en Israël depuis l'époque du prophète Samuel. Aucun des rois d'Israël n'avait organisé de célébration de la Pâque comparable à la Pâque célébrée par Josias avec l'aide des prêtres et des lévites, avec tout Juda et ceux d'Israël qui se trouvaient là, ainsi que les habitants de Jérusalem. [19]Ce fut dans la dix-huitième année du règne de Josias que cette Pâque fut célébrée[h].

La fin de Josias

(2 R 23.28-30)

[20]Après tous ces événements, après que Josias eut remis le Temple en état, Néko[i], roi d'Egypte, partit en guerre à Karkemish sur l'Euphrate[j]. Josias se mit en campagne pour lui barrer la route. [21]Mais Néko lui envoya des messagers pour lui dire : Roi de Juda, qu'avons-nous à faire ensemble ? Ce n'est pas contre toi que je me suis mis en campagne aujourd'hui. C'est contre une autre dynastie que je suis en guerre. Dieu m'a ordonné de me dépêcher. Garde-toi de t'opposer à Dieu qui est avec moi, sinon il te détruira.

[22]Mais Josias ne voulut pas se retirer, et il se déguisa pour aller l'affronter sans tenir compte de l'avertissement de Néko, qui était pourtant inspiré par Dieu. Il vint livrer bataille dans la vallée de Meguiddo[k]. [23]Au cours du combat, les archers l'atteignirent. Le roi dit à ses serviteurs : Emmenez-moi, car je suis grièvement blessé.

[24]Ses officiers le descendirent de son char de combat, le mirent sur son second char et le conduisirent à Jérusalem. Il mourut et fut enterré dans les tombeaux de ses ancêtres. Tout Juda et Jérusalem prirent le deuil pour Josias. [25]Jérémie composa une complainte funèbre sur lui. Tous les chanteurs et toutes les chanteuses célèbrent Josias dans leurs complaintes jusqu'à ce jour, car c'est devenu une tradition en Israël. Ces chants sont consignés dans le recueil des complaintes.

[26]Les autres faits et gestes de Josias et ses actes de piété qu'il a accomplis conformément à ce qui est écrit dans la Loi de l'Eternel, [27]ses actes, des premiers aux derniers, tout cela est cité dans le livre des rois d'Israël et de Juda.

Les trois règnes funestes

36 [1]Le peuple du pays prit Yoahaz, fils de Josias, et l'établit roi pour succéder à son père sur le trône à Jérusalem.

---

h **35.19** L'année même où le livre de la Loi fut découvert (voir v. 8).
i **35.20** En 609 av. J.-C., le pharaon *Néko* est parti combattre les Babyloniens pour secourir les Assyriens, ses alliés.
j **35.20** Une grande ville sur la rive ouest de l'Euphrate, une capitale hittite, centre du commerce d'Asie occidentale.
k **35.22** Antique et classique champ de bataille dans la plaine d'Esdrelon (voir Jg 5.19 ; 1 R 9.15-19 ; 2 R 9.27).

Jehoahaz King of Judah

2 Jehoahaz[e] was twenty-three years old when he became king, and he reigned in Jerusalem three months. 3 The king of Egypt dethroned him in Jerusalem and imposed on Judah a levy of a hundred talents[f] of silver and a talent[g] of gold. 4 The king of Egypt made Eliakim, a brother of Jehoahaz, king over Judah and Jerusalem and changed Eliakim's name to Jehoiakim. But Necho took Eliakim's brother Jehoahaz and carried him off to Egypt.

Jehoiakim King of Judah

5 Jehoiakim was twenty-five years old when he became king, and he reigned in Jerusalem eleven years. He did evil in the eyes of the LORD his God. 6 Nebuchadnezzar king of Babylon attacked him and bound him with bronze shackles to take him to Babylon. 7 Nebuchadnezzar also took to Babylon articles from the temple of the LORD and put them in his temple[h] there.

8 The other events of Jehoiakim's reign, the detestable things he did and all that was found against him, are written in the book of the kings of Israel and Judah. And Jehoiachin his son succeeded him as king.

Jehoiachin King of Judah

9 Jehoiachin was eighteen[i] years old when he became king, and he reigned in Jerusalem three months and ten days. He did evil in the eyes of the LORD. 10 In the spring, King Nebuchadnezzar sent for him and brought him to Babylon, together with articles of value from the temple of the LORD, and he made Jehoiachin's uncle,[j] Zedekiah, king over Judah and Jerusalem.

Zedekiah King of Judah

11 Zedekiah was twenty-one years old when he became king, and he reigned in Jerusalem eleven years. 12 He did evil in the eyes of the LORD his God and did not humble himself before Jeremiah the prophet, who spoke the word of the LORD. 13 He also rebelled against King Nebuchadnezzar, who had made him take an oath in God's name. He became stiff-necked and hardened his heart and would not turn to the LORD, the God of Israel. 14 Furthermore, all the leaders of the priests and the people became more and more unfaithful, following all the detestable practices of the nations and defiling the temple of the LORD, which he had consecrated in Jerusalem.

[e] 36:2 Hebrew *Joahaz,* a variant of *Jehoahaz;* also in verse 4
[f] 36:3 That is, about 3 3/4 tons or about 3.4 metric tons
[g] 36:3 That is, about 75 pounds or about 34 kilograms
[h] 36:7 Or *palace*
[i] 36:9 One Hebrew manuscript, some Septuagint manuscripts and Syriac (see also 2 Kings 24:8); most Hebrew manuscripts *eight*
[j] 36:10 Hebrew *brother,* that is, relative (see 2 Kings 24:17)

(2 R 23.31-34)

2 Yoahaz avait vingt-trois ans à son avènement et il régı trois mois à Jérusalem[l], 3 car le roi d'Egypte le destitua Jérusalem même et imposa au pays un tribut de trois mil quatre cents kilogrammes d'argent et d'or.

4 Ensuite le roi d'Egypte établit Elyaqim, le frère c Yoahaz[m], comme roi sur Jérusalem et Juda. Il change son nom en celui de Yehoyaqim. Quant à son frère Yoaha Néko le prit et l'emmena en Egypte.

(2 R 23.36 à 24.6)

5 Yehoyaqim avait vingt-cinq ans à son avènement, il régna onze ans à Jérusalem[n]. Il fit ce que l'Eternel coı sidère comme mal. 6 Nabuchodonosor, roi de Babylon lui fit la guerre. Il le fit lier avec une double chaîne c bronze et l'emmena à Babylone. 7 Nabuchodonosor empor à Babylone une partie des objets du temple de l'Eternel les plaça dans son palais à Babylone.

8 Les autres faits et gestes de Yehoyaqim ainsi que l pratiques abominables auxquelles il s'est livré et ce qui l est arrivé, tout cela est cité dans le livre des rois d'Isra et de Juda. Son fils Yehoyakîn lui succéda sur le trône.

(2 R 24.8-17)

9 Yehoyakîn était âgé de dix-huit ans[o] à son avènemeı et il régna trois mois et dix jours à Jérusalem[p]. Il fit ce qu l'Eternel considère comme mal.

10 Vers la fin de l'année, au printemps, le r Nabuchodonosor envoya son armée pour le prendı et l'amener à Babylone en même temps que les obje précieux du temple de l'Eternel[q]. Il établit Sédécias[r], u parent de Yehoyakîn, comme roi de Juda et de Jérusaleı

Le dernier roi de Juda

(2 R 24.18-20)

11 Sédécias avait vingt et un ans à son avènement. Il ré na onze ans à Jérusalem[s]. 12 Il fit ce que l'Eternel considè comme mal et il refusa de s'humilier devant le prophèt Jérémie qui s'adressait à lui de la part de l'Eternel.

13 De plus, il se révolta contre Nabuchodonosor qui l avait fait prêter un serment de loyauté au nom de Dieu. A lieu de revenir à l'Eternel, le Dieu d'Israël, il s'obstina daı sa révolte contre lui et lui ferma son cœur. 14 De même, to les chefs des prêtres et le peuple multiplièrent les pir infidélités en se livrant aux mêmes pratiques abominabl que les autres peuples. Ils profanèrent le temple de l'Ete nel dont il avait fait un lieu saint à Jérusalem.

[l] 36.2 En 609 av. J.-C. Voir note 2 R 23.31.
[m] 36.4 Sur *Yoahaz,* voir Jr 22.11-12.
[n] 36.5 De 609 à 598 av. J.-C. Sur *Yehoyaqim,* voir Jr 22.18-19 ; 26.1-6 ; 35.1-1
[o] 36.9 D'après un manuscrit hébreu, certains manuscrits de l'ancienne version grecque et la version syriaque (voir 2 R 24.8). La plupart des manuscrits hébreux ont : *huit ans.*
[p] 36.9 De décembre 598 à mars 597 av. J.-C. Voir note 2 R 24.8.
[q] 36.10 Sur l'exil de Yehoyakîn, voir Jr 22.24-30 ; 24.1-10 ; 29.1-2 ; Ez 17.12
[r] 36.10 Sur *Sédécias,* voir Jr 37.1 ; Ez 17.13.
[s] 36.11 De 597 à 587 av. J.-C.

he Fall of Jerusalem

15 The LORD, the God of their ancestors, sent word
› them through his messengers again and again, be-
ause he had pity on his people and on his dwelling
lace. 16 But they mocked God's messengers, despised
is words and scoffed at his prophets until the wrath
f the LORD was aroused against his people and there
as no remedy. 17 He brought up against them the king
f the Babylonians,[k] who killed their young men with
ne sword in the sanctuary, and did not spare young
ıen or young women, the elderly or the infirm. God
ave them all into the hands of Nebuchadnezzar. 18 He
arried to Babylon all the articles from the temple of
od, both large and small, and the treasures of the
ORD's temple and the treasures of the king and his of-
cials. 19 They set fire to God's temple and broke down
ıe wall of Jerusalem; they burned all the palaces and
estroyed everything of value there.
20 He carried into exile to Babylon the remnant, who
scaped from the sword, and they became servants
› him and his successors until the kingdom of Persia
ame to power. 21 The land enjoyed its sabbath rests;
l the time of its desolation it rested, until the sev-
nty years were completed in fulfillment of the word
f the LORD spoken by Jeremiah.

22 In the first year of Cyrus king of Persia, in order
› fulfill the word of the LORD spoken by Jeremiah,
ıe LORD moved the heart of Cyrus king of Persia to
ıake a proclamation throughout his realm and also
› put it in writing:
23 "This is what Cyrus king of Persia says:
"'The LORD, the God of heaven, has given me all the
kingdoms of the earth and he has appointed me to
build a temple for him at Jerusalem in Judah. Any
of his people among you may go up, and may the
LORD their God be with them.'"

15 L'Eternel, le Dieu de leurs ancêtres, leur avait adressé
très tôt et à maintes reprises des avertissements par l'intermédiaire de ses messagers, car il aurait voulu épargner
son peuple et le lieu de sa résidence. 16 Mais les Israélites
méprisaient les envoyés de Dieu, ils faisaient fi de ses paroles et tournaient ses prophètes en ridicule, jusqu'à ce
que la colère de l'Eternel contre son peuple eut atteint le
point de non-retour.

La fin du royaume de Juda

(2 R 25.1-21)

17 Alors l'Eternel fit venir contre eux le roi des
Chaldéens qui massacra leurs jeunes gens jusque dans
leur sanctuaire. Il n'épargna personne : jeune homme,
jeune fille, vieillard, personne âgée : Dieu lui livra tout.
18 Nabuchodonosor emporta à Babylone tous les objets,
grands ou petits, qu'il y avait dans le temple de Dieu, tous
les trésors du temple de l'Eternel, et tous ceux du roi et de
ses grands. 19 Les envahisseurs incendièrent le temple de
Dieu et démolirent les murailles de Jérusalem. Ils mirent le
feu à tous les palais et détruisirent tous les objets de prix.
20 Nabuchodonosor fit déporter à Babylone les survivants
du massacre et il en fit des serviteurs pour lui et pour ses
fils, jusqu'à la prise du pouvoir par l'Empire perse.
21 Ainsi s'accomplit la parole de l'Eternel, transmise par
le prophète Jérémie, disant que le pays serait abandonné
pour bénéficier du repos pendant soixante-dix ans jusqu'à
ce qu'il ait joui de son temps de repos.

Cyrus donne le signal du retour

22 La première année du règne de Cyrus de Perse[t], l'Eternel, pour accomplir la parole qu'il avait prononcée par
le prophète Jérémie, agit sur l'esprit de Cyrus, empereur
de Perse. Alors Cyrus fit faire, oralement et par écrit, la
proclamation suivante à travers tout son empire : 23 Voici
ce que déclare Cyrus, empereur de Perse : « L'Eternel, le
Dieu du ciel, m'a donné tous les royaumes de la terre et
m'a chargé de lui construire un temple à Jérusalem en
Juda. Quels sont ceux d'entre vous qui font partie de son
peuple ? L'Eternel leur Dieu sera avec eux ; qu'ils partent ! »

36:17 Or *Chaldeans*

t 36.22 C'est-à-dire en 538 av. J.-C. (Cyrus conquit Babylone en 539). Voir Es 44.28 ; 45.1.

Ezra

Cyrus Helps the Exiles to Return

1 1 In the first year of Cyrus king of Persia, in order
to fulfill the word of the LORD spoken by Jeremiah,
the LORD moved the heart of Cyrus king of Persia to
make a proclamation throughout his realm and also
to put it in writing:
2 "This is what Cyrus king of Persia says:
" 'The LORD, the God of heaven, has given me all the
kingdoms of the earth and he has appointed me to
build a temple for him at Jerusalem in Judah. 3 Any
of his people among you may go up to Jerusalem in
Judah and build the temple of the LORD, the God of
Israel, the God who is in Jerusalem, and may their
God be with them. 4 And in any locality where survivors may now be living, the people are to provide
them with silver and gold, with goods and livestock,
and with freewill offerings for the temple of God
in Jerusalem.' "

5 Then the family heads of Judah and Benjamin, and
the priests and Levites – everyone whose heart God
had moved – prepared to go up and build the house
of the LORD in Jerusalem. 6 All their neighbors assisted
them with articles of silver and gold, with goods and
livestock, and with valuable gifts, in addition to all
the freewill offerings.
7 Moreover, King Cyrus brought out the articles belonging to the temple of the LORD, which
Nebuchadnezzar had carried away from Jerusalem
and had placed in the temple of his god.[a] 8 Cyrus king
of Persia had them brought by Mithredath the treasur-
er, who counted them out to Sheshbazzar the prince
of Judah.
9 This was the inventory:

gold dishes	30
silver dishes	1,000
silver pans[b]	29
10 gold bowls	30
matching silver bowls	410
other articles	1,000

11 In all, there were 5,400 articles of gold and of
silver.
Sheshbazzar brought all these along with the exiles
when they came up from Babylon to Jerusalem.

[a] 1:7 Or *gods*
[b] 1:9 The meaning of the Hebrew for this word is uncertain.

Esdras

Le décret de Cyrus

1 1 La première année du règne de Cyrus de Perse
l'Eternel, pour accomplir la parole qu'il avait pr
noncée par le prophète Jérémie, agit sur l'esprit de Cyru
empereur de Perse. Alors Cyrus fit faire, oralement et p
écrit, la proclamation suivante à travers tout son empir
2 Voici ce que déclare Cyrus, empereur de Perse
« L'Eternel, le Dieu du ciel, m'a donné tous les royaum
de la terre[b], et il m'a chargé de lui construire un temp
à Jérusalem en Juda. 3 Quels sont ceux d'entre vous q
font partie de son peuple ? Que leur Dieu soit avec eu
et qu'ils partent à Jérusalem, en Juda, pour reconstrui
le temple de l'Eternel, le Dieu d'Israël. C'est le Dieu q
réside à Jérusalem[c]. 4 Que partout où résident ceux qu
restent de son peuple, les gens de l'endroit leur apporte
des dons d'argent et d'or, de divers biens, du bétail ain
que des offrandes volontaires pour le temple du Dieu q
est à Jérusalem. »

Les préparatifs de départ

5 Alors les chefs des groupes familiaux de Juda et d
Benjamin, les prêtres et les lévites, et tous ceux en q
Dieu avait agi, se préparèrent à partir afin de reconstrui
le temple de l'Eternel à Jérusalem[d]. 6 Tous leurs voisir
leur vinrent en aide en leur donnant des objets d'arge
et d'or, divers biens, du bétail et des objets précieux, sa
compter leurs offrandes volontaires. 7 De son côté, l'en
pereur Cyrus fit chercher les ustensiles du Temple qu
Nabuchodonosor avait emportés de Jérusalem pour le
placer dans le sanctuaire de son dieu. 8 Sur ordre de l'en
pereur perse, Mitredath le trésorier alla les chercher
les remit, après les avoir comptés, à Sheshbatsar, le ch
de Juda[e]. 9 En voici la liste : 30 plats[f] en or, 1 000 en argen
29 couteaux[g], 10 30 coupes en or, 410 coupes doubles[h] e
argent et 1 000 autres ustensiles. 11 En tout, il y avait 5 40
ustensiles d'or et d'argent. Sheshbatsar rapporta le tou
lorsque les exilés quittèrent Babylone pour retourner
Jérusalem.

[a] **1.1** En 538 av. J.-C. Il s'agit de *la première année* du règne de Cyrus sur *Babylone*, après la conquête de la ville en 539. Fondateur de l'Empire perse, Cyrus a gouverné cet empire de 559 à 530 av. J.-C. Es 44.28 et 45.1 avaient annoncé son œuvre de libération en le nommant le « berger » e l'« oint » de l'Eternel.
[b] **1.2** L'empire de Cyrus allait de l'Indus à l'Egypte et à Chypre, de la me Noire au golfe Persique et à l'Ethiopie.
[c] **1.3** Les v. 1-3 ont leur parallèle en 2 Ch 36.22-23.
[d] **1.5** Distante de quelque 900 à 1 000 kilomètres de la Babylonie : un voyage de 2 à 3 mois pour une caravane chargée.
[e] **1.8** Nom d'origine babylonienne du gouverneur qui conduira la première caravane de rapatriés et les gouvernera sous l'égide du satrape de Samarie (5.14). Certains l'ont identifié avec le gouverneur juif Zorobabel (Ag 1.1; voir Esd 2.2 ; 3.8 ; 4.2-3 ; 5.2) en suggérant que *Sheshbatsar* était son nom officiel (voir Dn 1.7), mais cette identification tend aujourd'hui à être abandonnée.
[f] **1.9** *plats:* ou *soucoupes, bols, bassines ?*
[g] **1.9** Pour les sacrifices.
[h] **1.10** Sens incertain.

ıe List of the Exiles Who Returned

2 [1]Now these are the people of the province who
came up from the captivity of the exiles, whom
ebuchadnezzar king of Babylon had taken captive
Babylon (they returned to Jerusalem and Judah,
ıch to their own town, [2]in company with Zerubbabel,
shua, Nehemiah, Seraiah, Reelaiah, Mordecai,
lshan, Mispar, Bigvai, Rehum and Baanah):

The list of the men of the people of Israel:
he descendants of

Parosh	2,172
4 Shephatiah	372
5 Arah	775
6 Pahath-Moab (through the line of Jeshua ıd Joab)	2,812
7 Elam	1,254
8 Zattu	945
9 Zakkai	760
10 Bani	642
11 Bebai	623
12 Azgad	1,222
13 Adonikam	666
14 Bigvai	2,056
15 Adin	454
16 Ater (through Hezekiah)	98
17 Bezai	323
18 Jorah	112
19 Hashum	223
20 Gibbar	95
the men of Bethlehem	123
22 Netophah	56
23 Anathoth	128
24 Azmaveth	42
25 Kiriath Jearim,[c] Kephirah and Beeroth	743
26 Ramah and Geba	621
27 Mikmash	122
28 Bethel and Ai	223
29 Nebo	52
30 Magbish	156
31 the other Elam	1,254
32 Harim	320
33 Lod, Hadid and Ono	725
34 Jericho	345
35 Senaah	3,630

36 The priests:
ıe descendants of

Jedaiah (through the family of Jeshua)	973
37 Immer	1,052
38 Pashhur	1,247
39 Harim	1,017

40 The Levites:

2:25 See Septuagint (see also Neh. 7:29); Hebrew *Kiriath Arim.*

La liste des Judéens rentrés d'exil

2 [1]Voici la liste[i] des hommes originaires du district
de Juda que Nabuchodonosor, roi de Babylone, avait
déportés à Babylone et qui sont revenus de la captivité à
Jérusalem et en Juda, chacun dans sa ville. [2]Ils revinrent
sous la conduite de Zorobabel, Josué, Néhémie[j], Seraya,
Réélaya, Mardochée[k], Bilshân, Mispar, Bigvaï, Rehoum,
Baana.

Et voici le compte des Israélites :

3 Descendants de Pareosh : 2 172.
4 Descendants de Shephatia : 372.
5 Descendants d'Arah : 775.
6 Descendants de Pahath-Moab, de la postérité de Josué et de Joab : 2 812.
7 Descendants d'Elam : 1 254.
8 Descendants de Zatthou : 945.
9 Descendants de Zakkaï : 760.
10 Descendants de Bani : 642.
11 Descendants de Bébaï : 623.
12 Descendants d'Azgad : 1 222.
13 Descendants d'Adoniqam : 666.
14 Descendants de Bigvaï : 2 056.
15 Descendants d'Adîn : 454.
16 Descendants d'Ather, de la lignée d'Ezéchias : 98.
17 Descendants de Betsaï : 323.
18 Descendants de Yora : 112.
19 Descendants de Hashoum : 223.
20 Descendants de Guibbar : 95.
21 Descendants de Bethléhem : 123[l].
22 Ressortissants de Netopha : 56.
23 Ressortissants d'Anatoth : 128.
24 Descendants d'Azmaveth : 42.
25 Descendants de Qiryath-Yearim, de Kephira et de Beéroth : 743.
26 Descendants de Rama et de Guéba : 621.
27 Ressortissants de Mikmas : 122.
28 Ressortissants de Béthel et d'Aï : 223.
29 Descendants de Nébo : 52.
30 Descendants de Magbish : 156.
31 Descendants de l'autre Elam : 1 254.
32 Descendants de Harim : 320.
33 Descendants de Lod, de Hadid et d'Ono : 725.
34 Descendants de Jéricho : 345.
35 Descendants de Senaa : 3 630.
36 Pour ce qui est des prêtres :
Descendants de Yedaeya, de la lignée de Josué : 973.
37 Descendants d'Immer : 1 052.
38 Descendants de Pashhour : 1 247.
39 Descendants de Harim : 1 017.
40 Pour ce qui est des lévites :

i **2.1** La liste qui suit se retrouve en Né 7.6-72.
j **2.2** A ne pas confondre avec le *Néhémie* dont le livre biblique porte le nom et qui vivra près d'une centaine d'années plus tard (voir Né 1.1 et note).
k **2.2** Différent du *Mardochée* dont parle le livre d'Esther (voir Est 2.5) ; c'était un nom courant à Babylone (dérivé de Mardouk, dieu de Babylone).
l **2.21** Les v. 21-35 nomment une série de villes et de villages, principalement dans le territoire de Benjamin, au nord de Jérusalem.

the descendants of
Jeshua and Kadmiel (of the line of Hodaviah) 74
41 The musicians:
the descendants of
Asaph 128
42 The gatekeepers of the temple:
the descendants of
Shallum, Ater, Talmon,
Akkub, Hatita and Shobai 139
43 The temple servants:
the descendants of
Ziha, Hasupha, Tabbaoth,
44 Keros, Siaha, Padon,
45 Lebanah, Hagabah, Akkub,
46 Hagab, Shalmai, Hanan,
47 Giddel, Gahar, Reaiah,
48 Rezin, Nekoda, Gazzam,
49 Uzza, Paseah, Besai,
50 Asnah, Meunim, Nephusim,
51 Bakbuk, Hakupha, Harhur,
52 Bazluth, Mehida, Harsha,
53 Barkos, Sisera, Temah,
54 Neziah and Hatipha
55 The descendants of the servants of Solomon:
the descendants of
Sotai, Hassophereth, Peruda,
56 Jaala, Darkon, Giddel,
57 Shephatiah, Hattil,
Pokereth-Hazzebaim and Ami
58 The temple servants and
the descendants of the servants of Solomon 392
59 The following came up from the towns of Tel
Melah, Tel Harsha, Kerub, Addon and Immer, but they
could not show that their families were descended
from Israel:
60 The descendants of
Delaiah, Tobiah and Nekoda 652
61 And from among the priests:
The descendants of
Hobaiah, Hakkoz and Barzillai (a man who had
married a daughter of Barzillai the Gileadite and was
called by that name).
62 These searched for their family records, but they
could not find them and so were excluded from the
priesthood as unclean. 63 The governor ordered them
not to eat any of the most sacred food until there was
a priest ministering with the Urim and Thummim.
64 The whole company numbered 42,360, 65 besides
their 7,337 male and female slaves; and they also had
200 male and female singers. 66 They had 736 horses,
245 mules, 67 435 camels and 6,720 donkeys.
68 When they arrived at the house of the LORD in
Jerusalem, some of the heads of the families gave free-

Descendants de Josué et de Qadmiel, du groupe
familial de Hodavia : 74.
41 Musiciens : les descendants d'Asaph[m] : 128.

42 Groupe des portiers[n] : les descendants de Shallour
d'Ather, de Talmôn, d'Aqqoub, de Hathitha, de Shobaï, e
tout : 139.

43 Les desservants[o] du Temple : les descendants c
Tsiha, de Hasoupha, de Thabbaoth, 44 de Qéros, de Siah
de Padôn, 45 de Lebana, de Hagaba, d'Aqqoub, 46 de Haga
de Shalmaï, de Hanân, 47 de Guiddel, de Gahar, de Reay
48 de Retsîn, de Neqoda, de Gazzam, 49 d'Ouzza, de Paséal
de Bésaï, 50 d'Asna, de Mehounim, de Nephousim, 51 c
Baqbouq, de Haqoupha, de Har-hour, 52 de Batslouth, c
Mehida, de Harsha, 53 de Barqos, de Sisera, de Thamal
54 de Netsiah, de Hathipha.

55 Quant au groupe des descendants des serviteurs c
Salomon[p], il comprenait les descendants de Sothaï, c
Sophéreth, de Perouda, 56 de Yaala, de Darqôn, de Guidde
57 de Shephatia, de Hatthil, de Pokéreth-Hatsebaïm, d'Am

58 Total des desservants du Temple et des descendan
des serviteurs de Salomon : 392.
59 Liste de ceux qui sont venus des villes de Tel-Méla
de Tel-Harsha, de Keroub-Addân et d'Immer mais qui n
purent pas indiquer quels étaient leur groupe famili
et leur ascendance, pour prouver leur origine israélite
60 les descendants de Delaya, de Tobiya et de Neqoda : 65

61 Et parmi les prêtres : les descendants de Hobay
d'Haqqots et de Barzillaï. Ce dernier tenait son nom c
Barzillaï, le Galaadite, dont il avait épousé une fille. 62 I
recherchèrent leurs registres généalogiques, mais ne le
trouvèrent pas. Ils furent donc disqualifiés pour l'exercic
du sacerdoce, 63 et le gouverneur.

64 La communauté entière de ceux qui étaient revenu
de l'exil comprenait 42 360 personnes 65 sans compter leu
7 337 serviteurs et servantes. Parmi eux se trouvaient 20
musiciens et chanteuses[q]. 66 Ils avaient 736 chevaux, 24
mulets, 67 435 chameaux et 6 720 ânes.
68 Lors de leur arrivée au temple de l'Eternel à Jérusalen
plusieurs chefs de groupes familiaux firent des offrande

[m] **2.41** *Asaph* fut l'un des trois lévites établis par David pour diriger la musique et le chant (1 Ch 15.16-24 ; 25.1 ; 2 Ch 5.12 ; 35.15).
[n] **2.42** Lévites chargés de surveiller les entrées du Temple.
[o] **2.43** Voir 8.20 ; 1 Ch 9.2. Chargés de tâches subalternes.
[p] **2.55** Voir Né 7.57, 60 ; 11.3. Peut-être les descendants des ouvriers étrangers engagés à la construction du Temple sous Salomon (voir 1 R 9.20-21).
[q] **2.65** Certainement des musiciens autres que les lévites des v. 41 et 70, qui se produisaient aux fêtes populaires ainsi que lors des mariages et des enterrements (2 Ch 35.25).

will offerings toward the rebuilding of the house of God on its site. 69 According to their ability they gave to the treasury for this work 61,000 darics[d] of gold, 5,000 minas[e] of silver and 100 priestly garments.

70 The priests, the Levites, the musicians, the gatekeepers and the temple servants settled in their own towns, along with some of the other people, and the rest of the Israelites settled in their towns.

Rebuilding the Altar

3 1 When the seventh month came and the Israelites had settled in their towns, the people assembled together as one in Jerusalem. 2 Then Joshua son of Jozadak and his fellow priests and Zerubbabel son of Shealtiel and his associates began to build the altar of the God of Israel to sacrifice burnt offerings on it, in accordance with what is written in the Law of Moses the man of God. 3 Despite their fear of the peoples around them, they built the altar on its foundation and sacrificed burnt offerings on it to the LORD, both the morning and evening sacrifices. 4 Then in accordance with what is written, they celebrated the Festival of Tabernacles with the required number of burnt offerings prescribed for each day. 5 After that, they presented the regular burnt offerings, the New Moon sacrifices and the sacrifices for all the appointed sacred festivals of the LORD, as well as those brought as freewill offerings to the LORD. 6 On the first day of the seventh month they began to offer burnt offerings to the LORD, though the foundation of the LORD's temple had not yet been laid.

Rebuilding the Temple

7 Then they gave money to the masons and carpenters, and gave food and drink and olive oil to the people of Sidon and Tyre, so that they would bring cedar logs by sea from Lebanon to Joppa, as authorized by Cyrus king of Persia.

8 In the second month of the second year after their arrival at the house of God in Jerusalem, Zerubbabel son of Shealtiel, Joshua son of Jozadak and the rest of the people (the priests and the Levites and all who had returned from the captivity to Jerusalem) began the work. They appointed Levites twenty years old and older to supervise the building of the house of the LORD. 9 Joshua and his sons and brothers and Kadmiel and his sons (descendants of Hodaviah[f]) and the sons of Henadad and their sons and brothers – all Levites – joined together in supervising those working on the house of God.

10 When the builders laid the foundation of the temple of the LORD, the priests in their vestments and with trumpets, and the Levites (the sons of Asaph) with cymbals, took their places to praise the LORD, as prescribed by David king of Israel. 11 With praise and thanksgiving they sang to the LORD:

2:69 That is, about 1,100 pounds or about 500 kilograms
2:69 That is, about 3 tons or about 2.8 metric tons
3:9 Hebrew *Yehudah*, a variant of *Hodaviah*

volontaires pour la reconstruction du temple de Dieu sur son emplacement. 69 Ils versèrent, chacun selon ses moyens, au fonds des travaux : 61 000 pièces d'or et 5 000 pièces d'argent, plus 100 tuniques sacerdotales.

70 Les prêtres et les lévites, les gens du peuple, les musiciens, les portiers et les desservants du Temple, tous les Israélites s'établirent dans leurs villes d'origine.

L'autel est reconstruit et le culte rétabli

3 1 Quand arriva le septième mois[r], les Israélites étaient installés dans leurs villes. Alors le peuple se rassembla à Jérusalem comme un seul homme. 2 Josué, fils de Yotsadaq, avec ses collègues les prêtres, et Zorobabel, fils de Shealtiel, avec les gens de sa parenté, se mirent à l'œuvre et reconstruisirent l'autel du Dieu d'Israël pour y offrir des holocaustes, selon ce qui est écrit dans la Loi de Moïse, l'homme de Dieu. 3 Malgré leur peur des populations locales, ils rétablirent l'autel sur ses anciennes fondations et ils y offrirent des holocaustes à l'Eternel, ceux du matin et du soir. 4 Puis ils célébrèrent la fête des Cabanes suivant les prescriptions, et ils offrirent quotidiennement des holocaustes selon le nombre fixé pour chaque jour. 5 Après cela, ils offrirent l'holocauste perpétuel et ceux des nouvelles lunes et de toutes les solennités consacrées à l'Eternel, et pour tous ceux qui faisaient des offrandes volontaires à l'Eternel.

6 Dès le premier jour du septième mois[s], ils commencèrent à offrir des holocaustes à l'Eternel, bien que les fondations du temple de l'Eternel n'aient pas encore été posées[t]. 7 On remit de l'argent aux tailleurs de pierre et aux charpentiers, ainsi que des vivres, des boissons et de l'huile aux Sidoniens et aux Tyriens pour qu'ils acheminent par mer jusqu'à Jaffa du bois de cèdre depuis le Liban. Tout cela fut fait en vertu de l'autorisation accordée par Cyrus, roi de Perse.

Les fondations du nouveau Temple

8 Dans la deuxième année après l'arrivée des exilés au temple de Dieu à Jérusalem, au deuxième mois[u], Zorobabel, fils de Shealtiel, Josué, fils de Yotsadaq, et le reste de leurs compatriotes, les prêtres et les lévites et tous ceux qui étaient revenus de captivité à Jérusalem, commencèrent le travail. Les lévites âgés de vingt ans et plus furent chargés de superviser les travaux du temple de l'Eternel. 9 Josué, avec ses fils et ses frères, Qadmiel avec ses fils qui étaient des descendants de Juda eurent pour fonction de superviser tous ensemble ceux qui travaillaient au chantier. Ils étaient assistés des descendants de Hénadad, avec leurs fils et leurs parents les lévites. 10 Lorsque les maçons posèrent les fondations du temple de l'Eternel[v], on mit en place les prêtres revêtus de leurs habits de cérémonie, avec les trompettes en mains, et les lévites descendants d'Asaph avec les cymbales, afin de louer l'Eternel, selon les prescriptions de David, roi d'Israël. 11 Ils entonnèrent des hymnes de louange et des cantiques

r **3.1** C'est-à-dire le mois de Tishri, en septembre-octobre 537 av. J.-C.
s **3.6** C'est-à-dire vers la mi-septembre.
t **3.6** Autre traduction : *bien que le temple de l'Eternel n'ait pas encore été réparé.*
u **3.8** Avril-mai 536 av. J.-C.
v **3.10** Autre traduction : *commencèrent les travaux de réparation du Temple.*

"He is good;
his love toward Israel endures forever."

And all the people gave a great shout of praise to the LORD, because the foundation of the house of the LORD was laid. 12 But many of the older priests and Levites and family heads, who had seen the former temple, wept aloud when they saw the foundation of this temple being laid, while many others shouted for joy. 13 No one could distinguish the sound of the shouts of joy from the sound of weeping, because the people made so much noise. And the sound was heard far away.

Opposition to the Rebuilding

4 1 When the enemies of Judah and Benjamin heard that the exiles were building a temple for the LORD, the God of Israel, 2 they came to Zerubbabel and to the heads of the families and said, "Let us help you build because, like you, we seek your God and have been sacrificing to him since the time of Esarhaddon king of Assyria, who brought us here."

3 But Zerubbabel, Joshua and the rest of the heads of the families of Israel answered, "You have no part with us in building a temple to our God. We alone will build it for the LORD, the God of Israel, as King Cyrus, the king of Persia, commanded us."

4 Then the peoples around them set out to discourage the people of Judah and make them afraid to go on building.[g] 5 They bribed officials to work against them and frustrate their plans during the entire reign of Cyrus king of Persia and down to the reign of Darius king of Persia.

Later Opposition Under Xerxes and Artaxerxes

6 At the beginning of the reign of Xerxes,[h] they lodged an accusation against the people of Judah and Jerusalem.

7 And in the days of Artaxerxes king of Persia, Bishlam, Mithredath, Tabeel and the rest of his associates wrote a letter to Artaxerxes. The letter was written in Aramaic script and in the Aramaic language.[i,j]

g **4:4** Or *and troubled them as they built*
h **4:6** Hebrew *Ahasuerus*
i **4:7** Or *written in Aramaic and translated*
j **4:7** The text of 4:8–6:18 is in Aramaic.

de remerciement pour célébrer l'Eternel en chantant à tour de rôle[w] :

Oui, il est bon,
et son amour pour Israël
dure à toujours.

Tout le peuple fit aussi retentir de grandes acclamations pour louer l'Eternel, parce qu'on posait les fondations de son temple[x]. 12 Beaucoup, parmi les prêtres, les lévites, et les chefs de groupes familiaux parmi les plus âgés, qui avaient encore vu l'ancien temple, pleuraient à haute voix pendant que l'on posait sous leurs yeux les fondations du nouveau temple[y], alors que beaucoup d'autres gens exprimaient leur joie par des acclamations bruyantes, 13 de sorte qu'on ne pouvait pas distinguer les ovations joyeuses des pleurs ; le peuple poussait de grands cris dont l'écho retentissait au loin.

L'interruption des travaux de reconstruction du Temple

4 1 Les ennemis de Juda et de Benjamin[z] apprirent que les anciens déportés reconstruisaient un temple à l'Eternel, le Dieu d'Israël. 2 Ils vinrent trouver Zorobabel et les chefs des groupes familiaux pour leur dire : Nous allons vous aider à reconstruire ce temple, car nous invoquons le même Dieu que vous et nous lui offrons des sacrifices depuis le temps d'Esar-Haddôn[a], roi d'Assyrie, qui nous a déportés ici.

3 Mais Zorobabel, Josué et les autres chefs des groupes familiaux d'Israël leur répondirent : Il nous appartient à nous, et pas à vous, de bâtir un temple pour notre Dieu ; nous seuls devons construire cet édifice pour l'Eternel, le Dieu d'Israël, comme l'a ordonné Cyrus, le roi de Perse. 4 Alors les gens du pays découragèrent les Judéens et les effrayèrent pour qu'ils cessent de bâtir. 5 Ils soudoyèrent des conseillers[b] pour s'opposer à eux et faire échouer leur entreprise. Ils y parvinrent durant le règne de Cyrus et jusqu'au règne de Darius, tous deux empereurs de Perse[c].

La lettre adressée à l'empereur Artaxerxès

6 Dès le début du règne de Xerxès[d], ils lui écrivirent une lettre d'accusation contre les habitants de Juda et de Jérusalem. 7 Et sous le règne d'Artaxerxès[e], Bishlâm, Mitredath, Tabéel et leurs collègues écrivirent à Artaxerxès, empereur de Perse. Le document était rédigé

w **3.11** C'est-à-dire de manière antiphonée où deux chœurs se répondaient.
x **3.11** Autre traduction : *parce qu'on commençait les travaux de réparation de son temple.*
y **3.12** Autre traduction : *commençait sous leurs yeux les travaux de réparation du Temple pour le rénover.*
z **4.1** C'est-à-dire des habitants de l'ancien royaume de Samarie (voir v. 2).
a **4.2** Roi assyrien (681 à 669 av. J.-C.) qui inaugura la politique de transplantation des populations dans les régions conquises (voir 2 R 17.24-41 ; 2 Ch 33.11).
b **4.5** C'est-à-dire des fonctionnaires perses qui se chargèrent d'accuser les Juifs (voir Né 6.12-13).
c **4.5** *Cyrus* régna jusqu'en 530 av. J.-C., son successeur Cambyse jusqu'en 522 av. J.-C., et Darius Ier de 522 à 486 av. J.-C. Le récit s'interrompt ici pour reprendre au v. 24. Les v. 6-23 concernent une époque plus tardive. L'auteur a regroupé dans ce chapitre différentes tentatives faites par les ennemis des Juifs pour s'opposer à leurs entreprises.
d **4.6** En hébreu *Assuérus* (voir Est 1.1). Fils de Darius Ier, empereur de 486 à 465 av. J.-C.
e **4.7** Artaxerxès Ier (465 à 424 av. J.-C.).

8 Rehum the commanding officer and Shimshai
he secretary wrote a letter against Jerusalem to
rtaxerxes the king as follows:

9 Rehum the commanding officer and Shimshai
the secretary, together with the rest of their associates – the judges, officials and administrators
over the people from Persia, Uruk and Babylon,
the Elamites of Susa, 10 and the other people whom
the great and honorable Ashurbanipal deported
and settled in the city of Samaria and elsewhere
in Trans-Euphrates.
11 (This is a copy of the letter they sent him.)
To King Artaxerxes,
From your servants in Trans-Euphrates:
12 The king should know that the people who came
up to us from you have gone to Jerusalem and are
rebuilding that rebellious and wicked city. They are
restoring the walls and repairing the foundations.
13 Furthermore, the king should know that if this
city is built and its walls are restored, no more
taxes, tribute or duty will be paid, and eventually
the royal revenues will suffer.[k] 14 Now since we are
under obligation to the palace and it is not proper
for us to see the king dishonored, we are sending
this message to inform the king, 15 so that a search
may be made in the archives of your predecessors.
In these records you will find that this city is a rebellious city, troublesome to kings and provinces,
a place with a long history of sedition. That is why
this city was destroyed. 16 We inform the king that if
this city is built and its walls are restored, you will
be left with nothing in Trans-Euphrates.

17 The king sent this reply:
To Rehum the commanding officer, Shimshai the
secretary and the rest of their associates living in
Samaria and elsewhere in Trans-Euphrates:
Greetings.
18 The letter you sent us has been read and translated in my presence. 19 I issued an order and a
search was made, and it was found that this city
has a long history of revolt against kings and has
been a place of rebellion and sedition. 20 Jerusalem
has had powerful kings ruling over the whole of
Trans-Euphrates, and taxes, tribute and duty were
paid to them. 21 Now issue an order to these men to
stop work, so that this city will not be rebuilt until
I so order. 22 Be careful not to neglect this matter.

4:13 The meaning of the Aramaic for this clause is uncertain.

en langue araméenne et écrit en caractères araméens.
8 Rehoum, le gouverneur, et Shimshaï, son secrétaire, écrivirent à l'empereur Artaxerxès la lettre suivante[f] au sujet
de Jérusalem :
9 « Rehoum, gouverneur, Shimshaï, secrétaire, et leurs
collègues originaires de Din, d'Arpharsatak, de Tarpel,
d'Apharas[g], d'Erek, de Babylone, de Suse, de Déha, d'Elam,
10 ainsi que les autres peuples que le grand et glorieux
Assourbanipal[h] a déportés pour les établir dans la ville
de Samarie et dans d'autres territoires à l'ouest de l'Euphrate, etc. »

11 Voici une copie de la lettre qu'ils lui envoyèrent :
« A l'empereur Artaxerxès. Tes serviteurs, les gens de la
province à l'ouest du fleuve, etc. 12 Que l'empereur sache
que les Juifs revenus de chez toi sont arrivés parmi nous
à Jérusalem et sont en train de rebâtir la ville rebelle et
perverse : ils en réparent les remparts et en restaurent les
fondations. 13 Que l'empereur sache que si cette ville est
reconstruite et si ses remparts sont réparés, ses habitants
ne paieront plus ni tribut, ni impôt, ni taxes de péage,
ce qui finalement lésera le trésor royal. 14 C'est pourquoi,
étant les obligés du palais impérial et pensant qu'il ne
nous conviendrait pas d'être témoins du tort fait à ton
honneur, nous transmettons au roi ces informations 15 afin
que des recherches soient faites dans les annales de tes
prédécesseurs. Tu trouveras dans ces archives et tu verras ainsi que cette ville a toujours été rebelle et nuisible
aux rois et aux provinces. Depuis toujours, ses habitants
n'ont cessé de provoquer des révoltes. C'est la raison pour
laquelle cette ville a été détruite. 16 Nous avertissons donc
l'empereur que si elle est rebâtie et si ses remparts sont
restaurés, tu n'auras bientôt plus de possessions à l'ouest
de l'Euphrate. »

La réponse de l'empereur

17 L'empereur fit parvenir la réponse suivante :
« A Rehoum, gouverneur, à Shimshaï, secrétaire, et au
reste de leurs collègues demeurant à Samarie et dans les
territoires à l'ouest du fleuve, j'adresse mes salutations,
etc. 18 Le rapport que vous nous avez envoyé m'a été lu
après avoir été traduit[i]. 19 Sur mon ordre, on a fait des
recherches et l'on a effectivement trouvé que, depuis toujours, cette ville s'est soulevée contre les rois et qu'elle a
provoqué des révoltes et des insurrections[j]. 20 Il y eut à
Jérusalem des rois puissants qui étendirent leur domination sur toute la région à l'ouest du fleuve, et à qui on
payait tributs, impôts, et taxes de péage. 21 Prenez donc
des dispositions pour ordonner à ces gens de cesser leurs
travaux pour que cette ville ne soit pas rebâtie tant que je
n'en aurai pas donné l'ordre. 22 Soyez sur vos gardes pour
éviter toute négligence dans cette affaire, afin que les

f **4.8** La section qui va de 4.8 à 6.18 est en araméen dans l'original. Cette lettre semble différente de celle du v. 7, ses auteurs n'étant pas les mêmes.

g **4.9** Ces quatre mots pourraient désigner, non des localités, mais des fonctions officielles. Dans ce cas, il faudrait lire : *les juges, les légats, les consuls, les fonctionnaires d'Erek ...*

h **4.10** En hébreu *Osnappar,* une variante d'Assourbanipal (668 à 626 av. J.-C.), dernier grand roi assyrien de Ninive.

i **4.18** D'araméen en perse, langue que le roi était à même de comprendre.

j **4.19** Allusion aux révoltes d'Ezéchias, Yehoyaqim et Sédécias (2 R 18.7 ; 24.1, 20).

Why let this threat grow, to the detriment of the
royal interests?
[23] As soon as the copy of the letter of King
Artaxerxes was read to Rehum and Shimshai the
secretary and their associates, they went immediately to the Jews in Jerusalem and compelled them
by force to stop.

[24] Thus the work on the house of God in Jerusalem
came to a standstill until the second year of the reign
of Darius king of Persia.

Tattenai's Letter to Darius

5 [1] Now Haggai the prophet and Zechariah the
prophet, a descendant of Iddo, prophesied to the
Jews in Judah and Jerusalem in the name of the God of
Israel, who was over them. [2] Then Zerubbabel son of
Shealtiel and Joshua son of Jozadak set to work to rebuild the house of God in Jerusalem. And the prophets
of God were with them, supporting them.
[3] At that time Tattenai, governor of Trans-
Euphrates, and Shethar-Bozenai and their associates
went to them and asked, "Who authorized you to rebuild this temple and to finish it?" [4] They[l] also asked,
"What are the names of those who are constructing
this building?" [5] But the eye of their God was watching
over the elders of the Jews, and they were not stopped
until a report could go to Darius and his written reply
be received.

[6] This is a copy of the letter that Tattenai, governor
of Trans-Euphrates, and Shethar-Bozenai and their
associates, the officials of Trans-Euphrates, sent to
King Darius. [7] The report they sent him read as follows:
To King Darius:
Cordial greetings.
[8] The king should know that we went to the district
of Judah, to the temple of the great God. The people
are building it with large stones and placing the
timbers in the walls. The work is being carried on
with diligence and is making rapid progress under
their direction.
[9] We questioned the elders and asked them, "Who
authorized you to rebuild this temple and to finish
it?" [10] We also asked them their names, so that we
could write down the names of their leaders for
your information.
[11] This is the answer they gave us:
"We are the servants of the God of heaven and
earth, and we are rebuilding the temple that was

[l] **5:4** See Septuagint; Aramaic *We.*

empereurs ne soient pas lésés par des dommages encor
plus grands ! »
[23] Dès que la copie de la lettre de l'empereur Artaxerxè
eut été lue devant Rehoum, Shimshaï, son secrétair
et leurs collègues, ceux-ci se rendirent en toute hâte
Jérusalem auprès des Judéens et les obligèrent par la vic
lence et la force à cesser leurs travaux.

L'interruption des travaux de reconstruction du Temple (suite)

[24] Dès lors[k], les travaux de restauration du temple d
Dieu à Jérusalem furent interrompus ; cette interruptio
se prolongea jusqu'à la seconde année du règne de Dariu
roi de Perse[l].

La reprise des travaux

5 [1] Le prophète Aggée et le prophète Zacharie, pe
tit-fils d'Iddo, s'adressèrent aux Juifs établis en Jud
et à Jérusalem de la part du Dieu d'Israël qui était e
eux[m]. [2] Alors Zorobabel, fils de Shealtiel, et Josué, fils d
Yotsadaq[n], se mirent au travail et reprirent la reconstru
tion du temple de Dieu à Jérusalem avec l'assistance de
prophètes de Dieu. [3] Aussitôt, Thathnaï, gouverneur de
province située à l'ouest de l'Euphrate, Shethar-Boznaï e
leurs collègues vinrent les trouver et leur demandèrent
Qui vous a donné l'autorisation de rebâtir ce sanctuair
et de relever ces murs ?
[4] Alors nous leur avons indiqué les noms de ceux qu
travaillaient à la reconstruction[o]. [5] Mais Dieu veillait su
les responsables des Juifs et on ne les obligea pas à inte
rompre leurs travaux en attendant que Darius ait reçu u
rapport à ce sujet et que la réponse revienne.

La lettre adressée à l'empereur Darius

[6] Voici une copie de la lettre envoyée à l'empereur Dari
par Thathnaï, gouverneur de la province située à l'oues
de l'Euphrate, Shethar-Boznaï et ses collègues, les préfe
de la province à l'ouest de l'Euphrate. [7] Le rapport qu'i
envoyèrent était conçu ainsi :
« A l'empereur Darius, tous nos vœux de prospérité
[8] Que le roi sache que nous nous sommes rendus dans
district de Juda jusqu'au grand temple de Dieu. Cet éd
fice est en cours de reconstruction en pierres de taill
Du bois est encastré dans les murs. Ce travail se pou
suit avec soin et progresse bien grâce aux efforts d
constructeurs. [9] Nous avons interrogé les responsabl
parmi eux et nous leur avons demandé : Qui vous a do
né l'autorisation de rebâtir ce sanctuaire et de relev
ces murs ? [10] Nous leur avons aussi demandé leurs non
pour te les faire connaître, et nous avons noté par écr
ces noms des hommes qui sont à leur tête.
[11] Voici la réponse qu'ils nous ont faite : Nous somm
les serviteurs du Dieu du ciel et de la terre et nous r

[k] **4.24** Reprise de la section sur les travaux de reconstruction du Templ qui s'est arrêtée en 4.5.

[l] **4.24** En 520 av. J.-C.

[m] **5.1** Aggée a prophétisé du 29 août (Ag 1.1) au 18 décembre 520 (Ag 2.1, 10, 20) pour encourager le peuple à reprendre les travaux de reconstruction du Temple. Deux mois après son premier discours, Zacharie s'est associé à lui (Za 1.1).

[n] **5.2** Sur *Josué* et *Zorobabel,* voir Ag 1.12 ; Za 3.4. Zorobabel était le petit-fils de Yehoyakîn (1 Ch 3.17).

[o] **5.4** L'ancienne version grecque a : *ils demandèrent aussi : Quels sont les noms de ceux qui travaillent à la reconstruction ?*

built many years ago, one that a great king of Israel built and finished. 12 But because our ancestors angered the God of heaven, he gave them into the hands of Nebuchadnezzar the Chaldean, king of Babylon, who destroyed this temple and deported the people to Babylon.

13 "However, in the first year of Cyrus king of Babylon, King Cyrus issued a decree to rebuild this house of God. 14 He even removed from the temple[m] of Babylon the gold and silver articles of the house of God, which Nebuchadnezzar had taken from the temple in Jerusalem and brought to the temple[n] in Babylon. Then King Cyrus gave them to a man named Sheshbazzar, whom he had appointed governor, 15 and he told him, 'Take these articles and go and deposit them in the temple in Jerusalem. And rebuild the house of God on its site.'

16 "So this Sheshbazzar came and laid the foundations of the house of God in Jerusalem. From that day to the present it has been under construction but is not yet finished."

17 Now if it pleases the king, let a search be made in the royal archives of Babylon to see if King Cyrus did in fact issue a decree to rebuild this house of God in Jerusalem. Then let the king send us his decision in this matter.

he Decree of Darius

6 1 King Darius then issued an order, and they searched in the archives stored in the treasury at abylon. 2 A scroll was found in the citadel of Ecbatana n the province of Media, and this was written on it:

Memorandum:

3 In the first year of King Cyrus, the king issued a decree concerning the temple of God in Jerusalem:

Let the temple be rebuilt as a place to present sacrifices, and let its foundations be laid. It is to be sixty cubits[o] high and sixty cubits wide, 4 with three courses of large stones and one of timbers. The costs are to be paid by the royal treasury. 5 Also, the gold and silver articles of the house of God, which Nebuchadnezzar took from the temple in Jerusalem and brought to Babylon, are to be returned to their places in the temple in Jerusalem; they are to be deposited in the house of God.

6 Now then, Tattenai, governor of Trans-Euphrates, and Shethar-Bozenai and you other officials of that province, stay away from there. 7 Do not interfere with the work on this temple of God. Let the governor of the Jews and the Jewish elders rebuild this house of God on its site.

8 Moreover, I hereby decree what you are to do for these elders of the Jews in the construction of this house of God:

Their expenses are to be fully paid out of the royal treasury, from the revenues of Trans-Euphrates,

5:14 Or *palace*
5:14 Or *palace*
6:3 That is, about 90 feet or about 27 meters

construisons le temple qui avait été bâti et achevé il y a bien longtemps par un grand roi d'Israël[p]. 12 Mais comme nos ancêtres ont irrité le Dieu du ciel, celui-ci les a livrés au pouvoir du Chaldéen Nabuchodonosor, roi de Babylone. Ce roi a détruit ce temple et déporté la population à Babylone. 13 Cependant, la première année du règne de Cyrus, roi de Babylone[q], le roi Cyrus a donné par un édit l'ordre de rebâtir ce temple. 14 Et même, le roi Cyrus a retiré du temple de Babylone les objets d'or et d'argent que Nabuchodonosor avait emportés du temple de Jérusalem et qu'il avait transférés dans le temple de Babylone. Il les a donnés au nommé Sheshbatsar qu'il avait désigné comme gouverneur, 15 et il lui a ordonné d'emporter ces objets et de les déposer dans le temple de Jérusalem, en stipulant que le temple devait être rebâti sur son ancien emplacement. 16 Ce Sheshbatsar est donc venu ici et il a posé les nouvelles fondations du temple de Dieu qui est à Jérusalem. Depuis lors, et jusqu'à ce jour, ce temple est en reconstruction mais les travaux ne sont pas encore achevés.

17 Maintenant, si l'empereur le trouve bon, que l'on fasse des recherches dans les archives royales là-bas, à Babylone pour voir s'il y a bien eu de la part du roi Cyrus un édit ordonnant la reconstruction de ce temple à Jérusalem. Puis que le roi veuille nous communiquer sa volonté à ce sujet. »

La réponse et le décret de Darius

6 1 Là-dessus, l'empereur Darius donna l'ordre de faire des recherches dans la bibliothèque où étaient déposés les trésors à Babylone. 2 Et l'on trouva dans Ecbatane[r], la capitale de la province de Médie[s], un rouleau sur lequel il était écrit :

3 « La première année du roi Cyrus, le roi Cyrus a promulgué ce décret concernant le temple de Jérusalem : Le temple doit être reconstruit pour être un lieu où l'on offre des sacrifices. Ses fondements seront rétablis. Il aura trente mètres de haut et autant de large. 4 On fera alterner trois rangées de pierres de taille et une rangée de poutres de bois. Les frais seront couverts par la trésorerie royale. 5 De plus, les objets d'or et d'argent du temple que Nabuchodonosor a enlevés du temple de Jérusalem et transportés à Babylone, doivent être restitués. Qu'ils soient rapportés au temple de Jérusalem où ils étaient et déposés dans le temple.

6 Maintenant toi, Thathnaï, gouverneur de la province située à l'ouest de l'Euphrate, toi, Shethar-Boznaï, et vous leurs collègues, préfets de la province à l'ouest du Fleuve, n'intervenez plus dans cette affaire. 7 Laissez se poursuivre les travaux de reconstruction de ce temple. Que le gouverneur des Juifs et leurs responsables le rebâtissent sur son ancien emplacement.

8 Voici quel décret je promulgue : Vous adopterez la ligne de conduite suivante vis-à-vis des responsables des Juifs en vue de la reconstruction de ce temple : Les dépenses en seront exactement couvertes par les recettes royales provenant des impôts de la province

p 5.11 Il s'agit de Salomon (voir 1 R 6).
q 5.13 Voir note 1.1.
r 6.2 L'une des quatre capitales de l'Empire perse (avec Babylone, Suse et Persépolis).
s 6.2 La *Médie,* située dans le nord-ouest de l'Iran actuel.

so that the work will not stop. 9 Whatever is needed – young bulls, rams, male lambs for burnt
offerings to the God of heaven, and wheat, salt,
wine and olive oil, as requested by the priests in
Jerusalem – must be given them daily without fail,
10 so that they may offer sacrifices pleasing to the
God of heaven and pray for the well-being of the
king and his sons.

11 Furthermore, I decree that if anyone defies this
edict, a beam is to be pulled from their house and
they are to be impaled on it. And for this crime their
house is to be made a pile of rubble. 12 May God,
who has caused his Name to dwell there, overthrow
any king or people who lifts a hand to change this
decree or to destroy this temple in Jerusalem.
I Darius have decreed it. Let it be carried out with
diligence.

Completion and Dedication of the Temple

13 Then, because of the decree King Darius had
sent, Tattenai, governor of Trans-Euphrates, and
Shethar-Bozenai and their associates carried it out
with diligence. 14 So the elders of the Jews continued
to build and prosper under the preaching of Haggai
the prophet and Zechariah, a descendant of Iddo. They
finished building the temple according to the command of the God of Israel and the decrees of Cyrus,
Darius and Artaxerxes, kings of Persia. 15 The temple
was completed on the third day of the month Adar, in
the sixth year of the reign of King Darius.

16 Then the people of Israel – the priests, the Levites
and the rest of the exiles – celebrated the dedication
of the house of God with joy. 17 For the dedication of
this house of God they offered a hundred bulls, two
hundred rams, four hundred male lambs and, as a sin
offering[p] for all Israel, twelve male goats, one for each
of the tribes of Israel. 18 And they installed the priests
in their divisions and the Levites in their groups for
the service of God at Jerusalem, according to what is
written in the Book of Moses.

The Passover

19 On the fourteenth day of the first month, the exiles celebrated the Passover. 20 The priests and Levites
had purified themselves and were all ceremonially
clean. The Levites slaughtered the Passover lamb for
all the exiles, for their relatives the priests and for
themselves. 21 So the Israelites who had returned from
the exile ate it, together with all who had separated themselves from the unclean practices of their
Gentile neighbors in order to seek the LORD, the God
of Israel. 22 For seven days they celebrated with joy the

[p] 6:17 Or *purification offering*

située à l'ouest de l'Euphrate. Elles seront payées
ces hommes sans interruption des versements. 9 Vou
fournirez aussi chaque jour aux prêtres de Jérusaler
tout ce qui est nécessaire pour les holocaustes d
Dieu du ciel : de jeunes taureaux, des béliers et de
agneaux, ainsi que du froment, du sel, du vin et d
l'huile. Vous le leur remettrez selon leur demand
et sans négligence, 10 afin qu'ils offrent des sacrifice
apaisants au Dieu du ciel et qu'ils prient pour la vi
du roi et de ses fils.
11 Je décrète encore ceci : Si quelqu'un ose transgresse
cet ordre, on arrachera de sa maison une poutre pou
l'y pendre, et l'on transformera sa demeure en un tas d
décombres[t]. 12 Que le Dieu qui réside là détruise tout rc
et tout peuple qui osera faire un geste pour passer outr
à ce décret en détruisant ce temple qui est à Jérusalem
Moi, Darius, j'ai promulgué ce décret. Qu'il soit exac
ement exécuté. »

L'achèvement des travaux et l'inauguration du nouveau Temple

13 Alors Thathnaï, gouverneur de la province à l'oues
de l'Euphrate, Shethar-Boznaï et leurs collègues se cor
formèrent exactement aux instructions envoyées par l
roi Darius. 14 Les responsables des Juifs continuèrent
bâtir et réussirent dans leur entreprise, stimulés par le
messages des prophètes Aggée et Zacharie, descendan
d'Iddo[u]. Ils achevèrent la construction conformément
l'ordre du Dieu d'Israël et aux ordres de Cyrus, de Dariu
et d'Artaxerxès, empereur de Perse.
15 Le Temple fut terminé le troisième jour du mois d'Ada
la sixième année du règne de l'empereur Darius[v]. 16 Le
Israélites, les prêtres, les lévites et tous ceux qui étaier
revenus de l'exil célébrèrent dans la joie l'inauguration d
Temple. 17 Ils offrirent, pour l'inauguration de ce templ
cent taureaux, deux cents béliers, quatre cents agneau
et, en sacrifices pour le péché de tout Israël, douze bouc
selon le nombre des tribus d'Israël.
18 On répartit aussi les prêtres selon leurs divisions e
les lévites selon leurs classes pour le service de Dieu
Jérusalem, conformément à ce qui est écrit dans le livr
de Moïse.

19 Les rapatriés célébrèrent la Pâque le quatorzièm
jour du premier mois[w]. 20 Les prêtres et les lévites avaier
procédé tous ensemble aux rites de purification, de sort
qu'ils étaient tous purs[x]. Ils purent ainsi égorger les ag
neaux de la Pâque pour tous les anciens déportés, pou
leurs frères les prêtres et pour eux-mêmes. 21 Les Israélite
revenus de la captivité mangèrent la Pâque avec tou
ceux qui avaient rejeté les pratiques impures des ger
des autres peuples du pays et qui s'étaient associés à eu
pour se tourner vers l'Eternel, le Dieu d'Israël. 22 Ensuite
ils célébrèrent dans la joie la fête des Pains sans levai

[t] **6.11** Les décrets et traités perses se terminaient habituellement par une liste de menaces et de malédictions contre ceux qui ne les observeraient pas.
[u] **6.14** Voir 5.1 et note.
[v] **6.15** En mars 516 av. J.-C.
[w] **6.19** Autour du 21 avril 516 av. J.-C.
[x] **6.20** Les *prêtres et les lévites* devaient être rituellement purs pour accomplir leurs fonctions.

estival of Unleavened Bread, because the LORD had
lled them with joy by changing the attitude of the
ing of Assyria so that he assisted them in the work
n the house of God, the God of Israel.

zra Comes to Jerusalem

7 1 After these things, during the reign of
Artaxerxes king of Persia, Ezra son of Seraiah,
he son of Azariah, the son of Hilkiah, 2 the son of
hallum, the son of Zadok, the son of Ahitub, 3 the son
f Amariah, the son of Azariah, the son of Meraioth,
he son of Zerahiah, the son of Uzzi, the son of Bukki,
he son of Abishua, the son of Phinehas, the son of
leazar, the son of Aaron the chief priest – 6 this Ezra
ame up from Babylon. He was a teacher well versed in
e Law of Moses, which the LORD, the God of Israel, had
iven. The king had granted him everything he asked,
or the hand of the LORD his God was on him. 7 Some
f the Israelites, including priests, Levites, musicians,
atekeepers and temple servants, also came up to
rusalem in the seventh year of King Artaxerxes.
8 Ezra arrived in Jerusalem in the fifth month of the
eventh year of the king. 9 He had begun his journey
om Babylon on the first day of the first month, and
e arrived in Jerusalem on the first day of the fifth
onth, for the gracious hand of his God was on him.
For Ezra had devoted himself to the study and ob-
ervance of the Law of the LORD, and to teaching its
ecrees and laws in Israel.

ing Artaxerxes' Letter to Ezra

11 This is a copy of the letter King Artaxerxes had
iven to Ezra the priest, a teacher of the Law, a man
arned in matters concerning the commands and
ecrees of the LORD for Israel:
12 Artaxerxes, king of kings,
To Ezra the priest, teacher of the Law of the God
of heaven:
Greetings.
13 Now I decree that any of the Israelites in my kingdom, including priests and Levites, who volunteer
to go to Jerusalem with you, may go. 14 You are sent
by the king and his seven advisers to inquire about
Judah and Jerusalem with regard to the Law of your
God, which is in your hand. 15 Moreover, you are to
take with you the silver and gold that the king and
his advisers have freely given to the God of Israel,
whose dwelling is in Jerusalem, 16 together with all
the silver and gold you may obtain from the province of Babylon, as well as the freewill offerings of
the people and priests for the temple of their God in
Jerusalem. 17 With this money be sure to buy bulls,
rams and male lambs, together with their grain
offerings and drink offerings, and sacrifice them
on the altar of the temple of your God in Jerusalem.
18 You and your fellow Israelites may then do whatever seems best with the rest of the silver and gold,

pendant sept jours, car l'Eternel les avait réjouis en dis-
posant favorablement à leur égard l'empereur d'Assyrie[y] de
manière à les encourager dans le travail de reconstruction
du temple du Dieu d'Israël.

Le voyage d'Esdras à Jérusalem

7 1 Plus tard, sous le règne d'Artaxerxès, empereur de
Perse[z], vivait un homme nommé Esdras. Ses ancêtres
en ligne directe étaient Seraya, Azaria, Hilqiya, 2 Shalloum,
Tsadoq, Ahitoub, 3 Amaria, Azaria, Merayoth, 4 Zerahya,
Ouzzi, Bouqqi, 5 Abishoua, Phinéas, Eléazar, fils d'Aaron
le grand-prêtre.
6 Cet Esdras vint de Babylone. C'était un spécialiste de
la Loi possédant une connaissance approfondie de la Loi
de Moïse, que l'Eternel, le Dieu d'Israël, avait donnée à son
peuple. L'Eternel son Dieu était avec Esdras, si bien que
l'empereur lui accorda tout ce qu'il demandait.
7 La septième année[a] du règne d'Artaxerxès, un certain nombre d'Israélites : des prêtres et des lévites, des
musiciens, des portiers et des desservants du Temple partirent pour Jérusalem. 8 Esdras vint avec eux à Jérusalem
au cinquième mois de la septième année du règne de l'empereur. 9 Il avait fixé le départ de Babylone au premier jour
du premier mois et il arriva à Jérusalem le premier jour
du cinquième mois grâce à la protection bienveillante de
son Dieu. 10 En effet, Esdras prenait grand soin d'étudier
la Loi de l'Eternel et de l'appliquer, ainsi que d'enseigner
les lois et le droit aux Israélites.

Le document d'Artaxerxès remis à Esdras

11 Voici la copie du document que l'empereur Artaxerxès
remit à Esdras, le prêtre et spécialiste de la Loi, qui était
versé dans la connaissance des lois et des commandements
de l'Eternel, pour Israël :
12 « Artaxerxès[b], le roi des rois, au prêtre Esdras, spécialiste de la Loi du Dieu du ciel, etc. 13 J'ai donné ordre que
tous les Israélites, les prêtres et les lévites qui résident
dans mon royaume et qui désirent aller à Jérusalem aillent avec toi. 14 Moi, le roi et mes sept conseillers, nous
t'envoyons faire une enquête dans le territoire de Juda
et à Jérusalem, pour voir comment y est observée la Loi
de ton Dieu qui est entre tes mains. 15 Tu es également
chargé d'y apporter l'argent et l'or que le roi et ses conseillers ont offerts au Dieu d'Israël qui a sa demeure à
Jérusalem. 16 Tu emporteras aussi tout l'argent et l'or
que tu auras collecté dans toute la province de Babylone
et les dons volontaires faits par le peuple et les prêtres
pour le temple de leur Dieu qui est à Jérusalem. 17 Avec
cet argent, tu auras soin d'acheter là-bas des taureaux,
des béliers, des agneaux, avec les offrandes de céréales
et de vin qui doivent les accompagner, et tu les offriras
sur l'autel du temple de votre Dieu à Jérusalem. 18 Quant
au reste de l'argent et de l'or, vous en ferez ce que toi et
tes compatriotes jugerez bon de faire, conformément à
la volonté de votre Dieu.

---

[y] **6.22** Darius, empereur de Perse.
[z] **7.1** Plusieurs rois perses ont porté ce nom. Il s'agit certainement d'*Artaxerxès Ier* (voir note 4.7). La venue d'Esdras daterait donc de 458 av. J.-C. (voir v. 7). Les événements relatés dans ce chapitre se sont donc passés environ 60 ans après les précédents.
[a] **7.7** Voir note v. 1.
[b] **7.12** Les v. 12-26 sont de nouveau en araméen : ils reproduisent le document royal rédigé dans la langue diplomatique de l'époque.

in accordance with the will of your God. [19]Deliver
to the God of Jerusalem all the articles entrusted
to you for worship in the temple of your God. [20]And
anything else needed for the temple of your God
that you are responsible to supply, you may provide
from the royal treasury.
[21]Now I, King Artaxerxes, decree that all the treasurers of Trans-Euphrates are to provide with
diligence whatever Ezra the priest, the teacher of
the Law of the God of heaven, may ask of you – [22]up
to a hundred talents[q] of silver, a hundred cors[r] of
wheat, a hundred baths[s] of wine, a hundred baths[t]
of olive oil, and salt without limit. [23]Whatever the
God of heaven has prescribed, let it be done with
diligence for the temple of the God of heaven. Why
should his wrath fall on the realm of the king and
of his sons? [24]You are also to know that you have no
authority to impose taxes, tribute or duty on any of
the priests, Levites, musicians, gatekeepers, temple
servants or other workers at this house of God.
[25]And you, Ezra, in accordance with the wisdom of
your God, which you possess, appoint magistrates
and judges to administer justice to all the people
of Trans-Euphrates – all who know the laws of your
God. And you are to teach any who do not know
them. [26]Whoever does not obey the law of your God
and the law of the king must surely be punished
by death, banishment, confiscation of property,
or imprisonment.[u]

[27]Praise be to the Lord, the God of our ancestors,
who has put it into the king's heart to bring honor to
the house of the Lord in Jerusalem in this way [28]and
who has extended his good favor to me before the
king and his advisers and all the king's powerful officials. Because the hand of the Lord my God was on
me, I took courage and gathered leaders from Israel
to go up with me.

List of the Family Heads Returning With Ezra

8 [1]These are the family heads and those registered
with them who came up with me from Babylon
during the reign of King Artaxerxes:
[2]of the descendants of Phinehas:
Gershom;
of the descendants of Ithamar:
Daniel;
of the descendants of David:
Hattush [3]of the descendants of Shekaniah;
of the descendants of Parosh:
Zechariah, and with him were registered 150 men;
[4]of the descendants of Pahath-Moab:
Eliehoenai son of Zerahiah, and with him 200 men;
[5]of the descendants of Zattu:[v]
Shekaniah son of Jahaziel, and with him 300 men;
[6]of the descendants of Adin:

[q] 7:22 That is, about 3 3/4 tons or about 3.4 metric tons
[r] 7:22 That is, probably about 18 tons or about 16 metric tons
[s] 7:22 That is, about 600 gallons or about 2,200 liters
[t] 7:22 That is, about 600 gallons or about 2,200 liters
[u] 7:26 The text of 7:12-26 is in Aramaic.
[v] 8:5 Some Septuagint manuscripts (also 1 Esdras 8:32); Hebrew does not have *Zattu*.

[19]Tu déposeras devant le Dieu de Jérusalem les ustensil
du culte qui te seront remis pour le service du temple d
ton Dieu. [20]Concernant les autres dépenses qu'il te ser
nécessaire d'effectuer pour le temple de ton Dieu, tu l
feras payer par la trésorerie royale[c]. [21]Moi, l'empereu
Artaxerxès, je donne l'ordre à tous les trésoriers de
province à l'ouest de l'Euphrate de faire exactement to
ce que le prêtre Esdras, spécialiste de la Loi du Dieu d
ciel, vous demandera, [22]jusqu'à concurrence de 3 50
kilogrammes d'argent, 45 000 litres de blé, 4 500 litr
de vin, 4 500 litres d'huile et du sel à volonté. [23]On s
conformera scrupuleusement à tout ce qui est ordonn
par le Dieu du ciel pour qu'il ne se mette pas en colè
contre mon empire et contre mes descendants.
[24]Enfin, nous vous notifions qu'il n'est permis d
prélever ni taxe, ni impôt, ni droit de péage sur aucu
des prêtres, des lévites, des musiciens, des portiers, d
desservants et des serviteurs de ce temple. [25]Quant à t
Esdras, nomme, conformément aux sages instructio
de la Loi de ton Dieu que tu possèdes, des juges et d
magistrats chargés de rendre la justice à tous ceux q
dans la province à l'ouest de l'Euphrate, connaissent l
lois de ton Dieu. Quant à ceux qui ne les connaissent pa
tu les leur feras connaître.
[26]Tous ceux qui n'observent pas exactement la Loi d
ton Dieu et la loi de l'empereur, seront condamnés so
à la peine capitale, soit à l'exil, soit à la confiscation d
leurs biens, soit à l'emprisonnement. »

Louange

[27]Béni soit l'Eternel, le Dieu de nos ancêtres, qui a di
posé l'empereur à donner une telle splendeur au temple
l'Eternel à Jérusalem, [28]et qui m'a témoigné sa bonté da
mes rapports avec l'empereur, ses conseillers, et tous l
plus hauts fonctionnaires impériaux. Ainsi fortifié par
que l'Eternel mon Dieu était avec moi, j'ai pu rassembl
des chefs d'Israël pour qu'ils partent avec moi.

La liste des Judéens rentrés d'exil avec Esdras

8 [1]Voici, avec leurs généalogies, la liste des group
familiaux qui rentrèrent avec moi de Babylone so
le règne du roi Artaxerxès :
[2] Des descendants de Phinéas : Guershom ;
des descendants d'Itamar : Daniel ;
des descendants de David : Hattoush ; [3]des
descendants de Shekania,
de Pareosh : Zacharie, avec qui furent recensés 15
hommes ;
[4] des descendants de Pahath-Moab : Elyehoénaï, fils
de Zerahya, à la tête de 200 hommes ;
[5] des descendants de Zattou[d] : Shekania, fils de
Yahaziel, à la tête de 300 hommes ;
[6] des descendants d'Adîn : Ebed, fils de Jonathan, à l
tête de 50 hommes ;

[c] 7.20 C'est-à-dire, dans ce cas, par les impôts perçus dans les province
à l'ouest de l'Euphrate (voir 6.8).
[d] 8.5 D'après certains manuscrits de l'ancienne version grecque et 3 *Esdras* 8.32. Ce nom manque dans le texte hébreu traditionnel.

Ebed son of Jonathan, and with him 50 men;
7 of the descendants of Elam:
Jeshaiah son of Athaliah, and with him 70 men;
8 of the descendants of Shephatiah:
Zebadiah son of Michael, and with him 80 men;
9 of the descendants of Joab:
Obadiah son of Jehiel, and with him 218 men;
10 of the descendants of Bani:[w]
Shelomith son of Josiphiah, and with him 160 men;
11 of the descendants of Bebai:
Zechariah son of Bebai, and with him 28 men;
12 of the descendants of Azgad:
Johanan son of Hakkatan, and with him 110 men;
13 of the descendants of Adonikam:
the last ones, whose names were Eliphelet, Jeuel
nd Shemaiah, and with them 60 men;
14 of the descendants of Bigvai:
Uthai and Zakkur, and with them 70 men.

he Return to Jerusalem

15 I assembled them at the canal that flows to-
vard Ahava, and we camped there three days.
hen I checked among the people and the priests,
found no Levites there. 16 So I summoned Eliezer,
riel, Shemaiah, Elnathan, Jarib, Elnathan, Nathan,
echariah and Meshullam, who were leaders, and
oiarib and Elnathan, who were men of learning, 17 and
ordered them to go to Iddo, the leader in Kasiphia. I
old them what to say to Iddo and his fellow Levites,
he temple servants in Kasiphia, so that they might
ring attendants to us for the house of our God.
Because the gracious hand of our God was on us,
ey brought us Sherebiah, a capable man, from the
escendants of Mahli son of Levi, the son of Israel,
nd Sherebiah's sons and brothers, 18 in all; 19 and
ashabiah, together with Jeshaiah from the descen-
ants of Merari, and his brothers and nephews, 20 in
ll. 20 They also brought 220 of the temple servants – a
ody that David and the officials had established to
ssist the Levites. All were registered by name.

21 There, by the Ahava Canal, I proclaimed a fast, so
hat we might humble ourselves before our God and
sk him for a safe journey for us and our children,
ith all our possessions. 22 I was ashamed to ask the
ing for soldiers and horsemen to protect us from
nemies on the road, because we had told the king,
The gracious hand of our God is on everyone who
ooks to him, but his great anger is against all who
orsake him." 23 So we fasted and petitioned our God
bout this, and he answered our prayer.

8:10 Some Septuagint manuscripts (also 1 Esdras 8:36); Hebrew
oes not have *Bani.*

7 des descendants d'Elam : Esaïe, fils d'Atalia, à la
tête de 70 hommes ;
8 des descendants de Shephatia : Zebadia fils de
Michaël, à la tête de 80 hommes ;
9 des descendants de Joab : Abdias, fils de Yehiel, à la
tête de 218 hommes ;
10 des descendants de Bani[e] : Shelomith, fils de
Yosiphia, à la tête de 160 hommes ;
11 des descendants de Bébaï : Zacharie, fils de Bébaï, à
la tête de 28 hommes ;
12 des descendants d'Azgad : Yohanân, fils de
Haqqathan, à la tête de 110 hommes ;
13 des descendants d'Adoniqam : les derniers qui
s'appelaient Eliphéleth, Yeïel et Shemaya, à la
tête de 60 hommes ;
14 des descendants de Bigvaï : Outaï et Zabboud, à la
tête de 70 hommes.

L'adjonction de lévites

15 Je les rassemblai près de la rivière qui coule en direction d'Ahava[f] et nous y avons campé pendant trois jours.
Je passai le peuple et les prêtres en revue, et je constatai
qu'il n'y avait parmi eux aucun lévite. 16 Alors je convoquai les chefs Eliézer, Ariel, Shemaya, Elnathan, Yarib,
Elnathan, Nathan, Zacharie et Meshoullam, ainsi que les
deux savants Yoyarib et Elnathan. 17 Je leur demandai de
se rendre chez Iddo, le chef de la localité de Kasiphia[g], et
je leur indiquai ce qu'ils devaient lui dire, à lui et à ses collaborateurs, les desservants du Temple qui se trouvaient à
Kasiphia, pour nous envoyer des assistants pour le temple
de notre Dieu. 18 Et comme notre Dieu était avec nous et
nous témoignait sa bonté, ils nous amenèrent Shérébia, un
homme avisé d'entre les descendants de Mahli, descendant
de Lévi, lui-même fils d'Israël, accompagné de dix-huit
hommes de sa parenté, dont ses fils, 19 ainsi que Hashabia
et Esaïe, descendants de Merari, avec vingt hommes de
leur parenté dont leurs fils. 20 Ils ramenèrent également
220 desservants du Temple, descendants de ceux que David
et ses ministres avaient nommés pour assister les lévites.
Tous avaient été nommément désignés.

Jeûne et prière en vue du voyage

21 Là, au bord du fleuve Ahava, je proclamai un jeûne
pour que nous nous humiliions devant notre Dieu afin
de lui demander qu'il nous accorde, pour nous, pour nos
enfants et pour tous nos biens, de voyager en toute sécurité. 22 J'aurais eu honte de demander à l'empereur de nous
fournir une escorte de soldats et de cavaliers pour nous
protéger contre l'ennemi pendant la route, car nous avions dit à l'empereur que notre Dieu protégeait avec bonté
tous ceux qui lui font confiance, tandis que sa colère pèse
lourdement sur tous ceux qui l'abandonnent. 23 C'est pour
cela que nous avons jeûné et demandé cette faveur à notre
Dieu, et il a exaucé notre prière.

e **8.10** D'après certains manuscrits de l'ancienne version grecque et 3 *Esdras* 8.36. Ce nom manque dans le texte hébreu traditionnel.
f **8.15** Nom à la fois d'un cours d'eau et d'une localité (non identifiée) traversée par celui-ci. Probablement l'un des nombreux canaux d'irrigation qui se jetait dans le Tigre ou l'Euphrate.
g **8.17** Localité inconnue des environs de Babylone, où se trouvait peut-être un sanctuaire juif.

24 Then I set apart twelve of the leading priests, namely, Sherebiah, Hashabiah and ten of their brothers, 25 and I weighed out to them the offering of silver and gold and the articles that the king, his advisers, his officials and all Israel present there had donated for the house of our God. 26 I weighed out to them 650 talents[x] of silver, silver articles weighing 100 talents,[y] 100 talents[z] of gold, 27 20 bowls of gold valued at 1,000 darics,[a] and two fine articles of polished bronze, as precious as gold.

28 I said to them, "You as well as these articles are consecrated to the LORD. The silver and gold are a freewill offering to the LORD, the God of your ancestors. 29 Guard them carefully until you weigh them out in the chambers of the house of the LORD in Jerusalem before the leading priests and the Levites and the family heads of Israel." 30 Then the priests and Levites received the silver and gold and sacred articles that had been weighed out to be taken to the house of our God in Jerusalem.

31 On the twelfth day of the first month we set out from the Ahava Canal to go to Jerusalem. The hand of our God was on us, and he protected us from enemies and bandits along the way. 32 So we arrived in Jerusalem, where we rested three days.

33 On the fourth day, in the house of our God, we weighed out the silver and gold and the sacred articles into the hands of Meremoth son of Uriah, the priest. Eleazar son of Phinehas was with him, and so were the Levites Jozabad son of Jeshua and Noadiah son of Binnui. 34 Everything was accounted for by number and weight, and the entire weight was recorded at that time.

35 Then the exiles who had returned from captivity sacrificed burnt offerings to the God of Israel: twelve bulls for all Israel, ninety-six rams, seventy-seven male lambs and, as a sin offering,[b] twelve male goats. All this was a burnt offering to the LORD. 36 They also delivered the king's orders to the royal satraps and to the governors of Trans-Euphrates, who then gave assistance to the people and to the house of God.

Ezra's Prayer About Intermarriage

9 1 After these things had been done, the leaders came to me and said, "The people of Israel, including the priests and the Levites, have not kept themselves separate from the neighboring peoples with their detestable practices, like those of the Canaanites, Hittites, Perizzites, Jebusites, Ammonites, Moabites, Egyptians and Amorites. 2 They have taken some of their daughters as wives for themselves and their sons, and have mingled the holy race with the

[x] 8:26 That is, about 24 tons or about 22 metric tons
[y] 8:26 That is, about 3 3/4 tons or about 3.4 metric tons
[z] 8:26 That is, about 3 3/4 tons or about 3.4 metric tons
[a] 8:27 That is, about 19 pounds or about 8.4 kilograms
[b] 8:35 Or *purification offering*

Les biens destinés au Temple sont confiés à des prêtres

24 Ensuite, je désignai comme chefs douze des principau prêtres, Shérébia, Hashabia et dix de leurs compagnon 25 Je pesai devant eux l'argent, l'or et les objets de valeu offerts pour le Temple par l'empereur, ses conseillers et se ministres, ainsi que par tous les Israélites qui se trouvaie à Babylone. 26 Je leur confiai ainsi vingt tonnes d'argen trois tonnes d'objets en argent et trois tonnes d'or, 27 ving coupes d'or valant mille pièces d'or, deux magnifique vases de bronze poli, aussi précieux que de l'or. 28 Puis j leur dis : Vous êtes consacrés à l'Eternel, ces objets sor sacrés, cet argent et cet or sont des dons volontaires l'Eternel, le Dieu de vos ancêtres. 29 Veillez soigneusemer sur ces trésors, ils sont sous votre garde jusqu'au jour o vous les pèserez devant les chefs des prêtres et les lévite ainsi que devant les chefs des groupes familiaux d'Israël Jérusalem, dans les locaux annexes du temple de l'Eternel 30 Les prêtres et les lévites prirent l'or, l'argent et le objets de valeur qui avaient été pesés, pour les porter Jérusalem au temple de notre Dieu.

L'arrivée à Jérusalem

31 Le douzième jour du premier mois, nous avons quitt le fleuve Ahava pour nous rendre à Jérusalem. Tout a long de la route, notre Dieu a pris soin de nous en nou protégeant des attaques d'ennemis et des embuscade des pillards.

32 A notre arrivée à Jérusalem, nous avons pris trois jour de repos. 33 Le quatrième jour, nous avons pesé l'argent, l'c et les objets de valeur dans le Temple, pour les remettr entre les mains de Merémoth, fils d'Urie, le prêtre ; était accompagné d'Eléazar, fils de Phinéas, et des lévite Yozabad, fils de Josué, et Noadia, fils de Binnouï. 34 Tout fu compté et pesé et le poids total fut consigné par écrit à c moment-là. 35 Les déportés qui revenaient d'exil offrirer alors en holocauste au Dieu d'Israël pour l'ensemble d peuple : 12 taureaux, 96 béliers, 77 agneaux et 12 bouc en sacrifice pour le péché. On offrit tous ces holocauste à l'Eternel. 36 Puis ils transmirent le document contenar les décrets impériaux aux satrapes[i] de l'empereur et au gouverneurs de la province à l'ouest de l'Euphrate. Ceux-c accordèrent alors leur soutien au peuple pour la constru tion du temple de Dieu.

L'infidélité des Judéens

9 1 Quand tout cela fut terminé[j], quelques chefs d'Isra m'abordèrent en disant : Ni le peuple d'Israël, ni le prêtres, ni les lévites ne se sont séparés des gens du pays e n'ont rompu avec leurs pratiques abominables. Ils se sor conduits exactement comme les Cananéens, les Hittites, le Phéréziens, les Yebousiens, les Ammonites, les Moabite: les Egyptiens et les Amoréens, 2 car ils ont épousé les fille de ces étrangers et les ont données en mariage à leurs fil: Ainsi la descendance sainte s'est mêlée aux peuples de ce

[h] 8.29 Pièces annexes du Temple où l'on déposait les offrandes (compar er 1 R 6.5-10 ; Ez 41.5-11 ; 42.1-14).
[i] 8.36 Les *satrapes* étaient chargés de l'administration des provinces de l'empire, les gouverneurs étant sous leurs ordres.
[j] 9.1 Au neuvième mois (10.9), quatre mois après l'arrivée d'Esdras à Jérusalem qui eut lieu au cinquième mois (7.9).

eoples around them. And the leaders and officials ave led the way in this unfaithfulness."

3 When I heard this, I tore my tunic and cloak, pulled air from my head and beard and sat down appalled. Then everyone who trembled at the words of the God f Israel gathered around me because of this unfaithulness of the exiles. And I sat there appalled until the vening sacrifice.

5 Then, at the evening sacrifice, I rose from my elf-abasement, with my tunic and cloak torn, and ell on my knees with my hands spread out to the LORD ny God 6 and prayed:

"I am too ashamed and disgraced, my God, to lift up my face to you, because our sins are higher than our heads and our guilt has reached to the heavens. 7 From the days of our ancestors until now, our guilt has been great. Because of our sins, we and our kings and our priests have been subjected to the sword and captivity, to pillage and humiliation at the hand of foreign kings, as it is today.

8 "But now, for a brief moment, the LORD our God has been gracious in leaving us a remnant and giving us a firm place[c] in his sanctuary, and so our God gives light to our eyes and a little relief in our bondage. 9 Though we are slaves, our God has not forsaken us in our bondage. He has shown us kindness in the sight of the kings of Persia: He has granted us new life to rebuild the house of our God and repair its ruins, and he has given us a wall of protection in Judah and Jerusalem.

10 "But now, our God, what can we say after this? For we have forsaken the commands 11 you gave through your servants the prophets when you said: 'The land you are entering to possess is a land polluted by the corruption of its peoples. By their detestable practices they have filled it with their impurity from one end to the other. 12 Therefore, do not give your daughters in marriage to their sons or take their daughters for your sons. Do not seek a treaty of friendship with them at any time, that you may be strong and eat the good things of the land and leave it to your children as an everlasting inheritance.'

13 "What has happened to us is a result of our evil deeds and our great guilt, and yet, our God, you have punished us less than our sins deserved and have given us a remnant like this. 14 Shall we then break your commands again and intermarry with the peoples who commit such detestable practices?

c 9:8 Or *a foothold*

pays. Les chefs et les dirigeants se sont les premiers rendus coupables d'une telle infidélité.

Consternation et prière d'Esdras

3 Lorsque j'appris cela, je déchirai mon vêtement et mon manteau, je m'arrachai les cheveux et la barbe[k], et je m'assis là, accablé. 4 Autour de moi se réunirent, à cause de cette infidélité des anciens exilés, tous ceux qui étaient respectueux des paroles du Dieu d'Israël. Je restai ainsi assis, accablé, jusqu'à l'offrande du soir. 5 Puis, au moment de l'offrande du soir, je sortis de mon abattement et me relevai. Je portais encore mon vêtement et mon manteau déchirés : je tombai à genoux, et je tendis les mains vers l'Eternel mon Dieu. 6 Je lui dis : Mon Dieu, je suis trop rempli de honte et de confusion pour oser lever les regards vers toi, ô mon Dieu, car nos péchés se sont multipliés jusqu'à nous submerger, et nos fautes se sont accumulées et montent jusqu'au ciel. 7 Depuis l'époque de nos ancêtres jusqu'à ce jour, nous avons été extrêmement coupables. C'est à cause de nos fautes que nous, nos rois et nos prêtres, nous avons été livrés au pouvoir des rois des nations, pour être tués, déportés ou pillés, et pour que la honte couvre encore aujourd'hui nos visages. 8 Cependant, Eternel, notre Dieu, tu nous as fait la grâce de laisser quelques survivants de notre peuple subsister et, depuis peu, de nous accorder un endroit pour nous établir dans ton saint pays. Toi, notre Dieu, tu illumines ainsi nos yeux de ta lumière et tu nous redonnes un peu de vie au milieu de notre servitude. 9 Car nous sommes des esclaves[l], mais notre Dieu ne nous a pas abandonnés dans notre servitude. Il nous a manifesté de la faveur dans nos rapports avec les empereurs perses, pour ranimer notre énergie afin que nous rebâtissions le temple de notre Dieu et que nous le relevions de ses ruines. Il nous a procuré comme un mur protecteur en Juda et à Jérusalem.

10 Maintenant, après ce qui est arrivé, que dirons-nous, ô notre Dieu ? Car nous avons désobéi aux commandements 11 que tu nous avais transmis par l'intermédiaire de tes serviteurs les prophètes. Tu nous avais prévenus en disant : « Le pays dans lequel vous entrez pour en prendre possession est souillé par l'impureté des populations de ces contrées qui l'ont rempli d'un bout à l'autre de leurs pratiques abominables et de leurs actions impures[m]. 12 Ne donnez donc pas vos filles en mariage à leurs fils et ne prenez pas leurs filles pour vos fils. Ne vous préoccupez jamais de leur prospérité ou de leur bien-être si vous voulez devenir forts, manger les meilleurs produits du pays et le laisser pour toujours en héritage à vos descendants. »

13 Tout ce qui nous est arrivé est la conséquence de nos mauvaises actions et de notre grande culpabilité. Et encore, ô notre Dieu, tu ne nous as pas punis comme le méritaient nos péchés, tu as laissé subsister ce reste de notre peuple. 14 Alors, après cela, pouvons-nous recommencer à transgresser tes commandements et à nous allier par mariage à des gens de ces peuples qui se livrent à des pratiques si abominables ? Ne vas-tu pas t'enflammer de

k 9.3 Signes de deuil ou de consternation (voir Gn 37.29, 34 ; Jos 7.6 ; Jg 11.35 ; 2 S 13.19 ; 2 Ch 34.27 ; Est 4.1 ; Es 36.22 ; Mt 26.65).
l 9.9 Le peuple continue à être sous la domination de souverains étrangers.
m 9.11 Allusion à l'idolâtrie cananéenne et aux différents rites immoraux qui l'accompagnaient (voir Lv 18.3 ; 2 Ch 29.5 ; Lm 1.17 ; Ez 7.20 ; 36.17).

Would you not be angry enough with us to destroy us, leaving us no remnant or survivor? 15 Lord, the God of Israel, you are righteous! We are left this day as a remnant. Here we are before you in our guilt, though because of it not one of us can stand in your presence."

The People's Confession of Sin

10 1 While Ezra was praying and confessing, weeping and throwing himself down before the house of God, a large crowd of Israelites – men, women and children – gathered around him. They too wept bitterly. 2 Then Shekaniah son of Jehiel, one of the descendants of Elam, said to Ezra, "We have been unfaithful to our God by marrying foreign women from the peoples around us. But in spite of this, there is still hope for Israel. 3 Now let us make a covenant before our God to send away all these women and their children, in accordance with the counsel of my lord and of those who fear the commands of our God. Let it be done according to the Law. 4 Rise up; this matter is in your hands. We will support you, so take courage and do it."

5 So Ezra rose up and put the leading priests and Levites and all Israel under oath to do what had been suggested. And they took the oath. 6 Then Ezra withdrew from before the house of God and went to the room of Jehohanan son of Eliashib. While he was there, he ate no food and drank no water, because he continued to mourn over the unfaithfulness of the exiles.

7 A proclamation was then issued throughout Judah and Jerusalem for all the exiles to assemble in Jerusalem. 8 Anyone who failed to appear within three days would forfeit all his property, in accordance with the decision of the officials and elders, and would himself be expelled from the assembly of the exiles.

9 Within the three days, all the men of Judah and Benjamin had gathered in Jerusalem. And on the twentieth day of the ninth month, all the people were sitting in the square before the house of God, greatly distressed by the occasion and because of the rain. 10 Then Ezra the priest stood up and said to them, "You have been unfaithful; you have married foreign women, adding to Israel's guilt. 11 Now honor[d] the Lord, the God of your ancestors, and do his will. Separate yourselves from the peoples around you and from your foreign wives."

12 The whole assembly responded with a loud voice: "You are right! We must do as you say. 13 But there are many people here and it is the rainy season; so we cannot stand outside. Besides, this matter cannot be taken care of in a day or two, because we have sinned greatly in this thing. 14 Let our officials act for the whole assembly. Then let everyone in our towns

[d] 10:11 Or *Now make confession to*

colère contre nous au point de nous exterminer, sans nou laisser ni reste ni rescapés ? 15 Eternel, Dieu d'Israël, t es juste, et tu as laissé subsister un reste de notre peupl jusqu'à ce jour. Nous voici devant toi, avec notre culpabi ité, alors que personne ne peut tenir ainsi en ta présenc

Les chefs israélites s'engagent à obéir à Dieu

10 1 Pendant qu'Esdras, prosterné devant le templ de Dieu, faisait cette prière et cette confession e pleurant, une foule très nombreuse d'hommes, de femme et d'enfants israélites s'était rassemblée autour de lui, e tous pleuraient abondamment. 2 Alors Shekania, fils d Yehiel, un descendant d'Elam, prit la parole et dit à Esdras Nous avons été infidèles envers notre Dieu en épousar des femmes étrangères prises parmi les peuples du pay Mais malgré cela, il reste encore une espérance pour Isra dans cette affaire. 3 Engageons-nous maintenant par ur alliance avec notre Dieu à renvoyer toutes ces femmes ave leurs enfants, conformément au conseil de mon seigneu Esdras et de ceux qui respectent les commandements d notre Dieu. Que la Loi soit observée ! 4 Lève-toi, car c'es à toi de régler cette affaire. Mais nous sommes avec to Prends courage et agis !

5 Alors Esdras se releva et fit prêter serment aux chef des prêtres, des lévites et de tout Israël d'agir comme venait d'être dit. Ils en firent tous le serment. 6 Puis Esdra quitta la cour du Temple et se rendit dans une salle d Yohanân, fils d'Eliashib, où il passa la nuit[n] ; mais il refu sa toute nourriture et toute boisson car il menait deuil cause de la faute grave des anciens exilés.

La réunion des anciens déportés à Jérusalem

7 On fit ensuite publier dans Juda et à Jérusalem un o dre enjoignant à tous les anciens déportés de se réunir Jérusalem. 8 Les chefs et les responsables du peuple avaier décidé que ceux qui ne se présenteraient pas dans un dél de trois jours verraient tous leurs biens voués à l'Eternel e seraient eux-mêmes exclus de la communauté des ancien déportés. 9 Alors tous les hommes de Juda et de Benjami se rassemblèrent à Jérusalem dans les trois jours. C'était vingtième jour du neuvième mois. Tout le peuple se tena dans la cour du Temple en tremblant, à cause de cett affaire, et aussi parce qu'il pleuvait à verse. 10 Esdras prêtre se leva et leur dit : Vous avez commis une faut grave en épousant des femmes étrangères, et vous ave rendu Israël encore plus coupable. 11 Reconnaissez dor maintenant votre péché devant l'Eternel, le Dieu de vo pères, et conformez-vous à sa volonté ! Séparez-vous de population du pays et de vos femmes d'origine étrangère

12 Toute l'assemblée répondit à haute voix : Tu as raiso Notre devoir est d'agir comme tu l'as dit ! 13 Mais nou sommes nombreux et c'est la saison des pluies ; nous n pouvons pas rester ici en plein air. D'ailleurs, cette affair ne peut pas se régler en un jour ni même en deux, car y en a beaucoup parmi nous qui ont commis une faut dans ce domaine. 14 Il vaudrait mieux que nos chefs rester ici pour représenter l'assemblée. Tous ceux qui, dans nc villes, ont épousé des femmes étrangères se présenteront tour de rôle aux dates qu'on leur fixera, avec des respons

[n] **10.6** *où il passa la nuit:* d'après l'ancienne version grecque ; le texte hébreu traditionnel a : *et il alla.* Il est aisé de confondre les deux termes en hébreu.

ʼho has married a foreign woman come at a set time,
long with the elders and judges of each town, until
ne fierce anger of our God in this matter is turned
way from us." 15 Only Jonathan son of Asahel and
ahzeiah son of Tikvah, supported by Meshullam and
habbethai the Levite, opposed this.
16 So the exiles did as was proposed. Ezra the priest
elected men who were family heads, one from each
amily division, and all of them designated by name.
n the first day of the tenth month they sat down to
nvestigate the cases, 17 and by the first day of the first
nonth they finished dealing with all the men who had
narried foreign women.

hose Guilty of Intermarriage

18 Among the descendants of the priests, the follow-
ng had married foreign women:
From the descendants of Joshua son of Jozadak, and
is brothers:
Maaseiah, Eliezer, Jarib and Gedaliah. 19 (They all
ave their hands in pledge to put away their wives,
nd for their guilt they each presented a ram from
he flock as a guilt offering.)
20 From the descendants of Immer:
Hanani and Zebadiah.
21 From the descendants of Harim:
Maaseiah, Elijah, Shemaiah, Jehiel and Uzziah.
22 From the descendants of Pashhur:
Elioenai, Maaseiah, Ishmael, Nethanel, Jozabad and
lasah.
23 Among the Levites:
Jozabad, Shimei, Kelaiah (that is, Kelita), Pethahiah,
ıdah and Eliezer.
24 From the musicians:
Eliashib.
From the gatekeepers:
Shallum, Telem and Uri.
25 And among the other Israelites:
From the descendants of Parosh:
Ramiah, Izziah, Malkijah, Mijamin, Eleazar,
Ialkijah and Benaiah.
26 From the descendants of Elam:
Mattaniah, Zechariah, Jehiel, Abdi, Jeremoth and
lijah.
27 From the descendants of Zattu:
Elioenai, Eliashib, Mattaniah, Jeremoth, Zabad and
ziza.
28 From the descendants of Bebai:
Jehohanan, Hananiah, Zabbai and Athlai.
29 From the descendants of Bani:
Meshullam, Malluk, Adaiah, Jashub, Sheal and
eremoth.
30 From the descendants of Pahath-Moab:
Adna, Kelal, Benaiah, Maaseiah, Mattaniah, Bezalel,
innui and Manasseh.
31 From the descendants of Harim:
Eliezer, Ishijah, Malkijah, Shemaiah, Shimeon,
32 Benjamin, Malluk and Shemariah.
33 From the descendants of Hashum:
Mattenai, Mattattah, Zabad, Eliphelet, Jeremai,
Ianasseh and Shimei.

ables et des juges de leurs villes respectives, jusqu'à ce que
l'ardente colère de notre Dieu provoquée par cette affaire
se soit détournée de nous.
15 Seuls Jonathan, fils d'Asaël, et Yahzia, fils de Thiqva,
soutenus par Meshoullam et par le lévite Shabthaï, s'opposèrent à cette mesure. 16 Mais la majorité des anciens
déportés s'y conformèrent. Esdras, le prêtre, choisit, en
les désignant nommément, des chefs des groupes familiaux. Ceux-ci commencèrent à siéger le premier jour du
dixième mois pour examiner les cas. 17 Ils achevèrent de
régler la situation de tous les hommes qui avaient épousé
des femmes étrangères le premier jour du premier mois°.

La liste des fautifs

18 Voici quels étaient les prêtres qui avaient épousé des
femmes étrangères :
Parmi les descendants de Josué, fils de Yotsadaq, et
ceux des hommes de sa parenté : Maaséya, Eliézer, Yarib
et Guedalia. 19 Ils s'engagèrent par une poignée de main
à renvoyer leurs femmes et à offrir un bélier en sacrifice
pour expier leur faute.

20 Des descendants d'Immer :
Hanani et Zebadia ;
21 des descendants de Harim :
Maaséya, Elie, Shemaya, Yehiel et Ozias ;
22 des descendants de Pashhour :
Elyoénaï, Maaséya, Ismaël, Netanéel, Yozabad et
Eleasa.
23 Parmi les lévites :
Yozabad, Shimeï, Qélaya appelé aussi Qelita,
Petahya, Juda et Eliézer.
24 Parmi les musiciens :
Eliashib.
Parmi les portiers : Shalloum, Thélem et Ouri.

25 Parmi les autres Israélites :
des descendants de Pareosh :
Ramia, Yizziya, Malkiya, Miyamîn, Eléazar,
Malkiya et Benaya.
26 Des descendants d'Elam :
Mattania, Zacharie, Yehiel, Abdi, Yerémoth et
Elie.
27 Des descendants de Zatthou :
Elyoénaï, Eliashib, Mattania, Yerémoth, Zabad et
Aziza.
28 Des descendants de Bébaï :
Yohanân, Hanania, Zabbaï et Athlaï.
29 Des descendants de Bani :
Meshoullam, Mallouk, Adaya, Yashoub, Sheal et
Ramoth.
30 Des descendants de Pahath-Moab :
Adna, Kelal, Benaya, Maaséya, Mattania,
Betsaléel, Binnouï et Manassé.
31 Des descendants de Harim :
Eliézer, Yishiya, Malkiya, Shemaya, Siméon,
32 Benjamin, Mallouk et Shemaria.
33 Des descendants de Hashoum :
Matthnaï ; Mattattha, Zabad, Eliphéleth, Yerémaï,
Manassé et Shimeï.

° 10.17 Trois mois plus tard (voir v. 9).

[34]From the descendants of Bani:
Maadai, Amram, Uel, [35]Benaiah, Bedeiah, Keluhi,
[36]Vaniah, Meremoth, Eliashib, [37]Mattaniah, Mattenai
and Jaasu.
[38]From the descendants of Binnui:[e]
Shimei, [39]Shelemiah, Nathan, Adaiah,
[40]Maknadebai, Shashai, Sharai, [41]Azarel, Shelemiah,
Shemariah, [42]Shallum, Amariah and Joseph.
[43]From the descendants of Nebo:
Jeiel, Mattithiah, Zabad, Zebina, Jaddai, Joel and
Benaiah.
[44]All these had married foreign women, and some
of them had children by these wives.[f]

[34] Des descendants de Bani :
Maadaï, Amram, Ouel, [35]Benaya, Bédia, Kelouhou
[36]Vania, Merémoth, Eliashib, [37]Mattania,
Matthnaï, Yaasaï, [38]Bani, Binnouï[p], Shimeï,
[39]Shélémia, Nathan, Adaya, [40]Maknadbaï,
Shashaï, Sharaï, [41]Azaréel, Shélémia,
Shemaria, [42]Shalloum, Amaria et Joseph.
[43] Des descendants de Nébo :
Yeïel, Mattitia, Zabad, Zebina, Yaddaï, Joël et
Benaya.
[44]Tous ces hommes avaient épousé des femme
étrangères, et plusieurs en avaient eu des enfants[q].

[e] **10:37,38** See Septuagint (also 1 Esdras 9:34); Hebrew *Jaasu* [38] *and Bani and Binnui,*
[f] **10:44** Or *and they sent them away with their children*

[p] **10.38** *Bani, Binnouï:* on pourrait aussi comprendre, comme l'a fait l'ancienne version grecque : *des descendants de Binnouï.*
[q] **10.44** Autre traduction : *tous ces hommes renvoyèrent leurs femmes et leurs enfants.*

Nehemiah

Nehemiah's Prayer

1 [1]The words of Nehemiah son of Hakaliah:
In the month of Kislev in the twentieth year,
while I was in the citadel of Susa, [2]Hanani, one of my
brothers, came from Judah with some other men, and
I questioned them about the Jewish remnant that had
survived the exile, and also about Jerusalem.
[3]They said to me, "Those who survived the exile
and are back in the province are in great trouble and
disgrace. The wall of Jerusalem is broken down, and
its gates have been burned with fire."

[4]When I heard these things, I sat down and wept.
For some days I mourned and fasted and prayed before
the God of heaven. [5]Then I said:
"LORD, the God of heaven, the great and awesome
God, who keeps his covenant of love with those who
love him and keep his commandments, [6]let your
ear be attentive and your eyes open to hear the
prayer your servant is praying before you day and
night for your servants, the people of Israel. I confess the sins we Israelites, including myself and my
father's family, have committed against you. [7]We
have acted very wickedly toward you. We have not
obeyed the commands, decrees and laws you gave
your servant Moses.

[8]"Remember the instruction you gave your servant
Moses, saying, 'If you are unfaithful, I will scatter
you among the nations, [9]but if you return to me and
obey my commands, then even if your exiled people
are at the farthest horizon, I will gather them from
there and bring them to the place I have chosen as
a dwelling for my Name.'
[10]"They are your servants and your people, whom
you redeemed by your great strength and your
mighty hand. [11]Lord, let your ear be attentive to
the prayer of this your servant and to the prayer of
your servants who delight in revering your name.
Give your servant success today by granting him
favor in the presence of this man."
I was cupbearer to the king.

Néhémie

Néhémie reçoit des nouvelles de Jérusalem

1 [1]Histoire de Néhémie, fils de Hakalia. La vingtième
année du règne d'Artaxerxès[a], au mois de Kislev[b], je
me trouvais dans la citadelle de Suse[c]. [2]Hanani, l'un de
mes parents, arriva avec un groupe d'hommes de Juda.
Je leur demandai des nouvelles du reste des Juifs revenus
d'exil, et de Jérusalem. [3]Ils me répondirent : Ceux qui ont
survécu à la captivité et qui vivent dans le district de Juda[d]
se trouvent dans une grande misère et dans une situation
très humiliante ; il y a des brèches dans la muraille de
Jérusalem et ses portes ont été détruites par le feu.

Prière

[4]Lorsque j'entendis ces nouvelles, je m'assis et me mis
à pleurer. Pendant plusieurs jours, je restai abattu. Je
jeûnai et je priai constamment devant le Dieu du ciel.
[5]Je suppliai : Ah ! Eternel, Dieu du ciel, Dieu grand et redoutable, toi qui restes fidèle à ton alliance et qui conserves
ta bienveillance à ceux qui t'aiment et qui obéissent à
tes commandements, [6]prête attention à la prière de ton
serviteur ! Que tes yeux soient ouverts pour voir que je
suis en prière devant toi en ce moment, jour et nuit, pour
intercéder en faveur de tes serviteurs les Israélites et pour
confesser leurs péchés. Car nous avons péché contre toi.
Oui, moi et mon peuple, nous avons péché. [7]Nous sommes
vraiment coupables envers toi, car nous avons désobéi
aux commandements, aux ordonnances et aux lois que
tu as donnés à Moïse, ton serviteur.
[8]Souviens-toi, cependant, je te prie, de ces paroles
que tu as ordonné à ton serviteur Moïse de prononcer :
« Lorsque vous serez infidèles, je vous disperserai parmi
d'autres peuples[e]. [9]Mais si vous revenez à moi pour obéir à
mes commandements et les appliquer, alors, même si vous
vous trouvez éloignés jusqu'aux extrémités de la terre,
je vous rassemblerai, et je vous ramènerai de là au lieu
que j'ai choisi pour y établir ma présence. » [10]Ils sont tes
serviteurs et ton peuple, que tu as délivrés par ta grande
force et par tes interventions puissantes. [11]Je t'en prie,
Seigneur, veuille prêter attention à la prière de ton serviteur et à celle de tes autres serviteurs qui désirent te
craindre ! De grâce, fais réussir aujourd'hui la démarche
que je vais entreprendre et que cet homme[f] m'accueille
avec compassion !
Or, à cette époque, j'étais chargé de servir les boissons
à la table de l'empereur.

---

[a] **1.1** En 446 av. J.-C. (Artaxerxès Ier a régné de 465 à 424 av. J.-C.), 91 ans après le retour des premiers exilés. Les mots : *du règne d'Artaxerxès* ne se trouvent pas dans l'hébreu. Ils sont rajoutés d'après 2.1.

[b] **1.1** En novembre-décembre.

[c] **1.1** Résidence d'hiver des rois perses, dans la vallée ensoleillée du Tigre (voir Est 1.2).

[d] **1.3** Voir note sur Esd 2.1.

[e] **1.8** Pour les v. 8-9, voir Lv 26.33 ; Dt 4.27 ; 28.64 ; 30.1-5.

[f] **1.11** C'est-à-dire le roi *Artaxerxès* dont Néhémie était l'échanson.

Artaxerxes Sends Nehemiah to Jerusalem

2 1 In the month of Nisan in the twentieth year of King Artaxerxes, when wine was brought for him, I took the wine and gave it to the king. I had not been sad in his presence before, 2 so the king asked me, "Why does your face look so sad when you are not ill? This can be nothing but sadness of heart."

I was very much afraid, 3 but I said to the king, "May the king live forever! Why should my face not look sad when the city where my ancestors are buried lies in ruins, and its gates have been destroyed by fire?"

4 The king said to me, "What is it you want?"

Then I prayed to the God of heaven, 5 and I answered the king, "If it pleases the king and if your servant has found favor in his sight, let him send me to the city in Judah where my ancestors are buried so that I can rebuild it."

6 Then the king, with the queen sitting beside him, asked me, "How long will your journey take, and when will you get back?" It pleased the king to send me; so I set a time.

7 I also said to him, "If it pleases the king, may I have letters to the governors of Trans-Euphrates, so that they will provide me safe-conduct until I arrive in Judah? 8 And may I have a letter to Asaph, keeper of the royal park, so he will give me timber to make beams for the gates of the citadel by the temple and for the city wall and for the residence I will occupy?" And because the gracious hand of my God was on me, the king granted my requests. 9 So I went to the governors of Trans-Euphrates and gave them the king's letters. The king had also sent army officers and cavalry with me.

10 When Sanballat the Horonite and Tobiah the Ammonite official heard about this, they were very much disturbed that someone had come to promote the welfare of the Israelites.

Nehemiah Inspects Jerusalem's Walls

11 I went to Jerusalem, and after staying there three days 12 I set out during the night with a few others. I had not told anyone what my God had put in my heart to do for Jerusalem. There were no mounts with me except the one I was riding on.

13 By night I went out through the Valley Gate toward the Jackal[a] Well and the Dung Gate, examining

[a] **2:13** Or *Serpent* or *Fig*

Néhémie obtient l'autorisation d'aller à Jérusalem

2 1 Durant le mois de Nisân, la vingtième année[g] d… règne de l'empereur Artaxerxès, je pris du vi… qui était devant l'empereur pour lui en servir. Jamai… auparavant, je n'avais paru triste en sa présence. 2 Alor… l'empereur me demanda : Pourquoi as-tu mauvaise mine… Tu ne me sembles pourtant pas malade ; ce ne peut êtr… qu'un chagrin de cœur !

Je fus saisi d'une grande crainte, 3 mais je lui dis : Qu… l'empereur vive toujours ! Comment n'aurais-je pas un ai… triste alors que la ville où sont enterrés mes ancêtres es… en ruine et que ses portes ont été détruites par le feu ?

4 Alors l'empereur me demanda : Que veux-tu donc ?

J'adressai une prière au Dieu du ciel, 5 et je répondis… l'empereur : Si tel est le bon plaisir de l'empereur et si t… agrées ton serviteur, veuille m'envoyer en Juda, dans l… ville où mes ancêtres sont enterrés, pour que je puiss… la rebâtir.

6 L'empereur, qui avait l'impératrice assise à ses côté… me demanda alors : Combien de temps durera ton voyag… et quand seras-tu de retour ?

L'empereur accepta donc de me laisser partir, et je lu… indiquai un délai. 7 Puis j'ajoutai : Si l'empereur le trouv… bon, pourrait-on me donner des lettres[h] pour les gouver… neurs de la province à l'ouest de l'Euphrate, pour qu'ils m… laissent passer jusqu'au pays de Juda, 8 ainsi qu'une lettr… pour Asaph, l'intendant des forêts impériales, afin qu'i… me fournisse du bois de charpente pour reconstruire le… portes de la citadelle[i], près du Temple, et les murailles d… la ville, et pour bâtir la maison où je m'installerai.

L'empereur me procura ces lettres, car mon Dieu agissai… avec bonté en ma faveur.

L'arrivée de Néhémie à Jérusalem et l'inspection de la ville

9 Je me rendis auprès des gouverneurs des provinces… l'ouest de l'Euphrate et je leur remis les lettres de l'em… pereur. L'empereur m'avait fait escorter par des officier… de l'armée et par des cavaliers. 10 Quand Sanballat, l… Horonite, et Tobiya, le fonctionnaire ammonite[j], appriren… mon arrivée, ils furent très mécontents que quelqu'un soi… venu pour œuvrer au bien des Israélites. 11 Une fois arrivé… Jérusalem, j'y restai trois jours. 12 Puis je sortis de nuit, ac… compagné de quelques hommes, sans avoir dit à personn… ce que mon Dieu m'avait mis à cœur d'entreprendre e… faveur de Jérusalem. Je ne disposais pas d'autre bête qu… de ma propre monture. 13 Je sortis cette nuit-là par la port… de la Vallée[k], et je me dirigeai vers la source du Dragon… et vers la porte du Fumier[m]. J'examinai les remparts d…

[g] **2.1** C'est-à-dire mars-avril 445 av. J.-C., quatre mois après que Néhémi… eut été informé de l'état de Jérusalem.

[h] **2.7** C'est-à-dire des sauf-conduits servant de passeport.

[i] **2.8** Probablement la forteresse au nord du temple qu'Hérode le Grand reconstruira plus tard.

[j] **2.10** *Sanballat:* de la ville de Beth-Horôn, à la frontière entre Benjamin et Ephraïm, principal adversaire de Néhémie (voir 4.1-2 ; 6.1-19), était gouverneur de Samarie (d'après un papyrus d'Eléphantine). *Tobiya:* voir 6.1, 12, 17-18.

[k] **2.13** Une porte de la muraille ouest de Jérusalem (3.13).

[l] **2.13** Parfois identifiée à la source d'Eyn-Roguel (Jos 15.7-8 ; 18.16 ; 2 S 17.17 ; 1 R 1.9) située au confluent des vallées du Cédron et de Ben-Hinnom.

[m] **2.13** Par où l'on sortait les immondices de la ville pour les amener à la vallée de Ben-Hinnom (voir3.13-14 ; 12.31 ; 2 R 23.10).

e walls of Jerusalem, which had been broken down, d its gates, which had been destroyed by fire. 14 Then noved on toward the Fountain Gate and the King's ool, but there was not enough room for my mount get through; 15 so I went up the valley by night, exnining the wall. Finally, I turned back and reentered rough the Valley Gate. 16 The officials did not know here I had gone or what I was doing, because as yet I d said nothing to the Jews or the priests or nobles or ficials or any others who would be doing the work. 17 Then I said to them, "You see the trouble we are in: rusalem lies in ruins, and its gates have been burned ith fire. Come, let us rebuild the wall of Jerusalem, d we will no longer be in disgrace." 18 I also told em about the gracious hand of my God on me and hat the king had said to me.

They replied, "Let us start rebuilding." So they ben this good work.

19 But when Sanballat the Horonite, Tobiah the nmonite official and Geshem the Arab heard about they mocked and ridiculed us. "What is this you e doing?" they asked. "Are you rebelling against e king?"

20 I answered them by saying, "The God of heaven ll give us success. We his servants will start rebuild- g, but as for you, you have no share in Jerusalem or y claim or historic right to it."

ilders of the Wall

3 1 Eliashib the high priest and his fellow priests went to work and rebuilt the Sheep Gate. They dicated it and set its doors in place, building as far the Tower of the Hundred, which they dedicat- , and as far as the Tower of Hananel. 2 The men of richo built the adjoining section, and Zakkur son of ri built next to them.

3 The Fish Gate was rebuilt by the sons of Hassenaah. ey laid its beams and put its doors and bolts and rs in place. 4 Meremoth son of Uriah, the son of kkoz, repaired the next section. Next to him eshullam son of Berekiah, the son of Meshezabel, ade repairs, and next to him Zadok son of Baana so made repairs. 5 The next section was repaired the men of Tekoa, but their nobles would not put eir shoulders to the work under their supervisors.[b]

6 The Jeshanah[c] Gate was repaired by Joiada son Paseah and Meshullam son of Besodeiah. They d its beams and put its doors with their bolts and rs in place. 7 Next to them, repairs were made by en from Gibeon and Mizpah – Melatiah of Gibeon d Jadon of Meronoth – places under the authority the governor of Trans-Euphrates. 8 Uzziel son of rhaiah, one of the goldsmiths, repaired the next ction; and Hananiah, one of the perfume-makers,

5 Or *their Lord* or *the governor*
6 Or *Old*

Jérusalem. Je constatai qu'il y avait des brèches presque partout et que les portes avaient été détruites par le feu. 14 Je poursuivis vers la porte de la Source[n] et passai près de l'Etang du roi[o], mais il n'y avait plus de passage pour ma monture. 15 Je remontai, toujours de nuit, par la vallée du Cédron en continuant d'examiner la muraille. Puis je fis demi-tour et je rentrai par la porte de la Vallée. 16 Les chefs de la ville ignoraient où j'étais allé et ce que j'avais fait. Jusque-là, je n'avais informé ni les Juifs, ni les prêtres, ni les notables, ni les chefs, ni les autres responsables qui s'occupaient des travaux. 17 C'est alors seulement que je leur dis : Vous voyez vous-mêmes quel est notre malheur ! Jérusalem est en ruine et ses portes ont été détruites par le feu ! Allez, reconstruisons le rempart de Jérusalem pour que nous ne soyons plus dans cette situation humiliante !

18 Je leur racontai ensuite comment la main bienveillante de mon Dieu avait agi pour moi avec bonté, et je leur rapportai ce que l'empereur m'avait dit. Ils s'écrièrent aussitôt : Levons-nous et effectuons les travaux de reconstruction.

Ainsi ils prirent courage pour réaliser cette belle œuvre.

Les moqueries de Sanballat et Tobiya

19 Lorsque Sanballat, le Horonite, Tobiya, son adjoint ammonite, et Guéshem, l'Arabe, l'apprirent, ils se moquèrent de nous, et vinrent nous dire d'un ton méprisant : Qu'êtes-vous en train de faire ? Vous voulez vous révolter contre l'empereur ?

20 Mais je leur répondis : Le Dieu du ciel fera réussir notre entreprise. Nous, ses serviteurs, nous nous mettrons à l'œuvre et nous reconstruirons la ville. Quant à vous, vous n'avez aucune propriété ni aucun droit dans Jérusalem, et personne ne s'y souviendra de vous avec considération !

L'organisation des travaux

3 1 Eliashib, le grand-prêtre, se mit au travail avec ses collègues, les prêtres, et ils se chargèrent de la reconstruction de la porte des Brebis. Ils la consacrèrent et en posèrent les battants, puis ils continuèrent à réparer la muraille, qu'ils consacrèrent, jusqu'à la tour de Méa, puis jusqu'à la tour de Hananéel.

2 A côté d'eux travaillaient les habitants de Jéricho. A leur suite, c'était Zakkour, fils d'Imri, qui bâtissait. 3 Les descendants de Senaa reconstruisirent la porte des Poissons[p]. Ils en firent la charpente et en posèrent les battants, les verrous et les barres. 4 A côté d'eux, Merémoth, fils d'Urie, petit-fils d'Haqqots, travaillait ; à sa suite, c'était Meshoullam, fils de Bérékia, fils de Meshézabéel ; et plus loin, Tsadoq, fils de Baana. 5 Venaient ensuite les habitants de Teqoa, mais leurs notables refusèrent de travailler sous les ordres des maîtres d'œuvre. 6 Yoyada, fils de Paséah, et Meshoullam, fils de Besodia, réparèrent la Vieille Porte. Ils en firent la charpente et posèrent les battants, les verrous et les barres.

7 A côté d'eux travaillaient Melatia, le Gabaonite, Yadôn, le Méronothite, et les gens de Gabaon et de Mitspa qui relevaient de la juridiction du gouverneur de la province à l'ouest de l'Euphrate. 8 A côté d'eux travaillait l'orfèvre Ouzziel, fils de Harhaya, et à côté de lui, Hanania le par-

[n] **2.14** Conduisant sans doute à la source d'Eyn-Roguel (3.15 ; 12.37), elle se trouvait à l'angle sud-est de la ville.
[o] **2.14** Probablement, l'étang de Siloé (3.15).
[p] **3.3** Vers le nord-ouest.

made repairs next to that. They restored Jerusalem as far as the Broad Wall. 9 Rephaiah son of Hur, ruler of a half-district of Jerusalem, repaired the next section. 10 Adjoining this, Jedaiah son of Harumaph made repairs opposite his house, and Hattush son of Hashabneiah made repairs next to him. 11 Malkijah son of Harim and Hasshub son of Pahath-Moab repaired another section and the Tower of the Ovens. 12 Shallum son of Hallohesh, ruler of a half-district of Jerusalem, repaired the next section with the help of his daughters.

13 The Valley Gate was repaired by Hanun and the residents of Zanoah. They rebuilt it and put its doors with their bolts and bars in place. They also repaired a thousand cubits[d] of the wall as far as the Dung Gate.

14 The Dung Gate was repaired by Malkijah son of Rekab, ruler of the district of Beth Hakkerem. He rebuilt it and put its doors with their bolts and bars in place.

15 The Fountain Gate was repaired by Shallun son of Kol-Hozeh, ruler of the district of Mizpah. He rebuilt it, roofing it over and putting its doors and bolts and bars in place. He also repaired the wall of the Pool of Siloam,[e] by the King's Garden, as far as the steps going down from the City of David. 16 Beyond him, Nehemiah son of Azbuk, ruler of a half-district of Beth Zur, made repairs up to a point opposite the tombs[f] of David, as far as the artificial pool and the House of the Heroes.

17 Next to him, the repairs were made by the Levites under Rehum son of Bani. Beside him, Hashabiah, ruler of half the district of Keilah, carried out repairs for his district. 18 Next to him, the repairs were made by their fellow Levites under Binnui[g] son of Henadad, ruler of the other half-district of Keilah. 19 Next to him, Ezer son of Jeshua, ruler of Mizpah, repaired another section, from a point facing the ascent to the armory as far as the angle of the wall. 20 Next to him, Baruch son of Zabbai zealously repaired another section, from the angle to the entrance of the house of Eliashib the high priest. 21 Next to him, Meremoth son of Uriah, the son of Hakkoz, repaired another section, from the entrance of Eliashib's house to the end of it.

22 The repairs next to him were made by the priests from the surrounding region. 23 Beyond them, Benjamin and Hasshub made repairs in front of their house; and next to them, Azariah son of Maaseiah, the son of Ananiah, made repairs beside his house. 24 Next to him, Binnui son of Henadad repaired another section, from Azariah's house to the angle and the corner, 25 and Palal son of Uzai worked opposite the angle and the tower projecting from the upper palace near the court of the guard. Next to him, Pedaiah son of Parosh 26 and the temple servants living on the hill of Ophel made repairs up to a point opposite the Water Gate toward the east and the projecting tower. 27 Next to them, the men of Tekoa repaired another section, from the great projecting tower to the wall of Ophel.

fumeur. Ils restaurèrent Jérusalem jusqu'à l'endroit où muraille s'élargit. 9 A côté d'eux travaillait Rephaya, fils Hour, chef de la moitié du district de Jérusalem. 10 A cô d'eux, Yedaya, fils de Haroumaph, travaillait à la sectic située en face de sa maison. A sa suite venait Hattous fils de Hashabnia. 11 Un second secteur de la muraille ain que la tour des Fours furent réparés par Malkiya, fils Harim, et par Hashoub, fils de Pahath-Moab.

12 A côté d'eux travaillait Shalloum, fils de Hallohes chef de l'autre moitié du district de Jérusalem, assis de ses filles. 13 Hanoun et les habitants de Zanoal réparèrent la porte de la Vallée. Ils la reconstruisirent en posèrent les battants, les verrous et les barres. De plu ils restaurèrent la muraille sur cinq cents mètres jusqu la porte du Fumier. 14 C'est Malkiya, fils de Rékab, chef district de Beth-Hakkérem, qui répara la porte du Fumie Il la rebâtit et en posa les battants, les verrous et les barr 15 Shalloun, fils de Kol-Hozé, chef du district de Mitsp répara la porte de la Source[r]. Après l'avoir reconstruit il la couvrit d'un toit et fixa les battants, les verrous et l barres. De plus, il releva la muraille de l'Etang de l'aquedu près du jardin du roi, jusqu'aux marches qui descende de la cité de David.

16 Au-delà, Néhémie, fils d'Azbouq, chef de la moit du district de Beth-Tsour[s], travaillait dans le secteur q s'étendait jusqu'en face du cimetière de David et alla jusqu'au réservoir artificiel et jusqu'à la caserne[t]. 17 A delà travaillaient des lévites : Rehoum, fils de Bani, pu à côté de lui, Hashabia, chef de la moitié du district Qeïla. 18 Au-delà travaillait leur collègue Bavvaï, fils Hénadad, chef de l'autre moitié du district de Qeïla, 19 à sa suite, Ezer, fils de Josué, chef de Mitspa, réparait second secteur, situé en face de la montée de l'arsenal l'endroit où la muraille fait saillie.

20 Au-delà, Baruch, fils de Zabbaï, réparait avec arde une autre section depuis l'angle jusqu'à l'entrée de la m son d'Eliashib, le grand-prêtre. 21 Au-delà, Merémoth, f d'Urie et petit-fils d'Haqqots, réparait un autre secte depuis l'entrée de la maison d'Eliashib jusqu'à son e trémité. 22 Au-delà travaillaient les prêtres qui habitaie les plaines environnantes. 23 Au-delà, Benjamin et Hasho réparaient la muraille en face de leurs maisons. A cô d'eux, Azaria, fils de Maaséya et petit-fils d'Anania, tr vaillait à côté de sa maison. 24 Au-delà, Binnouï, fils Hénadad, renforçait un autre secteur allant de la mais d'Azaria jusqu'à l'angle en saillie de la muraille.

25 Puis c'était Palal, fils d'Ouzaï, qui travaillait deva la saillie et la tour supérieure qui domine le palais roy et touche à la cour de la prison, et au-delà, Pedaya, fils Pareosh. 26 Les desservants du Temple s'étaient établis s la colline de l'Ophel[u] jusqu'en face de la porte des Eau l'est, et de la tour en saillie. 27 Les gens de Teqoa trava laient à la section suivante, depuis la grande tour en sail

[d] 3:13 That is, about 1,500 feet or about 450 meters

[e] 3:15 Hebrew *Shelah*, a variant of *Shiloah*, that is, Siloam

[f] 3:16 Hebrew; Septuagint, some Vulgate manuscripts and Syriac *tomb*

[g] 3:18 Two Hebrew manuscripts and Syriac (see also Septuagint and verse 24); most Hebrew manuscripts *Bavvai*

[q] **3.13** Située à une trentaine de kilomètres au sud-est de Jérusalem.

[r] **3.15** Voir 2.14 et note.

[s] **3.16** A quelques kilomètres au nord d'Hébron.

[t] **3.16** L'ancienne caserne des gardes du corps de David (2 S 23.8-39).

[u] **3.26** Colline de Jérusalem (voir11.21 ; 2 Ch 27.3). Le nom s'appliquait surtout au côté nord de la colline qui se trouvait au sud-est de la ville, celle qui constituait autrefois la cité de David, au sud du Temple.

28 Above the Horse Gate, the priests made repairs,
ch in front of his own house. 29 Next to them, Zadok
n of Immer made repairs opposite his house. Next
him, Shemaiah son of Shekaniah, the guard at the
st Gate, made repairs. 30 Next to him, Hananiah son
Shelemiah, and Hanun, the sixth son of Zalaph, re-
ired another section. Next to them, Meshullam son
Berekiah made repairs opposite his living quarters.
Next to him, Malkijah, one of the goldsmiths, made
pairs as far as the house of the temple servants and
e merchants, opposite the Inspection Gate, and as
as the room above the corner; 32 and between the
om above the corner and the Sheep Gate the gold-
iths and merchants made repairs.

position to the Rebuilding

1[h] When Sanballat heard that we were rebuilding the wall, he became angry and was greatly
censed. He ridiculed the Jews, 2 and in the presence
his associates and the army of Samaria, he said,
hat are those feeble Jews doing? Will they restore
eir wall? Will they offer sacrifices? Will they finish
a day? Can they bring the stones back to life from
ose heaps of rubble – burned as they are?"
Tobiah the Ammonite, who was at his side, said,
hat they are building – even a fox climbing up on
would break down their wall of stones!"
Hear us, our God, for we are despised. Turn their
ults back on their own heads. Give them over as
nder in a land of captivity. 5 Do not cover up their
lt or blot out their sins from your sight, for they
ve thrown insults in the face of[i] the builders.
So we rebuilt the wall till all of it reached half its
ght, for the people worked with all their heart.

But when Sanballat, Tobiah, the Arabs, the
monites and the people of Ashdod heard that the
airs to Jerusalem's walls had gone ahead and that
gaps were being closed, they were very angry.
ey all plotted together to come and fight against
usalem and stir up trouble against it. 9 But we
yed to our God and posted a guard day and night
meet this threat.
10 Meanwhile, the people in Judah said, "The
ength of the laborers is giving out, and there is so
ch rubble that we cannot rebuild the wall."
11 Also our enemies said, "Before they know it or
us, we will be right there among them and will
them and put an end to the work."
12 Then the Jews who lived near them came and
d us ten times over, "Wherever you turn, they will
ack us."
13 Therefore I stationed some of the people behind
lowest points of the wall at the exposed places,
ting them by families, with their swords, spears
bows. 14 After I looked things over, I stood up and

h Hebrew texts 4:1-6 is numbered 3:33-38, and 4:7-23 is num-
d 4:1-17.
i Or *have aroused your anger before*

jusqu'à la muraille de la colline de l'Ophel. 28 A partir de
la porte des Chevaux, les prêtres travaillaient chacun en
face de sa maison. 29 Au-delà, Tsadoq, fils d'Immer, réparait
devant sa maison et ensuite Shemaya, fils de Shekania, gardien de la porte de l'Orient[v], 30 Hanania, fils de Shélémia, et
Hanoun, le sixième fils de Tsalaph, réparèrent le secteur
suivant, et au-delà, Meshoullam, fils de Bérékia, travaillait
en face de sa demeure.
31 Puis Malkiya, de la corporation des orfèvres, travaillait jusqu'aux maisons des desservants du Temple et
des marchands, vis-à-vis de la porte de la Surveillance
et jusqu'au poste de guet situé en haut de l'angle de la
muraille. 32 Les orfèvres et les marchands réparèrent la
muraille entre ce poste de l'angle et la porte des Brebis.

Le mépris de Sanballat et Tobiya

33 Lorsque Sanballat apprit que nous rebâtissions la
muraille, il fut très mécontent et se mit violemment en
colère. Il se moqua des Juifs 34 en disant devant ses compatriotes et devant l'armée de Samarie : Qu'est-ce que ces
minables Juifs veulent donc faire ? S'imagineraient-ils
qu'on va les laisser agir et qu'en offrant des sacrifices à
leur Dieu ils viendront maintenant à bout d'une telle entreprise ? Redonneront-ils vie à des pierres ensevelies sous
des monceaux de poussière et calcinées ?
35 Tobiya, l'Ammonite, qui se tenait à ses côtés ajouta : Ils
n'ont qu'à bâtir ! Si un renard s'élance contre leur muraille
de pierre, il la brisera.
36 Ecoute, ô notre Dieu, comme on nous méprise ! Fais
retomber sur eux l'humiliation qu'ils nous infligent et
livre-les au pillage sur une terre d'exil. 37 Ne pardonne
pas leur faute et n'efface pas leur péché, car ils ont offensé
ceux qui rebâtissent les remparts.
38 Cependant, nous avons continué à bâtir la muraille et,
sur tout le pourtour, elle fut réparée jusqu'à mi-hauteur,
car chacun avait pris ce travail à cœur.

Les Judéens se préparent à se défendre

4 1 Lorsque Sanballat, Tobiya, les Arabes, les Ammonites
et les Ashdodiens apprirent que la restauration des
murailles de Jérusalem progressait et que les brèches commençaient à être obturées, ils se mirent très en colère. 2 Ils
se liguèrent tous ensemble pour aller attaquer Jérusalem
et y semer le désordre. 3 Alors nous avons prié notre Dieu
et nous avons posté des gens pour monter la garde, de jour
et de nuit, pour nous défendre contre eux. 4 Cependant,
déjà le peuple de Juda murmurait : Ceux qui portent les
fardeaux sont à bout de forces et les tas de décombres
restent énormes. Jamais nous n'arriverons à rebâtir cette
muraille !
5 Quant à nos adversaires, ils disaient : Ils ne sauront rien
et ne verront rien jusqu'au moment où nous surgirons au
milieu d'eux pour les massacrer et mettre fin à ce travail.
6 Les Juifs qui habitaient parmi eux vinrent dix fois nous
avertir de ce qu'ils préparaient : De tous les lieux où vous
vous tournerez, disaient-ils, ils viendront contre nous.
7 C'est pourquoi je mis des gens en place en contrebas
derrière la muraille, aux endroits découverts ; je les postai
groupés par familles et armés d'épées, de lances et d'arcs.
8 Après avoir tout inspecté, je m'adressai aux notables,

v 3.29 Peut-être l'actuelle porte Dorée.

said to the nobles, the officials and the rest of the people, "Don't be afraid of them. Remember the Lord, who
is great and awesome, and fight for your families, your
sons and your daughters, your wives and your homes."
15 When our enemies heard that we were aware of
their plot and that God had frustrated it, we all returned to the wall, each to our own work.
16 From that day on, half of my men did the work,
while the other half were equipped with spears,
shields, bows and armor. The officers posted themselves behind all the people of Judah 17 who were
building the wall. Those who carried materials did
their work with one hand and held a weapon in the
other, 18 and each of the builders wore his sword at
his side as he worked. But the man who sounded the
trumpet stayed with me.
19 Then I said to the nobles, the officials and the rest
of the people, "The work is extensive and spread out,
and we are widely separated from each other along
the wall. 20 Wherever you hear the sound of the trumpet, join us there. Our God will fight for us!"
21 So we continued the work with half the men
holding spears, from the first light of dawn till the
stars came out. 22 At that time I also said to the people,
"Have every man and his helper stay inside Jerusalem
at night, so they can serve us as guards by night and
as workers by day." 23 Neither I nor my brothers nor
my men nor the guards with me took off our clothes;
each had his weapon, even when he went for water.[j]

Nehemiah Helps the Poor

5 1 Now the men and their wives raised a great outcry against their fellow Jews. 2 Some were saying,
"We and our sons and daughters are numerous; in
order for us to eat and stay alive, we must get grain."
3 Others were saying, "We are mortgaging our fields,
our vineyards and our homes to get grain during the
famine."
4 Still others were saying, "We have had to borrow
money to pay the king's tax on our fields and vineyards. 5 Although we are of the same flesh and blood as
our fellow Jews and though our children are as good as
theirs, yet we have to subject our sons and daughters
to slavery. Some of our daughters have already been
enslaved, but we are powerless, because our fields and
our vineyards belong to others."
6 When I heard their outcry and these charges, I
was very angry. 7 I pondered them in my mind and
then accused the nobles and officials. I told them,
"You are charging your own people interest!" So I
called together a large meeting to deal with them
8 and said: "As far as possible, we have bought back

[j] 4:23 The meaning of the Hebrew for this clause is uncertain.

aux chefs et au reste du peuple : N'ayez pas peur d'eu
Pensez au Seigneur qui est grand et redoutable, et co
battez pour vos frères, vos fils et vos filles, vos femm
et vos maisons !
9 Lorsque nos ennemis apprirent que nous étions i
formés et que Dieu avait ainsi déjoué leur projet, no
sommes tous retournés à la muraille, chacun à son trav
10 Mais à partir de ce jour, la moitié des hommes seulem
faisaient le travail et ceux de l'autre moitié, vêtus
cuirasses, étaient armés des lances, des boucliers et d
arcs. Et les chefs se tenaient derrière tous les gens de Ju
11 Ceux qui étaient occupés à rebâtir la muraille et ce
qui portaient ou chargeaient les fardeaux travaillaie
d'une main et tenaient une arme de l'autre. 12 Chacun d
bâtisseurs avait son épée attachée à sa hanche. C'est ai
qu'ils bâtissaient. Un homme se tenait à mes côtés p
à sonner du cor. 13 Je dis alors aux notables, aux chefs
au reste du peuple : Le travail est considérable et s'éte
sur une grande distance, nous sommes dispersés loin
uns des autres le long de la muraille. 14 Rassemblez-vo
autour de nous, à l'endroit où vous entendrez le son
cor, et notre Dieu combattra pour nous.
15 C'est ainsi que, chaque jour, nous poursuivions no
entreprise, la moitié d'entre nous tenant la lance à la m
depuis l'aurore jusqu'à l'apparition des étoiles. 16 Dura
cette période, je dis encore au peuple : Que chacun pa
la nuit dans Jérusalem avec son subalterne[w]. Ainsi, n
pourrons monter la garde pendant la nuit et poursuiv
le travail pendant le jour.
17 Ni moi, ni mes proches, ni mes collaborateurs, ni
gardes de mon escorte, nous ne quittions nos vêteme
chacun gardait ses armes à portée de main[x].

Néhémie règle le problème des injustices sociales

5 1 A cette époque, des hommes du peuple et le
femmes se plaignirent vivement de certains de le
compatriotes juifs. 2 Certains disaient : Nous avons be
coup de fils et de filles, nous voudrions recevoir du
pour manger et survivre.
3 D'autres déclaraient : Nous sommes obligés de don
nos champs, nos vignes et même nos maisons en gage p
nous procurer du blé lorsqu'il y a une famine.
4 D'autres encore se plaignaient : Nous devons emprun
de l'argent en hypothéquant nos champs et nos vig
pour payer l'impôt impérial. 5 Et pourtant, nous somn
bien de la même race que nos compatriotes : nos enfa
ne sont pas différents des leurs ; et voici que nous en so
mes réduits à vendre nos fils et nos filles comme esclav
certaines de nos filles ont déjà été réduites à l'esclav
et nous sommes impuissants à les défendre, car déjà
champs et nos vignes appartiennent à d'autres.
6 Lorsque j'entendis leurs plaintes et toutes ces réclar
tions, je fus saisi d'une violente colère 7 et je pris la décis
d'adresser de vifs reproches aux notables et aux chefs
peuple. Je leur dis : Quand vous prêtez de l'argent à
compatriotes, vous leur demandez des intérêts !
Je convoquai une grande assemblée pour traiter l
cas. 8 Je leur déclarai : Dans la mesure de nos moye
nous avons racheté nos compatriotes juifs vendus co

[w] 4.16 Autre traduction : *son serviteur.*
[x] 4.17 Texte difficile. Autres traductions : *... ses armes, même pour aller*
laver ou *chacun n'avait que ses armes et de l'eau.*

ur fellow Jews who were sold to the Gentiles. Now
ɔu are selling your own people, only for them to be
›ld back to us!" They kept quiet, because they could
nd nothing to say.
9 So I continued, "What you are doing is not right.
ıouldn't you walk in the fear of our God to avoid the
:proach of our Gentile enemies? 10 I and my brothers
nd my men are also lending the people money and
:ain. But let us stop charging interest! 11 Give back to
ıem immediately their fields, vineyards, olive groves
nd houses, and also the interest you are charging
ıem – one percent of the money, grain, new wine
nd olive oil."

12 "We will give it back," they said. "And we will
ot demand anything more from them. We will do
; you say."
Then I summoned the priests and made the nobles
nd officials take an oath to do what they had prom-
ed. 13 I also shook out the folds of my robe and said,
n this way may God shake out of their house and
ɔssessions anyone who does not keep this promise.
ɔ may such a person be shaken out and emptied!"
At this the whole assembly said, "Amen," and
raised the Lord. And the people did as they had
omised.
14 Moreover, from the twentieth year of King
rtaxerxes, when I was appointed to be their gov-
rnor in the land of Judah, until his thirty-second
:ar – twelve years – neither I nor my brothers ate the
od allotted to the governor. 15 But the earlier gov-
rnors – those preceding me – placed a heavy burden
ı the people and took forty shekels[k] of silver from
ıem in addition to food and wine. Their assistants
so lorded it over the people. But out of reverence for
ɔd I did not act like that. 16 Instead, I devoted myself
the work on this wall. All my men were assembled
ere for the work; we[l] did not acquire any land.
17 Furthermore, a hundred and fifty Jews and offi-
als ate at my table, as well as those who came to us
om the surrounding nations. 18 Each day one ox, six
ıoice sheep and some poultry were prepared for me,
ıd every ten days an abundant supply of wine of all
nds. In spite of all this, I never demanded the food
lotted to the governor, because the demands were
:avy on these people.

19 Remember me with favor, my God, for all I have
ɔne for these people.

ırther Opposition to the Rebuilding

6 1 When word came to Sanballat, Tobiah, Geshem
the Arab and the rest of our enemies that I had
built the wall and not a gap was left in it – though
› to that time I had not set the doors in the gates –

me esclaves à des étrangers[y]. Et maintenant vous vendez
vous-mêmes vos compatriotes, et cela à des gens de notre
peuple.
Ils ne trouvèrent rien à répondre et gardèrent le silence.
9 J'ajoutai : Ce que vous faites là n'est pas bien. Ne devriez-
vous pas vivre comme des gens qui craignent notre Dieu
pour ne pas donner à nos ennemis des autres peuples, l'occasion de nous couvrir de honte ? 10 Moi aussi, mes proches
et mes collaborateurs, nous leur avons prêté de l'argent
et du blé. Remettons-leur donc cette dette ! 11 Rendez-leur
aujourd'hui même leurs champs, leurs vignes, leurs oliviers et leurs maisons, et remettez-leur la part de l'argent,
du blé, du vin et de l'huile que vous avez exigée d'eux
comme intérêt.
12 Ils répondirent : Nous ferons ce que tu demandes, nous
rendrons ce que nous avons pris et nous n'exigerons rien
d'eux.
Alors j'appelai les prêtres devant lesquels je fis prêter
serment à ces gens d'agir comme ils l'avaient dit. 13 Puis je
secouai les pans de mon vêtement en déclarant : Que Dieu
secoue de cette manière loin de sa maison et de ses biens
celui qui n'aura pas tenu cette promesse et qu'ainsi il soit
secoué et laissé sans rien !
Toute l'assemblée répondit : Amen ! et loua l'Eternel. Et
le peuple se conforma à la décision prise.

14 Depuis le jour où j'avais été nommé gouverneur du
district de Juda, c'est-à-dire depuis la vingtième année
jusqu'à la trente-deuxième année du règne d'Artaxerxès,
soit pendant douze ans, ni moi ni mes proches nous n'avons
vécu des revenus dus au gouverneur[z]. 15 Mes prédécesseurs
dans cette charge avaient pressuré le peuple, exigeant
qu'on leur remette chaque jour, outre le pain et le vin,
quarante pièces d'argent.
Même leurs fonctionnaires exerçaient leur domination
sur le peuple. Pour moi, je n'ai jamais agi de la sorte, car je
craignais Dieu. 16 Au contraire, j'ai travaillé personnellement à la réparation de la muraille et mes collaborateurs
se sont aussi mis à l'œuvre, et nous n'avons jamais acheté
de terres. 17 D'autre part, j'ai reçu régulièrement à ma table
cent cinquante chefs juifs, sans compter ceux qui venaient
vers nous des peuples des régions environnantes. 18 Chaque
jour, on apprêtait pour cela un taureau, six moutons de
choix et des volailles, et tous les dix jours, on me livrait de
grandes quantités de vin. Malgré cela, je n'ai pas demandé
les revenus alloués au gouverneur car je savais que les
travaux pesaient lourdement sur le peuple.
19 Tiens compte de moi, ô mon Dieu, et accorde-moi
ta bienveillance à cause de tout ce que j'ai fait pour ce
peuple !

Tentatives d'intimidation

6 1 Lorsque Sanballat, Tobiya, Guéshem l'Arabe et le
reste de nos ennemis apprirent que j'avais fini de
rebâtir la muraille et qu'il n'y restait plus de brèche – sauf
les portes dont je n'avais pas encore posé les battants à

:15 That is, about 1 pound or about 460 grams
:16 Most Hebrew manuscripts; some Hebrew manuscripts,
ptuagint, Vulgate and Syriac I

y 5.8 A Babylone, les Juifs fortunés rachetèrent aux païens ceux de leurs compatriotes qui avaient dû se vendre comme esclaves (ne pouvant pas rembourser leurs dettes) afin qu'ils puissent retourner au pays d'Israël (voir Lv 25.47-48).
z 5.14 De 445 à 433 av. J.-C.

2 Sanballat and Geshem sent me this message: "Come, let us meet together in one of the villages[m] on the plain of Ono."

But they were scheming to harm me; 3 so I sent messengers to them with this reply: "I am carrying on a great project and cannot go down. Why should the work stop while I leave it and go down to you?" 4 Four times they sent me the same message, and each time I gave them the same answer.

5 Then, the fifth time, Sanballat sent his aide to me with the same message, and in his hand was an unsealed letter 6 in which was written:

"It is reported among the nations – and Geshem[n] says it is true – that you and the Jews are plotting to revolt, and therefore you are building the wall. Moreover, according to these reports you are about to become their king 7 and have even appointed prophets to make this proclamation about you in Jerusalem: 'There is a king in Judah!' Now this report will get back to the king; so come, let us meet together."

8 I sent him this reply: "Nothing like what you are saying is happening; you are just making it up out of your head."

9 They were all trying to frighten us, thinking, "Their hands will get too weak for the work, and it will not be completed."

But I prayed, "Now strengthen my hands."

10 One day I went to the house of Shemaiah son of Delaiah, the son of Mehetabel, who was shut in at his home. He said, "Let us meet in the house of God, inside the temple, and let us close the temple doors, because men are coming to kill you – by night they are coming to kill you."

11 But I said, "Should a man like me run away? Or should someone like me go into the temple to save his life? I will not go!" 12 I realized that God had not sent him, but that he had prophesied against me because Tobiah and Sanballat had hired him. 13 He had been hired to intimidate me so that I would commit a sin by doing this, and then they would give me a bad name to discredit me.

m 6:2 Or *in Kephirim*
n 6:6 Hebrew *Gashmu*, a variant of *Geshem*

cette époque – 2 Sanballat et Guéshem m'envoyèrent u message pour me dire : Viens et ayons ensemble une er trevue à Kefirim, dans la vallée d'Ono[a].

Ils avaient l'intention de me faire du mal.

3 Je leur envoyai des messagers pour leur répondre J'ai un grand travail à exécuter et il m'est impossib de me rendre auprès de vous. Je n'ai pas de raiso d'interrompre l'ouvrage en l'abandonnant pour alle vous rencontrer.

4 A quatre reprises, ils me firent transmettre la mêm proposition, et je leur retournai la même réponse. 5 Un cinquième fois, Sanballat m'envoya ce même message pa son serviteur qui tenait à la main une lettre ouverte. 6 y était écrit :

« Le bruit se répand parmi les peuples des régions env ronnantes que toi et les Juifs, vous projetez une révolt Guéshem me l'a d'ailleurs confirmé. Ce serait pour cel que tu reconstruis la muraille. On dit même que tu veu devenir leur roi 7 et que tu as déjà désigné des prophète chargés de proclamer à Jérusalem que tu es devenu r de Juda. Maintenant, des rumeurs de ce genre arriveron certainement aux oreilles de l'empereur. Viens donc e discuter avec nous ! »

8 Je lui fis répondre : Rien de ce que tu affirmes n'e exact. Tout ceci est une pure invention de ta part !

9 Tous ces gens, en effet, ne cherchaient qu'à nous fair peur ; ils espéraient que nous nous découragerions et qu nous abandonnerions l'ouvrage !

Maintenant, ô Dieu, fortifie-moi pour ma tâche[b] !

L'intervention d'un faux prophète

10 Je me rendis chez Shemaya, fils de Delaya et pe tit-fils de Mehétabéel, qui s'était barricadé chez lui. s'écria : Allons tenir conseil dans le temple de Die au fond du sanctuaire, et verrouillons-en les porte car ils veulent te tuer : ils vont venir pendant la nu pour t'assassiner.

11 Mais je lui répondis : Comment un homme dans m position prendrait-il la fuite ? D'ailleurs, quel homme con me moi pourrait pénétrer dans le Temple sans perdre vie[c] ? Non, je n'irai pas !

12 J'avais bien compris que ce n'était pas Dieu q l'envoyait. Mais il avait prononcé cette prophétie po moi parce que Sanballat et Tobiya l'avaient soudoy 13 Ils avaient agi ainsi pour me faire peur, et pour qu'e suivant son conseil, je commette un péché. Alors i auraient pu me faire une mauvaise réputation et m discréditer.

a 6.2 *Kefirim:* localité inconnue, dans la plaine de Saron, au nord de Lydda, dans la partie la plus à l'ouest de la région occupée par les rapatriés (Né 7.37 ; 11.35).
b 6.9 Les mots : *ô Dieu* ne sont pas dans l'hébreu. Mais il semble bien s'agir d'une courte prière. Les anciennes versions ont : *Maintenant, je fortifierai mes mains.*
c 6.11 Nb 18.7 interdit à ceux qui n'étaient pas prêtres de pénétrer à l'intérieur du tabernacle et du Temple (voir 2 Ch 26.16-21).

14 Remember Tobiah and Sanballat, my God, because
what they have done; remember also the prophet
oadiah and how she and the rest of the prophets
ave been trying to intimidate me. 15 So the wall was
ompleted on the twenty-fifth of Elul, in fifty-two
ays.

pposition to the Completed Wall

16 When all our enemies heard about this, all the
rrounding nations were afraid and lost their
lf-confidence, because they realized that this work
ad been done with the help of our God.
17 Also, in those days the nobles of Judah were send-
g many letters to Tobiah, and replies from Tobiah
pt coming to them. 18 For many in Judah were under
th to him, since he was son-in-law to Shekaniah
n of Arah, and his son Jehohanan had married the
ughter of Meshullam son of Berekiah. 19 Moreover,
ey kept reporting to me his good deeds and then
lling him what I said. And Tobiah sent letters to
timidate me.

7 1 After the wall had been rebuilt and I had set the
doors in place, the gatekeepers, the musicians
d the Levites were appointed. 2 I put in charge of
rusalem my brother Hanani, along with Hananiah
e commander of the citadel, because he was a man
integrity and feared God more than most people
. 3 I said to them, "The gates of Jerusalem are not to
opened until the sun is hot. While the gatekeepers
e still on duty, have them shut the doors and bar
em. Also appoint residents of Jerusalem as guards,
me at their posts and some near their own houses."

e List of the Exiles Who Returned

4 Now the city was large and spacious, but there
re few people in it, and the houses had not yet been
built. 5 So my God put it into my heart to assemble
e nobles, the officials and the common people for
gistration by families. I found the genealogical re-
rd of those who had been the first to return. This
what I found written there:

6 These are the people of the province who
me up from the captivity of the exiles whom
buchadnezzar king of Babylon had taken captive
ey returned to Jerusalem and Judah, each to his
vn town, 7 in company with Zerubbabel, Joshua,
hemiah, Azariah, Raamiah, Nahamani, Mordecai,
lshan, Mispereth, Bigvai, Nehum and Baanah):
The list of the men of the people of Israel:
he descendants of
rosh 2,172
hephatiah 372
Arah 652

14 Mon Dieu, ne laisse pas Sanballat et Tobiya impunis pour leurs actes, ni Noadia la prophétesse, ni les autres prophètes qui ont cherché à me faire peur.

La confusion des ennemis

15 La muraille fut achevée en cinquante-deux jours, le vingt-cinq du mois d'Eloul[d]. 16 Lorsque tous nos ennemis l'apprirent, tous les peuples étrangers qui nous entouraient furent saisis de crainte et profondément humiliés à leurs propres yeux, car ils reconnurent qu'un tel ouvrage n'avait pu être mené à bonne fin qu'avec l'aide de notre Dieu.

17 Durant toute cette période, des notables de Juda entretenaient une abondante correspondance avec Tobiya. 18 En effet, beaucoup de Judéens étaient liés à lui par serment parce qu'il était le gendre de Shekania, fils d'Arah, et que son propre fils Yohanân avait épousé la fille de Meshoullam, fils de Bérékia. 19 Ils avaient même l'audace de vanter ses mérites en ma présence, et ils lui rapportaient mes paroles. C'était ce Tobiya qui envoyait des lettres pour m'intimider.

Les dispositifs de sécurité dans Jérusalem

7 1 Lorsque la muraille fut achevée et que j'eus posé les battants des portes, on établit dans leurs fonctions les portiers[e], les musiciens et les lévites. 2 Je confiai le commandement de Jérusalem à mon frère Hanani ainsi qu'à Hanania[f], le gouverneur de la forteresse, car c'était un homme de confiance qui, plus que beaucoup d'autres, craignait Dieu. 3 Je leur donnai les consignes suivantes : Les portes de Jérusalem ne s'ouvriront pas avant que le soleil ne soit haut dans le ciel et, le soir, on fermera les battants et on les verrouillera pendant que les portiers seront encore là. De plus, les habitants de Jérusalem établiront un tour de garde, les uns ayant leur poste, et les autres surveillant les abords de leurs maisons. 4 La ville était grande et très étendue, mais la population en était peu nombreuse ; les maisons n'avaient pas été rebâties.

Le registre des premiers Judéens rentrés d'exil

5 Mon Dieu me mit à cœur d'assembler les notables, les chefs et le reste du peuple pour en faire le recensement. Je découvris le registre généalogique de ceux qui étaient revenus de l'exil les premiers et j'y trouvai consigné ceci :

6 Voici la liste des hommes originaires du district de Juda, que Nabuchodonosor, roi de Babylone, avait déportés, et qui sont revenus de la captivité à Jérusalem et en Juda, chacun dans sa ville[g]. 7 Ils étaient revenus sous la conduite de Zorobabel, Josué, Néhémie, Azaria, Raamia, Nahamani, Mardochée, Bilshân, Mispéreth, Bigvaï, Nehoum et Baana.

Et voici le compte des Israélites :

8 Descendants de Pareosh : 2 172.

9 Descendants de Shephatia : 372.
10 Descendants d'Arah : 652.

---

d **6.15** Le 3 octobre 445 av. J.-C. (ou fin septembre selon certains). L'assemblée solennelle du peuple fut tenue cinq jours plus tard (8.1-2). La dédicace de la muraille est décrite en 12.27-47.
e **7.1** Chargés de la surveillance des portes du Temple en temps normal ; vu les circonstances, Néhémie leur confie aussi celle des portes de la ville pendant le jour.
f **7.2** Autre traduction : *Hanani, c'est-à-dire Hanania.*
g **7.6** La liste qui suit se trouve déjà en Esd 2 (voir les notes).

11 Pahath-Moab (through the line of Jeshua and Joab) 2,818
12 Elam 1,254
13 Zattu 845
14 Zakkai 760
15 Binnui 648
16 Bebai 628
17 Azgad 2,322
18 Adonikam 667
19 Bigvai 2,067
20 Adin 655
21 Ater (through Hezekiah) 98
22 Hashum 328
23 Bezai 324
24 Hariph 112
25 Gibeon 95
26 the men of Bethlehem and Netophah 188
27 Anathoth 128
28 Beth Azmaveth 42
29 Kiriath Jearim, Kephirah and Beeroth 743
30 of Ramah and Geba 621
31 of Mikmash 122
32 of Bethel and Ai 123
33 of the other Nebo 52
34 of the other Elam 1,254
35 of Harim 320
36 of Jericho 345
37 of Lod, Hadid and Ono 721
38 of Senaah 3,930

39 The priests:
the descendants of
Jedaiah (through the family of Jeshua) 973
40 Immer 1,052
41 Pashhur 1,247
42 Harim 1,017

43 The Levites:
the descendants
of Jeshua (through Kadmiel through the line of
Hodaviah) 74

44 The musicians:
the descendants of
Asaph 148

45 The gatekeepers of the temple:
the descendants of
Shallum, Ater, Talmon,
Akkub, Hatita and Shobai 138

46 The temple servants:
the descendants of
Ziha, Hasupha, Tabbaoth,
47 Keros, Sia, Padon,
48 Lebana, Hagaba, Shalmai,
49 Hanan, Giddel, Gahar,
50 Reaiah, Rezin, Nekoda,
51 Gazzam, Uzza, Paseah,
52 Besai, Meunim, Nephusim,
53 Bakbuk, Hakupha, Harhur,
54 Bazluth, Mehida, Harsha,
55 Barkos, Sisera, Temah,
56 Neziah and Hatipha

57 The descendants of the servants of Solomon:
the descendants of

11 Descendants de Pahath-Moab, de la postérité de Josué et de Joab : 2 818.
12 Descendants d'Elam : 1 254.
13 Descendants de Zatthou : 845.
14 Descendants de Zakkaï : 760.
15 Descendants de Binnouï : 648.
16 Descendants de Bébaï : 628.
17 Descendants d'Azgad : 2 322.
18 Descendants d'Adoniqam : 667.
19 Descendants de Bigvaï : 2 067.
20 Descendants d'Adîn : 655.
21 Descendants d'Ather de la lignée d'Ezéchias : 98.
22 Descendants de Hashoum : 328.
23 Descendants de Betsaï : 324.
24 Descendants de Hariph : 112.
25 Descendants de Gabaon : 95.
26 Ressortissants de Bethléhem et de Netopha : 188.
27 Ressortissants d'Anatoth : 128.
28 Ressortissants de Beth-Azmaveth : 42.
29 Ressortissants de Qiryath-Yearim, de Kephira et d Beéroth : 743.
30 Ressortissants de Rama et de Guéba : 621.
31 Ressortissants de Mikmas : 122.
32 Ressortissants de Béthel et d'Aï : 123.
33 Ressortissants de l'autre Nébo : 52.
34 Descendants de l'autre Elam : 1 254.
35 Descendants de Harim : 320.
36 Descendants de Jéricho : 345.
37 Descendants de Lod, de Hadid et d'Ono : 721.
38 Descendants de Senaa : 3 930.

39 Pour ce qui est des prêtres :
Descendants de Yedaeya, de la lignée de Josué : 97
40 Descendants d'Immer : 1 052.
41 Descendants de Pashhour : 1 247.
42 Descendants de Harim : 1 017.

43 Pour ce qui est des lévites :
Descendants de Josué, de Qadmiel, du lignage de Hodva : 74.

44 Musiciens, descendants d'Asaph : 148.

45 Portiers, les descendants de Shalloum, d'Ather,
Talmôn, d'Aqqoub, de Hathitha et de Shobaï : 138.

46 Desservants du Temple : les descendants de Tsiha,
Hasoupha et de Thabbaoth, 47 de Qéros, de Sia, de Padó
48 de Lebana, de Hagaba, de Shalmaï ; 49 de Hanân,
Guiddel, de Gahar, 50 de Reaya, de Retsîn, de Neqoda, 51
Gazzam, d'Ouzza, de Paséah, 52 de Bésaï, de Mehounim,
Nephousim, 53 de Baqbouq, de Haqoupha, de Har-hour, 54
Batslith, de Mehida, de Harsha, 55 de Barqos, de Sisera,
Thamah, 56 de Netsiah et de Hathipha.

57 Quant au groupe des descendants des serviteurs
Salomon, il comprenait les descendants de Sothaï,

ɔtai, Sophereth, Perida,
Jaala, Darkon, Giddel,
Shephatiah, Hattil,
ɔkereth-Hazzebaim and Amon
The temple servants and
ıe descendants of the servants of Solomon 392
61 The following came up from the towns of Tel
elah, Tel Harsha, Kerub, Addon and Immer, but they
ɔuld not show that their families were descended
om Israel:
the descendants of
elaiah, Tobiah and Nekoda 642
63 And from among the priests:
the descendants of
Hobaiah, Hakkoz and Barzillai (a man who had
arried a daughter of Barzillai the Gileadite and was
ılled by that name).
64 These searched for their family records, but they
ɔuld not find them and so were excluded from the
iesthood as unclean. 65 The governor, therefore,
dered them not to eat any of the most sacred food
ıtil there should be a priest ministering with the
rim and Thummim.
66 The whole company numbered 42,360, 67 besides
eir 7,337 male and female slaves; and they also had
5 male and female singers. 68 There were 736 horses,
5 mules,[o] 69 435 camels and 6,720 donkeys.
70 Some of the heads of the families contributed
to the work. The governor gave to the treasury
1,000 darics[p] of gold, 50 bowls and 530 garments
for priests. 71 Some of the heads of the families gave
to the treasury for the work 20,000 darics[q] of gold
and 2,200 minas[r] of silver. 72 The total given by the
rest of the people was 20,000 darics of gold, 2,000
minas[s] of silver and 67 garments for priests.
73 The priests, the Levites, the gatekeepers, the musicians and the temple servants, along with certain
of the people and the rest of the Israelites, settled
in their own towns.

zra Reads the Law

When the seventh month came and the Israelites
d settled in their towns,
8 1 all the people came together as one in the
square before the Water Gate. They told Ezra the
acher of the Law to bring out the Book of the Law
Moses, which the LORD had commanded for Israel.
2 So on the first day of the seventh month Ezra the
iest brought the Law before the assembly, which was
ade up of men and women and all who were able to
derstand. 3 He read it aloud from daybreak till noon
he faced the square before the Water Gate in the
esence of the men, women and others who could
derstand. And all the people listened attentively
the Book of the Law.

:68 Some Hebrew manuscripts (see also Ezra 2:66); most Hebrew anuscripts do not have this verse.
:70 That is, about 19 pounds or about 8.4 kilograms
:71 That is, about 375 pounds or about 170 kilograms; also in rse 72
:71 That is, about 1 1/3 tons or about 1.2 metric tons
:72 That is, about 1 1/4 tons or about 1.1 metric tons

Sophéreth, de Perida, 58 de Yaala, de Darqôn, de Guiddel,
59 de Shephatia, de Hatthil, de Pokéreth-Hatsebaïm et
d'Amôn.
60 Total des desservants du Temple et des descendants
des serviteurs de Salomon : 392.
61 Liste de ceux qui sont venus des villes de Tel-Mélah,
de Tel-Harsha, de Keroub-Addôn et d'Immer, mais qui ne
purent pas indiquer quels étaient leur groupe familial
et leur ascendance, pour prouver leur origine israélite :
62 les descendants de Delaya, de Tobiya et de Neqoda : 642.
63 Et parmi les prêtres : les descendants de Hobaya,
d'Haqqots et de Barzillaï. Ce dernier tenait son nom de
Barzillaï, le Galaadite dont il avait épousé une fille. 64 Ils
recherchèrent leurs registres généalogiques mais ne les
trouvèrent pas. Ils furent donc disqualifiés pour l'exercice
du sacerdoce, 65 et le gouverneur leur ordonna de ne pas
manger des aliments consacrés jusqu'à ce qu'un prêtre
ait consulté Dieu à leur sujet par l'ourim et le toummim.
66 La communauté entière de ceux qui étaient revenus de
l'exil comprenait 42 360 personnes, 67 sans compter leurs
7 337 serviteurs et servantes. Parmi eux se trouvaient 245
musiciens et chanteuses. Ils avaient 736 chevaux, 245 mulets[h], 68 435 chameaux et 6 720 ânes.
69 Plusieurs des chefs des groupes familiaux firent des
dons pour la reconstruction du Temple. Le gouverneur
versa au fonds des travaux 1 000 pièces d'or et donna
50 coupes et 530 tuniques sacerdotales. 70 Les chefs des
groupes familiaux donnèrent au fonds des travaux 20 000
pièces d'or[i] et 2 200 pièces d'argent[j]. 71 Le reste du peuple donna 20 000 pièces d'or, 2 000 pièces d'argent[k] et
67 tuniques sacerdotales. 72 Les prêtres et les lévites, les
portiers, les musiciens, les gens du peuple, les desservants
du Temple, tous les Israélites s'établirent dans leurs villes
d'origine. Quand arriva le septième mois, les Israélites
étaient installés dans leurs villes.

La lecture publique de la Loi

8 1 Tout le peuple s'assembla comme un seul homme sur la place située devant la porte des Eaux. Ils
demandèrent à Esdras, qui était spécialiste de la Loi, d'apporter le livre de la Loi de Moïse donnée par l'Eternel à
Israël. 2 Le premier jour du septième mois[l], Esdras, qui était
aussi prêtre, apporta la Loi devant l'assemblée composée
d'hommes et de femmes et de tous ceux qui étaient en
âge de comprendre ce qu'ils entendaient. 3 Il leur lut dans
le livre, depuis l'aube jusqu'à midi, sur la place qui est
devant la porte des Eaux. Tout le peuple était attentif à la

h 7.67 Les mots : *ils avaient ... mulets* ne figurent pas dans la plupart des manuscrits du texte hébreu traditionnel. Ils sont restitués d'après certains manuscrits hébreux et l'ancienne version grecque (voir Esd 2.66).
i 7.70 Soit environ 150 kilogrammes d'or.
j 7.70 Soit environ 1 500 kilogrammes.
k 7.71 Soit environ 1 300 kilogrammes.
l 8.2 8 octobre 445 av. J.-C. Ce jour de l'an de l'année civile devait être célébré par la fête des Trompettes (Lv 23.24). La fête des Cabanes avait lieu le même mois. Tous les sept ans, lors de cette fête, la Loi devait être lue au peuple (Dt 31.10-11).

4 Ezra the teacher of the Law stood on a high wooden platform built for the occasion. Beside him on his right stood Mattithiah, Shema, Anaiah, Uriah, Hilkiah and Maaseiah; and on his left were Pedaiah, Mishael, Malkijah, Hashum, Hashbaddanah, Zechariah and Meshullam.

5 Ezra opened the book. All the people could see him because he was standing above them; and as he opened it, the people all stood up. 6 Ezra praised the Lord, the great God; and all the people lifted their hands and responded, "Amen! Amen!" Then they bowed down and worshiped the Lord with their faces to the ground.

7 The Levites – Jeshua, Bani, Sherebiah, Jamin, Akkub, Shabbethai, Hodiah, Maaseiah, Kelita, Azariah, Jozabad, Hanan and Pelaiah – instructed the people in the Law while the people were standing there. 8 They read from the Book of the Law of God, making it clear[t] and giving the meaning so that the people understood what was being read.

9 Then Nehemiah the governor, Ezra the priest and teacher of the Law, and the Levites who were instructing the people said to them all, "This day is holy to the Lord your God. Do not mourn or weep." For all the people had been weeping as they listened to the words of the Law.

10 Nehemiah said, "Go and enjoy choice food and sweet drinks, and send some to those who have nothing prepared. This day is holy to our Lord. Do not grieve, for the joy of the Lord is your strength."

11 The Levites calmed all the people, saying, "Be still, for this is a holy day. Do not grieve."

12 Then all the people went away to eat and drink, to send portions of food and to celebrate with great joy, because they now understood the words that had been made known to them.

13 On the second day of the month, the heads of all the families, along with the priests and the Levites, gathered around Ezra the teacher to give attention to the words of the Law. 14 They found written in the Law, which the Lord had commanded through Moses, that the Israelites were to live in temporary shelters during the festival of the seventh month 15 and that they should proclaim this word and spread it throughout their towns and in Jerusalem: "Go out into the hill country and bring back branches from olive and wild olive trees, and from myrtles, palms and shade trees, to make temporary shelters" – as it is written.[u]

16 So the people went out and brought back branches and built themselves temporary shelters on their own roofs, in their courtyards, in the courts of the house of God and in the square by the Water Gate and the

[t] 8:8 Or *God, translating it*
[u] 8:15 See Lev. 23:37-40.

lecture du livre de la Loi : hommes, femmes et tous ceu qui étaient en âge de comprendre. 4 Esdras se tenait s une estrade de bois dressée pour la circonstance. A droite se tenaient Mattitia, Shéma, Anaya, Urie, Hilqi et Maaséya, et à sa gauche, Pedaya, Mishaël, Malkiy Hashoum, Hashbaddana, Zacharie et Meshoullam.

5 Comme il était placé plus haut que tout le peuple, ch cun le vit ouvrir le livre. A ce moment-là, tous se levère 6 Esdras bénit l'Eternel, le grand Dieu, et tout le peup s'écria : Amen ! Amen ! en levant les mains. Puis ils s'i clinèrent jusqu'à terre et se prosternèrent devant l'Etern pour l'adorer. 7 Alors Josué, Bani, Shérébia, Yamîn, Aqqou Shabthaï, Hodiya, Maaséya, Qelita, Azaria, Yozabad, Hanâ Pelaya et les autres lévites expliquèrent la Loi au peup qui se tenait debout. 8 Ils lisaient dans la Loi de Dieu et e pliquaient au fur et à mesure, de façon posée et distincte afin que chacun puisse comprendre ce qu'ils avaient lu

L'invitation à la joie

9 Tout le peuple pleurait en entendant les paroles d la Loi. Alors Néhémie le gouverneur, Esdras le prêtre spécialiste de la Loi, et les lévites qui donnaient les expl cations au peuple dirent à tous : Ce jour est un jour de fê consacré à l'Eternel votre Dieu. Ce n'est pas le moment pleurer et de prendre le deuil !

10 Puis Esdras ajouta : A présent, allez faire un bo repas, buvez d'excellentes boissons et faites porter d portions à ceux qui n'ont rien préparé, car ce jour est u jour consacré à notre Seigneur. Ne vous affligez donc pa car la joie que donne l'Eternel est votre force.

11 De leur côté, les lévites calmaient tout le peuple e disant : Soyez tranquilles, car ce jour est consacré à Die ne vous attristez donc pas !

12 Alors tous allèrent manger et boire, faire porter d parts aux pauvres et organiser de grandes réjouissance Car ils avaient bien compris les paroles qu'on leur ava enseignées.

La célébration de la fête des Cabanes

13 Le lendemain, les chefs de groupes familiaux de to le peuple, les prêtres et les lévites s'assemblèrent aupr d'Esdras, le spécialiste de la Loi, pour étudier plus atte tivement les enseignements de la Loi. 14 Ils trouvèrent écr dans cette Loi, que l'Eternel avait donnée aux Israélit par l'intermédiaire de Moïse, que les Israélites devaie habiter des cabanes pendant la durée de la fête du se tième mois. 15 Alors ils firent publier[n] dans toutes leu villes et à Jérusalem la proclamation suivante : Sortez da la montagne[o] et rapportez-en des branches d'olivier cu tivé et d'olivier sauvage, de myrte[p], de palmier et d'arbr touffus, pour faire des cabanes comme cela est écrit.

16 Le peuple partit et rapporta des branchages. Ils construisirent des cabanes, sur la terrasse de leur ma son, dans leurs cours, dans les parvis du Temple, sur place de la porte des Eaux, ou encore sur la place de

[m] 8.8 Autre traduction : *en traduisant.*
[n] 8.15 ... *septième mois.* 15 *Alors ils firent publier ...:* sens obtenu avec une légère correction du texte hébreu. Le texte hébreu traditionnel a : *... sep tième mois,* 15 *et qu'on devait faire publier ...*
[o] 8.15 C'est-à-dire les parties boisées du pays, par opposition aux vallée cultivées.
[p] 8.15 Buisson odoriférant aux feuilles persistantes (Es 41.19 ; 55.13 ; Za 1.8, 10-11).

ne by the Gate of Ephraim. 17 The whole company
hat had returned from exile built temporary shelters
nd lived in them. From the days of Joshua son of Nun
ntil that day, the Israelites had not celebrated it like
his. And their joy was very great.
18 Day after day, from the first day to the last, Ezra
ead from the Book of the Law of God. They cele-
rated the festival for seven days, and on the eighth
ay, in accordance with the regulation, there was an
ssembly.

he Israelites Confess Their Sins

9 1 On the twenty-fourth day of the same month,
the Israelites gathered together, fasting and
earing sackcloth and putting dust on their heads.
Those of Israelite descent had separated themselves
om all foreigners. They stood in their places and
onfessed their sins and the sins of their ancestors.
They stood where they were and read from the
ook of the Law of the LORD their God for a quarter
f the day, and spent another quarter in confession
nd in worshiping the LORD their God. 4 Standing on
e stairs of the Levites were Jeshua, Bani, Kadmiel,
hebaniah, Bunni, Sherebiah, Bani and Kenani. They
ied out with loud voices to the LORD their God. 5 And
e Levites – Jeshua, Kadmiel, Bani, Hashabneiah,
herebiah, Hodiah, Shebaniah and Pethahiah – said:
Stand up and praise the LORD your God, who is from
verlasting to everlasting.[v]"

"Blessed be your glorious name, and may it be exalted above all blessing and praise. 6 You alone are
the LORD. You made the heavens, even the highest
heavens, and all their starry host, the earth and
all that is on it, the seas and all that is in them.
You give life to everything, and the multitudes of
heaven worship you.

7 "You are the LORD God, who chose Abram and
brought him out of Ur of the Chaldeans and named
him Abraham. 8 You found his heart faithful to you,
and you made a covenant with him to give to his
descendants the land of the Canaanites, Hittites,
Amorites, Perizzites, Jebusites and Girgashites. You
have kept your promise because you are righteous.

9 "You saw the suffering of our ancestors in Egypt;
you heard their cry at the Red Sea.[w] 10 You sent signs
and wonders against Pharaoh, against all his officials and all the people of his land, for you knew
how arrogantly the Egyptians treated them. You
made a name for yourself, which remains to this
day. 11 You divided the sea before them, so that they
passed through it on dry ground, but you hurled
their pursuers into the depths, like a stone into
mighty waters. 12 By day you led them with a pillar
of cloud, and by night with a pillar of fire to give
them light on the way they were to take.

13 "You came down on Mount Sinai; you spoke to
them from heaven. You gave them regulations and

porte d'Ephraïm[q]. 17 Toute la communauté des anciens
déportés revenus de l'exil construisit des cabanes et se
mit à les habiter. Les Israélites n'avaient plus célébré cette
fête depuis le temps de Josué, fils de Noun. Ils se livrèrent
à de grandes réjouissances à cette occasion.
18 Chaque jour, du premier jusqu'au dernier, Esdras lut
une portion du livre de la Loi de Dieu. On célébra la fête
pendant sept jours, et le huitième jour, conformément aux
prescriptions de la Loi, il y eut une assemblée cultuelle.

Le peuple confesse ses péchés

9 1 Le vingt-quatrième jour du même mois[r], les
Israélites, revêtus d'habits de toile de sac et la tête
couverte de poussière, s'assemblèrent pour un temps de
jeûne. 2 Ceux qui étaient Israélites de souche s'étaient
séparés de tous les gens d'origine étrangère[s] ; puis ils se
présentèrent pour confesser leurs péchés et ceux de leurs
ancêtres. 3 Ils se mirent debout, chacun à sa place, et on lut
pendant trois heures dans le livre de la Loi de l'Eternel,
leur Dieu. Puis, pendant trois autres heures, ils se tinrent
prosternés devant l'Eternel, leur Dieu, et confessèrent
leurs péchés.
4 Josué, Bani, Qadmiel, Shebania, Bounni, Shérébia, Bani
et Kenani montèrent sur l'estrade dressée pour les lévites
et implorèrent l'Eternel, leur Dieu, à haute voix. 5 Puis les
lévites, Josué, Qadmiel, Bani, Hashabnia, Shérébia, Hodiya,
Shebania et Petahya s'écrièrent :

Levez-vous, bénissez l'Eternel, votre Dieu, pour toute
l'éternité. Oui, que l'on te bénisse, toi dont la gloire surpasse tout ce que la louange peut exprimer ! 6 C'est toi,
Eternel, toi qui es l'unique ! Tu as fait le ciel, les cieux les
plus élevés et tous les astres qui s'y trouvent ! Tu as créé la
terre et tout ce qui est dessus, les mers et tout ce qu'elles
renferment. Tu donnes la vie à tous les êtres, et l'armée
céleste se prosterne devant toi.
7 C'est toi, Eternel Dieu, qui as choisi Abram. Tu l'as
fait quitter Our des Chaldéens et tu lui as donné le nom
d'Abraham. 8 Tu as constaté que son cœur t'était fidèle,
et tu as conclu une alliance avec lui en lui promettant
de donner à sa descendance le pays des Cananéens, des
Hittites, des Amoréens, des Phéréziens, des Yebousiens
et des Guirgasiens. Et tu as accompli tes promesses, car
tu es juste.
9 Tu as vu la misère de nos ancêtres en Egypte, et tu as
entendu lorsqu'ils ont imploré ton aide sur les bords de la
mer des Roseaux. 10 Tu as accompli des signes extraordinaires et des prodiges contre le pharaon, contre tous ses
ministres et contre tout le peuple de son pays, parce que
tu savais avec quelle cruauté les Egyptiens avaient traité
nos ancêtres. Ainsi tu t'es acquis une grande renommée
qui s'est maintenue jusqu'à ce jour. 11 Tu as ouvert la mer
devant eux, et nos ancêtres l'ont traversée à sec : mais tu
as précipité ceux qui les poursuivaient dans les flots comme une pierre qui s'enfonce dans des eaux tumultueuses.
12 Tu as conduit ton peuple, le jour par une colonne de
nuée, et la nuit par une colonne de feu qui leur éclairait
le chemin qu'ils devaient suivre. 13 Tu es descendu sur le

v 9:5 Or *God for ever and ever*
w 9:9 Or *the Sea of Reeds*

q **8.16** Porte du vieux rempart de la ville (voir 2 R 14.13), restaurée par Néhémie (12.39).
r **9.1** 31 octobre 445 av. J.-C.
s **9.2** La réunion eut lieu dans le parvis du Temple où seuls les Juifs avaient accès.

laws that are just and right, and decrees and commands that are good. 14 You made known to them your holy Sabbath and gave them commands, decrees and laws through your servant Moses. 15 In their hunger you gave them bread from heaven and in their thirst you brought them water from the rock; you told them to go in and take possession of the land you had sworn with uplifted hand to give them.

16 "But they, our ancestors, became arrogant and stiff-necked, and they did not obey your commands. 17 They refused to listen and failed to remember the miracles you performed among them. They became stiff-necked and in their rebellion appointed a leader in order to return to their slavery. But you are a forgiving God, gracious and compassionate, slow to anger and abounding in love. Therefore you did not desert them, 18 even when they cast for themselves an image of a calf and said, 'This is your god, who brought you up out of Egypt,' or when they committed awful blasphemies.

19 "Because of your great compassion you did not abandon them in the wilderness. By day the pillar of cloud did not fail to guide them on their path, nor the pillar of fire by night to shine on the way they were to take. 20 You gave your good Spirit to instruct them. You did not withhold your manna from their mouths, and you gave them water for their thirst. 21 For forty years you sustained them in the wilderness; they lacked nothing, their clothes did not wear out nor did their feet become swollen.

22 "You gave them kingdoms and nations, allotting to them even the remotest frontiers. They took over the country of Sihon[x] king of Heshbon and the country of Og king of Bashan. 23 You made their children as numerous as the stars in the sky, and you brought them into the land that you told their parents to enter and possess. 24 Their children went in and took possession of the land. You subdued before them the Canaanites, who lived in the land; you gave the Canaanites into their hands, along with their kings and the peoples of the land, to deal with them as they pleased. 25 They captured fortified cities and fertile land; they took possession of houses filled with all kinds of good things, wells already dug, vineyards, olive groves and fruit trees in abundance. They ate to the full and were well-nourished; they reveled in your great goodness.

26 "But they were disobedient and rebelled against you; they turned their backs on your law. They killed your prophets, who had warned them in order to turn them back to you; they committed awful blasphemies. 27 So you delivered them into the hands of their enemies, who oppressed them. But when they were oppressed they cried out to you. From heaven you heard them, and in your great compassion you gave them deliverers, who rescued them from the hand of their enemies.

x 9:22 One Hebrew manuscript and Septuagint; most Hebrew manuscripts *Sihon, that is, the country of the*

mont Sinaï, tu leur as parlé du haut du ciel et tu leur a communiqué des articles de droit justes, des lois vraie des ordonnances et des commandements excellents[t]. 14 T leur as fait connaître ton saint sabbat et tu leur as donn par l'intermédiaire de ton serviteur Moïse, des comma dements, des ordonnances et une Loi. 15 Tu leur as four du ciel du pain pour apaiser leur faim, et tu as fait jaill de l'eau du rocher pour étancher leur soif. Tu leur as con mandé d'aller prendre possession du pays que tu ava promis par serment de leur donner.

16 Mais eux et nos ancêtres sont devenus orgueilleux se sont montrés rebelles. Ils n'ont pas obéi à tes comma dements ; 17 oui, ils ont refusé d'obéir, oubliant les œuvr extraordinaires que tu avais accomplies pour eux. Ils s sont rebellés et, dans leur révolte, ils ont voulu se donn un chef pour retourner à leur esclavage, 18 même quar ils se sont fabriqué un veau en métal fondu en déclaran « Voici ton Dieu qui t'a fait sortir d'Egypte ! » et qu'ils o proféré contre toi de graves blasphèmes. 19 Dans ton in mense compassion, tu ne les as pas abandonnés au déser et la colonne de nuée ne s'est pas écartée d'eux, elle continué à les guider le jour sur leur chemin, et pendar la nuit, la colonne de feu n'a pas cessé d'éclairer pour eu la route qu'ils avaient à suivre[u]. 20 Tu leur as donné to bon Esprit pour leur accorder du discernement. Tu ne le as pas refusé la manne dont tu les nourrissais et tu continué à leur donner de l'eau pour étancher leur soif 21 Pendant quarante ans, tu as pourvu à leurs besoi dans le désert, et ils n'ont manqué de rien, leurs vêtemen ne se sont pas usés et leurs pieds ne se sont pas enflés. 22 T leur as permis de conquérir des royaumes et des peuple et tu leur as donné en partage les territoires de ceux-jusqu'à leurs frontières. Ils ont pris possession du pa de Sihôn, roi de Heshbôn et de celui d'Og, roi du Basa 23 Tu leur as accordé une descendance aussi nombreu que les étoiles du ciel et tu les as conduits dans ce pa que tu avais ordonné à leurs ancêtres d'aller conquér 24 Leurs descendants y sont entrés et en ont pris posse sion. Tu as soumis devant eux les Cananéens qui habitaie le pays, tu les as livrés en leur pouvoir, avec les rois et l peuples de cette région, pour qu'ils les traitent comn ils le voulaient. 25 Ils se sont emparés de villes fortifié et de terres fertiles. Ils ont pris possession de maiso regorgeant de biens, de citernes déjà creusées, de vigne d'oliviers, d'arbres fruitiers à profusion. Par ta gran bonté, ils ont mangé à leur faim et avec abondance, et i ont vécu dans les délices.

26 Mais voici qu'ils ont été indociles et se sont révolt contre toi, ils ont tourné le dos à ta Loi, ils ont tué t prophètes qui les enjoignaient de revenir à toi, et ils se so rendus coupables de graves blasphèmes[v]. 27 Alors tu les livrés au pouvoir de leurs ennemis qui les ont attaqué Mais une fois dans la détresse, ils ont imploré ton secour et toi, tu les as entendus du haut du ciel et, dans ton in mense compassion, tu leur as envoyé des libérateurs q

t **9.13** Pour les v. 13-14, voir Ex 19 à 23.
u **9.19** Pour les v. 19-21, voir Dt 8.2-4.
v **9.26** Pour les v. 26-28, voir Jg 2.6 à 3.6.

28 “But as soon as they were at rest, they again did what was evil in your sight. Then you abandoned them to the hand of their enemies so that they ruled over them. And when they cried out to you again, you heard from heaven, and in your compassion you delivered them time after time.

29 “You warned them in order to turn them back to your law, but they became arrogant and disobeyed your commands. They sinned against your ordinances, of which you said, ‘The person who obeys them will live by them.’ Stubbornly they turned their backs on you, became stiff-necked and refused to listen. 30 For many years you were patient with them. By your Spirit you warned them through your prophets. Yet they paid no attention, so you gave them into the hands of the neighboring peoples. 31 But in your great mercy you did not put an end to them or abandon them, for you are a gracious and merciful God.

32 “Now therefore, our God, the great God, mighty and awesome, who keeps his covenant of love, do not let all this hardship seem trifling in your eyes – the hardship that has come on us, on our kings and leaders, on our priests and prophets, on our ancestors and all your people, from the days of the kings of Assyria until today. 33 In all that has happened to us, you have remained righteous; you have acted faithfully, while we acted wickedly. 34 Our kings, our leaders, our priests and our ancestors did not follow your law; they did not pay attention to your commands or the statutes you warned them to keep. 35 Even while they were in their kingdom, enjoying your great goodness to them in the spacious and fertile land you gave them, they did not serve you or turn from their evil ways.

36 “But see, we are slaves today, slaves in the land you gave our ancestors so they could eat its fruit and the other good things it produces. 37 Because of our sins, its abundant harvest goes to the kings you have placed over us. They rule over our bodies and our cattle as they please. We are in great distress.

e Agreement of the People

38 “In view of all this, we are making a binding reement, putting it in writing, and our leaders, our vites and our priests are affixing their seals to it.”[y]

10 1[z] Those who sealed it were:
The governor:
Nehemiah the son of Hakaliah.
Zedekiah, 2 Seraiah, Azariah, Jeremiah,
3 Pashhur, Amariah, Malkijah,
4 Hattush, Shebaniah, Malluk,
5 Harim, Meremoth, Obadiah,
6 Daniel, Ginnethon, Baruch,
7 Meshullam, Abijah, Mijamin,
8 Maaziah, Bilgai and Shemaiah.

38 In Hebrew texts this verse (9:38) is numbered 10:1.
Hebrew texts 10:1-39 is numbered 10:2-40.

les ont délivrés de leurs ennemis. 28 Cependant, dès qu'ils avaient retrouvé la paix, les voilà qui recommençaient à faire le mal devant toi ! Alors tu les as de nouveau livrés au pouvoir de leurs ennemis, qui les ont opprimés. De nouveau, ils ont imploré ton secours ; et toi, tu les as entendus du haut du ciel et, dans ta grande compassion, tu les as délivrés maintes et maintes fois.

29 Tu leur as enjoint de revenir à ta Loi ; mais eux, dans leur orgueil, ils ont refusé d'obéir à tes commandements. Ils ont transgressé tes lois qui, pourtant, font vivre ceux qui les appliquent. Ils se sont montrés rebelles, se sont obstinés dans leur révolte, et n'ont rien voulu entendre. 30 Tu les as supportés pendant de longues années et, inlassablement, ton Esprit les a avertis par l'intermédiaire de tes prophètes, mais ils n'ont pas écouté. Alors tu les as livrés à des peuples étrangers. 31 Mais même alors, dans ta grande compassion, tu ne les as pas complètement anéantis et tu ne les as pas abandonnés, car tu es un Dieu compatissant et qui fait grâce.

Les supplications du peuple

32 Maintenant, ô notre Dieu, toi le Dieu grand, puissant et redoutable, qui es fidèle à ton alliance et qui nous conserves ta bonté, ne considère pas comme peu de chose toutes les grandes épreuves que nous avons rencontrées, nous, nos rois, nos dirigeants, nos prêtres, nos prophètes, nos ancêtres et tout ton peuple depuis l'époque de la domination assyrienne jusqu'à ce jour.

33 Tu as été juste dans tout ce qui nous est arrivé, car tu as agi en toute fidélité, alors que nous, nous avons fait le mal. 34 Nos rois, nos dirigeants, nos prêtres et nos ancêtres n'ont pas appliqué ta Loi et n'ont pas respecté tes commandements ; ils n'ont pas prêté attention aux avertissements que tu leur adressais. 35 Tant qu'ils jouissaient dans leur royaume des nombreux bienfaits que tu leur accordais dans le pays spacieux et fertile que tu leur avais donné, ils ne t'ont pas adoré et ne se sont pas détournés de leurs mauvaises actions.

36 A présent, nous voici esclaves ! Oui, nous sommes réduits à la servitude dans le pays que tu as donné à nos ancêtres pour qu'ils jouissent de ses fruits et de ses biens ! 37 Les moissons abondantes qu'il produit profitent aux rois que tu nous as imposés à cause de nos fautes ; ils disposent à leur gré de notre corps et de nos troupeaux, et nous voilà plongés dans une profonde détresse.

Engagement solennel – liste des signataires

10 1 A cause de tout cela, nous prenons un ferme engagement que nous mettons par écrit. L'acte scellé a été signé par nos dirigeants, nos lévites et nos prêtres.

2 Voici la liste de ceux qui apposèrent leur sceau sur les documents : Néhémie le gouverneur, fils de Hakalia, Sédécias, 3 Seraya, Azaria, Jérémie, 4 Pashhour, Amaria, Malkiya, 5 Hattoush, Shebania, Mallouk, 6 Harim, Merémoth, Abdias, 7 Daniel, Guinnethôn, Baruch, 8 Meshoullam, Abiya, Miyamîn, 9 Maazia, Bilgaï et Shemaya, les prêtres.

These were the priests.
9 The Levites:
Jeshua son of Azaniah, Binnui of the sons of
Henadad, Kadmiel,
10 and their associates: Shebaniah,
Hodiah, Kelita, Pelaiah, Hanan,
11 Mika, Rehob, Hashabiah,
12 Zakkur, Sherebiah, Shebaniah,
13 Hodiah, Bani and Beninu.
14 The leaders of the people:
Parosh, Pahath-Moab, Elam, Zattu, Bani,
15 Bunni, Azgad, Bebai,
16 Adonijah, Bigvai, Adin,
17 Ater, Hezekiah, Azzur,
18 Hodiah, Hashum, Bezai,
19 Hariph, Anathoth, Nebai,
20 Magpiash, Meshullam, Hezir,
21 Meshezabel, Zadok, Jaddua,
22 Pelatiah, Hanan, Anaiah,
23 Hoshea, Hananiah, Hasshub,
24 Hallohesh, Pilha, Shobek,
25 Rehum, Hashabnah, Maaseiah,
26 Ahiah, Hanan, Anan,
27 Malluk, Harim and Baanah.
28 "The rest of the people – priests, Levites, gatekeepers, musicians, temple servants and all who
separated themselves from the neighboring peoples
for the sake of the Law of God, together with their
wives and all their sons and daughters who are able
to understand – 29 all these now join their fellow
Israelites the nobles, and bind themselves with a
curse and an oath to follow the Law of God given
through Moses the servant of God and to obey carefully all the commands, regulations and decrees of
the LORD our Lord.

30 "We promise not to give our daughters in
marriage to the peoples around us or take their
daughters for our sons.
31 "When the neighboring peoples bring merchandise or grain to sell on the Sabbath, we will not
buy from them on the Sabbath or on any holy day.
Every seventh year we will forgo working the land
and will cancel all debts.
32 "We assume the responsibility for carrying out
the commands to give a third of a shekel[a] each year
for the service of the house of our God: 33 for the
bread set out on the table; for the regular grain
offerings and burnt offerings; for the offerings on
the Sabbaths, at the New Moon feasts and at the
appointed festivals; for the holy offerings; for sin
offerings[b] to make atonement for Israel; and for all
the duties of the house of our God.
34 "We – the priests, the Levites and the people – have cast lots to determine when each of our
families is to bring to the house of our God at set
times each year a contribution of wood to burn on

[a] 10:32 That is, about 1/8 ounce or about 4 grams
[b] 10:33 Or *purification offerings*

10 Pour les lévites : Josué, fils d'Azania, Binnouï, d
descendants de Hénadad, Qadmiel, 11 et leurs collègu
Shebania, Hodiya, Qelita, Pelaya, Hanân, 12 Michée, Reho
Hashabia, 13 Zakkour, Shérébia, Shebania, 14 Hodiya, Ba
et Beninou.

15 Les chefs du peuple qui signèrent furent : Pareos
Pahath-Moab, Elam, Zatthou, Bani, 16 Bounni, Azga
Bébaï, 17 Adoniya, Bigvaï, Adîn, 18 Ather, Ezéchias, Azzo
19 Hodiya, Hashoum, Betsaï, 20 Hariph, Anatoth, Néb
21 Magpiash, Meshoullam, Hézir, 22 Meshézabéel, Tsadc
Yaddoua, 23 Pelatia, Hanân, Anaya, 24 Osée, Hanan
Hashoub, 25 Hallohesh, Pilha, Shobeq, 26 Rehoum, Hashab
Maaséya, 27 Ahiya, Hanân, Anân, 28 Mallouk, Harim, Baar

29 Se joignirent à eux le reste des Israélites, des prêtr
des lévites, les portiers, les musiciens, les desservar
du Temple, tous ceux qui s'étaient séparés des peup
étrangers pour suivre la Loi de Dieu, de même que leu
femmes, leurs fils et leurs filles et tous ceux qui étaie
en âge de comprendre.

Contenu de l'engagement

30 Tous donnèrent leur soutien aux compatriotes les p
considérés d'entre eux. Ils promirent et s'engagèrent p
serment à vivre en accord avec la Loi de Dieu donnée p
l'intermédiaire de Moïse, son serviteur, à obéir à tous l
commandements de l'Eternel, notre Seigneur, à ses artic
de droit et à ses ordonnances et à les appliquer.
31 – Nous nous engageons en particulier, dirent-ils, à
pas donner nos filles en mariage aux peuples étrangers c
sont dans le pays et à ne pas faire épouser leurs filles p
nos fils ; 32 et à ne rien acheter le jour du sabbat et les jou
de fête aux gens du pays si, ces jours-là, ils apportent d
marchandises et toutes sortes de denrées à vendre. To
les sept ans, nous laisserons reposer la terre et nous a
nulerons toutes les dettes. 33 De plus, nous nous imposo
comme règle de donner obligatoirement chaque ann
une pièce d'argent de quatre grammes pour l'entreti
et le culte du temple de notre Dieu, 34 pour les pains e
posés devant l'Eternel, pour l'offrande permanente, po
l'holocauste perpétuel et celui des jours de sabbat, d
nouvelles lunes et des fêtes, pour les choses consacré
pour les sacrifices d'expiation des péchés d'Israël, et po
tout ce qui se fait dans le temple de notre Dieu.

35 Nous avons aussi tiré au sort quelles familles
prêtres, de lévites et de gens du peuple devaient apport
chaque année à date fixe au temple de notre Dieu, le b

the altar of the LORD our God, as it is written in the
Law.
35"We also assume responsibility for bringing to
the house of the LORD each year the firstfruits of
our crops and of every fruit tree.
36"As it is also written in the Law, we will bring
the firstborn of our sons and of our cattle, of our
herds and of our flocks to the house of our God, to
the priests ministering there.
37"Moreover, we will bring to the storerooms of
the house of our God, to the priests, the first of
our ground meal, of our grain offerings, of the
fruit of all our trees and of our new wine and olive
oil. And we will bring a tithe of our crops to the
Levites, for it is the Levites who collect the tithes
in all the towns where we work. 38A priest descended from Aaron is to accompany the Levites when
they receive the tithes, and the Levites are to bring
a tenth of the tithes up to the house of our God,
to the storerooms of the treasury. 39The people of
Israel, including the Levites, are to bring their contributions of grain, new wine and olive oil to the
storerooms, where the articles for the sanctuary
and for the ministering priests, the gatekeepers
and the musicians are also kept.
"We will not neglect the house of our God."

ɪe New Residents of Jerusalem

11 1Now the leaders of the people settled in
Jerusalem. The rest of the people cast lots to
ing one out of every ten of them to live in Jerusalem,
e holy city, while the remaining nine were to stay
their own towns. 2The people commended all who
lunteered to live in Jerusalem.
3These are the provincial leaders who settled in
rusalem (now some Israelites, priests, Levites, tem-
e servants and descendants of Solomon's servants
ed in the towns of Judah, each on their own prop-
ty in the various towns, 4while other people from
th Judah and Benjamin lived in Jerusalem):
From the descendants of Judah:
Athaiah son of Uzziah, the son of Zechariah, the
n of Amariah, the son of Shephatiah, the son of
ahalalel, a descendant of Perez;
5and Maaseiah son of Baruch, the son of Kol-Hozeh,
e son of Hazaiah, the son of Adaiah, the son of
arib, the son of Zechariah, a descendant of Shelah.
6The descendants of Perez who lived in Jerusalem
taled 468 men of standing.
7From the descendants of Benjamin:
Sallu son of Meshullam, the son of Joed, the son of
daiah, the son of Kolaiah, the son of Maaseiah, the
n of Ithiel, the son of Jeshaiah, 8and his followers,
bbai and Sallai – 928 men.
9Joel son of Zikri was their chief officer, and Judah
n of Hassenuah was over the New Quarter of the
y.
10From the priests:
Jedaiah; the son of Joiarib; Jakin;
11Seraiah son of Hilkiah, the son of Meshullam, the
n of Zadok, the son of Meraioth, the son of Ahitub,

destiné à brûler sur l'autel de l'Eternel, notre Dieu, comme
cela est écrit dans la Loi.
36Nous prenons aussi l'engagement d'apporter tous les
ans au temple de l'Eternel les premières récoltes de notre
sol et les premiers fruits de tous nos arbres, 37d'y présenter
les premiers-nés de nos fils et de notre bétail, comme il est
écrit dans la Loi, et d'amener au temple de notre Dieu les
premiers-nés de notre petit et de notre gros bétail, pour les
remettre aux prêtres qui assurent le service dans le temple
de notre Dieu. 38Nous apporterons aux prêtres, dans les
salles de notre Dieu[w], la pâte faite avec notre première
farine, nos offrandes, des fruits de tous les arbres, du
vin nouveau, de l'huile, et nous remettrons aux lévites la
dixième partie des produits de nos terres. Ils viendront
eux-mêmes prélever cette dîme dans toutes les localités où
nous travaillons. 39Un prêtre, descendant d'Aaron, accompagnera les lévites quand ceux-ci prélèveront la dîme, et
ceux-ci apporteront la dîme de la dîme au temple de notre
Dieu, dans les salles de l'annexe qui sert d'entrepôt. 40Car
les Israélites et les lévites apporteront dans ces salles leurs
offrandes de blé, de vin nouveau et d'huile ; c'est dans ces
locaux que sont entreposés les objets du sanctuaire et que
se tiendront les prêtres qui font le service, les portiers et
les musiciens. Ainsi, nous ne négligerons pas le temple
de notre Dieu.

Le repeuplement de Jérusalem et l'organisation de la ville

11 1Les chefs du peuple s'installèrent à Jérusalem.
Pour le reste du peuple, on tira au sort pour faire
venir s'établir à Jérusalem, la ville sainte, une famille
sur dix. Les neuf autres pouvaient rester dans les autres
localités. 2Certains hommes s'offrirent volontairement
pour habiter à Jérusalem. Leurs compatriotes les bénirent.
3Dans les villes de Juda habitaient les Israélites, les prêtres,
les lévites, les desservants du Temple et les descendants
des serviteurs de Salomon, chacun dans sa propriété et sa
ville respective. Et voici la liste des chefs de la province
qui se fixèrent à Jérusalem. 4De plus, des gens des tribus
de Juda et de Benjamin s'établirent à Jérusalem : De la tribu de Juda : Ataya, fils d'Ozias, ayant pour descendants :
Zacharie, Amaria, Shephatia, Mahalaléel, de la lignée de
Pérets, 5et Maaséya, fils de Baruch, dont les ascendants
étaient Kol-Hozé, Hazaya, Adaya, Yoyarib, Zacharie et
Shiloni. 6Les descendants de Pérets qui s'établirent à
Jérusalem furent en tout 468 hommes d'âge adulte.

7Membres de la tribu de Benjamin : Sallou, fils de
Meshoullam, qui avait pour ascendants : Yoëd, Pedaya,
Kolaya, Maaséya, Itiel et Esaïe. 8Il y avait en outre Gabbaï
et Sallaï. Cela fait en tout 928 hommes. 9Joël, fils de Zikri,
était leur responsable ; et Juda, fils de Hassenoua, était
l'adjoint de la ville.

10Parmi les prêtres : Yedaeya, fils de Yoyarib, Yakîn,
11Seraya, fils de Hilqiya, qui avait pour ascendants
Meshoullam, Tsadoq, Merayoth et Ahitoub, respons-

w **10.38** Locaux aménagés dans les parvis du Temple pour stocker les réserves d'argent et d'or ainsi que les ustensiles sacrés (voir12.44 ; 13.4-5, 9 ; Esd 8.28-30).

the official in charge of the house of God, 12 and their associates, who carried on work for the temple – 822 men;

Adaiah son of Jeroham, the son of Pelaliah, the son of Amzi, the son of Zechariah, the son of Pashhur, the son of Malkijah, 13 and his associates, who were heads of families – 242 men;

Amashsai son of Azarel, the son of Ahzai, the son of Meshillemoth, the son of Immer, 14 and his[c] associates, who were men of standing – 128.

Their chief officer was Zabdiel son of Haggedolim.

15 From the Levites:

Shemaiah son of Hasshub, the son of Azrikam, the son of Hashabiah, the son of Bunni;

16 Shabbethai and Jozabad, two of the heads of the Levites, who had charge of the outside work of the house of God;

17 Mattaniah son of Mika, the son of Zabdi, the son of Asaph, the director who led in thanksgiving and prayer;

Bakbukiah, second among his associates;

and Abda son of Shammua, the son of Galal, the son of Jeduthun.

18 The Levites in the holy city totaled 284.

19 The gatekeepers:

Akkub, Talmon and their associates, who kept watch at the gates – 172 men.

20 The rest of the Israelites, with the priests and Levites, were in all the towns of Judah, each on their ancestral property.

21 The temple servants lived on the hill of Ophel, and Ziha and Gishpa were in charge of them.

22 The chief officer of the Levites in Jerusalem was Uzzi son of Bani, the son of Hashabiah, the son of Mattaniah, the son of Mika. Uzzi was one of Asaph's descendants, who were the musicians responsible for the service of the house of God. 23 The musicians were under the king's orders, which regulated their daily activity.

24 Pethahiah son of Meshezabel, one of the descendants of Zerah son of Judah, was the king's agent in all affairs relating to the people.

25 As for the villages with their fields, some of the people of Judah lived in Kiriath Arba and its surrounding settlements, in Dibon and its settlements, in Jekabzeel and its villages, 26 in Jeshua, in Moladah, in Beth Pelet, 27 in Hazar Shual, in Beersheba and its settlements, 28 in Ziklag, in Mekonah and its settlements, 29 in En Rimmon, in Zorah, in Jarmuth, 30 Zanoah, Adullam and their villages, in Lachish and its fields, and in Azekah and its settlements. So they were living all the way from Beersheba to the Valley of Hinnom.

31 The descendants of the Benjamites from Geba lived in Mikmash, Aija, Bethel and its settlements, 32 in Anathoth, Nob and Ananiah, 33 in Hazor, Ramah and Gittaim, 34 in Hadid, Zeboim and Neballat, 35 in Lod and Ono, and in Ge Harashim.

[c] **11:14** Most Septuagint manuscripts; Hebrew *their*

able en chef du temple de Dieu. 12 822 membres de s lignage étaient occupés au service du Temple. Il y ava aussi Adaya, fils de Yeroham, qui avait pour ascendar Pelalia, Amtsi, Zacharie, Pashhour et Malkiya, 13 air que 242 chefs de groupes familiaux de sa lignée. Il y ava Amashsaï, fils d'Azaréel, dont les ascendants étaient Ahz Meshillémoth, Immer. 14 Avec les autres hommes valeure de sa lignée, ils étaient au nombre de 128. Zabdiel, fils Guedolim, en était le chef. 15 Parmi les lévites, Shemay fils de Hashoub, descendant d'Azriqam, d'Hashabia et Bounni, 16 Shabthaï et Yozabad, qui faisaient partie d chefs des lévites, étaient chargés des travaux extérieurs Temple. 17 Mattania, fils de Michée, descendant de Zab descendant d'Asaph, qui était responsable d'entonner louange lors de la prière, Baqbouqia, le second parmi s frères, et Abda, fils de Shammoua, descendant de Galal Yedoutoun. 18 284 lévites habitaient la ville sainte. 19 I avait encore 172 portiers, chargés de surveiller les porte Aqqoub et Talmôn, et les membres de leur groupe famili 20 Le reste des Israélites, des prêtres et des lévites étaie établis dans toutes les villes de Juda, chacun dans s patrimoine. 21 Les desservants du Temple habitaient quartier de l'Ophel[x]. Tsiha et Guishpa étaient leurs che

22 Le responsable des lévites à Jérusalem était Ouzzi, f de Bani, qui avait pour ascendants Hashabia, Mattania Michée, descendants d'Asaph. Les descendants d'Asa étaient les musiciens chargés du service musical dans Temple. 23 Ils étaient soumis à des ordonnances royal qui réglaient leur activité jour par jour.

24 Petahya, fils de Meshézabéel, de la lignée de Zéra fils de Juda, était le délégué du roi pour toutes les affair civiles.

Les localités repeuplées par des Judéens

25 D'autres membres de la tribu de Juda s'établirent da les localités de la campagne à Qiryath-Arba[y] et les villag qui en dépendent, à Dibôn et les villages qui en dépende à Yeqabtséel et les localités qui en dépendent, 26 à Yésho à Molada, à Beth-Paleth ; 27 à Hatsar-Shoual, à Beer-She et les villages qui en dépendent, 28 à Tsiqlag, à Mekona les villages qui en dépendent, 29 à Eyn-Rimmôn, à Tsor à Yarmouth, 30 à Zanoah, à Adoullam et les localités qui dépendent, à Lakish et les fermes des environs, à Azéqa les villages qui en dépendent. Ils occupèrent ainsi tou la région depuis Beer-Sheva jusqu'à la vallée de Hinno

31 Les membres de la tribu de Benjamin occupère Guéba, Mikmas, Aya, Béthel et les villages qui en dépe dent, 32 Anatoth, Nob, Anania, 33 Hatsor, Rama, Guittaï 34 Hadid, Tseboïm, Neballath, 35 Lod et Ono, la vallée d artisans.

[x] **11.21** Voir 3.26 et note.
[y] **11.25** C'est-à-dire *Hébron* (voir Gn 23.2 ; Jos 15.54).

[36]Some of the divisions of the Levites of Judah set-
led in Benjamin.

riests and Levites

12 [1]These were the priests and Levites who returned with Zerubbabel son of Shealtiel and
vith Joshua:
Seraiah, Jeremiah, Ezra,
[2]Amariah, Malluk, Hattush,
[3]Shekaniah, Rehum, Meremoth,
[4]Iddo, Ginnethon,[d] Abijah,
[5]Mijamin,[e] Moadiah, Bilgah,
[6]Shemaiah, Joiarib, Jedaiah,
[7]Sallu, Amok, Hilkiah and Jedaiah.
These were the leaders of the priests and their as-
ociates in the days of Joshua.
[8]The Levites were Jeshua, Binnui, Kadmiel,
herebiah, Judah, and also Mattaniah, who, togeth-
r with his associates, was in charge of the songs of
hanksgiving. [9]Bakbukiah and Unni, their associates,
tood opposite them in the services.
[10]Joshua was the father of Joiakim,
Joiakim the father of Eliashib,
Eliashib the father of Joiada,
[11]Joiada the father of Jonathan,
and Jonathan the father of Jaddua.
[12]In the days of Joiakim, these were the heads of
he priestly families:
of Seraiah's family, Meraiah;
of Jeremiah's, Hananiah;
[13]of Ezra's, Meshullam;
of Amariah's, Jehohanan;
[14]of Malluk's, Jonathan;
of Shekaniah's,[f] Joseph;
[15]of Harim's, Adna;
of Meremoth's,[g] Helkai;
[16]of Iddo's, Zechariah;
of Ginnethon's, Meshullam;
[17]of Abijah's, Zikri;
of Miniamin's and of Moadiah's, Piltai;
[18]of Bilgah's, Shammua;
of Shemaiah's, Jehonathan;
[19]of Joiarib's, Mattenai;
of Jedaiah's, Uzzi;
[20]of Sallu's, Kallai;
of Amok's, Eber;
[21]of Hilkiah's, Hashabiah;
of Jedaiah's, Nethanel.
[22]The family heads of the Levites in the days of
liashib, Joiada, Johanan and Jaddua, as well as those
f the priests, were recorded in the reign of Darius the
ersian. [23]The family heads among the descendants
f Levi up to the time of Johanan son of Eliashib were
ecorded in the book of the annals. [24]And the leaders
f the Levites were Hashabiah, Sherebiah, Jeshua son
f Kadmiel, and their associates, who stood opposite

12:4 Many Hebrew manuscripts and Vulgate (see also verse 16);
ıost Hebrew manuscripts *Ginnethoi*
12:5 A variant of *Miniamin*
12:14 Very many Hebrew manuscripts, some Septuagint man-
scripts and Syriac (see also verse 3); most Hebrew manuscripts
hebaniah's
12:15 Some Septuagint manuscripts (see also verse 3); Hebrew
Meraioth's

[36]Certains groupes de lévites de Juda allèrent s'installer
parmi les Benjaminites.

Les prêtres et les lévites revenus de l'exil

12 [1]Voici la liste des prêtres et des lévites qui revinrent de l'exil avec Zorobabel, fils de Shealtiel, et
avec Josué : c'étaient Seraya, Jérémie, Esdras[z], [2]Amaria,
Mallouk, Hattoush, [3]Shekania, Rehoum, Merémoth, [4]Iddo,
Guinnethoï, Abiya, [5]Miyamîn, Maadia, Bilga, [6]Shemaya,
Yoyarib, Yedaeya, [7]Sallou, Amoq, Hilqiya, Yedaeya.
C'étaient là les chefs des prêtres et leurs collègues au
temps de Josué.
[8]Parmi les lévites, il y avait : Josué, Binnouï, Qadmiel,
Shérébia, Juda et Mattania, responsable avec ses collègues
des chants de louange. [9]Leurs collègues Baqbouqia et
Ounni se tenaient en face d'eux pour leur répondre.
[10]Josué fut le père de Yoyaqim, dont les descendants
en ligne directe furent Eliashib, Yoyada, [11]Jonathan et
Yaddoua. [12]Voici, au temps de Yoyaqim, quels étaient les
chefs des familles sacerdotales : pour la famille de Seraya,
c'était Meraya ; pour celle de Jérémie, Hanania ; [13]pour
la famille d'Esdras, Meshoullam ; pour celle d'Amaria,
Yohanân ; [14]pour celle de Melouki, Jonathan ; pour celle
de Shebania[a], Joseph ; [15]pour celle de Harim, Adna ; pour
celle de Merayoth[b], Helkaï ; [16]pour celle d'Iddo, Zacharie ;
pour celle de Guinnethôn, Meshoullam ; [17]pour celle
d'Abiya, Zikri ; pour celle de Minyamîn, Moadia, Pilthaï[c] ;
[18]pour celle de Bilga, Shammoua ; pour celle de Shemaya,
Jonathan ; [19]pour celle de Yoyarib, Matthnaï ; pour celle de
Yedaeya, Ouzzi ; [20]pour celle de Sallaï, Qallaï ; pour celle
d'Amoq, Eber ; [21]pour celle de Hilqiya, Hashabia ; pour
celle de Yedaeya, Netanéel.
[22]Au temps d'Eliashib, de Yoyada, de Yohanân et de
Yaddoua, on fit des listes des chefs de familles lévitiques
et sacerdotales. Elles furent établies pendant le règne de
Darius, le Perse. [23]Les noms des chefs de familles lévitiques
furent inscrits sur le livre des Annales jusqu'au temps de
Yohanân, fils d'Eliashib.
[24]Les chefs des lévites, Hashabia, Shérébia et Josué, fils
de Qadmiel, ainsi que leurs collègues se tenaient les uns

[z] **12.1** A ne pas confondre avec *Esdras*, le prêtre et spécialiste de la Loi,
qui était de la famille de Seraya (Esd 7.1-5).
[a] **12.14** Plusieurs manuscrits hébreux, certains manuscrits de l'ancienne
version grecque et la version syriaque (voir Né 12.3) ont : *Shekania.*
[b] **12.15** Certains manuscrits de l'ancienne version grecque (voir Né 12.3)
ont : *Merémoth.*
[c] **12.17** Il est possible qu'il manque ici un nom : *Minyamîn, X ; pour celle de
Moadia, ...*

them to give praise and thanksgiving, one section responding to the other, as prescribed by David the man of God.

25 Mattaniah, Bakbukiah, Obadiah, Meshullam, Talmon and Akkub were gatekeepers who guarded the storerooms at the gates. 26 They served in the days of Joiakim son of Joshua, the son of Jozadak, and in the days of Nehemiah the governor and of Ezra the priest, the teacher of the Law.

Dedication of the Wall of Jerusalem

27 At the dedication of the wall of Jerusalem, the Levites were sought out from where they lived and were brought to Jerusalem to celebrate joyfully the dedication with songs of thanksgiving and with the music of cymbals, harps and lyres. 28 The musicians also were brought together from the region around Jerusalem – from the villages of the Netophathites, 29 from Beth Gilgal, and from the area of Geba and Azmaveth, for the musicians had built villages for themselves around Jerusalem. 30 When the priests and Levites had purified themselves ceremonially, they purified the people, the gates and the wall.

31 I had the leaders of Judah go up on top of[h] the wall. I also assigned two large choirs to give thanks. One was to proceed on top of[i] the wall to the right, toward the Dung Gate. 32 Hoshaiah and half the leaders of Judah followed them, 33 along with Azariah, Ezra, Meshullam, 34 Judah, Benjamin, Shemaiah, Jeremiah, 35 as well as some priests with trumpets, and also Zechariah son of Jonathan, the son of Shemaiah, the son of Mattaniah, the son of Micaiah, the son of Zakkur, the son of Asaph, 36 and his associates – Shemaiah, Azarel, Milalai, Gilalai, Maai, Nethanel, Judah and Hanani – with musical instruments prescribed by David the man of God. Ezra the teacher of the Law led the procession. 37 At the Fountain Gate they continued directly up the steps of the City of David on the ascent to the wall and passed above the site of David's palace to the Water Gate on the east.

38 The second choir proceeded in the opposite direction. I followed them on top of[j] the wall, together with half the people – past the Tower of the Ovens to the Broad Wall, 39 over the Gate of Ephraim, the Jeshanah[k] Gate, the Fish Gate, the Tower of Hananel and the Tower of the Hundred, as far as the Sheep Gate. At the Gate of the Guard they stopped.

40 The two choirs that gave thanks then took their places in the house of God; so did I, together with half the officials, 41 as well as the priests – Eliakim, Maaseiah, Miniamin, Micaiah, Elioenai, Zechariah and Hananiah with their trumpets – 42 and also Maaseiah, Shemaiah, Eleazar, Uzzi, Jehohanan, Malkijah, Elam and Ezer. The choirs sang under the direction of Jezrahiah. 43 And on that day they offered great sacrifices, rejoicing because God had given them great

[h] **12:31** Or *go alongside*
[i] **12:31** Or *proceed alongside*
[j] **12:38** Or *them alongside*
[k] **12:39** Or *Old*

en face des autres pour louer et célébrer l'Eternel, cor formément aux instructions laissées par David, homm de Dieu. Ils se répondaient tour à tour les uns aux autre 25 Les portiers Mattania, Baqbouqia, Abdias, Meshoullan Talmôn et Aqqoub montaient la garde auprès des entrepôt situés près des portes du Temple. 26 Tels sont ceux qu étaient en fonction au temps de Yoyaqim, fils de Josué, e petit-fils de Yotsadaq, et au temps de Néhémie, le gouver neur, et d'Esdras, le prêtre et spécialiste de la Loi.

La dédicace solennelle de la muraille

27 Lors de l'inauguration de la muraille de Jérusalem, o fit venir les lévites à Jérusalem de toutes les localités o ils habitaient, afin de célébrer l'événement dans la joi par la louange et par le chant des cantiques accompagné par les cymbales, les luths et les lyres. 28 Les musicien se rassemblèrent du district des alentours de Jérusalen ainsi que des environs de Netopha, 29 de Beth-Guilgal e des territoires de Guéba et d'Azmaveth, car ils s'étaien construit des villages autour de Jérusalem. 30 Les prêtre et les lévites accomplirent les rites de purification, tar pour eux-mêmes que pour le peuple, pour les portes e pour la muraille.

31 Je fis monter sur la muraille[d] les chefs de Juda et j formai deux grands chœurs. Le premier se dirigea du côt droit et marcha sur la muraille[e] vers la porte du Fumie 32 Derrière les choristes venaient Osée et la moitié des chef de Juda, 33 Azaria, Esdras, Meshoullam, 34 Juda, Benjamir Shemaya et Jérémie. 35 Puis venaient des prêtres muni de trompettes : Zacharie, fils de Jonathan, qui avait pou ascendants Shemaya, Mattania, Michée et Zakkour, Asapl 36 et ses collègues Shemaya, Azaréel, Milalaï, Guilalaï, Maa Netanéel, Juda et Hanani qui jouaient des instruments d David, homme de Dieu. Esdras, le spécialiste de la Loi, étai à leur tête. 37 A la porte de la Source, ils gravirent en fac d'eux les marches qui les conduisaient à la cité de Davic par la montée qui mène au rempart qui surplombe l'ancie palais de David, puis ils continuèrent jusqu'à la porte de Eaux, du côté oriental de la ville.

38 Le second chœur partit vers la gauche. Je les suivi avec l'autre moitié du peuple sur le haut de la muraille Nous avons passé près de la tour des Fours, puis par l'er droit où la muraille s'élargit, 39 au-dessus de la port d'Ephraïm, de la porte de la vieille ville, puis de la port des Poissons, puis la tour de Hananéel et la tour de Mé jusqu'à la porte des Brebis. On s'arrêta à la porte de l Prison.

40 Les deux chœurs prirent place dans le temple de Dieu Je fis de même, avec la moitié des chefs du peuple 41 ain si que les prêtres Eliaqim, Maaséya, Minyamîn, Michée Elyoénaï, Zacharie, et Hanania, qui portaient des trom pettes. 42 Il y avait aussi Maaséya, Shemaya, Eléazar, Ouzz Yohanân, Malkiya, Elam et Ezer. Les musiciens faisaien résonner leurs cantiques sous la direction de Yizrahya.

43 Les gens offrirent ce jour-là de nombreux sacrifice et ils s'adonnèrent à la joie car Dieu leur avait accordé u grand sujet de joie. Les femmes et les enfants prirent par

[d] **12.31** Autre traduction : *aller le long de la muraille.*
[e] **12.31** Autre traduction : *marcha le long de la muraille.*
[f] **12.38** Autre traduction : *le long de la muraille.*

oy. The women and children also rejoiced. The sound
f rejoicing in Jerusalem could be heard far away.

44 At that time men were appointed to be in charge
f the storerooms for the contributions, firstfruits and
ithes. From the fields around the towns they were
o bring into the storerooms the portions required
y the Law for the priests and the Levites, for Judah
vas pleased with the ministering priests and Levites.
5 They performed the service of their God and the
ervice of purification, as did also the musicians and
atekeepers, according to the commands of David and
is son Solomon. 46 For long ago, in the days of David
nd Asaph, there had been directors for the musicians
nd for the songs of praise and thanksgiving to God.
7 So in the days of Zerubbabel and of Nehemiah, all
srael contributed the daily portions for the musicians
nd the gatekeepers. They also set aside the portion
or the other Levites, and the Levites set aside the
ortion for the descendants of Aaron.

Nehemiah's Final Reforms

13 1 On that day the Book of Moses was read aloud
in the hearing of the people and there it was
ound written that no Ammonite or Moabite should
ver be admitted into the assembly of God, 2 because
hey had not met the Israelites with food and water
ut had hired Balaam to call a curse down on them.
Our God, however, turned the curse into a blessing.)
When the people heard this law, they excluded from
srael all who were of foreign descent.

4 Before this, Eliashib the priest had been put in
harge of the storerooms of the house of our God.
He was closely associated with Tobiah, 5 and he had
rovided him with a large room formerly used to store
he grain offerings and incense and temple articles,
nd also the tithes of grain, new wine and olive oil
rescribed for the Levites, musicians and gatekeepers,
s well as the contributions for the priests.
6 But while all this was going on, I was not in
erusalem, for in the thirty-second year of Artaxerxes
ing of Babylon I had returned to the king. Some
ime later I asked his permission 7 and came back to
erusalem. Here I learned about the evil thing Eliashib
ad done in providing Tobiah a room in the courts of
he house of God. 8 I was greatly displeased and threw
ll Tobiah's household goods out of the room. 9 I gave
rders to purify the rooms, and then I put back into
hem the equipment of the house of God, with the
rain offerings and the incense.

10 I also learned that the portions assigned to the
evites had not been given to them, and that all the
evites and musicians responsible for the service

aux réjouissances et l'on entendait de loin les cris de joie
qui retentissaient à Jérusalem.

L'organisation de la collecte des offrandes et des dîmes

44 A cette époque, des hommes furent préposés à la surveillance des salles où étaient entreposées les offrandes
et les dîmes. On les chargea d'y recueillir les parts attribuées par la Loi aux prêtres et aux lévites, provenant
des champs qui entouraient les villes. En effet, le peuple
de Juda se réjouissait de ce que les prêtres et les lévites
étaient en fonction, 45 de ce qu'ils assuraient le service de
leur Dieu et accomplissaient les rites de purification, et
de ce que les musiciens et les portiers assumaient leurs
fonctions conformément aux instructions de David et
de son fils Salomon. 46 En effet, il y avait eu autrefois, du
temps de David et d'Asaph, des chefs des musiciens qui
exécutaient les chants de louange et de reconnaissance en
l'honneur de Dieu. 47 A l'époque de Zorobabel et au temps
de Néhémie, tout le peuple d'Israël donnait chaque jour
aux musiciens et aux portiers les parts qui leur revenaient.
Ils remettaient aussi aux lévites les redevances sacrées,
ceux-ci donnaient aux descendants d'Aaron la part qui
leur revenait.

La séparation d'avec les étrangers

13 1 A cette époque, au cours d'une lecture du livre
de Moïse en présence du peuple, on y trouva écrit
que ni l'Ammonite, ni le Moabite ne seraient jamais admis
dans la communauté de Dieu, 2 parce qu'ils n'étaient pas
venus à la rencontre des Israélites pour leur donner du
pain et de l'eau. Au contraire, ils avaient soudoyé Balaam
pour qu'il les maudisse ; mais notre Dieu avait changé la
malédiction en bénédiction. 3 Dès que l'on eut entendu le
texte de cette loi, on exclut tous les étrangers de la communauté d'Israël.
4 Avant cette décision, le prêtre Eliashib, chargé de
la responsabilité des salles du Temple et proche parent
de Tobiya[g], 5 avait mis à la disposition de ce dernier une
grande salle où étaient précédemment entreposés les offrandes végétales, l'encens, les ustensiles, la dîme du blé,
du vin nouveau et de l'huile, c'est-à-dire les redevances
ordonnées par la Loi pour les lévites, les musiciens et les
portiers, ainsi que les contributions revenant aux prêtres.
6 J'étais absent de Jérusalem quand cela eut lieu, car
j'étais retourné auprès d'Artaxerxès, le roi de Babylone,
la trente-deuxième année de son règne[h]. Au bout d'un
certain temps, je sollicitai de l'empereur un nouveau congé
7 et je retournai à Jérusalem. Là, je me rendis compte du
mal qu'avait fait Eliashib en mettant une salle donnant
sur le parvis du Temple à la disposition de Tobiya. 8 J'en
fus très irrité, et je jetai hors de la pièce tous les objets qui
appartenaient à Tobiya. 9 Puis je donnai ordre de procéder
aux rites de purification pour les salles, et j'y fis remettre
les objets du Temple, les offrandes et l'encens.

Les dîmes

10 J'appris aussi que les parts des lévites ne leur avaient
pas été remises et que les lévites et les musiciens chargés

---

g **13.4** Qui était ammonite.

h **13.6** En 433 av. J.-C. (voir 5.14). Près d'un an après sa conquête de Babylone, Cyrus avait pris le titre de « roi de Babylone » (Esd 5.13), et ses successeurs l'ont conservé à sa suite.

had gone back to their own fields. 11 So I rebuked the
officials and asked them, "Why is the house of God
neglected?" Then I called them together and stationed
them at their posts.

12 All Judah brought the tithes of grain, new wine
and olive oil into the storerooms. 13 I put Shelemiah
the priest, Zadok the scribe, and a Levite named
Pedaiah in charge of the storerooms and made Hanan
son of Zakkur, the son of Mattaniah, their assistant,
because they were considered trustworthy. They were
made responsible for distributing the supplies to their
fellow Levites.

14 Remember me for this, my God, and do not blot
out what I have so faithfully done for the house of my
God and its services.

15 In those days I saw people in Judah treading
winepresses on the Sabbath and bringing in grain and
loading it on donkeys, together with wine, grapes, figs
and all other kinds of loads. And they were bringing
all this into Jerusalem on the Sabbath. Therefore I
warned them against selling food on that day. 16 People
from Tyre who lived in Jerusalem were bringing in
fish and all kinds of merchandise and selling them in
Jerusalem on the Sabbath to the people of Judah. 17 I
rebuked the nobles of Judah and said to them, "What
is this wicked thing you are doing – desecrating the
Sabbath day? 18 Didn't your ancestors do the same
things, so that our God brought all this calamity on us
and on this city? Now you are stirring up more wrath
against Israel by desecrating the Sabbath."

19 When evening shadows fell on the gates of
Jerusalem before the Sabbath, I ordered the doors to
be shut and not opened until the Sabbath was over. I
stationed some of my own men at the gates so that no
load could be brought in on the Sabbath day. 20 Once or
twice the merchants and sellers of all kinds of goods
spent the night outside Jerusalem. 21 But I warned
them and said, "Why do you spend the night by the
wall? If you do this again, I will arrest you." From that
time on they no longer came on the Sabbath. 22 Then
I commanded the Levites to purify themselves and
go and guard the gates in order to keep the Sabbath
day holy.

Remember me for this also, my God, and show mercy to me according to your great love.

23 Moreover, in those days I saw men of Judah who
had married women from Ashdod, Ammon and Moab.
24 Half of their children spoke the language of Ashdod
or the language of one of the other peoples, and did
not know how to speak the language of Judah. 25 I rebuked them and called curses down on them. I beat

des offices s'étaient retirés chacun sur ses terres. 11 Aussi
je fis des reproches aux chefs du peuple et je leur dis
Pourquoi le temple de Dieu est-il laissé à l'abandon ?

Je rassemblai les lévites et les musiciens et je leur fi
reprendre leurs fonctions. 12 Alors tout le peuple de Jud
apporta dans les magasins la dîme du blé, du vin nou
veau et de l'huile[i]. 13 Je confiai l'intendance des magasin
au prêtre Shélémia, à Tsadoq, spécialiste de la Loi, et
Pedaya, l'un des lévites. Je leur donnai pour les assiste
Hanân, fils de Zakkour, petit-fils de Mattania, car c'étaien
tous des hommes que l'on considérait comme dignes d
confiance. Ils furent chargés de faire les distributions
leurs collègues.

14 Souviens-toi de moi, ô mon Dieu, pour tout cela, e
n'oublie pas tout ce que j'ai fidèlement accompli pour to
temple et pour son culte.

Le jour du repos

15 A la même époque, je remarquai en Juda des gens qu
un jour de sabbat, foulaient du raisin au pressoir, d'autre
qui rentraient des gerbes, les chargeaient sur des âne
et transportaient du vin, des raisins, des figues et toute
sortes d'autres fardeaux pour les amener à Jérusalem e
plein jour du repos. Je leur fis des reproches le jour où il
vendaient leurs marchandises. 16 Il y avait aussi des gen
de Tyr qui s'étaient installés à Jérusalem. Ils y faisaien
venir du poisson et toutes sortes d'autres marchandise
pour les vendre aux Judéens et à Jérusalem le jour du sab
bat. 17 Je fis des reproches aux notables de Juda et je leu
dis : Comment pouvez-vous laisser faire un si grand mal e
profaner ainsi le jour du sabbat ! 18 C'est exactement ains
que vos ancêtres ont agi, et c'est bien à cause de cela qu
notre Dieu a fait venir tous ces malheurs sur nous et su
cette ville. Et vous, par votre manque de respect du jour d
sabbat, vous allez encore aggraver sa colère contre Israël

19 Puis je donnai ordre de fermer les portes de Jérusalen
dès la tombée de la nuit, avant le début du jour du sabba
et j'interdis de les rouvrir avant que ce jour soit passé. J
postai quelques-uns de mes serviteurs à proximité de
portes pour veiller à ce qu'aucun fardeau ne soit introdu
le jour du sabbat. 20 Alors les commerçants et les march
ands de toutes sortes de produits passèrent plusieurs foi
la nuit à l'extérieur de Jérusalem. 21 Je les avertis en ce
termes : Pourquoi établissez-vous votre campement devan
la muraille ? Si vous recommencez, je vous ferai arrêter.

Depuis ce jour-là, ils cessèrent de venir pendant le jou
du sabbat. 22 Puis j'ordonnai aux lévites d'accomplir le
rites de purification et de venir surveiller les portes pou
que le caractère sacré du jour du sabbat soit respecté.

De cela aussi, souviens-toi en ma faveur, ô mon Dieu, e
fais-moi grâce dans ton immense bonté.

Les mariages mixtes

23 A cette même époque, je constatai également que de
Judéens avaient épousé des femmes ashdodiennes, am
monites et moabites[j]. 24 La moitié de leurs fils parlaien
l'ashdodien et aucun ne savait la langue des Juifs ; ils n
connaissaient que celle de tel ou tel peuple. 25 Je pris ce
compatriotes à partie et j'appelai la malédiction sur eux

[i] **13.12** Cf. Ml 3.10.

[j] **13.23** Venant de pays environnants situés respectivement à l'ouest, à l'est et au sud-est de Juda. Voir la situation à laquelle Esdras avait dû faire face 25 ans plus tôt (Esd 9 et 10).

ome of the men and pulled out their hair. I made
hem take an oath in God's name and said: "You are
ot to give your daughters in marriage to their sons,
or are you to take their daughters in marriage for
our sons or for yourselves. [26]Was it not because
f marriages like these that Solomon king of Israel
nned? Among the many nations there was no king
ke him. He was loved by his God, and God made him
ing over all Israel, but even he was led into sin by
oreign women. [27]Must we hear now that you too
re doing all this terrible wickedness and are being
nfaithful to our God by marrying foreign women?"

[28]One of the sons of Joiada son of Eliashib the high
riest was son-in-law to Sanballat the Horonite. And
drove him away from me.

[29]Remember them, my God, because they defiled
e priestly office and the covenant of the priesthood
nd of the Levites.

[30]So I purified the priests and the Levites of every-
ing foreign, and assigned them duties, each to his
wn task. [31]I also made provision for contributions
f wood at designated times, and for the firstfruits.
Remember me with favor, my God.

je battis même quelques-uns d'entre eux et je leur arrachai les cheveux, puis je leur fis prêter serment au nom
de Dieu en disant : Vous ne donnerez pas vos filles à des
fils d'étrangers et vous ne prendrez leurs filles ni pour vos
fils, ni pour vous-mêmes. [26]N'est-ce pas précisément ce
genre d'unions qui a entraîné Salomon, roi d'Israël, dans
le péché, lui qui n'avait pas son pareil parmi les rois des
grandes nations étrangères, qui était aimé de son Dieu et
que Dieu avait établi roi sur tout Israël ? Et pourtant, même
lui fut entraîné dans le péché par les femmes étrangères.
[27]Faut-il donc entendre dire de vous que vous commettez
ce grand mal et que vous êtes infidèles à notre Dieu en
épousant des femmes étrangères ?

[28]Un des fils de Yoyada et petit-fils d'Eliashib, le grand-
prêtre, était devenu le gendre de Sanballat, le Horonite.
C'est pourquoi je le chassai loin de moi.

[29]Souviens-toi de ces gens, ô mon Dieu, qui ont déshonoré la fonction sacerdotale et ton alliance avec les prêtres
et les lévites.

Conclusion

[30]Je les purifiai donc de tout élément étranger et je remis en vigueur les règlements que devaient observer les
prêtres et les lévites, chacun dans son service. [31]Je rétablis
aussi les offrandes de bois à fournir aux dates prescrites
et celles des premiers produits de la terre.
Souviens-toi favorablement de moi, ô mon Dieu !

Esther

Queen Vashti Deposed

1 1 This is what happened during the time of Xerxes,[a] the Xerxes who ruled over 127 provinces stretching from India to Cush[b]: 2 At that time King Xerxes reigned from his royal throne in the citadel of Susa, 3 and in the third year of his reign he gave a banquet for all his nobles and officials. The military leaders of Persia and Media, the princes, and the nobles of the provinces were present.

4 For a full 180 days he displayed the vast wealth of his kingdom and the splendor and glory of his majesty. 5 When these days were over, the king gave a banquet, lasting seven days, in the enclosed garden of the king's palace, for all the people from the least to the greatest who were in the citadel of Susa. 6 The garden had hangings of white and blue linen, fastened with cords of white linen and purple material to silver rings on marble pillars. There were couches of gold and silver on a mosaic pavement of porphyry, marble, mother-of-pearl and other costly stones. 7 Wine was served in goblets of gold, each one different from the other, and the royal wine was abundant, in keeping with the king's liberality. 8 By the king's command each guest was allowed to drink with no restrictions, for the king instructed all the wine stewards to serve each man what he wished.

9 Queen Vashti also gave a banquet for the women in the royal palace of King Xerxes.

10 On the seventh day, when King Xerxes was in high spirits from wine, he commanded the seven eunuchs who served him – Mehuman, Biztha, Harbona, Bigtha, Abagtha, Zethar and Karkas – 11 to bring before him Queen Vashti, wearing her royal crown, in order to display her beauty to the people and nobles, for she was lovely to look at. 12 But when the attendants delivered the king's command, Queen Vashti refused to come. Then the king became furious and burned with anger.

13 Since it was customary for the king to consult experts in matters of law and justice, he spoke with

[a] 1:1 Hebrew *Ahasuerus*; here and throughout Esther

[b] 1:1 That is, the upper Nile region

Esther

Le banquet de l'empereur

1 1 Cette histoire se passait du temps de Xerx[…] celui dont l'empire s'étendait depuis l'Inde jusq[…] l'Ethiopie et comprenait cent vingt-sept districts[b]. 2 E[…] temps-là, quand l'empereur Xerxès vint prendre place [sur] son trône impérial[c] dans la citadelle de Suse[d], 3 la troisiè[me] année de son règne, il organisa un grand festin pour t[ous] ses ministres, ses hauts fonctionnaires, les officiers [de] l'armée des Perses et des Mèdes, ainsi que pour les [no]bles et les gouverneurs des provinces. 4 Il voulait mont[rer] devant eux la richesse et la gloire de son règne et la spl[en]deur de sa grande magnificence. Les festivités durèr[ent] très longtemps ; cent quatre-vingts jours.

5 A la fin de cette période, l'empereur offrit à tout[e la] population de Suse, riches ou pauvres, un banquet qui [eut] lieu pendant sept jours dans les jardins du palais impér[ial.] 6 Des tentures de lin blanches et bleu ciel étaient fixée[s à] des colonnes de marbre par des cordelières blanches [et] pourpres passées dans des anneaux d'argent. Des diva[ns] d'or et d'argent étaient disposés sur des dallages de m[o]saïques faits avec du porphyre, du marbre, de la nacre [et] de l'agathe. 7 On servait des boissons dans des coupes d[…] toutes différentes de formes ; le vin de l'empereur coul[ait] avec une générosité tout impériale. 8 Il avait été ordon[né] que chacun puisse boire à volonté sans aucune contrain[te,] car l'empereur avait donné des instructions à tous les [in]tendants du palais pour qu'ils satisfassent les désirs [de] chacun de ses hôtes. 9 L'impératrice Vasthi organisa [de] son côté un banquet pour les femmes dans le palais [de] l'empereur Xerxès.

La désobéissance de l'impératrice Vasthi et sa disgrâce

10 Le septième jour du banquet, comme l'empere[ur] était égayé par le vin, il ordonna aux sept eunuques sp[é]cialement attachés à son service : Mehoumân, Bizth[a,] Harbona, Bigtha, Abagtha, Zéthar et Karkas, 11 de fa[ire] venir l'impératrice Vasthi en sa présence, couronn[ée] du diadème impérial. Il voulait montrer aux hommes [de] tous les peuples rassemblés et aux ministres combien e[lle] était belle, car elle était effectivement d'une beauté r[e]marquable. 12 Les eunuques transmirent à l'impératri[ce] Vasthi l'ordre de l'empereur, mais elle refusa d'aller [se] présenter devant lui. Celui-ci en fut vivement irrité et [se] mit dans une violente colère. 13 Puis il consulta les co[…]

[a] 1.1 En hébreu : *Assuérus.* Probablement Xerxès I[er] (486 à 465 av. J.-C.).

[b] 1.1 L'Empire perse était divisé en vingt satrapies ou provinces, lesquelles étaient subdivisées en plusieurs disctricts administratifs.

[c] 1.2 Il ne s'agit pas de l'avènement de l'empereur (voir v. 3), mais certainement de sa première venue dans la citadelle de Suse, après av[oir] maté dans l'empire des rébellions suscitées par son accession au trône.

[d] 1.2 *Suse* était l'une des quatre capitales de l'empire (avec Babylone, Persépolis et Ecbatane). C'était la résidence d'hiver des rois perses. La citadelle où se trouvait le palais royal dominait le reste de la ville (voir 3.15 ; 4.1-2, 6 ; 8.14).

[e] 1.6 Lors des festins, les Perses, comme les autres peuples de l'Antiqui[té,] mangeaient allongés sur des divans (voir Am 6.4).

ıe wise men who understood the times 14 and were
losest to the king – Karshena, Shethar, Admatha,
arshish, Meres, Marsena and Memukan, the seven
obles of Persia and Media who had special access to
ıe king and were highest in the kingdom.
15 "According to law, what must be done to Queen
ashti?" he asked. "She has not obeyed the command
f King Xerxes that the eunuchs have taken to her."

16 Then Memukan replied in the presence of the king
nd the nobles, "Queen Vashti has done wrong, not
nly against the king but also against all the nobles
nd the peoples of all the provinces of King Xerxes.
'For the queen's conduct will become known to all
ıe women, and so they will despise their husbands
nd say, 'King Xerxes commanded Queen Vashti to be
rought before him, but she would not come.' 18 This
ery day the Persian and Median women of the no-
ility who have heard about the queen's conduct will
espond to all the king's nobles in the same way. There
ill be no end of disrespect and discord.
19 "Therefore, if it pleases the king, let him issue a
oyal decree and let it be written in the laws of Persia
nd Media, which cannot be repealed, that Vashti is
ever again to enter the presence of King Xerxes. Also
t the king give her royal position to someone else
ho is better than she. 20 Then when the king's edict
proclaimed throughout all his vast realm, all the
omen will respect their husbands, from the least
the greatest."

21 The king and his nobles were pleased with this
dvice, so the king did as Memukan proposed. 22 He
ent dispatches to all parts of the kingdom, to each
rovince in its own script and to each people in their
wn language, proclaiming that every man should be
ıler over his own household, using his native tongue.

sther Made Queen

2 1 Later when King Xerxes' fury had subsided,
he remembered Vashti and what she had done
nd what he had decreed about her. 2 Then the king's
ersonal attendants proposed, "Let a search be made
r beautiful young virgins for the king. 3 Let the king
ppoint commissioners in every province of his realm
bring all these beautiful young women into the
arem at the citadel of Susa. Let them be placed under
ıe care of Hegai, the king's eunuch, who is in charge
the women; and let beauty treatments be given to
ıem. 4 Then let the young woman who pleases the

seillers connaissant les usages, car les affaires impériales
étaient toujours discutées avec tous les experts légaux et
juridiques. 14 Ses plus proches conseillers étaient Karshena,
Shétar, Admata, Tarsis, Mérès, Marsena, Memoukân, les
sept ministres des Perses et des Mèdes ; ils faisaient partie
du conseil impérial et occupaient les postes les plus élevés
dans l'empire. 15 L'empereur leur demanda comment la loi
requérait que l'on traite l'impératrice Vasthi pour n'avoir
pas obéi à l'ordre de l'empereur Xerxès que les eunuques
lui avaient transmis.

16 Memoukân déclara à l'empereur en présence de
ses hauts fonctionnaires : L'impératrice Vasthi ne s'est
pas seulement rendue coupable envers l'empereur, mais
aussi envers tous ses ministres et tous les gens du peuple
de toutes les provinces de l'empire de Xerxès. 17 Car ce
qu'elle a fait sera connu de toutes les femmes et les incit-
era à mépriser l'autorité de leurs maris. Elles pourront
dire : « L'empereur Xerxès avait ordonné de faire venir
l'impératrice Vasthi en sa présence, et elle n'est pas
venue. » 18 Aujourd'hui même, les femmes des ministres
perses et mèdes apprendront comment l'impératrice
s'est conduite et elles se permettront de répliquer sur le
même ton à leurs maris, ministres de l'empereur, et leur
mépris entraînera la colère de leurs maris. 19 Si donc tel
est le bon plaisir de l'empereur, qu'il fasse promulguer
une ordonnance impériale irrévocable, consignée dans
les lois de Perse et de Médie, interdisant pour toujours
à Vasthi de se présenter devant l'empereur Xerxès, et
stipulant que l'empereur conférera le titre d'impératrice
à l'une de ses semblables plus digne qu'elle. 20 Lorsque
ce décret, publié par l'empereur dans tout son vaste
empire, sera connu partout, toutes les femmes témoi-
gneront du respect à leurs maris, quelle que soit leur
condition sociale.

21 Cette déclaration plut à l'empereur et aux ministres,
et l'empereur suivit le conseil de Memoukân. 22 Il expédia
des lettres dans toutes les provinces de l'empire, rédigées
pour chaque province selon son système d'écriture et dans
la langue de sa population, ordonnant que tout homme
soit maître en sa maison et y impose l'usage de sa langue
maternelle[f].

Le choix d'une nouvelle impératrice

2 1 Au bout d'un certain temps, la colère de l'empereur Xerxès se calma. Il repensa à ce qu'avait
fait Vasthi, et il réfléchit à la décision qui avait été
prise à son sujet. 2 Alors les courtisans attachés à son
service lui dirent : Que l'on recherche pour l'empereur
des jeunes filles vierges et belles. 3 Que l'empereur
désigne donc des fonctionnaires chargés de sélection-
ner dans toutes les provinces de son empire toutes les
jeunes filles vierges et belles et de les amener dans
le harem de la citadelle de Suse pour les confier à
Hégué, l'eunuque de l'empereur qui a la garde des
femmes. On leur fournira tous les produits de beauté
nécessaires. 4 La jeune fille qui aura la préférence de
l'empereur succédera comme impératrice à Vasthi.

f **1.22** Au lieu de : *et y impose ... langue maternelle,* on pourrait traduire : *qu'il puisse dire ce qui lui convient.*

king be queen instead of Vashti." This advice appealed to the king, and he followed it.

5 Now there was in the citadel of Susa a Jew of the tribe of Benjamin, named Mordecai son of Jair, the son of Shimei, the son of Kish, 6 who had been carried into exile from Jerusalem by Nebuchadnezzar king of Babylon, among those taken captive with Jehoiachin[c] king of Judah. 7 Mordecai had a cousin named Hadassah, whom he had brought up because she had neither father nor mother. This young woman, who was also known as Esther, had a lovely figure and was beautiful. Mordecai had taken her as his own daughter when her father and mother died.

8 When the king's order and edict had been proclaimed, many young women were brought to the citadel of Susa and put under the care of Hegai. Esther also was taken to the king's palace and entrusted to Hegai, who had charge of the harem. 9 She pleased him and won his favor. Immediately he provided her with her beauty treatments and special food. He assigned to her seven female attendants selected from the king's palace and moved her and her attendants into the best place in the harem.

10 Esther had not revealed her nationality and family background, because Mordecai had forbidden her to do so. 11 Every day he walked back and forth near the courtyard of the harem to find out how Esther was and what was happening to her.

12 Before a young woman's turn came to go in to King Xerxes, she had to complete twelve months of beauty treatments prescribed for the women, six months with oil of myrrh and six with perfumes and cosmetics. 13 And this is how she would go to the king: Anything she wanted was given her to take with her from the harem to the king's palace. 14 In the evening she would go there and in the morning return to another part of the harem to the care of Shaashgaz, the king's eunuch who was in charge of the concubines. She would not return to the king unless he was pleased with her and summoned her by name.

15 When the turn came for Esther (the young woman Mordecai had adopted, the daughter of his uncle Abihail) to go to the king, she asked for nothing other than what Hegai, the king's eunuch who was in charge of the harem, suggested. And Esther won the favor of everyone who saw her. 16 She was taken to King Xerxes in the royal residence in the tenth month, the month of Tebeth, in the seventh year of his reign.

[c] 2:6 Hebrew *Jeconiah,* a variant of *Jehoiachin*

Cette proposition plut à l'empereur qui la fit mettre exécution.

5 Or, dans la citadelle de Suse, vivait un Juif nomm Mardochée[g]. Il était fils de Yaïr, et descendant de Shim et de Qish de la tribu de Benjamin. 6 Sa famille[h] avait ét déportée de Jérusalem avec les autres exilés emmenés pa Nabuchodonosor, roi de Babylone, en même temps qu Yekonia[i], roi de Juda. 7 Mardochée avait élevé sa cousin Hadassa – c'est-à-dire Esther[j] – orpheline de père et d mère. Cette jeune fille était bien faite et d'une grand beauté. A la mort de ses parents, Mardochée l'avait adopté comme sa fille.

Esther au palais impérial

8 Après la proclamation de l'ordonnance de l'empereu et de son décret, de nombreuses jeunes filles furent ras semblées dans la citadelle de Suse, sous la surveillanc de Hégué. Esther fut aussi emmenée au palais impérial e confiée aux soins de Hégué, le responsable du harem. 9 L jeune fille lui plut et gagna sa faveur. Il se mit en pein de lui fournir tout ce qu'il fallait en produits de beaut et pour son régime. Il mit à sa disposition sept jeune servantes, sélectionnées parmi le personnel du palai impérial, et il la transféra, elle et ses servantes, dans l meilleur appartement du harem. 10 Esther n'avait révél ni son peuple ni sa famille d'origine, car Mardochée le l avait interdit. 11 Chaque jour, il se rendait devant la co du harem pour prendre des nouvelles d'Esther et savoi comment on la traitait.

12 Les jeunes filles se rendaient chacune à son tour che l'empereur Xerxès, au terme du traitement de beauté pre scrit pour douze mois par le protocole des femmes. Pour c traitement, on utilisait pendant six mois de l'huile de my rhe, et pendant six autres mois des baumes aromatiques e divers produits de beauté employés par les femmes. 13 Pui lorsque venait le tour d'une jeune fille de se rendre che l'empereur, on lui donnait tout ce qu'elle demandait pou emporter du harem au palais impérial. 14 Elle s'y renda le soir, et le lendemain matin, elle était conduite dans u second harem et confiée à la responsabilité de Shashga l'eunuque de l'empereur chargé de la garde des épouse de second rang. Elle ne retournait plus chez l'empereur, moins que celui-ci en manifeste le désir et la fasse appele par son nom.

Esther, nouvelle impératrice

15 Quand vint son tour d'aller chez l'empereur, Esthe fille d'Abichaïl, oncle de Mardochée, qui l'avait adopté comme sa fille, elle ne demanda rien d'autre que c qu'avait indiqué Hégué, l'eunuque de l'empereur, gard en des femmes. Elle gagnait la faveur de tous ceux q la voyaient. 16 C'est le dixième mois, c'est-à-dire au mo de Tébeth de la septième année du règne[k], que l'on vir

[g] **2.5** Nom formé à partir de celui de la principale divinité babylonienn *Mardouk* (Esd 2.2). Mardochée portait sans doute un nom juif (comme Esther : v. 7 ; Daniel et ses amis : Dn 1.6-7) qui n'est pas mentionné.
[h] **2.6** On pourrait comprendre, d'après l'hébreu, que c'est *Qish* qui a été déporté. Mais *Shimeï et Qish* sont très certainement des ancêtres lointains de Mardochée (voir 2 S 16.5-14 ; 1 S 9.1).
[i] **2.6** Appelé aussi Yehoyakîn.
[j] **2.7** Esther portait un nom juif (*Hadassa,* « myrte ») et un nom perse (*Esther,* « étoile » ou, selon d'autres, nom dérivé de Ishtar, déesse babylo nienne). Voir note v. 5.
[k] **2.16** Décembre 479 ou janvier 478 av. J.-C.

17 Now the king was attracted to Esther more than
› any of the other women, and she won his favor and
pproval more than any of the other virgins. So he
et a royal crown on her head and made her queen
ıstead of Vashti. 18 And the king gave a great banquet,
sther's banquet, for all his nobles and officials. He
roclaimed a holiday throughout the provinces and
istributed gifts with royal liberality.

ʌordecai Uncovers a Conspiracy

19 When the virgins were assembled a second time,
ıordecai was sitting at the king's gate. 20 But Esther
ad kept secret her family background and nation-
lity just as Mordecai had told her to do, for she
ontinued to follow Mordecai's instructions as she
ad done when he was bringing her up.
21 During the time Mordecai was sitting at the king's
ate, Bigthana[d] and Teresh, two of the king's officers
ʋho guarded the doorway, became angry and conpired to assassinate King Xerxes. 22 But Mordecai
ound out about the plot and told Queen Esther, who in
ırn reported it to the king, giving credit to Mordecai.
3 And when the report was investigated and found
› be true, the two officials were impaled on poles.
ıll this was recorded in the book of the annals in the
resence of the king.

Iaman's Plot to Destroy the Jews

3 1 After these events, King Xerxes honored Haman
son of Hammedatha, the Agagite, elevating him
nd giving him a seat of honor higher than that of
ıll the other nobles. 2 All the royal officials at the
ing's gate knelt down and paid honor to Haman, for
he king had commanded this concerning him. But
ıordecai would not kneel down or pay him honor.
3 Then the royal officials at the king's gate asked
ʌordecai, "Why do you disobey the king's command?"
Day after day they spoke to him but he refused to
omply. Therefore they told Haman about it to see
vhether Mordecai's behavior would be tolerated, for
ıe had told them he was a Jew.
5 When Haman saw that Mordecai would not kneel
lown or pay him honor, he was enraged. 6 Yet having
earned who Mordecai's people were, he scorned the
dea of killing only Mordecai. Instead Haman looked
or a way to destroy all Mordecai's people, the Jews,
hroughout the whole kingdom of Xerxes.
7 In the twelfth year of King Xerxes, in the first
nonth, the month of Nisan, the *pur* (that is, the lot)
ʋas cast in the presence of Haman to select a day
ınd month. And the lot fell on[e] the twelfth month,
he month of Adar.

2:21 Hebrew *Bigthan*, a variant of *Bigthana*
3:7 Septuagint; Hebrew does not have *And the lot fell on*.

prendre Esther pour l'emmener chez l'empereur au palais impérial. 17 L'empereur aima Esther plus que toutes
les autres femmes et elle gagna sa faveur et sa bienveillance mieux que toutes les autres jeunes filles. Alors il
mit sur sa tête la couronne impériale et la fit proclamer
impératrice à la place de Vasthi. 18 En son honneur, il organisa un grand banquet pour tous ses ministres et ses
hauts fonctionnaires. Ce fut le « banquet d'Esther ». Il accorda aux provinces des allègements d'impôts et distribua
des cadeaux avec une générosité impériale.

Mardochée sauve la vie de l'empereur

19 Lorsqu'avait eu lieu le second ramassage de jeunes
filles, Mardochée avait un poste au palais impérial.
20 Esther avait tenu secrète son origine familiale et sa
nationalité, comme le lui avait ordonné Mardochée. Elle
continuait à se conformer à ses instructions comme au
temps où elle était encore sous sa tutelle.
21 A cette époque, alors que Mardochée exerçait donc
des fonctions au palais impérial, deux eunuques de l'empereur, Bigtân et Téresh, qui faisaient partie de la garde
postée à l'entrée du palais, furent exaspérés par l'empereur Xerxès et cherchèrent à l'assassiner. 22 Mardochée en eut
connaissance et il en avertit l'impératrice Esther qui mit
l'empereur au courant de la part de Mardochée. 23 Après
enquête, l'information se révéla exacte. Les deux coupables
furent pendus à une potence et l'affaire fut consignée dans
le livre des Annales[l] en présence de l'empereur.

Mardochée met Haman en colère

3 1 Quelque temps après ces événements, l'empereur
Xerxès éleva en dignité Haman, fils de Hammedata
du pays d'Agag : il le promut au rang de premier ministre
et lui donna ainsi la prééminence sur tous les ministres
de son gouvernement. 2 Par ordre de l'empereur, tous les
fonctionnaires impériaux en poste au palais devaient s'agenouiller et se prosterner sur son passage. Mais Mardochée
ne s'agenouillait pas et ne se prosternait pas devant lui.
3 Ses collègues lui demandèrent : Pourquoi désobéis-tu à
l'ordre de l'empereur ?
4 Tous les jours, ils lui disaient cela, mais Mardochée ne
les écoutait pas.
Finalement, ils signalèrent la chose à Haman pour
voir si Mardochée s'en tiendrait à ses paroles, car il leur
avait dit qu'il était Juif. 5 Quand Haman eut constaté que
Mardochée ne s'agenouillait pas et ne se prosternait pas
devant lui, il devint furieux. 6 On lui avait appris à quel
peuple Mardochée appartenait, et il jugea trop insuffisant
de porter la main sur Mardochée seulement. Il résolut donc
d'exterminer tous les Juifs, compatriotes de Mardochée,
qui se trouvaient dans tout l'empire de Xerxès. 7 Le premier
mois, c'est-à-dire le mois de Nisân de la douzième année
du règne de Xerxès[m], Haman fit tirer au sort – ce qui se
dit « Pour » – en passant en revue un jour après l'autre et
un mois après l'autre. Le sort tomba sur le douzième mois
qui est le mois d'Adar[n].

[l] **2.23** Tablettes sur lesquelles on consignait les faits importants de la vie de l'empire (voir 6.1).
[m] **3.7** C'est-à-dire, le mois de la Pâque, en avril ou mai 474 av. J.-C., cinq ans après l'élévation d'Esther au titre d'impératrice (voir 2.16-17).
[n] **3.7** Mars-avril.

[8]Then Haman said to King Xerxes, "There is a certain people dispersed among the peoples in all the
provinces of your kingdom who keep themselves separate. Their customs are different from those of all
other people, and they do not obey the king's laws; it
is not in the king's best interest to tolerate them. [9]If
it pleases the king, let a decree be issued to destroy
them, and I will give ten thousand talents[f] of silver
to the king's administrators for the royal treasury."

[10]So the king took his signet ring from his finger and gave it to Haman son of Hammedatha, the
Agagite, the enemy of the Jews. [11]"Keep the money,"
the king said to Haman, "and do with the people as
you please."

[12]Then on the thirteenth day of the first month
the royal secretaries were summoned. They wrote
out in the script of each province and in the language
of each people all Haman's orders to the king's satraps, the governors of the various provinces and the
nobles of the various peoples. These were written in
the name of King Xerxes himself and sealed with his
own ring. [13]Dispatches were sent by couriers to all
the king's provinces with the order to destroy, kill
and annihilate all the Jews – young and old, women
and children – on a single day, the thirteenth day of
the twelfth month, the month of Adar, and to plunder
their goods. [14]A copy of the text of the edict was to
be issued as law in every province and made known
to the people of every nationality so they would be
ready for that day.

[15]The couriers went out, spurred on by the king's
command, and the edict was issued in the citadel of
Susa. The king and Haman sat down to drink, but the
city of Susa was bewildered.

Mordecai Persuades Esther to Help

4 [1]When Mordecai learned of all that had been
done, he tore his clothes, put on sackcloth and
ashes, and went out into the city, wailing loudly and
bitterly. [2]But he went only as far as the king's gate,
because no one clothed in sackcloth was allowed to
enter it. [3]In every province to which the edict and
order of the king came, there was great mourning
among the Jews, with fasting, weeping and wailing.
Many lay in sackcloth and ashes.

[4]When Esther's eunuchs and female attendants
came and told her about Mordecai, she was in great
distress. She sent clothes for him to put on instead of
his sackcloth, but he would not accept them. [5]Then
Esther summoned Hathak, one of the king's eunuchs

[f] 3:9 That is, about 375 tons or about 340 metric tons

Haman veut exterminer les Juifs

[8]Puis Haman alla dire à l'empereur Xerxès : Il y a
répandu parmi les peuples dans toutes les provinces d
ton empire, un peuple qui est inassimilable. Leurs loi
sont différentes de celles de tous les autres peuples, et il
n'obéissent pas aux lois impériales. L'empereur n'a aucu
intérêt à les laisser en paix. [9]Si l'empereur le veut bien
que l'on rédige un édit ordonnant leur extermination e
je pèserai dix mille pièces d'argent que je remettrai au
fonctionnaires impériaux pour qu'ils les versent dans le
caisses de l'empereur.

[10]Alors l'empereur ôta son anneau du doigt et le rem
à Haman, fils de Hammedata d'Agag, l'ennemi des Juifs
[11]Puis l'empereur dit à Haman : Je te laisse l'argent et j
te livre ce peuple. Fais-en ce que tu voudras.

[12]Le treizième jour du premier mois[p], on convoqua le
secrétaires impériaux et, sur l'ordre de Haman, ils écri
virent aux satrapes de l'empereur[q], aux gouverneurs d
chaque district et aux ministres de chaque peuple. Le
documents furent rédigés selon le système d'écriture de
différentes provinces et dans la langue de chaque peupl
Les messages furent écrits au nom de l'empereur Xerxè
et scellés du sceau impérial. [13]Les lettres furent porté
par les coureurs dans toutes les provinces de l'empir
pour ordonner de massacrer, de tuer et d'exterminer le
Juifs, jeunes et vieux, enfants et femmes, en un seul jour,
savoir le treizième jour du douzième mois, qui est le moi
d'Adar, et de piller leurs biens. [14]Le texte de l'édit devai
être promulgué comme loi dans chaque province et port
à la connaissance de tous les peuples pour que chacun s
tienne prêt pour le jour fixé.

[15]Les coureurs partirent en hâte, par ordre de l'empere
ur. Le décret fut aussi publié dans la citadelle de Suse
L'empereur et Haman s'installèrent pour boire tandis qu
dans la ville de Suse régnait la consternation.

Mardochée demande à Esther d'intervenir

4 [1]Lorsque Mardochée apprit tout ce qui s'était pass
il déchira ses vêtements, se couvrit d'un habit d
toile de sac et répandit de la cendre sur lui. C'est ainsi qu'
parcourut la ville en poussant de grands cris de douleu
[2]Puis il alla jusque devant la porte du palais impérial, pa
laquelle personne n'avait le droit d'entrer revêtu d'un habi
de toile de sac.

[3]Dans chaque province, à mesure qu'y parvenaien
l'ordonnance et le décret de l'empereur, c'était comm
un deuil qui frappait les Juifs ; ils se mettaient à jeûner,
pleurer et à pousser des cris : beaucoup se couchaient su
des toiles de sac et de la cendre[r].

[4]Les servantes d'Esther et ses eunuques vinrent l
mettre au courant, et l'impératrice en fut toute bou
leversée. Elle envoya des vêtements à Mardochée, pou
qu'il s'habille correctement et enlève l'habit de toile d
sac qu'il portait. Mais il les refusa. [5]Alors Esther appel

[o] 3.10 L'anneau royal portait le sceau qui validait les décrets (voir v. 12 ; Gn 41.42).
[p] 3.12 La veille de la Pâque pour les Juifs.
[q] 3.12 L'Empire perse était divisé en 20 satrapies et 127 districts administratifs régies par des gouverneurs. Les satrapes sont aussi mentionnés en 8.9 ; 9.3.
[r] 4.3 Signe habituel de deuil ou d'une grande tristesse (voir Ez 27.30 ; Jon 3.6).

;signed to attend her, and ordered him to find out
hat was troubling Mordecai and why.
[6]So Hathak went out to Mordecai in the open square
' the city in front of the king's gate. [7]Mordecai told
ım everything that had happened to him, including
ıe exact amount of money Haman had promised to
ay into the royal treasury for the destruction of the
ws. [8]He also gave him a copy of the text of the edict
r their annihilation, which had been published in
ısa, to show to Esther and explain it to her, and he
ıld him to instruct her to go into the king's presence
ı beg for mercy and plead with him for her people.

[9]Hathak went back and reported to Esther what
lordecai had said. [10]Then she instructed him to say
ı Mordecai, [11]"All the king's officials and the peo-
le of the royal provinces know that for any man or
oman who approaches the king in the inner court
ithout being summoned the king has but one law:
ıat they be put to death unless the king extends the
ıld scepter to them and spares their lives. But thirty
ays have passed since I was called to go to the king."

[12]When Esther's words were reported to Mordecai,
he sent back this answer: "Do not think that because
ou are in the king's house you alone of all the Jews
ill escape. [14]For if you remain silent at this time,
elief and deliverance for the Jews will arise from
ıother place, but you and your father's family will
erish. And who knows but that you have come to
our royal position for such a time as this?"

[15]Then Esther sent this reply to Mordecai: [16]"Go,
ather together all the Jews who are in Susa, and fast
r me. Do not eat or drink for three days, night or day.
and my attendants will fast as you do. When this is
one, I will go to the king, even though it is against
ıe law. And if I perish, I perish."
[17]So Mordecai went away and carried out all of
sther's instructions.

sther's Request to the King

5 [1]On the third day Esther put on her royal robes
and stood in the inner court of the palace, in
ont of the king's hall. The king was sitting on his
oyal throne in the hall, facing the entrance. [2]When
e saw Queen Esther standing in the court, he was
leased with her and held out to her the gold scep-
er that was in his hand. So Esther approached and
ouched the tip of the scepter.
[3]Then the king asked, "What is it, Queen Esther?
/hat is your request? Even up to half the kingdom,
will be given you."
[4]"If it pleases the king," replied Esther, "let the king,
ogether with Haman, come today to a banquet I have
repared for him."
[5]"Bring Haman at once," the king said, "so that we
ay do what Esther asks."

Hathac, l'un des eunuques que l'empereur avait mis à son
service, et le chargea de s'enquérir auprès de Mardochée
de ce qui se passait et qui le poussait à agir ainsi. [6]Hathac
alla trouver Mardochée qui se tenait toujours sur la place
publique, devant la porte du palais impérial. [7]Mardochée
l'informa de tout ce qui lui était arrivé et il lui dit notamment quelle quantité d'argent Haman avait promis de
verser dans les coffres de l'empereur pour que l'on fasse
périr tous les Juifs. [8]Il lui remit aussi une copie du texte
de l'édit d'extermination qui avait été publié dans Suse
pour qu'il la montre à Esther, l'informe de la situation
et lui communique l'ordre de se rendre chez l'empereur
afin d'implorer sa pitié et de le supplier en faveur de son
peuple.
[9]Hathac revint et rapporta à Esther les paroles de
Mardochée. [10]Celle-ci ordonna à Hathac de rapporter sa
réponse à Mardochée : [11]Tous les serviteurs de l'empereur
ainsi que les habitants de toutes les provinces de l'empire savent bien qu'il y a une loi, qui est la même pour
tous, en vertu de laquelle tout homme ou toute femme
qui pénétrerait dans la cour intérieure du palais pour se
rendre auprès de l'empereur sans avoir été convoqué par
lui, sera mis à mort, sauf si l'empereur lui tend son sceptre
d'or. Alors seulement sa vie lui sera épargnée. Quant à moi,
voilà trente jours que je n'ai plus été invitée à me rendre
chez l'empereur.
[12]Lorsqu'on eut rapporté à Mardochée les paroles d'Esther, [13]il lui fit répondre : Ne t'imagine pas qu'étant dans
le palais impérial, tu seras épargnée à la différence de tous
les autres Juifs ! [14]Bien au contraire ! Car si tu persistes à
garder le silence dans les circonstances présentes, le salut
et la délivrance viendront d'ailleurs pour les Juifs[s], alors
que toi et ta famille, vous périrez. D'ailleurs, qui sait si ce
n'est pas en vue de telles circonstances que tu es devenue
impératrice ?
[15]Alors Esther fit porter cette réponse à Mardochée :
[16]Va rassembler tous les Juifs qui se trouvent à Suse. Jeûnez
pour moi, sans manger ni boire pendant trois jours et trois
nuits. J'observerai de mon côté le même jeûne avec mes
servantes. Ensuite, je me rendrai chez l'empereur, malgré
la loi. Si je dois mourir, je mourrai !
[17]Mardochée partit et fit ce qu'Esther lui avait
commandé.

Esther invite l'empereur et Haman à un festin

5 [1]Au bout du troisième jour de jeûne, Esther revêtit
ses habits royaux et se tint dans la cour intérieure du
palais impérial, en face des appartements de l'empereur.
Celui-ci siégeait sur son trône dans le palais, en face de
l'entrée de l'édifice. [2]Quand il aperçut l'impératrice Esther,
qui se tenait dans la cour, il lui accorda sa faveur. Il lui
tendit le sceptre d'or qu'il tenait en main. Esther s'approcha et en toucha l'extrémité. [3]Alors il lui demanda : Qu'y
a-t-il, impératrice Esther ? Quelle est ta requête ? Elle te
sera accordée, même si c'est la moitié de l'empire.
[4]Esther lui répondit : Si l'empereur le veut bien, qu'il
vienne ce soir avec Haman au festin que j'ai préparé en
son honneur.
[5]L'empereur dit : Dépêchez-vous de prévenir Haman
pour que nous nous rendions à l'invitation d'Esther.

s **4.14** Allusion à Dieu.

So the king and Haman went to the banquet Esther had prepared. 6As they were drinking wine, the king again asked Esther, "Now what is your petition? It will be given you. And what is your request? Even up to half the kingdom, it will be granted."

7Esther replied, "My petition and my request is this: 8If the king regards me with favor and if it pleases the king to grant my petition and fulfill my request, let the king and Haman come tomorrow to the banquet I will prepare for them. Then I will answer the king's question."

Haman's Rage Against Mordecai

9Haman went out that day happy and in high spirits. But when he saw Mordecai at the king's gate and observed that he neither rose nor showed fear in his presence, he was filled with rage against Mordecai. 10Nevertheless, Haman restrained himself and went home.

Calling together his friends and Zeresh, his wife, 11Haman boasted to them about his vast wealth, his many sons, and all the ways the king had honored him and how he had elevated him above the other nobles and officials. 12"And that's not all," Haman added. "I'm the only person Queen Esther invited to accompany the king to the banquet she gave. And she has invited me along with the king tomorrow. 13But all this gives me no satisfaction as long as I see that Jew Mordecai sitting at the king's gate."

14His wife Zeresh and all his friends said to him, "Have a pole set up, reaching to a height of fifty cubits,[g] and ask the king in the morning to have Mordecai impaled on it. Then go with the king to the banquet and enjoy yourself." This suggestion delighted Haman, and he had the pole set up.

Mordecai Honored

6 1That night the king could not sleep; so he ordered the book of the chronicles, the record of his reign, to be brought in and read to him. 2It was found recorded there that Mordecai had exposed Bigthana and Teresh, two of the king's officers who guarded the doorway, who had conspired to assassinate King Xerxes.

3"What honor and recognition has Mordecai received for this?" the king asked.

"Nothing has been done for him," his attendants answered.

4The king said, "Who is in the court?" Now Haman had just entered the outer court of the palace to speak to the king about impaling Mordecai on the pole he had set up for him.

5His attendants answered, "Haman is standing in the court."

"Bring him in," the king ordered.

6When Haman entered, the king asked him, "What should be done for the man the king delights to honor?"

[g] 5:14 That is, about 75 feet or about 23 meters

L'empereur et Haman vinrent au festin qu'Esther ava préparé. 6Pendant que l'on buvait le vin, l'empereur dit Esther : Quelle est donc ta requête, elle te sera accordé Quelle est ta demande ? Même si c'est la moitié de l'empir tu l'obtiendras.

7Esther répondit : Ma requête, ma demande, la vo ci : 8si l'empereur veut m'accorder sa faveur, et s'il veu bien accéder à ma requête et répondre à ma demand que l'empereur vienne avec Haman au festin que je leu prépare demain. C'est alors que je répondrai à la questio de l'empereur.

Haman fait dresser une potence pour Mardochée

9Haman s'en retourna ce jour-là, joyeux et le cœu en fête. En passant devant la porte du palais impérial, aperçut Mardochée. Celui-ci ne se leva pas et ne trembla pas devant lui. Alors Haman fut rempli de fureur contr lui. 10Néanmoins, il se domina et rentra chez lui. Là, fit venir ses amis et sa femme Zéresh. 11Il leur décriv longuement ses richesses prestigieuses, leur parla de se nombreux fils[t] et de tous les honneurs dont l'empereu l'avait comblé en l'élevant à un rang supérieur aux mir istres et à tous les hauts fonctionnaires impériaux.

12– Et même, ajouta-t-il, l'impératrice Esther n'a invit personne d'autre que moi avec l'empereur au festin qu'ell a préparé. Et demain, c'est encore moi qui suis invité ave l'empereur. 13Mais tout cela ne compte pour rien à me yeux, aussi longtemps que je verrai ce Juif Mardochée ass à la porte du palais impérial.

14Sa femme Zéresh et tous ses amis lui dirent : Il n'y qu'à faire dresser une potence haute de vingt-cinq mètre et demain matin, tu parleras à l'empereur pour qu'on pende Mardochée. Puis tu pourras aller gaiement au festi en compagnie de l'empereur.

Cette proposition plut à Haman, et il fit faire la potenc

Mardochée honoré par l'empereur

6 1Cette nuit-là, comme l'empereur n'arrivait pas trouver le sommeil, il se fit apporter le livre de Annales relatant les événements passés et l'on en fit l lecture devant lui. 2On tomba sur le passage racontar comment Mardochée avait prévenu que Bigtân et Téresl deux eunuques de l'empereur qui faisaient partie de l garde postée à l'entrée du palais, complotaient de porte la main sur l'empereur Xerxès.

3L'empereur demanda : De quelle manière a-t-on hor oré Mardochée et quelle distinction lui a-t-on accordé pour cela ?

Les serviteurs qui étaient en fonction auprès de lu répondirent : On n'a rien fait pour lui.

4L'empereur demanda alors : Qui est dans la cour ?

C'était justement Haman qui entrait dans la cour ex térieure du palais impérial, pour demander à l'empereu que l'on pende Mardochée à la potence qu'il avait fa préparer pour lui. 5Les serviteurs dirent à l'empereur C'est Haman qui se tient dans la cour.

– Qu'il entre ! ordonna l'empereur.

6Haman entra et l'empereur lui demanda : Que faut- faire pour un homme que l'empereur désire honorer ?

En son for intérieur, Haman se dit : Quel homme l'em pereur peut-il désirer honorer, sinon moi ?

[t] 5.11 D'après 9.7-10, il en avait dix.

Now Haman thought to himself, "Who is there that
he king would rather honor than me?" 7So he an-
wered the king, "For the man the king delights to
ionor, 8have them bring a royal robe the king has
vorn and a horse the king has ridden, one with a royal
rest placed on its head. 9Then let the robe and horse
e entrusted to one of the king's most noble princes.
.et them robe the man the king delights to honor,
ind lead him on the horse through the city streets,
proclaiming before him, 'This is what is done for the
nan the king delights to honor!' "

10"Go at once," the king commanded Haman. "Get
he robe and the horse and do just as you have suggested for Mordecai the Jew, who sits at the king's gate.
Do not neglect anything you have recommended."
11So Haman got the robe and the horse. He robed
Mordecai, and led him on horseback through the city
streets, proclaiming before him, "This is what is done
for the man the king delights to honor!"

12Afterward Mordecai returned to the king's gate.
But Haman rushed home, with his head covered in
grief, 13and told Zeresh his wife and all his friends
everything that had happened to him.
His advisers and his wife Zeresh said to him, "Since
Mordecai, before whom your downfall has started, is
of Jewish origin, you cannot stand against him – you
will surely come to ruin!" 14While they were still
talking with him, the king's eunuchs arrived and hurried Haman away to the banquet Esther had prepared.

Haman Impaled

7 1So the king and Haman went to Queen Esther's
banquet, 2and as they were drinking wine on
the second day, the king again asked, "Queen Esther,
what is your petition? It will be given you. What is
your request? Even up to half the kingdom, it will
be granted."
3Then Queen Esther answered, "If I have found
favor with you, Your Majesty, and if it pleases you,
grant me my life – this is my petition. And spare my
people – this is my request. 4For I and my people have
been sold to be destroyed, killed and annihilated. If
we had merely been sold as male and female slaves, I
would have kept quiet, because no such distress would
justify disturbing the king.[h]"

5King Xerxes asked Queen Esther, "Who is he?
Where is he – the man who has dared to do such a
thing?"
6Esther said, "An adversary and enemy! This vile
Haman!"
Then Haman was terrified before the king and
queen. 7The king got up in a rage, left his wine and

h **7:4** *Or quiet, but the compensation our adversary offers cannot be compared with the loss the king would suffer*

7Il répondit donc à l'empereur : Pour un homme que
l'empereur désire honorer, 8que l'on apporte un manteau
de l'empereur que l'empereur a déjà porté, que l'on amène
un des chevaux que l'empereur a montés, et que l'on pose
sur la tête du cheval un diadème impérial[u]. 9Que l'on confie le manteau ainsi que le cheval à l'un des ministres de
l'empereur, l'un des hauts dignitaires, et qu'on revête du
manteau l'homme que l'empereur désire honorer, puis
qu'on le fasse monter sur le cheval et qu'on le conduise
ainsi sur la place de la ville en proclamant devant lui :
« Voilà ce que l'empereur fait pour l'homme qu'il désire
honorer ! »
10Alors l'empereur dit à Haman : Dépêche-toi d'aller
chercher le manteau et le cheval, comme tu l'as dit, et fais
tout cela pour le Juif Mardochée, qui exerce des fonctions
au palais ! N'omets rien de tout ce que tu as proposé !
11Haman alla chercher le manteau et le cheval, il revêtit
Mardochée du manteau, puis il le fit monter sur le cheval et le conduisit ainsi sur la grande place de la ville en
proclamant devant lui : Voilà ce que l'empereur fait pour
l'homme qu'il désire honorer !
12Ensuite, tandis que Mardochée retournait à ses
fonctions au palais impérial, Haman rentra précipitamment chez lui comme en deuil et en se couvrant le visage.
13Il raconta à Zéresh sa femme et à tous ses amis ce qui
venait de lui arriver. Ses conseillers et sa femme lui dirent :
Si ce Mardochée devant qui tu as commencé à être humilié
est Juif, tu ne pourras rien contre lui. Tu peux être certain
que tu continueras à déchoir devant lui.
14Ils étaient encore en train de s'entretenir avec lui
quand survinrent les envoyés de l'empereur venus faire
presser Haman de se rendre au festin[v] préparé par Esther.

Esther présente sa requête

7 1L'empereur et Haman arrivèrent donc pour festoyer
avec l'impératrice Esther. 2Ce deuxième jour, pendant
que l'on buvait le vin, l'empereur demanda de nouveau à
Esther : Dis-moi quelle est ta requête, impératrice Esther ?
Elle te sera accordée. Quelle est ta demande ? Même si c'est
la moitié de mon empire, tu l'obtiendras.
3L'impératrice Esther répondit : Si l'empereur veut
m'accorder une faveur, si l'empereur le veut bien, que la
vie sauve me soit accordée, c'est là ma requête. Que la vie
sauve soit aussi accordée à mon peuple, telle est ma demande. 4En effet, moi et mon peuple, nous avons été livrés
pour être massacrés, tués et exterminés. Si nous avions
seulement été vendus[w] comme esclaves et servantes, j'aurais gardé le silence ; car, dans ce cas, notre infortune
ne vaudrait pas la peine que l'on importune l'empereur[x].
5Alors l'empereur Xerxès demanda à l'impératrice
Esther : Qui est-il, celui qui a eu l'audace de concevoir un
tel dessein ? Où est-il ?
6Esther répondit : Le persécuteur, l'ennemi, c'est Haman,
ce misérable !
Alors Haman fut épouvanté, devant l'empereur et
l'impératrice. 7Furieux, l'empereur laissa son vin, se leva

u **6.8** Sur des monuments anciens, on voit des chevaux couronnés d'un ornement à trois pointes ressemblant à une couronne.
v **6.14** On venait chercher les invités de marque à leur domicile.
w **7.4** Voir 3.9 et 4.7: Esther avait été informée de la transaction proposée par Haman.
x **7.4** Autre traduction : ... *j'aurais gardé le silence ; mais la compensation offerte par notre adversaire n'est pas comparable au préjudice que l'empereur va subir.*

went out into the palace garden. But Haman, realizing that the king had already decided his fate, stayed
behind to beg Queen Esther for his life.
8 Just as the king returned from the palace garden
to the banquet hall, Haman was falling on the couch
where Esther was reclining.
The king exclaimed, "Will he even molest the queen
while she is with me in the house?"
As soon as the word left the king's mouth, they covered Haman's face. 9 Then Harbona, one of the eunuchs
attending the king, said, "A pole reaching to a height
of fifty cubits[i] stands by Haman's house. He had it
set up for Mordecai, who spoke up to help the king."
The king said, "Impale him on it!" 10 So they impaled
Haman on the pole he had set up for Mordecai. Then
the king's fury subsided.

The King's Edict in Behalf of the Jews

8 1 That same day King Xerxes gave Queen Esther
the estate of Haman, the enemy of the Jews.
And Mordecai came into the presence of the king,
for Esther had told how he was related to her. 2 The
king took off his signet ring, which he had reclaimed
from Haman, and presented it to Mordecai. And Esther
appointed him over Haman's estate.
3 Esther again pleaded with the king, falling at his
feet and weeping. She begged him to put an end to the
evil plan of Haman the Agagite, which he had devised
against the Jews. 4 Then the king extended the gold
scepter to Esther and she arose and stood before him.
5 "If it pleases the king," she said, "and if he regards me with favor and thinks it the right thing
to do, and if he is pleased with me, let an order be
written overruling the dispatches that Haman son
of Hammedatha, the Agagite, devised and wrote to
destroy the Jews in all the king's provinces. 6 For how
can I bear to see disaster fall on my people? How can
I bear to see the destruction of my family?"
7 King Xerxes replied to Queen Esther and to
Mordecai the Jew, "Because Haman attacked the Jews,
I have given his estate to Esther, and they have impaled him on the pole he set up. 8 Now write another
decree in the king's name in behalf of the Jews as
seems best to you, and seal it with the king's signet
ring – for no document written in the king's name and
sealed with his ring can be revoked."
9 At once the royal secretaries were summoned – on
the twenty-third day of the third month, the month
of Sivan. They wrote out all Mordecai's orders to the
Jews, and to the satraps, governors and nobles of the
127 provinces stretching from India to Cush.[j] These
orders were written in the script of each province

[i] 7:9 That is, about 75 feet or about 23 meters
[j] 8:9 That is, the upper Nile region

et sortit dans le jardin du palais. Haman, voyant bien que
dans l'esprit de l'empereur, son malheur était décidé
resta là pour implorer l'impératrice Esther pour sa vie
8 L'empereur revint du jardin à la salle du festin au momen
où Haman se laissait tomber sur le divan où Esther étai
allongée. Du coup, l'empereur s'écria : Veut-il en plus fair
violence à l'impératrice en ma présence dans mon palais
A peine l'empereur eut-il prononcé ces mots que l'o
recouvrit la tête[y] de Haman. 9 Harbona, l'un des eunuques
dit alors devant l'empereur : Il y a justement cette potenc
que Haman a fait faire pour Mardochée, qui a parlé pour l
bien de l'empereur. Elle se trouve dans la cour de Hamar
et elle a vingt-cinq mètres de haut.
L'empereur ordonna : Qu'on l'y pende !
10 On pendit donc Haman à la potence qu'il avai
préparée pour Mardochée. Alors la colère de l'empereu
s'apaisa.

Le nouvel édit

8 1 Ce même jour, l'empereur Xerxès fit don à
l'impératrice Esther de tous les biens de Haman[z]
le persécuteur des Juifs, et Mardochée fut introduit er
présence de l'empereur, car Esther avait révélé quel étai
son lien de parenté avec elle. 2 Alors l'empereur retira de
son doigt l'anneau qu'il avait repris à Haman[a] et il le donna à Mardochée. Esther le chargea de gérer les biens de
Haman. 3 Puis Esther parla de nouveau à l'empereur. Elle se
jeta à ses pieds, et le supplia en pleurant de réduire à néan
le mal organisé par Haman d'Agag, et les projets qu'il avai
formés contre les Juifs. 4 L'empereur tendit le sceptre d'or
à Esther. Alors elle se releva et se tint debout devant lui.
5 – Si l'empereur le veut bien, dit-elle, et si vraiment j'a
obtenu sa faveur, si ma demande lui paraît convenable et
s'il trouve plaisir en moi, qu'il veuille bien révoquer par
écrit les lettres conçues par Haman, fils d'Hammedata
l'Agaguite, et qu'il avait rédigées dans le but de faire périr
les Juifs qui vivent dans toutes les provinces de l'empire.
6 En effet, comment pourrais-je supporter de voir le malheur s'abattre sur mon peuple ? Oui, comment pourrais-je
supporter la vue de la disparition de ma race ?
7 L'empereur Xerxès répondit à l'impératrice Esther et
au Juif Mardochée : En ce qui me concerne, j'ai déjà donné
à Esther les biens de Haman, et lui, je l'ai fait pendre à la
potence parce qu'il voulait porter la main sur les Juifs.
8 Vous, maintenant, rédigez des lettres concernant les
Juifs, comme vous le jugerez bon. Ecrivez-les au nom de
l'empereur et cachetez-les avec le sceau impérial. En effet,
un document rédigé au nom de l'empereur et cacheté avec
son sceau est irrévocable[b].
9 On convoqua les secrétaires impériaux sur-le-champ,
le vingt-troisième jour du troisième mois, c'est-à-dire du
mois de Sivân. On écrivit aux Juifs, aux satrapes, aux gouverneurs et aux ministres des cent vingt-sept provinces
qui s'étendaient de l'Inde à l'Ethiopie, tout ce qu'ordonna Mardochée. On rédigea les lettres avec l'écriture de
chaque province et selon la langue de chaque peuple. De

[y] 7.8 On recouvrait la tête des condamnés à mort.
[z] 8.1 Selon la coutume du temps, les biens d'un condamné à mort étaient confisqués par l'empereur.
[a] 8.2 Voir 3.10 et note.
[b] 8.8 Dans l'administration perse, un décret enregistré en bonne et due forme était irrévocable (1.19; voir Dn 6.9), mais l'empereur pouvait promulguer un nouveau décret opposé au premier, autorisant les Juifs à se défendre s'ils étaient attaqués.

nd the language of each people and also to the Jews
ı their own script and language. 10 Mordecai wrote
ı the name of King Xerxes, sealed the dispatches
vith the king's signet ring, and sent them by mount-
d couriers, who rode fast horses especially bred for
he king.

11 The king's edict granted the Jews in every city the
ight to assemble and protect themselves; to destroy,
ill and annihilate the armed men of any nationality
r province who might attack them and their women
nd children,[k] and to plunder the property of their
nemies. 12 The day appointed for the Jews to do this
n all the provinces of King Xerxes was the thirteenth
ay of the twelfth month, the month of Adar. 13 A copy
f the text of the edict was to be issued as law in evry province and made known to the people of every
ationality so that the Jews would be ready on that
ay to avenge themselves on their enemies.

14 The couriers, riding the royal horses, went out,
purred on by the king's command, and the edict was
ssued in the citadel of Susa.

he Triumph of the Jews

15 When Mordecai left the king's presence, he was
vearing royal garments of blue and white, a large
rown of gold and a purple robe of fine linen. And
he city of Susa held a joyous celebration. 16 For the
ews it was a time of happiness and joy, gladness and
ıonor. 17 In every province and in every city to which
he edict of the king came, there was joy and glad-
ıess among the Jews, with feasting and celebrating.
nd many people of other nationalities became Jews
ecause fear of the Jews had seized them.

9 1 On the thirteenth day of the twelfth month,
the month of Adar, the edict commanded by the
ing was to be carried out. On this day the enemies of
he Jews had hoped to overpower them, but now the
ables were turned and the Jews got the upper hand
ver those who hated them. 2 The Jews assembled in
heir cities in all the provinces of King Xerxes to at-
ack those determined to destroy them. No one could
tand against them, because the people of all the other
ationalities were afraid of them. 3 And all the nobles
f the provinces, the satraps, the governors and the
ing's administrators helped the Jews, because fear of
Aordecai had seized them. 4 Mordecai was prominent
n the palace; his reputation spread throughout the
rovinces, and he became more and more powerful.

5 The Jews struck down all their enemies with the
word, killing and destroying them, and they did
vhat they pleased to those who hated them. 6 In the
itadel of Susa, the Jews killed and destroyed five hun-
lred men. 7 They also killed Parshandatha, Dalphon,
spatha, 8 Poratha, Adalia, Aridatha, 9 Parmashta,
risai, Aridai and Vaizatha, 10 the ten sons of Haman
on of Hammedatha, the enemy of the Jews. But they
lid not lay their hands on the plunder.

8:11 Or *province, together with their women and children, who might*
ttack them;

même, on écrivit aux Juifs avec leur écriture et dans leur
langue. 10 Les lettres furent écrites au nom de l'empereur
Xerxès et cachetées avec son sceau, et on les expédia par
des courriers montés sur des pur-sang sélectionnés de
l'administration impériale[c].

11 Par cet édit, l'empereur autorisait les Juifs de chaque
ville à se regrouper pour défendre leur vie, à massacrer,
tuer et exterminer toute bande armée d'un peuple ou
d'une province qui les attaquerait, y compris leurs enfants
et leurs femmes, et à piller les biens de ces gens. 12 Cette
autorisation était valable pour un jour, le treizième jour
du douzième mois qui est le mois d'Adar, dans toutes les
provinces de l'empereur Xerxès[d]. 13 Une copie du texte de
la lettre devait être promulguée comme ayant force de
loi dans chaque province, et portée à la connaissance de
toute sa population, afin que les Juifs se tiennent prêts à
se faire justice de leurs ennemis ce jour-là.

14 Les courriers montés sur les pur-sang de l'administration impériale partirent à bride abattue, par ordre de
l'empereur, tandis que l'édit était immédiatement publié dans la citadelle de Suse. 15 Mardochée sortit de chez
l'empereur revêtu d'un habit impérial violet et blanc,
et portant une grande couronne d'or et un manteau de
byssus et de pourpre. Toute la ville de Suse retentissait
de cris de joie et se réjouissait. 16 Pour les Juifs, ce fut un
jour lumineux, un jour de bonheur, de joie et de gloire.
17 En chaque province, en chaque ville, et en tout lieu où
parvenaient l'ordonnance et l'édit de l'empereur, ce fut
pour les Juifs le bonheur et la joie, ainsi qu'une occasion
de festin et de fête. Un grand nombre de gens du pays se
firent Juifs, tant les Juifs leur inspiraient de crainte.

Le péril des ennemis des Juifs

9 1 Le treizième jour du douzième mois, c'est-à-dire
le mois d'Adar, arriva. C'était le jour où le décret
impérial devait être appliqué. En ce jour, les ennemis des
Juifs avaient espéré se rendre maîtres d'eux, mais la situation se retourna : ce furent les Juifs qui se rendirent
maîtres de leurs ennemis. 2 Dans les villes de toutes les
provinces de l'empereur Xerxès où ils habitaient, ils se
regroupèrent pour s'en prendre à ceux qui leur voulaient
du mal. Personne ne put leur résister, tant la peur qu'ils
inspiraient s'était emparée de tout le monde. 3 Tous les
ministres des provinces, les satrapes, les gouverneurs
et les fonctionnaires impériaux soutinrent les Juifs par
crainte de Mardochée. 4 En effet, celui-ci occupait un haut
rang au palais impérial, et sa renommée s'était répandue
dans toutes les provinces, car il devenait de plus en plus
puissant.

5 Ainsi, les Juifs frappèrent tous leurs ennemis de l'épée,
ils les tuèrent et les exterminèrent, ou les traitèrent comme ils le jugèrent bon. 6 Dans la seule citadelle de Suse,
les Juifs tuèrent et firent périr cinq cents hommes, 7 ainsi
que Parshandatha, Dalphôn et Aspata, 8 Porata, Adalia et
Aridata, 9 Parmashta, Arizaï, Aridaï et Vayezata, 10 les dix
fils de Haman, fils de Hammedata, le persécuteur des Juifs.
Mais on s'abstint de tout pillage.

[c] **8.10** Sens le plus probable d'un terme inconnu (de même au v. 14).
[d] **8.12** C'est-à-dire à la date prévue par Haman pour le massacre des Juifs
(3.13) : 7 mars 473 av. J.-C.

11 The number of those killed in the citadel of Susa was reported to the king that same day. 12 The king said to Queen Esther, "The Jews have killed and destroyed five hundred men and the ten sons of Haman in the citadel of Susa. What have they done in the rest of the king's provinces? Now what is your petition? It will be given you. What is your request? It will also be granted."

13 "If it pleases the king," Esther answered, "give the Jews in Susa permission to carry out this day's edict tomorrow also, and let Haman's ten sons be impaled on poles."

14 So the king commanded that this be done. An edict was issued in Susa, and they impaled the ten sons of Haman. 15 The Jews in Susa came together on the fourteenth day of the month of Adar, and they put to death in Susa three hundred men, but they did not lay their hands on the plunder.

16 Meanwhile, the remainder of the Jews who were in the king's provinces also assembled to protect themselves and get relief from their enemies. They killed seventy-five thousand of them but did not lay their hands on the plunder. 17 This happened on the thirteenth day of the month of Adar, and on the fourteenth they rested and made it a day of feasting and joy.

18 The Jews in Susa, however, had assembled on the thirteenth and fourteenth, and then on the fifteenth they rested and made it a day of feasting and joy.

19 That is why rural Jews – those living in villages – observe the fourteenth of the month of Adar as a day of joy and feasting, a day for giving presents to each other.

Purim Established

20 Mordecai recorded these events, and he sent letters to all the Jews throughout the provinces of King Xerxes, near and far, 21 to have them celebrate annually the fourteenth and fifteenth days of the month of Adar 22 as the time when the Jews got relief from their enemies, and as the month when their sorrow was turned into joy and their mourning into a day of celebration. He wrote them to observe the days as days of feasting and joy and giving presents of food to one another and gifts to the poor.

23 So the Jews agreed to continue the celebration they had begun, doing what Mordecai had written to them. 24 For Haman son of Hammedatha, the Agagite, the enemy of all the Jews, had plotted against the Jews to destroy them and had cast the *pur* (that is, the lot) for their ruin and destruction. 25 But when the plot came to the king's attention,[l] he issued written orders that the evil scheme Haman had devised against the Jews should come back onto his own head, and that he and his sons should be impaled on poles. 26 (Therefore these days were called Purim, from the word *pur*.) Because of everything written in this letter and because of what they had seen and what had happened to them, 27 the Jews took it on themselves to establish the custom that they and their descendants and all

[l] 9:25 *Or when Esther came before the king*

11 Le jour même, l'empereur fut informé du nombre d victimes dans la citadelle de Suse. 12 Il dit à l'impératric Esther : Dans la seule citadelle de Suse, les Juifs ont tu et fait périr cinq cents hommes ainsi que les dix fils d Haman. Qu'ont-ils dû faire dans les autres provinces d l'empire ! Néanmoins, si tu as encore une requête à for muler, elle te sera accordée. Quelle est ta demande ? T l'obtiendras.

13 Esther répondit : Si l'empereur le veut bien, qu'il ac corde aux Juifs de Suse la permission d'agir demain comm aujourd'hui, et que l'on pende les corps des dix fils d Haman à la potence.

14 L'empereur donna l'ordre de procéder ainsi. Un nou veau décret fut promulgué à Suse, et les dix fils de Hama furent pendus. 15 Les Juifs de Suse se rassemblèrent don encore le quatorzième jour du mois d'Adar et tuèrent tro cents hommes, mais sans piller leurs biens.

16 Les autres Juifs disséminés dans les provinces d l'empire se réunirent aussi pour défendre leur vie et ga rantir leur tranquillité vis-à-vis de leurs ennemis, 17 et l treizième jour du mois d'Adar, ils tuèrent 75 000 de leur ennemis, mais sans piller leurs biens. Le quatorzième jou du mois, ils cessèrent tout massacre et firent de ce jour u jour de festin et de réjouissances.

18 Par contre les Juifs de Suse qui s'étaient regroupé le treizième et le quatorzième jour, se reposèrent l quinzième, et c'est ce jour-là qu'ils firent des festins et s livrèrent à des réjouissances. 19 C'est ce qui explique pour quoi les Juifs disséminés dans les campagnes et ceux qu habitent des localités des campagnes font du quatorzièm jour du mois d'Adar un jour de fête, de réjouissances et d festin, et s'envoient mutuellement des cadeaux ce jour-là

L'institution de la fête des Pourim

20 Mardochée consigna par écrit le récit de tous ce événements, puis il envoya des lettres à tous les Juifs d toutes les provinces de l'empereur Xerxès, auprès et a loin. 21 Il leur demanda de célébrer tous les ans une fête l quatorzième et le quinzième jour du mois d'Adar, 22 puis qu'en ces jours, les Juifs s'étaient assuré la tranquillit vis-à-vis de leurs ennemis et qu'en ce mois, leur afflic tion avait été changée en joie et leur deuil en fête. Il le invitait à commémorer ces jours-là par des festins et de réjouissances, et par des échanges mutuels de cadeaux e des dons aux pauvres. 23 Les Juifs suivirent les consigne de Mardochée et firent de cette fête, qu'ils venaient d célébrer, une tradition à respecter tous les ans.

24 Car Haman, fils de Hammedata l'Agaguite, le persécu teur de tous les Juifs, avait résolu de les exterminer. I avait jeté le Pour – ce qui veut dire « sort » en perse – e vue de leur ruine et de leur extermination. 25 Mais Esthe était allée trouver l'empereur qui avait ordonné par écri de faire retomber sur lui les méchants plans qu'il avai formés contre les Juifs et de le pendre, lui et ses fils, à l potence. 26 C'est pourquoi on a appelé ces jours-là *Pouri* d'après le mot perse qui signifie « sort ».

Selon les instructions de la lettre de Mardochée et à cause des événements dont ils avaient eux-mêmes été le témoins et qu'ils avaient subis, 27 les Juifs instituèrent l tradition pour eux, pour leurs descendants et pour ceu

o join them should without fail observe these two
ys every year, in the way prescribed and at the time
pointed. 28 These days should be remembered and
served in every generation by every family, and
every province and in every city. And these days
Purim should never fail to be celebrated by the
ws – nor should the memory of these days die out
nong their descendants.
29 So Queen Esther, daughter of Abihail, along with
ordecai the Jew, wrote with full authority to confirm
is second letter concerning Purim. 30 And Mordecai
nt letters to all the Jews in the 127 provinces of
rxes' kingdom – words of goodwill and assurance –
o establish these days of Purim at their designated
nes, as Mordecai the Jew and Queen Esther had
creed for them, and as they had established for
emselves and their descendants in regard to their
nes of fasting and lamentation. 32 Esther's decree
nfirmed these regulations about Purim, and it was
itten down in the records.

e Greatness of Mordecai

0 1 King Xerxes imposed tribute throughout the
empire, to its distant shores. 2 And all his acts
power and might, together with a full account of
e greatness of Mordecai, whom the king had pro-
oted, are they not written in the book of the annals
the kings of Media and Persia? 3 Mordecai the Jew
s second in rank to King Xerxes, preeminent among
e Jews, and held in high esteem by his many fellow
ws, because he worked for the good of his people and
oke up for the welfare of all the Jews.

qui se joindraient à eux, selon laquelle on ne devait pas
omettre de célébrer chaque année ces deux jours à la date
fixée et de la manière prescrite par Mardochée. 28 Ainsi
le souvenir de ces jours est perpétué de génération en
génération dans chaque famille, dans chaque province
et dans chaque ville, par cette célébration. Les Juifs ne
doivent pas cesser de célébrer ces jours des Pourim et leur
souvenir ne doit pas se perdre chez leurs descendants.
29 L'impératrice Esther, fille d'Abichaïl, écrivit avec le Juif
Mardochée en usant de toute son autorité pour confirmer
cette seconde lettre au sujet des Pourim. 30 Ils envoyèrent
des lettres contenant des vœux pour une paix véritable
à tous les Juifs des cent vingt-sept provinces de l'empire
de Xerxès. 31 Elles confirmaient l'institution de ces jours
des Pourim à la date fixée, tels que le Juif Mardochée et
l'impératrice Esther les avaient institués, et tels que les
Juifs les avaient eux-mêmes institués pour eux-mêmes et
pour leurs descendants, avec des jeûnes et des supplications. 32 L'ordre d'Esther institua le rituel de cette fête des
Pourim, et cela fut consigné dans un livre.

Mardochée, bras droit de l'empereur

10 1 Par la suite, l'empereur Xerxès imposa un tribut
à tout son empire ainsi qu'aux territoires côtiers[e].
2 Tous ses actes démontrant sa puissance et sa vaillance,
ainsi que la manière dont il éleva Mardochée à un rang
important, sont consignés dans le livre des Annales des
empereurs des Mèdes et des Perses. 3 Le Juif Mardochée
occupa, en effet, le second rang, après l'empereur Xerxès.
Il fut très considéré par les Juifs et aimé par tous ses compatriotes, parce qu'il travaillait au bien de son peuple et
œuvrait pour la paix de toute sa race[f].

[e] **10.1** Les îles de la mer Egée avaient été conquises par Darius Hystaspe, mais perdues par Xerxès dans la guerre contre les Grecs, sauf Chypre et quelques petites îles de la côte libyenne.

[f] **10.3** Les Juifs jouirent de la paix et de la prospérité dans l'Empire perse jusqu'au temps des successeurs d'Alexandre le Grand.

Job

Prologue

1 1 In the land of Uz there lived a man whose name was Job. This man was blameless and upright; he feared God and shunned evil. 2 He had seven sons and three daughters, 3 and he owned seven thousand sheep, three thousand camels, five hundred yoke of oxen and five hundred donkeys, and had a large number of servants. He was the greatest man among all the people of the East.

4 His sons used to hold feasts in their homes on their birthdays, and they would invite their three sisters to eat and drink with them. 5 When a period of feasting had run its course, Job would make arrangements for them to be purified. Early in the morning he would sacrifice a burnt offering for each of them, thinking, "Perhaps my children have sinned and cursed God in their hearts." This was Job's regular custom.

6 One day the angels[a] came to present themselves before the LORD, and Satan[b] also came with them. 7 The LORD said to Satan, "Where have you come from?"

Satan answered the LORD, "From roaming throughout the earth, going back and forth on it."

8 Then the LORD said to Satan, "Have you considered my servant Job? There is no one on earth like him; he is blameless and upright, a man who fears God and shuns evil."

9 "Does Job fear God for nothing?" Satan replied. 10 "Have you not put a hedge around him and his household and everything he has? You have blessed the work of his hands, so that his flocks and herds are spread throughout the land. 11 But now stretch out your hand and strike everything he has, and he will surely curse you to your face."

12 The LORD said to Satan, "Very well, then, everything he has is in your power, but on the man himself do not lay a finger."

Then Satan went out from the presence of the LORD.

13 One day when Job's sons and daughters were feasting and drinking wine at the oldest brother's

[a] 1:6 Hebrew *the sons of God*
[b] 1:6 Hebrew *satan* means *adversary.*

Job

PROLOGUE

Job, un homme intègre et droit

1 1 Il y avait, au pays d'Outs[a], un homme appelé Jo C'était un homme intègre et droit, un homme q craignait Dieu et qui évitait de faire le mal. 2 Il avait se fils et trois filles. 3 De plus, ses troupeaux comptaient : se mille moutons et chèvres, trois mille chameaux, cinq cer paires de bœufs, et cinq cents ânesses. Il possédait au des serviteurs en très grand nombre. Cet homme éta le personnage le plus important des régions de Fl'est Jourdain. 4 Or, chacun de ses fils recevait à tour de rô ses frères pour un festin. Ils invitaient leurs trois sœu à manger et à boire avec eux. 5 Quand ces jours de fest étaient achevés, Job faisait venir ses enfants, afin d'acco plir pour eux les rites de purification. Il se levait de gra matin et offrait un holocauste[b] pour chacun d'eux. Car se disait : Peut-être mes fils ont-ils commis quelque fau et dit du mal de Dieu dans leur cœur.

Job agissait toujours ainsi.

Job perd tout

6 Or, un jour, les anges de Dieu[c] se rendirent au cons de l'Eternel. L'Accusateur (Satan)[d] vint aussi parmi eu 7 L'Eternel dit à l'Accusateur : D'où viens-tu donc ?

Celui-ci lui répondit : Je viens de parcourir la terre de la sillonner.

8 Alors l'Eternel demanda à l'Accusateur : As-tu rema qué mon serviteur Job ? Il n'y a personne comme lui s la terre : c'est un homme intègre et droit, un homme q craint Dieu et qui évite de mal faire.

9 L'Accusateur lui répondit : Est-ce vraiment pour ri que Job craint Dieu ? 10 N'as-tu pas élevé comme un re part de protection autour de lui, autour de sa maison, autour de tous ses biens ? Tu as fait réussir ses entreprise ses troupeaux se sont multipliés dans le pays ! 11 Mais po donc la main sur tous ses biens et sur les siens, et l'on ver s'il ne te maudit pas en face.

12 Alors l'Eternel dit à l'Accusateur : Tous ses biens so en ton pouvoir, ainsi que les siens, mais ne porte pas main sur sa personne !

Alors l'Accusateur se retira de la présence de l'Etern

13 Or, un jour, les fils et les filles de Job s'étaient mi manger et à boire du vin ensemble chez leur frère aî

[a] **1.1** Nom d'une région située à l'est du Jourdain (v. 3), dont l'identifica tion est incertaine. Elle pouvait se situer en *Edom*, au sud-est de la mer Morte (Gn 36.28 ; Lm 4.21), ou au pays des *Araméens* vers le nord (voir Gn 10.23 ; 22.21). Job n'était donc pas un Israélite (voir Ez 14.14-20).

[b] **1.5** Sacrifice dont la victime était presque entièrement consumée su l'autel ; forme habituelle du sacrifice au temps des patriarches. Avant lois cérémonielles de Moïse, le père de famille agissait comme prêtre clan familial (Gn 15.9-10).

[c] **1.6** Appelés ici *fils de Dieu* (voir notes 2.1 ; 38.7 et Ps 29.1).

[d] **1.6** Le terme hébreu *satan* est ici un nom commun car il est précédé de l'article défini. Il signifie habituellement *adversaire* ou *accusateur.* Il s'utilise en particulier pour le personnage qui se tient à la droite du ju lors d'un procès avec pour rôle d'accuser celui qui comparaît devant eux. Voir 1 Ch 1.21 ; Za 3.1-2 ; Ap 12.10.

ɔuse, 14 a messenger came to Job and said, "The oxen ɜre plowing and the donkeys were grazing nearby, and the Sabeans attacked and made off with them. ıey put the servants to the sword, and I am the only ıe who has escaped to tell you!"

16 While he was still speaking, another messenger ıme and said, "The fire of God fell from the heavens ıd burned up the sheep and the servants, and I am .e only one who has escaped to tell you!"

17 While he was still speaking, another messenger ıme and said, "The Chaldeans formed three raiding ırties and swept down on your camels and made off ith them. They put the servants to the sword, and I n the only one who has escaped to tell you!"

18 While he was still speaking, yet another messen-ɾr came and said, "Your sons and daughters were asting and drinking wine at the oldest brother's ɪuse, 19 when suddenly a mighty wind swept in from ıe desert and struck the four corners of the house. collapsed on them and they are dead, and I am the ıly one who has escaped to tell you!"

20 At this, Job got up and tore his robe and shaved his ɜad. Then he fell to the ground in worship 21 and said:

"Naked I came from my mother's womb,
and naked I will depart.[c]
The Lord gave and the Lord has taken away;
may the name of the Lord be praised."

22 In all this, Job did not sin by charging God with ɾongdoing.

1 On another day the angels[d] came to present themselves before the Lord, and Satan also came ith them to present himself before him. 2 And the RD said to Satan, "Where have you come from?"

Satan answered the Lord, "From roaming through-ɪt the earth, going back and forth on it."

3 Then the Lord said to Satan, "Have you considered y servant Job? There is no one on earth like him; he blameless and upright, a man who fears God and ıuns evil. And he still maintains his integrity, though ɪu incited me against him to ruin him without any ason."

4 "Skin for skin!" Satan replied. "A man will give he has for his own life. 5 But now stretch out your ınd and strike his flesh and bones, and he will surely ırse you to your face."

6 The Lord said to Satan, "Very well, then, he is in ur hands; but you must spare his life."

7 So Satan went out from the presence of the Lord ıd afflicted Job with painful sores from the soles

:21 Or *will return there*
1 Hebrew *the sons of God*

14 C'est alors qu'un messager vint trouver Job et lui annonça : Les bœufs étaient en train de labourer, et les ânesses paissaient à leurs côtés, 15 quand les Sabéens[e] se sont jetés sur eux, et s'en sont emparés. Ils ont massacré tes serviteurs. Je suis le seul qui ait pu leur échapper et je viens t'annoncer la nouvelle.

16 Il n'avait pas fini de parler qu'un autre messager arriva et annonça : La foudre est tombée du ciel, et elle a foudroyé tes moutons et tes chèvres et tes serviteurs. Elle a tout consumé. Je suis le seul qui ait pu y échapper et je viens t'annoncer la nouvelle.

17 Il parlait encore, lorsqu'un autre messager arriva et annonça : Trois bandes de Chaldéens[f] se sont jetées sur les chameaux, et s'en sont emparés. Ils ont massacré tes serviteurs. Je suis le seul qui ait pu leur échapper et je viens t'annoncer la nouvelle.

18 Il parlait encore, lorsqu'un autre messager arriva et annonça : Tes fils et tes filles étaient en train de manger et de boire du vin ensemble chez leur frère aîné, 19 lorsqu'un vent très violent s'est levé du côté du désert. Il s'est rué contre les quatre coins de la maison qui s'est effondrée sur tes enfants. Ils sont tous morts. Je suis le seul qui ait pu m'échapper et je viens t'annoncer la nouvelle.

20 Alors Job se leva, il déchira son manteau, se rasa la tête[g], puis se jeta par terre pour se prosterner. 21 Et il dit : Je suis sorti nu du ventre de ma mère, et j'y retournerai nu. L'Eternel a donné, l'Eternel a repris : que l'Eternel soit béni !

22 Au milieu de tous ces malheurs, Job ne commit pas de péché et n'attribua rien d'inconvenant à Dieu[h].

Les souffrances de Job

2 1 Un autre jour, les anges[i] se rendirent au conseil de Dieu. L'Accusateur (Satan) vint aussi parmi eux au conseil de l'Eternel.

2 L'Eternel dit à l'Accusateur : D'où viens-tu donc ?

Celui-ci lui répondit : Je viens de parcourir la terre et de la sillonner.

3 Alors l'Eternel demanda à l'Accusateur : As-tu remarqué mon serviteur Job ? Il n'y a personne comme lui sur la terre : c'est un homme intègre et droit, un homme qui craint Dieu et qui évite de mal faire. Il persévère toujours dans son intégrité. C'est pour rien que tu m'as incité à l'accabler.

4 L'Accusateur lui répondit : Peau pour peau, tout ce qui est à lui, l'homme y renoncera en échange de sa vie. 5 Mais porte donc la main sur son corps et l'on verra s'il ne te maudit pas en face !

6 Alors l'Eternel dit à l'Accusateur : Il est en ton pouvoir, mais épargne sa vie.

7 Alors l'Accusateur se retira de la présence de l'Eternel et il infligea à Job une douloureuse maladie de peau qui s'étendit de la plante des pieds jusqu'au crâne.

e **1.15** Peuple nomade habitant le sud de l'Arabie (de *Saba* : 1 R 10.1-13 ; voir Ps 72.10, 15 ; Es 60.6 ; Jr 6.20 ; Ez 27.22 ; Jl 4.8). Ils étaient marchands selon 6.19, passage où Job les associe à Téma (à quelque 500 kilomètres au sud-est de Jérusalem).

f **1.17** Nomades du désert venant de Mésopotamie. Ils sont devenus sédentaires au xe siècle av. J.-C. et ont constitué le noyau de l'Empire babylonien de Nabuchodonosor.

g **1.20** En signe de deuil (voir Gn 37.34).

h **1.22** Autre traduction : *et n'adressa pas à Dieu des paroles inconvenantes.*

i **2.1** Appelés ici *fils de Dieu* (voir notes 1.6 ; 38.7 et Ps 29.1).

of his feet to the crown of his head. 8 Then Job took a
piece of broken pottery and scraped himself with it
as he sat among the ashes.

9 His wife said to him, "Are you still maintaining
your integrity? Curse God and die!"

10 He replied, "You are talking like a foolish[e] woman. Shall we accept good from God, and not trouble?"

In all this, Job did not sin in what he said.

11 When Job's three friends, Eliphaz the Temanite,
Bildad the Shuhite and Zophar the Naamathite, heard
about all the troubles that had come upon him, they
set out from their homes and met together by agreement to go and sympathize with him and comfort
him. 12 When they saw him from a distance, they could
hardly recognize him; they began to weep aloud, and
they tore their robes and sprinkled dust on their
heads. 13 Then they sat on the ground with him for
seven days and seven nights. No one said a word to
him, because they saw how great his suffering was.

Job Speaks

3 1 After this, Job opened his mouth and cursed
the day of his birth. 2 He said:

3 "May the day of my birth perish,
and the night that said, 'A boy is conceived!'
4 That day – may it turn to darkness;
may God above not care about it;
may no light shine on it.
5 May gloom and utter darkness claim it once more;
may a cloud settle over it;
may blackness overwhelm it.
6 That night – may thick darkness seize it;
may it not be included among the days of the year
nor be entered in any of the months.
7 May that night be barren;
may no shout of joy be heard in it.
8 May those who curse days[f] curse that day,
those who are ready to rouse Leviathan.
9 May its morning stars become dark;
may it wait for daylight in vain

[e] **2:10** The Hebrew word rendered *foolish* denotes moral deficiency.
[f] **3:8** Or *curse the sea*

8 Job prit un morceau de poterie pour se gratter, et res
assis au milieu de la cendre.

9 Sa femme lui dit : Tu persévères toujours dans ton i
tégrité ! Maudis donc Dieu et meurs !

10 Mais il lui répondit : Tu parles comme une insensé
Quoi ! nous recevrions de Dieu le bonheur, et nous ne r
cevrions pas aussi le malheur !

Au milieu de tous ces malheurs, Job ne commit pas
péché dans tout ce qu'il dit.

Les trois amis de Job

11 Or, trois amis de Job apprirent que tous ces malheu
venaient de fondre sur lui. Ils vinrent chacun de son pay
C'était Eliphaz de Témân[j], Bildad de Shouah[k], et Tsoph
de Naama[l]. En effet, ils décidèrent ensemble d'aller l
témoigner leur sympathie et le consoler. 12 Lorsqu'i
l'aperçurent de loin, ils ne le reconnurent pas, et ils
mirent à pleurer à grand bruit. Ils déchirèrent leur ma
teau et jetèrent de la poussière en l'air, au-dessus de le
tête. 13 Puis ils restèrent là, assis par terre, à ses côtés, se
jours et sept nuits. Aucun d'eux ne lui dit un mot car i
voyaient bien combien sa souffrance était grande.

Discours de Job et de ses trois amis

Job maudit le jour de sa naissance

3 1 Après cela, Job prit la parole et se mit à maudire
jour de sa naissance. 2 Il parla en ces termes :

3 Que périsse le jour où je fus enfanté
et la nuit qui a dit : « Un garçon est conçu ! »
4 Ce jour, qu'il se change en ténèbres,
que Dieu là-haut ne s'en occupe plus,
oui, que nulle clarté ne rayonne sur lui !
5 Qu'une profonde obscurité, et d'épaisses ténèbres,
le réclament pour elles !
Que des nuées pèsent sur lui,
que des éclipses de soleil[m] le chargent d'épouvant
6 Oh ! que l'obscurité saisisse cette nuit,
qu'elle n'ait pas sa place au milieu des jours de l'année
et qu'elle n'entre point dans le compte des mois !
7 Que cette nuit-là soit stérile
et que nul cri de joie n'y résonne jamais.
8 Oui, que cette nuit-là fasse l'objet d'incantations d
ceux qui maudissent les jours
et savent réveiller le grand monstre marin[n] !
9 Que les ténèbres masquent ses astres du matin !
Oui, qu'elle attende en vain la lumière du jour

[j] **2.11** *Eliphaz:* un nom édomite (Gn 36.10-11). *Témân* était un village d'Edom, au sud de la mer Morte (Jr 49.7 ; Ez 25.13 ; Am 1.12 ; Ab 9).
[k] **2.11** *Bildad* appartenait peut-être à la tribu arabe descendant d'Abraham par Qetoura (Gn 25.2 ; 36.35).
[l] **2.11** Localité inconnue, non mentionnée dans la Bible en dehors du livre de Job (11.1 ; 20.1 ; 42.9), différente de la Naama de Jos 15.41.
[m] **3.5** *éclipses de soleil:* selon une légère variante d'orthographe. Objet de terreur, souvent mauvais présage. D'autres traduisent : *sombres événements, ténèbres.*
[n] **3.8** En 40.25 à 41.26, ce monstre marin (en hébreu : *léviathan*) sert à décrire le crocodile. Au Ps 74.14, il désigne l'Egypte, et en Es 27.1 l'ennemi de Dieu, la puissance maléfique qui se cache derrière le paganisme et qu'on retrouve dans les récits mythologiques du Moyen-Orient ancien. Ce monstre marin est aussi appelé *Rahav* en hébreu (note9.13 ; Ps 89.11 ; Es 51.9) ou *tannîn* (Ps 74.13 ; Es 51.9). Job livre ainsi « sa » nuit à ceux qui possèdent les pouvoirs occultes les plus inquiétants.

and not see the first rays of dawn,
10 for it did not shut the doors of the womb on me
to hide trouble from my eyes.
11 "Why did I not perish at birth,
and die as I came from the womb?
12 Why were there knees to receive me
and breasts that I might be nursed?
13 For now I would be lying down in peace;
I would be asleep and at rest
14 with kings and rulers of the earth,
who built for themselves places now lying in ruins,
15 with princes who had gold,
who filled their houses with silver.
16 Or why was I not hidden away in the ground
like a stillborn child,
like an infant who never saw the light of day?
17 There the wicked cease from turmoil,
and there the weary are at rest.
18 Captives also enjoy their ease;
they no longer hear the slave driver's shout.
19 The small and the great are there,
and the slaves are freed from their owners.
20 "Why is light given to those in misery,
and life to the bitter of soul,
21 to those who long for death that does not come,
who search for it more than for hidden treasure,
22 who are filled with gladness
and rejoice when they reach the grave?
23 Why is life given to a man
whose way is hidden,
whom God has hedged in?
24 For sighing has become my daily food;
my groans pour out like water.
25 What I feared has come upon me;
what I dreaded has happened to me.
26 I have no peace, no quietness;
I have no rest, but only turmoil."

iphaz

4 1 Then Eliphaz the Temanite replied:
2 "If someone ventures a word with you, will you be impatient?
But who can keep from speaking?
3 Think how you have instructed many,
how you have strengthened feeble hands.
4 Your words have supported those who stumbled;
you have strengthened faltering knees.
5 But now trouble comes to you, and you are discouraged;
it strikes you, and you are dismayed.

et qu'elle ne voie pas l'aurore s'éveiller,
10 pour n'avoir pas fermé le ventre maternel
et n'avoir pas caché le malheur à mes yeux !
11 Pourquoi ne suis-je donc pas mort dans le sein de ma mère ?
Pourquoi n'ai-je pas expiré en sortant de ses flancs ?
12 Pourquoi ai-je trouvé deux genoux accueillants
et une mère pour me donner le sein ?
13 Car maintenant je serais couché, et tranquille,
je dormirais je me reposerais
14 en compagnie des rois et des grands de la terre
qui s'étaient fait bâtir de vastes monuments dont il ne reste que des ruines,
15 avec les chefs des princes, ceux qui détenaient l'or
et entassaient l'argent dans leurs demeures.
16 Je n'existerais pas tel l'avorton enfoui sous terre,
tel un enfant qui n'a pas vu le jour.
17 Là, ceux qui sont méchants cessent de tourmenter,
et ceux qui sont à bout de forces peuvent se reposer.
18 Les prisonniers, de même, se trouvent là paisibles
car ils n'entendent plus la voix de l'oppresseur,
19 petits et grands sont là,
et de son maître l'esclave est affranchi.
20 Pourquoi, oui, pourquoi donc donne-t-il la lumière à ceux qui souffrent ?
Pourquoi donner la vie aux hommes accablés ?
21 Ils attendent la mort et elle ne vient pas,
alors qu'ils la recherchent plus que tous les trésors,
22 ils seraient pleins de joie et ils jubileraient
s'ils trouvaient le tombeau.
23 Pourquoi donner la vie à l'homme qui ne voit aucune route à suivre
parce que Dieu lui-même le cerne de tous les côtés ?
24 Car mes gémissements ont remplacé mon pain
et mes cris de douleur déferlent comme l'eau.
25 Tout ce que je redoute, c'est cela qui m'arrive,
les maux que je craignais ont tous fondu sur moi.
26 Je n'ai plus de tranquillité, pas de relâche, pas de repos.
Je suis sans cesse en proie à de nouveaux tourments.

PREMIER DISCOURS D'ÉLIPHAZ

Personne n'est innocent

4 1 Alors Eliphaz de Témân prit la parole et dit :
2 Peut-on risquer un mot ? Tu es si abattu[o] !
Mais qui peut garder le silence ?
3 Tu as instruit beaucoup de gens
et tu as fortifié ceux qui baissaient les bras.
4 Tes propos relevaient celui qui trébuchait,
et tu raffermissais ceux dont les genoux fléchissaient.
5 Maintenant qu'il s'agit de toi, tu es découragé !
Maintenant que cela te touche, te voilà tout désemparé !

o **4.2** Autres traductions : *si l'on risque un mot, le supporteras-tu ?* ou : *Dieu te met à l'épreuve, et tu es abattu ?*

6 Should not your piety be your confidence
and your blameless ways your hope?
7 "Consider now: Who, being innocent, has ever perished?
Where were the upright ever destroyed?
8 As I have observed, those who plow evil
and those who sow trouble reap it.
9 At the breath of God they perish;
at the blast of his anger they are no more.
10 The lions may roar and growl,
yet the teeth of the great lions are broken.
11 The lion perishes for lack of prey,
and the cubs of the lioness are scattered.
12 "A word was secretly brought to me,
my ears caught a whisper of it.
13 Amid disquieting dreams in the night,
when deep sleep falls on people,
14 fear and trembling seized me
and made all my bones shake.
15 A spirit glided past my face,
and the hair on my body stood on end.
16 It stopped,
but I could not tell what it was.
A form stood before my eyes,
and I heard a hushed voice:
17 'Can a mortal be more righteous than God?
Can even a strong man be more pure than his Maker?
18 If God places no trust in his servants,
if he charges his angels with error,
19 how much more those who live in houses of clay,
whose foundations are in the dust,
who are crushed more readily than a moth!
20 Between dawn and dusk they are broken to pieces;
unnoticed, they perish forever.
21 Are not the cords of their tent pulled up,
so that they die without wisdom?'

5 1 "Call if you will, but who will answer you?
To which of the holy ones will you turn?
2 Resentment kills a fool,
and envy slays the simple.
3 I myself have seen a fool taking root,
but suddenly his house was cursed.
4 His children are far from safety,
crushed in court without a defender.

6 La crainte que tu as de Dieu n'est-elle pas la source
de ton assurance ?
Et ton intégrité n'est-elle pas ton espérance ?
7 Cherche dans ta mémoire : quel est donc l'innocen
qui jamais a péri ?
Où sont les hommes droits qui ont été anéantis ?
8 D'après ce que j'ai vu, les artisans d'iniquité
et ceux qui sèment le malheur en moissonnent les fruits :
9 sous le souffle de Dieu, les voilà qui périssent,
dans son courroux, il les consume.
10 Le lion a beau rugir et le fauve gronder,
ils sont brisés, les crocs des lionceaux.
11 Le lion périt faute de proie,
les petits de la lionne sont dispersés.
12 Un oracle furtif s'est glissé jusqu'à moi,
et mon oreille en a saisi le murmure léger :
13 pendant les visions de la nuit, au milieu d'un flot d
pensées,
à l'heure où un profond sommeil s'empare des humains,
14 un frisson d'épouvante a parcouru mon corps,
tous mes os en tremblèrent.
15 Un esprit effleura ma face,
hérissant les poils sur ma peau.
16 Il se tenait debout. Je ne pus reconnaître à quoi il ressemblait,
mais cette apparition resta devant mes yeux.
J'entendis une voix qui murmurait tout doucemen
17 « Un humain serait-il plus juste que son Créateur ?
Un homme peut-il être plus pur que Dieu ?
18 Si, en ses propres serviteurs Dieu ne peut se fier,
et si même en ses anges il trouve des défauts,
19 à plus forte raison il ne peut se fier aux pauvres
créatures habitant dans des corps d'argile,
qui ne sont que poussière[p]
et qu'on peut écraser comme des vermisseaux.
20 Entre le matin et le soir, ils sont réduits en poudre
Sans qu'on y prenne garde, les voilà qui périssent.
21 Les cordes qui tenaient leur tente sont soudain arrachées,
et c'est ainsi qu'ils meurent sans avoir acquis la sagesse. »

Dieu rend le bonheur à qui s'adresse à lui

5 1 Maintenant donc, appelle, pour voir si quelqu'u
te répond.
A quel saint ange[q] t'adresseras-tu ?
2 Car c'est l'emportement qui tue un insensé,
c'est la colère qui fait périr le sot.
3 Sans doute, j'ai vu l'insensé étendre ses racines,
mais j'ai soudain maudit son lieu d'habitation[r] :
4 « Que ses fils soient privés de tout soutien,
écrasés en justice[s], sans personne pour les sauver.

[p] **4.19** Autre traduction : *aux pauvres habitants des cabanes d'argile qui ont leurs fondations dans la poussière.*

[q] **5.1** Autre traduction : *saint homme.*

[r] **5.3** On peut aussi comprendre les v. 3-5 comme une description de la malédiction : [3] *... mais soudain la malédiction s'est abattue sur sa maison.* [4] *S fils sont privés de tout soutien ...*

[s] **5.4** L'hébreu a : *écrasés à la porte,* lieu où s'exerçait la justice.

[5] The hungry consume his harvest,
taking it even from among thorns,
and the thirsty pant after his wealth.
[6] For hardship does not spring from the soil,
nor does trouble sprout from the ground.
[7] Yet man is born to trouble
as surely as sparks fly upward.
[8] "But if I were you, I would appeal to God;
I would lay my cause before him.
[9] He performs wonders that cannot be fathomed,
miracles that cannot be counted.
[10] He provides rain for the earth;
he sends water on the countryside.
[11] The lowly he sets on high,
and those who mourn are lifted to safety.
[12] He thwarts the plans of the crafty,
so that their hands achieve no success.
[13] He catches the wise in their craftiness,
and the schemes of the wily are swept away.
[14] Darkness comes upon them in the daytime;
at noon they grope as in the night.
[15] He saves the needy from the sword in their
mouth;
he saves them from the clutches of the
powerful.
[16] So the poor have hope,
and injustice shuts its mouth.
[17] "Blessed is the one whom God corrects;
so do not despise the discipline of the
Almighty.[g]
[18] For he wounds, but he also binds up;
he injures, but his hands also heal.
[19] From six calamities he will rescue you;
in seven no harm will touch you.
[20] In famine he will deliver you from death,
and in battle from the stroke of the sword.
[21] You will be protected from the lash of the
tongue,
and need not fear when destruction comes.
[22] You will laugh at destruction and famine,
and need not fear the wild animals.
[23] For you will have a covenant with the stones of
the field,
and the wild animals will be at peace with
you.
[24] You will know that your tent is secure;
you will take stock of your property and find
nothing missing.
[25] You will know that your children will be many,
and your descendants like the grass of the
earth.
[26] You will come to the grave in full vigor,
like sheaves gathered in season.
[27] "We have examined this, and it is true.

[g] 5:17 Hebrew *Shaddai*; here and throughout Job

[5] Ce qu'il a moissonné, qu'un affamé le mange
et vienne l'enlever jusque dans les épines ;
oui, que des gens avides engouffrent sa fortune ! »
[6] Le malheur, en effet, ne sort pas de la terre
et la misère ne germe pas du sol,
[7] car l'homme naît pour la souffrance
comme les étincelles s'élèvent pour voler.
[8] Pour moi, j'aurais recours à Dieu.
Oui, c'est à Dieu que je présenterais ma cause.
[9] Il fait de grandes choses qu'on ne saurait
comprendre
et des prodiges innombrables.
[10] C'est lui qui fait tomber la pluie sur la surface de la
terre
et qui répand les eaux à travers les campagnes.
[11] Ceux qui sont abaissés, bien haut il les élève,
ceux qui sont affligés trouvent la délivrance.
[12] Il déjoue les intrigues des plus rusés
de sorte que leur main ne peut assurer leur salut.
[13] Il attrape les sages au piège de leur propre ruse[t],
et les projets des plus perfides il les prend de
vitesse.
[14] En plein jour, ils rencontrent de profondes ténèbres,
à midi, ils tâtonnent comme à la nuit tombée.
[15] Il arrache le pauvre de l'épée de leur bouche,
il sauve l'indigent de la main du puissant.
[16] Ainsi le miséreux a de quoi espérer,
et la perversité a la bouche fermée.
[17] Ah ! certes, bienheureux celui que Dieu corrige,
qui n'a pas de mépris pour les leçons du
Tout-Puissant.
[18] Car Dieu inflige la blessure, mais il la panse aussi
et même s'il meurtrit, sa main guérit ensuite.
[19] Six fois, dans la détresse, il te délivrera.
Dans sept calamités, le mal t'épargnera.
[20] Au temps de la famine, il te gardera de la mort
au milieu du combat, il te préservera du glaive.
[21] Tu seras à l'abri du fouet de la langue
et tu ne craindras pas le désastre à venir.
[22] Tu pourras te moquer de la dévastation comme de
la disette,
et tu n'auras pas peur des animaux sauvages.
[23] Un pacte te liera aux pierres de la terre,
et quant aux animaux sauvages, ils seront en paix
avec toi.
[24] Tu verras le bonheur régner dans ta demeure.
Quand tu visiteras tes troupeaux au bercail[u], rien
n'y fera défaut.
[25] Tu pourras constater combien ta descendance sera
nombreuse
et ta progéniture poussera comme l'herbe.
[26] Tu entreras dans le sépulcre dans la mûre
vieillesse[v]
comme un tas de gerbes qu'on dresse à la saison
voulue.
[27] Oui, nous l'avons examiné : cela est bien ainsi.

[t] **5.13** Cité en 1 Co 3.19.
[u] **5.24** Autre traduction : *quand tu inspecteras ton domaine.*
[v] **5.26** Le sens de ce mot est incertain.

So hear it and apply it to yourself."

Job

6 [1]Then Job replied:
[2] "If only my anguish could be weighed
and all my misery be placed on the scales!
[3] It would surely outweigh the sand of the seas –
no wonder my words have been impetuous.

[4] The arrows of the Almighty are in me,
my spirit drinks in their poison;
God's terrors are marshaled against me.

[5] Does a wild donkey bray when it has grass,
or an ox bellow when it has fodder?
[6] Is tasteless food eaten without salt,
or is there flavor in the sap of the mallow[h]?
[7] I refuse to touch it;
such food makes me ill.

[8] "Oh, that I might have my request,
that God would grant what I hope for,
[9] that God would be willing to crush me,
to let loose his hand and cut off my life!
[10] Then I would still have this consolation –
my joy in unrelenting pain –
that I had not denied the words of the Holy One.
[11] "What strength do I have, that I should still hope?
What prospects, that I should be patient?
[12] Do I have the strength of stone?
Is my flesh bronze?
[13] Do I have any power to help myself,
now that success has been driven from me?

[14] "Anyone who withholds kindness from a friend
forsakes the fear of the Almighty.

[15] But my brothers are as undependable as intermittent streams,
as the streams that overflow
[16] when darkened by thawing ice
and swollen with melting snow,
[17] but that stop flowing in the dry season,
and in the heat vanish from their channels.
[18] Caravans turn aside from their routes;

[h] 6:6 The meaning of the Hebrew for this phrase is uncertain.

Ecoute donc ces choses, et fais-en ton profit.

Réponse de Job à Éliphaz

Job se sent trahi par ses amis

6 [1]Job prit la parole et dit :
[2] Ah ! si mon affliction pouvait être pesée
et s'il était possible de mettre toute ma misère sur les plateaux d'une balance,
[3] assurément mon malheur est plus pesant que le sable des mers,
c'est pourquoi mes paroles dépassent la mesure.
[4] Car les flèches du Tout-Puissant sont plantées dans mon être
et mon esprit boit leur poison[w],
oui, je suis assailli par les terreurs que Dieu m'envoie.
[5] Un âne se met-il à braire pendant qu'il broute l'herbe tendre ?
Un bœuf se met-il à mugir quand il est devant son fourrage ?
[6] Un repas fade et insipide se mange-t-il sans sel ?
Peut-on trouver de la saveur dans le blanc d'œuf ?
[7] Ce qu'autrefois je refusais est devenu ma nourriture.
C'est là mon pain, même s'il me répugne[x].
[8] Ah ! qui fera aboutir ma requête !
Que Dieu m'accorde ce que j'espère !
[9] Que Dieu consente à m'écraser !
Qu'il laisse aller sa main et me détruise.
[10] J'aurai du moins un réconfort,
et je tressaillirai de joie au sein de tourments implacables,
car je n'aurai trahi aucun des ordres du Dieu saint.
[11] Pourquoi espérerais-je quand je n'ai plus de force ?
A quoi bon vivre encore vu la fin qui m'attend ?
[12] Du roc ai-je la résistance ?
Mon corps est-il de bronze ?
[13] Et puiserai-je encore en moi des ressources pour m'en sortir ?
Toute aide m'est ôtée.
[14] L'homme désespéré a droit à de la compassion de la part d'un ami,
oui, même s'il cessait[y] de craindre le Tout-Puissant.
[15] Mes amis m'ont trahi comme un torrent,
comme un de ces cours d'eau dont le lit est à sec.
[16] Lorsque la glace fond et que les neiges s'engloutissent en eux,
ils charrient des eaux troubles.
[17] Mais à la saison sèche, leurs cours tarissent.
Quand viennent les chaleurs, ils s'éteignent sur place.
[18] Pour eux, les caravanes dévient de leur chemin,
elles vont s'enfoncer loin dans les solitudes, et elle y périssent.

[w] 6.4 Allusion à des flèches empoisonnées, utilisées fréquemment autrefois, et à une troupe d'assaillants.
[x] 6.7 Hébreu peu clair.
[y] 6.14 Autre traduction : *sinon il cessera.*

they go off into the wasteland and perish.
19 The caravans of Tema look for water,
the traveling merchants of Sheba look in
hope.
20 They are distressed, because they had been
confident;
they arrive there, only to be disappointed.
21 Now you too have proved to be of no help;
you see something dreadful and are afraid.
22 Have I ever said, 'Give something on my behalf,
pay a ransom for me from your wealth,
23 deliver me from the hand of the enemy,
rescue me from the clutches of the ruthless'?
24 "Teach me, and I will be quiet;
show me where I have been wrong.
25 How painful are honest words!
But what do your arguments prove?
26 Do you mean to correct what I say,
and treat my desperate words as wind?
27 You would even cast lots for the fatherless
and barter away your friend.
28 "But now be so kind as to look at me.
Would I lie to your face?
29 Relent, do not be unjust;
reconsider, for my integrity is at stake.[i]
30 Is there any wickedness on my lips?
Can my mouth not discern malice?

7 1 "Do not mortals have hard service on earth?
Are not their days like those of hired
laborers?
2 Like a slave longing for the evening shadows,
or a hired laborer waiting to be paid,
3 so I have been allotted months of futility,
and nights of misery have been assigned to
me.
4 When I lie down I think, 'How long before I get
up?'
The night drags on, and I toss and turn until
dawn.
5 My body is clothed with worms and scabs,
my skin is broken and festering.
6 "My days are swifter than a weaver's shuttle,
and they come to an end without hope.
7 Remember, O God, that my life is but a breath;
my eyes will never see happiness again.
8 The eye that now sees me will see me no longer;

19 Les caravanes de Téma[z] les cherchent du regard,
les convois de Saba[a] comptent sur eux.
20 Mais ils sont pleins de honte d'avoir mis leur espoir
en eux :
arrivés jusqu'à eux ils étaient tout penauds.
21 C'est là ce que vous êtes pour moi en ce moment :
en voyant mon malheur, vous êtes pris de peur !
22 Et pourquoi donc ? Vous ai-je dit : « Donnez-moi de
vos biens
et, de votre fortune, payez une rançon,
23 pour me faire échapper aux mains de l'adversaire
et pour me délivrer du pouvoir des tyrans » ?
24 Faites-le-moi savoir et moi je me tairai.
En quoi ai-je failli ? Faites-le-moi comprendre !
25 Ah ! Combien seraient efficaces des discours
équitables !
Mais à quoi servent vos critiques ?
26 Avez-vous l'intention de blâmer de simples paroles,
des mots jetés au vent par un désespéré[b] ?
27 Sur un orphelin même, vous iriez vous ruer
et feriez bon marché de votre ami intime.
28 Mais, veuillez cependant me regarder en face :
vous mentirais-je effrontément ?
29 Revenez en arrière, ne soyez pas perfides.
Oui, revenez encore, car c'est mon innocence qui
est en cause.
30 Y a-t-il dans ma bouche de la perversité ?
Mon palais ne sait-il plus discerner le mal ?

Pourquoi la souffrance ?

7 1 Le sort de l'homme sur la terre est celui d'un soldat
et ses jours sont semblables à ceux d'un
mercenaire.
2 Il est comme un esclave qui soupire après l'ombre[c]
et comme un ouvrier qui attend son salaire.
3 J'ai reçu en partage des mois de déception,
j'ai trouvé dans mon lot des nuits de peine amère.
4 Dès que je suis couché, je dis : « Quand vais-je me
lever ? »
Sitôt levé, je pense : « Quand donc viendra le
soir[d] ? »
Et, jusqu'au crépuscule, je suis agité de douleurs.
5 Mon corps est couvert de vermine et de croûtes
terreuses,
ma peau s'est crevassée, partout, mes plaies
suppurent.
6 Mes jours se sont enfuis plus rapides que la navette
d'un tisserand habile.
Ils tirent à leur fin sans qu'il y ait d'espoir.
7 Rappelle-toi, ô Dieu, que ma vie n'est qu'un souffle
et que jamais mes yeux ne reverront plus le
bonheur.
8 Oui, l'œil qui me regarde ne pourra plus me voir,

[i] 6:29 Or *my righteousness still stands*

[z] **6.19** Tribu du nord de l'Arabie qui se livrait au commerce par caravanes (Gn 25.15 ; Es 21.14 ; Jr 25.23 ; 1 Ch 1.30).
[a] **6.19** Voir note 1.15.
[b] **6.26** Autre traduction : *et de jeter au vent les propos d'un désespéré.*
[c] **7.2** C'est-à-dire le soir, qui apporte fraîcheur et repos après le travail du jour.
[d] **7.4** *Sitôt levé ... le soir:* d'après l'ancienne version grecque ; le texte hébreu traditionnel a : *le soir tarde à venir.*

you will look for me, but I will be no more.
9 As a cloud vanishes and is gone,
so one who goes down to the grave does not return.
10 He will never come to his house again;
his place will know him no more.
11 “Therefore I will not keep silent;
I will speak out in the anguish of my spirit,
I will complain in the bitterness of my soul.
12 Am I the sea, or the monster of the deep,
that you put me under guard?
13 When I think my bed will comfort me
and my couch will ease my complaint,
14 even then you frighten me with dreams
and terrify me with visions,
15 so that I prefer strangling and death,
rather than this body of mine.
16 I despise my life; I would not live forever.
Let me alone; my days have no meaning.
17 “What is mankind that you make so much of them,
that you give them so much attention,
18 that you examine them every morning
and test them every moment?
19 Will you never look away from me,
or let me alone even for an instant?
20 If I have sinned, what have I done to you,
you who see everything we do?
Why have you made me your target?
Have I become a burden to you?[j]
21 Why do you not pardon my offenses
and forgive my sins?
For I will soon lie down in the dust;
you will search for me, but I will be no more.”

Bildad

8 1 Then Bildad the Shuhite replied:
2 “How long will you say such things?
Your words are a blustering wind.
3 Does God pervert justice?
Does the Almighty pervert what is right?
4 When your children sinned against him,
he gave them over to the penalty of their sin.
5 But if you will seek God earnestly
and plead with the Almighty,
6 if you are pure and upright,
even now he will rouse himself on your behalf
and restore you to your prosperous state.
7 Your beginnings will seem humble,
so prosperous will your future be.

j 7:20 A few manuscripts of the Masoretic Text, an ancient Hebrew scribal tradition and Septuagint; most manuscripts of the Masoretic Text *I have become a burden to myself.*

tes yeux me chercheront et j’aurai disparu.
9 Tout comme une nuée qui se dissipe et passe,
l’homme va dans la tombe[e] pour n’en plus remonter.
10 Il ne reviendra plus dans sa maison
et sa demeure même ne le reconnaît plus.
11 C’est pourquoi je ne veux plus réfréner ma langue,
je parlerai dans ma détresse,
je me lamenterai car mon cœur est amer.
12 Suis-je donc une mer ou un monstre marin
pour que tu établisses contre moi, une garde[f] ?
13 Si je me dis : « Mon lit m’apaisera,
ma couche m’aidera à porter ma douleur »,
14 alors tu m’épouvantes par d’affreux cauchemars
et tu me terrifies par des visions nocturnes.
15 J’aimerais mieux être étranglé,
la mort vaudrait bien mieux que vivre dans ces os.
16 Je suis plein de dégoût ! Je ne durerai pas toujours.
Laisse-moi donc tranquille : ma vie est si fragile.
17 Qu’est-ce que l’homme, pour que tu fasses un si grand cas de lui,
et pour que tu lui prêtes une telle attention,
18 pour que tu l’examines matin après matin,
et pour qu’à chaque instant tu viennes l’éprouver
19 Quand détourneras-tu enfin tes yeux de moi ?
Ne lâcheras-tu pas un instant ton étreinte, ne fût-c
que le temps d’avaler ma salive ?
20 Et puis même si j’ai péché, que t’ai-je fait, à toi,
censeur des hommes ?
Pourquoi donc m’as-tu pris pour cible ?
Suis-je devenu une charge[g] ?
21 Pourquoi ne veux-tu pas pardonner mon offense
et ne passes-tu pas sur mon iniquité ?
Bientôt j’irai dormir au sein de la poussière
et tu me chercheras, mais je ne serai plus.

Premier discours de Bildad

Dieu est juste

8 1 Bildad de Shouah prit la parole et dit :
2 Combien de temps encore tiendras-tu ces discours ?
Oui, jusqu’à quand tes propos seront-ils un vent impétueux ?
3 Dieu fléchit-il le droit,
ou bien le Tout-Puissant fausse-t-il la justice ?
4 Si tes fils ont péché,
il a dû les livrer aux conséquences de leurs fautes.
5 Mais si tu as recours à Dieu,
si tu demandes grâce auprès du Tout-Puissant,
6 si tu es sans reproche, si tu es droit,
il ne tardera pas à s’occuper de toi,
et il rétablira pleinement ta justice[h].
7 Ta condition passée semblera peu de chose,
tant sera florissante ta condition nouvelle.

e 7.9 Autre traduction : *dans le séjour des morts.*

f 7.12 Le *monstre marin:* image des puissances souvent hostiles à Dieu et pourtant domptées par le Seigneur (voir 3.8 et note).

g 7.20 D’après quelques manuscrits du texte hébreu traditionnel, une ancienne tradition de copistes et l’ancienne version grecque. La plupar des manuscrits du texte hébreu traditionnel ont : *je suis devenu une charge pour moi-même.*

h 8.6 Autre traduction : *et à rétablir pour toi une situation juste.*

8 "Ask the former generation
and find out what their ancestors learned,
9 for we were born only yesterday and know nothing,
and our days on earth are but a shadow.
10 Will they not instruct you and tell you?
Will they not bring forth words from their understanding?
11 Can papyrus grow tall where there is no marsh?
Can reeds thrive without water?
12 While still growing and uncut,
they wither more quickly than grass.
13 Such is the destiny of all who forget God;
so perishes the hope of the godless.
14 What they trust in is fragile[k];
what they rely on is a spider's web.
15 They lean on the web, but it gives way;
they cling to it, but it does not hold.
16 They are like a well-watered plant in the sunshine,
spreading its shoots over the garden;
17 it entwines its roots around a pile of rocks
and looks for a place among the stones.
18 But when it is torn from its spot,
that place disowns it and says, 'I never saw you.'
19 Surely its life withers away,
and[l] from the soil other plants grow.
20 "Surely God does not reject one who is blameless
or strengthen the hands of evildoers.
21 He will yet fill your mouth with laughter
and your lips with shouts of joy.
22 Your enemies will be clothed in shame,
and the tents of the wicked will be no more."

b

1 Then Job replied:
2 "Indeed, I know that this is true.
But how can mere mortals prove their innocence before God?
3 Though they wished to dispute with him,
they could not answer him one time out of a thousand.
4 His wisdom is profound, his power is vast.
Who has resisted him and come out unscathed?
5 He moves mountains without their knowing it
and overturns them in his anger.
6 He shakes the earth from its place

:14 The meaning of the Hebrew for this word is uncertain.
:19 Or *Surely all the joy it has / is that*

8 En effet, interroge donc les générations précédentes
et médite avec soin l'expérience des pères,
9 car nous sommes d'hier et nous ne savons rien
puisque nos jours sur terre s'effacent comme une ombre.
10 Les anciens t'instruiront et ils te parleront ;
ils tireront de leur intelligence les sentences suivantes :
11 Le papyrus croît-il en dehors du marais ?
Le jonc peut-il pousser sans eau[i] ?
12 Alors qu'il est en fleurs sans qu'on l'ait arraché,
avant les autres herbes, déjà, il se dessèche.
13 Telle est la destinée de ceux qui oublient Dieu,
et l'espoir de l'impie sera anéanti.
14 L'objet de sa confiance sera brisé comme un fil[j],
il place son espoir dans une toile d'araignée.
15 Il prend appui sur sa maison mais elle ne résiste pas,
il se cramponne à elle mais elle ne tient pas debout.
16 Sous le soleil, il est plein de vigueur,
et ses rameaux s'étendent, couvrant tout son jardin,
17 il entrelace ses racines à un monceau de pierres
et elles se fraient un chemin jusqu'au cœur des rochers.
18 Mais il s'est arraché du lieu qu'il occupait ;
et celui-ci prétend : « Je ne t'ai jamais vu. »
19 Voilà quelle est la joie qu'il trouve sur sa voie.
Et d'autres, à leur tour, de la poussière germeront.
20 Voici, Dieu ne rejette jamais l'homme innocent,
et jamais il ne prête main-forte aux malfaisants.
21 Il remplira encore ta bouche d'allégresse,
et mettra sur tes lèvres des cris de joie.
22 Tous ceux qui te haïssent seront couverts de honte.
Les tentes des méchants disparaîtront.

Réponse de Job à Bildad

Dieu est le plus fort

9 1 Alors Job prit la parole et dit :
2 Oui, certes, je le sais, il en est bien ainsi :
comment un homme serait-il juste devant Dieu[k] ?
3 Qui donc s'aviserait de plaider contre lui ?
Même une fois sur mille, il ne pourra répondre[l].
4 Dieu est riche en sagesse, et puissante est sa force.
Qui pourrait le braver et s'en sortir indemne ?
5 Lui qui déplace les montagnes sans qu'elles ne s'en doutent
et les renverse en sa colère,
6 il fait trembler la terre jusqu'en ses fondations :

i **8.11** Probablement un proverbe égyptien signifiant que les plantes les plus luxuriantes, qui croissent le plus rapidement comme le papyrus et le jonc, dépérissent vite si elles n'ont plus d'eau, c'est-à-dire que les gens prospères sont dépendants des conditions de leur prospérité.
j **8.14** *brisé comme un fil:* sens incertain.
k **9.2** Autre traduction : *aurait-il gain de cause dans un contentieux avec Dieu ?*
l **9.3** Autre traduction : *Dieu ne lui répondra pas.*

and makes its pillars tremble.
[7] He speaks to the sun and it does not shine;
he seals off the light of the stars.
[8] He alone stretches out the heavens
and treads on the waves of the sea.
[9] He is the Maker of the Bear[m] and Orion,
the Pleiades and the constellations of the
south.
[10] He performs wonders that cannot be fathomed,
miracles that cannot be counted.
[11] When he passes me, I cannot see him;
when he goes by, I cannot perceive him.
[12] If he snatches away, who can stop him?
Who can say to him, 'What are you doing?'
[13] God does not restrain his anger;
even the cohorts of Rahab cowered at his
feet.
[14] "How then can I dispute with him?
How can I find words to argue with him?
[15] Though I were innocent, I could not answer
him;
I could only plead with my Judge for mercy.
[16] Even if I summoned him and he responded,
I do not believe he would give me a hearing.
[17] He would crush me with a storm
and multiply my wounds for no reason.
[18] He would not let me catch my breath
but would overwhelm me with misery.
[19] If it is a matter of strength, he is mighty!
And if it is a matter of justice, who can
challenge him[n]?
[20] Even if I were innocent, my mouth would
condemn me;
if I were blameless, it would pronounce me
guilty.
[21] "Although I am blameless,
I have no concern for myself;
I despise my own life.
[22] It is all the same; that is why I say,
'He destroys both the blameless and the
wicked.'
[23] When a scourge brings sudden death,
he mocks the despair of the innocent.
[24] When a land falls into the hands of the wicked,
he blindfolds its judges.
If it is not he, then who is it?
[25] "My days are swifter than a runner;
they fly away without a glimpse of joy.
[26] They skim past like boats of papyrus,
like eagles swooping down on their prey.
[27] If I say, 'I will forget my complaint,
I will change my expression, and smile,'
[28] I still dread all my sufferings,

ses colonnes chancellent.
[7] Il ordonne au soleil de ne pas se lever[m],
et met sous scellés les étoiles.
[8] Lui seul déploie le ciel
et marche sur la mer, sur ses plus hautes vagues.
[9] Il a fait la Grande Ourse, Orion et les Pléiades[n],
et les constellations australes.
[10] Il accomplit des œuvres grandioses, insondables,
et des prodiges innombrables[o].
[11] S'il passait près de moi, je ne le verrais pas,
puis il s'éloignerait, je ne m'en apercevrais pas.
[12] Qui peut lui retirer la proie qu'il prend de force ?
Qui osera lui dire : « Que fais-tu là ? »
[13] Dieu ne retient pas sa colère.
Et devant lui s'effondrent tous les appuis de
l'orgueilleux[p].
[14] Combien moins oserais-je lui donner la réplique,
et quels mots choisirais-je pour plaider avec lui ?
[15] Même si je suis juste, je ne peux rien répondre.
Je ne puis qu'implorer la pitié de mon juge.
[16] Si même, à mon appel, il daignait me répondre,
je ne pourrais quand même pas croire qu'il
m'écoute,
[17] car il m'a assailli par un vent de tempête,
il a multiplié mes blessures sans cause.
[18] Il ne me permet pas de reprendre mon souffle,
tant il me rassasie de fiel.
[19] Recourir à la force ? Mais il est le plus fort.
Ou faire appel au droit ? Qui donc l'assignera[q] ?
[20] Si j'étais juste, ma bouche même me condamnerait
Si j'étais innocent, ma bouche me donnerait tort.
[21] Suis-je vraiment intègre ? Je ne sais où j'en suis :
je méprise ma vie.
[22] Que m'importe, après tout ! C'est pourquoi j'ose
dire :
« Il détruit aussi bien l'innocent que l'impie. »
[23] Quand survient un fléau qui tue soudainement,
Dieu se rit des épreuves qui atteignent les justes.
[24] Quand il livre un pays au pouvoir des méchants,
il en aveugle tous les juges.
Et si ce n'est pas lui, alors, qui est-ce donc ?
[25] Mes jours ont fui plus vite qu'un agile coureur,
ils se sont écoulés, mais sans voir le bonheur,
[26] ils ont glissé, rapides comme un esquif de jonc[r],
comme le vol d'un aigle qui fonce sur sa proie.
[27] Si même je me dis : « Laisse donc de côté ta plainte
va, change de visage, ressaisis-toi ! »,
[28] je redoute tous mes tourments

[m] **9:9** Or *of Leo*
[n] **9:19** See Septuagint; Hebrew *me.*

[m] **9.7** Eclipse ou obscurcissement par des nuages.
[n] **9.9** Constellations mentionnées aussi en 38.31-32, les deux dernières dans Am 5.8.
[o] **9.10** Reprise de l'affirmation d'Eliphaz en 5.9.
[p] **9.13** D'autres comprennent : *les alliés du monstre des mers.*
[q] **9.19** D'après l'ancienne version grecque ; le texte hébreu traditionnel a : *me fera comparaître.*
[r] **9.26** Allusion aux embarcations égyptiennes faites de tiges de papyru ou de jonc tressées (Ex 2.3).

for I know you will not hold me innocent.
29 Since I am already found guilty,
why should I struggle in vain?
30 Even if I washed myself with soap
and my hands with cleansing powder,
31 you would plunge me into a slime pit
so that even my clothes would detest me.
32 "He is not a mere mortal like me that I might
answer him,
that we might confront each other in court.
33 If only there were someone to mediate between
us,
someone to bring us together,
34 someone to remove God's rod from me,
so that his terror would frighten me no more.
35 Then I would speak up without fear of him,
but as it now stands with me, I cannot.

0 1"I loathe my very life;
therefore I will give free rein to my
complaint
and speak out in the bitterness of my soul.
2 I say to God: Do not declare me guilty,
but tell me what charges you have against
me.
3 Does it please you to oppress me,
to spurn the work of your hands,
while you smile on the plans of the wicked?
4 Do you have eyes of flesh?
Do you see as a mortal sees?
5 Are your days like those of a mortal
or your years like those of a strong man,
6 that you must search out my faults
and probe after my sin –
7 though you know that I am not guilty
and that no one can rescue me from your
hand?
8 "Your hands shaped me and made me.
Will you now turn and destroy me?
9 Remember that you molded me like clay.
Will you now turn me to dust again?
10 Did you not pour me out like milk
and curdle me like cheese,

car je sais bien que tu ne me traiteras pas en
innocent.
29 Je serai tenu pour coupable !
Alors, pourquoi devrais-je me donner tant de peine
en vain ?
30 J'aurais beau me laver avec de l'eau de neige,
oui, j'aurais beau me nettoyer les mains avec de la
potasse[s],
31 toi tu me plongerais dans un bourbier fangeux
pour que mes habits mêmes me prennent en
horreur.
32 Car il n'est pas un homme comme moi, pour que je
lui réplique
ou pour que nous comparaissions ensemble au
tribunal.
33 Il n'y a pas[t] d'arbitre pouvant s'interposer
et trancher entre nous,
34 qui détournerait de moi son bâton
pour que les terreurs qu'il me cause ne
m'épouvantent plus !
35 Alors je parlerai sans avoir peur de lui.
Mais ce n'est pas le cas, je suis tout seul avec
moi-même !

Dieu, pourquoi t'en prends-tu à moi ?

10 1Je suis dégoûté de la vie,
je ne retiendrai plus mes plaintes,
je veux exprimer l'amertume qui remplit tout mon
être.
2 Et je veux dire à Dieu : Ne me traite pas en coupable,
fais-moi savoir pourquoi tu me prends à partie.
3 Trouves-tu bien de m'accabler, de mépriser ta
créature, produite par tes mains, et de favoriser,
les desseins des méchants ?
4 As-tu des yeux de chair,
et ne vois-tu qu'à la façon des hommes ?
5 Ta vie serait-elle aussi courte que celle des
humains,
et tes années passeraient-elles comme celles d'un
homme,
6 pour que tu recherches ma faute
et pour que tu enquêtes sur mon iniquité[u] ?
7 Pourtant tu le sais bien, je ne suis pas coupable,
et il n'y a personne pour me délivrer de ta main !
8 Tes mains m'ont façonné, ensemble elles m'ont fait
moi tout entier, et tu me détruirais[v] !
9 Oh, souviens-toi, je t'en supplie, que tu m'as façonné
comme avec de l'argile.
Voudrais-tu à présent me faire retourner à la
poussière ?
10 Tu m'as coulé comme du lait,
puis fait cailler en fromage.

---

s **9.30** Ou : *de la soude.* Ou bien il pourrait encore s'agir d'une plante utilisée pour nettoyer.

t **9.33** Certains manuscrits hébreux, l'ancienne version grecque et la version syriaque ont compris : *au moins s'il y avait.*

u **10.6** Autre traduction : *pour que tu me poursuives en justice et que tu cherches à me faire payer ma faute.*

v **10.8** Hébreu difficile. Autre traduction, d'après l'ancienne version grecque : *Tes mains m'ont façonné, elles m'ont fait, mais après cela, tu as changé d'avis et tu me détruis.*

[11] clothe me with skin and flesh
and knit me together with bones and sinews?
[12] You gave me life and showed me kindness,
and in your providence watched over my spirit.
[13] "But this is what you concealed in your heart,
and I know that this was in your mind:
[14] If I sinned, you would be watching me
and would not let my offense go unpunished.
[15] If I am guilty – woe to me!
Even if I am innocent, I cannot lift my head,
for I am full of shame
and drowned in[o] my affliction.
[16] If I hold my head high, you stalk me like a lion
and again display your awesome power against me.

[17] You bring new witnesses against me
and increase your anger toward me;
your forces come against me wave upon wave.
[18] "Why then did you bring me out of the womb?
I wish I had died before any eye saw me.

[19] If only I had never come into being,
or had been carried straight from the womb to the grave!
[20] Are not my few days almost over?
Turn away from me so I can have a moment's joy
[21] before I go to the place of no return,
to the land of gloom and utter darkness,
[22] to the land of deepest night,
of utter darkness and disorder,
where even the light is like darkness."

Zophar

11 [1] Then Zophar the Naamathite replied:
[2] "Are all these words to go unanswered?
Is this talker to be vindicated?
[3] Will your idle talk reduce others to silence?
Will no one rebuke you when you mock?

[4] You say to God, 'My beliefs are flawless
and I am pure in your sight.'

[5] Oh, how I wish that God would speak,
that he would open his lips against you
[6] and disclose to you the secrets of wisdom,
for true wisdom has two sides.
Know this: God has even forgotten some of your sin.
[7] "Can you fathom the mysteries of God?
Can you probe the limits of the Almighty?
[8] They are higher than the heavens above – what can you do?
They are deeper than the depths below – what can you know?

o 10:15 Or *and aware of*

[11] Oui, tu m'as revêtu de peau, de chair,
tu m'as tissé d'os et de nerfs.
[12] C'est toi qui m'as donné la vie, tu m'as accordé ta faveur[w],
et tes soins vigilants ont préservé mon souffle.
[13] Mais voilà donc ce que tu cachais dans ton cœur
et je sais maintenant ce que tu méditais :
[14] me surveiller, voir si je pèche,
ne me laisser passer aucune faute,
[15] et si je suis coupable, malheur à moi !
Si je suis juste, je ne puis cependant marcher la têt haute,
moi qui suis rassasié de honte et de misère.
[16] Car si je me relève, tu me pourchasses comme un lion,
et tu ne cesses d'accomplir tes hauts faits contre moi.
[17] Sans cesse tu dépêches de nouveaux témoins cont moi[x],
ta fureur envers moi s'accroît,
tes troupes se succèdent pour m'assaillir.
[18] Pourquoi donc m'as-tu fait sortir du ventre maternel ?
J'aurais péri alors et aucun œil ne m'aurait vu.
[19] Je serais comme ceux qui n'ont jamais été,
j'aurais été porté du sein maternel au tombeau.

[20] Il me reste si peu de jours, ils touchent à leur fin[y].
Que ne me laisse-t-il, que je respire un peu,
[21] avant de partir sans retour au pays des ténèbres
et de l'obscurité profonde,
[22] terre plongée dans une nuit obscure, où règnent d'épaisses ténèbres et soumise au désordre, où l
lumière est comme une nuit noire.

Premier discours de Tsophar

La sagesse de Dieu nous dépasse

11 [1] Puis Tsophar de Naama prit la parole et dit :
[2] Ne répondra-t-on pas à ce flot de paroles ?
Suffit-il de parler pour que l'on ait raison ?
[3] A cause de tes vains discours, tous devront-ils se taire ?
Railleras-tu sans qu'on t'en fasse honte ?
[4] Or, tu as osé dire : « L'enseignement que j'ai reçu es impeccable,
je suis pur devant toi. »
[5] Ah ! S'il plaisait à Dieu de te parler lui-même,
et s'il ouvrait la bouche pour te répondre !
[6] Il te révélerait de la sagesse les secrets
car elle est bien trop haute pour notre intelligence
tu comprendrais alors que Dieu laisse passer une part de tes fautes.
[7] Prétends-tu pénétrer les profondeurs de Dieu,
saisir la perfection du Tout-Puissant ?
[8] Elle est plus haute que le ciel. Que feras-tu ?
Et plus profonde que l'abîme[z]. Qu'en sauras-tu ?

w 10.12 Autre traduction : *c'est toi qui m'as accordé la grâce de la vie.*
x 10.17 D'autres comprennent, en modifiant légèrement le texte hébreu *Tu renouvelles constamment ton hostilité contre moi.*
y 10.20 Autre traduction : *Qu'il cesse donc.*
z 11.8 Il s'agit du *séjour des morts* (voir 7.9).

[9] Their measure is longer than the earth
and wider than the sea.
[10] "If he comes along and confines you in prison
and convenes a court, who can oppose him?
[11] Surely he recognizes deceivers;
and when he sees evil, does he not take note?
[12] But the witless can no more become wise
than a wild donkey's colt can be born
human.[p]
[13] "Yet if you devote your heart to him
and stretch out your hands to him,
[14] if you put away the sin that is in your hand
and allow no evil to dwell in your tent,
[15] then, free of fault, you will lift up your face;
you will stand firm and without fear.
[16] You will surely forget your trouble,
recalling it only as waters gone by.
[17] Life will be brighter than noonday,
and darkness will become like morning.
[18] You will be secure, because there is hope;
you will look about you and take your rest in
safety.
[19] You will lie down, with no one to make you
afraid,
and many will court your favor.
[20] But the eyes of the wicked will fail,
and escape will elude them;
their hope will become a dying gasp."

12 [1] Then Job replied:
[2] "Doubtless you are the only people who
matter,
and wisdom will die with you!
[3] But I have a mind as well as you;
I am not inferior to you.
Who does not know all these things?
[4] "I have become a laughingstock to my friends,
though I called on God and he answered –
a mere laughingstock, though righteous and
blameless!
[5] Those who are at ease have contempt for
misfortune
as the fate of those whose feet are slipping.
[6] The tents of marauders are undisturbed,
and those who provoke God are secure –
those God has in his hand.[q]
[7] "But ask the animals, and they will teach you,
or the birds in the sky, and they will tell you;
[8] or speak to the earth, and it will teach you,

[p] 11:12 Or *wild donkey can be born tame*
[q] 12:6 Or *those whose god is in their own hand*

[9] Elle est plus longue que la terre,
plus large que la mer.
[10] Si, au passage, il emprisonne le coupable
et s'il le convoque en justice, qui peut s'y opposer ?
[11] Car il connaît bien les trompeurs,
il discerne une faute sans effort d'attention.
[12] Celui qui a la tête vide pourra devenir sage
quand un ânon sauvage naîtra domestiqué[a].
[13] Toi, si tu affermis ton cœur
et si tu tends les bras vers Dieu,
[14] si tu abandonnes les fautes dont tes mains sont
coupables,
si tu ne permets pas à la perversité d'habiter sous
ta tente,
[15] alors tu lèveras la tête sans avoir honte[b],
tu tiendras ferme et tu ne craindras rien.
[16] Tu oublieras ta peine,
son souvenir sera comme une eau écoulée.
[17] Ta vie sera plus radieuse que le soleil en plein midi,
l'obscurité luira comme une aurore.
[18] Tu reprendras confiance car l'espoir renaîtra.
Et tu regarderas autour de toi[c], tu dormiras
tranquille,
[19] et tu te coucheras sans que nul ne te trouble.
Beaucoup de gens viendront implorer ta faveur.
[20] Mais les yeux des méchants finiront par s'éteindre.
Leur refuge fera défaut,
leur seul espoir sera de rendre l'âme.

Réponse de Job à Tsophar

Dieu fait ce qu'il veut

12 [1] Job prit la parole et dit :
[2] En vérité, à vous tout seuls, vous êtes tout le
genre humain ;
avec vous mourra la sagesse.
[3] Néanmoins, comme vous, j'ai de l'intelligence,
je ne vous cède en rien.
Du reste, qui ignore ce que vous avez dit ?
[4] Je suis pour mes amis un objet de risée,
moi qui invoque Dieu afin qu'il me réponde,
un juste, un homme intègre, voilà l'objet des
railleries !
[5] Au malheur, le mépris ! C'est l'avis des heureux.
Voilà ce qui attend ceux dont le pied chancelle.
[6] Mais les brigands jouissent de la paix sous leurs
tentes,
ceux qui provoquent Dieu sont en sécurité,
eux qui ne reconnaissent d'autre dieu que leur
force[d].
[7] Mais interroge donc les animaux sauvages, ils
t'instruiront,
et les oiseaux du ciel, ils te renseigneront.
[8] Ou bien parle à la terre, et elle t'instruira,

[a] **11.12** Traduction incertaine. D'autres comprennent : *celui qui a la tête vide ne peut pas plus devenir sage que l'ânon sauvage ne peut naître homme.*
[b] **11.15** Réplique aux paroles de Job (10.15).
[c] **11.18** Autre traduction : *et après avoir perdu la face.*
[d] **12.6** Au lieu de *eux qui ne reconnaissent ... force,* on pourrait traduire : *ceux qui portent leur dieu dans la main ou ceux qui disposent de Dieu à leur gré.*

or let the fish in the sea inform you.
9 Which of all these does not know
that the hand of the LORD has done this?
10 In his hand is the life of every creature
and the breath of all mankind.
11 Does not the ear test words
as the tongue tastes food?
12 Is not wisdom found among the aged?
Does not long life bring understanding?
13 "To God belong wisdom and power;
counsel and understanding are his.
14 What he tears down cannot be rebuilt;
those he imprisons cannot be released.
15 If he holds back the waters, there is drought;
if he lets them loose, they devastate the land.
16 To him belong strength and insight;
both deceived and deceiver are his.
17 He leads rulers away stripped
and makes fools of judges.
18 He takes off the shackles put on by kings
and ties a loincloth[r] around their waist.
19 He leads priests away stripped
and overthrows officials long established.
20 He silences the lips of trusted advisers
and takes away the discernment of elders.
21 He pours contempt on nobles
and disarms the mighty.
22 He reveals the deep things of darkness
and brings utter darkness into the light.
23 He makes nations great, and destroys them;
he enlarges nations, and disperses them.
24 He deprives the leaders of the earth of their
reason;
he makes them wander in a trackless waste.
25 They grope in darkness with no light;
he makes them stagger like drunkards.

13 1"My eyes have seen all this,
my ears have heard and understood it.
2 What you know, I also know;
I am not inferior to you.
3 But I desire to speak to the Almighty
and to argue my case with God.
4 You, however, smear me with lies;
you are worthless physicians, all of you!
5 If only you would be altogether silent!
For you, that would be wisdom.
6 Hear now my argument;
listen to the pleas of my lips.
7 Will you speak wickedly on God's behalf?

r **12:18** Or *shackles of kings / and ties a belt*

les poissons de la mer pourront t'en informer.
9 Oui, parmi tous ceux-ci, lequel ignorerait
que c'est Dieu[e] qui a fait cela ?
10 Il tient en son pouvoir la vie de tous les êtres,
le souffle qui anime le corps de tout humain.
11 L'oreille juge bien les mots que l'on entend,
tout comme le palais discerne le goût des aliment
12 La sagesse appartient aux personnes âgées,
et une longue vie donne l'intelligence.
13 C'est auprès de lui que se trouvent la sagesse et la
force.
C'est à lui qu'appartiennent conseil, intelligence.
14 Voici : ce qu'il détruit, nul ne le rebâtit.
Et s'il enferme un homme, personne n'ouvrira.
15 Il arrête les eaux, et c'est la sécheresse.
Et dès qu'il les déchaîne la terre est dévastée.
16 Auprès de lui résident la force et la sagesse.
Il tient en son pouvoir celui qui se fourvoie et celu
qui l'égare.
17 Il emmène en exil les conseillers d'Etat,
et livre à la folie les dirigeants du peuple.
18 Il desserre l'emprise des rois sur leurs sujets
et ceint leurs reins d'un pagne[f].
19 Il emmène en exil les prêtres,
il renverse les pouvoirs établis.
20 Il ôte la parole aux orateurs habiles
et ravit le discernement aux personnes âgées.
21 Il couvre de mépris les nobles,
il fait aussi tomber les armes des puissants.
22 Il met à découvert les profonds secrets des ténèbr
et il expose au jour les ténèbres les plus épaisses.
23 Il grandit les nations, et il les fait périr,
il étend leur empire, puis les emmène au loin.
24 Il ôte la raison aux chefs des nations de la terre
et il les fait errer dans des déserts sans piste,
25 de sorte qu'ils tâtonnent en pleine obscurité, sans
trouver de lumière.
Oui, il les fait errer, tels des ivrognes.

Job accuse ses amis de fausseté et clame son innocence

13 1Oui, certes, tout cela, mes propres yeux l'ont v
oui, je l'ai entendu de mes propres oreilles, et j
l'ai bien compris.
2 Tout ce que vous savez, je le sais, moi aussi,
je ne vous cède en rien.
3 Mais c'est au Tout-Puissant que je veux m'adresser
c'est devant Dieu lui-même que je veux défendre r
cause.
4 Quant à vous, mes amis, vous forgez des mensong
vous êtes tous des médecins incompétents.
5 Si seulement vous gardiez le silence !
Alors vous feriez preuve de sagesse !
6 Ecoutez, je vous prie, ce que je dis pour ma défens
et soyez attentifs à la plaidoirie de mes lèvres.
7 Est-ce en faveur de Dieu que vous proférez des
propos injustes,

e **12.9** Selon plusieurs manuscrits du texte hébreu. Le texte hébreu traditionnel a : *l'Eternel*.

f **12.18** Seul vêtement laissé aux captifs. D'autres comprennent : *d'une ceinture*, c'est-à-dire la corde des captifs qui les prive de toute liberté d mouvement (voir Jn 21.18) lorsqu'ils sont emmenés en exil.

Will you speak deceitfully for him?
[8] Will you show him partiality?
Will you argue the case for God?
[9] Would it turn out well if he examined you?
Could you deceive him as you might deceive
a mortal?
[10] He would surely call you to account
if you secretly showed partiality.
[11] Would not his splendor terrify you?
Would not the dread of him fall on you?
[12] Your maxims are proverbs of ashes;
your defenses are defenses of clay.
[13] "Keep silent and let me speak;
then let come to me what may.
[14] Why do I put myself in jeopardy
and take my life in my hands?
[15] Though he slay me, yet will I hope in him;
I will surely[s] defend my ways to his face.
[16] Indeed, this will turn out for my deliverance,
for no godless person would dare come
before him!
[17] Listen carefully to what I say;
let my words ring in your ears.
[18] Now that I have prepared my case,
I know I will be vindicated.
[19] Can anyone bring charges against me?
If so, I will be silent and die.

[20] "Only grant me these two things, God,
and then I will not hide from you:
[21] Withdraw your hand far from me,
and stop frightening me with your terrors.
[22] Then summon me and I will answer,
or let me speak, and you reply to me.
[23] How many wrongs and sins have I
committed?
Show me my offense and my sin.
[24] Why do you hide your face
and consider me your enemy?
[25] Will you torment a windblown leaf?
Will you chase after dry chaff?
[26] For you write down bitter things against me
and make me reap the sins of my youth.
[27] You fasten my feet in shackles;
you keep close watch on all my paths
by putting marks on the soles of my feet.
[28] "So man wastes away like something rotten,
like a garment eaten by moths.

14 [1]"Mortals, born of woman,
are of few days and full of trouble.

13:15 Or *He will surely slay me; I have no hope – / yet I will*

et est-ce pour le soutenir que vous dites des
faussetés ?
[8] Allez-vous vous montrer partiaux en sa faveur ?
Prétendez-vous ainsi défendre la cause de Dieu ?
[9] Et sera-ce à votre avantage s'il sonde vos pensées ?
Comptez-vous le tromper comme l'on trompe un
homme ?
[10] Il ne manquera pas de vous le reprocher,
si vous aviez pour lui des parti pris secrets.
[11] Sa majesté n'a-t-elle rien pour vous effrayer ?
N'êtes-vous pas saisis par la peur qu'il inspire ?
[12] Car vos paroles ne sont que maximes de cendre
et vos réponses[g] des ouvrages d'argile.
[13] Taisez-vous donc et laissez-moi parler.
Advienne que pourra !
[14] Ainsi je veux risquer ma vie,
je vais la mettre en jeu[h].
[15] Quand même il me tuerait, je compterais sur lui[i].
Mais, devant lui, je veux défendre ma conduite.
[16] Cela même sera salutaire pour moi.
Car aucun hypocrite ne trouve accès à lui.
[17] Ecoutez, écoutez mes paroles
et prêtez attention à mes explications !
[18] Car, voici, je suis prêt à défendre ma cause.
Je sais que je suis dans mon droit.
[19] Est-il quelqu'un qui veuille entrer en procès avec
moi ?
Alors je me tairai, et rendrai mon dernier soupir.
[20] Mais cesse donc, de grâce, de faire ces deux choses
et je ne me cacherai plus de devant toi :
[21] retire donc ta main de dessus moi,
ne m'épouvante plus par les terreurs que tu me
causes,
[22] puis lance ton appel, et je te répondrai,
ou bien je parlerai et tu me répondras.
[23] Combien ai-je commis de péchés et de fautes ?
Fais-moi connaître mes péchés et mes
transgressions.
[24] Pourquoi détournes-tu ton visage de moi ?
Pourquoi me considères-tu comme ton ennemi[j] ?
[25] Veux-tu faire trembler une feuille emportée au
vent,
et veux-tu pourchasser un brin de paille sèche,
[26] pour m'avoir destiné des peines si amères,
et me faire payer mes fautes de jeunesse,
[27] pour avoir enserré mes deux pieds dans les fers,
pour surveiller de près mes moindres faits et gestes,
et pour scruter toi-même les traces de mes pas ?
[28] Et l'homme tombe en pourriture
ainsi qu'un vêtement que dévore la teigne.

Job demande à Dieu d'abréger ses souffrances

14 [1]L'homme né de la femme,
ses jours sont limités et pleins de troubles !

g **13.12** Autre traduction : *et vos protections.*
h **13.14** D'après l'ancienne version grecque ; le texte hébreu traditionnel a : *pourquoi risquerais-je ma vie, pourquoi la mettrais-je en jeu ?*
i **13.15** Selon une note en marge des manuscrits hébreux qui ont, dans le texte : *il me tuera, je n'espère plus rien.* En hébreu, *en lui* et *plus rien* se prononcent tous deux *lo* et ne diffèrent que par l'orthographe.
j **13.24** Le terme *ennemi* fait assonance en hébreu avec le nom de *Job.*

[2] They spring up like flowers and wither away;
like fleeting shadows, they do not endure.
[3] Do you fix your eye on them?
Will you bring them[t] before you for judgment?
[4] Who can bring what is pure from the impure?
No one!
[5] A person's days are determined;
you have decreed the number of his months
and have set limits he cannot exceed.
[6] So look away from him and let him alone,
till he has put in his time like a hired laborer.

[7] "At least there is hope for a tree:
If it is cut down, it will sprout again,
and its new shoots will not fail.
[8] Its roots may grow old in the ground
and its stump die in the soil,
[9] yet at the scent of water it will bud
and put forth shoots like a plant.
[10] But a man dies and is laid low;
he breathes his last and is no more.
[11] As the water of a lake dries up
or a riverbed becomes parched and dry,
[12] so he lies down and does not rise;
till the heavens are no more, people will not awake
or be roused from their sleep.
[13] "If only you would hide me in the grave
and conceal me till your anger has passed!
If only you would set me a time
and then remember me!
[14] If someone dies, will they live again?
All the days of my hard service
I will wait for my renewal[u] to come.
[15] You will call and I will answer you;
you will long for the creature your hands have made.
[16] Surely then you will count my steps
but not keep track of my sin.
[17] My offenses will be sealed up in a bag;
you will cover over my sin.
[18] "But as a mountain erodes and crumbles
and as a rock is moved from its place,
[19] as water wears away stones
and torrents wash away the soil,
so you destroy a person's hope.
[20] You overpower them once for all, and they are gone;
you change their countenance and send them away.
[21] If their children are honored, they do not know it;
if their offspring are brought low, they do not see it.

[t] **14:3** Septuagint, Vulgate and Syriac; Hebrew *me*
[u] **14:14** Or *release*

[2] Il est comme une fleur qui sort de terre et que l'on coupe.
Il fuit comme une ombre furtive, et il ne dure pas.
[3] Et c'est cet homme que tu épies,
et, devant toi, tu me traînes[k] en justice.
[4] Peut-on tirer le pur de ce qui est impur ?
Personne ne le peut.
[5] Puisque tu as fixé le nombre de ses jours, et que toi tu connais le nombre de ses ans,
puisque tu as fixé le terme de sa vie qu'il ne franchira pas,
[6] détourne tes regards de lui, accorde-lui quelque répit
pour qu'il jouisse de son repos comme le salarié[l].
[7] Car un arbre, du moins, conserve une espérance :
s'il est coupé, il peut renaître encore,
il ne cesse d'avoir de nouveaux rejetons.
[8] Sa racine peut bien vieillir dans le terrain
et sa souche périr, enfouie dans la poussière,
[9] dès qu'il flaire de l'eau, voilà qu'il reverdit
et produit des rameaux comme une jeune plante.
[10] Mais lorsque l'homme meurt, il reste inanimé.
Quand l'être humain expire, où donc est-il alors ?
[11] L'eau disparaît des mers,
les rivières tarissent et restent desséchées,
[12] et l'homme, quand il meurt, ne se relève plus ;
jusqu'à ce que le ciel s'éclipse il ne se réveillera pas
il ne sortira pas de son dernier sommeil.
[13] Si seulement, ô Dieu, tu voulais me tenir caché dan le séjour des morts,
m'y abriter jusqu'au jour où, enfin, ta colère sera passée !
Si seulement tu me fixais un terme après lequel tu penserais à moi !
[14] Mais l'homme une fois mort, va-t-il revivre ?
Alors, tous les jours de service que je dois accompli
j'attendrais que le temps de ma relève arrive.
[15] Toi, tu m'appellerais et je te répondrais,
et tu soupirerais après ta créature.
[16] Alors que maintenant tu comptes tous mes pas !
Tu ne resterais plus à l'affût de mes fautes.
[17] Ainsi mon crime serait scellé[m] dans un sachet,
tu couvrirais mes fautes d'une couche de plâtre.
[18] La montagne s'écroule et se disloque,
le rocher se détache du lieu qu'il occupait.
[19] L'eau érode les pierres
et son ruissellement entraîne le terreau.
De même, tu anéantis l'espoir de l'homme.
[20] Tu le terrasses sans retour, et il s'en va.
Oui, tu le défigures[n], puis tu le congédies.
[21] Que ses enfants soient honorés, lui, il n'en saura rien.
Ou qu'ils soient abaissés, lui, il l'ignorera.

[k] **14.3** L'ancienne version grecque, la version syriaque et la Vulgate ont *faut-il que tu le traînes.*
[l] **14.6** Autre traduction : *pour qu'il tire satisfaction de sa journée.*
[m] **14.17** Donc oublié, il ne pourrait plus être évoqué.
[n] **14.20** Par la maladie.

22 They feel but the pain of their own bodies
and mourn only for themselves."

liphaz

15 1 Then Eliphaz the Temanite replied:
2 "Would a wise person answer with
empty notions
or fill their belly with the hot east wind?
3 Would they argue with useless words,
with speeches that have no value?
4 But you even undermine piety
and hinder devotion to God.
5 Your sin prompts your mouth;
you adopt the tongue of the crafty.
6 Your own mouth condemns you, not mine;
your own lips testify against you.

7 "Are you the first man ever born?
Were you brought forth before the hills?
8 Do you listen in on God's council?
Do you have a monopoly on wisdom?
9 What do you know that we do not know?
What insights do you have that we do not
have?
10 The gray-haired and the aged are on our side,
men even older than your father.
11 Are God's consolations not enough for you,
words spoken gently to you?
12 Why has your heart carried you away,
and why do your eyes flash,
13 so that you vent your rage against God
and pour out such words from your mouth?

14 "What are mortals, that they could be pure,
or those born of woman, that they could be
righteous?
15 If God places no trust in his holy ones,
if even the heavens are not pure in his eyes,
16 how much less mortals, who are vile and
corrupt,
who drink up evil like water!

17 "Listen to me and I will explain to you;
let me tell you what I have seen,
18 what the wise have declared,
hiding nothing received from their ancestors
19 (to whom alone the land was given
when no foreigners moved among them):
20 All his days the wicked man suffers torment,
the ruthless man through all the years
stored up for him.
21 Terrifying sounds fill his ears;

22 Il ne peut que souffrir du mal qui l'atteint en son
corps
et s'affliger du malheur qu'il ressent.

Deuxième discours d'Éliphaz

Les méchants sont punis

15 1 Eliphaz de Témân prit la parole et dit :
2 Est-il digne d'un sage de répliquer par un
savoir qui n'est rien que du vent,
de se remplir le ventre d'un sirocco aride[o] ?
3 Va-t-il argumenter à coups de mots futiles,
avec de longs discours qui ne servent à rien ?
4 Voilà que toi, tu réduis à néant la crainte due à
Dieu,
et tu rends inutile toute réflexion devant Dieu.
5 C'est ton iniquité qui inspire ta bouche,
et tu as adopté la langue des rusés.
6 C'est donc ta propre bouche qui te condamnera, ce
ne sera pas moi.
Ce sont tes propres lèvres qui déposeront contre toi.
7 Es-tu le premier homme qui soit né ici-bas ?
Aurais-tu vu le jour bien avant les collines ?
8 Aurais-tu entendu ce qui s'est dit dans le conseil de
Dieu ?
Aurais-tu confisqué pour toi seul la sagesse ?
9 En fait, que sais-tu donc que nous ne sachions pas ?
Qu'as-tu bien pu comprendre qui nous ait échappé ?
10 Il y a aussi parmi nous des anciens, des vieillards
plus âgés que ton père !
11 Tiens-tu pour peu de chose le réconfort que Dieu
t'apporte
et les paroles modérées qui te sont adressées ?
12 Où t'emporte ton cœur ?
A quoi font allusion ces clignements des yeux ?
13 Comment peux-tu oser t'irriter contre Dieu,
et laisser échapper tous ces propos ?
14 Comment un être humain pourrait-il être pur ?
Et comment l'être né d'une femme pourrait-il être
juste ?
15 Or, même à ses saints anges[p] Dieu ne fait pas
confiance,
le ciel n'est pas pur à ses yeux.
16 Combien moins l'être détestable, cet homme
corrompu
qui commet l'injustice comme il boirait de l'eau !
17 Je vais t'instruire : écoute-moi !
Je vais te raconter ce que j'ai découvert,
18 l'enseignement des sages qu'ils tenaient de leurs
pères
qu'ils ont transmis sans rien cacher.
19 A eux seuls, le pays avait été donné,
et aucun étranger n'était encore passé parmi eux.
20 Tous les jours de sa vie, le méchant connaît le
tourment,
tout au long des années réservées au tyran.
21 Un bruit plein d'épouvante résonne à ses oreilles

---

o **15.2** Vent brûlant venant du désert (27.21 ; 38.24 ; Gn 41.6 ; Jr 4.11) qui n'apporte ni rafraîchissement ni pluie fertilisante mais brûle tout sur son passage.

p **15.15** Voir 5.1 et note.

when all seems well, marauders attack him.
22 He despairs of escaping the realm of darkness;
he is marked for the sword.
23 He wanders about for food like a vulture;
he knows the day of darkness is at hand.
24 Distress and anguish fill him with terror;
troubles overwhelm him, like a king poised
to attack,
25 because he shakes his fist at God
and vaunts himself against the Almighty,
26 defiantly charging against him
with a thick, strong shield.
27 "Though his face is covered with fat
and his waist bulges with flesh,
28 he will inhabit ruined towns
and houses where no one lives,
houses crumbling to rubble.
29 He will no longer be rich and his wealth will
not endure,
nor will his possessions spread over the land.
30 He will not escape the darkness;
a flame will wither his shoots,
and the breath of God's mouth will carry him
away.
31 Let him not deceive himself by trusting what is
worthless,
for he will get nothing in return.
32 Before his time he will wither,
and his branches will not flourish.
33 He will be like a vine stripped of its unripe
grapes,
like an olive tree shedding its blossoms.
34 For the company of the godless will be barren,
and fire will consume the tents of those who
love bribes.
35 They conceive trouble and give birth to evil;
their womb fashions deceit."

Job

16 1 Then Job replied:
2 "I have heard many things like these;
you are miserable comforters, all of you!
3 Will your long-winded speeches never end?
What ails you that you keep on arguing?
4 I also could speak like you,
if you were in my place;
I could make fine speeches against you
and shake my head at you.
5 But my mouth would encourage you;
comfort from my lips would bring you relief.
6 "Yet if I speak, my pain is not relieved;
and if I refrain, it does not go away.
7 Surely, God, you have worn me out;

et même en temps de paix un destructeur fondra
sur lui.
22 Il ne peut espérer revenir des ténèbres,
et le glaive le guette.
23 Il erre çà et là : où donc trouver du pain ?
Il sait que des jours sombres se préparent pour lui.
24 Le tourment et l'angoisse le jetteront dans
l'épouvante
et se rueront sur lui comme un roi préparé à
marcher au combat,
25 parce que, contre Dieu il a levé le poing,
et qu'il s'est élevé contre le Tout-Puissant.
26 Il a foncé sur lui tête baissée
en s'abritant derrière un épais bouclier.
27 Son visage est bouffi de graisse,
ses flancs lourds d'embonpoint.
28 Mais il aura pour domicile des villes dévastées,
dans des maisons inhabitées,
tombant en ruine.
29 Il ne pourra pas s'enrichir, sa fortune ne tiendra
pas,
et sa prospérité ne s'étalera plus sur terre.
30 Il ne pourra échapper aux ténèbres.
La flamme rendra secs tous ses rameaux[q],
et il sera chassé par le souffle de Dieu[r].

31 C'est dans la fausseté qu'il a mis sa confiance.
Mais il se trompe, car il récoltera la fausseté.

32 Avant que son jour vienne cela s'accomplira,
et, jamais, sa ramure ne reverdira plus.
33 Il est comme une vigne qui laisserait tomber ses
raisins encore verts,
ou comme un olivier perdant ses fleurs.
34 Car la famille de l'impie demeurera stérile ;
les maisons qui abritent la corruption seront la
proie des flammes.
35 Car qui conçoit le mal enfante le malheur
et au fond de son cœur mûrit la tromperie.

Réponse de Job à Éliphaz

Job, blessé par les propos de ses amis

16 1 Alors Job prit la parole et dit :
2 J'ai entendu beaucoup de discours de ce
genre,
vous êtes tous des consolateurs bien pénibles !
3 Cesseras-tu de parler pour du vent ?
Qu'est-ce qui te contraint à répliquer encore[s] ?
4 Si vous étiez vous-mêmes à la place où je suis,
je pourrais parler comme vous,
tenir contre vous des discours,
et, à votre sujet, hocher la tête[t].
5 Je vous fortifierais par mes paroles,
je vous soulagerais par mes lèvres pleines de mots.
6 Cependant, si je parle, pour autant ma souffrance
n'en est pas soulagée,
et si je m'en abstiens, va-t-elle me quitter ?
7 Oui, à l'heure présente, Dieu m'a poussé à bout,

[q] **15.30** Le méchant est comparé à un arbre.
[r] **15.30** Autre traduction : *et il fuira sa propre haleine.*
[s] **16.3** Réponse à Eliphaz (voir 15.2).
[t] **16.4** Geste de mépris et d'insulte (Ps 22.8 ; Jr 48.27 ; Mt 27.39).

you have devastated my entire household.
8 You have shriveled me up – and it has become a
witness;
my gauntness rises up and testifies against
me.
9 God assails me and tears me in his anger
and gnashes his teeth at me;
my opponent fastens on me his piercing eyes.
10 People open their mouths to jeer at me;
they strike my cheek in scorn
and unite together against me.
11 God has turned me over to the ungodly
and thrown me into the clutches of the
wicked.
12 All was well with me, but he shattered me;
he seized me by the neck and crushed me.
He has made me his target;
13 his archers surround me.
Without pity, he pierces my kidneys
and spills my gall on the ground.
14 Again and again he bursts upon me;
he rushes at me like a warrior.
15 "I have sewed sackcloth over my skin
and buried my brow in the dust.
16 My face is red with weeping,
dark shadows ring my eyes;
17 yet my hands have been free of violence
and my prayer is pure.
18 "Earth, do not cover my blood;
may my cry never be laid to rest!
19 Even now my witness is in heaven;
my advocate is on high.
20 My intercessor is my friend[v]
as my eyes pour out tears to God;
21 on behalf of a man he pleads with God
as one pleads for a friend.
22 "Only a few years will pass
before I take the path of no return.

17 1 My spirit is broken,
my days are cut short,
the grave awaits me.
2 Surely mockers surround me;
my eyes must dwell on their hostility.
3 "Give me, O God, the pledge you demand.
Who else will put up security for me?
4 You have closed their minds to understanding;

16:20 Or *My friends treat me with scorn*

oui, tu as ravagé[u] toute ma maisonnée.
8 Tu m'as creusé des rides, elles témoignent contre
moi,
et ma maigreur se lève pour m'accuser[v].
9 Dans sa colère, Dieu me déchire et il s'attaque à
moi,
il grince des dents[w] contre moi.
Mon adversaire me transperce de ses regards.
10 Ils ouvrent contre moi leur bouche toute grande.
Leurs outrages me giflent,
ils se liguent tous contre moi.
11 Dieu m'a livré au pouvoir des injustes,
il m'a jeté en proie à des méchants.
12 Je vivais en repos, et il m'a secoué,
il m'a pris par la nuque, pour me briser,
puis il m'a relevé pour me prendre pour cible,
13 ses flèches m'environnent,
il transperce mes reins, sans aucune pitié
il répand à terre ma bile.
14 Il m'inflige blessure après blessure.
Il s'est rué sur moi comme un guerrier.
15 J'ai cousu pour ma peau une toile de sac,
et j'ai traîné ma dignité dans la poussière.
16 Mon visage est rougi à force de pleurer,
et l'obscurité la plus noire s'étend sur mes
paupières.
17 Pourtant mes mains n'ont pas commis d'actes de
violence
et ma prière est sans hypocrisie.
18 Ne couvre pas mon sang, ô terre,
et que mon cri ne soit pas étouffé.
19 Dès à présent : j'ai un témoin au ciel,
oui j'ai dans les lieux élevés, quelqu'un qui
témoigne pour moi.
20 Mes amis se moquent de moi :
les yeux baignés de larmes, je me tourne vers
Dieu.
21 Qu'il[x] prenne la défense d'un homme devant Dieu,
et qu'il arbitre entre l'homme et son compagnon[y].
22 Ma vie touche à sa fin
et je m'en vais par le chemin d'où l'on ne revient
pas.

Les propos des amis de Job ne sont pas justes

17 1 Ah ! Mon souffle s'épuise,
mes jours s'éteignent :
le sépulcre m'attend.
2 Je suis entouré de moqueurs
dont l'insolence tient mes yeux en éveil.
3 Porte-toi donc toi-même garant auprès de toi
car, en dehors de toi, qui me cautionnerait ?
4 Car tu as fermé leur esprit à la raison ;

u **16.7** Au milieu de son discours, Job se tourne soudain vers Dieu.
v **16.8** Comme un faux témoin accusant Job d'être coupable, puisqu'il souffre.
w **16.9** Dieu est comparé à un lion (comparer 10.16) qui l'attaque et le déchire.
x **16.21** *il:* c'est-à-dire le *témoin* (v. 19), qui n'est sans doute autre que *Dieu* lui-même (v. 20 ; voir 17.3).
y **16.21** Autre traduction : *comme le fait un homme pour son ami.*

therefore you will not let them triumph.
5 If anyone denounces their friends for reward,
the eyes of their children will fail.
6 "God has made me a byword to everyone,
a man in whose face people spit.
7 My eyes have grown dim with grief;
my whole frame is but a shadow.
8 The upright are appalled at this;
the innocent are aroused against the ungodly.
9 Nevertheless, the righteous will hold to their ways,
and those with clean hands will grow stronger.

10 "But come on, all of you, try again!
I will not find a wise man among you.
11 My days have passed, my plans are shattered.
Yet the desires of my heart
12 turn night into day;
in the face of the darkness light is near.
13 If the only home I hope for is the grave,
if I spread out my bed in the realm of darkness,
14 if I say to corruption, 'You are my father,'
and to the worm, 'My mother' or 'My sister,'
15 where then is my hope –
who can see any hope for me?
16 Will it go down to the gates of death?
Will we descend together into the dust?"

Bildad

18 1 Then Bildad the Shuhite replied:
2 "When will you end these speeches?
Be sensible, and then we can talk.
3 Why are we regarded as cattle
and considered stupid in your sight?
4 You who tear yourself to pieces in your anger,
is the earth to be abandoned for your sake?
Or must the rocks be moved from their place?
5 "The lamp of a wicked man is snuffed out;
the flame of his fire stops burning.
6 The light in his tent becomes dark;
the lamp beside him goes out.
7 The vigor of his step is weakened;
his own schemes throw him down.
8 His feet thrust him into a net;
he wanders into its mesh.

c'est pourquoi tu ne peux les laisser l'emporter.
5 « Celui qui livre ses amis pour qu'on les pille,
condamne ses enfants à la misère[z]. »
6 Oui, Dieu a fait de moi celui dont tous se moquent[a] ;
on me crache au visage.
7 A force de chagrin, mes yeux se sont ternis,
mon corps n'est plus qu'une ombre.
8 Les hommes droits sont atterrés par la façon dont on me traite,
et l'innocent s'indigne contre l'impie.
9 Le juste[b], malgré tout, persiste dans sa voie ;
l'homme aux mains pures redouble d'énergie.

10 Et quant à vous revenez à la charge :
je ne trouverai pas de sage parmi vous !
11 Mes jours sont écoulés, mes projets sont anéantis,
les désirs de mon cœur ont avorté.
12 Ils prétendent que la nuit c'est le jour,
que la lumière est proche, alors que les ténèbres règnent.
13 Mais que puis-je espérer ? C'est le séjour des morts que j'attends pour demeure,
dans les ténèbres, je dresserai ma couche.
14 J'ai crié au sépulcre : « C'est toi qui es mon père ! »
J'ai dit à la vermine : « Vous, ma mère et mes sœurs ! »
15 Où donc est mon espoir ?
Mon espérance, qui l'aperçoit ?
16 Elle va descendre derrière les barreaux dans le séjour des morts
quand nous irons ensemble dormir dans la poussière.

Deuxième discours de Bildad

La lumière des méchants s'éteindra

18 1 Bildad de Shouah prit la parole et dit :
2 Quand donc ferez-vous[c] taire tout ce flot de paroles ?
Réfléchissez et puis nous parlerons.
3 Pourquoi passerions-nous pour n'être que des bêtes ?
A vos yeux sommes-nous stupides ?
4 O toi qui te meurtris par ton emportement,
est-ce à cause de toi que la terre devrait rester abandonnée ?
Faut-il que les rochers se déplacent pour toi ?
5 Oui, la lumière du méchant sûrement va s'éteindre
et sa flamme de feu cessera de briller.
6 La lumière s'obscurcira dans sa demeure,
et elle s'éteindra, la lampe de sa vie.
7 Son allure si ferme devient embarrassée,
et ses propres desseins le feront trébucher.
8 Car ses pieds seront pris dans des filets tendus,
et c'est parmi les mailles d'un piège qu'il avance.

[z] **17.5** Au lieu de : *Celui qui ... la misère*, on pourrait traduire : *on invite des amis au partage, mais on a des fils qui voient la misère.*
[a] **17.6** Autre traduction : *il m'avait établi pour dominer les peuples.*
[b] **17.9** Il s'agit certainement de Job.
[c] **18.2** Ce *vous* renvoie peut-être aux *hommes droits* de 17.8 qui, selon Job, devraient défendre sa cause.

[9] A trap seizes him by the heel;
a snare holds him fast.
[10] A noose is hidden for him on the ground;
a trap lies in his path.
[11] Terrors startle him on every side
and dog his every step.
[12] Calamity is hungry for him;
disaster is ready for him when he falls.
[13] It eats away parts of his skin;
death's firstborn devours his limbs.
[14] He is torn from the security of his tent
and marched off to the king of terrors.
[15] Fire resides[w] in his tent;
burning sulfur is scattered over his dwelling.
[16] His roots dry up below
and his branches wither above.
[17] The memory of him perishes from the earth;
he has no name in the land.
[18] He is driven from light into the realm of darkness
and is banished from the world.
[19] He has no offspring or descendants among his people,
no survivor where once he lived.
[20] People of the west are appalled at his fate;
those of the east are seized with horror.
[21] Surely such is the dwelling of an evil man;
such is the place of one who does not know God."

Job

19 [1] Then Job replied:
[2] "How long will you torment me
and crush me with words?
[3] Ten times now you have reproached me;
shamelessly you attack me.
[4] If it is true that I have gone astray,
my error remains my concern alone.
[5] If indeed you would exalt yourselves above me
and use my humiliation against me,
[6] then know that God has wronged me
and drawn his net around me.
[7] "Though I cry, 'Violence!' I get no response;
though I call for help, there is no justice.
[8] He has blocked my way so I cannot pass;
he has shrouded my paths in darkness.
[9] He has stripped me of my honor
and removed the crown from my head.
[10] He tears me down on every side till I am gone;
he uproots my hope like a tree.

[w] 18:15 Or *Nothing he had remains*

[9] Oui, un lacet le prendra au talon,
un collet se refermera sur lui ;
[10] la corde pour le prendre est cachée dans la terre,
un piège l'attend sur sa route.
[11] De toutes parts, la terreur l'épouvante,
s'attachant à ses pas.
[12] Sa vigueur s'affaiblit, consumée par la faim,
et la calamité se tient à ses côtés.
[13] Elle dévorera des morceaux de sa peau.
Et les prémices de la mort rongeront tous ses membres.
[14] Il sera arraché du milieu de sa tente où il est en sécurité,
et forcé de marcher vers le roi des terreurs[d].
[15] Qu'on s'installe en sa tente : elle n'est plus à lui.
Du soufre est répandu sur son habitation[e].
[16] En bas, ses racines dessèchent,
en haut, sa ramure se fane.
[17] Son souvenir disparaît sur la terre,
son nom n'est plus cité au-dehors, dans les rues.
[18] Il sera repoussé de la lumière vers les ténèbres.
Il sera expulsé hors du monde habité.
[19] Il n'aura ni enfant ni aucun descendant au milieu de son peuple,
et point de survivant dans le lieu où il résidait[f].
[20] Et ceux de l'Occident seront saisis d'effroi devant sa destinée,
et tous ceux de l'Orient seront remplis d'horreur.
[21] Voilà ce qui attend les maisons de l'injuste,
et tel est le destin de qui ignore Dieu.

RÉPONSE DE JOB À BILDAD

Dieu s'acharne-t-il contre moi ?

19 [1] Et Job prit la parole et dit :
[2] Jusques à quand me tourmenterez-vous ?
Oui, jusqu'à quand allez-vous m'accabler de vos discours ?
[3] Voilà déjà dix fois que vous me flétrissez !
N'avez-vous donc pas honte de m'outrager ainsi ?
[4] Même s'il était vrai que j'aie fait fausse route,
après tout, c'est moi seul que mon erreur concerne.
[5] Quant à vous, si vraiment vous voulez vous montrer bien supérieurs à moi,
si vous me reprochez mon humiliation,
[6] sachez bien que c'est Dieu qui a violé mon droit[g]
et qui, autour de moi, a tendu ses filets.
[7] Si je crie à la violence dont je suis la victime,
personne ne répond,
si j'appelle au secours, il n'est pas fait justice.
[8] Il a bloqué ma route, et je ne puis passer.
Il a enveloppé mes sentiers de ténèbres.
[9] Il m'a ravi ma dignité,
et la couronne de ma tête il l'a ôtée.
[10] Il m'a détruit de tous côtés et je vais disparaître.
Il a déraciné mon espoir comme un arbre.

d 18.14 C'est-à-dire *la mort.*
e 18.15 Signe de malédiction : voir en Gn 19.24 ; Dt 29.22 le cas de Sodome et de Gomorrhe. Selon d'autres, il s'agirait d'un désinfectant que les nouveaux propriétaires auraient répandu sur la demeure.
f 18.19 Allusion à Job privé de ses enfants.
g 19.6 Autre traduction : *qui m'opprime.*

[11] His anger burns against me;
he counts me among his enemies.
[12] His troops advance in force;
they build a siege ramp against me
and encamp around my tent.
[13] "He has alienated my family from me;
my acquaintances are completely estranged
from me.
[14] My relatives have gone away;
my closest friends have forgotten me.
[15] My guests and my female servants count me a
foreigner;
they look on me as on a stranger.
[16] I summon my servant, but he does not answer,
though I beg him with my own mouth.
[17] My breath is offensive to my wife;
I am loathsome to my own family.
[18] Even the little boys scorn me;
when I appear, they ridicule me.
[19] All my intimate friends detest me;
those I love have turned against me.
[20] I am nothing but skin and bones;
I have escaped only by the skin of my teeth.[x]
[21] "Have pity on me, my friends, have pity,
for the hand of God has struck me.
[22] Why do you pursue me as God does?
Will you never get enough of my flesh?
[23] "Oh, that my words were recorded,
that they were written on a scroll,
[24] that they were inscribed with an iron tool on[y]
lead,
or engraved in rock forever!
[25] I know that my redeemer[z] lives,
and that in the end he will stand on the
earth.[a]
[26] And after my skin has been destroyed,
yet[b] in[c] my flesh I will see God;
[27] I myself will see him
with my own eyes – I, and not another.
How my heart yearns within me!
[28] "If you say, 'How we will hound him,
since the root of the trouble lies in him,[d]'
[29] you should fear the sword yourselves;
for wrath will bring punishment by the
sword,
and then you will know that there is
judgment.[e]"

x **19:20** Or *only by my gums*
y **19:24** Or *and*
z **19:25** Or *vindicator*
a **19:25** Or *on my grave*
b **19:26** Or *And after I awake, / though this body has been destroyed, / then*
c **19:26** Or *destroyed, / apart from*
d **19:28** Many Hebrew manuscripts, Septuagint and Vulgate; most Hebrew manuscripts *me*
e **19:29** Or *sword, / that you may come to know the Almighty*

[11] Contre moi, il déchaîne le feu de sa colère,
et il me considère comme son adversaire.
[12] Ses bataillons, ensemble, se sont tous mis en route,
et jusqu'à moi ils se sont frayé leur chemin,
ils ont dressé leur camp autour de ma demeure[h].
[13] Il a fait s'éloigner de moi ma parenté
et ceux qui me connaissent se détournent de moi.
[14] Mes proches et mes connaissances m'ont tous
abandonné,
les hôtes de passage, dans ma maison, m'ont oublié
[15] et mes propres servantes
font comme si j'étais un étranger.
Je ne suis plus pour eux qu'un inconnu.
[16] J'appelle mon esclave, et il ne répond pas,
même si je l'implore.
[17] Mon haleine répugne à ma femme elle-même,
et les fils de ma mère me prennent en dégoût.
[18] Les petits enfants même me montrent leur dédain[i]
quand je veux me lever, ils jasent sur mon compte.
[19] Ils ont horreur de moi, tous mes amis intimes[j].
Ceux que j'aimais le plus se tournent contre moi.
[20] Ma peau colle à mes os de même que ma chair
et je n'ai survécu qu'avec la peau des dents[k].
[21] Ayez pitié de moi, ayez pitié de moi, vous, du moins
mes amis !
Car, la main de Dieu m'a frappé.
[22] Pourquoi vous acharner sur moi, tout comme Dieu
N'en avez-vous donc pas assez de me persécuter ?
[23] Oh ! si quelqu'un voulait consigner mes paroles !
Si quelqu'un voulait bien les graver dans un livre !
[24] Que d'une pointe en fer ou d'un stylet de plomb[l],
elles soient incisées pour toujours dans le roc !
[25] Mais je sais, moi, que mon Défenseur est vivant :
en dernier lieu il surgira sur la poussière.
[26] Après que cette peau aura été détruite,
moi, dans mon corps[m], je contemplerai Dieu.
[27] Oui, moi, je le verrai prendre alors mon parti[n],
et, de mes propres yeux, je le contemplerai. Et il ne
sera plus un étranger pour moi[o].
Ah ! mon cœur se consume d'attente au fond de
moi.
[28] Vous qui vous demandez : « Comment allons-nous
le poursuivre ? »
et qui trouvez en moi la racine du mal,
[29] craignez pour vous l'épée,
car votre acharnement est passible du glaive.

h **19.12** Comme une armée faisant le siège d'une ville ; les troupes envoyées par Dieu sont les nombreux maux dont Job souffre.
i **19.18** Insulte suprême en Orient où les personnes âgées jouissaient d'u grand respect (Ex 20.12).
j **19.19** Autre traduction : *ceux qui siégeaient au conseil à mes côtés.*
k **19.20** Cela pourrait désigner les gencives. D'autres y voient une expre sion proverbiale signifiant : *j'ai tout perdu.*
l **19.24** On gravait des mots dans la pierre avec une pointe en fer, puis o passait dans le creux avec un stylet de plomb pour le noircir et rendre les lettres plus lisibles. Job veut que sa défense subsiste après sa mort jusqu'à ce qu'il soit réhabilité.
m **19.26** D'autres comprennent : *hors de mon corps.*
n **19.27** Littéralement : *pour moi* ; certains traduisent : *je le verrai moi-même.*
o **19.27** Certains traduisent : *je le contemplerai, moi, et pas un étranger* ou *je le contemplerai, et pas comme un étranger.*

ophar

20 [1]Then Zophar the Naamathite replied:
[2] "My troubled thoughts prompt me to answer
because I am greatly disturbed.
[3] I hear a rebuke that dishonors me,
and my understanding inspires me to reply.

[4] "Surely you know how it has been from of old,
ever since mankind[f] was placed on the earth,
[5] that the mirth of the wicked is brief,
the joy of the godless lasts but a moment.
[6] Though the pride of the godless person reaches to the heavens
and his head touches the clouds,
[7] he will perish forever, like his own dung;
those who have seen him will say, 'Where is he?'
[8] Like a dream he flies away, no more to be found,
banished like a vision of the night.
[9] The eye that saw him will not see him again;
his place will look on him no more.
[10] His children must make amends to the poor;
his own hands must give back his wealth.
[11] The youthful vigor that fills his bones
will lie with him in the dust.
[12] "Though evil is sweet in his mouth
and he hides it under his tongue,
[13] though he cannot bear to let it go
and lets it linger in his mouth,
[14] yet his food will turn sour in his stomach;
it will become the venom of serpents within him.
[15] He will spit out the riches he swallowed;
God will make his stomach vomit them up.
[16] He will suck the poison of serpents;
the fangs of an adder will kill him.
[17] He will not enjoy the streams,
the rivers flowing with honey and cream.
[18] What he toiled for he must give back uneaten;
he will not enjoy the profit from his trading.

[19] For he has oppressed the poor and left them destitute;
he has seized houses he did not build.
[20] "Surely he will have no respite from his craving;
he cannot save himself by his treasure.
[21] Nothing is left for him to devour;
his prosperity will not endure.
[22] In the midst of his plenty, distress will overtake him;
the full force of misery will come upon him.
[23] When he has filled his belly,

Ainsi vous apprendrez qu'il y a bien un jugement.

Deuxième discours de Tsophar

Le triomphe des méchants ne dure pas

20 [1]Tsophar de Naama prit la parole et dit :
[2] A présent, mes pensées me pressent de répondre,
et mon agitation ne peut se contenir.
[3] J'entends des remontrances qui me sont une injure.
Mais mon esprit, avec intelligence, me donne la réponse.
[4] Ne le sais-tu donc pas : depuis toujours,
depuis que l'homme a été placé sur la terre,
[5] le triomphe des gens méchants est de courte durée,
et la joie de l'impie ne dure qu'un instant.
[6] Et quand bien même il grandirait jusques au ciel,
quand de la tête il toucherait les nues,

[7] il périra à tout jamais tout comme son ordure[p].
Et ceux qui le voyaient diront : « Où donc est-il ? »

[8] Comme un songe, il s'évanouit, on ne le trouve plus.
Comme un rêve nocturne, il se dissipe.

[9] L'œil qui le contemplait ne pourra plus le voir,
l'endroit qu'il habitait ne l'apercevra plus.
[10] Ses fils devront indemniser ceux qu'il a appauvris[q]
et, de ses propres mains, il restituera sa fortune.
[11] Ses os étaient remplis d'une ardeur juvénile –
qui se couchera avec lui dans la poussière.
[12] Si la méchanceté est si douce à sa bouche,
et s'il l'abrite sous sa langue,
[13] s'il la savoure sans jamais la lâcher,
s'il la retient encore sous son palais,
[14] cet aliment se corrompra en ses entrailles
et deviendra en lui comme un venin d'aspic.

[15] Il a beau engloutir une fortune, il devra la vomir :
Dieu la lui fera rendre.
[16] Il a sucé un venin de serpent,
il sera mis à mort par la langue de la vipère.
[17] Non, il ne verra plus couler à flots
des fleuves, des torrents de miel et de laitage ;
[18] il devra rendre le fruit de son labeur, et il ne l'avalera pas.
Tout ce qu'il s'est acquis par ses affaires, il n'en jouira pas.
[19] Puisqu'il a écrasé, abandonné les pauvres,
et pillé des maisons qu'il n'avait pas bâties,

[20] puisque son appétit s'est montré insatiable,
il ne sauvera pas ce qu'il a de plus cher.

[21] Personne n'échappait à sa voracité,
c'est pourquoi son bonheur ne subsistera pas.
[22] Au sein de l'abondance, la détresse le frappera.
Tous les coups du malheur viendront fondre sur lui.

[23] Quand il sera en train de se remplir le ventre,

---

[f] 20:4 Or *Adam*

[p] 20.7 L'ancienne version grecque a : *sa grandeur,* ce qui suppose une différence d'une consonne par rapport au texte hébreu traditionnel.
[q] 20.10 Autre traduction : *ses fils seront assaillis par les pauvres.*

God will vent his burning anger against him
and rain down his blows on him.
24 Though he flees from an iron weapon,
a bronze-tipped arrow pierces him.
25 He pulls it out of his back,
the gleaming point out of his liver.
Terrors will come over him;
26 total darkness lies in wait for his treasures.
A fire unfanned will consume him
and devour what is left in his tent.
27 The heavens will expose his guilt;
the earth will rise up against him.
28 A flood will carry off his house,
rushing waters[g] on the day of God's wrath.
29 Such is the fate God allots the wicked,
the heritage appointed for them by God."

Job

21 [1]Then Job replied:
2 "Listen carefully to my words;
let this be the consolation you give me.
3 Bear with me while I speak,
and after I have spoken, mock on.
4 "Is my complaint directed to a human being?
Why should I not be impatient?
5 Look at me and be appalled;
clap your hand over your mouth.
6 When I think about this, I am terrified;
trembling seizes my body.
7 Why do the wicked live on,
growing old and increasing in power?
8 They see their children established around
them,
their offspring before their eyes.
9 Their homes are safe and free from fear;
the rod of God is not on them.
10 Their bulls never fail to breed;
their cows calve and do not miscarry.
11 They send forth their children as a flock;
their little ones dance about.
12 They sing to the music of timbrel and lyre;
they make merry to the sound of the pipe.
13 They spend their years in prosperity
and go down to the grave in peace.[h]
14 Yet they say to God, 'Leave us alone!

g 20:28 Or *The possessions in his house will be carried off, / washed away*
h 21:13 Or *in an instant*

Dieu enverra sur lui l'ardeur de sa colère,
elle pleuvra sur lui, ce sera son repas.
24 S'il échappe aux armes de fer,
un arc de bronze viendra le transpercer[r] ;
25 s'il arrache la flèche et la sort de son corps,
s'il retire la pointe qui a percé son foie,
les terreurs l'atteindront.
26 L'obscurité totale enveloppera ses trésors[s],
un feu que nul n'attise viendra le dévorer,
et consumera tout ce qui reste dans sa demeure.
27 Le ciel dévoilera sa faute
et, contre lui, la terre se dressera.
28 Au jour de la Colère,
tous les biens qu'il a amassés dans sa maison seron
balayés, emportés.
29 Tel est le sort que Dieu destine à ceux qui font le
mal, voilà ce qu'il récoltera.
C'est ce que Dieu a résolu pour lui[t].

Réponse de Job à Tsophar

Pourquoi les méchants prospèrent-ils ?

21 [1]Job prit la parole et dit :
2 Ecoutez, je vous prie, écoutez ce que je vous
dis,
accordez-moi du moins cette consolation.
3 Supportez que je parle
et, quand j'aurai parlé, tu pourras te moquer.
4 Est-ce contre des hommes que se porte ma plainte
Comment ne pas perdre patience !
5 Tournez-vous donc vers moi, vous serez stupéfaits
au point de perdre la parole.
6 Moi-même quand j'y songe, j'en suis épouvanté,
et un frisson d'horreur s'empare de mon corps.
7 Pourquoi les gens qui font le mal demeurent-ils en
vie ?
Pourquoi vieillissent-ils, en reprenant des forces ?
8 Leur descendance s'affermit à leurs côtés,
et leurs petits-enfants prospèrent sous leurs yeux.
9 Leurs maisons sont paisibles, à l'abri de la crainte,
et le bâton de Dieu ne vient pas les frapper.
10 Leurs taureaux sont toujours vigoureux et
féconds,
leurs vaches mettent bas sans jamais avorter.
11 Ils laissent courir leurs enfants comme un troupea
d'agneaux,
leurs petits vont s'ébattre.
12 Accompagnés des tambourins et de la lyre, ils
chantent,
et au son de la flûte, ils se réjouissent.
13 Ainsi leurs jours s'écoulent dans le bonheur
et c'est en un instant qu'ils rejoignent la tombe.
14 Or, ils disaient à Dieu : « Retire-toi de nous,
nous n'avons nulle envie de connaître comment tu
veux que nous conduisions notre vie.

r 20.24 Arc de bois renforcé par du bronze qui envoyait les flèches avec plus de force que les autres. La même pensée se retrouve en Es 24.18 ; Am 5.19.
s 20.26 Autre traduction : *enveloppera ses cachettes.*
t 20.29 *voilà ce qu'il récoltera ... pour lui:* autre traduction : *c'est là ce que Dieu lui fera récolter pour ses propos.*

We have no desire to know your ways.
15 Who is the Almighty, that we should serve
him?
What would we gain by praying to him?'
16 But their prosperity is not in their own hands,
so I stand aloof from the plans of the wicked.

17 "Yet how often is the lamp of the wicked
snuffed out?
How often does calamity come upon them,
the fate God allots in his anger?
18 How often are they like straw before the wind,
like chaff swept away by a gale?

19 It is said, 'God stores up the punishment of the
wicked for their children.'
Let him repay the wicked, so that they
themselves will experience it!
20 Let their own eyes see their destruction;
let them drink the cup of the wrath of the
Almighty.
21 For what do they care about the families they
leave behind
when their allotted months come to an end?
22 "Can anyone teach knowledge to God,
since he judges even the highest?
23 One person dies in full vigor,
completely secure and at ease,
24 well nourished in body,[i]
bones rich with marrow.
25 Another dies in bitterness of soul,
never having enjoyed anything good.
26 Side by side they lie in the dust,
and worms cover them both.
27 "I know full well what you are thinking,
the schemes by which you would wrong me.
28 You say, 'Where now is the house of the great,
the tents where the wicked lived?'
29 Have you never questioned those who travel?
Have you paid no regard to their accounts –
30 that the wicked are spared from the day of
calamity,
that they are delivered from[j] the day of
wrath?
31 Who denounces their conduct to their face?
Who repays them for what they have done?
32 They are carried to the grave,
and watch is kept over their tombs.
33 The soil in the valley is sweet to them;
everyone follows after them,
and a countless throng goes[k] before them.

[i] **21:24** The meaning of the Hebrew for this word is uncertain.
[j] **21:30** Or *wicked are reserved for the day of calamity, / that they are brought forth to*
[k] **21:33** Or *them, / as a countless throng went*

15 Qu'est donc le Tout-Puissant pour que nous le
servions[u] ?
Qu'y a-t-il à gagner à lui adresser des prières ? »
16 Le bonheur de ces gens n'est-il pas dans leurs
mains[v] ?
Mais loin de moi l'idée de suivre leurs conseils !
17 Voit-on souvent s'éteindre la lampe des méchants[w],
ou bien la ruine fondre sur eux ?
Dieu leur assigne-t-il leur part de sa colère ?

18 Quand sont-ils pourchassés comme une paille au
vent
ou comme un brin de chaume qu'emporte la
tempête ?
19 Dieu réserverait-il aux enfants du méchant la peine
qu'il mérite ?
Ne devrait-il pas au contraire l'infliger au méchant
lui-même pour qu'il en tire la leçon ?
20 Que, de ses propres yeux, il assiste à sa ruine
et qu'il soit abreuvé de la fureur du Tout-Puissant.

21 Que lui importe donc le sort de sa maison quand il
ne sera plus,
quand le fil de ses mois aura été tranché ?
22 Pourrait-on enseigner quelque savoir à Dieu,
lui qui gouverne tous les êtres célestes ?
23 L'un meurt plein de vigueur, dans la sérénité,
et en toute quiétude.
24 Ses flancs sont pleins de graisse
et ses os pleins de moelle.
25 Tel autre va s'éteindre l'amertume dans l'âme,
sans avoir goûté au bonheur.
26 Et tous deux, ils se couchent dans la poussière
et ils sont recouverts par la vermine.
27 Oui, vos pensées, je les connais,
les réflexions blessantes que vous entretenez à mon
encontre[x].
28 Vous me demanderez : « Où donc est maintenant la
maison du tyran ?
Et la demeure des méchants, qu'est-elle devenue ? »
29 Mais interrogez donc les passants du chemin,
et ne contestez pas les preuves qu'ils apportent.
30 Oui, le jour du désastre épargne le méchant,
au jour de la colère, il est mis à l'abri.

31 Qui osera lui reprocher en face sa conduite ?
Et qui lui paiera de retour tout le mal qu'il a fait ?
32 Il est porté en pompe au lieu de sépulture,
on veille sur sa tombe.
33 Les mottes du vallon qui recouvrent son corps lui
sont légères.
Tout un cortège a marché à sa suite,
des gens sans nombre l'ont précédé.

[u] **21.15** Autre traduction : *pour que nous lui rendions un culte.*
[v] **21.16** Autre traduction : *Certes, le bonheur de ces gens n'est pas entre leurs mains.*
[w] **21.17** C'est-à-dire mourir sans laisser de descendant (Pr 13.9). Job demande à ses amis combien de fois les « lois » qu'ils lui ont rabâchées se vérifient.
[x] **21.27** Autre traduction : *Les mauvais desseins que vous me prêtez.*

[34] "So how can you console me with your
nonsense?
Nothing is left of your answers but
falsehood!"

[34] Comment donc m'offrez-vous des consolations aus
vaines ?
Car, vraiment ce qui reste de toutes vos réponses,
ce n'est que fausseté.

Troisième discours d'Éliphaz

Eliphaz

Eliphaz accuse Job de divers crimes

22 [1] Then Eliphaz the Temanite replied:
[2] "Can a man be of benefit to God?
Can even a wise person benefit him?
[3] What pleasure would it give the Almighty if
you were righteous?
What would he gain if your ways were
blameless?
[4] "Is it for your piety that he rebukes you
and brings charges against you?
[5] Is not your wickedness great?
Are not your sins endless?
[6] You demanded security from your relatives for
no reason;
you stripped people of their clothing, leaving
them naked.
[7] You gave no water to the weary
and you withheld food from the hungry,
[8] though you were a powerful man, owning
land –
an honored man, living on it.
[9] And you sent widows away empty-handed
and broke the strength of the fatherless.
[10] That is why snares are all around you,
why sudden peril terrifies you,
[11] why it is so dark you cannot see,
and why a flood of water covers you.
[12] "Is not God in the heights of heaven?
And see how lofty are the highest stars!
[13] Yet you say, 'What does God know?
Does he judge through such darkness?
[14] Thick clouds veil him, so he does not see us
as he goes about in the vaulted heavens.'
[15] Will you keep to the old path
that the wicked have trod?
[16] They were carried off before their time,
their foundations washed away by a flood.
[17] They said to God, 'Leave us alone!
What can the Almighty do to us?'
[18] Yet it was he who filled their houses with good
things,
so I stand aloof from the plans of the wicked.
[19] The righteous see their ruin and rejoice;
the innocent mock them, saying,

22 [1] Eliphaz de Témân prit la parole et dit :
[2] Dieu aurait-il besoin des services d'un
homme ?
Le sage n'est utile qu'à lui-même !
[3] Importe-t-il au Tout-Puissant que tu sois juste ou
non ?
Quel intérêt a-t-il à te voir vivre d'une façon
intègre ?
[4] Est-ce parce que tu le crains qu'il te fait des
reproches,
et qu'il entre en jugement avec toi[y] ?
[5] Ne t'es-tu pas rendu coupable de nombreux torts ?
Oui, tes péchés sont innombrables.
[6] Tu prenais sans raison des gages de tes frères,
et, de leurs vêtements, tu dépouillais les gens
jusqu'à les laisser nus.
[7] Tu ne donnais pas d'eau à un homme épuisé
et, à qui avait faim, tu refusais le pain.
[8] Tu livrais le pays à l'homme fort
et tu y installais qui tu voulais favoriser[z].
[9] Tu renvoyais les veuves sans rien leur accorder
et tu brisais la force des orphelins.
[10] Voilà pourquoi des pièges sont tendus tout autour
de toi,
voilà pourquoi soudain des frayeurs t'épouvantent
[11] Ne vois-tu donc pas ces ténèbres,
toute cette eau qui te submerge ?
[12] Dieu n'habite-t-il pas tout là-haut dans le ciel ?
Vois la voûte étoilée, comme elle est élevée !
[13] Mais toi, tu dis : « Dieu, que peut-il savoir ?
Peut-il exercer la justice à travers les nuées ?
[14] Les nuages le cachent et il ne peut pas voir,
tandis qu'il se promène sur le pourtour du ciel. »
[15] Tiens-tu donc à rester sur cet ancien sentier,
suivi depuis toujours par ceux qui font le mal ?
[16] Qui, prématurément, sont retranchés
et dont les fondements sont comme un fleuve qui
s'écoule ?
[17] Eux qui disaient à Dieu : « Eloigne-toi de nous ! »
et : « Que pourrait nous faire le Tout-Puissant[a] ? »
[18] Et, pourtant, il comblait leurs maisons de bien-être
Mais loin de moi l'idée de suivre leurs conseils[b].
[19] Car les justes verront leur ruine et ils se réjouiront
ceux qui sont innocents les railleront, disant :

[y] 22.4 Autre traduction : *Crois-tu que par crainte de toi il va te présenter sa défense et aller en justice avec toi ?*

[z] 22.8 Autre traduction : *Tu te prenais pour l'homme fort à qui appartient le pays, et pour un habitant privilégié.*

[a] 22.17 D'après l'ancienne version grecque et la version syriaque ; le texte hébreu traditionnel a : *lui faire.*

[b] 22.18 Eliphaz reprend l'affirmation de Job (21.16). Au lieu de : *mais moi j'écarte leurs conseils,* l'ancienne version grecque a : *mais ils l'ont tenu en dehors de leurs projets.*

20 'Surely our foes are destroyed,
and fire devours their wealth.'
21 "Submit to God and be at peace with him;
in this way prosperity will come to you.
22 Accept instruction from his mouth
and lay up his words in your heart.
23 If you return to the Almighty, you will be restored:
If you remove wickedness far from your tent
24 and assign your nuggets to the dust,
your gold of Ophir to the rocks in the ravines,
25 then the Almighty will be your gold,
the choicest silver for you.
26 Surely then you will find delight in the Almighty
and will lift up your face to God.
27 You will pray to him, and he will hear you,
and you will fulfill your vows.
28 What you decide on will be done,
and light will shine on your ways.
29 When people are brought low and you say, 'Lift them up!'
then he will save the downcast.
30 He will deliver even one who is not innocent,
who will be delivered through the cleanness of your hands."

ob

23 1 Then Job replied:
2 "Even today my complaint is bitter;
his hand[l] is heavy in spite of[m] my groaning.

3 If only I knew where to find him;
if only I could go to his dwelling!
4 I would state my case before him
and fill my mouth with arguments.
5 I would find out what he would answer me,
and consider what he would say to me.
6 Would he vigorously oppose me?
No, he would not press charges against me.

7 There the upright can establish their innocence before him,
and there I would be delivered forever from my judge.
8 "But if I go to the east, he is not there;
if I go to the west, I do not find him.
9 When he is at work in the north, I do not see him;
when he turns to the south, I catch no glimpse of him.
10 But he knows the way that I take;
when he has tested me, I will come forth as gold.

[l] 23:2 Septuagint and Syriac; Hebrew / *the hand on me*
[m] 23:2 Or *heavy on me in*

20 « Voilà nos adversaires : ils sont anéantis
et ce qui restait d'eux le feu l'a dévoré. »
21 Accorde-toi donc avec lui, fais la paix avec lui.
Ainsi tu connaîtras de nouveau le bonheur.
22 Accepte l'instruction émanant de sa bouche,
prends à cœur ses paroles.
23 Si tu reviens au Tout-Puissant tu seras rétabli,
tu feras disparaître l'iniquité de ta demeure.
24 Si tu jettes l'or pur dans la poussière
et l'or d'Ophir[c] aux cailloux du torrent,
25 alors le Tout-Puissant sera pour toi de l'or,
et des monceaux d'argent,
26 car alors tu feras tes délices du Tout-Puissant,
tu lèveras le visage vers Dieu.
27 Oui, tu l'imploreras, et il t'exaucera,
et tu t'acquitteras des vœux que tu as faits[d].
28 Aux décisions que tu prendras répondra le succès,
et, sur tous tes chemins, brillera la lumière.
29 Et si quelqu'un est abattu, tu le relèveras,
car Dieu vient au secours de qui baisse les yeux.

30 Il délivrera même celui qui est coupable.
C'est grâce à tes mains pures que cet homme sera sauvé.

Réponse de Job à Éliphaz

Job ne trouve plus Dieu

23 1 Job prit la parole et dit :
2 Oui, maintenant encore, ma plainte est faite de révolte[e] :
je fais tous mes efforts pour étouffer mon cri[f].
3 Si je pouvais savoir où je le trouverais,
je me rendrais alors jusqu'à sa résidence,
4 je pourrais, devant lui, plaider ma juste cause,
et j'aurais bien des arguments à présenter.
5 Je saurais sa réponse,
je comprendrais enfin ce qu'il voudra me dire.
6 Emploierait-il sa grande force pour plaider contre moi ?
Bien au contraire ! Mais lui du moins, il me prêterait attention.
7 Il reconnaîtrait bien que c'est un homme droit qui s'explique avec lui.
Alors j'échapperais pour toujours à mon juge.

8 Mais, si je vais à l'est, il n'y est pas,
si je vais à l'ouest, je ne l'aperçois pas.
9 Ou est-il occupé au nord ? Je ne peux pas l'atteindre.
Se cache-t-il au sud ? Jamais je ne le vois.

10 Cependant, il sait bien quelle voie j'ai suivie.
S'il me met à l'épreuve, je sortirai pur comme l'or.

[c] **22.24** C'est-à-dire l'or le plus fin et le plus cher (voir 1 R 9.28 ; 10.11 ; Ps 45.10 ; Es 13.12).
[d] **22.27** On accompagnait souvent ses prières de vœux.
[e] **23.2** Autre traduction : *ma plainte est traitée de révolte.*
[f] **23.2** L'ancienne version grecque a : *à mon cri, il répond par sa main pesante.*

11 My feet have closely followed his steps;
I have kept to his way without turning aside.
12 I have not departed from the commands of his lips;
I have treasured the words of his mouth
more than my daily bread.
13 "But he stands alone, and who can oppose him?
He does whatever he pleases.
14 He carries out his decree against me,
and many such plans he still has in store.
15 That is why I am terrified before him;
when I think of all this, I fear him.
16 God has made my heart faint;
the Almighty has terrified me.
17 Yet I am not silenced by the darkness,
by the thick darkness that covers my face.

24 1"Why does the Almighty not set times for judgment?
Why must those who know him look in vain
for such days?
2 There are those who move boundary stones;
they pasture flocks they have stolen.
3 They drive away the orphan's donkey
and take the widow's ox in pledge.
4 They thrust the needy from the path
and force all the poor of the land into hiding.
5 Like wild donkeys in the desert,
the poor go about their labor of foraging food;
the wasteland provides food for their children.
6 They gather fodder in the fields
and glean in the vineyards of the wicked.
7 Lacking clothes, they spend the night naked;
they have nothing to cover themselves in the cold.
8 They are drenched by mountain rains
and hug the rocks for lack of shelter.
9 The fatherless child is snatched from the breast;
the infant of the poor is seized for a debt.
10 Lacking clothes, they go about naked;
they carry the sheaves, but still go hungry.
11 They crush olives among the terraces[n];
they tread the winepresses, yet suffer thirst.
12 The groans of the dying rise from the city,
and the souls of the wounded cry out for help.
But God charges no one with wrongdoing.
13 "There are those who rebel against the light,
who do not know its ways

[n] **24:11** The meaning of the Hebrew for this word is uncertain.

11 Car j'ai toujours suivi la trace de ses pas.
J'ai marché sur la voie qu'il a prescrite, je n'en ai pa
dévié.
12 Je ne me suis pas écarté, de ses commandements.
J'ai fait plier ma volonté pour obéir à ses paroles.
13 Mais lui, il est unique, qui le fera changer ?
Et tout ce qu'il désire il l'exécute.
14 Oui, il accomplira le décret qu'il a pris à mon sujet,
comme tant d'autres qu'il a mis en réserve.
15 C'est pourquoi devant lui je suis plein d'épouvante
et, plus j'y réfléchis, et plus j'ai peur de lui.
16 Dieu m'a découragé :
le Tout-Puissant m'a rempli d'épouvante.
17 Car ce ne sont pas les ténèbres qui me réduisent au
silence[g]
et pourtant devant moi, l'obscurité recouvre tout.

Pourquoi Dieu ne juge-t-il pas les méchants ?

24 1Pourquoi le Tout-Puissant n'a-t-il pas réservé de
temps pour exercer son jugement ?
Et pourquoi ceux qui le connaissent ne voient-ils
pas les jours de son intervention ?
2 On déplace les bornes,
on vole des troupeaux et on les mène paître,
3 on s'empare de l'âne appartenant à l'orphelin,
c'est le bœuf de la veuve que l'on retient en gage.
4 On empêche les pauvres de se déplacer librement[h].
Et les malheureux du pays n'ont plus qu'à se cacher
5 Tels des ânes sauvages vivant dans le désert,
les malheureux s'en vont dès l'aube à leur travail,
cherchant leur nourriture.
La steppe doit fournir du pain pour leurs enfants,
6 ils doivent moissonner le fourrage des champs
et grappiller les vignes du méchant.
7 Ils se couchent tout nus, faute de vêtement,
sans rien pour se couvrir, quand il fait froid.
8 L'averse des montagnes les laisse tout transis
et, n'ayant pas d'abris, ils doivent se serrer tout
contre le rocher.
9 On arrache de force l'orphelin au sein de sa mère,
on exige des gages des indigents.
10 On les fait marcher nus, privés de vêtements,
et on leur fait porter des gerbes tout en les laissant
affamés.
11 Ils pressent les olives dans les enclos d'autrui,
et foulent les vendanges tout en mourant de soif.
12 On entend dans la ville les gens[i] se lamenter
et les blessés se plaignent.
Mais Dieu ne prend pas garde à ces atrocités !
13 Or, contre la lumière les méchants se révoltent,
ils ignorent leurs voies

[g] **23.17** Ce ne sont pas les ténèbres mais, sous-entendu, Dieu (voir v. 16). Hébreu obscur. Autres traductions : *car devant les ténèbres, je ne me suis pa tu*, ou : *car me voilà anéanti devant les ténèbres.*
[h] **24.4** Autre traduction : *on bouscule les pauvres hors du chemin.*
[i] **24.12** Certains comprennent, en changeant une voyelle de l'hébreu et conformément à la version syriaque : *les mourants.*

or stay in its paths.
14 When daylight is gone, the murderer rises up,
kills the poor and needy,
and in the night steals forth like a thief.
15 The eye of the adulterer watches for dusk;
he thinks, 'No eye will see me,'
and he keeps his face concealed.
16 In the dark, thieves break into houses,
but by day they shut themselves in;
they want nothing to do with the light.
17 For all of them, midnight is their morning;
they make friends with the terrors of
darkness.
18 "Yet they are foam on the surface of the water;
their portion of the land is cursed,
so that no one goes to the vineyards.
19 As heat and drought snatch away the melted
snow,
so the grave snatches away those who have
sinned.
20 The womb forgets them,
the worm feasts on them;
the wicked are no longer remembered
but are broken like a tree.
21 They prey on the barren and childless woman,
and to the widow they show no kindness.
22 But God drags away the mighty by his power;
though they become established, they have
no assurance of life.
23 He may let them rest in a feeling of security,
but his eyes are on their ways.
24 For a little while they are exalted, and then
they are gone;
they are brought low and gathered up like all
others;
they are cut off like heads of grain.
25 "If this is not so, who can prove me false
and reduce my words to nothing?"

ildad

25 [1]Then Bildad the Shuhite replied:
2 "Dominion and awe belong to God;
he establishes order in the heights of heaven.
3 Can his forces be numbered?
On whom does his light not rise?
4 How then can a mortal be righteous before
God?
How can one born of woman be pure?

et quittent ses sentiers.
14 Au point du jour, le meurtrier se lève,
afin d'assassiner le pauvre et l'indigent
et, quand la nuit arrive, il devient un voleur.
15 Les yeux de l'adultère guettent le crépuscule :
« Nul œil ne me verra », se dit-il,
et il couvre son visage d'un voile.
16 Quand il fait sombre on force les maisons[j],
mais, de jour, on s'enferme,
refusant la lumière.
17 L'aube pour tous ces gens est un sombre moment,
car c'est là qu'ils éprouvent les frayeurs des nuits
noires.
18 Oui le méchant est emporté[k], léger sur la face de
l'eau !
Et il n'a sur la terre qu'un domaine maudit,
il ne prend pas le chemin de ses vignes.
19 Comme un sol altéré absorbe l'eau des neiges dans
la chaleur du jour,
voilà le pécheur englouti par le séjour des morts.
20 Le sein qui le portât ne se souviendra plus de lui
tandis que la vermine en fera ses délices,
il tombe dans l'oubli.
Le péché est abattu comme un arbre.
21 Ces gens ont exploité la femme sans enfant,
et n'ont pas été bons envers la veuve ...
22 Oui il emporte les tyrans par sa puissance.
Le voilà qui se dresse et ils perdent l'espoir de
demeurer en vie[l].
23 S'il leur a accordé d'être en sécurité et de gagner en
assurance,
c'est en gardant les yeux fixés sur leur conduite.
24 Eux, pour un peu de temps, ils s'étaient élevés, puis
ils ont disparu.
Ils sont tombés comme tous ceux que l'on
moissonne,
ils ont été coupés comme des épis mûrs.
25 Qui me démentira en prétendant qu'il n'en est pas
ainsi ?
Et qui réfutera le discours que je tiens ?

TROISIÈME DISCOURS DE BILDAD

L'homme pourrait-il être pur ?

25 [1]Et Bildad de Shouah prit la parole et dit :
2 Il détient un pouvoir souverain, effrayant.
Il fait régner la paix dans les lieux élevés.
3 Peut-on compter ses troupes[m],
et sur qui sa lumière ne se lève-t-elle pas ?
4 Comment un homme pourrait-il être justifié par-
devers Dieu ?
Et comment l'être né d'une femme pourrait-il être
pur ?

j **24.16** En Orient, les maisons étaient souvent faites en pisé (argile séchée mélangée à la paille) ou en briques non cuites. Elles étaient donc faciles à *forcer* ou à *percer* (Mt 6.19-20).
k **24.18** Job reconnaît ici (v. 18-24) que pour certains méchants – mais certains seulement – il arrive ce qu'affirment ses amis. D'autres voient dans ces versets des malédictions prononcées par Job contre les méchants : *Que le méchant soit emporté ...*
l **24.22** Autre traduction : *Non ! Dieu, par sa puissance, prolonge les jours des tyrans. Ils n'imaginaient pas rester en vie, et les voilà debout.*
m **25.3** C'est-à-dire les étoiles, les anges, les éléments.

[5] If even the moon is not bright
and the stars are not pure in his eyes,
[6] how much less a mortal, who is but a maggot –
a human being, who is only a worm!"

Job

26

[1] Then Job replied:
[2] "How you have helped the powerless!
How you have saved the arm that is feeble!
[3] What advice you have offered to one without wisdom!
And what great insight you have displayed!
[4] Who has helped you utter these words?
And whose spirit spoke from your mouth?
[5] "The dead are in deep anguish,
those beneath the waters and all that live in them.
[6] The realm of the dead is naked before God;
Destruction[o] lies uncovered.
[7] He spreads out the northern skies over empty space;
he suspends the earth over nothing.
[8] He wraps up the waters in his clouds,
yet the clouds do not burst under their weight.
[9] He covers the face of the full moon,
spreading his clouds over it.
[10] He marks out the horizon on the face of the waters
for a boundary between light and darkness.
[11] The pillars of the heavens quake,
aghast at his rebuke.
[12] By his power he churned up the sea;
by his wisdom he cut Rahab to pieces.
[13] By his breath the skies became fair;
his hand pierced the gliding serpent.
[14] And these are but the outer fringe of his works;
how faint the whisper we hear of him!
Who then can understand the thunder of his power?"

Job's Final Word to His Friends

27

[1] And Job continued his discourse:
[2] "As surely as God lives, who has denied me justice,
the Almighty, who has made my life bitter,
[3] as long as I have life within me,
the breath of God in my nostrils,
[4] my lips will not say anything wicked,

[o] 26:6 Hebrew *Abaddon*

[5] Si, devant lui, la lune même est sans éclat,
si les étoiles ne sont pas pures à ses yeux,
[6] que dire alors de l'homme qui n'est qu'un vermisseau,
de l'être humain qui n'est qu'un ver ?

Réponse de Job à Bildad

On ne connaît ni ne comprend l'œuvre de Dieu

26

[1] Alors Job prit la parole et dit :
[2] Ah, comme tu sais bien aider l'homme sans force,
et secourir le bras qui n'a plus de vigueur !
[3] Quel bon conseil tu donnes à celui qui se trouve dépourvu de sagesse,
et comme tu répands la science à profusion !
[4] Mais à qui donc, dis-moi, s'adressent tes discours ?
De quelle inspiration émanent tes paroles ?
[5] Tous ceux qui sont morts tremblent
bien au-dessous des mers et des êtres qui les habitent,
[6] car le séjour des morts est à nu devant Dieu,
et le royaume des défunts[n] n'a rien pour se couvrir.
[7] Il étend sur le vide la région de l'Arctique
et il suspend la terre au-dessus du néant.
[8] Il enserre les eaux dans ses nuées épaisses,
mais jamais, sous leur poids, les nuages n'éclatent.
[9] Il a couvert d'un voile la face de son trône
en étendant sur lui son épaisse nuée.
[10] Il a tracé un cercle sur la face des eaux,
au lieu où la lumière rencontre les ténèbres.
[11] Les colonnes du ciel sont ébranlées,
épouvantées, à sa menace.
[12] Par sa puissance, il agite la mer ;
par son intelligence, il en brise le monstre[o].
[13] Sous l'effet de son souffle, le ciel devient serein.
Quant au serpent fuyard[p], sa main l'a transpercé.
[14] Cependant, ce n'est là qu'une infime partie de ce qu'il accomplit,
dont nous ne percevons qu'un murmure léger.
Qui pourra donc comprendre les éclats de tonnerre de sa puissance ?

Nouveau discours de Job

Job maintient qu'il est innocent

27

[1] Job prononça un nouveau discours et dit :
[2] Par le Dieu vivant[q] qui refuse de me rendre justice
et par le Tout-Puissant qui m'a aigri le cœur,
[3] aussi longtemps que je respirerai,
et tant que le souffle reçu de Dieu sera dans mes narines,
[4] je jure que mes lèvres ne diront rien de faux

[n] **26.6** En hébreu : *Abaddôn*, c'est-à-dire le lieu de destruction. Dans Ap 9.11, c'est le nom de l'ange de l'abîme.
[o] **26.12** Voir v. 13 ; 3.8 et note. Autre traduction : *il en brise l'orgueil* (voir 9.13 et note).
[p] **26.13** Voir Es 27.1 et note.
[q] **27.2** Le plus solennel des serments (voir Gn 42.15).

and my tongue will not utter lies.
[5] I will never admit you are in the right;
till I die, I will not deny my integrity.
[6] I will maintain my innocence and never let go of it;
my conscience will not reproach me as long as I live.
[7] "May my enemy be like the wicked,
my adversary like the unjust!
[8] For what hope have the godless when they are cut off,
when God takes away their life?
[9] Does God listen to their cry
when distress comes upon them?
[10] Will they find delight in the Almighty?
Will they call on God at all times?
[11] "I will teach you about the power of God;
the ways of the Almighty I will not conceal.
[12] You have all seen this yourselves.
Why then this meaningless talk?
[13] "Here is the fate God allots to the wicked,
the heritage a ruthless man receives from the Almighty:
[14] However many his children, their fate is the sword;
his offspring will never have enough to eat.
[15] The plague will bury those who survive him,
and their widows will not weep for them.
[16] Though he heaps up silver like dust
and clothes like piles of clay,
[17] what he lays up the righteous will wear,
and the innocent will divide his silver.
[18] The house he builds is like a moth's cocoon,
like a hut made by a watchman.
[19] He lies down wealthy, but will do so no more;
when he opens his eyes, all is gone.
[20] Terrors overtake him like a flood;
a tempest snatches him away in the night.
[21] The east wind carries him off, and he is gone;
it sweeps him out of his place.
[22] It hurls itself against him without mercy
as he flees headlong from its power.
[23] It claps its hands in derision
and hisses him out of his place."

Interlude: Where Wisdom Is Found

28 [1]There is a mine for silver
and a place where gold is refined.
[2] Iron is taken from the earth,

et que, jamais, ma langue ne dira de mensonge.
[5] Loin de moi la pensée de vous donner raison !
Jusqu'à mon dernier souffle, non, je ne renoncerai pas à affirmer mon innocence.
[6] Je maintiens fermement que ma conduite est juste,
je ne faiblirai pas
car ma conscience ne me reproche pas ce qu'a été ma vie.
[7] Oh ! que ce soit mon ennemi qui soit considéré comme étant le coupable,
et que mon adversaire ait le sort des méchants.
[8] Que peut espérer l'homme impie
quand il est retranché,
quand Dieu lui prend la vie ?
[9] Dieu entend-il son cri
quand la détresse fond sur lui ?
[10] Trouve-t-il du plaisir auprès du Tout-Puissant ?
Lui adressera-t-il sa prière en tout temps ?
[11] Je vous enseignerai quelle est l'action de Dieu ;
je ne cacherai pas ce qu'il en est du Tout-Puissant.
[12] Vous tous, vous l'avez observé !
Alors pourquoi vous perdre dans des raisonnements absurdes ?
[13] Voici la part que Dieu a réservée pour le méchant[r],
et le lot qu'un tyran reçoit du Tout-Puissant :
[14] si ses fils sont nombreux, le glaive les attend,
et ses petits-enfants souffriront de la faim.
[15] La peste engloutira tous ceux qui survivront,
leurs veuves elles-mêmes ne les pleureront pas[s].
[16] S'il amasse l'argent comme de la poussière,
et, comme de la glaise, entasse des habits,
[17] qu'il les entasse donc : le juste s'en revêtira,
les innocents auront son argent en partage.
[18] La maison qu'il bâtit vaut celle d'une teigne,
c'est comme la cabane que se fait un guetteur.
[19] Il se couche avec ses richesses, c'est la dernière fois[t].
Lorsqu'il ouvre les yeux, il ne retrouve rien.
[20] Les terreurs le submergent comme une inondation
au milieu de la nuit, un tourbillon l'enlève.
[21] Le vent d'orient l'emporte et le fait disparaître,
il l'arrache à son lieu.
[22] On lance contre lui des flèches sans pitié.
Lui s'efforce de fuir cette main menaçante.
[23] On applaudit sa ruine.
Du lieu qu'il habitait,
on siffle contre lui.

Qui peut avoir la sagesse ?

28 [1]Il existe des lieux d'où l'on extrait l'argent,
il y a des endroits où l'on affine l'or.
[2] On sait comment extraire le fer de la poussière,

[r] **27.13** Dans les v. 13-23, Job veut montrer à ses amis qu'il sait aussi bien qu'eux ce qu'enseigne la sagesse traditionnelle, mais que celle-ci s'avère trop simpliste, et, dira-t-il au chap. suivant : la sagesse divine, qui peut la connaître ?

[s] **27.15** Comme il fallait enterrer immédiatement les cadavres des pestiférés, leurs veuves n'avaient pas le temps d'organiser des funérailles décentes, avec les lamentations d'usage.

[t] **27.19** *c'est la dernière fois:* avec un léger changement de voyelles en hébreu et selon les anciennes versions grecque et syriaque. Le texte hébreu traditionnel a : *il ne sera pas recueilli,* c'est-à-dire, peut-être, *pas enseveli.*

and copper is smelted from ore.
3 Mortals put an end to the darkness;
they search out the farthest recesses
for ore in the blackest darkness.

4 Far from human dwellings they cut a shaft,
in places untouched by human feet;
far from other people they dangle and sway.

5 The earth, from which food comes,
is transformed below as by fire;
6 lapis lazuli comes from its rocks,
and its dust contains nuggets of gold.
7 No bird of prey knows that hidden path,
no falcon's eye has seen it.
8 Proud beasts do not set foot on it,
and no lion prowls there.
9 People assault the flinty rock with their hands
and lay bare the roots of the mountains.
10 They tunnel through the rock;
their eyes see all its treasures.
11 They search[p] the sources of the rivers
and bring hidden things to light.
12 But where can wisdom be found?
Where does understanding dwell?
13 No mortal comprehends its worth;
it cannot be found in the land of the living.
14 The deep says, "It is not in me";
the sea says, "It is not with me."
15 It cannot be bought with the finest gold,
nor can its price be weighed out in silver.
16 It cannot be bought with the gold of Ophir,
with precious onyx or lapis lazuli.
17 Neither gold nor crystal can compare with it,
nor can it be had for jewels of gold.
18 Coral and jasper are not worthy of mention;
the price of wisdom is beyond rubies.
19 The topaz of Cush cannot compare with it;
it cannot be bought with pure gold.
20 Where then does wisdom come from?
Where does understanding dwell?
21 It is hidden from the eyes of every living thing,
concealed even from the birds in the sky.
22 Destruction[q] and Death say,
"Only a rumor of it has reached our ears."
23 God understands the way to it
and he alone knows where it dwells,
24 for he views the ends of the earth
and sees everything under the heavens.

p 28:11 Septuagint, Aquila and Vulgate; Hebrew *They dam up*
q 28:22 Hebrew *Abaddon*

fondre le minerai pour en tirer le cuivre.
3 On fait reculer les frontières des ténèbres sous
terre,
on explore les mines,
on va chercher les pierres dans les plus opaques
ténèbres.
4 Dans les galeries que l'on perce, loin des lieux
habités,
à l'endroit où le pied a perdu tout appui,
les mineurs se balancent, suspendus dans le vide,
loin des autres humains[u].
5 La terre qui nous donne le pain qui nous nourrit
se voit bouleversée jusqu'en ses profondeurs, tout
comme par un feu[v].
6 C'est dans ses roches qu'on trouve les saphirs
et la poussière d'or.
7 L'oiseau de proie ignore quel en est le sentier,
et l'œil de l'épervier ne l'a pas repéré.
8 Les plus fiers animaux ne l'ont jamais foulé,
le lion n'y passe pas.
9 On s'attaque au granit,
on remue les montagnes jusqu'en leurs fondements.
10 Au milieu des rochers, l'homme ouvre des
tranchées :
rien de précieux n'échappe à son regard.
11 Il arrête le cours des eaux[w]
et amène au grand jour les richesses cachées.
12 Mais, quant à la sagesse, où peut-on la trouver ?
Où donc l'intelligence a-t-elle sa demeure ?
13 L'homme ne connaît pas quelle en est la valeur,
et elle est introuvable au pays des vivants.
14 L'abîme affirme : « Elle n'est pas ici. »
La mer déclare : « Elle n'est point chez moi. »
15 On ne peut l'acquérir avec de l'or massif,
on ne peut l'acheter en pesant de l'argent[x].
16 Elle ne se compare pas avec de l'or d'Ophir,
ni avec le précieux onyx, ou le saphir.
17 Ni le verre, ni l'or, ni le cristal n'ont autant de
valeur,
on ne l'échange pas contre un vase d'or fin.
18 Le corail et l'albâtre[y] ne sont rien auprès d'elle.
La sagesse vaut plus que des perles précieuses.
19 La topaze éthiopienne n'égale pas son prix,
et l'or le plus fin même n'atteint pas sa valeur.
20 Mais alors, la sagesse, d'où provient-elle ?
Et où l'intelligence a-t-elle sa demeure ?
21 Elle se cache aux yeux de tout être vivant,
elle se dissimule à l'œil vif des oiseaux.
22 L'abîme et la mort disent :
« Nous avons seulement entendu parler d'elle. »
23 Car c'est Dieu seul qui sait le chemin qu'elle
emprunte.
Oui, il en connaît la demeure.
24 Car son regard parcourt le monde entier,
et tout ce qui se passe sous le ciel, il le voit.

u 28.4 Autrefois, les mineurs travaillaient assis sur un siège suspendu à une corde.
v 28.5 L'activité des mineurs est comparée aux ravages d'un incendie.
w 28.11 Pour éviter que les cours d'eau souterrains ne minent les murs des galeries ou les inondent. Les documents anciens révèlent l'existence de mines dès l'époque de Joseph. Le fer était travaillé déjà au temps de Gn 4.22.
x 28.15 On pesait l'argent au moment du paiement (Gn 23.16).
y 28.18 Autre traduction : *le cristal.*

25 When he established the force of the wind
and measured out the waters,
26 when he made a decree for the rain
and a path for the thunderstorm,
27 then he looked at wisdom and appraised it;
he confirmed it and tested it.
28 And he said to the human race,
"The fear of the Lord – that is wisdom,
and to shun evil is understanding."

Job's Final Defense

29 1 Job continued his discourse:
2 "How I long for the months gone by,
for the days when God watched over me,
3 when his lamp shone on my head
and by his light I walked through darkness!
4 Oh, for the days when I was in my prime,
when God's intimate friendship blessed my house,
5 when the Almighty was still with me
and my children were around me,
6 when my path was drenched with cream
and the rock poured out for me streams of olive oil.
7 "When I went to the gate of the city
and took my seat in the public square,
8 the young men saw me and stepped aside
and the old men rose to their feet;
9 the chief men refrained from speaking
and covered their mouths with their hands;
10 the voices of the nobles were hushed,
and their tongues stuck to the roof of their mouths.
11 Whoever heard me spoke well of me,
and those who saw me commended me,
12 because I rescued the poor who cried for help,
and the fatherless who had none to assist them.
13 The one who was dying blessed me;
I made the widow's heart sing.
14 I put on righteousness as my clothing;
justice was my robe and my turban.
15 I was eyes to the blind
and feet to the lame.
16 I was a father to the needy;
I took up the case of the stranger.
17 I broke the fangs of the wicked

25 C'est lui qui a fixé la pesanteur du vent,
et donné leur mesure aux eaux des mers.
26 Lorsqu'il a établi une loi pour la pluie,
et tracé un chemin aux éclairs, au tonnerre,
27 c'est alors qu'il l'a vue et l'a décrite.
Il a établi la sagesse[z] et l'a sondée.
28 Puis il a dit à l'homme :
« La crainte du Seigneur, voilà la vraie sagesse !
Se détourner du mal, voilà l'intelligence ! »

Dernier discours de Job

Job évoque sa condition passée

29 1 Job prononça un autre discours et dit :
2 Qui me fera revivre les saisons d'autrefois,
comme en ces jours passés où Dieu veillait sur moi,
3 où il faisait briller sa lampe sur ma tête
et qu'avec sa lumière j'affrontais les ténèbres ?
4 Ah ! si j'étais encore aux jours de ma vigueur,
quand ma demeure jouissait de l'intimité avec Dieu,
5 et quand le Tout-Puissant était encore à mes côtés,
et mes enfants autour de moi,
6 quand je baignais mes pieds dans le lait fermenté
et quand le roc versait pour moi des torrents d'huile[a].
7 Lorsque je me rendais aux portes de la ville,
quand je dressais mon siège sur la place publique[b],
8 les jeunes me voyaient et ils se retiraient,
les vieillards se levaient et ils restaient debout[c],
9 les notables arrêtaient leurs propos
et se mettaient une main sur la bouche.
10 Les grands baissaient la voix
et ils tenaient leur langue collée à leur palais.
11 Celui qui m'écoutait me déclarait heureux,
celui qui me voyait parlait de moi en bien.
12 Car je sauvais le pauvre qui appelait à l'aide
ainsi que l'orphelin privé de tout secours.
13 Ceux qui allaient mourir me bénissaient,
et je mettais la joie dans le cœur de la veuve.
14 J'endossais la justice : c'était mon vêtement.
Ma robe et mon turban, c'était ma probité.
15 J'étais l'œil de l'aveugle
et les pieds du boiteux,
16 et j'étais comme un père pour ceux qui étaient pauvres.
J'examinais à fond le cas des inconnus[d].
17 Je brisais les mâchoires de l'homme inique

---

[z] **28.27** Quelques manuscrits hébreux ont : *il a examiné la sagesse.*
[a] **29.6** Images classiques de la prospérité : *le roc* désigne le pressoir d'olives dont la base d'où s'écoulait l'huile était faite en pierre.
[b] **29.7** Le conseil des notables siégeait sur la place publique près des portes de la ville. Ce conseil fonctionnait aussi comme tribunal. Les v. 7-10 illustrent les habitudes de politesse orientale.
[c] **29.8** Jusqu'à ce que Job se soit assis.
[d] **29.16** Autre traduction : *les cas que je ne savais pas trancher.*

and snatched the victims from their teeth.
18 "I thought, 'I will die in my own house,
my days as numerous as the grains of sand.
19 My roots will reach to the water,
and the dew will lie all night on my branches.
20 My glory will not fade;
the bow will be ever new in my hand.'
21 "People listened to me expectantly,
waiting in silence for my counsel.
22 After I had spoken, they spoke no more;
my words fell gently on their ears.
23 They waited for me as for showers
and drank in my words as the spring rain.
24 When I smiled at them, they scarcely believed it;
the light of my face was precious to them.[r]
25 I chose the way for them and sat as their chief;
I dwelt as a king among his troops;
I was like one who comforts mourners.

30 1 "But now they mock me,
men younger than I,
whose fathers I would have disdained
to put with my sheep dogs.
2 Of what use was the strength of their hands to me,
since their vigor had gone from them?
3 Haggard from want and hunger,
they roamed[s] the parched land
in desolate wastelands at night.
4 In the brush they gathered salt herbs,
and their food[t] was the root of the broom bush.
5 They were banished from human society,
shouted at as if they were thieves.
6 They were forced to live in the dry stream beds,
among the rocks and in holes in the ground.
7 They brayed among the bushes
and huddled in the undergrowth.
8 A base and nameless brood,
they were driven out of the land.
9 "And now those young men mock me in song;
I have become a byword among them.
10 They detest me and keep their distance;
they do not hesitate to spit in my face.
11 Now that God has unstrung my bow and afflicted me,
they throw off restraint in my presence.

et je lui arrachais la proie d'entre les dents.
18 Je me disais alors : « Je mourrai dans mon nid,
j'aurai des jours nombreux comme les grains de sable[e].
19 La source de l'eau vive baignera mes racines,
la rosée passera la nuit sur ma ramure.
20 Ma gloire auprès de moi se renouvellera
et, dans ma main, mon arc rajeunira. »
21 Alors on m'écoutait[f] attendant mon avis
et l'on faisait silence pour avoir mon conseil.
22 Lorsque j'avais parlé, on ne discutait pas.
Ma parole, sur eux, se répandait avec douceur.
23 Et ils comptaient sur moi comme on attend la pluie
Ils ouvraient grand la bouche, comme pour recueillir les ondées du printemps.
24 Quand je leur souriais ils n'osaient pas y croire,
on ne pouvait éteindre l'éclat de mon visage[g].
25 C'est moi qui choisissais la voie qu'ils devaient suivre. Je siégeais à leur tête,
je trônais comme un roi au milieu de ses troupes,
comme un consolateur pour les gens affligés.

Job évoque sa condition présente

30 1 Mais hélas, aujourd'hui me voilà la risée de gamins dont les pères
étaient si méprisables
que je n'aurais daigné les mettre avec mes chiens
pour garder mon troupeau.
2 D'ailleurs, qu'aurais-je fait des efforts de leurs bras ?
Leur vigueur s'en allait :
3 épuisés par la faim et par les privations,
ils rôdaient dans la steppe
par une nuit de dévastation et désolation.
4 Ils arrachaient l'herbe salée[h] au milieu des buissons,
ils prenaient les racines du genêt comme pain.
5 Ils ont été chassés du milieu de leur peuple[i],
on criait après eux comme après des voleurs.
6 Ils hantaient les cavernes au flanc des précipices,
ils logeaient dans des grottes ou des trous de la terre.
7 Au milieu des épines retentissaient leurs cris,
ils se couchaient à l'abri des broussailles.
8 Ces êtres insensés et innommables
avaient été chassés hors du pays.
9 Me voici devenu l'objet de leurs chansons,
celui dont tous se moquent.
10 Ils ont horreur de moi, et s'éloignent de moi,
ou bien, sans hésiter, me crachent au visage.
11 Car il a détendu la corde de mon arc, et il m'a humilié.
Aussi n'ont-ils plus envers moi la moindre retenue.

r **29:24** The meaning of the Hebrew for this clause is uncertain.
s **30:3** Or *gnawed*
t **30:4** Or *fuel*

e **29.18** D'autres comprennent : *comme le phœnix,* oiseau légendaire qui vivait 500 ans puis brûlait avec son nid pour renaître aussitôt de ses cendres. L'ancienne version grecque a : *comme le palmier.*
f **29.21** Suite des v. 7-10.
g **29.24** Autre traduction : *ils ne négligeaient aucun signe favorable sur mon visage.*
h **30.4** Cette *herbe salée* est parfois identifiée à l'arroche qui pousse sur les rives de la mer Morte.
i **30.5** A cause des méfaits qu'ils ont commis.

12 On my right the tribe[u] attacks;
they lay snares for my feet,
they build their siege ramps against me.
13 They break up my road;
they succeed in destroying me.
'No one can help him,' they say.
14 They advance as through a gaping breach;
amid the ruins they come rolling in.
15 Terrors overwhelm me;
my dignity is driven away as by the wind,
my safety vanishes like a cloud.

16 "And now my life ebbs away;
days of suffering grip me.
17 Night pierces my bones;
my gnawing pains never rest.
18 In his great power God becomes like clothing to me[v];
he binds me like the neck of my garment.
19 He throws me into the mud,
and I am reduced to dust and ashes.

20 "I cry out to you, God, but you do not answer;
I stand up, but you merely look at me.
21 You turn on me ruthlessly;
with the might of your hand you attack me.
22 You snatch me up and drive me before the wind;
you toss me about in the storm.
23 I know you will bring me down to death,
to the place appointed for all the living.

24 "Surely no one lays a hand on a broken man
when he cries for help in his distress.
25 Have I not wept for those in trouble?
Has not my soul grieved for the poor?
26 Yet when I hoped for good, evil came;
when I looked for light, then came darkness.
27 The churning inside me never stops;
days of suffering confront me.
28 I go about blackened, but not by the sun;
I stand up in the assembly and cry for help.
29 I have become a brother of jackals,
a companion of owls.
30 My skin grows black and peels;
my body burns with fever.
31 My lyre is tuned to mourning,
and my pipe to the sound of wailing.

30:12 The meaning of the Hebrew for this word is uncertain.
30:18 Hebrew; Septuagint *power he grasps my clothing*

12 Ils sont nombreux[j], à ma droite, ils se lèvent[k] et me font perdre pied,
ils se fraient vers moi des chemins pour précipiter mon malheur.
13 Ils coupent ma retraite, travaillant à ma ruine,
sans avoir besoin d'aide.
14 Ils arrivent sur moi par une large brèche,
ils vont et viennent en tous sens comme dans un lieu dévasté.
15 La terreur m'envahit,
ma dignité s'évanouit comme emportée par la tempête,
tout secours m'est ôté comme passe un nuage.
16 Et maintenant, ma vie s'échappe[l].
Des jours d'affliction m'ont étreint.
17 Dans la nuit il perce mes os
et mes nerfs n'ont pas de repos[m].
18 Avec toute sa force, il s'agrippe à mon vêtement[n],
comme un col, il m'enserre.
19 Il m'a précipité au milieu de la fange,
et je ne vaux pas mieux que poussière et que cendre.
20 De mes cris je t'implore, et tu ne réponds pas.
Je me tiens devant toi et tu ne fais rien d'autre que de me regarder.
21 Tu as changé ! Tu t'es rendu cruel à mon égard !
Avec la force de ta main, tu t'acharnes sur moi !
22 Tu m'as fait enlever sur les chevaux du vent,
et tu me fais tanguer au sein de l'ouragan.
23 Je ne le sais que trop : tu me mènes à la mort,
au lieu de rendez-vous de tout être vivant.
24 Mais celui qui périt ne tend-il pas la main ?
Celui qui est dans le malheur ne crie-t-il pas ?
25 N'ai-je pas autrefois pleuré avec ceux dont la vie est dure,
n'ai-je pas compati à la peine du pauvre.
26 J'espérais le bonheur, et le malheur est arrivé,
j'attendais la lumière et les ténèbres sont venues.
27 Tout mon être intérieur bouillonne sans relâche.
Des jours d'affliction m'ont atteint.
28 Je m'avance, l'air sombre, et sans voir le soleil.
Au milieu de la foule je me dresse et je hurle.
29 C'est comme si j'étais un frère du chacal
ou un compagnon de l'autruche[o].
30 Ma peau noircit sur moi,
mes os sont consumés par le feu de la fièvre.
31 Ma lyre ne sert plus que pour des airs funèbres,
ma flûte n'accompagne que le chant des pleureurs.

j **30.12** Autre traduction : *Ces gamins.*
k **30.12** Pour accuser Job. L'accusateur se place à la droite de l'accusé au tribunal (Ps 109.6 ; Za 3.1).
l **30.16** Autre traduction : *je me lamente sur moi-même.*
m **30.17** *mes nerfs:* autre traduction : *mes douleurs.*
n **30.18** *il s'agrippe à mon vêtement:* d'après l'ancienne version grecque ; le texte hébreu traditionnel a : *Dieu devient pour moi comme un vêtement.*
o **30.29** En faisant entendre des cris qui ressemblent à ceux de ces animaux ; même image en Mi 1.8.

31 [1]“I made a covenant with my eyes
not to look lustfully at a young woman.
[2] For what is our lot from God above,
our heritage from the Almighty on high?
[3] Is it not ruin for the wicked,
disaster for those who do wrong?
[4] Does he not see my ways
and count my every step?

[5] “If I have walked with falsehood
or my foot has hurried after deceit –
[6] let God weigh me in honest scales
and he will know that I am blameless –
[7] if my steps have turned from the path,
if my heart has been led by my eyes,
or if my hands have been defiled,
[8] then may others eat what I have sown,
and may my crops be uprooted.
[9] “If my heart has been enticed by a woman,
or if I have lurked at my neighbor’s door,
[10] then may my wife grind another man’s grain,
and may other men sleep with her.
[11] For that would have been wicked,
a sin to be judged.
[12] It is a fire that burns to Destruction[w];
it would have uprooted my harvest.
[13] “If I have denied justice to any of my servants,
whether male or female,
when they had a grievance against me,
[14] what will I do when God confronts me?
What will I answer when called to account?
[15] Did not he who made me in the womb make
them?
Did not the same one form us both within
our mothers?
[16] “If I have denied the desires of the poor
or let the eyes of the widow grow weary,
[17] if I have kept my bread to myself,
not sharing it with the fatherless –
[18] but from my youth I reared them as a father
would,
and from my birth I guided the widow –
[19] if I have seen anyone perishing for lack of
clothing,
or the needy without garments,
[20] and their hearts did not bless me
for warming them with the fleece from my
sheep,
[21] if I have raised my hand against the fatherless,
knowing that I had influence in court,
[22] then let my arm fall from the shoulder,
let it be broken off at the joint.

[w] **31:12** Hebrew *Abaddon*

Job évoque sa conduite

31 [1]Pourtant, j’avais conclu un pacte avec mes yeux
ils ne devaient jamais porter un regard chargé
de désir sur une jeune fille.
[2] Car quelle part Dieu pourrait-il me réserver d’en
haut ?
Quel serait l’héritage que me destinerait du haut
des cieux le Tout-Puissant ?
[3] En effet, le malheur n’est-il pas réservé à ceux qui
sont injustes
et la tribulation à ceux qui font le mal ?
[4] Et ne voit-il donc pas comment je me comporte ?
Ne tient-il pas le compte de tous mes faits et
gestes ?
[5] Ai-je vécu dans le mensonge ?
Mon pied s’est-il hâté pour commettre la fraude ?
[6] Que Dieu me pèse sur la balance juste,
et il constatera mon innocence.
[7] Si mes pas ont dévié du droit chemin,
si mon cœur a suivi les désirs de mes yeux,
et si quelque souillure m’a rendu les mains sales,
[8] alors, ce que je sème, qu’un autre le consomme,
et que l’on déracine ce que j’avais planté.
[9] Si je me suis laissé séduire par une femme,
ou si j’ai fait le guet devant la porte de mon voisin,
[10] qu’alors ma femme tourne la meule pour un autre[p]
et qu’elle soit livrée aux désirs d’autres hommes !
[11] Car c’est une infamie,
un crime qui relève du tribunal des juges,
[12] c’est un feu qui dévore jusque dans l’abîme inferna
et qui me priverait de tout mon revenu.
[13] Si je n’ai pas fait droit à ma servante ou à mon
serviteur
quand, avec moi, ils avaient un litige,
[14] je ne saurai que faire quand Dieu se lèvera pour me
juger,
je ne saurai que lui répondre quand il demandera
des comptes.
[15] Celui qui m’a tissé dans le sein de ma mère, ne les
a-t-il pas faits, eux, tout autant que moi ?
Oui, c’est le même Dieu qui nous a tous formés dans
le sein maternel.
[16] Me suis-je donc soustrait aux requêtes des pauvres
ou bien ai-je déçu le regard plein d’espoir des
veuves ?
[17] Ai-je mangé mon pain tout seul,
sans partager avec un orphelin ?
[18] Non, depuis ma jeunesse, j’ai été pour lui comme u
père auprès duquel il a grandi.
Dès le sein de ma mère, j’ai servi de guide à la veuv
[19] Ai-je vu l’indigent privé de vêtement,
et le nécessiteux manquant de couverture,
[20] sans leur donner une occasion de me bénir
pour avoir pu se réchauffer sous la toison de mes
brebis ?
[21] Si j’ai brandi le poing à l’encontre d’un orphelin,
me sachant soutenu au tribunal,
[22] alors que mon épaule s’arrache de mon corps
et que mon avant-bras se rompe au coude !

[p] **31.10** Travail des esclaves (Ex 11.5 ; Es 47.2).

23 For I dreaded destruction from God,
and for fear of his splendor I could not do such things.
24 "If I have put my trust in gold
or said to pure gold, 'You are my security,'
25 if I have rejoiced over my great wealth,
the fortune my hands had gained,
26 if I have regarded the sun in its radiance
or the moon moving in splendor,
27 so that my heart was secretly enticed
and my hand offered them a kiss of homage,
28 then these also would be sins to be judged,
for I would have been unfaithful to God on high.
29 "If I have rejoiced at my enemy's misfortune
or gloated over the trouble that came to him –
30 I have not allowed my mouth to sin
by invoking a curse against their life –
31 if those of my household have never said,
'Who has not been filled with Job's meat?' –
32 but no stranger had to spend the night in the street,
for my door was always open to the traveler –
33 if I have concealed my sin as people do,[x]
by hiding my guilt in my heart
34 because I so feared the crowd
and so dreaded the contempt of the clans
that I kept silent and would not go outside –
35 ("Oh, that I had someone to hear me!
I sign now my defense – let the Almighty answer me;
let my accuser put his indictment in writing.
36 Surely I would wear it on my shoulder,
I would put it on like a crown.
37 I would give him an account of my every step;
I would present it to him as to a ruler.) –
38 "if my land cries out against me
and all its furrows are wet with tears,
39 if I have devoured its yield without payment
or broken the spirit of its tenants,
40 then let briers come up instead of wheat
and stinkweed instead of barley."
The words of Job are ended.

31:33 Or *as Adam did*

23 En fait, j'ai toujours redouté le châtiment de Dieu :
je ne peux rien devant sa majesté.

24 Ai-je placé ma confiance dans l'or ?
Ai-je dit à l'or fin : « Tu es mon assurance » ?
25 Ai-je tiré ma joie de ma grande fortune
et de ce que mes mains avaient beaucoup gagné ?
26 Quand j'ai contemplé la lumière pendant qu'elle resplendissait,
ou quand j'ai vu la lune s'avancer dans le ciel, brillant avec éclat,
27 mon cœur s'est-il laissé séduire secrètement,
leur ai-je envoyé des baisers en portant ma main à la bouche[q] ?
28 En agissant ainsi, j'aurais encore commis une faute menant au tribunal,
et j'aurais renié le Dieu du ciel.
29 Ai-je trouvé plaisir à voir mon ennemi plongé dans l'infortune ?
Ai-je sauté de joie lorsque le malheur l'atteignait ?
30 Moi qui n'aurais jamais autorisé ma langue à commettre une faute
en demandant sa mort par des imprécations ...
31 Voyez ce que déclarent ceux que j'ai abrités :
« Qui n'a-t-il pas nourri de viande à satiété ? »
32 Jamais un étranger n'a dû coucher dehors,
j'ouvrais toujours ma porte au voyageur.

33 Ai-je caché mes péchés comme Adam[r],
afin d'enfouir mes fautes en moi-même ?
34 Parce que j'avais peur de l'opinion des foules,
ou bien par crainte du mépris des familles,
suis-je resté muet, n'osant franchir ma porte ?
35 Ah ! si j'avais quelqu'un qui veuille m'écouter !
Voilà mon dernier mot[s].
Que le Dieu tout-puissant me donne sa réponse.
Quant à l'acte d'accusation rédigé par mon adversaire,
36 je le mettrais sur mon épaule[t],
je m'en ceindrais le front comme d'un diadème.
37 Et je lui rendrais compte de chacun de mes actes,
j'avancerais vers lui aussi digne qu'un prince.
38 Si mes terres m'ont accusé,
si j'ai fait pleurer leurs sillons,
39 si j'ai joui de leurs produits sans les avoir payés,
et si j'ai opprimé ceux qui s'en occupaient,
40 alors qu'au lieu de blé, il y pousse des ronces,
et des orties à la place de l'orge.
C'est ici que finissent les paroles de Job.

q **31.27** Geste exprimant la vénération et l'adoration (1 R 19.18 ; Ps 2.12 ; Os 13.2). L'adoration des corps célestes était une forme très ancienne de l'idolâtrie, interdite par la Loi (Dt 4.19 ; 17.3; voir Ez 8.16-17).
r **31.33** Autre traduction : *comme les hommes.*
s **31.35** Littéralement : *mon tav,* dernière lettre de l'alphabet hébreu. Cette lettre, en forme de croix, servait de signature à ceux qui ne savaient pas écrire, d'où l'autre sens suggéré par certains traducteurs : *voilà ma signature,* c'est-à-dire : je persiste et je signe.
t **31.36** Parfois on portait des déclarations sur l'épaule pour en rappeler l'importance (voir Ex 28.12).

Elihu

32 [1]So these three men stopped answering Job,
because he was righteous in his own eyes.
[2]But Elihu son of Barakel the Buzite, of the family
of Ram, became very angry with Job for justifying
himself rather than God. [3]He was also angry with
the three friends, because they had found no way to
refute Job, and yet had condemned him.[y] [4]Now Elihu
had waited before speaking to Job because they were
older than he. [5]But when he saw that the three men
had nothing more to say, his anger was aroused.

[6]So Elihu son of Barakel the Buzite said:

“I am young in years,
and you are old;
that is why I was fearful,
not daring to tell you what I know.

7 I thought, ‘Age should speak;
advanced years should teach wisdom.’

8 But it is the spirit[z] in a person,
the breath of the Almighty, that gives them
understanding.

9 It is not only the old[a] who are wise,
not only the aged who understand what is
right.

10 “Therefore I say: Listen to me;
I too will tell you what I know.

11 I waited while you spoke,
I listened to your reasoning;
while you were searching for words,

12 I gave you my full attention.
But not one of you has proved Job wrong;
none of you has answered his arguments.

13 Do not say, ‘We have found wisdom;
let God, not a man, refute him.’

14 But Job has not marshaled his words against
me,
and I will not answer him with your
arguments.

15 “They are dismayed and have no more to say;
words have failed them.

16 Must I wait, now that they are silent,
now that they stand there with no reply?

17 I too will have my say;
I too will tell what I know.

18 For I am full of words,
and the spirit within me compels me;

19 inside I am like bottled-up wine,

y **32:3** Masoretic Text; an ancient Hebrew scribal tradition *Job, and so had condemned God*
z **32:8** Or *Spirit*; also in verse 18
a **32:9** Or *many*; or *great*

Discours d’Élihou

L’intervention d’Elihou

32 [1]Comme Job persistait à se considérer juste, ce
trois hommes cessèrent de lui répondre. [2]Alor
Elihou, fils de Barakéel, de Bouz[u], et du groupe familia
de Ram, se mit en colère. Il se mit en colère contre Jo
parce que celui-ci se disait plus juste que Dieu. [3]Il éta
aussi en colère contre ses trois amis parce qu’ils n’avaien
pas trouvé comment lui répondre, et qu’ils avaient ains
condamné Dieu[v]. [4]Elihou avait attendu avant de s’adresse
à Job, parce que les trois amis étaient plus âgés que lu
[5]Mais lorsque Elihou s’aperçut qu’ils n’avaient plus rien
lui répondre, il se mit en colère. [6]Elihou, fils de Barakée
de Bouz, prit donc la parole et dit :

Elihou revendique le droit à la parole

Moi, je suis jeune ; vous, vous êtes âgés.
C’est pourquoi j’ai eu peur,
oui, j’ai craint de vous exposer ce que je sais.

7 Je me disais :
« Ceux qui ont un âge avancé sauront parler,
l’expérience de l’âge fera connaître la sagesse. »

8 Mais, en réalité, en l’homme, c’est l’Esprit,
l’inspiration du Tout-Puissant qui lui donne
l’intelligence.

9 Un grand nombre d’années ne rend pas forcément
plus sage
et ce ne sont pas les vieillards qui comprennent ce
qui est juste.

10 Ecoute-moi :
j’exposerai moi aussi mon savoir.

11 Jusqu’ici, j’attendais, j’écoutais vos discours
et vos raisonnements
pour vous laisser critiquer ses propos.

12 Avec toute mon attention je vous ai écoutés,
mais aucun de vous trois n’a pu convaincre Job,
aucun de vous n’a réfuté ses dires.

13 Surtout ne dites pas : « Nous, nous savons ce qu’il
en est :
Dieu seul, et non pas l’homme, pourra le réfuter. »

14 Pourtant ce n’est pas contre moi que Job a dirigé
tous ses propos.
Je ne lui répondrai donc pas avec des mots comme
les vôtres.

15 Les voilà[w] tout déconcertés, ils n’ont plus rien à
dire.
Les mots leur font défaut.

16 J’ai attendu ... Puisqu’ils ne parlent plus,
qu’ils ont cessé de donner la réplique,

17 je veux donc, moi aussi, répondre pour ma part,
oui, moi aussi, exposer mon savoir.

18 Car je suis plein de mots à dire
et mon esprit me presse de parler.

19 Voici : dans mon être intérieur, c’est comme un vin
nouveau qui serait sous pression,

u **32.2** *Bouz*, frère d’Outs (Jb 1.1 ; Gn 22.21) : le pays de Bouz est mentionné dans Jr 25.23 avec Téma et Dedân comme faisant partie de l’Arabie.
v **32.3** Les copistes juifs indiquent en marge qu’ils ont corrigé le texte original pour mettre : *et qu’ils avaient ainsi condamné Job.* Ces copistes voulaient éviter l’idée d’une condamnation de Dieu.
w **32.15** C’est-à-dire les trois amis de Job.

like new wineskins ready to burst.
20 I must speak and find relief;
I must open my lips and reply.
21 I will show no partiality,
nor will I flatter anyone;
22 for if I were skilled in flattery,
my Maker would soon take me away.

33 1 "But now, Job, listen to my words;
pay attention to everything I say.
2 I am about to open my mouth;
my words are on the tip of my tongue.
3 My words come from an upright heart;
my lips sincerely speak what I know.
4 The Spirit of God has made me;
the breath of the Almighty gives me life.
5 Answer me then, if you can;
stand up and argue your case before me.
6 I am the same as you in God's sight;
I too am a piece of clay.
7 No fear of me should alarm you,
nor should my hand be heavy on you.
8 "But you have said in my hearing –
I heard the very words –
9 'I am pure, I have done no wrong;
I am clean and free from sin.
10 Yet God has found fault with me;
he considers me his enemy.
11 He fastens my feet in shackles;
he keeps close watch on all my paths.'
12 "But I tell you, in this you are not right,
for God is greater than any mortal.
13 Why do you complain to him
that he responds to no one's words[b]?
14 For God does speak – now one way, now
another –
though no one perceives it.
15 In a dream, in a vision of the night,
when deep sleep falls on people
as they slumber in their beds,
16 he may speak in their ears
and terrify them with warnings,
17 to turn them from wrongdoing
and keep them from pride,
18 to preserve them from the pit,
their lives from perishing by the sword.[c]
19 "Or someone may be chastened on a bed of pain
with constant distress in their bones,
20 so that their body finds food repulsive
and their soul loathes the choicest meal.
21 Their flesh wastes away to nothing,
and their bones, once hidden, now stick out.

22 They draw near to the pit,

33:13 Or *that he does not answer for any of his actions*
33:18 Or *from crossing the river*

comme des outres neuves sur le point d'éclater.
20 Ainsi je parlerai pour respirer à l'aise,
j'ouvrirai donc la bouche et je répliquerai.
21 Je veux être impartial
et ne flatter personne.
22 D'ailleurs, je ne sais pas l'art de la flatterie,
et celui qui m'a fait m'enlèverait bien vite.

Dieu se sert de la souffrance pour parler aux hommes

33 1 Maintenant, Job, veuille écouter
mon propos, je te prie
et prête bien l'oreille à toutes mes paroles ;
2 voici, j'ouvre la bouche,
et ma langue s'exprime.
3 Mes mots proviennent d'un cœur plein de droiture,
ma bouche exposera la science en toute vérité.
4 Oui, c'est l'Esprit de Dieu qui m'a formé,
c'est le souffle du Tout-Puissant qui me fait vivre.
5 Si tu peux, réponds-moi,
prépare ta défense et prends position devant moi.
6 Car voici, devant Dieu je suis semblable à toi,
j'ai été, comme toi, façonné dans l'argile.
7 Ainsi tu ne trembleras pas de frayeur devant moi
et je ne t'écraserai pas.
8 Tu as dit devant moi,
et j'ai bien entendu le son de tes paroles :
9 « Je suis irréprochable et je n'ai pas commis de
transgression ;
moi, je suis innocent, je n'ai rien fait de mal.
10 Cependant, Dieu invente contre moi des prétextes,
et il me considère comme son ennemi :
11 il a mis mes pieds dans des fers
et il surveille tous mes pas. »
12 En cela, tu n'as pas raison, laisse-moi te le dire,
car Dieu est bien plus grand que l'homme.
13 Pourquoi lui fais-tu un procès ?
Il n'a de compte à rendre pour aucun de ses actes[x].
14 Et pourtant, Dieu nous parle, tantôt d'une manière
et puis tantôt d'une autre. Mais l'on n'y prend pas
garde.
15 Il parle par des songes et des visions nocturnes,
quand un profond sommeil accable les humains
endormis sur leur couche.
16 Alors il se révèle à l'oreille des hommes,
scellant les instructions dont il les avertit,
17 afin d'écarter l'homme de ses agissements,
de le préserver de l'orgueil.
18 Ainsi, le garde-t-il hors de la tombe,
il le préserve des coups du javelot.
19 Ou encore, il corrige l'homme par la souffrance qui
le tient sur sa couche,
lorsque ses os s'agitent sans arrêt.
20 Le voilà dégoûté de toute nourriture,
il n'a plus d'appétit pour les mets les plus fins.
21 La chair sur son corps dépérit, elle ne se laisse plus
voir,
et ses os qu'on ne voyait pas sont maintenant
saillants.
22 De la fosse, il s'approche

x 33.13 Autre traduction : *pourquoi lui reproches-tu de ne pas répondre aux questions qu'on lui pose ?*

and their life to the messengers of death.[d]
23 Yet if there is an angel at their side,
a messenger, one out of a thousand,
sent to tell them how to be upright,
24 and he is gracious to that person and says to
God,
'Spare them from going down to the pit;
I have found a ransom for them –
25 let their flesh be renewed like a child's;
let them be restored as in the days of their
youth' –
26 then that person can pray to God and find favor
with him,
they will see God's face and shout for joy;
he will restore them to full well-being.
27 And they will go to others and say,
'I have sinned, I have perverted what is right,
but I did not get what I deserved.
28 God has delivered me from going down to the
pit,
and I shall live to enjoy the light of life.'
29 "God does all these things to a person –
twice, even three times –
30 to turn them back from the pit,
that the light of life may shine on them.
31 "Pay attention, Job, and listen to me;
be silent, and I will speak.
32 If you have anything to say, answer me;
speak up, for I want to vindicate you.
33 But if not, then listen to me;
be silent, and I will teach you wisdom."

34 1 Then Elihu said:
2 "Hear my words, you wise men;
listen to me, you men of learning.
3 For the ear tests words
as the tongue tastes food.
4 Let us discern for ourselves what is right;
let us learn together what is good.
5 "Job says, 'I am innocent,
but God denies me justice.
6 Although I am right,
I am considered a liar;
although I am guiltless,
his arrow inflicts an incurable wound.'
7 Is there anyone like Job,
who drinks scorn like water?
8 He keeps company with evildoers;
he associates with the wicked.
9 For he says, 'There is no profit
in trying to please God.'
10 "So listen to me, you men of understanding.

[d] 33:22 Or *to the place of the dead*

et sa vie est livrée aux anges de la mort.
23 Mais s'il se trouve auprès de lui un ange interprète
de Dieu[y],
un parmi les milliers,
pour lui faire savoir quel est le droit chemin,
24 qui ait pitié de lui et qui demande à Dieu :
« Délivre-le du gouffre, qu'il n'y descende pas,
j'ai trouvé sa rançon »,
25 alors sa chair retrouve sa fraîcheur juvénile,
et il revient aux jours de sa jeunesse.
26 Il peut invoquer Dieu, qui lui rend sa faveur,
il se présente à lui avec des cris de joie.
Car Dieu le reconnaît à nouveau comme juste.
27 Il se met à chanter et, devant tout le monde,
il dit : « J'avais péché et perverti le droit,
et je n'ai pas subi ce que je méritais.
28 Car Dieu a délivré mon être de la fosse
et il a maintenu ma vie dans la lumière. »
29 Vois, Dieu fait tout cela
deux fois, trois fois pour l'homme,
30 pour le détourner de la tombe
et pour l'illuminer de la lumière des vivants.
31 Sois donc attentif, Job, écoute-moi !
Tais-toi, que je puisse parler.
32 Toutefois, si tu as quelque chose à répondre, dis-le,
réplique-moi,
car je serais heureux de reconnaître ton innocence
33 Si tu n'as rien à dire, alors écoute-moi,
tais-toi, et je t'apprendrai la sagesse.

Dieu est toujours juste

34 1 Elihou reprit la parole et dit :
2 O vous qui êtes sages, écoutez mes paroles,
vous qui avez la connaissance prêtez votre
attention !
3 Car l'oreille discerne la valeur des paroles,
comme le palais juge du goût des aliments.
4 Choisissons donc pour nous le droit
et reconnaissons entre nous ce qui est bien.
5 Voici ce qu'a prétendu Job : « Je suis dans mon bon
droit,
mais Dieu me refuse justice.
6 Alors que je suis juste je passe pour menteur.
Des flèches m'ont percé me causant des plaies
incurables sans que j'aie commis de péché. »
7 Quel homme est comme Job,
pour boire l'insolence comme on boirait de l'eau ?
8 Il fait cause commune avec les malfaiteurs
et marche en compagnie de ceux qui sont
méchants.
9 N'a-t-il pas dit lui-même : « L'homme ne gagne rien
à vouloir plaire à Dieu » ?
10 Aussi, écoutez-moi, vous qui êtes sensés :

[y] 33.23 Certains comprennent un *messager* et pensent à un humain (ce pourrait être Elihou lui-même). Il semble pourtant plus naturel d'y voir un ange chargé de faire comprendre à l'homme ce que Dieu veut lui dire par sa souffrance, comme le suggère la fin du verset. D'autres comprennent : *un ange intercesseur*.

Far be it from God to do evil,
from the Almighty to do wrong.
11 He repays everyone for what they have done;
he brings on them what their conduct
deserves.
12 It is unthinkable that God would do wrong,
that the Almighty would pervert justice.
13 Who appointed him over the earth?
Who put him in charge of the whole world?
14 If it were his intention
and he withdrew his spirit[e] and breath,
15 all humanity would perish together
and mankind would return to the dust.
16 "If you have understanding, hear this;
listen to what I say.
17 Can someone who hates justice govern?
Will you condemn the just and mighty One?
18 Is he not the One who says to kings, 'You are
worthless,'
and to nobles, 'You are wicked,'
19 who shows no partiality to princes
and does not favor the rich over the poor,
for they are all the work of his hands?
20 They die in an instant, in the middle of the
night;
the people are shaken and they pass away;
the mighty are removed without human
hand.
21 "His eyes are on the ways of mortals;
he sees their every step.
22 There is no deep shadow, no utter darkness,
where evildoers can hide.
23 God has no need to examine people further,
that they should come before him for
judgment.
24 Without inquiry he shatters the mighty
and sets up others in their place.
25 Because he takes note of their deeds,
he overthrows them in the night and they
are crushed.
26 He punishes them for their wickedness
where everyone can see them,
27 because they turned from following him
and had no regard for any of his ways.
28 They caused the cry of the poor to come before
him,
so that he heard the cry of the needy.
29 But if he remains silent, who can condemn
him?
If he hides his face, who can see him?
Yet he is over individual and nation alike,
30 to keep the godless from ruling,
from laying snares for the people.

31 "Suppose someone says to God,
'I am guilty but will offend no more.
32 Teach me what I cannot see;
if I have done wrong, I will not do so again.'

34:14 Or *Spirit*

il est inconcevable que Dieu fasse le mal,
et que le Tout-Puissant pratique l'injustice,
11 car il rend à chaque homme selon ce qu'il a fait,
et il traite chacun selon son attitude.

12 Oh, non en vérité, Dieu n'agit jamais mal,
jamais le Tout-Puissant ne fausse la justice.
13 Qui donc lui a confié la charge de la terre
ou qui lui a remis le soin du monde entier ?
14 S'il portait sur lui-même toute son attention,
s'il ramenait à lui son Esprit et son souffle,
15 toutes les créatures expireraient ensemble ;
l'homme retournerait aussi à la poussière.
16 Si tu as du bon sens, écoute donc ceci,
et sois bien attentif à mes paroles.
17 Un ennemi du droit pourrait-il gouverner ?
Oses-tu condamner le Juste, le Puissant ?
18 Celui qui dit aux rois : « Tu n'es qu'un scélérat »,
et qui traite les grands de criminels,

19 ne favorise pas les princes,
ni ne privilégie le riche par rapport au pauvre.
Ils sont tous, en effet, l'ouvrage de ses mains.
20 En un instant, ils meurent :
au milieu de la nuit, un peuple se révolte, alors ils
disparaissent ;
on dépose un tyran sans qu'une main se lève,

21 car Dieu observe la conduite de l'homme,
et il a les regards sur tous ses faits et gestes.
22 Car il n'y a pas pour lui aucune obscurité, pas d'épaisses
ténèbres
où pourraient se cacher les artisans du mal.
23 Oui, Dieu n'a pas besoin d'épier longtemps un
homme
pour le faire assigner devant lui en justice.
24 Sans une longue enquête, il brise les tyrans
et met d'autres gens à leur place.
25 Car il connaît leurs œuvres.
Aussi, en pleine nuit[z], soudain, il les renverse, les
voilà écrasés.
26 Comme des criminels,
il les frappe en public.
27 Ils lui tournaient le dos
et ignoraient toutes ses directives.
28 Car ils ont fait monter vers lui le cri des pauvres
et il a entendu les cris des opprimés.

29 S'il garde le silence[a], qui le condamnera ?
Et s'il cache sa face, qui pourra le voir malgré tout ?
Pourtant, pour les nations et pour les hommes,

30 Dieu fait en sorte d'empêcher que règne un
souverain impie
et qu'on tende des pièges au peuple.
31 Cet homme va-t-il dire à Dieu :
« J'ai eu mon châtiment, je ne me rendrai plus
coupable.
32 Ce que je ne vois pas, toi, enseigne-le-moi.
Si j'ai commis des injustices, je ne le ferai plus » ?

z 34.25 C'est-à-dire à l'improviste (voir v. 20).
a 34.29 Autre traduction : *s'il donne le repos.*

33 Should God then reward you on your terms,
when you refuse to repent?
You must decide, not I;
so tell me what you know.

34 "Men of understanding declare,
wise men who hear me say to me,
35 'Job speaks without knowledge;
his words lack insight.'
36 Oh, that Job might be tested to the utmost
for answering like a wicked man!
37 To his sin he adds rebellion;
scornfully he claps his hands among us
and multiplies his words against God."

35 1 Then Elihu said:
2 "Do you think this is just?
You say, 'I am in the right, not God.'
3 Yet you ask him, 'What profit is it to me,[f]
and what do I gain by not sinning?'

4 "I would like to reply to you
and to your friends with you.
5 Look up at the heavens and see;
gaze at the clouds so high above you.
6 If you sin, how does that affect him?
If your sins are many, what does that do to him?
7 If you are righteous, what do you give to him,
or what does he receive from your hand?
8 Your wickedness only affects humans like yourself,
and your righteousness only other people.

9 "People cry out under a load of oppression;
they plead for relief from the arm of the powerful.
10 But no one says, 'Where is God my Maker,
who gives songs in the night,
11 who teaches us more than he teaches[g] the beasts of the earth
and makes us wiser than[h] the birds in the sky?'
12 He does not answer when people cry out
because of the arrogance of the wicked.
13 Indeed, God does not listen to their empty plea;
the Almighty pays no attention to it.
14 How much less, then, will he listen
when you say that you do not see him,
that your case is before him
and you must wait for him,

f **35:3** Or *you*
g **35:10,11** Or *night, / 11 who teaches us by*
h **35:11** Or *us wise by*

33 Pour rétribuer un tel homme, Dieu devrait-il
consulter ton avis, toi qui critiques ?
Si toi tu choisis de penser ainsi, pour ma part, ce n'est pas mon cas[b],
Allez, dis donc ce que tu sais !
34 Les hommes de bon sens aussi bien que les sages qui
m'auront entendu
conviendront avec moi :
35 Job parle sans savoir
et ses paroles manquent d'intelligence.
36 Que son épreuve aille jusqu'à son terme
puisqu'il répond à la manière des injustes.
37 Car il ajoute à son péché
et abonde en révolte parmi nous[c] ;
et puis il multiplie ses propos contre Dieu.

Job tient des propos insensés

35 1 Elihou reprit la parole et dit :
2 Penses-tu être dans ton droit quand tu affirmes :
« Oui, je suis plus juste que Dieu ! » ?
3 Et tu ajoutes : « A quoi me sert-il donc d'éviter le péché ? »
et : « Quel profit Dieu peut-il en tirer ? »
4 Moi, je te répondrai
ainsi qu'à tes amis.
5 Vois le ciel et regarde,
contemple les nuages : combien ils te dominent !
6 Or, si tu agis mal, en quoi nuis-tu à Dieu ?
Multiplie tes révoltes, quel tort lui causes-tu ?
7 Si tu es juste, que lui apportes-tu ?
Que reçoit-il de toi ?
8 Car ta méchanceté n'atteint que tes semblables,
de même ta justice n'est utile qu'aux hommes.
9 Le poids de l'oppression fait crier les victimes,
contre la violence des puissants, on appelle au secours.
10 Mais nul ne songe à dire : « Où est Dieu qui m'a fait
Lui qui, en pleine nuit, donne des chants joyeux,
11 lui qui nous instruit mieux que les bêtes des champs
et qui nous rend plus sages que les oiseaux du ciel ? »
12 Alors on crie, mais Dieu ne répond pas,
à cause de l'orgueil de ceux qui font le mal.
13 Oui, c'est en vain qu'ils crient car Dieu n'exauce pas[d] :
le Tout-Puissant n'y fait pas attention.
14 Cependant, bien que tu prétendes que tu ne le vois pas,
ta cause est devant lui tu peux compter sur lui.

b **34.33** Hébreu peu clair. Plus litt. : *c'est toi qui choisis, pas moi.* On peut comprendre de trois manières : 1. Elihou dit à Job : « C'est toi qui penses ainsi, mais ce n'est pas mon cas ». 2. Elihou dit à Job : « C'est à toi de choisir (de changer d'attitude), pas à moi ». 3. Elihou place ces paroles dans la bouche de Dieu : « Dieu devrait-il te dire : "c'est à toi de décider, pas à moi" ? »
c **34.37** Autre traduction : *Car, en plus de sa faute, voilà qu'il se révolte, il sème le doute parmi nous.*
d **35.13** Au lieu de : *Oui, c'est en vain ... n'exauce pas*, on pourrait traduire : *non, Dieu n'écoutera pas ces paroles mensongères.*

[15] and further, that his anger never punishes
and he does not take the least notice of
wickedness.[i]
[16] So Job opens his mouth with empty talk;
without knowledge he multiplies words."

36

[1] Elihu continued:
[2] "Bear with me a little longer and I will
show you
that there is more to be said in God's behalf.
[3] I get my knowledge from afar;
I will ascribe justice to my Maker.
[4] Be assured that my words are not false;
one who has perfect knowledge is with you.

[5] "God is mighty, but despises no one;
he is mighty, and firm in his purpose.

[6] He does not keep the wicked alive
but gives the afflicted their rights.
[7] He does not take his eyes off the righteous;
he enthrones them with kings
and exalts them forever.

[8] But if people are bound in chains,
held fast by cords of affliction,
[9] he tells them what they have done –
that they have sinned arrogantly.
[10] He makes them listen to correction
and commands them to repent of their evil.
[11] If they obey and serve him,
they will spend the rest of their days in
prosperity
and their years in contentment.
[12] But if they do not listen,
they will perish by the sword[j]
and die without knowledge.
[13] "The godless in heart harbor resentment;
even when he fetters them, they do not cry
for help.
[14] They die in their youth,
among male prostitutes of the shrines.
[15] But those who suffer he delivers in their
suffering;
he speaks to them in their affliction.
[16] "He is wooing you from the jaws of distress
to a spacious place free from restriction,
to the comfort of your table laden with
choice food.
[17] But now you are laden with the judgment due
the wicked;
judgment and justice have taken hold of you.
[18] Be careful that no one entices you by riches;
do not let a large bribe turn you aside.

[19] Would your wealth or even all your mighty
efforts

[i] 35:15 Symmachus, Theodotion and Vulgate; the meaning of the Hebrew for this word is uncertain.
[j] 36:12 Or *will cross the river*

[15] Parce que sa colère n'intervient pas encore
et qu'il ne semble guère faire cas des pires révoltes[e],

[16] Job a la bouche pleine de paroles en l'air
et multiplie les discours insensés.

Dieu éduque l'homme par la souffrance

36

[1] Elihou continua en ces termes :
[2] Accepte encore un peu que je t'enseigne,
car il y a encore à dire pour la cause de Dieu.

[3] De loin, je tirerai ma science, oui, de très loin,
et je rendrai justice à celui qui m'a fait.
[4] Car vraiment, mes discours ne sont pas des
mensonges.
Et je m'adresse à toi avec un savoir sûr.
[5] Bien que puissant, Dieu n'a de dédain pour
personne ;
il est puissant, il est aussi déterminé.
[6] Il ne permettra pas que vive le méchant,
il fait justice aux opprimés,
[7] il ne détourne pas ses yeux des hommes justes,
mais il les fait asseoir sur un trône à côté des rois.
Il les y établit pour siéger à jamais ; ainsi il les
honore.
[8] S'ils sont liés de chaînes
ou pris dans les liens du malheur,
[9] c'est qu'il leur dénonce leurs actes,
les fautes que dans leur orgueil ils ont commises.
[10] Il ouvre leurs oreilles aux avertissements
et il leur dit : « Détournez-vous du mal. »
[11] S'ils écoutent, et se soumettent,
ils finissent leurs jours dans le bonheur,
et leurs années s'achèvent dans les délices.

[12] Mais s'ils n'écoutent pas, ils auront à subir les coups
du javelot
et ils expireront, faute d'avoir reçu la connaissance.
[13] Quant à ceux qui rejettent Dieu, ils gardent leur
colère[f],
ils ne crient pas à l'aide quand il les lie de chaînes.
[14] Aussi, leur vie s'éteint en pleine fleur de l'âge,
ils la terminent parmi les prostitués sacrés.
[15] Mais Dieu délivre l'affligé par son affliction même,
et c'est par la souffrance qu'il le dispose à l'écouter.

[16] Toi aussi, il t'arrachera à la détresse
pour t'établir au large sans rien pour te gêner,
et pour charger ta table d'aliments savoureux.

[17] Mais maintenant si tu adoptes le jugement des
criminels,
la justice et le jugement se saisiront de toi.
[18] Que la colère ne t'incite donc pas à te moquer de
Dieu,
et ne t'égare pas parce que la rançon est bien trop
grande[g].
[19] Tes cris suffiraient-ils

[e] 35.15 *révolte:* mot de sens incertain, traduit d'après des versions anciennes.
[f] 36.13 Autre traduction : *ils s'exposent à la colère de Dieu.*
[g] 36.18 Hébreu obscur. Autre traduction : *Prends garde de ne pas te laisser séduire par des largesses, et ne te laisse pas égarer par un pot-de-vin.*

sustain you so you would not be in distress?
20 Do not long for the night,
to drag people away from their homes.[k]
21 Beware of turning to evil,
which you seem to prefer to affliction.
22 "God is exalted in his power.
Who is a teacher like him?
23 Who has prescribed his ways for him,
or said to him, 'You have done wrong'?
24 Remember to extol his work,
which people have praised in song.
25 All humanity has seen it;
mortals gaze on it from afar.
26 How great is God – beyond our understanding!
The number of his years is past finding out.

27 "He draws up the drops of water,
which distill as rain to the streams[l];
28 the clouds pour down their moisture
and abundant showers fall on mankind.
29 Who can understand how he spreads out the clouds,
how he thunders from his pavilion?
30 See how he scatters his lightning about him,
bathing the depths of the sea.

31 This is the way he governs[m] the nations
and provides food in abundance.

32 He fills his hands with lightning
and commands it to strike its mark.
33 His thunder announces the coming storm;
even the cattle make known its approach.[n]

37 1 "At this my heart pounds
and leaps from its place.
2 Listen! Listen to the roar of his voice,
to the rumbling that comes from his mouth.
3 He unleashes his lightning beneath the whole heaven
and sends it to the ends of the earth.
4 After that comes the sound of his roar;
he thunders with his majestic voice.
When his voice resounds,
he holds nothing back.
5 God's voice thunders in marvelous ways;
he does great things beyond our understanding.
6 He says to the snow, 'Fall on the earth,'
and to the rain shower, 'Be a mighty downpour.'
7 So that everyone he has made may know his work,
he stops all people from their labor.[o]
8 The animals take cover;
they remain in their dens.

ou même tes plus grands efforts, pour te faire échapper à la détresse ?
20 Ne soupire donc pas après la nuit
qui balaiera les peuples !
21 Fais attention ! Ne te tourne pas vers le mal !
Car la souffrance t'y dispose[h].
22 Vois, Dieu est souverain par sa puissance.
Quel maître enseigne comme lui ?
23 Qui inspectera sa conduite[i] ?
Qui lui a jamais dit : « Ce que tu fais est mal » ?
24 Mais souviens-toi plutôt de célébrer son œuvre
que chantent les humains.
25 Tout le monde la voit,
tout être humain la regarde de loin.
26 Vois combien Dieu est grand : cela dépasse notre compréhension.
Nul ne peut calculer le nombre de ses ans.
27 Oui, c'est lui qui attire les gouttelettes d'eau,
il les distille en pluie, il en fait de la brume.
28 Les nuées répandent la pluie
et elles la déversent en trombes sur les hommes.
29 Qui prétendrait comprendre l'expansion des nuage
et les coups de tonnerre dont retentit sa tente ?

30 Vois, tout autour, scintiller ses éclairs ;
c'est lui encore qui recouvre les profondeurs des mers.
31 Par tous ces éléments, Dieu régit les nations,
et il pourvoit les hommes de nourriture en abondance.
32 Et en ses mains il cache des éclairs
auxquels il assigne une cible.
33 Le bruit de son tonnerre annonce sa venue,
et même les troupeaux pressentent son approche.

La grandeur de l'œuvre de Dieu

37 1 A ce spectacle mon cœur tremble
et il bat à tout rompre.
2 Ecoutez, écoutez le fracas de sa voix,
et tous ces grondements qui sortent de sa bouche
3 et vont rouler dans toute l'étendue du ciel.
Et ses éclairs atteignent les confins de la terre.

4 Puis une voix rugit : il fait tonner sa voix majestueuse,
il ne retient plus ses éclairs lorsqu'on entend sa voix.
5 Oui, sa voix tonne de façon extraordinaire,
il fait de grandes choses dépassant notre entendement.
6 Car il dit à la neige de tomber sur la terre,
et il commande aux pluies, même aux pluies torrentielles.
7 Il paralyse ainsi l'activité humaine,
afin que tous les hommes sachent que c'est bien là son œuvre.
8 Les animaux eux-mêmes se terrent dans leurs gîte
et ils s'abritent au fond de leurs tanières.

[k] **36:20** The meaning of the Hebrew for verses 18-20 is uncertain.
[l] **36:27** Or *distill from the mist as rain*
[m] **36:31** Or *nourishes*
[n] **36:33** Or *announces his coming – / the One zealous against evil*
[o] **37:7** Or *work, / he fills all people with fear by his power*

[h] **36.21** Autre traduction : *Ne te tourne pas vers le mal que tu préférerais à la souffrance.*
[i] **36.23** Autre traduction : *Qui lui dictera sa conduite ?*

9 The tempest comes out from its chamber,
the cold from the driving winds.
10 The breath of God produces ice,
and the broad waters become frozen.
11 He loads the clouds with moisture;
he scatters his lightning through them.
12 At his direction they swirl around
over the face of the whole earth
to do whatever he commands them.
13 He brings the clouds to punish people,
or to water his earth and show his love.

14 "Listen to this, Job;
stop and consider God's wonders.
15 Do you know how God controls the clouds
and makes his lightning flash?
16 Do you know how the clouds hang poised,
those wonders of him who has perfect
knowledge?
17 You who swelter in your clothes
when the land lies hushed under the south
wind,
18 can you join him in spreading out the skies,
hard as a mirror of cast bronze?

19 "Tell us what we should say to him;
we cannot draw up our case because of our
darkness.
20 Should he be told that I want to speak?
Would anyone ask to be swallowed up?
21 Now no one can look at the sun,
bright as it is in the skies
after the wind has swept them clean.
22 Out of the north he comes in golden splendor;
God comes in awesome majesty.
23 The Almighty is beyond our reach and exalted
in power;
in his justice and great righteousness, he
does not oppress.
24 Therefore, people revere him,
for does he not have regard for all the wise
in heart?[p]"

he LORD Speaks

38 1 Then the LORD spoke to Job out of the storm.
He said:
2 "Who is this that obscures my plans
with words without knowledge?
3 Brace yourself like a man;
I will question you,
and you shall answer me.
4 "Where were you when I laid the earth's
foundation?
Tell me, if you understand.

37:24 Or *for he does not have regard for any who think they are wise.*

9 Des profondeurs australes surgit un ouragan,
et des vents d'aquilon amènent la froidure.
10 Sous le souffle de Dieu, l'eau se transforme en glace,
les étendues liquides se figent en un bloc.
11 Il charge les nuages d'humidité,
et répand ses éclairs à travers les nuées.
12 Sa main les fait tourbillonner, tournoyer selon ses
desseins,
afin qu'ils exécutent tout ce qu'il leur commande
sur la face du monde.
13 S'agit-il de frapper la terre du bâton
ou de lui témoigner de la bonté ? Ce sont eux qu'il
délègue.
14 Ecoute cela, Job,
arrête-toi, et réfléchis aux merveilles de Dieu.
15 Sais-tu comment Dieu contrôle ces choses,
comment il fait jaillir l'éclair de ses nuages ?
16 Sais-tu comment les nues conservent l'équilibre ?
Ce sont là les merveilles de celui dont la science
atteint la perfection.
17 Toi dont les habits sont trop chauds,
lorsque languit la terre sous le vent du midi,
18 peux-tu aider Dieu à étendre la voûte des nuées
et la rendre solide pareille à un miroir coulé dans
le métal[j] ?
19 Pourrais-tu nous faire savoir ce que nous lui
dirons ?
Nous ne pourrons argumenter : tout est obscur
pour nous.
20 Quand je prends la parole, doit-on l'en avertir ?
Faut-il qu'on le mette au courant pour qu'il soit
informé ?
21 Soudain disparaît la lumière, cachée par les nuages,
mais, dès qu'un vent se lève, ceux-ci sont balayés.
22 Du septentrion vient une lueur dorée,
autour de Dieu rayonne un éclat redoutable.
23 Il est le Tout-Puissant, nous ne pouvons l'atteindre.
Il est grand en puissance
ainsi qu'en équité ;
pleinement juste, il n'opprime personne[k].
24 Voilà pourquoi les hommes doivent le craindre,
mais lui ne tient pas compte de ceux qui se croient
sages.

PREMIER DISCOURS DE DIEU

Dieu évoque son œuvre de création et sa providence

38 1 Alors, du sein de la tempête, l'Eternel répondit
à Job :
2 Qui donc obscurcit mes desseins
par des discours sans connaissance ?
3 Mets ta ceinture, comme un brave :
je vais te poser des questions et tu m'enseigneras.
4 Où étais-tu quand je posai les fondations du
monde[l] ?
Déclare-le, puisque ta science est si profonde !

j **37.18** Dans Dt 28.23, le ciel de bronze (nous dirions : de plomb) représente une canicule très forte.
k **37.23** Autre traduction : *il n'opprime pas celui qui est pleinement juste.*
l **38.4** Dans les v. 4-6, l'auteur parle de la terre comme d'un *édifice.*

5 Who marked off its dimensions? Surely you know!
Who stretched a measuring line across it?
6 On what were its footings set,
or who laid its cornerstone –
7 while the morning stars sang together
and all the angels[q] shouted for joy?

8 "Who shut up the sea behind doors
when it burst forth from the womb,
9 when I made the clouds its garment
and wrapped it in thick darkness,
10 when I fixed limits for it
and set its doors and bars in place,
11 when I said, 'This far you may come and no farther;
here is where your proud waves halt'?
12 "Have you ever given orders to the morning,
or shown the dawn its place,
13 that it might take the earth by the edges
and shake the wicked out of it?
14 The earth takes shape like clay under a seal;
its features stand out like those of a garment.
15 The wicked are denied their light,
and their upraised arm is broken.
16 "Have you journeyed to the springs of the sea
or walked in the recesses of the deep?
17 Have the gates of death been shown to you?
Have you seen the gates of the deepest darkness?
18 Have you comprehended the vast expanses of the earth?
Tell me, if you know all this.
19 "What is the way to the abode of light?
And where does darkness reside?
20 Can you take them to their places?
Do you know the paths to their dwellings?
21 Surely you know, for you were already born!
You have lived so many years!
22 "Have you entered the storehouses of the snow
or seen the storehouses of the hail,
23 which I reserve for times of trouble,
for days of war and battle?
24 What is the way to the place where the lightning is dispersed,
or the place where the east winds are scattered over the earth?
25 Who cuts a channel for the torrents of rain,
and a path for the thunderstorm,

q 38:7 Hebrew *the sons of God*

5 Qui en a fixé les mesures, le sais-tu donc ?
Qui a tendu sur lui le cordeau d'arpenteur ?
6 Dans quoi les socles de ses colonnes s'enfoncent-ils
Qui en posa la pierre principale d'angle,
7 quand les étoiles du matin[m] éclataient, unanimes,
dans des chants d'allégresse,
et que tous les anges de Dieu[n] poussaient des cris de joie ?
8 Qui enferma la mer par une porte à deux battants
lorsqu'elle jaillit du sein maternel ?
9 lorsque je fis, de la nuée, son vêtement,
et de l'obscurité ses langes,
10 quand je lui imposai ma loi,
quand je plaçai verrous et portes
11 en lui disant : « C'est jusqu'ici que tu iras, et pas plus loin,
ici s'arrêteront tes flots impétueux » ?
12 As-tu, un seul jour de ta vie, commandé au matin
et assigné sa place à l'aube
13 pour qu'elle se saisisse des extrémités de la terre
et qu'elle en secoue les méchants[o] ?
14 Alors, la terre est transformée comme l'argile sous
l'empreinte[p],
et toutes choses sont parées comme d'un vêtement
15 Mais les méchants se voient privés de leur lumière
et le bras levé est brisé.
16 Es-tu parvenu jusqu'aux sources qui font jaillir les mers ?
Ou t'es-tu promené dans les profondeurs de l'abîme ?
17 Les portes de la mort ont-elles paru devant toi ?
As-tu vu les accès du royaume des épaisses ténèbres ?
18 As-tu embrassé du regard l'étendue de la terre ?
Dis-le, si tu sais tout cela.
19 De quel côté est le chemin vers le séjour de la lumière,
et les ténèbres, où donc ont-elles leur demeure,
20 pour que tu puisses les saisir là où elles se séparent
et bien comprendre les sentiers de leur habitation
21 Tu dois connaître tout cela, puisque tu étais déjà n
et que tes jours sont si nombreux !
22 As-tu visité les greniers qui recèlent la neige,
et les dépôts de grêle, les as-tu vus ?
23 Je les tiens en réserve pour les temps de détresse,
les jours de lutte et de combat.
24 Par quelle voie se répand la lumière ?
Par où le vent d'orient envahit-il la terre ?
25 Qui ouvre le passage pour les torrents de pluie ?
Qui a frayé la voie aux éclairs de l'orage tonitruant

m **38.7** Expression qui peut être prise dans son sens propre (comme dan Ps 148.3) ou dans un sens figuré (comme dans Es 14.12) comme désignan les anges dont parle la fin du verset. C'est le matin de la création qu'acclament les premières créatures.
n **38.7** Appelés ici *fils de Dieu* (voir notes 1.6 ; 2.1 et Ps 29.1).
o **38.13** La terre est comparée au tapis que l'on secoue le matin hors de l tente pour en chasser la poussière.
p **38.14** L'argile servait de cire, on y imprimait son sceau, lui donnant du relief. La lumière a le même effet sur le paysage.
q **38.20** C'est-à-dire à la limite du jour et de la nuit.

[26] to water a land where no one lives,
an uninhabited desert,
[27] to satisfy a desolate wasteland
and make it sprout with grass?
[28] Does the rain have a father?
Who fathers the drops of dew?
[29] From whose womb comes the ice?
Who gives birth to the frost from the heavens
[30] when the waters become hard as stone,
when the surface of the deep is frozen?
[31] "Can you bind the chains[r] of the Pleiades?
Can you loosen Orion's belt?
[32] Can you bring forth the constellations in their seasons[s]
or lead out the Bear[t] with its cubs?
[33] Do you know the laws of the heavens?
Can you set up God's[u] dominion over the earth?
[34] "Can you raise your voice to the clouds
and cover yourself with a flood of water?
[35] Do you send the lightning bolts on their way?
Do they report to you, 'Here we are'?
[36] Who gives the ibis wisdom[v]
or gives the rooster understanding?[w]
[37] Who has the wisdom to count the clouds?
Who can tip over the water jars of the heavens
[38] when the dust becomes hard
and the clods of earth stick together?

[39] "Do you hunt the prey for the lioness
and satisfy the hunger of the lions
[40] when they crouch in their dens
or lie in wait in a thicket?
[41] Who provides food for the raven
when its young cry out to God
and wander about for lack of food?

39 [1] "Do you know when the mountain goats give birth?
Do you watch when the doe bears her fawn?
[2] Do you count the months till they bear?
Do you know the time they give birth?
[3] They crouch down and bring forth their young;
their labor pains are ended.
[4] Their young thrive and grow strong in the wilds;
they leave and do not return.
[5] "Who let the wild donkey go free?
Who untied its ropes?
[6] I gave it the wasteland as its home,
the salt flats as its habitat.
[7] It laughs at the commotion in the town;
it does not hear a driver's shout.

3:31 Septuagint; Hebrew *beauty*
3:32 Or *the morning star in its season*
3:32 Or *out Leo*
8:33 Or *their*
8:36 That is, wisdom about the flooding of the Nile
8:36 That is, understanding of when to crow; the meaning of
: Hebrew for this verse is uncertain.

[26] faisant tomber la pluie sur une terre inhabitée,
sur un désert inoccupé,
[27] pour arroser les solitudes et les régions arides,
et pour y faire germer l'herbe ?
[28] La pluie a-t-elle un père ?
Et qui donc a fait naître les gouttes de rosée ?
[29] De quel sein sort la glace,
qui a donné naissance au blanc frimas du ciel,
[30] lorsque les eaux durcissent pour devenir comme la pierre
et que se fige la surface des lacs profonds ?
[31] Peux-tu nouer les cordes des Pléiades
ou desserrer les cordages d'Orion ?
[32] Fais-tu paraître les constellations en leur temps ?
Conduis-tu la Grande Ourse et ses étoiles secondaires ?
[33] Sais-tu par quelles lois le ciel est gouverné ?
Est-ce toi qui imposes son pouvoir sur la terre ?
[34] Te suffit-il de parler aux nuages
pour que des trombes d'eau se déversent sur toi ?
[35] Les éclairs partent-ils à ton commandement
te disant : « Nous voici » ?
[36] Qui a implanté la sagesse au cœur de l'homme
et le discernement en son esprit[r] ?
[37] Qui a la compétence pour compter les nuages
et qui peut incliner les amphores du ciel
[38] pour agréger en glèbe la poussière,
et pour coller les mottes de la terre ?

Dieu évoque le règne animal

[39] Peux-tu chasser la proie pour la lionne ?
Apaises-tu la faim des lionceaux
[40] quand ils sont tous tapis au fond de leurs tanières,
quand ils sont à l'affût dans les taillis épais ?
[41] Qui donc prépare au corbeau sa pâture
quand ses oisillons crient vers Dieu,
et sont errants, sans nourriture ?

39 [1] Connais-tu le moment où les chamois enfantent ?
Et as-tu observé les biches en travail ?
[2] As-tu compté combien de mois dure leur gestation ?
Et connais-tu l'époque où elles mettent bas,
[3] quand elles s'accroupissent, déposent leurs petits
et sont délivrées des douleurs ?
[4] Leurs faons se fortifient, grandissant en plein air
et ils s'en vont loin d'elles pour ne plus revenir.
[5] Qui a laissé l'onagre courir en liberté ?
Qui a rompu les liens qui retenaient l'âne sauvage ?
[6] Moi je lui ai donné le désert pour demeure
et des plateaux salés[s] pour résidence.
[7] Il ne veut rien savoir des villes populeuses,
et il n'entend pas les cris du conducteur de l'âne.

r **38.36** La traduction des deux mots *cœur* et *esprit* est incertaine. Certains pensent qu'ils désignent l'*ibis* et le *coq*, le premier oiseau annonçant la venue du printemps, le second celle de l'aurore.
s **39.6** Les terres salées sont opposées aux terres à fruits (Ps 107.34). L'âne sauvage se nourrit des herbes salées croissant dans les steppes d'Arabie et de Syrie.

[8] It ranges the hills for its pasture
and searches for any green thing.
[9] "Will the wild ox consent to serve you?
Will it stay by your manger at night?
[10] Can you hold it to the furrow with a harness?
Will it till the valleys behind you?
[11] Will you rely on it for its great strength?
Will you leave your heavy work to it?
[12] Can you trust it to haul in your grain
and bring it to your threshing floor?
[13] "The wings of the ostrich flap joyfully,
though they cannot compare
with the wings and feathers of the stork.
[14] She lays her eggs on the ground
and lets them warm in the sand,
[15] unmindful that a foot may crush them,
that some wild animal may trample them.
[16] She treats her young harshly, as if they were not hers;
she cares not that her labor was in vain,
[17] for God did not endow her with wisdom
or give her a share of good sense.
[18] Yet when she spreads her feathers to run,
she laughs at horse and rider.

[19] "Do you give the horse its strength
or clothe its neck with a flowing mane?
[20] Do you make it leap like a locust,
striking terror with its proud snorting?
[21] It paws fiercely, rejoicing in its strength,
and charges into the fray.
[22] It laughs at fear, afraid of nothing;
it does not shy away from the sword.
[23] The quiver rattles against its side,
along with the flashing spear and lance.
[24] In frenzied excitement it eats up the ground;
it cannot stand still when the trumpet sounds.
[25] At the blast of the trumpet it snorts, 'Aha!'
It catches the scent of battle from afar,
the shout of commanders and the battle cry.

[26] "Does the hawk take flight by your wisdom
and spread its wings toward the south?
[27] Does the eagle soar at your command
and build its nest on high?
[28] It dwells on a cliff and stays there at night;
a rocky crag is its stronghold.
[29] From there it looks for food;
its eyes detect it from afar.
[30] Its young ones feast on blood,
and where the slain are, there it is."

[8] Il parcourt les montagnes pour trouver sa pâture,
à la recherche de toute verdure.
[9] L'aurochs[t] daignera-t-il se mettre à ton service ?
Passera-t-il ses nuits auprès de ta mangeoire ?
[10] Lui feras-tu suivre un sillon en l'attachant avec de cordes ?
Va-t-il traîner la herse derrière toi dans les vallons ?
[11] Mettras-tu ta confiance dans sa force extraordinaire ?
Et lui remettras-tu le soin de tes travaux ?
[12] Compteras-tu sur lui pour rapporter ton grain
et l'amasser sur l'aire de battage ?
[13] Les ailes de l'autruche se déploient avec joie,
mais son aile et ses plumes ne sont pas comparabl[e]
à celles des cigognes.
[14] Or l'autruche abandonne ses œufs dans la poussière,
et laisse au sable chaud le soin de les couver,
[15] ne pensant pas à ceux qui marcheraient dessus,
aux animaux sauvages qui les piétineraient.
[16] Elle est dure pour ses petits comme s'ils n'étaient pas les siens,
et elle ne s'inquiète pas d'avoir peiné en vain.
[17] Pourquoi ? Parce que Dieu l'a privée de sagesse,
et qu'il ne lui a pas donné l'intelligence.
[18] Mais qu'elle se redresse et prenne son élan,
pour elle c'est un jeu de laisser derrière elle cheva[l]
et cavalier.
[19] Serait-ce toi qui donnes la puissance au cheval ?
Ou est-ce toi qui pares son cou d'une crinière ?
[20] Ou le fais-tu bondir comme la sauterelle ?
Son fier hennissement inspire la frayeur !
[21] Dans le vallon, il piaffe, tout joyeux de sa force.
Le voilà qui s'élance en plein dans la mêlée.
[22] Il se rit de la peur et ne s'effraie de rien.
Il ne recule pas en face de l'épée,
[23] lorsqu'au-dessus de lui cliquette le carquois,
la lance étincelante ou bien le javelot.
[24] Tout frémissant d'ardeur, il dévore l'espace,
il ne tient plus en place dès qu'il a entendu le son du cor.
[25] Dès qu'il entend la charge, il hennit : « En avant »,
lorsqu'il est loin encore, il flaire la bataille,
la voix tonitruante des commandants de troupes e[t]
les cris des guerriers.
[26] Serait-ce grâce à ton intelligence que l'épervier prend son essor
et qu'il déploie ses ailes en direction du sud[u] ?
[27] Serait-ce à ton commandement que l'aigle monte dans les airs
et qu'il bâtit son nid sur les sommets ?
[28] Il fait du rocher sa demeure et y passe la nuit,
il établit sa forteresse sur une dent rocheuse.
[29] De là-haut, il épie sa proie,
de loin, il l'aperçoit.
[30] Ses petits s'abreuvent de sang.
Où que soient les cadavres, il est présent.

[t] **39.9** L'*urus* ou l'*aurochs*, variété éteinte aujourd'hui, était un animal grand et puissant, souvent pris comme symbole de la force (Nb 23.22 ; 24.8 ; Dt 33.17).

[u] **39.26** L'épervier migrateur s'arrête dans cette région au cours de so[n] vol vers le sud au début de l'hiver.

40 [1]The LORD said to Job:
[2] "Will the one who contends with the
Almighty correct him?
Let him who accuses God answer him!"

[3]Then Job answered the LORD:
[4] "I am unworthy – how can I reply to you?
I put my hand over my mouth.
[5] I spoke once, but I have no answer –
twice, but I will say no more."

[6]Then the LORD spoke to Job out of the storm:
[7] "Brace yourself like a man;
I will question you,
and you shall answer me.
[8] "Would you discredit my justice?
Would you condemn me to justify yourself?

[9] Do you have an arm like God's,
and can your voice thunder like his?
[10] Then adorn yourself with glory and splendor,
and clothe yourself in honor and majesty.
[11] Unleash the fury of your wrath,
look at all who are proud and bring them low,
[12] look at all who are proud and humble them,
crush the wicked where they stand.
[13] Bury them all in the dust together;
shroud their faces in the grave.
[14] Then I myself will admit to you
that your own right hand can save you.
[15] "Look at Behemoth,
which I made along with you
and which feeds on grass like an ox.
[16] What strength it has in its loins,
what power in the muscles of its belly!
[17] Its tail sways like a cedar;
the sinews of its thighs are close-knit.
[18] Its bones are tubes of bronze,
its limbs like rods of iron.
[19] It ranks first among the works of God,
yet its Maker can approach it with his sword.
[20] The hills bring it their produce,
and all the wild animals play nearby.
[21] Under the lotus plants it lies,
hidden among the reeds in the marsh.
[22] The lotuses conceal it in their shadow;
the poplars by the stream surround it.
[23] A raging river does not alarm it;
it is secure, though the Jordan should surge
against its mouth.
[24] Can anyone capture it by the eyes,
or trap it and pierce its nose?

41 [1][x]"Can you pull in Leviathan with a
fishhook

[x] In Hebrew texts 41:1-8 is numbered 40:25-32, and 41:9-34 is numbered 41:1-26.

Première réponse de Job à Dieu

40 [1]L'Eternel demanda alors à Job :
[2] Celui qui intente un procès au Tout-Puissant
a-t-il à critiquer ?
Celui qui conteste avec Dieu a-t-il quelque chose à
répondre ?
[3] Job répondit alors à l'Eternel :
[4] Je suis trop peu de chose, que te répliquerais-je ?
Je mets donc la main sur la bouche.
[5] J'ai parlé une fois, je ne répondrai plus.
Et j'ai même insisté une deuxième fois, je n'ajouterai
rien.

Second discours de Dieu

Dieu évoque l'hippopotame et le crocodile

[6] Alors, du sein de la tempête, l'Eternel dit à Job :
[7] Mets ta ceinture comme un brave,
je vais te poser des questions et tu m'enseigneras.

[8] Veux-tu vraiment prétendre que je ne suis pas
juste ?
Veux-tu me condamner pour te justifier ?
[9] As-tu un bras tel que celui de Dieu ?
Ta voix peut-elle égaler mon tonnerre ?
[10] Va te parer d'honneur et de grandeur
et revêts-toi de splendeur et de gloire !
[11] Répands les flots de ton indignation
et, d'un regard, courbe tous les hautains !
[12] Que ton regard les fasse plier tous,
les criminels, écrase-les sur place !
[13] Dans la poussière, va les enfouir ensemble !
Enferme-les dans la nuit du tombeau !
[14] Alors, moi-même je te rendrai hommage,
car ta victoire sera due à ta main.
[15] Regarde donc l'hippopotame[v] : je l'ai fait comme
toi.
Comme le bœuf, il se nourrit de l'herbe.
[16] Vois quelle force réside dans sa croupe !
Quelle vigueur dans ses muscles des flancs !
[17] Sa queue, il la raidit, solide comme un cèdre.
Et les tendons sont tressés dans ses cuisses.
[18] Ses os ressemblent à des barreaux de bronze,
son ossature à des barres de fer.
[19] C'est le chef-d'œuvre de Dieu, son créateur
qui lui impose le respect par le glaive.
[20] Les monts produisent son fourrage,
là où s'ébattent les animaux sauvages.
[21] Il dort sous les lotus,
sous le couvert des roseaux du marais.
[22] Il est couvert par l'ombre des lotus,
les peupliers l'entourent près des cours d'eau.
[23] Si la rivière se déchaîne, il ne s'en émeut pas.
Si le Jourdain se jette dans sa gueule, il reste
néanmoins serein.
[24] Va-t-on le prendre à face découverte
et l'entraver en lui perçant le mufle ?
[25] Iras-tu prendre avec ton hameçon le crocodile[w] ?

[v] **40.15** La plupart des interprètes identifient l'animal dont il est question ici à l'*hippopotame* du Nil, décrit aux v. 16-24 dans un langage poétique et hyperbolique.
[w] **40.25** Voir note 3.8.

or tie down its tongue with a rope?
2 Can you put a cord through its nose
or pierce its jaw with a hook?
3 Will it keep begging you for mercy?
Will it speak to you with gentle words?
4 Will it make an agreement with you
for you to take it as your slave for life?
5 Can you make a pet of it like a bird
or put it on a leash for the young women in
your house?
6 Will traders barter for it?
Will they divide it up among the merchants?
7 Can you fill its hide with harpoons
or its head with fishing spears?
8 If you lay a hand on it,
you will remember the struggle and never do
it again!
9 Any hope of subduing it is false;
the mere sight of it is overpowering.
10 No one is fierce enough to rouse it.
Who then is able to stand against me?
11 Who has a claim against me that I must pay?
Everything under heaven belongs to me.
12 "I will not fail to speak of Leviathan's limbs,
its strength and its graceful form.
13 Who can strip off its outer coat?
Who can penetrate its double coat of armor[y]?
14 Who dares open the doors of its mouth,
ringed about with fearsome teeth?
15 Its back has[z] rows of shields
tightly sealed together;
16 each is so close to the next
that no air can pass between.
17 They are joined fast to one another;
they cling together and cannot be parted.
18 Its snorting throws out flashes of light;
its eyes are like the rays of dawn.
19 Flames stream from its mouth;
sparks of fire shoot out.
20 Smoke pours from its nostrils
as from a boiling pot over burning reeds.
21 Its breath sets coals ablaze,
and flames dart from its mouth.
22 Strength resides in its neck;
dismay goes before it.
23 The folds of its flesh are tightly joined;
they are firm and immovable.
24 Its chest is hard as rock,
hard as a lower millstone.
25 When it rises up, the mighty are terrified;
they retreat before its thrashing.
26 The sword that reaches it has no effect,

y 41:13 Septuagint; Hebrew *double bridle*
z 41:15 Or *Its pride is its*

Vas-tu lier sa langue avec ta ligne ?
26 Lui mettras-tu un jonc dans les naseaux ?
Perceras-tu d'un crochet sa mâchoire ?
27 Et t'adressera-t-il de nombreuses supplications ?
Te dira-t-il des gentillesses ?
28 Conclura-t-il une alliance avec toi ?
Le prendras-tu pour serviteur à vie ?
29 Joueras-tu avec lui comme avec un oiseau ?
Le lieras-tu pour amuser tes filles ?
30 Des associés le mettront-ils en vente ?
Le partageront-ils entre des commerçants ?
31 Vas-tu cribler de dards sa carapace ?
Vas-tu barder sa tête de harpons ?
32 Attaque-le
et tu te souviendras de ce combat, tu n'y reviendra
plus !

41 1 Vois, devant lui, tout espoir de le vaincre e
illusoire.
A sa vue seule, on sera terrassé.
2 Nul n'aura assez de courage pour l'exciter.
Qui donc alors pourrait me tenir tête ?
3 Qui m'a prêté pour que j'aie à lui rendre ?
Tout est à moi sous l'étendue du ciel[x].
4 Je ne veux pas me taire sur ses membres,
et je dirai sa force, et la beauté de sa constitution.
5 Qui a ouvert par-devant son habit[y] ?
Qui a franchi les deux rangs de ses dents ?
6 Qui a forcé les battants de sa gueule ?
Ses crocs aigus font régner la terreur.
7 Majestueuses sont ses rangées d'écailles,
et tels des boucliers scellés entre eux,
8 serrées les unes contre les autres,
de sorte qu'aucun souffle ne pourrait se glisser
entre elles :
9 soudées ensemble, chacune à sa voisine,
elles se tiennent et sont inséparables.
10 Il éternue : c'est un jet de lumière[z].
Ses yeux ressemblent aux lueurs de l'aurore[a].
11 Des étincelles jaillissent de sa gueule,
ce sont des gerbes de flammes qui s'échappent.
12 De ses narines la fumée sort en jets
comme d'une marmite ou d'un chaudron bouillan
13 Son souffle embrase comme un charbon ardent
et, de sa gueule, une flamme jaillit.
14 C'est dans son cou que sa vigueur réside,
et la terreur danse au-devant de lui.
15 Qu'ils sont massifs, les replis de sa peau !
Soudés sur lui, ils sont inébranlables.
16 Son cœur est dur, figé comme une pierre
il est durci comme une meule à grain.
17 Quand il se dresse[b], les plus vaillants ont peur.
Ils se dérobent, saisis par l'épouvante.
18 L'épée l'atteint sans trouver nulle prise[c],

x 41.3 Cité en Rm 11.35.
y 41.5 Sa carapace est comparée à une cuirasse couvrant son corps.
z 41.10 Par sa respiration et ses éternuements, de fines gouttelettes so
projetées en l'air ; éclairées par les rayons du soleil, elles font l'effet de
jets de lumière.
a 41.10 Dans l'écriture hiéroglyphique, l'aurore est représentée par de
yeux de crocodile.
b 41.17 Autre traduction : *Devant sa majesté.*
c 41.18 Autre traduction : *Pour celui qui l'approche, l'épée ne sert à rien.*

nor does the spear or the dart or the
javelin.
[27] Iron it treats like straw
and bronze like rotten wood.
[28] Arrows do not make it flee;
slingstones are like chaff to it.
[29] A club seems to it but a piece of straw;
it laughs at the rattling of the lance.
[30] Its undersides are jagged potsherds,
leaving a trail in the mud like a threshing
sledge.
[31] It makes the depths churn like a boiling
caldron
and stirs up the sea like a pot of ointment.
[32] It leaves a glistening wake behind it;
one would think the deep had white hair.
[33] Nothing on earth is its equal –
a creature without fear.
[34] It looks down on all that are haughty;
it is king over all that are proud."

b

2 [1] Then Job replied to the LORD:
[2] "I know that you can do all things;
no purpose of yours can be thwarted.
[3] You asked, 'Who is this that obscures my plans
without knowledge?'
Surely I spoke of things I did not
understand,
things too wonderful for me to know.
[4] "You said, 'Listen now, and I will speak;
I will question you,
and you shall answer me.'
[5] My ears had heard of you
but now my eyes have seen you.

[6] Therefore I despise myself
and repent in dust and ashes."

ilogue

[7] After the LORD had said these things to Job, he said
Eliphaz the Temanite, "I am angry with you and
ur two friends, because you have not spoken the
ıth about me, as my servant Job has. [8] So now take
ven bulls and seven rams and go to my servant Job
d sacrifice a burnt offering for yourselves. My ser-
nt Job will pray for you, and I will accept his prayer
d not deal with you according to your folly. You
ve not spoken the truth about me, as my servant
has." [9] So Eliphaz the Temanite, Bildad the Shuhite
d Zophar the Naamathite did what the LORD told
em; and the LORD accepted Job's prayer.
[10] After Job had prayed for his friends, the LORD
stored his fortunes and gave him twice as much
he had before. [11] All his brothers and sisters
d everyone who had known him before came

et il en va de même de la lance, de la flèche ou du
javelot.
[19] Pour lui, le fer est comme de la paille,
il prend le bronze pour du bois vermoulu.
[20] Les traits de l'arc ne le font jamais fuir
et les cailloux qu'on lance avec la fronde ne sont
pour lui que des fétus de paille.
[21] Oui, la massue est pour lui un fétu de paille,
et il se rit du sifflement des lances.
[22] Son ventre, armé de tessons acérés,
est une herse qu'il traîne sur la boue.
[23] Les eaux profondes, il les fait bouillonner comme
un chaudron.
Il transforme le lac, lorsqu'il y entre, en un
brûle-parfum.
[24] Sur son passage son sillage étincelle.
Les flots paraissent couverts de cheveux blancs.
[25] Nul n'est son maître ici-bas sur la terre.
Il fut créé pour ne rien redouter.
[26] Il brave tous les grands colosses.
Il est le roi des plus fiers animaux.

Seconde réponse de Job à Dieu

42 [1] Job répondit alors à l'Eternel :
[2] Je sais que tu peux tout,
et que rien ne peut faire obstacle à tes projets.
[3] « Qui ose, disais-tu, obscurcir mes desseins par des
discours sans connaissance ? »
Oui, j'ai parlé sans les comprendre
de choses merveilleuses qui me dépassent, que je ne
connais pas[d].
[4] « Ecoute, disais-tu, c'est moi qui parlerai :
je vais te poser des questions, et tu m'enseigneras. »

[5] Jusqu'à présent j'avais seulement entendu parler de
toi.
Mais maintenant, mes yeux t'ont vu.
[6] Aussi je me condamne, je regrette mon attitude
en m'humiliant sur la poussière et sur la cendre[e].

Épilogue

[7] Après avoir dit ces choses à Job, l'Eternel s'adressa à
Eliphaz de Témân et lui dit : Je suis très en colère contre
toi et tes deux amis, car contrairement à mon serviteur
Job, vous n'avez pas parlé de moi correctement. [8] Procurez-
vous donc maintenant sept taureaux et sept béliers[f], et
allez trouver mon serviteur Job. Vous offrirez ces animaux
pour vous en holocauste. Et mon serviteur Job priera pour
vous. C'est par égard pour lui que je ne vous traiterai pas
selon votre folie. Car, contrairement à mon serviteur Job,
vous n'avez pas parlé de moi correctement.
[9] Eliphaz de Témân, Bildad de Shouah et Tsophar de
Naama allèrent accomplir ce que l'Eternel leur avait
demandé. L'Eternel eut égard à la prière de Job. [10] Puis,
lorsque Job eut prié pour ses amis, l'Eternel le rétablit
dans son ancienne condition. Il donna même à Job deux
fois autant des biens qu'il avait possédés.
[11] Tous les frères et sœurs de Job, et toutes ses connaissances vinrent lui rendre visite. Ils partagèrent un repas

[d] **42.3** Pour les v. 3-4, voir Job 38.2-3.
[e] **42.6** Marques de deuil.
[f] **42.8** Voir note 1.5.

and ate with him in his house. They comforted and consoled him over all the trouble the LORD had brought on him, and each one gave him a piece of silver[a] and a gold ring.

12 The LORD blessed the latter part of Job's life more than the former part. He had fourteen thousand sheep, six thousand camels, a thousand yoke of oxen and a thousand donkeys. 13 And he also had seven sons and three daughters. 14 The first daughter he named Jemimah, the second Keziah and the third Keren-Happuch. 15 Nowhere in all the land were there found women as beautiful as Job's daughters, and their father granted them an inheritance along with their brothers.

16 After this, Job lived a hundred and forty years; he saw his children and their children to the fourth generation. 17 And so Job died, an old man and full of years.

avec lui dans sa maison ; ils le consolèrent et ils lui tém gnèrent toute leur compassion pour tous les malheurs q l'Eternel lui avait envoyés. Chacun d'entre eux lui don une pièce d'argent[g] et un anneau d'or.

12 L'Eternel bénit le reste de la vie de Job plus que première partie, si bien qu'il posséda quatorze mi moutons et chèvres et six mille chameaux, mille pair de bœufs et mille ânesses. 13 Il eut aussi sept fils et tr filles. 14 Il nomma la première Yemima (Tourterelle), deuxième eut pour nom Qetsia (Fleur-de-cannelle) et troisième Qérèn-Happouk (Fard-à-paupières). 15 On ne po vait trouver dans le pays entier des femmes aussi belles q les filles de Job. Leur père leur donna une part d'hérita au même titre qu'à leurs frères.

16 Après cela, Job vécut encore cent quarante ans, sorte qu'il vit ses descendants jusqu'à la quatrième géné tion. 17 Puis Job mourut âgé et rassasié de jours.

a 42:11 Hebrew *him a kesitah*; a kesitah was a unit of money of unknown weight and value.

g 42.11 En hébreu : *une qésita*, monnaie correspondant à un certain po d'argent, terme qui ne se retrouve que dans Gn 33.19 ; Jos 24.32.

Psalms

BOOK I
Psalms 1–41

PSALM 1

[1] Blessed is the one
who does not walk in step with the wicked
or stand in the way that sinners take
or sit in the company of mockers,
[2] but whose delight is in the law of the LORD,
and who meditates on his law day and night.
[3] That person is like a tree planted by streams of water,
which yields its fruit in season
and whose leaf does not wither –
whatever they do prospers.

[4] Not so the wicked!
They are like chaff
that the wind blows away.
[5] Therefore the wicked will not stand in the judgment,
nor sinners in the assembly of the righteous.
[6] For the LORD watches over the way of the righteous,
but the way of the wicked leads to destruction.

PSALM 2

[1] Why do the nations conspire[a]
and the peoples plot in vain?
[2] The kings of the earth rise up
and the rulers band together
against the LORD and against his anointed, saying,
[3] "Let us break their chains
and throw off their shackles."

[4] The One enthroned in heaven laughs;
the Lord scoffs at them.
[5] He rebukes them in his anger
and terrifies them in his wrath, saying,

[6] "I have installed my king
on Zion, my holy mountain."
[7] I will proclaim the LORD's decree:
He said to me, "You are my son;

1 Hebrew; Septuagint *rage*

Les Psaumes

PREMIER LIVRE

PSAUME 1

La Loi de l'Eternel, source du bonheur

[1] Heureux l'homme qui ne marche pas selon les conseils des méchants,
qui ne va pas se tenir sur le chemin des pécheurs,
qui ne s'assied pas en la compagnie de ces gens qui se moquent de Dieu.
[2] Toute sa joie il la met dans la Loi de l'Eternel
qu'il médite jour et nuit.
[3] Il prospère comme un arbre implanté près d'un cours d'eau ;
il donne toujours son fruit lorsqu'en revient la saison.
Son feuillage est toujours vert ;
tout ce qu'il fait réussit.
[4] Tel n'est pas le cas des méchants :
ils sont pareils à la paille[a] éparpillée par le vent.
[5] Aussi, lors du jugement, ils ne subsisteront pas,
et nul pécheur ne se maintiendra parmi la communauté des justes.
[6] Oui car l'Eternel prend en compte la voie suivie par les justes[b] ;
mais le sentier des méchants les mène à la ruine.

PSAUME 2

L'intronisation du Roi

[1] Pourquoi tant d'effervescence parmi les nations ?
Et pourquoi les peuples trament-ils ces complots inutiles ?
[2] Pourquoi les rois de la terre se sont-ils tous soulevés
et les grands conspirent-ils ensemble
contre l'Eternel et contre l'homme qui a reçu l'onction de sa part[c] ?
[3] Ils s'écrient :
« Faisons sauter tous leurs liens
et jetons au loin leurs chaînes ! »
[4] Mais il rit, celui qui siège sur son trône dans les cieux. Le Seigneur se moque d'eux.
[5] Dans sa colère il leur parle,
dans sa fureur il les épouvante,
en leur tenant ce discours :
[6] « Moi, j'ai établi mon Roi par l'onction
sur Sion, ma montagne sainte. »
[7] Je publierai le décret qu'a promulgué l'Eternel.
Il m'a dit : « Tu es mon Fils ;

[a] **1.4** Il s'agit de la bale, c'est-à-dire l'enveloppe du grain.
[b] **1.6** C'est-à-dire : *car l'Eternel tient compte de la conduite des justes pour les rétribuer en conséquence.*
[c] **2.2** Les v. 1-2 sont cités, d'après la version grecque, en Ac 4.25-26 où les apôtres appliquent ces paroles à Hérode et à Pilate, aux Juifs et aux païens, qui se sont « ligués » contre le Christ.

today I have become your father.
[8] Ask me,
and I will make the nations your inheritance,
the ends of the earth your possession.

[9] You will break them with a rod of iron[b];
you will dash them to pieces like pottery."
[10] Therefore, you kings, be wise;
be warned, you rulers of the earth.

[11] Serve the LORD with fear
and celebrate his rule with trembling.
[12] Kiss his son, or he will be angry
and your way will lead to your destruction,
for his wrath can flare up in a moment.
Blessed are all who take refuge in him.

PSALM 3

A psalm of David. When he fled from his son Absalom.

[1] LORD, how many are my foes!
How many rise up against me!

[2] Many are saying of me,
"God will not deliver him."[d]

[3] But you, LORD, are a shield around me,
my glory, the One who lifts my head high.

[4] I call out to the LORD,
and he answers me from his holy mountain.
[5] I lie down and sleep;
I wake again, because the LORD sustains me.
[6] I will not fear though tens of thousands
assail me on every side.
[7] Arise, LORD!
Deliver me, my God!
Strike all my enemies on the jaw;
break the teeth of the wicked.
[8] From the LORD comes deliverance.
May your blessing be on your people.

aujourd'hui, je fais de toi mon enfant[d].
[8] Demande-moi : Que veux-tu ? Je te donne en
patrimoine tous les peuples de la terre ;
et le monde, jusqu'en ses confins lointains, sera ta
propriété.
[9] Avec un sceptre de fer, tu les soumettras[e] ;
comme des vases d'argile, tu les briseras. »
[10] C'est pourquoi, rois de la terre, montrez-vous
intelligents,
vous qui exercez le gouvernement en ce monde,
laissez-vous donc avertir !
[11] Servez l'Eternel avec crainte !
Et, tout en tremblant, exultez de joie !
[12] Au Fils, rendez votre hommage[f], pour éviter qu'il
s'irrite
et que vous périssiez tous dans la voie que vous
suivez.
En un instant, sa colère contre vous peut
s'enflammer.
Oui, heureux sont tous les hommes qui, en lui,
cherchent refuge !

PSAUME 3

Le salut vient de l'Eternel

[1] *Psaume de David, quand il fuyait devant son fils Absalom.*
[2] O Eternel, mes ennemis sont si nombreux !
Oui, si nombreux mes adversaires qui se sont
dressés contre moi.
[3] Et si nombreux ceux qui prétendent
qu'il n'y a plus aucun secours pour moi auprès de
Dieu. *Paus*
[4] Pourtant, ô Eternel, tu es pour moi un bouclier qu
me protège.
O toi ma gloire, tu me feras marcher encore la tête
haute.
[5] A haute voix, je crie vers l'Eternel ;
de sa montagne sainte, mon Dieu m'exaucera. *Pau*
[6] Quand je me couche, je m'endors ;
je me réveille car l'Eternel est mon soutien.
[7] Je ne craindrai donc pas ces multitudes
qui sont postées autour de moi.
[8] Eternel, lève-toi ! Au secours, mon Dieu, sauve-mo
Tu gifles tous mes ennemis :
tu casses les dents aux méchants.

[9] De l'Eternel vient le salut.
O Eternel, fais reposer ta bénédiction sur les tiens
Pau

[b] 2:9 Or *will rule them with an iron scepter* (see Septuagint and Syriac)
[c] In Hebrew texts 3:1-8 is numbered 3:2-9.
[d] 3:2 The Hebrew has *Selah* (a word of uncertain meaning) here and at the end of verses 4 and 8.
[e] In Hebrew texts 4:1-8 is numbered 4:2-9.

[d] 2.7 Le jour de son intronisation, le roi est adopté par Dieu comme so fils (cf. 2 S 7.5, 14). Cité en Ac 13.33 ; Hé 1.5 ; 5.5.
[e] 2.9 D'après la vocalisation suivie par les versions grecque et syriaque Le texte hébreu traditionnel a : *tu les briseras*. Réminiscences en Ap 2.26-27 ; 12.5 ; 19.15.
[f] 2.12 Hébreu difficile. Litt. : *Baisez le fils*, si on interprète le mot *fils* comme un terme araméen.
[g] 3.3 Le sens de ce terme n'est pas assuré.

Psalm 4

r the director of music. With stringed
struments. A psalm of David.

1 Answer me when I call to you,
my righteous God.
Give me relief from my distress;
have mercy on me and hear my prayer.
2 How long will you people turn my glory into
shame?
How long will you love delusions and seek
false gods[f,g]
3 Know that the Lord has set apart his faithful
servant for himself;
the Lord hears when I call to him.
4 Tremble and[h] do not sin;
when you are on your beds,
search your hearts and be silent.
5 Offer the sacrifices of the righteous
and trust in the Lord.
6 Many, Lord, are asking, "Who will bring us
prosperity?"
Let the light of your face shine on us.

7 Fill my heart with joy
when their grain and new wine abound.

8 In peace I will lie down and sleep,
for you alone, Lord,
make me dwell in safety.

Psalm 5

r the director of music. For pipes. A psalm of David.

1 Listen to my words, Lord,
consider my lament.
2 Hear my cry for help,
my King and my God,
for to you I pray.
3 In the morning, Lord, you hear my voice;
in the morning I lay my requests before you
and wait expectantly.
4 For you are not a God who is pleased with
wickedness;
with you, evil people are not welcome.
5 The arrogant cannot stand
in your presence.
You hate all who do wrong;
6 you destroy those who tell lies.
The bloodthirsty and deceitful
you, Lord, detest.
7 But I, by your great love,
can come into your house;

2 Or *seek lies*
:2 The Hebrew has *Selah* (a word of uncertain meaning) here and
he end of verse 4.
:4 Or *In your anger* (see Septuagint)
Hebrew texts 5:1-12 is numbered 5:2-13.

Psaume 4

L'Eternel donne la paix

1 *Au chef de chœur, n psaume de David à chanter*
avec accompagnement d'instruments à cordes.

2 Quand je t'appelle à l'aide, Dieu qui me rends
justice, oh, réponds-moi !
Lorsque je suis dans la détresse, tu me délivres :
Dieu, fais-moi grâce, et entends ma prière !
3 Et vous, les hommes, jusques à quand jetterez-vous
le discrédit sur mon honneur ?
Jusques à quand vous plairez-vous à poursuivre le
vent
et le mensonge ? *Pause*
4 Sachez-le bien : l'Eternel s'est choisi[h] un homme qui
s'attache à lui :
et il m'entend quand je l'appelle.
5 Mettez-vous en colère mais n'allez pas jusqu'à
pécher[i] !
Réfléchissez, sur votre lit, puis taisez-vous ! *Pause*
6 Offrez des sacrifices conformes à la Loi
et confiez-vous en l'Eternel !
7 Ils sont nombreux ceux qui demandent : « Qui donc
nous apportera le bonheur ? »
O Eternel, porte sur nous un regard favorable ! Que
notre vie en soit illuminée !
8 Tu mets dans mon cœur de la joie, plus qu'ils n'en
ont
quand leurs moissons abondent, quand leur vin
nouveau coule.
9 Dans la paix, je me couche et m'endors aussitôt ;
grâce à toi seul, ô Eternel, je demeure en sécurité.

Psaume 5

Conduis-moi sur le chemin

1 *Dédié au chef de chœur. A chanter avec accompagnement*
d'instruments à vent. Un psaume de David.

2 O Eternel, écoute mes paroles
et entends mes soupirs !
3 O toi, mon Roi, mon Dieu, sois attentif à mon appel,
car c'est toi que je prie.

4 Eternel, au matin, ma voix se fait entendre,
car, dès le point du jour, je me présente à toi, et puis
j'attends ...
5 Car tu n'es pas un Dieu qui prend plaisir au mal.
Auprès de toi, le mal n'a pas de place.

6 Les insolents ne peuvent pas subsister devant toi.
Tu hais tous ceux qui font le mal.

7 Tu fais périr tous les menteurs.
Les assassins et les trompeurs sont en horreur à
l'Eternel.
8 En vertu de ta grâce immense je peux venir à ta
maison,

h **4.4** Plusieurs manuscrits hébreux, l'ancienne version grecque et la latine ont : *l'Eternel m'a témoigné sa bonté de façon merveilleuse.*
i **4.5** Autre traduction : *ne tremblez pas.* Cité en Ep 4.26.

in reverence I bow down
toward your holy temple.
8 Lead me, LORD, in your righteousness
because of my enemies –
make your way straight before me.
9 Not a word from their mouth can be trusted;
their heart is filled with malice.
Their throat is an open grave;
with their tongues they tell lies.

10 Declare them guilty, O God!
Let their intrigues be their downfall.
Banish them for their many sins,
for they have rebelled against you.

11 But let all who take refuge in you be glad;
let them ever sing for joy.
Spread your protection over them,
that those who love your name may rejoice
in you.

12 Surely, LORD, you bless the righteous;
you surround them with your favor as with
a shield.

PSALM 6

For the director of music. With stringed instruments. According to sheminith.[k] A psalm of David.

1 LORD, do not rebuke me in your anger
or discipline me in your wrath.
2 Have mercy on me, LORD, for I am faint;
heal me, LORD, for my bones are in agony.

3 My soul is in deep anguish.
How long, LORD, how long?
4 Turn, LORD, and deliver me;
save me because of your unfailing love.

5 Among the dead no one proclaims your name.
Who praises you from the grave?

6 I am worn out from my groaning.
All night long I flood my bed with weeping
and drench my couch with tears.
7 My eyes grow weak with sorrow;
they fail because of all my foes.

8 Away from me, all you who do evil,
for the LORD has heard my weeping.
9 The LORD has heard my cry for mercy;
the LORD accepts my prayer.
10 All my enemies will be overwhelmed with
shame and anguish;
they will turn back and suddenly be put to
shame.

[j] In Hebrew texts 6:1-10 is numbered 6:2-11.
[k] Title: Probably a musical term
[l] In Hebrew texts 7:1-17 is numbered 7:2-18.

et avec crainte me prosterner pour t'adorer devan
ton sanctuaire.
9 Eternel, conduis-moi, toi qui es juste, car j'ai des
ennemis.
Aplanis le sentier que tu veux que j'emprunte.
10 Dans leurs propos, il n'y a aucune sincérité,
et ils ne pensent qu'à détruire.
Dès qu'ils se mettent à parler, on dirait un tombea
qui s'ouvre ;
leur langue se fait enjôleuse[j].
11 O Dieu, fais-leur payer leurs crimes
et que, par leurs machinations, ils provoquent leu
propre ruine,
et, pour leurs méfaits répétés, ô Dieu, qu'ils soient
chassés
car ils te sont rebelles.
12 Mais que tous ceux qui trouvent un refuge en toi
soient à jamais dans l'allégresse
et poussent de grands cris de joie, car ils sont sous
ta protection ;
et que tous ceux qui t'aiment
se réjouissent grâce à toi.
13 Eternel, tu bénis le juste
et tu le couvres de ta grâce, comme d'un bouclier.

PSAUME 6

Au secours !

1 *Au chef de chœur. Un psaume de David, à chanter avec accompagnement de harpes à huit cordes[k].*
2 Eternel, mon Dieu, malgré ta colère, ne me punis
pas
et, dans ton courroux, ne me châtie pas !
3 Eternel, aie pitié de moi, car je suis sans force.
O Eternel, guéris-moi, car de tout mon être, vois, j
suis dans l'épouvante.
4 Je suis en plein désarroi.
Et toi, Eternel, quand donc interviendras-tu ?
5 Ne voudrais-tu pas revenir vers moi pour me
délivrer ?
Dans ton amour, sauve-moi !
6 Car ceux qui sont morts ne sont plus capables de
parler de toi !
Qui peut te louer au séjour des morts ?
7 Or, à force de gémir, je suis épuisé,
et, durant la nuit, sur mon lit, je pleure ;
ma couche est trempée, inondée de larmes.
8 Mes yeux sont usés, tant j'ai de chagrin, ils n'en
peuvent plus.
Ce sont tous mes ennemis qui en sont la cause.
9 Retirez-vous tous, artisans du mal !
L'Eternel entend mes pleurs[l].
10 L'Eternel exauce mes supplications.
L'Eternel accueille ma prière.
11 Tous mes ennemis seront dans la honte et dans
l'épouvante,
ils reculeront soudain, tout honteux.

[j] **5.10** Cité en Rm 3.13.
[k] **6.1** Sens incertain. Autre traduction : *à l'octave* (inférieure), c'est-à-d
pour voix de basse ou instruments à notes graves.
[l] **6.9** Réminiscence en Mt 7.23 ; Lc 13.27.

Psalm 7

shiggaion[m] of David, which he sang to the
RD concerning Cush, a Benjamite.

1 Lord my God, I take refuge in you;
save and deliver me from all who pursue me,
2 or they will tear me apart like a lion
and rip me to pieces with no one to rescue
me.
3 Lord my God, if I have done this
and there is guilt on my hands –
4 if I have repaid my ally with evil
or without cause have robbed my foe –
5 then let my enemy pursue and overtake me;
let him trample my life to the ground
and make me sleep in the dust.[n]
6 Arise, Lord, in your anger;
rise up against the rage of my enemies.
Awake, my God; decree justice.

7 Let the assembled peoples gather around you,
while you sit enthroned over them on high.
8 Let the Lord judge the peoples.
Vindicate me, Lord, according to my
righteousness,
according to my integrity, O Most High.
9 Bring to an end the violence of the wicked
and make the righteous secure –
you, the righteous God
who probes minds and hearts.
10 My shield[o] is God Most High,
who saves the upright in heart.
11 God is a righteous judge,
a God who displays his wrath every day.
12 If he does not relent,
he[p] will sharpen his sword;
he will bend and string his bow.
13 He has prepared his deadly weapons;
he makes ready his flaming arrows.
14 Whoever is pregnant with evil
conceives trouble and gives birth to
disillusionment.
15 Whoever digs a hole and scoops it out
falls into the pit they have made.

16 The trouble they cause recoils on them;
their violence comes down on their own
heads.

Title: Probably a literary or musical term
5 The Hebrew has *Selah* (a word of uncertain meaning) here.
10 Or *sovereign*
12 Or *If anyone does not repent, / God*

Psaume 7

Rends-moi justice contre des accusations injustes !

1 *Complainte de David qu'il chanta au Seigneur au*
sujet de ce que Koush[m] le Benjaminite avait dit.
2 O Eternel, mon Dieu, en toi, j'ai un refuge :
viens, sauve-moi de ceux qui me poursuivent !
Viens donc me délivrer !
3 Sinon, comme des lions[n], ils vont me déchirer,
je serai mis en pièces sans que personne ne vienne
à mon secours.
4 O Eternel, mon Dieu, si j'ai agi comme on me le
reproche,
si j'ai commis une injustice,
5 si j'ai causé du tort à mon ami,
si, sans raison, j'ai dépouillé mon adversaire[o],
6 alors, qu'un ennemi se mette à me poursuivre,
qu'il me rattrape et me piétine,
qu'il traîne mon honneur dans la poussière. *Pause*
7 O Eternel, dans ta colère, lève-toi,
dresse-toi contre la furie de ceux qui sont mes
adversaires
entre en action en ma faveur, toi qui as établi le
droit.
8 Que les peuples s'assemblent autour de toi,
et toi, domine-les des hauteurs de ton trône.
9 O Eternel, toi le juge des peuples,
rends-moi justice, et agis selon ma droiture !
Qu'il me soit fait selon mon innocence !
10 Mets donc un terme aux méfaits des méchants,
et affermis le juste,
toi qui es juste et qui sondes les cœurs et les désirs
secrets.
11 Dieu est mon bouclier.
Il sauve qui a le cœur droit.
12 Dieu est un juste juge,
qui, chaque jour, fait sentir son indignation
13 à qui ne revient pas à lui.
L'ennemi[p] aiguise son glaive,
il tend son arc et se met à viser,
14 Il se prépare des armes meurtrières,
et il apprête des flèches enflammées[q].
15 Il conçoit des méfaits,
porte en son sein de quoi répandre la misère, et il
accouche de la fausseté.
16 Il creuse en terre un trou profond[r],
mais, dans la fosse qu'il a faite, c'est lui qui
tombera.
17 Son mauvais coup se retournera contre lui,

[m] 7.1 Personnage inconnu de la cour de Saül. Certaines versions l'ont identifié à *l'Ethiopien* (en hébreu *le Koushite*) de 2 S 18.21-23.
[n] 7.3 Comme jeune berger, David a été attaqué par des lions (1 S 17.34-35). Dans les Psaumes, les ennemis sont souvent comparés à des bêtes féroces (10.9 ; 17.12 ; 22.13-14, 17, 21-22 ; 25.17 ; 57.5 ; 58.7 ; 124.6).
[o] 7.5 Autre traduction : *Si j'ai laissé échapper mon adversaire pour rien.*
[p] 7.13 L'hébreu ne permet pas de déterminer si c'est Dieu ou l'ennemi qui est le sujet des verbes des v. 13-14. D'où l'autre traduction possible : [13] *Si l'on ne revient pas à lui, Dieu aiguise son glaive ...* [15] *L'ennemi conçoit des méfaits ...*
[q] 7.14 Les anciens enduisaient parfois les flèches de matières inflammables pour allumer des incendies dans les villes assiégées (cf.Ep 6.16).
[r] 7.16 Allusion aux pièges préparés pour la capture des fauves : des trous profonds recouverts de branchages.

[17] I will give thanks to the LORD because of his
righteousness;
I will sing the praises of the name of the LORD
Most High.

PSALM 8

For the director of music. According to gittith.[r] *A psalm of David.*

[1] LORD, our Lord,
how majestic is your name in all the earth!
You have set your glory
in the heavens.
[2] Through the praise of children and infants
you have established a stronghold against
your enemies,
to silence the foe and the avenger.
[3] When I consider your heavens,
the work of your fingers,
the moon and the stars,
which you have set in place,
[4] what is mankind that you are mindful of them,
human beings that you care for them?[s]
[5] You have made them[t] a little lower than the
angels[u]
and crowned them[v] with glory and honor.
[6] You made them rulers over the works of your
hands;
you put everything under their[w] feet:
[7] all flocks and herds,
and the animals of the wild,
[8] the birds in the sky,
and the fish in the sea,
all that swim the paths of the seas.
[9] LORD, our Lord,
how majestic is your name in all the earth!

PSALM 9

For the director of music. To the tune of "The Death of the Son." A psalm of David.

[1] I will give thanks to you, LORD, with all my
heart;
I will tell of all your wonderful deeds.
[2] I will be glad and rejoice in you;
I will sing the praises of your name, O Most
High.
[3] My enemies turn back;
they stumble and perish before you.

et sa violence lui retombera sur la tête.
[18] Je louerai l'Eternel pour sa justice,
je célébrerai par des chants le Dieu très-haut.

PSAUME 8

Grandeur de Dieu et de l'homme

[1] *Au chef de chœur. Un psaume de David, (à chanter avec accompagnement) de la harpe de Gath*[s].

[2] Eternel, notre Seigneur,
que ta gloire est admirable sur la terre tout entière
Au-dessus du ciel, on célèbre ta splendeur[t].

[3] De la bouche des petits enfants et des nourrissons,
tu fais jaillir la louange[u] à l'encontre de tes
adversaires,
pour imposer le silence à l'ennemi plein de hargne
[4] Quand je contemple le ciel que tes doigts ont
façonné,
les étoiles et la lune que tes mains ont disposées,

[5] je me dis : Qu'est-ce que l'homme, pour que tu en
prennes soin,
et qu'est-ce qu'un être humain pour qu'à lui tu
t'intéresses ?

[6] Pourtant, tu l'as fait de peu inférieur à Dieu[v],
tu l'as couronné de gloire et d'honneur.

[7] Tu lui donnes de régner sur les œuvres de tes
mains.
Tu as tout mis sous ses pieds :
[8] tout bétail, gros ou petit,
et les animaux sauvages,
[9] tous les oiseaux dans les airs et les poissons de la
mer,
tous les êtres qui parcourent les sentiers des mers.
[10] Eternel, notre Seigneur,
que ta gloire est admirable sur la terre tout entière

PSAUME 9

Dieu fait justice[w]

[1] *Un cantique de David dédié au chef de chœur, à chanter avec accompagnement de hautbois et de harpes.*

[2] Je te louerai, ô Eternel, de tout mon cœur,
je veux raconter tes merveilles.

[3] Par toi, j'exulte d'allégresse,
je te célèbre par des chants, ô Dieu très-haut.

[4] Mes ennemis prennent la fuite,
sous tes coups, ils vont trébucher ; ils vont périr
devant ta face.

---

q In Hebrew texts 8:1-9 is numbered 8:2-10.
r Title: Probably a musical term
s **8:4** Or *what is a human being that you are mindful of him, / a son of man that you care for him?*
t **8:5** Or *him*
u **8:5** Or *than God*
v **8:5** Or *him*
w **8:6** Or *made him ruler ...; / ... his*
x Psalms 9 and 10 may originally have been a single acrostic poem in which alternating lines began with the successive letters of the Hebrew alphabet. In the Septuagint they constitute one psalm.
y In Hebrew texts 9:1-20 is numbered 9:2-21.

s **8.1** Sens incertain. On pense qu'il s'agit soit d'une harpe de Gath, la ville de Philistie, soit d'un chant de vendange et de pressoir (voir Ps 81.1 et 84.1).
t **8.2** Hébreu obscur.
u **8.3** D'après les versions anciennes ; cf. Mt 21.16, qui cite ce texte sous cette même forme. Texte hébreu traditionnel : *tu as fondé ta force.*
v **8.6** Autre traduction : *inférieur aux êtres célestes.*
w **9** Il est possible que les Ps 9 et 10 aient constitué, à l'origine, un psaume unique. Ils forment ensemble un *poème alphabétique* (dont les strophes ou les vers débutent par les lettres successives de l'alphabet hébreu) et un seul psaume dans la version grecque. Les autres psaumes alphabétiques sont les Ps 25, 34, 111, 112, 119 et 145.

4 For you have upheld my right and my cause,
sitting enthroned as the righteous judge.

5 You have rebuked the nations and destroyed the wicked;
you have blotted out their name for ever and ever.
6 Endless ruin has overtaken my enemies,
you have uprooted their cities;
even the memory of them has perished.
7 The LORD reigns forever;
he has established his throne for judgment.

8 He rules the world in righteousness
and judges the peoples with equity.

9 The LORD is a refuge for the oppressed,
a stronghold in times of trouble.

10 Those who know your name trust in you,
for you, LORD, have never forsaken those who seek you.

11 Sing the praises of the LORD, enthroned in Zion;
proclaim among the nations what he has done.
12 For he who avenges blood remembers;
he does not ignore the cries of the afflicted.

13 LORD, see how my enemies persecute me!
Have mercy and lift me up from the gates of death,

14 that I may declare your praises
in the gates of Daughter Zion,
and there rejoice in your salvation.

15 The nations have fallen into the pit they have dug;
their feet are caught in the net they have hidden.
16 The LORD is known by his acts of justice;
the wicked are ensnared by the work of their hands.[z]
17 The wicked go down to the realm of the dead,
all the nations that forget God.

18 But God will never forget the needy;
the hope of the afflicted will never perish.
19 Arise, LORD, do not let mortals triumph;
let the nations be judged in your presence.

20 Strike them with terror, LORD;
let the nations know they are only mortal.

.16 The Hebrew has *Higgaion* and *Selah* (words of uncertain eaning) here; *Selah* occurs also at the end of verse 20.
salms 9 and 10 may originally have been a single acrostic poem which alternating lines began with the successive letters of the brew alphabet. In the Septuagint they constitute one psalm.

5 Tu m'as rendu justice, et tu as défendu mon droit,
quand tu as siégé sur ton trône pour juger selon la justice.
6 Tu as menacé les peuples païens, tu as fait périr le méchant,
et effacé son souvenir pour toutes les générations.

7 Plus d'ennemis ! Ils sont ruinés à tout jamais
car tu as renversé leurs villes,
le souvenir en est perdu.
8 L'Eternel siège pour toujours,
voici : il a dressé son trône pour exercer ses jugements.
9 C'est lui qui gouverne le monde avec droiture et équité,
qui prononce le jugement avec justice sur les peuples.
10 Oui, l'Eternel est un refuge pour ceux que l'on opprime,
un lieu fort en temps de détresse.
11 C'est pourquoi ceux qui te connaissent ont placé leur confiance en toi.
Car toi, jamais, tu ne délaisses, ô Eternel, celui qui se tourne vers toi.
12 Célébrez par des chants l'Eternel, qui siège en Sion,
et proclamez parmi les peuples ses hauts faits.

13 Car il poursuit les meurtriers et se souvient de leurs victimes ;
jamais il n'est indifférent au cri des opprimés.
14 Eternel, aie pitié de moi !
Vois l'affliction où m'ont réduit ceux qui me vouent leur haine !
C'est toi qui me fais remonter des portes de la mort
15 pour que je publie tes louanges
aux portes[x] de ceux qui habitent la ville de Sion
et que je sois dans l'allégresse pour ton œuvre de délivrance.
16 Les peuples païens tombent dans la fosse qu'ils avaient creusée de leurs mains,
leurs pieds se prennent dans le piège qu'ils avaient tendu en cachette.
17 L'Eternel a montré qui il était : il fait justice,
et il prend le méchant à son propre filet. *Jeu d'instruments*[y] *– Pause*
18 Que les méchants s'en aillent au séjour des morts :
tous les peuples païens qui ne se soucient pas de Dieu.
19 Mais Dieu n'oublie pas à jamais les pauvres,
L'espoir des affligés ne sera pas toujours déçu.
20 Eternel, lève-toi ! Que l'homme ne triomphe pas !
Fais comparaître devant toi les peuples païens pour qu'ils soient jugés.
21 Frappe-les de terreur, ô Eternel,
et que ces peuples sachent qu'ils ne sont que des hommes.

x **9.15** En Orient, les places publiques où l'on se retrouvait, où l'on convoquait les habitants pour toutes les assemblées importantes, se trouvaient près des portes de la ville.
y **9.17** Traduction incertaine : *jeu d'instruments, interlude, en sourdine, méditation.* Il s'agit sans doute d'un arrêt plus important que celui marqué par la *Pause.* Le terme est utilisé en 92.4 en liaison avec les sons de la harpe ; c'est pourquoi on pense qu'il s'agissait d'une notation appelant un jeu instrumental.

Psalm 10

1 Why, Lord, do you stand far off?
Why do you hide yourself in times of trouble?
2 In his arrogance the wicked man hunts down
the weak,
who are caught in the schemes he devises.
3 He boasts about the cravings of his heart;
he blesses the greedy and reviles the Lord.
4 In his pride the wicked man does not seek him;
in all his thoughts there is no room for God.

5 His ways are always prosperous;
your laws are rejected by[b] him;
he sneers at all his enemies.

6 He says to himself, "Nothing will ever shake
me."
He swears, "No one will ever do me harm."
7 His mouth is full of lies and threats;
trouble and evil are under his tongue.

8 He lies in wait near the villages;
from ambush he murders the innocent.
His eyes watch in secret for his victims;
9 like a lion in cover he lies in wait.
He lies in wait to catch the helpless;
he catches the helpless and drags them off in
his net.

10 His victims are crushed, they collapse;
they fall under his strength.
11 He says to himself, "God will never notice;
he covers his face and never sees."

12 Arise, Lord! Lift up your hand, O God.
Do not forget the helpless.
13 Why does the wicked man revile God?
Why does he say to himself,
"He won't call me to account"?
14 But you, God, see the trouble of the afflicted;
you consider their grief and take it in hand.
The victims commit themselves to you;
you are the helper of the fatherless.
15 Break the arm of the wicked man;
call the evildoer to account for his
wickedness
that would not otherwise be found out.
16 The Lord is King for ever and ever;
the nations will perish from his land.
17 You, Lord, hear the desire of the afflicted;
you encourage them, and you listen to their
cry,
18 defending the fatherless and the oppressed,
so that mere earthly mortals

[b] **10:5** See Septuagint; Hebrew / *they are haughty, and your laws are far from*

Psaume 10

Pourquoi, Seigneur[z] ?

1 Pourquoi, ô Eternel, es-tu si loin ?
Pourquoi te caches-tu aux jours de la détresse ?
2 Le méchant, dans son arrogance, poursuit les
pauvres,
il les prend dans ses traquenards.
3 Le méchant tire vanité de son avidité.
Le profiteur maudit et nargue l'Eternel.
4 Le méchant, dans son arrogance, déclare : « Dieu
n'existe pas. »
Il ne va pas chercher plus loin[a], c'est là le fond de s
pensée.
5 Toujours ses procédés lui réussissent.
Tes jugements sont bien trop hauts pour retenir sc
attention,
et il se débarrasse de tous ses adversaires.
6 Il se dit : « Je ne risque rien,
et je suis pour toujours à l'abri du malheur. »

7 Sa bouche ne fait que maudire[b], ses mots sont
trompeurs et violents,
sous sa langue acérée fleurissent des propos
méchants et blessants.
8 Il est posté en embuscade à proximité des hameau
et, dans un endroit bien caché, il assassine
l'innocent.
Ses yeux épient les faibles.
9 Il se tapit dans sa cachette comme un lion dans sa
tanière ;
oui, il se met en embuscade pour attraper le
pauvre ;
il attrape le pauvre en l'attirant dans son filet.
10 Alors le faible se courbe et chancelle,
puis tombe vaincu par sa force.
11 Il se dit : « Dieu oubliera vite,
il ne regarde pas par là ; d'ailleurs, il ne voit jamai
rien ! »
12 Lève-toi, Eternel ! Dieu, interviens !
Et n'oublie pas les malheureux !
13 Pourquoi donc le méchant se moque-t-il de toi,
et pourquoi se dit-il : « Dieu ne demande pas de
comptes » ?
14 Pourtant, toi, tu vois bien la peine et la souffrance
tu veilles pour tout prendre en mains !
Le faible s'abandonne à toi,
tu viens en aide à l'orphelin.
15 Abats la force du méchant, ce criminel !
Et fais-le rendre compte du mal qu'il a commis po
qu'il n'en reste plus de trace.

16 L'Eternel est Roi à jamais,
et les peuples païens disparaîtront de sur sa terre.
17 Eternel, tu entends les attentes des affligés.
Tu leur redonnes du courage et tu prêtes l'oreille

18 pour faire droit à l'orphelin, ainsi qu'à l'opprimé,

[z] **10** Voir note Ps 9.
[a] **10.4** Autre traduction : *Dieu n'existe pas ; il ne punit pas.*
[b] **10.7** Cité en Rm 3.14. Voir Mt 12.34.

will never again strike terror.

PSALM 11

r the director of music. Of David.

1 In the LORD I take refuge.
How then can you say to me:
"Flee like a bird to your mountain.
2 For look, the wicked bend their bows;
they set their arrows against the strings
to shoot from the shadows
at the upright in heart.
3 When the foundations are being destroyed,
what can the righteous do?"
4 The LORD is in his holy temple;
the LORD is on his heavenly throne.
He observes everyone on earth;
his eyes examine them.
5 The LORD examines the righteous,
but the wicked, those who love violence,
he hates with a passion.
6 On the wicked he will rain
fiery coals and burning sulfur;
a scorching wind will be their lot.

7 For the LORD is righteous,
he loves justice;
the upright will see his face.

PSALM 12

r the director of music. According to
eminith.[d] A psalm of David.

1 Help, LORD, for no one is faithful anymore;
those who are loyal have vanished from the
human race.
2 Everyone lies to their neighbor;
they flatter with their lips
but harbor deception in their hearts.
3 May the LORD silence all flattering lips
and every boastful tongue –
4 those who say,
"By our tongues we will prevail;
our own lips will defend us – who is lord over
us?"
5 "Because the poor are plundered and the needy
groan,
I will now arise," says the LORD.
"I will protect them from those who malign
them."
6 And the words of the LORD are flawless,
like silver purified in a crucible,

n Hebrew texts 12:1-8 is numbered 12:2-9.
Title: Probably a musical term

et pour que l'homme, cette créature terrestre cesse
de semer la terreur.

PSAUME 11

Un abri sûr

1 *Au chef de chœur. Un psaume de David.*
Oui, j'ai fait mon refuge de l'Eternel.
Pourquoi alors me répéter :
« Prends ton vol, comme un passereau, afin de fuir
dans les montagnes[c] » ?
2 Vois les méchants bander leur arc,
poser leur flèche sur la corde
pour tirer dans l'obscurité sur ceux dont le cœur
est intègre.
3 Lorsque les fondements vacillent,
que peut bien faire l'homme droit ?
4 L'Eternel est dans son saint temple,
l'Eternel a son trône au ciel,
de ses yeux il observe :
il sonde les humains,
5 l'Eternel sonde ceux qui sont justes, mais il déteste
le méchant
et l'homme épris de violence.
6 Il fait pleuvoir sur les méchants
du charbon[d], du feu et du soufre.
Il les expose au vent brûlant[e] : voilà la part qu'il
leur réserve.
7 Car l'Eternel est un Dieu juste, et il aime les actes
accomplis selon la justice.
Les hommes droits verront sa face.

PSAUME 12

Dieu tient ses promesses

1 *Au chef de chœur, un psaume de David, à chanter*
avec accompagnement de la harpe à huit cordes[f].
2 Au secours, ô Eternel ! Il n'y a plus d'homme pieux,
on ne peut plus se fier à personne.

3 Chacun trompe son prochain,
lui disant des flatteries,
la duplicité au cœur.
4 Que l'Eternel extermine ces gens aux lèvres
flatteuses
et à la langue arrogante.
5 Qu'il retranche ceux qui disent : « Notre langue
nous rend forts,
nos alliées, ce sont nos lèvres,
qui dominerait sur nous ? »
6 Mais l'Eternel dit : « A cause des pauvres qui sont
opprimés et des démunis qui vont gémissant,
maintenant, moi j'interviens
pour accorder le salut à ceux qui sont méprisés. »

7 Les paroles du Seigneur, ce sont des paroles pures,
c'est de l'argent affiné,

c 11.1 C'est-à-dire *les montagnes de Judée* qui ont servi de refuge à David et à ses amis lorsqu'ils étaient persécutés par Saül. Ce sont peut-être les amis de David qui lui donnent ce conseil assorti de sa justification (v. 2).
d 11.6 Selon une version grecque. Le texte hébreu a : *filets*.
e 11.6 Le *simoun, vent chaud et violent du désert.*
f 12.1 Voir note 6.1.

like gold[e] refined seven times.
[7] You, LORD, will keep the needy safe
and will protect us forever from the wicked,
[8] who freely strut about
when what is vile is honored by the human race.

PSALM 13

For the director of music. A psalm of David.

[1] How long, LORD? Will you forget me forever?
How long will you hide your face from me?

[2] How long must I wrestle with my thoughts
and day after day have sorrow in my heart?
How long will my enemy triumph over me?
[3] Look on me and answer, LORD my God.
Give light to my eyes, or I will sleep in death,

[4] and my enemy will say, "I have overcome him,"
and my foes will rejoice when I fall.
[5] But I trust in your unfailing love;
my heart rejoices in your salvation.
[6] I will sing the LORD's praise,
for he has been good to me.

PSALM 14

For the director of music. Of David.

[1] The fool[g] says in his heart,
"There is no God."
They are corrupt, their deeds are vile;
there is no one who does good.
[2] The LORD looks down from heaven
on all mankind
to see if there are any who understand,
any who seek God.
[3] All have turned away, all have become corrupt;
there is no one who does good,
not even one.
[4] Do all these evildoers know nothing?
They devour my people as though eating bread;
they never call on the LORD.

[5] But there they are, overwhelmed with dread,
for God is present in the company of the righteous.
[6] You evildoers frustrate the plans of the poor,
but the LORD is their refuge.
[7] Oh, that salvation for Israel would come out of Zion!
When the LORD restores his people,
let Jacob rejoice and Israel be glad!

---

e **12:6** Probable reading of the original Hebrew text; Masoretic Text *earth*
f In Hebrew texts 13:1-6 is numbered 13:2-6.
g **14:1** The Hebrew words rendered *fool* in Psalms denote one who is morally deficient.

sept fois purifié par le feu dans un creuset[g].
[8] Eternel, toi, tu nous gardes[h]
et tu nous protégeras toujours contre ces individu
[9] Tout autour, des méchants rôdent,
la bassesse prédomine parmi les humains.

PSAUME 13

Crainte et confiance

[1] *Au chef de chœur. Psaume de David.*
[2] Jusques à quand, ô Eternel ? M'oublieras-tu sans cesse ?
Jusques à quand seras-tu loin de moi ?
[3] Jusques à quand aurai-je des soucis
et des chagrins au cœur à longueur de journée ?
Jusques à quand mon ennemi aura-t-il le dessus ?
[4] Regarde, Eternel mon Dieu, réponds-moi,
viens réparer mes forces,
sinon je m'endors dans la mort.
[5] Sinon mon ennemi dira que de moi il a triomphé,
mes adversaires se réjouiront lorsqu'ils verront m
chute.

[6] Pour moi, j'ai confiance en ta bonté.
La joie remplit mon cœur à cause de ton grand salut.
Je veux chanter en ton honneur, ô Eternel, tu m'as
comblé de tes bienfaits.

PSAUME 14

Un monde corrompu[i]

[1] *Au chef de chœur : de David.*
Les insensés pensent : « Dieu n'existe pas. »
Ils sont corrompus, leurs agissements sont
abominables, et aucun ne fait le bien[j].
[2] Du ciel, l'Eternel observe tout le genre humain :
« Reste-t-il un homme sage
qui s'attend à Dieu ?

[3] Ils se sont tous égarés, tous sont corrompus,
et aucun ne fait le bien,
même pas un seul.
[4] Tous ces gens qui font le mal, n'ont-ils rien
compris ?
Car ils dévorent mon peuple, tout comme on mang
du pain[k] !
Jamais ils n'invoquent l'Eternel ! »
[5] Ils sont saisis d'épouvante,
car Dieu est avec les justes.

[6] Pensez-vous pouvoir ruiner les projets des
pauvres ?
L'Eternel est leur refuge.
[7] Ah, que vienne du mont de Sion le salut pour Israë
Quand l'Eternel changera le sort de son peuple[l],

---

g **12.7** La traduction est incertaine.
h **12.8** D'après quelques manuscrits hébreux et l'ancienne version grecque. Texte hébreu traditionnel : *tu les gardes.*
i **14** Voir Ps 53.
j **14.1** Les v. 1-3 sont cités en Rm 3.10-12.
k **14.4** Autre traduction : *ils mangent son pain.*
l **14.7** Autre traduction : *fera revenir ceux de son peuple qui sont exilés.*

Psalm 15

osalm of David.

1 Lord, who may dwell in your sacred tent?
Who may live on your holy mountain?

2 The one whose walk is blameless,
who does what is righteous,
who speaks the truth from their heart;
3 whose tongue utters no slander,
who does no wrong to a neighbor,
and casts no slur on others;
4 who despises a vile person
but honors those who fear the Lord;
who keeps an oath even when it hurts,
and does not change their mind;
5 who lends money to the poor without interest;
who does not accept a bribe against the
innocent.
Whoever does these things
will never be shaken.

Psalm 16

niktam[h] of David.

1 Keep me safe, my God,
for in you I take refuge.
2 I say to the Lord, "You are my Lord;
apart from you I have no good thing."
3 I say of the holy people who are in the land,
"They are the noble ones in whom is all my
delight."
4 Those who run after other gods will suffer
more and more.
I will not pour out libations of blood to such
gods
or take up their names on my lips.
5 Lord, you alone are my portion and my cup;
you make my lot secure.
6 The boundary lines have fallen for me in
pleasant places;
surely I have a delightful inheritance.
7 I will praise the Lord, who counsels me;
even at night my heart instructs me.

8 I keep my eyes always on the Lord.
With him at my right hand, I will not be
shaken.

itle: Probably a literary or musical term

Jacob criera d'allégresse, Israël, de joie.

Psaume 15

Qui peut vivre avec Dieu ?

1 *Psaume de David.*
Eternel, qui pourra séjourner dans ton sanctuaire ?
Et qui donc peut demeurer sur ta montagne
sacrée[m] ?
2 L'homme à la conduite intègre : il pratique la
justice,
et il dit la vérité qu'il pense au fond de son cœur[n],
3 il ne calomnie pas son prochain,
il ne lui fait aucun mal,
et il ne s'associe pas à ce qui déprécierait ses
proches.
4 Il méprise l'homme vil,
mais il honore celui qui craint l'Eternel.
Il tient toujours ses serments même s'il doit en
pâtir.
5 Il ne prête pas de l'argent à intérêt[o],
il refuse qu'on l'achète pour condamner l'innocent.
Qui se conduit de la sorte rien ne pourra l'ébranler.

Psaume 16

Le chemin de la vie

1 *Un cantique[p] de David.*
O Dieu, protège-moi, car je me réfugie en toi.
2 Je dis à l'Eternel : « Toi, tu es mon Seigneur,
et mon bonheur est en toi seul. »
3 Je suis plein d'affection pour tous ceux qui sont
saints dans le pays :
ce sont eux qui sont vraiment grands.
4 Mais tous ceux qui s'empressent après un autre dieu
ne font qu'augmenter leurs tourments[q].
Je ne prendrai pas part à leurs sanglantes libations[r].
Le nom de ces idoles ne passera pas sur mes
lèvres.
5 L'Eternel est ma part et la coupe[s] où je bois.
Tu garantis la part que j'ai reçue.
6 Tu en as fixé les limites[t], c'est un jardin plein de
délices,
oui, c'est pour moi un patrimoine merveilleux.
7 Oui, je veux bénir l'Eternel qui me conseille,
et même dans la nuit, je suis instruit dans mon être
intérieur.
8 Je garde constamment les yeux fixés sur l'Eternel,

[m] **15.1** La colline de Sion où sera bâti le temple de Jérusalem (voir 2.6).
[n] **15.2** Autre traduction : *qui, dans son cœur, cultive la vérité.*
[o] **15.5** La Loi interdisait à l'Israélite de prêter de l'argent contre intérêt à ses compatriotes (Ex 22.24 ; Dt 23.20).
[p] **16.1** Terme de sens incertain.
[q] **16.4** Texte hébreu incertain.
[r] **16.4** La libation consistait généralement en une offrande de vin. Dans certains sacrifices païens, on mêlait peut-être le vin au sang de la victime que l'on répandait sur l'autel ; ou encore, le psalmiste pourrait faire allusion au « sang versé », c'est-à-dire aux crimes associés aux cultes idolâtres ; mais, plus vraisemblablement, il se réfère simplement à des gens qui offrent leur culte aux idoles tout en « ayant du sang sur les mains ».
[s] **16.5** Allusion à la coupe offerte aux invités lors d'une réception.
[t] **16.6** Autre traduction : *la part qui m'est donnée.*

[9] Therefore my heart is glad and my tongue
rejoices;
my body also will rest secure,

[10] because you will not abandon me to the realm
of the dead,
nor will you let your faithful[i] one see decay.
[11] You make known to me the path of life;
you will fill me with joy in your presence,
with eternal pleasures at your right hand.

Psalm 17

A prayer of David.

[1] Hear me, Lord, my plea is just;
listen to my cry.
Hear my prayer –
it does not rise from deceitful lips.
[2] Let my vindication come from you;
may your eyes see what is right.
[3] Though you probe my heart,
though you examine me at night and test me,
you will find that I have planned no evil;
my mouth has not transgressed.
[4] Though people tried to bribe me,
I have kept myself from the ways of the
violent
through what your lips have commanded.
[5] My steps have held to your paths;
my feet have not stumbled.

[6] I call on you, my God, for you will answer me;
turn your ear to me and hear my prayer.
[7] Show me the wonders of your great love,
you who save by your right hand
those who take refuge in you from their foes.
[8] Keep me as the apple of your eye;
hide me in the shadow of your wings
[9] from the wicked who are out to destroy me,
from my mortal enemies who surround me.
[10] They close up their callous hearts,
and their mouths speak with arrogance.
[11] They have tracked me down, they now
surround me,
with eyes alert, to throw me to the ground.
[12] They are like a lion hungry for prey,
like a fierce lion crouching in cover.
[13] Rise up, Lord, confront them, bring them down;
with your sword rescue me from the wicked.

[14] By your hand save me from such people, Lord,
from those of this world whose reward is in
this life.

i **16:10** Or *holy*

car il est à ma droite[u], pour que je ne vacille pas[v].
[9] Voilà pourquoi mon cœur est dans la joie,
mon âme exulte d'allégresse.
Ainsi mon corps repose dans la confiance :
[10] tu ne m'abandonneras pas dans le séjour des mort
tu ne laisseras pas un homme qui t'est attaché
descendre dans la tombe[w].
[11] Tu me feras connaître le chemin de la vie :
plénitude de joie en ta présence,
délices éternelles auprès de toi.

Psaume 17

Poursuivi sans cause

[1] *Prière de David.*
O Eternel, écoute ma requête, car elle est juste !
Entends mon cri !
Prête l'oreille à ma prière, prononcée sans duplicit
[2] Viens prononcer le jugement qui me rendra justic
Que tes yeux voient où est le droit.
[3] Examine mon cœur, observe-moi la nuit,
éprouve-moi, tu ne trouveras rien à reprocher en
moi.
J'ai décidé de ne pas pécher en paroles.
[4] Et quoi que fassent les autres hommes,
Je me suis bien gardé, conformément à tes paroles
de marcher sur la route des méchants.

[5] Je me suis tenu fermement à la voie que tu as
tracée,
et mes pieds n'ont pas chancelé.
[6] Dieu, je t'appelle car tu réponds.
Prête l'oreille, écoute-moi !
[7] Fais resplendir l'immensité de ton amour,
toi qui délivres des agresseurs ceux qui comptent
sur ton intervention !
[8] Garde-moi comme la prunelle de tes yeux !
Cache-moi bien à l'abri sous tes ailes,
[9] loin des ennemis qui s'acharnent contre moi
et loin des méchants qui me cernent !
[10] Ils s'enferment dans leur graisse,
et ils ont l'arrogance à la bouche.
[11] Ils sont sur mes pas. Déjà, ils m'encerclent,
ils sont aux aguets pour me terrasser,

[12] comme un lion prêt à déchirer,
comme un fauve en embuscade.
[13] Lève-toi, ô Eternel, et affronte-les ! Fais-les
s'incliner
et délivre-moi de tous ces méchants par ton
glaive !
[14] Délivre-moi de ces hommes par ton intervention,
Eternel !
Que des hommes de ce monde je sois délivré !
Leur seule part est en cette vie.

u **16.8** C'est là où se plaçait le défenseur d'un accusé (109.31).
v **16.8** Les v. 8-11 sont cités en Ac 2.25-28 selon l'ancienne version grecque.
w **16.10** Cité en Ac 13.35 d'après la version grecque.

May what you have stored up for the wicked fill
their bellies;
may their children gorge themselves on it,
and may there be leftovers for their little
ones.
15 As for me, I will be vindicated and will see your
face;
when I awake, I will be satisfied with seeing
your likeness.

Psalm 18

r the director of music. Of David the servant of
e Lord. He sang to the Lord the words of this song
ien the Lord delivered him from the hand of all
s enemies and from the hand of Saul. He said:
1 I love you, Lord, my strength.

2 The Lord is my rock, my fortress and my
deliverer;
my God is my rock, in whom I take refuge,
my shield[k] and the horn[l] of my salvation, my
stronghold.
3 I called to the Lord, who is worthy of praise,
and I have been saved from my enemies.
4 The cords of death entangled me;
the torrents of destruction overwhelmed me.
5 The cords of the grave coiled around me;
the snares of death confronted me.
6 In my distress I called to the Lord;
I cried to my God for help.
From his temple he heard my voice;
my cry came before him, into his ears.
7 The earth trembled and quaked,
and the foundations of the mountains shook;
they trembled because he was angry.
8 Smoke rose from his nostrils;
consuming fire came from his mouth,
burning coals blazed out of it.
9 He parted the heavens and came down;
dark clouds were under his feet.
10 He mounted the cherubim and flew;
he soared on the wings of the wind.
11 He made darkness his covering, his canopy
around him –
the dark rain clouds of the sky.

12 Out of the brightness of his presence clouds
advanced,
with hailstones and bolts of lightning.
13 The Lord thundered from heaven;
the voice of the Most High resounded.[m]

14 He shot his arrows and scattered the enemy,

a Hebrew texts 18:1-50 is numbered 18:2-51.
8:2 Or *sovereign*
8:2 *Horn* here symbolizes strength.
8:13 Some Hebrew manuscripts and Septuagint (see also 2
muel 22:14); most Hebrew manuscripts *resounded, / amid hail-*
nes and bolts of lightning

Quant à ceux que tu chéris, tu combleras leurs
aspirations,
leurs enfants seront bien rassasiés,
et ils auront des biens à léguer à leurs
descendants[x] !
15 Pour ma part, lorsqu'il m'aura été fait justice, je
contemplerai ta face
et, à mon réveil, je pourrai me rassasier de la vue de
ton image.

Psaume 18

Merci pour ta délivrance[y]

1 *Au chef de chœur, de David, serviteur de l'Eternel. Il adressa à*
l'Eternel les paroles de ce cantique lorsque l'Eternel l'eut délivré
de tous ses ennemis, et en particulier de Saül. 2 *Il dit ceci :*
Je t'aime, ô Eternel, ma force !
3 L'Eternel est ma forteresse, mon rocher, mon
libérateur.
Il est mon Dieu, le roc solide où je me réfugie.
Il est mon Sauveur tout-puissant, mon rempart et
mon bouclier.
4 Loué soit l'Eternel : quand je l'ai appelé,
j'ai été délivré de tous mes ennemis.
5 La mort m'enserrait de ses liens,
et, comme un torrent destructeur, me terrifiait.
6 Oui, le séjour des morts m'entourait de ses liens,
le piège de la mort se refermait sur moi.
7 Alors, dans ma détresse, j'invoquai l'Eternel.
Vers mon Dieu, je lançai mon appel au secours,
mon cri parvint à ses oreilles
et, de son temple[z], il m'entendit.
8 La terre s'ébranla et elle chancela,
les fondements de ses montagnes se mirent à
frémir,
tout secoués par sa colère.
9 De ses narines s'élevait de la fumée,
et de sa bouche surgissait un feu dévorant,
des charbons embrasés en jaillissaient.
10 Il inclina le ciel et descendit,
un sombre nuage à ses pieds.
11 Il chevauchait un chérubin[a] et il volait,
le vent le portait sur ses ailes.
12 Il s'enveloppait de ténèbres pour se cacher dans
leurs replis,
des nuages opaques et l'obscurité de l'orage
formaient sa tente.
13 De l'éclat brillant devant lui jaillissaient des
nuages,
de la grêle et des braises.
14 L'Eternel tonna dans le ciel,
le Dieu très-haut fit retentir sa voix
et il lança de la grêle et des braises.
15 Et soudain, il tira ses flèches pour disperser mes
ennemis,

x **17.14** Autre traduction : *Oui, qu'ils soient gavés, eux et leurs enfants, de ce que tu leur réserves. Qu'ils en soient tout rassasiés et en laissent à leurs descendants !*
y **18** Voir 2 S 22.1-51.
z **18.7** Il s'agit du sanctuaire céleste où Dieu réside.
a **18.11** Etres célestes, réels ou symboliques (80.2 ; 99.1 ; Gn 3.24 ; Ex 25.18). En Ez 1 ; 9 ; 10, les chérubins figurent comme les coursiers du char de l'Eternel, porteurs du trône divin. Ici, le chérubin apparaît comme sa monture.

with great bolts of lightning he routed them.

15 The valleys of the sea were exposed
and the foundations of the earth laid bare
at your rebuke, LORD,
at the blast of breath from your nostrils.
16 He reached down from on high and took hold of me;
he drew me out of deep waters.
17 He rescued me from my powerful enemy,
from my foes, who were too strong for me.
18 They confronted me in the day of my disaster,
but the LORD was my support.
19 He brought me out into a spacious place;
he rescued me because he delighted in me.
20 The LORD has dealt with me according to my righteousness;
according to the cleanness of my hands he has rewarded me.
21 For I have kept the ways of the LORD;
I am not guilty of turning from my God.
22 All his laws are before me;
I have not turned away from his decrees.
23 I have been blameless before him
and have kept myself from sin.
24 The LORD has rewarded me according to my righteousness,
according to the cleanness of my hands in his sight.
25 To the faithful you show yourself faithful,
to the blameless you show yourself blameless,
26 to the pure you show yourself pure,
but to the devious you show yourself shrewd.
27 You save the humble
but bring low those whose eyes are haughty.
28 You, LORD, keep my lamp burning;
my God turns my darkness into light.
29 With your help I can advance against a troop[n];
with my God I can scale a wall.
30 As for God, his way is perfect:
The LORD's word is flawless;
he shields all who take refuge in him.
31 For who is God besides the LORD?
And who is the Rock except our God?
32 It is God who arms me with strength
and keeps my way secure.
33 He makes my feet like the feet of a deer;
he causes me to stand on the heights.
34 He trains my hands for battle;
my arms can bend a bow of bronze.
35 You make your saving help my shield,
and your right hand sustains me;
your help has made me great.
36 You provide a broad path for my feet,
so that my ankles do not give way.
37 I pursued my enemies and overtook them;
I did not turn back till they were destroyed.

n **18:29** Or *can run through a barricade*

il lança de nombreux éclairs pour les mettre en déroute.
16 A ta menace, ô Eternel,
et au souffle tempétueux de ta colère,
le fond des mers parut,
les fondements du monde se trouvèrent à nu.
17 Du haut du ciel, il étend sa main pour me prendre,
me retirer des grandes eaux.
18 Il me délivre d'un ennemi puissant,
de gens qui me haïssent et sont plus forts que moi.
19 Ils m'affrontaient au jour de mon désastre,
mais l'Eternel a été mon appui.
20 Il m'a retiré du danger, l'a éloigné de moi,
il m'en a délivré, à cause de son affection pour mo
21 L'Eternel a agi en tenant compte de ma conduite juste,
comme mes mains sont pures, il m'a récompensé ;
22 car j'ai suivi les voies qu'il a prescrites,
je n'abandonne pas mon Dieu pour m'adonner au mal.
23 J'ai toujours ses lois sous les yeux,
je ne fait fi d'aucun de ses commandements.
24 Envers lui, je suis sans reproche,
je me suis gardé du péché.
25 L'Eternel m'a récompensé d'avoir agi avec droitur
et d'avoir gardé les mains pures sous ses yeux.
26 Avec ceux qui sont bienveillants, toi, tu te montre bienveillant.
Avec qui est irréprochable, tu es irréprochable.
27 Et avec celui qui est pur, tu es toi-même pur,
et avec celui qui agit de manière tordue, tu empruntes des chemins détournés.
28 Toi, tu sauves un peuple affligé,
tu fais baisser les yeux aux orgueilleux.
29 Tu fais briller ma lampe ;
ô Eternel, mon Dieu, tu illumines mes ténèbres.
30 Avec toi, je me précipite sur une troupe bien armé
avec mon Dieu, je franchis des murailles.
31 Parfaites sont les voies que Dieu prescrit,
la parole de l'Eternel est éprouvée.
Ceux qui le prennent pour refuge trouvent en lui bouclier.
32 Qui est Dieu, sinon l'Eternel ?
Qui est un roc ? C'est notre Dieu !
33 C'est Dieu qui m'arme de vaillance,
il me trace un chemin parfait.
34 Grâce à lui, je cours comme une gazelle,
il me fait prendre position sur les hauteurs.
35 C'est lui qui m'entraîne au combat,
et me fait tendre l'arc de bronze[b].
36 Ta délivrance me sert de bouclier,
de ta main droite, tu me soutiens,
et ta sollicitude me grandit.
37 Tu m'amènes à marcher sur un chemin bien large,
mes jambes ne fléchissent pas.
38 Je poursuis tous mes ennemis, je les rattrape
et je ne reviens pas sans les avoir exterminés.

b **18.35** Signe d'une force extraordinaire.

38 I crushed them so that they could not rise;
they fell beneath my feet.
39 You armed me with strength for battle;
you humbled my adversaries before me.
40 You made my enemies turn their backs in flight,
and I destroyed my foes.
41 They cried for help, but there was no one to save them –
to the LORD, but he did not answer.
42 I beat them as fine as windblown dust;
I trampled them[o] like mud in the streets.

43 You have delivered me from the attacks of the people;
you have made me the head of nations.
People I did not know now serve me,
44 foreigners cower before me;
as soon as they hear of me, they obey me.
45 They all lose heart;
they come trembling from their strongholds.
46 The LORD lives! Praise be to my Rock!
Exalted be God my Savior!

47 He is the God who avenges me,
who subdues nations under me,
48 who saves me from my enemies.
You exalted me above my foes;
from a violent man you rescued me.
49 Therefore I will praise you, LORD, among the nations;
I will sing the praises of your name.
50 He gives his king great victories;
he shows unfailing love to his anointed,
to David and to his descendants forever.

Psalm 19

r the director of music. A psalm of David.

1 The heavens declare the glory of God;
the skies proclaim the work of his hands.

2 Day after day they pour forth speech;
night after night they reveal knowledge.

3 They have no speech, they use no words;
no sound is heard from them.

4 Yet their voice[q] goes out into all the earth,

8:42 Many Hebrew manuscripts, Septuagint, Syriac and Targum
e also 2 Samuel 22:43); Masoretic Text *I poured them out*
n Hebrew texts 19:1-14 is numbered 19:2-15.
9:4 Septuagint, Jerome and Syriac; Hebrew *measuring line*

39 Je frappe : aucun ne peut se relever,
ils tombent sous mes pieds.
40 Tu me rends fort pour le combat,
tu fais plier mes agresseurs : les voilà à mes pieds.
41 Tu mets mes ennemis en fuite,
et ceux qui me haïssent, je les anéantis.

42 Ils ont beau crier au secours, personne ne vient à leur aide
et s'ils appellent l'Eternel, celui-ci ne leur répond pas.
43 Je les broie comme une poussière qu'emporterait le vent,
Je les balaie comme la boue des rues.
44 En face d'un peuple en révolte[c], tu me fais triompher.
Tu m'établis chef d'autres peuples.
Un peuple qu'autrefois je ne connaissais pas m'est maintenant soumis.
45 Au premier mot, ils m'obéissent,
et des étrangers me courtisent.
46 Les étrangers perdent courage,
tremblants, ils quittent leurs bastions.
47 Dieu est vivant ! Qu'il soit béni, lui qui est mon rocher !
Que l'on proclame la grandeur de ce Dieu qui est mon Sauveur !
48 Ce Dieu m'accorde ma revanche,
il me soumet des peuples.
49 Il me délivre de mes ennemis.
Oui, tu me fais triompher d'eux,
tu me délivres des hommes violents.
50 Aussi je publie tes louanges, parmi les peuples ô Eternel,
je te célèbre par mes chants[d].
51 Pour son roi, l'Eternel opère de grandes délivrances.
Il traite avec bonté l'homme qui de sa part a reçu l'onction d'huile sainte,
David et sa postérité, pour toute éternité.

Psaume 19

Les deux révélations de Dieu

1 *Au chef de chœur ; cantique de David.*
2 Tous les cieux proclament combien Dieu est glorieux,
l'étendue céleste publie l'œuvre de ses mains.
3 Un jour en informe un autre,
une nuit à l'autre nuit en transmet la connaissance.
4 Ce ne sont pas des paroles, ce ne sont pas des discours,
ni des voix qu'on peut entendre[e].
5 Cependant, leur voix[f] parvient à toute la terre,

c **18.44** Peut-être une allusion aux tribus nord-israélites, qui, durant sept ans, ont été en guerre contre David avant de le reconnaître comme roi de tout Israël (2 S 2 à 5), ou bien aux peuples non israélites assujettis par David (2 S 5 ; 8 ; 10).
d **18.50** Cité en Rm 15.9.
e **19.4** Autre traduction : *dont le son n'est pas entendu.*
f **19.5** *leur voix:* d'après l'ancienne version grecque. Texte hébreu traditionnel : *leur cordeau.* La différence provient de l'absence d'une lettre qui a probablement été omise par erreur dans ce dernier.

their words to the ends of the world.
In the heavens God has pitched a tent for the sun.
5 It is like a bridegroom coming out of his chamber,
like a champion rejoicing to run his course.
6 It rises at one end of the heavens
and makes its circuit to the other;
nothing is deprived of its warmth.

7 The law of the LORD is perfect,
refreshing the soul.
The statutes of the LORD are trustworthy,
making wise the simple.
8 The precepts of the LORD are right,
giving joy to the heart.
The commands of the LORD are radiant,
giving light to the eyes.
9 The fear of the LORD is pure,
enduring forever.
The decrees of the LORD are firm,
and all of them are righteous.
10 They are more precious than gold,
than much pure gold;
they are sweeter than honey,
than honey from the honeycomb.
11 By them your servant is warned;
in keeping them there is great reward.
12 But who can discern their own errors?
Forgive my hidden faults.

13 Keep your servant also from willful sins;
may they not rule over me.
Then I will be blameless,
innocent of great transgression.
14 May these words of my mouth and this meditation of my heart
be pleasing in your sight,
LORD, my Rock and my Redeemer.

PSALM 20

For the director of music. A psalm of David.

1 May the LORD answer you when you are in distress;
may the name of the God of Jacob protect you.
2 May he send you help from the sanctuary
and grant you support from Zion.
3 May he remember all your sacrifices
and accept your burnt offerings.[s]
4 May he give you the desire of your heart
and make all your plans succeed.
5 May we shout for joy over your victory
and lift up our banners in the name of our God.
May the LORD grant all your requests.
6 Now this I know:
The LORD gives victory to his anointed.

[r] In Hebrew texts 20:1-9 is numbered 20:2-10.
[s] **20:3** The Hebrew has *Selah* (a word of uncertain meaning) here.

et leurs accents aux confins du monde[g].
Là, Dieu a dressé pour le soleil une tente.

6 Comme un jeune époux sortant de sa chambre,
comme un guerrier qui s'avance le soleil s'élance,
joyeux de prendre sa course.
7 D'une extrémité du ciel, il surgit,
et son parcours se prolonge jusqu'à l'autre extrémité ;
il n'est rien qui se dérobe à l'ardeur de ses rayons.
8 La Loi de l'Eternel est parfaite, elle nous redonne vie.
L'acte de l'alliance de l'Eternel est digne de confiance, et aux gens inexpérimentés elle donne la sagesse.
9 Les décrets de l'Eternel sont justes et ils font la joi[e] du cœur ;
les commandements de l'Eternel sont limpides et [i]ls donnent du discernement.
10 La crainte de l'Eternel est pure, elle subsiste à jamais ;
les règles de droit édictées par l'Eternel sont juste[s] toutes ensemble.
11 Elles sont plus désirables que de l'or, que beaucou[p] d'or pur,
et plus savoureuses que le miel le plus doux coula[nt] des ruches.
12 Ton serviteur, Eternel, en tire instruction :
à leur obéir, on recueille un grand profit.
13 Qui peut discerner tous ses faux pas ?
Pardonne-moi les péchés dont je n'ai pas conscience.
14 Garde aussi ton serviteur des pensées d'orgueil :
qu'elles n'aient sur moi pas la moindre emprise !
Alors je serai intègre, innocent de grandes fautes.
15 Veuille agréer mes paroles,
et la méditation de mon cœur,
ô Eternel, mon Rocher, mon Libérateur.

PSAUME 20

Fais triompher notre Roi !

1 *Au chef de chœur. Cantique de David.*
2 Que l'Eternel t'exauce au jour de la détresse,
et que le Dieu de Jacob te protège.

3 Que, de son sanctuaire, il t'envoie du secours,
et que, depuis Sion, il te soutienne !
4 Qu'il tienne compte de toutes tes offrandes,
et que tes holocaustes soient agréés par lui. *Pau[se]*
5 Qu'il daigne t'accorder ce que ton cœur souhaite !
Qu'il fasse s'accomplir tout ce que tu projettes !
6 Pour fêter ta victoire, nous crierons notre joie,
déployant nos bannières pour la gloire de notre Dieu.
Que l'Eternel exauce toutes tes requêtes !
7 Oui, je sais maintenant, que l'Eternel sauve son ro[i]
qui a reçu l'onction,

[g] **19.5** Cité en Rm 10.18, d'après l'ancienne version grecque.

He answers him from his heavenly sanctuary
with the victorious power of his right hand.
7 Some trust in chariots and some in horses,
but we trust in the name of the Lord our God.

8 They are brought to their knees and fall,
but we rise up and stand firm.
9 Lord, give victory to the king!
Answer us when we call!

Psalm 21

r the director of music. A psalm of David.

1 The king rejoices in your strength, Lord.
How great is his joy in the victories you give!

2 You have granted him his heart's desire
and have not withheld the request of his lips.[u]
3 You came to greet him with rich blessings
and placed a crown of pure gold on his head.
4 He asked you for life, and you gave it to him –
length of days, for ever and ever.
5 Through the victories you gave, his glory is great;
you have bestowed on him splendor and majesty.
6 Surely you have granted him unending blessings
and made him glad with the joy of your presence.
7 For the king trusts in the Lord;
through the unfailing love of the Most High
he will not be shaken.
8 Your hand will lay hold on all your enemies;
your right hand will seize your foes.
9 When you appear for battle,
you will burn them up as in a blazing furnace.
The Lord will swallow them up in his wrath,
and his fire will consume them.
10 You will destroy their descendants from the earth,
their posterity from mankind.
11 Though they plot evil against you
and devise wicked schemes, they cannot succeed.
12 You will make them turn their backs
when you aim at them with drawn bow.
13 Be exalted in your strength, Lord;
we will sing and praise your might.

il lui répond de sa demeure sainte au ciel,
en opérant sa délivrance par l'action de sa force.
8 Aux uns, les chars de guerre, aux autres, les chevaux.
Pour notre part, c'est sur l'Eternel, notre Dieu que nous comptons.
9 Eux, ils fléchissent et ils tombent,
nous, nous restons debout et tenons fermement.
10 Eternel, sauve notre roi !
Qu'il nous réponde quand nous faisons appel à lui[h].

Psaume 21

Merci pour la victoire

1 *Au chef de chœur. Cantique de David.*
2 O Eternel, le roi se réjouit de ta force.
Qu'elle est grande sa joie devant ton œuvre de salut !
3 Tu lui as accordé le désir de son cœur,
tu n'as pas refusé ce qu'il te demandait. *Pause*

4 Tu es venu à lui chargé de bénédictions excellentes,
et tu as posé sur sa tête un diadème d'or.
5 Il t'avait demandé la vie, tu la lui as donnée
et tu prolongeras ses jours jusqu'en l'éternité.
6 Grâce à la délivrance que tu as accordée, sa gloire est grande,
et tu l'as revêtu de splendeur et d'honneur.
7 Tu fais de lui la source de bénédictions éternelles[i],
tu le remplis de joie par ta présence.

8 Car c'est en l'Eternel que le roi se confie,
et grâce à l'amour du Très-Haut, il ne sera pas ébranlé.
9 O roi, tu atteindras tes ennemis ;
tu frapperas tous ceux qui te haïssent.
10 Tu en feras une fournaise
quand tu apparaîtras ;
dans sa colère, l'Eternel les engloutira
et le feu les consumera.

11 Tu extirperas de la terre leurs descendants,
et leur postérité du milieu de l'humanité.

12 Ils trament le mal contre toi,
ils ont conçu des plans perfides, mais ils ne réussiront pas.
13 Tu les mettras en fuite,
en décochant tes flèches sur eux.
14 O Eternel, déploie ta force !
Par nos chants et nos hymnes, nous célébrerons ta puissance.

Hebrew texts 21:1-13 is numbered 21:2-14.
1:2 The Hebrew has *Selah* (a word of uncertain meaning) here.
Hebrew texts 22:1-31 is numbered 22:2-32.

h **20.10** *Qu'il nous réponde:* l'ancienne version grecque a : *Réponds-nous.* Il faut alors traduire la suite : *quand nous faisons appel à toi.*
i **21.7** Allusion à la promesse faite à Abraham (Gn 12.2). Autres traductions : *tu lui as donné des bénédictions éternelles, ou tu fais de lui un béni pour l'éternité.*

Psalm 22

For the director of music. To the tune of "The Doe of the Morning." A psalm of David.

1 My God, my God, why have you forsaken me?
Why are you so far from saving me,
so far from my cries of anguish?
2 My God, I cry out by day, but you do not answer,
by night, but I find no rest.[w]
3 Yet you are enthroned as the Holy One;
you are the one Israel praises.[x]

4 In you our ancestors put their trust;
they trusted and you delivered them.
5 To you they cried out and were saved;
in you they trusted and were not put to shame.

6 But I am a worm and not a man,
scorned by everyone, despised by the people.
7 All who see me mock me;
they hurl insults, shaking their heads.
8 "He trusts in the Lord," they say,
"let the Lord rescue him.
Let him deliver him,
since he delights in him."
9 Yet you brought me out of the womb;
you made me trust in you, even at my mother's breast.
10 From birth I was cast on you;
from my mother's womb you have been my God.

11 Do not be far from me,
for trouble is near
and there is no one to help.
12 Many bulls surround me;
strong bulls of Bashan encircle me.
13 Roaring lions that tear their prey
open their mouths wide against me.
14 I am poured out like water,
and all my bones are out of joint.
My heart has turned to wax;
it has melted within me.
15 My mouth[y] is dried up like a potsherd,
and my tongue sticks to the roof of my mouth;
you lay me in the dust of death.
16 Dogs surround me,
a pack of villains encircles me;
they pierce[z] my hands and my feet.
17 All my bones are on display;
people stare and gloat over me.
18 They divide my clothes among them
and cast lots for my garment.

Psaume 22

Mon Dieu, pourquoi m'as-tu abandonné ?

1 *Au chef de chœur. Psaume de David, à chanter sur la mélodie de « Biche de l'aurore ».*

2 Mon Dieu, mon Dieu, pourquoi m'as-tu abandonné[j] ?
Tu restes loin, tu ne viens pas me secourir malgré toutes mes plaintes.
3 Mon Dieu, le jour, j'appelle, mais tu ne réponds pas
La nuit, je crie, sans trouver de repos.
4 Pourtant, tu es le Saint
qui sièges sur ton trône, au milieu des louanges d'Israël.
5 En toi déjà, nos pères se confiaient,
oui, ils comptaient sur toi, et tu les délivrais.
6 Lorsqu'ils criaient à toi, ils étaient délivrés,
lorsqu'ils comptaient sur toi, ils n'étaient pas déçu

7 Mais moi je suis un ver, je ne suis plus un homme,
tout le monde m'insulte, le peuple me méprise,
8 ceux qui me voient se rient de moi.
Tous, ils ricanent, en secouant la tête[k] :
9 « Il se confie en l'Eternel ?
Eh bien, que maintenant l'Eternel le délivre !
Puisqu'il trouve en lui son plaisir, qu'il le libère donc[l] ! »
10 Toi, tu m'as fait sortir du ventre maternel,
tu m'as mis en sécurité sur le sein de ma mère.

11 Dès mon jeune âge, j'ai été placé sous ta garde.
Dès avant ma naissance, tu es mon Dieu.

12 Ne reste pas si loin de moi car le danger est proche
et il n'y a personne qui vienne pour m'aider.

13 De nombreux taureaux m'environnent :
ces fortes bêtes du Basan[m] sont tout autour de moi
14 Ils ouvrent largement leurs gueules contre moi,
ils sont comme un lion qui rugit et déchire.
15 Je suis comme une eau qui s'écoule
et tous mes os sont disloqués.
Mon cœur est pareil à la cire,
on dirait qu'il se fond en moi.
16 Ma force est desséchée comme un tesson d'argile,
ma langue colle à mon palais,
tu me fais retourner à la poussière de la mort.

17 Des hordes de chiens m'environnent,
la meute des méchants m'assaille.
Ils ont percé[n] mes mains, mes pieds,
18 je pourrais compter tous mes os ;
ils me regardent, ils me toisent,
19 ils se partagent mes habits
et tirent au sort ma tunique.

---

[w] **22:2** Or *night, and am not silent*
[x] **22:3** Or *Yet you are holy, / enthroned on the praises of Israel*
[y] **22:15** Probable reading of the original Hebrew text; Masoretic Text *strength*
[z] **22:16** Dead Sea Scrolls and some manuscripts of the Masoretic Text, Septuagint and Syriac; most manuscripts of the Masoretic Text *me, / like a lion*

[j] **22.2** Jésus a repris ces paroles sur la croix (Mt 27.46 ; Mc 15.34).
[k] **22.8** Réminiscence en Mt 27.39 ; Mc 15.29. Voir Ps 109.25.
[l] **22.9** Cité par les autorités juives devant Jésus en croix (Mt 27.43).
[m] **22.13** Le Basan était la région du nord-est du pays d'Israël où l'on élevait des bovins renommés pour leur vigueur (voir Dt 32.14 ; Ez 39.18).
[n] **22.17** D'après certains manuscrits hébreux et les versions grecque et syriaque. La plupart des manuscrits hébreux ont : *comme un lion.*

[19] But you, Lord, do not be far from me.
You are my strength; come quickly to help me.
[20] Deliver me from the sword,
my precious life from the power of the dogs.
[21] Rescue me from the mouth of the lions;
save me from the horns of the wild oxen.

[22] I will declare your name to my people;
in the assembly I will praise you.
[23] You who fear the Lord, praise him!
All you descendants of Jacob, honor him!
Revere him, all you descendants of Israel!
[24] For he has not despised or scorned
the suffering of the afflicted one;
he has not hidden his face from him
but has listened to his cry for help.
[25] From you comes the theme of my praise in the great assembly;
before those who fear you[a] I will fulfill my vows.
[26] The poor will eat and be satisfied;
those who seek the Lord will praise him –
may your hearts live forever!

[27] All the ends of the earth
will remember and turn to the Lord,
and all the families of the nations
will bow down before him,
[28] for dominion belongs to the Lord
and he rules over the nations.
[29] All the rich of the earth will feast and worship;
all who go down to the dust will kneel before him –
those who cannot keep themselves alive.
[30] Posterity will serve him;
future generations will be told about the Lord.
[31] They will proclaim his righteousness,
declaring to a people yet unborn:
He has done it!

Psalm 23

psalm of David.
[1] The Lord is my shepherd, I lack nothing.

[2] He makes me lie down in green pastures,
he leads me beside quiet waters,

[3] he refreshes my soul.
He guides me along the right paths
for his name's sake.
[4] Even though I walk
through the darkest valley,[b]
I will fear no evil,
for you are with me;

[20] Mais toi, ô Eternel, ne reste pas si loin !
O toi, ma force, viens en hâte à mon aide !
[21] Délivre ma vie de l'épée !
Protège-moi de la fureur des chiens !
[22] Délivre-moi de la gueule du lion !
Préserve-moi des cornes des taureaux !
Oui, tu m'as répondu !
[23] Je proclamerai à mes frères quel Dieu tu es,
je te louerai dans l'assemblée[o].
[24] Vous tous qui craignez l'Eternel, célébrez-le !
Descendants de Jacob, glorifiez-le !
Descendants d'Israël, redoutez-le !
[25] Il n'a ni mépris ni dédain pour le pauvre dans l'affliction,
il n'a pas détourné son regard loin de lui.
Non ! il a écouté l'appel à l'aide qu'il lui lançait.
[26] Grâce à toi, je te loue dans la grande assemblée,
j'accomplirai mes vœux devant ceux qui te craignent.

[27] Que les malheureux mangent, et qu'ils soient rassasiés !
Oui, qu'ils louent l'Eternel, ceux qui vivent pour lui !
Que votre vie dure toujours !
[28] Aux confins de la terre, tous les peuples du monde se souviendront de l'Eternel. Tous, ils se tourneront vers lui,
et toutes les peuplades se prosterneront devant lui.
[29] Car l'Eternel est roi,
et il domine sur les peuples.
[30] Tous les grands de la terre mangeront et l'adoreront,
et ceux qui s'en vont vers la tombe,
ceux dont la vie décline, se prosterneront devant lui.
[31] Leur postérité, à son tour, servira l'Eternel
et parlera de lui à la génération qui viendra après elle.
[32] Ils proclameront sa justice
et ils annonceront au peuple qui va naître ce qu'a fait l'Eternel.

Psaume 23

L'Eternel est mon berger

[1] *Psaume de David.*
L'Eternel est mon berger[p].
Je ne manquerai de rien.
[2] Grâce à lui, je me repose dans des prairies verdoyantes,
et c'est lui qui me conduit au bord des eaux calmes.
[3] Il me revigore,
et, pour l'honneur de son nom,
il me conduit sur le droit chemin.
[4] Si je devais traverser la vallée où règnent d'épaisses ténèbres,

a 22:25 Hebrew *him*
b 23:4 Or *the valley of the shadow of death*

o 22.23 Cité en Hé 2.12.
p 23.1 Image familière à David. Le terme *berger* est un titre royal (78.71-72 ; Es 44.28 ; Jr 3.15). Dieu est le berger d'Israël : 28.9 ; 79.13 ; Ez 34.11-16. Voir Jn 10.11, 14 ; Hé 13.20 ; 1 P 5.4 ; Ap 7.17.

your rod and your staff,
they comfort me.
5 You prepare a table before me
in the presence of my enemies.
You anoint my head with oil;
my cup overflows.
6 Surely your goodness and love will follow me
all the days of my life,
and I will dwell in the house of the LORD
forever.

PSALM 24

Of David. A psalm.

1 The earth is the LORD's, and everything in it,
the world, and all who live in it;
2 for he founded it on the seas
and established it on the waters.
3 Who may ascend the mountain of the LORD?
Who may stand in his holy place?
4 The one who has clean hands and a pure heart,
who does not trust in an idol
or swear by a false god.[c]
5 They will receive blessing from the LORD
and vindication from God their Savior.
6 Such is the generation of those who seek him,
who seek your face, God of Jacob.[d,e]
7 Lift up your heads, you gates;
be lifted up, you ancient doors,
that the King of glory may come in.
8 Who is this King of glory?
The LORD strong and mighty,
the LORD mighty in battle.
9 Lift up your heads, you gates;
lift them up, you ancient doors,
that the King of glory may come in.
10 Who is he, this King of glory?
The LORD Almighty –
he is the King of glory.

PSALM 25

Of David.

1 In you, LORD my God,
I put my trust.

c 24:4 Or *swear falsely*
d 24:6 Two Hebrew manuscripts and Syriac (see also Septuagint); most Hebrew manuscripts *face, Jacob*
e 24:6 The Hebrew has *Selah* (a word of uncertain meaning) here and at the end of verse 10.
f This psalm is an acrostic poem, the verses of which begin with the successive letters of the Hebrew alphabet.

je ne craindrais aucun mal, car tu es auprès de mo
ta houlette me conduit et ton bâton me protège.
5 Pour moi, tu dresses une table[q]
aux yeux de mes ennemis,
tu oins d'huile parfumée ma tête[r],
tu fais déborder ma coupe.
6 Oui, toute ma vie,
ta bonté et ton amour me poursuivront
et je pourrai retourner[s] au sanctuaire de l'Eternel
tant que je vivrai[t].

PSAUME 24

L'Eternel entre dans son sanctuaire

1 *Psaume de David.*
La terre et ses richesses appartiennent à l'Eternel.
L'univers est à lui avec ceux qui l'habitent[u].
2 C'est lui qui a fondé la terre sur les mers,
qui l'a établie fermement au-dessus des cours d'ea
3 Qui pourra accéder au mont de l'Eternel ?
Qui pourra se tenir dans sa demeure sainte ?
4 L'innocent aux mains nettes et qui a le cœur pur,
qui ne se tourne pas vers le mensonge[v],
et qui ne jure pas pour tromper son prochain.
5 Celui qui vit ainsi sera béni par l'Eternel,
il obtiendra justice de son Dieu qui le sauve.
6 O Eternel, tel est le peuple qui se tourne vers toi
et qui s'attache à toi, Dieu de Jacob[w]. *Pau*
7 Relevez vos frontons, ô portes[x], haussez-vous, vou
portes éternelles,
pour que le Roi glorieux y fasse son entrée !
8 Qui est ce Roi glorieux ?
C'est l'Eternel, le Fort et le Vaillant,
oui, l'Eternel, vaillant dans les combats.
9 Relevez vos frontons, ô portes, haussez-vous, vous
portes éternelles,
pour que le Roi glorieux y fasse son entrée !
10 Qui est ce Roi glorieux ?
Le Seigneur des armées célestes,
c'est lui le Roi glorieux. *Pau*

PSAUME 25

Montre-moi la voie que tu veux que je suive[y] !

1 *De David.*
Vers toi, Eternel, je me tourne.

q 23.5 Le divin Roi-Berger reçoit David, son vassal, à sa table. Les traité d'alliance étaient généralement scellés par un repas exprimant la joie et l'amitié (41.10 ; Gn 31.54 ; Ab 7), le vassal étant l'hôte de son suzerai (Ex 24.8-12).
r 23.5 On répandait cette huile parfumée sur les cheveux. Geste coutumier pour honorer un invité lors d'un banquet (voir 2 S 12.20 ; Ec 9.8 ; Dn 10.3 ; Lc 7.46).
s 23.6 Texte hébreu traditionnel. Certaines versions anciennes ont : *j'habiterai.*
t 23.6 Autre traduction : *à tout jamais.*
u 24.1 Cité en 1 Co 10.26.
v 24.4 Autre traduction : *qui ne se tourne pas vers les faux dieux.*
w 24.6 D'après deux manuscrits hébreux, l'ancienne version grecque et la version syriaque. Au lieu de *Dieu de Jacob*, les autres manuscrits hébreux ont uniquement : *Jacob.*
x 24.7 Les portes de Sion sont personnifiées et exhortées à élever leurs frontons pour accueillir le coffre de l'alliance, symbole de la présence du Roi des rois.
y 25 Psaume alphabétique (cf. note 9.1).

[2] I trust in you;
do not let me be put to shame,
nor let my enemies triumph over me.
[3] No one who hopes in you
will ever be put to shame,
but shame will come on those
who are treacherous without cause.

[4] Show me your ways, LORD,
teach me your paths.
[5] Guide me in your truth and teach me,
for you are God my Savior,
and my hope is in you all day long.
[6] Remember, LORD, your great mercy and love,
for they are from of old.

[7] Do not remember the sins of my youth
and my rebellious ways;
according to your love remember me,
for you, LORD, are good.
[8] Good and upright is the LORD;
therefore he instructs sinners in his ways.
[9] He guides the humble in what is right
and teaches them his way.
[10] All the ways of the LORD are loving and faithful
toward those who keep the demands of his
covenant.
[11] For the sake of your name, LORD,
forgive my iniquity, though it is great.
[12] Who, then, are those who fear the LORD?
He will instruct them in the ways they
should choose.[g]
[13] They will spend their days in prosperity,
and their descendants will inherit the land.
[14] The LORD confides in those who fear him;
he makes his covenant known to them.

[15] My eyes are ever on the LORD,
for only he will release my feet from the
snare.
[16] Turn to me and be gracious to me,
for I am lonely and afflicted.
[17] Relieve the troubles of my heart
and free me from my anguish.
[18] Look on my affliction and my distress
and take away all my sins.
[19] See how numerous are my enemies
and how fiercely they hate me!

[20] Guard my life and rescue me;
do not let me be put to shame,
for I take refuge in you.
[21] May integrity and uprightness protect me,
because my hope, LORD,[h] is in you.
[22] Deliver Israel, O God,
from all their troubles!

[2] En toi, mon Dieu, j'ai mis ma confiance. Ne permets
pas que je sois dans la honte,
et que mes ennemis se réjouissent de mon sort.
[3] Aucun de ceux qui s'attendent à toi ne connaîtra
jamais la honte.
Mais honte à ceux qui, sans raison, sont traîtres[z].

[4] O Eternel, montre-moi le chemin,
enseigne-moi quelle est la voie que tu veux que je
suive.
[5] Dirige-moi selon ta vérité et instruis-moi !
Car c'est toi le Dieu qui me sauve,
et je m'attends à toi à longueur de journée.
[6] O Eternel, veuille agir en fonction[a] de la compassion
et de l'amour,
qui te caractérisent depuis toujours.
[7] Ne tiens plus compte de ces péchés de ma jeunesse,
de mes fautes passées,
mais traite-moi selon ta grâce,
car tu es bon ô Eternel !
[8] Oui, l'Eternel est bon, et il est juste :
il indique aux pécheurs le chemin qu'il faut suivre.
[9] Les humbles, il les guide sur le sentier du droit ;
il leur enseigne le chemin qu'il prescrit.
[10] Toutes les voies de l'Eternel sont amour et fidélité
pour ceux qui sont fidèles à son alliance et
obéissent à ses commandements.
[11] Pour l'amour de ton nom, ô Eternel,
pardonne mon péché qui est si grand.
[12] A l'homme qui le craint,
l'Eternel montre la voie qu'il doit choisir.

[13] Il le fait vivre dans le bonheur
et sa postérité possède le pays[b].
[14] L'Eternel confie ses desseins aux hommes qui le
craignent,
il les instruit de son alliance.
[15] Mes yeux sont constamment tournés vers l'Eternel,
car c'est lui qui dégage mes pieds pris au filet.

[16] Regarde-moi, ô Eternel, et fais-moi grâce,
car je suis seul et malheureux.
[17] Mon cœur est dans l'angoisse,
délivre-moi de mes tourments !
[18] Vois ma misère et ma souffrance,
pardonne-moi tous mes péchés !
[19] Oh ! vois combien mes ennemis sont en grand
nombre,
et quelle haine violente ils ont pour moi !
[20] Protège-moi, délivre-moi,
garde-moi de la honte :
je cherche en toi un sûr refuge.
[21] Que l'innocence et la droiture me sauvegardent
car je compte sur toi.
[22] O Dieu, sauve Israël
de toutes ses détresses !

[g] 25:12 Or *ways he chooses*
[h] 25:21 Septuagint; Hebrew does not have LORD.

[z] **25.3** Autre traduction : *à ceux qui ont les mains vides*.
[a] **25.6** Un même verbe hébreu est employé aux v. 6 (*agir en fonction*), 7a (*ne tiens plus compte*) et 7b (*traite-moi*). Ce verbe désigne le fait de tenir compte de quelque chose pour agir en fonction de cela.
[b] **25.13** Autre traduction : *aura la terre en héritage* (voir Mt 5.5).

Psalm 26

Of David.

1 Vindicate me, Lord,
for I have led a blameless life;
I have trusted in the Lord
and have not faltered.
2 Test me, Lord, and try me,
examine my heart and my mind;
3 for I have always been mindful of your
unfailing love
and have lived in reliance on your
faithfulness.
4 I do not sit with the deceitful,
nor do I associate with hypocrites.
5 I abhor the assembly of evildoers
and refuse to sit with the wicked.
6 I wash my hands in innocence,
and go about your altar, Lord,
7 proclaiming aloud your praise
and telling of all your wonderful deeds.
8 Lord, I love the house where you live,
the place where your glory dwells.
9 Do not take away my soul along with sinners,
my life with those who are bloodthirsty,
10 in whose hands are wicked schemes,
whose right hands are full of bribes.
11 I lead a blameless life;
deliver me and be merciful to me.
12 My feet stand on level ground;
in the great congregation I will praise the
Lord.

Psalm 27

Of David.

1 The Lord is my light and my salvation –
whom shall I fear?
The Lord is the stronghold of my life –
of whom shall I be afraid?

2 When the wicked advance against me
to devour[i] me,
it is my enemies and my foes
who will stumble and fall.
3 Though an army besiege me,
my heart will not fear;
though war break out against me,
even then I will be confident.
4 One thing I ask from the Lord,
this only do I seek:
that I may dwell in the house of the Lord

i **27:2** Or *slander*

Psaume 26

Fais-moi justice

1 *De David.*
Fais-moi justice, ô Eternel, car la vie que je mène es
sans reproche.
Je me confie en l'Eternel, je ne faiblirai pas[c].
2 Sonde-moi, Eternel, éprouve-moi
et examine mon cœur et mes pensées.
3 Je garde ton amour présent à mon esprit,
et je conduis ma vie selon ta vérité.

4 Je ne vais pas m'asseoir avec les hommes
fourbes.
Je ne fréquente pas les hypocrites.
5 Je hais la compagnie de ceux qui font le mal,
je ne vais pas m'asseoir chez les méchants.
6 Je laverai mes mains en signe d'innocence[d]
avant de m'approcher de ton autel, ô Eternel,
7 pour t'exprimer ma gratitude,
et raconter tes œuvres merveilleuses.
8 O Eternel, j'aime le lieu où tu habites
et où ta gloire[e] a sa demeure !
9 Ne lie donc pas mon sort à celui des pécheurs,
ne m'ôte pas la vie avec les assassins !
10 Ils ont commis des actes criminels,
ils se sont laissé acheter[f].
11 Mais moi je veux mener une vie sans reproche.
Délivre-moi et fais-moi grâce !
12 Je marche sur le droit chemin[g].
Oui, je veux te bénir, ô Eternel, au sein de
l'assemblée.

Psaume 27

En sécurité auprès de Dieu

1 *De David.*
Oui, l'Eternel est ma lumière et mon Sauveur :
de qui aurais-je crainte ?
L'Eternel est ma forteresse : il protège ma vie ;
de qui aurais-je peur ?
2 Que des méchants s'avancent contre moi,
voulant me nuire,
ce sont mes ennemis, mes oppresseurs,
qui perdent pied et tombent.
3 Qu'une armée vienne m'assiéger,
mon cœur reste sans crainte.
Que l'on me déclare la guerre,
je suis plein d'assurance.
4 J'ai présenté à l'Eternel un seul souhait, mais qui
me tient vraiment à cœur :
je voudrais habiter dans la maison de l'Eternel tou
les jours de ma vie

c **26.1** Autre traduction : *sans faiblir.*
d **26.6** Se laver les mains en public était un geste symbolique signifiant que l'on se déchargeait de toute responsabilité lorsqu'un crime avait ét commis (Dt 21.7 ; Mt 27.24).
e **26.8** La gloire de Dieu dans le tabernacle (Ex 40.35) et plus tard dans le Temple (1 R 8.11) signalait la présence de l'Eternel lui-même (voir Ex 24.16 ; 32.22; cf. Jn 1.14).
f **26.10** Autre traduction : *elles cherchent à soudoyer.*
g **26.12** Autre traduction : *je me tiens sur un terrain ferme.*

all the days of my life,
to gaze on the beauty of the LORD
and to seek him in his temple.
5 For in the day of trouble
he will keep me safe in his dwelling;
he will hide me in the shelter of his sacred tent
and set me high upon a rock.
6 Then my head will be exalted
above the enemies who surround me;
at his sacred tent I will sacrifice with shouts of joy;
I will sing and make music to the LORD.

7 Hear my voice when I call, LORD;
be merciful to me and answer me.
8 My heart says of you, "Seek his face!"
Your face, LORD, I will seek.

9 Do not hide your face from me,
do not turn your servant away in anger;
you have been my helper.
Do not reject me or forsake me,
God my Savior.
10 Though my father and mother forsake me,
the LORD will receive me.
11 Teach me your way, LORD;
lead me in a straight path
because of my oppressors.

12 Do not turn me over to the desire of my foes,
for false witnesses rise up against me,
spouting malicious accusations.
13 I remain confident of this:
I will see the goodness of the LORD
in the land of the living.
14 Wait for the LORD;
be strong and take heart
and wait for the LORD.

PSALM 28

David.

1 To you, LORD, I call;
you are my Rock,
do not turn a deaf ear to me.
For if you remain silent,
I will be like those who go down to the pit.

2 Hear my cry for mercy
as I call to you for help,
as I lift up my hands
toward your Most Holy Place.
3 Do not drag me away with the wicked,
with those who do evil,
who speak cordially with their neighbors
but harbor malice in their hearts.
4 Repay them for their deeds
and for their evil work;
repay them for what their hands have done
and bring back on them what they deserve.

afin d'admirer l'Eternel dans sa beauté[h],
et de chercher à le connaître[i] dans sa demeure.

5 Car il me cache sous sa tente dans les jours du malheur.
Au secret de son tabernacle, il me tient abrité ;
sur un rocher, il me met hors d'atteinte.
6 Dès à présent, je peux lever la tête pour dominer mes ennemis autour de moi.
J'offrirai dans son tabernacle des sacrifices avec des cris de joie,
je célébrerai l'Eternel par le chant et les instruments.
7 O Eternel, écoute mon appel car je t'invoque.
Accorde-moi la grâce de me répondre.
8 Du fond de mon cœur, je me dis, de ta part :
« Tournez-vous vers moi ! »
Oui, c'est vers toi que je me tourne, ô Eternel,
9 ne te détourne pas de moi
et ne repousse pas ton serviteur avec colère !
Toi qui m'as secouru,
ne me délaisse pas ! Ne m'abandonne pas,
ô Dieu, toi qui es mon Sauveur !
10 Si mon père et ma mère devaient m'abandonner,
l'Eternel me recueillerait.
11 Enseigne-moi la voie que tu veux que je suive, ô Eternel,
et conduis-moi par un sentier égal,
puisque mes ennemis me guettent.
12 Ne m'abandonne pas aux désirs de mes adversaires
lorsque de faux témoins se dressent contre moi,
respirant la violence.
13 Que deviendrais-je si je n'avais pas l'assurance d'expérimenter la bonté de l'Eternel
au pays des vivants ?
14 Attends-toi donc à l'Eternel !
Sois fort ! Affermis ton courage !
Oui, attends-toi à l'Eternel !

PSAUME 28

L'Eternel répond

1 *De David.*
A toi, ô Eternel, je fais appel ;
toi, mon rocher, ne sois pas sourd à ma requête.
Si tu restes muet,
je deviendrai pareil à ceux qui s'en vont vers la tombe.
2 Entends ma voix qui te supplie quand je t'appelle à l'aide
en élevant mes mains[j] en direction du lieu très saint de ta demeure !
3 Ne me fais pas subir avec les criminels, avec les malfaisants, le sort qui leur est réservé ;
ces gens parlent de paix à leur prochain, avec le mal au fond du cœur.
4 Oui, traite-les selon leurs actes et leurs méfaits ;
oui, traite-les selon leurs œuvres,
fais retomber sur eux ce qu'ils ont fait !

h 27.4 Autre traduction : *dans sa douceur.*
i 27.4 Autre traduction : *pour l'interroger.*
j 28.2 Geste habituel de la prière en Israël (63.5 ; 134.2 ; 141.2 ; 1 R 8.22 ; Esd 9.5 ; Né 8.6 ; Es 1.15 ; 1 Tm 2.8).

[5] Because they have no regard for the deeds of
the LORD
and what his hands have done,
he will tear them down
and never build them up again.
[6] Praise be to the LORD,
for he has heard my cry for mercy.
[7] The LORD is my strength and my shield;
my heart trusts in him, and he helps me.
My heart leaps for joy,
and with my song I praise him.
[8] The LORD is the strength of his people,
a fortress of salvation for his anointed
one.
[9] Save your people and bless your inheritance;
be their shepherd and carry them forever.

PSALM 29

A psalm of David.

[1] Ascribe to the LORD, you heavenly beings,
ascribe to the LORD glory and strength.
[2] Ascribe to the LORD the glory due his name;
worship the LORD in the splendor of his[j]
holiness.
[3] The voice of the LORD is over the waters;
the God of glory thunders,
the LORD thunders over the mighty waters.
[4] The voice of the LORD is powerful;
the voice of the LORD is majestic.
[5] The voice of the LORD breaks the cedars;
the LORD breaks in pieces the cedars of
Lebanon.
[6] He makes Lebanon leap like a calf,
Sirion[k] like a young wild ox.
[7] The voice of the LORD strikes
with flashes of lightning.
[8] The voice of the LORD shakes the desert;
the LORD shakes the Desert of Kadesh.
[9] The voice of the LORD twists the oaks[l]
and strips the forests bare.
And in his temple all cry, "Glory!"
[10] The LORD sits enthroned over the flood;
the LORD is enthroned as King forever.
[11] The LORD gives strength to his people;
the LORD blesses his people with peace.

[j] 29:2 Or *LORD with the splendor of*
[k] 29:6 That is, Mount Hermon
[l] 29:9 Or *LORD makes the deer give birth*
[m] In Hebrew texts 30:1-12 is numbered 30:2-13.

[5] Car ils ne tiennent aucun compte des actes
accomplis par l'Eternel
et de ses œuvres.
Que l'Eternel fasse venir leur ruine et qu'il ne les
relève pas !
[6] Béni soit l'Eternel,
car il m'entend lorsque je le supplie.
[7] L'Eternel est ma force, mon bouclier.
En lui je me confie ; il vient à mon secours.
Aussi mon cœur bondit de joie.
Je veux chanter pour le louer.
[8] L'Eternel est la force de tous les siens[k],
il est la forteresse où le roi qui a reçu l'onction de
part trouve la délivrance.
[9] O Eternel, sauve ton peuple, et bénis-le : il est ton
patrimoine.
Sois son berger, et prends soin de lui pour toujour

PSAUME 29

La voix de l'Eternel

[1] *Psaume de David.*
Célébrez l'Eternel, vous, les anges de Dieu[l].
Célébrez l'Eternel, en proclamant sa gloire et sa
puissance !
[2] Oui, célébrez l'Eternel en proclamant la gloire dor
il est digne,
et prosternez-vous devant l'Eternel dont la saintе
brille avec éclat[m] !
[3] La voix de l'Eternel retentit sur les eaux,
Dieu, dans sa gloire, fait gronder le tonnerre.
La voix de l'Eternel domine le bruit des grandes
eaux.
[4] La voix de l'Eternel retentit avec force,
la voix de l'Eternel résonne majestueusement.
[5] La voix de l'Eternel brise les cèdres,
l'Eternel brise les cèdres du Liban.
[6] Il fait bondir tout le Liban comme des veaux
et le Siriôn[n] comme des buffles.
[7] La voix de l'Eternel fait jaillir des éclairs.
[8] La voix de l'Eternel fait trembler le désert.
L'Eternel fait trembler le désert de Qadesh[o].
[9] La voix de l'Eternel fait enfanter les biches[p]
et elle fait tomber les feuilles des arbres des forêts
Dans son palais,
tout s'écrie : « Gloire à l'Eternel ! »
[10] Au-dessus du déluge, l'Eternel siégeait sur son
trône,
l'Eternel siège en roi à tout jamais.
[11] L'Eternel donnera la puissance à son peuple.
L'Eternel bénira son peuple en lui donnant la paix.

[k] 28.8 En hébreu : *d'eux*. Une légère modification de l'hébreu permet de
lire : *de son peuple*.
[l] 29.1 Appelés ici *fils de Dieu* (voir notes Jb 1.6 ; 2.1 ; 38.7).
[m] 29.2 Autre traduction : *revêtus de vêtements sacrés*. Pour les v. 1-2, voir
96.7-9.
[n] 29.6 Nom phénicien de l'Hermon.
[o] 29.8 Plusieurs endroits portent ce nom qui signifie *saint*. Ici, il s'agit
certainement du désert qui s'étend au sud du pays d'Israël (voir
Gn 20.1 ; Nb 20.1).
[p] 29.9 Autre traduction : *agite les grands arbres*.

PSALM 30

ɔsalm. A song. For the dedication
the temple.[n] *Of David.*

1 I will exalt you, LORD,
for you lifted me out of the depths
and did not let my enemies gloat over me.
2 LORD my God, I called to you for help,
and you healed me.
3 You, LORD, brought me up from the realm of the dead;
you spared me from going down to the pit.
4 Sing the praises of the LORD, you his faithful people;
praise his holy name.
5 For his anger lasts only a moment,
but his favor lasts a lifetime;
weeping may stay for the night,
but rejoicing comes in the morning.
6 When I felt secure, I said,
"I will never be shaken."
7 LORD, when you favored me,
you made my royal mountain[o] stand firm;
but when you hid your face,
I was dismayed.
8 To you, LORD, I called;
to the Lord I cried for mercy:
9 "What is gained if I am silenced,
if I go down to the pit?
Will the dust praise you?
Will it proclaim your faithfulness?

10 Hear, LORD, and be merciful to me;
LORD, be my help."
11 You turned my wailing into dancing;
you removed my sackcloth and clothed me with joy,
12 that my heart may sing your praises and not be silent.
LORD my God, I will praise you forever.

PSALM 31

r the director of music. A psalm of David.

1 In you, LORD, I have taken refuge;
let me never be put to shame;
deliver me in your righteousness.
2 Turn your ear to me,
come quickly to my rescue;
be my rock of refuge,
a strong fortress to save me.

3 Since you are my rock and my fortress,
for the sake of your name lead and guide me.

4 Keep me free from the trap that is set for me,
for you are my refuge.
5 Into your hands I commit my spirit;

itle: Or *palace*
0:7 That is, Mount Zion
n Hebrew texts 31:1-24 is numbered 31:2-25.

PSAUME 30

Tu m'as rendu à la vie

1 *Cantique pour l'inauguration du Temple. Un psaume de David.*
2 Je te loue, ô Eternel, car tu m'as tiré du gouffre.
Tu n'as pas permis que mes ennemis se réjouissent à mes dépens.
3 Eternel, mon Dieu,
je t'ai appelé à mon aide, et tu m'as guéri :
4 Eternel, tu m'as fait échapper au séjour des morts,
tu m'as rendu à la vie, en m'évitant de rejoindre les gens qui descendent au tombeau.
5 Chantez donc à l'Eternel, vous tous qui lui êtes attachés !
Apportez-lui vos louanges ! Proclamez sa sainteté !
6 Son courroux dure un instant,
sa faveur est pour la vie.
Si, le soir, des pleurs subsistent,
au matin, la joie éclate.
7 Je vivais paisiblement, et je me disais :
« Je ne tomberai jamais. »
8 Eternel, dans ta faveur, tu avais fortifié la montagne où je demeure.
Tu t'es détourné de moi, et je fus désemparé.

9 J'ai crié vers toi, Eternel,
et j'ai imploré ta grâce, ô Seigneur :
10 « Si je descends dans la tombe,
si je meurs, quel avantage en retires-tu ?
Celui qui n'est plus que poussière, peut-il te louer encore,
peut-il proclamer ta fidélité ?
11 Ecoute, Eternel, aie pitié de moi,
Eternel, viens à mon aide ! »
12 Tu as transformé mes pleurs en une danse de joie,
et tu m'as ôté mes habits de deuil pour me revêtir d'un habit de fête,
13 afin que, de tout mon cœur, et sans me lasser, je te chante.
Eternel, mon Dieu, je te louerai à jamais.

PSAUME 31

J'ai mis ma confiance en l'Eternel

1 *Au chef de chœur. Psaume de David.*
2 C'est en toi, Eternel, que je cherche un refuge.
Que jamais cela ne tourne à ma confusion !
Toi qui es juste, délivre-moi[q],
3 tends l'oreille vers moi !
Viens vite ! Viens me délivrer !
Sois pour moi un rocher entouré de murailles, une solide forteresse
où je trouverai le salut !
4 Oui, tu es pour moi un rocher, et une forteresse :
à cause de ce que tu es, toi, tu me guideras et tu me conduiras.
5 Du piège que l'on m'a tendu tu me feras sortir,
puisque tu es ma forteresse.
6 Je remets mon esprit entre tes mains[r],

q **31.2** Pour les v. 2-4, voir 71.1-3.
r **31.6** Cité en Lc 23.46.

deliver me, LORD, my faithful God.
6 I hate those who cling to worthless idols;
as for me, I trust in the LORD.

7 I will be glad and rejoice in your love,
for you saw my affliction
and knew the anguish of my soul.
8 You have not given me into the hands of the enemy
but have set my feet in a spacious place.
9 Be merciful to me, LORD, for I am in distress;
my eyes grow weak with sorrow,
my soul and body with grief.
10 My life is consumed by anguish
and my years by groaning;
my strength fails because of my affliction,[q]
and my bones grow weak.
11 Because of all my enemies,
I am the utter contempt of my neighbors
and an object of dread to my closest friends –
those who see me on the street flee from me.

12 I am forgotten as though I were dead;
I have become like broken pottery.

13 For I hear many whispering,
"Terror on every side!"
They conspire against me
and plot to take my life.

14 But I trust in you, LORD;
I say, "You are my God."
15 My times are in your hands;
deliver me from the hands of my enemies,
from those who pursue me.
16 Let your face shine on your servant;
save me in your unfailing love.
17 Let me not be put to shame, LORD,
for I have cried out to you;
but let the wicked be put to shame
and be silent in the realm of the dead.
18 Let their lying lips be silenced,
for with pride and contempt
they speak arrogantly against the righteous.

19 How abundant are the good things
that you have stored up for those who fear you,
that you bestow in the sight of all,
on those who take refuge in you.

20 In the shelter of your presence you hide them
from all human intrigues;
you keep them safe in your dwelling
from accusing tongues.
21 Praise be to the LORD,
for he showed me the wonders of his love
when I was in a city under siege.
22 In my alarm I said,
"I am cut off from your sight!"
Yet you heard my cry for mercy

tu m'as libéré, Eternel, toi, le Dieu véritable.
7 Je les hais, tous ceux qui s'attachent à des idoles de néant ;
je me confie en l'Eternel.
8 Ton amour me fait jubiler, il me remplit de joie
puisque tu as vu ma misère,
que tu as porté attention à ma grande détresse.
9 Tu ne m'as pas abandonné au pouvoir de mes ennemis,
et tu m'as mis au large.
10 Aie pitié de moi, Eternel, je suis dans la détresse,
le chagrin me ronge les yeux, l'âme et le corps entier.
11 Ma vie se consume en tourments,
mes années en gémissements.
Les forces m'abandonnent à cause de ma faute[s]
et mon corps dépérit.
12 A cause de mes ennemis, je dois porter l'opprobre,
de mes voisins, je suis la honte
et je fais peur à ceux qui me connaissent.
Ceux qui me croisent en chemin s'écartent loin de moi.
13 Ils m'ont rayé de leur mémoire : me voilà comme un mort,
je suis comme un objet perdu.
14 J'entends toutes les médisances que l'on répand à mon sujet.
Autour de moi, c'est la terreur :
ils se concertent contre moi,
ils forment des complots pour m'enlever la vie.
15 Mais moi, ô Eternel, je me confie en toi.
Je dis : « Tu es mon Dieu ! »
16 Mes destinées sont dans ta main.
Délivre-moi de la main de mes ennemis, car ils s'acharnent contre moi.
17 Regarde-moi avec bonté : je suis ton serviteur !
Viens me sauver dans ton amour !
18 Que je ne sois pas dans la honte, ô Eternel, quand je t'invoque,
mais que les méchants soient honteux
et réduits au silence dans le séjour des morts !
19 Qu'ils soient rendus muets tous ces menteurs aux lèvres fausses
qui parlent avec arrogance contre le juste,
avec orgueil, avec mépris.
20 Combien est grande la bonté
que tu tiens en réserve en faveur de ceux qui te craignent,
et que tu viens répandre, sur ceux qui s'abritent en toi,
au vu de tous les hommes.
21 Auprès de toi, tu leur donnes un refuge loin des machinations des hommes.
Tu les préserves dans ta tente des langues médisantes.
22 Béni soit l'Eternel,
car il m'a témoigné son merveilleux amour
lorsque je me trouvais dans une cité assiégée.
23 Désemparé, je me disais :
« Il ne se soucie plus de moi. »
Mais tu m'as entendu quand je te suppliais,

q 31:10 Or *guilt*

s 31.11 Autre traduction : *à cause de ma misère.*

when I called to you for help.
[23] Love the LORD, all his faithful people!
The LORD preserves those who are true to him,
but the proud he pays back in full.
[24] Be strong and take heart,
all you who hope in the LORD.

PSALM 32

Of David. A maskil.[r]

[1] Blessed is the one
whose transgressions are forgiven,
whose sins are covered.
[2] Blessed is the one
whose sin the LORD does not count against them
and in whose spirit is no deceit.
[3] When I kept silent,
my bones wasted away
through my groaning all day long.
[4] For day and night
your hand was heavy on me;
my strength was sapped
as in the heat of summer.[s]
[5] Then I acknowledged my sin to you
and did not cover up my iniquity.
I said, "I will confess
my transgressions to the LORD."
And you forgave
the guilt of my sin.
[6] Therefore let all the faithful pray to you
while you may be found;
surely the rising of the mighty waters
will not reach them.
[7] You are my hiding place;
you will protect me from trouble
and surround me with songs of deliverance.
[8] I will instruct you and teach you in the way you should go;
I will counsel you with my loving eye on you.
[9] Do not be like the horse or the mule,
which have no understanding
but must be controlled by bit and bridle
or they will not come to you.
[10] Many are the woes of the wicked,
but the LORD's unfailing love
surrounds the one who trusts in him.

[11] Rejoice in the LORD and be glad, you righteous;
sing, all you who are upright in heart!

PSALM 33

[1] Sing joyfully to the LORD, you righteous;

[r] Title: Probably a literary or musical term
[s] 32:4 The Hebrew has *Selah* (a word of uncertain meaning) here and at the end of verses 5 and 7.

quand je t'appelais à mon aide.
[24] Soyez remplis d'amour pour l'Eternel, vous qui lui êtes attachés !
L'Eternel garde ceux qui lui sont fidèles,
mais il punit sévèrement les arrogants.
[25] Soyez forts et prenez courage,
vous qui vous attendez à l'Eternel.

PSAUME 32

Joie du pardon

[1] *Méditation*[t] *de David.*
Heureux l'homme dont la faute est effacée,
et le péché pardonné !
[2] Heureux l'homme au compte de qui l'Eternel ne porte pas le péché[u]
et qui est exempt de duplicité !

[3] Tant que je taisais ma faute,
je m'épuisais à gémir sans cesse, à longueur de jour.
[4] Sur moi, le jour et la nuit, ta main s'appesantissait,
ma vigueur m'abandonnait comme l'herbe se dessèche lors des ardeurs de l'été. *Pause*

[5] Je t'ai avoué ma faute,
je n'ai plus caché mes torts,
j'ai dit : « Je reconnaîtrai devant l'Eternel les péchés que j'ai commis. »
Alors tu m'as déchargé du poids de ma faute. *Pause*

[6] Ainsi, que tout homme qui t'est attaché te prie au temps opportun.
Si les grandes eaux déferlent,
leurs flots ne l'atteignent pas.
[7] Tu es un abri pour moi, tu me gardes du danger.
Autour de moi retentissent les chants de la délivrance. *Pause*
[8] Tu as dit : « Je t'instruirai, je t'indiquerai le chemin que tu devras emprunter,
je serai ton conseiller, mes yeux veilleront sur toi.
[9] Ne soyez donc pas stupides comme un cheval, un mulet dépourvus d'intelligence
dont il faut dompter la fougue par la bride et par le mors
sans quoi ils ne viendront pas vers toi[v] ! »
[10] Ils sont nombreux les tourments qui attendent les méchants,
mais les hommes qui ont mis leur confiance en l'Eternel sont comblés par son amour.
[11] Justes, réjouissez-vous ! Mettez votre joie en l'Eternel
et poussez des cris de joie, vous qui êtes droits de cœur !

PSAUME 33

Le Dieu créateur et sauveur

[1] Vous tous qui êtes justes, acclamez l'Eternel !

[t] 32.1 Traduction incertaine.
[u] 32.2 Cité en Rm 4.7-8.
[v] 32.9 L'hébreu n'est pas clair. Autre traduction : *pour qu'ils ne s'approchent pas de toi.*

it is fitting for the upright to praise him.
2 Praise the LORD with the harp;
make music to him on the ten-stringed lyre.
3 Sing to him a new song;
play skillfully, and shout for joy.
4 For the word of the LORD is right and true;
he is faithful in all he does.
5 The LORD loves righteousness and justice;
the earth is full of his unfailing love.
6 By the word of the LORD the heavens were made,
their starry host by the breath of his mouth.
7 He gathers the waters of the sea into jars[t];
he puts the deep into storehouses.
8 Let all the earth fear the LORD;
let all the people of the world revere him.
9 For he spoke, and it came to be;
he commanded, and it stood firm.
10 The LORD foils the plans of the nations;
he thwarts the purposes of the peoples.
11 But the plans of the LORD stand firm forever,
the purposes of his heart through all
generations.
12 Blessed is the nation whose God is the LORD,
the people he chose for his inheritance.
13 From heaven the LORD looks down
and sees all mankind;
14 from his dwelling place he watches
all who live on earth –
15 he who forms the hearts of all,
who considers everything they do.
16 No king is saved by the size of his army;
no warrior escapes by his great strength.
17 A horse is a vain hope for deliverance;
despite all its great strength it cannot save.
18 But the eyes of the LORD are on those who fear
him,
on those whose hope is in his unfailing love,
19 to deliver them from death
and keep them alive in famine.
20 We wait in hope for the LORD;
he is our help and our shield.
21 In him our hearts rejoice,
for we trust in his holy name.
22 May your unfailing love be with us, LORD,
even as we put our hope in you.

PSALM 34

Of David. When he pretended to be insane before Abimelek, who drove him away, and he left.

1 I will extol the LORD at all times;
his praise will always be on my lips.
2 I will glory in the LORD;
let the afflicted hear and rejoice.

t 33:7 Or *sea as into a heap*
u This psalm is an acrostic poem, the verses of which begin with the successive letters of the Hebrew alphabet.
v In Hebrew texts 34:1-22 is numbered 34:2-23.

Car il convient aux hommes droits de le louer.
2 Célébrez l'Eternel, avec la lyre
et louez-le en jouant du luth à dix cordes !
3 Chantez en son honneur un cantique nouveau !
Jouez de tout votre art afin de l'acclamer !
4 Car la parole de l'Eternel est droite,
toute son œuvre est sûre.
5 Dieu aime la justice et la droiture.
L'amour de l'Eternel remplit la terre.
6 Les cieux ont été faits par la parole de l'Eternel,
et toute l'armée des étoiles est née du souffle de sa
bouche.
7 Les eaux des mers, il les amasse et les endigue,
il tient les eaux profondes comme en un réservoir.
8 Que sur la terre entière on craigne l'Eternel !
Qu'ils tremblent devant lui, les habitants du
monde !
9 Car lorsqu'il a parlé cela s'est fait,
lorsqu'il a commandé, cela est apparu.
10 L'Eternel fait échec aux desseins des nations.
Il réduit à néant ce que les peuples projetaient.
11 Les plans de l'Eternel demeurent pour toujours
et ses projets subsistent d'âge en âge.
12 Heureux le peuple dont l'Eternel est Dieu,
oui, le peuple qu'il s'est choisi pour patrimoine.
13 Du haut du ciel, l'Eternel regarde la terre.
Il voit tous les humains.
14 De son trône[w], il observe
tous les habitants de la terre.
15 Il a formé leur cœur à tous,
et il reste attentif à chacun de leurs actes.
16 Le roi n'est pas sauvé par une armée nombreuse,
le guerrier n'est pas délivré par une grande force[x].
17 Pour avoir la victoire, le secours du cheval est
illusoire,
et toute sa vigueur ne suffit pas pour triompher.
18 Mais l'Eternel prend soin de tous ceux qui le
craignent,
comptant sur son amour
19 pour les délivrer de la mort
et préserver leur vie aux jours de la famine.
20 Oui, nous comptons sur l'Eternel,
il est notre secours et notre bouclier.
21 Notre cœur trouve en lui sa joie,
et notre confiance, nous la plaçons dans le Dieu
saint.
22 Accorde-nous ta grâce, ô Eternel,
car nous comptons sur toi.

PSAUME 34

Le Seigneur m'a délivré[y]

1 *Un psaume de David lorsqu'il simula la folie en présence d'Abimélek qui le chassa, de sorte que David put s'en aller.*
2 Je bénirai l'Eternel en tout temps
et à jamais, mes lèvres le loueront.
3 Mon sujet de fierté, c'est l'Eternel !
Que les humbles l'entendent et qu'ils se réjouissent

w 33.14 Autre traduction : *du lieu de sa demeure.*
x 33.16 Pour les v. 16-17, voir 18.30-34 ; 147.10.
y 34 Psaume alphabétique (cf. note 9.1).

3 Glorify the LORD with me;
let us exalt his name together.
4 I sought the LORD, and he answered me;
he delivered me from all my fears.

5 Those who look to him are radiant;
their faces are never covered with shame.
6 This poor man called, and the LORD heard him;
he saved him out of all his troubles.
7 The angel of the LORD encamps around those
who fear him,
and he delivers them.
8 Taste and see that the LORD is good;
blessed is the one who takes refuge in him.
9 Fear the LORD, you his holy people,
for those who fear him lack nothing.

10 The lions may grow weak and hungry,
but those who seek the LORD lack no good
thing.
11 Come, my children, listen to me;
I will teach you the fear of the LORD.
12 Whoever of you loves life
and desires to see many good days,
13 keep your tongue from evil
and your lips from telling lies.
14 Turn from evil and do good;
seek peace and pursue it.
15 The eyes of the LORD are on the righteous,
and his ears are attentive to their cry;
16 but the face of the LORD is against those who do
evil,
to blot out their name from the earth.
17 The righteous cry out, and the LORD hears them;
he delivers them from all their troubles.

18 The LORD is close to the brokenhearted
and saves those who are crushed in spirit.

19 The righteous person may have many troubles,
but the LORD delivers him from them all;
20 he protects all his bones,
not one of them will be broken.
21 Evil will slay the wicked;
the foes of the righteous will be condemned.
22 The LORD will rescue his servants;
no one who takes refuge in him will be
condemned.

4 Venez proclamer avec moi que l'Eternel est grand !
Exaltons-le ensemble !
5 Moi, je me suis tourné vers l'Eternel et il m'a
répondu.
Oui, il m'a délivré de toutes mes frayeurs.
6 Qui regarde vers lui est rayonnant de joie[z],
et son visage n'aura pas à rougir de honte.
7 Un malheureux a appelé, et l'Eternel a entendu,
car il l'a délivré de toutes ses détresses.
8 L'ange de l'Eternel[a] campe autour de ceux qui le
craignent,
et les délivre.
9 Goûtez et constatez que l'Eternel est bon[b] !
Oui, heureux l'homme qui trouve son refuge en lui.
10 Craignez donc l'Eternel, vous, membres de son
peuple saint,
car pour ceux qui le craignent, il n'y a pas de
manque !
11 Le lion[c] peut connaître la disette et la faim,
mais pour ceux qui se tournent vers l'Eternel, il ne
manquera aucun bien.
12 Venez, mes fils, écoutez-moi,
et je vous apprendrai à craindre l'Eternel[d].
13 Qui désire une longue vie ?
Qui souhaite vivre de nombreux jours pour goûter
au bonheur[e] ?
14 Qu'il veille sur sa langue pour ne faire aucun mal,
qu'aucun propos menteur ne passe sur ses lèvres.
15 Détourne-toi du mal, et fais ce qui est bien,
cherche la paix avec ténacité.
16 Les yeux de l'Eternel se tournent vers les justes,
son oreille est tendue pour écouter leurs cris.
17 Mais l'Eternel s'oppose à ceux qui font le mal,
pour ôter de la terre jusqu'à leur souvenir.

18 Lorsque les hommes justes lancent leurs cris vers
lui, l'Eternel les entend ;
aussi, il les délivre de toutes leurs détresses.
19 Car l'Eternel est proche de ceux qui ont le cœur
brisé.
Il sauve ceux qui ont un esprit abattu.
20 De nombreux malheurs atteignent le juste
mais l'Eternel le délivre de tous.
21 Il veille sur ses os :
aucun d'eux n'est brisé[f].
22 Le malheur fera mourir le méchant,
les ennemis du juste porteront leur condamnation,
23 mais l'Eternel sauve la vie de tous ses serviteurs,
et ceux dont il est le refuge ne seront jamais
condamnés.

---

z **34.6** Certains manuscrits hébreux et des versions anciennes ont : *regardez vers lui et rayonnez de joie, et que vos visages ne rougissent plus de honte.*
a **34.8** Représentant de l'Eternel
(35.5-6 ; Gn 16.7 ; 32.1-2 ; Ex 14.19 ; 2 R 6.14-23 ; 19.35), agissant en faveur du peuple de Dieu, assurant notamment sa protection.
b **34.9** Réminiscence en 1 P 2.3.
c **34.11** L'ancienne version grecque et la version syriaque ont : *le riche.*
d **34.12** Formule traditionnelle des maîtres qui enseignent la sagesse à leurs disciples appelés leurs fils (voir Pr 1.8, 10 ; 2.1).
e **34.13** Les v. 13-17 sont cités en 1 P 3.10-12.
f **34.21** Cité en Jn 19.36.

Psalm 35

Of David.

[1] Contend, Lord, with those who contend with me;
fight against those who fight against me.
[2] Take up shield and armor;
arise and come to my aid.
[3] Brandish spear and javelin[w]
against those who pursue me.
Say to me,
"I am your salvation."
[4] May those who seek my life
be disgraced and put to shame;
may those who plot my ruin
be turned back in dismay.
[5] May they be like chaff before the wind,
with the angel of the Lord driving them away;
[6] may their path be dark and slippery,
with the angel of the Lord pursuing them.
[7] Since they hid their net for me without cause
and without cause dug a pit for me,
[8] may ruin overtake them by surprise –
may the net they hid entangle them,
may they fall into the pit, to their ruin.
[9] Then my soul will rejoice in the Lord
and delight in his salvation.
[10] My whole being will exclaim,
"Who is like you, Lord?
You rescue the poor from those too strong for them,
the poor and needy from those who rob them."
[11] Ruthless witnesses come forward;
they question me on things I know nothing about.
[12] They repay me evil for good
and leave me like one bereaved.
[13] Yet when they were ill, I put on sackcloth
and humbled myself with fasting.
When my prayers returned to me unanswered,
[14] I went about mourning
as though for my friend or brother.
I bowed my head in grief
as though weeping for my mother.
[15] But when I stumbled, they gathered in glee;
assailants gathered against me without my knowledge.
They slandered me without ceasing.
[16] Like the ungodly they maliciously mocked;[x]
they gnashed their teeth at me.
[17] How long, Lord, will you look on?

w 35:3 Or *and block the way*
x 35:16 Septuagint; Hebrew may mean *Like an ungodly circle of mockers,*

Psaume 35

Le Seigneur protège les faibles

[1] *De David.*
O Eternel, viens accuser ceux qui m'accusent,
combats toi-même qui me combat.
[2] Saisis le petit bouclier et le grand bouclier,
lève-toi pour me secourir !
[3] Brandis ta lance avec le javelot contre mes poursuivants !
Dis-moi que tu es mon Sauveur.
[4] Qu'ils soient honteux, déshonorés, ceux qui en veulent à ma vie !
Qu'ils reculent couverts d'opprobre, ceux qui projettent mon malheur !
[5] Qu'ils soient comme la paille emportée par le vent,
quand les repoussera l'ange de l'Eternel[g] !
[6] Que leur chemin soit sombre, qu'il soit glissant
lorsque l'ange de l'Eternel viendra les pourchasser !
[7] Sans cause, ils ont caché des pièges sur ma route,
sans raison, pour me perdre, ils ont creusé des fosses.
[8] Que le malheur s'abatte sur eux à l'improviste !
Et que dans le filet qu'ils ont caché, ils puissent s'empêtrer !
Qu'ils tombent dans la fosse qu'ils ont creusée et qu'elle fasse leur propre ruine[h].
[9] J'exulterai de joie en l'Eternel,
je me réjouirai pour le salut qu'il aura accompli pour moi.
[10] Je clamerai de tout mon être : « Eternel, qui est comme toi ?
Le malheureux, tu le délivres d'un ennemi plus fort que lui,
les pauvres et les démunis, tu les libères de ceux qui les oppriment. »
[11] Des témoins adonnés à la violence se lèvent,
on vient m'interroger sur des faits que j'ignore.
[12] Ils me rendent le mal pour le bien que j'ai fait.
Je suis abandonné.
[13] Et moi, quand ils étaient malades, je revêtais un vêtement de deuil
et je m'humiliais en jeûnant.
Sans cesse, je priais pour eux[i]
[14] comme pour un ami ou pour un frère. J'allais, courbé sous la tristesse,
comme en menant le deuil pour la mort d'une mère.
[15] Je suis tombé dans le malheur : les voilà qui s'attroupent en triomphant à mon sujet ;
oui, ils s'attroupent contre moi pour m'attaquer à mon insu[j].
Sans répit, ils m'outragent.
[16] Avec une ironie mordante, ces hypocrites
grincent des dents à mon sujet.
[17] Seigneur, comment supportes-tu cela ?

g 35.5 Voir note 34.8.
h 35.8 La version syriaque a : *qu'ils ont creusée pour moi.*
i 35.13 Autre traduction : *quand ma prière n'était pas exaucée.*
j 35.15 *à mon insu:* autre traduction : *ces gens que je ne connais pas.*

Rescue me from their ravages,
my precious life from these lions.
18 I will give you thanks in the great assembly;
among the throngs I will praise you.
19 Do not let those gloat over me
who are my enemies without cause;
do not let those who hate me without reason
maliciously wink the eye.
20 They do not speak peaceably,
but devise false accusations
against those who live quietly in the land.
21 They sneer at me and say, "Aha! Aha!
With our own eyes we have seen it."
22 LORD, you have seen this; do not be silent.
Do not be far from me, Lord.
23 Awake, and rise to my defense!
Contend for me, my God and Lord.
24 Vindicate me in your righteousness, LORD my God;
do not let them gloat over me.
25 Do not let them think, "Aha, just what we wanted!"
or say, "We have swallowed him up."

26 May all who gloat over my distress
be put to shame and confusion;
may all who exalt themselves over me
be clothed with shame and disgrace.
27 May those who delight in my vindication
shout for joy and gladness;
may they always say, "The LORD be exalted,
who delights in the well-being of his servant."
28 My tongue will proclaim your righteousness,
your praises all day long.

PSALM 36

r the director of music. Of David the servant of the LORD.

1 I have a message from God in my heart
concerning the sinfulness of the wicked:[z]
There is no fear of God
before their eyes.
2 In their own eyes they flatter themselves
too much to detect or hate their sin.
3 The words of their mouths are wicked and deceitful;
they fail to act wisely or do good.
4 Even on their beds they plot evil;
they commit themselves to a sinful course
and do not reject what is wrong.
5 Your love, LORD, reaches to the heavens,
your faithfulness to the skies.

Soustrais ma vie à leurs sévices,
ma vie qui m'est précieuse, à ces lions !
18 Je te rendrai hommage dans la grande assemblée.
Je te louerai avec la foule immense.
19 Sans cause, ils sont mes ennemis : qu'ils ne triomphent pas à mon sujet !
Ils me détestent sans raison. Qu'ils n'osent plus cligner de l'œil pour m'insulter !
20 Car ce n'est pas la paix qu'apporte leur parole,
ils forgent des mensonges contre les gens paisibles du pays.
21 La bouche grande ouverte,
ils disent : « Eh, eh ! Nous l'avons vu ! »
22 Eternel, toi, tu as tout vu ! Ne reste pas muet !
Seigneur, ne te tiens pas si éloigné de moi !
23 Interviens donc !
Oui, interviens pour défendre mon droit,
toi, mon Dieu, mon Seigneur, pour prendre en main ma cause !
24 Rends-moi justice, toi qui es juste, ô Eternel mon Dieu !
Empêche-les de triompher à mon sujet !
25 Qu'ils ne se disent pas : « Ah, ah, c'est ce que nous voulions ! »
Non, qu'ils ne disent pas : « Nous n'avons fait de lui qu'une bouchée ! »
26 Que la honte et le déshonneur atteignent tous ceux qui se réjouissent de mon malheur !
Qu'ils soient couverts de honte et revêtus de confusion,
ceux qui, pour se grandir, se tournent contre moi !
27 Alors ceux qui désirent voir mon droit rétabli
pourront se réjouir, et ils crieront de joie
en répétant sans cesse : « Que l'Eternel est grand,
lui qui désire le bonheur de son serviteur ! »
28 Oui, je proclamerai que tu es juste,
je dirai ta louange tout le jour.

PSAUME 36

La bonté du Seigneur

1 *Au chef de chœur, de David, serviteur de l'Eternel.*
2 En moi-même, je médite sur ce que déclare le méchant[k] dans son péché ;
Lui, il n'a même pas peur de Dieu[l].
3 Il se considère d'un œil trop flatteur
pour reconnaître sa faute, et la détester.
4 Les paroles de sa bouche sont mensonge et tromperie ;
il ne veut pas réfléchir en vue de faire le bien.
5 La nuit, sur son lit, il projette un mauvais coup.
Il persiste dans la voie qui n'est pas la bonne :
il ne veut pas rejeter le mal.
6 Jusqu'au ciel va ton amour, Eternel,
et jusqu'aux nuages monte ta fidélité.

n Hebrew texts 36:1-12 is numbered 36:2-13.
6:1 Or *A message from God: The transgression of the wicked / resides their hearts.*

k **36.2** *En moi-même, je médite:* d'après le texte hébreu traditionnel. Certains manuscrits hébreux et de l'ancienne version grecque, la version syriaque ont : *au fond de son cœur.* Il faut alors comprendre : *Ce que déclare le méchant dans son péché est au fond de son cœur.*
l **36.2** Cité en Rm 3.18.

6 Your righteousness is like the highest
mountains,
your justice like the great deep.
You, LORD, preserve both people and animals.
7 How priceless is your unfailing love, O God!
People take refuge in the shadow of your
wings.
8 They feast on the abundance of your house;
you give them drink from your river of
delights.
9 For with you is the fountain of life;
in your light we see light.
10 Continue your love to those who know you,
your righteousness to the upright in heart.

11 May the foot of the proud not come against me,
nor the hand of the wicked drive me away.
12 See how the evildoers lie fallen –
thrown down, not able to rise!

PSALM 37

Of David.

1 Do not fret because of those who are evil
or be envious of those who do wrong;
2 for like the grass they will soon wither,
like green plants they will soon die away.

3 Trust in the LORD and do good;
dwell in the land and enjoy safe pasture.

4 Take delight in the LORD,
and he will give you the desires of your
heart.
5 Commit your way to the LORD;
trust in him and he will do this:

6 He will make your righteous reward shine like
the dawn,
your vindication like the noonday sun.
7 Be still before the LORD
and wait patiently for him;
do not fret when people succeed in their ways,
when they carry out their wicked schemes.

8 Refrain from anger and turn from wrath;
do not fret – it leads only to evil.

9 For those who are evil will be destroyed,
but those who hope in the LORD will inherit
the land.
10 A little while, and the wicked will be no more;
though you look for them, they will not be
found.
11 But the meek will inherit the land
and enjoy peace and prosperity.

[a] This psalm is an acrostic poem, the stanzas of which begin with the successive letters of the Hebrew alphabet.

7 Ta justice est aussi haute que les plus hautes
montagnes.
Tes jugements sont profonds comme l'immense
océan !
Tu secours, ô Eternel, et les hommes, et les bêtes.
8 Que ton amour est précieux, ô Dieu !
Sous tes ailes, les humains se réfugient.

9 Ils se restaurent de mets généreux de ta maison.
Au torrent de tes délices, tu leur donnes à boire.

10 Car chez toi est la source de la vie.
C'est dans ta lumière que nous voyons la lumière.
11 Maintiens ton amour à tous ceux qui te
connaissent,
manifeste ta justice à ceux qui sont droits de cœur
12 Que les orgueilleux ne m'approchent pas,
et que les méchants ne me chassent pas !
13 Voici : déjà ils succombent, ceux qui font le mal,
ils sont renversés, sans pouvoir se relever.

PSAUME 37

Le témoignage de l'expérience[m]

1 *De David.*
Ne t'irrite pas contre les méchants !
Ne jalouse pas ceux qui font le mal !
2 Car, rapidement, comme l'herbe aux champs, ils
seront fauchés
et se faneront comme la verdure.
3 Mets en l'Eternel toute ta confiance ! Fais ce qui es
bien,
et, dans le pays, tu demeureras et tu jouiras de bor
pâturages en sécurité.
4 En Dieu, mets ta joie
et il comblera les vœux de ton cœur.

5 C'est à l'Eternel qu'il te faut remettre ta vie tout
entière.
Aie confiance en lui et il agira.
6 Il fera paraître ta justice comme la lumière,
et ton droit comme le soleil à midi.

7 Demeure en silence devant l'Eternel. Attends-toi à
lui,
ne t'irrite pas contre ceux qui réussissent dans
leurs entreprises,
en mettant en œuvre de mauvais desseins.
8 Laisse la colère, calme ton courroux,
ne t'irrite pas, car, en fin de compte, tu ferais le
mal.
9 Or, qui fait le mal sera retranché :
mais ceux qui comptent sur l'Eternel auront le pay
comme possession.
10 D'ici peu de temps, fini le méchant !
Tu auras beau le chercher : il ne sera plus.

11 Mais ceux qui sont humbles[n] auront le pays comm
possession[o],
et ils jouiront d'une grande paix.

[m] **37** Psaume alphabétique (cf. note 9.1).
[n] **37.11** Autre traduction : *doux*.
[o] **37.11** Cité enMt 5.5.

12 The wicked plot against the righteous
and gnash their teeth at them;
13 but the Lord laughs at the wicked,
for he knows their day is coming.
14 The wicked draw the sword
and bend the bow
to bring down the poor and needy,
to slay those whose ways are upright.
15 But their swords will pierce their own hearts,
and their bows will be broken.
16 Better the little that the righteous have
than the wealth of many wicked;
17 for the power of the wicked will be broken,
but the LORD upholds the righteous.
18 The blameless spend their days under the LORD's care,
and their inheritance will endure forever.
19 In times of disaster they will not wither;
in days of famine they will enjoy plenty.
20 But the wicked will perish:
Though the LORD's enemies are like the flowers of the field,
they will be consumed, they will go up in smoke.
21 The wicked borrow and do not repay,
but the righteous give generously;
22 those the LORD blesses will inherit the land,
but those he curses will be destroyed.
23 The LORD makes firm the steps
of the one who delights in him;
24 though he may stumble, he will not fall,
for the LORD upholds him with his hand.
25 I was young and now I am old,
yet I have never seen the righteous forsaken
or their children begging bread.
26 They are always generous and lend freely;
their children will be a blessing.[b]
27 Turn from evil and do good;
then you will dwell in the land forever.
28 For the LORD loves the just
and will not forsake his faithful ones.
Wrongdoers will be completely destroyed[c];
the offspring of the wicked will perish.
29 The righteous will inherit the land
and dwell in it forever.
30 The mouths of the righteous utter wisdom,
and their tongues speak what is just.

[b]37:26 Or *freely; / the names of their children will be used in blessings* (see Gen. 48:20); or *freely; / others will see that their children are blessed*
[c]37:28 See Septuagint; Hebrew *They will be protected forever*

12 Le méchant complote pour faire du tort au juste,
il grince des dents contre lui.
13 Pourtant l'Eternel se moque de lui,
car il voit venir le jour de sa perte.
14 Les méchants tirent l'épée,
ils bandent leur arc
pour tuer le pauvre et le défavorisé
et pour égorger tous les gens qui suivent la voie droite.
15 Mais leur propre épée leur transpercera le cœur,
et quant à leurs arcs, ils seront brisés.
16 Le peu que possède celui qui est juste
vaut bien mieux que la richesse de nombreux méchants.
17 Les méchants verront leur pouvoir brisé,
mais l'Eternel reste le soutien des justes.
18 L'Eternel tient compte de ce qu'est la vie des gens sans reproche[p],
et leur patrimoine demeure à jamais.
19 Pour eux, pas de honte au temps du malheur,
et, dans les jours de famine ils auront de quoi se rassasier.
20 Les méchants périssent
et les ennemis de l'Eternel sont comme les fleurs des prés :
ils disparaîtront ; comme une fumée, ils s'évanouiront.
21 Le méchant emprunte mais il ne rend pas ;
le juste a pitié, il est généreux.
22 Ceux que Dieu bénit auront le pays comme possession[q],
mais ceux qu'il maudit seront retranchés.
23 Lorsque la conduite de quelqu'un lui plaît,
l'Eternel lui donne d'affermir sa marche dans la vie.
24 Il peut trébucher, mais il ne s'écroule pas :
l'Eternel le tient par la main.
25 Depuis ma jeunesse jusqu'à mon âge avancé,
jamais je n'ai vu celui qui est juste être abandonné,
ni ses descendants mendier leur pain.
26 Tout au long des jours, il a compassion et il prête aux autres.
Ses enfants seront en bénédiction.
27 Evite le mal, accomplis le bien :
tu demeureras pour toujours.
28 Car l'Eternel aime la droiture,
et il n'abandonne pas ceux qui lui sont attachés ;
mais les malfaisants seront supprimés[r],
la postérité de tous les méchants sera retranchée ;
29 tandis que les justes auront le pays comme possession.
Ils l'habiteront éternellement.
30 Des paroles sages sortent de la bouche de ceux qui sont justes,
et leur langue parle, selon la droiture.

[p] **37.18** Autre traduction : *L'Eternel veille sur chacun des jours des gens sans reproche.*
[q] **37.22** Voir note v. 11.
[r] **37.28** *mais les malfaisants seront supprimés:* d'après l'ancienne version grecque, qui suppose la disparition d'un mot et la confusion entre deux lettres très ressemblantes par rapport au texte hébreu traditionnel qui porte : *ils seront gardés éternellement.* D'une part, la leçon de la version grecque permet de préserver le parallélisme entre les deux dernières lignes du verset. D'autre part, le terme manquant dans l'hébreu est nécessaire à la construction de l'acrostiche du psaume.

[31] The law of their God is in their hearts;
their feet do not slip.
[32] The wicked lie in wait for the righteous,
intent on putting them to death;
[33] but the LORD will not leave them in the power of the wicked
or let them be condemned when brought to trial.
[34] Hope in the LORD
and keep his way.
He will exalt you to inherit the land;
when the wicked are destroyed, you will see it.
[35] I have seen a wicked and ruthless man
flourishing like a luxuriant native tree,
[36] but he soon passed away and was no more;
though I looked for him, he could not be found.
[37] Consider the blameless, observe the upright;
a future awaits those who seek peace.[d]
[38] But all sinners will be destroyed;
there will be no future[e] for the wicked.
[39] The salvation of the righteous comes from the LORD;
he is their stronghold in time of trouble.
[40] The LORD helps them and delivers them;
he delivers them from the wicked and saves them,
because they take refuge in him.

PSALM 38

A psalm of David. A petition.
[1] LORD, do not rebuke me in your anger
or discipline me in your wrath.
[2] Your arrows have pierced me,
and your hand has come down on me.
[3] Because of your wrath there is no health in my body;
there is no soundness in my bones because of my sin.
[4] My guilt has overwhelmed me
like a burden too heavy to bear.
[5] My wounds fester and are loathsome
because of my sinful folly.
[6] I am bowed down and brought very low;
all day long I go about mourning.
[7] My back is filled with searing pain;
there is no health in my body.
[8] I am feeble and utterly crushed;
I groan in anguish of heart.
[9] All my longings lie open before you, Lord;
my sighing is not hidden from you.
[10] My heart pounds, my strength fails me;
even the light has gone from my eyes.

[31] Ils ont dans leur cœur la Loi de leur Dieu,
et ils ne trébuchent pas.
[32] Le méchant épie le juste :
il cherche à le mettre à mort.
[33] L'Eternel ne le livre pas en son pouvoir.
Il ne le laissera pas être condamné dans un jugement.
[34] Attends-toi à l'Eternel, règle ta conduite selon ce qu'il a prescrit :
il t'honorera par la possession du pays.
Tu verras comment tous les malfaisants seront retranchés.
[35] J'ai vu le méchant, dans sa violence,
croître comme un arbre florissant bien enraciné sur son sol natal.
[36] Puis je suis passé par là[s] : voici qu'il n'est plus.
Et j'ai eu beau le chercher, il est introuvable.
[37] Considère l'homme intègre,
oui, observe l'homme droit :
alors tu constateras que l'homme de paix a un avenir.
[38] Au contraire les rebelles seront détruits tous ensemble,
et les méchants n'auront plus aucun avenir.
[39] Le salut des justes vient de l'Eternel,
et il est leur forteresse aux jours de détresse.
[40] Il leur vient en aide et il les délivre ;
il les fait échapper aux méchants et les sauve
car ils ont cherché leur refuge en lui.

PSAUME 38

Accablé par la maladie et le péché

[1] *Un psaume de David, pour se rappeler au souvenir de Dieu.*
[2] Eternel, dans ta colère, ne me punis pas,
et, dans ton indignation, ne me châtie pas !
[3] Vois : tes flèches m'ont atteint,
ta main m'a frappé :
[4] en mon corps, plus rien n'est intact sous l'effet de ta colère,
dans mes membres, rien n'est sain, mon péché en est la cause.
[5] Je suis submergé par mes fautes,
elles sont un poids bien trop lourd pour moi.
[6] Mes plaies infectées suppurent :
ma folie en est la cause.
[7] Triste, accablé, abattu,
je me traîne tout le jour,
[8] je sens un feu dans mes reins,
plus rien n'est intact en moi.
[9] Je suis à bout, écrasé,
j'ai le cœur en désarroi, je ne cesse de gémir.
[10] Eternel, tous mes désirs je te les ai présentés,
et tous mes soupirs sont connus de toi.
[11] Mon cœur bat violemment et mes forces m'abandonnent,
mes yeux ont perdu toute leur lumière.

[d] 37:37 Or *upright; / those who seek peace will have posterity*
[e] 37:38 Or *posterity*
[f] In Hebrew texts 38:1-22 is numbered 38:2-23.

[s] 37.36 D'après un manuscrit de Qumrân et les version anciennes. Texte hébreu traditionnel : *il a passé.*

[11] My friends and companions avoid me because
of my wounds;
my neighbors stay far away.
[12] Those who want to kill me set their traps,
those who would harm me talk of my ruin;
all day long they scheme and lie.

[13] I am like the deaf, who cannot hear,
like the mute, who cannot speak;
[14] I have become like one who does not hear,
whose mouth can offer no reply.
[15] LORD, I wait for you;
you will answer, Lord my God.
[16] For I said, "Do not let them gloat
or exalt themselves over me when my feet
slip."
[17] For I am about to fall,
and my pain is ever with me.
[18] I confess my iniquity;
I am troubled by my sin.
[19] Many have become my enemies without cause[g];
those who hate me without reason are
numerous.
[20] Those who repay my good with evil
lodge accusations against me,
though I seek only to do what is good.
[21] LORD, do not forsake me;
do not be far from me, my God.
[22] Come quickly to help me,
my Lord and my Savior.

PSALM 39

r the director of music. For Jeduthun. A psalm of David.

[1] I said, "I will watch my ways
and keep my tongue from sin;
I will put a muzzle on my mouth
while in the presence of the wicked."[h]

[2] So I remained utterly silent,
not even saying anything good.
But my anguish increased;

[3] my heart grew hot within me.
While I meditated, the fire burned;
then I spoke with my tongue:
[4] "Show me, LORD, my life's end
and the number of my days;
let me know how fleeting my life is.
[5] You have made my days a mere handbreadth;
the span of my years is as nothing before
you.
Everyone is but a breath,
even those who seem secure.[i]

[6] "Surely everyone goes around like a mere
phantom;

38:19 One Dead Sea Scrolls manuscript; Masoretic Text *my
gorous enemies*
n Hebrew texts 39:1-13 is numbered 39:2-14.
39:5 The Hebrew has *Selah* (a word of uncertain meaning) here
d at the end of verse 11.

[12] Ma plaie écarte de moi mes amis, mes compagnons,
ceux qui me sont les plus proches restent loin de
moi.
[13] Ceux qui veulent me tuer m'ont tendu des pièges,
ceux qui cherchent mon malheur parlent pour me
nuire,
ils murmurent des mensonges à longueur de jour.
[14] Pourtant, moi je fais le sourd pour ne pas entendre,
je reste la bouche close comme si j'étais muet.
[15] Je suis comme un homme qui ne peut entendre
et ne répond pas.
[16] Car c'est sur toi, Eternel, que je compte.
Tu me répondras, ô Seigneur, mon Dieu.
[17] J'avais demandé : « Qu'ils ne puissent pas rire de
mon sort,
s'exalter à mes dépens lorsque je chancelle. »
[18] Me voici près de tomber,
ma douleur est toujours là,
[19] Oui, je reconnais ma faute,
mon péché m'angoisse,
[20] alors que mes ennemis sont pleins de vie, pleins de
force,
et qu'ils sont nombreux à me haïr sans raison.
[21] Ceux qui me rendent le mal pour le bien que
j'accomplis
me font le reproche de vouloir chercher le bien.
[22] Eternel, ne me laisse pas,
ô mon Dieu, ne te tiens pas loin de moi !
[23] Viens en hâte à mon secours,
toi mon Seigneur, mon Sauveur !

PSAUME 39

Face à la mort

[1] *Au chef de chœur, à Yedoutoun[t] ; psaume de David.*
[2] Je m'étais dit : « Je vais me surveiller
pour ne pas pécher en paroles.
Je serai comme bâillonné
aussi longtemps que des méchants se tiendront
devant moi. »
[3] Je me suis renfermé dans un complet silence,
sans prononcer une parole, tenu à l'écart du
bonheur[u] ;
ma douleur s'est exaspérée.
[4] Mon cœur brûlait dans ma poitrine,
mes pensées s'embrasaient en moi,
alors j'ai fini par parler :
[5] « O Eternel, fais-moi savoir quand finira ma vie,
quel est le nombre de mes jours,
afin que je sache à quel point ma vie est éphémère.
[6] Voici : mes jours sont limités, car tu leur as donné la
largeur d'une main.
Oui, devant toi, la durée de ma vie n'est vraiment
presque rien,
même s'il est debout, tout homme n'est qu'un
souffle : *Pause*
[7] il va, il vient, ce n'est qu'une ombre.

t **39.1** L'un des trois chefs de chœur de David
(1 Ch 16.41-42 ; 25.1, 3, 6 ; 2 Ch 5.12 ; 35.15). Il est aussi nommé aux Ps 62,
77 et 89.
u **39.3** Autre traduction : *je n'ai même pas prononcé une bonne parole.*

in vain they rush about, heaping up wealth
without knowing whose it will finally be.
7 "But now, Lord, what do I look for?
My hope is in you.
8 Save me from all my transgressions;
do not make me the scorn of fools.
9 I was silent; I would not open my mouth,
for you are the one who has done this.
10 Remove your scourge from me;
I am overcome by the blow of your hand.
11 When you rebuke and discipline anyone for their sin,
you consume their wealth like a moth –
surely everyone is but a breath.

12 "Hear my prayer, LORD,
listen to my cry for help;
do not be deaf to my weeping.
I dwell with you as a foreigner,
a stranger, as all my ancestors were.
13 Look away from me, that I may enjoy life again
before I depart and am no more."

PSALM 40

For the director of music. Of David. A psalm.

1 I waited patiently for the LORD;
he turned to me and heard my cry.

2 He lifted me out of the slimy pit,
out of the mud and mire;
he set my feet on a rock
and gave me a firm place to stand.
3 He put a new song in my mouth,
a hymn of praise to our God.
Many will see and fear the LORD
and put their trust in him.

4 Blessed is the one
who trusts in the LORD,
who does not look to the proud,
to those who turn aside to false gods.[k]
5 Many, LORD my God,
are the wonders you have done,
the things you planned for us.
None can compare with you;
were I to speak and tell of your deeds,
they would be too many to declare.
6 Sacrifice and offering you did not desire –
but my ears you have opened[l] –
burnt offerings and sin offerings[m] you did not require.
7 Then I said, "Here I am, I have come –
it is written about me in the scroll.[n]

Son agitation, c'est du vent,
et les biens qu'il amasse, sait-il qui les recueillera ?
8 Dès lors, Seigneur, que puis-je attendre ?
Mon espérance est toute en toi,
9 de tous mes péchés, sauve-moi !
Ne permets pas aux insensés de m'exposer au déshonneur !
10 Voici : je veux rester muet, ne plus ouvrir la bouche
car c'est toi qui agis.
11 Détourne donc de moi tes coups,
car je succombe sous les attaques de ta main.
12 Pour corriger les hommes, tu les punis de leurs péchés,
et tu détruis comme une teigne ce qu'ils ont de plu cher.
Tout homme n'est qu'un souffle. *Paus*
13 O Eternel, écoute ma prière et sois attentif à mon cri !
Ne reste pas sourd à mes pleurs,
car je ne suis, chez toi, qu'un étranger,
qu'un hôte temporaire, tout comme mes ancêtres.
14 Détourne de moi ton regard pour que je puisse respirer
avant que je m'en aille et que je ne sois plus. »

PSAUME 40

Le salut de Dieu et son Serviteur

1 *Au chef de chœur. Psaume de David.*
2 J'ai mis tout mon espoir en l'Eternel.
Il s'est penché vers moi, il a prêté l'oreille à ma supplication.
3 Il m'a fait remonter du puits de destruction
et du fond de la boue.
Il m'a remis debout, les pieds sur un rocher,
et il a affermi mes pas.
4 Il a mis dans ma bouche un cantique nouveau,
et la louange pour notre Dieu.
Quand ils verront ce qu'il a fait, ils seront nombreux à le craindre
et à mettre leur confiance en l'Eternel.
5 Bienheureux l'homme qui fait confiance à l'Eterne
et ne se tourne pas vers les gens orgueilleux
et enclins au mensonge[v].

6 O Eternel mon Dieu,
toi, tu as accompli tant d'œuvres merveilleuses,
et combien de projets tu as formés pour nous !
Nul n'est semblable à toi.
Je voudrais publier, redire tes merveilles,
mais leur nombre est trop grand.
7 Tu n'as voulu ni offrande ni sacrifice.
Tu m'as ouvert l'oreille,
car tu n'as demandé ni holocaustes ni sacrifices pour le péché[w].
8 Alors j'ai dit : Voici, je viens,
dans le rouleau du livre, il est question de moi[x].

---

j In Hebrew texts 40:1-17 is numbered 40:2-18.
k **40:4** Or *to lies*
l **40:6** Hebrew; some Septuagint manuscripts *but a body you have prepared for me*
m **40:6** Or *purification offerings*
n **40:7** Or *come / with the scroll written for me*

v **40.5** Autre traduction : *qui se tournent vers les faux dieux.*
w **40.7** Les v. 7-9 sont cités en Hé 10.5-7.
x **40.8** Autre traduction : *je viens avec le livre écrit à mon sujet.*

8 I desire to do your will, my God;
your law is within my heart."
9 I proclaim your saving acts in the great assembly;
I do not seal my lips, LORD,
as you know.
10 I do not hide your righteousness in my heart;
I speak of your faithfulness and your saving help.
I do not conceal your love and your faithfulness
from the great assembly.

11 Do not withhold your mercy from me, LORD;
may your love and faithfulness always protect me.
12 For troubles without number surround me;
my sins have overtaken me, and I cannot see.
They are more than the hairs of my head,
and my heart fails within me.

13 Be pleased to save me, LORD;
come quickly, LORD, to help me.
14 May all who want to take my life
be put to shame and confusion;
may all who desire my ruin
be turned back in disgrace.

15 May those who say to me, "Aha! Aha!"
be appalled at their own shame.
16 But may all who seek you
rejoice and be glad in you;
may those who long for your saving help always say,
"The LORD is great!"
17 But as for me, I am poor and needy;
may the Lord think of me.
You are my help and my deliverer;
you are my God, do not delay.

PSALM 41

or the director of music. A psalm of David.

1 Blessed are those who have regard for the weak;
the LORD delivers them in times of trouble.
2 The LORD protects and preserves them –
they are counted among the blessed in the land –
he does not give them over to the desire of their foes.
3 The LORD sustains them on their sickbed
and restores them from their bed of illness.
4 I said, "Have mercy on me, LORD;
heal me, for I have sinned against you."
5 My enemies say of me in malice,
"When will he die and his name perish?"
6 When one of them comes to see me,

n Hebrew texts 41:1-13 is numbered 41:2-14.

9 Je prends plaisir à faire ta volonté, mon Dieu,
et ta Loi est gravée tout au fond de mon cœur.
10 Dans la grande assemblée, j'annonce la bonne nouvelle de ta justice[y].
Je ne la tairai pas,
Eternel, tu le sais.
11 Non, je ne me retiens pas d'exprimer que tu es juste.
Je proclame bien haut combien tu es fidèle et que tu m'as sauvé.
Non, je ne cache pas ton amour, ta fidélité
dans la grande assemblée.
12 Et toi, ô Eternel, tu ne retiendras pas loin de moi ta tendresse :
ton amour, ta fidélité sans cesse me protégeront.
13 De malheurs innombrables je suis environné,
mes transgressions m'accablent :
je n'en supporte pas la vue :
elles dépassent, par leur nombre, les cheveux de ma tête ;
je n'ai plus de courage.
14 Veuille, Eternel, me délivrer !
Eternel, hâte-toi de venir à mon aide[z] !
15 Qu'ils soient couverts de honte, remplis de confusion,
ceux qui en veulent à ma vie !
Qu'ils battent en retraite, qu'ils soient déshonorés,
ceux qui désirent mon malheur !
16 Qu'ils dépérissent sous le poids de la honte,
ceux qui ricanent à mon sujet.
17 Mais que tous ceux qui se tournent vers toi
soient débordants de joie, oui, qu'en toi ils se réjouissent.
Et que tous ceux qui aiment ton salut
redisent constamment : « Que l'Eternel est grand ! »
18 Moi, je suis pauvre et malheureux,
mais le Seigneur prend soin de moi.
Toi qui es mon secours et mon libérateur,
mon Dieu, ne tarde pas !

PSAUME 41

Malade et persécuté

1 *Au chef de chœur. Psaume de David.*
2 Heureux celui qui se soucie du pauvre.
Lorsque vient le malheur, l'Eternel le délivre,

3 l'Eternel le protège et préserve sa vie :
il le rend heureux sur la terre
et ne le livre pas au désir de ses ennemis.

4 L'Eternel le soutient sur son lit de souffrance,
et quand il est malade il lui refait sa couche[a].
5 J'ai dit : « O Eternel, aie compassion de moi,
et veuille me guérir ! J'ai péché contre toi. »
6 Mes adversaires parlent méchamment contre moi :
« Quand donc va-t-il mourir ? Quand donc l'oubliera-t-on ? »
7 Si l'un d'eux vient me voir, il se met à mentir :

y 40.10 Autre traduction : *je proclame que Dieu m'a fait justice.*
z 40.14 Pour les v. 14-18, voir 70.2-6.
a 41.4 Autre traduction : *il lui fait quitter sa couche.*

he speaks falsely, while his heart gathers
slander;
then he goes out and spreads it around.
7 All my enemies whisper together against me;
they imagine the worst for me, saying,

8 "A vile disease has afflicted him;
he will never get up from the place where he
lies."[q]
9 Even my close friend,
someone I trusted,
one who shared my bread,
has turned[p] against me.
10 But may you have mercy on me, LORD;
raise me up, that I may repay them.

11 I know that you are pleased with me,
for my enemy does not triumph over me.

12 Because of my integrity you uphold me
and set me in your presence forever.
13 Praise be to the LORD, the God of Israel,
from everlasting to everlasting.
Amen and Amen.

BOOK II

Psalms 42–72

PSALM 42

For the director of music. A maskil[s] of the Sons of Korah.

1 As the deer pants for streams of water,
so my soul pants for you, my God.
2 My soul thirsts for God, for the living God.
When can I go and meet with God?
3 My tears have been my food
day and night,
while people say to me all day long,
"Where is your God?"
4 These things I remember
as I pour out my soul:
how I used to go to the house of God
under the protection of the Mighty One[t]
with shouts of joy and praise
among the festive throng.
5 Why, my soul, are you downcast?
Why so disturbed within me?
Put your hope in God,
for I will yet praise him,
my Savior and my God.
6 My soul is downcast within me;
therefore I will remember you

il amasse en lui-même un tas de médisances
et sort pour les répandre.

8 Mes ennemis chuchotent tous ensemble à mon
sujet,
en formant des projets pour mon malheur :
9 « Cette maladie qui le frappe, quelle mauvaise
affaire !
Il a dû s'aliter, il ne se relèvera plus ! »
10 Et même mon ami,
en qui j'avais confiance, celui qui partageait mon
pain,
s'est tourné contre moi[b].
11 Mais toi, ô Eternel, aie compassion de moi, et viens
me relever :
je leur rendrai leur dû.
12 Voici comment je reconnaîtrai ton affection pour
moi :
c'est quand mon ennemi cessera de clamer qu'il
triomphe de moi.
13 Pour prix de mon intégrité, tu viens me soutenir.
Tu me fais subsister devant toi pour toujours.
14 Béni soit l'Eternel, Dieu d'Israël, depuis toujours et
pour toujours.
Amen, Amen !

DEUXIÈME LIVRE

PSAUME 42

Soif de Dieu !

1 *Au chef de chœur. Méditation[c] des Qoréites[d].*
2 Comme une biche tourne la tête vers le cours
d'eau,
je me tourne vers toi, ô Dieu[e] !
3 J'ai soif de Dieu, du Dieu vivant !
Quand donc pourrai-je aller et me présenter devan
Dieu ?
4 Mes larmes sont le pain de mes jours comme de me
nuits.
Sans cesse, on me répète :
« Ton Dieu, où est-il donc ? »
5 Alors que j'épanche mon cœur, je me souviens du
temps
où, avec le cortège, je m'avançais,
marchant avec la foule vers le temple de Dieu,
au milieu de la joie et des cris de reconnaissance
de tout un peuple en fête.
6 Pourquoi donc, ô mon âme, es-tu si abattue
et gémis-tu sur moi ?
Mets ton espoir en Dieu ! je le louerai encore,
car il est mon Sauveur.

7 Mon Dieu[f], mon âme est abattue,

p 41:9 Hebrew *has lifted up his heel*
q In many Hebrew manuscripts Psalms 42 and 43 constitute one psalm.
r In Hebrew texts 42:1-11 is numbered 42:2-12.
s Title: Probably a literary or musical term
t 42:4 See Septuagint and Syriac; the meaning of the Hebrew for this line is uncertain.

b 41.10 Cité en Jn 13.18.
c 42.1 Signification incertaine.
d 42.1 Descendants de Qoré, l'un des fils de Lévi (Ex 6.24 ; Nb 16 ; 26.11). Ils devinrent musiciens dans le tabernacle (1 Ch 6.18, 22) et portiers (1 Ch 26.1). Leur chef, du temps de David, était Hémân (88.1).
e 42.2 Autre traduction : *Comme une biche soupire après les cours d'eau, je soupire après toi, ô Dieu.*
f 42.7 Certains rattachent ces mots à la fin du v. 6 et traduisent : *car il es mon Sauveur, il est mon Dieu. 7 Je suis...*

from the land of the Jordan,
the heights of Hermon – from Mount Mizar.
[7] Deep calls to deep
in the roar of your waterfalls;
all your waves and breakers
have swept over me.
[8] By day the LORD directs his love,
at night his song is with me –
a prayer to the God of my life.
[9] I say to God my Rock,
"Why have you forgotten me?
Why must I go about mourning,
oppressed by the enemy?"
[10] My bones suffer mortal agony
as my foes taunt me,
saying to me all day long,
"Where is your God?"
[11] Why, my soul, are you downcast?
Why so disturbed within me?
Put your hope in God,
for I will yet praise him,
my Savior and my God.

PSALM 43

[1] Vindicate me, my God,
and plead my cause
against an unfaithful nation.
Rescue me from those who are
deceitful and wicked.
[2] You are God my stronghold.
Why have you rejected me?
Why must I go about mourning,
oppressed by the enemy?
[3] Send me your light and your faithful care,
let them lead me;
let them bring me to your holy mountain,
to the place where you dwell.
[4] Then I will go to the altar of God,
to God, my joy and my delight.
I will praise you with the lyre,
O God, my God.
[5] Why, my soul, are you downcast?
Why so disturbed within me?
Put your hope in God,
for I will yet praise him,
my Savior and my God.

PSALM 44

or the director of music. Of the Sons of Korah. A maskil.[w]
[1] We have heard it with our ears, O God;
our ancestors have told us
what you did in their days,
in days long ago.

In many Hebrew manuscripts Psalms 42 and 43 constitute one salm.
In Hebrew texts 44:1-26 is numbered 44:2-27.
Title: Probably a literary or musical term

Voilà pourquoi, je pense à toi du pays du Jourdain,
des cimes de l'Hermon et du mont Mitséar[g].
[8] Un abîme en appelle un autre, au grondement de tes
cascades ;
tous tes flots et tes lames ont déferlé sur moi.

[9] Que, le jour, l'Eternel me montre son amour :
je passerai la nuit à chanter ses louanges
et j'adresserai ma prière au Dieu qui me fait vivre.
[10] Car je veux dire à Dieu, lui qui est mon rocher :
« Pourquoi m'ignores-tu ?
Pourquoi donc me faut-il vivre dans la tristesse,
subissant l'oppression de l'ennemi ? »
[11] Mes membres sont meurtris, mes ennemis
m'insultent,
sans cesse, ils me demandent : « Ton Dieu, où est-il
donc ? »
[12] Pourquoi donc, ô mon âme, es-tu si abattue, et
gémis-tu sur moi ?
Mets ton espoir en Dieu ! Je le louerai encore,
mon Sauveur et mon Dieu.

PSAUME 43

Mets ton espoir en Dieu[h]

[1] Fais-moi justice, ô Dieu,
et prends en main ma cause contre un peuple
d'impies !
Sauve-moi de ces gens menteurs et criminels !

[2] O Dieu, tu es ma forteresse, pourquoi donc me
rejettes-tu,
et pourquoi me faut-il vivre dans la tristesse,
subissant l'oppression de l'ennemi ?
[3] Fais-moi voir ta lumière, avec ta vérité
pour qu'elles me conduisent
et qu'elles soient mes guides vers ta montagne
sainte jusque dans ta demeure.
[4] Alors j'avancerai jusqu'à l'autel de Dieu,
vers toi, Dieu de ma joie et de mon allégresse.
Alors je te louerai en m'accompagnant de la lyre. O
Dieu : tu es mon Dieu !
[5] Pourquoi donc, ô mon âme, es-tu si abattue et
gémis-tu sur moi ?
Mets ton espoir en Dieu ! Je le louerai encore,
mon Sauveur et mon Dieu.

PSAUME 44

Rejetés par l'Eternel

[1] *Au chef de chœur. Méditation*[i] *des Qoréites*[j].
[2] O Dieu, nous l'avons entendu de nos propres
oreilles,
nos pères nous ont raconté
tout ce que tu as accompli
de leur temps, autrefois.

g 42.7 L'*Hermon* constituait la frontière nord du pays de la promesse (Dt 3.8 ; Jos 11.17 ; 13.11 ; 1 Ch 5.23). Le mont Mitséar ou *Petit-Mont* n'est cité nulle part ailleurs.
h 43 Dans plusieurs manuscrits hébreux, les Ps 42 et 43 constituent un seul psaume.
i 44.1 Signification incertaine.
j 44.1 Voir note 42.1.

[2] With your hand you drove out the nations
and planted our ancestors;
you crushed the peoples
and made our ancestors flourish.
[3] It was not by their sword that they won the
land,
nor did their arm bring them victory;
it was your right hand, your arm,
and the light of your face, for you loved
them.
[4] You are my King and my God,
who decrees[x] victories for Jacob.
[5] Through you we push back our enemies;
through your name we trample our foes.
[6] I put no trust in my bow,
my sword does not bring me victory;
[7] but you give us victory over our enemies,
you put our adversaries to shame.

[8] In God we make our boast all day long,
and we will praise your name forever.[y]

[9] But now you have rejected and humbled us;
you no longer go out with our armies.

[10] You made us retreat before the enemy,
and our adversaries have plundered us.
[11] You gave us up to be devoured like sheep
and have scattered us among the nations.

[12] You sold your people for a pittance,
gaining nothing from their sale.
[13] You have made us a reproach to our neighbors,
the scorn and derision of those around us.

[14] You have made us a byword among the nations;
the peoples shake their heads at us.

[15] I live in disgrace all day long,
and my face is covered with shame
[16] at the taunts of those who reproach and revile
me,
because of the enemy, who is bent on
revenge.
[17] All this came upon us,
though we had not forgotten you;
we had not been false to your covenant.
[18] Our hearts had not turned back;
our feet had not strayed from your path.

[19] But you crushed us and made us a haunt for
jackals;
you covered us over with deep darkness.
[20] If we had forgotten the name of our God
or spread out our hands to a foreign god,

[21] would not God have discovered it,
since he knows the secrets of the heart?

[22] Yet for your sake we face death all day long;

[3] Par ton intervention, tu as dépossédé des peuples
pour établir nos pères ;
et tu as frappé des peuplades pour donner à nos
pères assez de place.
[4] Ce n'est pas grâce à leur épée qu'ils ont occupé
cette terre,
ni par leur propre force qu'ils ont remporté la
victoire :
mais c'est par ton action puissante,
car tu leur étais favorable et les avais en affection.
[5] C'est toi, ô Dieu, qui es mon roi
et qui décides le salut de Jacob[k].
[6] Oui, avec toi nous repoussons nos ennemis,
et grâce à toi nous piétinons nos adversaires.
[7] Je ne compte pas sur mon arc,
mon épée ne me sauve pas,
[8] c'est toi, ô Dieu, qui nous délivres de tous nos
ennemis
et qui couvres de honte les gens qui nous haïssent.
[9] Tout au long de ce jour, nous nous félicitons de
Dieu ;
nous le louerons jusqu'en l'éternité. *Paus*
[10] Pourtant tu nous as rejetés
et livrés à la honte.
Tu as cessé d'accompagner nos armées au combat !
[11] Tu nous fais reculer devant nos ennemis :
nos adversaires se sont emparés de nos biens.
[12] Oui, tu nous as livrés à eux, ainsi qu'un troupeau de
brebis destinées à la boucherie,
et tu nous as éparpillés parmi les peuples étrangers
[13] Tu as vendu ton peuple à un bas prix
sans en tirer aucun profit,
[14] et tu nous as livrés aux railleries de nos voisins.
Tous ceux qui nous entourent se rient et se
moquent de nous.
[15] Tu fais de nous la risée d'autres peuples.
En nous voyant, les étrangers secouent la tête en
ricanant.
[16] Tout le jour je vois mon humiliation,
et mon visage est marqué par la honte
[17] quand j'entends les outrages et les propos blessants
d'un ennemi vindicatif.

[18] Tout cela nous est arrivé sans que nous t'ayons
délaissé
et sans que nous ayons trahi ton alliance avec nous
[19] Nous n'avons pas renié nos engagements envers toi
nous n'avons pas quitté la voie que tu nous as
prescrite.
[20] Pourtant, tu nous as écrasés dans le domaine des
chacals[l],
et tu nous as couverts de ténèbres épaisses.
[21] Si nous avions délaissé notre Dieu,
si nous avions tendu les mains vers un dieu
étranger,
[22] Dieu ne l'aurait-il pas appris,
lui qui connaît tous les secrets qui sont au fond des
cœurs ?
[23] A cause de toi, chaque jour, nous sommes massacré

[x] **44:4** Septuagint, Aquila and Syriac; Hebrew *King, O God; / command*
[y] **44:8** The Hebrew has *Selah* (a word of uncertain meaning) here.

[k] **44.5** Autre traduction : *et qui fais triompher Jacob.* Les anciennes version grecque et syriaque ont lu : *tu es mon roi, ô Dieu : ordonne le salut pour Jacob*
[l] **44.20** Lieu désert et inhabité (voir Es 13.22 ; Jr 9.11).

we are considered as sheep to be slaughtered.
23 Awake, Lord! Why do you sleep?
Rouse yourself! Do not reject us forever.

24 Why do you hide your face
and forget our misery and oppression?
25 We are brought down to the dust;
our bodies cling to the ground.
26 Rise up and help us;
rescue us because of your unfailing love.

Psalm 45

or the director of music. To the tune of "Lilies." Of he Sons of Korah. A maskil.[a] *A wedding song.*

1 My heart is stirred by a noble theme
as I recite my verses for the king;
my tongue is the pen of a skillful writer.

2 You are the most excellent of men
and your lips have been anointed with grace,
since God has blessed you forever.
3 Gird your sword on your side, you mighty one;
clothe yourself with splendor and majesty.

4 In your majesty ride forth victoriously
in the cause of truth, humility and justice;
let your right hand achieve awesome deeds.

5 Let your sharp arrows pierce the hearts of the king's enemies;
let the nations fall beneath your feet.
6 Your throne, O God,[b] will last for ever and ever;
a scepter of justice will be the scepter of your kingdom.
7 You love righteousness and hate wickedness;
therefore God, your God, has set you above your companions
by anointing you with the oil of joy.

8 All your robes are fragrant with myrrh and aloes and cassia;
from palaces adorned with ivory
the music of the strings makes you glad.
9 Daughters of kings are among your honored women;
at your right hand is the royal bride in gold of Ophir.
10 Listen, daughter, and pay careful attention:
Forget your people and your father's house.

et l'on nous considère comme étant des moutons destinés à la boucherie[m].
24 Interviens donc, Seigneur ! Pourquoi ne réagis-tu pas ?
Veuille te réveiller ! Ne nous rejette pas toujours !
25 Pourquoi te détourner ?
Pourquoi ignores-tu nos maux et nos détresses ?
26 Car nous voilà prostrés dans la poussière,
plaqués au sol.
27 Agis, viens à notre aide !
Libère-nous dans ton amour !

Psaume 45

Pour le mariage du roi

1 *Au chef de chœur, à chanter sur la mélodie des « Lis »*[n]. *Une méditation*[o] *et un chant d'amour des Qoréites*[p].
2 Mon cœur est tout vibrant de paroles très belles.
Je dis : Mon œuvre est pour le roi !
Je voudrais que ma langue soit comme le roseau d'un habile écrivain.
3 Parmi tous les humains, tu es bien le plus beau !
La grâce est sur tes lèvres ;
et l'on voit bien que Dieu t'a béni à jamais.
4 Guerrier plein de vaillance, ceins ton épée sur le côté !
Oui, revêts-toi de ta magnificence, de l'éclat de ta gloire.
5 Et dans ta gloire, remporte des victoires !
Conduis ton char de guerre, défends la vérité, la douceur, la justice !
Que ta main se signale par des actions d'éclat !
6 Tes flèches acérées
atteindront en plein cœur les ennemis du roi
et tu feras tomber des peuples sous tes pas.
7 Ton trône, ô Dieu, subsiste pour toute éternité,
le sceptre de ton règne est sceptre d'équité[q].

8 Tu aimes la justice, et tu détestes la méchanceté.
Aussi, ô Dieu, ton Dieu[r] t'a oint d'une huile d'allégresse[s]
et t'a ainsi fait roi, de préférence à tous tes compagnons.
9 Myrrhe, aloès, cannelle embaument tes habits.
Dans les palais d'ivoire,
les harpes te ravissent.

10 Et voici les princesses parmi les dames de ta cour[t],
la reine est à ta droite, parée de l'or d'Ophir.

11 Entends, ma fille, et vois ! Ecoute-moi :
Ne pense plus à ton peuple et à ta famille.

In Hebrew texts 45:1-17 is numbered 45:2-18.
Title: Probably a literary or musical term
45:6 Here the king is addressed as God's representative.

m 44.23 Cité en Rm 8.36.
n 45.1 Terme de sens incertain. Autre traduction : *avec accompagnement sur instrument à six cordes.*
o 45.1 Signification incertaine.
p 45.1 Voir note 42.1.
q 45.7 Les v. 7-8 sont cités en Hé 1.8-9.
r 45.8 D'autres comprennent : *Aussi Dieu, ton Dieu.*
s 45.8 Il s'agissait d'huile aromatique (voir v. 9). On la répandait aussi sur les vêtements (voir Pr 7.17).
t 45.10 La version syriaque porte : *une princesse se tient parmi les dames de ta cour* : il s'agit alors de la mariée, la reine mentionnée à la ligne suivante.

[11] Let the king be enthralled by your beauty;
honor him, for he is your lord.
[12] The city of Tyre will come with a gift,[c]
people of wealth will seek your favor.

[13] All glorious is the princess within her chamber;
her gown is interwoven with gold.

[14] In embroidered garments she is led to the king;
her virgin companions follow her –
those brought to be with her.
[15] Led in with joy and gladness,
they enter the palace of the king.
[16] Your sons will take the place of your fathers;
you will make them princes throughout the land.
[17] I will perpetuate your memory through all generations;
therefore the nations will praise you for ever and ever.

Psalm 46

For the director of music. Of the Sons of Korah. According to alamoth.[e] A song.
[1] God is our refuge and strength,
an ever-present help in trouble.
[2] Therefore we will not fear, though the earth give way
and the mountains fall into the heart of the sea,
[3] though its waters roar and foam
and the mountains quake with their surging.[f]
[4] There is a river whose streams make glad the city of God,
the holy place where the Most High dwells.
[5] God is within her, she will not fall;
God will help her at break of day.
[6] Nations are in uproar, kingdoms fall;
he lifts his voice, the earth melts.
[7] The Lord Almighty is with us;
the God of Jacob is our fortress.
[8] Come and see what the Lord has done,
the desolations he has brought on the earth.
[9] He makes wars cease
to the ends of the earth.
He breaks the bow and shatters the spear;
he burns the shields[g] with fire.
[10] He says, "Be still, and know that I am God;

[12] Car le roi est épris de ta beauté !
Lui, il est ton seigneur, prosterne-toi donc devant lui !
[13] Les habitants de Tyr[u], viendront t'apporter leurs présents
pour gagner ta faveur de même que les peuples les plus riches.
[14] Toute resplendissante est la fille du roi dans le palais.
Ses vêtements sont brodés de l'or le plus fin.
[15] En vêtements brodés, on la présente au roi.
De jeunes demoiselles la suivent en cortège : on les conduit auprès de toi.
[16] On les conduit dans la joie et dans l'allégresse,
elles sont introduites dans le palais du roi.
[17] Tes fils succéderont à tes ancêtres,
tu les établiras princes pour diriger tout le pays.

[18] Je redirai ta renommée à toutes les générations.
C'est pourquoi tous les peuples te loueront éternellement.

Psaume 46

Dieu est pour nous un rempart

[1] *Au chef de chœur. Un cantique des Qoréites[v] pour voix de soprano.*
[2] Dieu est pour nous un rempart, il est un refuge,
un secours toujours offert lorsque survient la détresse.
[3] Aussi, nous ne craignons rien quand la terre est secouée,
quand les montagnes s'effondrent, basculant au fond des mers,
[4] quand, grondants et bouillonnants, les flots des mers se soulèvent
et ébranlent les montagnes. *Paus*
[5] Il est un cours d'eau dont les bras réjouissent la cit
de Dieu,
la demeure sainte du Très-Haut.
[6] Dieu réside au milieu d'elle, elle n'est pas ébranlée,
car Dieu vient à son secours dès le point du jour.
[7] Des peuples s'agitent et des royaumes s'effondrent
la voix de Dieu retentit, et la terre se dissout.
[8] Avec nous est l'Eternel des armées célestes ;
nous avons pour citadelle le Dieu de Jacob. *Paus*
[9] Venez, contemplez tout ce que l'Eternel fait,
les ravages qu'il opère sur la terre.

[10] Il fait cesser les combats jusqu'aux confins de la terre,
l'arc, il l'a brisé et il a rompu la lance,
il a consumé au feu tous les chars de guerre[w].
[11] « Arrêtez ! dit-il, reconnaissez-moi pour Dieu.

[c] **45:12** Or *A Tyrian robe is among the gifts*
[d] In Hebrew texts 46:1-11 is numbered 46:2-12.
[e] Title: Probably a musical term
[f] **46:3** The Hebrew has *Selah* (a word of uncertain meaning) here and at the end of verses 7 and 11.
[g] **46:9** Or *chariots*

[u] **45.13** *Les habitants de Tyr ...*: autre traduction : *la princesse de Tyr viendra t'apporter ses présents.* On peut aussi comprendre : *O princesse de Tyr, les peuples les plus riches viendront t'apporter leurs présents pour gagner ta faveur.* Le roi de Tyr fut le premier à reconnaître la dynastie davidique (2 S 5.11) ; Salomon a maintenu des relations fréquentes avec lui (1 R 5.15 ; 9.10-14, 26-28). Centre commercial important sur la Méditerranée, Tyr était renommée pour ses richesses (Es 23 ; Ez 26.1 à 28.19).
[v] **46.1** Voir note 42.1.
[w] **46.10** Les versions anciennes ont : *les boucliers.*

I will be exalted among the nations,
I will be exalted in the earth."
11 The LORD Almighty is with us;
the God of Jacob is our fortress.

PSALM 47

r the director of music. Of the Sons of Korah. A psalm.
1 Clap your hands, all you nations;
shout to God with cries of joy.
2 For the LORD Most High is awesome,
the great King over all the earth.
3 He subdued nations under us,
peoples under our feet.
4 He chose our inheritance for us,
the pride of Jacob, whom he loved.[i]
5 God has ascended amid shouts of joy,
the LORD amid the sounding of trumpets.
6 Sing praises to God, sing praises;
sing praises to our King, sing praises.

7 For God is the King of all the earth;
sing to him a psalm of praise.
8 God reigns over the nations;
God is seated on his holy throne.
9 The nobles of the nations assemble
as the people of the God of Abraham,
for the kings[j] of the earth belong to God;
he is greatly exalted.

PSALM 48

song. A psalm of the Sons of Korah.
1 Great is the LORD, and most worthy of
praise,
in the city of our God, his holy mountain.
2 Beautiful in its loftiness,
the joy of the whole earth,
like the heights of Zaphon[l] is Mount Zion,
the city of the Great King.
3 God is in her citadels;
he has shown himself to be her fortress.
4 When the kings joined forces,
when they advanced together,
5 they saw her and were astounded;

n Hebrew texts 47:1-9 is numbered 47:2-10.
7:4 The Hebrew has *Selah* (a word of uncertain meaning) here.
7:9 Or *shields*
n Hebrew texts 48:1-14 is numbered 48:2-15.
3:2 *Zaphon* was the most sacred mountain of the Canaanites.

Je serai glorifié par les peuples, je serai glorifié sur
la terre[x]. »
12 Avec nous est l'Eternel des armées célestes.
Nous avons pour citadelle le Dieu de Jacob. *Pause*

PSAUME 47

Applaudissez Dieu

1 *Au chef de chœur. Un psaume des Qoréites*[y].
2 Vous, tous les peuples, battez des mains !
Poussez vers Dieu des cris de joie !
3 Car l'Eternel, lui, le Très-Haut, est redoutable,
c'est le grand Roi du monde entier.
4 Il nous soumet bien des peuplades,
beaucoup de peuples nous sont assujettis.
5 Il a choisi pour notre part un territoire
qui fait la gloire de tout Jacob son bien-aimé. *Pause*
6 Dieu est monté[z] parmi les cris de joie,
il est monté au son du cor[a], lui, l'Eternel.
7 Chantez à Dieu ! Chantez !
Chantez pour notre roi !
Oui, chantez-le !
8 Car Dieu est Roi du monde entier.
Chantez pour lui un beau cantique !
9 C'est Dieu qui règne sur tous les peuples.
Sur son saint trône, il siège.
10 Les chefs des peuples se réunissent :
ils sont ton peuple, Dieu d'Abraham[b] !
Ils sont à Dieu, tous les puissants[c] de cette terre,
car il est élevé au plus haut point.

PSAUME 48

La cité de Dieu

1 *Cantique. Un psaume des Qoréites*[d].
2 Oui, l'Eternel est grand ! Il est bien digne de
louanges
dans la cité de notre Dieu, sur sa montagne sainte.
3 Colline magnifique, joie de la terre entière,
mont de Sion, tu es le véritable nord : la demeure
de Dieu[e],
la cité du grand roi !
4 Dieu, dans les palais de Sion,
se fait connaître comme une forteresse.
5 Car voici que les rois s'étaient tous réunis ;
et ensemble, ils marchaient contre elle.
6 Quand ils l'ont vue, pris de stupeur,

x **46.11** D'autres comprennent : *Je domine sur les peuples, je domine sur la terre.*
y **47.1** Voir note 42.1.
z **47.6** Ce psaume fait peut-être allusion à une cérémonie fêtant l'entrée de Dieu dans son temple, le coffre sacré représentant son « trône » (v. 9).
a **47.6** Il s'agissait du chofar, cor fait d'une corne de bélier.
b **47.10** Au lieu de *peuple* l'ancienne traduction grecque et la syriaque ont compris : *avec* traduisant ainsi : *les chefs des peuples se réunissent au Dieu d'Abraham.* La confusion entre ces deux mots est facile en hébreu. Il est aussi possible que la préposition signifiant *avec* ait sauté, à cause de sa ressemblance avec le mot signifiant *peuple.* Dans ce cas, le sens serait : *les chefs des peuples se réunissent avec le peuple du Dieu d'Abraham. Dieu d'Abraham:* Voir Gn 12.2-3 ; 17.4-6 ; 22.17-18.
c **47.10** Autres traductions : *les boucliers*ou *les protecteurs.*
d **48.1** Voir note 42.1.
e **48.3** L'hébreu a : *les extrémités du Tsaphôn,* ce qui peut se comprendre de manière géographique : *du côté du nord,* ou religieuse : le Tsaphôn était une montagne sacrée où, selon la religion phénicienne, Baal résidait.

they fled in terror.
6 Trembling seized them there,
pain like that of a woman in labor.
7 You destroyed them like ships of Tarshish
shattered by an east wind.
8 As we have heard,
so we have seen
in the city of the LORD Almighty,
in the city of our God:
God makes her secure
forever.[m]
9 Within your temple, O God,
we meditate on your unfailing love.
10 Like your name, O God,
your praise reaches to the ends of the earth;
your right hand is filled with righteousness.
11 Mount Zion rejoices,
the villages of Judah are glad
because of your judgments.
12 Walk about Zion, go around her,
count her towers,
13 consider well her ramparts,
view her citadels,
that you may tell of them
to the next generation.
14 For this God is our God for ever and ever;
he will be our guide even to the end.

PSALM 49

For the director of music. Of the Sons of Korah. A psalm.
1 Hear this, all you peoples;
listen, all who live in this world,
2 both low and high,
rich and poor alike:
3 My mouth will speak words of wisdom;
the meditation of my heart will give you
understanding.
4 I will turn my ear to a proverb;
with the harp I will expound my riddle:
5 Why should I fear when evil days come,
when wicked deceivers surround me –
6 those who trust in their wealth
and boast of their great riches?
7 No one can redeem the life of another
or give to God a ransom for them –
8 the ransom for a life is costly,
no payment is ever enough –
9 so that they should live on forever
and not see decay.
10 For all can see that the wise die,
that the foolish and the senseless also perish,
leaving their wealth to others.

[m] **48:8** The Hebrew has *Selah* (a word of uncertain meaning) here.
[n] In Hebrew texts 49:1-20 is numbered 49:2-21.

épouvantés, ils se sont tous enfuis !
7 Un tremblement les a saisis sur place,
pareil à la douleur de la femme en travail.
8 On aurait dit le vent de l'est
quand il vient fracasser les bateaux au long cours.
9 Ce que nous avions entendu, nous l'avons vu
nous-mêmes
dans la cité de l'Eternel, le Seigneur des armées
célestes,
dans la cité de notre Dieu.
Et pour toujours, Dieu l'établit solidement. *Pau*
10 Nous méditons, ô Dieu, sur ton amour,
au milieu de ton temple.
11 Comme ta renommée,
ta louange a atteint les confins de la terre.
Car par ta main tu accomplis de nombreux actes d
justice.
12 Que le mont de Sion jubile.
Que, dans les villes de Juda, on soit dans
l'allégresse,
à cause de tes jugements !
13 Tournez tout autour de Sion et longez son enceinte
comptez ses tours !
14 Admirez ses remparts,
et passez en revue chacun de ses palais
pour pouvoir annoncer à la génération suivante
15 que ce Dieu-là est notre Dieu à tout jamais, et
éternellement,
il sera notre guide jusqu'à la mort.

PSAUME 49

Un linceul n'a pas de poches

1 *Au chef de chœur. Un psaume des Qoréites*[f].
2 O vous, tous les peuples, écoutez ceci !
Habitants du monde, prêtez attention,
3 vous, gens d'humble condition et vous, gens de
haute condition,
vous, les hommes riches comme vous les pauvres !
4 De ma bouche sortent des paroles sages,
et mon cœur médite des propos sensés.
5 Mon oreille écoute des proverbes sages.
Au son de la lyre, je vais révéler le sens d'une
énigme.
6 Pourquoi donc craindrais-je, aux jours du malheu
où je suis environné des méfaits des fourbes ?
7 Ils ont foi en leur fortune
et ils tirent vanité de leurs immenses richesses.
8 Aucun homme, cependant, ne peut racheter un
autre.
Aucun ne saurait payer à Dieu sa propre rançon.
9 Car le rachat de leur vie est bien trop coûteux.
Il leur faut, à tout jamais, en abandonner l'idée.
10 Vivront-ils toujours ?
Eviteront-ils la fosse ?
11 On voit bien mourir le sage,
et le sot et l'insensé vont périr également,
en laissant leurs biens à d'autres.

[f] **49.1** Voir note 42.1.

11 Their tombs will remain their houses[o] forever,
their dwellings for endless generations,
though they had[p] named lands after
themselves.

12 People, despite their wealth, do not endure;
they are like the beasts that perish.
13 This is the fate of those who trust in
themselves,
and of their followers, who approve their
sayings.[q]
14 They are like sheep and are destined to die;
death will be their shepherd
(but the upright will prevail over them in the
morning).
Their forms will decay in the grave,
far from their princely mansions.
15 But God will redeem me from the realm of the
dead;
he will surely take me to himself.
16 Do not be overawed when others grow rich,
when the splendor of their houses
increases;
17 for they will take nothing with them when they
die,
their splendor will not descend with them.
18 Though while they live they count themselves
blessed –
and people praise you when you prosper –
19 they will join those who have gone before
them,
who will never again see the light of life.
20 People who have wealth but lack
understanding
are like the beasts that perish.

Psalm 50

psalm of Asaph.

1 The Mighty One, God, the Lord,
speaks and summons the earth
from the rising of the sun to where it sets.
2 From Zion, perfect in beauty,
God shines forth.
3 Our God comes
and will not be silent;
a fire devours before him,
and around him a tempest rages.
4 He summons the heavens above,
and the earth, that he may judge his people:
5 "Gather to me this consecrated people,
who made a covenant with me by
sacrifice."

9:11 Septuagint and Syriac; Hebrew *In their thoughts their houses*
l remain
9:11 Or *generations, / for they have*
9:13 The Hebrew has *Selah* (a word of uncertain meaning) here
d at the end of verse 15.

12 Cependant, ils s'imaginent que leurs maisons vont
durer jusque dans l'éternité[g]
et que leurs demeures seront à l'abri du temps
pendant des générations,
eux qui voulaient que leurs terres soient appelées
de leur nom.
13 L'homme le plus honoré ne vit pas longtemps :
car il est semblable aux animaux qui doivent périr[h].
14 Tel est l'avenir de ceux qui leur font confiance,
qui approuvent leurs discours[i]. *Pause*

15 On les pousse vers la tombe comme un troupeau de
moutons,
et la mort se repaît d'eux.
Au matin, les hommes droits vont les piétiner.
Loin de leur demeure, au séjour des morts, leur
beauté s'évanouira.
16 Mais Dieu me délivrera du séjour des morts,
car il me prendra. *Pause*

17 Ne sois donc pas alarmé quand un homme
s'enrichit,
quand tu vois le luxe s'étaler dans sa maison.
18 Car, lorsqu'il mourra, il n'emportera rien de ce qu'il
possédait :
ses biens ne le suivront pas.
19 Pendant sa vie il pouvait se dire béni,
– et les gens vous louent lorsque tout va bien pour
vous –,
20 il lui faudra bien rejoindre ses ancêtres décédés
qui, jamais plus, ne verront briller la lumière.

21 L'homme le plus honoré, s'il n'a pas d'intelligence,
est semblable aux animaux qui doivent périr.

Psaume 50

Dieu va juger son peuple

1 *Psaume d'Asaph[j].*
Le Dieu suprême, l'Eternel a parlé et il a convoqué
la terre
du levant du soleil à son couchant.
2 De Sion, parfaite en beauté,
Dieu resplendit.
3 Qu'il vienne notre Dieu ! Qu'il ne garde pas le
silence !
Devant lui, un feu dévorant,
autour de lui, c'est l'ouragan.
4 Le ciel en haut, il le convoque,
et il convoque aussi la terre : il vient pour
gouverner son peuple.
5 « Rassemblez ceux qui me sont attachés,
ceux qui ont conclu avec moi l'alliance par le
sacrifice. »

g **49.12** Selon le texte hébreu. Les anciennes versions grecque et syriaque ont : *cependant leur tombe sera leur maison pour toujours, leur demeure pour des générations.*
h **49.13** Dans l'ancienne version grecque et la version syriaque, les v. 13 et 21 sont identiques.
i **49.14** Autre traduction : *telle est leur voie, leur folie, et ceux qui les suivent approuvent leurs discours.*
j **50.1** Sur Asaph, voir 1 Ch 6.16-17, 24 ; 25.1 ; 2 Ch 35.15. Asaph était l'un des trois chefs de chœur de David ; il nous a laissé douze psaumes.

[6] And the heavens proclaim his righteousness,
for he is a God of justice.[r,s]
[7] "Listen, my people, and I will speak;
I will testify against you, Israel:
I am God, your God.
[8] I bring no charges against you concerning your sacrifices
or concerning your burnt offerings, which are ever before me.
[9] I have no need of a bull from your stall
or of goats from your pens,
[10] for every animal of the forest is mine,
and the cattle on a thousand hills.
[11] I know every bird in the mountains,
and the insects in the fields are mine.
[12] If I were hungry I would not tell you,
for the world is mine, and all that is in it.
[13] Do I eat the flesh of bulls
or drink the blood of goats?
[14] "Sacrifice thank offerings to God,
fulfill your vows to the Most High,
[15] and call on me in the day of trouble;
I will deliver you, and you will honor me."
[16] But to the wicked person, God says:
"What right have you to recite my laws
or take my covenant on your lips?
[17] You hate my instruction
and cast my words behind you.
[18] When you see a thief, you join with him;
you throw in your lot with adulterers.
[19] You use your mouth for evil
and harness your tongue to deceit.
[20] You sit and testify against your brother
and slander your own mother's son.
[21] When you did these things and I kept silent,
you thought I was exactly[t] like you.
But I now arraign you
and set my accusations before you.
[22] "Consider this, you who forget God,
or I will tear you to pieces, with no one to rescue you:
[23] Those who sacrifice thank offerings honor me,
and to the blameless[u] I will show my salvation."

Psalm 51

For the director of music. A psalm of David. When the prophet Nathan came to him after David had committed adultery with Bathsheba.
[1] Have mercy on me, O God,

[r] **50:6** With a different word division of the Hebrew; Masoretic Text *for God himself is judge*
[s] **50:6** The Hebrew has *Selah* (a word of uncertain meaning) here.
[t] **50:21** Or *thought the 'I AM' was*
[u] **50:23** Probable reading of the original Hebrew text; the meaning of the Masoretic Text for this phrase is uncertain.
[v] In Hebrew texts 51:1-19 is numbered 51:3-21.

[6] Le ciel publiera sa justice,
c'est Dieu qui gouverne le monde. *Pau*
[7] Mon peuple, écoute, je te parle,
Israël, je témoigne contre toi,
moi qui suis Dieu, ton Dieu.
[8] Ce n'est pas pour tes sacrifices que je t'adresse des reproches :
j'ai constamment tes holocaustes sous les yeux.
[9] Je ne prendrai ni des taureaux dans ton étable,
ni des boucs dans tes fermes,
[10] car tous les animaux des forêts sont à moi,
à moi, les bêtes par milliers dans les montagnes !
[11] Je connais tous les oiseaux des montagnes
et tous les animaux des champs me sont à portée c la main.
[12] Si j'avais faim, te le dirais-je ?
L'univers est à moi et tout ce qu'il renferme.
[13] Vais-je manger la viande des taureaux,
ou m'abreuver du sang des boucs ?
[14] En sacrifice à Dieu offre donc ta reconnaissance !
Accomplis envers le Très-Haut les vœux que tu as faits.
[15] Alors tu pourras m'appeler au jour de la détresse :
je te délivrerai, et tu me rendras gloire.
[16] Au méchant aussi, Dieu s'adresse :
« Pourquoi rabâches-tu mes lois ?
Tu as mon alliance à la bouche,
[17] mais tu détestes l'instruction
et tu rejettes mes paroles au loin, derrière toi.
[18] A peine as-tu vu un voleur, tu deviens son complic
et puis, tu fais cause commune avec les adultères.
[19] Ta bouche forge la malice.
Ta langue tisse le mensonge.
[20] Lorsque tu t'assieds avec d'autres, tu calomnies to frère,
et tu jettes le déshonneur sur le fils de ta mère.
[21] Lorsque tu agissais ainsi et que je n'ai rien dit,
as-tu vraiment imaginé que je te ressemblais ?
Aussi je vais te corriger, tout mettre sous tes yeux
[22] Comprenez donc cela, vous qui ignorez Dieu,
sinon je vous déchirerai et nul ne vous délivrera.
[23] Qui, en guise de sacrifice, m'offre de la reconnaissance, celui-là me rend gloire,
et à celui qui règle son chemin,
je ferai voir le salut que Dieu donne. »

Psaume 51

J'ai péché contre toi

[1] *Au chef de chœur. Un psaume de David,* [2] *qu'il composa lorsque le prophète Nathan vint chez lui après qu'il eut péché avec Bath-Shéba.*
[3] Aie pitié de moi, ô Dieu, toi qui es si bon !

according to your unfailing love;
according to your great compassion
blot out my transgressions.
2 Wash away all my iniquity
and cleanse me from my sin.
3 For I know my transgressions,
and my sin is always before me.
4 Against you, you only, have I sinned
and done what is evil in your sight;
so you are right in your verdict
and justified when you judge.
5 Surely I was sinful at birth,
sinful from the time my mother conceived
me.
6 Yet you desired faithfulness even in the womb;
you taught me wisdom in that secret place.
7 Cleanse me with hyssop, and I will be clean;
wash me, and I will be whiter than snow.
8 Let me hear joy and gladness;
let the bones you have crushed rejoice.
9 Hide your face from my sins
and blot out all my iniquity.
10 Create in me a pure heart, O God,
and renew a steadfast spirit within me.
11 Do not cast me from your presence
or take your Holy Spirit from me.
12 Restore to me the joy of your salvation
and grant me a willing spirit, to sustain me.
13 Then I will teach transgressors your ways,
so that sinners will turn back to you.
14 Deliver me from the guilt of bloodshed, O God,
you who are God my Savior,
and my tongue will sing of your
righteousness.
15 Open my lips, Lord,
and my mouth will declare your praise.
16 You do not delight in sacrifice, or I would bring
it;
you do not take pleasure in burnt offerings.
17 My sacrifice, O God, is[w] a broken spirit;
a broken and contrite heart
you, God, will not despise.
18 May it please you to prosper Zion,
to build up the walls of Jerusalem.
19 Then you will delight in the sacrifices of the
righteous,
in burnt offerings offered whole;
then bulls will be offered on your altar.

Efface mes transgressions, tu es si compatissant !
4 Lave-moi de mon péché !
Purifie-moi de ma faute !
5 Car je reconnais mes torts :
la pensée de mon péché me poursuit sans cesse.
6 Contre toi, contre toi seul, j'ai péché,
j'ai commis ce qui est mal à tes yeux.
Voilà pourquoi tu es juste quand tu émets ta
sentence,
et tu es irréprochable quand tu rends ton
jugement[k].
7 Je suis, depuis ma naissance, marqué du péché ;
depuis qu'en ma mère j'ai été conçu, le péché est
attaché à moi.
8 Mais tu veux que la sincérité demeure au fond de
mon être.
Tu m'enseignes la sagesse au plus profond de
moi-même.
9 Purifie-moi du péché avec un rameau d'hysope[l], et
je serai pur !
Lave-moi et je serai plus blanc que la neige.
10 Fais résonner à nouveau la joie et l'allégresse pour
moi !
Les os que tu as broyés retrouveront la gaieté.
11 Ne considère plus mes péchés !
Tous mes torts, efface-les !
12 O Dieu, crée en moi un cœur pur !
Renouvelle en moi un esprit bien disposé !
13 Ne me renvoie pas loin de ta présence,
ne me reprends pas ton Esprit saint.
14 Rends-moi la joie du salut que tu accomplis,
et affermis-moi par ton Esprit généreux !
15 Alors je pourrai montrer à qui est coupable le
chemin que tu prescris
pour que les pécheurs reviennent à toi.
16 O Dieu, toi le Dieu qui me libères, viens me délivrer
du poids de mon crime,
alors, par mes chants, je proclamerai ta justice.
17 Eternel, ouvre mes lèvres
et je te louerai.
18 Car tu ne désires pas que je t'offre un sacrifice.
Je t'aurais offert des holocaustes,
mais tu n'y prends pas plaisir.
19 Le seul sacrifice qui convienne à Dieu[m], c'est un
esprit humilié.
O Dieu, tu n'écartes pas un cœur brisé et contrit.
20 Dans ta bonté, fais du bien à la ville de Sion,
et bâtis les murs de Jérusalem !
21 Alors tu prendras plaisir à des sacrifices qui sont
conformes à la Loi :
holocaustes et offrandes totales,
et l'on offrira des taureaux sur ton autel.

1:17 Or *The sacrifices of God are*
a Hebrew texts 52:1-9 is numbered 52:3-11.

k 51.6 Cité en Rm 3.4 d'après l'ancienne version grecque.
l 51.9 Plante utilisée pour l'aspersion du sang dans les rites de purification ordonnés par la Loi (Ex 12.22 ; Lv 14.4, 6 ; Nb 19.6, 18 ; Hé 9.19).
m 51.19 Autre traduction : *le sacrifice que je t'offre, ô Dieu.*

Psalm 52

For the director of music. A maskil[y] of David. When Doeg the Edomite had gone to Saul and told him: "David has gone to the house of Ahimelek."

1 Why do you boast of evil, you mighty hero?
Why do you boast all day long,
you who are a disgrace in the eyes of God?
2 You who practice deceit,
your tongue plots destruction;
it is like a sharpened razor.
3 You love evil rather than good,
falsehood rather than speaking the truth.[z]
4 You love every harmful word,
you deceitful tongue!
5 Surely God will bring you down to everlasting ruin:
He will snatch you up and pluck you from your tent;
he will uproot you from the land of the living.
6 The righteous will see and fear;
they will laugh at you, saying,
7 "Here now is the man
who did not make God his stronghold
but trusted in his great wealth
and grew strong by destroying others!"
8 But I am like an olive tree
flourishing in the house of God;
I trust in God's unfailing love
for ever and ever.
9 For what you have done I will always praise you
in the presence of your faithful people.
And I will hope in your name,
for your name is good.

Psalm 53

For the director of music. According to mahalath.[b] A maskil[c] of David.

1 The fool says in his heart,
"There is no God."
They are corrupt, and their ways are vile;
there is no one who does good.
2 God looks down from heaven
on all mankind
to see if there are any who understand,
any who seek God.
3 Everyone has turned away, all have become corrupt;
there is no one who does good,
not even one.
4 Do all these evildoers know nothing?

[y] Title: Probably a literary or musical term
[z] 52:3 The Hebrew has *Selah* (a word of uncertain meaning) here and at the end of verse 5.
[a] In Hebrew texts 53:1-6 is numbered 53:2-7.
[b] Title: Probably a musical term
[c] Title: Probably a literary or musical term

Psaume 52

La fin d'un arriviste

1 *Au chef de chœur : une méditation[n] de David,* 2 *qu'il composa lorsque Doëg l'Edomite vint informer Saül que David était entré dans la maison d'Ahimélek.*

3 Toi qui es fort, qu'as-tu à te vanter de ta méchanceté ?
Vois : la bonté de Dieu se manifeste chaque jour.
4 Ta langue trame des projets de destruction,
c'est un rasoir bien affilé, elle est habile pour tromper.
5 Tu as donné ta préférence au mal plutôt qu'au bien
tu as préféré le mensonge à la sincérité. *Pau*
6 Tu aimes les mots qui détruisent,
ta langue n'est que tromperie.
7 C'est pourquoi Dieu te détruira définitivement.
Il te saisira dans ta tente, et il t'en chassera,
il arrachera tes racines du pays des vivants. *Pau*

8 Alors les justes le verront et ils seront saisis de crainte,
ils se riront de toi :
9 « Le voici, l'homme qui ne prenait pas Dieu pour forteresse,
celui qui se fiait à ses grandes richesses
et qui se croyait fort par ses actes destructeurs[o] ! »
10 Mais moi, je suis comme un olivier verdoyant dans la maison de Dieu.
Je compte sur l'amour de Dieu à toujours, à jamais.
11 Je te célébrerai toujours pour ce que tu as fait.
Je veux m'attendre à toi,
car ta bonté se manifeste à ceux qui te sont attachés.

Psaume 53

Egarement général[p]

1 *Au chef de chœur, méditation[q] de David, à chanter avec accompagnement de flûtes[r].*

2 Les insensés pensent : « Dieu n'existe pas. »
Ils sont corrompus, ils commettent des actes iniques et abominables,
et aucun ne fait le bien[s].
3 Du haut du ciel, Dieu observe tout le genre humain
« Reste-t-il un homme sage
qui s'attend à Dieu ?
4 Ils se sont tous fourvoyés, tous sont corrompus,
et aucun ne fait le bien,
même pas un seul.

5 Ceux qui font le mal n'ont-ils rien compris ?

[n] 52.1 Signification incertaine.
[o] 52.9 La version syriaque a : *richesse.*
[p] 53 Voir Ps 14.
[q] 53.1 Signification incertaine.
[r] 53.1 Sens incertain.
[s] 53.2 Les v. 2-4 sont cités en Rm 3.10-12.

They devour my people as though eating bread;
they never call on God.

5 But there they are, overwhelmed with dread,
where there was nothing to dread.
God scattered the bones of those who attacked
you;
you put them to shame, for God despised
them.

6 Oh, that salvation for Israel would come out of
Zion!
When God restores his people,
let Jacob rejoice and Israel be glad!

Psalm 54

r the director of music. With stringed instruments.
maskil[e] of David. When the Ziphites had gone to
ul and said, "Is not David hiding among us?"

1 Save me, O God, by your name;
vindicate me by your might.
2 Hear my prayer, O God;
listen to the words of my mouth.
3 Arrogant foes are attacking me;
ruthless people are trying to kill me –
people without regard for God.[f]
4 Surely God is my help;
the Lord is the one who sustains me.
5 Let evil recoil on those who slander me;
in your faithfulness destroy them.

6 I will sacrifice a freewill offering to you;
I will praise your name, Lord, for it is good.
7 You have delivered me from all my troubles,
and my eyes have looked in triumph on my
foes.

Psalm 55

r the director of music. With stringed
struments. A maskil[h] of David.

1 Listen to my prayer, O God,
do not ignore my plea;
2 hear me and answer me.
My thoughts trouble me and I am distraught
3 because of what my enemy is saying,
because of the threats of the wicked;
for they bring down suffering on me
and assail me in their anger.

n Hebrew texts 54:1-7 is numbered 54:3-9.
itle: Probably a literary or musical term
4:3 The Hebrew has *Selah* (a word of uncertain meaning) here.
n Hebrew texts 55:1-23 is numbered 55:2-24.
itle: Probably a literary or musical term

Car ils dévorent mon peuple, tout comme on mange
du pain[t] !
Jamais ils n'invoquent Dieu ! »
6 Ils sont saisis d'épouvante,
quand il n'y a rien à craindre,
car Dieu disperse les os de ceux qui t'attaquent,
tu les couvriras de honte, car Dieu les a rejetés.

7 Ah, que vienne du mont de Sion le salut pour Israël !
Quand Dieu changera le sort de son peuple,
Jacob criera d'allégresse, Israël, de joie.

Psaume 54

Dieu m'a délivré

1 *Au chef de chœur. Une méditation[u] de David, à*
chanter avec accompagnement d'instruments à
cordes. 2 *Il le composa lorsque les Ziphiens vinrent*
dire à Saül : « David est caché parmi nous. »

3 Dieu, interviens toi-même et sauve-moi !
Agis avec puissance pour me rendre justice !
4 Ecoute ma prière,
ô Dieu, prête attention à mes paroles !
5 Des étrangers[v] m'ont attaqué,
des gens violents en veulent à ma vie.
Ils n'ont aucun souci de Dieu ! *Pause*
6 Mais Dieu est mon secours !
Le Seigneur est mon seul appui[w].
7 Qu'il fasse retomber le mal sur mes ennemis
mêmes.
Dans ta fidélité, réduis-les à néant !
8 Je t'offrirai des sacrifices volontaires.
Je te louerai, ô Eternel, car tu es bon,
9 car de toute détresse, tu me délivres,
et je peux regarder mes ennemis en face.

Psaume 55

Trahi

1 *Au chef de chœur. Une méditation[x] de David, à chanter*
avec accompagnement d'instruments à cordes.

2 O Dieu, écoute ma prière !
Ne te dérobe pas lorsque je te supplie !
3 Prête-moi attention et réponds-moi !
Abattu[y], je gémis ; le trouble m'envahit.
4 Je suis troublé quand j'entends les propos de
l'ennemi,
quand je vois l'oppression qu'imposent les
méchants.
Les gens m'accablent de leurs méfaits ;
avec colère, ils me pourchassent.

t **53.5** Autres traductions : *pour leur propre profit*, ou *ils mangent son pain.*
u **54.1** Signification incertaine.
v **54.5** Les Ziphiens n'étaient pas à proprement parler des étrangers, puisqu'ils faisaient partie de la tribu de Juda, mais souvent le mot *étranger* avait le sens d'ennemi : dans Es 25.5, il est mis en parallèle avec tyran ; ici, avec « gens violents » ; il se rapporte donc plus au caractère qu'à la nationalité des gens concernés. Certains manuscrits hébreux et la version syriaque portent : *des orgueilleux.*
w **54.6** Cette traduction, déjà adoptée dans l'ancienne version grecque, paraît la mieux appropriée au contexte. Autre traduction : *Le Seigneur est avec ceux qui me soutiennent.*
x **55.1** Signification incertaine.
y **55.3** Sens incertain. Autre traduction : *j'erre çà et là.*

4 My heart is in anguish within me;
the terrors of death have fallen on me.
5 Fear and trembling have beset me;
horror has overwhelmed me.
6 I said, "Oh, that I had the wings of a dove!
I would fly away and be at rest.
7 I would flee far away
and stay in the desert;[i]
8 I would hurry to my place of shelter,
far from the tempest and storm."
9 Lord, confuse the wicked, confound their
words,
for I see violence and strife in the city.
10 Day and night they prowl about on its walls;
malice and abuse are within it.
11 Destructive forces are at work in the city;
threats and lies never leave its streets.

12 If an enemy were insulting me,
I could endure it;
if a foe were rising against me,
I could hide.
13 But it is you, a man like myself,
my companion, my close friend,
14 with whom I once enjoyed sweet fellowship
at the house of God,
as we walked about
among the worshipers.
15 Let death take my enemies by surprise;
let them go down alive to the realm of the
dead,
for evil finds lodging among them.

16 As for me, I call to God,
and the LORD saves me.
17 Evening, morning and noon
I cry out in distress,
and he hears my voice.
18 He rescues me unharmed
from the battle waged against me,
even though many oppose me.
19 God, who is enthroned from of old,
who does not change –
he will hear them and humble them,
because they have no fear of God.
20 My companion attacks his friends;
he violates his covenant.
21 His talk is smooth as butter,
yet war is in his heart;
his words are more soothing than oil,
yet they are drawn swords.

5 Mon cœur se serre dans ma poitrine,
la terreur de la mort vient m'assaillir.
6 Des craintes et des tremblements m'ont envahi,
je suis saisi d'horreur.
7 Alors je dis : « Ah ! si j'avais les ailes de la colombe
Je prendrais mon envol pour trouver un refuge.
8 Je m'enfuirais bien loin d'ici,
pour demeurer dans le désert.
9 Je gagnerais en hâte un sûr abri
contre le vent impétueux de la tempête. »
10 O Seigneur, réduis à néant et brouille leur langage,
car je ne vois dans la cité que violences et
dissensions
11 qui rôdent, nuit et jour, sur ses remparts[z].
Des malheurs, des misères sont dans son sein ;
12 des forces destructrices agissent dans ses murs,
l'oppression et la tromperie ne quittent pas ses
grandes places.
13 Si c'était l'ennemi[a] qui venait m'insulter,
je le supporterais.
Si celui qui me hait[b] s'élevait contre moi,
je pourrais me cacher de lui.
14 Mais c'est toi, toi qui es un homme de mon rang,
toi mon intime qui m'es si familier,
15 avec qui je prenais plaisir à échanger des
confidences,
quand nous allions ensemble avec la foule[c] dans la
maison de Dieu ...
16 Que la mort les surprenne !
Que, vivants, ils descendent dans le séjour des
morts !
Car la méchanceté habite leur demeure, jusqu'au
fond de leur cœur !
17 Moi, j'en appelle à Dieu,
et l'Eternel me sauvera.
18 Le soir, le matin, à midi[d], je me répands en plainte
et en gémissements.
Il m'entendra,
19 et me rendra la paix, il me délivrera
du combat qu'on me livre.
Car ils sont très nombreux à s'opposer à moi.
20 Oui, Dieu entend, il les humiliera[e].
Depuis toujours, il règne.
Eux ne s'amendent pas ;
ils ne craignent pas Dieu.
21 Cet homme, lui, s'en prend à ses alliés,
il viole ses engagements scellés par une alliance.
22 Sa bouche est pleine de douceur, plus onctueuse
que la crème,
mais la guerre est tapie tout au fond de son cœur !
Ses propos sont plus doux que l'huile,
pourtant, ce sont des épées nues !

i 55:7 The Hebrew has *Selah* (a word of uncertain meaning) here and in the middle of verse 19.

z 55.11 Le sujet du verbe n'est pas précisé en hébreu. Ce pourrait être l ennemis, mais, plus probablement, ce sont les violences et dissensions qui, au lieu de protéger la ville de Jérusalem, y imposent un règne de malheur et de destruction.

a 55.13 Autre traduction (selon la ponctuation en hébreu) : *ce n'est pas un ennemi.*

b 55.13 Autre traduction (selon la ponctuation en hébreu) : *ce n'est pas celui qui me hait qui ...*

c 55.15 D'autres comprennent : *d'un commun accord.*

d 55.18 Voir Dn 6.11. La journée israélite commençait le soir, au couche du soleil.

e 55.20 D'après l'ancienne version grecque et la syriaque. Texte hébreu traditionnel : *et il leur répondra.*

22 Cast your cares on the LORD
and he will sustain you;
he will never let
the righteous be shaken.
23 But you, God, will bring down the wicked
into the pit of decay;
the bloodthirsty and deceitful
will not live out half their days.
But as for me, I trust in you.

PSALM 56

r the director of music. To the tune of "A Dove
Distant Oaks." Of David. A miktam.[k] *When*
e Philistines had seized him in Gath.
1 Be merciful to me, my God,
for my enemies are in hot pursuit;
all day long they press their attack.
2 My adversaries pursue me all day long;
in their pride many are attacking me.

3 When I am afraid, I put my trust in you.
4 In God, whose word I praise –
in God I trust and am not afraid.
What can mere mortals do to me?

5 All day long they twist my words;
all their schemes are for my ruin.
6 They conspire, they lurk,
they watch my steps,
hoping to take my life.
7 Because of their wickedness do not[l] let them
escape;
in your anger, God, bring the nations down.
8 Record my misery;
list my tears on your scroll[m] –
are they not in your record?
9 Then my enemies will turn back
when I call for help.
By this I will know that God is for me.
10 In God, whose word I praise,
in the LORD, whose word I praise –
11 in God I trust and am not afraid.
What can man do to me?
12 I am under vows to you, my God;
I will present my thank offerings to you.
13 For you have delivered me from death
and my feet from stumbling,
that I may walk before God

a Hebrew texts 56:1-13 is numbered 56:2-14.
itle: Probably a literary or musical term
6:7 Probable reading of the original Hebrew text; Masoretic Text
es not have *do not.*
56:8 Or *misery; / put my tears in your wineskin*

23 Rejette ton fardeau sur l'Eternel : il prendra soin de
toi,
il ne laissera pas le juste s'écrouler pour toujours.

24 Et toi, ô Dieu, tu les feras descendre dans le puits de
la destruction.
Ces hommes fourbes et sanguinaires
n'atteindront pas la moitié de leurs jours.
Mais moi, je me confie en toi.

PSAUME 56

Avec Dieu, plus de peur

1 *Au maître de chant. Sur la mélodie de « Colombe*
silencieuse des pays lointains[f] *». Cantique*[g] *composé*
par David lorsqu'il fut pris par les Philistins à Gath.
2 Aie pitié de moi, ô Dieu, car on me harcèle.
A longueur de jour, on m'assaille, on me persécute.

3 Oui, mes adversaires, à longueur de jour, me
harcèlent !
Car ils sont nombreux ceux qui me combattent avec
arrogance[h].
4 Le jour où j'ai peur,
je mets ma confiance en toi.
5 Je loue Dieu pour sa parole[i],
je mets ma confiance en lui, et je n'ai pas peur.
Que pourraient me faire de simples créatures
terrestres ?
6 A longueur de jour, ils tordent ce que je dis,
ils ne pensent qu'à me nuire[j].
7 Postés à l'affût, ils m'épient
et ils sont sur mes talons,
pour attenter à ma vie.
8 Après ce méfait, échapperaient-ils ?
Dieu, que ta colère abatte ces gens !

9 Toi, tu tiens le compte de chacun des pas de ma vie
errante,
et mes larmes même tu les gardes dans ton outre.
Leur compte est inscrit dans ton livre.
10 Je t'appellerai, et mes ennemis battront en retraite,
alors je saurai que Dieu est pour moi.

11 Je loue Dieu pour sa parole.
Oui, pour sa parole, je loue l'Eternel[k].
12 Je mets ma confiance en lui et je n'ai pas peur.
Que pourraient me faire des humains ?
13 O Dieu, je veux accomplir les vœux que j'ai faits,
et je veux t'offrir ma reconnaissance[l].
14 Car tu m'as délivré de la mort,
tu as préservé mes pieds de la chute

f **56.1** Autres traductions (en changeant la ponctuation des lettres d'un des mots hébreux) : *colombe des chênes lointains* ou *des dieux lointains.* Il s'agit d'un chant dont David a utilisé la mélodie pour composer les paroles de son cantique.
g **56.1** Signification incertaine.
h **56.3** Autres traductions : *me combattent, ô Très-Haut* ou *mais beaucoup luttent pour moi, les anges dans le ciel.*
i **56.5** Autre traduction : *Avec l'aide de Dieu, je le loue pour sa parole.*
j **56.6** Obscur en hébreu. Autre traduction : *ils me font souffrir.*
k **56.11** Autre traduction : *Avec l'aide de Dieu, je le loue pour sa parole. Oui, avec l'aide de l'Eternel, je le loue pour sa parole.*
l **56.13** *ma reconnaissance:* autre traduction : *des sacrifices de reconnaissance.*

in the light of life.

PSALM 57

For the director of music. To the tune of "Do Not Destroy." Of David. A miktam.[o] When he had fled from Saul into the cave.

[1] Have mercy on me, my God, have mercy on me,
for in you I take refuge.
I will take refuge in the shadow of your wings
until the disaster has passed.
[2] I cry out to God Most High,
to God, who vindicates me.
[3] He sends from heaven and saves me,
rebuking those who hotly pursue me –[p]
God sends forth his love and his faithfulness.

[4] I am in the midst of lions;
I am forced to dwell among ravenous beasts –
men whose teeth are spears and arrows,
whose tongues are sharp swords.

[5] Be exalted, O God, above the heavens;
let your glory be over all the earth.
[6] They spread a net for my feet –
I was bowed down in distress.
They dug a pit in my path –
but they have fallen into it themselves.
[7] My heart, O God, is steadfast,
my heart is steadfast;
I will sing and make music.
[8] Awake, my soul!
Awake, harp and lyre!
I will awaken the dawn.
[9] I will praise you, Lord, among the nations;
I will sing of you among the peoples.
[10] For great is your love, reaching to the heavens;
your faithfulness reaches to the skies.
[11] Be exalted, O God, above the heavens;
let your glory be over all the earth.

PSALM 58

For the director of music. To the tune of "Do Not Destroy." Of David. A miktam.[r]

[1] Do you rulers indeed speak justly?
Do you judge people with equity?

[2] No, in your heart you devise injustice,
and your hands mete out violence on the
earth.
[3] Even from birth the wicked go astray;
from the womb they are wayward, spreading
lies.

[n] In Hebrew texts 57:1-11 is numbered 57:2-12.
[o] Title: Probably a literary or musical term
[p] 57:3 The Hebrew has *Selah* (a word of uncertain meaning) here and at the end of verse 6.
[q] In Hebrew texts 58:1-11 is numbered 58:2-12.
[r] Title: Probably a literary or musical term

afin que je marche devant toi, ô Dieu, et dans la
lumière de la vie.

PSAUME 57

Calme au milieu des ennemis

[1] *Au maître de chant. Cantique[m] de David sur la mélodie de « Ne détruis pas ! » lorsqu'il s'enfuit, poursuivi par Saül et se réfugia dans la caverne.*

[2] Aie pitié de moi, ô Dieu ! Aie pitié !
Car en toi je cherche mon refuge ;
je me réfugie sous tes ailes
jusqu'à ce que passe le malheur.
[3] Oui, j'appelle Dieu, le Très-Haut,
Dieu qui mènera tout à bien pour moi.
[4] Qu'il m'envoie du ciel son salut,
et qu'il réprimande ceux qui me poursuivent !
Que Dieu manifeste envers moi sa fidélité, son
amour ! *Pau*
[5] Je suis entouré de lions,
couché au milieu de gens qui consument des
humains.
Leurs dents sont des lances et des flèches,
et leur langue est une épée acérée.
[6] O Dieu, manifeste ta grandeur au-dessus des cieux
et ta gloire sur toute la terre !
[7] Ils ont tendu un filet sur ma route.
Je suis humilié.
Devant moi, ils avaient creusé une fosse ;
ils y sont tombés en plein. *Pau*
[8] Mon cœur est tranquille, ô mon Dieu ! Mon cœur
est tranquille.
Oui, je chante et je te célèbre en musique[n] !
[9] Vite, éveille-toi, ô mon âme,
vite, éveillez-vous, luth et lyre !
Je veux éveiller l'aurore,
[10] je veux te louer, ô Seigneur, au milieu des peuples,
et te célébrer en musique parmi les nations.
[11] Ton amour atteint jusqu'aux cieux,
ta fidélité jusqu'aux nues.
[12] O Dieu, manifeste ta grandeur au-dessus des cieux
et ta gloire sur toute la terre !

PSAUME 58

Dieu est le juste juge des dirigeants coupables

[1] *Au maître de chant. Sur la mélodie de « Ne détruis pas ! ». Cantique[o] composé par David.*

[2] Vraiment, est-ce en vous taisant que vous rendez l
justice[p] ?
Jugez-vous les hommes en toute droiture ?
[3] Non, vous commettez sciemment l'injustice !
Vous propagez sur la terre la violence de vos main

[4] Dès le ventre maternel, les méchants s'écartent du
chemin,

[m] **57.1** Sens incertain.
[n] **57.8** Pour les v. 8-12, voir 108.2-6.
[o] **58.1** Signification incertaine.
[p] **58.2** Plusieurs changent la ponctuation des lettres d'un mot hébreu e parviennent à la traduction suivante qui, comme 82.1, 6, appelle les dirigeants des « dieux » : *Vos sentences, ô dieux, sont-elles vraiment conforme la justice ? Jugez-vous avec droiture, vous qui n'êtes que des hommes ?*

[4] Their venom is like the venom of a snake,
like that of a cobra that has stopped its ears,
[5] that will not heed the tune of the charmer,
however skillful the enchanter may be.
[6] Break the teeth in their mouths, O God;
LORD, tear out the fangs of those lions!
[7] Let them vanish like water that flows away;
when they draw the bow, let their arrows fall short.
[8] May they be like a slug that melts away as it moves along,
like a stillborn child that never sees the sun.
[9] Before your pots can feel the heat of the thorns –
whether they be green or dry – the wicked will be swept away.[s]
[10] The righteous will be glad when they are avenged,
when they dip their feet in the blood of the wicked.
[11] Then people will say,
"Surely the righteous still are rewarded;
surely there is a God who judges the earth."

PSALM 59

r the director of music. To the tune of "Do Not ·stroy." Of David. A miktam.[u] When Saul had sent ·en to watch David's house in order to kill him.

[1] Deliver me from my enemies, O God;
be my fortress against those who are attacking me.
[2] Deliver me from evildoers
and save me from those who are after my blood.
[3] See how they lie in wait for me!
Fierce men conspire against me
for no offense or sin of mine, LORD.
[4] I have done no wrong, yet they are ready to attack me.
Arise to help me; look on my plight!
[5] You, LORD God Almighty,
you who are the God of Israel,
rouse yourself to punish all the nations;
show no mercy to wicked traitors.[v]
[6] They return at evening,
snarling like dogs,
and prowl about the city.
[7] See what they spew from their mouths –
the words from their lips are sharp as swords,

ꞩ8:9 The meaning of the Hebrew for this verse is uncertain.
Hebrew texts 59:1-17 is numbered 59:2-18.
itle: Probably a literary or musical term
ꞩ9:5 The Hebrew has *Selah* (a word of uncertain meaning) here
d at the end of verse 13.

depuis leur naissance, les menteurs s'égarent.
[5] Ils sont venimeux comme des serpents,
ils se bouchent les oreilles comme la vipère sourde
[6] qui n'écoute pas la voix des charmeurs
et de l'enchanteur expert dans son art.
[7] O Dieu, brise-leur les dents dans la bouche :
Eternel, arrache les crocs de ces lions !
[8] Que ces gens-là disparaissent comme les eaux qui s'écoulent !
Rends leurs flèches sans effet quand ils tirent de leur arc[q].
[9] Qu'ils périssent comme la limace qui fond tout en se mouvant !
Comme les enfants mort-nés, qu'ils ne voient pas le soleil !
[10] Et avant que leurs épines[r] ne deviennent des buissons,
qu'elles soient vertes ou sèches, qu'un tourbillon les emporte[s] !
[11] Pour le juste, quelle joie de voir les méchants punis.
Dans leur sang, il se lavera les pieds.
[12] Et les hommes pourront dire :
« Oui, ceux qui sont justes trouvent une récompense.
Il y a un Dieu qui exerce la justice sur la terre. »

PSAUME 59

Mon Dieu, délivre-moi !

[1] *Au chef de chœur. Sur la mélodie de « Ne détruis pas ! ». Cantique[t] composé par David, lorsque Saül envoya cerner sa maison pour le faire mourir.*

[2] O mon Dieu ! délivre-moi de mes ennemis !
Mets-moi à l'abri sur les hauteurs hors de portée de mes agresseurs.
[3] Délivre-moi de ces gens aux agissements iniques,
et viens me sauver de ces hommes sanguinaires !
[4] Car les voici qui me guettent,
des hommes cruels contre moi complotent
sans que j'aie commis de faute, sans que j'aie péché, Eternel.
[5] Sans que j'aie fait aucun mal, voici qu'ils accourent, et qu'ils se préparent.
Réveille-toi, viens à moi et regarde !
[6] Eternel, ô Dieu des armées célestes, toi, Dieu d'Israël,
interviens pour punir tous ces païens !
N'aie pas de pitié pour ces traîtres malfaisants.
Pause
[7] Le soir, ils reviennent, en grondant comme des chiens[u],
rôdant autour de la ville.
[8] Ils ont la bave à la bouche,

q 58.8 Hébreu peu clair.
r 58.10 Les *épines* sont un combustible qui dégage rapidement de la chaleur. Ce verset a été très diversement rendu. L'idée commune à toutes les traductions est celle de la rapidité du jugement.
s 58.10 Hébreu peu clair.
t 59.1 Signification incertaine.
u 59.7 Il faut penser aux chiens sauvages qui, en Orient, rôdent par bandes aux abords des villes, à la recherche de nourriture.

and they think, "Who can hear us?"
8 But you laugh at them, LORD;
you scoff at all those nations.
9 You are my strength, I watch for you;
you, God, are my fortress,
10 my God on whom I can rely.
God will go before me
and will let me gloat over those who slander
me.
11 But do not kill them, Lord our shield,[w]
or my people will forget.
In your might uproot them
and bring them down.
12 For the sins of their mouths,
for the words of their lips,
let them be caught in their pride.
For the curses and lies they utter,
13 consume them in your wrath,
consume them till they are no more.
Then it will be known to the ends of the earth
that God rules over Jacob.
14 They return at evening,
snarling like dogs,
and prowl about the city.
15 They wander about for food
and howl if not satisfied.
16 But I will sing of your strength,
in the morning I will sing of your love;
for you are my fortress,
my refuge in times of trouble.
17 You are my strength, I sing praise to you;
you, God, are my fortress,
my God on whom I can rely.

PSALM 60

For the director of music. To the tune of "The Lily of the Covenant." A miktam[y] of David. For teaching. When he fought Aram Naharaim[z] and Aram Zobah,[a] and when Joab returned and struck down twelve thousand Edomites in the Valley of Salt.

1 You have rejected us, God, and burst upon us;
you have been angry – now restore us!
2 You have shaken the land and torn it open;
mend its fractures, for it is quaking.
3 You have shown your people desperate times;
you have given us wine that makes us
stagger.

[w] 59:11 Or *sovereign*
[x] In Hebrew texts 60:1-12 is numbered 60:3-14.
[y] Title: Probably a literary or musical term
[z] Title: That is, Arameans of Northwest Mesopotamia
[a] Title: That is, Arameans of central Syria

leurs propos sont des épées.
Ils se disent : « Qui peut nous entendre ? »
9 Mais toi, Eternel, tu ris de ces gens,
tu te moques de tous ces païens.
10 Toi qui es ma force, c'est vers toi que je regarde.
Oui, Dieu est ma forteresse.
11 Dieu qui m'aime viendra au-devant de moi[v],
Dieu m'offrira en spectacle tous mes ennemis.
12 Ne les extermine pas[w], de peur que mon peuple
oublie,
mais, par ta puissance, secoue-les, renverse-les,
toi qui es Seigneur, notre bouclier.
13 Toutes leurs paroles ne sont que péché.
Qu'ils soient pris au piège de leur propre orgueil,
pour tous leurs mensonges et pour leurs
malédictions !
14 Détruis-les dans ta colère, détruis-les, qu'ils ne
soient plus !
Alors on saura que Dieu règne sur Jacob,
jusqu'aux confins de la terre ! *Pause*
15 Le soir, ils reviennent, en grondant comme des
chiens,
rôdant autour de la ville ;
16 çà et là, ils errent en quête de proie.
S'ils ne sont pas rassasiés, ils y passeront la nuit.
17 Moi, je chanterai ta force
et, dès le matin, j'acclamerai ton amour,
car tu es pour moi une forteresse,
tu es mon refuge quand je suis dans la détresse !
18 Je veux donc te célébrer par mes chants, toi qui es
ma force.
Oui, Dieu est ma forteresse : c'est un Dieu qui
m'aime.

PSAUME 60

Nous vaincrons malgré tout

1 *Au chef de chœur, à chanter sur la mélodie du « Lis du témoignage ».* 2 *Cantique didactique*[x] *composé par David à l'occasion de sa guerre contre les Syriens de Mésopotamie et contre les Syriens de Tsoba. Au retour, Joab vainquit les Edomites dans la vallée du Sel, au nombre de douze mille hommes*[y].

3 O Dieu, voici que tu nous as rejetés ! Tu as fait la
brèche dans nos rangs !
Tu as montré ton courroux, maintenant,
rétablis-nous !
4 Tu as fait trembler la terre, tu l'as fissurée,
guéris ses fractures, car elle chancelle.
5 Tu as fait passer ton peuple par des moments très
pénibles !
Tu nous as fait boire un vin qui nous étourdit !

[v] **59.11** Autres traductions : *Dieu viendra vers moi avec son amour*, ou : *Dieu fera venir son amour vers moi.*
[w] **59.12** Si Dieu les punissait par une destruction soudaine, ils seraient vite oubliés. Leur châtiment doit servir d'avertissement au peuple.
[x] **60.2** Signification incertaine.
[y] **60.2** Voir 2 S 8.3-14 ; 1 Ch 18.12. La ville de *Tsoba* était située au nord de Damas entre l'Oronte et l'Euphrate. La Syrie de Tsoba figure dans des textes assyriens sous le nom de Tsoubite ; elle se trouvait à l'est de Hamath. *La vallée du Sel* est la région stérile au sud de la mer Morte.

4 But for those who fear you, you have raised a
banner
to be unfurled against the bow.[b]
5 Save us and help us with your right hand,
that those you love may be delivered.
6 God has spoken from his sanctuary:
"In triumph I will parcel out Shechem
and measure off the Valley of Sukkoth.

7 Gilead is mine, and Manasseh is mine;
Ephraim is my helmet,
Judah is my scepter.
8 Moab is my washbasin,
on Edom I toss my sandal;
over Philistia I shout in triumph."

9 Who will bring me to the fortified city?
Who will lead me to Edom?
10 Is it not you, God, you who have now rejected
us
and no longer go out with our armies?
11 Give us aid against the enemy,
for human help is worthless.
12 With God we will gain the victory,
and he will trample down our enemies.

Psalm 61

r the director of music. With stringed
struments. Of David.

1 Hear my cry, O God;
listen to my prayer.
2 From the ends of the earth I call to you,
I call as my heart grows faint;
lead me to the rock that is higher than I.
3 For you have been my refuge,
a strong tower against the foe.
4 I long to dwell in your tent forever
and take refuge in the shelter of your wings.[d]
5 For you, God, have heard my vows;

6 Tu as agité une bannière pour signifier à ceux qui te
craignent
de fuir[z] devant les archers. *Pause*
7 Afin que tes bien-aimés voient la délivrance,
interviens et sauve-nous ! Réponds-moi[a] !
8 Dieu l'a déclaré dans son sanctuaire[b] : « Je
triompherai !
Je vais partager Sichem[c]. Je vais mesurer au cordeau
le val de Soukkoth[d].
9 A moi Galaad ! A moi Manassé[e] !
Ephraïm est un casque pour ma tête.
Mon sceptre royal, c'est Juda,
10 et, pour me laver, Moab[f] me sert de bassine,
sur Edom, je jette ma sandale[g],
et la Philistie, pousse des cris de terreur à cause de
moi[h]. »
11 Qui me mènera à la ville forte ?
Qui me conduira à Edom ?
12 Sinon toi, ô Dieu ? Toi qui nous as rejetés,
et qui ne sors plus, ô Dieu avec nos armées ?
13 Viens nous secourir contre l'ennemi[i] !
Car il est bien illusoire, le secours venant des
hommes.
14 Mais avec Dieu nous ferons des exploits,
c'est lui qui écrasera tous nos ennemis.

Psaume 61

Abrite-moi sous ton aile !

1 *Au chef de chœur. Un psaume de David à chanter*
avec accompagnement d'instruments à cordes.
2 Entends mon cri, ô Dieu !
Ecoute ma prière !
3 Des confins de la terre, je fais appel à toi, car je suis
abattu.
Conduis-moi au rocher que je ne puis atteindre !
4 Car tu es pour moi un refuge,
une tour forte face à mes ennemis !
5 Je voudrais demeurer pour toujours dans ta tente[j],
me réfugier, bien caché, sous tes ailes. *Pause*
6 Oui, ô Dieu, mes souhaits, tu les as exaucés,

0:4 The Hebrew has *Selah* (a word of uncertain meaning) here.
Hebrew texts 61:1-8 is numbered 61:2-9.
1:4 The Hebrew has *Selah* (a word of uncertain meaning) here.

---

z **60.6** Ce verset est l'objet de nombreuses interprétations. Autre traduction : *tu as donné aux hommes qui te craignent une bannière pour la déployer devant les archers.* Ou, en suivant les versions anciennes qui, à la place du mot signifiant *archers,* ont lu le mot signifiant *vérité* qui n'en diffère que par une lettre en hébreu : *une bannière pour fuir devant la vérité,* ou encore : *une bannière en faveur de la vérité.*

a **60.7** Pour les v. 7-14, voir 108.7-14.

b **60.8** Autre traduction : *dans sa sainteté.*

c **60.8** L'ancienne capitale d'Israël, au centre du pays. Le conquérant partage le pays conquis entre ses soldats (voir Gn 12.6 ; Jos 8.30-35).

d **60.8** La vallée de *Soukkoth* se trouve à l'est du Jourdain. Le terrain que l'on *mesure au cordeau* est celui que l'on possède.

e **60.9** *Galaad* et *Manassé* constituaient la partie la plus orientale du pays.

f **60.10** L'orgueilleux *Moab* (Es 16.6) sert tout juste à l'usage le plus humble : il est un vase d'ablution pour le lavement des pieds (Gn 18.4). L'image est peut-être suggérée par la situation de Moab le long de la rive est de la mer Morte.

g **60.10** Lancer sa sandale sur une parcelle de terre est un geste symbolique de prise de possession (Dt 25.9-10 ; Rt 4.7 ; Ps 108.10).

h **60.10** Autres traductions : *pousse des cris contre moi* ; ou : *et contre la Philistie, je pousse un cri de victoire.*

i **60.13** Autre traduction : *dans la détresse.*

j **61.5** Dans le tabernacle, c'est-à-dire là où Dieu manifeste sa présence (voir15.1 ; 27.4 ; 2 S 6.17 ; 7.2 ; 1 R 1.39 ; 2.28-30).

you have given me the heritage of those who
fear your name.
6 Increase the days of the king's life,
his years for many generations.
7 May he be enthroned in God's presence forever;
appoint your love and faithfulness to protect
him.
8 Then I will ever sing in praise of your name
and fulfill my vows day after day.

Psalm 62

For the director of music. For Jeduthun. A psalm of David.

1 Truly my soul finds rest in God;
my salvation comes from him.

2 Truly he is my rock and my salvation;
he is my fortress, I will never be shaken.
3 How long will you assault me?
Would all of you throw me down –
this leaning wall, this tottering fence?

4 Surely they intend to topple me
from my lofty place;
they take delight in lies.
With their mouths they bless,
but in their hearts they curse.[f]
5 Yes, my soul, find rest in God;
my hope comes from him.

6 Truly he is my rock and my salvation;
he is my fortress, I will not be shaken.
7 My salvation and my honor depend on God[g];
he is my mighty rock, my refuge.
8 Trust in him at all times, you people;
pour out your hearts to him,
for God is our refuge.
9 Surely the lowborn are but a breath,
the highborn are but a lie.
If weighed on a balance, they are nothing;
together they are only a breath.
10 Do not trust in extortion
or put vain hope in stolen goods;
though your riches increase,
do not set your heart on them.

11 One thing God has spoken,
two things I have heard:
"Power belongs to you, God,
12 and with you, Lord, is unfailing love";
and, "You reward everyone
according to what they have done."

et tu m'as accordé la part que tu réserves à ceux qu
te craignent[k].
7 Ajoute de longs jours aux jours de notre roi,
et que ses années couvrent plusieurs générations !
8 Qu'il siège pour toujours sous le regard de Dieu !
Ordonne à ton amour, à ta fidélité, de prendre soin
de lui !
9 Alors je chanterai sans cesse en ton honneur,
j'accomplirai mes vœux jour après jour.

Psaume 62

En Dieu mon âme est tranquille

1 *Au chef de chœur, à Yedoutoun[l]. Un psaume de David.*
2 Pour sûr, c'est à Dieu seul que, dans le calme, je me
remets :
mon salut vient de lui.
3 Pour sûr, lui seul est mon rocher, et mon Sauveur ;
il est ma forteresse : je ne serai pas ébranlé.
4 Combien de temps encore allez-vous, tous
ensemble, vous ruer sur un homme
pour chercher à l'abattre
comme un mur qui s'affaisse,
ou comme une clôture qui cède à la poussée ?
5 Oui, eux, ils forment des projets pour le précipiter
de son poste élevé.
Ils aiment le mensonge.
De la bouche, ils bénissent,
mais du cœur, ils maudissent. *Pau*
6 Oui, remets-toi, mon âme, à Dieu seul, dans le
calme :
mon espoir vient de lui.
7 Pour sûr, lui seul est mon rocher, et mon Sauveur,
ma forteresse, je ne serai pas ébranlé.
8 De Dieu dépendent mon salut et ma gloire,
mon rocher fortifié, mon refuge est en Dieu.
9 Vous, les gens de mon peuple, ayez confiance en lu
en toutes circonstances !
Ouvrez-lui votre cœur !
Dieu est notre refuge. *Pau*
10 Oui, les êtres humains sont un souffle qui passe ;
les hommes, tous ensemble, ne sont que déception
placés sur la balance, ils pèseraient
à eux tous moins que rien.
11 Ne comptez pas sur le gain obtenu par extorsion !
Ne placez pas un espoir illusoire dans les biens ma
acquis !
Si la fortune augmente,
n'y attachez pas votre cœur !
12 Dieu a dit une chose,
et il l'a répétée, et je l'ai entendue :
la puissance est à Dieu.
13 Et c'est aussi, Seigneur, en ta personne, que la bon
réside,
car tu rends à chacun selon ce qu'il a fait.

---

e In Hebrew texts 62:1-12 is numbered 62:2-13.
f 62:4 The Hebrew has *Selah* (a word of uncertain meaning) here and at the end of verse 8.
g 62:7 Or */ God Most High is my salvation and my honor*
h In Hebrew texts 63:1-11 is numbered 63:2-12.

k 61.6 Autre traduction : *et tu as accordé à ceux qui te craignent la part que tu leur réserves.*
l 62.1 Voir note 39.1.

Psalm 63

psalm of David. When he was in the Desert of Judah.

1 You, God, are my God,
earnestly I seek you;
I thirst for you,
my whole being longs for you,
in a dry and parched land
where there is no water.
2 I have seen you in the sanctuary
and beheld your power and your glory.

3 Because your love is better than life,
my lips will glorify you.
4 I will praise you as long as I live,
and in your name I will lift up my hands.
5 I will be fully satisfied as with the richest of foods;
with singing lips my mouth will praise you.
6 On my bed I remember you;
I think of you through the watches of the night.
7 Because you are my help,
I sing in the shadow of your wings.
8 I cling to you;
your right hand upholds me.
9 Those who want to kill me will be destroyed;
they will go down to the depths of the earth.

10 They will be given over to the sword
and become food for jackals.

11 But the king will rejoice in God;
all who swear by God will glory in him,
while the mouths of liars will be silenced.

Psalm 64

r the director of music. A psalm of David.

1 Hear me, my God, as I voice my complaint;
protect my life from the threat of the enemy.
2 Hide me from the conspiracy of the wicked,
from the plots of evildoers.
3 They sharpen their tongues like swords
and aim cruel words like deadly arrows.

4 They shoot from ambush at the innocent;
they shoot suddenly, without fear.

5 They encourage each other in evil plans,
they talk about hiding their snares;
they say, "Who will see it[j]?"

a Hebrew texts 64:1-10 is numbered 64:2-11.
4:5 Or *us*

Psaume 63

Ton amour vaut mieux que la vie

1 *Psaume de David, lorsqu'il était dans le désert de Juda.*
2 O Dieu, tu es mon Dieu ! C'est toi que je recherche.
Mon âme a soif de toi,
mon corps même ne cesse de languir après toi
comme une terre aride, desséchée et sans eau.

3 C'est pourquoi, dans ton sanctuaire, je te contemple,
considérant ta puissance et ta gloire.
4 Car ton amour vaut bien mieux que la vie,
aussi mes lèvres chantent sans cesse tes louanges.
5 Oui, je veux te bénir tout au long de ma vie,
je lèverai les mains[m] pour m'adresser à toi.
6 Mon cœur sera comblé comme, en un bon festin, le corps se rassasie de mets gras succulents,
et je crierai de joie en disant tes louanges.
7 Lorsque je suis couché, mes pensées vont vers toi,
je médite sur toi tout au long de la nuit.

8 Oui, tu m'accordes ton secours,
je suis dans l'allégresse à l'ombre de tes ailes[n] !
9 Je demeure attaché fidèlement à toi ;
de ta main agissante, tu me soutiens.
10 Qu'ils aillent à leur perte, ceux qui veulent ma mort,
et qu'ils descendent[o] aux tréfonds de l'abîme.
11 Qu'ils soient livrés au tranchant de l'épée,
que leurs corps soient donnés en pâture aux chacals[p].
12 Mais le roi trouvera en Dieu la source de sa joie.
Ceux qui, dans leurs serments, prennent Dieu à témoin s'en féliciteront,
tandis que les menteurs auront la bouche close.

Psaume 64

Protège-moi !

1 *Au chef de chœur. Psaume de David.*
2 O Dieu, écoute ma voix plaintive,
protège-moi d'un ennemi qui me fait peur,
3 et mets-moi à l'abri des complots des méchants,
de la troupe tumultueuse de malfaisants.
4 Comme une épée, leur langue est aiguisée
et ils décochent leurs propos venimeux comme des flèches !
5 Ils tirent depuis leur cachette sur l'innocent,
ils le visent soudain, sans éprouver la moindre crainte.
6 Ils s'enhardissent pour de mauvais desseins,
ils se concertent pour bien cacher leurs pièges,
en se disant : « Qui s'en apercevra ? »

m **63.5** Geste habituel de la prière.
n **63.8** Voir note 17.8.
o **63.10** *Qu'ils aillent ... descendent*, autre traduction : *Ceux qui cherchent à causer ma perte, qu'ils descendent ...*
p **63.11** Autre traduction : *Que ceux qui veulent le [le roi] livrer au tranchant de l'épée soient donnés en pâture ...*

[6] They plot injustice and say,
"We have devised a perfect plan!"
Surely the human mind and heart are cunning.
[7] But God will shoot them with his arrows;
they will suddenly be struck down.
[8] He will turn their own tongues against them
and bring them to ruin;
all who see them will shake their heads in scorn.
[9] All people will fear;
they will proclaim the works of God
and ponder what he has done.
[10] The righteous will rejoice in the LORD
and take refuge in him;
all the upright in heart will glory in him!

PSALM 65

For the director of music. A psalm of David. A song.

[1] Praise awaits[l] you, our God, in Zion;
to you our vows will be fulfilled.

[2] You who answer prayer,
to you all people will come.
[3] When we were overwhelmed by sins,
you forgave[m] our transgressions.
[4] Blessed are those you choose
and bring near to live in your courts!
We are filled with the good things of your house,
of your holy temple.
[5] You answer us with awesome and righteous deeds,
God our Savior,
the hope of all the ends of the earth
and of the farthest seas,
[6] who formed the mountains by your power,
having armed yourself with strength,

[7] who stilled the roaring of the seas,
the roaring of their waves,
and the turmoil of the nations.
[8] The whole earth is filled with awe at your wonders;
where morning dawns, where evening fades,
you call forth songs of joy.
[9] You care for the land and water it;
you enrich it abundantly.
The streams of God are filled with water
to provide the people with grain,
for so you have ordained it.[n]
[10] You drench its furrows and level its ridges;
you soften it with showers and bless its crops.

[7] Chacun combine des mauvais coups. « Nous voici prêts,
notre plan est au point ! »
Oui, la pensée intime, le cœur de l'homme est un gouffre profond.
[8] Mais Dieu leur lance soudain des flèches.
Ils sont frappés :
[9] leur propre langue cause leur chute.
En les voyant, chacun secoue la tête[q],

[10] et tous les hommes sont pris de crainte
et ils proclament l'œuvre de Dieu
en tirant la leçon de ses actions.
[11] Qu'en l'Eternel, le juste trouve sa joie et son refuge
et tous les hommes au cœur droit s'en féliciteront.

PSAUME 65

Tu nous donnes l'abondance

[1] *Au chef de chœur. Un psaume de David. Cantique.*
[2] Compter sur toi, dans la quiétude : c'est la louange
que nous t'offrons, Dieu, en Sion.
Et les vœux que nous t'avons faits, nous les accomplirons.
[3] Toi qui écoutes les prières,
tout le monde viendra vers toi.
[4] Le poids des fautes pèse sur moi : il est trop lourd,
mais tu pardonnes tous nos péchés.
[5] Heureux celui que tu choisis pour l'inviter auprès de toi
à demeurer dans tes parvis !
Nous y serons comblés des bienfaits de ton temple
et de la sainteté de ton palais.
[6] Dans ta justice, tu nous réponds
par des interventions terribles, ô Dieu sauveur,
toi en qui mettent leur espoir les hommes jusqu'au
confins de la terre, jusqu'au-delà des mers.

[7] Par son pouvoir, il établit fermement les montagnes.
Il est revêtu de puissance,
[8] il calme le fracas des mers, tout le mugissement de
leurs vagues,
et les peuples tumultueux.
[9] Ceux qui habitent au bout du monde sont saisis
d'une grande crainte en voyant tes prodiges.
Tu fais crier de joie le levant, le couchant.

[10] Tu prends soin de la terre et tu l'abreuves.
Tu la combles d'abondantes richesses !
Dieu, ton ruisseau est rempli d'eau :
fertilisant ainsi la terre, tu fais pousser le blé pour
les humains.
[11] Tu fais regorger d'eau tous ses sillons. Tu aplanis se
mottes,
tu l'amollis par les averses, et tu bénis ce qui y germe.

---

k In Hebrew texts 65:1-13 is numbered 65:2-14.
l **65:1** Or *befits*; the meaning of the Hebrew for this word is uncertain.
m **65:3** Or *made atonement for*
n **65:9** Or *for that is how you prepare the land*

q **64.9** Signe de mépris (voir 22.8).
r **65.2** Autre traduction : *le silence est louange.* Les versions anciennes or
la louange te sied.

[11] You crown the year with your bounty,
and your carts overflow with abundance.
[12] The grasslands of the wilderness overflow;
the hills are clothed with gladness.
[13] The meadows are covered with flocks
and the valleys are mantled with grain;
they shout for joy and sing.

Psalm 66

or the director of music. A song. A psalm.

[1] Shout for joy to God, all the earth!

[2] Sing the glory of his name;
make his praise glorious.
[3] Say to God, "How awesome are your deeds!
So great is your power
that your enemies cringe before you.
[4] All the earth bows down to you;
they sing praise to you,
they sing the praises of your name."[o]
[5] Come and see what God has done,
his awesome deeds for mankind!
[6] He turned the sea into dry land,
they passed through the waters on foot –
come, let us rejoice in him.
[7] He rules forever by his power,
his eyes watch the nations –
let not the rebellious rise up against him.

[8] Praise our God, all peoples,
let the sound of his praise be heard;
[9] he has preserved our lives
and kept our feet from slipping.
[10] For you, God, tested us;
you refined us like silver.

[11] You brought us into prison
and laid burdens on our backs.
[12] You let people ride over our heads;
we went through fire and water,
but you brought us to a place of abundance.

[13] I will come to your temple with burnt offerings
and fulfill my vows to you –
[14] vows my lips promised and my mouth spoke
when I was in trouble.
[15] I will sacrifice fat animals to you
and an offering of rams;
I will offer bulls and goats.
[16] Come and hear, all you who fear God;
let me tell you what he has done for me.
[17] I cried out to him with my mouth;

[12] Tu couronnes l'année de tes bienfaits ;
et partout où tu passes, la terre est engraissée.
[13] Les pâturages des steppes ruissellent,
et les coteaux se revêtent de joie.
[14] Les prés se couvrent de moutons et de chèvres,
les vallées se drapent de blé :
tout chante et pousse des clameurs de joie.

Psaume 66

Loué soit Dieu qui nous a délivrés

[1] *Au chef de chœur, cantique, psaume.*
Poussez vers Dieu des cris de joie,
vous tous, habitants de la terre !
[2] Chantez sa gloire !
Honorez-le par vos louanges !
[3] Parlez ainsi à Dieu : « Que tes actions sont
imposantes ! »
Devant ton immense puissance, tes ennemis
s'inclinent[s].
[4] Prosternée devant toi, la terre entière entonne un
chant en ton honneur
et te célèbre. *Pause*
[5] Venez voir ce que Dieu a fait,
car ses actions sont imposantes en faveur des
humains :
[6] la mer changée en terre ferme !
le fleuve passé à pied sec !
Aussi nous exultons en lui.
[7] Car il gouverne pour toujours avec puissance,
et ses yeux surveillent les peuples
afin que les rebelles ne puissent pas se dresser
contre lui. *Pause*
[8] Bénissez notre Dieu, ô peuples !
Faites retentir ses louanges !
[9] C'est grâce à lui que nous vivons :
il nous a gardés de la chute.
[10] Tu nous as éprouvés, ô Dieu,
tu nous as jetés au creuset comme on fait pour
l'argent.
[11] Tu nous as pris au piège,
tu nous as chargés d'un fardeau,
[12] tu as permis à l'ennemi de nous réduire sous son
joug.
Nous avons traversé le feu, nous avons dû passer
par l'eau,
mais tu nous en as fait sortir pour nous conduire à
l'abondance.
[13] Je viens dans ta maison avec des holocaustes,
je m'acquitte envers toi des vœux que je t'ai faits.
[14] J'accomplis les promesses
prononcées par ma bouche au temps de ma
détresse.
[15] Je t'offre en holocauste les bêtes les plus grasses,
des béliers avec de l'encens.
J'immolerai des taureaux et des boucs. *Pause*
[16] Venez et écoutez, vous tous qui craignez Dieu, je
vous raconterai
ce qu'il a fait pour moi.
[17] Lorsque mes cris montaient vers lui,

o 66:4 The Hebrew has *Selah* (a word of uncertain meaning) here
d at the end of verses 7 and 15.

s 66.3 Autre traduction : *tes ennemis te flattent.*

his praise was on my tongue.
18 If I had cherished sin in my heart,
the Lord would not have listened;
19 but God has surely listened
and has heard my prayer.
20 Praise be to God,
who has not rejected my prayer
or withheld his love from me!

Psalm 67

For the director of music. With stringed instruments. A psalm. A song.

1 May God be gracious to us and bless us
and make his face shine on us –[q]
2 so that your ways may be known on earth,
your salvation among all nations.

3 May the peoples praise you, God;
may all the peoples praise you.
4 May the nations be glad and sing for joy,
for you rule the peoples with equity
and guide the nations of the earth.
5 May the peoples praise you, God;
may all the peoples praise you.
6 The land yields its harvest;
God, our God, blesses us.
7 May God bless us still,
so that all the ends of the earth will fear him.

Psalm 68

For the director of music. Of David. A psalm. A song.

1 May God arise, may his enemies be scattered;
may his foes flee before him.

2 May you blow them away like smoke –
as wax melts before the fire,
may the wicked perish before God.
3 But may the righteous be glad
and rejoice before God;
may they be happy and joyful.
4 Sing to God, sing in praise of his name,
extol him who rides on the clouds[s];
rejoice before him – his name is the Lord.

5 A father to the fatherless, a defender of widows,
is God in his holy dwelling.
6 God sets the lonely in families,[t]
he leads out the prisoners with singing;

[p] In Hebrew texts 67:1-7 is numbered 67:2-8.
[q] **67:1** The Hebrew has *Selah* (a word of uncertain meaning) here and at the end of verse 4.
[r] In Hebrew texts 68:1-35 is numbered 68:2-36.
[s] **68:4** Or *name, / prepare the way for him who rides through the deserts*
[t] **68:6** Or *the desolate in a homeland*

sa louange était sur ma langue.
18 Si j'avais gardé dans mon cœur des intentions
coupables,
le Seigneur ne m'aurait pas écouté.
19 Mais Dieu m'a entendu
et il a été attentif à ma prière.
20 Béni soit Dieu,
car il n'a pas repoussé ma prière,
il me conserve son amour.

Psaume 67

Que tous les peuples louent Dieu !

1 *Au chef de chœur : psaume à chanter avec accompagnement d'instruments à cordes. Cantique.*
2 Que Dieu nous fasse grâce ! Qu'il nous bénisse !
Qu'il nous regarde avec bonté, *Pau*
3 afin que sur la terre on reconnaisse comment tu
interviens,
et que chez tous les peuples on voie comment tu
sauves !
4 Que les peuples te louent, ô Dieu,
que tous les peuples t'adressent leurs louanges !
5 Que les nations jubilent et qu'elles crient de joie,
car tu gouvernes les peuples selon la droiture
et tu conduis les nations de la terre. *Pau*
6 Que les peuples te louent, ô Dieu,
que tous les peuples t'adressent leurs louanges !
7 La terre a produit ses récoltes,
Dieu, notre Dieu, nous a bénis.
8 Oui, que Dieu nous bénisse
et qu'on le craigne jusqu'aux confins du monde !

Psaume 68

Le triomphe du Dieu victorieux

1 *Au chef de chœur. Psaume de David. A chanter. Cantique.*
2 Que Dieu se lève ! Et voici : ses adversaires sont
dispersés !
Ses ennemis fuient devant lui.
3 Tu les dissipes[t] comme une fumée se dissipe,
comme la cire qui fond au feu !
Ainsi périssent devant Dieu tous les méchants.
4 Alors les justes se réjouiront,
et ils seront dans l'allégresse devant Dieu.
Oui, ils seront remplis de joie.
5 Chantez à Dieu ! Louez-le par vos chants !
Frayez la voie de celui qui chevauche les nuées[u] !
Son nom est « l'Eternel ».
Exultez de joie devant lui !
6 Il est le père des orphelins, le défenseur des veuve
Oui, tel est Dieu dans sa sainte demeure.
7 Dieu accorde aux gens seuls une famille.
Il donne aux prisonniers de sortir libres, dans la
joie.

[t] **68.3** Les versions anciennes ont : *ils se dissipent.*
[u] **68.5** Le mot hébreu qui signifie *plaines* peut être rapproché d'un term assyro-babylonien qui signifie *nuages.* L'expression *celui qui chevauche les nuées* se retrouve à Ougarit. Dieu est comparé à un chef d'armée qui chevauche à la tête de ses troupes et auquel, selon l'habitude antique, on prépare le chemin pour en ôter tout obstacle (Es 40.3). Les v. 1-18 décrivent la marche triomphale de Dieu, du Sinaï (sous Moïse) au mont Sion (sous David).

but the rebellious live in a sun-scorched
land.
7 When you, God, went out before your people,
when you marched through the wilderness,[u]
8 the earth shook, the heavens poured down
rain,
before God, the One of Sinai,
before God, the God of Israel.
9 You gave abundant showers, O God;
you refreshed your weary inheritance.

10 Your people settled in it,
and from your bounty, God, you provided for
the poor.
11 The Lord announces the word,
and the women who proclaim it are a mighty
throng:
12 "Kings and armies flee in haste;
the women at home divide the plunder.

13 Even while you sleep among the sheep pens,[v]
the wings of my dove are sheathed with
silver,
its feathers with shining gold."
14 When the Almighty[w] scattered the kings in the
land,
it was like snow fallen on Mount Zalmon.
15 Mount Bashan, majestic mountain,
Mount Bashan, rugged mountain,
16 why gaze in envy, you rugged mountain,
at the mountain where God chooses to reign,
where the LORD himself will dwell forever?
17 The chariots of God are tens of thousands
and thousands of thousands;
the Lord has come from Sinai into his
sanctuary.[x]
18 When you ascended on high,
you took many captives;
you received gifts from people,
even from[y] the rebellious –
that you,[z] LORD God, might dwell there.
19 Praise be to the Lord, to God our Savior,
who daily bears our burdens.

8:7 The Hebrew has *Selah* (a word of uncertain meaning) here
d at the end of verses 19 and 32.
8:13 Or *the campfires; or the saddlebags*
68:14 Hebrew *Shaddai*
8:17 Probable reading of the original Hebrew text; Masoretic
xt *Lord is among them at Sinai in holiness*
8:18 Or *gifts for people, / even*
8:18 Or *they*

Seuls les rebelles sont confinés dans un désert
aride.
8 O notre Dieu, quand tu sortis en tête de ton peuple[v],
quand tu marchas dans le désert, *Pause*
9 la terre alors trembla, le ciel fondit en eau, devant
Dieu, le Dieu du mont Sinaï,
devant Dieu, le Dieu d'Israël.

10 Tu répandis, ô Dieu, une pluie bienfaisante
pour affermir le peuple[w] qui t'appartient alors qu'il
était épuisé.
11 Ton peuple habite dans le lieu
que tu as préparé, ô Dieu, dans ta bonté,
pour que les pauvres s'y installent.
12 Le Seigneur dit un mot,
et aussitôt les messagères d'une bonne nouvelle
font une armée nombreuse[x].
13 Les rois des armées ennemies
s'enfuient et c'est la débandade.
Celles qui sont restées à la maison
partagent le butin.
14 Allez-vous rester au repos auprès des bergeries[y] ?
Les ailes de la colombe sont argentées
et son plumage est jaune d'or[z].
15 Lorsque le Tout-Puissant y dispersa les rois,
il neigeait sur le mont Tsalmôn[a].

16 Vous, montagnes sublimes, monts du Basan[b],
monts aux cimes nombreuses, monts du Basan,
17 pourquoi jalousez-vous, monts aux cimes
nombreuses,
le mont choisi par Dieu pour résidence[c] ?
Néanmoins l'Eternel y habitera pour toujours.
18 Les chars de Dieu sont innombrables,
il y en a des milliers et des milliers,
et l'Eternel est parmi eux.
Il est venu du Sinaï jusqu'à son sanctuaire[d].
19 Tu es monté sur la hauteur, tu as emmené des
captifs.
Et tu as prélevé des dons[e] parmi les hommes,
et même parmi les rebelles, pour ta demeure,
Eternel Dieu.
20 Béni soit le Seigneur jour après jour,
car il nous prend en charge, ce Dieu qui est notre
sauveur. *Pause*

v **68.8** Les v. 8-9 reprennent en partie le cantique de Débora (Jg 5.4-5).
w **68.10** D'autres comprennent : *le pays.*
x **68.12** Il s'agit de la foule des femmes annonçant la bonne nouvelle de la victoire de Dieu sur les habitants de Canaan (voir Ex 23.22-23, 27-28, 31 ; Dt 7.10-24; etc.).
y **68.14** *auprès des bergeries:* autre traduction : *dans vos foyers.*
z **68.14** Il s'agit, selon certains, des enseignes des armées au combat, selon d'autres, du butin dont on dresse l'inventaire. Selon d'autres encore, il pourrait s'agir de l'oiseau voyageur qui apporte la nouvelle de la victoire.
a **68.15** Selon certains, une montagne près de Sichem (Jg 9.46-48), selon d'autres, le djebel Druze, un mont volcanique à l'est du Basan, au nord-est du lac de Galilée.
b **68.16** Situé à l'est de la mer de Galilée, avec ses montagnes imposantes aux parois de basalte et aux nombreux sommets.
c **68.17** C'est-à-dire le mont Sion.
d **68.18** Texte difficile. Autre traduction : *le Seigneur est parmi eux et le Sinaï dans le sanctuaire.*
e **68.19** La version syriaque a : *tu as fait des dons aux hommes.* La citation de ce verset en Ep 4.8 contient la même idée.

20 Our God is a God who saves;
from the Sovereign LORD comes escape from death.
21 Surely God will crush the heads of his enemies,
the hairy crowns of those who go on in their sins.
22 The Lord says, "I will bring them from Bashan;
I will bring them from the depths of the sea,
23 that your feet may wade in the blood of your foes,
while the tongues of your dogs have their share."
24 Your procession, God, has come into view,
the procession of my God and King into the sanctuary.
25 In front are the singers, after them the musicians;
with them are the young women playing the timbrels.
26 Praise God in the great congregation;
praise the LORD in the assembly of Israel.
27 There is the little tribe of Benjamin, leading them,
there the great throng of Judah's princes,
and there the princes of Zebulun and of Naphtali.
28 Summon your power, God[a];
show us your strength, our God, as you have done before.
29 Because of your temple at Jerusalem
kings will bring you gifts.
30 Rebuke the beast among the reeds,
the herd of bulls among the calves of the nations.
Humbled, may the beast bring bars of silver.
Scatter the nations who delight in war.
31 Envoys will come from Egypt;
Cush[b] will submit herself to God.
32 Sing to God, you kingdoms of the earth,
sing praise to the Lord,
33 to him who rides across the highest heavens, the ancient heavens,
who thunders with mighty voice.
34 Proclaim the power of God,
whose majesty is over Israel,
whose power is in the heavens.
35 You, God, are awesome in your sanctuary;
the God of Israel gives power and strength to his people.
Praise be to God!

21 Dieu est pour nous un Dieu qui sauve !
L'Eternel, le Seigneur, peut nous délivrer de la mor
22 Mais Dieu fracassera le crâne de ses ennemis,
la tête chevelue des hommes dont la conduite est coupable.
23 Le Seigneur a déclaré : des monts du Basan, je les ramènerai,
je les ramènerai des profondeurs marines,
24 afin que tu baignes tes pieds dans le sang de ses ennemis,
et que tes chiens prennent leur part à la curée.
25 On voit arriver ton cortège, ô Dieu,
oui, le cortège de mon Dieu, mon Roi, dans le lieu saint[f].
26 Les chanteurs sont en tête, les musiciens en queue,
ils viennent au milieu de jeunes filles, battant du tambourin.
27 Bénissez Dieu dans vos rassemblements,
bénissez le Seigneur, vous, issus d'Israël[g] !
28 En tête marche Benjamin, le plus petit,
puis les chefs de Juda, avec leurs grandes troupes,
les chefs de Zabulon et ceux de Nephtali[h].
29 Ton Dieu a décidé de te prodiguer de la force[i].
Veuille accomplir avec puissance, ô Dieu, tes œuvres envers nous,
30 depuis ton sanctuaire qui domine Jérusalem !
Des rois t'y apporteront leurs présents.
31 Menace-le, le crocodile qui se tapit parmi les joncs
de même que le troupeau des taureaux, avec les veaux des peuples,
et qu'ils viennent se prosterner en offrant leurs lingots d'argent.
Disperse-les, ces peuples aimant la guerre !
32 De nobles messagers[j] arrivent de l'Egypte,
les Ethiopiens accourent, les mains tendues vers Dieu.
33 Royaumes de la terre, chantez à Dieu !
Louez le Seigneur par vos chants ! *Pau*
34 Oui, chantez en l'honneur de celui qui chevauche dans les cieux, les cieux antiques,
et qui fait résonner sa voix, une voix éclatante.
35 Proclamez de Dieu la puissance !
Il est majestueux au-dessus d'Israël,
et sa puissance éclate dans les nuées.
36 Que tu es redoutable, ô Dieu, depuis ton sanctuaire
Lui, il est le Dieu d'Israël et il donne à son peuple force et puissance.
Béni soit Dieu !

---

a **68:28** Many Hebrew manuscripts, Septuagint and Syriac; most Hebrew manuscripts *Your God has summoned power for you*
b **68:31** That is, the upper Nile region
c In Hebrew texts 69:1-36 is numbered 69:2-37.

f **68.25** Autre traduction : *parmi le peuple saint.*
g **68.27** L'hébreu a : *la source d'Israël,* ce qui pourrait aussi s'appliquer au sanctuaire (voir Za 13.1).
h **68.28** Selon un manuscrit hébreu. Le sens du texte hébreu traditionn est obscur.
i **68.29** Certains traduisent d'après quelques manuscrits hébreux, l'anc enne version grecque et la version syriaque : *manifeste ta force, ô Dieu.*
j **68.32** D'après les versions anciennes. Hébreu de sens incertain.

Psalm 69

or the director of music. To the tune of "Lilies." Of David.*

[1] Save me, O God,
for the waters have come up to my neck.
[2] I sink in the miry depths,
where there is no foothold.
I have come into the deep waters;
the floods engulf me.
[3] I am worn out calling for help;
my throat is parched.
My eyes fail,
looking for my God.
[4] Those who hate me without reason
outnumber the hairs of my head;
many are my enemies without cause,
those who seek to destroy me.
I am forced to restore
what I did not steal.
[5] You, God, know my folly;
my guilt is not hidden from you.
[6] Lord, the Lord Almighty,
may those who hope in you
not be disgraced because of me;
God of Israel,
may those who seek you
not be put to shame because of me.
[7] For I endure scorn for your sake,
and shame covers my face.
[8] I am a foreigner to my own family,
a stranger to my own mother's children;
[9] for zeal for your house consumes me,
and the insults of those who insult you fall
on me.
[10] When I weep and fast,
I must endure scorn;
[11] when I put on sackcloth,
people make sport of me.
[12] Those who sit at the gate mock me,
and I am the song of the drunkards.
[13] But I pray to you, Lord,
in the time of your favor;
in your great love, O God,
answer me with your sure salvation.
[14] Rescue me from the mire,
do not let me sink;
deliver me from those who hate me,
from the deep waters.
[15] Do not let the floodwaters engulf me
or the depths swallow me up
or the pit close its mouth over me.
[16] Answer me, Lord, out of the goodness of your
love;
in your great mercy turn to me.

Psaume 69

Je suis submergé, sauve-moi !

[1] *Au chef de chœur, un psaume de David, à*
chanter sur la mélodie des « Lis »[k].
[2] O mon Dieu, sauve-moi,
j'ai de l'eau jusqu'au cou.
[3] Dans une boue profonde, je m'enlise, sans point
d'appui.
Me voici descendu au plus profond des eaux ; un
fort courant m'emporte.
[4] Je m'épuise à crier, mon gosier est brûlant,
mes yeux se sont usés à attendre mon Dieu.

[5] Car ceux qui me haïssent sans la moindre raison
ont dépassé le nombre des cheveux de ma tête.
Ils sont puissants, mes ennemis menteurs : qui
veulent me détruire.
Je dois restituer ce que je n'ai pas extorqué.

[6] O Dieu, tu sais comme j'ai été insensé,
et mes actes coupables ne te sont pas cachés.
[7] Qu'ils ne soient pas dans la honte à cause de moi,
ceux qui ont mis leur espérance en toi,
ô Eternel, ô Seigneur des armées célestes !
Que ceux qui se tournent vers toi ne soient pas à
cause de moi remplis de confusion,
Dieu d'Israël !
[8] Car c'est pour toi que je porte l'opprobre
et que la confusion me couvre le visage.
[9] Me voilà devenu étranger pour mes frères
et comme un inconnu pour les fils de ma mère !
[10] L'amour que j'ai pour ta maison est en moi comme
un feu qui me consume[l],
et les insultes des hommes qui t'insultent sont
retombées sur moi[m].
[11] Quand je pleure et je jeûne,
je reçois des insultes.
[12] Je me revêts d'une toile de sac,
et je deviens pour eux un objet de risée.
[13] Les gens qui sont assis sur la place publique aux
portes de la ville,
et les buveurs d'alcool font de moi leur chanson.
[14] Quant à moi, je t'exprime ma prière :
ô Eternel, n'est-ce pas le moment de montrer ta
faveur ?
Exauce-moi, ô Dieu, dans ton immense amour
et sauve-moi dans ta fidélité !
[15] Tire-moi de la boue ! Que je n'enfonce pas !
Viens donc me délivrer de ceux qui me haïssent,
et des profondes eaux !

[16] Que je ne sois pas emporté par le fort courant d'eau
et que l'abîme ne m'engloutisse pas !
Que le gouffre béant ne se referme pas sur moi !
[17] Réponds-moi, Eternel, ton amour est si bon !
Dans ta grande compassion, occupe-toi de moi !

k 69.1 Terme de sens incertain. Autre traduction : *avec accompagnement sur instrument à six cordes.*
l 69.10 Cité en Jn 2.17.
m 69.10 Cité en Rm 15.3.

[17] Do not hide your face from your servant;
answer me quickly, for I am in trouble.
[18] Come near and rescue me;
deliver me because of my foes.
[19] You know how I am scorned, disgraced and shamed;
all my enemies are before you.
[20] Scorn has broken my heart
and has left me helpless;
I looked for sympathy, but there was none,
for comforters, but I found none.
[21] They put gall in my food
and gave me vinegar for my thirst.
[22] May the table set before them become a snare;
may it become retribution and[d] a trap.

[23] May their eyes be darkened so they cannot see,
and their backs be bent forever.

[24] Pour out your wrath on them;
let your fierce anger overtake them.
[25] May their place be deserted;
let there be no one to dwell in their tents.
[26] For they persecute those you wound
and talk about the pain of those you hurt.

[27] Charge them with crime upon crime;
do not let them share in your salvation.
[28] May they be blotted out of the book of life
and not be listed with the righteous.
[29] But as for me, afflicted and in pain –
may your salvation, God, protect me.
[30] I will praise God's name in song
and glorify him with thanksgiving.
[31] This will please the LORD more than an ox,
more than a bull with its horns and hooves.

[32] The poor will see and be glad –
you who seek God, may your hearts live!

[33] The LORD hears the needy
and does not despise his captive people.

[34] Let heaven and earth praise him,
the seas and all that move in them,

[35] for God will save Zion
and rebuild the cities of Judah.
Then people will settle there and possess it;
[36] the children of his servants will inherit it,
and those who love his name will dwell there.

PSALM 70

For the director of music. Of David. A petition.

[1] Hasten, O God, to save me;

[18] Ne te détourne plus de moi, ton serviteur !
Je suis dans la détresse, réponds-moi sans tarder !
[19] Approche-toi de moi, viens me sauver la vie.
Oui, viens me libérer, car j'ai des ennemis.
[20] Toi, tu sais comme je subis l'opprobre, quelle est m
honte, et mon ignominie.
Ils sont là, devant toi, tous mes persécuteurs.
[21] L'opprobre me brise le cœur, je ne m'en remets pas
j'espère un geste de sympathie en ma faveur, mais
mon attente est vaine,
quelqu'un qui me console, mais je n'en trouve pas.
[22] Ils ont mis du poison dans le pain que je mange.
Pour étancher ma soif, ils m'offrent du vinaigre.
[23] Que leurs banquets deviennent un piège devant
eux,
que leur tranquillité[n] soit comme un traquenard[o] !
[24] Que leurs yeux s'obscurcissent au point de ne plus
voir,
fais-leur courber le dos continuellement !
[25] Que ton indignation se déverse sur eux !
Que ta colère ardente les atteigne !
[26] Que les lieux où ils campent soient dévastés,
que leurs demeures soient privées d'habitants[p] !
[27] Ils se sont acharnés sur celui que tu as frappé,
ils se sont répandus en commérages sur les
malheurs de ceux que tu avais blessés.
[28] Charge-les donc de tous leurs crimes,
et qu'ils ne soient pas mis au bénéfice de ta justice
[29] Que leurs noms soient rayés du livre des vivants !
Qu'ils ne soient pas inscrits parmi les justes !
[30] Je suis affligé et je souffre,
mais ton secours, ô Dieu, me mettra à l'abri.
[31] Alors je te louerai, ô Dieu, dans mes cantiques,
je dirai ta grandeur avec reconnaissance.
[32] Voilà, ô Eternel, qui te plaît plus qu'un bœuf ou
qu'un taureau
ayant sabots et cornes.
[33] O vous, les affligés, voyez, réjouissez-vous !
Oui, vous qui vous tournez vers Dieu, que votre
cœur soit vivifié !
[34] Car l'Eternel entend les cris des défavorisés,
il ne méprise pas ceux qui lui appartiennent quan
ils sont en prison.
[35] Que le ciel et la terre entonnent ses louanges
et que les mers l'acclament avec tout être qui s'y
meut !
[36] Car Dieu viendra sauver la ville de Sion et il rebâti
les cités de Juda.
On y habitera, on les possédera.
[37] Quant à la descendance des serviteurs de l'Eternel
elle en héritera,
et ceux qui l'aiment y feront leur demeure.

PSAUME 70

Dieu, viens à mon aide[q]

[1] *Au chef de chœur. Un psaume de David*
pour se rappeler au souvenir de Dieu.
[2] O Dieu, délivre-moi,

[d] **69:22** Or *snare / and their fellowship become*
[e] In Hebrew texts 70:1-5 is numbered 70:2-6.

[n] **69.23** La version grecque a : *un châtiment.* Rm 11.9 cite cette version.
[o] **69.23** Les v. 23-24 sont cités en Rm 11.9-10.
[p] **69.26** Cité en Ac 1.20 à propos de la mort de Judas.
[q] **70** Voir 40.14-18.

come quickly, LORD, to help me.
2 May those who want to take my life
be put to shame and confusion;
may all who desire my ruin
be turned back in disgrace.

3 May those who say to me, "Aha! Aha!"
turn back because of their shame.
4 But may all who seek you
rejoice and be glad in you;
may those who long for your saving help always
say,
"The LORD is great!"
5 But as for me, I am poor and needy;
come quickly to me, O God.
You are my help and my deliverer;
LORD, do not delay.

PSALM 71

1 In you, LORD, I have taken refuge;
let me never be put to shame.
2 In your righteousness, rescue me and deliver
me;
turn your ear to me and save me.
3 Be my rock of refuge,
to which I can always go;
give the command to save me,
for you are my rock and my fortress.
4 Deliver me, my God, from the hand of the
wicked,
from the grasp of those who are evil and
cruel.
5 For you have been my hope, Sovereign LORD,
my confidence since my youth.
6 From birth I have relied on you;
you brought me forth from my mother's
womb.
I will ever praise you.
7 I have become a sign to many;
you are my strong refuge.
8 My mouth is filled with your praise,
declaring your splendor all day long.
9 Do not cast me away when I am old;
do not forsake me when my strength is gone.
10 For my enemies speak against me;
those who wait to kill me conspire together.
11 They say, "God has forsaken him;
pursue him and seize him,
for no one will rescue him."
12 Do not be far from me, my God;
come quickly, God, to help me.
13 May my accusers perish in shame;
may those who want to harm me
be covered with scorn and disgrace.

14 As for me, I will always have hope;
I will praise you more and more.

Eternel, hâte-toi de venir à mon aide[r] !
3 Qu'ils soient couverts de honte, remplis de
confusion,
ceux qui cherchent ma mort !
Qu'ils battent en retraite, qu'ils soient déshonorés,
ceux qui désirent mon malheur !
4 Qu'ils tournent les talons sous le poids de la honte,
ceux qui ricanent à mon sujet.
5 Mais que tous ceux qui se tournent vers toi
soient débordants de joie, oui, qu'en toi ils se
réjouissent.
Et que tous ceux qui aiment ton salut
redisent constamment : « Que Dieu est grand ! »
6 Moi, je suis pauvre et malheureux ;
ô Dieu, viens vite agir en ma faveur,
toi qui es mon secours et mon libérateur.
Eternel, oh, ne tarde pas !

PSAUME 71

Ne m'abandonne pas dans ma vieillesse

1 C'est en toi, Eternel, que je cherche un refuge.
Que jamais cela ne tourne à ma confusion !
2 Toi qui es juste, délivre-moi ! Oui, secours-moi !
Tends l'oreille vers moi et sauve-moi !

3 Sois le rocher où je trouve un refuge,
où je peux accéder à tout moment,
où tu as résolu de me sauver !
Car tu es mon rocher, ma forteresse.
4 Mon Dieu, délivre-moi des criminels,
des gens iniques et violents.

5 O Seigneur Eternel, sur toi je compte,
car, depuis ma jeunesse, ma confiance est en toi.
6 Oui, depuis ma naissance[s], je prends appui sur toi.
Depuis que je suis sorti du sein maternel, tu me
soutiens[t].
Tu es sans cesse mon sujet de louange.
7 Pour beaucoup, je suis un prodige,
Et toi, tu es pour moi un abri fortifié.
8 Ma bouche est pleine de louanges pour toi
et, chaque jour, elle publie ta gloire.
9 En ma vieillesse, ne me délaisse pas ;
quand diminuent mes forces, ne m'abandonne pas !
10 Mes ennemis discourent contre moi,
ceux qui m'épient, ensemble se concertent,
11 disant : « Dieu l'a abandonné !
Poursuivez-le ! Saisissez-vous de lui !
Il n'est personne qui puisse le sauver. »
12 Mais toi, ô Dieu, ne reste pas si loin !
Mon Dieu, viens vite à mon secours !
13 Qu'ils soient remplis de honte et disparaissent,
tous mes accusateurs !
Qu'ils soient couverts d'opprobre, d'ignominie,
ces gens qui cherchent à me nuire !
14 Mais moi, sans cesse, je serai plein d'espoir.
De plus en plus, je veux chanter ta gloire.

r **70.2** Pour les v. 14-18, voir 70.2-6.
s **71.6** *ma naissance:* autre traduction : *le sein maternel.*
t **71.6** Autre traduction : *C'est toi qui m'as fait sortir du sein maternel.*

15 My mouth will tell of your righteous deeds,
of your saving acts all day long –
though I know not how to relate them all.
16 I will come and proclaim your mighty acts,
Sovereign LORD;
I will proclaim your righteous deeds, yours
alone.
17 Since my youth, God, you have taught me,
and to this day I declare your marvelous
deeds.
18 Even when I am old and gray,
do not forsake me, my God,
till I declare your power to the next generation,
your mighty acts to all who are to come.

19 Your righteousness, God, reaches to the
heavens,
you who have done great things.
Who is like you, God?
20 Though you have made me see troubles,
many and bitter,
you will restore my life again;
from the depths of the earth
you will again bring me up.
21 You will increase my honor
and comfort me once more.
22 I will praise you with the harp
for your faithfulness, my God;
I will sing praise to you with the lyre,
Holy One of Israel.
23 My lips will shout for joy
when I sing praise to you –
I whom you have delivered.
24 My tongue will tell of your righteous acts
all day long,
for those who wanted to harm me
have been put to shame and confusion.

PSALM 72

Of Solomon.

1 Endow the king with your justice, O God,
the royal son with your righteousness.
2 May he judge your people in righteousness,
your afflicted ones with justice.
3 May the mountains bring prosperity to the
people,
the hills the fruit of righteousness.
4 May he defend the afflicted among the people
and save the children of the needy;
may he crush the oppressor.
5 May he endure[f] as long as the sun,
as long as the moon, through all generations.
6 May he be like rain falling on a mown field,
like showers watering the earth.

f 72:5 Septuagint; Hebrew *You will be feared*

15 Oui, tous les jours, j'annoncerai tes actes de justice
et de salut,
dont je ne connais pas le nombre[u].
16 Par ta puissance, ô Seigneur Eternel, je me
présenterai
et je rappellerai que toi seul tu es juste.
17 Tu m'as instruit, ô Dieu, dès ma jeunesse ;
jusqu'à ce jour, je publie tes merveilles.
18 Et maintenant que je suis vieux, que j'ai les cheveu
blancs,
ô Dieu, ne m'abandonne pas,
et je pourrai dire ta force dès aujourd'hui aux
hommes de mon temps,
et ta puissance aux générations à venir.
19 Ta justice, ô Dieu, est immense,
car tu as fait des choses merveilleuses !
Qui donc, ô Dieu, serait semblable à toi ?

20 Tu nous as fait passer par des détresses et des
malheurs sans nombre.
Tu nous feras revivre
et, du fond des abîmes, tu me retireras.

21 Veuille me rendre encore plus honoré,
et me consoler à nouveau.
22 Moi, en retour, je te célébrerai au son du luth
pour ta fidélité, mon Dieu.
Je te célébrerai en jouant de la lyre,
Saint d'Israël !
23 Je pousserai des cris de joie, je chanterai en ton
honneur
de tout mon être car tu m'as délivré.
24 Je redirai sans cesse que tu es juste.
Ils seront confondus, couverts de honte,
ces gens qui cherchent à me nuire.

PSAUME 72

Prière pour le roi

1 *De Salomon*[v].
O Dieu, accorde au roi de juger comme toi,
et donne au fils du roi ton esprit de justice !
2 Qu'il rende la justice à l'égard de ton peuple selon
ce qui est juste,
à l'égard de tes pauvres selon ce qui est droit ;
3 que la paix descende des montagnes
et la justice des collines pour tout le peuple !

4 Qu'il fasse droit aux gens pauvres du peuple !
Qu'il sauve les enfants des indigents
et qu'il écrase l'oppresseur !
5 Alors ils te craindront[w] tant que durera le soleil,
tant que la lune apparaîtra, d'une génération à
l'autre.
6 Le roi sera comme une pluie qui descend sur un pr
fauché,
et comme des ondées désaltérant la terre.

u **71.15** Autre traduction : *bien que je ne possède pas l'art de l'écrivain.*
v **72.1** De même que le Ps 127.
w **72.5** L'ancienne version grecque a : *il subsistera.*

7 In his days may the righteous flourish
and prosperity abound till the moon is no more.

8 May he rule from sea to sea
and from the River[g] to the ends of the earth.

9 May the desert tribes bow before him
and his enemies lick the dust.
10 May the kings of Tarshish and of distant shores
bring tribute to him.
May the kings of Sheba and Seba
present him gifts.
11 May all kings bow down to him
and all nations serve him.
12 For he will deliver the needy who cry out,
the afflicted who have no one to help.
13 He will take pity on the weak and the needy
and save the needy from death.
14 He will rescue them from oppression and violence,
for precious is their blood in his sight.
15 Long may he live!
May gold from Sheba be given him.
May people ever pray for him
and bless him all day long.
16 May grain abound throughout the land;
on the tops of the hills may it sway.
May the crops flourish like Lebanon
and thrive[h] like the grass of the field.

17 May his name endure forever;
may it continue as long as the sun.
Then all nations will be blessed through him,[i]
and they will call him blessed.

18 Praise be to the LORD God, the God of Israel,
who alone does marvelous deeds.
19 Praise be to his glorious name forever;
may the whole earth be filled with his glory.
Amen and Amen.
20 This concludes the prayers of David son of Jesse.

BOOK III

Psalms 73–89

PSALM 73

psalm of Asaph.

1 Surely God is good to Israel,
to those who are pure in heart.

'2:8 That is, the Euphrates
'2:16 Probable reading of the original Hebrew text; Masoretic
xt *Lebanon, / from the city*
'2:17 Or *will use his name in blessings* (see Gen. 48:20)

7 Que tous les justes soient prospères tant que son règne durera,
et qu'on connaisse un grand bien-être tant que la lune brillera !
8 Qu'il règne d'une mer à l'autre[x],
depuis le fleuve de l'Euphrate jusqu'aux confins du monde[y] !
9 Devant lui, les habitants du désert s'inclineront[z],
et tous ses ennemis lécheront la poussière.
10 Et les rois de Tarsis[a] des îles, des régions côtières lui apporteront des présents.
Et les rois de Saba et de Seba[b] lui présenteront leurs offrandes.
11 Tous les rois lui rendront hommage,
et tous les peuples lui seront assujettis.
12 Car il délivrera le pauvre qui implorera son secours,
le défavorisé qui n'a point d'aide.
13 Il aura compassion des faibles et des pauvres,
il sauvera la vie des pauvres.
14 Il les arrachera à la violence, à l'oppression,
car à ses yeux, leur vie sera précieuse.

15 Que notre roi vive longtemps ! Il recevra l'or de Saba.
Que l'on prie pour lui sans relâche ! Qu'on le bénisse tous les jours !
16 Qu'il y ait abondance de blé dans le pays,
que sur les crêtes des montagnes, les épis lourds ondulent,
que leur produit soit florissant comme les arbres du Liban,
et que les humains fleurissent en ville autant que l'herbe dans les prés.
17 Que son nom subsiste à jamais !
Que son renom se perpétue aussi longtemps que le soleil !
Alors, pour se bénir les uns les autres, les gens citeront son exemple.
Que tous les peuples le disent bienheureux !
18 Que soit béni l'Eternel Dieu, Dieu d'Israël,
qui seul accomplit des prodiges !
19 Béni soit, pour l'éternité, le Dieu glorieux,
et que toute la terre soit remplie de sa gloire !
Amen, Amen !

20 *Ici s'achève le recueil des prières de David, fils d'Isaï.*

TROISIÈME LIVRE

PSAUME 73

Pourquoi les méchants réussissent-ils ?

1 *Psaume d'Asaph*[c].
Oui, Dieu est bon pour Israël,
pour tous ceux qui ont le cœur pur.

x **72.8** C'est-à-dire de la Méditerranée à la mer Morte ou au golfe d'Aqaba.
y **72.8** Sous Salomon, l'Euphrate était la limite orientale d'Israël, celle qui lui avait été promise depuis le temps de l'Exode (Ex 23.31 ; Dt 11.24).
z **72.9** Soit les peuples nomades des bords du golfe d'Arabie, soit les animaux du désert ou même les démons (voir Es 13.21).
a **72.10** *Tarsis*, située en Espagne, représentait le « bout du monde ».
b **72.10** *Saba* en Arabie (1 R 10.1) et *Seba* en Afrique (Gn 10.7 ; Es 43.3).
c **73.1** Voir note 50.1.

[2] But as for me, my feet had almost slipped;
I had nearly lost my foothold.
[3] For I envied the arrogant
when I saw the prosperity of the wicked.
[4] They have no struggles;
their bodies are healthy and strong.[j]
[5] They are free from common human burdens;
they are not plagued by human ills.
[6] Therefore pride is their necklace;
they clothe themselves with violence.
[7] From their callous hearts comes iniquity[k];
their evil imaginations have no limits.
[8] They scoff, and speak with malice;
with arrogance they threaten oppression.
[9] Their mouths lay claim to heaven,
and their tongues take possession of the earth.
[10] Therefore their people turn to them
and drink up waters in abundance.[l]
[11] They say, "How would God know?
Does the Most High know anything?"
[12] This is what the wicked are like –
always free of care, they go on amassing wealth.
[13] Surely in vain I have kept my heart pure
and have washed my hands in innocence.
[14] All day long I have been afflicted,
and every morning brings new punishments.
[15] If I had spoken out like that,
I would have betrayed your children.
[16] When I tried to understand all this,
it troubled me deeply
[17] till I entered the sanctuary of God;
then I understood their final destiny.
[18] Surely you place them on slippery ground;
you cast them down to ruin.
[19] How suddenly are they destroyed,
completely swept away by terrors!
[20] They are like a dream when one awakes;
when you arise, Lord,
you will despise them as fantasies.
[21] When my heart was grieved
and my spirit embittered,
[22] I was senseless and ignorant;
I was a brute beast before you.
[23] Yet I am always with you;
you hold me by my right hand.
[24] You guide me with your counsel,
and afterward you will take me into glory.

[2] Pourtant, il s'en fallut de peu que mes pieds ne trébuchent,
un rien de plus, et je tombais.
[3] J'étais jaloux des arrogants
en voyant la tranquillité des gens méchants.
[4] Car ils sont exempts de tourments ; jusqu'à leur mort[d]
et ont de l'embonpoint.
[5] Ils passent à côté des peines qui sont le lot commun des hommes.
Ils ne subissent pas les maux qui frappent les humains.
[6] Aussi s'ornent-ils d'arrogance comme on porte un collier,
ils s'enveloppent de violence comme d'un vêtement
[7] leurs yeux sont pétillants dans leur visage plein de graisse,
les mauvais désirs de leur cœur débordent sans mesure.
[8] Ils sont moqueurs, ils parlent méchamment
et, sur un ton hautain, menacent d'opprimer.
[9] Leur bouche s'en prend au ciel même,
leur langue sévit sur la terre.
[10] Aussi le peuple les suit-il,
buvant à longs traits leurs paroles,
[11] tout en disant : « Dieu ? Que sait-il ?
Celui qui est là-haut connaît-il quelque chose ? »
[12] Voilà comment sont les méchants :
toujours tranquilles, ils accumulent les richesses.
[13] Alors, c'est donc en vain que je suis resté pur au fond de moi,
que j'ai lavé mes mains pour les conserver innocentes !
[14] Tous les jours, je subis des coups,
je suis châtié chaque matin !
[15] Si je disais : « Parlons comme eux »,
alors je trahirais tes fils.
[16] Je me suis mis à réfléchir : pour tenter de comprendre ;
cela était pour moi un sujet de tourment,
[17] jusqu'à ce que je me rende au sanctuaire de Dieu[e].
Alors j'ai réfléchi au sort qui les attend.
[18] Car, en fait, tu les mets sur un terrain glissant,
tu les entraînes vers la ruine.
[19] Comme soudain les voilà dévastés !
Ils sont détruits et emportés par l'épouvante.
[20] Comme les images du rêve s'évanouissant au réveil
Seigneur, quand tu interviendras, tu feras d'eux bien peu de cas.
[21] Oui, quand j'avais le cœur amer
et que je me tourmentais intérieurement,
[22] j'étais un sot, un ignorant,
je me comportais avec toi comme une bête.
[23] Mais je suis toujours avec toi,
et tu m'as saisi la main droite,
[24] par ton conseil, tu me conduis,
puis tu me prendras dans la gloire.

[j] 73:4 With a different word division of the Hebrew; Masoretic Text *struggles at their death; / their bodies are healthy*
[k] 73:7 Syriac (see also Septuagint); Hebrew *Their eyes bulge with fat*
[l] 73:10 The meaning of the Hebrew for this verse is uncertain.

[d] 73.4 *jusqu'à leur mort:* en coupant autrement les mots hébreux, on comprend : *ils ont la santé.*
[e] 73.17 Autres traductions : *dans le sanctuaire,* ou *dans le dessein, les secrets les mystères de Dieu.*

25 Whom have I in heaven but you?
And earth has nothing I desire besides you.

26 My flesh and my heart may fail,
but God is the strength of my heart
and my portion forever.
27 Those who are far from you will perish;
you destroy all who are unfaithful to you.
28 But as for me, it is good to be near God.
I have made the Sovereign Lord my refuge;
I will tell of all your deeds.

Psalm 74

maskil[m] *of Asaph.*
1 O God, why have you rejected us forever?
Why does your anger smolder against the sheep of your pasture?
2 Remember the nation you purchased long ago,
the people of your inheritance, whom you redeemed –
Mount Zion, where you dwelt.

3 Turn your steps toward these everlasting ruins,
all this destruction the enemy has brought on the sanctuary.
4 Your foes roared in the place where you met with us;
they set up their standards as signs.
5 They behaved like men wielding axes
to cut through a thicket of trees.
6 They smashed all the carved paneling
with their axes and hatchets.

7 They burned your sanctuary to the ground;
they defiled the dwelling place of your Name.
8 They said in their hearts, "We will crush them completely!"
They burned every place where God was worshiped in the land.
9 We are given no signs from God;
no prophets are left,
and none of us knows how long this will be.

10 How long will the enemy mock you, God?
Will the foe revile your name forever?
11 Why do you hold back your hand, your right hand?
Take it from the folds of your garment and destroy them!
12 But God is my King from long ago;
he brings salvation on the earth.

m Title: Probably a literary or musical term

25 Qui ai-je au ciel, si ce n'est toi ?
Et que désirer d'autre sur cette terre car je suis avec toi ?
26 Mon corps peut s'épuiser et mon cœur défaillir,
Dieu reste mon rocher, et mon bien précieux pour toujours.
27 Qui t'abandonne se perdra,
et tu anéantiras tous ceux qui te sont infidèles.
28 Tandis que mon bonheur à moi, c'est d'être près de Dieu.
J'ai pris le Seigneur, l'Eternel, comme refuge
et je raconterai toutes tes œuvres.

Psaume 74

Lamentation sur le sanctuaire détruit

1 *Méditation*[f] *d'Asaph*[g].
Pourquoi, ô Dieu, nous délaisser sans cesse ?
Pourquoi t'irrites-tu
contre nous, le troupeau dont tu es le berger ?
2 Souviens-toi de ton peuple
que tu t'es acquis autrefois : cette tribu que tu as délivrée pour en faire ton patrimoine.
Souviens-toi du mont de Sion où tu as fixé ton séjour !
3 Viens visiter ces lieux qui sont toujours en ruine :
l'ennemi a tout saccagé au sanctuaire[h].

4 Tes adversaires ont rugi au lieu où l'on te rencontrait,
et ils y ont dressé leurs étendards en signe de victoire.
5 Ils ont été pareils à ceux qui lèvent la cognée
pour abattre les arbres d'un bosquet.
6 Tous les ouvrages taillés dans le bois[i], ils les ont mis en pièces,
à coups de haches et de masses.
7 Ils ont mis le feu à ton sanctuaire,
ils ont rasé et profané le lieu où tu demeures.
8 Ils pensaient en eux-mêmes : « Nous les détruirons tous ensemble ! »
Ils ont brûlé dans le pays
tous les endroits où l'on rendait un culte à Dieu.
9 Nous ne voyons plus de signes miraculeux.
Et il n'y a plus de prophètes.
Personne parmi nous ne sait combien de temps encore tout cela durera.
10 Jusques à quand, ô Dieu, l'agresseur blasphémera-t-il ?
L'ennemi pourra-t-il t'insulter sans relâche ?
11 Pourquoi te retiens-tu d'intervenir ?
Ne reste donc pas inactif : viens les exterminer !

12 Pourtant, Dieu est mon Roi depuis les temps anciens,
il est l'auteur d'actes de délivrance au milieu du pays !

f **74.1** Signification incertaine.
g **74.1** Voir note 50.1.
h **74.3** Allusion à la destruction du Temple par les Babyloniens (2 Ch 36.18-19 ; Dn 9.17).
i **74.6** Autre traduction : *portes*.

13 It was you who split open the sea by your
power;
you broke the heads of the monster in the
waters.
14 It was you who crushed the heads of Leviathan
and gave it as food to the creatures of the
desert.
15 It was you who opened up springs and streams;
you dried up the ever-flowing rivers.
16 The day is yours, and yours also the night;
you established the sun and moon.
17 It was you who set all the boundaries of the
earth;
you made both summer and winter.
18 Remember how the enemy has mocked you,
LORD,
how foolish people have reviled your name.
19 Do not hand over the life of your dove to wild
beasts;
do not forget the lives of your afflicted
people forever.
20 Have regard for your covenant,
because haunts of violence fill the dark
places of the land.
21 Do not let the oppressed retreat in disgrace;
may the poor and needy praise your name.
22 Rise up, O God, and defend your cause;
remember how fools mock you all day long.
23 Do not ignore the clamor of your adversaries,
the uproar of your enemies, which rises
continually.

PSALM 75

For the director of music. To the tune of "Do Not Destroy." A psalm of Asaph. A song.

1 We praise you, God,
we praise you, for your Name is near;
people tell of your wonderful deeds.
2 You say, "I choose the appointed time;
it is I who judge with equity.
3 When the earth and all its people quake,
it is I who hold its pillars firm.[o]
4 To the arrogant I say, 'Boast no more,'
and to the wicked, 'Do not lift up your
horns.[p]

[n] In Hebrew texts 75:1-10 is numbered 75:2-11.
[o] 75:3 The Hebrew has *Selah* (a word of uncertain meaning) here.
[p] 75:4 *Horns* here symbolize strength; also in verses 5 and 10.

13 C'est toi qui as fendu la mer par ta puissance !
C'est toi qui as brisé les crânes des monstres sur les
eaux !
14 Toi qui as fracassé les têtes du grand dragon marin
et qui l'as donné en pâture
aux animaux sauvages du désert[k] !
15 Toi qui as fait jaillir des sources et des eaux en
torrent !
Toi qui as desséché le lit des fleuves permanents !
16 A toi le jour, à toi la nuit !
Toi qui as mis en place la lune et le soleil.
17 C'est toi qui as fixé les bornes de la terre,
tu as fait l'été et l'hiver !
18 Souviens-toi donc, ô Eternel, que l'ennemi t'a
insulté,
qu'un peuple d'insensés t'a outragé !
19 Ne livre pas aux bêtes fauves ta tourterelle[l],
n'oublie pas indéfiniment le sort des affligés qui
t'appartiennent !
20 Mais considère ton alliance[m], car la mesure est
comble !
Les lieux retirés du pays
sont des repaires de violence[n].
21 Ne laisse pas les opprimés repartir dans la honte !
Que le pauvre et le malheureux aient lieu de te
louer !
22 Debout, ô Dieu ! défends ta cause !
Souviens-toi des insultes
que, tout au long du jour, les insensés t'adressent.
23 N'oublie pas les clameurs de tous tes adversaires,
ni le tumulte que tes ennemis font monter
constamment.

PSAUME 75

Dieu jugera le monde

1 *Au chef de chœur : psaume d'Asaph[o]. A chanter sur la mélodie de « Ne détruis pas ! ».*
2 Nous te célébrons, ô Dieu, nous te célébrons,
Et nous proclamons ce que tu es[p].
Qu'on raconte tes merveilles !
3 « Lorsque viendra le moment que j'aurai fixé, a dit
l'Eternel,
je rendrai justice avec équité.
4 Si la terre tremble avec tous ses habitants,
moi, j'affermis ses colonnes. *Pau*
5 Je déclare aux arrogants : "Trêve d'arrogance !"
Et aux gens méchants : "Ne levez pas votre front !"

[j] **74.14** Du *Léviathan*, monstre mythologique à sept têtes (dans les poèm d'Ougarit), voir106.26 ; Jb 3.8 ; 7.12 ; Es 27.1.
[k] **74.14** Autre traduction : *aux hyènes.*
[l] **74.19** Terme de tendresse désignant Israël.
[m] **74.20** L'alliance conclue avec Israël sur le mont Sinaï était assortie d'une promesse de sécurité et de bénédiction dans son pays (Ex 19.5-6 ; 23.27-31 ; 34.10-11 ; Lv 26.11-12, 42, 44-45 ; Dt 28.1-14; voir Ps 105.8-11 ; 106.45 ; 111.5, 9 ; Es 54.10 ; Jr 14.21 ; Ez 16.60).
[n] **74.20** Hébreu peu clair. Autres traductions : *car ils sont pleins, les lieux sombres du pays, repaires de violence* ou *car partout les lieux ...*
[o] **75.1** Voir note 50.1.
[p] **75.2** D'après les versions anciennes. Texte hébreu traditionnel : *et tu e proche (de nous).*

5 Do not lift your horns against heaven;
do not speak so defiantly.' "
6 No one from the east or the west
or from the desert can exalt themselves.
7 It is God who judges:
He brings one down, he exalts another.
8 In the hand of the LORD is a cup
full of foaming wine mixed with spices;
he pours it out, and all the wicked of the earth
drink it down to its very dregs.
9 As for me, I will declare this forever;
I will sing praise to the God of Jacob,
10 who says, "I will cut off the horns of all the
wicked,
but the horns of the righteous will be lifted
up."

PSALM 76

*or the director of music. With stringed
nstruments. A psalm of Asaph. A song.*

1 God is renowned in Judah;
in Israel his name is great.
2 His tent is in Salem,
his dwelling place in Zion.
3 There he broke the flashing arrows,
the shields and the swords, the weapons of
war.[r]
4 You are radiant with light,
more majestic than mountains rich with
game.
5 The valiant lie plundered,
they sleep their last sleep;
not one of the warriors
can lift his hands.
6 At your rebuke, God of Jacob,
both horse and chariot lie still.
7 It is you alone who are to be feared.
Who can stand before you when you are
angry?
8 From heaven you pronounced judgment,
and the land feared and was quiet –
9 when you, God, rose up to judge,
to save all the afflicted of the land.

10 Surely your wrath against mankind brings you
praise,
and the survivors of your wrath are
restrained.[s]
11 Make vows to the LORD your God and fulfill
them;
let all the neighboring lands
bring gifts to the One to be feared.

n Hebrew texts 76:1-12 is numbered 76:2-13.
76:3 The Hebrew has *Selah* (a word of uncertain meaning) here
nd at the end of verse 9.
76:10 Or *Surely the wrath of mankind brings you praise, / and with the
mainder of wrath you arm yourself*

6 Non, ne levez pas le front vers le ciel !
Cessez de parler avec insolence ! »
7 Car ce n'est pas de l'Orient, ni de l'Occident,
et ce n'est pas du désert[q] que vient la grandeur !
8 C'est Dieu seul qui juge :
il abaisse l'un, il élève l'autre.
9 L'Eternel tient dans sa main une coupe
pleine d'un vin âpre et mélangé.
Il en verse aux méchants de la terre
qui devront vider la coupe en buvant jusqu'à la lie.
10 Moi, je le proclamerai à jamais,
je célébrerai par mes chants le Dieu de Jacob.
11 Il brisera l'arrogance de tous les méchants
tandis que le juste pourra marcher le front haut.

PSAUME 76

Dieu est vainqueur

1 *Au chef de chœur. Un psaume d'Asaph[r]. A chanter
avec accompagnement d'instruments à cordes.*
2 Dieu s'est fait connaître en Juda,
son nom est grand en Israël.
3 Sa résidence est à Salem[s],
et sa demeure est en Sion.
4 C'est là qu'il a brisé les flèches fulgurantes,
les boucliers, les glaives, toutes armes de guerre.
Pause
5 Tu es resplendissant, plus éclatant
que les monts éternels[t].
6 Tous les vaillants guerriers ont été dépouillés,
ils se sont endormis de leur dernier sommeil.
Tous ces valeureux hommes n'ont pas su retrouver
la vigueur de leurs mains.
7 Dieu de Jacob, à ta menace
les chars et les chevaux se sont figés sur place.
8 Que tu es redoutable !
Qui tiendrait devant toi quand ta colère éclate ?

9 Du ciel, tu fais entendre ton verdict,
et la terre, effrayée, se tient dans le silence
10 quand toi, ô Dieu, tu interviens pour exercer le
jugement
et pour apporter le salut à tous les humbles de la
terre. *Pause*
11 Car même la fureur des hommes tournera à ta
gloire
et tu t'attacheras les rescapés de ta colère[u].

12 Vous tous qui entourez l'Eternel votre Dieu,
faites des vœux et accomplissez-les !
Apportez vos présents à ce Dieu redoutable.

[q] **75.7** Mis en opposition à l'est et à l'ouest, le désert semble désigner le sud du pays, direction d'où pouvait venir le secours, c'est-à-dire de l'Egypte, principal espoir de beaucoup d'Israélites face à la menace des peuples mésopotamiens.
[r] **76.1** Voir note 50.1. La version grecque ajoute : *contre l'Assyrien.*
[s] **76.3** Ancien nom de Jérusalem (Gn 14.18) choisi ici peut-être à cause de son assonance avec *shalom*, « paix ».
[t] **76.5** D'après l'ancienne version grecque. Texte hébreu traditionnel : *les montagnes de butin.*
[u] **76.11** Hébreu de sens incertain. Autre traduction : *et tu te pareras des restes de (leur ?) fureur.*

[12] He breaks the spirit of rulers;
he is feared by the kings of the earth.

Psalm 77

For the director of music. For Jeduthun. Of Asaph. A psalm.

[1] I cried out to God for help;
I cried out to God to hear me.
[2] When I was in distress, I sought the Lord;
at night I stretched out untiring hands,
and I would not be comforted.

[3] I remembered you, God, and I groaned;
I meditated, and my spirit grew faint.[u]
[4] You kept my eyes from closing;
I was too troubled to speak.
[5] I thought about the former days,
the years of long ago;
[6] I remembered my songs in the night.
My heart meditated and my spirit asked:

[7] "Will the Lord reject forever?
Will he never show his favor again?
[8] Has his unfailing love vanished forever?
Has his promise failed for all time?
[9] Has God forgotten to be merciful?
Has he in anger withheld his compassion?"
[10] Then I thought, "To this I will appeal:
the years when the Most High stretched out
his right hand.
[11] I will remember the deeds of the LORD;
yes, I will remember your miracles of long
ago.
[12] I will consider all your works
and meditate on all your mighty deeds."
[13] Your ways, God, are holy.
What god is as great as our God?
[14] You are the God who performs miracles;
you display your power among the peoples.
[15] With your mighty arm you redeemed your
people,
the descendants of Jacob and Joseph.
[16] The waters saw you, God,
the waters saw you and writhed;
the very depths were convulsed.

[17] The clouds poured down water,
the heavens resounded with thunder;
your arrows flashed back and forth.
[18] Your thunder was heard in the whirlwind,
your lightning lit up the world;
the earth trembled and quaked.
[19] Your path led through the sea,
your way through the mighty waters,
though your footprints were not seen.
[20] You led your people like a flock
by the hand of Moses and Aaron.

t In Hebrew texts 77:1-20 is numbered 77:2-21.
u **77:3** The Hebrew has *Selah* (a word of uncertain meaning) here and at the end of verses 9 and 15.

[13] Il brise l'esprit résolu des princes,
il se rend redoutable pour les rois de la terre.

Psaume 77

Dieu aurait-il changé ?

[1] *Au chef de chœur, selon Yedoutoun*[v]*. Un psaume d'Asaph*[w]*.*
[2] J'appelle Dieu, je crie vers lui ;
j'appelle Dieu, et il m'écoute.
[3] Au jour de ma détresse, je m'adresse au Seigneur
tout au long de la nuit, sans cesse, je tends les mai
vers lui,
je reste inconsolable.
[4] Dès que je pense à Dieu, je me mets à gémir,
et quand je réfléchis, j'ai l'esprit abattu. *Pau.*
[5] Quand je veux m'endormir, tu me tiens en éveil.
Me voici dans le trouble : je ne sais plus que dire.
[6] Je songe aux jours passés,
aux années d'autrefois,
[7] j'évoque mes cantiques, au milieu de la nuit,
je médite en moi-même,
et les questions me viennent :
[8] « L'abandon du Seigneur va-t-il durer toujours ?
Ne redeviendra-t-il plus jamais favorable ?
[9] Son amour serait-il épuisé à jamais ?
Sa parole va-t-elle pour toujours rester sans suite ?
[10] Dieu a-t-il oublié de manifester sa faveur ?
A-t-il, dans sa colère, éteint sa compassion ? » *Pau*
[11] Voici, me dis-je, ce qui fait ma souffrance :
« Le Très-Haut n'agit plus comme autrefois. »

[12] Je me rappellerai ce qu'a fait l'Eternel.
Oui, je veux évoquer tes prodiges passés,

[13] je veux méditer sur toutes tes œuvres,
et réfléchir à tes hauts faits.
[14] Dieu, tu agis saintement !
Quel dieu est aussi grand que Dieu ?
[15] Car toi, tu es le Dieu qui réalise des prodiges !
Tu as manifesté ta puissance parmi les peuples.
[16] Et tu as libéré ton peuple,
les enfants de Jacob, comme ceux de Joseph,
en mettant en œuvre ta force. *Pau*
[17] Les eaux[x] t'ont vu, ô Dieu,
les eaux t'ont vu, et elles se sont mises à
bouillonner,
et même les abîmes ont été ébranlés.
[18] Les nuées déversèrent de la pluie en torrents,
et dans le ciel d'orage, retentit le tonnerre.
Tes flèches[y] sillonnaient le ciel dans tous les sens.
[19] Au vacarme de ton tonnerre, du sein de la tornade
l'éclat de tes éclairs illuminait le monde,
et la terre en fut ébranlée, et se mit à trembler.
[20] Au milieu de la mer, tu as frayé ta route
et tracé ton sentier parmi les grandes eaux.
Et nul n'a discerné la trace de tes pas.
[21] Tu as conduit ton peuple comme un troupeau
Par le moyen du ministère de Moïse et d'Aaron.

v **77.1** Voir note 39.1.
w **77.1** Voir note 50.1.
x **77.17** Les eaux de la mer des Roseaux lors de l'Exode que rappellent le v. 17-20.
y **77.18** C'est-à-dire les éclairs (18.15 ; 97.4 ; 144.6).

PSALM 78

maskil[v] *of Asaph.*

[1] My people, hear my teaching;
listen to the words of my mouth.

[2] I will open my mouth with a parable;
I will utter hidden things, things from of old–
[3] things we have heard and known,
things our ancestors have told us.
[4] We will not hide them from their descendants;
we will tell the next generation
the praiseworthy deeds of the LORD,
his power, and the wonders he has done.
[5] He decreed statutes for Jacob
and established the law in Israel,
which he commanded our ancestors
to teach their children,
[6] so the next generation would know them,
even the children yet to be born,
and they in turn would tell their children.

[7] Then they would put their trust in God
and would not forget his deeds
but would keep his commands.
[8] They would not be like their ancestors –
a stubborn and rebellious generation,
whose hearts were not loyal to God,
whose spirits were not faithful to him.
[9] The men of Ephraim, though armed with bows,
turned back on the day of battle;
[10] they did not keep God's covenant
and refused to live by his law.
[11] They forgot what he had done,
the wonders he had shown them.
[12] He did miracles in the sight of their ancestors
in the land of Egypt, in the region of Zoan.
[13] He divided the sea and led them through;
he made the water stand up like a wall.
[14] He guided them with the cloud by day
and with light from the fire all night.
[15] He split the rocks in the wilderness
and gave them water as abundant as the seas;
[16] he brought streams out of a rocky crag
and made water flow down like rivers.
[17] But they continued to sin against him,
rebelling in the wilderness against the Most High.
[18] They willfully put God to the test
by demanding the food they craved.
[19] They spoke against God;
they said, "Can God really

ʹitle: Probably a literary or musical term

PSAUME 78

La main de Dieu dans l'histoire

[1] *Méditation*[z] *d'Asaph*[a].
Mon peuple, écoute mon enseignement,
sois attentif à ce que je vais dire.
[2] J'énoncerai des propos instructifs,
j'évoquerai des secrets du passé[b].

[3] Nous avons entendu et nous savons
ce que nos pères nous ont raconté,
[4] nous n'allons pas le cacher à leurs descendants.
Nous redirons à la génération suivante, les œuvres glorieuses de l'Eternel,
les puissants actes et les prodiges qu'il a accomplis.
[5] Il a fixé une règle en Jacob,
établi une loi en Israël,
et il a ordonné à nos ancêtres d'enseigner tout cela à leurs enfants,
[6] afin que la génération suivante puisse l'apprendre
et que les enfants qui viendront à naître,
se lèvent à leur tour pour l'enseigner à leurs propres enfants,
[7] afin qu'ils placent leur confiance en Dieu,
qu'ils n'oublient pas comment Dieu a agi
et qu'ils observent ses commandements,
[8] qu'ils ne ressemblent pas à leurs ancêtres,
génération indocile et rebelle,
génération au cœur trop inconstant,
dont l'esprit n'était pas fidèle à Dieu.
[9] Les hommes d'Ephraïm, armés de l'arc,
ont tourné le dos, au jour du combat.
[10] Ils n'ont pas respecté l'alliance de Dieu,
ils ont refusé de suivre sa Loi[c].
[11] Ils ont oublié ses exploits
et les hauts faits opérés sous leurs yeux.
[12] Devant leurs pères, Dieu avait fait des prodiges
aux champs de Tsoân[d], au pays d'Egypte.
[13] Il a fendu la mer, et il les a fait traverser,
il a dressé les eaux tout comme un mur.
[14] Il les guidait, le jour par la nuée,
et la nuit, par la lumière d'un feu.
[15] Il a fendu des rochers au désert,
et les a abreuvés de torrents d'eau[e].
[16] Du roc, il a fait jaillir des rivières,
il en a fait sortir l'eau comme un fleuve.
[17] Mais ils péchaient contre lui sans arrêt,
ils bravaient le Très-Haut dans le désert[f].

[18] Dans leur cœur, ils ont mis Dieu au défi
en réclamant à manger à leur goût[g].
[19] Ils ont tenu des propos contre lui,
disant : « Dieu pourrait-il

z **78.1** Signification incertaine.
a **78.1** Voir note 50.1.
b **78.2** Cité en Mt 13.35 d'après l'ancienne version grecque.
c **78.10** Allusion aux désobéissances d'Ephraïm (voir Jg 1.29 ; 2.2 ; 8.1 ; 9.1-5 ; 12.2).
d **78.12** Ancienne ville de la Basse-Egypte appelée aussi Tanis, située à l'est du delta du Nil, sur le chemin de l'Exode (Nb 13.22).
e **78.15** Pour les v. 15-16, voir Ex 17.1-7 ; Nb 20.2-13.
f **78.17** Par les murmures contre lui, par exemple à Mara (Ex 15.24).
g **78.18** Pour les v. 18-31, voir Ex 16.2-15 ; Nb 11.4-23, 31-34.

spread a table in the wilderness?
20 True, he struck the rock,
and water gushed out,
streams flowed abundantly,
but can he also give us bread?
Can he supply meat for his people?"
21 When the LORD heard them, he was furious;
his fire broke out against Jacob,
and his wrath rose against Israel,
22 for they did not believe in God
or trust in his deliverance.
23 Yet he gave a command to the skies above
and opened the doors of the heavens;
24 he rained down manna for the people to eat,
he gave them the grain of heaven.
25 Human beings ate the bread of angels;
he sent them all the food they could eat.
26 He let loose the east wind from the heavens
and by his power made the south wind blow.
27 He rained meat down on them like dust,
birds like sand on the seashore.
28 He made them come down inside their camp,
all around their tents.
29 They ate till they were gorged –
he had given them what they craved.
30 But before they turned from what they craved,
even while the food was still in their mouths,
31 God's anger rose against them;
he put to death the sturdiest among them,
cutting down the young men of Israel.
32 In spite of all this, they kept on sinning;
in spite of his wonders, they did not believe.
33 So he ended their days in futility
and their years in terror.
34 Whenever God slew them, they would seek him;
they eagerly turned to him again.
35 They remembered that God was their Rock,
that God Most High was their Redeemer.
36 But then they would flatter him with their
mouths,
lying to him with their tongues;
37 their hearts were not loyal to him,
they were not faithful to his covenant.
38 Yet he was merciful;
he forgave their iniquities
and did not destroy them.
Time after time he restrained his anger
and did not stir up his full wrath.
39 He remembered that they were but flesh,
a passing breeze that does not return.
40 How often they rebelled against him in the
wilderness
and grieved him in the wasteland!
41 Again and again they put God to the test;

dresser une table dans le désert ? »
20 C'est ainsi qu'il a frappé le rocher,
l'eau a coulé, des torrents ont jailli.
« Pourrait-il aussi nous donner du pain
ou procurer de la viande à son peuple ? »
21 L'Eternel entendit, il s'emporta,
et un feu s'alluma contre Jacob :
sa colère éclata contre Israël,
22 car ils n'avaient pas fait confiance à Dieu,
ils n'avaient pas compté sur son secours.
23 Il donna ordre aux nuages d'en haut
et il ouvrit les écluses du ciel.
24 Pour les nourrir, il fit pleuvoir sur eux la manne
et il leur donna le froment du ciel.
25 Chacun mangea de ce pain des puissants[h],
Dieu leur fournit à satiété des vivres.
26 Il fit souffler le vent d'est dans le ciel,
et par sa force, il fit venir le vent du sud.
27 Il fit pleuvoir de la viande sur eux, aussi abondante
que la poussière.
Il fit tomber une nuée d'oiseaux aussi nombreux
que le sable des mers.
28 Il les fit tomber au milieu du camp,
autour du lieu où se dressaient leurs tentes.
29 Ils en mangèrent jusqu'à satiété.
Dieu leur avait servi ce qu'ils voulaient.
30 Mais leur envie n'était pas assouvie,
ils avaient encore la viande à la bouche
31 que la colère de Dieu éclata contre eux.
Alors il frappa les plus vigoureux,
abattant les jeunes gens d'Israël.
32 Malgré cela, ils ont péché encore,
ils n'ont pas eu foi, malgré ses prodiges[i].
33 Il fit s'évanouir leurs jours de façon lamentable,
et terminer leurs années dans l'angoisse[j].
34 Dieu les frappait, ils se tournaient vers lui,
ils revenaient à lui, en le suppliant instamment,
35 se souvenant qu'il était leur rocher,
que le Dieu très-haut était leur libérateur.
36 Mais s'ils priaient, c'était pour le tromper :
les propos qu'ils lui tenaient n'étaient pas sincères
37 car leur cœur n'était pas droit envers lui,
à son alliance, ils n'étaient pas fidèles.
38 Lui, cependant, rempli de compassion,
leur pardonnait au lieu de les détruire,
et, bien souvent, détournait sa colère,
ne voulant pas déchaîner toute sa fureur.
39 Il considérait qu'ils étaient fragiles :
un souffle qui passe et ne revient plus.
40 Que de fois ils se sont rebellés contre lui dans le
désert
et l'ont offensé dans les lieux arides[k] !
41 A nouveau, ils mettaient Dieu au défi

h 78.25 L'ancienne version grecque a traduit : *pain des anges.*

i 78.32 Ils n'ont pas cru, en particulier, que Dieu pourrait leur donner la victoire sur les Cananéens (Nb 14). Comme au v. 22, l'incrédulité est le péché majeur des Israélites.

j 78.33 La génération de l'Exode fut condamnée à mourir dans le désert (Nb 14.22-23, 28-35).

k 78.40 Dans ce second cycle (v. 40-64), le psalmiste reprend les faits mentionnés dans le premier (v. 17-39).

they vexed the Holy One of Israel.
12 They did not remember his power –
the day he redeemed them from the oppressor,
43 the day he displayed his signs in Egypt,
his wonders in the region of Zoan.
44 He turned their river into blood;
they could not drink from their streams.
45 He sent swarms of flies that devoured them,
and frogs that devastated them.
46 He gave their crops to the grasshopper,
their produce to the locust.
47 He destroyed their vines with hail
and their sycamore-figs with sleet.
48 He gave over their cattle to the hail,
their livestock to bolts of lightning.
49 He unleashed against them his hot anger,
his wrath, indignation and hostility –
a band of destroying angels.
50 He prepared a path for his anger;
he did not spare them from death
but gave them over to the plague.
51 He struck down all the firstborn of Egypt,
the firstfruits of manhood in the tents of Ham.
52 But he brought his people out like a flock;
he led them like sheep through the wilderness.
53 He guided them safely, so they were unafraid;
but the sea engulfed their enemies.

54 And so he brought them to the border of his holy land,
to the hill country his right hand had taken.
55 He drove out nations before them
and allotted their lands to them as an inheritance;
he settled the tribes of Israel in their homes.

56 But they put God to the test
and rebelled against the Most High;
they did not keep his statutes.
57 Like their ancestors they were disloyal and faithless,
as unreliable as a faulty bow.
58 They angered him with their high places;
they aroused his jealousy with their idols.
59 When God heard them, he was furious;
he rejected Israel completely.
60 He abandoned the tabernacle of Shiloh,

et ils attristaient le Saint d'Israël.
42 Car ils oubliaient son œuvre puissante :
comment il les avait sauvés de l'oppresseur,

43 en Egypte, il avait fait des miracles,
et, au pays de Tsoân, des prodiges[l],
44 canaux et rivières changés en sang,
nul ne pouvait plus s'y désaltérer,
45 mouches venimeuses qui les piquaient,
grenouilles qui causaient leur ruine,
46 leurs récoltes livrées aux sauterelles
et le fruit de leur labeur aux criquets,
47 leurs vignes ravagées par des grêlons
et leurs figuiers sous les effets du gel,
48 leurs troupeaux abandonnés à la grêle
et leur bétail décimé par la foudre.
49 Il déchaîna contre eux son ardente colère,
son courroux, sa fureur, et les mit en détresse,
en envoyant une armée d'anges de malheur.
50 Il donna libre cours à sa colère,
et il ne leur épargna pas la mort.
Au contraire, il les livra à la peste.
51 Il frappa tous les fils aînés d'Egypte,
les premiers fruits de leur virilité[m] dans les logis de Cham[n].
52 Comme un troupeau, il fit sortir son peuple
et il les conduisit dans le désert, tout comme un berger conduit ses brebis.
53 Il les conduisit en sécurité, les préservant de tout sujet de crainte,
et la mer engloutit leurs ennemis.
54 Il les fit ensuite venir sur son territoire sacré,
il les conduisit jusqu'à la montagne[o] qu'il s'était par lui-même acquise.
55 Il chassa devant eux des peuples étrangers,
et il attribua à chacun par le sort, une part du pays en patrimoine.
Il installa les tribus d'Israël dans les demeures des Cananéens.
56 Mais ils ont voulu forcer la main au Dieu très-haut
et ils se sont rebellés contre lui.
Ils n'ont pas respecté ses lois.
57 Ils se sont dérobés et se sont montrés traîtres tout comme leurs ancêtres.
On ne pouvait pas leur faire confiance pas plus qu'à l'arc dont la flèche dévie.
58 Ils l'ont irrité avec leurs hauts lieux[p],
par leurs idoles, ils ont provoqué sa vive indignation.
59 Dieu l'entendit : il se mit en colère
et il prit Israël en aversion.
60 Il délaissa sa maison de Silo[q],

l **78.43** Voir note v. 12. Les v. 44-51 reprennent partiellement le thème des plaies d'Egypte.
m **78.51** Autre traduction : *de leur vigueur*.
n **78.51** Voir Gn 7.13 ; 10.6-20. Selon Gn 10.6, les Egyptiens étaient les descendants de Cham, l'un des fils de Noé (cf. Ps 105.23, 27 ; 106.21-22).
o **78.54** Le mont Sion où devait être érigé le Temple (v. 68-69).
p **78.58** Lieux consacrés à des cultes idolâtres.
q **78.60** Ancien sanctuaire des Israélites au temps de Josué (Jos 18.1, 8 ; 21.1-2 ; Jg 18.31 ; 1 S 1.3 ; Jr 7.12) situé dans le territoire d'Ephraïm entre Béthel et Sichem (Jg 21.12), à une quarantaine de kilomètres au nord de Jérusalem. Le coffre sacré y fut déposé jusqu'au temps du jeune Samuel (1 S 4.3). La ville fut sans doute détruite par les Philistins (d'après les fouilles archéologiques : vers 1050 av. J.-C.).

the tent he had set up among humans.
61 He sent the ark of his might into captivity,
his splendor into the hands of the enemy.

62 He gave his people over to the sword;
he was furious with his inheritance.
63 Fire consumed their young men,
and their young women had no wedding
songs;
64 their priests were put to the sword,
and their widows could not weep.
65 Then the Lord awoke as from sleep,
as a warrior wakes from the stupor of wine.
66 He beat back his enemies;
he put them to everlasting shame.
67 Then he rejected the tents of Joseph,
he did not choose the tribe of Ephraim;
68 but he chose the tribe of Judah,
Mount Zion, which he loved.
69 He built his sanctuary like the heights,
like the earth that he established forever.

70 He chose David his servant
and took him from the sheep pens;
71 from tending the sheep he brought him
to be the shepherd of his people Jacob,
of Israel his inheritance.
72 And David shepherded them with integrity of
heart;
with skillful hands he led them.

Psalm 79

A psalm of Asaph.

1 O God, the nations have invaded your
inheritance;
they have defiled your holy temple,
they have reduced Jerusalem to rubble.

2 They have left the dead bodies of your servants
as food for the birds of the sky,
the flesh of your own people for the animals
of the wild.
3 They have poured out blood like water
all around Jerusalem,
and there is no one to bury the dead.
4 We are objects of contempt to our neighbors,
of scorn and derision to those around us.

5 How long, Lord? Will you be angry forever?
How long will your jealousy burn like fire?

6 Pour out your wrath on the nations

le tabernacle, où il résidait parmi les humains.
61 Il laissa partir en captivité le coffre sacré, trône d
sa force,
et livra aux ennemis sa splendeur.
62 En colère contre les siens,
il abandonna son peuple à l'épée.
63 Le feu consuma ses adolescents,
et l'on ne chanta plus l'éloge de ses jeunes mariée

64 Ses prêtres périrent sous les coups de l'épée,
ses veuves n'eurent pas droit à des larmes[s].
65 Mais, tout à coup, l'Eternel intervint,
tel un dormeur sortant de sa torpeur,
tel un guerrier exalté par le vin.
66 Il frappa ses ennemis à revers,
il les couvrit d'une honte éternelle.
67 Il écarta la maison de Joseph[t],
ne choisit pas la tribu d'Ephraïm.
68 Mais il choisit la tribu de Juda,
le mont Sion qu'il prit en affection.
69 C'est là qu'il édifia son sanctuaire tels les lieux
élevés
comme la terre établie pour toujours.
70 Il a choisi son serviteur David
et il l'a tiré de ses bergeries[u].
71 Il l'a pris du milieu de ses brebis
pour qu'il soit berger de Jacob, son peuple,
et d'Israël qui est sa possession.
72 David fut pour eux un berger intègre
qui les guida d'une main avisée.

Psaume 79

Jérusalem est en ruine

1 *Psaume d'Asaph*[v].
O Dieu ! Des peuples étrangers ont pénétré dans t
domaine,
ils ont rendu impur ton temple saint,
ils ont fait de Jérusalem un tas de ruines.
2 Ils ont livré
les corps de tes serviteurs aux rapaces,
la chair de ceux qui te sont attachés
aux animaux sauvages.
3 Ils ont versé des flots de sang
tout autour de Jérusalem
sans qu'il y ait personne pour enterrer les morts.
4 Nos voisins nous insultent,
et ceux qui nous entourent se moquent de nous et
nous raillent.
5 Jusques à quand, ô Eternel, seras-tu sans cesse
irrité ?
Et ton ardente indignation brûlera-t-elle comme
un feu ?
6 Déverse ta fureur sur les peuples païens,

---

[r] **78.63** Il s'agit des chants nuptiaux où les jeunes filles étaient célébré Cela signifie qu'elles n'eurent plus l'occasion de se marier parce que le jeunes gens avaient été tués dans les batailles (cf. Es 3.25 à 4.1).

[s] **78.64** Obligées de fuir, elles ne purent pas pleurer leurs morts dans c cérémonies funèbres traditionnelles (voir Jb 27.15).

[t] **78.67** Elle est constituée par les tribus d'Ephraïm et de Manassé (Gn 48.1) auxquelles Jacob a conféré le droit d'aînesse, mais que Dieu a écartées de cette position.

[u] **78.70** Pour les v. 70-71, voir 1 S 16.11-13 ; 25.7-8 ; 1 Ch 17.7.

[v] **79.1** Voir note 50.1.

that do not acknowledge you,
on the kingdoms
that do not call on your name;
7 for they have devoured Jacob
and devastated his homeland.
8 Do not hold against us the sins of past
generations;
may your mercy come quickly to meet us,
for we are in desperate need.
9 Help us, God our Savior,
for the glory of your name;
deliver us and forgive our sins
for your name's sake.
10 Why should the nations say,
"Where is their God?"
Before our eyes, make known among the
nations
that you avenge the outpoured blood of your
servants.
11 May the groans of the prisoners come before
you;
with your strong arm preserve those
condemned to die.
12 Pay back into the laps of our neighbors seven
times
the contempt they have hurled at you, Lord.
13 Then we your people, the sheep of your
pasture,
will praise you forever;
from generation to generation
we will proclaim your praise.

Psalm 80

the director of music. To the tune of "The
ies of the Covenant." Of Asaph. A psalm.

1 Hear us, Shepherd of Israel,
you who lead Joseph like a flock.
You who sit enthroned between the cherubim,
shine forth 2 before Ephraim, Benjamin and
Manasseh.
Awaken your might;
come and save us.
3 Restore us, O God;
make your face shine on us,
that we may be saved.
4 How long, Lord God Almighty,
will your anger smolder
against the prayers of your people?
5 You have fed them with the bread of tears;
you have made them drink tears by the
bowlful.

Hebrew texts 80:1-19 is numbered 80:2-20.

ceux qui ne te connaissent pas,
sur les royaumes
qui ne t'invoquent pas,
7 car ils ont dévoré Jacob[w],
et ils ont ravagé le lieu de sa demeure.
8 Ne tiens plus compte de nos fautes du passé !
Que tes compassions sans tarder nous assistent,
car nous sommes tombés bien bas.
9 Accorde-nous ton aide, ô Dieu, notre Sauveur,
pour l'honneur de ton nom !
Délivre-nous, pardonne nos péchés
à cause de ce que tu es !
10 Pourquoi les autres peuples diraient-ils :
« Où est leur Dieu ? »
Montre-leur sous nos yeux,
que tu demandes compte du meurtre de tes
serviteurs !
11 Que les plaintes des prisonniers parviennent
jusqu'à toi !
Et que les condamnés à mort
soient sauvés par ton bras puissant !
12 Rends en plein cœur à nos voisins, et au septuple[x],
l'insulte qu'ils t'ont infligée, ô Eternel !
13 Et nous, ton peuple, le troupeau dont tu es le berger,
nous te célébrerons toujours,
et nous publierons tes louanges au cours de tous les
âges.

Psaume 80

Jusques à quand, Seigneur ?

1 *Au chef de chœur, à chanter sur la mélodie des « Lis[y] de la Loi ». Psaume d'Asaph[z].*

2 O Berger d'Israël, tends vers moi ton oreille,
toi qui conduis Joseph[a] comme un troupeau !
O toi qui sièges entre les chérubins[b],
parais dans ta splendeur
3 aux regards d'Ephraïm, de Benjamin, de Manassé[c] !
Déploie ta force !
Viens nous sauver !
4 O Dieu, rétablis-nous,
montre-toi favorable, et nous serons sauvés !
5 O Eternel, Dieu des armées célestes,
jusques à quand seras-tu en colère
en réponse aux prières que t'adresse ton peuple ?
6 Tu le nourris d'un pain trempé de pleurs.
Tu lui fais boire des larmes sans mesure.

w **79.7** Jacob est mis ici pour le peuple d'Israël (Gn 32.28).
x **79.12** Sept est le nombre exprimant la plénitude, donc ici la rétribution complète (Gn 4.15 ; Pr 6.31).
y **80.1** Signification incertaine. Autre traduction : *avec accompagnement sur instrument à six cordes.*
z **80.1** Voir note 50.1.
a **80.2** Père d'Ephraïm et de Manassé (Gn 48.8-20) peut désigner les dix tribus du Nord, mais comme Joseph fut établi « fils aîné » par Jacob (Gn 48.5), ce nom peut aussi se référer à tout Israël.
b **80.2** Les deux figures ailées qui dominaient le coffre sacré (Ex 25.22 ; 1 R 6.23-28).
c **80.3** Les trois tribus des descendants de Rachel qui suivaient immédiatement le coffre sacré (Nb 10.21-24) dans la marche vers le pays promis.

[6] You have made us an object of derision[x] to our
neighbors,
and our enemies mock us.
[7] Restore us, God Almighty;
make your face shine on us,
that we may be saved.
[8] You transplanted a vine from Egypt;
you drove out the nations and planted it.
[9] You cleared the ground for it,
and it took root and filled the land.

[10] The mountains were covered with its shade,
the mighty cedars with its branches.
[11] Its branches reached as far as the Sea,[y]
its shoots as far as the River.[z]
[12] Why have you broken down its walls
so that all who pass by pick its grapes?
[13] Boars from the forest ravage it,
and insects from the fields feed on it.

[14] Return to us, God Almighty!
Look down from heaven and see!
Watch over this vine,
[15] the root your right hand has planted,
the son[a] you have raised up for yourself.
[16] Your vine is cut down, it is burned with fire;
at your rebuke your people perish.
[17] Let your hand rest on the man at your right
hand,
the son of man you have raised up for
yourself.
[18] Then we will not turn away from you;
revive us, and we will call on your name.
[19] Restore us, LORD God Almighty;
make your face shine on us,
that we may be saved.

PSALM 81

For the director of music. According to gittith.[c] Of Asaph.

[1] Sing for joy to God our strength;
shout aloud to the God of Jacob!
[2] Begin the music, strike the timbrel,
play the melodious harp and lyre.
[3] Sound the ram's horn at the New Moon,
and when the moon is full, on the day of our
festival;

[x] **80:6** Probable reading of the original Hebrew text; Masoretic Text *contention*
[y] **80:11** Probably the Mediterranean
[z] **80:11** That is, the Euphrates
[a] **80:15** Or *branch*
[b] In Hebrew texts 81:1-16 is numbered 81:2-17.
[c] Title: Probably a musical term

[7] Tu fais de nous un brandon de discorde pour nos
voisins !
Et nos ennemis se moquent de nous.
[8] Dieu des armées célestes, rétablis-nous,
montre-toi favorable, et nous serons sauvés !

[9] Tu avais arraché de l'Egypte une vigne[d],
puis tu as chassé des peuplades, et tu l'as replanté
[10] Tu avais déblayé le terrain devant elle
et elle a pris racine profondément en terre, puis e
a rempli le pays.
[11] Son ombre couvrait les montagnes,
ses sarments ressemblaient aux plus grands cèdre
[12] Elle étendait ses vrilles vers la mer
et ses rejets allaient jusqu'à l'Euphrate[e].
[13] Pourquoi as-tu défoncé ses clôtures ?
Tous les passants viennent y grappiller.
[14] Le sanglier qui sort de la forêt la retourne en tous
sens.
Les animaux des champs viennent y pâturer.
[15] Dieu des armées célestes, reviens enfin !
Jette un regard du haut du ciel et vois !
Viens t'occuper de cette vigne !
[16] Viens protéger ce cep que tu as toi-même planté,
ce rejeton[f] que tu as fait grandir pour toi !
[17] On y a mis le feu, elle a été coupée !
Que sous l'effet de ta colère les ennemis périssent
[18] Protège l'homme qui se tient à ta droite,
cet homme que pour ton service tu as fortifié.

[19] Et, jamais plus, nous ne te quitterons.
Fais-nous revivre et nous t'invoquerons !
[20] O Eternel, Dieu des armées célestes, rétablis-nous,
montre-toi favorable, et nous serons sauvés !

PSAUME 81

Si mon peuple m'écoutait ...

[1] *Au chef de chœur. A chanter avec accompagnement de la harpe de Gath[g]. Psaume d'Asaph[h].*
[2] Lancez des cris d'allégresse vers Dieu notre force
Acclamez joyeusement le Dieu de Jacob !
[3] Entonnez un chant, faites résonner le tambourin,
pincez la lyre harmonieuse, jouez sur le luth !
[4] Embouchez le cor au début du mois,
à la pleine lune, au grand jour de fête[i] !

[d] **80.9** Israël est plusieurs fois comparé à une vigne (voir Es 5.1-7 ; 27.2-6 ; Ez 15.1-8 ; Jn 15.1-10).
[e] **80.12** La mer Méditerranée et l'Euphrate étaient les limites extrême du royaume d'Israël sous David et Salomon.
[f] **80.16** Il y a sans doute ici un jeu de mots sur le double sens du terme le rejeton est le « rameau de Joseph » (Gn 49.22) mais aussi le rejeton davidique dont il est question au v. 18.
[g] **81.1** Voir note 8.1.
[h] **81.1** Voir note 50.1.
[i] **81.4** On devait sonner des trompettes au début de chaque mois, à la nouvelle lune (Nb 10.10), et en particulier au début du 7e mois, pour la fête des Trompettes (Lv 23.24). La *fête:* au regard des v. 6, 7, 11, il pourrait s'agir de la Pâque, qui célébrait la sortie d'Egypte (Ex 12) et se situait vers la pleine lune, le 14 du premier mois. Certains y voient cependant une référence à la fête des Cabanes (1 R 8.2, 65 ; 12.32 ; 2 Ch 5.3 ; 7.8 ; Né 8.14 ; Ez 45.25), qui commençait à l pleine lune, le 15 du 7e mois, et qui servait aussi de fête de reconnais-sance pour les dons de Dieu durant la moisson (Lv 23.39-40 ; Dt 16.13-1

4 this is a decree for Israel,
an ordinance of the God of Jacob.
5 When God went out against Egypt,
he established it as a statute for Joseph.
I heard an unknown voice say:
6 "I removed the burden from their shoulders;
their hands were set free from the basket.

7 In your distress you called and I rescued you,
I answered you out of a thundercloud;
I tested you at the waters of Meribah.[d]

8 Hear me, my people, and I will warn you—
if you would only listen to me, Israel!
9 You shall have no foreign god among you;
you shall not worship any god other than
me.
10 I am the LORD your God,
who brought you up out of Egypt.
Open wide your mouth and I will fill it.
11 "But my people would not listen to me;
Israel would not submit to me.
12 So I gave them over to their stubborn hearts
to follow their own devices.
13 "If my people would only listen to me,
if Israel would only follow my ways,
14 how quickly I would subdue their enemies
and turn my hand against their foes!

15 Those who hate the LORD would cringe before
him,
and their punishment would last forever.
16 But you would be fed with the finest of wheat;
with honey from the rock I would satisfy
you."

PSALM 82

psalm of Asaph.
1 God presides in the great assembly;
he renders judgment among the "gods":

2 "How long will you[e] defend the unjust
and show partiality to the wicked?[f]

3 Defend the weak and the fatherless;
uphold the cause of the poor and the
oppressed.
4 Rescue the weak and the needy;
deliver them from the hand of the wicked.
5 "The 'gods' know nothing, they understand
nothing.
They walk about in darkness;
all the foundations of the earth are shaken.
6 "I said, 'You are "gods";
you are all sons of the Most High.'
7 But you will die like mere mortals;

1:7 The Hebrew has *Selah* (a word of uncertain meaning) here.
2:2 The Hebrew is plural.
2:2 The Hebrew has *Selah* (a word of uncertain meaning) here.

5 C'est la loi pour Israël,
c'est une ordonnance du Dieu de Jacob,
6 et c'est un décret qu'il établit pour Joseph
quand il attaqua le pays d'Egypte.
J'entends un langage que je ne connaissais pas :
7 « J'ai déchargé ses épaules du fardeau
et ses mains sont libérées de la corvée des
corbeilles. »
8 Tu étais dans la détresse : tu as appelé, alors je t'ai
délivré,
je t'ai répondu, caché au sein du tonnerre,
et je t'ai mis à l'épreuve près des eaux de Meriba.
Pause
9 Ecoute, ô mon peuple, je t'avertirai.
Ah, si seulement tu m'écoutais, Israël !
10 Tu n'auras chez toi aucun autre Dieu,
tu n'adoreras aucun des dieux étrangers !
11 Je suis l'Eternel, ton Dieu,
qui t'ai fait sortir d'Egypte[j].
Ouvre largement ta bouche, je la remplirai.
12 Mais mon peuple n'a pas écouté ma voix,
Israël n'a pas voulu de moi.
13 Alors je les ai laissé aller selon leur cœur obstiné,
ils n'ont fait que suivre leurs propres idées.
14 Si mon peuple m'écoutait,
et si Israël marchait sur les voies que j'ai prescrites,
15 je ferais en un instant plier tous ses ennemis,
et je tournerais ma main contre ceux qui les
oppriment.
16 Et ceux qui haïssent l'Eternel lui seraient assujettis,
le temps de leur soumission durerait toujours.

17 Je nourrirais Israël de fleur de froment,
et je le rassasierais du miel d'abeilles sauvages[k].

PSAUME 82

Dieu juge les dirigeants des nations

1 *Psaume d'Asaph*[l].
Dieu se tient au conseil divin,
au milieu des « dieux[m] », il rend la justice :
2 « Ah ! jusques à quand rendrez-vous des jugements
iniques
et prendrez-vous le parti des méchants ? *Pause*
3 Faites droit au faible, et à l'orphelin,
et rendez justice au pauvre et au démuni,

4 libérez le faible et le défavorisé,
délivrez-les de la main des méchants.
5 Mais ils ne comprennent rien, ils ne savent rien,
ils errent dans les ténèbres ;
les fondements du pays en sont ébranlés.

6 J'avais dit : "Vous êtes des dieux[n],
oui, vous tous, vous êtes des fils du Très-Haut !"
7 Cependant, vous périrez comme tous les hommes,

j **81.11** Rappel d'Ex 20.2-3 ; Dt 5.6-7.
k **81.17** Allusion à Dt 32.13-14.
l **82.1** Voir note 50.1.
m **82.1** Terme honorifique qui désigne ici et au v. 6 ceux qui gouvernent et qui rendent la justice (voir 138.1 et note).
n **82.6** Voir note v. 1. Cité en Jn 10.34.

you will fall like every other ruler."

[8] Rise up, O God, judge the earth,
for all the nations are your inheritance.

Psalm 83

A song. A psalm of Asaph.

[1] O God, do not remain silent;
do not turn a deaf ear,
do not stand aloof, O God.
[2] See how your enemies growl,
how your foes rear their heads.
[3] With cunning they conspire against your people;
they plot against those you cherish.
[4] "Come," they say, "let us destroy them as a nation,
so that Israel's name is remembered no more."
[5] With one mind they plot together;
they form an alliance against you –
[6] the tents of Edom and the Ishmaelites,
of Moab and the Hagrites,
[7] Byblos, Ammon and Amalek,
Philistia, with the people of Tyre.
[8] Even Assyria has joined them
to reinforce Lot's descendants.[h]
[9] Do to them as you did to Midian,
as you did to Sisera and Jabin at the river Kishon,
[10] who perished at Endor
and became like dung on the ground.

[g] In Hebrew texts 83:1-18 is numbered 83:2-19.
[h] **83:8** The Hebrew has *Selah* (a word of uncertain meaning) here.

et vous tomberez comme n'importe quel dirigeant. »

[8] O Dieu, lève-toi et viens gouverner[o] le monde,
car tu as pour possession tous les peuples !

Psaume 83

Ne laisse pas faire tes ennemis

[1] *Psaume d'Asaph*[p], *à chanter.*
[2] O Dieu, sors donc de ton silence,
ne te tais pas ! Ne reste pas dans l'inaction, ô Dieu

[3] Voici, tes ennemis s'agitent,
et ceux qui te haïssent ont levé haut la tête.
[4] Contre ton peuple, ils se concertent,
ils trament des complots contre les tiens, que tu protèges.
[5] Ils ont dit : « Exterminons-les, et que leur nation disparaisse
afin que le nom d'Israël soit oublié. »

[6] Ils se sont consultés, d'accord entre eux,
et ils ont conclu une alliance pour s'opposer à toi :
[7] enfants d'Edom[q], Ismaélites[r],
Moabites[s] et Agaréniens[t]
[8] Guébal[u], Ammon[v] et Amalec[w],
les Philistins avec les habitants de Tyr ;
[9] et même l'Assyrie s'est jointe à eux[x],
prêtant main-forte aux descendants de Loth[y]. *Pau*
[10] Traite-les donc comme Madian[z],
comme Sisera et Yabîn[a] au torrent de Qishôn.

[11] Ils furent détruits à Eyn-Dor[b],
laissés comme du fumier pour la terre.

[o] **82.8** *gouverner:* autre traduction : *juger.* Le verbe hébreu corresponda a souvent un sens plus large que le mot français *juger,* englobant à la fc l'exercice du pouvoir politique et l'administration de la justice dans les tribunaux. En effet, les pouvoirs législatif, exécutif et judiciaire n'étaient pas séparés dans le Proche-Orient ancien et les dirigeants politiques exerçaient souvent la fonction de juge.
[p] **83.1** Voir note 50.1.
[q] **83.7** Descendants d'Esaü établis au sud de la mer Morte (Gn 25.30 ; 47
[r] **83.7** Descendants d'Ismaël, fils d'Abraham (Gn 25.12-18), nomades du désert.
[s] **83.7** Petit royaume ennemi d'Israël, à l'est de la mer Morte (Gn 19.37-38).
[t] **83.7** Tribus nomades établies à l'est du Jourdain (1 Ch 5.10, 19-20), descendants d'Agar (donc un autre nom des Ismaélites) ou confédérat syriaque mentionnée dans des inscriptions assyriennes.
[u] **83.8** Ancien nom de Byblos, ville phénicienne importante (Ez 27.9). Ce nom pourrait aussi désigner ici un petit royaume au sud de la mer Morte.
[v] **83.8** Les Ammonites étaient installés à l'est du Jourdain (Gn 19.38).
[w] **83.8** Les Amalécites étaient des nomades du désert situé au sud du pays d'Israël (Gn 14.7).
[x] **83.9** L'*Assyrie,* mentionnée seulement comme alliée des Moabites et d Ammonites, ne devait pas encore être devenue une puissance constitu ant en elle-même une menace directe pour Israël, comme au temps de Menahem (1 R 15.19).
[y] **83.9** Les Moabites et les Ammonites (v. 7-8 ; Gn 19.30-38), ennemis héréditaires d'Israël.
[z] **83.10** Lors de la grande victoire remportée sur eux par Gédéon (Jg 7 et 8), restée pour tous les temps le type d'une victoire complète (Es 9.3).
[a] **83.10** *Yabîn* était le roi cananéen de Hatsor (Jg 4.2), *Sisera,* son généra (4.7). Ils furent vaincus par Débora (Jg 4 et5 ; 1 S 12.9).
[b] **83.11** Localité galiléenne entre le Thabor et le Petit-Hermon, près de plaine de Jizréel (Jos 17.11) au nord-est du lieu où la bataille mentionn v. 10 fut livrée. C'est sans doute là que la plupart des fuyards furent capturés et supprimés.

[11] Make their nobles like Oreb and Zeeb,
all their princes like Zebah and Zalmunna,
[12] who said, "Let us take possession
of the pasturelands of God."
[13] Make them like tumbleweed, my God,
like chaff before the wind.
[14] As fire consumes the forest
or a flame sets the mountains ablaze,
[15] so pursue them with your tempest
and terrify them with your storm.
[16] Cover their faces with shame, LORD,
so that they will seek your name.
[17] May they ever be ashamed and dismayed;
may they perish in disgrace.

[18] Let them know that you, whose name is the
LORD –
that you alone are the Most High over all the
earth.

PSALM 84

r the director of music. According to
tith.[j] Of the Sons of Korah. A psalm.

[1] How lovely is your dwelling place,
LORD Almighty!
[2] My soul yearns, even faints,
for the courts of the LORD;
my heart and my flesh cry out
for the living God.
[3] Even the sparrow has found a home,
and the swallow a nest for herself,
where she may have her young –
a place near your altar,
LORD Almighty, my King and my God.
[4] Blessed are those who dwell in your house;
they are ever praising you.[k]
[5] Blessed are those whose strength is in you,
whose hearts are set on pilgrimage.
[6] As they pass through the Valley of Baka,
they make it a place of springs;
the autumn rains also cover it with pools.[l]

[7] They go from strength to strength,
till each appears before God in Zion.
[8] Hear my prayer, LORD God Almighty;
listen to me, God of Jacob.

[9] Look on our shield,[m] O God;
look with favor on your anointed one.

[12] Que tous leurs princes soient pareils à Oreb et à
Zéeb,
et que leurs chefs deviennent comme Zébah et
Tsalmounna[c],
[13] eux qui disaient : « Emparons-nous
du domaine de Dieu ! »
[14] Mon Dieu, fais-les tourbillonner
comme la paille emportée par le vent ;
[15] comme un feu brûle la forêt,
comme les flammes embrasent les monts,
[16] pourchasse-les par ta tempête !
Que, par ton ouragan, ils soient épouvantés !
[17] Qu'ils soient couverts d'opprobre
afin qu'ils se tournent vers toi, ô Eternel !
[18] Qu'ils soient couverts de honte, et dans l'épouvante
à jamais
et qu'ils périssent saisis de confusion !
[19] Qu'ils reconnaissent que toi seul, toi dont le nom
est l'Eternel,
tu es le Très-Haut régnant sur la terre entière !

PSAUME 84

Je soupire après ton temple

[1] *Au chef de chœur. Un psaume des Qoréites[d], à chanter*
avec accompagnement de la harpe de Gath[e].

[2] Oh ! Comme tes demeures sont désirables !
Eternel, Seigneur des armées célestes !
[3] Je languis et je soupire, Eternel, après tes parvis,
mon être entier crie sa joie vers le Dieu vivant.

[4] Le moineau découvre un gîte,
l'hirondelle trouve un nid où déposer ses petits,
près de tes autels, Eternel, Seigneur des armées
célestes,
mon Roi et mon Dieu !
[5] Bienheureux ceux qui habitent ta maison,
car ils pourront te louer toujours. *Pause*
[6] Bienheureux les hommes dont tu es la force :
dans leur cœur, ils trouvent des chemins tracés.
[7] Car lorsqu'ils traversent la vallée des Larmes[f],
ils en font une oasis[g],
et la pluie d'automne vient la recouvrir de
bénédictions[h].
[8] D'étape en étape, leur vigueur s'accroît
et ils se présentent à Dieu en Sion.
[9] Eternel, ô Dieu des armées célestes, entends ma
prière !
Veuille m'écouter, ô Dieu de Jacob ! *Pause*
[10] Toi, ô Dieu, qui es notre bouclier, veuille regarder
l'homme qui a reçu de ta part l'onction d'huile, et
lui faire bon accueil[i].

a Hebrew texts 84:1-12 is numbered 84:2-13.
tle: Probably a musical term
4:4 The Hebrew has *Selah* (a word of uncertain meaning) here
d at the end of verse 8.
4:6 Or *blessings*
4:9 Or *sovereign*

c **83.12** Chefs des Madianites vaincus par Gédéon (Jg 7.25 ; 8.5). Pour les v. 11-12, voir Jg 7 et 8.
d **84.1** Voir note 42.1.
e **84.1** Voir note 8.1.
f **84.7** Autre traduction : *vallée des Baumiers*, qui serait une vallée inconnue. En hébreu, le mot *baumier* fait assonance avec le mot *larme*.
g **84.7** Plusieurs manuscrits hébreux et l'ancienne version grecque ont : *il (Dieu) en fait une oasis*.
h **84.7** En modifiant légèrement le texte hébreu traditionnel, on obtient le sens : *d'étangs*.
i **84.10** Autre traduction : *O Dieu, veuille considérer celui qui est notre bouclier, l'homme qui a reçu ...*

[10] Better is one day in your courts
than a thousand elsewhere;
I would rather be a doorkeeper in the house of my God
than dwell in the tents of the wicked.
[11] For the LORD God is a sun and shield;
the LORD bestows favor and honor;
no good thing does he withhold
from those whose walk is blameless.

[12] LORD Almighty,
blessed is the one who trusts in you.

PSALM 85

For the director of music. Of the Sons of Korah. A psalm.

[1] You, LORD, showed favor to your land;
you restored the fortunes of Jacob.
[2] You forgave the iniquity of your people
and covered all their sins.[o]
[3] You set aside all your wrath
and turned from your fierce anger.
[4] Restore us again, God our Savior,
and put away your displeasure toward us.
[5] Will you be angry with us forever?
Will you prolong your anger through all generations?
[6] Will you not revive us again,
that your people may rejoice in you?
[7] Show us your unfailing love, LORD,
and grant us your salvation.
[8] I will listen to what God the LORD says;
he promises peace to his people, his faithful servants –
but let them not turn to folly.
[9] Surely his salvation is near those who fear him,
that his glory may dwell in our land.

[10] Love and faithfulness meet together;
righteousness and peace kiss each other.
[11] Faithfulness springs forth from the earth,
and righteousness looks down from heaven.
[12] The LORD will indeed give what is good,
and our land will yield its harvest.
[13] Righteousness goes before him
and prepares the way for his steps.

PSALM 86

A prayer of David.

[1] Hear me, LORD, and answer me,
for I am poor and needy.

[2] Guard my life, for I am faithful to you;
save your servant who trusts in you.

[n] In Hebrew texts 85:1-13 is numbered 85:2-14.
[o] **85:2** The Hebrew has *Selah* (a word of uncertain meaning) here.

[11] Car un jour dans tes parvis vaut bien mieux que mille ailleurs.
Plutôt rester sur le seuil de la maison de mon Dieu
que de demeurer sous les tentes des méchants.

[12] Car l'Eternel Dieu est pour nous comme un soleil, il est comme un bouclier.
L'Eternel accorde bienveillance et gloire,
il ne refuse aucun bien
à ceux qui cheminent dans l'intégrité.
[13] Eternel, Seigneur des armées célestes,
bienheureux est l'homme qui met sa confiance en toi.

PSAUME 85

L'Eternel nous rend le bonheur

[1] *Au chef de chœur. Psaume des Qoréites*[j].
[2] Eternel, tu as montré ta faveur à ton pays.
Tu as rétabli Jacob[k].
[3] Tu as pardonné les fautes commises par ton peuple,
tu as effacé tous ses péchés. *Pause*
[4] Tu as retenu toute ta fureur,
tu es revenu de ton ardente colère.
[5] Oh, rétablis-nous[l], Dieu, notre Sauveur !
Mets un terme à ta colère envers nous !
[6] Vas-tu, éternellement, être irrité contre nous ?
Ton ressentiment durera-t-il d'âge en âge ?

[7] Ne voudrais-tu pas nous rendre à la vie
afin que ton peuple se réjouisse en toi ?
[8] Fais-nous contempler, ton amour, ô Eternel !
Accorde-nous ton salut !
[9] Je veux écouter ce que dit Dieu, l'Eternel :
c'est de bien-être qu'il parle à son peuple et à ceux qui lui sont attachés.
Mais qu'ils ne retournent pas à leur fol égarement !
[10] Oui, il va bientôt œuvrer au salut de ceux qui le craignent,
afin que sa gloire puisse demeurer dans notre pays.
[11] L'amour, la fidélité vont se rencontrer,
et la justice et la paix se donneront l'accolade.
[12] La vérité germera du sein de la terre,
et la justice regardera depuis les hauteurs célestes.
[13] L'Eternel lui-même nous donnera le bonheur
et notre pays produira ses fruits.
[14] La justice le précédera,
elle tracera un chemin devant ses pas[m].

PSAUME 86

Viens me sauver

[1] *Prière de David.*
Tends vers moi ton oreille, Eternel, réponds-moi,
car je suis pauvre et affligé.
[2] Viens protéger ma vie, car je te suis attaché.
Toi mon Dieu, sauve-moi : je suis ton serviteur, je me confie en toi.

[j] **85.1** Voir note 42.1.
[k] **85.2** Autre traduction : *tu as ramené ceux de Jacob qui étaient en captivité.*
[l] **85.5** Autre traduction : *reviens à nous,* ou bien, en répartissant les consonnes du verbe hébreu en deux mots : *change donc de dispositions.*
[m] **85.14** Autre traduction : *et elle imprimera ses traces de pas sur le chemin.*

You are my God; [3]have mercy on me, Lord,
for I call to you all day long.
[4] Bring joy to your servant, Lord,
for I put my trust in you.
[5] You, Lord, are forgiving and good,
abounding in love to all who call to you.
[6] Hear my prayer, LORD;
listen to my cry for mercy.
[7] When I am in distress, I call to you,
because you answer me.
[8] Among the gods there is none like you, Lord;
no deeds can compare with yours.

[9] All the nations you have made
will come and worship before you, Lord;
they will bring glory to your name.
[10] For you are great and do marvelous deeds;
you alone are God.
[11] Teach me your way, LORD,
that I may rely on your faithfulness;
give me an undivided heart,
that I may fear your name.

[12] I will praise you, Lord my God, with all my
heart;
I will glorify your name forever.
[13] For great is your love toward me;
you have delivered me from the depths,
from the realm of the dead.
[14] Arrogant foes are attacking me, O God;
ruthless people are trying to kill me –
they have no regard for you.
[15] But you, Lord, are a compassionate and
gracious God,
slow to anger, abounding in love and
faithfulness.
[16] Turn to me and have mercy on me;
show your strength in behalf of your servant;
save me, because I serve you
just as my mother did.
[17] Give me a sign of your goodness,
that my enemies may see it and be put to
shame,
for you, LORD, have helped me and comforted
me.

PSALM 87

the Sons of Korah. A psalm. A song.

[1] He has founded his city on the holy mountain.

[2] The LORD loves the gates of Zion
more than all the other dwellings of Jacob.
[3] Glorious things are said of you,
city of God:[p]
[4] "I will record Rahab[q] and Babylon

7:3 The Hebrew has *Selah* (a word of uncertain meaning) here
d at the end of verse 6.
7:4 A poetic name for Egypt

[3] O Seigneur, fais-moi grâce !
Je crie vers toi sans cesse.
[4] Réjouis ton serviteur,
car c'est vers toi, Seigneur, que je me porte.
[5] Car tu es bon, Seigneur, et prompt à pardonner,
riche en amour pour tous ceux qui t'invoquent.
[6] Ecoute ma prière, ô Eternel !
Sois attentif à mes supplications !
[7] Au jour de ma détresse, c'est vers toi que je crie,
car tu me répondras.
[8] Parmi les dieux, Seigneur, nul n'est semblable à toi !
Aucun ne pourrait accomplir des œuvres
semblables aux tiennes.
[9] Tous les peuples que tu as faits
viendront se prosterner devant toi, ô Seigneur,
et ils te rendront gloire[n].
[10] Car tu es grand, et tu accomplis des prodiges !
C'est toi seul qui es Dieu.
[11] Enseigne-moi, ô Eternel, la voie que tu veux que je
suive,
et je me conduirai selon ta vérité.
Accorde-moi un cœur tel qu'il te craigne sans
partage.
[12] De tout mon cœur, je te louerai,
Seigneur mon Dieu, je te rendrai gloire à toujours.

[13] Car ton amour pour moi est grand,
et toi, tu me délivres du gouffre du séjour des
morts.
[14] O Dieu, des hommes arrogants se dressent contre
moi,
une bande de violents en veulent à ma vie.
Il n'y a pas de place pour toi dans leurs pensées.
[15] Mais toi, Seigneur, tu es un Dieu compatissant et
disposé à faire grâce ;
toi, tu es lent à la colère, riche en amour fidèle.

[16] Tourne-toi donc vers moi et fais-moi grâce !
Accorde-moi ta force, à moi qui suis ton serviteur.
Oui, viens sauver le fils de ta servante.

[17] Accorde-moi un signe de ta bonté.
Que ceux qui me haïssent le voient et soient
couverts de honte !
Car c'est toi, Eternel, qui es mon aide et mon
consolateur.

PSAUME 87

Tous les peuples sont nés à Sion

[1] *Psaume des Qoréites*[o]. *Cantique*[p].
Elle est fondée sur les montagnes saintes,
[2] l'Eternel aime la ville[q] de Sion
plus que tout autre lieu du pays de Jacob.
[3] O toi, cité de Dieu,
ce que l'on dit de toi est tout chargé de gloire : *Pause*
[4] « Parmi tous ceux qui me connaissent,

n **86.9** Cité en Ap 15.4.
o **87.1** Voir note 42.1.
p **87.1** Signification incertaine.
q **87.2** En hébreu, il est question des *portes de Sion*, les portes représentant la ville tout entière.

among those who acknowledge me –
Philistia too, and Tyre, along with Cush[r] –
and will say, 'This one was born in Zion.' "[s]

5 Indeed, of Zion it will be said,
"This one and that one were born in her,
and the Most High himself will establish her."
6 The LORD will write in the register of the peoples:
"This one was born in Zion."
7 As they make music they will sing,
"All my fountains are in you."

PSALM 88

A song. A psalm of the Sons of Korah. For the director of music. According to mahalath leannoth.[u] A maskil[v] of Heman the Ezrahite.

1 LORD, you are the God who saves me;
day and night I cry out to you.

2 May my prayer come before you;
turn your ear to my cry.
3 I am overwhelmed with troubles
and my life draws near to death.
4 I am counted among those who go down to the pit;
I am like one without strength.

5 I am set apart with the dead,
like the slain who lie in the grave,
whom you remember no more,
who are cut off from your care.
6 You have put me in the lowest pit,
in the darkest depths.
7 Your wrath lies heavily on me;
you have overwhelmed me with all your waves.[w]
8 You have taken from me my closest friends
and have made me repulsive to them.
I am confined and cannot escape;
9 my eyes are dim with grief.
I call to you, LORD, every day;
I spread out my hands to you.
10 Do you show your wonders to the dead?
Do their spirits rise up and praise you?
11 Is your love declared in the grave,
your faithfulness in Destruction[x]?
12 Are your wonders known in the place of darkness,

[r] **87:4** That is, the upper Nile region
[s] **87:4** Or *"I will record concerning those who acknowledge me: / 'This one was born in Zion.' / Hear this, Rahab and Babylon, / and you too, Philistia, Tyre and Cush."*
[t] In Hebrew texts 88:1-18 is numbered 88:2-19.
[u] Title: Possibly a tune, "The Suffering of Affliction"
[v] Title: Probably a literary or musical term
[w] **88:7** The Hebrew has *Selah* (a word of uncertain meaning) here and at the end of verse 10.
[x] **88:11** Hebrew *Abaddon*

je ferai mention de Rahav, l'Egypte[r] aussi bien que de Babylone,
j'inscris la Philistie, et Tyr, et l'Ethiopie,
comme étant nés ici[s]. »
5 De Sion, on dira : « Tout homme est né ici »,
et le Très-Haut lui-même la maintient fermement.

6 Dans le registre où l'Eternel inscrit les peuples,
pour chacun d'eux il note :
« Un tel est né ici », *Pau*
7 et ils diront dans leurs chants et leurs danses :
« Toutes mes sources sont en toi. »

PSAUME 88

Prière d'un homme près de la mort

1 *Un psaume des Qoréites[t]. Cantique à chanter avec accompagnement de flûtes[u]. Au chef de chœur. Une méditation[v] d'Hémân l'Ezrahite.*
2 Eternel Dieu, toi qui me sauves,
je crie à toi, pendant le jour, pendant la nuit, en ta présence.
3 Que ma prière parvienne jusqu'à toi !
Veuille prêter attention à mes cris !
4 Car je suis rassasié de maux,
et je suis tout près de la mort.
5 Déjà je suis compté parmi ceux qui s'en vont dans tombeau.
Je ressemble à un homme
qui a perdu ses forces.
6 C'est au milieu des morts que j'ai ma place,
comme ceux qui, mortellement blessés, sont couchés dans la tombe,
que tu as oubliés
et dont tu ne t'occupes plus.
7 Tu m'as jeté dans un gouffre sans fond,
dans les fonds ténébreux.
8 Ta fureur me tenaille,
les flots de ta colère ont déferlé sur moi. *Pau*

9 Tu as fait s'éloigner de moi mes proches,
tu as fait de moi un objet d'horreur pour eux.
Je suis emprisonné, je ne peux m'en sortir.
10 Mes yeux sont épuisés à force d'affliction.
Je t'invoque, Eternel, tout au long de mes jours,
je tends les mains vers toi.
11 Feras-tu des prodiges pour ceux qui ne sont plus ?
Verra-t-on se lever les morts pour te louer ? *Pau*
12 Parle-t-on dans la tombe de ton amour ?
De ta fidélité dans le séjour des morts ?
13 Connaît-on tes prodiges là où sont les ténèbres,

[r] **87.4** Les peuples énumérés étaient les ennemis habituels d'Israël (Es 19.2) ; ils représentent l'ensemble des peuples païens. L'Egypte est ici appelée poétiquement Rahav, du nom d'un dragon des mers mythologique opposé au Créateur et associé à l'Egypte qui a opprimé les Israélites (cf. Es 30.7). D'autres textes présentent l'ouverture d'un passage dans la mer des Roseaux pour libérer les Israélites de l'esclava en Egypte comme une victoire sur le dragon Rahav (Ps 89.11 ; Es 51.9).
[s] **87.4** C'est-à-dire à Sion. D'autres comprennent : *comme étant nés là-bas (chez eux).* [5] *Pourtant ...*
[t] **88.1** Voir note 42.1.
[u] **88.1** Sens incertain.
[v] **88.1** Sens incertain.

or your righteous deeds in the land of
oblivion?
13 But I cry to you for help, LORD;
in the morning my prayer comes before you.
14 Why, LORD, do you reject me
and hide your face from me?
15 From my youth I have suffered and been close
to death;
I have borne your terrors and am in despair.
16 Your wrath has swept over me;
your terrors have destroyed me.
17 All day long they surround me like a flood;
they have completely engulfed me.
18 You have taken from me friend and neighbor –
darkness is my closest friend.

PSALM 89

maskil[z] *of Ethan the Ezrahite.*

1 I will sing of the LORD's great love forever;
with my mouth I will make your faithfulness
known
through all generations.
2 I will declare that your love stands firm
forever,
that you have established your faithfulness
in heaven itself.
3 You said, "I have made a covenant with my
chosen one,
I have sworn to David my servant,
4 'I will establish your line forever
and make your throne firm through all
generations.' "[a]
5 The heavens praise your wonders, LORD,
your faithfulness too, in the assembly of the
holy ones.
6 For who in the skies above can compare with
the LORD?
Who is like the LORD among the heavenly
beings?
7 In the council of the holy ones God is greatly
feared;
he is more awesome than all who surround
him.
8 Who is like you, LORD God Almighty?
You, LORD, are mighty, and your faithfulness
surrounds you.
9 You rule over the surging sea;
when its waves mount up, you still them.
10 You crushed Rahab like one of the slain;
with your strong arm you scattered your
enemies.
11 The heavens are yours, and yours also the
earth;
you founded the world and all that is in it.

n Hebrew texts 89:1-52 is numbered 89:2-53.
itle: Probably a literary or musical term
9:4 The Hebrew has *Selah* (a word of uncertain meaning) here
d at the end of verses 37, 45 and 48.

et ta justice au pays de l'oubli ?
14 Pour moi, ô Eternel, je crie à toi,
je te présente ma prière chaque matin.
15 Pourquoi, ô Eternel, me rejeter,
me refuser ton attention ?
16 Car je suis affligé, près de la mort depuis que je suis
jeune ;
j'endure les terreurs que tu m'imposes. Je suis
désemparé.
17 Les flots de ta colère ont déferlé sur moi,
je suis anéanti par les angoisses qui me viennent
de toi.
18 Comme des eaux qui me submergent,
de toutes parts, elles m'assaillent tous les jours.
19 Tu as fait s'éloigner de moi tous mes amis, mes
compagnons !
Ma seule compagnie est celle des ténèbres.

PSAUME 89

Où sont les grâces d'autrefois ?

1 *Méditation*[w] *d'Etân l'Ezrahite.*
2 Je veux chanter à jamais les bontés de l'Eternel
et proclamer d'âge en âge sa fidélité.
3 En effet, je peux le dire : ta bonté est établie pour
l'éternité.
Dans les cieux tu as ancré ta fidélité.
4 Tu as déclaré : « J'ai contracté une alliance avec
mon élu ;
à David, mon serviteur, j'ai fait un serment :
5 J'affermis ta descendance pour l'éternité,
et j'établirai ton trône aux siècles des siècles. »
Pause
6 O Eternel, les cieux chantent tes prodiges.
L'assemblée des saints célèbre ta fidélité.
7 Qui dans les nuées est égal à l'Eternel ?
Qui est comparable à l'Eternel parmi les êtres
célestes ?
8 Car c'est un Dieu redoutable au conseil des saints[x],
il est grand, impressionnant au-dessus de tous ceux
qui l'entourent.
9 Qui, ô Eternel, ô Dieu des armées célestes, qui est
puissant comme toi ? Qui, ô Eternel ?
Ta fidélité rayonne tout autour de toi.
10 Oui, c'est toi seul qui maîtrises l'orgueil de la mer.
Quand ses vagues se déchaînent, toi, tu les apaises.
11 C'est toi qui as écrasé Rahav, le dragon d'Egypte, le
blessant à mort[y].
Par ton bras puissant tu as dispersé tes ennemis.
12 A toi appartient le ciel et à toi la terre,
le monde avec tout ce qui s'y trouve, c'est toi qui les
as fondés.

w 89.1 Sens incertain.
x 89.8 Très certainement les anges.
y 89.11 Voir Ps 87.4 et la note.

[12] You created the north and the south;
Tabor and Hermon sing for joy at your name.
[13] Your arm is endowed with power;
your hand is strong, your right hand exalted.
[14] Righteousness and justice are the foundation of your throne;
love and faithfulness go before you.
[15] Blessed are those who have learned to acclaim you,
who walk in the light of your presence, LORD.
[16] They rejoice in your name all day long;
they celebrate your righteousness.
[17] For you are their glory and strength,
and by your favor you exalt our horn.[b]
[18] Indeed, our shield[c] belongs to the LORD,
our king to the Holy One of Israel.
[19] Once you spoke in a vision,
to your faithful people you said:
"I have bestowed strength on a warrior;
I have raised up a young man from among the people.
[20] I have found David my servant;
with my sacred oil I have anointed him.
[21] My hand will sustain him;
surely my arm will strengthen him.
[22] The enemy will not get the better of him;
the wicked will not oppress him.
[23] I will crush his foes before him
and strike down his adversaries.
[24] My faithful love will be with him,
and through my name his horn[d] will be exalted.
[25] I will set his hand over the sea,
his right hand over the rivers.
[26] He will call out to me, 'You are my Father,
my God, the Rock my Savior.'
[27] And I will appoint him to be my firstborn,
the most exalted of the kings of the earth.
[28] I will maintain my love to him forever,
and my covenant with him will never fail.
[29] I will establish his line forever,
his throne as long as the heavens endure.
[30] "If his sons forsake my law
and do not follow my statutes,
[31] if they violate my decrees
and fail to keep my commands,
[32] I will punish their sin with the rod,
their iniquity with flogging;
[33] but I will not take my love from him,
nor will I ever betray my faithfulness.
[34] I will not violate my covenant
or alter what my lips have uttered.
[35] Once for all, I have sworn by my holiness –
and I will not lie to David –
[36] that his line will continue forever
and his throne endure before me like the sun;

[b] 89:17 *Horn* here symbolizes strong one.
[c] 89:18 Or *sovereign*
[d] 89:24 *Horn* here symbolizes strength.

[13] Le nord et le sud, tu les as créés.
Le mont Thabor et l'Hermon[z], avec joie,
t'acclament.
[14] Ton bras est armé de force,
ta main est puissante, tu as levé ta main droite[a].
[15] Les assises de ton trône sont justice et droit.
L'amour et la vérité marchent devant toi.
[16] Oh ! qu'il est heureux, le peuple qui sait t'acclamer
Eternel, à ta lumière, il chemine.
[17] Grâce à toi, il se réjouit sans cesse,
grâce à ta justice, il s'élève !
[18] Car c'est toi qui fais sa gloire et sa force,
et c'est grâce à ta faveur que nous triomphons.
[19] Oui, de l'Eternel dépend notre protecteur,
notre roi est dans la main du Saint d'Israël.
[20] Autrefois, tu as parlé dans une révélation à ceux qui
sont attachés à toi. Tu as dit :
« J'ai prêté secours à un homme valeureux ;
au milieu du peuple, j'ai élevé un jeune homme à
une haute fonction :
[21] j'ai trouvé mon serviteur David ;
de mon huile sainte, je lui ai donné l'onction.
[22] Je le soutiendrai de ma forte main,
et mon bras le rendra fort.
[23] Ses ennemis ne pourront jamais le surprendre,
aucun homme inique ne pourra le maltraiter.
[24] J'écraserai devant lui tous ses adversaires,
et je frapperai ceux qui le haïssent.
[25] Toujours mon fidèle amour l'accompagnera.
Grâce à moi, il relèvera le front.
[26] J'étendrai jusqu'à la mer sa domination.
J'établirai son empire jusque sur les fleuves[b].
[27] Il m'invoquera par ces mots : "Toi, tu es mon Père,
et mon Dieu, le rocher où je trouve le salut."
[28] Et moi, je ferai de lui mon fils premier-né,
le plus élevé des rois de la terre.
[29] Je lui garderai toujours toute ma faveur,
et maintiendrai fermement mon alliance avec lui.
[30] Je ferai subsister pour toujours sa postérité,
et son trône durera autant que les cieux.
[31] S'il arrivait que ses fils délaissent ma Loi,
s'ils ne se conduisaient plus selon mes décrets,
[32] s'ils venaient à transgresser mes commandements
et s'ils n'obéissaient plus à mes ordonnances,
[33] je châtierais leur péché avec le bâton,
et leur faute par des coups.
[34] Mais je ne renierai pas mon amour pour lui.
Je ne démentirai pas ma fidélité ;
[35] non, car je ne trahirai jamais mon alliance
et je ne reviendrai pas sur ce que j'ai dit.
[36] Un jour, j'ai fait le serment par ma sainteté :
Non, je ne pourrai jamais mentir à David.
[37] Sa lignée subsistera éternellement,
et son trône devant moi sera comme le soleil.

[z] 89.13 Sommets imposants du nord d'Israël.
[a] 89.14 Signe de puissance (le dieu Baal était souvent représenté avec la main droite levée).
[b] 89.26 La mer est la Méditerranée, les fleuves l'Euphrate et ses divers bras ou canaux ; c'étaient les limites des domaines promis à David et à Salomon.

37 it will be established forever like the moon,
the faithful witness in the sky."
38 But you have rejected, you have spurned,
you have been very angry with your
anointed one.
39 You have renounced the covenant with your
servant
and have defiled his crown in the dust.
40 You have broken through all his walls
and reduced his strongholds to ruins.
41 All who pass by have plundered him;
he has become the scorn of his neighbors.
42 You have exalted the right hand of his foes;
you have made all his enemies rejoice.
43 Indeed, you have turned back the edge of his
sword
and have not supported him in battle.
44 You have put an end to his splendor
and cast his throne to the ground.
45 You have cut short the days of his youth;
you have covered him with a mantle of
shame.
46 How long, LORD? Will you hide yourself forever?
How long will your wrath burn like fire?
47 Remember how fleeting is my life.
For what futility you have created all
humanity!
48 Who can live and not see death,
or who can escape the power of the grave?
49 Lord, where is your former great love,
which in your faithfulness you swore to
David?
50 Remember, Lord, how your servant has[e] been
mocked,
how I bear in my heart the taunts of all the
nations,
51 the taunts with which your enemies, LORD, have
mocked,
with which they have mocked every step of
your anointed one.
52 Praise be to the LORD forever!
Amen and Amen.

BOOK IV

Psalms 90–106

PSALM 90

…rayer of Moses the man of God.

1 Lord, you have been our dwelling place
throughout all generations.

2 Before the mountains were born
or you brought forth the whole world,
from everlasting to everlasting you are God.
3 You turn people back to dust,
saying, "Return to dust, you mortals."
4 A thousand years in your sight
are like a day that has just gone by,

…:50 Or *your servants have*

38 Comme la lune, à toujours, il se maintiendra.
Là-haut, le témoin céleste en est le garant. » *Pause*
39 Pourtant, tu l'as délaissé, tu l'as rejeté,
et tu t'es mis en colère contre celui qui avait reçu
l'onction de ta part.
40 Tu as dédaigné l'alliance faite avec ton serviteur,
et tu as profané sa couronne, la jetant à terre.

41 Tu as fait de larges brèches dans tous ses remparts,
et ses fortifications, tu les as détruites.
42 Tous les passants l'ont pillé,
ses voisins le raillent.
43 Tu as affermi ses adversaires
et tu as rempli de joie tous ses ennemis.
44 Tu as même fait dévier les coups de son glaive.
Tu ne l'as pas soutenu pendant le combat.

45 Tu as éteint sa splendeur,
jeté bas son trône,
46 tu as abrégé sa jeunesse,
et tu l'as couvert de honte. *Pause*

47 Jusques à quand, Eternel, te cacheras-tu sans cesse
et laisseras-tu flamber ta fureur ?
48 Veuille tenir compte de la brièveté de ma vie,
as-tu donc créé pour le néant tous les hommes ?

49 Quel homme vivra sans voir le trépas ?
Qui échappera au séjour des morts ? *Pause*
50 Seigneur, où donc sont restées tes faveurs d'antan
que, dans ta fidélité, tu avais promises par un
serment à David ?
51 Pense, Seigneur, à l'opprobre de tes serviteurs[c],
et pense à ces nombreux peuples dont je suis
chargé[d].

52 Pense, Eternel, aux outrages de tes ennemis,
aux outrages qu'ils déversent sur les pas de
l'homme qui a reçu l'onction de ta part.

53 Béni soit l'Eternel pour l'éternité !
Amen et amen !

QUATRIÈME LIVRE

PSAUME 90

Apprends-nous à bien compter nos jours !

1 *Prière de Moïse, l'homme de Dieu.*
O Seigneur, d'âge en âge
tu as été notre refuge.
2 Avant que soient nées les montagnes,
et que tu aies créé la terre et l'univers,
de toute éternité et pour l'éternité, toi, tu es Dieu.
3 Tu fais retourner l'homme à la poussière,
et tu dis aux humains : « Retournez-y ! »
4 Car mille ans, à tes yeux,
sont comme le jour d'hier qui est déjà passé[e],

[c] **89.51** Plusieurs manuscrits hébreux, l'ancienne version grecque et la version syriaque ont : *ton serviteur.*

[d] **89.51** Autre traduction : *Considère, Seigneur, de quel opprobre tes serviteurs sont affligés par de nombreux peuples et quelle souffrance il me cause.*

[e] **90.4** Cité en 2 P 3.8.

or like a watch in the night.
[5] Yet you sweep people away in the sleep of death –
they are like the new grass of the morning:
[6] In the morning it springs up new,
but by evening it is dry and withered.
[7] We are consumed by your anger
and terrified by your indignation.
[8] You have set our iniquities before you,
our secret sins in the light of your presence.
[9] All our days pass away under your wrath;
we finish our years with a moan.
[10] Our days may come to seventy years,
or eighty, if our strength endures;
yet the best of them are but trouble and sorrow,
for they quickly pass, and we fly away.

[11] If only we knew the power of your anger!
Your wrath is as great as the fear that is your due.
[12] Teach us to number our days,
that we may gain a heart of wisdom.
[13] Relent, LORD! How long will it be?
Have compassion on your servants.

[14] Satisfy us in the morning with your unfailing love,
that we may sing for joy and be glad all our days.
[15] Make us glad for as many days as you have afflicted us,
for as many years as we have seen trouble.
[16] May your deeds be shown to your servants,
your splendor to their children.
[17] May the favor[f] of the Lord our God rest on us;
establish the work of our hands for us –
yes, establish the work of our hands.

PSALM 91

[1] Whoever dwells in the shelter of the Most High
will rest in the shadow of the Almighty.[g]
[2] I will say of the LORD, "He is my refuge and my fortress,
my God, in whom I trust."
[3] Surely he will save you
from the fowler's snare
and from the deadly pestilence.
[4] He will cover you with his feathers,
and under his wings you will find refuge;
his faithfulness will be your shield and rampart.
[5] You will not fear the terror of night,
nor the arrow that flies by day,
[6] nor the pestilence that stalks in the darkness,
nor the plague that destroys at midday.
[7] A thousand may fall at your side,
ten thousand at your right hand,

comme une seule veille au milieu de la nuit.
[5] Tu les plonges dans le sommeil,
et ils sont au matin comme l'herbe éphémère

[6] qui fleurit le matin, et passe vite :
le soir, elle se fane et se flétrit.
[7] Nous sommes consumés par ta colère,
ta fureur nous effraie :
[8] tu as mis devant toi tous nos péchés,
et tu mets en lumière tout ce que nous cachons.
[9] Tous nos jours disparaissent par ta colère,
et nous achevons nos années comme un murmure
[10] Le temps de notre vie ? C'est soixante-dix ans,
au mieux : quatre-vingts ans pour les plus vigoureux ;
et leur agitation n'est que peine et misère.
Car le temps passe vite et nous nous envolons.
[11] Qui donc connaît l'intensité de ta colère,
et ton courroux à la mesure de la crainte qui t'est due ?
[12] Oh ! Apprends-nous à bien compter nos jours,
afin que notre cœur acquière la sagesse !
[13] Tourne-toi de nouveau vers nous, ô Eternel !
Jusques à quand tarderas-tu encore ?
Aie pitié de tes serviteurs !
[14] Rassasie-nous tous les matins de ton amour,
et nous crierons de joie, pleins d'allégresse, tout a long de nos jours.

[15] Rends-nous en jours de joie les jours de nos épreuves,
et en années de joie nos années de malheur !
[16] Que tes serviteurs voient tes œuvres,
et que ta splendeur brille sur leurs descendants.
[17] Que le Seigneur, notre Dieu, nous accorde sa faveur !
Fais prospérer pour nous l'ouvrage de nos mains !
Oh oui ! fais prospérer l'ouvrage de nos mains !

PSAUME 91

Un refuge sûr

[1] Qui s'abrite auprès du Très-Haut,
repose sous la protection du Tout-Puissant.
[2] Je dis à l'Eternel[f] : « Tu es mon refuge et ma forteresse,
mon Dieu en qui je me confie ! »
[3] C'est lui qui te délivre du filet de l'oiseleur,
et de la peste qui fait des ravages.

[4] Il te couvre sous son plumage,
tu es en sécurité sous son aile,
sa fidélité te protège comme un grand bouclier.

[5] Tu n'as donc pas à craindre les terreurs de la nuit,
ni les flèches qui volent dans la journée,
[6] ou bien la peste qui rôde dans l'obscurité,
ou encore le coup fatal qui frappe à l'heure de mi
[7] Que mille tombent à côté de toi,
et dix mille à ta droite,

f 90:17 Or *beauty*
g 91:1 Hebrew *Shaddai*

f 91.2 L'ancienne version grecque a : *il dira.*

but it will not come near you.
[8] You will only observe with your eyes
and see the punishment of the wicked.
[9] If you say, "The LORD is my refuge,"
and you make the Most High your dwelling,
[10] no harm will overtake you,
no disaster will come near your tent.
[11] For he will command his angels concerning you
to guard you in all your ways;
[12] they will lift you up in their hands,
so that you will not strike your foot against
a stone.
[13] You will tread on the lion and the cobra;
you will trample the great lion and the
serpent.
[14] "Because he[h] loves me," says the LORD, "I will
rescue him;
I will protect him, for he acknowledges my
name.
[15] He will call on me, and I will answer him;
I will be with him in trouble,
I will deliver him and honor him.
[16] With long life I will satisfy him
and show him my salvation."

PSALM 92

salm. A song. For the Sabbath day.
[1] It is good to praise the LORD
and make music to your name, O Most High,
[2] proclaiming your love in the morning
and your faithfulness at night,

[3] to the music of the ten-stringed lyre
and the melody of the harp.
[4] For you make me glad by your deeds, LORD;
I sing for joy at what your hands have done.

[5] How great are your works, LORD,
how profound your thoughts!
[6] Senseless people do not know,
fools do not understand,
[7] that though the wicked spring up like grass
and all evildoers flourish,
they will be destroyed forever.
[8] But you, LORD, are forever exalted.

[9] For surely your enemies, LORD,
surely your enemies will perish;
all evildoers will be scattered.
[10] You have exalted my horn[j] like that of a wild
ox;
fine oils have been poured on me.
[11] My eyes have seen the defeat of my adversaries;
my ears have heard the rout of my wicked
foes.

1:14 That is, probably the king
Hebrew texts 92:1-15 is numbered 92:2-16.
2:10 *Horn* here symbolizes strength.

toi, tu ne seras pas atteint.
[8] Il te suffira de regarder de tes yeux
pour constater la rétribution des méchants.
[9] Oui, tu es mon refuge ô Eternel !
Si toi, tu fais du Très-Haut ton abri,
[10] aucun malheur ne t'atteindra,
nulle calamité n'approchera de ta demeure ;
[11] car à ses anges, il donnera des ordres à ton sujet
pour qu'ils te protègent sur tes chemins[g],
[12] Ils te porteront sur leurs mains,
de peur que ton pied ne heurte une pierre.

[13] Tu pourras marcher sur le lion et la vipère,
et piétiner le jeune lion et le serpent.

[14] Oui, celui qui m'est attaché, je le délivrerai
et je protègerai celui qui entretient une relation
avec moi.

[15] Lui, il m'invoquera, et je lui répondrai,
je serai avec lui au jour de la détresse,
je le délivrerai et je l'honorerai,
[16] je le comblerai d'une longue vie
et lui ferai expérimenter mon salut.

PSAUME 92

Il est bon de louer l'Eternel

[1] *Psaume à chanter le jour du sabbat.*
[2] Il est bon de louer l'Eternel,
de te célébrer par des chants, ô Très-Haut !
[3] Et de proclamer, dès le point du jour, ton
amour,
tout au long des nuits, ta fidélité,
[4] sur la cithare à dix cordes[h],
sur le luth et sur la lyre[i].
[5] Ce que tu fais, Eternel, me remplit de joie
et j'acclamerai
les ouvrages de tes mains.
[6] Que tes œuvres sont grandioses, Eternel !
Que tes pensées sont profondes !
[7] L'insensé n'y connaît rien,
le sot ne peut les comprendre.
[8] Si les malfaisants croissent comme l'herbe,
si tous les méchants sont si florissants,
c'est pour périr à jamais.
[9] Mais toi, tu es tout là-haut,
Eternel, pour toujours.
[10] Car voici tes ennemis, Eternel,
car voici tes ennemis périssent,
et tous ceux qui font le mal seront dispersés !
[11] Mais tu me remplis de force, je suis comme un
buffle,
je me suis enduit d'huile fraîche.
[12] Je regarde tous mes détracteurs,
j'entends tous mes adversaires qui s'emploient au
mal.

g **91.11** Les v. 11-12 ont été cités par Satan à Jésus lors de la tentation (Mt 4.6 ; Lc 4.10-11). Sur les anges chargés de veiller sur les hommes, voir Gn 24.7 ; Ex 23.20 ; Ps 34.8.
h **92.4** Terme de sens incertain.
i **92.4** Sens incertain.

12 The righteous will flourish like a palm tree,
they will grow like a cedar of Lebanon;
13 planted in the house of the LORD,
they will flourish in the courts of our God.

14 They will still bear fruit in old age,
they will stay fresh and green,
15 proclaiming, "The LORD is upright;
he is my Rock, and there is no wickedness in him."

PSALM 93

1 The LORD reigns, he is robed in majesty;
the LORD is robed in majesty and armed with strength;
indeed, the world is established, firm and secure.
2 Your throne was established long ago;
you are from all eternity.
3 The seas have lifted up, LORD,
the seas have lifted up their voice;
the seas have lifted up their pounding waves.
4 Mightier than the thunder of the great waters,
mightier than the breakers of the sea –
the LORD on high is mighty.
5 Your statutes, LORD, stand firm;
holiness adorns your house
for endless days.

PSALM 94

1 The LORD is a God who avenges.
O God who avenges, shine forth.
2 Rise up, Judge of the earth;
pay back to the proud what they deserve.
3 How long, LORD, will the wicked,
how long will the wicked be jubilant?

4 They pour out arrogant words;
all the evildoers are full of boasting.
5 They crush your people, LORD;
they oppress your inheritance.
6 They slay the widow and the foreigner;
they murder the fatherless.
7 They say, "The LORD does not see;
the God of Jacob takes no notice."
8 Take notice, you senseless ones among the people;
you fools, when will you become wise?
9 Does he who fashioned the ear not hear?
Does he who formed the eye not see?

10 Does he who disciplines nations not punish?
Does he who teaches mankind lack knowledge?

13 Car les justes poussent comme le palmier,
ils grandissent comme un cèdre du Liban[j].
14 Bien plantés dans la demeure de l'Eternel,
ils fleurissent sur les parvis du temple, de notre Dieu.
15 Ils seront féconds jusqu'en leur vieillesse
et ils resteront pleins de sève et de vigueur,
16 ils proclameront combien l'Eternel est droit :
il est mon rocher, on ne trouve en lui aucune injustice.

PSAUME 93

L'Eternel règne depuis toujours et pour toujours

1 L'Eternel règne. Il est vêtu de majesté.
Il est revêtu et ceint de puissance.
C'est pourquoi le monde est fermement établi, il ne vacille pas.

2 Dès l'origine, ton trône est ferme,
oui, tu existes depuis toujours[k] !
3 O Eternel, les fleuves font entendre,
les fleuves font entendre leur grand bruit,
les fleuves font entendre leur grondement.
4 Plus que le bruit des grandes eaux,
plus puissant que les flots des mers,
l'Eternel est puissant dans les hauteurs !
5 Tes stipulations sont tout à fait sûres ;
la sainteté caractérise ta demeure,
ô Eternel, pour tous les temps.

PSAUME 94

Combien de temps les méchants triompheront-ils ?

1 Dieu qui châtie le coupable, Eternel,
Dieu qui châtie le coupable, manifeste-toi !
2 Toi qui gouvernes la terre, interviens !
et viens rendre aux orgueilleux leur dû !
3 Combien de temps les méchants, Eternel,
combien de temps les méchants vont-ils encore jubiler ?
4 Les voilà qui se répandent en paroles insolentes,
tous ces artisans du mal fanfaronnent.
5 Ton peuple, ils l'oppriment, Eternel,
et ils humilient ceux qui t'appartiennent.
6 Ils tuent l'immigré et la veuve ;
l'orphelin, ils l'assassinent.
7 Ils se disent : « L'Eternel ne le voit pas,
le Dieu de Jacob n'y prête aucune attention ! »
8 Réfléchissez donc, gens insensés de mon peuple !
Gens bornés, quand aurez-vous du bon sens ?

9 Celui qui a implanté l'oreille, n'entendrait-il pas ?
Celui qui a formé l'œil, ne verrait-il pas ?
10 Celui qui corrige tous les peuples, ne vous blâmera-t-il pas,
lui qui instruit les humains ?

j **92.13** Symbole de la prospérité durable opposée à la croissance rapide mais éphémère du méchant (v. 8). Le palmier résiste à la chaleur du désert, le cèdre aux neiges du Liban.
k **93.2** La version syriaque a : *depuis toujours tu es Dieu* (voir 90.2).

11 The LORD knows all human plans;
he knows that they are futile.
12 Blessed is the one you discipline, LORD,
the one you teach from your law;
13 you grant them relief from days of trouble,
till a pit is dug for the wicked.
14 For the LORD will not reject his people;
he will never forsake his inheritance.
15 Judgment will again be founded on righteousness,
and all the upright in heart will follow it.
16 Who will rise up for me against the wicked?
Who will take a stand for me against evildoers?
17 Unless the LORD had given me help,
I would soon have dwelt in the silence of death.
18 When I said, "My foot is slipping,"
your unfailing love, LORD, supported me.
19 When anxiety was great within me,
your consolation brought me joy.
20 Can a corrupt throne be allied with you –
a throne that brings on misery by its decrees?
21 The wicked band together against the righteous
and condemn the innocent to death.
22 But the LORD has become my fortress,
and my God the rock in whom I take refuge.
23 He will repay them for their sins
and destroy them for their wickedness;
the LORD our God will destroy them.

PSALM 95

1 Come, let us sing for joy to the LORD;
let us shout aloud to the Rock of our salvation.
2 Let us come before him with thanksgiving
and extol him with music and song.
3 For the LORD is the great God,
the great King above all gods.
4 In his hand are the depths of the earth,
and the mountain peaks belong to him.
5 The sea is his, for he made it,
and his hands formed the dry land.
6 Come, let us bow down in worship,
let us kneel before the LORD our Maker;
7 for he is our God
and we are the people of his pasture,

11 L'Eternel connaît les pensées de l'homme :
elles ne sont que du vent[l].
12 Bienheureux est l'homme, Eternel, que tu corriges toi-même,
et à qui tu enseignes ta Loi,
13 pour lui donner la quiétude dans les jours mauvais,
jusqu'à ce que se soit creusée pour le méchant une fosse.
14 Jamais l'Eternel ne délaissera son peuple.
Il n'abandonnera pas celui qui lui appartient.
15 A nouveau, on jugera selon la justice,
et tous les cœurs droits se conformeront à elle.
16 Qui m'assistera contre les méchants ?
Qui me soutiendra contre ceux qui font le mal ?
17 Ah ! si l'Eternel ne m'avait pas secouru,
je serais bien vite allé rejoindre la demeure du silence.
18 Quand j'ai dit : « Je vais perdre pied »,
dans ton amour, Eternel, tu m'as soutenu.
19 Lorsque des pensées en foule s'agitaient en moi,
tes consolations m'ont rendu la joie.
20 Pourrait-il s'allier à toi, ce pouvoir injuste
qui crée le malheur par les décrets qu'il promulgue[m] ?
21 Ils s'attroupent pour attenter à la vie du juste,
et pour condamner à mort l'innocent.
22 Mais l'Eternel est pour moi une forteresse,
oui, mon Dieu est le rocher où je trouve abri.
23 Il fait retomber sur eux leur iniquité,
il les détruira par leur perversité même.
Oui, l'Eternel, notre Dieu, les détruira tous.

PSAUME 95

Il tient l'univers dans ses mains

1 Venez, crions notre joie en l'honneur de l'Eternel !
Acclamons notre rocher car il est notre Sauveur !
2 Présentons-nous devant lui avec des prières de reconnaissance.
Acclamons-le en musique.
3 L'Eternel est le grand Dieu,
il est le grand Roi au-dessus de tous les dieux.
4 C'est lui qui tient dans sa main les profondeurs de la terre,
et les cimes des montagnes sont aussi à lui.
5 A lui appartient la mer : c'est lui qui l'a faite ;
à lui est le continent : ses mains l'ont formé.
6 Venez et prosternons-nous,
ployons les genoux devant l'Eternel qui nous a créés.
7 Il est notre Dieu,
nous sommes le peuple de son pâturage[n],

l **94.11** Cité en 1 Co 3.20.
m **94.20** Autre traduction : *au mépris des lois.*
n **95.7** Les rois étaient souvent appelés les bergers de leur peuple, leur royaume était leur *pâturage* (Jr 25.36 ; 49.19-20 ; 50.44-45). La même image s'applique à Dieu, le Roi-Berger suprême (voir 23.1).

the flock under his care.
Today, if only you would hear his voice,
8 "Do not harden your hearts as you did at
Meribah,[k]
as you did that day at Massah[l] in the
wilderness,
9 where your ancestors tested me;
they tried me, though they had seen what I
did.
10 For forty years I was angry with that
generation;
I said, 'They are a people whose hearts go
astray,
and they have not known my ways.'
11 So I declared on oath in my anger,
'They shall never enter my rest.'"

Psalm 96

1 Sing to the Lord a new song;
sing to the Lord, all the earth.
2 Sing to the Lord, praise his name;
proclaim his salvation day after day.

3 Declare his glory among the nations,
his marvelous deeds among all peoples.
4 For great is the Lord and most worthy of praise;
he is to be feared above all gods.
5 For all the gods of the nations are idols,
but the Lord made the heavens.

6 Splendor and majesty are before him;
strength and glory are in his sanctuary.
7 Ascribe to the Lord, all you families of nations,
ascribe to the Lord glory and strength.

8 Ascribe to the Lord the glory due his name;
bring an offering and come into his courts.
9 Worship the Lord in the splendor of his[m]
holiness;
tremble before him, all the earth.

10 Say among the nations, "The Lord reigns."
The world is firmly established, it cannot be
moved;
he will judge the peoples with equity.
11 Let the heavens rejoice, let the earth be glad;
let the sea resound, and all that is in it.

12 Let the fields be jubilant, and everything in
them;
let all the trees of the forest sing for joy.

13 Let all creation rejoice before the Lord, for he
comes,

k 95:8 *Meribah* means *quarreling.*
l 95:8 *Massah* means *testing.*
m 96:9 Or *Lord with the splendor of*

le troupeau que sa main conduit.
Aujourd'hui, si vous entendez sa voix[o],
8 ne vous endurcissez pas comme à Meriba,
comme au jour de l'incident de Massa dans le
désert,

9 où vos ancêtres m'ont provoqué,
voulant me forcer la main, bien qu'ils m'aient vu à
l'action.
10 Pendant quarante ans, j'ai éprouvé du dégoût pour
cette génération,
et j'ai dit alors : C'est un peuple égaré par son cœur
et qui ne fait aucun cas des voies que je lui prescris
11 C'est pourquoi, dans ma colère, j'ai fait ce serment
ils n'entreront pas dans le lieu de repos[p] que j'avais
prévu pour eux.

Psaume 96

Que tout l'univers célèbre l'Eternel, son roi[q] !

1 Chantez à l'Eternel un cantique nouveau !
Chantez à l'Eternel, vous, gens du monde entier !
2 Chantez à l'Eternel bénissez-le !
Annoncez chaque jour la bonne nouvelle de son
salut !
3 Oui, publiez sa gloire au milieu des nations !
Racontez ses prodiges chez tous les peuples !
4 Car l'Eternel est grand et digne de louanges,
et il est redoutable bien plus que tous les dieux.
5 Car tous les dieux des peuples ne sont que des faux
dieux,
alors que l'Eternel a fait le ciel.
6 Splendeur et majesté rayonnent de son être,
et puissance et beauté ornent son sanctuaire.
7 Célébrez l'Eternel, vous, gens de tous les peuples,
célébrez l'Eternel, en proclamant sa gloire et sa
puissance !
8 Célébrez l'Eternel et son nom glorieux !
Apportez vos offrandes, entrez dans ses parvis,
9 et prosternez-vous devant l'Eternel dont la saintet
brille avec éclat[r] !
Vous, gens du monde entier, tremblez devant sa
face !
10 Qu'à tout peuple on proclame que l'Eternel est roi
Aussi le monde est ferme, il n'est pas ébranlé.
Dieu juge avec droiture les peuples de la terre.

11 Que le ciel soit en joie
et que la terre exulte d'allégresse,
que la mer retentisse et tout ce qui l'habite !
12 Que toute la campagne et tout ce qui s'y trouve se
réjouissent !
Que, dans les bois, les arbres poussent des cris de
joie
13 devant l'Eternel, car il vient,

o 95.7 Les v. 7b-8 sont cités, d'après l'ancienne version grecque, en Hé 3.15 et 4.7, et les v. 7b-11 en Hé 3.7-11.
p 95.11 Voir Dt 12.9-10. Le terme *repos* a été traduit ailleurs par *existenc paisible.* Il s'agit de la paix que l'Eternel voulait donner à son peuple da le pays promis, en le libérant de tous ses ennemis, si celui-ci se montra fidèle (Dt 12.9-10).
q 96 Voir 1 Ch 16.23-33.
r 96.9 Autre traduction : *revêtus de vêtements sacrés* (voir 29.2).

he comes to judge the earth.
He will judge the world in righteousness
and the peoples in his faithfulness.

Psalm 97

[1] The Lord reigns, let the earth be glad;
let the distant shores rejoice.
[2] Clouds and thick darkness surround him;
righteousness and justice are the foundation of his throne.
[3] Fire goes before him
and consumes his foes on every side.
[4] His lightning lights up the world;
the earth sees and trembles.
[5] The mountains melt like wax before the Lord,
before the Lord of all the earth.

[6] The heavens proclaim his righteousness,
and all peoples see his glory.
[7] All who worship images are put to shame,
those who boast in idols –
worship him, all you gods!
[8] Zion hears and rejoices
and the villages of Judah are glad
because of your judgments, Lord.
[9] For you, Lord, are the Most High over all the earth;
you are exalted far above all gods.
[10] Let those who love the Lord hate evil,
for he guards the lives of his faithful ones
and delivers them from the hand of the wicked.
[11] Light shines[n] on the righteous
and joy on the upright in heart.
[12] Rejoice in the Lord, you who are righteous,
and praise his holy name.

Psalm 98

psalm.
[1] Sing to the Lord a new song,
for he has done marvelous things;
his right hand and his holy arm
have worked salvation for him.
[2] The Lord has made his salvation known
and revealed his righteousness to the nations.
[3] He has remembered his love
and his faithfulness to Israel;
all the ends of the earth have seen
the salvation of our God.
[4] Shout for joy to the Lord, all the earth,

97:11 One Hebrew manuscript and ancient versions (see also 2:4); most Hebrew manuscripts *Light is sown*

il vient pour gouverner[s] la terre.
Oui, il gouvernera le monde selon ce qui est juste,
et il gouvernera les peuples selon la vérité qui est en lui.

Psaume 97

Le grand Dieu de l'univers

[1] L'Eternel règne ! O terre exulte d'allégresse !
Réjouissez-vous, îles nombreuses !
[2] Autour de lui, des nuées sombres et l'obscurité.
Justice et droit sont l'appui de son trône,

[3] et, devant lui, un feu s'avance
qui embrase tous ses ennemis à l'entour.
[4] Quand ses éclairs illuminent le monde[t],
en les voyant, la terre tremble.
[5] Quant aux montagnes, elles se fondent devant l'Eternel, comme la cire,
devant le Maître de toute la terre.
[6] Les cieux proclament sa justice
et tous les peuples contemplent sa gloire.
[7] Que la honte les gagne, tous les adorateurs d'idoles,
ceux qui se glorifient de leurs faux dieux.
Que tous les « dieux » devant lui se prosternent[u].
[8] Sion l'apprend et s'en réjouit.
Toutes les villes de Juda exultent d'allégresse,
à cause de tes jugements, ô Eternel !
[9] Car toi, Eternel, tu es le Très-Haut, au-dessus de toute la terre,
et tu surpasses de loin tous les dieux !
[10] Vous qui aimez l'Eternel, ayez le mal en horreur !
L'Eternel garde la vie de qui lui est attaché
et, de la main des méchants, il les délivre.

[11] Une lumière est semée pour l'homme juste
et de la joie pour ceux qui ont le cœur droit.
[12] O, vous les justes, réjouissez-vous à cause de l'Eternel !
Louez-le en évoquant sa sainteté !

Psaume 98

Dieu vient juger le monde

[1] *Psaume.*
Chantez à l'Eternel un cantique nouveau
car il accomplit des prodiges.
Par sa puissance, par son pouvoir divin, il a remporté la victoire.
[2] L'Eternel fait connaître son salut ;
aux yeux des autres peuples, il a révélé sa justice.

[3] L'Eternel a manifesté son amour fidèle envers Israël.
Jusqu'au bout de la terre,
on a vu le salut que notre Dieu a accompli.

[4] Acclame l'Eternel, ô terre tout entière,

s **96.13** Voir Ps 82.8 et la note.
t **97.4** Voir 77.19. Toute cette description rappelle la manifestation de Dieu au Sinaï (Ex 19.16-19).
u **97.7** Cité en Hé 1.6 selon l'ancienne version grecque qui a compris le mot « dieux » comme désignant les anges.

burst into jubilant song with music;
5 make music to the LORD with the harp,
with the harp and the sound of singing,
6 with trumpets and the blast of the ram's
horn –
shout for joy before the LORD, the King.
7 Let the sea resound, and everything in it,
the world, and all who live in it.
8 Let the rivers clap their hands,
let the mountains sing together for joy;
9 let them sing before the LORD,
for he comes to judge the earth.
He will judge the world in righteousness
and the peoples with equity.

PSALM 99

1 The LORD reigns,
let the nations tremble;
he sits enthroned between the cherubim,
let the earth shake.
2 Great is the LORD in Zion;
he is exalted over all the nations.
3 Let them praise your great and awesome
name –
he is holy.
4 The King is mighty, he loves justice –
you have established equity;
in Jacob you have done
what is just and right.
5 Exalt the LORD our God
and worship at his footstool;
he is holy.
6 Moses and Aaron were among his priests,
Samuel was among those who called on his
name;
they called on the LORD
and he answered them.
7 He spoke to them from the pillar of cloud;
they kept his statutes and the decrees he
gave them.
8 LORD our God,
you answered them;
you were to Israel a forgiving God,
though you punished their misdeeds.[o]
9 Exalt the LORD our God
and worship at his holy mountain,
for the LORD our God is holy.

o **99:8** Or *God, / an avenger of the wrongs done to them*

poussez des cris de joie et d'allégresse au son de la
musique !
5 Célébrez l'Eternel avec la lyre,
oui, au son de la lyre, et par vos chants !
6 Au son de la trompette et aux accents du cor[v],
éclatez en acclamations en présence de l'Eternel,
le Roi !
7 Que la mer retentisse et tout ce qui la peuple !
Que l'univers résonne avec ses habitants !
8 Que les rivières battent des mains,
que les montagnes, à l'unisson, chantent de joie,
9 aux yeux de l'Eternel, car il vient gouverner[w] la
terre !
Oui, il gouvernera le monde selon ce qui est juste,
et il gouvernera les peuples selon ce qui est droit.

PSAUME 99

Adorez l'Eternel car il est saint !

1 L'Eternel règne. Les peuples tremblent.
Il siège sur des chérubins. La terre est ébranlée.

2 L'Eternel est grand dans Sion.
Il est haut élevé bien au-dessus de tous les peuples.
3 Qu'ils te célèbrent, toi qui es grand et redoutable !
Oui, il est saint !

4 Que l'on célèbre la puissance du Roi qui aime la
justice !
C'est toi qui as établi l'équité,
et qui as déterminé en Jacob le droit et la justice.
5 Proclamez la grandeur de l'Eternel, lui notre Dieu,
prosternez-vous devant son marchepied,
car il est saint.
6 Moïse avec Aaron étaient de ses prêtres[x],
et Samuel était de ceux qui l'invoquaient[y].
Oui, ils invoquaient l'Eternel, et lui les exauçait.

7 De la colonne de nuée, il parlait avec eux,
ils ont observé ses commandements,
et la règle qu'il leur avait donnée.
8 Eternel notre Dieu, tu les as exaucés
et tu fus pour eux un Dieu qui pardonne,
mais tu les as châtiés pour leurs actes coupables.

9 Proclamez la grandeur de l'Eternel, lui notre Dieu,
prosternez-vous en direction de son saint mont,
car il est saint, l'Eternel, notre Dieu !

v **98.6** La *trompette* droite en argent était utilisée par les seuls prêtres ; c'est la seule mention de cet instrument dans les Psaumes. Le *cor* était fait d'une corne de bélier (cf. 47.6 ; 81.4 ; 150.3). Cor et clameur retentissaient à la guerre (Jos 6.1-5) et dans les cérémonies religieuses (Nb 29.1) Ils annonçaient aussi le Règne de Dieu (So 1.16).

w **98.9** Voir Ps 82.8 et la note.

x **99.6** Moïse a exercé les fonctions de prêtres jusqu'à l'entrée en fonctic d'Aaron et de ses fils (voir en particulier Lv 8).

y **99.6** Les trois personnages cités sont les représentants les plus éminents des hommes de Dieu, qui furent aussi des hommes de prière (voir Ex 17.11-13 ; 32.11-14, 30-34 ; Nb 12.13 ; 14.13-19 ; 21.7 ; Ps 106.23 ; Nb 17.11-15 ; 1 S 7.8-9 ; 12.16-23 ; Jr 15.

Psalm 100

psalm. For giving grateful praise.

[1] Shout for joy to the Lord, all the earth.

[2] Worship the Lord with gladness;
come before him with joyful songs.
[3] Know that the Lord is God.
It is he who made us, and we are his[p];
we are his people, the sheep of his pasture.

[4] Enter his gates with thanksgiving
and his courts with praise;
give thanks to him and praise his name.
[5] For the Lord is good and his love endures
forever;
his faithfulness continues through all
generations.

Psalm 101

David. A psalm.

[1] I will sing of your love and justice;
to you, Lord, I will sing praise.

[2] I will be careful to lead a blameless life –
when will you come to me?
I will conduct the affairs of my house
with a blameless heart.

[3] I will not look with approval
on anything that is vile.
I hate what faithless people do;
I will have no part in it.
[4] The perverse of heart shall be far from me;
I will have nothing to do with what is evil.
[5] Whoever slanders their neighbor in secret,
I will put to silence;
whoever has haughty eyes and a proud heart,
I will not tolerate.
[6] My eyes will be on the faithful in the land,
that they may dwell with me;
the one whose walk is blameless
will minister to me.
[7] No one who practices deceit
will dwell in my house;
no one who speaks falsely
will stand in my presence.
[8] Every morning I will put to silence
all the wicked in the land;
I will cut off every evildoer
from the city of the Lord.

Psaume 100

L'Eternel est célébré par son peuple

[1] *Psaume pour remercier Dieu.*
Acclame l'Eternel,
ô terre tout entière !
[2] Servez l'Eternel avec joie !
Entrez en sa présence avec des chants joyeux !
[3] Sachez que c'est l'Eternel, qui est Dieu !
C'est lui qui nous a faits, nous lui appartenons[z],
et nous sommes son peuple, le troupeau qu'il fait
paître.
[4] Avancez par ses portes avec reconnaissance !
Entrez dans ses parvis en chantant ses louanges !
Rendez-lui votre hommage bénissez-le.
[5] Car l'Eternel est bon, car son amour dure à toujours
et sa fidélité s'étendra d'âge en âge.

Psaume 101

Engagement à lutter contre le mal

[1] *Psaume de David.*
Je veux chanter l'amour et la justice,
je te célébrerai par la musique, ô Eternel.
[2] Je ferai attention de suivre le chemin des gens
intègres.
Quand viendras-tu vers moi ?
Je veux marcher avec un cœur intègre
dans ma maison,
[3] je ne mettrai rien de mauvais devant mes yeux.
Je hais l'acte tordu,
il n'aura sur moi pas de prise.

[4] Le cœur corrompu restera bien loin de moi,
je ne veux pas être impliqué avec le mal.
[5] Celui qui calomnie son prochain en secret,
je le réduirai au silence.
Je ne supporte pas
les yeux hautains ni le cœur arrogant.
[6] Mes yeux se porteront sur les fidèles du pays,
je les ferai siéger auprès de moi.
Et ceux qui suivent le chemin des gens intègres
seront à mon service.
[7] Il n'y a pas de place dans ma maison
pour qui pratique la tromperie,
et le menteur ne subsistera pas en ma présence.

[8] Tous les matins[a] je fermerai la bouche aux
méchants du pays,
pour retrancher de la cité de l'Eternel,
tous ceux qui font le mal.

00:3 Or *and not we ourselves*
Hebrew texts 102:1-28 is numbered 102:2-29.

z **100.3** D'après les indications de lecture des copistes, en marge du texte, et des versions anciennes. L'hébreu a, dans le texte : *et non pas nous-mêmes.*
a **101.8** La justice se rendait le matin à la porte de la ville (2 S 15.2 ; Jr 21.12).

Psalm 102

A prayer of an afflicted person who has grown weak and pours out a lament before the Lord.

[1] Hear my prayer, Lord;
let my cry for help come to you.
[2] Do not hide your face from me
when I am in distress.
Turn your ear to me;
when I call, answer me quickly.
[3] For my days vanish like smoke;
my bones burn like glowing embers.
[4] My heart is blighted and withered like grass;
I forget to eat my food.
[5] In my distress I groan aloud
and am reduced to skin and bones.
[6] I am like a desert owl,
like an owl among the ruins.

[7] I lie awake; I have become
like a bird alone on a roof.
[8] All day long my enemies taunt me;
those who rail against me use my name as a curse.
[9] For I eat ashes as my food
and mingle my drink with tears
[10] because of your great wrath,
for you have taken me up and thrown me aside.
[11] My days are like the evening shadow;
I wither away like grass.

[12] But you, Lord, sit enthroned forever;
your renown endures through all generations.
[13] You will arise and have compassion on Zion,
for it is time to show favor to her;
the appointed time has come.
[14] For her stones are dear to your servants;
her very dust moves them to pity.
[15] The nations will fear the name of the Lord,
all the kings of the earth will revere your glory.
[16] For the Lord will rebuild Zion
and appear in his glory.
[17] He will respond to the prayer of the destitute;
he will not despise their plea.
[18] Let this be written for a future generation,
that a people not yet created may praise the Lord:
[19] "The Lord looked down from his sanctuary on high,
from heaven he viewed the earth,

Psaume 102

Prière d'un malheureux

[1] *Prière d'une personne dans l'affliction qui se sent défaillir et qui expose sa plainte devant l'Eternel*[b].
[2] O Eternel, écoute ma prière
et que mon appel au secours parvienne jusqu'à toi
[3] Ne te détourne pas de moi en ce jour où je suis dan
la détresse,
tends vers moi ton oreille au jour où je t'appelle.
Hâte-toi de répondre !
[4] Comme une fumée, mes jours passent.
J'ai comme un brasier dans les os.
[5] Mon cœur est brisé, desséché, comme l'herbe fauchée.
J'en oublie de manger ma nourriture.
[6] A force de gémir,
je n'ai que la peau sur les os.
[7] Je suis devenu comparable à la corneille du désert,
je suis pareil au chat-huant qui hante les lieux désolés.
[8] Je reste privé de sommeil,
je ressemble à un oisillon resté seul sur un toit.
[9] Mes ennemis ne cessent de m'insulter,
ils se moquent de moi et maudissent les gens en leur souhaitant mon sort.
[10] Je me nourris de cendre au lieu de pain,
et ma boisson est mêlée de mes larmes.
[11] Dans ton indignation et ta colère,
tu m'as saisi, et m'as jeté au loin[c].

[12] Tout comme l'ombre[d] qui s'étire, mes jours déclinent
Et moi, je me dessèche comme l'herbe.
[13] Mais toi, tu sièges pour toujours, ô Eternel,
et tu interviendras[e] tout au long des générations.
[14] Oui, tu te lèveras, et de Sion tu auras compassion !
L'heure est là de lui faire grâce,
le moment est venu :
[15] tes serviteurs ont ses pierres en affection,
ils restent attachés à cette ville réduite en poussière[f].
[16] Alors les autres peuples craindront l'Eternel,
tous les rois de la terre reconnaîtront sa gloire.
[17] L'Eternel rebâtit Sion
pour y paraître dans sa gloire.
[18] Il a égard à la prière de ceux qui sont dépossédés,
il ne méprisera pas leur requête.
[19] Que cela soit mis par écrit pour la génération future,
et le peuple qui sera créé louera Eternel.
[20] Du haut de sa demeure sainte, l'Eternel s'est penck
vers nous.
Du ciel, il regarde la terre,

---

b **102.1** Le titre de ce psaume est unique en ce qu'il indique la circonstance de la composition mais non l'auteur du psaume.
c **102.11** Comme un tourbillon saisit des feuilles et les jette au loin.
d **102.12** Une ombre qui s'allonge le soir : allusion au soir de la vie.
e **102.13** Ou : *ton culte persistera.* Litt. souvenir ...
f **102.15** Il s'agit des ruines de Jérusalem.

20 to hear the groans of the prisoners
and release those condemned to death."
21 So the name of the LORD will be declared in Zion
and his praise in Jerusalem

22 when the peoples and the kingdoms
assemble to worship the LORD.

23 In the course of my life[r] he broke my strength;
he cut short my days.
24 So I said:
"Do not take me away, my God, in the midst of
my days;
your years go on through all generations.
25 In the beginning you laid the foundations of
the earth,
and the heavens are the work of your hands.
26 They will perish, but you remain;
they will all wear out like a garment.
Like clothing you will change them
and they will be discarded.
27 But you remain the same,
and your years will never end.
28 The children of your servants will live in your
presence;
their descendants will be established before
you."

PSALM 103

f David.
1 Praise the LORD, my soul;
all my inmost being, praise his holy name.

2 Praise the LORD, my soul,
and forget not all his benefits –
3 who forgives all your sins
and heals all your diseases,
4 who redeems your life from the pit
and crowns you with love and compassion,
5 who satisfies your desires with good things
so that your youth is renewed like the eagle's.

6 The LORD works righteousness
and justice for all the oppressed.
7 He made known his ways to Moses,
his deeds to the people of Israel:
8 The LORD is compassionate and gracious,
slow to anger, abounding in love.
9 He will not always accuse,
nor will he harbor his anger forever;
10 he does not treat us as our sins deserve
or repay us according to our iniquities.

11 For as high as the heavens are above the earth,
so great is his love for those who fear him;

12 as far as the east is from the west,
so far has he removed our transgressions
from us.

r 102:23 Or *By his power*

21 et il entend les plaintes des captifs ;
et il rendra la liberté aux condamnés à mort,
22 pour que l'on publie en Sion la renommée de
l'Eternel,
sa louange à Jérusalem,
23 quand se rassembleront les peuples
et les royaumes tous ensemble, afin d'adorer
l'Eternel.
24 Il a réduit ma force au milieu de ma course,
et abrégé mes jours ;
25 c'est pourquoi je m'écrie : « Mon Dieu, ne me fais
pas mourir au milieu de mes jours,
toi qui subsistes d'âge en âge !
26 Tu as jadis fondé la terre,
le ciel est l'œuvre de tes mains.
27 Ils périront, mais tu subsisteras ;
tous s'useront comme un habit ;
comme on remplace un vêtement, tu les
remplaceras et ils disparaîtront.
28 Mais toi, tu es toujours le même,
tes années ne finiront pas[g].
29 Les enfants de tes serviteurs auront une demeure ;
sous ton regard, leur descendance sera fermement
établie. »

PSAUME 103

Que tout mon être loue l'Eternel !

1 *De David.*
Que tout mon être bénisse l'Eternel !
Que tout ce que je suis bénisse le Dieu saint !
2 Que tout mon être bénisse l'Eternel,
sans oublier aucun de ses bienfaits.
3 Car c'est lui qui pardonne tous tes péchés,
c'est lui qui te guérit de toute maladie,
4 qui t'arrache à la tombe.
C'est lui qui te couronne d'amour, de compassion
5 et qui te comble de bonheur tout au long de ton
existence ;
et ta jeunesse, comme l'aigle, prend un nouvel
essor[h].
6 L'Eternel œuvre pour la justice
et il défend les droits de tous les opprimés.
7 Il a révélé à Moïse de quelle façon il agit,
et montré ses hauts faits au peuple d'Israël.
8 L'Eternel est compatissant et miséricordieux.
Il est plein de patience et débordant d'amour[i].
9 Il ne tient pas rigueur sans cesse
et son ressentiment ne dure pas toujours.
10 Il ne nous traite pas selon le mal que nous avons
commis,
il ne nous punit pas comme le méritent nos fautes.
11 Autant le ciel est élevé au-dessus de la terre,
autant son amour est intense en faveur de ceux qui
le craignent.
12 Autant l'Orient est loin de l'Occident,

g **102.28** Les v. 26-28 sont cités en Hé 1.10-12.
h **103.5** La longévité des aigles est proverbiale, ils gardent leur vigueur jusque dans un âge avancé ; d'autres pensent à la mue annuelle de leur plumage (cf. Es 40.31).
i **103.8** Cf. Ex 34.6 ; Ps 86.15 ; 145.8 ; Jl 2.13 ; Né 9.17.

13 As a father has compassion on his children,
so the LORD has compassion on those who fear him;
14 for he knows how we are formed,
he remembers that we are dust.
15 The life of mortals is like grass,
they flourish like a flower of the field;
16 the wind blows over it and it is gone,
and its place remembers it no more.
17 But from everlasting to everlasting
the LORD's love is with those who fear him,
and his righteousness with their children's children –
18 with those who keep his covenant
and remember to obey his precepts.

19 The LORD has established his throne in heaven,
and his kingdom rules over all.
20 Praise the LORD, you his angels,
you mighty ones who do his bidding,
who obey his word.
21 Praise the LORD, all his heavenly hosts,
you his servants who do his will.
22 Praise the LORD, all his works
everywhere in his dominion.
Praise the LORD, my soul.

PSALM 104

1 Praise the LORD, my soul.
LORD my God, you are very great;
you are clothed with splendor and majesty.
2 The LORD wraps himself in light as with a garment;
he stretches out the heavens like a tent
3 and lays the beams of his upper chambers on their waters.
He makes the clouds his chariot
and rides on the wings of the wind.
4 He makes winds his messengers,[s]
flames of fire his servants.
5 He set the earth on its foundations;
it can never be moved.
6 You covered it with the watery depths as with a garment;
the waters stood above the mountains.
7 But at your rebuke the waters fled,
at the sound of your thunder they took to flight;
8 they flowed over the mountains,
they went down into the valleys,
to the place you assigned for them.
9 You set a boundary they cannot cross;
never again will they cover the earth.

[s] 104:4 Or *angels*

autant il éloigne de nous nos mauvaises actions.
13 Et, comme un père est rempli de tendresse pour se enfants,
l'Eternel est plein de tendresse en faveur de ceux qui le craignent :
14 il sait de quelle pâte nous sommes façonnés,
il tient compte du fait que nous sommes poussière.
15 L'homme ... sa vie ressemble à l'herbe.
Lui, il fleurit comme une fleur des champs.
16 Qu'un vent souffle sur elle, la voilà disparue !
Le lieu qu'elle occupait ne la reconnaît plus.
17 L'amour de l'Eternel est là depuis toujours et durer toujours en faveur de ceux qui le craignent,
il ne cesse d'agir pour la justice en faveur des enfants de leurs enfants,
18 en faveur de ceux qui restent fidèles à son alliance,
de ceux qui tiennent compte de ses commandements pour les mettre en pratique.
19 Dans les cieux, l'Eternel a établi son trône :
et il exerce son pouvoir royal sur l'univers entier.
20 Bénissez l'Eternel, vous tous ses anges
à la force puissante, vous qui exécutez ses ordres,
prompts à lui obéir.
21 Bénissez l'Eternel, vous toutes ses armées célestes,
vous qui, à son service, exécutez sa volonté.
22 Bénissez l'Eternel, toutes ses créatures,
partout où il gouverne !
Que tout mon être bénisse l'Eternel !

PSAUME 104

Louange au Créateur

1 Que tout mon être bénisse l'Eternel !
O Eternel, mon Dieu, que tu es grand !
Tu es revêtu de splendeur, et de magnificence,
2 tu t'enveloppes de lumière comme on se revêt d'un manteau,
et tu déploies le ciel comme une tente.
3 Tu fixes au-dessus des eaux du ciel la charpente de tes hautes demeures,
tu fais des nuages ton char,
tu te déplaces sur les ailes du vent,
4 tu fais des vents tes messagers,
les éclairs étincelants sont tes serviteurs[j].
5 Tu as fondé la terre sur ses bases
pour qu'elle reste inébranlable à tout jamais.
6 Les eaux de l'abîme la recouvraient tout comme un vêtement,
sur les montagnes les eaux reposaient ;
7 à ta menace, elles se sont enfuies,
au bruit de ton tonnerre, elles se sont vite élancées
8 gravissant des montagnes, dévalant vers des plaines[k]
jusqu'à l'endroit que tu leur avais assigné.
9 Tu as fixé une limite que les eaux ne franchiront plus,
et elles ne reviendront plus pour submerger la terre.

j **104.4** Cité en Hé 1.7 selon l'ancienne version grecque.
k **104.8** Autre traduction : *et les montagnes se sont élevées et les vallées se sont creusées.*

10 He makes springs pour water into the ravines;
it flows between the mountains.
11 They give water to all the beasts of the field;
the wild donkeys quench their thirst.
12 The birds of the sky nest by the waters;
they sing among the branches.
13 He waters the mountains from his upper chambers;
the land is satisfied by the fruit of his work.
14 He makes grass grow for the cattle,
and plants for people to cultivate –
bringing forth food from the earth:

15 wine that gladdens human hearts,
oil to make their faces shine,
and bread that sustains their hearts.
16 The trees of the LORD are well watered,
the cedars of Lebanon that he planted.
17 There the birds make their nests;
the stork has its home in the junipers.
18 The high mountains belong to the wild goats;
the crags are a refuge for the hyrax.
19 He made the moon to mark the seasons,
and the sun knows when to go down.
20 You bring darkness, it becomes night,
and all the beasts of the forest prowl.
21 The lions roar for their prey
and seek their food from God.
22 The sun rises, and they steal away;
they return and lie down in their dens.
23 Then people go out to their work,
to their labor until evening.
24 How many are your works, LORD!
In wisdom you made them all;
the earth is full of your creatures.
25 There is the sea, vast and spacious,
teeming with creatures beyond number –
living things both large and small.
26 There the ships go to and fro,
and Leviathan, which you formed to frolic there.
27 All creatures look to you
to give them their food at the proper time.
28 When you give it to them,
they gather it up;
when you open your hand,
they are satisfied with good things.
29 When you hide your face,
they are terrified;
when you take away their breath,
they die and return to the dust.
30 When you send your Spirit,
they are created,
and you renew the face of the ground.

10 Tu fais jaillir des sources pour alimenter des torrents
qui coulent entre les montagnes.
11 Elles abreuvent les animaux des champs,
et les onagres[l] y étanchent leur soif.
12 Les oiseaux nichent sur leurs rives,
et chantent au sein du feuillage.
13 De tes hautes demeures tu arroses les monts,
la terre est rassasiée par l'effet de tes œuvres.

14 Tu fais pousser l'herbe pour le bétail,
et tu fais prospérer les plantes cultivées par les hommes,
afin qu'ils tirent de la terre le pain pour se nourrir.
15 Le vin réjouit le cœur de l'homme
et fait resplendir son visage, le rendant brillant plus que l'huile.
Le pain restaure sa vigueur.
16 Les arbres, ouvrages de l'Eternel, sont pleins de sève.
Tels sont les cèdres, qu'il a plantés.
17 C'est là que nichent les oiseaux
et la cigogne a sa demeure dans les cyprès.
18 Les bouquetins ont leurs retraites sur les monts élevés,
et les rochers sont le refuge des damans.
19 Tu as formé la lune pour marquer les dates des fêtes.
Le soleil sait quand il se couche.
20 Tu fais descendre les ténèbres, et c'est la nuit.
Alors les hôtes des forêts se mettent tous en mouvement ;
21 les lionceaux rugissent après leur proie,
ils demandent à Dieu leur nourriture.
22 Mais dès que paraît le soleil, ils se retirent
pour se coucher dans leurs tanières.
23 Et l'homme sort pour se livrer à son activité,
accomplir son travail jusqu'à la nuit.
24 Combien tes œuvres sont nombreuses, ô Eternel,
tu as tout fait avec sagesse,
la terre est pleine de tout ce que tu as réalisé ;
25 voici la mer immense qui s'étend à perte de vue,
peuplée d'animaux innombrables,
des plus petits jusqu'aux plus grands,
26 les bateaux la parcourent,
ainsi que le monstre marin que tu as fait pour qu'il y joue.
27 Ils comptent sur toi, tous ces êtres,
pour recevoir leur nourriture, chacun au moment opportun.
28 Tu la leur donnes, ils la prennent,
ta main s'ouvre, et ils sont comblés de bonnes choses.

29 Tu te détournes, ils sont épouvantés.
Tu leur ôtes le souffle, les voilà qui périssent,
redevenant poussière.

30 Et si tu envoies ton Esprit, ils sont créés,
tu renouvelles l'aspect de la terre.

l **104.11** Les ânes sauvages.

31 May the glory of the LORD endure forever;
may the LORD rejoice in his works –
32 he who looks at the earth, and it trembles,
who touches the mountains, and they smoke.
33 I will sing to the LORD all my life;
I will sing praise to my God as long as I live.
34 May my meditation be pleasing to him,
as I rejoice in the LORD.
35 But may sinners vanish from the earth
and the wicked be no more.
Praise the LORD, my soul.
Praise the LORD.[t]

PSALM 105

1 Give praise to the LORD, proclaim his name;
make known among the nations what he has
done.
2 Sing to him, sing praise to him;
tell of all his wonderful acts.
3 Glory in his holy name;
let the hearts of those who seek the LORD
rejoice.
4 Look to the LORD and his strength;
seek his face always.
5 Remember the wonders he has done,
his miracles, and the judgments he
pronounced,
6 you his servants, the descendants of Abraham,
his chosen ones, the children of Jacob.
7 He is the LORD our God;
his judgments are in all the earth.
8 He remembers his covenant forever,
the promise he made, for a thousand
generations,
9 the covenant he made with Abraham,
the oath he swore to Isaac.
10 He confirmed it to Jacob as a decree,
to Israel as an everlasting covenant:
11 "To you I will give the land of Canaan
as the portion you will inherit."
12 When they were but few in number,
few indeed, and strangers in it,
13 they wandered from nation to nation,
from one kingdom to another.
14 He allowed no one to oppress them;
for their sake he rebuked kings:
15 "Do not touch my anointed ones;
do my prophets no harm."

16 He called down famine on the land
and destroyed all their supplies of food;
17 and he sent a man before them –
Joseph, sold as a slave.
18 They bruised his feet with shackles,
his neck was put in irons,
19 till what he foretold came to pass,

[t] 104:35 Hebrew *Hallelu Yah*; in the Septuagint this line stands at the beginning of Psalm 105.

31 Que l'Eternel soit à jamais glorifié !
Qu'il se réjouisse de ses œuvres !
32 Son regard fait trembler la terre,
il touche les montagnes et elles fument.
33 Je veux chanter pour l'Eternel ma vie durant,
célébrer mon Dieu en musique tant que j'existerai.
34 Que mes paroles lui soient agréables !
Moi, j'ai ma joie en l'Eternel.
35 Que les pécheurs soient ôtés de la terre !
Que les méchants n'existent plus !
Que tout mon être bénisse l'Eternel !
Oui, louez l'Eternel !

PSAUME 105

Dieu est fidèle[m]

1 Louez l'Eternel, et faites appel à lui !
Publiez parmi les peuples ses hauts faits !

2 Chantez à sa gloire, et célébrez-le en musique !
Racontez sans cesse toutes ses merveilles !
3 Soyez fiers de lui, car il est très saint !
Que le cœur de ceux qui sont attachés à l'Eternel
soit rempli de joie !
4 Tournez-vous vers l'Eternel ! Faites appel à sa force
Aspirez à vivre constamment en sa présence !
5 Souvenez-vous des merveilles qu'il a accomplies !
Rappelez-vous ses prodiges et les jugements qu'il a
prononcés,
6 vous, les descendants d'Abraham, son serviteur,
vous, descendants de Jacob, vous qu'il a choisis !
7 Notre Dieu, c'est l'Eternel,
sur toute la terre s'exercent ses jugements.
8 Il se souvient pour toujours de son alliance,
de ce qu'il a donné sa parole pour mille
générations :
9 il a conclu un traité avec Abraham,
et l'a confirmé par serment à Isaac.
10 Il l'a confirmé à Jacob en en faisant une loi,
et, pour Israël, une alliance pour toujours.
11 Il a déclaré : « Je te donnerai le pays de Canaan,
ce sera la part que vous allez posséder[n]. »
12 Ils n'étaient alors qu'un très petit nombre,
une poignée d'immigrants,
13 allant çà et là, d'une peuplade à une autre,
d'un royaume vers un autre peuple.
14 Mais Dieu ne laissa personne les persécuter ;
il réprimanda des rois à leur sujet :
15 « Ne maltraitez pas ceux qui me sont consacrés
et ne faites pas de mal à ceux qui sont mes
prophètes[o] ! »
16 Il fit venir la famine sur tout le pays,
les privant de pain.
17 Il envoya devant eux un homme :
Joseph, vendu comme esclave.
18 On chargea ses pieds de chaînes,
son cou d'un carcan de fer
19 jusqu'au jour où s'accomplit ce que Joseph avait
annoncé.

[m] **105** Pour les v. 1-15, voir 1 Ch 16.8-22.
[n] **105.11** Pour les v. 10-11, voir Gn 28.13-15.
[o] **105.15** Pour les v. 14-15, voir Gn 12.17 ; 20.3-7.

till the word of the LORD proved him true.

20 The king sent and released him,
the ruler of peoples set him free.
21 He made him master of his household,
ruler over all he possessed,
22 to instruct his princes as he pleased
and teach his elders wisdom.

23 Then Israel entered Egypt;
Jacob resided as a foreigner in the land of Ham.
24 The LORD made his people very fruitful;
he made them too numerous for their foes,
25 whose hearts he turned to hate his people,
to conspire against his servants.

26 He sent Moses his servant,
and Aaron, whom he had chosen.
27 They performed his signs among them,
his wonders in the land of Ham.

28 He sent darkness and made the land dark –
for had they not rebelled against his words?
29 He turned their waters into blood,
causing their fish to die.
30 Their land teemed with frogs,
which went up into the bedrooms of their rulers.
31 He spoke, and there came swarms of flies,
and gnats throughout their country.
32 He turned their rain into hail,
with lightning throughout their land;
33 he struck down their vines and fig trees
and shattered the trees of their country.
34 He spoke, and the locusts came,
grasshoppers without number;
35 they ate up every green thing in their land,
ate up the produce of their soil.
36 Then he struck down all the firstborn in their land,
the firstfruits of all their manhood.
37 He brought out Israel, laden with silver and gold,
and from among their tribes no one faltered.
38 Egypt was glad when they left,
because dread of Israel had fallen on them.
39 He spread out a cloud as a covering,
and a fire to give light at night.
40 They asked, and he brought them quail;
he fed them well with the bread of heaven.

41 He opened the rock, and water gushed out;
it flowed like a river in the desert.

42 For he remembered his holy promise
given to his servant Abraham.
43 He brought out his people with rejoicing,
his chosen ones with shouts of joy;

Alors la parole prononcée par l'Eternel montra qu'il avait raison :
20 le roi ordonna de le délier ;
le dominateur des peuples le fit relâcher
21 et il l'établit seigneur sur son royaume,
il le nomma gouverneur de tous ses domaines
22 pour donner ses instructions à ses ministres
comme il le jugerait bon,
pour enseigner la sagesse à ses conseillers.
23 Puis Israël se rendit en Egypte,
Jacob émigra au pays de Cham.

24 Dieu rendit son peuple très fécond,
plus puissant que ses ennemis.
25 Il changea les dispositions de ceux-ci, qui se mirent
à haïr son peuple,
à préparer le malheur de ses serviteurs[p].
26 Alors il leur envoya Moïse, son serviteur,
Aaron qu'il avait choisi.
27 En Egypte, ils accomplirent sur son ordre des
miracles
et de grands prodiges au pays de Cham.
28 Il envoya les ténèbres qui couvrirent le pays,
et les Egyptiens cessèrent de résister à ses ordres[q].
29 Il changea leurs eaux en sang
et fit mourir leurs poissons.
30 Il fit grouiller de grenouilles le pays entier
jusqu'aux chambres de leur roi.

31 Sur un ordre de sa part, parurent des mouches
venimeuses,
les moustiques envahirent le pays entier.
32 Au lieu de la pluie, il leur envoya la grêle
et il fit tomber la foudre sur tout leur pays.
33 Il frappa leurs vignes et leurs figuiers
et brisa les arbres de leur territoire.
34 Sur un ordre de sa part, d'innombrables sauterelles
et des criquets arrivèrent
35 pour dévorer toute l'herbe à travers tout le pays,
et tous les produits de leur terre.
36 Puis il fit mourir tous les fils aînés dans leur pays,
premiers fruits de leur vigueur virile,

37 et il fit sortir les siens avec de l'argent, de l'or,
sans qu'aucun trébuche parmi ses tribus.

38 Les Egyptiens se réjouirent de les voir partir,
car devant ce peuple, ils étaient terrorisés.
39 Il étendit la nuée comme un rideau protecteur,
et il fit briller un feu pour les éclairer la nuit.
40 Parce qu'ils le demandèrent, il leur envoya des
cailles
et les rassasia du pain qui venait du ciel.
41 Il fendit la roche, et l'eau en jaillit.
A travers la steppe aride, elle coula comme un
fleuve,
42 car il se souvint d'Abraham, son serviteur,
et de la promesse sainte qu'il lui avait faite.
43 Il fit sortir du pays son peuple dans l'allégresse
et ceux qu'il avait choisis avec des cris de triomphe.

p **105.25** Pour les v. 24-25, voir Ex 1.7-14.
q **105.28** Voir Ex 11.1-2. L'ancienne version grecque et la syriaque portent : *avaient résisté à ses ordres*.

44 he gave them the lands of the nations,
and they fell heir to what others had toiled for –
45 that they might keep his precepts
and observe his laws.
Praise the LORD.[u]

PSALM 106

1 Praise the LORD.[v]
Give thanks to the LORD, for he is good;
his love endures forever.
2 Who can proclaim the mighty acts of the LORD
or fully declare his praise?
3 Blessed are those who act justly,
who always do what is right.
4 Remember me, LORD, when you show favor to your people,
come to my aid when you save them,
5 that I may enjoy the prosperity of your chosen ones,
that I may share in the joy of your nation
and join your inheritance in giving praise.
6 We have sinned, even as our ancestors did;
we have done wrong and acted wickedly.

7 When our ancestors were in Egypt,
they gave no thought to your miracles;
they did not remember your many kindnesses,
and they rebelled by the sea, the Red Sea.[w]
8 Yet he saved them for his name's sake,
to make his mighty power known.
9 He rebuked the Red Sea, and it dried up;
he led them through the depths as through a desert.
10 He saved them from the hand of the foe;
from the hand of the enemy he redeemed them.
11 The waters covered their adversaries;
not one of them survived.
12 Then they believed his promises
and sang his praise.
13 But they soon forgot what he had done
and did not wait for his plan to unfold.
14 In the desert they gave in to their craving;
in the wilderness they put God to the test.
15 So he gave them what they asked for,
but sent a wasting disease among them.
16 In the camp they grew envious of Moses
and of Aaron, who was consecrated to the LORD.
17 The earth opened up and swallowed Dathan;
it buried the company of Abiram.

[u] 105:45 Hebrew *Hallelu Yah*
[v] 106:1 Hebrew *Hallelu Yah*; also in verse 48
[w] 106:7 Or *the Sea of Reeds*; also in verses 9 and 22

44 Il leur a donné les terres occupées par d'autres peuples
et les a fait profiter du travail que ces populations avaient accompli,
45 pour qu'ils obéissent à ce qu'il avait prescrit
et qu'ils respectent ses lois.
Louez l'Eternel !

PSAUME 106

Si nous sommes infidèles, Dieu demeure fidèle

1 Louez tous l'Eternel !
Célébrez l'Eternel car il est bon,
car son amour dure à toujours.
2 Qui saura dire tous les exploits de l'Eternel ?
Qui saura publier toutes les louanges dont il est digne ?
3 Heureux tous ceux qui respectent le droit
et qui font en tout temps ce qui est juste.
4 Pense à moi, Eternel, lorsque tu manifestes ta faveur à ton peuple !
Viens à mon aide pour me sauver !
5 Fais-moi voir le bonheur de tes élus !
Viens me réjouir de la joie de ton peuple
pour que je puisse me féliciter, de concert avec ceux qui t'appartiennent !
6 Comme nos pères, nous avons péché,
nous avons commis le mal, nous avons été coupables.
7 Car en Egypte, nos pères n'ont pas considéré tes prodiges,
ils n'ont pas tenu compte de tes nombreuses actions bienveillantes ;
ils se sont révoltés près de la mer, de la mer des Roseaux.
8 Dieu les sauva pour l'honneur de son nom
afin de manifester sa puissance.
9 Il apostropha la mer des Roseaux qui s'assécha ;
il les conduisit à travers les flots, comme à travers un désert.
10 Il les délivra de ceux qui les haïssaient,
et les sauva du pouvoir ennemi.
11 Les flots engloutirent leurs oppresseurs
et pas un seul d'entre eux n'en réchappa[r].
12 Alors son peuple a cru en ses paroles
et il s'est mis à chanter ses louanges.
13 Mais, bien vite ils ont oublié ses actes,
ils n'ont pas attendu de voir quels étaient ses projets.
14 Dans le désert, ils ont été remplis de convoitise,
ils ont voulu forcer la main à Dieu dans les terres arides[s].
15 Il leur a donné ce qu'ils demandaient,
mais il les a aussi fait dépérir.
16 Dans le camp, ils ont jalousé Moïse
et Aaron, qui était consacré à l'Eternel[t].
17 Alors la terre s'est ouverte et elle a englouti Datan,
elle a recouvert les gens d'Abiram.

[r] 106.11 Pour les v. 9-11, voir Ex 14.21-29.
[s] 106.14 Pour les v. 14-15, voir Nb 11.4-34.
[t] 106.16 Pour les v. 16-18, voir Nb 16.

[18] Fire blazed among their followers;
a flame consumed the wicked.
[19] At Horeb they made a calf
and worshiped an idol cast from metal.
[20] They exchanged their glorious God
for an image of a bull, which eats grass.
[21] They forgot the God who saved them,
who had done great things in Egypt,
[22] miracles in the land of Ham
and awesome deeds by the Red Sea.
[23] So he said he would destroy them –
had not Moses, his chosen one,
stood in the breach before him
to keep his wrath from destroying them.
[24] Then they despised the pleasant land;
they did not believe his promise.
[25] They grumbled in their tents
and did not obey the LORD.
[26] So he swore to them with uplifted hand
that he would make them fall in the wilderness,
[27] make their descendants fall among the nations
and scatter them throughout the lands.

[28] They yoked themselves to the Baal of Peor
and ate sacrifices offered to lifeless gods;
[29] they aroused the LORD's anger by their wicked deeds,
and a plague broke out among them.
[30] But Phinehas stood up and intervened,
and the plague was checked.
[31] This was credited to him as righteousness
for endless generations to come.
[32] By the waters of Meribah they angered the LORD,
and trouble came to Moses because of them;
[33] for they rebelled against the Spirit of God,
and rash words came from Moses' lips.[x]
[34] They did not destroy the peoples
as the LORD had commanded them,
[35] but they mingled with the nations
and adopted their customs.
[36] They worshiped their idols,
which became a snare to them.
[37] They sacrificed their sons
and their daughters to false gods.
[38] They shed innocent blood,
the blood of their sons and daughters,
whom they sacrificed to the idols of Canaan,
and the land was desecrated by their blood.
[39] They defiled themselves by what they did;

[x] 106:33 Or *against his spirit, / and rash words came from his lips*

[18] Le feu a consumé leur bande,
la flamme a embrasé tous ces méchants.
[19] A Horeb, ils ont façonné un veau
et se sont prosternés devant une idole en métal fondu[u].
[20] Ils ont troqué Dieu, leur sujet de gloire,
contre la représentation d'un bœuf broutant de l'herbe !
[21] Et ils ont oublié Dieu, leur Sauveur,
et ses exploits accomplis en Egypte,
[22] ses grands miracles au pays de Cham[v],
ses actes redoutables sur la mer des Roseaux.
[23] Aussi Dieu parla-t-il de les détruire.
Mais celui qu'il avait choisi, Moïse,
se tint devant lui pour intercéder
et détourner son courroux destructeur.
[24] Ils ont méprisé un pays de rêve
parce qu'ils n'ont pas cru à sa parole[w].
[25] Ils ont protesté au fond de leurs tentes,
ils ont désobéi à l'Eternel.
[26] Alors il agita la main contre eux
pour les faire périr dans le désert,
[27] pour disperser[x] leurs descendants parmi les autres peuples,
et les disséminer en tous pays.
[28] Ils se sont attachés au Baal de Peor,
et ils ont mangé des victimes qu'on avait sacrifiées à des dieux morts.
[29] Ils ont irrité Dieu par leurs agissements
et un fléau éclata parmi eux.
[30] Phinéas intervint en justicier,
et le fléau s'arrêta aussitôt.
[31] Cela lui fut compté comme acte juste
pour tous les âges, pour l'éternité.
[32] Ils ont irrité Dieu à Meriba
et ils ont causé du tort à Moïse.
[33] Ils l'ont si vivement exaspéré
qu'il s'est mis à parler sans réfléchir.
[34] Ils n'ont pas exterminé les peuplades
que l'Eternel leur avait désignées.
[35] Ils se sont mêlés aux populations païennes
et ont imité leurs agissements[y].
[36] Ils ont adoré leurs divinités,
qui sont devenues un piège pour eux.
[37] Ils ont même offert leurs fils et leurs filles
en sacrifice à des démons,
[38] ils ont répandu le sang innocent,
le sang de leurs fils, le sang de leurs filles
qu'ils ont sacrifiés aux idoles de Canaan.
Et le pays fut souillé par ces meurtres.
[39] Par leurs pratiques, ils se sont rendus impurs,

[u] **106.19** Pour les v. 19-23, voir Ex 32.1-14.
[v] **106.22** C'est-à-dire l'Egypte. Voir note 78.51.
[w] **106.24** Pour les v. 24-26, voir Nb 14.
[x] **106.27** D'après la version syriaque et un targoum. Texte hébreu traditionnel : *faire périr*. La différence tient à une lettre en hébreu, le texte ayant peut-être été modifié sous l'influence du verset précédent.
[y] **106.35** Pour les v. 35-36, voir Jg 2.1-3 ; 3.5-6.

by their deeds they prostituted themselves.
40 Therefore the LORD was angry with his people
and abhorred his inheritance.
41 He gave them into the hands of the nations,
and their foes ruled over them.
42 Their enemies oppressed them
and subjected them to their power.
43 Many times he delivered them,
but they were bent on rebellion
and they wasted away in their sin.
44 Yet he took note of their distress
when he heard their cry;
45 for their sake he remembered his covenant
and out of his great love he relented.
46 He caused all who held them captive
to show them mercy.
47 Save us, LORD our God,
and gather us from the nations,
that we may give thanks to your holy name
and glory in your praise.
48 Praise be to the LORD, the God of Israel,
from everlasting to everlasting.
Let all the people say, "Amen!"
Praise the LORD.

BOOK V

Psalms 107–150

PSALM 107

1 Give thanks to the LORD, for he is good;
his love endures forever.
2 Let the redeemed of the LORD tell their story –
those he redeemed from the hand of the foe,
3 those he gathered from the lands,
from east and west, from north and south.[y]
4 Some wandered in desert wastelands,
finding no way to a city where they could
settle.
5 They were hungry and thirsty,
and their lives ebbed away.
6 Then they cried out to the LORD in their trouble,
and he delivered them from their distress.
7 He led them by a straight way
to a city where they could settle.
8 Let them give thanks to the LORD for his
unfailing love
and his wonderful deeds for mankind,
9 for he satisfies the thirsty
and fills the hungry with good things.
10 Some sat in darkness, in utter darkness,
prisoners suffering in iron chains,
11 because they rebelled against God's commands
and despised the plans of the Most High.

y 107:3 Hebrew *north and the sea*

ils se sont prostitués par leurs actes[z].
40 L'Eternel se mit en colère contre son peuple
et il prit en aversion tous les siens.
41 Il les livra à la merci de peuples étrangers,
ceux qui les haïssaient dominèrent sur eux.
42 Leurs ennemis les opprimèrent
et les humilièrent[a].
43 Bien souvent, l'Eternel les délivra,
mais ils ne pensaient qu'à se révolter,
et ils s'obstinaient dans leur faute.
44 Pourtant, il considéra leur détresse
quand il entendit leurs cris suppliants.
45 Il prit en compte en leur faveur son alliance,
et il renonça à les affliger car son amour pour eux
était très grand.
46 Il éveilla pour eux la compassion
de tous ceux qui les retenaient captifs.
47 Délivre-nous, Eternel, notre Dieu !
Rassemble-nous du sein des autres peuples !
Nous te célébrerons, toi qui es saint,
et mettrons notre gloire à te louer.
48 Béni soit l'Eternel, Dieu d'Israël,
d'éternité jusqu'en éternité
et que le peuple entier réponde : « Amen ! »
Louez l'Eternel !

CINQUIÈME LIVRE

PSAUME 107

Cantique des rachetés

1 Célébrez l'Eternel, car il est bon,
car son amour dure à toujours.
2 Qu'ils le proclament, tous ceux que l'Eternel a
délivrés,
qu'il a sauvés des mains de l'oppresseur,
3 et qu'il a rassemblés de tous pays :
de l'est, de l'ouest, du nord et du midi[b].
4 Les uns erraient dans le désert où il n'y a personne
sans trouver le chemin d'une ville habitée.
5 Ils étaient affamés, ils avaient soif,
et ils étaient tout près de défaillir.
6 Dans leur détresse, ils crièrent à l'Eternel,
et il les délivra de leurs angoisses.
7 Il les mena par un chemin tout droit
et les dirigea vers une ville habitable.
8 Qu'ils louent donc l'Eternel pour son amour,
pour ses merveilles en faveur des humains !
9 Il a désaltéré les assoiffés,
il a comblé de biens les affamés.
10 D'autres se trouvaient dans des lieux, où régnaient
d'épaisses ténèbres et l'obscurité la plus noire,
enchaînés dans la misère et les fers
11 pour avoir bravé les commandements de Dieu
et méprisé les desseins du Très-Haut.

z **106.39** En s'unissant à de faux dieux. L'idolâtrie est souvent qualifiée de prostitution dans l'Ancien Testament (Jr 3.6-9 ; Ez 23.3, 5-8 ; Os 1.2 ; 2.4 ; 4.12-14 ; 5.3 ; 6.10). La pratique de la prostitution sacrée accompagnait souvent aussi les cultes idolâtres.
a **106.42** Autre traduction : *se les assujettirent.*
b **107.3** D'après la version syriaque. Texte hébreu traditionnel : *la mer.*

12 So he subjected them to bitter labor;
they stumbled, and there was no one to help.
13 Then they cried to the LORD in their trouble,
and he saved them from their distress.
14 He brought them out of darkness, the utter darkness,
and broke away their chains.
15 Let them give thanks to the LORD for his unfailing love
and his wonderful deeds for mankind,
16 for he breaks down gates of bronze
and cuts through bars of iron.
17 Some became fools through their rebellious ways
and suffered affliction because of their iniquities.
18 They loathed all food
and drew near the gates of death.
19 Then they cried to the LORD in their trouble,
and he saved them from their distress.
20 He sent out his word and healed them;
he rescued them from the grave.
21 Let them give thanks to the LORD for his unfailing love
and his wonderful deeds for mankind.
22 Let them sacrifice thank offerings
and tell of his works with songs of joy.

23 Some went out on the sea in ships;
they were merchants on the mighty waters.
24 They saw the works of the LORD,
his wonderful deeds in the deep.
25 For he spoke and stirred up a tempest
that lifted high the waves.
26 They mounted up to the heavens and went down to the depths;
in their peril their courage melted away.
27 They reeled and staggered like drunkards;
they were at their wits' end.
28 Then they cried out to the LORD in their trouble,
and he brought them out of their distress.
29 He stilled the storm to a whisper;
the waves of the sea[z] were hushed.
30 They were glad when it grew calm,
and he guided them to their desired haven.
31 Let them give thanks to the LORD for his unfailing love
and his wonderful deeds for mankind.
32 Let them exalt him in the assembly of the people
and praise him in the council of the elders.
33 He turned rivers into a desert,
flowing springs into thirsty ground,
34 and fruitful land into a salt waste,
because of the wickedness of those who lived there.

[z] 107:29 Dead Sea Scrolls; Masoretic Text / *their waves*

12 Il les humilia en les astreignant à un dur labeur :
ils succombaient, privés de tout secours.
13 Dans leur détresse, ils crièrent à l'Eternel,
et il les délivra de leurs angoisses.
14 Il les fit sortir des lieux sombres et ténébreux,
il rompit les liens qui les retenaient.
15 Qu'ils louent donc l'Eternel pour son amour,
pour ses merveilles en faveur des humains !
16 Car il a brisé les portes de bronze
et il a rompu les verrous de fer.
17 Des insensés, vivant dans le péché,
s'étaient rendus malheureux par leurs fautes.
18 Tout aliment répugnait à leur bouche,
ils approchaient des portes de la mort.
19 Dans leur détresse, ils crièrent à l'Eternel,
et il les délivra de leurs angoisses.
20 Il dit un mot et les guérit,
et il les fit échapper à la tombe.
21 Qu'ils louent donc l'Eternel pour son amour,
pour ses merveilles en faveur des humains !
22 Et qu'ils lui offrent des sacrifices de reconnaissance ;
qu'avec des cris de joie, ils racontent ses œuvres.
23 D'autres s'étaient embarqués sur la mer, dans des bateaux
et ils vaquaient à leurs occupations sur de profondes eaux.
24 Ceux-là ont vu les œuvres de l'Eternel,
et ses prodiges sur la haute mer.
25 A sa parole, il fit lever un vent impétueux
qui souleva les flots.
26 Tantôt ils étaient portés jusqu'au ciel,
tantôt ils retombaient dans les abîmes,
et ainsi mis à mal, ils défaillaient.
27 Pris de vertige, ils titubaient comme ivres,
et tout leur savoir-faire s'était évanoui.
28 Dans leur détresse, ils crièrent à l'Eternel,
et il les délivra de leurs angoisses.
29 Il calma la tempête,
et fit taire les flots qui s'étaient soulevés contre eux.
30 Ce calme fut pour eux cause de joie
et Dieu les guida au port désiré.
31 Qu'ils louent donc l'Eternel pour son amour,
pour ses merveilles en faveur des humains !
32 Qu'ils disent sa grandeur dans l'assemblée du peuple,
et qu'ils le louent au conseil des autorités[c].
33 Il peut faire tarir les fleuves et les transformer en désert,
ou changer les sources d'eau en lieux secs ;
34 d'un sol fertile, il fait une saline[d]

[c] **107.32** L'assemblée du peuple pour le culte et le conseil des responsables réunis aux portes de la ville où se traitaient les affaires publiques étaient les lieux où celui qui avait été délivré pouvait rendre témoignage à Dieu.
[d] **107.34** Le sel rend le sol stérile (Gn 13.10 ; 14.3 ; 19.24-26 ; Dt 29.22).

35 He turned the desert into pools of water
and the parched ground into flowing springs;
36 there he brought the hungry to live,
and they founded a city where they could settle.
37 They sowed fields and planted vineyards
that yielded a fruitful harvest;
38 he blessed them, and their numbers greatly increased,
and he did not let their herds diminish.
39 Then their numbers decreased, and they were humbled
by oppression, calamity and sorrow;
40 he who pours contempt on nobles
made them wander in a trackless waste.
41 But he lifted the needy out of their affliction
and increased their families like flocks.
42 The upright see and rejoice,
but all the wicked shut their mouths.
43 Let the one who is wise heed these things
and ponder the loving deeds of the LORD.

PSALM 108

A song. A psalm of David.

1 My heart, O God, is steadfast;
I will sing and make music with all my soul.

2 Awake, harp and lyre!
I will awaken the dawn.
3 I will praise you, LORD, among the nations;
I will sing of you among the peoples.
4 For great is your love, higher than the heavens;
your faithfulness reaches to the skies.
5 Be exalted, O God, above the heavens;
let your glory be over all the earth.
6 Save us and help us with your right hand,
that those you love may be delivered.
7 God has spoken from his sanctuary:
"In triumph I will parcel out Shechem
and measure off the Valley of Sukkoth.
8 Gilead is mine, Manasseh is mine;
Ephraim is my helmet,
Judah is my scepter.
9 Moab is my washbasin,
on Edom I toss my sandal;
over Philistia I shout in triumph."

10 Who will bring me to the fortified city?
Who will lead me to Edom?
11 Is it not you, God, you who have rejected us
and no longer go out with our armies?
12 Give us aid against the enemy,

[a] In Hebrew texts 108:1-13 is numbered 108:2-14.

quand ses habitants pratiquent le mal.
35 Mais il change aussi le désert en lac
et la terre aride en sources d'eau vive,
36 et il y établit ceux qui ont faim,
pour qu'ils y fondent une ville habitable,

37 qu'ils ensemencent des champs et plantent des vignes
qui porteront des fruits en abondance.
38 Il les bénit en sorte qu'ils se multiplient,
Et il ne laisse pas décroître leur bétail.

39 D'autres sont réduits à un petit nombre, écrasés sous le poids
de l'oppression, du malheur et de la souffrance.
40 Dieu répand le mépris sur les puissants,
les fait errer dans un désert sans route.
41 Mais il délivre le pauvre de la détresse
et rend les familles fécondes comme le petit bétail.
42 Les hommes droits le voient et ils s'en réjouissent,
mais toute méchanceté a la bouche close.
43 Que celui qui est sage prête attention à tout cela,
et qu'il médite sur l'amour de l'Eternel.

PSAUME 108

Je triompherai[e]

1 *Psaume de David. Cantique.*
2 Mon cœur est tranquille[f], ô mon Dieu,
et ma gloire, c'est de te chanter, de te célébrer en musique[g] !
3 Vite, éveillez-vous, luth et lyre !
Je veux éveiller l'aurore.
4 Je veux te louer, Eternel, au milieu des peuples,
et te célébrer en musique parmi les nations.
5 Ton amour s'élève plus haut que les cieux,
ta fidélité jusqu'aux nues.
6 O Dieu, manifeste ta grandeur au-dessus des cieux
et ta gloire sur toute la terre !
7 Afin que tes bien-aimés voient la délivrance,
interviens et sauve-nous ! Réponds-moi !
8 Dieu l'a déclaré dans son sanctuaire[h] : « Je triompherai !
Je vais partager Sichem. Je vais mesurer au cordeau
le val de Soukkoth.
9 A moi Galaad ! A moi Manassé !
Ephraïm est un casque pour ma tête.
Mon sceptre royal, c'est Juda,
10 et, pour me laver, Moab me sert de bassine,
sur Edom, je jette ma sandale.
Et contre la Philistie, je pousse des cris de triomphe. »
11 Qui me mènera à la ville forte ?
Qui me conduira à Edom ?
12 Ne nous as-tu pas rejetés, ô Dieu,
toi qui ne sors plus, ô Dieu, avec nos armées ?
13 Viens nous secourir contre l'ennemi[i] !

[e] **108** Pour les v. 2-6, voir 57.8-12; pour les v. 7-14, voir 60.7-14.
[f] **108.2** Autre traduction : *est assuré.*
[g] **108.2** Autres traductions : *Je te chanterai et te célébrerai en musique, toi q est ma gloire* ; ou : *Je te chanterai ... en musique de tout mon cœur.*
[h] **108.8** Autre traduction : *dans sa sainteté.*
[i] **108.13** Autre traduction : *dans la détresse.*

for human help is worthless.

13 With God we will gain the victory,
and he will trample down our enemies.

Psalm 109

For the director of music. Of David. A psalm.

1 My God, whom I praise,
do not remain silent,
2 for people who are wicked and deceitful
have opened their mouths against me;
they have spoken against me with lying
tongues.
3 With words of hatred they surround me;
they attack me without cause.
4 In return for my friendship they accuse me,
but I am a man of prayer.
5 They repay me evil for good,
and hatred for my friendship.
6 Appoint someone evil to oppose my enemy;
let an accuser stand at his right hand.
7 When he is tried, let him be found guilty,
and may his prayers condemn him.
8 May his days be few;
may another take his place of leadership.
9 May his children be fatherless
and his wife a widow.
10 May his children be wandering beggars;
may they be driven[b] from their ruined
homes.
11 May a creditor seize all he has;
may strangers plunder the fruits of his labor.

12 May no one extend kindness to him
or take pity on his fatherless children.

13 May his descendants be cut off,
their names blotted out from the next
generation.
14 May the iniquity of his fathers be remembered
before the Lord;
may the sin of his mother never be blotted
out.
15 May their sins always remain before the Lord,
that he may blot out their name from the
earth.
16 For he never thought of doing a kindness,
but hounded to death the poor
and the needy and the brokenhearted.

17 He loved to pronounce a curse –
may it come back on him.
He found no pleasure in blessing –
may it be far from him.

[b] 109:10 Septuagint; Hebrew *sought*

Car il est bien illusoire, le secours venant des
hommes.
14 Mais avec Dieu nous ferons des exploits,
c'est lui qui écrasera tous nos ennemis.

Psaume 109

Sors de ton silence, ô Dieu !

1 *Au chef de chœur. Psaume de David.*
Dieu, toi que je loue, ne reste pas silencieux,
2 car des gens méchants ouvrent contre moi leur
bouche empreinte de tromperie,
et ils tiennent contre moi des propos menteurs.

3 Ils m'entourent de paroles que la haine inspire.
Sans cause, ils me font la guerre.
4 Pour prix de mon amitié, ils m'ont accusé,
tandis que moi, je suis en prière.
5 Ils me font du mal pour le bien que je leur fais,
et mon amitié est payée de haine.
6 Soumets-le à un méchant[j] !
Qu'un accusateur se tienne à sa droite !
7 Que, lors de son jugement, il soit déclaré coupable,
que sa prière serve à le condamner !
8 Que ses jours soient abrégés,
qu'un autre prenne sa charge[k] !
9 Que ses fils soient orphelins,
que sa femme reste veuve,
10 que ses enfants soient errants, qu'ils mendient leur
pain[l],
et qu'ils soient réduits à quémander loin de leur
demeure en ruine !
11 Que le créancier prenne tout son bien !
Que des étrangers ravissent le produit de son
labeur !
12 Qu'il n'y ait personne qui lui manifeste de la
bienveillance
et qui ait pitié de ses orphelins !
13 Que ses descendants soient exterminés
et qu'à la génération suivante, leur nom disparaisse.

14 Que le péché de ses pères soit pris en compte par
l'Eternel,
Que les fautes de sa mère ne soient jamais effacées !

15 Que l'Eternel constamment, les ait en ligne de
mire !
Que leur souvenir soit extirpé de la terre !
16 Car cet homme ne s'est jamais appliqué à agir avec
bonté,
et il a persécuté le pauvre, le démuni,
l'homme au cœur brisé, jusqu'à le faire mourir.
17 Il aimait maudire : que la malédiction vienne le
frapper !
Il refusait de bénir : que la bénédiction fuie loin de
lui !

[j] **109.6** Dans les v. 6-19, le psalmiste lance des imprécations contre ses adversaires qui sont motivées par le souci que la justice soit rétablie pour la gloire de Dieu, ainsi que par le désir légitime d'être délivré de ses ennemis. D'autres comprennent ces versets comme une citation des propos tenus par les « gens méchants » contre le psalmiste.
[k] **109.8** Cité en Ac 1.20.
[l] **109.10** Texte hébreu traditionnel. L'ancienne version grecque a : *qu'ils soient expulsés.*

[18] He wore cursing as his garment;
it entered into his body like water,
into his bones like oil.

[19] May it be like a cloak wrapped about him,
like a belt tied forever around him.

[20] May this be the LORD's payment to my accusers,
to those who speak evil of me.

[21] But you, Sovereign LORD,
help me for your name's sake;
out of the goodness of your love, deliver me.
[22] For I am poor and needy,
and my heart is wounded within me.
[23] I fade away like an evening shadow;
I am shaken off like a locust.

[24] My knees give way from fasting;
my body is thin and gaunt.
[25] I am an object of scorn to my accusers;
when they see me, they shake their heads.
[26] Help me, LORD my God;
save me according to your unfailing love.
[27] Let them know that it is your hand,
that you, LORD, have done it.
[28] While they curse, may you bless;
may those who attack me be put to shame,
but may your servant rejoice.

[29] May my accusers be clothed with disgrace
and wrapped in shame as in a cloak.

[30] With my mouth I will greatly extol the LORD;
in the great throng of worshipers I will
praise him.
[31] For he stands at the right hand of the needy,
to save their lives from those who would
condemn them.

PSALM 110

Of David. A psalm.

[1] The LORD says to my lord:[c]
"Sit at my right hand
until I make your enemies
a footstool for your feet."

[2] The LORD will extend your mighty scepter from
Zion, saying,
"Rule in the midst of your enemies!"
[3] Your troops will be willing

[c] 110:1 Or Lord

[18] Puisqu'il endossait la malédiction comme un
vêtement,
qu'elle le pénètre comme ferait l'eau,
et qu'elle entre en lui jusque dans ses os comme
ferait l'huile !
[19] Qu'elle l'enveloppe comme un vêtement,
comme une ceinture sans cesse attachée autour de
ses reins !
[20] Que ce soit ainsi, que l'Eternel paie mes
accusateurs
et ceux qui me calomnient.
[21] Et toi, Eternel, Seigneur,
interviens en ma faveur en vue de ta renommée !
Toi dont l'amour est si bon, viens me délivrer !
[22] Je suis affligé et pauvre
et mon cœur est déchiré au-dedans de moi.
[23] Comme l'ombre qui s'étire, je m'évanouis ;
Et l'on me secoue comme on le ferait d'une
sauterelle.
[24] Mes genoux flageolent par l'effet du jeûne
et mon corps est amaigri.
[25] Je suis, pour ces gens, un sujet de raillerie.
Dès qu'ils m'aperçoivent, ils hochent la tête.
[26] A l'aide, Eternel, mon Dieu !
Sauve-moi dans ton amour !
[27] Que mes ennemis puissent reconnaître
que c'est toi seul, Eternel, toi seul qui as fait cela.
[28] Ils peuvent maudire, toi, tu béniras !
Ils se dressent contre moi ... Ils seront couverts de
honte !
Et ton serviteur sera dans la joie.
[29] Que ceux qui m'accusent soient couverts de
déshonneur !
Qu'ils soient revêtus de honte comme d'un
manteau !
[30] Je célébrerai l'Eternel à pleine voix,
et je le glorifierai parmi les foules nombreuses,

[31] car il se tient aux côtés du pauvre
pour le délivrer de ceux qui l'assignent en justice.

PSAUME 110

Le Roi-Prêtre

[1] *Psaume de David.*
Déclaration de l'Eternel. Il dit à mon Seigneur :
« Viens siéger à ma droite[m]
jusqu'à ce que j'aie mis tes ennemis à terre sous tes
pieds[n]. »
[2] L'Eternel étendra de Sion ton pouvoir royal,
et tu domineras parmi tes ennemis.

[3] Au jour où tu ranges tes forces en ordre de
bataille[o],
ton peuple est plein d'ardeur

[m] **110.1** La droite du roi est la place d'honneur (45.10 ; 1 R 2.19).
[n] **110.1** Les trônes antiques étaient placés très haut, il fallait donc un marchepied ou des marches pour y accéder (2 Ch 9.18). Comme le montrent des représentations égyptiennes et assyriennes, les rois vainqueurs posaient leur pied sur la nuque des vaincus (voir Jos 10.24 ; 1 R 5.17). Cité en Mc 12.36 ; Hé 1.13. Voir aussi Mc 14.62 ; 16.19 ; Hé 1.3 ; 8.1.
[o] **110.3** Autre traduction : *Au jour où tu fais preuve de force pour le combat.*

on your day of battle.
Arrayed in holy splendor,
your young men will come to you
like dew from the morning's womb.[d]
4 The LORD has sworn
and will not change his mind:
"You are a priest forever,
in the order of Melchizedek."
5 The Lord is at your right hand[e];
he will crush kings on the day of his wrath.
6 He will judge the nations, heaping up the dead
and crushing the rulers of the whole earth.
7 He will drink from a brook along the way,[f]
and so he will lift his head high.

PSALM 111

1 Praise the LORD.[h]
I will extol the LORD with all my heart
in the council of the upright and in the
assembly.
2 Great are the works of the LORD;
they are pondered by all who delight in
them.
3 Glorious and majestic are his deeds,
and his righteousness endures forever.
4 He has caused his wonders to be remembered;
the LORD is gracious and compassionate.
5 He provides food for those who fear him;
he remembers his covenant forever.
6 He has shown his people the power of his
works,
giving them the lands of other nations.
7 The works of his hands are faithful and just;
all his precepts are trustworthy.
8 They are established for ever and ever,
enacted in faithfulness and uprightness.
9 He provided redemption for his people;
he ordained his covenant forever –
holy and awesome is his name.
10 The fear of the LORD is the beginning of wisdom;
all who follow his precepts have good
understanding.
To him belongs eternal praise.

PSALM 112

1 Praise the LORD.[j]
Blessed are those who fear the LORD,

10:3 The meaning of the Hebrew for this sentence is uncertain.
10:5 Or *My lord is at your right hand, LORD*
10:7 The meaning of the Hebrew for this clause is uncertain.
his psalm is an acrostic poem, the lines of which begin with the
ccessive letters of the Hebrew alphabet.
11:1 Hebrew *Hallelu Yah*
his psalm is an acrostic poem, the lines of which begin with the
ccessive letters of the Hebrew alphabet.
12:1 Hebrew *Hallelu Yah*

et, du sein de l'aurore,
dans de saintes parures[p],
tous tes jeunes guerriers se presseront vers toi
comme naît la rosée[q].
4 L'Eternel l'a juré, il ne reviendra pas sur son
engagement :
« Tu seras prêtre pour toujours
selon la ligne de Melchisédek[r]. »
5 Le Seigneur, à ta droite,
va écraser des rois au jour de sa colère.
6 Il exerce le jugement parmi les peuples ; les
cadavres s'entassent,
il écrase des chefs de par la terre entière[s].
7 En chemin, le roi s'abreuve au torrent,
puis relève la tête.

PSAUME 111

Il a fait des merveilles[t]

1 Louez l'Eternel !
Je mettrai tout mon cœur à louer l'Eternel
dans l'assemblée, dans le conseil des justes.
2 L'Eternel accomplit des œuvres admirables,
elles sont méditées par tous ceux qui les aiment.
3 Ses actes manifestent sa gloire et sa splendeur.
Et sa justice subsiste pour l'éternité.
4 Il fait qu'on se souvienne de ses prodiges.
L'Eternel est compatissant, et il fait grâce.
5 Il a pourvu de quoi manger pour ceux qui le
craignaient[u].
Il se souvient toujours de son alliance.
6 Il a manifesté sa puissance à son peuple en agissant
pour lui
quand il lui a donné le pays d'autres peuples.
7 Tout ce qu'il fait témoigne qu'il est fidèle et juste ;
tous ses commandements sont dignes de confiance ;
8 ils sont bien établis pour toute éternité,
et fondés sur la vérité et la droiture[v].
9 Il a accordé la délivrance à son peuple,
et il a conclu avec lui une alliance éternelle.
C'est un Dieu saint et redoutable.
10 La sagesse commence par la crainte de l'Eternel.
Qui observe ses lois a une saine intelligence.
Sa louange subsiste jusqu'en l'éternité.

PSAUME 112

Le bonheur des fidèles[w]

1 Louez l'Eternel !
Heureux est l'homme qui craint l'Eternel

p **110.3** Certains manuscrits et versions anciennes portent : *sur les montagnes saintes.* La différence vient de la confusion entre deux lettres très ressemblantes en hébreu.
q **110.3** Texte difficile. Autre traduction : *Tu conserves la rosée de la jeunesse.* L'ancienne version grecque a : *je t'ai engendré avant l'aurore et la version syriaque : je t'ai engendré, toi, comme enfant.*
r **110.4** Sur Melchisédek, voir Gn 14.18. Cité en Hé 5.6 ; 7.17, 21. Voir Hé 6.20.
s **110.6** Autre traduction : *Il écrase le chef d'un grand pays.*
t **111** Psaume alphabétique (cf. note 9.1).
u **111.5** Il s'agit sans doute ici d'une référence à la manne.
v **111.8** Autre traduction : *et destinés à être obéis avec vérité et droiture.*
w **112** Psaume alphabétique (cf. note 9.1) qui répond au Ps 111.

who find great delight in his commands.
2 Their children will be mighty in the land;
the generation of the upright will be blessed.
3 Wealth and riches are in their houses,
and their righteousness endures forever.
4 Even in darkness light dawns for the upright,
for those who are gracious and
compassionate and righteous.
5 Good will come to those who are generous and
lend freely,
who conduct their affairs with justice.
6 Surely the righteous will never be shaken;
they will be remembered forever.
7 They will have no fear of bad news;
their hearts are steadfast, trusting in the
Lord.
8 Their hearts are secure, they will have no fear;
in the end they will look in triumph on their
foes.
9 They have freely scattered their gifts to the
poor,
their righteousness endures forever;
their horn[k] will be lifted high in honor.
10 The wicked will see and be vexed,
they will gnash their teeth and waste away;
the longings of the wicked will come to
nothing.

Psalm 113

1 Praise the Lord.[l]
Praise the Lord, you his servants;
praise the name of the Lord.
2 Let the name of the Lord be praised,
both now and forevermore.
3 From the rising of the sun to the place where it
sets,
the name of the Lord is to be praised.
4 The Lord is exalted over all the nations,
his glory above the heavens.
5 Who is like the Lord our God,
the One who sits enthroned on high,
6 who stoops down to look
on the heavens and the earth?
7 He raises the poor from the dust
and lifts the needy from the ash heap;
8 he seats them with princes,
with the princes of his people.
9 He settles the childless woman in her home
as a happy mother of children.
Praise the Lord.

[k] **112:9** *Horn* here symbolizes dignity.
[l] **113:1** Hebrew *Hallelu Yah*; also in verse 9

et trouve un grand plaisir à ses commandements !
2 Sa postérité sera forte dans le pays
et la génération du juste sera bénie.
3 Abondance et richesse règnent dans sa maison,
et sa conduite juste sera pour toujours prise en
compte[x].
4 Une lumière luit dans les ténèbres, pour les gens
droits,
ceux qui font grâce, qui sont compatissants et
justes.
5 Il est bon qu'un homme ait de l'empathie et qu'il
prête à autrui,
et qu'avec équité, il gère ses affaires ;
6 ainsi ne trébuchera-t-il jamais,
et l'on se souviendra du juste pour toujours.
7 Il ne craint pas de mauvaises nouvelles,
il a le cœur tranquille, confiant en l'Eternel.
8 Plein d'assurance, il est sans crainte,
dans l'attente de voir le sort réservé à ses ennemis
9 Il donne aux pauvres avec largesse,
et sa conduite juste sera pour toujours prise en
compte[y].
Il peut garder la tête haute et il est honoré.
10 Le méchant le constate et s'en irrite,
grince des dents et se démoralise.
Le désir des méchants n'aboutira à rien.

Psaume 113

Le Dieu incomparable

1 Louez l'Eternel[z] !
Louez l'Eternel vous ses serviteurs !
Louez-le, lui, l'Eternel !
2 Que l'Eternel soit béni
dès maintenant et toujours !
3 De l'Orient jusqu'à l'Occident,
que l'Eternel soit loué.
4 L'Eternel est élevé au-dessus de tous les peuples.
Sa gloire est plus haute que le ciel.
5 Qui est comparable à l'Eternel notre Dieu ?
Dans les lieux très-hauts, il siège,
6 mais il s'abaisse pour voir
le ciel et la terre.
7 Il arrache à la poussière l'homme pauvre,
du tas de fumier, il élève l'indigent
8 pour le faire asseoir parmi les notables,
les notables de son peuple.
9 Il installe en sa maison la femme stérile,
et elle y connaît la joie d'être mère de nombreux
enfants[a].

[x] **112.3** En hébreu, la formulation est identique à celle de Ps 111.3b, *ma le contexte implique un sens différent.*
[y] **112.9** Voir note v. 3. Cité en 2 Co 9.9 d'après l'ancienne version grecqu
[z] **113.1** Cet hymne célébrant la majesté et la bonté de l'Eternel introdu la série des Ps 113 à 118 appelée le Hallel. Ces psaumes étaient chantés lors des grandes fêtes israélites (Pâque, fête des Semaines, des Cabane de la Dédicace, nouvelle lune, voir Nb 10.10 ; Jn 10.22). Lors de la Pâque, on chantait les Ps 113 et 114 avant la seconde coupe (donc avant le rep même).
[a] **113.9** Dans la société antique, la stérilité d'une femme était une gran disgrâce et une terrible tragédie (voir Gn 30.1 ; 1 S 1.6-7, 10).

Praise the Lord.

Psalm 114

[1] When Israel came out of Egypt,
Jacob from a people of foreign tongue,
[2] Judah became God's sanctuary,
Israel his dominion.
[3] The sea looked and fled,
the Jordan turned back;
[4] the mountains leaped like rams,
the hills like lambs.

[5] Why was it, sea, that you fled?
Why, Jordan, did you turn back?
[6] Why, mountains, did you leap like rams,
you hills, like lambs?
[7] Tremble, earth, at the presence of the Lord,
at the presence of the God of Jacob,
[8] who turned the rock into a pool,
the hard rock into springs of water.

Psalm 115

[1] Not to us, Lord, not to us
but to your name be the glory,
because of your love and faithfulness.
[2] Why do the nations say,
"Where is their God?"
[3] Our God is in heaven;
he does whatever pleases him.
[4] But their idols are silver and gold,
made by human hands.
[5] They have mouths, but cannot speak,
eyes, but cannot see.
[6] They have ears, but cannot hear,
noses, but cannot smell.
[7] They have hands, but cannot feel,
feet, but cannot walk,
nor can they utter a sound with their
throats.
[8] Those who make them will be like them,
and so will all who trust in them.
[9] All you Israelites, trust in the Lord –
he is their help and shield.
[10] House of Aaron, trust in the Lord –
he is their help and shield.
[11] You who fear him, trust in the Lord –
he is their help and shield.

[12] The Lord remembers us and will bless us:
He will bless his people Israel,
he will bless the house of Aaron,
[13] he will bless those who fear the Lord –
small and great alike.

Louez l'Eternel !

Psaume 114

Quand Israël sortit d'Egypte

[1] Quand Israël sortit d'Egypte,
quand les descendants de Jacob quittèrent un
peuple parlant une langue étrangère,
[2] Juda devint le sanctuaire de l'Eternel,
Israël devint son domaine.
[3] La mer le vit et prit la fuite,
le Jourdain reflua,
[4] et les montagnes se mirent à bondir tout comme
des béliers,
et les collines tout comme des cabris.
[5] Qu'avais-tu, mer, pour fuir ainsi ?
Et toi, Jourdain, pour refluer ?
[6] Et vous, montagnes, qu'aviez-vous pour bondir
comme des béliers,
et vous, collines, tout comme des cabris ?
[7] O terre, tremble devant le Seigneur,
oui, devant le Dieu de Jacob :
[8] il change le roc en étang,
la pierre en source jaillissante.

Psaume 115

A Dieu seul la gloire !

[1] Non pas à nous, ô Eternel, non pas à nous,
mais à toi seul la gloire,
pour ton amour et ta fidélité !
[2] Pourquoi les autres peuples diraient-ils :
« Où est leur Dieu ? »
[3] Notre Dieu est au ciel,
il fait tout ce qu'il veut.
[4] Mais leurs idoles sont d'argent et d'or,
fabriquées par des hommes.
[5] Elles ont une bouche mais ne peuvent parler !
Elles ont bien des yeux, mais elles ne voient pas.
[6] Elles ont des oreilles, mais qui n'entendent rien ;
elles ont des narines mais qui ne sentent rien.
[7] Elles ont bien des mains, mais ne peuvent toucher ;
elles ont bien des pieds, mais ne peuvent marcher.
De leur gorge, jamais aucun son ne s'échappe.

[8] Ils leur ressemblent, tous ceux qui les fabriquent,
tous ceux qui mettent leur confiance en elles[b].
[9] Gens d'Israël, mettez votre confiance en l'Eternel !
Il est votre secours et votre bouclier.
[10] Descendants d'Aaron[c], mettez votre confiance en
l'Eternel !
Il est votre secours et votre bouclier.
[11] Et vous qui craignez l'Eternel, mettez votre
confiance en l'Eternel !
Il est votre secours et votre bouclier.
[12] L'Eternel s'occupe de nous : il bénira ;
il bénira le peuple d'Israël.
Il bénira la descendance d'Aaron.
[13] Il bénira tous ceux qui craignent l'Eternel,
du plus petit jusqu'au plus grand.

[b] **115.8** Pour les v. 4-8, voir 135.15-18.
[c] **115.10** C'est-à-dire les prêtres (voir Ex 28.1, 43).

[14] May the LORD cause you to flourish,
both you and your children.
[15] May you be blessed by the LORD,
the Maker of heaven and earth.
[16] The highest heavens belong to the LORD,
but the earth he has given to mankind.
[17] It is not the dead who praise the LORD,
those who go down to the place of silence;
[18] it is we who extol the LORD,
both now and forevermore.
Praise the LORD.[m]

PSALM 116

[1] I love the LORD, for he heard my voice;
he heard my cry for mercy.
[2] Because he turned his ear to me,
I will call on him as long as I live.
[3] The cords of death entangled me,
the anguish of the grave came over me;
I was overcome by distress and sorrow.
[4] Then I called on the name of the LORD:
"LORD, save me!"
[5] The LORD is gracious and righteous;
our God is full of compassion.
[6] The LORD protects the unwary;
when I was brought low, he saved me.
[7] Return to your rest, my soul,
for the LORD has been good to you.
[8] For you, LORD, have delivered me from death,
my eyes from tears,
my feet from stumbling,
[9] that I may walk before the LORD
in the land of the living.
[10] I trusted in the LORD when I said,
"I am greatly afflicted";
[11] in my alarm I said,
"Everyone is a liar."
[12] What shall I return to the LORD
for all his goodness to me?
[13] I will lift up the cup of salvation
and call on the name of the LORD.
[14] I will fulfill my vows to the LORD
in the presence of all his people.
[15] Precious in the sight of the LORD
is the death of his faithful servants.
[16] Truly I am your servant, LORD;
I serve you just as my mother did;
you have freed me from my chains.
[17] I will sacrifice a thank offering to you
and call on the name of the LORD.
[18] I will fulfill my vows to the LORD

[m] 115:18 Hebrew *Hallelu Yah*

[14] Que l'Eternel vous multiplie,
et vous et vos enfants !
[15] Soyez bénis par l'Eternel
qui a fait le ciel et la terre !
[16] Le ciel ? Il appartient à l'Eternel ;
quant à la terre, il l'a donnée aux hommes.
[17] Les morts ne louent pas l'Eternel,
ni aucun de ceux qui descendent au pays du silence
[18] Quant à nous, nous bénirons l'Eternel,
dès maintenant et à jamais.
Louez l'Eternel !

PSAUME 116

Le Seigneur entend ma voix

[1] Oui, j'aime l'Eternel car il m'entend
lorsque je le supplie :
[2] il m'a prêté l'oreille ;
je l'invoquerai donc tous les jours de ma vie.
[3] Les cordes de la mort s'enroulaient tout autour de
moi,
les terreurs du séjour des morts m'avaient déjà sais
et j'étais accablé de tristesse et d'angoisse.
[4] Alors j'ai prié l'Eternel :
De grâce, ô Eternel, viens me sauver la vie !
[5] L'Eternel nous fait grâce et il est juste.
Notre Dieu est compatissant.
[6] L'Eternel garde les gens simples.
Quand j'étais démuni, il m'a sauvé.
[7] Retrouve donc le calme, mon âme,
car l'Eternel t'a fait du bien.
[8] Oui, tu m'as fait échapper à la mort,
tu as séché mes pleurs,
tu m'as préservé de la chute :
[9] ainsi je marcherai encore sous le regard de l'Etern
au pays des vivants.
[10] Oui, j'ai gardé confiance même quand je disais[d] :
« Je suis trop malheureux ! »
[11] Dans mon accablement, j'en venais à me dire :
« Ah, tout homme est menteur ! »
[12] Que puis-je rendre à l'Eternel
pour tous ses bienfaits envers moi ?
[13] J'élèverai la coupe du salut[e],
et j'invoquerai l'Eternel,
[14] et, devant tout son peuple,
j'accomplirai les vœux que j'ai faits envers l'Eterne
[15] Elle est précieuse aux yeux de l'Eternel
la vie de ceux qui lui sont attachés[f].
[16] De grâce, ô Eternel, ne suis-je pas ton serviteur ?
Je suis ton serviteur, le fils de ta servante ;
et tu as détaché mes chaînes.
[17] Je t'offrirai un sacrifice, pour marquer ma
reconnaissance,
et j'invoquerai l'Eternel.
[18] Oui, devant tout son peuple,

[d] 116.10 L'ancienne version grecque a : *J'ai cru c'est pourquoi j'ai parlé.* C'e d'après cette version que le verset est cité en 2 Co 4.13.

[e] 116.13 Allusion possible aux libations qui accompagnaient les sacrifices de communion (d'actions de grâces) où l'on remerciait publiquement Dieu pour ses délivrances (comme on faisait circuler les coupes lors de la Pâque pour se souvenir de la délivrance d'Israël ; voir22.27, 30 ; Lv 7.11-21).

[f] 116.15 Ou : *il en coûte à l'Eternel de voir mourir ceux qui lui sont attachés* (cp. 72.14).

in the presence of all his people,
19 in the courts of the house of the LORD –
in your midst, Jerusalem.
Praise the LORD.[n]

PSALM 117

1 Praise the LORD, all you nations;
extol him, all you peoples.
2 For great is his love toward us,
and the faithfulness of the LORD endures
forever.
Praise the LORD.[o]

PSALM 118

1 Give thanks to the LORD, for he is good;
his love endures forever.
2 Let Israel say:
"His love endures forever."
3 Let the house of Aaron say:
"His love endures forever."
4 Let those who fear the LORD say:
"His love endures forever."
5 When hard pressed, I cried to the LORD;
he brought me into a spacious place.
6 The LORD is with me; I will not be afraid.
What can mere mortals do to me?
7 The LORD is with me; he is my helper.
I look in triumph on my enemies.

8 It is better to take refuge in the LORD
than to trust in humans.
9 It is better to take refuge in the LORD
than to trust in princes.
10 All the nations surrounded me,
but in the name of the LORD I cut them down.
11 They surrounded me on every side,
but in the name of the LORD I cut them down.
12 They swarmed around me like bees,
but they were consumed as quickly as
burning thorns;
in the name of the LORD I cut them down.
13 I was pushed back and about to fall,
but the LORD helped me.
14 The LORD is my strength and my defense[p];
he has become my salvation.
15 Shouts of joy and victory
resound in the tents of the righteous:
"The LORD's right hand has done mighty things!
16 The LORD's right hand is lifted high;
the LORD's right hand has done mighty
things!"
17 I will not die but live,

116:19 Hebrew *Hallelu Yah*
117:2 Hebrew *Hallelu Yah*
118:14 Or *song*

j'accomplirai les vœux que j'ai faits envers l'Eternel,
19 sur les parvis du temple de l'Eternel,
au milieu de Jérusalem !
Louez l'Eternel !

PSAUME 117

Louange universelle

1 Louez l'Eternel, vous, gens de toutes nations !
Chantez ses louanges, ô vous, tous les peuples[g] !
2 Car son amour pour nous est immense.
La fidélité de l'Eternel subsiste à jamais.
Louez l'Eternel !

PSAUME 118

Son amour est éternel

1 Célébrez l'Eternel, car il est bon,
car son amour dure à toujours !
2 Proclamez-le, habitants d'Israël :
« Oui, son amour dure à toujours ! »
3 Proclamez-le, descendants d'Aaron :
« Oui, son amour dure à toujours ! »
4 Proclamez-le, vous tous qui craignez l'Eternel :
« Oui, son amour dure à toujours ! »
5 Du fond de ma détresse, j'ai fait appel à l'Eternel,
et il m'a répondu en me faisant échapper au danger.
6 L'Eternel est pour moi, je n'aurai pas de crainte,
que me feraient les hommes[h] ?
7 L'Eternel est pour moi, il vient à mon secours.
Je peux donc regarder en face tous ceux qui me
haïssent.
8 Mieux vaut se réfugier auprès de l'Eternel
que de compter sur les humains.
9 Mieux vaut avoir recours à l'Eternel,
que de compter sur les grands de ce monde.
10 J'étais encerclé de partout par tous les peuples
ennemis,
mais grâce à l'Eternel, je les ai massacrés.
11 Ils m'enserraient de plus en plus ;
mais, grâce à l'Eternel, je les ai massacrés.
12 Ils m'avaient encerclé comme un essaim d'abeilles,
mais ils se sont éteints comme un feu de
broussailles ;
oui, grâce à l'Eternel, je les ai massacrés.
13 On[i] m'a violemment bousculé pour me faire tomber,
mais l'Eternel m'a secouru.
14 L'Eternel est ma force, il est le sujet de mes chants[j] ;
il m'a sauvé.
15 Des cris de joie, des cris de délivrance éclatent,
dans les tentes des justes[k] !
Car l'Eternel agit avec puissance,
16 l'Eternel lève la main pour intervenir,
oui l'Eternel agit avec puissance.

17 Non, je ne mourrai pas, je resterai en vie

g **117.1** Cité en Rm 15.11.
h **118.6** Cité en Hé 13.6.
i **118.13** Selon les anciennes versions grecque, syriaque et latine ; l'hébreu a : *tu*.
j **118.14** *il est le sujet de mes chants:* autre traduction : *ma protection.* Citation du cantique de Moïse (Ex 15.2; voir Es 12.2).
k **118.15** Les habitations continuaient à être appelées *tentes*.

and will proclaim what the Lord has done.
18 The Lord has chastened me severely,
but he has not given me over to death.
19 Open for me the gates of the righteous;
I will enter and give thanks to the Lord.
20 This is the gate of the Lord
through which the righteous may enter.
21 I will give you thanks, for you answered me;
you have become my salvation.
22 The stone the builders rejected
has become the cornerstone;
23 the Lord has done this,
and it is marvelous in our eyes.
24 The Lord has done it this very day;
let us rejoice today and be glad.
25 Lord, save us!
Lord, grant us success!
26 Blessed is he who comes in the name of the
Lord.
From the house of the Lord we bless you.[q]
27 The Lord is God,
and he has made his light shine on us.
With boughs in hand, join in the festal
procession
up[r] to the horns of the altar.
28 You are my God, and I will praise you;
you are my God, and I will exalt you.
29 Give thanks to the Lord, for he is good;
his love endures forever.

Psalm 119

א Aleph

1 Blessed are those whose ways are blameless,
who walk according to the law of the Lord.
2 Blessed are those who keep his statutes
and seek him with all their heart –
3 they do no wrong
but follow his ways.
4 You have laid down precepts
that are to be fully obeyed.
5 Oh, that my ways were steadfast
in obeying your decrees!
6 Then I would not be put to shame
when I consider all your commands.
7 I will praise you with an upright heart
as I learn your righteous laws.
8 I will obey your decrees;

[q] 118:26 The Hebrew is plural.
[r] 118:27 Or *Bind the festal sacrifice with ropes / and take it*
[s] 119:0 This psalm is an acrostic poem, the stanzas of which begin with successive letters of the Hebrew alphabet; moreover, the verses of each stanza begin with the same letter of the Hebrew alphabet.

et je raconterai ce que fait l'Eternel !
18 L'Eternel m'a châtié avec sévérité,
mais sans me livrer à la mort.
19 Ouvrez-moi les portes de la justice
pour que je puisse entrer et louer l'Eternel.
20 C'est ici qu'est la porte qui mène à l'Eternel ;
les justes passeront par elle.
21 Je te célèbre car tu m'as exaucé,
car tu as été mon sauveur.
22 La pierre que les constructeurs ont rejetée
est devenue la pierre principale, la pierre d'angle[l].
23 C'est bien de l'Eternel que cela est venu,
et c'est un prodige à nos yeux[m].
24 C'est là le jour que l'Eternel a fait ;
vivons-le dans la joie, exultons d'allégresse !
25 De grâce, ô Eternel, accorde le salut[n] !
De grâce, ô Eternel, accorde la victoire !
26 Oui, béni soit celui qui vient au nom de l'Eternel !
Nous vous bénissons tous de la maison de
l'Eternel[o] !
27 L'Eternel est Dieu et il nous éclaire[p].
Entrez dans le cortège, des rameaux dans les main
allez jusqu'aux coins de l'autel[q].
28 Tu es mon Dieu, je te louerai,
je t'exalterai, ô mon Dieu !
29 Célébrez l'Eternel, car il est bon,
car son amour dure à toujours !

Psaume 119

La Loi de l'Eternel est parfaite[r]

1 Heureux les hommes qui ont une conduite intègre
et suivent dans leur vie la Loi de l'Eternel.
2 Heureux les hommes qui suivent ses préceptes
et cherchent à lui plaire de tout leur cœur.
3 Ils ne commettent pas le mal,
ils suivent les chemins que Dieu leur a tracés.
4 Tu as promulgué tes décrets
pour qu'on les respecte avec soin.
5 Que j'aie assez de fermeté
pour observer tes ordonnances !
6 Alors je n'aurai pas de honte
lorsque je considérerai tous tes commandements.
7 Je te célébrerai dans la droiture de mon cœur
en étudiant tes justes articles de droit.
8 J'observerai fidèlement tes ordonnances.

[l] 118.22 La pierre de fondation que l'on place à l'angle et sur laquelle o aligne les murs (cp. Za 3.9 ; 4.7 ; 10.4). Le peuple de Dieu est comparé à u bâtiment, son roi à la pierre principale.
[m] 118.23 Cité en Mt 21.42 ; Mc 12.11.
[n] 118.25 Les mots hébreux rendus ainsi ont été transcrits dans le grec par *Hosanna,* que l'on retrouve comme une acclamation en Mt 21.9 ; Mc 11.9 ; Jn 12.13.
[o] 118.26 Repris en Mt 21.9 ; 23.39 ; Mc 11.9 ; Lc 13.35 ; 19.38 ; Jn 12.13.
[p] 118.27 L'hébreu renvoie à la bénédiction de Nb 6.25 (litt. « Que l'Eternel fasse briller sa face sur toi »).
[q] 118.27 Hébreu obscur, traduction incertaine. Autre traduction : *liez la victime du sacrifice avec des cordes et amenez-la jusqu'aux cornes de l'autel.* S les cornes de l'autel, voir Ex 27.2.
[r] 119 Le psaume est composé de 22 strophes de 8 versets qui, pour chaque strophe, commencent tous avec la même lettre ; les strophes se suivent dans l'ordre de l'alphabet hébreu.

do not utterly forsake me.

Beth

9 How can a young person stay on the path of purity?
By living according to your word.
10 I seek you with all my heart;
do not let me stray from your commands.
11 I have hidden your word in my heart
that I might not sin against you.
12 Praise be to you, LORD;
teach me your decrees.
13 With my lips I recount
all the laws that come from your mouth.
14 I rejoice in following your statutes
as one rejoices in great riches.
15 I meditate on your precepts
and consider your ways.
16 I delight in your decrees;
I will not neglect your word.

Gimel

17 Be good to your servant while I live,
that I may obey your word.
18 Open my eyes that I may see
wonderful things in your law.
19 I am a stranger on earth;
do not hide your commands from me.
20 My soul is consumed with longing
for your laws at all times.
21 You rebuke the arrogant, who are accursed,
those who stray from your commands.
22 Remove from me their scorn and contempt,
for I keep your statutes.
23 Though rulers sit together and slander me,
your servant will meditate on your decrees.
24 Your statutes are my delight;
they are my counselors.

Daleth

25 I am laid low in the dust;
preserve my life according to your word.
26 I gave an account of my ways and you answered me;
teach me your decrees.
27 Cause me to understand the way of your precepts,
that I may meditate on your wonderful deeds.
28 My soul is weary with sorrow;
strengthen me according to your word.
29 Keep me from deceitful ways;
be gracious to me and teach me your law.
30 I have chosen the way of faithfulness;
I have set my heart on your laws.
31 I hold fast to your statutes, LORD;
do not let me be put to shame.

Ne m'abandonne pas complètement !

9 Comment, quand on est jeune, avoir une vie pure ?
C'est en se conformant à ta parole.

10 Je veux te plaire de tout mon cœur,
ne permets pas que je dévie de tes commandements !
11 Je garde ta parole tout au fond de mon cœur
pour ne pas pécher contre toi.
12 Béni sois-tu, ô Eternel !
Enseigne-moi tes ordonnances !
13 Mes lèvres énumèrent
toutes les lois que tu as prononcées.
14 J'ai de la joie à suivre tes préceptes
autant que si je possédais tous les trésors.
15 Je veux méditer sur tes directives,
et fixer mes regards sur les voies que tu traces.
16 Je trouve un grand plaisir dans ce que tu prescris
et je ne veux jamais oublier ta parole.

17 Fais du bien à ton serviteur, accorde-moi de vivre :
je me conformerai à ta parole !
18 Ouvre mes yeux pour que je voie
de ta Loi les merveilles !
19 Je suis étranger sur la terre :
ne me cache pas tes commandements !
20 Je brûle en tout temps du désir
de connaître tes lois.
21 Tu menaces ces orgueilleux maudits
qui s'écartent de tes commandements.
22 Délivre-moi du déshonneur et du mépris,
car j'observe tes lois !
23 Quand même des puissants délibéreraient contre moi,
ton serviteur encore méditerait tes ordonnances.
24 Tes préceptes font mes délices,
ils sont mes conseillers.

25 Je suis collé à la poussière,
sauve ma vie selon ce que tu as promis !
26 Je t'ai exposé ma conduite, et tu m'as répondu ;
apprends-moi tes commandements !

27 Fais-moi discerner le chemin tracé par tes décrets
pour que je réfléchisse à tes prodiges !

28 Je suis accablé de chagrin,
relève-moi conformément à ta parole !
29 Détourne-moi du chemin du mensonge
et, dans ta grâce, fais que je vive selon ta Loi !
30 J'ai choisi le chemin de la fidélité,
je me conforme à tes décrets.
31 Je me tiens attaché à tes édits ;
épargne-moi la honte, ô Eternel !

[32] I run in the path of your commands,
for you have broadened my understanding.

ה He

[33] Teach me, LORD, the way of your decrees,
that I may follow it to the end.[t]

[34] Give me understanding, so that I may keep your law
and obey it with all my heart.
[35] Direct me in the path of your commands,
for there I find delight.

[36] Turn my heart toward your statutes
and not toward selfish gain.
[37] Turn my eyes away from worthless things;
preserve my life according to your word.[u]
[38] Fulfill your promise to your servant,
so that you may be feared.
[39] Take away the disgrace I dread,
for your laws are good.
[40] How I long for your precepts!
In your righteousness preserve my life.

ו Waw

[41] May your unfailing love come to me, LORD,
your salvation, according to your promise;
[42] then I can answer anyone who taunts me,
for I trust in your word.
[43] Never take your word of truth from my mouth,
for I have put my hope in your laws.
[44] I will always obey your law,
for ever and ever.
[45] I will walk about in freedom,
for I have sought out your precepts.
[46] I will speak of your statutes before kings
and will not be put to shame,
[47] for I delight in your commands
because I love them.
[48] I reach out for your commands, which I love,
that I may meditate on your decrees.

ז Zayin

[49] Remember your word to your servant,
for you have given me hope.
[50] My comfort in my suffering is this:
Your promise preserves my life.
[51] The arrogant mock me unmercifully,
but I do not turn from your law.

[52] I remember, LORD, your ancient laws,
and I find comfort in them.

[53] Indignation grips me because of the wicked,
who have forsaken your law.
[54] Your decrees are the theme of my song
wherever I lodge.
[55] In the night, LORD, I remember your name,
that I may keep your law.
[56] This has been my practice:

[t] 119:33 Or *follow it for its reward*
[u] 119:37 Two manuscripts of the Masoretic Text and Dead Sea Scrolls; most manuscripts of the Masoretic Text *life in your way*

[32] Je veux courir sur le chemin de tes commandements,
car tu m'en donnes une large compréhension.

[33] O Eternel, enseigne-moi le chemin de tes ordonnances,
et je le suivrai jusqu'au bout.
[34] Donne-moi du discernement et j'obéirai à ta Loi ;
je la suivrai de tout mon cœur.

[35] Fais-moi marcher sur le sentier de tes commandements,
car je m'y plais !
[36] Veuille incliner mon cœur vers tes enseignements
plutôt que vers le profit matériel !
[37] Détourne mes regards des choses vaines,
et fais-moi vivre dans les voies que tu as tracées[s] !
[38] Accomplis pour ton serviteur ce que tu as promis
en faveur de ceux qui te craignent !
[39] Ecarte loin de moi la honte qui m'effraie ;
tes lois ne sont-elles pas bonnes ?
[40] J'ai une vraie passion pour tes commandements,
dans ta justice, sauve ma vie !

[41] Que ton amour, ô Eternel, s'étende jusqu'à moi,
et ton salut selon ce que tu as promis,
[42] et je pourrai répondre à celui qui m'outrage,
car j'ai mis ma confiance en ta parole.
[43] Ne laisse pas ma bouche s'écarter de la vérité,
car je me fonde sur tes lois.
[44] J'observerai ta Loi
sans cesse et pour toujours,
[45] alors je pourrai vivre dans la vraie liberté,
car j'ai à cœur de suivre tes préceptes.
[46] Je parlerai de tes édits devant des rois
sans éprouver de honte.
[47] Je ferai mes délices de tes commandements,
que j'aime.
[48] Je tends les mains vers tes commandements que j'aime.
Je veux méditer sur tes ordonnances.

[49] Rappelle-toi ce que tu as dit à ton serviteur
et qui m'a donné l'espérance.
[50] Dans ma misère, mon réconfort,
c'est que ta parole me fera vivre.
[51] Des orgueilleux se sont moqués de moi sans aucune mesure ;
je ne dévie pas de ta Loi.
[52] Je me souviens des ordonnances que tu nous as données jadis,
ô Eternel, j'en suis réconforté.
[53] Je suis vivement indigné en voyant les méchants
qui délaissent ta Loi.
[54] Je fais de tes préceptes le sujet de mes chants
dans mon lieu de séjour.
[55] La nuit, ô Eternel, je pense à toi,
j'observerai ta Loi.
[56] La part qui me revient

[s] 119.37 Les manuscrits de Qumrân et deux manuscrits du texte hébreu traditionnel ont : *fais-moi vivre selon ta parole* (c'est-à-dire comme tu l'as promis). Les mots *voie* et *parole* se ressemblent en hébreu.

I obey your precepts.

Heth

57 You are my portion, LORD;
I have promised to obey your words.
58 I have sought your face with all my heart;
be gracious to me according to your promise.
59 I have considered my ways
and have turned my steps to your statutes.
60 I will hasten and not delay
to obey your commands.
61 Though the wicked bind me with ropes,
I will not forget your law.
62 At midnight I rise to give you thanks
for your righteous laws.
63 I am a friend to all who fear you,
to all who follow your precepts.
64 The earth is filled with your love, LORD;
teach me your decrees.

Teth

65 Do good to your servant
according to your word, LORD.
66 Teach me knowledge and good judgment,
for I trust your commands.
67 Before I was afflicted I went astray,
but now I obey your word.
68 You are good, and what you do is good;
teach me your decrees.
69 Though the arrogant have smeared me with lies,
I keep your precepts with all my heart.
70 Their hearts are callous and unfeeling,
but I delight in your law.
71 It was good for me to be afflicted
so that I might learn your decrees.
72 The law from your mouth is more precious to me
than thousands of pieces of silver and gold.

Yodh

73 Your hands made me and formed me;
give me understanding to learn your commands.
74 May those who fear you rejoice when they see me,
for I have put my hope in your word.
75 I know, LORD, that your laws are righteous,
and that in faithfulness you have afflicted me.
76 May your unfailing love be my comfort,
according to your promise to your servant.
77 Let your compassion come to me that I may live,

c'est de me conformer à tes commandements.

57 Mon lot, ô Eternel, je le redis,
c'est d'obéir à tes paroles.
58 Je t'implore de tout mon cœur ;
oh ! fais-moi grâce selon ce que tu as promis !
59 J'ai réfléchi à ma conduite
et je règle mes pas sur tes commandements.
60 Je m'empresse sans différer
d'obéir à tes lois.
61 Les filets des méchants m'ont enserré
sans que j'oublie ta Loi.
62 Au cœur de la nuit, je me lève afin de te louer
à cause de tes justes lois.
63 Je suis l'ami de tous ceux qui te craignent,
de ceux qui obéissent à tes décrets.
64 Eternel, ton amour remplit la terre.
Enseigne-moi tes ordonnances !

65 Tu as traité avec bonté ton serviteur,
conformément à ta parole, ô Eternel !
66 Enseigne-moi le bon sens et la connaissance,
car je me fie à tes commandements.
67 Avant d'être humilié, je faisais fausse route,
mais maintenant, je me conforme à ta parole.
68 Que tu es bon et bienfaisant :
enseigne-moi tes ordonnances !
69 Des orgueilleux inventent contre moi des mensonges,
mais moi, de tout mon cœur, je suis fidèle à tes décrets.
70 Leur cœur est insensible.
Mais quant à moi, ta Loi fait mes délices.
71 Il m'était bon d'être affligé
afin d'apprendre tes préceptes.
72 La Loi que tu as édictée est pour moi plus précieuse
que mille objets d'or et d'argent.

73 Tes mains m'ont façonné et affermi,
accorde-moi l'intelligence pour que j'apprenne tes commandements !
74 En me voyant, ceux qui te craignent se réjouissent,
car je me fie à ta parole.
75 Je sais, ô Eternel, que tes décrets sont justes :
si tu m'as affligé, c'est par fidélité.
76 Que ton amour soit ma consolation
conformément à ta promesse envers ton serviteur !
77 Témoigne-moi ta compassion pour que je vive,

for your law is my delight.
[78] May the arrogant be put to shame for wronging me without cause;
but I will meditate on your precepts.
[79] May those who fear you turn to me,
those who understand your statutes.
[80] May I wholeheartedly follow your decrees,
that I may not be put to shame.

כ Kaph

[81] My soul faints with longing for your salvation,
but I have put my hope in your word.
[82] My eyes fail, looking for your promise;
I say, "When will you comfort me?"
[83] Though I am like a wineskin in the smoke,
I do not forget your decrees.
[84] How long must your servant wait?
When will you punish my persecutors?
[85] The arrogant dig pits to trap me,
contrary to your law.
[86] All your commands are trustworthy;
help me, for I am being persecuted without cause.
[87] They almost wiped me from the earth,
but I have not forsaken your precepts.
[88] In your unfailing love preserve my life,
that I may obey the statutes of your mouth.

ל Lamedh

[89] Your word, Lord, is eternal;
it stands firm in the heavens.
[90] Your faithfulness continues through all generations;
you established the earth, and it endures.
[91] Your laws endure to this day,
for all things serve you.
[92] If your law had not been my delight,
I would have perished in my affliction.
[93] I will never forget your precepts,
for by them you have preserved my life.
[94] Save me, for I am yours;
I have sought out your precepts.
[95] The wicked are waiting to destroy me,
but I will ponder your statutes.
[96] To all perfection I see a limit,
but your commands are boundless.

מ Mem

[97] Oh, how I love your law!
I meditate on it all day long.
[98] Your commands are always with me
and make me wiser than my enemies.
[99] I have more insight than all my teachers,
for I meditate on your statutes.

puisque ta Loi fait mes délices.
[78] Honte à ces orgueilleux qui me maltraitent sans raison !
Moi, je médite sur tes commandements.
[79] Qu'ils reviennent à moi ceux qui te craignent[t] !
ceux qui connaissent tes édits,
[80] Que mon cœur soit intègre pour suivre tes préceptes,
afin que je ne sois pas dans la honte.

[81] Je languis après ton salut,
je fais confiance à ta parole.
[82] Mes yeux s'épuisent à guetter ta parole.
Je me demande : « Quand viendras-tu me consoler ? »
[83] Je suis semblable à une outre enfumée[u],
pourtant je ne délaisse pas tes ordonnances.
[84] Combien ton serviteur a-t-il de jours à vivre ?
Quand viendras-tu juger ceux qui me persécutent ?
[85] Des orgueilleux m'ont creusé une trappe
au mépris de ta Loi.
[86] Tous tes commandements sont dignes de confiance
Mais on me persécute en disant des mensonges :
viens donc à mon secours !
[87] Encore un peu et ils me terrassaient,
mais je n'ai pas abandonné tes ordonnances.
[88] Sauve ma vie dans ton amour
afin que j'obéisse à tes commandements !

[89] Eternel, ta parole est fondée dans le ciel
et pour toujours,
[90] et ta fidélité demeure d'âge en âge :
tu as fondé la terre, elle subsiste.
[91] Selon tes ordres, tout subsiste aujourd'hui,
et tout, dans l'univers, se tient à ton service.
[92] Si je n'avais pas fait de ta Loi mes délices,
j'aurais péri suite à mon affliction.
[93] Jamais, je n'oublierai tes ordonnances,
car c'est par elles que tu me vivifies.
[94] Je suis à toi : viens me sauver !
Car je m'applique à suivre tes préceptes.
[95] Des méchants préparent ma perte,
moi, je reste attentif à tes édits.
[96] J'ai constaté que les choses parfaites ont toutes leurs limites ;
mais ton commandement est d'une très large portée.

[97] Oh ! que j'aime ta Loi !
Je la médite tout le jour.
[98] Ton commandement me rend sage, plus que mes ennemis,
car il m'accompagne toujours.
[99] Je suis plus avisé que tous mes maîtres,
car je médite tes édits.

---

[t] **119.79** Selon la proposition de lecture indiquée en marge par les copistes. Le texte lui-même a : *que ceux qui te craignent se tournent de nouveau vers moi pour connaître tes édits.*

[u] **119.83** Une outre dont la peau est sèche, ridée, racornie. En Orient, on suspendait les outres de moût au-dessus des foyers pour hâter la fermentation ; les outres utilisées pour cela se racornissaient et devenaient impropres à un autre usage. On les mettait donc au rebut.

100 I have more understanding than the elders,
for I obey your precepts.
101 I have kept my feet from every evil path
so that I might obey your word.
102 I have not departed from your laws,
for you yourself have taught me.
103 How sweet are your words to my taste,
sweeter than honey to my mouth!
104 I gain understanding from your precepts;
therefore I hate every wrong path.

Nun

105 Your word is a lamp for my feet,
a light on my path.
106 I have taken an oath and confirmed it,
that I will follow your righteous laws.
107 I have suffered much;
preserve my life, LORD, according to your
word.
108 Accept, LORD, the willing praise of my mouth,
and teach me your laws.
109 Though I constantly take my life in my hands,
I will not forget your law.
110 The wicked have set a snare for me,
but I have not strayed from your precepts.
111 Your statutes are my heritage forever;
they are the joy of my heart.
112 My heart is set on keeping your decrees
to the very end.[v]

Samekh

113 I hate double-minded people,
but I love your law.
114 You are my refuge and my shield;
I have put my hope in your word.
115 Away from me, you evildoers,
that I may keep the commands of my God!
116 Sustain me, my God, according to your
promise, and I will live;
do not let my hopes be dashed.
117 Uphold me, and I will be delivered;
I will always have regard for your decrees.
118 You reject all who stray from your decrees,
for their delusions come to nothing.
119 All the wicked of the earth you discard like
dross;
therefore I love your statutes.
120 My flesh trembles in fear of you;
I stand in awe of your laws.

Ayin

121 I have done what is righteous and just;
do not leave me to my oppressors.

100 Et j'ai plus de discernement que les vieillards,
parce que j'obéis à tes commandements.
101 Mes pas évitent tous les sentiers du mal
pour obéir à ta parole.
102 Je ne m'écarte pas des lois que tu établis,
car tu m'enseignes.
103 Que ta parole est douce à mon palais !
Elle est meilleure que le miel.
104 J'ai du discernement grâce à tes ordonnances ;
c'est pourquoi je déteste tout sentier mensonger.

105 Ta parole est comme une lampe qui guide tous mes
pas,
elle est une lumière éclairant mon chemin.
106 J'ai promis solennellement – et je tiendrai
promesse –
d'obéir à tes justes lois.
107 Je suis bien affligé ;
ô Eternel, sauve ma vie conformément à ta parole.
108 Accueille avec faveur, ô Eternel, ma prière comme
une offrande
et enseigne-moi tes décrets !
109 Ma vie est sans cesse en danger,
mais je n'oublie rien de ta Loi.
110 Des méchants m'ont tendu des pièges,
mais je ne dévie pas de tes commandements.
111 Tes décrets restent pour toujours mon bien
précieux :
et ils font la joie de mon cœur.
112 J'ai pris la décision d'appliquer tes décrets,
pour toujours, jusqu'au bout.

113 Je hais les indécis,
et c'est ta Loi que j'aime.
114 Tu es mon refuge et mon bouclier,
je fais confiance à ta parole.
115 Eloignez-vous de moi, vous tous qui commettez le
mal !
J'obéirai aux commandements de mon Dieu !
116 Soutiens-moi selon ta promesse, et je vivrai ;
que mon espoir ne tourne jamais à ma confusion.
117 Sois mon appui pour que je sois sauvé,
je porterai toujours mon attention sur tes décrets.
118 Ceux qui s'écartent de tes ordonnances, tu les
rejettes tous,
car leur dessein n'est que mensonge.
119 Tu ôtes comme des scories tous les méchants qui
vivent sur la terre,
c'est pourquoi j'aime tes édits.
120 L'effroi que tu m'inspires me fait frémir ;
je crains tes jugements.

121 Mes actions ont été réglées par la droiture et la
justice ;
ne m'abandonne pas aux hommes qui m'oppriment !

119:112 Or *decrees / for their enduring reward*

122 Ensure your servant's well-being;
do not let the arrogant oppress me.
123 My eyes fail, looking for your salvation,
looking for your righteous promise.
124 Deal with your servant according to your love
and teach me your decrees.
125 I am your servant; give me discernment
that I may understand your statutes.
126 It is time for you to act, LORD;
your law is being broken.
127 Because I love your commands
more than gold, more than pure gold,
128 and because I consider all your precepts right,
I hate every wrong path.

פ Pe

129 Your statutes are wonderful;
therefore I obey them.
130 The unfolding of your words gives light;
it gives understanding to the simple.
131 I open my mouth and pant,
longing for your commands.
132 Turn to me and have mercy on me,
as you always do to those who love your name.
133 Direct my footsteps according to your word;
let no sin rule over me.
134 Redeem me from human oppression,
that I may obey your precepts.
135 Make your face shine on your servant
and teach me your decrees.
136 Streams of tears flow from my eyes,
for your law is not obeyed.

צ Tsadhe

137 You are righteous, LORD,
and your laws are right.
138 The statutes you have laid down are righteous;
they are fully trustworthy.
139 My zeal wears me out,
for my enemies ignore your words.
140 Your promises have been thoroughly tested,
and your servant loves them.
141 Though I am lowly and despised,
I do not forget your precepts.
142 Your righteousness is everlasting
and your law is true.
143 Trouble and distress have come upon me,
but your commands give me delight.
144 Your statutes are always righteous;
give me understanding that I may live.

ק Qoph

145 I call with all my heart; answer me, LORD,
and I will obey your decrees.

122 Prends en charge ton serviteur : pour faire son bonheur ;
ne laisse pas des gens orgueilleux m'opprimer !
123 Mes yeux s'épuisent à guetter ton secours
et selon ta promesse, la manifestation de ta justice
124 Agis envers ton serviteur conformément à ton amour :
enseigne-moi tes ordonnances !
125 Je suis ton serviteur : accorde-moi l'intelligence
afin que j'assimile tes décrets.
126 C'est le moment d'agir, ô Eternel,
car on viole ta Loi !
127 C'est pourquoi, j'aime tes commandements
plus que l'or, oui, plus que l'or fin.
128 Oui, c'est pourquoi je trouve justes toutes tes ordonnances,
et je déteste tout sentier de mensonge.

129 Tes lois sont des merveilles,
aussi je les observe.
130 Quand on découvre tes paroles, c'est la lumière ;
les gens sans expérience y trouvent le discernement.
131 J'ouvre la bouche et je soupire,
tant je désire tes commandements.
132 Regarde-moi et fais-moi grâce
selon ce qui est juste[v] pour ceux qui t'aiment !
133 Veuille affermir mes pas par ta parole[w]
et qu'aucun mal ne puisse m'asservir.
134 Libère-moi de l'oppression des hommes
et moi, je me conformerai à tes commandements.
135 Montre-toi favorable envers ton serviteur :
enseigne-moi tes ordonnances !
136 Mes yeux répandent des flots de larmes,
car on n'observe pas ta Loi.

137 Eternel, tu es juste,
et tes décrets sont conformes à la droiture.
138 Tu as fondé tes ordonnances sur la justice,
et elles sont très sûres.
139 Pour moi, je suis saisi de la plus vive indignation
à l'égard de mes ennemis, car ils négligent tes paroles.
140 Ta parole est pleinement éprouvée,
c'est pourquoi ton serviteur l'aime.
141 Je suis petit et méprisé,
mais je n'oublie pas tes préceptes.
142 Ta justice est juste à jamais,
ta Loi est vérité.
143 Je suis dans la détresse, l'angoisse me saisit,
mais tes commandements font mes délices.
144 La justice de tes édits est éternelle,
donne-moi du discernement et je vivrai.

145 Je t'invoque de tout mon cœur : Eternel, réponds-moi,
et j'observerai tes décrets.

[v] **119.132** Autre traduction : *selon la règle que tu as fixée.*
[w] **119.133** Autre traduction : *pour que je suive ta parole.*

46 I call out to you; save me
and I will keep your statutes.
147 I rise before dawn and cry for help;
I have put my hope in your word.
148 My eyes stay open through the watches of the night,
that I may meditate on your promises.
149 Hear my voice in accordance with your love;
preserve my life, LORD, according to your laws.
50 Those who devise wicked schemes are near,
but they are far from your law.
151 Yet you are near, LORD,
and all your commands are true.
152 Long ago I learned from your statutes
that you established them to last forever.

Resh

153 Look on my suffering and deliver me,
for I have not forgotten your law.
154 Defend my cause and redeem me;
preserve my life according to your promise.
155 Salvation is far from the wicked,
for they do not seek out your decrees.
156 Your compassion, LORD, is great;
preserve my life according to your laws.
157 Many are the foes who persecute me,
but I have not turned from your statutes.
158 I look on the faithless with loathing,
for they do not obey your word.
159 See how I love your precepts;
preserve my life, LORD, in accordance with your love.
160 All your words are true;
all your righteous laws are eternal.

Sin and Shin

161 Rulers persecute me without cause,
but my heart trembles at your word.
162 I rejoice in your promise
like one who finds great spoil.
163 I hate and detest falsehood
but I love your law.
164 Seven times a day I praise you
for your righteous laws.
165 Great peace have those who love your law,
and nothing can make them stumble.
166 I wait for your salvation, LORD,
and I follow your commands.
167 I obey your statutes,
for I love them greatly.
168 I obey your precepts and your statutes,
for all my ways are known to you.

Taw

169 May my cry come before you, LORD;

146 Oui, je t'invoque, veuille me secourir ;
Et moi, je me conformerai à tes édits.
147 Je me lève avant l'aube pour implorer ton aide,
je fais confiance à ta parole.
148 Avant la fin des veilles de la nuit, mes yeux sont déjà éveillés
pour méditer sur tes paroles.
149 Dans ton amour, écoute-moi !
O Eternel, sauve ma vie conformément à ta justice !
150 Des gens aux desseins criminels[x] me serrent de tout près,
ils se tiennent loin de ta Loi.
151 Mais toi, Eternel, tu es proche ;
tous tes commandements sont vérité.
152 Depuis longtemps, tes ordonnances m'ont appris
que tu les as établies pour toujours.

153 Considère mon affliction, délivre-moi
puisque je n'oublie pas ta Loi.
154 Défends ma cause, délivre-moi
et sauve-moi la vie selon ce que tu as promis !
155 Le salut est loin des méchants
car ils négligent tes décrets.
156 Ta compassion est grande, ô Eternel,
sauve-moi donc la vie conformément à tes principes de justice !
157 Mes ennemis, ceux qui me persécutent sont innombrables,
mais je ne dévie pas de tes édits.
158 Je vois avec dégoût des traîtres
qui n'obéissent pas à ta parole.
159 Mais considère combien j'aime tes ordonnances !
O Eternel, dans ton amour, sauve ma vie !
160 Ta parole dans sa totalité est vérité,
et tout le droit que tu as établi dans ta justice est éternel.

161 Sans raison, des puissants me persécutent,
mais je ne tremble qu'à ta parole.
162 Je fais ma joie de ta parole
comme celui qui trouve un grand trésor,
163 mais je hais le mensonge, je le déteste,
et c'est ta Loi que j'aime.
164 Sept fois par jour, je redis tes louanges
à cause de tes justes lois.
165 Grande est la paix de celui qui aime ta Loi :
aucun obstacle ne le fait trébucher.
166 Je compte sur toi, Eternel, pour me sauver,
et j'exécute tes commandements.
167 J'obéis à tes ordonnances
car je les aime intensément.
168 Je me conforme à tes décrets et à tes ordonnances,
car toute ma conduite, tu la connais.

169 Que mon appel à l'aide, ô Eternel, parvienne jusqu'à toi !

x **119.150** Plusieurs manuscrits hébreux et versions anciennes portent : *ceux qui me persécutent.*

give me understanding according to your
word.
170 May my supplication come before you;
deliver me according to your promise.
171 May my lips overflow with praise,
for you teach me your decrees.
172 May my tongue sing of your word,
for all your commands are righteous.
173 May your hand be ready to help me,
for I have chosen your precepts.
174 I long for your salvation, LORD,
and your law gives me delight.
175 Let me live that I may praise you,
and may your laws sustain me.
176 I have strayed like a lost sheep.
Seek your servant,
for I have not forgotten your commands.

PSALM 120

A song of ascents.

1 I call on the LORD in my distress,
and he answers me.

2 Save me, LORD,
from lying lips
and from deceitful tongues.
3 What will he do to you,
and what more besides,
you deceitful tongue?
4 He will punish you with a warrior's sharp
arrows,
with burning coals of the broom bush.
5 Woe to me that I dwell in Meshek,
that I live among the tents of Kedar!
6 Too long have I lived
among those who hate peace.
7 I am for peace;
but when I speak, they are for war.

PSALM 121

A song of ascents.

1 I lift up my eyes to the mountains –
where does my help come from?

2 My help comes from the LORD,
the Maker of heaven and earth.
3 He will not let your foot slip –
he who watches over you will not slumber;
4 indeed, he who watches over Israel
will neither slumber nor sleep.
5 The LORD watches over you –

Donne-moi du discernement conformément à ta
promesse !
170 Que ma supplication parvienne jusqu'à toi !
Délivre-moi selon ce que tu as promis !
171 Que la louange jaillisse de mes lèvres,
car tu m'enseignes tes décrets.
172 Oui, que ma langue célèbre ta parole :
tous tes commandements sont justes.
173 Par ta puissance, viens à mon aide,
car j'ai choisi de suivre tes directives.
174 Je désire ardemment que tu me sauves, ô Eternel !
Ta Loi fait mes délices.
175 Oh ! que je vive pour te louer !
Et que tes lois me soient en aide !
176 Je suis errant comme une brebis égarée ; oh ! viens
chercher ton serviteur !
car je n'oublie aucun de tes commandements.

PSAUME 120

Délivre-moi !

1 *Cantique pour la route vers la demeure de l'Eternel*[y].
Dans ma détresse, j'ai fait appel à l'Eternel,
et il m'a répondu.
2 O Eternel, délivre-moi des lèvres fausses,
des langues mensongères !
3 Que te donnera l'Eternel ?
Comment récompensera-t-il ta langue
mensongère ?
4 Il t'enverra une volée de flèches bien aiguisées
avec des braises de genêts[z].
5 Malheur à moi ! Car je vis à Méshek[a], en étranger,
ou parmi les nomades de Qédar.
6 Bien trop longtemps j'ai habité
parmi des gens qui détestent la paix.
7 Je veux la paix, mais quand j'en parle,
eux, ils sont pour la guerre.

PSAUME 121

Mon secours vient de l'Eternel

1 *Cantique pour la route vers la demeure de l'Eternel*[b].
Je lève les yeux vers les monts :
d'où le secours me viendra-t-il ?
2 Mon secours vient de l'Eternel
qui a fait le ciel et la terre.
3 Il te gardera des faux pas,
celui qui te protège ne sommeillera pas.
4 Non, jamais il ne dort, jamais il ne sommeille,
celui qui protège Israël.
5 L'Eternel est ton protecteur,

---

y **120.1** L'expression hébraïque (*montée*) a été diversement comprise. Selon les auteurs juifs, il s'agirait de cantiques chantés lors de la fête des Cabanes sur les *degrés* du Temple. Pour d'autres, l'expression se rapporterait à une gradation d'un verset à l'autre. L'interprétation la plus probable consiste à voir dans ces psaumes des cantiques chantés durant les pèlerinages à Jérusalem pour les grandes fêtes annuelles pendant que l'on *montait* vers la ville sainte, située sur une colline.

z **120.4** Autres traductions : *une volée de flèches, chargées de braises de genêts* ; ou : *ta langue mensongère ? – Volée de flèches chargées de braises de genêts.*

a **120.5** En Asie Mineure.

b **121.1** Voir note 120.1.

the LORD is your shade at your right hand;
[6] the sun will not harm you by day,
nor the moon by night.
[7] The LORD will keep you from all harm –
he will watch over your life;
[8] the LORD will watch over your coming and going
both now and forevermore.

PSALM 122

song of ascents. Of David.
[1] I rejoiced with those who said to me,
"Let us go to the house of the LORD."

[2] Our feet are standing
in your gates, Jerusalem.
[3] Jerusalem is built like a city
that is closely compacted together.
[4] That is where the tribes go up –
the tribes of the LORD –
to praise the name of the LORD
according to the statute given to Israel.
[5] There stand the thrones for judgment,
the thrones of the house of David.

[6] Pray for the peace of Jerusalem:
"May those who love you be secure.
[7] May there be peace within your walls
and security within your citadels."
[8] For the sake of my family and friends,
I will say, "Peace be within you."
[9] For the sake of the house of the LORD our God,
I will seek your prosperity.

PSALM 123

song of ascents.
[1] I lift up my eyes to you,
to you who sit enthroned in heaven.

[2] As the eyes of slaves look to the hand of their master,
as the eyes of a female slave look to the hand of her mistress,
so our eyes look to the LORD our God,
till he shows us his mercy.

[3] Have mercy on us, LORD, have mercy on us,
for we have endured no end of contempt.

[4] We have endured no end
of ridicule from the arrogant,
of contempt from the proud.

l'Eternel est à ton côté comme une ombre qui te protège.
[6] Le soleil ne te frappera donc pas le jour,
ni la lune pendant la nuit.
[7] L'Eternel te gardera de tout mal :
il gardera ta vie.
[8] L'Eternel veillera sur toi pendant tes allées et venues,
dès maintenant et à jamais.

PSAUME 122

Priez pour la paix de Jérusalem

[1] *Cantique pour la route vers la demeure de l'Eternel*[c]*. De David.*
Je suis dans la joie lorsque l'on me dit :
« Nous allons monter à la demeure de l'Eternel. »
[2] Voici que nos pas s'arrêtent
à tes portes, ô Jérusalem !
[3] O Jérusalem, cité bien bâtie,
formant un tout bien uni !
[4] C'est là qu'affluent les tribus, les tribus de l'Eternel
– c'est la loi en Israël –
pour y louer l'Eternel.

[5] C'est là que sont établis les trônes[d] pour ceux qui exercent la justice,
les trônes pour les descendants de David.
[6] Priez pour la paix de Jérusalem :
oui, que ceux qui t'aiment, ô Jérusalem, vivent en sécurité !
[7] Que la paix soit dans tes murs
et que la sécurité règne en tes palais !
[8] Pour mes frères, mes amis,
je me plais à dire : « La paix soit chez toi ! »
[9] Pour l'amour du temple de l'Eternel notre Dieu,
je souhaite ton bien.

PSAUME 123

Dans l'attente de sa grâce

[1] *Cantique pour la route vers la demeure de l'Eternel*[e].
Je lève les yeux vers toi,
toi qui sièges dans les cieux.
[2] Oui, comme les serviteurs fixent leurs regards
sur la main du maître,
comme la servante fixe ses regards sur la main de sa maîtresse[f],
ainsi nos regards se tournent vers l'Eternel, notre Dieu,
dans l'attente qu'il nous fasse grâce.
[3] Fais-nous grâce, ô Eternel ! Manifeste-nous ta compassion !
Car nous sommes saturés du mépris qu'on nous témoigne.
[4] Oui, nous sommes saturés
des railleries des repus et du mépris des hautains.

---

c **122.1** Voir note 120.1.
d **122.5** Au début et à la fin du verset, il pourrait s'agir des mêmes *trônes* et donc d'une seule classe de personnes : *les descendants de David.*
e **123.1** Voir note 120.1.
f **123.2** C'est par des gestes de la main que maître et maîtresse font connaître leurs volontés et leurs sentiments à leurs serviteurs.

Psalm 124

A song of ascents. Of David.

1 If the Lord had not been on our side –
let Israel say –
2 if the Lord had not been on our side
when people attacked us,
3 they would have swallowed us alive
when their anger flared against us;
4 the flood would have engulfed us,
the torrent would have swept over us,
5 the raging waters
would have swept us away.
6 Praise be to the Lord,
who has not let us be torn by their teeth.

7 We have escaped like a bird
from the fowler's snare;
the snare has been broken,
and we have escaped.
8 Our help is in the name of the Lord,
the Maker of heaven and earth.

Psalm 125

A song of ascents.

1 Those who trust in the Lord are like Mount Zion,
which cannot be shaken but endures forever.

2 As the mountains surround Jerusalem,
so the Lord surrounds his people
both now and forevermore.
3 The scepter of the wicked will not remain
over the land allotted to the righteous,
for then the righteous might use
their hands to do evil.
4 Lord, do good to those who are good,
to those who are upright in heart.
5 But those who turn to crooked ways
the Lord will banish with the evildoers.
Peace be on Israel.

Psalm 126

A song of ascents.

1 When the Lord restored the fortunes of[w] Zion,
we were like those who dreamed.[x]

2 Our mouths were filled with laughter,
our tongues with songs of joy.
Then it was said among the nations,
"The Lord has done great things for them."
3 The Lord has done great things for us,

w **126:1** Or *Lord brought back the captives to*
x **126:1** Or *those restored to health*

Psaume 124

Notre secours vient de l'Eternel

1 *Cantique pour la route vers la demeure de l'Eternel[g]. De David.*
Si l'Eternel n'avait pas été avec nous
– Oui, qu'Israël le dise ! –
2 si l'Eternel n'avait pas été avec nous
lorsque des hommes nous ont attaqués,
3 alors ils nous auraient engloutis tout vivants
dans l'ardeur de leur rage déchaînée contre nous.
4 Le flot nous aurait entraînés
et le torrent nous aurait submergés.
5 Alors des eaux tumultueuses
auraient passé sur nous.
6 Béni soit l'Eternel,
lui qui n'a pas permis
que nous soyons une proie pour leurs dents.
7 Nous avons pu nous échapper comme l'oiseau du filet des chasseurs :
le filet s'est rompu et nous nous sommes échappés.

8 Notre secours nous vient de l'Eternel
qui a fait le ciel et la terre.

Psaume 125

Sécurité inébranlable

1 *Cantique pour la route vers la demeure de l'Eternel[h].*
Ceux qui ont placé leur confiance en l'Eternel
sont comme le mont de Sion : il n'est pas ébranlé
et subsiste à jamais.
2 Comme Jérusalem est entourée par des montagnes,
l'Eternel entoure son peuple
dès maintenant et à jamais.
3 Un pouvoir criminel ne pourra dominer
sur le territoire échu en partage aux justes,
afin que les justes n'en viennent pas à prêter eux aussi la main à des actes coupables.
4 Fais du bien, Eternel, à celui qui est bon,
à celui qui a le cœur droit !
5 Mais ceux qui se détournent vers des voies tortueuses,
que l'Eternel les chasse
avec tous ceux qui font le mal !
Que la paix soit sur Israël !

Psaume 126

Semailles et moisson

1 *Cantique pour la route vers la demeure de l'Eternel[i].*
Quand l'Eternel a ramené les captifs de Sion[j],
nous étions comme dans un rêve.
2 Alors nous ne cessions de rire
et de pousser des cris de joie.
Alors on disait chez les autres peuples :
« Oh, l'Eternel a fait pour eux de grandes choses ! »
3 Oui, l'Eternel a fait pour nous
de grandes choses :

g **124.1** Voir note 120.1.
h **125.1** Voir note 120.1.
i **126.1** Voir note 120.1.
j **126.1** Autre traduction : *a changé le sort de Sion.*

and we are filled with joy.
4 Restore our fortunes,[y] LORD,
like streams in the Negev.

5 Those who sow with tears
will reap with songs of joy.
6 Those who go out weeping,
carrying seed to sow,
will return with songs of joy,
carrying sheaves with them.

PSALM 127

song of ascents. Of Solomon.

1 Unless the LORD builds the house,
the builders labor in vain.
Unless the LORD watches over the city,
the guards stand watch in vain.

2 In vain you rise early
and stay up late,
toiling for food to eat –
for he grants sleep to[z] those he loves.

3 Children are a heritage from the LORD,
offspring a reward from him.
4 Like arrows in the hands of a warrior
are children born in one's youth.

5 Blessed is the man
whose quiver is full of them.
They will not be put to shame
when they contend with their opponents in court.

PSALM 128

song of ascents.

1 Blessed are all who fear the LORD,
who walk in obedience to him.

2 You will eat the fruit of your labor;
blessings and prosperity will be yours.
3 Your wife will be like a fruitful vine
within your house;
your children will be like olive shoots
around your table.
4 Yes, this will be the blessing
for the man who fears the LORD.
5 May the LORD bless you from Zion;
may you see the prosperity of Jerusalem
all the days of your life.
6 May you live to see your children's children –
peace be on Israel.

.26:4 Or *Bring back our captives*
27:2 Or *eat – / for while they sleep he provides for*

nous sommes dans la joie.
4 Viens changer notre sort[k], ô Eternel,
comme quand l'eau coule à nouveau dans les lits des rivières du Néguev.
5 Qui sème dans les larmes
moissonnera avec des cris de joie !
6 Qui s'en va en pleurant alors qu'il porte sa semence
reviendra en poussant des cris de joie, alors qu'il portera ses gerbes.

PSAUME 127

De qui tout dépend

1 *Cantique pour la route vers la demeure de l'Eternel[l]. De Salomon.*
Si l'Eternel ne bâtit la maison,
en vain les bâtisseurs travaillent.
Si l'Eternel ne garde pas la ville,
en vain la sentinelle veille.
2 Oui, il est vain de vous lever très tôt et de vous coucher tard,
et de vous donner tant de peine pour gagner votre pain.
Car Dieu en donne autant à ceux qui lui sont chers pendant qu'ils dorment.
3 Des fils : voilà le patrimoine que donne l'Eternel,
oui, des enfants sont une récompense.
4 Ils sont pareils aux flèches dans la main d'un guerrier,
les fils de la jeunesse[m].
5 Heureux est l'homme dont le carquois en est rempli !
Il ne connaîtra pas la honte
lorsqu'il entrera en contestation avec son adversaire aux portes de la ville[n].

PSAUME 128

Que l'Eternel te bénisse !

1 *Cantique pour la route vers la demeure de l'Eternel[o].*
Heureux es-tu, toi qui crains l'Eternel
et qui suis les chemins qu'il a tracés !
2 Tu tireras profit du travail de tes mains,
tout ira bien pour toi et tu seras heureux.
3 Dans ton foyer, ta femme
sera comme une vigne chargée de nombreux fruits
et, autour de ta table,
tes fils seront tels des plants d'olivier.
4 C'est ainsi que sera béni
un homme qui craint l'Eternel.
5 Oui, l'Eternel te bénira depuis le mont Sion,
et tu contempleras le bonheur de Jérusalem
tous les jours de ta vie,
6 tu verras les enfants de tes enfants !
Que la paix soit sur Israël !

k **126.4** Autre traduction : *ramène nos captifs.*
l **127.1** Voir note 120.1.
m **127.4** Nés alors que les parents étaient encore jeunes et qui pourront donc les assister (v. 5) lorsqu'ils seront âgés.
n **127.5** Là où se traitaient les affaires et où l'on exerçait la justice.
o **128.1** Voir note 120.1.

Psalm 129

A song of ascents.

1 "They have greatly oppressed me from my youth,"
let Israel say;
2 "they have greatly oppressed me from my youth,
but they have not gained the victory over me.
3 Plowmen have plowed my back
and made their furrows long.
4 But the Lord is righteous;
he has cut me free from the cords of the wicked."
5 May all who hate Zion
be turned back in shame.
6 May they be like grass on the roof,
which withers before it can grow;
7 a reaper cannot fill his hands with it,
nor one who gathers fill his arms.
8 May those who pass by not say to them,
"The blessing of the Lord be on you;
we bless you in the name of the Lord."

Psalm 130

A song of ascents.

1 Out of the depths I cry to you, Lord;
2 Lord, hear my voice.
Let your ears be attentive
to my cry for mercy.
3 If you, Lord, kept a record of sins,
Lord, who could stand?
4 But with you there is forgiveness,
so that we can, with reverence, serve you.
5 I wait for the Lord, my whole being waits,
and in his word I put my hope.
6 I wait for the Lord
more than watchmen wait for the morning,
more than watchmen wait for the morning.
7 Israel, put your hope in the Lord,
for with the Lord is unfailing love
and with him is full redemption.
8 He himself will redeem Israel
from all their sins.

Psaume 129

Affligé mais non abattu

1 *Cantique pour la route vers la demeure de l'Eternel*[p].
Depuis ma jeunesse[q], on m'a souvent combattu.
Qu'Israël le dise :
2 « Depuis ma jeunesse on m'a souvent combattu,
mais on n'a pas pu l'emporter sur moi. »

3 On a labouré mon dos,
on y a tracé de très longs sillons.
4 L'Eternel est juste
et il a brisé les liens imposés par les méchants.

5 Qu'ils soient dans la honte et qu'ils battent en retraite,
tous ceux qui ont de la haine pour Sion.
6 Qu'ils soient comme l'herbe poussant sur les toits
et qui se dessèche avant qu'on l'arrache[r],
7 dont le moissonneur n'emplit pas sa main,
dont celui qui lie les gerbes n'emplit pas son sac.
8 Et que les passants ne leur disent pas :
« Que l'Eternel vous bénisse !
Nous vous bénissons de la part de l'Eternel. »

Psaume 130

Du fond de la détresse

1 *Cantique pour la route vers la demeure de l'Eternel*[s].
Du fond de la détresse je t'invoque, Eternel.
2 Seigneur, écoute-moi !
Sois attentif
à mes supplications !
3 O Eternel, si tu retiens nos fautes,
Seigneur, qui donc subsistera ?
4 Mais le pardon se trouve auprès de toi
afin que l'on te craigne.
5 Moi, je m'attends à l'Eternel, oui, je m'attends à lui,
de tout mon être,
j'ai confiance en sa parole.
6 Je guette le Seigneur
bien plus que les guetteurs attendent le matin,
oui, plus que les guetteurs attendent le matin.
7 O Israël, place ta confiance en l'Eternel,
car c'est auprès de lui que l'on trouve l'amour :
la délivrance abonde auprès de lui,
8 et c'est lui qui délivrera Israël de tous ses péchés.

p **129.1** Voir note 120.1.

q **129.1** C'est le peuple d'Israël personnifié qui parle. La jeunesse du peuple (cf. Os 11.1 ; Ez 23.3) fait allusion au séjour en Egypte où Israël fu[t] opprimé.

r **129.6** En Israël, les toits plats étaient rendus imperméables par une couche de terre mêlée de cendres ou de sable, tassée au rouleau. La pluie y faisait pousser des plantes que le soleil desséchait vite car elles n'avaient pas de racines profondes (Es 37.27).

s **130.1** Voir note 120.1.

Psalm 131

song of ascents. Of David.

1 My heart is not proud, Lord,
my eyes are not haughty;
I do not concern myself with great matters
or things too wonderful for me.

2 But I have calmed and quieted myself,
I am like a weaned child with its mother;
like a weaned child I am content.

3 Israel, put your hope in the Lord
both now and forevermore.

Psalm 132

song of ascents.

1 Lord, remember David
and all his self-denial.

2 He swore an oath to the Lord,
he made a vow to the Mighty One of Jacob:
3 "I will not enter my house
or go to my bed,
4 I will allow no sleep to my eyes
or slumber to my eyelids,
5 till I find a place for the Lord,
a dwelling for the Mighty One of Jacob."
6 We heard it in Ephrathah,
we came upon it in the fields of Jaar:[a]
7 "Let us go to his dwelling place,
let us worship at his footstool, saying,
8 'Arise, Lord, and come to your resting place,
you and the ark of your might.

9 May your priests be clothed with your
righteousness;
may your faithful people sing for joy.' "
10 For the sake of your servant David,
do not reject your anointed one.
11 The Lord swore an oath to David,
a sure oath he will not revoke:
"One of your own descendants
I will place on your throne.
12 If your sons keep my covenant
and the statutes I teach them,
then their sons will sit
on your throne for ever and ever."
13 For the Lord has chosen Zion,
he has desired it for his dwelling, saying,
14 "This is my resting place for ever and ever;
here I will sit enthroned, for I have desired it.
15 I will bless her with abundant provisions;
her poor I will satisfy with food.
16 I will clothe her priests with salvation,

Psaume 131

Calme souverain

1 *Cantique pour la route vers la demeure de l'Eternel*[t]. *De David.*
O Eternel, mon cœur ne s'enfle pas d'orgueil, mes
yeux n'ont pas visé trop haut,
je ne me suis pas engagé dans des projets trop
grands,
trop compliqués pour moi.
2 Bien au contraire : je suis resté tranquille et calme,
comme un enfant sevré porté par sa maman.
Oui, je me sens au fond de moi comme l'enfant
sevré.
3 Israël, mets ta confiance en l'Eternel,
dès maintenant et pour toujours.

Psaume 132

La cité du Roi

1 *Cantique pour la route vers la demeure de l'Eternel*[u].
O Eternel, souviens-toi de David
et de toutes ses peines ;
2 car il fit ce serment à l'Eternel,
il adressa ce vœu au Puissant de Jacob :
3 « Non, je n'entrerai pas dans la tente où j'habite,
je ne m'étendrai pas sur mon lit de repos,
4 je ne veux pas donner de sommeil à mes yeux
ni d'assoupissement à mes paupières,
5 avant d'avoir trouvé un lieu pour l'Eternel,
une demeure pour le Puissant de Jacob. »
6 Or nous en avons entendu parler à Ephrata,
et nous l'avons trouvé dans la campagne de Yaar[v].
7 Allons donc jusqu'à sa demeure !
Allons nous prosterner devant son marchepied !
8 Lève-toi, Eternel, et viens au lieu de repos qui t'est
destiné !
Oh ! viens avec le coffre de l'alliance d'où rayonne
ta force !
9 Que tes prêtres se parent de justice,
que ceux qui te sont attachés poussent des cris de
joie.
10 Pour l'amour de David qui fut ton serviteur,
ne repousse pas l'homme qui de ta part a reçu
l'onction d'huile sainte.
11 L'Eternel a fait à David un serment sûr,
il ne reviendra pas sur ce qu'il a promis :
« Je mettrai sur ton trône
un fils issu de toi.
12 Et si tes descendants respectent mon alliance,
et ses clauses dont je les instruirai,
leurs propres fils aussi
siégeront sur ton trône à perpétuité. »
13 En effet, l'Eternel a fait choix de Sion,
oui, il l'a désirée pour résidence :
14 « C'est mon lieu de repos où je résiderai toujours ;
c'est ici que je siégerai, dans Sion que j'ai désirée.
15 Oui, je la bénirai en la comblant de biens,
et je rassasierai de pain ses pauvres.
16 Je parerai ses prêtres de salut,

a 132:6 Or *heard of it in Ephrathah, / we found it in the fields of Jearim.*
(See 1 Chron. 13:5,6) (And no quotation marks around verses 7-9)

t 131.1 Voir note 120.1.
u 132.1 Voir note 120.1.
v 132.6 Probablement Qiryath-Yearim (voir 1 S 7.1 ; 2 S 6).

and her faithful people will ever sing for joy.
17 “Here I will make a horn[b] grow for David
and set up a lamp for my anointed one.

18 I will clothe his enemies with shame,
but his head will be adorned with a radiant
crown.”

Psalm 133

A song of ascents. Of David.

1 How good and pleasant it is
when God’s people live together in unity!

2 It is like precious oil poured on the head,
running down on the beard,
running down on Aaron’s beard,
down on the collar of his robe.
3 It is as if the dew of Hermon
were falling on Mount Zion.
For there the Lord bestows his blessing,
even life forevermore.

Psalm 134

A song of ascents.

1 Praise the Lord, all you servants of the Lord
who minister by night in the house of the
Lord.
2 Lift up your hands in the sanctuary
and praise the Lord.
3 May the Lord bless you from Zion,
he who is the Maker of heaven and earth.

Psalm 135

1 Praise the Lord.[c]
Praise the name of the Lord;
praise him, you servants of the Lord,
2 you who minister in the house of the Lord,
in the courts of the house of our God.
3 Praise the Lord, for the Lord is good;
sing praise to his name, for that is pleasant.

4 For the Lord has chosen Jacob to be his own,
Israel to be his treasured possession.
5 I know that the Lord is great,
that our Lord is greater than all gods.
6 The Lord does whatever pleases him,
in the heavens and on the earth,

b 132:17 *Horn* here symbolizes strong one, that is, king.
c 135:1 Hebrew *Hallelu Yah*; also in verses 3 and 21

et ceux qui lui sont attachés exulteront de joie.
17 Là, j’accroîtrai de David la puissance,
et tel un flambeau qui reste allumé, j’établirai son
successeur, oint d’huile sainte de ma part.
18 Mais je parerai de honte ses ennemis
alors que, sur son front, brillera sa couronne. »

Psaume 133

Quand des frères sont unis

1 *Cantique pour la route vers la demeure
de l’Eternel[w]. De David.*
Oh ! Qu’il est bon et qu’il est agréable
pour des frères de se trouver ensemble !
2 C’est comme l’huile parfumée[x]
répandue sur la tête,
qui descend sur la barbe, la barbe d’Aaron,
et coule jusqu’au bord de ses habits.
3 C’est comme la rosée qui descend de l’Hermon
sur le mont de Sion[y].
C’est là que l’Eternel accorde sa bénédiction
et la vie pour toujours.

Psaume 134

Louez le Seigneur !

1 *Cantique pour la route vers la demeure de l’Eternel[z].*
Bénissez l’Eternel, vous tous qui servez[a] l’Eternel,
oui, vous qui vous tenez tout au long de la nuit da
le temple de l’Eternel !
2 Levez vos mains vers le lieu saint
pour bénir l’Eternel !
3 Que de Sion l’Eternel te bénisse,
lui qui a fait le ciel aussi bien que la terre.

Psaume 135

Le Seigneur est bon

1 Louez l’Eternel !
Oui, louez l’Eternel !
Louez-le, vous, les serviteurs de l’Eternel,
2 vous qui vous tenez dans le temple de l’Eternel,
dans les parvis de la demeure de notre Dieu !
3 Oui, louez l’Eternel car l’Eternel est bon !
Et célébrez-le en musique, car il est digne d’être
aimé[b] !
4 L’Eternel s’est choisi Jacob,
Israël comme son bien précieux.
5 Je sais bien pour ma part que l’Eternel est grand
et que notre Seigneur surpasse tous les dieux.
6 L’Eternel fait tout ce qu’il veut
au ciel et sur la terre,

w **133.1** Voir note 120.1.
x **133.2** L’huile sainte réservée à l’onction des prêtres (Ex 30.22-33 ; Lv 8.30).
y **133.3** Haute montagne au nord-est d’Israël, souvent couverte de nei L’humidité aspirée sur ses pentes se répand en rosée fertilisante dans le nord du pays et souvent, par vent favorable, jusqu’en Judée (voir Gn 27.28 ; Ag 1.10 ; Za 8.12).
z **134.1** Voir note 120.1. Dernier cantique pour la route vers la demeu de l’Eternel.
a **134.1** Désigne ici les prêtres et les lévites affectés au service du Tem D’après 1 Ch 9.33, ces derniers assuraient aussi un service de nuit au sanctuaire.
b **135.3** Autre traduction : *car cela est beau.*

in the seas and all their depths.
7 He makes clouds rise from the ends of the
earth;
he sends lightning with the rain
and brings out the wind from his
storehouses.
8 He struck down the firstborn of Egypt,
the firstborn of people and animals.
9 He sent his signs and wonders into your midst,
Egypt,
against Pharaoh and all his servants.
10 He struck down many nations
and killed mighty kings –
11 Sihon king of the Amorites,
Og king of Bashan,
and all the kings of Canaan –
12 and he gave their land as an inheritance,
an inheritance to his people Israel.
13 Your name, LORD, endures forever,
your renown, LORD, through all generations.
14 For the LORD will vindicate his people
and have compassion on his servants.
15 The idols of the nations are silver and gold,
made by human hands.
16 They have mouths, but cannot speak,
eyes, but cannot see.
17 They have ears, but cannot hear,
nor is there breath in their mouths.
18 Those who make them will be like them,
and so will all who trust in them.
19 All you Israelites, praise the LORD;
house of Aaron, praise the LORD;
20 house of Levi, praise the LORD;
you who fear him, praise the LORD.
21 Praise be to the LORD from Zion,
to him who dwells in Jerusalem.
Praise the LORD.

PSALM 136

1 Give thanks to the LORD, for he is good.
His love endures forever.
2 Give thanks to the God of gods.
His love endures forever.
3 Give thanks to the Lord of lords:
His love endures forever.
4 to him who alone does great wonders,
His love endures forever.
5 who by his understanding made the heavens,
His love endures forever.
6 who spread out the earth upon the waters,
His love endures forever.
7 who made the great lights –
His love endures forever.
8 the sun to govern the day,

dans les mers et dans les abîmes.
7 Des confins de la terre, il fait monter les brumes.
Il produit les éclairs au milieu de la pluie,
il fait lever le vent qu'il tenait en réserve.
8 C'est lui qui a frappé les premiers-nés d'Egypte
depuis les hommes jusqu'au bétail[c].
9 Il a réalisé des signes extraordinaires et des
prodiges
en plein cœur de l'Egypte
contre le pharaon et tous ses serviteurs.
10 C'est lui qui a frappé des peuples en grand nombre
et qui a abattu des souverains puissants :
11 Sihôn, le roi des Amoréens
et Og, roi du Basan,
et tous les rois de Canaan.
12 Puis il donna leurs territoires en possession
à Israël son peuple.
13 O Eternel, ta renommée demeure pour l'éternité,
et d'âge en âge l'on proclamera ton nom, ô Eternel.
14 Car l'Eternel rend justice à son peuple,
et il nous témoigne sa compassion à nous, ses
serviteurs.
15 Les idoles des autres peuples sont d'argent et d'or,
fabriquées par des hommes[d] :
16 elles ont une bouche, mais ne peuvent parler,
elles ont bien des yeux, mais elles ne voient pas.
17 Elles ont des oreilles, mais qui n'entendent rien.
Et pas le moindre souffle ne se trouve en leur
bouche.
18 Ils leur ressemblent tous ceux qui les fabriquent
et tous ceux qui mettent leur confiance en elles.
19 O peuple d'Israël, bénissez l'Eternel !
Descendants d'Aaron, bénissez l'Eternel !
20 Descendants de Lévi, bénissez l'Eternel !
Vous tous qui craignez l'Eternel, bénissez l'Eternel !
21 Béni soit l'Eternel depuis le mont Sion,
lui qui réside dans Jérusalem !
Louez l'Eternel !

PSAUME 136

Son amour est éternel

1 Célébrez l'Eternel, car il est bon,
car son amour dure à toujours.
2 Oui, célébrez le Dieu des dieux,
car son amour dure à toujours.
3 Célébrez tous le Seigneur des seigneurs,
car son amour dure à toujours.
4 Lui seul a opéré de merveilleux prodiges,
car son amour dure à toujours.
5 Il a créé le ciel par son intelligence,
car son amour dure à toujours.
6 Et il a étendu la terre sur les eaux,
car son amour dure à toujours.
7 Il a fait les grands astres,
car son amour dure à toujours[e].
8 Il a fait le soleil pour présider au jour,

c **135.8** Voir Ex 12.12, 29. Les v. 8-11 sont un rappel sommaire des grands événements par lesquels Dieu a sauvé son peuple.
d **135.15** Pour les v. 15-18, voir 115.4-8.
e **136.7** Pour les v. 7-9, voir Gn 1.14-18.

His love endures forever.
9 the moon and stars to govern the night;
His love endures forever.
10 to him who struck down the firstborn of Egypt
His love endures forever.
11 and brought Israel out from among them
His love endures forever.
12 with a mighty hand and outstretched arm;
His love endures forever.
13 to him who divided the Red Sea[d] asunder
His love endures forever.
14 and brought Israel through the midst of it,
His love endures forever.
15 but swept Pharaoh and his army into the Red
Sea;
His love endures forever.
16 to him who led his people through the
wilderness;
His love endures forever.
17 to him who struck down great kings,
His love endures forever.
18 and killed mighty kings –
His love endures forever.
19 Sihon king of the Amorites
His love endures forever.
20 and Og king of Bashan –
His love endures forever.
21 and gave their land as an inheritance,
His love endures forever.
22 an inheritance to his servant Israel.
His love endures forever.
23 He remembered us in our low estate
His love endures forever.
24 and freed us from our enemies.
His love endures forever.
25 He gives food to every creature.
His love endures forever.
26 Give thanks to the God of heaven.
His love endures forever.

Psalm 137

1 By the rivers of Babylon we sat and wept
when we remembered Zion.
2 There on the poplars
we hung our harps,
3 for there our captors asked us for songs,
our tormentors demanded songs of joy;
they said, "Sing us one of the songs of Zion!"

4 How can we sing the songs of the Lord
while in a foreign land?
5 If I forget you, Jerusalem,
may my right hand forget its skill.
6 May my tongue cling to the roof of my mouth

d 136:13 Or the Sea of Reeds; also in verse 15

car son amour dure à toujours,
9 la lune et les étoiles pour présider à la nuit,
car son amour dure à toujours.
10 Il frappa les premiers-nés de l'Egypte,
car son amour dure à toujours.
11 Il en fit sortir Israël,
car son amour dure à toujours,
12 par sa grande puissance, en déployant sa force,
car son amour dure à toujours[f].
13 Il fendit en deux la mer des Roseaux,
car son amour dure à toujours.
14 Il y fit passer Israël,
car son amour dure à toujours.
15 Et il précipita le pharaon et son armée dans la me
des Roseaux,
car son amour dure à toujours.
16 Il conduisit son peuple à travers le désert,
car son amour dure à toujours.
17 Il frappa de grands rois
car son amour dure à toujours.
18 Il fit périr de puissants souverains,
car son amour dure à toujours.
19 Il fit périr Sihôn, roi des Amoréens,
car son amour dure à toujours.
20 Et Og, roi du Basan,
car son amour dure à toujours.
21 Il donna leur pays en possession,
car son amour dure à toujours,
22 en possession à Israël, son serviteur,
car son amour dure à toujours.
23 Dans notre humiliation, il est intervenu pour nou
car son amour dure à toujours.
24 Il nous a délivrés de tous nos ennemis,
car son amour dure à toujours.
25 Il donne à toute créature sa nourriture,
car son amour dure à toujours.
26 Louez le Dieu des cieux,
car son amour dure à toujours.

Psaume 137

Au bord des fleuves de Babylone[g]

1 Au bord des fleuves de Babylone,
nous nous étions assis et nous pleurions
en pensant à Sion.
2 Aux saules de cette contrée,
nous avions suspendu nos lyres.
3 Ceux qui nous avaient déportés nous demandaien
des chants,
nos oppresseurs réclamaient d'être réjouis :
« Chantez-nous, disaient-ils,
quelque chant de Sion ! »
4 Comment peut-on chanter les chants de l'Eternel
sur un sol étranger ?
5 Si jamais je t'oublie, Jérusalem,
que ma main droite perde sa force !
6 Et que ma langue se colle à mon palais

f 136.12 Pour les v. 12-15, voir Ex 14.15-29.
g 137 Les fleuves de Babylone sont l'Euphrate et ses canaux, parmi lesquels le Kebar (Ez 1.1 ; 3.15), et peut-être l'Oulaï (Dn 8.2). Il faut leur ajouter, si l'on pense à la Babylonie entière, le Tigre, ses affluents et se canaux.

if I do not remember you,
if I do not consider Jerusalem
my highest joy.
7 Remember, LORD, what the Edomites did
on the day Jerusalem fell.
"Tear it down," they cried,
"tear it down to its foundations!"
8 Daughter Babylon, doomed to destruction,
happy is the one who repays you
according to what you have done to us.
9 Happy is the one who seizes your infants
and dashes them against the rocks.

PSALM 138

David.

1 I will praise you, LORD, with all my heart;
before the "gods" I will sing your praise.

2 I will bow down toward your holy temple
and will praise your name
for your unfailing love and your faithfulness,
for you have so exalted your solemn decree
that it surpasses your fame.
3 When I called, you answered me;
you greatly emboldened me.
4 May all the kings of the earth praise you, LORD,
when they hear what you have decreed.
5 May they sing of the ways of the LORD,
for the glory of the LORD is great.

6 Though the LORD is exalted, he looks kindly on
the lowly;
though lofty, he sees them from afar.
7 Though I walk in the midst of trouble,
you preserve my life.
You stretch out your hand against the anger of
my foes;
with your right hand you save me.
8 The LORD will vindicate me;
your love, LORD, endures forever –
do not abandon the works of your hands.

PSALM 139

r the director of music. Of David. A psalm.

1 You have searched me, LORD,
and you know me.
2 You know when I sit and when I rise;
you perceive my thoughts from afar.
3 You discern my going out and my lying down;
you are familiar with all my ways.

si je ne pense plus à toi, Jérusalem,
si je ne te mets plus
avant toute autre joie.
7 Souviens-toi, Eternel, des Edomites[h]
qui en ce jour du malheur de Jérusalem,
criaient bien fort : « Rasez-la donc,
rasez jusqu'à ses fondations ! »
8 O Dame Babylone, tu seras dévastée !
Heureux qui te rendra
tout le mal que tu nous as fait !
9 Heureux qui saisira tes nourrissons
pour les briser contre le roc[i] !

PSAUME 138

Je veux chanter ta fidélité

1 *Dee David.*
Je te louerai de tout mon cœur ;
devant les puissants de ce monde[j], je te célébrerai
avec de la musique.
2 Je me prosterne dirigé vers ton sanctuaire
et je te loue,
pour ton amour et ta fidélité,
car tu as réalisé tes promesses en surpassant ta
renommée.
3 Le jour où je t'ai invoqué, toi tu m'as répondu,
et tu m'as donné du courage, tu m'as fortifié.
4 Que tous les rois du monde te louent, ô Eternel,
à l'écoute de ta parole !
5 Et qu'ils célèbrent les œuvres de l'Eternel par leurs
chants !
Grande est la gloire de l'Eternel !
6 Si haut qu'est l'Eternel, il voit les humbles,
et de loin il repère les orgueilleux.

7 Si je passe par la détresse,
tu préserves ma vie face à la furie de mes ennemis ;
tu interviens pour me sauver.

8 Oui, l'Eternel achèvera son œuvre en ma faveur.
Eternel, ton amour dure à toujours.
N'abandonne donc pas tes créatures !

PSAUME 139

Seigneur, tu sais tout de moi

1 *Au chef de chœur. Psaume de David.*
Eternel, tu me sondes et tu me connais.
2 Toi, tu sais quand je m'assieds et quand je me lève.
De loin, tu discernes tout ce que je pense.
3 Tu sais quand je marche et quand je me couche,
et tous mes chemins te sont familiers.

---

h **137.7** Lors de la destruction de Jérusalem par Nabuchodonosor, les Edomites avaient manifesté de manière indécente leur joie de voir tomber leur rivale (Ez 35.12-14). Cette attitude était d'autant plus odieuse qu'ils étaient de proches parents des Israélites (descendants d'Esaü, frère de Jacob).

i **137.9** Cruauté coutumière après la prise d'une ville (Es 13.16 ; Os 14.1 ; Na 3.10) pour détruire tout espoir de relèvement.

j **138.1** L'hébreu a : *dieux,* ce qui peut se comprendre de diverses façons : Dieu, les dieux des nations, les anges (l'ancienne version grecque), les rois (la version syriaque), les juges (le targoum araméen). L'interprétation proposée suit l'emploi du terme « dieux » pour désigner les puissants et les juges au Ps 82.1, 6.

4 Before a word is on my tongue
you, Lord, know it completely.
5 You hem me in behind and before,
and you lay your hand upon me.
6 Such knowledge is too wonderful for me,
too lofty for me to attain.
7 Where can I go from your Spirit?
Where can I flee from your presence?
8 If I go up to the heavens, you are there;
if I make my bed in the depths, you are there.
9 If I rise on the wings of the dawn,
if I settle on the far side of the sea,
10 even there your hand will guide me,
your right hand will hold me fast.
11 If I say, "Surely the darkness will hide me
and the light become night around me,"
12 even the darkness will not be dark to you;
the night will shine like the day,
for darkness is as light to you.
13 For you created my inmost being;
you knit me together in my mother's womb.
14 I praise you because I am fearfully and
wonderfully made;
your works are wonderful,
I know that full well.
15 My frame was not hidden from you
when I was made in the secret place,
when I was woven together in the depths of
the earth.
16 Your eyes saw my unformed body;
all the days ordained for me were written in
your book
before one of them came to be.
17 How precious to me are your thoughts,[e] God!
How vast is the sum of them!
18 Were I to count them,
they would outnumber the grains of sand –
when I awake, I am still with you.
19 If only you, God, would slay the wicked!
Away from me, you who are bloodthirsty!
20 They speak of you with evil intent;
your adversaries misuse your name.
21 Do I not hate those who hate you, Lord,
and abhor those who are in rebellion against
you?
22 I have nothing but hatred for them;
I count them my enemies.
23 Search me, God, and know my heart;
test me and know my anxious thoughts.
24 See if there is any offensive way in me,
and lead me in the way everlasting.

4 Bien avant qu'un mot vienne sur mes lèvres,
Eternel, tu sais déjà tout ce que je vais dire.
5 Tu m'entoures par-derrière et par-devant,
et tu mets ta main sur moi.
6 Merveilleux savoir hors de ma portée,
savoir trop sublime pour que je l'atteigne.
7 Où pourrais-je aller loin de ton Esprit ?
Où pourrais-je fuir hors de ta présence ?
8 Si je monte au ciel tu es là,
et si je descends au séjour des morts, t'y voilà !
9 Si j'emprunte les ailes de l'aube
et que j'aille demeurer aux confins des mers,
10 là aussi ta main me dirigera,
ton bras droit me tiendra.
11 Et si je me dis : « Du moins les ténèbres
m'envelopperont »,
alors la nuit même se change en lumière tout
autour de moi.
12 Pour toi, même les ténèbres ne sont pas obscures
et la nuit est claire comme le plein jour :
lumière ou ténèbres pour toi sont pareilles.
13 Tu m'as fait ce que je suis,
et tu m'as tissé dans le ventre de ma mère.
14 Je te loue d'avoir fait de moi une créature aussi
merveilleuse :
tu fais des merveilles,
et je le reconnais bien.
15 Mon corps n'était pas caché à tes yeux
quand, dans le secret, je fus façonné
et tissé comme dans les profondeurs de la terre.
16 Je n'étais encore qu'une masse informe, mais tu me
voyais
et, dans ton registre, se trouvaient déjà inscrits
tous les jours que tu m'avais destinés
alors qu'aucun d'eux n'existait encore.
17 Combien tes desseins, ô Dieu, sont, pour moi,
impénétrables,
et comme ils sont innombrables !
18 Si je les comptais,
ils seraient bien plus nombreux que les grains de
sable sur les bords des mers.
Voici, je m'éveille, je suis encore avec toi.
19 Puisses-tu, ô Dieu, faire mourir le méchant !
Que les hommes sanguinaires partent loin de moi
20 Ils se servent de ton nom pour leurs desseins
criminels,
eux, tes adversaires, l'utilisent pour tromper.
21 Eternel, comment donc ne pas haïr ceux qui te
haïssent,
et ne pas prendre en dégoût ceux qui te
combattent ?
22 Eh bien, je leur voue une haine extrême,
et les considère comme mes ennemis mêmes.
23 Sonde-moi, ô Dieu, pénètre mon cœur,
examine-moi, et pénètre les pensées qui me
bouleversent !
24 Considère si je suis le chemin du mal
et dirige-moi sur la voie prescrite depuis toujours

e **139:17** Or *How amazing are your thoughts concerning me*
f In Hebrew texts 140:1-13 is numbered 140:2-14.

Psalm 140

the director of music. A psalm of David.

1 Rescue me, Lord, from evildoers;
protect me from the violent,
2 who devise evil plans in their hearts
and stir up war every day.

3 They make their tongues as sharp as a
serpent's;
the poison of vipers is on their lips.[g]

4 Keep me safe, Lord, from the hands of the
wicked;
protect me from the violent,
who devise ways to trip my feet.
5 The arrogant have hidden a snare for me;
they have spread out the cords of their net
and have set traps for me along my path.

6 I say to the Lord, "You are my God."
Hear, Lord, my cry for mercy.
7 Sovereign Lord, my strong deliverer,
you shield my head in the day of battle.
8 Do not grant the wicked their desires, Lord;
do not let their plans succeed.

9 Those who surround me proudly rear their
heads;
may the mischief of their lips engulf them.
10 May burning coals fall on them;
may they be thrown into the fire,
into miry pits, never to rise.

11 May slanderers not be established in the land;
may disaster hunt down the violent.

12 I know that the Lord secures justice for the
poor
and upholds the cause of the needy.
13 Surely the righteous will praise your name,
and the upright will live in your presence.

Psalm 141

psalm of David.

1 I call to you, Lord, come quickly to me;
hear me when I call to you.

2 May my prayer be set before you like incense;
may the lifting up of my hands be like the
evening sacrifice.

40:3 The Hebrew has *Selah* (a word of uncertain meaning) here
d at the end of verses 5 and 8.

Psaume 140

Délivre-moi des calomniateurs !

1 *Au chef de chœur. Psaume de David.*
2 O Eternel, délivre-moi des gens mauvais,
préserve-moi des violents !
3 Ils forment dans leur cœur des desseins
malveillants.
Jour après jour, ils cherchent des querelles.
4 Leur langue est acérée tout comme celle d'un
serpent,
et ils sécrètent sous leurs lèvres du venin de
vipère[k]. *Pause*
5 O Eternel, préserve-moi des griffes du méchant !
Protège-moi des violents,
de ceux qui projettent ma chute.

6 Des arrogants ont disposé des pièges devant mes
pas ;
des gens pervers[l] ont tendu leurs filets,
et le long du chemin, ils ont placé des traquenards
pour moi. *Pause*
7 J'ai dit à l'Eternel : « Tu es mon Dieu ! »
O Eternel, prête attention à mes supplications.
8 O Eternel, Seigneur, toi, mon puissant Sauveur,
tu protèges ma tête au jour de la bataille.
9 O Eternel, n'accorde pas à ces méchants ce qu'ils
désirent !
Ne laisse pas leurs projets réussir, car ils
triompheraient. *Pause*
10 Que sur la tête de ceux qui m'environnent
retombe enfin le mal provoqué par leurs lèvres !

11 Que des charbons ardents soient déversés sur eux !
Que dans le feu, ils soient précipités,
au fond d'un gouffre d'où ils ne pourront plus se
relever !
12 Que les mauvaises langues ne se maintiennent pas
dans le pays[m] !
Que l'homme violent soit pourchassé sans trêve par
le malheur !
13 Je sais que l'Eternel rendra justice aux pauvres
et fera droit aux défavorisés.

14 Alors les justes diront tes louanges.
Les hommes droits habiteront en ta présence.

Psaume 141

Tiens-moi dans ta main !

1 *Psaume de David.*
Eternel, je t'ai appelé ! Viens en hâte à mon secours !
Prête l'oreille à ma voix quand je crie à toi !
2 Considère ma prière comme de l'encens placé
devant toi,
et mes mains tendues vers toi comme l'offrande du
soir.

[k] **140.4** Cité en Rm 3.13.
[l] **140.6** *des gens pervers:* cette traduction suppose une modification de la vocalisation du mot hébreu. Texte traditionnel : *des liens.*
[m] **140.12** Autre traduction : *sur la terre.*

[3] Set a guard over my mouth, LORD;
keep watch over the door of my lips.

[4] Do not let my heart be drawn to what is evil
so that I take part in wicked deeds
along with those who are evildoers;
do not let me eat their delicacies.
[5] Let a righteous man strike me – that is a kindness;
let him rebuke me – that is oil on my head.
My head will not refuse it,
for my prayer will still be against the deeds of evildoers.
[6] Their rulers will be thrown down from the cliffs,
and the wicked will learn that my words were well spoken.
[7] They will say, "As one plows and breaks up the earth,
so our bones have been scattered at the mouth of the grave."
[8] But my eyes are fixed on you, Sovereign LORD;
in you I take refuge – do not give me over to death.
[9] Keep me safe from the traps set by evildoers,
from the snares they have laid for me.
[10] Let the wicked fall into their own nets,
while I pass by in safety.

PSALM 142

A maskil[i] of David. When he was in the cave. A prayer.
[1] I cry aloud to the LORD;
I lift up my voice to the LORD for mercy.
[2] I pour out before him my complaint;
before him I tell my trouble.
[3] When my spirit grows faint within me,
it is you who watch over my way.
In the path where I walk
people have hidden a snare for me.
[4] Look and see, there is no one at my right hand;
no one is concerned for me.
I have no refuge;
no one cares for my life.
[5] I cry to you, LORD;
I say, "You are my refuge,
my portion in the land of the living."
[6] Listen to my cry,
for I am in desperate need;
rescue me from those who pursue me,
for they are too strong for me.
[7] Set me free from my prison,
that I may praise your name.
Then the righteous will gather about me
because of your goodness to me.

[3] Que ma bouche, ô Eternel, reste sous ta surveillance !
Veille aux portes de mes lèvres !
[4] Ne me laisse pas tendre vers le mal,
de peur que je commette des actions perverses
avec ceux qui font le mal,
ou que je prenne part à ce dont ils se repaissent !
[5] Si le juste me reprend, il me prouve son amour.
Qu'il me fasse des reproches, c'est, sur ma tête, un parfum
que je ne refuse pas.
Mais aux méfaits des méchants, j'opposerai ma prière toujours à nouveau.
[6] Que leurs chefs soient précipités contre les rocher.
Alors on écoutera mes paroles car elles sont appréciables.

[7] Comme si on labourait et hersait la terre,
voici que nos os sont dispersés à l'orée du séjour d• morts.

[8] C'est vers toi, ô Eternel, qui es mon Seigneur, que s tournent mes regards ;
je cherche en toi mon refuge.
Ne me laisse pas périr !
[9] Garde-moi des pièges qu'ils ont tendus sous mes pas,
et des traquenards de ces malfaisants !
[10] Que les méchants tous ensemble tombent dans leurs propres pièges
et que moi je passe sur le chemin sans dommage.

PSAUME 142

Tu es mon seul abri

[1] *Méditation[n] de David. Prière qu'il prononça quand il était dans la caverne.*
[2] A pleine voix, je crie vers l'Eternel.
A pleine voix, je supplie l'Eternel,
[3] et, devant lui, je me répands en plaintes.
En sa présence, j'expose ma détresse.
[4] Quand mon esprit est abattu,
toi tu connais par quel chemin je passe.
Sur la route où je marche,
ils m'ont tendu un piège.
[5] Regarde à droite[o] et vois :
il n'y a plus personne qui veuille me connaître !
Je ne sais plus où chercher un refuge
et nul ne veut s'inquiéter de ma vie.
[6] O Eternel, je fais appel à toi,
et je m'écrie : « Tu es mon seul abri !
Tu es mon bien au pays des vivants ! »
[7] Sois attentif à mes supplications
car j'ai touché le fond de la misère.
Délivre-moi de mes persécuteurs !
Ils sont bien plus puissants que moi.
[8] Libère-moi de ma prison
pour que je puisse te louer !
Autour de moi, les justes feront cercle
quand tu m'auras comblé de tes bienfaits.

[h] In Hebrew texts 142:1-7 is numbered 142:2-8.
[i] Title: Probably a literary or musical term

[n] **142.1** Signification incertaine.
[o] **142.5** C'est-à-dire du côté où se tient le défenseur (16.8 ; 109.31 ; 110.5)

Psalm 143

psalm of David.

[1] Lord, hear my prayer,
listen to my cry for mercy;
in your faithfulness and righteousness
come to my relief.
[2] Do not bring your servant into judgment,
for no one living is righteous before you.
[3] The enemy pursues me,
he crushes me to the ground;
he makes me dwell in the darkness
like those long dead.
[4] So my spirit grows faint within me;
my heart within me is dismayed.
[5] I remember the days of long ago;
I meditate on all your works
and consider what your hands have done.
[6] I spread out my hands to you;
I thirst for you like a parched land.[j]
[7] Answer me quickly, Lord;
my spirit fails.
Do not hide your face from me
or I will be like those who go down to the pit.
[8] Let the morning bring me word of your
unfailing love,
for I have put my trust in you.
Show me the way I should go,
for to you I entrust my life.
[9] Rescue me from my enemies, Lord,
for I hide myself in you.
[10] Teach me to do your will,
for you are my God;
may your good Spirit
lead me on level ground.
[11] For your name's sake, Lord, preserve my life;
in your righteousness, bring me out of
trouble.
[12] In your unfailing love, silence my enemies;
destroy all my foes,
for I am your servant.

Psalm 144

f David.

[1] Praise be to the Lord my Rock,
who trains my hands for war,
my fingers for battle.
[2] He is my loving God and my fortress,
my stronghold and my deliverer,
my shield, in whom I take refuge,
who subdues peoples[k] under me.
[3] Lord, what are human beings that you care for
them,
mere mortals that you think of them?

43:6 The Hebrew has *Selah* (a word of uncertain meaning) here.
144:2 Many manuscripts of the Masoretic Text, Dead Sea Scrolls, quila, Jerome and Syriac; most manuscripts of the Masoretic Text *bdues my people*

Psaume 143

Conduis-moi dans tes voies !

[1] *Psaume de David.*
O Eternel, écoute ma prière,
prête l'oreille à mes supplications !
Tu es fidèle et tu es juste, réponds-moi donc !
[2] N'entre pas en procès avec ton serviteur !
Aucun vivant n'est juste devant toi.
[3] Un ennemi me poursuit sans relâche,
et il veut écraser ma vie à terre,
il me fait demeurer dans les ténèbres
comme les morts, ces gens des temps passés.
[4] J'ai l'esprit abattu,
je suis désemparé.
[5] Je me souviens des temps anciens,
je me redis tout ce que tu as fait,
et je médite sur l'œuvre de tes mains.
[6] Je tends les mains vers toi,
je me sens devant toi comme une terre aride. *Pause*
[7] O Eternel, viens vite m'exaucer,
je me sens défaillir.
Ne te détourne pas de moi,
de peur que je sois comme ceux qui descendent
dans le tombeau.
[8] Dès le matin, annonce-moi ta bienveillance,
car c'est en toi que j'ai mis ma confiance !
Fais-moi connaître la voie que je dois suivre,
car c'est vers toi que je me tourne !
[9] Délivre-moi, ô Eternel, de tous mes ennemis,
je cherche mon refuge auprès de toi !
[10] Enseigne-moi à accomplir ce qui te plaît,
car tu es mon Dieu !
Que ton Esprit qui est bon me conduise sur un sol
aplani :
[11] Par égard pour ta renommée, ô Eternel, garde ma
vie,
toi qui es juste ; délivre-moi de la détresse.
[12] Dans ton amour, tu détruiras mes ennemis,
et tu feras périr tous mes persécuteurs,
car moi, je suis ton serviteur.

Psaume 144

Ton peuple est heureux

[1] *De David.*
Béni soit l'Eternel, lui qui est mon rocher,
qui exerce mes mains pour le combat,
mes poings pour la bataille.
[2] Il me témoigne son amour, il est ma forteresse
et mon refuge : c'est lui qui me libère.
Il est mon bouclier où je trouve un abri,
il me soumet mon peuple[p].
[3] O Eternel, qu'est-ce que l'homme pour que tu
prennes soin de lui ?
Qu'est-ce que l'être humain pour que tu lui
témoignes de l'intérêt ?

p **144.2** De nombreux manuscrits hébreux, le texte retrouvé à Qumrân, la version grecque d'Aquila, la version syriaque et le texte de Jérome ont : *les* ou *des peuples* (cf. 18.48).

[4] They are like a breath;
their days are like a fleeting shadow.
[5] Part your heavens, LORD, and come down;
touch the mountains, so that they smoke.
[6] Send forth lightning and scatter the enemy;
shoot your arrows and rout them.
[7] Reach down your hand from on high;
deliver me and rescue me
from the mighty waters,
from the hands of foreigners
[8] whose mouths are full of lies,
whose right hands are deceitful.
[9] I will sing a new song to you, my God;
on the ten-stringed lyre I will make music
to you,
[10] to the One who gives victory to kings,
who delivers his servant David.
From the deadly sword [11] deliver me;
rescue me from the hands of foreigners
whose mouths are full of lies,
whose right hands are deceitful.

[12] Then our sons in their youth
will be like well-nurtured plants,
and our daughters will be like pillars
carved to adorn a palace.
[13] Our barns will be filled
with every kind of provision.
Our sheep will increase by thousands,
by tens of thousands in our fields;
[14] our oxen will draw heavy loads.[l]
There will be no breaching of walls,
no going into captivity,
no cry of distress in our streets.
[15] Blessed is the people of whom this is true;
blessed is the people whose God is the LORD.

PSALM 145

A psalm of praise. Of David.

[1] I will exalt you, my God the King;
I will praise your name for ever and ever.

[2] Every day I will praise you
and extol your name for ever and ever.
[3] Great is the LORD and most worthy of praise;
his greatness no one can fathom.
[4] One generation commends your works to
another;
they tell of your mighty acts.
[5] They speak of the glorious splendor of your
majesty –
and I will meditate on your wonderful
works.[n]

[l] **144:14** Or *our chieftains will be firmly established*
[m] This psalm is an acrostic poem, the verses of which (including verse 13b) begin with the successive letters of the Hebrew alphabet.
[n] **145:5** Dead Sea Scrolls and Syriac (see also Septuagint); Masoretic Text *On the glorious splendor of your majesty / and on your wonderful works I will meditate*

[4] L'homme est semblable à un souffle léger,
sa vie ressemble à l'ombre passagère.
[5] O Eternel, déplie tes cieux et descends ici-bas !
Viens toucher les montagnes et qu'elles fument !
[6] Décoche des éclairs ! Disperse l'ennemi !
Envoie sur eux tes flèches et mets-les en déroute !
[7] De là-haut, interviens !
Délivre-moi et sauve-moi des grandes eaux,
de la main des barbares
[8] dont la bouche est menteuse
et dont tous les serments ne sont que des parjures.
[9] Je chanterai pour toi, ô Dieu, un chant nouveau,
et je jouerai pour toi sur le luth à dix cordes.
[10] Car c'est toi qui assures aux rois la délivrance,
et c'est toi qui préserves de l'épée meurtrière ton
serviteur David[q].
[11] Viens, sauve-moi, délivre-moi
de la main des barbares
dont la bouche est menteuse
et dont tous les serments ne sont que des parjures
[12] Que nos fils, dès l'enfance, soient pareils à des
plantes
qui poussent vigoureuses,
que nos filles ressemblent à des colonnes d'angle
sculptées pour un palais !
[13] Que nos greniers soient pleins
de biens de toutes sortes,
que le petit bétail se compte par milliers,
oui, par dix milliers même : qu'il couvre nos
campagnes !
[14] Que nos vaches soient grasses,
qu'il n'y ait, dans nos murs, ni brèche, ni lézarde[r] ;
qu'on n'entende jamais retentir sur nos places
aucun cri de détresse !
[15] Heureux sera le peuple comblé de tels bienfaits !
Heureux sera le peuple dont l'Eternel est Dieu !

PSAUME 145

Ton règne est éternel[s]

[1] *Chant de louange. De David.*
Je t'exalterai, ô mon Dieu, mon Roi,
je te bénirai jusque dans l'éternité.
[2] Tous les jours, je te bénirai
et je te louerai jusque dans l'éternité.
[3] L'Eternel est grand et très digne de louanges,
sa grandeur est insondable.
[4] Que chaque génération dise à celle qui la suit
combien tes œuvres sont belles.
Qu'elle publie tes exploits,
[5] l'éclat et la gloire de ta majesté.
Pour moi, je méditerai le récit de tes prodiges.

[q] **144.10** Voir 10-11 : autre traduction, adoptée par l'ancienne version grecque : *... et c'est toi qui préserves ton serviteur David. De l'épée meurtrière viens m'arracher ...*
[r] **144.14** Sens incertain. Autre traduction : *qu'elles ne soient pas victimes d'une calamité et qu'elles n'avortent pas.*
[s] **145** Ce psaume est alphabétique (cf. note 9.1).

6 They tell of the power of your awesome works –
and I will proclaim your great deeds.
7 They celebrate your abundant goodness
and joyfully sing of your righteousness.
8 The LORD is gracious and compassionate,
slow to anger and rich in love.
9 The LORD is good to all;
he has compassion on all he has made.
10 All your works praise you, LORD;
your faithful people extol you.
11 They tell of the glory of your kingdom
and speak of your might,
12 so that all people may know of your mighty
acts
and the glorious splendor of your kingdom.
13 Your kingdom is an everlasting kingdom,
and your dominion endures through all
generations.
The LORD is trustworthy in all he promises
and faithful in all he does.[o]
14 The LORD upholds all who fall
and lifts up all who are bowed down.
15 The eyes of all look to you,
and you give them their food at the proper
time.
16 You open your hand
and satisfy the desires of every living thing.
17 The LORD is righteous in all his ways
and faithful in all he does.
18 The LORD is near to all who call on him,
to all who call on him in truth.
19 He fulfills the desires of those who fear him;
he hears their cry and saves them.
20 The LORD watches over all who love him,
but all the wicked he will destroy.
21 My mouth will speak in praise of the LORD.
Let every creature praise his holy name
for ever and ever.

PSALM 146

1 Praise the LORD.[p]
Praise the LORD, my soul.
2 I will praise the LORD all my life;
I will sing praise to my God as long as I live.

3 Do not put your trust in princes,
in human beings, who cannot save.
4 When their spirit departs, they return to the
ground;
on that very day their plans come to nothing.
5 Blessed are those whose help is the God of
Jacob,
whose hope is in the LORD their God.
6 He is the Maker of heaven and earth,

45:13 One manuscript of the Masoretic Text, Dead Sea Scrolls
d Syriac (see also Septuagint); most manuscripts of the
asoretic Text do not have the last two lines of verse 13.
46:1 Hebrew *Hallelu Yah*; also in verse 10

6 Qu'elle parle de ta force redoutable,
et moi, je proclamerai tes hauts faits.
7 Qu'elle évoque ta grande bonté,
qu'elle chante ta justice !
8 L'Eternel est plein de grâce et de compassion,
lent à la colère et riche en amour.
9 L'Eternel est bon envers tous les hommes,
plein de compassion pour toutes ses créatures.
10 Que toutes tes œuvres te louent, Eternel,
et qu'ils te bénissent, ceux qui te sont attachés !
11 Ils diront la gloire de ton règne
et proclameront ta force.
12 Ils feront connaître aux hommes tes exploits,
la gloire et la splendeur de ton règne.

13 Ton règne s'étend sur tous les temps,
et ta seigneurie dure d'âge en âge.
L'Eternel est fiable en tout ce qu'il dit,
il est plein d'amour dans tout ce qu'il fait[t].

14 L'Eternel est le soutien de tous ceux qui tombent,
il relève tous ceux qui fléchissent.
15 Les regards de tous sont tournés vers toi :
C'est toi qui leur donnes à chacun sa nourriture le
moment venu.
16 Tu ouvres ta main
et tu combles les désirs de tout ce qui vit.
17 L'Eternel est juste en tout ce qu'il fait,
il est plein d'amour en toutes ses œuvres.
18 L'Eternel est proche de ceux qui l'invoquent,
de tous ceux qui l'invoquent avec sincérité.
19 Il accomplit les désirs de ceux qui le craignent,
il entend leur cri et il les délivre.
20 L'Eternel garde tous ceux qui l'aiment,
mais il détruira tous les méchants.
21 Je dirai les louanges de l'Eternel !
Toute créature le bénira éternellement pour sa
sainteté,
jusque dans l'éternité.

PSAUME 146

Il fait droit aux opprimés

1 Louez l'Eternel !
Que, de tout mon être, je loue l'Eternel !
2 Je veux louer l'Eternel tant que je vivrai,
je célébrerai mon Dieu en musique tout au long de
mon existence.
3 Ne placez pas votre foi dans les puissants de ce
monde
ni dans des humains incapables de sauver !
4 Dès qu'ils ont poussé leur dernier soupir, ils
retournent à la terre
et, au même instant, leurs projets s'évanouissent.
5 Heureux l'homme qui reçoit son aide du Dieu de
Jacob,
et dont l'espérance est dans l'Eternel son Dieu.
6 Car l'Eternel a créé le ciel et la terre

t 145.13 La seconde phrase du verset est absente de la plupart des manuscrits du texte hébreu traditionnel, mais elle se trouve dans un manuscrit de ce texte, dans le texte hébreu trouvé à Qumrân, dans l'ancienne version grecque et dans la version syriaque. De plus, cette phrase est nécessaire pour que le psaume puisse être pleinement alphabétique.

the sea, and everything in them –
he remains faithful forever.
7 He upholds the cause of the oppressed
and gives food to the hungry.
The Lord sets prisoners free,
8 the Lord gives sight to the blind,
the Lord lifts up those who are bowed down,
the Lord loves the righteous.
9 The Lord watches over the foreigner
and sustains the fatherless and the widow,
but he frustrates the ways of the wicked.

10 The Lord reigns forever,
your God, O Zion, for all generations.
Praise the Lord.

Psalm 147

1 Praise the Lord.[q]
How good it is to sing praises to our God,
how pleasant and fitting to praise him!
2 The Lord builds up Jerusalem;
he gathers the exiles of Israel.
3 He heals the brokenhearted
and binds up their wounds.
4 He determines the number of the stars
and calls them each by name.
5 Great is our Lord and mighty in power;
his understanding has no limit.
6 The Lord sustains the humble
but casts the wicked to the ground.

7 Sing to the Lord with grateful praise;
make music to our God on the harp.
8 He covers the sky with clouds;
he supplies the earth with rain
and makes grass grow on the hills.
9 He provides food for the cattle
and for the young ravens when they call.
10 His pleasure is not in the strength of the horse,
nor his delight in the legs of the warrior;

11 the Lord delights in those who fear him,
who put their hope in his unfailing love.
12 Extol the Lord, Jerusalem;
praise your God, Zion.
13 He strengthens the bars of your gates
and blesses your people within you.
14 He grants peace to your borders
and satisfies you with the finest of wheat.
15 He sends his command to the earth;
his word runs swiftly.
16 He spreads the snow like wool
and scatters the frost like ashes.
17 He hurls down his hail like pebbles.
Who can withstand his icy blast?
18 He sends his word and melts them;
he stirs up his breezes, and the waters flow.
19 He has revealed his word to Jacob,

q 147:1 Hebrew *Hallelu Yah*; also in verse 20

ainsi que la mer, avec tout ce qui s'y trouve.
Il reste à jamais fidèle.
7 Il fait droit aux opprimés ;
il nourrit les affamés ;
l'Eternel relâche ceux qui sont emprisonnés.
8 L'Eternel rend la vue aux aveugles.
L'Eternel relève celui qui fléchit.
L'Eternel aime les justes.
9 L'Eternel protège l'étranger,
il est le soutien de la veuve et de l'orphelin.
Mais il fait dévier le chemin qu'empruntent les
méchants.
10 L'Eternel est Roi pour l'éternité,
lui qui est ton Dieu, ô Sion, de génération en
génération.
Louez l'Eternel !

Psaume 147

Dieu dans la nature et dans l'histoire

1 Loué soit l'Eternel !
Oui, qu'il est bon de célébrer notre Dieu en musiqu
et qu'il est agréable et bienvenu de le louer.
2 L'Eternel rebâtit Jérusalem,
il y rassemblera les déportés du peuple d'Israël.
3 Ceux qui sont abattus, il les guérit.
Il panse leurs blessures !
4 C'est lui qui détermine le nombre des étoiles,
et, à chacune d'elles, il donne un nom.
5 Notre Seigneur est grand, son pouvoir est immens
son savoir-faire est sans limite.
6 L'Eternel soutient les petits,
mais il renverse les méchants et les abaisse jusqu'à
terre.
7 Chantez pour l'Eternel d'un cœur reconnaissant !
Célébrez notre Dieu en jouant de la lyre !
8 Il couvre les cieux de nuages,
prépare la pluie pour la terre,
fait germer l'herbe sur les monts.
9 Il donne leur pâture aux animaux,
aux petits du corbeau que la faim fait crier.
10 La vigueur du cheval n'est pas ce qui compte à ses
yeux,
ni la force de l'homme, ce qu'il agrée.
11 Mais l'Eternel agrée ceux qui le craignent,
et ceux qui comptent sur son amour.
12 O toi, Jérusalem, célèbre l'Eternel,
loue ton Dieu, ô Sion !
13 Car il a renforcé les verrous de tes portes,
il a béni tes fils chez toi,
14 il fait régner la paix sur tout ton territoire,
et il te rassasie de la fleur du froment.
15 A la terre, il envoie ses ordres
et promptement court sa parole.
16 Il fait tomber la neige : on dirait de la laine,
et il répand le givre : on dirait de la cendre.
17 Il lance sa glace en grêlons.
Qui peut supporter sa froidure ?
18 Dès qu'il en donne l'ordre, c'est le dégel.
S'il fait souffler son vent, voici, les eaux ruissellent
19 C'est lui qui communique sa parole à Jacob

his laws and decrees to Israel.
[20] He has done this for no other nation;
they do not know his laws.[r]
Praise the LORD.

PSALM 148

[1] Praise the LORD.[s]
Praise the LORD from the heavens;
praise him in the heights above.
[2] Praise him, all his angels;
praise him, all his heavenly hosts.
[3] Praise him, sun and moon;
praise him, all you shining stars.
[4] Praise him, you highest heavens
and you waters above the skies.

[5] Let them praise the name of the LORD,
for at his command they were created,
[6] and he established them for ever and ever –
he issued a decree that will never pass away.
[7] Praise the LORD from the earth,
you great sea creatures and all ocean depths,
[8] lightning and hail, snow and clouds,
stormy winds that do his bidding,
[9] you mountains and all hills,
fruit trees and all cedars,
[10] wild animals and all cattle,
small creatures and flying birds,
[11] kings of the earth and all nations,
you princes and all rulers on earth,
[12] young men and women,
old men and children.
[13] Let them praise the name of the LORD,
for his name alone is exalted;
his splendor is above the earth and the heavens.
[14] And he has raised up for his people a horn,[t]
the praise of all his faithful servants,
of Israel, the people close to his heart.
Praise the LORD.

PSALM 149

[1] Praise the LORD.[u]
Sing to the LORD a new song,
his praise in the assembly of his faithful people.
[2] Let Israel rejoice in their Maker;
let the people of Zion be glad in their King.

[3] Let them praise his name with dancing
and make music to him with timbrel and harp.

[r] 147:20 Masoretic Text; Dead Sea Scrolls and Septuagint *nation; / has not made his laws known to them*
[s] 148:1 Hebrew *Hallelu Yah*; also in verse 14
[t] 148:14 *Horn* here symbolizes strength.
[u] 149:1 Hebrew *Hallelu Yah*; also in verse 9

et ses commandements, ses lois à Israël.
[20] Il n'a agi ainsi pour aucun autre peuple,
aussi ses lois leur restent inconnues.
Loué soit l'Eternel !

PSAUME 148

Dans le ciel et sur la terre

[1] Louez l'Eternel,
louez l'Eternel du haut des cieux !
Louez-le, dans les hauteurs !
[2] Louez-le, vous tous ses anges !
Louez-le, vous toutes ses armées !
[3] Louez-le, soleil et lune !
Oui, louez-le tous, astres lumineux !
[4] Louez-le, ô cieux des cieux,
vous aussi, nuages chargés d'eau là-haut dans le ciel !
[5] Que tous ces êtres louent l'Eternel !
Car il a donné ses ordres et ils ont été créés.
[6] Il les a tous établis pour toujours,
il leur a fixé des lois immuables.
[7] Louez l'Eternel vous qui êtes sur la terre,
vous, monstres marins, et vous tous, abîmes,
[8] foudre, grêle, neige, brume,
vents impétueux qui exécutez ses ordres !
[9] Vous, montagnes et collines,
arbres fruitiers, tous les cèdres,
[10] animaux sauvages et tout le bétail,
tout ce qui rampe ou qui vole,
[11] rois du monde et tous les peuples,
les chefs et tous les dirigeants de la terre,
[12] jeunes gens et jeunes filles,
vieillards et enfants,
[13] qu'ils louent l'Eternel !
Car lui seul est admirable,
et sa majesté domine la terre et le ciel.

[14] Il a préparé un puissant libérateur pour son peuple[u].
C'est un sujet de louange pour tous ceux qui lui sont attachés,
pour tous les Israélites, peuple qui vit près de lui.
Louez l'Eternel !

PSAUME 149

Le Seigneur aime son peuple

[1] Louez l'Eternel !
Chantez pour l'Eternel un cantique nouveau !
Célébrez ses louanges dans l'assemblée de ceux qui lui sont attachés !
[2] Exulte de joie, Israël : c'est lui qui t'a formé !
Que les fils de Sion
éclatent d'allégresse à cause de leur roi !
[3] Qu'ils le louent en dansant,
qu'ils le célèbrent avec le tambourin et au son de la lyre !

[u] 148.14 Autre traduction : *il a rendu son peuple puissant.*

[4] For the LORD takes delight in his people;
he crowns the humble with victory.
[5] Let his faithful people rejoice in this honor
and sing for joy on their beds.
[6] May the praise of God be in their mouths
and a double-edged sword in their hands,

[7] to inflict vengeance on the nations
and punishment on the peoples,
[8] to bind their kings with fetters,
their nobles with shackles of iron,
[9] to carry out the sentence written against them –
this is the glory of all his faithful people.
Praise the LORD.

PSALM 150

[1] Praise the LORD.[v]
Praise God in his sanctuary;
praise him in his mighty heavens.
[2] Praise him for his acts of power;
praise him for his surpassing greatness.
[3] Praise him with the sounding of the trumpet,
praise him with the harp and lyre,
[4] praise him with timbrel and dancing,
praise him with the strings and pipe,
[5] praise him with the clash of cymbals,
praise him with resounding cymbals.
[6] Let everything that has breath praise the LORD.
Praise the LORD.

[4] Car l'Eternel prend plaisir en son peuple,
et il accorde aux humbles le salut pour parure.
[5] Que ceux qui lui sont attachés exultent de fierté,
qu'ils crient de joie quand ils sont sur leur couche,
[6] que leur louange retentisse pour Dieu.
Qu'ils tiennent aussi dans leurs mains l'épée à deu tranchants
[7] pour punir les nations
et pour châtier les peuples.
[8] Ils chargeront leurs rois de chaînes
et ils mettront aux fers leurs dignitaires
[9] pour accomplir sur eux le jugement prescrit.
C'est l'honneur qui revient à tous ceux qui sont attachés à Dieu.
Louez l'Eternel !

PSAUME 150

Louez Dieu en musique

[1] Louez l'Eternel !
Louez Dieu dans son sanctuaire !
Louez-le dans l'étendue céleste où éclate sa puissance !
[2] Louez-le pour ses hauts faits,
louez-le pour son immense grandeur !
[3] Louez-le au son du cor[v],
louez-le au son du luth, au son de la lyre !
[4] Louez-le avec des danses et au son des tambourins
Louez-le avec le luth et avec la flûte !
[5] Louez-le par les cymbales bien retentissantes !
Louez-le par les cymbales résonnant avec éclat !
[6] Que tout ce qui vit loue donc l'Eternel !
Louez l'Eternel !

[v] **150:1** Hebrew *Hallelu Yah*; also in verse 6

[v] **150.3** Voir note 98.6.

Proverbs

Purpose and Theme

1 The proverbs of Solomon son of David, king of Israel:

2 for gaining wisdom and instruction;
for understanding words of insight;
3 for receiving instruction in prudent behavior,
doing what is right and just and fair;
4 for giving prudence to those who are simple,[a]
knowledge and discretion to the young –
5 let the wise listen and add to their learning,
and let the discerning get guidance –
6 for understanding proverbs and parables,
the sayings and riddles of the wise.[b]

7 The fear of the Lord is the beginning of knowledge,
but fools[c] despise wisdom and instruction.

Prologue: Exhortations to Embrace Wisdom

arning Against the Invitation of Sinful Men

8 Listen, my son, to your father's instruction
and do not forsake your mother's teaching.

9 They are a garland to grace your head
and a chain to adorn your neck.

10 My son, if sinful men entice you,
do not give in to them.
11 If they say, "Come along with us;
let's lie in wait for innocent blood,
let's ambush some harmless soul;
12 let's swallow them alive, like the grave,
and whole, like those who go down to the pit;

13 we will get all sorts of valuable things
and fill our houses with plunder;

14 cast lots with us;
we will all share the loot" –
15 my son, do not go along with them,
do not set foot on their paths;
16 for their feet rush into evil,
they are swift to shed blood.
17 How useless to spread a net
where every bird can see it!

:4 The Hebrew word rendered *simple* in Proverbs denotes a per-
1 who is gullible, without moral direction and inclined to evil.
:6 Or *understanding a proverb, namely, a parable, / and the sayings of wise, their riddles*
:7 The Hebrew words rendered *fool* in Proverbs, and often
ewhere in the Old Testament, denote a person who is morally
ficient.

Les Proverbes

Introduction

1 1 Proverbes de Salomon[a], fils de David, roi d'Israël. 2 Ils
ont pour but d'enseigner aux hommes la sagesse et de
les éduquer, pour qu'ils comprennent les paroles prononcées avec intelligence, 3 et qu'ils reçoivent une éducation
réfléchie en vue d'être justes, de vivre selon le droit et
dans la droiture. 4 Ces proverbes donneront aux gens sans
expérience[b] le bon sens et aux jeunes de la connaissance et
du jugement. 5 Que le sage écoute et il enrichira son savoir,
et l'homme avisé acquerra l'art de bien se conduire. 6 Ces
proverbes sont destinés à faire comprendre les maximes
et les paraboles et à pénétrer les propos des sages et leurs
paroles énigmatiques.

La clé de la sagesse

7 C'est par la crainte de l'Eternel que commence la connaissance,
mépriser la sagesse et l'éducation, c'est être un insensé.

La vie selon la Sagesse

Se garder de mauvaises fréquentations

8 Mon fils, sois attentif à l'éducation que tu reçois de ton père
et ne néglige pas l'instruction de ta mère,
9 car elles seront comme une belle couronne sur ta tête
et comme des colliers à ton cou.
10 Mon fils, si des gens malfaisants veulent t'entraîner,
ne leur cède pas.
11 S'ils te disent : « Viens avec nous,
dressons une embuscade pour tuer quelqu'un,
tendons, sans raison, un piège à l'innocent :
12 nous l'engloutirons tout vif comme le séjour des morts,
il disparaîtra tout entier comme ceux qui descendent dans la tombe.
13 Nous ferons main basse sur un tas de biens précieux,
nous remplirons nos maisons de butin.
14 Tu en auras ta part avec nous,
nous ferons tous bourse commune »,
15 mon fils, ne te mets pas en route avec ces gens-là,
évite d'emprunter les mêmes chemins qu'eux,
16 car ils se précipitent vers le mal,
ils ont hâte de répandre le sang.
17 Mais il est vain de vouloir tendre un filet
pendant que tous les oiseaux t'observent[c].

[a] 1.1 Pour les noms *proverbes* et *Salomon*, voir l'introduction.
[b] 1.4 *gens sans expérience:* expression qui traduit un mot hébreu rendu aussi, dans les Proverbes, par *stupides*.
[c] 1.17 L'oiseau aperçoit le filet et s'envole. Le jeune homme averti fait comme lui et évite les pièges qui se retournent en fin de compte contre ceux qui les tendent (v. 18).

18 These men lie in wait for their own blood;
they ambush only themselves!

19 Such are the paths of all who go after ill-gotten gain;
it takes away the life of those who get it.

Wisdom's Rebuke

20 Out in the open wisdom calls aloud,
she raises her voice in the public square;
21 on top of the wall[d] she cries out,
at the city gate she makes her speech:

22 "How long will you who are simple love your simple ways?
How long will mockers delight in mockery
and fools hate knowledge?

23 Repent at my rebuke!
Then I will pour out my thoughts to you,
I will make known to you my teachings.
24 But since you refuse to listen when I call
and no one pays attention when I stretch out my hand,
25 since you disregard all my advice
and do not accept my rebuke,
26 I in turn will laugh when disaster strikes you;
I will mock when calamity overtakes you –
27 when calamity overtakes you like a storm,
when disaster sweeps over you like a whirlwind,
when distress and trouble overwhelm you.
28 "Then they will call to me but I will not answer;
they will look for me but will not find me,
29 since they hated knowledge
and did not choose to fear the LORD.
30 Since they would not accept my advice
and spurned my rebuke,
31 they will eat the fruit of their ways
and be filled with the fruit of their schemes.
32 For the waywardness of the simple will kill them,
and the complacency of fools will destroy them;
33 but whoever listens to me will live in safety
and be at ease, without fear of harm."

Moral Benefits of Wisdom

2 1 My son, if you accept my words
and store up my commands within you,
2 turning your ear to wisdom
and applying your heart to understanding –
3 indeed, if you call out for insight
and cry aloud for understanding,
4 and if you look for it as for silver
and search for it as for hidden treasure,

[d] 1:21 Septuagint; Hebrew / *at noisy street corners*

18 En vérité, c'est au péril de leur propre vie que ces gens-là dressent des embûches,
c'est à eux-mêmes qu'ils tendent des pièges.
19 C'est à cela qu'aboutiront tous ceux qui cherchent s'enrichir par des voies malhonnêtes :
un gain mal acquis fait périr celui qui le détient.

Les appels de la sagesse

20 La Sagesse crie bien haut dans les rues,
sa voix résonne sur les places publiques.
21 Dominant le tumulte, elle appelle.
Près des portes de la ville[d], elle fait entendre ses paroles, disant :
22 Gens sans expérience, jusques à quand vous complairez-vous dans votre inexpérience ?
Et vous, moqueurs, jusqu'à quand prendrez-vous plaisir à vous moquer ?
Et vous, insensés, jusqu'à quand détesterez-vous la connaissance ?
23 Ecoutez mes avertissements,
voici : je répandrai sur vous mon Esprit
et je vous ferai connaître mes paroles.
24 J'ai appelé et vous m'avez résisté,
j'ai tendu la main et personne n'y a prêté attention
25 Vous avez rejeté tous mes conseils
et vous n'avez pas voulu de mes avertissements.
26 C'est pourquoi, lorsque le malheur fondra sur vous je rirai,
quand la terreur vous saisira, je me moquerai.
27 Quand l'épouvante, comme une tempête, viendra sur vous,
que le malheur fondra sur vous comme un ouragan
et que la détresse et l'angoisse vous assailliront,
28 alors ils m'appelleront, mais je ne répondrai pas.
Ils me chercheront, mais ne me trouveront pas.
29 Puisqu'ils ont détesté la connaissance
et qu'ils n'ont pas choisi de craindre l'Eternel,
30 qu'ils n'ont pas voulu de mes conseils
et qu'ils ont dédaigné tous mes avertissements,
31 eh bien, ils récolteront les fruits de leur conduite
et ils se repaîtront jusqu'à ce qu'ils en aient plus qu'assez de leurs propres projets.
32 Car la présomption des gens inexpérimentés causera leur mort,
et l'assurance des insensés les perdra.
33 Mais celui qui m'écoute habitera en sécurité,
il vivra tranquille, sans avoir à redouter le malheur

Pourquoi rechercher la sagesse

2 1 Mon fils, si tu acceptes mes paroles,
si tu conserves mes préceptes au fond de toi-même
2 si tu prêtes une oreille attentive à la sagesse,
en inclinant ton cœur vers l'intelligence,
3 oui, si tu fais appel au discernement,
si tu recherches l'intelligence,
4 si tu la recherches comme de l'argent,
si tu creuses pour la trouver comme pour découvrir des trésors,

[d] 1.21 Les juges siégeaient aux portes de la ville (31.23 ; Rt 4.11 ; Jb 29.7) les marchés se tenaient sur les places attenantes (2 R 7.1).

[5] then you will understand the fear of the LORD
and find the knowledge of God.
[6] For the LORD gives wisdom;
from his mouth come knowledge and understanding.
[7] He holds success in store for the upright,
he is a shield to those whose walk is blameless,
[8] for he guards the course of the just
and protects the way of his faithful ones.

[9] Then you will understand what is right and just
and fair – every good path.

[10] For wisdom will enter your heart,
and knowledge will be pleasant to your soul.
[11] Discretion will protect you,
and understanding will guard you.
[12] Wisdom will save you from the ways of wicked men,
from men whose words are perverse,
[13] who have left the straight paths
to walk in dark ways,
[14] who delight in doing wrong
and rejoice in the perverseness of evil,
[15] whose paths are crooked
and who are devious in their ways.
[16] Wisdom will save you also from the adulterous woman,
from the wayward woman with her seductive words,
[17] who has left the partner of her youth
and ignored the covenant she made before God.[e]
[18] Surely her house leads down to death
and her paths to the spirits of the dead.
[19] None who go to her return
or attain the paths of life.
[20] Thus you will walk in the ways of the good
and keep to the paths of the righteous.

[21] For the upright will live in the land,
and the blameless will remain in it;
[22] but the wicked will be cut off from the land,
and the unfaithful will be torn from it.

isdom Bestows Well-Being

3 [1] My son, do not forget my teaching,
but keep my commands in your heart,

[2] for they will prolong your life many years
and bring you peace and prosperity.

[3] Let love and faithfulness never leave you;
bind them around your neck,
write them on the tablet of your heart.
[4] Then you will win favor and a good name

:17 Or *covenant of her God*

[5] alors tu comprendras ce qu'est craindre l'Eternel,
et tu apprendras à connaître Dieu.
[6] Car l'Eternel donne la sagesse,
et ce sont ses paroles qui procurent la connaissance et l'intelligence.
[7] Il réserve son secours aux hommes droits.
Comme un bouclier, il protège ceux qui vivent de manière intègre.
[8] Il préserve ceux qui vivent selon la droiture.
Il veille sur le cheminement de ceux qui lui sont fidèles.
[9] Alors tu apprendras à discerner ce qui est juste,
conforme au droit, à vivre selon la droiture,
et à reconnaître tous les sentiers du bien.
[10] Alors la sagesse pénétrera dans ton cœur
et la connaissance fera tes délices.
[11] La réflexion sera ta sauvegarde
et l'intelligence veillera sur toi
[12] pour te préserver de la mauvaise voie et des hommes qui tiennent des propos fourbes,

[13] de ceux qui abandonnent le droit chemin
pour s'engager dans des sentiers obscurs,
[14] qui prennent plaisir à faire le mal,
qui sont tout contents de s'enfoncer dans la perversité,
[15] dont les chemins sont tortueux
et le comportement pervers.
[16] Alors tu seras aussi préservé de la femme d'autrui,
de l'inconnue aux paroles enjôleuses,

[17] qui abandonne l'époux de sa jeunesse
et qui a oublié l'alliance conclue au nom de son Dieu.
[18] Elle sombre vers la mort qui est sa demeure[e],
et sa conduite mène au séjour des trépassés ;
[19] aucun de ceux qui vont chez elle n'en revient,
aucun ne retrouve les chemins de la vie.
[20] Si tu écoutes mes conseils, tu marcheras sur le chemin des hommes de bien
et tu suivras les sentiers des justes.
[21] Car les hommes droits habiteront le pays[f],
et ceux qui sont intègres s'y maintiendront,
[22] mais les méchants en seront extirpés,
et les traîtres en seront arrachés.

La confiance en l'Eternel

3 [1] Mon fils, n'oublie pas l'éducation que je t'ai donnée
et que ton cœur retienne mes préceptes,
[2] car ils rallongeront tes jours et ajouteront des années à la durée de ta vie
et t'assureront le bonheur.
[3] Que l'amour et la fidélité ne te fassent jamais défaut ;
attache-les autour de ton cou, grave-les sur les tablettes de ton cœur,
[4] et tu obtiendras la faveur de Dieu et des hommes,

[e] **2.18** Autre traduction : *sa maison penche vers la mort.*
[f] **2.21** C'est-à-dire le pays de la promesse (Gn 17.8; voir Ps 37.29).

in the sight of God and man.

[5] Trust in the LORD with all your heart
and lean not on your own understanding;
[6] in all your ways submit to him,
and he will make your paths straight.[f]

[7] Do not be wise in your own eyes;
fear the LORD and shun evil.
[8] This will bring health to your body
and nourishment to your bones.

[9] Honor the LORD with your wealth,
with the firstfruits of all your crops;
[10] then your barns will be filled to overflowing,
and your vats will brim over with new wine.

[11] My son, do not despise the LORD's discipline,
and do not resent his rebuke,
[12] because the LORD disciplines those he loves,
as a father the son he delights in.[g]

[13] Blessed are those who find wisdom,
those who gain understanding,
[14] for she is more profitable than silver
and yields better returns than gold.
[15] She is more precious than rubies;
nothing you desire can compare with her.
[16] Long life is in her right hand;
in her left hand are riches and honor.
[17] Her ways are pleasant ways,
and all her paths are peace.
[18] She is a tree of life to those who take hold of her;
those who hold her fast will be blessed.

[19] By wisdom the LORD laid the earth's foundations,
by understanding he set the heavens in place;
[20] by his knowledge the watery depths were divided,
and the clouds let drop the dew.

[21] My son, do not let wisdom and understanding out of your sight,
preserve sound judgment and discretion;
[22] they will be life for you,
an ornament to grace your neck.
[23] Then you will go on your way in safety,
and your foot will not stumble.
[24] When you lie down, you will not be afraid;
when you lie down, your sleep will be sweet.

f 3:6 Or *will direct your paths*
g 3:12 Hebrew; Septuagint *loves, / and he chastens everyone he accepts as his child*

tu auras la réputation d'être un homme de bon sens.

[5] Mets ta confiance en l'Eternel de tout ton cœur,
et ne te repose pas sur ta propre intelligence.
[6] Tiens compte de lui pour tout ce que tu entreprends,
et il te conduira sur le droit chemin.
[7] Ne te prends pas pour un sage,
crains l'Eternel et détourne-toi du mal[g].
[8] Ce sera une bonne médecine qui t'assurera la sant du corps
et la vitalité de tout ton être.
[9] Honore l'Eternel en lui donnant une part de tes biens
et en lui offrant les prémices de tous tes revenus.
[10] Alors tes greniers regorgeront de nourriture
et tes cuves déborderont de vin.
[11] Mon fils, si l'Eternel te corrige, n'en fais pas fi,
s'il te reprend, ne t'impatiente pas[h],
[12] car c'est celui qu'il aime que l'Eternel reprend,
agissant avec lui comme un père avec l'enfant qu'i chérit.

Un trésor sans prix

[13] Heureux l'homme qui a trouvé la sagesse !
Heureux celui qui acquiert l'intelligence !
[14] Acquérir la sagesse vaut mieux que gagner beaucoup d'argent.
Les avantages qu'elle donne sont plus précieux qu l'or le plus fin.
[15] Elle a plus de prix que les perles,
et aucun trésor que tu pourrais désirer n'égale sa valeur.
[16] La sagesse t'offre, dans sa main droite, une longue vie,
et dans sa main gauche, la richesse et la considération.
[17] Les voies dans lesquelles elle conduit sont agréables,
tous ses chemins convergent vers le bonheur.
[18] La sagesse est un arbre de vie pour ceux qui s'attachent à elle,
et ceux qui savent la garder sont heureux.
[19] C'est avec la sagesse que l'Eternel a fondé la terre,
et avec l'intelligence qu'il a disposé le ciel.

[20] Par sa science, il a fait jaillir l'eau des sources
et ordonné aux nuages de répandre la rosée.

[21] Mon fils, garde les yeux fixés
sur la sagesse et la réflexion, retiens-les,

[22] car elles t'apporteront la vie,
elles seront une parure pour ton cou.
[23] Alors tu iras ton chemin en toute sécurité,
sans trébucher.
[24] Quand tu te coucheras, tu n'éprouveras aucune crainte,
et ton sommeil sera paisible,

g 3.7 Cité en Rm 12.16.
h 3.11 Les v. 11-12 sont cités en Hé 12.5-6; voir Jb 5.17 ; 1 Co 11.32.

[25] Have no fear of sudden disaster
or of the ruin that overtakes the wicked,
[26] for the LORD will be at your side
and will keep your foot from being snared.

[27] Do not withhold good from those to whom it is due,
when it is in your power to act.
[28] Do not say to your neighbor,
"Come back tomorrow and I'll give it to you" –
when you already have it with you.
[29] Do not plot harm against your neighbor,
who lives trustfully near you.
[30] Do not accuse anyone for no reason –
when they have done you no harm.
[31] Do not envy the violent
or choose any of their ways.
[32] For the LORD detests the perverse
but takes the upright into his confidence.
[33] The LORD's curse is on the house of the wicked,
but he blesses the home of the righteous.
[34] He mocks proud mockers
but shows favor to the humble and oppressed.
[35] The wise inherit honor,
but fools get only shame.

t Wisdom at Any Cost

[1] Listen, my sons, to a father's instruction;
pay attention and gain understanding.
[2] I give you sound learning,
so do not forsake my teaching.

[3] For I too was a son to my father,
still tender, and cherished by my mother.
[4] Then he taught me, and he said to me,
"Take hold of my words with all your heart;
keep my commands, and you will live.
[5] Get wisdom, get understanding;
do not forget my words or turn away from them.
[6] Do not forsake wisdom, and she will protect you;
love her, and she will watch over you.
[7] The beginning of wisdom is this: Get[h] wisdom.
Though it cost all you have,[i] get understanding.
[8] Cherish her, and she will exalt you;
embrace her, and she will honor you.
[9] She will give you a garland to grace your head
and present you with a glorious crown."

7 Or *Wisdom is supreme; therefore get*
7 Or *wisdom. / Whatever else you get*

[25] tu n'auras pas à redouter un désastre imprévu,
ni la ruine qui ne manquera pas de fondre sur les méchants ;
[26] car l'Eternel sera ton assurance,
il gardera ton pied de tout piège.

L'amour du prochain

[27] Si tu en as le moyen, ne refuse pas de faire du bien à celui qui est dans le besoin,
[28] ne dis pas à ton prochain :
« Va-t'en et reviens plus tard,
demain je te donnerai »,
alors que tu peux le faire tout de suite.
[29] Ne manigance rien de mal contre ton prochain,
alors qu'il vit sans défiance près de toi.
[30] Ne cherche pas querelle à quelqu'un sans raison
alors qu'il ne t'a fait aucun mal.
[31] N'envie pas les violents
et n'adopte aucun de leurs procédés,
[32] car l'Eternel a en horreur les gens pervers,
mais il réserve son intimité aux hommes droits.
[33] La malédiction de l'Eternel pèse sur la maison du méchant,
mais il bénit la demeure des justes.
[34] Il se moque des moqueurs,
mais il accorde sa faveur aux humbles[i].
[35] L'honneur sera la part des sages,
mais les insensés porteront la honte.

Les conseils d'un père

4 [1] Ecoutez, mes fils, l'instruction d'un père,
soyez attentifs pour acquérir du discernement.
[2] Car c'est un bon enseignement que je vous donne.
N'abandonnez pas l'éducation que je vous ai donnée,
[3] car j'ai été, moi aussi, un fils pour mon père,
et ma mère me chérissait comme un enfant unique.
[4] Mon père m'a enseigné et m'a dit :
« Que ton cœur retienne mes paroles,
suis mes préceptes, et tu vivras.
[5] Acquiers la sagesse et l'intelligence,
n'oublie pas, ne dévie pas de ce que je t'ai appris.
[6] N'abandonne pas la sagesse, et elle te gardera,
aime-la, et elle te protégera.

[7] Voici le début de la sagesse :
acquiers la sagesse,
recherche l'intelligence au prix de tout ce que tu possèdes[j].
[8] Tiens-la en haute estime[k], et elle t'élèvera.
Si tu l'embrasses[l], elle te mettra en honneur.
[9] Elle posera une belle couronne sur ta tête,
elle t'ornera d'un diadème magnifique. »

i **3.34** Cité en Jc 4.6 ; 1 P 5.5 d'après l'ancienne version grecque.
j **4.7** Voir la parabole de Jésus en Mt 13.45-46.
k 4.8 Autre traduction : *caresse-la* ou *étreins-la.* La sagesse est alors comparée à l'épouse aimée (cf. 5.15-19).
l **4.8** Le même verbe est utilisé à propos de l'attitude envers la femme adultère en 5.20. Le jeune homme est donc invité à choisir entre la sagesse et la femme adultère.

10 Listen, my son, accept what I say,
and the years of your life will be many.
11 I instruct you in the way of wisdom
and lead you along straight paths.
12 When you walk, your steps will not be
hampered;
when you run, you will not stumble.
13 Hold on to instruction, do not let it go;
guard it well, for it is your life.
14 Do not set foot on the path of the wicked
or walk in the way of evildoers.
15 Avoid it, do not travel on it;
turn from it and go on your way.
16 For they cannot rest until they do evil;
they are robbed of sleep till they make
someone stumble.
17 They eat the bread of wickedness
and drink the wine of violence.
18 The path of the righteous is like the morning
sun,
shining ever brighter till the full light of day.
19 But the way of the wicked is like deep darkness;
they do not know what makes them stumble.
20 My son, pay attention to what I say;
turn your ear to my words.
21 Do not let them out of your sight,
keep them within your heart;
22 for they are life to those who find them
and health to one's whole body.
23 Above all else, guard your heart,
for everything you do flows from it.
24 Keep your mouth free of perversity;
keep corrupt talk far from your lips.
25 Let your eyes look straight ahead;
fix your gaze directly before you.
26 Give careful thought to the[j] paths for your feet
and be steadfast in all your ways.
27 Do not turn to the right or the left;
keep your foot from evil.

Warning Against Adultery

5 1 My son, pay attention to my wisdom,
turn your ear to my words of insight,
2 that you may maintain discretion
and your lips may preserve knowledge.
3 For the lips of the adulterous woman drip
honey,
and her speech is smoother than oil;
4 but in the end she is bitter as gall,
sharp as a double-edged sword.
5 Her feet go down to death;

j 4:26 Or *Make level*

10 Mon fils, écoute-moi et reçois mes paroles,
ainsi tu prolongeras ta vie.
11 C'est la voie de la sagesse que je t'enseigne.
Je te guide vers de droits chemins.
12 Si tu y marches, tes pas ne seront pas gênés,
et si tu y cours, tu ne trébucheras pas[m].
13 Tiens-toi fermement à l'éducation qui t'a été
donnée, ne la rejette pas.
Restes-y attaché, car ta vie en dépend.
14 Ne t'engage pas dans la voie des méchants,
ne suis pas l'exemple de ceux qui font le mal.
15 Eloigne-toi de leur sentier,
ne t'y aventure pas,
écarte-toi d'eux et va ton chemin.
16 Car ces gens-là ne dormiraient pas s'ils n'avaient
pas fait quelque chose de mal,
ils perdraient le sommeil s'ils n'avaient causé la
chute de quelqu'un.
17 Ils se nourrissent du pain de la méchanceté
et boivent le vin de la violence.
18 Le sentier des justes est comme la lumière de
l'aurore
dont l'éclat ne cesse de croître jusqu'en plein jour.
19 La route des méchants, elle, est plongée dans
l'obscurité :
ils n'aperçoivent pas l'obstacle qui les fera tomber.
20 Mon fils, sois attentif à mes paroles,
prête l'oreille à mes propos,
21 ne les perds pas de vue.
Garde-les au fond de ton cœur,
22 car ils apportent la vie à ceux qui les accueillent,
et ils assurent la santé du corps.
23 Par-dessus tout, veille soigneusement sur ton cœu
car il est à la source de tout ce qui fait ta vie.
24 Garde-toi de prononcer des propos tordus :
rejette les discours pervers.
25 Regarde bien en face de toi,
et que ton regard se porte droit devant toi.
26 Observe bien le chemin sur lequel tu t'engages,
et emprunte des routes sûres.
27 Ne t'en écarte ni à droite ni à gauche,
détourne ton pied du mal.

L'adultère conduit à la mort

5 1 Mon fils, sois attentif à la sagesse que je
t'inculque.
Prête l'oreille à mes paroles qui t'enseignent
l'intelligence,
2 pour que tu t'attaches à la réflexion
et que tes lèvres gardent la connaissance.
3 Car celles de la femme adultère distillent des
paroles mielleuses,
et sa langue est plus onctueuse que l'huile[n],
4 mais la fin qu'elle te prépare est amère comme
l'absinthe[o],
cruelle comme une épée à deux tranchants.
5 Ses pieds se précipitent vers la mort :

m **4.12** Soit sur un obstacle soit à cause de l'obscurité, ou des deux (voi v. 19 ; 3.23 ; 10.9 ; Ps 18.37 ; Es 40.30-31).

n **5.3** Pour les v. 3-5, voir 2.16 ; 7.6-27 ; 22.14.

o **5.4** Symbole d'amertume (Lm 3.15 ; Ap 8.10, 11) ou de poison (Dt 29.17 ; Jr 9.14 ; Am 6.12).

her steps lead straight to the grave.
6 She gives no thought to the way of life;
her paths wander aimlessly, but she does not know it.
7 Now then, my sons, listen to me;
do not turn aside from what I say.
8 Keep to a path far from her,
do not go near the door of her house,
9 lest you lose your honor to others
and your dignity[k] to one who is cruel,
10 lest strangers feast on your wealth
and your toil enrich the house of another.
11 At the end of your life you will groan,
when your flesh and body are spent.
12 You will say, "How I hated discipline!
How my heart spurned correction!
13 I would not obey my teachers
or turn my ear to my instructors.
14 And I was soon in serious trouble
in the assembly of God's people."
15 Drink water from your own cistern,
running water from your own well.
16 Should your springs overflow in the streets,
your streams of water in the public squares?
17 Let them be yours alone,
never to be shared with strangers.
18 May your fountain be blessed,
and may you rejoice in the wife of your youth.
19 A loving doe, a graceful deer –
may her breasts satisfy you always,
may you ever be intoxicated with her love.
20 Why, my son, be intoxicated with another man's wife?
Why embrace the bosom of a wayward woman?
21 For your ways are in full view of the LORD,
and he examines all your paths.
22 The evil deeds of the wicked ensnare them;
the cords of their sins hold them fast.
23 For lack of discipline they will die,
led astray by their own great folly.

:9 Or *years*

ses pas aboutissent au séjour des morts.
6 Elle ne se soucie guère du chemin de la vie.
Elle suit des sentiers qui se perdent elle ne sait où.
7 Maintenant donc, mes fils, écoutez-moi,
ne rejetez pas ce que je vous dis :
8 éloigne-toi d'une telle femme,
et ne t'approche pas de l'entrée de sa maison
9 de peur que ta dignité devienne la proie d'autrui,
et les années de ta vie celles d'un homme cruel[p],
10 que des étrangers se rassasient de ce que tu as produit par tes efforts,
et que le fruit de ton travail se retrouve dans la maison d'un autre,
11 de peur que, par la suite, tu gémisses,
alors que ton corps tout entier sera épuisé,
12 et que tu dises :
« Comment donc ai-je pu haïr l'éducation ?
Pourquoi ai-je dédaigné les avertissements ?
13 Pourquoi n'ai-je pas écouté ceux qui m'ont enseigné
ni prêté attention à ceux qui m'instruisaient ?
14 Me voilà vite tombé dans le pire des malheurs
au milieu de l'assemblée du peuple[q]. »

La beauté de la fidélité

15 Bois les eaux de ta propre citerne
et celles qui jaillissent de ta fontaine[r] :
16 tes sources doivent-elles se disperser au-dehors
et tes ruisseaux dans les rues[s] ?
17 Qu'ils soient pour toi seul !
Ne les partage pas avec des étrangers.
18 Que ta source soit bénie !
Fais ta joie de la femme que tu as aimée dans ta jeunesse,
19 biche charmante, gracieuse gazelle,
que ses charmes t'enivrent toujours
et que tu sois sans cesse épris de son amour !
20 Pourquoi, mon fils, t'amouracherais-tu de la femme d'autrui ?
Pourquoi embrasserais-tu la poitrine d'une inconnue ?
21 L'Eternel observe toute la conduite d'un homme,
il examine tout ce qu'il fait.
22 Celui qui fait le mal sera pris à ses propres méfaits,
il s'embarrasse dans le filet tissé par son propre péché.
23 Il périra faute d'avoir été discipliné,
il s'égarera enivré par l'excès de sa folie.

p **5.9** Le mari de la femme (6.34-35) qui pouvait exiger l'application de la Loi (Lv 20.10 ; Dt 22.22; voir Ez 16.35-40 ; Jn 8.5).
q **5.14** C'est-à-dire « déshonneur » et « honte » publics (6.33) jusqu'à la punition de son crime (Lv 20.10).
r **5.15** C'est-à-dire « la femme que tu as choisie dans ta jeunesse » (v. 18).
s **5.16** Si le mari est infidèle, sa femme risque de le devenir.

Warnings Against Folly

6 [1]My son, if you have put up security for your neighbor,
if you have shaken hands in pledge for a stranger,
[2] you have been trapped by what you said,
ensnared by the words of your mouth.
[3] So do this, my son, to free yourself,
since you have fallen into your neighbor's hands:
Go – to the point of exhaustion –[l]
and give your neighbor no rest!
[4] Allow no sleep to your eyes,
no slumber to your eyelids.
[5] Free yourself, like a gazelle from the hand of the hunter,
like a bird from the snare of the fowler.

[6] Go to the ant, you sluggard;
consider its ways and be wise!
[7] It has no commander,
no overseer or ruler,
[8] yet it stores its provisions in summer
and gathers its food at harvest.
[9] How long will you lie there, you sluggard?
When will you get up from your sleep?
[10] A little sleep, a little slumber,
a little folding of the hands to rest –
[11] and poverty will come on you like a thief
and scarcity like an armed man.

[12] A troublemaker and a villain,
who goes about with a corrupt mouth,
[13] who winks maliciously with his eye,
signals with his feet
and motions with his fingers,
[14] who plots evil with deceit in his heart –
he always stirs up conflict.
[15] Therefore disaster will overtake him in an instant;
he will suddenly be destroyed – without remedy.

[16] There are six things the LORD hates,
seven that are detestable to him:

[l] **6:3** Or *Go and humble yourself,*

Les promesses impossibles

6 [1]Mon fils, si tu t'es porté garant des dettes de ton prochain,
si tu t'es engagé pour autrui en topant dans la main[t],
[2] si tu t'es laissé prendre au piège par tes promesses,
si tu es prisonnier de tes propres paroles,
[3] alors, vite, mon fils, fais ce que je te dis pour te désengager,
car tu t'es livré toi-même au pouvoir d'autrui :
va, humilie-toi devant le créancier, insiste auprès de lui,
[4] n'accorde ni sommeil à tes yeux,
ni assoupissement à tes paupières ;
[5] dégage-toi comme la gazelle du piège tendu,
comme l'oiseau du filet de l'oiseleur.

Le paresseux

[6] Toi qui es paresseux, va donc voir la fourmi,
observe son comportement et tu apprendras la sagesse.
[7] Elle n'a ni commandant,
ni contremaître, ni chef.
[8] Durant l'été, elle prépare sa nourriture,
au temps de la moisson, elle amasse ses provisions
[9] Et toi, paresseux, combien de temps vas-tu rester couché ?
Quand donc sortiras-tu de ton sommeil pour te lever ?
[10] « Je vais faire juste un petit somme, dis-tu, juste u
peu m'assoupir,
rien qu'un peu croiser les mains et rester couché
instant[u]. »
[11] Mais pendant ce temps, la pauvreté s'introduit ch
toi comme un rôdeur,
et la misère comme un pillard.

Le colporteur de mensonges

[12] C'est un vaurien, un personnage inique,
celui qui va, colportant des mensonges.
[13] Il appuie ses dires de clignements d'yeux,
de tapements des pieds, et de signes des doigts :
[14] il n'y a que des pensées perverses dans son cœur,
il manigance du mal et passe son temps à susciter des querelles.
[15] Aussi la ruine fondra-t-elle sur lui sans crier gare,
il sera brisé soudainement et sans remède.

Ce que l'Eternel déteste

[16] Il y a six choses que l'Eternel déteste,
et même sept qui lui sont en horreur[v] :

[t] **6.1** Pour emprunter et garantir le remboursement de leur dette, les Israélites recouraient souvent au cautionnement (Gn 43.9 ; 44.32). Le proverbe met en garde contre cette pratique (11.15 ; 17.18 ; 20.16 ; 22.26 ; 27.13) par laquelle on se livrait, personne et biens, entre les mains du créancier au cas où son débiteur ne rembourserait pas la dette contractée.

[u] **6.10** Pour les v. 10-11, voir 24.33-34.

[v] **6.16** Voir v. 16-19 : de telles énumérations sont courantes dans les écrits de sagesse. Dans les Proverbes, voir 30.15, 18, 21, 24, 29 (compare Jb 5.19).

[17]haughty eyes,
a lying tongue,
hands that shed innocent blood,
[18]a heart that devises wicked schemes,
feet that are quick to rush into evil,
[19]a false witness who pours out lies
and a person who stirs up conflict in the
·mmunity.

arning Against Adultery

20 My son, keep your father's command
and do not forsake your mother's teaching.
21 Bind them always on your heart;
fasten them around your neck.
22 When you walk, they will guide you;
when you sleep, they will watch over you;
when you awake, they will speak to you.
23 For this command is a lamp,
this teaching is a light,
and correction and instruction
are the way to life,
24 keeping you from your neighbor's wife,
from the smooth talk of a wayward woman.
25 Do not lust in your heart after her beauty
or let her captivate you with her eyes.
26 For a prostitute can be had for a loaf of bread,
but another man's wife preys on your very life.
27 Can a man scoop fire into his lap
without his clothes being burned?
28 Can a man walk on hot coals
without his feet being scorched?
29 So is he who sleeps with another man's wife;
no one who touches her will go unpunished.
30 People do not despise a thief if he steals
to satisfy his hunger when he is starving.
31 Yet if he is caught, he must pay sevenfold,
though it costs him all the wealth of his house.
32 But a man who commits adultery has no sense;
whoever does so destroys himself.
33 Blows and disgrace are his lot,
and his shame will never be wiped away.
34 For jealousy arouses a husband's fury,
and he will show no mercy when he takes revenge.
35 He will not accept any compensation;
he will refuse a bribe, however great it is.

17 les yeux qui regardent les autres de haut,
la langue qui répand des mensonges,
les mains qui font couler le sang des innocents,
18 le cœur qui médite des projets coupables,
les pieds qui se hâtent de courir vers le mal,
19 le faux témoin qui dit des mensonges
et l'homme qui sème la discorde entre des frères.

Comment fuir l'immoralité

20 Mon fils, reste attaché aux préceptes de ton père,
et ne rejette pas l'enseignement de ta mère !
21 Tiens-les constamment sur ton cœur,
attache-les comme un collier à ton cou !
22 Ils te guideront quand tu voyageras,
ils veilleront sur toi durant ton sommeil
et s'entretiendront avec toi à ton réveil.
23 Car le précepte est une lampe, et l'enseignement une lumière.
Les avertissements et les reproches sont le chemin vers la vie.
24 Ils te préserveront de la femme immorale
et te garderont de te laisser séduire par les paroles enjôleuses d'une inconnue[w].
25 Ne la convoite pas dans ton cœur à cause de sa beauté,
ne te laisse pas séduire par ses œillades !
26 Car, à cause d'une prostituée[x],
on peut être réduit à un morceau de pain,
et la femme adultère met en péril une vie précieuse.
27 Peut-on mettre du feu dans sa poche
sans que les vêtements s'enflamment ?
28 Peut-on marcher sur des braises sans se brûler les pieds ?
29 De même, celui qui court après la femme de son prochain ne demeurera pas indemne ;
s'il la touche, il ne saurait rester impuni.
30 On ne méprise pas celui qui a volé
pour assouvir sa faim parce qu'il n'avait rien à manger.
31 Pourtant s'il est découvert, il devra restituer sept fois plus,
et il donnera tout ce qu'il a dans sa maison[y].
32 Mais celui qui commet un adultère avec une femme est dépourvu de sens,
agir ainsi, c'est se détruire soi-même ;
33 celui qui fait cela ne récoltera que souffrances et déshonneur,
sa honte ne s'effacera jamais.
34 Car la jalousie met le mari en fureur,
il sera sans pitié au jour de la vengeance.
35 Il ne se laissera apaiser par aucune indemnité ;
il ne l'acceptera pas, même si tu multiplies les présents.

[w] **6.24** Voir 5.3 et note.
[x] **6.26** Autre traduction : *Car, si aller vers une prostituée ne coûte qu'une miche de pain, la femme adultère ...*
[y] **6.31** C'est-à-dire restituer complètement. La Loi prévoyait la restitution au double (Ex 22.3, 6, 8).

Warning Against the Adulterous Woman

7 [1]My son, keep my words
and store up my commands within you.
[2] Keep my commands and you will live;
guard my teachings as the apple of your eye.
[3] Bind them on your fingers;
write them on the tablet of your heart.
[4] Say to wisdom, "You are my sister,"
and to insight, "You are my relative."
[5] They will keep you from the adulterous woman,
from the wayward woman with her seductive words.
[6] At the window of my house
I looked down through the lattice.
[7] I saw among the simple,
I noticed among the young men,
a youth who had no sense.
[8] He was going down the street near her corner,
walking along in the direction of her house
[9] at twilight, as the day was fading,
as the dark of night set in.
[10] Then out came a woman to meet him,
dressed like a prostitute and with crafty intent.
[11] (She is unruly and defiant,
her feet never stay at home;
[12] now in the street, now in the squares,
at every corner she lurks.)
[13] She took hold of him and kissed him
and with a brazen face she said:
[14] "Today I fulfilled my vows,
and I have food from my fellowship offering at home.
[15] So I came out to meet you;
I looked for you and have found you!
[16] I have covered my bed
with colored linens from Egypt.
[17] I have perfumed my bed
with myrrh, aloes and cinnamon.
[18] Come, let's drink deeply of love till morning;
let's enjoy ourselves with love!
[19] My husband is not at home;
he has gone on a long journey.
[20] He took his purse filled with money
and will not be home till full moon."
[21] With persuasive words she led him astray;
she seduced him with her smooth talk.
[22] All at once he followed her
like an ox going to the slaughter,
like a deer[m] stepping into a noose[n]
[23] till an arrow pierces his liver,

[m] 7:22 Syriac (see also Septuagint); Hebrew *fool*
[n] 7:22 The meaning of the Hebrew for this line is uncertain.

Une opération de séduction

7 [1]Mon fils, retiens mes paroles et
imprègne-toi de mes préceptes.
[2] Suis mes préceptes et tu vivras,
garde mes enseignements comme la prunelle de tes yeux.
[3] Porte-les comme un anneau à ton doigt,
grave-les sur les tablettes de ton cœur.
[4] Dis à la sagesse : « Tu es ma sœur[z] »,
et considère l'intelligence comme ta parente,
[5] pour qu'elles te préservent de la femme d'autrui,
de l'inconnue aux paroles enjôleuses.
[6] Un jour, je regardais à travers le treillis de ma fenêtre[a],
[7] et je vis un de ces jeunes sans expérience,
j'observai un jeune homme écervelé.
[8] Il passait dans la rue près du coin où se tenait l'une de ces femmes,
se dirigeant vers sa maison.
[9] C'était au crépuscule, le jour baissait,
et l'obscurité de la nuit commençait à se répandre.
[10] Or, voici que cette femme vint à sa rencontre,
habillée comme une prostituée et l'esprit plein de ruse.
[11] Elle parlait fort, impertinente,
elle ne tenait pas en place chez elle.
[12] Tantôt dans la rue, tantôt sur les places,
elle faisait le guet à tous les carrefours.
[13] Elle attrapa le jeune homme, l'embrassa
et, l'air effronté, elle lui dit :
[14] « J'avais à faire un sacrifice de reconnaissance,
je viens, aujourd'hui même, de m'acquitter de mes vœux[b].
[15] Voilà pourquoi je suis sortie à ta rencontre,
je cherchais à te voir, et je t'ai trouvé.
[16] J'ai garni mon lit de couvertures
et d'étoffe brodée en fils d'Egypte[c].
[17] J'ai parfumé mon lit
de myrrhe, d'aloès et de cinnamome.
[18] Viens, grisons-nous d'amour jusqu'au matin,
livrons-nous aux délices de la volupté,
[19] car mon mari n'est pas à la maison :
il est parti pour un voyage au loin.
[20] Il a emporté une bourse pleine d'argent,
il ne rentrera qu'à la pleine lune. »
[21] A force d'artifices, elle le fit fléchir ;
par ses propos enjôleurs, elle l'entraîna.
[22] Alors il se mit soudain à la suivre
comme un bœuf qui va à l'abattoir,
comme un fou qu'on lie pour le châtier,
[23] jusqu'à ce qu'une flèche lui transperce le foie,

[z] 7.4 Terme d'affection qui désigne la bien-aimée dans Ct 4.9, 10, 12 ; 5.1.
[a] 7.6 Les fenêtres étaient, dans les pays chauds, fermées par un treillis métallique qui tamisait les rayons du soleil et permettait de voir sans être vu.
[b] 7.14 Une partie de la viande du sacrifice était mangée par l'offrant et sa famille (Lv 7.12-15), le premier et le second jour (Lv 7.15-16). Le jeune homme est invité à ce repas.
[c] 7.16 Le lin d'Egypte était très prisé et cher (Es 19.9 ; Ez 27.7) ; c'était un signe de richesse (31.22).

like a bird darting into a snare,
little knowing it will cost him his life.
24 Now then, my sons, listen to me;
pay attention to what I say.
25 Do not let your heart turn to her ways
or stray into her paths.
26 Many are the victims she has brought down;
her slain are a mighty throng.
27 Her house is a highway to the grave,
leading down to the chambers of death.

isdom's Call

8 1 Does not wisdom call out?
Does not understanding raise her voice?
2 At the highest point along the way,
where the paths meet, she takes her stand;
3 beside the gate leading into the city,
at the entrance, she cries aloud:
4 "To you, O people, I call out;
I raise my voice to all mankind.
5 You who are simple, gain prudence;
you who are foolish, set your hearts on it.[o]
6 Listen, for I have trustworthy things to say;
I open my lips to speak what is right.
7 My mouth speaks what is true,
for my lips detest wickedness.
8 All the words of my mouth are just;
none of them is crooked or perverse.
9 To the discerning all of them are right;
they are upright to those who have found
knowledge.
10 Choose my instruction instead of silver,
knowledge rather than choice gold,
11 for wisdom is more precious than rubies,
and nothing you desire can compare with
her.
12 "I, wisdom, dwell together with prudence;
I possess knowledge and discretion.
13 To fear the LORD is to hate evil;
I hate pride and arrogance,
evil behavior and perverse speech.
14 Counsel and sound judgment are mine;
I have insight, I have power.
15 By me kings reign
and rulers issue decrees that are just;
16 by me princes govern,
and nobles – all who rule on earth.[p]
17 I love those who love me,

:5 Septuagint; Hebrew *foolish, instruct your minds*
16 Some Hebrew manuscripts and Septuagint; other Hebrew
nuscripts *all righteous rulers*

comme un oiseau qui se précipite dans le filet
sans se douter qu'il y va de sa vie.
24 Et maintenant, mes fils, écoutez-moi !
Prêtez attention à mes paroles !
25 Que votre cœur ne se laisse pas entraîner par une
telle femme !
Ne vous égarez pas dans ses sentiers,
26 car nombreuses sont ses victimes blessées à mort,
et ceux qu'elle a fait périr comptent parmi les plus
robustes.
27 Sa maison est le chemin du séjour des morts
qui mène directement aux demeures de la mort.

Le poème de la Sagesse

8 1 Ecoutez : la Sagesse appelle,
la raison élève la voix.
2 Elle est postée sur les hauteurs, le long des routes,
aux carrefours.
3 Tout près des portes de la ville,
là où l'on passe pour entrer, elle fait retentir sa
voix :
4 « C'est chacun de vous que j'appelle,
c'est pour vous, les humains, que ma voix se fait
entendre,
5 à vous, qui manquez d'expérience : apprenez donc à
réfléchir ;
et à vous, insensés : devenez donc intelligents !
6 Ecoutez-moi, car j'ai à dire des choses capitales,
et ce sont des paroles justes qui franchiront mes
lèvres.
7 Oui, ma bouche proférera la vérité,
le mal fait horreur à mes lèvres,
8 et mon palais proclamera uniquement ce qui est
juste.
Il n'y a pas de fourberie, rien de retors dans mes
paroles,
9 elles sont toutes justes pour qui comprend les
choses,
elles sont droites pour qui trouve la connaissance.
10 Recherchez mon éducation plutôt que de l'argent,
et choisissez la connaissance plutôt que l'or, l'or le
plus pur.
11 Car la sagesse est préférable aux perles précieuses,
et les biens les plus désirables ne sauraient l'égaler.
12 Moi, je suis la Sagesse, j'habite à côté de la réflexion,
j'ai découvert l'art de penser.
13 Lorsqu'on craint l'Eternel, on déteste le mal.
Je déteste l'orgueil, la suffisance, la conduite
mauvaise
et la bouche menteuse.
14 C'est à moi qu'appartiennent le conseil et la
réflexion.
Je suis l'intelligence et possède la force.
15 C'est par moi que règnent les rois,
et que les dirigeants décrètent des lois justes.
16 Par moi gouvernent tous les chefs,
tous les hommes d'Etat et tous les magistrats sur
terre.
17 Moi, j'aime ceux qui m'aiment,
et ceux qui me recherchent ne manquent pas de me
trouver.

and those who seek me find me.
18 With me are riches and honor,
enduring wealth and prosperity.
19 My fruit is better than fine gold;
what I yield surpasses choice silver.

20 I walk in the way of righteousness,
along the paths of justice,
21 bestowing a rich inheritance on those who love me
and making their treasuries full.
22 "The LORD brought me forth as the first of his works,[q,r]
before his deeds of old;
23 I was formed long ages ago,
at the very beginning, when the world came to be.
24 When there were no watery depths, I was given birth,
when there were no springs overflowing with water;
25 before the mountains were settled in place,
before the hills, I was given birth,
26 before he made the world or its fields
or any of the dust of the earth.
27 I was there when he set the heavens in place,
when he marked out the horizon on the face of the deep,
28 when he established the clouds above
and fixed securely the fountains of the deep,
29 when he gave the sea its boundary
so the waters would not overstep his command,
and when he marked out the foundations of the earth.
30 Then I was constantly[s] at his side.
I was filled with delight day after day,
rejoicing always in his presence,
31 rejoicing in his whole world
and delighting in mankind.
32 "Now then, my children, listen to me;
blessed are those who keep my ways.
33 Listen to my instruction and be wise;
do not disregard it.
34 Blessed are those who listen to me,
watching daily at my doors,
waiting at my doorway.
35 For those who find me find life
and receive favor from the LORD.
36 But those who fail to find me harm themselves;
all who hate me love death."

[q] 8:22 Or *way*; or *dominion*
[r] 8:22 Or *The LORD possessed me at the beginning of his work*; or *The LORD brought me forth at the beginning of his work*
[s] 8:30 Or *was the artisan*; or *was a little child*

18 Je suis accompagnée de la richesse et de l'honneu
de biens durables, de la justice.
19 Mon fruit est plus précieux que l'or,
oui, même que l'or le plus fin,
et les profits que je rapporte valent mieux qu'un argent de choix.
20 Je marche sur la voie de la justice
et je suis les sentiers de l'équité,
21 pour combler de biens ceux qui m'aiment
et remplir leurs trésors.
22 L'Eternel m'a donné naissance[d] tout au début de sc activité
et avant d'entreprendre les plus anciennes de ses œuvres.
23 Oui j'ai été formée dès les temps éternels,
bien avant que la terre fût créée.
24 J'ai été enfantée avant que l'océan existe
et avant que les sources aient fait jaillir leurs eaux surabondantes.
25 Avant que les montagnes aient été établies,
avant que les collines soient apparues, j'ai été enfantée.
26 Dieu n'avait pas encore formé la terre et les campagnes
ni le premier grain de poussière de l'univers.
27 Moi, j'étais déjà là quand il fixa le ciel
et qu'il traça un cercle autour de la surface du grand abîme.
28 Et quand il condensa les nuages d'en haut,
quand il fit jaillir avec force les sources de l'abîme
29 et quand il assigna à la mer des limites
pour que ses eaux ne les franchissent pas,
quand il détermina les fondements du monde,
30 je me tenais bien fermement à ses côtés[e],
me livrant sans cesse aux délices[f],
et jouant en tout temps en sa présence.
31 Je jouais sur sa terre dans le monde habité,
et trouvais mes délices dans les êtres humains.
32 Maintenant donc, mes fils, écoutez-moi :
heureux tous ceux qui suivent les voies que je prescris !
33 Ecoutez mes leçons, et vous deviendrez sages.
Ne les négligez pas !
34 Car : heureux l'homme qui m'écoute,
qui vient veiller à mes portes jour après jour,
et qui monte la garde devant l'entrée de ma maiso
35 Car celui qui me trouve a découvert la vie,
il obtient la faveur de l'Eternel.
36 Mais il se fait tort à lui-même, celui qui me désobéit[g] :
tous ceux qui me haïssent aiment la mort. »

[d] 8.22 Autres traductions : *me possédait* ou *m'a établie.* D'autres compren nent : *m'a acquise* ou *m'a créée*.
[e] 8.30 Autre traduction : *Je me tenais à ses côtés comme son maître d'œuvre*
[f] 8.30 Autre traduction : *faisant sans cesse ses délices.*
[g] 8.36 Autre traduction : *me rate.*

vitations of Wisdom and Folly

9 [1]Wisdom has built her house;
she has set up[t] its seven pillars.
2 She has prepared her meat and mixed her wine;
she has also set her table.
3 She has sent out her servants, and she calls
from the highest point of the city,
4 "Let all who are simple come to my house!"
To those who have no sense she says,
5 "Come, eat my food
and drink the wine I have mixed.
6 Leave your simple ways and you will live;
walk in the way of insight."

7 Whoever corrects a mocker invites insults;
whoever rebukes the wicked incurs abuse.
8 Do not rebuke mockers or they will hate you;
rebuke the wise and they will love you.
9 Instruct the wise and they will be wiser still;
teach the righteous and they will add to their learning.
10 The fear of the LORD is the beginning of wisdom,
and knowledge of the Holy One is understanding.
11 For through wisdom[u] your days will be many,
and years will be added to your life.
12 If you are wise, your wisdom will reward you;
if you are a mocker, you alone will suffer.

13 Folly is an unruly woman;
she is simple and knows nothing.
14 She sits at the door of her house,
on a seat at the highest point of the city,
15 calling out to those who pass by,
who go straight on their way,
16 "Let all who are simple come to my house!"
To those who have no sense she says,
17 "Stolen water is sweet;
food eaten in secret is delicious!"
18 But little do they know that the dead are there,
that her guests are deep in the realm of the dead.

:1 Septuagint, Syriac and Targum; Hebrew *has hewn out*
:11 Septuagint, Syriac and Targum; Hebrew *me*

Le festin de la Sagesse

9 [1]La Sagesse a bâti une maison,
et elle en a taillé les sept colonnes.
2 Elle a apprêté une bête et elle a préparé son vin[h].
Déjà, elle a dressé sa table.
3 Elle a envoyé ses servantes pour lancer ses invitations,
elle appelle du haut des lieux les plus élevés de la ville :
4 « Approchez donc, vous qui n'avez pas d'expérience ! »
A ceux qui manquent de bon sens, elle déclare :
5 « Venez et mangez de mon pain
et buvez du vin que j'ai préparé.
6 Vous qui êtes inexpérimentés détournez-vous de ce chemin et vous vivrez[i].
Dirigez-vous sur la voie de l'intelligence.

Le moqueur et le sage

7 Corriger un moqueur, c'est s'attirer la confusion
et reprendre un méchant, s'attirer un affront.
8 Ne reprends donc pas le moqueur, car il te haïra ;
si tu reprends un sage, il t'en aimera davantage.
9 Oui, donne des conseils au sage, et il sera plus sage encore.
Instruis le juste, il enrichira son savoir.
10 La sagesse commence par la crainte de l'Eternel[j],
et la science des saints[k], c'est le discernement.
11 Grâce à moi, la Sagesse, tes jours seront multipliés
et des années seront ajoutées à ta vie.
12 Si tu es sage, c'est toi qui en profiteras,
mais si tu es moqueur, tu en supporteras toi seul les conséquences. »

Le festin de la Folie

13 Dame Folie est bien bruyante,
elle est sans expérience, elle n'y connaît rien[l].
14 Elle s'assied à la porte de sa maison,
elle place son siège aux points les plus élevés de la ville,
15 pour interpeller les passants
qui vont droit leur chemin.
16 « Approchez donc, vous qui n'avez pas d'expérience ! »
A ceux qui manquent de bon sens, elle déclare :
17 « Les eaux dérobées sont plus douces,
et le pain mangé en secret est savoureux. »
18 Mais ils ne savent pas que chez elle se rassemblent les morts
et que ses invités sont déjà au séjour des morts.

h **9.2** En Orient, on mélangeait diverses épices (cannelle, myrrhe) au vin pour lui donner plus de goût (Es 5.22).
i **9.6** Les versions anciennes ont : *Ne restez pas dans l'inexpérience.*
j **9.10** Voir 1.7 et note.
k **9.10** D'autres comprennent : *et connaître le Dieu saint.*
l **9.13** L'ancienne version grecque a lu : *elle ne connaît pas la honte.*

Proverbs of Solomon

10 [1]The proverbs of Solomon:
A wise son brings joy to his father,
but a foolish son brings grief to his mother.
[2] Ill-gotten treasures have no lasting value,
but righteousness delivers from death.
[3] The LORD does not let the righteous go hungry,
but he thwarts the craving of the wicked.

[4] Lazy hands make for poverty,
but diligent hands bring wealth.
[5] He who gathers crops in summer is a prudent son,
but he who sleeps during harvest is a disgraceful son.

[6] Blessings crown the head of the righteous,
but violence overwhelms the mouth of the wicked.[v]

[7] The name of the righteous is used in blessings,[w]
but the name of the wicked will rot.

[8] The wise in heart accept commands,
but a chattering fool comes to ruin.

[9] Whoever walks in integrity walks securely,
but whoever takes crooked paths will be found out.
[10] Whoever winks maliciously causes grief,
and a chattering fool comes to ruin.

[11] The mouth of the righteous is a fountain of life,
but the mouth of the wicked conceals violence.
[12] Hatred stirs up conflict,
but love covers over all wrongs.
[13] Wisdom is found on the lips of the discerning,
but a rod is for the back of one who has no sense.

[14] The wise store up knowledge,
but the mouth of a fool invites ruin.

[15] The wealth of the rich is their fortified city,
but poverty is the ruin of the poor.

[16] The wages of the righteous is life,
but the earnings of the wicked are sin and death.
[17] Whoever heeds discipline shows the way to life,
but whoever ignores correction leads others astray.
[18] Whoever conceals hatred with lying lips
and spreads slander is a fool.
[19] Sin is not ended by multiplying words,
but the prudent hold their tongues.
[20] The tongue of the righteous is choice silver,
but the heart of the wicked is of little value.
[21] The lips of the righteous nourish many,

[v] **10:6** Or *righteous, / but the mouth of the wicked conceals violence*
[w] **10:7** See Gen. 48:20.

PROVERBES DE SALOMON[m]

10 [1]Un fils sensé réjouit son père,
mais un fils insensé cause du chagrin à sa mère.
[2] Les biens des méchants ne leur profitent pas,
mais mener une vie juste sauve de la mort.
[3] L'Eternel ne permet pas que l'homme droit souffre de la faim,
mais il frustre les désirs des méchants.
[4] La main nonchalante appauvrit,
mais la main active enrichit.
[5] Celui qui amasse des provisions en été est un fils intelligent,
mais celui qui dort pendant la moisson est un fils qui fait honte.
[6] Des bénédictions reposent sur la tête du juste,
mais les paroles des méchants cachent la violence.

[7] Le souvenir du juste continue à être en bénédiction aux autres,
mais le nom des méchants tombe dans l'oubli.
[8] Un esprit sage prend à cœur les préceptes,
mais le bavard insensé est l'artisan de sa propre perte.
[9] Qui vit dans l'intégrité marche en sécurité.
Qui suit des voies tortueuses sera vite démasqué.

[10] Qui cligne de l'œil cause du tourment,
mais celui qui critique en toute franchise travaille pour la paix[n].
[11] Les paroles du juste sont une source de vie,
mais celles du méchant cachent la violence.

[12] La haine allume des querelles,
mais l'amour couvre toutes les fautes[o].
[13] La sagesse se trouve sur les lèvres de l'homme sensé,
et les coups de bâton sur le dos de celui qui est déraisonnable.
[14] Les sages amassent le savoir,
mais lorsqu'un insensé parle, le malheur n'est pas loin.
[15] La fortune du riche lui tient lieu de place forte,
alors que la pauvreté des petites gens fait leur ruine.
[16] Le travail du juste le fait vivre ;
ce que le méchant gagne sert à faire le mal.

[17] Qui tient compte des critiques qu'on lui fait est sur la voie de la vie,
mais celui qui fait fi des reproches se fourvoie.
[18] Qui cache sa haine a des lèvres menteuses,
et qui répand des calomnies est insensé.
[19] Qui parle beaucoup ne saurait éviter de pécher,
mais l'homme avisé met un frein à ses lèvres.
[20] La langue du juste est un argent de choix ;
ce que pensent les méchants n'a pas grande valeur
[21] Les paroles du juste orientent beaucoup de gens,

[m] **10 titre** Voir 1.1 et l'introduction.
[n] **10.10** *mais celui qui critique ... paix:* d'après l'ancienne version grecque. Le texte hébreu traditionnel répète ici la seconde partie du v. 8.
[o] **10.12** Cité en Jc 5.20 ; 1 P 4.8.

but fools die for lack of sense.
22 The blessing of the LORD brings wealth,
without painful toil for it.
23 A fool finds pleasure in wicked schemes,
but a person of understanding delights in
wisdom.
24 What the wicked dread will overtake them;
what the righteous desire will be granted.
25 When the storm has swept by, the wicked are
gone,
but the righteous stand firm forever.
26 As vinegar to the teeth and smoke to the eyes,
so are sluggards to those who send them.

27 The fear of the LORD adds length to life,
but the years of the wicked are cut short.
28 The prospect of the righteous is joy,
but the hopes of the wicked come to nothing.
29 The way of the LORD is a refuge for the
blameless,
but it is the ruin of those who do evil.
30 The righteous will never be uprooted,
but the wicked will not remain in the land.
31 From the mouth of the righteous comes the
fruit of wisdom,
but a perverse tongue will be silenced.
32 The lips of the righteous know what finds favor,
but the mouth of the wicked only what is
perverse.

1 1 The LORD detests dishonest scales,
but accurate weights find favor with him.
2 When pride comes, then comes disgrace,
but with humility comes wisdom.
3 The integrity of the upright guides them,
but the unfaithful are destroyed by their
duplicity.
4 Wealth is worthless in the day of wrath,
but righteousness delivers from death.
5 The righteousness of the blameless makes their
paths straight,
but the wicked are brought down by their
own wickedness.
6 The righteousness of the upright delivers them,
but the unfaithful are trapped by evil
desires.
7 Hopes placed in mortals die with them;
all the promise of[x] their power comes to
nothing.

8 The righteous person is rescued from trouble,
and it falls on the wicked instead.
9 With their mouths the godless destroy their
neighbors,
but through knowledge the righteous escape.
10 When the righteous prosper, the city rejoices;
when the wicked perish, there are shouts of
joy.
11 Through the blessing of the upright a city is
exalted,

1:7 Two Hebrew manuscripts; most Hebrew manuscripts,
lgate, Syriac and Targum *When the wicked die, their hope perishes; /*
they expected from

mais les insensés périssent faute de bon sens.
22 C'est la bénédiction de l'Eternel qui enrichit,
et toute la peine qu'on se donne n'y ajoute rien[p].
23 Commettre des actions infâmes est un jeu pour
l'insensé ;
de même, la sagesse l'est pour l'homme intelligent.
24 Ce que le méchant redoute lui arrive,
mais ce que le juste désire lui sera accordé.
25 Quand la tempête a passé, le méchant n'est plus,
alors que le juste est établi sur un fondement
éternel.
26 Comme du vinaigre sur les dents ou de la fumée
dans les yeux,
tel est le paresseux pour celui qui l'envoie.
27 Craindre l'Eternel prolonge la vie,
mais les années du méchant seront abrégées.
28 L'attente du juste débouche sur la joie,
mais les espérances des méchants seront déçues.
29 La manière d'agir de l'Eternel est une forteresse
pour l'homme intègre,
mais elle cause la ruine de ceux qui font le mal.
30 Le juste ne sera jamais ébranlé,
mais les méchants ne demeureront pas sur la terre.
31 La bouche du juste est féconde en sagesse,
mais la langue perverse sera coupée.

32 Les lèvres du juste connaissent la bienveillance,
mais la bouche des méchants est perverse.

11 1 L'Eternel a horreur des balances fausses,
mais il aime les poids exacts.
2 Le mépris suit de près l'orgueil,
mais la sagesse se tient auprès des humbles.
3 L'intégrité guide les hommes droits,
mais les tricheries des gens infidèles les mènent à
la ruine.
4 La richesse ne sera d'aucun secours au jour de la
colère divine,
mais être juste sauve de la mort.
5 La justice de l'homme intègre lui fait prendre le
droit chemin,
mais le méchant tombe par sa propre méchanceté.

6 La justice de l'homme droit le sauve,
mais les gens retors sont pris au piège de leurs
désirs.
7 Quand le méchant meurt, tous ses espoirs
périssent,
et la confiance qu'il avait placée en ses ressources
s'effondre.
8 Le juste sera libéré de la détresse,
et le méchant y prendra sa place.
9 Par ses paroles, l'impie cause la ruine de son
prochain,
mais, par leur science, les justes en sont préservés.
10 Le bonheur des justes fait la joie de toute la cité,
et quand les méchants périssent, on pousse des cris
de joie.
11 Une cité prospère quand des justes attirent la
bénédiction sur elle,

p 10.22 Autre traduction : *et il n'y ajoute aucune peine.*

but by the mouth of the wicked it is
destroyed.
12 Whoever derides their neighbor has no sense,
but the one who has understanding holds
their tongue.
13 A gossip betrays a confidence,
but a trustworthy person keeps a secret.
14 For lack of guidance a nation falls,
but victory is won through many advisers.

15 Whoever puts up security for a stranger will
surely suffer,
but whoever refuses to shake hands in pledge
is safe.
16 A kindhearted woman gains honor,
but ruthless men gain only wealth.

17 Those who are kind benefit themselves,
but the cruel bring ruin on themselves.
18 A wicked person earns deceptive wages,
but the one who sows righteousness reaps a
sure reward.
19 Truly the righteous attain life,
but whoever pursues evil finds death.
20 The Lord detests those whose hearts are
perverse,
but he delights in those whose ways are
blameless.
21 Be sure of this: The wicked will not go
unpunished,
but those who are righteous will go free.
22 Like a gold ring in a pig's snout
is a beautiful woman who shows no
discretion.
23 The desire of the righteous ends only in good,
but the hope of the wicked only in wrath.

24 One person gives freely, yet gains even more;
another withholds unduly, but comes to
poverty.

25 A generous person will prosper;
whoever refreshes others will be refreshed.

26 People curse the one who hoards grain,
but they pray God's blessing on the one who
is willing to sell.
27 Whoever seeks good finds favor,
but evil comes to one who searches for it.
28 Those who trust in their riches will fall,

mais les paroles des méchants œuvrent à sa ruine.
12 Qui traite son prochain avec mépris est un insensé
mais l'homme intelligent accepte de se taire.

13 Le médisant divulgue les secrets ;
un homme de confiance tient la chose cachée.
14 Quand un peuple n'est pas bien gouverné, il
décline ;
le salut se trouve dans le grand nombre des
conseillers.
15 Qui se porte garant des dettes d'un inconnu s'en
trouvera mal,
mais celui qui veille à ne pas s'engager[q] assure sa
sécurité.
16 Une femme aimable obtient les honneurs,
[mais la femme sans vertu est assise dans la honte.
Les paresseux n'ont jamais d'argent[r],]
les hommes énergiques obtiennent les richesses.
17 L'homme bienveillant se fait du bien à lui-même,
mais l'homme cruel creuse son propre malheur.
18 Le méchant fait une œuvre qui le trompe,
mais celui qui sème la justice reçoit un salaire sûr.

19 La justice mène à la vie,
mais celui qui poursuit le mal court à la mort.
20 L'Eternel a horreur de ceux qui ont le cœur
tortueux,
mais il accorde sa faveur à ceux qui se conduisent
de façon intègre.
21 Vous pouvez en être sûrs : en fin de compte, le
méchant n'échappera pas au châtiment,
alors que les justes seront sauvés.
22 Une femme belle et dépourvue de bon sens
est comme un anneau d'or dans le groin d'un porc

23 Toutes les aspirations des justes tendent vers le
bien,
mais tout ce que les méchants peuvent espérer, c'e
la colère.
24 Tel donne libéralement et ses richesses
s'accroissent,
tel autre épargne à l'excès et se trouve dans la
pauvreté.
25 Qui répand la bénédiction connaîtra l'abondance ;
qui donne à boire aux autres sera lui-même
désaltéré.
26 Le peuple maudit l'accapareur qui retient son blé[t],
mais celui qui le vend sans différer obtient la
bénédiction.
27 Qui recherche assidûment le bien s'attire la faveur,
mais qui poursuit le mal tombera dans les griffes
du mal.
28 Ceux qui se confient dans leurs richesses
tomberont,

q **11.15** Voir 6.1 et note.

r **11.16** Les mots entre crochets se trouvent dans l'ancienne version grecque et la version syriaque, mais pas dans le texte hébreu traditionnel.

s **11.22** Les femmes orientales se paraient ainsi d'un anneau d'or (Gn 24.47 ; Ez 16.12).

t **11.26** Pour le vendre plus cher en temps de pénurie.

but the righteous will thrive like a green leaf.

29 Whoever brings ruin on their family will
inherit only wind,
and the fool will be servant to the wise.
30 The fruit of the righteous is a tree of life,
and the one who is wise saves lives.
31 If the righteous receive their due on earth,
how much more the ungodly and the sinner!

2 1 Whoever loves discipline loves knowledge,
but whoever hates correction is stupid.
2 Good people obtain favor from the Lord,
but he condemns those who devise wicked
schemes.
3 No one can be established through wickedness,
but the righteous cannot be uprooted.
4 A wife of noble character is her husband's
crown,
but a disgraceful wife is like decay in his
bones.
5 The plans of the righteous are just,
but the advice of the wicked is deceitful.
6 The words of the wicked lie in wait for blood,
but the speech of the upright rescues them.
7 The wicked are overthrown and are no more,
but the house of the righteous stands firm.
8 A person is praised according to their
prudence,
and one with a warped mind is despised.
9 Better to be a nobody and yet have a servant
than pretend to be somebody and have no
food.
10 The righteous care for the needs of their
animals,
but the kindest acts of the wicked are cruel.
11 Those who work their land will have abundant
food,
but those who chase fantasies have no sense.
12 The wicked desire the stronghold of evildoers,
but the root of the righteous endures.
13 Evildoers are trapped by their sinful talk,
and so the innocent escape trouble.
14 From the fruit of their lips people are filled
with good things,
and the work of their hands brings them
reward.
15 The way of fools seems right to them,
but the wise listen to advice.
16 Fools show their annoyance at once,
but the prudent overlook an insult.
17 An honest witness tells the truth,
but a false witness tells lies.
18 The words of the reckless pierce like swords,

mais les justes s'épanouiront comme la frondaison
nouvelle.
29 Qui sème le trouble dans sa famille héritera le vent,
et l'insensé deviendra l'esclave du sage[u].
30 Le fruit que porte le juste est un arbre de vie,
et celui qui est sage gagne les cœurs[v].
31 Déjà ici-bas, le juste reçoit sa rétribution,
à plus forte raison, le méchant et le pécheur[w].

12 1 Qui aime la connaissance désire être corrigé,
qui déteste les réprimandes n'est qu'un sot.
2 L'homme de bien s'attire la faveur de l'Eternel,
mais Dieu condamne celui qui forge des desseins
coupables.
3 La méchanceté n'affermit la position de personne,
mais celui qui est droit ne sera pas déraciné.
4 Une femme de valeur est comme une couronne
pour son mari,
mais celle qui lui fait honte est comme une maladie
qui ronge les os.
5 Les projets des justes sont orientés vers ce qui est
droit,
alors que les méchants ne songent qu'à tromper.
6 Les paroles des méchants sont des embûches
meurtrières,
mais celles des hommes droits les sauvent.
7 Qu'on renverse les méchants, ils ne sont plus,
mais la maison des justes subsiste.
8 Un homme est estimé pour son bon sens,
mais celui dont le cœur est corrompu sera méprisé.
9 Mieux vaut être méprisé et avoir un serviteur
que de faire l'homme important et n'avoir rien à
manger.
10 Le juste veille au bien-être de ses bêtes,
mais le cœur des méchants est cruel envers elles.
11 Qui travaille sa terre aura du pain en abondance,
qui court après des futilités est dépourvu de sens.
12 Le méchant convoite la proie de ceux qui font le
mal,
mais la racine des justes donne du fruit.
13 Le méchant est pris au piège de ses propos
coupables,
mais le juste échappe à ces difficultés.
14 Par ses paroles, on peut recueillir du bien en
abondance,
et l'on reçoit le salaire de ses œuvres.
15 L'insensé pense toujours qu'il fait bien,
mais le sage écoute les avis des autres.
16 L'insensé manifeste immédiatement son irritation,
mais l'homme avisé sait ravaler un affront.
17 Un témoin digne de foi déclare ce qui est juste,
mais le témoin mensonger est trompeur.
18 Les paroles des bavards blessent comme des coups
d'épée,

u **11.29** Par suite de ses dettes contractées à la légère (22.7 ; voir 14.19).
v **11.30** Voir 3.18 et note.
w **11.31** Voir 10.27. Ce verset est cité en 1 P 4.18 d'après l'ancienne version grecque. Selon cette citation, la « rétribution » du juste doit être comprise comme un châtiment.

but the tongue of the wise brings healing.
19 Truthful lips endure forever,
but a lying tongue lasts only a moment.
20 Deceit is in the hearts of those who plot evil,
but those who promote peace have joy.

21 No harm overtakes the righteous,
but the wicked have their fill of trouble.
22 The LORD detests lying lips,
but he delights in people who are trustworthy.
23 The prudent keep their knowledge to themselves,
but a fool's heart blurts out folly.
24 Diligent hands will rule,
but laziness ends in forced labor.

25 Anxiety weighs down the heart,
but a kind word cheers it up.
26 The righteous choose their friends carefully,
but the way of the wicked leads them astray.
27 The lazy do not roast[y] any game,
but the diligent feed on the riches of the hunt.
28 In the way of righteousness there is life;
along that path is immortality.

13 1 A wise son heeds his father's instruction,
but a mocker does not respond to rebukes.
2 From the fruit of their lips people enjoy good things,
but the unfaithful have an appetite for violence.
3 Those who guard their lips preserve their lives,
but those who speak rashly will come to ruin.
4 A sluggard's appetite is never filled,
but the desires of the diligent are fully satisfied.

5 The righteous hate what is false,
but the wicked make themselves a stench
and bring shame on themselves.
6 Righteousness guards the person of integrity,
but wickedness overthrows the sinner.

7 One person pretends to be rich, yet has nothing;
another pretends to be poor, yet has great wealth.
8 A person's riches may ransom their life,
but the poor cannot respond to threatening rebukes.
9 The light of the righteous shines brightly,
but the lamp of the wicked is snuffed out.

10 Where there is strife, there is pride,

y 12:27 The meaning of the Hebrew for this word is uncertain.

tandis que le langage des sages est comme un baume qui guérit.
19 La bouche véridique est pour toujours affermie,
mais la langue menteuse ne tient pas longtemps.
20 La tromperie imprègne le cœur des artisans du ma
mais la joie est pour ceux qui donnent des conseils visant à la paix[x].
21 Aucune calamité n'atteint le juste,
mais les méchants sont accablés de maux.
22 Les lèvres menteuses sont en horreur à l'Eternel,
mais ceux qui agissent en hommes fiables lui font plaisir.
23 L'homme avisé cache son savoir,
mais l'insensé proclame bien haut sa sottise.

24 Ceux qui travaillent avec zèle s'assurent la directic des affaires,
mais les nonchalants seront astreints aux corvées.
25 Le souci au fond du cœur déprime un homme,
mais une parole d'encouragement lui rend la joie.
26 Le juste sert de guide à ses compagnons,
mais la conduite des méchants les égare.
27 Le paresseux ne fait pas rôtir son gibier ;
le bien le plus précieux de l'homme, c'est l'activité

28 La vie se trouve sur le chemin de la justice :
cette voie-là préserve de la mort.

13 1 Un fils sage tient compte de l'éducation qu'il a reçue de son père,
mais le moqueur n'accepte jamais les reproches.
2 Grâce à ses paroles, on peut se nourrir de bonnes choses,
mais les traîtres n'ont d'appétit que pour la violence.
3 Qui veille sur ses paroles préserve sa vie,
mais celui qui ouvre grand la bouche court à sa ruine.
4 Le paresseux éprouve des désirs mais n'arrive à rien,
alors que les aspirations des gens actifs seront comblées.
5 Le juste déteste les mensonges,
mais le méchant répand la honte et la confusion.

6 Agir avec droiture est une protection pour l'homr intègre,
mais la méchanceté a même un effet subversif sur le péché[y].
7 Tel joue au riche et n'a rien du tout,
tel autre fait le pauvre et possède de grands biens.

8 La fortune du riche sert de rançon pour sa vie,
mais le pauvre n'entend pas de menaces.

9 Les justes rayonnent comme une lumière source d joie,
la lampe des méchants est sur le point de s'éteindre.
10 Toutes les querelles proviennent de l'orgueil,

x 12.20 Autre traduction : *dont les projets visent à la paix.*
y 13.6 Autre traduction : *la méchanceté pervertit le sacrifice pour le péché.*

but wisdom is found in those who take
advice.
11 Dishonest money dwindles away,
but whoever gathers money little by little
makes it grow.
12 Hope deferred makes the heart sick,
but a longing fulfilled is a tree of life.
13 Whoever scorns instruction will pay for it,
but whoever respects a command is
rewarded.
14 The teaching of the wise is a fountain of life,
turning a person from the snares of death.
15 Good judgment wins favor,
but the way of the unfaithful leads to their
destruction.[z]
16 All who are prudent act with[a] knowledge,
but fools expose their folly.
17 A wicked messenger falls into trouble,
but a trustworthy envoy brings healing.
18 Whoever disregards discipline comes to
poverty and shame,
but whoever heeds correction is honored.
19 A longing fulfilled is sweet to the soul,
but fools detest turning from evil.

20 Walk with the wise and become wise,
for a companion of fools suffers harm.

21 Trouble pursues the sinner,
but the righteous are rewarded with good
things.
22 A good person leaves an inheritance for their
children's children,
but a sinner's wealth is stored up for the
righteous.
23 An unplowed field produces food for the poor,
but injustice sweeps it away.

24 Whoever spares the rod hates their children,
but the one who loves their children is
careful to discipline them.
25 The righteous eat to their hearts' content,
but the stomach of the wicked goes hungry.

4 1 The wise woman builds her house,
but with her own hands the foolish one
tears hers down.

2 Whoever fears the LORD walks uprightly,
but those who despise him are devious in
their ways.
3 A fool's mouth lashes out with pride,
but the lips of the wise protect them.

4 Where there are no oxen, the manger is empty,
but from the strength of an ox come
abundant harvests.
5 An honest witness does not deceive,
but a false witness pours out lies.
6 The mocker seeks wisdom and finds none,

mais la sagesse accompagne ceux qui acceptent les
conseils.
11 Une richesse acquise par des moyens douteux se
dissipe ;
amassée peu à peu, elle se multiplie.
12 Un espoir différé rend le cœur malade ;
un désir exaucé est comme un arbre de vie[z].
13 Qui méprise la parole le paiera,
mais qui respecte le précepte en sera récompensé.

14 L'enseignement du sage est une source de vie,
il fait éviter les pièges de la mort.
15 Une raison saine procure la faveur,
mais le chemin des traîtres est rude[a].

16 Tout homme avisé agit en connaissance de cause,
mais l'insensé fait étalage de sa sottise.
17 Un messager infidèle tombera dans le malheur,
mais un envoyé fidèle apporte la guérison.
18 Qui ne veut pas se laisser corriger tombera dans la
misère et la honte,
mais celui qui accepte d'être repris sera honoré.
19 Il est agréable de voir ses désirs réalisés,
mais les insensés ont horreur de se détourner du
mal.
20 Qui fréquente les sages deviendra sage,
mais qui fraie avec les insensés va au-devant du
malheur.
21 Le malheur poursuit les pécheurs,
mais le bonheur récompense les justes.

22 Ce que l'homme de bien laisse derrière lui passe
aux enfants de ses enfants,
mais la fortune du pécheur est mise en réserve
pour le juste.
23 Le champ défriché du pauvre lui procure des vivres
en abondance,
mais l'injustice les détruit.
24 Qui refuse de châtier son fils ne l'aime pas ;
qui l'aime le corrigera de bonne heure.

25 Le juste mange et il est rassasié,
mais les méchants sont affamés.

14 1 Une femme pleine de sagesse construit sa
maison,
mais celle qui est insensée la renverse de ses
propres mains.
2 Qui craint l'Eternel se conduit avec droiture,
qui le méprise emprunte des voies perverses.

3 C'est par ses propres paroles que le sot est puni de
son orgueil,
mais les paroles des sages sont leur sauvegarde.
4 Là où il n'y a pas de bétail, la mangeoire reste nette,
mais la vigueur des bœufs assure d'abondants
revenus.
5 Un témoin honnête ne ment pas ;
mais le faux témoin profère des mensonges.
6 Le moqueur a beau chercher la sagesse : elle lui
échappe,

3:15 Septuagint and Syriac; the meaning of the Hebrew for this
rase is uncertain.
3:16 Or *prudent protect themselves through*

z **13.12** Voir 3.18 et note.
a **13.15** Autre traduction : *interminable.*

but knowledge comes easily to the
discerning.
7 Stay away from a fool,
for you will not find knowledge on their lips.
8 The wisdom of the prudent is to give thought
to their ways,
but the folly of fools is deception.
9 Fools mock at making amends for sin,
but goodwill is found among the upright.
10 Each heart knows its own bitterness,
and no one else can share its joy.
11 The house of the wicked will be destroyed,
but the tent of the upright will flourish.
12 There is a way that appears to be right,
but in the end it leads to death.
13 Even in laughter the heart may ache,
and rejoicing may end in grief.
14 The faithless will be fully repaid for their ways,
and the good rewarded for theirs.
15 The simple believe anything,
but the prudent give thought to their steps.
16 The wise fear the LORD and shun evil,
but a fool is hotheaded and yet feels secure.
17 A quick-tempered person does foolish things,
and the one who devises evil schemes is
hated.
18 The simple inherit folly,
but the prudent are crowned with
knowledge.
19 Evildoers will bow down in the presence of the
good,
and the wicked at the gates of the righteous.
20 The poor are shunned even by their neighbors,
but the rich have many friends.
21 It is a sin to despise one's neighbor,
but blessed is the one who is kind to the
needy.
22 Do not those who plot evil go astray?
But those who plan what is good find[b] love
and faithfulness.
23 All hard work brings a profit,
but mere talk leads only to poverty.
24 The wealth of the wise is their crown,
but the folly of fools yields folly.
25 A truthful witness saves lives,
but a false witness is deceitful.
26 Whoever fears the LORD has a secure fortress,
and for their children it will be a refuge.
27 The fear of the LORD is a fountain of life,
turning a person from the snares of death.

[b] **14:22** Or *show*

alors que la connaissance est facilement à la porté
de l'homme de bon sens.
7 Eloigne-toi de l'insensé,
car il n'a aucun savoir à te communiquer.
8 La sagesse de l'homme réfléchi lui fait discerner sa
voie[b],
mais la folie des insensés les égare.
9 Réparer un tort : les insensés s'en moquent,
mais entre gens droits, la bonne volonté l'emporte
10 Le cœur connaît son propre chagrin,
et personne ne peut partager sa joie.
11 La maison des méchants sera détruite,
mais la demeure des gens droits sera florissante.
12 Bien des hommes pensent être sur le bon chemin,
et pourtant, ils se trouvent sur une voie qui,
finalement, mène à la mort.
13 Le rire peut masquer la tristesse du cœur,
et la gaieté peut finir en chagrin.
14 L'homme au cœur perfide sera gavé des fruits de sa
conduite,
mais l'homme de bien jouira des fruits de la
sienne[d].
15 L'inexpérimenté croit tout ce qu'on lui dit,
mais l'homme réfléchi avance avec prudence.
16 Le sage craint le mal et s'en écarte,
mais l'insensé, sûr de lui, s'emporte.
17 L'homme coléreux fait des sottises ;
qui a de mauvais desseins s'attire la haine.
18 La folie, voilà ce qu'héritent ceux qui manquent
d'expérience,
mais la connaissance est la couronne des gens
réfléchis.
19 Les méchants auront à baisser la tête devant ceux
qui sont bons,
et les hommes mauvais à la porte des justes.
20 Personne n'aime le pauvre, même pas son
compagnon,
mais le riche a beaucoup d'amis.
21 Qui méprise son prochain commet une faute,
mais heureux celui qui a compassion des affligés.
22 Ceux qui manigancent le mal font fausse route,
mais ceux qui projettent le bien trouvent l'amour
véritable.
23 A tout travail il y a du profit,
mais le bavardage mène au dénuement.
24 La richesse des sages est leur couronne,
mais la folie des insensés reste de la folie.
25 Un témoin véridique sauve des vies[e],
mais qui profère des mensonges est un trompeur.
26 Celui qui craint l'Eternel possède une solide
assurance,
et il sera un refuge pour ses enfants[f].
27 La crainte de l'Eternel est une source de vie,
elle fait éviter les pièges de la mort.

[b] **14.8** Autre traduction : *le rend attentif à sa conduite.*

[c] **14.9** Autres traductions : *mais les justes ont de la bonne volonté* ou *mais le justes cherchent à obtenir la faveur.*

[d] **14.14** Autre traduction : *mais la situation de l'homme de bien est meilleure que la sienne* (ou *supérieure à la sienne*).

[e] **14.25** Celles des accusés traduits injustement devant les tribunaux et calomniés par leurs accusateurs.

[f] **14.26** Pour les v. 26-27, voir 10.27.

28 A large population is a king's glory,
but without subjects a prince is ruined.
29 Whoever is patient has great understanding,
but one who is quick-tempered displays folly.
30 A heart at peace gives life to the body,
but envy rots the bones.
31 Whoever oppresses the poor shows contempt for their Maker,
but whoever is kind to the needy honors God.
32 When calamity comes, the wicked are brought down,
but even in death the righteous seek refuge in God.
33 Wisdom reposes in the heart of the discerning
and even among fools she lets herself be known.[c]
34 Righteousness exalts a nation,
but sin condemns any people.
35 A king delights in a wise servant,
but a shameful servant arouses his fury.

15 1 A gentle answer turns away wrath,
but a harsh word stirs up anger.
2 The tongue of the wise adorns knowledge,
but the mouth of the fool gushes folly.
3 The eyes of the LORD are everywhere,
keeping watch on the wicked and the good.
4 The soothing tongue is a tree of life,
but a perverse tongue crushes the spirit.
5 A fool spurns a parent's discipline,
but whoever heeds correction shows prudence.
6 The house of the righteous contains great treasure,
but the income of the wicked brings ruin.
7 The lips of the wise spread knowledge,
but the hearts of fools are not upright.
8 The LORD detests the sacrifice of the wicked,
but the prayer of the upright pleases him.
9 The LORD detests the way of the wicked,
but he loves those who pursue righteousness.
10 Stern discipline awaits anyone who leaves the path;
the one who hates correction will die.
11 Death and Destruction[d] lie open before the LORD –
how much more do human hearts!
12 Mockers resent correction,
so they avoid the wise.
13 A happy heart makes the face cheerful,

4:33 Hebrew; Septuagint and Syriac *discerning / but in the heart of* ›ls *she is not known*
.5:11 Hebrew *Abaddon*

28 La gloire d'un roi dépend du nombre de ses sujets,
et la dépopulation ruine le prince.
29 Celui qui garde son sang-froid fait preuve d'une grande intelligence,
mais l'homme coléreux étale sa sottise.
30 Un cœur paisible contribue à la vie du corps ;
mais l'envie est comme une maladie qui ronge les os.
31 Opprimer le pauvre, c'est outrager son Créateur,
mais avoir de la compassion pour les indigents, c'est l'honorer.
32 Le méchant est terrassé par sa perversité,
mais le juste reste plein de confiance jusque dans la mort[g].
33 La sagesse repose dans un esprit intelligent :
elle sera reconnue même parmi les sots[h].
34 La justice grandit une nation,
mais le péché est une honte pour tout peuple.
35 Le roi accorde sa faveur à ceux qui le servent avec intelligence,
mais sa colère atteint celui qui fait honte.

15 1 Une réponse douce apaise la colère,
mais une parole blessante excite l'irritation.
2 Qui enseigne avec sagesse rend le savoir attrayant,
mais la bouche des sots ne répand que des sottises.
3 L'Eternel voit ce qui se passe en tout lieu ;
il observe tous les hommes, méchants et bons.
4 Des paroles réconfortantes sont comme un arbre de vie,
mais la langue malfaisante démoralise.
5 Seul un insensé méprise ce que son père lui a enseigné,
qui tient compte des avertissements est un homme avisé.
6 Il y a de nombreux trésors dans la maison du juste,
mais les profits du méchant sont source d'ennuis[i].
7 Les lèvres des sages répandent le savoir,
mais il n'en est pas ainsi du cœur des insensés.
8 L'Eternel a en horreur les sacrifices offerts par les méchants,
mais les prières des hommes droits lui sont agréables.
9 L'Eternel a en horreur la conduite du méchant,
mais il aime celui qui recherche ce qui est juste.
10 Une dure leçon attend celui qui s'écarte du droit chemin ;
qui déteste être repris périra.
11 L'Eternel connaît le séjour des morts, le lieu des disparus,
combien plus le cœur des humains est-il à découvert devant lui !
12 Le moqueur n'aime pas qu'on le reprenne,
c'est pourquoi il ne demande pas l'avis des sages.
13 Un cœur joyeux rend le visage aimable,

g **14.32** L'ancienne version grecque et la syriaque ont lu : *mais l'intégrité du juste est pour lui source d'assurance,* ce qui suppose une simple inversion de deux lettres du texte hébreu traditionnel.
h **14.33** Selon le texte hébreu traditionnel. L'ancienne version grecque et la version syriaque ont : *mais le cœur des sots ne la connaît pas.*
i **15.6** Autre traduction : *sont troubles.*

but heartache crushes the spirit.
14 The discerning heart seeks knowledge,
but the mouth of a fool feeds on folly.
15 All the days of the oppressed are wretched,
but the cheerful heart has a continual feast.

16 Better a little with the fear of the LORD
than great wealth with turmoil.

17 Better a small serving of vegetables with love
than a fattened calf with hatred.
18 A hot-tempered person stirs up conflict,
but the one who is patient calms a quarrel.

19 The way of the sluggard is blocked with thorns,
but the path of the upright is a highway.

20 A wise son brings joy to his father,
but a foolish man despises his mother.
21 Folly brings joy to one who has no sense,
but whoever has understanding keeps a
straight course.
22 Plans fail for lack of counsel,
but with many advisers they succeed.

23 A person finds joy in giving an apt reply –
and how good is a timely word!

24 The path of life leads upward for the prudent
to keep them from going down to the realm
of the dead.
25 The LORD tears down the house of the proud,
but he sets the widow's boundary stones in
place.
26 The LORD detests the thoughts of the wicked,
but gracious words are pure in his sight.
27 The greedy bring ruin to their households,
but the one who hates bribes will live.

28 The heart of the righteous weighs its answers,
but the mouth of the wicked gushes evil.
29 The LORD is far from the wicked,
but he hears the prayer of the righteous.
30 Light in a messenger's eyes brings joy to the
heart,
and good news gives health to the bones.
31 Whoever heeds life-giving correction
will be at home among the wise.

32 Those who disregard discipline despise
themselves,
but the one who heeds correction gains
understanding.
33 Wisdom's instruction is to fear the LORD,
and humility comes before honor.

16

1 To humans belong the plans of the heart,
but from the LORD comes the proper answer
of the tongue.
2 All a person's ways seem pure to them,

mais quand le cœur est triste, l'esprit est abattu.
14 L'homme intelligent cherche toujours à apprendre
alors que les sots se repaissent de sottises.
15 Pour l'affligé, tous les jours sont mauvais,
mais celui qui a le contentement dans son cœur es
toujours en fête.
16 Mieux vaut avoir peu et craindre Dieu
que de posséder une grande fortune avec du
tourment.
17 Mieux vaut un plat de légumes là où règne l'amou
qu'un bœuf gras assaisonné de haine.
18 L'homme irascible suscite des querelles,
mais celui qui garde son sang-froid apaise les
disputes.
19 Le chemin du paresseux est une haie de ronces,
mais le sentier des hommes droits est une route
bien aplanie.
20 Un fils sage fait la joie de son père ;
seul un homme insensé a du mépris pour sa mère.
21 La sottise ravit l'homme dépourvu de sens ;
un homme intelligent marche droit.

22 Quand on ne consulte personne, les projets
échouent,
mais lorsqu'il y a beaucoup de conseillers, ils se
réalisent.
23 Savoir donner la bonne réponse est une source de
joie,
et combien est agréable une parole dite à propos.
24 L'homme avisé suit le sentier qui mène en haut ve
la vie
et qui le fait échapper au séjour des morts en bas.
25 L'Eternel renverse la maison des orgueilleux,
mais il protège la propriété de la veuve.

26 Les projets malveillants sont en horreur à l'Eterne
mais les paroles aimables sont pures.
27 Qui veut s'enrichir à tout prix entraîne sa famille
dans le malheur,
mais qui déteste les pots-de-vin vivra longtemps.
28 Le juste réfléchit bien avant de répondre,
mais la bouche des méchants répand le mal.
29 L'Eternel se tient loin des méchants,
mais il entend la prière des justes.
30 Un regard lumineux met le cœur en joie ;
une bonne nouvelle fortifie jusqu'aux os.

31 Qui prête une oreille attentive aux critiques
constructives
habitera parmi les sages.
32 Qui refuse d'être repris se méprise lui-même,
mais qui écoute les avertissements acquiert du bo
sens.

33 La crainte de l'Eternel est une école de la sagesse[j]
avant d'être honoré, il faut savoir être humble.

16

1 L'homme fait des projets,
mais celui qui a le dernier mot, c'est l'Eternel.

2 Vous pouvez penser que tout ce que vous faites est
bien,

j 15.33 Voir 1.7 et note.

but motives are weighed by the LORD.
3 Commit to the LORD whatever you do,
and he will establish your plans.
4 The LORD works out everything to its proper end –
even the wicked for a day of disaster.
5 The LORD detests all the proud of heart.
Be sure of this: They will not go unpunished.
6 Through love and faithfulness sin is atoned for;
through the fear of the LORD evil is avoided.
7 When the LORD takes pleasure in anyone's way,
he causes their enemies to make peace with them.
8 Better a little with righteousness
than much gain with injustice.
9 In their hearts humans plan their course,
but the LORD establishes their steps.
10 The lips of a king speak as an oracle,
and his mouth does not betray justice.
11 Honest scales and balances belong to the LORD;
all the weights in the bag are of his making.
12 Kings detest wrongdoing,
for a throne is established through righteousness.
13 Kings take pleasure in honest lips;
they value the one who speaks what is right.
14 A king's wrath is a messenger of death,
but the wise will appease it.
15 When a king's face brightens, it means life;
his favor is like a rain cloud in spring.
16 How much better to get wisdom than gold,
to get insight rather than silver!
17 The highway of the upright avoids evil;
those who guard their ways preserve their lives.
18 Pride goes before destruction,
a haughty spirit before a fall.
19 Better to be lowly in spirit along with the oppressed
than to share plunder with the proud.
20 Whoever gives heed to instruction prospers,[e]
and blessed is the one who trusts in the LORD.
21 The wise in heart are called discerning,
and gracious words promote instruction.[f]
22 Prudence is a fountain of life to the prudent,
but folly brings punishment to fools.
23 The hearts of the wise make their mouths prudent,

6:20 Or *whoever speaks prudently finds what is good*
6:21 Or *words make a person persuasive*

mais c'est l'Eternel qui apprécie vos motivations.
3 Recommande tes œuvres à l'Eternel,
et tes projets se réaliseront.
4 L'Eternel a tout fait pour un but,
même le méchant pour le jour du malheur.
5 Tout homme orgueilleux est en horreur à l'Eternel ;
soyez-en certain : il ne restera pas impuni.
6 La faute est expiée par la bonté et la fidélité
et, par crainte de l'Eternel, on se détourne du mal.
7 Quand la conduite d'un homme est agréable à l'Eternel,
il lui concilie même ses ennemis.
8 Mieux vaut le peu honnêtement obtenu
que de gros revenus mal acquis.
9 L'homme projette de suivre tel chemin,
et Dieu dirige ses pas.
10 Quand le roi se prononce, ses paroles ont valeur de déclaration divine :
que sa bouche n'aille donc pas à l'encontre du droit.
11 L'Eternel veut des balances et des plateaux justes,
et les poids, il en fait son affaire[k].
12 Faire le mal est une chose abominable pour un roi,
car le pouvoir ne devient fort que s'il est juste.
13 Ceux dont les paroles sont justes obtiennent la faveur du roi,
et il aime ceux qui parlent avec droiture.
14 Quand un roi se met en colère, sa fureur est comme une messagère de mort,
mais l'homme sage saura l'apaiser.
15 Quand le visage du roi s'éclaire, c'est un gage de vie,
et sa faveur est comme un nuage annonçant l'ondée printanière[l].
16 Acquérir la sagesse vaut bien mieux que l'or pur,
et gagner en discernement est bien préférable à l'argent.
17 Les hommes droits cheminent sur des routes qui évitent le mal,
qui surveille sa conduite préserve sa vie.
18 L'orgueil précède la ruine ;
un esprit fier annonce la chute.
19 Mieux vaut avoir un esprit humble et frayer avec les gens de condition modeste
que de partager le butin avec les orgueilleux.
20 Qui agit prudemment dans une affaire s'en trouvera bien[m].
Heureux celui qui met sa confiance en l'Eternel !
21 Qui a le cœur sage sera reconnu comme intelligent,
et les paroles aimables sont d'autant plus persuasives.
22 Le discernement est une source de vie pour celui qui en est pourvu ;
les sots trouvent leur châtiment dans leur sottise même.
23 Si le cœur d'un homme est pénétré de sagesse,

k **16.11** Voir 11.1 et note.
l **16.15** Les pluies de printemps marquent le retour de la végétation, elles sont signes de prospérité et de joie (Dt 11.14).
m **16.20** Autres traductions : *qui agit intelligemment dans une affaire s'en trouvera bien*, ou : *qui a l'intelligence de ce qu'on dit trouvera le bonheur*, ou : *qui parle avec intelligence obtiendra le bonheur.*

and their lips promote instruction.[g]
24 Gracious words are a honeycomb,
sweet to the soul and healing to the bones.
25 There is a way that appears to be right,
but in the end it leads to death.
26 The appetite of laborers works for them;
their hunger drives them on.
27 A scoundrel plots evil,
and on their lips it is like a scorching fire.
28 A perverse person stirs up conflict,
and a gossip separates close friends.
29 A violent person entices their neighbor
and leads them down a path that is not good.
30 Whoever winks with their eye is plotting perversity;
whoever purses their lips is bent on evil.
31 Gray hair is a crown of splendor;
it is attained in the way of righteousness.
32 Better a patient person than a warrior,
one with self-control than one who takes a city.

33 The lot is cast into the lap,
but its every decision is from the LORD.

17

1 Better a dry crust with peace and quiet
than a house full of feasting, with strife.

2 A prudent servant will rule over a disgraceful son
and will share the inheritance as one of the family.
3 The crucible for silver and the furnace for gold,
but the LORD tests the heart.
4 A wicked person listens to deceitful lips;
a liar pays attention to a destructive tongue.

5 Whoever mocks the poor shows contempt for their Maker;
whoever gloats over disaster will not go unpunished.
6 Children's children are a crown to the aged,
and parents are the pride of their children.
7 Eloquent lips are unsuited to a godless fool –
how much worse lying lips to a ruler!
8 A bribe is seen as a charm by the one who gives it;
they think success will come at every turn.
9 Whoever would foster love covers over an offense,
but whoever repeats the matter separates close friends.

[g] **16:23** Or *prudent / and make their lips persuasive*

il parlera de façon avisée, et ses paroles seront
d'autant plus persuasives.
24 D'aimables paroles sont comme un rayon de miel :
douces pour l'âme et bienfaisantes pour le corps.
25 Bien des hommes pensent être sur le bon chemin,
et pourtant, ils se trouvent sur une voie qui,
finalement, mène à la mort.
26 La faim du travailleur est une bonne collaboratric[e]
sa bouche le pousse à travailler.
27 Le vaurien projette le malheur,
et ses paroles sont comme un feu dévorant.
28 Le fourbe sème la discorde,
et qui colporte des rumeurs jette la brouille entre des amis.
29 L'homme violent circonvient son prochain
et l'entraîne sur une mauvaise voie.
30 Qui ferme les yeux pour méditer des desseins pervers
et qui serre les lèvres a déjà commis le mal.
31 Les cheveux blancs sont une couronne honorifique
elle s'obtient par une vie droite.
32 Mieux vaut un homme lent à la colère qu'un bon guerrier,
mieux vaut savoir se dominer que de conquérir de[s] villes.
33 On jette le sort dans les pans du vêtement du prêtre[n],
mais c'est de l'Eternel que dépend toute décision.

17

1 Mieux vaut n'avoir qu'un croûton de pain sec [et] vivre dans la tranquillité
que dans une maison où l'on festoie beaucoup tout en se querellant.
2 Le serviteur intelligent gouvernera le fils indigne
et recevra sa part d'héritage avec les frères.

3 Le creuset épure l'argent, et le four l'or,
mais les cœurs, c'est l'Eternel qui les éprouve.
4 Qui fait le mal écoute les propos des gens malfaisants,
et le menteur prête l'oreille aux langues malveillantes.
5 Se moquer du pauvre c'est outrager son Créateur,
qui se réjouit du malheur d'autrui ne restera pas impuni.
6 La couronne des vieillards, ce sont leurs petits-enfants,
et la fierté des fils, ce sont leurs pères.
7 Un langage distingué ne convient pas à l'insensé,
combien moins le mensonge à un homme de haut rang.
8 Dans l'esprit de ceux qui l'utilisent, le pot-de-vin agit comme une pierre magique :
quoi qu'ils entreprennent, il doit leur assurer le succès.
9 Qui veut se faire aimer, pardonne les torts qu'il a subis :
les rappeler divise les amis.

[n] **16.33** Il s'agit de l'ourim et du toummim dont on se servait pour connaître la volonté de Dieu (voir Ex 28.30 et note).

10 A rebuke impresses a discerning person
more than a hundred lashes a fool.
11 Evildoers foster rebellion against God;
the messenger of death will be sent against them.
12 Better to meet a bear robbed of her cubs
than a fool bent on folly.
13 Evil will never leave the house
of one who pays back evil for good.
14 Starting a quarrel is like breaching a dam;
so drop the matter before a dispute breaks out.

15 Acquitting the guilty and condemning the innocent –
the LORD detests them both.
16 Why should fools have money in hand to buy wisdom,
when they are not able to understand it?
17 A friend loves at all times,
and a brother is born for a time of adversity.

18 One who has no sense shakes hands in pledge
and puts up security for a neighbor.
19 Whoever loves a quarrel loves sin;
whoever builds a high gate invites destruction.
20 One whose heart is corrupt does not prosper;
one whose tongue is perverse falls into trouble.

21 To have a fool for a child brings grief;
there is no joy for the parent of a godless fool.
22 A cheerful heart is good medicine,
but a crushed spirit dries up the bones.
23 The wicked accept bribes in secret
to pervert the course of justice.

24 A discerning person keeps wisdom in view,
but a fool's eyes wander to the ends of the earth.
25 A foolish son brings grief to his father
and bitterness to the mother who bore him.
26 If imposing a fine on the innocent is not good,
surely to flog honest officials is not right.

27 The one who has knowledge uses words with restraint,
and whoever has understanding is even-tempered.
28 Even fools are thought wise if they keep silent,
and discerning if they hold their tongues.

18 1 An unfriendly person pursues selfish ends
and against all sound judgment starts quarrels.
2 Fools find no pleasure in understanding
but delight in airing their own opinions.

10 Un reproche a plus d'effet sur un homme avisé
que cent coups de bâton administrés à un insensé.
11 Le méchant ne recherche que la rébellion,
mais c'est un messager sans pitié qui sera envoyé contre lui.
12 Mieux vaut tomber sur une ourse privée de ses petits
que de rencontrer un insensé en proie à sa folie.
13 Si quelqu'un rend le mal pour le bien,
le malheur ne quittera plus sa demeure.
14 Commencer une querelle, c'est ouvrir une brèche dans une digue,
c'est pourquoi : abandonne la partie avant qu'éclate la dispute.
15 Qui acquitte le coupable, qui condamne le juste,
sont tous deux en horreur à l'Eternel.

16 A quoi sert l'argent dans les mains d'un insensé ?
Peut-il acheter la sagesse quand il n'a pas de bon sens ?
17 Un ami aime en tout temps
et le frère est né pour le jour où l'on se trouve dans l'adversité.
18 Seul un homme dépourvu d'intelligence s'engage[o]
et se porte garant des dettes d'autrui.
19 Aimer les querelles, c'est aimer le péché ;
qui fait l'important[p], cherche sa ruine.

20 L'homme au cœur tortueux ne trouvera pas le bonheur,
qui manie une langue perfide tombera dans le malheur.
21 Qui donne naissance à un fils insensé en aura du chagrin,
et le père d'un sot n'aura pas de quoi se réjouir.
22 Un cœur joyeux est un excellent remède,
mais l'esprit déprimé mine la santé.
23 L'homme corrompu accepte des cadeaux sous le manteau
pour fausser le cours de la justice.
24 L'homme avisé a les yeux fixés sur la sagesse,
mais les regards de l'insensé se portent au bout du monde.
25 Un fils insensé fait le chagrin de son père
et rend la vie amère à celle qui l'a enfanté.
26 Il n'est pas bon de faire payer au juste une amende
ni de frapper de nobles dirigeants à l'encontre du droit.
27 L'homme qui a de bonnes connaissances limite ses paroles,
qui garde son sang-froid est intelligent.

28 Le sot lui-même passe pour sage s'il sait se taire ;
qui tient sa bouche close est intelligent.

18 1 L'original suit son bon plaisir :
il s'insurgera contre tout ce qui est raisonnable.

2 L'insensé n'aime pas réfléchir,
il ne demande qu'à faire étalage de son opinion.

---

o **17.18** Voir 6.1 et note.

p **17.19** En hébreu : *qui surélève sa porte*, par orgueil, soit pour avoir une maison plus grande que les autres, soit, au figuré, pour s'élever au-dessus des autres.

[3] When wickedness comes, so does contempt,
and with shame comes reproach.
[4] The words of the mouth are deep waters,
but the fountain of wisdom is a rushing stream.
[5] It is not good to be partial to the wicked
and so deprive the innocent of justice.
[6] The lips of fools bring them strife,
and their mouths invite a beating.
[7] The mouths of fools are their undoing,
and their lips are a snare to their very lives.
[8] The words of a gossip are like choice morsels;
they go down to the inmost parts.
[9] One who is slack in his work
is brother to one who destroys.
[10] The name of the LORD is a fortified tower;
the righteous run to it and are safe.
[11] The wealth of the rich is their fortified city;
they imagine it a wall too high to scale.
[12] Before a downfall the heart is haughty,
but humility comes before honor.
[13] To answer before listening –
that is folly and shame.
[14] The human spirit can endure in sickness,
but a crushed spirit who can bear?
[15] The heart of the discerning acquires knowledge,
for the ears of the wise seek it out.
[16] A gift opens the way
and ushers the giver into the presence of the great.
[17] In a lawsuit the first to speak seems right,
until someone comes forward and cross-examines.
[18] Casting the lot settles disputes
and keeps strong opponents apart.
[19] A brother wronged is more unyielding than a fortified city;
disputes are like the barred gates of a citadel.
[20] From the fruit of their mouth a person's stomach is filled;
with the harvest of their lips they are satisfied.
[21] The tongue has the power of life and death,
and those who love it will eat its fruit.
[22] He who finds a wife finds what is good
and receives favor from the LORD.
[23] The poor plead for mercy,
but the rich answer harshly.
[24] One who has unreliable friends soon comes to ruin,
but there is a friend who sticks closer than a brother.

19 [1] Better the poor whose walk is blameless
than a fool whose lips are perverse.

[3] Le méchant apporte avec lui le mépris :
une action déshonorante est suivie de l'opprobre.
[4] Les paroles humaines sont comme des eaux profondes ;
la source de la sagesse est un torrent qui déborde[q].
[5] Il n'est pas bien de favoriser le méchant
et de léser le juste dans le jugement.
[6] Les propos de l'insensé suscitent des querelles,
et ses discours lui attirent les coups.
[7] La bouche de l'insensé cause sa ruine,
et ses lèvres sont un piège pour sa vie.
[8] Les médisances sont comme des friandises :
elles descendent jusqu'au tréfonds de l'être.
[9] Qui se relâche dans son travail
est frère de celui qui détruit.
[10] L'Eternel est comme un donjon bien fortifié :
le juste y accourt et il y est en sécurité.
[11] La fortune du riche lui tient lieu de place forte,
il s'imagine qu'ils sont un rempart inaccessible.
[12] Quand l'orgueil remplit le cœur d'un homme, sa ruine est proche.
Avant d'être honoré, il faut savoir être humble.
[13] Qui répond avant d'avoir écouté
manifeste sa sottise et se couvre de confusion.
[14] Un bon moral permet de supporter la maladie,
mais si le moral est abattu, qui le relèvera ?
[15] L'homme intelligent acquiert la connaissance,
et l'oreille des sages est tendue vers elle.
[16] Les cadeaux ouvrent les chemins
et font arriver jusqu'en présence des gens importants.
[17] Qui plaide sa cause en premier paraît toujours avo raison,
vient la partie adverse, et l'on examine ce qu'il a dit.
[18] Le sort met fin aux contestations
et tranche même entre des puissants.
[19] Un frère que l'on a offensé est plus inaccessible qu'une ville fortifiée,
et des dissensions sont comme les verrous d'un palais.
[20] Chacun goûtera à satiété les fruits de ses paroles
et se rassasiera de ce que ses lèvres ont produit.
[21] La mort et la vie sont au pouvoir de la langue :
qui aime se répandre en paroles mangera les fruit qu'elles auront produits.
[22] Qui trouve une épouse trouve le bonheur :
c'est une faveur que l'Eternel lui a accordée.
[23] Le pauvre parle en suppliant,
mais le riche répond durement.
[24] Qui a beaucoup de compagnons les a pour son malheur,
mais un véritable ami est plus attaché qu'un frère.

19 [1] Mieux vaut un pauvre qui se conduit de façon intègre

q **18.4** Ce verset semble opposer notre répugnance à nous livrer (voir le secret des « eaux profondes » en 20.5) à la franchise vivifiante des sage

2 Desire without knowledge is not good –
how much more will hasty feet miss the way!
3 A person's own folly leads to their ruin,
yet their heart rages against the LORD.
4 Wealth attracts many friends,
but even the closest friend of the poor person
deserts them.
5 A false witness will not go unpunished,
and whoever pours out lies will not go free.

6 Many curry favor with a ruler,
and everyone is the friend of one who gives
gifts.
7 The poor are shunned by all their relatives –
how much more do their friends avoid them!
Though the poor pursue them with pleading,
they are nowhere to be found.[h]

8 The one who gets wisdom loves life;
the one who cherishes understanding will
soon prosper.
9 A false witness will not go unpunished,
and whoever pours out lies will perish.
10 It is not fitting for a fool to live in luxury –
how much worse for a slave to rule over
princes!

11 A person's wisdom yields patience;
it is to one's glory to overlook an offense.
12 A king's rage is like the roar of a lion,
but his favor is like dew on the grass.
13 A foolish child is a father's ruin,
and a quarrelsome wife is like
the constant dripping of a leaky roof.
14 Houses and wealth are inherited from parents,
but a prudent wife is from the LORD.

15 Laziness brings on deep sleep,
and the shiftless go hungry.
16 Whoever keeps commandments keeps their
life,
but whoever shows contempt for their ways
will die.
17 Whoever is kind to the poor lends to the LORD,
and he will reward them for what they have
done.
18 Discipline your children, for in that there is
hope;
do not be a willing party to their death.
19 A hot-tempered person must pay the penalty;
rescue them, and you will have to do it again.

20 Listen to advice and accept discipline,
and at the end you will be counted among
the wise.
21 Many are the plans in a person's heart,

qu'un homme aux paroles tordues, car celui-ci est
un insensé.
2 Dans un désir irréfléchi, il n'y a rien de bon
et précipiter ses pas fait commettre une faute.
3 La sottise d'un homme cause son naufrage,
alors il s'en prend à l'Eternel.
4 Si vous êtes riche, vos amis se multiplient,
mais le pauvre est abandonné par son compagnon.

5 Le faux témoin ne restera pas impuni,
qui répand le mensonge n'échappera pas au
châtiment.
6 Beaucoup briguent la faveur d'un homme
important,
et tous sont amis de qui fait des cadeaux.
7 Le pauvre est détesté par tous ses frères,
à plus forte raison ses compagnons s'écartent-ils
de lui.
En vain il les poursuit de ses paroles : ils ne sont
déjà plus là.
8 Acquérir du bon sens, c'est s'aimer soi-même,
cultiver le discernement fera trouver le bonheur.

9 Le faux témoin ne restera pas impuni,
qui profère le mensonge périra.
10 Il ne convient pas qu'un insensé mène une vie de
plaisirs,
et moins encore qu'un esclave commande aux
princes.
11 La raison de l'homme lui fait retenir sa colère,
et sa gloire c'est de passer par-dessus l'offense.
12 La colère du roi est pareille au rugissement d'un
jeune lion,
mais sa faveur est comme la rosée sur l'herbe.
13 Un fils insensé fait le malheur de son père,
et les récriminations d'une femme sont comme une
gouttière qui ne cesse de couler.
14 Un homme peut hériter maison et richesse de ses
pères,
mais seul l'Eternel peut lui donner une femme
intelligente.
15 La paresse plonge dans la torpeur,
et l'indolent souffrira de la faim.
16 Suivre les préceptes, c'est veiller sur sa propre vie ;
ne pas veiller sur sa conduite, conduit à la mort.

17 Qui a pitié du pauvre, prête à l'Eternel
qui le lui revaudra.

18 Corrige ton fils tant qu'il y a encore[r] de l'espoir,
mais ne va pas jusqu'à désirer sa mort.

19 L'homme qui se met dans une grande colère paiera
une amende,
si tu l'en exemptes, tu l'incites à recommencer[s].
20 Ecoute les conseils et accepte d'être repris et,
finalement, tu deviendras sage.

21 Un homme forme de nombreux projets,

9:7 The meaning of the Hebrew for this sentence is uncertain.

r 19.18 Autre traduction : *ton fils car il y a ...*
s 19.19 Autres traductions : *tu pourras recommencer* ou *tu aggraves encore son cas.*

but it is the LORD's purpose that prevails.
22 What a person desires is unfailing love[i];
better to be poor than a liar.
23 The fear of the LORD leads to life;
then one rests content, untouched by trouble.
24 A sluggard buries his hand in the dish;
he will not even bring it back to his mouth!
25 Flog a mocker, and the simple will learn prudence;
rebuke the discerning, and they will gain knowledge.
26 Whoever robs their father and drives out their mother
is a child who brings shame and disgrace.
27 Stop listening to instruction, my son,
and you will stray from the words of knowledge.
28 A corrupt witness mocks at justice,
and the mouth of the wicked gulps down evil.
29 Penalties are prepared for mockers,
and beatings for the backs of fools.

20 1 Wine is a mocker and beer a brawler;
whoever is led astray by them is not wise.
2 A king's wrath strikes terror like the roar of a lion;
those who anger him forfeit their lives.
3 It is to one's honor to avoid strife,
but every fool is quick to quarrel.
4 Sluggards do not plow in season;
so at harvest time they look but find nothing.
5 The purposes of a person's heart are deep waters,
but one who has insight draws them out.
6 Many claim to have unfailing love,
but a faithful person who can find?
7 The righteous lead blameless lives;
blessed are their children after them.
8 When a king sits on his throne to judge,
he winnows out all evil with his eyes.
9 Who can say, "I have kept my heart pure;
I am clean and without sin"?
10 Differing weights and differing measures –
the LORD detests them both.
11 Even small children are known by their actions,
so is their conduct really pure and upright?
12 Ears that hear and eyes that see –
the LORD has made them both.
13 Do not love sleep or you will grow poor;
stay awake and you will have food to spare.
14 "It's no good, it's no good!" says the buyer –

i 19:22 Or *Greed is a person's shame*

mais c'est le dessein de l'Eternel qui se réalise.
22 Ce qu'on apprécie chez un homme, c'est sa bonté,
et mieux vaut un pauvre qu'un menteur.
23 Craindre l'Eternel mène à la vie,
et, comblé, on passe même la nuit à l'abri du malheur.
24 Le paresseux plonge sa main dans le plat[t],
mais il ne la ramène pas à sa bouche.
25 Punis le moqueur, et celui qui est inexpérimenté acquerra de l'intelligence,
mais reprends simplement l'homme intelligent : il comprendra la leçon.
26 Qui maltraite son père et chasse sa mère
est un fils qui se couvre de honte et d'opprobre.
27 Mon fils, si tu cesses d'écouter l'instruction,
tu te détourneras des paroles de la connaissance.
28 Qui se moque du droit est un témoin qui ne vaut rien ;
la bouche des méchants avale le mal.
29 Les condamnations sont prêtes pour les moqueurs
et les coups de bâton pour l'échine des insensés.

20 1 Le vin est plein d'insolence et l'alcool rempli de tapage,
qui s'en laisse griser ne pourra être sage.
2 Tel le rugissement d'un jeune lion, le roi inspire la terreur :
qui le met en colère se nuit à lui-même.
3 Se tenir à l'écart des querelles fait honneur à l'homme,
mais tout insensé s'y jette à corps perdu.
4 A la saison froide[u], le paresseux ne laboure pas,
au temps de la moisson, il cherche à récolter, mais ne trouve rien.
5 Les projets que forme l'homme dans son cœur sont comme des eaux profondes,
mais l'homme intelligent sait y puiser.
6 Beaucoup de gens font état de leur bonté,
mais où trouver un homme sincère ?
7 Le juste vit de façon intègre ;
heureux sont ses enfants après lui !
8 Lorsque le roi siège pour juger,
d'un coup d'œil, il dissipe tout ce qui est mal.
9 Qui osera dire : « J'ai purifié mon cœur,
je suis pur de toute faute » ?
10 Ceux qui ont deux poids différents, et ceux qui utilisent deux mesures différentes
sont l'un et l'autre en horreur à l'Eternel[v].
11 Le jeune enfant manifeste qui il est par ses actes,
on voit si sa conduite sera pure et droite.
12 L'Eternel nous a donné des oreilles pour entendre
et aussi des yeux pour voir.
13 N'aime pas trop le sommeil, pour ne pas finir dans la pauvreté :
garde tes yeux ouverts, et tu auras de quoi te rassasier.
14 L'acheteur dit toujours :

t **19.24** On portait sa main dans le plat commun pour y prendre le morceau qu'on désirait (Rt 2.14 ; Mt 26.23).
u **20.4** Automne et hiver, l'époque des pluies et des semailles en Israël.
v **20.10** Voir 11.1 et note.

then goes off and boasts about the purchase.

15 Gold there is, and rubies in abundance,
but lips that speak knowledge are a rare jewel.
16 Take the garment of one who puts up security for a stranger;
hold it in pledge if it is done for an outsider.
17 Food gained by fraud tastes sweet,
but one ends up with a mouth full of gravel.

18 Plans are established by seeking advice;
so if you wage war, obtain guidance.

19 A gossip betrays a confidence;
so avoid anyone who talks too much.

20 If someone curses their father or mother,
their lamp will be snuffed out in pitch darkness.
21 An inheritance claimed too soon
will not be blessed at the end.
22 Do not say, "I'll pay you back for this wrong!"
Wait for the LORD, and he will avenge you.
23 The LORD detests differing weights,
and dishonest scales do not please him.

24 A person's steps are directed by the LORD.
How then can anyone understand their own way?
25 It is a trap to dedicate something rashly
and only later to consider one's vows.

26 A wise king winnows out the wicked;
he drives the threshing wheel over them.
27 The human spirit is[j] the lamp of the LORD
that sheds light on one's inmost being.

28 Love and faithfulness keep a king safe;
through love his throne is made secure.
29 The glory of young men is their strength,
gray hair the splendor of the old.

30 Blows and wounds scrub away evil,
and beatings purge the inmost being.

21 1 In the LORD's hand the king's heart is a stream of water
that he channels toward all who please him.
2 A person may think their own ways are right,
but the LORD weighs the heart.
3 To do what is right and just
is more acceptable to the LORD than sacrifice.

[j] 20:27 Or *A person's words are*

« C'est une bien mauvaise affaire »,
mais dès qu'il est parti, il se félicite de ce qu'il a obtenu.
15 Si l'or et les perles précieuses abondent,
les joyaux les plus précieux sont des lèvres qui dispensent la connaissance.
16 Si quelqu'un s'est porté garant des dettes d'un étranger, prends-lui son vêtement,
et s'il a cautionné des inconnus, exige qu'il te donne des gages.
17 Au premier abord, le pain mal acquis est savoureux,
mais, par la suite, ta bouche se trouvera pleine de cailloux.
18 Lorsque tu fais des projets, prends conseil,
et ne te lance pas dans une bataille sans une stratégie bien conçue.
19 Qui divulgue des secrets finit par se répandre en calomnies ;
n'aie donc pas de relations avec un bavard.
20 Si quelqu'un maudit son père ou sa mère,
sa vie s'éteindra en pleines ténèbres[w].

21 Il n'y a pas de bénédiction durable
pour un patrimoine vite obtenu au début.
22 Ne dis pas : « Je me vengerai ! »
Confie-toi en l'Eternel et il te délivrera.
23 L'Eternel a horreur de l'usage de deux poids différents,
et il n'est pas bien d'employer des balances truquées[x].
24 C'est l'Eternel qui trace la voie d'un homme ;
comment un humain pourrait-il comprendre par quel chemin il passe ?
25 Il est dangereux pour l'homme de consacrer précipitamment quelque chose à l'Eternel
et de ne se mettre à réfléchir qu'après avoir fait son vœu.
26 Un roi sage chasse au loin les méchants
et fait passer sur eux la roue.
27 L'esprit de l'homme est une lampe que l'Eternel a donnée
et qui sonde les profondeurs de l'être.
28 La bonté et la fidélité du roi assurent sa protection ;
oui, par sa bonté[y], il affermit son autorité.
29 La fierté des jeunes gens, c'est leur force,
mais l'honneur des vieillards, ce sont leurs cheveux blancs.
30 Les plaies d'une blessure sont un remède contre le mal,
et les coups que l'on reçoit purgent l'être intérieur.

21 1 Le cœur du roi est comme un cours d'eau entre les mains de l'Eternel :
il le dirige à son gré[z].
2 Un homme croit que tout ce qu'il fait est juste,
mais c'est l'Eternel qui apprécie les motivations.
3 Lorsqu'un homme fait ce qui est juste et droit,
cela fait plaisir à l'Eternel, plus que s'il lui offrait des sacrifices.

[w] **20.20** Crime puni de mort par la Loi (Ex 21.17 ; Lv 20.9 ; Dt 27.16).
[x] **20.23** Voir v. 10, et 11.1 et note.
[y] **20.28** L'ancienne version grecque a : *par sa justice*.
[z] **21.1** Voir les exemples de Nabuchodonosor (Dn 4.28-29, 32) et de Cyrus (Es 45.1-3; comparer Esd 6.22). Voir 16.1, 9 ; 19.21 ; 20.24.

4 Haughty eyes and a proud heart –
the unplowed field of the wicked – produce sin.
5 The plans of the diligent lead to profit
as surely as haste leads to poverty.

6 A fortune made by a lying tongue
is a fleeting vapor and a deadly snare.[k]
7 The violence of the wicked will drag them away,
for they refuse to do what is right.
8 The way of the guilty is devious,
but the conduct of the innocent is upright.
9 Better to live on a corner of the roof
than share a house with a quarrelsome wife.

10 The wicked crave evil;
their neighbors get no mercy from them.
11 When a mocker is punished, the simple gain wisdom;
by paying attention to the wise they get knowledge.
12 The Righteous One[l] takes note of the house of the wicked
and brings the wicked to ruin.
13 Whoever shuts their ears to the cry of the poor
will also cry out and not be answered.

14 A gift given in secret soothes anger,
and a bribe concealed in the cloak pacifies great wrath.
15 When justice is done, it brings joy to the righteous
but terror to evildoers.
16 Whoever strays from the path of prudence
comes to rest in the company of the dead.

17 Whoever loves pleasure will become poor;
whoever loves wine and olive oil will never be rich.
18 The wicked become a ransom for the righteous,
and the unfaithful for the upright.
19 Better to live in a desert
than with a quarrelsome and nagging wife.
20 The wise store up choice food and olive oil,
but fools gulp theirs down.

21 Whoever pursues righteousness and love
finds life, prosperity[m] and honor.

22 One who is wise can go up against the city of the mighty
and pull down the stronghold in which they trust.
23 Those who guard their mouths and their tongues
keep themselves from calamity.

4 Le regard hautain, le cœur orgueilleux,
toute la vie des méchants n'est que péché.

5 Les projets d'un homme actif sont profitables,
mais agir avec précipitation, c'est courir vers le dénuement.
6 S'enrichir par le mensonge,
procure un profit illusoire et fugitif qui mène à la mort.
7 Parce qu'ils n'ont pas voulu agir selon le droit,
les méchants sont emportés par la ruine.

8 La conduite coupable est tortueuse,
mais l'homme intègre agit avec droiture.
9 Mieux vaut habiter dans un coin sur un toit en terrasse
que de partager la maison d'une femme querelleuse.
10 Le méchant aspire à faire du mal ;
même son ami ne trouve pas grâce à ses yeux.
11 Quand le châtiment atteint le moqueur,
l'inexpérimenté en devient sage,
et quand on instruit le sage, il acquiert de la connaissance.
12 Le Dieu juste[a] est attentif à ce qui se passe dans la demeure des méchants,
et il les précipite dans le malheur.
13 Qui fait la sourde oreille quand le malheureux appelle à l'aide,
appellera lui-même à l'aide sans obtenir de réponse.
14 Un cadeau offert en secret apaise la colère,
et un pot-de-vin glissé en cachette calme la plus violente fureur[b].
15 C'est une joie pour le juste d'agir selon le droit,
mais c'est un supplice pour ceux qui font le mal.

16 L'homme qui s'écarte du chemin tracé par le bon sens
ira bientôt reposer en compagnie des morts.
17 Qui aime les plaisirs tombera dans l'indigence,
qui a un faible pour le vin et la grande vie ne sera jamais riche.
18 Le méchant servira de rançon pour le juste
et le traître pour les hommes droits.
19 Mieux vaut habiter dans un pays désertique
qu'avec une femme querelleuse et irritable.
20 Dans la demeure de l'homme sage, on trouve de précieux trésors et des réserves d'huile,
mais l'insensé dilapide ce qu'il a.
21 Qui cherche à être juste et bienveillant trouvera la vie,
il sera traité avec justice et honoré.
22 Le sage attaque la cité défendue par de vaillants guerriers
et fait tomber le rempart dans lequel elle mettait sa confiance.
23 Qui surveille sa bouche et sa langue
s'épargne bien des tourments.

k 21:6 Some Hebrew manuscripts, Septuagint and Vulgate; most Hebrew manuscripts *vapor for those who seek death*
l 21:12 Or *The righteous person*
m 21:21 Or *righteousness*

a 21.12 Autre traduction : *l'homme juste.*
b 21.14 Voir 17.8, 23. La limite qui sépare le « cadeau » du « pot-de-vin » est facilement franchie.

24 The proud and arrogant person – "Mocker" is
his name –
behaves with insolent fury.
25 The craving of a sluggard will be the death of
him,
because his hands refuse to work.
26 All day long he craves for more,
but the righteous give without sparing.
27 The sacrifice of the wicked is detestable –
how much more so when brought with evil
intent!
28 A false witness will perish,
but a careful listener will testify successfully.

29 The wicked put up a bold front,
but the upright give thought to their ways.
30 There is no wisdom, no insight, no plan
that can succeed against the LORD.
31 The horse is made ready for the day of battle,
but victory rests with the LORD.

22 1 A good name is more desirable than great
riches;
to be esteemed is better than silver or gold.
2 Rich and poor have this in common:
The LORD is the Maker of them all.
3 The prudent see danger and take refuge,
but the simple keep going and pay the
penalty.

4 Humility is the fear of the LORD;
its wages are riches and honor and life.
5 In the paths of the wicked are snares and
pitfalls,
but those who would preserve their life stay
far from them.
6 Start children off on the way they should go,
and even when they are old they will not
turn from it.
7 The rich rule over the poor,
and the borrower is slave to the lender.
8 Whoever sows injustice reaps calamity,
and the rod they wield in fury will be broken.
9 The generous will themselves be blessed,
for they share their food with the poor.
10 Drive out the mocker, and out goes strife;
quarrels and insults are ended.
11 One who loves a pure heart and who speaks
with grace
will have the king for a friend.
12 The eyes of the LORD keep watch over
knowledge,
but he frustrates the words of the unfaithful.
13 The sluggard says, "There's a lion outside!
I'll be killed in the public square!"
14 The mouth of an adulterous woman is a deep
pit;
a man who is under the LORD's wrath falls
into it.

24 Le moqueur est un homme arrogant et hautain
qui agit poussé par un orgueil démesuré.
25 Les désirs du paresseux le feront mourir
car il refuse de travailler de ses mains.
26 Tout le long du jour, il est en proie à la convoitise,
alors que le juste donne sans retenir.
27 Le sacrifice des méchants est une horreur,
surtout quand ils l'offrent avec des arrière-pensées
criminelles.
28 Le témoin mensonger périra,
mais l'homme qui sait écouter aura toujours le
droit de parler.
29 Le méchant se donne un air assuré,
alors que l'homme droit réfléchit à sa conduite[c].
30 Face à l'Eternel, il n'y a ni sagesse, ni intelligence,
ni conseil qui tienne.
31 Vous pouvez harnacher le cheval pour le jour du
combat,
mais la victoire dépend de l'Eternel.

22 1 Bon renom vaut mieux que grandes richesses,
et l'estime des autres est plus précieuse que l'or
et l'argent.
2 Riche et pauvre ont ceci en commun :
c'est l'Eternel qui les a faits l'un et l'autre.
3 L'homme avisé voit venir le malheur et se met à
l'abri,
l'homme sans expérience poursuit son chemin et
en subira les conséquences.
4 Sois humble et crains l'Eternel,
tu seras riche et honoré, et tu recevras la vie.
5 Le chemin des hommes corrompus est parsemé
d'épines et de pièges,
qui veut préserver sa vie s'en tiendra éloigné.

6 Apprends à l'enfant le chemin qu'il doit suivre[d],
même quand il sera vieux, il n'en déviera pas.

7 Le riche domine le pauvre,
qui emprunte se met sous la coupe de son créancier.
8 Qui sème l'injustice moissonnera l'iniquité[e],
et son règne de terreur prendra fin.
9 L'homme qui regarde autrui avec bonté sera béni
parce qu'il a partagé son pain avec le pauvre.
10 Chasse le moqueur, et la discorde prendra fin :
les querelles et les insultes cesseront.
11 Qui aime les intentions pures
et dont les paroles sont bienveillantes
aura le roi pour ami.
12 L'Eternel veille à préserver la connaissance,
mais il subvertit les propos du perfide.

13 Le paresseux dit : « Il y a un lion là-dehors,
je risque d'être déchiré en pleine rue ! »
14 La bouche des femmes adultères est comme une
fosse profonde :
celui contre qui l'Eternel est irrité y tombera.

c **21.29** Selon une ancienne tradition de lecture rabbinique, un manuscrit hébreu et l'ancienne version grecque. Le texte hébreu traditionnel et d'autres versions anciennes portent : *assure son chemin.*
d **22.6** Autres traduction : *éduque l'enfant dès le début de sa vie.*
e **22.8** Autre traduction : *le malheur.*

15 Folly is bound up in the heart of a child,
but the rod of discipline will drive it far away.
16 One who oppresses the poor to increase his wealth
and one who gives gifts to the rich – both come to poverty.

Thirty Sayings of the Wise

Saying 1

17 Pay attention and turn your ear to the sayings of the wise;
apply your heart to what I teach,
18 for it is pleasing when you keep them in your heart
and have all of them ready on your lips.
19 So that your trust may be in the LORD,
I teach you today, even you.
20 Have I not written thirty sayings for you,
sayings of counsel and knowledge,
21 teaching you to be honest and to speak the truth,
so that you bring back truthful reports
to those you serve?

Saying 2

22 Do not exploit the poor because they are poor
and do not crush the needy in court,
23 for the LORD will take up their case
and will exact life for life.

Saying 3

24 Do not make friends with a hot-tempered person,
do not associate with one easily angered,
25 or you may learn their ways
and get yourself ensnared.

Saying 4

26 Do not be one who shakes hands in pledge
or puts up security for debts;
27 if you lack the means to pay,
your very bed will be snatched from under you.

Saying 5

28 Do not move an ancient boundary stone
set up by your ancestors.

Saying 6

29 Do you see someone skilled in their work?
They will serve before kings;
they will not serve before officials of low rank.

15 La tendance à faire des actions déraisonnables est ancrée dans le cœur de l'enfant,
le bâton de la correction l'en extirpera.
16 Qui opprime le pauvre pour réaliser un gain,
ou qui fait des cadeaux aux riches, finira dans la pauvreté.

Les paroles des sages

17 Prête l'oreille et écoute les paroles des sages,
applique ton cœur à mon enseignement,
18 car tu auras du plaisir à garder ces maximes au fond de ton cœur
et à les avoir à la disposition de tes lèvres.
19 Pour que tu mettes ta confiance en l'Eternel,
je vais t'instruire, toi aussi, aujourd'hui ;
20 j'ai consigné par écrit pour toi une trentaine[f] de maximes comportant
des conseils et des réflexions,
21 pour t'apporter une connaissance sûre, des parole vraies.
Ainsi tu pourras donner des réponses vraies à celu qui t'envoie.
22 Ne profite pas de la pauvreté de ton prochain pour le dépouiller,
n'écrase pas en justice celui qui est dans la misère,
23 car l'Eternel prendra leur cause en main
et il ravira la vie à ceux qui auront ravi leurs biens
24 Ne te lie pas d'amitié avec un homme coléreux
et ne fréquente pas celui qui s'emporte pour un rie
25 de peur d'acquérir le même comportement
et de mettre ainsi ta vie en péril.
26 Ne t'engage pas pour cautionner autrui,
et ne te porte pas garant d'un emprunt[g],
27 car, si tu n'es pas en mesure de payer,
pourquoi t'exposerais-tu à te voir enlever jusqu'au lit où tu reposes ?
28 Ne déplace pas les anciennes bornes
que tes ancêtres ont placées.
29 Connaissez-vous un homme habile dans ce qu'il fait ?
Il ne restera pas au service de gens obscurs,
mais il entrera au service des rois.

---

f **22.20** *une trentaine:* hébreu peu clair. Autres traductions : *auparavant* c *excellentes.*

g **22.26** Voir 6.1 et note.

aying 7

23 1 When you sit to dine with a ruler,
note well what[n] is before you,
2 and put a knife to your throat
if you are given to gluttony.
3 Do not crave his delicacies,
for that food is deceptive.

aying 8

4 Do not wear yourself out to get rich;
do not trust your own cleverness.
5 Cast but a glance at riches, and they are gone,
for they will surely sprout wings
and fly off to the sky like an eagle.

aying 9

6 Do not eat the food of a begrudging host,
do not crave his delicacies;
7 for he is the kind of person
who is always thinking about the cost.[o]
"Eat and drink," he says to you,
but his heart is not with you.
8 You will vomit up the little you have eaten
and will have wasted your compliments.

aying 10

9 Do not speak to fools,
for they will scorn your prudent words.

aying 11

10 Do not move an ancient boundary stone
or encroach on the fields of the fatherless,
11 for their Defender is strong;
he will take up their case against you.

aying 12

12 Apply your heart to instruction
and your ears to words of knowledge.

aying 13

13 Do not withhold discipline from a child;
if you punish them with the rod, they will
not die.
14 Punish them with the rod
and save them from death.

aying 14

15 My son, if your heart is wise,
then my heart will be glad indeed;
16 my inmost being will rejoice
when your lips speak what is right.

ying 15

17 Do not let your heart envy sinners,
but always be zealous for the fear of the LORD.
18 There is surely a future hope for you,
and your hope will not be cut off.

23 1 Si tu es à table avec un dirigeant,
considère bien qui tu as devant toi[h] !
2 Réfrène ton appétit si tu es un glouton,

3 ne te laisse pas tenter par ses bons plats,
car il se pourrait que ces mets soient décevants.

4 Ne t'épuise pas pour t'enrichir,
refuse même d'y penser[i] !
5 A peine as-tu fixé tes regards sur la fortune
que, déjà, elle s'est évanouie,
car elle se fait des ailes et s'envole comme l'aigle en
plein ciel.

6 Ne te laisse pas inviter par quelqu'un qui te regarde
d'un mauvais œil,
et ne convoite pas ses bons plats,
7 car, au fond de lui, il est calculateur.
« Mange et bois », te dira-t-il,
mais son cœur n'est pas avec toi.

8 Le morceau que tu as mangé, tu devras le rendre,
et c'est en pure perte que tu auras tenu des propos
aimables.

9 Ne parle pas à un insensé,
il mépriserait le bon sens de tes paroles.

10 Ne déplace pas les anciennes bornes
et n'empiète pas sur les champs des orphelins[j],
11 car ils ont un puissant protecteur
qui défendrait leur cause contre toi.

12 Ouvre ton cœur à l'instruction,
et tes oreilles à l'enseignement porteur de
connaissance.

13 N'hésite pas à corriger le jeune enfant ;
si tu lui donnes des coups de bâton, il n'en mourra
pas.
14 Bien plutôt, par des coups de bâton,
tu le sauveras du séjour des morts.

15 Mon fils, si tu acquiers de la sagesse, mon cœur à
moi aussi s'en réjouira.
16 Quand tu parleras avec droiture, du fond de mon
être, j'exulterai.

17 N'envie pas le sort de ceux qui font le mal
mais en tout temps, crains l'Eternel.
18 Car il y aura un avenir pour toi
et ton espérance ne sera pas déçue.

3:1 Or *who*
3:7 Or *for as he thinks within himself, / so he is*; or *for as he puts on a*
st, / so he is

[h] **23.1** Autre traduction : *ce que tu as devant toi.*
[i] **23.4** Autre traduction : *aie l'intelligence de t'arrêter.*
[j] **23.10** Pour les v. 10-11, voir Dt 19.14 ; Pr 15.25 ; 22.28.

Saying 16

19 Listen, my son, and be wise,
and set your heart on the right path:
20 Do not join those who drink too much wine
or gorge themselves on meat,
21 for drunkards and gluttons become poor,
and drowsiness clothes them in rags.

Saying 17

22 Listen to your father, who gave you life,
and do not despise your mother when she is old.
23 Buy the truth and do not sell it –
wisdom, instruction and insight as well.

24 The father of a righteous child has great joy;
a man who fathers a wise son rejoices in him.
25 May your father and mother rejoice;
may she who gave you birth be joyful!

Saying 18

26 My son, give me your heart
and let your eyes delight in my ways,
27 for an adulterous woman is a deep pit,
and a wayward wife is a narrow well.
28 Like a bandit she lies in wait
and multiplies the unfaithful among men.

Saying 19

29 Who has woe? Who has sorrow?
Who has strife? Who has complaints?
Who has needless bruises? Who has bloodshot eyes?
30 Those who linger over wine,
who go to sample bowls of mixed wine.
31 Do not gaze at wine when it is red,
when it sparkles in the cup,
when it goes down smoothly!
32 In the end it bites like a snake
and poisons like a viper.
33 Your eyes will see strange sights,
and your mind will imagine confusing things.
34 You will be like one sleeping on the high seas,
lying on top of the rigging.
35 "They hit me," you will say, "but I'm not hurt!
They beat me, but I don't feel it!
When will I wake up
so I can find another drink?"

Saying 20

24 1 Do not envy the wicked,
do not desire their company;
2 for their hearts plot violence,
and their lips talk about making trouble.

Saying 21

3 By wisdom a house is built,

19 Ecoute-moi bien, mon fils, et deviens sage,
sois maître de la direction que tu prends.
20 N'imite pas les ivrognes,
ni ceux qui se gavent de viande,
21 car l'ivrogne et le gourmand tombent dans la misère,
et ceux qui somnolent seront bientôt vêtus de haillons.
22 Ecoute ton père, qui t'a donné la vie,
et ne méprise pas ta mère devenue âgée.
23 Acquiers la vérité, la sagesse, l'instruction et le discernement,
et ne t'en dessaisis pas.
24 Le père d'un juste est au comble de la joie,
qui a donné la vie à un fils sage s'en réjouit.
25 Puissent ton père et ta mère se réjouir à ton sujet !
Donne cette joie à celle qui t'a mis au monde.

La femme immorale

26 Mon fils, fais-moi confiance
et apprécie la conduite que tu me vois tenir[k],
27 car la prostituée est une fosse profonde,
et la femme immorale un puits étroit.
28 Comme un brigand, elle se tient aux aguets
et elle amène bien des hommes à être infidèles.

L'ivrogne

29 Pour qui les : « Hélas, malheur à moi ! » ?
Pour qui les querelles ? Pour qui les plaintes ?
Pour qui les plaies inutiles ?
Pour qui les yeux rouges ?
30 Pour ceux qui s'attardent à boire du vin,
pour ceux qui sont en quête de vin parfumé[l].
31 Ne couve pas de tes regards le vin vermeil
quand il brille de son éclat dans la coupe :
il descend si aisément,
32 mais finit par mordre comme un serpent
et te piquer comme une vipère.
33 Tes yeux verront alors des choses étranges
et tu laisseras échapper des paroles incohérentes,
34 tu auras l'impression d'être couché en pleine mer,
ballotté comme un matelot en haut d'un mât.
35 « On me frappe, diras-tu, mais je n'ai pas mal,
on m'a roué de coups, je n'ai rien senti.
Quand me réveillerai-je ? Il faudra que je trouve encore quelque chose à boire. »

24 1 Ne porte pas envie à ceux qui font le mal
et ne recherche pas leur compagnie,
2 car ils ne songent qu'à détruire
et ils ne parlent que de nuire.

3 C'est par la sagesse qu'on construit une maison,

k 23.26 Selon le texte hébreu traditionnel. En suivant une ancienne tradition de scribes qui préconise l'inversion de deux lettres et les versions anciennes, on obtient le sens : *et observe ma conduite.*
l 23.30 Voir 9.2 et note.

and through understanding it is established;
[4] through knowledge its rooms are filled
with rare and beautiful treasures.

ying 22

[5] The wise prevail through great power,
and those who have knowledge muster their strength.
[6] Surely you need guidance to wage war,
and victory is won through many advisers.

ying 23

[7] Wisdom is too high for fools;
in the assembly at the gate they must not open their mouths.

ying 24

[8] Whoever plots evil
will be known as a schemer.
[9] The schemes of folly are sin,
and people detest a mocker.

ying 25

[10] If you falter in a time of trouble,
how small is your strength!
[11] Rescue those being led away to death;
hold back those staggering toward slaughter.
[12] If you say, "But we knew nothing about this,"
does not he who weighs the heart perceive it?
Does not he who guards your life know it?
Will he not repay everyone according to what they have done?

ying 26

[13] Eat honey, my son, for it is good;
honey from the comb is sweet to your taste.

[14] Know also that wisdom is like honey for you:
If you find it, there is a future hope for you,
and your hope will not be cut off.

ing 27

[15] Do not lurk like a thief near the house of the righteous,
do not plunder their dwelling place;
[16] for though the righteous fall seven times, they rise again,
but the wicked stumble when calamity strikes.

ing 28

[17] Do not gloat when your enemy falls;
when they stumble, do not let your heart rejoice,
[18] or the LORD will see and disapprove
and turn his wrath away from them.

ing 29

[19] Do not fret because of evildoers

et par l'intelligence qu'on la rend solide.
[4] C'est grâce au savoir que les chambres se remplissent
de toutes sortes de biens précieux et agréables.

[5] Un homme sage est un homme fort,
qui a de la connaissance accroît sa force.

[6] En effet, c'est par une bonne stratégie que tu gagneras la bataille,
et la victoire s'acquiert grâce à un grand nombre de conseillers.
[7] Pour l'insensé, la sagesse est trop élevée ;
c'est pourquoi, il n'ouvre pas la bouche dans l'assemblée aux portes de la ville[m].

[8] Qui projette de faire le mal
aura la réputation d'être un intrigant.
[9] Les machinations insensées sont coupables,
et le moqueur se rend odieux.

[10] Si tu te laisses abattre au jour de l'adversité,
ta force est bien peu de chose.
[11] Délivre ceux que l'on entraîne à la mort
et sauve ceux qui chancellent et vont se faire tuer.
[12] Car si tu dis : « Je ne le savais pas »,
celui qui sait ce qui se passe au fond des cœurs, ne discerne-t-il pas, lui ?
Oui, celui qui protège ta vie le sait,
et il rendra à chacun selon ses actes.

[13] Mon fils, mange du miel, car c'est bon,
ton palais appréciera la douceur de ce qui coule des rayons.
[14] De même, connais la sagesse, c'est bon pour toi ;
si tu la trouves, il y a de l'avenir pour toi,
et ton espérance ne sera pas déçue.

[15] Ne tends pas de piège, comme un méchant, contre la maison du juste
et ne détruis pas sa demeure,
[16] car même si le juste tombe sept fois, il se relèvera,
alors que les méchants s'effondrent dans le malheur.

[17] Si ton ennemi tombe, ne t'en réjouis pas ;
que ton cœur ne jubile pas s'il s'effondre,
[18] car l'Eternel le verrait d'un mauvais œil
et sa colère risquerait de se détourner de lui.

[19] Ne t'irrite pas au sujet de ceux qui font le mal

m **24.7** Lieu où se jugeaient les causes et où l'on discutait des intérêts de la cité.

or be envious of the wicked,
20 for the evildoer has no future hope,
and the lamp of the wicked will be snuffed out.

Saying 30
21 Fear the LORD and the king, my son,
and do not join with rebellious officials,
22 for those two will send sudden destruction on them,
and who knows what calamities they can bring?

Further Sayings of the Wise

23 These also are sayings of the wise:
To show partiality in judging is not good:
24 Whoever says to the guilty, "You are innocent,"
will be cursed by peoples and denounced by nations.
25 But it will go well with those who convict the guilty,
and rich blessing will come on them.
26 An honest answer
is like a kiss on the lips.
27 Put your outdoor work in order
and get your fields ready;
after that, build your house.
28 Do not testify against your neighbor without cause –
would you use your lips to mislead?
29 Do not say, "I'll do to them as they have done to me;
I'll pay them back for what they did."

30 I went past the field of a sluggard,
past the vineyard of someone who has no sense;
31 thorns had come up everywhere,
the ground was covered with weeds,
and the stone wall was in ruins.
32 I applied my heart to what I observed
and learned a lesson from what I saw:
33 A little sleep, a little slumber,
a little folding of the hands to rest –
34 and poverty will come on you like a thief
and scarcity like an armed man.

More Proverbs of Solomon

25 1 These are more proverbs of Solomon, compiled by the men of Hezekiah king of Judah:

2 It is the glory of God to conceal a matter;
to search out a matter is the glory of kings.

3 As the heavens are high and the earth is deep,

et n'envie pas les méchants,
20 car ceux qui font le mal n'ont pas d'avenir,
et la vie des méchants s'éteindra.

21 Crains l'Eternel, mon fils, ainsi que le roi.
Ne t'associe pas à ceux qui veulent tout bouleverser[n],
22 car leur ruine viendra de façon soudaine,
et qui sait quel malheur l'Eternel et le roi peuvent leur causer ?

Autres proverbes des sages

23 Voici encore des proverbes émanant des sages :
la partialité, en justice, est une mauvaise chose.
24 Un juge qui dit à un criminel : « Tu es innocent »
s'attire la malédiction des foules et l'indignation des gens,
25 mais ceux qui le condamnent s'en trouveront bien
et ils obtiendront une belle bénédiction.

26 Qui répond honnêtement
donne une preuve de son amitié.
27 Assure ton travail au-dehors,
prépare bien tes champs,
après cela, tu pourras bâtir ta maison.
28 Ne témoigne pas sans raison contre ton prochain,
et ne trompe pas par tes paroles.

29 Ne dis pas : « Je le traiterai comme il m'a traité,
je rendrai à cet homme selon ce qu'il a fait. »

Le salaire de la paresse

30 J'ai passé près du champ d'un paresseux
et le long du vignoble d'un homme sans courage,

31 et voici que les orties avaient tout envahi,
les ronces recouvraient le sol
et le muret de pierres était en ruine.
32 En voyant cela, je me suis mis à réfléchir
et j'ai tiré une leçon de ce que j'ai observé :
33 « Je vais juste faire un petit somme, dis-tu, juste u
peu m'assoupir,
rien qu'un peu croiser les mains et rester couché
instant[o] »,
34 mais pendant ce temps, la pauvreté s'introduit ch
toi comme un rôdeur,
et la misère comme un pillard.

Deuxième recueil des proverbes de Salomon

25 1 Voici encore des proverbes de Salomon. Ils c
été recueillis par les fonctionnaires d'Ezéchi
roi de Juda[p].
2 La gloire de Dieu, c'est de tenir certaines choses cachées,
la gloire du roi, c'est de s'enquérir soigneusement des choses.
3 Vous ne pénétrerez pas le cœur d'un roi,

n **24.21** Autre traduction : *à des gens de haut rang.*
o **24.33** Pour les v. 33-34, voir 6.10-11.
p **25.1** Voir l'introduction.

so the hearts of kings are unsearchable.

4 Remove the dross from the silver,
and a silversmith can produce a vessel;
5 remove wicked officials from the king's presence,
and his throne will be established through righteousness.
6 Do not exalt yourself in the king's presence,
and do not claim a place among his great men;
7 it is better for him to say to you, "Come up here,"
than for him to humiliate you before his nobles.
What you have seen with your eyes
8 do not bring[p] hastily to court,
for what will you do in the end
if your neighbor puts you to shame?
9 If you take your neighbor to court,
do not betray another's confidence,
10 or the one who hears it may shame you
and the charge against you will stand.
11 Like apples[q] of gold in settings of silver
is a ruling rightly given.
12 Like an earring of gold or an ornament of fine gold
is the rebuke of a wise judge to a listening ear.
13 Like a snow-cooled drink at harvest time
is a trustworthy messenger to the one who sends him;
he refreshes the spirit of his master.
14 Like clouds and wind without rain
is one who boasts of gifts never given.
15 Through patience a ruler can be persuaded,
and a gentle tongue can break a bone.
16 If you find honey, eat just enough –
too much of it, and you will vomit.
17 Seldom set foot in your neighbor's house –
too much of you, and they will hate you.
18 Like a club or a sword or a sharp arrow
is one who gives false testimony against a neighbor.
19 Like a broken tooth or a lame foot
is reliance on the unfaithful in a time of trouble.
20 Like one who takes away a garment on a cold day,
or like vinegar poured on a wound,
is one who sings songs to a heavy heart.

pas plus que vous ne pourrez mesurer la hauteur du ciel ou sonder les profondeurs de la terre.
4 Elimine de l'argent les scories,
l'orfèvre pourra le travailler pour en faire un vase.
5 Elimine de l'entourage du roi les méchants,
son autorité s'affermira par la justice.
6 Ne fais pas l'important devant le roi,
et ne te mets pas à la place des grands[q].
7 Il vaut mieux qu'on te dise :
« Viens te mettre à cette place d'honneur »
que de te voir humilié devant les nobles.
8 Ne te hâte pas de t'engager dans un procès,
tu t'exposerais à ne plus savoir quoi faire par la suite
si quelqu'un d'autre te confondait.
9 Plaide ta cause contre ton prochain,
mais ne va pas révéler les confidences d'un autre,
10 sinon, il pourrait l'apprendre et t'injurier,
sans que tu puisses rattraper tes propos.
11 Des paroles prononcées bien à propos
sont comme des pommes d'or avec des ciselures d'argent.
12 Un avertissement donné par une personne sage et reçu d'une oreille attentive
est comme un anneau d'or et une parure d'or fin.
13 Comme la fraîcheur de la neige au fort de la moisson[r],
tel est un messager fidèle pour celui qui l'envoie :
il réconforte son maître.
14 Qui se vante de sa libéralité sans rien donner
fait penser au nuage amené par le vent et qui n'apporte pas la pluie.
15 Avec de la patience, on persuade un dirigeant,
tout comme une langue douce peut briser un os.
16 Si tu trouves du miel, n'en mange que ce qui te suffit,
car si tu en prends trop, tu le rejetteras.
17 Ne va pas trop souvent chez ton ami,
de peur qu'il se lasse de toi et te prenne en haine.
18 L'homme qui porte un faux témoignage contre son prochain
est comme une massue, une épée et une flèche acérée.
19 Se fier à un homme déloyal au jour du malheur,
c'est comme se fier à une dent branlante ou à un pied chancelant.
20 Entonner des chansons pour une personne affligée,
c'est comme lui enlever son habit par un jour de froid
ou verser du vinaigre sur du salpêtre[s].

5:7,8 Or *nobles / on whom you had set your eyes.* / [8] *Do not go*
5:11 Or possibly *apricots*

q **25.6** Pour les v. 6-7, voir Lc 14.8-10.
r **25.13** Il ne neige pas au temps de la moisson en Israël. Pour les uns, il s'agirait de la neige du mont Hermon dont on se serait servi pour rafraîchir les boissons, pour d'autres d'une simple comparaison entre une boisson en temps chaud aussi fraîche que la neige et le messager fidèle.
s **25.20** Selon le texte hébreu traditionnel. L'ancienne version grecque a : *sur une plaie.*

21 If your enemy is hungry, give him food to eat;
if he is thirsty, give him water to drink.
22 In doing this, you will heap burning coals on
his head,
and the LORD will reward you.
23 Like a north wind that brings unexpected rain
is a sly tongue – which provokes a horrified
look.
24 Better to live on a corner of the roof
than share a house with a quarrelsome wife.

25 Like cold water to a weary soul
is good news from a distant land.

26 Like a muddied spring or a polluted well
are the righteous who give way to the
wicked.
27 It is not good to eat too much honey,
nor is it honorable to search out matters that
are too deep.
28 Like a city whose walls are broken through
is a person who lacks self-control.

26 1 Like snow in summer or rain in harvest,
honor is not fitting for a fool.

2 Like a fluttering sparrow or a darting swallow,
an undeserved curse does not come to rest.

3 A whip for the horse, a bridle for the donkey,
and a rod for the backs of fools!
4 Do not answer a fool according to his folly,
or you yourself will be just like him.
5 Answer a fool according to his folly,
or he will be wise in his own eyes.
6 Sending a message by the hands of a fool
is like cutting off one's feet or drinking
poison.
7 Like the useless legs of one who is lame
is a proverb in the mouth of a fool.
8 Like tying a stone in a sling
is the giving of honor to a fool.
9 Like a thornbush in a drunkard's hand
is a proverb in the mouth of a fool.

10 Like an archer who wounds at random
is one who hires a fool or any passer-by.
11 As a dog returns to its vomit,
so fools repeat their folly.
12 Do you see a person wise in their own eyes?
There is more hope for a fool than for them.

21 Si ton ennemi a faim, donne-lui à manger,
s'il a soif, donne-lui à boire[t].
22 Ce sera comme si tu lui mettais des charbons
ardents sur sa tête[u],
et l'Eternel te le rendra.
23 Une langue dissimulatrice engendre des visages
irrités[v]
aussi sûrement que le vent du nord enfante la plui
24 Mieux vaut habiter dans un coin sur un toit en
terrasse
que de partager la maison d'une femme
querelleuse.
25 Une bonne nouvelle venant d'un pays lointain fait
du bien,
comme de l'eau fraîche à une personne altérée.
26 Un juste qui se laisse ébranler devant le méchant
est comme une source aux eaux troubles ou une
fontaine polluée.
27 Il n'est pas bon de manger beaucoup de miel,
mais étudier des choses importantes voilà ce qui e
important[w].
28 Qui ne sait pas se dominer
est comme une ville démantelée qui n'a plus de
remparts.

Le sot

26 1 Etre honoré convient aussi peu à un insensé
que la neige en été ou la pluie pendant la
moisson[x].
2 Une malédiction injustifiée reste sans effet,
elle est comme le moineau qui s'enfuit ou
l'hirondelle qui s'envole.
3 Le fouet est fait pour le cheval, le mors pour l'âne
et le bâton pour l'échine des insensés.
4 Ne réponds pas à l'insensé selon sa sottise, de peu
que tu finisses par lui ressembler.
5 Réponds à l'insensé selon sa sottise
de peur qu'il se prenne pour un sage.
6 Qui confie des messages à un sot se coupe les pied
et se prépare bien des déboires.

7 Une maxime dans la bouche des insensés fait le
même effet que les jambes inertes d'un estropi
8 Décerner des honneurs à un insensé, c'est attache
une pierre à une fronde.
9 Une maxime dans la bouche des insensés est
comme un rameau épineux brandi par un
homme ivre[y].
10 Qui embauche un sot ou un vagabond
est comme un archer qui blesse tout le monde.
11 L'insensé retourne à ses sottises
comme le chien à ce qu'il a vomi[z].
12 J'ai vu un homme qui se croit sage :
il y a plus à espérer d'un insensé que de lui.

t **25.21** Les v. 21-22 sont cités en Rm 12.20.
u **25.22** Pour certains, image du châtiment (Ps 140.11), pour d'autres, d
remords cuisant qui pousse à reconnaître son péché.
v **25.23** Ceux des personnes qui s'aperçoivent que leurs secrets ont été
trahis et leur renom terni.
w **25.27** Autre traduction : *ni de rechercher trop d'honneurs.*
x **26.1** De mars à octobre, il ne pleut pratiquement pas en Israël.
y **26.9** Qui risque de blesser les autres et de se nuire à lui-même (même
leçon que le v. 8).
z **26.11** Cité en 2 P 2.22.

[13] A sluggard says, "There's a lion in the road,
a fierce lion roaming the streets!"
[14] As a door turns on its hinges,
so a sluggard turns on his bed.
[15] A sluggard buries his hand in the dish;
he is too lazy to bring it back to his mouth.
[16] A sluggard is wiser in his own eyes
than seven people who answer discreetly.

[17] Like one who grabs a stray dog by the ears
is someone who rushes into a quarrel not
their own.
[18] Like a maniac shooting
flaming arrows of death

[19] is one who deceives their neighbor
and says, "I was only joking!"
[20] Without wood a fire goes out;
without a gossip a quarrel dies down.

[21] As charcoal to embers and as wood to fire,
so is a quarrelsome person for kindling
strife.

[22] The words of a gossip are like choice morsels;
they go down to the inmost parts.
[23] Like a coating of silver dross on earthenware
are fervent[r] lips with an evil heart.
[24] Enemies disguise themselves with their lips,
but in their hearts they harbor deceit.
[25] Though their speech is charming, do not
believe them,
for seven abominations fill their hearts.
[26] Their malice may be concealed by deception,
but their wickedness will be exposed in the
assembly.
[27] Whoever digs a pit will fall into it;
if someone rolls a stone, it will roll back on
them.
[28] A lying tongue hates those it hurts,
and a flattering mouth works ruin.

7 [1] Do not boast about tomorrow,
for you do not know what a day may bring.
[2] Let someone else praise you, and not your own
mouth;
an outsider, and not your own lips.
[3] Stone is heavy and sand a burden,
but a fool's provocation is heavier than both.

[4] Anger is cruel and fury overwhelming,

6:23 Hebrew; Septuagint *smooth*

Le paresseux

[13] Le paresseux dit : « Il y a un lion qui barre la route,
un fauve qui parcourt les rues. »
[14] Comme la porte tourne sur ses gonds,
le paresseux se tourne sur son lit.
[15] Le paresseux plonge sa main dans le plat,
mais il est trop fatigué pour la ramener à sa bouche.
[16] Le paresseux se croit plus sage
que sept hommes qui parlent avec bon sens.

Les querelles

[17] Se mêler en passant d'une querelle qui ne vous
regarde pas,
c'est comme attraper un chien par les oreilles.
[18] Comme un fou qui lance des traits enflammés et
des flèches,
semant la mort autour de lui,
[19] tel est l'homme qui trompe son prochain
et qui dit ensuite : « C'était pour plaisanter. »
[20] Quand il n'y a plus de bois, le feu s'éteint ;
quand il n'y a plus de calomniateur[a], la querelle
s'apaise.
[21] Les charbons donnent de la braise, le bois alimente
le feu,
et l'homme querelleur attise la querelle.

Les médisances et les calomnies

[22] Les médisances sont comme des friandises :
elles descendent jusqu'au tréfonds de l'être.
[23] Comme un vernis[b] sur de l'argile,
des paroles chaleureuses peuvent cacher un cœur
malveillant.
[24] Celui qui a de la haine peut donner le change par
ses propos,
au fond de lui-même, il est rempli de duplicité.
[25] S'il tient des propos bienveillants, ne te fie pas à lui,
car son cœur est plein de pensées abominables.
[26] Il a beau déguiser sa haine sous des apparences
trompeuses,
sa méchanceté finira par apparaître aux yeux de
tous.
[27] Qui creuse une fosse y tombera lui-même,
et la pierre revient sur celui qui la roule.
[28] Celui qui raconte des mensonges hait ceux qu'il
blesse,
et avec des paroles flatteuses on cause la ruine de
quelqu'un.

27 [1] Ne te vante pas de ce que tu feras demain,
car tu ne sais pas ce qu'un jour peut apporter.
[2] Que ta bouche ne chante pas tes louanges, laisse
aux autres le soin de le faire.
Oui, que ce ne soit pas toi, mais quelqu'un d'autre,
qui fasse ton éloge.
[3] La pierre est lourde et le sable pesant,
mais l'irritation causée par l'insensé est plus lourde
que ces deux ensemble.
[4] Cruelle est la colère et impétueuse la fureur,

[a] 26.20 Autre traduction : *semeur de zizanie.*
[b] 26.23 Hébreu de sens incertain. Autre traduction : *des scories d'argent.*

but who can stand before jealousy?
5 Better is open rebuke
than hidden love.
6 Wounds from a friend can be trusted,
but an enemy multiplies kisses.

7 One who is full loathes honey from the comb,
but to the hungry even what is bitter tastes sweet.
8 Like a bird that flees its nest
is anyone who flees from home.
9 Perfume and incense bring joy to the heart,
and the pleasantness of a friend
springs from their heartfelt advice.
10 Do not forsake your friend or a friend of your family,
and do not go to your relative's house when disaster strikes you –
better a neighbor nearby than a relative far away.
11 Be wise, my son, and bring joy to my heart;
then I can answer anyone who treats me with contempt.
12 The prudent see danger and take refuge,
but the simple keep going and pay the penalty.

13 Take the garment of one who puts up security for a stranger;
hold it in pledge if it is done for an outsider.
14 If anyone loudly blesses their neighbor early in the morning,
it will be taken as a curse.
15 A quarrelsome wife is like the dripping
of a leaky roof in a rainstorm;
16 restraining her is like restraining the wind
or grasping oil with the hand.

17 As iron sharpens iron,
so one person sharpens another.

18 The one who guards a fig tree will eat its fruit,
and whoever protects their master will be honored.
19 As water reflects the face,
so one's life reflects the heart.[s]

20 Death and Destruction[t] are never satisfied,
and neither are human eyes.

21 The crucible for silver and the furnace for gold,
but people are tested by their praise.

[s] **27:19** Or *so others reflect your heart back to you*
[t] **27:20** Hebrew *Abaddon*

mais qui tiendra devant la jalousie ?
5 Mieux vaut un reproche énoncé franchement,
qu'un amour qui cache ce qu'il pense.
6 Un ami qui vous blesse vous prouve par là sa fidélité,
mais un ennemi multiplie les embrassades.
7 Qui est rassasié dédaigne le miel,
mais, pour l'affamé, même ce qui est amer paraît doux.
8 L'homme qui erre loin de son pays
est comme un oiseau errant loin de son nid.
9 L'huile odorante et les parfums mettent le cœur en joie,
et le conseil donné du fond du cœur rend douce l'amitié[c].
10 Ne délaisse pas ton ami, ni l'ami de ton père,
et quand le malheur t'atteint, ne t'adresse pas à ta parenté :
un voisin près de toi vaut mieux qu'un parent qui se trouve loin.

11 Acquiers la sagesse, mon fils, et mon cœur se réjouira ;
je pourrai répondre à ceux qui me critiquent.
12 L'homme avisé voit venir le malheur et se met à l'abri ;
l'homme sans expérience poursuit son chemin et en subira les conséquences.
13 Si quelqu'un s'est porté garant des dettes d'autrui, prends-lui son vêtement,
et s'il a cautionné des inconnus[d], exige qu'il te donne des gages.
14 Si, de grand matin, quelqu'un vient bénir son prochain à voix forte,
ce sera pris comme une malédiction[e].
15 Une femme querelleuse est pareille
à une gouttière percée qui ne cesse de couler un jour de pluie.
16 Arrêter ses récriminations ?
Autant vouloir arrêter le vent,
ou retenir de l'huile dans sa main !
17 Le fer s'aiguise par le fer,
et le visage de l'homme s'affine au contact de son prochain
18 Qui soigne son figuier jouira de ses fruits,
et qui prend soin de son maître sera honoré.

19 Regardez dans l'eau : vous verrez votre propre visage s'y réfléchir.
Sondez le cœur d'un homme : vous verrez s'y réfléchir votre propre cœur.
20 Le séjour des morts le lieu des disparus sont insatiables,
de même, les yeux de l'homme ne sont jamais rassasiés.
21 Le creuset épure l'argent, et le four l'or,
mais on juge l'homme d'après sa réputation.

[c] **27.9** Sens incertain. L'ancienne version grecque a : *mais les malheurs troublent l'esprit.*
[d] **27.13** D'après l'ancienne version grecque. Le texte hébreu traditionnel a : *une femme étrangère.* Voir 20.16.
[e] **27.14** Les salutations et éloges intempestifs et empressés font soupçonner quelque arrière-pensée non avouée (Ps 12.3).

22 Though you grind a fool in a mortar,
grinding them like grain with a pestle,
you will not remove their folly from them.
23 Be sure you know the condition of your flocks,
give careful attention to your herds;
24 for riches do not endure forever,
and a crown is not secure for all generations.
25 When the hay is removed and new growth appears
and the grass from the hills is gathered in,
26 the lambs will provide you with clothing,
and the goats with the price of a field.
27 You will have plenty of goats' milk to feed your family
and to nourish your female servants.

28

1 The wicked flee though no one pursues,
but the righteous are as bold as a lion.
2 When a country is rebellious, it has many rulers,
but a ruler with discernment and knowledge maintains order.
3 A ruler[u] who oppresses the poor
is like a driving rain that leaves no crops.
4 Those who forsake instruction praise the wicked,
but those who heed it resist them.
5 Evildoers do not understand what is right,
but those who seek the LORD understand it fully.
6 Better the poor whose walk is blameless
than the rich whose ways are perverse.
7 A discerning son heeds instruction,
but a companion of gluttons disgraces his father.
8 Whoever increases wealth by taking interest or profit from the poor
amasses it for another, who will be kind to the poor.
9 If anyone turns a deaf ear to my instruction,
even their prayers are detestable.
10 Whoever leads the upright along an evil path
will fall into their own trap,
but the blameless will receive a good inheritance.
11 The rich are wise in their own eyes;
one who is poor and discerning sees how deluded they are.
12 When the righteous triumph, there is great elation;
but when the wicked rise to power, people go into hiding.

8:3 Or *A poor person*

22 Même si tu broyais l'insensé dans un mortier avec un pilon comme on pile le grain,
tu ne parviendrais pas à en détacher sa sottise.
23 Tâche de bien connaître l'état de chacune de tes brebis,
sois attentif à tes troupeaux,
24 car la richesse n'est pas éternelle,
et une couronne ne subsiste pas à toujours.
25 Quand tu auras récolté le foin[f], pendant que pousse le regain,
et que l'herbe des montagnes est recueillie,
26 des moutons te fourniront de quoi te vêtir
et des boucs serviront à te payer un champ,
27 le lait des chèvres suffira à ta nourriture, à celle de ta famille,
et à l'entretien de tes servantes.

28

1 Les criminels prennent la fuite sans que personne les poursuive.
Les justes sont confiants comme un jeune lion.
2 Quand la révolte règne dans un pays, les chefs se multiplient[g];
mais, avec un homme intelligent et qui a du savoir, l'ordre règne.
3 Un homme pauvre[h] qui opprime les indigents
est comme une pluie dévastatrice qui provoque la disette[i].
4 Ceux qui abandonnent la loi exaltent le criminel,
mais ceux qui obéissent à la loi le combattent.
5 Ceux qui s'adonnent au mal ne comprennent rien à la droiture,
mais ceux qui s'attachent à l'Eternel comprennent tout.
6 Mieux vaut un pauvre qui se conduit de façon intègre
qu'un riche qui suit des chemins tortueux.
7 Qui observe la loi est un fils intelligent,
qui recherche la compagnie des jouisseurs[j] fait honte à son père.
8 Celui qui augmente sa fortune par un intérêt usurier[k]
amasse des biens pour celui qui a compassion des pauvres.
9 Si quelqu'un se détourne pour ne pas écouter la loi,
sa prière même est en horreur à Dieu.
10 Qui égare les justes dans une mauvaise voie
tombera lui-même dans la fosse qu'il a creusée,
mais les hommes intègres connaîtront le bonheur.
11 L'homme riche se prend pour un sage,
mais le pauvre qui est intelligent le démasque.
12 Quand les justes triomphent, c'est magnifique,
mais quand les méchants accèdent au pouvoir,
chacun se tient caché.

f **27.25** C'est-à-dire en mars-avril.
g **28.2** Voir, par exemple, les changements rapides de souverains en Israël : 1 R 16.8-28 ; 2 R 15.8-15.
h **28.3** Selon le texte hébreu traditionnel. L'ancienne version grecque a : *un méchant*.
i **28.3** Une pluie porteuse d'espoir pour l'agriculteur, mais qui déçoit par sa brutalité.
j **28.7** Autre traduction : *des gens vils*.
k **28.8** Voir Ex 22.25 ; Lv 25.35-37 ; Dt 23.20-21 (cf. Ez 22.12).

13 Whoever conceals their sins does not prosper,
but the one who confesses and renounces
them finds mercy.
14 Blessed is the one who always trembles before
God,
but whoever hardens their heart falls into
trouble.
15 Like a roaring lion or a charging bear
is a wicked ruler over a helpless people.
16 A tyrannical ruler practices extortion,
but one who hates ill-gotten gain will enjoy
a long reign.
17 Anyone tormented by the guilt of murder
will seek refuge in the grave;
let no one hold them back.
18 The one whose walk is blameless is kept safe,
but the one whose ways are perverse will fall
into the pit.[v]
19 Those who work their land will have abundant
food,
but those who chase fantasies will have their
fill of poverty.
20 A faithful person will be richly blessed,
but one eager to get rich will not go
unpunished.
21 To show partiality is not good –
yet a person will do wrong for a piece of
bread.
22 The stingy are eager to get rich
and are unaware that poverty awaits them.
23 Whoever rebukes a person will in the end gain
favor
rather than one who has a flattering tongue.
24 Whoever robs their father or mother
and says, "It's not wrong,"
is partner to one who destroys.
25 The greedy stir up conflict,
but those who trust in the LORD will prosper.
26 Those who trust in themselves are fools,
but those who walk in wisdom are kept safe.
27 Those who give to the poor will lack nothing,
but those who close their eyes to them
receive many curses.
28 When the wicked rise to power, people go into
hiding;
but when the wicked perish, the righteous
thrive.

29 1 Whoever remains stiff-necked after many
rebukes
will suddenly be destroyed – without remedy.
2 When the righteous thrive, the people rejoice;
when the wicked rule, the people groan.
3 A man who loves wisdom brings joy to his
father,

v 28:18 Syriac (see Septuagint); Hebrew *into one*

13 Qui cache ses fautes ne prospérera pas,
qui les avoue et les délaisse obtient miséricorde.
14 Heureux l'homme qui a constamment la crainte d
faire du mal,
mais celui qui s'obstine tombera dans le malheur.
15 Un souverain méchant régnant sur un peuple
pauvre
est comme un lion rugissant ou un ours qui charg
16 Un despote dépourvu d'intelligence multiplie les
exactions,
mais celui qui déteste le gain mal acquis vivra de
longs jours.
17 L'homme accablé à cause du meurtre qu'il a comm
court vers la tombe :
que personne ne l'en empêche !
18 Qui mène une vie intègre trouvera le salut,
mais l'homme corrompu qui suit deux chemins à
fois tombera dans l'un ou l'autre.
19 Qui travaille sa terre aura du pain en abondance,
qui court après des futilités sera rassasié de misèr
20 L'homme loyal sera comblé de bénédictions,
mais qui veut s'enrichir rapidement ne restera pa
impuni.
21 Celui qui est partial n'agit pas bien,
et pourtant, un homme est capable de faire le ma
pour une bouchée de pain.
22 L'homme envieux se hâte de s'enrichir,
il ne se rend pas compte que la pauvreté va fondre
sur lui.
23 Qui reprend son prochain gagnera finalement sa
faveur,
plutôt que l'homme au langage flatteur.
24 Qui dépouille son père et sa mère
et prétend que ce n'est pas un péché
est le compagnon de celui qui détruit.
25 L'homme insatiable[l] suscite des querelles,
mais celui qui se confie en l'Eternel connaîtra
l'abondance.
26 Qui se fie à ses propres pensées n'est qu'un insens
mais celui qui suit la voie de la sagesse échappera
aux dangers.
27 Qui donne aux pauvres ne sera pas dans le besoin
qui se bouche les yeux à la misère d'autrui se
charge de beaucoup de malédictions.
28 Quand les méchants parviennent au pouvoir, tout
monde se cache,
mais quand ils succombent, les justes se
multiplient.

29 1 Qui se raidit contre les reproches
sera brisé soudainement et ne s'en remettra
pas.
2 Quand les justes deviennent nombreux[m], le peupl
se réjouit,
mais quand les méchants dominent, le peuple
gémit.
3 Qui aime la sagesse fait la joie de son père

l **28.25** Autre traduction : *orgueilleux.*
m **29.2** En corrigeant une lettre de l'hébreu, on obtient : *quand les juste sont au pouvoir.*

but a companion of prostitutes squanders his
wealth.
4 By justice a king gives a country stability,
but those who are greedy for[w] bribes tear it
down.
5 Those who flatter their neighbors
are spreading nets for their feet.
6 Evildoers are snared by their own sin,
but the righteous shout for joy and are glad.
7 The righteous care about justice for the poor,
but the wicked have no such concern.
8 Mockers stir up a city,
but the wise turn away anger.

9 If a wise person goes to court with a fool,
the fool rages and scoffs, and there is no
peace.
10 The bloodthirsty hate a person of integrity
and seek to kill the upright.
11 Fools give full vent to their rage,
but the wise bring calm in the end.
12 If a ruler listens to lies,
all his officials become wicked.
13 The poor and the oppressor have this in
common:
The LORD gives sight to the eyes of both.
14 If a king judges the poor with fairness,
his throne will be established forever.

15 A rod and a reprimand impart wisdom,
but a child left undisciplined disgraces its
mother.

16 When the wicked thrive, so does sin,
but the righteous will see their downfall.

17 Discipline your children, and they will give you
peace;
they will bring you the delights you desire.
18 Where there is no revelation, people cast off
restraint;
but blessed is the one who heeds wisdom's
instruction.
19 Servants cannot be corrected by mere words;
though they understand, they will not
respond.

20 Do you see someone who speaks in haste?
There is more hope for a fool than for them.
21 A servant pampered from youth
will turn out to be insolent.
22 An angry person stirs up conflict,
and a hot-tempered person commits many
sins.
23 Pride brings a person low,

29:4 Or *who give*

mais qui fréquente les prostituées, dilapide sa
fortune.
4 Un roi qui gouverne selon la justice donne de la
stabilité à son pays,
mais celui qui multiplie les impôts le ruine.
5 Qui flatte son prochain
tend un piège sous ses pas.
6 Le méchant est pris au piège de son propre péché,
alors que les gens droits exultent et se réjouissent.
7 Le juste reconnaît le droit des pauvres,
mais le méchant ne veut rien savoir de cela.
8 Les moqueurs jettent des brandons de discorde
dans une ville,
mais les sages apaisent la colère.
9 Si un homme sage entre en procès avec un sot,
celui-ci ne sait que se fâcher ou ricaner, et l'on n'en
finit pas[n].
10 Les meurtriers haïssent l'homme intègre,
mais les gens droits cherchent à préserver sa vie.
11 L'insensé donne libre cours à toutes ses passions,
mais le sage les retient et les calme.
12 Quand un souverain prête attention aux
mensonges,
tous ses ministres se pervertissent.
13 Le pauvre et l'oppresseur ont ceci en commun :
c'est de l'Eternel que les yeux de l'un et de l'autre
reçoivent la lumière[o].
14 Quand un roi rend justice aux pauvres selon la
vérité,
son autorité est affermie à jamais.
15 Les coups de bâton et les réprimandes produisent la
sagesse,
mais un enfant livré à lui-même fera la honte de sa
mère.
16 Quand les méchants se multiplient[p], les
transgressions abondent,
mais les justes seront témoins de leur chute.
17 Corrige ton enfant et tu seras tranquille à son
sujet :
il fera les délices de ton cœur.
18 Quand il n'y a plus de révélation divine, le peuple se
laisse aller.
Heureux celui qui obéit à la Loi de Dieu !

19 Ce n'est pas avec des paroles que l'on corrige un
serviteur,
si même il comprend ce qu'on lui dit, il n'en tiendra
pas compte.
20 As-tu déjà vu un homme qui parle sans réfléchir ?
Il y a plus à espérer d'un insensé que de lui.
21 Si l'on dorlote un serviteur dès son jeune âge,
on finit par en faire un mollasson[q].
22 L'homme prompt à la colère provoque des querelles,
qui s'emporte facilement commet beaucoup de
fautes.
23 L'orgueil de l'homme le mène à l'humiliation,

[n] **29.9** Autre traduction : *qu'il se fâche ou qu'il rie, il n'en finira pas.*
[o] **29.13** Ce qui peut signifier que c'est de l'Eternel que l'un et l'autre reçoivent la vie.
[p] **29.16** En corrigeant une lettre de l'hébreu, on obtient : *quand les méchants sont au pouvoir.*
[q] **29.21** Sens incertain. Autres traductions : *il finit par devenir insolent*, ou : *il finit par se prendre pour un fils.*

but the lowly in spirit gain honor.
24 The accomplices of thieves are their own enemies;
they are put under oath and dare not testify.
25 Fear of man will prove to be a snare,
but whoever trusts in the LORD is kept safe.
26 Many seek an audience with a ruler,
but it is from the LORD that one gets justice.
27 The righteous detest the dishonest;
the wicked detest the upright.

Sayings of Agur

30 1 The sayings of Agur son of Jakeh – an inspired utterance.
This man's utterance to Ithiel:
"I am weary, God,
but I can prevail.[x]
2 Surely I am only a brute, not a man;
I do not have human understanding.
3 I have not learned wisdom,
nor have I attained to the knowledge of the Holy One.
4 Who has gone up to heaven and come down?
Whose hands have gathered up the wind?
Who has wrapped up the waters in a cloak?
Who has established all the ends of the earth?
What is his name, and what is the name of his son?
Surely you know!
5 "Every word of God is flawless;
he is a shield to those who take refuge in him.
6 Do not add to his words,
or he will rebuke you and prove you a liar.
7 "Two things I ask of you, LORD;
do not refuse me before I die:
8 Keep falsehood and lies far from me;
give me neither poverty nor riches,
but give me only my daily bread.
9 Otherwise, I may have too much and disown you
and say, 'Who is the LORD?'
Or I may become poor and steal,
and so dishonor the name of my God.
10 "Do not slander a servant to their master,
or they will curse you, and you will pay for it.

x 30:1 With a different word division of the Hebrew; Masoretic Text *utterance to Ithiel, / to Ithiel and Ukal:*

mais la modestie obtient les honneurs.
24 Qui se rend complice d'un voleur, se hait lui-même
il entend la malédiction appelée contre ceux qui tairaient le nom du coupable[r],
mais il ne le dénonce pas.
25 La peur que vous avez des hommes tend un piège sous vos pas,
mais l'Eternel protège celui qui se confie en lui.
26 Nombreux sont ceux qui recherchent la faveur du chef[s],
mais c'est l'Eternel qui fait droit à chacun.
27 Les justes ont en horreur l'homme inique,
tout comme le méchant a en horreur l'homme don
la conduite est droite.

PAROLES D'AGOUR

30 1 Paroles, sentences d'Agour, fils de Yaqé[t]. Cet homme s'est adressé à Itiel, à Itiel et Oukal[u] :

2 Je suis, certes, le plus bête des hommes
et je ne possède pas l'intelligence d'un homme.
3 Je n'ai pas appris la sagesse, et je ne connais pas la science des saints[v].

4 Qui est jamais monté au ciel puis en est redescendu ?
Qui donc a recueilli le vent dans ses mains à poignées ?
Qui a enveloppé les eaux dans son manteau ?
Qui a établi les extrémités de la terre ?
Quel est son nom et quel est le nom de son fils ?
Dis-le, si tu le sais !
5 Chaque parole de Dieu est entièrement fiable.
Il défend comme un bouclier ceux qui se confient en lui.
6 N'ajoute rien à ses paroles,
sinon il te le reprocherait, et tu serais regardé comme un menteur.
7 Eternel, je te demande deux choses,
ne me les refuse pas avant que je meure :
8 garde-moi de la fausseté et du mensonge,
ne me donne ni pauvreté ni richesse ;
accorde-moi seulement la nourriture nécessaire,
9 car dans l'abondance, je pourrais te renier
et dire : « Qui est l'Eternel ? »
Ou bien, pressé par la misère, je pourrais me mettr
à voler
et déshonorer ainsi mon Dieu.
10 Ne calomnie pas un serviteur auprès de son maîtr
de peur qu'il te maudisse et que tu portes la peine de ta faute.

r **29.24** Adjuration solennelle de dénoncer le coupable, assortie d'une malédiction pour les éventuels contrevenants (voir Lv 5.1 ; Jg 17.2).

s **29.26** Autre traduction : *qui cherchent à être entendus* (ou *reçus*) *par le ch*

t **30.1** *Agour* était peut-être un sage comme Etân et Hémân (1 R 5.11). *Paroles, sentences d'Agour, fils de Yaqé* pourrait aussi se traduire : *Paroles d'Agour, fils de Yaqé de Massa.* Dans ce cas, Agour serait d'origine ismaélit (comparer Gn 25.13-14).

u **30.1** En répartissant les consonnes du texte hébreu autrement, on obtient : *cet homme dit : « Je me suis fatigué, ô Dieu, je me suis fatigué et je su épuisé. »*

v **30.3** Autres traductions : *mais je connais la science des saints* ou *je ne connais pas la science du Dieu saint.*

[11] "There are those who curse their fathers
and do not bless their mothers;
[12] those who are pure in their own eyes
and yet are not cleansed of their filth;
[13] those whose eyes are ever so haughty,
whose glances are so disdainful;
[14] those whose teeth are swords
and whose jaws are set with knives
to devour the poor from the earth
and the needy from among mankind.

[15] "The leech has two daughters.
'Give! Give!' they cry.
"There are three things that are never satisfied,
four that never say, 'Enough!':
[16] the grave
and the barren womb;
land, which is never satisfied with water,
and fire, which never says, 'Enough!'
[17] "The eye that mocks a father,
that scorns an aged mother,
will be pecked out by the ravens of the
valley,
will be eaten by the vultures.

[18] "There are three things that are too amazing for
e,
four that I do not understand:
[19] the way of an eagle in the sky,
the way of a snake on a rock,
the way of a ship on the high seas,
and the way of a man with a young woman.
[20] "This is the way of an adulterous woman:
She eats and wipes her mouth
and says, 'I've done nothing wrong.'
[21] "Under three things the earth trembles,
under four it cannot bear up:
[22] a servant who becomes king,
a godless fool who gets plenty to eat,
[23] a contemptible woman who gets married,
and a servant who displaces her mistress.

[24] "Four things on earth are small,
yet they are extremely wise:
[25] Ants are creatures of little strength,
yet they store up their food in the summer;
[26] hyraxes are creatures of little power,
yet they make their home in the crags;
[27] locusts have no king,
yet they advance together in ranks;
[28] a lizard can be caught with the hand,
yet it is found in kings' palaces.
[29] "There are three things that are stately in their
ride,
four that move with stately bearing:
[30] a lion, mighty among beasts, who retreats before
othing;

[11] Il y a des gens qui maudissent leur père
et qui n'ont pas un mot de reconnaissance pour leur
mère.
[12] Il y a des gens qui se croient purs,
bien qu'ils n'aient pas été lavés de leur souillure.
[13] Il y a des gens très hautains
et qui regardent les autres de haut.
[14] Il y a des gens dont les dents sont des épées,
et les mâchoires des couteaux,
pour dévorer les défavorisés et les faire disparaître
de la terre,
pour retrancher les pauvres du milieu des hommes.
[15] La sangsue a deux filles, elles s'appellent : Donne et
Donne.
Il y a trois choses insatiables,
et même quatre qui ne disent jamais : « Cela
suffit » :
[16] le séjour des morts, la femme stérile,
la terre, qui n'est jamais rassasiée d'eau,
et le feu qui ne dit jamais : « Cela suffit. »

[17] Les yeux qui se moquent d'un père
et qui dédaignent l'obéissance envers une mère
seront crevés par les corbeaux de la vallée et
dévorés par les petits de l'aigle[w].

Trois et même quatre

[18] Il y a trois choses qui sont trop merveilleuses pour
moi,
et même quatre que je ne comprends pas :
[19] le chemin que suit l'aigle dans le ciel,
celui du serpent sur le rocher,
celui du navire en haute mer
et celui de l'homme chez la jeune fille.
[20] Voici comment agit la femme adultère :
elle mange, s'essuie la bouche et dit : « Je n'ai rien
fait de mal. »
[21] Il y a trois choses qui font trembler la terre,
et même quatre qu'elle ne peut supporter :
[22] un esclave qui devient roi,
un idiot qui vit dans l'abondance,
[23] une femme odieuse qui trouve à se marier
et une servante qui parvient à la tête des biens de
sa maîtresse.
[24] Il y a quatre petits animaux sur la terre,
qui, pourtant, sont remplis de sagesse :
[25] les fourmis, qui forment un peuple faible,
mais qui préparent leur nourriture pendant l'été,
[26] les damans[x] qui n'ont guère de force,
mais qui établissent leur demeure dans les rochers,
[27] les sauterelles qui, sans avoir de roi,
s'avancent toutes en bataillons rangés,
[28] et le lézard qu'on attrape à la main
et qui pénètre dans les palais des rois.
[29] Il y a trois êtres qui ont une belle démarche
et même quatre qui ont fière allure :

[30] le lion, le plus brave des animaux,

[w] **30.17** C'est-à-dire que le corps du fils ingrat sera privé de sépulture et exposé aux rapaces.

[x] **30.26** Les *damans* des rochers (comparer Lv 11.5 ; Ps 104.18), petits mammifères herbivores qui vivent en colonies dans les montagnes.

31 a strutting rooster,
a he-goat,
and a king secure against revolt.[y]
32 "If you play the fool and exalt yourself,
or if you plan evil,
clap your hand over your mouth!
33 For as churning cream produces butter,
and as twisting the nose produces blood,
so stirring up anger produces strife."

Sayings of King Lemuel

31 1 The sayings of King Lemuel – an inspired
utterance his mother taught him.
2 Listen, my son! Listen, son of my womb!
Listen, my son, the answer to my prayers!

3 Do not spend your strength[z] on women,
your vigor on those who ruin kings.

4 It is not for kings, Lemuel –
it is not for kings to drink wine,
not for rulers to crave beer,

5 lest they drink and forget what has been decreed,
and deprive all the oppressed of their rights.

6 Let beer be for those who are perishing,
wine for those who are in anguish!

7 Let them drink and forget their poverty
and remember their misery no more.
8 Speak up for those who cannot speak for themselves,
for the rights of all who are destitute.

9 Speak up and judge fairly;
defend the rights of the poor and needy.

Epilogue: The Wife of Noble Character

10 ⊠[a] A wife of noble character who can find?
She is worth far more than rubies.
11 Her husband has full confidence in her
and lacks nothing of value.
12 She brings him good, not harm,
all the days of her life.
13 She selects wool and flax
and works with eager hands.
14 She is like the merchant ships,
bringing her food from afar.
15 She gets up while it is still night;

[y] 30:31 The meaning of the Hebrew for this phrase is uncertain.
[z] 31:3 Or *wealth*
[a] 31:10 Verses 10-31 are an acrostic poem, the verses of which begin with the successive letters of the Hebrew alphabet.

qui ne recule devant personne,
31 le coq[y] dressé sur ses ergots, le bouc,
et le roi qui avance à la tête de ses troupes.

32 Si tu as été assez fou pour te vanter,
ou si tu projettes de le faire[z],
tais-toi,
33 car en battant la crème, on produit du beurre,
en frappant le nez, on fait jaillir du sang,
et en laissant exploser sa colère, on provoque des disputes.

Paroles du roi Lemouel

31 1 Paroles du roi Lemouel[a], maximes que sa mère
lui a enseignées :
2 Que te dirai-je, mon fils ?
Que te conseillerai-je, ô mon fils bien-aimé ?
Que te dirai-je, fils appelé de mes vœux ?
3 Ne gaspille pas tes forces avec les femmes[c],
ne te laisse pas mener par celles qui perdent les rois.

4 Il ne convient pas aux rois, Lemouel,
non, il ne convient pas aux rois de boire du vin,
ni à ceux qui gouvernent d'aimer les boissons enivrantes[d],
5 car, en buvant, ils pourraient oublier les lois édictées
et rendre des jugements qui lèsent le droit des pauvres.
6 Que l'on donne plutôt les boissons enivrantes à celui qui va périr,
et du vin à qui a le cœur amer.
7 Qu'il boive et qu'il oublie sa misère,
qu'il ne se souvienne plus de son tourment !
8 Ouvre la bouche pour défendre ceux qui ne peuver
parler,
pour défendre les droits de tous ceux qui sont délaissés.
9 Oui, parle pour prononcer de justes verdicts.
Défends les droits des pauvres et des défavorisés !

Poème de la femme de valeur

10 Qui se trouvera une femme de valeur ?
elle a bien plus de prix que des coraux.
11 Son mari a confiance en elle,
il ne manquera pas de biens dans sa maison.
12 Tous les jours de sa vie, elle lui fait du bien,
et non du mal.
13 Elle cherche avec soin du lin et de la laine
et les travaille de ses mains avec plaisir.
14 Comme un vaisseau marchand,
elle apporte de loin en son logis des vivres.
15 Elle se lève quand il fait nuit encore,

[y] **30.31** Autres traductions : *le cheval, le lévrier,* ou *le zèbre.* On traduit alors : *avec ses reins solides,* au lieu de *dressé sur ses ergots.*
[z] **30.32** Autre traduction : *si tu t'es mis à réfléchir.*
[a] **31.1** *Lemouel:* roi inconnu. *Paroles du roi Lemouel, maximes que sa mère ...* pourrait se traduire : *Paroles de Lemouel, roi de Massa, que sa mère ...* Dans cas, Lemouel serait un roi ismaélite (voir 30.1 et note).
[b] **31.1** Tout ce chapitre souligne le rôle de la femme sage. La reine mère avait une grande influence dans les cours orientales (1 R 1.11-13 ; 15.13,
[c] **31.3** Allusion aux nombreuses femmes du harem royal qui pouvaient détourner le souverain de ses devoirs (voir 5.9-11 ; 1 R 11.1 ; Né 13.26).
[d] **31.4** Pour les v. 4-5 et 8-9, voir Ps 72.1-4 ; Pr 16.10, 12 ; Ec 10.16-17.

she provides food for her family
and portions for her female servants.
16 She considers a field and buys it;
out of her earnings she plants a vineyard.
17 She sets about her work vigorously;
her arms are strong for her tasks.
18 She sees that her trading is profitable,
and her lamp does not go out at night.
19 In her hand she holds the distaff
and grasps the spindle with her fingers.
20 She opens her arms to the poor
and extends her hands to the needy.
21 When it snows, she has no fear for her household;
for all of them are clothed in scarlet.
22 She makes coverings for her bed;
she is clothed in fine linen and purple.
23 Her husband is respected at the city gate,
where he takes his seat among the elders of the land.
24 She makes linen garments and sells them,
and supplies the merchants with sashes.
25 She is clothed with strength and dignity;
she can laugh at the days to come.
26 She speaks with wisdom,
and faithful instruction is on her tongue.
27 She watches over the affairs of her household
and does not eat the bread of idleness.
28 Her children arise and call her blessed;
her husband also, and he praises her:
29 "Many women do noble things,
but you surpass them all."
30 Charm is deceptive, and beauty is fleeting;
but a woman who fears the LORD is to be praised.
31 Honor her for all that her hands have done,
and let her works bring her praise at the city gate.

pourvoit en nourriture sa maisonnée,
elle donne ses instructions à ses servantes.
16 Elle pense à un champ, alors elle l'achète.
Du fruit de son travail, elle plante une vigne.
17 Avec plein d'énergie, elle se met à l'œuvre
de ses bras affermis.
18 Elle constate que ses affaires marchent bien.
Jusque tard dans la nuit, sa lampe est allumée.
19 Ses mains filent la laine
et ses doigts tissent des vêtements.
20 Elle ouvre largement la main à l'indigent
et tend les bras au pauvre.
21 Pour elle et tous les siens, peu importe la neige,
car toute sa famille est revêtue de doubles vêtements[e].
22 Elle se fait des couvertures,
elle a des vêtements de fin lin et de pourpre[f].
23 Son mari est connu aux portes[g] de la ville.
Car il y siège avec les responsables du pays.
24 Elle confectionne elle-même des habits et les vend,
ainsi que des ceintures qu'elle cède aux marchands.
25 La force et une grande dignité lui servent de parure.
C'est avec le sourire qu'elle envisage l'avenir.
26 Ses paroles sont sages,
elle dispense avec bonté l'enseignement.
27 Elle veille à la bonne marche de sa maison
et ne se nourrit pas du pain de la paresse.
28 Ses fils se lèvent, la disent bienheureuse,
et son mari aussi fait son éloge :
29 « Il y a bien des filles qui montrent leur valeur,
mais toi, tu les surpasses toutes. »
30 Or le charme est trompeur et la beauté fugace ;
la femme qui craint l'Eternel est digne de louanges.
31 Donnez-lui donc le fruit de son travail !
Qu'on dise ses louanges aux portes de la ville pour tout ce qu'elle fait !

[e] **31.21** Selon certaines versions anciennes. Texte hébreu traditionnel : *d'écarlate*, autrement dit de vêtements luxueux.
[f] **31.22** Tissus de grand prix, marque de noblesse (7.16 ; Gn 41.42).
[g] **31.23** Lieu de réunion des dirigeants de la cité.

Ecclesiastes

Everything Is Meaningless

1 [1]The words of the Teacher,[a] son of David, king in Jerusalem:

[2] "Meaningless! Meaningless!"
says the Teacher.
"Utterly meaningless!
Everything is meaningless."
[3] What do people gain from all their labors
at which they toil under the sun?
[4] Generations come and generations go,
but the earth remains forever.
[5] The sun rises and the sun sets,
and hurries back to where it rises.
[6] The wind blows to the south
and turns to the north;
round and round it goes,
ever returning on its course.
[7] All streams flow into the sea,
yet the sea is never full.
To the place the streams come from,
there they return again.
[8] All things are wearisome,
more than one can say.
The eye never has enough of seeing,
nor the ear its fill of hearing.
[9] What has been will be again,
what has been done will be done again;
there is nothing new under the sun.
[10] Is there anything of which one can say,
"Look! This is something new"?
It was here already, long ago;
it was here before our time.
[11] No one remembers the former generations,
and even those yet to come
will not be remembered
by those who follow them.

[a] **1:1** Or *the leader of the assembly*; also in verses 2 and 12

L'Ecclésiaste

1 [1]Voici ce que dit le Maître[a], fils de David, ro
Jérusalem.

Thèse

[2]Dérisoire, absolument dérisoire[b], dit le Maître, oui dé
soire, absolument dérisoire, tout est dérisoire !

Prologue : rien de nouveau sous le soleil

[3]Quel avantage l'homme retire-t-il de tout le labeur po
lequel il trime sous le soleil ? [4]Une génération s'en va, u
autre vient, et la terre est toujours là. [5]Le soleil se lèv
le soleil se couche, et il aspire à se retrouver à l'endro
d'où il devra de nouveau se lever. [6]Il va vers le sud, pu
il tourne vers le nord, il tourne et tourne encore : ain
va le vent. Et il reprend les mêmes tours, le vent. [7]To
les fleuves vont se jeter dans la mer, mais la mer n'est p
remplie. Les fleuves ne cessent de couler toujours vers
même endroit en suivant leur cours. [8]Tout est en travai
plus qu'on ne peut le dire. L'œil n'est jamais rassasié de vo
L'oreille n'est jamais remplie de ce qu'elle entend. [9]Ce c
a été, c'est ce qui sera, et ce qui s'est fait, c'est ce qui
fera : il n'y a rien de nouveau sous le soleil.

[10]Si l'on dit : « Tenez ! Voilà quelque chose de no
veau », en fait, cela a déjà existé dans les temps qui no
ont précédés depuis longtemps. [11]Seulement, on ne
souvient plus de ce qui s'est passé autrefois, et il en se
de même pour ce qui se produira dans l'avenir : ceux q
viendront après n'en auront aucun souvenir[d].

[a] **1.1** Cette expression rend le terme hébreu *Qoheleth*, dont le sens est inconnu. Il est possible qu'il soit apparenté à la même racine que le nom assemblée. L'ancienne version grecque l'a rendu par *Ecclésiaste*, c'est-à-dire celui qui participe à une assemblée. Le terme hébreu semb cependant renvoyer à une fonction. On en a proposé les sens suivants l'orateur de l'assemblée, le prédicateur, le chef de l'assemblée. On pourrait aussi le traduire, dans le contexte du livre, par « le sage ». No avons opté pour la traduction *Maître* (au sens d'enseignant) à cause du rôle didactique du livre au sein de la communauté d'Israël.

[b] **1.2** Le mot hébreu, rendu ici par *dérisoire* et traditionnellement tradu par *vanité*, désigne souvent ce qui est insignifiant, futile, vain, passage fragile, dérisoire. Dans la suite du livre, ce terme a été rendu de divers manières. L'apôtre Paul fait allusion à cette affirmation centrale du li de l'Ecclésiaste en Rm 8.20, où il affirme que la création a été soumise une condition bien *dérisoire*.

[c] **1.8** Autres traductions : *tous les mots sont usés* (c'est-à-dire tout a déjà été dit) ou *tout est lassant*.

[d] **1.11** Certains comprennent : *On ne se souvient plus de ceux qui ont vécu autrefois, et l'on ne se souviendra pas davantage de ceux qui viendront dans l'avenir.*

sdom Is Meaningless

[12]I, the Teacher, was king over Israel in Jerusalem.
applied my mind to study and to explore by wis-
m all that is done under the heavens. What a heavy
rden God has laid on mankind! [14]I have seen all the
ings that are done under the sun; all of them are
aningless, a chasing after the wind.
[15] What is crooked cannot be straightened;
what is lacking cannot be counted.
[16]I said to myself, "Look, I have increased in wis-
m more than anyone who has ruled over Jerusalem
fore me; I have experienced much of wisdom and
owledge." [17]Then I applied myself to the under-
anding of wisdom, and also of madness and folly,
t I learned that this, too, is a chasing after the wind.
[18] For with much wisdom comes much sorrow;
the more knowledge, the more grief.

easures Are Meaningless

[1]I said to myself, "Come now, I will test you with
pleasure to find out what is good." But that also
oved to be meaningless. [2]"Laughter," I said, "is mad-
ss. And what does pleasure accomplish?" [3]I tried
eering myself with wine, and embracing folly – my
nd still guiding me with wisdom. I wanted to see
at was good for people to do under the heavens
ring the few days of their lives.

[4]I undertook great projects: I built houses for myself
d planted vineyards. [5]I made gardens and parks and
anted all kinds of fruit trees in them. [6]I made res-
voirs to water groves of flourishing trees. [7]I bought
le and female slaves and had other slaves who were
rn in my house. I also owned more herds and flocks
an anyone in Jerusalem before me. [8]I amassed silver
d gold for myself, and the treasure of kings and
ovinces. I acquired male and female singers, and a
rem[b] as well – the delights of a man's heart. [9]I be-
me greater by far than anyone in Jerusalem before
. In all this my wisdom stayed with me.
[10] I denied myself nothing my eyes desired;
I refused my heart no pleasure.

.8 The meaning of the Hebrew for this phrase is uncertain.

La condition humaine

Où trouver le bonheur ?

La recherche de la sagesse

[12]Moi, le Maître, j'ai été roi d'Israël à Jérusalem. [13]Et je
me suis appliqué à étudier et à examiner par la sagesse
tout ce qui se fait sous le soleil. Dieu impose aux hommes
de s'appliquer à cette occupation de malheur.
[14]J'ai vu tout ce qui se fait sous le soleil et je suis arrivé
à la conclusion que tout est dérisoire : autant courir après
le vent. [15]Ce qui est tordu ne peut être redressé, et ce qui
manque ne peut être compté.
[16]Je me suis dit en moi-même : « Voici, j'ai fait augmenter
et progresser la sagesse plus qu'aucun de ceux qui ont
régné avant moi à Jérusalem. J'ai considéré beaucoup
de sagesse et de connaissance. » [17]Je me suis appliqué à
connaître la sagesse et le savoir, ainsi que la folie et la
déraison. Et je me suis aperçu que cela aussi, c'est comme
courir après le vent[e]. [18]Car, plus on a de sagesse, plus on
a de sujets d'affliction. En augmentant sa connaissance,
on augmente ses tourments.

La fuite dans les plaisirs

2 [1]Je me suis dit en moi-même : « Va donc, teste les
plaisirs, et goûte à ce qui est bon. » Mais cela aussi est
vain. [2]Du rire, j'ai dit : « C'est absurde », et de l'hilarité :
« A quoi cela m'avance-t-il ? »
[3]Puis j'ai décidé en moi-même de m'adonner au vin[f], tout
en continuant à me conduire avec sagesse, et j'ai résolu de
me lancer dans la folie, le temps de voir ce qu'il est bon
pour les humains de faire sous le ciel pendant les jours
qu'ils ont à y vivre.

La fuite dans les grandes entreprises

[4]J'ai réalisé de grandes choses. Je me suis bâti des maisons. Je me suis planté des vignes[g]. [5]Je me suis aménagé des
jardins et des vergers et j'y ai planté des arbres fruitiers
de toutes sortes. [6]Je me suis fait des bassins pour irriguer
des pépinières où croissent des arbres.
[7]Je me suis procuré des esclaves et des servantes, j'ai eu
du personnel domestique[h]. J'ai possédé en abondance du
gros et du menu bétail, bien plus que tous ceux qui m'ont
précédé à Jérusalem.
[8]Je me suis amassé de l'argent et de l'or, provenant des
trésors des rois et des provinces[i]. J'ai formé des chanteurs
et des chanteuses et, délice suprême des hommes, j'ai eu
des femmes en quantité[j].
[9]Ainsi j'ai été grand, et j'ai surpassé tous ceux qui m'ont
précédé à Jérusalem. En tout cela, ma sagesse m'assistait.
[10]Je ne me suis rien refusé de tout ce que je voyais et désirais. Je ne me suis privé d'aucun plaisir. Oui, j'ai joui de

[e] **1.17** Autre traduction : *c'est réflexion de vent*, autrement dit : *c'est réflexion qui brasse de l'air.*

[f] **2.3** Autre traduction : *Dans le cadre de ma recherche et de ma réflexion, je me suis adonné au vin.*

[g] **2.4** Pour les v. 4-9, voir 1 R 5.2-4 ; 10.10, 14-27 ; 1 Ch 29.25 ; 2 Ch 9.22-27.

[h] **2.7** Autre traduction : *beaucoup d'esclaves nés dans ma maison.*

[i] **2.8** Autre traduction : *et des trésors dignes d'un roi provenant de régions diverses.*

[j] **2.8** Mot hébreu de sens incertain. Autres traductions : *des servantes, des princesses, le luxe.* Le terme apparenté en langue cananéenne signifie : *concubine, maîtresse.*

My heart took delight in all my labor,
and this was the reward for all my toil.
11 Yet when I surveyed all that my hands had done
and what I had toiled to achieve,
everything was meaningless, a chasing after the wind;
nothing was gained under the sun.

Wisdom and Folly Are Meaningless

12 Then I turned my thoughts to consider wisdom,
and also madness and folly.
What more can the king's successor do
than what has already been done?
13 I saw that wisdom is better than folly,
just as light is better than darkness.
14 The wise have eyes in their heads,
while the fool walks in the darkness;
but I came to realize
that the same fate overtakes them both.
15 Then I said to myself,
"The fate of the fool will overtake me also.
What then do I gain by being wise?"
I said to myself,
"This too is meaningless."
16 For the wise, like the fool, will not be long remembered;
the days have already come when both have been forgotten.
Like the fool, the wise too must die!

Toil Is Meaningless

17 So I hated life, because the work that is done
under the sun was grievous to me. All of it is meaningless, a chasing after the wind. 18 I hated all the
things I had toiled for under the sun, because I must
leave them to the one who comes after me. 19 And who
knows whether that person will be wise or foolish?
Yet they will have control over all the fruit of my toil
into which I have poured my effort and skill under
the sun. This too is meaningless. 20 So my heart began
to despair over all my toilsome labor under the sun.
21 For a person may labor with wisdom, knowledge
and skill, and then they must leave all they own to
another who has not toiled for it. This too is meaningless and a great misfortune. 22 What do people get
for all the toil and anxious striving with which they
labor under the sun? 23 All their days their work is
grief and pain; even at night their minds do not rest.
This too is meaningless.

24 A person can do nothing better than to eat and
drink and find satisfaction in their own toil. This
too, I see, is from the hand of God, 25 for without him,

tout mon labeur et c'est la part que j'ai retirée de toute
peine que je me suis donnée.
11 Puis j'ai considéré l'ensemble de mes réalisations,
toute la peine que je m'étais donnée pour les accomplir.
voici ma conclusion : tout est vain ; autant courir après
vent. On n'en tire aucun avantage sous le soleil.

La sagesse, la folie et le travail : bilan

12 Puis j'ai considéré et examiné la sagesse ainsi que la
lie et la déraison : qu'en sera-t-il de l'homme qui succéde
au roi ? Il fera ce qu'on a déjà fait par le passé.
13 J'ai constaté que la sagesse est plus avantageuse q
la déraison, tout comme la lumière est plus avantageu
que les ténèbres. 14 Le sage a des yeux pour voir, alors q
l'insensé marche dans les ténèbres.
Cependant, j'ai aussi constaté qu'un même sort atte
l'un et l'autre.
15 Alors je me suis dit en moi-même : « Je vais connaît
le même sort que l'insensé ; à quoi bon avoir été pl
sage ? » Et j'ai conclu en moi-même que cela aussi ét
déplorable.
16 Car on ne se souviendra pas longtemps du sage, p
plus que de l'insensé et, dans les temps à venir, tous de
tomberont dans l'oubli. Car le sage mourra aussi bien q
l'insensé.
17 Alors j'en suis venu à haïr la vie, car tout ce qui se f
sous le soleil m'est apparu détestable, parce que tout e
dérisoire : autant courir après le vent.
18 J'ai fini par prendre en dégoût tout le labeur pour
quel je me suis donné tant de peine sous le soleil et dc
je devrai laisser le fruit à mon successeur. 19 Car qui sa
s'il sera sage ou insensé ? Pourtant, c'est lui qui dispose
de tout ce que j'ai réalisé sous le soleil grâce à mon labe
pour lequel j'ai trimé et mis en œuvre la sagesse. Cela au
est déplorable.
20 Aussi j'en suis arrivé au désespoir en pensant à to
le labeur pour lequel je me suis donné tant de peine so
le soleil. 21 En effet, on accomplit son labeur avec sages
compétence et adresse, et c'est à quelqu'un qui n'a jam
participé à ce travail qu'on laisse tout ce qu'on en a reti
Cela aussi est déplorable, et c'est un grand mal.
22 Car, que retire l'homme de tout son labeur et de tout
ses préoccupations pour lesquels il s'est donné tant
peine sous le soleil ?
23 Ses journées lui apportent bien des maux, ses occ
pations lui occasionnent bien des souffrances. Même
nuit, il ne trouve pas de repos. Cela aussi est déplorabl
24 Il n'y a rien de bon pour l'homme, sinon manger, boi
et se donner du bon temps au milieu de son dur labe
Et j'ai constaté que cela même vient de la main de Dieu
25 En effet, qui peut manger et profiter de la vie sans q
cela vienne de lui[k] ?

[k] 2.25 D'après l'ancienne version grecque. Le texte hébreu traditionne
a : *sinon moi-même.*

ho can eat or find enjoyment? 26 To the person who
leases him, God gives wisdom, knowledge and hap-
iness, but to the sinner he gives the task of gathering
nd storing up wealth to hand it over to the one who
leases God. This too is meaningless, a chasing after
he wind.

Time for Everything

3 1 There is a time for everything,
and a season for every activity under the
heavens:
2 a time to be born and a time to die,
a time to plant and a time to uproot,
3 a time to kill and a time to heal,
a time to tear down and a time to build,
4 a time to weep and a time to laugh,
a time to mourn and a time to dance,
5 a time to scatter stones and a time to gather
them,
a time to embrace and a time to refrain from
embracing,
6 a time to search and a time to give up,
a time to keep and a time to throw away,
7 a time to tear and a time to mend,
a time to be silent and a time to speak,
8 a time to love and a time to hate,
a time for war and a time for peace.

9 What do workers gain from their toil? 10 I have seen
he burden God has laid on the human race. 11 He has
nade everything beautiful in its time. He has also set
ternity in the human heart; yet[c] no one can fathom
hat God has done from beginning to end. 12 I know
hat there is nothing better for people than to be hap-
y and to do good while they live. 13 That each of them
nay eat and drink, and find satisfaction in all their
oil – this is the gift of God. 14 I know that everything
od does will endure forever; nothing can be added
o it and nothing taken from it. God does it so that
eople will fear him.
15 Whatever is has already been,
and what will be has been before;
and God will call the past to account.[d]

16 And I saw something else under the sun:
In the place of judgment – wickedness was
there,
in the place of justice – wickedness was there.
17 I said to myself,
"God will bring into judgment
both the righteous and the wicked,
for there will be a time for every activity,
a time to judge every deed."
18 I also said to myself, "As for humans, God tests
hem so that they may see that they are like the animals. 19 Surely the fate of human beings is like that
f the animals; the same fate awaits them both: As
ne dies, so dies the other. All have the same breath[e];
umans have no advantage over animals. Everything

3:11 Or *also placed ignorance in the human heart, so that*
3:15 Or *God calls back the past*
3:19 Or *spirit*

26 Car Dieu donne à l'homme qui se comporte bien à ses
yeux[l] la sagesse, la connaissance et la joie, mais il impose
comme occupation à celui qui fait le mal le soin de recueillir et d'amasser pour celui qui se comporte bien à ses yeux.
Cela aussi est dérisoire : autant courir après le vent.

Un temps pour toute chose

3 1 Il y a un temps pour tout et un moment pour toute
chose sous le ciel. 2 Il y a un temps pour enfanter[m]
et un temps pour mourir, un temps pour planter, et un
temps pour arracher le plant, 3 un temps pour abattre[n]
et un temps pour soigner, un temps pour démolir et un
temps pour construire. 4 Il y a aussi un temps pour pleurer
et un temps pour rire, un temps pour se lamenter et un
temps pour danser, 5 un temps pour jeter des pierres et un
temps pour en ramasser, un temps pour prendre dans ses
bras et un temps pour s'éloigner de ceux que l'on prend
dans ses bras.

6 Il y a un temps pour chercher et un temps pour perdre, un temps pour conserver et un temps pour jeter, 7 un
temps pour déchirer et un temps pour coudre, un temps
pour garder le silence et un temps pour parler, 8 un temps
pour aimer et un temps pour haïr, un temps de guerre et
un temps de paix.

9 Quel avantage celui qui travaille retire-t-il de la peine
qu'il se donne ? 10 J'ai considéré les occupations auxquelles
Dieu impose aux hommes de s'appliquer. 11 Dieu fait toute
chose belle en son temps.

Il a implanté au tréfonds de l'être humain le sens de
l'éternité, sans toutefois que l'homme puisse appréhender
l'œuvre que Dieu accomplit du commencement à la fin.
12 Je sais qu'il n'y a rien de bon pour l'homme hormis se
réjouir et se donner du bon temps durant sa vie. 13 Et aussi
que si quelqu'un peut manger et boire et jouir du bonheur
au milieu de son dur labeur, c'est un don de Dieu.
14 Je sais que tout ce que Dieu fait durera toujours : il n'y
a rien à y ajouter, et rien à en retrancher. Et Dieu agit en
sorte qu'on le craigne. 15 Ce qui est aujourd'hui a déjà été
dans le passé, et ce qui sera dans l'avenir a déjà été dans
le passé. Oui, Dieu fait se reproduire ce qui appartient au
passé.
16 J'ai encore constaté autre chose sous le soleil : au tribunal règne l'iniquité et au lieu où l'on administre la justice,
on rencontre l'iniquité. 17 Je me suis dit en moi-même :
« Dieu jugera le juste et le méchant, car pour chaque chose
et pour chaque acte, il y a un temps pour le jugement. »

La mort

18 Je me suis dit en moi-même, au sujet des humains, que
Dieu veut les purger du mal[o] et leur montrer qu'en eux-
mêmes, ils ne sont pas plus que des bêtes. 19 Car le sort des
humains est identique au sort des bêtes : ils meurent les
uns comme les autres. Un même souffle les anime tous.
L'avantage de l'homme sur l'animal est donc nul. Ainsi

l 2.26 Autre traduction : *qui lui est agréable.*
m 3.2 D'autres comprennent : *naître.*
n 3.3 Il s'agit peut-être de l'abattage d'animaux. Autre traduction : *tuer.*
o 3.18 Autre traduction : *que Dieu veut éprouver les humains.*

is meaningless. 20 All go to the same place; all come
from dust, and to dust all return. 21 Who knows if the
human spirit rises upward and if the spirit of the animal goes down into the earth?"
22 So I saw that there is nothing better for a person than to enjoy their work, because that is their
lot. For who can bring them to see what will happen
after them?

Oppression, Toil, Friendlessness

4 1 Again I looked and saw all the oppression that
was taking place under the sun:
I saw the tears of the oppressed –
and they have no comforter;
power was on the side of their oppressors –
and they have no comforter.
2 And I declared that the dead,
who had already died,
are happier than the living,
who are still alive.
3 But better than both
is the one who has never been born,
who has not seen the evil
that is done under the sun.
4 And I saw that all toil and all achievement spring
from one person's envy of another. This too is meaningless, a chasing after the wind.
5 Fools fold their hands
and ruin themselves.
6 Better one handful with tranquillity
than two handfuls with toil
and chasing after the wind.
7 Again I saw something meaningless under the sun:
8 There was a man all alone;
he had neither son nor brother.
There was no end to his toil,
yet his eyes were not content with his
wealth.
"For whom am I toiling," he asked,
"and why am I depriving myself of
enjoyment?"
This too is meaningless –
a miserable business!
9 Two are better than one,
because they have a good return for their
labor:
10 If either of them falls down,
one can help the other up.
But pity anyone who falls
and has no one to help them up.
11 Also, if two lie down together, they will keep
warm.
But how can one keep warm alone?
12 Though one may be overpowered,

tout est dérisoire. 20 Tout va vers une même destinatio
tout a été tiré de la poussière et tout retourne à l'état d
poussière. 21 Qui connaît l'esprit humain qui monte qua
à lui vers le haut, tandis que, de son côté, le souffle de
bête descend vers le bas, à la terre[p] ? 22 J'en ai conclu qu
n'y a pour l'homme rien de bon sinon de se réjouir a
milieu de ses activités, car telle est la part qui lui revien
En effet, qui donc le fera revenir pour qu'il voie ce q
sera après lui ?

La vie sociale

Les oppressions

4 1 J'ai encore considéré toutes les oppressions qui
pratiquent sous le soleil. Les opprimés versent de
larmes et il n'y a personne pour les consoler ; la force e
du côté de leurs oppresseurs, sans qu'il y ait quelqu'u
pour les consoler. 2 Alors j'ai trouvé que les défunts, eux q
sont morts, ont un avantage sur les vivants, sur ceux q
sont encore en vie[q]. 3 Et s'en trouve mieux que les uns et l
autres celui qui n'est pas encore venu à l'existence, parc
qu'il n'a pas vu tout le mal qui se commet sous le soleil.

Sur le travail

4 J'ai aussi constaté que tout labeur et que toute habile
que les hommes mettent à leurs œuvres sont motivés par
rivalité des uns envers les autres. Cela aussi est dérisoir
autant courir après le vent.
5 Celui qui se croise les bras est un insensé et il se détru
lui-même. 6 Il vaut mieux une main pleine de repos qu
deux mains pleines de labeur, que de courir ainsi apr
le vent.

7 J'ai encore constaté une autre chose dérisoire sous
soleil. 8 Voilà un homme seul qui n'a personne avec lu
ni fils, ni frère, et pourtant, il travaille dur sans jama
s'arrêter. Jamais ses yeux ne se rassasient de richesse
« Pour qui donc est-ce que je travaille si dur ? Pour q
est-ce que je me prive de bonnes choses ? » se dit-il. Ce
aussi est dérisoire ; c'est une bien mauvaise affaire.

9 Mieux vaut être à deux que tout seul. On tire alors u
bon profit de son labeur. 10 Et si l'un tombe, l'autre le relèv
mais malheur à celui qui est seul et qui vient à tomber sa
avoir personne pour l'aider à se relever.

11 De même, si deux personnes dorment ensemble, ell
se tiennent chaud, mais comment celui qui est seul
réchauffera-t-il ?
12 Un homme seul est facilement maîtrisé par un a
versaire, mais à deux ils pourront tenir tête à celui-c

p **3.21** D'autres comprennent : *qui sait si l'esprit de l'homme monte vers en haut et si le souffle de la bête descend en dessous de la terre ?* Les mots *souffle* et *esprit* traduisent le même terme hébreu.
q **4.2** Pour les v. 2-3, voir6.3-5 ; Jb 3.11-16 ; 10.18-19.

two can defend themselves.
A cord of three strands is not quickly broken.

dvancement Is Meaningless

13 Better a poor but wise youth than an old but
olish king who no longer knows how to heed a
arning. 14 The youth may have come from prison to
e kingship, or he may have been born in poverty
ithin his kingdom. 15 I saw that all who lived and
alked under the sun followed the youth, the king's
ccessor. 16 There was no end to all the people who
ere before them. But those who came later were not
eased with the successor. This too is meaningless, a
asing after the wind.

lfill Your Vow to God

5 1[f] Guard your steps when you go to the house of
God. Go near to listen rather than to offer the
crifice of fools, who do not know that they do wrong.

2 Do not be quick with your mouth,
do not be hasty in your heart
to utter anything before God.
God is in heaven
and you are on earth,
so let your words be few.
3 A dream comes when there are many cares,
and many words mark the speech of a fool.

4 When you make a vow to God, do not delay to fulfill
. He has no pleasure in fools; fulfill your vow. 5 It is
etter not to make a vow than to make one and not
lfill it. 6 Do not let your mouth lead you into sin. And
not protest to the temple messenger, "My vow was
mistake." Why should God be angry at what you say
d destroy the work of your hands? 7 Much dreaming
d many words are meaningless. Therefore fear God.

iches Are Meaningless

8 If you see the poor oppressed in a district, and
stice and rights denied, do not be surprised at such
ings; for one official is eyed by a higher one, and
er them both are others higher still. 9 The increase
om the land is taken by all; the king himself profits
om the fields.

10 Whoever loves money never has enough;
whoever loves wealth is never satisfied with
their income.
This too is meaningless.

---

n Hebrew texts 5:1 is numbered 4:17, and 5:2-20 is numbered
-19.

Et une corde faite de trois cordelettes tressées n'est pas
vite rompue.

La vie politique

13 Mieux vaut un jeune homme pauvre mais sage qu'un
roi âgé et insensé qui ne sait plus écouter les conseils.
14 Mais que le jeune successeur soit sorti de prison pour
accéder au trône, ou encore qu'il soit né pauvre dans le
royaume, 15 j'ai constaté que tous les humains qui vivent
sous le soleil se rallient à lui lorsqu'il prend la place du roi.
16 Il n'y a pas de fin au cortège de tout ce peuple, de tous
ces gens dont il a pris la tête. Et pourtant, la génération
suivante ne se félicitera pas davantage d'avoir un tel roi !
Cela encore est dérisoire : autant courir après le vent.

Sur la piété

17 Veille bien sur tes pas lorsque tu te rends au sanctuaire
de Dieu. Il est préférable de s'y rendre pour écouter, plutôt
que pour offrir un sacrifice à la manière des insensés qui
n'ont même pas conscience de faire le mal.

5 1 Ne te presse pas d'ouvrir la bouche et ne te laisse pas
entraîner par ton cœur à formuler hâtivement une
parole en présence de Dieu, car Dieu est au ciel, et toi tu
es sur la terre. Que tes propos soient donc peu nombreux.
2 En effet, de même que les rêves naissent de la multitude
des occupations, de même un flot abondant de paroles
engendre des propos inconsidérés.

3 Si tu as fait un vœu à Dieu, accomplis-le sans tarder[r],
car les insensés déplaisent à Dieu. Ce que tu as promis,
tiens-le. 4 Il vaut mieux ne pas faire de vœu qu'en faire et
ne pas s'en acquitter.

5 Ne laisse pas tes paroles te charger d'une faute et ne
va pas dire au représentant de Dieu[s] : « Mon vœu était
une erreur. » Pourquoi irriter Dieu par tes paroles et faire
échouer tes entreprises ? 6 C'est pourquoi, là où il y a abondance de rêves et multiplication de paroles légères[t], crains
plutôt Dieu.

La hiérarchie oppressive

7 Si tu vois dans une région que les pauvres sont opprimés, que la justice et le droit sont bafoués, ne t'étonne
pas trop de la chose, car chaque dirigeant dépend du pouvoir[u] d'un supérieur, et au-dessus d'eux, il y a encore des
supérieurs hiérarchiques. 8 Mais malgré tout, ceci demeure
dans l'intérêt du pays : qu'au profit de l'agriculture, on se
soumette au roi[v].

Sur la richesse

9 Qui aime l'argent n'en aura jamais assez, et qui se
complaît dans l'abondance ne sera jamais satisfait de ses
revenus. Cela encore est dérisoire.

---

[r] **5.3** Pour les règles régissant les vœux, voir Dt 23.22-24 ; 1 S 1.11, 24-28.
[s] **5.5** C'est-à-dire le prêtre chargé de présenter à Dieu les vœux des fidèles (Ml 2.7).
[t] **5.6** Autre traduction : *Car beaucoup de vaines rêveries aboutissent à beaucoup de paroles en l'air.*
[u] **5.7** L'hébreu peut signifier deux choses : soit que le dirigeant subordonné est couvert par son supérieur, soit qu'il est soumis aux pressions exercées par son supérieur.
[v] **5.8** Autres traductions : *qu'il y ait un roi au service de l'agriculture* ; ou bien : *le roi est lui aussi dépendant de l'agriculture.*

11 As goods increase,
so do those who consume them.
And what benefit are they to the owners
except to feast their eyes on them?
12 The sleep of a laborer is sweet,
whether they eat little or much,
but as for the rich, their abundance
permits them no sleep.
13 I have seen a grievous evil under the sun:
wealth hoarded to the harm of its owners,
14 or wealth lost through some misfortune,
so that when they have children
there is nothing left for them to inherit.
15 Everyone comes naked from their mother's
womb,
and as everyone comes, so they depart.
They take nothing from their toil
that they can carry in their hands.
16 This too is a grievous evil:
As everyone comes, so they depart,
and what do they gain,
since they toil for the wind?
17 All their days they eat in darkness,
with great frustration, affliction and anger.

18 This is what I have observed to be good: that it is
appropriate for a person to eat, to drink and to find
satisfaction in their toilsome labor under the sun
during the few days of life God has given them – for
this is their lot. 19 Moreover, when God gives someone
wealth and possessions, and the ability to enjoy them,
to accept their lot and be happy in their toil – this
is a gift of God. 20 They seldom reflect on the days
of their life, because God keeps them occupied with
gladness of heart.

6 1 I have seen another evil under the sun, and it
weighs heavily on mankind: 2 God gives some
people wealth, possessions and honor, so that they
lack nothing their hearts desire, but God does not
grant them the ability to enjoy them, and strangers
enjoy them instead. This is meaningless, a grievous
evil.

3 A man may have a hundred children and live many
years; yet no matter how long he lives, if he cannot
enjoy his prosperity and does not receive proper burial, I say that a stillborn child is better off than he. 4 It
comes without meaning, it departs in darkness, and
in darkness its name is shrouded. 5 Though it never
saw the sun or knew anything, it has more rest than
does that man – 6 even if he lives a thousand years
twice over but fails to enjoy his prosperity. Do not all
go to the same place?

10 Plus on possède de biens, plus se multiplient les pro
iteurs. Et quel avantage en tire leur possesseur si ce n'e
le spectacle que lui offrent ces gens ?

11 Doux est le sommeil du travailleur, qu'il ait peu o
beaucoup à manger, mais l'abondance du riche l'empêch
de dormir.

12 J'ai vu sous le soleil une terrible calamité : il arriv
que les richesses conservées par un homme fassent so
malheur. 13 Qu'elles viennent à se perdre à cause de quelqu
mauvaise affaire, et il ne lui en reste rien lorsqu'il m
un fils au monde. 14 Il est sorti nu du sein de sa mère, et
partira comme il est venu, sans emporter dans ses mai
une miette du fruit de son labeur. 15 Qu'il reparte comm
il était venu est aussi une terrible calamité. Quel avantag
a-t-il donc à trimer ainsi pour du vent ? 16 Sa vie duran
ses jours s'écoulent bien sombres, pleins de chagrins, d
souffrances et d'amertume.

Conclusion : Jouis de la vie que Dieu te donne

17 Voici ce que j'ai considéré comme bon pour ma par
il est approprié pour l'homme de manger, de boire et d
goûter au bonheur au milieu de tout le labeur qui lui donr
tant de peine sous le soleil, pendant les jours que Dieu l
donne à vivre ; c'est là sa part. 18 En effet, si Dieu donne
un homme des richesses et des biens, et s'il lui accorde
possibilité d'en profiter, d'en retirer sa part et de trouve
de la joie au milieu de son labeur, c'est un don de Die
19 Ainsi cet homme ne s'appesantit pas sur sa vie[w] puisqu
Dieu le tient occupé à la joie[x] qui remplit son cœur.

La privation du bonheur

Ne pas pouvoir jouir de ses biens

6 1 J'ai constaté qu'il y a un mal sous le soleil, et ce ma
est grand pour les hommes. 2 Voilà quelqu'un à q
Dieu a donné richesses, biens et honneurs, si bien qu'il r
lui manque rien de ce qu'il désire. Mais Dieu ne lui do
ne pas la possibilité d'en profiter, et c'est un autre qui e
profitera. Cela aussi est dérisoire ; c'est un mal affligean

Vivre longtemps, mais dans le malheur

3 Un homme peut avoir cent enfants et vivre de nom
breuses années, mais quelque nombreux que soient le
jours de son existence, s'il n'a pas joui du bonheur, et s'
n'a même pas de sépulture, je dis qu'un enfant mort-né
un sort meilleur que le sien. 4 Car l'avorton est né en vai
il s'en va dans les ténèbres et son souvenir sombre dar
la nuit de l'oubli. 5 Il n'a pas vu le soleil, il n'a rien conn
du monde. Il est donc plus tranquille que cet homme. 6
quoi bon vivre deux fois mille ans si on ne goûte pas a
bonheur ? Finalement, tous ne s'acheminent-ils pas ve
le même lieu ?

w 5.19 Autre traduction : *ne réfléchit pas à la brièveté de sa vie.*
x 5.19 D'après les versions anciennes. D'autres comprennent : *Dieu lui répond par la joie.*

[7] Everyone's toil is for their mouth,
yet their appetite is never satisfied.
[8] What advantage have the wise over fools?
What do the poor gain
by knowing how to conduct themselves
before others?
[9] Better what the eye sees
than the roving of the appetite.
This too is meaningless,
a chasing after the wind.
[10] Whatever exists has already been named,
and what humanity is has been known;
no one can contend
with someone who is stronger.
[11] The more the words,
the less the meaning,
and how does that profit anyone?
[12] For who knows what is good for a person in
fe, during the few and meaningless days they pass
arough like a shadow? Who can tell them what will
appen under the sun after they are gone?

'isdom

7 [1] A good name is better than fine perfume,
and the day of death better than the day of
birth.
[2] It is better to go to a house of mourning
than to go to a house of feasting,
for death is the destiny of everyone;
the living should take this to heart.
[3] Frustration is better than laughter,
because a sad face is good for the heart.
[4] The heart of the wise is in the house of
mourning,
but the heart of fools is in the house of
pleasure.
[5] It is better to heed the rebuke of a wise person
than to listen to the song of fools.
[6] Like the crackling of thorns under the pot,
so is the laughter of fools.
This too is meaningless.
[7] Extortion turns a wise person into a fool,
and a bribe corrupts the heart.
[8] The end of a matter is better than its
beginning,
and patience is better than pride.
[9] Do not be quickly provoked in your spirit,
for anger resides in the lap of fools.
[10] Do not say, "Why were the old days better than
these?"
For it is not wise to ask such questions.
[11] Wisdom, like an inheritance, is a good thing
and benefits those who see the sun.
[12] Wisdom is a shelter

Rester insatisfait

[7] L'homme ne trime que pour répondre à ses besoins, et
pourtant son appétit n'est jamais satisfait. [8] Qu'a le sage de
plus que l'insensé ? Quel avantage le pauvre a-t-il de savoir
se conduire sur le chemin de la vie ? [9] Mieux vaut ce qu'on
a dans la main que ce vers quoi se porte le désir. Cela aussi
est dérisoire : autant courir après le vent.

Quand le silence vaut mieux que la parole

[10] Ce qui est a déjà été nommé, et l'on sait ce qu'est
l'homme : il ne peut pas contester avec celui qui est plus
puissant que lui. [11] Plus on multiplie les paroles, plus on
accroît la frustration. Et à quoi cela avance-t-il l'homme ?

[12] Finalement, qui peut savoir ce qui est bon pour l'homme pendant sa vie, pendant chaque jour de son existence
dérisoire qui fuit comme une ombre ? Et qui pourra lui
révéler quel sera son avenir[y] sous le soleil ?

Conseils d'un sage

Avantages de la sagesse

Mieux vaut ...

7 [1] Mieux vaut un bon renom qu'un parfum raffiné,
et mieux vaut le jour de sa mort que celui de sa
naissance.
[2] Mieux vaut se rendre dans une maison endeuillée que
dans celle où l'on festoie, car celle-là nous rappelle quelle
est la fin de tout homme et il est bon d'y réfléchir pendant
qu'on est en vie.
[3] Mieux vaut la tristesse que le rire, car avec un visage
triste, on peut avoir le cœur content[z].
[4] L'attention du sage se porte vers la maison endeuillée,
celle de l'insensé vers la maison où l'on se livre à la joie.

[5] Mieux vaut écouter les reproches d'un homme sage
que la chanson des insensés. [6] Car les rires de l'insensé
sont comme le crépitement des épines sous une marmite[a].
Cela aussi est vain.

[7] L'oppression peut rendre le sage insensé, et les cadeaux
lui corrompre le cœur.
[8] Mieux vaut l'aboutissement d'une affaire que
son début. Mieux vaut un esprit patient qu'un esprit
orgueilleux.
[9] Ne t'irrite pas trop vite, car c'est dans le cœur des insensés que la colère élit domicile.
[10] Garde-toi de dire : « Comment se fait-il qu'autrefois,
les choses allaient mieux qu'aujourd'hui ? » Car ce n'est
pas la sagesse qui te dicte une telle question.
[11] La sagesse est bonne avec un héritage : elle est avantageuse pour ceux qui voient le soleil. [12] Car la protection

[y] 6.12 Autre traduction : *révéler ce qui arrivera après lui.*
[z] 7.3 Autre traduction : *le cœur est rendu meilleur.*
[a] 7.6 Faisant du bruit, produisant de la fumée, mais donnant peu de chaleur et durant peu.

as money is a shelter,
but the advantage of knowledge is this:
Wisdom preserves those who have it.

13 Consider what God has done:
Who can straighten
what he has made crooked?

14 When times are good, be happy;
but when times are bad, consider this:
God has made the one
as well as the other.
Therefore, no one can discover
anything about their future.

15 In this meaningless life of mine I have seen both of these:
the righteous perishing in their righteousness,
and the wicked living long in their wickedness.

16 Do not be overrighteous,
neither be overwise –
why destroy yourself?

17 Do not be overwicked,
and do not be a fool –
why die before your time?

18 It is good to grasp the one
and not let go of the other.
Whoever fears God will avoid all extremes.[g]

19 Wisdom makes one wise person more powerful
than ten rulers in a city.

20 Indeed, there is no one on earth who is righteous,
no one who does what is right and never sins.

21 Do not pay attention to every word people say,
or you may hear your servant cursing you –
22 for you know in your heart
that many times you yourself have cursed others.

23 All this I tested by wisdom and I said,
"I am determined to be wise" –
but this was beyond me.

24 Whatever exists is far off and most profound –
who can discover it?

25 So I turned my mind to understand,
to investigate and to search out wisdom and the scheme of things
and to understand the stupidity of wickedness
and the madness of folly.

26 I find more bitter than death
the woman who is a snare,
whose heart is a trap
and whose hands are chains.
The man who pleases God will escape her,
but the sinner she will ensnare.

27 "Look," says the Teacher,[h] "this is what I have discovered:
"Adding one thing to another to discover the scheme of things –
28 while I was still searching
but not finding –
I found one upright man among a thousand,
but not one upright woman among them all.

[g] 7:18 Or *will follow them both*
[h] 7:27 Or *the leader of the assembly*

qu'offre la sagesse est comme celle que procure l'argen
et la sagesse présente un avantage : elle préserve la vie
ceux qui la possèdent.
13 Considère l'œuvre de Dieu : qui donc pourra redress
ce qu'il a tordu ?

14 Au jour du bonheur, jouis du bonheur, et au jour d
malheur, réfléchis, car Dieu a fait l'un et l'autre, de sor
que l'homme ne puisse rien deviner de son avenir[b].

Abandonner ses rêves d'idéal et de perfection

15 J'ai vu tout cela au cours de mon existence dérisoir
ici un juste se perd à cause de sa droiture, là, un mécha
prolonge ses jours par sa perversité.

16 Ne sois pas juste à l'excès et ne sois pas sage out
mesure, pourquoi te détruirais-tu ? 17 Ne sois pas non pl
méchant outre mesure et ne sois pas insensé, pourqu
voudrais-tu mourir avant ton heure ? 18 Tu feras bien
prendre garde à ces deux principes sans négliger l'u
ou l'autre ; oui, celui qui craint Dieu s'en sortira pour l
mettre en œuvre tous deux.

19 La sagesse rend un homme plus fort qu'une ville défe
due par dix capitaines.
20 Il n'y a cependant sur terre aucun homme juste q
fasse toujours le bien sans jamais pécher.

21 Ne prête pas attention à tout ce qu'on dit, et si to
serviteur te dénigre[c], n'écoute pas, 22 car tu sais bien qu
plusieurs reprises, il t'est arrivé, à toi aussi, de dénigr
autrui.

23 Tout cela, j'ai essayé de le comprendre par la sagess
en me disant : « Je veux acquérir la sagesse. » Mais elle e
restée loin de moi. 24 La compréhension des choses est ho
de ma portée. Elle est beaucoup trop profonde pour qu'
puisse l'atteindre. 25 Mais je me suis appliqué avec tout
mes facultés à apprendre, à explorer et à rechercher
sagesse et la raison, et à discerner que la méchanceté e
insensée, et que la folie est déraisonnable.

26 Je trouve qu'une femme est plus amère que la mo
lorsqu'elle est un piège, son cœur un filet et ses bras d
chaînes. Celui qui se comporte bien aux yeux de Dieu l
échappera, mais le pécheur s'y fera prendre.

27 Considère, dit le Maître, à quelle conclusion je su
parvenu en examinant les choses une à une[d], pour en fai
l'analyse[e]. 28 D'ailleurs, je cherche encore et je n'ai pas tro
vé : sur mille hommes, j'en ai trouvé un, mais parmi tout
les femmes, je n'en ai pas trouvé une seule.

[b] 7.14 Autre traduction : *ce qui doit arriver après lui.*
[c] 7.21 Autre traduction : *maudit.* De même au verset suivant.
[d] 7.27 Autre traduction : *en considérant ce que sont les femmes, l'une après l'autre.*
[e] 7.27 Autre traduction : *pour me faire une opinion.*

[29] This only have I found:
God created mankind upright,
but they have gone in search of many
schemes."

8 [1] Who is like the wise?
Who knows the explanation of things?
A person's wisdom brightens their face
and changes its hard appearance.

bey the King

[2] Obey the king's command, I say, because you took
ı oath before God. [3] Do not be in a hurry to leave the
ing's presence. Do not stand up for a bad cause, for
e will do whatever he pleases. [4] Since a king's word is
ıpreme, who can say to him, "What are you doing?"
[5] Whoever obeys his command will come to no
harm,
and the wise heart will know the proper time
and procedure.
[6] For there is a proper time and procedure for
every matter,
though a person may be weighed down by
misery.
[7] Since no one knows the future,
who can tell someone else what is to come?
[8] As no one has power over the wind to contain
it,
so[i] no one has power over the time of their
death.
As no one is discharged in time of war,
so wickedness will not release those who
practice it.

[9] All this I saw, as I applied my mind to everything
one under the sun. There is a time when a man lords
over others to his own[j] hurt. [10] Then too, I saw the
icked buried – those who used to come and go from
ıe holy place and receive praise[k] in the city where
ıey did this. This too is meaningless.

[11] When the sentence for a crime is not quickly car-
'ed out, people's hearts are filled with schemes to
ɔ wrong. [12] Although a wicked person who commits
hundred crimes may live a long time, I know that
will go better with those who fear God, who are
everent before him. [13] Yet because the wicked do not
ar God, it will not go well with them, and their days
ill not lengthen like a shadow.

[14] There is something else meaningless that occurs
n earth: the righteous who get what the wicked de-

ı:8 Or *over the human spirit to retain it, / and so*
ı:9 Or *to their*
8:10 Some Hebrew manuscripts and Septuagint (Aquila); most
ebrew manuscripts *and are forgotten*

[29] Voilà la seule chose que j'ai trouvée : Dieu a fait l'homme droit, mais les humains sont allés chercher beaucoup
de combines.

Les limites de la sagesse

8 [1] Qui est comparable au sage ? Qui sait analyser les
choses ? La sagesse d'un homme illumine[f] son visage
et fait disparaître la sévérité de ses traits.

Le pouvoir du roi

[2] Voici mon conseil : obéis aux ordres du roi à cause du
serment prêté devant Dieu[g], [3] ne te hâte pas de lui donner
ton congé ; ne persiste pas dans une mauvaise situation,
car le roi fait tout ce qui lui plaît. [4] En effet, sa parole est
souveraine. Qui oserait lui dire : « Pourquoi fais-tu cela ? »
[5] Celui qui s'en tient à ses ordres ne se mettra pas dans une
mauvaise situation, et le sage saura discerner en lui-même
le moment opportun et la juste manière de procéder.

[6] Pour toute affaire, en effet, il y a un temps opportun
et une juste manière de procéder[h]. Mais il y a un grand
malheur pour l'homme : [7] c'est que personne ne sait ce qui
arrivera. Et personne ne peut dire comment les choses se
passeront. [8] Personne n'est maître de son souffle de vie,
personne ne peut le retenir, personne n'a de pouvoir sur
le jour de sa mort : il n'y a pas de trêve dans la lutte pour
survivre[i] et ce n'est pas la méchanceté qui sauvera celui
qui s'y livre.

[9] Tout cela, je l'ai vu et j'ai beaucoup réfléchi à tout ce
qui se fait sous le soleil. Il arrive qu'un homme domine sur
les autres pour leur faire du mal[j].

Les injustices

[10] Or j'ai vu des méchants être enterrés : les gens allaient
et venaient du sanctuaire, et ils les louaient dans la ville
pour[k] ce qu'ils avaient fait. Cela aussi est déplorable.
[11] Parce qu'une sentence contre une mauvaise action
n'est pas vite exécutée, le cœur humain est porté à faire
beaucoup de mal. [12] En effet, il arrive que le pécheur fasse
cent fois le mal et voit se prolonger ses jours. Mais je sais
aussi que le bonheur est pour ceux qui craignent Dieu, du
fait même qu'ils ont cette crainte à son égard, [13] mais qu'il
n'y aura pas de bonheur pour le méchant et que, semblable
à l'ombre, il ne verra pas ses jours se prolonger, parce qu'il
ne craint pas Dieu.
[14] Il y a une autre chose déplorable qui se passe sur la
terre : certains justes subissent le sort que méritent les

f **8.1** Autre traduction : *Qui est sage et comprend cette parole : « La sagesse d'un homme illumine » ?*
g **8.2** Allusion au serment de fidélité prêté au roi par ses sujets en prenant Dieu à témoin (2 S 21.7 ; 1 R 2.43 ; 2 R 11.17 ; 1 Ch 11.3 ; 29.24).
h **8.6** Autre traduction : *un jugement.*
i **8.8** Autre traduction : *On ne peut échapper au combat* (lorsqu'il y a la guerre).
j **8.9** Autre traduction : *... sous le soleil où l'homme domine son semblable pour lui faire du mal.*
k **8.10** *ils les louaient ... pour:* d'après certains manuscrits hébreux et l'ancienne version grecque. La plupart des manuscrits hébreux ont : *ils oubliaient* ; la différence est due à la confusion entre deux consonnes de formes très ressemblantes.

serve, and the wicked who get what the righteous deserve. This too, I say, is meaningless. 15 So I commend the enjoyment of life, because there is nothing better for a person under the sun than to eat and drink and be glad. Then joy will accompany them in their toil all the days of the life God has given them under the sun.

16 When I applied my mind to know wisdom and to observe the labor that is done on earth – people getting no sleep day or night – 17 then I saw all that God has done. No one can comprehend what goes on under the sun. Despite all their efforts to search it out, no one can discover its meaning. Even if the wise claim they know, they cannot really comprehend it.

A Common Destiny for All

9 1 So I reflected on all this and concluded that the righteous and the wise and what they do are in God's hands, but no one knows whether love or hate awaits them. 2 All share a common destiny – the righteous and the wicked, the good and the bad,[l] the clean and the unclean, those who offer sacrifices and those who do not.

As it is with the good,
  so with the sinful;
as it is with those who take oaths,
  so with those who are afraid to take them.

3 This is the evil in everything that happens under the sun: The same destiny overtakes all. The hearts of people, moreover, are full of evil and there is madness in their hearts while they live, and afterward they join the dead. 4 Anyone who is among the living has hope[m] – even a live dog is better off than a dead lion!

5 For the living know that they will die,
  but the dead know nothing;
they have no further reward,
  and even their name is forgotten.
6 Their love, their hate
  and their jealousy have long since vanished;
never again will they have a part
  in anything that happens under the sun.

7 Go, eat your food with gladness, and drink your wine with a joyful heart, for God has already approved what you do. 8 Always be clothed in white, and always anoint your head with oil. 9 Enjoy life with your wife, whom you love, all the days of this meaningless life

[l] **9:2** Septuagint (Aquila), Vulgate and Syriac; Hebrew does not have *and the bad.*
[m] **9:4** Or *What then is to be chosen? With all who live, there is hope*

agissements des méchants, et certains méchants ont l sort que méritent les œuvres des justes. Je me suis dit qu c'est encore là bien déplorable !

Eloge de la joie

15 Alors j'ai fait l'éloge de la joie. En effet, il n'y a rien d bon pour l'homme sous le soleil, sinon manger, boire e se réjouir. C'est là ce qui l'accompagne au milieu de so dur labeur auquel il se livre pendant les jours que Dieu l accorde de vivre sous le soleil[l].

L'œuvre de Dieu est incompréhensible

16 Lorsque je me suis appliqué à connaître la sagesse e à considérer les occupations auxquelles l'homme se livr sur la terre en se refusant le sommeil nuit et jour, 17 j'a vu toute l'œuvre de Dieu. Or l'homme ne peut compren dre l'œuvre qui se fait sous le soleil. Il a beau se donne de la peine pour comprendre, il n'y parviendra pas. E même si le sage prétend savoir, en réalité il ne peut pa comprendre.

L'assurance du juste

9 1 Oui, j'ai beaucoup réfléchi à tout cela, et tout ce qu j'ai compris, c'est que les justes, les sages et tous leur travaux sont dans la main de Dieu.

A quoi conduit la perspective de la mort

Un même sort pour tous

L'homme ne sait pas s'il rencontrera l'amour ou la haine il peut tout envisager. 2 Tout est pareil pour tous : un mêm sort atteint le juste et le méchant, celui qui est [bon et] pur, et celui qui est impur, celui qui offre des sacrifice et celui qui n'en offre pas, le bon comme le pécheur, e celui qui prête serment comme celui qui n'ose pas le faire 3 Parmi tout ce qui se passe sous le soleil, voilà bien un mal c'est que tous les hommes connaissent un sort identique Car à cause de cela, le cœur des humains est rempli d méchanceté et la déraison habite leur cœur tout au lon de leur vie. C'est qu'après cela, on va rejoindre les morts 4 Alors que doit-on choisir ? Pour tous les vivants, il y de l'espoir. Un chien vivant vaut mieux qu'un lion mort 5 En effet, les vivants savent qu'ils mourront, mais le morts ne savent rien du tout ; ils n'ont plus rien à gagne ils sombrent dans l'oubli. 6 Leurs amours, leurs haine leurs désirs, se sont déjà évanouis. Ils n'auront plus jamai part à tout ce qui se fait sous le soleil.

Appel à bien profiter de sa vie

7 Va, mange ton pain dans la joie et bois ton vin d'u cœur content, car Dieu a déjà agréé tes œuvres ! 8 Qu'e tout temps tes vêtements soient blancs et que le parfur ne manque pas sur ta tête[n]. 9 Jouis de la vie avec la femm que tu aimes, pendant tous les jours de cette vie dérisoir que Dieu t'accorde sous le soleil, oui, pendant tous les jour de ton existence dérisoire, car c'est la part qui te revien

[l] **8.15** Pour les v. 15-16, voir 2.24.
[m] **9.2** Selon le texte hébreu traditionnel. L'ancienne version grecque, la version syriaque et la Vulgate ont : *le bon et le méchant, celui qui est pur ...* Puisque le mot *bon* reparaît à la phrase suivante, il est probable qu'il a d'abord été ajouté par erreur ici dans le texte hébreu, et que les version ont ensuite ajouté *et le méchant* pour compléter la paire.
[n] **9.8** Marque des jours de fête chez les Hébreux.

at God has given you under the sun – all your mean-
gless days. For this is your lot in life and in your
ılsome labor under the sun. 10 Whatever your hand
ıds to do, do it with all your might, for in the realm
the dead, where you are going, there is neither
ɔrking nor planning nor knowledge nor wisdom.

11 I have seen something else under the sun:
The race is not to the swift
or the battle to the strong,
nor does food come to the wise
or wealth to the brilliant
or favor to the learned;
but time and chance happen to them all.
12 Moreover, no one knows when their hour will
me:
As fish are caught in a cruel net,
or birds are taken in a snare,
so people are trapped by evil times
that fall unexpectedly upon them.

isdom Better Than Folly

13 I also saw under the sun this example of wisdom
at greatly impressed me: 14 There was once a small
:y with only a few people in it. And a powerful king
me against it, surrounded it and built huge siege
ɔrks against it. 15 Now there lived in that city a
an poor but wise, and he saved the city by his wis-
ɪm. But nobody remembered that poor man. 16 So I
id, "Wisdom is better than strength." But the poor
an's wisdom is despised, and his words are no lon-
r heeded.

17 The quiet words of the wise are more to be
heeded
than the shouts of a ruler of fools.

18 Wisdom is better than weapons of war,
but one sinner destroys much good.

0 1 As dead flies give perfume a bad smell,
so a little folly outweighs wisdom and
honor.
2 The heart of the wise inclines to the right,
but the heart of the fool to the left.
3 Even as fools walk along the road,
they lack sense
and show everyone how stupid they are.
4 If a ruler's anger rises against you,
do not leave your post;
calmness can lay great offenses to rest.
5 There is an evil I have seen under the sun,
the sort of error that arises from a ruler:
6 Fools are put in many high positions,
while the rich occupy the low ones.

dans la vie au milieu de tout le labeur pour lequel tu te
donnes de la peine sous le soleil.
10 Tout ce que tu trouves à faire, fais-le avec l'énergie que
tu as, car il n'y a plus ni activité, ni réflexion, ni science, ni
sagesse dans le séjour des morts vers lequel tu es en route.

Les limites de la sagesse et la nécessité de prendre des risques

11 J'ai encore observé, sous le soleil, que ce ne sont pas
les plus agiles qui gagnent la course, ni les plus forts qui
remportent la victoire au combat, ce ne sont pas les sages
qui ont du pain, et la richesse n'appartient pas aux hommes
intelligents, et les faveurs ne récompensent pas les plus
savants, car les contretemps et les coups durs imprévus
atteignent chacun[o].
12 En effet, l'homme ne sait pas ce qui l'attend, il est
pareil aux poissons qui sont pris dans des filets pour
leur malheur, il ressemble aux oiseaux pris au piège : les
humains sont surpris par le malheur, qui fond sur eux à
l'improviste.

La sagesse du pauvre

13 A l'égard de la sagesse, j'ai encore observé sous le
soleil quelque chose qui me paraît frappant. 14 Il y avait
une petite ville n'ayant que peu d'habitants. Un roi puissant marcha contre elle, l'assiégea et dressa contre elle
des travaux de siège considérables.
15 Dans la ville se trouvait un homme pauvre mais sage
qui aurait pu sauver la ville grâce à sa sagesse. Mais personne ne pensa à cet homme pauvre[p]. 16 Alors, je me suis
dit : « La sagesse vaut mieux que la force, mais la sagesse du
pauvre est méprisée et ses paroles ne sont pas écoutées. »

Garder son calme

17 La voix du sage qui s'exprime dans le calme est plus
écoutée que les cris d'un chef parmi des insensés.

La sagesse gâchée par la folie

18 La sagesse vaut mieux qu'un équipement militaire,
mais un seul pécheur peut anéantir beaucoup de bien.

10 1 Les mouches mortes gâtent et font fermenter
l'huile parfumée. Un brin de folie a plus d'effet
que la sagesse et l'honneur. 2 Le cœur du sage le dirige du
bon côté, tandis que celui de l'insensé le pousse du mauvais côté. 3 Même quand ce dernier s'avance en chemin,
le bon sens lui fait défaut et il dit à tout le monde : « Il est
insensé celui-là ! »[q].

4 Si la mauvaise humeur du chef se tourne contre toi, ne
quitte pas ton poste, car le calme évite de graves fautes.

Les gens qui ne sont pas à leur place

5 Il est un autre mal que j'ai constaté sous le soleil et qui
est comme une méprise ayant échappé au souverain : 6 la
sottise est promue au rang le plus élevé, alors que des gens

o **9.11** D'autres comprennent : *car chacun est tributaire des circonstances et du hasard.*

p **9.15** Autre traduction : *... qui sauva ... Mais personne n'a gardé le souvenir de cet homme pauvre.*

q **10.3** Autres traductions : *il dit de tous les autres qu'ils sont des insensés,* ou : *il manifeste à tout le monde qu'il est un insensé.*

7 I have seen slaves on horseback,
while princes go on foot like slaves.

8 Whoever digs a pit may fall into it;
whoever breaks through a wall may be bitten
by a snake.
9 Whoever quarries stones may be injured by
them;
whoever splits logs may be endangered by
them.
10 If the ax is dull
and its edge unsharpened,
more strength is needed,
but skill will bring success.
11 If a snake bites before it is charmed,
the charmer receives no fee.

12 Words from the mouth of the wise are gracious,
but fools are consumed by their own lips.
13 At the beginning their words are folly;
at the end they are wicked madness –
14 and fools multiply words.
No one knows what is coming –
who can tell someone else what will happen
after them?
15 The toil of fools wearies them;
they do not know the way to town.

16 Woe to the land whose king was a servant[n]
and whose princes feast in the morning.
17 Blessed is the land whose king is of noble birth
and whose princes eat at a proper time –
for strength and not for drunkenness.
18 Through laziness, the rafters sag;
because of idle hands, the house leaks.

19 A feast is made for laughter,
wine makes life merry,
and money is the answer for everything.
20 Do not revile the king even in your thoughts,
or curse the rich in your bedroom,
because a bird in the sky may carry your
words,
and a bird on the wing may report what you
say.

Invest in Many Ventures

11 1 Ship your grain across the sea;
after many days you may receive a return.
2 Invest in seven ventures, yes, in eight;
you do not know what disaster may come
upon the land.
3 If clouds are full of water,
they pour rain on the earth.
Whether a tree falls to the south or to the
north,
in the place where it falls, there it will lie.

n 10:16 Or *king is a child*

riches sont dans l'abaissement. 7J'ai vu des esclaves alle
cheval[r] et des princes marcher à pied comme des esclav

Le risque zéro n'existe pas

8 Qui creuse un trou risque d'y tomber, et qui abat
mur peut être mordu par un serpent. 9 Qui arrache d
pierres risque de se blesser, et qui fend du bois se m
en danger.

10 Si le fer de la hache est émoussé et qu'on n'en aigu
pas le tranchant, il faudra redoubler de force, mais la sa
esse a l'avantage d'assurer la réussite.

11 Si le serpent mord parce qu'il n'a pas été charmé,
charmeur n'a aucun avantage.

La folie de l'insensé

12 Les paroles du sage sont empreintes de bonté, ma
la bouche de l'insensé cause sa perte. 13 Il commence p
dire des sottises et finit en proférant les pires insanit
14 L'insensé multiplie les paroles, mais l'homme igno
l'avenir et personne ne peut lui révéler ce qui arrive
après lui.

15 Le labeur de l'insensé l'exténue : il ne sait même p
comment aller à la ville.

Sur les gouvernements

16 Malheur au pays dont le roi est un gamin et dont
ministres festoient dès le matin ! 17 Heureux le pays do
le roi est issu d'une famille dirigeante et dont les ministr
mangent en temps voulu pour prendre des forces et n
pour s'adonner à la boisson.

18 Quand les mains sont paresseuses, la charpente s'
fondre, et quand on a les bras ballants, la maison finit p
avoir des gouttières.

19 On prépare un repas pour se réjouir, le vin égaie la v
et l'argent répond à toutes sortes de besoins.

20 Ne maudis pas le roi, même en pensée, et ne mauc
pas un riche, même dans ta chambre à coucher, car u
oiseau emporterait tes paroles, la gent ailée colportera
tes propos.

Entreprendre et agir tant qu'il fait jour

11 1 Lance ton pain à la surface de l'eau car, avec
temps, tu le retrouveras.
2 Répartis ton bien en sept ou huit parts[s], car tu ne sa
pas quel malheur peut arriver sur la terre.

3 Quand les nuages sont pleins, il va pleuvoir à verse s
la terre, et l'arbre reste à l'endroit où il est tombé, que
soit vers le sud ou vers le nord.

r 10.7 Dans l'Ancien Testament, les chevaux sont l'apanage des personnages de haut rang (Est 6.8-9 ; Jr 17.25 ; Ez 23.12).
s 11.2 Autre traduction : *Partage ton bien avec sept ou huit autres personnes*

[4] Whoever watches the wind will not plant;
whoever looks at the clouds will not reap.
[5] As you do not know the path of the wind,
or how the body is formed[o] in a mother's womb,
so you cannot understand the work of God,
the Maker of all things.
[6] Sow your seed in the morning,
and at evening let your hands not be idle,
for you do not know which will succeed,
whether this or that,
or whether both will do equally well.

member Your Creator While Young

[7] Light is sweet,
and it pleases the eyes to see the sun.
[8] However many years anyone may live,
let them enjoy them all.
But let them remember the days of darkness,
for there will be many.
Everything to come is meaningless.
[9] You who are young, be happy while you are young,
and let your heart give you joy in the days of your youth.
Follow the ways of your heart
and whatever your eyes see,
but know that for all these things
God will bring you into judgment.
[10] So then, banish anxiety from your heart
and cast off the troubles of your body,
for youth and vigor are meaningless.

12

[1] Remember your Creator
in the days of your youth,
before the days of trouble come
and the years approach when you will say,
"I find no pleasure in them" –
[2] before the sun and the light
and the moon and the stars grow dark,
and the clouds return after the rain;
[3] when the keepers of the house tremble,
and the strong men stoop,
when the grinders cease because they are few,
and those looking through the windows grow dim;

[4] when the doors to the street are closed
and the sound of grinding fades;
when people rise up at the sound of birds,
but all their songs grow faint;

[5] when people are afraid of heights
and of dangers in the streets;
when the almond tree blossoms
and the grasshopper drags itself along

1:5 Or *know how life (or the spirit) / enters the body being formed*

[4] Celui qui prête trop attention au vent ne sèmera jamais
et celui qui observe toujours les nuages ne moissonnera
pas.
[5] Tu ignores quel est le chemin du vent, et tu ne sais pas
comment se forment les os de l'embryon dans le sein de
sa mère ; de même, tu ne connais pas l'œuvre du Dieu qui
fait toutes choses.

[6] Dès le matin, répands ta semence et, jusqu'au soir, ne
t'accorde pas de repos, car tu ne sais pas de l'une ou l'autre
activité, laquelle réussira, ou si les deux s'avéreront aussi
bonnes l'une que l'autre.

Jouir de la vie

[7] Agréable est la lumière, et il fait bon de voir le soleil.
[8] C'est pourquoi, si quelqu'un vit de nombreuses années,
qu'il les passe toutes dans la joie, mais qu'il n'oublie pas
que les jours sombres seront nombreux et que tout ce qui
est à venir est dérisoire.

La perspective de la vieillesse

[9] Jeune homme, réjouis-toi au cours de tes jeunes années,
et que ton cœur se fasse du bien pendant ta jeunesse ;
marche sur les chemins où tu voudras aller et va vers ce que tu désires,
en sachant que pour tout cela Dieu te fera venir en jugement.
[10] Bannis le chagrin de ton cœur,
garde-toi de ce qui te causerait de la souffrance,
car la jeunesse, le printemps de la vie sont dérisoires.

12

[1] Et tiens compte de ton Créateur au temps de ta jeunesse,
avant que t'adviennent les jours mauvais
et avant que viennent les années dont tu te diras :
« Je n'y prends pas plaisir ! » ;
[2] avant que s'obscurcissent le soleil, la lumière,
et que la lune et les étoiles perdent leur éclat,
et que les nuages reparaissent sitôt après la pluie.
[3] C'est l'époque où se mettent à trembler[t] les gens qui gardent la maison,
et où se courbent les hommes vigoureux,
où cessent les broyeuses car les voilà trop peu nombreuses,
et où celles qui regardent par les ouvertures sombrent dans l'obscurité ;
[4] où les deux battants de la porte se ferment sur la rue,
où le bruit de la meule s'affaiblit,
où l'on se lève dès le chant de l'oiseau,
et où faiblissent toutes les chanteuses.
[5] C'est le temps où l'on craint la moindre pente,
et où l'on a peur en chemin :
où l'amandier fleurit,
et où la sauterelle devient lourde,
où la câpre n'a plus de goût.

[t] **12.3** La description qui suit illustre, de façon poétique, le vieillissement de l'homme qui aboutit à la mort. Elle fait allusion aux différentes parties du corps : bras, dos, dents, yeux, oreilles, cordes vocales, cheveux, etc.

and desire no longer is stirred.
Then people go to their eternal home
and mourners go about the streets.
6 Remember him – before the silver cord is
severed,
and the golden bowl is broken;
before the pitcher is shattered at the spring,
and the wheel broken at the well,
7 and the dust returns to the ground it came
from,
and the spirit returns to God who gave it.

8 "Meaningless! Meaningless!" says the Teacher.[p]
"Everything is meaningless!"

The Conclusion of the Matter

9 Not only was the Teacher wise, but he also im-
parted knowledge to the people. He pondered and
searched out and set in order many proverbs. 10 The
Teacher searched to find just the right words, and
what he wrote was upright and true.
11 The words of the wise are like goads, their collected sayings like firmly embedded nails – given by
one shepherd.[q] 12 Be warned, my son, of anything in
addition to them.
Of making many books there is no end, and much
study wearies the body.
13 Now all has been heard;
here is the conclusion of the matter:
Fear God and keep his commandments,
for this is the duty of all mankind.
14 For God will bring every deed into judgment,
including every hidden thing,
whether it is good or evil.

[p] 12:8 Or *the leader of the assembly*; also in verses 9 and 10
[q] 12:11 Or *Shepherd*

Et ainsi s'en va l'homme vers la demeure qui
l'attend, dans les ténèbres[u]
et, déjà, les pleureuses s'assemblent dans les rues.
6 Oui, tiens compte de Lui avant que se rompe le fil
d'argent,
que se brise la coupe d'or,
que la jarre à la fontaine se casse,
que la poulie se brise et tombe dans le puits,
7 que la poussière retourne à la terre comme elle
était auparavant,
et que l'esprit retourne à Dieu qui l'a donné.

Thèse

8 Dérisoire, absolument dérisoire, dit le Maître, oui, to
est dérisoire !

Le Maître et son œuvre

9 Non seulement le Maître fut un sage, mais il a enseig
la sagesse au peuple. Il a pesé, examiné et mis en forn
un grand nombre de proverbes. 10 Il s'est efforcé de tro
ver des propos agréables et d'écrire avec honnêteté d
paroles vraies.
11 Les paroles des sages sont comme des aiguillons
ceux qui rassemblent ces paroles ressemblent à des clo
bien plantés. Elles sont données par un Berger[v] unique
12 Par-dessus tout cela, mon disciple, prête attentior
ce qui suit. On peut multiplier les livres sans fin et le cor
se fatigue à force d'étude.
13 Voici la conclusion de ce discours, maintenant que to
a été entendu : Crains Dieu et obéis à ses commandemen
car cela vaut pour tout homme. 14 En effet, Dieu pronc
cera son jugement sur toute œuvre, même celles qui o
été accomplies en cachette, les bonnes et les mauvaise

[u] 12.5 D'autres comprennent : *vers sa demeure éternelle.*
[v] 12.11 Autre traduction : *berger.*

Song of Songs

[1]Solomon's Song of Songs.

e[a]

[2] Let him kiss me with the kisses of his mouth –
for your love is more delightful than wine.
[3] Pleasing is the fragrance of your perfumes;
your name is like perfume poured out.
No wonder the young women love you!

[4] Take me away with you – let us hurry!
Let the king bring me into his chambers.

iends

We rejoice and delight in you[b];
we will praise your love more than wine.

e

How right they are to adore you!
[5] Dark am I, yet lovely,
daughters of Jerusalem,
dark like the tents of Kedar,
like the tent curtains of Solomon.[c]
[6] Do not stare at me because I am dark,
because I am darkened by the sun.
My mother's sons were angry with me
and made me take care of the vineyards;
my own vineyard I had to neglect.
[7] Tell me, you whom I love,
where you graze your flock
and where you rest your sheep at midday.
Why should I be like a veiled woman
beside the flocks of your friends?

iends

[8] If you do not know, most beautiful of women,
follow the tracks of the sheep
and graze your young goats
by the tents of the shepherds.

[9] I liken you, my darling, to a mare
among Pharaoh's chariot horses.
[10] Your cheeks are beautiful with earrings,
your neck with strings of jewels.
[11] We will make you earrings of gold,

he main male and female speakers (identified primarily on the sis of the gender of the relevant Hebrew forms) are indicated the captions *He* and *She* respectively. The words of others are rked *Friends.*In some instances the divisions and their captions e debatable.
:4 The Hebrew is masculine singular.
:5 Or *Salma*

Le Cantique des Cantiques

1 [1]Le plus beau des chants, composé par Salomon[a].

Célébrons l'amour

[2] « Ah ! que ta bouche me couvre de baisers,
car ton amour est plus exaltant que le vin.
[3] Combien suaves sont tes parfums,
ton nom est comparable[b] à une huile odorante qui
se répand.
Voilà pourquoi les jeunes filles sont éprises de toi.
[4] Entraîne-moi derrière toi ! Courons ensemble ! »
« Le roi m'a fait entrer dans ses appartements. »

Le chœur

« Réjouissons-nous, soyons dans l'allégresse à ton
sujet !
Célébrons ton amour plus exaltant que le bon vin !
C'est bien avec raison qu'on est épris de toi. »

[5] « O filles de Jérusalem[c], je suis noiraude, et
pourtant, je suis belle,
pareille aux tentes de Qédar[d], aux tentures de
Salomon.
[6] Ne vous étonnez pas si je suis bien brunie :
le soleil m'a hâlée,
car les fils de ma mère, irrités contre moi,
m'ont fait garder les vignes,
oui, mais ma vigne à moi, je ne l'ai pas gardée.
[7] O toi que mon cœur aime,
dis-moi où tu fais paître ton troupeau de brebis,
où tu le feras reposer à l'heure de midi,
pour que je ne sois pas comme une femme errante[e],
rôdant près des troupeaux que gardent tes
compagnons. »

[8] « Si tu ne le sais pas, ô toi, la plus belle des
femmes,
va donc suivre les traces du troupeau de brebis,
fais paître tes chevrettes près des huttes des
pâtres. »

Avec les yeux de l'amour

[9] « O mon amie, je te trouve pareille
à une jument d'attelage du pharaon.
[10] Tes joues sont belles entre les perles,
ton cou est beau dans tes colliers ;
[11] nous te ferons des perles d'or

[a] **1.1** Voir l'introduction. Le roi est encore mentionné en 1.5 ; 3.7, 9, 11 ; 8.11-12.
[b] **1.3** Autre traduction : *et ta renommée est comparable.*
[c] **1.5** Voir v. 3.
[d] **1.5** *Qédar:* tribu arabe fixée au sud-est d'Edom et habitant sous des tentes (Jr 49.29) faites du poil des chèvres noires de ces régions. Le mot *Qédar* vient d'une racine hébraïque signifiant : être noir.
[e] **1.7** *errante:* comme une vagabonde, une coureuse qui cherche l'aventure ; ou : une *voilée,* c'est-à-dire une prostituée (Gn 38.14-15).

studded with silver.

She

12 While the king was at his table,
my perfume spread its fragrance.
13 My beloved is to me a sachet of myrrh
resting between my breasts.

14 My beloved is to me a cluster of henna blossoms
from the vineyards of En Gedi.

He

15 How beautiful you are, my darling!
Oh, how beautiful!
Your eyes are doves.

She

16 How handsome you are, my beloved!
Oh, how charming!
And our bed is verdant.

He

17 The beams of our house are cedars;
our rafters are firs.

She[d]

2 1 I am a rose[e] of Sharon,
a lily of the valleys.

He

2 Like a lily among thorns
is my darling among the young women.

She

3 Like an apple[f] tree among the trees of the forest
is my beloved among the young men.
I delight to sit in his shade,
and his fruit is sweet to my taste.
4 Let him lead me to the banquet hall,
and let his banner over me be love.
5 Strengthen me with raisins,
refresh me with apples,
for I am faint with love.
6 His left arm is under my head,
and his right arm embraces me.
7 Daughters of Jerusalem, I charge you
by the gazelles and by the does of the field:
Do not arouse or awaken love

[d] Or *He*
[e] **2:1** Probably a member of the crocus family
[f] **2:3** Or possibly *apricot*; here and elsewhere in Song of Songs

tout incrustées de points d'argent. »

12 « Jusqu'à ce que le roi parvienne à son enclos[f],
mon nard[g] exhale son parfum.
13 Car mon bien-aimé est pour moi comme un sachet de myrrhe[h],
entre mes seins il passera la nuit.
14 Oui, mon bien-aimé est pour moi un bouquet de henné[i]
des vignes d'Eyn-Guédi[j]. »

15 « Que tu es belle, ma bien-aimée, que tu es belle !
Tes yeux ressemblent à des colombes. »

16 « Que tu es beau, mon bien-aimé, tu es superbe !
Dans la verdure est notre lit.

17 Les solives de nos maisons, ce sont les cèdres,
et les cyprès sont nos lambris. »

Malade d'amour

2 1 « Moi, je suis une fleur qui pousse dans la plaine du Saron[k],
un lis de la vallée. »

2 « Oui, comme un lis parmi des ronces
est mon amie parmi les filles. »

3 « Comme un pommier parmi les arbres de la forêt
tel est mon bien-aimé parmi les jeunes gens,
j'ai grand plaisir à m'asseoir à son ombre.
Combien son fruit est doux à mon palais.

4 Il m'a conduite dans la maison du vin[l]
et il a déployé sur moi, l'étendard[m] de l'amour.
5 Restaurez-moi avec des gâteaux de raisins,
soutenez-moi avec des pommes,
car je suis malade d'amour.
6 Son bras gauche soutient ma tête,
et son bras droit m'enlace.
7 O filles de Jérusalem, oh, je vous en conjure
par les gazelles ou par les biches de la campagne :
n'éveillez pas, non, ne réveillez pas l'amour

[f] **1.12** Autre traduction : *pendant que le roi mangeait à sa table.*
[g] **1.12** Plante aromatique originaire de l'Inde.
[h] **1.13** La *myrrhe* était une gomme aromatique extraite du balsamier qui pousse en Arabie, en Ethiopie et aux Indes. Elle était utilisée comme parfum (Est 2.12 ; Pr 7.17 ; Ps 45.9; comparer Mt 2.2, 11) ; elle entrait aussi dans la composition de l'huile sainte (Ex 30.23).
[i] **1.14** Plante aromatique utilisée comme parfum.
[j] **1.14** Oasis alimentée par une source, à l'ouest de la mer Morte, où poussent beaucoup de plantes aromatiques.
[k] **2.1** Le narcisse du *Saron,* une sorte de crocus poussant dans la plaine côtière au sud du Carmel (entre Haïfa et Jaffa).
[l] **2.4** Selon certains, un lieu de banquet et de réjouissances, selon d'autres, non un débit de boisson, mais, au sens figuré, le « lieu » où le bien-aimé et sa bien-aimée s'enivrent l'un de l'autre (voir 5.1).
[m] **2.4** Signe de ralliement (Es 5.26 ; 11.10) ; selon d'autres, enseigne du « lieu » de l'enivrement mutuel.

until it so desires.

8 Listen! My beloved!
Look! Here he comes,
leaping across the mountains,
bounding over the hills.
9 My beloved is like a gazelle or a young stag.
Look! There he stands behind our wall,
gazing through the windows,
peering through the lattice.
10 My beloved spoke and said to me,
"Arise, my darling,
my beautiful one, come with me.
11 See! The winter is past;
the rains are over and gone.
12 Flowers appear on the earth;
the season of singing has come,
the cooing of doves
is heard in our land.
13 The fig tree forms its early fruit;
the blossoming vines spread their fragrance.
Arise, come, my darling;
my beautiful one, come with me."

14 My dove in the clefts of the rock,
in the hiding places on the mountainside,
show me your face,
let me hear your voice;
for your voice is sweet,
and your face is lovely.
15 Catch for us the foxes,
the little foxes
that ruin the vineyards,
our vineyards that are in bloom.

e

16 My beloved is mine and I am his;
he browses among the lilies.
17 Until the day breaks
and the shadows flee,
turn, my beloved,
and be like a gazelle
or like a young stag
on the rugged hills.[g]

avant qu'il ne le veuille[n].

Le voici, il vient

8 J'entends mon bien-aimé,
oui, le voici, il vient,
sautant sur les montagnes
et bondissant sur les collines.
9 Mon bien-aimé ressemble à la gazelle
ou à un jeune cerf.
Le voici : il est là, derrière notre mur,
guettant par les fenêtres
et lançant des regards à travers les treillis.
10 Mon bien-aimé me parle,
et il me dit :
"Lève-toi, mon amie, viens donc, ma belle,
11 car l'hiver est passé
et les pluies ont cessé, leur saison est finie.
12 On voit des fleurs éclore à travers le pays,
et le temps de chanter est revenu.
La voix des tourterelles retentit dans nos champs.

13 Sur les figuiers, les premiers fruits mûrissent[o].
La vigne en fleur exhale son parfum[p].
Lève-toi, mon amie, et viens, oui, viens, ma belle."

14 Ma colombe nichée aux fentes du rocher,
cachée au plus secret des parois escarpées,
fais-moi voir ton visage
et entendre ta voix,
car ta voix est bien douce et ton visage est beau.

15 Prenez-nous les renards[q],
oui, les petits renards qui ravagent nos vignes
quand elles sont en fleur.

16 Mon bien-aimé, il est à moi, et moi, je suis à lui,
il paît parmi les lis.
17 Et quand viendra la brise
à la tombée du jour,
et quand s'estomperont les ombres,
reviens, ô toi mon bien-aimé,
pareil à la gazelle ou à un jeune faon
sur les monts escarpés[r].

:17 Or *the hills of Bether*

[n] **2.7** Voir 3.5 ; 8.4. Autre traduction : *n'éveillez pas, non, n'éveillez pas ma bien-aimée avant qu'elle ne le veuille.*

[o] **2.13** Le figuier d'Israël porte deux récoltes de figues par année : les précoces, qui ont passé l'hiver sur l'arbre, au printemps, les tardives en été (Mc 11.13). C'est des premières dont il est question.

[p] **2.13** Autre traduction : *les ceps de Semadar exhalent leur parfum.* Il est question d'un lieu appelé Semadar dans les tablettes d'Ebla, site situé en Syrie où l'on a découvert plusieurs milliers de tablettes datant du IIIe millénaire av. J.-C. ; il se peut qu'on y produisait un vin réputé.

[q] **2.15** Les renards abondaient en Judée et y causaient beaucoup de dommages dans les vignes et les jardins. Cette parole énigmatique peut être une demande que l'on écarte tout ce qui pourrait endommager *les vignes en fleur,* l'amour du bien-aimé et de sa bien-aimée. Ce pourrait encore être un prétexte pour repousser l'invitation, ou pour se faire prier, par coquetterie.

[r] **2.17** Autres traductions : *sur les monts de Béther,* lieu non identifié, ou *sur les monts qui nous séparent.* Il pourrait encore s'agir d'une image pour les seins de la bien-aimée.

3 1 All night long on my bed
I looked for the one my heart loves;
I looked for him but did not find him.
2 I will get up now and go about the city,
through its streets and squares;
I will search for the one my heart loves.
So I looked for him but did not find him.
3 The watchmen found me
as they made their rounds in the city.
"Have you seen the one my heart loves?"

4 Scarcely had I passed them
when I found the one my heart loves.
I held him and would not let him go
till I had brought him to my mother's house,
to the room of the one who conceived me.
5 Daughters of Jerusalem, I charge you
by the gazelles and by the does of the field:
Do not arouse or awaken love
until it so desires.

6 Who is this coming up from the wilderness
like a column of smoke,
perfumed with myrrh and incense
made from all the spices of the merchant?
7 Look! It is Solomon's carriage,
escorted by sixty warriors,
the noblest of Israel,
8 all of them wearing the sword,
all experienced in battle,
each with his sword at his side,
prepared for the terrors of the night.
9 King Solomon made for himself the carriage;
he made it of wood from Lebanon.
10 Its posts he made of silver,
its base of gold.
Its seat was upholstered with purple,
its interior inlaid with love.
Daughters of Jerusalem, 11 come out,
and look, you daughters of Zion.
Look[h] on King Solomon wearing a crown,
the crown with which his mother crowned
him
on the day of his wedding,
the day his heart rejoiced.

He

4 1 How beautiful you are, my darling!
Oh, how beautiful!
Your eyes behind your veil are doves.
Your hair is like a flock of goats

[h] **3:10,11** Or *interior lovingly inlaid / by the daughters of Jerusalem. /* [11] *Come out, you daughters of Zion, / and look*

Pensées nocturnes

3 1 Sur mon lit, au long de la nuit,
j'ai recherché celui que mon cœur aime.
Je l'ai cherché, mais ne l'ai pas trouvé.
2 Je me suis dit alors : Il faut que je me lève,
je ferai le tour de la ville par les rues et les places,
je chercherai partout celui que mon cœur aime.
Je l'ai cherché, mais ne l'ai pas trouvé.
3 Les gardes m'ont trouvée, ceux qui font le tour de
ville[s].
Je leur ai demandé : Celui que mon cœur aime, ne
l'avez-vous pas vu ?
4 Les ayant dépassés,
peu après, j'ai trouvé celui que mon cœur aime.
Je l'ai saisi bien fort, et ne l'ai plus lâché
jusqu'à l'avoir conduit au logis de ma mère,
dans la chambre de celle qui m'a conçue.
5 O filles de Jérusalem, oh, je vous en conjure
par les gazelles ou par les biches de la campagne :
n'éveillez pas, non, ne réveillez pas l'amour
avant qu'il ne le veuille. »

Cortège royal

6 « Qui donc est celle-ci qui monte du désert[t]
comme un nuage de fumée,
aux senteurs de myrrhe et d'encens
et de tous parfums exotiques ?
7 Voici la litière de Salomon
escortée de ses soixante guerriers,
l'élite des guerriers en Israël.
8 Tous armés de l'épée,
exercés au combat,
ils ont leur épée au côté
pour parer aux terreurs nocturnes.
9 Le palanquin[u] royal fait sur ordre de Salomon
est en bois du Liban.
10 Ses colonnes sont en argent,
son dossier[v] est en or,
son siège est fait en pourpre.
Les filles de Jérusalem
ont tapissé avec amour tout l'intérieur du
palanquin.
11 O filles de Sion, sortez, contemplez le roi Salomon
portant le diadème dont le ceignit sa mère
au jour de son mariage,
au jour où tout son cœur était rempli de joie. »

Que tu es belle, ô mon amie

4 1 « Que tu es belle, ô mon amie, que tu es belle !
Tes yeux ressemblent à des colombes
dessous ton voile,
ta chevelure est comme un troupeau de chèvres

[s] **3.3** Les gardes se tenaient la nuit près de la porte (Né 3.29 ; 11.19 ; 13.22) ou sur les remparts (5.7 ; 2 S 13.34 ; 18.24-27 ; 2 R 9.17-20 ; Ps 127.1 ; Es 52.8 ; 62.6). Sans doute patrouillaient-ils aussi dans la ville (5.7).

[t] **3.6** Voir 8.5. Le *désert* est celui de Judée, c'est-à-dire les collines incult entourant Jérusalem.

[u] **3.9** Sans doute la litière mentionnée au v. 7 et qui devait être richement ornée.

[v] **3.10** Terme de sens incertain. Autres traductions : *lit, siège, base, support, trône.*

descending from the hills of Gilead.
[2] Your teeth are like a flock of sheep just shorn,
coming up from the washing.
Each has its twin;
not one of them is alone.
[3] Your lips are like a scarlet ribbon;
your mouth is lovely.
Your temples behind your veil
are like the halves of a pomegranate.
[4] Your neck is like the tower of David,
built with courses of stone[i];
on it hang a thousand shields,
all of them shields of warriors.
[5] Your breasts are like two fawns,
like twin fawns of a gazelle
that browse among the lilies.
[6] Until the day breaks
and the shadows flee,
I will go to the mountain of myrrh
and to the hill of incense.
[7] You are altogether beautiful, my darling;
there is no flaw in you.
[8] Come with me from Lebanon, my bride,
come with me from Lebanon.
Descend from the crest of Amana,
from the top of Senir, the summit of Hermon,
from the lions' dens
and the mountain haunts of leopards.
[9] You have stolen my heart, my sister, my bride;
you have stolen my heart
with one glance of your eyes,
with one jewel of your necklace.
[10] How delightful is your love, my sister, my bride!
How much more pleasing is your love than wine,
and the fragrance of your perfume
more than any spice!
[11] Your lips drop sweetness as the honeycomb, my bride;
milk and honey are under your tongue.
The fragrance of your garments
is like the fragrance of Lebanon.
[12] You are a garden locked up, my sister, my bride;
you are a spring enclosed, a sealed fountain.

4 The meaning of the Hebrew for this phrase is uncertain.

dévalant le mont Galaad[w].
[2] Tes dents ressemblent à un troupeau de brebis passé aux mains des tondeurs
qui reviendrait du lavoir.
Chacune d'elles a sa jumelle,
aucune n'est solitaire.
[3] Voici tes lèvres comme un ruban écarlate ;
combien ta bouche est charmante !
Et tes tempes ressemblent à des moitiés de grenades[x]
dessous ton voile.
[4] Ton cou ressemble à la tour du roi David,
bâtie comme un arsenal :
mille rondaches y sont pendues[y],
tous les pavois des héros.
[5] Comme deux faons, jumeaux d'une gazelle,
paissant parmi les lis, sont tes deux seins. »
[6] « Et quand viendra la brise
à la tombée du jour,
et quand s'estomperont les ombres,
je m'en irai vers la montagne de la myrrhe,
vers la colline de l'encens. »

La beauté de l'amour

[7] « Tu es toute jolie, ô mon amie,
et sans aucun défaut.
[8] Oh, viens du Liban avec moi, ma mariée[z],
oui, viens du Liban avec moi.
Veuille descendre[a] du sommet de l'Amana,
du sommet du Senir, et de l'Hermon[b],
là où les lions ont leur retraite,
et les panthères dans les montagnes.
[9] Tu chamboules mon cœur, ô toi, ma sœur[c], ma mariée,
tu chamboules mon cœur par un seul regard jeté par tes yeux,
par un seul des joyaux de tes colliers.
[10] Ton amour est bien délicieux, ô toi, ma sœur, ma mariée,
oui, ton amour est plus exaltant que le vin
et la senteur de tes parfums plus que tous les arômes.
[11] Tes lèvres, distillent du miel, ma mariée,
du miel, du lait sont sous ta langue,
et le parfum de tes habits est tout pareil aux senteurs du Liban.
[12] Tu es un jardin clos, ô toi, ma sœur, ma mariée,
un jardin clos[d] et une fontaine scellée[e].

[w] **4.1** Noires comme les chèvres de ce pays.
[x] **4.3** A cause de leur couleur rougeâtre (voir 6.7).
[y] **4.4** Allusion au collier formé de pièces de monnaie entourant le cou comme les boucliers ronds suspendus autour des tours (Ez 27.10-11).
[z] **4.8** Le mot hébreu, qui se retrouve aux v. 9, 10, 11, 12 et en 5.1, désigne l'*épousée*, juste avant ou juste après le mariage, comme en Os 4.13ss
[a] **4.8** Autre traduction : *tu contempleras*.
[b] **4.8** Différents sommets du nord d'Israël.
[c] **4.9** *ma sœur:* terme d'affection du langage amoureux, courant dans la poésie du Proche-Orient ancien (voir v. 10, 12 ; 5.1).
[d] **4.12** D'après divers manuscrits hébreux et les versions anciennes. Le texte hébreu traditionnel porte un terme de sens incertain souvent rendu par *source* ou *fontaine*. Les deux types de textes hébreux ne diffèrent que par une seule lettre.
[e] **4.12** On avait l'habitude de fermer les puits (Gn 29.2-3).

13 Your plants are an orchard of pomegranates
with choice fruits,
with henna and nard,
14 nard and saffron,
calamus and cinnamon,
with every kind of incense tree,
with myrrh and aloes
and all the finest spices.
15 You are[j] a garden fountain,
a well of flowing water
streaming down from Lebanon.

She

16 Awake, north wind,
and come, south wind!
Blow on my garden,
that its fragrance may spread everywhere.
Let my beloved come into his garden
and taste its choice fruits.

He

5 1 I have come into my garden, my sister, my bride;
I have gathered my myrrh with my spice.
I have eaten my honeycomb and my honey;
I have drunk my wine and my milk.

Friends

Eat, friends, and drink;
drink your fill of love.

She

2 I slept but my heart was awake.
Listen! My beloved is knocking:
"Open to me, my sister, my darling,
my dove, my flawless one.
My head is drenched with dew,
my hair with the dampness of the night."
3 I have taken off my robe –
must I put it on again?
I have washed my feet –
must I soil them again?
4 My beloved thrust his hand through the
latch-opening;
my heart began to pound for him.
5 I arose to open for my beloved,
and my hands dripped with myrrh,
my fingers with flowing myrrh,
on the handles of the bolt.
6 I opened for my beloved,
but my beloved had left; he was gone.
My heart sank at his departure.[k]
I looked for him but did not find him.
I called him but he did not answer.

j 4:15 Or *I am* (spoken by *She*)
k 5:6 Or *heart had gone out to him when he spoke*

13 Tes rameaux[f] forment un verger de grenadiers aux
fruits exquis,
henné et nard l'embaument,
14 le nard et le safran et la canne odorante, le
cinnamome[g],
et toutes sortes de plantes donnant de l'encens,
l'aloès et la myrrhe,
avec les plus fins aromates.
15 Tu es la source des jardins,
un puits d'eaux vives,
et d'eaux ruisselant du Liban[h].

16 Eveille-toi, brise légère,
viens, doux zéphyr,
que mon jardin, exhale ses parfums. »

Le jardin de l'amour

« Que mon bien-aimé entre dans son jardin
et qu'il en goûte les fruits exquis. »

5 1 « Je viens dans mon jardin, ma sœur, ma mariée,
je récolte ma myrrhe, avec mes aromates,
je mange mon rayon de miel avec mon miel,
je bois mon vin avec mon lait.
Mangez, amis, buvez !
Jusqu'à l'ivresse, les amoureux ! »

Rendez-vous manqué[i]

2 « Je m'étais endormie, pourtant mon cœur veillait
J'entends mon bien-aimé frapper :
"Ma sœur, mon amie, ouvre-moi,
toi, ma colombe, toi, ma parfaite,
car j'ai la tête couverte de rosée.
Mes boucles sont trempées des gouttes de la nuit."
3 J'ai ôté ma tunique, comment la remettrais-je ?
Et j'ai lavé mes pieds : comment les salirais-je ?

4 Mon bien-aimé avance sa main par l'ouverture,
mon ventre en a frémi

5 et je me suis levée pour ouvrir à mon bien-aimé.
De mes mains, goutte à goutte, de la myrrhe a coulé
de la myrrhe onctueuse a goutté de mes doigts
jusque sur la poignée du verrou de la porte.
6 J'ouvre à mon bien-aimé.
Hélas, mon bien-aimé était déjà parti : il s'en était
allé,
et son départ[j] me rendait éperdue.
Je l'ai cherché, mais ne l'ai pas trouvé.
Et je l'ai appelé, mais il ne m'a pas répondu.

f 4.13 Autre traduction : *Tes ruisseaux arrosent un verger.*
g 4.14 Diverses plantes aromatiques précieuses.
h 4.15 Dont les neiges éternelles alimentent des cours d'eau frais et intarissables.
i 5.2 De 5.2 à 6.3, le rythme de la traduction accentue de nouveau les syllabes paires.
j 5.6 Autre traduction : *et ses paroles me rendaient éperdue.*

[7] The watchmen found me
as they made their rounds in the city.
They beat me, they bruised me;
they took away my cloak,
those watchmen of the walls!
[8] Daughters of Jerusalem, I charge you –
if you find my beloved,
what will you tell him?
Tell him I am faint with love.

iends

[9] How is your beloved better than others,
most beautiful of women?
How is your beloved better than others,
that you so charge us?

e

[10] My beloved is radiant and ruddy,
outstanding among ten thousand.
[11] His head is purest gold;
his hair is wavy
and black as a raven.
[12] His eyes are like doves
by the water streams,
washed in milk,
mounted like jewels.
[13] His cheeks are like beds of spice
yielding perfume.
His lips are like lilies
dripping with myrrh.
[14] His arms are rods of gold
set with topaz.
His body is like polished ivory
decorated with lapis lazuli.
[15] His legs are pillars of marble
set on bases of pure gold.
His appearance is like Lebanon,
choice as its cedars.
[16] His mouth is sweetness itself;
he is altogether lovely.
This is my beloved, this is my friend,
daughters of Jerusalem.

iends

[1] Where has your beloved gone,
most beautiful of women?
Which way did your beloved turn,
that we may look for him with you?

e

[2] My beloved has gone down to his garden,
to the beds of spices,
to browse in the gardens
and to gather lilies.
[3] I am my beloved's and my beloved is mine;

[7] Les gardes m'ont trouvée ceux qui font le tour de la
ville,
ils m'ont frappée et ils m'ont maltraitée.
Ils m'ont arraché ma mantille, les gardes des
remparts.
[8] O filles de Jérusalem, oh, je vous en conjure :
si vous le rencontrez, mon bien-aimé,
Qu'allez-vous donc lui dire ?
Que je suis malade d'amour ! »

Le chœur

[9] « Qu'a donc ton bien-aimé de plus qu'un autre ?
Dis-le-nous donc, toi la plus belle parmi les femmes,
oui, qu'a-t-il donc ton bien-aimé de plus qu'un autre
pour que tu nous conjures, de façon si pressante ? »

Que tu es beau, mon bien-aimé

[10] « Mon bien-aimé a le teint clair et rose,
on le distinguerait au milieu de dix mille.
[11] Sa tête est comme de l'or pur.
Ses boucles sont flottantes
et d'un noir de corbeau.
[12] Ses yeux sont des colombes
sur le bord des cours d'eau,
ils baignent dans du lait
reposant sur des coupes pleines dans un chaton de
bague.
[13] Ses joues ressemblent à un parterre d'aromates
exhalant[k] leurs parfums.
Ses lèvres sont des lis
distillant de la myrrhe, de la myrrhe onctueuse,
[14] et ses mains, des bracelets d'or
incrustés de topazes[l].
Son corps est d'ivoire poli
émaillé de saphirs.
[15] Ses jambes sont semblables à des piliers de marbre
sur des socles d'or pur.
Son aspect est pareil à celui du Liban[m]
et d'une beauté sans égale, comme les cèdres.
[16] Son palais est plein de douceurs
et toute sa personne est empreinte de charme.
Tel est mon bien-aimé, oui, tel est mon ami,
ô filles de Jérusalem. »

Le chœur

6 [1] « Où est allé ton bien-aimé,
ô toi la plus belle des femmes ?
De quel côté s'est-il tourné, ton bien-aimé ?
Nous t'aiderons à le chercher. »

Le lien de l'amour

[2] « Mon bien-aimé est descendu dans son jardin,
vers ses parterres d'aromates,
afin de paître dans les jardins
et d'y cueillir des lis.
[3] Moi, je suis à mon bien-aimé et mon bien-aimé est à
moi,

---

[k] **5.13** Texte hébreu traditionnel : *des tours (de parfum)* ; la traduction retenue suppose une modification de la vocalisation du mot hébreu, avec l'appui de l'ancienne version grecque.
[l] **5.14** Autre traduction : *chrysolithe.*
[m] **5.15** Aussi majestueux que cette chaîne de montagnes qui se dresse au nord d'Israël.

he browses among the lilies.

He

4 You are as beautiful as Tirzah, my darling,
as lovely as Jerusalem,
as majestic as troops with banners.
5 Turn your eyes from me;
they overwhelm me.
Your hair is like a flock of goats
descending from Gilead.
6 Your teeth are like a flock of sheep
coming up from the washing.
Each has its twin,
not one of them is missing.
7 Your temples behind your veil
are like the halves of a pomegranate.
8 Sixty queens there may be,
and eighty concubines,
and virgins beyond number;
9 but my dove, my perfect one, is unique,
the only daughter of her mother,
the favorite of the one who bore her.
The young women saw her and called her
blessed;
the queens and concubines praised her.

Friends

10 Who is this that appears like the dawn,
fair as the moon, bright as the sun,
majestic as the stars in procession?

He

11 I went down to the grove of nut trees
to look at the new growth in the valley,
to see if the vines had budded
or the pomegranates were in bloom.
12 Before I realized it,
my desire set me among the royal chariots of
my people.[l]

Friends

13 Come back, come back, O Shulammite;
come back, come back, that we may gaze on
you!

[l] **6:12** Or *among the chariots of Amminadab*; or *among the chariots of the people of the prince*

il paît parmi les lis. »

La plus belle de toutes[n]

4 « Que tu es belle, ô mon amie, comme Tirtsa[o].
Tu es superbe comme Jérusalem,
et redoutable comme des soldats
rangés sous leur bannière.
5 Détourne de moi tes yeux, car ils me troublent,
ta chevelure est comme un troupeau de chèvres
dévalant le mont Galaad.

6 Tes dents ressemblent à un troupeau de brebis
qui reviendrait du lavoir.
Chacune d'elles a sa jumelle,
aucune n'est solitaire.
7 Et tes tempes ressemblent à des moitiés de grenad[e]
dessous ton voile.
8 Les reines sont soixante
et quatre-vingts les épouses de second rang,
les jeunes filles sont sans nombre.
9 Mais elle, ma colombe, ma parfaite est unique.
Elle est unique pour sa mère, la préférée de celle q[ui]
l'a enfantée.
Les jeunes filles, en la voyant, la disent
bienheureuse.
Toutes les reines, et les épouses de second rang for[nt]
son éloge. »

Le chœur

10 « Qui donc est celle qui apparaît comme l'aurore
et qui est belle comme la lune, brillante comme le
soleil
et redoutable comme des soldats
rangés sous leur bannière[p] ? »

Poussée par le désir

11 « Je venais de descendre au jardin des noyers
pour regarder les pousses dans le vallon
et pour voir si la vigne avait déjà fleuri,
et si les grenadiers étaient déjà en fleurs.
12 Je ne sais pas comment je me suis retrouvée,
poussée par mon désir,
au beau milieu des chars des hommes de mon
prince[q]. »

Le chœur

7 1 « Reviens, reviens, ô Sulamite[r] !
Reviens, reviens, que nous puissions te
contempler. »

[n] **6.4** Dans 6.4-10, le rythme de la traduction accentue les 1re, 4e et 7e syllabes.

[o] **6.4** *Tirtsa:* ancienne ville cananéenne du centre du pays (Jos 12.24), choisie par Jéroboam Ier (930 à 909 av. J.-C.) comme la première capital[e] du royaume du Nord (1 R 14.17). Son nom signifie « plaisir, beauté ».

[p] **6.10** D'autres comprennent : *comme ces astres admirables.*

[q] **6.12** La traduction de ce verset est difficile. En adoptant un autre découpage et une autre vocalisation de certains mots hébreux que ceu[x] du texte hébreu traditionnel, on obtient : *mais je ne me reconnais plus ! Il m'intimide bien que je sois la fille de nobles gens* (voir 7.2 où se retrouve la même expression, traduite : *fille de prince*).

[r] **7.1** *Sulamite:* la bien-aimée. Selon certains, ce mot serait une variante du nom Sunamite, c'est-à-dire « femme originaire de Sunem » (Jos 19.18). Abishag la Sunamite était réputée pour sa beauté (1 R 1.3-4). Selon d'autres, ce mot serait une forme féminine du nom de Salomon.

Why would you gaze on the Shulammite
as on the dance of Mahanaim?[m]

7

1[n] How beautiful your sandaled feet,
O prince's daughter!
Your graceful legs are like jewels,
the work of an artist's hands.
2 Your navel is a rounded goblet
that never lacks blended wine.
Your waist is a mound of wheat
encircled by lilies.
3 Your breasts are like two fawns,
like twin fawns of a gazelle.
4 Your neck is like an ivory tower.
Your eyes are the pools of Heshbon
by the gate of Bath Rabbim.
Your nose is like the tower of Lebanon
looking toward Damascus.
5 Your head crowns you like Mount Carmel.
Your hair is like royal tapestry;
the king is held captive by its tresses.
6 How beautiful you are and how pleasing,
my love, with your delights!
7 Your stature is like that of the palm,
and your breasts like clusters of fruit.
8 I said, "I will climb the palm tree;
I will take hold of its fruit."
May your breasts be like clusters of grapes on
the vine,
the fragrance of your breath like apples,
9 and your mouth like the best wine.

e

May the wine go straight to my beloved,
flowing gently over lips and teeth.[o]

10 I belong to my beloved,
and his desire is for me.
11 Come, my beloved, let us go to the countryside,
let us spend the night in the villages.[p]

12 Let us go early to the vineyards
to see if the vines have budded,
if their blossoms have opened,
and if the pomegranates are in bloom –
there I will give you my love.

13 The mandrakes send out their fragrance,
and at our door is every delicacy,
both new and old,
that I have stored up for you, my beloved.

6:13 In Hebrew texts this verse (6:13) is numbered 7:1.
n Hebrew texts 7:1-13 is numbered 7:2-14.
:9 Septuagint, Aquila, Vulgate and Syriac; Hebrew *lips of sleepers*
:11 Or *the henna bushes*

Une danse enivrante

« Pourquoi regardez-vous la Sulamite
comme on regarde la danse des deux camps ? »
2 « Que tes pas sont gracieux dans tes sandales, fille
de prince !
Le contour de tes hanches ressemble à un collier,
œuvre de mains d'artiste.
3 Ton nombril est comme une coupe bien arrondie
où le vin parfumé ne manque pas.
Ton ventre est comme une meule de blé
bordée de lis.
4 Comme deux faons, jumeaux d'une gazelle,
paissant parmi les lis, sont tes deux seins.
5 Ton cou est une tour d'ivoire
et tes yeux sont les étangs de Heshbôn[s]
près de la porte Populeuse[t],
et ton nez est semblable à la tour du Liban
postée en sentinelle en face de Damas[u].
6 Ta tête, sur ton corps, est comme le Carmel
et tes cheveux ont des reflets de pourpre.
Un roi est enchaîné dans leurs ondulations. »
7 « Que tu es belle et que tu es gracieuse,
toi, mon amour et mes délices.
8 Par ta taille élancée tu es comme un palmier.
Tes seins en sont les grappes.
9 Alors j'ai dit : "Ah, je vais monter au palmier,
j'en saisirai les fruits."
Que tes seins soient pour moi des grappes de raisin !
Le parfum de ton souffle comme celui des pommes,

10 et ton palais distille le vin le plus exquis ... »
« Oui, un bon vin qui va droit à mon bien-aimé,
et glisse[v] sur les lèvres de ceux qui
s'assoupissent[w]. »

Viens donc, mon bien-aimé !

11 « Moi, je suis à mon bien-aimé
et c'est moi qu'il désire.
12 Viens donc, mon bien-aimé, sortons dans la
campagne.
Nous passerons la nuit au milieu des hameaux,
13 et nous nous lèverons au matin, de bonne heure,
pour aller dans les vignes,
pour voir si elles sont en fleur et si leurs bourgeons
sont ouverts,
si déjà sont sorties les fleurs des grenadiers.
Là-bas, je te ferai le don de mon amour.
14 Les mandragores[x] exhalent leur parfum.
Nous avons, à nos portes, des fruits exquis de toutes
sortes,
des nouveaux comme des anciens.
Pour toi, mon bien-aimé, je les ai réservés.

s 7.5 *Heshbôn:* ancienne capitale du royaume amoréen situé à l'est du Jourdain où Sihôn avait été vaincu par Moïse (Nb 21.26).
t 7.5 Littéralement : *près de la porte de Bath-Rabbim* (= fille d'une multitude), probablement un nom poétique de Heshbôn.
u 7.5 Soit une tour de garde sur la frontière nord du royaume de Salomon, vers la Syrie, soit les monts du Liban.
v 7.10 *glisse:* sens incertain.
w 7.10 En modifiant légèrement le texte hébreu, on peut lire, avec l'ancienne version grecque : *et les dents.*
x 7.14 Fruits auxquels certains attribuent encore aujourd'hui le pouvoir de favoriser la fécondité (voir Gn 30.14-16).

8

[1] If only you were to me like a brother,
who was nursed at my mother's breasts!
Then, if I found you outside,
I would kiss you,
and no one would despise me.
[2] I would lead you
and bring you to my mother's house –
she who has taught me.
I would give you spiced wine to drink,
the nectar of my pomegranates.
[3] His left arm is under my head
and his right arm embraces me.
[4] Daughters of Jerusalem, I charge you:
Do not arouse or awaken love
until it so desires.

Friends

[5] Who is this coming up from the wilderness
leaning on her beloved?

She

Under the apple tree I roused you;
there your mother conceived you,
there she who was in labor gave you birth.
[6] Place me like a seal over your heart,
like a seal on your arm;
for love is as strong as death,
its jealousy[q] unyielding as the grave.
It burns like blazing fire,
like a mighty flame.[r]
[7] Many waters cannot quench love;
rivers cannot sweep it away.
If one were to give
all the wealth of one's house for love,
it[s] would be utterly scorned.

Friends

[8] We have a little sister,
and her breasts are not yet grown.
What shall we do for our sister
on the day she is spoken for?
[9] If she is a wall,
we will build towers of silver on her.
If she is a door,
we will enclose her with panels of cedar.

She

[10] I am a wall,
and my breasts are like towers.
Thus I have become in his eyes
like one bringing contentment.
[11] Solomon had a vineyard in Baal Hamon;
he let out his vineyard to tenants.

[q] 8:6 Or *ardor*
[r] 8:6 Or *fire, / like the very flame of the* LORD
[s] 8:7 Or *he*

8

[1] Ah, que n'es-tu mon frère
allaité par ma mère !
Te rencontrant dehors, je pourrais t'embrasser
sans que l'on me méprise,
[2] je pourrais t'emmener, je te ferais entrer au foyer
de ma mère,
de celle qui m'a enseignée[y]
et je te ferais boire du bon vin parfumé
de mon jus de grenades.
[3] Son bras gauche soutient ma tête,
et son bras droit m'enlace.
[4] O filles de Jérusalem, oh, je vous en conjure,
n'éveillez pas, non, ne réveillez pas l'amour
avant qu'il ne le veuille. »

Le chœur

[5] « Qui donc est celle-ci qui monte du désert
s'appuyant sur son bien-aimé ? »

L'amour : fort comme la mort

« C'est dessous le pommier que je t'ai réveillé,
à l'endroit où ta mère t'avait conçu,
oui, au lieu même où te conçut celle qui devait
t'enfanter.
[6] Mets-moi comme un sceau[z] sur ton cœur,
comme un sceau sur ton bras.
L'amour est fort comme la mort,
et la passion est inflexible comme le séjour des
défunts.
Les flammes de l'amour sont des flammes ardente
une flamme venant de l'Eternel[a].
[7] Même de grosses eaux ne peuvent éteindre l'amou
et des fleuves puissants ne l'emporteront pas.
L'homme qui offrirait tous les biens qu'il possède
pour acheter l'amour
n'obtiendrait que mépris. »

La petite sœur

[8] « Nous avons une sœur,
elle est petite encore, sa poitrine n'est pas formée,
que ferons-nous pour notre sœur
lorsqu'il sera question de la marier ? »
[9] « Si elle est un rempart,
nous bâtirons sur elle des créneaux en argent.
Si elle est une porte,
nous, nous la bloquerons d'un madrier de cèdre.
[10] Moi, je suis un rempart,
mes seins en sont les tours.
Aussi ai-je trouvé la paix, auprès de lui. »

La vigne de Salomon

[11] « Salomon avait une vigne à Baal-Hamôn[b],
il la remit à des gardiens.

[y] 8.2 Autre traduction : *là, tu m'enseignerais.*
[z] 8.6 Le *sceau* imprimait le signe d'authenticité sur les actes officiels (il remplaçait notre signature). On le portait toujours avec soi, attaché à cordon autour du cou (*sur ton cœur*) ou porté au doigt (*sur ton bras*).
[a] 8.6 Autre traduction : *une flamme intense à l'extrême.*
[b] 8.11 *Baal-Hamôn:* lieu non identifié ; il s'agit peut-être d'un nom symbolique, signifiant : *maître d'une multitude,* et faisant allusion au harem de Salomon.

Each was to bring for its fruit
a thousand shekels[t] of silver.
12 But my own vineyard is mine to give;
the thousand shekels are for you, Solomon,
and two hundred[u] are for those who tend its fruit.

13 You who dwell in the gardens
with friends in attendance,
let me hear your voice!

e

14 Come away, my beloved,
and be like a gazelle
or like a young stag
on the spice-laden mountains.

:11 That is, about 25 pounds or about 12 kilograms; also in verse

:12 That is, about 5 pounds or about 2.3 kilograms

Pour en payer le fruit, chacun d'eux lui donnait un millier de pièces d'argent.
12 Ma vigne à moi est devant moi.
Toi, Salomon, tu peux avoir ton millier de pièces d'argent,
puis, deux cents pièces seront données à ceux qui ont gardé ses fruits. »

Fais-moi entendre ta voix

13 « Toi qui habites les jardins,
des compagnons prêtent l'oreille,
oh ! fais-moi entendre ta voix ! »

14 « Enfuis-toi vite, toi mon bien-aimé,
et sois pareil à la gazelle ou à un jeune faon,
sur les monts embaumés. »

Isaiah

1 [1]The vision concerning Judah and Jerusalem that Isaiah son of Amoz saw during the reigns of Uzziah, Jotham, Ahaz and Hezekiah, kings of Judah.

A Rebellious Nation

[2] Hear me, you heavens! Listen, earth!
For the LORD has spoken:
"I reared children and brought them up,
but they have rebelled against me.

[3] The ox knows its master,
the donkey its owner's manger,
but Israel does not know,
my people do not understand."

[4] Woe to the sinful nation,
a people whose guilt is great,
a brood of evildoers,
children given to corruption!
They have forsaken the LORD;
they have spurned the Holy One of Israel
and turned their backs on him.
[5] Why should you be beaten anymore?
Why do you persist in rebellion?
Your whole head is injured,
your whole heart afflicted.
[6] From the sole of your foot to the top of your head
there is no soundness –
only wounds and welts
and open sores,
not cleansed or bandaged
or soothed with olive oil.
[7] Your country is desolate,
your cities burned with fire;
your fields are being stripped by foreigners
right before you,
laid waste as when overthrown by strangers.

[8] Daughter Zion is left
like a shelter in a vineyard,
like a hut in a cucumber field,
like a city under siege.
[9] Unless the LORD Almighty
had left us some survivors,

Esaïe

1 [1]Révélations reçues par Esaïe, fils d'Amots, au suj
de Juda et de Jérusalem, sous les règnes d'Ozias,
Yotam, d'Ahaz et d'Ezéchias, rois de Juda[a].

Prophéties sur Juda et sur Israël

Juda est bien malade

[2] Vous, les cieux, écoutez,
toi, terre, tends l'oreille,
c'est l'Eternel qui parle :
J'ai élevé des enfants, et j'ai pris soin d'eux,
mais ils se sont révoltés contre moi.
[3] Le bœuf sait bien à qui il appartient,
et l'âne connaît la mangeoire où le nourrit son maître.
Israël ne veut rien savoir,
et mon peuple ne comprend pas.
[4] Malheur à toi, nation coupable,
peuple chargé de fautes,
race adonnée au mal
et enfants corrompus !
Vous avez abandonné l'Eternel,
méprisé le Saint d'Israël,
vous lui avez tourné le dos.
[5] Où[b] vous frapper encore,
puisque vous persistez dans votre rébellion ?
Car, déjà, votre tête tout entière est malade,
votre cœur est tout affligé.
[6] De la plante des pieds jusqu'à la tête,
rien n'est en bon état,
ce ne sont que blessures, contusions et plaies vive
que l'on n'a pas pansées ni bandées, ni soignées
avec de l'huile.

[7] Le pays que vous habitez est dévasté[c],
vos villes sont détruites par le feu,
vos campagnes sont ravagées sous vos yeux par de
étrangers.
Oui, tout est dévasté, détruit par des
envahisseurs[d].
[8] Et Sion est restée
comme une hutte au milieu d'une vigne,
comme un abri dans un champ de concombres,
comme une ville entourée d'armées ennemies.
[9] Si l'Eternel, le Seigneur des armées célestes,
ne nous avait laissé un faible reste,

---

[a] **1.1** *Ozias:* 2 R 15.1-7 ; 2 Ch 26.1-23; *Yotam:* 2 R 15.32-38 ; 2 Ch 27.1-9; *Ahaz* 2 R 16.1-20 ; 2 Ch 28.1-27; *Ezéchias:* 2 R 18.1-20 ; 2 Ch 29.1-32. Ces rois ont régné en Juda de 792 à 698 (ou 686) av. J.-C. Esaïe a exercé son ministère de 740 jusqu'au début du VII[e] siècle av. J.-C.

[b] **1.5** Autre traduction : *Pourquoi ?*

[c] **1.7** Allusion à l'invasion assyrienne de 701, sous Sennachérib (Es 36 à 37 ; 2 R 18.13), ou à l'invasion des Syriens et des Israélites du Nord, vers 734 (Es 7 ; 2 Ch 28.5-8, 17-18).

[d] **1.7** En modifiant légèrement le texte hébreu traditionnel, on obtient *comme à la catastrophe de Sodome* (voir Gn 19.23-25).

we would have become like Sodom,
we would have been like Gomorrah.

10 Hear the word of the LORD,
you rulers of Sodom;
listen to the instruction of our God,
you people of Gomorrah!
11 "The multitude of your sacrifices –
what are they to me?"
says the LORD.
"I have more than enough of burnt offerings,
of rams and the fat of fattened animals;
I have no pleasure
in the blood of bulls and lambs and goats.

12 When you come to appear before me,
who has asked this of you,
this trampling of my courts?
13 Stop bringing meaningless offerings!
Your incense is detestable to me.
New Moons, Sabbaths and convocations –
I cannot bear your worthless assemblies.

14 Your New Moon feasts and your appointed festivals
I hate with all my being.
They have become a burden to me;
I am weary of bearing them.
15 When you spread out your hands in prayer,
I hide my eyes from you;
even when you offer many prayers,
I am not listening.
Your hands are full of blood!
16 Wash and make yourselves clean.
Take your evil deeds out of my sight;
stop doing wrong.
17 Learn to do right; seek justice.
Defend the oppressed.[a]
Take up the cause of the fatherless;
plead the case of the widow.

18 "Come now, let us settle the matter,"
says the LORD.
"Though your sins are like scarlet,
they shall be as white as snow;
though they are red as crimson,
they shall be like wool.

19 If you are willing and obedient,
you will eat the good things of the land;
20 but if you resist and rebel,
you will be devoured by the sword."
For the mouth of the LORD has spoken.

21 See how the faithful city

:17 Or *justice.* / *Correct the oppressor*

nous ressemblerions à Sodome
et nous serions comme Gomorrhe[e].

Changez de comportement

10 Vous, les chefs de Sodome,
écoutez bien ce que dit l'Eternel,
vous, peuple de Gomorrhe[f],
écoutez bien la Loi de notre Dieu.
11 A quoi peuvent bien me servir vos nombreux sacrifices ?
dit l'Eternel,
car je suis rassasié des holocaustes de béliers,
et de la graisse de bêtes à l'engrais.
Je ne prends pas plaisir
aux sacrifices de taureaux, d'agneaux comme de boucs[g].
12 Quand vous venez pour vous présenter devant moi,
qui vous a demandé de fouler mes parvis ?

13 Cessez de m'apporter d'inutiles offrandes :
j'ai l'encens en horreur ;
quant aux nouvelles lunes, aux sabbats et aux assemblées,
je ne veux plus de ces rassemblements de culte de gens qui font le mal.
14 Oui, vos nouvelles lunes, toutes vos fêtes, je les déteste,
elles sont un fardeau pour moi ;
je suis las de les supporter.

15 Lorsque vous étendez les mains pour me prier,
je me cache les yeux,
vous avez beau multiplier le nombre des prières,
je ne vous entends pas,
car vos mains sont pleines de sang.
16 Lavez-vous donc, purifiez-vous,
écartez de ma vue vos mauvaises actions
et cessez de faire le mal.
17 Apprenez à faire le bien,
efforcez-vous d'agir avec droiture,
assistez l'opprimé[h],
et défendez le droit de l'orphelin,
plaidez la cause de la veuve !
18 Venez et discutons ensemble,
dit l'Eternel :
si vos péchés sont rouges comme de l'écarlate,
ils deviendront
aussi blancs que la neige.
Oui, s'ils sont rouges comme la pourpre,
ils deviendront aussi blancs que la laine.
19 Si vous vous décidez à m'obéir,
vous mangerez les meilleurs produits du pays.
20 Mais, si vous refusez, si vous êtes rebelles,
c'est l'épée qui vous mangera,
l'Eternel le déclare.

Autrefois, aujourd'hui et demain

21 Jérusalem !

e **1.9** Cité en Rm 9.29.
f **1.10** *Sodome, Gomorrhe:* voir Gn 18.20 ; 19.
g **1.11** Pour les v. 11-14, voir Am 5.21-22.
h **1.17** D'après les versions anciennes. Le texte hébreu traditionnel a : *l'oppresseur.*

has become a prostitute!
She once was full of justice;
righteousness used to dwell in her –
but now murderers!
22 Your silver has become dross,
your choice wine is diluted with water.
23 Your rulers are rebels,
partners with thieves;
they all love bribes
and chase after gifts.
They do not defend the cause of the fatherless;
the widow's case does not come before them.
24 Therefore the Lord, the LORD Almighty,
the Mighty One of Israel, declares:
"Ah! I will vent my wrath on my foes
and avenge myself on my enemies.
25 I will turn my hand against you;[b]
I will thoroughly purge away your dross
and remove all your impurities.
26 I will restore your leaders as in days of old,
your rulers as at the beginning.
Afterward you will be called
the City of Righteousness,
the Faithful City."
27 Zion will be delivered with justice,
her penitent ones with righteousness.
28 But rebels and sinners will both be broken,
and those who forsake the LORD will perish.
29 "You will be ashamed because of the sacred oaks
in which you have delighted;
you will be disgraced because of the gardens
that you have chosen.
30 You will be like an oak with fading leaves,
like a garden without water.
31 The mighty man will become tinder
and his work a spark;
both will burn together,
with no one to quench the fire."

The Mountain of the LORD

2 1 This is what Isaiah son of Amoz saw concerning Judah and Jerusalem:
2 In the last days
the mountain of the LORD's temple will be established

[b] 1:25 That is, against Jerusalem

Comment se fait-il donc que la cité fidèle
soit devenue une prostituée[i] ?
Toi, jadis pleine de droiture,
où la justice demeurait,
maintenant, tu abrites des assassins.
22 Ton argent n'est plus que scories,
et ton vin le meilleur est coupé d'eau.
23 Tes chefs sont des rebelles,
complices de voleurs,
tous aiment les pots-de-vin
et sont avides de présents,
ils ne défendent pas les droits de l'orphelin ;
la cause de la veuve jamais ne leur parvient.
24 C'est pourquoi l'Eternel,
le Seigneur des armées célestes,
le Puissant d'Israël, vous déclare ceci :
Malheur à vous !
Je tirerai vengeance de vous, mes adversaires,
je vous ferai payer, ô vous, mes ennemis.
25 Je tournerai ma main contre toi, ô Jérusalem,
je fondrai tes scories,
comme avec de la soude[j],
et je vais supprimer tous tes déchets.
26 Je te redonnerai des dirigeants comme ceux d'autrefois,
des conseillers comme au commencement.
Après cela, tu seras appelée
la Ville-de-Justice
et la Cité Fidèle.
27 Le salut viendra pour Sion selon le droit,
ses habitants qui reviendront à Dieu[k] seront sauvés : ils obtiendront justice.
28 Mais les pécheurs et ceux qui transgressent la Loi
seront brisés ensemble
et ceux qui se détournent de l'Eternel,
disparaîtront.
29 Et quant aux chênes, ceux que vous aimez tant,
ils tourneront à votre honte,
vous rougirez à cause des jardins sacrés
que vous avez choisis.
30 Car vous serez vous-mêmes pareils aux chênes
au feuillage flétri,
ou tout comme un jardin qui serait privé d'eau.
31 L'homme le plus puissant sera comme l'étoupe,
et ce qu'il a produit servira d'étincelle
pour qu'il soit consumé avec ce qu'il a fait
sans qu'il y ait personne pour éteindre les flammes[l].

Le mont de l'Eternel

2 1 Voici le message que Dieu a révélé à Esaïe, fi d'Amots, au sujet de Juda et de Jérusalem.
2 Dans l'avenir, il adviendra
que le mont sur lequel est le temple de l'Eternel[m]

[i] 1.21 L'infidélité d'Israël à l'alliance avec l'Eternel est souvent comparée par les prophètes à la prostitution (Jr 3.2 ; 13.27 ; Ez 16.15 ; 23.11 ; Os 2.4 ; Na 3.4).
[j] 1.25 Ou *de la potasse*.
[k] 1.27 Autre traduction : *chez elle*.
[l] 1.31 Autre traduction : *le lin semi-traité deviendra de l'étoupe, et celui qui l fait sera une étincelle. Avec son œuvre, il brûlera sans qu'il y ait personne pour éteindre les flammes.*
[m] 2.2 C'est-à-dire *le mont Sion*.

as the highest of the mountains;
it will be exalted above the hills,
and all nations will stream to it.
3 Many peoples will come and say,
"Come, let us go up to the mountain of the LORD,
to the temple of the God of Jacob.
He will teach us his ways,
so that we may walk in his paths."
The law will go out from Zion,
the word of the LORD from Jerusalem.
4 He will judge between the nations
and will settle disputes for many peoples.
They will beat their swords into plowshares
and their spears into pruning hooks.
Nation will not take up sword against nation,
nor will they train for war anymore.

5 Come, descendants of Jacob,
let us walk in the light of the LORD.

The Day of the LORD

6 You, LORD, have abandoned your people,
the descendants of Jacob.
They are full of superstitions from the East;
they practice divination like the Philistines
and embrace pagan customs.

7 Their land is full of silver and gold;
there is no end to their treasures.
Their land is full of horses;
there is no end to their chariots.
8 Their land is full of idols;
they bow down to the work of their hands,
to what their fingers have made.

9 So people will be brought low
and everyone humbled –
do not forgive them.[c]
10 Go into the rocks, hide in the ground
from the fearful presence of the LORD
and the splendor of his majesty!

11 The eyes of the arrogant will be humbled
and human pride brought low;
the LORD alone will be exalted in that day.

12 The LORD Almighty has a day in store
for all the proud and lofty,
for all that is exalted
(and they will be humbled),
13 for all the cedars of Lebanon, tall and lofty,
and all the oaks of Bashan,
14 for all the towering mountains
and all the high hills,
15 for every lofty tower

c 9 Or *not raise them up*

sera fermement établi au-dessus des montagnes,
et il s'élèvera par-dessus toutes les hauteurs,
et tous les peuples étrangers y afflueront[n].
3 Oui, de nombreux peuples viendront,
en se disant les uns aux autres :
« Venez, montons au mont de l'Eternel,
au temple du Dieu de Jacob !
Il nous enseignera les voies qu'il a prescrites ;
nous suivrons ses sentiers. »
Car de Sion viendra la Loi,
et de Jérusalem, la Parole de l'Eternel.
4 Et il sera l'arbitre entre les nations ;
oui, il sera le juge de nombreux peuples.
Martelant leurs épées, ils forgeront des socs pour
leurs charrues,
et, de leurs lances, ils feront des faucilles.
Plus aucune nation ne brandira l'épée contre une
autre nation,
et l'on n'apprendra plus la guerre.
5 Descendants de Jacob,
venez donc et marchons à la lumière de l'Eternel.

6 Tu as abandonné ton peuple, la communauté de
Jacob,
car il est envahi par les superstitions qui viennent
de l'Orient ;
les devins y pullulent autant qu'en Philistie.
On pactise avec l'étranger.
7 Le pays est rempli d'argent et d'or
et de trésors sans fin.
Il est plein de chevaux,
et ses chars de combat ne peuvent se compter.
8 Le pays est rempli d'idoles
et les gens se prosternent
devant leurs propres œuvres
fabriquées de leurs mains.
9 Mais les hommes s'inclineront,
ils seront humiliés.
Ne leur pardonne pas[o] !
10 Réfugiez-vous dans les rochers
et cachez-vous sous terre
à cause des terreurs que l'Eternel provoque,
de l'éclat de sa majesté.
11 L'homme au regard hautain devra baisser les
yeux,
l'orgueil humain sera brisé,
car en ce jour-là, l'Eternel sera seul honoré.
12 Car l'Eternel, le Seigneur des armées célestes, tient
en réserve un jour
où il se dressera contre tous les hautains, les
arrogants,
les orgueilleux, pour qu'ils soient abaissés ;
13 contre les cèdres du Liban, qui s'élèvent bien haut,
et contre tous les chênes des plateaux du Basan[p],
14 et contre les hautes montagnes
et contre les collines qui sont altières,
15 contre toutes les tours qui sont très élevées

n **2.2** Les v. 2-4 sont repris en Mi 4.2-4.
o **2.9** Autre traduction : *ne les relève pas.*
p **2.13** Région à l'est du Jourdain et au nord de Galaad, réputée pour ses chênes (Ez 27.6) et ses troupeaux (Ez 39.18).

and every fortified wall,
16 for every trading ship[d]
and every stately vessel.
17 The arrogance of man will be brought low
and human pride humbled;
the LORD alone will be exalted in that day,
18 and the idols will totally disappear.
19 People will flee to caves in the rocks
and to holes in the ground
from the fearful presence of the LORD
and the splendor of his majesty,
when he rises to shake the earth.
20 In that day people will throw away
to the moles and bats
their idols of silver and idols of gold,
which they made to worship.

21 They will flee to caverns in the rocks
and to the overhanging crags
from the fearful presence of the LORD
and the splendor of his majesty,
when he rises to shake the earth.
22 Stop trusting in mere humans,
who have but a breath in their nostrils.
Why hold them in esteem?

Judgment on Jerusalem and Judah

3 1 See now, the Lord,
the LORD Almighty,
is about to take from Jerusalem and Judah
both supply and support:
all supplies of food and all supplies of water,
2 the hero and the warrior,
the judge and the prophet,
the diviner and the elder,
3 the captain of fifty and the man of rank,
the counselor, skilled craftsman and clever
enchanter.
4 "I will make mere youths their officials;
children will rule over them."
5 People will oppress each other –
man against man, neighbor against neighbor.
The young will rise up against the old,
the nobody against the honored.
6 A man will seize one of his brothers
in his father's house, and say,
"You have a cloak, you be our leader;
take charge of this heap of ruins!"
7 But in that day he will cry out,
"I have no remedy.
I have no food or clothing in my house;
do not make me the leader of the people."
8 Jerusalem staggers,
Judah is falling;
their words and deeds are against the LORD,

d 2:16 Hebrew *every ship of Tarshish*

et toutes les murailles qui sont fortifiées,
16 contre les vaisseaux au long cours[q]
et leurs denrées précieuses[r] :
17 il courbera la fierté des humains
et il abaissera l'orgueil humain.
Car, en ce jour-là, l'Eternel sera seul honoré.
18 Et toutes les idoles disparaîtront ensemble.
19 On se réfugiera dans les cavernes des rochers
et dans les antres de la terre
à cause des terreurs que l'Eternel provoque,
de l'éclat de sa majesté
quand il se lèvera pour terrifier la terre.
20 En ce jour-là,
les hommes jetteront aux taupes
et aux chauves-souris
les idoles d'argent
et les idoles d'or
qu'ils se sont fabriquées pour se prosterner devan[t]
elles.
21 Ils se réfugieront dans les cavernes
et dans les fentes des rochers
à cause des terreurs que l'Eternel provoque,
de l'éclat de sa majesté
quand il se lèvera pour terrifier la terre.
22 C'est pourquoi, cessez donc de vous confier en
l'homme
dont la vie ne tient qu'à un souffle,
car, quelle est sa valeur ?

Jugement sur Jérusalem et Juda

3 1 Voici que l'Eternel,
le Seigneur des armées célestes,
va vous priver, Jérusalem, et toi, royaume de Juda,
de tout ce qui vous sert d'appui :
il vous enlèvera toutes vos réserves de pain
et toutes vos réserves d'eau,
2 les hommes forts et les guerriers,
les juges, les prophètes,
les devins et les dirigeants,
3 les capitaines, et les dignitaires,
les conseillers, les artisans habiles,
les spécialistes de magie,
4 et je vous donnerai des enfants comme chefs
et des gamins qui régneront sur vous.
5 On se maltraitera l'un l'autre,
compagnon contre compagnon, au sein du peuple,
les jeunes gens se dresseront contre les gens âgés,
les gens de rien contre les dignitaires.
6 Un homme empoignera son frère
dans sa famille et lui dira :
« Toi qui as un habit, tu seras notre chef,
prends cette maison chancelante sous ton
autorité ! »
7 Mais alors l'autre s'écriera :
« Je ne suis pas un médecin,
je n'ai dans ma maison ni pain ni vêtement.
Ne faites pas de moi un chef du peuple ! »
8 Jérusalem chancelle,
et Juda est tombé,
parce qu'ils se révoltent contre la gloire de l'Etern[el]

q 2.16 Voir 1 R 10.22 et note.
r 2.16 Autre traduction : *contre les navires somptueux.*

defying his glorious presence.
9 The look on their faces testifies against them;
they parade their sin like Sodom;
they do not hide it.
Woe to them!
They have brought disaster upon themselves.
10 Tell the righteous it will be well with them,
for they will enjoy the fruit of their deeds.
11 Woe to the wicked!
Disaster is upon them!
They will be paid back
for what their hands have done.
12 Youths oppress my people,
women rule over them.
My people, your guides lead you astray;
they turn you from the path.
13 The LORD takes his place in court;
he rises to judge the people.
14 The LORD enters into judgment
against the elders and leaders of his people:
"It is you who have ruined my vineyard;
the plunder from the poor is in your houses.
15 What do you mean by crushing my people
and grinding the faces of the poor?"
declares the Lord, the LORD Almighty.

16 The LORD says,
"The women of Zion are haughty,
walking along with outstretched necks,
flirting with their eyes,
strutting along with swaying hips,
with ornaments jingling on their ankles.
17 Therefore the Lord will bring sores on the
heads of the women of Zion;
the LORD will make their scalps bald."
18 In that day the Lord will snatch away their finery:
ie bangles and headbands and crescent necklaces,
the earrings and bracelets and veils, 20 the head-
resses and anklets and sashes, the perfume bottles
nd charms, 21 the signet rings and nose rings, 22 the
ne robes and the capes and cloaks, the purses 23 and
irrors, and the linen garments and tiaras and
awls.
24 Instead of fragrance there will be a stench;
instead of a sash, a rope;
instead of well-dressed hair, baldness;
instead of fine clothing, sackcloth;
instead of beauty, branding.
25 Your men will fall by the sword,
your warriors in battle.
26 The gates of Zion will lament and mourn;

par leurs paroles et leurs actions à son égard.
9 L'aspect de leur visage a témoigné contre eux.
Ils publient leurs péchés comme le fit Sodome,
ils ne s'en cachent pas.
Malheur à eux !
Car ils préparent le malheur pour eux-mêmes.
10 Proclamez donc au juste qu'il aura du bonheur,
car il profitera du fruit de ses actions.
11 Mais, malheur au méchant,
cela tournera mal pour lui :
il lui sera rendu selon ce qu'il a fait.

12 Mon peuple est opprimé par de jeunes enfants,
des femmes le dominent.
Tous ceux qui te dirigent, ô toi, mon peuple, ne font
que t'égarer.
Ils embrouillent la route que tu dois emprunter.
13 L'Eternel s'est levé, il intente un procès,
il se tient là, prêt à juger son peuple[s].
14 Il traduit en justice
les responsables de son peuple avec ses dirigeants :
Vous avez dévasté la vigne.
Vous avez entassé dans vos maisons ce que vous
avez pris aux pauvres.
15 Pourquoi donc écrasez-vous mon peuple
et foulez-vous aux pieds la dignité du pauvre ?
c'est l'Eternel qui le demande, le Seigneur des
armées célestes.

Sur les femmes de Jérusalem

16 L'Eternel dit encore : Les filles de Sion se sont
enorgueillies,
regardez-les qui marchent en redressant la tête,
le regard provocant ;
elles s'avancent à petits pas,
en faisant résonner les anneaux de leurs pieds.
17 L'Eternel rendra chauve le sommet de la tête des
filles de Sion
et le mettra à nu.
18 En ce jour-là, le Seigneur les dépouillera de leurs
parures : les anneaux des chevilles, les bijoux luxueux,
en formes de soleil et de croissant[t], 19 les pendentifs, les
bracelets, les voiles, 20 les turbans, les chaînettes, les ceintures tressées, les flacons de parfum, les amulettes, 21 les
bagues, les anneaux du nez, 22 les toilettes de fête et les
amples tuniques, les manteaux, les sacoches, 23 les miroirs,
les fines mousselines, les bandeaux et les châles.
24 Il adviendra, qu'au lieu de leurs parfums, ce sera la
mauvaise odeur émanant de la pourriture ;
au lieu de leurs ceintures, ce sera une corde ;
au lieu de leurs cheveux artistement tressés, ce sera
une tête chauve ;
au lieu de linge fin, un habit de toile de sac ;
au lieu de la beauté, une marque infamante[u].
25 Tes soldats tomberont sous les coups de l'épée
et tes vaillants guerriers mourront dans la bataille.
26 Les portes de Sion, ce jour-là, gémiront et seront
dans le deuil.

[s] **3.13** D'après l'ancienne version grecque, la version syriaque et le targoum. Le texte hébreu traditionnel a : *les peuples.*

[t] **3.18** La traduction des objets énumérés dans les v. 18-23 n'est pas toujours certaine.

[u] **3.24** Le texte hébreu de Qumrân a : *l'humiliation.*

destitute, she will sit on the ground.

4

[1]In that day seven women
will take hold of one man
and say, "We will eat our own food
and provide our own clothes;
only let us be called by your name.
Take away our disgrace!"

The Branch of the LORD

[2]In that day the Branch of the LORD will be beautiful and glorious, and the fruit of the land will be
the pride and glory of the survivors in Israel. [3]Those
who are left in Zion, who remain in Jerusalem, will be
called holy, all who are recorded among the living in
Jerusalem. [4]The Lord will wash away the filth of the
women of Zion; he will cleanse the bloodstains from
Jerusalem by a spirit[e] of judgment and a spirit[f] of fire.
[5]Then the LORD will create over all of Mount Zion and
over those who assemble there a cloud of smoke by
day and a glow of flaming fire by night; over everything the glory[g] will be a canopy. [6]It will be a shelter
and shade from the heat of the day, and a refuge and
hiding place from the storm and rain.

The Song of the Vineyard

5

[1]I will sing for the one I love
a song about his vineyard:
My loved one had a vineyard
on a fertile hillside.
[2]He dug it up and cleared it of stones
and planted it with the choicest vines.
He built a watchtower in it
and cut out a winepress as well.
Then he looked for a crop of good grapes,
but it yielded only bad fruit.

[3]"Now you dwellers in Jerusalem and people of
Judah,
judge between me and my vineyard.
[4]What more could have been done for my
vineyard
than I have done for it?
When I looked for good grapes,
why did it yield only bad?
[5]Now I will tell you
what I am going to do to my vineyard:
I will take away its hedge,
and it will be destroyed;
I will break down its wall,
and it will be trampled.
[6]I will make it a wasteland,
neither pruned nor cultivated,
and briers and thorns will grow there.
I will command the clouds
not to rain on it."

[7]The vineyard of the LORD Almighty
is the nation of Israel,

[e] **4:4** Or *the Spirit*
[f] **4:4** Or *the Spirit*
[g] **4:5** Or *over all the glory there*

La ville dévastée restera assise par terre.

4

[1]En ce jour-là, sept femmes
saisiront un seul homme et elles lui diront :
« Nous pourvoirons à notre nourriture
et à nos vêtements,
mais permets seulement que nous portions ton
nom.
Mets fin à notre déshonneur. »

Le salut des survivants d'Israël

[2]En ce jour-là, ce que fera germer l'Eternel sera splen
dide et glorieux et le fruit du pays sera un magnifiqu
sujet de fierté pour les survivants d'Israël. [3]Alors ceu
qui subsisteront, ceux qui resteront à Sion seront appelé
saints, tous ceux qui, à Jérusalem, seront inscrits afi
d'avoir la vie. [4]Quand l'Eternel aura lavé la souillure de
filles de Sion et purifié Jérusalem du sang qu'on y a répan
du, par le souffle du jugement, par le souffle de l'incendi
[5]l'Eternel va créer sur toute l'étendue du mont Sion e
sur tous ceux qui s'y assembleront, une nuée le jour, et l
nuit la fumée et l'éclat de flammes de feu[v]. Et au-dessus d
toutes choses sa gloire sera comme un dais [6]et comme un
cabane donnant de l'ombre pendant le jour pour protége
de la chaleur et servant de refuge, d'abri contre l'orag
contre la pluie.

Le chant de la vigne

5

[1]Je veux chanter pour mon ami
la chanson de mon bien-aimé au sujet de sa vigne.
Mon ami avait une vigne
sur un coteau fertile.
[2]Il en sarcla le sol, en enleva les pierres
et il y mit des plants de choix.
Il bâtit une tour de guet au milieu de la vigne
et il y creusa un pressoir.
Il attendait donc de sa vigne de beaux raisins,
mais elle n'a produit que des raisins infects.

[3]Maintenant donc, habitants de Jérusalem, gens de
Juda,
soyez les juges entre moi et ma vigne !
[4]Qu'y avait-il encore à faire pour ma vigne
que je n'aurais pas fait ?
Pourquoi, alors que j'attendais de bons raisins,
n'a-t-elle produit que des fruits infects ?
[5]Maintenant donc, je vous ferai savoir
ce que je vais faire à ma vigne :
j'arracherai sa haie
pour qu'elle soit broutée,
je ferai une brèche dans sa clôture
pour que les passants la piétinent.
[6]J'en ferai une friche :
nul ne la taillera, nul ne la sarclera.
Les ronces, les épines y croîtront librement,
et j'interdirai aux nuages
de répandre leur pluie sur elle.

[7]Or, c'est le peuple d'Israël
qui est la vigne de l'Eternel, du Seigneur des armée
célestes.
Le plant qui faisait ses délices

[v] **4.5** Allusion à la traversée du désert par le peuple d'Israël (Ex 13.21 ; 24.16-17).

and the people of Judah
are the vines he delighted in.
And he looked for justice, but saw bloodshed;
for righteousness, but heard cries of distress.

Woes and Judgments

8 Woe to you who add house to house
and join field to field
till no space is left
and you live alone in the land.
9 The LORD Almighty has declared in my hearing:
"Surely the great houses will become desolate,
the fine mansions left without occupants.

10 A ten-acre vineyard will produce only a bath[h]
of wine;
a homer[i] of seed will yield only an ephah[j] of
grain."
11 Woe to those who rise early in the morning
to run after their drinks,
who stay up late at night
till they are inflamed with wine.
12 They have harps and lyres at their banquets,
pipes and timbrels and wine,
but they have no regard for the deeds of the
LORD,
no respect for the work of his hands.
13 Therefore my people will go into exile
for lack of understanding;
those of high rank will die of hunger
and the common people will be parched with
thirst.
14 Therefore Death expands its jaws,
opening wide its mouth;
into it will descend their nobles and masses
with all their brawlers and revelers.

15 So people will be brought low
and everyone humbled,
the eyes of the arrogant humbled.

16 But the LORD Almighty will be exalted by his
justice,
and the holy God will be proved holy by his
righteous acts.
17 Then sheep will graze as in their own pasture;
lambs will feed[k] among the ruins of the rich.

18 Woe to those who draw sin along with cords of
deceit,
and wickedness as with cart ropes,
19 to those who say, "Let God hurry;
let him hasten his work
so we may see it.
The plan of the Holy One of Israel –
let it approach, let it come into view,
so we may know it."

ce sont les habitants du pays de Juda.
Il attendait d'eux la droiture,
et ce n'est qu'injustice ; il attendait d'eux la justice,
et ce sont des cris de détresse.

Malheurs et jugements

8 Malheur à vous qui joignez maison à maison
et ajoutez un champ à l'autre
au point qu'il n'y a plus d'espace libre
parce que vous occupez à vous seuls tout le pays.
9 Le Seigneur des armées célestes m'a parlé et m'a
dit :
Ces nombreuses maisons deviendront une ruine,
ces maisons grandes et superbes seront inhabitées.
10 Car dix arpents de vigne ne produiront qu'un
tonnelet de vin,
et dix mesures de semence n'en donneront qu'une
de blé[w].
11 Malheur à vous qui courez de bonne heure
après les boissons enivrantes
et qui vous attardez, le soir, excités par le vin !

12 Des lyres et des luths, des tambourins, des flûtes
animent vos festins où le vin coule à flots.
Mais vous n'avez pas un regard pour ce que
l'Eternel a fait,
et vous ne voyez pas l'œuvre qu'il accomplit.
13 Voilà pourquoi mon peuple s'en ira en exil,
car il n'a rien voulu savoir.
Ses notables mourront de faim
et la population de soif.

14 C'est pourquoi le séjour des morts fera gonfler sa
gorge
et, démesurément, élargira sa bouche.
Les dignitaires de la ville et sa foule bruyante y
descendront ensemble
et leur joyeux tumulte s'en ira avec eux.
15 C'est pourquoi tous les hommes devront courber le
dos,
ils seront humiliés
et tous les orgueilleux devront baisser les yeux.
16 Le Seigneur des armées célestes montrera sa
grandeur en instaurant le droit,
le Dieu saint manifestera sa sainteté par la justice.

17 Dans la ville ruinée, des agneaux brouteront
comme en leur pâturage,
et des chevreaux brouteront[x] sur les ruines des
demeures des riches.
18 Malheur à vous qui traînez le péché derrière vous
avec les cordes du mensonge,
et qui tirez la faute comme les traits d'un attelage !
19 Oui, vous qui dites : « Que Dieu se presse donc
d'accomplir son ouvrage
pour que nous le voyions !
Et qu'elle arrive, la réalisation
des projets du Saint d'Israël,
afin que nous les connaissions. »

5:10 That is, about 6 gallons or about 22 liters
:10 That is, probably about 360 pounds or about 160 kilograms
:10 That is, probably about 36 pounds or about 16 kilograms
5:17 Septuagint; Hebrew / *strangers will eat*

w **5.10** Trois hectares de vignes ne produiront pas 50 litres de vin et celui qui sèmera 100 kilogrammes de blé n'en récoltera que dix.
x **5.17** D'après l'ancienne version grecque. Le texte hébreu traditionnel a : *des étrangers dévoreront les ruines.*

20 Woe to those who call evil good
and good evil,
who put darkness for light
and light for darkness,
who put bitter for sweet
and sweet for bitter.
21 Woe to those who are wise in their own eyes
and clever in their own sight.
22 Woe to those who are heroes at drinking wine
and champions at mixing drinks,
23 who acquit the guilty for a bribe,
but deny justice to the innocent.

24 Therefore, as tongues of fire lick up straw
and as dry grass sinks down in the flames,
so their roots will decay
and their flowers blow away like dust;
for they have rejected the law of the LORD
Almighty
and spurned the word of the Holy One of
Israel.
25 Therefore the LORD's anger burns against his
people;
his hand is raised and he strikes them down.
The mountains shake,
and the dead bodies are like refuse in the
streets.
Yet for all this, his anger is not turned away,
his hand is still upraised.
26 He lifts up a banner for the distant nations,
he whistles for those at the ends of the earth.
Here they come,
swiftly and speedily!
27 Not one of them grows tired or stumbles,
not one slumbers or sleeps;
not a belt is loosened at the waist,
not a sandal strap is broken.

28 Their arrows are sharp,
all their bows are strung;
their horses' hooves seem like flint,
their chariot wheels like a whirlwind.
29 Their roar is like that of the lion,
they roar like young lions;
they growl as they seize their prey
and carry it off with no one to rescue.

30 In that day they will roar over it
like the roaring of the sea.
And if one looks at the land,
there is only darkness and distress;
even the sun will be darkened by clouds.

20 Malheur à vous qui nommez le mal bien
et le bien mal,
vous qui changez les ténèbres en lumière,
la lumière en ténèbres,
vous qui changez l'amertume en douceur
et la douceur en amertume.
21 Malheur à vous qui vous prenez pour sages
et vous croyez intelligents !
22 Malheur à vous qui êtes des héros
quand il s'agit de consommer du vin,
et des champions pour vous gorger d'alcool ;
23 qui, pour un pot-de-vin, acquittez le coupable
et qui privez le juste du droit qui lui est dû.

La colère de Dieu

24 Voilà pourquoi vous serez consumés comme un fét
de paille dévoré par la flamme
et comme une herbe sèche engloutie par le feu.
Oui, vos racines pourriront,
votre fleur sera emportée comme de la poussière,
puisque vous avez rejeté la Loi de l'Eternel, du
Seigneur des armées célestes,
et avez méprisé ce qu'a dit le Saint d'Israël.
25 Voilà pourquoi l'Eternel s'est mis en colère contre
son peuple,
et a porté la main sur lui pour le frapper :
les montagnes sont ébranlées,
et les cadavres sont pareils à des ordures qui
traînent dans les rues ;
mais malgré tout cela, son courroux ne s'apaise pa
sa main reste levée.
26 L'Eternel dresse un étendard pour des peuples
lointains,
il siffle pour les appeler du bout du monde.
Les voici qui arrivent d'un pas prompt et léger[y].
27 Personne parmi eux ne connaît la fatigue, personn
ne chancelle,
personne ne somnole et nul n'est endormi.
Nul n'a son ceinturon dénoué de ses hanches,
les lanières de leurs sandales ne sont pas déchirées
28 Leurs flèches sont aiguës,
et tous leurs arcs tendus,
les sabots des chevaux sont comme du silex
et les roues de leurs chars sont comme un ouragan
29 Quand ils rugissent, on croirait des lions,
et leurs rugissements rappellent ceux des
lionceaux.
Ils grondent et saisissent leur proie pour
l'emporter,
personne ne peut la leur arracher.
30 En ce jour-là, retentira contre eux un grondement
pareil
à celui de la mer.
On regardera le pays :
on n'y verra que des ténèbres et une grande
angoisse ;
la lumière sera voilée par d'épaisses nuées.

y 5.26 Il s'agit très certainement des Assyriens.

;aiah's Commission

6 [1]In the year that King Uzziah died, I saw the
Lord, high and exalted, seated on a throne; and
ıe train of his robe filled the temple. [2]Above him
ere seraphim, each with six wings: With two wings
ıey covered their faces, with two they covered their
:et, and with two they were flying. [3]And they were
ılling to one another:

"Holy, holy, holy is the LORD Almighty;
the whole earth is full of his glory."

At the sound of their voices the doorposts and
ıresholds shook and the temple was filled with
noke.
[5]"Woe to me!" I cried. "I am ruined! For I am a
ıan of unclean lips, and I live among a people of un-
:ean lips, and my eyes have seen the King, the LORD
lmighty."
[6]Then one of the seraphim flew to me with a live
ɔal in his hand, which he had taken with tongs from
ıe altar. [7]With it he touched my mouth and said,
;ee, this has touched your lips; your guilt is taken
way and your sin atoned for."
[8]Then I heard the voice of the Lord saying, "Whom
ıall I send? And who will go for us?"
And I said, "Here am I. Send me!"
[9]He said, "Go and tell this people:

" 'Be ever hearing, but never understanding;
be ever seeing, but never perceiving.'

[10] Make the heart of this people calloused;
make their ears dull
and close their eyes.[l]
Otherwise they might see with their eyes,
hear with their ears,
understand with their hearts,
and turn and be healed."

[11]Then I said, "For how long, Lord?"
And he answered:
"Until the cities lie ruined
and without inhabitant,
until the houses are left deserted
and the fields ruined and ravaged,
[12] until the LORD has sent everyone far away
and the land is utterly forsaken.
[13] And though a tenth remains in the land,
it will again be laid waste.
But as the terebinth and oak

[l] 6:9,10 Hebrew; Septuagint *'You will be ever hearing, but never under-
nding; / you will be ever seeing, but never perceiving.' /* [10] *This people's
rt has become calloused; / they hardly hear with their ears, / and they
ve closed their eyes*

L'appel d'Esaïe

6 [1]L'année de la mort du roi Ozias[z], je vis le Seigneur
siégeant sur un trône très élevé. Les pans de son vêtement remplissaient le Temple.
[2]Des êtres à forme de serpents[a] se tenaient debout ;
chacun d'eux avait six ailes : deux ailes pour se couvrir
le visage, deux autres pour se voiler le corps, et les deux
dernières pour voler[b]. [3]S'adressant l'un à l'autre, ils
proclamaient :

Saint, saint, saint est le Seigneur des armées
célestes.
Toute la terre est pleine de sa gloire.

[4]Les montants des portes du Temple se mirent à trembler au son de ces voix, tandis que le sanctuaire se remplit
de fumée.
[5]Je m'écriai :
Malheur à moi ! Je suis perdu, car j'ai les lèvres impures
et j'habite au milieu d'un peuple aux lèvres impures. Et
voici que, de mes yeux, j'ai vu le Roi, le Seigneur des armées
célestes.
[6]Alors l'un des êtres à forme de serpent vola vers moi,
il tenait à la main une braise qu'il avait prise sur l'autel[c]
avec des pincettes. [7]Il m'en toucha la bouche, et me dit :
Maintenant que ceci vient d'être appliqué sur tes lèvres,
ta faute est enlevée et ton péché est expié.
[8]Et j'entendis alors le Seigneur qui disait : Qui enver-
rai-je ? Qui marchera pour nous ?
Alors je répondis : Je suis prêt, envoie-moi.
[9]Et le Seigneur me dit :

Va, et dis à ce peuple :
Vous aurez beau entendre,
vous ne comprendrez pas ;
oui, vous aurez beau voir,
mais vous n'appréhenderez rien[d].
[10] Rends ce peuple insensible,
ferme-lui les oreilles
et bouche-lui les yeux
pour qu'il ne voie pas de ses yeux,
pour qu'il n'entende pas de ses oreilles
et pour qu'il ne comprenne pas,
qu'il ne revienne pas à moi
afin d'être guéri.
[11] Je demandai alors : Jusques à quand, Seigneur ?
Et il me répondit :
Jusqu'à ce que les villes soient dévastées
et privées d'habitants,
qu'il n'y ait plus personne dans les maisons,
et que ce territoire soit réduit en désert et dévasté.
[12] L'Eternel enverra ses habitants au loin,
et le pays sera à l'état d'abandon.
[13] S'il y subsiste encore un dixième du peuple,
à son tour, il sera embrasé par le feu.

[z] **6.1** Vers 740 av. J.-C. (2 R 15.7 ; 2 Ch 26.21-23).
[a] **6.2** Le terme hébreu *saraph,* traditionnellement rendu par *séraphin,* désignait en Nb 21.6, 8 et Dt 8.15, *un serpent à la morsure redoutable.* Dans Es 14.29 et 30.6, ce même terme sert à désigner un serpent volant. Ici, la figure des serpents ailés au visage et aux mains d'homme, pourrait, en renvoyant à l'épisode de Nb 21, symboliser le jugement divin (v. 9-12).
[b] **6.2** Pour les v. 2-3, voir Ap 4.8.
[c] **6.6** L'autel des parfums qui se trouvait dans le lieu saint, ou plutôt l'autel des holocaustes, sur le parvis du Temple.
[d] **6.9** Les v. 9-10 sont cités en Mt 13.14-15 ; Mc 4.12 ; Lc 8.10 ; Jn 12.40 ; Ac 28.26-27.

leave stumps when they are cut down,
so the holy seed will be the stump in the land."

The Sign of Immanuel

7 1When Ahaz son of Jotham, the son of Uzziah,
was king of Judah, King Rezin of Aram and Pekah
son of Remaliah king of Israel marched up to fight
against Jerusalem, but they could not overpower it.

2Now the house of David was told, "Aram has allied itself with[m] Ephraim"; so the hearts of Ahaz and
his people were shaken, as the trees of the forest are
shaken by the wind.
3Then the LORD said to Isaiah, "Go out, you and
your son Shear-Jashub,[n] to meet Ahaz at the end of
the aqueduct of the Upper Pool, on the road to the
Launderer's Field. 4Say to him, 'Be careful, keep calm
and don't be afraid. Do not lose heart because of these
two smoldering stubs of firewood – because of the
fierce anger of Rezin and Aram and of the son of
Remaliah. 5Aram, Ephraim and Remaliah's son have
plotted your ruin, saying, 6"Let us invade Judah; let us
tear it apart and divide it among ourselves, and make
the son of Tabeel king over it." 7Yet this is what the
Sovereign LORD says:

"'It will not take place,
it will not happen,
8 for the head of Aram is Damascus,
and the head of Damascus is only Rezin.
Within sixty-five years
Ephraim will be too shattered to be a people.

9 The head of Ephraim is Samaria,
and the head of Samaria is only Remaliah's son.
If you do not stand firm in your faith,
you will not stand at all.'"

10Again the LORD spoke to Ahaz, 11"Ask the LORD your
God for a sign, whether in the deepest depths or in
the highest heights."

12But Ahaz said, "I will not ask; I will not put the
LORD to the test."
13Then Isaiah said, "Hear now, you house of David! Is
it not enough to try the patience of humans? Will you
try the patience of my God also? 14Therefore the Lord
himself will give you[o] a sign: The virgin[p] will conceive
and give birth to a son, and[q] will call him Immanuel.[r]
15He will be eating curds and honey when he knows

[m] 7:2 Or *has set up camp in*
[n] 7:3 *Shear-Jashub* means *a remnant will return.*
[o] 7:14 The Hebrew is plural.
[p] 7:14 Or *young woman*
[q] 7:14 Masoretic Text; Dead Sea Scrolls *son, and he* or *son, and they*
[r] 7:14 *Immanuel* means *God with us.*

Mais, comme un térébinthe ou comme un chêne
qui conserve sa souche, quand il est abattu,
la souche de ce peuple sera une semence sainte.

L'appel à la foi

7 1Sous le règne d'Ahaz, fils de Yotam et petit-fi
d'Ozias, roi de Juda, Retsîn, roi de Syrie, se mit e
campagne avec Péqah, fils de Remalia, roi d'Israël, pou
faire la guerre à Jérusalem[e]. Mais ils ne purent finalemer
pas l'attaquer.
2Quand on apprit, à la cour du royaume de David, que le
Syriens avaient pris position en territoire éphraïmite,
roi et tous ses sujets en furent secoués comme le feuillag
des arbres de la forêt quand ils sont agités par le vent.
3Alors l'Eternel dit à Esaïe : Va à la rencontre d'Ahaz, t
et Shear-Yashoub[f], ton fils. Tu le trouveras vers l'extrémit
de l'aqueduc du réservoir supérieur, sur la route du cham
du Teinturier. 4Tu lui diras : Garde ton calme. N'aie dor
pas peur et ne perds pas courage devant ces deux bouts d
tisons fumants, devant la fureur de Retsîn et de son pay
la Syrie, et du fils de Remalia. 5La Syrie, il est vrai, projet
un malheur contre toi de concert avec Ephraïm[g] et le fi
de Remalia, et ils ont dit : 6Marchons contre Juda, jetons-
l'épouvante, conquérons-le, établissons-y comme roi
fils de Tabéel[h]. 7Mais ainsi parle le Seigneur, l'Eternel :

Cela ne tiendra pas,
cela ne sera pas,

8 car c'est Damas la capitale de la Syrie,
et c'est Retsîn qui est chef de Damas.
Dans soixante-cinq ans,
Ephraïm sera écrasé et n'existera plus en tant que peuple.
9 La capitale d'Ephraïm c'est Samarie,
le chef de Samarie c'est le fils de Remalia.
Si vous, vous n'avez pas confiance,
vous ne tiendrez pas.

Le signe d'Emmanuel

10L'Eternel parla de nouveau à Ahaz et lui dit
11Demande pour toi un signe extraordinaire à l'Etern
ton Dieu, soit dans les régions d'en bas, soit dans les lieu
élevés.
12Mais Ahaz dit : Je n'en demanderai pas. Je ne veux p
forcer la main à l'Eternel.
13Esaïe dit alors : Ecoutez donc, dynastie de David. N
vous suffit-il pas de mettre à dure épreuve la patience d
hommes pour qu'il vous faille encore lasser celle de mo
Dieu ? 14C'est pourquoi le Seigneur vous donnera lui-mên
un signe : Voici, la jeune fille sera enceinte et elle enfante
un fils, elle lui donnera pour nom[i] : Emmanuel (Dieu av
nous). 15Il mangera du lait caillé et du miel[j], jusqu'à

[e] 7.1 Vers 735/734 av. J.-C. Voir 2 R 16.5-9 ; 2 Ch 28.5-8. La Syrie et Israël (ou Ephraïm, c'est-à-dire le royaume du Nord) s'étaient alliés contre l'Assyrie et voulaient remplacer Ahaz par un homme à eux (v. 6) qui joindrait Juda à leur coalition.
[f] 7.3 Nom qui signifie : *un reste reviendra,* expression qui se retrouve en 10.21 comme promesse pour le peuple.
[g] 7.5 Voir note v. 1.
[h] 7.6 Nom araméen. Probablement un haut fonctionnaire de la cour de Damas que les Syriens voulaient imposer comme roi à Juda pour qu'il entraîne son pays dans la coalition qu'ils formaient avec le royaume d'Israël du Nord.
[i] 7.14 Le texte hébreu de Qumrân a : *il lui donnera* ou *ils lui donneront.*
[j] 7.15 Voir v. 21-22.

nough to reject the wrong and choose the right, 16 for
efore the boy knows enough to reject the wrong and
hoose the right, the land of the two kings you dread
ill be laid waste. 17 The LORD will bring on you and on
our people and on the house of your father a time
nlike any since Ephraim broke away from Judah – he
ill bring the king of Assyria."

ssyria, the LORD's Instrument

18 In that day the LORD will whistle for flies from
he Nile delta in Egypt and for bees from the land of
ssyria. 19 They will all come and settle in the steep
avines and in the crevices in the rocks, on all the
hornbushes and at all the water holes. 20 In that
ay the Lord will use a razor hired from beyond the
uphrates River – the king of Assyria – to shave your
eads and private parts, and to cut off your beards
lso. 21 In that day, a person will keep alive a young
ow and two goats. 22 And because of the abundance of
he milk they give, there will be curds to eat. All who
emain in the land will eat curds and honey. 23 In that
ay, in every place where there were a thousand vines
orth a thousand silver shekels,[s] there will be only
riers and thorns. 24 Hunters will go there with bow
nd arrow, for the land will be covered with briers
nd thorns. 25 As for all the hills once cultivated by the
oe, you will no longer go there for fear of the briers
nd thorns; they will become places where cattle are
urned loose and where sheep run.

saiah and His Children as Signs

8 1 The LORD said to me, "Take a large scroll and
write on it with an ordinary pen: Maher-
halal-Hash-Baz."[t] 2 So I called in Uriah the priest
nd Zechariah son of Jeberekiah as reliable witnesses
or me. 3 Then I made love to the prophetess, and she
onceived and gave birth to a son. And the LORD said to
e, "Name him Maher-Shalal-Hash-Baz. 4 For before
he boy knows how to say 'My father' or 'My mother,'
he wealth of Damascus and the plunder of Samaria
ill be carried off by the king of Assyria."

5 The LORD spoke to me again:
6 "Because this people has rejected
the gently flowing waters of Shiloah
and rejoices over Rezin
and the son of Remaliah,
7 therefore the Lord is about to bring against
them

7:23 That is, about 25 pounds or about 12 kilograms
8:1 *Maher-Shalal-Hash-Baz* means *quick to the plunder, swift to the
oil*; also in verse 3.

qu'il apprenne à rejeter le mal et à choisir le bien. 16 Mais
avant que l'enfant apprenne à rejeter le mal et à choisir
le bien, les pays des deux rois que tu crains aujourd'hui
seront abandonnés. 17 L'Eternel fera survenir contre toi et
ton peuple, contre ta dynastie, des jours comme jamais il
n'y en a eu de tels depuis l'époque où Ephraïm s'est coupé
de Juda : ce sera l'effet du roi d'Assyrie.

Le péril assyrien

18 Il adviendra, en ce jour-là, que l'Eternel appellera par
un coup de sifflet les mouches qui sont à l'extrémité des
fleuves de l'Egypte et les abeilles d'Assyrie. 19 Elles viendront et se poseront toutes dans les ravins abrupts, et dans
les fentes des rochers, dans tous les fourrés broussailleux
et tous les pâturages. 20 En ce jour-là, le Seigneur rasera
avec un rasoir pris à gage au-delà de l'Euphrate – il s'agit
du roi d'Assyrie. Oui, il vous rasera la tête et tous les poils
du corps, et il vous coupera aussi la barbe[k].

21 Il adviendra, en ce jour-là, qu'en guise de bétail, une
personne élèvera une génisse et deux brebis ou chèvres[l].
22 Alors la production de lait sera si abondante que l'on se
nourrira de lait caillé. Oui, les survivants du pays mangeront tous du lait caillé et du miel. 23 Il adviendra encore, en
ce jour-là, que tout endroit planté de mille ceps de vigne
valant mille pièces d'argent, sera abandonné aux ronces et
aux épines. 24 On y pénétrera armé d'arcs et de flèches, car
le pays entier ne sera que ronces et épines. 25 On ne passera
plus sur les coteaux fertiles qu'on sarclait à la pioche, par
peur des ronces et des épines. Les bovins y paîtront et les
moutons et les chèvres en fouleront le sol.

Deux signes

8 1 L'Eternel me dit : Prends une grande tablette et
inscris-y avec un burin ordinaire : Maher-Shalal-
Hash-Baz (Proche pillage, imminent butin).

2 Je pris pour moi des témoins dignes de foi : le prêtre
Urie, et Zacharie, fils de Yebérékia[m].

3 Je m'approchai de ma femme, la prophétesse, elle
devint enceinte et mit au monde un fils. Et l'Eternel me
dit : Appelle-le : Maher-Shalal-Hash-Baz. 4 Car avant que
l'enfant sache appeler : Papa, Maman, on emportera les
richesses de Damas et le butin de Samarie devant le roi
d'Assyrie.

L'invasion assyrienne

5 L'Eternel me parla encore en ces termes :
6 Puisque ce peuple a méprisé
les eaux de Siloé[n]
qui coulent doucement,
et qu'il s'est réjoui à cause de Retsîn
et du fils de Remalia[o],
7 à cause de cela, voici que le Seigneur fera monter
sur eux

[k] **7.20** Signe de déshonneur ou de deuil (Jb 1.20 ; Es 15.2 ; Jr 48.37 ; 2 S 10.4-5), annonce de la captivité.

[l] **7.21** On ne cultivera plus le sol, on reviendra à l'élevage. Les rescapés seront si peu nombreux qu'ils auront du lait et du miel en abondance, malgré un cheptel réduit.

[m] **8.2** *Urie:* voir 2 R 16.10-18.

[n] **8.6** Il s'agit des eaux de la source du Guihôn (2 Ch 32.4, 30) qui assurait l'alimentation de Jérusalem en eau potable.

[o] **8.6** Certains traduisent : *et qu'il redoute Retsîn et le fils de Remalia.* Dans la traduction adoptée dans le texte, c'est le parti favorable à une alliance avec le royaume du Nord et avec la Syrie, contre les Assyriens, qui est visé.

the mighty floodwaters of the Euphrates –
the king of Assyria with all his pomp.
It will overflow all its channels,
run over all its banks
8 and sweep on into Judah, swirling over it,
passing through it and reaching up to the neck.
Its outspread wings will cover the breadth of your land,
Immanuel[u]!"
9 Raise the war cry,[v] you nations, and be shattered!
Listen, all you distant lands.
Prepare for battle, and be shattered!
Prepare for battle, and be shattered!

10 Devise your strategy, but it will be thwarted;
propose your plan, but it will not stand,
for God is with us.[w]

11 This is what the LORD says to me with his strong
hand upon me, warning me not to follow the way of
this people:

12 "Do not call conspiracy
everything this people calls a conspiracy;
do not fear what they fear,
and do not dread it.
13 The LORD Almighty is the one you are to regard as holy,
he is the one you are to fear,
he is the one you are to dread.
14 He will be a holy place;
for both Israel and Judah he will be
a stone that causes people to stumble
and a rock that makes them fall.
And for the people of Jerusalem he will be
a trap and a snare.
15 Many of them will stumble;
they will fall and be broken,
they will be snared and captured."
16 Bind up this testimony of warning
and seal up God's instruction among my disciples.
17 I will wait for the LORD,
who is hiding his face from the descendants of Jacob.
I will put my trust in him.
18 Here am I, and the children the LORD has given
me. We are signs and symbols in Israel from the LORD
Almighty, who dwells on Mount Zion.

u 8:8 *Immanuel* means *God with us.*
v 8:9 Or *Do your worst*
w 8:10 Hebrew *Immanuel*

les grandes eaux du puissant fleuve :
ce sera le roi d'Assyrie et toute sa puissance.
Oui, il sortira partout de son lit,
et il débordera au-dessus de toutes ses berges,
8 il pénétrera en Juda,
l'inondera et le submergera,
il lui montera jusqu'au cou
et le déploiement de ses flots
couvrira toute l'étendue de ton pays, Emmanuel.
9 Sonnez l'alarme[p], ô peuples,
vous serez terrifiés !
Prêtez l'oreille,
vous les pays lointains,
soyez prêts au combat,
vous serez terrifiés !
Soyez prêts au combat,
vous serez terrifiés !
10 Elaborez votre projet ;
mais il sera anéanti.
Exposez votre plan ;
mais il ne réussira pas.
Car Dieu est avec nous[q].

Dieu tient l'univers dans sa main

11 Car voici ce que l'Eternel m'a déclaré
lorsque, par sa puissance, il m'a saisi
et qu'il m'a averti de ne pas suivre le chemin
emprunté par ce peuple :
12 Ne dites pas complot
pour tout ce que ce peuple nomme complot ;
ne craignez pas tout ce qu'il craint[r],
ne le redoutez pas.
13 Mais reconnaissez comme saint
le Seigneur des armées célestes ;
c'est lui que vous craindrez,
lui qu'il faut redouter.
14 Il est un sanctuaire,
mais il sera aussi une pierre qu'on heurte,
un rocher qui fait trébucher[s]
pour les deux royaumes israélites,
un piège et un filet
pour les habitants de Jérusalem.
15 Beaucoup d'entre eux s'y heurteront,
ils tomberont et ils se briseront,
ils seront pris au piège et capturés.
16 Lie donc cet acte pour le conserver,
et scelle cette loi parmi ceux qui sont mes disciple
17 Moi je m'attends à l'Eternel,
qui se détourne du peuple de Jacob ;
je me confie en lui[t].
18 Me voici avec les disciples qui m'ont été donnés pa
l'Eternel.
Nous servons de signes et de présages en Israël.

p 8.9 Autre traduction : *vous avez beau vous allier.*
q 8.10 En hébreu, jeu sur le nom *Emmanuel.*
r 8.12 En apprenant l'alliance d'Israël et de la Syrie, le peuple a pris peu
Les v. 12-13 sont cités en 1 P 3.14-15.
s 8.14 Cité en 1 P 2.8.
t 8.17 Les v. 17-18 sont cités en Hé 2.13.

he Darkness Turns to Light

19When someone tells you to consult mediums and
piritists, who whisper and mutter, should not a peo-
le inquire of their God? Why consult the dead on
ehalf of the living? 20Consult God's instruction and
e testimony of warning. If anyone does not speak
ccording to this word, they have no light of dawn.
Distressed and hungry, they will roam through the
nd; when they are famished, they will become en-
aged and, looking upward, will curse their king and
eir God. 22Then they will look toward the earth and
e only distress and darkness and fearful gloom, and
ey will be thrust into utter darkness.

9 1xNevertheless, there will be no more gloom for
those who were in distress. In the past he hum-
led the land of Zebulun and the land of Naphtali, but
the future he will honor Galilee of the nations, by
e Way of the Sea, beyond the Jordan –

2 The people walking in darkness
have seen a great light;
on those living in the land of deep darkness
a light has dawned.
3 You have enlarged the nation
and increased their joy;
they rejoice before you
as people rejoice at the harvest,
as warriors rejoice
when dividing the plunder.
4 For as in the day of Midian's defeat,
you have shattered
the yoke that burdens them,
the bar across their shoulders,
the rod of their oppressor.
5 Every warrior's boot used in battle
and every garment rolled in blood
will be destined for burning,
will be fuel for the fire.
6 For to us a child is born,
to us a son is given,
and the government will be on his shoulders.
And he will be called
Wonderful Counselor, Mighty God,
Everlasting Father, Prince of Peace.
7 Of the greatness of his government and peace
there will be no end.
He will reign on David's throne
and over his kingdom,

n Hebrew texts 9:1 is numbered 8:23, and 9:2-21 is numbered
-20.

Cela est dû à l'Eternel, le Seigneur des armées célestes,
dont la demeure est sur le mont Sion.
19Lorsqu'on viendra vous dire : « Allez donc consulter
ceux qui évoquent les esprits, ceux qui prédisent l'avenir, ceux qui chuchotent et marmottent ! Les peuples ne
doivent-ils pas consulter leurs dieux et s'adresser aux
morts en faveur des vivants ? », alors vous répondrez :
20« A la Loi et à l'acte écrit ! ». Si l'on ne parle pas ainsi, alors pas d'aurore pour eux ! 21On traversera le pays,
pressé et affamé, et il arrivera, sous l'effet de la faim,
qu'exaspéré, en levant les yeux vers le haut, on maudira
son roi, on maudira son Dieu. 22Puis, regardant la terre,
on n'y trouvera que détresse, ténèbres, sombres angoisses,
et l'on sera poussé dans la nuit la plus noire.

Des ténèbres à la lumière

23Mais les ténèbres ne régneront pas à toujours sur ce
pays envahi par l'angoisse. Si, dans les temps passés, Dieu
a couvert d'opprobre tout le pays de Zabulon et le pays
de Nephtali[u], dans les temps à venir, il couvrira de gloire
la route de la mer[v], au-delà du Jourdain, le district des
populations étrangères[w].

9 1Le peuple qui marchait dans les ténèbres
verra briller une grande lumière :
elle resplendira
sur ceux qui habitaient le pays dominé par
d'épaisses ténèbres
2 O Eternel, tu fais abonder l'allégresse[x],
tu fais jaillir une très grande joie
et l'on se réjouit devant toi tout comme au temps de
la moisson,
ou comme on crie de joie lors du partage d'un butin.

3 Car le joug qui pesait sur lui,
le bâton qui frappait son dos,
le gourdin de son oppresseur,
toi, tu les as brisés tout comme au jour de la défaite
de Madian[y].
4 Toute chaussure de guerrier qui martèle le sol,
et tout manteau que l'on a roulé dans le sang
seront livrés aux flammes,
pour être consumés.

Un enfant nous est né

5 Car un enfant est né pour nous,
un fils nous est donné.
Et il exercera l'autorité royale ;
il sera appelé
Merveilleux Conseiller, Dieu fort,
Père à jamais et Prince de la Paix.
6 Il étendra sa souveraineté
et il instaurera la paix qui durera toujours
au trône de David et à tout son royaume.

u 8.23 Deux tribus israélites installées au nord du pays et dont le territoire avait été annexé par les Assyriens entre 734 et 732 en même temps que la Galilée et les territoires à l'est du Jourdain.

v 8.23 Route qui longe la mer Méditerranée et relie la Syrie à l'Egypte.

w 8.23 C'est-à-dire *la Galilée.* On l'appelait ainsi parce que la population était fortement mélangée à des non-Israélites : des Cananéens y étaient restés (Jg 1.33), Salomon avait donné une partie du territoire au roi de Tyr (1 R 9.11-13).

x 9.2 Cette traduction suppose une légère modification du texte. Le texte hébreu traditionnel a : *tu as fait s'accroître le peuple.*

y 9.3 Allusion à la victoire de Gédéon sur les Madianites (Jg 7 et 8).

establishing and upholding it
with justice and righteousness
from that time on and forever.
The zeal of the LORD Almighty
will accomplish this.

The LORD's Anger Against Israel

8 The Lord has sent a message against Jacob;
it will fall on Israel.
9 All the people will know it –
Ephraim and the inhabitants of Samaria –
who say with pride
and arrogance of heart,
10 "The bricks have fallen down,
but we will rebuild with dressed stone;
the fig trees have been felled,
but we will replace them with cedars."
11 But the LORD has strengthened Rezin's foes
against them
and has spurred their enemies on.
12 Arameans from the east and Philistines from
the west
have devoured Israel with open mouth.
Yet for all this, his anger is not turned away,
his hand is still upraised.
13 But the people have not returned to him who
struck them,
nor have they sought the LORD Almighty.

14 So the LORD will cut off from Israel both head
and tail,
both palm branch and reed in a single day;

15 the elders and dignitaries are the head,
the prophets who teach lies are the tail.
16 Those who guide this people mislead them,
and those who are guided are led astray.
17 Therefore the Lord will take no pleasure in the
young men,
nor will he pity the fatherless and widows,
for everyone is ungodly and wicked,
every mouth speaks folly.
Yet for all this, his anger is not turned away,
his hand is still upraised.

18 Surely wickedness burns like a fire;
it consumes briers and thorns,
it sets the forest thickets ablaze,
so that it rolls upward in a column of smoke.
19 By the wrath of the LORD Almighty
the land will be scorched
and the people will be fuel for the fire;
they will not spare one another.

20 On the right they will devour,
but still be hungry;
on the left they will eat,
but not be satisfied.

Sa royauté sera solidement fondée
sur le droit et sur la justice,
dès à présent et pour l'éternité.
Voilà ce que fera le Seigneur des armées célestes
dans son ardent amour.

Le jugement sur Israël

7 Le Seigneur a lancé un message contre Jacob,
et il s'abat sur Israël[z].
8 Le peuple tout entier en aura connaissance,
le peuple d'Ephraïm, les habitants de Samarie
qui disent, pleins d'orgueil et le cœur arrogant :
9 « Les briques sont tombées,
mais nous reconstruirons en pierres bien taillées ;
les sycomores ont été abattus,
par des cèdres nous les remplacerons. »
10 L'Eternel a dressé contre eux
les adversaires de Retsîn
et il a excité leurs ennemis[a] :
11 les Syriens qui sont à l'orient, les Philistins à
l'occident ;
ils dévoreront Israël à belles dents.
Mais malgré tout cela, son courroux ne s'apaise pas
sa main reste levée.
12 Le peuple n'est pas revenu à l'Eternel qui le
frappait,
il ne s'est pas tourné vers l'Eternel, le Seigneur des
armées célestes.
13 C'est pourquoi l'Eternel ôtera d'Israël la tête avec la
queue,
la palme et le roseau
en un seul jour.
14 Le dirigeant et le notable sont la tête du peuple,
et le prophète enseignant le mensonge en est la
queue.
15 Les guides de ce peuple l'égarent,
et ceux qui sont guidés sont conduits à la ruine.
16 C'est pourquoi le Seigneur ne sera pas clément[b]
envers ses jeunes gens,
il n'aura pas pitié des orphelins, des veuves.
Car tous méprisent Dieu et font le mal,
tous profèrent des propos insensés.
Mais, malgré tout cela, son courroux ne s'apaise
pas,
sa main reste levée.
17 Car la méchanceté brûle comme le feu,
qui consume les ronces et les épines,
et elle embrase les buissons des forêts.
La fumée s'en élève vers le ciel en volutes.
18 Par la fureur de l'Eternel, le Seigneur des armées
célestes,
le pays est en flammes
et le peuple devient la proie du feu.
Nul n'a pitié de son prochain.
19 On grappille à sa droite et l'on reste affamé,

z 9.7 *Jacob, Israël, Ephraïm* et *Samarie* désignent le royaume du Nord sépar de celui de Juda depuis près de 200 ans, dont Samarie était la capitale.

a 9.10 Les *ennemis* de Retsîn, c'est-à-dire les Assyriens de Tiglath-Pilése qui, avec les Philistins et, sans doute, des Syriens qui lui étaient assujet tis et s'opposaient à Retsîn, envahiront Israël (voir 2 R 17.6).

b 9.16 D'après le texte hébreu de Qumrân. Le texte hébreu traditionnel a : *ne se réjouira pas de ses jeunes gens.*

Each will feed on the flesh of their own
offspring[y]:
21 Manasseh will feed on Ephraim, and Ephraim
on Manasseh;
together they will turn against Judah.
Yet for all this, his anger is not turned away,
his hand is still upraised.

10 1 Woe to those who make unjust laws,
to those who issue oppressive decrees,
2 to deprive the poor of their rights
and withhold justice from the oppressed of
my people,
making widows their prey
and robbing the fatherless.
3 What will you do on the day of reckoning,
when disaster comes from afar?
To whom will you run for help?
Where will you leave your riches?
4 Nothing will remain but to cringe among the
captives
or fall among the slain.
Yet for all this, his anger is not turned away,
his hand is still upraised.

God's Judgment on Assyria

5 "Woe to the Assyrian, the rod of my anger,
in whose hand is the club of my wrath!
6 I send him against a godless nation,
I dispatch him against a people who anger
me,
to seize loot and snatch plunder,
and to trample them down like mud in the
streets.
7 But this is not what he intends,
this is not what he has in mind;
his purpose is to destroy,
to put an end to many nations.
8 'Are not my commanders all kings?' he says.
9 'Has not Kalno fared like Carchemish?
Is not Hamath like Arpad,
and Samaria like Damascus?
10 As my hand seized the kingdoms of the idols,
kingdoms whose images excelled those of
Jerusalem and Samaria –
11 shall I not deal with Jerusalem and her images

y 9:20 Or *arm*

on dévore à sa gauche, sans être rassasié.
On va jusqu'à manger la chair de ses enfants[c].
20 Manassé dévore Ephraïm,
et Ephraïm dévore Manassé,
tous les deux vont ensemble se jeter sur Juda.
Mais, malgré tout cela, son courroux ne s'apaise
pas,
sa main reste levée.

Malheur aux mauvais législateurs

10 1 Malheur à ces législateurs qui édictent des lois
iniques,
et à ceux qui rédigent des décrets qui engendrent
la misère,
2 pour refuser aux miséreux que justice leur soit
rendue,
pour priver de leur droit les pauvres de mon peuple,
pour dépouiller les veuves,
et pour piller les orphelins.
3 Que ferez-vous au jour du règlement de comptes,
lorsque la destruction viendra sur vous de loin ?
Vers qui donc fuirez-vous pour avoir du secours ?
Et où cacherez-vous l'amas de vos richesses ?
4 Il ne restera rien à faire sinon se courber sous le
joug parmi les prisonniers
ou tomber parmi les victimes.
Mais malgré tout cela, son courroux ne s'apaise pas,
sa main reste levée.

Le jugement sur l'Assyrie

5 Malheur à l'Assyrien,
bâton de ma colère !
Ce gourdin dans sa main
est l'instrument de ma fureur.
6 Je l'enverrai pour attaquer une nation impie,
je vais lui donner la mission de rafler le butin d'un
peuple qui déchaîne ma fureur,
de le mettre au pillage[d],
et de le piétiner comme la boue des rues.
7 Mais ce n'est pas ainsi que le roi d'Assyrie a vu les
choses
et qu'il a raisonné.
Car il ne songe qu'à détruire
et à exterminer des peuples en grand nombre.
8 Oui, voici ce qu'il dit :
« Mes princes ne sont-ils pas autant de rois ?
9 Kalno a bien subi le sort de Karkemish,
Hamath celui d'Arpad,
Samarie celui de Damas[e].
10 Si, de ma main, j'ai atteint des royaumes adorant
des idoles
dont les statues étaient bien plus nombreuses que
celles de Jérusalem et que celles de Samarie,
11 ne traiterai-je pas Jérusalem et ses statues

c **9.19** Cette traduction suppose une légère modification du texte hébreu traditionnel qui a : *de son bras*. Quelques manuscrits de l'ancienne version grecque et le targoum ont : *de son prochain*.

d **10.6** *butin* et *pillage* font allusion au nom d'un des fils d'Esaïe (voir 8.3).

e **10.9** Villes de Syrie (*Kalno, Hamath, Arpad, Damas*), d'une principauté hittite (*Karkemish*) et d'Israël (*Samarie*), assiégées et prises par les rois assyriens Tiglath-Piléser III et Sargon II entre 740 et 717 av. J.-C. L'ordre dans lequel ces villes sont mentionnées suggère l'avance des armées assyriennes vers le sud : vers Jérusalem.

as I dealt with Samaria and her idols?' "
12 When the Lord has finished all his work against
Mount Zion and Jerusalem, he will say, "I will punish
the king of Assyria for the willful pride of his heart
and the haughty look in his eyes. 13 For he says:

" 'By the strength of my hand I have done this,
and by my wisdom, because I have
understanding.
I removed the boundaries of nations,
I plundered their treasures;
like a mighty one I subdued[z] their kings.

14 As one reaches into a nest,
so my hand reached for the wealth of the
nations;
as people gather abandoned eggs,
so I gathered all the countries;
not one flapped a wing,
or opened its mouth to chirp.' "
15 Does the ax raise itself above the person who
swings it,
or the saw boast against the one who uses it?
As if a rod were to wield the person who lifts
it up,
or a club brandish the one who is not wood!

16 Therefore, the Lord, the LORD Almighty,
will send a wasting disease upon his sturdy
warriors;
under his pomp a fire will be kindled
like a blazing flame.
17 The Light of Israel will become a fire,
their Holy One a flame;
in a single day it will burn and consume
his thorns and his briers.
18 The splendor of his forests and fertile fields
it will completely destroy,
as when a sick person wastes away.
19 And the remaining trees of his forests will be
so few
that a child could write them down.

The Remnant of Israel

20 In that day the remnant of Israel,
the survivors of Jacob,
will no longer rely on him
who struck them down
but will truly rely on the LORD,
the Holy One of Israel.
21 A remnant will return,[a] a remnant of Jacob
will return to the Mighty God.
22 Though your people be like the sand by the sea,
Israel,
only a remnant will return.
Destruction has been decreed,
overwhelming and righteous.

[z] 10:13 Or *treasures; / I subdued the mighty,*
[a] 10:21 Hebrew *shear-jashub* (see 7:3 and note); also in verse 22

tout comme j'ai traité Samarie avec ses idoles ? »
12 Voici ce qui arrivera, dit le Seigneur : Quand j'aura
achevé toute mon œuvre sur le mont Sion et à Jérusalem
j'interviendrai contre le roi de l'Assyrie à cause de se
pensées orgueilleuses et de son regard arrogant. 13 Ca
il a déclaré :

« C'est par ma propre force que j'ai fait tout cela,
et grâce à mon habileté, car je suis très intelligent.
Moi, j'ai déplacé les frontières de nombreux
peuples,
et pillé leurs trésors
et, comme un homme fort, j'ai détrôné des rois.
14 Ma main a ramassé les richesses des peuples comm
on ramasse un nid.
Comme on s'empare des œufs abandonnés,
j'ai pris toute la terre
sans qu'il y ait personne pour agiter les ailes,
ou pour ouvrir le bec, ou pour siffler. »

15 Mais la cognée se vante-t-elle aux dépens de celui
qui la manie ?
Ou la scie se glorifie-t-elle aux dépens de celui qui
l'utilise ?
Comme si le bâton faisait mouvoir celui qui le
brandit,
comme si le gourdin brandissait celui qui n'est pas
de bois !
16 C'est pourquoi l'Eternel, le Seigneur des armées
célestes,
va faire dépérir ses guerriers corpulents ;
sous ce qui fait sa gloire, un feu s'embrasera,
comme le feu d'un foyer d'incendie.
17 Car la lumière d'Israël deviendra comme un feu,
et le Saint d'Israël comme une flamme
qui brûlera et qui consumera les épines, les ronces
en un seul jour.
18 Il anéantira du cœur jusqu'à l'écorce
la luxuriance de ses forêts et ses vergers.
On croira voir un homme bien malade qui dépérit.
19 Il restera si peu d'arbres de sa forêt
qu'un petit enfant même pourrait en inscrire le
nombre.

Conversion du faible reste d'Israël

20 En ce jour-là,
le reste des Israélites
et les rescapés de Jacob
ne prendront plus appui sur celui qui les frappe[f],
alors ils s'appuieront vraiment
sur l'Eternel, sur le Saint d'Israël.
21 Un reste des descendants de Jacob[g]
un reste reviendra
vers le Dieu fort.
22 Car même si ton peuple, ô Israël,
était aussi nombreux que les grains de sable au bor
de la mer,
ce n'est qu'un reste qui reviendra ;
car Dieu a décidé la destruction du peuple :
il fera venir la justice comme une inondation[h].

[f] 10.20 C'est-à-dire les Assyriens.
[g] 10.21 *Un reste reviendra:* en hébreu Shear-Yashoub, nom d'un fils d'Esa
(voir 7.3).
[h] 10.22 Les v. 22-23 sont cités en Rm 9.27-28.

[23] The Lord, the LORD Almighty, will carry out
the destruction decreed upon the whole
land.

[24] Therefore this is what the Lord, the LORD Almighty,
says:
"My people who live in Zion,
do not be afraid of the Assyrians,
who beat you with a rod
and lift up a club against you, as Egypt did.

[25] Very soon my anger against you will end
and my wrath will be directed to their
destruction."

[26] The LORD Almighty will lash them with a whip,
as when he struck down Midian at the rock
of Oreb;
and he will raise his staff over the waters,
as he did in Egypt.
[27] In that day their burden will be lifted from
your shoulders,
their yoke from your neck;
the yoke will be broken
because you have grown so fat.[b]

[28] They enter Aiath;
they pass through Migron;
they store supplies at Mikmash.
[29] They go over the pass, and say,
"We will camp overnight at Geba."
Ramah trembles;
Gibeah of Saul flees.

[30] Cry out, Daughter Gallim!
Listen, Laishah!
Poor Anathoth!
[31] Madmenah is in flight;
the people of Gebim take cover.
[32] This day they will halt at Nob;
they will shake their fist
at the mount of Daughter Zion,
at the hill of Jerusalem.
[33] See, the Lord, the LORD Almighty,
will lop off the boughs with great power.
The lofty trees will be felled,
the tall ones will be brought low.

[34] He will cut down the forest thickets with an ax;
Lebanon will fall before the Mighty One.

[b] 10:27 Hebrew; Septuagint *broken / from your shoulders*

[23] Et l'Eternel, le Seigneur des armées célestes,
accomplira dans le pays entier
cette destruction qui est décrétée.

Le joug assyrien sera brisé

[24] Par conséquent, voici ce que dit l'Eternel, le
Seigneur des armées célestes :
O toi mon peuple, habitant de Sion, ne crains pas
l'Assyrie
quand, avec le bâton, il viendra te frapper
et lorsqu'il brandira son gourdin contre toi,
comme l'Egypte l'a fait autrefois[i].
[25] Car, dans un peu, très peu de temps,
ma fureur prendra fin
et mon courroux se tournera contre eux pour les
détruire.
[26] Le Seigneur des armées célestes brandira son fouet
pour frapper l'Assyrie
comme il frappa Madian près du rocher d'Oreb[j].
Il lèvera encore son bâton sur la mer
comme il l'a fait jadis contre les Egyptiens.
[27] En ce jour-là,
il ôtera de ton épaule le fardeau qu'il va t'imposer
et il enlèvera le joug qu'il aura placé sur ta nuque.
Ce joug sera brisé pour laisser place à la prospérité[k].

Invasion contre Juda

[28] Les voilà qui arrivent, ils marchent contre Ayath[l],
ils passent dans Migrôn
et ils ont déposé à Mikmas leurs bagages.
[29] Voici, ils ont déjà franchi le défilé,
et les voilà qui disent : « Campons pour la nuit à
Guéba. »
Rama est terrifiée ;
à Guibea, la ville de Saül, les habitants prennent la
fuite.
[30] Pousse des cris, ô Bath-Gallim,
fais attention, Laïs !
Malheureuse Anatoth,
[31] Madména est en fuite,
le peuple de Guébim cherche un refuge.
[32] Oui, aujourd'hui déjà, il fera halte à Nob
et menacera de son poing
le mont du peuple de Sion,
oui, la colline de Jérusalem.
[33] Mais voici : l'Eternel, le Seigneur des armées
célestes,
abat avec violence toutes ces belles branches.
Les plus hauts arbres sont coupés,
les plus élevés sont à terre.
[34] Il tranche avec la hache les taillis des forêts
et le Liban s'effondre sous les coups du Puissant.

[i] **10.24** Allusion aux conditions de vie des Israélites en Egypte (voir Ex 1).
[j] **10.26** *Oreb:* chef madianite tué par Gédéon (Jg 7.23-25).
[k] **10.27** Hébreu obscur et traduction incertaine. L'ancienne version grecque a : *de sur tes épaules.*
[l] **10.28** Ces versets décrivent l'avance des armées assyriennes qui se rapprochent de Jérusalem. Ayath est à 16 kilomètres au nord de la ville, les autres localités mentionnées dans les v. 28-32 sont de plus en plus proches.

The Branch From Jesse

11 1 A shoot will come up from the stump of Jesse;
from his roots a Branch will bear fruit.
2 The Spirit of the LORD will rest on him –
the Spirit of wisdom and of understanding,
the Spirit of counsel and of might,
the Spirit of the knowledge and fear of the LORD –
3 and he will delight in the fear of the LORD.
He will not judge by what he sees with his eyes,
or decide by what he hears with his ears;
4 but with righteousness he will judge the needy,
with justice he will give decisions for the poor of the earth.
He will strike the earth with the rod of his mouth;
with the breath of his lips he will slay the wicked.
5 Righteousness will be his belt
and faithfulness the sash around his waist.
6 The wolf will live with the lamb,
the leopard will lie down with the goat,
the calf and the lion and the yearling[c] together;
and a little child will lead them.

7 The cow will feed with the bear,
their young will lie down together,
and the lion will eat straw like the ox.
8 The infant will play near the cobra's den,
and the young child will put its hand into the viper's nest.

9 They will neither harm nor destroy
on all my holy mountain,
for the earth will be filled with the knowledge of the LORD
as the waters cover the sea.
10 In that day the Root of Jesse will stand as a banner
for the peoples; the nations will rally to him, and his
resting place will be glorious. 11 In that day the Lord
will reach out his hand a second time to reclaim the
surviving remnant of his people from Assyria, from
Lower Egypt, from Upper Egypt, from Cush,[d] from
Elam, from Babylonia,[e] from Hamath and from the
islands of the Mediterranean.

12 He will raise a banner for the nations
and gather the exiles of Israel;

[c] 11:6 Hebrew; Septuagint *lion will feed*
[d] 11:11 That is, the upper Nile region
[e] 11:11 Hebrew *Shinar*

Le Roi et le règne à venir

11 1 Un rameau poussera sur le tronc d'Isaï[m],
un rejeton naîtra de ses racines, et portera du fruit[n].
2 L'Esprit de l'Eternel reposera sur lui,
et cet Esprit lui donnera le discernement, la sagess
le conseil et la force ;
il lui fera connaître et craindre l'Eternel.

3 Il sera tout empreint de la crainte de l'Eternel.
Il ne jugera pas d'après les apparences,
et n'arbitrera pas d'après des ouï-dire.
4 Il jugera les pauvres avec justice,
et il arbitrera selon le droit
en faveur des malheureux du pays.
Il frappera la terre de sa parole comme avec un bâton ;
le souffle de sa bouche abattra le méchant[o].

5 Il aura la justice pour ceinture à ses reins
et la fidélité pour ceinture à ses hanches.
6 Le loup vivra avec l'agneau,
la panthère reposera aux côtés du chevreau.
Le veau et le lionceau et le bœuf à l'engrais seront[p] ensemble,
et un petit enfant les conduira[q].
7 Les vaches et les ourses brouteront côte à côte,
et leurs petits auront un même gîte.
Le lion et le bœuf se nourriront de paille.
8 Le nourrisson s'ébattra sans danger près du nid du cobra,
et le tout jeune enfant pourra mettre la main dans l'antre du serpent.
9 On ne commettra plus ni mal ni destruction
sur toute l'étendue de ma montagne sainte.
Car la terre sera remplie de la connaissance de l'Eternel
comme les eaux recouvrent le fond des mers.
10 Il adviendra en ce jour-là que le descendant d'Isaï[r]
se dressera comme un étendard pour les peuples,
et tous les peuples étrangers se tourneront vers lu
Et son lieu de repos resplendira de gloire[s].
11 En ce jour-là, le Seigneur étendra sa main une seconde fois[t]
pour libérer le reste de son peuple
qui aura subsisté en Assyrie et en Egypte,
à Patros et en Ethiopie,
à Elam, en Babylonie, et à Hamath[u],
ainsi que dans les îles et les régions côtières.
12 Il dressera son étendard en direction des peuples étrangers ;
quant aux exilés d'Israël, il les rassemblera,

[m] **11.1** *Isaï* (ou Jessé) : père de David (1 S 16.18-19).
[n] **11.1** Autre traduction supposant une légère modification d'une lettre de l'hébreu : *un rejeton germera de ses racines.*
[o] **11.4** Allusion en 2 Th 2.8.
[p] **11.6** *à l'engrais seront:* selon le texte hébreu traditionnel. L'ancienne version grecque a : *se nourriront.*
[q] **11.6** Les v. 6-9 ont leur parallèle en 65.25.
[r] **11.10** L'hébreu a : *la racine d'Isaï.*
[s] **11.10** Cité en Rm 15.12, selon l'ancienne version grecque.
[t] **11.11** *une seconde fois:* la première étant la sortie d'Egypte (v. 16).
[u] **11.11** *Patros:* la Haute-Egypte ; *Elam:* la Perse ; *Hamath:* ville de Syrie.

he will assemble the scattered people of Judah
from the four quarters of the earth.
13 Ephraim's jealousy will vanish,
and Judah's enemies[f] will be destroyed;
Ephraim will not be jealous of Judah,
nor Judah hostile toward Ephraim.
14 They will swoop down on the slopes of Philistia
to the west;
together they will plunder the people to the
east.
They will subdue Edom and Moab,
and the Ammonites will be subject to them.
15 The LORD will dry up
the gulf of the Egyptian sea;
with a scorching wind he will sweep his hand
over the Euphrates River.
He will break it up into seven streams
so that anyone can cross over in sandals.
16 There will be a highway for the remnant of his
people
that is left from Assyria,
as there was for Israel
when they came up from Egypt.

Songs of Praise

12 1 In that day you will say:
"I will praise you, LORD.
Although you were angry with me,
your anger has turned away
and you have comforted me.
2 Surely God is my salvation;
I will trust and not be afraid.
The LORD, the LORD himself, is my strength and
my defense[g];
he has become my salvation."
3 With joy you will draw water
from the wells of salvation.
4 In that day you will say:
"Give praise to the LORD, proclaim his name;
make known among the nations what he has
done,
and proclaim that his name is exalted.
5 Sing to the LORD, for he has done glorious
things;
let this be known to all the world.
6 Shout aloud and sing for joy, people of Zion,
for great is the Holy One of Israel among
you."

Prophecy Against Babylon

13 1 A prophecy against Babylon that Isaiah son
of Amoz saw:
2 Raise a banner on a bare hilltop,
shout to them;

f 13 Or *hostility*
g 2 Or *song*

et les dispersés de Juda, il les regroupera
des quatre coins du monde.
13 Ce jour-là cessera la rivalité d'Ephraïm,
et les ennemis de Juda disparaîtront.
D'une part, Ephraïm n'enviera plus Juda,
et d'autre part, Juda ne sera plus l'ennemi
d'Ephraïm.
14 De concert, ils fondront sur les collines des
Philistins à l'ouest,
et pilleront les peuples de l'Orient[v].
Ils s'en prendront à Edom et Moab,
et domineront sur les Ammonites[w].
15 Et l'Eternel asséchera
le golfe de la mer d'Egypte[x],
il lèvera sa main pour menacer l'Euphrate,
et, par son souffle impétueux,
il brisera ce fleuve en sept rivières
que l'on pourra passer sans ôter ses sandales.
16 Et il y aura une route pour ceux de son peuple qui
resteront,
et qui demeureront encore en Assyrie,
comme il y eut jadis une route pour Israël
quand il sortit d'Egypte.

Le cantique du nouvel exode

12 1 Et tu diras en ce jour-là :
Je te loue, Eternel,
car même si tu as été irrité contre moi,
ta colère s'apaise,
tu me consoles.
2 Oui, Dieu est mon Sauveur,
je me confie en lui et je n'ai plus de crainte,
car l'Eternel, l'Eternel est ma force, il est le sujet de
mes chants,
il m'a sauvé[y].
3 C'est pourquoi, avec joie, vous puiserez de l'eau
aux sources du salut,
4 et vous direz en ce jour-là :
Célébrez l'Eternel, invoquez-le,
annoncez aux nations ses œuvres
et proclamez qu'il est sublime.
5 Chantez pour l'Eternel,
car il a accompli des œuvres magnifiques ;
que, dans le monde entier, on les connaisse !
6 Poussez des cris de joie, exultez d'allégresse,
habitants de Sion !
Car, au milieu de vous, il est très grand, lui, le Saint
d'Israël.

PROPHÉTIES SUR LES PEUPLES ÉTRANGERS

Contre Babylone

13 1 Menace sur Babylone, révélée à Esaïe, fils
d'Amots.
2 Sur un mont dénudé, dressez un étendard,
poussez des cris

v 11.14 Peut-être les Madianites.
w 11.14 Allusion à 2 S 8.12.
x 11.15 Allusion à l'assèchement de la mer des Roseaux au cours de l'Exode (Ex 14.21-22, 29 ; 15.8).
y 12.2 Citation d'Ex 15.2.

beckon to them
to enter the gates of the nobles.
³ I have commanded those I prepared for battle;
I have summoned my warriors to carry out
my wrath –
those who rejoice in my triumph.
⁴ Listen, a noise on the mountains,
like that of a great multitude!
Listen, an uproar among the kingdoms,
like nations massing together!
The LORD Almighty is mustering
an army for war.
⁵ They come from faraway lands,
from the ends of the heavens –
the LORD and the weapons of his wrath –
to destroy the whole country.

⁶ Wail, for the day of the LORD is near;
it will come like destruction from the
Almighty.[h]

⁷ Because of this, all hands will go limp,
every heart will melt with fear.
⁸ Terror will seize them,
pain and anguish will grip them;
they will writhe like a woman in labor.
They will look aghast at each other,
their faces aflame.
⁹ See, the day of the LORD is coming
– a cruel day, with wrath and fierce anger –
to make the land desolate
and destroy the sinners within it.
¹⁰ The stars of heaven and their constellations
will not show their light.
The rising sun will be darkened
and the moon will not give its light.
¹¹ I will punish the world for its evil,
the wicked for their sins.
I will put an end to the arrogance of the
haughty
and will humble the pride of the ruthless.
¹² I will make people scarcer than pure gold,
more rare than the gold of Ophir.
¹³ Therefore I will make the heavens tremble;
and the earth will shake from its place
at the wrath of the LORD Almighty,
in the day of his burning anger.

¹⁴ Like a hunted gazelle,
like sheep without a shepherd,
they will all return to their own people,
they will flee to their native land.
¹⁵ Whoever is captured will be thrust through;
all who are caught will fall by the sword.

¹⁶ Their infants will be dashed to pieces before
their eyes;

h 13:6 Hebrew *Shaddai*

et agitez la main !
Que l'on franchisse les portes des seigneurs !
³ Moi, j'ai donné mes ordres à des milices à qui j'ai
fait appel,
j'ai convoqué mes braves, agents de ma colère,
qui se réjouissent de ma gloire.
⁴ C'est le bruit d'une foule sur les montagnes :
on dirait un grand peuple.
On entend le tumulte de royaumes, de nations
rassemblées.
Le Seigneur des armées célestes passe en revue
ses troupes de combat.
⁵ Ils viennent de très loin,
du bout de l'horizon,
l'Eternel et les troupes dont il se servira dans son
indignation
pour dévaster tout le pays.
⁶ Poussez donc des cris de détresse, car il se
rapproche à grands pas, le jour de l'Eternel,
comme un fléau dévastateur déchaîné par le
Tout-Puissant.
⁷ C'est pourquoi tous les bras s'affaibliront
et tout le monde perdra courage.
⁸ Ils seront frappés d'épouvante,
ils seront saisis de douleurs, accablés de souffranc
comme une femme qui enfante.
Ils se regarderont avec stupeur les uns les autres,
le visage embrasé.
⁹ Voici venir le jour de l'Eternel,
ce jour impitoyable, jour de fureur et d'ardente
colère
qui réduira la terre en un désert,
et en exterminera les pécheurs[z].
¹⁰ Alors les étoiles du ciel et toutes leurs
constellations
cesseront de briller,
le soleil sera obscurci dès son lever,
il n'y aura plus de clarté répandue par la lune.
¹¹ J'interviendrai contre le monde pour le punir de s
méchanceté
et contre ceux qui font le mal à cause de leurs
fautes.
Je mettrai fin à l'arrogance des insolents,
je ferai tomber l'orgueil des tyrans.
¹² Je rendrai les humains plus rares que de l'or fin,
plus rares que de l'or d'Ophir.
¹³ J'ébranlerai le ciel,
et cette terre sera secouée sur ses bases
par la fureur de l'Eternel, le Seigneur des armées
célestes,
au jour où il déchaînera son ardente colère.
¹⁴ Les gens seront, en ce jour-là, pareils à des gazelle
que l'on poursuit,
ou comme des brebis perdues.
Chacun s'en retournera chez les siens,
chacun fuira vers son pays.
¹⁵ Tous ceux que l'on rencontrera seront percés de
flèches,
et tous ceux que l'on saisira tomberont par l'épée.
¹⁶ Leurs petits enfants seront écrasés sous leurs
regards,

z 13.9 Pour les v. 9-10,13, voir Jl 2.10-11 ; 3.4-5 ; 4.14-16.

their houses will be looted and their wives
violated.
[17] See, I will stir up against them the Medes,
who do not care for silver
and have no delight in gold.
[18] Their bows will strike down the young men;
they will have no mercy on infants,
nor will they look with compassion on
children.
[19] Babylon, the jewel of kingdoms,
the pride and glory of the Babylonians,[i]
will be overthrown by God
like Sodom and Gomorrah.
[20] She will never be inhabited
or lived in through all generations;
there no nomads will pitch their tents,
there no shepherds will rest their flocks.
[21] But desert creatures will lie there,
jackals will fill her houses;
there the owls will dwell,
and there the wild goats will leap about.
[22] Hyenas will inhabit her strongholds,
jackals her luxurious palaces.
Her time is at hand,
and her days will not be prolonged.

14 [1] The LORD will have compassion on Jacob;
once again he will choose Israel
and will settle them in their own land.
Foreigners will join them
and unite with the descendants of Jacob.
[2] Nations will take them
and bring them to their own place.
And Israel will take possession of the nations
and make them male and female servants in
the LORD's land.
They will make captives of their captors
and rule over their oppressors.
[3] On the day the LORD gives you relief from your suf-
ring and turmoil and from the harsh labor forced
you, [4] you will take up this taunt against the king
Babylon:
How the oppressor has come to an end!
How his fury[j] has ended!
[5] The LORD has broken the rod of the wicked,
the scepter of the rulers,
[6] which in anger struck down peoples
with unceasing blows,
and in fury subdued nations
with relentless aggression.
[7] All the lands are at rest and at peace;

:19 Or *Chaldeans*
:4 Dead Sea Scrolls, Septuagint and Syriac; the meaning of the
rd in the Masoretic Text is uncertain.

leurs maisons seront mises à sac
et leurs femmes violées.
[17] Car je vais susciter contre eux les Mèdes[a]
qui ne font pas cas de l'argent
et qui font fi de l'or.
[18] Avec leurs arcs, ils abattront les jeunes gens,
ils n'épargneront pas les nouveau-nés
et seront sans pitié pour les enfants.
[19] Et Babylone, le joyau des royaumes,
cité splendide qui faisait la fierté des Chaldéens,
deviendra semblable à Sodome et à Gomorrhe que
Dieu a renversées.
[20] Car Babylone ne sera plus jamais habitée
et plus jamais peuplée
dans toutes les générations.
Et même les nomades n'y dresseront jamais leur
tente,
et nul berger n'y fera reposer ses bêtes.
[21] Les chats sauvages chercheront abri dans ses
ruines ;
ses maisons seront hantées par les hiboux,
les autruches y établiront leur demeure
et les boucs viendront y prendre leurs ébats,
[22] les chats sauvages s'appelleront dans ses châteaux,
et les chacals viendront hurler dans ses palais.
Son heure approche,
et ses jours ne seront pas prolongés.

Israël rétabli

14 [1] Mais l'Eternel
aura compassion de Jacob
et, de nouveau, il fixera son choix sur Israël.
Il rétablira ses enfants dans leur propre pays,
et des étrangers se joindront au peuple de Jacob,
ils s'uniront à lui.
[2] Des peuples viendront les chercher et les
reconduiront chez eux.
Le peuple d'Israël prendra ces gens pour serviteurs
et pour servantes,
dans le pays de l'Eternel.
Ils retiendront captifs ceux qui les auront capturés
et ils domineront ceux qui les auront opprimés.
[3] Au jour où l'Eternel t'aura accordé du repos
après ta peine et ton tourment,
et après le dur esclavage auquel on t'aura asservi,
[4] tu chanteras ce chant pour te moquer du roi de
Babylone.
Oui, tu diras :
Comment est-ce possible ? L'oppresseur n'est plus
là !
Finie la tyrannie :
[5] l'Eternel a brisé le bâton des méchants,
le sceptre des despotes.
[6] Celui qui, dans sa rage, frappait les peuples
par des coups sans relâche
et qui, dans sa colère, opprimait les nations,
maintenant, à son tour, est poursuivi sans trêve[b].
[7] Toute la terre est en repos, elle est tranquille,

[a] **13.17** Peuple voisin des Perses qui, au temps d'Esaïe, commençait à harasser les Assyriens. Il participa à la prise de Ninive en 612 av. J.-C.
[b] **14.6** Selon le texte hébreu traditionnel. L'ancienne version grecque a : *et les persécutait sans trêve.*

they break into singing.
8 Even the junipers and the cedars of Lebanon
gloat over you and say,
"Now that you have been laid low,
no one comes to cut us down."
9 The realm of the dead below is all astir
to meet you at your coming;
it rouses the spirits of the departed to greet
you –
all those who were leaders in the world;
it makes them rise from their thrones –
all those who were kings over the nations.
10 They will all respond,
they will say to you,
"You also have become weak, as we are;
you have become like us."
11 All your pomp has been brought down to the
grave,
along with the noise of your harps;
maggots are spread out beneath you
and worms cover you.
12 How you have fallen from heaven,
morning star, son of the dawn!
You have been cast down to the earth,
you who once laid low the nations!
13 You said in your heart,
"I will ascend to the heavens;
I will raise my throne
above the stars of God;
I will sit enthroned on the mount of assembly,
on the utmost heights of Mount Zaphon.[k]
14 I will ascend above the tops of the clouds;
I will make myself like the Most High."
15 But you are brought down to the realm of the
dead,
to the depths of the pit.
16 Those who see you stare at you,
they ponder your fate:
"Is this the man who shook the earth
and made kingdoms tremble,
17 the man who made the world a wilderness,
who overthrew its cities
and would not let his captives go home?"
18 All the kings of the nations lie in state,
each in his own tomb.
19 But you are cast out of your tomb
like a rejected branch;
you are covered with the slain,
with those pierced by the sword,
those who descend to the stones of the pit.
Like a corpse trampled underfoot,
20 you will not join them in burial,
for you have destroyed your land
and killed your people.
Let the offspring of the wicked
never be mentioned again.
21 Prepare a place to slaughter his children

[k] 14:13 Or *of the north*; Zaphon was the most sacred mountain of the Canaanites.

et des cris d'allégresse retentissent partout.
8 Les cyprès même sont heureux de sa chute, et les
cèdres du Liban disent :
« Depuis que tu t'es effondré
le bûcheron ne vient plus nous abattre ! »
9 Le monde du séjour des morts en bas est en émoi à
ton sujet
pour t'accueillir à ta venue.
Pour toi, on réveille les ombres
et tous les princes de la terre.
On a fait lever de leurs trônes tous les rois des
nations.
10 Eux tous, ils s'adressent à toi en te disant :
« Toi aussi, tu es maintenant sans forces comme
nous,
te voilà donc semblable à nous ! »
11 Ton orgueil est précipité dans le séjour des morts
ainsi que le son de tes luths.
Les vers sont maintenant ta couche,
la vermine ta couverture.
12 Comment es-tu tombé du ciel,
astre brillant, fils de l'aurore ?
Toi qui terrassais d'autres peuples,
comment est-il possible que tu aies été abattu à
terre ?
13 Tu disais en ton cœur : « Je monterai au ciel,
j'élèverai mon trône bien au-dessus des étoiles
divines.
Je siégerai en roi sur la montagne de l'assemblée d
dieux,
aux confins du septentrion.
14 Je monterai au sommet des nuages,
je serai semblable au Très-Haut. »
15 Mais te voilà précipité dans le séjour des morts,
dans les profondeurs de l'abîme !
16 Ceux qui te voient arrêtent leurs regards sur toi,
ils se demandent :
« Est-ce bien là cet homme qui ébranlait la terre
et qui terrifiait les royaumes,
17 qui changeait le monde en désert,
qui détruisait les villes
et qui ne relâchait jamais ses prisonniers ? »
18 Tous les rois des nations, oui, tous, sans exception,
ont cet honneur de reposer chacun dans son
caveau.
19 Mais toi, loin de ta tombe, tu as été jeté
comme un avorton[c] qu'on méprise,
au milieu des victimes transpercées par l'épée,
qu'on a précipitées dans la fosse de pierres,
dont on piétine le cadavre.
20 Tu ne seras jamais réuni avec elles dans le tombea
car tu as ruiné ton pays,
et tu as fait périr ton peuple.
La race criminelle sera oubliée à jamais.
21 Préparez le massacre de ses fils
pour tous les crimes de leurs pères,

[c] 14.19 *avorton:* d'après plusieurs versions anciennes.

for the sins of their ancestors;
they are not to rise to inherit the land
and cover the earth with their cities.
22 "I will rise up against them,"
declares the LORD Almighty.
"I will wipe out Babylon's name and survivors,
her offspring and descendants,"
declares the LORD.

23 "I will turn her into a place for owls
and into swampland;
I will sweep her with the broom of destruction,"
declares the LORD Almighty.

24 The LORD Almighty has sworn,
"Surely, as I have planned, so it will be,
and as I have purposed, so it will happen.
25 I will crush the Assyrian in my land;
on my mountains I will trample him down.
His yoke will be taken from my people,
and his burden removed from their shoulders."
26 This is the plan determined for the whole world;
this is the hand stretched out over all nations.
27 For the LORD Almighty has purposed, and who can thwart him?
His hand is stretched out, and who can turn it back?

Prophecy Against the Philistines

28 This prophecy came in the year King Ahaz died:

29 Do not rejoice, all you Philistines,
that the rod that struck you is broken;
from the root of that snake will spring up a viper,
its fruit will be a darting, venomous serpent.
30 The poorest of the poor will find pasture,
and the needy will lie down in safety.
But your root I will destroy by famine;
it will slay your survivors.

31 Wail, you gate! Howl, you city!
Melt away, all you Philistines!
A cloud of smoke comes from the north,
and there is not a straggler in its ranks.

32 What answer shall be given
to the envoys of that nation?
"The LORD has established Zion,
and in her his afflicted people will find refuge."

pour qu'ils ne puissent pas se relever un jour pour conquérir le monde
et couvrir de leurs villes[d] la face de la terre.
22 Je combattrai contre eux,
déclare l'Eternel, le Seigneur des armées célestes,
et je rayerai de la terre le nom de Babylone, oui je supprimerai ce qui restera d'elle,
sa lignée et sa descendance.
L'Eternel le déclare.
23 Ses ruines deviendront un nid de hérissons, un vaste marécage.
Et je la balaierai comme avec un balai qui détruit tout.
L'Eternel le déclare, le Seigneur des armées célestes.

Contre l'Assyrie

24 Le Seigneur des armées célestes a juré par serment :
« Ce que j'ai décidé s'accomplira,
ce que j'ai projeté se réalisera :
25 oui, je briserai l'Assyrie dans mon pays,
je la piétinerai sur mes montagnes.
J'écarterai de vous le joug qu'elle imposait,
j'ôterai son fardeau de dessus votre épaule. »

26 Telle est la décision que l'Eternel a prise contre la terre entière,
et telle est la menace qu'il adresse à toute nation.

27 Le Seigneur des armées célestes a pris sa décision ;
qui pourrait le faire échouer ?
Il a levé sa main ; qui la détournerait ?

Contre la Philistie

28 Oracle prononcé lors de l'année de la mort du roi Ahaz[e] :
29 Ne te réjouis pas tant, Philistie tout entière,
de ce que le bâton qui te frappait le dos a été mis en pièces,
car de la souche du serpent naîtra un basilic
dont la progéniture sera un serpent venimeux volant[f].
30 Les plus pauvres du peuple trouveront de quoi se nourrir
et tous les miséreux reposeront en sûreté.
Mais je ferai périr ton peuple par la faim,
et ceux qui resteront de toi seront exterminés.
31 Lamente-toi, ô porte,
pousse des cris, ô ville !
Toute la Philistie s'effondre,
car du septentrion arrive une fumée
et, dans leurs bataillons, aucun ne se débande.
32 Que répondrons-nous donc à ceux qu'envoie cette nation ?
Que c'est l'Eternel même qui a fondé Sion ;
les humbles de son peuple y trouveront refuge.

d 14.21 Autre traduction : *et couvrir d'hostilité.*
e 14.28 Vers 715 av. J.-C. Voir 2 R 16.20 ; 2 Ch 28.27.
f 14.29 Sur ces *serpents,* voir 6.2 et note.

A Prophecy Against Moab

15 [1]A prophecy against Moab:
Ar in Moab is ruined,
destroyed in a night!
Kir in Moab is ruined,
destroyed in a night!
[2] Dibon goes up to its temple,
to its high places to weep;
Moab wails over Nebo and Medeba.
Every head is shaved
and every beard cut off.
[3] In the streets they wear sackcloth;
on the roofs and in the public squares
they all wail,
prostrate with weeping.
[4] Heshbon and Elealeh cry out,
their voices are heard all the way to Jahaz.
Therefore the armed men of Moab cry out,
and their hearts are faint.
[5] My heart cries out over Moab;
her fugitives flee as far as Zoar,
as far as Eglath Shelishiyah.
They go up the hill to Luhith,
weeping as they go;
on the road to Horonaim
they lament their destruction.
[6] The waters of Nimrim are dried up
and the grass is withered;
the vegetation is gone
and nothing green is left.
[7] So the wealth they have acquired and stored up
they carry away over the Ravine of the
Poplars.
[8] Their outcry echoes along the border of Moab;
their wailing reaches as far as Eglaim,
their lamentation as far as Beer Elim.
[9] The waters of Dimon[l] are full of blood,
but I will bring still more upon Dimon[m] –
a lion upon the fugitives of Moab
and upon those who remain in the land.

16 [1]Send lambs as tribute
to the ruler of the land,
from Sela, across the desert,
to the mount of Daughter Zion.
[2] Like fluttering birds
pushed from the nest,

[l] 15:9 *Dimon*, a wordplay on *Dibon* (see verse 2), sounds like the Hebrew for *blood*.
[m] 15:9 *Dimon*, a wordplay on *Dibon* (see verse 2), sounds like the Hebrew for *blood*.

Contre Moab

15 [1]Oracle sur Moab :
En une nuit, la voilà dévastée.
Oui, c'en est fait d'Ar en Moab.
En une nuit, la voilà dévastée,
c'en est fait de Qir en Moab[g].
[2] Le peuple de Dibôn monte à ses sanctuaires,
à ses hauts lieux, afin d'y mener deuil,
tout Moab se lamente sur Nébo et sur Médeba[h] :
toutes les têtes sont rasées,
toutes les barbes sont coupées.
[3] Dans les rues, on revêt les habits de toile de sac ;
sur les toits en terrasse et sur les places de la ville,
tout le monde soupire et se répand en larmes.

[4] A Heshbôn, à Eleálé, les gens poussent des cris,
on les entend jusqu'à Yahats[i].
Aussi les soldats de Moab se mettent à crier
et ils sont tout tremblants.
[5] J'appelle à l'aide au sujet de Moab :
ses fugitifs se sauvent jusqu'à Tsoar,
jusqu'à Eglath-Shelishiya,
et ils gravissent en pleurant la montée de Louhith.
Sur le chemin d'Horonaïm, ils poussent des cris
déchirants :
[6] les eaux de Nimrim ont tari
et l'herbe est desséchée,
la végétation dépérit,
toute verdure a disparu[j].
[7] Aussi emportent-ils ce qu'ils ont pu sauver
et leurs objets précieux au-delà du torrent des
Saules.
[8] Car la clameur a fait le tour du territoire de Moab
et les lamentations sont entendues à Eglaïm
Jusqu'à Beer-Elim[k] retentissent ses hurlements :
[9] les eaux de Dimôn[l] sont pleines de sang.
Oui, j'infligerai à Dimôn un surcroît de malheur
et un lion fondra sur les survivants de Moab,
sur ceux qui resteront dans le pays.

16 [1]Envoyez des agneaux comme tribut[m] au maîtr
du pays
depuis Séla par le désert
jusqu'au mont de Sion.
[2] Comme des oiseaux fugitifs chassés hors de leur
nid,

[g] 15.1 *Ar en Moab* et *Qir en Moab* sont deux des principales villes du pays (pour les chap. 15 et 16, voir Jr 48).
[h] 15.2 *Nébo:* peut-être le mont d'où Moïse a contemplé le pays promis (Dt 34). *Médeba:* sur le plateau au nord de Dibôn. Les Moabites possédaient alors le pays au nord de l'Arnon qui avait appartenu aux Israélit et qu'ils avaient reconquis à la mort d'Achab (2 R 3.4-5).
[i] 15.4 *Heshbôn* et *Eleálé:* villes à la frontière nord du pays (voir Nb 21.26), une trentaine de kilomètres au nord de la mer Morte. *Yahats:* à l'est, au confins du désert.
[j] 15.6 L'oasis de *Nimrim*, à une quinzaine de kilomètres au sud-est de la mer Morte.
[k] 15.8 Deux villes situées aux frontières opposées de Moab, au nord et au sud.
[l] 15.9 Selon le texte hébreu traditionnel. Le texte hébreu de Qumrân, certains manuscrits de l'ancienne version grecque et la Vulgate ont : *Dibôn*.
[m] 16.1 Tribut envoyé au roi qui règne à Jérusalem, à l'exemple de Mésha roi de Moab, d'après 2 R 3.4-5.

so are the women of Moab
at the fords of the Arnon.
3 "Make up your mind," Moab says.
"Render a decision.
Make your shadow like night –
at high noon.
Hide the fugitives,
do not betray the refugees.
4 Let the Moabite fugitives stay with you;
be their shelter from the destroyer."
The oppressor will come to an end,
and destruction will cease;
the aggressor will vanish from the land.
5 In love a throne will be established;
in faithfulness a man will sit on it –
one from the house[n] of David –
one who in judging seeks justice
and speeds the cause of righteousness.

6 We have heard of Moab's pride –
how great is her arrogance! –
of her conceit, her pride and her insolence;
but her boasts are empty.

7 Therefore the Moabites wail,
they wail together for Moab.
Lament and grieve
for the raisin cakes of Kir Hareseth.

8 The fields of Heshbon wither,
the vines of Sibmah also.
The rulers of the nations
have trampled down the choicest vines,
which once reached Jazer
and spread toward the desert.
Their shoots spread out
and went as far as the sea.[o]
9 So I weep, as Jazer weeps,
for the vines of Sibmah.
Heshbon and Elealeh,
I drench you with tears!
The shouts of joy over your ripened fruit
and over your harvests have been stilled.
10 Joy and gladness are taken away from the
orchards;
no one sings or shouts in the vineyards;
no one treads out wine at the presses,
for I have put an end to the shouting.
11 My heart laments for Moab like a harp,
my inmost being for Kir Hareseth.

12 When Moab appears at her high place,
she only wears herself out;
when she goes to her shrine to pray,
it is to no avail.
13 This is the word the LORD has already spoken con-
rning Moab. 14 But now the LORD says: "Within three
ars, as a servant bound by contract would count

:5 Hebrew *tent*
:8 Probably the Dead Sea

seront les filles de Moab près des gués de
l'Arnon[n].
3 « Donne-nous un conseil, supplieront-elles[o], prends
une décision !
En plein midi, étends sur nous ton ombre comme
la nuit.
Cache les expulsés,
ne trahis pas les fugitifs !
4 Que les réfugiés de Moab soient accueillis chez toi[p] !
Sois pour eux un refuge contre le destructeur. »
Car, un jour, l'oppression va prendre fin,
la dévastation cessera,
et l'oppresseur aura disparu du pays.
5 Il régnera un roi sur le royaume de David.
Son trône sera stable car il gouvernera le peuple
avec bonté
et avec loyauté.
Il poursuivra le droit
et sera prompt à exécuter la justice.
6 Nous avons appris à quel point Moab est
orgueilleux,
oui, nous savons son arrogance, son orgueil et sa
présomption,
mais ses discours sont vains.
7 Aussi les Moabites auront lieu de gémir sur le sort
de Moab.
Tous se lamenteront ;
gémissez, consternés,
car il n'y aura plus de gâteaux de raisin faits à
Qir-Haréseth.
8 Les champs de Heshbôn dépérissent,
les maîtres des nations ont brisé tous les ceps des
vignes de Sibma
qui s'étendaient jusques à Yaezer
et qui allaient se perdre jusque dans le désert,
et dont les rejetons se répandaient au loin, au-delà
de la mer.

9 C'est pourquoi moi, je pleure, oui, je pleure, avec
Yaezer, les vignes de Sibma.
Je vous arrose de mes larmes, Heshbôn, Elealé,
car sur votre moisson et sur votre vendange,
les cris de joie se sont éteints.

10 La joie et l'allégresse ont disparu dans les vergers,
et, dans les vignes, il n'y a plus de cris de joie, plus
de réjouissances,
on ne presse plus le raisin dans le pressoir.
Je fais cesser les cris de joie.
11 C'est pourquoi je frémis, comme vibre une lyre, en
pensant à Moab,
mon cœur se serre pour Qir-Harès.
12 On voit le peuple de Moab se donner de la peine sur
les hauts lieux,
et se rendre à son sanctuaire pour prier ses idoles :
mais il n'y pourra rien.
13 Voilà ce qu'a dit l'Eternel depuis longtemps sur
Moab. 14 Maintenant l'Eternel déclare : Dans trois années,
comptées comme l'on compte l'année d'un mercenaire[q],

n 16.2 Fleuve principal de Moab qui constituait aussi sa frontière nord.
o 16.3 Les filles de Moab s'adressent à Jérusalem.
p 16.4 Autre traduction : *que les réfugiés de Dieu trouvent refuge en Moab.*
q 16.14 C'est-à-dire *jour pour jour* (voir 21.16).

them, Moab's splendor and all her many people will
be despised, and her survivors will be very few and
feeble."

A Prophecy Against Damascus

17 1 A prophecy against Damascus:
"See, Damascus will no longer be a city
but will become a heap of ruins.
2 The cities of Aroer will be deserted
and left to flocks, which will lie down,
with no one to make them afraid.
3 The fortified city will disappear from Ephraim,
and royal power from Damascus;
the remnant of Aram will be
like the glory of the Israelites,"
declares the LORD Almighty.
4 "In that day the glory of Jacob will fade;
the fat of his body will waste away.
5 It will be as when reapers harvest the standing
grain,
gathering the grain in their arms –
as when someone gleans heads of grain
in the Valley of Rephaim.
6 Yet some gleanings will remain,
as when an olive tree is beaten,
leaving two or three olives on the topmost
branches,
four or five on the fruitful boughs,"
declares the LORD, the God of Israel.
7 In that day people will look to their Maker
and turn their eyes to the Holy One of Israel.
8 They will not look to the altars,
the work of their hands,
and they will have no regard for the Asherah
poles[p]
and the incense altars their fingers have
made.
9 In that day their strong cities, which they left because of the Israelites, will be like places abandoned to
thickets and undergrowth. And all will be desolation.
10 You have forgotten God your Savior;
you have not remembered the Rock, your
fortress.
Therefore, though you set out the finest plants
and plant imported vines,
11 though on the day you set them out, you make
them grow,
and on the morning when you plant them,
you bring them to bud,
yet the harvest will be as nothing
in the day of disease and incurable pain.

p 17:8 That is, wooden symbols of the goddess Asherah

l'élite de Moab, avec sa multitude, si nombreuse soit-ell
sera humiliée et il n'en survivra qu'un reste insignifia
et sans aucune force.

Contre Damas

17 1 Oracle sur Damas[r] :
Bientôt Damas ne sera plus comptée parmi les
villes,
elle sera réduite à un monceau de ruines.
2 Les villes d'Aroër[s] seront abandonnées
et livrées aux troupeaux
qui s'y reposeront, sans que nul ne les inquiète.
3 Les remparts d'Ephraïm disparaîtront alors
et il n'y aura plus de royaume à Damas[t],
le reste des Syriens aura le même sort que les
Israélites,
l'Eternel le déclare, le Seigneur des armées céleste
4 En ce jour-là, la gloire de Jacob sera bien amoindri
Israël perdra l'embonpoint et sera amaigri.
5 Il en sera comme lorsqu'on recueille les blés sur
pied à la moisson
et qu'on moissonne par brassées les épis,
oui, comme on glane les épis
dans la vallée des Rephaïm.
6 Il restera un grappillage,
comme après le gaulage des fruits de l'olivier,
ici deux, trois olives tout en haut de la cime,
et quatre ou cinq, sur les meilleures branches.
C'est là ce que déclare l'Eternel, le Dieu d'Israël.

7 En ce jour-là, l'homme se tournera vers celui qui l'
fait,
et ses yeux se dirigeront vers le Saint d'Israël.
8 Il ne tournera plus ses yeux vers les autels
qu'il a faits de ses mains,
et il ne regardera plus les objets que ses doigts ont
fabriqués,
ni les poteaux sacrés de même que les encensoirs.

9 En ce jour-là, ses villes fortifiées seront abandonné
comme autrefois les villes peuplées par les Héviens ou p
les Amoréens[u] furent abandonnées quand les Israélit
conquirent le pays : elles seront dévastées.
10 Car tu as oublié le Dieu qui t'a sauvé
et tu ne t'es pas souvenu du rocher qui faisait ta
force.
Ainsi tu plantes des jardins de délices pour tes
divinités,
tu sèmes des graines étrangères.
11 Le jour où tu les sèmes, les plantes sortent de la
terre ;
le lendemain matin, ta semence fleurit.
Mais au moment de la moisson, il ne reste plus rie
le mal est sans remède.

r **17.1** Capitale de la Syrie, au nord-est du mont Hermon.
s **17.2** *Aroër:* sur l'Arnon (Jos 13.16), à une vingtaine de kilomètres à l'es
de la mer Morte, limite de la sphère d'influence de la Syrie (2 R 10.32-3
t **17.3** En 732 av. J.-C., Tiglath-Piléser III a pris *Damas* et a fait de la Syri
une province assyrienne. Il s'est aussi emparé de nombreuses villes en
Israël dans les territoires de Zabulon et de Nephtali (voir 8.23).
u **17.9** *comme autrefois ... Amoréens:* d'après l'ancienne version grecque. I
texte hébreu traditionnel a : *comme les forêts et les sommets des montagne*
Les *Amoréens* et les *Héviens* furent combattus par Israël lors de la conquête du pays sous Josué.

[12] Woe to the many nations that rage –
they rage like the raging sea!
Woe to the peoples who roar –
they roar like the roaring of great waters!

[13] Although the peoples roar like the roar of surging waters,
when he rebukes them they flee far away,
driven before the wind like chaff on the hills,
like tumbleweed before a gale.

[14] In the evening, sudden terror!
Before the morning, they are gone!
This is the portion of those who loot us,
the lot of those who plunder us.

Prophecy Against Cush

18 [1] Woe to the land of whirring wings[q]
along the rivers of Cush,[r]
[2] which sends envoys by sea
in papyrus boats over the water.
Go, swift messengers,
to a people tall and smooth-skinned,
to a people feared far and wide,
an aggressive nation of strange speech,
whose land is divided by rivers.

[3] All you people of the world,
you who live on the earth,
when a banner is raised on the mountains,
you will see it,
and when a trumpet sounds,
you will hear it.
[4] This is what the Lord says to me:
"I will remain quiet and will look on from my dwelling place,
like shimmering heat in the sunshine,
like a cloud of dew in the heat of harvest."

[5] For, before the harvest, when the blossom is gone
and the flower becomes a ripening grape,
he will cut off the shoots with pruning knives,
and cut down and take away the spreading branches.
[6] They will all be left to the mountain birds of prey
and to the wild animals;
the birds will feed on them all summer,
the wild animals all winter.
[7] At that time gifts will be brought to the Lord
lmighty
from a people tall and smooth-skinned,
from a people feared far and wide,
an aggressive nation of strange speech,

[12] Oh ! Quel mugissement de peuples innombrables et qui mugissent
comme mugit la mer !
Et quel grondement des nations
semblable au grondement des eaux impétueuses :
[13] les nations font entendre des grondements pareils à ceux des grandes eaux.
L'Eternel les menace et elles fuient au loin.
Elles sont dispersées comme des brins de paille
sur les collines par le vent,
comme en un tourbillon devant un ouragan.
[14] Au soir encore, c'est l'épouvante,
mais avant le matin, ils ont tous disparu.
Tel sera le destin de ceux qui nous dépouillent,
oui, tel sera le sort de tous ceux qui nous pillent.

Contre l'Ethiopie

18 [1] Malheur à ce pays où retentit le bruissement des ailes[v],
terre au-delà des fleuves de l'Ethiopie,
[2] toi qui envoies par mer des émissaires
dans des vaisseaux de jonc sur la face des eaux !
Rapides messagers,
allez vers la nation à la taille élancée, à la peau glabre.
Oui, allez vers le peuple que l'on redoute au loin,
nation à la langue barbare[w] et qui écrase tout,
dont le pays est sillonné de fleuves.
[3] Vous qui peuplez le monde,
habitants de la terre,
regardez l'étendard quand on va le dresser au sommet des montagnes,
et, quand le cor va sonner écoutez bien !

[4] Car l'Eternel m'a dit :
Je me tiendrai tranquille et je regarderai de ma demeure,
pareil à la chaleur dans la lumière éblouissante du soleil,
pareil à la nuée formée par la rosée dans la chaleur de la moisson.
[5] Car, avant la moisson, quand la floraison est finie,
quand la fleur deviendra un raisin qui mûrit,
alors on coupera les sarments de la vigne avec une serpette.
On enlèvera les sarments et l'on élaguera les branches.
[6] Le tout sera abandonné
aux oiseaux de proie des montagnes
et aux bêtes sauvages :
les vautours en feront leur nid pendant l'été,
et les bêtes sauvages leur gîte d'hiver.
[7] En ce temps-là, le Seigneur des armées célestes recevra des offrandes
de la part de ce peuple à la taille élancée, à la peau glabre,
de la part de ce peuple que l'on redoute au loin,
nation à la langue barbare et qui écrase tout,
dont le pays est sillonné de fleuves,

[q] 18:1 Or *of locusts*
[r] 18:1 That is, the upper Nile region

[v] **18.1** A l'époque d'Esaïe, vers la fin du VIIIe siècle, à partir de 715 av. J.-C., des pharaons nubiens (éthiopiens) ont dominé l'Egypte (XXVe dynastie) ; ils ont cherché en Juda un appui contre l'Assyrie (v. 2ss).
[w] **18.2** Autre traduction : *nation puissante.*

whose land is divided by rivers –
the gifts will be brought to Mount Zion, the place of
the Name of the LORD Almighty.

A Prophecy Against Egypt

19 [1]A prophecy against Egypt:
See, the LORD rides on a swift cloud
and is coming to Egypt.
The idols of Egypt tremble before him,
and the hearts of the Egyptians melt with
fear.
2 "I will stir up Egyptian against Egyptian –
brother will fight against brother,
neighbor against neighbor,
city against city,
kingdom against kingdom.
3 The Egyptians will lose heart,
and I will bring their plans to nothing;
they will consult the idols and the spirits of the
dead,
the mediums and the spiritists.
4 I will hand the Egyptians over
to the power of a cruel master,
and a fierce king will rule over them,"
declares the Lord, the LORD Almighty.
5 The waters of the river will dry up,
and the riverbed will be parched and dry.
6 The canals will stink;
the streams of Egypt will dwindle and dry
up.
The reeds and rushes will wither,
7 also the plants along the Nile,
at the mouth of the river.
Every sown field along the Nile
will become parched, will blow away and be
no more.
8 The fishermen will groan and lament,
all who cast hooks into the Nile;
those who throw nets on the water
will pine away.
9 Those who work with combed flax will despair,
the weavers of fine linen will lose hope.
10 The workers in cloth will be dejected,
and all the wage earners will be sick at heart.
11 The officials of Zoan are nothing but fools;
the wise counselors of Pharaoh give senseless
advice.
How can you say to Pharaoh,

dans le lieu où réside le Seigneur des armées
célestes,
au mont Sion.

Sur l'Egypte

Menace

19 [1]Oracle sur l'Egypte :
L'Eternel monte un nuage rapide,
il arrive en Egypte.
Voici qu'à son approche, les dieux d'Egypte se
mettent à trembler
et le peuple égyptien perd tout courage.
2 Je dresserai les Egyptiens les uns contre les autres[x]
déclare l'Eternel.
Ils se feront la guerre, qui, contre son parent, qui,
contre son ami,
cité contre cité, et province contre province.
3 Les Egyptiens perdront l'esprit
et j'anéantirai leur politique.
Ils iront consulter leurs sorciers, leurs idoles,
ceux qui évoquent les morts et les devins.
4 Je livrerai l'Egypte aux mains d'un maître dur,
un roi puissant dominera sur eux[y].
L'Eternel le déclare, le Seigneur des armées céleste
5 L'eau de la mer s'asséchera,
le fleuve tarira et son lit sera sec.
6 L'eau croupira à l'intérieur des bras du fleuve
et les canaux d'Egypte baisseront et s'assécheront ;
les joncs et les roseaux s'étioleront ;
7 les prés, le long du fleuve et à son embouchure,
tous les champs cultivés irrigués par le Nil, se
dessécheront
et seront emportés : il n'en restera rien.
8 Les pêcheurs gémiront,
tous ceux qui jettent l'hameçon dans le Nil se
lamenteront.
Ceux qui étendent leurs filets
sur la face des eaux seront bien misérables.
9 Ceux qui travaillent le fin lin seront couverts de
honte,
ceux qui le peignent et qui le tissent deviendront
blancs de peur.
10 Tous les grands du pays seront tout abattus
et tous les ouvriers seront découragés.
11 Les princes de Tsoân[z] ont perdu la raison,
les sages qui conseillent le pharaon d'Egypte
forment un conseil d'insensés.
Comment osez-vous dire au pharaon :

[x] **19.2** Il pourrait s'agir des luttes intestines qui opposèrent les Egyptiens entre eux à la fin de la XXIVe dynastie (saïte) et qui permirent aux rois éthiopiens de la XXVe dynastie de s'imposer dans tout le pays (voir 18.1 et note).

[y] **19.4** En 712, le roi Shabaka de Nubie (d'Ethiopie) s'est rendu maître de toute l'Egypte. D'autres pensent que cette prophétie vise les rois assyriens Esar-Haddôn ou Assourbanipal qui, en 670 et 662, ont envahi l'Egypte.

[z] **19.11** *Tsoân* ou Tanis (Nb 13.22) : ville située dans le delta du Nil, capitale du Nord de la XXVe dynastie égyptienne.

"I am one of the wise men,
a disciple of the ancient kings"?
12 Where are your wise men now?
Let them show you and make known
what the Lord Almighty
has planned against Egypt.
13 The officials of Zoan have become fools,
the leaders of Memphis are deceived;
the cornerstones of her peoples
have led Egypt astray.
14 The Lord has poured into them
a spirit of dizziness;
they make Egypt stagger in all that she does,
as a drunkard staggers around in his vomit.
15 There is nothing Egypt can do –
head or tail, palm branch or reed.

16 In that day the Egyptians will become weaklings.
hey will shudder with fear at the uplifted hand that
e Lord Almighty raises against them. 17 And the land
f Judah will bring terror to the Egyptians; everyone
whom Judah is mentioned will be terrified, because
f what the Lord Almighty is planning against them.

18 In that day five cities in Egypt will speak the
nguage of Canaan and swear allegiance to the Lord
lmighty. One of them will be called the City of the
n.[s]
19 In that day there will be an altar to the Lord in
e heart of Egypt, and a monument to the Lord at
s border. 20 It will be a sign and witness to the Lord
lmighty in the land of Egypt. When they cry out to
e Lord because of their oppressors, he will send them
savior and defender, and he will rescue them. 21 So
e Lord will make himself known to the Egyptians,
nd in that day they will acknowledge the Lord. They
ill worship with sacrifices and grain offerings; they
ill make vows to the Lord and keep them. 22 The Lord
ill strike Egypt with a plague; he will strike them
nd heal them. They will turn to the Lord, and he will
spond to their pleas and heal them.

23 In that day there will be a highway from Egypt
Assyria. The Assyrians will go to Egypt and the
gyptians to Assyria. The Egyptians and Assyrians
ill worship together. 24 In that day Israel will be the
ird, along with Egypt and Assyria, a blessing[t] on the
arth. 25 The Lord Almighty will bless them, saying,
Blessed be Egypt my people, Assyria my handiwork,
nd Israel my inheritance."

« Nous, nous sommes des disciples des sages, des
disciples des anciens rois » ?
12 Où sont-ils maintenant, tes sages conseillers ?
Qu'ils te déclarent donc et te fassent savoir
ce que le Seigneur des armées célestes
a décrété contre l'Egypte.
13 Les princes de Tsoân sont dépourvus de sens
et les chefs de Memphis[a] sont tous dans l'illusion.
Eux qui étaient chargés de diriger l'Egypte, ils la
font s'égarer.
14 L'Eternel a versé parmi les Egyptiens un esprit de
vertige.
Eux, ils l'égarent en tout ce qu'elle fait
comme un ivrogne qui s'égare dans ce qu'il a vomi.
15 Et nul ne pourra plus rien faire pour l'Egypte,
pas plus la tête que la queue,
la palme ou le roseau.

Conversion en Egypte

16 En ce jour-là, les Egyptiens seront comme de faibles
femmes : ils trembleront et s'épouvanteront quand l'Eternel, le Seigneur des armées célestes, agitera la main contre
eux. 17 Le pays de Juda sera cause d'effroi pour l'Egypte,
qui tremblera à la simple mention de son nom devant elle,
à cause du projet que l'Eternel, le Seigneur des armées
célestes, a formé contre elle.

L'Eternel frappe pour guérir

18 En ce jour-là, il y aura dans le pays d'Egypte cinq villes
où l'on parlera la langue des Hébreux et où l'on prêtera
serment par l'Eternel, le Seigneur des armées célestes. On
appellera l'une d'elles : la Ville du Soleil[b].
19 En ce jour-là, l'Eternel aura un autel au milieu de
l'Egypte, et une stèle sera dressée en l'honneur du
Seigneur sur sa frontière. 20 Ils serviront de signe et de
témoins pour l'Eternel, le Seigneur des armées célestes,
dans le pays d'Egypte. Et quand les Egyptiens crieront
à l'Eternel à cause de leurs oppresseurs, il leur enverra un libérateur qui prendra leur parti et les délivrera.
21 L'Eternel se fera connaître au pays de l'Egypte et, ce
jour-là, les Egyptiens connaîtront l'Eternel. Ils lui rendront un culte avec des sacrifices et des offrandes, et ils
feront des vœux à l'Eternel et s'en acquitteront. 22 L'Eternel
frappera les Egyptiens, il frappera, mais il les guérira, et
ils se tourneront vers l'Eternel qui les exaucera et qui les
guérira.
23 En ce jour-là, il y aura une route allant d'Egypte
en Assyrie. Les Assyriens se rendront en Egypte, les
Egyptiens en Assyrie ; des Egyptiens et des Assyriens
rendront leur culte ensemble. 24 En ce jour-là, Israël sera
le troisième, avec l'Egypte et l'Assyrie, et, pour la terre
entière, ce sera une bénédiction. 25 Et l'Eternel, le Seigneur
des armées célestes, les bénira, disant : Bénie soit l'Egypte,
mon peuple, bénie soit l'Assyrie, mon œuvre, et Israël,
qui m'appartient.

9:18 Some manuscripts of the Masoretic Text, Dead Sea Scrolls,
mmachus and Vulgate; most manuscripts of the Masoretic Text
ty of Destruction
9:24 Or *Assyria, whose names will be used in blessings* (see Gen.
:20); or *Assyria, who will be seen by others as blessed*

a 19.13 *Memphis:* ancienne capitale de l'Egypte, à une vingtaine de kilomètres au sud du Caire.

b 19.18 *La Ville du Soleil* (Héliopolis) : d'après certains manuscrits du texte hébreu traditionnel, le texte hébreu de Qumrân et la Vulgate. La plupart des manuscrits du texte hébreu traditionnel ont : *la Ville de la Destruction.*

A Prophecy Against Egypt and Cush

20 1 In the year that the supreme commander, sent by Sargon king of Assyria, came to
Ashdod and attacked and captured it – 2 at that time
the LORD spoke through Isaiah son of Amoz. He said to
him, "Take off the sackcloth from your body and the
sandals from your feet." And he did so, going around
stripped and barefoot.
3 Then the LORD said, "Just as my servant Isaiah has
gone stripped and barefoot for three years, as a sign
and portent against Egypt and Cush,[u] 4 so the king
of Assyria will lead away stripped and barefoot the
Egyptian captives and Cushite exiles, young and old,
with buttocks bared – to Egypt's shame. 5 Those who
trusted in Cush and boasted in Egypt will be dismayed
and put to shame. 6 In that day the people who live on
this coast will say, 'See what has happened to those
we relied on, those we fled to for help and deliverance
from the king of Assyria! How then can we escape?' "

A Prophecy Against Babylon

21 1 A prophecy against the Desert by the Sea:
Like whirlwinds sweeping through the
southland,
an invader comes from the desert,
from a land of terror.
2 A dire vision has been shown to me:
The traitor betrays, the looter takes loot.
Elam, attack! Media, lay siege!
I will bring to an end all the groaning she
caused.
3 At this my body is racked with pain,
pangs seize me, like those of a woman in
labor;
I am staggered by what I hear,
I am bewildered by what I see.
4 My heart falters,
fear makes me tremble;
the twilight I longed for
has become a horror to me.
5 They set the tables,
they spread the rugs,
they eat, they drink!
Get up, you officers,
oil the shields!
6 This is what the Lord says to me:
"Go, post a lookout
and have him report what he sees.
7 When he sees chariots
with teams of horses,
riders on donkeys

u 20:3 That is, the upper Nile region; also in verse 5

Signe prophétique contre l'Egypte

20 1 L'année où le généralissime envoyé par Sargon
roi d'Assyrie, vint attaquer Ashdod[d], et s'en em
para, 2 l'Eternel parla par l'intermédiaire d'Esaïe, fi
d'Amots. Il dit : Va, détache l'habit de toile de sac qu
couvre tes reins et retire tes sandales.
Le prophète obéit et se promena nu et déchauss
3 L'Eternel dit alors : Mon serviteur Esaïe a marché nu e
déchaussé pendant trois ans pour servir de signe et d
présage au sujet de l'Egypte et de l'Ethiopie. 4 Ainsi le r
d'Assyrie emmènera en déportation des captifs égyptien
et éthiopiens, des jeunes et des vieillards, nus et déchaus
és et les reins découverts, à la honte de l'Egypte. 5 Et tou
ceux qui avaient mis leur confiance en l'Ethiopie et s
faisaient une fierté de l'Egypte, seront terrifiés et couver
de honte. 6 Les habitants de ces régions du littoral diro
en ce jour-là : « Voilà à quoi en sont réduits ceux aupr
de qui nous espérions nous réfugier pour trouver de l'aid
et du secours contre le roi d'Assyrie. Et nous, maintenan
comment échapperons-nous ? »

Contre Babylone

21 1 Oracle sur le désert maritime[e] :
Tel l'ouragan traversant le Néguev,
l'envahisseur vient du désert, d'un pays redoutabl

2 Une révélation terrible m'a été faite,
où le traître trahit, le destructeur détruit.
Attaquez, Elamites ! Assiégez, vous les Mèdes !
Je vais faire cesser tous les gémissements[f].
3 C'est pourquoi, l'angoisse m'étreint,
des douleurs m'ont saisi
comme une femme en couches ;
tordu par les souffrances, je ne peux plus entendre
l'effroi m'ôte la vue.
4 Mon esprit est troublé,
je tremble de frayeur.
Le soir tant attendu
est devenu pour moi un objet d'épouvante.
5 On prépare une table ;
d'une nappe, on la couvre,
on mange, on boit[g].
Soudain, un cri d'effroi : « Levez-vous, capitaines !
Graissez vos boucliers ! »
6 Voici comment m'a parlé le Seigneur :
« Va poster un guetteur,
qu'il dise ce qu'il voit.
7 S'il voit un char
attelé d'une paire de chevaux

c 20.1 *Sargon:* roi d'Assyrie de 722 à 705 av. J.-C. C'est lui qui s'empara de Samarie et qui en déporta les habitants (2 R 17.6). Il s'est emparé d'*Ashdod* en 711 av. J.-C.

d 20.1 *Ashdod:* l'une des cinq villes principales de la Philistie (Jos 11.22 ; 15.46 ; 1 S 5.1).

e 21.1 *Le désert maritime* désigne soit la grande plaine parsemée de marécages, s'étendant jusqu'au sud du désert d'Arabie, soit la plaine alluviale de basse Mésopotamie formée par le Tigre et l'Euphrate et leurs affluents.

f 21.2 Les *gémissements* des peuples asservis par la Babylonie. Les *Elamit* et les *Mèdes:* peuples vivant en Perse (l'actuel Iran).

g 21.5 Selon Dn 5, Babylone fut prise pendant un banquet des grands du royaume.

or riders on camels,
let him be alert,
fully alert."
8 And the lookout[v] shouted,
"Day after day, my lord, I stand on the
watchtower;
every night I stay at my post.
9 Look, here comes a man in a chariot
with a team of horses.
And he gives back the answer:
'Babylon has fallen, has fallen!
All the images of its gods
lie shattered on the ground!' "
10 My people who are crushed on the threshing
floor,
I tell you what I have heard
from the LORD Almighty,
from the God of Israel.

Prophecy Against Edom

11 A prophecy against Dumah[w]:
Someone calls to me from Seir,
"Watchman, what is left of the night?
Watchman, what is left of the night?"
12 The watchman replies,
"Morning is coming, but also the night.
If you would ask, then ask;
and come back yet again."

Prophecy Against Arabia

13 A prophecy against Arabia:
You caravans of Dedanites,
who camp in the thickets of Arabia,
14 bring water for the thirsty;
you who live in Tema,
bring food for the fugitives.
15 They flee from the sword,
from the drawn sword,
from the bent bow
and from the heat of battle.
16 This is what the Lord says to me: "Within one year,
s a servant bound by contract would count it, all the
lendor of Kedar will come to an end. 17 The survivors
f the archers, the warriors of Kedar, will be few." The
RD, the God of Israel, has spoken.

Prophecy About Jerusalem

22 1 A prophecy against the Valley of Vision:
What troubles you now,

21:8 Dead Sea Scrolls and Syriac; Masoretic Text *A lion*
21:11 *Dumah*, a wordplay on *Edom*, means silence or stillness.

et des cavaliers sur des ânes,
d'autres sur des chameaux,
qu'il les observe bien, redoublant d'attention. »
8 Le guetteur[h] a crié :
« Mon seigneur, je me tiens tout le jour aux aguets,
et je veille les nuits entières, à mon poste de garde.
9 Et voici : quelqu'un vient, un homme sur un char
tiré par deux chevaux.
Il prend la parole et il dit :
"Elle est tombée, Babylone est tombée,
et toutes les statues de ses divinités
sont là, brisées[i], par terre !" »
10 O toi mon peuple, qu'on a battu comme du grain sur
l'aire,
ce que j'ai entendu de l'Eternel, le Seigneur des
armées célestes,
je vous l'ai déclaré.

Contre Douma et l'Arabie

11 Oracle sur Douma[j] :
On me crie de Séir[k] :
« Veilleur, que dis-tu de la nuit ?
Veilleur, que dis-tu de la nuit ? »
12 Et le veilleur répond :
« Le matin vient, et la nuit vient aussi.
Si vous voulez poser des questions, posez-les !
Revenez-y, oui, venez à nouveau ! »

13 Oracle sur l'Arabie :
O caravanes de Dedân[l],
vous passerez la nuit dans les forêts de l'Arabie.
14 Allez à la rencontre de celui qui a soif et portez-lui
de l'eau ;
habitants de Téma[m],
allez au-devant des fuyards avec du pain.
15 Car ils se sont enfuis devant les épées dégainées
et devant l'arc bandé,
devant le combat violent.

16 Voici comment le Seigneur m'a parlé :
Dans un délai d'un an compté comme l'on compte
l'année d'un mercenaire[n],
toute la gloire de Qédar[o] sera anéantie.
17 Et il ne restera qu'une poignée infime d'archers et
de guerriers chez les gens de Qédar.
Car l'Eternel, le Dieu d'Israël, a parlé.

Contre Jérusalem

22 1 Oracle sur la vallée de la Vision[p] :
Qu'as-tu donc, maintenant, pour être tout
entière

h **21.8** *Le guetteur:* d'après le principal texte hébreu de Qumrân. Le texte hébreu traditionnel a : *un lion.*
i **21.9** D'après le texte hébreu de Qumrân. Le texte hébreu traditionnel a : *il les a brisées.*
j **21.11** *Douma:* oasis de l'Arabie du Nord, à l'est d'Edom.
k **21.11** *Séir:* située au centre du pays d'Edom.
l **21.13** *Dedân:* tribu arabe de marchands mentionnée aussi en Ez 27.20 ; 38.13.
m **21.14** *Téma:* tribu ismaélite établie dans le voisinage d'Edom (Jr 25.23).
n **21.16** Voir 16.14 et note.
o **21.16** *Qédar:* autre tribu ismaélite nomade (Gn 25.13).
p **22.1** *La vallée de la Vision* devait se situer près de Jérusalem (v. 7).

that you have all gone up on the roofs,
2 you town so full of commotion,
you city of tumult and revelry?
Your slain were not killed by the sword,
nor did they die in battle.
3 All your leaders have fled together;
they have been captured without using the bow.
All you who were caught were taken prisoner together,
having fled while the enemy was still far away.
4 Therefore I said, "Turn away from me;
let me weep bitterly.
Do not try to console me
over the destruction of my people."

5 The Lord, the LORD Almighty, has a day
of tumult and trampling and terror
in the Valley of Vision,
a day of battering down walls
and of crying out to the mountains.
6 Elam takes up the quiver,
with her charioteers and horses;
Kir uncovers the shield.
7 Your choicest valleys are full of chariots,
and horsemen are posted at the city gates.

8 The Lord stripped away the defenses of Judah,
and you looked in that day
to the weapons in the Palace of the Forest.
9 You saw that the walls of the City of David
were broken through in many places;
you stored up water
in the Lower Pool.
10 You counted the buildings in Jerusalem
and tore down houses to strengthen the wall.
11 You built a reservoir between the two walls
for the water of the Old Pool,
but you did not look to the One who made it,
or have regard for the One who planned it long ago.
12 The Lord, the LORD Almighty,
called you on that day
to weep and to wail,
to tear out your hair and put on sackcloth.
13 But see, there is joy and revelry,
slaughtering of cattle and killing of sheep,
eating of meat and drinking of wine!

montée sur les toits en terrasses,
2 ô toi, ville bruyante et pleine de tapage,
cité en liesse ?
Car ceux, parmi les tiens, qui ont été tués ne sont pas tombés par l'épée
et ne sont pas morts au combat.
3 Tes officiers se sont enfuis ensemble,
ils ont été faits prisonniers par les archers ;
tous ceux qu'on a trouvés ont été pris ensemble
comme ils fuyaient au loin.

4 C'est pourquoi je vous dis : Détournez-vous de moi
et laissez-moi pleurer amèrement ;
ne vous empressez pas de venir me réconforter
au sujet du ravage qui a atteint la communauté de mon peuple.
5 Car c'est un jour de trouble,
de destruction et de désolation
qu'envoie l'Eternel, le Seigneur des armées céleste
dans la vallée de la vision.
Des murailles sont abattues,
et des cris de détresse s'élèvent vers les monts.
6 Elam prend son carquois,
il vient avec des chevaux et des chars portant leur hommes d'équipage ;
et les hommes de Qir[q] sortent les boucliers.
7 Hélas ! Jérusalem, tes plus belles vallées sont encombrées de chars,
les soldats sur les chars viennent se mettre en pos en face de tes portes.
8 Voilà Juda privé de ses défenses.
Ce jour-là, vous avez placé votre espoir dans les armes
qui sont à l'arsenal de la Maison de la Forêt.
9 Vous avez remarqué combien les brèches sont nombreuses dans les murailles de la ville du roi David.
Vous avez collecté de l'eau dans le réservoir inférieur[r],
10 vous avez dénombré les maisons de Jérusalem
et vous en avez démoli pour renforcer les murs qui protègent la ville.
11 Vous avez fait un réservoir entre les deux muraille
pour les eaux de l'ancien étang.
Cependant, vous n'avez pas tourné les regards vers celui qui a fait toutes ces choses,
celui qui les a préparées depuis des temps lointain
12 En ce jour, l'Eternel, le Seigneur des armées célestes, vous appelait
à pleurer, à gémir,
à vous raser la tête et à vous revêtir d'un habit de toile de sac.
13 Mais au lieu de cela, c'est la joie et la liesse :
on égorge des bœufs, on abat des moutons, des chèvres,
on se gorge de viande, on boit du vin

q 22.6 *Elam*, la Perse, et *Qir*, peut-être un autre nom des Mèdes (voir 21.2 ont dû fournir des soldats aux armées assyriennes.
r 22.9 Bassin régulateur de la source de Guihôn, aménagé par le roi Aha pour augmenter les réserves d'eau en cas de siège (voir 2 Ch 32.3-4).

"Let us eat and drink," you say,
"for tomorrow we die!"
[14] The LORD Almighty has revealed this in my hear-
ng: "Till your dying day this sin will not be atoned
r," says the Lord, the LORD Almighty.

[15] This is what the Lord, the LORD Almighty, says:
"Go, say to this steward,
to Shebna the palace administrator:

[16] What are you doing here and who gave you permission
to cut out a grave for yourself here,
hewing your grave on the height
and chiseling your resting place in the rock?

[17] "Beware, the LORD is about to take firm hold of you
and hurl you away, you mighty man.
[18] He will roll you up tightly like a ball
and throw you into a large country.
There you will die
and there the chariots you were so proud of
will become a disgrace to your master's house.
[19] I will depose you from your office,
and you will be ousted from your position.

[20] "In that day I will summon my servant, Eliakim
n of Hilkiah. [21] I will clothe him with your robe and
sten your sash around him and hand your authority
ver to him. He will be a father to those who live in
rusalem and to the people of Judah. [22] I will place on
s shoulder the key to the house of David; what he
pens no one can shut, and what he shuts no one can
pen. [23] I will drive him like a peg into a firm place;
e will become a seat[x] of honor for the house of his
ther. [24] All the glory of his family will hang on him:
s offspring and offshoots – all its lesser vessels, from
e bowls to all the jars.
[25] "In that day," declares the LORD Almighty, "the
g driven into the firm place will give way; it will
sheared off and will fall, and the load hanging on
will be cut down." The LORD has spoken.

Prophecy Against Tyre

23 [1] A prophecy against Tyre:
Wail, you ships of Tarshish!
For Tyre is destroyed

2:23 Or *throne*

et l'on dit : « Mangeons et buvons, car demain nous mourrons[s]. »
[14] Le Seigneur des armées célestes m'a révélé ceci :
Ce péché ne sera pas expié aussi longtemps que vous vivrez.
L'Eternel le déclare, le Seigneur des armées célestes.

Contre Shebna

[15] Voici ce que dit l'Eternel, le Seigneur des armées célestes :
Va-t'en trouver cet intendant
Shebna, le maître du palais.
[16] Dis-lui : Qu'as-tu ici, comme propriété
ou comme parenté,
pour que tu te creuses un tombeau
oui, que tu te creuses un tombeau en ce lieu-ci, sur les hauteurs,
et que dans le roc tu te tailles une demeure ?
[17] Voici que l'Eternel va te lancer au loin,
d'un geste de la main[t], il va t'empaqueter,
[18] et t'envoyer rouler, rouler comme une balle,
vers une vaste plaine.
C'est là que tu mourras, c'est là que s'en iront les chars qui font ta gloire,
ô toi, qui es la honte du palais de ton maître !

[19] Je te renverrai de ton poste,
oui, je t'arracherai à ta situation.

Le prince de la maison de David

[20] Et il arrivera, en ce jour-là, que je ferai appel à mon
serviteur Eliaqim, le fils de Hilqiya[u]. [21] Je le revêtirai de ta
tunique, je le ceindrai de ta ceinture et je lui remettrai ton
pouvoir politique, et il sera un père pour les habitants de
Jérusalem et le royaume de Juda. [22] Je le chargerai donc
de la clé du royaume de David et, quand il ouvrira, nul
ne refermera, et quand il fermera, personne n'ouvrira[v].
[23] Oui, je le planterai fermement comme un clou dans un
endroit solide, comme un trône glorieux pour la famille de
son père. [24] Toute la gloire de sa parenté y sera suspendue,
les rameaux, les brindilles et tous les ustensiles depuis les
bols et jusqu'aux jarres.
[25] En ce jour-là,
déclare l'Eternel, le Seigneur des armées célestes,
le clou planté dans un endroit solide cédera,
cassera, et tombera,
et tout le fardeau qu'il portait se brisera.
L'Eternel a parlé.

Contre Tyr et Sidon

23 [1] Oracle sur Tyr[w] :
Hurlez, navires au long cours[x],

s **22.13** Cité en 1 Co 15.32.
t **22.17** Autre traduction : *mon beau gaillard.*
u **22.20** Dès 701 av. J.-C., *Eliaqim* avait remplacé Shebna comme maître du palais (voir 36.3, 11, 22 ; 37.2).
v **22.22** Cité en Ap 3.7.
w **23.1** *Tyr:* importante ville phénicienne sur la côte nord à l'ouest d'Israël, construite en partie sur la terre ferme, en partie sur un îlot proche. Tyr fut à l'époque le plus grand centre commercial du monde antique, elle avait établi des colonies en Asie Mineure, en Grèce, à Chypre, en Afrique (Carthage) et en Espagne (Tarsis). Comme l'Assyrie représente la puissance militaire, Tyr symbolise le commerce.
x **23.1** Autre traduction : *navires de Tarsis.*

and left without house or harbor.
From the land of Cyprus
word has come to them.
2 Be silent, you people of the island
and you merchants of Sidon,
whom the seafarers have enriched.
3 On the great waters
came the grain of the Shihor;
the harvest of the Nile[y] was the revenue of
Tyre,
and she became the marketplace of the
nations.
4 Be ashamed, Sidon, and you fortress of the sea,
for the sea has spoken:
"I have neither been in labor nor given birth;
I have neither reared sons nor brought up
daughters."

5 When word comes to Egypt,
they will be in anguish at the report from
Tyre.
6 Cross over to Tarshish;
wail, you people of the island.

7 Is this your city of revelry,
the old, old city,
whose feet have taken her
to settle in far-off lands?
8 Who planned this against Tyre,
the bestower of crowns,
whose merchants are princes,
whose traders are renowned in the earth?

9 The Lord Almighty planned it,
to bring down her pride in all her splendor
and to humble all who are renowned on the
earth.
10 Till[z] your land as they do along the Nile,
Daughter Tarshish,
for you no longer have a harbor.
11 The Lord has stretched out his hand over the
sea
and made its kingdoms tremble.
He has given an order concerning Phoenicia
that her fortresses be destroyed.
12 He said, "No more of your reveling,
Virgin Daughter Sidon, now crushed!
"Up, cross over to Cyprus;
even there you will find no rest."
13 Look at the land of the Babylonians,[a]

y **23:2,3** Masoretic Text; Dead Sea Scrolls *Sidon, / who cross over the sea; / your envoys* [3] *are on the great waters. / The grain of the Shihor, / the harvest of the Nile,*
z **23:10** Dead Sea Scrolls and some Septuagint manuscripts; Masoretic Text *Go through*
a **23:13** Or *Chaldeans*

car votre port d'attache a été dévasté,
ses maisons sont détruites.
Ils en ont reçu la nouvelle au retour de Kittim[y].
2 Restez muets, habitants de la côte,
vous marchands de Sidon[z] dont les commis
sillonnent de profondes mers[a].
3 Le blé semé le long du Nil,
les moissons qui croissaient sur les rives du fleuve
étaient son revenu ;
elle était devenue la place du marché des autres
peuples.

4 Sois confuse, Sidon,
car la mer a parlé,
le refuge des mers
dit : « Je n'ai pas eu de douleurs,
je n'ai pas accouché,
je n'ai pas élevé de jeunes gens,
je n'ai pas élevé de jeunes filles. »
5 Lorsque l'Egypte en sera informée
et lorsqu'elle apprendra le sort de Tyr, elle sera
saisie d'angoisse.
6 Fuyez jusqu'à Tarsis[b],
poussez des hurlements, habitants des régions
côtières.
7 Est-ce bien là votre cité joyeuse
et dont les origines se perdent dans le temps[c] ?
Est-ce bien là la ville qui s'en allait au loin fonder
des colonies ?
8 Qui donc a décrété tout cela contre Tyr
qui distribuait des couronnes,
elle dont les marchands vivaient comme des
princes
et dont les commerçants étaient considérés comm
les grands de cette terre ?
9 Le Seigneur des armées célestes a décrété cela
afin que soit flétri l'orgueil de tout ce qu'on
honore,
pour que tous les grands de la terre soient rendus
méprisables.
10 Va, population de Tarsis, et cultive ton sol[d]
comme les Egyptiens dans la vallée du Nil.
Le port n'existe plus,
11 car Dieu a étendu la main contre la mer,
il a fait trembler les royaumes.
Oui, l'Eternel a donné l'ordre de détruire les
forteresses des Phéniciens.

12 Il a dit : Population de Sidon,
toi, jeune femme molestée, cesse de te réjouir !
Debout, mets-toi en route, va t'établir à
Chypre,
mais même là, il n'y aura aucun repos pour toi[e].
13 Car le pays des Chaldéens

y **23.1** Voir Nb 24.24 et la note.
z **23.2** *Sidon:* deuxième port phénicien, à 40 kilomètres au nord de Tyr (voir Ez 28.20-26).
a **23.2** *dont les commis ... mers:* d'après le texte hébreu de Qumrân.
b **23.6** *Tarsis:* peut-être Tartessus, un port d'Espagne (voir Jon 1.3).
c **23.7** Sa fondation date d'avant 2000 av. J.-C.
d **23.10** D'après le texte hébreu de Qumrân et l'ancienne version grecqu
Le texte hébreu traditionnel a : *parcours ton pays.*
e **23.12** Chypre, colonie phénicienne (voir v. 1 et note).

this people that is now of no account!
The Assyrians have made it
a place for desert creatures;
they raised up their siege towers,
they stripped its fortresses bare
and turned it into a ruin.
14 Wail, you ships of Tarshish;
your fortress is destroyed!
15 At that time Tyre will be forgotten for seventy
ears, the span of a king's life. But at the end of these
venty years, it will happen to Tyre as in the song
the prostitute:

16 "Take up a harp, walk through the city,
you forgotten prostitute;
play the harp well, sing many a song,
so that you will be remembered."

17 At the end of seventy years, the Lord will deal with
re. She will return to her lucrative prostitution and
ill ply her trade with all the kingdoms on the face
the earth. 18 Yet her profit and her earnings will
set apart for the Lord; they will not be stored up or
arded. Her profits will go to those who live before
e Lord, for abundant food and fine clothes.

he Lord's Devastation of the Earth

24 1 See, the Lord is going to lay waste the
earth
and devastate it;
he will ruin its face
and scatter its inhabitants –
2 it will be the same
for priest as for people,
for the master as for his servant,
for the mistress as for her servant,
for seller as for buyer,
for borrower as for lender,
for debtor as for creditor.
3 The earth will be completely laid waste
and totally plundered.
The Lord has spoken this word.
4 The earth dries up and withers,
the world languishes and withers,
the heavens languish with the earth.
5 The earth is defiled by its people;
they have disobeyed the laws,
violated the statutes
and broken the everlasting covenant.
6 Therefore a curse consumes the earth;

qui ne sont pas un peuple,
Assur[f] l'a assigné aux bêtes du désert ;
il a dressé des tours pour assiéger la ville,
il en a rasé les palais,
il en a fait des ruines.

14 Hurlez, navires au long cours[g],
car votre forteresse est dévastée
15 et il arrivera, en ce jour-là,
que la ville de Tyr sombrera dans l'oubli pour
soixante-dix ans,
aussi longtemps que dure la vie d'un roi.
Ce délai écoulé, il en sera de Tyr
comme de cette courtisane dont parle la chanson :
16 Va, et prends une lyre,
fais le tour de la ville,
courtisane oubliée !
Tâche de bien jouer, et multiplie tes chants,
pour qu'on prête attention à toi !
17 Et il arrivera, quand soixante-dix ans se seront
écoulés, que l'Eternel interviendra pour Tyr qui retournera à ses gains et recommencera à se prostituer avec tous
les royaumes sur la surface de la terre. 18 Mais ses gains,
ses profits, seront tous consacrés à l'Eternel. Au lieu d'être
amassés, d'être mis en réserve, ses gains appartiendront
aux hommes qui demeurent en présence de l'Eternel pour
qu'ils puissent manger à satiété, et s'habiller de vêtements
splendides.

Sur les bouleversements à venir

L'Eternel dévaste la terre

24 1 Oui, l'Eternel va dévaster la terre, il va la ravager,
en bouleverser la surface ; il en dispersera les
habitants.

2 Un même sort atteint le prêtre et le commun du
peuple,
le maître et son esclave,
la dame et sa servante,
vendeur et acheteur,
emprunteur et prêteur,
débiteur, créancier.
3 La terre sera dévastée totalement, pillée de fond en
comble,
car l'Eternel lui-même a prononcé cette sentence.
4 La terre se dessèche et se dégrade,
le monde dépérit et se dégrade,
les gens haut placés de la terre dépérissent aussi.
5 La terre a été profanée par ceux qui y habitent,
car ils ont transgressé les lois,
altéré les commandements
et violé l'alliance éternelle[h].
6 A cause de cela, la terre se consume par la
malédiction,

f **23.13** *Assur:* c'est-à-dire l'Assyrie. Sennachérib a détruit Babylone en 689 av. J.-C. Si l'Assyrie a vaincu la Chaldée, plus puissante que Tyr et Sidon, celles-ci ne pourront pas échapper à l'emprise assyrienne.

g **23.14** Autre traduction : *navires de Tarsis.*

h **24.5** Soit l'alliance conclue avec Noé (v. 1,18 ; voir Gn 7.10-11 ; 9.1-17), soit plutôt l'alliance créationnelle conclue avec Adam pour tous ses descendants (Gn 2 ; Os 6.7).

its people must bear their guilt.
Therefore earth's inhabitants are burned up,
and very few are left.
7 The new wine dries up and the vine withers;
all the merrymakers groan.

8 The joyful timbrels are stilled,
the noise of the revelers has stopped,
the joyful harp is silent.
9 No longer do they drink wine with a song;
the beer is bitter to its drinkers.

10 The ruined city lies desolate;
the entrance to every house is barred.

11 In the streets they cry out for wine;
all joy turns to gloom,
all joyful sounds are banished from the
earth.
12 The city is left in ruins,
its gate is battered to pieces.
13 So will it be on the earth
and among the nations,
as when an olive tree is beaten,
or as when gleanings are left after the grape
harvest.

14 They raise their voices, they shout for joy;
from the west they acclaim the LORD's
majesty.

15 Therefore in the east give glory to the LORD;
exalt the name of the LORD, the God of Israel,
in the islands of the sea.
16 From the ends of the earth we hear singing:
"Glory to the Righteous One."
But I said, "I waste away, I waste away!
Woe to me!
The treacherous betray!
With treachery the treacherous betray!"

17 Terror and pit and snare await you,
people of the earth.
18 Whoever flees at the sound of terror
will fall into a pit;
whoever climbs out of the pit
will be caught in a snare.
The floodgates of the heavens are opened,
the foundations of the earth shake.

19 The earth is broken up,
the earth is split asunder,
the earth is violently shaken.
20 The earth reels like a drunkard,
it sways like a hut in the wind;
so heavy upon it is the guilt of its rebellion
that it falls – never to rise again.

ceux qui l'habitent en portent la condamnation
et c'est pourquoi ils se consument ;
il n'en subsiste qu'un petit nombre.
7 Le vin nouveau est triste,
la vigne est languissante
et tous les bons vivants gémissent maintenant.
8 On n'entend plus le son des joyeux tambourins,
le bruit tumultueux des gens en liesse a disparu
et la musique allègre de la lyre a cessé.
9 On ne boit plus de vin en chantant des chansons,
les boissons enivrantes sont devenues amères pour
tous ceux qui les boivent.
10 Elle est détruite, la cité du néant.
Toute demeure est close,
on n'y peut plus entrer.
11 Dans les rues, on se plaint
qu'il n'y ait plus de vin ;
il n'y a plus de joie,
toute allégresse est bannie de la terre.
12 Il ne reste plus dans la ville que la désolation ;
sa porte est fracassée, elle est en ruine.
13 Il en sera sur terre parmi les peuples
comme au gaulage des olives
ou comme au grappillage des raisins quand la
vendange est terminée.

Louanges

14 Alors les survivants élèveront la voix,
ils pousseront des cris de joie
pour acclamer la majesté de l'Eternel ;
ils chanteront de joie à l'occident,
15 à l'Orient, ils proclameront la gloire de l'Eternel.
La renommée de l'Eternel, Dieu d'Israël,
s'étendra jusqu'aux îles et aux régions côtières.
16 Des confins de la terre,
nous entendrons chanter :
« Honneur au Juste ».

Intervention divine contre les tyrans

Mais moi je dis : Je suis à bout, je suis à bout.
Malheur à moi !
Car les traîtres trahissent,
oui, les traîtres trahissent traîtreusement.
17 L'effroi, la fosse et le filet
vous atteindront, habitants de la terre[i] !
18 Et il arrivera que celui qui fuira devant les cris
d'effroi
tombera dans la fosse.
Qui remontera de la fosse
sera pris au filet.
Les écluses du ciel en haut se sont ouvertes[j].
Et les fondements de la terre ont été ébranlés.
19 La terre se déchire
et se fissure,
elle vacille,
20 elle oscille et titube, pareille à un ivrogne,
et elle est ébranlée tout comme une cabane,
car le poids de son crime pèse sur elle.
Elle tombe et jamais ne se relèvera.

i **24.17** Pour les v. 17-18, voir Jr 48.43-44.
j **24.18** Allusion au déluge (voir Gn 7.11 ; 8.2) pour évoquer un jugement universel comparable.

[21] In that day the LORD will punish
the powers in the heavens above
and the kings on the earth below.

[22] They will be herded together
like prisoners bound in a dungeon;
they will be shut up in prison
and be punished[b] after many days.

[23] The moon will be dismayed,
the sun ashamed;
for the LORD Almighty will reign
on Mount Zion and in Jerusalem,
and before its elders – with great glory.

Praise to the LORD

25 [1] LORD, you are my God;
I will exalt you and praise your name,
for in perfect faithfulness
you have done wonderful things,
things planned long ago.

[2] You have made the city a heap of rubble,
the fortified town a ruin,
the foreigners' stronghold a city no more;
it will never be rebuilt.

[3] Therefore strong peoples will honor you;
cities of ruthless nations will revere you.

[4] You have been a refuge for the poor,
a refuge for the needy in their distress,
a shelter from the storm
and a shade from the heat.
For the breath of the ruthless
is like a storm driving against a wall
[5] and like the heat of the desert.
You silence the uproar of foreigners;
as heat is reduced by the shadow of a cloud,
so the song of the ruthless is stilled.

[6] On this mountain the LORD Almighty will
prepare
a feast of rich food for all peoples,
a banquet of aged wine –
the best of meats and the finest of wines.

[7] On this mountain he will destroy
the shroud that enfolds all peoples,
the sheet that covers all nations;
[8] he will swallow up death forever.
The Sovereign LORD will wipe away the tears
from all faces;
he will remove his people's disgrace
from all the earth.
The LORD has spoken.

[9] In that day they will say,

[b] 24:22 Or *released*

[21] Il adviendra, en ce jour-là, que l'Eternel
interviendra
là-haut, contre l'armée d'en haut
et contre les rois de ce monde ici-bas sur la terre.

[22] On les rassemblera
captifs, tous dans la fosse ;
ils seront enfermés à l'intérieur d'une prison ;
après un temps très long
ils seront tous châtiés[k].

[23] La lune sera humiliée,
et le soleil couvert de honte,
car l'Eternel, le Seigneur des armées célestes, règne
sur le mont de Sion et à Jérusalem.
Il fera resplendir sa gloire devant les responsables
de son peuple.

Louange à Dieu

25 [1] O Eternel, tu es mon Dieu,
je te glorifierai et je louerai ton nom
car tu as accompli des projets merveilleux,
conçus de longue date, sûrs et fiables.

[2] Tu as réduit la ville en un monceau de pierres,
la cité fortifiée, n'est plus que ruine
la citadelle des barbares[l], a cessé d'être une cité
et jamais plus personne ne la rebâtira.

[3] Aussi, de puissants peuples t'honoreront
et elle te craindra, la cité des nations qui régnaient
en tyrans.

[4] Car tu es un refuge pour celui qui est pauvre
et une forteresse pour l'indigent dans sa détresse.
Tu es un sûr abri contre la pluie d'orage
et tu es notre ombrage au temps de la chaleur.
Car la colère ardente des tyrans
ressemble à une pluie d'orage qui bat une muraille
[5] ou à de la chaleur dans une terre aride.
Mais toi, tu fais cesser la clameur des barbares ;
comme la chaleur cesse quand un nuage passe,
ainsi tu as mis fin aux chansons des tyrans.

[6] Le Seigneur des armées célestes préparera
lui-même
pour tous les peuples là, sur cette montagne[m],
un festin de vins vieux,
et de mets succulents,
des mets tout pleins de moelle,
arrosés de vins vieux et dûment clarifiés.

[7] Et il déchirera là, sur cette montagne,
le voile de tristesse qui couvre tous les peuples,
la couverture recouvrant toutes les nations.

[8] Il fera disparaître la mort à tout jamais.
Et de tous les visages le Seigneur, l'Eternel,
effacera les larmes,
et sur toute la terre[n], il fera disparaître
l'opprobre pesant sur son peuple.
L'Eternel a parlé.

[9] Et l'on dira en ce jour-là :
Voyez, c'est notre Dieu
en qui nous espérions,
il nous a délivrés.

[k] **24.22** Allusion en Ap 20.3.
[l] **25.2** Les anciennes versions grecque et syriaque ont : *des orgueilleux.*
[m] **25.6** C'est-à-dire le mont Sion.
[n] **25.8** Cité en 1 Co 15.54 ; Ap 7.17 ; 21.4.

"Surely this is our God;
we trusted in him, and he saved us.
This is the LORD, we trusted in him;
let us rejoice and be glad in his salvation."
10 The hand of the LORD will rest on this mountain;
but Moab will be trampled in their land
as straw is trampled down in the manure.

11 They will stretch out their hands in it,
as swimmers stretch out their hands to swim.
God will bring down their pride
despite the cleverness[c] of their hands.
12 He will bring down your high fortified walls
and lay them low;
he will bring them down to the ground,
to the very dust.

A Song of Praise

26 1 In that day this song will be sung in the land of Judah:
We have a strong city;
God makes salvation
its walls and ramparts.
2 Open the gates
that the righteous nation may enter,
the nation that keeps faith.
3 You will keep in perfect peace
those whose minds are steadfast,
because they trust in you.
4 Trust in the LORD forever,
for the LORD, the LORD himself, is the Rock eternal.
5 He humbles those who dwell on high,
he lays the lofty city low;
he levels it to the ground
and casts it down to the dust.
6 Feet trample it down –
the feet of the oppressed,
the footsteps of the poor.

7 The path of the righteous is level;
you, the Upright One, make the way of the righteous smooth.
8 Yes, LORD, walking in the way of your laws,[d]
we wait for you;
your name and renown
are the desire of our hearts.
9 My soul yearns for you in the night;
in the morning my spirit longs for you.
When your judgments come upon the earth,
the people of the world learn righteousness.
10 But when grace is shown to the wicked,
they do not learn righteousness;
even in a land of uprightness they go on doing evil

[c] 25:11 The meaning of the Hebrew for this word is uncertain.
[d] 26:8 Or *judgments*

Oui, c'est en l'Eternel que nous avons placé notre espérance.
Maintenant, jubilons
et réjouissons-nous puisqu'il nous a sauvés.
10 Car, sur cette montagne, la main de l'Eternel se posera comme une protection.

L'Eternel prend à cœur la cause de son peuple

Mais Moab sera piétiné sur place
tout comme de la paille qu'on foulerait aux pieds dans la fosse à purin.
11 Dans cette fosse immonde, il étendra les mains
comme fait le nageur ;
cependant, l'Eternel abattra son orgueil, malgré tous ses efforts[o].

12 L'Eternel abattra tes murs inaccessibles et fortifié[s]
il les renversera, les jettera à terre jusque dans la poussière.

Chant de triomphe

26 1 En ce jour-là, on chantera cet hymne au pa[ys] de Juda :
Nous avons une ville qui est bien fortifiée,
Dieu a fait du salut une muraille et un rempart.

2 Ouvrez les portes
et laissez-y entrer la nation qui est juste,
qui demeure fidèle.
3 A celui qui est ferme dans ses dispositions,
tu assures une paix parfaite,
parce qu'il se confie en toi.
4 Placez votre confiance toujours en l'Eternel,
car l'Eternel est le rocher de toute éternité.

5 Car il a abaissé ceux qui trônaient bien haut
et il a renversé la ville inaccessible,
il l'a abaissée jusqu'à terre,
lui faisant mordre la poussière.
6 Elle est foulée aux pieds,
écrasée par les opprimés
et sous les pas des pauvres.

Prière

7 Le chemin pour le juste est un chemin bien droit.
Toi qui es droit, tu traces[p] la voie que suit le juste.

8 Aussi, ô Eternel, nous espérons en toi ;
sur les voies que tracent tes lois,
oui, tout notre désir vers toi se porte,
nous voulons te garder présent à la pensée.
9 J'aspire à toi pendant la nuit,
et mon esprit te recherche au matin[q].
Lorsque tes jugements s'exercent sur la terre,
les habitants du monde apprennent la justice.
10 Fait-on grâce au méchant,
il n'apprendra jamais à être juste.
Même au pays du droit, il commettra le mal

[o] 25.11 *ses efforts:* terme de sens incertain.
[p] 26.7 Autre traduction : *tu aplanis bien droite.*
[q] 26.9 *et mon esprit ... matin.* Autre traduction : *je te recherche du fond du cœur.*

and do not regard the majesty of the LORD.

11 LORD, your hand is lifted high,
but they do not see it.
Let them see your zeal for your people and be put to shame;
let the fire reserved for your enemies consume them.
12 LORD, you establish peace for us;
all that we have accomplished you have done for us.
13 LORD our God, other lords besides you have ruled over us,
but your name alone do we honor.
14 They are now dead, they live no more;
their spirits do not rise.
You punished them and brought them to ruin;
you wiped out all memory of them.

15 You have enlarged the nation, LORD;
you have enlarged the nation.
You have gained glory for yourself;
you have extended all the borders of the land.
16 LORD, they came to you in their distress;
when you disciplined them,
they could barely whisper a prayer.[e]

17 As a pregnant woman about to give birth
writhes and cries out in her pain,
so were we in your presence, LORD.
18 We were with child, we writhed in labor,
but we gave birth to wind.
We have not brought salvation to the earth,
and the people of the world have not come to life.

19 But your dead will live, LORD;
their bodies will rise –
let those who dwell in the dust
wake up and shout for joy –
your dew is like the dew of the morning;
the earth will give birth to her dead.

20 Go, my people, enter your rooms
and shut the doors behind you;
hide yourselves for a little while
until his wrath has passed by.
21 See, the LORD is coming out of his dwelling
to punish the people of the earth for their sins.
The earth will disclose the blood shed on it;
the earth will conceal its slain no longer.

et il ne verra pas la majesté de l'Eternel.

Plainte et retour à la vie

11 Quand tu lèves ta main pour juger, Eternel,
eux, ils ne le voient pas.
Mais ils verront comment tu prends à cœur la cause de ton peuple
et ils seront confus,
consumés par le feu préparé pour tes ennemis.
12 O Eternel, tu nous donnes la paix,
car c'est bien toi qui accomplis pour nous
tout ce que nous faisons.
13 Eternel, notre Dieu,
d'autres maîtres que toi ont dominé sur nous,
mais c'est toi seul que nous louons.
14 Les morts ne vivront plus,
les ombres ne se relèveront pas,
car toi, tu es intervenu
pour les exterminer.
Tu as fait disparaître jusqu'à leur souvenir.
15 Tu as multiplié la nation, Eternel,
tu l'as multipliée, tu as montré ta gloire,
tu as fait reculer les confins du pays sur toutes les frontières.

16 O Eternel, dans la détresse,
nous nous sommes tournés vers toi[r],
nous t'avons présenté notre prière
quand tu nous as châtiés.
17 Nous étions devant toi, ô Eternel,
comme une femme enceinte et prête à enfanter,
qui souffre et qui crie de douleur,
18 car nous avons conçu, et nous étions dans les douleurs
mais ce que nous avons enfanté, c'est du vent.
Nous n'avons pas donné le salut à la terre,
nous n'avons pas donné la vie à de nouveaux habitants pour le monde.
19 Mais tes morts revivront,
les cadavres de ceux qui m'appartiennent reviendront à la vie.
Oui, vous qui demeurez dans la poussière,
réveillez-vous, poussez des cris de joie[s],
car ta rosée est une rosée de lumière,
et la terre rendra les trépassés.

Grâce et restauration

20 Va, ô mon peuple, et entre dans ta chambre,
sur toi ferme la porte,
cache-toi un instant,
le temps que passe la colère.
21 Car l'Eternel va sortir de sa résidence
pour faire payer leurs péchés aux habitants du monde,
et, ce jour-là, la terre mettra à jour le sang versé sur elle
et ne cachera plus les victimes qu'elle dissimulait.

e 26:16 The meaning of the Hebrew for this clause is uncertain.

r **26.16** D'après deux manuscrits hébreux et l'ancienne version grecque. Les autres manuscrits hébreux ont : *on s'est tourné vers toi* ou *ils se sont tournés vers toi*.

s **26.19** *vous qui demeurez dans la poussière ... de joie.* Le texte hébreu de Qumrân a : *ceux qui demeurent ... de joie.*

Deliverance of Israel

27 [1]In that day,
the LORD will punish with his sword –
his fierce, great and powerful sword –
Leviathan the gliding serpent,
Leviathan the coiling serpent;
he will slay the monster of the sea.

[2]In that day –
"Sing about a fruitful vineyard:
[3] I, the LORD, watch over it;
I water it continually.
I guard it day and night
so that no one may harm it.
[4] I am not angry.
If only there were briers and thorns
confronting me!
I would march against them in battle;
I would set them all on fire.
[5] Or else let them come to me for refuge;
let them make peace with me,
yes, let them make peace with me."
[6] In days to come Jacob will take root,
Israel will bud and blossom
and fill all the world with fruit.
[7] Has the LORD struck her
as he struck down those who struck her?
Has she been killed
as those were killed who killed her?
[8] By warfare[f] and exile you contend with her –
with his fierce blast he drives her out,
as on a day the east wind blows.
[9] By this, then, will Jacob's guilt be atoned for,
and this will be the full fruit of the removal
of his sin:
When he makes all the altar stones
to be like limestone crushed to pieces,
no Asherah poles[g] or incense altars
will be left standing.

[10] The fortified city stands desolate,
an abandoned settlement, forsaken like the
wilderness;
there the calves graze,
there they lie down;
they strip its branches bare.
[11] When its twigs are dry, they are broken off
and women come and make fires with them.
For this is a people without understanding;
so their Maker has no compassion on them,
and their Creator shows them no favor.

[f] 27:8 See Septuagint; the meaning of the Hebrew for this word is uncertain.
[g] 27:9 That is, wooden symbols of the goddess Asherah

27 [1]Ce jour-là, l'Eternel
interviendra avec sa dure épée, sa grande et
forte épée,
contre le Léviathan[t], le serpent fugitif,
contre le Léviathan, le serpent tortueux ;
il le tuera, ce monstre qui habite la mer.

La vigne du Seigneur

[2] Ce jour-là, on dira :
Chantez la vigne aux beaux raisins[u].
[3] C'est moi, l'Eternel, qui la garde ;
en tout temps, je l'arrose.
De peur que l'on s'en prenne à elle,
nuit et jour je la garde.
[4] Ma colère est passée,
et s'il se trouve des ronces, des épines,
je marcherai contre elles pour leur faire la guerre
et j'y mettrai le feu.
[5] A moins qu'on me prenne pour refuge et rempart,
qu'on fasse la paix,
oui, la paix avec moi.
[6] Dans les jours à venir, Jacob prendra racine,
Israël fleurira et fera des bourgeons,
il couvrira de fruits la surface du monde.
[7] L'Eternel les a-t-il frappés comme il a frappé ceux
qui leur donnaient des coups ?
Les a-t-il mis à mort comme il a mis à mort ceux qui
semaient la mort au milieu d'eux ?
[8] Non, c'est avec mesure que tu as conduit leur
procès[v], en les envoyant en exil.
Tu les as enlevés par ton souffle terrible
en un jour de vent d'est.
[9] C'est par ce châtiment que sera expiée la faute de
Jacob,
et voici quel sera le fruit du pardon de sa faute :
il pulvérisera toutes les pierres des autels idolâtres
comme des pierres à chaux ;
les pieux sacrés voués à Ashéra, de même que les
encensoirs, ne seront jamais rétablis.

La ville abandonnée

[10] La cité fortifiée restera solitaire
et elle deviendra un camp abandonné et délaissé
comme un désert ;
les veaux y viendront paître, ils s'y reposeront,
ils brouteront les branches.
[11] Et quand les branches seront sèches, on viendra les
briser,
des femmes les feront brûler.
Car c'est un peuple sans intelligence ;
c'est pourquoi celui qui l'a fait n'en aura pas pitié,
et celui qui l'a façonné ne lui fera pas grâce.

[t] 27.1 Selon certains, ce monstre, dont la description est empruntée aux mythes païens cananéens, représenterait des peuples ennemis du peuple de Dieu, comme c'est le cas du monstre *Rahav* dans d'autres passages de l'Ecriture (30.7 et note). Pour d'autres, il serait le symbole des puissances maléfiques agissant dans l'histoire par l'intermédiaire de ces peuples.
[u] 27.2 Pour les v. 2-6, voir Es 5.1-7.
[v] 27.8 Autre traduction : *tu as fait leur procès en les chassant.*

[12]In that day the LORD will thresh from the flow-
g Euphrates to the Wadi of Egypt, and you, Israel,
ill be gathered up one by one. [13]And in that day a
eat trumpet will sound. Those who were perishing
Assyria and those who were exiled in Egypt will
me and worship the LORD on the holy mountain in
rusalem.

oe to the Leaders of Ephraim and Judah

8 [1]Woe to that wreath, the pride of Ephraim's
drunkards,
to the fading flower, his glorious beauty,
set on the head of a fertile valley –
to that city, the pride of those laid low by
wine!

[2] See, the Lord has one who is powerful and
strong.
Like a hailstorm and a destructive wind,
like a driving rain and a flooding downpour,
he will throw it forcefully to the ground.

[3] That wreath, the pride of Ephraim's drunkards,
will be trampled underfoot.
[4] That fading flower, his glorious beauty,
set on the head of a fertile valley,
will be like figs ripe before harvest –
as soon as people see them and take them in
hand,
they swallow them.
[5] In that day the LORD Almighty
will be a glorious crown,
a beautiful wreath
for the remnant of his people.
[6] He will be a spirit of justice
to the one who sits in judgment,
a source of strength
to those who turn back the battle at the gate.

[7] And these also stagger from wine
and reel from beer:
Priests and prophets stagger from beer
and are befuddled with wine;
they reel from beer,
they stagger when seeing visions,
they stumble when rendering decisions.
[8] All the tables are covered with vomit
and there is not a spot without filth.
[9] "Who is it he is trying to teach?
To whom is he explaining his message?
To children weaned from their milk,

Le grand retour

[12]En ce jour-là, l'Eternel secouera les arbres des rives de
l'Euphrate jusqu'au torrent d'Egypte. Et vous serez recueillis, vous, Israélites, un à un. [13]En ce jour-là, le grand cor
sonnera, ceux qui dépérissaient en Assyrie et tous ceux
qui étaient exilés en Egypte viendront adorer l'Eternel sur
la sainte montagne au milieu de Jérusalem.

LE LIVRE DES MALHEURS

Malheur à Ephraïm

28 [1]Malheur au diadème[w] qui fait l'orgueil des buveurs d'Ephraïm,
à cette fleur fanée, qui orne sa parure,
et qui est située sur les sommets qui dominent la
vallée plantureuse,
oui, malheur à cette cité des hommes qui
s'enivrent.
[2] Car voici : le Seigneur a pour lui un héraut puissant
et vigoureux[x]
qui viendra attaquer comme une tempête de grêle,
comme un ouragan destructeur,
comme des trombes d'eaux impétueuses,
provoquant des inondations.
Par l'action de sa force, il précipitera la ville à terre.
[3] On foulera aux pieds
le diadème qui fait l'orgueil des buveurs d'Ephraïm.
[4] Quant à la fleur fanée, qui orne sa parure,
et qui est située sur les sommets qui dominent la
vallée plantureuse,
elle sera comme une figue mûrie avant l'été :
celui qui l'aperçoit la cueille sans tarder et l'avale
aussitôt.
[5] En ce jour-là, le Seigneur des armées célestes
sera le diadème magnifique et la couronne
qui ornera le reste de son peuple.

[6] Il insufflera la justice à qui rend la justice,
et il sera la force de celui qui repousse l'ennemi
jusqu'aux portes.

Les juges ivrognes

[7] En voici d'autres qui sont égarés par le vin
et que les boissons fortes font tituber.
Oui, prêtres et prophètes, les boissons fortes les
égarent,
le vin les étourdit
et ils titubent sous l'effet des boissons fortes,
ils s'égarent dans leurs visions
et ils vacillent en rendant la justice.
[8] Toutes les tables sont couvertes de leurs
vomissements infects
et pas un coin n'est resté propre.
[9] « Qui Esaïe prétend-il enseigner ? s'exclament-ils.
Et à qui donc veut-il expliquer son message ?
Son discours convient juste à de petits enfants que
l'on vient de sevrer,

[w] **28.1** Il s'agit de Samarie, située sur un mont qui domine une riche
plaine.
[x] **28.2** Le roi d'Assyrie qui s'est emparé de Samarie en 722 av. J.-C.

to those just taken from the breast?
10 For it is:
Do this, do that,
a rule for this, a rule for that[h];
a little here, a little there."
11 Very well then, with foreign lips and strange
tongues
God will speak to this people,

12 to whom he said,
"This is the resting place, let the weary rest";
and, "This is the place of repose" –
but they would not listen.
13 So then, the word of the LORD to them will
become:
Do this, do that,
a rule for this, a rule for that;
a little here, a little there –
so that as they go they will fall backward;
they will be injured and snared and
captured.

14 Therefore hear the word of the LORD, you
scoffers
who rule this people in Jerusalem.
15 You boast, "We have entered into a covenant
with death,
with the realm of the dead we have made an
agreement.
When an overwhelming scourge sweeps by,
it cannot touch us,
for we have made a lie our refuge
and falsehood[i] our hiding place."
16 So this is what the Sovereign LORD says:
"See, I lay a stone in Zion, a tested stone,
a precious cornerstone for a sure foundation;
the one who relies on it
will never be stricken with panic.

17 I will make justice the measuring line
and righteousness the plumb line;
hail will sweep away your refuge, the lie,
and water will overflow your hiding place.

18 Your covenant with death will be annulled;
your agreement with the realm of the dead
will not stand.
When the overwhelming scourge sweeps by,
you will be beaten down by it.

19 As often as it comes it will carry you away;
morning after morning, by day and by night,
it will sweep through."
The understanding of this message
will bring sheer terror.
20 The bed is too short to stretch out on,

h 28:10 Hebrew / *sav lasav sav lasav / kav lakav kav lakav* (probably meaningless sounds mimicking the prophet's words); also in verse 13
i 28:15 Or *false gods*

d'éloigner du sein maternel ?
10 Car c'est ordre sur ordre, ordre sur ordre,
et c'est règle sur règle, règle sur règle :
un peu par ci, un peu par là[y]. »

11 Eh bien, c'est par des hommes aux propos
inintelligibles
à la langue barbare,
que l'Eternel parlera à ce peuple[z]
12 auquel il avait dit : « C'est ici le repos,
laissez se reposer ceux qui sont fatigués ;
voici l'apaisement. »
Mais ils n'ont pas voulu écouter l'Eternel.
13 C'est pourquoi la parole de l'Eternel sera pour eux
ordre sur ordre, ordre sur ordre,
règle sur règle, règle sur règle,
un peu par ci, un peu par là,
de sorte qu'en marchant, ils tombent en arrière et
se cassent les reins,
qu'ils soient pris au filet et qu'ils soient capturés.

Le bon fondement

14 C'est pourquoi, écoutez ce que dit l'Eternel, vous, l
moqueurs,
vous, les chefs de ce peuple qui habite à Jérusalem
15 Voici ce que vous dites : « Nous avons fait alliance
avec la mort
et, avec le séjour des morts, nous avons fait un
pacte :
quand le flot débordant déferlera,
il ne viendra pas jusqu'à nous,
car nous nous sommes fait du mensonge un abri,
et la duplicité sera notre refuge. »
16 C'est pourquoi, ainsi parle le Seigneur, l'Eternel :
Je vais placer en Sion, une pierre servant de
fondation,
une pierre éprouvée, une pierre angulaire d'une
grande valeur, servant de fondement solide :
celui qui la prend pour appui ne sera pas réduit à
fuir.
17 J'aurai le droit pour règle,
j'emploierai la justice comme mon fil à plomb.
La grêle balaiera votre abri de mensonge,
les eaux emporteront votre refuge.

Le mauvais fondement

18 L'alliance avec la mort que vous avez conclue sera
anéantie,
et votre pacte fait avec le séjour des morts ne
subsistera pas.
Quand le flot débordant déferlera,
il vous écrasera.
19 Aussi souvent qu'il passera, il vous emportera,
car il repassera matin après matin, de jour comm
de nuit.
Ce sera la terreur que d'en comprendre le messag
20 Vous serez comme un homme dont le lit est trop
court pour pouvoir s'y étendre

y 28.10 En hébreu, très certainement une suite d'onomatopées.
z 28.11 Pour les v. 11-12, voir 33.19. Cité en 1 Co 14.21.

the blanket too narrow to wrap around you.

21 The Lord will rise up as he did at Mount
Perazim,
he will rouse himself as in the Valley of
Gibeon –
to do his work, his strange work,
and perform his task, his alien task.

22 Now stop your mocking,
or your chains will become heavier;
the Lord, the Lord Almighty, has told me
of the destruction decreed against the whole
land.

23 Listen and hear my voice;
pay attention and hear what I say.
24 When a farmer plows for planting, does he plow
continually?
Does he keep on breaking up and working
the soil?
25 When he has leveled the surface,
does he not sow caraway and scatter cumin?
Does he not plant wheat in its place,[j]
barley in its plot,[k]
and spelt in its field?
26 His God instructs him
and teaches him the right way.

27 Caraway is not threshed with a sledge,
nor is the wheel of a cart rolled over cumin;
caraway is beaten out with a rod,
and cumin with a stick.

28 Grain must be ground to make bread;
so one does not go on threshing it forever.
The wheels of a threshing cart may be rolled
over it,
but one does not use horses to grind grain.

29 All this also comes from the Lord Almighty,
whose plan is wonderful,
whose wisdom is magnificent.

e to David's City

9 [1]Woe to you, Ariel, Ariel,
the city where David settled!
Add year to year
and let your cycle of festivals go on.
2 Yet I will besiege Ariel;
she will mourn and lament,
she will be to me like an altar hearth.[l]
3 I will encamp against you on all sides;
I will encircle you with towers
and set up my siege works against you.

:25 The meaning of the Hebrew for this word is uncertain.
:25 The meaning of the Hebrew for this word is uncertain.
:2 The Hebrew for *altar hearth* sounds like the Hebrew for *Ariel.*

et dont la couverture est beaucoup trop étroite
pour qu'il s'en enveloppe.
21 Car l'Eternel se lèvera comme au mont Peratsim
et il s'indignera comme il s'est indigné dans la
plaine de Gabaon
pour accomplir son œuvre ;
mais quelle œuvre insolite,
pour faire son travail,
mais quelle tâche étrange !
22 Et maintenant, cessez de vous moquer,
de peur que l'on resserre les chaînes qui vous lient.
Car j'ai appris de l'Eternel, le Seigneur des armées
célestes,
que la destruction de tout le pays a été décidée.

La sagesse infinie

23 De toutes vos oreilles, écoutez-moi !
Ecoutez ma parole bien attentivement :
24 Quel laboureur laboure la terre en tout temps pour
y semer ?
Passe-t-il tout son temps à tracer des sillons et à
herser le sol ?
25 Après avoir aplani la surface,
il y répand l'aneth et sème le cumin,
il met le blé en lignes,
puis l'orge au bon endroit,
l'épeautre enfin à la lisière.
26 C'est son Dieu qui l'instruit des règles qu'il doit
suivre
et c'est lui qui l'enseigne.
27 Car on ne foule pas l'aneth à l'aide d'un rouleau,
on ne fait pas non plus passer une roue de chariot
par-dessus le cumin,
mais on bat l'aneth au bâton,
on bat le cumin au fléau.
28 Il est vrai qu'on broie le froment pour en faire du
pain,
mais on ne le bat pas sans fin.
On fait passer dessus la roue et le traîneau,
mais les chevaux n'écrasent pas le grain sous leurs
sabots.
29 Tout cela vient de l'Eternel, le Seigneur des armées
célestes.
Son plan est merveilleux,
sa sagesse est immense.

Malheur à la cité de David

29 [1]Malheur à la cité-Autel[a], à la cité-Autel
contre laquelle David a installé son campement.
Elle a beau maintenir, année après année,
tout le cycle des fêtes,
2 j'assiégerai la ville-Autel,
elle ne sera plus que plaintes et gémissements.
Oui, je ferai de toi comme un autel.
3 J'établirai mon campement en cercle autour de toi[b]
et je t'assiégerai avec des ouvrages de siège[c],
élevant contre toi des tours pour t'attaquer.

a **29.1** Nom donné à Jérusalem, en hébreu *Ariel,* mot qui pourrait signifier « lion de Dieu », mais, d'après le v. 2 et Ez 43.15-16, ce terme désigne l'autel des sacrifices ou le foyer de cet autel.
b **29.3** Deux manuscrits hébreux et l'ancienne version grecque ont : *contre toi comme David.*
c **29.3** Autre traduction : *je t'entourerai de postes militaires.*

4 Brought low, you will speak from the ground;
your speech will mumble out of the dust.
Your voice will come ghostlike from the earth;
out of the dust your speech will whisper.

5 But your many enemies will become like fine
dust,
the ruthless hordes like blown chaff.
Suddenly, in an instant,
6 the LORD Almighty will come
with thunder and earthquake and great noise,
with windstorm and tempest and flames of a
devouring fire.

7 Then the hordes of all the nations that fight
against Ariel,
that attack her and her fortress and besiege
her,
will be as it is with a dream,
with a vision in the night –
8 as when a hungry person dreams of eating,
but awakens hungry still;
as when a thirsty person dreams of drinking,
but awakens faint and thirsty still.
So will it be with the hordes of all the nations
that fight against Mount Zion.

9 Be stunned and amazed,
blind yourselves and be sightless;
be drunk, but not from wine,
stagger, but not from beer.
10 The LORD has brought over you a deep sleep:
He has sealed your eyes (the prophets);
he has covered your heads (the seers).

11 For you this whole vision is nothing but words
sealed in a scroll. And if you give the scroll to someone
who can read, and say, "Read this, please," they will
answer, "I can't; it is sealed." 12 Or if you give the scroll
to someone who cannot read, and say, "Read this,
please," they will answer, "I don't know how to read."

13 The Lord says:
"These people come near to me with their
mouth
and honor me with their lips,
but their hearts are far from me.
Their worship of me
is based on merely human rules they have
been taught.[m]

m 29:13 Hebrew; Septuagint *They worship me in vain; / their teachings are merely human rules*

4 Tu seras abaissée
et c'est depuis la terre que montera ta voix,
oui, c'est de la poussière que sourdra ta parole.
Ta voix sortira de la terre comme celle d'un
revenant,
et ta parole montera du sein de la poussière tout
comme un sifflement.
5 La foule de tes ennemis sera comme une fine
poudre,
la multitude des tyrans comme la paille qui
s'envole.
Cela se produira soudain, en un instant.
6 Le Seigneur des armées célestes interviendra pou
toi
avec le fracas du tonnerre, des tremblements de
terre, et un bruit formidable,
la tempête et le tourbillon,
la flamme d'un feu dévorant.
7 Comme il en est d'un songe, d'une vision nocturn
ainsi en sera-t-il de tous les nombreux peuples
qui attaquaient la ville-Autel,
qui combattaient contre elle
et contre ses remparts,
qui l'assiégeaient.
8 Il en sera comme d'un homme qui serait affamé e
rêverait qu'il mange,
mais lorsqu'il se réveille, il a le ventre creux,
ou comme un assoiffé qui rêverait qu'il boit,
et lorsqu'il se réveille, il se sent épuisé, il a la gorg
sèche.
Ainsi en sera-t-il de tous ces nombreux peuples
qui combattent contre le mont Sion.

Des voyants aveugles et ivres

9 Attendez donc et soyez stupéfaits !
Aveuglez-vous, et restez aveuglés !
Soyez tous ivres, mais pas de vin,
et chancelez, mais non d'avoir trop bu !
10 Car l'Eternel a répandu sur vous
un esprit de torpeur,
il a bouché vos yeux, vous, les prophètes ;
il a voilé vos têtes, vous qui recevez des révélation

11 Toute cette révélation est devenue pour vous com
les mots écrits sur un rouleau scellé. Donnez-le à un ho
me qui a appris à lire en lui disant : « Lis cela, s'il te plaî
et il vous répondra : « Je ne peux pas le lire, le rouleau
scellé. » 12 Donnez-le à quelqu'un qui n'a jamais appris à l
en lui disant : « Lis cela, s'il te plaît », et il vous répond
« Moi, je ne sais pas lire. »

De surprise en surprise

13 Le Seigneur dit encore : Ce peuple se tourne vers
moi,
mais ce n'est qu'en paroles, et il me rend hommag
mais c'est du bout des lèvres :
car au fond de son cœur, il est bien loin de moi,
et la crainte qu'il a de moi
n'est faite que de règles que des hommes lui ont
enseignées[d].

d 29.13 Cité en Mt 15.8-9 ; Mc 7.6-7.

14 Therefore once more I will astound these
people
with wonder upon wonder;
the wisdom of the wise will perish,
the intelligence of the intelligent will
vanish."

15 Woe to those who go to great depths
to hide their plans from the LORD,
who do their work in darkness and think,
"Who sees us? Who will know?"

16 You turn things upside down,
as if the potter were thought to be like the
clay!
Shall what is formed say to the one who formed
it,
"You did not make me"?
Can the pot say to the potter,
"You know nothing"?

17 In a very short time, will not Lebanon be
turned into a fertile field
and the fertile field seem like a forest?

8 In that day the deaf will hear the words of the
scroll,
and out of gloom and darkness
the eyes of the blind will see.

9 Once more the humble will rejoice in the LORD;
the needy will rejoice in the Holy One of
Israel.

0 The ruthless will vanish,
the mockers will disappear,
and all who have an eye for evil will be cut
down –

1 those who with a word make someone out to be
guilty,
who ensnare the defender in court
and with false testimony deprive the
innocent of justice.

22 Therefore this is what the LORD, who redeemed
raham, says to the descendants of Jacob:
"No longer will Jacob be ashamed;
no longer will their faces grow pale.

3 When they see among them their children,
the work of my hands,
they will keep my name holy;
they will acknowledge the holiness of the
Holy One of Jacob,
and will stand in awe of the God of Israel.

4 Those who are wayward in spirit will gain
understanding;
those who complain will accept instruction."

14 A cause de cela, j'étonnerai ce peuple
par de nouveaux prodiges, des actes
extraordinaires ;
la sagesse des sages sera anéantie,
l'intelligence fera défaut à ses intelligents[e].

Où est Dieu

15 Malheur à ceux qui vont dans les lieux les plus
reculés
pour cacher leurs desseins à l'Eternel
et dont les entreprises se font dans les ténèbres,
à ceux qui disent : « Qui peut nous voir ? Qui nous
remarque ? »

16 Allez-vous inverser les rôles ?
Allez-vous prendre le potier pour l'argile,
pour que l'ouvrage dise à celui qui l'a fait :
« Je ne suis pas ton œuvre »,
et que le pot affirme au potier qui l'a façonné : « Tu
ne sais pas ce que tu fais » ?

Tout est changé

17 Encore un peu de temps,
et le Liban sera transformé en verger,
et le verger sera semblable à la forêt.

18 En ce jour-là, les sourds même entendront les
paroles du livre
et, sortant des ténèbres et de l'obscurité,
les yeux des aveugles verront.

19 Oui, grâce à l'Eternel, les humbles se réjouiront de
plus en plus.
Les plus déshérités des hommes
exulteront de joie grâce au Saint d'Israël.

20 Car les tyrans auront tous disparu,
et les moqueurs ne seront plus,
et tous ceux qui sont aux aguets pour commettre
le mal
seront éliminés,

21 ceux qui condamnent les gens par leur parole,
ceux qui tendent des pièges aux juges dans les
tribunaux,
ceux qui perdent le juste sans aucune raison, oui,
tous disparaîtront.

22 C'est pourquoi l'Eternel
qui a délivré Abraham,
dit à la communauté de Jacob :
Jacob n'aura plus honte, désormais,
et son visage n'aura plus à pâlir.

23 Lorsqu'ils verront
tout ce que j'aurai accompli au milieu d'eux,
ils me reconnaîtront pour Dieu,
ils me vénéreront, comme étant le Saint de Jacob,
ils me redouteront, moi, le Dieu d'Israël.

24 Ceux dont l'esprit s'égare apprendront le
discernement,
et les contestataires recevront instruction.

[e] **29.14** Cité en 1 Co 1.19, d'après l'ancienne version grecque.

Woe to the Obstinate Nation

30 1 "Woe to the obstinate children,"
declares the LORD,
"to those who carry out plans that are not
mine,
forming an alliance, but not by my Spirit,
heaping sin upon sin;
2 who go down to Egypt
without consulting me;
who look for help to Pharaoh's protection,
to Egypt's shade for refuge.
3 But Pharaoh's protection will be to your shame,
Egypt's shade will bring you disgrace.
4 Though they have officials in Zoan
and their envoys have arrived in Hanes,
5 everyone will be put to shame
because of a people useless to them,
who bring neither help nor advantage,
but only shame and disgrace."
6 A prophecy concerning the animals of the Negev:
Through a land of hardship and distress,
of lions and lionesses,
of adders and darting snakes,
the envoys carry their riches on donkeys'
backs,
their treasures on the humps of camels,
to that unprofitable nation,
7 to Egypt, whose help is utterly useless.
Therefore I call her
Rahab the Do-Nothing.
8 Go now, write it on a tablet for them,
inscribe it on a scroll,
that for the days to come
it may be an everlasting witness.
9 For these are rebellious people, deceitful
children,
children unwilling to listen to the LORD's
instruction.
10 They say to the seers,
"See no more visions!"
and to the prophets,
"Give us no more visions of what is right!
Tell us pleasant things,
prophesy illusions.
11 Leave this way,
get off this path,
and stop confronting us
with the Holy One of Israel!"
12 Therefore this is what the Holy One of Israel says:

Contre l'alliance avec l'Egypte

L'espérance illusoire

30 1 Malheur aux fils rebelles,
déclare l'Eternel,
qui forment des projets où je n'ai pas de part,
qui concluent des traités[f] contre ma volonté
pour ajouter ainsi un péché à un autre !
2 Ils s'en vont en Egypte sans m'avoir consulté
pour se mettre en sécurité auprès du pharaon
et pour chercher refuge à l'ombre de l'Egypte !
3 Le refuge du pharaon sera sujet de honte,
l'abri que vous cherchez à l'ombre de l'Egypte vou
plongera dans une grande confusion.
4 Oui, vos ministres sont déjà à Tsoân
et vos ambassadeurs parviennent à Hanès[g].
5 Mais tous seront honteux à cause de ce peuple :
il ne leur sera d'aucune aide,
d'aucun secours, d'aucune utilité,
mais il fera leur honte et leur fera perdre la face.
6 Oracle au sujet des bêtes du Néguev :
A travers un pays de détresse et d'angoisse,
dans le pays du lion, oui, du lion rugissant,
dans le pays de la vipère et du serpent volant,
ils portent leurs richesses sur l'échine des ânes,
et leurs trésors sur le dos des chameaux
en cadeau à un peuple qui ne peut rien pour eux.
7 Le secours de l'Egypte est vain et illusoire,
c'est pourquoi je l'appelle :
« Rahav, l'Agitée au repos[h] ».

Un peuple rebelle

8 Viens maintenant, grave cela
en leur présence sur une tablette,
inscris-le sur un document
afin que cela serve de témoin pour les jours à ven
et à toujours,
9 car c'est un peuple révolté,
ce sont des fils trompeurs
et qui refusent d'écouter la Loi de l'Eternel,
10 qui disent aux prophètes : « Ne prophétisez pas »,
et à ceux qui ont des révélations : « Cessez de nou
servir des révélations vraies !
Annoncez-nous des choses agréables,
que vos révélations nous bercent d'illusions !
11 Sortez des bons chemins,
quittez les sentiers droits,
cessez de nous importuner avec le Saint, Dieu
d'Israël. »
12 Par conséquent, voici ce que déclare le Dieu saint
d'Israël :
Puisque vous méprisez cet avertissement

f **30.1** Il s'agit d'un projet d'alliance avec l'Egypte.
g **30.4** *Tsoân:* voir 19.11 et note. *Hanès* était située plus au sud et à l'oues
h **30.7** *L'Agitée* se dit en hébreu *rahav.* Esaïe joue ici avec le mot Rahav, nom d'un monstre mythique de la mer, qui est parfois donné à l'Egyp dans l'Ancien Testament (voir Ps 87.4 et la note ; 89.11 ; Es 51.9).

"Because you have rejected this message,
relied on oppression
and depended on deceit,
13 this sin will become for you
like a high wall, cracked and bulging,
that collapses suddenly, in an instant.

14 It will break in pieces like pottery,
shattered so mercilessly
that among its pieces not a fragment will be
found
for taking coals from a hearth
or scooping water out of a cistern."

15 This is what the Sovereign LORD, the Holy One of
rael, says:
"In repentance and rest is your salvation,
in quietness and trust is your strength,
but you would have none of it.

16 You said, 'No, we will flee on horses.'
Therefore you will flee!
You said, 'We will ride off on swift horses.'
Therefore your pursuers will be swift!

17 A thousand will flee
at the threat of one;
at the threat of five
you will all flee away,
till you are left
like a flagstaff on a mountaintop,
like a banner on a hill."
18 Yet the LORD longs to be gracious to you;
therefore he will rise up to show you
compassion.
For the LORD is a God of justice.
Blessed are all who wait for him!

19 People of Zion, who live in Jerusalem, you will
eep no more. How gracious he will be when you
y for help! As soon as he hears, he will answer you.
Although the Lord gives you the bread of adversity
d the water of affliction, your teachers will be hid-
n no more; with your own eyes you will see them.
Whether you turn to the right or to the left, your
rs will hear a voice behind you, saying, "This is the
ay; walk in it." 22 Then you will desecrate your idols
erlaid with silver and your images covered with
ld; you will throw them away like a menstrual cloth
d say to them, "Away with you!"
23 He will also send you rain for the seed you sow in
e ground, and the food that comes from the land
ill be rich and plentiful. In that day your cattle will
aze in broad meadows. 24 The oxen and donkeys that
ork the soil will eat fodder and mash, spread out
ith fork and shovel. 25 In the day of great slaughter,

et que vous vous confiez à la violence et aux
intrigues,
que vous comptez dessus,
13 à cause de cela, ce péché deviendra pour vous
comme une brèche dans un mur élevé :
un renflement y apparaît
et puis, soudain, le voilà qui s'écroule,
14 et qui se brise comme se brise un vase de potier
que l'on fracasse sans nul ménagement,
dans les débris duquel on ne trouverait pas
un tesson assez grand pour ramasser des braises
ou pour puiser de l'eau à la citerne.

Calme et confiance

15 Car ainsi parle le Seigneur, l'Eternel, le Saint
d'Israël :
C'est si vous revenez à moi, si vous restez
tranquilles, que vous serez sauvés,
c'est dans le calme et la confiance que sera votre
force !
Mais vous ne l'avez pas voulu
16 et vous avez dit : « Non, nous fuirons à cheval ! »
Eh bien : Oui, vous fuirez !
Vous avez ajouté : « Nous irons sur des chars
rapides ! »
Eh bien ! Vos poursuivants seront rapides, eux
aussi !
17 Et mille hommes se sentiront menacés par un seul,
cinq soldats suffiront, pour vous mettre en déroute.
Il ne subsistera que quelques rescapés
qui seront comme un mât en haut d'une montagne
ou comme une bannière au sommet d'un coteau.

18 Et pourtant, l'Eternel attend le moment de vous
faire grâce
et il se lèvera pour vous manifester sa compassion,
car l'Eternel est un Dieu juste.
Heureux tous ceux qui se confient en lui !

Dieu fera grâce

19 O peuple de Sion habitant à Jérusalem[i], tu ne pleureras
plus ! Car Dieu te fera grâce quand tu crieras et, lorsqu'il
t'entendra, il répondra à ton appel. 20 Car le Seigneur te
donnera du pain dans la détresse et de l'eau dans l'angoisse. Oui, celui qui t'enseigne ne se dérobera plus, tu verras
de tes yeux le maître qui t'instruit. 21 Alors tu entendras
dire derrière toi : C'est ici le chemin : suis-le, là, va à droite ... là, va à gauche ...
22 Tu tiendras pour impur le placage d'argent recouvrant
tes idoles, le revêtement d'or qui orne tes statues : tu les
rejetteras comme une chose souillée, tu diras : Hors d'ici !

23 Et Dieu accordera la pluie à la semence que tu mettras
en terre. Aussi, la nourriture que produira la terre sera très
riche et savoureuse, et ton bétail, en ce temps-là, paîtra
dans de vastes prairies. 24 Les bœufs comme les ânes qui
labourent ton sol se nourriront de fourrage salé que l'on
aura vanné à la fourche et au van. 25 Au jour du grand massacre où les tours fortes tomberont, il y aura partout sur

[i] **30.19** D'après l'ancienne version grecque et la version syriaque. Le texte hébreu traditionnel a : *un peuple habitera à Sion, à Jérusalem.*

when the towers fall, streams of water will flow on
every high mountain and every lofty hill. 26 The moon
will shine like the sun, and the sunlight will be seven
times brighter, like the light of seven full days, when
the LORD binds up the bruises of his people and heals
the wounds he inflicted.

27 See, the Name of the LORD comes from afar,
with burning anger and dense clouds of smoke;
his lips are full of wrath,
and his tongue is a consuming fire.
28 His breath is like a rushing torrent,
rising up to the neck.
He shakes the nations in the sieve of destruction;
he places in the jaws of the peoples
a bit that leads them astray.
29 And you will sing
as on the night you celebrate a holy festival;
your hearts will rejoice
as when people playing pipes go up
to the mountain of the LORD,
to the Rock of Israel.
30 The LORD will cause people to hear his majestic voice
and will make them see his arm coming down
with raging anger and consuming fire,
with cloudburst, thunderstorm and hail.
31 The voice of the LORD will shatter Assyria;
with his rod he will strike them down.

32 Every stroke the LORD lays on them
with his punishing club
will be to the music of timbrels and harps,
as he fights them in battle with the blows of his arm.

33 Topheth has long been prepared;
it has been made ready for the king.
Its fire pit has been made deep and wide,
with an abundance of fire and wood;
the breath of the LORD,
like a stream of burning sulfur,
sets it ablaze.

Woe to Those Who Rely on Egypt

31 1 Woe to those who go down to Egypt for help,
who rely on horses,
who trust in the multitude of their chariots
and in the great strength of their horsemen,
but do not look to the Holy One of Israel,
or seek help from the LORD.
2 Yet he too is wise and can bring disaster;

les hautes montagnes, sur toute colline élevée, des cou
d'eau abondants. 26 La lune brillera du même éclat que
soleil, et la lumière du soleil sera sept fois plus vive. E
sera pareille à la lumière de sept jours au jour où l'Etern
pansera les plaies de son peuple, où il guérira les blessur
entraînées par les coups qu'il a reçus.

Correction et salut

27 L'Eternel en personne va venir d'un pays lointain,
sa colère est ardente,
oui, c'est un nuage oppressant[j].
Quand il parle, ses lèvres sont chargées de courrou
et sa langue est pareille à un feu qui consume.
28 Son souffle est comme un torrent qui déborde
et dont l'eau atteint jusqu'au cou.
Il va passer les peuples au crible destructeur
et mettre à leurs mâchoires
un mors d'égarement.

29 Cependant, parmi vous retentiront des chants
comme en la nuit de fête[k],
et vous vous réjouirez
comme celui qui monte au son des flûtes,
au mont de l'Eternel
et vers le rocher d'Israël.
30 L'Eternel fera retentir sa voix majestueuse
et l'on verra son bras s'abattre
dans le déchaînement de sa colère
et dans l'embrasement de son feu qui consume,
du sein de la tornade, de la tempête et de la grêle.

31 Alors Assur sera terrorisée
en entendant la voix de l'Eternel
lorsqu'il le frappera de son bâton.
32 Et à chaque coup de bâton que l'Eternel lui administrera
afin de le châtier,
on fera retentir les tambourins, les lyres.
Et l'Eternel lui-même combattra contre lui par des coups redoublés.
33 Déjà, depuis longtemps, le bûcher est dressé,
il est prêt aussi pour le roi[l],
il est profond et large,
le bois est empilé en quantité, le feu est prêt
et le souffle de l'Eternel comme un torrent de soufre l'embrasera.

Malheur à ceux qui font confiance à l'Egypte

31 1 Malheur à ceux qui s'en vont en Egypte pou avoir du secours,
et qui comptent sur les chevaux,
qui mettent leur confiance dans le nombre des chars
et dans la grande force des équipages,
mais ne regardent pas vers le Saint d'Israël
et ne se soucient pas de l'Eternel !
2 Et pourtant, lui aussi agit avec habileté
pour faire venir le malheur,

j **30.27** Autre traduction : *et écrasante.*
k **30.29** Peut-être la Pâque, à laquelle il est fait allusion en 31.5. D'autres pensent à la fête des Cabanes.
l **30.33** Pour le roi d'Assyrie.

he does not take back his words.
He will rise up against that wicked nation,
against those who help evildoers.
3 But the Egyptians are mere mortals and not God;
their horses are flesh and not spirit.
When the LORD stretches out his hand,
those who help will stumble,
those who are helped will fall;
all will perish together.

4 This is what the LORD says to me:
"As a lion growls,
a great lion over its prey –
and though a whole band of shepherds
is called together against it,
it is not frightened by their shouts
or disturbed by their clamor –
so the LORD Almighty will come down
to do battle on Mount Zion and on its heights.
5 Like birds hovering overhead,
the LORD Almighty will shield Jerusalem;
he will shield it and deliver it,
he will 'pass over' it and will rescue it."

6 Return, you Israelites, to the One you have so
eatly revolted against. 7 For in that day every one of
u will reject the idols of silver and gold your sinful
nds have made.

8 "Assyria will fall by no human sword;
a sword, not of mortals, will devour them.
They will flee before the sword
and their young men will be put to forced labor.
9 Their stronghold will fall because of terror;
at the sight of the battle standard their commanders will panic,"
declares the LORD,
whose fire is in Zion,
whose furnace is in Jerusalem.

e Kingdom of Righteousness

2 1 See, a king will reign in righteousness
and rulers will rule with justice.
2 Each one will be like a shelter from the wind
and a refuge from the storm,
like streams of water in the desert
and the shadow of a great rock in a thirsty land.
3 Then the eyes of those who see will no longer be closed,
and the ears of those who hear will listen.
4 The fearful heart will know and understand,
and the stammering tongue will be fluent and clear.
5 No longer will the fool be called noble

il ne révoque pas ce qu'il a décrété
et il se dressera contre le parti des méchants
et contre les appuis de ceux qui font le mal.
3 L'Egyptien est un homme, il n'est pas Dieu,
et ses chevaux sont des créatures terrestres, et non pas des esprits.
Quand l'Eternel abaissera sa main,
le protecteur chancellera
et le protégé tombera.
Ils périront tous deux ensemble.

C'est l'Eternel qui délivre

4 Car l'Eternel m'a dit :
Lorsque le lion ou le petit du lion défend sa proie en rugissant,
la foule des bergers appelés contre lui
a beau pousser des cris, ils ne l'effrayeront pas.
Et leur tapage ne le troublera pas.
Ainsi le Seigneur des armées célestes descendra
pour combattre sur le mont de Sion, sur sa colline.

5 Comme un oiseau déploie ses ailes pour couvrir sa couvée,
ainsi le Seigneur des armées célestes protégera Jérusalem,
oui, il la défendra et la délivrera.
Il passera au-dessus d'elle et il l'épargnera.
6 Revenez donc à l'Eternel dont vous vous êtes tout à fait détournés,
Israélites.
7 En ce jour-là, chacun rejettera
ses idoles d'argent et ses idoles d'or
qu'il s'était fabriquées avec des mains coupables.
8 L'Assyrie tombera
sous les coups de l'épée, pas de l'épée d'un homme ;
une épée surhumaine fera d'elle sa proie.
Les Assyriens fuiront devant cette épée-là.
Alors leurs jeunes gens seront astreints à la corvée.
9 Ceux qui étaient solides comme un rocher fuiront épouvantés,
et devant l'étendard, leurs chefs seront terrorisés.
C'est là ce que déclare l'Eternel dont le feu brûle dans Sion
et qui a sa fournaise au milieu de Jérusalem.

Le Roi qui change tout

32 1 Voici qu'un roi exercera son règne avec justice,
et ses ministres gouverneront selon le droit,
2 et chacun d'eux sera comme un abri contre le vent,
un refuge contre l'orage,
comme un cours d'eau sur un sol desséché,
ou comme l'ombre d'un rocher massif dans un désert aride.
3 Alors les yeux de ceux qui devraient voir ne seront plus aveugles,
les oreilles des auditeurs se feront attentives.
4 Les gens écervelés réfléchiront afin d'apprendre,
et la langue des bègues parlera clairement avec facilité.
5 On ne considérera plus l'insensé comme un noble,

nor the scoundrel be highly respected.
6 For fools speak folly,
their hearts are bent on evil:
They practice ungodliness
and spread error concerning the LORD;
the hungry they leave empty
and from the thirsty they withhold water.
7 Scoundrels use wicked methods,
they make up evil schemes
to destroy the poor with lies,
even when the plea of the needy is just.
8 But the noble make noble plans,
and by noble deeds they stand.

The Women of Jerusalem

9 You women who are so complacent,
rise up and listen to me;
you daughters who feel secure,
hear what I have to say!
10 In little more than a year
you who feel secure will tremble;
the grape harvest will fail,
and the harvest of fruit will not come.
11 Tremble, you complacent women;
shudder, you daughters who feel secure!
Strip off your fine clothes
and wrap yourselves in rags.
12 Beat your breasts for the pleasant fields,
for the fruitful vines
13 and for the land of my people,
a land overgrown with thorns and briers –
yes, mourn for all houses of merriment
and for this city of revelry.
14 The fortress will be abandoned,
the noisy city deserted;
citadel and watchtower will become a
wasteland forever,
the delight of donkeys, a pasture for flocks,
15 till the Spirit is poured on us from on high,
and the desert becomes a fertile field,
and the fertile field seems like a forest.
16 The LORD's justice will dwell in the desert,
his righteousness live in the fertile field.
17 The fruit of that righteousness will be peace;
its effect will be quietness and confidence
forever.
18 My people will live in peaceful dwelling places,
in secure homes,
in undisturbed places of rest.
19 Though hail flattens the forest
and the city is leveled completely,
20 how blessed you will be,
sowing your seed by every stream,
and letting your cattle and donkeys range
free.

on ne dira plus du trompeur qu'il est quelqu'un de
grand.
6 L'insensé, en effet, dit des insanités.
Il est porté, au fond de lui, à commettre le mal,
à agir sans respect pour Dieu,
à tenir des propos blasphématoires pour l'Eterne
Il laisse l'affamé avec le ventre creux
et prive de boisson celui qui meurt de soif.
7 Les manœuvres du fourbe sont malveillantes,
il projette des mauvais coups
pour opprimer les pauvres par des paroles fausse
alors que l'indigent réclame son bon droit.
8 Mais l'homme au noble cœur a de nobles desseins
et toute sa conduite reflète sa noblesse.

Jugement

9 O femmes qui vivez tranquilles,
debout ! écoutez-moi !
Vous, filles insouciantes,
écoutez mes paroles :
10 Dans un peu plus d'un an,
vous tremblerez, vous insouciantes,
car la vendange n'aura pas lieu
et il n'y aura pas de fruits à récolter.
11 Vous serez effrayées, vous qui vivez tranquilles.
Tremblez, vous insouciantes,
quittez vos vêtements, et déshabillez-vous,
ceignez vos reins de pagnes[m],
12 frappez-vous la poitrine, lamentez-vous
sur les belles campagnes,
sur les vignes fécondes,
13 sur la campagne de mon peuple
où pousseront les ronces et les épines
qui envahiront même les joyeuses maisons
de la cité en liesse.
14 Car le palais est déserté,
et la ville animée abandonnée,
la citadelle avec la tour de guet
servira de caverne à tout jamais.
Et les ânes sauvages y prendront leurs ébats.
Les troupeaux y paîtront.

Paix et justice

15 Il en sera ainsi jusqu'à ce que l'Esprit soit répandu
sur nous d'en haut,
et alors le désert deviendra un verger,
et le verger sera semblable à la forêt.
16 Le droit habitera dans le désert,
et la justice dans le verger.
17 Le fruit de la justice sera la paix.
L'effet de la justice,
ce sera la tranquillité et la sécurité à tout jamais.
18 Mon peuple habitera un domaine de paix
dans des demeures sûres,
dans des maisons tranquilles.
19 La forêt tombera, abattue par la grêle,
et la cité tombera au plus bas.
20 Bienheureux serez-vous : vous sèmerez partout le
long d'eaux abondantes
et vous pourrez laisser les bœufs comme les ânes
en liberté.

m **32.11** Divers signes de deuil, rites des pleureuses.

stress and Help

3 [1]Woe to you, destroyer,
you who have not been destroyed!
Woe to you, betrayer,
you who have not been betrayed!
When you stop destroying,
you will be destroyed;
when you stop betraying,
you will be betrayed.
[2] LORD, be gracious to us;
we long for you.
Be our strength every morning,
our salvation in time of distress.
[3] At the uproar of your army, the peoples flee;
when you rise up, the nations scatter.

[4] Your plunder, O nations, is harvested as by
young locusts;
like a swarm of locusts people pounce on it.
[5] The LORD is exalted, for he dwells on high;
he will fill Zion with his justice and
righteousness.
[6] He will be the sure foundation for your times,
a rich store of salvation and wisdom and
knowledge;
the fear of the LORD is the key to this
treasure.[n]

[7] Look, their brave men cry aloud in the streets;
the envoys of peace weep bitterly.
[8] The highways are deserted,
no travelers are on the roads.
The treaty is broken,
its witnesses[o] are despised,
no one is respected.
[9] The land dries up and wastes away,
Lebanon is ashamed and withers;
Sharon is like the Arabah,
and Bashan and Carmel drop their leaves.

[10] "Now will I arise," says the LORD.
"Now will I be exalted;
now will I be lifted up.
[11] You conceive chaff,
you give birth to straw;
your breath is a fire that consumes you.
[12] The peoples will be burned to ashes;
like cut thornbushes they will be set ablaze."

3:6 Or *is a treasure from him*
3:8 Dead Sea Scrolls; Masoretic Text / *the cities*

Malheur à l'Assyrie

L'Eternel est notre délivrance

33 [1]Malheur à toi, dévastateur,
qui n'as pas été dévasté[n] !
Malheur à toi, le traître qui n'as jamais été trahi !
Quand tu auras fini de dévaster, tu seras dévasté.
Quand tu auras achevé de trahir, tu seras toi aussi
trahi.

[2] Eternel, fais-nous grâce,
car nous comptons sur toi.
Chaque matin, sois notre force,
délivre-nous au temps de la détresse !
[3] Au bruit d'un grand tumulte,
les peuples fuient.
Quand tu te lèves,
les gens des nations se dispersent.
[4] On rafle leur butin,
comme raflent[o] les sauterelles,
et l'on se rue dessus
comme se précipite un essaim de criquets.
[5] L'Eternel est sublime
car il siège là-haut.
Il remplira Sion
de la droiture et la justice.
[6] Tu passeras tes jours dans la sécurité.
La sagesse et la connaissance sont les richesses du
salut ;
et craindre l'Eternel,
tel est tout ton trésor.

Quand le Seigneur interviendra

[7] Les vaillants hommes
crient dans les rues,
les messagers de paix
pleurent amèrement.
[8] Les routes sont désertes.
Plus personne ne passe sur les chemins ;
le dévastateur a rompu l'alliance,
il méprise les villes[p],
il n'a de respect pour personne.
[9] Le pays est en deuil, il dépérit.
Le Liban est confus, ses arbres sont flétris,
la plaine du Saron ressemble à un désert.
Le pays du Basan et le mont du Carmel ont perdu
leur feuillage.
[10] Maintenant, je me lève,
dit l'Eternel.
Maintenant, je me dresse,
oui, maintenant, je montre ma grandeur.
[11] Vous ne concevez que du foin,
vous n'enfantez que de la paille,
votre souffle est le feu qui vous consumera.
[12] Les peuples seront brûlés à la chaux,
comme des épines coupées
quand on y met le feu.

n **33.1** Cette menace vise probablement l'Assyrie.
o **33.4** Autre traduction : *s'assemblent*.
p **33.8** *les villes:* selon le texte hébreu traditionnel. Le texte hébreu de Qumrân a : *les témoins*.

13 You who are far away, hear what I have done;
you who are near, acknowledge my power!

14 The sinners in Zion are terrified;
trembling grips the godless:
"Who of us can dwell with the consuming fire?
Who of us can dwell with everlasting burning?"

15 Those who walk righteously
and speak what is right,
who reject gain from extortion
and keep their hands from accepting bribes,
who stop their ears against plots of murder
and shut their eyes against contemplating evil –
16 they are the ones who will dwell on the heights,
whose refuge will be the mountain fortress.
Their bread will be supplied,
and water will not fail them.

17 Your eyes will see the king in his beauty
and view a land that stretches afar.
18 In your thoughts you will ponder the former terror:
"Where is that chief officer?
Where is the one who took the revenue?
Where is the officer in charge of the towers?"
19 You will see those arrogant people no more,
people whose speech is obscure,
whose language is strange and incomprehensible.
20 Look on Zion, the city of our festivals;
your eyes will see Jerusalem,
a peaceful abode, a tent that will not be moved;
its stakes will never be pulled up,
nor any of its ropes broken.
21 There the LORD will be our Mighty One.
It will be like a place of broad rivers and streams.
No galley with oars will ride them,
no mighty ship will sail them.
22 For the LORD is our judge,
the LORD is our lawgiver,
the LORD is our king;
it is he who will save us.
23 Your rigging hangs loose:
The mast is not held secure,
the sail is not spread.
Then an abundance of spoils will be divided
and even the lame will carry off plunder.
24 No one living in Zion will say, "I am ill";
and the sins of those who dwell there will be forgiven.

13 Vous qui êtes au loin, écoutez donc ce que j'ai accompli,
et vous qui êtes près, connaissez ma puissance !
14 Les pécheurs dans Sion ont été terrifiés,
ceux qui ne respectent pas Dieu se sont mis à trembler.
Ils s'écrient : « Qui de nous peut rester en présence
de ce feu qui consume ?
Qui pourra séjourner
auprès de brasiers éternels ? »
15 Celui qui se conduit selon ce qui est juste
et qui parle toujours selon ce qui est droit,
qui rejette les gains acquis par extorsion,
qui n'accepte jamais de pots-de-vin,
qui ferme ses oreilles aux propos criminels,
qui se bouche les yeux pour ne pas voir le mal ;

16 cet homme habitera dans des lieux élevés ;
des rochers fortifiés lui serviront d'abri,
son pain lui sera assuré,
et l'eau ne lui manquera pas.

Vision de paix

17 Tes yeux contempleront le roi dans sa beauté,
et ils verront toute l'étendue du pays.
18 Tu te souviendras de tes craintes,
et tu demanderas : « Où donc est l'inspecteur, celui
qui percevait les taxes,
où est le contrôleur des tours[q] ? »
19 Non, tu ne verras plus tout ce peuple arrogant,
peuple à la langue obscure,
à la langue barbare que l'on ne comprend pas.

20 Mais tu contempleras Sion, la cité de nos fêtes,
tes yeux verront Jérusalem, résidence tranquille,
tente qui ne sera plus enlevée,
dont les piquets ne seront plus jamais arrachés,
et dont aucun cordage ne sera plus tranché.

21 Là, l'Eternel se montrera magnifique pour nous,
et ce sera une région[r] de larges fleuves
et de vastes canaux.
Aucun bateau à rames ne s'y avancera,
aucun vaisseau splendide n'y passera.
22 Car l'Eternel est notre chef,
il est notre législateur.
Oui, l'Eternel est notre roi
et il nous sauvera.
23 Quant à vous, Assyriens, vos cordes relâchées
ne tiennent plus le mât,
ils ne sont plus capables de déployer les voiles.
Alors on se partagera un immense butin.
Tous en prendront leur part, y compris les boiteux
24 Aucun des habitants ne se dira malade.
Le peuple qui habitera à Jérusalem recevra
le pardon de ses fautes.

q 33.18 Des fonctionnaires qui faisaient durement sentir l'oppression de l'ennemi.
r 33.21 Autre traduction : *et il nous tiendra lieu.*

dgment Against the Nations

4 [1]Come near, you nations, and listen;
pay attention, you peoples!
Let the earth hear, and all that is in it,
the world, and all that comes out of it!
[2] The LORD is angry with all nations;
his wrath is on all their armies.
He will totally destroy[p] them,
he will give them over to slaughter.

[3] Their slain will be thrown out,
their dead bodies will stink;
the mountains will be soaked with their blood.
[4] All the stars in the sky will be dissolved
and the heavens rolled up like a scroll;
all the starry host will fall
like withered leaves from the vine,
like shriveled figs from the fig tree.
[5] My sword has drunk its fill in the heavens;
see, it descends in judgment on Edom,
the people I have totally destroyed.
[6] The sword of the LORD is bathed in blood,
it is covered with fat –
the blood of lambs and goats,
fat from the kidneys of rams.
For the LORD has a sacrifice in Bozrah
and a great slaughter in the land of Edom.

[7] And the wild oxen will fall with them,
the bull calves and the great bulls.
Their land will be drenched with blood,
and the dust will be soaked with fat.
[8] For the LORD has a day of vengeance,
a year of retribution, to uphold Zion's cause.

[9] Edom's streams will be turned into pitch,
her dust into burning sulfur;
her land will become blazing pitch!
[10] It will not be quenched night or day;
its smoke will rise forever.
From generation to generation it will lie desolate;
no one will ever pass through it again.
[11] The desert owl[q] and screech owl[r] will possess it;
the great owl[s] and the raven will nest there.
God will stretch out over Edom
the measuring line of chaos
and the plumb line of desolation.
[12] Her nobles will have nothing there to be called a kingdom,
all her princes will vanish away.

4:2 The Hebrew term refers to the irrevocable giving over of ngs or persons to the LORD, often by totally destroying them; o in verse 5.
4:11 The precise identification of these birds is uncertain.
4:11 The precise identification of these birds is uncertain.
4:11 The precise identification of these birds is uncertain.

La rétribution divine

L'anéantissement d'Edom

34 [1]Approchez, ô nations, pour écouter,
vous peuples, prêtez attention !
Oui, que la terre entière et tout ce qui l'emplit,
oui, que le monde et tout ce qu'il produit se mettent à l'écoute !
[2] Car l'Eternel est en colère
contre l'ensemble des nations,
il est furieux contre toutes leurs troupes,
il les voue à lui-même :
il les livre au massacre.
[3] Leurs victimes seront jetées,
l'odeur de leurs cadavres se répandra,
leur sang ruissellera sur les montagnes.

[4] Toute l'armée du ciel en pourriture tombera ;
le ciel s'enroulera comme on enroule un livre,
tous les astres se décomposeront
comme se décomposent les feuilles de la vigne
ou celles du figuier.
[5] Dans le ciel, mon épée est ivre[s],
et la voici qui s'abat sur Edom,
oui, sur ce peuple que j'ai voué au jugement.
[6] L'épée de l'Eternel est saturée de sang et couverte de graisse,
du sang des boucs et des agneaux,
des parties grasses des rognons de béliers.
Car pour l'Eternel est prévu un sacrifice dans Botsra
et un grand carnage en Edom.
[7] En même temps, les buffles tomberont,
avec les bœufs et les taureaux,
le pays tout entier est abreuvé de sang,
la poussière du sol est imprégnée de graisse,
[8] car il y a un jour où l'Eternel rétribuera,
et une année où il fera rendre des comptes pour défendre la cause de Sion.
[9] Les rivières d'Edom seront changées en poix
et sa poussière en soufre,
et tout son territoire deviendra de la poix brûlante.
[10] Ni la nuit ni le jour, elle ne s'éteindra,
sa fumée montera à perpétuité
et, pour toujours, Edom restera ravagé :
personne n'y passera plus.

[11] Le hibou et le hérisson en prendront possession,
la chouette et le corbeau en feront leur demeure,
et l'Eternel y étendra le cordeau du chaos,
le fil à plomb du vide.

[12] Ses nobles ne pourront plus proclamer de roi[t],
et tous ses grands seront réduits à rien.

[s] **34.5** *est ivre:* selon le texte hébreu traditionnel. Le texte hébreu de Qumrân et la version syriaque ont : *apparaît.*
[t] **34.12** Autre traduction : *ses nobles n'auront plus rien qui puisse s'appeler royaume.*

13 Thorns will overrun her citadels,
nettles and brambles her strongholds.
She will become a haunt for jackals,
a home for owls.
14 Desert creatures will meet with hyenas,
and wild goats will bleat to each other;
there the night creatures will also lie down
and find for themselves places of rest.
15 The owl will nest there and lay eggs,
she will hatch them, and care for her young
under the shadow of her wings;
there also the falcons will gather,
each with its mate.

16 Look in the scroll of the LORD and read:
None of these will be missing,
not one will lack her mate.
For it is his mouth that has given the order,
and his Spirit will gather them together.
17 He allots their portions;
his hand distributes them by measure.
They will possess it forever
and dwell there from generation to
generation.

Joy of the Redeemed

35 1 The desert and the parched land will be
glad;
the wilderness will rejoice and blossom.
Like the crocus, 2 it will burst into bloom;
it will rejoice greatly and shout for joy.
The glory of Lebanon will be given to it,
the splendor of Carmel and Sharon;
they will see the glory of the LORD,
the splendor of our God.

3 Strengthen the feeble hands,
steady the knees that give way;
4 say to those with fearful hearts,
"Be strong, do not fear;
your God will come,
he will come with vengeance;
with divine retribution
he will come to save you."
5 Then will the eyes of the blind be opened
and the ears of the deaf unstopped.
6 Then will the lame leap like a deer,
and the mute tongue shout for joy.
Water will gush forth in the wilderness
and streams in the desert.
7 The burning sand will become a pool,
the thirsty ground bubbling springs.
In the haunts where jackals once lay,
grass and reeds and papyrus will grow.
8 And a highway will be there;
it will be called the Way of Holiness;

13 Les épineux croîtront dans ses palais,
les orties et les ronces dans ses fortins.
Ce sera un repaire pour les chacals,
un domaine pour les autruches :
14 les bêtes du désert y trouveront les hyènes,
les boucs sauvages s'y héleront l'un l'autre.
La chouette nocturne viendra s'y reposer
car elle y trouvera un endroit bien tranquille.
15 Le serpent y fera son nid et y pondra ses œufs,
il les y couvera et les fera éclore sous son ombre.
Là, les vautours se rassembleront tous,
chacun avec son compagnon.

Le nouvel exode

16 Consultez et lisez le livre de l'Eternel :
aucun des membres de son peuple, ne manquera,
aucun d'eux n'aura à chercher[u] en vain son
compagnon,
car l'Eternel, de sa bouche, en a donné l'ordre,
c'est son Esprit qui les a rassemblées.
17 Il a lui-même tiré au sort pour assigner à chacun
d'eux son lot,
il leur a partagé le pays au cordeau :
ils l'auront en partage à tout jamais,
ils y habiteront toujours.

35 1 Que le pays désert et que la terre aride
réjouissent !
Que la steppe jubile et se mette à fleurir comme le
lis !
2 Que les fleurs y abondent et que sa joie éclate :
qu'elle pousse des cris de joie !
La gloire du Liban,
la splendeur du Carmel et celle du Saron lui sont
données.
Là, on verra la gloire de l'Eternel
et la splendeur de notre Dieu.
3 Fortifiez les mains défaillantes,
affermissez les genoux chancelants.
4 A ceux qui sont troublés
dites-leur : Soyez forts, n'ayez aucune crainte,
votre Dieu va venir
pour la rétribution,
Dieu va régler ses comptes.
Il va venir lui-même pour vous sauver.
5 Ce jour-là s'ouvriront les oreilles des sourds
et les yeux des aveugles[v].
6 Et alors le boiteux bondira comme un cerf,
et le muet criera de joie,
car des eaux jailliront dans le désert
et, dans la steppe, des torrents couleront.
7 La terre desséchée se changera en lac,
et la terre altérée en sources jaillissantes.
Des roseaux et des joncs croîtront
dans le repaire où gîtaient les chacals.
8 A travers le pays passera un chemin frayé, une
route que l'on appellera la route sainte.
Aucun impur n'y passera

[u] **34.16** D'autres comprennent : *aucune de ces bêtes ... aucune n'aura à chercher.*
[v] **35.5** Cité en Mt 11.5 ; Lc 7.22.

it will be for those who walk on that Way.
The unclean will not journey on it;
wicked fools will not go about on it.
9 No lion will be there,
nor any ravenous beast;
they will not be found there.
But only the redeemed will walk there,
10 and those the LORD has rescued will return.
They will enter Zion with singing;
everlasting joy will crown their heads.
Gladness and joy will overtake them,
and sorrow and sighing will flee away.

nnacherib Threatens Jerusalem

6 1 In the fourteenth year of King Hezekiah's
reign, Sennacherib king of Assyria attacked
the fortified cities of Judah and captured them.
hen the king of Assyria sent his field commander
th a large army from Lachish to King Hezekiah at
usalem. When the commander stopped at the aque-
ct of the Upper Pool, on the road to the Launderer's
ld, 3 Eliakim son of Hilkiah the palace administra-
, Shebna the secretary, and Joah son of Asaph the
corder went out to him.
4 The field commander said to them, "Tell Hezekiah:
" 'This is what the great king, the king of Assyria,
says: On what are you basing this confidence of
yours? 5 You say you have counsel and might for
war – but you speak only empty words. On whom are
you depending, that you rebel against me? 6 Look, I
know you are depending on Egypt, that splintered
reed of a staff, which pierces the hand of anyone
who leans on it! Such is Pharaoh king of Egypt to all
who depend on him. 7 But if you say to me, "We are
depending on the LORD our God" – isn't he the one
whose high places and altars Hezekiah removed,
saying to Judah and Jerusalem, "You must worship
before this altar"?
8 " 'Come now, make a bargain with my master, the
king of Assyria: I will give you two thousand horses – if you can put riders on them! 9 How then can
you repulse one officer of the least of my master's
officials, even though you are depending on Egypt
for chariots and horsemen[t]? 10 Furthermore, have
I come to attack and destroy this land without the

6:9 Or *charioteers*

Car c'est lui, l'Eternel, qui marchera sur cette
route[w].
Les insensés ne viendront pas s'y égarer.
9 Là il n'y aura pas de lion,
et les bêtes féroces n'y auront pas accès :
on n'en trouvera pas.
C'est le peuple sauvé qui marchera sur cette voie.
10 Oui, ceux que l'Eternel aura libérés reviendront,
ils iront à Sion avec des cris de joie.
Un bonheur éternel couronnera leur tête,
ils auront en partage la joie et l'allégresse,
tristesse et plaintes s'enfuiront.

INTERMÈDE HISTORIQUE

L'invasion de Sennachérib

Provocation

(2 R 18.13, 17-37 ; 2 Ch 32.9-19)

36 1 La quatorzième année du règne d'Ezéchias[x],
Sennachérib, roi d'Assyrie, vint attaquer toutes
les villes fortifiées de Juda et s'en empara. 2 Le roi d'Assyrie
envoya de Lakish[y] à Jérusalem vers le roi Ezéchias, son
aide de camp, accompagné d'une puissante armée. Il prit
position près de l'aqueduc du réservoir supérieur, sur la
route du champ du Teinturier[z].
3 Alors Eliaqim, fils de Hilqiya, qui avait la charge du
palais royal, Shebna le secrétaire du roi et Yoah, fils
d'Asaph l'archiviste, sortirent de la ville à sa rencontre.
4 L'aide de camp du roi d'Assyrie leur dit : Veuillez transmettre ce message à Ezéchias : « Voici ce que déclare le
grand roi, le roi d'Assyrie : En quoi mets-tu ta confiance ?
5 T'imaginerais-tu[a] que de simples paroles peuvent tenir
lieu de stratégie et de puissance militaire ? Sur qui comptes-tu donc pour t'être révolté contre moi ? 6 Tu t'appuies
sur l'Egypte, ce roseau cassé qui blesse et qui transperce
la main de celui qui s'appuie dessus. Oui, c'est bien là ce
qu'est le pharaon, le roi d'Egypte, pour tous ceux qui se
confient en lui ! 7 Peut-être me diras-tu : "C'est en l'Eternel,
notre Dieu, que nous nous confions." Mais n'est-ce pas
précisément ce Dieu dont Ezéchias a fait disparaître les
hauts lieux et les autels, en disant aux habitants de Juda
et de Jérusalem de rendre leur culte uniquement devant
cet autel-ci ? 8 Je te lance aujourd'hui un défi au nom de
mon souverain, le roi d'Assyrie : Je te donnerai deux mille
chevaux, si toi tu es capable de fournir autant d'hommes
pour les monter. 9 Comment t'y prendrais-tu pour repousser un seul de nos capitaines, même si c'était le moindre
des serviteurs de mon maître ? Comptes-tu sur l'Egypte
pour te fournir des chars avec leur équipage ? 10 D'ailleurs
crois-tu que c'est sans l'assentiment de l'Eternel que je suis

[w] **35.8** Autre traduction : *car elle sera réservée à ceux qui la suivront.*

[x] **36.1** C'est-à-dire en 701 av. J.-C. *Sennachérib,* fils de Sargon II, régna de 704 à 681 av. J.-C.

[y] **36.2** Entre Jérusalem et Gaza, à environ 35 kilomètres au sud-ouest de Jérusalem.

[z] **36.2** L'*aqueduc* est sans doute le canal souterrain qu'Ezéchias a fait creuser (2 R 20.20) pour amener l'eau de la source du Guihôn (1 R 1.33) au réservoir de Siloé, au sud-est de la ville. Le *champ du Teinturier* devait se trouver près d'Eyn-Roguel, au sud de Jérusalem (voir 2 S 17.17 ; 1 R 1.9 ; Es 7.3).

[a] **36.5** D'après plusieurs manuscrits hébreux, le texte hébreu de Qumrân et 2 R 18.20. La plupart des manuscrits du texte hébreu traditionnel ont : *je dis.*

LORD? The LORD himself told me to march against
this country and destroy it.' "
11 Then Eliakim, Shebna and Joah said to the field
commander, "Please speak to your servants in
Aramaic, since we understand it. Don't speak to us
in Hebrew in the hearing of the people on the wall."

12 But the commander replied, "Was it only to your
master and you that my master sent me to say these
things, and not to the people sitting on the wall – who,
like you, will have to eat their own excrement and
drink their own urine?"
13 Then the commander stood and called out in
Hebrew, "Hear the words of the great king, the king
of Assyria! 14 This is what the king says: Do not let
Hezekiah deceive you. He cannot deliver you! 15 Do not
let Hezekiah persuade you to trust in the LORD when
he says, 'The LORD will surely deliver us; this city will
not be given into the hand of the king of Assyria.'
16 "Do not listen to Hezekiah. This is what the king of
Assyria says: Make peace with me and come out to me.
Then each of you will eat fruit from your own vine and
fig tree and drink water from your own cistern, 17 until
I come and take you to a land like your own – a land
of grain and new wine, a land of bread and vineyards.
18 "Do not let Hezekiah mislead you when he says,
'The LORD will deliver us.' Have the gods of any nations ever delivered their lands from the hand of the
king of Assyria? 19 Where are the gods of Hamath and
Arpad? Where are the gods of Sepharvaim? Have they
rescued Samaria from my hand? 20 Who of all the gods
of these countries have been able to save their lands
from me? How then can the LORD deliver Jerusalem
from my hand?"
21 But the people remained silent and said nothing
in reply, because the king had commanded, "Do not
answer him."
22 Then Eliakim son of Hilkiah the palace administrator, Shebna the secretary and Joah son of Asaph the
recorder went to Hezekiah, with their clothes torn,
and told him what the field commander had said.

Jerusalem's Deliverance Foretold

37 1 When King Hezekiah heard this, he tore his
clothes and put on sackcloth and went into
the temple of the LORD. 2 He sent Eliakim the palace
administrator, Shebna the secretary, and the leading
priests, all wearing sackcloth, to the prophet Isaiah
son of Amoz. 3 They told him, "This is what Hezekiah
says: This day is a day of distress and rebuke and disgrace, as when children come to the moment of birth
and there is no strength to deliver them. 4 It may be
that the LORD your God will hear the words of the field
commander, whom his master, the king of Assyria,

venu attaquer ce pays pour le détruire ? C'est l'Eternel q
m'a dit : "Va dans ce pays et détruis-le !" »
11 Alors Eliaqim, Shebna et Yoah dirent à l'aide de car
assyrien : Voudrais-tu, s'il te plaît, parler à tes servite
en langue araméenne[b], car nous la comprenons. Ne no
parle pas en hébreu, alors que les gens sont là, sur l
remparts, à écouter !
12 Mais l'aide de camp répliqua : Crois-tu que c'est à t
souverain et à toi seulement que mon souverain m'a char
d'adresser ce message ? Crois-tu que ce n'est pas auss
ces gens assis sur les remparts, qui seront bientôt rédu
avec vous à manger leurs excréments et à boire leur urin
13 Puis l'aide de camp se campa là et se mit à crier d'u
voix forte, en hébreu : Ecoutez ce que dit le grand roi,
roi d'Assyrie : 14 « Ainsi parle le roi : Ne vous laissez p
tromper par Ezéchias. Car il ne peut pas vous délivrer. 15
vous laissez pas persuader par Ezéchias de vous confier
l'Eternel, s'il vous dit : "Sûrement, l'Eternel nous délivre
cette ville ne tombera pas aux mains du roi d'Assyri
16 N'écoutez pas Ezéchias ; car voici ce que vous propo
le roi d'Assyrie : Faites la paix avec moi, rendez-vou
moi ! Alors chacun de vous mangera les fruits de sa vig
et de son figuier[c], et chacun boira de l'eau de son pui
17 en attendant que je vienne vous emmener dans un pa
pareil au vôtre, un pays où il y a du blé et du vin, du pa
et des vignes. 18 Ne laissez pas Ezéchias vous tromper
disant : "L'Eternel nous délivrera." Les dieux des autr
peuples ont-ils délivré leur pays du roi d'Assyrie ? 19 (
sont les dieux de Hamath et d'Arpad ? Où sont les die
de Sepharvaïm[d] ? Ont-ils délivré Samarie ?
20 De tous les dieux de ces pays, quels sont ceux qui o
délivré leur pays, pour que l'Eternel délivre Jérusalem ?

21 Ils gardèrent le silence, et ne lui répondirent p
un mot, car le roi avait donné cet ordre : « Vous ne l
répondrez pas. » 22 Alors Eliaqim, fils de Hilqiya, qui avait
charge du palais, Shebna le secrétaire, et Yoah, fils d'Asa
l'archiviste, retournèrent auprès d'Ezéchias, les vêtemer
déchirés, et lui rapportèrent les paroles de l'aide de cam

Confiance
(2 R 19.1-7)

37 1 Lorsque le roi Ezéchias eut entendu leur ra
port, il déchira ses vêtements, se couvrit d'u
vêtement d'étoffe grossière et se rendit au temple
l'Eternel. 2 En même temps, il envoya Eliaqim, qui avait
charge du palais, Shebna le secrétaire et les plus ancie
des prêtres, tous vêtus de vêtements d'étoffe grossièr
chez le prophète Esaïe, fils d'Amots, 3 avec ce messag
« Voici ce que te fait dire Ezéchias : Ce jour est un jour
détresse, de châtiment et de honte. Nous sommes comr
des femmes sur le point d'accoucher qui n'auraient pas
force de mettre leur enfant au monde. 4 Peut-être l'Etern
ton Dieu, prêtera-t-il attention à ces paroles que l'ai
de camp du roi d'Assyrie a prononcées de la part de sc
maître, pour insulter le Dieu vivant. Peut-être l'Etern

[b] **36.11** Langue diplomatique de l'époque que parlaient les hauts fonctionnaires. Elle deviendra la langue commune des Juifs à partir d v[e] siècle av. J.-C.
[c] **36.16** Expression commune caractérisant la vie paisible et prospère (1 R 5.5 ; Os 2.14 ; Mi 4.4 ; Za 3.10).
[d] **36.19** Villes de Syrie.

s sent to ridicule the living God, and that he will
ɔuke him for the words the LORD your God has heard.
erefore pray for the remnant that still survives."
5 When King Hezekiah's officials came to Isaiah,
ɜaiah said to them, "Tell your master, 'This is what
e LORD says: Do not be afraid of what you have
ard – those words with which the underlings of the
ng of Assyria have blasphemed me. 7 Listen! When
hears a certain report, I will make him want to
turn to his own country, and there I will have him
t down with the sword.' "

8 When the field commander heard that the king of
syria had left Lachish, he withdrew and found the
ng fighting against Libnah.
9 Now Sennacherib received a report that Tirhakah,
e king of Cush,[u] was marching out to fight against
m. When he heard it, he sent messengers to
zekiah with this word: 10 "Say to Hezekiah king
Judah: Do not let the god you depend on deceive
u when he says, 'Jerusalem will not be given into
e hands of the king of Assyria.' 11 Surely you have
ard what the kings of Assyria have done to all the
untries, destroying them completely. And will you
delivered? 12 Did the gods of the nations that were
stroyed by my predecessors deliver them – the gods
Gozan, Harran, Rezeph and the people of Eden who
re in Tel Assar? 13 Where is the king of Hamath
the king of Arpad? Where are the kings of Lair,
pharvaim, Hena and Ivvah?"

zekiah's Prayer

14 Hezekiah received the letter from the messengers
d read it. Then he went up to the temple of the
RD and spread it out before the LORD. 15 And Hezekiah
ayed to the LORD: 16 "LORD Almighty, the God of Israel,
throned between the cherubim, you alone are God
er all the kingdoms of the earth. You have made
aven and earth. 17 Give ear, LORD, and hear; open your
es, LORD, and see; listen to all the words Sennacherib
s sent to ridicule the living God.
18 "It is true, LORD, that the Assyrian kings have laid
ste all these peoples and their lands. 19 They have
rown their gods into the fire and destroyed them,
they were not gods but only wood and stone, fash-
ed by human hands. 20 Now, LORD our God, deliver us
om his hand, so that all the kingdoms of the earth
y know that you, LORD, are the only God.[v]"

7:9 That is, the upper Nile region
7:20 Dead Sea Scrolls (see also 2 Kings 19:19); Masoretic Text *you*
ne are the LORD

ton Dieu, le punira-t-il à cause des paroles qu'il a entendues. Intercède donc en faveur du reste de ce peuple qui
subsiste encore. »
5 Les ministres du roi Ezéchias se rendirent donc auprès
d'Esaïe, 6 qui leur dit : Voici ce que vous direz à votre souverain : « Ainsi parle l'Eternel : Ne te laisse pas effrayer
par les paroles que tu as entendues et par lesquelles les
officiers du roi d'Assyrie m'ont outragé. 7 Ce roi va recevoir
une certaine nouvelle ; là-dessus, je lui ferai prendre la
décision de retourner dans son pays, où je le ferai mourir
assassiné. »

Menaces

(2 R 19.8-13)

8 L'aide de camp apprit que le roi d'Assyrie était parti
de Lakish et qu'il était en train d'attaquer Libna[e]. Il s'en
retourna donc pour le rejoindre. 9 Peu après, le roi d'Assyrie reçut la nouvelle que Tirhaqa, le roi d'Ethiopie[f], s'était
mis en campagne pour l'attaquer. A cette nouvelle, il
envoya des messagers à Ezéchias avec ces instructions :
10 Vous direz à Ezéchias, roi de Juda : « Ne te laisse pas
tromper par ton Dieu en qui tu te confies s'il te dit que
Jérusalem ne tombera pas aux mains du roi d'Assyrie. 11 Tu
as toi-même appris comment les rois d'Assyrie ont traité
tous les pays, comment ils les ont voués à la destruction
complète. Crois-tu que toi seul tu y échapperais ? 12 Mes
ancêtres ont détruit les villes de Gozân, Harân, et Retseph[g],
ils ont exterminé les descendants d'Eden qui vivaient à
Telassar[h]. Les dieux de ces pays ont-ils délivré ces gens ?
13 Que sont devenus les rois de Hamath, d'Arpad, de la ville
de Sepharvaïm[i], de Héna et de Ivva ? »

Prière

(2 R 19.14-19)

14 Ezéchias prit la lettre de la main des messagers ; il la
lut et se rendit au temple de l'Eternel. Il la déroula devant
l'Eternel 15 et il pria : 16 Eternel, Seigneur des armées célestes, Dieu d'Israël qui sièges au-dessus des chérubins,
c'est toi qui es le seul Dieu pour tous les royaumes de la
terre, c'est toi qui as fait le ciel et la terre. 17 Eternel, prête
l'oreille et écoute ! Eternel, ouvre les yeux et regarde !
Entends toutes les paroles que Sennachérib a envoyé dire
pour insulter le Dieu vivant. 18 Il est vrai, ô Eternel, que les
rois d'Assyrie ont massacré tous ces peuples et ravagé leurs
pays, 19 et qu'ils ont jeté au feu leurs dieux, parce que ce
n'étaient pas des dieux. Ils ont pu les détruire parce que ce
n'étaient que des objets en bois ou en pierre fabriqués par
des hommes. 20 Mais toi, Eternel, notre Dieu, délivre-nous
maintenant de Sennachérib, pour que tous les royaumes
de la terre sachent que toi seul, tu es l'Eternel[j].

e **37.8** Située près de Lakish, vers la frontière de la Philistie.
f **37.9** *Tirhaqa:* frère du nouveau pharaon Shebitkou. Il fut envoyé par son frère pour aider Ezéchias contre les Assyriens. Il devint roi en 690. A cette époque, l'Egypte était gouvernée par une dynastie originaire d'Ethiopie.
g **37.12** *Gozân:* ville située dans le nord de la Mésopotamie ; des Israélites y avaient été déportés par les Assyriens (2 R 17.6). *Harân:* à l'ouest de Gozân. *Retseph* était situé entre Harân et l'Euphrate.
h **37.12** L'Etat d'*Eden* (*Bit Adini*) se trouvait sur les rives de l'Euphrate, au sud de Harân. Il fut incorporé à l'Empire assyrien par Salmanasar III en 855 (voir Ez 27.23 ; Am 1.5).
i **37.13** Voir note 36.19. Toute cette région avait été soumise à l'Assyrie dès 717 av. J.-C.
j **37.20** Le texte hébreu de Qumrân et 2 R 19.19 ont : *toi seul, Eternel, tu es Dieu.*

Sennacherib's Fall

21 Then Isaiah son of Amoz sent a message to
Hezekiah: "This is what the LORD, the God of Israel,
says: Because you have prayed to me concerning
Sennacherib king of Assyria, 22 this is the word the
LORD has spoken against him:

"Virgin Daughter Zion
despises and mocks you.
Daughter Jerusalem
tosses her head as you flee.
23 Who is it you have ridiculed and blasphemed?
Against whom have you raised your voice
and lifted your eyes in pride?
Against the Holy One of Israel!
24 By your messengers
you have ridiculed the Lord.
And you have said,
'With my many chariots
I have ascended the heights of the mountains,
the utmost heights of Lebanon.
I have cut down its tallest cedars,
the choicest of its junipers.
I have reached its remotest heights,
the finest of its forests.
25 I have dug wells in foreign lands[w]
and drunk the water there.
With the soles of my feet
I have dried up all the streams of Egypt.'
26 "Have you not heard?
Long ago I ordained it.
In days of old I planned it;
now I have brought it to pass,
that you have turned fortified cities
into piles of stone.
27 Their people, drained of power,
are dismayed and put to shame.
They are like plants in the field,
like tender green shoots,
like grass sprouting on the roof,
scorched[x] before it grows up.
28 "But I know where you are
and when you come and go
and how you rage against me.
29 Because you rage against me
and because your insolence has reached my
ears,
I will put my hook in your nose
and my bit in your mouth,
and I will make you return
by the way you came.

30 "This will be the sign for you, Hezekiah:

[w] 37:25 Dead Sea Scrolls (see also 2 Kings 19:24); Masoretic Text does not have *in foreign lands.*
[x] 37:27 Some manuscripts of the Masoretic Text, Dead Sea Scrolls and some Septuagint manuscripts (see also 2 Kings 19:26); most manuscripts of the Masoretic Text *roof / and terraced fields*

La délivrance miraculeuse

(2 R 19.20-34)

21 Alors Esaïe, fils d'Amots, envoya le message suivan
Ezéchias : Voici ce que déclare l'Eternel, le Dieu d'Isra
que tu as prié au sujet de Sennachérib, roi d'Assyrie. 22 Vo
la parole que l'Eternel prononce contre lui :

Dame Sion
n'a que mépris pour toi et se moque de toi.
Dame Jérusalem
hoche la tête à ton sujet.
23 Qui as-tu insulté ?
Qui as-tu outragé de ta voix arrogante,
de ton regard hautain ?
Moi, le Saint d'Israël !
24 Car par tes serviteurs
tu as insulté le Seigneur
et tu as dit :
« Grâce à mes nombreux chars,
moi, j'ai gravi les sommets des montagnes,
j'ai pénétré jusqu'au cœur du Liban
pour y couper les cèdres les plus hauts
et les plus beaux cyprès,
et parvenir jusqu'au dernier sommet,
dans sa forêt la plus touffue.
25 J'ai fait creuser des puits et j'ai bu de leur eau[k],
j'ai asséché sur mon passage
tout le delta du Nil. »
26 Mais ne sais-tu donc pas que moi j'ai décidé depui
longtemps tous ces événements
et que, depuis les temps anciens, j'en ai formé le
plan ?
Et à présent je les fais survenir,
en sorte que tu réduises en tas de ruines des ville
fortifiées.
27 Leurs habitants sont impuissants,
terrifiés, ils ont honte,
ils sont comme l'herbe des champs, comme la
verdure des prés
et l'herbe sur les toits,
flétrie[l] avant d'avoir poussé.
28 Mais moi je sais quand tu t'assieds[m],
quand tu sors, quand tu rentres,
quand tu t'emportes contre moi.
29 Oui, tu t'emportes contre moi !
Tes discours arrogants sont parvenus à mes
oreilles ;
c'est pourquoi je te passerai mon anneau dans le
nez[n]
et je te riverai mon mors entre les lèvres,
puis je te ferai retourner par où tu es venu.

30 Quant à toi, Ezéchias, ceci te servira de signe :

[k] 37.25 Le texte hébreu de Qumrân et 2 R 19.24 ont : *l'eau de pays étrang*
[l] 37.27 *flétrie:* d'après le texte hébreu de Qumrân, certains manuscrits du texte hébreu traditionnel, l'ancienne version grecque et 2 R 19.26. La plupart des manuscrits du texte hébreu traditionnel ont : *et des campagnes.*
[m] 37.28 Le principal texte hébreu de Qumrân a : *quand tu te lèves, et que tu t'assieds.*
[n] 37.29 De la façon dont les Assyriens traitaient leurs prisonniers de guerre.

"This year you will eat what grows by itself,
and the second year what springs from that.
But in the third year sow and reap,
plant vineyards and eat their fruit.

31 Once more a remnant of the kingdom of Judah
will take root below and bear fruit above.

32 For out of Jerusalem will come a remnant,
and out of Mount Zion a band of survivors.
The zeal of the LORD Almighty
will accomplish this.

33 "Therefore this is what the LORD says concerning
e king of Assyria:
"He will not enter this city
or shoot an arrow here.
He will not come before it with shield
or build a siege ramp against it.
34 By the way that he came he will return;
he will not enter this city,"
declares the LORD.
35 "I will defend this city and save it,
for my sake and for the sake of David my
servant!"

36 Then the angel of the LORD went out and put to
ath a hundred and eighty-five thousand in the
syrian camp. When the people got up the next
orning – there were all the dead bodies! 37 So
nnacherib king of Assyria broke camp and withew. He returned to Nineveh and stayed there.
38 One day, while he was worshiping in the temple
his god Nisrok, his sons Adrammelek and Sharezer
led him with the sword, and they escaped to the
ıd of Ararat. And Esarhaddon his son succeeded
n as king.

zekiah's Illness

8 [1] In those days Hezekiah became ill and was
at the point of death. The prophet Isaiah son
Amoz went to him and said, "This is what the LORD
ys: Put your house in order, because you are going
die; you will not recover."
2 Hezekiah turned his face to the wall and prayed to
e LORD, 3 "Remember, LORD, how I have walked before
u faithfully and with wholehearted devotion and
ve done what is good in your eyes." And Hezekiah
pt bitterly.

4 Then the word of the LORD came to Isaiah: 5 "Go and
l Hezekiah, 'This is what the LORD, the God of your
her David, says: I have heard your prayer and seen
ur tears; I will add fifteen years to your life. 6 And
ill deliver you and this city from the hand of the
ng of Assyria. I will defend this city.
7 "'This is the LORD's sign to you that the LORD will do
at he has promised: 8 I will make the shadow cast

Cette année-ci, on mangera ce qu'a produit le grain
tombé,
l'année prochaine, ce qui aura poussé tout seul,
mais la troisième année,
vous sèmerez, vous ferez des récoltes,
vous planterez des vignes, et vous en mangerez les
fruits.
31 Alors les survivants, ceux qui seront restés du
peuple de Juda,
seront de nouveau comme un arbre qui plonge dans
le sol de nouvelles racines
et qui porte des fruits.
32 Oui, à Jérusalem, un reste surgira,
sur le mont de Sion, se lèveront des rescapés.
Voilà ce que fera le Seigneur des armées célestes
dans son ardent amour pour vous.
33 C'est pourquoi, voici ce que l'Eternel déclare au sujet
du roi d'Assyrie :
Il n'entrera pas dans la ville,
aucun de ses archers n'y lancera de flèches,
il ne s'en approchera pas à l'abri de ses boucliers,
et il ne dressera aucun terrassement contre elle.
34 Il s'en retournera par où il est venu
sans entrer dans la ville,
l'Eternel le déclare.
35 Je protégerai cette ville, je la délivrerai
par égard pour moi-même et pour mon serviteur
David.

(2 R 19.35-37 ; 2 Ch 32.21)

36 L'ange de l'Eternel intervint dans le camp assyrien et
y fit périr cent quatre-vingt-cinq mille hommes. Le matin,
au réveil, le camp était rempli de tous ces cadavres. 37 Alors
Sennachérib, roi d'Assyrie, leva le camp et repartit pour
Ninive, où il resta.

38 Un jour, pendant qu'il se prosternait dans le temple
de son dieu Nisrok, ses fils Adrammélek et Sarétser l'assassinèrent de leur épée, puis s'enfuirent dans le pays
d'Ararat. Un autre de ses fils, Esar-Haddôn, lui succéda
sur le trône.

Maladie et guérison d'Ezéchias

(2 R 20.1-11 ; 2 Ch 32.24-26)

38 [1] A cette époque, Ezéchias tomba malade. Il était
près de mourir, et le prophète Esaïe, fils d'Amots,
se rendit à son chevet. Il lui dit : Voici ce que l'Eternel
déclare : Prends tes dispositions, car tu vas mourir, tu ne
te rétabliras pas.
2 Alors Ezéchias tourna son visage du côté du mur et pria
l'Eternel 3 en ces termes : De grâce, Eternel ! Tiens compte
de ce que je me suis conduit devant toi avec fidélité, d'un
cœur sans partage, et que j'ai fait ce que tu considères
comme bien.
Et Ezéchias versa d'abondantes larmes.
4 Alors l'Eternel s'adressa à Esaïe en disant : 5 Va dire à
Ezéchias : « Voici ce que déclare l'Eternel, le Dieu de David,
ton ancêtre : J'ai entendu ta prière, et j'ai vu tes larmes.
Eh bien, je vais prolonger ta vie de quinze années. 6 Je te
délivrerai, toi et cette ville, du roi d'Assyrie, et je protégerai cette ville. 7 Voici le signe que l'Eternel t'accorde pour

by the sun go back the ten steps it has gone down on the stairway of Ahaz.' " So the sunlight went back the ten steps it had gone down.

[9] A writing of Hezekiah king of Judah after his illness and recovery:

[10] I said, "In the prime of my life
must I go through the gates of death
and be robbed of the rest of my years?"

[11] I said, "I will not again see the LORD himself
in the land of the living;
no longer will I look on my fellow man,
or be with those who now dwell in this world.
[12] Like a shepherd's tent my house
has been pulled down and taken from me.
Like a weaver I have rolled up my life,
and he has cut me off from the loom;
day and night you made an end of me.

[13] I waited patiently till dawn,
but like a lion he broke all my bones;
day and night you made an end of me.
[14] I cried like a swift or thrush,
I moaned like a mourning dove.
My eyes grew weak as I looked to the heavens.
I am being threatened; Lord, come to my aid!"

[15] But what can I say?
He has spoken to me, and he himself has done this.
I will walk humbly all my years
because of this anguish of my soul.
[16] Lord, by such things people live;
and my spirit finds life in them too.
You restored me to health
and let me live.
[17] Surely it was for my benefit
that I suffered such anguish.
In your love you kept me
from the pit of destruction;
you have put all my sins
behind your back.
[18] For the grave cannot praise you,
death cannot sing your praise;
those who go down to the pit
cannot hope for your faithfulness.

te confirmer qu'il accomplira cette promesse qu'il vie
de te donner : [8] il va faire reculer de dix degrés l'ombre c
est déjà descendue sur le cadran solaire d'Ahaz. »
Effectivement, le soleil recula de dix degrés sur le ca
ran solaire.

Cantique de reconnaissance

[9] Voici le poème écrit par Ezéchias, roi de Juda, à l'occ
sion de sa maladie dont il avait été guéri.

[10] Je me disais :
Mes jours sont désormais comptés,
il faut que je m'en aille,
pour passer par les portes du séjour des morts,
privé du reste de mes ans.
[11] Je me disais : Je ne verrai plus l'Eternel,
l'Eternel sur la terre des vivants,
je ne verrai plus aucun homme
parmi les habitants du monde.
[12] Ma vie m'est arrachée,
emportée loin de moi
comme une tente de berger.
La toile de ma vie a été enroulée, comme celle d'u
tisserand.
La chaîne en est coupée.
Entre le matin et le soir, tu m'auras achevé.
[13] Jusqu'au matin, je me suis contenu[o].
Comme ferait le lion, il brisait tous mes os.
Pendant le jour, avant la nuit, tu m'auras achevé.
[14] Je poussais des cris comme une hirondelle ou une grue,
ainsi que la colombe, je gémissais,
mes yeux se sont lassés à regarder en haut ;
Eternel, je suis dans l'angoisse :
viens, secours-moi[p] !
[15] Que puis-je dire ?
Il m'a parlé[q]
et c'est lui qui agit.
Je marcherai donc humblement tout le temps de ma vie,
à cause de mon affliction.
[16] Seigneur, c'est grâce à ton action[r] qu'on jouit de la vie,
c'est grâce à elle que je respire encore.
Tu me rétabliras, tu me feras revivre.
[17] Ma profonde affliction s'est transformée en paix
car toi, dans ton amour, tu m'as arraché à la tomb
et tu as rejeté toutes mes fautes derrière toi.

[18] Personne ne te loue dans le séjour des morts
et ce n'est pas la mort qui te célébrera.
Ceux qui sont descendus dans la tombe ne comptent plus
sur ta fidélité.

[o] **38.13** Selon le texte hébreu traditionnel dont la traduction est incertaine. Le principal texte hébreu de Qumrân a : *avant le matin, tu m'aura réduit à rien.*
[p] **38.14** Autre traduction : *sois mon garant.*
[q] **38.15** *Il m'a parlé:* selon le texte hébreu traditionnel. Le principal text hébreu de Qumrân et la version syriaque ont : *que dire à l'Eternel ?*
[r] **38.16** En hébreu : *grâce à ces choses,* ce qui pourrait renvoyer à la paro et à l'action de Dieu qu'Ezéchias vient de mentionner (v. 15). L'hébreu ce verset est peu clair.

19 The living, the living – they praise you,
as I am doing today;
parents tell their children
about your faithfulness.
20 The LORD will save me,
and we will sing with stringed instruments
all the days of our lives
in the temple of the LORD.
21 Isaiah had said, "Prepare a poultice of figs and
ply it to the boil, and he will recover."
22 Hezekiah had asked, "What will be the sign that
vill go up to the temple of the LORD?"

ıvoys From Babylon

9 1 At that time Marduk-Baladan son of Baladan
king of Babylon sent Hezekiah letters and a
ft, because he had heard of his illness and recovery.
Iezekiah received the envoys gladly and showed
em what was in his storehouses – the silver, the
ld, the spices, the fine olive oil – his entire armory
d everything found among his treasures. There
s nothing in his palace or in all his kingdom that
zekiah did not show them.

3 Then Isaiah the prophet went to King Hezekiah
d asked, "What did those men say, and where did
ey come from?"
"From a distant land," Hezekiah replied. "They
me to me from Babylon."
4 The prophet asked, "What did they see in your
lace?"
"They saw everything in my palace," Hezekiah said.
here is nothing among my treasures that I did not
ow them."
5 Then Isaiah said to Hezekiah, "Hear the word of
e LORD Almighty: 6 The time will surely come when
erything in your palace, and all that your predessors have stored up until this day, will be carried
f to Babylon. Nothing will be left, says the LORD.
nd some of your descendants, your own flesh and
ood who will be born to you, will be taken away,
d they will become eunuchs in the palace of the
ng of Babylon."
8 "The word of the LORD you have spoken is good,"
zekiah replied. For he thought, "There will be peace
d security in my lifetime."

mfort for God's People

0 1 Comfort, comfort my people,
says your God.
2 Speak tenderly to Jerusalem,
and proclaim to her
that her hard service has been completed,
that her sin has been paid for,
that she has received from the LORD's hand

19 Ce sont les vivants seuls qui peuvent te louer
comme moi aujourd'hui.
Le père enseignera aux fils combien tu es fidèle.

20 L'Eternel était là pour venir me sauver :
nous ferons résonner nos instruments
tous les jours de la vie
dans le temple de l'Eternel.
21 Esaïe avait ordonné : Qu'on apporte une masse de
figues, et qu'on la frotte sur l'ulcère du roi, qui se rétablira[s].
22 Et Ezéchias avait dit : A quel signe saurai-je que je
pourrai encore me rendre au temple de l'Eternel ?

L'ambassade babylonienne

(2 R 20.12-19)

39 1 Vers cette même époque, Merodak-Baladân,
fils de Baladân, roi de Babylone, fit parvenir des
lettres et des présents à Ezéchias, car il avait appris sa maladie et son rétablissement[t]. 2 Enchanté de la venue de ses
envoyés, Ezéchias leur fit visiter le bâtiment où l'on conservait les objets précieux, l'argent et l'or, les aromates et
les huiles parfumées. Il leur montra aussi tout son arsenal
militaire et tout ce que contenaient ses trésors ; il n'y eut
rien dans son palais ni dans tout son domaine qu'Ezéchias
ne leur fasse voir.
3 Alors le prophète Esaïe se rendit auprès du roi Ezéchias
et lui demanda : Qu'ont dit ces gens et d'où sont-ils venus
te rendre visite ?
Ezéchias lui répondit : Ils sont venus de très loin, de
Babylone, pour me voir.
4 Esaïe reprit : Qu'ont-ils vu dans ton palais ?
Ezéchias répondit : Ils ont vu tout ce qui se trouve dans
mon palais. Je ne leur ai rien caché de mes trésors.

5 Alors Esaïe dit à Ezéchias : Ecoute ce que dit le Seigneur
des armées célestes : 6 Un jour viendra où tout ce qui est
dans ton palais et tout ce que tes ancêtres ont amassé
jusqu'à ce jour sera emporté à Babylone ; il n'en restera
rien ici, déclare l'Eternel. 7 Plusieurs de tes propres descendants, issus de toi, seront emmenés et deviendront
serviteurs dans le palais du roi de Babylone.

8 Ezéchias répondit à Esaïe : La parole de l'Eternel que tu
viens de me transmettre est bonne. Car, ajouta-t-il, nous
aurons au moins la paix et la sécurité tant que je vivrai.

LE LIVRE DE LA CONSOLATION

La délivrance promise

40 1 Réconfortez mon peuple, oui, réconfortez-le !
dit votre Dieu.
2 Et parlez au cœur de Jérusalem, annoncez-lui
que son temps de corvée est accompli,
que son péché est expié,
qu'elle a reçu de l'Eternel

s **38.21** Les v. 21-22 se trouvent juste après le v. 6 dans le texte parallèle de 2 R 20.1-11.

t **39.1** *Merodak-Baladân* a gouverné Babylone de 721 à 710 et de 705 à 703 av. J.-C. C'est sans doute vers 713 (selon d'autres vers 703) qu'il faut situer cette ambassade qui avait pour but de se faire de Juda un allié contre l'Assyrie.

double for all her sins.
³ A voice of one calling:
"In the wilderness prepare
the way for the LORD[y];
make straight in the desert
a highway for our God.[z]
⁴ Every valley shall be raised up,
every mountain and hill made low;
the rough ground shall become level,
the rugged places a plain.
⁵ And the glory of the LORD will be revealed,
and all people will see it together.
For the mouth of the LORD has spoken."
⁶ A voice says, "Cry out."
And I said, "What shall I cry?"
"All people are like grass,
and all their faithfulness is like the flowers
of the field.
⁷ The grass withers and the flowers fall,
because the breath of the LORD blows on
them.
Surely the people are grass.
⁸ The grass withers and the flowers fall,
but the word of our God endures forever."
⁹ You who bring good news to Zion,
go up on a high mountain.
You who bring good news to Jerusalem,[a]
lift up your voice with a shout,
lift it up, do not be afraid;
say to the towns of Judah,
"Here is your God!"
¹⁰ See, the Sovereign LORD comes with power,
and he rules with a mighty arm.
See, his reward is with him,
and his recompense accompanies him.
¹¹ He tends his flock like a shepherd:
He gathers the lambs in his arms
and carries them close to his heart;
he gently leads those that have young.

¹² Who has measured the waters in the hollow of
his hand,
or with the breadth of his hand marked off
the heavens?
Who has held the dust of the earth in a basket,
or weighed the mountains on the scales
and the hills in a balance?
¹³ Who can fathom the Spirit[b] of the LORD,
or instruct the LORD as his counselor?
¹⁴ Whom did the LORD consult to enlighten him,
and who taught him the right way?
Who was it that taught him knowledge,
or showed him the path of understanding?

deux fois le prix de ses péchés !
³ On entend une voix crier :
« Dégagez un chemin dans le désert pour l'Eterne
nivelez dans la steppe
une route pour notre Dieu[u] !
⁴ Toute vallée sera élevée,
toute montagne abaissée ainsi que toutes les
collines.
Les lieux accidentés se changeront en plaine,
les rochers escarpés deviendront des vallées.
⁵ Alors la gloire de l'Eternel sera manifestée,
et tous les hommes la verront à la fois.
L'Eternel l'a promis. »
⁶ Une voix interpelle : « Va, proclame un message !
Une autre lui répond : « Que dois-je proclamer ?
Que tout homme est pareil à l'herbe
et toute sa beauté comme la fleur des champs[v] ;
⁷ car l'herbe se dessèche et la fleur se flétrit
quand le souffle de l'Eternel passe dessus.
En vérité : les hommes sont pareils à de l'herbe.
⁸ Oui, l'herbe se dessèche et la fleur se flétrit,
mais la parole de notre Dieu
subsistera toujours. »
⁹ O Sion, messagère d'une bonne nouvelle,
gravis une haute montagne !
Crie avec force,
Jérusalem, messagère d'une bonne nouvelle !
Oui, crie sans crainte,
annonce aux villes de Juda :
« Voici votre Dieu vient ! »
¹⁰ Voici l'Eternel, le Seigneur ;
il vient avec puissance
et son bras lui assure la souveraineté.
Voici : ses récompenses sont avec lui,
et le fruit de son œuvre va devant lui.
¹¹ Comme un berger, il paîtra son troupeau
et il rassemblera les agneaux dans ses bras.
Sur son sein, il les porte
et conduit doucement les brebis qui allaitent.

La grandeur de Dieu

¹² Qui a mesuré l'océan dans le creux de sa main ?
Qui a déterminé les dimensions du ciel avec la
largeur de sa main ?
Qui a tassé dans un boisseau toute la poussière du
sol ?
Qui a bien pu peser les montagnes sur la bascule
et les coteaux sur la balance ?
¹³ Qui donc a mesuré l'Esprit de l'Eternel ?
Qui a été son conseiller[w] ?
¹⁴ De qui Dieu a-t-il pris conseil
pour se faire éclairer ?
Qui lui a enseigné la voie du droit ?
Qui lui a transmis le savoir
et lui a fait connaître le chemin de l'intelligence ?

y **40:3** Or *A voice of one calling in the wilderness: / "Prepare the way for the LORD*
z **40:3** Hebrew; Septuagint *make straight the paths of our God*
a **40:9** Or *Zion, bringer of good news, / go up on a high mountain. / Jerusalem, bringer of good news*
b **40:13** Or *mind*

u **40.3** Cité en Mt 3.3 ; Mc 1.3 ; Jn 1.23 d'après l'ancienne version grecq Les v. 3-5 sont cités en Lc 3.4-6.
v **40.6** Les v. 6-8 sont cités en 1 P 1.24-25 d'après l'ancienne version gre que. Voir aussi Jc 1.10-11.
w **40.13** Cité en Rm 11.34 ; 1 Co 2.16.

15 Surely the nations are like a drop in a bucket;
they are regarded as dust on the scales;
he weighs the islands as though they were fine dust.
16 Lebanon is not sufficient for altar fires,
nor its animals enough for burnt offerings.
17 Before him all the nations are as nothing;
they are regarded by him as worthless
and less than nothing.
18 With whom, then, will you compare God?
To what image will you liken him?
19 As for an idol, a metalworker casts it,
and a goldsmith overlays it with gold
and fashions silver chains for it.
20 A person too poor to present such an offering
selects wood that will not rot;
they look for a skilled worker
to set up an idol that will not topple.
21 Do you not know?
Have you not heard?
Has it not been told you from the beginning?
Have you not understood since the earth was founded?
22 He sits enthroned above the circle of the earth,
and its people are like grasshoppers.
He stretches out the heavens like a canopy,
and spreads them out like a tent to live in.
23 He brings princes to naught
and reduces the rulers of this world to nothing.
24 No sooner are they planted,
no sooner are they sown,
no sooner do they take root in the ground,
than he blows on them and they wither,
and a whirlwind sweeps them away like chaff.
25 "To whom will you compare me?
Or who is my equal?" says the Holy One.
26 Lift up your eyes and look to the heavens:
Who created all these?
He who brings out the starry host one by one
and calls forth each of them by name.
Because of his great power and mighty strength,
not one of them is missing.
27 Why do you complain, Jacob?
Why do you say, Israel,
"My way is hidden from the LORD;
my cause is disregarded by my God"?
28 Do you not know?
Have you not heard?
The LORD is the everlasting God,
the Creator of the ends of the earth.
He will not grow tired or weary,

15 Voici : les nations sont pour lui
comme la goutte d'eau tombant d'un seau,
ou comme un grain de sable sur le plateau de la balance.
Voici : les îles et les régions côtières,
il les soulève comme de la poussière.
16 Les cèdres du Liban ne suffiraient pas à nourrir le feu de son autel,
tous les animaux qui y vivent ne seraient pas assez nombreux pour l'holocauste.
17 Toutes les nations, à ses yeux, sont comme rien.
Elles ont, pour lui, la valeur du néant et du vide.
18 A qui comparerez-vous Dieu ?
Et comment le représenterez-vous ?
19 Une idole moulée, un artisan la fond,
l'orfèvre la recouvre d'un fin placage d'or
puis il l'orne de chaînettes d'argent.
20 Celui qui est trop pauvre pour une telle offrande
choisit un bois qui ne pourrisse pas,
puis il s'en va chercher un artisan habile
pour faire une statue qui ne vacille pas.
21 Ne le savez-vous pas ?
Ne l'avez-vous pas entendu ?
Cela ne vous a-t-il pas été déclaré dès le commencement ?
N'avez-vous pas compris
la fondation du monde ?
22 Or, pour celui qui siège bien au-dessus du cercle de la terre,
ses habitants sont pareils à des sauterelles.
Il a tendu le ciel comme une toile
et il l'a déployé comme une tente pour l'habiter.
23 Il réduit à néant les princes de la terre
et fait évanouir les dirigeants du monde.
24 A peine ont-ils été plantés,
à peine ont-ils été semés,
à peine ont-ils poussé quelque racine en terre,
que l'Eternel souffle sur eux
et les voilà qui sèchent
et qui sont emportés comme un fétu de paille par la tempête.
25 « A qui voudriez-vous me comparer ?
Qui serait mon égal ? »
demande le Dieu saint.
26 Levez bien haut les yeux et regardez :
qui a créé ces astres ?
C'est celui qui fait marcher leur armée en bon ordre,
qui les convoque tous, les nommant par leur nom.
Et grâce à sa grande puissance et à sa formidable force,
pas un ne fait défaut.
27 Pourquoi donc, ô Jacob, parler ainsi ?
Et pourquoi dire, ô Israël :
« Mon sort échappe à l'Eternel,
et mon Dieu ne fait rien pour défendre mon droit » ?
28 Ne le sais-tu donc pas ?
Et n'as-tu pas appris
que l'Eternel est Dieu de toute éternité ?
C'est lui qui a créé les confins de la terre.
Il ne se lasse pas, il ne s'épuise pas,

and his understanding no one can fathom.
29 He gives strength to the weary
and increases the power of the weak.
30 Even youths grow tired and weary,
and young men stumble and fall;
31 but those who hope in the Lord
will renew their strength.
They will soar on wings like eagles;
they will run and not grow weary,
they will walk and not be faint.

The Helper of Israel

41 1 "Be silent before me, you islands!
Let the nations renew their strength!
Let them come forward and speak;
let us meet together at the place of judgment.

2 "Who has stirred up one from the east,
calling him in righteousness to his service[c]?
He hands nations over to him
and subdues kings before him.
He turns them to dust with his sword,
to windblown chaff with his bow.
3 He pursues them and moves on unscathed,
by a path his feet have not traveled before.
4 Who has done this and carried it through,
calling forth the generations from the beginning?
I, the Lord – with the first of them
and with the last – I am he."

5 The islands have seen it and fear;
the ends of the earth tremble.
They approach and come forward;
6 they help each other
and say to their companions, "Be strong!"
7 The metalworker encourages the goldsmith,
and the one who smooths with the hammer
spurs on the one who strikes the anvil.
One says of the welding, "It is good."
The other nails down the idol so it will not topple.

8 "But you, Israel, my servant,
Jacob, whom I have chosen,
you descendants of Abraham my friend,
9 I took you from the ends of the earth,
from its farthest corners I called you.
I said, 'You are my servant';
I have chosen you and have not rejected you.
10 So do not fear, for I am with you;

c 41:2 Or *east, / whom victory meets at every step*

et son intelligence ne peut être sondée.
29 Il donne de la force à qui est las
et il augmente la vigueur de celui qui est épuisé.
30 Les jeunes gens se lassent et ils s'épuisent,
et même de robustes gaillards tombent,
31 mais ceux qui comptent sur l'Eternel renouvellent
leur force :
ils prennent leur envol comme de jeunes aigles ;
sans se lasser, ils courent,
ils marchent en avant, et ne s'épuisent pas.

L'Eternel suscite un Libérateur

Le grand Vainqueur

41 1 Tenez-vous en silence devant moi, vous, les îles
et les régions côtières !
Que les peuples lointains raniment leur courage :
qu'ils approchent, qu'ils parlent !
Oui, allons ensemble en justice.
2 Qui a fait lever de l'orient
celui que la justice[x] entraîne sur ses pas ?
Qui lui a livré les nations
et qui a abaissé des rois ?
Son épée pulvérise les peuples devant lui
et son arc les disperse comme un fétu de paille
emporté par le vent.
3 Il les poursuit et va plus loin, indemne,
par un chemin que son pied n'avait pas foulé
auparavant.
4 Qui accomplit cela ? Qui le fait arriver ?
Qui appelle à la vie
les générations d'hommes dès le commencement ?
Moi, l'Eternel, moi, qui suis le premier
et qui suis avec les derniers, oui, c'est bien moi !
5 Les habitants des îles et des régions côtières ont v
ce que j'ai fait et sont saisis de crainte ;
ceux qui ont pour demeure les confins de la terre
sont mis à trembler.
Ils approchent, ils viennent,
6 ils s'aident mutuellement,
chacun dit à son frère : « Courage ! »
7 L'artisan encourage le fondeur.
Le polisseur soutient celui qui bat l'enclume.
Il dit de la soudure : « Voilà du bon travail ! »
Et il fixe l'idole avec des clous
afin qu'elle ne bouge pas.

L'Eternel délivre Israël

8 Quant à toi, Israël, mon serviteur,
Jacob, que j'ai choisi,
et descendance d'Abraham, qui était mon ami,
9 toi que je suis allé chercher aux confins de la terre
et que j'ai appelé de ses extrémités,
toi à qui j'avais dit :
« Tu es mon serviteur »,
je t'ai choisi
et non pas rejeté.
10 Ne sois pas effrayé,
car je suis avec toi ;
ne sois pas angoissé,

x 41.2 Il s'agit de *Cyrus*, roi des Perses. Il est devenu le roi des Mèdes en 549 av. J.-C. puis s'est emparé de Babylone en 539 (voir 41.25 ; 44.28; etc

do not be dismayed, for I am your God.
I will strengthen you and help you;
I will uphold you with my righteous right hand.

11 “All who rage against you
will surely be ashamed and disgraced;
those who oppose you
will be as nothing and perish.
12 Though you search for your enemies,
you will not find them.
Those who wage war against you
will be as nothing at all.
13 For I am the LORD your God
who takes hold of your right hand
and says to you, Do not fear;
I will help you.
14 Do not be afraid, you worm Jacob,
little Israel, do not fear,
for I myself will help you,” declares the LORD,
your Redeemer, the Holy One of Israel.

15 “See, I will make you into a threshing sledge,
new and sharp, with many teeth.
You will thresh the mountains and crush them,
and reduce the hills to chaff.
16 You will winnow them, the wind will pick them up,
and a gale will blow them away.
But you will rejoice in the LORD
and glory in the Holy One of Israel.
17 “The poor and needy search for water,
but there is none;
their tongues are parched with thirst.
But I the LORD will answer them;
I, the God of Israel, will not forsake them.
18 I will make rivers flow on barren heights,
and springs within the valleys.
I will turn the desert into pools of water,
and the parched ground into springs.

19 I will put in the desert
the cedar and the acacia, the myrtle and the olive.
I will set junipers in the wasteland,
the fir and the cypress together,
20 so that people may see and know,
may consider and understand,
that the hand of the LORD has done this,
that the Holy One of Israel has created it.

21 “Present your case,”
says the LORD.
“Set forth your arguments,”
says Jacob’s King.

22 “Tell us, you idols,
what is going to happen.
Tell us what the former things were,

car moi je suis ton Dieu.
Je t’affermis,
je viens à ton secours,
pour sûr, je te soutiens de mon bras droit qui fait justice.
11 Tous ceux qui sont irrités contre toi,
sombreront dans la honte et dans le déshonneur.
Tes adversaires seront réduits à rien, ils périront.

12 Tu auras beau chercher, tu ne trouveras plus
ceux qui te querellaient.
Ils seront tous anéantis, réduits à rien
ceux qui t’ont fait la guerre.
13 Car c’est moi, l’Eternel, qui suis ton Dieu,
je saisis ta main droite,
je te dis : Sois sans crainte,
je suis là pour t’aider.
14 Sois donc sans crainte, vermisseau de Jacob,
ô petit Israël,
car je viens à ton aide,
l’Eternel le déclare ;
celui qui te délivre c’est le Saint d’Israël.
15 Voici je fais de toi
un traîneau de battage tout neuf,
armé de pointes,
tu battras les montagnes, tu les broieras,
tu rendras les collines semblables à la paille.
16 Oui, tu les vanneras,
et le vent les emportera,
l’ouragan les dispersera.
Mais toi, tu placeras ta joie en l’Eternel,
et ta fierté dans le Saint d’Israël.
17 Les opprimés, les pauvres
cherchent de l’eau sans en trouver,
et la soif dessèche leur langue.
Moi, l’Eternel, je les exaucerai,
moi, le Dieu d’Israël, je ne les délaisserai pas.
18 Je ferai sourdre des rivières du sommet des montagnes
Et je ferai jaillir des sources au milieu des vallées,
je transformerai le désert en étang rempli d’eau
et le pays aride en sources jaillissantes.
19 Je planterai dans le désert le cèdre et l’acacia,
le myrte et l’olivier.
Je ferai croître dans la steppe
le cyprès, le pin et le buis,

20 pour que tous voient et reconnaissent,
et qu’ils observent, qu’ils comprennent,
que c’est la main de l’Eternel qui a fait tout cela,
que le Saint d’Israël en est le créateur.

L’Eternel en face des faux dieux

21 Vous, dieux des autres peuples, présentez votre cause,
dit l’Eternel,
et exposez vos arguments,
dit le roi de Jacob.
22 Qu’ils les exposent donc,
qu’ils nous annoncent
ce qui doit arriver !
Déclarez-nous quels sont les faits passés que vous avez prédits,

so that we may consider them
and know their final outcome.
Or declare to us the things to come,
23 tell us what the future holds,
so we may know that you are gods.
Do something, whether good or bad,
so that we will be dismayed and filled with fear.
24 But you are less than nothing
and your works are utterly worthless;
whoever chooses you is detestable.
25 "I have stirred up one from the north, and he comes –
one from the rising sun who calls on my name.
He treads on rulers as if they were mortar,
as if he were a potter treading the clay.
26 Who told of this from the beginning, so we could know,
or beforehand, so we could say, 'He was right'?
No one told of this,
no one foretold it,
no one heard any words from you.
27 I was the first to tell Zion, 'Look, here they are!'
I gave to Jerusalem a messenger of good news.

28 I look but there is no one –
no one among the gods to give counsel,
no one to give answer when I ask them.

29 See, they are all false!
Their deeds amount to nothing;
their images are but wind and confusion.

The Servant of the LORD

42 1 "Here is my servant, whom I uphold,
my chosen one in whom I delight;
I will put my Spirit on him,
and he will bring justice to the nations.
2 He will not shout or cry out,
or raise his voice in the streets.

3 A bruised reed he will not break,
and a smoldering wick he will not snuff out.
In faithfulness he will bring forth justice;
4 he will not falter or be discouraged
till he establishes justice on earth.
In his teaching the islands will put their hope."

5 This is what God the LORD says –
the Creator of the heavens, who stretches them out,
who spreads out the earth with all that springs from it,
who gives breath to its people,

pour que nous les examinions
et que nous constations leur accomplissement,
ou faites-nous entendre ce qui doit arriver !
23 Annoncez-nous les événements à venir,
et nous saurons que vous êtes des dieux.
Oui, faites quelque chose, que ce soit bien ou mal,
afin qu'en le voyant
la crainte nous remplisse[y].
24 Mais vous, vous êtes moins que rien !
Et toutes vos actions sont moins que du néant !
Celui qui vous choisit commet une abomination.
25 Du nord, je fais surgir un homme,
il va venir, oui, du soleil levant[z],
il est appelé par son nom,
il piétine les gouverneurs comme s'ils étaient de l
boue,
comme un potier foule l'argile.
26 Qui a prédit cela dès le commencement
pour que nous le sachions ?
Qui donc l'a annoncé bien longtemps à l'avance
afin que nous disions : « C'est juste ? »
Non, personne ne l'a prédit,
personne n'a rien annoncé
et personne n'a entendu des paroles venant de vo
27 Mais moi, j'ai été le premier qui ai dit à Sion :
« Les voici ! Les voici ! »
J'ai donné à Jérusalem un messager, porteur de la
bonne nouvelle.
28 Alors que, parmi ces dieux-là,
j'ai eu beau regarder, je n'ai trouvé personne, pas
seul conseiller,
personne pour répondre si je les interroge.
29 Eux tous, ils ne sont rien[a],
leurs œuvres sont néant,
et leurs statues de fonte : du vent, du vide.

Le premier chant du Serviteur

42 1 Voici mon serviteur, que je soutiens,
celui que j'ai choisi, qui fait toute ma joie.
Je lui ai donné mon Esprit
et il établira le droit pour tous les peuples.
2 Mais il ne criera pas,
il n'élèvera pas la voix,
il ne la fera pas entendre dans les rues.
3 Il ne brisera pas le roseau qui se ploie
et il n'éteindra pas la flamme qui faiblit,
mais il établira le droit selon la vérité.
4 Il ne faiblira pas,
et il ne ploiera pas
jusqu'à ce qu'il ait établi le droit sur terre,
jusqu'à ce que les îles et les régions côtières mette
leur espoir en sa loi.
5 Car voici ce que dit l'Eternel Dieu
qui a créé les cieux et les a déployés,
lui qui a disposé la terre avec tout ce qu'elle produ
qui a donné la vie aux hommes qui la peuplent

y **41.23** *afin qu'en le voyant:* autre traduction : *afin que nous soyons terrifié* *la crainte nous remplisse :* divers manuscrits et versions anciennes ont : *nous le voyons.*

z **41.25** D'après les versions anciennes. Le texte hébreu traditionnel a : *viendra du soleil levant.*

a **41.29** D'après le texte hébreu de Qumrân et la version syriaque. Le texte hébreu traditionnel a : *ils sont iniques.*

and life to those who walk on it:
6 "I, the LORD, have called you in righteousness;
I will take hold of your hand.
I will keep you and will make you
to be a covenant for the people
and a light for the Gentiles,

7 to open eyes that are blind,
to free captives from prison
and to release from the dungeon those who sit in darkness.
8 "I am the LORD; that is my name!
I will not yield my glory to another
or my praise to idols.
9 See, the former things have taken place,
and new things I declare;
before they spring into being
I announce them to you."

ng of Praise to the LORD

10 Sing to the LORD a new song,
his praise from the ends of the earth,
you who go down to the sea, and all that is in it,
you islands, and all who live in them.

11 Let the wilderness and its towns raise their voices;
let the settlements where Kedar lives rejoice.
Let the people of Sela sing for joy;
let them shout from the mountaintops.
12 Let them give glory to the LORD
and proclaim his praise in the islands.
13 The LORD will march out like a champion,
like a warrior he will stir up his zeal;
with a shout he will raise the battle cry
and will triumph over his enemies.

14 "For a long time I have kept silent,
I have been quiet and held myself back.
But now, like a woman in childbirth,
I cry out, I gasp and pant.

15 I will lay waste the mountains and hills
and dry up all their vegetation;
I will turn rivers into islands
and dry up the pools.
16 I will lead the blind by ways they have not known,
along unfamiliar paths I will guide them;
I will turn the darkness into light before them
and make the rough places smooth.
These are the things I will do;
I will not forsake them.

et le souffle de vie à ceux qui la parcourent :
6 Moi, l'Eternel, moi, je t'ai appelé dans un juste dessein
et je te tiendrai par la main ;
je te protégerai et je t'établirai
pour conclure une alliance avec le peuple,
pour être la lumière des peuples étrangers[b],
7 pour ouvrir les yeux des aveugles,
pour tirer du cachot les prisonniers,
de la maison d'arrêt ceux qui habitent les ténèbres.
8 Moi, je suis l'Eternel, tel est mon nom.
Et je ne donnerai ma gloire à aucun autre.
Je ne livrerai pas mon honneur aux idoles.
9 Les événements du passé se sont produits.
Et maintenant, j'annonce des événements tout nouveaux ;
avant qu'ils germent,
je vous les fais connaître.

Le cantique nouveau

10 Chantez à l'Eternel un cantique nouveau,
entonnez sa louange aux confins de la terre,
vous qui voguez sur mer,
et vous qui la peuplez,
vous les îles et les régions côtières, vous qui les habitez !
11 Désert et villes du désert,
campements de Qédar, élevez votre voix !
Habitants de Séla[c], exultez d'allégresse !
Du sommet des montagnes, poussez des cris de joie,
12 et rendez gloire à l'Eternel !
Que jusque dans les îles et les régions côtières, on publie sa louange !
13 L'Eternel sortira comme un héros,
comme un homme de guerre, il réveillera son ardeur,
il poussera des cris de guerre, des cris terribles,
il triomphera de ses ennemis.
14 Je me suis tu pendant longtemps,
j'ai gardé le silence, je me suis contenu
mais maintenant, comme une femme qui enfante,
je pousse des gémissements,
et je respire en haletant.
15 Je m'en vais dévaster montagnes et collines
et j'en dessécherai toute végétation,
je changerai les fleuves et j'en ferai des îles,
j'assécherai les lacs,
16 les aveugles, je les ferai marcher
sur une route qu'ils ne connaissent pas.
Oui, je les conduirai sur des sentiers dont ils ignorent tout.
Je transformerai devant eux leur obscurité en lumière
et leurs parcours accidentés en terrains plats.
Tout cela, je l'accomplirai
sans rien laisser d'inachevé.

[b] **42.6** Voir Es 49.8. Cité en Ac 13.47; allusion en Lc 2.32 (voir Jn 8.12 ; Ac 26.23).

[c] **42.11** *Qédar* désigne le désert Arabique et ses tribus nomades, *Séla* la capitale fortifiée des Edomites (voir note 2 R 14.7), dont les Nabatéens s'empareront.

17 But those who trust in idols,
who say to images, 'You are our gods,'
will be turned back in utter shame.

Israel Blind and Deaf

18 "Hear, you deaf;
look, you blind, and see!
19 Who is blind but my servant,
and deaf like the messenger I send?
Who is blind like the one in covenant with me,
blind like the servant of the LORD?
20 You have seen many things, but you pay no attention;
your ears are open, but you do not listen."

21 It pleased the LORD
for the sake of his righteousness
to make his law great and glorious.

22 But this is a people plundered and looted,
all of them trapped in pits
or hidden away in prisons.
They have become plunder,
with no one to rescue them;
they have been made loot,
with no one to say, "Send them back."
23 Which of you will listen to this
or pay close attention in time to come?
24 Who handed Jacob over to become loot,
and Israel to the plunderers?
Was it not the LORD,
against whom we have sinned?
For they would not follow his ways;
they did not obey his law.
25 So he poured out on them his burning anger,
the violence of war.
It enveloped them in flames, yet they did not understand;
it consumed them, but they did not take it to heart.

Israel's Only Savior

43 1 But now, this is what the LORD says –
he who created you, Jacob,
he who formed you, Israel:
"Do not fear, for I have redeemed you;
I have summoned you by name; you are mine.

2 When you pass through the waters,
I will be with you;
and when you pass through the rivers,

17 Mais ceux qui se fient aux idoles,
qui disent aux statues fabriquées de métal fondu :
« Nos dieux, c'est vous ! »
devront se retirer couverts de honte.

La libération du peuple aveugle

Aux sourds et aux aveugles

18 Vous les sourds, écoutez !
Vous, les aveugles, regardez et voyez !
19 Qui est aveugle, sinon mon serviteur[d] ?
Et qui est sourd, sinon mon messager, mon envoyé
Qui est aveugle sinon celui que l'Eternel réhabilite
et qui est sourd sinon le serviteur de l'Eternel[f] ?
20 Tu as vu bien des choses,
tu n'as rien retenu.
Tu as l'oreille ouverte,
tu n'as rien entendu.
21 Mais à cause de sa justice, l'Eternel a voulu
rendre sa Loi magnifique et sublime.

Un peuple pillé et dépouillé

22 Et cependant, voilà un peuple pillé et dépouillé[g],
ils sont tous pris au piège au fond des fosses,
mis au secret dans des prisons,
ils sont pillés
et nul ne les délivre.
On les a dépouillés
et aucun ne dit : « Restitue ! »
23 Qui, parmi vous, prêtera donc l'oreille ?
Qui sera attentif pour écouter, à l'avenir ?
24 Qui a livré Jacob à ceux qui le dépouillent ?
Qui livra Israël à ceux qui l'ont pillé ?
N'est-ce pas l'Eternel,
envers qui nous avons péché,
et dont nous avons refusé de suivre les sentiers qu
nous avait prescrits ?
Oui, ils n'ont pas obéi à sa Loi.
25 Alors, il a versé sur Israël
l'ardeur de son courroux,
il a fait déferler sur lui de violents combats.
Sa colère a flambé autour de lui
sans qu'il le reconnaisse,
le feu l'a embrasé
sans qu'il y prenne garde.

Un seul Sauveur pour Israël

43 1 Maintenant, l'Eternel qui t'a créé, ô peuple Jacob,
et qui t'a façonné, ô Israël,
te déclare ceci :
Ne sois pas effrayé
car je t'ai délivré,
je t'ai appelé par ton nom,
tu es à moi.
2 Quand tu passeras par les eaux,
je serai avec toi,
quand tu traverseras les fleuves,

---

d **42.19** Il s'agit ici du *peuple d'Israël,* serviteur de l'Eternel (41.8 ; 43.8, 1
e **42.19** Autre traduction : *celui qui m'est consacré.*
f **42.19** D'après deux manuscrits hébreux et un manuscrit grec. Les autres manuscrits ont : *et qui est aveugle comme mon serviteur ?*
g **42.22** Par les Babyloniens (39.6).

they will not sweep over you.
When you walk through the fire,
you will not be burned;
the flames will not set you ablaze.
3 For I am the LORD your God,
the Holy One of Israel, your Savior;
I give Egypt for your ransom,
Cush[d] and Seba in your stead.
4 Since you are precious and honored in my sight,
and because I love you,
I will give people in exchange for you,
nations in exchange for your life.
5 Do not be afraid, for I am with you;
I will bring your children from the east
and gather you from the west.
6 I will say to the north, 'Give them up!'
and to the south, 'Do not hold them back.'
Bring my sons from afar
and my daughters from the ends of the earth –
7 everyone who is called by my name,
whom I created for my glory,
whom I formed and made."
8 Lead out those who have eyes but are blind,
who have ears but are deaf.

9 All the nations gather together
and the peoples assemble.
Which of their gods foretold this
and proclaimed to us the former things?
Let them bring in their witnesses to prove they were right,
so that others may hear and say, "It is true."
10 "You are my witnesses," declares the LORD,
"and my servant whom I have chosen,
so that you may know and believe me
and understand that I am he.
Before me no god was formed,
nor will there be one after me.

11 I, even I, am the LORD,
and apart from me there is no savior.
12 I have revealed and saved and proclaimed –
I, and not some foreign god among you.
You are my witnesses," declares the LORD, "that I am God.

13 Yes, and from ancient days I am he.
No one can deliver out of my hand.
When I act, who can reverse it?"

God's Mercy and Israel's Unfaithfulness

14 This is what the LORD says –
your Redeemer, the Holy One of Israel:

ils ne te submergeront pas,
quand tu marcheras dans le feu,
il ne te fera pas de mal
et par les flammes tu ne seras pas brûlé,
3 puisque moi, l'Eternel, je suis ton Dieu,
le Saint d'Israël, ton Sauveur.
Je donnerai l'Egypte comme rançon pour toi,
l'Ethiopie et Seba en échange de toi.
4 Oui, parce que tu m'es précieux,
et que tu as du prix pour moi, et que je t'aime,
je donnerai des hommes en échange de toi,
et des peuples contre ta vie.

5 Sois donc sans crainte,
car je suis avec toi,
je ferai revenir tes enfants de l'orient
je te rassemblerai de l'occident.
6 Je dirai au septentrion : « Rends-les ! »
Et au midi : « Ne les retiens donc pas !
Fais revenir mes fils des pays éloignés,
fais revenir mes filles des confins de la terre,

7 oui, tous ceux qui portent mon nom
et que j'ai créés pour ma gloire,
que j'ai formés, oui, que j'ai faits !
8 Laisse sortir le peuple qui est aveugle
tout en ayant des yeux,
et qui est sourd
bien qu'il ait des oreilles ! »

Un peuple de témoins

9 Que toutes les nations s'assemblent
et que les peuples se regroupent !
Qui, parmi eux, avait prédit ces choses ?
Qui avait annoncé les événements antérieurs ?
Qu'ils citent leurs témoins et qu'ils se justifient !
Qu'on les écoute bien afin de pouvoir dire :
« Oui, c'est la vérité ! »
10 Mais mes témoins, c'est vous,
déclare l'Eternel,
votre peuple est le serviteur, que je me suis choisi,
pour que vous le sachiez,
que vous croyiez en moi
et que vous compreniez que moi seul, je suis Dieu.
Avant moi aucun dieu ne fut jamais formé,
et après moi, jamais il n'en existera.
11 Moi, je suis l'Eternel
et, en dehors de moi, il n'est pas de Sauveur.
12 C'est moi qui ai prédit, c'est moi qui ai sauvé, je me suis fait entendre.
Pas un dieu étranger ne l'a fait parmi vous,
et vous, déclare l'Eternel,
vous êtes mes témoins,
et c'est moi qui suis Dieu.
13 Oui, je le suis depuis toujours
et personne ne peut délivrer de ma main.
Ce que je réalise, qui pourrait l'annuler ?

Dieu intervient

14 Voici ce que déclare l'Eternel
votre Libérateur, moi le Saint d'Israël :
C'est à cause de vous que j'envoie une armée
combattre Babylone,

d 43:3 That is, the upper Nile region

"For your sake I will send to Babylon
and bring down as fugitives all the
Babylonians,[e]
in the ships in which they took pride.
15 I am the LORD, your Holy One,
Israel's Creator, your King."

16 This is what the LORD says –
he who made a way through the sea,
a path through the mighty waters,
17 who drew out the chariots and horses,
the army and reinforcements together,
and they lay there, never to rise again,
extinguished, snuffed out like a wick:

18 "Forget the former things;
do not dwell on the past.
19 See, I am doing a new thing!
Now it springs up; do you not perceive it?
I am making a way in the wilderness
and streams in the wasteland.
20 The wild animals honor me,
the jackals and the owls,
because I provide water in the wilderness
and streams in the wasteland,
to give drink to my people, my chosen,
21 the people I formed for myself
that they may proclaim my praise.

22 "Yet you have not called on me, Jacob,
you have not wearied yourselves for[f] me,
Israel.
23 You have not brought me sheep for burnt
offerings,
nor honored me with your sacrifices.
I have not burdened you with grain offerings
nor wearied you with demands for incense.
24 You have not bought any fragrant calamus for
me,
or lavished on me the fat of your sacrifices.
But you have burdened me with your sins
and wearied me with your offenses.

25 "I, even I, am he who blots out
your transgressions, for my own sake,
and remembers your sins no more.
26 Review the past for me,
let us argue the matter together;
state the case for your innocence.
27 Your first father sinned;
those I sent to teach you rebelled against me.
28 So I disgraced the dignitaries of your temple;

[e] 43:14 Or *Chaldeans*
[f] 43:22 Or *Jacob; / surely you have grown weary of*

et que je fais descendre[h] tous les Chaldéens qui
s'enfuient
sur les navires mêmes où ils criaient de joie.
15 Moi, l'Eternel, je suis votre Dieu saint,
le Créateur d'Israël, votre Roi.

Un chemin à travers le désert

16 Ainsi dit l'Eternel,
qui, à travers la mer, a ouvert un chemin
et, dans les grosses eaux, a frayé un sentier[i],
17 qui fit sortir les chars et les chevaux,
l'armée et ses guerriers.
Ils se sont tous couchés
et ne se relèveront pas,
ils se sont consumés
et ils se sont éteints comme la mèche d'une lampe.
18 Ne vous rappelez plus les événements du passé,
ne considérez plus les choses d'autrefois ;
19 je vais réaliser une chose nouvelle,
elle germe dès à présent,
ne la reconnaîtrez-vous pas ?
J'ouvrirai un chemin à travers le désert
et je ferai jaillir des fleuves dans la steppe ;
20 les animaux sauvages,
les chacals, les autruches, célébreront ma gloire,
car je ferai jaillir de l'eau dans le désert,
des fleuves dans la steppe,
pour abreuver mon peuple, celui que j'ai élu.
21 Je l'ai formé pour moi :
il proclamera ma louange.

Dieu accuse

22 Et pourtant, ô Jacob, tu n'as pas fait appel à moi !
Tu t'es lassé de moi, ô Israël !
23 Tu ne m'as pas offert d'agneaux en holocaustes,
tes sacrifices n'étaient pas à ma gloire ;
je ne t'ai pas importuné pour avoir des offrandes,
je ne t'ai pas lassé pour avoir de l'encens.
24 Tu n'as pas dépensé d'argent pour moi, pour du
roseau aromatique,
et tu ne m'as pas rassasié de la graisse des sacrifice
Mais toi, tu m'as importuné par tes péchés,
tu m'as lassé par tes forfaits !

Dieu pardonne

25 Mais c'est moi, et moi seul, qui efface tes
transgressions par égard pour moi-même,
je ne tiendrai plus compte de tes péchés.
26 Rappelle-moi ce qu'il en est, entrons ensemble en
jugement
et, pour te justifier, expose donc ton cas.
27 Déjà, ton premier père[j] a péché envers moi
et ceux des tiens qui ont la charge d'interpréter la
Loi m'ont été infidèles.
28 Aussi ai-je déshonoré

[h] **43.14** *et que je fais descendre:* traduction incertaine.
[i] **43.16** Allusion à la traversée de la mer des Roseaux où les chars et les cavaliers du pharaon furent détruits quand Dieu a combattu contre eu (voir51.10 ; Ex 14.28 ; 15.4).
[j] **43.27** Jacob très certainement (voir Gn 25.26 ; 27.36 ; Os 12.4).

I consigned Jacob to destruction[g]
and Israel to scorn.

rael the Chosen

44 [1]"But now listen, Jacob, my servant,
Israel, whom I have chosen.
[2] This is what the LORD says –
he who made you, who formed you in the womb,
and who will help you:
Do not be afraid, Jacob, my servant,
Jeshurun,[h] whom I have chosen.
[3] For I will pour water on the thirsty land,
and streams on the dry ground;
I will pour out my Spirit on your offspring,
and my blessing on your descendants.
[4] They will spring up like grass in a meadow,
like poplar trees by flowing streams.
[5] Some will say, 'I belong to the LORD';
others will call themselves by the name of Jacob;
still others will write on their hand, 'The LORD's,'
and will take the name Israel.

he LORD, Not Idols

[6] "This is what the LORD says –
Israel's King and Redeemer, the LORD Almighty:
I am the first and I am the last;
apart from me there is no God.
[7] Who then is like me? Let him proclaim it.
Let him declare and lay out before me
what has happened since I established my ancient people,
and what is yet to come –
yes, let them foretell what will come.
[8] Do not tremble, do not be afraid.
Did I not proclaim this and foretell it long ago?
You are my witnesses. Is there any God besides me?
No, there is no other Rock; I know not one."

[9] All who make idols are nothing,
and the things they treasure are worthless.
Those who would speak up for them are blind;
they are ignorant, to their own shame.

[10] Who shapes a god and casts an idol,
which can profit nothing?

[11] People who do that will be put to shame;
such craftsmen are only human beings.

43:28 The Hebrew term refers to the irrevocable giving over of ings or persons to the LORD, often by totally destroying them.
44:2 *Jeshurun* means *the upright one*,that is, Israel.

les chefs du sanctuaire
et j'ai livré Jacob à l'extermination,
Israël aux outrages.

Quand Dieu répandra son Esprit

44 [1]Et maintenant, écoute, Jacob, mon serviteur,
Israël, toi que j'ai choisi,
[2] voici ce que déclare l'Eternel, lui qui t'a fait,
qui t'a formé dès le sein de ta mère
et qui est ton soutien :
Ne sois pas effrayé,
Jacob, mon serviteur,
toi, Yeshouroun[k], que j'ai choisi.
[3] Je répandrai des eaux sur le sol altéré,
j'en ferai ruisseler sur une terre aride,
oui, je répandrai mon Esprit sur ta postérité
et ma bénédiction sur ta progéniture.
[4] Ils germeront au milieu de l'herbage
comme les peupliers près des cours d'eau.
[5] Un tel confessera : « Je suis à l'Eternel »,
tel autre se dira un enfant de Jacob,
un autre encore écrira sur sa main : « Je suis à l'Eternel »
et il se parera de ce nom d'Israël.

Le Premier et le Dernier

[6] Ainsi dit l'Eternel, lui, le Roi d'Israël,
le Seigneur des armées célestes,
et qui l'a délivré :
Moi, je suis le premier et je suis le dernier,
et en dehors de moi, il n'y a pas de dieu.
[7] Qui est semblable à moi ?
Qu'il le déclare donc !
Qu'il fasse donc savoir et qu'il m'expose
les événements du passé depuis que j'ai fondé il y a bien longtemps ce peuple.
Qu'il annonce d'avance ce qui doit arriver !
[8] Ne vous effrayez pas et n'ayez pas de crainte !
Depuis longtemps déjà, je vous ai informés, je vous l'ai fait savoir.
Vous êtes mes témoins.
Existe-t-il un autre Dieu que moi ?
Il n'y a pas d'autre Rocher !
Je n'en connais aucun !

Comment on fabrique des dieux

[9] Ceux qui fabriquent des idoles ne sont tous que néant,
et ces œuvres qui leur sont chères ne sont d'aucun profit.
Leurs témoins ne voient rien
et ils ne savent rien ;
ils connaîtront la honte.
[10] A quoi bon faire un dieu,
couler une statue,
qui ne procure aucun profit ?
[11] Voici : tous leurs fidèles seront couverts de honte,
car ceux qui les ont fabriqués ne sont que des humains !

k 44.2 Nom donné à Israël en Dt 32.15 ; 33.5, 26, signifiant : *honnête, droit* (par opposition à Jacob : *trompeur*).

Let them all come together and take their
stand;
they will be brought down to terror and
shame.

12 The blacksmith takes a tool
and works with it in the coals;
he shapes an idol with hammers,
he forges it with the might of his arm.
He gets hungry and loses his strength;
he drinks no water and grows faint.

13 The carpenter measures with a line
and makes an outline with a marker;
he roughs it out with chisels
and marks it with compasses.
He shapes it in human form,
human form in all its glory,
that it may dwell in a shrine.

14 He cut down cedars,
or perhaps took a cypress or oak.
He let it grow among the trees of the forest,
or planted a pine, and the rain made it grow.

15 It is used as fuel for burning;
some of it he takes and warms himself,
he kindles a fire and bakes bread.
But he also fashions a god and worships it;
he makes an idol and bows down to it.

16 Half of the wood he burns in the fire;
over it he prepares his meal,
he roasts his meat and eats his fill.
He also warms himself and says,
"Ah! I am warm; I see the fire."

17 From the rest he makes a god, his idol;
he bows down to it and worships.
He prays to it and says,
"Save me! You are my god!"

18 They know nothing, they understand nothing;
their eyes are plastered over so they cannot
see,
and their minds closed so they cannot
understand.

19 No one stops to think,
no one has the knowledge or understanding
to say,
"Half of it I used for fuel;
I even baked bread over its coals,
I roasted meat and I ate.
Shall I make a detestable thing from what is
left?
Shall I bow down to a block of wood?"

20 Such a person feeds on ashes; a deluded heart
misleads him;

Qu'ils se rassemblent tous
et qu'ils se tiennent là !
Ils seront effrayés et confus tous ensemble.

12 L'artisan ferronnier appointe son burin,
le passe dans les braises
et, à coups de marteau, façonne son idole,
avec la force de son bras.
Mais, sitôt qu'il a faim,
il n'a plus d'énergie,
et s'il ne boit pas d'eau,
le voilà qui faiblit[l] !

13 Et voici le sculpteur : il a tendu sa corde,
trace l'œuvre à la craie
puis, avec le ciseau, il l'exécute,
et il la dessine au compas.
Il la façonne ainsi d'après la forme humaine,
et à la ressemblance d'un homme magnifique
pour qu'elle habite un sanctuaire.

14 Il a coupé des cèdres,
ou bien il s'est choisi du cyprès ou du chêne
qu'il a laissé devenir bien robuste
parmi les arbres des forêts,
ou bien il prend un pin qu'il a planté lui-même,
que la pluie a fait croître.

15 Or, l'homme se sert de ces bois pour les brûler,
il en prend une part pour se chauffer,
il allume le feu pour y cuire son pain.
Avec le même bois, il fait un dieu,
et il l'adore ;
il fabrique une idole
et se prosterne devant elle.

16 La moitié de ce bois, il l'a livrée au feu ;
grâce à cette moitié, il mange de la viande,
il fait cuire un rôti, et il s'en rassasie.
De ce bois il se chauffe et dit :
« Qu'il fait bon avoir chaud
et voir la belle flamme ! »

17 Quant au reste du bois, il en fait une idole, il la
prend pour son dieu,
il se prosterne devant elle et il l'adore.
Il l'invoque et lui dit : « Délivre-moi
car toi, tu es mon dieu ! »

18 Ils sont sans connaissance, ils ne comprennent rien
On a bouché leurs yeux
afin qu'ils ne voient pas,
on a fermé leur cœur afin qu'ils ne saisissent pas.

19 Aucun ne réfléchit,
aucun n'a de savoir
ni assez de raison pour se dire en lui-même :
« J'ai brûlé la moitié de mon bois dans le feu,
j'ai aussi cuit du pain sur les braises du bois,
j'ai rôti de la viande dont je me suis nourri,
et de ce qui restait, j'ai fait une abomination,
je me suis prosterné devant un bout de bois ! »

20 Il se repaît de cendres,
car son cœur abusé l'a mené dans l'erreur,
il ne sauvera pas sa vie

[l] **44.12** Dans le v. 12, Esaïe décrit la fabrication d'une idole en métal ; dans les v. 13-20, d'une idole en bois, plus répandue (voir 40.20) que la première.

he cannot save himself, or say,
"Is not this thing in my right hand a lie?"

21 "Remember these things, Jacob,
for you, Israel, are my servant.
I have made you, you are my servant;
Israel, I will not forget you.
22 I have swept away your offenses like a cloud,
your sins like the morning mist.
Return to me,
for I have redeemed you."
23 Sing for joy, you heavens, for the LORD has done this;
shout aloud, you earth beneath.
Burst into song, you mountains,
you forests and all your trees,
for the LORD has redeemed Jacob,
he displays his glory in Israel.

rusalem to Be Inhabited

24 "This is what the LORD says —
your Redeemer, who formed you in the womb:
I am the LORD,
the Maker of all things,
who stretches out the heavens,
who spreads out the earth by myself,
25 who foils the signs of false prophets
and makes fools of diviners,
who overthrows the learning of the wise
and turns it into nonsense,
26 who carries out the words of his servants
and fulfills the predictions of his messengers,
who says of Jerusalem, 'It shall be inhabited,'
of the towns of Judah, 'They shall be rebuilt,'
and of their ruins, 'I will restore them,'
27 who says to the watery deep, 'Be dry,
and I will dry up your streams,'
28 who says of Cyrus, 'He is my shepherd
and will accomplish all that I please;
he will say of Jerusalem, "Let it be rebuilt,"

et ne dira jamais :
« Ce que je tiens en main, n'est-ce pas une tromperie ? »

L'Eternel rachète son peuple

21 Souviens-toi de cela, ô peuple de Jacob !
Souviens-toi, Israël : tu es mon serviteur,
c'est moi qui t'ai formé, tu es mon serviteur,
ô Israël, je ne t'oublierai pas[m].
22 J'ai effacé tes crimes comme un épais nuage
et tes péchés comme un brouillard.
Reviens à moi,
car je t'ai délivré.
23 Exulte d'allégresse, ô ciel,
car l'Eternel est entré en action.
Poussez des cris de joie, profondeurs de la terre !
Criez de joie, montagnes,
et vous aussi, forêts, ainsi que tous vos arbres,
car l'Eternel a délivré Jacob,
il a manifesté sa gloire en Israël.

Le retour de l'exil

24 Voici ce que déclare l'Eternel, ton libérateur,
celui qui t'a formé dès le sein maternel :
Oui, c'est moi, l'Eternel, qui ai fait toutes choses.
Moi seul j'ai déployé le ciel,
j'ai étendu la terre, sans aucune aide.
25 Je rends vains les présages des diseurs de mensonges,
j'ôte la raison aux devins,
je repousse les sages,
je fais tourner leur science en déraison.
26 J'accomplis la parole prononcée par mon serviteur
et je fais réussir les plans annoncés par mes messagers.
C'est moi, moi qui ai dit au sujet de Jérusalem :
« Qu'elle soit habitée ! »
et concernant les villes de Juda :
« Qu'elles soient rebâties ! »
Oui, j'en relèverai les ruines.
27 J'ordonne aux eaux profondes :
« Asséchez-vous,
je vais tarir vos fleuves. »
28 Et je dis de Cyrus[n] : « C'est mon berger,
et il accomplira tout ce que je désire. »
Il dira de Jérusalem :
« Qu'elle soit rebâtie »,

m **44.21** Selon le texte hébreu traditionnel. Le principal manuscrit hébreu de Qumrân et certaines versions anciennes ont : *tu ne me décevras pas.*

n **44.28** Le décret de *Cyrus*, en 538 av. J.-C., (Esd 1.2-4 ; 6.3-5) autorisant la reconstruction du Temple, donnera le signal de la reconstruction de Jérusalem.

and of the temple, "Let its foundations be
laid."'

45

[1]"This is what the LORD says to his anointed,
to Cyrus, whose right hand I take hold of
to subdue nations before him
and to strip kings of their armor,
to open doors before him
so that gates will not be shut:
[2] I will go before you
and will level the mountains[i];
I will break down gates of bronze
and cut through bars of iron.
[3] I will give you hidden treasures,
riches stored in secret places,
so that you may know that I am the LORD,
the God of Israel, who summons you by
name.

[4] For the sake of Jacob my servant,
of Israel my chosen,
I summon you by name
and bestow on you a title of honor,
though you do not acknowledge me.
[5] I am the LORD, and there is no other;
apart from me there is no God.
I will strengthen you,
though you have not acknowledged me,
[6] so that from the rising of the sun
to the place of its setting
people may know there is none besides me.
I am the LORD, and there is no other.
[7] I form the light and create darkness,
I bring prosperity and create disaster;
I, the LORD, do all these things.

[8] "You heavens above, rain down my
righteousness;
let the clouds shower it down.
Let the earth open wide,
let salvation spring up,
let righteousness flourish with it;
I, the LORD, have created it.

[9] "Woe to those who quarrel with their Maker,
those who are nothing but potsherds
among the potsherds on the ground.
Does the clay say to the potter,

[i] 45:2 Dead Sea Scrolls and Septuagint; the meaning of the word in the Masoretic Text is uncertain.

et il dira du Temple :
« Posez ses fondations ! »

Le Libérateur viendra

L'Eternel domine sur toutes choses

45

[1] Ainsi dit l'Eternel à son oint, à Cyrus[o],
qu'il a pris par la main
pour abaisser les nations devant lui
et désarmer les rois,
pour ouvrir devant lui les deux battants
afin qu'aucune porte ne lui reste fermée.
[2] Moi, j'irai devant toi,
nivelant les montagnes[p],
fracassant les battants de bronze
et brisant les verrous de fer.
[3] Et je te donnerai les richesses cachées
et les trésors déposés dans des lieux secrets,
pour que tu saches
que c'est moi, l'Eternel, moi qui t'appelle par ton
nom,
moi le Dieu d'Israël.
[4] A cause de mon serviteur, Jacob,
et d'Israël que j'ai choisi,
je t'ai appelé par ton nom,
je t'ai donné un rang d'honneur
sans que tu me connaisses.
[5] Moi, je suis l'Eternel,
il n'y en a pas d'autre,
non, en dehors de moi, il n'y a pas de Dieu.
Je t'ai doté de force
sans que tu me connaisses,
[6] afin que du soleil levant jusqu'au soleil couchant,
tout homme sache
qu'en dehors de moi, il n'y a que néant,
que je suis l'Eternel
et qu'il n'y en a aucun autre.
[7] J'ai formé la lumière
et créé les ténèbres,
je donne le bonheur
et je crée le malheur.
Oui, c'est moi, l'Eternel, qui fais toutes ces
choses.
[8] O ciel, répands d'en haut la justice comme une
ondée,
comme une pluie versée par les nuages.
Que la terre s'entr'ouvre,
que le salut bourgeonne
et, dans le même temps, que la justice germe !
Moi, l'Eternel, moi, j'ai créé ces choses.

L'artisan et son œuvre

[9] Malheur à qui conteste avec son créateur !
Qu'es-tu de plus qu'un pot de terre parmi des pots
de terre ?
L'argile dira-t-elle à celui qui la forme :

[o] 45.1 *Cyrus* est appelé *oint* de l'Eternel (voir 44.28), car Dieu a suscité ce roi avec la mission de libérer son peuple. Cyrus est le seul souverain païen portant ce titre, celui-ci étant réservé au roi de Juda.

[p] 45.2 D'après le texte de Qumrân. Le texte traditionnel est de sens incertain : *murailles* ?

'What are you making?'
Does your work say,
'The potter has no hands'?
10 Woe to the one who says to a father,
'What have you begotten?'
or to a mother,
'What have you brought to birth?'
11 "This is what the LORD says –
the Holy One of Israel, and its Maker:
Concerning things to come,
do you question me about my children,
or give me orders about the work of my hands?
12 It is I who made the earth
and created mankind on it.
My own hands stretched out the heavens;
I marshaled their starry hosts.
13 I will raise up Cyrus[j] in my righteousness:
I will make all his ways straight.
He will rebuild my city
and set my exiles free,
but not for a price or reward,
says the LORD Almighty."

14 This is what the LORD says:
"The products of Egypt and the merchandise of Cush,[k]
and those tall Sabeans –
they will come over to you
and will be yours;
they will trudge behind you,
coming over to you in chains.
They will bow down before you
and plead with you, saying,
'Surely God is with you, and there is no other;
there is no other god.' "
15 Truly you are a God who has been hiding himself,
the God and Savior of Israel.
16 All the makers of idols will be put to shame and disgraced;
they will go off into disgrace together.
17 But Israel will be saved by the LORD
with an everlasting salvation;
you will never be put to shame or disgraced,
to ages everlasting.
18 For this is what the LORD says –
he who created the heavens,
he is God;
he who fashioned and made the earth,
he founded it;
he did not create it to be empty,
but formed it to be inhabited –
he says:
"I am the LORD,
and there is no other.
19 I have not spoken in secret,
from somewhere in a land of darkness;

« Qu'es-tu en train de faire ? »
ou l'œuvre à son potier : « Tu n'es qu'un maladroit[q] ! » ?
10 Malheur à qui dit à un père :
« Qu'as-tu engendré là ? »
ou bien à une femme :
« Qu'as-tu donc mis au monde ? »
11 Ainsi dit l'Eternel, lui le Saint d'Israël,
lui qui l'a façonné :
Oserez-vous me questionner sur ce qui doit venir,
ou me donnerez-vous des ordres au sujet de mes fils et au sujet de l'œuvre que mes mains ont réalisée ?
12 C'est moi, moi qui ai fait la terre
et qui, sur elle, ai créé l'homme.
C'est moi, ce sont mes mains qui ont tendu le ciel,
et je donne des ordres à toute son armée.
13 C'est moi qui, selon la justice, ai fait surgir cet homme[r].
J'aplanirai toutes ses voies.
Lui, il rebâtira ma ville,
et il libérera les miens que l'on a déportés
sans rançon ni présent,
a dit le Seigneur des armées célestes.

Des peuples non israélites se rallient à l'Eternel

14 Ainsi dit l'Eternel :
Les profits de l'Egypte, les gains de l'Ethiopie
et des gens de Seba, si hauts de taille,
tout cela passera chez toi, cela t'appartiendra.
Ces peuples viendront à ta suite
en marchant enchaînés
et ils se prosterneront devant toi
en te disant sur un ton suppliant :
« C'est chez toi seulement que l'on peut trouver Dieu,
et en dehors de lui, il n'y en a pas d'autre,
car tous les autres dieux ne sont que du néant. »
15 En vérité, ô Dieu, toi, tu es un Dieu qui te caches,
Dieu d'Israël et son Sauveur.
16 Les fabricants d'idoles
sont honteux et confus,
ils s'en vont tous ensemble couverts d'opprobre.
17 Israël, pour toujours, sera sauvé par l'Eternel
et vous ne serez plus jamais
ni honteux ni confus.
18 Voici ce que déclare l'Eternel
qui a créé le ciel, lui qui est Dieu,
et qui a fait la terre,
qui l'a formée et affermie,
il ne l'a pas créée à l'état chaotique,
mais il l'a façonnée pour que l'on y habite :
Moi, je suis l'Eternel ;
il n'y en a pas d'autre.
19 Je n'ai pas parlé en secret
ni dans un coin ténébreux de la terre,

45:13 Hebrew *him*
45:14 That is, the upper Nile region

q 45.9 Repris en Rm 9.20.
r 45.13 C'est-à-dire Cyrus.

I have not said to Jacob's descendants,
'Seek me in vain.'
I, the LORD, speak the truth;
I declare what is right.
20 "Gather together and come;
assemble, you fugitives from the nations.
Ignorant are those who carry about idols of wood,
who pray to gods that cannot save.

21 Declare what is to be, present it –
let them take counsel together.
Who foretold this long ago,
who declared it from the distant past?
Was it not I, the LORD?
And there is no God apart from me,
a righteous God and a Savior;
there is none but me.

22 "Turn to me and be saved,
all you ends of the earth;
for I am God, and there is no other.

23 By myself I have sworn,
my mouth has uttered in all integrity
a word that will not be revoked:
Before me every knee will bow;
by me every tongue will swear.
24 They will say of me, 'In the LORD alone
are deliverance and strength.'"
All who have raged against him
will come to him and be put to shame.

25 But all the descendants of Israel
will find deliverance in the LORD
and will make their boast in him.

Gods of Babylon

46 1 Bel bows down, Nebo stoops low;
their idols are borne by beasts of burden.[l]
The images that are carried about are burdensome,
a burden for the weary.

2 They stoop and bow down together;
unable to rescue the burden,
they themselves go off into captivity.

3 "Listen to me, you descendants of Jacob,
all the remnant of the people of Israel,
you whom I have upheld since your birth,
and have carried since you were born.
4 Even to your old age and gray hairs
I am he, I am he who will sustain you.
I have made you and I will carry you;
I will sustain you and I will rescue you.

[l] **46:1** Or *are but beasts and cattle*

car aux descendants de Jacob, je n'ai pas dit :
« Recherchez-moi dans le chaos. »
Moi, je suis l'Eternel, je dis ce qui est juste,
je proclame ce qui est droit.
20 Rassemblez-vous, venez,
approchez tous ensemble,
rescapés des nations !
Ils sont sans connaissance,
ceux qui portent bien haut leurs idoles de bois
et invoquent un dieu
qui ne peut les sauver.
21 Exposez votre cause, avancez vos raisons[s],
délibérez ensemble.
Qui donc a fait savoir ces choses dès le lointain passé,
et qui, depuis longtemps, les avait annoncées ?
N'est-ce pas moi, moi, l'Eternel ?
Et en dehors de moi, il n'y a pas de Dieu.
Oui, en dehors de moi
il n'est pas de Dieu juste, de Dieu qui sauve.
22 Tournez-vous donc vers moi, et vous serez sauvés,
vous tous qui habitez les confins de la terre !
Car moi seul je suis Dieu,
il n'y en a pas d'autre.
23 J'en ai fait le serment en jurant par moi-même,
ma bouche a prononcé une parole juste
qui est irrévocable :
Devant moi tout genou ploiera
et toute langue prêtera serment par mon nom[t],
24 disant à mon sujet :
« C'est en l'Eternel seul
que résident pour moi la justice et la force. »
A lui viendront, honteux,
tous ceux qui, contre lui, s'étaient mis en colère.
25 C'est grâce à l'Eternel
que tout le peuple d'Israël sera justifié
et ils s'en féliciteront.

Les dieux de Babylone et l'Eternel

46 1 Voici Bel a ployé
et Nébo s'est courbé[u],
des animaux et des bêtes de somme emportent
leurs images.
Ces idoles que vous portiez
chargent de tout leur poids des bêtes fatiguées.
2 Ces dieux se sont courbés, ils ont ployé ensemble,
ils n'ont pas pu sauver leur image qu'on transportait
et ils s'en vont eux-mêmes en captivité.
3 Ecoutez-moi, gens de Jacob,
vous tous qui subsistez du peuple d'Israël,
vous que j'ai pris en charge dès avant la naissance,
que j'ai portés dès le sein maternel :
4 Je resterai le même jusqu'à votre vieillesse
et je vous soutiendrai jusqu'à vos cheveux blancs.
C'est moi qui vous ai soutenus, et je vous porterai,
oui, je vous soutiendrai et vous délivrerai.

[s] **45.21** Autre traduction : *faites vos prédictions, exposez-les.*
[t] **45.23** Cité en Rm 14.11 ; Ph 2.10-11.
[u] **46.1** *Bel:* principal dieu des Babyloniens, autre nom du dieu Mardouk Le nom Bel est l'équivalent du nom cananéen Baal et signifie : Seigneu *Nébo:* autre divinité babylonienne, dieu de la sagesse, de l'éloquence et surtout de l'écriture, fils de Mardouk.

5 "With whom will you compare me or count me equal?
To whom will you liken me that we may be compared?
6 Some pour out gold from their bags
and weigh out silver on the scales;
they hire a goldsmith to make it into a god,
and they bow down and worship it.
7 They lift it to their shoulders and carry it;
they set it up in its place, and there it stands.
From that spot it cannot move.
Even though someone cries out to it, it cannot answer;
it cannot save them from their troubles.

8 "Remember this, keep it in mind,
take it to heart, you rebels.
9 Remember the former things, those of long ago;
I am God, and there is no other;
I am God, and there is none like me.
10 I make known the end from the beginning,
from ancient times, what is still to come.
I say, 'My purpose will stand,
and I will do all that I please.'
11 From the east I summon a bird of prey;
from a far-off land, a man to fulfill my purpose.
What I have said, that I will bring about;
what I have planned, that I will do.
12 Listen to me, you stubborn-hearted,
you who are now far from my righteousness.
13 I am bringing my righteousness near,
it is not far away;
and my salvation will not be delayed.
I will grant salvation to Zion,
my splendor to Israel.

he Fall of Babylon

47 1 "Go down, sit in the dust,
Virgin Daughter Babylon;
sit on the ground without a throne,
queen city of the Babylonians.[m]
No more will you be called
tender or delicate.
2 Take millstones and grind flour;

47:1 Or *Chaldeans*; also in verse 5

5 A qui me comparerez-vous ?
De qui me rendrez-vous l'égal ?
A qui m'assimilerez-vous
pour que nous soyons comparables ?
6 Ils prennent tout l'or de leur bourse,
ils pèsent l'argent au fléau
et ils paient un orfèvre
pour qu'il en fasse un dieu
devant lequel ils puissent se prosterner
et l'adorer.
7 Ils se le chargent sur l'épaule,
ils le soutiennent,
puis ils l'installent à sa place, et il se tiendra là ;
de sa place, il ne bouge plus.
On a beau l'invoquer,
il ne répondra pas,
il ne peut délivrer personne du malheur.
8 Rappelez-vous cela
et reprenez courage !
Considérez ces choses,
vous qui vous êtes révoltés.

L'Eternel est Dieu

9 Rappelez-vous les événements du passé, survenus il y a bien longtemps,
car c'est moi qui suis Dieu,
il n'y en a pas d'autre.
Oui, moi seul, je suis Dieu,
et il n'existe rien qui me soit comparable.
10 Dès le commencement,
j'annonce l'avenir,
et longtemps à l'avance
ce qui n'est pas encore.
C'est moi qui dis, et mon dessein s'accomplira,
oui, j'exécuterai tout ce que je désire.
11 J'appelle de l'orient un oiseau de proie[v],
d'un pays éloigné, l'homme prévu par mes desseins.
Ce que j'ai déclaré,
je le fais arriver,
ce que j'ai résolu,
je l'exécuterai.
12 Ecoutez-moi, gens au cœur obstiné,
vous si loin d'être justes[w],
13 je vais bientôt faire justice
et cela n'est pas loin,
je ne tarderai pas à faire venir le salut :
je vais accorder à Sion la délivrance,
et ma splendeur à Israël.

Lamentation sur Babylone

47 1 Va, descends de ton trône
et assieds-toi dans la poussière,
toi, Dame Babylone,
assieds-toi sur le sol car tu es détrônée,
Dame des Chaldéens,
car on ne t'appellera plus la délicate, la voluptueuse.
2 Saisis la double meule
et mouds de la farine[x],
dénoue tes tresses,

[v] **46.11** C'est-à-dire Cyrus.
[w] **46.12** Autre traduction : *qui êtes loin de connaître la justice de Dieu.*
[x] **47.2** Travail des esclaves (voir Ex 11.5).

take off your veil.
Lift up your skirts, bare your legs,
and wade through the streams.
3 Your nakedness will be exposed
and your shame uncovered.
I will take vengeance;
I will spare no one."
4 Our Redeemer – the LORD Almighty is his name –
is the Holy One of Israel.

5 "Sit in silence, go into darkness,
queen city of the Babylonians;
no more will you be called
queen of kingdoms.

6 I was angry with my people
and desecrated my inheritance;
I gave them into your hand,
and you showed them no mercy.
Even on the aged
you laid a very heavy yoke.
7 You said, 'I am forever –
the eternal queen!'
But you did not consider these things
or reflect on what might happen.
8 "Now then, listen, you lover of pleasure,
lounging in your security
and saying to yourself,
'I am, and there is none besides me.
I will never be a widow
or suffer the loss of children.'
9 Both of these will overtake you
in a moment, on a single day:
loss of children and widowhood.
They will come upon you in full measure,
in spite of your many sorceries
and all your potent spells.

10 You have trusted in your wickedness
and have said, 'No one sees me.'
Your wisdom and knowledge mislead you
when you say to yourself,
'I am, and there is none besides me.'
11 Disaster will come upon you,
and you will not know how to conjure it
away.
A calamity will fall upon you
that you cannot ward off with a ransom;
a catastrophe you cannot foresee
will suddenly come upon you.
12 "Keep on, then, with your magic spells
and with your many sorceries,
which you have labored at since childhood.
Perhaps you will succeed,
perhaps you will cause terror.

13 All the counsel you have received has only
worn you out!
Let your astrologers come forward,
those stargazers who make predictions month
by month,
let them save you from what is coming upon
you.

relève les pans de ta robe
et découvre tes jambes
pour traverser les fleuves.
3 Ainsi ta nudité sera vue au grand jour
et ton opprobre apparaîtra.
Je vais exercer ma rétribution
et je n'épargnerai personne[y].
4 Notre libérateur s'appelle le Seigneur des armées
célestes ;
c'est le Saint d'Israël.
5 Assieds-toi en silence,
entre dans les ténèbres,
Dame des Chaldéens,
car on ne t'appellera plus
la reine des royaumes.
6 J'ai été irrité contre mon peuple,
j'ai profané mon patrimoine,
je te les ai livrés.
Tu les as traités sans pitié.
Tu as fait peser lourdement ton joug sur les
vieillards,
7 et tu t'es dit : « Je serai reine pour toujours. »
Tu n'as pas réfléchi à tout cela
et tu n'as pas songé à la manière dont cela finirait.

8 Maintenant donc, écoute, toi la voluptueuse,
toi qui trônes, confiante,
et qui dis en ton cœur :
« Moi, moi et rien que moi !
Je ne serai pas veuve
et je ne serai pas privée de mes enfants ! »
9 Eh bien, ces deux maux-là, fondront soudain sur toi
en un seul jour :
la privation de tes enfants et le veuvage.
Le même jour, ils t'atteindront dans toute leur
horreur
malgré la multitude de tes enchantements,
malgré le pouvoir de tes sortilèges !
10 Tu plaçais ta confiance dans ta méchanceté,
tu te disais : « Personne ne me voit. »
Ta sagesse et ta science t'ont égarée.
Tu disais en ton cœur :
« Moi, moi et rien que moi ! »
11 Mais le malheur fondra sur toi
et tu ne sauras pas comment le conjurer.
Oui, une catastrophe t'arrivera
et tu ne pourras pas la détourner de toi,
une dévastation dont tu n'as pas idée
viendra subitement sur toi.

12 Continue donc avec tes sortilèges,
avec la multitude de tes enchantements
pour lesquels, depuis ta jeunesse, tu t'es tant
fatiguée !
Peut-être pourras-tu en tirer un profit,
peut-être sauras-tu te rendre redoutable !
13 Tu t'es tant fatiguée à consulter tous tes devins ...
Qu'ils se présentent donc, et qu'ils te sauvent,
ceux qui compartimentent des zones dans le ciel,
qui lisent dans les astres,
qui, aux nouvelles lunes,

y 47.3 Autre traduction : *Je ne rencontrerai l'opposition de personne.*

[14] Surely they are like stubble;
the fire will burn them up.
They cannot even save themselves
from the power of the flame.
These are not coals for warmth;
this is not a fire to sit by.

[15] That is all they are to you –
these you have dealt with
and labored with since childhood.
All of them go on in their error;
there is not one that can save you.

Stubborn Israel

48 [1] "Listen to this, you descendants of Jacob,
you who are called by the name of Israel
and come from the line of Judah,
you who take oaths in the name of the LORD
and invoke the God of Israel –
but not in truth or righteousness –
[2] you who call yourselves citizens of the holy city
and claim to rely on the God of Israel –
the LORD Almighty is his name:

[3] I foretold the former things long ago,
my mouth announced them and I made them known;
then suddenly I acted, and they came to pass.
[4] For I knew how stubborn you were;
your neck muscles were iron,
your forehead was bronze.
[5] Therefore I told you these things long ago;
before they happened I announced them to you
so that you could not say,
'My images brought them about;
my wooden image and metal god ordained them.'
[6] You have heard these things; look at them all.
Will you not admit them?
"From now on I will tell you of new things,
of hidden things unknown to you.

[7] They are created now, and not long ago;
you have not heard of them before today.
So you cannot say,
'Yes, I knew of them.'

[8] You have neither heard nor understood;
from of old your ears have not been open.
Well do I know how treacherous you are;
you were called a rebel from birth.

[9] For my own name's sake I delay my wrath;

te font savoir d'avance ce qui va t'arriver !
[14] Les voilà devenus tous comme de la paille que consume le feu.
Non, ils ne pourront pas sauver leur vie des flammes,
ce ne sera pas une braise que l'on allume pour se réchauffer[z],
ni un feu devant lequel on s'assoit.
[15] Voilà ce que feront pour toi
ceux pour qui tu t'es fatiguée,
et ceux avec qui tu trafiques depuis le temps de ta jeunesse[a].
Ils erreront chacun de son côté,
il n'y aura personne pour te sauver !

L'annonce de choses nouvelles

48 [1] Ecoutez bien ceci, ô communauté de Jacob,
vous qui vous réclamez de ce nom d'Israël
et qui êtes issus des sources de Juda,
vous qui prêtez serment au nom de l'Eternel
et qui avez le Dieu d'Israël à la bouche,
mais sans sincérité et sans droiture !
[2] Car vous vous dénommez : « Ceux de la ville sainte » !
Et vous vous appuyez sur le Dieu d'Israël,
sur celui qui s'appelle le Seigneur des armées célestes !
[3] J'ai annoncé depuis longtemps les événements du passé,
j'en ai parlé,
je les ai fait entendre,
puis, soudain, j'ai agi, et cela s'est produit.
[4] Parce que je savais que tu es obstiné,
que ton cou est semblable à un tendon de fer,
et que tu as un front de bronze,
[5] je t'ai annoncé ces événements bien longtemps à l'avance,
je t'en ai informé avant qu'ils se produisent,
pour que tu ne puisses pas dire :
« C'est mon idole qui a fait toutes ces choses,
c'est ma statue de bois, mon image en métal fondu,
qui en a donné l'ordre ! »
[6] Tu as bien entendu, considère bien tout cela.
N'allez-vous pas l'annoncer vous aussi ?
Maintenant je t'annonce des choses nouvelles, des choses tenues en réserve,
que tu ne connais pas.
[7] Elles sont créées maintenant
et non depuis longtemps ;
jusqu'à ce jour, tu n'en avais pas entendu parler
pour que tu ne puisses pas dire :
« Je le savais déjà ! »
[8] Non, tu n'en savais rien,
tu ne l'avais pas entendu ;
jamais auparavant, ce n'était parvenu à tes oreilles.
Car je te connaissais, et je te savais traître.
Oui, tu t'appelles : « Révolté de naissance[b] ! »
[9] Par égard pour ma renommée,

[z] **47.14** D'après le texte de Qumrân et certaines versions anciennes. Le texte traditionnel semble dire : *pour (cuire) son pain.*
[a] **47.15** Les nations avec lesquelles Babylone entretenait depuis son origine des relations commerciales.
[b] **48.8** Voir 43.27 et note.

for the sake of my praise I hold it back from you,
so as not to destroy you completely.
10 See, I have refined you, though not as silver;
I have tested you in the furnace of affliction.
11 For my own sake, for my own sake, I do this.
How can I let myself be defamed?
I will not yield my glory to another.

Israel Freed

12 "Listen to me, Jacob,
Israel, whom I have called:
I am he;
I am the first and I am the last.
13 My own hand laid the foundations of the earth,
and my right hand spread out the heavens;
when I summon them,
they all stand up together.
14 "Come together, all of you, and listen:
Which of the idols has foretold these things?
The LORD's chosen ally
will carry out his purpose against Babylon;
his arm will be against the Babylonians.[n]
15 I, even I, have spoken;
yes, I have called him.
I will bring him,
and he will succeed in his mission.
16 "Come near me and listen to this:
"From the first announcement I have not spoken in secret;
at the time it happens, I am there."
And now the Sovereign LORD has sent me,
endowed with his Spirit.
17 This is what the LORD says –
your Redeemer, the Holy One of Israel:
"I am the LORD your God,
who teaches you what is best for you,
who directs you in the way you should go.
18 If only you had paid attention to my commands,
your peace would have been like a river,
your well-being like the waves of the sea.
19 Your descendants would have been like the sand,
your children like its numberless grains;
their name would never be blotted out
nor destroyed from before me."
20 Leave Babylon,
flee from the Babylonians!
Announce this with shouts of joy
and proclaim it.
Send it out to the ends of the earth;

n 48:14 Or *Chaldeans*; also in verse 20

je retiens ma colère ;
et pour que la louange retentisse pour moi,
je me réfrène,
pour ne pas te détruire.
10 Je t'ai fait fondre,
mais non pour en retirer de l'argent.
Oui, je t'ai éprouvé dans le creuset de l'affliction.
11 C'est par égard pour moi,
uniquement pour moi, que j'agirai ainsi.
Comment me laisserais-je déshonorer ?
Je ne donnerai pas ma gloire à quelqu'un d'autre.

12 Ecoute-moi, Jacob,
Israël, que j'appelle !
Voilà ce que je suis : moi, je suis le premier
et je suis aussi le dernier.
13 C'est de mes propres mains que j'ai fondé la terre
et déployé le ciel.
Dès que je les appelle,
ensemble, ils se présentent.
14 Vous tous, rassemblez-vous et écoutez-moi bien !
Qui donc parmi les autres dieux a annoncé ces choses ?
Cet homme que l'Eternel[c] aime
accomplira ce qu'il désire à l'encontre de Babylone
son bras se lèvera contre les Chaldéens.
15 C'est moi, c'est moi qui ai parlé,
moi qui l'ai appelé
et qui l'ai fait venir.
Je ferai réussir ses entreprises.
16 Approchez-vous de moi, écoutez bien ceci :
Dès le commencement je n'ai jamais parlé dans le secret.
Quand les événements se sont produits, j'étais présent.
Et maintenant le Seigneur, l'Eternel,
m'a envoyé et son Esprit est avec moi.

Ce que Dieu désire

17 Ainsi dit l'Eternel, celui qui te délivre
et le Saint d'Israël :
Moi, je suis l'Eternel, ton Dieu,
et je t'instruis pour ton profit,
je te fais cheminer dans la voie où tu marches.
18 Si toi, tu avais tenu compte de mes commandements,
ta paix coulerait comme un fleuve
et la justice qui te serait faite déferlerait comme les vagues de la mer,
19 Lors ta postérité serait pareille au sable,
ta descendance serait aussi nombreuse que les grains de sable des plages,
ton nom ne sombrerait pas dans l'oubli,
jamais tu ne disparaîtrais de devant moi.

La sortie de Babylone

20 Sortez de Babylone[d] !
Fuyez les Chaldéens !
Avec des cris de joie,
publiez la nouvelle ! Proclamez-la,

c 48.14 Probablement Cyrus.
d 48.20 Repris en Ap 18.4.

say, "The LORD has redeemed his servant
Jacob."
21 They did not thirst when he led them through
the deserts;
he made water flow for them from the rock;
he split the rock
and water gushed out.
22 "There is no peace," says the LORD, "for the
wicked."

The Servant of the LORD

49 1 Listen to me, you islands;
hear this, you distant nations:
Before I was born the LORD called me;
from my mother's womb he has spoken my
name.
2 He made my mouth like a sharpened sword,
in the shadow of his hand he hid me;
he made me into a polished arrow
and concealed me in his quiver.
3 He said to me, "You are my servant,
Israel, in whom I will display my splendor."
4 But I said, "I have labored in vain;
I have spent my strength for nothing at all.
Yet what is due me is in the LORD's hand,
and my reward is with my God."

5 And now the LORD says –
he who formed me in the womb to be his
servant
to bring Jacob back to him
and gather Israel to himself,
for I am[a] honored in the eyes of the LORD
and my God has been my strength –
6 he says:
"It is too small a thing for you to be my servant
to restore the tribes of Jacob
and bring back those of Israel I have kept.
I will also make you a light for the Gentiles,
that my salvation may reach to the ends of
the earth."

7 This is what the LORD says –
the Redeemer and Holy One of Israel –
to him who was despised and abhorred by the
nation,
to the servant of rulers:
"Kings will see you and stand up,
princes will see and bow down,
because of the LORD, who is faithful,
the Holy One of Israel, who has chosen you."

Restoration of Israel

8 This is what the LORD says:
"In the time of my favor I will answer you,
and in the day of salvation I will help you;
I will keep you and will make you
to be a covenant for the people,

[a] 49:5 Or *him, / but Israel would not be gathered; / yet I will be*

répandez-la au loin, jusqu'au bout de la terre !
Dites que l'Eternel a délivré son serviteur Jacob.
21 Quand il les a conduits à travers le désert,
ils n'ont pas souffert de la soif
car il a fait couler pour eux l'eau du rocher ;
il a fendu le roc,
et les eaux ont jailli.
22 Mais, a dit l'Eternel, il n'y a pas de paix
pour les méchants !

Le deuxième chant du Serviteur

49 1 Vous tous qui habitez les îles et les régions
côtières, écoutez-moi !
Et vous peuples lointains, prêtez-moi attention !
J'ai été appelé par l'Eternel dès le sein maternel,
et il a mentionné mon nom dès avant ma naissance.
2 Il a fait de ma bouche une épée acérée,
il m'a couvert de l'ombre de sa main,
et il a fait de moi une flèche aiguisée ;
il m'a tenu caché, dans son carquois.
3 Il m'a dit : « Tu es mon serviteur, Israël ;
je manifesterai ma splendeur au travers de toi. »
4 Cependant, moi, j'ai dit :
« Je me suis fatigué pour rien,
c'est inutilement, oui, c'est en pure perte, que j'ai
usé mes forces ...
Mais l'Eternel me fera droit
et il tient en réserve ma récompense. »
5 Et maintenant, voici ce que dit l'Eternel,
celui qui m'a formé dès le sein de ma mère
pour que je sois son serviteur,
pour ramener Jacob à lui
et pour rassembler Israël auprès de lui.
Je serai honoré aux yeux de l'Eternel
et mon Dieu est la source de ma force.
6 Et il a dit aussi : « Tu ne seras pas seulement mon
serviteur
pour rétablir les tribus de Jacob
et ramener ceux que j'ai préservés du peuple
d'Israël.
Car je t'établirai pour être la lumière des autres
peuples
afin que mon salut parvienne aux extrémités de la
terre[e]. »
7 Voici ce que dit l'Eternel
qui délivre Israël, qui en est le Dieu saint,
à l'homme méprisé
et détesté du peuple,
celui dont les despotes ont fait leur serviteur :
Les rois t'apercevront, et ils se lèveront,
les princes te verront, ils se prosterneront,
afin d'honorer l'Eternel qui est fidèle,
oui, le Saint d'Israël, qui t'a choisi.

8 Voici ce que dit l'Eternel :
Au moment favorable je répondrai à ton appel,
et au jour du salut je viendrai à ton aide.
Je te protégerai, et je t'établirai
pour conclure une alliance avec le peuple

[e] **49.6** Voir 42.6. Cité en Ac 13.47. Allusion en Lc 2.32 (voir Jn 8.12 ; Ac 26.23).

to restore the land
and to reassign its desolate inheritances,
9 to say to the captives, 'Come out,'
and to those in darkness, 'Be free!'
"They will feed beside the roads
and find pasture on every barren hill.

10 They will neither hunger nor thirst,
nor will the desert heat or the sun beat down on them.
He who has compassion on them will guide them
and lead them beside springs of water.
11 I will turn all my mountains into roads,
and my highways will be raised up.
12 See, they will come from afar –
some from the north, some from the west,
some from the region of Aswan.[p]"
13 Shout for joy, you heavens;
rejoice, you earth;
burst into song, you mountains!
For the LORD comforts his people
and will have compassion on his afflicted ones.

14 But Zion said, "The LORD has forsaken me,
the Lord has forgotten me."
15 "Can a mother forget the baby at her breast
and have no compassion on the child she has borne?
Though she may forget,
I will not forget you!
16 See, I have engraved you on the palms of my hands;
your walls are ever before me.
17 Your children hasten back,
and those who laid you waste depart from you.
18 Lift up your eyes and look around;
all your children gather and come to you.
As surely as I live," declares the LORD,
"you will wear them all as ornaments;
you will put them on, like a bride.

19 "Though you were ruined and made desolate
and your land laid waste,
now you will be too small for your people,
and those who devoured you will be far away.
20 The children born during your bereavement
will yet say in your hearing,
'This place is too small for us;
give us more space to live in.'

21 Then you will say in your heart,

et pour relever le pays,
pour faire le partage des patrimoines dévastés[f],
9 pour dire aux prisonniers : « Sortez »,
et à ceux qui demeurent dans les ténèbres :
« Montrez-vous ! »
Et ils se nourriront partout le long des routes ;
ils trouveront des pâturages sur toutes les collines.
10 Ils n'endureront plus ni la faim ni la soif,
la chaleur du désert et le soleil ne les abattront plu
car celui qui les aime les conduira
et il les mènera auprès des sources d'eau[g].

11 Et toutes mes montagnes, je les transformerai en chemins praticables,
je remblaierai mes routes.
12 Les voici, ils arrivent des pays éloignés,
les uns viennent du nord, les autres du couchant,
d'autres encore de la région d'Assouan[h].
13 O cieux, poussez des cris de joie !
O terre, éclate d'allégresse !
Faites retentir votre joie, montagnes,
parce que l'Eternel a consolé son peuple
et qu'il a compassion des affligés.

Le retour en grâce de Sion

14 Cependant, Sion dit : « L'Eternel m'a abandonnée,
oui, le Seigneur m'a oubliée. »
15 Une femme oublie-t-elle l'enfant qu'elle nourrit ?
Cesse-t-elle d'aimer l'enfant qu'elle a conçu ?
Et même si les mères oubliaient leurs enfants,
je ne t'oublierai pas !

16 Voici, je t'ai gravée dans le creux de mes mains,
je pense constamment à tes remparts.

17 Déjà tes fils[i] accourent,
ceux qui te détruisaient et qui te ravageaient
s'en iront loin de toi.
18 Porte les yeux autour de toi, regarde :
ils se rassemblent tous,
et ils viennent vers toi.
Aussi vrai que je suis vivant,
déclare l'Eternel,
tu t'en revêtiras comme d'une parure,
et tu te les attacheras comme la mariée sa ceinture
19 Car ton pays en ruine,
dévasté, désolé,
deviendra trop étroit pour tous tes habitants ;
ceux qui te dévoraient auront fui loin de toi.
20 Tu entendras tes fils dont tu étais privée
te répéter :
« Ce lieu est trop étroit pour nous.
Fais-nous donc de la place,
pour que nous puissions habiter ici ! »
21 Alors tu te demanderas :

p **49:12** Dead Sea Scrolls; Masoretic Text *Sinim*

f **49.8** Cité en 2 Co 6.2. Voir 42.6.
g **49.10** Cité en Ap 7.16-17.
h **49.12** *Assouan:* dans le sud de l'Egypte. Selon le texte hébreu de Qumrân. Le texte hébreu traditionnel a *Sinim*, région non identifiée.
i **49.17** Selon le texte hébreu traditionnel. Le texte hébreu de Qumrân e plusieurs autres versions anciennes ont : *ceux qui te rebâtiront.*

'Who bore me these?
I was bereaved and barren;
I was exiled and rejected.
Who brought these up?
I was left all alone,
but these – where have they come from?' "

22 This is what the Sovereign LORD says:
"See, I will beckon to the nations,
I will lift up my banner to the peoples;
they will bring your sons in their arms
and carry your daughters on their hips.
23 Kings will be your foster fathers,
and their queens your nursing mothers.
They will bow down before you with their faces
to the ground;
they will lick the dust at your feet.
Then you will know that I am the LORD;
those who hope in me will not be
disappointed."
24 Can plunder be taken from warriors,
or captives be rescued from the fierce[q]?
25 But this is what the LORD says:
"Yes, captives will be taken from warriors,
and plunder retrieved from the fierce;
I will contend with those who contend with
you,
and your children I will save.
26 I will make your oppressors eat their own flesh;
they will be drunk on their own blood, as
with wine.
Then all mankind will know
that I, the LORD, am your Savior,
your Redeemer, the Mighty One of Jacob."

rael's Sin and the Servant's Obedience

50 1 This is what the LORD says:
"Where is your mother's certificate of
divorce
with which I sent her away?
Or to which of my creditors
did I sell you?
Because of your sins you were sold;
because of your transgressions your mother
was sent away.
2 When I came, why was there no one?
When I called, why was there no one to
answer?
Was my arm too short to deliver you?
Do I lack the strength to rescue you?
By a mere rebuke I dry up the sea,
I turn rivers into a desert;
their fish rot for lack of water
and die of thirst.
3 I clothe the heavens with darkness
and make sackcloth its covering."

« Qui donc a mis, pour moi, tous ces enfants au
monde ?
J'étais privée d'enfants, stérile,
et bannie en exil.
Qui donc a élevé ceux-ci ?
J'étais demeurée seule :
ceux-là, d'où viennent-ils ? »
22 Voici ce que déclare le Seigneur, l'Eternel :
Je ferai signe de la main aux nations étrangères,
je dresserai mon étendard en direction des peuples,
ils amèneront tes fils dans leurs bras,
ils chargeront tes filles sur leurs épaules.
23 Des rois s'occuperont de toi comme s'ils étaient tes
parents,
et leurs princesses seront tes mères nourricières.
Ils se prosterneront devant toi jusqu'à terre
et ils lécheront la poussière attachée à tes pieds.
Et tu sauras alors que je suis l'Eternel
et qu'on n'est pas déçu quand on compte sur moi.

24 Pourrait-on enlever ce qu'a pris le guerrier ?
Les captifs du tyran[j] seront-ils délivrés ?
25 Voici ce que dit l'Eternel :
Les captifs du guerrier lui seront enlevés,
et la proie du tyran va être délivrée.
Je ferai un procès moi-même à ceux qui t'ont fait un
procès
et je délivrerai moi-même tes enfants.
26 J'amènerai tes oppresseurs à s'entredéchirer.
Et ils s'enivreront du sang les uns des autres comme
de vin nouveau ;
alors tout le monde saura
que je suis l'Eternel que c'est moi qui te sauve,
que je suis ton libérateur le Puissant de Jacob.

L'Eternel veut vous délivrer

50 1 Voici ce que dit l'Eternel :
Où est la lettre de divorce
en vertu de laquelle j'aurais répudié votre mère ?
Ou auquel de mes créanciers vous ai-je donc
vendus ?
Non, vous avez été vendus
à cause de vos fautes,
et ce sont vos révoltes
qui ont été la cause de la répudiation de votre mère.
2 Lorsque je suis venu, pourquoi n'y avait-il
personne ?
Lorsque j'ai appelé, pourquoi nul n'a-t-il répondu ?
Croyez-vous que ma main soit devenue trop courte
pour délivrer ?
Que, pour vous libérer, je n'aurais pas la force ?
Pourtant, par ma menace, je mets la mer à sec,
et je réduis les fleuves en un désert.
Leurs poissons pourrissent alors par manque d'eau,
ils périssent de soif.
3 J'habillerai le ciel de noir
et je le couvrirai d'un habit de toile de sac.

q 49:24 Dead Sea Scrolls, Vulgate and Syriac (see also Septuagint
and verse 25); Masoretic Text *righteous*

j 49.24 D'après le texte hébreu de Qumrân et plusieurs versions anciennes. Le texte hébreu traditionnel a : *du juste*.

[4] The Sovereign LORD has given me a well-instructed tongue,
to know the word that sustains the weary.
He wakens me morning by morning,
wakens my ear to listen like one being instructed.
[5] The Sovereign LORD has opened my ears;
I have not been rebellious,
I have not turned away.
[6] I offered my back to those who beat me,
my cheeks to those who pulled out my beard;
I did not hide my face
from mocking and spitting.
[7] Because the Sovereign LORD helps me,
I will not be disgraced.
Therefore have I set my face like flint,
and I know I will not be put to shame.
[8] He who vindicates me is near.
Who then will bring charges against me?
Let us face each other!
Who is my accuser?
Let him confront me!
[9] It is the Sovereign LORD who helps me.
Who will condemn me?
They will all wear out like a garment;
the moths will eat them up.
[10] Who among you fears the LORD
and obeys the word of his servant?
Let the one who walks in the dark,
who has no light,
trust in the name of the LORD
and rely on their God.
[11] But now, all you who light fires
and provide yourselves with flaming torches,
go, walk in the light of your fires
and of the torches you have set ablaze.
This is what you shall receive from my hand:
You will lie down in torment.

Everlasting Salvation for Zion

51 [1] "Listen to me, you who pursue righteousness
and who seek the LORD:
Look to the rock from which you were cut
and to the quarry from which you were hewn;
[2] look to Abraham, your father,
and to Sarah, who gave you birth.
When I called him he was only one man,
and I blessed him and made him many.

Le troisième chant du Serviteur

[4] Le Seigneur, l'Eternel,
m'a donné une langue de disciple attentif
pour que, par ma parole, je sache fortifier
ceux qui sont fatigués.
Et il me fait tendre l'oreille
matin après matin,
afin que je l'écoute
comme un disciple.
[5] Le Seigneur, l'Eternel, a ouvert mon oreille,
et moi, de mon côté, je n'ai pas résisté,
je ne me suis pas éclipsé.
[6] J'ai présenté mon dos à ceux qui me frappaient
et j'ai tendu mes joues à ceux qui m'arrachaient la barbe.
Je n'ai pas caché mon visage
à ceux qui m'insultaient et qui crachaient sur moi.
[7] Le Seigneur, l'Eternel, viendra à mon secours ;
voilà pourquoi je ne suis pas confus ;
c'est pourquoi j'ai rendu ma face dure comme un caillou,
car je le sais : je ne serai pas dans la honte.
[8] Il est tout proche, celui qui me justifiera.
Qui veut m'intenter un procès ?
Comparaissons ensemble !
Qui conteste mon droit ?
Qu'il s'approche de moi !
[9] Le Seigneur, l'Eternel, viendra à mon secours,
qui me condamnera ?
Mes adversaires tomberont tous en loques, comme de vieux habits :
les mites les dévoreront.
[10] Qui parmi vous craint l'Eternel ?
qu'il écoute[k] son serviteur !
Si quelqu'un marche dans les ténèbres
sans avoir de lumière,
qu'il place sa confiance en l'Eternel,
qu'il s'appuie sur son Dieu !
[11] Mais vous qui allumez un feu,
qui vous armez de flèches embrasées,
allez donc dans les flammes de votre propre feu
et au milieu des flèches embrasées par vous-même
C'est de par moi que cela vous arrivera,
et c'est dans la douleur que vous vous coucherez.

Le salut éternel de Dieu

51 [1] Ecoutez-moi,
vous qui êtes en quête de justice,
qui vous tournez vers l'Eternel !
Regardez le rocher
d'où vous avez été taillés,
et la carrière
d'où vous avez été tirés !
[2] Oui, considérez donc Abraham votre père,
Sara qui vous a mis au monde,
car lorsque j'ai appelé Abraham, il n'avait pas d'enfant.
Je l'ai alors béni et je lui ai donné de nombreux descendants.

[k] **50.10** Selon l'ancienne version grecque et la version syriaque. Le text hébreu traditionnel porte : *en écoutant.*

[3] The LORD will surely comfort Zion
and will look with compassion on all her ruins;
he will make her deserts like Eden,
her wastelands like the garden of the LORD.
Joy and gladness will be found in her,
thanksgiving and the sound of singing.
[4] "Listen to me, my people;
hear me, my nation:
Instruction will go out from me;
my justice will become a light to the nations.
[5] My righteousness draws near speedily,
my salvation is on the way,
and my arm will bring justice to the nations.
The islands will look to me
and wait in hope for my arm.
[6] Lift up your eyes to the heavens,
look at the earth beneath;
the heavens will vanish like smoke,
the earth will wear out like a garment
and its inhabitants die like flies.
But my salvation will last forever,
my righteousness will never fail.
[7] "Hear me, you who know what is right,
you people who have taken my instruction to heart:
Do not fear the reproach of mere mortals
or be terrified by their insults.
[8] For the moth will eat them up like a garment;
the worm will devour them like wool.
But my righteousness will last forever,
my salvation through all generations."

[9] Awake, awake, arm of the LORD,
clothe yourself with strength!
Awake, as in days gone by,
as in generations of old.
Was it not you who cut Rahab to pieces,
who pierced that monster through?
[10] Was it not you who dried up the sea,
the waters of the great deep,
who made a road in the depths of the sea
so that the redeemed might cross over?
[11] Those the LORD has rescued will return.
They will enter Zion with singing;
everlasting joy will crown their heads.
Gladness and joy will overtake them,
and sorrow and sighing will flee away.

[12] "I, even I, am he who comforts you.

[3] Oui, l'Eternel va consoler Sion,
ses ruines lui inspireront de la compassion ;
il rendra son désert comme l'Eden,
la steppe comme le jardin de l'Eternel.
La joie et l'allégresse y régneront,
et l'on y entendra de la musique et des chants de reconnaissance.
[4] Prête-moi attention, mon peuple !
Vous, ma nation, tendez vers moi l'oreille,
car je promulguerai la Loi,
et je proclamerai mon droit
pour éclairer les peuples.
[5] Oui, je ferai bientôt justice,
mon salut va paraître,
mes bras gouverneront les peuples.
Les îles, les régions côtières, mettront leur espérance en moi,
elles s'en remettront au secours de mon bras.
[6] Levez les yeux au ciel,
baissez-les sur la terre,
car, comme une fumée, le ciel s'évanouira
et, comme un vêtement, la terre s'usera.
Ses habitants mourront comme des mouches,
mais mon salut sera établi pour toujours,
mon œuvre de justice ne sera pas anéantie.
[7] Ecoutez-moi, vous qui savez ce qui est juste.
Peuple, qui a ma Loi présente à son esprit,
ne crains donc pas les injures des hommes,
que leurs outrages ne t'emplissent pas de frayeur !
[8] Car ils seront mangés par la vermine comme un habit,
et rongés par les mites comme la laine.
Quant à mon œuvre de justice, elle sera établie pour toujours
et mon salut pour toutes les générations.

L'éveil de la nouvelle création

Le nouvel exode, la nouvelle création

[9] Réveille-toi ! Réveille-toi !
Revêts-toi de puissance,
ô bras de l'Eternel !
Entre en action comme aux jours d'autrefois,
au temps des premières générations !
N'est-ce pas toi qui abattis Rahav l'Egypte,
qui transperças le monstre de la mer ?
[10] N'est-ce pas toi qui desséchas la mer
et qui taris les eaux du grand abîme ?
Toi qui fis un chemin dans les profondeurs de la mer
pour que ton peuple délivré puisse y passer ?
[11] De même, ceux que l'Eternel a libérés retourneront,
ils iront à Sion avec des cris de joie.
Une joie éternelle couronnera leur tête,
la joie et l'allégresse les accompagneront,
la tristesse et les plaintes fuiront au loin.

Si Dieu est pour nous, qui sera contre nous ?

[12] C'est moi, c'est moi qui vous console.

Who are you that you fear mere mortals,
human beings who are but grass,
13 that you forget the LORD your Maker,
who stretches out the heavens
and who lays the foundations of the earth,
that you live in constant terror every day
because of the wrath of the oppressor,
who is bent on destruction?
For where is the wrath of the oppressor?
14 The cowering prisoners will soon be set free;
they will not die in their dungeon,
nor will they lack bread.
15 For I am the LORD your God,
who stirs up the sea so that its waves roar –
the LORD Almighty is his name.
16 I have put my words in your mouth
and covered you with the shadow of my
hand –
I who set the heavens in place,
who laid the foundations of the earth,
and who say to Zion, 'You are my people.' "

The Cup of the LORD's Wrath

17 Awake, awake!
Rise up, Jerusalem,
you who have drunk from the hand of the LORD
the cup of his wrath,
you who have drained to its dregs
the goblet that makes people stagger.
18 Among all the children she bore
there was none to guide her;
among all the children she reared
there was none to take her by the hand.
19 These double calamities have come upon you –
who can comfort you? –
ruin and destruction, famine and sword –
who can[r] console you?

20 Your children have fainted;
they lie at every street corner,
like antelope caught in a net.
They are filled with the wrath of the LORD,
with the rebuke of your God.
21 Therefore hear this, you afflicted one,
made drunk, but not with wine.
22 This is what your Sovereign LORD says,
your God, who defends his people:
"See, I have taken out of your hand
the cup that made you stagger;
from that cup, the goblet of my wrath,
you will never drink again.
23 I will put it into the hands of your tormentors,
who said to you,
'Fall prostrate that we may walk on you.'
And you made your back like the ground,
like a street to be walked on."

r **51:19** Dead Sea Scrolls, Septuagint, Vulgate and Syriac; Masoretic Text / *how can I*

Comment donc peux-tu craindre l'homme qui doit
mourir,
ou un humain qui a le même sort que l'herbe ?
13 As-tu donc oublié l'Eternel qui t'a fait,
qui a tendu le ciel et a fondé la terre ?
Comment peux-tu trembler sans cesse tout le jour
parce que le tyran déchaîne sa fureur
et se prépare à te détruire ?
Maintenant, où est-elle, la fureur du tyran ?

14 Bientôt, le prisonnier[l] va être libéré,
il ne périra pas au fond de son cachot
et il ne sera plus privé de nourriture.
15 Moi, je suis l'Eternel, ton Dieu.
Quand j'agite la mer, ses flots mugissent.
Voici mon nom : le Seigneur des armées célestes.
16 Oui, j'ai mis mes paroles dans ta bouche,
je t'ai couvert de l'ombre de ma main,
pour étendre le ciel, et pour fonder la terre,
et pour proclamer à Sion : « Tu es mon peuple ! »

Jérusalem se relève

17 Réveille-toi, réveille-toi,
debout, Jérusalem,
toi qui as bu la coupe remplie de la colère
que l'Eternel t'a présentée,
oui, toi qui as vidé jusqu'à l'ultime goutte
la coupe du vertige.
18 Parmi tous les fils que tu as mis au monde,
il n'y en a aucun pour te guider,
et parmi tous les fils que tu as élevés,
il n'y en a aucun pour te prendre la main !
19 Deux malheurs t'ont frappé,
mais qui donc te plaindra ?
La dévastation et la destruction,
la famine et l'épée !
Et qui te consolera[m] ?
20 Tes fils défaillent,
ils sont couchés à tous les coins de rue,
comme des antilopes prises dans un filet.
Ils ont été chargés de la fureur de l'Eternel,
de la sanction infligée par ton Dieu.
21 C'est pourquoi, malheureuse, écoute donc ceci,
toi qui es enivrée, mais pas de vin.
22 Ainsi parle ton Dieu, l'Eternel, ton Seigneur,
qui va défendre la cause de son peuple :
J'ôterai de ta main
la coupe du vertige,
et tu ne boiras plus
désormais le calice rempli de ma colère,
23 car je le mettrai dans la main de tes persécuteurs,
de ceux qui te disaient :
« Incline-toi, afin que nous passions ! »
Et tu as présenté ton dos pour qu'on le foule
comme une rue pour les passants.

l **51.14** Autre traduction : *celui qui ploie sous le fardeau.*
m **51.19** D'après le texte hébreu de Qumrân, l'ancienne version grecque la version syriaque et la Vulgate. Le texte hébreu traditionnel a : *qui suis-je pour te consoler ? ou par qui pourrais-je te consoler ?*

52 1 Awake, awake, Zion,
clothe yourself with strength!
Put on your garments of splendor,
Jerusalem, the holy city.
The uncircumcised and defiled
will not enter you again.
2 Shake off your dust;
rise up, sit enthroned, Jerusalem.
Free yourself from the chains on your neck,
Daughter Zion, now a captive.
3 For this is what the LORD says:
"You were sold for nothing,
and without money you will be redeemed."
4 For this is what the Sovereign LORD says:
"At first my people went down to Egypt to live;
lately, Assyria has oppressed them.
5 "And now what do I have here?" declares the LORD.
"For my people have been taken away for nothing,
and those who rule them mock,[s]"
declares the LORD.
"And all day long
my name is constantly blasphemed.
6 Therefore my people will know my name;
therefore in that day they will know
that it is I who foretold it.
Yes, it is I."
7 How beautiful on the mountains
are the feet of those who bring good news,
who proclaim peace,
who bring good tidings,
who proclaim salvation,
who say to Zion,
"Your God reigns!"
8 Listen! Your watchmen lift up their voices;
together they shout for joy.
When the LORD returns to Zion,
they will see it with their own eyes.
9 Burst into songs of joy together,
you ruins of Jerusalem,
for the LORD has comforted his people,
he has redeemed Jerusalem.
10 The LORD will lay bare his holy arm
in the sight of all the nations,
and all the ends of the earth will see
the salvation of our God.
11 Depart, depart, go out from there!
Touch no unclean thing!
Come out from it and be pure,
you who carry the articles of the LORD's house.

52:5 Dead Sea Scrolls and Vulgate; Masoretic Text *wail*

Jérusalem rétablie

52 1 Réveille-toi, réveille-toi,
Sion, pare-toi de ta force !
Mets tes vêtements d'apparat,
Jérusalem, ô ville sainte !
Car désormais ni l'incirconcis ni l'impur
n'entreront plus chez toi.
2 Secoue donc ta poussière, relève-toi, Jérusalem,
installe-toi,
délivre-toi des chaînes qui enserrent ton cou,
toi qui es prisonnière, Dame Sion !
3 Car voici ce que l'Eternel déclare : Puisqu'on vous a
vendus pour rien, ce sera sans argent qu'on vous libérera.
4 Car voici ce que déclare le Seigneur, l'Eternel : Mon peuple
est tout d'abord descendu en Egypte afin d'y séjourner,
ensuite l'Assyrien l'a opprimé sans cause. 5 Mais à présent
ici, qu'est-ce que j'ai à faire ? demande l'Eternel. Puisque
mon peuple a été pris pour rien, ses oppresseurs se vantent[n], déclare l'Eternel, et, à longueur de jour, mon nom est
outragé[o] ! 6 C'est pourquoi mon peuple va savoir qui je suis.
Oui, il saura en ce jour-là que c'est moi qui ai dit : Je viens !

Dieu délivre

7 Comme il est beau de voir sur les montagnes
les pas du messager d'une bonne nouvelle,
qui annonce la paix,
qui parle de bonheur,
et qui annonce le salut,
qui dit à Sion : « Ton Dieu règne. »

8 On entend tes guetteurs,
ils élèvent la voix,
ils crient de joie ensemble
car de leurs propres yeux ils voient
l'Eternel arriver de nouveau à Sion[p].
9 Poussez des cris de joie, ensemble faites éclater
votre allégresse,
vous, ruines de Jérusalem !
Car l'Eternel a consolé son peuple
et délivré Jérusalem.
10 L'Eternel a manifesté sa puissance et sa sainteté
aux yeux de toutes les nations,
et tous les confins de la terre verront
la délivrance qu'apporte notre Dieu.
11 Partez, partez, sortez de là,
ne touchez rien d'impur[q] !
Sortez de cette ville !
Purifiez-vous,
vous qui portez les ustensiles de l'Eternel[r] !

[n] **52.5** D'après le texte hébreu de Qumrân. Le texte hébreu traditionnel a : *poussent des cris.*
[o] **52.5** Cité en Rm 2.24 d'après l'ancienne version grecque.
[p] **52.8** Le texte hébreu de Qumrân ajoute ici : *avec amour.*
[q] **52.11** Cité en 2 Co 6.17 d'après l'ancienne version grecque.
[r] **52.11** C'est-à-dire les ustensiles sacrés du culte que les Babyloniens avaient emportés lors de la destruction du temple de Jérusalem en 587 et que les exilés ramèneront. Les lévites ne devaient rien toucher d'impur, rien qui ait rapport aux pratiques idolâtres des païens (voir Nb 4.24-28).

[12] But you will not leave in haste
or go in flight;
for the LORD will go before you,
the God of Israel will be your rear guard.

The Suffering and Glory of the Servant

[13] See, my servant will act wisely[t];
he will be raised and lifted up and highly
exalted.

[14] Just as there were many who were appalled at
him[u] –
his appearance was so disfigured beyond
that of any human being
and his form marred beyond human
likeness –
[15] so he will sprinkle many nations,[v]
and kings will shut their mouths because of
him.
For what they were not told, they will see,
and what they have not heard, they will
understand.

53 [1] Who has believed our message
and to whom has the arm of the LORD been
revealed?
[2] He grew up before him like a tender shoot,
and like a root out of dry ground.
He had no beauty or majesty to attract us to
him,
nothing in his appearance that we should
desire him.
[3] He was despised and rejected by mankind,
a man of suffering, and familiar with pain.
Like one from whom people hide their faces
he was despised, and we held him in low
esteem.

[4] Surely he took up our pain
and bore our suffering,
yet we considered him punished by God,
stricken by him, and afflicted.
[5] But he was pierced for our transgressions,
he was crushed for our iniquities;
the punishment that brought us peace was on
him,
and by his wounds we are healed.
[6] We all, like sheep, have gone astray,
each of us has turned to our own way;
and the LORD has laid on him
the iniquity of us all.
[7] He was oppressed and afflicted,
yet he did not open his mouth;

[t] 52:13 Or *will prosper*
[u] 52:14 Hebrew *you*
[v] 52:15 Or *so will many nations be amazed at him* (see also Septuagint)

[12] Vous ne sortirez pas en courant à la hâte[s],
vous ne marcherez pas comme des fugitifs,
car l'Eternel marchera devant vous,
et le Dieu d'Israël fermera votre marche.

Le quatrième chant du Serviteur

[13] Voici, mon serviteur
agira en toute sagesse[t],
il sera haut placé,
très élevé, grandement exalté.
[14] Beaucoup ont été horrifiés
tellement son visage était défiguré
et tant son apparence n'avait plus rien d'humain.

[15] Car il accomplira le rite de l'aspersion pour des
peuples nombreux[u].
Les rois, à son sujet, resteront bouche close,
car ils verront eux-mêmes ce qui ne leur avait pas
été raconté,
ils comprendront ce qui ne leur avait pas été
annoncé[v].

53 [1] Qui a cru à notre message ?
A qui a été révélée l'intervention de l'Eternel[w]

[2] Il a grandi tout droit comme une jeune pousse
ou comme une racine sortant d'un sol aride.
Il n'avait ni prestance ni beauté
pour retenir notre attention
ni rien dans son aspect qui pût nous attirer.

[3] Il était méprisé, abandonné des hommes,
un homme de douleur
habitué à la souffrance.
Oui, il était semblable à ceux devant lesquels on
détourne les yeux.
Il était méprisé,
et nous n'avons fait de lui aucun cas.
[4] Pourtant, en vérité, c'est de nos maladies qu'il s'est
chargé,
et ce sont nos souffrances qu'il a prises sur lui,
alors que nous pensions que Dieu l'avait puni,
frappé et humilié[x].
[5] Mais c'est pour nos péchés qu'il a été percé,
c'est pour nos fautes qu'il a été brisé.
Le châtiment qui nous donne la paix est retombé
sur lui
et c'est par ses blessures que nous sommes guéris[y].
[6] Nous étions tous errants, pareils à des brebis,
chacun de nous allait par son propre chemin :
l'Eternel a fait retomber sur lui les fautes de nous
tous.
[7] Il était maltraité, et il s'est humilié,
il n'a pas dit un mot.
Semblable à un agneau mené à l'abattoir,

[s] 52.12 Pas comme lors de la sortie d'Egypte.
[t] 52.13 Autre traduction : *réussira.*
[u] 52.15 Traduction incertaine. Les versions ont compris : *de même, de nombreux peuples s'émerveilleront à son sujet.*
[v] 52.15 Cité en Rm 15.21, d'après l'ancienne version grecque.
[w] 53.1 Cité en Jn 12.38 ; Rm 10.16.
[x] 53.4 Cité en Mt 8.17.
[y] 53.5 Les v. 5-6 sont cités en 1 P 2.24-25.

he was led like a lamb to the slaughter,
and as a sheep before its shearers is silent,
so he did not open his mouth.
8 By oppression[w] and judgment he was taken
away.
Yet who of his generation protested?
For he was cut off from the land of the living;
for the transgression of my people he was
punished.[x]

9 He was assigned a grave with the wicked,
and with the rich in his death,
though he had done no violence,
nor was any deceit in his mouth.

10 Yet it was the LORD's will to crush him and cause
him to suffer,
and though the LORD makes[y] his life an
offering for sin,
he will see his offspring and prolong his days,
and the will of the LORD will prosper in his
hand.
11 After he has suffered,
he will see the light of life[z] and be satisfied[a];
by his knowledge[b] my righteous servant will
justify many,
and he will bear their iniquities.

12 Therefore I will give him a portion among the
great,[c]
and he will divide the spoils with the
strong,[d]
because he poured out his life unto death,
and was numbered with the transgressors.
For he bore the sin of many,
and made intercession for the transgressors.

ɪe Future Glory of Zion

54 1 "Sing, barren woman,
you who never bore a child;
burst into song, shout for joy,
you who were never in labor;
because more are the children of the desolate
woman
than of her who has a husband,"
says the LORD.

2 "Enlarge the place of your tent,

tout comme la brebis muette devant ceux qui la
tondent,
il n'a pas dit un mot[z].
8 Il a été arraché à la vie[a] avec violence, suite à un
jugement.
Et qui, parmi les gens de sa génération, s'est soucié
de son sort,
lorsqu'on l'a retranché
du pays des vivants ?
Il a été frappé à mort[b]
à cause des péchés que mon peuple[c] a commis.
9 On a mis son tombeau avec celui des criminels
et son sépulcre avec celui des riches,
alors qu'il n'avait pas commis d'acte de violence
et que jamais ses lèvres n'avaient produit la
tromperie[d].
10 Mais il a plu à Dieu de le briser par la souffrance.
Bien que toi, Dieu, tu aies livré sa vie en sacrifice de
réparation,
il verra une descendance.
Il vivra de longs jours
et il accomplira avec succès ce que désire l'Eternel.

11 Car après avoir tant souffert,
il verra la lumière[e], et il sera comblé.
Beaucoup de gens le connaîtront, et pour cela,
mon serviteur, le Juste, leur accordera le statut de
justes
et se chargera de leurs fautes.
12 Voilà pourquoi je lui donnerai une part avec ces
gens nombreux ;
il partagera le butin avec la multitude,
car il s'est dépouillé lui-même[f] jusqu'à la mort
et s'est laissé compter parmi les malfaiteurs[g],
car il a pris sur lui les fautes d'un grand nombre,
il a intercédé en faveur des coupables.

La gloire future de Jérusalem

54 1 Pousse des cris de joie, toi qui étais stérile[h],
toi qui n'enfantais pas !
Eclate en chants joyeux, crie d'allégresse,
toi qui n'as pas connu les douleurs de
l'enfantement !
Car l'Eternel déclare :
Les enfants de la délaissée[i] seront bien plus
nombreux
que ceux de la femme mariée[j].
2 C'est pourquoi, élargis l'espace de ta tente

3:8 Or *From arrest*
3:8 Or *generation considered / that he was cut off from the land of the*
ɪng, / that he was punished for the transgression of my people?
3:10 Hebrew *though you make*
3:11 Dead Sea Scrolls (see also Septuagint); Masoretic Text does
: have *the light of life.*
3:11 Or (with Masoretic Text) [11] *He will see the fruit of his suffering*
ɪd will be satisfied
3:11 Or *by knowledge of him*
3:12 Or *many*
3:12 Or *numerous*

z 53.7 Les v. 7-8 sont cités en Ac 8.32-33, d'après l'ancienne version grecque.
a 53.8 Autre traduction : *arrêté.*
b 53.8 D'après l'ancienne version grecque. Le texte hébreu traditionnel a : *il a été frappé.*
c 53.8 Selon le texte hébreu traditionnel. Le principal texte hébreu de Qumrân a : *son peuple.*
d 53.9 Cité en 1 P 2.22.
e 53.11 D'après le texte hébreu de Qumrân et l'ancienne version grecque. Le texte hébreu traditionnel a : *il verra.*
f 53.12 Réminiscence en Ph 2.7.
g 53.12 Cité en Lc 22.37 et dans certains manuscrits de Mc 15.28 (voir note Mc 15.27).
h 54.1 Il s'agit de Jérusalem.
i 54.1 Terme qui s'applique au pays *dévasté* (voir 49.21 ; 50.1 ; 62.4).
j 54.1 Cité en Ga 4.27.

stretch your tent curtains wide,
do not hold back;
lengthen your cords,
strengthen your stakes.
3 For you will spread out to the right and to the left;
your descendants will dispossess nations
and settle in their desolate cities.
4 "Do not be afraid; you will not be put to shame.
Do not fear disgrace; you will not be humiliated.
You will forget the shame of your youth
and remember no more the reproach of your widowhood.

5 For your Maker is your husband –
the LORD Almighty is his name –
the Holy One of Israel is your Redeemer;
he is called the God of all the earth.
6 The LORD will call you back
as if you were a wife deserted and distressed in spirit –
a wife who married young,
only to be rejected," says your God.
7 "For a brief moment I abandoned you,
but with deep compassion I will bring you back.

8 In a surge of anger
I hid my face from you for a moment,
but with everlasting kindness
I will have compassion on you,"
says the LORD your Redeemer.
9 "To me this is like the days of Noah,
when I swore that the waters of Noah would never again cover the earth.
So now I have sworn not to be angry with you,
never to rebuke you again.

10 Though the mountains be shaken
and the hills be removed,
yet my unfailing love for you will not be shaken
nor my covenant of peace be removed,"
says the LORD, who has compassion on you.

11 "Afflicted city, lashed by storms and not comforted,
I will rebuild you with stones of turquoise,[e]
your foundations with lapis lazuli.
12 I will make your battlements of rubies,
your gates of sparkling jewels,
and all your walls of precious stones.

13 All your children will be taught by the LORD,
and great will be their peace.
14 In righteousness you will be established:
Tyranny will be far from you;

[e] 54:11 The meaning of the Hebrew for this word is uncertain.

et déploie largement les toiles qui t'abritent.
Ne les ménage pas,
allonge tes cordages,
assure tes piquets,
3 car tu te répandras sur ta droite et ta gauche,
et ta postérité prendra possession de nations
et peuplera des villes devenues solitaires.
4 Ne sois pas effrayée
car tu ne seras plus honteuse,
et ne sois pas confuse
car tu n'auras plus à rougir.
Tu oublieras la honte de ton adolescence
et tu ne te souviendras plus
du déshonneur de ton veuvage,
5 car celui qui t'a faite c'est ton époux.
Il a pour nom : le Seigneur des armées célestes.
Celui qui te délivre c'est le Saint d'Israël,
celui que l'on appelle : le Dieu du monde entier.
6 L'Eternel te rappelle
comme un époux rappelle la femme abandonnée,
à l'esprit accablé,
la compagne de la jeunesse qu'il aurait répudiée.
C'est ce que déclare ton Dieu.
7 Pour un petit moment,
je t'ai abandonnée,
mais avec beaucoup de tendresse
je vais te rassembler.
8 Dans le déchaînement de mon indignation,
je t'ai caché ma face pour un petit instant,
mais dans mon amour éternel,
j'ai de la tendresse pour toi.
C'est là ce que déclare ton libérateur, l'Eternel.
9 Car il en est pour moi comme au temps de Noé[k].
J'avais juré alors
que les eaux du déluge ne submergeraient plus la terre.
De même, je fais le serment
de ne plus m'irriter à ton encontre,
et de ne plus t'adresser de reproches.
10 Même si les montagnes se mettaient à partir,
même si les collines venaient à chanceler,
mon amour envers toi ne partira jamais ;
mon alliance de paix ne chancellera pas,
déclare l'Eternel, rempli de tendresse pour toi.

La nouvelle Jérusalem

11 O cité malheureuse, battue par la tempête,
privée de réconfort :
dans un mortier de jaspe, j'enchâsserai tes pierres
et je te fonderai sur des saphirs[l].
12 Je sertirai tes tours de créneaux en rubis,
je te ferai des portes en pierres d'escarboucle
et je t'entourerai d'un rempart de pierres précieuses.
13 Tous tes enfants seront instruits par l'Eternel[m]
et la paix de tes fils sera très grande.
14 Tu seras affermie par la justice,
à l'abri de toute oppression ;

[k] **54.9** Voir Gn 9.8-17. Certains manuscrits ont : *comme des eaux, à l'époque de Noé.*
[l] **54.11** Pour les v. 11-12, voir Ap 21.18-21.
[m] **54.13** Cité en Jn 6.45.

you will have nothing to fear.
Terror will be far removed;
it will not come near you.
15 If anyone does attack you, it will not be my
doing;
whoever attacks you will surrender to you.

16 "See, it is I who created the blacksmith
who fans the coals into flame
and forges a weapon fit for its work.
And it is I who have created the destroyer to
wreak havoc;
17 no weapon forged against you will prevail,
and you will refute every tongue that
accuses you.
This is the heritage of the servants of the LORD,
and this is their vindication from me,"
declares the LORD.

...nvitation to the Thirsty

55 1 "Come, all you who are thirsty,
come to the waters;
and you who have no money,
come, buy and eat!
Come, buy wine and milk
without money and without cost.
2 Why spend money on what is not bread,
and your labor on what does not satisfy?
Listen, listen to me, and eat what is good,
and you will delight in the richest of fare.

3 Give ear and come to me;
listen, that you may live.
I will make an everlasting covenant with you,
my faithful love promised to David.

4 See, I have made him a witness to the peoples,
a ruler and commander of the peoples.
5 Surely you will summon nations you know not,
and nations you do not know will come
running to you,
because of the LORD your God,
the Holy One of Israel,
for he has endowed you with splendor."
6 Seek the LORD while he may be found;
call on him while he is near.

7 Let the wicked forsake their ways
and the unrighteous their thoughts.
Let them turn to the LORD, and he will have
mercy on them,

tu n'auras rien à craindre,
car la terreur sera bannie
et elle ne t'atteindra plus.
15 Si l'on s'attroupe contre toi,
je n'y serai pour rien.
Et ceux qui s'attrouperaient contre toi
tomberont devant toi.
16 Moi, j'ai créé le forgeron
qui attise les braises
et en retire une arme façonnée pour l'usage auquel
il la destine.
Et j'ai aussi créé
le destructeur pour la dévastation.
17 Toute arme fabriquée pour te faire du mal
n'atteindra pas son but,
et tu pourras confondre
tous tes accusateurs en jugement,
car tel est l'apanage des serviteurs de l'Eternel
et c'est ainsi que je leur fais justice,
l'Eternel le déclare.

L'offre et l'appel universels

Le festin gratuit

55 1 Vous tous qui avez soif,
venez chercher de l'eau !
Et même vous qui n'avez pas d'argent,
venez, achetez et mangez !
Venez acheter sans argent, oui, sans paiement,
du vin, du lait[n] !
2 Pourquoi dépensez-vous votre argent pour payer
ce qui ne nourrit pas ?
Pourquoi travaillez-vous
pour une nourriture qui ne rassasie pas ?
Ecoutez, oui, écoutez-moi,
alors vous mangerez ce qui est bon,
vous vous délecterez d'aliments savoureux.
3 Tendez l'oreille, venez à moi,
écoutez-moi et vous vivrez.
Car je conclurai avec vous une alliance éternelle,
j'accomplirai pour vous avec fidélité les œuvres
bienveillantes que j'ai promises à David[o].
4 Voici, j'ai fait de lui un témoin pour les peuples,
un chef pour commander aux peuples.
5 Oui, tu appelleras une nation que tu ne connais
pas ;
une nation qui ne te connaît pas va accourir vers
toi ;
c'est à cause de moi, moi, l'Eternel ton Dieu,
moi, le Saint d'Israël,
qui te couvre de gloire.
6 Tournez-vous donc vers l'Eternel,
tant qu'on peut le trouver.
Adressez-vous à lui
tant qu'il est proche !
7 Que le coupable abandonne sa voie,
et l'homme malfaisant ses mauvaises pensées !
Et qu'il revienne à l'Eternel
qui aura compassion de lui,
à notre Dieu

---

n **55.1** Réminiscence en Ap 21.6 ; 22.17.
o **55.3** Cité en Ac 13.34 d'après l'ancienne version grecque.

and to our God, for he will freely pardon.
[8] "For my thoughts are not your thoughts,
neither are your ways my ways,"
declares the LORD.
[9] "As the heavens are higher than the earth,
so are my ways higher than your ways
and my thoughts than your thoughts.

[10] As the rain and the snow
come down from heaven,
and do not return to it
without watering the earth
and making it bud and flourish,
so that it yields seed for the sower and bread
for the eater,
[11] so is my word that goes out from my mouth:
It will not return to me empty,
but will accomplish what I desire
and achieve the purpose for which I sent it.

[12] You will go out in joy
and be led forth in peace;
the mountains and hills
will burst into song before you,
and all the trees of the field
will clap their hands.
[13] Instead of the thornbush will grow the juniper,
and instead of briers the myrtle will grow.
This will be for the LORD's renown,
for an everlasting sign,
that will endure forever."

Salvation for Others

56 [1] This is what the LORD says:
"Maintain justice
and do what is right,
for my salvation is close at hand
and my righteousness will soon be revealed.
[2] Blessed is the one who does this –
the person who holds it fast,
who keeps the Sabbath without desecrating it,
and keeps their hands from doing any evil."

[3] Let no foreigner who is bound to the LORD say,
"The LORD will surely exclude me from his
people."
And let no eunuch complain,
"I am only a dry tree."
[4] For this is what the LORD says:
"To the eunuchs who keep my Sabbaths,
who choose what pleases me
and hold fast to my covenant –
[5] to them I will give within my temple and its
walls
a memorial and a name
better than sons and daughters;
I will give them an everlasting name
that will endure forever.
[6] And foreigners who bind themselves to the LORD

qui lui accordera un pardon généreux.
[8] Car vos pensées ne sont pas mes pensées,
et vos voies ne sont pas les voies que j'ai prescrites
déclare l'Eternel ;
[9] autant le ciel est élevé au-dessus de la terre,
autant les voies que je vous ai prescrites sont
élevées au-dessus de vos voies,
et autant mes pensées sont élevées loin au-dessus
des vôtres.
[10] Or, la pluie et la neige qui descendent du ciel
n'y retournent jamais
sans avoir arrosé et fécondé la terre,
sans avoir fait germer les graines qui s'y trouvent,
sans fournir au semeur le grain qu'il doit semer,
et sans donner du pain à tous ceux qui le mangent
[11] Il en sera de même de la parole que j'ai prononcée
elle ne reviendra jamais vers moi à vide,
sans avoir accompli ce que je désirais
et sans avoir atteint le but
que je lui ai fixé.
[12] Car vous sortirez pleins de joie,
vous serez conduits dans la paix.
Montagnes et collines
éclateront en cris de joie devant vos pas.
Tous les arbres des champs applaudiront.

[13] Où croissent les broussailles poussera le cyprès,
et au lieu des orties croîtra le myrte.
Ce sera un titre de gloire pour l'Eternel
et un signe perpétuel
qui ne disparaîtra jamais.

Tous les peuples acceptés

56 [1] Voici ce que dit l'Eternel :
Faites ce qui est juste
et respectez le droit,
car je vais bientôt vous sauver,
je vais faire justice.
[2] Bienheureux sera l'homme qui agira ainsi,
heureux sera celui qui s'y appliquera :
qui respectera le sabbat,
et ne le profanera pas,
et qui s'efforcera de ne faire aucun mal !
[3] L'étranger qui s'attache à l'Eternel ne devra pas se
dire :
« L'Eternel m'exclura sûrement de son peuple »,
et l'eunuque non plus n'aura pas à penser :
« Je suis un arbre sec ! »
[4] Car voici ce que l'Eternel déclare :
A ceux qui sont eunuques, qui respecteront les
sabbats que j'ai prescrits,
qui choisiront de faire ce qui m'est agréable,
et qui s'attacheront à mon alliance,
[5] je réserverai dans ma Maison
et dans mes murs une stèle et un nom
qui vaudront mieux pour eux que des fils et des
filles ;
je leur accorderai un nom impérissable
qui ne sera jamais rayé.
[6] Et les étrangers qui s'attacheront

p 55.10 Réminiscence en 2 Co 9.10.

to minister to him,
to love the name of the LORD,
and to be his servants,
all who keep the Sabbath without desecrating it
and who hold fast to my covenant –
7 these I will bring to my holy mountain
and give them joy in my house of prayer.
Their burnt offerings and sacrifices
will be accepted on my altar;
for my house will be called
a house of prayer for all nations."
8 The Sovereign LORD declares –
he who gathers the exiles of Israel:
"I will gather still others to them
besides those already gathered."

od's Accusation Against the Wicked

9 Come, all you beasts of the field,
come and devour, all you beasts of the forest!
10 Israel's watchmen are blind,
they all lack knowledge;
they are all mute dogs,
they cannot bark;
they lie around and dream,
they love to sleep.
11 They are dogs with mighty appetites;
they never have enough.
They are shepherds who lack understanding;
they all turn to their own way,
they seek their own gain.
12 "Come," each one cries, "let me get wine!
Let us drink our fill of beer!
And tomorrow will be like today,
or even far better."

57 1 The righteous perish,
and no one takes it to heart;
the devout are taken away,
and no one understands
that the righteous are taken away
to be spared from evil.
2 Those who walk uprightly
enter into peace;
they find rest as they lie in death.
3 "But you – come here, you children of a sorceress,
you offspring of adulterers and prostitutes!
4 Who are you mocking?
At whom do you sneer
and stick out your tongue?
Are you not a brood of rebels,

à l'Eternel pour le servir,
et pour l'aimer
et pour être ses serviteurs,
qui respecteront le sabbat
et ne le profaneront pas,
et qui s'attacheront à mon alliance,
7 je les ferai venir à ma montagne sainte
et je les réjouirai au Temple où l'on me prie,
et j'agréerai leurs holocaustes et autres sacrifices
offerts sur mon autel.
Car on appellera mon temple : « La Maison de prière
pour tous les peuples[q]. »
8 Voici ce que déclare l'Eternel,
lui qui rassemble les bannis d'Israël :
A ceux qui seront déjà rassemblés
j'en joindrai d'autres que je rassemblerai aussi.

Le changement nécessaire

Les conducteurs indignes

9 Vous tous les animaux sauvages,
venez, repaissez-vous,
tous les animaux des forêts[r] !
10 Les sentinelles d'Israël sont toutes des aveugles :
ce sont des ignorants,
tous sont des chiens muets
qui ne peuvent pas aboyer.
Rêvassant, allongés,
ils aiment somnoler ...
11 Mais ces chiens sont avides
et jamais rassasiés,
et ce sont des bergers
qui ne comprennent rien.
Ils suivent chacun son chemin
à la poursuite de ses gains.
12 « Venez, je vais chercher du vin,
et nous boirons jusqu'à l'ivresse des boissons fortes,
disent-ils.
Demain, la fête continue comme aujourd'hui :
il reste du surplus en abondance. »

Malheur à un peuple idolâtre

57 1 Or des justes périssent
mais nul ne s'en soucie,
et des hommes de bien sont enlevés,
sans que nul ne comprenne
que les justes sont emportés afin que leur soit
épargné le malheur à venir[s].
2 La paix viendra
et ceux qui suivent le droit chemin
pourront dormir tranquilles.
3 Mais vous, approchez-vous,
fils de ces femmes qui se livrent à la divination,
race adultère, prostituée !
4 De qui vous moquez-vous ?
Et contre qui ouvrez-vous grand la bouche,
contre qui tirez-vous la langue ?
N'êtes-vous pas des enfants infidèles

q **56.7** Cité par Jésus en Mt 21.13 ; Mc 11.17 ; Lc 19.46.
r **56.9** Ces bêtes représentent les ennemis d'Israël invités à venir dévorer le troupeau (le peuple) mal gardé par ses conducteurs infidèles.
s **57.1** Autre traduction : *que c'est à cause des méchants que les justes sont emportés.*

the offspring of liars?
[5] You burn with lust among the oaks
and under every spreading tree;
you sacrifice your children in the ravines
and under the overhanging crags.
[6] The idols among the smooth stones of the ravines are your portion;
indeed, they are your lot.
Yes, to them you have poured out drink offerings
and offered grain offerings.
In view of all this, should I relent?
[7] You have made your bed on a high and lofty hill;
there you went up to offer your sacrifices.
[8] Behind your doors and your doorposts
you have put your pagan symbols.
Forsaking me, you uncovered your bed,
you climbed into it and opened it wide;
you made a pact with those whose beds you love,
and you looked with lust on their naked bodies.
[9] You went to Molek[f] with olive oil
and increased your perfumes.
You sent your ambassadors[g] far away;
you descended to the very realm of the dead!
[10] You wearied yourself by such going about,
but you would not say, 'It is hopeless.'
You found renewal of your strength,
and so you did not faint.
[11] "Whom have you so dreaded and feared
that you have not been true to me,
and have neither remembered me
nor taken this to heart?
Is it not because I have long been silent
that you do not fear me?
[12] I will expose your righteousness and your works,
and they will not benefit you.
[13] When you cry out for help,
let your collection of idols save you!
The wind will carry all of them off,
a mere breath will blow them away.
But whoever takes refuge in me
will inherit the land
and possess my holy mountain."

Comfort for the Contrite

[14] And it will be said:
"Build up, build up, prepare the road!
Remove the obstacles out of the way of my people."
[15] For this is what the high and exalted One says –

f 57:9 Or *to the king*
g 57:9 Or *idols*

et une race fourbe,
[5] vous qui vous échauffez auprès des chênes
et sous chaque arbre vert,
vous qui immolez les enfants en sacrifice dans les lits des torrents
et les creux des rochers ?
[6] Les pierres polies du torrent[t],
voilà ton bien,
voilà, voilà ton lot !
C'est pour ces pierres-là que tu as répandu des libations de vin,
que tu fais des offrandes !
Devrais-je donc me consoler de tout cela ?
[7] Tu as dressé ta couche
sur de hautes montagnes
et tu y montes pour offrir des sacrifices.
[8] Tu as placé ton mémorial
derrière le battant et le linteau des portes !
C'est loin de moi que tu t'es mise nue,
que tu es montée sur ton lit pour y faire une large place.
Tu as conclu un pacte avec ces gens
dont tu aimes la couche
et tu as contemplé leur nudité.
[9] Tu as apporté en présent de l'huile au dieu Molok[u],
tu lui as offert des parfums
et tu as envoyé tes messagers au loin ;
et ainsi tu t'es abaissée
jusqu'au séjour des morts !
[10] Tu es devenue lasse à force de marcher,
sans jamais avouer : « Tout cela, c'est désespéré ! »
Tu retrouves des forces,
aussi n'es-tu pas abattue.
[11] Et qui donc craignais-tu,
de qui avais-tu peur, pour que tu m'aies trompé,
pour que tu ne te sois plus souvenue de moi,
et que tu m'aies chassé de tes pensées ?
Serait-ce parce que, depuis longtemps, j'ai gardé le silence ?
Serait-ce pour cela que tu ne me crains plus ?
[12] Mais je vais exposer ce que vaut ta « justice ».
Et toutes tes actions
ne te seront d'aucun profit !
[13] Qu'ils te délivrent donc, tous tes nombreux faux dieux,
quand tu crieras vers eux,
mais le vent les balaiera tous,
une rafale les emportera !
Mais celui qui s'appuie sur moi
recevra le pays
et entrera en possession de ma montagne sainte.

L'Eternel guérira

[14] Et l'on dira : Frayez la route, oui, frayez-la,
préparez le chemin !
Enlevez tout obstacle
du chemin de mon peuple.
[15] Car voici ce que dit le Dieu très élevé
qui demeure éternellement,

t 57.6 Ces *pierres* (ou rocs) *polies* devaient servir à des cultes idolâtres, peut-être liés aux cultes de la fécondité dénoncés au v. 5.
u 57.9 Autre traduction : *au grand roi. Molok* était la divinité principale des Ammonites.

he who lives forever, whose name is holy:
"I live in a high and holy place,
but also with the one who is contrite and
lowly in spirit,
to revive the spirit of the lowly
and to revive the heart of the contrite.
16 I will not accuse them forever,
nor will I always be angry,
for then they would faint away because of me –
the very people I have created.

17 I was enraged by their sinful greed;
I punished them, and hid my face in anger,
yet they kept on in their willful ways.

18 I have seen their ways, but I will heal them;
I will guide them and restore comfort to
Israel's mourners,

19 creating praise on their lips.
Peace, peace, to those far and near,"
says the LORD.
"And I will heal them."

20 But the wicked are like the tossing sea,
which cannot rest,
whose waves cast up mire and mud.
21 "There is no peace," says my God, "for the
wicked."

rue Fasting

58 1"Shout it aloud, do not hold back.
Raise your voice like a trumpet.
Declare to my people their rebellion
and to the descendants of Jacob their sins.

2 For day after day they seek me out;
they seem eager to know my ways,
as if they were a nation that does what is right
and has not forsaken the commands of its
God.
They ask me for just decisions
and seem eager for God to come near them.
3 'Why have we fasted,' they say,
'and you have not seen it?
Why have we humbled ourselves,
and you have not noticed?'
"Yet on the day of your fasting, you do as you
please
and exploit all your workers.
4 Your fasting ends in quarreling and strife,
and in striking each other with wicked fists.
You cannot fast as you do today

et qui est saint :
J'habite dans un lieu qui est très haut et saint,
mais je demeure aussi avec l'homme accablé,
à l'esprit abattu,
pour ranimer la vie de qui a l'esprit abattu
et vivifier le cœur des hommes accablés.
16 Car ce n'est pas toujours que j'intenterai un procès,
ni éternellement que je m'irriterai,
car sinon, devant moi, le souffle de la vie
s'évanouirait,
les êtres que j'ai faits dépériraient.
17 L'avidité coupable du peuple d'Israël
m'avait mis en colère.
Alors je l'ai frappé
et je me suis caché dans mon irritation.
Mais lui, rebelle, il a suivi la voie
où l'inclinait son cœur.
18 J'ai bien vu sa conduite,
mais je le guérirai
et je le conduirai,
je lui accorderai une pleine consolation,
à lui, et aux siens affligés.
19 Je créerai sur leurs lèvres des hymnes de louange.
Paix, paix à qui est loin
comme à ceux qui sont près[v],
déclare l'Eternel.
Oui, je le guérirai.
20 Mais les méchants ressemblent à la mer agitée
qui ne peut se calmer
et dont les flots agitent la vase et le limon.
21 Il n'y a pas de paix
a dit mon Dieu, pour les méchants.

La gloire de Sion rachetée

Le vrai jeûne

58 1Crie de toutes tes forces
et ne te retiens pas.
Fais retentir ta voix comme le son du cor[w] !
A mon peuple dénonce sa révolte,
et aux descendants de Jacob leurs fautes.
2 Ils me recherchent chaque jour,
ils disent qu'ils se plaisent à connaître mes voies,
comme ferait un peuple qui accomplit ce qui est
juste
et n'a pas délaissé le droit que son Dieu a prescrit.
Ils exigent de moi de justes jugements
et veulent être près de Dieu.
3 « Que nous sert de jeûner,
si tu ne le vois pas ?
Pourquoi nous humilier,
si tu n'y prends pas garde ? »
Au jour où vous jeûnez,
vous traitez vos affaires[x]
et vous exploitez tous vos ouvriers,
4 vous passez votre jeûne en procès et querelles
et en donnant des coups de poing avec méchanceté.
Ce n'est pas par des jeûnes, comme ceux
d'aujourd'hui,

[v] **57.19** Allusion en Ep 2.17.
[w] **58.1** Le *cor* était utilisé pour rassembler les guerriers pour le combat ou les fidèles pour les fêtes religieuses.
[x] **58.3** Autre traduction : *vous faites ce que vous voulez.*

and expect your voice to be heard on high.
5 Is this the kind of fast I have chosen,
only a day for people to humble themselves?
Is it only for bowing one's head like a reed
and for lying in sackcloth and ashes?
Is that what you call a fast,
a day acceptable to the LORD?
6 "Is not this the kind of fasting I have chosen:
to loose the chains of injustice
and untie the cords of the yoke,
to set the oppressed free
and break every yoke?

7 Is it not to share your food with the hungry
and to provide the poor wanderer with shelter –
when you see the naked, to clothe them,
and not to turn away from your own flesh and blood?
8 Then your light will break forth like the dawn,
and your healing will quickly appear;
then your righteousness[h] will go before you,
and the glory of the LORD will be your rear guard.
9 Then you will call, and the LORD will answer;
you will cry for help, and he will say: Here am I.
"If you do away with the yoke of oppression,
with the pointing finger and malicious talk,
10 and if you spend yourselves in behalf of the hungry
and satisfy the needs of the oppressed,
then your light will rise in the darkness,
and your night will become like the noonday.
11 The LORD will guide you always;
he will satisfy your needs in a sun-scorched land
and will strengthen your frame.
You will be like a well-watered garden,
like a spring whose waters never fail.
12 Your people will rebuild the ancient ruins
and will raise up the age-old foundations;
you will be called Repairer of Broken Walls,
Restorer of Streets with Dwellings.

13 "If you keep your feet from breaking the Sabbath
and from doing as you please on my holy day,
if you call the Sabbath a delight
and the LORD's holy day honorable,
and if you honor it by not going your own way
and not doing as you please or speaking idle words,
14 then you will find your joy in the LORD,

que vous ferez entendre vos prières là-haut !
5 Est-ce cela le jeûne auquel je prends plaisir ?
Est-ce cela un jour où l'homme s'humilie ?
S'agit-il de courber la tête comme un jonc
et de vous étaler sur le sac et la cendre ?
Pouvez-vous appeler cela un jour de jeûne
que l'Eternel agrée ?
6 Le jeûne qui me plaît
est celui qui consiste à détacher les liens de la méchanceté,
à délier les courroies de toute servitude,
à mettre en liberté tous ceux que l'on opprime
et à briser toute espèce de joug.
7 C'est partager ton pain avec ceux qui ont faim,
et offrir l'hospitalité aux pauvres sans abri,
c'est donner des habits à celui qu'on voit nu,
ne pas te détourner de ton prochain.

8 Alors, comme l'aurore, jaillira ta lumière,
ton rétablissement s'opérera bien vite.
Oui, alors la justice marchera devant toi,
et la gloire de l'Eternel sera l'arrière-garde.

9 Quand tu appelleras,
l'Eternel répondra ;
quand tu crieras à l'aide,
il dira : « Je suis là ! »
Si, du milieu de toi, tu supprimes le joug de l'oppression,
les gestes menaçants
et les propos méchants,
10 si tu donnes ton pain[y]
à celui qui a faim
et si tu pourvois aux besoins de l'opprimé,
la lumière luira pour toi au milieu des ténèbres,
et ton obscurité se changera pour toi en clarté de midi,
11 L'Eternel te conduira constamment.
Il pourvoira à tes besoins dans les déserts arides,
il te fortifiera physiquement
et tu ressembleras à un jardin bien arrosé,
à une source vive aux eaux intarissables.
12 Les tiens rebâtiront les ruines d'autrefois
et tu relèveras les fondements posés dans les siècle[s] passés.
Tu seras appelé : « Réparateur des brèches »,
« le restaurateur des chemins » qui rend le pays habitable.
13 Si, le jour du sabbat, tu te retiens de travailler,
si tu t'abstiens de traiter tes affaires en ce jour qui m'est consacré,
si pour toi le jour du sabbat est un temps de délice[s]
si ce saint jour de l'Eternel, tu le tiens en estime
et si tu le respectes
en t'abstenant de faire ce qui te plaît,
de traiter tes affaires
et de tenir de longs discours,
14 alors tu trouveras ta joie en l'Eternel,

h 58:8 Or *your righteous One*

y 58.10 D'après quelques manuscrits hébreux, les versions syriaque et grecque. Le texte hébreu traditionnel porte : *Si tu te donnes.*

and I will cause you to ride in triumph on the
heights of the land
and to feast on the inheritance of your father
Jacob."
The mouth of the LORD has spoken.

Sin, Confession and Redemption

59 [1]Surely the arm of the LORD is not too short
to save,
nor his ear too dull to hear.
2 But your iniquities have separated
you from your God;
your sins have hidden his face from you,
so that he will not hear.
3 For your hands are stained with blood,
your fingers with guilt.
Your lips have spoken falsely,
and your tongue mutters wicked things.
4 No one calls for justice;
no one pleads a case with integrity.
They rely on empty arguments, they utter lies;
they conceive trouble and give birth to evil.

5 They hatch the eggs of vipers
and spin a spider's web.
Whoever eats their eggs will die,
and when one is broken, an adder is hatched.
6 Their cobwebs are useless for clothing;
they cannot cover themselves with what
they make.
Their deeds are evil deeds,
and acts of violence are in their hands.
7 Their feet rush into sin;
they are swift to shed innocent blood.
They pursue evil schemes;
acts of violence mark their ways.
8 The way of peace they do not know;
there is no justice in their paths.
They have turned them into crooked roads;
no one who walks along them will know
peace.

9 So justice is far from us,
and righteousness does not reach us.
We look for light, but all is darkness;
for brightness, but we walk in deep shadows.
10 Like the blind we grope along the wall,

et sur les hauteurs du pays je te ferai passer
et je te donnerai la pleine jouissance du patrimoine
de Jacob, ton ancêtre.
L'Eternel a parlé.

De l'injustice à la justice

Ce qui sépare de Dieu

59 [1]Mais non : la main de l'Eternel n'est pas trop
courte pour sauver,
et son oreille n'est pas sourde au point de ne plus
vous entendre !
2 Ce sont vos fautes qui vous séparent
de votre Dieu.
C'est à cause de vos péchés qu'il s'est détourné loin
de vous
pour ne plus vous entendre.
3 Car vos mains sont souillées de sang
et vos doigts de péchés,
vos lèvres disent des mensonges,
votre langue susurre des paroles perfides.
4 Personne n'invoque le droit,
et nul ne plaide selon la vérité.
On s'appuie sur de vains raisonnements
et l'on allègue des mensonges.
Ils conçoivent le mal
et enfantent l'iniquité.
5 Ils couvent des œufs de vipère,
tissent des toiles d'araignée.
Qui mange de ces œufs mourra ;
de chaque œuf couvé qui éclôt
sortira un serpent.
6 Leurs toiles d'araignée ne servent pas de vêtement,
et l'on ne peut pas se couvrir de ce qu'ils ont
confectionné.
Les œuvres qu'ils produisent sont des œuvres
mauvaises ;
de leurs mains, ils commettent des actes de
violence.
7 Leurs pieds courent au mal,
et ils ont hâte de verser le sang innocent.
Leurs pensées sont sans cesse orientées vers le mal,
dévastation et destruction jalonnent leur
parcours[z].
8 Ils ne connaissent pas le chemin de la paix,
et le droit est absent des routes qu'ils empruntent.
Les sentiers qu'ils se tracent sont des voies
tortueuses :
quiconque s'y engage ne connaît pas la paix.

Les péchés du peuple

9 Voilà pourquoi le droit demeure loin de nous,
et l'on ne nous rend pas justice.
Nous espérions de la lumière,
et c'est l'obscurité.
Oui, nous espérions la clarté
et nous marchons dans les ténèbres.
10 Nous allons à tâtons comme des aveugles le long
d'un mur ;
comme ceux qui n'ont plus leurs yeux,
nous allons à tâtons,

z 59.7 Pour les v. 7-8, voir Rm 3.15-17.

feeling our way like people without eyes.
At midday we stumble as if it were twilight;
among the strong, we are like the dead.

11 We all growl like bears;
we moan mournfully like doves.
We look for justice, but find none;
for deliverance, but it is far away.

12 For our offenses are many in your sight,
and our sins testify against us.
Our offenses are ever with us,
and we acknowledge our iniquities:
13 rebellion and treachery against the LORD,
turning our backs on our God,
inciting revolt and oppression,
uttering lies our hearts have conceived.

14 So justice is driven back,
and righteousness stands at a distance;
truth has stumbled in the streets,
honesty cannot enter.
15 Truth is nowhere to be found,
and whoever shuns evil becomes a prey.
The LORD looked and was displeased
that there was no justice.

16 He saw that there was no one,
he was appalled that there was no one to intervene;
so his own arm achieved salvation for him,
and his own righteousness sustained him.
17 He put on righteousness as his breastplate,
and the helmet of salvation on his head;
he put on the garments of vengeance
and wrapped himself in zeal as in a cloak.

18 According to what they have done,
so will he repay
wrath to his enemies
and retribution to his foes;
he will repay the islands their due.
19 From the west, people will fear the name of the LORD,
and from the rising of the sun, they will revere his glory.
For he will come like a pent-up flood
that the breath of the LORD drives along.[i]
20 "The Redeemer will come to Zion,
to those in Jacob who repent of their sins,"
declares the LORD.

21 "As for me, this is my covenant with them," says
the LORD. "My Spirit, who is on you, will not depart
from you, and my words that I have put in your mouth
will always be on your lips, on the lips of your children

[i] 59:19 Or *When enemies come in like a flood, / the Spirit of the LORD will put them to flight*

nous trébuchons en plein midi comme à la nuit tombante ;
tout en étant pleins de vigueur,
nous sommes comme morts.
11 Nous grondons tous comme des ours
et nous ne cessons de gémir tout comme des colombes.
Nous espérons le droit, mais il n'y en a pas ;
et le salut, mais il est loin de nous !
12 Car nos révoltes contre toi sont nombreuses
nos transgressions témoignent contre nous.
Nos péchés restent attachés à nous,
et nos fautes, nous les connaissons bien.
13 Nous sommes des rebelles
et nous avons trompé l'Eternel, notre Dieu, en lui tournant le dos.
Nous ne parlons que d'oppression et de révolte,
et nous avons conçu, nous avons projeté des propos mensongers dans notre cœur.
14 Aussi, le droit recule
et la justice est loin de nous.
La vérité trébuche sur la place publique,
et la droiture ne peut y accéder.
15 La vérité a disparu
et celui qui se détourne du mal se fait piller.

Dieu intervient

Mais l'Eternel a vu avec indignation
qu'il n'y a plus de droit.
16 Il n'a trouvé personne qui intercède,
il s'en est étonné.
Alors son propre bras lui est venu en aide,
et sa justice a été son soutien.

17 Il se revêt de la justice comme d'une cuirasse,
il s'est mis sur la tête le casque du salut.
En guise de tunique, il s'est drapé de la rétribution,
il s'est enveloppé comme dans un manteau[a] d'une ardeur passionnée pour la relation exclusive qui le lie à son peuple.
18 Il rendra à chacun ce que lui vaut ses actes :
la fureur à ses adversaires,
et leur dû à ses ennemis ;
il paiera leur salaire aux habitants des îles, et des régions côtières.
19 Ainsi, l'on craindra l'Eternel et l'on révérera sa gloire
de l'occident jusqu'au levant.
Car il viendra comme un fleuve en furie
agité par un vent venu de l'Eternel[b].

20 Car le libérateur va venir pour Sion,
pour ceux qui, en Jacob, renonceront à leurs révoltes.
L'Eternel le déclare.
21 Quant à moi, déclare l'Eternel, voici quelle est l'alli
ance que je fais avec eux[c] : Mon Esprit qui repose sur to
et mes paroles que je mets dans ta bouche, ne s'écarteron
ni de ta bouche, ni de la bouche de tes enfants, ni de l

[a] 59.17 Allusion en Ep 6.14-17 ; 1 Th 5.8.
[b] 59.19 Verset difficile, interprété de diverses manières.
[c] 59.21 Les v. 20-21 sont cités en Rm 11.26.

ɴd on the lips of their descendants – from this time
ɴ and forever," says the LORD.

he Glory of Zion

60 [1]"Arise, shine, for your light has come,
and the glory of the LORD rises upon you.
2 See, darkness covers the earth
and thick darkness is over the peoples,
but the LORD rises upon you
and his glory appears over you.
3 Nations will come to your light,
and kings to the brightness of your dawn.
4 "Lift up your eyes and look about you:
All assemble and come to you;
your sons come from afar,
and your daughters are carried on the hip.

5 Then you will look and be radiant,
your heart will throb and swell with joy;
the wealth on the seas will be brought to you,
to you the riches of the nations will come.

6 Herds of camels will cover your land,
young camels of Midian and Ephah.
And all from Sheba will come,
bearing gold and incense
and proclaiming the praise of the LORD.

7 All Kedar's flocks will be gathered to you,
the rams of Nebaioth will serve you;
they will be accepted as offerings on my altar,
and I will adorn my glorious temple.

8 "Who are these that fly along like clouds,
like doves to their nests?

9 Surely the islands look to me;
in the lead are the ships of Tarshish,[j]
bringing your children from afar,
with their silver and gold,
to the honor of the LORD your God,
the Holy One of Israel,
for he has endowed you with splendor.

10 "Foreigners will rebuild your walls,
and their kings will serve you.

ɪ60:9 Or *the trading ships*

bouche de leurs enfants. Voilà ce que dit l'Eternel, dès
maintenant et pour l'éternité.

L'éclat de la Jérusalem future

Lumière et gloire

60 [1]Lève-toi, resplendis, car voici ta lumière,
car sur toi s'est levée la gloire du Seigneur.
2 Voici que les ténèbres couvrent la terre
et une nuée sombre[d] couvre les peuples,
mais, sur toi, l'Eternel se lèvera lui-même comme
un soleil
et l'on verra sa gloire apparaître sur toi.
3 Des peuples marcheront à ta lumière[e],
et des rois à cette clarté qui s'est levée sur toi.
4 Regarde autour de toi et vois :
ils se rassemblent tous,
ils viennent jusqu'à toi.
Tes fils viennent de loin,
tes filles sont portées comme des enfants sur la
hanche.
5 Tu le verras alors, tu brilleras de joie,
ton cœur tressaillira et se dilatera
car, les richesses que transportent les vaisseaux
sillonnant la mer seront dirigées vers tes ports.
Les trésors des nations[f] arriveront chez toi.
6 Tu seras submergée par le flot des chameaux.
Les dromadaires de Madian et d'Epha[g] couvriront
ton pays.
Tous les habitants de Saba[h] viendront
et ils apporteront de l'or et de l'encens,
et ils proclameront les louanges de l'Eternel.
7 Les moutons et les chèvres de Qédar s'assembleront
chez toi,
tous les béliers de Nebayoth[i] seront à ton service,
ils monteront sur mon autel en offrande agréée,
et je rendrai splendide le Temple où ma splendeur
réside.
8 Qui sont ceux-là qui viennent volant comme un
nuage,
ou comme des colombes qui regagnent leur
colombier ?
9 Les habitants des îles et des régions côtières
mettront leur espérance en moi,
les vaisseaux au long cours[j] viendront les tout
premiers
pour ramener tes fils de loin
avec leur argent et leur or
pour faire honneur à l'Eternel, ton Dieu,
et au Saint d'Israël qui te fait resplendir.
10 Les étrangers rebâtiront tes murs,
leurs rois te serviront.
Car je t'avais frappée dans mon indignation,

[d] **60.2** Autre traduction : *un épais brouillard.*
[e] **60.3** Cité en Ap 21.24.
[f] **60.5** Cité en Ap 21.24.
[g] **60.6** *Madian:* tribu nomade du sud-est du Jourdain, aux nombreux éleveurs de chameaux, dont l'origine remonte à Abraham. *Epha:* un fils de Madian (Gn 25.1-2, 4).
[h] **60.6** *Saba:* région opulente du sud de l'Arabie.
[i] **60.7** *Qédar* désigne le désert Arabique avec ses tribus de Bédouins. *Nebayoth:* autre tribu arabe (Gn 25.13).
[j] **60.9** Autre traduction : *de Tarsis*, port situé probablement en Espagne.

Though in anger I struck you,
in favor I will show you compassion.
11 Your gates will always stand open,
they will never be shut, day or night,
so that people may bring you the wealth of the nations –
their kings led in triumphal procession.
12 For the nation or kingdom that will not serve you will perish;
it will be utterly ruined.
13 "The glory of Lebanon will come to you,
the juniper, the fir and the cypress together,
to adorn my sanctuary;
and I will glorify the place for my feet.
14 The children of your oppressors will come bowing before you;
all who despise you will bow down at your feet
and will call you the City of the Lord,
Zion of the Holy One of Israel.
15 "Although you have been forsaken and hated,
with no one traveling through,
I will make you the everlasting pride
and the joy of all generations.
16 You will drink the milk of nations
and be nursed at royal breasts.
Then you will know that I, the Lord, am your Savior,
your Redeemer, the Mighty One of Jacob.
17 Instead of bronze I will bring you gold,
and silver in place of iron.
Instead of wood I will bring you bronze,
and iron in place of stones.
I will make peace your governor
and well-being your ruler.

18 No longer will violence be heard in your land,
nor ruin or destruction within your borders,
but you will call your walls Salvation
and your gates Praise.

19 The sun will no more be your light by day,
nor will the brightness of the moon shine on you,
for the Lord will be your everlasting light,
and your God will be your glory.
20 Your sun will never set again,
and your moon will wane no more;
the Lord will be your everlasting light,
and your days of sorrow will end.
21 Then all your people will be righteous
and they will possess the land forever.
They are the shoot I have planted,
the work of my hands,
for the display of my splendor.

22 The least of you will become a thousand,

mais maintenant dans ma faveur je te témoigne ma tendresse.
11 Tes portes, jour et nuit, seront toujours ouvertes,
on ne les fermera jamais
pour laisser affluer vers toi
les trésors des nations,
et leurs rois en cortège[k].
12 Car la nation ou le royaume
qui ne te seront pas assujettis disparaîtront ;
oui, en effet ces nations-là seront complètement ruinées.
13 Le cyprès, le platane et le genévrier
qui font la gloire du Liban te seront apportés
pour embellir le lieu où est mon sanctuaire,
et je rendrai glorieux le lieu où reposent mes pieds.
14 Les descendants de ceux qui t'humiliaient
viendront se courber devant toi,
et ceux qui t'insultaient
se prosterneront à tes pieds[l].
Et l'on t'appellera : « Cité de l'Eternel,
la Sion du Saint d'Israël ».
15 Tu étais délaissée, haïe,
nul ne passait chez toi.
Mais je ferai de toi un sujet de fierté à tout jamais,
et un sujet de joie pour toutes les générations.
16 Tu téteras le lait au sein
des nations et des rois
et tu sauras que je suis l'Eternel, que c'est moi qui te sauve,
que je suis ton libérateur, le Puissant de Jacob.
17 Au lieu du bronze, j'apporterai de l'or,
et de l'argent au lieu du fer,
du bronze au lieu du bois,
du fer au lieu de pierres.
J'établirai sur toi
la paix comme inspecteur,
et la justice
comme dominateur.
18 Et l'on n'entendra plus parler de violence dans ton pays,
de dévastation et de destruction dans tes frontières,
et tu appelleras tes murailles « Salut »,
et tes portes « Louange ».
19 Ce ne sera plus le soleil qui, désormais, te donnera la lumière du jour ;
la clarté de la lune ne luira plus sur toi la nuit.
Car l'Eternel sera ta lumière à toujours,
oui, ton Dieu sera ta splendeur[m].
20 Désormais, ton soleil ne se couchera plus
et, jamais plus, ta lune ne se retirera,
car l'Eternel sera ta lumière à toujours,
et les jours de ton deuil auront pris fin pour toi.
21 Ton peuple sera tout entier composé d'hommes justes
et ils posséderont le pays pour toujours.
Ils sont les rejetons que j'ai plantés moi-même,
l'ouvrage de mes mains
pour manifester ma splendeur.
22 Le plus petit d'entre eux deviendra un millier,

k **60.11** Cité en Ap 21.25-26.
l **60.14** Réminiscence en Ap 3.9.
m **60.19** Les v. 19-20 sont repris en Ap 21.23.

the smallest a mighty nation.
I am the LORD;
in its time I will do this swiftly."

e Year of the LORD's Favor

1 [1]The Spirit of the Sovereign LORD is on me,
because the LORD has anointed me
to proclaim good news to the poor.
He has sent me to bind up the brokenhearted,
to proclaim freedom for the captives
and release from darkness for the prisoners,[k]

[2] to proclaim the year of the LORD's favor
and the day of vengeance of our God,
to comfort all who mourn,
[3] and provide for those who grieve in Zion –
to bestow on them a crown of beauty
instead of ashes,
the oil of joy
instead of mourning,
and a garment of praise
instead of a spirit of despair.
They will be called oaks of righteousness,
a planting of the LORD
for the display of his splendor.
[4] They will rebuild the ancient ruins
and restore the places long devastated;
they will renew the ruined cities
that have been devastated for generations.
[5] Strangers will shepherd your flocks;
foreigners will work your fields and
vineyards.
[6] And you will be called priests of the LORD,
you will be named ministers of our God.
You will feed on the wealth of nations,
and in their riches you will boast.

[7] Instead of your shame
you will receive a double portion,
and instead of disgrace
you will rejoice in your inheritance.
And so you will inherit a double portion in your
land,
and everlasting joy will be yours.

[8] "For I, the LORD, love justice;
I hate robbery and wrongdoing.
In my faithfulness I will reward my people
and make an everlasting covenant with
them.
[9] Their descendants will be known among the
nations
and their offspring among the peoples.
All who see them will acknowledge
that they are a people the LORD has blessed."

1 Hebrew; Septuagint *the blind*

le plus insignifiant, une nation puissante.
C'est moi, moi l'Eternel, qui hâterai en leur temps,
ces événements.

Messager d'une bonne nouvelle

61 [1]L'Esprit de l'Eternel, du Seigneur, est sur moi
car l'Eternel m'a oint
pour annoncer aux humiliés une bonne nouvelle.
Oui, il m'a envoyé afin de panser ceux qui ont le
cœur brisé,
d'annoncer aux captifs leur délivrance
et à ceux qui sont prisonniers[n] leur mise en liberté[o],
[2] afin de proclamer, pour l'Eternel une année de
faveur
et un jour de rétribution pour notre Dieu,
afin de consoler tous ceux qui mènent deuil,
[3] et d'apporter à ceux qui, dans Sion, sont
endeuillés,
la splendeur au lieu de la cendre,
pour mettre sur leur tête l'huile de l'allégresse au
lieu du deuil,
et pour les vêtir d'habits de louange au lieu d'un
esprit abattu,
afin qu'on les appelle « Les chênes de justice,
la plantation de l'Eternel
qui manifestent sa splendeur ».
[4] Car ils rebâtiront les ruines d'autrefois
et ils relèveront ce qui a été dévasté par le passé.
Oui, ils restaureront les villes ravagées,
les habitats détruits depuis bien des générations.
[5] Des étrangers viendront s'y établir,
ils feront paître vos troupeaux.
Ces gens seront vos laboureurs
et ils cultiveront vos vergers et vos vignes.
[6] Mais vous, on vous appellera « Prêtres de
l'Eternel » ;
on dira que vous êtes servants de notre Dieu.
Vous jouirez des trésors des nations
et vous mettrez votre fierté[p] dans ce qui fait leur
gloire.
[7] Au lieu de votre honte,
vous aurez double honneur,
et au lieu de l'opprobre,
vous pousserez des cris de joie à cause de la part
que vous aurez.
Car, dans votre pays, vous recevrez un patrimoine
double.
Il y aura pour vous une joie éternelle.
[8] Moi, l'Eternel, moi, j'aime la droiture.
Je déteste le vol avec sa perfidie.
Je les rétribuerai avec fidélité[q]
et je conclurai avec eux une alliance éternelle.

[9] Leurs descendants seront connus chez les nations,
et leur progéniture parmi les peuples.
Tous ceux qui les verront reconnaîtront en eux
une postérité bénie par l'Eternel.

n **61.1** L'ancienne version grecque a : *aveugles.*
o **61.1** Allusion en Mt 11.5 ; Lc 7.22. Les v. 1-2 sont cités en Lc 4.18-19.
p **61.6** Autre traduction : *vous vous parerez.*
q **61.8** Autre traduction : *selon la vérité.*

[10] I delight greatly in the LORD;
my soul rejoices in my God.
For he has clothed me with garments of salvation
and arrayed me in a robe of his righteousness,
as a bridegroom adorns his head like a priest,
and as a bride adorns herself with her jewels.
[11] For as the soil makes the sprout come up
and a garden causes seeds to grow,
so the Sovereign LORD will make righteousness
and praise spring up before all nations.

Zion's New Name

62 [1] For Zion's sake I will not keep silent,
for Jerusalem's sake I will not remain quiet,
till her vindication shines out like the dawn,
her salvation like a blazing torch.

[2] The nations will see your vindication,
and all kings your glory;
you will be called by a new name
that the mouth of the LORD will bestow.
[3] You will be a crown of splendor in the LORD's hand,
a royal diadem in the hand of your God.

[4] No longer will they call you Deserted,
or name your land Desolate.
But you will be called Hephzibah,[l]
and your land Beulah[m];
for the LORD will take delight in you,
and your land will be married.

[5] As a young man marries a young woman,
so will your Builder marry you;
as a bridegroom rejoices over his bride,
so will your God rejoice over you.

[6] I have posted watchmen on your walls, Jerusalem;
they will never be silent day or night.
You who call on the LORD,
give yourselves no rest,
[7] and give him no rest till he establishes Jerusalem
and makes her the praise of the earth.
[8] The LORD has sworn by his right hand
and by his mighty arm:
"Never again will I give your grain
as food for your enemies,
and never again will foreigners drink the new wine
for which you have toiled;
[9] but those who harvest it will eat it

[l] 62:4 *Hephzibah* means *my delight is in her.*
[m] 62:4 *Beulah* means *married.*

[10] Je serai plein de joie, l'Eternel en sera la source[r].
J'exulterai à cause de mon Dieu,
parce qu'il m'aura revêtu des habits du salut
et qu'il m'aura enveloppé du manteau de justice,
tout comme le marié se pare d'un turban tout comme un prêtre,
et comme la mariée s'orne de ses bijoux.

[11] Comme la terre fait pousser les graines germées
et comme le jardin fait germer ses semences,
ainsi le Seigneur, l'Eternel, va faire germer la just
et la louange
aux yeux de tous les peuples.

Le rétablissement certain

62 [1] Oui, pour la cause de Sion, je ne me tairai pas
et pour Jérusalem, je ne me donnerai aucun repos
jusqu'à ce que sa justice paraisse comme brille l'aurore
et son salut comme un flambeau qui brûle.
[2] Alors les peuples verront ta justice
et tous les rois contempleront ta gloire.
Et l'on t'appellera d'un nom nouveau
que l'Eternel te donnera.
[3] Tu seras dans la main de l'Eternel
une couronne, rayonnant de splendeur
et un turban royal
dans la main de ton Dieu.
[4] Tu ne seras plus appelée « La Délaissée »,
et ton pays ne sera plus nommé « La terre dévastée[s] »,
mais on t'appellera « En elle est mon plaisir ».
Et ton pays sera nommé « La terre qui est épousé
parce que l'Eternel prendra plaisir en toi,
car ton pays sera pour lui comme une épouse.
[5] En effet, comme le jeune homme se marie avec u
jeune fille,
tes fils[t] t'épouseront,
et comme la mariée fait la joie du marié,
tu feras la joie de ton Dieu.
[6] Sur tes murs, ô Jérusalem,
moi, j'ai posté des gardes,
ils ne se tairont pas, ni le jour ni la nuit.
Oui, vous qui ravivez le souvenir de l'Eternel,
point de repos pour vous !
[7] Ne lui donnez aucun repos
jusqu'à ce qu'il ait rétabli Jérusalem,
qu'il ait fait d'elle un sujet de louanges sur la terr
[8] L'Eternel l'a juré en engageant sa force
et sa puissance :
Je ne donnerai plus ton froment à manger
à ceux qui te combattent,
les étrangers ne boiront plus ton vin,
produit de ton labeur pénible.

[9] Mais ceux qui auront fait la moisson mangeront
qu'ils récolteront
et loueront l'Eternel,

[r] **61.10** En réponse à cet avenir radieux annoncé par le prophète, le p ple de Dieu exprime sa joie et sa reconnaissance envers l'Eternel.
[s] **62.4** Voir 54.1 et note.
[t] **62.5** Autre traduction : *ceux qui te rebâtiront.*

and praise the LORD,
and those who gather the grapes will drink it
in the courts of my sanctuary."
0 Pass through, pass through the gates!
Prepare the way for the people.
Build up, build up the highway!
Remove the stones.
Raise a banner for the nations.
1 The LORD has made proclamation
to the ends of the earth:
"Say to Daughter Zion,
'See, your Savior comes!
See, his reward is with him,
and his recompense accompanies him.' "
2 They will be called the Holy People,
the Redeemed of the LORD;
and you will be called Sought After,
the City No Longer Deserted.

d's Day of Vengeance and Redemption

3 [1]Who is this coming from Edom,
from Bozrah, with his garments stained
crimson?
Who is this, robed in splendor,
striding forward in the greatness of his
strength?
"It is I, proclaiming victory,
mighty to save."
2 Why are your garments red,
like those of one treading the winepress?
3 "I have trodden the winepress alone;
from the nations no one was with me.
I trampled them in my anger
and trod them down in my wrath;
their blood spattered my garments,
and I stained all my clothing.
4 It was for me the day of vengeance;
the year for me to redeem had come.
5 I looked, but there was no one to help,
I was appalled that no one gave support;
so my own arm achieved salvation for me,
and my own wrath sustained me.
6 I trampled the nations in my anger;
in my wrath I made them drunk
and poured their blood on the ground."

ise and Prayer

7 I will tell of the kindnesses of the LORD,

ceux qui auront cueilli les raisins de la vigne
boiront le vin
dans mes parvis sacrés.
10 Passez, oui, passez par les portes !
Frayez, frayez la route de mon peuple !
Faites-lui un chemin,
enlevez-en les pierres !
Et élevez un étendard en direction des peuples !
11 L'Eternel se fera entendre
jusqu'aux confins du monde :
Dites à la communauté de Sion[u] :
Ton salut va venir,
avec lui, son salaire,
et devant lui sa récompense.
12 On les appellera « Le Peuple saint,
les libérés de l'Eternel ».
Et toi, Jérusalem, tu seras nommée « Désirée »,
« La ville qui n'est pas abandonnée ».

Le divin Vendangeur

63 [1]Qui donc est-il, celui qui arrive d'Edom,
qui nous vient de Botsra en habits écarlates,
drapé avec splendeur,
et qui s'avance fièrement
avec sa grande force ?
– C'est moi, dit l'Eternel, qui parle avec justice
et qui ai le pouvoir de vous sauver[v].
2 – Pourquoi tes vêtements sont-ils tachés de rouge
et pourquoi tes habits ressemblent-ils à ceux des
vendangeurs qui foulent au pressoir ?
3 – C'est que j'ai été seul à fouler la cuvée.
Et nul parmi les peuples[w] n'a été avec moi,
oui, j'ai foulé les peuples dans ma colère,
je les ai piétinés dans mon indignation.
Leur sang a rejailli sur mes habits,
j'ai taché tous mes vêtements[x].
4 J'avais fixé le jour de la rétribution,
elle est venue, l'année de la libération de tous les
miens.
5 J'ai regardé partout :
personne pour m'aider !
Je me suis étonné[y] :
n'y a-t-il donc personne pour me prêter
main-forte ?
Mais mon bras a fait œuvre de salut pour moi,
et mon indignation a été mon soutien.
6 J'ai écrasé les peuples dans ma colère,
je les ai enivrés dans ma fureur,
j'ai fait couler leur sang par terre.

Louange et prière

Les grâces du Seigneur

7 Je rappellerai les actes de bienveillance de l'Eternel
et les motifs de le louer :

---

u **62.11** Repris en Mt 21.5.
v **63.1** Autre traduction : *et qui entre en procès pour vous sauver.*
w **63.3** Selon le texte hébreu traditionnel. Le texte hébreu de Qumrân a : *de mon peuple.*
x **63.3** Les raisins étaient foulés dans la cuve par les pieds des vendangeurs.
y **63.5** Autre traduction : *désolé* (voir 59.16).

the deeds for which he is to be praised,
according to all the LORD has done for us –
yes, the many good things
he has done for Israel,
according to his compassion and many kindnesses.
8 He said, "Surely they are my people,
children who will be true to me";
and so he became their Savior.
9 In all their distress he too was distressed,
and the angel of his presence saved them.[n]
In his love and mercy he redeemed them;
he lifted them up and carried them
all the days of old.

10 Yet they rebelled
and grieved his Holy Spirit.
So he turned and became their enemy
and he himself fought against them.
11 Then his people recalled[o] the days of old,
the days of Moses and his people –
where is he who brought them through the sea,
with the shepherd of his flock?
Where is he who set
his Holy Spirit among them,
12 who sent his glorious arm of power
to be at Moses' right hand,
who divided the waters before them,
to gain for himself everlasting renown,
13 who led them through the depths?
Like a horse in open country,
they did not stumble;
14 like cattle that go down to the plain,
they were given rest by the Spirit of the LORD.
This is how you guided your people
to make for yourself a glorious name.

15 Look down from heaven and see,
from your lofty throne, holy and glorious.
Where are your zeal and your might?
Your tenderness and compassion are withheld from us.

16 But you are our Father,
though Abraham does not know us
or Israel acknowledge us;
you, LORD, are our Father,
our Redeemer from of old is your name.
17 Why, LORD, do you make us wander from your ways
and harden our hearts so we do not revere you?
Return for the sake of your servants,
the tribes that are your inheritance.
18 For a little while your people possessed your holy place,

n 63:9 Or *Savior* [9] *in their distress. / It was no envoy or angel / but his own presence that saved them*
o 63:11 Or *But may he recall*

il a tout fait pour nous.
Je dirai les nombreux bienfaits dont il a comblé Israël,
le bien qu'il leur a fait
dans sa tendresse
et sa grande bonté.
8 Il avait dit : « Oui, les Israélites sont mon peuple,
ce sont des fils qui ne décevront pas. »
Et il les a sauvés.
9 Dans toutes leurs détresses,
il a été lui-même dans la détresse,
et l'ange qui se tient en sa présence les a sauvés.
Dans son amour et dans sa compassion,
il les a libérés,
il les a soutenus et il les a portés
tous les jours d'autrefois.
10 Mais eux, ils se sont rebellés
et ils ont attristé son Esprit Saint.
Dès lors, il s'est changé pour eux en ennemi,
et les a combattus.
11 Alors ils se sont souvenus des temps anciens et de Moïse, et de son peuple[z]
et ils ont dit : « Où est celui qui les a fait sortir
de la mer avec le berger de son troupeau ?
Et où est celui qui a mis son Esprit Saint au milieu d'eux,
12 celui qui a tendu son bras glorieux
aux côtés de Moïse,
pour fendre les eaux devant eux
et qui s'est fait ainsi un renom éternel ? »
13 Oui, il les a fait avancer à travers les abîmes
comme un cheval dans le désert
sans qu'ils trébuchent.
14 Ils ressemblaient à un troupeau qui rejoint la vall
lorsque l'Esprit de l'Eternel les a menés vers le repos ;
ainsi tu as conduit ton peuple
et tu t'es fait une glorieuse renommée.

Seigneur, aie pitié de nous

15 Du haut du ciel, de ta demeure sainte,
du séjour de ta gloire, regarde et vois !
Que sont donc devenus ton amour passionné et ta puissance ?
Ton cœur s'est-il donc retenu de frémir de tendresse,
de compassion pour moi ?
16 Car tu es notre père :
Abraham ne nous connaît pas,
et Israël non plus ne nous reconnaît pas.
Mais toi, ô Eternel, toi, tu es notre père,
et ton nom est depuis toujours « Notre Libérateur
17 Pourquoi, ô Eternel, pourquoi nous fais-tu donc errer loin des voies que tu as prescrites ?
Pourquoi rends-tu notre cœur obstiné de sorte q
nous ne te craignions pas ?
Reviens, de grâce, pour tes serviteurs
et les tribus qui t'appartiennent.
18 Ton peuple saint a possédé le pays pour bien peu temps ;

z 63.11 Autre traduction : *Alors il s'est souvenu des temps anciens, de Moïs de son peuple.*

but now our enemies have trampled down
your sanctuary.
19 We are yours from of old;
but you have not ruled over them,
they have not been called[p] by your name.

4 1[q]Oh, that you would rend the heavens and
come down,
that the mountains would tremble before
you!
2 As when fire sets twigs ablaze
and causes water to boil,
come down to make your name known to your
enemies
and cause the nations to quake before you!
3 For when you did awesome things that we did
not expect,
you came down, and the mountains trembled
before you.
4 Since ancient times no one has heard,
no ear has perceived,
no eye has seen any God besides you,
who acts on behalf of those who wait for him.
5 You come to the help of those who gladly do
right,
who remember your ways.
But when we continued to sin against them,
you were angry.
How then can we be saved?

6 All of us have become like one who is unclean,
and all our righteous acts are like filthy rags;
we all shrivel up like a leaf,
and like the wind our sins sweep us away.

7 No one calls on your name
or strives to lay hold of you;
for you have hidden your face from us
and have given us over to[r] our sins.
8 Yet you, LORD, are our Father.
We are the clay, you are the potter;
we are all the work of your hand.

9 Do not be angry beyond measure, LORD;
do not remember our sins forever.
Oh, look on us, we pray,
for we are all your people.
0 Your sacred cities have become a wasteland;
even Zion is a wasteland, Jerusalem a
desolation.
11 Our holy and glorious temple, where our
ancestors praised you,

:19 Or *We are like those you have never ruled, / like those never called*
Hebrew texts 64:1 is numbered 63:19b, and 64:2-12 is numbered
-11.
:7 Septuagint, Syriac and Targum; Hebrew *have made us melt*
ıuse of

nos ennemis ont piétiné ton sanctuaire.
19 Nous sommes depuis bien longtemps
comme des gens sur qui tu ne régnerais pas,
qui ne porteraient pas ton nom.

Oh, si tu descendais du ciel !

Oh, si tu déchirais le ciel
et si tu descendais !
Devant toi, les montagnes s'effondreraient !
64 1Comme le feu consume les taillis
et fait bouillonner l'eau,
ainsi tu ferais connaître ton nom à tous tes
adversaires,
et tous les peuples trembleraient devant toi.

2 Si tu accomplissais des actes redoutables
que nous n'attendons pas,
oui, si tu descendais,
devant toi, les montagnes s'effondreraient.
3 Jamais on n'a appris, ni jamais entendu,
jamais un œil n'a vu
qu'un autre dieu que toi
ait agi en faveur de qui compte sur lui[a].
4 Tu viens à la rencontre
de celui qui pratique la justice avec joie,
et tient compte de toi pour suivre les chemins que
tu prescris.
Mais tu t'es irrité car nous avons péché.
C'est sur ces chemins de toujours que nous serons
sauvés[b].
5 Nous sommes tous semblables à des êtres impurs,
toute notre « justice » est comme des linges
souillés.
Nous sommes tous flétris comme un feuillage,
nos fautes nous emportent comme le vent.
6 Personne ne t'invoque,
personne ne se ressaisit pour s'attacher à toi.
Car tu t'es détourné de nous
et tu nous as fait défaillir
sous le poids de nos fautes.
7 Et pourtant, Eternel, toi, tu es notre père.
Nous, nous sommes l'argile,
et tu es le potier qui nous a façonnés :
nous sommes tous l'ouvrage que tes mains ont
formé.
8 Ne sois pas courroucé à l'excès, Eternel.
Ne nous tiens pas rigueur à toujours de nos fautes !
Et daigne porter tes regards sur nous tous qui
sommes ton peuple !
9 Voici : tes villes saintes sont dépeuplées.
Sion est un désert,
Jérusalem est désolée,
10 notre saint temple, qui était magnifique
où nos ancêtres te louaient,
est devenue la proie des flammes,

---

a **64.3** Allusion en 1 Co 2.9.
b **64.4** Hébreu peu clair. Autre traduction : *Au regard des péchés auxquels nous nous adonnons depuis toujours, pourrions-nous encore être sauvés ?*

has been burned with fire,
and all that we treasured lies in ruins.
12 After all this, LORD, will you hold yourself back?
Will you keep silent and punish us beyond measure?

Judgment and Salvation

65 1"I revealed myself to those who did not ask for me;
I was found by those who did not seek me.
To a nation that did not call on my name,
I said, 'Here am I, here am I.'

2 All day long I have held out my hands
to an obstinate people,
who walk in ways not good,
pursuing their own imaginations –
3 a people who continually provoke me
to my very face,
offering sacrifices in gardens
and burning incense on altars of brick;
4 who sit among the graves
and spend their nights keeping secret vigil;
who eat the flesh of pigs,
and whose pots hold broth of impure meat;
5 who say, 'Keep away; don't come near me,
for I am too sacred for you!'
Such people are smoke in my nostrils,
a fire that keeps burning all day.

6 "See, it stands written before me:
I will not keep silent but will pay back in full;
I will pay it back into their laps –
7 both your sins and the sins of your ancestors,"
says the LORD.
"Because they burned sacrifices on the mountains
and defied me on the hills,
I will measure into their laps
the full payment for their former deeds."
8 This is what the LORD says:
"As when juice is still found in a cluster of grapes
and people say, 'Don't destroy it,
there is still a blessing in it,'
so will I do in behalf of my servants;
I will not destroy them all.
9 I will bring forth descendants from Jacob,
and from Judah those who will possess my mountains;
my chosen people will inherit them,
and there will my servants live.

et tout ce qui nous était cher est désormais en ruine.
11 Face à tant de misères, peux-tu, ô Eternel, demeur sans rien faire
et garder le silence ?
Vas-tu nous humilier encore au-delà de toute mesure ?

La nouvelle création

Le jugement qui vient

65 1Je me suis laissé consulter
par des personnes qui ne demandaient rien,
et je me suis laissé trouver
par des personnes qui ne me cherchaient pas.
J'ai dit : « Je suis là, je suis là ! »
aux gens d'un peuple qui n'était pas appelé par m nom[c].
2 Par contre, j'ai tendu les mains, à longueur de journée, vers un peuple rebelle
qui suivait un chemin qui n'est pas bon,
au gré de ses pensées,
3 un peuple qui, sans cesse, provoque ma colère ouvertement.
Ses habitants offrent des sacrifices dans les jardin sacrés,
et brûlent des parfums sur des autels de briques.
4 Ils s'asseyent parmi les tombeaux pour consulter morts
et passent la nuit dans les grottes.
Ils consomment du porc
et remplissent leurs plats de mets impurs.
5 Ils crient : « Reste où tu es
et ne m'approche pas,
car je suis trop sacré pour toi[d]. »
Ces choses sont pour moi comme de la fumée qui me monte aux narines,
un feu qui brûle tout le jour.
6 Mais tout cela reste écrit devant moi ;
je ne me tairai plus, je le leur ferai payer jusqu'au bout.
7 Je leur ferai payer leurs crimes
dit l'Eternel,
en même temps que ceux de leurs ancêtres,
car ils ont brûlé des parfums sur les montagnes
et ils m'ont outragé sur les collines !
Oui, je leur ferai payer jusqu'au bout
ce que mérite leur conduite passée.
8 Voici ce que dit l'Eternel :
De même que l'on dit, quand on trouve une grapp bien juteuse sur une vigne :
« Ne la détruisez pas
car il y a en elle quelque chose de bon »,
moi, je ferai de même à cause de mes serviteurs.
Pour ne pas tout détruire,
9 je ferai sortir de Jacob une postérité,
oui, de Juda, des gens qui prendront possession d mes montagnes.
Mes élus les posséderont,
mes serviteurs y feront leur demeure.

c 65.1 Autre traduction : *qui n'étaient pas appelés par mon nom.* Les v. 1-2 sont cités en Rm 10.20-21 d'après l'ancienne version grecque.
d 65.5 Autre traduction : *je te rendrais sacré.*

10 Sharon will become a pasture for flocks,
and the Valley of Achor a resting place for herds,
for my people who seek me.
11 "But as for you who forsake the LORD
and forget my holy mountain,
who spread a table for Fortune
and fill bowls of mixed wine for Destiny,
12 I will destine you for the sword,
and all of you will fall in the slaughter;
for I called but you did not answer,
I spoke but you did not listen.
You did evil in my sight
and chose what displeases me."

13 Therefore this is what the Sovereign LORD says:
"My servants will eat,
but you will go hungry;
my servants will drink,
but you will go thirsty;
my servants will rejoice,
but you will be put to shame.

14 My servants will sing
out of the joy of their hearts,
but you will cry out
from anguish of heart
and wail in brokenness of spirit.

15 You will leave your name
for my chosen ones to use in their curses;
the Sovereign LORD will put you to death,
but to his servants he will give another name.
16 Whoever invokes a blessing in the land
will do so by the one true God;
whoever takes an oath in the land
will swear by the one true God.
For the past troubles will be forgotten
and hidden from my eyes.

w Heavens and a New Earth

17 "See, I will create
new heavens and a new earth.
The former things will not be remembered,
nor will they come to mind.
18 But be glad and rejoice forever
in what I will create,
for I will create Jerusalem to be a delight
and its people a joy.

19 I will rejoice over Jerusalem
and take delight in my people;
the sound of weeping and of crying
will be heard in it no more.
20 "Never again will there be in it
an infant who lives but a few days,
or an old man who does not live out his years;

10 La plaine du Saron sera un pâturage pour le menu bétail,
et la vallée d'Akor[e] un gîte pour les bœufs
au profit de mon peuple qui se sera tourné vers moi.
11 Mais quant à vous qui abandonnez l'Eternel,
et qui négligez ma montagne sainte,
qui dressez une table au dieu de la Fortune
et remplissez la coupe pour le dieu du Destin,
12 je vous destine au glaive,
et vous vous courberez pour passer tous à l'abattoir,
puisque j'ai appelé
et que vous ne m'avez pas répondu,
et puisque j'ai parlé
et que vous ne m'avez pas écouté,
puisque vous avez fait ce que je trouve mal,
et que vous vous êtes complu dans ce qui me déplaît.
13 C'est pourquoi, voici ce que dit le Seigneur, l'Eternel :
Mes serviteurs auront de quoi manger,
et vous, vous aurez faim.
Mes serviteurs boiront,
et vous, vous aurez soif.
Mes serviteurs seront dans l'allégresse,
et vous, vous serez dans la honte !
14 Mes serviteurs crieront de joie
car ils connaîtront le bonheur.
Quant à vous, vous crierez
le cœur plein de douleur,
vous vous lamenterez,
l'esprit tout abattu.
15 Votre nom restera dans les imprécations de mes élus ;
le Seigneur, l'Eternel, fera que vous mouriez,
mais à ses serviteurs il donnera un nom nouveau.
16 Et celui qui voudra être béni sur terre
invoquera sur lui une bénédiction au nom du Dieu de vérité,
et sur la terre, qui prêtera serment jurera par le Dieu de vérité.

Nouveaux cieux, nouvelle terre

En effet, les maux du passé seront tous oubliés,
ils disparaîtront de ma vue.
17 Je vais créer un ciel nouveau,
une nouvelle terre ;
on ne se rappellera plus les choses d'autrefois,
on n'y pensera plus.
18 Réjouissez-vous plutôt
et soyez à toujours tout remplis d'allégresse
à cause de ce que je crée.
Oui, car je vais créer une Jérusalem remplie de joie
et son peuple plein d'allégresse.
19 J'exulterai moi-même à cause de Jérusalem
et je me réjouirai au sujet de mon peuple.
On n'y entendra plus de pleurs
ni de cris de détresse.
20 Là, plus de nourrisson
emporté en bas âge,

[e] **65.10** *La plaine du Saron*, en bordure de la mer Méditerranée, était réputée pour sa fertilité. *La vallée d'Akor* se trouve au nord-ouest de la mer Morte.

the one who dies at a hundred
will be thought a mere child;
the one who fails to reach[s] a hundred
will be considered accursed.
21 They will build houses and dwell in them;
they will plant vineyards and eat their fruit.
22 No longer will they build houses and others live in them,
or plant and others eat.
For as the days of a tree,
so will be the days of my people;
my chosen ones will long enjoy
the work of their hands.
23 They will not labor in vain,
nor will they bear children doomed to misfortune;
for they will be a people blessed by the LORD,
they and their descendants with them.
24 Before they call I will answer;
while they are still speaking I will hear.
25 The wolf and the lamb will feed together,
and the lion will eat straw like the ox,
and dust will be the serpent's food.
They will neither harm nor destroy
on all my holy mountain,"
says the LORD.

Judgment and Hope

66 1 This is what the LORD says:
"Heaven is my throne,
and the earth is my footstool.
Where is the house you will build for me?
Where will my resting place be?
2 Has not my hand made all these things,
and so they came into being?"
declares the LORD.
"These are the ones I look on with favor:
those who are humble and contrite in spirit,
and who tremble at my word.
3 But whoever sacrifices a bull
is like one who kills a person,
and whoever offers a lamb
is like one who breaks a dog's neck;
whoever makes a grain offering
is like one who presents pig's blood,
and whoever burns memorial incense
is like one who worships an idol.
They have chosen their own ways,
and they delight in their abominations;
4 so I also will choose harsh treatment for them

[s] 65:20 Or *the sinner who reaches*

ni de vieillard qui meure avant d'avoir atteint le nombre de ses ans.
Ce sera mourir jeune de mourir centenaire ;
si un pécheur ne dépasse pas les cent ans[f], c'est qu aura été maudit.
21 Ils se construiront des maisons
et les habiteront ;
ils planteront des vignes
et ils en mangeront les fruits ;
22 ils ne bâtiront plus des maisons pour qu'un autre y habite à leur place,
ils ne planteront plus de vignes
pour qu'un autre en mange les fruits.
Car les gens de mon peuple vivront aussi longtemp qu'un arbre.
Mes élus jouiront du fruit de leur travail.
23 Ils ne peineront plus pour rien
et les enfants auxquels ils donneront naissance ne seront plus destinés au malheur.
Ils seront une race bénie par l'Eternel,
et leur postérité le sera avec eux.
24 Alors, avant qu'ils ne m'invoquent,
je les exaucerai ;
ils parleront encore,
que j'aurai déjà entendu.
25 Les loups et les agneaux paîtront ensemble,
le lion mangera du fourrage tout comme le bétail ;
le serpent mordra la poussière.
Il ne se fera plus ni mal, ni destruction,
sur toute ma montagne sainte,
dit l'Eternel[g] !

Le nouveau peuple de Dieu

Pour un vrai culte

66 1 Voici ce que dit l'Eternel :
Mon trône, c'est le ciel,
et mon marchepied, c'est la terre[h].
Quelle est donc la maison que vous me bâtiriez,
quelle demeure pour mon lieu de repos ?
2 Toutes ces choses, c'est moi qui les ai faites[i]
et ainsi elles sont venues à l'existence,
l'Eternel le déclare.
Voici sur qui je porterai un regard favorable :
sur celui qui est humilié, et qui a l'esprit abattu,
sur celui qui tremble à ma parole.
3 Celui qui sacrifie un bœuf,
tue aussi bien un homme ;
celui qui immole un agneau,
rompt la nuque à un chien ;
celui qui présente une offrande
offre du sang de porc ;
et celui qui fait brûler de l'encens,
c'est une idole qu'il bénit.
Comme ils ont tous choisi de suivre leurs propres chemins
et qu'ils prennent plaisir à leurs idoles abominabl
4 je choisis moi aussi de les abandonner à leurs caprices,

[f] 65.20 Autre traduction : *Si quelqu'un n'atteint pas l'âge de cent ans.*
[g] 65.25 Reprend Es 11.6-9.
[h] 66.1 Allusion en Mt 5.34-35 ; 23.22.
[i] 66.2 Les v. 1-2 sont cités en Ac 7.49-50.

and will bring on them what they dread.
For when I called, no one answered,
when I spoke, no one listened.
They did evil in my sight
and chose what displeases me."

5 Hear the word of the LORD,
you who tremble at his word:
"Your own people who hate you,
and exclude you because of my name, have said,
'Let the LORD be glorified,
that we may see your joy!'
Yet they will be put to shame.
6 Hear that uproar from the city,
hear that noise from the temple!
It is the sound of the LORD
repaying his enemies all they deserve.

7 "Before she goes into labor,
she gives birth;
before the pains come upon her,
she delivers a son.
8 Who has ever heard of such things?
Who has ever seen things like this?
Can a country be born in a day
or a nation be brought forth in a moment?
Yet no sooner is Zion in labor
than she gives birth to her children.
9 Do I bring to the moment of birth
and not give delivery?" says the LORD.
"Do I close up the womb
when I bring to delivery?" says your God.

10 "Rejoice with Jerusalem and be glad for her,
all you who love her;
rejoice greatly with her,
all you who mourn over her.
11 For you will nurse and be satisfied
at her comforting breasts;
you will drink deeply
and delight in her overflowing abundance."
12 For this is what the LORD says:
"I will extend peace to her like a river,
and the wealth of nations like a flooding stream;
you will nurse and be carried on her arm
and dandled on her knees.
13 As a mother comforts her child,
so will I comfort you;
and you will be comforted over Jerusalem."
14 When you see this, your heart will rejoice
and you will flourish like grass;

et je les frapperai des malheurs qu'ils redoutent,
puisque j'ai appelé
et que personne n'a répondu,
oui, puisque j'ai parlé
et que personne n'a écouté,
puisqu'ils ont fait ce que je trouve mal,
et qu'ils se sont complu à ce qui me déplaît.
5 Ecoutez la parole de l'Eternel,
vous qui tremblez à sa parole :
Voici, ceux de vos frères
qui vous haïssent et vous ont rejetés
à cause de mon nom
ont dit : « Que l'Eternel manifeste sa gloire
afin que nous soyons témoins de votre joie ! »
Mais ils perdront la face !
6 Ecoutez ce tumulte s'élevant de la ville,
cette clameur venant du Temple :
il s'agit de la voix de l'Eternel
qui fait payer ses ennemis comme ils l'ont mérité.

Jérusalem rétablie

7 Avant d'être en travail,
Sion a enfanté :
avant d'éprouver des douleurs,
elle a donné le jour à un garçon.
8 Qui donc a entendu pareille chose,
et qui a déjà vu chose semblable ?
Un pays peut-il naître en un seul jour ?
Ou peut-on enfanter un peuple en une seule fois ?
Or, à peine en travail Sion a mis des fils au monde !
9 Eh quoi ! Déclencherais-je le travail de la femme enceinte
sans la faire enfanter ?
dit l'Eternel.
Moi qui fais enfanter,
empêcherais-je cette venue au monde ?
a dit ton Dieu.
10 Réjouissez-vous avec Jérusalem,
et soyez tous dans l'allégresse à son sujet,
vous qui l'aimez !
Prenez part à sa joie,
vous tous qui avez pris le deuil à cause d'elle !
11 Car vous serez nourris à son sein qui console
jusqu'à en être rassasiés,
et vous boirez, avec délices,
la plénitude de sa gloire !
12 Car ainsi parle l'Eternel :
Je vais faire affluer la paix vers elle comme un fleuve,
la gloire des nations tout comme un torrent qui déborde.
Vous serez allaités,
et portés sur la hanche,
bercés sur les genoux.
13 Comme un homme que sa mère console,
je vous consolerai.
Oui, dans Jérusalem, vous serez consolés.
14 Vous en serez témoins et votre cœur se réjouira,
votre corps reprendra vigueur tout comme une herbe qui verdit.

the hand of the LORD will be made known to his
servants,
but his fury will be shown to his foes.

15 See, the LORD is coming with fire,
and his chariots are like a whirlwind;
he will bring down his anger with fury,
and his rebuke with flames of fire.

16 For with fire and with his sword
the LORD will execute judgment on all people,
and many will be those slain by the LORD.

17 "Those who consecrate and purify themselves
to go into the gardens, following one who is among
those who eat the flesh of pigs, rats and other unclean
things – they will meet their end together with the
one they follow," declares the LORD.
18 "And I, because of what they have planned and
done, am about to come[t] and gather the people of all
nations and languages, and they will come and see
my glory.
19 "I will set a sign among them, and I will send some
of those who survive to the nations – to Tarshish, to
the Libyans[u] and Lydians (famous as archers), to Tubal
and Greece, and to the distant islands that have not
heard of my fame or seen my glory. They will proclaim
my glory among the nations. 20 And they will bring all
your people, from all the nations, to my holy mountain in Jerusalem as an offering to the LORD – on horses,
in chariots and wagons, and on mules and camels,"
says the LORD. "They will bring them, as the Israelites
bring their grain offerings, to the temple of the LORD
in ceremonially clean vessels. 21 And I will select some
of them also to be priests and Levites," says the LORD.

22 "As the new heavens and the new earth that I
make will endure before me," declares the LORD, "so
will your name and descendants endure. 23 From one
New Moon to another and from one Sabbath to another, all mankind will come and bow down before
me," says the LORD. 24 "And they will go out and look
on the dead bodies of those who rebelled against me;
the worms that eat them will not die, the fire that
burns them will not be quenched, and they will be
loathsome to all mankind."

[t] **66:18** The meaning of the Hebrew for this clause is uncertain.
[u] **66:19** Some Septuagint manuscripts *Put* (Libyans); Hebrew *Pul*

Le jugement de Dieu

On verra l'Eternel intervenir en faveur de ses
serviteurs,
et manifester son indignation contre ses ennemis
15 Car l'Eternel
va venir dans le feu
et ses chars surviendront comme un vent d'ourag
pour verser sa colère avec fureur
et pour accomplir ses menaces avec d'ardentes
flammes.
16 Car, c'est avec le feu que l'Eternel exercera son
jugement
et avec son épée qu'il châtiera tous les humains,
et l'Eternel fera un très grand nombre de victimes
17 Ceux qui se préparent et qui se purifient pour accéd
aux jardins sacrés[j] suivant en procession celui qui se tie
au milieu, et qui mangent du porc, des animaux immond
et même des souris, ceux-là périront tous ensemble, l'Et
nel le déclare. 18 Car moi, je [connais bien[k]] leurs dessei
et leurs actes.

Tous les peuples honoreront l'Eternel

Voici, je vais venir[l] rassembler tous les peuples et d
gens de toutes langues. Ils viendront et verront ma gloi
19 Je placerai un signe au milieu d'eux et j'enverrai certai
de leurs rescapés[m] vers d'autres peuples, à Tarsis, Poul
Loud[n], dont les gens bandent l'arc, à Toubal, à Yavân
vers les îles et les régions côtières qui sont au loin, q
n'ont pas encore entendu parler de moi et n'ont pas vu r
gloire. Ils feront connaître ma gloire à ces peuples. 20 Et
ramèneront, de chez tous les peuples, tous ceux qui sc
vos frères sur des chevaux, des chars ou des chariots cc
verts, sur le dos des mulets ou sur des dromadaires jusq
Jérusalem, à ma montagne sainte, comme une offrand
l'Eternel : ce sera une offrande, dit l'Eternel, semblal
à celles qu'apportent les Israélites, dans des récipien
purifiés, au temple de l'Eternel. 21 Et même, parmi eu
j'en prendrai certains pour être des prêtres ou des lévit
dit l'Eternel.
22 Comme le nouveau ciel et la nouvelle terre que je v
faire subsisteront par-devant moi, l'Eternel le décla
ainsi subsisteront votre postérité et votre nom. 23 Il ad
endra alors que, régulièrement, à chaque nouvelle lune
à chaque sabbat, tous les humains viendront se proster
devant moi, déclare l'Eternel. 24 Et quand ils sortiro
ils verront les cadavres des hommes qui se sont révolt
contre moi ; et le ver qui rongera ces hommes ne mou
pas, le feu qui les dévorera ne s'éteindra jamais[p], et
feront horreur à tout être vivant.

[j] **66.17** Allusion à des cérémonies païennes pour lesquelles les participants se préparent par divers rites de purification (voir 65.3, 5).
[k] **66.18** Les mots entre crochets manquent dans l'hébreu. Le texte ser
ble corrompu car il manque le verbe.
[l] **66.18** D'après l'ancienne version grecque, la version syriaque et la
Vulgate. Le texte hébreu traditionnel est obscur.
[m] **66.19** D'autres comprennent : *des rescapés de mon peuple.*
[n] **66.19** *Tarsis:* l'Espagne. *Poul* et *Loud* sont deux peuples de l'Afrique
(Somalie et Libye).
[o] **66.19** *Toubal:* peuple d'Asie Mineure au sud-est de la mer Noire. *Yavân*
la Grèce et ses îles.
[p] **66.24** Allusion en Mc 9.48.

Jeremiah

1 The words of Jeremiah son of Hilkiah, one of the
priests at Anathoth in the territory of Benjamin.
'he word of the LORD came to him in the thirteenth
ar of the reign of Josiah son of Amon king of Judah,
nd through the reign of Jehoiakim son of Josiah king
Judah, down to the fifth month of the eleventh year
Zedekiah son of Josiah king of Judah, when the peo-
e of Jerusalem went into exile.

e Call of Jeremiah

4 The word of the LORD came to me, saying,
5 "Before I formed you in the womb I knew[a] you,
before you were born I set you apart;
I appointed you as a prophet to the nations."
6 "Alas, Sovereign LORD," I said, "I do not know how
speak; I am too young."
7 But the LORD said to me, "Do not say, 'I am too
ung.' You must go to everyone I send you to and
y whatever I command you. 8 Do not be afraid of
em, for I am with you and will rescue you," declares
e LORD.
9 Then the LORD reached out his hand and touched
y mouth and said to me, "I have put my words in
ur mouth. 10 See, today I appoint you over nations
d kingdoms to uproot and tear down, to destroy
d overthrow, to build and to plant."

11 The word of the LORD came to me: "What do you
e, Jeremiah?"
"I see the branch of an almond tree," I replied.
12 The LORD said to me, "You have seen correctly,
r I am watching[b] to see that my word is fulfilled."
13 The word of the LORD came to me again: "What
you see?"
"I see a pot that is boiling," I answered. "It is tilting
ward us from the north."
14 The LORD said to me, "From the north disaster will
poured out on all who live in the land. 15 I am about
summon all the peoples of the northern kingdoms,"
clares the LORD.
"Their kings will come and set up their thrones
in the entrance of the gates of Jerusalem;

:5 Or *chose*
:12 The Hebrew for *watching* sounds like the Hebrew for *almond*
e.

Jérémie

1 1 Ce livre contient les paroles de Jérémie, fils de
Hilqiya, l'un des prêtres, qui habitait à Anatoth[a],
dans le territoire de Benjamin.
2 L'Eternel lui a parlé la treizième année du règne de
Josias[b], fils d'Amôn et roi de Juda, 3 et sous le règne de
Yehoyaqim, fils de Josias, roi de Juda, et jusqu'à la fin de
la onzième année du règne de Sédécias, fils de Josias, roi
de Juda, jusqu'à la déportation des habitants de Jérusalem
au cinquième mois[c].

L'appel de Jérémie

4 L'Eternel m'adressa la parole en ces termes :
5 Avant de t'avoir formé dans le sein de ta mère, je t'ai
choisi ; et avant ta naissance, je t'ai consacré : je t'ai destiné
à être prophète pour les peuples.
6 Je répondis : Hélas, Seigneur Eternel, je ne sais pas
m'exprimer, car je suis un adolescent.
7 Mais l'Eternel me répondit :
Ne dis pas : « Je suis un adolescent » ; tu iras trouver
tous ceux auprès de qui je t'enverrai, et tu leur diras tout
ce que je t'ordonnerai. 8 N'aie pas peur de ces gens, car je
suis avec toi pour te délivrer, l'Eternel le déclare.
9 Alors l'Eternel tendit la main et me toucha la bouche,
et il me dit : Tu vois : je mets mes paroles dans ta bouche.
10 Sache que je te confie aujourd'hui une mission envers les
peuples et les royaumes : celle d'arracher et de renverser,
de ruiner et de détruire, de construire et de planter.

L'arbre-veilleur et le chaudron

11 L'Eternel m'adressa encore la parole en ces termes :
Que vois-tu, Jérémie ?
Je répondis : Je vois une branche d'amandier.
12 – Tu as bien vu, me dit l'Eternel. Eh bien, je veille[d] sur
ma parole pour accomplir ce que j'ai dit.
13 Puis l'Eternel m'adressa une seconde fois la parole :
Que vois-tu encore ?
Et je répondis : Je vois un chaudron en train de bouillir
et qui se trouve au nord.
14 Et l'Eternel me dit :
C'est, en effet, du nord[e] que le malheur viendra
se déverser sur tous les habitants de ce pays.
15 Car je vais appeler tous les peuples des royaumes du
Nord,
l'Eternel le déclare.
Ils viendront, et chacun installera son trône

[a] **1.1** *Anatoth:* ville attribuée aux prêtres et aux lévites (Jos 21.18) dans le territoire de Benjamin, à environ 5 kilomètres au nord-est de Jérusalem. Salomon destitua le grand-prêtre Abiatar (1 R 2.26) et le bannit à Anatoth. Depuis lors, les prêtres descendants d'Abiatar (dont Jérémie) n'eurent plus le droit d'accomplir leurs fonctions dans le Temple.
[b] **1.2** Josias a régné en Juda de 640 à 609 av. J.-C. (voir 2 R 22.1 à 23.30 ; 2 Ch 34 à 35). Cette parole de l'Eternel date donc de 628/627.
[c] **1.3** Sur Yehoyaqim (609 à 598 av. J.-C.) et Sédécias (597 à 587 av. J.-C.), voir 2 R 23.36 à 25.21 ; 2 Ch 36. La déportation des habitants de Jérusalem a eu lieu en 587.
[d] **1.12** En hébreu, le verbe traduit par *veiller* fait assonance avec le nom de l'amandier.
[e] **1.14** Voir 6.22 ; 8.16 ; 10.22; etc.

they will come against all her surrounding
walls
and against all the towns of Judah.
16 I will pronounce my judgments on my people
because of their wickedness in forsaking me,
in burning incense to other gods
and in worshiping what their hands have
made.

17 "Get yourself ready! Stand up and say to them
whatever I command you. Do not be terrified by them,
or I will terrify you before them. 18 Today I have made
you a fortified city, an iron pillar and a bronze wall
to stand against the whole land – against the kings of
Judah, its officials, its priests and the people of the
land. 19 They will fight against you but will not overcome you, for I am with you and will rescue you,"
declares the LORD.

Israel Forsakes God

2 1 The word of the LORD came to me: 2 "Go and proclaim in the hearing of Jerusalem:
"This is what the LORD says:
" 'I remember the devotion of your youth,
how as a bride you loved me
and followed me through the wilderness,
through a land not sown.

3 Israel was holy to the LORD,
the firstfruits of his harvest;
all who devoured her were held guilty,
and disaster overtook them,' "
declares the LORD.
4 Hear the word of the LORD, you descendants of
Jacob,
all you clans of Israel.
5 This is what the LORD says:
"What fault did your ancestors find in me,
that they strayed so far from me?
They followed worthless idols
and became worthless themselves.
6 They did not ask, 'Where is the LORD,
who brought us up out of Egypt
and led us through the barren wilderness,
through a land of deserts and ravines,
a land of drought and utter darkness,

devant les portes de Jérusalem,
face à tous ses remparts,
et à tous ceux des villes de Juda.
16 Et je rendrai mon jugement contre les habitants de
ce pays
pour tout le mal qu'ils ont commis ;
parce qu'ils m'ont abandonné,
qu'ils offrent de l'encens à d'autres dieux,
et se prosternent devant les dieux qu'ils se sont
fabriqués.
17 Toi donc, tu mettras ta ceinture[f]
et tu te lèveras, tu leur diras
tout ce que je t'ordonnerai.
Ne te laisse pas terrifier par eux,
sinon c'est moi qui, devant eux, m'en vais te
terrifier.
18 Et moi dès aujourd'hui, je fais de toi comme une
ville fortifiée,
comme un pilier de fer et un rempart de bronze
face à tout le pays :
face aux rois de Juda, à ses ministres,
à ses prêtres et à son peuple.
19 Ils te feront la guerre,
mais ils ne l'emporteront pas sur toi,
car je suis avec toi, l'Eternel le déclare, je te
délivrerai.

PROPHÉTIES SUR JUDA ET JÉRUSALEM

L'infidélité de Juda

Juda a abandonné l'Eternel

2 1 L'Eternel m'adressa la parole en ces termes :
2 Va à Jérusalem et crie à ses oreilles :
Voici ce que déclare l'Eternel :
Je me souviens de ton amour au temps de ta
jeunesse[g],
et comment tu m'aimais au temps où tu étais une
jeune mariée,
lorsque tu me suivais, à travers le désert,
dans une terre inculte.
3 Car Israël, tu étais alors consacré à l'Eternel,
tout comme les prémices d'une récolte.
Tous ceux qui en mangeaient étaient châtiés :
et le malheur les atteignait,
l'Eternel le déclare.
4 Vous, communauté de Jacob,
et toutes les familles du peuple d'Israël,
écoutez la parole que l'Eternel prononce.
5 Voici ce que dit l'Eternel :
En quoi donc vos ancêtres m'ont-ils trouvé en tort
pour s'éloigner de moi,
pour s'en aller après des dieux qui ne sont que du
vent
et n'être plus eux-mêmes que du vent ?
6 Ils n'ont pas demandé : « Où donc est l'Eternel
qui nous a fait sortir d'Egypte
et qui nous a conduits à travers le désert,
au pays de la steppe rempli de fondrières,
dans une terre aride où règnent les ténèbres,

f **1.17** Pour ne pas s'embarrasser dans les plis du vêtement et se prépar[er]
à la tâche.
g **2.2** Lors de l'établissement de l'alliance au mont Sinaï (voir Os 2.16-22

a land where no one travels and no one
lives?'
7 I brought you into a fertile land
to eat its fruit and rich produce.
But you came and defiled my land
and made my inheritance detestable.
8 The priests did not ask,
'Where is the LORD?'
Those who deal with the law did not know me;
the leaders rebelled against me.
The prophets prophesied by Baal,
following worthless idols.

9 "Therefore I bring charges against you again,"
declares the LORD.
"And I will bring charges against your
children's children.
10 Cross over to the coasts of Cyprus and look,
send to Kedar[c] and observe closely;
see if there has ever been anything like this:
11 Has a nation ever changed its gods?
(Yet they are not gods at all.)
But my people have exchanged their glorious
God
for worthless idols.
12 Be appalled at this, you heavens,
and shudder with great horror,"
declares the LORD.
13 "My people have committed two sins:
They have forsaken me,
the spring of living water,
and have dug their own cisterns,
broken cisterns that cannot hold water.
14 Is Israel a servant, a slave by birth?
Why then has he become plunder?
15 Lions have roared;
they have growled at him.
They have laid waste his land;
his towns are burned and deserted.
16 Also, the men of Memphis and Tahpanhes
have cracked your skull.
17 Have you not brought this on yourselves
by forsaking the LORD your God
when he led you in the way?
18 Now why go to Egypt
to drink water from the Nile[d]?
And why go to Assyria
to drink water from the Euphrates?
19 Your wickedness will punish you;
your backsliding will rebuke you.

10 In the Syro-Arabian desert
18 Hebrew *Shihor*; that is, a branch of the Nile

et dans une région où ne passe personne,
où n'habite personne ? »
7 Or, je vous ai conduits vers un pays fertile
pour en manger les fruits : des produits excellents.
Mais une fois arrivés là, vous avez souillé ce pays
et fait de mon domaine un lieu abominable.
8 Les prêtres n'ont pas demandé : « Où donc est
l'Eternel ? »
Les spécialistes de la Loi ne me connaissent pas,
les dirigeants du peuple se sont révoltés contre moi.
Et les prophètes même proclament leurs messages
au nom du dieu Baal.
Ils vont après des dieux qui ne servent à rien.
9 C'est pourquoi je vous intente un procès,
à vous et à vos descendants.
L'Eternel le déclare.

10 Rendez-vous donc dans les îles de Chypre, et
regardez !
Ou envoyez des hommes à Qédar[h] et qu'ils
observent bien !
Voyez si jamais il arrive une chose pareille :
11 existe-t-il un peuple qui ait changé de dieux ?
Et pourtant ces dieux-là ne sont pas de vrais dieux !
Mon peuple, quant à lui, a échangé celui qui fait sa
gloire[i]
contre ce qui ne sert à rien !
12 Cieux, étonnez-vous-en,
soyez-en horrifiés et consternés,
l'Eternel le déclare.
13 Car mon peuple a commis un double mal :
il m'a abandonné, moi, la source d'eaux vives,
et il s'est creusé des citernes, des citernes fendues
et qui ne retiennent pas l'eau.

Les conséquences de l'abandon

14 Israël est-il donc un esclave acheté
ou né dans la maison ?
Pourquoi est-il mis au pillage[j] ?
15 De jeunes lions rugissent contre lui,
et leur voix retentit,
ils ont dévasté son pays,
ses villes sont brûlées, et n'ont plus d'habitants.
16 Et même les habitants de Memphis avec ceux de
Daphné[k]
vous ont brisé[l] le crâne.
17 Pourquoi donc tout cela t'arrive-t-il ?
N'est-ce pas pour avoir délaissé l'Eternel ton Dieu,
alors même qu'il te guidait sur le chemin ?
18 Maintenant, que te sert de partir en Egypte,
pour aller boire les eaux du Nil[m] ?
Et que te sert de prendre la route pour te rendre en
Assyrie,
pour aller boire les eaux du Fleuve[n] ?
19 Car ta méchanceté entraînera ton châtiment,
ton infidélité fera venir ta punition.

h **2.10** *Qédar:* tribu nomade du désert d'Arabie, à l'est du pays d'Israël.
i **2.11** C'est-à-dire Dieu (voir Ps 106.20).
j **2.14** Pillé par les Assyriens et les Egyptiens (voir v. 15-16).
k **2.16** Deux villes égyptiennes du delta du Nil.
l **2.16** *brisé:* autre traduction : *rasé.*
m **2.18** En hébreu, le *Shihor :* le Nil ou l'un de ses affluents.
n **2.18** C'est-à-dire l'Euphrate. Dans ce verset, Jérémie fait certainement allusion à des tentatives d'alliance avec ces peuples païens (voir v. 36).

Consider then and realize
how evil and bitter it is for you
when you forsake the LORD your God
and have no awe of me,"
declares the Lord, the LORD Almighty.

20 "Long ago you broke off your yoke
and tore off your bonds;
you said, 'I will not serve you!'
Indeed, on every high hill
and under every spreading tree
you lay down as a prostitute.

21 I had planted you like a choice vine
of sound and reliable stock.
How then did you turn against me
into a corrupt, wild vine?

22 Although you wash yourself with soap
and use an abundance of cleansing powder,
the stain of your guilt is still before me,"
declares the Sovereign LORD.
23 "How can you say, 'I am not defiled;
I have not run after the Baals'?
See how you behaved in the valley;
consider what you have done.
You are a swift she-camel
running here and there,

24 a wild donkey accustomed to the desert,
sniffing the wind in her craving –
in her heat who can restrain her?
Any males that pursue her need not tire
themselves;
at mating time they will find her.

25 Do not run until your feet are bare
and your throat is dry.
But you said, 'It's no use!
I love foreign gods,
and I must go after them.'
26 "As a thief is disgraced when he is caught,
so the people of Israel are disgraced –
they, their kings and their officials,
their priests and their prophets.

27 They say to wood, 'You are my father,'
and to stone, 'You gave me birth.'
They have turned their backs to me
and not their faces;
yet when they are in trouble, they say,
'Come and save us!'
28 Where then are the gods you made for
yourselves?
Let them come if they can save you
when you are in trouble!
For you, Judah, have as many gods
as you have towns.

Sache et vois bien combien il est mauvais, combie
il est amer
de t'être détourné de l'Eternel, ton Dieu,
de ne plus avoir peur de moi.
L'Eternel le déclare, le Seigneur des armées célest

Juda, l'infidèle

20 Voici : depuis toujours, tu as brisé ton joug,
tu as rompu tes liens
en disant : « Je ne veux plus être esclave ! »
Mais, sur toute haute colline
et sous tout arbre vert,
toi, tu t'es allongée
tout comme une prostituée[o] !
21 Moi, je t'avais plantée comme un cep excellent
d'une variété sûre.
Comment se fait-il donc que tu te sois changée à
mon égard
en plant dégénéré d'une vigne sauvage ?
22 Quand tu te laverais avec de la potasse
et que tu emploierais des quantités de soude,
la tache de ta faute resterait devant moi.
C'est là ce que déclare le Seigneur, l'Eternel.
23 Comment oses-tu dire : « Je ne me suis jamais
souillée,
je ne suis pas allée après les Baals » ?
Va observer dans la vallée[p] les traces de tes pas !
Reconnais ce que tu as fait,
chamelle écervelée, qui vagabonde dans tous les
sens,
24 oui, ânesse sauvage qui a l'habitude de vivre dans
les steppes désertes !
Le feu de sa passion lui fait renifler l'air.
Qui pourrait réfréner l'ardeur de ses désirs ?
Tous ceux qui la recherchent n'auront pas à se
fatiguer,
car ils la trouveront quand elle est en chaleur.
25 Prends garde que ton pied ne se déchausse pas !
Prends garde à ton gosier qui va se dessécher !
Mais toi, tu réponds : « C'est peine perdue !
J'aime les étrangers,
c'est eux que je veux suivre. »
26 Comme un voleur a honte lorsqu'il est découvert,
ainsi seront couverts de honte la communauté
d'Israël,
ses rois et ses ministres,
ses prêtres, ses prophètes.
27 Ils disent à du bois : « Tu es mon père ! »
et à la pierre : « Toi, tu m'as mis au monde ! »
Ils m'ont tourné le dos, ne m'ont pas regardé en
face,
mais au jour du malheur, ils disent :
« Lève-toi, sauve-nous ! »
28 Mais où donc sont les dieux que tu t'es fabriqués ?
Qu'ils se lèvent, donc, eux, s'ils peuvent te sauver
quand le malheur t'atteint !
Car, ô Juda : autant tu as de villes, autant tu as de
dieux !

o **2.20** Le culte des faux dieux est qualifié par les prophètes de *prostitution*. Très souvent, l'idolâtrie cananéenne s'accompagnait de prostitution sacrée, liée au culte de la fécondité.
p **2.23** Certainement la vallée de Ben-Hinnom où avaient lieu des pratiques idolâtres (voir Jr 7.31-32 ; 32.35 ; 2 R 23.10).

29 "Why do you bring charges against me?
You have all rebelled against me,"
declares the Lord.
30 "In vain I punished your people;
they did not respond to correction.
Your sword has devoured your prophets
like a ravenous lion.
31 "You of this generation, consider the word of the
Lord:
"Have I been a desert to Israel
or a land of great darkness?
Why do my people say, 'We are free to roam;
we will come to you no more'?
32 Does a young woman forget her jewelry,
a bride her wedding ornaments?
Yet my people have forgotten me,
days without number.
33 How skilled you are at pursuing love!
Even the worst of women can learn from
your ways.
34 On your clothes is found
the lifeblood of the innocent poor,
though you did not catch them breaking in.
Yet in spite of all this
35 you say, 'I am innocent;
he is not angry with me.'
But I will pass judgment on you
because you say, 'I have not sinned.'
36 Why do you go about so much,
changing your ways?
You will be disappointed by Egypt
as you were by Assyria.
37 You will also leave that place
with your hands on your head,
for the Lord has rejected those you trust;
you will not be helped by them.

1 "If a man divorces his wife
and she leaves him and marries another
man,
should he return to her again?
Would not the land be completely defiled?
But you have lived as a prostitute with many
lovers –
would you now return to me?"
declares the Lord.
2 "Look up to the barren heights and see.

Juda a oublié son Dieu

29 Pourquoi m'intenter un procès ?
Vous vous êtes tous révoltés contre moi,
l'Eternel le déclare.
30 J'ai frappé vos enfants, mais c'est peine perdue !
Car ils n'ont pas voulu accepter la leçon.
Vous avez mis à mort par l'épée vos prophètes
comme un lion destructeur.
31 Gens d'aujourd'hui,
voyez ce que dit l'Eternel :
Suis-je pour Israël une terre déserte,
un pays de ténèbres ?
Pourquoi mon peuple dit-il donc :
« Nous errerons où nous voulons,
et nous ne voulons plus avoir affaire à toi » ?
32 Quoi donc, la jeune fille oublierait-elle ses bijoux,
ou la jeune mariée sa ceinture tressée ?
Or, mon peuple m'oublie
depuis des jours sans nombre.
33 Oh ! comme tu sais bien
rechercher tes amants !
Par ta conduite, tu en remontrerais à la pire des
femmes !
34 Et jusque sur les pans de tes habits,
on voit le sang de pauvres qui étaient innocents :
tu ne les avais pas surpris en flagrant délit
d'effraction !
35 Et malgré tout cela, tu dis :
« Moi, je suis innocente.
La colère divine va très certainement se détourner
de moi ! »
Eh bien, moi, je vais te juger
parce que tu prétends que tu n'as pas péché.
36 Comme tu t'avilis
à changer de conduite !
Te tourner vers l'Egypte,
comme vers l'Assyrie[q], cela t'attirera la honte,
37 et tu en reviendras
en te cachant la face avec les mains.
Car l'Eternel rejette ceux sur lesquels tu comptes[r] ;
ce n'est pas avec eux que tu aboutiras à quelque
chose.

L'appel au retour

Une épouse infidèle

3 1 Que dire ? Si un mari répudie son épouse,
qu'elle le quitte pour appartenir à un autre,
est-ce que son ancien mari retournera vers elle[s] ?
Le pays n'en serait-il pas souillé ?
Or, toi, qui t'es prostituée avec de nombreux
partenaires,
tu reviendrais à moi !
déclare l'Eternel.

2 Lève les yeux, regarde les hauteurs du pays :
y a-t-il un endroit où tu ne te sois pas livrée à
l'inconduite ?

[q] **2.36** Voir v. 18 et note.
[r] **2.37** L'Egypte et l'Assyrie.
[s] **3.1** Voir la loi deDt 24.1-4.

Is there any place where you have not been
ravished?
By the roadside you sat waiting for lovers,
sat like a nomad in the desert.
You have defiled the land
with your prostitution and wickedness.
3 Therefore the showers have been withheld,
and no spring rains have fallen.
Yet you have the brazen look of a prostitute;
you refuse to blush with shame.
4 Have you not just called to me:
'My Father, my friend from my youth,
5 will you always be angry?
Will your wrath continue forever?'
This is how you talk,
but you do all the evil you can."

Unfaithful Israel

6 During the reign of King Josiah, the LORD said to me,
"Have you seen what faithless Israel has done? She has
gone up on every high hill and under every spreading
tree and has committed adultery there. 7 I thought
that after she had done all this she would return to me
but she did not, and her unfaithful sister Judah saw it.
8 I gave faithless Israel her certificate of divorce and
sent her away because of all her adulteries. Yet I saw
that her unfaithful sister Judah had no fear; she also
went out and committed adultery. 9 Because Israel's
immorality mattered so little to her, she defiled the
land and committed adultery with stone and wood.
10 In spite of all this, her unfaithful sister Judah did not
return to me with all her heart, but only in pretense,"
declares the LORD.
11 The LORD said to me, "Faithless Israel is more
righteous than unfaithful Judah. 12 Go, proclaim this
message toward the north:
" 'Return, faithless Israel,' declares the LORD,
'I will frown on you no longer,
for I am faithful,' declares the LORD,
'I will not be angry forever.
13 Only acknowledge your guilt –
you have rebelled against the LORD your God,
you have scattered your favors to foreign gods
under every spreading tree,
and have not obeyed me,' "
declares the LORD.

Tu guettais tes amants, assise sur le bord des
chemins,
comme le Bédouin guette ses victimes dans le
désert.
Et tu as souillé le pays
par tes prostitutions et actes mauvais !
3 C'est pourquoi les averses ont été retenues,
et les pluies de printemps ont cessé de tomber.
Mais tu as eu le front d'une prostituée
et tu as refusé de rougir de ta honte !
4 Maintenant, n'est-ce pas,
tu m'appelles : « Mon père,
tu es l'époux de ma jeunesse ! »
5 Et tu demandes même : « Sera-t-il toujours en
colère ?
Et son ressentiment, le gardera-t-il à jamais ? »
Voilà ce que tu dis,
tout en continuant à commettre le mal
autant que tu le peux !

Israël-l'infidèle et Juda-la-perfide

6 L'Eternel me dit au temps du roi Josias[t] : As-tu vu ce q
fait Israël-l'infidèle ? Elle qui allait sur toute montag
élevée et sous tout arbre vert pour s'y prostituer. 7 Et m
je me disais : Après avoir fait tout cela, elle reviendra à m
Mais elle n'est pas revenue, et sa sœur, Juda-la-perfide, e
été témoin. 8 Elle a bien vu[u] que j'ai répudié Israël-l'infid
et que je lui ai donné sa lettre de divorce à cause de to
les adultères qu'elle avait commis[v]. Mais sa sœur, Juc
la-perfide, n'en a ressenti aucune crainte ; au contrai
elle est allée se prostituer à son tour[w]. 9 Par sa légèret
se débaucher, Israël a souillé tout le pays, commetta
l'adultère avec des idoles de bois et de pierre. 10 Et m
gré tout cela, sa sœur, Juda-la-perfide, n'est pas reven
à moi de tout son cœur : son retour n'était qu'un leur
l'Eternel le déclare.
11 Et l'Eternel me dit : Israël-l'infidèle paraît plus jus
que Juda-la-perfide. 12 Va, et crie ces paroles, en directi
du nord[x] :
Reviens, Israël-l'infidèle !
l'Eternel le demande.
Je n'aurai plus pour toi un visage sévère,
car je suis bienveillant,
l'Eternel le déclare,
et je ne serai pas en colère à toujours.
13 Mais reconnais ta faute :
c'est contre l'Eternel ton Dieu
que tu t'es révoltée
et tu as prodigué tes faveurs çà et là à des dieux
étrangers
sous tous les arbres verts.
Et tu ne m'as pas écouté,
l'Eternel le déclare.

[t] **3.6** Voir 1.2 et note.
[u] **3.8** D'après plusieurs manuscrits de l'ancienne version grecque et la version syriaque. Le texte hébreu traditionnel a : *j'ai vu que.*
[v] **3.8** *sa lettre de divorce:* voir Dt 24.1, 3.
[w] **3.8** Allusion à la déportation des habitants du royaume du Nord par Assyriens en 722 av. J.-C.
[x] **3.12** Vers les pays où Israël a été déporté.

14"Return, faithless people," declares the LORD, "for I
n your husband. I will choose you – one from a town
d two from a clan – and bring you to Zion. 15Then
vill give you shepherds after my own heart, who
ill lead you with knowledge and understanding.
In those days, when your numbers have increased
eatly in the land," declares the LORD, "people will
longer say, 'The ark of the covenant of the LORD.'
will never enter their minds or be remembered;
will not be missed, nor will another one be made.
At that time they will call Jerusalem The Throne of
e LORD, and all nations will gather in Jerusalem to
nor the name of the LORD. No longer will they follow
e stubbornness of their evil hearts. 18In those days
e people of Judah will join the people of Israel, and
gether they will come from a northern land to the
nd I gave your ancestors as an inheritance.

19"I myself said,
" 'How gladly would I treat you like my children
and give you a pleasant land,
the most beautiful inheritance of any
nation.'
I thought you would call me 'Father'
and not turn away from following me.
20 But like a woman unfaithful to her husband,
so you, Israel, have been unfaithful to me,"
declares the LORD.
21 A cry is heard on the barren heights,
the weeping and pleading of the people of
Israel,
because they have perverted their ways
and have forgotten the LORD their God.
22 "Return, faithless people;
I will cure you of backsliding."
"Yes, we will come to you,
for you are the LORD our God.

23 Surely the idolatrous commotion on the hills
and mountains is a deception;
surely in the LORD our God
is the salvation of Israel.
24 From our youth shameful gods have consumed
the fruits of our ancestors' labor –
their flocks and herds,
their sons and daughters.
25 Let us lie down in our shame,
and let our disgrace cover us.
We have sinned against the LORD our God,
both we and our ancestors;
from our youth till this day
we have not obeyed the LORD our God."

1"If you, Israel, will return," declares the LORD,
"then return to me."
"If you put your detestable idols out of my sight

Revenez, enfants rebelles !

14Revenez donc, enfants rebelles ! L'Eternel le demande,
car c'est moi votre maître. Et je vous prends, un d'une ville
et deux d'une famille, pour vous amener à Sion. 15Là, je
vous donnerai des bergers à ma convenance, ils vous dirigeront avec compétence et discernement. 16Or, quand dans
le pays, vous vous serez multipliés – l'Eternel le déclare –
oui, lorsque vous aurez proliféré, alors on ne parlera plus
du coffre de l'alliance de l'Eternel. On n'y pensera plus et
l'on ne s'en souviendra plus. Il ne manquera à personne et
l'on n'en fera pas un autre[y]. 17En ce temps-là, on nommera
Jérusalem : « Trône de l'Eternel », et tous les peuples s'assembleront en elle au nom de l'Eternel, oui, à Jérusalem.
Ils ne persisteront plus à suivre les penchants de leur
cœur obstiné et mauvais. 18En ces jours-là, la communauté de Juda rejoindra celle d'Israël et, du pays du nord,
elles reviendront ensemble vers le pays que j'ai donné en
patrimoine à vos ancêtres.

19 Et moi, qui me disais :
Je voudrais vous traiter comme des fils !
J'aimerais vous donner un pays de délices,
le plus beau patrimoine parmi ceux des nations.
Je me disais aussi :
Vous m'appellerez : « Père »
et vous ne cesserez pas de me suivre.
20 Mais vous m'avez trahi ô communauté d'Israël,
comme une femme qui trompe son mari,
l'Eternel le déclare.
21 Un cri se fait entendre sur les lieux élevés :
ce sont les pleurs et les supplications des gens du
peuple d'Israël,
car ils ont adopté une conduite corrompue,
ils ont oublié l'Eternel leur Dieu.
22 Revenez donc, enfants rebelles,
et je vous guérirai de vos égarements.

Le retour à Dieu

– Nous voici, nous voici, nous revenons à toi
car toi, tu es l'Eternel notre Dieu !
23 Oui, on nous a trompés là-haut sur les collines, par
le tapage entendu sur les monts.
Mais, c'est l'Eternel notre Dieu
qui accomplit le salut d'Israël.
24 Depuis notre jeunesse,
les idoles honteuses ont dévoré, tout ce qu'avait
produit le travail de nos pères,
leurs brebis et leurs bœufs,
ainsi que leurs fils et leurs filles[z].
25 Couchés dans notre honte,
nous avons l'infamie pour couverture.
Car nous et nos ancêtres,
depuis notre jeunesse et jusqu'à aujourd'hui,
nous avons tous péché contre l'Eternel, notre Dieu,
et nous n'avons pas obéi
à l'Eternel, lui, notre Dieu.

4 1Si tu reviens, ô Israël, si tu reviens à moi,
l'Eternel le déclare,
si tu ôtes de devant moi tes abominations,

y **3.16** Pour le coffre de l'alliance, voir Ex 25.22 ; 1 S 4.3.
z **3.24** Sur les sacrifices d'enfants à cette époque, voir
2 R 16.3 ; 17.17 ; 21.6 ; 23.10; cf. Jr 7.31 ; 19.5 ; 32.35. La loi les interdisait :
Lv 18.21 ; Dt 18.10.

and no longer go astray,
2 and if in a truthful, just and righteous way
you swear, 'As surely as the LORD lives,'
then the nations will invoke blessings by him
and in him they will boast."

3 This is what the LORD says to the people of Judah
and to Jerusalem:
"Break up your unplowed ground
and do not sow among thorns.
4 Circumcise yourselves to the LORD,
circumcise your hearts,
you people of Judah and inhabitants of
Jerusalem,
or my wrath will flare up and burn like fire
because of the evil you have done –
burn with no one to quench it.

Disaster From the North

5 "Announce in Judah and proclaim in Jerusalem
and say:
'Sound the trumpet throughout the land!'
Cry aloud and say:
'Gather together!
Let us flee to the fortified cities!'
6 Raise the signal to go to Zion!
Flee for safety without delay!
For I am bringing disaster from the north,
even terrible destruction."
7 A lion has come out of his lair;
a destroyer of nations has set out.
He has left his place
to lay waste your land.
Your towns will lie in ruins
without inhabitant.
8 So put on sackcloth,
lament and wail,
for the fierce anger of the LORD
has not turned away from us.

9 "In that day," declares the LORD,
"the king and the officials will lose heart,
the priests will be horrified,
and the prophets will be appalled."

10 Then I said, "Alas, Sovereign LORD! How completely you have deceived this people and Jerusalem by
saying, 'You will have peace,' when the sword is at
our throats!"

11 At that time this people and Jerusalem will be
told, "A scorching wind from the barren heights in

sans plus errer de çà, de là,
2 si tu prêtes serment, disant : « L'Eternel est vivant
si tu le fais en respectant la vérité dans la droiture
et la justice,
alors les autres peuples seront bénis par l'Eternel[a]
et tireront de lui leur gloire.
3 Car voici ce que l'Eternel déclare aux hommes de
Juda et à Jérusalem :
Défrichez-vous un champ nouveau,
ne semez plus parmi les ronces !
4 Purifiez-vous pour l'Eternel,
circoncisez vos cœurs,
ô hommes de Juda, habitants de Jérusalem,
car sinon ma colère jaillira comme un feu,
et elle brûlera
sans que nul ne l'éteigne
à cause de la perfidie de vos agissements.

L'invasion qui vient

Alarme

5 Adressez un appel au peuple de Juda,
et qu'on le fasse entendre dans tout Jérusalem !
Sonnez du cor à travers le pays !
Criez à pleine voix et dites :
« Rassemblez-vous, rallions les villes fortifiées ! »
6 Dressez un étendard du côté de Sion !
Mettez-vous à l'abri, et ne restez pas là,
car je fais venir du nord un malheur,
et une grande catastrophe.
7 Un lion surgit de son fourré,
celui qui détruit les nations s'est mis en route,
il sort de son repaire
pour ravager votre pays,
pour dévaster vos villes
et les laisser sans habitants.
8 C'est pourquoi, revêtez des habits de toile de sac,
pleurez, lamentez-vous !
Car la colère ardente de l'Eternel ne se détourne
pas de nous.

Désarroi

9 Et il arrivera en ce jour-là,
l'Eternel le déclare,
que le roi perdra tout courage et les ministres avec
lui ;
les prêtres seront consternés
et les prophètes stupéfaits[b].
10 Alors je répondis : Ah, Seigneur Eternel,
tu as vraiment trompé ce peuple et tout Jérusalem
quand tu leur as promis : « Vous vivrez dans la
paix »,
alors que maintenant l'épée attente à notre vie.

Jugement

11 En ce temps-là, on dira à ce peuple et à Jérusalem
« Des hauteurs du désert, arrive un vent torride,
il vient en direction des membres de mon peuple.

[a] **4.2** Voir Gn 12.2-3. Autre traduction : *se béniront par l'Eternel.*
[b] **4.9** Il s'agit des faux prophètes qui ont annoncé la paix.

e desert blows toward my people, but not to winnow
cleanse; [12] a wind too strong for that comes from
e. Now I pronounce my judgments against them."

13 Look! He advances like the clouds,
his chariots come like a whirlwind,
his horses are swifter than eagles.
Woe to us! We are ruined!
14 Jerusalem, wash the evil from your heart and be saved.
How long will you harbor wicked thoughts?
15 A voice is announcing from Dan,
proclaiming disaster from the hills of Ephraim.
16 "Tell this to the nations,
proclaim concerning Jerusalem:
'A besieging army is coming from a distant land,
raising a war cry against the cities of Judah.
17 They surround her like men guarding a field,
because she has rebelled against me,'"
declares the Lord.
18 "Your own conduct and actions
have brought this on you.
This is your punishment.
How bitter it is!
How it pierces to the heart!"
19 Oh, my anguish, my anguish!
I writhe in pain.
Oh, the agony of my heart!
My heart pounds within me,
I cannot keep silent.
For I have heard the sound of the trumpet;
I have heard the battle cry.
20 Disaster follows disaster;
the whole land lies in ruins.
In an instant my tents are destroyed,
my shelter in a moment.
21 How long must I see the battle standard
and hear the sound of the trumpet?
22 "My people are fools;
they do not know me.
They are senseless children;
they have no understanding.
They are skilled in doing evil;
they know not how to do good."
23 I looked at the earth,
and it was formless and empty;
and at the heavens,
and their light was gone.
24 I looked at the mountains,
and they were quaking;
all the hills were swaying.

Ce vent n'est destiné ni à vanner le blé ni à le nettoyer.
12 C'est un vent violent
qui vient de tout là-bas et il est à mes ordres.
Et, maintenant, c'est moi, qui prononce sur eux le jugement. »
13 L'ennemi vient pareil à des nuées d'orage,
ses chars sont comme l'ouragan,
et ses chevaux plus légers que les aigles !
Malheur à nous : nous sommes dévastés !
14 Nettoie ton cœur de sa méchanceté, Jérusalem,
et tu seras sauvée.
Jusques à quand seras-tu habitée
de projets malveillants ?
15 Une proclamation se fait entendre depuis Dan[c],
et l'on annonce le malheur sur les monts d'Ephraïm[d].
16 Annoncez-le aux peuples,
avertissez Jérusalem :
Des assiégeants arrivent d'un pays éloigné
et ils poussent leurs cris contre les villes de Juda.
17 Tels des gardiens d'un champ,
ils sont postés tout autour de Jérusalem,
car elle s'est révoltée contre moi,
l'Eternel le déclare.
18 Voilà ce que te valent ta conduite et tes actes ;
tel sera ton malheur !
Oui, cela est amer,
cela pénétrera jusqu'en ton cœur.

J'en suis malade

19 Je suis bouleversé,
je me tords de douleur, et mon cœur bat très fort !
C'est le tumulte en moi, je ne peux pas me taire
car j'ai bien entendu le son du cor,
le cri de guerre.
20 On crie : « Désastre sur désastre ! »
Tout le pays est ravagé !
Soudain, mes tentes sont détruites
et mes abris en un instant.
21 Jusques à quand verrai-je des étendards dressés
et entendrai-je le son du cor ?
22 Ah ! Mon peuple est stupide !
Il ne me connaît pas,
ce sont des enfants insensés
qui ne comprennent rien.
Ils n'ont d'habileté que pour faire du mal,
mais ils ne savent pas faire ce qui est bien.

Désolation

23 Je regarde la terre :
elle m'apparaît chaotique et vide ;
je regarde le ciel :
il n'a plus de lumière.
24 Je regarde les monts :
ils sont bien secoués
et toutes les collines sont ébranlées.

---

c **4.15** *Dan:* tribu installée au nord d'Israël (Jos 19.47).
d **4.15** Zone montagneuse au centre du pays d'Israël, à une vingtaine de kilomètres de Jérusalem.

25 I looked, and there were no people;
every bird in the sky had flown away.
26 I looked, and the fruitful land was a desert;
all its towns lay in ruins
before the LORD, before his fierce anger.
27 This is what the LORD says:
"The whole land will be ruined,
though I will not destroy it completely.
28 Therefore the earth will mourn
and the heavens above grow dark,
because I have spoken and will not relent,
I have decided and will not turn back."
29 At the sound of horsemen and archers
every town takes to flight.
Some go into the thickets;
some climb up among the rocks.
All the towns are deserted;
no one lives in them.
30 What are you doing, you devastated one?
Why dress yourself in scarlet
and put on jewels of gold?
Why highlight your eyes with makeup?
You adorn yourself in vain.
Your lovers despise you;
they want to kill you.
31 I hear a cry as of a woman in labor,
a groan as of one bearing her first child –
the cry of Daughter Zion gasping for breath,
stretching out her hands and saying,
"Alas! I am fainting;
my life is given over to murderers."

Not One Is Upright

5 1 "Go up and down the streets of Jerusalem,
look around and consider,
search through her squares.
If you can find but one person
who deals honestly and seeks the truth,
I will forgive this city.
2 Although they say, 'As surely as the LORD lives,'
still they are swearing falsely."
3 LORD, do not your eyes look for truth?
You struck them, but they felt no pain;
you crushed them, but they refused
correction.
They made their faces harder than stone
and refused to repent.

25 Je regarde, et voici
que l'homme a disparu
et les oiseaux se sont enfuis.
26 Je regarde, et voici :
la campagne fertile n'est plus qu'un grand désert
Toutes les villes sont démolies par-devant l'Eterne
à cause de son ardente colère.
27 Car ainsi parle l'Eternel :
Tout le pays est dévasté,
mais je ne le détruirai pas entièrement.
28 A cause de cela, la terre sera dans le deuil,
et le ciel tout là-haut s'obscurcira,
car je l'ai annoncé. Je l'ai bien résolu,
je n'y renonce pas,
je ne reviendrai pas dessus.

Angoisse

29 Au bruit des cavaliers et des archers,
toute la ville prend la fuite.
On se réfugie dans les bois,
on escalade les rochers.
La ville est tout abandonnée,
et n'a plus d'habitants.
30 Que fais-tu, ville dévastée ?
Tu te vêts d'écarlate,
tu mets des bijoux d'or,
tu fardes tes paupières avec de l'antimoine,
c'est en vain que tu te fais belle :
tes amants[e] te méprisent,
ils veulent te tuer.
31 J'entends comme la plainte d'une femme en trava
comme des cris d'angoisse d'une mère accouchan
de son premier enfant :
ce sont les cris que pousse Dame Sion :
elle suffoque
et elle tend les mains :
« Malheur à moi !
Je suis à bout de souffle face aux tueurs. »

Pourquoi ce châtiment ?

5 1 Allez de çà, de là, dans les rues de Jérusalem,
observez donc et constatez,
et cherchez sur ses places,
si vous trouvez un homme,
s'il y en a un seul
qui se comporte droitement,
et qui s'efforce d'être fidèle ;
dans ce cas, je pardonnerai à cette ville.
2 Car quand ils jurent :
« L'Eternel est vivant ! »
leurs serments sont trompeurs.
3 O Eternel, tes yeux ne peuvent s'attacher qu'à la
fidélité !
Tu as frappé ces hommes,
mais ils n'ont pas été touchés ;
tu les as écrasés,
mais ils ont refusé d'accepter la leçon.
Ils ont rendu leur face plus dure que le roc,
et ils ont refusé
de changer de comportement.

e **4.30** *tes amants:* les nations avec lesquelles Juda cherche à s'allier (voir 2.18, 36).

4 I thought, "These are only the poor;
they are foolish,
for they do not know the way of the LORD,
the requirements of their God.

5 So I will go to the leaders
and speak to them;
surely they know the way of the LORD,
the requirements of their God."
But with one accord they too had broken off
the yoke
and torn off the bonds.
6 Therefore a lion from the forest will attack
them,
a wolf from the desert will ravage them,
a leopard will lie in wait near their towns
to tear to pieces any who venture out,
for their rebellion is great
and their backslidings many.
7 "Why should I forgive you?
Your children have forsaken me
and sworn by gods that are not gods.
I supplied all their needs,
yet they committed adultery
and thronged to the houses of prostitutes.
8 They are well-fed, lusty stallions,
each neighing for another man's wife.
9 Should I not punish them for this?"
declares the LORD.
"Should I not avenge myself
on such a nation as this?
10 "Go through her vineyards and ravage them,
but do not destroy them completely.
Strip off her branches,
for these people do not belong to the LORD.
11 The people of Israel and the people of Judah
have been utterly unfaithful to me,"
declares the LORD.

12 They have lied about the LORD;
they said, "He will do nothing!
No harm will come to us;
we will never see sword or famine.
13 The prophets are but wind
and the word is not in them;
so let what they say be done to them."
14 Therefore this is what the LORD God Almighty says:
"Because the people have spoken these words,
I will make my words in your mouth a fire
and these people the wood it consumes.

15 People of Israel," declares the LORD,
"I am bringing a distant nation against you –

4 Je me suis dit alors : Ce sont des gens de condition
modeste,
ils agissent comme des fous
parce qu'ils ne connaissent pas la voie prescrite par
l'Eternel
ni le droit de leur Dieu.
5 J'irai donc vers les grands
et je leur parlerai,
eux, du moins, ils connaissent la voie prescrite par
l'Eternel
et le droit de leur Dieu.
Eh bien non ! tous ensemble, ils ont brisé le joug,
ils ont rompu les liens.
6 C'est pourquoi surgira le lion de la forêt, il les
attaquera
et le loup de la steppe viendra les ravager ;
la panthère est tapie près de leurs villes,
et tous ceux qui en sortiront se feront déchirer.
Parce que leurs péchés se sont multipliés,
Et que leurs infidélités ne cessent de s'accroître.
7 Avec cela pourrais-je encore te pardonner ?
Tes enfants m'ont abandonné
et ils prêtent serment par ce qui n'est pas Dieu.
Moi, je les ai comblés et ils sont adultères ;
ils vont en foule aux maisons des prostituées[f].

8 Ce sont des étalons bien repus et pleins de désirs[g],
et chacun d'eux hennit après la femme du prochain.
9 N'interviendrais-je pas contre ces gens ?
demande l'Eternel.
Et ne ferais-je pas payer un pareil peuple ?

10 Escaladez ses murs et détruisez ma vigne[h],
mais ne l'achevez pas !
Arrachez ses sarments :
ils n'appartiennent pas à l'Eternel.
11 Car le royaume d'Israël et celui de Juda m'ont bien
trahi,
l'Eternel le déclare.

L'arrogance attire le jugement

12 Ils m'ont renié, moi, l'Eternel,
ils ont dit : « Il n'existe pas !
Et le malheur ne nous atteindra pas.
Nous ne verrons jamais l'épée ou la famine !
13 Quant aux prophètes ils ne sont que du vent,
ils n'ont aucun message.
Qu'il leur soit fait ainsi[i] ! »
14 C'est pourquoi, ainsi parle le Seigneur des armées
célestes :
Puisque vous proférez de tels propos,
je vais faire de mes paroles comme un feu dans ta
bouche,
et de ce peuple, je vais faire comme du bois, et ce
feu les consumera.
15 Je vais faire venir de loin
un peuple étranger contre vous, ô peuple d'Israël,
l'Eternel le déclare.
C'est une nation très ancienne,

---

f **5.7** Il s'agit de prostitution sacrée (voir 2.20 et note ; 3.8).
g **5.8** *pleins de désirs:* sens incertain.
h **5.10** Image du peuple d'Israël (voir2.21 ; Es 5.1-7 ; 27.2-5).
i **5.13** L'ancienne version grecque omet cette dernière phrase.

an ancient and enduring nation,
a people whose language you do not know,
whose speech you do not understand.
16 Their quivers are like an open grave;
all of them are mighty warriors.
17 They will devour your harvests and food,
devour your sons and daughters;
they will devour your flocks and herds,
devour your vines and fig trees.
With the sword they will destroy
the fortified cities in which you trust.

18 "Yet even in those days," declares the LORD, "I will
not destroy you completely. 19 And when the people
ask, 'Why has the LORD our God done all this to us?' you
will tell them, 'As you have forsaken me and served
foreign gods in your own land, so now you will serve
foreigners in a land not your own.'

20 "Announce this to the descendants of Jacob
and proclaim it in Judah:
21 Hear this, you foolish and senseless people,
who have eyes but do not see,
who have ears but do not hear:

22 Should you not fear me?"
declares the LORD.
"Should you not tremble in my presence?
I made the sand a boundary for the sea,
an everlasting barrier it cannot cross.
The waves may roll, but they cannot prevail;
they may roar, but they cannot cross it.

23 But these people have stubborn and rebellious
hearts;
they have turned aside and gone away.
24 They do not say to themselves,
'Let us fear the LORD our God,
who gives autumn and spring rains in season,
who assures us of the regular weeks of
harvest.'

25 Your wrongdoings have kept these away;
your sins have deprived you of good.

26 "Among my people are the wicked
who lie in wait like men who snare birds
and like those who set traps to catch people.

27 Like cages full of birds,
their houses are full of deceit;
they have become rich and powerful

28 and have grown fat and sleek.
Their evil deeds have no limit;
they do not seek justice.
They do not promote the case of the fatherless;

un peuple impétueux,
dont tu ne connais pas la langue
et dont tu ne comprends pas les propos.
16 Son carquois est comme une tombe ouverte,
ce sont tous des guerriers !
17 Elle dévorera ta moisson et ton pain ;
elle dévorera tes fils, tes filles.
Elle dévorera tes brebis et tes bœufs,
elle dévorera ta vigne et ton figuier,
elle démolira avec l'épée tes villes fortifiées qui
sont ton assurance.

18 Mais même alors, l'Eternel le déclare, je ne vo
anéantirai pas. 19 Et lorsque vous direz : « Pourquoi do
l'Eternel notre Dieu nous traite-t-il ainsi ? », toi, tu le
répondras : « C'est parce que vous m'avez délaissé et q
vous avez adoré des divinités étrangères dans votre pa
même. Voilà pourquoi vous servirez des étrangers sur
sol qui n'est pas le vôtre. »

Avertissements aux dilettantes !

20 Annoncez ces paroles au peuple de Jacob,
proclamez ce qui suit au pays de Juda :
21 Ecoutez donc ceci, peuple insensé et sans
intelligence :
vous avez bien des yeux mais vous ne voyez pas,
vous avez des oreilles, mais vous n'entendez pas !
22 Ne me craindrez-vous pas ?
demande l'Eternel.
Et ne tremblerez-vous pas devant moi,
moi qui ai donné à la mer le sable pour limite,
comme une barrière éternelle qu'elle ne franchir
jamais ?
Elle bouillonne mais elle est impuissante,
ses flots mugissent mais ils n'iront pas au-delà.
23 Ce peuple-ci, par contre, a un cœur rétif et rebell
ils se sont détournés et sont partis ;
24 ils ne disent pas dans leur cœur :
« Craignons l'Eternel, notre Dieu,
il nous donne les pluies, chacune en sa saison,
les pluies d'automne et celles du printemps.
C'est lui qui nous réserve les semaines fixées pou
faire la moisson. »
25 Mais ce sont vos péchés qui ont tout dérangé,
ce sont vos fautes qui vous ont privés de ces biens

Un mal sans limite

26 Car au sein de mon peuple, se trouvent des
méchants,
ils épient leurs victimes comme des oiseleurs.
Ils tendent des pièges mortels et attrapent des
hommes.
27 Leurs maisons sont remplies de fraude
comme une cage remplie d'oiseaux,
et c'est par ces moyens qu'ils deviennent puissan
et riches.
28 Ils sont bien gros et gras,
ils battent le record du mal,
ils ne rendent pas la justice, ils ne font pas justice
l'orphelin,
et ils prospèrent[j] :

j 5.28 Certains traduisent : *ils gagnent leurs procès.*

they do not defend the just cause of the poor.
29 Should I not punish them for this?"
declares the LORD.
"Should I not avenge myself
on such a nation as this?
30 "A horrible and shocking thing
has happened in the land:
31 The prophets prophesy lies,
the priests rule by their own authority,
and my people love it this way.
But what will you do in the end?

rusalem Under Siege

1 "Flee for safety, people of Benjamin!
Flee from Jerusalem!
Sound the trumpet in Tekoa!
Raise the signal over Beth Hakkerem!
For disaster looms out of the north,
even terrible destruction.
2 I will destroy Daughter Zion,
so beautiful and delicate.
3 Shepherds with their flocks will come against
her;
they will pitch their tents around her,
each tending his own portion."

4 "Prepare for battle against her!
Arise, let us attack at noon!
But, alas, the daylight is fading,
and the shadows of evening grow long.
5 So arise, let us attack at night
and destroy her fortresses!"
This is what the LORD Almighty says:
"Cut down the trees
and build siege ramps against Jerusalem.
This city must be punished;
it is filled with oppression.

7 As a well pours out its water,
so she pours out her wickedness.
Violence and destruction resound in her;
her sickness and wounds are ever before me.

8 Take warning, Jerusalem,
or I will turn away from you
and make your land desolate
so no one can live in it."
This is what the LORD Almighty says:
"Let them glean the remnant of Israel
as thoroughly as a vine;
pass your hand over the branches again,
like one gathering grapes."

To whom can I speak and give warning?
Who will listen to me?
Their ears are closed[e]
so they cannot hear.

.0 Hebrew *uncircumcised*

non, ils ne rendent pas justice aux pauvres.
29 N'interviendrais-je pas contre ces gens ?
demande l'Eternel.
Et ne ferais-je pas payer un pareil peuple ?

30 C'est stupéfiant, horrible,
ce qui se passe dans ce pays !
31 Dans leurs prophéties, les prophètes ne disent que
mensonges,
et les prêtres dominent au nom de leur autorité[k].
Mon peuple, lui, est content de cela.
Mais que ferez-vous donc après ce qui va arriver ?

L'invasion

6 1 Fuyez, Benjaminites, quittez Jérusalem !
Sonnez du cor à Teqoa[l] !
Elevez un signal au-dessus de Beth-Hakkérem.
Car du nord arrive un malheur
et une grande catastrophe.

2 La belle et délicate,
Dame Sion, je la réduis en ruine.
3 Des bergers monteront vers elle, suivis de leurs
troupeaux.
Ils planteront tout autour d'elle leur campement de
tentes
et chacun fera paître ses bêtes sur son lot.
4 Préparez-vous pour le combat contre elle !
Debout ! Donnons l'assaut à l'heure de midi !
Hélas, malheur à nous car, déjà, le jour baisse,
et les ombres du soir s'allongent ...
5 Debout, attaquons-la de nuit,
détruisons ses palais !
6 Voici ce que déclare l'Eternel, le Seigneur des
armées célestes :
Abattez donc ses arbres
et dressez des terrassements contre Jérusalem,
cité qui doit être punie,
cité où règne la violence !
7 Pareil au puits qui fait couler son eau,
cette cité fait couler sa méchanceté.
On n'entend, dans ses rues, que violence et que
ruine,
je n'y vois constamment
que souffrance et blessures.
8 Laisse-toi avertir, Jérusalem,
sinon mon cœur s'éloignera de toi,
je te transformerai en terre dévastée,
inhabitée.
9 Voici ce que déclare l'Eternel, le Seigneur des
armées célestes :
Grappille jusqu'au bout comme une vigne
ce qui subsiste d'Israël.
Fais repasser ta main,
comme le vendangeur sur les sarments.
10 Mais à qui parlerai-je
et qui avertirai-je pour qu'enfin ils entendent ?
Leur oreille est incirconcise,
et ils sont incapables de prêter attention.
La parole de l'Eternel

[k] 5.31 Autres traductions : *avec leur appui* ou *ne cherchent que leur profit.*
[l] 6.1 *Teqoa:* à quelques kilomètres au sud de Jérusalem.

The word of the Lord is offensive to them;
they find no pleasure in it.
11 But I am full of the wrath of the Lord,
and I cannot hold it in.
"Pour it out on the children in the street
and on the young men gathered together;
both husband and wife will be caught in it,
and the old, those weighed down with years.
12 Their houses will be turned over to others,
together with their fields and their wives,
when I stretch out my hand
against those who live in the land,"
declares the Lord.
13 "From the least to the greatest,
all are greedy for gain;
prophets and priests alike,
all practice deceit.
14 They dress the wound of my people
as though it were not serious.
'Peace, peace,' they say,
when there is no peace.
15 Are they ashamed of their detestable conduct?
No, they have no shame at all;
they do not even know how to blush.
So they will fall among the fallen;
they will be brought down when I punish
them,"
says the Lord.
16 This is what the Lord says:
"Stand at the crossroads and look;
ask for the ancient paths,
ask where the good way is, and walk in it,
and you will find rest for your souls.
But you said, 'We will not walk in it.'
17 I appointed watchmen over you and said,
'Listen to the sound of the trumpet!'
But you said, 'We will not listen.'
18 Therefore hear, you nations;
you who are witnesses,
observe what will happen to them.
19 Hear, you earth:
I am bringing disaster on this people,
the fruit of their schemes,
because they have not listened to my words
and have rejected my law.
20 What do I care about incense from Sheba
or sweet calamus from a distant land?
Your burnt offerings are not acceptable;
your sacrifices do not please me."
21 Therefore this is what the Lord says:

est devenue pour eux un objet de mépris
dont ils ne veulent pas.
11 Mais moi, je suis rempli de la fureur de Dieu,
je ne peux plus la contenir.
Déverse-la sur l'enfant dans la rue
et sur les jeunes gens rassemblés dans leurs cercle
Le mari et la femme seront pris,
l'ancien et le vieillard qui est chargé de jours sero
pris eux aussi.
12 Leurs maisons passeront à d'autres
ainsi que leurs champs et leurs femmes,
car ma main s'abattra sur les habitants du pays,
l'Eternel le déclare[m].
13 Car tous, petits ou grands,
sont avides de gains.
Tous, du prophète au prêtre,
pratiquent la duplicité.
14 Ils guérissent superficiellement
mon peuple du désastre
en disant : « Tout va bien ! Tout va vraiment très
bien ! »
alors que rien ne va.
15 Sont-ils honteux d'avoir commis des
abominations ?
Ils n'ont aucune honte
et ils ne savent pas rougir,
et c'est pourquoi ils tomberont avec ceux qui
succombent,
et ils s'écrouleront au moment où je leur ferai
rendre des comptes,
l'Eternel le déclare.
16 Voici ce que dit l'Eternel :
Tenez-vous sur les routes, regardez ! Informez-vo
des sentiers d'autrefois :
« Quel est le bon chemin ? » Et puis, suivez-le don
et vous y trouverez du repos pour vous-mêmes.
Mais ils ont répondu :
« Nous n'y marcherons pas ! »
17 Alors j'ai établi des sentinelles parmi vous qui vou
ont dit :
« Prêtez donc attention au son du cor ! »
Mais ils ont répondu :
« Nous n'écouterons pas » !
18 C'est pourquoi écoutez, vous, peuples étrangers !
Observez en témoins
ce qui[n] se passera chez eux !
19 Prête attention, ô terre :
je vais faire venir sur ce peuple, un malheur,
fruit de ses stratagèmes.
Car ils n'ont pas voulu écouter mes paroles
et ils ont rejeté ma Loi.
20 Qu'ai-je à faire de l'encens importé de Saba[o]
et du roseau aromatique venant d'un pays
éloigné[p] ?
Je n'agrée pas vos holocaustes,
et je n'apprécie pas vos sacrifices.
21 Aussi, l'Eternel le déclare,

[m] **6.12** Les v. 12-15 se retrouvent en 8.10-12.
[n] **6.18** Autre traduction : *observe, assemblée, ce qui…*
[o] **6.20** *Saba:* royaume du sud-ouest de l'Arabie, centre du commerce de épices (voir Es 60.6).
[p] **6.20** Probablement l'Inde d'où l'on importait ce roseau aromatique.

"I will put obstacles before this people.
Parents and children alike will stumble over them;
neighbors and friends will perish."

22 This is what the LORD says:
"Look, an army is coming
from the land of the north;
a great nation is being stirred up
from the ends of the earth.
23 They are armed with bow and spear;
they are cruel and show no mercy.
They sound like the roaring sea
as they ride on their horses;
they come like men in battle formation
to attack you, Daughter Zion."
24 We have heard reports about them,
and our hands hang limp.
Anguish has gripped us,
pain like that of a woman in labor.
25 Do not go out to the fields
or walk on the roads,
for the enemy has a sword,
and there is terror on every side.
26 Put on sackcloth, my people,
and roll in ashes;
mourn with bitter wailing
as for an only son,
for suddenly the destroyer
will come upon us.
27 "I have made you a tester of metals
and my people the ore,
that you may observe
and test their ways.
28 They are all hardened rebels,
going about to slander.
They are bronze and iron;
they all act corruptly.
29 The bellows blow fiercely
to burn away the lead with fire,
but the refining goes on in vain;
the wicked are not purged out.

30 They are called rejected silver,
because the LORD has rejected them."

lse Religion Worthless

¹This is the word that came to Jeremiah from
the LORD: ²"Stand at the gate of the LORD's house
.d there proclaim this message:
" 'Hear the word of the LORD, all you people of Judah
no come through these gates to worship the LORD.
his is what the LORD Almighty, the God of Israel, says:
form your ways and your actions, and I will let you
e in this place. ⁴Do not trust in deceptive words and
y, "This is the temple of the LORD, the temple of the

je vais dresser sur le chemin du peuple une série d'obstacles,
et ils feront tomber les pères et les fils ensemble ;
voisins et compagnons y périront.

Mauvaise nouvelle

22 Voici ce que déclare l'Eternel :
« Un peuple va venir de la contrée du nord,
une grande nation qui se met en campagne des confins de la terre[q].
23 Ils empoignent l'arc et la lance,
ils sont cruels et sans pitié,
et ils mugissent comme la mer.
Ils sont montés sur des chevaux,
rangés en ordre de bataille tout comme des soldats
pour te combattre, toi, communauté de Sion ! »
24 En entendant cette nouvelle,
nos bras ont défailli,
et l'angoisse nous a étreints,
et des douleurs nous ont saisis comme pour une femme en couches.
25 Ne sortez pas aux champs,
n'allez pas sur les routes,
car l'ennemi s'y tient, le glaive dans la main :
de toutes parts, c'est la terreur.
26 O communauté de mon peuple,
revêts ton habit de toile de sac,
roule-toi dans la cendre
et prends le deuil comme pour un enfant unique !
Répands-toi en lamentations amères
car le dévastateur fondra soudain sur nous !
27 Voici, je t'ai placé comme celui qui teste les métaux
au milieu de mon peuple
pour que tu examines,
que tu éprouves leur conduite.
28 Ce sont tous des rebelles qui refusent d'entendre,
qui vont, semant la calomnie.
Ils sont endurcis comme bronze et fer.
Et ce sont tous des destructeurs.
29 Le soufflet souffle,
et le plomb est dévoré par le feu,
c'est en vain qu'on insiste pour faire fondre les métaux,
car les scories ne se détachent pas.
30 Ils seront appelés : « de l'argent de rebut »,
parce que l'Eternel les a mis au rebut.

La plaie incurable

Un culte perverti

7 ¹Voici ce que l'Eternel dit à Jérémie :
²Tiens-toi à la porte du temple de l'Eternel, et proclame ce message : Ecoutez la parole de l'Eternel, vous tous,
gens de Juda, vous qui entrez par ces portes, pour vous
prosterner devant l'Eternel, ³car voici ce que déclare le
Seigneur des armées célestes, le Dieu d'Israël : Adoptez
une bonne conduite et faites ce qui est bien ! Alors, je vous
laisserai vivre en ce lieu[r]. ⁴Cessez de vous fier à ces paroles
trompeuses : « Voici le temple de l'Eternel, voici le temple

q 6.22 Les v. 22-24 ont leur parallèle en 50.41-43.
r 7.3 La version grecque d'Aquila et la Vulgate ont : *j'habiterai avec vous en ce lieu.*

LORD, the temple of the LORD!" 5 If you really change
your ways and your actions and deal with each other
justly, 6 if you do not oppress the foreigner, the fatherless or the widow and do not shed innocent blood
in this place, and if you do not follow other gods to
your own harm, 7 then I will let you live in this place,
in the land I gave your ancestors for ever and ever.
8 But look, you are trusting in deceptive words that
are worthless.

9 " 'Will you steal and murder, commit adultery and
perjury,[f] burn incense to Baal and follow other gods
you have not known, 10 and then come and stand before me in this house, which bears my Name, and say,
"We are safe" – safe to do all these detestable things?
11 Has this house, which bears my Name, become a den
of robbers to you? But I have been watching! declares
the LORD.

12 " 'Go now to the place in Shiloh where I first made
a dwelling for my Name, and see what I did to it because of the wickedness of my people Israel. 13 While
you were doing all these things, declares the LORD, I
spoke to you again and again, but you did not listen; I
called you, but you did not answer. 14 Therefore, what
I did to Shiloh I will now do to the house that bears
my Name, the temple you trust in, the place I gave to
you and your ancestors. 15 I will thrust you from my
presence, just as I did all your fellow Israelites, the
people of Ephraim.'

16 "So do not pray for this people nor offer any plea
or petition for them; do not plead with me, for I will
not listen to you. 17 Do you not see what they are doing
in the towns of Judah and in the streets of Jerusalem?
18 The children gather wood, the fathers light the fire,
and the women knead the dough and make cakes to
offer to the Queen of Heaven. They pour out drink
offerings to other gods to arouse my anger. 19 But am
I the one they are provoking? declares the LORD. Are
they not rather harming themselves, to their own
shame?

20 " 'Therefore this is what the Sovereign LORD says:
My anger and my wrath will be poured out on this
place – on man and beast, on the trees of the field and
on the crops of your land – and it will burn and not
be quenched.

21 " 'This is what the LORD Almighty, the God of Israel,
says: Go ahead, add your burnt offerings to your other
sacrifices and eat the meat yourselves! 22 For when
I brought your ancestors out of Egypt and spoke to
them, I did not just give them commands about burnt

de l'Eternel, oui, c'est ici qu'est le temple de l'Eternel. » 5
vraiment vous adoptez une conduite bonne et si vous fait
ce qui est bien, si vous rendez de justes jugements da
les procès, 6 si vous vous abstenez d'exploiter l'immig
l'orphelin et la veuve, de tuer des innocents en ce lieu
d'adorer d'autres dieux pour votre propre malheur, 7 alc
je vous ferai habiter[s] dans ce lieu, ce pays que j'ai donn
vos ancêtres depuis toujours et pour toujours.

8 Mais vous, vous vous fiez à des paroles trompeuses q
ne vous serviront à rien. 9 Quoi ! Vous allez commettre d
vols, des meurtres, des adultères, vous faites des sermen
mensongers, vous offrez des parfums à Baal et ador
d'autres dieux qui vous étaient inconnus, 10 et puis vo
venez vous tenir devant moi, dans ce temple qui m'appa
tient, et vous dites : « Nous sommes en sécurité ! » Et c'e
pour accomplir tous ces actes abominables ! 11 Ce temp
qui m'appartient est-il à vos yeux une caverne de bri
ands[t] ? Moi, en tout cas, je vois qu'il en est ainsi – l'Etern
le déclare. 12 Allez donc à Silo, à l'endroit où j'avais m
sanctuaire, là où j'avais autrefois établi ma présence,
voyez ce que j'en ai fait à cause du mal qu'avait comn
mon peuple Israël ! 13 Maintenant, puisque vous agiss
ainsi – l'Eternel le déclare – et puisque vous n'avez p
écouté quand, inlassablement, je vous ai avertis, puisq
vous n'avez pas répondu, alors que je vous ai appelés, 14
temple qui m'appartient, et sur lequel vous fondez vot
assurance, ce lieu que j'ai donné à vous et à vos ancêtr
je vais le traiter de la même manière que j'ai traité Si
15 Je vous rejetterai loin de moi comme j'ai rejeté tous ce
qui sont vos frères, le peuple d'Ephraïm[u].

16 Quant à toi, Jérémie, ne prie pas pour ce peuple,
prononce en sa faveur ni supplication ni requête, n'i
tercède pas auprès de moi car je ne t'écouterai pas. 17
vois-tu pas tout ce qu'ils font dans les villes de Juda,
dans les rues de Jérusalem ? 18 Les enfants ramassent
bois, les pères allument le feu, les femmes pétrissent
pâte pour faire des gâteaux pour la Reine du ciel[v]. On of
des libations à des dieux étrangers et tout cela m'irri
19 Est-ce moi qu'ils offensent ? demande l'Eternel. Nc
c'est plutôt eux-mêmes, à leur plus grande honte ! 20 C'e
pourquoi, voici ce que déclare le Seigneur, l'Eternel : M
ardente colère et mon indignation vont fondre sur ce li
sur les gens et les bêtes, sur les arbres des champs et
produits du sol. Et elles brûlent comme un feu qui
s'éteindra pas.

21 Voici ce que déclare le Seigneur des armées célest
Dieu d'Israël : Ajoutez donc vos holocaustes aux autr
sacrifices, et mangez-en la viande[w]. 22 Non ! je n'ai ri
prescrit à vos ancêtres, je ne leur ai rien ordonné conc
nant les holocaustes et autres sacrifices quand je les
fait sortir d'Egypte.

[f] 7:9 Or *and swear by false gods*

[s] **7.7** *je vous ferai habiter*: voir v. 3 et la note.

[t] **7.11** Repris en Mt 21.13 ; Mc 11.17 ; Lc 19.46.

[u] **7.15** Ephraïm était la tribu principale du royaume du Nord dont les habitants furent déportés par les Assyriens une centaine d'années av Jérémie.

[v] **7.18** *la Reine du ciel:* nom babylonien de la déesse Ishtar, importante déesse du panthéon babylonien (voir 44.17-19, 25).

[w] **7.21** La chair de la victime de l'holocauste ne devait pas être mangé car l'animal devait être brûlé sur l'autel dans sa quasi-totalité (Lv 1). C impératifs sont ironiques, pour décrire ce qui se passe et souligner qu l'Eternel n'agrée pas ces sacrifices parce qu'ils ne sont pas offerts avec les dispositions requises.

ferings and sacrifices, 23but I gave them this com-
and: Obey me, and I will be your God and you will be
y people. Walk in obedience to all I command you,
at it may go well with you. 24But they did not listen
pay attention; instead, they followed the stubborn
clinations of their evil hearts. They went backward
d not forward. 25From the time your ancestors left
ypt until now, day after day, again and again I sent
u my servants the prophets. 26But they did not lis-
n to me or pay attention. They were stiff-necked
d did more evil than their ancestors.'
27"When you tell them all this, they will not listen
you; when you call to them, they will not answer.
Therefore say to them, 'This is the nation that has
t obeyed the LORD its God or responded to correc-
n. Truth has perished; it has vanished from their
s.

29" 'Cut off your hair and throw it away; take up
ament on the barren heights, for the LORD has rected and abandoned this generation that is under
s wrath.

e Valley of Slaughter

30" 'The people of Judah have done evil in my eyes,
clares the LORD. They have set up their detestable
ols in the house that bears my Name and have deed it. 31They have built the high places of Topheth
the Valley of Ben Hinnom to burn their sons and
ughters in the fire – something I did not command,
r did it enter my mind. 32So beware, the days are
ming, declares the LORD, when people will no lon-
r call it Topheth or the Valley of Ben Hinnom, but
e Valley of Slaughter, for they will bury the dead
Topheth until there is no more room. 33Then the
rcasses of this people will become food for the
rds and the wild animals, and there will be no one
frighten them away. 34I will bring an end to the
unds of joy and gladness and to the voices of bride
d bridegroom in the towns of Judah and the streets
Jerusalem, for the land will become desolate.

8 1" 'At that time, declares the LORD, the bones of
the kings and officials of Judah, the bones of the
iests and prophets, and the bones of the people of
rusalem will be removed from their graves. 2They
ill be exposed to the sun and the moon and all the
ars of the heavens, which they have loved and served
d which they have followed and consulted and wor-
iped. They will not be gathered up or buried, but

23Mais voici ce que je leur ai commandé : « Ecoutez-moi
et je serai votre Dieu, et vous serez mon peuple ; suivez
toutes les voies que je vous prescrirai, afin que vous soyez
heureux. » 24Mais eux, ils n'ont pas écouté, non, ils n'ont
pas prêté l'oreille. Mais ils se sont conduits selon leurs
propres raisonnements et selon les penchants de leur
cœur obstiné et mauvais. Ils sont devenus pires au lieu
de devenir meilleurs.
25Depuis le jour où vos ancêtres sont sortis d'Egypte
jusqu'à aujourd'hui, j'ai envoyé tous mes serviteurs les
prophètes, jour après jour, inlassablement. 26Mais ils ne
m'ont pas écouté, ils n'ont pas prêté l'oreille. Ils ont raidi
leur nuque, et ils ont fait plus de mal que leurs ancêtres.
27Dis-leur toutes ces choses, mais ils ne t'écouteront pas ;
appelle-les, mais ils ne te répondront pas. 28Alors tu leur
diras : vous êtes un peuple qui n'obéit pas à l'Eternel son
Dieu et qui ne veut pas accepter sa leçon. La vérité n'est
plus, elle s'est retirée de leur bouche.

La vallée du châtiment

29 Rase ta chevelure[x] et jette-la !
Entonne une complainte sur les monts dépouillés,
car l'Eternel rejette, avec mépris, cette génération
qui a provoqué sa colère.

30Car les gens de Juda ont fait ce que je considère comme
mal, l'Eternel le déclare. Ils ont installé leurs abominations
dans le Temple qui m'appartient et l'ont ainsi souillé[y].
31Ils ont érigé les hauts lieux de Topheth dans la vallée
de Ben-Hinnom[z], afin de brûler leurs fils et leurs filles
pour les offrir en sacrifices. C'est bien là quelque chose
que je n'ai pas ordonné et qui ne m'est même pas venu à
la pensée. 32C'est pourquoi, le temps vient – l'Eternel le
déclare – où l'on ne dira plus : « le Topheth » ni « la vallée
de Ben-Hinnom » mais on l'appellera : « la vallée du massacre », et faute de place, on enterrera les morts au Topheth.
33Les cadavres des gens de ce peuple serviront de pâture
aux oiseaux et aux bêtes sauvages, sans que personne les
chasse. 34Je ferai cesser dans les villes de Juda et dans les
rues de Jérusalem les cris de réjouissance et d'allégresse,
la voix du marié et la voix de la mariée, car le pays sera
en ruine.

8 1A ce moment-là, l'Eternel le déclare, on sortira de
leurs tombeaux les ossements des rois de Juda, ceux
de ses ministres, ceux des prêtres, ceux des prophètes et
ceux des habitants de Jérusalem. 2On les exposera face
au soleil, à la lune et à tous les astres du ciel, ces astres
qu'ils ont adorés, auxquels ils ont rendu un culte, qu'ils
ont suivis, qu'ils ont consultés et devant lesquels ils se
sont prosternés[a]. Ces ossements ne seront pas recueillis
de nouveau pour être ensevelis ; ils deviendront du fumier

x **7.29** Geste exprimant la honte ou la consternation.

y **7.30** Manassé avait fait installer un poteau sacré dans le Temple (2 R 21.7). Josias, contemporain de Jérémie pendant les premières années de son ministère, l'a fait enlever ainsi que d'autres objets de culte idolâtres (2 R 23.4-7). Yehoyaqim a dû restaurer ces pratiques païennes dans le Temple. Moins de 20 ans après la mort de Josias, Ezéchiel s'élève contre la présence de nombreuses idoles dans les parvis du Temple (Ez 8.3-6, 10-12).

z **7.31** *Topheth:* lieu sacré, équipé d'une fournaise, où l'on sacrifiait les enfants (voir v. 32 ; 19.6, 11-14). Sur les sacrifices d'enfants, voir 3.24 et note. *la vallée de Ben-Hinnom:* au sud de Jérusalem.

a **8.2** Le culte des astres s'est répandu en Israël à l'époque des rois sous l'influence de la Mésopotamie (voir 2 R 17.16).

will be like dung lying on the ground. [3]Wherever I banish them, all the survivors of this evil nation will prefer death to life, declares the LORD Almighty.'

Sin and Punishment

[4]"Say to them, 'This is what the LORD says:
" 'When people fall down, do they not get up?
When someone turns away, do they not return?
[5] Why then have these people turned away?
Why does Jerusalem always turn away?
They cling to deceit;
they refuse to return.

[6] I have listened attentively,
but they do not say what is right.
None of them repent of their wickedness,
saying, "What have I done?"
Each pursues their own course
like a horse charging into battle.

[7] Even the stork in the sky
knows her appointed seasons,
and the dove, the swift and the thrush
observe the time of their migration.
But my people do not know
the requirements of the LORD.
[8] " 'How can you say, "We are wise,
for we have the law of the LORD,"
when actually the lying pen of the scribes
has handled it falsely?
[9] The wise will be put to shame;
they will be dismayed and trapped.
Since they have rejected the word of the LORD,
what kind of wisdom do they have?
[10] Therefore I will give their wives to other men
and their fields to new owners.
From the least to the greatest,
all are greedy for gain;
prophets and priests alike,
all practice deceit.
[11] They dress the wound of my people
as though it were not serious.
"Peace, peace," they say,
when there is no peace.

[12] Are they ashamed of their detestable conduct?
No, they have no shame at all;
they do not even know how to blush.
So they will fall among the fallen;

sur le sol. [3]Tous ceux de ce peuple mauvais qui subsistero
dans les divers lieux où je les aurai dispersés, préférero
la mort à la vie, l'Eternel le déclare, le Seigneur des armé
célestes.

Vraie et fausse sagesse

Une obstination incompréhensible

[4] Tu leur diras : Voici ce que déclare l'Eternel :
Si quelqu'un tombe ne se relèvera-t-il pas ?
Si quelqu'un se détourne du chemin, n'y reviendra-t-il pas ?
[5] Alors pourquoi ce peuple de Jérusalem se détourne-t-il du chemin ?
Pourquoi persiste-t-il dans l'infidélité ?
Fermement, les gens de ce peuple s'attachent à leu illusions
et ils refusent de revenir à moi.
[6] J'ai, attentivement, écouté ce qu'ils disent :
je n'ai pas entendu une parole dans ce sens !
Il n'y a parmi eux personne qui renonce au mal qu'il a commis,
en disant : « Qu'ai-je fait ! »
Tous poursuivent leur course
comme un cheval qui fonce dans la bataille !
[7] La cigogne elle-même, dans le ciel, connaît bien le temps des migrations,
la colombe, la grue et l'hirondelle
observent l'époque de leur retour ;
mais mon peuple ne connaît pas les lois que l'Eternel a établies.
[8] Comment pouvez-vous dire :
« Nous, nous sommes des sages
et nous avons la Loi de l'Eternel » ?
Car, en réalité, le stylet mensonger des spécialistes de la Loi
l'a changée en mensonge.
[9] Les sages sont couverts de honte,
ils sont pris de terreur et emmenés captifs,
car ils ont rejeté la parole de l'Eternel.
Que peuvent-ils encore avoir comme sagesse ?
[10] Aussi, je donnerai à d'autres leurs épouses,
et les champs qu'ils cultivent à ceux qui les prendront,
car tous, petits et grands,
sont avides de gains,
tous, du prophète au prêtre
pratiquent la duplicité.
[11] Ils guérissent superficiellement
mon peuple du désastre
en disant : « Tout va bien ! Tout va vraiment très bien ! »
alors que rien ne va.
[12] Sont-ils honteux d'avoir commis des abominations ?
Ils n'ont aucune honte,
et ils ne savent pas rougir,
et c'est pourquoi ils tomberont avec ceux qui succombent

and the animals are gone.
ı1 “I will make Jerusalem a heap of ruins,
a haunt of jackals;
and I will lay waste the towns of Judah
so no one can live there.”

ı2 Who is wise enough to understand this? Who has
en instructed by the Lord and can explain it? Why
s the land been ruined and laid waste like a desert
at no one can cross?

ı3 The Lord said, “It is because they have forsaken my
v, which I set before them; they have not obeyed me
followed my law. 14 Instead, they have followed the
ıbbornness of their hearts; they have followed the
als, as their ancestors taught them.” 15 Therefore
ıs is what the Lord Almighty, the God of Israel, says:
ɜe, I will make this people eat bitter food and drink
isoned water. 16 I will scatter them among nations
at neither they nor their ancestors have known,
d I will pursue them with the sword until I have
ıde an end of them.”

ı7 This is what the Lord Almighty says:
“Consider now! Call for the wailing women to
come;
send for the most skillful of them.
ı8 Let them come quickly
and wail over us
till our eyes overflow with tears
and water streams from our eyelids.
ı9 The sound of wailing is heard from Zion:
‘How ruined we are!
How great is our shame!
We must leave our land
because our houses are in ruins.’ ”
20 Now, you women, hear the word of the Lord;
open your ears to the words of his mouth.
Teach your daughters how to wail;
teach one another a lament.
21 Death has climbed in through our windows
and has entered our fortresses;
it has removed the children from the streets
and the young men from the public squares.
22 Say, “This is what the Lord declares:
“ ‘Dead bodies will lie
like dung on the open field,
like cut grain behind the reaper,
with no one to gather them.’ ”

Tous, ils ont pris la fuite, ils sont partis.
10 Je ferai de Jérusalem un monceau de décombres,
un gîte de chacals ;
des villes de Juda, je ferai une terre dévastée,
sans habitants.
11 Quel est l’homme assez sage pour comprendre
cela ?
Si l’Eternel lui a parlé, qu’il nous répète ses propos !
Et qu’il nous dise pourquoi ce pays est détruit,
brûlé comme un désert où personne ne passe ?

12 L’Eternel déclare : Tout cela leur arrive parce qu’ils
ont abandonné ma Loi que j’avais placée devant eux, et
ils ne m’ont pas écouté ; ils n’ont pas obéi à ma loi. 13 Mais
ils se sont conduits selon les penchants de leur cœur
obstiné et ils se sont attachés aux Baals que leurs pères
leur ont fait connaître. 14 Voilà pourquoi le Seigneur des
armées célestes, le Dieu d’Israël, le déclare : Je vais faire
avaler de l’absinthe à ce peuple et je lui ferai boire des
eaux empoisonnées ; 15 je les disperserai au milieu de
peuples étrangers qu’ils n’ont pas connus, ni eux, ni leurs
ancêtres, et j’enverrai contre eux l’épée pour les frapper
et les exterminer.

Pleurs sur Jérusalem

16 Voici ce que déclare le Seigneur des armées
célestes :
Considérez ces choses,
convoquez les pleureuses[f]
et faites-les venir,
envoyez appeler celles qui sont habiles à la
lamentation
et qu’elles viennent !
17 Oui, qu’elles se dépêchent pour prononcer sur nous
leurs cris plaintifs
et que nos yeux fondent en larmes
et que les pleurs ruissellent de nos paupières.
18 Car une voix plaintive s’élève de Sion :
Nous sommes dévastés !
Nous sommes dans la honte
car nous avons quitté notre pays,
et nos maisons ont été abattues.
19 O femmes, écoutez la parole de l’Eternel !
Et ouvrez vos oreilles pour entendre ce que sa
bouche a dit.
Enseignez à vos filles une complainte
et que chacune apprenne à sa meilleure amie une
lamentation.
20 « Oh ! la mort a surgi, grimpant par nos fenêtres,
pour pénétrer dans nos belles maisons
et faire disparaître les enfants de la rue
et les jeunes des places. »
21 Proclame-le : Voici ce que déclare l’Eternel :
Les cadavres des hommes tomberont sur le sol
et resteront par terre comme du fumier dans les
champs,
comme des gerbes que les moissonneurs laissent
et que personne ne ramasse.

f **9.16** Femmes spécialisées dans l’art de pleurer, de se lamenter et d’exécuter des chants funèbres lors des cérémonies de deuil (voir v. 19 ; Ez 32.16 ; Am 5.16). C’est pour leurs propres funérailles que les Israélites doivent convoquer les pleureuses.

23 This is what the LORD says:
"Let not the wise boast of their wisdom
or the strong boast of their strength
or the rich boast of their riches,

24 but let the one who boasts boast about this:
that they have the understanding to know
me,
that I am the LORD, who exercises kindness,
justice and righteousness on earth,
for in these I delight,"
declares the LORD.

25 "The days are coming," declares the LORD, "when I
will punish all who are circumcised only in the flesh—
26 Egypt, Judah, Edom, Ammon, Moab and all who live
in the wilderness in distant places.[m] For all these nations are really uncircumcised, and even the whole
house of Israel is uncircumcised in heart."

God and Idols

10 1 Hear what the LORD says to you, people of Israel. 2 This is what the LORD says:
"Do not learn the ways of the nations
or be terrified by signs in the heavens,
though the nations are terrified by them.
3 For the practices of the peoples are worthless;
they cut a tree out of the forest,
and a craftsman shapes it with his chisel.
4 They adorn it with silver and gold;
they fasten it with hammer and nails
so it will not totter.
5 Like a scarecrow in a cucumber field,
their idols cannot speak;
they must be carried
because they cannot walk.
Do not fear them;
they can do no harm
nor can they do any good."

6 No one is like you, LORD;
you are great,
and your name is mighty in power.
7 Who should not fear you,
King of the nations?
This is your due.
Among all the wise leaders of the nations
and in all their kingdoms,
there is no one like you.
8 They are all senseless and foolish;
they are taught by worthless wooden idols.

m 9:26 *Or wilderness and who clip the hair by their foreheads*

Vraie et fausse sagesse

22 L'Eternel dit ceci :
Que celui qui est sage ne se glorifie pas de sa
sagesse ;
que celui qui est fort ne se glorifie pas de sa
vigueur ;
que celui qui est riche ne se glorifie pas de sa
richesse.
23 Celui qui veut se glorifier, qu'il se glorifie de ceci :
d'avoir l'intelligence de me connaître,
moi qui suis l'Eternel[g],
qui agis avec bienveillance, qui exerce le droit et l
justice sur la terre ;
car ce sont là les choses qui me font plaisir,
l'Eternel le déclare.
24 Or le temps vient, déclare l'Eternel, où moi j'inter
endrai contre ceux qui sont circoncis seulement dans le
corps, 25 contre les Egyptiens, les Judéens, les Edomites,
Ammonites, les Moabites et tous les habitants des abor
du désert qui se rasent le haut des joues[h], car tous c
peuples ne sont pas vraiment circoncis, et tout le peup
d'Israël a le cœur incirconcis.

Vrai Dieu et faux dieux

Les idoles et le Dieu vivant

10 1 O peuple d'Israël, écoute la parole que l'Etern prononce !
2 Voici ce que déclare l'Eternel :
N'adoptez pas la conduite des autres peuples
et ne redoutez pas les signes dans le ciel
même les peuples étrangers qui les redoutent.
3 Les coutumes des autres peuples sont inutiles,
leur dieu n'est que du bois coupé dans la forêt,
travaillé au ciseau par la main d'un sculpteur.
4 On l'embellit d'argent ou d'or,
un marteau et des clous le font tenir en place
pour qu'il ne branle pas !
5 Ces dieux-là sont semblables à des épouvantails
dans un champ de concombres :
ils ne savent parler,
il faut qu'on les transporte
car ils ne marchent pas.
Ne les craignez donc pas :
ils ne font pas de mal ;
et ils ne peuvent pas non plus faire du bien.
6 Nul n'est semblable à toi, ô Eternel !
Car tu es grand et parce que tu es puissant, ta
renommée est grande !
7 Qui donc ne te craindrait, ô, roi des peuples ?
On doit te craindre
car parmi tous les sages de tous les peuples
et dans tous leurs royaumes,
nul n'est semblable à toi !

8 Tous, en effet, sans exception, ils sont insensés et
stupides,
et leur enseignement est une absurdité,
car il ne porte que sur un dieu en bois.

g 9.23 Repris en 1 Co 1.31 ; 2 Co 10.17.
h 9.25 Pratique liée à l'idolâtrie, interdite aux Israélites (Lv 19.27 ; 21.5

[9] Hammered silver is brought from Tarshish
and gold from Uphaz.
What the craftsman and goldsmith have made
is then dressed in blue and purple –
all made by skilled workers.

[10] But the LORD is the true God;
he is the living God, the eternal King.
When he is angry, the earth trembles;
the nations cannot endure his wrath.

[11] "Tell them this: 'These gods, who did not make
ne heavens and the earth, will perish from the earth
nd from under the heavens.' "[n]

[12] But God made the earth by his power;
he founded the world by his wisdom
and stretched out the heavens by his
understanding.

[13] When he thunders, the waters in the heavens
roar;
he makes clouds rise from the ends of the
earth.
He sends lightning with the rain
and brings out the wind from his
storehouses.

[14] Everyone is senseless and without knowledge;
every goldsmith is shamed by his idols.
The images he makes are a fraud;
they have no breath in them.

[15] They are worthless, the objects of mockery;
when their judgment comes, they will perish.

[16] He who is the Portion of Jacob is not like these,
for he is the Maker of all things,
including Israel, the people of his inheritance –
the LORD Almighty is his name.

oming Destruction

[17] Gather up your belongings to leave the land,
you who live under siege.
[18] For this is what the LORD says:
"At this time I will hurl out
those who live in this land;
I will bring distress on them
so that they may be captured."
[19] Woe to me because of my injury!
My wound is incurable!
Yet I said to myself,
"This is my sickness, and I must endure it."

[20] My tent is destroyed;

0:11 The text of this verse is in Aramaic.

[9] C'est de l'argent battu apporté de Tarsis,
de l'or venu d'Ouphaz[i],
une œuvre de sculpteur, le travail d'un orfèvre.
On revêt ces dieux-là de vêtements de pourpre et
d'étoffes d'azur,
mais tous ne sont que l'œuvre d'habiles ouvriers.
[10] Mais l'Eternel est le vrai Dieu ;
il est le Dieu vivant et le roi éternel ;
par sa colère, la terre est ébranlée,
et les peuples ne peuvent soutenir son courroux.
[11] Vous leur direz ceci : Les dieux qui n'ont fait ni le ciel
ni la terre disparaîtront de dessus cette terre et de dessous ce ciel[j].
[12] L'Eternel, lui, a fait la terre par sa puissance,
il a solidement fondé le monde par sa sagesse,
et il a déployé le ciel par son intelligence[k].

[13] Quand il fait retentir sa voix,
les eaux s'amassent dans le ciel,
des nuages s'élèvent des confins de la terre ;
il fait jaillir l'éclair au milieu des averses
et il fait s'élancer le vent de ses réserves.

[14] Alors tout être humain reste hébété et ne comprend
plus rien.
Tout orfèvre est honteux de son idole,
car sa statue de fonte est une tromperie
qui n'a en elle aucun souffle de vie.
[15] Ils ne sont que néant
et œuvres illusoires ;
et ils disparaîtront
au jour du châtiment.
[16] Combien est différent le Dieu qui est la part du
peuple de Jacob.
Il a tout façonné ;
Israël est le peuple qui constitue son patrimoine.
Il a pour nom le Seigneur des armées célestes.

La panique et la prière

Annonce de l'exil

[17] Ramasse ton bagage,
toi qui es assiégée !
[18] Car voici ce que l'Eternel déclare :
« Cette fois-ci, je vais lancer au loin les habitants de
ce pays
et je ferai venir la détresse sur eux.
Ils n'échapperont pas[l]. »
[19] Malheur à moi ! Je suis blessée !
Ma plaie est douloureuse.
Pour ma part, je disais :
C'est un mal qui m'atteint,
je dois le supporter.
[20] Ma tente est dévastée,
mes cordeaux sont rompus,

i **10.9** *Tarsis:* aux confins occidentaux de la mer Méditerranée, sans doute en Espagne (voir Gn 10.4 ; Jon 1.3 ; Ps 72.10). *Ouphaz,* mentionné aussi dans Dn 10.5, est inconnu. Certaines versions anciennes ont remplacé par Ophir, célèbre pour son or (1 R 10.11 ; 22.49).
j **10.11** Ce verset est en araméen dans l'original.
k **10.12** Les v. 12-16 ont leur parallèle en 51.15-19.
l **10.18** *Ils n'échapperont pas:* hébreu peu clair. Autre traduction : *afin qu'on les capture.*

all its ropes are snapped.
My children are gone from me and are no more;
no one is left now to pitch my tent
or to set up my shelter.
21 The shepherds are senseless
and do not inquire of the LORD;
so they do not prosper
and all their flock is scattered.

22 Listen! The report is coming –
a great commotion from the land of the
north!
It will make the towns of Judah desolate,
a haunt of jackals.

Jeremiah's Prayer

23 LORD, I know that people's lives are not their
own;
it is not for them to direct their steps.
24 Discipline me, LORD, but only in due measure –
not in your anger,
or you will reduce me to nothing.
25 Pour out your wrath on the nations
that do not acknowledge you,
on the peoples who do not call on your name.
For they have devoured Jacob;
they have devoured him completely
and destroyed his homeland.

The Covenant Is Broken

11 1 This is the word that came to Jeremiah from
the LORD: 2 "Listen to the terms of this covenant and tell them to the people of Judah and to those
who live in Jerusalem. 3 Tell them that this is what
the LORD, the God of Israel, says: 'Cursed is the one
who does not obey the terms of this covenant – 4 the
terms I commanded your ancestors when I brought
them out of Egypt, out of the iron-smelting furnace.' I
said, 'Obey me and do everything I command you, and
you will be my people, and I will be your God. 5 Then I
will fulfill the oath I swore to your ancestors, to give
them a land flowing with milk and honey' – the land
you possess today."

I answered, "Amen, LORD."

6 The LORD said to me, "Proclaim all these words in
the towns of Judah and in the streets of Jerusalem:
'Listen to the terms of this covenant and follow them.
7 From the time I brought your ancestors up from
Egypt until today, I warned them again and again,
saying, "Obey me." 8 But they did not listen or pay
attention; instead, they followed the stubbornness of
their evil hearts. So I brought on them all the curses

mes enfants m'ont quittée,
aucun d'eux n'est plus là,
il n'y a plus personne pour remonter ma tente
et retendre mes toiles.
21 Les dirigeants du peuple ont été insensés :
ils n'ont pas suivi l'Eternel.
Et c'est bien pour cela qu'ils n'ont pas réussi
et que tout le troupeau dont ils avaient la charge a
été dispersé.
22 Ecoutez la rumeur, elle s'approche.
Un grand tumulte arrive en provenance du pays du
nord ;
les villes de Juda vont être transformées en terre
dévastée,
en gîtes de chacals.

Prière du prophète

23 Je sais, ô Eternel,
que le destin de l'homme n'est pas entre ses mains
et que celui qui marche
n'est pas le maître de ses pas.
24 Châtie-nous, Eternel,
mais avec équité
et non avec colère,
pour ne pas nous détruire totalement.
25 Déverse ta fureur sur les peuples païens,
ceux qui ne te connaissent pas,
sur les peuplades
qui ne t'invoquent pas,
car ils ont dévoré,
oui, dévoré Jacob,
jusqu'à l'exterminer
et ils ont ravagé le lieu de sa demeure.

Les luttes de Jérémie

L'alliance rompue

11 1 L'Eternel adressa la parole à Jérémie en ces te
mes : 2 Ecoutez donc les clauses de cette alliance
tu les énonceras pour les gens de Juda et les habitants d
Jérusalem ! 3 Tu leur diras : Voici ce que déclare l'Etern
le Dieu d'Israël : Maudit soit l'homme qui ne respecte p
les termes de l'alliance 4 que j'ai imposés à vos ancêtr
lorsque je les ai fait sortir d'Egypte, de ce creuset de fe
et que je leur ai dit : Ecoutez-moi et appliquez tout ce qu
je vous ordonne, et vous serez mon peuple, et moi je ser
votre Dieu. 5 Alors je tiendrai le serment que j'ai fait à vo
ancêtres, de leur accorder ce pays où coulent le lait et
miel, comme c'est le cas aujourd'hui.

Je répondis : C'est vrai, ô Eternel.

6 Et l'Eternel me dit : Proclame toutes ces paroles dans l
villes de Juda et les rues de Jérusalem ! Dis-leur : Ecout
les termes de l'alliance, appliquez-les. 7 Car j'ai aver
vos ancêtres dès le jour où je les ai fait sortir d'Egyp
jusqu'à ce jour. Oui, sans me lasser, je les ai bien avert
de m'écouter. 8 Ils n'ont pas écouté, non, ils n'ont pas prê
l'oreille, mais chacun a suivi les penchants de son cœ
obstiné et mauvais. Alors j'ai fait venir contre eux tous l

m 11.2 *L'alliance* conclue avec les ancêtres du peuple à leur sortie d'Egypte (v. 4) et récemment renouvelée par Josias (2 R 22.8 à 23.25). Plusieurs de ces versets rappellent le langage du Deutéronome (voir Dt 4.23 ; 5.2 ; 11.26-28 ; 27.26 ; 28.1 ; 29.13).

f the covenant I had commanded them to follow but
hat they did not keep.'"
9 Then the LORD said to me, "There is a conspira-
y among the people of Judah and those who live in
erusalem. 10 They have returned to the sins of their
ncestors, who refused to listen to my words. They
ave followed other gods to serve them. Both Israel
nd Judah have broken the covenant I made with their
ncestors. 11 Therefore this is what the LORD says: 'I will
ring on them a disaster they cannot escape. Although
hey cry out to me, I will not listen to them. 12 The
owns of Judah and the people of Jerusalem will go and
ry out to the gods to whom they burn incense, but
hey will not help them at all when disaster strikes.
3 You, Judah, have as many gods as you have towns;
nd the altars you have set up to burn incense to
hat shameful god Baal are as many as the streets
f Jerusalem.'

14 "Do not pray for this people or offer any plea or
etition for them, because I will not listen when they
all to me in the time of their distress.

15 "What is my beloved doing in my temple
as she, with many others, works out her evil
schemes?
Can consecrated meat avert your
punishment?
When you engage in your wickedness,
then you rejoice.[o]"
16 The LORD called you a thriving olive tree
with fruit beautiful in form.
But with the roar of a mighty storm
he will set it on fire,
and its branches will be broken.

7 The LORD Almighty, who planted you, has decreed
isaster for you, because the people of both Israel
nd Judah have done evil and aroused my anger by
urning incense to Baal.

lot Against Jeremiah

18 Because the LORD revealed their plot to me, I
new it, for at that time he showed me what they
ere doing. 19 I had been like a gentle lamb led to
e slaughter; I did not realize that they had plotted
gainst me, saying,
"Let us destroy the tree and its fruit;
let us cut him off from the land of the living,
that his name be remembered no more."
20 But you, LORD Almighty, who judge righteously
and test the heart and mind,
let me see your vengeance on them,
for to you I have committed my cause.

21 Therefore this is what the LORD says about the
eople of Anathoth who are threatening to kill you,
aying, "Do not prophesy in the name of the LORD or
ou will die by our hands" – 22 therefore this is what

o 11:15 Or *Could consecrated meat avert your punishment? / Then you*
ould rejoice

maux dont il est question dans l'alliance à laquelle je leur
avais commandé d'obéir, puisqu'ils ne l'ont pas appliquée.
9 L'Eternel ajouta : Les habitants des villes de Juda et de
Jérusalem préparent un complot : 10 ils ont commis les
mêmes fautes que leurs premiers ancêtres qui avaient
refusé d'écouter mes paroles. Eux aussi, ils ont adopté
d'autres dieux qu'ils ont adorés ; oui, le royaume d'Israël
et le royaume de Juda ont transgressé l'alliance que j'avais
autrefois conclue avec leurs ancêtres.

11 C'est pourquoi l'Eternel vous déclare aujourd'hui : Je
ferai fondre une calamité sur eux et ils ne pourront pas
y échapper : lorsqu'ils m'imploreront, je ne les écouterai
pas. 12 Alors les habitants des villes de Juda et de Jérusalem
pourront aller lancer des appels à leurs dieux auxquels ils
offrent des parfums. Mais ces dieux-là ne les sauveront
pas lorsqu'ils seront dans le malheur. 13 Autant tu as de
villes, autant tu as de dieux, Juda. Autant tu as de rues,
Jérusalem, autant tu as dressé d'autels à l'infamie, des
autels pour offrir des parfums à Baal.

14 Quant à toi, Jérémie, ne prie pas pour ce peuple et ne
prononce en sa faveur ni supplication ni requête. Lorsqu'ils
m'invoqueront à cause de leur malheur, je n'écouterai pas.

15 Pourquoi ma bien-aimée vient-elle dans mon
temple
tout en accomplissant ses desseins pernicieux ?
Penses-tu que les vœux et les offrandes d'animaux
vont éloigner de toi
le châtiment ?
Penses-tu t'en sortir[n] ?
16 L'Eternel t'appelait :
« Olivier verdoyant orné de fruits superbes ».
Cependant, maintenant, au bruit d'un grand fracas,
il y mettra le feu
et ses rameaux seront brisés.

17 Le Seigneur des armées célestes qui t'a planté a décidé
ton malheur à cause des méfaits que les gens d'Israël et les
gens de Juda ont accomplis, car ils m'ont irrité en offrant
des parfums à Baal.

Complot contre Jérémie

18 L'Eternel m'en a informé, je l'ai donc appris ; il m'a fait
voir[o] leurs agissements. 19 J'étais comme un agneau docile
qu'on mène à l'abattoir et je ne savais pas que c'était contre
moi qu'ils concevaient de tels projets, disant : « Abattons
l'arbre pendant qu'il est en sève, venez, supprimons-le
du monde des vivants, et qu'on ne s'en souvienne plus ! »

20 O Seigneur des armées célestes, tu es un juste juge,
et tu éprouves le cœur et les pensées.
Que je voie donc comment tu les rétribueras ;
en effet, c'est à toi que j'ai remis ma cause.

21 C'est pourquoi voici ce que déclare l'Eternel au sujet
des hommes d'Anatoth[p] qui veulent te tuer et qui disent :
« Ne prophétise pas au nom de l'Eternel, sinon nous te
tuerons. » 22 Oui, c'est pourquoi voici ce que déclare le

n **11.15** *Penses-tu que les vœux ... t'en sortir:* d'après l'ancienne version grecque. L'hébreu est peu clair ; certains traduisent : *la viande consacrée pourrait-elle détourner (le châtiment) ? C'est quand tu fais le mal que tu te réjouis !*

o **11.18** *il m'a fait voir:* selon le texte hébreu traditionnel. L'ancienne version grecque, la version syriaque et la Vulgate ont : *je vois.*

p **11.21** C'est-à-dire les compatriotes de Jérémie (voir 1.1 ; 32.7).

the LORD Almighty says: "I will punish them. Their
young men will die by the sword, their sons and
daughters by famine. 23 Not even a remnant will be left
to them, because I will bring disaster on the people of
Anathoth in the year of their punishment."

Jeremiah's Complaint

12 1 You are always righteous, LORD,
when I bring a case before you.
Yet I would speak with you about your justice:
Why does the way of the wicked prosper?
Why do all the faithless live at ease?
2 You have planted them, and they have taken
root;
they grow and bear fruit.
You are always on their lips
but far from their hearts.

3 Yet you know me, LORD;
you see me and test my thoughts about you.
Drag them off like sheep to be butchered!
Set them apart for the day of slaughter!

4 How long will the land lie parched
and the grass in every field be withered?
Because those who live in it are wicked,
the animals and birds have perished.
Moreover, the people are saying,
"He will not see what happens to us."

God's Answer

5 "If you have raced with men on foot
and they have worn you out,
how can you compete with horses?
If you stumble[p] in safe country,
how will you manage in the thickets by[q] the
Jordan?

6 Your relatives, members of your own family –
even they have betrayed you;
they have raised a loud cry against you.
Do not trust them,
though they speak well of you.

7 "I will forsake my house,
abandon my inheritance;
I will give the one I love
into the hands of her enemies.
8 My inheritance has become to me
like a lion in the forest.
She roars at me;
therefore I hate her.

[p] **12:5** Or *you feel secure only*
[q] **12:5** Or *the flooding of*

Seigneur des armées célestes : Je vais sévir contre eux
leurs jeunes gens périront par l'épée ; leurs fils et leur
filles mourront par la famine, 23 et il n'en restera aucun. J
ferai venir le malheur sur les gens d'Anatoth dans l'anné
de leur châtiment.

Pourquoi les méchants prospèrent-ils ?

12 1 Tu es juste ! Eternel, comment donc oserais-j
contester avec toi[q] ?
Cependant, je voudrais discuter avec toi de la
justice.
Pourquoi les méchants réussissent-ils ?
Pourquoi les traîtres vivent-ils si tranquilles ?
2 Oui, tu les as plantés
et ils ont pris racine ;
ils progressent sans cesse
et ils portent du fruit.
Ils ont ton nom à la bouche,
Mais tu es très loin de leur cœur.
3 Mais toi, ô Eternel, tu me connais et tu me vois,
et tu sondes mon cœur qui a pris ton parti[r].
Entraîne-les, tout comme des moutons qu'on mène
à l'abattoir !
Réserve-les, pour le jour du massacre !
4 Jusques à quand le pays sera-t-il en deuil,
et l'herbe des campagnes se desséchera-t-elle ?
Et tout cela à cause de la méchanceté de ceux qui y
habitent ?
Les animaux périssent, ainsi que les oiseaux,
parce que les gens disent :
« L'Eternel ne voit pas ce qui nous adviendra. »
Mais l'Eternel me dit :
5 Si, déjà, tu t'épuises
en courant avec des piétons,
comment donc tiendras-tu en courant avec des
chevaux ?
S'il te faut un pays tranquille
pour ta sécurité,
qu'adviendra-t-il de toi lorsque tu feras face à la
crue[s] du Jourdain ?
6 Car même les gens de ta parenté,
de ta propre famille, sont traîtres envers toi,
et ils crient bien fort contre toi.
Ne te fie pas à eux,
même quand ils t'adressent des propos
bienveillants !

Le patrimoine de Dieu : un domaine abandonné

7 J'ai délaissé mon temple,
j'ai rejeté le peuple qui est mon patrimoine,
j'ai livré à ses ennemis
celle que je chéris.
8 Car le peuple qui m'appartient est devenu pour mo
comme un lion de la forêt ;
il rugit contre moi ;
c'est pourquoi je l'ai pris en haine.

[q] **12.1** Autre traduction : *cependant je te prendrai à partie.*
[r] **12.3** Autre traduction : *tu sondes mes pensées à ton sujet.*
[s] **12.5** *la crue:* l'hébreu emploie un terme qui signifie par ailleurs « orgu
il ». Ici, il peut s'agir de la crue du Jourdain, ou des fourrés que l'on
trouvait sur ses rives et qui étaient peuplés de bêtes sauvages.

9 Has not my inheritance become to me
like a speckled bird of prey
that other birds of prey surround and attack?
Go and gather all the wild beasts;
bring them to devour.
10 Many shepherds will ruin my vineyard
and trample down my field;
they will turn my pleasant field
into a desolate wasteland.
11 It will be made a wasteland,
parched and desolate before me;
the whole land will be laid waste
because there is no one who cares.
12 Over all the barren heights in the desert
destroyers will swarm,
for the sword of the LORD will devour
from one end of the land to the other;
no one will be safe.
13 They will sow wheat but reap thorns;
they will wear themselves out but gain
nothing.
They will bear the shame of their harvest
because of the LORD's fierce anger."

14 This is what the LORD says: "As for all my wicked
ighbors who seize the inheritance I gave my people
rael, I will uproot them from their lands and I will
root the people of Judah from among them. 15 But
ter I uproot them, I will again have compassion and
ll bring each of them back to their own inheritance
d their own country. 16 And if they learn well the
ays of my people and swear by my name, saying,
s surely as the LORD lives' – even as they once taught
y people to swear by Baal – then they will be es-
blished among my people. 17 But if any nation does
t listen, I will completely uproot and destroy it,"
clares the LORD.

Linen Belt

3 1 This is what the LORD said to me: "Go and buy
a linen belt and put it around your waist, but
not let it touch water." 2 So I bought a belt, as the
RD directed, and put it around my waist.

3 Then the word of the LORD came to me a second
me: 4 "Take the belt you bought and are wearing
ound your waist, and go now to Perath[r] and hide
there in a crevice in the rocks." 5 So I went and hid
at Perath, as the LORD told me.

6 Many days later the LORD said to me, "Go now to
rath and get the belt I told you to hide there." 7 So

3:4 Or possibly *to the Euphrates*; similarly in verses 5-7

9 Eh quoi ! le peuple qui m'appartient est-il donc
devenu pour moi comme un rapace aux couleurs
bigarrées[t]
pour que, de toutes parts, les autres rapaces
l'entourent ?
Allez et rassemblez les animaux sauvages !
Qu'on les fasse venir pour le festin !
10 Oui, de nombreux bergers[u] ont saccagé ma vigne
et foulé mon domaine,
et ils ont transformé mon domaine plaisant
en un désert aride !
11 Ils l'ont changé en friche où tout est dévasté ;
le voici devant moi dans sa désolation.
Tout le pays est dévasté
et nul ne s'en soucie.
12 Sur toutes les hauteurs dans le désert
arrivent les dévastateurs,
car voici que l'épée de l'Eternel ravage le pays d'un
bout à l'autre,
il n'y a plus de paix pour aucun être humain.
13 Ils ont semé du blé,
ils récoltent des ronces ;
ils se sont fatigués pour n'aboutir à rien.
Le fruit de vos moissons vous remplira de honte,
c'est là l'effet de la colère ardente de l'Eternel.

Le sort des mauvais voisins

14 Voici ce que déclare l'Eternel au sujet des mauvais
voisins qui se sont attaqués au pays que j'avais donné en
patrimoine à mon peuple Israël : Je vais les arracher de leur
pays, et puis j'arracherai du milieu d'eux la communauté
de Juda. 15 Pourtant, après les avoir arrachés, j'aurai de
nouveau compassion d'eux, et je les ferai retourner chacun
dans son domaine, chacun dans son pays. 16 Et s'ils apprennent à se comporter comme mon peuple, s'ils prêtent
serment par mon nom, disant : « L'Eternel est vivant »,
comme ils ont appris à mon peuple à jurer par Baal, alors
ils auront une place au milieu de mon peuple. 17 Mais s'ils
n'écoutent pas, j'arracherai définitivement un tel peuple
et je le ferai périr, l'Eternel le déclare.

La ceinture de lin

13 1 L'Eternel me parla ainsi : Va t'acheter une ceinture de lin et mets-la autour de la taille, mais ne
la mouille pas.
2 Je m'achetai donc la ceinture, comme l'Eternel me
l'avait demandé, et me la mis autour de la taille.
3 L'Eternel me parla une seconde fois pour me dire :
4 Prends la ceinture que tu as achetée et que tu portes à
la taille, et mets-toi en route : va jusqu'au Perath[v] et là,
enfouis-la dans une fente de rocher.
5 Je partis donc et je cachai la ceinture près du Perath,
comme l'Eternel me l'avait ordonné.
6 Après bien des jours, l'Eternel me dit : Mets-toi en
route, retourne sur les bords du Perath et reprends la
ceinture que je t'ai ordonné de cacher là-bas.

t **12.9** Les oiseaux de proie s'attaquent, paraît-il, à ceux qui ont un plumage plus éclatant que le leur.

u **12.10** Voir 6.3ss Les bergers sont les chefs ennemis.

v **13.4** Le *Perath*, en hébreu, même mot que l'Euphrate. Il s'agit peut-être du même lieu que Para (Jos 18.23), près de l'actuel Wadi Fara, à environ 5 kilomètres, au nord-est d'Anatoth. Ce torrent représente peut-être symboliquement l'Euphrate.

I went to Perath and dug up the belt and took it from
the place where I had hidden it, but now it was ruined
and completely useless.
8 Then the word of the LORD came to me: 9 "This
is what the LORD says: 'In the same way I will ruin
the pride of Judah and the great pride of Jerusalem.
10 These wicked people, who refuse to listen to my
words, who follow the stubbornness of their hearts
and go after other gods to serve and worship them,
will be like this belt – completely useless! 11 For as a
belt is bound around the waist, so I bound all the people of Israel and all the people of Judah to me,' declares
the LORD, 'to be my people for my renown and praise
and honor. But they have not listened.'

Wineskins

12 "Say to them: 'This is what the LORD, the God
of Israel, says: Every wineskin should be filled with
wine.' And if they say to you, 'Don't we know that
every wineskin should be filled with wine?' 13 then
tell them, 'This is what the LORD says: I am going to fill
with drunkenness all who live in this land, including
the kings who sit on David's throne, the priests, the
prophets and all those living in Jerusalem. 14 I will
smash them one against the other, parents and children alike, declares the LORD. I will allow no pity or
mercy or compassion to keep me from destroying
them.'"

Threat of Captivity

15 Hear and pay attention,
do not be arrogant,
for the LORD has spoken.
16 Give glory to the LORD your God
before he brings the darkness,
before your feet stumble
on the darkening hills.
You hope for light,
but he will turn it to utter darkness
and change it to deep gloom.
17 If you do not listen,
I will weep in secret
because of your pride;
my eyes will weep bitterly,
overflowing with tears,
because the LORD's flock will be taken captive.

18 Say to the king and to the queen mother,
"Come down from your thrones,
for your glorious crowns
will fall from your heads."
19 The cities in the Negev will be shut up,

7 Je me rendis donc près du Perath, je fouillai, et je pr
la ceinture à l'endroit où je l'avais cachée, mais elle éta
tellement abîmée qu'elle ne pouvait plus servir à rien.
8 Alors l'Eternel me parla en ces termes : 9 Voici c
que déclare l'Eternel : C'est de cette manière que je va
abîmer ce qui fait la fierté des Judéens, la grande fierté c
Jérusalem. 10 Ce peuple mauvais qui refuse de m'écoute
qui suit les penchants de son cœur obstiné, qui s'attach
aux dieux étrangers pour leur vouer un culte et se pro
terner devant eux, deviendra semblable à cette ceintu
qui n'est plus bonne à rien. 11 Car, comme la ceinture e
attachée à la taille d'un homme, ainsi je m'étais attach
toute la communauté d'Israël et toute celle de Juda – l'Ete
nel le déclare – pour qu'elles deviennent pour moi mo
peuple et mon honneur, un sujet de louange, une parur
Mais ils ne m'ont pas écouté.

La perdition irréversible

Le vin de la colère

12 Tu leur diras ceci : Voici ce que déclare l'Eternel,
Dieu d'Israël : Toutes les cruches seront remplies de vi
Et ils te répondront : « Ne savons-nous pas que toutes le
cruches seront remplies de vin ? » 13 Tu leur diras alor
Voici ce que déclare l'Eternel : Je vais remplir d'ivresse
tous les habitants de ce pays-ci et les rois qui occupent
trône de David, ainsi que les prêtres et les prophètes,
tous les habitants de Jérusalem. 14 Puis je les briserai le
uns contre les autres, les pères avec les fils, l'Eternel
déclare. Ni pitié, ni compassion, ni mansuétude, rien n
m'empêchera de les détruire.

Dernier avertissement

15 Ecoutez et prêtez l'oreille
et ne soyez pas orgueilleux !
C'est l'Eternel qui parle.
16 Rendez gloire à l'Eternel, votre Dieu,
avant qu'il fasse venir les ténèbres
et que vos pieds trébuchent
sur les montagnes où la nuit est tombée.
Vous, vous attendez la lumière :
il la transformera en une obscurité profonde ;
oui, il la changera en épaisses ténèbres.
17 Si vous n'écoutez pas,
je pleurerai secrètement sur votre orgueil,
je pleurerai à chaudes larmes,
mes yeux ruisselleront de larmes,
car le troupeau de l'Eternel va être emmené en
captivité.

Message au roi

18 Déclare au roi et à la reine mère[x] :
« Asseyez-vous bien bas
car le voilà tombé de votre tête,
votre superbe diadème. »
19 Les villes du Néguev à présent sont fermées

[w] **13.13** La colère de Dieu qui se déchaîne contre son peuple est souvent comparée à un vin qui enivre (voir25.15-16
; 48.26 ; 49.12 ; 51.39, 57 ; Es 29.9-10 ; 51.17 ; Ez 23.22-24 ; Ps 60.5 ; 75.9).
[x] **13.18** L'influence de la *reine mère* était très grande dans toutes les cou
orientales (voir 1 R 15.13). Il s'agit sans doute du roi Yehoyakîn et de sa
mère Nehoushta (2 R 24.8-15 ; 2 Ch 36.5).

and there will be no one to open them.
All Judah will be carried into exile,
carried completely away.

20 Look up and see
those who are coming from the north.
Where is the flock that was entrusted to you,
the sheep of which you boasted?
21 What will you say when the LORD sets over you
those you cultivated as your special allies?
Will not pain grip you
like that of a woman in labor?
22 And if you ask yourself,
"Why has this happened to me?" –
it is because of your many sins
that your skirts have been torn off
and your body mistreated.
23 Can an Ethiopian[s] change his skin
or a leopard its spots?
Neither can you do good
who are accustomed to doing evil.
24 "I will scatter you like chaff
driven by the desert wind.
25 This is your lot,
the portion I have decreed for you," declares
the LORD,
"because you have forgotten me
and trusted in false gods.
26 I will pull up your skirts over your face
that your shame may be seen –
27 your adulteries and lustful neighings,
your shameless prostitution!
I have seen your detestable acts
on the hills and in the fields.
Woe to you, Jerusalem!
How long will you be unclean?"

rought, Famine, Sword

14 1 This is the word of the LORD that came to
Jeremiah concerning the drought:
2 "Judah mourns,
her cities languish;
they wail for the land,
and a cry goes up from Jerusalem.
3 The nobles send their servants for water;
they go to the cisterns
but find no water.
They return with their jars unfilled;
dismayed and despairing,
they cover their heads.
4 The ground is cracked
because there is no rain in the land;
the farmers are dismayed
and cover their heads.

13:23 Hebrew *Cushite* (probably a person from the upper Nile
·gion)

et plus personne n'ouvre leurs portes,
car tout Juda est déporté,
il est déporté tout entier.

O Jérusalem !

20 Lève les yeux, Jérusalem, regarde
ceux qui viennent du nord.
Où donc est le troupeau qui t'a été confié,
et où sont les brebis qui faisaient ta fierté ?
21 Qu'auras-tu à redire quand s'imposeront[y] comme
maîtres
ceux même à qui tu as appris à te traiter ainsi ?
Les douleurs te prendront
comme une femme qui enfante.
22 Et si tu te demandes :
« Pourquoi tout cela m'est-il arrivé ? »
sache que c'est à cause de tes nombreuses fautes
que les pans de ta robe ont été relevés[z]
et qu'on s'en prend à toi avec violence.
23 Un Ethiopien peut-il changer la couleur de sa peau,
un léopard les taches de son pelage ?
De même, comment pourriez-vous vous mettre à
bien agir,
vous qui êtes bien entraînés à commettre le mal ?
24 Aussi, moi, l'Eternel, je vous disperserai
comme des brins de paille dans le vent du désert.
25 Tel est ton lot, le sort que je te fixe,
déclare l'Eternel,
car tu m'as oublié
pour placer ta confiance dans de faux dieux.
26 C'est pourquoi moi aussi je relève ta robe jusque sur
ton visage,
et l'on verra ta honte.
27 J'ai vu tes adultères et tes hennissements,
tes prostitutions exécrables,
tes idoles abominables
sur toutes les hauteurs, dans la campagne.
Malheur à toi, Jérusalem, tu es impure !
Jusques à quand cela va-t-il durer ?

Sécheresse et famine

14 1 Voici ce que dit l'Eternel à Jérémie concernant
la sécheresse :
2 Juda est dans le deuil,
ses villes dépérissent,
leurs habitants sont affligés, au sujet du pays[a],
et le cri plaintif de Jérusalem se fait entendre.
3 Les notables envoient les gens de basse condition
chercher de l'eau.
Arrivés aux citernes, ils ne trouvent pas d'eau,
et ils reviennent avec des cruches vides ;
tout honteux et penauds,
ils se voilent la face[b].
4 Le sol est crevassé
car la pluie a manqué dans le pays,
et les cultivateurs, déçus dans leurs espoirs,
se voilent le visage.

y 13.21 Autre traduction : *quand l'Eternel t'imposera.*
z 13.22 Voir v. 26-27. Traitement honteux infligé aux captives, même à celles du plus haut rang (voir Na 3.5 ; Es 47.3).
a 14.2 Autre traduction : *abattus à même le sol.*
b 14.3 En signe de confusion ou de deuil.

[5] Even the doe in the field
deserts her newborn fawn
because there is no grass.
[6] Wild donkeys stand on the barren heights
and pant like jackals;
their eyes fail
for lack of food."
[7] Although our sins testify against us,
do something, LORD, for the sake of your
name.
For we have often rebelled;
we have sinned against you.
[8] You who are the hope of Israel,
its Savior in times of distress,
why are you like a stranger in the land,
like a traveler who stays only a night?
[9] Why are you like a man taken by surprise,
like a warrior powerless to save?
You are among us, LORD,
and we bear your name;
do not forsake us!
[10] This is what the LORD says about this people:
"They greatly love to wander;
they do not restrain their feet.
So the LORD does not accept them;
he will now remember their wickedness
and punish them for their sins."
[11] Then the LORD said to me, "Do not pray for the
well-being of this people. [12] Although they fast, I will
not listen to their cry; though they offer burnt offerings and grain offerings, I will not accept them.
Instead, I will destroy them with the sword, famine
and plague."
[13] But I said, "Alas, Sovereign LORD! The prophets
keep telling them, 'You will not see the sword or suffer famine. Indeed, I will give you lasting peace in
this place.' "
[14] Then the LORD said to me, "The prophets are
prophesying lies in my name. I have not sent them
or appointed them or spoken to them. They are prophesying to you false visions, divinations, idolatries[t]
and the delusions of their own minds. [15] Therefore
this is what the LORD says about the prophets who are
prophesying in my name: I did not send them, yet
they are saying, 'No sword or famine will touch this
land.' Those same prophets will perish by sword and
famine. [16] And the people they are prophesying to will
be thrown out into the streets of Jerusalem because
of the famine and sword. There will be no one to bury
them, their wives, their sons and their daughters. I
will pour out on them the calamity they deserve.
[17] "Speak this word to them:
" 'Let my eyes overflow with tears
night and day without ceasing;
for the Virgin Daughter, my people,
has suffered a grievous wound,
a crushing blow.
[18] If I go into the country,
I see those slain by the sword;

t 14:14 Or *visions, worthless divinations*

[5] La biche, dans les champs,
abandonne son faon après l'avoir mis bas,
car il n'y a plus de verdure.
[6] Les onagres se tiennent sur les hauteurs,
et ils flairent le vent comme font les chacals ;
mais leurs yeux se fatiguent
car il n'y a plus d'herbe.
[7] Même si nos péchés témoignent contre nous,
ô Eternel, agis pour l'honneur de ton nom !
Nos infidélités se sont multipliées,
nous avons péché contre toi.
[8] Toi, l'espérance d'Israël,
toi qui le sauves au temps de la détresse,
pourquoi te conduis-tu comme un simple étranger
dans le pays,
ou comme un voyageur qui se détourne de sa route
pour passer la nuit quelque part ?
[9] Pourquoi te conduis-tu comme un homme éperdu,
comme un guerrier qui ne peut délivrer ?
Et pourtant, tu es parmi nous, ô Eternel,
et nous portons ton nom :
ne nous délaisse pas !
[10] Voici ce que déclare l'Eternel à ce peuple :
« Ils trouvent leur plaisir à vagabonder çà et là
sans retenir leurs pas.
L'Eternel ne les agrée pas.
Il va se souvenir maintenant de leurs crimes,
il va châtier leurs fautes. »
[11] Et l'Eternel me dit : Ne prie pas pour le bien-être de c
peuple ! [12] Ils auront beau jeûner, je n'écouterai pas leu
supplications, et s'ils m'offrent des holocaustes et des o
frandes, je ne les agréerai pas, je m'en vais les extermine
par l'épée, par la famine et par la peste.
[13] Et je lui répondis : Ah ! Seigneur, Eternel, les
prophètes leur disent : « Vous ne connaîtrez pas
la guerre et vous ne subirez pas la famine, car je
vous donnerai en ce lieu-ci une paix véritable. »
[14] Et l'Eternel me dit : En mon nom, ces prophète
profèrent des mensonges. Je ne les ai pas mandatés, je n
leur ai rien ordonné et je ne leur ai pas parlé : toutes leu
prophéties sont visions mensongères, oracles sans valeu
des inventions venant d'eux-mêmes. [15] C'est pourquoi voi
ce que déclare l'Eternel au sujet des prophètes qui proph
tisent en son nom sans avoir été envoyés, ces prophètes q
disent : « La guerre et la famine ne viendront pas dans c
pays ». C'est par la guerre et la famine que ces prophète
périront, [16] et les gens du peuple auxquels ils prophétise
seront jetés à terre dans les rues de Jérusalem par la fan
ine et par l'épée, sans qu'il y ait personne pour les mett
au tombeau, ni eux, ni leurs femmes, ni leurs fils, ni leu
filles ; je ferai retomber sur eux le mal qu'ils ont commi
[17] Et toi, dis-leur ceci :
« Sans cesse, nuit et jour, mes yeux versent des
larmes, ils ne tarissent pas !
Car un malheur terrible va atteindre
la communauté de mon peuple :
c'est une plaie très douloureuse.
[18] Si je sors dans les champs,
je vois des morts, victimes de l'épée ;

if I go into the city,
I see the ravages of famine.
Both prophet and priest
have gone to a land they know not.' "
19 Have you rejected Judah completely?
Do you despise Zion?
Why have you afflicted us
so that we cannot be healed?
We hoped for peace
but no good has come,
for a time of healing
but there is only terror.
20 We acknowledge our wickedness, LORD,
and the guilt of our ancestors;
we have indeed sinned against you.
21 For the sake of your name do not despise us;
do not dishonor your glorious throne.
Remember your covenant with us
and do not break it.
22 Do any of the worthless idols of the nations
bring rain?
Do the skies themselves send down showers?
No, it is you, LORD our God.
Therefore our hope is in you,
for you are the one who does all this.

5 1Then the LORD said to me: "Even if Moses
and Samuel were to stand before me, my
eart would not go out to this people. Send them
way from my presence! Let them go! 2And if they
sk you, 'Where shall we go?' tell them, 'This is what
ie LORD says:

" 'Those destined for death, to death;
those for the sword, to the sword;
those for starvation, to starvation;
those for captivity, to captivity.'

3"I will send four kinds of destroyers against them,"
eclares the LORD, "the sword to kill and the dogs to
rag away and the birds and the wild animals to de-
our and destroy. 4I will make them abhorrent to all
ie kingdoms of the earth because of what Manasseh
on of Hezekiah king of Judah did in Jerusalem.

5 "Who will have pity on you, Jerusalem?
Who will mourn for you?
Who will stop to ask how you are?
6 You have rejected me,"
declares the LORD.
"You keep on backsliding.

si j'entre dans la ville,
je vois des gens, affaiblis par la faim !
Le prophète et le prêtre parcourent le pays
sans rien comprendre. »
19 As-tu donc vraiment rejeté Juda ?
As-tu pris Sion en dégoût ?
Pourquoi nous as-tu infligé de telles plaies
sans qu'il y ait de guérison pour nous ?
Nous espérions la paix,
et rien de bon n'arrive,
un temps de guérison,
en fait, c'est l'épouvante.
20 Eternel, nous reconnaissons notre méchanceté,
les fautes de nos pères.
Car nous avons commis des péchés contre toi.
21 Pour l'honneur de ton nom, ne nous méprise pas,
ne laisse pas déshonorer le trône de ta gloire[c] ;
et n'oublie pas l'alliance que tu as conclue avec
nous, ne la révoque pas !
22 Qui, parmi les faux dieux des autres peuples,
peut donner de la pluie ?
Ou bien est-ce le ciel qui pourrait, par lui-même,
déclencher les averses ?
N'est-ce pas toi, Eternel, notre Dieu,
toi sur qui nous comptons ?
Car c'est toi seul, qui fais toutes ces choses.

La sentence est irrévocable

15 1Mais l'Eternel me dit : Même si Moïse et Samuel[d]
se tenaient devant moi pour prier pour ce peuple, je ne me soucierais pas d'eux. Chasse-le de ma vue,
qu'il parte loin de moi ! 2Et lorsqu'ils te diront : « Où devons-nous aller ? » tu leur diras ceci :

Voici ce que déclare l'Eternel :
Ceux qui sont destinés à la peste s'en iront à la
peste ;
ceux qui sont destinés à périr par l'épée s'en iront
à l'épée,
ceux qui sont destinés à mourir de famine, iront à
la famine ;
ceux qui sont destinés à la déportation, s'en iront
en déportation.

3Je leur enverrai quatre sortes de maux, déclare l'Eternel : l'épée pour les abattre, les chiens pour les déchirer,
les rapaces et les animaux sauvages pour les dévorer et les
détruire. 4Je ferai d'eux un sujet d'épouvante pour tous
les royaumes de la terre, à cause de Manassé, fils d'Ezéchias, roi de Juda, et de tout le mal qu'il a commis dans
Jérusalem.

Plus de sursis

5 Qui donc aura pitié de toi, Jérusalem ?
Qui compatira avec toi ?
Qui se détournera de son chemin pour s'informer
de ton état ?
6 Tu m'as abandonné,
déclare l'Eternel,
tu m'as tourné le dos.
Alors, de mon côté, j'ai levé la main contre toi,

c **14.21** C'est-à-dire le coffre de l'alliance et, par extension, le temple qui le contient, la ville où il se trouve (voir 3.16-17).

d **15.1** Deux grands intercesseurs (Ex 32.11-12 ; Nb 11.2 ; 14.13-19 ; 1 S 7.5-9).

So I will reach out and destroy you;
I am tired of holding back.
[7] I will winnow them with a winnowing fork
at the city gates of the land.
I will bring bereavement and destruction on
my people,
for they have not changed their ways.

[8] I will make their widows more numerous
than the sand of the sea.
At midday I will bring a destroyer
against the mothers of their young men;
suddenly I will bring down on them
anguish and terror.

[9] The mother of seven will grow faint
and breathe her last.
Her sun will set while it is still day;
she will be disgraced and humiliated.
I will put the survivors to the sword
before their enemies,"
declares the LORD.

[10] Alas, my mother, that you gave me birth,
a man with whom the whole land strives and
contends!
I have neither lent nor borrowed,
yet everyone curses me.
[11] The LORD said,
"Surely I will deliver you for a good purpose;
surely I will make your enemies plead with
you
in times of disaster and times of distress.
[12] "Can a man break iron –
iron from the north – or bronze?
[13] "Your wealth and your treasures
I will give as plunder, without charge,
because of all your sins
throughout your country.
[14] I will enslave you to your enemies
in[u] a land you do not know,
for my anger will kindle a fire
that will burn against you."
[15] LORD, you understand;
remember me and care for me.
Avenge me on my persecutors.
You are long-suffering – do not take me away;
think of how I suffer reproach for your sake.

[u] **15:14** Some Hebrew manuscripts, Septuagint and Syriac (see also 17:4); most Hebrew manuscripts *I will cause your enemies to bring you / into*

je te détruis ;
j'en ai assez de toujours renoncer à te châtier.
[7] Je les ai dispersés aux portes du pays comme par u
vannage,
j'ai fait périr mon peuple,
je l'ai privé d'enfants
parce qu'ils n'abandonnent pas leur mauvaise
conduite.
[8] Les veuves de mon peuple, par mon action, ont
surpassé en nombre
les grains de sable au bord des mers ;
j'ai envoyé contre les mères des jeunes gens,
quelqu'un pour dévaster à l'heure de midi,
j'ai fait fondre sur elles subitement
frayeur et épouvante.
[9] La mère de sept fils est misérable ;
la voilà haletante,
et le soleil s'éteint déjà pour elle avant la fin du jou
La voilà toute honteuse et dans la confusion.
Les enfants qui lui restent, je les livre à l'épée
devant leurs ennemis,
l'Eternel le déclare.

La vocation du prophète confirmée

Complainte de Jérémie

[10] Malheur à moi ! Pourquoi, ma mère, m'as-tu donc
mis au monde ?
Tout le pays s'en prend à moi
et me cherche querelle ;
je n'ai rien emprunté et je n'ai rien prêté,
pourtant tous me maudissent !
[11] L'Eternel répondit :
Moi, je t'assure,
je te délivrerai pour te faire du bien ;
au temps de ton malheur, au temps de ta détresse :
ce sont tes ennemis qui viendront t'implorer[e] !
[12] Peut-on briser le fer
– le fer qui vient du Nord – ou bien le bronze ?
[13] Parle ainsi à ce peuple :
Vos biens et vos trésors, je les livrerai au pillage, et
on ne te les paiera pas
à cause de tous les péchés que vous avez commis
dans tout votre pays[f].
[14] Et, de vos ennemis, je vous rendrai esclaves[g]
dans un pays qui vous est inconnu,
car ma colère attise un feu
qui vous embrasera.
[15] Toi, tu sais, Eternel !
Soucie-toi donc de moi,
et interviens pour moi !
Fais-leur payer à ces gens qui me persécutent.
Ne permets pas que je pâtisse
de ta patience envers mes ennemis !
Regarde : c'est pour toi que je subis l'opprobre !

[e] **15.11** Verset difficile. Au lieu de *l'Eternel répondit*, l'ancienne version grecque a : *oui, que je sois maudit* ou *Amen*. L'expression : *je te délivrerai* rend un terme diversement lu par les manuscrits hébreux et les versior anciennes.

[f] **15.13** Pour les v. 13-14, voir 17.3-4.

[g] **15.14** *je vous rendrai esclaves:* d'après quelques manuscrits hébreux, l'ancienne version grecque, la version syriaque et le texte parallèle de Jr 17.4. Le texte hébreu traditionnel a : *je ferai passer (vos ennemis)*. La différence ne tient qu'à un trait de lettre en hébreu.

16 When your words came, I ate them;
they were my joy and my heart's delight,
for I bear your name,
LORD God Almighty.
17 I never sat in the company of revelers,
never made merry with them;
I sat alone because your hand was on me
and you had filled me with indignation.
18 Why is my pain unending
and my wound grievous and incurable?
You are to me like a deceptive brook,
like a spring that fails.
19 Therefore this is what the LORD says:
"If you repent, I will restore you
that you may serve me;
if you utter worthy, not worthless, words,
you will be my spokesman.
Let this people turn to you,
but you must not turn to them.
20 I will make you a wall to this people,
a fortified wall of bronze;
they will fight against you
but will not overcome you,
for I am with you
to rescue and save you,"
declares the LORD.
21 "I will save you from the hands of the wicked
and deliver you from the grasp of the cruel."

ay of Disaster

16 1 Then the word of the LORD came to me: 2 "You
must not marry and have sons or daughters
this place." 3 For this is what the LORD says about
ne sons and daughters born in this land and about
ne women who are their mothers and the men who
re their fathers: 4 "They will die of deadly diseases.
hey will not be mourned or buried but will be like
ung lying on the ground. They will perish by sword
nd famine, and their dead bodies will become food
or the birds and the wild animals."
5 For this is what the LORD says: "Do not enter a house
here there is a funeral meal; do not go to mourn or
now sympathy, because I have withdrawn my bless-
ng, my love and my pity from this people," declares
ne LORD. 6 "Both high and low will die in this land.
hey will not be buried or mourned, and no one will
ut themselves or shave their head for the dead. 7 No
ne will offer food to comfort those who mourn for
ne dead – not even for a father or a mother – nor will
nyone give them a drink to console them.

8 "And do not enter a house where there is feasting
nd sit down to eat and drink. 9 For this is what the
ORD Almighty, the God of Israel, says: Before your eyes
nd in your days I will bring an end to the sounds of
oy and gladness and to the voices of bride and bride-
room in this place.

16 Dès que j'ai trouvé tes paroles,
je les ai dévorées.
Elles ont fait ma joie et mon bonheur,
car je porte ton nom,
ô Eternel, Dieu des armées célestes !
17 Je ne me suis pas joint à un cercle de plaisantins
pour m'y amuser avec eux.
Non, contraint par ta main, je suis resté à part,
car tu m'avais rempli d'indignation.
18 Pourquoi donc ma souffrance est-elle permanente,
et ma plaie douloureuse, rebelle aux soins ?
Vraiment : pour moi tu es une source trompeuse
au débit capricieux !
19 Voici la réponse de l'Eternel :
Si tu reviens à moi, je te rétablirai.
Tu pourras te tenir
à mon service.
Si ce qui est précieux, tu le sépares de ce qui est
indigne,
tu seras mon porte-parole.
Ils reviendront à toi,
mais ce n'est pas à toi de revenir vers eux.
20 Et je ferai de toi, en face de ce peuple,
comme un rempart de bronze inébranlable.
Ils te feront la guerre
mais ils ne l'emporteront pas sur toi
car je suis avec toi : je te protégerai et te délivrerai,
l'Eternel le déclare.
21 Oui, je te délivrerai des méchants,
je te sauverai des violents.

La solitude du prophète

16 1 L'Eternel m'adressa la parole : 2 Tu ne te marieras
pas, tu n'auras donc ni fils ni filles en ce lieu, 3 car
voici ce que déclare l'Eternel au sujet des fils et des filles
qui naissent en ce lieu et au sujet des mères qui les mettent
au monde, et au sujet des pères qui les engendrent ici, dans
ce pays : 4 Des maladies mortelles les feront périr. Nul ne
mènera deuil sur eux et on ne les mettra pas au tombeau.
Leurs corps resteront étendus comme du fumier sur le
sol. L'épée ou la famine les consumeront et leurs cadavres
seront dévorés par les rapaces et les bêtes sauvages.
5 Car voici ce que déclare l'Eternel : Tu ne dois pas entrer
dans une maison endeuillée ; ne va pas à des funérailles,
n'aie pour ces gens aucun geste de sympathie, car j'ai retiré
à ce peuple ma paix, ma bonté et ma compassion, l'Eternel
le déclare. 6 Les grands et les petits mourront dans ce pays ;
ils ne seront pas enterrés, nul ne mènera deuil sur eux, on
ne se fera pas des incisions pour eux[h], nul ne se rasera la
tête pour eux. 7 Personne ne fera de repas funéraire pour
ceux qui sont en deuil, pour les réconforter du décès d'un
des leurs. Nul ne leur offrira la coupe de consolation au
sujet du décès d'un père ou d'une mère.
8 Tu n'iras pas non plus dans la maison où l'on festoie
pour t'asseoir avec eux, pour manger et pour boire. 9 Car
voici ce que dit le Seigneur des armées célestes, Dieu d'Israël : Je vais faire cesser en ce lieu, sous vos yeux et durant
votre temps, les cris de réjouissance et d'allégresse, la voix
du marié et de la mariée.

h **16.6** Coutume païenne interdite par la Loi (Lv 19.28 ; 21.5 ; Dt 14.1) mais adoptée par les Israélites.

10 "When you tell these people all this and they ask
you, 'Why has the LORD decreed such a great disaster
against us? What wrong have we done? What sin have
we committed against the LORD our God?' 11 then say
to them, 'It is because your ancestors forsook me,'
declares the LORD, 'and followed other gods and served
and worshiped them. They forsook me and did not
keep my law. 12 But you have behaved more wickedly
than your ancestors. See how all of you are following
the stubbornness of your evil hearts instead of obeying me. 13 So I will throw you out of this land into a
land neither you nor your ancestors have known, and
there you will serve other gods day and night, for I
will show you no favor.'

14 "However, the days are coming," declares the LORD,
"when it will no longer be said, 'As surely as the LORD
lives, who brought the Israelites up out of Egypt,' 15 but
it will be said, 'As surely as the LORD lives, who brought
the Israelites up out of the land of the north and out
of all the countries where he had banished them.' For
I will restore them to the land I gave their ancestors.

16 "But now I will send for many fishermen," declares the LORD, "and they will catch them. After that
I will send for many hunters, and they will hunt them
down on every mountain and hill and from the crevices of the rocks. 17 My eyes are on all their ways; they
are not hidden from me, nor is their sin concealed
from my eyes. 18 I will repay them double for their
wickedness and their sin, because they have defiled
my land with the lifeless forms of their vile images
and have filled my inheritance with their detestable
idols."

19 LORD, my strength and my fortress,
 my refuge in time of distress,
to you the nations will come
 from the ends of the earth and say,
"Our ancestors possessed nothing but false
 gods,
 worthless idols that did them no good.
20 Do people make their own gods?
 Yes, but they are not gods!"
21 "Therefore I will teach them –
 this time I will teach them
 my power and might.
Then they will know
 that my name is the LORD.

17

1 "Judah's sin is engraved with an iron tool,
 inscribed with a flint point,
on the tablets of their hearts
 and on the horns of their altars.

10 Or, quand tu communiqueras ce message à ce peupl
ils te demanderont : « Pourquoi donc l'Eternel parle-t-
de nous envoyer ce grand malheur ? Quel mal avons-no
fait ? Quel péché avons-nous commis contre l'Eternel not
Dieu ? » 11 Alors, tu leur diras : Vos pères m'ont abandonn
l'Eternel le déclare, ils se sont attachés à d'autres dieu
ils leur ont rendu un culte, et ils se sont prosternés deva
eux. Ils m'ont abandonné et n'ont pas appliqué ma Loi. 12
vous, vous avez fait pis encore que vos pères, chacun c
vous suit les penchants de son cœur obstiné et mauvai
sans m'écouter. 13 Je vous jetterai donc hors de ce pays-
jusqu'en un pays inconnu de vous et de vos pères. Là, jo
et nuit, vous adorerez d'autres dieux, car je n'aurai pl
pitié de vous.

Lueur d'espoir

14 C'est pourquoi, des jours viennent – l'Eternel le d
clare – où l'on ne dira plus : « L'Eternel est vivant, lui qui
fait sortir d'Egypte les Israélites[i] » ; 15 mais l'on dira plutô
« L'Eternel est vivant, lui qui a fait sortir les Israélites d
pays du nord et de tous les pays où il les avait chassés.
Je les ramènerai dans leur pays que j'ai donné à leu
ancêtres.

16 Oui, je vais envoyer des pêcheurs en grand nombre,
ils les pêcheront, déclare l'Eternel, et j'enverrai des cha
seurs en grand nombre, et ils les chasseront sur tout
les montagnes, sur toutes les collines et dans les fente
des rochers. 17 J'observe toutes leurs démarches, aucur
ne m'échappe, et leur crime ne peut se dérober à mo
regard. 18 Je leur paierai d'abord[j] au double le salaire qu
méritent leur iniquité et leurs péchés, car ils ont profar
mon pays avec leurs idoles qui n'ont pas plus de vie que d
cadavres, et ils ont rempli mon domaine de leurs horreu
abominables.

Les peuples non israélites se tournent vers l'Eternel

19 Eternel, toi ma force, mon rempart,
toi, mon refuge, au temps de la détresse,
les peuples étrangers viendront à toi
des confins de la terre
en proclamant :
« Nos pères n'ont eu en partage que des idoles
 mensongères,
des divinités inutiles qui ne servent à rien.
20 Un homme pourrait-il se fabriquer des dieux ?
Ce ne sont pas des dieux ! »
21 C'est pourquoi, je vais leur faire connaître,
oui, cette fois,
je leur ferai connaître comment j'agis avec
 puissance,
et ils sauront alors que je suis l'Eternel.

Le cœur corrompu

Le péché de Juda

17

1 Le péché de Juda est écrit avec un burin de fer
 il est gravé sur la tablette de leur cœur
avec la pointe de diamant
et sur les cornes aux coins de leurs autels[k].

[i] **16.14** Pour les v. 14-15, voir 23.7-8.
[j] **16.18** C'est-à-dire avant la délivrance promise au v. 14.
[k] **17.1** Sur les *cornes des autels*, voir Ex 27.2.

[2] Even their children remember
their altars and Asherah poles[v]
beside the spreading trees
and on the high hills.

[3] My mountain in the land
and your[w] wealth and all your treasures
I will give away as plunder,
together with your high places,
because of sin throughout your country.

[4] Through your own fault you will lose
the inheritance I gave you.
I will enslave you to your enemies
in a land you do not know,
for you have kindled my anger,
and it will burn forever."

[5] This is what the LORD says:
"Cursed is the one who trusts in man,
who draws strength from mere flesh
and whose heart turns away from the LORD.

[6] That person will be like a bush in the wastelands;
they will not see prosperity when it comes.
They will dwell in the parched places of the desert,
in a salt land where no one lives.

[7] "But blessed is the one who trusts in the LORD,
whose confidence is in him.
[8] They will be like a tree planted by the water
that sends out its roots by the stream.
It does not fear when heat comes;
its leaves are always green.
It has no worries in a year of drought
and never fails to bear fruit."

[9] The heart is deceitful above all things
and beyond cure.
Who can understand it?
[10] "I the LORD search the heart
and examine the mind,
to reward each person according to their conduct,
according to what their deeds deserve."
[11] Like a partridge that hatches eggs it did not lay
are those who gain riches by unjust means.
When their lives are half gone, their riches will desert them,
and in the end they will prove to be fools.

[12] A glorious throne, exalted from the beginning,
is the place of our sanctuary.
[13] LORD, you are the hope of Israel;
all who forsake you will be put to shame.
Those who turn away from you will be written in the dust

[v] 17:2 That is, wooden symbols of the goddess Asherah
[w] 17:2,3 Or *hills* / [3] *and the mountains of the land. / Your*

[2] Aussi leurs fils ont leurs pensées, tournées vers leurs autels
et vers leurs pieux sacrés voués à Ashéra près de chaque arbre vert
sur les hautes collines[l]
[3] et les montagnes dans la campagne.
Mais je livrerai au pillage
vos biens, tous vos trésors,
ainsi que vos hauts lieux,
à cause des péchés que vous avez commis
dans tout votre pays[m].
[4] Tu te dessaisiras du patrimoine que je t'ai donné
et de vos ennemis, je vous rendrai esclaves,
dans un pays qui vous est inconnu ;
car vous, vous avez attisé le feu de ma colère :
il sera embrasé à tout jamais.

[5] Voici ce que déclare l'Eternel :
Maudit soit l'homme qui met sa confiance en l'homme
et qui fait des moyens humains la source de sa force
mais qui détourne son cœur de l'Eternel.
[6] Il est comme un buisson dans le désert,
et il ne verra pas arriver le bonheur.
Il aura pour demeure un aride désert,
une terre salée où n'habite personne.
[7] Béni soit l'homme qui met sa confiance en l'Eternel
et qui fonde sur l'Eternel toute son assurance.
[8] Il sera comme un arbre planté près d'un cours d'eau
qui étend ses racines vers le ruisseau,
il ne redoute rien lorsque vient la chaleur :
ses feuilles restent vertes ;
il ne s'inquiète pas
pendant l'année de sécheresse,
et il ne cesse pas de produire du fruit.
[9] Le cœur est tortueux plus que toute autre chose,
et il est incurable,
qui pourrait le connaître ?
[10] Moi, l'Eternel, moi, je sonde les cœurs,
je scrute le tréfonds de l'être
pour donner à chacun ce que lui auront valu sa conduite
et les effets de ses agissements.
[11] Semblable à la perdrix qui a couvé des œufs qu'elle n'a pas pondus
est l'homme qui amasse des richesses acquises injustement.
Au milieu de sa vie, sa fortune le quitte
et il montre finalement qu'il est un insensé.

Prière

[12] Il est un trône glorieux, élevé dès les origines,
c'est là qu'est notre sanctuaire.
[13] O Eternel, toi l'espoir d'Israël,
tous ceux qui t'abandonnent seront couverts de honte.
Oui, ceux qui se détournent de moi vont à leur perte,

[l] **17.2** Le culte de la fécondité se pratiquait sur les hautes collines dominées par un bouquet d'arbres verts.
[m] **17.3** Pour les v. 3-4, voir 15.13-14.

because they have forsaken the LORD,
the spring of living water.
14 Heal me, LORD, and I will be healed;
save me and I will be saved,
for you are the one I praise.
15 They keep saying to me,
"Where is the word of the LORD?
Let it now be fulfilled!"

16 I have not run away from being your shepherd;
you know I have not desired the day of
despair.
What passes my lips is open before you.

17 Do not be a terror to me;
you are my refuge in the day of disaster.
18 Let my persecutors be put to shame,
but keep me from shame;
let them be terrified,
but keep me from terror.
Bring on them the day of disaster;
destroy them with double destruction.

Keeping the Sabbath Day Holy

19 This is what the LORD said to me: "Go and stand at
the Gate of the People,[x] through which the kings of
Judah go in and out; stand also at all the other gates
of Jerusalem. 20 Say to them, 'Hear the word of the
LORD, you kings of Judah and all people of Judah and
everyone living in Jerusalem who come through these
gates. 21 This is what the LORD says: Be careful not to
carry a load on the Sabbath day or bring it through
the gates of Jerusalem. 22 Do not bring a load out of
your houses or do any work on the Sabbath, but keep
the Sabbath day holy, as I commanded your ancestors.
23 Yet they did not listen or pay attention; they were
stiff-necked and would not listen or respond to discipline. 24 But if you are careful to obey me, declares
the LORD, and bring no load through the gates of this
city on the Sabbath, but keep the Sabbath day holy
by not doing any work on it, 25 then kings who sit on
David's throne will come through the gates of this
city with their officials. They and their officials will
come riding in chariots and on horses, accompanied
by the men of Judah and those living in Jerusalem,
and this city will be inhabited forever. 26 People will
come from the towns of Judah and the villages around
Jerusalem, from the territory of Benjamin and the
western foothills, from the hill country and the Negev,
bringing burnt offerings and sacrifices, grain offerings and incense, and bringing thank offerings to the
house of the LORD. 27 But if you do not obey me to keep
the Sabbath day holy by not carrying any load as you
come through the gates of Jerusalem on the Sabbath

x 17:19 Or *Army*

parce qu'ils ont abandonné la source des eaux vive
qu'est l'Eternel.
14 Guéris-moi, Eternel, et je serai guéri !
Oui, sauve-moi et je serai sauvé !
Car c'est toi que je loue !
15 Les voilà qui me disent :
« Où sont donc les menaces que l'Eternel a
proférées ?
Qu'elles se réalisent ! »
16 Pourtant, je n'ai pas refusé
de marcher à ta suite en étant un berger[n].
Je n'ai pas souhaité que vienne le jour des douleurs
Toi, tu es au courant de ce qu'a dit ma bouche,
c'est devant toi que j'ai parlé.
17 Ne deviens pas pour moi un sujet de frayeur !
Tu es mon seul refuge dans le temps du malheur !
18 Que mes persécuteurs soient dans la confusion,
et que je ne sois pas confus !
Qu'ils soient saisis de peur,
et que je n'aie pas peur !
Fais arriver sur eux le jour de la détresse,
et brise-les par un double désastre !

Le sabbat consacré à l'Eternel

19 L'Eternel me parla en ces termes : Va te poster à « L
Porte du Peuple », par où entrent et sortent les rois d
Juda. Et fais de même à toutes les autres portes de la cit
de Jérusalem. 20 Là tu proclameras : Ecoutez ce que déclar
l'Eternel, rois de Juda, et vous, tous les Judéens, et vous
tous les habitants de Jérusalem, vous qui passez par ce
portes !
21 Voici ce que déclare l'Eternel : Gardez-vous de porte
des fardeaux le jour du sabbat, et ne leur faites pas passe
les portes de Jérusalem ! 22 Ne faites pas non plus sortir d
fardeau de vos maisons au jour du sabbat ! Abstenez-vou
de tout travail, et faites de ce jour du sabbat un jour saint
comme je l'ai ordonné à vos ancêtres. 23 Ils n'ont pas écout
ni prêté attention, ils ont raidi leur nuque et ils ne m'on
pas écouté, ils n'ont pas accepté d'instructions de ma par
24 Mais si vous m'écoutez vraiment, déclare l'Eternel, s
le jour du sabbat vous ne faites pas passer de fardeaux pa
les portes de cette ville et si vous faites de ce jour du sabba
un jour saint, vous abstenant en ce jour-là de tout travai
25 alors des rois et leurs ministres continueront à passe
par ces portes. Ces rois, siégeant sur le trône de David, s
déplaceront, montés sur des chars et des chevaux. Eu
et leurs ministres, ainsi que les Judéens et les habitant
de Jérusalem passeront par ces portes, et, pour toujours
la ville restera habitée. 26 Alors, des villes de Juda et de
environs de Jérusalem, du territoire de Benjamin et d
la vallée du Jourdain[o], de la montagne et du Néguev, o
viendra pour offrir des holocaustes et d'autres sacrifices
des offrandes et de l'encens, pour offrir des sacrifices d
reconnaissance, dans le temple de l'Eternel. 27 Mais si vou
ne m'écoutez pas, si vous ne faites pas du jour du sab
bat un jour saint, si vous ne vous abstenez pas de porte
des fardeaux et de franchir les portes de Jérusalem en c

n **17.16** *Pourtant, je n'ai pas refusé ... un berger:* selon le texte hébreu traditionnel. D'après deux manuscrits grecs : *je ne t'ai pas pressé d'envoyer le malheur.*

o **17.26** Ou : Bas-Pays, région de collines à l'ouest de Jérusalem vers la plaine côtière de la Méditerranée.

ay, then I will kindle an unquenchable fire in the
ates of Jerusalem that will consume her fortresses.'"

t the Potter's House

18 1This is the word that came to Jeremiah from
the LORD: 2"Go down to the potter's house, and
here I will give you my message." 3So I went down
o the potter's house, and I saw him working at the
'heel. 4But the pot he was shaping from the clay was
arred in his hands; so the potter formed it into an-
ther pot, shaping it as seemed best to him.
5Then the word of the LORD came to me. 6He said,
Can I not do with you, Israel, as this potter does?"
eclares the LORD. "Like clay in the hand of the pot-
er, so are you in my hand, Israel. 7If at any time I
nnounce that a nation or kingdom is to be uprooted,
orn down and destroyed, 8and if that nation I warned
epents of its evil, then I will relent and not inflict on
: the disaster I had planned. 9And if at another time
announce that a nation or kingdom is to be built up
nd planted, 10and if it does evil in my sight and does
ot obey me, then I will reconsider the good I had
ntended to do for it.
11"Now therefore say to the people of Judah and
hose living in Jerusalem, 'This is what the LORD says:
ook! I am preparing a disaster for you and devising
plan against you. So turn from your evil ways, each
ne of you, and reform your ways and your actions.'
2But they will reply, 'It's no use. We will continue
vith our own plans; we will all follow the stubborn-
ess of our evil hearts.'"

13Therefore this is what the LORD says:
"Inquire among the nations:
Who has ever heard anything like this?
A most horrible thing has been done
by Virgin Israel.
14 Does the snow of Lebanon
ever vanish from its rocky slopes?
Do its cool waters from distant sources
ever stop flowing?[y]
15 Yet my people have forgotten me;
they burn incense to worthless idols,
which made them stumble in their ways,
in the ancient paths.
They made them walk in byways,
on roads not built up.
16 Their land will be an object of horror
and of lasting scorn;
all who pass by will be appalled
and will shake their heads.
17 Like a wind from the east,

18:14 The meaning of the Hebrew for this sentence is uncertain.

jour-là, alors je mettrai le feu aux portes de la ville, et il
consumera les palais de Jérusalem : il ne s'éteindra pas.

Le signe du potier

Dans la maison du potier

18 1L'Eternel parla à Jérémie en ces termes : 2Va,
rends-toi chez le potier et là, je te ferai entendre
ma parole.
3Je me rendis donc chez le potier, qui était en train de
travailler sur son tour. 4Mais le récipient qu'il façonnait
avec l'argile ne fut pas réussi. Alors le potier en refit un
autre, comme il le jugea bon. 5Là-dessus, l'Eternel me parla
en ces termes : 6O peuple d'Israël, ne puis-je pas agir à
votre égard comme a fait ce potier ? demande l'Eternel.
Vous êtes entre mes mains, comme l'argile entre les mains
du potier, communauté d'Israël !
7Une fois, je décrète de déraciner un peuple ou un
royaume, de le renverser et d'amener sa ruine[p]. 8Mais si
ce peuple que j'ai menacé cesse de mal agir, je renoncerai
à lui envoyer le malheur que j'avais projeté contre lui.
9Et si, par contre, je parle de construire et de planter tel
peuple, ou tel royaume, 10mais que ce peuple fait ce que je
considère comme mal, et ne m'écoute pas, je renoncerai
au bien que j'avais parlé de lui faire.
11Dis donc maintenant aux Judéens et aux habitants de
Jérusalem : Voici ce que déclare l'Eternel : Moi je façonne
votre malheur, et j'ai des projets contre vous. Que chacun
de vous abandonne donc sa conduite mauvaise, qu'il se
comporte et qu'il agisse d'une bonne manière. 12Mais ils
te répondront : « C'est peine perdue, nous ferons à notre
tête et chacun agira selon les penchants de son cœur obstiné et mauvais. »

Un oubli coupable

13 Et c'est pourquoi voici ce que déclare l'Eternel :
Demandez donc aux autres peuples
si l'on a entendu pareille chose !
La communauté d'Israël a vraiment perpétré un
horrible forfait !
14 Avez-vous jamais vu la neige
abandonner les rochers du Liban ?
Avez-vous vu tarir les eaux qui en descendent,
ces eaux qui coulent, fraîches[q] ?
15 Mais mon peuple m'oublie :
il offre des parfums à des faux dieux
qui, sur sa route, le font chanceler,
et qui lui font quitter les chemins de toujours
pour marcher sur des sentiers et des routes
qui ne sont pas frayés.
16 Il expose ainsi son pays à la dévastation
pour lui attirer pour toujours des sifflements
d'horreur.
Quiconque y passera en sera atterré
et hochera la tête.
17 Comme le vent d'orient, je les disperserai

p 18.7 Pour les v. 7-9, voir 1.10.
q 18.14 *Avez-vous vu tarir ... fraîches ?* Hébreu obscur, traduction conjecturale.

I will scatter them before their enemies;
I will show them my back and not my face
in the day of their disaster."

18 They said, "Come, let's make plans against
Jeremiah; for the teaching of the law by the priest
will not cease, nor will counsel from the wise, nor
the word from the prophets. So come, let's attack him
with our tongues and pay no attention to anything
he says."
19 Listen to me, LORD;
hear what my accusers are saying!
20 Should good be repaid with evil?
Yet they have dug a pit for me.
Remember that I stood before you
and spoke in their behalf
to turn your wrath away from them.
21 So give their children over to famine;
hand them over to the power of the sword.
Let their wives be made childless and widows;
let their men be put to death,
their young men slain by the sword in battle.
22 Let a cry be heard from their houses
when you suddenly bring invaders against
them,
for they have dug a pit to capture me
and have hidden snares for my feet.
23 But you, LORD, know
all their plots to kill me.
Do not forgive their crimes
or blot out their sins from your sight.
Let them be overthrown before you;
deal with them in the time of your anger.

19 1 This is what the LORD says: "Go and buy a
clay jar from a potter. Take along some of
the elders of the people and of the priests 2 and go
out to the Valley of Ben Hinnom, near the entrance
of the Potsherd Gate. There proclaim the words I tell
you, 3 and say, 'Hear the word of the LORD, you kings of
Judah and people of Jerusalem. This is what the LORD
Almighty, the God of Israel, says: Listen! I am going
to bring a disaster on this place that will make the
ears of everyone who hears of it tingle. 4 For they have
forsaken me and made this a place of foreign gods;
they have burned incense in it to gods that neither
they nor their ancestors nor the kings of Judah ever
knew, and they have filled this place with the blood
of the innocent. 5 They have built the high places of
Baal to burn their children in the fire as offerings to
Baal – something I did not command or mention, nor
did it enter my mind. 6 So beware, the days are coming,
declares the LORD, when people will no longer call this

devant leurs ennemis ;
au jour de leur désastre,
je leur présenterai mon dos
et non ma face.

Complot contre Jérémie

18 Alors certains se mirent à dire : Allons : formons u
plan contre ce Jérémie ! On trouvera toujours des prêtre
pour enseigner la Loi, des sages pour nous donner des cor
seils ainsi que des prophètes pour proclamer une parol
Venez, attaquons-le avec des calomnies ! Et ne prêton
plus attention à tout ce qu'il nous dit !
19 Mais toi, ô Eternel, prête-moi attention,
écoute ce que disent ces gens qui me cherchent
querelle.
20 Rendront-ils le mal pour le bien ?
Ils creusent une fosse pour m'y faire tomber.
Considère, Eternel,
que, pour plaider en faveur de ces gens,
je me suis tenu devant toi
en vue de détourner ta colère loin d'eux !
21 A cause de cela, livre leurs fils à la famine
et précipite-les sur le fil de l'épée !
Prive leurs femmes de leurs enfants, qu'elles
deviennent veuves,
que leurs maris soient frappés par la peste,
et que leurs jeunes gens soient frappés par l'épée
dans le combat !
22 Qu'on entende des cris sortir de leurs demeures,
quand tu feras venir subitement sur eux des bande
ennemies,
parce qu'ils ont creusé des fosses pour me prendre
et caché des filets pour m'attraper les pieds !
23 Mais toi, ô Eternel, tu connais bien leurs plans
pour me faire mourir.
Ne pardonne pas leur forfait !
N'efface pas leur faute ! Ne l'oublie pas !
Qu'ils soient terrassés devant toi !
Au temps où ta colère éclate, agis contre eux !

Le vase brisé

19 1 Voici ce que l'Eternel m'a dit : Va acheter che
le potier une jarre en terre cuite. Prends ave
toi quelques responsables du peuple et des responsable
d'entre les prêtres.
2 Ensuite, tu sortiras dans la vallée de Ben-Hinnom[r],
l'entrée de la porte des Tessons de poterie. Là, tu procla
meras les paroles que je te communiquerai.
3 Tu parleras ainsi : Vous les rois de Juda, et vous les ha
bitants de Jérusalem, écoutez ce que dit l'Eternel. Voici c
que déclare le Seigneur des armées célestes, le Dieu d'Is
raël : Je vais envoyer sur ce lieu un terrible malheur, à fair
tinter les oreilles de ceux qui l'apprendront, 4 parce qu'i
m'ont abandonné, et qu'ils ont profané ce lieu en offran
des parfums à des dieux étrangers qu'ils n'avaient pa
connus, ni eux ni leurs ancêtres, ni les rois de Juda. Ils on
rempli ce lieu du sang des innocents 5 et ils ont érigé de
hauts lieux à Baal pour brûler leurs enfants en holocaust
pour Baal. 6 C'est pourquoi le temps vient – l'Eternel le dé
clare – où cet endroit ne sera plus nommé : « le Topheth

r 19.2 Voir note 7.31.

ace Topheth or the Valley of Ben Hinnom, but the
alley of Slaughter.
7“‘In this place I will ruin[z] the plans of Judah and
rusalem. I will make them fall by the sword before
ieir enemies, at the hands of those who want to kill
iem, and I will give their carcasses as food to the
rds and the wild animals. 8I will devastate this city
id make it an object of horror and scorn; all who
iss by will be appalled and will scoff because of all
s wounds. 9I will make them eat the flesh of their
ns and daughters, and they will eat one another's
esh because their enemies will press the siege so
ird against them to destroy them.'
10“Then break the jar while those who go with you
e watching, 11and say to them, 'This is what the
RD Almighty says: I will smash this nation and this
ty just as this potter's jar is smashed and cannot
e repaired. They will bury the dead in Topheth un-
there is no more room. 12This is what I will do to
iis place and to those who live here, declares the
RD. I will make this city like Topheth. 13The houses
Jerusalem and those of the kings of Judah will be
filed like this place, Topheth – all the houses where
ey burned incense on the roofs to all the starry
osts and poured out drink offerings to other gods.'”

14Jeremiah then returned from Topheth, where
e LORD had sent him to prophesy, and stood in the
urt of the LORD's temple and said to all the people,
“This is what the LORD Almighty, the God of Israel,
ys: 'Listen! I am going to bring on this city and all
e villages around it every disaster I pronounced
ainst them, because they were stiff-necked and
ould not listen to my words.'”

remiah and Pashhur

20 1When the priest Pashhur son of Immer, the
official in charge of the temple of the LORD,
eard Jeremiah prophesying these things, 2he had
remiah the prophet beaten and put in the stocks at
e Upper Gate of Benjamin at the LORD's temple. 3The
xt day, when Pashhur released him from the stocks,
remiah said to him, “The LORD's name for you is not
ishhur, but Terror on Every Side. 4For this is what
e LORD says: 'I will make you a terror to yourself and
all your friends; with your own eyes you will see
em fall by the sword of their enemies. I will give
Judah into the hands of the king of Babylon, who
ill carry them away to Babylon or put them to the
vord. 5I will deliver all the wealth of this city into
e hands of their enemies – all its products, all its
luables and all the treasures of the kings of Judah.
iey will take it away as plunder and carry it off to

9:7 The Hebrew for *ruin* sounds like the Hebrew for *jar* (see
rses 1 and 10).

ni « la vallée de Ben-Hinnom », mais on l'appellera : « La
vallée du massacre ».
7J'anéantirai[s], ici, les plans de Juda et de Jérusalem, et
je les ferai succomber par l'épée de leurs ennemis, et par
ceux qui en veulent à leur vie. Je livrerai leurs corps en pâture aux rapaces et aux bêtes sauvages. 8Je transformerai
cette ville en un lieu dévasté, et qui suscitera des sifflements horrifiés : tous ceux qui passeront par là en seront
atterrés, ils siffleront d'horreur à la vue de ses plaies. 9Je
leur ferai manger la chair de leurs enfants ; ils mangeront
la chair, chacun de son prochain, dans les affres du siège et
au sein de l'angoisse auxquels les réduiront leurs ennemis,
ceux qui en veulent à leur vie.
10Ensuite tu briseras la jarre devant ceux qui t'accompagneront 11et tu leur diras : Voici ce que déclare le
Seigneur des armées célestes : Je briserai ainsi ce peuple et
cette ville, tout comme on brise un récipient que le potier
a fabriqué et qu'on ne pourra plus réparer. On enterrera
les morts au Topheth, faute de place ailleurs. 12C'est ainsi que je traiterai ce lieu avec ses habitants – l'Eternel le
déclare – en rendant cette ville comparable au Topheth.
13Les maisons de Jérusalem et celles des rois de Juda seront aussi impures que ce lieu du Topheth. Oui, toutes les
maisons où ils ont fait brûler des parfums sur les toits en
terrasse[t] pour tous les astres et fait des libations à des
dieux étrangers.
14Jérémie revint du Topheth, où l'Eternel l'avait envoyé
pour prophétiser, et il se plaça dans le parvis du temple de
l'Eternel pour dire à tout le peuple : 15Voici ce que déclare
le Seigneur des armées célestes, le Dieu d'Israël : Je vais
faire venir sur cette ville et sur toutes les villes qui en
dépendent, tous les malheurs que j'ai annoncés contre
elle ; car leurs habitants ont refusé obstinément d'obéir
à mes paroles.

Jérémie en prison

20 1Le prêtre Pashhour, fils d'Immer, qui était le
responsable en chef du temple de l'Eternel[u], entendit Jérémie prophétiser de cette manière ; 2alors, il
fit battre le prophète, puis le fit attacher au pilori à côté
de la porte supérieure de Benjamin, qui donne accès au
temple de l'Eternel.
3Le lendemain, Pashhour détacha Jérémie du pilori.
Celui-ci lui dit : Ce n'est plus Pashhour que l'Eternel t'appelle, mais « De toutes parts, c'est la terreur[v] » !
4Voici, en effet, ce que déclare l'Eternel : Je vais t'abandonner à la terreur ainsi que tous tes amis ; ils tomberont
sous l'épée de leurs ennemis, et tu en seras témoin. Je
livrerai aussi tout le peuple de Juda au roi de Babylone,
qui les déportera à Babylone et les fera périr par l'épée.
5Je livrerai encore toutes les richesses de cette ville, tout
le produit de son travail, tout ce qu'elle a de précieux et
tous les trésors des rois de Juda, tout cela je le livrerai à
leurs ennemis, ils le pilleront, le prendront et l'emporteront à Babylone.

[s] **19.7** En hébreu, le verbe rendu par *j'anéantirai* fait assonance avec le terme traduit par *jarre* (v. 1).
[t] **19.13** Voir 32.29. Les rois de Juda avaient édifié des autels idolâtres sur les terrasses du palais de Jérusalem (2 R 23.12). Beaucoup d'habitants ont dû les imiter.
[u] **20.1** Peut-être un descendant du chef du seizième groupe familial des prêtres (1 Ch 24.14). Il était chargé de punir ceux qui causaient des désordres dans le Temple (29.26).
[v] **20.3** Voir v. 10 et 6.25 ; 46.5 ; 49.29.

Babylon. 6 And you, Pashhur, and all who live in your
house will go into exile to Babylon. There you will die
and be buried, you and all your friends to whom you
have prophesied lies.' "

Jeremiah's Complaint

7 You deceived[a] me, LORD, and I was deceived[b];
you overpowered me and prevailed.
I am ridiculed all day long;
everyone mocks me.
8 Whenever I speak, I cry out
proclaiming violence and destruction.
So the word of the LORD has brought me
insult and reproach all day long.
9 But if I say, "I will not mention his word
or speak anymore in his name,"
his word is in my heart like a fire,
a fire shut up in my bones.
I am weary of holding it in;
indeed, I cannot.
10 I hear many whispering,
"Terror on every side!
Denounce him! Let's denounce him!"
All my friends
are waiting for me to slip, saying,
"Perhaps he will be deceived;
then we will prevail over him
and take our revenge on him."
11 But the LORD is with me like a mighty warrior;
so my persecutors will stumble and not
prevail.
They will fail and be thoroughly disgraced;
their dishonor will never be forgotten.
12 LORD Almighty, you who examine the righteous
and probe the heart and mind,
let me see your vengeance on them,
for to you I have committed my cause.

13 Sing to the LORD!
Give praise to the LORD!
He rescues the life of the needy
from the hands of the wicked.
14 Cursed be the day I was born!
May the day my mother bore me not be
blessed!
15 Cursed be the man who brought my father the
news,
who made him very glad, saying,
"A child is born to you – a son!"
16 May that man be like the towns
the LORD overthrew without pity.

[a] **20:7** Or *persuaded*
[b] **20:7** Or *persuaded*

6 Quant à toi, Pashhour, ainsi que tous ceux qui habite
chez toi, vous irez en captivité ; tu iras à Babylone[w], et c'e
là que tu mourras, que tu seras enterré, ainsi que tous t
amis auxquels tu as prophétisé le mensonge.

Plaintes et réconfort

7 Tu m'as séduit, ô Eternel,
et je me suis laissé séduire !
Tu as usé de force à mon égard et tu l'as emporté.
A longueur de journée, je suis un objet de risée,
tous se moquent de moi.
8 Chaque fois que je parle, c'est pour crier très haut
J'annonce la violence[x] et la dévastation.
A longueur de journée, ta parole, Eternel,
m'attire des outrages et des insultes.
9 Et lorsque je me dis :
« Je veux oublier sa parole
et je ne parlerai plus en son nom »,
il y a, dans mon cœur, comme un feu qui m'embras
enfermé dans mes os,
je m'épuise à le contenir et n'y arrive pas !
10 J'ai entendu les propos menaçants que profère la
foule :
« De toutes parts, c'est la terreur.
Dénoncez-le », crient-ils. « Nous le dénoncerons ! »
Tous les gens qui étaient avec moi en bons termes
guettent ma chute :
« Qu'il se laisse séduire,
et nous aurons gagné ;
alors nous le tiendrons et nous nous vengerons de
lui ! »
11 Mais l'Eternel est avec moi comme un puissant
guerrier ;
ceux qui me persécutent vont trébucher,
et ils ne l'emporteront pas.
Ils seront tout honteux car ils ne réussiront pas.
Leur honte sera éternelle, on ne l'oubliera pas.
12 Toi, Seigneur des armées célestes, tu éprouves le
juste,
tu vois le cœur et le tréfonds de l'être.
Que je voie donc comment tu les rétribueras ;
en effet c'est à toi que j'ai remis ma cause.
13 Chantez à l'Eternel ! Oui, louez l'Eternel
car il sauve le pauvre
de la main des méchants.

14 Maudit soit à jamais le jour où je suis né !
Que ce jour où ma mère m'a fait naître en ce mond
ne soit jamais béni[y] !
15 Maudit soit l'homme qui porta la nouvelle à mon
père, en disant :
« Il t'est né un garçon »
et qui lui a causé une très grande joie.
16 Qu'il devienne semblable aux villes
que l'Eternel a renversées[z] sans regretter sa
décision !

[w] **20.6** Accompli probablement en 597 av. J.-C., lors de l'invasion des Babyloniens, car, peu après cette date (voir 29.2), c'est un dénommé Sophonie qui occupait sa fonction (29.25-26).
[x] **20.8** Autre traduction : *je dénonce la violence...*
[y] **20.14** Pour les v. 14-18, voir Jb 3.1-19.
[z] **20.16** Allusion à la destruction de Sodome et de Gomorrhe, rapporté en Gn 19.23-25.

May he hear wailing in the morning,
a battle cry at noon.
17 For he did not kill me in the womb,
with my mother as my grave,
her womb enlarged forever.

18 Why did I ever come out of the womb
to see trouble and sorrow
and to end my days in shame?

ɔd Rejects Zedekiah's Request

21 [1]The word came to Jeremiah from the LORD
when King Zedekiah sent to him Pashhur son
Malkijah and the priest Zephaniah son of Maaseiah.
ıey said: [2]"Inquire now of the LORD for us because
ebuchadnezzar[c] king of Babylon is attacking us.
ɛrhaps the LORD will perform wonders for us as in
nes past so that he will withdraw from us."
[3]But Jeremiah answered them, "Tell Zedekiah,
This is what the LORD, the God of Israel, says: I am
ɔout to turn against you the weapons of war that
e in your hands, which you are using to fight the
ng of Babylon and the Babylonians[d] who are outside
e wall besieging you. And I will gather them inside
is city. [5]I myself will fight against you with an out-
retched hand and a mighty arm in furious anger
ıd in great wrath. [6]I will strike down those who live
this city – both man and beast – and they will die
a terrible plague. [7]After that, declares the LORD, I
ll give Zedekiah king of Judah, his officials and the
ople in this city who survive the plague, sword and
mine, into the hands of Nebuchadnezzar king of
bylon and to their enemies who want to kill them.
will put them to the sword; he will show them no
ercy or pity or compassion.'

[8]"Furthermore, tell the people, 'This is what the
RD says: See, I am setting before you the way of life
d the way of death. [9]Whoever stays in this city will
e by the sword, famine or plague. But whoever goes
t and surrenders to the Babylonians who are besieg-
g you will live; they will escape with their lives. [10]I
ve determined to do this city harm and not good,
clares the LORD. It will be given into the hands of
e king of Babylon, and he will destroy it with fire.'

[11]"Moreover, say to the royal house of Judah, 'Hear
e word of the LORD. [12]This is what the LORD says to
u, house of David:
" 'Administer justice every morning;
rescue from the hand of the oppressor
the one who has been robbed,
or my wrath will break out and burn like fire
because of the evil you have done –

ɪ:2 Hebrew *Nebuchadrezzar,* of which *Nebuchadnezzar* is a variant;
e and often in Jeremiah and Ezekiel
ɪ:4 Or *Chaldeans;* also in verse 9

Que, dès le point du jour, il entende des cris,
et des clameurs à l'heure de midi.
17 Car il ne m'a pas fait mourir dans le sein de ma
mère,
qui serait devenue ma tombe
de sorte qu'à jamais elle m'aurait gardé en elle !
18 A quoi bon être sorti de son sein
si c'est pour faire l'expérience de la souffrance, de
l'affliction,
pour consumer ma vie dans le mépris ?

Sur les rois de Juda

Mauvaise nouvelle

21 [1]Voici ce que l'Eternel dit à Jérémie quand le
roi Sédécias[a] envoya vers lui Pashhour, fils de
Malkiya, et le prêtre Sophonie, fils de Maaséya[b], pour
lui dire : [2]Veuille consulter l'Eternel pour nous, car
Nabuchodonosor[c], roi de Babylone, nous attaque. Peut-
être l'Eternel fera-t-il encore pour nous un de ses grands
prodiges, pour le faire partir.
[3]Mais Jérémie leur répondit : Vous direz à Sédécias :
[4]Voici ce que déclare l'Eternel, le Dieu d'Israël : Les combattants qui luttent avec leurs armes à l'extérieur contre
le roi de Babylone et contre les Chaldéens qui vous assiègent, je vais les faire se replier à l'intérieur de cette ville.
[5]Et moi-même, je combattrai contre vous, en déployant
ma puissance, avec colère, avec fureur, et une grande
indignation.
[6]Je frapperai tout ce qui habite dans cette ville, les hommes aussi bien que les bêtes, d'une terrible peste dont ils
mourront. [7]Après cela – l'Eternel le déclare – je livrerai
Sédécias, roi de Juda, ses fonctionnaires et la population de cette ville qui aura survécu à la peste, à l'épée
et à la famine, je les livrerai à Nabuchodonosor, roi de
Babylone, à leurs ennemis et à ceux qui en veulent à leur
vie. Nabuchodonosor les fera massacrer par l'épée ; il ne
les épargnera pas, il sera sans pitié pour eux et n'aura
aucune compassion.
[8]Puis, tu diras à ce peuple : Voici ce que déclare l'Eternel : Je vous donne le choix entre le chemin de la vie et
celui de la mort. [9]Celui qui restera dans cette ville mourra
par l'épée, par la famine ou par la peste. Mais celui qui en
sortira pour se rendre aux Chaldéens qui vous assiègent
aura la vie sauve ; il aura au moins gagné cela. [10]En effet,
l'Eternel le déclare, je me tourne contre cette ville, pour
lui faire du mal et non du bien : elle sera livrée au roi de
Babylone qui y mettra le feu.

Au roi de Juda

[11]Et voici ce que tu diras à la maison du roi de Juda :
12 Ecoutez la parole de l'Eternel,
dynastie de David !
Voici ce que déclare l'Eternel :
Rendez donc la justice dès le matin, selon le droit,
délivrez l'opprimé de l'oppresseur,
car sinon ma colère éclatera tout comme un feu
et elle brûlera sans qu'on puisse l'éteindre,

[a] 21.1 Troisième fils de Josias, et dernier roi de Juda qui régna à Jérusalem de 597 à 587 av. J.-C. (voir 2 R 24.17 à 25.7).
[b] 21.1 Ce *Pashhour* n'est pas à confondre avec Pashhour, fils d'Immer (20.1-6). Ce *Sophonie* n'est pas le prophète Sophonie.
[c] 21.2 Roi de Babylone, de 605 à 562 av. J.-C.

burn with no one to quench it.
[13] I am against you, Jerusalem,
you who live above this valley
on the rocky plateau, declares the LORD –
you who say, "Who can come against us?
Who can enter our refuge?"
[14] I will punish you as your deeds deserve,
declares the LORD.
I will kindle a fire in your forests
that will consume everything around you.'"

Judgment Against Wicked Kings

22 [1] This is what the LORD says: "Go down to the
palace of the king of Judah and proclaim this
message there: [2] 'Hear the word of the LORD to you, king
of Judah, you who sit on David's throne – you, your
officials and your people who come through these
gates. [3] This is what the LORD says: Do what is just and
right. Rescue from the hand of the oppressor the one
who has been robbed. Do no wrong or violence to the
foreigner, the fatherless or the widow, and do not shed
innocent blood in this place. [4] For if you are careful
to carry out these commands, then kings who sit on
David's throne will come through the gates of this
palace, riding in chariots and on horses, accompanied
by their officials and their people. [5] But if you do not
obey these commands, declares the LORD, I swear by
myself that this palace will become a ruin.'"

[6] For this is what the LORD says about the palace of
the king of Judah:
"Though you are like Gilead to me,
like the summit of Lebanon,
I will surely make you like a wasteland,
like towns not inhabited.
[7] I will send destroyers against you,
each man with his weapons,
and they will cut up your fine cedar beams
and throw them into the fire.
[8] "People from many nations will pass by this city
and will ask one another, 'Why has the LORD done
such a thing to this great city?' [9] And the answer will
be: 'Because they have forsaken the covenant of the
LORD their God and have worshiped and served other
gods.'"

[10] Do not weep for the dead king or mourn his
loss;
rather, weep bitterly for him who is exiled,

à cause de vos actes qui sont mauvais.
[13] Je vais m'en prendre à toi,
palais du roi[d]
– l'Eternel le déclare –
toi qui t'es installé au rocher du plateau qui domin
la plaine !
J'en veux à vous qui dites : « Qui nous attaquera ?
Qui pourra pénétrer jusque dans nos bastions ? »
[14] Moi, j'interviendrai contre vous
selon ce qu'ont produit vos actes,
l'Eternel le déclare.
Je mettrai le feu à ta forêt[e],
et il consumera tout ce qui se trouve autour d'elle.

La dernière chance

22 [1] L'Eternel me dit : Rends-toi au palais du roi
Juda, et là tu prononceras ces paroles : [2] Ecou
ce que dit l'Eternel, roi de Juda, toi qui sièges sur le trô
de David ! Ecoutez, toi, tes fonctionnaires et ton peup
qui passez par ces portes.
[3] Voici ce que dit l'Eternel : Exercez le droit et la justic
délivrez celui que l'on exploite de l'oppresseur ! Ne ma
traitez pas l'étranger, l'orphelin et la veuve ; ne commett
pas de violences envers eux ; ne tuez pas des innocen
dans ce lieu.
[4] Car, si vous agissez vraiment selon ce que je vous d
alors, des rois siégeant sur le trône de David continuero
à passer par les portes de ce palais, montés sur des cha
et des chevaux, avec leurs fonctionnaires et leurs sujet
[5] Mais si vous ne tenez pas compte de ces paroles, je
jure par moi-même – l'Eternel le déclare – ce palais ne se
plus que ruines.
[6] Car voici ce que déclare l'Eternel concernant le pala
du roi de Juda :
Bien que tu sois pour moi semblable à Galaad,
aux cimes du Liban[f],
oui, je l'affirme, je ferai de toi un désert,
une cité inhabitée :
[7] je vais faire appel contre toi à des démolisseurs
armés de leurs outils ;
ils abattront tes plus beaux cèdres
et ils les jetteront au feu.
[8] Des gens de nombreux peuples passeront près de cet
ville et se demanderont les uns aux autres : « Pourqu
donc l'Eternel a-t-il traité ainsi cette grande cité ? » [9]
l'on répondra : « C'est parce qu'ils ont abandonné l'allian
conclue avec eux par l'Eternel leur Dieu, que, devant d'a
tres dieux, ils se sont prosternés et qu'ils leur ont ren
un culte. »

Sur Shalloum (Yoahaz)

[10] Ne pleurez pas sur le roi qui est mort[g],
ne vous lamentez pas sur lui !
Pleurez, pleurez plutôt sur celui qui s'en va

---

[d] **21.13** *palais du roi:* l'hébreu ne précise pas (voir v. 14 et note). Selon d'autres, il s'agirait de Jérusalem.

[e] **21.14** Allusion probable au palais du roi construit à Jérusalem, appel « palais de la Forêt-du-Liban » à cause de ses colonnades en bois de cè et ses boiseries (voir 1 R 7.2).

[f] **22.6** C'est-à-dire : bien que le palais du roi soit aussi beau, aussi élevé que les montagnes citées, bien qu'il paraisse aussi solide qu'elles, il se dévasté par les envahisseurs (voir 2 R 10.32).

[g] **22.10** Il s'agit du roi *Josias* tué à Meguiddo en 609 av. J.-C. (2 R 23.29, 30 ; 2 Ch 35.24-25).

because he will never return
  nor see his native land again.
For this is what the Lord says about Shallum[e] son of
siah, who succeeded his father as king of Judah but
as gone from this place: "He will never return. 12 He
ill die in the place where they have led him captive;
e will not see this land again."

13 "Woe to him who builds his palace by
    unrighteousness,
  his upper rooms by injustice,
making his own people work for nothing,
  not paying them for their labor.
14 He says, 'I will build myself a great palace
  with spacious upper rooms.'
So he makes large windows in it,
  panels it with cedar
  and decorates it in red.

15 "Does it make you a king
  to have more and more cedar?
Did not your father have food and drink?
  He did what was right and just,
  so all went well with him.
16 He defended the cause of the poor and needy,
  and so all went well.
Is that not what it means to know me?"
  declares the Lord.
17 "But your eyes and your heart
  are set only on dishonest gain,
on shedding innocent blood
  and on oppression and extortion."
Therefore this is what the Lord says about Jehoiakim
n of Josiah king of Judah:
"They will not mourn for him:
  'Alas, my brother! Alas, my sister!'
They will not mourn for him:
  'Alas, my master! Alas, his splendor!'
19 He will have the burial of a donkey –
  dragged away and thrown
  outside the gates of Jerusalem."

20 "Go up to Lebanon and cry out,
  let your voice be heard in Bashan,
cry out from Abarim,
  for all your allies are crushed.
21 I warned you when you felt secure,
  but you said, 'I will not listen!'
This has been your way from your youth;
  you have not obeyed me.
22 The wind will drive all your shepherds away,

2:11 Also called *Jehoahaz*

parce qu'il ne reviendra pas :
il ne reverra plus la terre où il est né[h].
11 Car voici ce que dit l'Eternel au sujet de Shalloum,
fils de Josias, roi de Juda, qui a succédé sur le trône à son
père Josias et qui vient de quitter ce lieu : Il n'y reviendra
plus. 12 Il mourra à l'endroit où on l'a déporté, et ne verra
plus ce pays.

Sur Yehoyaqim

13 Malheur à l'homme qui bâtit sa maison au
    détriment de la justice
et qui ajoute des pièces à l'étage en violant l'équité,
qui fait travailler son prochain pour rien,
sans lui donner ce que vaut son travail[i].
14 Et qui dit en lui-même : Je vais bâtir pour moi un
    palais imposant
avec de larges pièces à l'étage.
J'y ménagerai des fenêtres,
je le lambrisserai avec du bois de cèdre,
je l'enduirai de rouge !
15 Penses-tu qu'exercer la royauté consiste à surpasser
    les autres par les palais de cèdre ?
Souviens-toi de ton père[j] : il a mangé et bu,
mais il a exercé le droit et la justice
et s'en est bien trouvé.
16 Il faisait droit aux pauvres, aux défavorisés,
et s'en est bien trouvé.
C'est par là que quelqu'un montre qu'il me connaît,
l'Eternel le déclare.
17 Mais toi, tu n'as d'yeux, de pensées,
que pour t'assurer des profits
et pour tuer des innocents,
pour opprimer les gens et les traiter avec brutalité.
18 Voilà pourquoi l'Eternel déclare ceci au sujet de
Yehoyaqim, fils de Josias, roi de Juda :
Personne ne le pleurera en disant : « Quel malheur,
    mon frère ! » et « Quel malheur, ma sœur ! »
On ne mènera pas le deuil pour lui en disant :
« Hélas ! mon seigneur ! Hélas sa majesté ! »
19 Il sera enterré comme on enterre un âne,
on traînera son corps et on le jettera à l'extérieur
    des portes de Jérusalem.

Sur Jérusalem

20 Monte au Liban et crie !
Fais retentir ta voix sur les monts du Basan !
Va, pousse des clameurs des plateaux d'Abarim[k],
parce que tes amants[l] sont tous brisés.
21 Je t'avais avertie au temps de ta prospérité
mais tu as déclaré : « Je n'écouterai pas. »
C'est ainsi que tu t'es conduite dès ta prime
    jeunesse :
et tu ne m'as pas écouté !
22 Le vent emportera tes dirigeants,

h **22.10** Il s'agit de *Yoahaz* ou *Shalloum* qui n'a régné que trois mois (609 av. J.-C.). Il a été déporté par le pharaon Néko en Egypte où il est mort (2 R 23.31-34).

i **22.13** Il s'agit de *Yehoyaqim* (609 à 598 av. J.-C. ; voir 2 R 24.1-7 ; 2 Ch 36.5-8). Jérémie le décrit d'abord (v. 13-14), puis l'apostrophe (v. 15-17), puis le nomme (v. 18).

j **22.15** Josias, *père* de Yehoyaqim, roi fidèle à l'Eternel (voir 2 R 22.1 à 23.28).

k **22.20** Région située au nord de Moab.

l **22.20** C'est-à-dire : tes *alliés* (voir 4.30 et note ; 30.14).

and your allies will go into exile.
Then you will be ashamed and disgraced
because of all your wickedness.
23 You who live in 'Lebanon,'[f]
who are nestled in cedar buildings,
how you will groan when pangs come upon
you,
pain like that of a woman in labor!

24 "As surely as I live," declares the LORD, "even if
you, Jehoiachin[g] son of Jehoiakim king of Judah, were
a signet ring on my right hand, I would still pull you
off. 25 I will deliver you into the hands of those who
want to kill you, those you fear – Nebuchadnezzar
king of Babylon and the Babylonians.[h] 26 I will hurl
you and the mother who gave you birth into another
country, where neither of you was born, and there
you both will die. 27 You will never come back to the
land you long to return to."
28 Is this man Jehoiachin a despised, broken pot,
an object no one wants?
Why will he and his children be hurled out,
cast into a land they do not know?

29 O land, land, land,
hear the word of the LORD!
30 This is what the LORD says:
"Record this man as if childless,
a man who will not prosper in his lifetime,
for none of his offspring will prosper,
none will sit on the throne of David
or rule anymore in Judah."

The Righteous Branch

23 1 "Woe to the shepherds who are destroying
and scattering the sheep of my pasture!" declares the LORD. 2 Therefore this is what the LORD, the
God of Israel, says to the shepherds who tend my people: "Because you have scattered my flock and driven
them away and have not bestowed care on them, I
will bestow punishment on you for the evil you have
done," declares the LORD. 3 "I myself will gather the
remnant of my flock out of all the countries where I
have driven them and will bring them back to their
pasture, where they will be fruitful and increase in
number. 4 I will place shepherds over them who will
tend them, and they will no longer be afraid or terrified, nor will any be missing," declares the LORD.
5 "The days are coming," declares the LORD,
"when I will raise up for David[i] a righteous
Branch,
a King who will reign wisely
and do what is just and right in the land.
6 In his days Judah will be saved

f 22:23 That is, the palace in Jerusalem (see 1 Kings 7:2)
g 22:24 Hebrew *Koniah*, a variant of *Jehoiachin*; also in verse 28
h 22:25 Or *Chaldeans*
i 23:5 Or *up from David's line*

et tes amants[m] s'en iront en exil ;
et tu seras, alors, dans la honte et l'ignominie
pour toute ta méchanceté !
23 Toi, qui habites le Liban,
qui as placé ton nid au sein des cèdres,
comme tu vas gémir lorsque tu seras prise de
douleurs, de souffrances
comme une femme en couches[n] !

Message à Konia (Yehoyakîn)

24 Aussi vrai que je vis, déclare l'Eternel, même si Koni
fils de Yehoyaqim, roi de Juda[o], était comme l'anneau à m
main droite, qui sert de sceau, je l'en arracherais. 25 Oui, j
te livrerai à ceux qui veulent te tuer, à ceux devant lesque
tu trembles, à Nabuchodonosor, le roi de Babylone, ain
qu'aux Chaldéens. 26 Et je t'expédierai, toi ainsi que ta mè
qui t'a donné le jour, dans un autre pays, où vous n'ête
pas nés. C'est là que vous mourrez. 27 Quant au pays où i
voudraient tant revenir, ils n'y reviendront pas.

28 Cet homme, Konia, est-il donc un pantin méprisé e
brisé,
un objet de rebut,
pour qu'on les ait jetés, lui et sa descendance,
et expédiés dans un pays qu'ils ne connaissaient
pas ?
29 O pays, pays, oui pays,
écoute la parole que l'Eternel t'adresse !
30 Voici ce que déclare l'Eternel :
« Inscrivez que cet homme sera privé d'enfants
et qu'il ne réussira rien, pendant toute sa vie.
Parmi ses descendants, aucun n'accédera
au trône de David
pour régner sur Juda. »

Les mauvais bergers et le Bon Berger

23 1 Malheur à ces bergers[p] qui perdent et disperse
les brebis de mon pâturage, l'Eternel le déclar
2 C'est pourquoi voici ce que dit l'Eternel, le Dieu d'Isra
au sujet des bergers qui dirigent son peuple : Vous avez di
persé mon troupeau de brebis. Vous les avez chassées, vo
n'avez pas veillé sur elles ! Eh bien, moi, je vous punira
à cause de vos agissements mauvais, l'Eternel le déclar
3 Moi, je rassemblerai ce qui reste de mes brebis dispersé
dans tous les pays où je les ai chassées, je les ramèner
dans leur propre prairie où elles se reproduiront et se mu
tiplieront. 4 J'établirai sur elles des bergers de mon cho
qui les dirigeront. Et elles ne connaîtront plus ni crain
ni terreur, et plus aucune d'elles ne manquera jama
l'Eternel le déclare.
5 Voici venir le temps,
l'Eternel le déclare,
où je vais donner à David un germe juste.
Il régnera avec sagesse
et il exercera le droit et la justice dans le pays.
6 A cette époque-là, Juda sera sauvé,

m 22.22 Voir v. 20 et note.
n 22.23 Voir 21.14 et note.
o 22.24 *Konia:* autre nom du roi Yehoyakîn, fils de Yehoyaqim. Après 3 mois de règne (598 à 597 av. J.-C.), il a été déporté à Babylone par Nabuchodonosor (voir 2 R 24.8-16 ; 2 Ch 36.8-10).
p 23.1 Les *bergers* sont les rois qui viennent d'être mentionnés.
q 23.2 Le prophète joue ici sur les deux sens du même verbe hébreu qui signifie *veiller* et *punir.*

and Israel will live in safety.
This is the name by which he will be called:
The LORD Our Righteous Savior.
'So then, the days are coming," declares the LORD,
when people will no longer say, 'As surely as the LORD
ves, who brought the Israelites up out of Egypt,' [8]but
ney will say, 'As surely as the LORD lives, who brought
ne descendants of Israel up out of the land of the
orth and out of all the countries where he had ban-
hed them.' Then they will live in their own land."

ying Prophets

[9]Concerning the prophets:
My heart is broken within me;
all my bones tremble.
I am like a drunken man,
like a strong man overcome by wine,
because of the LORD
and his holy words.
10 The land is full of adulterers;
because of the curse[j] the land lies parched
and the pastures in the wilderness are
withered.
The prophets follow an evil course
and use their power unjustly.
11 "Both prophet and priest are godless;
even in my temple I find their wickedness,"
declares the LORD.
12 "Therefore their path will become slippery;
they will be banished to darkness
and there they will fall.
I will bring disaster on them
in the year they are punished,"
declares the LORD.
13 "Among the prophets of Samaria
I saw this repulsive thing:
They prophesied by Baal
and led my people Israel astray.
14 And among the prophets of Jerusalem
I have seen something horrible:
They commit adultery and live a lie.
They strengthen the hands of evildoers,
so that not one of them turns from their
wickedness.
They are all like Sodom to me;
the people of Jerusalem are like Gomorrah."

[15]Therefore this is what the LORD Almighty says
oncerning the prophets:
"I will make them eat bitter food

et Israël vivra dans la sécurité.
Voici quel est le nom dont on l'appellera :
« L'Eternel est notre justice[r] ».
[7]C'est pourquoi des jours viennent, l'Eternel le déclare,
où l'on ne dira plus : « L'Eternel est vivant, lui qui a fait
sortir d'Egypte les Israélites[s] », [8]mais l'on dira plutôt :
« L'Eternel est vivant, lui qui a fait sortir et revenir la descendance d'Israël de ce pays du nord et de tous les pays
où il l'aura chassée. » Elle vivra alors dans son pays.

Contre les faux prophètes

Prophètes pervertis

9 Au sujet des prophètes :
mon cœur est tout brisé
et tous mes membres tremblent.
Je suis comme un homme ivre,
oui, comme un homme que le vin a dompté.
C'est à cause de l'Eternel, de ses paroles saintes.

10 Car le pays est rempli d'adultères
et il est dans le deuil. A cause des malédictions[t],
les pâturages de la steppe sont desséchés.
Ces hommes courent pour le mal
et usent de leur force pour l'injustice.

11 Oui, même les prophètes, même les prêtres, sont
pervertis
et, jusque dans mon temple, ils font le mal,
l'Eternel le déclare.
12 C'est pourquoi leur chemin sera pour eux glissant
et obscurci ;
ils y seront poussés et ils y tomberont.
Car je ferai venir un grand malheur sur eux
l'année où je les châtierai,
l'Eternel le déclare.
13 J'ai vu des choses scandaleuses
chez les prophètes de Samarie[u] :
ils ont prophétisé au nom du dieu Baal
et ils ont égaré mon peuple : Israël.
14 Mais parmi les prophètes de Jérusalem,
j'ai vu des abominations !
On commet l'adultère,
on vit dans le mensonge,
on encourage ceux qui font le mal
en sorte qu'ils ne se détournent pas de leur
méchanceté.
Ils sont tous devenus pour moi comme Sodome,
et les habitants de Jérusalem comme ceux de
Gomorrhe.
15 C'est pourquoi, voici ce que dit le Seigneur des
armées célestes au sujet des prophètes :
Voici, je vais leur donner de l'absinthe pour les
nourrir

3:10 Or *because of these things*

r 23.6 Allusion au roi Sédécias (21.1) qui ne faisait guère honneur à son nom qui signifie : *l'Eternel est ma justice.*
s 23.7 Pour les v. 7-8, voir 16.14-15.
t 23.10 *A cause des malédictions:* selon le texte hébreu traditionnel. Quelques manuscrits hébreux, l'ancienne version grecque et la version syriaque ont : *à cause de cela.*
u 23.13 *Samarie,* capitale du royaume du Nord, centre du faux culte, avait subi le châtiment de Dieu par la conquête assyrienne un siècle avant Jérémie. Les prédictions optimistes de ses prophètes n'avaient pas empêché Dieu de la punir.

and drink poisoned water,
because from the prophets of Jerusalem
ungodliness has spread throughout the land."
16 This is what the LORD Almighty says:
"Do not listen to what the prophets are prophesying to you;
they fill you with false hopes.
They speak visions from their own minds,
not from the mouth of the LORD.

17 They keep saying to those who despise me,
'The LORD says: You will have peace.'
And to all who follow the stubbornness of their hearts
they say, 'No harm will come to you.'
18 But which of them has stood in the council of the LORD
to see or to hear his word?
Who has listened and heard his word?
19 See, the storm of the LORD
will burst out in wrath,
a whirlwind swirling down
on the heads of the wicked.
20 The anger of the LORD will not turn back
until he fully accomplishes
the purposes of his heart.
In days to come
you will understand it clearly.
21 I did not send these prophets,
yet they have run with their message;
I did not speak to them,
yet they have prophesied.
22 But if they had stood in my council,
they would have proclaimed my words to my people
and would have turned them from their evil ways
and from their evil deeds.
23 "Am I only a God nearby,"
declares the LORD,
"and not a God far away?
24 Who can hide in secret places
so that I cannot see them?"
declares the LORD.
"Do not I fill heaven and earth?"
declares the LORD.

25 "I have heard what the prophets say who prophesy lies in my name. They say, 'I had a dream! I had a
dream!' 26 How long will this continue in the hearts of
these lying prophets, who prophesy the delusions of
their own minds? 27 They think the dreams they tell
one another will make my people forget my name,
just as their ancestors forgot my name through Baal
worship. 28 Let the prophet who has a dream recount
the dream, but let the one who has my word speak it

et je leur ferai boire des eaux empoisonnées,
car c'est de tes prophètes, Jérusalem,
qu'est venue l'impiété pour se répandre partout dans le pays.
16 Voici ce que déclare le Seigneur des armées célestes :
N'écoutez pas ce que proclament les prophètes
dans leurs discours ;
ils vous bercent sans fin d'illusions mensongères
car ce qu'ils vous racontent, ce ne sont que révélations de leur propre invention
et non pas ce qui sort de la bouche de l'Eternel.
17 A ceux qui me méprisent ils disent :
« L'Eternel a parlé,
vous connaîtrez la paix. »
Et à tous ceux qui suivent les penchants de leur cœur obstiné,
ils disent : « Le malheur ne vous atteindra pas ! »
18 Mais qui a assisté au conseil que tient l'Eternel ?
Oui, qui a vu, qui a entendu sa parole ?
Qui donc a prêté attention à sa parole ?
Qui donc l'a entendue ?
19 Voici que la tempête de l'Eternel se lève,
sa fureur se déchaîne,
l'orage tourbillonne,
il s'abat sur la tête de ceux qui font le mal[v].
20 La colère de l'Eternel ne se calmera pas
avant qu'il ait agi et qu'il ait accompli
les desseins de son cœur.
Dans les jours à venir, vous vous en rendrez compt
21 Je n'ai pas mandaté tous ces prophètes-là,
et cependant, ils courent !
Et je ne leur ai pas adressé la parole.
Pourtant, ils prophétisent !
22 S'ils avaient assisté à mon conseil,
ils auraient annoncé ma parole à mon peuple.
Ils le feraient se détourner de ses mauvais comportements
et de ses mauvais actes.
23 Ne suis-je donc qu'un Dieu de près,
demande l'Eternel,
ne suis-je pas aussi un Dieu de loin ?
24 Quelqu'un, dit l'Eternel, pourrait-il se cacher dans un endroit secret
sans que moi, je le voie ?
Ne suis-je pas celui qui remplit ciel et terre ?
demande l'Eternel.

Inventions mensongères

25 J'ai entendu les discours des prophètes qui prophéti
ent le mensonge en mon nom, en disant : « Voici, j'ai re
un songe ! J'ai reçu un songe ! » 26 Combien de temps enco
auront-ils donc en tête, de prophétiser le mensonge, c
prophètes qui proclament leurs inventions trompeuses
27 Veulent-ils, par les songes qu'ils se racontent mutuell
ment, me faire oublier par mon peuple tout comme leu
ancêtres m'ont oublié pour Baal ? 28 Si un prophète a fa
un songe, qu'il raconte ce songe. Et celui qui a une parc
de ma part, qu'il communique ma parole selon la vérit

v 23.19 Pour les v. 19-20, voir 30.23-24.

ıithfully. For what has straw to do with grain?" de-
'ares the LORD. 29 "Is not my word like fire," declares
ıe LORD, "and like a hammer that breaks a rock in
ieces?
30 "Therefore," declares the LORD, "I am against the
rophets who steal from one another words sup-
osedly from me. 31 Yes," declares the LORD, "I am
gainst the prophets who wag their own tongues
ıd yet declare, 'The LORD declares.' 32 Indeed, I am
gainst those who prophesy false dreams," declares
ıe LORD. "They tell them and lead my people astray
ith their reckless lies, yet I did not send or appoint
ıem. They do not benefit these people in the least,"
eclares the LORD.

alse Prophecy

33 "When these people, or a prophet or a priest, ask
ɔu, 'What is the message from the LORD?' say to them,
Vhat message? I will forsake you, declares the LORD.'
If a prophet or a priest or anyone else claims, 'This is
message from the LORD,' I will punish them and their
ousehold. 35 This is what each of you keeps saying to
ɔur friends and other Israelites: 'What is the LORD's
nswer?' or 'What has the LORD spoken?' 36 But you
ıust not mention 'a message from the LORD' again,
ecause each one's word becomes their own message.
ɔ you distort the words of the living God, the LORD
lmighty, our God. 37 This is what you keep saying to
prophet: 'What is the LORD's answer to you?' or 'What
as the LORD spoken?' 38 Although you claim, 'This is
message from the LORD,' this is what the LORD says:
ɔu used the words, 'This is a message from the LORD,'
ven though I told you that you must not claim, 'This
a message from the LORD.' 39 Therefore, I will surely
rget you and cast you out of my presence along with
ıe city I gave to you and your ancestors. 40 I will bring
n you everlasting disgrace – everlasting shame that
ill not be forgotten."

wo Baskets of Figs

24 1 After Jehoiachin[k] son of Jehoiakim king of
Judah and the officials, the skilled workers
ıd the artisans of Judah were carried into exile
om Jerusalem to Babylon by Nebuchadnezzar king
f Babylon, the LORD showed me two baskets of figs
laced in front of the temple of the LORD. 2 One basket
ad very good figs, like those that ripen early; the
her basket had very bad figs, so bad they could not
e eaten.
3 Then the LORD asked me, "What do you see,
remiah?"

24:1 Hebrew *Jeconiah*, a variant of *Jehoiachin*

Que vient faire la paille au milieu du froment ? demande
l'Eternel. 29 Ma parole n'est-elle pas pareille au feu ? demande l'Eternel. N'est-elle pas comme un marteau qui
brise le roc ?
30 Aussi, déclare l'Eternel, je vais m'en prendre à ces
prophètes qui, mutuellement, se volent mes paroles. 31 Je
vais m'en prendre à ces prophètes, déclare l'Eternel, qui
agitent leur langue pour prononcer un oracle. 32 Je vais
m'en prendre, déclare l'Eternel, à ces prophètes qui ont
des songes mensongers, qui les racontent pour égarer mon
peuple par leurs mensonges et par leurs balivernes. Car
moi, je ne les ai pas mandatés, je ne leur ai pas donné d'ordre, ils ne sont, pour ce peuple, d'aucune utilité, l'Eternel
le déclare.

Qui est le fardeau ?

33 Et si quelqu'un du peuple, ou un prophète ou bien un
prêtre, te pose la question : « Quel est donc le message
dont l'Eternel te charge[w] ? » tu leur diras ceci : La charge ?
C'est vous-même ! Je vais m'en délester, l'Eternel le déclare. 34 Et si un prophète ou un prêtre, ou si quelqu'un
du peuple déclare : « Voici le message dont l'Eternel me
charge », je punirai cet homme ainsi que sa famille. 35 Vous
demanderez ainsi les uns aux autres : « Qu'a donc répondu
l'Eternel ? » ou « Qu'a déclaré l'Eternel ? » 36 Mais vous ne
direz plus : « Voici l'oracle dont l'Eternel me charge », sinon
cette parole deviendra une charge pour celui qui la dit,
car vous avez tordu les paroles du Dieu vivant, de notre
Dieu, le Seigneur des armées célestes. 37 Tu demanderas
au prophète : « Que t'a répondu l'Eternel ? » ou : « Qu'a
déclaré l'Eternel ? » 38 Mais si vous dites : « Voici l'oracle
dont l'Eternel me charge », alors voici ce que déclare l'Eternel : Puisque c'est là ce que vous dites : « Voici l'oracle dont
l'Eternel me charge », alors que je vous ai fait dire : « Ne
parlez pas ainsi ! », 39 à cause de cela, je vais vous oublier
totalement[x] et vous rejeter loin de moi, vous et la ville
que je vous ai donnée, à vous et à vos ancêtres ; 40 je vous
couvrirai d'un opprobre éternel, d'une honte éternelle
qu'on n'oubliera jamais.

Conclusions

Les bonnes et les mauvaises figues

24 1 Après que Nabuchodonosor, roi de Babylone,
eut déporté de Jérusalem et emmené à Babylone
Yekonia[y], fils de Yehoyaqim, roi de Juda, les chefs de Juda,
les artisans et les forgerons, l'Eternel me donna une vision : deux paniers de figues étaient posés devant le temple
de l'Eternel.
2 L'un de ces paniers contenait d'excellentes figues, comme le sont celles de la première récolte[z] ; l'autre, des figues
très mauvaises, si mauvaises qu'on ne pouvait les manger.
3 Et l'Eternel me demanda : Que vois-tu, Jérémie ?

w **23.33** Nous essayons ici et dans la suite de rendre le jeu de mots de l'hébreu qui utilise un même terme signifiant tantôt *message*, tantôt *charge*.

x **23.39** Selon le texte hébreu traditionnel. Quelques manuscrits hébreux, l'ancienne version grecque, la version syriaque et la Vulgate ont : *je vais vous charger sur mes épaules comme un chargement*.

y **24.1** Sur *Yekonia*, appelé Konia en 22.24 et Yehoyakîn ailleurs, voir 22.24 et note ; 2 R 24.8-16 ; 2 Ch 36.8-10.

z **24.2** Les figues de la première récolte, mûres en juin, sont les meilleures (voir Es 28.4). Les figues d'été mûrissant en août sont sèches (voir Os 9.10 ; Mi 7.1).

"Figs," I answered. "The good ones are very good, but the bad ones are so bad they cannot be eaten."

4 Then the word of the LORD came to me: 5 "This is what the LORD, the God of Israel, says: 'Like these good figs, I regard as good the exiles from Judah, whom I sent away from this place to the land of the Babylonians.[l] 6 My eyes will watch over them for their good, and I will bring them back to this land. I will build them up and not tear them down; I will plant them and not uproot them. 7 I will give them a heart to know me, that I am the LORD. They will be my people, and I will be their God, for they will return to me with all their heart.

8 " 'But like the bad figs, which are so bad they cannot be eaten,' says the LORD, 'so will I deal with Zedekiah king of Judah, his officials and the survivors from Jerusalem, whether they remain in this land or live in Egypt. 9 I will make them abhorrent and an offense to all the kingdoms of the earth, a reproach and a byword, a curse[m] and an object of ridicule, wherever I banish them. 10 I will send the sword, famine and plague against them until they are destroyed from the land I gave to them and their ancestors.' "

Seventy Years of Captivity

25 1 The word came to Jeremiah concerning all the people of Judah in the fourth year of Jehoiakim son of Josiah king of Judah, which was the first year of Nebuchadnezzar king of Babylon. 2 So Jeremiah the prophet said to all the people of Judah and to all those living in Jerusalem: 3 For twenty-three years – from the thirteenth year of Josiah son of Amon king of Judah until this very day – the word of the LORD has come to me and I have spoken to you again and again, but you have not listened.

4 And though the LORD has sent all his servants the prophets to you again and again, you have not listened or paid any attention. 5 They said, "Turn now, each of you, from your evil ways and your evil practices, and you can stay in the land the LORD gave to you and your ancestors for ever and ever. 6 Do not follow other gods to serve and worship them; do not arouse my anger with what your hands have made. Then I will not harm you."

7 "But you did not listen to me," declares the LORD, "and you have aroused my anger with what your hands have made, and you have brought harm to yourselves."

8 Therefore the LORD Almighty says this: "Because you have not listened to my words, 9 I will summon all the peoples of the north and my servant Nebuchadnezzar king of Babylon," declares the LORD, "and I will bring them against this land and its inhabitants and against all the surrounding nations.

[l] **24:5** Or *Chaldeans*
[m] **24:9** That is, their names will be used in cursing (see 29:22); or, others will see that they are cursed.

Je répondis : Des figues : les unes sont excellentes ; les au tres, très mauvaises, si mauvaises qu'on ne peut les mange

4 Alors l'Eternel m'adressa la parole en ces termes : 5 Voi ce que déclare l'Eternel, le Dieu d'Israël : Je considère le exilés de Juda que j'ai déportés de ce lieu-ci au pays de Chaldéens comme ces bonnes figues, pour leur faire d bien.

6 Oui, je veillerai sur eux pour leur bien et je les ramène rai dans ce pays-ci où je les reconstruirai pour ne plus le détruire, où je les replanterai pour ne plus les arracher

7 Je disposerai leur cœur à me connaître et à savoir qu je suis l'Eternel. Alors ils seront mon peuple, et moi, j serai leur Dieu ; car ils reviendront à moi de tout leur cœu

8 Mais, déclare l'Eternel, je traiterai Sédécias, roi de Juda ses hauts dignitaires et ceux qui subsistent de Jérusalem ceux qui restent dans ce pays et ceux qui se sont réfugié en Egypte, comme de mauvaises figues, qui sont si mau vaises qu'elles ne sont plus mangeables.

9 Je ferai d'eux un objet d'horreur et de malheur[b] dan tous les royaumes de la terre. Partout où je les dispersera on les couvrira d'opprobre, ils seront la fable et la risé des gens, et un objet de malédiction.

10 Je déchaînerai contre eux l'épée, la famine et la pest jusqu'à ce qu'ils aient complètement disparu du pays qu je leur ai donné, à leurs ancêtres puis à eux.

Où mène le refus d'obéir

25 1 Voici le message qui fut adressé à Jérémie au suje de tout le peuple de Juda, la quatrième année d Yehoyaqim, fils de Josias, roi de Juda, ce qui correspon à la première année du règne de Nabuchodonosor, roi d Babylone[c]. 2 Jérémie, le prophète, s'adressa à tout le peupl de Juda et à tous les habitants de Jérusalem en ces termes

3 Depuis la treizième année de Josias, fils d'Amôn, roi d Juda, jusqu'à ce jour, cela fait vingt-trois ans que la parol de l'Eternel m'est adressée et que je vous la transmets, san me lasser, mais vous ne m'avez pas écouté. 4 L'Eternel vou a envoyé, sans se lasser, tous ses serviteurs les prophètes mais vous n'avez ni écouté ni prêté attention à leur me sage. 5 Ils vous disaient : « Que chacun de vous abandonn sa mauvaise conduite et ses actes mauvais ! Alors vou demeurerez dans le pays que l'Eternel vous a donné, vos ancêtres et à vous, depuis toujours et pour toujour 6 Ne courez pas après d'autres dieux pour leur rendre u culte et vous prosterner devant eux, et ne m'irritez pa par des idoles de votre fabrication ; alors je ne vous fer pas de mal. » 7 Mais vous ne m'avez pas écouté, déclar l'Eternel, et vous m'avez irrité par les idoles que vous vou êtes fabriquées, pour votre propre malheur.

8 C'est pourquoi, voici ce que déclare le Seigneur de armées célestes : Puisque vous n'avez pas écouté mes pa roles, 9 je vais envoyer chercher toutes les peuplades d nord – l'Eternel le déclare – et Nabuchodonosor, roi d Babylone, qui sera mon serviteur. Je les ferai venir contr ce pays et contre ses habitants, et contre tous les peu

[a] **24.6** *Reconstruirai ... détruire ... replanterai ... arracher:* voir 1.10; comparer 31.28 ; 42.10 ; 45.4.
[b] **24.9** *et de malheur.* Autre traduction : *et on citera leur nom dans les formul d'imprécations.*
[c] **25.1** En 605 av. J.-C., l'année où Nabuchodonosor vainquit les Egyptien à Karkemish, vint à Jérusalem et imposa un tribut au roi Yehoyaqim (voir Dn 1.1-2).

will completely destroy[n] them and make them an
bject of horror and scorn, and an everlasting ruin.
'I will banish from them the sounds of joy and glad-
ess, the voices of bride and bridegroom, the sound
f millstones and the light of the lamp. 11This whole
ountry will become a desolate wasteland, and these
ations will serve the king of Babylon seventy years.
12"But when the seventy years are fulfilled, I will
unish the king of Babylon and his nation, the land
f the Babylonians,[o] for their guilt," declares the
ORD, "and will make it desolate forever. 13I will bring
n that land all the things I have spoken against it,
ll that are written in this book and prophesied by
remiah against all the nations. 14They themselves
vill be enslaved by many nations and great kings;
will repay them according to their deeds and the
vork of their hands."

he Cup of God's Wrath

15This is what the LORD, the God of Israel, said to me:
Take from my hand this cup filled with the wine of
y wrath and make all the nations to whom I send
ou drink it. 16When they drink it, they will stagger
nd go mad because of the sword I will send among
em." 17So I took the cup from the LORD's hand and
ade all the nations to whom he sent me drink it:
18Jerusalem and the towns of Judah, its kings and
fficials, to make them a ruin and an object of horror
nd scorn, a curse[p] – as they are today;
19Pharaoh king of Egypt, his attendants, his officials
nd all his people, 20and all the foreign people there;
all the kings of Uz;
all the kings of the Philistines (those of Ashkelon,
aza, Ekron, and the people left at Ashdod);
21Edom, Moab and Ammon;
22all the kings of Tyre and Sidon;
the kings of the coastlands across the sea;
23Dedan, Tema, Buz and all who are in distant
laces[q];
24all the kings of Arabia and all the kings of the
oreign people who live in the wilderness;
25all the kings of Zimri, Elam and Media;
26and all the kings of the north, near and far, one
fter the other – all the kingdoms on the face of the
arth.
And after all of them, the king of Sheshak[r] will
rink it too.

25:9 The Hebrew term refers to the irrevocable giving over of
ings or persons to the LORD, often by totally destroying them.
25:12 Or *Chaldeans*
25:18 That is, their names to be used in cursing (see 29:22); or, to
e seen by others as cursed
25:23 Or *who clip the hair by their foreheads*
25:26 *Sheshak* is a cryptogram for Babylon.

ples qui l'entourent. Je les vouerai à l'extermination, je
les dévasterai, j'en ferai pour toujours des ruines et l'on
sifflera d'horreur à leur sujet. 10Je ferai disparaître de chez
eux tous les cris de réjouissance et d'allégresse, la voix du
marié et de la mariée, le bruit de la meule et la lumière de
la lampe. 11Le pays tout entier ne sera plus que ruines et
terre dévastée. L'ensemble de ces peuples seront assujettis au roi de Babylone pendant soixante-dix ans. 12Et au
bout de ces soixante-dix ans, je demanderai compte de
leur crime au roi de Babylone et à son peuple – l'Eternel
le déclare – je sévirai contre le pays des Chaldéens et je le
réduirai en désert pour toujours.
13J'accomplirai contre ce pays toutes les menaces que j'ai
proférées contre lui et tout ce qui est écrit dans ce livre, ce
que Jérémie a prophétisé au sujet de ces divers peuples[d].
14Car les Chaldéens eux-mêmes seront assujettis par des
peuples nombreux et des rois puissants et je leur rendrai
ce que leur auront valu leurs actes et leurs agissements.

La coupe de colère pour tous les peuples

15Car voici ce que m'a déclaré l'Eternel, le Dieu d'Israël :
Prends de ma main cette coupe du vin de la colère et donne-la à boire à tous les peuples vers lesquels je t'envoie.
16Ils boiront, ils tituberont et seront comme fous devant
l'épée que je vais envoyer contre eux.
17Alors je pris la coupe de la main de l'Eternel et je fis
boire tous les peuples vers lesquels l'Eternel m'avait envoyé. 18Je fis boire Jérusalem, les villes de Juda, ses rois
et ses hauts dignitaires, pour en faire une ruine et une
terre dévastée, un objet de sifflements horrifiés et de
malédiction[e], comme ils le sont à ce jour. 19Je la fis boire
au pharaon, le roi d'Egypte, et à ses fonctionnaires, à ses
hauts dignitaires et à tout son peuple, 20à tout le ramassis
de peuples vivant dans leur pays[f], à tous les rois du pays
d'Outs, à tous les rois des Philistins, à Ashkelôn, Gaza,
Eqrôn et à ce qui reste d'Ashdod[g], 21à Edom, à Moab ainsi
qu'aux Ammonites ; 22à tous les rois de Tyr, à tous ceux de
Sidon ainsi qu'aux rois des îles et des régions côtières au-
delà de la mer, 23à Dedân, à Téma, à Bouz et à tous ceux qui
se rasent le haut des joues ; 24à tous les rois de l'Arabie, à
tous les rois des peuples habitant le désert ; 25à tous les rois
des Cimmériens, à tous les rois d'Elam, et à tous les rois de
Médie[h] ; 26à tous les rois du nord, rapprochés ou lointains,
l'un après l'autre ; à tous les royaumes du monde répartis
sur la terre. Et le roi de Shéshak[i] boira après eux tous.

d 25.13 C'est ici que l'ancienne version grecque insère les chapitres 46 à 51.

e 25.18 *et de malédiction.* Autre traduction : *cité dans les formules d'imprécations.*

f 25.20 L'Egypte a, de tout temps, reçu et cherché à assimiler des étrangers (voir Ex 12.38). Peu avant Jérémie, Psammétique avait enrôlé des Ioniens et des Cariens dans son armée.

g 25.20 Ashdod avait été considérablement réduite après le siège de 29 ans que lui avait imposé le pharaon Psammétique, le père du pharaon Néko.

h 25.25 Les *Cimmériens:* peuple venant des monts d'Arménie. Selon d'autres, il s'agirait *des rois de Zimri,* région non identifiée. L'*Elam* et la *Médie* se trouvent au nord-est de la Babylonie.

i 25.26 *Shéshak* désigne Babylone, selon un procédé de codage qui consiste à remplacer la première lettre de l'alphabet par la dernière, la deuxième par l'avant-dernière, etc. (voir Jr 51.1).

27 “Then tell them, ‘This is what the LORD Almighty,
the God of Israel, says: Drink, get drunk and vomit,
and fall to rise no more because of the sword I will
send among you.’ 28 But if they refuse to take the cup
from your hand and drink, tell them, ‘This is what
the LORD Almighty says: You must drink it! 29 See, I am
beginning to bring disaster on the city that bears my
Name, and will you indeed go unpunished? You will
not go unpunished, for I am calling down a sword on
all who live on the earth, declares the LORD Almighty.’

30 “Now prophesy all these words against them and
say to them:

“ ‘The LORD will roar from on high;
he will thunder from his holy dwelling
and roar mightily against his land.
He will shout like those who tread the grapes,
shout against all who live on the earth.
31 The tumult will resound to the ends of the
earth,
for the LORD will bring charges against the
nations;
he will bring judgment on all mankind
and put the wicked to the sword,’ ”
declares the LORD.

32 This is what the LORD Almighty says:
“Look! Disaster is spreading
from nation to nation;
a mighty storm is rising
from the ends of the earth.”

33 At that time those slain by the LORD will be everywhere – from one end of the earth to the other. They
will not be mourned or gathered up or buried, but will
be like dung lying on the ground.

34 Weep and wail, you shepherds;
roll in the dust, you leaders of the flock.
For your time to be slaughtered has come;
you will fall like the best of the rams.[s]
35 The shepherds will have nowhere to flee,
the leaders of the flock no place to escape.
36 Hear the cry of the shepherds,
the wailing of the leaders of the flock,
for the LORD is destroying their pasture.
37 The peaceful meadows will be laid waste
because of the fierce anger of the LORD.
38 Like a lion he will leave his lair,
and their land will become desolate
because of the sword[t] of the oppressor
and because of the LORD’s fierce anger.

Jeremiah Threatened With Death

26 1 Early in the reign of Jehoiakim son of Josiah
king of Judah, this word came from the LORD:

[s] 25:34 Septuagint; Hebrew *fall and be shattered like fine pottery*
[t] 25:38 Some Hebrew manuscripts and Septuagint (see also 46:16 and 50:16); most Hebrew manuscripts *anger*

27 Tu leur diras : Voici ce que déclare le Seigneur d
armées célestes, Dieu d’Israël : Buvez, enivrez-vous, vo
issez et tombez sans plus vous relever devant l’épée q
j’envoie parmi vous ! 28 Si jamais ils refusent de prend
de ta main la coupe pour la boire, alors tu leur diras : Vo
ce que déclare le Seigneur des armées célestes : Vous
boirez quand même ! 29 C’est sur la ville qui m’apparti
que je commence à faire venir le malheur, et vous en seri
exemptés ? Non, vous n’en serez pas exemptés ! Car je fa
venir l’épée contre tous les habitants de la terre, l’Etern
le déclare, le Seigneur des armées célestes.

30 Toi, tu leur prophétiseras toutes ces choses et pu
tu leur diras :

L’Eternel rugit de là-haut,
de sa demeure sainte, il donne de la voix,
il pousse des rugissements contre son pâturage,
il crie contre tous les habitants de la terre tout
comme ceux qui foulent le raisin.
31 Le tumulte en parvient aux confins de la terre,
car l’Eternel entre en procès avec les peuples,
et il juge tous les humains,
il livre les méchants au glaive,
l’Eternel le déclare.

32 Voici ce que déclare le Seigneur des armées
célestes :
Un malheur se propage d’un peuple à l’autre ;
des confins de la terre, un terrible ouragan se lève.

33 Ce jour-là, les victimes frappées par l’Eternel jonch
ront le sol, d’un bout du monde à l’autre. Nul ne mène
deuil sur eux, on ne les recueillera pas pour les mettre a
tombeau. Ils deviendront du fumier sur le sol.

34 Lamentez-vous, bergers, poussez des cris !
Roulez-vous sur le sol, vous puissants du troupeau,
car le jour du massacre est arrivé pour vous.
Vous tomberez et vous serez brisés comme on bris
un beau vase.
35 Alors les bergers perdront tout refuge ;
les puissants du troupeau n’auront plus aucun
moyen d’échapper.
36 On entend les clameurs poussées par les bergers,
et les lamentations des puissants du troupeau,
car l’Eternel dévaste leurs pâturages.
37 Sous l’effet de son ardente colère,
les paisibles enclos sont réduits au silence.
38 Il quitte sa retraite comme un jeune lion.
Leur pays sera dévasté
à cause de l’épée[j] des oppresseurs,
et de leur ardente colère.

SALUT POUR ISRAËL ET JUDA

Conflit de Jérémie avec les responsables religieux

Prédication au Temple

26 1 Au commencement du règne de Yehoyaqin
fils de Josias, roi de Juda, l’Eternel m’adressa
parole :

[j] 25.38 *l’épée:* d’après plusieurs manuscrits hébreux, l’ancienne version grecque et Jr 46.16 ; 50.16. La plupart des manuscrits hébreux ont : *la colère.*

This is what the LORD says: Stand in the courtyard
'the LORD's house and speak to all the people of the
wns of Judah who come to worship in the house of
e LORD. Tell them everything I command you; do not
nit a word. 3 Perhaps they will listen and each will
rn from their evil ways. Then I will relent and not
flict on them the disaster I was planning because
'the evil they have done. 4 Say to them, 'This is what
e LORD says: If you do not listen to me and follow
y law, which I have set before you, 5 and if you do
ot listen to the words of my servants the prophets,
hom I have sent to you again and again (though you
ive not listened), 6 then I will make this house like
iiloh and this city a curse[u] among all the nations
the earth.' "

7 The priests, the prophets and all the people heard
remiah speak these words in the house of the LORD.
ut as soon as Jeremiah finished telling all the people
erything the LORD had commanded him to say, the
iests, the prophets and all the people seized him
d said, "You must die! 9 Why do you prophesy in the
RD's name that this house will be like Shiloh and this
ty will be desolate and deserted?" And all the people
owded around Jeremiah in the house of the LORD.
10 When the officials of Judah heard about these
ings, they went up from the royal palace to the
use of the LORD and took their places at the entrance
the New Gate of the LORD's house. 11 Then the priests
d the prophets said to the officials and all the peo-
e, "This man should be sentenced to death because
has prophesied against this city. You have heard
with your own ears!"
12 Then Jeremiah said to all the officials and all the
ople: "The LORD sent me to prophesy against this
ouse and this city all the things you have heard.
Now reform your ways and your actions and obey
e LORD your God. Then the LORD will relent and not
ing the disaster he has pronounced against you.
As for me, I am in your hands; do with me whatever
u think is good and right. 15 Be assured, however,
at if you put me to death, you will bring the guilt
innocent blood on yourselves and on this city and
those who live in it, for in truth the LORD has sent
e to you to speak all these words in your hearing."
16 Then the officials and all the people said to the
iests and the prophets, "This man should not be
ntenced to death! He has spoken to us in the name
the LORD our God."
17 Some of the elders of the land stepped forward
d said to the entire assembly of people, 18 "Micah
Moresheth prophesied in the days of Hezekiah king
Judah. He told all the people of Judah, 'This is what
e LORD Almighty says:

" 'Zion will be plowed like a field,
Jerusalem will become a heap of rubble,
the temple hill a mound overgrown with
thickets.'

6:6 That is, its name will be used in cursing (see 29:22); or, others
ll see that it is cursed.

2 Voici ce que déclare l'Eternel : Tiens-toi dans le parvis du temple de l'Eternel, et proclame aux habitants de toutes les villes de Juda qui viennent se prosterner dans le Temple, tout ce que je t'ordonne de leur dire ; tu n'en retrancheras pas un mot. 3 Peut-être écouteront-ils et renonceront-ils à leur mauvaise conduite ; alors je renoncerai, de mon côté, au malheur que j'ai décidé de leur infliger à cause de leurs mauvaises actions. 4 Tu leur diras : Voici ce que déclare l'Eternel : Si vous ne m'écoutez pas, si vous ne vivez pas selon la Loi que je vous ai donnée, 5 si vous n'écoutez pas les paroles de mes serviteurs les prophètes que je vous envoie sans me lasser, depuis longtemps, sans que vous les écoutiez, 6 alors je traiterai ce temple comme j'ai traité le sanctuaire de Silo[k], et tous les peuples de la terre utiliseront le nom de cette ville dans leurs imprécations.

7 Les prêtres, les prophètes et tout le peuple entendirent Jérémie prononcer ces paroles dans la cour du Temple. 8 A peine eut-il achevé de dire tout ce que l'Eternel lui avait ordonné de dire à tout le peuple, que les prêtres, les prophètes et tout le peuple se saisirent de lui en criant : A mort ! A mort ! 9 Comment oses-tu prophétiser au nom de l'Eternel en disant que ce temple va subir le même sort que le sanctuaire de Silo, et que cette ville sera détruite au point qu'il n'y restera plus d'habitants ?

Et toute la foule s'attroupa autour de Jérémie dans le Temple. 10 Lorsque les ministres de Juda apprirent ce qui se passait, ils montèrent du palais royal au Temple et siégèrent à l'entrée de la « porte Neuve » du Temple[l]. 11 Alors les prêtres et les prophètes dirent aux ministres et à toute la foule : Cet homme mérite d'être condamné à mort, car il a prophétisé contre cette ville, comme vous l'avez entendu de vos propres oreilles.

12 Jérémie dit à tous les ministres et à toute la foule : L'Eternel m'a chargé de prophétiser au sujet de ce temple et de cette ville tout ce que vous m'avez entendu dire. 13 Maintenant, adoptez une conduite bonne et agissez selon ce qui est bien et obéissez à l'Eternel, votre Dieu, alors l'Eternel renoncera au malheur dont il vous a menacés. 14 Quant à moi, je suis en votre pouvoir, faites de moi ce que vous jugerez bon et juste. 15 Mais, sachez bien que si vous me faites mourir, vous vous rendrez responsables, vous, cette ville et ses habitants, du meurtre d'un innocent, car l'Eternel m'a vraiment envoyé vers vous pour vous dire toutes ces choses.

16 Alors les ministres et tout le peuple dirent aux prêtres et aux prophètes : Cet homme ne mérite pas la mort, car c'est au nom de l'Eternel, notre Dieu, qu'il nous a parlé.

17 Quelques responsables du pays se levèrent et dirent à toute la foule qui était rassemblée : 18 Au temps d'Ezéchias, roi de Juda, Michée de Morésheth prophétisait et il a dit ceci à tout le peuple de Juda : Voici ce que déclare le Seigneur des armées célestes :

Sion sera labourée comme un champ,
et Jérusalem deviendra un tas de ruines ;
le mont du Temple sera une colline couverte de
broussailles.

k **26.6** Voir 7.12 et note.
l **26.10** Sans doute pour juger le cas de Jérémie. La porte Neuve est celle qu'avait fait construire le roi Yotam (2 R 15.35) ; elle est mentionnée aussi en 36.10. Elle menait au parvis intérieur.

19 "Did Hezekiah king of Judah or anyone else in Judah put him to death? Did not Hezekiah fear the LORD and seek his favor? And did not the LORD relent, so that he did not bring the disaster he pronounced against them? We are about to bring a terrible disaster on ourselves!"

20 (Now Uriah son of Shemaiah from Kiriath Jearim was another man who prophesied in the name of the LORD; he prophesied the same things against this city and this land as Jeremiah did. 21 When King Jehoiakim and all his officers and officials heard his words, the king was determined to put him to death. But Uriah heard of it and fled in fear to Egypt. 22 King Jehoiakim, however, sent Elnathan son of Akbor to Egypt, along with some other men. 23 They brought Uriah out of Egypt and took him to King Jehoiakim, who had him struck down with a sword and his body thrown into the burial place of the common people.)

24 Furthermore, Ahikam son of Shaphan supported Jeremiah, and so he was not handed over to the people to be put to death.

Judah to Serve Nebuchadnezzar

27 1 Early in the reign of Zedekiah[v] son of Josiah king of Judah, this word came to Jeremiah from the LORD: 2 This is what the LORD said to me: "Make a yoke out of straps and crossbars and put it on your neck. 3 Then send word to the kings of Edom, Moab, Ammon, Tyre and Sidon through the envoys who have come to Jerusalem to Zedekiah king of Judah. 4 Give them a message for their masters and say, 'This is what the LORD Almighty, the God of Israel, says: "Tell this to your masters: 5 With my great power and outstretched arm I made the earth and its people and the animals that are on it, and I give it to anyone I please. 6 Now I will give all your countries into the hands of my servant Nebuchadnezzar king of Babylon; I will make even the wild animals subject to him. 7 All nations will serve him and his son and his grandson until the time for his land comes; then many nations and great kings will subjugate him.

[v] **27:1** A few Hebrew manuscripts and Syriac (see also 27:3,12 and 28:1); most Hebrew manuscripts *Jehoiakim* (Most Septuagint manuscripts do not have this verse.)

19 A-t-il été mis à mort pour cela par Ezéchias, roi
Juda, ou par le peuple de Juda ? Le roi n'a-t-il pas plut
craint l'Eternel ? Il l'a imploré, si bien que l'Eterne
renoncé au malheur dont il les avait menacés. Et nou
nous nous rendrions responsables d'un si grand crime[m]

20 Il y avait encore un autre homme qui prophétisait
nom de l'Eternel : Urie, fils de Shemaya, de Qiryath-Yeari
Lui aussi prophétisa contre cette ville et contre ce pay
dans les mêmes termes que Jérémie. 21 Le roi Yehoyaqi
tous les hommes de sa garde et tous ses ministres ente
dirent ses discours. Et le roi chercha à le faire mour
Urie l'apprit, il eut peur et s'enfuit en Egypte. 22 Mais
roi Yehoyaqim envoya des hommes en Egypte : Elnatha
fils d'Akbor[n], accompagné de quelques autres. 23 Ils r
menèrent Urie d'Egypte et le conduisirent devant le r
Yehoyaqim[o] qui le fit tuer par l'épée et ordonna de jet
son cadavre dans la fosse commune.

24 Quant à Jérémie, il avait l'appui d'Ahiqam, fils
Shaphân[p], qui empêchait qu'il soit livré au peuple po
être mis à mort.

Sous le joug du roi de Babylone

27 1 Au commencement du règne de Sédécias[q], f
de Josias, roi de Juda, l'Eternel adressa le messa
suivant à Jérémie :

2 Voici ce que m'a ordonné l'Eternel : Fais-toi des lanièr
et des barres de bois pour constituer un joug, et mets-l
sur ta nuque. 3 Puis envoie un message[r] au roi d'Edom,
roi de Moab, au roi des Ammonites, au roi de Tyr et
roi de Sidon par l'intermédiaire des ambassadeurs ven
rendre visite à Sédécias, roi de Juda, à Jérusalem[s].

4 Tu leur communiqueras mes ordres à l'intention de le
souverain en ces termes : Voici ce que déclare le Seigne
des armées célestes, le Dieu d'Israël, voici ce que vous dir
à votre souverain : 5 C'est moi qui ai fait la terre ainsi q
les hommes et les bêtes qui s'y trouvent, avec ma gran
force et la puissance que j'ai déployée. Aussi, je la confi
qui il me semble juste.

6 A présent, je livre tous ces pays à Nabuchodonos
roi de Babylone, mon serviteur ; je lui ai même livré l
animaux sauvages pour qu'ils lui soient assujettis. 7 To
ces peuples lui seront assujettis, ainsi qu'à son fils, e
son petit-fils[t] après lui, jusqu'à ce que vienne l'heure po

[m] **26.19** Autre traduction : *nous nous attirerions un terrible malheur.*

[n] **26.22** *Elnathan:* l'un des ministres du roi Yehoyaqim (36.12). Il interviendra auprès du roi en faveur de Jérémie (36.14-26) et demanda au prophète de se cacher (36.19).

[o] **26.23** Cet épisode se place sans doute au début du règne de Yehoyaqi au temps où il était encore vassal du pharaon Néko (2 Ch 36.4) et où il pouvait donc lui demander l'extradition du prophète.

[p] **26.24** Il s'agit probablement du Shaphân qui fut le secrétaire royal (v 2 R 22.12-14). *Ahiqam* aura comme fils *Guedalia,* gouverneur de Juda apr la chute de Jérusalem (40.7). *Guemaria,* un défenseur de Jérémie (36.12, est sans doute aussi son fils.

[q] **27.1** *Sédécias:* d'après quelques manuscrits hébreux, la version syriaq et Jr 27.3, 12, 20 ; 28.1. Le texte hébreu traditionnel a : *Yehoyaqim.* Sur Sédécias (597 à 587 av. J.-C.), voir 2 R 24.18 à 25.7 ; 2 Ch 36.11-13.

[r] **27.3** *envoie un message:* d'après l'ancienne version grecque. Texte héb traditionnel : *envoie-les.*

[s] **27.3** Ces ambassadeurs étaient sans doute venus à Jérusalem pour tramer un complot de révolte contre Nabuchodonosor.

[t] **27.7** C'est-à-dire *Evil-Merodak* (562 à 560 av. J.-C.), fils de Nabuchodonosor, et *Balthazar,* qui était peut-être le petit-fils de Nabuchodonosor, et qui exerça le pouvoir à la place de son père Nabonide pendant les dix dernières années du règne de celui-ci (voir Dn 5.1 et note).

8"'"If, however, any nation or kingdom will not
rve Nebuchadnezzar king of Babylon or bow its
ck under his yoke, I will punish that nation with
e sword, famine and plague, declares the LORD, un-
I destroy it by his hand. 9So do not listen to your
ophets, your diviners, your interpreters of dreams,
ur mediums or your sorcerers who tell you, 'You
ll not serve the king of Babylon.' 10They prophesy
s to you that will only serve to remove you far from
ur lands; I will banish you and you will perish. 11But
any nation will bow its neck under the yoke of the
ng of Babylon and serve him, I will let that nation
main in its own land to till it and to live there, de-
ares the LORD."'"

12I gave the same message to Zedekiah king of
dah. I said, "Bow your neck under the yoke of the
ng of Babylon; serve him and his people, and you
ll live. 13Why will you and your people die by the
ord, famine and plague with which the LORD has
reatened any nation that will not serve the king of
bylon? 14Do not listen to the words of the proph-
s who say to you, 'You will not serve the king of
bylon,' for they are prophesying lies to you. 15'I have
t sent them,' declares the LORD. 'They are prophe-
ing lies in my name. Therefore, I will banish you
d you will perish, both you and the prophets who
ophesy to you.'"

16Then I said to the priests and all these people,
his is what the LORD says: Do not listen to the
ophets who say, 'Very soon now the articles from
e LORD's house will be brought back from Babylon.'
ey are prophesying lies to you. 17Do not listen to
em. Serve the king of Babylon, and you will live.
hy should this city become a ruin? 18If they are
ophets and have the word of the LORD, let them plead
th the LORD Almighty that the articles remaining in
e house of the LORD and in the palace of the king of
dah and in Jerusalem not be taken to Babylon. 19For
is is what the LORD Almighty says about the pillars,
e bronze Sea, the movable stands and the other arti-
s that are left in this city, 20which Nebuchadnezzar
ng of Babylon did not take away when he carried
hoiachin[w] son of Jehoiakim king of Judah into exile
om Jerusalem to Babylon, along with all the nobles
Judah and Jerusalem – 21yes, this is what the LORD
mighty, the God of Israel, says about the things that
e left in the house of the LORD and in the palace of
e king of Judah and in Jerusalem: 22'They will be
ken to Babylon and there they will remain until
e day I come for them,' declares the LORD. 'Then I
ll bring them back and restore them to this place.'"

e False Prophet Hananiah

28 1In the fifth month of that same year, the
fourth year, early in the reign of Zedekiah
ng of Judah, the prophet Hananiah son of Azzur,
o was from Gibeon, said to me in the house of the

7:20 Hebrew *Jeconiah*, a variant of *Jehoiachin*

son pays à lui aussi. Alors son pays sera soumis par des
peuples puissants et par de grands rois. 8Si un peuple ou
un royaume ne se soumet pas à Nabuchodonosor, roi de
Babylone, et ne veut pas se plier à son joug, je sévirai contre ce peuple-là par l'épée, la famine et la peste – l'Eternel
le déclare – jusqu'à ce que je l'aie fait entièrement disparaître par sa main.

9Vous donc, n'écoutez pas vos prophètes, vos devins, vos
oracles, vos augures et vos magiciens qui affirment que
vous ne serez pas assujettis au roi de Babylone. 10Leurs
prophéties sont des mensonges qui vous feront bannir de
votre pays : je vous en chasserai et vous périrez. 11Mais
le peuple qui acceptera le joug du roi de Babylone et se
soumettra à lui, je le laisserai tranquille dans son pays,
pour le cultiver et pour y demeurer – l'Eternel le déclare.

12Puis j'ai déclaré les mêmes choses à Sédécias, roi de
Juda, en lui disant : Acceptez le joug du roi de Babylone
et soumettez-vous à lui et à son peuple, et vous aurez
la vie sauve. 13Pourquoi devriez-vous mourir, toi et ton
peuple, par l'épée, la famine et la peste, comme l'Eternel
en menace le peuple qui ne se soumettra pas au roi de
Babylone ? 14N'écoutez donc pas les prophètes qui vous
disent : « Vous ne serez pas assujettis au roi de Babylone. »
Car leurs prophéties sont des mensonges. 15Je ne les ai pas
envoyés – l'Eternel le déclare – et ce sont des mensonges
qu'ils prophétisent en mon nom. Je vous disperserai et
vous périrez, vous et ces prophètes qui vous adressent
leurs oracles.

16Ensuite, j'ai parlé aux prêtres et à tout ce peuple pour
leur dire : Voici ce que déclare l'Eternel : N'écoutez pas
vos prophètes qui vous prophétisent en disant : « Voici
que les ustensiles du temple de l'Eternel vont être très
bientôt rapportés de Babylone[u]. » Car leurs prophéties sont
mensongères. 17Ne les écoutez pas ! Soumettez-vous au
roi de Babylone et vous aurez la vie sauve ! Pourquoi cette
ville devrait-elle être réduite en un monceau de ruines ?

18Si ce sont de vrais prophètes, et s'ils ont effectivement
reçu une parole de l'Eternel, eh bien ! qu'ils intercèdent
auprès du Seigneur des armées célestes, pour que les objets
précieux qui restent dans le temple de l'Eternel, dans le
palais du roi de Juda et dans Jérusalem ne prennent pas
aussi le chemin de Babylone ! 19Car voici ce que déclare le
Seigneur des armées célestes au sujet des colonnes et de
la cuve de bronze, de ses socles et de tous les autres objets
précieux qui se trouvent encore dans cette ville, 20ces
objets que Nabuchodonosor, roi de Babylone, n'a pas emportés quand il a déporté de Jérusalem à Babylone Yekonia,
fils de Yehoyaqim, roi de Juda, et tous les grands de Juda
et de Jérusalem, 21oui, voici ce que déclare le Seigneur
des armées célestes, Dieu d'Israël, au sujet de ces objets
précieux restés dans le Temple, dans le palais du roi de
Juda et à Jérusalem : 22Ils seront emportés à Babylone et ils
y resteront jusqu'au jour où je m'occuperai d'eux, pour les
faire rapporter et replacer en ce lieu – l'Eternel le déclare.

Face-à-face avec Hanania

28 1Cette même année, au commencement du règne
de Sédécias[v], roi de Juda, la quatrième année,
au cinquième mois, Hanania, fils d'Azzour, un prophète

---

[u] **27.16** Sur ces ustensiles, voir 2 R 24.1 ; 2 Ch 36.10.

[v] **28.1** Les mots : *au commencement du règne de Sédécias* ne figurent pas dans l'ancienne version grecque. La date indiquée correspond à l'été 594 av. J.-C. Sur Sédécias, voir 27.1 et note.

LORD in the presence of the priests and all the people:
2 "This is what the LORD Almighty, the God of Israel,
says: 'I will break the yoke of the king of Babylon.
3 Within two years I will bring back to this place all the
articles of the LORD's house that Nebuchadnezzar king
of Babylon removed from here and took to Babylon.
4 I will also bring back to this place Jehoiachin[x] son of
Jehoiakim king of Judah and all the other exiles from
Judah who went to Babylon,' declares the LORD, 'for I
will break the yoke of the king of Babylon.' "

5 Then the prophet Jeremiah replied to the prophet
Hananiah before the priests and all the people who
were standing in the house of the LORD. 6 He said,
"Amen! May the LORD do so! May the LORD fulfill the
words you have prophesied by bringing the articles
of the LORD's house and all the exiles back to this place
from Babylon. 7 Nevertheless, listen to what I have
to say in your hearing and in the hearing of all the
people: 8 From early times the prophets who preceded
you and me have prophesied war, disaster and plague
against many countries and great kingdoms. 9 But the
prophet who prophesies peace will be recognized as
one truly sent by the LORD only if his prediction comes
true."

10 Then the prophet Hananiah took the yoke
off the neck of the prophet Jeremiah and broke it,
11 and he said before all the people, "This is what the
LORD says: 'In the same way I will break the yoke of
Nebuchadnezzar king of Babylon off the neck of all
the nations within two years.' " At this, the prophet
Jeremiah went on his way.

12 After the prophet Hananiah had broken the yoke
off the neck of the prophet Jeremiah, the word of the
LORD came to Jeremiah: 13 "Go and tell Hananiah, 'This
is what the LORD says: You have broken a wooden yoke,
but in its place you will get a yoke of iron. 14 This is
what the LORD Almighty, the God of Israel, says: I will
put an iron yoke on the necks of all these nations to
make them serve Nebuchadnezzar king of Babylon,
and they will serve him. I will even give him control
over the wild animals.' "

15 Then the prophet Jeremiah said to Hananiah the
prophet, "Listen, Hananiah! The LORD has not sent
you, yet you have persuaded this nation to trust in
lies. 16 Therefore this is what the LORD says: 'I am about
to remove you from the face of the earth. This very
year you are going to die, because you have preached
rebellion against the LORD.' "

17 In the seventh month of that same year, Hananiah
the prophet died.

A Letter to the Exiles

29 1 This is the text of the letter that the prophet
Jeremiah sent from Jerusalem to the surviving elders among the exiles and to the priests, the
prophets and all the other people Nebuchadnezzar

originaire de Gabaon, me dit dans le temple de l'Etern
devant les prêtres et tout le peuple : 2 Voici ce que décla
le Seigneur des armées célestes, Dieu d'Israël : Je bri
le joug du roi de Babylone. 3 Dans deux ans, jour po
jour, je ferai rapporter dans ce lieu tous les ustensiles
temple de l'Eternel que Nabuchodonosor, roi de Babylor
a enlevés d'ici et qu'il a emportés à Babylone. 4 Je fer
aussi revenir dans ce lieu Yekonia, fils de Yehoyaqi
roi de Juda, et tous les déportés de Juda qui sont part
à Babylone – l'Eternel le déclare – car je briserai le jo
du roi de Babylone.

5 Alors le prophète Jérémie dit au prophète Hanan
devant les prêtres et devant tout le peuple qui se tenaie
dans le Temple : 6 Puisse-t-il en être ainsi ! Que l'Etern
agisse de la sorte et accomplisse ce que tu viens de proph
tiser, en ramenant de Babylone dans ce lieu les ustensil
du Temple et tous les déportés ! 7 Néanmoins, écoute
que je vais te dire en même temps qu'à tout le peupl
8 Les prophètes qui nous ont précédés, toi et moi, depu
les temps les plus anciens, ont prophétisé au sujet de no
breux pays et de grands royaumes en annonçant la guer
la famine[w] et la peste. 9 Alors, maintenant, un prophè
annonce la paix ; on saura s'il est réellement envoyé p
l'Eternel seulement si sa prédiction se réalise.

10 Alors le prophète Hanania prit le joug des épaul
du prophète Jérémie et le brisa. 11 Et Hanania dit deva
tout le peuple : Voici ce que déclare l'Eternel : De cet
façon, dans deux ans, jour pour jour, je briserai le jo
que Nabuchodonosor, roi de Babylone, fait peser sur to
les peuples.

Puis le prophète Jérémie s'en alla de son côté.

12 Après que le prophète Hanania eut brisé le joug po
sur le cou du prophète Jérémie, l'Eternel adressa la parc
à Jérémie en ces termes : 13 Va dire à Hanania : Voici ce q
déclare l'Eternel : Tu as brisé un joug de bois, eh bie
tu le remplaceras par un joug de fer ! 14 Car ainsi parle
Seigneur des armées célestes, Dieu d'Israël : J'impose
tous ces peuples un joug de fer pour qu'ils soient assuj
tis à Nabuchodonosor, roi de Babylone ! Oui, ils lui sero
assujettis, et je lui ai même soumis les animaux sauvag

15 Puis le prophète Jérémie dit au prophète Hanani
Ecoute bien, Hanania ! L'Eternel ne t'a pas mandaté et
fais croire des mensonges à ce peuple. 16 C'est pourqu
voici ce que déclare l'Eternel : Je vais te renvoyer de
surface de la terre. Cette année même tu mourras, car
as incité à la révolte contre l'Eternel.

17 Cette année-là, au septième mois[x], le prophè
Hanania mourut.

La lettre aux déportés

29 1 Voici le contenu de la lettre envoyée de Jérusale
par le prophète Jérémie à ceux des responsab
du peuple qui subsistaient en exil, ainsi qu'aux prêtr
aux prophètes et à tout le peuple que Nabuchodonos
avait déportés de Jérusalem à Babylone.

x 28:4 Hebrew *Jeconiah,* a variant of *Jehoiachin*

w 28.8 *la famine:* d'après certains manuscrits et les versions anciennes.
texte hébreu traditionnel a : *le malheur.*
x 28.17 En septembre-octobre, deux mois après l'incident rapporté (vo
v. 1).

d carried into exile from Jerusalem to Babylon.
This was after King Jehoiachin[y] and the queen
other, the court officials and the leaders of Judah
d Jerusalem, the skilled workers and the artisans
d gone into exile from Jerusalem.) 3He entrusted
e letter to Elasah son of Shaphan and to Gemariah
n of Hilkiah, whom Zedekiah king of Judah sent to
ng Nebuchadnezzar in Babylon. It said:
4This is what the LORD Almighty, the God of Israel,
says to all those I carried into exile from Jerusalem
to Babylon: 5"Build houses and settle down; plant
gardens and eat what they produce. 6Marry and
have sons and daughters; find wives for your sons
and give your daughters in marriage, so that they
too may have sons and daughters. Increase in number there; do not decrease. 7Also, seek the peace
and prosperity of the city to which I have carried
you into exile. Pray to the LORD for it, because if it
prospers, you too will prosper." 8Yes, this is what
the LORD Almighty, the God of Israel, says: "Do not let
the prophets and diviners among you deceive you.
Do not listen to the dreams you encourage them to
have. 9They are prophesying lies to you in my name.
I have not sent them," declares the LORD.

10This is what the LORD says: "When seventy years
are completed for Babylon, I will come to you and
fulfill my good promise to bring you back to this
place. 11For I know the plans I have for you," declares the LORD, "plans to prosper you and not to
harm you, plans to give you hope and a future.
12Then you will call on me and come and pray to me,
and I will listen to you. 13You will seek me and find
me when you seek me with all your heart. 14I will
be found by you," declares the LORD, "and will bring
you back from captivity.[z] I will gather you from all
the nations and places where I have banished you,"
declares the LORD, "and will bring you back to the
place from which I carried you into exile."

15You may say, "The LORD has raised up prophets
for us in Babylon," 16but this is what the LORD says
about the king who sits on David's throne and all
the people who remain in this city, your fellow citizens who did not go with you into exile – 17yes,
this is what the LORD Almighty says: "I will send
the sword, famine and plague against them and I
will make them like figs that are so bad they cannot be eaten. 18I will pursue them with the sword,
famine and plague and will make them abhorrent
to all the kingdoms of the earth, a curse[a] and an
object of horror, of scorn and reproach, among all

:2 Hebrew *Jeconiah*, a variant of *Jehoiachin*
:14 Or *will restore your fortunes*
:18 That is, their names will be used in cursing (see verse 22);
others will see that they are cursed.

2La lettre fut envoyée après le départ du roi Yekonia[y],
de la reine mère[z], des fonctionnaires du palais royal, des
ministres de Juda et de Jérusalem, des artisans et des forgerons, 3par l'intermédiaire d'Eleasa, fils de Shaphân et de
Guemaria, fils de Hilqiya, que Sédécias, roi de Juda, avait
envoyés à Babylone, à Nabuchodonosor, roi de Babylone.
La lettre disait :

4Voici ce que déclare le Seigneur des armées célestes,
Dieu d'Israël, à tous les exilés que j'ai fait déporter de
Jérusalem à Babylone : 5Construisez des maisons et
installez-vous y, plantez des jardins et mangez-en les
productions, 6mariez-vous et ayez des enfants ; mariez
vos fils et donnez vos filles en mariage et qu'elles aient
des enfants ! Multipliez-vous là-bas, et ne laissez pas
diminuer votre nombre. 7Recherchez le bien-être de la
ville où je vous ai déportés et priez l'Eternel en sa faveur,
car de son bien-être dépend le vôtre.
8En effet, voici ce que déclare le Seigneur des armées
célestes, Dieu d'Israël : Ne vous laissez pas induire en erreur par vos prophètes qui sont au milieu de vous, ni par
vos devins, et ne prêtez pas attention aux révélations
que vous leur demandez. 9Car ce sont des mensonges
qu'ils prophétisent en mon nom ! Je ne les ai pas envoyés – l'Eternel le déclare.
10Car voici ce que déclare l'Eternel : C'est seulement
au bout des soixante-dix années allouées à Babylone[a]
que j'interviendrai en votre faveur pour accomplir la
promesse que je vous ai faite de vous faire revenir dans
ce pays.
11Car moi je connais les projets que j'ai conçus en votre
faveur, déclare l'Eternel : ce sont des projets de paix et
non de malheur, afin de vous assurer un avenir plein
d'espérance. 12Alors vous m'invoquerez et vous viendrez
m'adresser vos prières, et je vous exaucerai. 13Vous vous
tournerez vers moi et vous me trouverez lorsque vous
vous tournerez vers moi de tout votre cœur. 14Je me
laisserai trouver par vous – l'Eternel le déclare – je ferai
revenir les exilés de votre peuple[b] et je vous rassemblerai du milieu de tous les peuples étrangers et de tous les
lieux où je vous ai dispersés – l'Eternel le déclare – pour
vous ramener dans le pays d'où je vous ai déportés.
15Or vous dites : « L'Eternel nous a suscité des prophètes,
ici à Babylone. » 16Eh bien, voici ce que déclare l'Eternel
au sujet du roi qui est assis sur le trône de David, et de
tout le peuple qui habite dans cette ville-ci, de vos compatriotes qui n'ont pas été déportés avec vous. 17Voici
ce que déclare le Seigneur des armées célestes : Je vais
déchaîner contre eux l'épée, la famine et la peste, et
je les rendrai semblables à des figues pourries qui ne
peuvent être mangées tant elles sont mauvaises[c]. 18Je les
poursuivrai avec l'épée, la famine et la peste et je ferai
qu'ils inspirent l'épouvante dans tous les royaumes de
la terre, je ferai d'eux un sujet de malédiction[d], un spectacle désolant, ils s'attireront des sifflements horrifiés
et l'opprobre de tous les peuples au milieu desquels je

y **29.2** Sur Yekonia, appelé aussi Yehoyakîn, voir 2 R 24.8-16 ; 2 Ch 36.8-10.
z **29.2** Voir 13.18 et note.
a **29.10** Voir 25.11 et note.
b **29.14** *je ferai revenir les exilés de votre peuple.* Autre traduction : *je changerai votre sort.*
c **29.17** Allusion à la vision du chapitre 24.
d **29.18** *je ferai d'eux un sujet de malédiction.* Autre traduction : *leur nom sera cité dans les formules d'imprécations et je ferai d'eux ...*

the nations where I drive them. 19For they have not
listened to my words," declares the LORD, "words
that I sent to them again and again by my servants
the prophets. And you exiles have not listened either," declares the LORD.
20Therefore, hear the word of the LORD, all you exiles
whom I have sent away from Jerusalem to Babylon.
21This is what the LORD Almighty, the God of Israel,
says about Ahab son of Kolaiah and Zedekiah son
of Maaseiah, who are prophesying lies to you in
my name: "I will deliver them into the hands of
Nebuchadnezzar king of Babylon, and he will put
them to death before your very eyes. 22Because of
them, all the exiles from Judah who are in Babylon
will use this curse: 'May the LORD treat you like
Zedekiah and Ahab, whom the king of Babylon
burned in the fire.' 23For they have done outrageous
things in Israel; they have committed adultery with
their neighbors' wives, and in my name they have
uttered lies – which I did not authorize. I know it
and am a witness to it," declares the LORD.

Message to Shemaiah

24Tell Shemaiah the Nehelamite, 25"This is what the
LORD Almighty, the God of Israel, says: You sent letters
in your own name to all the people in Jerusalem, to the
priest Zephaniah son of Maaseiah, and to all the other
priests. You said to Zephaniah, 26'The LORD has appointed you priest in place of Jehoiada to be in charge
of the house of the LORD; you should put any maniac
who acts like a prophet into the stocks and neck-irons.
27So why have you not reprimanded Jeremiah from
Anathoth, who poses as a prophet among you? 28He
has sent this message to us in Babylon: It will be a long
time. Therefore build houses and settle down; plant
gardens and eat what they produce.' "

29Zephaniah the priest, however, read the letter
to Jeremiah the prophet. 30Then the word of the LORD
came to Jeremiah: 31"Send this message to all the exiles: 'This is what the LORD says about Shemaiah the
Nehelamite: Because Shemaiah has prophesied to you,
even though I did not send him, and has persuaded
you to trust in lies, 32this is what the LORD says: I will
surely punish Shemaiah the Nehelamite and his descendants. He will have no one left among this people,
nor will he see the good things I will do for my people,
declares the LORD, because he has preached rebellion
against me.' "

Restoration of Israel

30 1This is the word that came to Jeremiah from
the LORD: 2"This is what the LORD, the God of
Israel, says: 'Write in a book all the words I have spo-

les aurai dispersés, 19parce qu'ils n'ont pas écouté m
paroles, déclare l'Eternel, lorsque je leur ai envoyé m
serviteurs les prophètes, sans me lasser. Non, vous
les avez pas écoutés, l'Eternel le déclare.
20Maintenant, vous tous les exilés que j'ai déportés
Jérusalem à Babylone, écoutez la parole de l'Eternel
21Voici ce que déclare le Seigneur des armées c
lestes, Dieu d'Israël, au sujet d'Achab, fils de Qola
et de Sédécias, fils de Maaséya, qui vous prophéti
ent des mensonges en mon nom : Je vais les livrer
Nabuchodonosor, roi de Babylone, qui les fera exécut
sous vos yeux.
22On se servira de leur nom dans des formules
malédiction parmi tous les déportés de Juda qui so
à Babylone. On dira en effet : « Que l'Eternel te trai
comme Sédécias et comme Achab, que le roi de Babylo
a fait brûler vifs ! » 23Cela leur arrivera parce qu'ils o
fait une chose infâme en Israël : ils ont commis l'adultè
avec les femmes de leurs prochains et ils ont prophéti
en mon nom des mensonges, alors que je ne leur ava
rien ordonné. Moi, je le sais et j'en suis témoin – l'Eter
le déclare.

Contre-attaque

24Tu parleras aussi à Shemaya de Néhélam en c
termes : 25Voici ce que déclare le Seigneur des armé
célestes, Dieu d'Israël : Tu as envoyé en ton propre no
des lettres à toute la population de Jérusalem, ainsi qu'
prêtre Sophonie, fils de Maaséya, et à tous les autr
prêtres, disant ceci : 26« L'Eternel t'a établi prêtre à
place du prêtre Yehoyada, pour que tu exerces ta surve
lance dans le temple de l'Eternel sur tout exalté qui
met à prophétiser, pour l'attacher au pilori avec des fe
27Comment se fait-il donc que tu n'aies pas sévi cont
Jérémie d'Anatoth qui prophétise parmi vous ? 28Car
vient de nous envoyer un message à Babylone pour no
dire : "Votre exil durera longtemps. Construisez des m
sons et installez-vous-y, plantez des jardins et mangez-
les productions !" »
29Sophonie, le prêtre, lut cette lettre au prophè
Jérémie. 30Alors l'Eternel adressa la parole à Jérémi
31Envoie ce message à tous les exilés. Voici ce que décla
l'Eternel au sujet de Shemaya de Néhélam : Shemaya vo
a prophétisé sans que je l'aie mandaté et il vous a f
croire des mensonges. 32Eh bien ! Voici ce que décla
l'Eternel : Je vais sévir contre Shemaya de Néhélam et s
descendants. Aucun des siens ne subsistera au milieu
ce peuple, et il ne jouira pas du bonheur que je vais a
corder à mon peuple – l'Eternel le déclare – car il a prêc
la rébellion contre l'Eternel.

La restauration du peuple

L'Eternel délivrera

30 1Message que l'Eternel communiqua à Jérémi
2Voici ce que déclare l'Eternel, Dieu d'Isra
Consigne par écrit dans un livre tout ce que je t'ai d

n to you. 3 The days are coming,' declares the LORD,
hen I will bring my people Israel and Judah back
om captivity[b] and restore them to the land I gave
eir ancestors to possess,' says the LORD."
4 These are the words the LORD spoke concerning
rael and Judah: 5 "This is what the LORD says:

" 'Cries of fear are heard –
terror, not peace.

6 Ask and see:
Can a man bear children?
Then why do I see every strong man
with his hands on his stomach like a woman
in labor,
every face turned deathly pale?
7 How awful that day will be!
No other will be like it.
It will be a time of trouble for Jacob,
but he will be saved out of it.

8 " 'In that day,' declares the LORD Almighty,
'I will break the yoke off their necks
and will tear off their bonds;
no longer will foreigners enslave them.

9 Instead, they will serve the LORD their God
and David their king,
whom I will raise up for them.
10 " 'So do not be afraid, Jacob my servant;
do not be dismayed, Israel,'
declares the LORD.
'I will surely save you out of a distant place,
your descendants from the land of their
exile.
Jacob will again have peace and security,
and no one will make him afraid.

11 I am with you and will save you,'
declares the LORD.
'Though I completely destroy all the nations
among which I scatter you,
I will not completely destroy you.
I will discipline you but only in due measure;
I will not let you go entirely unpunished.'
12 "This is what the LORD says:
" 'Your wound is incurable,
your injury beyond healing.
13 There is no one to plead your cause,
no remedy for your sore,
no healing for you.
14 All your allies have forgotten you;
they care nothing for you.
I have struck you as an enemy would
and punished you as would the cruel,
because your guilt is so great
and your sins so many.

15 Why do you cry out over your wound,

):3 Or *will restore the fortunes of my people Israel and Judah*

3 Car voici le temps vient, dit l'Eternel, où je ramènerai les
captifs[e] de mon peuple Israël et Juda – c'est l'Eternel qui
le déclare. Je les ramènerai dans le pays que j'ai donné à
leurs ancêtres et ils le posséderont.
4 Voici ce que l'Eternel a dit au sujet d'Israël et de Juda :

L'Eternel guérira

5 Voici ce que déclare l'Eternel :
Nous avons entendu des cris d'effroi ;
c'est l'épouvante et non la paix.
6 Demandez et voyez : les hommes peuvent-ils à
présent enfanter ?
Pourquoi voit-on partout des soldats qui se tiennent
les mains collées aux reins,
comme des femmes sur le point d'accoucher ?
Pourquoi ces visages défaits, livides ?
7 Malheur ! Quel jour terrible !
Il n'y en a pas d'autre semblable à celui-là !
C'est un temps de détresse pour les descendants de
Jacob,
mais ils en seront délivrés.
8 Voici ce que déclare l'Eternel, le Seigneur des
armées célestes : En ce temps-là,
je briserai le joug pesant sur leurs épaules,
j'arracherai leurs liens
et ils ne seront plus esclaves d'étrangers.
9 Ils seront serviteurs de l'Eternel leur Dieu,
et de David, leur roi, que je leur donnerai.

10 Et toi, Jacob mon serviteur,
sois donc sans crainte,
déclare l'Eternel,
non, n'aie pas peur, ô Israël !
Car moi, je vais te délivrer, de la terre lointaine,
toi et tes descendants, du pays de l'exil.
Oui, Jacob reviendra, il jouira de la tranquillité et
d'une vie paisible ;
personne ne l'inquiétera[f].
11 Car je suis avec toi,
l'Eternel le déclare,
et je te sauverai.
Je ferai table rase de tous les peuples
chez lesquels je t'ai dispersé.
Mais je ne ferai pas table rase de toi.
Cependant, je te châtierai selon ce qui est juste,
je ne te laisserai certainement pas impuni.
12 Car voici ce que l'Eternel déclare :
Ta plaie est incurable,
ta blessure est très douloureuse,
13 et il n'y a personne qui prenne en main ta cause,
il ne se trouve aucun remède pour ton ulcère,
il n'y a pas pour toi de guérison.
14 Tous tes amants[g], Jérusalem, t'ont oubliée :
ils ne se soucient pas de toi
car je t'ai accablée de coups comme ferait un
ennemi.
Je t'ai cruellement châtiée
car ton crime est énorme
et tes fautes nombreuses.
15 Pourquoi te plains-tu donc de ta blessure,

e **30.3** Autre traduction : *je changerai le sort.*
f **30.10** Les v. 10-11 ont leur parallèle en 46.27-28.
g **30.14** C'est-à-dire les alliés de Jérusalem (voir 22.20).

your pain that has no cure?
Because of your great guilt and many sins
I have done these things to you.

16 " 'But all who devour you will be devoured;
all your enemies will go into exile.
Those who plunder you will be plundered;
all who make spoil of you I will despoil.

17 But I will restore you to health
and heal your wounds,' declares the LORD,
'because you are called an outcast,
Zion for whom no one cares.'

18 "This is what the LORD says:
" 'I will restore the fortunes of Jacob's tents
and have compassion on his dwellings;
the city will be rebuilt on her ruins,
and the palace will stand in its proper place.
19 From them will come songs of thanksgiving
and the sound of rejoicing.
I will add to their numbers,
and they will not be decreased;
I will bring them honor,
and they will not be disdained.

20 Their children will be as in days of old,
and their community will be established
before me;
I will punish all who oppress them.
21 Their leader will be one of their own;
their ruler will arise from among them.
I will bring him near and he will come close to
me –
for who is he who will devote himself
to be close to me?'
declares the LORD.
22 'So you will be my people,
and I will be your God.' "

23 See, the storm of the LORD
will burst out in wrath,
a driving wind swirling down
on the heads of the wicked.
24 The fierce anger of the LORD will not turn back
until he fully accomplishes
the purposes of his heart.
In days to come
you will understand this.

31 1 "At that time," declares the LORD, "I will be the God of all the families of Israel, and they will be my people."
2 This is what the LORD says:
"The people who survive the sword

de ce que ta douleur soit si aiguë ?
Je te l'ai infligée
pour tes crimes énormes
et tes fautes nombreuses.
16 Mais ceux qui te dévorent seront tous dévorés ;
et tous tes oppresseurs s'en iront en exil.
Ceux qui t'auront pillée seront pillés
eux-mêmes,
oui, ceux qui t'auront dépouillée seront à leur tou
dépouillés.
17 Car je ferai venir ta guérison,
je soignerai tes plaies,
l'Eternel le déclare,
toi qu'on appelle « Rejetée »,
« Sion dont nul ne se soucie ».
18 Voici ce que déclare l'Eternel :
Moi, je vais restaurer les habitations de Jacob,
et j'aurai compassion de toutes ses demeures ;
la ville sera rebâtie sur ses décombres,
le palais sera restauré sur son emplacement.
19 Du milieu d'eux s'élèveront des accents de
reconnaissance,
on entendra des rires.
Je les multiplierai,
leur nombre ne décroîtra plus ;
je les honorerai,
ils ne seront plus méprisés.
20 Ceux qui descendent de Jacob seront comme
autrefois
et leur communauté devant moi sera stable ;
je punirai tous ceux qui les oppriment.
21 Leur chef sera l'un d'eux,
leur souverain sortira de leurs rangs.
Je le ferai venir
et il s'approchera de moi ;
autrement, qui aurait l'audace
de s'approcher de moi ?
demande l'Eternel.
22 Vous, vous serez mon peuple,
et moi, je serai votre Dieu.

Reconstruction

23 Voici que la tempête de l'Eternel se lève,
sa fureur se déchaîne,
l'orage tourbillonne,
il se déverse sur la tête de ceux qui font le mal[h].
24 La colère de l'Eternel ne se calmera pas
avant qu'il ait agi et qu'il ait accompli
les desseins de son cœur.
Dans les jours à venir, vous vous en rendrez
compte.

Le grand Retour

31 1 En ce temps-là, l'Eternel le déclare, moi je sera Dieu de toutes les familles d'Israël, et ces famil seront mon peuple.
2 Voici ce que déclare l'Eternel :
Le peuple qui a échappé au tranchant de l'épée

h 30.23 Les v. 23-24 ont leur parallèle en 23.19-20.

will find favor in the wilderness;
I will come to give rest to Israel."
3 The LORD appeared to us in the past,[c] saying:
"I have loved you with an everlasting love;
I have drawn you with unfailing kindness.

4 I will build you up again,
and you, Virgin Israel, will be rebuilt.
Again you will take up your timbrels
and go out to dance with the joyful.

5 Again you will plant vineyards
on the hills of Samaria;
the farmers will plant them
and enjoy their fruit.
6 There will be a day when watchmen cry out
on the hills of Ephraim,
'Come, let us go up to Zion,
to the LORD our God.'"
7 This is what the LORD says:
"Sing with joy for Jacob;
shout for the foremost of the nations.
Make your praises heard, and say,
'LORD, save your people,
the remnant of Israel.'

8 See, I will bring them from the land of the
north
and gather them from the ends of the earth.
Among them will be the blind and the lame,
expectant mothers and women in labor;
a great throng will return.
9 They will come with weeping;
they will pray as I bring them back.
I will lead them beside streams of water
on a level path where they will not stumble,
because I am Israel's father,
and Ephraim is my firstborn son.

10 "Hear the word of the LORD, you nations;
proclaim it in distant coastlands:
'He who scattered Israel will gather them
and will watch over his flock like a shepherd.'

11 For the LORD will deliver Jacob
and redeem them from the hand of those
stronger than they.
12 They will come and shout for joy on the heights
of Zion;

:3 Or LORD *has appeared to us from afar*

obtiendra ma faveur dans le désert.
Je viens faire jouir Israël du repos[i].
3 Dès les temps reculés, l'Eternel lui est apparu[j]
et lui a dit : D'un amour éternel, je t'aime,
c'est pourquoi je t'attire par l'affection que je te
porte[k].
4 Je te rebâtirai, alors tu seras rebâtie,
ô communauté d'Israël.
Tu porteras encore tes tambourins
et tu t'avanceras au milieu de la danse
des gens en liesse.
5 Oui, de nouveau, tu planteras des vignes
sur les coteaux de Samarie[l] ;
ceux qui les planteront en cueilleront les fruits.

6 Car, il viendra le jour
où les gardes crieront sur les monts d'Ephraïm :
« Allons et montons à Sion[m]
vers l'Eternel, lui, notre Dieu. »
7 Car voici ce que l'Eternel déclare :
Poussez des cris de joie en l'honneur de Jacob,
éclatez d'allégresse pour celui qui a la prééminence
parmi les peuples !
Clamez fort vos louanges
en disant : « L'Eternel a délivré son peuple,
tous ceux qui restent d'Israël ! »
8 Je les ramènerai de la contrée du nord,
je les rassemblerai des confins de la terre ;
et il y aura parmi eux : l'aveugle et le boiteux,
la femme encore enceinte et celle qui enfante ;
c'est une foule immense qui reviendra ici.
9 Ils reviendront en pleurs
je les ramènerai alors qu'ils seront suppliants[n]
et je les conduirai vers les cours d'eau
par un chemin bien aplani où ils ne trébucheront
pas.
Car je serai un père pour Israël,
et Ephraïm sera mon premier-né.
10 Et vous les autres peuples écoutez donc ce que dit
l'Eternel
et faites-le connaître dans les îles lointaines et les
régions côtières.
Dites que l'Eternel qui disperse Israël viendra le
rassembler,
il veillera sur lui comme un berger sur son
troupeau,
11 parce que l'Eternel délivrera Jacob,
et le libérera d'un ennemi plus fort que lui.

12 Les voici qui reviennent avec des cris de joie sur la
colline de Sion ;

[i] **31.2** *je viens faire jouir Israël du repos.* Autre traduction : *et marchera vers le lieu où il vivra en paix.*

[j] **31.3** D'après l'ancienne version grecque. Le texte hébreu traditionnel a : *m'est apparu.*

[k] **31.3** Autre traduction : *je maintiens ma bienveillance envers toi.*

[l] **31.5** Conquise en 722-721 av. J.-C. par l'Assyrie (2 R 17.24).

[m] **31.6** Contrairement à ce qui se passait depuis Jéroboam Ier, qui avait amené les Israélites du Nord à adorer Dieu à Béthel et à Dan (1 R 12.26-33).

[n] **31.9** *alors qu'ils seront suppliants:* l'ancienne version grecque a traduit : *en les consolant,* ce qui suppose l'inversion de deux lettres par rapport au texte hébreu traditionnel.

they will rejoice in the bounty of the LORD –
the grain, the new wine and the olive oil,
the young of the flocks and herds.
They will be like a well-watered garden,
and they will sorrow no more.

13 Then young women will dance and be glad,
young men and old as well.
I will turn their mourning into gladness;
I will give them comfort and joy instead of sorrow.
14 I will satisfy the priests with abundance,
and my people will be filled with my bounty,"
declares the LORD.

15 This is what the LORD says:
"A voice is heard in Ramah,
mourning and great weeping,
Rachel weeping for her children
and refusing to be comforted,
because they are no more."
16 This is what the LORD says:
"Restrain your voice from weeping
and your eyes from tears,
for your work will be rewarded,"
declares the LORD.
"They will return from the land of the enemy.
17 So there is hope for your descendants,"
declares the LORD.
"Your children will return to their own land.
18 "I have surely heard Ephraim's moaning:
'You disciplined me like an unruly calf,
and I have been disciplined.
Restore me, and I will return,
because you are the LORD my God.
19 After I strayed,
I repented;
after I came to understand,
I beat my breast.
I was ashamed and humiliated
because I bore the disgrace of my youth.'
20 Is not Ephraim my dear son,
the child in whom I delight?
Though I often speak against him,
I still remember him.
Therefore my heart yearns for him;
I have great compassion for him,"
declares the LORD.
21 "Set up road signs;
put up guideposts.
Take note of the highway,
the road that you take.
Return, Virgin Israel,
return to your towns.
22 How long will you wander,

ils affluent vers les biens que l'Eternel a préparés pour eux :
le blé, le vin nouveau et l'huile,
les moutons et les bœufs.
Leur vie sera comme un jardin bien arrosé,
et ils n'auront plus de chagrins.
13 Alors les jeunes filles danseront dans la joie,
de même que les jeunes gens et les vieillards.
Et je transformerai leur deuil en allégresse,
je les consolerai de leurs chagrins,
oui, je les réjouirai.
14 Je comblerai les prêtres de la graisse des viandes.
Mon peuple se rassasiera des biens que je lui offrirai,
l'Eternel le déclare.
15 Voici ce que déclare l'Eternel :
On entend à Rama une voix qui gémit
et des sanglots amers :
Rachel pleure ses fils
et elle ne veut pas se laisser consoler,
car ses fils ne sont plus[o].
16 Voici ce que déclare l'Eternel :
Ne pleure plus,
ne verse plus de larmes,
voici que ton labeur aura sa récompense[p],
l'Eternel le déclare,
et tes fils reviendront du pays ennemi.

17 Il y a pour tes descendants une espérance,
l'Eternel le déclare.
Tes enfants reviendront dans leur pays.
18 J'ai très bien entendu Ephraïm qui gémit,
qui dit : « Tu m'as châtié, et j'ai été châtié
comme un veau indompté.
Mais fais-moi revenir à toi, afin que je revienne.
Car tu es l'Eternel, mon Dieu.
19 Je m'étais détourné, mais à présent, je le regrette.
Maintenant éclairé,
plein de remords, je me frappe les cuisses,
je suis confus, j'ai honte,
car je porte le déshonneur de tout ce que j'ai fait dans ma jeunesse. »
20 Ephraïm est pour moi un fils que je chéris,
et un enfant que j'affectionne.
Chaque fois que j'en parle,
je me souviens encore plus vivement de lui.
Ainsi mon cœur est en émoi
et j'ai pour lui beaucoup de compassion,
l'Eternel le déclare.
21 Dresse-toi des signaux, balise ton parcours,
fais bien attention au sentier
et au chemin que tu empruntes.
Reviens, ô communauté d'Israël,
oui, reviens dans tes villes !

22 Jusques à quand vas-tu errer dans tous les sens,
fille rebelle ?

o 31.15 Cité en Mt 2.18.
p 31.16 C'est-à-dire : tu n'auras pas mis au monde et élevé des enfants en vain.

unfaithful Daughter Israel?
The Lord will create a new thing on earth –
the woman will return to[d] the man."

³This is what the Lord Almighty, the God of Israel,
's: "When I bring them back from captivity,[e] the
ople in the land of Judah and in its towns will once
ain use these words: 'The Lord bless you, you pros-
rous city, you sacred mountain.' 24 People will live
ether in Judah and all its towns – farmers and those
o move about with their flocks. 25 I will refresh the
ary and satisfy the faint."

⁶At this I awoke and looked around. My sleep had
en pleasant to me.
⁷"The days are coming," declares the Lord, "when
ill plant the kingdoms of Israel and Judah with the
spring of people and of animals. 28 Just as I watched
er them to uproot and tear down, and to overthrow,
stroy and bring disaster, so I will watch over them
build and to plant," declares the Lord. 29 "In those
ys people will no longer say,
'The parents have eaten sour grapes,
and the children's teeth are set on edge.'
nstead, everyone will die for their own sin; whoever
s sour grapes – their own teeth will be set on edge.

¹ "The days are coming," declares the Lord,
"when I will make a new covenant
with the people of Israel
and with the people of Judah.

² It will not be like the covenant
I made with their ancestors
when I took them by the hand
to lead them out of Egypt,
because they broke my covenant,
though I was a husband to[f] them,[g]"
declares the Lord.
³ "This is the covenant I will make with the
people of Israel
after that time," declares the Lord.
"I will put my law in their minds
and write it on their hearts.
I will be their God,
and they will be my people.
⁴ No longer will they teach their neighbor,
or say to one another, 'Know the Lord,'
because they will all know me,
from the least of them to the greatest,"
declares the Lord.
"For I will forgive their wickedness
and will remember their sins no more."

.22 Or *will protect*
23 Or *I restore their fortunes*
32 Hebrew; Septuagint and Syriac / *and I turned away from*
32 Or *was their master*

L'Eternel va créer du nouveau sur la terre :
maintenant, c'est la femme qui entourera
l'homme[q].

Reconstruction

23 Voilà ce que déclare le Seigneur des armées célestes,
Dieu d'Israël : Quand je restaurerai le pays de Juda avec
toutes ses villes, alors on y dira à nouveau : « Que l'Eternel
te bénisse, demeure de justice, montagne sainte ! » 24 Et
les populations du pays de Juda et de toutes ses villes y
habiteront toutes ensemble ; les laboureurs et ceux qui
mènent les troupeaux s'y installeront, eux aussi. 25 Je
désaltérerai ceux qui sont épuisés, je comblerai ceux qui
sont languissants.

26 Puis je me suis réveillé et j'ai ouvert les yeux. Mon
sommeil m'avait été agréable.
27 Or le temps va venir, l'Eternel le déclare, où j'ense-
mencerai les royaumes d'Israël et de Juda d'hommes et
d'animaux. 28 Et, comme j'ai veillé sur eux pour les déraciner et pour les renverser, pour les ruiner et les détruire et
pour leur faire du mal, je veillerai sur eux pour construire
et pour planter, l'Eternel le déclare. 29 En ce temps-là, on
ne dira plus ce proverbe : « Les pères ont mangé des raisins verts mais ce sont les dents des enfants qui en sont
agacées. » 30 Mais chacun périra pour son propre péché.
C'est celui qui mangera des raisins verts qui en aura les
dents agacées.

La nouvelle alliance

31 Mais des jours viennent,
déclare l'Eternel,
où moi, je conclurai avec le peuple d'Israël
et celui de Juda[r]
une alliance nouvelle.
32 Elle ne sera pas comme celle que j'ai conclue avec
leurs pères
quand je les ai pris par la main
pour les faire sortir d'Egypte,
car cette alliance-là, ils l'ont rompue,
alors que moi j'étais leur suzerain,
l'Eternel le déclare.
33 Mais voici quelle alliance
je conclurai avec le peuple d'Israël, après ces jours,
déclare l'Eternel :
je placerai ma Loi au plus profond d'eux-mêmes,
je la graverai sur leur cœur ;
moi, je serai leur Dieu,
eux, ils seront mon peuple.
34 Ils n'auront plus besoin de s'enseigner l'un l'autre,
en répétant chacun à son compagnon ou son frère :
« Il faut que tu connaisses l'Eternel ! »
Car tous me connaîtront,
des plus petits jusqu'aux plus grands,
l'Eternel le déclare,
car je pardonnerai leurs fautes,
je ne tiendrai plus compte de leur péché.

q **31.22** Il s'agit d'Israël, qui erre dans tous les sens, rebelle à l'Eternel. La fin du verset fait allusion à la vie sexuelle : c'est normalement l'homme qui recherche la femme. Mais l'œuvre divine transformera les dispositions des Israélites, de sorte que la femme, représentant Israël, recherchera l'homme, représentant Dieu. En hébreu, les mots rendus par *rebelle* et *entourera* font assonance.
r **31.31** Les v. 31-34 sont cités en Hé 8.8-12 ; 10.15-17.

35 This is what the LORD says,
he who appoints the sun
to shine by day,
who decrees the moon and stars
to shine by night,
who stirs up the sea
so that its waves roar –
the LORD Almighty is his name:
36 "Only if these decrees vanish from my sight,"
declares the LORD,
"will Israel ever cease
being a nation before me."

37 This is what the LORD says:
"Only if the heavens above can be measured
and the foundations of the earth below be
searched out
will I reject all the descendants of Israel
because of all they have done,"
declares the LORD.
38 "The days are coming," declares the LORD, "when
this city will be rebuilt for me from the Tower of
Hananel to the Corner Gate. 39 The measuring line
will stretch from there straight to the hill of Gareb
and then turn to Goah. 40 The whole valley where dead
bodies and ashes are thrown, and all the terraces out
to the Kidron Valley on the east as far as the corner of
the Horse Gate, will be holy to the LORD. The city will
never again be uprooted or demolished."

Jeremiah Buys a Field

32 1 This is the word that came to Jeremiah
from the LORD in the tenth year of Zedekiah
king of Judah, which was the eighteenth year of
Nebuchadnezzar. 2 The army of the king of Babylon
was then besieging Jerusalem, and Jeremiah the
prophet was confined in the courtyard of the guard
in the royal palace of Judah.
3 Now Zedekiah king of Judah had imprisoned him
there, saying, "Why do you prophesy as you do? You
say, 'This is what the LORD says: I am about to give this
city into the hands of the king of Babylon, and he will
capture it. 4 Zedekiah king of Judah will not escape
the Babylonians[h] but will certainly be given into the
hands of the king of Babylon, and will speak with him
face to face and see him with his own eyes. 5 He will
take Zedekiah to Babylon, where he will remain until
I deal with him, declares the LORD. If you fight against
the Babylonians, you will not succeed.'"
6 Jeremiah said, "The word of the LORD came to me:
7 Hanamel son of Shallum your uncle is going to come

[h] 32:4 Or *Chaldeans*; also in verses 5, 24, 25, 28, 29 and 43

Une alliance éternelle

35 Voici ce que déclare l'Eternel
qui fait paraître le soleil pour éclairer le jour
et qui a établi les lois qui règlent la course de la
lune et des étoiles pour éclairer la nuit,
qui agite la mer et fait mugir ses flots,
et qui a pour nom l'Eternel, le Seigneur des armée
célestes :
36 Il faudrait que ces lois soient supprimées par-
devant moi,
déclare l'Eternel,
pour que la descendance d'Israël
cesse aussi pour toujours d'être une nation devan
moi.
37 Voici ce que déclare l'Eternel :
Si l'on peut mesurer le ciel là-haut
ou si l'on peut sonder les fondements de la terre
ici-bas,
moi, je rejetterai toute la descendance d'Israël
pour tout ce qu'ils ont fait,
l'Eternel le déclare.
38 Mais des jours vont venir, l'Eternel le déclare, où ce
ville sera de nouveau rebâtie pour l'Eternel, depuis la to
d'Hananéel jusqu'à la Porte de l'Angle. 39 On étendra enc
le cordeau d'arpentage en ligne droite jusqu'à la colline
Gareb, puis on tournera vers Goath[s]. 40 Et toute la val
où l'on jette les cadavres et les cendres grasses, et tous
terrains jusqu'au torrent du Cédron, jusqu'à l'angle où
trouve la Porte des Chevaux, du côté de l'orient : tout
domaine sera saint pour l'Eternel, et il ne sera plus jam
arraché ni détruit.

Est-ce le moment d'acheter un champ ?

32 1 L'Eternel adressa la parole à Jérémie, la d
ième année du règne de Sédécias, roi de Ju
qui correspond à la dix-huitième année du règne
Nabuchodonosor[t]. 2 C'était au moment où l'armée
roi de Babylone assiégeait Jérusalem et où le proph
Jérémie était emprisonné dans la cour du corps de ga
qui se trouve au palais du roi de Juda[u]. 3 Sédécias, roi
Juda, l'avait fait emprisonner en lui reprochant : Pourq
prophétises-tu de la sorte : « Voici ce que déclare l'Et
nel : Je vais livrer cette ville au roi de Babylone, qui s
emparera. 4 Et Sédécias, roi de Juda, n'échappera pas a
Chaldéens, mais il sera livré au roi de Babylone, à qu
parlera directement et qu'il verra face à face. 5 Sédéc
sera emmené à Babylone où il restera jusqu'à ce que
m'occupe de lui – l'Eternel le déclare. Si vous combat
les Chaldéens, vous n'arriverez à rien. »

6 Jérémie dit : L'Eternel m'a adressé la parole en
termes : 7 Hanaméel, le fils de ton oncle Shalloum,
venir te voir pour te proposer d'acheter son champ sit

[s] **31.39** Localités inconnues. Le sens général de ce passage est que la n
velle cité sera plus vaste que l'ancienne et qu'elle inclura des endroits
considérés comme impurs au temps de Jérémie.
[t] **32.1** C'est-à-dire en l'an 588 ou 587 av. J.-C. Le règne de Sédécias ava
commencé en 597, celui de Nabuchodonosor en 605.
[u] **32.2** Voir détails au chapitre 37.

you and say, 'Buy my field at Anathoth, because as
arest relative it is your right and duty to buy it.'
8"Then, just as the LORD had said, my cousin
namel came to me in the courtyard of the guard
d said, 'Buy my field at Anathoth in the territory
Benjamin. Since it is your right to redeem it and
ssess it, buy it for yourself.'
"I knew that this was the word of the LORD; 9so I
ught the field at Anathoth from my cousin Hanamel
d weighed out for him seventeen shekels[i] of silver.
signed and sealed the deed, had it witnessed, and
ighed out the silver on the scales. 11I took the deed
purchase – the sealed copy containing the terms
d conditions, as well as the unsealed copy – 12and
ave this deed to Baruch son of Neriah, the son of
hseiah, in the presence of my cousin Hanamel and
the witnesses who had signed the deed and of all
e Jews sitting in the courtyard of the guard.

13"In their presence I gave Baruch these instruc-
ns: 14'This is what the LORD Almighty, the God of
ael, says: Take these documents, both the sealed
d unsealed copies of the deed of purchase, and put
em in a clay jar so they will last a long time. 15For
is is what the LORD Almighty, the God of Israel, says:
uses, fields and vineyards will again be bought in
is land.'

16"After I had given the deed of purchase to Baruch
n of Neriah, I prayed to the LORD:
17"Ah, Sovereign LORD, you have made the heavens
and the earth by your great power and outstretched
arm. Nothing is too hard for you. 18You show love
to thousands but bring the punishment for the parents' sins into the laps of their children after them.
Great and mighty God, whose name is the LORD
Almighty, 19great are your purposes and mighty
are your deeds. Your eyes are open to the ways of
all mankind; you reward each person according
to their conduct and as their deeds deserve. 20You
performed signs and wonders in Egypt and have
continued them to this day, in Israel and among all
mankind, and have gained the renown that is still
yours. 21You brought your people Israel out of Egypt
with signs and wonders, by a mighty hand and an
outstretched arm and with great terror. 22You gave
them this land you had sworn to give their ancestors, a land flowing with milk and honey. 23They
came in and took possession of it, but they did not
obey you or follow your law; they did not do what
you commanded them to do. So you brought all this
disaster on them.
24"See how the siege ramps are built up to take the
city. Because of the sword, famine and plague, the

[i]9 That is, about 7 ounces or about 200 grams

à Anatoth car, en vertu du droit de rachat, c'est à toi
de l'acquérir[v].
8Effectivement, mon cousin Hanaméel vint me trouver
dans la cour du corps de garde, comme l'Eternel me l'avait
annoncé, et il me dit : Achète, s'il te plaît, le champ que je
possède à Anatoth, dans le territoire de Benjamin, car, par
la loi d'héritage, tu as, en vertu du droit de rachat, priorité
pour l'acquérir. Achète-le donc pour toi.
Alors je sus que l'Eternel m'avait bien parlé. 9J'achetai
donc à mon cousin Hanaméel le champ qui se trouve à
Anatoth et je lui en payai le prix de dix-sept pièces d'argent. 10Je rédigeai l'acte d'achat, j'y mis mon sceau en
présence des témoins que j'avais convoqués, puis je pesai
l'argent sur une balance. 11Ensuite je pris l'acte d'achat[w]
qui était scellé, où figuraient les stipulations et les clauses
de la transaction, ainsi que l'exemplaire qui était ouvert,
12et je remis l'acte d'achat à Baruch, fils de Nériya, fils de
Mahséya, en présence de mon cousin Hanaméel et des
témoins qui avaient signé l'acte, sous les yeux de tous les
Judéens qui étaient assis dans la cour du corps de garde.
13Puis j'ordonnai à Baruch en présence de tous : 14Voici
ce que déclare le Seigneur des armées célestes, Dieu d'Israël : Prends ces documents, l'acte d'achat qui est scellé
et celui qui est ouvert, et dépose-les dans un vase de terre
cuite pour qu'ils se conservent longtemps. 15Car voici ce
que déclare le Seigneur des armées célestes, Dieu d'Israël :
On achètera encore des maisons, des champs et des vignes
dans ce pays.

Prière de Jérémie

16Après avoir remis à Baruch, fils de Nériya, l'acte
d'achat, j'adressai cette prière à l'Eternel : 17Ah ! Seigneur
Eternel ! C'est toi qui as créé le ciel et la terre par ta grande
puissance, et en déployant ta force. Pour toi rien n'est
trop extraordinaire. 18Tu agis avec amour envers mille
générations, mais tu châties la faute commise par les pères
sur leurs enfants. Oui, tu es le grand Dieu puissant qui se
nomme : le Seigneur des armées célestes. 19Grand en tes
projets, grand en tes œuvres, tu as les yeux ouverts sur
tous les actes des hommes, tu rends à chacun ce que lui
valent sa conduite et les effets de ses actions.
20Tu as réalisé des signes extraordinaires et des prodiges
en Egypte, et jusqu'à aujourd'hui au milieu d'Israël et de
l'humanité, et tu t'es fait la renommée que tu as aujourd'hui. 21Toi, tu as fait sortir d'Egypte ton peuple Israël
par des signes extraordinaires et des prodiges et en agissant avec force, en déployant ta puissance, en semant la
terreur. 22Et tu leur as donné ce pays où ruissellent le lait
et le miel que tu avais promis à leurs ancêtres par serment.
23Ils y ont pénétré et ils en ont pris possession ; mais ils
ne t'ont pas obéi, ils n'ont pas appliqué ta Loi et n'ont rien
fait de ce que tu leur avais ordonné. C'est pourquoi tu as
fait venir sur eux tous ces malheurs.

24Voici que l'ennemi met ses terrassements en place
contre la ville pour la prendre et, en proie à l'épée, la

[v] **32.7** Les lévites et les prêtres ne possédaient pas de terres en Israël, mais les champs entourant leurs villes leur avaient été attribués (Nb 35.4) ; ceux-ci ne pouvaient être vendus à d'autres (Lv 25.32-34). Le plus proche parent avait le droit de les acheter (Lv 25.25).

[w] **32.11** Le document sous forme de rouleau comprenait la signature des parties contractantes et des témoins, puis il était scellé pour être préservé dans son intégrité. Une copie « ouverte » en était faite pour être consultée à l'occasion.

city will be given into the hands of the Babylonians who are attacking it. What you said has happened, as you now see. 25 And though the city will be given into the hands of the Babylonians, you, Sovereign LORD, say to me, 'Buy the field with silver and have the transaction witnessed.' "

26 Then the word of the LORD came to Jeremiah: 27 "I am the LORD, the God of all mankind. Is anything too hard for me? 28 Therefore this is what the LORD says: I am about to give this city into the hands of the Babylonians and to Nebuchadnezzar king of Babylon, who will capture it. 29 The Babylonians who are attacking this city will come in and set it on fire; they will burn it down, along with the houses where the people aroused my anger by burning incense on the roofs to Baal and by pouring out drink offerings to other gods.

30 "The people of Israel and Judah have done nothing but evil in my sight from their youth; indeed, the people of Israel have done nothing but arouse my anger with what their hands have made, declares the LORD. 31 From the day it was built until now, this city has so aroused my anger and wrath that I must remove it from my sight. 32 The people of Israel and Judah have provoked me by all the evil they have done – they, their kings and officials, their priests and prophets, the people of Judah and those living in Jerusalem. 33 They turned their backs to me and not their faces; though I taught them again and again, they would not listen or respond to discipline. 34 They set up their vile images in the house that bears my Name and defiled it. 35 They built high places for Baal in the Valley of Ben Hinnom to sacrifice their sons and daughters to Molek, though I never commanded – nor did it enter my mind – that they should do such a detestable thing and so make Judah sin.

36 "You are saying about this city, 'By the sword, famine and plague it will be given into the hands of the king of Babylon'; but this is what the LORD, the God of Israel, says: 37 I will surely gather them from all the lands where I banish them in my furious anger and great wrath; I will bring them back to this place and let them live in safety. 38 They will be my people, and I will be their God. 39 I will give them singleness of heart and action, so that they will always fear me and that all will then go well for them and for their children after them. 40 I will make an everlasting covenant with them: I will never stop doing good to them, and I will inspire them to fear me, so that they will never turn away from me. 41 I will rejoice in doing them good and will assuredly plant them in this land with all my heart and soul.

42 "This is what the LORD says: As I have brought all this great calamity on this people, so I will give them all the prosperity I have promised them. 43 Once more fields will be bought in this land of which you say, 'It is a desolate waste, without people or animals, for it has

famine et la peste, elle sera livrée aux Chaldéens qu combattent. Ce que tu avais annoncé va se trouver ai réalisé, comme tu le vois bien. 25 Et toi, Seigneur, Eternel, m'as dit : Achète-toi ce champ à prix d'argent par-deva des témoins, alors que cette ville est en train de tomb aux mains des Chaldéens !

La réponse de l'Eternel

26 Mais l'Eternel adressa la parole à Jérémie : 27 Oui, je s l'Eternel, le Dieu de tout être humain. Y a-t-il une ch qui soit trop extraordinaire pour moi ? 28 C'est pourq voici ce que déclare l'Eternel : Je vais livrer cette ville a Chaldéens, et à Nabuchodonosor, le roi de Babylone, pc qu'il s'en empare. 29 Oui, les Babyloniens qui la combatt entreront dans cette ville et y mettront le feu, ils la brû ront ainsi que les maisons dont les toits ont servi pc brûler des parfums en l'honneur de Baal et pour offrir libations à des dieux étrangers, ce qui m'a irrité. 30 Car Israélites et les gens de Juda n'ont fait dès leur jeunesse c ce que je considère comme mal. Les Israélites n'ont fait c m'irriter par tous leurs actes, l'Eternel le déclare. 31 Ce ville a provoqué ma colère et mon indignation, dep qu'on l'a bâtie jusqu'à ce jour : je vais l'écarter de ma v 32 à cause de tous les méfaits commis par les Israélites et gens de Juda, par lesquels ils m'ont irrité, eux, leurs rois leurs chefs, leurs prêtres, leurs prophètes, les hommes Juda et les habitants de Jérusalem. 33 Ils m'ont tourné le au lieu de regarder vers moi, alors que je n'ai cessé de instruire, sans me lasser. Mais ils ne m'ont pas écouté, n'ont pas accepté l'éducation. 34 Ils ont même installé le abominations dans le Temple qui m'appartient et l' ainsi souillé. 35 Et ils ont érigé des hauts lieux consacré Baal dans la vallée de Ben-Hinnom, pour brûler leurs et leurs filles en l'honneur de Molok ; c'est là une abo ination que je n'ai pas ordonnée, et qui ne m'est mê pas venue à la pensée. Ainsi ils ont fait tomber Juda da le péché[x].

Dieu rend le bien pour le mal

36 C'est pourquoi maintenant, voici ce que déclare l'Et nel, Dieu d'Israël, à cette ville que vous dites livrée au de Babylone, sous l'effet de l'épée, de la famine et de peste : 37 Je vais les rassembler de toutes les contrées o les aurai dispersés dans mon indignation, dans ma colè et dans mon grand courroux. Je les ramènerai ici p les y faire vivre dans la sécurité. 38 Ils seront mon peu et je serai leur Dieu. 39 Je leur accorderai un cœur et u conduite qui me seront entièrement dévoués[y], afin qu me craignent toute leur vie durant, et cela, pour leur b et pour celui de leurs enfants après eux. 40 Je conclurai a eux une alliance éternelle, telle que je ne les délaisse pas mais leur ferai du bien, je les amènerai à me crain de tout leur cœur pour qu'ils ne se détournent plus moi. 41 Je trouverai ma joie à leur faire du bien, je les i planterai durablement ici, dans ce pays, oui, je le ferai tout mon cœur et de toute mon âme. 42 Car voici ce c déclare l'Eternel : Comme je fais venir sur ce peuple grand malheur, je leur accorderai aussi tous les biens c je leur promets. 43 Et l'on achètera des champs dans pays qui est, selon vos dires, un pays dévasté, sans ho

x 32.35 Voir 3.24 et note.

y 32.39 Selon le texte hébreu traditionnel. L'ancienne version grecque *une autre pensée*. En hébreu la différence ne tient qu'à un trait de lettr

en given into the hands of the Babylonians.' [44]Fields
l be bought for silver, and deeds will be signed,
led and witnessed in the territory of Benjamin, in
villages around Jerusalem, in the towns of Judah
d in the towns of the hill country, of the western
thills and of the Negev, because I will restore their
tunes,[j] declares the LORD."

omise of Restoration

3 [1]While Jeremiah was still confined in the
courtyard of the guard, the word of the LORD
me to him a second time: [2]"This is what the LORD
ys, he who made the earth, the LORD who formed
nd established it – the LORD is his name: [3]'Call to
and I will answer you and tell you great and un-
rchable things you do not know.' [4]For this is what
LORD, the God of Israel, says about the houses in
s city and the royal palaces of Judah that have been
n down to be used against the siege ramps and the
ord [5]in the fight with the Babylonians[k]: 'They will
filled with the dead bodies of the people I will slay
my anger and wrath. I will hide my face from this
y because of all its wickedness.

[6]" 'Nevertheless, I will bring health and healing
it; I will heal my people and will let them enjoy
undant peace and security. [7]I will bring Judah and
ael back from captivity[l] and will rebuild them as
ey were before. [8]I will cleanse them from all the
they have committed against me and will forgive
their sins of rebellion against me. [9]Then this city
l bring me renown, joy, praise and honor before
nations on earth that hear of all the good things I
for it; and they will be in awe and will tremble at
abundant prosperity and peace I provide for it.'

[10]"This is what the LORD says: 'You say about this
ce, "It is a desolate waste, without people or an-
als." Yet in the towns of Judah and the streets of
usalem that are deserted, inhabited by neither
ople nor animals, there will be heard once more
he sounds of joy and gladness, the voices of bride
d bridegroom, and the voices of those who bring
ank offerings to the house of the LORD, saying,

"Give thanks to the LORD Almighty,
for the LORD is good;
his love endures forever."

I will restore the fortunes of the land as they were
fore,' says the LORD.

[12]"This is what the LORD Almighty says: 'In this
ce, desolate and without people or animals – in all
towns there will again be pastures for shepherds to
t their flocks. [13]In the towns of the hill country, of
western foothills and of the Negev, in the territory
Benjamin, in the villages around Jerusalem and
the towns of Judah, flocks will again pass under
hand of the one who counts them,' says the LORD.

:44 Or *will bring them back from captivity*
:5 Or *Chaldeans*
:7 Or *will restore the fortunes of Judah and Israel*

me ni bêtes, et livré aux Chaldéens. [44]On y achètera des
champs à prix d'argent, on rédigera des actes d'achat que
l'on cachettera devant témoins, dans le pays de Benjamin
et aux alentours de Jérusalem, dans les villes de Juda et
les villes de la région montagneuse, dans les villes de la
plaine, et dans les villes du Néguev. Oui, j'accomplirai leur
restauration, l'Eternel le déclare.

Dieu révèle des choses merveilleuses

33 [1]L'Eternel adressa la parole une seconde fois à
Jérémie alors qu'il était encore emprisonné dans
la cour du corps de garde.

[2]Voici ce que déclare l'Eternel, lui qui a fait la terre[z] et
qui l'a façonnée pour la rendre stable, lui dont le nom est
l'Eternel : [3]Invoque-moi, et je te répondrai, je te révélerai
de grandes choses et des choses secrètes que tu ne connais
pas. [4]Car voici ce que l'Eternel, Dieu d'Israël, déclare au
sujet des maisons de cette ville, des palais des rois de Juda
que l'on a démolis afin de faire face aux terrasses de siège
et à l'épée de l'ennemi [5]dans la bataille engagée contre les
Chaldéens : cela n'aboutira qu'à remplir ces maisons des
cadavres des hommes que je m'en vais frapper dans ma
colère et mon indignation. Je me suis détourné de cette
ville à cause du mal qui s'y fait.

[6]Mais je ferai venir sa guérison et je lui rendrai la
santé, oui, je les guérirai. Je leur accorderai un bien-être
véritable dans toute sa richesse. [7]Et je restaurerai Juda
et Israël. Je les rebâtirai comme ils étaient jadis, [8]je les
purifierai de toute faute qu'ils ont commise contre moi.
Je leur pardonnerai toutes les fautes par lesquelles ils ont
péché contre moi et se sont révoltés contre moi. [9]La ville de
Jérusalem fera ma renommée, ma joie, elle sera une source
de louange et de gloire parmi tous les peuples de la terre
qui apprendront tous les bienfaits dont je la comblerai ;
ils trembleront de peur et seront terrifiés en voyant le
bonheur et la prospérité que je lui donnerai.

[10]Voici ce que déclare l'Eternel au sujet de ce lieu qui est,
selon vos dires, un pays dévasté où il ne reste plus ni être
humain ni bête : Les villes de Juda et les rues de Jérusalem
sont désolées, privées d'habitants, sans être humain ni
bête. [11]On y entendra encore les cris de réjouissance et
d'allégresse, la voix du marié et de la mariée, la voix de
ceux qui diront, lorsqu'ils viendront offrir leur sacrifice
de reconnaissance dans le temple de l'Eternel :

« Célébrez l'Eternel, le Seigneur des armées célestes
car l'Eternel est bon
et son amour dure à toujours. »

Car je restaurerai le pays pour qu'il soit comme autrefois, l'Eternel le déclare. [12]Voici ce que déclare le Seigneur
des armées célestes : Dans ce pays en ruine et où il n'y a
plus ni être humain ni bête, et dans toutes ses villes, il y
aura encore des enclos de bergers qui y feront reposer les
troupeaux, [13]tant dans les villes des montagnes que dans
les villes de la plaine et dans les villes du Néguev, et dans
le territoire de Benjamin, et aux alentours de Jérusalem
et dans les villes de Juda. Brebis et chèvres passeront de
nouveau sous la main de celui qui les compte, l'Eternel
le déclare.

z **33.2** *la terre:* d'après l'ancienne version grecque. Le texte hébreu traditionnel a : *l'Eternel.*

14 " 'The days are coming,' declares the LORD, 'when I will fulfill the good promise I made to the people of Israel and Judah.

15 " 'In those days and at that time
I will make a righteous Branch sprout from
David's line;
he will do what is just and right in the land.
16 In those days Judah will be saved
and Jerusalem will live in safety.
This is the name by which it[m] will be called:
The LORD Our Righteous Savior.'

17 For this is what the LORD says: 'David will never fail to have a man to sit on the throne of Israel, 18 nor will the Levitical priests ever fail to have a man to stand before me continually to offer burnt offerings, to burn grain offerings and to present sacrifices.' "

19 The word of the LORD came to Jeremiah: 20 "This is what the LORD says: 'If you can break my covenant with the day and my covenant with the night, so that day and night no longer come at their appointed time, 21 then my covenant with David my servant – and my covenant with the Levites who are priests ministering before me – can be broken and David will no longer have a descendant to reign on his throne. 22 I will make the descendants of David my servant and the Levites who minister before me as countless as the stars in the sky and as measureless as the sand on the seashore.' "

23 The word of the LORD came to Jeremiah: 24 "Have you not noticed that these people are saying, 'The LORD has rejected the two kingdoms[n] he chose'? So they despise my people and no longer regard them as a nation. 25 This is what the LORD says: 'If I have not made my covenant with day and night and established the laws of heaven and earth, 26 then I will reject the descendants of Jacob and David my servant and will not choose one of his sons to rule over the descendants of Abraham, Isaac and Jacob. For I will restore their fortunes[o] and have compassion on them.' "

Warning to Zedekiah

34 1 While Nebuchadnezzar king of Babylon and all his army and all the kingdoms and peoples in the empire he ruled were fighting against Jerusalem and all its surrounding towns, this word came to Jeremiah from the LORD: 2 "This is what the LORD, the God of Israel, says: Go to Zedekiah king of Judah and tell him, 'This is what the LORD says: I am about to give this city into the hands of the king of Babylon, and he will burn it down. 3 You will not escape from his grasp but will surely be captured and given into his hands. You will see the king of Babylon with your own eyes, and he will speak with you face to face. And you will go to Babylon.

4 " 'Yet hear the LORD's promise to you, Zedekiah king of Judah. This is what the LORD says concerning you:

m 33:16 Or *he*
n 33:24 Or *families*
o 33:26 Or *will bring them back from captivity*

Le Fils de David

14 Le temps vient, l'Eternel le déclare, où je vais acco
plir cette promesse de bienfait que j'avais prononcée po
le royaume d'Israël et celui de Juda[a].
15 En ce temps-là, à cette époque,
je ferai naître un germe juste dans la dynastie de
David,
et il exercera le droit et la justice dans le pays.
16 En ce temps-là, Juda sera sauvé,
Jérusalem vivra dans la sécurité.
Voici quel est le nom dont on l'appellera :
« L'Eternel est notre justice. »
17 Car voici ce que l'Eternel déclare : David aura toujou
l'un de ses descendants sur le trône du peuple d'Israël. 1
y aura toujours des prêtres-lévites se tenant devant m
pour m'offrir l'holocauste, faire brûler l'offrande et fa
les sacrifices tous les jours.
19 L'Eternel adressa la parole à Jérémie en ces terme
20 Voici ce que dit l'Eternel : Si vous réussissez à romp
mon alliance avec le jour et mon alliance avec la nu
de sorte que le jour et la nuit ne paraissent plus en le
temps, 21 alors sera aussi rompue l'alliance que j'ai conc
avec mon serviteur David, de sorte qu'il n'ait plus de f
qui règne sur son trône, ainsi que mon alliance avec l
prêtres-lévites qui sont à mon service. 22 Tout comme l
astres du ciel ne peuvent se compter et le sable des me
ne peut se mesurer, je rendrai innombrable la descendar
de David, mon serviteur, ainsi que les lévites qui son
mon service.
23 L'Eternel adressa la parole à Jérémie en ces terme
24 N'as-tu pas entendu ce que ce peuple dit : « Les de
familles[b] que l'Eternel avait choisies, il les a rejetées
Ainsi ils méprisent mon peuple qui, à leurs yeux, n'e
plus une nation.
25 Voici ce que dit l'Eternel : Si je n'ai pas conclu d'al
ance avec le jour, et si je n'ai pas fait d'alliance avec la nu
si je n'ai pas instauré des lois pour le ciel et pour la ter
26 alors, je pourrai rejeter la descendance de Jacob et ce
de mon serviteur David, et renoncer à prendre l'un de s
descendants pour gouverner les descendants d'Abraha
d'Isaac, de Jacob. Mais j'accomplirai leur restauration
je leur manifesterai ma compassion.

Message au roi

34 1 Voici quel message l'Eternel adressa à Jérém
lorsque Nabuchodonosor, roi de Babylone,
toute son armée, ainsi que tous les royaumes de la ter
soumis à sa domination et tous les peuples combattaie
contre Jérusalem et contre toutes les villes de son ter
toire : 2 Voici ce que dit l'Eternel, le Dieu d'Israël : Va di
à Sédécias, roi de Juda : Voici ce que dit l'Eternel : Je v
livrer cette ville au roi de Babylone qui y mettra le fe
3 Quant à toi, tu ne lui échapperas pas, non, tu seras bel
bien capturé et tu lui seras livré. Tu le verras en face e
te parlera lui-même, oui, tu iras à Babylone.

4 Pourtant, écoute ce que dit l'Eternel, ô Sédécias, r
de Juda : Voici ce que déclare l'Eternel à ton sujet : Tu

a 33.14 Pour les v. 14-16, voir 23.5-6.
b 33.24 Israël et Juda. Selon d'autres, les familles de Lévi et de David (v. 21) ou de Jacob et de David (v. 26).

u will not die by the sword; 5 you will die peacefully. people made a funeral fire in honor of your predessors, the kings who ruled before you, so they will ake a fire in your honor and lament, "Alas, master!" nyself make this promise, declares the LORD.'"

6 Then Jeremiah the prophet told all this to Zedekiah ng of Judah, in Jerusalem, 7 while the army of the ng of Babylon was fighting against Jerusalem and e other cities of Judah that were still holding t – Lachish and Azekah. These were the only forfied cities left in Judah.

eedom for Slaves

8 The word came to Jeremiah from the LORD after ng Zedekiah had made a covenant with all the peoe in Jerusalem to proclaim freedom for the slaves. veryone was to free their Hebrew slaves, both male d female; no one was to hold a fellow Hebrew in ndage. 10 So all the officials and people who entered to this covenant agreed that they would free their ale and female slaves and no longer hold them in ndage. They agreed, and set them free. 11 But afrward they changed their minds and took back the aves they had freed and enslaved them again.

12 Then the word of the LORD came to Jeremiah: "This is what the LORD, the God of Israel, says: I ade a covenant with your ancestors when I brought em out of Egypt, out of the land of slavery. I said, Every seventh year each of you must free any fellow ebrews who have sold themselves to you. After they ve served you six years, you must let them go free.' ur ancestors, however, did not listen to me or pay tention to me. 15 Recently you repented and did what right in my sight: Each of you proclaimed freedom your own people. You even made a covenant before e in the house that bears my Name. 16 But now you ve turned around and profaned my name; each of u has taken back the male and female slaves you d set free to go where they wished. You have forced em to become your slaves again.

17 "Therefore this is what the LORD says: You have t obeyed me; you have not proclaimed freedom your own people. So I now proclaim 'freedom' for u, declares the LORD – 'freedom' to fall by the sword, ague and famine. I will make you abhorrent to all e kingdoms of the earth. 18 Those who have violat my covenant and have not fulfilled the terms of e covenant they made before me, I will treat like e calf they cut in two and then walked between pieces. 19 The leaders of Judah and Jerusalem, the urt officials, the priests and all the people of the nd who walked between the pieces of the calf, 20 I ll deliver into the hands of their enemies who want

mourras pas par l'épée, 5 mais tu mourras paisiblement. Comme on a allumé un brasier pour tes ancêtres qui étaient avant toi sur le trône royal, ainsi l'on allumera un brasier en ton honneur, et l'on entonnera pour toi une élégie funèbre : « Hélas ! notre seigneur ! » Moi, l'Eternel, j'en fais la promesse et je le déclare.

6 Le prophète Jérémie rapporta toutes ces paroles à Sédécias, roi de Juda, à Jérusalem, 7 pendant que l'armée du roi de Babylone combattait Jérusalem et toutes les villes de Juda qui tenaient encore, c'est-à-dire Lakish et Azéqa, car c'étaient là les places fortes de Juda qui résistaient encore.

Des esclaves libérés puis repris

8 Voici la parole que l'Eternel adressa à Jérémie.

Le roi Sédécias avait conclu une alliance avec toute la population de Jérusalem pour que l'on proclame la libération de tous les esclaves. 9 Chacun devait affranchir ses esclaves hébreux, hommes ou femmes, en sorte que personne ne retienne plus son compatriote judéen comme esclave. 10 Tous les dirigeants et toute la population avaient conclu cette alliance et s'étaient engagés à libérer chacun son esclave, homme ou femme, pour ne plus les retenir dans la servitude. Ils avaient tenu parole et avaient libéré leurs esclaves. 11 Mais par la suite, ils revinrent sur leur décision et reprirent leurs anciens esclaves, hommes et femmes, qu'ils avaient affranchis, pour les soumettre de nouveau à la servitude.

12 C'est alors que l'Eternel adressa la parole à Jérémie en ces termes : 13 Voici ce que déclare l'Eternel, Dieu d'Israël : J'avais moi-même conclu une alliance avec vos ancêtres quand je les ai fait sortir d'Egypte, du pays où ils étaient esclaves, en leur disant : 14 « Au bout de sept ans, chacun de vous laissera partir libre son compatriote hébreu qui se sera vendu à lui comme esclave. Celui-ci servira pendant six ans, et la septième année vous l'affranchirez. » Mais vos ancêtres ne m'ont pas obéi, ils n'ont pas prêté attention à mes paroles. 15 Or vous-mêmes, vous avez changé de conduite et vous avez fait ce que je considère comme juste en annonçant chacun la libération de son prochain. Vous avez pris des engagements par une alliance à ce sujet, devant moi, dans le Temple qui m'appartient[c]. 16 Mais ensuite, vous êtes revenus sur votre parole et vous m'avez déshonoré, car chacun de vous a repris ses anciens esclaves, hommes et femmes, que vous aviez affranchis, et à qui vous aviez permis de disposer d'eux-mêmes à leur gré ; vous les avez forcés à redevenir vos esclaves et vos servantes.

17 C'est pourquoi, voici ce que déclare l'Eternel : Puisque vous ne m'avez pas obéi en déclarant libre chacun son compatriote et son prochain, eh bien, moi, je proclame votre « libération » – l'Eternel le déclare – votre libération pour l'épée, la peste et la famine, et vous inspirerez l'effroi à tous les royaumes de la terre.

18 Je livrerai ces hommes qui ont transgressé cette alliance que j'avais ratifiée. Car vous n'avez pas tenu les engagements que vous aviez pris lorsque vous avez conclu cette alliance devant moi en coupant un veau en deux et en passant entre les deux moitiés. 19 Vous, les dirigeants de Juda et de Jérusalem, les hauts fonctionnaires de la cour, les prêtres et tous les gens du pays qui êtes passés entre les deux moitiés du veau, 20 je vous livrerai à vos ennemis et à

c **34.15** Autre traduction : *où je suis invoqué.*

to kill them. Their dead bodies will become food for
the birds and the wild animals.
[21]"I will deliver Zedekiah king of Judah and his officials into the hands of their enemies who want to
kill them, to the army of the king of Babylon, which
has withdrawn from you. [22]I am going to give the
order, declares the LORD, and I will bring them back to
this city. They will fight against it, take it and burn it
down. And I will lay waste the towns of Judah so no
one can live there."

The Rekabites

35 [1]This is the word that came to Jeremiah from
the LORD during the reign of Jehoiakim son
of Josiah king of Judah: [2]"Go to the Rekabite family
and invite them to come to one of the side rooms of
the house of the LORD and give them wine to drink."
[3]So I went to get Jaazaniah son of Jeremiah, the son
of Habazziniah, and his brothers and all his sons – the
whole family of the Rekabites. [4]I brought them into
the house of the LORD, into the room of the sons of
Hanan son of Igdaliah the man of God. It was next
to the room of the officials, which was over that of
Maaseiah son of Shallum the doorkeeper. [5]Then I set
bowls full of wine and some cups before the Rekabites
and said to them, "Drink some wine."
[6]But they replied, "We do not drink wine, because
our forefather Jehonadab[p] son of Rekab gave us this
command: 'Neither you nor your descendants must
ever drink wine. [7]Also you must never build houses,
sow seed or plant vineyards; you must never have
any of these things, but must always live in tents.
Then you will live a long time in the land where
you are nomads.' [8]We have obeyed everything our
forefather Jehonadab son of Rekab commanded us.
Neither we nor our wives nor our sons and daughters have ever drunk wine [9]or built houses to live
in or had vineyards, fields or crops. [10]We have
lived in tents and have fully obeyed everything our
forefather Jehonadab commanded us. [11]But when
Nebuchadnezzar king of Babylon invaded this land,
we said, 'Come, we must go to Jerusalem to escape
the Babylonian[q] and Aramean armies.' So we have
remained in Jerusalem."

[12]Then the word of the LORD came to Jeremiah,
saying: [13]"This is what the LORD Almighty, the God of
Israel, says: Go and tell the people of Judah and those
living in Jerusalem, 'Will you not learn a lesson and
obey my words?' declares the LORD. [14]'Jehonadab son
of Rekab ordered his descendants not to drink wine
and this command has been kept. To this day they do
not drink wine, because they obey their forefather's

[p] 35:6 Hebrew *Jonadab*, a variant of *Jehonadab*; here and often in this chapter
[q] 35:11 Or *Chaldean*

ceux qui en veulent à votre vie, et vos cadavres serviro
de pâture aux rapaces et aux animaux sauvages.
[21]Quant à Sédécias, roi de Juda, et à ses ministres, je l
livrerai à leurs ennemis et à ceux qui veulent leur mo
à l'armée du roi de Babylone qui vient de lever le siège
[22]Je vais donner mes ordres – l'Eternel le déclare – et je l
ferai revenir devant cette ville ; ils l'attaqueront, ils s'
empareront et ils y mettront le feu. Et je ferai en sorte q
les villes de Juda soient dévastées et privées d'habitant

Un exemple de fidélité

35 [1]Voici le message que l'Eternel adressa à Jérém
au temps de Yehoyaqim, fils de Josias[e], roi de Jud
[2]Va trouver la famille des Rékabites[f], parle-leur, et fais-l
venir dans l'une des salles du Temple. Là, tu leur donner
du vin à boire.
[3]Je pris donc Yaazania, fils de Jérémie, petit-fils
Habatsinia, les hommes de sa parenté, tous ses fils et to
les Rékabites. [4]Je les emmenai au temple de l'Eternel, da
la salle assignée aux disciples de Hanân, fils de Yigdal
l'homme de Dieu. Cette salle se trouve à côté de la sa
le des dirigeants, au-dessus de la chambre de Maaséy
fils de Shalloum, le gardien du seuil. [5]Je plaçai devant l
Rékabites des bols remplis de vin ainsi que des coupes,
je les invitai à boire. [6]Mais ils me dirent : Nous ne boiro
pas de vin car Yonadab[g], fils de Rékab, notre ancêtre, no
a donné ces ordres : « Vous ne boirez jamais de vin,
vous, ni vos descendants, à perpétuité. [7]Vous ne constr
irez pas de maisons, vous ne cultiverez pas la terre, vo
ne planterez pas de vignes et vous n'en posséderez pa
pendant toute votre vie, vous habiterez sous des tent
afin que vous viviez longtemps sur la terre où vous n'êt
que des étrangers. »
[8]Nous avons donc obéi à tous les ordres de Yonada
fils de Rékab, notre ancêtre, de sorte que nous ne buvo
jamais de vin, nous, nos femmes, nos fils et nos filles. [9]No
ne construisons pas de maisons pour y habiter, nous
possédons ni vigne, ni champ et nous ne faisons pas
semailles ; [10]nous habitons sous des tentes. Nous obéisso
à tous les ordres de Yonadab, notre ancêtre. [11]Mais lorsq
Nabuchodonosor, roi de Babylone, a envahi ce pays, no
nous sommes dit : « Retirons-nous dans Jérusalem po
fuir les armées des Chaldéens et des Syriens[h]. » Nous no
sommes donc installés dans Jérusalem.
[12]Alors l'Eternel adressa la parole à Jérémie en c
termes : [13]Voici ce que déclare le Seigneur des armé
célestes, Dieu d'Israël : Va dire aux gens de Juda et a
habitants de Jérusalem : Ne retiendrez-vous pas cette leç
pour écouter mes paroles ? dit l'Eternel. [14]Les descendar
de Yonadab, fils de Rékab, ont respecté les ordres que le
ancêtre leur a donnés : il leur avait défendu de boire du v
et ils n'en ont jamais bu jusqu'à ce jour, pour se confor

[d] **34.21** A cause de l'approche de l'armée égyptienne venue au secours des Judéens en 588 av. J.-C. (voir 37.5-11).
[e] **35.1** Ces événements ont eu lieu lors du premier siège de Jérusalem p Nabuchodonosor (v. 11), en 598 av. J.-C.
[f] **35.2** Les *Rékabites:* voir 2 R 10.15-16 ; 1 Ch 2.55. Ils formaient une branc des Qéniens, tribu nomade, dont certains se sont joints aux Israélites lors de la conquête de Canaan (Jg 1.16 ; 4.11 ; 1 S 27.10).
[g] **35.6** *Yonadab:* chef des Rékabites au temps de Jéhu, près de 250 ans avant Jérémie, qui a déployé un grand zèle pour la destruction du cult de Baal (2 R 10.15-23).
[h] **35.11** Les *Syriens:* alliés des Chaldéens.

mmand. But I have spoken to you again and again,
t you have not obeyed me. 15 Again and again I sent
l my servants the prophets to you. They said, "Each
you must turn from your wicked ways and reform
ur actions; do not follow other gods to serve them.
ıen you will live in the land I have given to you and
ur ancestors." But you have not paid attention or
tened to me. 16 The descendants of Jehonadab son
Rekab have carried out the command their forefa-
er gave them, but these people have not obeyed me.'
17 "Therefore this is what the LORD God Almighty,
e God of Israel, says: 'Listen! I am going to bring
Judah and on everyone living in Jerusalem every
saster I pronounced against them. I spoke to them,
t they did not listen; I called to them, but they did
t answer.'"
18 Then Jeremiah said to the family of the Rekabites,
'his is what the LORD Almighty, the God of Israel,
ys: 'You have obeyed the command of your forefa-
er Jehonadab and have followed all his instructions
d have done everything he ordered.' 19 Therefore
is is what the LORD Almighty, the God of Israel, says:
honadab son of Rekab will never fail to have a de-
endant to serve me.'"

hoiakim Burns Jeremiah's Scroll

36 1 In the fourth year of Jehoiakim son of Josiah
king of Judah, this word came to Jeremiah
om the LORD: 2 "Take a scroll and write on it all the
ords I have spoken to you concerning Israel, Judah
d all the other nations from the time I began speak-
g to you in the reign of Josiah till now. 3 Perhaps
ıen the people of Judah hear about every disaster I
an to inflict on them, they will each turn from their
cked ways; then I will forgive their wickedness and
eir sin."
4 So Jeremiah called Baruch son of Neriah, and while
remiah dictated all the words the LORD had spoken to
m, Baruch wrote them on the scroll. 5 Then Jeremiah
d Baruch, "I am restricted; I am not allowed to go to
e LORD's temple. 6 So you go to the house of the LORD
a day of fasting and read to the people from the
roll the words of the LORD that you wrote as I dic-
ted. Read them to all the people of Judah who come
from their towns. 7 Perhaps they will bring their
tition before the LORD and will each turn from their
cked ways, for the anger and wrath pronounced
ainst this people by the LORD are great."

8 Baruch son of Neriah did everything Jeremiah the
ophet told him to do; at the LORD's temple he read the

er à l'ordre de leur ancêtre. Et moi, je n'ai cessé de vous
parler, mais vous ne m'avez pas obéi. 15 Je vous ai envoyé
sans me lasser, tous mes serviteurs les prophètes pour
vous dire : « Abandonnez votre conduite mauvaise, faites
le bien, cessez de courir après d'autres dieux pour leur
rendre un culte, et vous demeurerez dans le pays que je
vous ai donné, à vous comme à vos ancêtres. » Mais vous
n'avez pas prêté attention et ne m'avez pas écouté. 16 Les
descendants de Yonadab, fils de Rékab, ont obéi aux ordres
de leur ancêtre, mais ce peuple ne m'a pas écouté.
17 C'est pourquoi voici ce que déclare l'Eternel, le Dieu
des armées célestes, Dieu d'Israël : Je vais faire venir sur
Juda et sur tous les habitants de Jérusalem tous les malheurs dont je les ai menacés, parce que je leur ai parlé
et qu'ils n'ont pas écouté ; je les ai appelés, et ils n'ont
pas répondu.
18 Puis, Jérémie dit aux Rékabites : Voici ce que déclare
le Seigneur des armées célestes, Dieu d'Israël : Parce que
vous avez obéi aux ordres de Yonadab, votre ancêtre, que
vous les avez exécutés et que vous avez fait tout ce qu'il
vous a ordonné, 19 à cause de cela, voici ce que déclare
le Seigneur des armées célestes, Dieu d'Israël : Yonadab,
fils de Rékab, ne manquera jamais de descendants qui se
tiennent tous les jours en ma présence.

LES SOUFFRANCES DE JÉRÉMIE

La destruction du rouleau

36 1 La quatrième année du règne de Yehoyaqim,
fils de Josias, roi de Juda[i], l'Eternel adressa ce
message à Jérémie : 2 Prends un rouleau de parchemin.
Tu y inscriras toutes les paroles que je t'ai dites au sujet
d'Israël, de Juda et de tous les autres peuples, depuis le
jour où j'ai commencé à te parler sous le règne de Josias, et
jusqu'à ce jour. 3 Lorsque les gens de Juda entendront tous
les maux que j'ai décidé de leur infliger, peut-être chacun
d'eux abandonnera-t-il sa conduite mauvaise, et alors je
pardonnerai leurs fautes et leurs péchés.
4 Alors Jérémie fit appel à Baruch[j], fils de Nériya,
et Baruch écrivit, sous la dictée de Jérémie, sur un
rouleau de parchemin, tout ce que l'Eternel lui avait
dit. 5 Puis Jérémie donna les instructions suivantes à
Baruch : Je suis retenu et je me trouve dans l'impossibilité de me rendre au Temple. 6 Va donc toi-même au
temple de l'Eternel, un jour de jeûne[k], et lis, dans ce
rouleau que tu as écrit sous ma dictée, les paroles de
l'Eternel pour les faire entendre à tout le peuple ainsi
qu'à tous les gens de Juda qui seront venus de leurs
différentes villes. 7 Peut-être se mettront-ils alors à
supplier l'Eternel et chacun d'eux abandonnera-t-il
sa conduite mauvaise, puisque l'Eternel a menacé ce
peuple avec une grande colère et une forte indignation.
8 Baruch, fils de Nériya, fit tout ce que le prophète
Jérémie lui avait ordonné. Il lut au temple de l'Eternel

[i] **36.1** 605 av. J.-C.
[j] **36.4** Voir 32.12 et note.
[k] **36.6** Voir v. 9 et note.

words of the LORD from the scroll. 9 In the ninth month of the fifth year of Jehoiakim son of Josiah king of Judah, a time of fasting before the LORD was proclaimed for all the people in Jerusalem and those who had come from the towns of Judah. 10 From the room of Gemariah son of Shaphan the secretary, which was in the upper courtyard at the entrance of the New Gate of the temple, Baruch read to all the people at the LORD's temple the words of Jeremiah from the scroll.

11 When Micaiah son of Gemariah, the son of Shaphan, heard all the words of the LORD from the scroll, 12 he went down to the secretary's room in the royal palace, where all the officials were sitting: Elishama the secretary, Delaiah son of Shemaiah, Elnathan son of Akbor, Gemariah son of Shaphan, Zedekiah son of Hananiah, and all the other officials. 13 After Micaiah told them everything he had heard Baruch read to the people from the scroll, 14 all the officials sent Jehudi son of Nethaniah, the son of Shelemiah, the son of Cushi, to say to Baruch, "Bring the scroll from which you have read to the people and come." So Baruch son of Neriah went to them with the scroll in his hand. 15 They said to him, "Sit down, please, and read it to us."

So Baruch read it to them. 16 When they heard all these words, they looked at each other in fear and said to Baruch, "We must report all these words to the king." 17 Then they asked Baruch, "Tell us, how did you come to write all this? Did Jeremiah dictate it?"

18 "Yes," Baruch replied, "he dictated all these words to me, and I wrote them in ink on the scroll."

19 Then the officials said to Baruch, "You and Jeremiah, go and hide. Don't let anyone know where you are."

20 After they put the scroll in the room of Elishama the secretary, they went to the king in the courtyard and reported everything to him. 21 The king sent Jehudi to get the scroll, and Jehudi brought it from the room of Elishama the secretary and read it to the king and all the officials standing beside him. 22 It was the ninth month and the king was sitting in the winter apartment, with a fire burning in the firepot in front of him. 23 Whenever Jehudi had read three or four columns of the scroll, the king cut them off with a scribe's knife and threw them into the firepot, until the entire scroll was burned in the fire. 24 The king and

les paroles de l'Eternel consignées dans le livre. 9 Cela passait la cinquième année du règne de Yehoyaqim, fils Josias, roi de Juda, au neuvième mois[l] : on avait publié jeûne[m] devant l'Eternel pour tout le peuple de Jérusale et pour tous les gens des villes de Juda qui venaien Jérusalem.

10 Baruch lut dans le rouleau les paroles de Jérémie, da le temple de l'Eternel, dans la salle de Guemaria[n], fils Shaphân, le secrétaire, dans le parvis supérieur, à l'e trée de la porte Neuve du Temple. Tout le peuple pouv l'entendre.

11 Michée, le fils de Guemaria, fils de Shaphân, e tendit toutes les paroles de l'Eternel contenues dans livre. 12 Il se rendit au palais royal, entra dans le bure du secrétaire où tous les ministres étaient en séance. I avait là Elishama, le secrétaire, Delaya, fils de Shemay Elnathan, fils d'Akbor, Guemaria, fils de Shaphân, Sédéci fils de Hanania et tous les autres ministres. 13 Michée le rapporta toutes les paroles qu'il avait entendues de Baru lorsque celui-ci avait lu au peuple ce qui était écrit da le rouleau.

14 Alors tous les ministres envoyèrent Yehoudi, fils Netania, fils de Shélémia, fils de Koushi, à Baruch po lui dire : Prends avec toi le rouleau que tu as lu au peup et viens ici.

Baruch, fils de Nériya, prit le rouleau et se rendit aupr d'eux. 15 Ils lui dirent : Assieds-toi, s'il te plaît, et lis-no cet écrit.

Baruch leur en fit donc lecture. 16 Lorsqu'ils entendire toutes ces paroles, ils se regardèrent l'un l'autre avec froi et ils dirent à Baruch : Il faut absolument que no rapportions toutes ces paroles au roi.

17 Puis ils interrogèrent Baruch : Dis-nous donc co ment tu as écrit toutes ces paroles. Etait-ce sous la dict de Jérémie[o] ?

18 Baruch leur répondit : Il m'a dicté personnelleme toutes ces paroles et moi je les ai transcrites avec de l'enc sur ce rouleau.

19 Alors les ministres dirent à Baruch : Va te cach quelque part, de même que Jérémie. Que personne ne s che où vous êtes !

20 Puis ils se rendirent auprès du roi dans la cour de s palais, en laissant le rouleau dans le bureau du secréta Elishama, et ils informèrent le roi de tout ce qui s'ét passé. 21 Celui-ci envoya Yehoudi chercher le roulea Quand Yehoudi l'eut pris dans le bureau du secréta Elishama, il le lut au roi et à tous les ministres qui se naient debout autour de lui.

22 Cela se passait au neuvième mois ; le roi se trouv dans son palais d'hiver et un brasero brûlait devant l 23 Chaque fois que Yehoudi avait lu trois ou quatre colonn du rouleau, le roi les coupait avec le canif du secréta et les jetait au feu dans le brasero, jusqu'à ce que tout rouleau soit passé au feu dans le brasero.

24 Mais ni le roi ni aucun de ses hauts fonctionnaires q entendaient toutes ces paroles, ne furent alarmés, et auc

[l] **36.9** C'est-à-dire en novembre-décembre 604 (on comptait les mois à partir du printemps), à la saison froide (v. 22).

[m] **36.9** Peut-être suite à l'invasion babylonienne de 605 av. J.-C. (voir Dn 1.1 et note).

[n] **36.10** *Guemaria:* voir 26.24 et note.

[o] **36.17** Les mots : *sous la dictée de Jérémie* ne figurent pas dans l'ancienn version grecque.

his attendants who heard all these words showed
fear, nor did they tear their clothes. 25 Even though
athan, Delaiah and Gemariah urged the king not to
rn the scroll, he would not listen to them. 26 Instead,
king commanded Jerahmeel, a son of the king,
raiah son of Azriel and Shelemiah son of Abdeel to
rest Baruch the scribe and Jeremiah the prophet.
t the LORD had hidden them.
27 After the king burned the scroll containing the
rds that Baruch had written at Jeremiah's dictation,
word of the LORD came to Jeremiah: 28 "Take anner scroll and write on it all the words that were on
first scroll, which Jehoiakim king of Judah burned
29 Also tell Jehoiakim king of Judah, 'This is what
LORD says: You burned that scroll and said, "Why
you write on it that the king of Babylon would
tainly come and destroy this land and wipe from
oth man and beast?" 30 Therefore this is what the
D says about Jehoiakim king of Judah: He will have
one to sit on the throne of David; his body will be
own out and exposed to the heat by day and the
st by night. 31 I will punish him and his children
l his attendants for their wickedness; I will bring
them and those living in Jerusalem and the people
udah every disaster I pronounced against them,
cause they have not listened.'"
2 So Jeremiah took another scroll and gave it to the
ibe Baruch son of Neriah, and as Jeremiah dictated,
uch wrote on it all the words of the scroll that
oiakim king of Judah had burned in the fire. And
ny similar words were added to them.

emiah in Prison

7 1 Zedekiah son of Josiah was made king of
Judah by Nebuchadnezzar king of Babylon;
reigned in place of Jehoiachin[r] son of Jehoiakim.
ither he nor his attendants nor the people of the
d paid any attention to the words the LORD had
ken through Jeremiah the prophet.
King Zedekiah, however, sent Jehukal son of
lemiah with the priest Zephaniah son of Maaseiah
eremiah the prophet with this message: "Please
y to the LORD our God for us."
Now Jeremiah was free to come and go among
people, for he had not yet been put in prison.
araoh's army had marched out of Egypt, and when
Babylonians[s] who were besieging Jerusalem heard
report about them, they withdrew from Jerusalem.
Then the word of the LORD came to Jeremiah the
phet: 7 "This is what the LORD, the God of Israel, says:
the king of Judah, who sent you to inquire of me,
araoh's army, which has marched out to support

1 Hebrew *Koniah*, a variant of *Jehoiachin*
5 Or *Chaldeans*; also in verses 8, 9, 13 and 14

d'eux ne déchira ses vêtements en signe de consternation.
25 Pourtant Elnathan, Delaya et Guemaria avaient prié le
roi avec insistance de ne pas brûler le rouleau, mais il
ne les avait pas écoutés. 26 Au contraire, le roi ordonna
à Yerahméel, prince de sang[p], à Seraya, fils d'Azriel, et à
Shélémia, fils d'Abdéel, d'arrêter Baruch le secrétaire et le
prophète Jérémie ; mais l'Eternel les tint cachés.

27 Après que le roi eut brûlé le rouleau contenant les
paroles que Baruch avait écrites sous la dictée de Jérémie,
l'Eternel adressa la parole à Jérémie en ces termes :
28 Prends un autre rouleau sur lequel tu écriras toutes
les paroles qui figuraient sur le premier rouleau que
Yehoyaqim, roi de Juda a brûlé. 29 Tu diras à Yehoyaqim,
roi de Juda : Voici ce que déclare l'Eternel : Tu as brûlé
ce rouleau en demandant : « Pourquoi y as-tu écrit que
le roi de Babylone viendra détruire ce pays et en faire
disparaître hommes et bêtes ? »
30 C'est pourquoi voici ce que l'Eternel déclare au sujet
de Yehoyaqim, roi de Juda : Aucun de ses descendants ne
lui succédera sur le trône de David[q]. Son cadavre sera jeté
dehors et exposé à la chaleur du jour et au froid de la
nuit. 31 Je le punirai, lui, ses descendants et tous ses hauts
fonctionnaires pour leurs crimes, et je ferai venir sur eux,
sur les habitants de Jérusalem et sur les gens de Juda, tous
les malheurs que je leur ai annoncés et dont ils ont refusé
d'entendre parler.
32 Alors Jérémie prit un autre rouleau et le donna au
secrétaire Baruch, fils de Nériya. Celui-ci y écrivit, sous
la dictée de Jérémie, toutes les paroles contenues dans le
rouleau que Yehoyaqim, roi de Juda, avait brûlé. Il y ajouta
encore beaucoup d'autres paroles semblables.

Jérémie pendant le siège

Première consultation par le roi

37 1 Sédécias[r], fils de Josias, fut établi roi sur le pays
de Juda par Nabuchodonosor, roi de Babylone,
à la place de Konia, fils de Yehoyaqim. 2 Ni lui, ni ses
hauts fonctionnaires, ni la population du pays, n'obéissaient aux paroles que l'Eternel avait communiquées par
l'intermédiaire du prophète Jérémie. 3 Toutefois, le roi
Sédécias envoya Yehoukal, fils de Shélémia, et le prêtre
Sophonie[s], fils de Maaséya, auprès du prophète Jérémie
pour lui dire : Veuille intercéder pour nous auprès de
l'Eternel notre Dieu.
4 A cette époque, Jérémie n'avait pas encore été mis
en prison, il pouvait circuler librement parmi le peuple.
5 L'armée du pharaon[t] avait quitté l'Egypte ; les Chaldéens,
qui assiégeaient Jérusalem, avaient appris la nouvelle et
avaient levé le siège. 6 Alors l'Eternel adressa la parole au
prophète Jérémie en ces termes : 7 Voici ce que déclare
l'Eternel, Dieu d'Israël : Tu répondras ainsi au roi de Juda
qui vous a envoyés pour me consulter : L'armée du pharaon
qui s'était mise en marche pour vous secourir va rentrer

p **36.26** Autre traduction : *officier royal* ou *haut fonctionnaire du roi* (voir de même en 38.6).
q **36.30** Son fils Yehoyakîn ne régna que trois mois (2 R 24.8), puis il fut déporté à Babylone (2 R 24.15) où il mourut probablement (voir 52.33-34).
r **37.1** Sur *Sédécias* (597 à 587 av. J.-C.), voir 2 R 24.17 à 25.7.
s **37.3** *Sophonie:* le même que celui dont il est question en 21.1 et 29.25-29.
t **37.5** Il s'agit du pharaon Hophra (44.30). Il est sans doute venu à la demande de Sédécias.

you, will go back to its own land, to Egypt. 8 Then the
Babylonians will return and attack this city; they will
capture it and burn it down.'
9 "This is what the LORD says: Do not deceive yourselves, thinking, 'The Babylonians will surely leave
us.' They will not! 10 Even if you were to defeat the
entire Babylonian[t] army that is attacking you and
only wounded men were left in their tents, they would
come out and burn this city down."

11 After the Babylonian army had withdrawn from
Jerusalem because of Pharaoh's army, 12 Jeremiah
started to leave the city to go to the territory of
Benjamin to get his share of the property among the
people there. 13 But when he reached the Benjamin
Gate, the captain of the guard, whose name was Irijah
son of Shelemiah, the son of Hananiah, arrested him
and said, "You are deserting to the Babylonians!"
14 "That's not true!" Jeremiah said. "I am not deserting to the Babylonians." But Irijah would not listen
to him; instead, he arrested Jeremiah and brought
him to the officials. 15 They were angry with Jeremiah
and had him beaten and imprisoned in the house of
Jonathan the secretary, which they had made into
a prison.
16 Jeremiah was put into a vaulted cell in a dungeon,
where he remained a long time. 17 Then King Zedekiah
sent for him and had him brought to the palace, where
he asked him privately, "Is there any word from the
LORD?"
"Yes," Jeremiah replied, "you will be delivered into
the hands of the king of Babylon."
18 Then Jeremiah said to King Zedekiah, "What
crime have I committed against you or your attendants or this people, that you have put me in prison?
19 Where are your prophets who prophesied to you,
'The king of Babylon will not attack you or this land'?
20 But now, my lord the king, please listen. Let me
bring my petition before you: Do not send me back
to the house of Jonathan the secretary, or I will die
there."
21 King Zedekiah then gave orders for Jeremiah to
be placed in the courtyard of the guard and given a
loaf of bread from the street of the bakers each day
until all the bread in the city was gone. So Jeremiah
remained in the courtyard of the guard.

Jeremiah Thrown Into a Cistern

38 1 Shephatiah son of Mattan, Gedaliah son
of Pashhur, Jehukal[u] son of Shelemiah, and
Pashhur son of Malkijah heard what Jeremiah was
telling all the people when he said, 2 "This is what the
LORD says: 'Whoever stays in this city will die by the

[t] 37:10 Or *Chaldean*; also in verse 11
[u] 38:1 Hebrew *Jukal*, a variant of *Jehukal*

chez elle en Egypte[u], 8 et les Chaldéens reviendront
taquer cette ville ; ils s'en empareront et ils y mettro
le feu. 9 Voici ce que déclare l'Eternel : Ne vous faites p
d'illusions en vous imaginant que les Chaldéens vont
retirer définitivement de chez vous car ils ne partiro
pas ! 10 Et même si vous réussissiez à battre toute l'arm
des Chaldéens qui vous font la guerre, et s'il n'en rest
que quelques hommes atteints par les lances ou les flè
es, chacun dans sa tente, eh bien, ils se relèveraient
mettraient le feu à cette ville.

Au cachot

11 Lorsque l'armée des Chaldéens leva le siège
Jérusalem à l'approche des forces du pharaon, 12 Jérém
voulut sortir de la ville pour se rendre dans le territo
de Benjamin afin de prendre possession d'un terrain[v]
milieu de la population locale.
13 Mais quand il fut arrivé à la porte de Benjamin[w]
fut arrêté par le chef de la garde nommé Yiriya, fils
Shélémia et petit-fils de Hanania, qui lui dit : Tu veux pa
er aux Chaldéens !
14 Jérémie lui répondit : C'est faux, je n'ai aucune int
tion de passer aux Chaldéens.
Mais Yiriya ne voulut rien entendre, il se saisit
Jérémie et l'amena aux ministres. 15 Ceux-ci s'emportèr
contre le prophète, le firent battre et incarcérer dan
maison de Jonathan le secrétaire, qui avait été transforn
en prison.
16 Jérémie fut jeté dans un cachot voûté et il y resta lo
temps. 17 Par la suite, le roi Sédécias l'envoya chercher p
l'interroger secrètement dans son palais. Il lui deman
As-tu un message de la part de l'Eternel ?
– Il y en a un, répondit Jérémie : tu tomberas entre
mains du roi de Babylone.

18 Puis Jérémie demanda au roi Sédécias : Quel cri
ai-je commis contre toi, contre tes hauts fonctionnai
et contre ce peuple pour que vous m'ayez jeté en priso
19 Que sont devenus vos prophètes qui vous prophétisai
que le roi de Babylone ne reviendrait plus ni contre vo
ni contre ce pays ? 20 Maintenant, mon seigneur le r
écoute-moi, je te prie, et veuille accéder à ma supplicati
ne me renvoie pas dans la maison du secrétaire Jonath
afin que je n'y trouve pas la mort.
21 Alors le roi Sédécias ordonna de transférer Jérém
dans la cour du corps de garde et de lui fournir cha
jour une miche de pain de la rue des boulangers, jusc
ce qu'il n'y ait plus de pain dans la ville. Ainsi Jérém
demeura dans la cour du corps de garde.

Au fond d'une citerne

38 1 Shephatia, fils de Mattân, Guedalia, fils
Pashhour, Youkal, fils de Shélémia, et Pashho
fils de Malkiya, entendirent les paroles que Jérém
adressait à tout le peuple[x]. Il disait : 2 Voici ce que décl
l'Eternel : Celui qui restera dans cette ville mourra

[u] **37.7** L'*Egypte*, qui a été rapidement vaincue par Nabuchodonosor (Ez 30.21 et note).
[v] **37.12** Peut-être s'agit-il du terrain acheté à son cousin Hanaméel (voir 32.1-14).
[w] **37.13** *La porte de Benjamin* était au nord de la ville.
[x] **38.1** Bien que séquestré dans la cour du corps de garde (37.21), Jérém peut recevoir des visiteurs et leur parler librement (32.8, 12).

ord, famine or plague, but whoever goes over to
Babylonians[v] will live. They will escape with their
es; they will live.' [3]And this is what the LORD says:
is city will certainly be given into the hands of the
ny of the king of Babylon, who will capture it.'"
Then the officials said to the king, "This man
uld be put to death. He is discouraging the soldiers
o are left in this city, as well as all the people, by
things he is saying to them. This man is not seek-
the good of these people but their ruin."
"He is in your hands," King Zedekiah answered.
e king can do nothing to oppose you."
So they took Jeremiah and put him into the cistern
Malkijah, the king's son, which was in the courtyard
he guard. They lowered Jeremiah by ropes into the
ern; it had no water in it, only mud, and Jeremiah
k down into the mud.
But Ebed-Melek, a Cushite,[w] an official[x] in the royal
ace, heard that they had put Jeremiah into the cis-
n. While the king was sitting in the Benjamin Gate,
ed-Melek went out of the palace and said to him,
1y lord the king, these men have acted wickedly in
they have done to Jeremiah the prophet. They have
own him into a cistern, where he will starve to
th when there is no longer any bread in the city."
0Then the king commanded Ebed-Melek the
shite, "Take thirty men from here with you and
Jeremiah the prophet out of the cistern before
dies."
1So Ebed-Melek took the men with him and went
room under the treasury in the palace. He took
e old rags and worn-out clothes from there and
them down with ropes to Jeremiah in the cistern.
ed-Melek the Cushite said to Jeremiah, "Put these
rags and worn-out clothes under your arms to pad
ropes." Jeremiah did so, [13]and they pulled him up
h the ropes and lifted him out of the cistern. And
emiah remained in the courtyard of the guard.

lekiah Questions Jeremiah Again

Then King Zedekiah sent for Jeremiah the prophet
had him brought to the third entrance to the
ple of the LORD. "I am going to ask you something,"
king said to Jeremiah. "Do not hide anything from
"
5Jeremiah said to Zedekiah, "If I give you an
wer, will you not kill me? Even if I did give you
nsel, you would not listen to me."
But King Zedekiah swore this oath secretly to
emiah: "As surely as the LORD lives, who has given
reath, I will neither kill you nor hand you over to
se who want to kill you."
Then Jeremiah said to Zedekiah, "This is what the
God Almighty, the God of Israel, says: 'If you sur-
der to the officers of the king of Babylon, your life
be spared and this city will not be burned down;
and your family will live. [18]But if you will not
render to the officers of the king of Babylon, this
will be given into the hands of the Babylonians

2 Or *Chaldeans*; also in verses 18, 19 and 23
7 Probably from the upper Nile region
7 Or *a eunuch*

l'épée, par la famine ou par la peste ; mais celui qui en
sortira pour se rendre aux Chaldéens aura la vie sauve ; il
aura au moins gagné cela. [3]Voici ce que déclare l'Eternel :
Cette ville sera livrée à l'armée du roi de Babylone, qui
s'en emparera.

[4]Alors les ministres dirent au roi : Il faut faire mourir
cet homme, car ses propos démoralisent les soldats qui
restent encore dans cette ville, ainsi que toute la population. Cet homme-là ne cherche pas le bien du peuple, il
ne veut que son malheur.

[5]Le roi Sédécias leur répondit : Il est entre vos mains,
car le roi ne peut rien vous refuser.

[6]Ils prirent donc Jérémie et le descendirent avec des
cordes dans la citerne appartenant à Malkiya, un prince de
sang[y], celle qui se trouvait dans la cour du corps de garde.
Il n'y avait pas d'eau dans la citerne ; dans le fond, il n'y
avait que de la vase, et Jérémie s'y enfonça.

[7]Mais Ebed-Mélek, un Ethiopien, un fonctionnaire attaché au palais royal, apprit qu'ils avaient mis Jérémie dans
la citerne. Or, le roi siégeait à la porte de Benjamin. [8]Alors
Ebed-Mélek sortit du palais et alla parler au roi. Il lui dit :
[9]Mon seigneur le roi ! Ces hommes ont mal agi envers le
prophète Jérémie en le descendant dans la citerne ; il y
mourra de faim, puisqu'il n'y a plus de pain dans la ville.

[10]Le roi ordonna à Ebed-Mélek l'Ethiopien : Prends avec
toi trois hommes[z] et fais remonter le prophète Jérémie de
la citerne avant qu'il meure.

[11]Ebed-Mélek prit donc ces hommes avec lui et rentra au
palais royal dans une pièce située sous la salle du trésor.
Il y prit des linges déchirés ou usés. Puis il les descendit
avec des cordes à Jérémie dans la citerne. [12]Ebed-Mélek
l'Ethiopien dit à Jérémie : Mets ces chiffons et ces vieux
vêtements sous tes aisselles par-dessus les cordes.

Ce que fit Jérémie. [13]Puis ils le hissèrent hors de la citerne avec les cordes. Après cela, Jérémie resta dans la cour
du corps de garde.

Entrevue secrète avec le roi

[14]Le roi Sédécias envoya chercher le prophète Jérémie et
le fit conduire à la troisième entrée du temple de l'Eternel.
Il lui dit : Je vais te poser une question, ne me cache rien !

[15]Jérémie répondit à Sédécias : Si je te révèle ce que tu
me demandes, ne vas-tu pas me faire mettre à mort ? Et si
je te donne un conseil, tu ne m'écouteras pas !

[16]Alors le roi Sédécias jura secrètement à Jérémie :
Aussi vrai que l'Eternel est vivant et que c'est de lui que
nous tenons notre vie, je ne te ferai pas mourir et je ne te
remettrai pas entre les mains de ces gens qui en veulent
à ta vie.

[17]Alors Jérémie dit à Sédécias : Voici ce que déclare
l'Eternel, le Dieu des armées célestes, Dieu d'Israël : Si tu
te rends immédiatement aux officiers du roi de Babylone,
tu auras la vie sauve, toi et ta famille, et cette ville ne sera
pas incendiée. [18]Mais si tu ne te rends pas aux officiers du

y 38.6 Autre traduction : *un officier royal* (voir 36.26).
z 38.10 *trois hommes:* d'après certains manuscrits hébreux. La plupart des manuscrits ont : *trente hommes.*

and they will burn it down; you yourself will not escape from them.' "
19 King Zedekiah said to Jeremiah, "I am afraid of
the Jews who have gone over to the Babylonians, for
the Babylonians may hand me over to them and they
will mistreat me."
20 "They will not hand you over," Jeremiah replied.
"Obey the LORD by doing what I tell you. Then it will
go well with you, and your life will be spared. 21 But
if you refuse to surrender, this is what the LORD has
revealed to me: 22 All the women left in the palace of
the king of Judah will be brought out to the officials
of the king of Babylon. Those women will say to you:

" 'They misled you and overcame you –
those trusted friends of yours.
Your feet are sunk in the mud;
your friends have deserted you.'

23 "All your wives and children will be brought
out to the Babylonians. You yourself will not escape
from their hands but will be captured by the king of
Babylon; and this city will[y] be burned down."
24 Then Zedekiah said to Jeremiah, "Do not let anyone know about this conversation, or you may die.
25 If the officials hear that I talked with you, and they
come to you and say, 'Tell us what you said to the king
and what the king said to you; do not hide it from us
or we will kill you,' 26 then tell them, 'I was pleading
with the king not to send me back to Jonathan's house
to die there.' "
27 All the officials did come to Jeremiah and question him, and he told them everything the king had
ordered him to say. So they said no more to him, for
no one had heard his conversation with the king.
28 And Jeremiah remained in the courtyard of the
guard until the day Jerusalem was captured.
This is how Jerusalem was taken:

The Fall of Jerusalem

39 1 In the ninth year of Zedekiah king of Judah,
in the tenth month, Nebuchadnezzar king of
Babylon marched against Jerusalem with his whole
army and laid siege to it. 2 And on the ninth day of
the fourth month of Zedekiah's eleventh year, the
city wall was broken through. 3 Then all the officials of
the king of Babylon came and took seats in the Middle
Gate: Nergal-Sharezer of Samgar, Nebo-Sarsekim a
chief officer, Nergal-Sharezer a high official and all
the other officials of the king of Babylon. 4 When
Zedekiah king of Judah and all the soldiers saw them,
they fled; they left the city at night by way of the
king's garden, through the gate between the two
walls, and headed toward the Arabah.[z]
5 But the Babylonian[a] army pursued them and overtook Zedekiah in the plains of Jericho. They captured
him and took him to Nebuchadnezzar king of Babylon

[y] 38:23 Or *and you will cause this city to*
[z] 39:4 Or *the Jordan Valley*
[a] 39:5 Or *Chaldean*

roi de Babylone, cette ville sera livrée aux Chaldéens,
y mettront le feu, et toi, tu ne leur échapperas pas.
19 Mais le roi Sédécias répondit à Jérémie : J'ai peur
Judéens qui sont déjà passés aux Chaldéens. Je crains
leur être livré et d'être outragé par eux.
20 – On ne te livrera pas à eux, lui répondit Jérém
Ecoute donc l'Eternel selon ce que je t'ai dit ; tu t'en tr
veras bien et tu auras la vie sauve. 21 Mais si tu refuses
te rendre, voici ce que l'Eternel m'a révélé : 22 Toutes
femmes qui restent dans le palais royal de Juda vont
emmenées aux officiers du roi de Babylone, et elles diro

« Ils t'ont trompé,
Ils t'ont bien eu,
tes bons amis ;
et pendant que tes pieds enfoncent dans la boue,
eux se sont éclipsés. »

23 Toutes tes femmes et tes enfants vont être emme
d'ici aux Chaldéens et tu ne leur échapperas pas, car le
de Babylone se saisira de toi et cette ville sera incendi
24 Alors Sédécias dit à Jérémie : Que personne ne sa
rien de toute cette conversation, et tu ne seras pas m
mort. 25 Si les ministres apprennent que j'ai parlé avec
et s'ils viennent te demander : « Fais-nous savoir ce que
as dit au roi et ce que le roi t'a dit ; ne nous cache rien
nous ne te ferons pas mourir », 26 tu leur répondras : «
supplié le roi de ne pas me faire ramener dans la mai
de Jonathan, pour que je n'y meure pas. »
27 Effectivement, tous les ministres vinrent trou
Jérémie pour le questionner, et il leur répondit comm
roi le lui avait ordonné. Alors ils le laissèrent tranqui
car rien n'avait filtré de l'entretien.
28 Ainsi Jérémie demeura dans la cour du corps de ga
jusqu'au jour où Jérusalem fut conquise. Voici comm
Jérusalem fut prise.

La prise de Jérusalem

39 1 La neuvième année du règne de Sédécias, ro
Juda, au dixième mois[a], Nabuchodonosor, roi
Babylone, vint avec son armée à Jérusalem et il en f
siège[b]. 2 La onzième année de Sédécias, le neuvième jour
quatrième mois[c], une brèche fut ouverte dans le remp
de la ville. 3 Tout l'état-major du roi de Babylone entra d
la ville et s'installa à la Porte Centrale[d]. C'étaient Nerg
Saretser, Samgar-Nebou, Sarsekim, le chef des offici
de la cour, Nergal-Saretser, le général en chef, et tous
autres officiers supérieurs du roi de Babylone[e].
4 Lorsque Sédécias, roi de Juda, et tous les sold
virent cela, ils s'enfuirent et s'échappèrent de la v
de nuit par le chemin du jardin du roi, par la po
entre les deux remparts, et sortirent sur le cher
de la vallée du Jourdain. 5 Mais l'armée des Chaldé
se lança à leur poursuite et rattrapa Sédécias dan
plaine de Jéricho ; ils le firent prisonnier et l'amenèr
à Nabuchodonosor, roi de Babylone, à Ribla dans le p

[a] 39.1 En janvier 588 av. J.-C.
[b] 39.1 Pour les v. 1-10, voir 2 R 25.1-12 ; Jr 52.4-16.
[c] 39.2 Juillet 587 av. J.-C.
[d] 39.3 Probablement une porte menant de la ville basse à la forteress de Sion. Sédécias s'enfuit par une porte opposée, au sud, menant aux jardins du roi près du confluent du Cédron et de la vallée de Hinnom
[e] 39.3 La traduction des titres de ces officiers ou fonctionnaires est incertaine.

Riblah in the land of Hamath, where he pronounced
ntence on him. 6 There at Riblah the king of Babylon
ughtered the sons of Zedekiah before his eyes and
so killed all the nobles of Judah. 7 Then he put out
dekiah's eyes and bound him with bronze shackles
take him to Babylon.
8 The Babylonians[b] set fire to the royal palace and
e houses of the people and broke down the walls
Jerusalem. 9 Nebuzaradan commander of the im-
rial guard carried into exile to Babylon the people
10 remained in the city, along with those who had
ne over to him, and the rest of the people. 10 But
buzaradan the commander of the guard left bend in the land of Judah some of the poor people,
10 owned nothing; and at that time he gave them
neyards and fields.

11 Now Nebuchadnezzar king of Babylon had given
ese orders about Jeremiah through Nebuzaradan
mmander of the imperial guard: 12 "Take him and
k after him; don't harm him but do for him what-
er he asks." 13 So Nebuzaradan the commander
the guard, Nebushazban a chief officer, Nergal-
arezer a high official and all the other officers of
e king of Babylon 14 sent and had Jeremiah taken
t of the courtyard of the guard. They turned him
er to Gedaliah son of Ahikam, the son of Shaphan,
take him back to his home. So he remained among
own people.
15 While Jeremiah had been confined in the court-
rd of the guard, the word of the LORD came to him:
Go and tell Ebed-Melek the Cushite, 'This is what
LORD Almighty, the God of Israel, says: I am about
fulfill my words against this city – words concern-
disaster, not prosperity. At that time they will be
filled before your eyes. 17 But I will rescue you on
at day, declares the LORD; you will not be given into
hands of those you fear. 18 I will save you; you will
t fall by the sword but will escape with your life,
cause you trust in me, declares the LORD.'"

emiah Freed

40 1 The word came to Jeremiah from the LORD
after Nebuzaradan commander of the impe-
l guard had released him at Ramah. He had found
emiah bound in chains among all the captives
m Jerusalem and Judah who were being carried
o exile to Babylon. 2 When the commander of the
ard found Jeremiah, he said to him, "The LORD your
d decreed this disaster for this place. 3 And now
LORD has brought it about; he has done just as he
d he would. All this happened because you people
ned against the LORD and did not obey him. 4 But

8 Or *Chaldeans*

de Hamath[f]. Celui-ci prononça son jugement contre lui.
6 Le roi de Babylone fit égorger à Ribla les fils de Sédécias
sous les yeux de leur père. Il fit aussi égorger tous les
notables de Juda. 7 Puis il fit crever les yeux à Sédécias
et le fit lier avec une double chaîne de bronze, pour le
déporter à Babylone.
8 Les Chaldéens mirent le feu au palais royal et aux maisons des particuliers et ils démantelèrent les remparts de
la ville. 9 Nebouzaradân, chef de la garde royale, déporta à
Babylone le reste de la population qui était demeurée dans
la ville, ceux qui s'étaient déjà rendus à Nabuchodonosor
et ce qui restait du peuple. 10 Mais il laissa dans le pays de
Juda une partie des pauvres de la population, des gens
qui ne possédaient pas de biens, et il leur donna alors des
vignes et des champs.

Jérémie libéré

11 Nabuchodonosor, roi de Babylone, confia Jérémie à
Nebouzaradân, chef de la garde royale, en lui ordonnant :
12 Prends-le en charge, veille sur lui, ne lui fais aucun mal,
mais au contraire, agis à son égard comme il te le dira.
13 Alors Nebouzaradân, le chef de la garde,
Nebouszhazbân, le chef des officiers de la cour, Nergal-
Saretser, le général en chef, et tous les généraux du roi de
Babylone 14 firent prendre Jérémie dans la cour du corps de
garde ; ils le confièrent à Guedalia, fils d'Ahiqam, petit-fils
de Shaphân, qui le laissa rentrer chez lui ; Jérémie demeura
donc au milieu du peuple[g].

Dieu se souvient de ceux qui ont eu pitié

15 L'Eternel adressa la parole à Jérémie pendant qu'il
était encore emprisonné dans la cour du corps de garde.
16 Va parler à Ebed-Mélek, l'Ethiopien, et dis-lui : Voici ce
que déclare le Seigneur des armées célestes, Dieu d'Israël :
Je vais accomplir ce que j'ai annoncé pour cette ville : des
malheurs, et non des choses heureuses, et cela se produira
sous tes yeux lorsque cela arrivera. 17 Mais ce jour-là, je
t'épargnerai – l'Eternel le déclare – et tu ne seras pas livré
aux hommes que tu redoutes. 18 Oui, je te ferai échapper et
tu ne mourras pas par l'épée. Tu auras la vie sauve, telle
sera ta part pour avoir mis ta confiance en moi – l'Eternel
le déclare.

En Judée pendant le siège

Le sort de Jérémie

40 1 Voici ce que l'Eternel dit à Jérémie lorsqu'il
s'adressa à lui après que Nebouzaradân, le chef
de la garde, l'eut renvoyé à Rama. Celui-ci l'avait en effet
trouvé enchaîné au milieu de tous les captifs de Jérusalem
et de Juda que l'on déportait à Babylone[h]. 2 Le chef de la
garde l'avait donc fait retirer du convoi et lui avait dit :
L'Eternel ton Dieu avait annoncé que ce malheur viendrait sur ce lieu, 3 et maintenant il l'a fait venir et a réalisé
ainsi ce qu'il avait annoncé. Cela vous est arrivé parce que
vous vous êtes rendus coupables envers l'Eternel, et que
vous ne lui avez pas obéi. 4 Maintenant, vois, je détache

f **39.5** *Ribla* est situé sur l'Oronte, un fleuve de Syrie passant au nord du Liban. Le pays de Hamath correspondait à la Syrie actuelle.

g **39.14** *Guedalia:* fils d'Ahiqam qui avait protégé Jérémie pour qu'il ne soit pas livré au peuple qui voulait le tuer (26.24).

h **40.1** Soit 40.1-6 développe ce qui est résumé en 39.14, soit Jérémie a été arrêté par mégarde après sa libération de la cour de garde.

today I am freeing you from the chains on your wrists. Come with me to Babylon, if you like, and I will look after you; but if you do not want to, then don't come. Look, the whole country lies before you; go wherever you please." 5 However, before Jeremiah turned to go,[c] Nebuzaradan added, "Go back to Gedaliah son of Ahikam, the son of Shaphan, whom the king of Babylon has appointed over the towns of Judah, and live with him among the people, or go anywhere else you please."

Then the commander gave him provisions and a present and let him go. 6 So Jeremiah went to Gedaliah son of Ahikam at Mizpah and stayed with him among the people who were left behind in the land.

Gedaliah Assassinated

7 When all the army officers and their men who were still in the open country heard that the king of Babylon had appointed Gedaliah son of Ahikam as governor over the land and had put him in charge of the men, women and children who were the poorest in the land and who had not been carried into exile to Babylon, 8 they came to Gedaliah at Mizpah – Ishmael son of Nethaniah, Johanan and Jonathan the sons of Kareah, Seraiah son of Tanhumeth, the sons of Ephai the Netophathite, and Jaazaniah[d] the son of the Maakathite, and their men. 9 Gedaliah son of Ahikam, the son of Shaphan, took an oath to reassure them and their men. "Do not be afraid to serve the Babylonians,[e]" he said. "Settle down in the land and serve the king of Babylon, and it will go well with you. 10 I myself will stay at Mizpah to represent you before the Babylonians who come to us, but you are to harvest the wine, summer fruit and olive oil, and put them in your storage jars, and live in the towns you have taken over."

11 When all the Jews in Moab, Ammon, Edom and all the other countries heard that the king of Babylon had left a remnant in Judah and had appointed Gedaliah son of Ahikam, the son of Shaphan, as governor over them, 12 they all came back to the land of Judah, to Gedaliah at Mizpah, from all the countries where they had been scattered. And they harvested an abundance of wine and summer fruit.

c 40:5 Or *Jeremiah answered*
d 40:8 Hebrew *Jezaniah*, a variant of *Jaazaniah*
e 40:9 Or *Chaldeans*; also in verse 10

aujourd'hui les chaînes de tes poignets. Si tu le juges bo viens avec moi à Babylone, et je prendrai soin de toi. M si tu préfères ne pas me suivre à Babylone, reste ici. Vo tout le pays est devant toi ; va où bon te semblera et où te conviendra d'aller.

5 Comme Jérémie hésitait à répondre[i], Nebouzarad lui dit : Retourne auprès de Guedalia, fils d'Ahiqam, petit-fils de Shaphân, à qui le roi de Babylone a confié responsabilité des villes de Juda, et demeure avec lui milieu du peuple, ou bien va où bon te semblera.

Puis le chef de la garde lui donna des vivres, lui frit un présent et prit congé de lui. 6 Jérémie se ren donc auprès de Guedalia, fils d'Ahiqam, à Mitspa[j], e demeura avec lui parmi le peuple qui avait été lais dans le pays.

Les Judéens dispersés reviennent dans leur pays

7 Lorsque tous les chefs de l'armée, qui s'étaie dispersés dans la campagne, et leurs hommes app rent que le roi de Babylone avait nommé Guedalia, f d'Ahiqam, comme gouverneur du pays, et qu'il lui av confié les hommes, les femmes et les enfants, et gens pauvres du pays qui n'avaient pas été déport à Babylone[k], 8 ils allèrent trouver Guedalia à Mits C'étaient Ismaël, fils de Netania, Yohanân et Jonath fils de Qaréah, Seraya, fils de Tanhoumeth, les f d'Ephaï de Netopha et Yezania, fils d'un Maakathie Ils vinrent, accompagnés de leurs hommes. 9 Gueda fils d'Ahiqam, petit-fils de Shaphân, leur déclara a serment, à eux et à leurs hommes : Vous n'avez ri à craindre en vous soumettant aux Chaldéens ; stallez-vous dans le pays, soumettez-vous au roi Babylone et tout ira bien pour vous. 10 Moi, je v m'installer à Mitspa pour vous représenter aup des Chaldéens lorsqu'ils viendront nous trouver. M vous autres, faites les récoltes de vin, des fruits d' et d'huile[m], et faites-en provision. Installez-vous da les villes que vous occupez.

11 Tous les autres Judéens, qui s'étaient réfug dans le pays de Moab, chez les Ammonites, en Edom dans tous les autres pays d'alentour, apprirent au que le roi de Babylone avait laissé un reste de la p ulation dans le territoire de Juda et qu'il avait éta sur eux comme gouverneur Guedalia, fils d'Ahiq et petit-fils de Shaphân.

12 Alors tous les Judéens revinrent de tous les lieux où avaient été dispersés ; ils revinrent en Juda et se rendir auprès de Guedalia à Mitspa. Ils firent une abonda récolte de vin et des fruits d'été.

i 40.5 Autre traduction : *ne s'en allait pas.*
j 40.6 *Mitspa:* à quelques kilomètres au nord-ouest de Jérusalem, dans territoire de Benjamin (voir 1 S 7.16 ; 10.17 ; 1 R 15.22).
k 40.7 Pour 40.7 à 41.8, voir 2 R 25.22-26.
l 40.8 *Netopha:* près de Bethléhem (voir 1 Ch 2.54 ; Esd 2.22). *Maakathie* de Maaka, au nord du Basan, au-delà du Jourdain (Dt 3.14 ; Jos 12.5).
m 40.10 Nebouzaradân (39.9) arriva à Jérusalem en août 587 av. J.-C. (52.12). Les récoltes mentionnées se font en Israël en août et septemb

13Johanan son of Kareah and all the army officers
ll in the open country came to Gedaliah at Mizpah
nd said to him, "Don't you know that Baalis king
the Ammonites has sent Ishmael son of Nethaniah
take your life?" But Gedaliah son of Ahikam did
believe them.
15Then Johanan son of Kareah said privately to
daliah in Mizpah, "Let me go and kill Ishmael son
Nethaniah, and no one will know it. Why should he
e your life and cause all the Jews who are gathered
ound you to be scattered and the remnant of Judah
perish?"
6But Gedaliah son of Ahikam said to Johanan son of
reah, "Don't do such a thing! What you are saying
out Ishmael is not true."

1 1In the seventh month Ishmael son of
Nethaniah, the son of Elishama, who was
royal blood and had been one of the king's offi-
s, came with ten men to Gedaliah son of Ahikam
Mizpah. While they were eating together there,
hmael son of Nethaniah and the ten men who were
th him got up and struck down Gedaliah son of
ikam, the son of Shaphan, with the sword, killing
one whom the king of Babylon had appointed as
vernor over the land. 3Ishmael also killed all the
n of Judah who were with Gedaliah at Mizpah, as
ll as the Babylonian[f] soldiers who were there.
The day after Gedaliah's assassination, before any-
knew about it, 5eighty men who had shaved off
ir beards, torn their clothes and cut themselves
me from Shechem, Shiloh and Samaria, bring-
grain offerings and incense with them to the
use of the LORD. 6Ishmael son of Nethaniah went
from Mizpah to meet them, weeping as he went.
en he met them, he said, "Come to Gedaliah son of
ikam." 7When they went into the city, Ishmael son
Nethaniah and the men who were with him slaugh-
ed them and threw them into a cistern. 8But ten of
m said to Ishmael, "Don't kill us! We have wheat
barley, olive oil and honey, hidden in a field." So
let them alone and did not kill them with the oth-
. 9Now the cistern where he threw all the bodies
he men he had killed along with Gedaliah was the
King Asa had made as part of his defense against
sha king of Israel. Ishmael son of Nethaniah filled
vith the dead.
0Ishmael made captives of all the rest of the peo-
who were in Mizpah – the king's daughters along

3 Or *Chaldean*

L'assassinat du gouverneur

13Yohanân, fils de Qaréah, et tous les chefs de l'armée
qui se trouvaient dans la campagne, vinrent trouver
Guedalia à Mitspa 14et lui dirent : Ne sais-tu donc pas
que Baalis, le roi des Ammonites, a chargé Ismaël, fils de
Netania, de t'assassiner[n] ?
Mais Guedalia, fils d'Ahiqam, ne voulut pas les croire.
15Yohanân, fils de Qaréah, dit même en secret à Guedalia,
à Mitspa : Laisse-moi aller tuer Ismaël, fils de Netania !
Personne ne le saura. Pourquoi le laisser t'assassiner ?
Pourquoi faudrait-il que tous les Juifs qui se sont regroupés
autour de toi soient dispersés et que ce qui reste de Juda
périsse ?
16Mais Guedalia, fils d'Ahiqam, répondit à Yohanân, fils
de Qaréah : Ne fais pas une chose pareille, car ce que tu
racontes au sujet d'Ismaël est faux.

41 1Au septième mois[o] de l'année, Ismaël, fils de
Netania, et petit-fils d'Elishama, qui était de descendance royale, et l'un des généraux du roi, vint avec
dix hommes auprès de Guedalia, fils d'Ahiqam, à Mitspa.
Pendant qu'ils étaient à table ensemble à Mitspa, 2Ismaël,
fils de Netania, se leva soudain, avec les dix hommes qui
l'accompagnaient, et, de leur épée, ils assassinèrent
Guedalia, fils d'Ahiqam, petit-fils de Shaphân, que le roi
de Babylone avait établi gouverneur du pays. 3Ils tuèrent
aussi tous les Judéens qui étaient avec Guedalia à Mitspa,
et les soldats chaldéens qui étaient sur place.

La tuerie de Mitspa

4Le lendemain du meurtre de Guedalia, alors que personne n'en avait encore connaissance, 5quatre-vingts
hommes vinrent de Sichem, de Silo et de Samarie, la
barbe rasée, les vêtements déchirés, la peau tailladée
d'incisions[p]. Ils apportaient des offrandes de céréales
et de l'encens pour les offrir dans le temple de l'Eternel.
6Ismaël, fils de Netania, sortit de Mitspa à leur rencontre.
Il marchait en pleurant. Quand il les eut rejoints, il leur
dit : Venez auprès de Guedalia, fils d'Ahiqam !
7Mais quand ils furent à l'intérieur de la ville, Ismaël,
fils de Netania, et ses hommes les massacrèrent et
jetèrent leurs cadavres dans une citerne. 8Il épargna
cependant dix d'entre eux parce qu'ils avaient dit à
Ismaël : Ne nous fais pas mourir, nous avons des provisions cachées dans les champs : du blé, de l'orge, de
l'huile et du miel.
Il ne les fit donc pas mourir avec leurs concitoyens.
9La citerne dans laquelle Ismaël jeta les cadavres
des hommes qu'il avait assassinés pour se débarrasser
de Guedalia est celle[q] que le roi Asa avait fait creuser
pour se défendre contre Baésha, roi d'Israël. Ismaël,
fils de Netania, la remplit des cadavres de ses victimes.
10Puis il fit prisonniers le reste de la population de

n **40.14** *Baalis*, le roi des Ammonites, voulait sans doute provoquer une rébellion en vue de polariser l'attention des Babyloniens sur Juda, pour éviter la conquête de son pays, jusque-là épargné par les armées babyloniennes. Ismaël, qui était de descendance royale (41.1), se prête peut-être à ce complot par jalousie envers Guedalia qui l'a supplanté à ce poste, ou parce qu'il le considère comme un usurpateur du trône et un traître (pro-babylonien).

o **41.1** Septembre-octobre 587 av. J.-C.

p **41.5** Marques de deuil suite à la ruine de Jérusalem et du Temple.

q **41.9** *pour se débarrasser de Guedalia est celle ...:* selon le texte hébreu traditionnel. L'ancienne version grecque a : *est la grande citerne ...* Sur *Asa* et *Baésha*, voir 1 R 15.16-22.

with all the others who were left there, over whom
Nebuzaradan commander of the imperial guard had
appointed Gedaliah son of Ahikam. Ishmael son of
Nethaniah took them captive and set out to cross over
to the Ammonites.

11 When Johanan son of Kareah and all the army
officers who were with him heard about all the crimes
Ishmael son of Nethaniah had committed, 12 they
took all their men and went to fight Ishmael son of
Nethaniah. They caught up with him near the great
pool in Gibeon. 13 When all the people Ishmael had
with him saw Johanan son of Kareah and the army
officers who were with him, they were glad. 14 All the
people Ishmael had taken captive at Mizpah turned
and went over to Johanan son of Kareah. 15 But Ishmael
son of Nethaniah and eight of his men escaped from
Johanan and fled to the Ammonites.

Flight to Egypt

16 Then Johanan son of Kareah and all the army officers who were with him led away all the people of
Mizpah who had survived, whom Johanan had recovered from Ishmael son of Nethaniah after Ishmael had
assassinated Gedaliah son of Ahikam – the soldiers,
women, children and court officials he had recovered
from Gibeon. 17 And they went on, stopping at Geruth
Kimham near Bethlehem on their way to Egypt 18 to
escape the Babylonians.[g] They were afraid of them
because Ishmael son of Nethaniah had killed Gedaliah
son of Ahikam, whom the king of Babylon had appointed as governor over the land.

42 1 Then all the army officers, including
Johanan son of Kareah and Jezaniah[h] son of
Hoshaiah, and all the people from the least to the
greatest approached 2 Jeremiah the prophet and said
to him, "Please hear our petition and pray to the LORD
your God for this entire remnant. For as you now see,
though we were once many, now only a few are left.
3 Pray that the LORD your God will tell us where we
should go and what we should do."
4 "I have heard you," replied Jeremiah the prophet.
"I will certainly pray to the LORD your God as you have
requested; I will tell you everything the LORD says and
will keep nothing back from you."
5 Then they said to Jeremiah, "May the LORD be a
true and faithful witness against us if we do not act in
accordance with everything the LORD your God sends
you to tell us. 6 Whether it is favorable or unfavorable,
we will obey the LORD our God, to whom we are sending
you, so that it will go well with us, for we will obey
the LORD our God."
7 Ten days later the word of the LORD came to
Jeremiah. 8 So he called together Johanan son of
Kareah and all the army officers who were with him

g 41:18 Or *Chaldeans*
h 42:1 Hebrew; Septuagint (see also 43:2) *Azariah*

Mitspa, les filles du roi[r] et tous les gens qui restaie
dans la ville et que Nebouzaradân, le chef de la garc
avait confiés à Guedalia, fils d'Ahiqam. Ismaël, fils
Netania, partit pour se rendre chez les Ammonit
en les emmenant captifs.

Les prisonniers délivrés

11 Yohanân, fils de Qaréah, et tous les chefs des troup
qui étaient avec lui apprirent les crimes commis p
Ismaël, fils de Netania. 12 Ils rassemblèrent tous leurs ho
mes et se mirent en route pour attaquer Ismaël, fils
Netania. Ils le rejoignirent près du grand étang de Gabao
13 Quand tous les prisonniers d'Ismaël virent Yohanân
tous les chefs de troupes qui l'accompagnaient, ils fure
remplis de joie. 14 Tous les gens qu'Ismaël avait emmer
prisonniers de Mitspa firent demi-tour et vinrent
joindre à Yohanân, fils de Qaréah. 15 Mais Ismaël, fils
Netania, parvint à échapper à Yohanân avec huit homm
et il se rendit chez les Ammonites.

16 Alors Yohanân, fils de Qaréah, et tous les chefs d
troupes qui l'accompagnaient prirent avec eux le re
de la population de Mitspa qu'Ismaël, fils de Netan
avait emmené captif après le meurtre de Guedalia, f
d'Ahiqam : les soldats, les femmes, les enfants et l
fonctionnaires royaux, et ils les ramenèrent de Gaba
17 Ils se mirent en route et firent étape au caravansérail
Kimham près de Bethléhem. Ils avaient l'intention de
rendre en Egypte 18 pour fuir les Chaldéens, car ils avai
peur de représailles de leur part, parce qu'Ismaël, fils
Netania, avait assassiné Guedalia, fils d'Ahiqam, que le
de Babylone avait établi gouverneur du pays.

La fuite en Egypte

42 1 Alors tous les chefs des troupes ainsi q
Yohanân, fils de Qaréah, Yezania[t], fils de Hosha
et tout le peuple, au grand complet, se rendirent 2 aup
du prophète Jérémie et lui dirent : Veuille accéder à no
requête : prie l'Eternel ton Dieu pour ce reste que no
sommes ! Car nous étions nombreux et nous somm
réduits à bien peu de chose, comme tu peux le consta
toi-même. 3 Que l'Eternel, ton Dieu, nous fasse savoir q
chemin nous devons suivre et ce que nous avons à fair
4 Le prophète Jérémie leur répondit : C'est entendu
vais prier l'Eternel votre Dieu pour vous, comme vous
l'avez demandé, et je vous communiquerai tout ce q
l'Eternel vous répondra, sans rien vous en cacher.
5 De leur côté, ils dirent à Jérémie : Que l'Eternel soit co
tre nous un témoin véridique et fidèle si nous n'obéisso
pas à tout ce que l'Eternel ton Dieu te chargera de no
dire. 6 Que cela nous plaise ou non, nous obéirons à l'Et
nel que nous te chargeons de consulter. Car nous nous
trouverons bien si nous obéissons à l'Eternel notre Di
7 Dix jours plus tard, l'Eternel adressa la parole
prophète Jérémie. 8 Celui-ci fit venir Yohanân, fils
Qaréah, et tous les chefs de troupes qui étaient avec lu

r 41.10 *les filles du roi:* expression qui peut aussi désigner des femmes c
ont fait partie de la cour du roi Sédécias.
s 41.12 A quelques kilomètres de Jérusalem (voir Jos 9.3).
t 42.1 *Yezania:* selon le texte hébreu traditionnel. L'ancienne version
grecque a : *Azaria*, comme en 43.2.

d all the people from the least to the greatest. 9He
d to them, "This is what the LORD, the God of Israel,
whom you sent me to present your petition, says:
If you stay in this land, I will build you up and not
ar you down; I will plant you and not uproot you, for
ave relented concerning the disaster I have inflict-
on you. 11Do not be afraid of the king of Babylon,
om you now fear. Do not be afraid of him, declares
e LORD, for I am with you and will save you and deliv-
you from his hands. 12I will show you compassion
that he will have compassion on you and restore
u to your land.'
13"However, if you say, 'We will not stay in this
d,' and so disobey the LORD your God, 14and if you
y, 'No, we will go and live in Egypt, where we will
t see war or hear the trumpet or be hungry for
ead,' 15then hear the word of the LORD, you remnant
Judah. This is what the LORD Almighty, the God of
ael, says: 'If you are determined to go to Egypt and
u do go to settle there, 16then the sword you fear
ll overtake you there, and the famine you dread will
low you into Egypt, and there you will die. 17Indeed,
who are determined to go to Egypt to settle there
ll die by the sword, famine and plague; not one of
em will survive or escape the disaster I will bring
them.' 18This is what the LORD Almighty, the God of
ael, says: 'As my anger and wrath have been poured
t on those who lived in Jerusalem, so will my wrath
poured out on you when you go to Egypt. You will
a curse[i] and an object of horror, a curse[j] and an
ect of reproach; you will never see this place again.'

19"Remnant of Judah, the LORD has told you, 'Do not
to Egypt.' Be sure of this: I warn you today 20that
u made a fatal mistake when you sent me to the LORD
ur God and said, 'Pray to the LORD our God for us; tell
everything he says and we will do it.' 21I have told
u today, but you still have not obeyed the LORD your
d in all he sent me to tell you. 22So now, be sure of
s: You will die by the sword, famine and plague in
e place where you want to go to settle."

3 1When Jeremiah had finished telling the
people all the words of the LORD their
d – everything the LORD had sent him to tell them –
zariah son of Hoshaiah and Johanan son of Kareah
d all the arrogant men said to Jeremiah, "You are
ng! The LORD our God has not sent you to say, 'You
st not go to Egypt to settle there.' 3But Baruch son
Neriah is inciting you against us to hand us over
the Babylonians,[k] so they may kill us or carry us
o exile to Babylon."

:18 That is, your name will be used in cursing (see 29:22); or,
ers will see that you are cursed.
:18 That is, your name will be used in cursing (see 29:22); or,
ers will see that you are cursed.
:3 Or *Chaldeans*

tout le peuple au grand complet, 9et il leur dit : Voici ce que
déclare l'Eternel, Dieu d'Israël, à qui vous m'avez envoyé
pour présenter votre requête : 10Si vous restez dans ce
pays, je construirai en votre faveur et ne vous y détruirai
pas ; je vous y implanterai et ne vous en arracherai pas.
Car je renoncerai à vous faire du mal comme je vous en ai
fait. 11Ne craignez plus le roi de Babylone dont vous avez
peur ! Non, n'ayez pas peur de lui, l'Eternel le déclare, car
je suis avec vous : je vous sauverai et je vous délivrerai
de lui. 12Je vous témoignerai de la compassion afin qu'il
vous traite avec compassion et qu'il vous laisse retourner
sur vos terres.
13Mais si vous dites : « Nous ne resterons pas dans ce
pays », et si vous désobéissez ainsi à l'Eternel votre Dieu,
14si vous dites : « Non, nous irons plutôt en Egypte, où nous
ne connaîtrons plus la guerre, où nous n'entendrons plus le
cor sonner l'alerte, où nous ne souffrirons plus de la faim,
c'est là que nous nous établirons », 15alors, écoutez bien
ce que l'Eternel vous dit, à vous, le reste de Juda : Voici ce
que déclare le Seigneur des armées célestes, Dieu d'Israël :
Si vous vous obstinez à vouloir émigrer en Egypte et si
vous allez vous y établir, 16l'épée que vous redoutez vous
atteindra là-bas, en Egypte, la famine que vous craignez
s'attachera à vos pas jusqu'en Egypte et vous y périrez.
17Tous ceux qui décideront d'émigrer en Egypte, périront
par l'épée, par la famine ou la peste : il n'y aura ni rescapé
ni survivant à ces fléaux que je déchaînerai contre eux.
18Voici ce que déclare le Seigneur des armées célestes,
Dieu d'Israël : Comme ma colère et ma fureur se sont
déversées sur les habitants de Jérusalem, ainsi mon courroux se déversera sur vous quand vous vous rendrez en
Egypte. La dévastation fondra sur vous et vous serez en
proie à la malédiction, aux imprécations et à l'opprobre,
et vous ne reverrez plus jamais ce pays.
19A vous, le reste de Juda, l'Eternel dit : N'allez pas en
Egypte, sachez bien que je vous ai avertis aujourd'hui.
20Car vous vous êtes fourvoyés, lorsque vous m'avez
délégué vers l'Eternel votre Dieu en me disant : « Prie
l'Eternel, notre Dieu, pour nous, puis fais-nous savoir tout
ce que l'Eternel te dira, et nous le ferons. » 21Je vous l'ai
fait savoir aujourd'hui, mais vous n'écoutez pas l'Eternel
votre Dieu, vous ne tenez pas compte de tout ce qu'il m'a
chargé de vous dire. 22Maintenant donc, sachez-le bien :
vous mourrez par l'épée, la famine ou la peste dans ce
pays où vous désirez émigrer.

Le ministère en Egypte

43 1Dès que Jérémie eut fini de rapporter à tout le
peuple toutes les paroles que l'Eternel leur Dieu
l'avait chargé de leur transmettre, c'est-à-dire toutes
les paroles rapportées ici, 2Azaria, fils de Hoshaya, et
Yohanân, fils de Qaréah, et tous ces hommes orgueilleux
répondirent à Jérémie : Tu mens ! L'Eternel notre Dieu ne t'a
pas chargé de nous dire : « N'allez pas émigrer en Egypte. »
3C'est Baruch, fils de Nériya, qui t'excite contre nous, il
veut nous livrer aux Chaldéens pour qu'ils nous tuent ou
qu'ils nous déportent à Babylone.

4 So Johanan son of Kareah and all the army officers and all the people disobeyed the LORD's command to stay in the land of Judah. 5 Instead, Johanan son of Kareah and all the army officers led away all the remnant of Judah who had come back to live in the land of Judah from all the nations where they had been scattered. 6 They also led away all those whom Nebuzaradan commander of the imperial guard had left with Gedaliah son of Ahikam, the son of Shaphan – the men, the women, the children and the king's daughters. And they took Jeremiah the prophet and Baruch son of Neriah along with them. 7 So they entered Egypt in disobedience to the LORD and went as far as Tahpanhes.

8 In Tahpanhes the word of the LORD came to Jeremiah: 9 "While the Jews are watching, take some large stones with you and bury them in clay in the brick pavement at the entrance to Pharaoh's palace in Tahpanhes. 10 Then say to them, 'This is what the LORD Almighty, the God of Israel, says: I will send for my servant Nebuchadnezzar king of Babylon, and I will set his throne over these stones I have buried here; he will spread his royal canopy above them. 11 He will come and attack Egypt, bringing death to those destined for death, captivity to those destined for captivity, and the sword to those destined for the sword. 12 He will set fire to the temples of the gods of Egypt; he will burn their temples and take their gods captive. As a shepherd picks his garment clean of lice, so he will pick Egypt clean and depart. 13 There in the temple of the sun[l] in Egypt he will demolish the sacred pillars and will burn down the temples of the gods of Egypt.' "

Disaster Because of Idolatry

44 1 This word came to Jeremiah concerning all the Jews living in Lower Egypt – in Migdol, Tahpanhes and Memphis – and in Upper Egypt: 2 "This is what the LORD Almighty, the God of Israel, says: You saw the great disaster I brought on Jerusalem and on all the towns of Judah. Today they lie deserted and in ruins 3 because of the evil they have done. They aroused my anger by burning incense to and worshiping other gods that neither they nor you nor your ancestors ever knew. 4 Again and again I sent my servants the prophets, who said, 'Do not do this detestable thing that I hate!' 5 But they did not listen or pay attention; they did not turn from their wickedness or stop burning incense to other

[l] **43:13** Or *in Heliopolis*

4 Ainsi Yohanân, fils de Qaréah, les chefs des troup et le reste du peuple n'obéirent pas à l'Eternel : ils restèrent pas au pays de Juda. 5 Yohanân, fils de Qaré et tous les chefs des troupes prirent tout le reste de population de Juda qui était revenue de chez tous les pe ples parmi lesquels elle avait été dispersée, pour habi au pays de Juda ; 6 ils prirent les hommes, les femmes les enfants, les filles du roi et toutes les personnes q Nebouzaradân, le chef des gardes, avait laissées aux so de Guedalia, fils d'Ahiqam, petit-fils de Shaphân, ainsi q le prophète Jérémie et Baruch, fils de Nériya ; 7 ils se re dirent en Egypte, désobéissant ainsi à l'Eternel. Ils allère jusqu'à Daphné.

Les prédictions de Jérémie

8 Alors l'Eternel adressa la parole à Jérémie à Daphné ces termes : 9 Prends quelques grosses pierres et enfouis- sous les yeux des Juifs dans le sol argileux de la terras qui se trouve en face de l'entrée du palais du pharaor Daphné. 10 Puis tu diras à ces gens : Voici ce que déclare Seigneur des armées célestes, Dieu d'Israël : Je vais fa venir mon serviteur Nabuchodonosor, roi de Babylo et j'installerai son trône au-dessus de ces pierres que enfouies. Il déploiera sa tente royale sur elles. 11 Oui, il endra et il frappera l'Egypte, il fera mourir ceux qui so destinés à mourir, il déportera ceux qui sont destinés à déportation, et il tuera par l'épée ceux qui sont destin à périr par l'épée[v].

12 Je mettrai le feu aux temples des dieux des Egyptie Il brûlera les temples[w], et les idoles seront emportées captivité. Il s'enveloppera de l'Egypte comme un ber s'enveloppe dans son manteau. Après quoi, il repart tranquillement. 13 Il mettra en pièces les obélisques sac d'Héliopolis[x] en Egypte, et il mettra le feu aux temples dieux des Egyptiens.

Contre les Juifs en Egypte

44 1 Voici le message que Jérémie reçut pour to les Judéens installés en Egypte et demeurar Migdol, à Daphné, à Memphis et dans la région de Patro 2 Voici ce que déclare le Seigneur des armées célest Dieu d'Israël : Vous avez vu tous les malheurs que j'ai venir sur Jérusalem et sur toutes les villes de Juda ; el sont aujourd'hui en ruine et personne n'y habite pl 3 Tout cela est arrivé à cause du mal que leurs habita ont commis. Ils m'ont irrité en allant offrir des parfu et rendre un culte à d'autres dieux qu'ils n'avaient connus, ni eux, ni vous, ni vos ancêtres. 4 Pourtant, sans lasser, je vous ai envoyé tous mes serviteurs les prophè pour vous dire : « Ne commettez donc pas ces actes abo nables qui me sont en horreur. » 5 Mais ils n'ont pas écou ils n'ont pas prêté attention mais ont refusé d'abandon leurs actes mauvais et ils ont continué à offrir des parfu à d'autres dieux.

[u] **43.9** *la terrasse:* terme hébreu de sens inconnu qui a été aussi rendu *le pavé, la tuilerie*.

[v] **43.11** Nabuchodonosor a entrepris une expédition punitive contre l'Egypte en 568-567 av. J.-C.

[w] **43.12** Autre traduction : *il brûlera ces dieux.*

[x] **43.13** A 8 kilomètres du Caire.

[y] **44.1** *Migdol:* à l'est du delta du Nil, à la limite du pays (voir Ex 14.2). *Daphné* et *Memphis:* villes du delta du Nil. *la région de Patros:* au sud de Memphis.

ds. 6 Therefore, my fierce anger was poured out; it ged against the towns of Judah and the streets of rusalem and made them the desolate ruins they e today.

7 "Now this is what the LORD God Almighty, the d of Israel, says: Why bring such great disaster on urselves by cutting off from Judah the men and omen, the children and infants, and so leave your-ves without a remnant? 8 Why arouse my anger with at your hands have made, burning incense to other ds in Egypt, where you have come to live? You will stroy yourselves and make yourselves a curse[m] and object of reproach among all the nations on earth. lave you forgotten the wickedness committed by ur ancestors and by the kings and queens of Judah d the wickedness committed by you and your wives the land of Judah and the streets of Jerusalem? 10 To is day they have not humbled themselves or shown verence, nor have they followed my law and the crees I set before you and your ancestors.

11 "Therefore this is what the LORD Almighty, the d of Israel, says: I am determined to bring disaster you and to destroy all Judah. 12 I will take away e remnant of Judah who were determined to go to ypt to settle there. They will all perish in Egypt; ey will fall by the sword or die from famine. From e least to the greatest, they will die by sword or mine. They will become a curse and an object of rror, a curse and an object of reproach. 13 I will pun- those who live in Egypt with the sword, famine d plague, as I punished Jerusalem. 14 None of the mnant of Judah who have gone to live in Egypt will cape or survive to return to the land of Judah, to hich they long to return and live; none will return cept a few fugitives."

15 Then all the men who knew that their wives re burning incense to other gods, along with all e women who were present – a large assembly – and the people living in Lower and Upper Egypt, said Jeremiah, 16 "We will not listen to the message you ve spoken to us in the name of the LORD! 17 We will rtainly do everything we said we would: We will rn incense to the Queen of Heaven and will pour t drink offerings to her just as we and our ancestors, r kings and our officials did in the towns of Judah d in the streets of Jerusalem. At that time we had enty of food and were well off and suffered no harm. But ever since we stopped burning incense to the leen of Heaven and pouring out drink offerings to r, we have had nothing and have been perishing by ord and famine."

19 The women added, "When we burned incense to e Queen of Heaven and poured out drink offerings her, did not our husbands know that we were mak-

4:8 That is, your name will be used in cursing (see 29:22); or, ers will see that you are cursed; also in verse 12; similarly in se 22.

6 Aussi mon indignation et ma colère ont éclaté contre eux et elles ont consumé les villes de Juda et les rues de Jérusalem, qui ont été dévastées et sont devenues des tas de ruines, comme c'est actuellement le cas.

7 Et maintenant, voici ce que déclare l'Eternel, le Dieu des armées célestes, Dieu d'Israël : Pourquoi vous faites-vous tant de mal à vous-mêmes ? Pourquoi voulez-vous faire disparaître du peuple de Juda les hommes et les femmes, les enfants et les nourrissons au point qu'il ne vous reste aucun survivant ? 8 Vous m'irritez par tous vos actes, en offrant des parfums à d'autres dieux en Egypte où vous avez immigré. Vous vous attirez ainsi la destruction, de même que la malédiction et l'opprobre de la part de tous les autres peuples de la terre.

9 Avez-vous oublié les méfaits commis par vos ancêtres et ceux des rois de Juda, et les méfaits de leurs femmes ainsi que vos propres méfaits et ceux de vos femmes, ces méfaits que vous avez commis au pays de Juda et dans les rues de Jérusalem ? 10 Jusqu'à ce jour, ils n'ont pas éprouvé de remords ; ils n'ont manifesté aucune crainte, ils n'ont pas observé ma Loi et mes commandements que je vous avais données, à vous comme à vos ancêtres.

11 C'est pourquoi voici ce que déclare le Seigneur des armées célestes, Dieu d'Israël : Je vais me retourner contre vous pour votre malheur ; et pour exterminer tout ce peuple de Juda. 12 Je prendrai ce qui reste des Judéens qui se sont obstinés à venir immigrer ici, et ils seront tous détruits en Egypte : ils tomberont et périront tous, par l'épée ou par la famine. Oui, le peuple au grand complet mourra par l'épée ou par la famine. La dévastation fondra sur lui et il sera en butte à la malédiction, aux imprécations et à l'opprobre. 13 J'interviendrai contre ceux qui sont installés en Egypte, comme je suis intervenu contre Jérusalem par l'épée, par la famine et par la peste.

14 Il n'y aura ni rescapé ni survivant parmi tous ceux qui restent de Juda et qui sont venus s'installer en Egypte pour retourner ensuite au pays de Juda où ils désirent tellement retourner pour y demeurer. Mais ils n'y retourneront pas, sinon quelques rescapés.

L'Eternel ou la Reine du ciel

15 Alors tous les hommes qui savaient que leurs femmes offraient des parfums à des dieux étrangers, toutes les femmes réunies là en grand nombre, et tous les gens du peuple qui habitaient en Egypte, à Patros, répondirent ainsi à Jérémie : 16 Nous refusons d'écouter ce que tu nous dis au nom de l'Eternel. 17 Nous ferons plutôt selon ce que nous avons décidé : nous offrirons des parfums à la Reine du ciel[z] et nous répandrons des libations en son honneur, comme nous l'avons fait, nous et nos ancêtres, nos rois et nos dirigeants, dans les villes de Juda et dans les rues de Jérusalem. Alors, nous mangions à notre faim et nous étions heureux, nous ne connaissions pas le malheur. 18 Mais depuis que nous avons cessé d'offrir des parfums à la Reine du ciel et de répandre des libations en son honneur, nous avons manqué de tout et nous périssons par l'épée et par la famine.

19 – D'ailleurs, ajoutèrent les femmes, quand nous offrons des parfums à la Reine du ciel et quand nous répandons des libations en son honneur, est-ce à l'insu de notre mari[a]

z **44.17** Voir 7.18 et note.

a **44.19** La Loi déclarait nuls les vœux formés par la femme à l'insu de son mari (voir Nb 30.4-9 ; 10.15).

ing cakes impressed with her image and pouring out drink offerings to her?"

20 Then Jeremiah said to all the people, both men and women, who were answering him, 21 "Did not the LORD remember and call to mind the incense burned in the towns of Judah and the streets of Jerusalem by you and your ancestors, your kings and your officials and the people of the land? 22 When the LORD could no longer endure your wicked actions and the detestable things you did, your land became a curse and a desolate waste without inhabitants, as it is today. 23 Because you have burned incense and have sinned against the LORD and have not obeyed him or followed his law or his decrees or his stipulations, this disaster has come upon you, as you now see."

24 Then Jeremiah said to all the people, including the women, "Hear the word of the LORD, all you people of Judah in Egypt. 25 This is what the LORD Almighty, the God of Israel, says: You and your wives have done what you said you would do when you promised, 'We will certainly carry out the vows we made to burn incense and pour out drink offerings to the Queen of Heaven.'

"Go ahead then, do what you promised! Keep your vows! 26 But hear the word of the LORD, all you Jews living in Egypt: 'I swear by my great name,' says the LORD, 'that no one from Judah living anywhere in Egypt will ever again invoke my name or swear, "As surely as the Sovereign LORD lives." 27 For I am watching over them for harm, not for good; the Jews in Egypt will perish by sword and famine until they are all destroyed. 28 Those who escape the sword and return to the land of Judah from Egypt will be very few. Then the whole remnant of Judah who came to live in Egypt will know whose word will stand – mine or theirs.

29 " 'This will be the sign to you that I will punish you in this place,' declares the LORD, 'so that you will know that my threats of harm against you will surely stand.' 30 This is what the LORD says: 'I am going to deliver Pharaoh Hophra king of Egypt into the hands of his enemies who want to kill him, just as I gave Zedekiah king of Judah into the hands of Nebuchadnezzar king of Babylon, the enemy who wanted to kill him.' "

A Message to Baruch

45 1 When Baruch son of Neriah wrote on a scroll the words Jeremiah the prophet dictated in the fourth year of Jehoiakim son of Josiah king of Judah, Jeremiah said this to Baruch: 2 "This is what the LORD, the God of Israel, says to you, Baruch: 3 You

que nous lui faisons des gâteaux qui la représentent et q nous répandons des libations pour elle ?

20 Alors Jérémie parla à toute la foule réunie, aux hor mes, aux femmes et à tout le peuple qui lui avaient air répondu. Il leur dit : 21 L'Eternel a justement tenu comp de ces parfums que vous avez fait brûler dans les villes Juda et dans les rues de Jérusalem, vous et vos ancêtres, v rois et vos dirigeants, et les gens du peuple ; c'est bien ce qu'il a pris à cœur. 22 L'Eternel n'a pas pu supporter pl longtemps vos agissements mauvais et les actes abomin bles que vous avez commis. Voilà pourquoi votre pays e devenu un champ de ruines, une terre dévastée et maudi où personne n'habite plus, comme c'est actuellement cas. 23 C'est parce que vous avez offert ces parfums et q vous vous êtes rendus coupables envers l'Eternel, par que vous n'avez pas écouté l'Eternel et que vous n'avez p vécu dans l'obéissance à sa Loi, à ses commandements ses prescriptions, que ce malheur vous a atteints, comr c'est actuellement le cas.

24 Puis Jérémie dit à tout le peuple, et notamment toutes les femmes : Vous tous, gens de Juda, qui vivez Egypte, écoutez ce que dit l'Eternel : 25 Voici ce que décla le Seigneur des armées célestes, Dieu d'Israël : Vous, l femmes[b], vous l'avez dit vous-mêmes : « Nous somm décidées à accomplir les vœux que nous avons faits, c'est-dire que nous voulons offrir des parfums à la Reine du c et répandre des libations en son honneur. » Et vous vo êtes exécutées. Eh bien, accomplissez donc vos vœux ! O tenez vos engagements jusqu'au bout ! 26 Et par conséquer écoutez ce que dit l'Eternel, vous tous, Judéens qui êt installés en Egypte : Moi, j'ai juré par mon grand no déclare l'Eternel, de ne plus laisser un Judéen pronon mon nom dans toute l'Egypte, en disant : « Aussi vrai q le Seigneur, l'Eternel est vivant ... ! »

27 Je vais veiller sur eux pour leur malheur et non po leur bien ; tous les Judéens qui sont en Egypte périro par l'épée ou par la famine jusqu'à leur exterminatio 28 Seul un petit nombre d'entre eux échapperont à l'épée retourneront d'Egypte en Juda. Alors tous ceux qui reste ont des Judéens venus s'installer en Egypte sauront que parole se sera réalisée : la mienne ou la leur.

29 Et voici un signe – l'Eternel le déclare – pour vo prouver que je vais intervenir contre vous en ce lieu- et pour que vous sachiez que mes paroles s'accompliro pour votre malheur. 30 Voici ce que déclare l'Eternel : vais livrer le pharaon Hophra, roi d'Egypte, à ses ennem et à ceux qui en veulent à sa vie, tout comme j'ai liv Sédécias, roi de Juda, à son ennemi Nabuchodonosor, r de Babylone, qui en voulait à sa vie.

Jérémie s'adresse à Baruch

45 1 Voici ce que le prophète Jérémie dit à Baruc fils de Nériya, quand celui-ci écrivit ces paro dans un rouleau sous la dictée de Jérémie, la quatrièn année du règne de Yehoyaqim[c], fils de Josias, roi de Jud 2 Voici, Baruch, ce que te déclare l'Eternel, Dieu d'Isra 3 Tu as dit : « Malheur à moi, car l'Eternel accumule po

b **44.25** *Vous, les femmes:* d'après l'ancienne version grecque et les form verbales féminines qui suivent dans l'hébreu. Le texte hébreu traditio nel a : *Vous et vos femmes.*

c **45.1** En 605 av. J.-C.

d, 'Woe to me! The LORD has added sorrow to my
n; I am worn out with groaning and find no rest.'
ıt the LORD has told me to say to you, 'This is what
LORD says: I will overthrow what I have built and
root what I have planted, throughout the earth.
ıould you then seek great things for yourself? Do
seek them. For I will bring disaster on all people,
:lares the LORD, but wherever you go I will let you
ape with your life.' "

Message About Egypt

6 [1]This is the word of the LORD that came
to Jeremiah the prophet concerning the
:ions:
Concerning Egypt:
This is the message against the army of
araoh Necho king of Egypt, which was de-
ıted at Carchemish on the Euphrates River by
buchadnezzar king of Babylon in the fourth year
ehoiakim son of Josiah king of Judah:

3 "Prepare your shields, both large and small,
and march out for battle!
4 Harness the horses,
mount the steeds!
Take your positions
with helmets on!
Polish your spears,
put on your armor!
5 What do I see?
They are terrified,
they are retreating,
their warriors are defeated.
They flee in haste
without looking back,
and there is terror on every side," declares
the LORD.
6 "The swift cannot flee
nor the strong escape.
In the north by the River Euphrates
they stumble and fall.
7 "Who is this that rises like the Nile,
like rivers of surging waters?
8 Egypt rises like the Nile,
like rivers of surging waters.
She says, 'I will rise and cover the earth;
I will destroy cities and their people.'
9 Charge, you horses!
Drive furiously, you charioteers!
March on, you warriors – men of Cush[n] and Put
who carry shields,

:9 That is, the upper Nile region

moi tourments et affliction ! Je suis épuisé à force de gémir
et je ne trouve plus de repos. »
4 Tu lui diras donc ceci : Voici ce que déclare l'Eternel :
Regarde. Ce que j'avais bâti, je le détruis, et ce que j'avais
planté, je l'arrache. Il en est ainsi à travers tout le pays. 5 Et
toi, tu as pour toi-même des ambitions ? N'y songe pas !
Car je fais venir le malheur sur tout le monde, l'Eternel le
déclare. Mais je t'accorde la vie sauve partout où tu iras.
Tu auras au moins cette part-là.

SUR LES PEUPLES NON ISRAÉLITES

Contre l'Egypte

La défaite de l'Egypte

46 [1]Voici les paroles que l'Eternel adressa au
prophète Jérémie au sujet des peuples non israélites, 2 au sujet de l'Egypte et de l'armée du pharaon
Néko, roi d'Egypte[d], qui fut battue par Nabuchodonosor,
roi de Babylone, à Karkemish, sur les bords de l'Euphrate,
la quatrième année du règne de Yehoyaqim, fils de Josias,
roi de Juda :

3 Alignez le petit et le grand bouclier
et marchez au combat !
4 Harnachez les chevaux
et montez sur les chars !
A vos rangs, casques sur la tête !
Affûtez bien vos lances !
Endossez vos cuirasses !

5 Pourquoi les vois-je si terrifiés,
battre en retraite ?
Et leurs guerriers sont pourfendus ;
ils fuient éperdument sans plus se retourner :
de toutes parts, c'est la terreur,
l'Eternel le déclare.

6 Même les plus agiles ne peuvent se sauver,
et les plus valeureux ne peuvent échapper.
Dans le septentrion, sur les bords de l'Euphrate,
les voilà qui trébuchent et qui s'écroulent !
7 Qui est-ce donc qui monte[e] comme les eaux du Nil,
comme des fleuves dont l'eau est bouillonnante ?
8 C'est l'Egypte qui monte comme les eaux du Nil,
comme des fleuves dont l'eau est bouillonnante.
Elle s'est écriée : « Je monterai,
je couvrirai la terre,
je détruirai les villes et ceux qui les habitent. »
9 A l'assaut, les chevaux,
et foncez, chars de guerre !
En avant, les soldats !
les Ethiopiens, les gens de Pouth,
portant le bouclier,

d **46.2** Le pharaon *Néko* (610 à 595 av. J.-C.), voyant les Babyloniens s'étendre sur l'Euphrate, voulut prendre l'offensive contre eux et soumettre en même temps tous les pays entre l'Egypte et la Chaldée (y compris la Judée). Josias voulut lui barrer le passage de son pays. Il fut tué à Meguiddo (2 R 23.29-35). Néko fut battu par les Babyloniens en 605 av. J.-C. à Karkemish, ville située sur l'Euphrate, près de l'actuelle frontière entre la Syrie et la Turquie (voir 2 R 23.29-35).

e **46.7** Jérémie évoque le départ de l'armée depuis Egypte.

men of Lydia who draw the bow.
[10] But that day belongs to the Lord, the LORD Almighty –
a day of vengeance, for vengeance on his foes.
The sword will devour till it is satisfied,
till it has quenched its thirst with blood.
For the Lord, the LORD Almighty, will offer sacrifice
in the land of the north by the River Euphrates.
[11] "Go up to Gilead and get balm,
Virgin Daughter Egypt.
But you try many medicines in vain;
there is no healing for you.
[12] The nations will hear of your shame;
your cries will fill the earth.
One warrior will stumble over another;
both will fall down together."

[13] This is the message the LORD spoke to Jeremiah the prophet about the coming of Nebuchadnezzar king of Babylon to attack Egypt:

[14] "Announce this in Egypt, and proclaim it in Migdol;
proclaim it also in Memphis and Tahpanhes:
'Take your positions and get ready,
for the sword devours those around you.'
[15] Why will your warriors be laid low?
They cannot stand, for the LORD will push them down.
[16] They will stumble repeatedly;
they will fall over each other.
They will say, 'Get up, let us go back
to our own people and our native lands,
away from the sword of the oppressor.'
[17] There they will exclaim,
'Pharaoh king of Egypt is only a loud noise;
he has missed his opportunity.'
[18] "As surely as I live," declares the King,
whose name is the LORD Almighty,
"one will come who is like Tabor among the mountains,
like Carmel by the sea.
[19] Pack your belongings for exile,
you who live in Egypt,
for Memphis will be laid waste
and lie in ruins without inhabitant.
[20] "Egypt is a beautiful heifer,

et les archers de Loud[f] !
[10] Mais c'est le jour pour l'Eternel, le Seigneur des armées célestes,
des règlements de comptes :
il va régler ses comptes avec ses ennemis.
L'épée dévore, elle se rassasie,
s'enivre de leur sang.
Car c'est un sacrifice pour l'Eternel, le Seigneur d[es] armées célestes,
dans le pays du nord, sur les bords de l'Euphrate[g]

[11] Va, monte à Galaad pour y chercher du baume,
ô population de l'Egypte !
En vain tu multiplies les soins et les remèdes,
rien ne peut te guérir.
[12] Les autres peuples ont appris ta honte
et la terre est remplie de tes cris de détresse,
quand un guerrier se heurte à un autre guerrier,
tous deux tombent ensemble.

L'invasion de l'Egypte

[13] Voici la parole que l'Eternel adressa au proph[ète]
Jérémie, pour annoncer que Nabuchodonosor, roi [de]
Babylone, viendrait infliger une défaite à l'Egypte[h] :

[14] Faites-le savoir en Egypte,
et proclamez-le à Migdol,
proclamez-le à Memphis et Daphné !
Commandez : A vos rangs, préparez-vous !
Déjà l'épée dévore autour de toi.
[15] Pourquoi donc Apis[i] s'enfuit-il ? Ton taureau si puissant n'a donc pas résisté ?
En effet, l'Eternel l'a bousculé !
[16] Ils sont nombreux à trébucher,
à tomber l'un sur l'autre, se disant mutuellement
« Debout ! Retournons au pays,
sur notre sol natal et chez les nôtres,
et fuyons l'épée meurtrière[j] ! »
[17] Là ils ont dit du pharaon[k] :
« Le roi d'Egypte, c'est du bruit, il a manqué son occasion. »
[18] Aussi vrai que je vis,
c'est là ce que déclare le Roi qui a pour nom le Seigneur des armées célestes,
aussi vrai que le mont Thabor est parmi les montagnes,
et que le mont Carmel est au bord de la mer, il vient !
[19] Fais ton sac de captive,
population d'Egypte,
car Memphis sera dévastée,
elle sera brûlée
et privée d'habitants.
[20] Une belle génisse, voilà ce qu'est l'Egypte !

f **46.9** *Pouth* et *Loud:* voir Gn 10.6, 22 et notes.
g **46.10** A Karkemish.
h **46.13** Voir 43.11 et note.
i **46.15** Le dieu *Apis* était représenté par un taureau, symbole de la for[ce]. *Pourquoi ... s'enfuit-il:* d'après l'ancienne version grecque. Le texte hébr[eu] traditionnel a : *pourquoi tes guerriers sont-ils terrassés ?*
j **46.16** Ce sont les mercenaires qui parlent ainsi (voir v. 21).
k **46.17** En adoptant une autre vocalisation que le texte hébreu traditionnel, l'ancienne version grecque a traduit : *Donnez pour nom au pharaon.*

but a gadfly is coming
against her from the north.
21 The mercenaries in her ranks
are like fattened calves.
They too will turn and flee together,
they will not stand their ground,
for the day of disaster is coming upon them,
the time for them to be punished.
22 Egypt will hiss like a fleeing serpent
as the enemy advances in force;
they will come against her with axes,
like men who cut down trees.
23 They will chop down her forest," declares the
LORD,
"dense though it be.
They are more numerous than locusts,
they cannot be counted.
24 Daughter Egypt will be put to shame,
given into the hands of the people of the
north."

25 The LORD Almighty, the God of Israel, says: "I
1 about to bring punishment on Amon god of
ebes, on Pharaoh, on Egypt and her gods and her
ngs, and on those who rely on Pharaoh. 26 I will
ve them into the hands of those who want to kill
em – Nebuchadnezzar king of Babylon and his of-
ers. Later, however, Egypt will be inhabited as in
nes past," declares the LORD.

27 "Do not be afraid, Jacob my servant;
do not be dismayed, Israel.
I will surely save you out of a distant place,
your descendants from the land of their
exile.
Jacob will again have peace and security,
and no one will make him afraid.
28 Do not be afraid, Jacob my servant,
for I am with you,"
declares the LORD.
"Though I completely destroy all the nations
among which I scatter you,
I will not completely destroy you.
I will discipline you but only in due measure;
I will not let you go entirely unpunished."

Message About the Philistines

7 1 This is the word of the LORD that came
to Jeremiah the prophet concerning the
ilistines before Pharaoh attacked Gaza:
2 This is what the LORD says:
"See how the waters are rising in the north;

Mais, descendant du nord, un taon est arrivé sur
elle.
21 Même les mercenaires qui sont au milieu d'elle
et qui étaient traités comme des veaux que l'on met
à l'engrais,
eux aussi, ils font demi-tour
et fuient en masses : ils ne résistent pas,
car le jour de la ruine va les atteindre :
c'est le temps de leur châtiment.
22 L'Egypte prend la fuite, sifflant comme un serpent,
car ils viennent en force,
ils se jettent sur elle comme des bûcherons
armés de leurs cognées[l].
23 Ils coupent sa forêt
qui est impénétrable,
l'Eternel le déclare,
car ils sont plus nombreux que des criquets,
on ne peut les compter.
24 La population de l'Egypte est couverte de honte :
elle a été livrée à un peuple venu du nord.

25 Le Seigneur des armées célestes, Dieu d'Israël, a dit :
Je vais intervenir contre le dieu Amôn de Thèbes[m], contre
le pharaon, contre l'Egypte, contre ses dieux et ses rois,
contre le pharaon, et contre ceux qui se confient en lui !
26 Je vais les livrer au pouvoir de ceux qui en veulent à leur
vie, au roi de Babylone, Nabuchodonosor, et à ses officiers. Par la suite, l'Egypte sera peuplée comme autrefois,
l'Eternel le déclare.

Israël connaîtra le repos

27 Et toi, Jacob mon serviteur,
sois donc sans crainte,
non, n'aie pas peur, ô Israël !
Car moi, je vais te délivrer, de la terre lointaine,
toi et tes descendants, du pays de l'exil.
Oui, Jacob reviendra, il jouira de la tranquillité, et
d'une vie paisible ;
personne ne l'inquiétera[n].
28 Sois donc sans crainte,
Jacob mon serviteur,
déclare l'Eternel,
car je suis avec toi.
Je ferai table rase de tous les peuples
chez lesquels je t'ai dispersé,
mais je ne ferai pas table rase de toi ;
cependant je te châtierai selon ce qui est juste ;
je ne te laisserai certainement pas impuni.

Contre les Philistins

47 1 Voici les paroles que l'Eternel adressa au
prophète Jérémie au sujet des Philistins, avant
que le pharaon[o] inflige une défaite à Gaza[p] :
2 Voici ce que déclare l'Eternel :

[l] **46.22** Les armées chaldéennes sont comparées à une troupe de bûcherons venant abattre les Egyptiens, faisant s'enfuir les serpents cachés dans la forêt.

[m] **46.25** *Amôn:* dieu principal des Egyptiens. *Thèbes,* dans la Haute-Egypte, à 500 kilomètres au sud du Caire, était le centre de son culte.

[n] **46.27** Les v. 27-28 ont leur parallèle en 30.10-11.

[o] **47.1** Soit le pharaon Néko (voir 46.2), soit le pharaon Hophra (voir 37.5 ; 44.30).

[p] **47.1** L'une des cinq villes principales de la Philistie. *Ashkelôn* (v. 5, 7) en est une autre.

they will become an overflowing torrent.
They will overflow the land and everything in it,
the towns and those who live in them.
The people will cry out;
all who dwell in the land will wail
3 at the sound of the hooves of galloping steeds,
at the noise of enemy chariots
and the rumble of their wheels.
Parents will not turn to help their children;
their hands will hang limp.
4 For the day has come
to destroy all the Philistines
and to remove all survivors
who could help Tyre and Sidon.
The LORD is about to destroy the Philistines,
the remnant from the coasts of Caphtor.[o]
5 Gaza will shave her head in mourning;
Ashkelon will be silenced.
You remnant on the plain,
how long will you cut yourselves?
6 " 'Alas, sword of the LORD,
how long till you rest?
Return to your sheath;
cease and be still.'
7 But how can it rest
when the LORD has commanded it,
when he has ordered it
to attack Ashkelon and the coast?"

A Message About Moab

48 1 Concerning Moab:
This is what the LORD Almighty, the God of Israel, says:
"Woe to Nebo, for it will be ruined.
Kiriathaim will be disgraced and captured;
the stronghold[p] will be disgraced and shattered.
2 Moab will be praised no more;
in Heshbon[q] people will plot her downfall:
'Come, let us put an end to that nation.'
You, the people of Madmen,[r] will also be silenced;
the sword will pursue you.
3 Cries of anguish arise from Horonaim,
cries of great havoc and destruction.
4 Moab will be broken;

[o] 47:4 That is, Crete
[p] 48:1 Or *captured; / Misgab*
[q] 48:2 The Hebrew for *Heshbon* sounds like the Hebrew for *plot.*
[r] 48:2 The name of the Moabite town Madmen sounds like the Hebrew for *be silenced.*

Des eaux vont s'élever dans le pays du nord[q],
bientôt elles seront un torrent qui déborde,
submergeant le pays et tout ce qui s'y trouve :
les villes avec leurs habitants.
Les gens se mettent à crier,
et tous les habitants du pays se lamentent
3 au fracas des sabots des coursiers au galop,
au grondement des chars[r]
et au vacarme de leurs roues.
Les pères ne s'occupent plus de leurs enfants,
tant ils sont abattus.
4 Car le jour est venu
où tous les Philistins vont être exterminés,
où l'on supprimera de Tyr et de Sidon tous les survivants qui pourraient venir à leur secours
parce que l'Eternel anéantit les Philistins,
tout ce qui reste de ces gens originaires de l'île de Crète.
5 La population de Gaza se rasera la tête
et Ashkelôn sera rendue muette.
Vous qui restez sur cette plaine[s],
jusques à quand vous ferez-vous des incisions[t] ?
6 « Malheur ! Epée de l'Eternel,
Jusques à quand cela va-t-il durer avant que tu t'arrêtes ?
Rentre dans ton fourreau !
Calme-toi, et reste au repos ! »
7 Mais comment pourrait-elle se tenir en repos
quand l'Eternel lui a donné pour ordre
d'attaquer Ashkelôn et les bords de la mer ?
Tels sont les buts fixés par lui.

Contre Moab

48 1 Prophéties concernant Moab.
Voici ce que déclare le Seigneur des armées célestes, Dieu d'Israël :
Quel malheur pour Nébo[u], car elle est dévastée !
Qiryataïm est dans la honte, car elle est prise.
Recouverte de honte, la citadelle est terrifiée.
2 Plus de louange pour Moab !
A Heshbôn[v], on médite des plans pour son malheur
« Allons, rayons Moab du nombre des nations ! »
Et toi aussi, Madmen, tu seras réduite au silence :
l'épée te poursuivra.
3 Des cris se font entendre depuis Horonaïm :
c'est la dévastation et une grande ruine.
4 Voilà que Moab est brisé,

[q] 47.2 Comme dans 46.7, l'invasion est comparée au débordement d'une source ou d'un fleuve.
[r] 47.3 Annonce d'une invasion chaldéenne qui eut effectivement lieu sous Nabuchodonosor en 604 av. J.-C.
[s] 47.5 *sur cette plaine:* selon le texte hébreu traditionnel dont la traduction est incertaine. L'ancienne version grecque a : *le reste des géants.*
[t] 47.5 Marques de deuil ; les *incisions* étaient interdites par la Loi (Lv 19.28 ; Dt 14.1).
[u] 48.1 Les différentes villes citées faisaient partie de Moab à l'époque de Jérémie.
[v] 48.2 En hébreu, le nom de *Heshbôn* fait assonance avec le verbe rendu par *méditer* et le nom *Madmen* avec le verbe traduit par *réduire au silence*

her little ones will cry out.[s]
5 They go up the hill to Luhith,
weeping bitterly as they go;
on the road down to Horonaim
anguished cries over the destruction are
heard.
6 Flee! Run for your lives;
become like a bush[t] in the desert.
7 Since you trust in your deeds and riches,
you too will be taken captive,
and Chemosh will go into exile,
together with his priests and officials.
8 The destroyer will come against every town,
and not a town will escape.
The valley will be ruined
and the plateau destroyed,
because the LORD has spoken.
9 Put salt on Moab,
for she will be laid waste[u];
her towns will become desolate,
with no one to live in them.
10 "A curse on anyone who is lax in doing the
LORD's work!
A curse on anyone who keeps their sword
from bloodshed!
11 "Moab has been at rest from youth,
like wine left on its dregs,
not poured from one jar to another –
she has not gone into exile.
So she tastes as she did,
and her aroma is unchanged.
12 But days are coming," declares the LORD,
"when I will send men who pour from pitchers,
and they will pour her out;
they will empty her pitchers
and smash her jars.
13 Then Moab will be ashamed of Chemosh,
as Israel was ashamed
when they trusted in Bethel.
14 "How can you say, 'We are warriors,
men valiant in battle'?
15 Moab will be destroyed and her towns invaded;
her finest young men will go down in the
slaughter,"
declares the King, whose name is the LORD
Almighty.
16 "The fall of Moab is at hand;
her calamity will come quickly.
17 Mourn for her, all who live around her,

et l'on entend les cris de ses petits[w].
5 On gravit en pleurant la montée de Louhith.
En descendant la pente d'Horonaïm,
on entend des cris de détresse, à cause de la
destruction.
6 Fuyez ! Sauve qui peut !
Courez comme l'onagre[x] à travers le désert !
7 Tu as mis ta confiance,
Moab, dans tes richesses, et dans tes réalisations.
Et bien, toi aussi tu seras conquis.
Le dieu Kemosh[y] s'en ira en exil,
avec ses prêtres et ses princes,
8 et le dévastateur fondra sur chaque ville ;
non, aucune cité ne sera épargnée.
La vallée est ruinée, le plateau ravagé[z],
c'est ce que l'Eternel a dit.
9 Répandez du sel sur Moab[a]
car il sera détruit,
ses villes seront dévastées
et privées d'habitants.
10 Maudit celui qui fait l'œuvre de l'Eternel sans y
mettre son cœur !
Maudit soit qui refuse le sang à son épée !
11 Moab, dès son jeune âge, vivait dans la quiétude
et il s'est reposé comme un vin sur sa lie,
n'ayant jamais été versé d'un vase dans un autre :
il n'avait jamais pris le chemin de l'exil.
Aussi a-t-il gardé son goût particulier,
et son odeur première n'a-t-elle pas changé.
12 Mais le temps va venir,
l'Eternel le déclare,
où je lui enverrai des tonneliers qui le
transvaseront :
ils videront ses cruches
et briseront ses jarres.
13 Alors Moab, honteux, rougira de Kemosh
comme le peuple d'Israël
a rougi de Béthel[b] en qui il se confiait.
14 Comment osez-vous dire :
« Nous sommes des guerriers,
des soldats aguerris pour le combat » ?
15 Le dévastateur de Moab
vient attaquer ses villes[c],
la fleur de sa jeunesse va tout droit au massacre,
c'est là ce que déclare le Roi qui a pour nom : le
Seigneur des armées célestes.
16 La ruine de Moab est tout près d'arriver,
le malheur fond sur lui, précipitant ses pas.
17 Faites-lui vos condoléances,
vous qui êtes autour de lui,

8:4 Hebrew; Septuagint / *proclaim it to Zoar*
8:6 Or *like Aroer*
8:9 Or *Give wings to Moab, / for she will fly away*

[w] **48.4** *de ses petits:* selon le texte hébreu traditionnel. L'ancienne version grecque a : *jusqu'à Tsoar* (voir Es 15.5).
[x] **48.6** *l'onagre:* selon l'ancienne version grecque. Le texte hébreu traditionnel a : *Aroër.*
[y] **48.7** *Kemosh:* divinité principale des Moabites (voir 1 R 11.7, 33 ; 2 R 23.13).
[z] **48.8** Il s'agit de la vallée de l'Arnon et du plateau de Moab au nord de la vallée constituant la région principale du pays.
[a] **48.9** Selon le texte hébreu traditionnel. L'ancienne version grecque a : *lancez un signal pour Moab.*
[b] **48.13** *Béthel* où Jéroboam avait installé un veau d'or (1 R 12.28-30).
[c] **48.15** Autre traduction : *Moab est détruite, ses villes sont investies.*

all who know her fame;
say, 'How broken is the mighty scepter,
how broken the glorious staff!'

18 "Come down from your glory
and sit on the parched ground,
you inhabitants of Daughter Dibon,
for the one who destroys Moab
will come up against you
and ruin your fortified cities.
19 Stand by the road and watch,
you who live in Aroer.
Ask the man fleeing and the woman escaping,
ask them, 'What has happened?'
20 Moab is disgraced, for she is shattered.
Wail and cry out!
Announce by the Arnon
that Moab is destroyed.
21 Judgment has come to the plateau –
to Holon, Jahzah and Mephaath,
22 to Dibon, Nebo and Beth Diblathaim,
23 to Kiriathaim, Beth Gamul and Beth Meon,
24 to Kerioth and Bozrah –
to all the towns of Moab, far and near.

25 Moab's horn[v] is cut off;
her arm is broken,"
declares the LORD.
26 "Make her drunk,
for she has defied the LORD.
Let Moab wallow in her vomit;
let her be an object of ridicule.
27 Was not Israel the object of your ridicule?
Was she caught among thieves,
that you shake your head in scorn
whenever you speak of her?

28 Abandon your towns and dwell among the
rocks,
you who live in Moab.
Be like a dove that makes its nest
at the mouth of a cave.
29 "We have heard of Moab's pride –
how great is her arrogance! –
of her insolence, her pride, her conceit
and the haughtiness of her heart.

30 I know her insolence but it is futile," declares
the LORD,
"and her boasts accomplish nothing.

31 Therefore I wail over Moab,
for all Moab I cry out,
I moan for the people of Kir Hareseth.

32 I weep for you, as Jazer weeps,
you vines of Sibmah.

v 48:25 *Horn* here symbolizes strength.

et vous qui connaissez sa renommée !
Dites : « Ah ! Comme il est brisé, ce bâton si
puissant,
ce sceptre si glorieux ! »
18 Descends de ta splendeur,
va habiter un lieu aride[d],
ô population de Dibôn,
le dévastateur de Moab vient t'attaquer
et il détruit tes forteresses.

19 Tiens-toi sur le chemin, et fais le guet,
habitant d'Aroër,
questionne le fuyard et celle qui se sauve.
Dis : « Qu'est-il arrivé ? »
20 Moab est dans la honte car il est renversé !
Lamentez-vous, criez !
Annoncez sur l'Arnon :
Moab est dévasté !
21 Oui, le châtiment frappe le pays du plateau :
Holôn, Yahats et Méphaath,
22 Dibôn, Nébo, et Beth-Diblataïm,
23 Qiryataïm et Beth-Gamoul, ainsi que
Beth-Meôn,
24 Qeriyoth et Botsra
de même que toutes les villes du pays de Moab,
qu'elles soient au près ou au loin.
25 La force de Moab a été abattue,
sa puissance est brisée,
l'Eternel le déclare.
26 Enivrez-le
car il s'est fait plus grand que l'Eternel !
Le voilà qui se vautre dans ses vomissements !
A son tour, qu'il devienne un objet de risée !
27 Il est vrai : Israël est devenu pour toi objet de
raillerie ;
a-t-il été surpris au milieu des voleurs
pour qu'à chaque occasion où tu parles de lui, tu te
moques de lui ?
28 Habitants de Moab,
abandonnez les villes
et allez demeurer au milieu des rochers !
Imitez la colombe
qui va poser son nid au bord des précipices !
29 Nous avons entendu parler de l'orgueil de Moab,
il est orgueilleux à l'extrême et quel esprit de
supériorité !
Quelle fierté ! Quelle arrogance !
Quel cœur altier[e] !
30 Je connais bien,
déclare l'Eternel,
toute son arrogance,
et ce dont il se vante il ne l'accomplit pas.
31 Voilà pourquoi je me lamente à cause de Moab,
je crie pour Moab tout entier,
et, pour les gens de Qir-Hérès, je pousse des
gémissements.
32 Comme Yaezer pleure, je pleurerai sur toi ô vigne
de Sibma ;

d 48.18 *un lieu aride:* selon le texte hébreu traditionnel. L'ancienne version grecque a : *dans les ordures.* Dibôn était connu pour ses sources abondantes.

e 48.29 Les v. 29-33 reprennent Es 16.6-10.

Your branches spread as far as the sea[w];
  they reached as far as[x] Jazer.
The destroyer has fallen
  on your ripened fruit and grapes.
33 Joy and gladness are gone
  from the orchards and fields of Moab.
I have stopped the flow of wine from the
    presses;
  no one treads them with shouts of joy.
Although there are shouts,
  they are not shouts of joy.
34 "The sound of their cry rises
  from Heshbon to Elealeh and Jahaz,
from Zoar as far as Horonaim and Eglath
    Shelishiyah,
  for even the waters of Nimrim are dried up.
35 In Moab I will put an end
  to those who make offerings on the high
    places
  and burn incense to their gods," declares the
    LORD.
36 "So my heart laments for Moab like the music
    of a pipe;
  it laments like a pipe for the people of Kir
    Hareseth.
  The wealth they acquired is gone.
37 Every head is shaved
  and every beard cut off;
every hand is slashed
  and every waist is covered with sackcloth.
38 On all the roofs in Moab
  and in the public squares
there is nothing but mourning,
  for I have broken Moab
  like a jar that no one wants," declares the
    LORD.
39 "How shattered she is! How they wail!
  How Moab turns her back in shame!
Moab has become an object of ridicule,
  an object of horror to all those around her."
40 This is what the LORD says:
"Look! An eagle is swooping down,
  spreading its wings over Moab.
41 Kerioth[y] will be captured
  and the strongholds taken.
In that day the hearts of Moab's warriors
  will be like the heart of a woman in labor.
42 Moab will be destroyed as a nation
  because she defied the LORD.
43 Terror and pit and snare await you,
  you people of Moab,"

tes sarments s'étendaient au-delà de la mer,
et certains atteignaient [la mer de[f]] Yaezer.
Mais le dévastateur s'est jeté sur tes fruits d'été et
  pille ta vendange.
33 La joie et l'allégresse ont disparu des vergers de
  Moab
et du pays entier.
Je taris le vin dans les cuves,
on ne foule plus la vendange avec des cris de joie.
C'en est fini des cris de joie !
34 On entend les cris de Heshbôn jusqu'à Elealé,
leur voix s'entend jusqu'à Yahats,
de Tsoar à Horonaïm
et jusqu'à Eglath-Shelishiya.
Les eaux de Nimrim elles-mêmes ont cessé de
  couler[g].
35 Je ferai disparaître, du pays de Moab,
ceux qui offrent des holocaustes sur les hauts
  lieux
et ceux qui offrent des parfums à ses dieux,
l'Eternel le déclare.
36 Aussi mon cœur gémit au sujet de Moab comme
  gémit la flûte,
oh, oui, mon cœur gémit comme gémit la flûte sur
  ceux de Qir-Hérès,
car ils ont perdu tous les biens qu'ils avaient
  amassés.
37 Ils ont tous la tête rasée
et la barbe coupée,
et les mains tailladées,
les reins couverts d'un habit de toile de sac[h].
38 Et sur tous les toits en terrasse du pays de Moab et
  sur toutes ses places,
ce ne sont que lamentations,
car j'ai brisé Moab comme l'on brise un vase qui ne
  plaît pas,
l'Eternel le déclare.
39 Comme il s'est effondré ! Hurlez !
Moab a tourné le dos, tout honteux,
et il est devenu la risée et l'effroi
de tous ceux qui l'entourent.
40 Car voici ce que l'Eternel déclare :
Ce sera comme un aigle
qui fond vers lui et qui étend ses ailes au-dessus de
  Moab[i].
41 Qeriyoth est prise,
les lieux forts sont conquis,
et le cœur des guerriers de Moab, ce jour-là,
sera semblable au cœur d'une femme en travail.
42 Voilà Moab exterminé, il cesse d'être un peuple
car il s'est fait plus grand que l'Eternel.
43 L'effroi, la fosse et le filet
vous atteindront, habitants de Moab,

8:32 Probably the Dead Sea
8:32 Two Hebrew manuscripts and Septuagint; most Hebrew
nuscripts *as far as the Sea of*
8:41 Or *The cities*

f 48.32 Les mots entre crochets manquent dans deux manuscrits hébreux (voir Es 16.8).
g 48.34 *Heshbôn* et *Elealé:* villes à la frontière nord du pays (voir Nb 21.26) à une trentaine de kilomètres au nord de la mer Morte. *Yahats:* à l'est, aux confins du désert. *Tsoar:* ville probablement située près de la rive sud de la mer Morte. L'oasis de *Nimrim:* à une quinzaine de kilomètres au sud-est de la mer Morte.
h 48.37 Marques de deuil.
i 48.40 Pour les v. 40-41, voir 49.22.

declares the LORD.
44 “Whoever flees from the terror
will fall into a pit,
whoever climbs out of the pit
will be caught in a snare;
for I will bring on Moab
the year of her punishment,”
declares the LORD.
45 “In the shadow of Heshbon
the fugitives stand helpless,
for a fire has gone out from Heshbon,
a blaze from the midst of Sihon;
it burns the foreheads of Moab,
the skulls of the noisy boasters.
46 Woe to you, Moab!
The people of Chemosh are destroyed;
your sons are taken into exile
and your daughters into captivity.
47 “Yet I will restore the fortunes of Moab
in days to come,”
declares the LORD.
Here ends the judgment on Moab.

A Message About Ammon

49 1 Concerning the Ammonites:
This is what the LORD says:
“Has Israel no sons?
Has Israel no heir?
Why then has Molek[z] taken possession of Gad?
Why do his people live in its towns?

2 But the days are coming,” declares the LORD,
“when I will sound the battle cry
against Rabbah of the Ammonites;
it will become a mound of ruins,
and its surrounding villages will be set on fire.
Then Israel will drive out
those who drove her out,”
says the LORD.
3 “Wail, Heshbon, for Ai is destroyed!
Cry out, you inhabitants of Rabbah!
Put on sackcloth and mourn;
rush here and there inside the walls,
for Molek will go into exile,
together with his priests and officials.

4 Why do you boast of your valleys,
boast of your valleys so fruitful?
Unfaithful Daughter Ammon,
you trust in your riches and say,
‘Who will attack me?’
5 I will bring terror on you

z 49:1 Or *their king*; also in verse 3

l’Eternel le déclare[j].
44 Qui s’enfuira devant l’effroi
tombera dans la fosse,
qui remontera de la fosse
sera pris au filet ;
car je ferai venir sur lui, oui, sur Moab,
l’année du châtiment,
l’Eternel le déclare.
45 A l’ombre de Heshbôn,
s’arrêtent des fuyards sans force
parce qu’un feu est sorti de Heshbôn,
une flamme a jailli du milieu de Sihôn[k]
et elle a consumé les tempes de Moab
et le crâne des tapageurs[l].
46 Malheur à toi, Moab !
Car il périt, le peuple de Kemosh,
ses fils sont emmenés captifs,
ses filles en exil.
47 Mais je ramènerai les captifs de Moab
dans l’avenir,
l’Eternel le déclare.
Ici prend fin le jugement prononcé sur Moab.

Contre Ammon

49 1 Prophéties sur les Ammonites.
Voici ce que déclare l’Eternel :
Israël n’a-t-il plus de fils ?
N’a-t-il pas d’héritiers ?
Alors pourquoi le roi[m] des Ammonites a-t-il pris possession de Gad ?
Pourquoi les Ammonites se sont-ils installés dans les villes de Gad ?
2 C’est pourquoi le temps vient,
l’Eternel le déclare,
où je ferai entendre les cris de guerre contre Rabb
des Ammonites ;
elle sera changée en un tertre de ruines,
et toutes ses bourgades seront livrées au feu.
Israël spoliera
ceux qui l’auront spolié[o],
l’Eternel le déclare.
3 Lamente-toi, Heshbôn ! Car Aï est dévastée[p].
Poussez des cris, villages de Rabba !
Revêtez-vous d’un habit de toile de sac,
lamentez-vous,
errez le long des haies,
car le roi ammonite[q] partira en exil,
ses prêtres, ses ministres s’en iront avec lui.
4 Pourquoi te glorifier de tes vallées,
oui, de tes vallées ruisselantes, peuple rebelle ?
Tu places ta confiance dans tes trésors,
disant : « Qui viendra m’attaquer ? »

5 Je fais venir l’épouvante sur toi,

j **48.43** Les v. 43-44 reprennent Es 24.17-18.
k **48.45** Sur *Sihôn*, voir Dt 2.26.
l **48.45** Les v. 45-46 reprennent Nb 21.28-29.
m **49.1** Autre traduction : *Milkom*, nom d’un dieu des Ammonites.
n **49.2** *Rabba:* capitale des Ammonites.
o **49.2** Cette expression se retrouve en Ab 17.
p **49.3** *Heshbôn:* voir 48.34. Ville contrôlée apparemment par les Ammonites à cette époque. *Aï:* ville ammonite différente de celle de Jos 7.2.
q **49.3** Autre traduction : *Milkom* (voir v. 1).

from all those around you,"
declares the Lord, the LORD Almighty.
"Every one of you will be driven away,
and no one will gather the fugitives.
6 "Yet afterward, I will restore the fortunes of
the Ammonites,"
declares the LORD.

Message About Edom

7 Concerning Edom:
This is what the LORD Almighty says:
"Is there no longer wisdom in Teman?
Has counsel perished from the prudent?
Has their wisdom decayed?

8 Turn and flee, hide in deep caves,
you who live in Dedan,
for I will bring disaster on Esau
at the time when I punish him.

9 If grape pickers came to you,
would they not leave a few grapes?
If thieves came during the night,
would they not steal only as much as they
wanted?
10 But I will strip Esau bare;
I will uncover his hiding places,
so that he cannot conceal himself.
His armed men are destroyed,
also his allies and neighbors,
so there is no one to say,
11 'Leave your fatherless children; I will keep
them alive.
Your widows too can depend on me.' "
12 This is what the LORD says: "If those who do not
eserve to drink the cup must drink it, why should
u go unpunished? You will not go unpunished, but
ust drink it. 13 I swear by myself," declares the LORD,
hat Bozrah will become a ruin and a curse,[a] an ob-
ct of horror and reproach; and all its towns will be
ruins forever."

14 I have heard a message from the LORD;
an envoy was sent to the nations to say,
"Assemble yourselves to attack it!
Rise up for battle!"
15 "Now I will make you small among the nations,
despised by mankind.
16 The terror you inspire
and the pride of your heart have deceived
you,
you who live in the clefts of the rocks,
who occupy the heights of the hill.
Though you build your nest as high as the
eagle's,

9:13 That is, its name will be used in cursing (see 29:22); or,
ers will see that it is cursed.

de tous tes alentours,
l'Eternel le déclare, le Seigneur des armées célestes,
et vous serez chassés, chacun droit devant soi,
il n'y aura personne qui rassemblera les fuyards.
6 Mais plus tard, cependant, moi, je ramènerai les
captifs ammonites,
l'Eternel le déclare.

Contre Edom

7 Prophétie sur Edom.
Voici ce que déclare le Seigneur des armées
célestes :
Ne trouve-t-on plus de sagesse au sein du peuple de
Témân[r] ?
Et les gens clairvoyants n'ont-ils plus de conseils ?
Leur sagesse est-elle perdue ?
8 Fuyez, tournez le dos,
cachez-vous dans des trous profonds et restez-y,
habitants de Dedân[s],
car, voici, je fais fondre sur Esaü la ruine :
le moment est venu où il doit rendre compte.
9 Si des vendangeurs pénètrent chez toi,
ils ne laisseront rien que ce qui se grappille.
S'il s'agit de voleurs pendant la nuit,
ils détruiront jusqu'à ce qu'ils en aient assez[t].

10 Moi, je fouille Esaü,
je mets à découvert ses lieux secrets,
il ne pourra pas se cacher ;
tout est détruit : sa race, sa parenté et ses voisins ;
plus personne pour dire :

11 « Laisse tes orphelins,
je les élèverai,
et que tes veuves se confient à mes soins. »
12 Car voici ce que déclare l'Eternel : Ceux qui n'étaient
pas condamnés à boire cette coupe la boiront tout de
même, et toi, tu serais acquitté ? Non, certainement pas ;
tu ne seras pas acquitté et tu devras boire la coupe. 13 J'en
fais le serment par moi-même – l'Eternel le déclare : dévastation et destruction vont fondre sur Botsra[u]. Elle sera en
proie à l'opprobre et à la malédiction, et toutes ses villes
seront, à tout jamais, un tas de ruines.
14 J'ai entendu une nouvelle
venant de l'Eternel
et un héraut a été envoyé parmi les autres peuples :
« Rassemblez-vous et marchez contre lui !
Levez-vous pour la guerre[v] ! »
15 Voici, je vais te rendre petit parmi les peuples,
méprisé par les hommes.
16 La peur que tu inspires et ton orgueil t'égarent,
toi qui as ta demeure dans les creux des rochers[w]
et qui occupes le sommet des collines.
Oui, comme l'aigle, tu élèves ton nid ;

[r] **49.7** *Témân*, ville ou région d'Edom qui représente souvent tout le pays.
[s] **49.8** *Dedân:* au nord-ouest de l'Arabie.
[t] **49.9** Les v. 9-10 sont parallèles à Ab 5-6.
[u] **49.13** Non la *Botsra* de 48.24, mais la Botsra édomite (voir Gn 36.33 ; Es 34.6).
[v] **49.14** Les v. 14-16 sont parallèles à Ab 1-4.
[w] **49.16** Séla, la capitale d'Edom, peut-être identique à la Pétra des Nabatéens, et en tout cas située dans la même région, construite sur les rochers, était presque inaccessible (cf. 2 R 14.7 ; Ps 108.10-11 ; Ez 35.7 ; Ab 3).

from there I will bring you down,"
declares the LORD.
17 "Edom will become an object of horror;
all who pass by will be appalled and will scoff
because of all its wounds.
18 As Sodom and Gomorrah were overthrown,
along with their neighboring towns," says
the LORD,
"so no one will live there;
no people will dwell in it.
19 "Like a lion coming up from Jordan's thickets
to a rich pastureland,
I will chase Edom from its land in an instant.
Who is the chosen one I will appoint for this?
Who is like me and who can challenge me?
And what shepherd can stand against me?"

20 Therefore, hear what the LORD has planned
against Edom,
what he has purposed against those who live
in Teman:
The young of the flock will be dragged away;
their pasture will be appalled at their fate.

21 At the sound of their fall the earth will
tremble;
their cry will resound to the Red Sea.[b]
22 Look! An eagle will soar and swoop down,
spreading its wings over Bozrah.
In that day the hearts of Edom's warriors
will be like the heart of a woman in labor.

A Message About Damascus

23 Concerning Damascus:
"Hamath and Arpad are dismayed,
for they have heard bad news.
They are disheartened,
troubled like[c] the restless sea.
24 Damascus has become feeble,
she has turned to flee
and panic has gripped her;
anguish and pain have seized her,
pain like that of a woman in labor.
25 Why has the city of renown not been
abandoned,
the town in which I delight?
26 Surely, her young men will fall in the streets;
all her soldiers will be silenced in that day,"
declares the LORD Almighty.

[b] 49:21 Or *the Sea of Reeds*
[c] 49:23 Hebrew *on* or *by*

je t'en ferai descendre !
l'Eternel le déclare.
17 Oui, Edom sera dévasté,
tous ceux qui passeront par là en seront effarés et
siffleront d'horreur à la vue de ses plaies.
18 Il en sera comme lors de la catastrophe de Sodome
et Gomorrhe et des villes voisines,
l'Eternel le déclare :
il n'y aura personne qui y habitera,
et aucun être humain n'y séjournera plus.
19 Voici, comme un lion monte des forêts luxuriantes
du Jourdain
vers des enclos solides,
moi, je viendrai les faire déguerpir de là, en un clin
d'œil,
et je me choisirai quelqu'un pour dominer sur lui[x].
Car qui est mon égal ?
Qui me demandera des comptes ?
Et quel est le berger qui pourrait tenir contre moi[y]
20 Ecoutez donc le plan que l'Eternel a fait contre les
Edomites,
et les projets qu'il a formés contre la population de
Téman :
on les entraînera comme les plus chétives des bêtes
du troupeau
et l'on ravagera après eux leurs enclos.
21 Au fracas de leur chute,
la terre tremblera,
un cri s'élèvera, on l'entendra jusque sur la mer de
Roseaux.
22 Ce sera comme un aigle qui monte et plane,
et qui étend ses ailes au-dessus de Botsra ;
et le cœur des guerriers d'Edom, en ce jour-là,
sera semblable au cœur d'une femme en travail.

Contre Damas

23 Prophétie sur Damas :
Hamath ainsi qu'Arpad[z] sont couvertes de honte.
Car elles ont appris de mauvaises nouvelles.
Elles sont démoralisées :
c'est la mer en tourmente
qui ne peut s'apaiser.
24 Damas est affaiblie
et se tourne pour fuir,
un tremblement s'empare d'elle,
l'angoisse et les douleurs l'ont soudainement prise
comme une femme en couches.
25 Comment donc se fait-il qu'on l'ait abandonnée,
la ville si célèbre,
la cité qui faisait ma joie[a] ?
26 Ainsi, ses jeunes gens tomberont sur ses places,
et tous ses combattants
périront ce jour-là,
l'Eternel le déclare, le Seigneur des armées
célestes.

[x] **49.19** *quelqu'un pour dominer sur lui.* Autre traduction : *de ces meilleurs béliers.*
[y] **49.19** Les v. 19-21 ont leur parallèle en 50.44-46.
[z] **49.23** *Hamath:* ville syrienne sur l'Oronte ; *Arpad* se trouve au nord d'Alep. *Damas,* ville principale de Syrie.
[a] **49.25** Certains manuscrits de l'ancienne version grecque, la version syriaque, la Vulgate et le targoum ont : *la cité joyeuse.*

27 "I will set fire to the walls of Damascus;
it will consume the fortresses of Ben-Hadad."

Message About Kedar and Hazor

28 Concerning Kedar and the kingdoms of Hazor,
hich Nebuchadnezzar king of Babylon attacked:
This is what the LORD says:
"Arise, and attack Kedar
and destroy the people of the East.

29 Their tents and their flocks will be taken;
their shelters will be carried off
with all their goods and camels.
People will shout to them,
'Terror on every side!'

30 "Flee quickly away!
Stay in deep caves, you who live in Hazor,"
declares the LORD.
"Nebuchadnezzar king of Babylon has plotted
against you;
he has devised a plan against you.

31 "Arise and attack a nation at ease,
which lives in confidence,"
declares the LORD,
"a nation that has neither gates nor bars;
its people live far from danger.

32 Their camels will become plunder,
and their large herds will be spoils of war.
I will scatter to the winds those who are in
distant places[d]
and will bring disaster on them from every
side,"
declares the LORD.

33 "Hazor will become a haunt of jackals,
a desolate place forever.
No one will live there;
no people will dwell in it."

Message About Elam

34 This is the word of the LORD that came to Jeremiah
ıe prophet concerning Elam, early in the reign of
edekiah king of Judah:
35 This is what the LORD Almighty says:
"See, I will break the bow of Elam,
the mainstay of their might.

36 I will bring against Elam the four winds
from the four quarters of heaven;
I will scatter them to the four winds,
and there will not be a nation
where Elam's exiles do not go.

37 I will shatter Elam before their foes,
before those who want to kill them;
I will bring disaster on them,

49:32 Or *who clip the hair by their foreheads*

27 Et je mettrai le feu à la muraille de Damas,
et il consumera les palais du roi Ben-Hadad[b].

Contre les tribus arabes

28 Prophéties sur Qédar et sur les royaumes de Hatsor
vaincus par Nabuchodonosor, roi de Babylone[c].
Voici ce que déclare l'Eternel :
Debout ! A l'assaut de Qédar !
Dévastez tout chez les tribus nomades à l'orient du
Jourdain !
29 Qu'on saisisse leurs tentes et leur petit bétail !
Qu'on prenne leurs tapis, tous leurs effets et leurs
chameaux !
Qu'on proclame contre eux : « De toutes parts, c'est
la terreur ! »
30 Sauvez-vous, fuyez vite, cachez-vous dans des trous
profonds, et restez-y,
habitants de Hatsor,
l'Eternel le déclare.
Nabuchodonosor, le roi de Babylone, fait des plans
contre vous,
il a formé des projets contre vous.
31 Debout ! déclare l'Eternel,
marchez contre ce peuple qui vit dans
l'insouciance,
dans la sécurité,
sans avoir ni verrous ni portes !
Il demeure à l'écart.
32 Emparez-vous de leurs chameaux,
faites de leurs nombreux troupeaux votre butin !
Je disperse à tous vents
ces hommes qui se rasent le haut des joues,
je fais venir leur ruine de tous côtés,
l'Eternel le déclare.

33 Et Hatsor deviendra un repaire pour les chacals,
et, pour toujours, un endroit dévasté ;
il n'y aura personne qui y habite,
et aucun être humain n'y séjournera plus.

Contre Elam

34 Voici le message que l'Eternel adressa au prophète
Jérémie au sujet d'Elam, au commencement du règne de
Sédécias, roi de Juda[d] :
35 Voici ce que déclare le Seigneur des armées
célestes :
Moi, je vais briser l'arc d'Elam,
principale arme de sa puissance[e].
36 Je ferai venir sur lui quatre vents
des quatre coins de l'horizon,
et je le disperserai à tous vents.
Chez tous les peuples,
on verra arriver des fugitifs d'Elam.
37 Je remplirai d'effroi le cœur des Elamites
devant leurs ennemis qui veulent les tuer,
je leur enverrai le malheur

b **49.27** Plusieurs rois de Damas ont porté ce nom. Ce verset reprend Am 1.4, avec un autre verbe en hébreu, au début du verset.

c **49.28** En 599 à 598 av. J.-C., Nabuchodonosor ravagera les tribus arabes, qu'elles soient nomades (*Qédar*) ou semi-sédentaires (*Hatsor*).

d **49.34** *Sédécias* a régné de 598 à 587 av. J.-C.

e **49.35** Les archers élamites étaient célèbres dans l'Antiquité (voir Es 22.6).

even my fierce anger,"
declares the LORD.
"I will pursue them with the sword
until I have made an end of them.
38 I will set my throne in Elam
and destroy her king and officials,"
declares the LORD.
39 "Yet I will restore the fortunes of Elam
in days to come,"
declares the LORD.

A Message About Babylon

50 1 This is the word the LORD spoke through
Jeremiah the prophet concerning Babylon
and the land of the Babylonians[e]:
2 "Announce and proclaim among the nations,
lift up a banner and proclaim it;
keep nothing back, but say,
'Babylon will be captured;
Bel will be put to shame,
Marduk filled with terror.
Her images will be put to shame
and her idols filled with terror.'

3 A nation from the north will attack her
and lay waste her land.
No one will live in it;
both people and animals will flee away.

4 "In those days, at that time," declares the LORD,
"the people of Israel and the people of Judah
together
will go in tears to seek the LORD their God.
5 They will ask the way to Zion
and turn their faces toward it.
They will come and bind themselves to the LORD
in an everlasting covenant
that will not be forgotten.
6 "My people have been lost sheep;
their shepherds have led them astray
and caused them to roam on the mountains.
They wandered over mountain and hill
and forgot their own resting place.
7 Whoever found them devoured them;
their enemies said, 'We are not guilty,
for they sinned against the LORD, their verdant
pasture,
the LORD, the hope of their ancestors.'

8 "Flee out of Babylon;
leave the land of the Babylonians;
and be like the goats that lead the flock.

9 For I will stir up and bring against Babylon

[e] 50:1 Or *Chaldeans*; also in verses 8, 25, 35 and 45

dans ma colère ardente,
l'Eternel le déclare.
Je lancerai l'épée à leur poursuite
jusqu'à leur extermination.
38 J'érigerai mon trône parmi les Elamites,
j'en ferai disparaître le roi et les ministres,
l'Eternel le déclare.
39 Mais par la suite,
je ferai revenir les captifs élamites,
l'Eternel le déclare.

Contre Babylone

La chute de Babylone et le retour des exilés

50 1 Voici le message que l'Eternel communiqua pa
le prophète Jérémie au sujet de Babylone et d
pays des Chaldéens :
2 Proclamez la nouvelle parmi les peuples !
Publiez-la !
Elevez l'étendard !
Oui, faites-la savoir et ne la cachez pas !
Dites que Babylone est prise,
Bel est couvert de honte,
Mardouk est tout épouvanté[f].
Ses statues sont honteuses,
et ses idoles sont dans l'épouvante.
3 Car un peuple ennemi, du nord, vient t'attaquer[g] ;
il transformera ton pays en une terre dévastée
où nul n'habitera.
Des hommes jusqu'aux bêtes, tous partiront, ils s'e
iront.
4 En ce temps-là, à cette époque,
l'Eternel le déclare,
les Israélites viendront avec les Judéens,
ils marcheront en larmes
et ils se tourneront vers l'Eternel, leur Dieu.
5 Et ils s'informeront du chemin qui mène à Sion,
ils tourneront vers elle leurs regards.
« Venez, se diront-ils, attachons-nous à l'Eternel
par une alliance éternelle qu'on n'oubliera jamais.
6 Mon peuple était semblable à des moutons perdus.
Leurs bergers les ont égarés,
ils les ont détournés sur les montagnes.
De montagne en colline,
ils allaient en oubliant leur bercail.
7 Ceux qui les rencontraient en faisaient leur pâture
Leurs ennemis disaient :
« Nous ne nous mettrons pas en tort,
puisqu'ils ont péché contre l'Eternel,
lui qui avait été pour eux comme un enclos où
régnait la justice
et en qui leurs ancêtres avaient placé leur
espérance. »
8 Partez de Babylone
et du pays des Chaldéens !
Oui, sortez-en comme des boucs en tête du
troupeau !
9 Car je vais susciter

[f] 50.2 *Bel ... Mardouk:* voir Es 46.1.
[g] 50.3 Il s'agit certainement des Mèdes dont le royaume se trouvait au sud-est de Babylone. Le *septentrion* est peut-être une désignation symbolique de la direction d'où vient le malheur.

an alliance of great nations from the land of
the north.
They will take up their positions against her,
and from the north she will be captured.
Their arrows will be like skilled warriors
who do not return empty-handed.
10 So Babylonia[f] will be plundered;
all who plunder her will have their fill,"
declares the LORD.
11 "Because you rejoice and are glad,
you who pillage my inheritance,
because you frolic like a heifer threshing grain
and neigh like stallions,
12 your mother will be greatly ashamed;
she who gave you birth will be disgraced.
She will be the least of the nations –
a wilderness, a dry land, a desert.
13 Because of the LORD's anger she will not be
inhabited
but will be completely desolate.
All who pass Babylon will be appalled;
they will scoff because of all her wounds.
14 "Take up your positions around Babylon,
all you who draw the bow.
Shoot at her! Spare no arrows,
for she has sinned against the LORD.
15 Shout against her on every side!
She surrenders, her towers fall,
her walls are torn down.
Since this is the vengeance of the LORD,
take vengeance on her;
do to her as she has done to others.
16 Cut off from Babylon the sower,
and the reaper with his sickle at harvest.
Because of the sword of the oppressor
let everyone return to their own people,
let everyone flee to their own land.
17 "Israel is a scattered flock
that lions have chased away.
The first to devour them
was the king of Assyria;
the last to crush their bones
was Nebuchadnezzar king of Babylon."
18 Therefore this is what the LORD Almighty, the God
Israel, says:
"I will punish the king of Babylon and his land
as I punished the king of Assyria.
19 But I will bring Israel back to their own
pasture,
and they will graze on Carmel and Bashan;

0:10 Or *Chaldea*

une coalition de grandes nations[h] des pays du nord
pour qu'elles viennent attaquer Babylone.
Elles se rangeront en bataille contre elle
et s'en empareront.
Leurs flèches sont semblables à d'habiles guerriers
et elles ne reviennent pas à vide.
10 Et la Chaldée sera mise au pillage ;
ceux qui la pilleront se rassasieront bien,
l'Eternel le déclare.
11 Ah ! vous pouvez bien vous réjouir, exulter
d'allégresse,
vous qui avez pillé mon patrimoine !
Vous pouvez vous ébattre comme une génisse
foulant le blé
et vous pouvez hennir comme des étalons ;
12 votre mère-patrie est toute couverte de honte,
celle qui vous a enfantés connaît le déshonneur.
La voici mise au dernier rang de toutes les nations,
devenue un désert, une terre aride, une steppe.
13 L'indignation de l'Eternel
en a fait une terre où tout est dévasté
et où personne n'habite.
Tous ceux qui passeront tout près de Babylone
en seront effarés et siffleront d'horreur à la vue de
toutes ses plaies.
14 Oui, vous tous les archers,
rangez-vous en bataille autour de Babylone,
tirez contre elle,
n'épargnez pas les flèches,
car elle a péché contre l'Eternel.
15 Poussez des cris de guerre de tous côtés contre elle !
Elle se rend,
ses remparts sont tombés,
ses murailles sont démolies :
c'est ici la rétribution de l'Eternel contre elle.
Oui, rétribuez-la,
et faites-lui comme elle a fait !
16 Eliminez de Babylone à la fois le semeur
et celui qui tient la faucille au temps de la
moisson !
Et devant l'épée meurtrière,
chacun s'en retournera chez les siens,
chacun fuira dans son pays[i] !
17 Israël est semblable à une brebis isolée
pourchassée par des lions :
le premier l'a mangée, – c'est le roi d'Assyrie –
et le suivant lui a broyé les os :
Nabuchodonosor, le roi de Babylone[j].
18 Et c'est pourquoi voici ce que déclare le Seigneur
des armées célestes, Dieu d'Israël :
Je vais rétribuer le roi de Babylone et son pays,
tout comme j'ai rétribué le roi de l'Assyrie[k].
19 Je ramènerai Israël dans son enclos ;
il paîtra de nouveau sur le Carmel et au Basan,

h **50.9** Les Médo-Perses et leurs alliés (voir 51.27-28).
i **50.16** Reprend Es 13.14.
j **50.17** Les Assyriens ont détruit le royaume du Nord (prise de Samarie en 722 av. J.-C.) et les Babyloniens Juda (chute de Jérusalem en 587 av. J.-C.).
k **50.18** Ninive, la capitale de l'Assyrie, est tombée en 612 av. J.-C. et l'Assyrie elle-même fut vaincue par une coalition des Mèdes et des Babyloniens en 609. Babylone sera vaincue par les Médo-Perses.

their appetite will be satisfied
on the hills of Ephraim and Gilead.
20 In those days, at that time," declares the LORD,
"search will be made for Israel's guilt,
but there will be none,
and for the sins of Judah,
but none will be found,
for I will forgive the remnant I spare.

21 "Attack the land of Merathaim
and those who live in Pekod.
Pursue, kill and completely destroy[g] them,"
declares the LORD.
"Do everything I have commanded you.

22 The noise of battle is in the land,
the noise of great destruction!
23 How broken and shattered
is the hammer of the whole earth!
How desolate is Babylon
among the nations!
24 I set a trap for you, Babylon,
and you were caught before you knew it;
you were found and captured
because you opposed the LORD.

25 The LORD has opened his arsenal
and brought out the weapons of his wrath,
for the Sovereign LORD Almighty has work to do
in the land of the Babylonians.

26 Come against her from afar.
Break open her granaries;
pile her up like heaps of grain.
Completely destroy her
and leave her no remnant.
27 Kill all her young bulls;
let them go down to the slaughter!
Woe to them! For their day has come,
the time for them to be punished.
28 Listen to the fugitives and refugees from
Babylon
declaring in Zion
how the LORD our God has taken vengeance,
vengeance for his temple.

29 "Summon archers against Babylon,
all those who draw the bow.
Encamp all around her;
let no one escape.
Repay her for her deeds;
do to her as she has done.
For she has defied the LORD,
the Holy One of Israel.
30 Therefore, her young men will fall in the
streets;

g 50:21 The Hebrew term refers to the irrevocable giving over of things or persons to the LORD, often by totally destroying them; also in verse 26.

il se rassasiera
sur les monts d'Ephraïm et ceux de Galaad[l].
20 En ce temps-là, à cette époque,
l'Eternel le déclare,
on aura beau chercher la faute d'Israël,
elle aura disparu,
le péché de Juda,
on ne le retrouvera plus ;
car je pardonnerai au reste que j'aurai épargné.
21 Lancez-vous à l'attaque du pays de Merataïm[m] !
Sus aux habitants de Peqod,
poursuis-les et massacre-les, extermine-les tous
pour me les consacrer,
déclare l'Eternel,
oui, fais tout ce que je t'ai ordonné.
22 On entend le bruit du combat dans le pays ;
immense est le désastre.
23 Comment est-ce possible ? il est brisé, mis en pièce
le marteau qui frappait toute la terre.
Babylone a été réduite à une terre dévastée au
milieu des nations !
24 Je t'ai tendu un piège,
et tu as été prise, ô Babylone,
sans t'en apercevoir.
Oui, tu as été découverte et l'on s'est emparé de toi
car tu t'es attaquée à l'Eternel lui-même.
25 L'Eternel a ouvert son arsenal
et il en a tiré les armes de sa colère ;
car c'est là l'œuvre
que l'Eternel, le Seigneur des armées célestes, va
accomplir
dans le pays des Chaldéens.
26 Venez vers elle du bout du monde,
défoncez ses greniers,
entassez le butin comme des tas de gerbes,
et exterminez-la totalement :
qu'il n'en reste plus rien !
27 Massacrez ses guerriers, tous ses jeunes taureaux :
qu'on les mène au carnage !
Ah ! quel malheur pour eux, le temps est arrivé,
c'est le jour de leur châtiment !
28 Ecoutez ! on entend la voix de ceux qui fuient et de
rescapés de Babylonie.
Ils viennent apprendre à Sion quelle rétribution
l'Eternel notre Dieu a exercé sur Babylone
et comment il a fait payer ce qu'elle a fait contre so
temple.
29 Appelez les archers contre elle,
tous ceux qui bandent l'arc,
et dressez tout autour un camp pour l'attaquer,
qu'il n'y ait pas de rescapés,
oui, faites-lui payer selon ce qu'elle a fait[n] :
faites-lui tout ce qu'elle a fait !
Car, envers l'Eternel, elle s'est montrée insolente
envers le Dieu saint d'Israël.
30 Aussi ses jeunes gens tomberont sur ses places

l **50.19** Territoire à l'est du Jourdain.
m **50.21** *Merataïm:* en hébreu, ce nom peut avoir le sens de *double rébellio* Il s'agit sans doute d'un jeu de mots avec le nom *marratu* qui désigne ur région au sud de Babylone. *Peqod,* qui signifie *punition,* est un jeu de mo avec le nom *Puqudu* qui désigne une tribu vivant près de l'embouchure du Tigre.
n **50.29** Repris en Ap 18.6.

all her soldiers will be silenced in that day,"
declares the LORD.

31 "See, I am against you, you arrogant one,"
declares the Lord, the LORD Almighty,
"for your day has come,
the time for you to be punished.
32 The arrogant one will stumble and fall
and no one will help her up;
I will kindle a fire in her towns
that will consume all who are around her."

33 This is what the LORD Almighty says:
"The people of Israel are oppressed,
and the people of Judah as well.
All their captors hold them fast,
refusing to let them go.

34 Yet their Redeemer is strong;
the LORD Almighty is his name.
He will vigorously defend their cause
so that he may bring rest to their land,
but unrest to those who live in Babylon.
35 "A sword against the Babylonians!"
declares the LORD –
"against those who live in Babylon
and against her officials and wise men!
36 A sword against her false prophets!
They will become fools.
A sword against her warriors!
They will be filled with terror.
37 A sword against her horses and chariots
and all the foreigners in her ranks!
They will become weaklings.
A sword against her treasures!
They will be plundered.
38 A drought on[h] her waters!
They will dry up.
For it is a land of idols,
idols that will go mad with terror.
39 "So desert creatures and hyenas will live there,
and there the owl will dwell.
It will never again be inhabited
or lived in from generation to generation.

40 As I overthrew Sodom and Gomorrah
along with their neighboring towns,"
declares the LORD,
"so no one will live there;
no people will dwell in it.

41 "Look! An army is coming from the north;
a great nation and many kings
are being stirred up from the ends of the
earth.

[h] 50:38 Or *A sword against*

et tous ses combattants,
ce jour-là, seront réduits au silence,
l'Eternel le déclare.
31 Je vais m'en prendre à toi, toi l'orgueilleuse,
déclare l'Eternel, le Seigneur des armées célestes,
car le temps est venu pour toi,
c'est le jour de rendre des comptes.
32 La voilà qui chancelle, l'insolente, et qui tombe,
et nul ne la relève.
Je vais mettre le feu à ses cités
et il consumera tout ce qui est autour.

L'Eternel défend la cause de son peuple

33 Voici ce que déclare le Seigneur des armées
célestes :
Les gens d'Israël et ceux de Juda sont opprimés, les
uns comme les autres.
Tous ceux qui les ont déportés les retiennent chez
eux
et ils refusent de les laisser aller.
34 Pourtant, leur libérateur est puissant :
oui il se nomme le Seigneur des armées célestes.
Il prend en main leur cause et il la défendra.
Il donnera la tranquillité au pays
et il ébranlera les habitants de Babylone.
35 Epée, fonds sur les Chaldéens,
demande l'Eternel,
et sur les habitants de Babylone,
sur ses ministres et ses sages !
36 Epée, fonds sur ses magiciens[o]
et qu'ils perdent le sens !
Epée ! Sus aux guerriers,
et qu'ils soient terrifiés !
37 Epée, fonds sur ses chevaux et ses chars
et sur tout ce ramassis de gens qui sont chez elle.
Et qu'ils ne soient plus que des femmelettes !
Epée ! Fonds sur tous ses trésors :
qu'ils soient pillés !
38 Sécheresse[p], fonds sur tous ses canaux
et qu'ils soient asséchés !
Car ce pays est plein d'idoles,
et ces épouvantails les font déraisonner.
39 C'est pourquoi les chacals y auront leur demeure
avec les chats sauvages,
et les autruches en feront leur séjour.
Personne, plus jamais, ne s'y établira,
elle restera dépeuplée à perpétuité.
40 Il en sera comme lors de la catastrophe de Sodome
et Gomorrhe et des cités voisines[q], que Dieu a
renversées,
l'Eternel le déclare :
Personne n'y habitera,
non, aucun être humain n'y séjournera plus.

L'ennemi viendra du nord

41 Un peuple va venir du nord,
une grande nation ; des rois nombreux
se mettent en campagne des confins de la terre[r].

[o] **50.36** Autre traduction : *ses vantards.*
[p] **50.38** *Sécheresse* et *épée* s'écrivent avec les mêmes consonnes en hébreu.
[q] **50.40** Voir Gn 18.20 à 19.29 (Jr 49.18 ; Es 13.19).
[r] **50.41** Les v. 41-43 ont leur parallèle en 6.22-24.

42 They are armed with bows and spears;
they are cruel and without mercy.
They sound like the roaring sea
as they ride on their horses;
they come like men in battle formation
to attack you, Daughter Babylon.
43 The king of Babylon has heard reports about them,
and his hands hang limp.
Anguish has gripped him,
pain like that of a woman in labor.
44 Like a lion coming up from Jordan's thickets
to a rich pastureland,
I will chase Babylon from its land in an instant.
Who is the chosen one I will appoint for this?
Who is like me and who can challenge me?
And what shepherd can stand against me?"
45 Therefore, hear what the LORD has planned
against Babylon,
what he has purposed against the land of the Babylonians:
The young of the flock will be dragged away;
their pasture will be appalled at their fate.
46 At the sound of Babylon's capture the earth will tremble;
its cry will resound among the nations.

51 1 This is what the LORD says:
"See, I will stir up the spirit of a destroyer
against Babylon and the people of Leb Kamai.[i]
2 I will send foreigners to Babylon
to winnow her and to devastate her land;
they will oppose her on every side
in the day of her disaster.
3 Let not the archer string his bow,
nor let him put on his armor.
Do not spare her young men;
completely destroy[j] her army.
4 They will fall down slain in Babylon,[k]
fatally wounded in her streets.
5 For Israel and Judah have not been forsaken
by their God, the LORD Almighty,
though their land[l] is full of guilt
before the Holy One of Israel.
6 "Flee from Babylon!
Run for your lives!
Do not be destroyed because of her sins.

[i] 51:1 *Leb Kamai* is a cryptogram for Chaldea, that is, Babylonia.
[j] 51:3 The Hebrew term refers to the irrevocable giving over of things or persons to the LORD, often by totally destroying them.
[k] 51:4 Or *Chaldea*
[l] 51:5 Or *Almighty, / and the land of the Babylonians*

42 Ils empoignent l'arc et la lance,
ils sont cruels et sans pitié,
et ils mugissent comme la mer.
Ils sont montés sur des chevaux,
rangés en ordre de bataille tout comme des soldats
pour te combattre, communauté de Babylone !
43 Lorsque le roi de Babylone a appris la nouvelle,
ses bras ont défailli,
l'angoisse l'a étreint,
des douleurs l'ont saisi comme une femme en couches.
44 Voici, comme un lion monte des forêts luxuriantes du Jourdain
vers des enclos solides,
moi je viendrai les faire déguerpir de là en un clin d'œil,
et je me choisirai quelqu'un pour dominer sur lui[s].
Car qui est mon égal ?
Qui me demandera des comptes ?
Et quel est le berger qui pourrait tenir contre moi[t]
45 Ecoutez donc le plan que l'Eternel a formé contre Babylone,
et les projets qu'il a formés au sujet du pays des Chaldéens :
on les entraînera comme les plus chétives des bêtes du troupeau
et l'on ravagera après eux leur enclos.
46 Au bruit de la prise de Babylone,
la terre tremblera,
et chez les peuples étrangers, on entendra un cri.

La chute de Babylone

51 1 Voici ce que déclare l'Eternel :
Je vais faire souffler sur Babylone
et sur les habitants de Lev Qamaï[u],
un vent de destruction.
2 J'enverrai contre Babylone des étrangers pour la vanner
et ils feront le vide dans son pays
car, au jour du malheur,
ils surgiront de tous côtés contre elle.
3 Les archers n'auront pas le temps de bander l'arc
et l'on ne pourra pas revêtir sa cuirasse !
Pas de pitié pour ses jeunes soldats !
Exterminez son armée tout entière pour me la consacrer.
4 Ceux qui seront frappés à mort joncheront le pays des Chaldéens,
les blessés tomberont dans les rues de la ville.
5 Bien que leur pays soit souillé d'offenses à l'égard
du Dieu saint d'Israël.
La terre d'Israël et celle de Juda n'ont pas été
abandonnées au veuvage par l'Eternel,
le Seigneur des armées célestes.
6 Fuyez de Babylone et que chacun sauve sa vie !
Ne soyez pas détruits à cause de son crime[v] !

[s] 50.44 *quelqu'un pour dominer sur lui.* Autre traduction : *de ses meilleurs béliers.*
[t] 50.44 Les v. 44-46 ont leur parallèle en 49.19-21.
[u] 51.1 *Lev Qamaï* signifie : *le cœur de mes adversaires.* C'est, en hébreu, une manière codée d'écrire le nom *chaldéens* qui désigne les Babyloniens, s[elon] le procédé d'écriture athbesh, qui consiste à remplacer la première lettre de l'alphabet par la dernière, et ainsi de suite. Voir 25.26.
[v] 51.6 Repris en Ap 18.4 (voir Jr 50.8).

It is time for the LORD's vengeance;
he will repay her what she deserves.
7 Babylon was a gold cup in the LORD's hand;
she made the whole earth drunk.
The nations drank her wine;
therefore they have now gone mad.

8 Babylon will suddenly fall and be broken.
Wail over her!
Get balm for her pain;
perhaps she can be healed.
9 " 'We would have healed Babylon,
but she cannot be healed;
let us leave her and each go to our own land,
for her judgment reaches to the skies,
it rises as high as the heavens.'

10 " 'The LORD has vindicated us;
come, let us tell in Zion
what the LORD our God has done.'

11 "Sharpen the arrows,
take up the shields!
The LORD has stirred up the kings of the Medes,
because his purpose is to destroy Babylon.
The LORD will take vengeance,
vengeance for his temple.
12 Lift up a banner against the walls of Babylon!
Reinforce the guard,
station the watchmen,
prepare an ambush!
The LORD will carry out his purpose,
his decree against the people of Babylon.

13 You who live by many waters
and are rich in treasures,
your end has come,
the time for you to be destroyed.
14 The LORD Almighty has sworn by himself:
I will surely fill you with troops, as with a swarm of locusts,
and they will shout in triumph over you.

15 "He made the earth by his power;
he founded the world by his wisdom
and stretched out the heavens by his understanding.
16 When he thunders, the waters in the heavens roar;
he makes clouds rise from the ends of the earth.
He sends lightning with the rain
and brings out the wind from his storehouses.

Car c'est le temps où l'Eternel va la rétribuer,
où il va lui payer ce qu'elle a mérité.
7 Babylone était bien comme une coupe d'or entre les mains de l'Eternel ;
elle enivrait la terre entière ;
les peuples ont bu de son vin ;
et c'est pourquoi les peuples en ont perdu le sens.
8 Babylone est tombée soudainement, elle est brisée.
Lamentez-vous sur elle ! « Mettez du baume sur ses plaies,
et peut-être guérira-t-elle ! »
9 « Nous avons soigné Babylone,
elle n'a pas été guérie. »
« Abandonnons-la donc !
Et que chacun de nous rentre dans son pays,
puisque son jugement touche à présent le ciel
et qu'il atteint les nues[w].
10 L'Eternel nous a fait justice ;
venez, racontons à Sion
ce que l'Eternel notre Dieu a fait. »

Les Mèdes : instruments du jugement de Dieu

11 Aiguisez bien les flèches,
prenez vos boucliers !
L'Eternel a excité l'esprit des rois des Mèdes,
car il a résolu de ruiner Babylone ;
ce sera la rétribution, que l'Eternel exercera,
ainsi il lui fera payer ce qu'elle a fait contre son temple.
12 Dressez vos étendards contre les murs de Babylone !
Et renforcez la garde !
Postez des sentinelles !
Dressez des embuscades !
Car voici, l'Eternel a conçu un dessein :
ce qu'il a prononcé contre les habitants de Babylone,
et il le réalise.
13 O toi, qui es assise sur les bords du grand fleuve[x],
qui es riche en trésors,
ta fin est arrivée, à la mesure de tes gains malhonnêtes[y].
14 Le Seigneur des armées célestes l'a juré par lui-même :
Je te remplirai d'hommes comme de sauterelles,
ils pousseront sur toi le cri de la victoire !

Le Dieu créateur, maître de l'histoire

15 Lui, il a fait la terre par sa puissance,
il a solidement fondé le monde par sa sagesse,
et il a déployé le ciel par son intelligence[z].
16 Quand il fait retentir sa voix,
des torrents d'eau s'amassent dans le ciel ;
des nuages s'élèvent des confins de la terre ;
il fait jaillir l'éclair au milieu des averses
et il fait s'élancer le vent de ses réserves.

w **51.9** Réminiscence en Ap 18.5.
x **51.13** Réminiscence en Ap 17.1.
y **51.13** Autres traductions : *la mesure est comble* ou *le fil de ta vie est coupé*.
z **51.15** Les v. 15-19 sont parallèles à 10.12-16.

[17] "Everyone is senseless and without knowledge;
every goldsmith is shamed by his idols.
The images he makes are a fraud;
they have no breath in them.

[18] They are worthless, the objects of mockery;
when their judgment comes, they will perish.

[19] He who is the Portion of Jacob is not like these,
for he is the Maker of all things,
including the people of his inheritance –
the LORD Almighty is his name.

[20] "You are my war club,
my weapon for battle –
with you I shatter nations,
with you I destroy kingdoms,
[21] with you I shatter horse and rider,
with you I shatter chariot and driver,
[22] with you I shatter man and woman,
with you I shatter old man and youth,
with you I shatter young man and young woman,
[23] with you I shatter shepherd and flock,
with you I shatter farmer and oxen,
with you I shatter governors and officials.

[24] "Before your eyes I will repay Babylon and all who
live in Babylonia[m] for all the wrong they have done in
Zion," declares the LORD.

[25] "I am against you, you destroying mountain,
you who destroy the whole earth,"
declares the LORD.
"I will stretch out my hand against you,
roll you off the cliffs,
and make you a burned-out mountain.
[26] No rock will be taken from you for a cornerstone,
nor any stone for a foundation,
for you will be desolate forever," declares the LORD.

[27] "Lift up a banner in the land!
Blow the trumpet among the nations!
Prepare the nations for battle against her;
summon against her these kingdoms:
Ararat, Minni and Ashkenaz.
Appoint a commander against her;
send up horses like a swarm of locusts.

[28] Prepare the nations for battle against her –

[m] 51:24 Or *Chaldea*; also in verse 35

[17] Alors tout être humain reste hébété et ne compre[nd]
plus rien.
Tout orfèvre est honteux de son idole
car sa statue de fonte est une tromperie
qui n'a en elle aucun souffle de vie.
[18] Ils ne sont que néant
et œuvres illusoires ;
et ils disparaîtront
au jour du châtiment.
[19] Combien est différent « le Dieu qui est la part du
peuple de Jacob » !
Il a tout façonné,
Israël[a] est le peuple qui constitue son patrimoine,
et ce Dieu a pour nom : le Seigneur des armées
célestes.

Babylone tombera

[20] Toi, tu étais pour moi comme un marteau, une
arme de combat.
Par toi, j'ai pilonné bien des nations,
par toi, j'ai détruit des royaumes.
[21] Par toi, j'ai pilonné chevaux et cavaliers.
J'ai pilonné des chars avec ceux qui les
conduisaient.
[22] Par toi, j'ai pilonné des hommes et des femmes.
Par toi, j'ai pilonné des vieillards, des enfants.
Par toi, j'ai pilonné des jeunes hommes, des jeunes
filles.
[23] Par toi, j'ai pilonné le berger avec son troupeau.
Par toi, j'ai pilonné le fermier et ses bœufs.
Par toi, j'ai pilonné gouverneurs et préfets.
[24] Je rends à Babylone
ainsi qu'à tous les habitants de la Chaldée
tout le mal qu'ils ont fait
sous vos regards, à l'égard de Sion[b],
l'Eternel le déclare.
[25] Je vais m'en prendre à toi, montagne destructrice,
qui dévastes toute la terre,
l'Eternel le déclare.
Je lève la main contre toi,
je te ferai rouler du haut de tes rochers,
et je ferai de toi une montagne calcinée,
[26] et l'on ne prendra plus de toi ni pierre d'angle
ni pierres pour les fondations ;
car tu seras pour toujours dévastée,
l'Eternel le déclare.

[27] Elevez l'étendard à travers le pays,
sonnez du cor parmi les peuples,
et convoquez les peuples pour combattre contre
elle !
Appelez les royaumes
d'Ararat, de Minni et d'Ashkenaz contre elle ;
nommez des généraux pour l'attaquer ;
lancez des chevaux à l'attaque comme un essaim [de]
sauterelles qui se hérissent !
[28] Convoquez donc les peuples pour combattre contr[e]
elle,

[a] 51.19 *Israël:* ce mot manque dans le texte hébreu traditionnel mais se trouve dans de nombreux manuscrits hébreux, certains manuscrits de l'ancienne version grecque, la Vulgate et le targoum, ainsi qu'en Jr 10.
[b] 51.24 Autre traduction : *Sous vos regards, je rends à Babylone ... tout le m[al] qu'ils ont fait à l'égard de Sion.*

the kings of the Medes,
their governors and all their officials,
and all the countries they rule.
29 The land trembles and writhes,
for the LORD's purposes against Babylon
stand –
to lay waste the land of Babylon
so that no one will live there.
30 Babylon's warriors have stopped fighting;
they remain in their strongholds.
Their strength is exhausted;
they have become weaklings.
Her dwellings are set on fire;
the bars of her gates are broken.

31 One courier follows another
and messenger follows messenger
to announce to the king of Babylon
that his entire city is captured,

32 the river crossings seized,
the marshes set on fire,
and the soldiers terrified."
33 This is what the LORD Almighty, the God of Israel,
ys:
"Daughter Babylon is like a threshing floor
at the time it is trampled;
the time to harvest her will soon come."

34 "Nebuchadnezzar king of Babylon has
devoured us,
he has thrown us into confusion,
he has made us an empty jar.
Like a serpent he has swallowed us
and filled his stomach with our delicacies,
and then has spewed us out.
35 May the violence done to our flesh[n] be on
Babylon,"
say the inhabitants of Zion.
"May our blood be on those who live in
Babylonia,"
says Jerusalem.

36 Therefore this is what the LORD says:
"See, I will defend your cause
and avenge you;
I will dry up her sea
and make her springs dry.
37 Babylon will be a heap of ruins,
a haunt of jackals,
an object of horror and scorn,
a place where no one lives.

38 Her people all roar like young lions,
they growl like lion cubs.

39 But while they are aroused,
I will set out a feast for them
and make them drunk,

1:35 Or *done to us and to our children*

les rois de la Médie,
ses gouverneurs et ses préfets
et tous les territoires sous sa domination.
29 La terre est ébranlée, elle vacille,
car les desseins que l'Eternel a conçus contre
Babylone se réalisent
pour changer son pays en une terre dévastée et
privée d'habitants.
30 Car les guerriers de Babylone ont cessé de
combattre,
ils sont restés à l'intérieur des forteresses ;
leur force est épuisée :
les voilà devenus comme des femmelettes.
Ses maisons sont en feu,
les verrous de ses portes ont été mis en pièces.
31 Les courriers courent et rejoignent d'autres
courriers,
et les messagers d'autres messagers
pour annoncer au roi de Babylone
que, de tous les côtés, sa ville est prise.
32 « Les gués sont occupés,
les roseaux sont en feu,
les soldats sont pris d'épouvante ! »
33 Voici ce que déclare le Seigneur des armées
célestes, Dieu d'Israël :
Oui, la population de Babylone est pareille à une
aire au temps où on la foule.
Encore un peu de temps
et l'heure des récoltes sera venue pour elle.

Jérusalem sera vengée

34 Nabuchodonosor, le roi de Babylone,
nous a dévorés, nous a mis en déroute,
et il nous a laissés comme un récipient vide.
Il nous a engloutis tout comme un monstre.
Il a rempli son ventre du meilleur de nous-mêmes,
puis il nous a bannis.

35 Que le peuple de Sion dise :
« Que toutes les violences qu'elle m'a fait subir, à
moi et à mes enfants, que tout cela retombe sur
Babylone ! »
Que Jérusalem dise :
« Que mon sang répandu retombe sur les
Chaldéens ! »
36 Car voici ce que l'Eternel déclare :
Je défendrai ta cause
et je rétribuerai ceux qui t'ont fait du tort,
j'assécherai leur fleuve,
je tarirai sa source.
37 Babylone sera changée en un monceau de pierres
hanté par les chacals,
en une terre dévastée attirant des sifflements
horrifiés,
où n'habitera plus personne.
38 Les habitants de Babylone rugiront tous ensemble
comme de jeunes lions,
ils hurleront, tout comme des lionceaux.
39 Et quand ils seront échauffés,
je leur servirai un festin,
je les enivrerai
afin qu'ils soient en liesse.

so that they shout with laughter –
then sleep forever and not awake,"
declares the LORD.
40 "I will bring them down
like lambs to the slaughter,
like rams and goats.

41 "How Sheshak[o] will be captured,
the boast of the whole earth seized!
How desolate Babylon will be
among the nations!
42 The sea will rise over Babylon;
its roaring waves will cover her.
43 Her towns will be desolate,
a dry and desert land,
a land where no one lives,
through which no one travels.
44 I will punish Bel in Babylon
and make him spew out what he has
swallowed.
The nations will no longer stream to him.
And the wall of Babylon will fall.
45 "Come out of her, my people!
Run for your lives!
Run from the fierce anger of the LORD.
46 Do not lose heart or be afraid
when rumors are heard in the land;
one rumor comes this year, another the next,
rumors of violence in the land
and of ruler against ruler.
47 For the time will surely come
when I will punish the idols of Babylon;
her whole land will be disgraced
and her slain will all lie fallen within her.
48 Then heaven and earth and all that is in them
will shout for joy over Babylon,
for out of the north
destroyers will attack her,"
declares the LORD.
49 "Babylon must fall because of Israel's slain,
just as the slain in all the earth
have fallen because of Babylon.
50 You who have escaped the sword,
leave and do not linger!
Remember the LORD in a distant land,
and call to mind Jerusalem."
51 "We are disgraced,
for we have been insulted
and shame covers our faces,
because foreigners have entered
the holy places of the LORD's house."

o 51:41 *Sheshak* is a cryptogram for Babylon.

Puis ils s'endormiront d'un sommeil éternel,
ils ne se réveilleront plus,
l'Eternel le déclare.
40 Je les ferai descendre tout comme des agneaux à
l'abattoir,
comme des béliers et des boucs.

La fin de la gloire de Babylone

41 Quoi, Shéshak[c] est conquise ?
Quoi, elle a été prise, celle que célébrait le monde
tout entier ?
Quoi, Babylone a été dévastée au milieu des
nations ?
42 La mer s'est soulevée sur Babylone
et, de ses flots tumultueux, l'a submergée.
43 Ses villes ne sont plus que des lieux dévastés,
des lieux arides et des steppes
où n'habite personne
et où ne passe aucun humain.
44 J'interviendrai à Babylone contre Bel,
je lui ferai vomir ce qu'il a englouti
et, jamais plus, les autres peuples n'afflueront vers
lui.
Les murs de Babylone sont en train de tomber.
45 Sortez du milieu d'elle, vous, membres de mon
peuple !
Et que chacun sauve sa vie
quand la colère ardente de l'Eternel se manifestera.
46 Mais faites attention : ne perdez pas courage,
ne vous effrayez pas
des rumeurs qui circulent à travers le pays !
Une année, court tel bruit ;
l'année suivante, un autre,
la violence sévit dans le pays,
un despote s'en prend à un autre despote.
47 C'est pourquoi, le temps vient
où moi j'interviendrai contre les idoles de Babylone.
Son pays tout entier en sera dans la honte,
tous ses blessés à mort tomberont au beau milieu
d'elle.
48 Le ciel comme la terre
et tout ce qu'ils renferment
exulteront de joie devant le sort de Babylone,
car du septentrion des destructeurs viennent
contre elle,
l'Eternel le déclare.
49 Car Babylone, elle aussi, doit tomber, à cause des
morts d'Israël[d],
comme elle a fait tomber dans le monde entier des
victimes.
50 Rescapés de l'épée, partez, ne restez pas sur place.
Au loin, pensez à l'Eternel
et sur Jérusalem dirigez vos pensées !
51 Nous étions dans la honte
lorsque nous entendions l'insulte.
La confusion couvrait nos fronts
puisque des étrangers ont pénétré
dans les lieux saints du Temple de l'Eternel[e].

c **51.41** *Shéshak:* nom codé pour Babylone (voir 25.26 et note).
d **51.49** *à cause des morts d'Israël:* idée reprise en Ap 18.23-24.
e **51.51** Allusion à Nabuchodonosor et ses troupes profanant le Temple en 587 av. J.-C.

52 "But days are coming," declares the LORD,
"when I will punish her idols,
and throughout her land
the wounded will groan.
53 Even if Babylon ascends to the heavens
and fortifies her lofty stronghold,
I will send destroyers against her,"
declares the LORD.
54 "The sound of a cry comes from Babylon,
the sound of great destruction
from the land of the Babylonians.[p]
55 The LORD will destroy Babylon;
he will silence her noisy din.
Waves of enemies will rage like great waters;
the roar of their voices will resound.

56 A destroyer will come against Babylon;
her warriors will be captured,
and their bows will be broken.
For the LORD is a God of retribution;
he will repay in full.
57 I will make her officials and wise men drunk,
her governors, officers and warriors as well;
they will sleep forever and not awake,"
declares the King, whose name is the LORD
Almighty.

58 This is what the LORD Almighty says:
"Babylon's thick wall will be leveled
and her high gates set on fire;
the peoples exhaust themselves for nothing,
the nations' labor is only fuel for the flames."

59 This is the message Jeremiah the prophet gave
the staff officer Seraiah son of Neriah, the son of
ahseiah, when he went to Babylon with Zedekiah
ng of Judah in the fourth year of his reign.
Jeremiah had written on a scroll about all the disas-
rs that would come upon Babylon – all that had been
corded concerning Babylon. 61 He said to Seraiah,
Vhen you get to Babylon, see that you read all these
ords aloud. 62 Then say, 'LORD, you have said you will
stroy this place, so that neither people nor animals
ill live in it; it will be desolate forever.' 63 When you
nish reading this scroll, tie a stone to it and throw it
to the Euphrates. 64 Then say, 'So will Babylon sink
rise no more because of the disaster I will bring on
r. And her people will fall.'"
The words of Jeremiah end here.

1:54 Or *Chaldeans*

52 C'est pourquoi le temps vient,
l'Eternel le déclare,
où moi j'interviendrai contre les idoles de Babylone,
et, dans le pays tout entier, les blessés gémiront.
53 Quand Babylone monterait jusqu'au ciel,
et quand bien même elle fortifierait sa forteresse
sur les hauteurs,
des dévastateurs surgiront contre elle de ma part,
l'Eternel le déclare.
54 Un cri se fait entendre, venant de Babylone,
le bruit d'un immense désastre retentit en Chaldée.

55 Car l'Eternel dévaste Babylone
et réduit au silence la grande clameur venant d'elle.
Les flots de l'ennemi mugissent comme de grandes
eaux
et l'éclat de leur voix s'élève.
56 Car le dévastateur marche contre elle, oui, contre
Babylone ;
ses guerriers sont faits prisonniers
et leur arc est brisé.
L'Eternel est le Dieu qui rétribue,
il fait payer ce que chacun mérite.
57 J'enivrerai ses ministres, ses sages,
ses gouverneurs et ses préfets, ainsi que ses
guerriers,
et ils s'endormiront d'un sommeil éternel
sans plus se réveiller.
C'est là ce que déclare le roi qui a pour nom le
Seigneur des armées célestes.
58 Voici ce que déclare le Seigneur des armées
célestes :
Les larges murs de Babylone
seront démantelés ;
ses hautes portes seront la proie des flammes.
Les peuples travaillent pour rien,
les nations se fatiguent pour ce qui périt par le feu.
59 Voici les instructions que le prophète Jérémie donna à
Seraya, fils de Nériya, petit-fils de Mahséya, et responsable
du campement[f], lorsque celui-ci se rendit à Babylone avec
Sédécias, roi de Juda, la quatrième année de son règne[g].
60 Jérémie avait mis par écrit dans un seul livre tous
les malheurs qui devaient s'abattre sur Babylone, c'est-
à-dire tout ce qui a été écrit à son sujet. 61 Jérémie dit à
Seraya : Quand tu seras arrivé à Babylone, tu auras soin
de lire toutes ces paroles. 62 Puis tu diras : « Eternel, c'est
toi-même qui as parlé de détruire ce lieu-ci, pour que personne n'y habite plus, ni homme ni bête, mais qu'il soit
pour toujours dévasté. » 63 Quand tu auras terminé la lecture de ce livre, tu y attacheras une pierre et tu le jetteras
au milieu de l'Euphrate[h] 64 en disant : « Ainsi sombrera
Babylone et elle ne se relèvera pas du malheur que je vais
lui envoyer. Et ses habitants disparaîtront[i]. »
Ici s'achèvent les paroles de Jérémie.

f **51.59** *Seraya:* frère de Baruch, l'ami et le secrétaire de Jérémie (32.12). *du campement:* l'ancienne version grecque a compris : *du tribut.*
g **51.59** En 594 ou 593 av. J.-C.
h **51.63** Les v. 63-64 sont repris en Ap 18.21.
i **51.64** *disparaîtront:* même verbe en hébreu que celui de la fin du v. 58, traduit par *se fatiguer.* L'ancienne version grecque omet cette phrase (qui se réduit au verbe en hébreu).

The Fall of Jerusalem

52 1 Zedekiah was twenty-one years old when
he became king, and he reigned in Jerusalem
eleven years. His mother's name was Hamutal daughter of Jeremiah; she was from Libnah. 2 He did evil in
the eyes of the LORD, just as Jehoiakim had done. 3 It was
because of the LORD's anger that all this happened to
Jerusalem and Judah, and in the end he thrust them
from his presence.

Now Zedekiah rebelled against the king of Babylon.
4 So in the ninth year of Zedekiah's reign, on the
tenth day of the tenth month, Nebuchadnezzar king
of Babylon marched against Jerusalem with his whole
army. They encamped outside the city and built siege
works all around it. 5 The city was kept under siege
until the eleventh year of King Zedekiah.

6 By the ninth day of the fourth month the famine in
the city had become so severe that there was no food
for the people to eat. 7 Then the city wall was broken
through, and the whole army fled. They left the city
at night through the gate between the two walls near
the king's garden, though the Babylonians[q] were surrounding the city. They fled toward the Arabah,[r] 8 but
the Babylonian[s] army pursued King Zedekiah and
overtook him in the plains of Jericho. All his soldiers
were separated from him and scattered, 9 and he was
captured.

He was taken to the king of Babylon at Riblah in
the land of Hamath, where he pronounced sentence
on him. 10 There at Riblah the king of Babylon killed
the sons of Zedekiah before his eyes; he also killed all
the officials of Judah. 11 Then he put out Zedekiah's
eyes, bound him with bronze shackles and took him
to Babylon, where he put him in prison till the day
of his death.

12 On the tenth day of the fifth month, in the nineteenth year of Nebuchadnezzar king of Babylon,
Nebuzaradan commander of the imperial guard, who
served the king of Babylon, came to Jerusalem. 13 He
set fire to the temple of the LORD, the royal palace and
all the houses of Jerusalem. Every important building he burned down. 14 The whole Babylonian army,
under the commander of the imperial guard, broke
down all the walls around Jerusalem. 15 Nebuzaradan
the commander of the guard carried into exile some
of the poorest people and those who remained in
the city, along with the rest of the craftsmen[t] and
those who had deserted to the king of Babylon. 16 But
Nebuzaradan left behind the rest of the poorest people of the land to work the vineyards and fields.

17 The Babylonians broke up the bronze pillars, the
movable stands and the bronze Sea that were at the
temple of the LORD and they carried all the bronze to
Babylon. 18 They also took away the pots, shovels, wick

[q] 52:7 Or *Chaldeans*; also in verse 17
[r] 52:7 Or *the Jordan Valley*
[s] 52:8 Or *Chaldean*; also in verse 14
[t] 52:15 Or *the populace*

Appendice historique

La prise de Jérusalem

52 1 Sédécias avait vingt et un ans à son avènemen
Il régna onze ans à Jérusalem. Sa mère s'appela
Hamoutal, elle était fille de Jérémie, de Libna[j]. 2 Il fit ce qu
l'Eternel considère comme mal, tout comme Yehoyaqin
3 Tout cela arriva parce que l'Eternel était en colère cont
Jérusalem et Juda, au point de les chasser loin de lui.

Or, Sédécias se révolta contre le roi de Babylone. 4 L
neuvième année de son règne, le dixième jour du dixièn
mois, Nabuchodonosor, roi de Babylone, vint avec toute so
armée attaquer Jérusalem. Ils établirent leur camp deva
la ville et construisirent des terrassements tout autour
5 La ville resta assiégée jusqu'à la onzième année d
règne de Sédécias.

6 Le neuvième jour du quatrième mois, alors que la fan
ine sévissait durement dans la ville et que la population d
pays n'avait plus rien à manger, 7 une brèche fut ouver
dans le rempart de la ville et tous les soldats[k] de Juda s'e
fuirent : ils s'échappèrent de la ville, de nuit, par la por
qui se trouvait entre les deux remparts et qui donnait s
le jardin du roi, tandis que la ville était encerclée par l
Chaldéens, et ils prirent le chemin de la vallée du Jourdai
8 Mais l'armée des Chaldéens se lança à la poursuite du r
et rattrapa Sédécias dans la plaine de Jéricho. Alors to
ses soldats se dispersèrent loin de lui. 9 Les Chaldéens
saisirent du roi et l'amenèrent au roi de Babylone à Rib
dans le pays de Hamath, et celui-ci prononça son jug
ment contre lui. 10 Le roi de Babylone fit égorger les fils
Sédécias sous ses yeux. Il fit aussi égorger à Ribla tous l
ministres de Juda. 11 Puis il fit crever les yeux à Sédéci
et le fit lier avec une double chaîne de bronze. Après cel
le roi de Babylone le déporta à Babylone où il l'enferma e
prison. Sédécias y resta jusqu'à sa mort.

12 Le dixième jour du cinquième mois – c'était
dix-neuvième année du règne de Nabuchodonosor, r
de Babylone – Nebouzaradân, chef de la garde impéria
qui était attaché au service personnel du roi de Babylon
fit son entrée à Jérusalem. 13 Il mit le feu au temple
l'Eternel, au palais royal, à toutes les maisons et à tous l
édifices importants de la ville. 14 Les troupes chaldéenne
sous le commandement du chef de la garde, démantelère
les remparts qui entouraient la ville.

15 Nebouzaradân, chef de la garde impériale, déporta u
partie des gens les plus pauvres et le reste de la populati
qui était demeurée dans la ville, ceux qui s'étaient dé
rendus au roi de Babylone et ce qui restait des artisar
16 Mais il laissa une partie des gens pauvres du pays po
cultiver les vignes et les champs.

17 Les Chaldéens mirent en pièces les colonnes de bron
du temple de l'Eternel, les chariots et la grande cuve
bronze qui étaient dans le parvis du Temple, et ils en
portèrent tout le bronze à Babylone. 18 Ils prirent aussi l
chaudrons, les pelles, les couteaux, les coupes à aspersio

[j] **52.1** Ce chapitre reproduit presque intégralement 2 R 24.18-20 ; 25.1-21, 25-30. Pour les notes, voir ces chapitres de 2 Rois.
[k] **52.7** Le texte parallèle de Jr 39.4 mentionne le roi Sédécias avec les soldats. Il figurera aussi dans le présent texte au verset 8. Il est donc possible que l'omission du roi au v. 7 soit due à une erreur de copiste.

rimmers, sprinkling bowls, dishes and all the bronze
rticles used in the temple service. 19The commander
f the imperial guard took away the basins, censers,
prinkling bowls, pots, lampstands, dishes and bowls
sed for drink offerings – all that were made of pure
old or silver.
20The bronze from the two pillars, the Sea and
he twelve bronze bulls under it, and the movable
tands, which King Solomon had made for the temple
f the LORD, was more than could be weighed. 21Each
illar was eighteen cubits high and twelve cubits
n circumference[u]; each was four fingers thick, and
ollow. 22The bronze capital on top of one pillar was
ve cubits[v] high and was decorated with a network
nd pomegranates of bronze all around. The other
illar, with its pomegranates, was similar. 23There
vere ninety-six pomegranates on the sides; the to-
al number of pomegranates above the surrounding
etwork was a hundred.
24The commander of the guard took as prisoners
eraiah the chief priest, Zephaniah the priest next in
ank and the three doorkeepers. 25Of those still in the
ity, he took the officer in charge of the fighting men,
nd seven royal advisers. He also took the secretary
vho was chief officer in charge of conscripting the
eople of the land, sixty of whom were found in the
ity. 26Nebuzaradan the commander took them all
nd brought them to the king of Babylon at Riblah.
7There at Riblah, in the land of Hamath, the king
ad them executed.
So Judah went into captivity, away from her land.
28This is the number of the people Nebuchadnezzar
arried into exile:

in the seventh year,
3,023 Jews;
29in Nebuchadnezzar's eighteenth year,
832 people from Jerusalem;
30in his twenty-third year,
745 Jews taken into exile by Nebuzaradan the commander of the imperial guard.
There were 4,600 people in all.

ehoiachin Released

31In the thirty-seventh year of the exile of
ehoiachin king of Judah, in the year Awel-Marduk
ecame king of Babylon, on the twenty-fifth day of the
welfth month, he released Jehoiachin king of Judah
nd freed him from prison. 32He spoke kindly to him
nd gave him a seat of honor higher than those of
he other kings who were with him in Babylon. 33So
ehoiachin put aside his prison clothes and for the
est of his life ate regularly at the king's table. 34Day
y day the king of Babylon gave Jehoiachin a regular
llowance as long as he lived, till the day of his death.

52:21 That is, about 27 feet high and 18 feet in circumference or
bout 8.1 meters high and 5.4 meters in circumference
52:22 That is, about 7 1/2 feet or about 2.3 meters

les autres coupes et tous les autres objets de bronze employés pour le culte. 19Le chef de la garde s'empara de tous
les objets d'or et d'argent massif : les bassins, les brasiers,
les coupes à aspersion, les chaudrons, les chandeliers, les
autres coupes et les bols.

20On ne saurait évaluer le poids du bronze des deux colonnes, de la grande cuve et des douze bœufs de bronze qui
soutenaient les chariots, que le roi Salomon avait fait faire
pour le temple de l'Eternel. 21Chaque colonne avait neuf
mètres de haut, sa circonférence était de six mètres, le
bronze avait près de huit centimètres d'épaisseur, la colonne étant creuse à l'intérieur. 22Elle était surmontée d'un
chapiteau de bronze de deux mètres cinquante de haut,
entouré d'un treillis décoré de grenades. Le tout était en
bronze. 23Il y avait quatre-vingt-seize grenades en relief,
et en tout, cent grenades autour du treillis.

24Le chef de la garde fit prisonnier le grand-prêtre
Seraya, Sophonie, le prêtre en second, et les trois prêtres
chargés de surveiller l'entrée du Temple. 25Il arrêta aussi,
dans la ville, un haut responsable militaire, sept conseillers du roi, qui étaient restés dans la ville, le secrétaire du
chef de l'armée chargé de recruter les soldats dans le pays,
ainsi que soixante Judéens qui se trouvaient à l'intérieur
de la ville. 26Nebouzaradân, chef de la garde, emmena
tous ces prisonniers au roi de Babylone, à Ribla. 27Celui-ci
les fit exécuter à Ribla, dans le pays de Hamath. Ainsi, la
population de Juda fut déportée loin de sa patrie.

28Voici le nombre des captifs que Nabuchodonosor emmena en exil : 3 023 Judéens, la septième année de son
règne[l] : 29832 habitants de Jérusalem la dix-huitième
année[m]. 30Puis, la vingt-troisième année du règne de
Nabuchodonosor[n], Nebouzaradân, le chef de la garde,
déporta encore 745 Judéens ; ce qui donne un total de
4 600 déportés.

Un signe d'espoir : Yehoyakîn gracié

31La trente-septième année[o] de la déportation de
Yehoyakîn, roi de Juda, le vingt-cinquième jour du
douzième mois, Evil-Merodak, roi de Babylone, gracia
Yehoyakîn, roi de Juda, l'année de son accession au trône
de Babylone, et le fit sortir de prison.
32Il le traita avec bonté et lui accorda une situation
supérieure à celle des autres rois exilés avec lui à Babylone.
33Il lui fit quitter ses vêtements de prisonnier et l'admit à
prendre ses repas à sa table jusqu'à la fin de sa vie. 34Le roi
de Babylone pourvut à son entretien régulier, jour après
jour, aussi longtemps qu'il vécut.

l **52.28** En 597 av. J.-C.
m **52.29** En 587 av. J.-C.
n **52.30** En 582 av. J.-C.
o **52.31** En 561 av. J.-C.

Lamentations

1 [1][a]How deserted lies the city,
once so full of people!
How like a widow is she,
who once was great among the nations!
She who was queen among the provinces
has now become a slave.
[2] Bitterly she weeps at night,
tears are on her cheeks.
Among all her lovers
there is no one to comfort her.
All her friends have betrayed her;
they have become her enemies.
[3] After affliction and harsh labor,
Judah has gone into exile.
She dwells among the nations;
she finds no resting place.
All who pursue her have overtaken her
in the midst of her distress.

[4] The roads to Zion mourn,
for no one comes to her appointed festivals.
All her gateways are desolate,
her priests groan,
her young women grieve,
and she is in bitter anguish.
[5] Her foes have become her masters;
her enemies are at ease.
The Lord has brought her grief
because of her many sins.
Her children have gone into exile,
captive before the foe.
[6] All the splendor has departed
from Daughter Zion.
Her princes are like deer
that find no pasture;
in weakness they have fled
before the pursuer.
[7] In the days of her affliction and wandering
Jerusalem remembers all the treasures
that were hers in days of old.
When her people fell into enemy hands,

[a] This chapter is an acrostic poem, the verses of which begin with the successive letters of the Hebrew alphabet.

Les Lamentations de Jérémie

Première élégie : Jérusalem abandonnée à ses ennemis

La cité endeuillée[a]

1 [1]Comme[b] elle reste solitaire
la cité qui, naguère, était si populeuse !
Elle est comme une veuve !
Elle qui était importante au milieu des nations,
princesse des provinces,
elle est astreinte à la corvée !
[2] Tout au long de la nuit, elle pleure, et ses larmes
ruissellent sur ses joues.
De tous ceux qui l'aimaient,
aucun ne la console :
tous ses compagnons[c] l'ont trahie
et ils sont devenus ses ennemis.
[3] Juda s'en est allé dans un pays d'exil, accablé de
misère,
soumis à un dur esclavage.
Le voici qui habite au sein de peuples étrangers
sans trouver la tranquillité.
Tous ceux qui le pourchassent l'atteignent
au milieu des détresses.
[4] Les chemins de Sion sont plongés dans le deuil
parce qu'il ne vient plus personne pour célébrer les
fêtes.
Ses portes sont en pièces,
ses prêtres se lamentent,
ses jeunes filles sont affligées,
la ville est remplie d'amertume.
[5] Ses oppresseurs font peser leur domination sur elle
ses ennemis prospèrent,
car l'Eternel l'a affligée
pour ses nombreux péchés,
et ses petits enfants sont partis en captivité
poussés par l'ennemi.
[6] La communauté de Sion a été dépouillée
de toute sa splendeur.
Ses ministres sont devenus semblables à des cerfs
qui ne trouvent pas de pâture,
qui fuient à bout de forces
devant ceux qui les traquent.
[7] Aux jours de son humiliation
et de sa vie errante,
Jérusalem se souvient des trésors
qu'elle avait autrefois,
maintenant que son peuple est, tout entier, tombé
aux mains de l'oppresseur
sans qu'il y ait personne qui vienne à son secours.

[a] **1 titre** Les chapitres 1 à 4 forment chacun un poème alphabétique (dont les strophes *ou* les vers débutent par l'une des lettres de l'alphabe hébreu, dans l'ordre alphabétique).
[b] **1.1** Autre traduction : *hélas !*
[c] **1.2** C'est-à-dire les alliés dans lesquels elle avait placé sa confiance (voir 2 R 24.2).

there was no one to help her.
Her enemies looked at her
and laughed at her destruction.
8 Jerusalem has sinned greatly
and so has become unclean.
All who honored her despise her,
for they have all seen her naked;
she herself groans
and turns away.
9 Her filthiness clung to her skirts;
she did not consider her future.
Her fall was astounding;
there was none to comfort her.
"Look, LORD, on my affliction,
for the enemy has triumphed."
10 The enemy laid hands
on all her treasures;
she saw pagan nations
enter her sanctuary –
those you had forbidden
to enter your assembly.

11 All her people groan
as they search for bread;
they barter their treasures for food
to keep themselves alive.
"Look, LORD, and consider,
for I am despised."

12 "Is it nothing to you, all you who pass by?
Look around and see.
Is any suffering like my suffering
that was inflicted on me,
that the LORD brought on me
in the day of his fierce anger?

13 "From on high he sent fire,
sent it down into my bones.
He spread a net for my feet
and turned me back.
He made me desolate,
faint all the day long.
14 "My sins have been bound into a yoke[b];
by his hands they were woven together.
They have been hung on my neck,
and the Lord has sapped my strength.
He has given me into the hands
of those I cannot withstand.
15 "The Lord has rejected
all the warriors in my midst;
he has summoned an army against me
to[c] crush my young men.
In his winepress the Lord has trampled
Virgin Daughter Judah.

16 "This is why I weep
and my eyes overflow with tears.

[b] 1:14 Most Hebrew manuscripts; many Hebrew manuscripts and Septuagint *He kept watch over my sins*
[c] 1:15 Or *has set a time for me / when he will*

Les ennemis la voient
et font des gorges chaudes au sujet de sa
destruction.
8 Voici Jérusalem a gravement péché,
c'est pourquoi elle est devenue comme un déchet[d].
Tous ceux qui l'honoraient, maintenant la
méprisent,
car ils ont vu sa nudité.
Elle-même en gémit et se détourne.
9 Son impureté apparaît sur les pans de sa robe.
Elle n'a pas songé à ce qui s'ensuivrait.
Elle est tombée, sa chute est étonnante
et nul ne la console.
« O Eternel, dit-elle, vois mon humiliation,
car l'ennemi triomphe. »
10 L'ennemi a pillé
tous ses objets précieux,
elle a vu des gens d'autres peuples
pénétrer dans son sanctuaire.
Pourtant, tu avais dit :
« Ceux-là ne devront pas faire partie de ta
communauté. »
11 Tout son peuple gémit
en recherchant du pain.
Il donne ses trésors contre des aliments
pour reprendre des forces.
« Vois, Eternel, dit-elle, et considère
l'abjection où je suis. »

Les plaintes de Jérusalem

12 N'êtes-vous pas touchés,
ô vous tous qui passez par là ?
Regardez et voyez
s'il est une douleur comparable à la mienne
qui me fait tant souffrir.
L'Eternel me l'a infligée
au jour de sa colère ardente.
13 D'en haut, il a lancé un feu
qui m'a pénétré jusqu'aux os,
il a tendu un filet sous mes pieds :
il m'a fait reculer
et il a fait de moi une désolation,
dans la souffrance tout le jour.
14 Il a lié le joug que composent mes transgressions[e],
sa main les a nouées ensemble,
et elles pèsent sur mon cou.
Il a sapé ma force.
Le Seigneur m'a livrée au pouvoir d'hommes
auxquels je ne peux résister.
15 Oui, le Seigneur a repoussé[f] tous les puissants
guerriers
qui étaient dans mes murs,
et il a fixé contre moi un rendez-vous[g]
dans le but de briser mes jeunes gens.
Le Seigneur a foulé comme dans un pressoir
la population de Juda.
16 Je pleure donc sur eux ;
j'éclate en longs sanglots,

[d] 1.8 Autre traduction : *un objet de dégoût.*
[e] 1.14 Selon le texte hébreu traditionnel. L'ancienne version grecque a : *il a fixé son attention sur mes crimes.*
[f] 1.15 Autre traduction : *écrasé.*
[g] 1.15 Autre traduction : *il a convoqué une armée contre moi.*

No one is near to comfort me,
no one to restore my spirit.
My children are destitute
because the enemy has prevailed."
17 Zion stretches out her hands,
but there is no one to comfort her.
The LORD has decreed for Jacob
that his neighbors become his foes;
Jerusalem has become
an unclean thing among them.
18 "The LORD is righteous,
yet I rebelled against his command.
Listen, all you peoples;
look on my suffering.
My young men and young women
have gone into exile.
19 "I called to my allies
but they betrayed me.
My priests and my elders
perished in the city
while they searched for food
to keep themselves alive.
20 "See, LORD, how distressed I am!
I am in torment within,
and in my heart I am disturbed,
for I have been most rebellious.
Outside, the sword bereaves;
inside, there is only death.

21 "People have heard my groaning,
but there is no one to comfort me.
All my enemies have heard of my distress;
they rejoice at what you have done.
May you bring the day you have announced
so they may become like me.
22 "Let all their wickedness come before you;
deal with them
as you have dealt with me
because of all my sins.
My groans are many
and my heart is faint."

2 1[d]How the Lord has covered Daughter Zion
with the cloud of his anger[e]!
He has hurled down the splendor of Israel
from heaven to earth;
he has not remembered his footstool
in the day of his anger.
2 Without pity the Lord has swallowed up
all the dwellings of Jacob;

car le consolateur qui ranimerait mon courage
est loin de moi.
Mes fils sont tous plongés dans la désolation,
car l'ennemi a été le plus fort.
17 Sion étend les mains,
mais nul ne la console.
L'Eternel a donné des ordres,
aux adversaires de Jacob, pour qu'ils l'encerclent.
Jérusalem est devenue
un déchet à leurs yeux.
18 Mais l'Eternel est juste,
car j'ai été rebelle à ses commandements.
Ecoutez, je vous prie, vous, tous les peuples,
et voyez ma douleur :
mes jeunes filles, mes jeunes gens
sont partis en captivité.
19 J'ai fait appel à mes amants,
mais eux ils m'ont trahie.
Mes prêtres et mes dirigeants
ont péri dans la ville
en cherchant de la nourriture
pour reprendre des forces.
20 Regarde, ô Eternel, comme je suis dans la détresse
tout mon être intérieur est en bouillonnement.
Mon cœur chavire en moi
parce que je me suis gravement révoltée.
Tandis qu'à l'extérieur l'épée me prive de mes
enfants,
à l'intérieur c'est comme chez la mort.
21 On entend mes gémissements,
mais nul ne me console
et tous mes ennemis, apprenant mon malheur,
sont dans la joie, car c'est toi qui as fait cela.
Fais donc venir[h] le jour que tu as annoncé,
et que mes ennemis deviennent comme moi !
22 Oh oui, tiens compte de leur méchanceté,
et traite-les
comme tu m'as traitée
pour punir mes forfaits,
car il n'y a de cesse à mes gémissements,
mon cœur est affligé.

DEUXIÈME ÉLÉGIE : LA COLÈRE DE L'ÉTERNEL

Dieu a déversé sa colère sur Israël

2 1Comment[i] ! Dans sa colère, le Seigneur a couver
par les ténèbres Dame Sion.
Il a précipité du ciel jusque sur terre
la splendeur d'Israël.
Il a même oublié son marchepied
au jour de sa colère.
2 Le Seigneur, sans pitié, a englouti

d This chapter is an acrostic poem, the verses of which begin with the successive letters of the Hebrew alphabet.
e 2:1 Or *How the Lord in his anger / has treated Daughter Zion with contempt*

h 1.21 D'après la version syriaque. Le texte hébreu traditionnel a : *tu a fait venir.*
i 2.1 Autre traduction : *hélas !*

in his wrath he has torn down
the strongholds of Daughter Judah.
He has brought her kingdom and its princes
down to the ground in dishonor.
3 In fierce anger he has cut off
every horn[f,g] of Israel.
He has withdrawn his right hand
at the approach of the enemy.
He has burned in Jacob like a flaming fire
that consumes everything around it.
4 Like an enemy he has strung his bow;
his right hand is ready.
Like a foe he has slain
all who were pleasing to the eye;
he has poured out his wrath like fire
on the tent of Daughter Zion.
5 The Lord is like an enemy;
he has swallowed up Israel.
He has swallowed up all her palaces
and destroyed her strongholds.
He has multiplied mourning and lamentation
for Daughter Judah.
6 He has laid waste his dwelling like a garden;
he has destroyed his place of meeting.
The LORD has made Zion forget
her appointed festivals and her Sabbaths;
in his fierce anger he has spurned
both king and priest.
7 The Lord has rejected his altar
and abandoned his sanctuary.
He has given the walls of her palaces
into the hands of the enemy;
they have raised a shout in the house of the LORD
as on the day of an appointed festival.
8 The LORD determined to tear down
the wall around Daughter Zion.
He stretched out a measuring line
and did not withhold his hand from destroying.
He made ramparts and walls lament;
together they wasted away.
9 Her gates have sunk into the ground;
their bars he has broken and destroyed.
Her king and her princes are exiled among the nations,
the law is no more,
and her prophets no longer find
visions from the LORD.
10 The elders of Daughter Zion
sit on the ground in silence;
they have sprinkled dust on their heads
and put on sackcloth.
The young women of Jerusalem
have bowed their heads to the ground.
11 My eyes fail from weeping,

tous les habitats de Jacob.
Dans son indignation, il a démantelé
les villes fortifiées du peuple de Juda,
il a jeté à terre
et il a profané le royaume et ses princes.
3 Dans sa colère ardente, il a brisé entièrement
la force d'Israël.
Il lui a retiré le secours de sa droite
quand venait l'ennemi.
Il a allumé en Jacob comme un brasier ardent
qui consume tout à l'entour.
4 Il a bandé son arc tout comme un ennemi.
Il a brandi sa droite tout comme un assaillant
et il a massacré tout ce qui charmait le regard.
Il a déversé son courroux comme un feu sur la tente
dans laquelle vivait la population de Sion.

5 Le Seigneur a agi en ennemi.
Il a englouti Israël,
a englouti tous ses palais,
et a détruit ses forteresses.
Et pour le peuple de Juda, il a multiplié
les douleurs et les plaintes.
6 Il a forcé sa haie tout comme celle d'un jardin ;
il a détruit le lieu de la Rencontre qui lui appartenait.
En Sion, l'Eternel a livré à l'oubli
les jours de fête et de sabbat,
et dans sa colère indignée,
il a méprisé les rois et les prêtres.
7 Le Seigneur a rejeté son autel,
et il a dédaigné son sanctuaire.
Il a livré à l'ennemi
les murs des palais de Sion,
leurs voix ont retenti dans le temple de l'Eternel
comme en un jour de fête.

8 L'Eternel a résolu de détruire
les remparts de Dame Sion.
Et pour les niveler, il a étendu le cordeau,
il n'a pas retiré sa main avant de les avoir détruits.
Il fait mener le deuil aux remparts et aux murs :
les voilà délabrés, les uns comme les autres.

9 Ses portes se sont effondrées à terre.
Il a détruit tous leurs verrous, il les a fracassés.
Son roi et ses ministres sont en exil au sein de peuples étrangers.
Il n'y a plus de Loi,
et ses prophètes
ne reçoivent plus de révélations de l'Eternel.
10 Les responsables du peuple de Sion
sont assis sur le sol et gardent le silence.
Ils ont revêtu des habits faits de toile de sac,
et ils se sont jeté de la poussière sur la tête[j].
Les jeunes filles de Jérusalem
courbent la tête vers la terre.
11 Mes yeux s'épuisent à verser des larmes
et je suis tout bouleversé ;
tout courage me quitte

f 2:3 Or *off / all the strength*; or *every king*
g 2:3 *Horn* here symbolizes strength.

j 2.10 Gestes habituels du deuil ou de la tristesse (Ps 30.12 ; Jr 7.29).

I am in torment within;
my heart is poured out on the ground
because my people are destroyed,
because children and infants faint
in the streets of the city.
12 They say to their mothers,
"Where is bread and wine?"
as they faint like the wounded
in the streets of the city,
as their lives ebb away
in their mothers' arms.
13 What can I say for you?
With what can I compare you,
Daughter Jerusalem?
To what can I liken you,
that I may comfort you,
Virgin Daughter Zion?
Your wound is as deep as the sea.
Who can heal you?
14 The visions of your prophets
were false and worthless;
they did not expose your sin
to ward off your captivity.
The prophecies they gave you
were false and misleading.
15 All who pass your way
clap their hands at you;
they scoff and shake their heads
at Daughter Jerusalem:
"Is this the city that was called
the perfection of beauty,
the joy of the whole earth?"
16 All your enemies open their mouths
wide against you;
they scoff and gnash their teeth
and say, "We have swallowed her up.
This is the day we have waited for;
we have lived to see it."
17 The LORD has done what he planned;
he has fulfilled his word,
which he decreed long ago.
He has overthrown you without pity,
he has let the enemy gloat over you,
he has exalted the horn[h] of your foes.

18 The hearts of the people
cry out to the Lord.
You walls of Daughter Zion,
let your tears flow like a river
day and night;
give yourself no relief,
your eyes no rest.
19 Arise, cry out in the night,
as the watches of the night begin;
pour out your heart like water
in the presence of the Lord.
Lift up your hands to him
for the lives of your children,
who faint from hunger
at every street corner.

h 2:17 *Horn* here symbolizes strength.

à cause du désastre qui a atteint la communauté de
mon peuple,
à cause des petits enfants et des nourrissons qui
défaillent
dans les rues de la ville.
12 Ils disent à leur mère :
« Où y a-t-il du pain ? Où y a-t-il du vin ? »
Les voilà qui défaillent comme blessés à mort
dans les rues de la ville,
perdant leur dernier souffle
sur le sein de leur mère.
13 Que te dirai-je ?
A qui te comparer, Dame Jérusalem ?
Qui pourrais-je citer, pour ta consolation, qui te
serait semblable,
jeune femme Sion ?
Ton désastre est immense comme la grande mer ;
qui donc te guérira ?

14 Tes prophètes ont eu pour toi
des révélations mensongères et insipides,
ils n'ont pas dénoncé tes fautes
pour t'éviter l'exil.
Oui, ils ont eu pour toi
des révélations mensongères et illusoires.
15 Les passants, sur la route,
battent des mains à ton sujet,
et ils sifflent d'horreur en hochant la tête à ta vue
Dame Jérusalem :
est-ce là cette ville qu'on appelait jadis :
« Beauté parfaite », « Joie de toute la terre » ?

16 Vois : tous tes ennemis
ont ouvert largement leur bouche contre toi,
ils sifflent, ils grincent des dents
et ils s'exclament : « Nous l'avons engloutie,
c'est le jour que nous attendions,
nous y sommes, le voici enfin ! »
17 L'Eternel a réalisé tout ce qu'il avait résolu,
il a accompli sa parole,
tout ce qu'il avait ordonné depuis des temps
anciens[k].
Il a tout démoli sans aucune pitié.
Il a réjoui tes ennemis à tes dépens,
Et il a accru leur puissance.
18 Le cœur du peuple crie vers le Seigneur.
Muraille de Dame Sion,
laisse couler tes larmes jour et nuit comme un
fleuve !
Ne t'accorde aucun relâche.
Que ton œil n'ait pas de repos !

19 Lève-toi donc crie dans la nuit,
au début de toutes les veilles[l] !
Epanche ton cœur comme l'eau
devant la face du Seigneur !
Lève les mains vers lui
pour la vie de tes nourrissons
qui défaillent de faim
à tous les coins de rues.

k **2.17** C'est-à-dire les menaces prévues par la Loi pour sanctionner les désobéissances du peuple de Dieu (Ex 20.5 ; Lv 26 ; Dt 28).
l **2.19** Les Israélites partageaient la nuit en trois veilles.

20 "Look, LORD, and consider:
Whom have you ever treated like this?
Should women eat their offspring,
the children they have cared for?
Should priest and prophet be killed
in the sanctuary of the Lord?

21 "Young and old lie together
in the dust of the streets;
my young men and young women
have fallen by the sword.
You have slain them in the day of your anger;
you have slaughtered them without pity.

22 "As you summon to a feast day,
so you summoned against me terrors on every side.
In the day of the LORD's anger
no one escaped or survived;
those I cared for and reared
my enemy has destroyed."

3

1[i]I am the man who has seen affliction
by the rod of the LORD's wrath.
2 He has driven me away and made me walk
in darkness rather than light;
3 indeed, he has turned his hand against me
again and again, all day long.
4 He has made my skin and my flesh grow old
and has broken my bones.
5 He has besieged me and surrounded me
with bitterness and hardship.
6 He has made me dwell in darkness
like those long dead.
7 He has walled me in so I cannot escape;
he has weighed me down with chains.
8 Even when I call out or cry for help,
he shuts out my prayer.
9 He has barred my way with blocks of stone;
he has made my paths crooked.
10 Like a bear lying in wait,
like a lion in hiding,
11 he dragged me from the path and mangled me
and left me without help.
12 He drew his bow
and made me the target for his arrows.
13 He pierced my heart
with arrows from his quiver.
14 I became the laughingstock of all my people;
they mock me in song all day long.
15 He has filled me with bitter herbs
and given me gall to drink.
16 He has broken my teeth with gravel;

20 Vois, Eternel, et considère :
qui as-tu traité de la sorte ?
Se peut-il que des femmes dévorent les enfants
qu'elles ont mis au monde,
les bébés qu'elles ont choyés ?
Se peut-il que l'on tue les prêtres, les prophètes
jusqu'au sein même du sanctuaire du Seigneur ?
21 Les jeunes, les vieillards
gisent à terre dans les rues.
Mes jeunes filles et mes jeunes gens
sont tombés par l'épée.
Tu les as abattus au jour où tu as fait éclater ta colère,
tu les as égorgés sans aucune pitié.
22 Comme en un jour de fête,
tu as convoqué contre moi des gens qui sèment la terreur de toutes parts[m].
Au jour où la colère de l'Eternel a éclaté,
il n'y a eu ni rescapé ni survivant.
Ceux que j'avais choyés, que j'avais élevés,
mon ennemi les a exterminés.

TROISIÈME ÉLÉGIE : L'ESPOIR MALGRÉ LA DÉTRESSE

Profonde détresse du prophète

3 1 Moi, je suis l'homme qui a vu l'affliction
sous les coups du bâton de sa colère.
2 Il[n] m'a mené et il m'a fait marcher
dans des ténèbres sans aucune lumière.
3 C'est contre moi qu'à longueur de journée
il tourne et retourne sa main.
4 Il a usé ma chair, ma peau,
il a brisé mes os.
5 Il a dressé contre moi[o] des remparts
pour m'assiéger d'amertume et de peine.
6 Il m'a fait habiter dans des lieux ténébreux
comme ceux qui sont morts depuis longtemps.
7 Il m'a enclos d'un mur afin que je ne sorte pas,
il m'a chargé de lourdes chaînes.
8 J'ai beau crier et implorer,
il n'écoute pas ma prière.
9 Il a barré tous mes chemins avec d'énormes pierres,
il rend ma route impraticable.
10 Il m'a épié comme un ours aux aguets
ou comme un lion tapi dans sa cachette.
11 Il m'a fait sortir du chemin, il m'a mis en pièces,
et il m'a transformé en une terre dévastée.
12 Il a bandé son arc,
et il m'a pris pour cible.
13 Il m'a percé les reins avec les flèches
tirées de son carquois.
14 Je suis devenu la risée de tout mon peuple[p]
et le sujet de ses chansons, à longueur de journée.
15 Il m'a gavé d'herbes amères
et il m'a abreuvé d'absinthe.
16 Il m'a brisé les dents sur du gravier ;

his chapter is an acrostic poem; the verses of each stanza begin
h the successive letters of the Hebrew alphabet, and the verses
thin each stanza begin with the same letter.

m **2.22** Cette expression rappelle celle du livre de Jérémie : « de toutes parts, c'est la terreur » (Jr 6.25 ; 20.3, 10 ; 46.5 ; 49.29).

n **3.2** C'est-à-dire *Dieu* que Jérémie ne veut pas nommer (voir v. 18).

o **3.5** Lors des sièges, l'assaillant dressait des terrasses, des sortes de contre-remparts contre les remparts de la ville pour pouvoir y pénétrer.

p **3.14** Selon le texte hébreu traditionnel. De nombreux manuscrits hébreux et la version syriaque ont : *tous les peuples*.

he has trampled me in the dust.
17 I have been deprived of peace;
I have forgotten what prosperity is.
18 So I say, "My splendor is gone
and all that I had hoped from the LORD."

19 I remember my affliction and my wandering,
the bitterness and the gall.
20 I well remember them,
and my soul is downcast within me.
21 Yet this I call to mind
and therefore I have hope:
22 Because of the LORD's great love we are not
consumed,
for his compassions never fail.
23 They are new every morning;
great is your faithfulness.
24 I say to myself, "The LORD is my portion;
therefore I will wait for him."
25 The LORD is good to those whose hope is in him,
to the one who seeks him;

26 it is good to wait quietly
for the salvation of the LORD.
27 It is good for a man to bear the yoke
while he is young.
28 Let him sit alone in silence,
for the LORD has laid it on him.
29 Let him bury his face in the dust –
there may yet be hope.
30 Let him offer his cheek to one who would strike
him,
and let him be filled with disgrace.
31 For no one is cast off
by the Lord forever.
32 Though he brings grief, he will show
compassion,
so great is his unfailing love.
33 For he does not willingly bring affliction
or grief to anyone.
34 To crush underfoot
all prisoners in the land,
35 to deny people their rights
before the Most High,
36 to deprive them of justice –
would not the Lord see such things?
37 Who can speak and have it happen
if the Lord has not decreed it?
38 Is it not from the mouth of the Most High
that both calamities and good things come?
39 Why should the living complain
when punished for their sins?

40 Let us examine our ways and test them,
and let us return to the LORD.
41 Let us lift up our hearts and our hands

il m'a couvert de cendre.
17 Tu m'as banni loin de la paix,
je ne sais plus quel goût a le bonheur.
18 Alors j'ai dit : C'en est fini de tout mon avenir[q] :
je n'espère plus rien de l'Eternel.

L'Eternel est ma part

19 Oh ! souviens-toi de mon humiliation et de ma vie
errante,
du poison, de l'absinthe dont je suis abreuvé !
20 Sans cesse, je m'en souviens,
et j'en suis abattu.
21 Mais voici la pensée que je me rappelle à moi-mêm
la raison pour laquelle j'aurai de l'espérance :
22 non, les bontés de l'Eternel ne sont pas à leur term
et ses tendresses ne sont pas épuisées.
23 Chaque matin, elles se renouvellent.
Oui, ta fidélité est grande !
24 J'ai dit : L'Eternel est mon bien,
c'est pourquoi je compte sur lui.
25 L'Eternel est plein de bonté pour ceux qui ont
confiance en lui,
pour ceux qui se tournent vers lui.
26 Il est bon d'attendre en silence
la délivrance que l'Eternel opérera.
27 C'est une bonne chose,
pour l'homme, de porter le joug dans sa jeunesse.
28 Qu'il se tienne à l'écart et garde le silence
quand l'Eternel le lui impose !
29 Et qu'il s'incline, le visage dans la poussière :
peut-être y a-t-il un espoir ...
30 Qu'il présente la joue à celui qui le frappe,
qu'il se rassasie de mépris !
31 Car le Seigneur
ne le rejettera pas pour toujours.
32 Mais s'il afflige, il aura aussi compassion
selon son grand amour.
33 Ce n'est pas par plaisir qu'il humilie
et qu'il afflige les humains.
34 Lorsque l'on foule aux pieds
tous les prisonniers du pays[r],
35 lorsque l'on viole le droit d'un homme
sous les yeux mêmes du Très-Haut,
36 et lorsque l'on opprime quelqu'un dans son procès
le Seigneur ne le voit-il pas ?
37 Qui donc n'a qu'à parler pour qu'une chose soit,
quand le Seigneur ne l'a pas ordonné ?
38 Par sa parole, le Très-Haut ne suscite-t-il pas
et le malheur et le bonheur ?
39 Pourquoi l'homme se plaindrait-il alors qu'il reste
en vie ?
Que chacun se plaigne de ses péchés[s].

Revenons à l'Eternel !

40 Considérons notre conduite et examinons-la,
puis revenons à l'Eternel.
41 Tournons notre cœur, élevons nos mains

q 3.18 Autre traduction : *de ma splendeur.*
r 3.34 Comme l'ont fait les Babyloniens à Jérusalem en 587 av. J.-C.
s 3.39 Autre traduction : *alors qu'il reste en vie malgré ses péchés ?*

to God in heaven, and say:
42 "We have sinned and rebelled
and you have not forgiven.

43 "You have covered yourself with anger and
pursued us;
you have slain without pity.
44 You have covered yourself with a cloud
so that no prayer can get through.
45 You have made us scum and refuse
among the nations.
46 "All our enemies have opened their mouths
wide against us.
47 We have suffered terror and pitfalls,
ruin and destruction."

48 Streams of tears flow from my eyes
because my people are destroyed.
49 My eyes will flow unceasingly,
without relief,
50 until the LORD looks down
from heaven and sees.
51 What I see brings grief to my soul
because of all the women of my city.
52 Those who were my enemies without cause
hunted me like a bird.
53 They tried to end my life in a pit
and threw stones at me;
54 the waters closed over my head,
and I thought I was about to perish.
55 I called on your name, LORD,
from the depths of the pit.
56 You heard my plea: "Do not close your ears
to my cry for relief."

57 You came near when I called you,
and you said, "Do not fear."
58 You, Lord, took up my case;
you redeemed my life.
59 LORD, you have seen the wrong done to me.
Uphold my cause!
60 You have seen the depth of their vengeance,
all their plots against me.
61 LORD, you have heard their insults,
all their plots against me –
62 what my enemies whisper and mutter
against me all day long.
63 Look at them! Sitting or standing,
they mock me in their songs.
64 Pay them back what they deserve, LORD,
for what their hands have done.
65 Put a veil over their hearts,
and may your curse be on them!
66 Pursue them in anger and destroy them
from under the heavens of the LORD.

vers Dieu qui est au ciel.
42 Nous, nous avons péché et nous nous sommes
révoltés.
Tu ne nous as pas pardonné :
43 tu t'es drapé dans ta colère, tu nous as poursuivis,
tu as massacré sans pitié.

44 Tu t'es couvert d'une nuée
pour que notre prière ne parvienne pas jusqu'à toi.
45 Tu as fait de nous un rebut et un déchet,
parmi les peuples,
46 et tous nos ennemis
ouvrent la bouche contre nous.
47 Nous avons en partage l'effroi, la fosse,
la destruction, la ruine.

Pleurs et plaintes

48 Je verse des torrents de larmes
à cause du désastre qui a atteint la communauté de
mon peuple.
49 Mes yeux pleurent sans cesse,
ils n'ont aucun répit
50 jusqu'à ce qu'enfin l'Eternel,
du haut du ciel, regarde et voie.
51 Je suis bien malheureux
à la vue de ce qui arrive aux filles de ma ville.
52 Ils m'ont donné la chasse comme à un passereau,
ceux qui sans cause sont mes ennemis.
53 Ils m'ont mis dans une citerne dans le but de m'ôter
la vie,
ils m'ont jeté des pierres.
54 L'eau montait plus haut que ma tête, je me disais : Je
suis perdu.
55 Mais du fond de la fosse,
ô Eternel, j'ai fait appel à toi,
56 et tu m'as entendu.
Ne ferme pas l'oreille à mes soupirs, à mes cris de
détresse !

Dieu répond

57 Au jour où je t'ai invoqué, tu es venu auprès de moi,
tu m'as dit : « N'aie pas peur ! »
58 Seigneur, tu as plaidé ma cause,
tu m'as sauvé la vie.
59 Tu as vu, Eternel, les maux dont on m'accable :
fais-moi justice !
60 Tu as été témoin de leur soif de vengeance
et de leurs complots contre moi.
61 Tu entends leurs outrages, ô Eternel,
tu connais les complots qu'ils forgent contre moi,
62 leurs propos, leurs pensées
sont tournés contre moi à longueur de journée.
63 Regarde-les : qu'ils s'assoient, qu'ils se lèvent,
moi, je suis le sujet de leurs chansons.
64 Tu les rétribueras, ô Eternel,
selon ce qu'ils ont fait
65 tu rendras leur cœur obstiné
et tu les frapperas de ta malédiction.
66 Tu les harcèleras dans ta colère ardente, et tu les
détruiras
de sous ton ciel, ô Eternel.

4

[1][j]How the gold has lost its luster,
the fine gold become dull!
The sacred gems are scattered
at every street corner.
[2] How the precious children of Zion,
once worth their weight in gold,
are now considered as pots of clay,
the work of a potter's hands!

[3] Even jackals offer their breasts
to nurse their young,
but my people have become heartless
like ostriches in the desert.

[4] Because of thirst the infant's tongue
sticks to the roof of its mouth;
the children beg for bread,
but no one gives it to them.

[5] Those who once ate delicacies
are destitute in the streets.
Those brought up in royal purple
now lie on ash heaps.
[6] The punishment of my people
is greater than that of Sodom,
which was overthrown in a moment
without a hand turned to help her.
[7] Their princes were brighter than snow
and whiter than milk,
their bodies more ruddy than rubies,
their appearance like lapis lazuli.

[8] But now they are blacker than soot;
they are not recognized in the streets.
Their skin has shriveled on their bones;
it has become as dry as a stick.
[9] Those killed by the sword are better off
than those who die of famine;
racked with hunger, they waste away
for lack of food from the field.
[10] With their own hands compassionate women
have cooked their own children,
who became their food
when my people were destroyed.

[11] The LORD has given full vent to his wrath;
he has poured out his fierce anger.
He kindled a fire in Zion
that consumed her foundations.
[12] The kings of the earth did not believe,

[j] This chapter is an acrostic poem, the verses of which begin with the successive letters of the Hebrew alphabet.

QUATRIÈME ÉLÉGIE : LA DÉCHÉANCE DE SION

Le peuple est brisé

4

[1]Comment[t] ! L'or s'est terni !
L'or pur s'est altéré !
Les pierres saintes[u] ont été dispersées
à tous les coins de rues !
[2] Comment se fait-il donc que les précieux fils de Si
estimés comme de l'or fin
soient maintenant considérés comme des pots
d'argile,
ouvrages d'un potier ?
[3] Regardez les chacals : voyez comment les mères
allaitent leurs petits en tendant leur mamelle.
La communauté de mon peuple est devenue aussi
cruelle
que les autruches du désert[v].
[4] La langue du bébé
s'attache à son palais, tellement il a soif.
Les tout petits enfants réclament quelque
nourriture
et nul ne leur en donne.
[5] Ceux qui, auparavant, mangeaient des mets exqui
expirent dans les rues,
et ceux qui ont été élevés dans la pourpre
se couchent maintenant sur un tas de fumier.
[6] La communauté de mon peuple a commis un péch
plus grand que celui de Sodome[w]
qui a été anéantie en un instant,
et sans qu'un homme porte la main contre elle[x].
[7] Les princes de Sion, ils étaient plus purs que la
neige
et plus blancs que du lait,
leurs corps étaient vermeils bien plus que le corai
leurs veines de saphir.
[8] Leur aspect est plus sombre, à présent, que la suie
nul ne les reconnaît maintenant dans les rues.
La peau leur colle aux os,
elle est devenue sèche comme du bois.
[9] Les victimes du glaive sont plus heureuses
que les victimes de la famine :
celles-ci dépérissent, tenaillées par la faim,
car les produits des champs leur font défaut.
[10] De tendres femmes, de leurs mains ont fait cuire
la chair de leurs enfants
pour s'en nourrir,
à cause du désastre qui a atteint la communauté d
mon peuple.

Le juste jugement de Dieu

[11] L'Eternel a assouvi son courroux.
Oui, il a déversé son ardente colère,
il a allumé un feu dans Sion
qui en a consumé les fondations.
[12] Aucun roi de la terre

[t] **4.1** Autre traduction : *hélas !*
[u] **4.1** Selon certains, des pierres précieuses qui avaient fait partie du trésor du Temple. Pour d'autres, un symbole du peuple de Dieu (voir v.
[v] **4.3** Sur l'*autruche cruelle*, voir Jb 39.14-16.
[w] **4.6** Sur *Sodome*, voir Gn 19.24-25 et Jr 23.14 ; 49.18 ; 50.40.
[x] **4.6** Autre traduction : *sans que quelqu'un se donne la peine de la secourir.*

nor did any of the peoples of the world,
that enemies and foes could enter
the gates of Jerusalem.

13 But it happened because of the sins of her prophets
and the iniquities of her priests,
who shed within her
the blood of the righteous.
14 Now they grope through the streets
as if they were blind.
They are so defiled with blood
that no one dares to touch their garments.

15 "Go away! You are unclean!" people cry to them.
"Away! Away! Don't touch us!"
When they flee and wander about,
people among the nations say,
"They can stay here no longer."
16 The LORD himself has scattered them;
he no longer watches over them.
The priests are shown no honor,
the elders no favor.

17 Moreover, our eyes failed,
looking in vain for help;
from our towers we watched
for a nation that could not save us.
18 People stalked us at every step,
so we could not walk in our streets.
Our end was near, our days were numbered,
for our end had come.
19 Our pursuers were swifter
than eagles in the sky;
they chased us over the mountains
and lay in wait for us in the desert.

20 The LORD's anointed, our very life breath,
was caught in their traps.
We thought that under his shadow
we would live among the nations.

21 Rejoice and be glad, Daughter Edom,
you who live in the land of Uz.
But to you also the cup will be passed;
you will be drunk and stripped naked.

22 Your punishment will end, Daughter Zion;
he will not prolong your exile.
But he will punish your sin, Daughter Edom,
and expose your wickedness.

ni aucun habitant du monde n'a cru que
l'adversaire,
que l'ennemi, pourrait franchir
les portes de Jérusalem.

13 Cela est arrivé à cause des péchés de ses prophètes
et des fautes des prêtres
qui répandaient au milieu d'elle
le sang des justes.

14 Mais maintenant, ils errent dans les rues tout
comme des aveugles,
ils sont souillés de sang
si bien que l'on ne peut
toucher leurs vêtements.

15 « Allez-vous en, impurs, voilà ce qu'on leur crie.
Hors d'ici, hors d'ici, et ne nous touchez pas ! »
Et lorsqu'ils fuient ainsi en errant çà et là, les gens
des autres peuples disent :
« Qu'ils ne restent pas en ce lieu ! »

16 L'Eternel en personne les a disséminés,
il ne veut plus les voir.
On n'a pas respecté les prêtres
ni eu d'égards pour les responsables du peuple[y].

L'heure de l'abandon

17 Nos yeux se consument encore
dans l'attente d'une aide, mais c'est en vain.
De nos postes de guet nous attendions une nation
qui ne nous a pas secourus[z].
18 Nos ennemis épient la trace de nos pas,
et nous ne pouvons plus circuler dans nos rues,
notre fin est prochaine, nos jours sont à leur terme.
Oui, notre fin arrive.
19 Ceux qui nous poursuivaient ont été plus rapides
que l'aigle dans le ciel.
Ils nous ont pourchassés avec acharnement sur les
montagnes,
ils se sont embusqués contre nous au désert.
20 Le roi qui de la part de l'Eternel avait reçu
l'onction[a], et dont dépendait notre vie,
a été capturé grâce à leurs pièges,
alors que nous disions :
« Nous vivrons sous sa protection au milieu des
nations. »
21 Tu peux être ravie, communauté d'Edom, et
exulter[b],
toi qui habites au pays d'Outs[c] :
à toi aussi, on passera la coupe,
tu seras enivrée et tu te mettras toute nue.
22 Ton châtiment aura sa fin, ô communauté de Sion,
Dieu ne te déportera plus.
Communauté d'Edom, il te fera payer tes fautes,
et il fera paraître tes péchés au grand jour.

y **4.16** Autre traduction : *les vieillards.*
z **4.17** Probablement l'*Egypte* (voir Jr 29.16 ; 37.5-10).
a **4.20** Il s'agit de *Sédécias* (2 R 25.1-6 ; Jr 39.4-7 ; 52.6-11).
b **4.21** Lorsque Jérusalem est tombée, les *Edomites* ont participé à son pillage (Ez 25.12-14).
c **4.21** *Outs:* pays à l'est du Jourdain, peut-être *Edom*, au sud-est de la mer Morte (Gn 36.28; voir Jb 1.1 et note).

CINQUIÈME ÉLÉGIE : PRIÈRE

5 [1] Remember, LORD, what has happened to us;
look, and see our disgrace.
[2] Our inheritance has been turned over to strangers,
our homes to foreigners.
[3] We have become fatherless,
our mothers are widows.
[4] We must buy the water we drink;
our wood can be had only at a price.
[5] Those who pursue us are at our heels;
we are weary and find no rest.
[6] We submitted to Egypt and Assyria
to get enough bread.
[7] Our ancestors sinned and are no more,
and we bear their punishment.
[8] Slaves rule over us,
and there is no one to free us from their hands.
[9] We get our bread at the risk of our lives
because of the sword in the desert.
[10] Our skin is hot as an oven,
feverish from hunger.
[11] Women have been violated in Zion,
and virgins in the towns of Judah.
[12] Princes have been hung up by their hands;
elders are shown no respect.
[13] Young men toil at the millstones;
boys stagger under loads of wood.
[14] The elders are gone from the city gate;
the young men have stopped their music.
[15] Joy is gone from our hearts;
our dancing has turned to mourning.
[16] The crown has fallen from our head.
Woe to us, for we have sinned!
[17] Because of this our hearts are faint,
because of these things our eyes grow dim
[18] for Mount Zion, which lies desolate,
with jackals prowling over it.

[19] You, LORD, reign forever;
your throne endures from generation to generation.
[20] Why do you always forget us?
Why do you forsake us so long?
[21] Restore us to yourself, LORD, that we may return;

Souviens-toi, Eternel !

5 [1] Considère, Eternel, tout ce qui nous est arrivé !
Regarde et vois l'opprobre que nous subissons !
[2] Notre patrimoine est passé aux mains des étrangers,
et nos habitations à d'autres.
[3] Nous sommes devenus des orphelins de père,
nos mères sont comme des veuves.
[4] Nous devons payer même pour l'eau que nous buvons.
Nous rentrons notre bois à prix d'argent.
[5] Nous sommes pourchassés par nos persécuteurs qui sont sur notre dos,
nous sommes épuisés. Pas de répit pour nous !
[6] Nous tendons les mains vers l'Egypte,
vers l'Assyrie, pour avoir à manger.
[7] Or, nos ancêtres ont péché, mais ils ont disparu,
et c'est nous qui portons la peine de leurs fautes.
[8] Nous sommes dominés par des esclaves
et il n'y a personne pour nous en délivrer.
[9] Notre pain, nous le rapportons en risquant notre vie,
en affrontant l'épée des brigands du désert[d].
[10] Notre peau est brûlante comme si on l'avait passée dans la fournaise,
tant la faim nous consume.
[11] Ils ont déshonoré des femmes dans Sion,
des jeunes filles dans les villes du pays de Juda.
[12] Ils ont pendu de leurs mains des ministres
et ils n'ont eu aucun égard pour les responsables du peuple[e].
[13] Des jeunes gens portent la meule,
et des enfants trébuchent sous les fardeaux de bois[f].
[14] Les responsables ont cessé de siéger à la porte[g]
et les adolescents ont délaissé leurs chants.
[15] La joie a disparu de notre cœur,
le deuil a remplacé nos danses.
[16] La couronne est tombée de notre tête.
Malheur à nous, car nous avons péché.
[17] Oui, si notre cœur souffre,
si nos yeux sont plongés dans les ténèbres,
[18] c'est que le mont Sion a été dévasté
et les renards y rôdent.

Fais-nous revenir à toi !

[19] Toi, Eternel, tu règnes pour toujours
et ton trône subsiste à travers tous les âges.
[20] Pourquoi nous oublierais-tu pour toujours ?
Pourquoi nous délaisserais-tu aussi longtemps ?
[21] Ah ! fais-nous revenir à toi, ô Eternel !
Ainsi nous reviendrons à toi.

[d] 5.9 Des bandes de pillards vivant dans le désert profitent de l'absence de forces de l'ordre pour se livrer à des razzias.
[e] 5.12 *les responsables du peuple:* voir 4.16 et note.
[f] 5.13 Deux tâches imposées aux prisonniers de guerre, trop dures pour les enfants et les jeunes (voir Ex 11.5 ; Jg 16.21).
[g] 5.14 Le lieu habituel des réunions et des délibérations (Ps 9.14-15 ; Jb 5.4).

renew our days as of old
22 unless you have utterly rejected us
and are angry with us beyond measure.

Renouvelle pour nous les jours des anciens temps !
22 Nous rejetterais-tu définitivement ?
Serais-tu irrité contre nous à l'excès[h] ?

h 5.22 Autre traduction : *tu es irrité contre nous à l'excès !*

Ezekiel

Ezekiel's Inaugural Vision

1 1 In my thirtieth year, in the fourth month on the fifth day, while I was among the exiles by the Kebar River, the heavens were opened and I saw visions of God.

2 On the fifth of the month – it was the fifth year of the exile of King Jehoiachin – 3 the word of the LORD came to Ezekiel the priest, the son of Buzi, by the Kebar River in the land of the Babylonians.[a] There the hand of the LORD was on him.

4 I looked, and I saw a windstorm coming out of the north – an immense cloud with flashing lightning and surrounded by brilliant light. The center of the fire looked like glowing metal, 5 and in the fire was what looked like four living creatures. In appearance their form was human, 6 but each of them had four faces and four wings. 7 Their legs were straight; their feet were like those of a calf and gleamed like burnished bronze. 8 Under their wings on their four sides they had human hands. All four of them had faces and wings, 9 and the wings of one touched the wings of another. Each one went straight ahead; they did not turn as they moved.

10 Their faces looked like this: Each of the four had the face of a human being, and on the right side each had the face of a lion, and on the left the face of an ox; each also had the face of an eagle. 11 Such were their faces. They each had two wings spreading out upward, each wing touching that of the creature on either side; and each had two other wings covering its body. 12 Each one went straight ahead. Wherever the spirit would go, they would go, without turning as they went. 13 The appearance of the living creatures was like burning coals of fire or like torches. Fire moved back and forth among the creatures; it was bright, and lightning flashed out of it. 14 The creatures sped back and forth like flashes of lightning.

15 As I looked at the living creatures, I saw a wheel on the ground beside each creature with its four fac-

[a] 1:3 Or *Chaldeans*

Ezéchiel

LE JUGEMENT DE JÉRUSALEM

La vocation d'Ezéchiel

1 1 Le cinquième jour du quatrième mois de la trentièn année[a], je me trouvais parmi les déportés, près du c nal du Kebar[b]. Le ciel s'ouvrit et Dieu m'envoya des vision

2 Le cinquième jour du mois de cette année-là, c'est-dire la cinquième année de la captivité du roi Yehoyakîn 3 l'Eternel adressa la parole à Ezéchiel, fils du prêtre Bou au pays des Chaldéens, près du canal du Kebar. Là, la ma de l'Eternel reposa sur lui.

Ezéchiel contemple la gloire de Dieu

4 Je vis soudain un vent de tempête venant du nord q poussait devant lui un énorme nuage sillonné d'éclair Ce nuage était entouré d'une clarté éblouissante. En sc centre, il y avait l'éclat d'un métal au milieu du feu[d]. 5 I son milieu, je distinguais quelque chose qui ressemblait quatre êtres vivants ; par leur aspect, ils ressemblaient des hommes[e]. 6 Chacun d'eux avait quatre faces et quat ailes. 7 Leurs jambes étaient droites ; leurs pieds étaie comme ceux d'un taureau et brillaient comme du bron poli. 8 Sous leurs ailes, et à leurs quatre côtés, apparai saient des mains humaines, et chacun des quatre avait s faces et ses ailes. 9 Leurs ailes se touchaient l'une l'aut par leurs extrémités. Quand ils se déplaçaient, ils ne tournaient pas, mais chacun avançait droit devant sc 10 Leurs faces ressemblaient à celle d'un homme, et i avaient tous les quatre une face de lion à droite, une fa de taureau à gauche, et une face d'aigle. 11 Chacun d'eu avait deux paires d'ailes : deux de ces ailes se déployaie vers le haut et chacune touchait une aile d'un autre êt vivant de son côté, les deux autres couvraient leurs corp 12 Chacun d'eux avançait droit devant soi, ils allaient où l'Esprit[f] les poussait à aller sans qu'aucun d'eux ne tourne pour se déplacer.

13 Ces êtres vivants avaient l'aspect de braises[g] i candescentes, et de torches brillantes : ils paraissaie embrasés comme des torches brillantes. Le feu coura entre ces êtres vivants ; ils avaient l'éclat du feu et d éclairs jaillissaient de ce feu. 14 Ces êtres couraient, alla et venant en tous sens, comme des éclairs.

15 En contemplant ces êtres vivants, j'aperçus à côté c chacun d'eux une roue qui touchait terre, vers leurs quat

[a] **1.1** Probablement le *quatrième mois de la trentième année* de la vie d'Ezéchiel, l'âge auquel il aurait dû commencer à exercer ses fonctions sacerdotales (Nb 4.3).
[b] **1.1** Le *Kebar:* grand canal relié à l'Euphrate, au sud de Babylone.
[c] **1.2** C'est-à-dire juillet 593 av. J.-C. Sur la captivité de *Yehoyakîn,* voir 2 R 24.8-17 ; 2 Ch 36.9-10.
[d] **1.4** Pour les v. 4-28, voir 10.1-22; cf. Ap 4.
[e] **1.5** Selon 10.15, ces *êtres vivants* sont des *chérubins* (voir Ex 25.17 et not
[f] **1.12** En hébreu, il y a un jeu sur les deux sens possibles du terme : *vent* et *Esprit.*
[g] **1.13** Selon le texte hébreu traditionnel. L'ancienne version grecque a *au milieu de ces êtres vivants, il y avait des braises…*

16This was the appearance and structure of the eels: They sparkled like topaz, and all four looked ke. Each appeared to be made like a wheel intercting a wheel. 17As they moved, they would go in y one of the four directions the creatures faced; e wheels did not change direction as the creatures ent. 18Their rims were high and awesome, and all ur rims were full of eyes all around.
19When the living creatures moved, the wheels bele them moved; and when the living creatures rose om the ground, the wheels also rose. 20Wherever the irit would go, they would go, and the wheels would e along with them, because the spirit of the living eatures was in the wheels. 21When the creatures oved, they also moved; when the creatures stood ll, they also stood still; and when the creatures rose om the ground, the wheels rose along with them, cause the spirit of the living creatures was in the eels.

22Spread out above the heads of the living creatures s what looked something like a vault, sparkling e crystal, and awesome. 23Under the vault their ngs were stretched out one toward the other, and ch had two wings covering its body. 24When the eatures moved, I heard the sound of their wings, e the roar of rushing waters, like the voice of the mighty,[b] like the tumult of an army. When they od still, they lowered their wings.
25Then there came a voice from above the vault er their heads as they stood with lowered wings. Above the vault over their heads was what looked e a throne of lapis lazuli, and high above on the rone was a figure like that of a man. 27I saw that om what appeared to be his waist up he looked like owing metal, as if full of fire, and that from there wn he looked like fire; and brilliant light surround him. 28Like the appearance of a rainbow in the uds on a rainy day, so was the radiance around him. This was the appearance of the likeness of the glory the LORD. When I saw it, I fell facedown, and I heard e voice of one speaking.

ekiel's Call to Be a Prophet

1He said to me, "Son of man,[c] stand up on your feet and I will speak to you." 2As he spoke, the irit came into me and raised me to my feet, and I ard him speaking to me.
3He said: "Son of man, I am sending you to the aelites, to a rebellious nation that has rebelled ainst me; they and their ancestors have been in volt against me to this very day. 4The people to om I am sending you are obstinate and stubborn. y to them, 'This is what the Sovereign LORD says.' nd whether they listen or fail to listen – for they are ebellious people – they will know that a prophet has en among them. 6And you, son of man, do not be

24 Hebrew *Shaddai*
1 The Hebrew phrase *ben adam* means *human being*.The phrase *of man* is retained as a form of address here and throughout kiel because of its possible association with "Son of Man" in the v Testament.

faces. 16Les quatre roues étaient pareilles : elles semblaient faites en chrysolithe[h] et paraissaient encastrées l'une au milieu de l'autre. 17Elles pouvaient donc se déplacer dans les quatre directions sans pivoter. 18Les jantes des quatre roues étaient d'une dimension énorme et terrifiante. Elles étaient couvertes d'yeux sur toute leur circonférence. 19Quand les êtres vivants se déplaçaient, les roues se déplaçaient à côté d'eux, et quand ils s'élevaient de terre, elles s'élevaient aussi. 20Ils allaient là où l'Esprit[i] les poussait à aller. Les roues s'élevaient en même temps qu'eux, car l'Esprit qui animait les êtres vivants animait aussi les roues. 21Quand les êtres vivants s'avançaient, se tenaient arrêtés ou s'élevaient de terre, les roues s'avançaient, se tenaient arrêtées ou s'élevaient de terre en même temps qu'eux, car l'Esprit qui animait les êtres vivants animait aussi les roues.

22Au-dessus de la tête de ces êtres vivants s'étendait quelque chose qui ressemblait à une étendue céleste et qui avait l'éclat éblouissant du cristal. 23Sous cette étendue, ils tendaient leurs ailes jusqu'à toucher celles de leurs voisins, et chacun en avait deux qui lui couvraient le corps. 24Quand ils se déplaçaient, j'entendais le bruit de leurs ailes, un bruit semblable au grondement de grosses eaux ou à la voix du Tout-Puissant, c'était un bruit de grand tumulte comme celui d'un campement guerrier. Quand ils s'arrêtaient, ils abaissaient leurs ailes. 25Alors une voix retentit au-dessus de l'étendue céleste qui surplombait leur tête. 26Par-dessus cette étendue apparaissait comme une pierre de saphir qui avait la forme d'un trône, et au-dessus de ce qui ressemblait à un trône, au point le plus élevé, se tenait un être ayant l'aspect d'un homme. 27Je vis que la partie supérieure de son corps, au-dessus de ce qui ressemblait à sa taille, avait un éclat étincelant et l'aspect du feu tout autour, et la partie inférieure semblait comme baignée de feu et répandait autour d'elle une vive clarté. 28La clarté qui l'environnait avait l'aspect de l'arc-en-ciel qui resplendit dans les nuées en un jour de pluie. C'est ainsi que m'apparut ce qui ressemblait à la gloire de l'Eternel. A cette vue, je tombai la face contre terre, et j'entendis quelqu'un me parler.

La mission d'Ezéchiel

2 1Il me dit : Fils d'homme, tiens-toi debout, et je vais te parler.
2Dès qu'il m'eut adressé ces mots, l'Esprit entra en moi et me fit tenir debout, et j'entendis celui qui me parlait. 3Il me dit : Fils d'homme, je t'envoie vers les Israélites, vers cette foule de rebelles qui se sont révoltés contre moi. Jusqu'à ce jour, eux et leurs ancêtres se sont soulevés contre moi. 4C'est vers ces gens à la tête dure et au cœur insensible que je t'envoie pour que tu leur dises : « Voici ce que déclare le Seigneur, l'Eternel. » 5Alors, soit qu'ils écoutent, soit qu'ils refusent d'écouter – car c'est une communauté rebelle – ils sauront du moins qu'il y a un prophète au milieu d'eux.
6Quant à toi, fils d'homme, ne les crains pas, et ne crains pas leurs paroles, bien que tu sois au milieu d'orties et

h 1.16 Pierre précieuse importée d'Espagne.
i 1.20 Voir 1.12 et note.

afraid of them or their words. Do not be afraid, though
briers and thorns are all around you and you live
among scorpions. Do not be afraid of what they say
or be terrified by them, though they are a rebellious
people. 7 You must speak my words to them, whether
they listen or fail to listen, for they are rebellious.
8 But you, son of man, listen to what I say to you. Do
not rebel like that rebellious people; open your mouth
and eat what I give you."

9 Then I looked, and I saw a hand stretched out to
me. In it was a scroll, 10 which he unrolled before me.
On both sides of it were written words of lament and
mourning and woe.

3 1 And he said to me, "Son of man, eat what is
before you, eat this scroll; then go and speak to
the people of Israel." 2 So I opened my mouth, and he
gave me the scroll to eat.
3 Then he said to me, "Son of man, eat this scroll
I am giving you and fill your stomach with it." So I
ate it, and it tasted as sweet as honey in my mouth.
4 He then said to me: "Son of man, go now to the
people of Israel and speak my words to them. 5 You
are not being sent to a people of obscure speech and
strange language, but to the people of Israel – 6 not
to many peoples of obscure speech and strange language, whose words you cannot understand. Surely
if I had sent you to them, they would have listened to
you. 7 But the people of Israel are not willing to listen
to you because they are not willing to listen to me,
for all the Israelites are hardened and obstinate. 8 But
I will make you as unyielding and hardened as they
are. 9 I will make your forehead like the hardest stone,
harder than flint. Do not be afraid of them or terrified
by them, though they are a rebellious people."

10 And he said to me, "Son of man, listen carefully
and take to heart all the words I speak to you. 11 Go
now to your people in exile and speak to them. Say to
them, 'This is what the Sovereign LORD says,' whether
they listen or fail to listen."

12 Then the Spirit lifted me up, and I heard behind
me a loud rumbling sound as the glory of the LORD rose
from the place where it was standing.[d] 13 It was the
sound of the wings of the living creatures brushing
against each other and the sound of the wheels beside
them, a loud rumbling sound. 14 The Spirit then lifted
me up and took me away, and I went in bitterness
and in the anger of my spirit, with the strong hand
of the LORD on me. 15 I came to the exiles who lived at
Tel Aviv near the Kebar River. And there, where they
were living, I sat among them for seven days – deeply
distressed.

[d] **3:12** Probable reading of the original Hebrew text; Masoretic Text *sound – may the glory of the LORD be praised from his place*

de ronces et que tu habites avec des scorpions. Ne cra
pas leurs paroles et ne tremble pas devant eux, car c'
une communauté rebelle. 7 Tu leur transmettras donc m
paroles, soit qu'ils écoutent, soit qu'ils refusent d'écou
à cause de leur esprit rebelle.

La vision du rouleau

8 Et toi, fils d'homme, écoute ce que je te dis : Ne s
pas toi-même rebelle comme cette communauté rebell
ouvre ta bouche et mange ce que je te donne.
9 Je regardai, et je vis une main tendue vers moi qui
nait le rouleau d'un livre 10 Elle le déroula devant moi
était couvert d'inscriptions au recto et au verso[j] : c'étai
des plaintes, des lamentations et des cris de malheur.

L'Eternel fortifie son prophète

3 1 Celui qui me parlait me dit : Fils d'homme, man
ce qui t'est présenté, avale ce rouleau, puis va par
à la communauté d'Israël.
2 J'ouvris la bouche et il me fit manger le rouleau. 3 P
il me dit : Fils d'homme, nourris ton corps et remplis t
ventre de ce rouleau que je te donne.
Je le mangeai donc et, dans ma bouche, il fut doux co
me du miel. 4 Il ajouta : Fils d'homme, va, rends-toi aup
des Israélites et communique-leur mes paroles. 5 Car
n'est pas vers un peuple qui parle une langue difficile
inintelligible que tu es envoyé, mais vers la communa
d'Israël.
6 Si je t'envoyais vers de nombreux peuples à la lang
difficile et inintelligible dont tu ne comprendrais pas
paroles, eux ils t'écouteraient. 7 Mais la communauté d'
raël vers laquelle je t'envoie ne voudra pas t'écouter, c
ils ne veulent pas m'écouter. En effet, tous ces Israéli
sont des gens à la tête dure et au cœur insensible. 8 Eh bi
je vais te donner un visage aussi obstiné que le leur et
front aussi résolu que le leur. 9 Je vais rendre ton front au
dur que le diamant, plus dur que le roc. Ne les crains dc
pas et ne tremble pas en leur présence, bien que ce s
une communauté de rebelles.
10 Puis il ajouta : Fils d'homme, écoute attentiveme
tout ce que je vais te dire et prends-le bien à cœur. 11 P
va te rendre auprès de tes compatriotes déportés pour le
parler, et – qu'ils t'écoutent ou qu'ils refusent de t'éco
er – dis-leur : « Voici ce que déclare le Seigneur, l'Eterne

Emporté par l'Esprit de Dieu

12 Alors l'Esprit me souleva et j'entendis derrière m
une grande clameur : Bénie soit la gloire de l'Eternel,
lieu où elle demeure.
13 Je perçus aussi le bruit que faisaient les ailes des êt
vivants en battant l'une contre l'autre, et en même ten
celui des roues, et la grande clameur. 14 Alors l'Esprit
souleva de terre et m'emporta. Je partis, le cœur ple
d'amertume et d'indignation, tandis que la main de l'Et
nel agissait sur moi avec force. 15 J'arrivai ainsi auprès
exilés, à Tel-Aviv[k], chez ceux qui habitaient sur les bo
du canal du Kebar, car c'est là qu'ils demeuraient. Je res
là sept jours, hébété, au milieu d'eux.

[j] **2.10** Normalement, l'écriture ne figurait que d'un côté. Le rouleau é
saturé de paroles de jugement (Za 5.3 ; Ap 5.1).
[k] **3.15** Localité inconnue, colonie juive en Mésopotamie.

:kiel's Task as Watchman

6 At the end of seven days the word of the LORD came
me: 17 "Son of man, I have made you a watchman
the people of Israel; so hear the word I speak and
e them warning from me. 18 When I say to a wicked
son, 'You will surely die,' and you do not warn them
speak out to dissuade them from their evil ways
order to save their life, that wicked person will
for[e] their sin, and I will hold you accountable for
ir blood. 19 But if you do warn the wicked person
l they do not turn from their wickedness or from
ir evil ways, they will die for their sin; but you will
ve saved yourself.

0 "Again, when a righteous person turns from their
hteousness and does evil, and I put a stumbling
ck before them, they will die. Since you did not
rn them, they will die for their sin. The righteous
ngs that person did will not be remembered, and I
l hold you accountable for their blood. 21 But if you
warn the righteous person not to sin and they do
: sin, they will surely live because they took warn-
;, and you will have saved yourself."

2 The hand of the LORD was on me there, and he
d to me, "Get up and go out to the plain, and there
ill speak to you." 23 So I got up and went out to the
in. And the glory of the LORD was standing there,
e the glory I had seen by the Kebar River, and I fell
edown.
4 Then the Spirit came into me and raised me to
feet. He spoke to me and said: "Go, shut yourself
ide your house. 25 And you, son of man, they will
with ropes; you will be bound so that you cannot
out among the people. 26 I will make your tongue
ck to the roof of your mouth so that you will be
ent and unable to rebuke them, for they are a re-
lious people. 27 But when I speak to you, I will open
ur mouth and you shall say to them, 'This is what
Sovereign LORD says.' Whoever will listen let them
en, and whoever will refuse let them refuse; for
y are a rebellious people.

ge of Jerusalem Symbolized

1 "Now, son of man, take a block of clay, put it in
front of you and draw the city of Jerusalem on
2 Then lay siege to it: Erect siege works against it,
ld a ramp up to it, set up camps against it and put
ttering rams around it. 3 Then take an iron pan,
ce it as an iron wall between you and the city and
n your face toward it. It will be under siege, and

18 Or *in*; also in verses 19 and 20

Les conditions d'exercice du ministère

Comme une sentinelle

16 Au bout de ces sept jours, l'Eternel m'adressa la parole
en ces termes :
17 Fils d'homme, j'ai fait de toi une sentinelle pour la
communauté d'Israël. Quand tu entendras une parole de
ma bouche, tu les avertiras de ma part. 18 Quand je dirai
au coupable : « Tu vas mourir », si tu ne l'avertis pas, si tu
ne parles pas pour avertir ce coupable et lui demander
d'abandonner sa mauvaise conduite pour obtenir la vie
sauve, alors, certes, ce coupable mourra à cause de sa faute,
mais je te demanderai compte de sa mort. 19 Si, par contre,
tu as averti le coupable et qu'il ne se détourne pas de sa
méchanceté ni de sa conduite coupable, il mourra pour sa
faute, mais toi, tu auras la vie sauve.
20 De même, si un homme juste se détourne de sa conduite juste pour faire le mal, alors je placerai quelque
occasion de chute devant lui, et s'il meurt pour n'avoir
pas été averti, certes, c'est à cause de sa faute qu'il mourra, et l'on ne tiendra pas compte de sa conduite juste du
passé, mais je te demanderai compte de sa mort. 21 Mais
si tu as averti l'homme juste pour qu'il ne commette pas
de faute, et qu'effectivement il n'en commette pas, alors
il vivra pour avoir entendu tes avertissements et toi, tu
auras la vie sauve.

Jours de silence

22 La main de l'Eternel fut encore sur moi en ce lieu, et
il me dit : Lève-toi, sors vers la vallée, et là je te parlerai.
23 Je me levai donc et je sortis vers la vallée. Et voici que
la gloire de l'Eternel se tenait là, identique à la gloire que
j'avais contemplée près du canal du Kebar. Alors je tombai
la face contre terre. 24 Mais l'Esprit entra en moi et me fit
tenir debout. Il me parla et me dit : Va t'enfermer dans ta
maison. 25 Or, fils d'homme, on viendra te ligoter avec des
cordes, de sorte que tu ne pourras plus sortir au milieu
de tes compatriotes. 26 Je collerai ta langue à ton palais et
tu seras muet ; ainsi tu cesseras d'intercéder pour eux,
car c'est un peuple rebelle. 27 Mais quand je te parlerai,
je t'ouvrirai la bouche. Alors tu leur diras : « Voici ce que
déclare le Seigneur, l'Eternel : Celui qui veut écouter, qu'il
écoute, et celui qui refuse d'écouter, qu'il n'écoute pas – car
c'est une communauté rebelle. »

L'annonce de la fin de Jérusalem et de Juda

La fin de Jérusalem

4 1 Et maintenant, fils d'homme, prends une brique[l],
pose-la devant toi et grave dessus le dessin d'une
ville : Jérusalem. 2 Ensuite, tu mettras le siège devant elle ;
tu construiras contre elle des terrassements, tu élèveras
contre elle des terrasses de siège, tu placeras des campements en face d'elle, et tu disposeras tout autour d'elle
des machines de guerre. 3 Puis tu prendras une plaque de
cuisson en fer, tu la disposeras comme un mur de fer entre
toi et la ville, et tu tourneras ta face contre elle. La ville

l **4.1** Les *briques* servaient aussi de tableau pour dessiner ou pour écrire. On y gravait des signes quand elles étaient molles et on les cuisait pour conserver l'écrit. On a retrouvé des milliers de telles briques gravées à Ninive et à Babylone.

you shall besiege it. This will be a sign to the people of Israel.

4 "Then lie on your left side and put the sin of the people of Israel upon yourself.[f] You are to bear their sin for the number of days you lie on your side. 5 I have assigned you the same number of days as the years of their sin. So for 390 days you will bear the sin of the people of Israel.

6 "After you have finished this, lie down again, this time on your right side, and bear the sin of the people of Judah. I have assigned you 40 days, a day for each year. 7 Turn your face toward the siege of Jerusalem and with bared arm prophesy against her. 8 I will tie you up with ropes so that you cannot turn from one side to the other until you have finished the days of your siege.

9 "Take wheat and barley, beans and lentils, millet and spelt; put them in a storage jar and use them to make bread for yourself. You are to eat it during the 390 days you lie on your side. 10 Weigh out twenty shekels[g] of food to eat each day and eat it at set times. 11 Also measure out a sixth of a hin[h] of water and drink it at set times. 12 Eat the food as you would a loaf of barley bread; bake it in the sight of the people, using human excrement for fuel." 13 The LORD said, "In this way the people of Israel will eat defiled food among the nations where I will drive them."

14 Then I said, "Not so, Sovereign LORD! I have never defiled myself. From my youth until now I have never eaten anything found dead or torn by wild animals. No impure meat has ever entered my mouth."

15 "Very well," he said, "I will let you bake your bread over cow dung instead of human excrement."

16 He then said to me: "Son of man, I am about to cut off the food supply in Jerusalem. The people will eat rationed food in anxiety and drink rationed water in despair, 17 for food and water will be scarce. They will be appalled at the sight of each other and will waste away because of[i] their sin.

God's Razor of Judgment

5 1 "Now, son of man, take a sharp sword and use it as a barber's razor to shave your head and your

[f] 4:4 Or *upon your side*
[g] 4:10 That is, about 8 ounces or about 230 grams
[h] 4:11 That is, about 2/3 quart or about 0.6 liter
[i] 4:17 Or *away in*

sera en état de siège, et c'est toi qui l'assiégeras. Tout c devra servir de signe à la communauté d'Israël.

4 Couche-toi ensuite sur ton côté gauche ; étant sur côté, tu prendras sur toi le péché[m] de la communauté d raël. Tu porteras leur péché autant de jours que tu se couché sur ce côté-là. 5 Je te fixe moi-même un nombre jours équivalent au nombre d'années durant lesquel le royaume d'Israël a péché, c'est-à-dire trois cent q tre-vingt-dix jours[n] ; ainsi, tu porteras le péché de communauté d'Israël.

6 Après la fin de cette période, tu te coucheras ce fois sur le côté droit, et tu porteras le péché du roya me de Juda pendant quarante jours. Je t'impose un jo pour chaque année où il a péché. 7 Tu tourneras ta face tu dirigeras ton bras nu contre Jérusalem assiégée et prophétiseras contre elle. 8 Je vais te lier avec des cor pour que tu ne puisses pas te tourner d'un côté sur l'aut jusqu'à ce que tu aies achevé ta période de siège.

9 Et maintenant, prends du blé, de l'orge, des fèves, lentilles, du millet et de l'épeautre, mets le tout dans même récipient et fais-en ta nourriture. C'est là ce q tu mangeras tout au long des trois cent quatre-vingt- jours[o] où tu seras couché sur le côté. 10 Ta ration jou nalière de nourriture sera de deux cent vingt grammes tu en consommeras de temps en temps. 11 L'eau te sera m surée à un litre par jour ; tu en boiras de temps en tem 12 Tu prendras ta nourriture sous forme de galettes d'o que tu cuiras devant tout le monde sur un feu alime avec des excréments humains.

13 Et l'Eternel ajouta : C'est ainsi que les Israélites ma geront leur pain impur, au milieu des peuples chez qu les chasserai.

14 Je m'écriai : Ah ! Seigneur Eternel, depuis mon e fance jusqu'à ce jour, je ne me suis jamais rendu imp en mangeant d'une bête crevée ou déchirée par un fau et aucune viande impure n'a pénétré dans ma bouche.

15 Alors l'Eternel me dit : Je te concède de remplacer excréments humains par de la bouse de vache pour fa cuire ta nourriture.

16 Il me dit encore : Fils d'homme, je vais supprimer to réserve de pain dans Jérusalem. Ses habitants mang ront dans l'angoisse du pain strictement rationné et boiront dans la détresse de l'eau en quantité mesur 17 Ils manqueront de pain et d'eau, ils seront tous ensem épouvantés et ils dépériront à cause de leur péché.

5 1 Ecoute, fils d'homme, prends une épée affilée sers-t'en comme d'un rasoir : rase-toi la tête et

[m] **4.4** Action symbolique du prophète (voir Nb 14.34).
[n] **4.5** Ces *390 jours* pourraient représenter la période allant de l'infidélité de Salomon (suivie du schisme du royaume) à la destruction de Jérusalem, chiffre que l'on obtient en additionnant les années de règne indiquées par les livres des Rois. Les *40 jours* du v. 6 pourraient représenter le long règne apostat de Manassé. Ces nombres pourraier aussi être symboliques. *40* représente le temps du jugement, le temps du désert (Nb 14.32-34 ; Ez 20.35-36) ; en additionnant *390* et *40*, on obtient 430, c.-à-d. le temps de l'esclavage en Egypte (Ex 12.40) : une façon de dire que l'exil sera un nouveau désert et un nouvel esclavage L'ancienne version grecque a *190 jours* au v. 5. Cette version viserait la période s'écoulant de la déportation sous Tiglath-Piléser en 734 av. J.-(2 R 15.29) jusqu'à la prise de Jérusalem en 587 (148 ans, environ 150 a Les 40 ans en plus pour Juda – ce qui fait 190 en tout – correspondraie en gros à la période de l'exil de Juda à Babylone.
[o] **4.9** Voir v. 5 et note.

eard. Then take a set of scales and divide up the hair.
When the days of your siege come to an end, burn a
ird of the hair inside the city. Take a third and strike
with the sword all around the city. And scatter a
ird to the wind. For I will pursue them with drawn
word. 3 But take a few hairs and tuck them away in
e folds of your garment. 4 Again, take a few of these
d throw them into the fire and burn them up. A fire
ill spread from there to all Israel.

5 "This is what the Sovereign LORD says: This is
rusalem, which I have set in the center of the
tions, with countries all around her. 6 Yet in her
ckedness she has rebelled against my laws and de-
ees more than the nations and countries around
r. She has rejected my laws and has not followed
y decrees.
7 "Therefore this is what the Sovereign LORD says: You
ve been more unruly than the nations around you
d have not followed my decrees or kept my laws.
u have not even[j] conformed to the standards of the
tions around you.
8 "Therefore this is what the Sovereign LORD says:
myself am against you, Jerusalem, and I will in-
ct punishment on you in the sight of the nations.
ecause of all your detestable idols, I will do to you
hat I have never done before and will never do again.
Therefore in your midst parents will eat their chil-
en, and children will eat their parents. I will inflict
nishment on you and will scatter all your survivors
the winds. 11 Therefore as surely as I live, declares
e Sovereign LORD, because you have defiled my
nctuary with all your vile images and detestable
actices, I myself will shave you; I will not look on
u with pity or spare you. 12 A third of your people
ll die of the plague or perish by famine inside you;
hird will fall by the sword outside your walls; and
third I will scatter to the winds and pursue with
awn sword.
13 "Then my anger will cease and my wrath against
em will subside, and I will be avenged. And when I
ve spent my wrath on them, they will know that I
e LORD have spoken in my zeal.
14 "I will make you a ruin and a reproach among the
tions around you, in the sight of all who pass by.
You will be a reproach and a taunt, a warning and
object of horror to the nations around you when I
flict punishment on you in anger and in wrath and
th stinging rebuke. I the LORD have spoken. 16 When
hoot at you with my deadly and destructive arrows
famine, I will shoot to destroy you. I will bring more
d more famine upon you and cut off your supply

7 Most Hebrew manuscripts; some Hebrew manuscripts and
riac *You have*

barbe. Prends ensuite une balance et fais plusieurs parts
des poils et des cheveux que tu auras coupés. 2 Quand le
temps du siège sera révolu, tu en brûleras un tiers dans
le feu au milieu de la ville. Tu prendras un second tiers et
tu le frapperas de ton épée tout autour de la ville. Enfin,
tu disperseras le dernier tiers au vent, et moi je les poursuivrai de mon épée[p].
3 Cependant, tu prélèveras une petite quantité de ces
cheveux et tu les serreras dans les pans de ton manteau.
4 De ce reste, tu prendras encore une partie que tu jetteras dans le feu pour les brûler. La flamme qui en jaillira
s'étendra à toute la communauté d'Israël.
5 Voici ce que déclare le Seigneur, l'Eternel : Voilà
Jérusalem ; je l'avais placée au milieu des nations, avec
de vastes contrées autour d'elle. 6 Mais elle s'est révoltée
contre mes commandements avec plus de perversité que
les autres peuples, elle a violé mes lois plus que les pays qui
l'entourent, car ses habitants ont méprisé mes commandements, et n'ont pas respecté mes lois. 7 C'est pourquoi
le Seigneur, l'Eternel, déclare : Parce que vous avez été
plus rebelles que les peuples qui vous entourent, que vous
n'avez ni obéi à mes lois, ni appliqué mes commandements,
que vous n'avez même pas agi[q] selon le droit des peuples
qui vous entourent, 8 à cause de cela, moi, le Seigneur,
l'Eternel, je dis : Je vais me tourner contre toi, Jérusalem.
J'exécuterai au milieu de toi ma sentence sous les yeux
des autres peuples. 9 A cause de toutes vos abominations,
j'agirai contre toi comme je ne l'ai jamais fait et comme
je ne le ferai plus jamais. 10 Ainsi, au milieu de toi, des
pères dévoreront leurs propres fils et des fils mangeront
leurs pères[r] ; j'exécuterai mon jugement contre toi et je
disperserai à tout vent ce qui restera de vous.
11 C'est pourquoi, aussi vrai que je suis vivant, déclare
le Seigneur, l'Eternel : puisque vous avez rendu mon
sanctuaire impur par toutes vos idoles répugnantes et
abominables, je passerai le rasoir sur vous, sans un regard
de pitié, et j'agirai sans ménagement. 12 Un tiers de tes
habitants mourra de la peste ou périra de faim dans tes
murs. Un autre tiers tombera, frappé par l'épée autour de
toi, et le dernier tiers, je le disperserai à tout vent, et je
le poursuivrai avec l'épée. 13 Je donnerai libre cours à ma
colère et je ferai peser mon courroux sur eux. Je leur ferai
payer leur trahison, et quand j'aurai donné libre cours à
ma colère, ils reconnaîtront que moi, l'Eternel, j'ai parlé,
parce que je ne transige pas avec leur infidélité.
14 Je te réduirai à l'état de ruine, Jérusalem, et tu porteras le déshonneur parmi tous les peuples qui t'entourent
ainsi qu'aux yeux de tous les gens qui passeront par là.
15 Tu seras dans la honte, on te couvrira de sarcasmes et tu
constitueras un avertissement pour les peuples qui t'entourent, ils regarderont vers toi avec effroi quand j'aurai
exécuté mes jugements contre toi dans ma colère et mon
indignation, quand je t'aurai châtiée dans ma colère. Moi,
l'Eternel, j'ai parlé !
16 Je vais décocher contre vous les flèches mauvaises et
mortelles de la famine pour vous exterminer. Je rendrai
cette famine encore plus implacable et je détruirai toutes

p 5.2 Voir l'explication de ces signes au v. 12.
q 5.7 *vous n'avez même pas agi:* selon le texte hébreu traditionnel. Certains manuscrits hébreux et la version syriaque ont : *vous avez agi.*
r 5.10 *dévoreront leurs propres fils ... leurs pères.* On peut aussi comprendre : *des pères feront le malheur de leurs fils pour profiter d'eux, et pareillement des fils à l'égard de leur père.*

of food. 17 I will send famine and wild beasts against you, and they will leave you childless. Plague and bloodshed will sweep through you, and I will bring the sword against you. I the LORD have spoken."

Doom for the Mountains of Israel

6 1 The word of the LORD came to me: 2 "Son of man, set your face against the mountains of Israel; prophesy against them 3 and say: 'You mountains of Israel, hear the word of the Sovereign LORD. This is what the Sovereign LORD says to the mountains and hills, to the ravines and valleys: I am about to bring a sword against you, and I will destroy your high places. 4 Your altars will be demolished and your incense altars will be smashed; and I will slay your people in front of your idols. 5 I will lay the dead bodies of the Israelites in front of their idols, and I will scatter your bones around your altars. 6 Wherever you live, the towns will be laid waste and the high places demolished, so that your altars will be laid waste and devastated, your idols smashed and ruined, your incense altars broken down, and what you have made wiped out. 7 Your people will fall slain among you, and you will know that I am the LORD.

8 " 'But I will spare some, for some of you will escape the sword when you are scattered among the lands and nations. 9 Then in the nations where they have been carried captive, those who escape will remember me – how I have been grieved by their adulterous hearts, which have turned away from me, and by their eyes, which have lusted after their idols. They will loathe themselves for the evil they have done and for all their detestable practices. 10 And they will know that I am the LORD; I did not threaten in vain to bring this calamity on them.

11 " 'This is what the Sovereign LORD says: Strike your hands together and stamp your feet and cry out "Alas!" because of all the wicked and detestable practices of the people of Israel, for they will fall by the sword, famine and plague. 12 One who is far away will die of the plague, and one who is near will fall by the sword, and anyone who survives and is spared will die of famine. So will I pour out my wrath on them. 13 And they will know that I am the LORD, when their people lie slain among their idols around their altars, on every high hill and on all the mountaintops, under every spreading tree and every leafy oak – places where they offered fragrant incense to all their idols. 14 And I will stretch out my hand against them and make the land a desolate waste from the desert to Diblah[k] – wherever they live. Then they will know that I am the LORD.' "

[k] 6:14 Most Hebrew manuscripts; a few Hebrew manuscripts *Riblah*

vos réserves de pain. 17 J'enverrai contre vous, en plus la famine, des bêtes féroces qui te raviront tes enfants ; peste et le carnage passeront au milieu de toi, et j'enverr l'épée contre toi. Moi, l'Eternel, j'ai parlé.

La fin du pays

6 1 L'Eternel m'adressa la parole en ces termes : 2 Fils d'homme, tourne-toi en direction des mo tagnes d'Israël, et prophétise contre elles 3 en disan Montagnes d'Israël, écoutez la parole du Seigneur l'Ete nel ! Car voici ce que dit le Seigneur, l'Eternel, aux mor et aux collines, aux vallées, aux ravins : Je vais faire ver l'épée contre vous et je détruirai vos hauts lieux. 4 V autels seront dévastés, vos encensoirs seront réduits pièces, et je ferai tomber vos blessés devant vos idol 5 J'étendrai les cadavres des Israélites devant les statu de vos dieux, et je disperserai vos os autour de vos aute 6 Sur toute l'étendue de votre territoire, les villes sero dévastées et les hauts lieux détruits afin que vos aut soient démolis, que vos idoles soient brisées et anéanti et que vos encensoirs soient cassés et qu'il ne reste rien tout ce que vous avez fait. 7 Au milieu de vous, des bless tomberont, et vous reconnaîtrez que je suis l'Eternel.

8 Mais je vous laisserai un reste d'entre vous : des re capés de l'épée qui survivront parmi les autres peupl ils seront dispersés dans différents pays. 9 Et parmi c peuples qui les retiendront captifs, vos rescapés se so viendront de moi, car je briserai leur cœur prostitué[s] q s'est détourné de moi, et les yeux adultères qui se so tournés vers leurs idoles. Ils se prendront alors eux-mêm en dégoût pour le mal qu'ils ont fait et pour toutes leu abominations 10 et ils reconnaîtront que je suis l'Etern que ce n'est pas en vain que j'ai parlé de leur causer malheur.

Hélas ! Hélas !

11 Voici ce que déclare le Seigneur, l'Eternel : Va, frap dans ta main, tape du pied et dis : Hélas, pour tout le m abominable commis par les gens d'Israël qui sont près tomber dévorés par l'épée, la famine et la peste. 12 Celui sera loin périra de la peste, celui qui sera près tombera p l'épée. Celui qui restera, qui aura été préservé jusque- mourra par la famine, et toute ma colère s'assouvira s eux ; 13 et vous reconnaîtrez que je suis l'Eternel, qua leurs blessés tomberont au beau milieu de leurs idol autour de leurs autels, sur toute colline élevée, jusque s les sommets des montagnes, sous tous les arbres verts sous tout chêne verdoyant, ces endroits où ils offrent parfum apaisant à toutes leurs idoles. 14 Je brandirai main contre eux, je dévasterai leur pays pour en faire u solitude, du désert à Ribla[t], partout où ils habitent, et reconnaîtront que je suis l'Eternel.

[s] **6.9** *car je briserai leur cœur prostitué:* d'après certains manuscrits de la version grecque. Le texte hébreu traditionnel a : *qui ai été brisé par leur cœur prostitué.*

[t] **6.14** *Ribla:* d'après quelques manuscrits hébreux. La plupart des man uscrits ont : *Dibla*, localité inconnue. Le *d* et le *r* hébreux diffèrent très peu. *Ribla* se situe au nord de Damas, sur l'Oronte.

e End Has Come

[1]The word of the LORD came to me: [2]"Son of man,
this is what the Sovereign LORD says to the land
Israel:
" 'The end! The end has come
upon the four corners of the land!
[3] The end is now upon you,
and I will unleash my anger against you.
I will judge you according to your conduct
and repay you for all your detestable
practices.
[4] I will not look on you with pity;
I will not spare you.
I will surely repay you for your conduct
and for the detestable practices among you.
Then you will know that I am the LORD.'
5"This is what the Sovereign LORD says:
" 'Disaster! Unheard-of[l] disaster!
See, it comes!
[6] The end has come!
The end has come!
It has roused itself against you.
See, it comes!
[7] Doom has come upon you,
upon you who dwell in the land.
The time has come! The day is near!
There is panic, not joy, on the mountains.

[8] I am about to pour out my wrath on you
and spend my anger against you.
I will judge you according to your conduct
and repay you for all your detestable
practices.
[9] I will not look on you with pity;
I will not spare you.
I will repay you for your conduct
and for the detestable practices among you.
Then you will know that it is I the LORD who strikes
u.

10 " 'See, the day!
See, it comes!
Doom has burst forth,
the rod has budded,
arrogance has blossomed!
11 Violence has arisen,[m]
a rod to punish the wicked.
None of the people will be left,
none of that crowd –
none of their wealth,
nothing of value.
2 The time has come!
The day has arrived!
Let not the buyer rejoice
nor the seller grieve,
for my wrath is on the whole crowd.

5 Most Hebrew manuscripts; some Hebrew manuscripts and
iac *Disaster after*
11 Or *The violent one has become*

Le jour de la fin arrive

7 [1]L'Eternel m'adressa la parole et me dit :
[2] O toi, fils d'homme, voici ce que déclare le
Seigneur, l'Eternel,
au pays d'Israël : La fin est arrivée !
Aux quatre extrémités du pays, c'est la fin !
[3] Oui, maintenant, c'en est fini de toi,
car je vais déchaîner contre toi ma colère
et je vais te juger pour ta conduite :
je te ferai payer toutes tes abominations.

[4] Je n'aurai pas pour toi un regard de pitié,
je serai sans merci,
je te rétribuerai pour ta conduite,
et, de tes abominations, tu resteras coupable ;
et vous reconnaîtrez que je suis l'Eternel.
[5] Voici ce que vous dit le Seigneur, l'Eternel :
Un malheur, oui un malheur sans pareil
va survenir !
[6] La fin arrive. C'est vrai, elle arrive la fin,
c'en est fini de toi,
la voilà qui arrive.

[7] La ruine vient pour toi, habitant du pays !
Oui, le moment arrive,
le jour est proche.
Voici : sur les montagnes, c'est la consternation au
lieu des cris de joie.
[8] Maintenant, sans tarder, moi, je vais déverser ma
colère sur toi,
et j'irai jusqu'au bout de tout mon courroux contre
toi.
Oui, je te jugerai pour ta conduite,
je te ferai payer toutes tes abominations.
[9] Je n'aurai pas pour toi un regard de pitié,
je serai sans merci,
je te rétribuerai pour ta conduite
et, de tes abominations, tu resteras coupable,
et vous reconnaîtrez que c'est moi, l'Eternel, qui
vous aurai frappés.

La ruine se prépare

[10] Voici le jour ! Elle arrive la ruine !
Oui, elle se prépare,
et le bâton qui va frapper fleurit,
l'arrogance s'épanouit,

[11] la violence se dresse
pour servir de bâton à la méchanceté.
Il ne restera rien ni de ce peuple,
de ces multitudes bruyantes,
ni de tout son tumulte[u],
ni de sa gloire.
[12] Le temps arrive,
le jour approche :
que celui qui achète ne se réjouisse pas,
et que celui qui vend ne se désole pas,
car la colère plane
sur toute cette multitude,

u 7.11 *tumulte:* sens incertain.

[13] The seller will not recover
the property that was sold –
as long as both buyer and seller live.
For the vision concerning the whole crowd
will not be reversed.
Because of their sins, not one of them
will preserve their life.
[14] " 'They have blown the trumpet,
they have made all things ready,
but no one will go into battle,
for my wrath is on the whole crowd.

[15] Outside is the sword;
inside are plague and famine.
Those in the country
will die by the sword;
those in the city
will be devoured by famine and plague.
[16] The fugitives who escape
will flee to the mountains.
Like doves of the valleys,
they will all moan,
each for their own sins.
[17] Every hand will go limp;
every leg will be wet with urine.
[18] They will put on sackcloth
and be clothed with terror.
Every face will be covered with shame,
and every head will be shaved.
[19] " 'They will throw their silver into the streets,
and their gold will be treated as a thing
unclean.
Their silver and gold
will not be able to deliver them
in the day of the LORD's wrath.
It will not satisfy their hunger
or fill their stomachs,
for it has caused them to stumble into sin.
[20] They took pride in their beautiful jewelry
and used it to make their detestable idols.
They made it into vile images;
therefore I will make it a thing unclean for
them.

[21] I will give their wealth as plunder to foreigners
and as loot to the wicked of the earth,
who will defile it.
[22] I will turn my face away from the people,
and robbers will desecrate the place I
treasure.
They will enter it
and will defile it.
[23] " 'Prepare chains!
For the land is full of bloodshed,
and the city is full of violence.
[24] I will bring the most wicked of nations
to take possession of their houses.
I will put an end to the pride of the mighty,
and their sanctuaries will be desecrated.

[13] parce que le vendeur ne retrouvera pas ce qu'il
avait vendu,
même s'il demeurait au nombre des vivants.
En effet, la révélation concernant cette multitude
ne sera jamais révoquée :
à cause de ses fautes, aucun d'eux ne pourra sauve
sa vie.
[14] On sonnera du cor, et l'on se tiendra prêt,
mais aucun n'ira au combat
car ma colère plane sur toute cette multitude.

Pas d'échappatoire

[15] Au dehors de la ville, c'est l'épée qui sévit,
au dedans, c'est la peste et la famine.
Celui qui est aux champs
périra par l'épée,
et celui qui est dans la ville,
la peste et la famine le feront succomber.
[16] Si quelque rescapé parvient à s'échapper,
il s'enfuira vers les montagnes
tout comme les colombes des vallées.
Et ils gémiront tous[v],
chacun pour son péché.
[17] Leurs mains pendront sans force
et leurs genoux flageoleront.
[18] Ils porteront des habits de toile de sac
et la frayeur les saisira,
la honte se lira sur chacun des visages,
toutes les têtes seront rasées[w].
[19] Ils jetteront leur argent dans les rues,
et considéreront leur or comme souillé,
car ni l'argent ni l'or ne pourront les sauver
au jour de la colère de l'Eternel,
ni apaiser leur faim ;
ils ne satisferont aucun de leurs désirs,
car c'est l'argent et l'or qui les ont fait tomber
dans le péché.
[20] Ils ont mis leur orgueil dans leurs parures
magnifiques
et ils s'en sont servis pour fabriquer des idoles
abominables et exécrables.
C'est pourquoi tout cela je le rendrai souillé pour
eux :
[21] je le livrerai à des étrangers pour qu'ils le pillent,
comme butin aux méchants de la terre
qui viendront souiller tout cela.
[22] Je détournerai d'eux ma face
et l'on profanera le lieu que je chéris.
Des brigands y pénétreront et le profaneront.

[23] Fabriquez-vous des chaînes,
car les crimes font loi dans ce pays,
et la ville est remplie de violence.
[24] J'amènerai ici les pires des peuples païens
afin qu'ils prennent possession de leurs maisons.
J'abattrai l'orgueil des puissants,
leurs sanctuaires[x] seront profanés.

[v] **7.16** L'ancienne version grecque a : *et je les ferai mourir.*
[w] **7.18** Marques de deuil et de tristesse.
[x] **7.24** *leurs sanctuaires:* selon l'ancienne version grecque. Le texte hébr
traditionnel a : *ceux qui les sanctifient.*

25 When terror comes,
they will seek peace in vain.
26 Calamity upon calamity will come,
and rumor upon rumor.
They will go searching for a vision from the
prophet,
priestly instruction in the law will cease,
the counsel of the elders will come to an end.

27 The king will mourn,
the prince will be clothed with despair,
and the hands of the people of the land will
tremble.
I will deal with them according to their
conduct,
and by their own standards I will judge
them.
Then they will know that I am the LORD.' "

olatry in the Temple

8 [1]In the sixth year, in the sixth month on the
fifth day, while I was sitting in my house and the
lers of Judah were sitting before me, the hand of the
vereign LORD came on me there. [2]I looked, and I saw
igure like that of a man.[n] From what appeared to
his waist down he was like fire, and from there up
s appearance was as bright as glowing metal. [3]He
etched out what looked like a hand and took me by
e hair of my head. The Spirit lifted me up between
rth and heaven and in visions of God he took me
Jerusalem, to the entrance of the north gate of the
ner court, where the idol that provokes to jealousy
od. [4]And there before me was the glory of the God
Israel, as in the vision I had seen in the plain.

[5]Then he said to me, "Son of man, look toward the
rth." So I looked, and in the entrance north of the
te of the altar I saw this idol of jealousy.
[6]And he said to me, "Son of man, do you see what
ey are doing – the utterly detestable things the
aelites are doing here, things that will drive me
from my sanctuary? But you will see things that
e even more detestable."

[7]Then he brought me to the entrance to the court.
ooked, and I saw a hole in the wall. [8]He said to me,
on of man, now dig into the wall." So I dug into the
ll and saw a doorway there.
[9]And he said to me, "Go in and see the wicked and
testable things they are doing here." [10]So I went
and looked, and I saw portrayed all over the walls
kinds of crawling things and unclean animals and
the idols of Israel. [11]In front of them stood seventy

:2 Or *saw a fiery figure*

25 Voici : la ruine vient,
ils chercheront la paix sans pouvoir la trouver.
26 Désastre sur désastre viendront les submerger,
il y aura un afflux incessant de mauvaises
nouvelles.
Ils solliciteront en vain quelque révélation de la
part du prophète,
la loi fera défaut au prêtre
et les responsables du peuple seront dépourvus de
conseil.
27 Le roi prendra le deuil,
et le prince sera vêtu des habits des temps de
malheur,
le peuple du pays aura les mains tremblantes.
C'est d'après leur conduite que je les traiterai
et je les jugerai selon leurs propres règles,
et ils reconnaîtront que je suis l'Eternel.

Le départ de la gloire

L'idolâtrie dans le Temple

8 [1]Le cinquième jour du sixième mois de la sixième
année[y], j'étais assis chez moi et les responsables du
peuple de Juda étaient assis devant moi. Soudain, la main
du Seigneur, l'Eternel, tomba sur moi.
[2]Je regardai et je vis un être qui ressemblait à un homme[z]. En dessous de ce qui semblait être ses reins, c'était
comme du feu, et au-dessus, il y avait comme l'éclat d'un
métal.
[3]Cet être tendit une forme de main et me saisit par une
mèche de mes cheveux, et l'Esprit me souleva entre ciel et
terre et me transporta dans une vision divine à Jérusalem,
à l'entrée de la porte du parvis intérieur du Temple, celle
qui est tournée vers le nord, où se trouve la statue de la
provocation, celle qui provoque l'Eternel qui ne tolère
aucun rival[a]. [4]Et voici que la gloire du Dieu d'Israël m'apparut là, exactement comme je l'avais vue dans la plaine.
[5]Et il me dit : Fils d'homme, lève les yeux du côté du
nord.
Je levai les yeux du côté du nord, et voici qu'au nord de la
porte de l'autel[b], cette statue de la provocation se dressait
dans l'entrée. [6]Il me dit encore : Fils d'homme, vois-tu ce
qu'ils font ? Regarde les pratiques si abominables que les
Israélites commettent en ce lieu pour m'éloigner de mon
sanctuaire. Mais tu verras encore d'autres abominations
très graves.
[7]Puis il me conduisit à l'entrée du parvis, et je vis qu'il
y avait un trou dans le mur. [8]Et il me dit : Fils d'homme,
perce la muraille.
Je la perçai, et une ouverture apparut. [9]Il me dit : Entre
et regarde les horreurs abominables qu'ils commettent ici !
[10]J'entrai et je regardai, et voici que je vis, dessinées sur
la paroi tout autour, toutes sortes de représentations de
reptiles et de bêtes répugnantes et toutes les idoles de la
communauté d'Israël. [11]Soixante-dix hommes, respons-

y **8.1** C'est-à-dire en septembre 592 av. J.-C.

z **8.2** *à un homme:* d'après l'ancienne version grecque et le contexte. Le texte hébreu traditionnel a : *à un feu.* Les mots *homme* et *feu* se ressemblent en hébreu.

a **8.3** La statue de quelque idole étrangère (voir Ex 20.5), peut-être celle de Tammouz (v. 14) ou d'Ashéra que Manassé avait dressée dans le Temple (2 Ch 33.7 ; 2 R 21.7).

b **8.5** Celle qui conduisait à l'autel des holocaustes et par laquelle on amenait les victimes dans le parvis.

elders of Israel, and Jaazaniah son of Shaphan was standing among them. Each had a censer in his hand, and a fragrant cloud of incense was rising.

12 He said to me, "Son of man, have you seen what the elders of Israel are doing in the darkness, each at the shrine of his own idol? They say, 'The LORD does not see us; the LORD has forsaken the land.'" 13 Again, he said, "You will see them doing things that are even more detestable."

14 Then he brought me to the entrance of the north gate of the house of the LORD, and I saw women sitting there, mourning the god Tammuz. 15 He said to me, "Do you see this, son of man? You will see things that are even more detestable than this."

16 He then brought me into the inner court of the house of the LORD, and there at the entrance to the temple, between the portico and the altar, were about twenty-five men. With their backs toward the temple of the LORD and their faces toward the east, they were bowing down to the sun in the east.

17 He said to me, "Have you seen this, son of man? Is it a trivial matter for the people of Judah to do the detestable things they are doing here? Must they also fill the land with violence and continually arouse my anger? Look at them putting the branch to their nose! 18 Therefore I will deal with them in anger; I will not look on them with pity or spare them. Although they shout in my ears, I will not listen to them."

Judgment on the Idolaters

9 1 Then I heard him call out in a loud voice, "Bring near those who are appointed to execute judgment on the city, each with a weapon in his hand." 2 And I saw six men coming from the direction of the upper gate, which faces north, each with a deadly weapon in his hand. With them was a man clothed in linen who had a writing kit at his side. They came in and stood beside the bronze altar.

3 Now the glory of the God of Israel went up from above the cherubim, where it had been, and moved to the threshold of the temple. Then the LORD called to the man clothed in linen who had the writing kit at his side 4 and said to him, "Go throughout the city of Jerusalem and put a mark on the foreheads of those who grieve and lament over all the detestable things that are done in it."

5 As I listened, he said to the others, "Follow him through the city and kill, without showing pity or compassion. 6 Slaughter the old men, the young men and women, the mothers and children, but do not

ables de la communauté d'Israël, se tenaient debout deva les idoles, chacun d'eux avait en mains son encensoir d' s'élevait le parfum d'un nuage d'encens, et Yaazania[c], fils de Shaphân, se trouvait au milieu d'eux. 12 Le Seigne me demanda : As-tu vu, fils d'homme, ce que les respor ables du peuple d'Israël font en cachette, chacun da l'obscurité, chacun dans la chambre de son idole ? Car se disent : « L'Eternel ne nous voit pas, l'Eternel a quit le pays. »

13 Et il ajouta : Tu vas voir qu'ils commettent enco d'autres abominations aussi graves.

14 Il m'emmena à l'entrée de la porte nord du temple l'Eternel, et je vis des femmes assises là, qui pleuraie la mort du dieu Tammouz[d]. 15 Et il me dit : As-tu vu, f d'homme ? Tu verras encore d'autres abominations p graves que celles-ci.

16 Il m'entraîna vers le parvis intérieur du temple l'Eternel et voici qu'à l'entrée de ce temple de l'Etern entre le portique et l'autel, j'aperçus environ vingt-ci hommes qui avaient le dos tourné au sanctuaire et se naient face à l'orient : ils se prosternaient en directi de l'orient pour adorer le soleil[e]. 17 Il me demanda : As- vu, fils d'homme ? La communauté de Juda estime-t-e donc qu'il n'est pas suffisant de commettre toutes c abominations auxquelles ils se livrent en ce lieu ? Fau encore qu'ils remplissent le pays de leurs actes de violer et qu'ils reviennent sans cesse m'irriter ? Regarde ! I voilà qui élèvent le rameau jusqu'au nez[f] ! 18 A mon to d'agir avec colère ! Je n'aurai pas un regard de pitié et serai sans merci. Ils auront beau crier à tue-tête vers m je ne les écouterai pas.

Préfiguration du châtiment

9 1 Puis je l'entendis crier d'une voix forte : Approch inspecteurs de la ville ! Que chacun prenne son strument de destruction en main[g] !

2 Je vis six individus déboucher du chemin de la po supérieure qui fait face au nord ; chacun tenait en ma son instrument de destruction. Au milieu d'eux se ten un individu vêtu de lin et portant une écritoire à la ce ture. Ils vinrent se placer à côté de l'autel de bronze. 3 Al la gloire du Dieu d'Israël s'éleva au-dessus du chérubin s lequel elle reposait et se dirigea vers le seuil du Temp L'Eternel appela l'individu vêtu de lin qui portait l'écrito à sa ceinture 4 et il lui dit : Passe au milieu de la ville Jérusalem et marque d'une croix sur le front les homm qui gémissent et se plaignent à cause de toutes les pr tiques abominables qui se commettent dans cette vill

5 Puis je l'entendis dire aux autres : Passez dans la vi derrière lui et frappez sans un regard de pitié ! So sans merci. 6 Tuez les vieillards, les jeunes gens, les jeu filles, les enfants, les femmes, jusqu'à ce que tous soie exterminés ! Mais ne touchez pas à ceux qui portent s

c **8.11** *Yaazania:* il ne s'agit pas de la même personne que dans 11.1. Ironiquement, son nom signifie : *l'Eternel entend,* ironie soulignée au v. 12.

d **8.14** Divinité babylonienne dont on pleurait la mort et dont on célébrait la renaissance selon le cycle de la végétation, par des fêtes joyeuses et licencieuses.

e **8.16** Culte mentionné en 2 R 23.5-11.

f **8.17** Rite païen.

g **9.1** Pour les v. 1-6, voir Ap 7.1-8 ; 9.4.

h **9.3** La gloire de l'Eternel va quitter le Temple (voir 8.4 et note).

uch anyone who has the mark. Begin at my sanc-
ary." So they began with the old men who were in
ont of the temple.
7 Then he said to them, "Defile the temple and fill
e courts with the slain. Go!" So they went out and
gan killing throughout the city. 8 While they were
lling and I was left alone, I fell facedown, crying out,
las, Sovereign LORD! Are you going to destroy the
tire remnant of Israel in this outpouring of your
rath on Jerusalem?"
9 He answered me, "The sin of the people of Israel
id Judah is exceedingly great; the land is full of
oodshed and the city is full of injustice. They say,
he LORD has forsaken the land; the LORD does not see.'
So I will not look on them with pity or spare them,
t I will bring down on their own heads what they
ve done."
11 Then the man in linen with the writing kit at his
de brought back word, saying, "I have done as you
mmanded."

od's Glory Departs From the Temple

0 1 I looked, and I saw the likeness of a throne
of lapis lazuli above the vault that was over
e heads of the cherubim. 2 The LORD said to the man
othed in linen, "Go in among the wheels beneath the
erubim. Fill your hands with burning coals from
nong the cherubim and scatter them over the city."
nd as I watched, he went in.
3 Now the cherubim were standing on the south side
the temple when the man went in, and a cloud filled
e inner court. 4 Then the glory of the LORD rose from
ove the cherubim and moved to the threshold of
e temple. The cloud filled the temple, and the court
as full of the radiance of the glory of the LORD. 5 The
und of the wings of the cherubim could be heard
far away as the outer court, like the voice of God
mighty[o] when he speaks.
6 When the LORD commanded the man in linen, "Take
e from among the wheels, from among the cheru-
m," the man went in and stood beside a wheel. 7 Then
e of the cherubim reached out his hand to the fire
at was among them. He took up some of it and put
into the hands of the man in linen, who took it and
ent out. 8 (Under the wings of the cherubim could
seen what looked like human hands.)
9 I looked, and I saw beside the cherubim four
heels, one beside each of the cherubim; the wheels
arkled like topaz. 10 As for their appearance, the
ur of them looked alike; each was like a wheel in-
rsecting a wheel. 11 As they moved, they would go
any one of the four directions the cherubim faced;
e wheels did not turn about[p] as the cherubim went.
he cherubim went in whatever direction the head
ced, without turning as they went. 12 Their entire
odies, including their backs, their hands and their
ings, were completely full of eyes, as were their four
heels. 13 I heard the wheels being called "the whirl-

10:5 Hebrew *El-Shaddai*
10:11 Or *aside*

le front la marque d'une croix. Vous commencerez par
mon sanctuaire.
Ils commencèrent donc par les responsables du peuple
qui se tenaient devant le Temple[i]. 7 Puis il leur ordonna :
Rendez le Temple impur et remplissez ses parvis de morts !
Allez !
Et ils partirent et frappèrent dans la ville. 8 Pendant
qu'ils frappaient, comme je restais seul sur place, je tombai sur ma face, et je m'écriai : Ah ! Seigneur, Eternel, en
déchaînant ainsi ta colère sur Jérusalem, vas-tu exterminer tout ce qui reste d'Israël ?
9 Il me répondit : Le péché des royaumes d'Israël et de
Juda est excessivement grave. Le pays est rempli de sang et
la ville est pleine d'injustices. Les gens disent : « L'Eternel
a quitté ce pays, l'Eternel ne voit rien ! » 10 Eh bien, je n'aurai aucun regard de pitié et je serai sans merci. Je ferai
retomber sur eux ce que mérite leur conduite.
11 A ce moment, l'individu vêtu de lin blanc qui portait
une écritoire à la ceinture vint faire son rapport. Il dit :
J'ai fait ce que tu m'as commandé.

La gloire de l'Eternel quitte le Temple

10 1 Je regardai et je vis dans l'étendue céleste qui
s'étendait au-dessus de la tête des chérubins comme une pierre de saphir ; au-dessus de cette pierre, on
apercevait quelque chose qui paraissait ressembler à un
trône. 2 Il dit à l'individu vêtu de lin : Passe entre les roues
qui sont sous les chérubins et remplis tes mains des braises
incandescentes qui se trouvent entre les chérubins, et
répands-les sur la ville.
Il s'exécuta sous mes yeux. 3 Or, les chérubins se tenaient
à droite du Temple au moment où l'individu se rendit vers
eux, et la nuée remplit le parvis intérieur. 4 La gloire de
l'Eternel s'était élevée de dessus le chérubin pour se diriger
vers le seuil de la maison ; alors le Temple fut rempli par
la nuée, et le parvis resplendit de l'éclat de la gloire de
l'Eternel. 5 Le bruissement des ailes des chérubins se fit
entendre jusque dans le parvis extérieur. C'était comme
la voix du Dieu tout-puissant quand il parle.
6 Quand il avait ordonné à l'individu vêtu de lin :
« Prends du feu entre les roues et entre les chérubins »,
l'individu y était allé et il se tenait à côté d'une roue. 7 L'un
des chérubins avança la main vers le feu qui était entre
les chérubins. Il en retira des braises et les mit dans les
mains de l'individu vêtu de lin. Celui-ci les prit et se retira.
8 Alors apparut, sous les ailes des chérubins, une forme de
main humaine.
9 Je regardai et je vis quatre roues à côté des chérubins,
une roue à côté de chacun d'eux. Elles avaient l'éclat de
la chrysolithe. 10 Toutes les quatre étaient pareilles et
paraissaient imbriquées au milieu l'une de l'autre. 11 Elles
pouvaient donc se déplacer dans les quatre directions sans
se tourner ; en effet, elles allaient du côté vers lequel se
tournait la tête, sans pivoter dans leur mouvement. 12 Tout
le corps des chérubins, leurs dos et leurs mains, leurs ailes
et les roues, étaient couverts d'yeux tout autour. Chacun
des quatre avait sa roue. 13 J'entendis qu'on donnait à ces

i 9.6 C'est-à-dire les vingt-cinq hommes de 8.16.

ing wheels." 14 Each of the cherubim had four faces: One face was that of a cherub, the second the face of a human being, the third the face of a lion, and the fourth the face of an eagle.

15 Then the cherubim rose upward. These were the living creatures I had seen by the Kebar River. 16 When the cherubim moved, the wheels beside them moved; and when the cherubim spread their wings to rise from the ground, the wheels did not leave their side. 17 When the cherubim stood still, they also stood still; and when the cherubim rose, they rose with them, because the spirit of the living creatures was in them.

18 Then the glory of the LORD departed from over the threshold of the temple and stopped above the cherubim. 19 While I watched, the cherubim spread their wings and rose from the ground, and as they went, the wheels went with them. They stopped at the entrance of the east gate of the LORD's house, and the glory of the God of Israel was above them.

20 These were the living creatures I had seen beneath the God of Israel by the Kebar River, and I realized that they were cherubim. 21 Each had four faces and four wings, and under their wings was what looked like human hands. 22 Their faces had the same appearance as those I had seen by the Kebar River. Each one went straight ahead.

God's Sure Judgment on Jerusalem

11 1 Then the Spirit lifted me up and brought me to the gate of the house of the LORD that faces east. There at the entrance of the gate were twenty-five men, and I saw among them Jaazaniah son of Azzur and Pelatiah son of Benaiah, leaders of the people. 2 The LORD said to me, "Son of man, these are the men who are plotting evil and giving wicked advice in this city. 3 They say, 'Haven't our houses been recently rebuilt? This city is a pot, and we are the meat in it.' 4 Therefore prophesy against them; prophesy, son of man."

5 Then the Spirit of the LORD came on me, and he told me to say: "This is what the LORD says: That is what you are saying, you leaders in Israel, but I know what is going through your mind. 6 You have killed many people in this city and filled its streets with the dead.

7 "Therefore this is what the Sovereign LORD says: The bodies you have thrown there are the meat and this city is the pot, but I will drive you out of it. 8 You fear the sword, and the sword is what I will bring against you, declares the Sovereign LORD. 9 I will drive you out of the city and deliver you into the hands of foreigners and inflict punishment on you. 10 You will fall by the sword, and I will execute judgment on you at the borders of Israel. Then you will know that I am the LORD. 11 This city will not be a pot for you, nor will

roues le nom de tourbillon. 14 Chacun des êtres vivan avait quatre faces. Les premières faces étaient des faces chérubin, les deuxièmes des faces d'homme, les troisièm des faces de lion et les quatrièmes des faces d'aigle.

15 Les chérubins s'élevèrent : c'étaient les êtres vivan que j'avais vus sur les bords du canal du Kebar[j]. 16 Quar les chérubins se déplaçaient, les roues se déplaçaient à cô d'eux, et quand ils déployaient leurs ailes pour s'élev au-dessus de la terre, les roues ne se détournaient p d'eux, mais restaient à leurs côtés. 17 Quand ils s'arrêtaien elles s'arrêtaient, quand ils s'élevaient, elles s'élevaie avec eux, car l'Esprit qui animait les êtres vivants éta aussi dans les roues.

18 La gloire de l'Eternel quitta le seuil du Temple et vi se placer sur les chérubins. 19 Ceux-ci déployèrent leu ailes et s'élevèrent de terre sous mes yeux ; ils sortiren et les roues sortirent avec eux. Ils s'arrêtèrent à l'entr de la porte orientale du temple de l'Eternel et la gloire c Dieu d'Israël reposait sur eux tout au-dessus[k]. 20 C'étaie les êtres vivants que j'avais vus au-dessous du Dieu d'Isra près du canal du Kebar, et je reconnus que c'étaient de chérubins. 21 Chacun d'eux avait quatre faces et quat ailes, sous lesquelles apparaissaient ce qui était comme d mains humaines. 22 Leurs faces avaient la même apparen que celles que j'avais vues près du canal du Kebar, ell avaient le même aspect ; c'étaient bien eux. Chacun d êtres avançait droit devant lui.

Jérusalem : une marmite

11 1 Alors l'Esprit me souleva et me transporta à porte orientale du temple de l'Eternel, c'est-à-di à celle qui fait face au soleil levant. A l'entrée de la port je vis vingt-cinq hommes qui se tenaient là, et au milie d'eux, deux chefs du peuple : Yaazania, fils d'Azzour, Pelatia, fils de Benaya. 2 L'Esprit de Dieu me dit : Fils d'hon me, voilà les gens qui trament le mal et qui donnent c mauvais conseils dans cette ville. 3 Ils disent : « Le malhe n'est pas si proche ! Bâtissons des maisons[l] ! Cette ville e comme une marmite et nous sommes comme de la via de. » 4 C'est pourquoi prophétise contre eux, prophétis fils d'homme !

5 L'Esprit de l'Eternel tomba sur moi et me dit d'apport le message suivant :

Ainsi parle l'Eternel : Je sais ce que vous dites, vou communauté d'Israël, je connais les pensées que nour votre esprit. 6 Vous avez commis tant de meurtres que l rues de la ville sont remplies de cadavres. 7 C'est pou quoi le Seigneur, l'Eternel, parle ainsi : La ville est bie une marmite, mais quelle en est la viande ? Ce sont l corps de vos victimes étendus dans la ville ! Mais vous, c vous en fera sortir. 8 Vous redoutez l'épée, eh bien, mc je ferai venir l'épée contre vous, c'est là ce que décla le Seigneur, l'Eternel. 9 Je vous ferai sortir de la ville et vous livrerai à des étrangers et j'exécuterai ainsi mes jug ments contre vous. 10 Vous tomberez victimes de l'ép C'est sur le territoire du pays d'Israël que je vous jugera et vous reconnaîtrez que je suis l'Eternel. 11 La ville n sera pas une marmite pour vous et vous ne serez pas

[j] **10.15** Voir 1.5 et note.

[k] **10.19** Voir 8.4 et note.

[l] **11.3** *Le malheur n'est pas ... maisons !* Autres traductions : *le moment de bât des maisons n'est-il pas bientôt arrivé ? ou ce n'est pas le moment de bâtir des maisons !*

ı be the meat in it; I will execute judgment on you
:he borders of Israel. [12]And you will know that I am
Lord, for you have not followed my decrees or kept
laws but have conformed to the standards of the
:ions around you."
[3]Now as I was prophesying, Pelatiah son of Benaiah
d. Then I fell facedown and cried out in a loud voice,
as, Sovereign Lord! Will you completely destroy the
nnant of Israel?"

e Promise of Israel's Return

[4]The word of the Lord came to me: [15]"Son of man,
people of Jerusalem have said of your fellow exiles
l all the other Israelites, 'They are far away from
Lord; this land was given to us as our possession.'
[6]"Therefore say: 'This is what the Sovereign Lord
s: Although I sent them far away among the nations
d scattered them among the countries, yet for a
le while I have been a sanctuary for them in the
ıntries where they have gone.'
[7]"Therefore say: 'This is what the Sovereign Lord
s: I will gather you from the nations and bring you
:k from the countries where you have been scat-
ed, and I will give you back the land of Israel again.'
[8]"They will return to it and remove all its vile
ages and detestable idols. [19]I will give them an
divided heart and put a new spirit in them; I will
nove from them their heart of stone and give them
eart of flesh. [20]Then they will follow my decrees
l be careful to keep my laws. They will be my peo-
, and I will be their God. [21]But as for those whose
rts are devoted to their vile images and detestable
ls, I will bring down on their own heads what they
ve done, declares the Sovereign Lord."

[2]Then the cherubim, with the wheels beside them,
ead their wings, and the glory of the God of Israel
s above them. [23]The glory of the Lord went up from
hin the city and stopped above the mountain east
t. [24]The Spirit lifted me up and brought me to the
les in Babylonia[q] in the vision given by the Spirit
God.
'hen the vision I had seen went up from me, [25]and
ld the exiles everything the Lord had shown me.

e Exile Symbolized

2 [1]The word of the Lord came to me: [2]"Son of
man, you are living among a rebellious peo-
. They have eyes to see but do not see and ears to
r but do not hear, for they are a rebellious people.

:24 Or *Chaldea*

viande au-dedans d'elle. Et je vous jugerai à l'intérieur
du territoire d'Israël. [12]Et vous reconnaîtrez que je suis
l'Eternel, moi, dont vous n'avez pas suivi les lois ni appliqué
le droit, tandis que vous avez adopté les coutumes des
peuples d'alentour.
[13]Pendant que je prophétisais, Pelatia[m], fils de Benaya,
mourut. Alors, je tombai sur ma face, et je m'écriai d'une
voix forte : Ah ! Seigneur Eternel, vas-tu exterminer ce
qui reste d'Israël ?

Promesse d'une nouvelle alliance

[14]L'Eternel m'adressa la parole et me dit :
[15]Fils d'homme, c'est à tes compatriotes, et aux gens
de ton peuple, et à tous ceux qui font partie de la communauté d'Israël, que les gens de Jérusalem déclarent :
« Restez loin de l'Eternel, car c'est à nous que le pays est
accordé en possession. » [16]C'est pourquoi tu diras : « Voici
ce que déclare le Seigneur, l'Eternel : Je les ai éloignés au
milieu de peuples étrangers, je les ai dispersés dans des
pays étrangers. Cependant, je serai pour eux pendant
quelque temps un sanctuaire dans ces pays où ils se sont
rendus. » [17]Dis-leur donc : « Le Seigneur, l'Eternel, vous
déclare : Je vous rassemblerai du milieu des peuples, je vous
recueillerai des pays étrangers dans lesquels vous avez été
dispersés, et je vous donnerai le pays d'Israël. » [18]Alors ils
y viendront et ils en ôteront tous les objets abominables
et toutes les idoles abjectes. [19]Je leur donnerai un cœur
qui me sera entièrement dévoué et je mettrai en eux un
esprit nouveau, j'ôterai de leur être leur cœur dur comme
la pierre, et je leur donnerai un cœur de chair[n], [20]afin
qu'ils vivent selon mes ordonnances, qu'ils obéissent à
mes lois, et les appliquent. Ils seront mon peuple, et je
serai leur Dieu[o]. [21]Quant à ceux dont le cœur s'attache à
leurs idoles, qui continuent à suivre leurs abominations,
je ferai retomber sur eux ce que mérite leur conduite. C'est
là ce que déclare le Seigneur, l'Eternel.

La gloire quitte la ville

[22]A ce moment, les chérubins déployèrent leurs ailes
et les roues se mirent en mouvement avec eux. La gloire
de Dieu était au-dessus d'eux, tout en haut. [23]Ensuite, la
gloire de Dieu s'éleva du milieu de la ville et se tint sur le
mont qui se trouve à l'est de Jérusalem. [24]Alors l'Esprit me
souleva et me ramena en Chaldée auprès des exilés. Cela
se passait dans la vision donnée par l'Esprit de Dieu, et la
vision qui m'avait été accordée s'éleva au-dessus de moi ...
[25]Je racontai aux déportés tout ce que l'Eternel m'avait
fait voir.

Les causes de la ruine qui vient

Le mime de l'exilé

12 [1]L'Eternel m'adressa la parole en ces termes :
[2]Fils d'homme, tu habites au milieu d'une
communauté rebelle : ils ont des yeux pour voir, mais ils
ne voient pas ; ils ont des oreilles pour entendre, mais ils

m **11.13** *Pelatia* signifie : *les rescapés appartenant à Dieu*. Il représente les Israélites qui ont échappé à la déportation. Sa mort subite est le gage de l'accomplissement des menaces de Dieu.

n **11.19** *un cœur qui me sera entièrement dévoué:* l'ancienne version grecque porte : *un autre cœur*. La différence provient de la confusion entre deux lettres de l'hébreu très ressemblantes. Les v. 19-20 sont repris en 36.26-28.

o **11.20** Formule de l'alliance (voir Ex 19.5-6 ; 20.2).

3"Therefore, son of man, pack your belongings for
exile and in the daytime, as they watch, set out and
go from where you are to another place. Perhaps they
will understand, though they are a rebellious people. 4During the daytime, while they watch, bring out
your belongings packed for exile. Then in the evening,
while they are watching, go out like those who go into
exile. 5While they watch, dig through the wall and
take your belongings out through it. 6Put them on
your shoulder as they are watching and carry them
out at dusk. Cover your face so that you cannot see
the land, for I have made you a sign to the Israelites."

7So I did as I was commanded. During the day I
brought out my things packed for exile. Then in the
evening I dug through the wall with my hands. I
took my belongings out at dusk, carrying them on
my shoulders while they watched.

8In the morning the word of the LORD came to me:
9"Son of man, did not the Israelites, that rebellious
people, ask you, 'What are you doing?'

10"Say to them, 'This is what the Sovereign LORD
says: This prophecy concerns the prince in Jerusalem
and all the Israelites who are there.' 11Say to them, 'I
am a sign to you.'

"As I have done, so it will be done to them. They will
go into exile as captives.

12"The prince among them will put his things on
his shoulder at dusk and leave, and a hole will be dug
in the wall for him to go through. He will cover his
face so that he cannot see the land. 13I will spread my
net for him, and he will be caught in my snare; I will
bring him to Babylonia, the land of the Chaldeans, but
he will not see it, and there he will die. 14I will scatter
to the winds all those around him – his staff and all
his troops – and I will pursue them with drawn sword.

15"They will know that I am the LORD, when I
disperse them among the nations and scatter them
through the countries. 16But I will spare a few of them
from the sword, famine and plague, so that in the
nations where they go they may acknowledge all their
detestable practices. Then they will know that I am
the LORD."

17The word of the LORD came to me: 18"Son of man,
tremble as you eat your food, and shudder in fear as
you drink your water. 19Say to the people of the land:
'This is what the Sovereign LORD says about those living
in Jerusalem and in the land of Israel: They will eat
their food in anxiety and drink their water in despair, for their land will be stripped of everything in
it because of the violence of all who live there. 20The
inhabited towns will be laid waste and the land will
be desolate. Then you will know that I am the LORD.'"

There Will Be No Delay

21The word of the LORD came to me: 22"Son of man,
what is this proverb you have in the land of Israel:
'The days go by and every vision comes to nothing'?
23Say to them, 'This is what the Sovereign LORD says: I

n'entendent pas, car ce sont des rebelles. 3Fils d'hom
fais tes bagages comme pour partir en déportation, p
pars comme en déportation en plein jour sous leurs ye
Que tout le monde te voie partir en exil de l'endroit où
habites vers un autre lieu. Peut-être comprendront
qu'ils sont une communauté rebelle. 4Dépose ton ba
chon d'exilé dehors, en plein jour, pour que tout le mo
le voie. Le soir, tu sortiras sous leurs yeux, comme p
un départ en exil. 5Sous leurs yeux, tu creuseras un t
dans la muraille de la ville, et tu feras passer ton ba
par là. 6Sous leurs yeux, tu le chargeras sur ton épaul
tu l'emporteras dans la nuit noire ; tu te cacheras le vis
en sorte que tu ne puisses pas voir le pays. Car je fais
toi un signe pour la communauté d'Israël.

7Je fis ce qui m'avait été ordonné : je sortis en plein j
mes affaires arrangées comme un bagage d'exilé ; e
soir, je creusai, à la main, un trou dans le mur, puis, d
la nuit noire, je les fis passer par là et je les chargeai
l'épaule sous leurs yeux.

8Le lendemain matin, l'Eternel m'adressa la parole
ces termes :

9Fils d'homme, les Israélites, ces gens rebelles, ne t'o
ils pas demandé : « Que fais-tu ? » 10Réponds-leur : « V
ce que déclare le Seigneur, l'Eternel : Ce message conce
le prince qui est à Jérusalem et toute la communauté
raélite qui se trouve à l'intérieur de cette ville. »

11Dis-leur : « Je suis pour vous un signe », car il leur s
fait selon ce que j'ai fait : ils iront en déportation, ils ir
en exil. 12Le prince qui se trouve au milieu d'eux met
son baluchon, en pleine nuit, sur son épaule et quitt
la ville par un trou dans le mur que l'on aura percé p
le faire sortir. Il se cachera le visage pour qu'il ne voie
le pays. 13J'étendrai mon filet sur lui et il sera pris d
mon piège, je le ferai partir pour Babylone dans le pays
Chaldéens, qu'il ne verra pas de ses yeux, et c'est là q
mourra. 14Je disperserai à tout vent tous les gens de
entourage, son personnel et tous ses bataillons, et je
poursuivrai avec l'épée. 15Et ils reconnaîtront que je s
l'Eternel quand je les aurai dispersés au milieu de peu
étrangers, quand je les aurai répandus dans différe
pays. 16Mais je conserverai un petit nombre d'entre e
qui échapperont à l'épée, à la famine et à la peste, p
qu'ils racontent toutes leurs abominations au milieu
peuples chez qui ils iront. Et l'on reconnaîtra que je s
l'Eternel.

17L'Eternel m'adressa la parole et me dit :

18Fils d'homme, tu mangeras ton pain en tremblant
tu boiras ton eau au milieu de l'angoisse et de l'agitati
19Tu diras au peuple du pays : « Habitants de Jérusal
voici ce que déclare le Seigneur, l'Eternel, contre le p
d'Israël : Ils mangeront leur pain au milieu de l'angoi
et ils boiront leur eau dans la désolation, parce que le p
va être dévasté, privé de tous ses biens, à cause des acte
violence de tous ceux qui l'habitent. 20Les villes peupl
seront détruites, le pays sera dévasté, et vous reconnaît
que je suis l'Eternel. »

Vraie et fausse prophétie

21L'Eternel m'adressa la parole et me dit :

22Fils d'homme, quel est donc le dicton qui a cours p
mi vous au sujet du pays d'Israël : « Le temps se fait b
long et aucune vision ne s'accomplit » ? 23C'est pourq
dis-leur donc : « Voici comment vous parle le Seigne

ı going to put an end to this proverb, and they will
longer quote it in Israel.' Say to them, 'The days are
ar when every vision will be fulfilled. 24For there
ll be no more false visions or flattering divinations
ıong the people of Israel. 25But I the LORD will speak
ıat I will, and it shall be fulfilled without delay. For
your days, you rebellious people, I will fulfill what-
er I say, declares the Sovereign LORD.' "

26The word of the LORD came to me: 27"Son of man,
e Israelites are saying, 'The vision he sees is for
ıny years from now, and he prophesies about the
ıtant future.'
28"Therefore say to them, 'This is what the
vereign LORD says: None of my words will be delayed
y longer; whatever I say will be fulfilled, declares
e Sovereign LORD.' "

lse Prophets Condemned

3 1The word of the LORD came to me: 2"Son of
man, prophesy against the prophets of Israel
ıo are now prophesying. Say to those who prophesy
t of their own imagination: 'Hear the word of the
RD! 3This is what the Sovereign LORD says: Woe to the
ılish[r] prophets who follow their own spirit and have
en nothing! 4Your prophets, Israel, are like jackals
ıong ruins. 5You have not gone up to the breaches
the wall to repair it for the people of Israel so that
vill stand firm in the battle on the day of the LORD.
heir visions are false and their divinations a lie.
en though the LORD has not sent them, they say,
he LORD declares," and expect him to fulfill their
ırds. 7Have you not seen false visions and uttered
ng divinations when you say, "The LORD declares,"
ough I have not spoken?
8" 'Therefore this is what the Sovereign LORD says:
cause of your false words and lying visions, I am
ainst you, declares the Sovereign LORD. 9My hand
ll be against the prophets who see false visions and
ter lying divinations. They will not belong to the
uncil of my people or be listed in the records of
ael, nor will they enter the land of Israel. Then you
ll know that I am the Sovereign LORD.
10" 'Because they lead my people astray, saying,
eace," when there is no peace, and because, when
limsy wall is built, they cover it with whitewash,
herefore tell those who cover it with whitewash
ıt it is going to fall. Rain will come in torrents, and I
ll send hailstones hurtling down, and violent winds
ll burst forth. 12When the wall collapses, will people
t ask you, "Where is the whitewash you covered
with?"
13" 'Therefore this is what the Sovereign LORD says:
my wrath I will unleash a violent wind, and in my
ger hailstones and torrents of rain will fall with
structive fury. 14I will tear down the wall you have
vered with whitewash and will level it to the ground
that its foundation will be laid bare. When it[s] falls,
u will be destroyed in it; and you will know that I

3:3 Or *wicked*
3:14 Or *the city*

l'Eternel : Je ferai taire ce dicton et il n'aura plus jamais
cours en Israël. » Dis-leur donc : « Au contraire, voici : le
temps s'approche où toutes les visions se réaliseront. 24Car
il n'y aura plus de vision mensongère, ni de prédiction de
complaisance, au milieu d'Israël. 25Car moi, l'Eternel, je
dirai ce que j'ai à dire, et puis cela s'accomplira sans être
encore différé. C'est de votre vivant, communauté rebelle,
que je prononcerai cette parole, et que je l'accomplirai.
C'est là ce que déclare le Seigneur, l'Eternel. »
26L'Eternel m'adressa la parole et me dit :
27Fils d'homme, la communauté d'Israël déclare à ton
sujet : « La vision de cet homme concerne des jours très
lointains, et ce qu'il prophétise est pour beaucoup plus
tard. » 28C'est pourquoi dis-leur donc : « Voici ce que déclare le Seigneur, l'Eternel : Aucune des paroles que, moi,
j'ai prononcées ne tardera à s'accomplir. C'est là ce que
déclare le Seigneur, l'Eternel. »

Contre les faux prophètes, marchands de paix illusoire

13 1L'Eternel m'adressa la parole et me dit :
2Fils d'homme, prophétise sur les prophètes
d'Israël qui prétendent prophétiser, mais qui n'apportent
que des prophéties de leur propre cru. Dis-leur : « Ecoutez
donc la parole de l'Eternel : 3Voici ce que vous dit le
Seigneur, l'Eternel : Malheur à vous, prophètes insensés,
car vous suivez votre propre inspiration et vous n'avez
reçu aucune révélation. 4O peuple d'Israël, tes prophètes
ressemblent aux chacals dans les ruines. 5Vous, prophètes,
vous n'êtes pas montés sur les brèches pour les colmater
et entourer la communauté d'Israël d'un rempart pour
qu'elle puisse résister dans la bataille au jour de l'Eternel.
6Ils ont des visions fausses, des prédictions trompeuses,
eux qui disent : "L'Eternel le déclare", alors que l'Eternel
ne les a pas envoyés, et ils espèrent voir leur parole confirmée. 7Elles sont fausses, les révélations que vous avez !
Elles sont trompeuses, les prédictions que vous proférez
lorsque vous prétendez : "L'Eternel le déclare", quand je
n'ai pas parlé ! 8C'est pourquoi le Seigneur, l'Eternel, parle
ainsi : Parce que vous proclamez des faussetés et que vous
avez des visions mensongères, je m'en prendrai à vous.
Voilà ce que déclare le Seigneur, l'Eternel ! 9Je vais faire
peser ma main sur les prophètes qui ont des révélations
fausses et qui prononcent des prédictions trompeuses.
Ils ne siégeront pas au conseil de mon peuple, ni ne seront inscrits sur la liste des membres de la communauté
israélite, ils ne rentreront pas au pays d'Israël. Et vous
reconnaîtrez que je suis, moi, le Seigneur, l'Eternel. 10Car
ils égarent mon peuple en annonçant la paix quand il n'y
a pas la paix. Ils se contentent de crépir le mur que mon
peuple a bâti[p]. 11Dis à ces gens qui mettent du crépi, que
le mur tombera. Une pluie torrentielle s'abattra soudain,
les grêlons tomberont, un vent d'ouragan éclatera, 12et
le mur tombera. Ne vous dira-t-on pas alors : "A quoi servait l'enduit dont vous l'avez crépi ?" 13C'est pourquoi le
Seigneur, l'Eternel, parle ainsi : Dans mon indignation, je
ferai déchaîner le vent de l'ouragan, une pluie torrentielle
éclatera par ma colère. J'enverrai contre vous, dans mon
irritation, des grêlons destructeurs. 14Et j'abattrai le mur
enduit par vous de crépi ; oui, je le raserai jusqu'en ses
fondements qui seront mis à nu. Il tombera, vous périrez au milieu des décombres, et vous reconnaîtrez que je

p **13.10** Pour les v. 10-16, voir22.28 ; Jr 6.12-15 ; 8.10-12.

am the LORD. 15 So I will pour out my wrath against the wall and against those who covered it with whitewash. I will say to you, "The wall is gone and so are those who whitewashed it, 16 those prophets of Israel who prophesied to Jerusalem and saw visions of peace for her when there was no peace, declares the Sovereign LORD." '

17 "Now, son of man, set your face against the daughters of your people who prophesy out of their own imagination. Prophesy against them 18 and say, 'This is what the Sovereign LORD says: Woe to the women who sew magic charms on all their wrists and make veils of various lengths for their heads in order to ensnare people. Will you ensnare the lives of my people but preserve your own? 19 You have profaned me among my people for a few handfuls of barley and scraps of bread. By lying to my people, who listen to lies, you have killed those who should not have died and have spared those who should not live.

20 " 'Therefore this is what the Sovereign LORD says: I am against your magic charms with which you ensnare people like birds and I will tear them from your arms; I will set free the people that you ensnare like birds. 21 I will tear off your veils and save my people from your hands, and they will no longer fall prey to your power. Then you will know that I am the LORD. 22 Because you disheartened the righteous with your lies, when I had brought them no grief, and because you encouraged the wicked not to turn from their evil ways and so save their lives, 23 therefore you will no longer see false visions or practice divination. I will save my people from your hands. And then you will know that I am the LORD.' "

Idolaters Condemned

14 1 Some of the elders of Israel came to me and sat down in front of me. 2 Then the word of the LORD came to me: 3 "Son of man, these men have set up idols in their hearts and put wicked stumbling blocks before their faces. Should I let them inquire of me at all? 4 Therefore speak to them and tell them, 'This is what the Sovereign LORD says: When any of the Israelites set up idols in their hearts and put a wicked stumbling block before their faces and then go to a prophet, I the LORD will answer them myself in keeping with their great idolatry. 5 I will do this to recapture the hearts of the people of Israel, who have all deserted me for their idols.'

6 "Therefore say to the people of Israel, 'This is what the Sovereign LORD says: Repent! Turn from your idols and renounce all your detestable practices!

7 " 'When any of the Israelites or any foreigner residing in Israel separate themselves from me and set up

suis l'Eternel. 15 J'assouvirai ainsi la fureur qui m'ani contre ce mur et contre ceux qui l'ont crépi. Je vous di alors : Où est-il donc le mur et où sont tous ces gens q l'enduisaient pour le crépir ? 16 Où sont-ils maintena tous ces prophètes d'Israël qui ont prophétisé au sujet Jérusalem, et qui ont eu pour elles des visions annonçant paix quand il n'y avait pas de paix ? C'est là ce que décla le Seigneur, l'Eternel. »

Malheur aux voyantes aveugles

17 Et toi, fils d'homme, tourne-toi vers les filles ton peuple qui font les prophétesses, proclamant d prophéties de leur propre cru ; proclame une prophé à leur sujet 18 et dis : « Voici ce que déclare le Seigne l'Eternel : Malheur à celles qui cousent des rubans po les poignets et fabriquent des voiles de toutes tailles pc les têtes, pour capturer les vies. Vous capturez les v des membres de mon peuple, et votre vie à vous, vous préserveriez ? 19 Vous m'avez profané devant mon peu pour quelques poignées d'orge et des morceaux de pa en donnant la mort à des gens qui n'ont pas à mourir, en laissant vivre d'autres qui ne devraient pas vivre, mentant à mon peuple qui croit à ces mensonges. 20 C'e pourquoi le Seigneur, l'Eternel, vous déclare : Voici, j' veux à vos rubans avec lesquels vous capturez les v humaines comme des oiseaux. Je les déchirerai en arrachant de vos bras, et je relâcherai ces gens do vous capturez les vies comme des oiseaux. 21 Je déch vos voiles et je vais délivrer mon peuple de vos griff oui, vous ne pourrez plus vous servir de vos voiles po prendre les gens au piège, et vous reconnaîtrez que je su l'Eternel. 22 Parce que vous découragez les hommes just par des mensonges quand je ne voulais pas qu'ils soie découragés, et qu'aussi vous encouragez les œuvres d méchants, les empêchant ainsi d'abandonner leur ma vaise conduite pour conserver la vie, 23 à cause de ce voici : vous n'aurez plus de visions mensongères et vous ferez plus de prédictions, car je vais délivrer mon peu de vos griffes, et vous reconnaîtrez que je suis l'Eterne

Comment Dieu reçoit les idolâtres qui le consultent

14 1 Un jour, quelques responsables du peuple d'Isr vinrent me trouver et s'assirent devant moi. 2 Al l'Eternel m'adressa la parole et me dit :

3 Fils d'homme, ces gens-là portent leurs idoles da leur cœur, et leurs yeux se tournent sans cesse vers qui les fait tomber dans le péché. Alors, vais-je me laiss consulter par eux ? 4 C'est pourquoi, parle-leur et dis-leu « Voici ce que déclare le Seigneur, l'Eternel : Tout hom de la communauté d'Israël qui porte ses idoles dans s cœur et tourne ses regards vers ce qui le fait tomber da le péché, et qui consulter le prophète, c'est moi, l'Etern qui lui répondrai, et je lui donnerai la réponse que mér la multitude de ses idoles[q]. 5 Ainsi je regagnerai le cœur la communauté d'Israël qui s'est tout entière détourn de moi pour se tourner vers ses idoles. »

6 C'est pourquoi, dis à la communauté d'Israël : « Vo ce que déclare le Seigneur, l'Eternel : Convertissez-vou Abandonnez vos idoles, détournez les regards de tout vos abominations. 7 Car moi, l'Eternel, je répondrai m même à tout homme qui vient trouver le prophète po

q **14.4** Le châtiment de l'idolâtrie était la mort (Dt 13.6-18).

ols in their hearts and put a wicked stumbling block
fore their faces and then go to a prophet to inquire
me, I the LORD will answer them myself. 8 I will set
y face against them and make them an example and
byword. I will remove them from my people. Then
u will know that I am the LORD.

9 "'And if the prophet is enticed to utter a prophecy,
he LORD have enticed that prophet, and I will stretch
t my hand against him and destroy him from among
y people Israel. 10 They will bear their guilt – the
ophet will be as guilty as the one who consults him.
Then the people of Israel will no longer stray from
e, nor will they defile themselves anymore with all
eir sins. They will be my people, and I will be their
od, declares the Sovereign LORD.'"

rusalem's Judgment Inescapable

12 The word of the LORD came to me: 13 "Son of man,
a country sins against me by being unfaithful and
tretch out my hand against it to cut off its food
pply and send famine upon it and kill its people
d their animals, 14 even if these three men – Noah,
niel[t] and Job – were in it, they could save only them-
lves by their righteousness, declares the Sovereign
RD.
15 "Or if I send wild beasts through that country and
ey leave it childless and it becomes desolate so that
one can pass through it because of the beasts, 16 as
rely as I live, declares the Sovereign LORD, even if
ese three men were in it, they could not save their
vn sons or daughters. They alone would be saved,
t the land would be desolate.
17 "Or if I bring a sword against that country and say,
et the sword pass throughout the land,' and I kill its
ople and their animals, 18 as surely as I live, declares
e Sovereign LORD, even if these three men were in
they could not save their own sons or daughters.
ey alone would be saved.
19 "Or if I send a plague into that land and pour out
y wrath on it through bloodshed, killing its people
d their animals, 20 as surely as I live, declares the
vereign LORD, even if Noah, Daniel and Job were in it,
ey could save neither son nor daughter. They would
ve only themselves by their righteousness.
21 "For this is what the Sovereign LORD says: How
uch worse will it be when I send against Jerusalem
y four dreadful judgments – sword and famine and
ld beasts and plague – to kill its men and their an-
als! 22 Yet there will be some survivors – sons and
ughters who will be brought out of it. They will
me to you, and when you see their conduct and their
tions, you will be consoled regarding the disaster
ave brought on Jerusalem – every disaster I have
ought on it. 23 You will be consoled when you see
eir conduct and their actions, for you will know

me consulter par lui alors qu'il s'est détourné de moi
pour porter ses idoles dans son cœur et qu'il a tourné
ses regards vers ce qui le fait tomber dans le péché ; qu'il
s'agisse d'un membre du peuple d'Israël ou d'un étranger
établi au pays, peu importe. 8 Je me retournerai contre cet
homme-là. Je ferai de lui un exemple, on fera un proverbe
à son sujet, je le retrancherai du milieu de mon peuple et
vous reconnaîtrez que je suis l'Eternel.
9 Quant au prophète, s'il se laisse séduire et émet lui-
même quelque déclaration, c'est que moi, l'Eternel, j'aurai
séduit ce prophète. J'étendrai la main contre lui et je l'exterminerai du milieu de mon peuple Israël. 10 Tous deux
payeront pour leur faute, aussi bien le prophète que celui
qui vient le consulter. 11 J'agirai ainsi pour que la communauté d'Israël ne s'égare plus loin de moi et qu'elle ne
se rende plus impure par tous ses péchés. Alors ils seront
mon peuple, et moi je serai leur Dieu. Le Seigneur, l'Eternel, le déclare. »

Responsabilité personnelle

12 L'Eternel m'adressa la parole et me dit :
13 Fils d'homme, si la population d'un pays se met en
tort contre moi en multipliant ses infidélités, je porterai la main contre eux en détruisant leurs réserves de
pain, je leur enverrai la famine et je ferai périr hommes
et bêtes. 14 Alors, même s'il y avait, parmi les habitants de
ce pays, ces trois hommes, Noé, Danel[r] et Job, eux seuls
obtiendraient la vie sauve par leur droiture. Le Seigneur,
l'Eternel, le déclare. 15 Si je lâche des bêtes féroces à travers
le pays pour dévorer ses habitants et le réduire à l'état
de désert où personne ne passe plus par crainte de ces
bêtes, 16 même si ces trois hommes se trouvaient dans ce
pays, aussi vrai que je suis vivant, le Seigneur, l'Eternel, le
déclare, ils ne sauveraient ni leurs fils ni leurs filles, eux
seuls en réchapperaient, et le pays serait dévasté. 17 Ou
si j'envoie l'épée contre ce pays-là, en ordonnant qu'on
lui fasse la guerre pour y exterminer les hommes et les
bêtes, 18 même si ces trois hommes se trouvaient là, aussi
vrai que je suis vivant, le Seigneur, l'Eternel, le déclare,
ils ne sauveraient ni leurs fils ni leurs filles, eux seuls en
réchapperaient. 19 Ou si j'envoie la peste dans ce pays-là, si
je déverse ma colère sur lui en y exterminant hommes et
bêtes, 20 si Noé, Danel[s] et Job se trouvaient là, aussi vrai que
je suis vivant, le Seigneur, l'Eternel, le déclare, ils ne sauveraient ni leurs fils ni leurs filles, eux seuls obtiendraient
la vie sauve par leur droiture. 21 Toutefois, voilà ce que dit
le Seigneur, l'Eternel : Bien que j'envoie contre Jérusalem
mes quatre châtiments sévères, l'épée, la famine, les bêtes
sauvages et la peste pour y exterminer hommes et bêtes,
22 il en réchappera un reste d'hommes et de femmes que
l'on fera sortir de la ville. Ils viendront vers vous[t], vous
verrez leur conduite et leurs agissements, et vous vous
consolerez du malheur que j'aurai fait venir sur Jérusalem,
et de tous les fléaux dont je l'aurai frappée.
23 Oui, ils vous en consoleront quand vous verrez leur
conduite et leurs agissements. Et vous reconnaîtrez que ce

t 14:14 Or *Daniel*, a man of renown in ancient literature; also in
verse 20

r **14.14** *Danel:* sage de l'Antiquité atteint par le malheur, connu pour sa justice, mentionné dans la littérature du Proche-Orient ancien (voir 28.3). Autre traduction : *Daniel.*
s **14.20** Voir v. 14 et note.
t **14.22** Un deuxième contingent d'exilés va rejoindre le premier, déporté en 597 av. J.-C.

that I have done nothing in it without cause, declares the Sovereign LORD."

Jerusalem as a Useless Vine

15 1The word of the LORD came to me: 2"Son of man, how is the wood of a vine different from that of a branch from any of the trees in the forest? 3Is wood ever taken from it to make anything useful? Do they make pegs from it to hang things on? 4And after it is thrown on the fire as fuel and the fire burns both ends and chars the middle, is it then useful for anything? 5If it was not useful for anything when it was whole, how much less can it be made into something useful when the fire has burned it and it is charred?

6"Therefore this is what the Sovereign LORD says: As I have given the wood of the vine among the trees of the forest as fuel for the fire, so will I treat the people living in Jerusalem. 7I will set my face against them. Although they have come out of the fire, the fire will yet consume them. And when I set my face against them, you will know that I am the LORD. 8I will make the land desolate because they have been unfaithful, declares the Sovereign LORD."

Jerusalem as an Adulterous Wife

16 1The word of the LORD came to me: 2"Son of man, confront Jerusalem with her detestable practices 3and say, 'This is what the Sovereign LORD says to Jerusalem: Your ancestry and birth were in the land of the Canaanites; your father was an Amorite and your mother a Hittite. 4On the day you were born your cord was not cut, nor were you washed with water to make you clean, nor were you rubbed with salt or wrapped in cloths. 5No one looked on you with pity or had compassion enough to do any of these things for you. Rather, you were thrown out into the open field, for on the day you were born you were despised.

6" 'Then I passed by and saw you kicking about in your blood, and as you lay there in your blood I said to you, "Live!"[u] 7I made you grow like a plant of the field. You grew and developed and entered puberty. Your breasts had formed and your hair had grown, yet you were stark naked.

8" 'Later I passed by, and when I looked at you and saw that you were old enough for love, I spread the corner of my garment over you and covered your naked body. I gave you my solemn oath and entered into a covenant with you, declares the Sovereign LORD, and you became mine.

9" 'I bathed you with water and washed the blood from you and put ointments on you. 10I clothed you

[u] **16:6** A few Hebrew manuscripts, Septuagint and Syriac; most Hebrew manuscripts repeat *and as you lay there in your blood I said to you, "Live!"*

n'est pas sans raison que j'aurai accompli tout ce que j'a rai fait contre cette ville. Le Seigneur, l'Eternel, le décla

Parabole du bois de vigne

15 1L'Eternel m'adressa la parole et me dit : 2Fils d'homme, en quoi le bois des ceps de v gne serait-il supérieur à tous les autres bois ? Le sarme vaudrait-il mieux que les autres arbres poussant dans forêt[u] ? 3Prendra-t-on de ce bois pour en fabriquer un o jet ? En fera-t-on une cheville pour suspendre un obje 4Non, il n'est bon qu'à être mis au feu pour être consum Quand le feu brûle les deux bouts, et que le milieu est flammes, peut-il servir à quelque chose ? 5Lorsqu'il éta intact, on ne pouvait déjà en faire aucun ouvrage, combi moins maintenant qu'il est tout consumé et brûlé par feu, en fabriquerait-on quelque chose ! 6C'est pourqu le Seigneur, l'Eternel, dit ceci : Comme je mets le feu au sarments de la vigne afin qu'il les consume, de préféren au bois de tous les autres arbres, je vais livrer au feu ce qui habitent la ville de Jérusalem. 7Je vais intervenir cont eux : ils sont sortis d'un feu pour entrer dans un autre q les consumera, et vous reconnaîtrez que je suis l'Etern lorsque je m'en prendrai à eux. 8De leur pays, je ferai u désert à cause de leurs rébellions. C'est là ce que décla le Seigneur, l'Eternel.

L'histoire des péchés d'Israël

16 1L'Eternel m'adressa la parole et me dit : 2Fils d'homme, fais connaître à Jérusalem s crimes abominables. 3Dis-lui : « Voici ce que le Seigne l'Eternel, déclare à Jérusalem : Par ton origine et ta na sance, tu appartiens à la terre des Cananéens ; ton pè était un Amoréen et ta mère une Hittite[v]. 4Au moment ta naissance, personne n'a coupé ton cordon ombilic personne ne t'a baignée dans l'eau pour te laver. Tu ne f ni frottée avec du sel[w], ni emmaillotée dans des lange 5Personne n'a jeté sur toi un regard de pitié pour te rend un seul de ces services et te témoigner de la compassio Au jour de ta naissance, on t'a prise en dégoût et tu as é jetée au milieu des champs[x].

6J'ai passé près de toi et je t'ai aperçue te débattant da ton sang. Alors je t'ai dit : Il faut que tu vives, même milieu de ton sang. [Oui, je t'ai dit : Il faut que tu vives milieu de ton sang[y].] 7Je t'ai fait croître comme l'her des champs ; tu as grandi et tu t'es développée, tu es de enue très très belle : ta poitrine s'est formée, tes poils o poussé, mais tu étais toujours complètement nue.

8Quand j'ai repassé près de toi et que je t'ai revue, je m suis aperçu que tu avais atteint l'âge de l'amour. Alors j' étendu sur toi le pan de mon manteau[z] et j'ai couvert nudité. Je t'ai prêté serment pour conclure une allian avec toi ; le Seigneur, l'Eternel, le déclare. C'est ainsi q tu es devenue mienne. 9Je t'ai lavée à grande eau po nettoyer le sang qui te couvrait, puis j'ai enduit ton cor

[u] **15.2** Sur Israël comparé à une vigne, voir Es 5.1-7 ; 27.2-5 ; Os 10.1 ; Ez 17.6-8 ; 19.10-14 ; Mt 21.33-46.

[v] **16.3** Voir Gn 10.15-17 ; Jos 15.63. Jérusalem était habitée par les Yebousiens avant d'être prise par les Israélites.

[w] **16.4** Pratique courante lors de la naissance des enfants.

[x] **16.5** La mise à mort des enfants indésirés était une pratique courant dans l'Antiquité.

[y] **16.6** Les mots entre crochets sont absents de quelques manuscrits hébreux, de l'ancienne version grecque et de la version syriaque.

[z] **16.8** Geste qui exprime l'engagement au mariage (cf. Dt 23.1 ; Rt 3.9).

ith an embroidered dress and put sandals of fine
ather on you. I dressed you in fine linen and cov-
ed you with costly garments. 11 I adorned you with
welry: I put bracelets on your arms and a necklace
ound your neck, 12 and I put a ring on your nose,
rrings on your ears and a beautiful crown on your
ead. 13 So you were adorned with gold and silver;
ur clothes were of fine linen and costly fabric and
nbroidered cloth. Your food was honey, olive oil and
e finest flour. You became very beautiful and rose
be a queen. 14 And your fame spread among the na-
ons on account of your beauty, because the splendor
had given you made your beauty perfect, declares
e Sovereign LORD.
15 " 'But you trusted in your beauty and used your
me to become a prostitute. You lavished your favors
anyone who passed by and your beauty became his.
You took some of your garments to make gaudy high
aces, where you carried on your prostitution. You
ent to him, and he possessed your beauty.[y] 17 You also
ok the fine jewelry I gave you, the jewelry made of
y gold and silver, and you made for yourself male
ols and engaged in prostitution with them. 18 And
u took your embroidered clothes to put on them,
d you offered my oil and incense before them. 19 Also
e food I provided for you – the flour, olive oil and
oney I gave you to eat – you offered as fragrant in-
nse before them. That is what happened, declares
e Sovereign LORD.
20 " 'And you took your sons and daughters whom
u bore to me and sacrificed them as food to the
ols. Was your prostitution not enough? 21 You slaugh-
red my children and sacrificed them to the idols.
In all your detestable practices and your prostitu-
on you did not remember the days of your youth,
hen you were naked and bare, kicking about in your
ood.
23 " 'Woe! Woe to you, declares the Sovereign LORD.
addition to all your other wickedness, 24 you built a
ound for yourself and made a lofty shrine in every
blic square. 25 At every street corner you built your
fty shrines and degraded your beauty, spreading
ur legs with increasing promiscuity to anyone
ho passed by. 26 You engaged in prostitution with
e Egyptians, your neighbors with large genitals,
d aroused my anger with your increasing promis-
ity. 27 So I stretched out my hand against you and
duced your territory; I gave you over to the greed
your enemies, the daughters of the Philistines, who
ere shocked by your lewd conduct. 28 You engaged
prostitution with the Assyrians too, because you
ere insatiable; and even after that, you still were
ot satisfied. 29 Then you increased your promiscuity
include Babylonia,[w] a land of merchants, but even
ith this you were not satisfied.

6:16 The meaning of the Hebrew for this sentence is uncertain.
16:29 Or *Chaldea*

d'huile parfumée. 10 Je t'ai habillée d'une robe brodée et
je t'ai chaussée de cuir fin. Je t'ai drapée dans du lin fin
et je t'ai couverte d'un manteau de soie. 11 Je t'ai parée de
bijoux : j'ai orné tes poignets de bracelets, et ton cou d'un
collier. 12 J'ai mis un anneau à ton nez et des boucles à tes
oreilles, j'ai posé sur ta tête un magnifique diadème. 13 Tu
étais parée d'or et d'argent, vêtue de fin lin, de soie et
d'étoffes précieuses brodées. Tu te nourrissais de la farine
la plus fine, de miel et d'huile. Tu es devenue extrêmement
belle et tu es parvenue à la dignité royale.
14 Ta renommée s'est répandue parmi les autres peuples
à cause de ta beauté qui était parfaite, grâce à la splendeur
dont je t'avais parée ; le Seigneur, l'Eternel, le déclare.

15 Mais tu t'es confiée en ta beauté, et tu as profité de ta
renommée pour te prostituer[a], tu as prodigué tes débauches à tous les passants, et tu t'es donnée à eux. 16 Tu as pris
certains de tes vêtements, tu les as cousus ensemble pour
orner tes hauts lieux et tu t'es prostituée dessus. Jamais
rien de tel ne s'était produit, jamais cela ne se reproduira.
17 Tu as pris tes magnifiques bijoux faits de mon or et de
mon argent que je t'avais donnés, tu en as fait des statues
d'hommes et tu t'es livrée avec elles à la prostitution. 18 Tu
as pris tes vêtements brodés pour couvrir tes idoles, et
tu leur as offert mon huile et mon encens. 19 Tu as placé
devant elles la nourriture que je t'avais donnée, la farine
la plus fine, l'huile et le miel dont je t'avais nourrie, tout
cela tu l'as présenté en offrandes d'odeur apaisante devant
elles. Voilà ce que tu as fait, le Seigneur, l'Eternel, le déclare. 20 Tu as même pris tes fils et tes filles que tu m'avais
enfantés, et tu les as offerts en sacrifice à ces images pour
qu'elles les dévorent, comme s'il n'était pas suffisant de te
livrer à la prostitution[b]. 21 Tu as égorgé mes fils et tu les as
offerts à ces idoles. 22 Et durant toutes ces années où tu te
livrais à des pratiques abominables et à la prostitution,
tu ne t'es pas souvenue du temps de ta jeunesse où tu te
débattais toute nue dans ton sang.
23 Ensuite, pour couronner toutes ces mauvaises actions
– malheur, malheur à toi, le Seigneur, l'Eternel, le déclare –
24 tu t'es construit un monticule et tu as aménagé des lieux
élevés sur toutes les places. 25 Tu les as dressés à chaque
carrefour, tu as fait de ta beauté un usage abominable
et tu t'es offerte à tous les passants, tu as multiplié tes
prostitutions. 26 Tu t'es prostituée avec les Egyptiens[c], tes
voisins au grand corps, et tu as multiplié tes prostitutions
pour m'irriter.
27 Alors je suis intervenu contre toi, je t'ai coupé les
vivres et je t'ai livrée au bon plaisir de tes ennemies, les
villes philistines, elles-mêmes indignées par ta conduite
infâme.
28 Mais tu étais insatiable ; tu t'es prostituée avec les
Assyriens. Et après t'être prostituée à eux, tu n'avais toujours pas satisfait tes envies. 29 Alors tu as multiplié tes
prostitutions dans le pays des marchands chaldéens[d],

[a] **16.15** L'idolâtrie est souvent comparée par les prophètes à la prostitution (Jr 3.2 ; 13.27 ; Os 2.4 ; 3.3 ; 5.4 ; Na 3.4 ; Es 1.21 ; 57.3). Les rites païens comprenaient souvent la prostitution sacrée.
[b] **16.20** Sur les sacrifices d'enfants à cette époque, voir 2 R 16.3 ; 17.17 ; 21.6 ; 23.10 ; Ez 20.31 ; Jr 3.24 ; 7.31 ; 19.5 ; 32.5. La Loi les prohibait : Lv 18.21 ; Dt 18.10.
[c] **16.26** Allusion à l'alliance avec l'Egypte condamnée par les prophètes (Es 30.1 ; Os 7.11 ; 12.2) comme un manque de foi en Dieu. Ces alliances étaient également liées à des échanges religieux.
[d] **16.29** Recherche des alliances avec les Assyriens et les Chaldéens.

30 " 'I am filled with fury against you,[x] declares the Sovereign LORD, when you do all these things, acting like a brazen prostitute! 31 When you built your mounds at every street corner and made your lofty shrines in every public square, you were unlike a prostitute, because you scorned payment.

32 " 'You adulterous wife! You prefer strangers to your own husband! 33 All prostitutes receive gifts, but you give gifts to all your lovers, bribing them to come to you from everywhere for your illicit favors. 34 So in your prostitution you are the opposite of others; no one runs after you for your favors. You are the very opposite, for you give payment and none is given to you.

35 " 'Therefore, you prostitute, hear the word of the LORD! 36 This is what the Sovereign LORD says: Because you poured out your lust and exposed your naked body in your promiscuity with your lovers, and because of all your detestable idols, and because you gave them your children's blood, 37 therefore I am going to gather all your lovers, with whom you found pleasure, those you loved as well as those you hated. I will gather them against you from all around and will strip you in front of them, and they will see you stark naked. 38 I will sentence you to the punishment of women who commit adultery and who shed blood; I will bring on you the blood vengeance of my wrath and jealous anger. 39 Then I will deliver you into the hands of your lovers, and they will tear down your mounds and destroy your lofty shrines. They will strip you of your clothes and take your fine jewelry and leave you stark naked. 40 They will bring a mob against you, who will stone you and hack you to pieces with their swords. 41 They will burn down your houses and inflict punishment on you in the sight of many women. I will put a stop to your prostitution, and you will no longer pay your lovers. 42 Then my wrath against you will subside and my jealous anger will turn away from you; I will be calm and no longer angry.

43 " 'Because you did not remember the days of your youth but enraged me with all these things, I will surely bring down on your head what you have done, declares the Sovereign LORD. Did you not add lewdness to all your other detestable practices?

44 " 'Everyone who quotes proverbs will quote this proverb about you: "Like mother, like daughter." 45 You are a true daughter of your mother, who despised her husband and her children; and you are a true sister of your sisters, who despised their husbands and their children. Your mother was a Hittite and your father an Amorite. 46 Your older sister was Samaria, who lived to the north of you with her daughters; and your younger sister, who lived to the south of you with her

[x] **16:30** Or *How feverish is your heart,*

mais avec ceux-là non plus, tu n'as pas assouvi tes dési
30 Oh, combien tu es faible de caractère[e], pour avoir comm
toutes ces choses comme la plus experte des prostitué
le Seigneur, l'Eternel, le déclare.
31 Quand tu bâtissais tes monticules à chaque carrefou
et que tu dressais tes lieux élevés sur toutes les place
tu n'agissais même pas comme une prostituée ordinai
car toi tu méprisais le salaire. 32 Tu as été comme u
femme adultère qui accueille d'autres hommes à la pla
de son mari. 33 En effet, toutes les prostituées reçoive
des présents, mais toi, tu as fait des cadeaux à tous t
amants, tu les as achetés pour qu'ils viennent de parto
se livrer à la prostitution avec toi[f]. 34 Dans ta prostitutio
tu as fait le contraire des autres femmes ; toi, tu n'éta
même pas sollicitée et c'est toi qui payais tes amants
lieu de recevoir d'eux des présents.

Le salaire du péché

35 C'est pourquoi, prostituée, écoute la parole de l'Ete
nel : 36 Voici ce que déclare le Seigneur, l'Eternel : Puisq
tes trésors ont été dilapidés[g] et que tu as découvert ta n
dité au cours de tes prostitutions avec tes amants et av
toutes tes abominables idoles, puisque tu leur as offe
en sacrifice le sang de tes enfants, 37 à cause de cela,
vais rassembler tous tes amants auxquels tu t'es offert
tous ceux que tu as aimés, auxquels je joindrai tous ce
que tu as haïs, je les rassemblerai de tous côtés cont
toi, je découvrirai ta nudité[h] devant eux pour qu'ils
voient tout entière. 38 Je te condamnerai au châtiment d
femmes adultères et de celles qui ont commis un meurtr
dans ma fureur et ma vive indignation, je te le ferai pay
de ton sang. 39 Je te livrerai au pouvoir de tes amants,
raseront ton monticule et démoliront tes lieux élevés,
t'arracheront tes vêtements et s'empareront de tes ma
nifiques bijoux. Ils te laisseront complètement nue. 40
ameuteront la populace contre toi, ils te lapideront et
transperceront de leurs épées. 41 Ils brûleront tes maiso
et, sous les yeux de nombreuses femmes[i], ils exécuteront
sentence contre toi. Je mettrai ainsi un terme à tes pro
titutions : désormais, tu n'offriras plus de cadeaux à t
amants. 42 J'assouvirai ma colère contre toi, et la fure
de mon amour bafoué se détournera de toi ; je garderai
silence et je ne m'irriterai plus. 43 Tu ne t'es pas souven
du temps de ta jeunesse et tu t'es enragée contre moi po
commettre toutes ces choses. C'est pourquoi, à mon tour,
ferai retomber sur toi ton inconduite, le Seigneur, l'Etern
le déclare. N'as-tu pas couronné d'obscénités tes act
abominables ?
44 Voici : tous ceux qui aiment citer des proverbes t'app
queront le dicton : "Telle mère, telle fille !" 45 Tu es bien
fille de ta mère qui a pris en dégoût son mari et ses enfan
et tu es bien la sœur de tes sœurs qui ont pris en aversi
leurs maris et leurs enfants. Votre mère était une Hittite
votre père un Amoréen. 46 Ta sœur aînée qui habite au no
de toi, c'est Samarie avec ses cités-filles : et ta petite sœ
qui demeure au sud de toi, c'est Sodome avec ses filles.

[e] **16.30** Autre traduction : *corrompue.*
[f] **16.33** Voir par exemple 2 R 15.19-20 ; 16.8.
[g] **16.36** Autre traduction : *tu as exhibé ton sexe.*
[h] **16.37** Voir v. 7.
[i] **16.38** Dont la punition était la mort (Lv 20.10 ; Dt 22.22).
[j] **16.41** Les peuples voisins.

ughters, was Sodom. 47 You not only followed their
ays and copied their detestable practices, but in all
ur ways you soon became more depraved than they.
As surely as I live, declares the Sovereign LORD, your
ster Sodom and her daughters never did what you
d your daughters have done.
49 " 'Now this was the sin of your sister Sodom:
e and her daughters were arrogant, overfed and
concerned; they did not help the poor and needy.
They were haughty and did detestable things be-
re me. Therefore I did away with them as you have
en. 51 Samaria did not commit half the sins you did.
u have done more detestable things than they, and
ve made your sisters seem righteous by all these
ings you have done. 52 Bear your disgrace, for you
ve furnished some justification for your sisters.
cause your sins were more vile than theirs, they
pear more righteous than you. So then, be ashamed
d bear your disgrace, for you have made your sisters
pear righteous.
53 " 'However, I will restore the fortunes of Sodom
d her daughters and of Samaria and her daugh-
rs, and your fortunes along with them, 54 so that
u may bear your disgrace and be ashamed of all
u have done in giving them comfort. 55 And your
ters, Sodom with her daughters and Samaria with
r daughters, will return to what they were before;
d you and your daughters will return to what you
re before. 56 You would not even mention your sister
dom in the day of your pride, 57 before your wick-
ness was uncovered. Even so, you are now scorned
the daughters of Edom[y] and all her neighbors and
e daughters of the Philistines – all those around you
o despise you. 58 You will bear the consequences of
ur lewdness and your detestable practices, declares
e LORD.

59 " 'This is what the Sovereign LORD says: I will deal
th you as you deserve, because you have despised
oath by breaking the covenant. 60 Yet I will remem-
r the covenant I made with you in the days of your
uth, and I will establish an everlasting covenant
th you. 61 Then you will remember your ways and
ashamed when you receive your sisters, both those
o are older than you and those who are younger.
ill give them to you as daughters, but not on the
sis of my covenant with you. 62 So I will establish
covenant with you, and you will know that I am
e LORD. 63 Then, when I make atonement for you for
you have done, you will remember and be ashamed
d never again open your mouth because of your
miliation, declares the Sovereign LORD.' "

vo Eagles and a Vine

7 1 The word of the LORD came to me: 2 "Son of
man, set forth an allegory and tell it to the
aelites as a parable. 3 Say to them, 'This is what

6:57 Many Hebrew manuscripts and Syriac; most Hebrew manu-
ipts, Septuagint and Vulgate *Aram*

47 Tu ne t'es pas contentée de suivre un peu leur chemin et d'imiter un peu leurs pratiques abominables, mais
tu t'es montrée bien pire qu'elles dans toute ta conduite.
48 Aussi vrai que je suis vivant, le Seigneur, l'Eternel, le
déclare : Sodome, ta sœur, et ses filles, n'ont jamais agi
aussi mal que toi et tes filles. 49 Voici quel était le crime
de Sodome, ta sœur : elle et ses filles étaient devenues
orgueilleuses parce qu'elles vivaient dans l'abondance et
dans une tranquille insouciance. Elles n'ont offert aucun
soutien aux pauvres et aux nécessiteux. 50 Elles sont devenues hautaines et se sont mises à commettre sous mes
yeux des actes abominables. C'est pourquoi je les ai fait
disparaître comme tu l'as vu. 51 Quant à Samarie, elle n'a
pas commis la moitié de tes péchés et tu as accumulé plus
d'actions abominables qu'elle, en sorte que, au vu de tous
tes actes abominables, tu as fait paraître tes sœurs justes.
52 Maintenant, ton tour est venu de porter la honte, toi
qui condamnais tes sœurs, et qui[k], par les péchés que tu
as commis et qui sont bien plus abominables que les leurs,
as fait paraître tes sœurs plus justes que toi. Oui, honte à
toi ! A ton tour de porter l'opprobre, puisque ta conduite a
fait paraître tes sœurs justes. 53 Aussi je les restaurerai ; je
restaurerai Sodome et ses filles, et je restaurerai Samarie
et ses filles, et toi, je te restaurerai au milieu d'elles 54 pour
que tu sois couverte de honte et chargée d'opprobre pour
tout ce que tu as fait et qui a été pour eux un sujet de consolation. 55 Ta sœur Sodome et ses filles seront rétablies
dans leur état d'autrefois. Samarie et ses filles seront
rétablies dans leur état d'autrefois. Toi aussi et tes filles,
vous serez rétablies dans votre état d'autrefois. 56 Ta sœur
Sodome ne sera plus l'objet de tes sarcasmes comme au
temps où tu étais orgueilleuse, 57 avant que ta perversité
fût mise à nu. Maintenant, c'est ton tour d'être déshonorée
par les filles de la Syrie[l] et toutes celles qui l'entourent,
par les filles des Philistins qui te méprisent tout autour de
toi. 58 Tu portes à présent le poids de tes crimes infâmes et
des abominations que tu as commises, l'Eternel le déclare.
59 Car voici ce que déclare le Seigneur, l'Eternel : J'agirai
envers toi comme tu as toi-même agi : tu as fait peu de cas
du serment et tu as violé l'alliance. 60 Cependant moi, je
me souviendrai de l'alliance que j'ai conclue avec toi au
temps de ta jeunesse, et j'établirai avec toi une alliance
éternelle. 61 De ton côté, tu te souviendras de ta conduite et
tu en auras honte, quand tu accueilleras auprès de toi tes
sœurs aînées et cadettes, et je te les donnerai pour filles,
sans que cela soit inscrit dans mon alliance avec toi. 62 Et
j'établirai mon alliance avec toi et tu reconnaîtras que
je suis l'Eternel. 63 Alors tu te souviendras de ta conduite
passée et tu seras saisie de honte, tu seras si confuse que
tu n'oseras plus ouvrir la bouche lorsque je te pardonnerai
tout ce que tu as fait. Le Seigneur, l'Eternel, le déclare. »

Le grand aigle et la vigne

17 1 L'Eternel m'adressa la parole et me dit :
2 Fils d'homme, propose une énigme, raconte
une parabole à la communauté d'Israël. 3 Dis-leur : « Voici
ce que déclare le Seigneur, l'Eternel :

k 16.52 Autre traduction : *à ton tour de porter la honte : tu as réhabilité tes sœurs, toi qui ...*
l 16.57 *de la Syrie:* selon le texte hébreu traditionnel. Certains manuscrits hébreux et la version syriaque ont : *d'Edom.* La différence est due à la confusion entre deux lettres hébraïques très ressemblantes.

the Sovereign LORD says: A great eagle with powerful
wings, long feathers and full plumage of varied colors
came to Lebanon. Taking hold of the top of a cedar,
4 he broke off its topmost shoot and carried it away
to a land of merchants, where he planted it in a city
of traders.

5 " 'He took one of the seedlings of the land and
put it in fertile soil. He planted it like a willow by
abundant water, 6 and it sprouted and became a low,
spreading vine. Its branches turned toward him, but
its roots remained under it. So it became a vine and
produced branches and put out leafy boughs.

7 " 'But there was another great eagle with powerful
wings and full plumage. The vine now sent out its
roots toward him from the plot where it was planted
and stretched out its branches to him for water. 8 It
had been planted in good soil by abundant water so
that it would produce branches, bear fruit and become
a splendid vine.'

9 "Say to them, 'This is what the Sovereign LORD says:
Will it thrive? Will it not be uprooted and stripped
of its fruit so that it withers? All its new growth will
wither. It will not take a strong arm or many people
to pull it up by the roots. 10 It has been planted, but

Le grand aigle survint.
Ses ailes étaient grandes,
son envergure était très large,
il était couvert d'un plumage
épais,
multicolore.
L'aigle se rendit au Liban
et saisit la cime d'un cèdre[m],
4 puis arracha son rameau[n] le plus élevé.
Il l'emporta dans un pays de commerçants,
et il le déposa dans une ville de marchands.
5 Puis il prit un plant[o] du pays
et le planta dans une pépinière.
Il le mit comme un saule
près des eaux abondantes.
6 Le plant poussa
et il devint un cep de vigne
étendant ses sarments, mais il était de taille bien
modeste ;
ses sarments se tournaient vers l'aigle
et ses racines restaient sous lui.
Il se développa,
produisit des rameaux
et poussa des sarments.
7 Puis survint un autre grand aigle[p]
aux larges ailes,
au plumage abondant.
Et voici que la vigne,
du champ où elle était plantée,
étendit vers lui ses racines
et tendit ses sarments de son côté,
pour se faire arroser par lui.
8 Or elle avait été plantée
dans un bon champ,
près des eaux abondantes
où elle poussait des rameaux
et produisait du fruit
et où elle était devenue une superbe vigne.
9 Dis-leur : "Voici ce que déclare
le Seigneur, l'Eternel.
Va-t-elle prospérer ?
Le premier aigle
ne va-t-il pas
arracher ses racines,
et la dépouiller de ses fruits
pour les laisser sécher ?
Alors toutes les jeunes pousses
se flétriront.
Il ne faudra ni grands efforts
ni une armée nombreuse
pour la déraciner complètement.
10 Voici : elle était bien plantée,
mais pourra-t-elle prospérer ?
Dès que le vent d'orient
se mettra à souffler sur elle,

m 17.3 Pour l'explication de la parabole, voir v. 12ss *L'aigle* désigne Nabuchodonosor, roi de Babylone (v. 12), le *Liban* est mentionné ici pa qu'il y avait beaucoup de cèdres dans ce pays, le *cèdre* représente la dynastie davidique.

n 17.4 Le *rameau* est Yehoyakîn, emmené en exil à Babylone (v. 12).

o 17.5 Le *plant* désigne Sédécias, que Nabuchodonosor a établi roi à Jérusalem (v. 13).

p 17.7 *L'autre grand aigle:* le pharaon Hophra avec lequel Sédécias a che ché à s'allier (v. 15).

ll it thrive? Will it not wither completely when the
st wind strikes it – wither away in the plot where
grew?' "

[11] Then the word of the LORD came to me: [12] "Say to
s rebellious people, 'Do you not know what these
ngs mean?' Say to them: 'The king of Babylon went
Jerusalem and carried off her king and her nobles,
nging them back with him to Babylon. [13] Then he
ok a member of the royal family and made a treaty
th him, putting him under oath. He also carried
ay the leading men of the land, [14] so that the king-
m would be brought low, unable to rise again,
rviving only by keeping his treaty. [15] But the king
belled against him by sending his envoys to Egypt
get horses and a large army. Will he succeed? Will
who does such things escape? Will he break the
aty and yet escape?
[16] " 'As surely as I live, declares the Sovereign LORD,
shall die in Babylon, in the land of the king who put
n on the throne, whose oath he despised and whose
aty he broke. [17] Pharaoh with his mighty army and
eat horde will be of no help to him in war, when
mps are built and siege works erected to destroy
any lives. [18] He despised the oath by breaking the
venant. Because he had given his hand in pledge and
t did all these things, he shall not escape.

[19] " 'Therefore this is what the Sovereign LORD says:
surely as I live, I will repay him for despising my
th and breaking my covenant. [20] I will spread my
t for him, and he will be caught in my snare. I will
ng him to Babylon and execute judgment on him
ere because he was unfaithful to me. [21] All his choice
oops will fall by the sword, and the survivors will
scattered to the winds. Then you will know that I
e LORD have spoken.

[22] " 'This is what the Sovereign LORD says: I myself
ll take a shoot from the very top of a cedar and
nt it; I will break off a tender sprig from its top-
st shoots and plant it on a high and lofty mountain.
On the mountain heights of Israel I will plant it; it
ll produce branches and bear fruit and become a
endid cedar. Birds of every kind will nest in it; they
ll find shelter in the shade of its branches. [24] All
e trees of the forest will know that I the LORD bring
wn the tall tree and make the low tree grow tall. I
y up the green tree and make the dry tree flourish.
' 'I the LORD have spoken, and I will do it.' "

e One Who Sins Will Die

8 [1] The word of the LORD came to me: [2] "What
do you people mean by quoting this proverb
out the land of Israel:
" 'The parents eat sour grapes,

ne se dessèchera-t-elle pas pleinement ?
Oui, sur le terrain même
où elle avait poussé,
elle desséchera." »

Le sens de la parabole

[11] Alors l'Eternel m'adressa la parole et me dit :
[12] Demande, je te prie, à cette communauté rebelle si
elle comprend ce que tout cela signifie. Dis-lui : « Le roi
de Babylone est allé à Jérusalem, il a capturé son roi et les
chefs de la ville, et les a emmenés chez lui à Babylone[q]. [13] Il
a pris un rejeton de la race royale, il a conclu une alliance
avec lui en lui faisant prêter serment. Il a emmené les
notables du pays, [14] pour que le royaume demeure dans
l'abaissement, incapable de se relever, et qu'il reste fidèle
à son alliance pour subsister. [15] Mais celui-ci s'est révolté
contre le roi de Babylone, il a envoyé des messagers en
Egypte pour qu'elle lui procure des chevaux et un grand
nombre de soldats. Réussira-t-il ? Celui qui agit de la sorte
s'en sortira-t-il ? Il a rompu l'alliance, et il s'en tirerait ?
[16] Aussi vrai que je suis vivant, le Seigneur, l'Eternel, le déclare, il mourra dans la ville du roi qui l'a appelé à régner,
car il a violé son serment et il a rompu l'alliance conclue
avec lui. Il mourra au milieu de Babylone. [17] Malgré sa forte
armée et la multitude de ses troupes, le pharaon ne pourra
rien pour lui au moment du combat, quand les Babyloniens
élèveront des terrasses de siège et construiront des terrassements pour faire périr beaucoup de gens. [18] Il n'a pas
respecté le serment, il a violé l'alliance, et pourtant, il
avait bien pris un engagement. Après avoir agi ainsi, il
n'en réchappera pas.
[19] C'est pourquoi, voici ce que déclare le Seigneur, l'Eternel : Aussi vrai que je suis vivant, parce qu'il a méprisé le
serment prêté en mon nom et qu'il a violé mon alliance,
je le lui ferai payer. [20] Je vais étendre mon filet sur lui et il
sera pris dans mes mailles. Je le ferai emmener à Babylone,
et là, je le ferai passer en jugement pour la trahison dont
il s'est rendu coupable à mon égard. [21] Ses troupes en fuite
tomberont sous l'épée, et ceux qui en réchapperont seront
dispersés à tout vent. Ainsi vous reconnaîtrez que moi,
l'Eternel, j'ai parlé.
[22] Voici ce que déclare le Seigneur, l'Eternel : Je prendrai
moi-même un rameau tendre de la cime du cèdre élevé et je
le mettrai en terre. Je couperai un tendre rejeton du haut
de ses branches et je le planterai moi-même sur une très
haute montagne. [23] Je le planterai sur une montagne élevée
d'Israël ; il étendra ses branches et portera du fruit, et il
deviendra un cèdre magnifique ; toutes sortes d'oiseaux
habiteront dans sa ramure et viendront nicher à l'ombre
de ses branches.
[24] Alors tous les arbres de la campagne reconnaîtront
que moi, je suis l'Eternel, qui abaisse l'arbre élevé et qui
élève celui qui était abaissé, qui fais sécher l'arbre vert
et reverdir l'arbre sec. Moi, l'Eternel, je le déclare et je
le ferai. »

La responsabilité individuelle

18 [1] L'Eternel m'adressa la parole et me dit[r] :
[2] Qu'avez-vous à répéter ce proverbe dans le
pays d'Israël : « Les pères ont mangé des raisins verts,

q **17.12** Pour les v. 12-15, voir 2 R 24.8 à 25.7 ; 2 Ch 36.9-20.
r **18.1** Pour les v. 1-20, voir14.12-20 ; Jr 31.29-30 et Dt 7.10 ; 24.16.

and the children's teeth are set on edge'?
[3]"As surely as I live, declares the Sovereign LORD,
you will no longer quote this proverb in Israel. [4]For
everyone belongs to me, the parent as well as the
child – both alike belong to me. The one who sins is
the one who will die.

[5] "Suppose there is a righteous man
who does what is just and right.
[6] He does not eat at the mountain shrines
or look to the idols of Israel.
He does not defile his neighbor's wife
or have sexual relations with a woman
during her period.
[7] He does not oppress anyone,
but returns what he took in pledge for a loan.
He does not commit robbery
but gives his food to the hungry
and provides clothing for the naked.
[8] He does not lend to them at interest
or take a profit from them.
He withholds his hand from doing wrong
and judges fairly between two parties.
[9] He follows my decrees
and faithfully keeps my laws.
That man is righteous;
he will surely live,
declares the Sovereign LORD.

[10]"Suppose he has a violent son, who sheds blood or
does any of these other things[z] [11](though the father
has done none of them):
"He eats at the mountain shrines.
He defiles his neighbor's wife.
[12] He oppresses the poor and needy.
He commits robbery.
He does not return what he took in pledge.
He looks to the idols.
He does detestable things.
[13] He lends at interest and takes a profit.
Will such a man live? He will not! Because he has done
all these detestable things, he is to be put to death;
his blood will be on his own head.

[14]"But suppose this son has a son who sees all the
sins his father commits, and though he sees them, he
does not do such things:
[15] "He does not eat at the mountain shrines
or look to the idols of Israel.
He does not defile his neighbor's wife.
[16] He does not oppress anyone
or require a pledge for a loan.
He does not commit robbery
but gives his food to the hungry
and provides clothing for the naked.
[17] He withholds his hand from mistreating the
poor
and takes no interest or profit from them.
He keeps my laws and follows my decrees.
He will not die for his father's sin; he will surely live.
[18]But his father will die for his own sin, because he
practiced extortion, robbed his brother and did what
was wrong among his people.

[z] **18:10** Or *things to a brother*

mais ce sont les dents des enfants qui en sont agacées »
[3]Aussi vrai que je suis vivant, le Seigneur, l'Eternel,
déclare, vous n'aurez plus lieu de répéter ce proverbe
Israël. [4]Voici : toute personne m'appartient, les fils com
les pères m'appartiennent. Eh bien, c'est la personne q
pèche qui mourra.
[5]Soit un homme qui est juste et qui agit avec droiture
selon la justice. [6]Il ne participe pas aux repas de sacrifi
sur les montagnes et ne tourne pas les regards vers l
idoles de la communauté d'Israël, il ne déshonore pas
femme d'autrui et n'a pas de relations avec une femm
quand elle est indisposée. [7]Il n'exploite personne, il re
titue son gage à celui qui lui a emprunté de l'argent, il
commet pas de vol, il donne son pain à celui qui a fai
et des vêtements à celui qui n'en a pas. [8]Il ne prête pa
un taux usuraire et ne retient pas d'intérêts, il évite
commettre l'injustice et, s'il doit arbitrer entre un ho
me et un autre, il rend un jugement selon la vérité. [9]Il
en accord avec mes lois et obéit à mes commandemen
pour agir loyalement. Un tel homme est juste et il viv
le Seigneur, l'Eternel, le déclare.

[10]Mais si cet homme a un fils qui est un brigand,
criminel, et qui est coupable de l'un de ces actes, [11]alc
que son père n'en a commis aucun : il participe aux rep
sacrificiels sur les montagnes, ou il déshonore la fem
d'autrui, [12]ou il exploite les pauvres et les démunis, il co
met des vols, ne rend pas les gages reçus, ou il porte
regards sur les idoles et prend part à des rites abomir
bles. [13]Ou encore, il prête à un taux usuraire et retient d
intérêts. Ce fils-là vivrait-il ? Non, vous dis-je, il ne viv
pas. Puisqu'il a commis toutes ces choses abominables
mourra et il sera seul responsable de sa mort.

[14]Si maintenant cet homme a un fils qui est témoin
toutes les fautes commises par son père. Bien qu'il ait
ces fautes, ce fils ne les a pas imitées. [15]Il ne participe p
aux repas de sacrifice sur les montagnes, il ne porte p
ses regards sur les idoles de la communauté d'Israël, il
déshonore pas la femme d'autrui. [16]Il n'exploite person
ne retient pas de gage, ne commet pas de vol, mais il don
son pain à celui qui a faim et des vêtements à celui qui n'
a pas. [17]Il ne fait pas de tort au pauvre[s], ne prête pas à
taux usuraire, ni ne retient des intérêts. Il applique m
lois et vit selon mes commandements. Eh bien, ce fils-là
mourra pas pour les fautes de son père : il vivra. [18]C'est s
père, qui a opprimé autrui, qui a volé son prochain et
pas bien agi au milieu de son peuple, c'est lui qui mour
pour ses propres fautes.

[s] **18.17** D'après le texte hébreu traditionnel. L'ancienne version grecqu
a : *il ne commet pas d'injustice.*

19 "Yet you ask, 'Why does the son not share the
ilt of his father?' Since the son has done what is
st and right and has been careful to keep all my
crees, he will surely live. 20 The one who sins is the
e who will die. The child will not share the guilt
the parent, nor will the parent share the guilt of
e child. The righteousness of the righteous will be
edited to them, and the wickedness of the wicked
ll be charged against them.
21 "But if a wicked person turns away from all the
ns they have committed and keeps all my decrees
d does what is just and right, that person will surely
e; they will not die. 22 None of the offenses they have
mmitted will be remembered against them. Because
the righteous things they have done, they will live.
Do I take any pleasure in the death of the wicked?
clares the Sovereign LORD. Rather, am I not pleased
en they turn from their ways and live?
24 "But if a righteous person turns from their
ghteousness and commits sin and does the same
testable things the wicked person does, will they
e? None of the righteous things that person has
ne will be remembered. Because of the unfaithful-
ss they are guilty of and because of the sins they
ve committed, they will die.
25 "Yet you say, 'The way of the Lord is not just.' Hear,
u Israelites: Is my way unjust? Is it not your ways
at are unjust? 26 If a righteous person turns from
eir righteousness and commits sin, they will die
r it; because of the sin they have committed they
ll die. 27 But if a wicked person turns away from
e wickedness they have committed and does what
just and right, they will save their life. 28 Because
ey consider all the offenses they have committed
d turn away from them, that person will surely live;
ey will not die. 29 Yet the Israelites say, 'The way of
e Lord is not just.' Are my ways unjust, people of
ael? Is it not your ways that are unjust?
30 "Therefore, you Israelites, I will judge each of you
cording to your own ways, declares the Sovereign
RD. Repent! Turn away from all your offenses; then
n will not be your downfall. 31 Rid yourselves of all
e offenses you have committed, and get a new heart
d a new spirit. Why will you die, people of Israel?
For I take no pleasure in the death of anyone, de-
ares the Sovereign LORD. Repent and live!

Lament Over Israel's Princes

19 1 "Take up a lament concerning the princes
of Israel 2 and say:

"'What a lioness was your mother
among the lions!
She lay down among them
and reared her cubs.
3 She brought up one of her cubs,
and he became a strong lion.
He learned to tear the prey

19 Vous demandez : Pourquoi le fils ne paie-t-il pas pour
les fautes de son père ? Eh bien : Parce que le fils a agi
avec droiture et selon la justice, parce qu'il a obéi à tous
mes commandements et les a appliqués, il vivra. 20 C'est la
personne qui pèche qui mourra et le fils ne sera pas tenu
pour responsable de la faute de son père, ni le père tenu
pour responsable de la faute de son fils. A celui qui est
juste, sa droiture sera portée à son compte, et l'on portera
au compte du méchant sa méchanceté.
21 Si le méchant se détourne de toutes les fautes qu'il a
commises, s'il obéit à tous mes commandements et agit
avec droiture et selon la justice, il ne mourra pas, il vivra.
22 Parce qu'il mène à présent une vie juste, on ne tiendra plus compte de tous les péchés qu'il a commis, et il
vivra. 23 Pensez-vous que je prenne le moindre plaisir à
voir mourir le méchant ? demande le Seigneur, l'Eternel.
Mon désir n'est-il pas plutôt qu'il abandonne sa mauvaise
conduite et qu'il vive ? 24 Mais si le juste abandonne sa
droiture et se met à faire le mal, en imitant toutes les
pratiques abominables du méchant, pensez-vous qu'il
vivra ? On ne tiendra plus compte de tous les actes justes
qu'il a accomplis par le passé et il mourra à cause de ses
transgressions et de ses fautes.

25 Vous prétendez : « La manière d'agir du Seigneur
n'est pas équitable. » Ecoutez donc, gens d'Israël, est-ce
ma manière d'agir qui n'est pas équitable ? N'est-ce pas
plutôt la vôtre ? 26 Si le juste abandonne la droiture et se
met à faire le mal et s'il meurt pour cela, c'est bien à cause
du mal qu'il a commis qu'il perd la vie. 27 Et si le méchant
renonce à la méchanceté avec laquelle il a agi pour vivre
désormais dans la droiture et selon la justice, il sauvera sa
vie. 28 S'il considère tous les péchés qu'il a commis et s'en
détourne, il vivra, il ne mourra pas. 29 Et pourtant, les gens
d'Israël prétendent que la manière d'agir du Seigneur n'est
pas équitable. Est-ce vraiment ma manière d'agir qui n'est
pas équitable, gens d'Israël ? N'est-ce pas plutôt la vôtre ?
30 Ainsi donc, je jugerai chacun de vous, gens d'Israël,
selon sa conduite, le Seigneur, l'Eternel, le déclare. Changez
donc d'attitude et détournez-vous de tous vos péchés,
pour que vos fautes ne causent pas votre perte. 31 Rejetez
loin de vous tous les péchés que vous avez commis contre moi. Faites-vous un cœur nouveau et un état d'esprit
nouveau, car pourquoi faudrait-il que vous mouriez, gens
d'Israël ? 32 Vraiment, moi, je ne prends aucun plaisir à voir
mourir qui que ce soit, le Seigneur, l'Eternel, le déclare.
Convertissez-vous et vivez !

La complainte sur les princes d'Israël

19 1 Et toi, entonne une complainte sur les princes
d'Israël, et dis :

2 « Ah ! Quelle lionne[t] était ta mère,
parmi les lions !
Elle était étendue au milieu des lionceaux
et elle élevait ses petits.
3 La lionne donna la prééminence à l'un d'entre eux.
Il devint un jeune lion[u]
et il apprit à déchirer sa proie ;

[t] **19.2** La *lionne* peut représenter la dynastie royale, ou bien Juda (voir Gn 49.9), ou encore Jérusalem.
[u] **19.3** Le *jeune lion* représente Yoahaz, emmené en Egypte par le pharaon Néko (v. 4 ; 2 R 23.31-34).

and he became a man-eater.
4 The nations heard about him,
and he was trapped in their pit.
They led him with hooks
to the land of Egypt.
5 " 'When she saw her hope unfulfilled,
her expectation gone,
she took another of her cubs
and made him a strong lion.

6 He prowled among the lions,
for he was now a strong lion.
He learned to tear the prey
and he became a man-eater.
7 He broke down[a] their strongholds
and devastated their towns.
The land and all who were in it
were terrified by his roaring.

8 Then the nations came against him,
those from regions round about.
They spread their net for him,
and he was trapped in their pit.
9 With hooks they pulled him into a cage
and brought him to the king of Babylon.
They put him in prison,
so his roar was heard no longer
on the mountains of Israel.

10 " 'Your mother was like a vine in your
vineyard[b]
planted by the water;
it was fruitful and full of branches
because of abundant water.
11 Its branches were strong,
fit for a ruler's scepter.
It towered high
above the thick foliage,
conspicuous for its height
and for its many branches.
12 But it was uprooted in fury
and thrown to the ground.
The east wind made it shrivel,
it was stripped of its fruit;
its strong branches withered
and fire consumed them.
13 Now it is planted in the desert,
in a dry and thirsty land.
14 Fire spread from one of its main[c] branches
and consumed its fruit.
No strong branch is left on it
fit for a ruler's scepter.'
This is a lament and is to be used as a lament."

a 19:7 Targum (see Septuagint); Hebrew *He knew*
b 19:10 Two Hebrew manuscripts; most Hebrew manuscripts *your blood*
c 19:14 Or *from under its*

il dévora des hommes.
4 Des peuples étrangers ont entendu parler de lui,
il fut pris dans leur fosse
et on l'emmena en Egypte,
avec des crochets aux narines.
5 Quand la lionne se rendit compte
que son attente était déçue
et qu'il n'y avait plus d'espoir,
elle prit un autre de ses lionceaux
et elle en fit un jeune lion[v].
6 Il se mit à rôder avec les autres lions,
il devint un jeune lion
et il apprit à déchirer sa proie ;
il dévora des hommes.
7 Il ruina leurs palais[w]
et détruisit leurs villes,
le pays tout entier et tous ses habitants furent
terrorisés
à son rugissement.
8 Cependant les nations des pays d'alentour
s'opposèrent à lui,
elles tendirent leurs filets sur lui :
il fut pris dans leur fosse.
9 Puis on le mit en cage, des crochets aux narines,
et on le conduisit au roi de Babylone,
et on l'emprisonna dans une forteresse
pour qu'on n'entende plus tous ses rugissements
sur les monts d'Israël.

La complainte de la vigne

10 Ta mère ressemblait à une vigne[x]
plantée au bord de l'eau.
Elle donnait du fruit et poussait du feuillage,
grâce à l'eau abondante.
11 Il lui poussa des branches qui étaient vigoureuses
et devinrent des sceptres de souverains.
Sa taille s'éleva entre l'épais feuillage,
elle frappait la vue par sa grandeur
et ses nombreux sarments.
12 Mais elle a été arrachée avec fureur,
on l'a jetée par terre.
Le vent d'orient[y] a desséché ses fruits qui sont
tombés,
ses rameaux vigoureux se sont flétris,
le feu les a brûlés.
13 La voici maintenant transplantée au désert
dans une terre aride, sur un sol desséché.
14 Un feu a jailli de ses branches,
a dévoré ses sarments et ses fruits.
Il ne lui reste plus de rameaux vigoureux :
plus de sceptre royal,
c'est là une complainte, à chanter comme telle. »

v 19.5 L'*autre lionceau* représente soit Yehoyakîn soit Sédécias qui fure
tous deux déportés à Babylone (v. 9 ; voir 2 R 24.15 ; 25.7).
w 19.7 D'après le targoum. Le texte hébreu traditionnel a : *il coucha ave
ses veuves.*
x 19.10 Le texte hébreu traditionnel a : *était comme une vigne dans ton s*
peut-être « dans sa sève ». Deux manuscrits hébreux ont : *était comme
vigne de ton vignoble.* Pour l'image de la vigne, voir 15.2 et note.
y 19.12 *vent d'orient:* comme en 17.10, Nabuchodonosor et ses armées.

bellious Israel Purged

0 1 In the seventh year, in the fifth month on the
tenth day, some of the elders of Israel came to
quire of the LORD, and they sat down in front of me.
2 Then the word of the LORD came to me: 3 "Son of
an, speak to the elders of Israel and say to them,
his is what the Sovereign LORD says: Have you come
inquire of me? As surely as I live, I will not let you
quire of me, declares the Sovereign LORD.'

4 "Will you judge them? Will you judge them, son of
an? Then confront them with the detestable prac-
es of their ancestors 5 and say to them: 'This is what
e Sovereign LORD says: On the day I chose Israel, I
ore with uplifted hand to the descendants of Jacob
d revealed myself to them in Egypt. With uplifted
nd I said to them, "I am the LORD your God." 6 On that
y I swore to them that I would bring them out of
ypt into a land I had searched out for them, a land
wing with milk and honey, the most beautiful of
lands. 7 And I said to them, "Each of you, get rid
the vile images you have set your eyes on, and do
t defile yourselves with the idols of Egypt. I am the
RD your God."

8 " 'But they rebelled against me and would not lis-
n to me; they did not get rid of the vile images they
d set their eyes on, nor did they forsake the idols of
ypt. So I said I would pour out my wrath on them
d spend my anger against them in Egypt. 9 But for
e sake of my name, I brought them out of Egypt. I
d it to keep my name from being profaned in the
es of the nations among whom they lived and in
ose sight I had revealed myself to the Israelites.
Therefore I led them out of Egypt and brought them
to the wilderness. 11 I gave them my decrees and
ade known to them my laws, by which the person
no obeys them will live. 12 Also I gave them my
bbaths as a sign between us, so they would know
at I the LORD made them holy.

13 " 'Yet the people of Israel rebelled against me in
e wilderness. They did not follow my decrees but rected my laws – by which the person who obeys them
ll live – and they utterly desecrated my Sabbaths.
I said I would pour out my wrath on them and de-
oy them in the wilderness. 14 But for the sake of my
me I did what would keep it from being profaned in
e eyes of the nations in whose sight I had brought
em out. 15 Also with uplifted hand I swore to them
the wilderness that I would not bring them into
e land I had given them – a land flowing with milk
d honey, the most beautiful of all lands – 16 because
ey rejected my laws and did not follow my decrees
d desecrated my Sabbaths. For their hearts were
voted to their idols. 17 Yet I looked on them with pity
d did not destroy them or put an end to them in the

L'histoire des infidélités d'Israël

20 1 Le dixième jour du cinquième mois de la septième
année[z], quelques responsables du peuple d'Israël
vinrent consulter l'Eternel. Ils s'assirent devant moi. 2 Alors
l'Eternel m'adressa la parole en ces termes :

3 Fils d'homme, parle aux responsables du peuple d'Israël
et dis-leur : « Voici ce que déclare le Seigneur, l'Eternel :
Vous osez venir me consulter ? Aussi vrai que je suis vivant, je ne me laisserai pas consulter par vous, le Seigneur,
l'Eternel, le déclare. »

4 Fils d'homme, porte un jugement sur eux ! N'hésite
pas à le faire ! Dénonce les actions abominables que leurs
ancêtres ont commises, 5 et dis-leur : « Voici ce que déclare
le Seigneur, l'Eternel : Le jour où j'ai choisi Israël, j'ai prêté
serment envers les descendants de Jacob. Je me suis révélé
à eux en Egypte, et je leur ai prêté serment en disant : Je
suis l'Eternel votre Dieu[a]. 6 Ce jour-là, je leur ai juré de les
faire sortir d'Egypte pour les amener dans un pays que
j'avais recherché pour eux, un pays ruisselant de lait et
de miel, le plus beau de tous les pays. 7 Je leur ai dit alors :
Que chacun de vous rejette les idoles abominables qu'il a
sous les yeux. Ne vous rendez pas impurs avec les idoles
de l'Egypte. Je suis l'Eternel votre Dieu.

8 Mais ils se sont révoltés contre moi et n'ont pas voulu
m'écouter. Aucun d'eux n'a rejeté les idoles abominables
qu'il avait sous les yeux ; ils n'ont pas abandonné les idoles
de l'Egypte. Je me proposai alors de répandre ma fureur
sur eux et d'assouvir ma colère contre eux en Egypte.
9 Mais j'ai agi par égard pour ma renommée, pour que je
ne sois pas méprisé par les peuples parmi lesquels ils habitaient, car je m'étais fait connaître à eux sous les yeux de
ces peuples dans le but de les faire sortir d'Egypte. 10 Je les
ai donc fait sortir d'Egypte et je les ai conduits au désert.
11 Je leur ai donné mes lois et je leur ai fait connaître mes
commandements qui font obtenir la vie à celui qui les applique. 12 Je leur ai aussi fait don de mes jours de sabbat
pour qu'ils servent de signe entre moi et eux, pour qu'ils
sachent que moi, l'Eternel, je fais d'eux un peuple saint.

13 Mais la communauté d'Israël s'est révoltée contre moi
dans le désert, ils n'ont pas vécu selon mes lois et ils ont
rejeté mes commandements qui font obtenir la vie à celui
qui les applique. Ils ont constamment profané mes jours
de sabbat. Je me suis proposé alors de déchaîner ma colère
contre eux dans le désert pour les exterminer[b]. 14 Mais
j'ai agi par égard pour ma renommée, pour que je ne sois
pas méprisé par les peuples sous les yeux desquels je les
avais fait sortir d'Egypte. 15 Je leur ai pourtant juré dans
le désert de ne pas les faire entrer dans le pays que je leur
avais destiné, ce pays ruisselant de lait et de miel, le plus
beau de tous les pays. 16 J'en ai fait le serment parce qu'ils
avaient méprisé mes commandements, qu'ils n'avaient
pas obéi à mes lois et qu'ils avaient profané mes jours de
sabbat, car leur cœur restait attaché à leurs idoles. 17 Mais,
en les voyant, j'ai eu trop pitié d'eux pour les détruire,
aussi je ne les ai pas exterminés dans le désert.

---

[z] **20.1** C'est-à-dire en juillet-août 591 av. J.-C.
[a] **20.5** Pour les v. 5-6, voir Ex 6.2-8.
[b] **20.13** Pour les v. 13-17, voir Nb 11 à 25.

wilderness. 18 I said to their children in the wilderness, "Do not follow the statutes of your parents or keep their laws or defile yourselves with their idols. 19 I am the LORD your God; follow my decrees and be careful to keep my laws. 20 Keep my Sabbaths holy, that they may be a sign between us. Then you will know that I am the LORD your God."

21 " 'But the children rebelled against me: They did not follow my decrees, they were not careful to keep my laws, of which I said, "The person who obeys them will live by them," and they desecrated my Sabbaths. So I said I would pour out my wrath on them and spend my anger against them in the wilderness. 22 But I withheld my hand, and for the sake of my name I did what would keep it from being profaned in the eyes of the nations in whose sight I had brought them out. 23 Also with uplifted hand I swore to them in the wilderness that I would disperse them among the nations and scatter them through the countries, 24 because they had not obeyed my laws but had rejected my decrees and desecrated my Sabbaths, and their eyes lusted after their parents' idols. 25 So I gave them other statutes that were not good and laws through which they could not live; 26 I defiled them through their gifts – the sacrifice of every firstborn – that I might fill them with horror so they would know that I am the LORD.'

27 "Therefore, son of man, speak to the people of Israel and say to them, 'This is what the Sovereign LORD says: In this also your ancestors blasphemed me by being unfaithful to me: 28 When I brought them into the land I had sworn to give them and they saw any high hill or any leafy tree, there they offered their sacrifices, made offerings that aroused my anger, presented their fragrant incense and poured out their drink offerings. 29 Then I said to them: What is this high place you go to?' " (It is called Bamah[d] to this day.)

Rebellious Israel Renewed

30 "Therefore say to the Israelites: 'This is what the Sovereign LORD says: Will you defile yourselves the way your ancestors did and lust after their vile images? 31 When you offer your gifts – the sacrifice of your children in the fire – you continue to defile yourselves with all your idols to this day. Am I to let you inquire of me, you Israelites? As surely as I live, declares the Sovereign LORD, I will not let you inquire of me.

32 " 'You say, "We want to be like the nations, like the peoples of the world, who serve wood and stone."

[d] **20:29** *Bamah* means *high place.*

La révolte des fils

18 Cependant, j'ai dit à leurs enfants dans le désert : N
suivez pas les principes de vos pères, n'appliquez pas leu
règles et ne vous rendez pas impurs avec leurs idoles. 19
suis l'Eternel votre Dieu. Vivez selon mes lois, obéissez
mes commandements et appliquez-les. 20 Faites de m
jours de sabbat des jours saints pour qu'ils servent de sig
entre moi et vous, afin que vous reconnaissiez que m
l'Eternel, je suis votre Dieu. 21 Mais les fils aussi se so
révoltés contre moi. Ils n'ont pas vécu selon mes lois ;
n'ont pas observé ni appliqué mes commandements q
font obtenir la vie à ceux qui les appliquent. Ils ont profa
mes jours de sabbat. J'ai parlé alors de répandre ma fure
sur eux et d'assouvir ma colère contre eux dans le dése
22 Cependant, j'ai retenu ma main et j'ai agi par égard po
ma renommée, pour que je ne sois pas méprisé par les pe
ples, sous les yeux desquels je les avais fait sortir d'Egyp
23 Pourtant, encore une fois, je leur jurai dans le dése
de les disperser parmi des peuples étrangers et de les di
séminer en divers pays étrangers, 24 parce qu'ils n'avaie
pas appliqué mes commandements, qu'ils avaient mépri
mes lois, profané mes jours de sabbat et que leurs regar
restaient tournés vers les idoles de leurs pères. 25 C'e
pourquoi je leur ai donné des lois qui leur étaient funest
et des commandements qui ne pouvaient les faire vivr
26 Je les ai rendus impurs par leurs offrandes quand i
sacrifiaient tous leurs premiers-nés, pour les frapper
stupeur afin qu'ils reconnaissent que je suis l'Eternel[d]

Les infidélités dans le pays promis

27 C'est pourquoi, fils d'homme, parle à la communau
d'Israël, et dis-leur : « Voici ce que déclare le Seigne
l'Eternel : Vos ancêtres m'ont outragé par leurs rébellio
contre moi. 28 Je les ai fait entrer dans le pays que j'ava
juré de leur donner. Or, partout où ils ont vu une colli
élevée ou un arbre vert, ils ont offert leurs sacrifices
ils ont présenté leurs offrandes qui m'irritaient ; ils y o
apporté leurs parfums apaisants et y ont répandu leu
libations. 29 Je leur ai demandé alors : Qu'est-ce que ce ha
lieu où vous vous rendez ? Et ce nom de "haut lieu" a su
sisté jusqu'à ce jour. »

30 C'est pourquoi, dis à la communauté d'Israël : « Voi
ce que déclare le Seigneur, l'Eternel : Ne vous rendez-vo
pas impurs en suivant le chemin de vos ancêtres ? Ne vo
prostituez-vous pas à leurs idoles abominables ? 31 Qua
vous présentez vos offrandes, quand vous faites pass
vos enfants par le feu pour les offrir en sacrifice, vo
continuez encore aujourd'hui à vous rendre impurs av
toutes vos idoles. Et vous croyez que je vais me laiss
consulter par vous, gens d'Israël ? Aussi vrai que je su
vivant, le Seigneur, l'Eternel, le déclare, je ne me laisser
pas consulter par vous.

Un nouveau commencement

32 Le rêve qui hante votre esprit ne se réalisera pas. C
vous dites : "Nous voulons être comme les gens des autr
nations, comme les peuples des autres pays, nous voulo
aussi rendre un culte à des dieux en bois et en pierre

[c] **20.25** Car la désobéissance à la Loi entraîne la malédiction et la mort
Dt 29.18-20 ; 30.15-20 (voir Rm 3.20 ; 7.10).
[d] **20.26** Voir 16.20 et note.

it what you have in mind will never happen. 33 As
rely as I live, declares the Sovereign LORD, I will reign
er you with a mighty hand and an outstretched arm
id with outpoured wrath. 34 I will bring you from
e nations and gather you from the countries where
u have been scattered – with a mighty hand and an
itstretched arm and with outpoured wrath. 35 I will
ing you into the wilderness of the nations and there,
ce to face, I will execute judgment upon you. 36 As I
dged your ancestors in the wilderness of the land of
ypt, so I will judge you, declares the Sovereign LORD.
will take note of you as you pass under my rod, and
vill bring you into the bond of the covenant. 38 I will
irge you of those who revolt and rebel against me.
though I will bring them out of the land where they
e living, yet they will not enter the land of Israel.
ien you will know that I am the LORD.
39 "'As for you, people of Israel, this is what the
vereign LORD says: Go and serve your idols, every
ie of you! But afterward you will surely listen to
e and no longer profane my holy name with your
fts and idols. 40 For on my holy mountain, the high
ountain of Israel, declares the Sovereign LORD, there
the land all the people of Israel will serve me, and
ere I will accept them. There I will require your
ferings and your choice gifts,[e] along with all your
ly sacrifices. 41 I will accept you as fragrant incense
ien I bring you out from the nations and gather you
om the countries where you have been scattered,
d I will be proved holy through you in the sight of
e nations. 42 Then you will know that I am the LORD,
ien I bring you into the land of Israel, the land I had
orn with uplifted hand to give to your ancestors.
There you will remember your conduct and all the
tions by which you have defiled yourselves, and you
ll loathe yourselves for all the evil you have done.
You will know that I am the LORD, when I deal with
u for my name's sake and not according to your evil
ys and your corrupt practices, you people of Israel,
clares the Sovereign LORD.'"

ophecy Against the South

45 The word of the LORD came to me: 46 "Son of man,
t your face toward the south; preach against the
uth and prophesy against the forest of the south-
id. 47 Say to the southern forest: 'Hear the word of
e LORD. This is what the Sovereign LORD says: I am
out to set fire to you, and it will consume all your
ees, both green and dry. The blazing flame will not
quenched, and every face from south to north will
scorched by it. 48 Everyone will see that I the LORD
ve kindled it; it will not be quenched.'"
49 Then I said, "Sovereign LORD, they are saying of
e, 'Isn't he just telling parables?'"[f]

0:40 Or *and the gifts of your firstfruits*
:49 In Hebrew texts 20:45-49 is numbered 21:1-5.

33 Aussi vrai que je suis vivant, le Seigneur, l'Eternel, le
déclare, je régnerai sur vous en déployant ma force et ma
puissance et en déchaînant ma colère. 34 J'interviendrai
en déployant ma force et ma puissance et en déchaînant
ma colère, pour vous faire sortir du milieu des peuples,
et je vous rassemblerai des pays étrangers où vous avez
été dispersés. 35 Je vous amènerai au désert à l'écart des
autres peuples, et là, je vous jugerai face à face. 36 Tout
comme j'ai jugé vos ancêtres dans le désert d'Egypte, je
vous jugerai vous aussi, le Seigneur, l'Eternel, le déclare.
37 Je vous ferai passer sous ma houlette[e], et je vous lierai
de nouveau à moi par l'alliance. 38 J'éliminerai du milieu
de vous ceux qui se révoltent et qui se rendent coupables
envers moi. Je les ferai sortir des pays étrangers où ils
habitent, mais ils n'entreront pas dans le pays d'Israël[f],
et vous reconnaîtrez que je suis l'Eternel.

39 Et maintenant, gens d'Israël, voici ce que déclare
le Seigneur, l'Eternel : Que chacun de vous aille adorer
ses idoles ! Et après cela, on verra bien si vous refusez de
m'écouter et si vous continuez à me profaner par vos offrandes et par vos idoles, moi qui suis saint. 40 Car c'est
sur ma montagne sainte, sur la haute montagne d'Israël,
le Seigneur, l'Eternel, le déclare, que vous, toute la communauté d'Israël, c'est-à-dire tous ceux qui seront dans
le pays, me rendront un culte. Là, je vous accepterai, là,
j'accueillerai avec plaisir vos offrandes et les prémices de
vos dons, et tout ce que vous me consacrerez. 41 Je vous
agréerai[g] comme un parfum apaisant, quand je vous aurai
fait sortir du milieu des peuples et que je vous aurai rassemblés des pays étrangers où vous aurez été dispersés ; et
je manifesterai par mon œuvre en votre faveur ma sainteté
aux yeux des autres peuples. 42 Vous reconnaîtrez que je
suis l'Eternel quand je vous aurai ramenés au pays d'Israël,
que j'ai juré de donner à vos ancêtres. 43 Là aussi, vous vous
souviendrez de votre conduite et de toutes les mauvaises
actions par lesquelles vous vous êtes rendus impurs. Vous
serez pris de dégoût de vous-mêmes à cause de tout le mal
que vous avez commis. 44 Et vous reconnaîtrez que je suis
l'Eternel quand j'agirai ainsi envers vous par égard pour
ma renommée, au lieu de vous traiter selon votre mauvaise
conduite et vos actes dépravés, gens d'Israël, le Seigneur,
l'Eternel, le déclare. »

L'épée de l'Eternel

21 1 L'Eternel m'adressa la parole en ces termes :
2 Fils d'homme, tourne-toi vers le sud, proclame
une parole sur les pays du midi et prophétise sur la forêt du
Néguev. 3 Dis à la forêt du Néguev : « Ecoute donc la parole
de l'Eternel. Voici ce que déclare le Seigneur, l'Eternel :
Moi, je vais allumer un feu chez toi, ce feu dévorera chez toi
tout arbre vert, tout arbre sec. Et cette flamme ardente ne
s'éteindra pas avant que tout le monde soit brûlé par elle,
du midi jusqu'au nord. 4 Alors tout le monde verra que c'est
moi, l'Eternel, qui l'ai allumée : elle ne s'éteindra pas. »
5 Alors je m'écriai : Ah ! Seigneur Eternel, ils disent à mon
sujet : « Il ne fait que débiter des paraboles ! »

e **20.37** Comme un berger lorsqu'il compte et trie ses brebis.
f **20.38** Comme lors de l'Exode, des membres du peuple ne sont pas entrés en Canaan (Nb 14.26-35).
g **20.41** Allusion en 2 Co 6.17 où le mot traduit par *agréerai* est rendu par *accueillerai*.

Babylon as God's Sword of Judgment

21 1[g]The word of the LORD came to me: 2"Son
of man, set your face against Jerusalem and
preach against the sanctuary. Prophesy against the
land of Israel 3and say to her: 'This is what the LORD
says: I am against you. I will draw my sword from its
sheath and cut off from you both the righteous and
the wicked. 4Because I am going to cut off the righteous and the wicked, my sword will be unsheathed
against everyone from south to north. 5Then all people will know that I the LORD have drawn my sword
from its sheath; it will not return again.'

6"Therefore groan, son of man! Groan before
them with broken heart and bitter grief. 7And when
they ask you, 'Why are you groaning?' you shall say,
'Because of the news that is coming. Every heart will
melt with fear and every hand go limp; every spirit
will become faint and every leg will be wet with urine.'
It is coming! It will surely take place, declares the
Sovereign LORD."

8The word of the LORD came to me: 9"Son of man,
prophesy and say, 'This is what the Lord says:

"'A sword, a sword,
sharpened and polished –
10 sharpened for the slaughter,
polished to flash like lightning!
"'Shall we rejoice in the scepter of my royal son?
The sword despises every such stick.
11 "'The sword is appointed to be polished,
to be grasped with the hand;
it is sharpened and polished,
made ready for the hand of the slayer.
12 Cry out and wail, son of man,
for it is against my people;
it is against all the princes of Israel.
They are thrown to the sword
along with my people.
Therefore beat your breast.

13"'Testing will surely come. And what if even the
scepter, which the sword despises, does not continue?
declares the Sovereign LORD.'

14 "So then, son of man, prophesy
and strike your hands together.
Let the sword strike twice,
even three times.
It is a sword for slaughter –
a sword for great slaughter,
closing in on them from every side.
15 So that hearts may melt with fear
and the fallen be many,
I have stationed the sword for slaughter[h]
at all their gates.

[g] In Hebrew texts 21:1-32 is numbered 21:6-37.
[h] 21:15 Septuagint; the meaning of the Hebrew for this word is uncertain.

6Alors l'Eternel m'adressa la parole en ces termes :
7Fils d'homme, tourne-toi en direction de Jérusale
proclame une parole sur les sanctuaires et prophétise s
le pays d'Israël. 8Dis au pays d'Israël : « Voici ce que décla
l'Eternel : Moi, je vais m'en prendre à toi, je tirerai de s
fourreau mon épée[h] et j'extirperai les justes du mili
de toi, ainsi que les méchants. 9C'est pour retrancher
chez toi les justes ainsi que les méchants que je dégaine
l'épée de son fourreau, pour frapper tout le monde,
midi jusqu'au nord. 10Alors tout le monde saura que c'e
moi, l'Eternel, qui ai dégainé mon épée de son fourrea
et elle n'y rentrera plus. »

11Et toi, fils d'homme, va pousser des gémissemen
Le cœur brisé[i], oui, pousse sous leurs yeux d'ame
gémissements. 12Et s'ils viennent te dire : « Pourquoi do
gémis-tu ? » voici, tu répondras : « C'est à cause d'une no
velle qui va venir : tous les cœurs vont perdre courage, to
les bras faibliront, tous les esprits se troubleront, tous l
genoux flageoleront. Oui, elle vient cette nouvelle, elle
se réaliser, c'est là ce que déclare le Seigneur, l'Eternel.

Le chant de l'épée du massacre

13L'Eternel m'adressa la parole en ces termes :
14 Fils d'homme, prophétise.
Dis : « Ainsi parle l'Eternel :
L'épée, l'épée
est aiguisée, elle est polie.
15 Si elle est aiguisée, c'est en vue d'un massacre
et elle est bien polie pour lancer des éclairs.
Peut-on se réjouir du sceptre de mon fils ?
L'épée méprise un tel morceau de bois[j] !
16 L'Eternel donne[k] l'épée à polir,
il la donne à brandir,
l'épée est aiguisée, elle est fourbie
et l'on peut la remettre aux mains du destructeur.
17 Fils d'homme, crie et hurle,
car c'est contre mon peuple que l'épée est tirée,
et contre tous les princes d'Israël
qui sont voués au glaive, avec mon peuple.
Alors frappe-toi la poitrine

18 car c'est l'épreuve.
Et qu'arrivera-t-il si le sceptre royal que cette épée
méprise venait à disparaître ?
C'est là ce que déclare le Seigneur, l'Eternel. »
19 Fils d'homme, prophétise
et frappe des deux mains,
car l'épée frappera à deux reprises, et même à tro
C'est l'épée du massacre,
cette épée fait un grand massacre,
encerclant ses victimes.
20 Pour que le cœur leur manque
et que beaucoup défaillent,
j'ai mis en poste aux portes de toutes les villes,
l'épée pour le carnage.

[h] **21.8** Nabuchodonosor (v. 24).
[i] **21.11** Certains comprennent : *le dos courbé.*
[j] **21.15** La traduction de la seconde moitié du verset est incertaine. Le
de l'Eternel est certainement le roi.
[k] **21.16** Autre traduction : *on donne.*

Look! It is forged to strike like lightning,
it is grasped for slaughter.
16 Slash to the right, you sword,
then to the left,
wherever your blade is turned.
17 I too will strike my hands together,
and my wrath will subside.
I the LORD have spoken."

18 The word of the LORD came to me: 19 "Son of
an, mark out two roads for the sword of the king
Babylon to take, both starting from the same
untry. Make a signpost where the road branches
f to the city. 20 Mark out one road for the sword to
me against Rabbah of the Ammonites and another
ainst Judah and fortified Jerusalem. 21 For the king
Babylon will stop at the fork in the road, at the
nction of the two roads, to seek an omen: He will
st lots with arrows, he will consult his idols, he will
amine the liver. 22 Into his right hand will come the
for Jerusalem, where he is to set up battering rams,
give the command to slaughter, to sound the battle
y, to set battering rams against the gates, to build
ramp and to erect siege works. 23 It will seem like
false omen to those who have sworn allegiance to
m, but he will remind them of their guilt and take
em captive.
24 "Therefore this is what the Sovereign LORD says:
ecause you people have brought to mind your guilt
your open rebellion, revealing your sins in all that
u do – because you have done this, you will be taken
ptive.
25 " 'You profane and wicked prince of Israel, whose
y has come, whose time of punishment has reached
climax, 26 this is what the Sovereign LORD says: Take
f the turban, remove the crown. It will not be as it
as: The lowly will be exalted and the exalted will be
ought low. 27 A ruin! A ruin! I will make it a ruin!
e crown will not be restored until he to whom it
ghtfully belongs shall come; to him I will give it.'

28 "And you, son of man, prophesy and say, 'This is
at the Sovereign LORD says about the Ammonites
d their insults:
" 'A sword, a sword,
drawn for the slaughter,
polished to consume
and to flash like lightning!
29 Despite false visions concerning you
and lying divinations about you,
it will be laid on the necks
of the wicked who are to be slain,
whose day has come,
whose time of punishment has reached its
climax.
30 " 'Let the sword return to its sheath.
In the place where you were created,
in the land of your ancestry,
I will judge you.
31 I will pour out my wrath on you
and breathe out my fiery anger against you;

Oui, elle est faite pour lancer des éclairs,
et elle est dégainée pour le massacre.
21 Du tranchant, frappe à droite
et frappe à gauche,
frappe de tous côtés.
22 Et moi aussi, je vais frapper une main contre l'autre
et donner libre cours à mon indignation.
Moi, l'Eternel, je vous le dis.

L'épée à la croisée des chemins

23 L'Eternel m'adressa la parole et me dit :
24 Toi, fils d'homme, trace deux chemins[l] que pourra emprunter l'épée du roi de Babylone, deux chemins partant
d'un même pays. A l'entrée de chaque chemin, tu placeras un panneau indiquant la direction d'une ville. 25 Tu
traceras un chemin pour l'épée jusqu'à Rabba, la ville des
Ammonites, et l'autre jusqu'à Jérusalem, la ville fortifiée,
en Juda ; 26 car le roi de Babylone se tient au carrefour
d'où partent les deux chemins pour consulter l'oracle : il
secoue des flèches, il interroge les idoles domestiques, il
examine le foie d'animaux. 27 Dans sa main droite, le sort
est tombé sur Jérusalem : Dresse les béliers, lance le cri de
guerre pour appeler au carnage, place des béliers contre les
portes, élève des terrasses de siège, construis des terrassements ! 28 Les habitants de Jérusalem ne voient en cela que
de faux présages, puisqu'on s'est engagé envers eux par des
serments solennels[m]. Mais le roi de Babylone leur rappellera leur crime, de sorte qu'ils seront pris. 29 C'est pourquoi,
voici ce que déclare le Seigneur, l'Eternel : « Puisque vous
avez attiré l'attention sur vos fautes et que vous avez mis à
nu vos péchés et manifesté vos transgressions dans toutes
vos actions, parce que vous avez ainsi attiré l'attention sur
vous, vous serez capturés.
30 Quant à toi, prince d'Israël impie et méchant, l'heure
va sonner pour la fin de tes péchés[n]. 31 Voici ce que dit le
Seigneur, l'Eternel : Qu'on lui ôte le turban ! Qu'on lui enlève la couronne ! Ce qui est ne sera plus. Ce qui est abaissé
sera élevé et ce qui est élevé sera abaissé. 32 Des ruines,
des ruines ! J'en ferai des ruines comme jamais il n'y en
a eu, et ce, jusqu'à ce que vienne celui à qui appartient le
gouvernement et à qui je le remettrai. »

Le châtiment des Ammonites

33 Fils d'homme, prophétise et dis : « Voici ce que déclare
le Seigneur, l'Eternel, contre les Ammonites à cause de
leurs outrages. Dis-leur : L'épée, l'épée est dégainée pour le
massacre, elle est polie pour dévorer et lancer des éclairs[o].
34 Tandis qu'on a pour vous des révélations illusoires, et
des oracles mensongers, l'épée tranchera le cou des impies et des méchants. Le jour vient qui mettra un terme à
tes péchés. 35 Remettrai-je mon épée au fourreau ? Non !
Dans le lieu même où vous avez été créés, au pays de vos
origines, je vous jugerai. 36 Et je déchaînerai contre vous

[l] **21.24** Il s'agit de nouveau d'un acte symbolique (voir 4.1).
[m] **21.28** Il peut s'agir de l'engagement de l'Eternel à maintenir la dynastie davidique (2 S 7.14-16), ou bien de l'engagement des Egyptiens à défendre Jérusalem contre les Babyloniens. Autre traduction : *Mais puisqu'ils se sont engagés envers lui par des serments solennels, le roi de Babylone leur rappellera leur crime,* c'est-à-dire la violation du serment d'allégeance que lui avait prêté le roi Sédécias.
[n] **21.30** Ce verset s'adresse à Sédécias (voir 2 R 25.4-7).
[o] **21.33** Pour les v. 33-37, voir Jr 49.1-6.

I will deliver you into the hands of brutal men,
  men skilled in destruction.
32 You will be fuel for the fire,
  your blood will be shed in your land,
  you will be remembered no more;
for I the LORD have spoken.’”

Judgment on Jerusalem’s Sins

22 1 The word of the LORD came to me: 2 “Son of man, will you judge her? Will you judge this city of bloodshed? Then confront her with all her detestable practices 3 and say: ‘This is what the Sovereign LORD says: You city that brings on herself doom by shedding blood in her midst and defiles herself by making idols, 4 you have become guilty because of the blood you have shed and have become defiled by the idols you have made. You have brought your days to a close, and the end of your years has come. Therefore I will make you an object of scorn to the nations and a laughingstock to all the countries. 5 Those who are near and those who are far away will mock you, you infamous city, full of turmoil.

6 “ ‘See how each of the princes of Israel who are in you uses his power to shed blood. 7 In you they have treated father and mother with contempt; in you they have oppressed the foreigner and mistreated the fatherless and the widow. 8 You have despised my holy things and desecrated my Sabbaths. 9 In you are slanderers who are bent on shedding blood; in you are those who eat at the mountain shrines and commit lewd acts. 10 In you are those who dishonor their father’s bed; in you are those who violate women during their period, when they are ceremonially unclean. 11 In you one man commits a detestable offense with his neighbor’s wife, another shamefully defiles his daughter-in-law, and another violates his sister, his own father’s daughter. 12 In you are people who accept bribes to shed blood; you take interest and make a profit from the poor. You extort unjust gain from your neighbors. And you have forgotten me, declares the Sovereign LORD.

13 “ ‘I will surely strike my hands together at the unjust gain you have made and at the blood you have shed in your midst. 14 Will your courage endure or your hands be strong in the day I deal with you? I the LORD have spoken, and I will do it. 15 I will disperse you among the nations and scatter you through the countries; and I will put an end to your uncleanness. 16 When you have been defiled[i] in the eyes of the nations, you will know that I am the LORD.’ ”

17 Then the word of the LORD came to me: 18 “Son of man, the people of Israel have become dross to me; all of them are the copper, tin, iron and lead left inside a furnace. They are but the dross of silver. 19 Therefore this is what the Sovereign LORD says: ‘Because you have all become dross, I will gather you into Jerusalem. 20 As

i **22:16** Or *When I have allotted you your inheritance*

mon indignation, je soufflerai sur vous le feu de ma colè
et je vous livrerai entre les mains de barbares, artisans
destruction. 37 Vous serez la proie du feu, votre sang co
era au milieu du pays et vous ne laisserez aucun souven
Car moi, l’Eternel, je l’ai dit. »

Les crimes de Jérusalem

22 1 L’Eternel m’adressa la parole et me dit :
2 Fils d’homme, porte un jugement sur la vi
pleine de meurtres ! N’hésite pas à le faire et dénonce to
ses actes abominables. 3 Dis-leur : « Voici ce que déclare
Seigneur, l’Eternel : Voilà une ville qui répand le sang
milieu d’elle pour faire venir le jour du jugement, et q
fabrique des idoles pour se rendre impure.
4 Tu t’es rendue coupable par le sang que tu as répan
et tu t’es rendue impure par les idoles que tu as fabriqué
Tu as ainsi précipité les jours de ton jugement et la fin
tes années arrive. C’est pourquoi je te livre aux outrag
des autres peuples et aux railleries de tous les pays. 5 Vi
impure, pleine de troubles, ceux qui sont près et ceux q
sont loin se moqueront de toi.
6 Voici : chez toi, tous les dirigeants d’Israël profitent
leur pouvoir pour commettre des meurtres. 7 Chez toi,
méprise père et mère. Chez toi, on maltraite l’étrang
on opprime l’orphelin et la veuve. 8 On méprise ce qui e
saint, on profane les jours de sabbat. 9 Chez toi, il y a d
gens qui calomnient leur prochain pour l’assassiner. Ch
toi, les gens prennent part aux repas de sacrifices sur
montagnes. On fait des choses abominables au milieu
toi. 10 Chez toi, il y a des gens qui ont des relations se
uelles avec la femme de leur père ; chez toi, il y en a q
abusent d’une femme pendant son indisposition[p]. 11 L’
commet des abominations avec la femme de son prochai
l’autre, abominable, déshonore sa belle-fille, un troisièr
viole sa sœur, fille de son père, chez toi. 12 Chez toi, on
laisse corrompre par des présents pour répandre le sar
Tu prêtes à un taux usuraire et tu exiges de l’intérêt.
extorques le bien de ton prochain par la violence, et m
tu m’oublies, le Seigneur, l’Eternel, le déclare.
13 Mais voici : je vais frapper dans mes mains à cause
tes profits malhonnêtes et du sang répandu au milieu
toi. 14 Ton courage tiendra-t-il bon, tes mains seront-el
fermes au jour où j’interviendrai contre toi ? Moi, l’Etern
j’ai parlé et j’agirai. 15 Je te disperserai parmi des peupl
étrangers et te disséminerai à travers divers pays, et
ferai disparaître totalement la souillure du milieu de t
16 Tu t’es toi-même profanée aux yeux des autres peupl
mais tu reconnaîtras que je suis l’Eternel. »

Israël : une scorie sans valeur

17 L’Eternel m’adressa la parole en ces termes :
18 Fils d’homme, les gens du peuple d’Israël sont dev
nus pour moi comme des scories ; tous, ils ne sont que
rebut du cuivre, de l’étain, du fer et du plomb jeté dans
creuset. Oui, ils sont devenus des scories d’argent. 19 C’e
pourquoi le Seigneur, l’Eternel, déclare ceci : « Parce q
vous êtes tous devenus semblables à des scories, je va
vous rassembler au milieu de Jérusalem, 20 comme on e
tasse de l’argent, du cuivre, du fer, du plomb et de l’éta

p **22.10** Pour les v. 10-11, voir Ex 20.14 ; Lv 18.7-20.

ver, copper, iron, lead and tin are gathered into a rnace to be melted with a fiery blast, so will I gather u in my anger and my wrath and put you inside the ty and melt you. 21 I will gather you and I will blow ı you with my fiery wrath, and you will be melted side her. 22 As silver is melted in a furnace, so you ill be melted inside her, and you will know that I the RD have poured out my wrath on you.' "

23 Again the word of the LORD came to me: 24 "Son of an, say to the land, 'You are a land that has not been eansed or rained on in the day of wrath.' 25 There is conspiracy of her princes[j] within her like a roarg lion tearing its prey; they devour people, take easures and precious things and make many widvs within her. 26 Her priests do violence to my law ıd profane my holy things; they do not distinguish tween the holy and the common; they teach that ere is no difference between the unclean and the ean; and they shut their eyes to the keeping of my bbaths, so that I am profaned among them. 27 Her ficials within her are like wolves tearing their prey; ey shed blood and kill people to make unjust gain. Her prophets whitewash these deeds for them by lse visions and lying divinations. They say, 'This is ıat the Sovereign LORD says' – when the LORD has not oken. 29 The people of the land practice extortion d commit robbery; they oppress the poor and needy ıd mistreat the foreigner, denying them justice.

30 "I looked for someone among them who would ild up the wall and stand before me in the gap on half of the land so I would not have to destroy it, t I found no one. 31 So I will pour out my wrath on em and consume them with my fiery anger, bringing wn on their own heads all they have done, declares e Sovereign LORD."

vo Adulterous Sisters

23 1 The word of the LORD came to me: 2 "Son of man, there were two women, daughters of e same mother. 3 They became prostitutes in Egypt, gaging in prostitution from their youth. In that ıd their breasts were fondled and their virgin boms caressed. 4 The older was named Oholah, and r sister was Oholibah. They were mine and gave th to sons and daughters. Oholah is Samaria, and olibah is Jerusalem.

5 "Oholah engaged in prostitution while she ıs still mine; and she lusted after her lovers, the syrians – warriors 6 clothed in blue, governors and mmanders, all of them handsome young men, and ounted horsemen. 7 She gave herself as a prostitute all the elite of the Assyrians and defiled herself th all the idols of everyone she lusted after. 8 She l not give up the prostitution she began in Egypt,

:25 Septuagint; Hebrew *prophets*

dans un creuset sous lequel on attise le feu pour les faire fondre, ainsi je vous entasserai dans ma colère et ma fureur, je vous jetterai là dans le creuset et je vous fondrai. 21 Je vous rassemblerai et je soufflerai contre vous le feu de mon indignation et je vous ferai fondre au milieu de Jérusalem. 22 Vous serez fondus au milieu d'elle comme de l'argent dans un creuset, et vous reconnaîtrez que moi, l'Eternel, j'ai répandu sur vous ma fureur. »

Les responsables de la déchéance

23 L'Eternel m'adressa encore la parole et me dit :

24 Fils d'homme, dis à Jérusalem : « Tu es une terre qui n'a pas été purifiée[q], un pays qui n'a pas été arrosé par la pluie au jour de ma colère. 25 Tes prophètes se sont conjurés au milieu de toi : comme un lion rugissant qui déchire sa proie, ils dévorent les gens, ils s'emparent des richesses et des objets précieux et multiplient les veuves au milieu de toi. 26 Tes prêtres violent ma Loi, ils profanent ce qui est saint, ils ne font aucune différence entre saint et profane, ils n'enseignent pas à discerner entre ce qui est impur et ce qui est pur. Ils ignorent volontairement mes jours de sabbat, de sorte que je suis profané parmi eux.

27 Tes chefs sont au milieu de toi comme des loups qui déchirent leur proie, et répandent le sang, en faisant périr les gens pour en tirer profit. 28 Et tes prophètes enduisent tous ces crimes de crépi. Ils ont des visions trompeuses et vous débitent de fausses divinations. Ils disent : "Ainsi parle le Seigneur, l'Eternel", alors que l'Eternel n'a pas parlé. 29 Le peuple du pays commet des actes de violence et des vols, il exploite les pauvres et les indigents ; on opprime l'étranger au mépris de ses droits. 30 J'ai cherché parmi eux quelqu'un qui construise un rempart et qui se tienne debout sur la brèche, devant moi, en faveur du pays, afin d'éviter sa destruction, mais je n'ai trouvé personne.

31 C'est pourquoi je répandrai ma fureur sur eux, je les consumerai dans le feu de ma colère. Je leur ferai payer leur conduite, le Seigneur, l'Eternel, le déclare. »

Amours coupables

23 1 L'Eternel m'adressa la parole en ces termes :

2 Fils d'homme, il y avait deux femmes nées d'une même mère. 3 Elles se sont prostituées en Egypte. Oui, là, dès leur jeunesse, elles se sont prostituées ; on leur a caressé les seins, et l'on a saisi leurs seins de jeunes filles. 4 L'aînée c'est : Ohola, et sa sœur, c'est Oholiba[r]. Puis elles m'appartinrent et elles m'ont donné des fils et des filles. Or, le nom d'Ohola, c'est Samarie, celui d'Oholiba, Jérusalem.

5 Ohola était mienne, mais elle s'est prostituée. Ce fut avec passion qu'elle aima ses amants les Assyriens, guerriers[s] 6 vêtus d'habits de pourpre, gouverneurs et seigneurs, tous jeunes hommes séduisants, cavaliers à cheval. 7 Elle prodigua ses faveurs à l'élite des Assyriens, elle brûlait pour eux d'un désir passionnel, et elle s'est rendue impure en servant leurs idoles. 8 Elle n'a pas délaissé ses prostitutions du passé dans le pays d'Egypte : là-bas, les

q **22.24** Selon le texte hébreu traditionnel. L'ancienne version grecque a : *qui n'a pas reçu de pluie.*

r **23.4** *Ohola,* nom qui signifie : *sa propre tente ;* c'est sans doute là une allusion aux sanctuaires illégitimes érigés dans le royaume du Nord. *Oholiba* signifie : *ma tente en elle ;* sans doute une allusion au temple de Jérusalem.

s **23.5** Allusion ici et dans les versets qui suivent aux alliances avec des nations étrangères.

when during her youth men slept with her, caressed her virgin bosom and poured out their lust on her.

9 "Therefore I delivered her into the hands of her lovers, the Assyrians, for whom she lusted. 10 They stripped her naked, took away her sons and daughters and killed her with the sword. She became a byword among women, and punishment was inflicted on her.

11 "Her sister Oholibah saw this, yet in her lust and prostitution she was more depraved than her sister. 12 She too lusted after the Assyrians – governors and commanders, warriors in full dress, mounted horsemen, all handsome young men. 13 I saw that she too defiled herself; both of them went the same way.

14 "But she carried her prostitution still further. She saw men portrayed on a wall, figures of Chaldeans[k] portrayed in red, 15 with belts around their waists and flowing turbans on their heads; all of them looked like Babylonian chariot officers, natives of Chaldea.[l] 16 As soon as she saw them, she lusted after them and sent messengers to them in Chaldea. 17 Then the Babylonians came to her, to the bed of love, and in their lust they defiled her. After she had been defiled by them, she turned away from them in disgust. 18 When she carried on her prostitution openly and exposed her naked body, I turned away from her in disgust, just as I had turned away from her sister. 19 Yet she became more and more promiscuous as she recalled the days of her youth, when she was a prostitute in Egypt. 20 There she lusted after her lovers, whose genitals were like those of donkeys and whose emission was like that of horses. 21 So you longed for the lewdness of your youth, when in Egypt your bosom was caressed and your young breasts fondled.[m]

22 "Therefore, Oholibah, this is what the Sovereign LORD says: I will stir up your lovers against you, those you turned away from in disgust, and I will bring them against you from every side – 23 the Babylonians and all the Chaldeans, the men of Pekod and Shoa and Koa, and all the Assyrians with them, handsome young men, all of them governors and commanders, chariot officers and men of high rank, all mounted on horses. 24 They will come against you with weapons,[n] chariots and wagons and with a throng of people; they will take up positions against you on every side with large and small shields and with helmets. I will turn you over to them for punishment, and they will punish you according to their standards. 25 I will direct my jealous anger against you, and they will deal with you in fury. They will cut off your noses and your ears, and those of you who are left will fall by the sword. They will take away your sons and daughters, and those of you who are left will be consumed by fire. 26 They will also

k **23:14** Or *Babylonians*
l **23:15** Or *Babylonia*; also in verse 16
m **23:21** Syriac (see also verse 3); Hebrew *caressed because of your young breasts*
n **23:24** The meaning of the Hebrew for this word is uncertain.

Egyptiens avaient couché avec elle, dans sa jeunesse. I avaient saisi ses seins de jeune fille et l'avaient submerg de leurs prostitutions. 9 Aussi je l'ai livrée à ses amant les Assyriens pour qui elle brûlait d'un désir passionn 10 Eux, ils la mirent à nu. Ils se sont emparés de ses fils de ses filles, puis ils l'ont tuée par l'épée et elle est de enue pour les femmes un exemple parce qu'on a exécu la sentence sur elle.

11 Sa sœur Oholiba a bien vu tout cela, mais dans s désirs passionnels, elle s'est corrompue plus qu'elle, et s prostitutions ont été encore pires que celles de sa sœu 12 Elle a brûlé d'un désir passionnel pour les Assyrien gouverneurs et seigneurs, guerriers élégamment v tus, cavaliers à cheval, tous jeunes hommes séduisan 13 Et j'ai vu qu'elle aussi se rendait impure : toutes de avaient suivi un chemin identique. 14 Mais Oholiba al plus loin encore dans la prostitution : elle vit sur le m des hommes dessinés, des représentations de Chaldée dessinés, peints en rouge, 15 portant, serrés aux reins, d ceinturons, et la tête couverte de turbans luxueux. To avaient l'apparence de nobles capitaines ; tels étaient l portraits des fils de Babylone qui sont nés en Chaldé 16 En les voyant, elle s'est enflammée pour eux d'un d sir passionnel, et elle a dépêché des messagers vers e en Chaldée[t]. 17 Et les Babyloniens se sont rendus chez e pour partager son lit et pour la rendre impure par leu prostitutions. Après s'être rendue impure avec eux, e les a pris en dégoût. 18 Elle a manifesté au grand jour s prostitutions et a exposé sa nudité ; alors je l'ai prise dégoût comme j'avais déjà pris sa sœur en dégoût. 19 E a multiplié le nombre de ses prostitutions pour rappel le souvenir de sa jeunesse où elle se prostituait en Egyp 20 Elle s'est enflammée d'un désir passionnel pour leu hommes débauchés ayant des membres d'âne et qui c l'ardeur d'étalons. 21 Tu as voulu revivre les débauches ta jeunesse, lorsque les Egyptiens te saisissaient les sei et caressaient tes seins de jeune fille.

Le châtiment de la jeune sœur

22 C'est pourquoi, le Seigneur, l'Eternel, te déclar Ecoute, Oholiba, je vais dresser tes amants contre toi, ce que tu as pris en dégoût, je les ferai venir de partout cont toi : 23 les Babyloniens et tous les Chaldéens, gens de Peq de Shoa, de Qoa, et tous les Assyriens, séduisants jeun hommes, gouverneurs et seigneurs, tous nobles capitain hauts dignitaires, tous montés à cheval. 24 Des peup assemblés contre toi s'avancent avec leurs armes[u], le chars de guerre et tous leurs attelages, munis de petits de grands boucliers et de casques. Ils prendront positi tout autour de toi. Je leur remettrai le pouvoir de te jug et ils te jugeront selon leurs propres lois. 25 Je répand sur toi le poids de ma vive indignation. Ils exerceront le fureur contre toi, et ils te couperont le nez et les oreill Ce qui restera tombera par l'épée ; ils prendront tes et tes filles, et ceux qui subsisteront seront livrés au f 26 Ils te dépouilleront de tous tes vêtements et ils t'arrac

t 23.16 Allusion aux relations diplomatiques entre les rois de Juda et de Babylone, par exemple entre Ezéchias et Merodak-Baladân (voir 2 R 20.12-19 ; 24.1 ; Es 39).
u 23.24 *avec leurs armes:* terme hébreu de sens incertain. L'ancienne version grecque a : *du nord.*

:rip you of your clothes and take your fine jewelry. 'So I will put a stop to the lewdness and prostitution ou began in Egypt. You will not look on these things ith longing or remember Egypt anymore.

28 "For this is what the Sovereign LORD says: I am oout to deliver you into the hands of those you hate, those you turned away from in disgust. 29 They will eal with you in hatred and take away everything ou have worked for. They will leave you stark naked, nd the shame of your prostitution will be exposed. our lewdness and promiscuity 30 have brought this on ou, because you lusted after the nations and defiled ourself with their idols. 31 You have gone the way of our sister; so I will put her cup into your hand.

32 "This is what the Sovereign LORD says:

"You will drink your sister's cup,
a cup large and deep;
it will bring scorn and derision,
for it holds so much.
33 You will be filled with drunkenness and
sorrow,
the cup of ruin and desolation,
the cup of your sister Samaria.
34 You will drink it and drain it dry
and chew on its pieces –
and you will tear your breasts.
have spoken, declares the Sovereign LORD.

35 "Therefore this is what the Sovereign LORD says: nce you have forgotten me and turned your back on e, you must bear the consequences of your lewdness nd prostitution."

36 The LORD said to me: "Son of man, will you judge holah and Oholibah? Then confront them with eir detestable practices, 37 for they have comitted adultery and blood is on their hands. They ommitted adultery with their idols; they even sacficed their children, whom they bore to me, as food r them. 38 They have also done this to me: At that me time they defiled my sanctuary and desecrated y Sabbaths. 39 On the very day they sacrificed their ildren to their idols, they entered my sanctuary nd desecrated it. That is what they did in my house.

40 "They even sent messengers for men who came om far away, and when they arrived you bathed ourself for them, applied eye makeup and put on our jewelry. 41 You sat on an elegant couch, with a ble spread before it on which you had placed the cense and olive oil that belonged to me.

42 "The noise of a carefree crowd was around her; runkards were brought from the desert along with en from the rabble, and they put bracelets on the rists of the woman and her sister and beautiful owns on their heads. 43 Then I said about the one orn out by adultery, 'Now let them use her as a rostitute, for that is all she is.' 44 And they slept with

ront les bijoux dont tu te pares. 27 Ainsi je mettrai fin à tes prostitutions et à tes mœurs infâmes qui ont commencé en Egypte, et tu ne lèveras plus les yeux vers ces gens, tu ne te souviendras plus jamais de l'Egypte.

28 Car voici ce que dit le Seigneur, l'Eternel : Je vais t'abandonner à ceux que tu détestes, ceux que tu as pris en dégoût. 29 Ils agiront contre toi avec haine et ils emporteront le fruit de ton travail. Ils t'abandonneront toute nue, dépouillée, en exposant ainsi la honte de ton immoralité, ton impudicité et tes prostitutions. 30 Ce qui te vaut cela, c'est de t'être prostituée à ces peuples païens et de t'être rendue impure avec leurs idoles. 31 Tu as marché sur les traces de ta sœur, c'est pourquoi je te mettrai dans la main la coupe[v] qu'elle a bue.

32 Voici ce que déclare le Seigneur, l'Eternel :
La coupe que ta sœur a bue, tu la boiras aussi,
coupe large et profonde,
qui donnera à rire, à se moquer,
tant elle est pleine.
33 Tu seras rassasiée d'ivresse et d'affliction.
C'est une coupe de dévastation et d'effroi,
la coupe de ta sœur, de Samarie.
34 Tu boiras cette coupe et tu la videras,
tu la briseras en morceaux
et, avec ses tessons, tu te lacéreras les seins,
car, c'est moi qui le dis.
C'est là ce que déclare le Seigneur, l'Eternel.

35 C'est pourquoi, le Seigneur, l'Eternel, te déclare : Puisque tu m'as mis en oubli, que tu m'as rejeté en me tournant le dos, tu paieras toi aussi, pour tes débauches et ta prostitution.

Un sérieux avertissement

36 Puis l'Eternel me dit : Fils d'homme, prononce un jugement contre Ohola et contre Oholiba et dénonce leurs abominations ! 37 Car elles ont été toutes deux adultères et les mains de chacune sont couvertes de sang. C'est avec leurs idoles qu'elles ont commis adultère et elles leur ont sacrifié les fils qu'elles m'avaient enfantés pour que celles-ci les dévorent. 38 Et elles m'ont fait plus encore en ce jour-là : toutes deux ont rendu impur mon sanctuaire et ont profané mes jours de sabbat. 39 Quand elles immolaient leurs fils à leurs idoles, elles sont entrées ce jour même dans mon sanctuaire pour le profaner, oui voilà ce qu'elles ont fait au milieu de mon temple.

40 Elles ont envoyé chercher au loin des hommes. Sitôt qu'ils ont reçu les messagers qui leur ont été envoyés, ils sont venus. Pour eux, tu t'es baignée, tu t'es fardé les yeux, tu as mis tes bijoux 41 et tu t'es assise là sur un lit d'apparat devant lequel on a disposé une table et tu y as posé mon encens et mon huile. 42 On entendait la voix d'une multitude insouciante. Parmi les hommes de la populace, on a fait venir du désert des ivrognes[w] qui ont passé des bracelets aux mains de ces deux sœurs et ils ont posé des couronnes splendides sur leurs têtes. 43 Alors je me suis interrogé sur cette femme flétrie par l'adultère : Va-t-elle se livrer encore à ses prostitutions[x] ? 44 On est venu vers elle

[v] **23.31** Voir Es 51.17, 22 ; Jr 25.15ss
[w] **23.42** *des ivrognes:* selon le texte hébreu traditionnel tel qu'il est écrit. Une ancienne tradition de scribe y indique qu'il faut lire, en supprimant une lettre, *des Sabéens.*
[x] **23.43** *Va-t-elle ... prostitutions:* hébreu pas clair.

her. As men sleep with a prostitute, so they slept with
those lewd women, Oholah and Oholibah. 45But righteous judges will sentence them to the punishment of
women who commit adultery and shed blood, because
they are adulterous and blood is on their hands.
46"This is what the Sovereign LORD says: Bring a mob
against them and give them over to terror and plunder. 47The mob will stone them and cut them down
with their swords; they will kill their sons and daughters and burn down their houses.
48"So I will put an end to lewdness in the land, that
all women may take warning and not imitate you.
49You will suffer the penalty for your lewdness and
bear the consequences of your sins of idolatry. Then
you will know that I am the Sovereign LORD."

Jerusalem as a Cooking Pot

24 1In the ninth year, in the tenth month on the
tenth day, the word of the LORD came to me:
2"Son of man, record this date, this very date, because
the king of Babylon has laid siege to Jerusalem this
very day. 3Tell this rebellious people a parable and
say to them: 'This is what the Sovereign LORD says:

"'Put on the cooking pot; put it on
and pour water into it.
4 Put into it the pieces of meat,
all the choice pieces – the leg and the
shoulder.
Fill it with the best of these bones;
5 take the pick of the flock.
Pile wood beneath it for the bones;
bring it to a boil
and cook the bones in it.

6"'For this is what the Sovereign LORD says:

"'Woe to the city of bloodshed,
to the pot now encrusted,
whose deposit will not go away!
Take the meat out piece by piece
in whatever order it comes.

7"'For the blood she shed is in her midst:
She poured it on the bare rock;
she did not pour it on the ground,
where the dust would cover it.
8 To stir up wrath and take revenge
I put her blood on the bare rock,
so that it would not be covered.

9"'Therefore this is what the Sovereign LORD says:

"'Woe to the city of bloodshed!
I, too, will pile the wood high.
10 So heap on the wood
and kindle the fire.
Cook the meat well,
mixing in the spices;
and let the bones be charred.
11 Then set the empty pot on the coals
till it becomes hot and its copper glows,
so that its impurities may be melted
and its deposit burned away.

tout comme on va trouver une prostituée. Oui, c'est ain
qu'ils sont venus vers Ohola et vers Oholiba, ces femm
débauchées.
45Mais des hommes justes les jugeront selon le droit q
s'applique aux femmes adultères et aux femmes qui répa
dent le sang, car elles sont bien adultères et ont du sar
sur les mains. 46Car voici ce que dit le Seigneur, l'Eterne
Que l'on fasse venir contre elles une grande coalition et
les livrerai à la terreur et au pillage ! 47Cette coalition l
lapidera et les taillera en pièces à coups d'épée. Ces ger
tueront leurs fils et leurs filles et brûleront leurs maison
48Ainsi je mettrai fin aux débauches dans le pays ; tout
les autres femmes apprendront par cela à ne pas imit
votre impudicité. 49Ils feront retomber sur vous votre d
bauche, vous paierez ainsi pour vos péchés d'idolâtrie ;
vous reconnaîtrez que je suis le Seigneur, l'Eternel.

Derniers avertissements

La marmite pleine de vert-de-gris

24 1Le dixième jour du dixième mois, dans la ne
vième année[y], l'Eternel m'adressa la parole et n
dit :
2Fils d'homme, note par écrit la date d'aujourd'hui, d
façon précise car, aujourd'hui même, le roi de Babylone
commencé les opérations contre Jérusalem.
3Raconte une parabole à la communauté rebelle. Dis-lu

« Voici ce que déclare le Seigneur, l'Eternel :
Prépare la marmite, mets-la en place et verses-y d
l'eau[z].
4 Mets-y de bons morceaux de viande,
tous les meilleurs morceaux : le gigot et l'épaule.
Finis de la remplir avec des os de choix.

5 Prends les meilleurs moutons dans le troupeau,
puis entasse le bois[a] sous la marmite.
Fais-la bouillir à gros bouillons !
Que même les os cuisent ! »

6Voici ce que déclare le Seigneur, l'Eternel : « Malhe
à la ville meurtrière, marmite couverte de vert-de-gri
et dont le vert-de-gris ne s'en va pas ! Retirez-en l
morceaux les uns après les autres sans tirer au sort. 7C
le sang qu'elle a versé est toujours au milieu d'elle. Il n'a p
été répandu sur la terre où la poussière l'aurait recouver
non : elle l'a versé sur la roche nue. 8Pour faire débord
ma colère et lui faire payer ses crimes, j'ai fait verser
sang sur la roche nue pour qu'il ne soit pas recouvert.

9C'est pourquoi le Seigneur, l'Eternel, déclare cec
Malheur à la ville sanguinaire ! Moi aussi, je dresserai u
grand bûcher. 10Entasse du bois en quantité, allume le fe
fais cuire complètement la viande, ajoute les épices et q
les os soient calcinés. 11Ensuite, tu mettras la marmite vi
sur des braises pour qu'elle chauffe, que son cuivre ro
gisse et que ses impuretés se fondent à l'intérieur, et q

y 24.1 C'est-à-dire en janvier 588 av. J.-C. Voir 2 R 25.1.
z 24.3 Pour les v. 3-14, voir 11.3-7. La *marmite* est Jérusalem (11.3).
a 24.5 *le bois.* Le texte hébreu traditionnel a : *les os.* La différence tient à une lettre en hébreu ; cela s'explique par la proximité du mot « os », à la fin du verset.

2 It has frustrated all efforts;
its heavy deposit has not been removed,
not even by fire.
3 " 'Now your impurity is lewdness. Because I tried
cleanse you but you would not be cleansed from
ur impurity, you will not be clean again until my
ath against you has subsided.
14 " 'I the LORD have spoken. The time has come for
to act. I will not hold back; I will not have pity, nor
l I relent. You will be judged according to your con-
ct and your actions, declares the Sovereign LORD.' "

ekiel's Wife Dies

15 The word of the LORD came to me: 16 "Son of man,
ch one blow I am about to take away from you the
ight of your eyes. Yet do not lament or weep or shed
y tears. 17 Groan quietly; do not mourn for the dead.
ep your turban fastened and your sandals on your
t; do not cover your mustache and beard or eat the
stomary food of mourners."

18 So I spoke to the people in the morning, and in
evening my wife died. The next morning I did as
ad been commanded.
9 Then the people asked me, "Won't you tell us what
ese things have to do with us? Why are you acting
e this?"
20 So I said to them, "The word of the LORD came to
: 21 Say to the people of Israel, 'This is what the
vereign LORD says: I am about to desecrate my sanc-
ry – the stronghold in which you take pride, the
ight of your eyes, the object of your affection. The
ns and daughters you left behind will fall by the
ord. 22 And you will do as I have done. You will not
er your mustache and beard or eat the customary
d of mourners. 23 You will keep your turbans on
r heads and your sandals on your feet. You will not
urn or weep but will waste away because of[a] your
s and groan among yourselves. 24 Ezekiel will be a
n to you; you will do just as he has done. When this
ppens, you will know that I am the Sovereign LORD.'
5 "And you, son of man, on the day I take away their
onghold, their joy and glory, the delight of their
s, their heart's desire, and their sons and daugh-
s as well – 26 on that day a fugitive will come to
you the news. 27 At that time your mouth will be
ened; you will speak with him and will no longer
silent. So you will be a sign to them, and they will
ow that I am the LORD."

rophecy Against Ammon

5 1 The word of the LORD came to me: 2 "Son of
man, set your face against the Ammonites
d prophesy against them. 3 Say to them, 'Hear
word of the Sovereign LORD. This is what the

:23 Or *away in*

son vert-de-gris soit consumé. 12 Mais tous ces efforts sont
inutiles : le vert-de-gris dont elle est couverte en quantité
ne partira pas par le feu.
13 Jérusalem, ta conduite immorale t'a rendue impure.
J'ai voulu te purifier de ta souillure, mais tu ne t'es pas
laissé purifier. Tu ne pourras plus être purifiée jusqu'à ce
que j'aie assouvi ma colère contre toi. 14 Moi, l'Eternel, j'ai
parlé. L'heure est venue et je vais agir. Je ne me retiendrai
pas, je n'aurai pas de pitié, je ne reviendrai pas sur ma décision. Tu seras jugée selon ta conduite et selon tes actes,
le Seigneur, l'Eternel, le déclare. »

Le deuil d'Ezéchiel

15 L'Eternel m'adressa la parole en ces termes :
16 Fils d'homme, je vais t'enlever, par une mort soudaine,
celle qui charme tes yeux, mais tu ne porteras pas le deuil,
tu ne pleureras pas, tu ne verseras aucune larme. 17 Désole-
toi en silence, mais n'accomplis pas de rites funèbres.
Mets ton turban sur la tête et tes sandales aux pieds. Ne
te couvre pas la moustache et n'accepte pas le pain de
condoléances des voisins.
18 Le matin, je m'adressai au peuple, et le soir même,
mon épouse mourut. Le lendemain matin, j'agis conformément à ce qui m'avait été ordonné. 19 Alors les gens me
demandèrent : Pourquoi agis-tu de la sorte ? Nous expli-
queras-tu ce que cela signifie pour nous ?
20 Je leur répondis : L'Eternel m'a adressé la parole en
ces termes : 21 « Dis à la communauté d'Israël : Voici ce
que déclare le Seigneur, l'Eternel : Je vais profaner mon
sanctuaire dont vous tirez votre orgueil et votre force, qui
charme vos yeux et qui est l'objet de votre sollicitude. Vos
fils et vos filles que vous avez laissés là-bas tomberont par
l'épée. 22 Et vous agirez comme j'ai agi : vous ne vous cou-
vrirez pas la moustache et vous ne mangerez pas le pain de
condoléances de vos voisins. 23 Vous garderez vos turbans
sur la tête et vos sandales aux pieds. Vous ne porterez pas
le deuil et vous ne pleurerez pas, mais vous dépérirez à
cause de vos péchés et vous gémirez les uns auprès des
autres. 24 Ce qu'Ezéchiel a fait vous servira de signe : quand
cela arrivera, vous agirez exactement comme il a agi, et
vous reconnaîtrez que je suis le Seigneur, l'Eternel.
25 Et maintenant, fils d'homme, écoute : le jour vient où
je leur reprendrai le sanctuaire qui fait leur force, leur
joie, leur parure, qui charme leurs yeux et qui fait l'objet
de leur sollicitude ; ainsi que leurs fils et leurs filles[b]. 26 En
ce jour-là, un rescapé arrivera vers toi pour annoncer la
nouvelle. 27 En ce jour-là, quand ce rescapé arrivera, tu
pourras ouvrir la bouche et tu parleras ; tu ne seras plus
muet. Tu leur serviras de signe. Et ils reconnaîtront que
je suis l'Eternel. »

PROPHÉTIES CONTRE LES AUTRES PEUPLES

Contre les Ammonites

25 1 L'Eternel m'adressa la parole en ces termes[c] :
2 Fils d'homme, dirige ton regard en direction
des Ammonites, prophétise contre eux, 3 dis au sujet des
Ammonites : « Ecoutez la parole du Seigneur, l'Eternel :

[b] **24.25** *reprendrai leur sanctuaire ... filles* (voir v. 21). Autre traduction : *reprendrai ce qui fait leur force, leur joie, leur parure, qui charme leurs yeux et qui fait l'objet de leur sollicitude : leurs fils et leurs filles.*

[c] **25.1** Pour les v. 1-7, voir 21.33-37.

Sovereign LORD says: Because you said "Aha!" over
my sanctuary when it was desecrated and over
the land of Israel when it was laid waste and over
the people of Judah when they went into exile,
4therefore I am going to give you to the people
of the East as a possession. They will set up their
camps and pitch their tents among you; they will
eat your fruit and drink your milk. 5I will turn
Rabbah into a pasture for camels and Ammon into
a resting place for sheep. Then you will know that
I am the LORD. 6For this is what the Sovereign LORD
says: Because you have clapped your hands and
stamped your feet, rejoicing with all the malice of
your heart against the land of Israel, 7therefore I
will stretch out my hand against you and give you
as plunder to the nations. I will wipe you out from
among the nations and exterminate you from the
countries. I will destroy you, and you will know
that I am the LORD.'"

A Prophecy Against Moab

8"This is what the Sovereign LORD says: 'Because
Moab and Seir said, "Look, Judah has become like
all the other nations," 9therefore I will expose the
flank of Moab, beginning at its frontier towns – Beth
Jeshimoth, Baal Meon and Kiriathaim – the glory of that land. 10I will give Moab along with the
Ammonites to the people of the East as a possession,
so that the Ammonites will not be remembered among
the nations; 11and I will inflict punishment on Moab.
Then they will know that I am the LORD.'"

A Prophecy Against Edom

12"This is what the Sovereign LORD says: 'Because
Edom took revenge on Judah and became very guilty
by doing so, 13therefore this is what the Sovereign
LORD says: I will stretch out my hand against Edom and
kill both man and beast. I will lay it waste, and from
Teman to Dedan they will fall by the sword. 14I will
take vengeance on Edom by the hand of my people
Israel, and they will deal with Edom in accordance
with my anger and my wrath; they will know my vengeance, declares the Sovereign LORD.'"

A Prophecy Against Philistia

15"This is what the Sovereign LORD says: 'Because
the Philistines acted in vengeance and took revenge with malice in their hearts, and with ancient
hostility sought to destroy Judah, 16therefore
this is what the Sovereign LORD says: I am about
to stretch out my hand against the Philistines,
and I will wipe out the Kerethites and destroy
those remaining along the coast. 17I will carry
out great vengeance on them and punish them

Voici ce que vous dit le Seigneur, l'Eternel : Tu as cri
"Ha, ha ... !" lorsque mon sanctuaire a été profané, lorsq
le pays d'Israël a été dévasté, lorsque la communauté
Juda est partie en exil. 4A cause de cela, je vais te livr
aux tribus de l'Orient[d] qui conquerront ton territoire.
dresseront chez toi leurs campements et ils établiro
leurs demeures chez toi. Ce sont eux qui mangeront t
fruits, eux qui boiront ton lait. 5Je ferai de Rabba[e] un pa
pour les chameaux, et du pays des Ammonites un berc
de moutons, et vous reconnaîtrez que je suis l'Eternel.
6Car voici ce que dit le Seigneur, l'Eternel : Parce que
as applaudi et trépigné et que tu t'es réjoui avec tant
mépris au sujet d'Israël, de son pays, 7à cause de cela,
vais porter la main sur toi, te donner en proie aux natic
étrangères, et je te ferai disparaître en tant que peuple
te supprimerai du nombre des pays. Je t'exterminerai
tu reconnaîtras que je suis l'Eternel. »

Contre les Moabites

8Voici ce que déclare le Seigneur, l'Eternel : Moab et Se
disent : « La communauté de Juda est devenue parei
à tous les autres peuples. » 9A cause de cela, moi je v.
exposer les pentes de Moab en les dégarnissant de vill
je démantèlerai jusque sur ses frontières les villes du pa
qui constituent sa gloire : Beth-Hayeshimoth, Baal-Me
Qiryataïm, 10et je les donnerai en pleine possession aux t
bus de l'Orient liguées contre les Ammonites pour qu'on
se souvienne plus des Ammonites parmi les autres peupl
11Et j'exécuterai sur Moab la sentence et ils reconnaîtr
que je suis l'Eternel.

Contre les Edomites

12Voici ce que déclare le Seigneur, l'Eternel : A cause
actes d'Edom lorsqu'il s'est vengé de Juda, parce qu'il s'
rendu coupable d'une façon très grave en se vengeant[g],
cause de cela, voici ce que déclare le Seigneur, l'Etern
Moi, je porterai la main sur Edom et j'en retrancherai ho
mes et bêtes. J'en ferai une ruine depuis Témân jusq
Dedân[h], ils tomberont sous les coups de l'épée. 14J'exerce
ma rétribution sur Edom en me servant de mon peu
Israël. Ils se feront les instruments de mon indignati
et de ma colère en Edom. Edom saura alors comment
rétribue. C'est là ce que déclare le Seigneur, l'Eternel.

Contre les Philistins

15Voici ce que déclare le Seigneur, l'Eternel : Puisque
Philistins ont agi par vengeance, et qu'ils se sont veng
le cœur plein de mépris, au point de tout détruire da
leur haine ancestrale, 16à cause de cela, voici ce que
clare le Seigneur, l'Eternel : Je vais porter la main sur
Philistins. Je détruirai ceux qui sont venus de la Crète
je ferai périr le reste de ceux qui sont établis sur les bo
de la mer. 17J'exercerai sur eux une rétribution terrib

[d] 25.4 Tribus arabes établies à l'est du Jourdain (Jg 6.3 ; Jb 1.1-3 ; Jr 49.
[e] 25.5 *Rabba:* capitale des Ammonites.
[f] 25.8 Les *Moabites* habitaient au sud des Ammonites, à l'est de la mer Morte. Les Edomites étaient établis dans les monts de *Séir,* au sud de l mer Morte.
[g] 25.12 Pour les v. 12-14, voir le chapitre 35.
[h] 25.13 *Témân* était un district au centre d'Edom (Jr 49.7, 20 ; Am 1.12 ; Ab 9 ; Ha 3.3), *Dedân,* une tribu et un territoire au sud d'Edom (27.20 ; 38.13 ; Es 21.13 ; Jr 49.8).

: my wrath. Then they will know that I am the
)RD, when I take vengeance on them.' "

Prophecy Against Tyre

26 1In the eleventh month of the twelfth[p] year, on the first day of the month, the word of the
RD came to me: 2"Son of man, because Tyre has said
Jerusalem, 'Aha! The gate to the nations is broken,
ıd its doors have swung open to me; now that she
s in ruins I will prosper,' 3therefore this is what the
)vereign LORD says: I am against you, Tyre, and I will
ing many nations against you, like the sea casting
) its waves. 4They will destroy the walls of Tyre and
ıll down her towers; I will scrape away her rubble
ıd make her a bare rock. 5Out in the sea she will
ecome a place to spread fishnets, for I have spoken,
eclares the Sovereign LORD. She will become plunder
r the nations, 6and her settlements on the mainland
ill be ravaged by the sword. Then they will know
ıat I am the LORD.

7"For this is what the Sovereign LORD says:
'om the north I am going to bring against Tyre
ebuchadnezzar[q] king of Babylon, king of kings, with
)rses and chariots, with horsemen and a great army.
Ie will ravage your settlements on the mainland
ith the sword; he will set up siege works against you,
ıild a ramp up to your walls and raise his shields
ainst you. 9He will direct the blows of his battering
ıms against your walls and demolish your towers
ith his weapons. 10His horses will be so many that
ey will cover you with dust. Your walls will tremble
the noise of the warhorses, wagons and chariots
hen he enters your gates as men enter a city whose
alls have been broken through. 11The hooves of his
)rses will trample all your streets; he will kill your
eople with the sword, and your strong pillars will
ll to the ground. 12They will plunder your wealth
ıd loot your merchandise; they will break down your
alls and demolish your fine houses and throw your
ones, timber and rubble into the sea. 13I will put
ı end to your noisy songs, and the music of your
ırps will be heard no more. 14I will make you a bare
ck, and you will become a place to spread fishnets.
)u will never be rebuilt, for I the LORD have spoken,
eclares the Sovereign LORD.

15"This is what the Sovereign LORD says to Tyre: Will
)t the coastlands tremble at the sound of your fall,
hen the wounded groan and the slaughter takes
ace in you? 16Then all the princes of the coast will
ep down from their thrones and lay aside their robes
ıd take off their embroidered garments. Clothed
ith terror, they will sit on the ground, trembling

:6:1 Probable reading of the original Hebrew text; Masoretic Text es not have *month of the twelfth*.
6:7 Hebrew *Nebuchadrezzar,* of which *Nebuchadnezzar* is a variant; re and often in Ezekiel and Jeremiah

les châtiments dictés par mon indignation, et ils reconnaîtront que je suis l'Eternel lorsque je les rétribuerai.

Contre les Phéniciens

Le naufrage de Tyr

26 1La onzième année[i], le premier jour du [onzième] mois, l'Eternel m'adressa la parole en ces termes :
2Fils d'homme, Tyr[j] a dit contre Jérusalem : « Ha, ha... !
Elle est brisée, la porte des peuples ; elle m'est désormais
ouverte, et je vais être comblée, car la voici en ruine. »
3Voilà pourquoi le Seigneur, l'Eternel, parle ainsi : Je m'en
prends à toi, Tyr, je m'en vais soulever contre toi des peuples en grand nombre, comme la mer soulève ses vagues
en furie. 4Ils détruiront tes murs, ô Tyr, et abattront tes
tours. Je raclerai, pour l'emporter loin d'elle, la poussière
du sol et je ne laisserai qu'un rocher dénudé. 5Voici qu'elle
sera, au milieu de la mer, un lieu où les pêcheurs étendront
leurs filets pour les faire sécher. C'est moi qui vous le dis,
c'est là ce que déclare le Seigneur, l'Eternel, et d'autres
peuples la pilleront. 6Ses villes voisines bâties sur les terres
de la côte passeront par l'épée, et l'on reconnaîtra que je
suis l'Eternel.

7Car voici ce que dit le Seigneur, l'Eternel : J'amène
contre Tyr Nabuchodonosor, le roi de Babylone, cet empereur viendra du nord avec des chevaux et des chars,
des équipages nombreux et un immense rassemblement
de troupes. 8Il massacrera par l'épée tes villes voisines
bâties sur les terres de la côte, et il élèvera des terrassements contre toi. Il fera édifier des terrasses de siège et
il dressera contre toi un toit de boucliers. 9Il frappera tes
murs des coups de ses béliers et brisera tes tours avec ses
machines de guerre. 10La poussière du sol soulevée par le
flot de ses nombreux chevaux te couvrira. Au bruit des
attelages, des roues et des chars, tes remparts trembleront,
le jour où l'ennemi entrera dans tes portes, tout comme
on envahit une ville où l'on a fait une brèche. 11Il foulera
toutes tes rues sous les sabots de ses chevaux, il passera
tes habitants au fil de son épée, et les stèles qui font ta
force seront jetées à terre. 12Ils prendront tes richesses et
pilleront tes biens, ils abattront tes murs et ils démoliront
tes maisons luxueuses en jetant dans la mer tes boiseries,
tes pierres et jusqu'à ta poussière. 13Et je ferai cesser le
bruit de tes chansons, on ne percevra plus le son de tes
lyres. 14Et je ferai de toi un rocher dénudé, un lieu où les
pêcheurs étendront leurs filets pour les faire sécher. Tu
ne seras plus jamais rebâtie car moi, l'Eternel, j'ai parlé,
c'est là ce que déclare le Seigneur, l'Eternel.

Les îles trembleront

15Voici ce que le Seigneur, l'Eternel, dit à Tyr : Les habitants des îles et des régions côtières ne trembleront-ils
pas au fracas de ta chute, quand, au milieu de toi, dans un
affreux carnage, les blessés gémiront ? 16Les princes de la
mer descendront de leurs trônes, tous, ils enlèveront leurs
manteaux d'apparat et se dépouilleront de leurs habits
brodés pour se vêtir d'effroi ; ils s'assiéront par terre, ils
trembleront sans cesse et seront consternés des malheurs

i **26.1** C'est-à-dire en 586 av. J.-C. Le mot entre crochets manque dans le texte hébreu traditionnel (voir 33.21).
j **26.2** *Tyr* était l'une des premières villes commerciales de l'Antiquité (27.3) ; elle voyait donc en Jérusalem une rivale.

every moment, appalled at you. [17]Then they will take
up a lament concerning you and say to you:

" 'How you are destroyed, city of renown,
peopled by men of the sea!
You were a power on the seas,
you and your citizens;
you put your terror
on all who lived there.
[18] Now the coastlands tremble
on the day of your fall;
the islands in the sea
are terrified at your collapse.'

[19]"This is what the Sovereign LORD says: When I
make you a desolate city, like cities no longer inhabited, and when I bring the ocean depths over you and
its vast waters cover you, [20]then I will bring you down
with those who go down to the pit, to the people of
long ago. I will make you dwell in the earth below, as
in ancient ruins, with those who go down to the pit,
and you will not return or take your place[r] in the land
of the living. [21]I will bring you to a horrible end and
you will be no more. You will be sought, but you will
never again be found, declares the Sovereign LORD."

A Lament Over Tyre

27 [1]The word of the LORD came to me: [2]"Son of
man, take up a lament concerning Tyre. [3]Say
to Tyre, situated at the gateway to the sea, merchant
of peoples on many coasts, 'This is what the Sovereign
LORD says:

" 'You say, Tyre,
"I am perfect in beauty."
[4] Your domain was on the high seas;
your builders brought your beauty to
perfection.
[5] They made all your timbers
of juniper from Senir[s];
they took a cedar from Lebanon
to make a mast for you.
[6] Of oaks from Bashan
they made your oars;
of cypress wood[t] from the coasts of Cyprus
they made your deck, adorned with ivory.
[7] Fine embroidered linen from Egypt was your
sail
and served as your banner;
your awnings were of blue and purple
from the coasts of Elishah.
[8] Men of Sidon and Arvad were your oarsmen;

[r] **26:20** Septuagint; Hebrew *return, and I will give glory*
[s] **27:5** That is, Mount Hermon
[t] **27:6** Targum; the Masoretic Text has a different division of the consonants.

qui te frappent. [17]Puis ils prononceront sur toi une co
plainte et ils diront ceci :

« Est-ce possible ? Tu as péri,
ô toi dont la demeure sortait du sein des mers[k],
ô cité tant vantée, puissante sur les flots,
avec ses habitants,
et qui répandait la terreur sur tous les alentours.
[18] Les îles trembleront
lorsque tu tomberas,
les îles de la mer seront épouvantées en apprenan
ta fin. »

[19]Car voici ce que dit le Seigneur, l'Eternel : Quand j'a
rai fait de toi une ville ruinée, comme le sont les vill
qui n'ont plus d'habitants, quand j'aurai fait mont
par-dessus toi l'abîme et que les grandes eaux t'auro
toute submergée, [20]je te ferai descendre avec ceux q
descendent dans la fosse, vers ceux des temps passés, je
ferai habiter dans le pays des profondeurs, semblable a
antiques ruines, avec ceux qui descendent dans la foss
afin que tu ne sois plus jamais habitée[l], et tu n'auras pl
de place[m] au pays des vivants. [21]Je ferai de toi un obj
d'épouvante et c'en sera fini de toi. Les gens te cherch
ront mais, plus jamais, ils ne te trouveront. C'est là ce q
déclare le Seigneur, l'Eternel.

La chute d'une puissance

27 [1]L'Eternel m'adressa la parole en ces termes : [2]F
d'homme, entonne une complainte sur la cité
Tyr. [3]Dis donc à Tyr qui est assise aux portes de la m
et qui commerce avec tant de peuplades de nombreus
îles et régions côtières : voici ce que déclare le Seigne
l'Eternel :

Toi, ô Tyr, tu as dit :
« Ma beauté est parfaite ! »
[4] Ton territoire se trouve au cœur des mers,
et ceux qui t'ont construite ont rendu ta beauté
parfaite.
[5] Ils ont bâti tous tes bordages
en cyprès de Senir[n],
ils t'ont donné pour mât un cèdre du Liban.
[6] Ils ont pris pour tes rames des chênes du Basan,
ton pont est en ivoire
incrusté dans du bois, dans du cyprès importé des
îles de Chypre.
[7] Du lin brodé d'Egypte te servait de voilure :
c'était ton pavillon.
Tu avais pour tentures
la pourpre et l'écarlate des îles d'Elisha[o].
[8] Les habitants d'Arvad et de Sidon[p]
te servaient de rameurs,

[k] **26.17** *ô toi dont la demeure ... des mers.* Autre traduction : *ô toi qui étais habitée par des marins.* Certains traduisent, d'après l'ancienne version grecque : *tu as disparu des mers.*
[l] **26.20** *afin ... habitée.* Autre traduction : *et tu n'en remonteras pas.*
[m] **26.20** *tu n'auras plus de place:* d'après l'ancienne version grecque. Le texte hébreu traditionnel a : *je rendrai sa gloire.*
[n] **27.5** Nom amoréen pour le mont Hermon. Tyr est comparée à un bateau.
[o] **27.7** Ville sur la côte est de Chypre. Certains pensent aux îles du Péloponnèse.
[p] **27.8** Deux ports de la côte phénicienne proches de Tyr (voir Gn 10.18-19).

your skilled men, Tyre, were aboard as your
sailors.
9 Veteran craftsmen of Byblos were on board
as shipwrights to caulk your seams.
All the ships of the sea and their sailors
came alongside to trade for your wares.

10 " 'Men of Persia, Lydia and Put
served as soldiers in your army.
They hung their shields and helmets on your
walls,
bringing you splendor.
11 Men of Arvad and Helek
guarded your walls on every side;
men of Gammad
were in your towers.
They hung their shields around your walls;
they brought your beauty to perfection.

12 " 'Tarshish did business with you because of your
eat wealth of goods; they exchanged silver, iron, tin
d lead for your merchandise.
13 " 'Greece, Tubal and Meshek did business with
u; they traded human beings and articles of bronze
your wares.
14 " 'Men of Beth Togarmah exchanged chariot hors-
cavalry horses and mules for your merchandise.
15 " 'The men of Rhodes[u] traded with you, and many
astlands were your customers; they paid you with
ory tusks and ebony.
16 " 'Aram[v] did business with you because of your
any products; they exchanged turquoise, purple
oric, embroidered work, fine linen, coral and rubies
your merchandise.
17 " 'Judah and Israel traded with you; they ex-
anged wheat from Minnith and confections,[w] honey,
ve oil and balm for your wares.
18 " 'Damascus did business with you because of
ur many products and great wealth of goods. They
fered wine from Helbon, wool from Zahar 19 and
sks of wine from Izal in exchange for your wares:
ought iron, cassia and calamus.
20 " 'Dedan traded in saddle blankets with you.
21 " 'Arabia and all the princes of Kedar were your
stomers; they did business with you in lambs, rams
d goats.
22 " 'The merchants of Sheba and Raamah traded
th you; for your merchandise they exchanged the
est of all kinds of spices and precious stones, and
ld.
23 " 'Harran, Kanneh and Eden and merchants of
eba, Ashur and Kilmad traded with you. 24 In your

7:15 Septuagint; Hebrew *Dedan*
7:16 Most Hebrew manuscripts; some Hebrew manuscripts and
iac *Edom*
7:17 The meaning of the Hebrew for this word is uncertain.

et les plus habiles chez toi, ô Tyr
étaient tes matelots.
9 Tu employais chez toi les artisans expérimentés de
Byblos[q],
pour effectuer tes réparations.
Tous les bateaux des mers avec leurs matelots se
rencontraient chez toi
pour négocier tes marchandises.
10 Les Perses et ceux de Loud comme de Pouth[r]
entraient dans ton armée.
C'étaient tes gens de guerre.
Ils suspendaient chez toi leurs boucliers, leurs
casques,
et assuraient ta gloire.
11 Les gens d'Arvad et leur armée
étaient sur tes murailles
tout autour de la ville,
les hommes de Gammad[s] étaient dans tes donjons.
Ils suspendaient leurs armes aux murs d'enceinte
et rendaient ta beauté parfaite.

Une commerçante prestigieuse

12 Tarsis[t] échangeait avec toi des biens de toutes sortes
en abondance ; elle te donnait de l'argent, du fer, de l'étain
et du plomb contre tes marchandises. 13 Yavân, Toubal,
Méshek[u] commerçaient avec toi, ils donnaient des esclaves
et des objets de bronze en échange de tes marchandises.
14 Ceux de Beth-Togarma[v] pourvoyaient tes marchés de
chevaux pour la guerre et de chevaux de trait ainsi que
de mulets. 15 Les gens de Dedân[w] commerçaient avec toi,
tes marchés s'étendaient jusqu'aux nombreuses îles et
régions côtières qui te payaient ton dû en défenses d'ivoire
et avec de l'ébène. 16 La Syrie[x] t'achetait des produits de
tous genres, te payant en retour en pierres d'escarboucle,
en tissus écarlates, en belles broderies, en tissus de fin lin,
en corail et rubis. 17 Juda et Israël commerçaient avec toi,
te donnant en échange du froment de Minnith[y], du biscuit
et du miel, de l'huile et du baume. 18 La ville de Damas
commerçait avec toi, elle était attirée par tes nombreux
produits, et tes biens abondants, te livrant en paiement
le vin de Helbôn[z] et la laine de Tsahar. 19 Vedân, Yavân, et
Meouzal[a] pourvoyaient tes marchés, en fer forgé, en casse
et en roseau aromatique contre tes marchandises. 20 Dedân
te fournissait des étoffes de selle. 21 Les peuplades arabes
et tous les princes de Qédar[b] négociaient avec toi, pour-
voyant ton marché d'agneaux, de béliers et de boucs. 22 Les
marchands de Saba et ceux de Raema[c] commerçaient avec
toi payant tes marchandises des meilleurs aromates, de
gemmes de tous genres et d'or. 23 Harân, Kanné, Eden, les

q **27.9** Port célèbre situé entre Arvad et Sidon.
r **27.10** *Loud* et *Pouth:* voir Gn 10.6, 22 et notes.
s **27.11** *Gammad:* soit au nord de l'Asie Mineure, soit une ville côtière près d'Arvad.
t **27.12** Port d'Espagne, colonie phénicienne.
u **27.13** *Yavân* désigne les îles grecques. *Toubal* et *Méshek:* en Asie Mineure.
v **27.14** *Beth-Togarma:* probablement l'Arménie.
w **27.15** Voir 25.13 et note.
x **27.16** D'après la plupart des manuscrits hébreux. Quelques manuscrits hébreux et l'ancienne version grecque ont : *les Edomites.* La différence est due à la confusion entre deux lettres hébraïques très ressemblantes.
y **27.17** Ville ammonite, réputée pour ses céréales, située au nord de Heshbôn.
z **27.18** Ville au nord de Damas, réputée pour son vin.
a **27.19** Peut-être des tribus arabes.
b **27.21** Région du désert de l'Arabie (voir Es 21.13-17).
c **27.22** Régions de l'Arabie du Sud (cf. Gn 10.7).

marketplace they traded with you beautiful garments,
blue fabric, embroidered work and multicolored rugs
with cords twisted and tightly knotted.

25 " 'The ships of Tarshish serve
as carriers for your wares.
You are filled with heavy cargo
as you sail the sea.

26 Your oarsmen take you
out to the high seas.
But the east wind will break you to pieces
far out at sea.
27 Your wealth, merchandise and wares,
your mariners, sailors and shipwrights,
your merchants and all your soldiers,
and everyone else on board
will sink into the heart of the sea
on the day of your shipwreck.

28 The shorelands will quake
when your sailors cry out.
29 All who handle the oars
will abandon their ships;
the mariners and all the sailors
will stand on the shore.
30 They will raise their voice
and cry bitterly over you;
they will sprinkle dust on their heads
and roll in ashes.
31 They will shave their heads because of you
and will put on sackcloth.
They will weep over you with anguish of soul
and with bitter mourning.
32 As they wail and mourn over you,
they will take up a lament concerning you:
"Who was ever silenced like Tyre,
surrounded by the sea?"
33 When your merchandise went out on the seas,
you satisfied many nations;
with your great wealth and your wares
you enriched the kings of the earth.
34 Now you are shattered by the sea
in the depths of the waters;
your wares and all your company
have gone down with you.
35 All who live in the coastlands
are appalled at you;
their kings shudder with horror
and their faces are distorted with fear.

marchands de Saba, d'Assur et de Kilmad[d] commerçaie
avec toi. 24 Ils faisaient le commerce d'objets de luxe,
manteaux teints de pourpre et finement brodés, de tissu
de couleur, de forts cordons tressés pour tes négoces.

Une chute retentissante

25 Les vaisseaux au long cours[f] assuraient le transpo
de tes produits.
Oui, tu étais remplie et lourdement chargée de
marchandises
au cœur des mers[g].
26 Mais sur les grandes eaux où t'avaient amenée ceu
qui maniaient tes rames,
tu as été brisée par le vent de l'orient au cœur des
mers[h]
27 et tes richesses, tes marchandises, les articles de
ton commerce,
tes marins et tes matelots,
les ouvriers qui réparent tes avaries,
et tes marchands,
tous les hommes de guerre qui sont chez toi,
toute la multitude qui remplit ton navire,
tous tomberont au cœur des mers
au jour de ton naufrage.
28 Au cri que pousseront tes matelots,
les régions de la côte se mettront à trembler.
29 Alors tous les rameurs,
les matelots, tous les marins qui sillonnent la mer
quitteront leurs navires
et se tiendront sur terre,
30 ils se lamenteront sur toi
et pousseront des cris amers ;
ils répandront de la poussière sur leur tête,
et se rouleront dans la cendre.
31 Ils se raseront la tête à cause de toi,
ils mettront un habit fait de toile de sac,
plongés dans l'affliction ils pleureront sur toi
et avec amertume, ils se lamenteront.
32 Dans leur douleur, ils chanteront sur toi une élégi
funèbre.
Voici ce qu'ils diront dans leur complainte :
« Qui était comme Tyr,
désormais silencieuse[i] au milieu de la mer ? »
33 Lorsque tes marchandises arrivaient par les mers,
tu comblais les besoins de peuples innombrables.
Par la surabondance de tes produits
et de tes marchandises, tu enrichissais les rois de
la terre.
34 Mais te voilà brisée par les flots de la mer,
jetée au fond des eaux profondes !
Toute ta cargaison et tout ton équipage
ont sombré avec toi.
35 Les habitants des îles sont frappés de stupeur
à cause de ton sort,
leurs rois sont secoués d'un frisson d'épouvante
et la consternation se lit sur leurs visages.

d **27.23** Villes et contrées de la Mésopotamie.
e **27.24** Autre traduction : *tapis.*
f **27.25** Voir note 2 Ch 20.37.
g **27.25** Pour les v. 25-36, voir Ap 18.11-19.
h **27.26** Vent très violent (Ps 48.8 ; Jb 1.19). Ici, il symbolise peut-être les armées de Nabuchodonosor (17.10 ; 19.12).
i **27.32** *maintenant silencieuse.* Autre traduction : *comme la citadelle.*

36 The merchants among the nations scoff at you;
you have come to a horrible end
and will be no more.' "

Prophecy Against the King of Tyre

8 1 The word of the LORD came to me: 2 "Son of
man, say to the ruler of Tyre, 'This is what
e Sovereign LORD says:
" 'In the pride of your heart
you say, "I am a god;
I sit on the throne of a god
in the heart of the seas."
But you are a mere mortal and not a god,
though you think you are as wise as a god.
3 Are you wiser than Daniel[x]?
Is no secret hidden from you?
4 By your wisdom and understanding
you have gained wealth for yourself
and amassed gold and silver
in your treasuries.
5 By your great skill in trading
you have increased your wealth,
and because of your wealth
your heart has grown proud.
6 " 'Therefore this is what the Sovereign LORD says:
" 'Because you think you are wise,
as wise as a god,
7 I am going to bring foreigners against you,
the most ruthless of nations;
they will draw their swords against your
beauty and wisdom
and pierce your shining splendor.
8 They will bring you down to the pit,
and you will die a violent death
in the heart of the seas.
9 Will you then say, "I am a god,"
in the presence of those who kill you?
You will be but a mortal, not a god,
in the hands of those who slay you.
10 You will die the death of the uncircumcised
at the hands of foreigners.
ave spoken, declares the Sovereign LORD.' "
11 The word of the LORD came to me: 12 "Son of man,
ke up a lament concerning the king of Tyre and say
him: 'This is what the Sovereign LORD says:
" 'You were the seal of perfection,
full of wisdom and perfect in beauty.
13 You were in Eden,
the garden of God;
every precious stone adorned you:
carnelian, chrysolite and emerald,
topaz, onyx and jasper,
lapis lazuli, turquoise and beryl.[y]
Your settings and mountings[z] were made of
gold;
on the day you were created they were
prepared.
14 You were anointed as a guardian cherub,

8:3 Or *Danel*, a man of renown in ancient literature
8:13 The precise identification of some of these precious stones
ncertain.
3:13 The meaning of the Hebrew for this phrase is uncertain.

36 Ceux qui commercent parmi les peuples sifflent
d'horreur à ton sujet,
ton sort inspire l'épouvante,
et pour toujours, toi, tu ne seras plus !

Contre le prince orgueilleux

28 1 L'Eternel m'adressa la parole en ces termes :
2 Fils d'homme, dis au prince de Tyr[j] : « Voici
ce que te dit le Seigneur, l'Eternel : Ton cœur s'est élevé
et tu as proclamé : "Voici, je suis un dieu, et j'occupe ma
place sur un trône divin au cœur des mers." Pourtant, tu
n'es qu'un homme, tu n'es pas un dieu, mais tu te crois
aussi sage que Dieu. 3 Voici : tu prétends être plus sage que
Danel[k], pensant qu'aucun mystère ne t'est impénétrable.
4 Par ta sagesse et ton intelligence, tu t'es constitué une
immense fortune et tu as amassé de l'or et de l'argent dans
tes trésors. 5 Par ton extrême habileté dans ton commerce,
tu as accumulé des richesses sans nombre et, avec ta fortune, ton cœur s'est élevé. 6 A cause de cela, voici ce que
te dit le Seigneur, l'Eternel : Parce que tu t'es cru aussi
sage que Dieu, 7 j'amène contre toi des peuples étrangers
parmi les plus violents : ils tireront l'épée contre tous les
chefs-d'œuvre de ton habileté et profaneront ta splendeur. 8 Ils te feront descendre dans la fosse, et tu mourras
de mort violente, au cœur des mers. 9 Oseras-tu encore
dire : "Je suis Dieu" face à celui qui t'abattra ? Tu n'es qu'un
homme, non, tu n'es pas un dieu entre les mains de ceux
qui vont te transpercer ! 10 Toi, tu mourras comme un incirconcis sous les coups d'étrangers. Moi, j'ai parlé. C'est
là ce que déclare le Seigneur, l'Eternel. »

Autrefois et maintenant

11 L'Eternel m'adressa la parole en ces termes :
12 Fils d'homme, prononce une complainte contre le roi
de Tyr. Dis-lui : « Ainsi te parle le Seigneur, l'Eternel : Par
ta grande sagesse et ta beauté parfaite, tu étais un modèle
de perfection. 13 Tu étais en Eden, dans le jardin de Dieu. Tu
étais recouvert de pierres très précieuses[l] de toutes sortes :
rubis, topaze et diamant, chrysolithe et onyx, jaspe, saphir,
escarboucle, émeraude. Tes tambourins, tes fifres[m] étaient
d'or ouvragé, ils furent préparés le jour même où tu fus
créé. 14 Or, je t'avais placé, avec un chérubin[n] protecteur

j **28.2** Ce *prince de Tyr* pourrait être Ittobaal II qui régnait sur Tyr lors de la prise de Jérusalem par les Babyloniens.
k **28.3** Voir 14.14, 20 et note. Autre traduction : *Daniel.*
l **28.13** Sur *Eden* et ses pierres précieuses, voir Gn 2.8-17.
m **28.13** *Tes tambourins, tes fifres:* traduction incertaine.
n **28.14** *avec un chérubin:* en adoptant une autre vocalisation du texte hébreu traditionnel, avec l'ancienne version grecque. Le texte hébreu traditionnel, tel qu'il est vocalisé, signifie : *tu étais un chérubin.* Sur le *chérubin,* voir Gn 3.24. *qui était oint:* sens incertain. D'autres comprennent : *aux ailes déployées.*

for so I ordained you.
You were on the holy mount of God;
you walked among the fiery stones.
15 You were blameless in your ways
from the day you were created
till wickedness was found in you.
16 Through your widespread trade
you were filled with violence,
and you sinned.
So I drove you in disgrace from the mount of God,
and I expelled you, guardian cherub,
from among the fiery stones.
17 Your heart became proud
on account of your beauty,
and you corrupted your wisdom
because of your splendor.
So I threw you to the earth;
I made a spectacle of you before kings.
18 By your many sins and dishonest trade
you have desecrated your sanctuaries.
So I made a fire come out from you,
and it consumed you,
and I reduced you to ashes on the ground
in the sight of all who were watching.
19 All the nations who knew you
are appalled at you;
you have come to a horrible end
and will be no more.' "

A Prophecy Against Sidon

20 The word of the LORD came to me: 21 "Son of man,
set your face against Sidon; prophesy against her
22 and say: 'This is what the Sovereign LORD says:
" 'I am against you, Sidon,
and among you I will display my glory.
You will know that I am the LORD,
when I inflict punishment on you
and within you am proved to be holy.
23 I will send a plague upon you
and make blood flow in your streets.
The slain will fall within you,
with the sword against you on every side.
Then you will know that I am the LORD.
24 " 'No longer will the people of Israel have malicious neighbors who are painful briers and sharp thorns. Then they will know that I am the Sovereign LORD.
25 " 'This is what the Sovereign LORD says: When I gather the people of Israel from the nations where they have been scattered, I will be proved holy through them in the sight of the nations. Then they will live in their own land, which I gave to my servant
Jacob. 26 They will live there in safety and will build houses and plant vineyards; they will live in safety when I inflict punishment on all their neighbors who maligned them. Then they will know that I am the LORD their God.' "

qui était oint, sur la montagne sainte de Dieu ; c'est là q
tu étais, te promenant au milieu de ces pierres aux fe
étincelants.
15 Tu as été irréprochable dans toute ta conduite dep
le jour où tu as été créé, jusqu'à ce que le mal se soit tr
vé chez toi. 16 Ton commerce prospère t'a entraîné à
violence qui a rempli ton cœur. Alors tu as péché, je t
mis au rang des profanes en te chassant de ma montag
Et le chérubin protecteur t'a expulsé[o] du milieu de c
pierres aux feux étincelants. 17 De ta grande beauté, tu t
enorgueilli et tu as laissé ta splendeur pervertir ta sages
Je t'ai précipité à terre, et te donne en spectacle aux a
tres rois. 18 Par tes nombreux péchés dans ton comme
malhonnête, tu as profané tes sanctuaires et, du mili
de toi, j'ai fait surgir un feu afin qu'il te consume, je t
réduit en cendres sur la terre, à la vue de tous. 19 Et to
ceux qui te connaissaient parmi les peuples sont frapp
de stupeur, car tu es devenu un objet d'épouvante. Et po
toujours, tu ne seras plus ! »

Contre Sidon

20 L'Eternel m'adressa la parole en ces termes :
21 Fils d'homme, tourne-toi vers Sidon[p], prophétise s
elle. 22 Dis-lui : « Voici ce que déclare le Seigneur, l'Ete
nel : Je vais m'en prendre à toi, Sidon, et, au milieu de t
je vais faire éclater ma gloire, et l'on reconnaîtra que
suis l'Eternel quand j'exécuterai la sentence contre t
Ainsi je manifesterai ma sainteté par ma façon de te tra
er. 23 J'enverrai contre toi la peste, le sang coulera da
tes rues et les morts tomberont, tués au milieu de toi p
l'épée venue de toutes parts contre toi, et l'on reconnaî
que je suis l'Eternel.

Israël délivré

24 Il n'y aura donc plus, contre la communauté d'Isra
d'écharde douloureuse ou de ronce blessante : elle n'au
plus de voisins pleins de mépris pour elle, et l'on reco
naîtra que je suis l'Eternel.
25 Voici ce que déclare le Seigneur, l'Eternel : Quand
rassemblerai la communauté d'Israël du milieu des pe
ples parmi lesquels elle est dispersée, je manifesterai m
sainteté par la façon dont j'agirai envers eux aux ye
des peuples non israélites. Alors, ils habiteront dans le
propre pays, celui que j'ai donné à mon serviteur Jac
26 Ils y habiteront en sécurité, ils bâtiront des maisons
planteront des vignes ; ils y habiteront en sécurité qua
j'aurai exécuté les jugements sur tous leurs voisins q
les méprisent. Et l'on reconnaîtra que je suis l'Etern
leur Dieu. »

o 28.16 En modifiant la vocalisation du texte hébreu traditionnel, avec l'ancienne version grecque. Le texte hébreu traditionnel, tel qu'il est vocalisé, signifie : *je t'ai expulsé, chérubin protecteur.*
p 28.21 Autre port phénicien, proche de Tyr.

Prophecy Against Egypt

dgment on Pharaoh

29 [1]In the tenth year, in the tenth month on
the twelfth day, the word of the LORD came
me: [2]"Son of man, set your face against Pharaoh
ng of Egypt and prophesy against him and against
l Egypt. [3]Speak to him and say: 'This is what the
overeign LORD says:

"'I am against you, Pharaoh king of Egypt,
you great monster lying among your
streams.
You say, "The Nile belongs to me;
I made it for myself."
[4] But I will put hooks in your jaws
and make the fish of your streams stick to
your scales.
I will pull you out from among your streams,
with all the fish sticking to your scales.
[5] I will leave you in the desert,
you and all the fish of your streams.
You will fall on the open field
and not be gathered or picked up.
I will give you as food
to the beasts of the earth and the birds of
the sky.
Then all who live in Egypt will know that I am the
RD.

"'You have been a staff of reed for the people of
rael. [7]When they grasped you with their hands, you
lintered and you tore open their shoulders; when
ey leaned on you, you broke and their backs were
renched.[a]

[8]"'Therefore this is what the Sovereign LORD says: I
ill bring a sword against you and kill both man and
east. [9]Egypt will become a desolate wasteland. Then
ey will know that I am the LORD.

"'Because you said, "The Nile is mine; I made it,"
therefore I am against you and against your streams,
d I will make the land of Egypt a ruin and a desolate
aste from Migdol to Aswan, as far as the border of
ısh.[b] [11]The foot of neither man nor beast will pass
rough it; no one will live there for forty years. [12]I
ill make the land of Egypt desolate among devastat-
l lands, and her cities will lie desolate forty years
nong ruined cities. And I will disperse the Egyptians
nong the nations and scatter them through the
untries.

9:7 Syriac (see also Septuagint and Vulgate); Hebrew *and you*
ised their backs to stand
9:10 That is, the upper Nile region

Contre l'Egypte

Les Egyptiens dispersés

29 [1]Le douzième jour du dixième mois de la dixième année[q], l'Eternel m'adressa la parole en ces
termes :
[2]Fils d'homme, dirige ton regard vers le pharaon, roi
d'Egypte[r], et prophétise contre lui, contre l'Egypte tout
entière. [3]Tu diras : « Voici ce que dit le Seigneur, l'Eternel :

Je vais m'en prendre à toi, pharaon, roi d'Egypte,
toi le grand crocodile
tapi au milieu de tes fleuves[s],
toi qui as dit : "Mon Nil, il est à moi,
et c'est moi qui l'ai fait."
[4] Je te passerai des crochets dans les mâchoires,
je ferai adhérer les poissons de tes fleuves à tes
écailles,
et je te tirerai du milieu de tes fleuves,
avec tous les poissons qui nagent dans tes fleuves
et qui adhéreront à tes écailles.
[5] Et je te jetterai dans le désert,
toi et tous les poissons qui nagent dans tes fleuves.
Et tu retomberas sur le sol dans les champs,
sans que l'on te recueille et qu'on t'ensevelisse.
Je te donnerai en pâture
aux animaux sauvages et aux oiseaux du ciel.
[6] Et tous les habitants de l'Egypte reconnaîtront
que je suis l'Eternel.
Car les Israélites
n'ont trouvé en eux qu'un appui aussi fragile qu'un
roseau.
[7] Quand ils t'ont saisi dans leur main, tu as cassé
et leur as déchiré toute l'épaule,
et quand ils s'appuyaient sur toi, tu t'es brisé
et tu leur as paralysé[t] les reins.

[8]C'est pourquoi le Seigneur, l'Eternel, te déclare : Je vais
faire venir l'épée pour t'attaquer, je supprimerai de chez
toi les hommes et les bêtes ; [9]le pays d'Egypte deviendra
un désert et une ruine, et l'on reconnaîtra que je suis
l'Eternel.

Parce que tu as dit : "Le Nil m'appartient et c'est moi qui
l'ai fait", [10]à cause de cela, je vais m'en prendre à toi, à toi
et à tes fleuves, et faire de l'Egypte des ruines, des ruines
désertiques de Migdol à Assouan[u] et jusqu'à la frontière
de l'Ethiopie. [11]Il n'y passera plus ni homme ni bête, car,
pendant quarante ans, elle sera inhabitée. [12]Je ferai de
l'Egypte le plus désertique de tous les pays et de ses villes
les plus ravagées de toutes les villes en ruine : cela durera
quarante ans. Je disséminerai les Egyptiens parmi les autres peuples, je les disperserai dans différents pays.

q **29.1** C'est-à-dire janvier 587 av. J.-C., peu avant l'assaut final des Babyloniens contre Jérusalem. Les Judéens se tournaient encore vers les Egyptiens dont ils espéraient le secours (v. 6,16).
r **29.2** Le *pharaon* visé est Hophra (589 à 570 av. J.-C.).
s **29.3** Soit les différents bras du Nil formant le delta, soit la multitude des canaux partant du fleuve et irriguant le pays.
t **29.7** *tu leur as paralysé:* d'après la version syriaque. Voir l'ancienne version grecque qui a : *tu as brisé*. Le texte hébreu traditionnel a : *tu as affermi*.
u **29.10** *Migdol:* probablement au nord de l'Egypte. *Assouan:* au sud de l'Egypte.

13 “ ‘Yet this is what the Sovereign LORD says: At the
end of forty years I will gather the Egyptians from the
nations where they were scattered. 14 I will bring them
back from captivity and return them to Upper Egypt,
the land of their ancestry. There they will be a lowly
kingdom. 15 It will be the lowliest of kingdoms and will
never again exalt itself above the other nations. I will
make it so weak that it will never again rule over the
nations. 16 Egypt will no longer be a source of confidence for the people of Israel but will be a reminder
of their sin in turning to her for help. Then they will
know that I am the Sovereign LORD.’ ”

Nebuchadnezzar’s Reward

17 In the twenty-seventh year, in the first month on
the first day, the word of the LORD came to me: 18 “Son
of man, Nebuchadnezzar king of Babylon drove his
army in a hard campaign against Tyre; every head
was rubbed bare and every shoulder made raw. Yet he
and his army got no reward from the campaign he led
against Tyre. 19 Therefore this is what the Sovereign
LORD says: I am going to give Egypt to Nebuchadnezzar
king of Babylon, and he will carry off its wealth. He
will loot and plunder the land as pay for his army.
20 I have given him Egypt as a reward for his efforts
because he and his army did it for me, declares the
Sovereign LORD.

21 “On that day I will make a horn[c] grow for the
Israelites, and I will open your mouth among them.
Then they will know that I am the LORD.”

A Lament Over Egypt

30 1 The word of the LORD came to me: 2 “Son of
man, prophesy and say: ‘This is what the
Sovereign LORD says:

“ ‘Wail and say,
“Alas for that day!”
3 For the day is near,
the day of the LORD is near –
a day of clouds,
a time of doom for the nations.
4 A sword will come against Egypt,
and anguish will come upon Cush.[d]
When the slain fall in Egypt,

[c] 29:21 *Horn* here symbolizes strength.
[d] 30:4 That is, the upper Nile region; also in verses 5 and 9

13 Mais voici ce que dit le Seigneur, l’Eternel : Au bo
de quarante ans, moi, je rassemblerai les Egyptie
d’entre les peuples où on les aura dispersés, 14 et
ramènerai les captifs de l’Egypte, je les rétablirai a
pays de Patros[v], leur pays d’origine, et là ils formero
un modeste royaume. 15 L’Egypte sera plus modeste q
les autres royaumes, elle ne s’élèvera plus au-dess
des autres peuples. Je réduirai leur importance af
qu’ils ne dominent plus sur les autres peuples. 16 L
communauté d’Israël ne mettra plus jamais sa conf
ance en eux. L’Egypte sera là comme un souvenir d
péché que mon peuple a commis en se tournant ve
elle, et l’on reconnaîtra que moi, je suis le Seigneu
l’Eternel. »

Le salaire pour le siège de Tyr

17 Le premier jour du premier mois de la vingt-se
tième année[w], l’Eternel m’adressa la parole en c
termes :

18 Fils d’homme, Nabuchodonosor, le roi de Babylone,
soumis son armée à un effort immense pour lutter co
tre Tyr[x]. Les têtes des soldats en sont devenues chauv
et toutes les épaules ont été écorchées[y] mais il n’a reti
aucun profit de Tyr, ni pour lui, ni pour son armée, po
cette opération qu’il a menée contre elle. 19 C’est pourqu
le Seigneur, l’Eternel, dit ceci : Je vais donner l’Egypte
Nabuchodonosor, le roi de Babylone. Il en emportera l
nombreuses richesses, il y prendra un butin et la pille
complètement. L’Egypte servira de salaire à ses troupe
20 Pour le rétribuer du travail contre Tyr, je lui liv
l’Egypte, parce que ses troupes ont œuvré pour moi. C’e
là ce que déclare le Seigneur, l’Eternel. 21 En ce jour-l
je ferai croître la force d’Israël. Quant à toi, tu pourr
parler librement parmi eux[z], et ils reconnaîtront que
suis l’Eternel.

Le jugement de Dieu plane sur l’Egypte

30 1 L’Eternel m’adressa la parole en ces termes :
2 Fils d’homme, prophétise.
Tu diras : « Le Seigneur, l’Eternel, dit ceci :
Poussez des hurlements, criez : “Hélas ! Quel
jour !”
3 Oui, car le jour est proche,
il approche à grands pas, le jour de l’Eternel,
et ce sera un jour tout chargé de nuages, un temps
de jugement réservé pour les peuples.
4 Car l’épée va s’abattre sur le pays d’Egypte
et l’effroi régnera jusque dans l’Ethiopie
lorsqu’au pays d’Egypte tomberont les tués

[v] **29.14** La Haute-Egypte.
[w] **29.17** C’est-à-dire en avril 571 av. J.-C.
[x] **29.18** Le siège de *Tyr* a duré 13 ans, de 586 à 573 av. J.-C.
[y] **29.18** Sans doute à cause des pénibles travaux nécessités par la construction d’une digue (terminée plus tard par Alexandre le Grand).
[z] **29.21** *tu pourras parler librement parmi eux:* il ne peut pas s’agir ici d’une annonce de la fin du mutisme du prophète (voir 3.26 et note). Cet oracl étant daté de 571 (voir v. 17 et note), il y avait bien longtemps que ce mutisme avait cessé (24.27 ; 33.21-22). Certains comprennent ce propos énigmatique comme annonçant la reconnaissance par le peuple de l’accomplissement de ses prophéties.

her wealth will be carried away
and her foundations torn down.
ush and Libya, Lydia and all Arabia, Kub and the
ople of the covenant land will fall by the sword
ong with Egypt.
6 " 'This is what the LORD says:
" 'The allies of Egypt will fall
and her proud strength will fail.
From Migdol to Aswan
they will fall by the sword within her,
declares the Sovereign LORD.
7 They will be desolate
among desolate lands,
and their cities will lie
among ruined cities.
8 Then they will know that I am the LORD,
when I set fire to Egypt
and all her helpers are crushed.
9 " 'On that day messengers will go out from me
ships to frighten Cush out of her complacency.
nguish will take hold of them on the day of Egypt's
om, for it is sure to come.
10 " 'This is what the Sovereign LORD says:
" 'I will put an end to the hordes of Egypt
by the hand of Nebuchadnezzar king of
Babylon.
11 He and his army – the most ruthless of
nations –
will be brought in to destroy the land.
They will draw their swords against Egypt
and fill the land with the slain.
12 I will dry up the waters of the Nile
and sell the land to an evil nation;
by the hand of foreigners
I will lay waste the land and everything in it.
he LORD have spoken.
13 " 'This is what the Sovereign LORD says:
" 'I will destroy the idols
and put an end to the images in Memphis.
No longer will there be a prince in Egypt,
and I will spread fear throughout the land.
14 I will lay waste Upper Egypt,
set fire to Zoan
and inflict punishment on Thebes.
15 I will pour out my wrath on Pelusium,
the stronghold of Egypt,
and wipe out the hordes of Thebes.
16 I will set fire to Egypt;
Pelusium will writhe in agony.
Thebes will be taken by storm;
Memphis will be in constant distress.
17 The young men of Heliopolis and Bubastis
will fall by the sword,

et qu'on s'emparera de toutes ses richesses,
et qu'on renversera jusqu'à ses fondations.
5 L'Ethiopie, Pouth et Loud[a], et toute l'Arabie[b] ainsi
que la Libye[c]
et les gens du pays de l'alliance,
tomberont par l'épée avec les Egyptiens.
6 L'Eternel dit ceci :
Les soutiens de l'Egypte tomberont tous ensemble
et sa puissance, dont elle était si fière,
s'écroulera.
Ils tomberont sous les coups de l'épée de Migdol à
Assouan[d].
C'est là ce que déclare le Seigneur, l'Eternel.
7 L'Egypte ne sera plus qu'une terre désolée parmi les
terres désolées,
ses villes seront parmi les villes en ruine.
8 Et l'on reconnaîtra que je suis l'Eternel
lorsque je mettrai le feu à l'Egypte
et que tous ses soutiens auront été brisés.
9 En ce jour-là, des messagers que j'enverrai s'en iront en
bateau pour faire trembler l'Ethiopie dans sa sécurité. Elle
sera saisie d'angoisse au jour où l'Egypte sera châtiée, et
ce jour est sur le point d'arriver. 10 Le Seigneur, l'Eternel,
le déclare : Je ferai disparaître la population nombreuse
de l'Egypte, et c'est Nabuchodonosor, le roi de Babylone,
qui le fera. 11 Lui et ses gens de guerre, parmi les plus
violents des peuples, seront amenés là pour dévaster le
pays ; ils tireront l'épée contre l'Egypte qu'ils couvriront
de morts. 12 Je changerai les fleuves[e] en terres desséchées
et j'abandonnerai le pays aux méchants. Je le dévasterai,
lui et ce qu'il contient, par la main d'étrangers. Oui, moi,
l'Eternel, j'ai parlé !

13 Voici ce que déclare le Seigneur, l'Eternel : Je ferai
disparaître les idoles, je supprimerai les faux dieux de
Memphis[f] et il n'y aura plus de chef en Egypte. Dans
tout le pays, je répandrai l'effroi. 14 Oui, je dévasterai
Patros, j'incendierai Tsoân, et j'exécuterai les jugements contre Thèbes[g]. 15 Je déverserai ma colère sur la
ville de Sîn[h], forteresse de l'Egypte, et j'exterminerai
les nombreux habitants de Thèbes. 16 J'incendierai
l'Egypte et Sîn se tordra de douleur, on fera une brèche
dans les remparts de Thèbes, et Memphis sera dans
la détresse[i] en plein jour. 17 Les jeunes gens d'Héliop-

---

[a] **30.5** *Pouth* et *Loud:* voir Gn 10.6, 22 et notes.
[b] **30.5** *toute l'Arabie:* selon une orthographe très voisine du mot hébreu et plusieurs versions anciennes. Le texte hébreu traditionnel a : *tout ce mélange.*
[c] **30.5** En hébreu : *Koub.*
[d] **30.6** Voir 29.10 et note.
[e] **30.12** Voir 29.3 et note.
[f] **30.13** Au sud du Caire.
[g] **30.14** *Patros:* la Haute-Egypte. *Tsoân:* une ville du delta. *Thèbes:* la capitale de la Haute-Egypte.
[h] **30.15** Ville non identifiée dans le delta du Nil, peut-être la Péluse actuelle vers l'est du delta.
[i] **30.16** *sera dans la détresse,* autre traduction : *devra faire face à l'ennemi.*

and the cities themselves will go into
captivity.
18 Dark will be the day at Tahpanhes
when I break the yoke of Egypt;
there her proud strength will come to an
end.
She will be covered with clouds,
and her villages will go into captivity.
19 So I will inflict punishment on Egypt,
and they will know that I am the LORD.' "

Pharaoh's Arms Are Broken

20 In the eleventh year, in the first month on the
seventh day, the word of the LORD came to me: 21 "Son
of man, I have broken the arm of Pharaoh king of
Egypt. It has not been bound up to be healed or put in
a splint so that it may become strong enough to hold
a sword. 22 Therefore this is what the Sovereign LORD
says: I am against Pharaoh king of Egypt. I will break
both his arms, the good arm as well as the broken
one, and make the sword fall from his hand. 23 I will
disperse the Egyptians among the nations and scatter
them through the countries. 24 I will strengthen the
arms of the king of Babylon and put my sword in his
hand, but I will break the arms of Pharaoh, and he
will groan before him like a mortally wounded man.
25 I will strengthen the arms of the king of Babylon,
but the arms of Pharaoh will fall limp. Then they will
know that I am the LORD, when I put my sword into
the hand of the king of Babylon and he brandishes it
against Egypt. 26 I will disperse the Egyptians among
the nations and scatter them through the countries.
Then they will know that I am the LORD."

Pharaoh as a Felled Cedar of Lebanon

31 1 In the eleventh year, in the third month on
the first day, the word of the LORD came to
me: 2 "Son of man, say to Pharaoh king of Egypt and
to his hordes:
" 'Who can be compared with you in majesty?
3 Consider Assyria, once a cedar in Lebanon,
with beautiful branches overshadowing the
forest;
it towered on high,
its top above the thick foliage.
4 The waters nourished it,
deep springs made it grow tall;
their streams flowed
all around its base
and sent their channels
to all the trees of the field.
5 So it towered higher

olis et ceux de Pi-Béseth[j] tomberont par l'épée,
les femmes s'en iront en exil[k]. 18 A Daphné[l], le jo
s'obscurcira quand je romprai les jougs imposés à
l'Egypte et que disparaîtra la force dont elle est
fière. Une sombre nuée recouvrira la ville, et s
habitantes[m] s'en iront en exil. 19 J'exécuterai ain
les jugements sur l'Egypte et l'on reconnaîtra q
je suis l'Eternel. »

La puissance du pharaon sera brisée

20 Le septième jour du premier mois de la onzième a
née[n], l'Eternel m'adressa la parole en ces termes :
21 Fils d'homme, vois, j'ai cassé le bras du pharaon,
roi d'Egypte, et il n'a pas été pansé, on ne l'a pas soig
en y posant des ligatures, on ne l'a pas bandé pour qu
retrouve assez de forces pour manier une épée. 22 C'e
pourquoi le Seigneur, l'Eternel, dit ceci : Voici, je vais m'
prendre au pharaon, au roi d'Egypte, et lui casser les bra
celui qui est valide aussi bien que celui qui est déjà ro
pu, et je ferai tomber l'épée de sa main, 23 je disperser
les Egyptiens parmi les autres peuples et je les répandr
dans divers pays. 24 Mais je fortifierai les bras du roi
Babylone, je mettrai dans sa main ma propre épée et
casserai les deux bras du pharaon qui gémira devant s
ennemi comme gémit un homme blessé à mort.
25 Oui, je fortifierai les bras du roi de Babylone, ma
quant aux bras du pharaon ils tomberont, et l'on reco
naîtra que je suis l'Eternel lorsque je mettrai mon ép
dans la main du roi de Babylone et qu'il la brandira cont
l'Egypte. 26 Oui, je disperserai les Egyptiens parmi les a
tres peuples, et je les répandrai dans divers pays, et l'
reconnaîtra que je suis l'Eternel.

La chute du grand cèdre

31 1 Le premier jour du troisième mois de la on
ième année[o], l'Eternel m'adressa la parole en c
termes :
2 Fils d'homme,
dis au pharaon, roi d'Egypte, et à son nombreux
peuple :
A qui ressembles-tu dans ta grandeur ?
3 L'Assyrie était comme un cèdre sur le Liban,
à la belle ramure,
au feuillage touffu donnant de l'ombre,
à la haute stature ;
sa cime s'élançait jusque dans les nuages.
4 Les eaux l'avaient fait croître,
les sources de l'abîme l'avaient fait s'élever bien
haut,
répandant leurs rivières
tout alentour du lieu où il était planté,
puis dirigeant leur cours
vers tous les arbres des campagnes.
5 Voilà pourquoi sa taille était plus élevée que celle

j **30.17** Deux villes de la Basse-Egypte.
k **30.17** Autre traduction : *et ces villes s'en iront en exil.*
l **30.18** Autre ville de la Basse-Egypte, forteresse frontière à l'est du delta.
m **30.18** Autre traduction : *ses villages.*
n **30.20** C'est-à-dire en avril 587 av. J.-C.
o **31.1** C'est-à-dire en juin 587 av J.-C.

than all the trees of the field;
its boughs increased
and its branches grew long,
spreading because of abundant waters.
6 All the birds of the sky
nested in its boughs,
all the animals of the wild
gave birth under its branches;
all the great nations
lived in its shade.
7 It was majestic in beauty,
with its spreading boughs,
for its roots went down
to abundant waters.
8 The cedars in the garden of God
could not rival it,
nor could the junipers
equal its boughs,
nor could the plane trees
compare with its branches –
no tree in the garden of God
could match its beauty.
9 I made it beautiful
with abundant branches,
the envy of all the trees of Eden
in the garden of God.

10 " 'Therefore this is what the Sovereign LORD says:
ecause the great cedar towered over the thick foliage,
ad because it was proud of its height, 11 I gave it into
e hands of the ruler of the nations, for him to deal
ith according to its wickedness. I cast it aside, 12 and
e most ruthless of foreign nations cut it down and
ft it. Its boughs fell on the mountains and in all the
alleys; its branches lay broken in all the ravines of
e land. All the nations of the earth came out from
nder its shade and left it. 13 All the birds settled on
e fallen tree, and all the wild animals lived among
s branches. 14 Therefore no other trees by the waters
e ever to tower proudly on high, lifting their tops
ove the thick foliage. No other trees so well-watered
e ever to reach such a height; they are all destined
r death, for the earth below, among mortals who go
own to the realm of the dead.

15 " 'This is what the Sovereign LORD says: On the day
was brought down to the realm of the dead I covered
e deep springs with mourning for it; I held back its
reams, and its abundant waters were restrained.
ecause of it I clothed Lebanon with gloom, and all
e trees of the field withered away. 16 I made the na-
ons tremble at the sound of its fall when I brought
down to the realm of the dead to be with those
ho go down to the pit. Then all the trees of Eden,
e choicest and best of Lebanon, the well-watered

de tous les arbres des campagnes ;
ses rameaux se multipliaient,
ses branches s'allongeaient,
grâce à l'eau abondante qui l'abreuvait.
6 Tous les oiseaux du ciel
nichaient dans ses rameaux et sous ses branches,
les animaux des champs mettaient bas leurs petits,
de nombreux peuples habitaient à son ombre.

7 Par sa taille imposante
et l'ampleur de ses branches, c'était le plus bel
arbre :
ses racines plongeaient
dans un sol gorgé d'eau.
8 Il n'était pas de cèdre qui lui fût comparable dans le
jardin de Dieu.
Les cyprès n'étaient pas comparables à ses
branches,
ni les platanes à ses rameaux ;
il n'était aucun arbre dans le jardin de Dieu
qui lui fût égal en beauté.

9 Je l'avais embelli d'une riche ramure.
Tous les arbres d'Eden,
dans le jardin de Dieu,
étaient jaloux de lui.

10 C'est pourquoi le Seigneur, l'Eternel, dit ceci : Parce
qu'il s'est dressé de toute sa hauteur, parce qu'il a porté
sa cime jusque dans les nuages, parce que dans son cœur
il s'est enorgueilli de sa très haute taille, 11 je l'ai livré au
puissant dominateur des peuples[p], afin qu'il lui inflige le
traitement que sa méchanceté mérite ; je l'ai chassé. 12 Des
étrangers, parmi les plus violents des peuples, l'ont abattu
et laissé là, ses branches sont tombées sur les montagnes
et dans toutes les vallées ; ses rameaux ont été brisés dans
tous les cours d'eau du pays, et tous les peuples de la terre
ont fui loin de son ombre et l'ont abandonné. 13 Tous les
oiseaux du ciel sont venus pour s'établir sur son tronc
abattu, et les bêtes sauvages s'abritent dans ses branches.
14 Et tout cela arrive afin qu'aucun autre arbre croissant au
bord de l'eau ne devienne orgueilleux à cause de sa taille
et n'élève sa cime jusque dans les nuages, et afin qu'aucun
arbre arrosé par les eaux ne se dresse en hauteur poussé
par son orgueil. Car ils sont tous voués à la mort, pour
descendre au séjour souterrain, au milieu des humains
avec ceux qui descendent dans la fosse.

Dans la fosse

15 Voici ce que déclare le Seigneur, l'Eternel : Le jour où
il est descendu dans le séjour des morts, j'ai fait mener le
deuil et, à cause de lui, j'ai recouvert l'abîme[q], j'ai retenu
ses fleuves, et ses puissantes eaux ont cessé de couler. Oui,
à cause de lui, j'ai obscurci la forêt du Liban et, à cause de
lui, tous les arbres des champs ont été desséchés. 16 Par
le bruit de sa chute, j'ai fait trembler les autres peuples,
quand je l'ai fait descendre dans le séjour des morts avec
ceux qui descendent dans la fosse ; dans les lieux souterrains, tous les arbres d'Eden, tous les arbres de choix, les
plus beaux du Liban qui s'abreuvaient aux eaux, ont été

---

[p] **31.11** Il s'agit du roi de Babylone.

[q] **31.15** *j'ai fait mener le deuil … l'abîme.* Autre traduction : *et, à cause de lui, j'ai recouvert l'abîme pour lui faire mener le deuil.*

trees, were consoled in the earth below. [17]They too,
like the great cedar, had gone down to the realm of
the dead, to those killed by the sword, along with the
armed men who lived in its shade among the nations.

[18]" 'Which of the trees of Eden can be compared
with you in splendor and majesty? Yet you, too, will
be brought down with the trees of Eden to the earth
below; you will lie among the uncircumcised, with
those killed by the sword.

" 'This is Pharaoh and all his hordes, declares the
Sovereign LORD.' "

A Lament Over Pharaoh

32 [1]In the twelfth year, in the twelfth month on
the first day, the word of the LORD came to me:
[2]"Son of man, take up a lament concerning Pharaoh
king of Egypt and say to him:

" 'You are like a lion among the nations;
you are like a monster in the seas
thrashing about in your streams,
churning the water with your feet
and muddying the streams.

[3]" 'This is what the Sovereign LORD says:

" 'With a great throng of people
I will cast my net over you,
and they will haul you up in my net.
[4]I will throw you on the land
and hurl you on the open field.
I will let all the birds of the sky settle on you
and all the animals of the wild gorge
themselves on you.
[5]I will spread your flesh on the mountains
and fill the valleys with your remains.
[6]I will drench the land with your flowing blood
all the way to the mountains,
and the ravines will be filled with your flesh.
[7]When I snuff you out, I will cover the heavens
and darken their stars;
I will cover the sun with a cloud,
and the moon will not give its light.
[8]All the shining lights in the heavens
I will darken over you;
I will bring darkness over your land, declares
the Sovereign LORD.
[9]I will trouble the hearts of many peoples
when I bring about your destruction among
the nations,
among[e] lands you have not known.
[10]I will cause many peoples to be appalled at you,
and their kings will shudder with horror
because of you
when I brandish my sword before them.
On the day of your downfall
each of them will tremble
every moment for his life.

[11]" 'For this is what the Sovereign LORD says:

[e] 32:9 Hebrew; Septuagint *bring you into captivity among the nations,* / *to*

consolés. [17]Eux aussi, avec lui, ils sont tous descendus dar
le séjour des morts vers les victimes de l'épée. Ils étaie
son appui et vivaient à son ombre au milieu des peuple
[18]Qui t'était comparable en gloire et en grandeur parn
tous les arbres d'Eden ? Et pourtant, te voici descendu av
eux au séjour souterrain pour être couché là au milieu d
incirconcis, avec ceux qui ont été tués par l'épée. Tel se
le destin du pharaon et de son nombreux peuple, c'est
ce que déclare le Seigneur, l'Eternel.

La complainte sur le pharaon

32 [1]Le premier jour du douzième mois de la dou
ième année[r], l'Eternel m'adressa la parole en c
termes :

[2]Fils d'homme,
prononce une complainte sur le pharaon, roi
d'Egypte,
dis-lui :
« Tu ressemblais à un jeune lion parmi les peuples.
Tu ressemblais, jadis, au crocodile dans les flots,
tu te soulevais dans tes fleuves,
et, de tes pattes, tu en troublais les eaux,
tu salissais tous leurs canaux[s].
[3]Voici ce que déclare le Seigneur, l'Eternel :
J'étendrai sur toi mon filet
lors d'un rassemblement d'un grand nombre de
peuples,
et ils te tireront dehors avec ma nasse.
[4]Je t'abandonnerai par terre
et je te jetterai par terre dans les champs.
Je ferai se poser sur toi tous les oiseaux,
je te donnerai en pâture à toutes les bêtes sauvage
[5]j'exposerai ton corps sur les montagnes
et je remplirai les vallées des restes de ta dépouille
[6]J'abreuverai le pays de ton sang
jusqu'aux montagnes
et il remplira les lits des torrents.
[7]Lorsque tu t'éteindras, je voilerai le ciel,
j'obscurcirai ses astres
et je recouvrirai le soleil de nuages,
la lune cessera de donner sa clarté.
[8]J'obscurcirai
à cause de toi tous les astres qui luisent dans le cie
et j'envelopperai ton pays de ténèbres.
C'est là ce que déclare le Seigneur, l'Eternel.

[9]J'affligerai le cœur d'un grand nombre de peuples car
ferai subir les répercussions de ta ruine à diverses natior
à travers des pays que tu ne connais pas. [10]Je plonger
beaucoup de peuples dans la consternation à ton sujet e
à cause de toi, leurs rois seront pris d'épouvante lorsq
je brandirai mon épée devant eux et, au jour de ta chut
chacun d'eux, sans arrêt, tremblera pour sa vie.

[11]Car voici ce que dit le Seigneur, l'Eternel :

[r] 32.1 C'est-à-dire en mars 585 av. J.-C.
[s] 32.2 C'est-à-dire les canaux d'irrigation et les bras du Nil qui parcouraient toute l'Egypte.

" 'The sword of the king of Babylon
will come against you.
12 I will cause your hordes to fall
by the swords of mighty men –
the most ruthless of all nations.
They will shatter the pride of Egypt,
and all her hordes will be overthrown.

13 I will destroy all her cattle
from beside abundant waters
no longer to be stirred by the foot of man
or muddied by the hooves of cattle.
14 Then I will let her waters settle
and make her streams flow like oil,
declares the Sovereign LORD.
15 When I make Egypt desolate
and strip the land of everything in it,
when I strike down all who live there,
then they will know that I am the LORD.'

16 "This is the lament they will chant for her. The
aughters of the nations will chant it; for Egypt
nd all her hordes they will chant it, declares the
overeign LORD."

gypt's Descent Into the Realm of the Dead

17 In the twelfth year, on the fifteenth day of the
ionth, the word of the LORD came to me: 18 "Son of
ıan, wail for the hordes of Egypt and consign to the
arth below both her and the daughters of mighty
ations, along with those who go down to the pit.
'Say to them, 'Are you more favored than others? Go
own and be laid among the uncircumcised.' 20 They
ill fall among those killed by the sword. The sword
drawn; let her be dragged off with all her hordes.
From within the realm of the dead the mighty lead-
rs will say of Egypt and her allies, 'They have come
own and they lie with the uncircumcised, with those
illed by the sword.'

22 "Assyria is there with her whole army; she is sur-
ounded by the graves of all her slain, all who have
ıllen by the sword. 23 Their graves are in the depths
f the pit and her army lies around her grave. All who
ad spread terror in the land of the living are slain,
ıllen by the sword.

24 "Elam is there, with all her hordes around her
rave. All of them are slain, fallen by the sword. All

L'épée du roi de Babylone t'atteindra
12 et je ferai tomber la multitude de ton peuple sous
l'épée des guerriers
du plus brutal des peuples :
ils viendront ravager ce qui fait l'orgueil de
l'Egypte,
et tous ses habitants seront exterminés.
13 Et je ferai périr tout son bétail
du bord des eaux profondes.
Elles ne seront plus troublées ni par le pied de
l'homme,
ni par le sabot des bestiaux.
14 Je rendrai leurs eaux calmes
et je ferai couler leurs fleuves comme l'huile.
C'est là ce que déclare le Seigneur, l'Eternel.
15 Lorsque j'aurai réduit l'Egypte à une terre dévastée,
quand le pays sera vidé de tout ce qu'il contient,
lorsque j'aurai frappé tous ceux qui y habitent,
à ce moment-là, on reconnaîtra que je suis
l'Eternel. »
16 Voilà la complainte que l'on chantera ; ce sont les filles
des autres peuples qui la chanteront ; elles la chanteront
sur l'Egypte et sur toute sa nombreuse population, le
Seigneur, l'Eternel, le déclare.

Le pharaon aux enfers

17 La douzième année, le quinzième jour du mois[t], l'Eternel m'adressa la parole en ces termes :
18 Fils d'homme, entonne un chant funèbre sur la population nombreuse de l'Egypte, fais-la descendre, elle et les
peuples des puissantes nations, dans le séjour des morts,
avec ceux qui descendent dans la fosse.
19 Qui surpasses-tu en beauté ?
Descends et couche-toi à côté des incirconcis !
20 Voici qu'ils tomberont au milieu des victimes
transpercées par l'épée.
L'épée est déjà prête.
Qu'on emporte l'Egypte avec ses multitudes.
21 Les plus vaillants héros,
avec ceux qui, jadis, lui donnaient leur soutien,
lui diront, ce jour-là,
dans le séjour des morts :
« Les voilà descendus et les voilà couchés
eux, ces incirconcis transpercés par l'épée ! »
22 Car là est couchée l'Assyrie et toute sa population,
ses tombes sont tout autour d'elle,
tous sont tombés
blessés à mort sous les coups de l'épée.
23 Ses tombes, on les a mises
tout au fond de la fosse
et sa population est assemblée autour de son
tombeau.
Tous sont tombés,
blessés à mort sous les coups de l'épée,
eux qui répandaient la terreur dedans le monde des
vivants.
24 Là est couché Elam[u] et toute sa population,
ses tombes sont tout autour d'elle.
Tous sont tombés

[t] **32.17** Sans doute du douzième mois comme au v. 1.
[u] **32.24** *Elam:* à l'est de la Babylonie sur le versant de la chaîne bordant la Mésopotamie.

who had spread terror in the land of the living went
down uncircumcised to the earth below. They bear
their shame with those who go down to the pit. 25 A
bed is made for her among the slain, with all her
hordes around her grave. All of them are uncircumcised, killed by the sword. Because their terror
had spread in the land of the living, they bear their
shame with those who go down to the pit; they are
laid among the slain.

26 "Meshek and Tubal are there, with all their hordes
around their graves. All of them are uncircumcised,
killed by the sword because they spread their terror
in the land of the living. 27 But they do not lie with the
fallen warriors of old,[f] who went down to the realm
of the dead with their weapons of war – their swords
placed under their heads and their shields[g] resting
on their bones – though these warriors also had ter-
rorized the land of the living.

28 "You too, Pharaoh, will be broken and will lie
among the uncircumcised, with those killed by the
sword.

29 "Edom is there, her kings and all her princes;
despite their power, they are laid with those killed
by the sword. They lie with the uncircumcised, with
those who go down to the pit.
30 "All the princes of the north and all the Sidonians
are there; they went down with the slain in disgrace
despite the terror caused by their power. They lie
uncircumcised with those killed by the sword and
bear their shame with those who go down to the pit.
31 "Pharaoh – he and all his army – will see them
and he will be consoled for all his hordes that were
killed by the sword, declares the Sovereign Lord.
32 Although I had him spread terror in the land of the
living, Pharaoh and all his hordes will be laid among
the uncircumcised, with those killed by the sword,
declares the Sovereign Lord."

[f] 32:27 Septuagint; Hebrew *warriors who were uncircumcised*
[g] 32:27 Probable reading of the original Hebrew text; Masoretic Text *punishment*

blessés à mort sous les coups de l'épée.
Les voilà descendus, peuple d'incirconcis,
au séjour souterrain,
eux qui répandaient la terreur dedans le monde de
vivants,
et ils portent sur eux leur déshonneur
avec tous ceux qui sont descendus dans la fosse.
25 On a placé sa couche
au milieu de tous ceux qui ont été tués,
et avec toute sa population ; ses tombes sont tout
autour d'elle.
Tous ces incirconcis ont péri par l'épée,
eux qui répandaient la terreur dedans le monde de
vivants.
Et ils portent sur eux leur déshonneur
avec tous ceux qui sont descendus dans la fosse.
Ils ont leur place parmi les victimes.
26 Là sont Méshek, Toubal[v] et toute leur population,
leurs tombes sont tout autour d'eux.
Tous ces incirconcis ont péri par l'épée,
eux qui répandaient la terreur dedans le monde de
vivants.
27 Ils ne reposent pas à côté des guerriers,
ceux des incirconcis qui sont tombés sur le champ
de bataille
et qui sont descendus dans le séjour des morts
revêtus de l'armure,
sous la tête desquels on a mis leur épée.
Mais le poids de leurs crimes repose sur leurs os,
car ces guerriers répandaient la terreur dedans le
monde des vivants.
28 Toi aussi, pharaon, te voilà abattu au milieu des
incirconcis.
Oui, te voilà couché avec ceux qui ont péri par
l'épée.
29 Là sont Edom[w], ses rois et tous ses princes qui, malgr
leur vaillance, se trouvent avec ceux que l'épée a tués. Eu
aussi sont couchés à côté des incirconcis et de tous ceu
qui sont descendus dans la fosse. 30 Là sont couchés aus
tous les seigneurs du septentrion, et tous les Sidoniens
ils sont descendus là, au milieu des tués. Malgré la terreu
qu'inspirait leur vaillance, ils sont couverts de honte. I
sont couchés, ces incirconcis, avec ceux que l'épée a fa
périr et ils portent sur eux leur déshonneur, avec tous ceu
qui sont descendus dans la fosse. 31 En les voyant, le pha
aon pourra se consoler du sort de son peuple nombreu
Le pharaon et son armée périront par l'épée. C'est là c
que déclare le Seigneur, l'Eternel. 32 Car pour ma part,
répandrai la terreur dans le monde des vivants, et on
fera coucher au milieu des incirconcis avec ceux que l'épé
a fait périr, oui, lui, le pharaon et tout son nombreux peu
ple. C'est là ce que déclare le Seigneur, l'Eternel.

[v] 32.26 Peuples du Nord, peuplant l'Asie Mineure (voir 27.13).
[w] 32.29 *Edom:* peuple issu d'Esaü installé sur « la montagne de Séir » (Gn 32.4) au sud de Moab près de la mer Morte.
[x] 32.30 *Les seigneurs du septentrion* désignent sans doute les chefs phéniciens de Tyr et de Sidon.

Le rétablissement d'Israël

·newal of Ezekiel's Call as Watchman

33 1The word of the LORD came to me: 2"Son of
man, speak to your people and say to them:
hen I bring the sword against a land, and the peo-
e of the land choose one of their men and make
m their watchman, 3and he sees the sword coming
ainst the land and blows the trumpet to warn the
ople, 4then if anyone hears the trumpet but does
t heed the warning and the sword comes and takes
eir life, their blood will be on their own head. 5Since
ey heard the sound of the trumpet but did not heed
e warning, their blood will be on their own head. If
ey had heeded the warning, they would have saved
emselves. 6But if the watchman sees the sword com-
g and does not blow the trumpet to warn the people
d the sword comes and takes someone's life, that
rson's life will be taken because of their sin, but I
ll hold the watchman accountable for their blood.'
7"Son of man, I have made you a watchman for the
ople of Israel; so hear the word I speak and give
em warning from me. 8When I say to the wicked,
ou wicked person, you will surely die,' and you do
t speak out to dissuade them from their ways, that
cked person will die for[h] their sin, and I will hold
u accountable for their blood. 9But if you do warn
e wicked person to turn from their ways and they
not do so, they will die for their sin, though you
urself will be saved.

10"Son of man, say to the Israelites, 'This is what you
e saying: "Our offenses and sins weigh us down, and
are wasting away because of[i] them. How then can
live?"' 11Say to them, 'As surely as I live, declares
e Sovereign LORD, I take no pleasure in the death of
e wicked, but rather that they turn from their ways
d live. Turn! Turn from your evil ways! Why will you
, people of Israel?'
12"Therefore, son of man, say to your people, 'If
meone who is righteous disobeys, that person's
mer righteousness will count for nothing. And if
meone who is wicked repents, that person's for-
r wickedness will not bring condemnation. The
hteous person who sins will not be allowed to live
en though they were formerly righteous.' 13If I tell
ighteous person that they will surely live, but then
ey trust in their righteousness and do evil, none
the righteous things that person has done will be
nembered; they will die for the evil they have done.
nd if I say to a wicked person, 'You will surely die,'
t they then turn away from their sin and do what

La nouvelle mission

Le guetteur responsable

33 1L'Eternel m'adressa la parole en ces termes :
2Fils d'homme, parle aux gens de ton peuple
et dis-leur : « Supposez que j'envoie la guerre contre un
pays et que les gens de l'endroit prennent l'un des leurs
pour le poster comme sentinelle. 3Lorsque cet homme voit
l'armée ennemie s'avancer dans le pays, il sonne du cor
pour donner l'alarme à la population.
4Si alors quelqu'un entend la sonnerie du cor mais ne
tient pas compte de l'avertissement, il sera seul responsable de sa mort si l'ennemi survient et le tue : 5il a entendu
la sonnerie du cor et il ne s'est pas laissé avertir ; il est donc
seul responsable de sa mort. S'il tient compte de l'avertissement, il aura la vie sauve.
6Mais si la sentinelle voit venir l'ennemi et ne sonne
pas du cor, de sorte que le peuple ne soit pas averti, si
alors l'ennemi survient et tue un membre du peuple, cette
personne périra bien par suite de ses propres fautes, mais
je demanderai compte de sa mort à la sentinelle.
7Eh bien, toi, fils d'homme, je t'ai posté comme sentinelle pour la communauté d'Israël : tu écouteras la parole
qui sort de ma bouche et tu les avertiras de ma part. 8Si je
dis au méchant : "Toi qui es méchant, tu vas mourir", et
si tu ne dis rien pour l'avertir de changer de conduite, ce
méchant mourra à cause de sa faute, mais je te demanderai
compte de sa mort.
9Si, au contraire, tu avertis le méchant en lui demandant
d'abandonner sa mauvaise conduite, et s'il ne l'abandonne
pas, il mourra à cause de sa faute, mais toi, tu auras la
vie sauve. »

Convertissez-vous

10Fils d'homme, dis à la communauté d'Israël : « Vous
demandez : "Comment pourrions-nous vivre puisque
nos rébellions et nos fautes pèsent sur nous et que nous
dépérissons à cause d'elles ?" »
11Dis-leur : « Aussi vrai que je suis vivant, le Seigneur,
l'Eternel, le déclare, je ne prends aucun plaisir à la mort
du méchant, mais je désire qu'il abandonne sa mauvaise
conduite et qu'il vive. Détournez-vous, détournez-vous
donc de votre mauvaise conduite ! Pourquoi devriez-vous
mourir, gens d'Israël ? »
12Et toi, fils d'homme, dis aux membres de ton peuple :
« Si un homme juste tombe dans le péché, la conduite
juste qu'il avait manifestée jusque-là ne le sauvera pas.
De même, si le méchant abandonne sa mauvaise conduite,
sa perversité passée ne causera pas sa perte. La conduite
juste qu'il a eue par le passé ne permettra pas au juste
d'avoir la vie sauve au jour où il se met à pécher. »
13Quand bien même j'aurais dit au juste qu'il vivrait,
si, fort de sa droiture, il se met à commettre le mal, on ne
tiendra plus compte de toute sa conduite juste et il mourra
à cause du mal qu'il aura commis. 14Et quand bien même
j'aurais dit au méchant : « Tu vas mourir », s'il abandonne

:8 Or *in*; also in verse 9
:10 Or *away in*

is just and right – 15 if they give back what they took in pledge for a loan, return what they have stolen, follow the decrees that give life, and do no evil – that person will surely live; they will not die. 16 None of the sins that person has committed will be remembered against them. They have done what is just and right; they will surely live.

17 "Yet your people say, 'The way of the Lord is not just.' But it is their way that is not just. 18 If a righteous person turns from their righteousness and does evil, they will die for it. 19 And if a wicked person turns away from their wickedness and does what is just and right, they will live by doing so. 20 Yet you Israelites say, 'The way of the Lord is not just.' But I will judge each of you according to your own ways."

Jerusalem's Fall Explained

21 In the twelfth year of our exile, in the tenth month on the fifth day, a man who had escaped from Jerusalem came to me and said, "The city has fallen!" 22 Now the evening before the man arrived, the hand of the LORD was on me, and he opened my mouth before the man came to me in the morning. So my mouth was opened and I was no longer silent.

23 Then the word of the LORD came to me: 24 "Son of man, the people living in those ruins in the land of Israel are saying, 'Abraham was only one man, yet he possessed the land. But we are many; surely the land has been given to us as our possession.' 25 Therefore say to them, 'This is what the Sovereign LORD says: Since you eat meat with the blood still in it and look to your idols and shed blood, should you then possess the land? 26 You rely on your sword, you do detestable things, and each of you defiles his neighbor's wife. Should you then possess the land?'

27 "Say this to them: 'This is what the Sovereign LORD says: As surely as I live, those who are left in the ruins will fall by the sword, those out in the country I will give to the wild animals to be devoured, and those in strongholds and caves will die of a plague. 28 I will make the land a desolate waste, and her proud strength will come to an end, and the mountains of Israel will become desolate so that no one will cross them. 29 Then they will know that I am the LORD, when I have made the land a desolate waste because of all the detestable things they have done.'

30 "As for you, son of man, your people are talking together about you by the walls and at the doors of the houses, saying to each other, 'Come and hear the message that has come from the LORD.' 31 My people come to you, as they usually do, and sit before you to hear your words, but they do not put them into practice. Their mouths speak of love, but their hearts are greedy for unjust gain. 32 Indeed, to them you are

ses fautes et fait ce qui est droit et juste, il vivra. 15 S
restitue le gage qu'il a exigé et rend ce qu'il a volé, s'il
conforme aux commandements qui font obtenir la vie
cesse de faire le mal, certainement, il vivra ; il ne mour
pas. 16 On ne tiendra plus compte de tous les péchés qu
a commis ; puisqu'il agit de façon droite et juste, il vivr

17 Les gens de ton peuple disent : « La manière d'ag
du Seigneur n'est pas équitable. » Mais c'est leur maniè
d'agir qui n'est pas équitable. 18 Lorsqu'un juste cesse
se conduire selon la justice et commet le mal, il mou
ra pour cela. 19 Et lorsqu'un méchant se détourne de
méchanceté et fait ce qui est droit et juste, il vivra po
cela. 20 Comment osez-vous dire que ma manière d'ag
n'est pas équitable ? Je vous jugerai, chacun selon sa co
duite, gens d'Israël !

Jérusalem est prise

21 Le cinquième jour du dixième mois de la onzième a
née[y] de notre captivité, un rescapé de Jérusalem arri
vers moi pour m'annoncer que la ville était tombée. 22 (
le soir précédant son arrivée, la main de l'Eternel s'éta
posée sur moi et le Seigneur m'avait rendu la parole ava
que ce fugitif vienne vers moi le matin. Il m'avait ouvert
bouche de sorte que mon mutisme avait cessé. 23 Et l'Ete
nel m'adressa la parole en ces termes :

24 Fils d'homme, ceux qui habitent au milieu de c
ruines amoncelées sur la terre d'Israël parlent ains
« Abraham était tout seul lorsqu'il a reçu la possession
pays, mais nous, nous sommes nombreux, et le pays nou
été donné en possession. » 25 Réponds-leur donc : « Voici
que le Seigneur, l'Eternel, déclare : Vous mangez de la
ande avec le sang, vous levez les yeux vers vos idoles, vo
versez le sang, et vous posséderiez le pays ! 26 Vous vo
fiez à votre épée, vous commettez des actes abominabl
chacun de vous déshonore la femme de son prochain,
vous posséderiez le pays ?

27 Voici ce que tu leur diras : Le Seigneur, l'Eternel, d
clare : Aussi vrai que je suis vivant, ceux qui sont parmi
ruines périront par l'épée, ceux qui sont dans la campag
seront livrés en pâture aux bêtes sauvages, et ceux qui
seront réfugiés dans les forteresses et dans les cavern
mourront de la peste. 28 Je transformerai le pays en u
terre dévastée et déserte. Je mettrai fin à sa puissan
dont il s'enorgueillit, et les montagnes d'Israël seront
dévastées que personne n'y passera plus. 29 Alors ils reco
naîtront que je suis l'Eternel, quand j'aurai réduit le pa
en une terre dévastée et déserte, à cause de tous les act
abominables qu'ils ont commis. »

Le prophète : un chanteur de charme ?

30 Quant à toi, fils d'homme, les gens de ton peuple jase
sur ton compte le long des murs et, aux portes des maiso
ils bavardent entre eux en disant l'un à l'autre : « Ven
donc écouter quelle est la parole qui vient de l'Eternel
31 Puis ils accourent en foule chez toi. Les gens de m
peuple s'assoient devant toi, ils écoutent bien tes paro
mais ne les traduisent pas en actes, car ils ne parlent q
de choses plaisantes, et dans leur cœur, ils ne recherche
que leur intérêt. 32 Au fond, tu n'es rien de plus pour e

y **33.21** *la onzième année:* d'après certains manuscrits hébreux et l'ancienne version grecque, ce qui mène vers janvier 586 av. J.-C. (voir 2 R 25.8-9 ; Jr 39.2). Le texte hébreu traditionnel a : *la douzième année.*

othing more than one who sings love songs with a
eautiful voice and plays an instrument well, for they
ear your words but do not put them into practice.
33 "When all this comes true – and it surely
ill – then they will know that a prophet has been
nong them."

he LORD Will Be Israel's Shepherd

34 1The word of the LORD came to me: 2"Son
of man, prophesy against the shepherds of
rael; prophesy and say to them: 'This is what the
overeign LORD says: Woe to you shepherds of Israel
ho only take care of yourselves! Should not shep-
erds take care of the flock? 3You eat the curds, clothe
ourselves with the wool and slaughter the choice
nimals, but you do not take care of the flock. 4You
ave not strengthened the weak or healed the sick or
ound up the injured. You have not brought back the
rays or searched for the lost. You have ruled them
arshly and brutally. 5So they were scattered because
nere was no shepherd, and when they were scattered
ney became food for all the wild animals. 6My sheep
andered over all the mountains and on every high
ill. They were scattered over the whole earth, and
o one searched or looked for them.

7" 'Therefore, you shepherds, hear the word of the
ORD: 8As surely as I live, declares the Sovereign LORD,
ecause my flock lacks a shepherd and so has been
undered and has become food for all the wild annals, and because my shepherds did not search for
y flock but cared for themselves rather than for
y flock, 9therefore, you shepherds, hear the word
the LORD: 10This is what the Sovereign LORD says: I am
gainst the shepherds and will hold them accountable
r my flock. I will remove them from tending the
ock so that the shepherds can no longer feed themelves. I will rescue my flock from their mouths, and
will no longer be food for them.

11" 'For this is what the Sovereign LORD says: I myself
ill search for my sheep and look after them. 12As a
nepherd looks after his scattered flock when he is
ith them, so will I look after my sheep. I will rescue
nem from all the places where they were scattered on
day of clouds and darkness. 13I will bring them out
om the nations and gather them from the countries,
nd I will bring them into their own land. I will pas-
ure them on the mountains of Israel, in the ravines
nd in all the settlements in the land. 14I will tend
nem in a good pasture, and the mountain heights
Israel will be their grazing land. There they will
e down in good grazing land, and there they will
ed in a rich pasture on the mountains of Israel. 15I
yself will tend my sheep and have them lie down,
eclares the Sovereign LORD. 16I will search for the lost
nd bring back the strays. I will bind up the injured

qu'un chanteur de charme, quelqu'un qui a une belle voix
ou qui joue bien de son instrument ; ils écoutent donc tes
paroles, mais ne les traduisent pas en actes.
33Cependant, quand tout ce que tu as prédit se réalisera
– et c'est déjà en train de s'accomplir – ils reconnaîtront
qu'il y avait un prophète au milieu d'eux.

La résurrection d'Israël

34 1L'Eternel m'adressa la parole en ces termes :
2Fils d'homme, prophétise au sujet des bergers
d'Israël, prophétise et dis à ces bergers : « Voici ce que
déclare le Seigneur, l'Eternel : Malheur aux bergers d'Israël qui ne s'occupent que d'eux-mêmes. N'est-ce pas le
troupeau que les bergers doivent faire paître ? 3Vous vous
êtes nourris de sa graisse et habillés de sa laine, vous avez
abattu les bêtes grasses, mais vous ne faites pas paître le
troupeau. 4Vous n'avez pas aidé les brebis chétives à retrouver des forces. Vous n'avez pas soigné celle qui était
malade, vous n'avez pas bandé celle qui était blessée, vous
n'avez pas ramené celle qui s'était égarée, vous n'avez pas
cherché celle qui était perdue ; non, vous leur avez imposé
votre autorité par la violence et la tyrannie. 5Mes brebis
se sont dispersées, faute de berger, et elles sont devenues
la proie de toutes les bêtes sauvages. 6Mes brebis se sont
égarées sur toutes les montagnes et sur toutes les collines
élevées. Elles ont été dispersées sur toute l'étendue du
pays, sans que personne en prenne soin ou aille à leur
recherche.
7C'est pourquoi, bergers, écoutez la parole de l'Eternel :
8Aussi vrai que je suis vivant, le Seigneur, l'Eternel, le déclare, parce que mes brebis ont été abandonnées au pillage,
qu'elles sont devenues la proie de toutes les bêtes sauvages,
faute de berger, et parce que mes bergers n'ont pas pris
soin d'elles, mais qu'ils se sont occupés d'eux-mêmes au
lieu de faire paître le troupeau, 9à cause de cela, bergers,
écoutez la parole de l'Eternel :
10Voici ce que le Seigneur, l'Eternel, déclare : Je vais m'en
prendre à ces bergers, je leur redemanderai mes brebis,
et je leur enlèverai la responsabilité du troupeau. Ainsi,
ils cesseront de se repaître eux-mêmes. Je délivrerai mon
troupeau de leur bouche, et les brebis ne leur serviront
plus de nourriture.

Dieu fera paître ses brebis

11Voici ce que déclare le Seigneur, l'Eternel : Je vais moi-
même venir m'occuper de mon troupeau et en prendre
soin. 12Comme un berger va à la recherche de son troupeau
le jour où il le trouve dispersé, ainsi j'irai à la recherche de
mes brebis et je les arracherai de tous les lieux où elles ont
été dispersées en un jour de brouillard et de ténèbres. 13Je
les ferai sortir de chez les peuples et je les rassemblerai des
divers pays, je les ramènerai dans leur propre pays pour
les faire paître sur les montagnes d'Israël, près des cours
d'eau et dans tous les lieux habités du pays. 14Je les ferai
paître dans de bons pâturages, et elles auront leur lieu de
séjour sur les hautes montagnes d'Israël ; elles reposeront
dans une belle prairie et elles se nourriront dans de gras
pâturages sur les montagnes d'Israël.
15C'est moi qui ferai paître mon troupeau et c'est moi
qui le ferai reposer, le Seigneur, l'Eternel, le déclare. 16Je
chercherai la brebis qui sera perdue, je ramènerai celle
qui se sera égarée, je panserai celle qui est blessée, et je

and strengthen the weak, but the sleek and the strong
I will destroy. I will shepherd the flock with justice.
17" 'As for you, my flock, this is what the Sovereign
LORD says: I will judge between one sheep and another, and between rams and goats. 18 Is it not enough
for you to feed on the good pasture? Must you also
trample the rest of your pasture with your feet? Is
it not enough for you to drink clear water? Must you
also muddy the rest with your feet? 19 Must my flock
feed on what you have trampled and drink what you
have muddied with your feet?
20" 'Therefore this is what the Sovereign LORD says
to them: See, I myself will judge between the fat sheep
and the lean sheep. 21 Because you shove with flank
and shoulder, butting all the weak sheep with your
horns until you have driven them away, 22 I will save
my flock, and they will no longer be plundered. I will
judge between one sheep and another. 23 I will place
over them one shepherd, my servant David, and he
will tend them; he will tend them and be their shepherd. 24 I the LORD will be their God, and my servant
David will be prince among them. I the LORD have
spoken.

25" 'I will make a covenant of peace with them and
rid the land of savage beasts so that they may live in
the wilderness and sleep in the forests in safety. 26 I
will make them and the places surrounding my hill
a blessing.[j] I will send down showers in season; there
will be showers of blessing. 27 The trees will yield their
fruit and the ground will yield its crops; the people
will be secure in their land. They will know that I am
the LORD, when I break the bars of their yoke and rescue them from the hands of those who enslaved them.
28 They will no longer be plundered by the nations, nor
will wild animals devour them. They will live in safety,
and no one will make them afraid. 29 I will provide for
them a land renowned for its crops, and they will no
longer be victims of famine in the land or bear the
scorn of the nations. 30 Then they will know that I,
the LORD their God, am with them and that they, the
Israelites, are my people, declares the Sovereign LORD.
31 You are my sheep, the sheep of my pasture, and I am
your God, declares the Sovereign LORD.' "

A Prophecy Against Edom

35 1 The word of the LORD came to me: 2 "Son of
man, set your face against Mount Seir; prophesy against it 3 and say: 'This is what the Sovereign
LORD says: I am against you, Mount Seir, and I will
stretch out my hand against you and make you a deso-

[j] **34:26** Or *I will cause them and the places surrounding my hill to be named in blessings* (see Gen. 48:20); or *I will cause them and the places surrounding my hill to be seen as blessed*

fortifierai celle qui est malade. Mais je détruirai celle q
est grasse et forte : je les ferai paître avec équité.
17 Et vous, mon troupeau, voici ce que le Seigneur, l'Ete
nel, déclare : Je prononcerai mon jugement entre brebis
brebis, et entre béliers et boucs. 18 Ne vous suffisait-il p
de paître dans un bon pâturage ? Fallait-il encore que vo
fouliez sous vos pattes ce qui restait à brouter ? Ne po
viez-vous pas vous contenter de boire une eau limpide
Fallait-il troubler de vos pattes ce qui en restait ? 19 Mo
troupeau en est réduit à brouter l'herbe que vous av
piétinée et à boire l'eau que vous avez troublée.
20 C'est pourquoi, voici ce que le Seigneur, l'Eternel, vo
déclare : je vais moi-même prononcer mon jugement ent
brebis grasses et brebis maigres. 21 Vous avez bouscu
du flanc et de l'épaule toutes les brebis faibles ! Vous l
avez frappées de vos cornes jusqu'à ce que vous les ay
dispersées au dehors ! 22 C'est pourquoi je viendrai au se
ours de mon troupeau et il ne sera plus livré au pillage,
prononcerai mon jugement entre brebis et brebis.

Le royaume de paix

23 J'établirai à leur tête un seul berger qui les fera paîtr
mon serviteur David ; il prendra soin d'elles et sera le
berger. 24 Et moi, l'Eternel, je serai leur Dieu, et mon se
viteur David sera prince au milieu d'elles. Moi, l'Etern
j'ai parlé.
25 Je conclurai avec elles une alliance qui leur garanti
la paix. Je débarrasserai le pays des bêtes féroces, de sor
que mes brebis pourront habiter en toute sécurité da
les steppes et dormir dans les forêts. 26 Je les comble
de bénédictions dans les environs de ma colline. Je fer
tomber la pluie en son temps, ce seront des pluies qui vo
apporteront la bénédiction. 27 Les arbres dans les cham
donneront leurs fruits et la terre produira ses récolte
les brebis vivront en toute sécurité dans leur propre pay
et elles reconnaîtront que je suis l'Eternel, quand j'aur
brisé les barres de leur joug et que je les aurai délivrées
ceux qui les asservissent. 28 Elles ne seront plus pillées p
les autres peuples, et les bêtes sauvages ne les dévorero
plus, elles vivront en toute sécurité sans être inquiété
par personne.
29 Je leur susciterai une plantation renommée. Person
ne succombera plus à la faim dans leur pays et les membr
de mon peuple n'auront plus à subir les insultes des autr
peuples. 30 Et ils reconnaîtront que moi, l'Eternel, leur Die
je suis avec eux et qu'eux, les gens de la communauté d'I
raël, ils sont mon peuple ; le Seigneur, l'Eternel, le déclar
31 Vous, mes brebis, vous qui faites partie du troupeau
mon pâturage, vous êtes des humains et moi, je suis vot
Dieu, le Seigneur, l'Eternel, le déclare. »

Edom et Israël

35 1 L'Eternel m'adressa la parole en ces termes[z] :
2 Fils d'homme,
dirige ton regard en direction du mont Séir[a]
et prophétise contre lui,
3 et dis-lui : Le Seigneur, l'Eternel, dit ceci :
Je vais m'en prendre à toi, montagne de Séir,
je vais étendre ma main contre toi,
te transformer en une terre dévastée et désolée.

[z] **35.1** Pour le chapitre 35, voir 25.12-14.
[a] **35.2** *Séir:* voir 32.29 et note.

te waste. 4I will turn your towns into ruins and you
ill be desolate. Then you will know that I am the LORD.
5" 'Because you harbored an ancient hostility and
livered the Israelites over to the sword at the time
their calamity, the time their punishment reached
s climax, 6therefore as surely as I live, declares the
overeign LORD, I will give you over to bloodshed and
will pursue you. Since you did not hate bloodshed,
oodshed will pursue you. 7I will make Mount Seir a
esolate waste and cut off from it all who come and
). 8I will fill your mountains with the slain; those
lled by the sword will fall on your hills and in your
illeys and in all your ravines. 9I will make you des-
ate forever; your towns will not be inhabited. Then
ou will know that I am the LORD.
10" 'Because you have said, "These two nations and
untries will be ours and we will take possession of
em," even though I the LORD was there, 11therefore
surely as I live, declares the Sovereign LORD, I will
eat you in accordance with the anger and jealousy
ou showed in your hatred of them and I will make
yself known among them when I judge you. 12Then
u will know that I the LORD have heard all the con-
mptible things you have said against the mountains
Israel. You said, "They have been laid waste and
ave been given over to us to devour." 13You boasted
gainst me and spoke against me without restraint,
id I heard it. 14This is what the Sovereign LORD says:
hile the whole earth rejoices, I will make you deso-
te. 15Because you rejoiced when the inheritance of
rael became desolate, that is how I will treat you.
ou will be desolate, Mount Seir, you and all of Edom.
hen they will know that I am the LORD.' "

ope for the Mountains of Israel

36 1"Son of man, prophesy to the mountains
of Israel and say, 'Mountains of Israel, hear
e word of the LORD. 2This is what the Sovereign LORD
ys: The enemy said of you, "Aha! The ancient heights
ave become our possession." ' 3Therefore prophesy
id say, 'This is what the Sovereign LORD says: Because
ey ravaged and crushed you from every side so that
ou became the possession of the rest of the nations
id the object of people's malicious talk and slander,
herefore, mountains of Israel, hear the word of the
overeign LORD: This is what the Sovereign LORD says to
e mountains and hills, to the ravines and valleys, to
e desolate ruins and the deserted towns that have
en plundered and ridiculed by the rest of the na-
ons around you – 5this is what the Sovereign LORD
ys: In my burning zeal I have spoken against the
st of the nations, and against all Edom, for with glee
id with malice in their hearts they made my land
eir own possession so that they might plunder its
astureland.' 6Therefore prophesy concerning the
nd of Israel and say to the mountains and hills, to
e ravines and valleys: 'This is what the Sovereign
ORD says: I speak in my jealous wrath because you

4 Je mettrai tes villes en ruine,
tu seras dévasté
et tu reconnaîtras que je suis l'Eternel.
5Puisque tu as sans cesse nourri de la haine contre les
Israélites et que tu les as livrés à l'épée au temps de leur
détresse, au jour où leur péché a été puni, 6à cause de cela,
aussi vrai que je vis, c'est là ce que déclare le Seigneur,
l'Eternel : Je te mettrai en sang, le sang te poursuivra.
Puisque tu n'as pas eu horreur de répandre le sang, le
sang te poursuivra. 7Je ferai du mont de Séir un désert
dévasté et j'y supprimerai tout allant et venant. 8Je remplirai ses monts de morts ; sur tes collines, dans tes vallées
et dans le lit de tes torrents, tomberont les victimes qui
périront par l'épée. 9Je te transformerai pour toujours
en désert ; jamais plus, tes villes ne seront habitées, et
tu reconnaîtras que je suis l'Eternel. 10Parce que tu as
dit : « Ces deux peuples, Israël et Juda, de même que leurs
deux pays, seront à moi, et j'en prendrai possession bien
que l'Eternel y réside », 11à cause de cela, aussi vrai que je
vis, c'est là ce que déclare le Seigneur, l'Eternel : J'agirai
envers toi conformément à ta colère, et à ta passion, qui
t'ont fait agir contre eux avec haine : je me ferai connaître
à eux quand je te jugerai. 12Et tu sauras que moi, moi,
l'Eternel, j'ai entendu tous les outrages que tu as proférés
au sujet des montagnes d'Israël. Tu as dit, en effet : « Les
voilà dévastées, elles me sont livrées comme une proie à
dévorer. » 13Tu as tenu contre moi des propos orgueilleux
et tu as multiplié tes discours contre moi[b]. Et je les ai bien
entendus. 14Voici donc ce que dit le Seigneur, l'Eternel :
Lorsque toute la terre sera dans l'allégresse, je te dévasterai. 15Puisque tu t'es réjoui de la dévastation du patrimoine
d'Israël, je te ferai de même : tu seras dévastée, montagne
de Séir, ainsi qu'Edom tout entier. Et l'on reconnaîtra que
je suis l'Eternel.

36 1Et toi, fils d'homme, prophétise, parle aux
montagnes d'Israël et dis : « Montagnes d'Israël,
écoutez la parole de l'Eternel ! 2Voici ce que déclare le
Seigneur, l'Eternel : Parce que l'ennemi s'est écrié à votre
propos : "Ha, ha ! Ces vieilles montagnes sont à nous maintenant !", 3à cause de cela, prophétise et dis-leur : Voici ce
que déclare le Seigneur, l'Eternel : Puisque, de toutes parts,
on vous a dévastées, on vous a convoitées, pour que vous
deveniez la possession des autres nations, puisque l'on a
tenu sur vous des propos injurieux, 4à cause de cela, montagnes d'Israël, écoutez la parole du Seigneur, l'Eternel :
Voici ce que déclare le Seigneur, l'Eternel, aux montagnes
et aux collines, aux cours d'eau, aux vallons, aux ruines
désolées et aux villes abandonnées qui ont été pillées par
les peuples des alentours et qui sont devenues l'objet de
leurs sarcasmes.
5A cause de cela, voici ce que déclare le Seigneur, l'Eternel : Oui, avec une vive indignation, j'adresse des menaces
aux autres peuples, et à Edom tout entier car, le cœur tout
joyeux et le mépris dans l'âme, ils se sont tous attribué
mon pays comme possession pour en piller les pâturages.
6A cause de cela, va, prophétise au sujet du pays d'Israël,
dis aux montagnes et aux collines, aux cours d'eau, aux
vallées : Voici ce que déclare le Seigneur, l'Eternel : Avec
colère et fureur, je prononce ma sentence, parce que les au-

---

b 35.13 Autre traduction : *tu m'as importuné par tes discours.*

have suffered the scorn of the nations. [7]Therefore this is what the Sovereign LORD says: I swear with uplifted hand that the nations around you will also suffer scorn.

[8]" 'But you, mountains of Israel, will produce branches and fruit for my people Israel, for they will soon come home. [9]I am concerned for you and will look on you with favor; you will be plowed and sown, [10]and I will cause many people to live on you – yes, all of Israel. The towns will be inhabited and the ruins rebuilt. [11]I will increase the number of people and animals living on you, and they will be fruitful and become numerous. I will settle people on you as in the past and will make you prosper more than before. Then you will know that I am the LORD. [12]I will cause people, my people Israel, to live on you. They will possess you, and you will be their inheritance; you will never again deprive them of their children.

[13]" 'This is what the Sovereign LORD says: Because some say to you, "You devour people and deprive your nation of its children," [14]therefore you will no longer devour people or make your nation childless, declares the Sovereign LORD. [15]No longer will I make you hear the taunts of the nations, and no longer will you suffer the scorn of the peoples or cause your nation to fall, declares the Sovereign LORD.' "

Israel's Restoration Assured

[16]Again the word of the LORD came to me: [17]"Son of man, when the people of Israel were living in their own land, they defiled it by their conduct and their actions. Their conduct was like a woman's monthly uncleanness in my sight. [18]So I poured out my wrath on them because they had shed blood in the land and because they had defiled it with their idols. [19]I dispersed them among the nations, and they were scattered through the countries; I judged them according to their conduct and their actions. [20]And wherever they went among the nations they profaned my holy name, for it was said of them, 'These are the LORD's people, and yet they had to leave his land.' [21]I had concern for my holy name, which the people of Israel profaned among the nations where they had gone.

[22]"Therefore say to the Israelites, 'This is what the Sovereign LORD says: It is not for your sake, people of Israel, that I am going to do these things, but for the sake of my holy name, which you have profaned among the nations where you have gone. [23]I will show the holiness of my great name, which has been profaned among the nations, the name you have profaned among them. Then the nations will know that I am the LORD, declares the Sovereign LORD, when I am proved holy through you before their eyes.

[24]" 'For I will take you out of the nations; I will gather you from all the countries and bring you back

tres peuples vous ont chargés d'opprobre. [7]C'est pourqu le Seigneur, l'Eternel, parle ainsi : J'en ai fait le sermen les peuples d'alentour seront chargés aussi du poids c leur opprobre.

Le retour des exilés

[8]Tandis que vous, montagnes d'Israël, vous pousser votre ramure et vous porterez votre fruit pour mon peup Israël, car son retour est proche. [9]Je vais m'occuper c vous, je me tournerai vers vous, vous serez de nouvea cultivées et ensemencées, [10]et je multiplierai sur vot sol les hommes, la communauté d'Israël dans sa totalit Les villes seront habitées, les ruines seront rebâties. [11]J ferai abonder sur vous les hommes et les bêtes, ils sero très nombreux et se multiplieront, je vous repeupler comme vous l'étiez autrefois, et je vous ferai plus de bie qu'auparavant, et vous reconnaîtrez que je suis l'Etern [12]Je ferai parcourir votre sol par des hommes de mon pe ple Israël, ils te posséderont, ô pays d'Israël, et tu ser leur patrimoine, et tu ne les priveras plus de leurs enfant

[13]Voici ce que te dit le Seigneur, l'Eternel : Il en est q prétendent que toi, tu dévores les hommes, et que tu priv ton peuple de ses enfants. [14]Eh bien, tu ne dévoreras pl d'hommes, tu ne priveras plus ton peuple de ses enfant C'est là ce que déclare le Seigneur, l'Eternel. [15]Je ne te fer plus entendre les propos injurieux des autres peuples, t ne seras plus chargé d'opprobre par eux, et tu ne fer plus trébucher ton propre peuple. C'est là ce que décla le Seigneur, l'Eternel. »

[16]L'Eternel m'adressa la parole en ces termes :

[17]Fils d'homme, lorsque les gens de la communauté d'I raël habitaient dans leur propre pays, ils l'ont rendu imp par leur manière de vivre et leurs actes ; leur condui était en effet aussi impure à mes yeux que l'impureté me struelle. [18]J'ai répandu ma fureur contre eux à cause d crimes qu'ils avaient commis dans le pays et parce qu'i avaient rendu leur pays impur par leurs idoles infâme [19]Je les ai dispersés parmi les autres peuples, ils ont é disséminés en divers pays. J'ai exercé sur eux le jugeme que méritaient leur conduite et leurs actes. [20]Et lorsqu' sont arrivés chez les peuples parmi lesquelles ils ont é bannis, ils m'ont profané, moi qui suis saint. En effet, c disait à leur sujet : « Ces gens-là sont le peuple de l'Etern mais ils ont dû sortir de son pays ! »

[21]Alors j'ai eu égard à ma sainte personne que la co munauté d'Israël a profanée parmi les peuples chez q elle s'est rendue. [22]C'est pourquoi, dis à la communau d'Israël : « Voici ce que dit le Seigneur, l'Eternel : Si je va intervenir, ce n'est pas à cause de vous que je le fais, communauté d'Israël, mais c'est par égard pour moi-mêm moi qui suis saint et que vous avez profané parmi les pe ples chez lesquels vous êtes allés. [23]Je démontrerai m sainteté, moi qui ai été profané parmi les autres peupl par votre faute, et ces peuples reconnaîtront que je su l'Eternel – le Seigneur, l'Eternel, le déclare – quand je fer éclater ma sainteté à leurs yeux par mon œuvre enve vous. [24]Je vous ferai revenir de chez les autres peuple je vous rassemblerai de tous les pays étrangers et je vo ramènerai dans votre pays.

to your own land. 25 I will sprinkle clean water on
u, and you will be clean; I will cleanse you from all
ur impurities and from all your idols. 26 I will give
u a new heart and put a new spirit in you; I will
move from you your heart of stone and give you a
art of flesh. 27 And I will put my Spirit in you and
ove you to follow my decrees and be careful to keep
y laws. 28 Then you will live in the land I gave your
cestors; you will be my people, and I will be your
od. 29 I will save you from all your uncleanness. I will
ll for the grain and make it plentiful and will not
ing famine upon you. 30 I will increase the fruit of
e trees and the crops of the field, so that you will
longer suffer disgrace among the nations because
famine. 31 Then you will remember your evil ways
d wicked deeds, and you will loathe yourselves for
ur sins and detestable practices. 32 I want you to
ow that I am not doing this for your sake, declares
e Sovereign LORD. Be ashamed and disgraced for your
nduct, people of Israel!

33 " 'This is what the Sovereign LORD says: On the day
leanse you from all your sins, I will resettle your
wns, and the ruins will be rebuilt. 34 The desolate
nd will be cultivated instead of lying desolate in the
ght of all who pass through it. 35 They will say, "This
nd that was laid waste has become like the garden of
len; the cities that were lying in ruins, desolate and
stroyed, are now fortified and inhabited." 36 Then
e nations around you that remain will know that
he LORD have rebuilt what was destroyed and have
planted what was desolate. I the LORD have spoken,
d I will do it.'

37 "This is what the Sovereign LORD says: Once again
will yield to Israel's plea and do this for them: I will
ake their people as numerous as sheep, 38 as numer-
is as the flocks for offerings at Jerusalem during
r appointed festivals. So will the ruined cities be
led with flocks of people. Then they will know that
m the LORD."

he Valley of Dry Bones

37 1 The hand of the LORD was on me, and he
brought me out by the Spirit of the LORD and
t me in the middle of a valley; it was full of bones.
Ie led me back and forth among them, and I saw a
reat many bones on the floor of the valley, bones
at were very dry. 3 He asked me, "Son of man, can
ese bones live?"
I said, "Sovereign LORD, you alone know."

4 Then he said to me, "Prophesy to these bones and
y to them, 'Dry bones, hear the word of the LORD!
This is what the Sovereign LORD says to these bones:
will make breath[k] enter you, and you will come to

37:5 The Hebrew for this word can also mean *wind* or *spirit* (see
rses 6-14).

La purification opérée par l'Esprit

25 Je répandrai sur vous une eau pure, afin que vous deveniez purs, je vous purifierai de toutes vos souillures et de
toutes vos idoles. 26 Je vous donnerai un cœur nouveau et
je mettrai en vous un esprit nouveau, j'enlèverai de votre
être votre cœur de pierre et je vous donnerai un cœur de
chair. 27 Je mettrai en vous mon propre Esprit et je ferai de
vous des gens qui vivent selon mes lois et qui obéissent à
mes commandements pour les appliquer.

28 Vous demeurerez dans le pays que j'ai donné à vos
ancêtres et vous serez mon peuple, et moi je serai votre
Dieu. 29 Je vous délivrerai de toutes vos impuretés, je com-
manderai au blé de pousser, je le ferai abonder, et je ne
vous enverrai plus la famine. 30 Je multiplierai les fruits
des arbres et les productions des champs pour que, jamais
plus, les autres peuples ne se moquent de vous parce que
vous souffrez de la famine.

31 Vous vous souviendrez alors de votre mauvaise conduite et de vos actes peu louables, et vous vous prendrez
vous-mêmes en dégoût à cause de vos fautes et de vos pratiques abominables.

32 Mais, sachez-le bien, ce n'est pas à cause de vous
que j'agis de la sorte, le Seigneur, l'Eternel, le déclare. O
communauté d'Israël, ayez honte de votre conduite et
rougissez-en !

33 Voici ce que dit le Seigneur, l'Eternel : Le jour où je
vous purifierai de tous vos péchés, je repeuplerai vos villes
et l'on rebâtira ce qui est en ruine. 34 Au lieu d'offrir l'image de la désolation à tous les passants, la terre dévastée
sera de nouveau cultivée. 35 Et l'on dira : "Voyez-vous, ce
pays, jadis dévasté, est devenu comme un jardin d'Eden, et
les villes dévastées et démolies, qui n'étaient plus que des
ruines, sont à présent fortifiées et repeuplées." 36 Alors les
peuples qui auront subsisté autour de vous reconnaîtront
que c'est moi, l'Eternel, qui ai rebâti ce qui était démoli et
replanté ce qui était dévasté. Moi, l'Eternel, je l'ai promis
et je le réaliserai.

37 Voici ce que dit le Seigneur, l'Eternel : Une fois encore,
je me laisserai fléchir par la communauté d'Israël pour
agir en sa faveur : je les multiplierai comme un troupeau
d'hommes. 38 Les villes, aujourd'hui en ruine, seront remplies de troupeaux d'hommes, tout comme Jérusalem qui,
lors de ses fêtes cultuelles, fourmille d'animaux consacrés ;
et l'on reconnaîtra que je suis l'Eternel. »

Les ossements desséchés reprennent vie

37 1 La main de l'Eternel se posa sur moi et l'Eternel
m'emmena par son Esprit et me déposa au mi-
lieu d'une vallée pleine d'ossements. 2 Il me fit promener
près d'eux tout autour et je constatai que ces ossements
étaient innombrables sur toute l'étendue de la vallée et
qu'ils étaient totalement desséchés.

3 Il me demanda : Fils d'homme, crois-tu que ces ossements revivront ?
Je répondis : Toi seul, Seigneur Eternel, tu le sais.

4 Puis il me dit : Prophétise sur ces ossements-là et dis-
leur : « Ossements desséchés ! Ecoutez ce que dit l'Eternel !
5 Voici ce que vous déclare le Seigneur, l'Eternel : Je vais

life. 6 I will attach tendons to you and make flesh come upon you and cover you with skin; I will put breath in you, and you will come to life. Then you will know that I am the LORD.' "

7 So I prophesied as I was commanded. And as I was prophesying, there was a noise, a rattling sound, and the bones came together, bone to bone. 8 I looked, and tendons and flesh appeared on them and skin covered them, but there was no breath in them.

9 Then he said to me, "Prophesy to the breath; prophesy, son of man, and say to it, 'This is what the Sovereign LORD says: Come, breath, from the four winds and breathe into these slain, that they may live.' " 10 So I prophesied as he commanded me, and breath entered them; they came to life and stood up on their feet – a vast army.

11 Then he said to me: "Son of man, these bones are the people of Israel. They say, 'Our bones are dried up and our hope is gone; we are cut off.' 12 Therefore prophesy and say to them: 'This is what the Sovereign LORD says: My people, I am going to open your graves and bring you up from them; I will bring you back to the land of Israel. 13 Then you, my people, will know that I am the LORD, when I open your graves and bring you up from them. 14 I will put my Spirit in you and you will live, and I will settle you in your own land. Then you will know that I the LORD have spoken, and I have done it, declares the LORD.' "

One Nation Under One King

15 The word of the LORD came to me: 16 "Son of man, take a stick of wood and write on it, 'Belonging to Judah and the Israelites associated with him.' Then take another stick of wood, and write on it, 'Belonging to Joseph (that is, to Ephraim) and all the Israelites associated with him.' 17 Join them together into one stick so that they will become one in your hand.

18 "When your people ask you, 'Won't you tell us what you mean by this?' 19 say to them, 'This is what the Sovereign LORD says: I am going to take the stick of Joseph – which is in Ephraim's hand – and of the Israelite tribes associated with him, and join it to Judah's stick. I will make them into a single stick of wood, and they will become one in my hand.' 20 Hold before their eyes the sticks you have written on 21 and say to them, 'This is what the Sovereign LORD says: I will take the Israelites out of the nations where they have gone. I will gather them from all around and bring them back into their own land. 22 I will make them one nation in the land, on the mountains of Israel.

faire venir en vous l'Esprit et vous revivrez. 6 Je mettr sur vous des nerfs, je vous revêtirai de chair, je vous reco vrirai de peau, je mettrai en vous l'Esprit et vous revivre Et vous reconnaîtrez que je suis l'Eternel. »

7 Je prophétisai donc comme j'en avais reçu l'ordre. tandis que je prophétisais, il y eut soudain un bruit, pu un mouvement se produisit et les os se rapprochèrent uns des autres. 8 Et, pendant que je regardais, voici qu'il formait sur eux des nerfs et de la chair et que de la pe venait les recouvrir, mais il n'y avait pas d'esprit[c] en eu

9 Alors l'Eternel me dit : Fils d'homme, prophétise l'adresse de l'Esprit, prophétise et dis à l'Esprit : « Vo ce que déclare le Seigneur, l'Eternel : Esprit, viens d quatre coins du ciel et souffle[d] sur ces morts pour qu' revivent. »

10 Je prophétisai donc comme il me l'avait ordonné. Alo l'Esprit entra en eux et ils reprirent vie, ils se dressère sur leurs pieds et ce fut une immense armée.

11 Il me dit : Fils d'homme, ces ossements-là représente toute la communauté d'Israël. Voici ce qu'ils disent : « N os sont desséchés ! Notre espérance s'est évanouie, la v nous a été arrachée[e]. » 12 C'est pourquoi prophétise et di leur : « Voici ce que dit le Seigneur, l'Eternel : Je vais ouv vos sépulcres et je vous ferai remonter de vos tombes, mon peuple, et je vous ramènerai dans le pays d'Isra 13 Et vous reconnaîtrez que je suis l'Eternel lorsque j'o vrirai vos sépulcres et que je vous ferai remonter de v tombes, ô mon peuple. 14 Je mettrai mon Esprit en vous vous revivrez, et je vous établirai de nouveau dans vot pays ; alors vous reconnaîtrez que moi, l'Eternel, j'ai par et agi, l'Eternel le déclare. »

L'unité retrouvée

15 L'Eternel m'adressa la parole en ces termes : 16 Fils d'homme, prends un morceau de bois, et gra dessus : « Pour Juda et les Israélites qui en font partie Puis tu prendras un autre morceau de bois, un morceau bois pour Ephraïm, et tu inscriras dessus : « Pour Jose et pour toute la communauté d'Israël qui en fait partie 17 Ensuite, tu joindras les deux morceaux l'un à l'aut pour n'avoir qu'une pièce unique, en sorte que les de morceaux n'en fassent qu'un dans ta main.

18 Lorsque tes compatriotes te demanderont : « Expliqu nous ce que cela signifie pour toi », 19 tu leur répondra « Voici ce que déclare le Seigneur, l'Eternel : Je vais prend le bois de Joseph qui est dans la main d'Ephraïm et l tribus d'Israël qui en font partie, je le joindrai au bois Juda et je ferai des deux un seul morceau : ils seront u dans ma main. »

20 Tu garderas en main, bien visibles pour eux, l morceaux de bois sur lesquels tu auras fait ces inscri tions, 21 et tu leur diras : « Voici ce que déclare le Seigne l'Eternel : Je vais prendre les Israélites du milieu des pe ples chez lesquels ils sont allés, je les rassemblerai de to les pays alentour, je les ramènerai dans leur pays, 22 et ferai d'eux une seule nation dans le pays, sur les mo

[c] **37.8** *esprit* ou *souffle respiratoire.* L'hébreu joue peut-être sur les deux sens du mot.

[d] **37.9** Le même mot hébreu peut désigner tantôt l'Esprit de Dieu, tantô le vent. Il y a ici un jeu sur les deux sens, l'Esprit se manifestant sous la forme du vent. Voir Jn 3.8.

[e] **37.11** *la vie nous a été arrachée.* Selon une autre coupure du mot que cel du texte hébreu traditionnel qui a : *nous avons été retranchés (de ce monde nous.*

ıere will be one king over all of them and they ill never again be two nations or be divided ıto two kingdoms. 23 They will no longer defile ıemselves with their idols and vile images or with ıy of their offenses, for I will save them from all ıeir sinful backsliding,[l] and I will cleanse them. ıey will be my people, and I will be their God.

24 "'My servant David will be king over them, and ıey will all have one shepherd. They will follow my ws and be careful to keep my decrees. 25 They will ve in the land I gave to my servant Jacob, the land here your ancestors lived. They and their children ıd their children's children will live there forever, ıd David my servant will be their prince forever. I will make a covenant of peace with them; it will an everlasting covenant. I will establish them and crease their numbers, and I will put my sanctuary nong them forever. 27 My dwelling place will be ith them; I will be their God, and they will be my ople. 28 Then the nations will know that I the LORD ake Israel holy, when my sanctuary is among them rever.'"

he LORD's Great Victory Over the Nations

38 1 The word of the LORD came to me: 2 "Son of man, set your face against Gog, of the land Magog, the chief prince of[m] Meshek and Tubal; rophesy against him 3 and say: 'This is what the vereign LORD says: I am against you, Gog, chief prince [n] Meshek and Tubal. 4 I will turn you around, put oks in your jaws and bring you out with your whole my – your horses, your horsemen fully armed, and great horde with large and small shields, all of ıem brandishing their swords. 5 Persia, Cush[o] and ıt will be with them, all with shields and helmets, lso Gomer with all its troops, and Beth Togarmah om the far north with all its troops – the many nations with you.

7 "'Get ready; be prepared, you and all the hordes athered about you, and take command of them. After many days you will be called to arms. In fu-re years you will invade a land that has recovered om war, whose people were gathered from many ations to the mountains of Israel, which had long en desolate. They had been brought out from the ations, and now all of them live in safety. 9 You and your troops and the many nations with you will up, advancing like a storm; you will be like a cloud vering the land.

7:23 Many Hebrew manuscripts (see also Septuagint); most brew manuscripts *all their dwelling places where they sinned*
38:2 Or *the prince of Rosh,*
8:3 Or *Gog, prince of Rosh,*
8:5 That is, the upper Nile region

tagnes d'Israël. Un roi unique régnera sur eux tous, ils ne formeront plus deux nations et ne seront plus divisés en deux royaumes. 23 Ils ne se rendront plus impurs par le culte rendu à leurs idoles et à leurs divinités abominables, et par toutes leurs transgressions. Je les tirerai de tous leurs lieux d'habitation où ils ont péché[f], et je les purifierai ; ils seront mon peuple et je serai leur Dieu.

24 Mon serviteur David sera leur roi, il sera l'unique berger pour eux tous, ils vivront selon mes commandements, et obéiront à mes lois pour les appliquer. 25 Ils habiteront dans le pays que j'ai donné à mon serviteur Jacob et dans lequel ont vécu leurs ancêtres ; ils y demeureront, eux, leurs enfants et leurs petits-enfants à perpétuité, et mon serviteur David sera pour toujours prince sur eux.

26 Je conclurai avec eux une alliance garantissant la paix ; ce sera une alliance éternelle avec eux ; je les établirai et je les rendrai nombreux, je fixerai pour toujours mon sanctuaire au milieu d'eux. 27 Ma demeure sera près d'eux, je serai leur Dieu, et ils seront mon peuple[g]. 28 Et les autres peuples reconnaîtront que je suis l'Eternel qui fait d'Israël un peuple saint en plaçant mon sanctuaire pour toujours au milieu d'eux. »

Le futur ennemi du peuple de Dieu et sa fin

Comme un ouragan

38 1 L'Eternel m'adressa la parole en ces termes : 2 Fils d'homme, tourne tes regards vers Gog au pays de Magog, prince suprême[h] de Méshek et de Toubal[i] ! Prophétise contre lui 3 et dis : « Voici ce que déclare le Seigneur, l'Eternel : Je m'en prends à toi, Gog, prince suprême de Méshek ainsi que de Toubal. 4 Je te ferai faire demi-tour, je te mettrai des crochets aux mâchoires, je te ferai sortir, toi et toute ton armée, tes chevaux et tes équipages, tous superbement revêtus et formant une troupe nombreuse, portant le grand et le petit bouclier, maniant l'épée. 5 Perses, Ethiopiens et ceux de Pouth[j] les rejoindront, tous équipés de casques et de boucliers. 6 Gomer et toutes ses légions, et le peuple de Togarma[k] aux confins du septentrion et toutes ses légions, des peuples innombrables, seront tes auxiliaires.

7 Prends tes dispositions et tiens-toi prêt, toi et toutes tes troupes groupées autour de toi. Tu seras leur commandant. 8 Au bout de bien des jours, tu seras appelé au combat ; dans la suite des temps, tu iras envahir un pays dont les habitants auront échappé à l'épée et auront été rassemblés d'entre beaucoup de peuples sur les montagnes d'Israël qui étaient si longtemps en ruine. Cette population qu'on aura fait sortir du milieu d'autres peuples habitera entièrement dans la sécurité. 9 Tu montes, tu arrives comme un ouragan qui s'abat, comme un nuage qui va couvrir la terre, toi et tous tes bataillons et les peuples nombreux qui marchent avec toi.

f 37.23 *Je les tirerai de ... péché:* d'après le texte hébreu traditionnel. Quelques manuscrits hébreux ont : *je les sauverai de tous les péchés qu'ils ont commis* (voir l'ancienne version grecque).
g 37.27 Réminiscence en 2 Co 6.16.
h 38.2 *suprême:* certains traduisent : *de Rosh.* De même au verset 3 et en 39.1.
i 38.2 *Méshek* et *Toubal,* déjà cités en 27.13, sont des pays situés aux environs du Caucase, sur les bords de la mer Noire, en Asie Mineure. *Gog* et *Magog:* voir Gn 10.2-3 ; Ap 20.8.
j 38.5 Voir Gn 10.6 et note.
k 38.6 Tous ces peuples viennent du nord. Selon Gn 10.3 et 1 Ch 1.6, Togarma était un fils de Gomer.

10 " 'This is what the Sovereign LORD says: On that day thoughts will come into your mind and you will devise an evil scheme. 11 You will say, "I will invade a land of unwalled villages; I will attack a peaceful and unsuspecting people – all of them living without walls and without gates and bars. 12 I will plunder and loot and turn my hand against the resettled ruins and the people gathered from the nations, rich in livestock and goods, living at the center of the land.[p]" 13 Sheba and Dedan and the merchants of Tarshish and all her villages[q] will say to you, "Have you come to plunder? Have you gathered your hordes to loot, to carry off silver and gold, to take away livestock and goods and to seize much plunder?" '

14 "Therefore, son of man, prophesy and say to Gog: 'This is what the Sovereign LORD says: In that day, when my people Israel are living in safety, will you not take notice of it? 15 You will come from your place in the far north, you and many nations with you, all of them riding on horses, a great horde, a mighty army. 16 You will advance against my people Israel like a cloud that covers the land. In days to come, Gog, I will bring you against my land, so that the nations may know me when I am proved holy through you before their eyes.

17 " 'This is what the Sovereign LORD says: You are the one I spoke of in former days by my servants the prophets of Israel. At that time they prophesied for years that I would bring you against them. 18 This is what will happen in that day: When Gog attacks the land of Israel, my hot anger will be aroused, declares the Sovereign LORD. 19 In my zeal and fiery wrath I declare that at that time there shall be a great earthquake in the land of Israel. 20 The fish in the sea, the birds in the sky, the beasts of the field, every creature that moves along the ground, and all the people on the face of the earth will tremble at my presence. The mountains will be overturned, the cliffs will crumble and every wall will fall to the ground. 21 I will summon a sword against Gog on all my mountains, declares the Sovereign LORD. Every man's sword will be against his brother. 22 I will execute judgment on him with plague and bloodshed; I will pour down torrents of rain, hailstones and burning sulfur on him and on his troops and on the many nations with him. 23 And so I will show my greatness and my holiness, and I will make myself known in the sight of many nations. Then they will know that I am the LORD.'

[p] 38:12 The Hebrew for this phrase means *the navel of the earth.*
[q] 38:13 Or *her strong lions*

10 Voici ce que déclare le Seigneur, l'Eternel : En ce jou là, des projets naîtront dans ton cœur, tu concevras u dessein criminel, 11 et tu diras : "Je vais attaquer un pa ouvert, et j'arriverai chez des gens qui vivent tranquill dans la sécurité, habitant dans des villes sans rempart sans verrous, et qui n'ont pas de portes." 12 Tu iras po piller et faire du butin, et pour porter la main sur d lieux auparavant désolés, maintenant habités, contre peuple rassemblé d'entre les autres peuples, ayant d troupeaux et des biens, qui habitera à présent au cent de ce monde[l]. 13 Ceux de Séba et de Dedân[m], les marchan de Tarsis et tous ses princes[n] te diront alors : "Est-ce do pour piller, pour faire du butin, que tu as rassemblé to cet amas de troupes et que tu es venu ? Est-ce pour enlev l'argent et pour emporter l'or, pour prendre les troupeau et t'emparer des biens, pour faire un grand pillage ?" »

14 C'est pourquoi, toi, fils d'homme, prophétise et dire à Gog : « Voici ce que déclare le Seigneur, l'Eterne Assurément, en ce temps-là où mon peuple Israël habite là-bas dans la sécurité, tu en auras connaissance[o]. 15 T quitteras le lieu où tu seras alors aux confins du septentr on, toi et les nombreux peuples qui seront tes alliés, to montés à cheval, grande coalition et armée innombrab 16 et tu viendras attaquer mon peuple Israël comme un n age qui vient couvrir la terre. Je te ferai venir attaquer mo pays dans les temps de la fin afin que les autres peupl apprennent à connaître qui je suis, quand par mes act envers toi je démontrerai à leurs yeux ma sainteté, ô Go

Appelé par Dieu – détruit par lui

17 Voici ce que déclare le Seigneur, l'Eternel : N'est-ce p toi dont j'ai parlé il y a bien longtemps par les prophèt d'Israël, mes serviteurs, qui ont prophétisé, déjà en temps-là et pendant des années, que je te ferais venir po combattre mon peuple ?

18 En ce jour-là, au jour où Gog pénétrera sur le sol d'I raël, c'est là ce que déclare le Seigneur, l'Eternel : La colè me montera jusqu'au visage. 19 Dans ma passion et da ma colère ardente, je le déclare, un grand tremblement terre surviendra, en ce jour-là, au pays d'Israël. 20 Deva moi trembleront les poissons de la mer, les oiseaux, l bêtes sauvages, tous les animaux qui rampent sur le sol, l insectes, et tout homme qui vit sur la surface de la terr Les montagnes s'écrouleront, les falaises s'affaisseront, toutes les murailles s'effondreront à terre. 21 Je susciter alors la guerre contre Gog sur toutes mes montagnes, c'e là ce que déclare le Seigneur, l'Eternel, et ils s'entretueror chacun tirant l'épée contre son camarade. 22 J'exercer mon jugement contre lui par la peste et le sang, et je fer tomber une forte pluie, des grêlons, du feu et du soufre, s lui, sur ses légions et sur les peuples nombreux qui sero avec lui. 23 Je manifesterai ma grandeur et ma sainteté, me ferai connaître à de nombreux peuples et ils reco naîtront que je suis l'Eternel. »

[l] 38.12 C'est-à-dire en Israël, à Jérusalem (voir 5.5).
[m] 38.13 Peuples commerçants d'Arabie.
[n] 38.13 Le texte hébreu a : *ses lionceaux*, terme qui désigne les rois en 19.1-9. L'ancienne version grecque a : *les villages qui en dépendent.*
[o] 38.14 Au lieu de *tu en auras connaissance*, l'ancienne version grecque porte : *tu te mettras en branle.*

39 [1]“Son of man, prophesy against Gog and say:
‘This is what the Sovereign LORD says: I am
ainst you, Gog, chief prince of[r] Meshek and Tubal.
will turn you around and drag you along. I will
ing you from the far north and send you against
e mountains of Israel. [3]Then I will strike your bow
om your left hand and make your arrows drop from
ur right hand. [4]On the mountains of Israel you will
ll, you and all your troops and the nations with you.
vill give you as food to all kinds of carrion birds and
the wild animals. [5]You will fall in the open field,
r I have spoken, declares the Sovereign LORD. [6]I will
nd fire on Magog and on those who live in safety in
e coastlands, and they will know that I am the LORD.
[7]“ ‘I will make known my holy name among my
ople Israel. I will no longer let my holy name be
ofaned, and the nations will know that I the LORD
n the Holy One in Israel. [8]It is coming! It will surely
ke place, declares the Sovereign LORD. This is the
y I have spoken of.
[9]“ ‘Then those who live in the towns of Israel will
out and use the weapons for fuel and burn them
– the small and large shields, the bows and arrows,
e war clubs and spears. For seven years they will use
em for fuel. [10]They will not need to gather wood
om the fields or cut it from the forests, because they
ill use the weapons for fuel. And they will plunder
ose who plundered them and loot those who looted
em, declares the Sovereign LORD.

[11]“ ‘On that day I will give Gog a burial place in
rael, in the valley of those who travel east of the
a. It will block the way of travelers, because Gog
d all his hordes will be buried there. So it will be
lled the Valley of Hamon Gog.[s]
[12]“ ‘For seven months the Israelites will be burying
em in order to cleanse the land. [13]All the people
the land will bury them, and the day I display my
ory will be a memorable day for them, declares the
overeign LORD. [14]People will be continually employed
cleansing the land. They will spread out across the
nd and, along with others, they will bury any bodies
at are lying on the ground.
“ ‘After the seven months they will carry out a more
tailed search. [15]As they go through the land, anyone
ho sees a human bone will leave a marker beside it
til the gravediggers bury it in the Valley of Hamon
g, [16]near a town called Hamonah.[t] And so they will
eanse the land.’

9:1 Or *Gog, prince of Rosh,*
9:11 *Hamon Gog* means *hordes of Gog.*
9:16 *Hamonah* means *horde.*

En pâture aux rapaces

39 [1]Et toi, fils d’homme, prophétise sur Gog et dis :
Voici ce que déclare le Seigneur, l’Eternel : Je m’en
prends à toi, Gog, prince suprême[p] de Méshek ainsi que de
Toubal, [2]je te ferai faire demi-tour et je te conduirai. Je te
ferai venir des confins du septentrion pour te faire arriver
sur les montagnes d’Israël. [3]Je frapperai ton arc pour que
ta main gauche le lâche et je ferai tomber tes flèches de ta
droite. [4]Sur les montagnes d’Israël, tu tomberas, toi et tes
bataillons, et les peuples qui seront avec toi. Je donnerai
ton corps en pâture à toutes sortes d’oiseaux de proie, et
aux bêtes sauvages. [5]Tu tomberas là-bas dans les campagnes, car c’est moi qui le dis. C’est là ce que déclare le
Seigneur, l’Eternel. [6]J’enverrai le feu dans Magog et sur
tous ceux qui vivent dans la sécurité dans les îles et les
régions côtières, et ils reconnaîtront que je suis l’Eternel.
[7]Je ferai reconnaître ma sainteté au milieu d’Israël, mon
peuple, et je ne me laisserai plus profaner, moi qui suis
saint, et les autres peuples sauront que je suis l’Eternel,
le Saint en Israël.

Au feu les armes

[8]Tout cela va venir et tout s’accomplira. C’est là ce que
déclare le Seigneur, l’Eternel : Le jour dont j’ai parlé viendra. [9]Alors les habitants des villes d’Israël sortiront
allumer un feu, ils brûleront les armes : petits et grands
boucliers, arcs et flèches, bâtons et javelots. Ils en feront du
feu qui durera sept ans. [10]Ils n’iront plus aux champs pour
ramasser du bois, ils n’auront plus besoin d’aller dans les
forêts pour abattre des arbres, car c’est avec les armes que
l’on fera du feu, et ils dépouilleront ceux qui les avaient
dépouillés et pilleront tous ceux qui les avaient pillés. C’est
là ce que déclare le Seigneur, l’Eternel.
[11]Là-bas, en ce jour-là, je donnerai à Gog un lieu de
sépulture en Israël : la vallée des Abarim[q], à l’orient de
la mer, et cela bouchera le chemin aux passants. On y enterrera Gog et toute sa multitude ; on l’appellera la vallée
de la multitude de Gog.
[12]La communauté d’Israël les ensevelira afin que le pays
soit purifié et cela prendra sept mois. [13]Tous les gens du
pays y participeront, et ce sera pour eux un titre de fierté,
le jour où je démontrerai ma gloire. C’est là ce que déclare
le Seigneur, l’Eternel.
[14]On choisira des hommes dont la mission sera de parcourir sans cesse le pays tout entier pour chercher les
cadavres demeurés sur le sol, et pour les enterrer afin de
purifier le pays d’Israël. Quand les sept mois seront passés,
ils feront leurs recherches. [15]Et quand ces inspecteurs par-
courront le pays, lorsque l’un d’eux verra des ossements
humains, il dressera à côté d’eux un tas de pierres jusqu’à
ce que les fossoyeurs les aient portés en terre dans la vallée
de la multitude de Gog. [16]Et « Multitude » est aussi le nom
d’une ville[r]. Mais le pays sera purifié.

p **39.1** Voir 38.2 et note.
q **39.11** Une vallée du pays de Moab par laquelle passait la route des caravanes reliant Damas à la mer Rouge et à l’Arabie.
r **39.16** Cette remarque intrigante fait-elle référence à une ville qui portera ce nom au temps de Gog ? Ou bien à la ville infidèle de Jérusalem à l’époque du prophète ? Le terme *multitude* a en effet été employé précédemment dans des oracles d’Ezéchiel dénonçant les fautes de Jérusalem et annonçant son châtiment (Ez 7.11-14 ; 23.42). Il y aurait alors un contraste entre la situation contemporaine et la purification future du pays.

17 "Son of man, this is what the Sovereign LORD says:
Call out to every kind of bird and all the wild animals:
'Assemble and come together from all around to the
sacrifice I am preparing for you, the great sacrifice
on the mountains of Israel. There you will eat flesh
and drink blood. 18 You will eat the flesh of mighty
men and drink the blood of the princes of the earth
as if they were rams and lambs, goats and bulls – all
of them fattened animals from Bashan. 19 At the sacrifice I am preparing for you, you will eat fat till you
are glutted and drink blood till you are drunk. 20 At
my table you will eat your fill of horses and riders,
mighty men and soldiers of every kind,' declares the
Sovereign LORD.

21 "I will display my glory among the nations, and
all the nations will see the punishment I inflict and
the hand I lay on them. 22 From that day forward the
people of Israel will know that I am the LORD their
God. 23 And the nations will know that the people
of Israel went into exile for their sin, because they
were unfaithful to me. So I hid my face from them
and handed them over to their enemies, and they all
fell by the sword. 24 I dealt with them according to
their uncleanness and their offenses, and I hid my
face from them.

25 "Therefore this is what the Sovereign LORD says: I
will now restore the fortunes of Jacob[u] and will have
compassion on all the people of Israel, and I will be
zealous for my holy name. 26 They will forget their
shame and all the unfaithfulness they showed toward
me when they lived in safety in their land with no one
to make them afraid. 27 When I have brought them
back from the nations and have gathered them from
the countries of their enemies, I will be proved holy
through them in the sight of many nations. 28 Then
they will know that I am the LORD their God, for though
I sent them into exile among the nations, I will gather them to their own land, not leaving any behind.
29 I will no longer hide my face from them, for I will
pour out my Spirit on the people of Israel, declares
the Sovereign LORD."

The Temple Area Restored

40 1 In the twenty-fifth year of our exile, at the
beginning of the year, on the tenth of the
month, in the fourteenth year after the fall of the
city – on that very day the hand of the LORD was on me
and he took me there. 2 In visions of God he took me
to the land of Israel and set me on a very high mountain, on whose south side were some buildings that
looked like a city. 3 He took me there, and I saw a man

u 39:25 *Or now bring Jacob back from captivity*

17 Quant à toi, fils d'homme, voici ce que déclare
Seigneur, l'Eternel : Crie aux oiseaux de toutes sortes
aux bêtes sauvages : « Venez, rassemblez-vous ! Accour
de partout en vue du sacrifice que j'offre pour vous. C'e
un grand sacrifice sur les montagnes d'Israël : vous ma
gerez de la chair et vous boirez du sang. 18 Oui, vous vo
repaîtrez de la chair des guerriers et vous boirez le sa
des princes de la terre, ce sont tous des béliers, des a
neaux et des boucs, et de jeunes taureaux, tous engraiss
au Basan. 19 Vous mangerez à satiété de la graisse, et vo
boirez du sang jusqu'à l'ivresse à l'occasion du sacrifi
que j'offre pour vous. 20 Vous vous repaîtrez à ma table
la chair des chevaux, des hommes d'équipage des cha
des guerriers et de tous les soldats. C'est là ce que décla
le Seigneur, l'Eternel. »

21 Je manifesterai ma gloire parmi les peuples non i
raélites, et tous ces peuples verront mon jugement qua
je l'exercerai, ils sentiront la force de mon bras que je fe
peser sur eux. 22 La communauté d'Israël reconnaîtra
partir de ce jour-là que je suis l'Eternel, son Dieu. 23 Et l
autres peuples sauront que si la communauté d'Israël a é
menée en exil, c'est parce qu'elle avait péché, c'est par
que ses membres m'ont été infidèles. Je me suis détour
d'eux et je les ai livrés au pouvoir de leurs ennemis, et i
sont tous tombés sous les coups de l'épée. 24 C'est par
qu'ils se sont rendus impurs et ont transgressé ma loi q
je les ai traités ainsi et que je me suis détourné d'eux.

Un avenir glorieux

25 C'est pourquoi le Seigneur, l'Eternel, déclare cec
Maintenant je ramènerai les captifs[s] de Jacob, et j'aur
pitié de toute la communauté d'Israël et j'aurai le pl
grand souci de faire respecter ma sainteté. 26 Ils auro
alors honte en considérant toutes les révoltes dont ils
sont rendus coupables envers moi, l'Eternel, lorsqu'i
habiteront en paix et en sécurité dans leur propre pay
sans avoir rien à craindre de personne. 27 Lorsque je l
ramènerai du milieu des peuples étrangers, que je les ra
semblerai des pays de leurs ennemis, et que je manifester
ma sainteté par ce que je ferai en leur faveur aux yeux
nombreux peuples, 28 ils reconnaîtront que je suis m
l'Eternel leur Dieu : car je les ai envoyés en exil au se
de peuples étrangers puis je les ai rassemblés dans le
propre pays sans en laisser un seul là-bas. 29 Et plus jama
je ne me détournerai d'eux quand j'aurai répandu m
Esprit sur la communauté d'Israël, c'est là ce que décla
le Seigneur, l'Eternel.

LA VISION DU TEMPLE ET DU PAYS RESTAURÉS

Le nouveau Temple

40 1 La vingt-cinquième année de notre captivit
au début de l'année, le dixième jour du premi
mois[t], c'est-à-dire quatorze ans après la prise de la ville
Jérusalem, exactement le même jour, la main de l'Etern
se posa sur moi et il me transporta là-bas. 2 Il m'emmen
dans des visions reçues de Dieu, au pays d'Israël et me d
posa sur une très haute montagne sur laquelle s'élevaier
du côté du sud, des constructions qui ressemblaient à u
ville[u]. 3 Quand il m'eut conduit là-bas, j'aperçus un indivi

s **39.25** *je ramènerai les captifs.* Autre traduction : *je changerai le sort.*
t **40.1** C'est-à-dire en mars-avril 573 av. J.-C.
u **40.2** Pour les v. 2-3, voir Ap 21.10, 15.

ıose appearance was like bronze; he was standing
the gateway with a linen cord and a measuring
d in his hand. 4The man said to me, "Son of man,
ɔk carefully and listen closely and pay attention to
erything I am going to show you, for that is why
u have been brought here. Tell the people of Israel
erything you see."

e East Gate to the Outer Court

5I saw a wall completely surrounding the temple
ea. The length of the measuring rod in the man's
nd was six long cubits,[v] each of which was a cubit
d a handbreadth. He measured the wall; it was one
easuring rod thick and one rod high.
6Then he went to the east gate. He climbed its steps
d measured the threshold of the gate; it was one rod
ep. 7The alcoves for the guards were one rod long
d one rod wide, and the projecting walls between
e alcoves were five cubits[w] thick. And the threshold
the gate next to the portico facing the temple was
e rod deep.
8Then he measured the portico of the gateway; 9it[x]
s eight cubits[y] deep and its jambs were two cubits[z]
ck. The portico of the gateway faced the temple.
10Inside the east gate were three alcoves on each
e; the three had the same measurements, and the
es of the projecting walls on each side had the
ne measurements. 11Then he measured the width
he entrance of the gateway; it was ten cubits and
length was thirteen cubits.[a] 12In front of each al-
e was a wall one cubit high, and the alcoves were
cubits square. 13Then he measured the gateway
m the top of the rear wall of one alcove to the top
the opposite one; the distance was twenty-five cu-
s[b] from one parapet opening to the opposite one.
Ie measured along the faces of the projecting walls
around the inside of the gateway – sixty cubits.[c]
e measurement was up to the portico[d] facing the
urtyard.[e] 15The distance from the entrance of the
teway to the far end of its portico was fifty cubits.[f]
The alcoves and the projecting walls inside the gate-
y were surmounted by narrow parapet openings all
ound, as was the portico; the openings all around
ed inward. The faces of the projecting walls were
corated with palm trees.

):5 That is, about 11 feet or about 3.2 meters; also in verse 12.
e long cubit of about 21 inches or about 53 centimeters is the
ic unit of measurement of length throughout chapters 40–48.
0:7 That is, about 8 3/4 feet or about 2.7 meters; also in verse 48
):8,9 Many Hebrew manuscripts, Septuagint, Vulgate and
iac; most Hebrew manuscripts *gateway facing the temple; it was*
rod deep. 9 Then he measured the portico of the gateway; it
):9 That is, about 14 feet or about 4.2 meters
:9 That is, about 3 1/2 feet or about 1 meter
):11 That is, about 18 feet wide and 23 feet long or about 5.3
ters wide and 6.9 meters long
):13 That is, about 44 feet or about 13 meters; also in verses 21,
29, 30, 33 and 36
):14 That is, about 105 feet or about 32 meters
):14 Septuagint; Hebrew *projecting wall*
):14 The meaning of the Hebrew for this verse is uncertain.
:15 That is, about 88 feet or about 27 meters; also in verses 21,
29, 33 and 36

qui paraissait de bronze et qui portait dans sa main un
cordeau de lin pour mesurer et une règle d'arpenteur ; il se
tenait près de la porte de la ville. 4Cet individu me dit : Fils
d'homme, regarde bien de tes yeux et écoute de toutes tes
oreilles, fais bien attention à tout ce que je vais te montrer,
car c'est pour te le faire voir que tu as été amené ici. Tu
raconteras à la communauté d'Israël tout ce que tu verras.

Mur d'enceinte et parvis[v]

5Voici ce que je vis : un mur extérieur entourait le
Temple de tous côtés, et le personnage tenait en main une
règle d'arpenteur longue de six coudées, en prenant la coudée longue, un peu plus grande que la coudée ordinaire. Il
mesura l'épaisseur des murs de cette construction : elle
correspondait à la longueur de sa règle. Il trouva la même
dimension pour la hauteur. 6Puis il alla vers la porte qui
faisait face à l'orient et il en gravit les marches. Il mesura
le seuil de la porte qui avait une largeur égale à la longueur
de sa règle[w]. 7Le long du passage qui s'ouvrait se trouvaient
des loges de garde carrées dont chaque côté faisait une
longueur de règle ; elles étaient séparées par des murs de
cinq coudées d'épaisseur. Le seuil de la porte, depuis le
portique, à l'intérieur avait la longueur d'une règle. 8Le
personnage mesura ce portique : 9huit coudées[x]. Les deux
piliers avaient deux coudées d'épaisseur. Ce portique de
la porte était situé du côté intérieur. 10Il y avait trois loges
de garde de chaque côté du couloir de la porte orientale.
Elles avaient toutes les trois les mêmes dimensions, et les
piliers qui se trouvaient de chaque côté avaient tous les
trois la même épaisseur.
11Le personnage mesura ensuite la porte, à l'entrée :
elle avait dix coudées de large, et puis la longueur de la
porte : treize coudées. 12Devant les loges de garde il y
avait, à gauche et à droite du couloir central, un muret
d'une coudée de hauteur[y] et chaque loge avait six coudées
de côté. 13Puis il mesura toute la largeur de la porte, du
fond d'une loge au fond de l'autre : en passant par leurs
portes qui se faisaient face, il trouva vingt-cinq coudées.
14Il mesura le portique[z] qui avait vingt coudées[a]. Autour
du portique de la porte se trouvait le parvis. 15Du front
de la porte d'entrée jusque devant le portique de la porte,
à l'intérieur, il y avait cinquante coudées. 16Les loges de
garde et leurs piliers étaient munis de fenêtres grillagées
s'ouvrant depuis l'intérieur, autour de la porte ; il en était
de même du portique qui avait des fenêtres autour, s'ouvrant depuis l'intérieur. Sur chaque pilier étaient sculptés
des palmiers.

v **40.5** Dans les chapitres 40 à 48, les mesures ne sont pas converties en centimètres ou en mètres pour conserver le symbolisme des nombres bibliques. La *coudée longue* devait faire à peu près 52 centimètres, la *règle d'arpenteur* plus de 3 mètres.

w **40.6** L'hébreu ajoute : *le seuil avait une largeur égale à une longueur de règle.* Ces mots sont omis dans l'ancienne version grecque.

x **40.9** Nous suivons les versions. Le texte hébreu ajoute en 40.8 et 9: [8] *l'homme mesura ce portique : il avait la longueur d'une règle.* [9] *Il mesura le portique : huit coudées.*

y **40.12** Autre traduction : *d'épaisseur.*

z **40.14** *portique:* d'après l'ancienne version grecque. Le texte hébreu traditionnel a : *les piliers.*

a **40.14** D'après l'ancienne version grecque. Le texte hébreu traditionnel a : *60 coudées.*

The Outer Court

[17]Then he brought me into the outer court. There I saw some rooms and a pavement that had been constructed all around the court; there were thirty rooms along the pavement. [18]It abutted the sides of the gateways and was as wide as they were long; this was the lower pavement. [19]Then he measured the distance from the inside of the lower gateway to the outside of the inner court; it was a hundred cubits[g] on the east side as well as on the north.

The North Gate

[20]Then he measured the length and width of the north gate, leading into the outer court. [21]Its alcoves – three on each side – its projecting walls and its portico had the same measurements as those of the first gateway. It was fifty cubits long and twenty-five cubits wide. [22]Its openings, its portico and its palm tree decorations had the same measurements as those of the gate facing east. Seven steps led up to it, with its portico opposite them. [23]There was a gate to the inner court facing the north gate, just as there was on the east. He measured from one gate to the opposite one; it was a hundred cubits.

The South Gate

[24]Then he led me to the south side and I saw the south gate. He measured its jambs and its portico, and they had the same measurements as the others. [25]The gateway and its portico had narrow openings all around, like the openings of the others. It was fifty cubits long and twenty-five cubits wide. [26]Seven steps led up to it, with its portico opposite them; it had palm tree decorations on the faces of the projecting walls on each side. [27]The inner court also had a gate facing south, and he measured from this gate to the outer gate on the south side; it was a hundred cubits.

The Gates to the Inner Court

[28]Then he brought me into the inner court through the south gate, and he measured the south gate; it had the same measurements as the others. [29]Its alcoves, its projecting walls and its portico had the same measurements as the others. The gateway and its portico had openings all around. It was fifty cubits long and twenty-five cubits wide. [30](The porticoes of the gateways around the inner court were twenty-five cubits wide and five cubits deep.) [31]Its portico faced the outer court; palm trees decorated its jambs, and eight steps led up to it.

[32]Then he brought me to the inner court on the east side, and he measured the gateway; it had the same measurements as the others. [33]Its alcoves, its projecting walls and its portico had the same measurements as the others. The gateway and its portico had openings all around. It was fifty cubits long and twenty-five cubits wide. [34]Its portico faced the outer court; palm trees decorated the jambs on either side, and eight steps led up to it.

[17]Puis le personnage me conduisit vers le parvis e
térieur où se trouvaient des salles. Un dallage faisait to
le tour du parvis. Trente salles donnaient sur ce dalla
[18]qui s'étendait de chaque côté des portes sur une lo
gueur égale à la leur. C'était le dallage inférieur. [19]
personnage mesura la distance entre la façade de la po
inférieure jusqu'à celle du parvis intérieur, il trouva ce
coudées. Voilà pour l'est.

En ce qui concerne le nord : [20]il mesura aussi la longue
et la largeur de la porte faisant face au nord, sur le par
extérieur. [21]Ses loges – trois d'un côté et trois de l'autr
ses piliers et son portique avaient les mêmes dimensio
que celles de la première porte : cinquante coudées
long et vingt-cinq coudées de large ; [22]ses fenêtres, s
portique et ses palmiers avaient aussi les mêmes dime
sions que ceux de la porte orientale. On y accédait p
sept degrés et l'on avait alors le portique devant soi. [23]U
porte donnait sur le parvis intérieur, en face de la po
nord ; il en était de même en face de la porte orientale.
personnage mesura la distance d'une porte à l'autre
trouva cent coudées.

[24]Ensuite il me conduisit du côté sud où je vis la po
méridionale. Il en mesura les piliers et le portique
avaient les mêmes dimensions que les autres. [25]Tout a
our de cette porte et de son portique, il y avait des fenêt
pareilles aux autres : les dimensions étaient, là aussi,
cinquante coudées de long sur vingt-cinq de large. [26]O
accédait par sept marches devant lesquelles se trouvai
portique. Des palmiers étaient sculptés de part et d'au
sur ces piliers. [27]Le parvis intérieur avait aussi une po
du côté sud. L'homme mesura la distance d'une port
l'autre en direction du sud et il trouva cent coudées.

Les portes du parvis intérieur

[28]Puis il me fit entrer dans le parvis intérieur par
porte sud et il mesura la porte méridionale qui avait
mêmes dimensions que les précédentes ; [29]ses loges
garde, ses piliers et son portique avaient des dimensic
identiques aux précédents. La porte et le portique étaie
aussi garnis de fenêtres tout autour. L'ensemble fais
cinquante coudées de long et vingt-cinq de large. [30]
avait, tout autour, des portiques de vingt-cinq coudé
de longueur et de cinq coudées de largeur. [31]Son portiq
donnait sur le parvis extérieur, ses piliers étaient orn
de palmiers et son escalier avait huit marches.

[32]Puis il me conduisit dans le parvis intérieur par
côté est et il mesura la porte qui avait les mêmes dime
sions que les autres : [33]loges de garde, piliers et portiq
avaient des mesures identiques aux précédents. La porte
son portique étaient aussi garnis de fenêtres tout auto
L'ensemble faisait cinquante coudées de long et vingt-ci
de large. [34]Son portique donnait sur le parvis extérie
ses piliers étaient ornés de palmiers de chaque côté et
y montait par huit marches.

g 40:19 That is, about 175 feet or about 53 meters; also in verses 23, 27 and 47

[3]5 Then he brought me to the north gate and mea-
[su]red it. It had the same measurements as the others,
[a]s did its alcoves, its projecting walls and its portico,
[an]d it had openings all around. It was fifty cubits long
[an]d twenty-five cubits wide. 37 Its portico[h] faced the
[ou]ter court; palm trees decorated the jambs on either
[sid]e, and eight steps led up to it.

[Th]e Rooms for Preparing Sacrifices

[3]8 A room with a doorway was by the portico in each
[of t]he inner gateways, where the burnt offerings were
[wa]shed. 39 In the portico of the gateway were two ta-
[ble]s on each side, on which the burnt offerings, sin
[off]erings[i] and guilt offerings were slaughtered. 40 By
[th]e outside wall of the portico of the gateway, near
[th]e steps at the entrance of the north gateway were
[tw]o tables, and on the other side of the steps were
[tw]o tables. 41 So there were four tables on one side of
[th]e gateway and four on the other – eight tables in
[all] – on which the sacrifices were slaughtered. 42 There
[we]re also four tables of dressed stone for the burnt
[off]erings, each a cubit and a half long, a cubit and a
[ha]lf wide and a cubit high.[j] On them were placed the
[ute]nsils for slaughtering the burnt offerings and the
[oth]er sacrifices. 43 And double-pronged hooks, each
[a h]andbreadth[k] long, were attached to the wall all
[aro]und. The tables were for the flesh of the offerings.

[Th]e Rooms for the Priests

[4]4 Outside the inner gate, within the inner court,
[we]re two rooms, one[l] at the side of the north gate
[an]d facing south, and another at the side of the south[m]
[ga]te and facing north. 45 He said to me, "The room
[fac]ing south is for the priests who guard the temple,
[a]nd the room facing north is for the priests who
[gu]ard the altar. These are the sons of Zadok, who are
[th]e only Levites who may draw near to the LORD to
[mi]nister before him."

[4]7 Then he measured the court: It was square – a
[hu]ndred cubits long and a hundred cubits wide. And
[th]e altar was in front of the temple.

[Th]e New Temple

[4]8 He brought me to the portico of the temple and
[m]easured the jambs of the portico; they were five
[cu]bits wide on either side. The width of the entrance
[wa]s fourteen cubits[n] and its projecting walls were[o]
[th]ree cubits[p] wide on either side. 49 The portico was
[tw]enty cubits[q] wide, and twelve[r] cubits[s] from front

[h] [40]:37 Septuagint (see also verses 31 and 34); Hebrew *jambs*
[i] [40]:39 Or *purification offerings*
[j] [40]:42 That is, about 2 2/3 feet long and wide and 21 inches high or [abo]ut 80 centimeters long and wide and 53 centimeters high
[k] [40]:43 That is, about 3 1/2 inches or about 9 centimeters
[l] [40]:44 Septuagint; Hebrew *were rooms for singers, which were*
[m] [40]:44 Septuagint; Hebrew *east*
[n] [40]:48 That is, about 25 feet or about 7.4 meters
[o] [40]:48 Septuagint; Hebrew *entrance was*
[p] [40]:48 That is, about 5 1/4 feet or about 1.6 meters
[q] [40]:49 That is, about 35 feet or about 11 meters
[r] [40]:49 Septuagint; Hebrew *eleven*
[s] [40]:49 That is, about 21 feet or about 6.4 meters

35 Puis le personnage me fit entrer par la porte nord
et il y trouva les mêmes dimensions qu'ailleurs : 36 loges,
piliers, portique avaient cinquante coudées de long sur
vingt-cinq de large. Cette porte avait comme les autres
des loges, des piliers, un portique et des fenêtres tout autour. 37 Son portique[b] donnait sur le parvis extérieur, ses
piliers étaient, de part et d'autre, garnis de palmiers, et
on y montait par huit marches.

Dans le parvis intérieur

38 Une salle s'ouvrait entre les piliers de la porte ; c'est
là que l'on nettoyait les holocaustes. 39 Dans le portique
de la porte se trouvaient deux tables de chaque côté sur
lesquelles étaient égorgées les victimes destinées aux holocaustes, aux sacrifices pour le péché et aux sacrifices
de réparation. 40 Sur le côté extérieur, à l'endroit où l'on
montait vers l'entrée de la porte nord, il y avait deux tables et deux autres du côté opposé près du portique de la
porte. 41 Il y avait donc quatre tables d'une part et quatre
de l'autre, sur les côtés de la porte, c'est-à-dire huit tables
en tout sur lesquelles on égorgeait les victimes. 42 Il y avait
de plus quatre tables carrées d'une coudée et demie de
côté et une coudée de hauteur. Elles étaient en pierres
de taille et servaient aux holocaustes. On y déposait les
instruments avec lesquels on immolait les victimes pour
les holocaustes et les autres sacrifices. 43 Tout autour, à
l'intérieur, se trouvaient des rigoles larges d'une paume[c].
La chair des animaux offerts était déposée sur les tables.
44 En dehors de la porte intérieure, dans le parvis intérieur,
se trouvaient deux salles[d]. L'une était située à côté de la
porte nord et faisait face au sud. L'autre était à côté de la
porte sud[e], sa façade étant au nord.
45 Le personnage me dit : Cette salle dont la façade est au
sud est réservée aux prêtres chargés du service du Temple,
46 et celle dont la façade est au nord est pour les prêtres qui
assurent le service de l'autel : ce sont les descendants de
Tsadoq[f] qui, parmi les descendants de Lévi, s'approchent
de l'Eternel pour officier pour son culte.

Le portique du Temple

47 Puis il mesura le parvis, qui formait un carré de cent
coudées de côté. L'autel se trouvait devant le Temple.
48 Ensuite il me conduisit dans le portique du Temple et
mesura les piliers qui s'y trouvaient : ils avaient cinq coudées de chaque côté. La porte avait quatorze coudées de
large et ses murs latéraux avaient trois coudées de chaque
côté[g]. 49 Le portique avait vingt coudées sur douze[h]. On

[b] **40.37** Voir v. 14 et note.
[c] **40.43** C'est-à-dire 8 centimètres.
[d] **40.44** D'après l'ancienne version grecque et la suite du verset. Texte hébrue traditionnel : *des salles réservées aux musiciens.* La différence tient à une lettre en hébr.
[e] **40.44** Selon l'ancienne version grecque et le fait que la façade est au nord. Texte hébrue traditionnel : *la porte orientale.*
[f] **40.46** Sur *Tsadoq*, voir 1 R 2.35.
[g] **40.48** *La porte ... côté:* d'après l'ancienne version grecque. Le texte hébreu traditionnel a : *et la porte avait trois coudées de large de chaque côté.*
[h] **40.49** D'après l'ancienne version grecque et les données indiquées en 41.13. Le texte hébreu traditionnel a : *onze.*

to back. It was reached by a flight of stairs,[t] and there were pillars on each side of the jambs.

41 1 Then the man brought me to the main hall and measured the jambs; the width of the jambs was six cubits[u] on each side.[v] 2 The entrance was ten cubits[w] wide, and the projecting walls on each side of it were five cubits[x] wide. He also measured the main hall; it was forty cubits long and twenty cubits wide.[y]

3 Then he went into the inner sanctuary and measured the jambs of the entrance; each was two cubits[z] wide. The entrance was six cubits wide, and the projecting walls on each side of it were seven cubits[a] wide. 4 And he measured the length of the inner sanctuary; it was twenty cubits, and its width was twenty cubits across the end of the main hall. He said to me, "This is the Most Holy Place."

5 Then he measured the wall of the temple; it was six cubits thick, and each side room around the temple was four cubits[b] wide. 6 The side rooms were on three levels, one above another, thirty on each level. There were ledges all around the wall of the temple to serve as supports for the side rooms, so that the supports were not inserted into the wall of the temple. 7 The side rooms all around the temple were wider at each successive level. The structure surrounding the temple was built in ascending stages, so that the rooms widened as one went upward. A stairway went up from the lowest floor to the top floor through the middle floor.

8 I saw that the temple had a raised base all around it, forming the foundation of the side rooms. It was the length of the rod, six long cubits. 9 The outer wall of the side rooms was five cubits thick. The open area between the side rooms of the temple 10 and the priests' rooms was twenty cubits wide all around the temple. 11 There were entrances to the side rooms from the open area, one on the north and another on the south; and the base adjoining the open area was five cubits wide all around.

12 The building facing the temple courtyard on the west side was seventy cubits[c] wide. The wall of the building was five cubits thick all around, and its length was ninety cubits.[d]

13 Then he measured the temple; it was a hundred cubits[e] long, and the temple courtyard and the building with its walls were also a hundred cubits long.

y accédait par des marches et, de chaque côté, près c piliers, se dressait une colonne.

Dans le Temple

41 1 Le personnage me fit ensuite entrer dans grande salle du Temple et il en mesura les pilie ils avaient six coudées d'épaisseur de chaque côté. 2 porte avait dix coudées de largeur et ses murs latérau de part et d'autre, cinq coudées. Il mesura la longueur la grande salle : quarante coudées, et sa largeur : vir coudées. 3 Pénétrant à l'intérieur, il mesura les piliers l'entrée : deux coudées, et l'entrée elle-même : six coudé ses murs latéraux de chaque côté avaient sept coudées[i]. mesura la longueur de la pièce : vingt coudées, et autant largeur face à la grande salle. Puis il me dit : Cette par est le lieu très saint.

5 Ensuite il mesura l'épaisseur du mur du Temple : coudées, et la largeur de l'édifice latéral : quatre coude sur tout le pourtour du Temple.

6 Il y avait trois étages de trente salles qui étaient sc tenues par un mur construit autour du Temple, de mani à ce que ces chambres s'y encastrent, sans être encastre dans le mur même du Temple. 7 A mesure que l'on mont d'un étage à l'autre, en tournant, les salles s'élargissaie aux dépens du mur tout autour du Temple : vers le ha de la maison, il y avait donc plus d'espace. On montait l'étage inférieur à l'étage supérieur en passant par l'éta intermédiaire. 8 Je vis aussi une terrasse surélevée to autour de l'édifice, à la base des salles annexes, qui avait longueur d'une règle, c'est-à-dire six coudées. 9 L'épaisse du mur extérieur des chambres latérales était de cinq cc dées. L'espace libre entre les salles annexes du Temple 1 les salles des prêtres avait vingt coudées de large, to autour de l'édifice. 11 L'entrée des salles annexes donn sur cet espace libre par une porte au nord et une au su Le passage avait cinq coudées de large tout autour. 12 côté ouest, il y avait un bâtiment large de soixante-c coudées attenant à l'espace libre ; sa muraille, longue quatre-vingt-dix coudées, avait cinq coudées d'épaisse sur tout le pourtour.

13 Le personnage mesura le Temple ; longueur : cent cc dées et même dimension pour l'espace libre, le bâtime

t 40:49 Hebrew; Septuagint *Ten steps led up to it*
u 41:1 That is, about 11 feet or about 3.2 meters; also in verses 3, 5 and 8
v 41:1 One Hebrew manuscript and Septuagint; most Hebrew manuscripts *side, the width of the tent*
w 41:2 That is, about 18 feet or about 5.3 meters
x 41:2 That is, about 8 3/4 feet or about 2.7 meters; also in verses 9, 11 and 12
y 41:2 That is, about 70 feet long and 35 feet wide or about 21 meters long and 11 meters wide
z 41:3 That is, about 3 1/2 feet or about 1.1 meters; also in verse 22
a 41:3 That is, about 12 feet or about 3.7 meters
b 41:5 That is, about 7 feet or about 2.1 meters
c 41:12 That is, about 123 feet or about 37 meters
d 41:12 That is, about 158 feet or about 48 meters
e 41:13 That is, about 175 feet or about 53 meters; also in verses 14 and 15

i 41.3 *Ses murs latéraux ... sept coudées:* d'après l'ancienne version grecqu (cf. 40.48 et note). Le texte hébreu traditionnel a : *et la largeur de l'entrée était de sept coudées.*

Ihe width of the temple courtyard on the east, inıding the front of the temple, was a hundred cubits.
15Then he measured the length of the building fac-
g the courtyard at the rear of the temple, including
galleries on each side; it was a hundred cubits.
The main hall, the inner sanctuary and the portico
cing the court, 16as well as the thresholds and the
ırrow windows and galleries around the three of
em – everything beyond and including the thresh-
d was covered with wood. The floor, the wall up to
e windows, and the windows were covered. 17In the
ace above the outside of the entrance to the inner
nctuary and on the walls at regular intervals all
ound the inner and outer sanctuary 18were carved
erubim and palm trees. Palm trees alternated with
erubim. Each cherub had two faces: 19the face of a
man being toward the palm tree on one side and the
ce of a lion toward the palm tree on the other. They
re carved all around the whole temple. 20From the
or to the area above the entrance, cherubim and
lm trees were carved on the wall of the main hall.
21The main hall had a rectangular doorframe, and
e one at the front of the Most Holy Place was similar.
There was a wooden altar three cubits[f] high and
o cubits square[g]; its corners, its base[h] and its sides
re of wood. The man said to me, "This is the table
at is before the LORD." 23Both the main hall and the
ost Holy Place had double doors. 24Each door had
o leaves – two hinged leaves for each door. 25And on
e doors of the main hall were carved cherubim and
lm trees like those carved on the walls, and there
ıs a wooden overhang on the front of the portico.
On the sidewalls of the portico were narrow win-
ws with palm trees carved on each side. The side
oms of the temple also had overhangs.

e Rooms for the Priests

2 1Then the man led me northward into the
outer court and brought me to the rooms op-
site the temple courtyard and opposite the outer
ll on the north side. 2The building whose door faced
rth was a hundred cubits long and fifty cubits wide.[i]
oth in the section twenty cubits[j] from the inner
urt and in the section opposite the pavement of the
ter court, gallery faced gallery at the three levels.
front of the rooms was an inner passageway ten
bits wide and a hundred cubits[k] long.[l] Their doors
re on the north. 5Now the upper rooms were nar-
wer, for the galleries took more space from them
an from the rooms on the lower and middle floors
the building. 6The rooms on the top floor had no
llars, as the courts had; so they were smaller in
or space than those on the lower and middle floors.
here was an outer wall parallel to the rooms and

:22 That is, about 5 1/4 feet or about 1.5 meters
:22 Septuagint; Hebrew *long*
:22 Septuagint; Hebrew *length*
:2 That is, about 175 feet long and 88 feet wide or about 53
ters long and 27 meters wide
:3 That is, about 35 feet or about 11 meters
:4 Septuagint and Syriac; Hebrew *and one cubit*
:4 That is, about 18 feet wide and 175 feet long or about 5.3
ters wide and 53 meters long

occidental et ses murailles. 14A l'est de ce bâtiment, la largeur de la façade arrière du Temple additionnée de l'espace
libre était de cent coudées. 15Il mesura de même la longueur du bâtiment du côté de la cour arrière, y compris les
galeries de chaque côté, et il trouva encore cent coudées.

La décoration intérieure

Dans le Temple, la grande salle, le portique donnant sur
le parvis, 16les seuils, les fenêtres grillagées et les galeries
du pourtour sur trois côtés, face au seuil[j], étaient garnis
d'un lambris de bois tout autour, jusqu'à la hauteur des
fenêtres, et les fenêtres elles-mêmes étaient lambrissées
17jusqu'au-dessus de l'entrée et jusqu'au fond de la maison,
et à l'extérieur sur tous les murs du pourtour ; à l'intérieur
comme à l'extérieur, à intervalles réguliers 18on avait
sculpté des chérubins et des palmiers : un palmier entre
deux chérubins. Chaque chérubin avait deux faces : 19une
face d'homme tournée vers l'un des palmiers et une face de
lion tournée vers l'autre. Ces décorations se retrouvaient
tout autour de la maison. 20Depuis le sol jusqu'au-dessus
de la porte, il y avait des chérubins et des palmiers, et aussi
sur les murs du Temple[k].
21Les encadrements des portes du Temple étaient con-
stitués par des poteaux carrés. Devant le lieu saint[l], il y
avait quelque chose qui ressemblait à 22un autel de bois
haut de trois coudées et long de deux coudées. Ses coins,
son socle et ses parois étaient en bois. Le personnage me
dit : Voici la table qui est devant l'Eternel.
23La grande salle et le sanctuaire avaient chacun une
double porte 24à deux battants pivotants. 25La porte de
la grande salle était décorée de chérubins et de palmiers,
comme les parois. A l'extérieur du portique, il y avait un
auvent de bois. 26De chaque côté des fenêtres grillagées
ainsi que sur les parois latérales du portique, sur celles des
salles annexes du Temple et sur les auvents, on retrouvait
les palmiers décoratifs.

Les appartements des prêtres

42 1Le personnage me fit ensuite sortir vers le parvis extérieur par le côté nord et il me fit entrer
dans la salle située en face de l'espace libre et vis-à-vis
du bâtiment, du côté nord. 2L'édifice contenant les salles
avait cent coudées de long vers l'entrée nord et cinquante
coudées de large. 3En face des vingt coudées du parvis
intérieur et vis-à-vis du dallage du parvis extérieur s'étendaient des galeries superposées sur trois étages. 4Devant
les salles, il y avait une allée large de dix coudées et longue
de cent coudées[m], pour aller vers l'intérieur. Leurs portes
donnaient du côté nord. 5Les salles de l'étage supérieur
étaient plus étroites, car les galeries empiétaient sur elles
plus que sur les salles inférieures et sur celles du milieu.
6Les salles étaient disposées sur trois étages et n'étaient
pas soutenues par des colonnes semblables à celles des parvis ; c'est pourquoi les salles de l'étage supérieur étaient
plus étroites que celles du premier étage et du rez-de-
chaussée. 7Le mur extérieur longeant le parvis extérieur

j 41.16 *sur trois côtés, face au seuil:* hébreu obscur et traduction incertaine.
k 41.20 *du Temple.* Autre traduction : *de la grande salle.*
l 41.21 Ezéchiel appelle « lieu saint » ou « sanctuaire » ce qu'on appelle généralement : « lieu très saint ».
m 42.4 *cent coudées:* d'après l'ancienne version grecque et la version syriaque. Le texte hébreu traditionnel a : *une coudée.*

the outer court; it extended in front of the rooms for fifty cubits. 8While the row of rooms on the side next to the outer court was fifty cubits long, the row on the side nearest the sanctuary was a hundred cubits long. 9The lower rooms had an entrance on the east side as one enters them from the outer court.

10On the south side[m] along the length of the wall of the outer court, adjoining the temple courtyard and opposite the outer wall, were rooms 11with a passageway in front of them. These were like the rooms on the north; they had the same length and width, with similar exits and dimensions. Similar to the doorways on the north 12were the doorways of the rooms on the south. There was a doorway at the beginning of the passageway that was parallel to the corresponding wall extending eastward, by which one enters the rooms.

13Then he said to me, "The north and south rooms facing the temple courtyard are the priests' rooms, where the priests who approach the LORD will eat the most holy offerings. There they will put the most holy offerings – the grain offerings, the sin offerings[n] and the guilt offerings – for the place is holy. 14Once the priests enter the holy precincts, they are not to go into the outer court until they leave behind the garments in which they minister, for these are holy. They are to put on other clothes before they go near the places that are for the people."

15When he had finished measuring what was inside the temple area, he led me out by the east gate and measured the area all around: 16He measured the east side with the measuring rod; it was five hundred cubits.[o,p] 17He measured the north side; it was five hundred cubits[q] by the measuring rod. 18He measured the south side; it was five hundred cubits by the measuring rod. 19Then he turned to the west side and measured; it was five hundred cubits by the measuring rod. 20So he measured the area on all four sides. It had a wall around it, five hundred cubits long and five hundred cubits wide, to separate the holy from the common.

God's Glory Returns to the Temple

43 1Then the man brought me to the gate facing east, 2and I saw the glory of the God of Israel coming from the east. His voice was like the roar of rushing waters, and the land was radiant with his glory. 3The vision I saw was like the vision I had seen when he[r] came to destroy the city and like the visions I had seen by the Kebar River, and I fell facedown. 4The glory of the LORD entered the temple through the gate facing east. 5Then the Spirit lifted me up and

m 42:10 Septuagint; Hebrew *Eastward*
n 42:13 Or *purification offerings*
o 42:16 See Septuagint of verse 17; Hebrew *rods*; also in verses 18 and 19.
p 42:16 Five hundred cubits equal about 875 feet or about 265 meters; also in verses 17, 18 and 19.
q 42:17 Septuagint; Hebrew *rods*
r 43:3 Some Hebrew manuscripts and Vulgate; most Hebrew manuscripts *I*

parallèlement aux salles avait cinquante coudées de lo en face des salles, 8car la longueur totale sur laquelle i avait des salles donnant sur le parvis extérieur était cinquante coudées, tandis que sur la façade orientée vers Temple, la longueur totale sur laquelle il y avait des sal était de cent coudées.

9En contrebas de ces salles, il y avait, du côté est, u entrée pour y accéder depuis le parvis extérieur. 10S la largeur du mur du parvis, au sud[n], face à l'espace lib et au bâtiment, il y avait encore des salles 11et, deva elles, un passage. Elles étaient pareilles aux salles qui trouvaient au nord : leur longueur et leur largeur étaie les mêmes, ainsi que leurs issues, leur disposition et leu portes. 12Il en était de même des salles se trouvant du cô sud. Il y avait également une porte à l'entrée du passa situé à l'est, en face du mur de protection, et c'est par que l'on entrait[o]. 13Le personnage me dit : Les salles côté nord et celles du côté sud qui donnent sur l'espa libre, sont des salles saintes où les prêtres qui officie pour l'Eternel mangeront les aliments très saints[p] ; c'e là qu'ils les déposeront ainsi que l'offrande végétale la viande des sacrifices pour le péché et des sacrific de réparation. Car ce lieu est saint. 14Une fois entrés, prêtres ne sortiront pas du lieu saint pour aller dans parvis extérieur sans avoir déposé là les vêtements av lesquels ils auront fait le service, car ces vêtements so saints. Ils revêtiront d'autres habits avant de s'approch des parties réservées au peuple.

Dans le parvis extérieur

15Lorsque le personnage eut ainsi achevé de mesu l'intérieur du Temple, il me fit sortir par la porte orient et il mesura l'enceinte tout autour de l'édifice.

16Il arpenta, avec sa règle, le côté oriental et trouva ci cents coudées. 17Il mesura le côté nord : cinq cents coudé 18Il mesura le côté sud : cinq cents coudées. 19Il mesu enfin le côté ouest : cinq cents coudées. 20Il mesura quatre côtés. Il y avait là une muraille, dont la longue et la largeur faisaient cinq cents coudées, pour séparer sacré du profane.

Le Seigneur vient dans son temple

43 1Puis le personnage me conduisit vers la por orientale. 2Alors la gloire du Dieu d'Israël arr par le côté est. Sa voix était comme celle des grandes ea et la terre était illuminée de sa gloire[q]. 3La vision que contemplais était semblable à celle que j'avais eue lorsq était venu pour détruire la ville, et à celle que j'avais e sur les bords du fleuve Kebar. Je tombai sur ma face.

4La gloire de l'Eternel entra dans le Temple par la po orientale.

5L'Esprit m'enleva et me transporta dans le par intérieur : la gloire de l'Eternel remplissait le Templ

n 42.10 D'après l'ancienne version grecque et les v. 11-12. Le texte héb traditionnel a : *à l'est.*
o 42.12 *C'est par là que l'on entrait:* hébreu obscur et traduction incertai
p 42.13 Les descendants de Tsadoq (40.6) ont le droit, comme tous les prêtres, de manger certaines parts des sacrifices (voir Lv 2.3 ; 5.13 ; 6.9, 19, 22 ; 7.6, 10).
q 43.2 Pour les v. 2-3, voir 1.1-3 ; 10.19 ; 8.4 et note ; 11.23.
r 43.5 Comme lors de la consécration du temple de Salomon (1 R 8.11).

ɔught me into the inner court, and the glory of the
ɪᴅ filled the temple.
[6]While the man was standing beside me, I heard
meone speaking to me from inside the temple. [7]He
d: "Son of man, this is the place of my throne and
e place for the soles of my feet. This is where I will
e among the Israelites forever. The people of Israel
ll never again defile my holy name – neither they
r their kings – by their prostitution and the funeral
erings[s] for their kings at their death.[t] [8]When they
ced their threshold next to my threshold and their
orposts beside my doorposts, with only a wall be-
een me and them, they defiled my holy name by
ir detestable practices. So I destroyed them in my
ger. [9]Now let them put away from me their prosti-
tion and the funeral offerings for their kings, and
ill live among them forever.
[10]"Son of man, describe the temple to the people
Israel, that they may be ashamed of their sins.
t them consider its perfection, [11]and if they are
amed of all they have done, make known to them
e design of the temple – its arrangement, its exits
d entrances – its whole design and all its regula-
ns[u] and laws. Write these down before them so
at they may be faithful to its design and follow all
regulations.
[12]"This is the law of the temple: All the surrounding
a on top of the mountain will be most holy. Such
he law of the temple.

e Great Altar Restored

[13]"These are the measurements of the altar in long
oits,[v] that cubit being a cubit and a handbreadth: Its
tter is a cubit deep and a cubit wide, with a rim of
e span[w] around the edge. And this is the height of
e altar: [14]From the gutter on the ground up to the
ver ledge that goes around the altar it is two cubits
h, and the ledge is a cubit wide.[x] From this lower
ge to the upper ledge that goes around the altar it
our cubits high, and that ledge is also a cubit wide.[y]
bove that, the altar hearth is four cubits high, and
r horns project upward from the hearth. [16]The
ar hearth is square, twelve cubits[z] long and twelve
oits wide. [17]The upper ledge also is square, fourteen
oits[a] long and fourteen cubits wide. All around the
ar is a gutter of one cubit with a rim of half a cubit.[b]
e steps of the altar face east."
[18]Then he said to me, "Son of man, this is what the
vereign Lᴏʀᴅ says: These will be the regulations

:7 Or *the memorial monuments*; also in verse 9
:7 Or *their high places*
:11 Some Hebrew manuscripts and Septuagint; most Hebrew
nuscripts *regulations and its whole design*
:13 That is, about 21 inches or about 53 centimeters; also in
ses 14 and 17. The long cubit is the basic unit for linear mea-
ement throughout Ezekiel 40–48.
:13 That is, about 11 inches or about 27 centimeters
:14 That is, about 3 1/2 feet high and 1 3/4 feet wide or about
centimeters high and 53 centimeters wide
:14 That is, about 7 feet high and 1 3/4 feet wide or about 2.1
ers high and 53 centimeters wide
:16 That is, about 21 feet or about 6.4 meters
:17 That is, about 25 feet or about 7.4 meters
:17 That is, about 11 inches or about 27 centimeters

[6]Tandis que le personnage se tenait toujours à mes côtés,
j'entendis quelqu'un qui me parlait depuis l'intérieur de
la maison. [7]Il me dit : Fils d'homme, c'est ici le lieu de
mon trône, le lieu où je poserai mes pieds et où j'habiterai
pour toujours au milieu des Israélites. Et ni la communauté
d'Israël, ni ses rois ne me profaneront plus, moi qui suis
saint, par leurs prostitutions, par les cadavres de leurs
rois sur leurs hauts lieux[s], [8]ou en accolant le seuil de leurs
demeures contre mon seuil, et les montants de leurs portes
contre les miens, de sorte qu'il n'y avait qu'un mur mitoyen
entre eux et moi[t]. Oui, ils m'ont ainsi profané, moi qui suis
saint, par les abominations qu'ils ont commises. C'est pour
cela que je les ai consumés dans ma colère. [9]Désormais,
ils éloigneront de moi leurs prostitutions ainsi que les
cadavres de leurs rois, et j'habiterai pour toujours au milieu d'eux.

[10]Quant à toi, fils d'homme, décris ce temple à la communauté d'Israël pour qu'ils aient honte de leurs péchés, et
qu'ils mesurent les plans de cet édifice. [11]Et s'ils ont vraiment honte de tout ce qu'ils ont fait, fais-leur connaître la
configuration de ce temple, sa structure, ses entrées et ses
sorties, oui, toute sa configuration, et toutes les prescriptions et les lois qui lui sont relatives. Mets-les par écrit sous
leurs yeux et qu'ils obéissent à cette configuration et à ces
prescriptions pour les appliquer. [12]C'est ici la loi du Temple
qui se trouve au sommet de la montagne : son territoire
tout autour est très saint. Oui, telle est la loi du Temple.

Le culte dans le nouveau Temple

[13]Et voici les dimensions de l'autel, données en grandes
coudées, c'est-à-dire une coudée étant augmentée d'une
paume : tout autour de la base de l'autel court un fossé
ayant une coudée de profondeur et autant de largeur ;
il est entouré d'un rebord d'une paume. Pour la hauteur
de l'autel, [14]depuis la base de l'autel, enterrée dans le sol,
jusqu'au socle inférieur, il y a deux coudées. La section
suivante est d'une coudée en retrait et, depuis le petit socle
jusqu'au grand, elle a quatre coudées de haut. Puis vient
un nouveau rebord d'une coudée de large. [15]Le sommet
de l'autel, avec le foyer[u], a quatre coudées de hauteur, il
est surmonté de quatre cornes. [16]Ce foyer forme un carré
de douze coudées de côté. [17]Le grand socle est également
un carré ayant quatorze coudées de côté avec un rebord
d'une demi-coudée tout autour et un fossé d'une coudée
tout autour. Les marches pour monter à l'autel se trouvent
du côté est.
[18]Le personnage me dit : Fils d'homme, voici ce que déclare le Seigneur, l'Eternel : Les prescriptions concernant
l'autel pour le jour où il sera construit afin d'y offrir l'ho-

[s] **43.7** Au lieu de *sur leurs hauts lieux*, certains manuscrits ont, moyennant une vocalisation légèrement différente : *au moment de la mort de ceux-ci.*
[t] **43.8** Le palais des rois où l'on adorait les idoles n'était séparé du Temple que par un mur.
[u] **43.15** En hébreu : *la montagne de Dieu*, terme qui n'apparaît qu'ici dans l'Ancien Testament. C'est un mot technique babylonien qui désigne le sommet de l'autel.

for sacrificing burnt offerings and splashing blood
against the altar when it is built: 19 You are to give a
young bull as a sin offering[c] to the Levitical priests
of the family of Zadok, who come near to minister
before me, declares the Sovereign LORD. 20 You are to
take some of its blood and put it on the four horns of
the altar and on the four corners of the upper ledge
and all around the rim, and so purify the altar and
make atonement for it. 21 You are to take the bull for
the sin offering and burn it in the designated part of
the temple area outside the sanctuary.

22 "On the second day you are to offer a male goat
without defect for a sin offering, and the altar is to be
purified as it was purified with the bull. 23 When you
have finished purifying it, you are to offer a young
bull and a ram from the flock, both without defect.
24 You are to offer them before the LORD, and the priests
are to sprinkle salt on them and sacrifice them as a
burnt offering to the LORD.

25 "For seven days you are to provide a male goat
daily for a sin offering; you are also to provide a young
bull and a ram from the flock, both without defect.
26 For seven days they are to make atonement for the
altar and cleanse it; thus they will dedicate it. 27 At the
end of these days, from the eighth day on, the priests
are to present your burnt offerings and fellowship
offerings on the altar. Then I will accept you, declares
the Sovereign LORD."

The Priesthood Restored

44 1 Then the man brought me back to the outer
gate of the sanctuary, the one facing east,
and it was shut. 2 The LORD said to me, "This gate is to
remain shut. It must not be opened; no one may enter
through it. It is to remain shut because the LORD, the
God of Israel, has entered through it. 3 The prince himself is the only one who may sit inside the gateway to
eat in the presence of the LORD. He is to enter by way of
the portico of the gateway and go out the same way."

4 Then the man brought me by way of the north
gate to the front of the temple. I looked and saw the
glory of the LORD filling the temple of the LORD, and I
fell facedown.

5 The LORD said to me, "Son of man, look carefully,
listen closely and give attention to everything I tell
you concerning all the regulations and instructions
regarding the temple of the LORD. Give attention to
the entrance to the temple and all the exits of the
sanctuary. 6 Say to rebellious Israel, 'This is what
the Sovereign LORD says: Enough of your detestable
practices, people of Israel! 7 In addition to all your
other detestable practices, you brought foreigners
uncircumcised in heart and flesh into my sanctuary,
desecrating my temple while you offered me food, fat
and blood, and you broke my covenant. 8 Instead of

c 43:19 Or *purification offering*; also in verses 21, 22 and 25

locauste et d'y faire l'aspersion du sang sont les suivante
19 tu remettras un jeune taureau comme sacrifice po
le péché aux prêtres-lévites qui sont de la postérité
Tsadoq et qui s'approchent de moi pour officier pour m
culte ; le Seigneur, l'Eternel, le déclare. 20 Tu prendras
son sang et tu l'appliqueras sur les quatre cornes de l'au
ainsi que sur les quatre angles du socle et sur le rebord c
l'entoure ; tu purifieras ainsi l'autel et tu accompliras
rite d'expiation pour lui. 21 Tu prendras ensuite le taure
qui a été offert pour le péché et tu le brûleras dans le li
du Temple réservé à cet usage, en dehors du sanctuair

22 Le second jour, tu offriras pour le péché un jeune bo
sans défaut et l'on purifiera l'autel comme on l'a fait av
le taureau. 23 Quand tu auras terminé ce rite de purific
tion, tu offriras un jeune taureau sans défaut et un bél
sans défaut pris dans le troupeau. 24 Tu les présenter
devant l'Eternel ; les prêtres jetteront du sel sur eux et
offriront en holocaustes à l'Eternel. 25 Pendant sept jou
consécutifs, tu offriras chaque jour un bouc en sacrifi
pour le péché, puis un jeune taureau et un bélier sa
défaut pris dans le troupeau. 26 Pendant sept jours, on a
complira le rite d'expiation pour l'autel, on le purifiera
on le consacrera. 27 Une fois ces jours passés, les prêtr
offriront sur l'autel, le huitième jour et les jours suivan
vos holocaustes et vos sacrifices de communion, et je vo
agréerai, le Seigneur, l'Eternel, le déclare.

La porte du prince

44 1 Le personnage me fit revenir du côté de la por
extérieure orientale du sanctuaire. Elle était f
mée. 2 Alors l'Eternel me dit : Cette porte restera ferm
on ne l'ouvrira plus, et personne n'entrera par elle, c
l'Eternel, le Dieu d'Israël, est entré par là. Elle restera do
fermée. 3 Toutefois, le prince, en sa qualité de prince, s'y a
siéra pour prendre son repas devant l'Eternel[v] ; il y entre
par le portique de la porte et sortira par le même chem

4 Puis l'homme me conduisit devant le Temple par
porte nord. Je regardai et je vis la gloire de l'Eternel re
plir le temple de l'Eternel ; alors je tombai face cont
terre.

Qui sera admis au Temple ?

5 L'Eternel me dit : Fils d'homme, fais bien attenti
regarde de tes deux yeux, et écoute de toutes tes oreil
tout ce que je vais t'expliquer au sujet de toutes les ordo
nances et de tous les commandements relatifs[w] au temp
de l'Eternel. Fais particulièrement attention à ceux q
ont trait aux entrées du Temple et à toutes les issues
sanctuaire. 6 Et dis à ces rebelles, à la communauté d'
raël : Voici ce que déclare le Seigneur, l'Eternel : c'en
assez de tous vos actes abominables, communauté d'
raël ! 7 Vous avez fait pénétrer dans mon sanctuaire d
étrangers, incirconcis de cœur et incirconcis dans le
corps, afin de profaner mon temple, pendant que vo
me présentiez l'offrande de mon pain, de la graisse et
sang ; vous avez ainsi violé mon alliance pour accomp
toutes vos pratiques abominables. 8 Vous ne vous êtes p

v 44.3 Sans doute le repas qui suivait certains sacrifices.
w 44.5 Le texte hébreu traditionnel a : *le commandement relatif* avec, en marge, l'indication qu'il faut lire : *les commandements relatifs.*

rrying out your duty in regard to my holy things, u put others in charge of my sanctuary. 9 This is ıat the Sovereign LORD says: No foreigner uncircum-ıed in heart and flesh is to enter my sanctuary, not en the foreigners who live among the Israelites.

10 " 'The Levites who went far from me when Israel ınt astray and who wandered from me after their ɔls must bear the consequences of their sin. 11 They ay serve in my sanctuary, having charge of the gates the temple and serving in it; they may slaughter e burnt offerings and sacrifices for the people and ınd before the people and serve them. 12 But because ey served them in the presence of their idols and ıde the people of Israel fall into sin, therefore I have orn with uplifted hand that they must bear the nsequences of their sin, declares the Sovereign LORD. They are not to come near to serve me as priests come near any of my holy things or my most holy ferings; they must bear the shame of their detest-le practices. 14 And I will appoint them to guard the nple for all the work that is to be done in it.

15 " 'But the Levitical priests, who are descendants Zadok and who guarded my sanctuary when the aelites went astray from me, are to come near to nister before me; they are to stand before me to er sacrifices of fat and blood, declares the Sovereign RD. 16 They alone are to enter my sanctuary; they ɔne are to come near my table to minister before e and serve me as guards.

17 " 'When they enter the gates of the inner court, ey are to wear linen clothes; they must not wear y woolen garment while ministering at the gates the inner court or inside the temple. 18 They are to ar linen turbans on their heads and linen under-rments around their waists. They must not wear ything that makes them perspire. 19 When they go t into the outer court where the people are, they are take off the clothes they have been ministering in d are to leave them in the sacred rooms, and put on her clothes, so that the people are not consecrated rough contact with their garments.

20 " 'They must not shave their heads or let their ir grow long, but they are to keep the hair of their ads trimmed. 21 No priest is to drink wine when he ters the inner court. 22 They must not marry wid-s or divorced women; they may marry only virgins Israelite descent or widows of priests. 23 They are teach my people the difference between the holy d the common and show them how to distinguish tween the unclean and the clean.

24 " 'In any dispute, the priests are to serve as judges d decide it according to my ordinances. They are

acquittés pour moi du service relatif aux choses saintes, vous avez chargé des étrangers d'accomplir à votre place le service pour moi, dans mon sanctuaire.

9 Voici ce que déclare le Seigneur, l'Eternel : Aucun étranger, incirconcis de cœur ou incirconcis dans son corps, n'entrera dans mon sanctuaire ; non, aucun des étrangers qui se trouveront au milieu des Israélites.

10 Quant aux fonctions des lévites qui se sont éloignés de moi, lorsque Israël s'est égaré loin de moi pour se tourner vers ses idoles, ils porteront la responsabilité de leur faute. 11 Ils assureront dans mon sanctuaire le service de portiers et le service du Temple. Ce sont eux qui égorgeront pour le peuple les victimes des holocaustes et des sacrifices, et ils se tiendront à la disposition du peuple pour le servir. 12 Je le jure en levant ma main droite contre eux, déclare le Seigneur, l'Eternel : parce qu'ils ont assisté le peuple dans le culte de ses idoles et qu'ils ont entraîné la communauté d'Israël à pécher, ils porteront la responsabilité de leur faute. 13 Ils ne s'approcheront pas de moi pour remplir devant moi les fonctions du sacerdoce. Ils ne toucheront pas aux choses qui me sont consacrées, ni aux choses très saintes. Et ils porteront le poids de leur honte et la sanction des pratiques abominables qu'ils ont commises. 14 Je leur assignerai la responsabilité du service du Temple où ils effectueront toutes les tâches à accomplir.

Les fonctions des prêtres

15 Mais les prêtres-lévites, issus de Tsadoq[x], qui ont continué à accomplir le service de mon sanctuaire, quand les Israélites s'égaraient loin de moi, eux s'approcheront de moi pour officier pour mon culte et se tiendront devant moi pour m'offrir la graisse et le sang, le Seigneur, l'Eternel, le déclare. 16 Ce sont eux qui entreront dans mon sanctuaire, pour s'approcher de ma table, pour officier pour moi et pour exécuter ce que j'ai prescrit pour mon culte. 17 Lorsqu'ils entreront par les portes du parvis intérieur, ils se vêtiront d'habits de lin ; ils ne porteront pas de laine sur eux quand ils feront le service au-delà des portes du parvis intérieur et dans le Temple. 18 Ils se coifferont de turbans de lin et mettront des caleçons de lin sur les reins, ils ne mettront pas de ceinture, pour éviter la transpiration. 19 Mais lorsqu'ils sortiront dans le parvis extérieur pour retrouver le peuple, ils quitteront leurs habits de service, ils les déposeront dans les salles du sanctuaire et ils en mettront d'autres pour ne pas rendre sacrés les gens du peuple par contact avec leurs habits sacrés.

20 Ils ne se raseront pas la tête et ne se laisseront pas non plus pousser librement les cheveux, mais ils les couperont soigneusement. 21 Aucun prêtre ne boira de vin avant d'entrer dans le parvis intérieur. 22 Ils n'épouseront ni veuve, ni femme divorcée, mais seulement des jeunes filles de la communauté d'Israël, ou la veuve d'un prêtre[y].

23 Ils apprendront à mon peuple à distinguer entre ce qui est saint et ce qui est profane, ils lui feront connaître la différence entre ce qui est impur et ce qui est pur. 24 En cas de procès, c'est à eux qu'il appartiendra de juger ; ils jugeront le cas selon le droit que j'ai établi, ils obéiront à mes lois et mes commandements au sujet de toutes mes

x 44.15 *Tsadoq:* descendant d'Aaron par le fils de ce dernier : Eléazar (1 Ch 6.50-53), prêtre resté fidèle à Salomon, contrairement à Abiatar qui choisit le camp d'Adoniya, autre fils de David (1 R 1).

***y* 44.22** Voir Lv 21.13s.

to keep my laws and my decrees for all my appointed festivals, and they are to keep my Sabbaths holy.

25 “ ‘A priest must not defile himself by going near a dead person; however, if the dead person was his father or mother, son or daughter, brother or unmarried sister, then he may defile himself. 26 After he is cleansed, he must wait seven days. 27 On the day he goes into the inner court of the sanctuary to minister in the sanctuary, he is to offer a sin offering[d] for himself, declares the Sovereign LORD.

28 “ ‘I am to be the only inheritance the priests have. You are to give them no possession in Israel; I will be their possession. 29 They will eat the grain offerings, the sin offerings and the guilt offerings; and everything in Israel devoted[e] to the LORD will belong to them. 30 The best of all the firstfruits and of all your special gifts will belong to the priests. You are to give them the first portion of your ground meal so that a blessing may rest on your household. 31 The priests must not eat anything, whether bird or animal, found dead or torn by wild animals.

Israel Fully Restored

45 1 “ ‘When you allot the land as an inheritance, you are to present to the LORD a portion of the land as a sacred district, 25,000 cubits[f] long and 20,000[g] cubits[h] wide; the entire area will be holy. 2 Of this, a section 500 cubits[i] square is to be for the sanctuary, with 50 cubits[j] around it for open land. 3 In the sacred district, measure off a section 25,000 cubits long and 10,000 cubits[k] wide. In it will be the sanctuary, the Most Holy Place. 4 It will be the sacred portion of the land for the priests, who minister in the sanctuary and who draw near to minister before the LORD. It will be a place for their houses as well as a holy place for the sanctuary. 5 An area 25,000 cubits long and 10,000 cubits wide will belong to the Levites, who serve in the temple, as their possession for towns to live in.[l]

6 “ ‘You are to give the city as its property an area 5,000 cubits[m] wide and 25,000 cubits long, adjoining the sacred portion; it will belong to all Israel.

7 “ ‘The prince will have the land bordering each side of the area formed by the sacred district and the property of the city. It will extend westward from the west side and eastward from the east side, running

fêtes cultuelles et ils tiendront mes jours de sabbat po sacrés.

25 Aucun d'eux ne touchera le corps d'un homme m pour ne pas se rendre impur, sauf lorsqu'il s'agira de le père ou de leur mère, de leur fils ou de leur fille, de le frère ou de leur sœur non mariée. 26 Dans ce cas, le prê attendra sept jours après s'être purifié[z]. 27 Et le jour o entrera de nouveau dans le sanctuaire, en passant pa parvis intérieur pour aller officier dans le sanctuaire offrira un sacrifice pour le péché, le Seigneur, l'Etern le déclare.

28 Ils auront un patrimoine, et ce patrimoine, ce se moi. Vous ne leur attribuerez pas de propriété en Isra c'est moi qui leur tiendrai lieu de propriété. 29 Ils nourriront des offrandes et des victimes présentées sacrifice pour le péché et en sacrifice de réparation, tout ce qui sera voué à Dieu, en Israël, leur reviendra. 30 meilleure part des prémices de toutes choses et tou les offrandes de quoi que ce soit reviendront aux prêtr Vous leur donnerez aussi la première fournée de ce q vous cuirez, afin de faire venir la bénédiction sur vo famille. 31 Les prêtres ne mangeront la chair d'aucune b crevée ou déchiquetée, qu'il s'agisse d'un oiseau ou d' autre animal.

La part de l'Eternel

45 1 Quand vous répartirez le pays en lots, vous en serverez une partie pour l'offrir à l'Eternel. Ce portion du pays sera sainte. Elle aura vingt-cinq mi coudées de long sur dix mille[a] de large. Elle sera sai dans toute son étendue. 2 Vous y réserverez un terr carré de cinq cents coudées de côté pour le sanctuaire sera entouré d'un espace libre de cinquante coudées t autour. 3 Sur la partie offerte à l'Eternel, vous délimite une terre de vingt-cinq mille coudées de longueur sur mille de largeur. C'est là que se situera le sanctuaire, le l très saint. 4 Cette portion sainte du pays appartiendra a prêtres qui officieront au sanctuaire et s'approcheront l'Eternel pour son culte. Ils y disposeront de terrains p bâtir leurs maisons et d'un espace sacré pour le sanctua

5 Un territoire de vingt-cinq mille coudées sur dix mi de large appartiendra aux lévites qui accompliront le s vice du Temple. Ils y posséderont vingt agglomération 6 Pour la ville, vous délimiterez, le long de la portion territoire sainte, une bande de territoire de cinq mi coudées de large sur vingt-cinq mille de long. Elle app tiendra à toute la communauté d'Israël.

7 Vous réserverez au prince deux zones de part et d' tre de la portion de territoire sainte et du territoire de ville, l'une du côté ouest, l'autre du côté est ; la longue de chacun de ces lots correspondra à celle des lots d

d 44:27 Or *purification offering*; also in verse 29
e 44:29 The Hebrew term refers to the irrevocable giving over of things or persons to the LORD.
f 45:1 That is, about 8 miles or about 13 kilometers; also in verses 3, 5 and 6
g 45:1 Septuagint (see also verses 3 and 5 and 48:9); Hebrew *10,000*
h 45:1 That is, about 6 1/2 miles or about 11 kilometers
i 45:2 That is, about 875 feet or about 265 meters
j 45:2 That is, about 88 feet or about 27 meters
k 45:3 That is, about 3 1/3 miles or about 5.3 kilometers; also in verse 5
l 45:5 Septuagint; Hebrew *temple; they will have as their possession 20 rooms*
m 45:6 That is, about 1 2/3 miles or about 2.7 kilometers

z 44.26 Voir Nb 19.11s.
a 45.1 Selon le texte hébreu traditionnel (voir 48.9). L'ancienne versio grecque a : *vingt mille.*
b 45.5 D'après l'ancienne version grecque. Le texte hébreu traditionn a : *salles.*

ıgthwise from the western to the eastern border
rallel to one of the tribal portions. 8 This land will
his possession in Israel. And my princes will no
ıger oppress my people but will allow the people
Israel to possess the land according to their tribes.

9 " 'This is what the Sovereign LORD says: You have
ne far enough, princes of Israel! Give up your vio-
ıce and oppression and do what is just and right.
op dispossessing my people, declares the Sovereign
RD. 10 You are to use accurate scales, an accurate
ɨhah[n] and an accurate bath.[o] 11 The ephah and the
th are to be the same size, the bath containing a
nth of a homer and the ephah a tenth of a homer;
e homer is to be the standard measure for both.
The shekel[p] is to consist of twenty gerahs. Twenty
ekels plus twenty-five shekels plus fifteen shekels
ual one mina.[q]
13 " 'This is the special gift you are to offer: a sixth of
ephah[r] from each homer of wheat and a sixth of an
hah[s] from each homer of barley. 14 The prescribed
rtion of olive oil, measured by the bath, is a tenth
a bath[t] from each cor (which consists of ten baths
one homer, for ten baths are equivalent to a homer).
Also one sheep is to be taken from every flock of two
ındred from the well-watered pastures of Israel.
ıese will be used for the grain offerings, burnt of-
rings and fellowship offerings to make atonement
r the people, declares the Sovereign LORD. 16 All the
ople of the land will be required to give this special
fering to the prince in Israel. 17 It will be the duty
the prince to provide the burnt offerings, grain
ferings and drink offerings at the festivals, the New
oons and the Sabbaths – at all the appointed festi-
ls of Israel. He will provide the sin offerings,[u] grain
ferings, burnt offerings and fellowship offerings to
ake atonement for the Israelites.
18 " 'This is what the Sovereign LORD says: In the first
onth on the first day you are to take a young bull
ithout defect and purify the sanctuary. 19 The priest
to take some of the blood of the sin offering and put
on the doorposts of the temple, on the four corners
the upper ledge of the altar and on the gateposts
the inner court. 20 You are to do the same on the
venth day of the month for anyone who sins unin-
ntionally or through ignorance; so you are to make
onement for the temple.
21 " 'In the first month on the fourteenth day you are
observe the Passover, a festival lasting seven days,
ıring which you shall eat bread made without yeast.
On that day the prince is to provide a bull as a sin
fering for himself and for all the people of the land.

ı5:10 An ephah was a dry measure having the capacity of about
5 bushel or about 22 liters.
5:10 A bath was a liquid measure equaling about 6 gallons or
out 22 liters.
ı5:12 A shekel weighed about 2/5 ounce or about 12 grams.
5:12 That is, 60 shekels; the common mina was 50 shekels. Sixty
ekels were about 1 1/2 pounds or about 690 grams.
5:13 That is, probably about 6 pounds or about 2.7 kilograms
5:13 That is, probably about 5 pounds or about 2.3 kilograms
5:14 That is, about 2 1/2 quarts or about 2.2 liters
ı5:17 Or *purification offerings*; also in verses 19, 22, 23 and 25

tribus depuis la frontière occidentale jusqu'à la frontière
orientale. 8 Ce sera son domaine, sa propriété en Israël.
Ainsi mes princes n'opprimeront plus mon peuple et ils
laisseront le pays à la communauté d'Israël dont chaque
tribu aura son territoire.

La part du prince

9 Voici ce que déclare le Seigneur, l'Eternel : C'en est assez, princes d'Israël ! Mettez un terme à la violence et au
pillage ! Appliquez le droit et la justice ! Cessez d'expulser
mon peuple de ses terres, le Seigneur, l'Eternel, le déclare.
10 Ayez des balances justes, un épha juste pour les grains et
un bath juste pour les liquides ! 11 L'épha et le bath auront
la même contenance, l'un et l'autre contiendront chacun la
dixième partie du homer[c]. C'est d'après le homer que sera
jaugée leur capacité. 12 La pièce d'argent d'un sicle vaudra
vingt guéras et la mine soixante sicles.

Les offrandes pour le culte

13 Voici l'offrande que vous prélèverez : pour le blé et
l'orge, vous donnerez un soixantième de votre récolte[d],
14 pour l'huile, un centième de votre production[e]. L'huile
sera mesurée avec un bath, qui contient le dixième d'un
homer ou d'un kor. 15 Enfin, vous prendrez un mouton et
une chèvre sur deux cents dans le troupeau des pâturages
d'Israël ; ils serviront pour les offrandes, les holocaustes
et les sacrifices de communion, pour expier les péchés de
ceux qui les offriront, le Seigneur, l'Eternel, le déclare.
16 Tout le peuple du pays sera tenu d'apporter cette offrande au prince d'Israël, 17 à qui il incombera de fournir
les holocaustes, les offrandes, les libations lors des fêtes,
des nouvelles lunes et des sabbats. Dans toutes les fêtes
cultuelles de la communauté d'Israël, c'est lui qui pourvoira aux sacrifices pour le péché, à l'offrande, à l'holocauste
et aux sacrifices de communion afin de faire l'expiation
pour la communauté d'Israël.

Les fêtes et les sacrifices

18 Voici ce que déclare le Seigneur, l'Eternel : Le jour de
l'an on prendra un jeune taureau sans défaut et l'on fera
l'expiation pour le sanctuaire. 19 Le prêtre prendra du sang
de la victime du sacrifice pour le péché et en appliquera
sur les montants de la porte du Temple, sur les quatre
angles du socle de l'autel et sur les montants de la porte du
parvis intérieur. 20 On agira de même le septième jour du
mois, pour l'homme qui aura péché par ignorance ou par
inadvertance. Vous accomplirez ainsi le rite d'expiation
pour le Temple.
21 Le quatorzième jour du premier mois, vous célébrerez
la fête de la Pâque. Elle durera sept jours pendant lesquels
on mangera des pains sans levain. 22 Le prince offrira ce
jour-là un taureau en sacrifice pour le péché, pour lui et

c 45.11 Le *homer* contenait 220 litres, l'*épha* et le *bath* 22 litres. Toutes ces indications sont approximatives. De plus, les auteurs ne sont pas d'accord sur les valeurs de ces mesures, celles-ci ayant varié suivant les temps et les lieux.
d 45.13 Littéralement : *un sixième d'épha par homer*, soit environ 2,5 kg par 150 kg.
e 45.14 Littéralement : *un dixième de bath par kor* (soit 2,2 litres par 220 litres), *lequel équivaut à un homer, c'est-à-dire dix baths.*

23Every day during the seven days of the festival he is
to provide seven bulls and seven rams without defect
as a burnt offering to the LORD, and a male goat for a
sin offering. 24He is to provide as a grain offering an
ephah for each bull and an ephah for each ram, along
with a hin[v] of olive oil for each ephah.

25" 'During the seven days of the festival, which
begins in the seventh month on the fifteenth day, he
is to make the same provision for sin offerings, burnt
offerings, grain offerings and oil.

46 1" 'This is what the Sovereign LORD says: The
gate of the inner court facing east is to be
shut on the six working days, but on the Sabbath day
and on the day of the New Moon it is to be opened.
2The prince is to enter from the outside through the
portico of the gateway and stand by the gatepost.
The priests are to sacrifice his burnt offering and his
fellowship offerings. He is to bow down in worship at
the threshold of the gateway and then go out, but the
gate will not be shut until evening. 3On the Sabbaths
and New Moons the people of the land are to worship
in the presence of the LORD at the entrance of that
gateway. 4The burnt offering the prince brings to the
LORD on the Sabbath day is to be six male lambs and
a ram, all without defect. 5The grain offering given
with the ram is to be an ephah,[w] and the grain offering
with the lambs is to be as much as he pleases, along
with a hin[x] of olive oil for each ephah. 6On the day of
the New Moon he is to offer a young bull, six lambs
and a ram, all without defect. 7He is to provide as a
grain offering one ephah with the bull, one ephah
with the ram, and with the lambs as much as he wants
to give, along with a hin of oil for each ephah. 8When
the prince enters, he is to go in through the portico
of the gateway, and he is to come out the same way.

9" 'When the people of the land come before the
LORD at the appointed festivals, whoever enters by the
north gate to worship is to go out the south gate; and
whoever enters by the south gate is to go out the north
gate. No one is to return through the gate by which
they entered, but each is to go out the opposite gate.
10The prince is to be among them, going in when they
go in and going out when they go out. 11At the feasts
and the appointed festivals, the grain offering is to be
an ephah with a bull, an ephah with a ram, and with
the lambs as much as he pleases, along with a hin of
oil for each ephah.

12" 'When the prince provides a freewill offering
to the LORD – whether a burnt offering or fellowship
offerings – the gate facing east is to be opened for him.

v 45:24 That is, about 1 gallon or about 3.8 liters
w 46:5 That is, probably about 35 pounds or about 16 kilograms; also in verses 7 and 11
x 46:5 That is, about 1 gallon or about 3.8 liters; also in verses 7 and 11

pour tout le peuple du pays. 23Pendant les sept jours
la fête, il offrira journellement en holocauste à l'Etern
sept taureaux et sept béliers sans défaut, et un bouc
sacrifice pour le péché. 24Il joindra à chaque taureau et
chaque bélier l'offrande de quinze kilogrammes de grai
et de trois litres et demi d'huile[f].

25Le quinzième jour du septième mois, lors de la fête
il offrira pendant sept jours les mêmes sacrifices pour
péché, les mêmes holocaustes, les mêmes offrandes et
même quantité d'huile.

Les sabbats et les nouvelles lunes

46 1Voici ce que déclare le Seigneur, l'Eternel :
porte orientale du parvis intérieur restera fe
mée les six jours de travail. Mais le sabbat et le jour
la nouvelle lune, elle sera ouverte. 2Le prince, venant
l'extérieur, entrera par le portique de la porte[h] et se tie
dra près du montant de la porte. Les prêtres offriront s
holocauste et ses sacrifices de communion. Il se proster
era sur le seuil de la porte, puis se retirera, et la porte
sera plus refermée avant le soir. 3Les gens du peuple
prosterneront devant l'Eternel à l'entrée de cette port
les jours de sabbat et lors des nouvelles lunes.

4Le sabbat, le prince offrira à l'Eternel en holocauste s
agneaux sans défaut et un bélier sans défaut. 5Il présente
comme offrande quinze kilogrammes de grains avec
bélier, et ce qu'il voudra donner comme offrande accon
pagnant les agneaux. L'offrande d'huile sera de trois litr
et demi par quinze kilogrammes de grains[i]. 6Le jour
la nouvelle lune, il offrira un jeune taureau sans défau
six agneaux et un bélier sans défaut. 7Il joindra comm
offrande quinze kilogrammes de grains pour le taurea
et autant pour le bélier et, pour les agneaux, ce qu'il au
à disposition, plus trois litres et demi d'huile par quin
kilogrammes de grains[j].

Les règles pour le prince

8Quand le prince viendra, il entrera par le portique de
porte et sortira par le même chemin. 9Et quand les gens
peuple viendront devant l'Eternel lors des fêtes cultuelle
ceux qui entreront par la porte nord pour se prosterne
sortiront par la porte sud, et ceux qui entreront par
porte sud, sortiront par la porte nord. On ne repasse
pas la porte par laquelle on sera entré, on sortira par
porte opposée. 10Le prince sera au milieu de son peupl
entrant et sortant en même temps qu'eux.

11Lors des fêtes et des solennités, l'offrande sera
quinze kilogrammes de grains par taureau et par bélie
et, pour les agneaux, ce qu'il voudra donner ; avec chaqu
mesure de quinze kilogrammes de grains, on offrira tro
litres et demi d'huile[k].

12Quand le prince offrira à l'Eternel un holocauste
un sacrifice de communion en offrande volontaire,

f 45.24 Littéralement : *d'un épha de grains et un hîn d'huile par épha de grains.*
g 45.25 Il s'agit de la fête des Cabanes (voir Lv 23.34-36).
h 46.2 Rituellement purifiée (45.19). De là, le prince pouvait suivre les sacrifices offerts sur le grand autel du parvis intérieur, mais il ne lui était pas permis de pénétrer dans ce parvis.
i 46.5 Littéralement : *un épha de grains avec le bélier ... un hîn d'huile par ép de grains.*
j 46.7 Littéralement : *un épha de grains pour le taureau et un épha pour le bélier ... plus un hîn d'huile par épha de grains.*
k 46.11 Littéralement : *un épha par taureau et par bélier ... avec chaque épha de grains, on offrira un hîn d'huile.*

shall offer his burnt offering or his fellowship of-
ings as he does on the Sabbath day. Then he shall
out, and after he has gone out, the gate will be shut.
13 "'Every day you are to provide a year-old lamb
thout defect for a burnt offering to the LORD; morn-
; by morning you shall provide it. 14 You are also to
ovide with it morning by morning a grain offering,
nsisting of a sixth of an ephah[y] with a third of a
1[z] of oil to moisten the flour. The presenting of this
ain offering to the LORD is a lasting ordinance. 15 So
e lamb and the grain offering and the oil shall be
ovided morning by morning for a regular burnt
ering.
16 "'This is what the Sovereign LORD says: If the
nce makes a gift from his inheritance to one of his
ns, it will also belong to his descendants; it is to be
eir property by inheritance. 17 If, however, he makes
ift from his inheritance to one of his servants, the
vant may keep it until the year of freedom; then it
ll revert to the prince. His inheritance belongs to
sons only; it is theirs. 18 The prince must not take
y of the inheritance of the people, driving them off
eir property. He is to give his sons their inheritance
t of his own property, so that not one of my people
ll be separated from their property.'"

19 Then the man brought me through the entrance
the side of the gate to the sacred rooms facing
rth, which belonged to the priests, and showed me a
ace at the western end. 20 He said to me, "This is the
ace where the priests are to cook the guilt offering
d the sin offering[a] and bake the grain offering, to
oid bringing them into the outer court and conse-
ating the people."
21 He then brought me to the outer court and led me
ound to its four corners, and I saw in each corner
other court. 22 In the four corners of the outer court
re enclosed[b] courts, forty cubits long and thirty cu-
s wide;[c] each of the courts in the four corners was
e same size. 23 Around the inside of each of the four
urts was a ledge of stone, with places for fire built
around under the ledge. 24 He said to me, "These are
e kitchens where those who minister at the temple
e to cook the sacrifices of the people."

e River From the Temple

7 1 The man brought me back to the entrance
to the temple, and I saw water coming out
m under the threshold of the temple toward the
st (for the temple faced east). The water was com-
; down from under the south side of the temple,
uth of the altar. 2 He then brought me out through
e north gate and led me around the outside to the
ter gate facing east, and the water was trickling
m the south side.

lui ouvrira la porte orientale, et il offrira son holocauste
et son sacrifice de communion comme il le fait le jour du
sabbat. Puis il sortira, et on refermera la porte derrière lui.
13 On offrira chaque jour en holocauste à l'Eternel un
agneau d'un an sans défaut. On l'offrira chaque matin.
14 On y ajoutera chaque matin comme offrande deux kilogrammes et demi de fine farine que l'on pétrira avec un
bon litre d'huile[l]. C'est une offrande pour l'Eternel. Ce sont
les lois fixées pour toujours pour le sacrifice perpétuel.
15 On offrira chaque matin l'agneau, l'offrande et l'huile,
c'est l'holocauste perpétuel.

Les droits du prince sur son patrimoine

16 Voici ce que déclare le Seigneur, l'Eternel : Quand le
prince fera une donation à l'un de ses fils, elle appartiendra à ce fils et passera comme patrimoine héréditaire à
ses enfants. 17 Mais lorsqu'il fera à l'un de ses serviteurs
un don pris sur son patrimoine, ce don appartiendra au
serviteur jusqu'à l'année de la libération puis il reviendra
au prince. Ainsi son patrimoine restera la propriété de
ses fils. 18 Le prince ne prendra rien sur le patrimoine du
peuple en le dépouillant de ses propriétés ; c'est seulement
de son propre domaine qu'il donnera des parts à ses fils,
afin que personne de mon peuple ne soit dispersé loin de
sa propriété[m].

Les cuisines du Temple

19 Après cela, le personnage me fit pénétrer, par l'entrée qui est à côté de la porte nord, dans les salles saintes
réservées aux prêtres. Tout au fond, du côté ouest, il y avait
un emplacement 20 et le personnage me dit que les prêtres
y feraient cuire la viande des sacrifices de culpabilité et des
sacrifices pour le péché, ainsi que les offrandes, afin de ne
pas emporter ces aliments sur le parvis extérieur où leur
contact pourrait rendre saints des membres du peuple.
21 Puis il me fit sortir vers le parvis extérieur et me fit
passer auprès des quatre coins du parvis, et je vis que
dans chaque angle du parvis, il y avait une courette 22 fermée[n], de quarante coudées de long sur trente coudées
de large. Les quatre courettes avaient les mêmes dimensions. 23 Chacune était entourée d'une enceinte, à la base
de laquelle on avait aménagé des fourneaux tout autour.
24 L'homme me dit : Voici les cuisines où les serviteurs du
Temple feront cuire la viande des sacrifices offerts par
le peuple.

Le fleuve issu du Temple

47 1 L'individu me ramena vers l'entrée du Temple. Et
je vis que de l'eau jaillissait de dessous le seuil du
Temple, du côté oriental, la façade du Temple étant à l'est,
et l'eau s'écoulait du côté sud de l'édifice en passant au
sud de l'autel. 2 L'individu me fit sortir par la porte nord et
m'en fit contourner l'extérieur jusqu'à la porte extérieure
orientale. Je vis l'eau sourdre du côté droit de cette porte.

:14 That is, probably about 6 pounds or about 2.7 kilograms
:14 That is, about 1 1/2 quarts or about 1.3 liters
5:20 Or *purification offering*
:22 The meaning of the Hebrew for this word is uncertain.
:22 That is, about 70 feet long and 53 feet wide or about 21
ters long and 16 meters wide

l **46.14** Littéralement : *un sixième d'épha de fine farine et le tiers d'un hîn d'huile pour la mouiller.*
m **46.18** Comme ce fut le cas pour Achab qui dépousséda Naboth de sa vigne (1 R 21.3-16).
n **46.22** *fermée:* terme hébreu de sens incertain.

3 As the man went eastward with a measuring line in his hand, he measured off a thousand cubits[d] and then led me through water that was ankle-deep. 4 He measured off another thousand cubits and led me through water that was knee-deep. He measured off another thousand and led me through water that was up to the waist. 5 He measured off another thousand, but now it was a river that I could not cross, because the water had risen and was deep enough to swim in – a river that no one could cross. 6 He asked me, "Son of man, do you see this?"

Then he led me back to the bank of the river. 7 When I arrived there, I saw a great number of trees on each side of the river. 8 He said to me, "This water flows toward the eastern region and goes down into the Arabah,[e] where it enters the Dead Sea. When it empties into the sea, the salty water there becomes fresh. 9 Swarms of living creatures will live wherever the river flows. There will be large numbers of fish, because this water flows there and makes the salt water fresh; so where the river flows everything will live. 10 Fishermen will stand along the shore; from En Gedi to En Eglaim there will be places for spreading nets. The fish will be of many kinds – like the fish of the Mediterranean Sea. 11 But the swamps and marshes will not become fresh; they will be left for salt. 12 Fruit trees of all kinds will grow on both banks of the river. Their leaves will not wither, nor will their fruit fail. Every month they will bear fruit, because the water from the sanctuary flows to them. Their fruit will serve for food and their leaves for healing."

The Boundaries of the Land

13 This is what the Sovereign LORD says: "These are the boundaries of the land that you will divide among the twelve tribes of Israel as their inheritance, with two portions for Joseph. 14 You are to divide it equally among them. Because I swore with uplifted hand to give it to your ancestors, this land will become your inheritance.

15 "This is to be the boundary of the land:

"On the north side it will run from the Mediterranean Sea by the Hethlon road past Lebo Hamath to Zedad, 16 Berothah[f] and Sibraim (which lies on the border between Damascus and Hamath), as far as Hazer Hattikon, which is on the border of Hauran. 17 The boundary will extend from the sea to Hazar Enan,[g] along the northern border of Damascus, with the border of Hamath to the north. This will be the northern boundary.

18 On the east side the boundary will run between Hauran and Damascus, along the Jordan between

[d] 47:3 That is, about 1,700 feet or about 530 meters

[e] 47:8 Or *the Jordan Valley*

[f] 47:15,16 See Septuagint and 48:1; Hebrew *road to go into Zedad, [16] Hamath, Berothah.*

[g] 47:17 Hebrew *Enon,* a variant of *Enan*

3 L'individu s'éloigna vers l'est, un cordeau à la ma Il mesura mille coudées en aval et me fit traverser l'ea elle m'arrivait jusqu'aux chevilles. 4 Il mesura encore m coudées et me fit de nouveau traverser : l'eau me ven jusqu'aux genoux. Il mesura encore mille coudées et fit traverser : l'eau me venait jusqu'à la taille. 5 Il mesu encore mille coudées : maintenant c'était un torrent c je ne pouvais plus franchir, car l'eau était si profonde q fallait nager. On ne pouvait plus le traverser autreme 6 Il me dit : Fils d'homme, as-tu vu ?

Puis il me ramena sur le bord du torrent. 7 Lorsque fus revenu, j'aperçus, sur les deux rives, des arbres en t grand nombre. 8 Le personnage me dit : Ces eaux s'écoul vers la région est du pays, elles descendent dans la pla du Jourdain et se jetteront dans la mer Morte. Quand el se déverseront dans la mer, celle-ci sera assainie. 9 Part où passera le double torrent, les animaux foisonnere et pourront vivre, et il y aura beaucoup de poissons, c ces eaux viendront assainir la mer, et la vie se dévelo pera sur tout le passage du torrent[o]. 10 Sur les rives de mer s'établiront des pêcheurs depuis Eyn-Guédi jusq Eyn-Eglaïm[p], on étendra des filets et les poissons de to espèce seront très abondants, tout comme dans la m Méditerranée. 11 Mais ses marais et ses lagunes ne sero pas assainis, ils seront laissés en salines. 12 Le long torrent, sur chacune de ses rives, croîtront toutes sor d'arbres fruitiers dont le feuillage restera toujours v et dont les fruits ne s'épuiseront jamais. Chaque mois porteront de nouveaux fruits grâce aux eaux provena du sanctuaire. Leurs fruits seront bons à manger et le feuilles serviront de remèdes.

Le partage du pays

13 Voici ce que déclare le Seigneur, l'Eternel : Vous déli iterez les lots du pays pour le partager entre les dou tribus d'Israël de la façon suivante. Les descendants Joseph auront deux parts. 14 Vous recevrez le pays possession, chacun ayant une part équivalente à celle l'autre. Car j'ai juré de le donner à vos ancêtres, et il vo reviendra comme patrimoine.

15 Voici les limites du pays : la frontière nord partira de mer Méditerranée et passera par Hetlôn, puis par Tsed 16 Hamath, Bérota[q], Sibraïm qui se trouve entre la fronti de Damas et celle de Hamath, et Hatzer-Hattikôn qui sur la frontière du Haurân[r]. 17 La frontière s'étendra do depuis la mer Méditerranée jusqu'à Hatsar-Enôn, sur frontière de Damas, puis, vers le nord, jusqu'à Tsaphôn la frontière de Hamath. Telle sera la limite du côté nor

18 Du côté est, vous ferez partir la frontière entre Haurân et Damas, et vous la ferez passer entre Gala et le pays d'Israël, le long du Jourdain depuis la fro

[o] 47.9 Dans l'état actuel, aucun poisson ne peut vivre dans la mer Mor

[p] 47.10 *Eyn-Guédi:* sur la rive occidentale de la mer Morte (Jos 15.62). *Ey Eglaïm:* sur la rive est ou nord.

[q] 47.16 *Hamath:* à environ 200 kilomètres au nord de Damas. C'était la capitale d'un royaume araméen sur les rives de l'Oronte (Nb 13.21). *Hetlôn, puis ... [16] Hamath, Bérota:* selon le texte hébreu traditionnel. L'ancienne version grecque a : *Hetlôn, Lebo-Hamath, Tsedad, [16] puis Bérot* (voir 48.1).

[r] 47.16 District à l'est du lac de Galilée au sud de Damas et au nord-est du Basan.

ead and the land of Israel, to the Dead Sea and as
as Tamar.[h] This will be the eastern boundary.
19 On the south side it will run from Tamar as far as
waters of Meribah Kadesh, then along the Wadi
Egypt to the Mediterranean Sea. This will be the
uthern boundary.
20 On the west side, the Mediterranean Sea will be
boundary to a point opposite Lebo Hamath. This
ll be the western boundary.

21 "You are to distribute this land among yourselves
cording to the tribes of Israel. 22 You are to allot it as
inheritance for yourselves and for the foreigners
siding among you and who have children. You are
consider them as native-born Israelites; along with
u they are to be allotted an inheritance among the
bes of Israel. 23 In whatever tribe a foreigner resides,
ere you are to give them their inheritance," declares
e Sovereign LORD.

e Division of the Land

8 1 "These are the tribes, listed by name:
"At the northern frontier, Dan will have
e portion; it will follow the Hethlon road to Lebo
math; Hazar Enan and the northern border of
mascus next to Hamath will be part of its border
m the east side to the west side.
2 Asher will have one portion; it will border the ter-
ory of Dan from east to west.
3 Naphtali will have one portion; it will border the
rritory of Asher from east to west.
4 Manasseh will have one portion; it will border the
rritory of Naphtali from east to west.
5 Ephraim will have one portion; it will border the
rritory of Manasseh from east to west.
6 Reuben will have one portion; it will border the
rritory of Ephraim from east to west.
7 Judah will have one portion; it will border the ter-
ory of Reuben from east to west.
8 "Bordering the territory of Judah from east to west
ll be the portion you are to present as a special
t. It will be 25,000 cubits[i] wide, and its length from
st to west will equal one of the tribal portions; the
nctuary will be in the center of it.
9 "The special portion you are to offer to the LORD
ll be 25,000 cubits long and 10,000 cubits[j] wide.
This will be the sacred portion for the priests. It will
25,000 cubits long on the north side, 10,000 cubits
de on the west side, 10,000 cubits wide on the east
le and 25,000 cubits long on the south side. In the
nter of it will be the sanctuary of the LORD. 11 This
ll be for the consecrated priests, the Zadokites, who
re faithful in serving me and did not go astray as
e Levites did when the Israelites went astray. 12 It
ll be a special gift to them from the sacred portion
the land, a most holy portion, bordering the terri-
ry of the Levites.

7:18 See Syriac; Hebrew *Israel. You will measure to the Dead Sea.*
3:8 That is, about 8 miles or about 13 kilometers; also in verses 9,
13, 15, 20 and 21
3:9 That is, about 3 1/3 miles or about 5.3 kilometers; also in
rses 10, 13 and 18

tière nord jusqu'à la mer Morte[s]. Telle sera la limite
du côté est[t].
19 Du côté du Néguev, au sud, la frontière ira de Tamar
jusqu'aux eaux de Meriba de Qadesh, puis longera le torrent d'Egypte[u] jusqu'à la mer Méditerranée. Telle sera la
limite du côté sud vers le Néguev. 20 Et du côté ouest, elle
sera marquée par la mer Méditerranée, depuis la frontière sud jusqu'en face de Lebo-Hamath. Telle sera la limite
occidentale.

Le partage entre les tribus

21 Vous vous partagerez ce pays entre les tribus d'Israël. 22 Vous le répartirez en tirant au sort les parts de
patrimoine pour vous et pour les étrangers qui résident
au milieu de vous et qui ont eu là des enfants. Vous les
traiterez comme les Israélites de souche, ils tireront leurs
parts au sort avec vous, au milieu des tribus d'Israël. 23 C'est
dans la tribu même où l'étranger est installé que vous lui
donnerez son patrimoine, le Seigneur, l'Eternel, le déclare.

48 1 Voici les noms des tribus : Dan recevra une part
qui ira de l'extrémité septentrionale le long de la
route de Hetlôn à Lebo-Hamath, jusqu'à Hatsar-Enôn, le
territoire de Damas étant au nord, près de Hamath, donc
de la limite orientale à la limite occidentale. 2 Sur la frontière de Dan, de la limite orientale à la limite occidentale,
Aser aura une part. 3 Sur la frontière d'Aser, de la limite
orientale à la limite occidentale, Nephtali aura une part.
4 Sur la frontière de Nephtali, de la limite orientale à la limite occidentale, Manassé aura une part. 5 Sur la frontière
de Manassé, de la limite orientale à la limite occidentale,
Ephraïm aura une part. 6 Sur la frontière d'Ephraïm, de la
limite orientale à la limite occidentale, Ruben aura une
part. 7 Sur la frontière de Ruben, de la limite orientale à
la limite occidentale, Juda aura une part.

La part de Dieu

8 Sur la frontière de Juda, de la limite orientale à la limite
occidentale, il y aura la part que vous offrirez à l'Eternel :
elle aura vingt-cinq mille coudées de large et la même
longueur que les autres parts, d'est en ouest. Le sanctuaire sera en son centre. 9 La part que vous prélèverez pour
l'Eternel aura vingt-cinq mille coudées de long sur dix
mille de large[v]. 10 Cette part sainte de territoire appartiendra aux prêtres. Elle aura vingt-cinq mille coudées au
nord, dix mille en largeur à l'ouest, dix mille en largeur à
l'est et vingt-cinq mille en longueur au sud. Le sanctuaire
de l'Eternel s'élèvera au milieu de ce territoire. 11 Il appartiendra aux prêtres consacrés, descendants de Tsadoq, qui
ont assuré fidèlement mon service et qui, contrairement
aux lévites, n'ont pas dévié lorsque les Israélites se sont
égarés. 12 Dans la zone prélevée sur le pays, ils auront donc

s **47.18** *depuis la frontière nord jusqu'à la mer Morte:* selon le texte hébreu traditionnel. L'ancienne version grecque a : *jusqu'à Tamar, sur la mer...* (voir v. 19).

t **47.18** Le territoire de la tribu de Galaad à l'est du Jourdain ne faisait pas partie du territoire alloué primitivement à Israël (Nb 34.12).

u **47.19** *Qadesh:* voir Nb 34.4. *Le torrent d'Egypte:* sans doute le Wadi el-Arich qui se jette dans la Méditerranée à quelque 80 kilomètres au sud de Gaza.

v **48.9** Voir 45.1 et note.

[13]“Alongside the territory of the priests, the Levites will have an allotment 25,000 cubits long and 10,000 cubits wide. Its total length will be 25,000 cubits and its width 10,000 cubits. [14]They must not sell or exchange any of it. This is the best of the land and must not pass into other hands, because it is holy to the LORD.

[15]“The remaining area, 5,000 cubits[k] wide and 25,000 cubits long, will be for the common use of the city, for houses and for pastureland. The city will be in the center of it [16]and will have these measurements: the north side 4,500 cubits,[l] the south side 4,500 cubits, the east side 4,500 cubits, and the west side 4,500 cubits. [17]The pastureland for the city will be 250 cubits[m] on the north, 250 cubits on the south, 250 cubits on the east, and 250 cubits on the west. [18]What remains of the area, bordering on the sacred portion and running the length of it, will be 10,000 cubits on the east side and 10,000 cubits on the west side. Its produce will supply food for the workers of the city. [19]The workers from the city who farm it will come from all the tribes of Israel. [20]The entire portion will be a square, 25,000 cubits on each side. As a special gift you will set aside the sacred portion, along with the property of the city.

[21]“What remains on both sides of the area formed by the sacred portion and the property of the city will belong to the prince. It will extend eastward from the 25,000 cubits of the sacred portion to the eastern border, and westward from the 25,000 cubits to the western border. Both these areas running the length of the tribal portions will belong to the prince, and the sacred portion with the temple sanctuary will be in the center of them. [22]So the property of the Levites and the property of the city will lie in the center of the area that belongs to the prince. The area belonging to the prince will lie between the border of Judah and the border of Benjamin.

[23]“As for the rest of the tribes:

“Benjamin will have one portion; it will extend from the east side to the west side.

[24]Simeon will have one portion; it will border the territory of Benjamin from east to west.

[25]Issachar will have one portion; it will border the territory of Simeon from east to west.

[26]Zebulun will have one portion; it will border the territory of Issachar from east to west.

[27]Gad will have one portion; it will border the territory of Zebulun from east to west.

[28]The southern boundary of Gad will run south from Tamar to the waters of Meribah Kadesh, then along the Wadi of Egypt to the Mediterranean Sea.

[29]“This is the land you are to allot as an inheritance to the tribes of Israel, and these will be their portions,” declares the Sovereign LORD.

[k] **48:15** That is, about 1 2/3 miles or about 2.7 kilometers

[l] **48:16** That is, about 1 1/2 miles or about 2.4 kilometers; also in verses 30, 32, 33 and 34

[m] **48:17** That is, about 440 feet or about 135 meters

un domaine réservé qui sera un lieu très saint, attenant territoire des lévites. [13]Ces derniers occuperont, le lo du territoire des prêtres, un territoire de vingt-cinq mi coudées de longueur sur dix mille de largeur : chaque lo gueur sera de vingt-cinq mille coudées et chaque large de dix mille coudées. [14]Ce domaine constitue les prémic du pays, il est propriété sainte de l'Eternel : il ne pour donc pas être aliéné. Les lévites n'en vendront rien et n' échangeront rien.

La part de la ville et du prince

[15]Quant à l'espace restant, sur cinq mille coudées largeur, le long des vingt-cinq mille coudées, il constitue un domaine non consacré destiné à la ville, pour la zo d'habitation et ses abords. La ville elle-même en occ pera le centre, [16]dans un carré de quatre mille cinq cen coudées de côté au nord, au sud, à l'est et à l'ouest. [17]To autour de la ville, sur les quatre côtés, une bande de de cent cinquante coudées restera libre. [18]Quant à la terre q restera parallèlement au territoire consacré, en longue c'est-à-dire dix mille coudées à l'est et autant à l'ouest, s productions agricoles seront destinées à la nourriture d employés de la ville. [19]Ce sont les employés travailla pour la ville, issus de toutes les tribus d'Israël, qui la cu veront. [20]La surface totale du domaine réservé à l'Eter sera donc un carré de vingt-cinq mille coudées de côté vous en prélèverez pour la ville un domaine dont la su face sera égale au quart de celle de la portion de territoi sainte[w]. [21]Ce qui restera de part et d'autre de la porti de territoire sainte et du domaine de la ville, le long d vingt-cinq mille coudées à l'est et à l'ouest, sera pour prince qui aura ainsi son domaine en bordure des autr parts. Le domaine consacré et le sanctuaire du Tem seront au milieu. [22]Ainsi le prince aura en propriété to l'espace compris entre la frontière du domaine de Juda celle de Benjamin, la propriété des lévites et celle de ville étant au milieu des terres du prince.

[23]Pour ce qui est des autres tribus : Benjamin aura u part allant de la limite orientale à la limite occidentale pays. [24]Sur la frontière de Benjamin, de la limite orie tale à la limite occidentale, Siméon aura une part. [25]S la frontière de Siméon, de la limite orientale à la limi occidentale, Issacar aura une part. [26]Sur la frontiè d'Issacar, de la limite orientale à la limite occidenta Zabulon aura une part. [27]Sur la frontière de Zabulon, de limite orientale à la limite occidentale, Gad aura une pa [28]Le territoire de Gad sera délimité du côté du sud, vers Néguev, par une frontière allant de Tamar jusqu'aux ea de Meriba de Qadesh, puis elle suivra le torrent d'Egyp jusqu'à la mer Méditerranée.

[29]Tel est le pays que vous partagerez en patrimoin par le sort pour les tribus d'Israël, telles sont leurs par respectives, le Seigneur, l'Eternel, le déclare.

[w] **48.20** Autre traduction : *Vous prélèverez la portion de territoire sainte à côté du domaine de la ville.* Dans tous les cas, *la portion de territoire sainte* désigne l'ensemble constitué par le domaine des prêtres et celui des lévites.

ne Gates of the New City

30 "These will be the exits of the city:
"Beginning on the north side, which is 4,500 cubits
ng, 31 the gates of the city will be named after the
ibes of Israel. The three gates on the north side will
the gate of Reuben, the gate of Judah and the gate
Levi.
32 On the east side, which is 4,500 cubits long, will be
ree gates: the gate of Joseph, the gate of Benjamin
d the gate of Dan.
33 On the south side, which measures 4,500 cubits,
ill be three gates: the gate of Simeon, the gate of
sachar and the gate of Zebulun.
34 On the west side, which is 4,500 cubits long, will
three gates: the gate of Gad, the gate of Asher and
e gate of Naphtali.
35 "The distance all around will be 18,000 cubits.[n]
"And the name of the city from that time on will
, 'The LORD is there.'"

Les portes de la ville sainte

30 Et voici quels seront les accès de la ville : sur chacun
des murs mesurant quatre mille cinq cents coudées de
long[x], 31 il y aura trois portes portant le nom de trois tribus
d'Israël. Du côté nord se trouveront les portes de Ruben, de
Juda et de Lévi. 32 Du côté est, celles de Joseph, de Benjamin
et de Dan. 33 Du côté sud, les portes de Siméon, d'Issacar
et de Zabulon. 34 Et du côté ouest celles de Gad, d'Aser et
de Nephtali.

35 La ville aura un périmètre total de dix-huit mille coudées. Et le nom de la ville sera désormais : L'Eternel est ici.

8:35 That is, about 6 miles or about 9.5 kilometers

x **48.30** Pour les v. 30-34, voir Ap 21.12-13.

Daniel

Daniel's Training in Babylon

1 1 In the third year of the reign of Jehoiakim king
of Judah, Nebuchadnezzar king of Babylon came
to Jerusalem and besieged it. 2 And the Lord delivered
Jehoiakim king of Judah into his hand, along with
some of the articles from the temple of God. These
he carried off to the temple of his god in Babylonia[a]
and put in the treasure house of his god.
3 Then the king ordered Ashpenaz, chief of his court
officials, to bring into the king's service some of the
Israelites from the royal family and the nobility –
4 young men without any physical defect, handsome,
showing aptitude for every kind of learning, well informed, quick to understand, and qualified to serve in
the king's palace. He was to teach them the language
and literature of the Babylonians.[b] 5 The king assigned
them a daily amount of food and wine from the king's
table. They were to be trained for three years, and
after that they were to enter the king's service.

6 Among those who were chosen were some from
Judah: Daniel, Hananiah, Mishael and Azariah.
7 The chief official gave them new names: to Daniel,
the name Belteshazzar; to Hananiah, Shadrach; to
Mishael, Meshach; and to Azariah, Abednego.
8 But Daniel resolved not to defile himself with the
royal food and wine, and he asked the chief official for
permission not to defile himself this way. 9 Now God
had caused the official to show favor and compassion
to Daniel, 10 but the official told Daniel, "I am afraid
of my lord the king, who has assigned your[c] food and
drink. Why should he see you looking worse than the
other young men your age? The king would then have
my head because of you."

11 Daniel then said to the guard whom the chief official had appointed over Daniel, Hananiah, Mishael
and Azariah, 12 "Please test your servants for ten days:

[a] **1:2** Hebrew *Shinar*
[b] **1:4** Or *Chaldeans*
[c] **1:10** The Hebrew for *your* and *you* in this verse is plural.

Daniel

Récits sous la domination babylonienne

A la cour du roi de Babylone

1 1 La troisième année du règne de Yehoyaqim, roi
Juda[a], Nabuchodonosor, roi de Babylone, vint a
siéger Jérusalem. 2 Le Seigneur lui donna la victoire s
Yehoyaqim et lui livra une partie des objets du Temp
Nabuchodonosor les fit transporter en Babylonie, dans
temple de son dieu et il déposa ces objets dans la salle
trésor de son dieu[b].
3 Le roi ordonna à Ashpenaz, chef de son personnel,
faire venir des Israélites de lignée royale ou de fami
noble, 4 quelques jeunes gens sans défaut physique et
belle apparence. Ils devaient être doués d'intelligenc
de sagesse dans tous les domaines, posséder de grand
connaissances, être capables d'apprendre la science et
bonne constitution pour entrer au service du palais roy
et apprendre la langue et la littérature des Chaldéens. 5
roi leur prescrivit pour chaque jour une part des me
de la table royale et du vin dont il buvait lui-même. Le
formation devait durer trois ans, après quoi ils entreraie
au service personnel du roi.
6 Parmi les Judéens qui furent sélectionnés se trouvaie
Daniel, Hanania, Mishaël et Azaria. 7 Le chef du perso
nel leur attribua de nouveaux noms, il appela Dani
Beltshatsar, Hanania Shadrak, Mishaël Méshak et Azar
Abed-Nego[c].
8 Daniel prit dans son cœur la résolution de ne pas
rendre impur en consommant les mets du roi et en b
vant de son vin. Il supplia le chef du personnel de ne p
l'obliger à se rendre impur[d]. 9 Et Dieu lui accorda la fave
du chef du personnel et lui fit trouver en lui quelqu'un
compréhensif. 10 Mais celui-ci dit à Daniel : Je crains m
seigneur le roi qui a prescrit ce que vous devez mang
et boire. Si jamais il trouvait que vous avez l'air d'être
moins bonne santé que les autres jeunes gens de vot
âge, à cause de vous, le roi me tiendrait pour coupab
au prix de ma tête.
11 Alors Daniel parla à l'intendant auquel le chef du pe
sonnel avait confié la responsabilité de prendre soin
lui, ainsi que de Hanania, de Mishaël et d'Azaria. 12 Il

[a] **1.1** C'est-à-dire, selon la manière babylonienne de compter les année 605 av. J.-C. Voir 2 R 24.1 ; 2 Ch 36.5-7. *Yehoyaqim* a régné de 609 à 598 av J.-C.
[b] **1.2** Pour les v. 2-4, voir 2 R 20.17-20 ; 24.10-16 ; 2 Ch 36.10 ; Es 39.6-7.
[c] **1.7** Ces changements de nom marquent, selon certains, le passage so l'autorité du roi de Babylone ; pour d'autres, c'est par commodité et nc par idéologie que l'on changeait le nom des étrangers (voir Gn 41.45). *Beltshatsar:* selon certains, « Que sa vie soit protégée », selon d'autres : « Dame (*Bélet,* titre de l'épouse du dieu Mardouk ou Bel, voir 4.5), prot le roi ! » *Shadrak:* « Je crains beaucoup (Dieu) ». *Méshak:* « Je suis de peu valeur ». *Abed-Nego:* « Serviteur de celui qui resplendit » ou « serviteur de Nabû », dieu mésopotamien.
[d] **1.8** Afin de ne pas transgresser les prescriptions alimentaires de la Loi mosaïque concernant la viande (Lv 11 ; 17.10-16 ; 20.25). Pour ce qu est de l'abstinence de vin, elle pouvait marquer le refus d'une alliance avec Nabuchodonosor engageant à une loyauté inconditionnelle, les jeunes Juifs acceptant de servir l'empereur, mais dans certaines limit seulement.

ve us nothing but vegetables to eat and water to
ink. 13 Then compare our appearance with that of
e young men who eat the royal food, and treat your
rvants in accordance with what you see." 14 So he
reed to this and tested them for ten days.
15 At the end of the ten days they looked healthier
d better nourished than any of the young men who
e the royal food. 16 So the guard took away their
oice food and the wine they were to drink and gave
em vegetables instead.
17 To these four young men God gave knowledge and
derstanding of all kinds of literature and learning.
d Daniel could understand visions and dreams of
kinds.
18 At the end of the time set by the king to bring
em into his service, the chief official presented
em to Nebuchadnezzar. 19 The king talked with
em, and he found none equal to Daniel, Hananiah,
shael and Azariah; so they entered the king's ser-
e. 20 In every matter of wisdom and understanding
out which the king questioned them, he found them
n times better than all the magicians and enchant-
s in his whole kingdom.
21 And Daniel remained there until the first year
King Cyrus.

buchadnezzar's Dream

1 In the second year of his reign, Nebuchadnezzar
had dreams; his mind was troubled and he could
t sleep. 2 So the king summoned the magicians, en-
anters, sorcerers and astrologers[d] to tell him what
had dreamed. When they came in and stood before
e king, 3 he said to them, "I have had a dream that
oubles me and I want to know what it means.[e]"
4 Then the astrologers answered the king,[f] "May the
ng live forever! Tell your servants the dream, and
will interpret it."
5 The king replied to the astrologers, "This is what
ave firmly decided: If you do not tell me what my
eam was and interpret it, I will have you cut into
eces and your houses turned into piles of rubble.
ut if you tell me the dream and explain it, you will
ceive from me gifts and rewards and great honor.
tell me the dream and interpret it for me."
7 Once more they replied, "Let the king tell his ser-
nts the dream, and we will interpret it."
8 Then the king answered, "I am certain that you
e trying to gain time, because you realize that this
what I have firmly decided: 9 If you do not tell me
e dream, there is only one penalty for you. You have
nspired to tell me misleading and wicked things,
ping the situation will change. So then, tell me the

2 Or *Chaldeans*; also in verses 4, 5 and 10
3 Or *was*
4 At this point the Hebrew text has *in Aramaic*, indicating that
e text from here through the end of chapter 7 is in Aramaic.

proposa : Fais, je te prie, un essai, avec nous, tes serviteurs, pendant dix jours : qu'on nous serve seulement des
légumes à manger et de l'eau à boire. 13 Ensuite, tu com-
pareras nos mines avec celles des jeunes gens qui mangent
les mets du roi. Après cela, tu décideras d'agir envers nous
selon ce que tu auras constaté.
14 L'intendant accepta leur proposition et fit un essai
pendant dix jours.
15 Et au bout de ces dix jours, il était manifeste qu'ils
avaient meilleure mine et qu'ils étaient en meilleure forme
physique que tous les jeunes gens qui mangeaient les mets
du roi. 16 Dès lors, l'intendant mit de côté les mets et le
vin qui leur étaient destinés et leur fit servir seulement
des légumes. 17 Dieu accorda à ces quatre jeunes gens le
savoir et la compréhension de toute la littérature et de la
sagesse. De plus, Daniel savait interpréter toutes les visions
et tous les rêves.
18 A la fin de la période fixée par le roi, le chef du
personnel introduisit les jeunes gens en présence de
Nabuchodonosor. 19 Le roi s'entretint avec eux et, de
tous les jeunes gens qui lui furent présentés, il n'en trouva aucun comme Daniel, Hanania, Mishaël et Azaria.
C'est pourquoi ils entrèrent au service personnel du roi.
20 Chaque fois que le roi les consultait sur une question
exigeant de la sagesse et du discernement, il les trouvait
dix fois supérieurs à tous les mages et magiciens de son
royaume. 21 Daniel demeura à la cour de Babylone jusqu'à
la première année du règne du roi Cyrus[e].

Le rêve de la statue brisée

2 1 La deuxième année du règne de Nabuchodonosor, le
roi fit un rêve qui le troubla au point qu'il en perdit
le sommeil.
2 Il ordonna de convoquer les mages, les magiciens, les
sorciers et les astrologues pour qu'ils lui révèlent ses rêves.
Ils vinrent et se tinrent devant le roi.
3 Celui-ci leur dit : J'ai fait un rêve et mon esprit est tourmenté par le désir de savoir ce que c'était.
4 Les astrologues dirent au roi en langue araméenne[f] :
Que le roi vive éternellement ! Raconte le rêve à tes serviteurs, et nous t'en donnerons l'interprétation.
5 Le roi répondit aux astrologues : Ma décision est ferme :
si vous ne me révélez pas le contenu du rêve et son interprétation, vous serez mis en pièces et vos maisons seront
réduites en tas de décombres. 6 Mais si vous me les révélez,
je vous comblerai de cadeaux, de dons et de grands honneurs. Exposez-moi donc mon rêve et ce qu'il signifie.
7 Ils dirent pour la seconde fois au roi : Que Sa Majesté
raconte le rêve à ses serviteurs, et nous lui en donnerons
l'interprétation.
8 Le roi rétorqua : Je vois ce qu'il en est : il est clair que
vous cherchez à gagner du temps parce que vous avez compris que ma décision est fermement arrêtée. 9 Si vous ne me
faites pas connaître le rêve, une seule et même sentence
vous frappera. Vous vous êtes mis d'accord pour me débiter
quelque discours mensonger et trompeur en espérant
qu'avec le temps la situation changera. C'est pourquoi,

e **1.21** Il s'agit de la première année du règne de Cyrus sur Babylone, c'est-à-dire en 539 ou 538 av. J.-C.
f **2.4** A partir de là, et jusqu'à la fin du chapitre 7, le texte original est en araméen, la langue internationale de tout le Moyen-Orient depuis le VIIIe siècle avant J.-C.

dream, and I will know that you can interpret it for
me."
10 The astrologers answered the king, "There is no
one on earth who can do what the king asks! No king,
however great and mighty, has ever asked such a thing
of any magician or enchanter or astrologer. 11 What
the king asks is too difficult. No one can reveal it to
the king except the gods, and they do not live among
humans."

12 This made the king so angry and furious that he
ordered the execution of all the wise men of Babylon.
13 So the decree was issued to put the wise men to
death, and men were sent to look for Daniel and his
friends to put them to death.

14 When Arioch, the commander of the king's guard,
had gone out to put to death the wise men of Babylon,
Daniel spoke to him with wisdom and tact. 15 He asked
the king's officer, "Why did the king issue such a harsh
decree?" Arioch then explained the matter to Daniel.
16 At this, Daniel went in to the king and asked for
time, so that he might interpret the dream for him.
17 Then Daniel returned to his house and explained
the matter to his friends Hananiah, Mishael and
Azariah. 18 He urged them to plead for mercy from
the God of heaven concerning this mystery, so that
he and his friends might not be executed with the
rest of the wise men of Babylon. 19 During the night
the mystery was revealed to Daniel in a vision. Then
Daniel praised the God of heaven 20 and said:

"Praise be to the name of God for ever and ever;
wisdom and power are his.

21 He changes times and seasons;
he deposes kings and raises up others.
He gives wisdom to the wise
and knowledge to the discerning.

22 He reveals deep and hidden things;
he knows what lies in darkness,
and light dwells with him.
23 I thank and praise you, God of my ancestors:
You have given me wisdom and power,
you have made known to me what we asked of
you,
you have made known to us the dream of the
king."

Daniel Interprets the Dream

24 Then Daniel went to Arioch, whom the king had
appointed to execute the wise men of Babylon, and
said to him, "Do not execute the wise men of Babylon.
Take me to the king, and I will interpret his dream
for him."

25 Arioch took Daniel to the king at once and said, "I
have found a man among the exiles from Judah who
can tell the king what his dream means."

dites-moi ce que j'ai rêvé et je saurai que vous êtes au
capables de m'en donner l'interprétation.
10 Les astrologues reprirent la parole devant le roi
dirent : Il n'est personne au monde qui puisse faire co
naître à Sa Majesté ce qu'elle demande. Aussi, jamais r
si grand et si puissant qu'il ait été, n'a exigé pareille cho
d'aucun mage, magicien ou astrologue. 11 Ce que le roi c
mande est trop difficile et il n'y a personne qui soit capal
de révéler cette chose au roi, excepté les dieux, mais eu
ils n'habitent pas parmi les mortels.
12 Là-dessus le roi s'irrita et entra dans une colè
violente. Il ordonna de mettre à mort tous les sages
Babylone. 13 Lorsque le décret de tuer les sages fut pu
lié, on rechercha aussi Daniel et ses compagnons pour
mettre à mort.

Dieu révèle la signification du rêve à Daniel

14 Alors Daniel s'adressa avec sagesse et tact à Aryo
le chef des gardes du roi, qui s'apprêtait à tuer les sag
de Babylone.
15 Il demanda à Aryok, l'officier du roi : Pourquoi le
a-t-il promulgué une si terrible sentence ?
Alors Aryok lui exposa l'affaire.
16 Daniel se rendit auprès du roi et le pria de lui accord
un délai, en lui disant qu'il lui ferait alors connaître l'inte
prétation demandée. 17 Puis il rentra chez lui et informa s
compagnons Hanania, Mishaël et Azaria de ce qui s'éta
passé, 18 en leur demandant de supplier le Dieu des cie
que, dans sa grâce, il leur révèle ce secret afin qu'on
le fasse pas périr, ses compagnons et lui, avec le reste d
sages de Babylone. 19 Au cours de la nuit, dans une visio
le secret fut révélé à Daniel. Alors celui-ci bénit le Di
des cieux. 20 Il dit :

Béni soit Dieu
dès maintenant et à toujours,
car à lui appartiennent la sagesse et la force.
21 Il fait changer les temps et modifie les
circonstances,
il renverse les rois
et établit les rois,
il donne la sagesse aux sages
et, à ceux qui savent comprendre, il accorde la
connaissance.
22 Il dévoile des choses profondes et secrètes,
il sait ce qu'il y a dans les ténèbres,
et la lumière brille auprès de lui.
23 C'est toi, Dieu de mes pères,
que je célèbre et que je loue,
tu m'as rempli de sagesse et de force
et tu m'as fait connaître ce que nous t'avons
demandé,
tu nous as révélé ce que le roi demande.

Le colosse aux pieds d'argile

24 Après cela, Daniel alla trouver Aryok, que le roi ava
chargé de faire périr les sages de Babylone et il lui di
Ne fais pas mourir les sages de Babylone. Introduis-m
en présence du roi et je lui révélerai l'interprétation
son rêve.
25 Alors Aryok s'empressa d'introduire Daniel aupr
du roi et dit à celui-ci : J'ai trouvé parmi les déportés
Juda un homme qui donnera à Sa Majesté l'interprétati
de son rêve.

26 The king asked Daniel (also called Belteshazzar),
Are you able to tell me what I saw in my dream and
nterpret it?"
27 Daniel replied, "No wise man, enchanter, magician
r diviner can explain to the king the mystery he has
sked about, 28 but there is a God in heaven who re-
eals mysteries. He has shown King Nebuchadnezzar
hat will happen in days to come. Your dream and the
isions that passed through your mind as you were
ing in bed are these:
29 "As Your Majesty was lying there, your mind
urned to things to come, and the revealer of mys-
eries showed you what is going to happen. 30 As for
ne, this mystery has been revealed to me, not because
have greater wisdom than anyone else alive, but so
hat Your Majesty may know the interpretation and
hat you may understand what went through your
nind.
31 "Your Majesty looked, and there before you stood
large statue – an enormous, dazzling statue, awe-
ome in appearance. 32 The head of the statue was
nade of pure gold, its chest and arms of silver, its belly
nd thighs of bronze, 33 its legs of iron, its feet partly
f iron and partly of baked clay. 34 While you were
atching, a rock was cut out, but not by human hands.
struck the statue on its feet of iron and clay and
nashed them. 35 Then the iron, the clay, the bronze,
he silver and the gold were all broken to pieces and
ecame like chaff on a threshing floor in the summer.
he wind swept them away without leaving a trace.
ut the rock that struck the statue became a huge
ountain and filled the whole earth.

36 "This was the dream, and now we will interpret it
the king. 37 Your Majesty, you are the king of kings.
he God of heaven has given you dominion and power
nd might and glory; 38 in your hands he has placed
l mankind and the beasts of the field and the birds
the sky. Wherever they live, he has made you ruler
ver them all. You are that head of gold.
39 "After you, another kingdom will arise, inferior to
ours. Next, a third kingdom, one of bronze, will rule
ver the whole earth. 40 Finally, there will be a fourth
ngdom, strong as iron – for iron breaks and smashes
verything – and as iron breaks things to pieces, so it
ill crush and break all the others. 41 Just as you saw
hat the feet and toes were partly of baked clay and
artly of iron, so this will be a divided kingdom; yet
will have some of the strength of iron in it, even
s you saw iron mixed with clay. 42 As the toes were
artly iron and partly clay, so this kingdom will be
artly strong and partly brittle. 43 And just as you saw
he iron mixed with baked clay, so the people will be
mixture and will not remain united, any more than
on mixes with clay.

26 Le roi s'adressa à Daniel, surnommé Beltshatsar, et lui
demanda : Es-tu vraiment capable de me révéler le rêve
que j'ai eu et de m'en donner l'interprétation ?
27 Daniel s'adressa au roi et lui dit : Le secret que Sa
Majesté demande, aucun sage, aucun magicien, aucun
mage, aucun astrologue n'est capable de le lui faire connaître. 28 Mais il y a, dans le ciel, un Dieu qui révèle les
secrets ; et il a fait savoir au roi Nabuchodonosor ce qui
doit arriver dans les temps à venir. Eh bien, voici ce que
tu as rêvé et quelles sont les visions que tu as eues sur
ton lit : 29 pendant que tu étais couché, ô roi, tu t'es mis à
penser à l'avenir. Alors celui qui révèle les secrets t'a fait
connaître ce qui doit arriver. 30 Quant à moi, ce n'est pas
parce que je posséderais une sagesse supérieure à celle de
tous les autres hommes que ce secret m'a été révélé, mais
c'est afin que l'interprétation en soit donnée au roi et que
tu comprennes ce qui préoccupe ton cœur.

31 Voici donc, ô roi, la vision que tu as eue : tu as vu une
grande statue. Cette statue était immense, et d'une beauté
éblouissante. Elle était dressée devant toi et son aspect
était terrifiant. 32 La tête de cette statue était en or pur, la
poitrine et les bras en argent, le ventre et les hanches en
bronze, 33 les jambes en fer, les pieds partiellement en fer
et partiellement en argile. 34 Pendant que tu étais plongé
dans ta contemplation, une pierre se détacha[g] sans l'intervention d'aucune main, vint heurter la statue au niveau
de ses pieds de fer et d'argile, et les pulvérisa. 35 Du même
coup furent réduits ensemble en poussière le fer, l'argile,
le bronze, l'argent et l'or, et ils devinrent comme la bale de
blé qui s'envole de l'aire en été ; le vent les emporta sans
en laisser la moindre trace. Quant à la pierre qui avait
heurté la statue, elle devint une immense montagne et
remplit toute la terre.
36 Voilà ton rêve. Quant à ce qu'il signifie, nous allons
l'exposer au roi. 37 Toi, ô roi, tu es le roi des rois, à qui le
Dieu des cieux a donné la royauté, la puissance, la force
et la gloire. 38 Dieu a placé sous ton autorité les hommes,
les bêtes sauvages et les oiseaux en quelque lieu qu'ils
habitent. Il t'a donné la domination sur eux tous. C'est
toi qui es la tête d'or. 39 Après toi surgira un autre empire,
moins puissant que le tien, puis un troisième représenté
par le bronze, qui dominera toute la terre[h]. 40 Un quatrième
royaume lui succédera, il sera dur comme le fer ; comme
le fer pulvérise et écrase tout et le met en pièces, ainsi il
pulvérisera et mettra en pièces tous les autres royaumes.
41 Et si tu as vu les pieds et les orteils partiellement en
argile et partiellement en fer, cela signifie que ce sera un
royaume divisé ; il y aura en lui quelque chose de la dureté du fer, selon que tu as vu le fer mêlé à la terre cuite.
42 Mais comme les orteils des pieds étaient en partie de fer
et en partie d'argile, ce royaume sera en partie fort et en
partie fragile. 43 Que tu aies vu le fer mêlé de terre cuite,
cela signifie que les hommes chercheront à s'unir par des
alliances, mais ils ne tiendront pas ensemble, pas plus que
le fer ne tient à l'argile.

---

g **2.34** *se détacha.* L'ancienne version grecque ajoute : *de la montagne* (voir v. 45).

h **2.39** Après Babylone (v. 38) viennent l'Empire des Mèdes et des Perses établi par Cyrus (539 av. J.-C.), puis celui des Grecs fondé par Alexandre le Grand (330 av. J.-C.). Le quatrième royaume (v. 40ss) est l'empire romain. Les visions du chapitre 7 reprennent cette prophétie plus en détail.

44 "In the time of those kings, the God of heaven will set up a kingdom that will never be destroyed, nor will it be left to another people. It will crush all those kingdoms and bring them to an end, but it will itself endure forever. 45 This is the meaning of the vision of the rock cut out of a mountain, but not by human hands – a rock that broke the iron, the bronze, the clay, the silver and the gold to pieces.

"The great God has shown the king what will take place in the future. The dream is true and its interpretation is trustworthy."

46 Then King Nebuchadnezzar fell prostrate before Daniel and paid him honor and ordered that an offering and incense be presented to him. 47 The king said to Daniel, "Surely your God is the God of gods and the Lord of kings and a revealer of mysteries, for you were able to reveal this mystery."

48 Then the king placed Daniel in a high position and lavished many gifts on him. He made him ruler over the entire province of Babylon and placed him in charge of all its wise men. 49 Moreover, at Daniel's request the king appointed Shadrach, Meshach and Abednego administrators over the province of Babylon, while Daniel himself remained at the royal court.

The Image of Gold and the Blazing Furnace

3 1 King Nebuchadnezzar made an image of gold, sixty cubits high and six cubits wide,[g] and set it up on the plain of Dura in the province of Babylon. 2 He then summoned the satraps, prefects, governors, advisers, treasurers, judges, magistrates and all the other provincial officials to come to the dedication of the image he had set up. 3 So the satraps, prefects, governors, advisers, treasurers, judges, magistrates and all the other provincial officials assembled for the dedication of the image that King Nebuchadnezzar had set up, and they stood before it.

4 Then the herald loudly proclaimed, "Nations and peoples of every language, this is what you are commanded to do: 5 As soon as you hear the sound of the horn, flute, zither, lyre, harp, pipe and all kinds of music, you must fall down and worship the image of gold that King Nebuchadnezzar has set up. 6 Whoever does not fall down and worship will immediately be thrown into a blazing furnace."

7 Therefore, as soon as they heard the sound of the horn, flute, zither, lyre, harp and all kinds of music, all the nations and peoples of every language fell down and worshiped the image of gold that King Nebuchadnezzar had set up.

8 At this time some astrologers[h] came forward and denounced the Jews. 9 They said to King

[g] 3:1 That is, about 90 feet high and 9 feet wide or about 27 meters high and 2.7 meters wide

[h] 3:8 Or *Chaldeans*

44 A l'époque de ces rois-là, le Dieu des cieux suscite[ra] un royaume qui ne sera jamais détruit et dont la souve[r]aineté ne passera pas à un autre peuple ; il pulvérise[ra] tous ces royaumes-là et mettra un terme à leur existenc[e], mais lui-même subsistera éternellement. 45 C'est ce qu[e] représente la pierre que tu as vue se détacher de la mon[]tagne sans l'intervention d'aucune main humaine pou[r] venir pulvériser le fer, le bronze, l'argile, l'argent et l'or. L[e] grand Dieu a révélé au roi ce qui arrivera dans l'avenir. C[e] qu'annonce le rêve est chose certaine, et son interprétatio[n] est digne de foi.

46 Alors le roi Nabuchodonosor se jeta la face contre ter[re] et se prosterna devant Daniel, il ordonna de lui offrir d[es] offrandes et des parfums. 47 Puis il lui déclara : Il est bie[n] vrai que votre Dieu est le Dieu des dieux, le souverain d[es] rois et celui qui révèle les secrets, puisque tu as pu m[e] dévoiler ce secret.

48 Le roi éleva Daniel à une haute position et lui donna [de] nombreux et riches présents ; il le nomma gouverneur [de] toute la province de Babylone et l'institua chef suprêm[e] de tous les sages de Babylone. 49 A la demande de Danie[l], le roi confia l'administration de la province de Babylon[e] à Shadrak, Méshak et Abed-Nego, et Daniel lui-même d[e]meura à la cour du roi.

Trois jeunes Juifs dans la fournaise

La statue d'or

3 1 Le roi Nabuchodonosor fit faire une statue d'or [de] trente mètres de haut et de trois mètres de large. [Il] la fit ériger dans la plaine de Doura, dans la province [de] Babylone. 2 Puis il convoqua les satrapes, les préfets, l[es] gouverneurs, les conseillers, les trésoriers, les juriste[s], les magistrats et tous les dirigeants des provinces, pou[r] l'inauguration de la statue qu'il avait fait dresser[i]. 3 Alo[rs] les satrapes, les préfets, les gouverneurs, les conseillers, l[es] trésoriers, les juristes, les magistrats et tous les dirigean[ts] des provinces s'assemblèrent pour l'inauguration de [la] statue que le roi Nabuchodonosor avait érigée et ils [se] tinrent debout face à la statue élevée par le roi.

4 Un héraut proclama à voix forte : A vous, hommes [de] tous peuples, nations et langues, on vous fait savoir 5 qu'a[u] moment où vous entendrez le son du cor, du fifre, de [la] cithare, de la lyre, de la harpe, de la double flûte et [de] toutes sortes d'instruments de musique[j], vous vous pro[s]ternerez devant la statue d'or que le roi Nabuchodonos[or] a fait ériger, et vous l'adorerez. 6 Celui qui refusera de [se] prosterner devant elle et de l'adorer sera jeté aussitôt da[ns] la fournaise où brûle un feu ardent.

7 C'est pourquoi au moment où tous les gens entendire[nt] le son du cor, du fifre, de la cithare, de la lyre, de la harp[e] et de toutes sortes d'instruments de musique, ces homm[es] de tous peuples, de toutes nations et de toutes langu[es] se prosternèrent et adorèrent la statue d'or que le r[oi] Nabuchodonosor avait fait ériger.

Refus de l'idolâtrie

8 Sur ces entrefaites, certains astrologues vinrent port[er] des accusations contre les Juifs. 9 Ils s'adressèrent au r[oi]

[i] 3.2 La traduction de certains titres des fonctionnaires babyloniens reste incertaine.

[j] 3.5 L'identification de certains de ces instruments de musique est incertaine.

ebuchadnezzar, "May the king live forever! 10 Your
ajesty has issued a decree that everyone who hears
e sound of the horn, flute, zither, lyre, harp, pipe
d all kinds of music must fall down and worship the
age of gold, 11 and that whoever does not fall down
d worship will be thrown into a blazing furnace.
But there are some Jews whom you have set over the
fairs of the province of Babylon – Shadrach, Meshach
d Abednego – who pay no attention to you, Your
ajesty. They neither serve your gods nor worship
e image of gold you have set up."

13 Furious with rage, Nebuchadnezzar summoned
adrach, Meshach and Abednego. So these men were
ought before the king, 14 and Nebuchadnezzar said
them, "Is it true, Shadrach, Meshach and Abednego,
at you do not serve my gods or worship the im-
e of gold I have set up? 15 Now when you hear the
und of the horn, flute, zither, lyre, harp, pipe and
kinds of music, if you are ready to fall down and
orship the image I made, very good. But if you do
t worship it, you will be thrown immediately into a
azing furnace. Then what god will be able to rescue
u from my hand?"

16 Shadrach, Meshach and Abednego replied to him,
ing Nebuchadnezzar, we do not need to defend our-
lves before you in this matter. 17 If we are thrown
to the blazing furnace, the God we serve is able to
liver us from it, and he will deliver us[i] from Your
ajesty's hand. 18 But even if he does not, we want you
know, Your Majesty, that we will not serve your
ds or worship the image of gold you have set up."
19 Then Nebuchadnezzar was furious with Shadrach,
eshach and Abednego, and his attitude toward them
anged. He ordered the furnace heated seven times
otter than usual 20 and commanded some of the
rongest soldiers in his army to tie up Shadrach,
eshach and Abednego and throw them into the
azing furnace. 21 So these men, wearing their robes,
ousers, turbans and other clothes, were bound and
rown into the blazing furnace. 22 The king's com-
and was so urgent and the furnace so hot that the
ames of the fire killed the soldiers who took up
adrach, Meshach and Abednego, 23 and these three
en, firmly tied, fell into the blazing furnace.

24 Then King Nebuchadnezzar leaped to his feet in
nazement and asked his advisers, "Weren't there
ree men that we tied up and threw into the fire?"
They replied, "Certainly, Your Majesty."

25 He said, "Look! I see four men walking around
the fire, unbound and unharmed, and the fourth
oks like a son of the gods."

Nabuchodonosor et lui dirent : Que le roi vive éternellement ! 10 O roi, Sa Majesté a promulgué un édit ordonnant
que tout homme se prosterne et adore la statue d'or dès
qu'il entendrait le son du cor, du fifre, de la cithare, de la
lyre, de la harpe, de la double flûte et de toutes sortes d'instruments de musique. 11 Cet édit précise que quiconque
refusera de se prosterner et d'adorer la statue sera jeté
dans la fournaise où brûle un feu ardent. 12 Or, il y a des
hommes de Juda auxquels tu as confié l'administration
de la province de Babylone, à savoir Shadrak, Méshak et
Abed-Nego : ces hommes-là ne t'ont pas obéi, ô roi ; ils
n'adorent pas tes dieux et ne se prosternent pas devant
la statue d'or que tu as fait ériger.

13 Alors Nabuchodonosor s'irrita et entra dans une
grande colère ; il ordonna de faire venir Shadrak, Méshak
et Abed-Nego. On les amena donc devant le roi.

14 Celui-ci prit la parole et leur demanda : Est-il vrai,
Shadrak, Méshak et Abed-Nego, que vous n'adorez pas mes
dieux et que vous ne vous prosternez pas devant la statue
d'or que j'ai érigée ? 15 Maintenant, si vous êtes prêts, au
moment où vous entendrez le son du cor, du fifre, de la
cithare, de la lyre, de la harpe, de la double flûte et de
toutes sortes d'instruments de musique, prosternez-vous
et adorez la statue que j'ai faite. Si vous refusez de l'adorer,
vous serez jetés aussitôt dans la fournaise où brûle un feu
ardent. Et quel est le dieu qui pourrait alors vous délivrer
de mes mains ?

16 Shadrak, Méshak et Abed-Nego répondirent au roi : O
Nabuchodonosor, il n'est pas nécessaire de te répondre sur
ce point. 17 Si le Dieu que nous servons peut nous délivrer
de la fournaise où brûle un feu ardent, ainsi que de tes
mains, ô roi, qu'il nous délivre ! 18 Mais même s'il ne le fait
pas, sache bien, ô roi, que nous n'adorerons pas tes dieux
et que nous ne nous prosternerons pas devant la statue
d'or que tu as fait ériger.

19 Alors Nabuchodonosor fut rempli de fureur contre
Shadrak, Méshak et Abed-Nego, et son visage devint blême.
Il reprit la parole et ordonna de chauffer la fournaise sept
fois plus que d'habitude.

20 Puis il commanda à quelques soldats vigoureux de sa
garde, de ligoter Shadrak, Méshak et Abed-Nego et de les
jeter dans la fournaise ardemment chauffée. 21 Aussitôt
les trois hommes furent ligotés tout habillés avec leurs
pantalons, leurs tuniques et leurs turbans[k], et jetés dans la
fournaise où brûlait un feu ardent. 22 Mais comme, sur l'ordre du roi, on avait fait chauffer la fournaise au maximum,
les flammes qui en jaillissaient firent périr les soldats qui
y avaient jeté Shadrak, Méshak et Abed-Nego. 23 Quant à
Shadrak, Méshak et Abed-Nego, ils tombèrent tous les trois
ligotés au milieu de la fournaise où brûlait un feu ardent.

Dieu intervient

24 C'est alors que le roi Nabuchodonosor fut saisi de
stupeur ; il se leva précipitamment et, s'adressant à ses
conseillers, il demanda : N'avons-nous pas jeté trois hommes tout ligotés dans le feu ?

Ils répondirent au roi : Bien sûr, Majesté.

25 – Eh bien, reprit le roi, je vois quatre hommes sans
liens qui marchent au milieu du feu sans subir aucun
dommage corporel ; et le quatrième a l'aspect d'un fils
des dieux.

:17 Or *If the God we serve is able to deliver us, then he will deliver us*
m the blazing furnace and

[k] 3.21 La traduction des noms de vêtements est incertaine.

26 Nebuchadnezzar then approached the opening of the blazing furnace and shouted, "Shadrach, Meshach and Abednego, servants of the Most High God, come out! Come here!"

So Shadrach, Meshach and Abednego came out of the fire, 27 and the satraps, prefects, governors and royal advisers crowded around them. They saw that the fire had not harmed their bodies, nor was a hair of their heads singed; their robes were not scorched, and there was no smell of fire on them.

28 Then Nebuchadnezzar said, "Praise be to the God of Shadrach, Meshach and Abednego, who has sent his angel and rescued his servants! They trusted in him and defied the king's command and were willing to give up their lives rather than serve or worship any god except their own God. 29 Therefore I decree that the people of any nation or language who say anything against the God of Shadrach, Meshach and Abednego be cut into pieces and their houses be turned into piles of rubble, for no other god can save in this way."

30 Then the king promoted Shadrach, Meshach and Abednego in the province of Babylon.

Nebuchadnezzar's Dream of a Tree

4 1[j] King Nebuchadnezzar,

To the nations and peoples of every language, who live in all the earth:

May you prosper greatly!

2 It is my pleasure to tell you about the miraculous signs and wonders that the Most High God has performed for me.

3 How great are his signs,
  how mighty his wonders!
His kingdom is an eternal kingdom;
  his dominion endures from generation to generation.

4 I, Nebuchadnezzar, was at home in my palace, contented and prosperous. 5 I had a dream that made me afraid. As I was lying in bed, the images and visions that passed through my mind terrified me. 6 So I commanded that all the wise men of Babylon be brought before me to interpret the dream for me. 7 When the magicians, enchanters, astrologers[k] and diviners came, I told them the dream, but they could not interpret it for me. 8 Finally, Daniel came into my presence and I told him the dream. (He is called Belteshazzar, after the name of my god, and the spirit of the holy gods is in him.)

9 I said, "Belteshazzar, chief of the magicians, I know that the spirit of the holy gods is in you, and no mystery is too difficult for you. Here is my dream; interpret it for me. 10 These are the visions I saw while lying in bed: I looked, and there before me stood a tree in the middle of the land. Its height was enormous. 11 The tree grew large and strong and its

[j] 4:0 In Aramaic texts 4:1-3 is numbered 3:31-33, and 4:4-37 is numbered 4:1-34.
[k] 4:7 Or *Chaldeans*

26 Puis Nabuchodonosor s'approcha de la porte de la fou naise où brûlait un feu ardent et se mit à crier : Shadra Méshak et Abed-Nego, serviteurs du Dieu très-haut, sort de là et venez ici !

Alors, Shadrak, Méshak et Abed-Nego sortirent du m lieu du feu. 27 Les satrapes, les préfets, les gouverneu et les conseillers du roi se rassemblèrent autour de c hommes : ils constatèrent que le feu n'avait eu aucun eff sur leurs corps, qu'aucun cheveu de leur tête n'avait é brûlé, que leurs vêtements n'avaient pas été endommag et qu'ils ne sentaient même pas l'odeur du feu.

28 Alors Nabuchodonosor s'écria : Loué soit le Dieu d Shadrak, de Méshak et d'Abed-Nego, qui a envoyé son an pour délivrer ses serviteurs qui se sont confiés en lui et q ont désobéi à mon ordre. Ils ont préféré risquer leur v plutôt que de se prosterner et d'adorer un autre dieu q le leur. 29 Voici donc ce que je décrète : Tout homme – d quelque peuple, nation ou langue qu'il soit – qui parle d'une manière irrespectueuse du Dieu de Shadrak, d Méshak et d'Abed-Nego sera mis en pièces et sa maiso sera réduite en un tas de décombres, parce qu'il n'exis pas d'autre Dieu qui puisse sauver ainsi les hommes.

30 Ensuite le roi fit prospérer Shadrak, Méshak et Abe Nego dans la province de Babylone.

Le rêve du grand arbre

31 Le roi Nabuchodonosor adresse ce message à tous l peuples, à toutes les nations et aux gens de toutes langu qui habitent la terre entière : Que votre paix soit grand

32 Il m'a paru bon de vous faire connaître les sign extraordinaires et les prodiges que le Dieu très-haut accomplis envers moi.

33 « Que ses signes extraordinaires sont grands
et ses prodiges éclatants !
Son règne est un règne éternel
et sa domination subsiste d'âge en âge. »

4 1 Moi, Nabuchodonosor, je vivais tranquille da ma maison et je jouissais de la prospérité dans m palais. 2 J'ai alors fait un rêve qui m'a rempli d'effroi ; l pensées qui m'ont hanté sur mon lit et les visions de m esprit m'ont épouvanté. 3 J'ai donc ordonné de convoqu auprès de moi tous les sages de Babylone, pour qu'ils m fassent connaître l'interprétation de mon rêve. 4 L mages, les magiciens, les astrologues et les devins se so présentés. Je leur ai exposé le rêve, mais ils n'ont pas p m'en faire connaître l'interprétation.

5 A la fin, s'est présenté devant moi Daniel, nommé aus Beltshatsar, d'après le nom de mon dieu[l]. L'esprit des dieu saints réside en lui. Je lui ai raconté mon rêve et je lui dit : 6 Beltshatsar, chef des mages, je sais que l'esprit d dieux saints réside en toi, et qu'aucun mystère n'est tr difficile pour toi, écoute donc les visions que j'ai eues da mon rêve et donne-m'en l'interprétation. 7 Voici quell étaient les visions de mon esprit pendant que j'éta couché sur mon lit : je regardais et voici ce que j'ai vu :

Au milieu de la terre se dressait un grand arbre,
  dont la hauteur était immense.
8 L'arbre grandit et devint vigoureux.
Son sommet atteignait le ciel ;

[l] 4.5 Voir 1.7 et note.

top touched the sky; it was visible to the ends of the
earth. 12 Its leaves were beautiful, its fruit abundant,
and on it was food for all. Under it the wild animals
found shelter, and the birds lived in its branches;
from it every creature was fed.

13 "In the visions I saw while lying in bed, I looked,
and there before me was a holy one, a messenger,[l]
coming down from heaven. 14 He called in a loud
voice: 'Cut down the tree and trim off its branches; strip off its leaves and scatter its fruit. Let the
animals flee from under it and the birds from its
branches. 15 But let the stump and its roots, bound
with iron and bronze, remain in the ground, in the
grass of the field.

" 'Let him be drenched with the dew of heaven, and
let him live with the animals among the plants of
the earth. 16 Let his mind be changed from that of
a man and let him be given the mind of an animal,
till seven times[m] pass by for him.

17 " 'The decision is announced by messengers, the
holy ones declare the verdict, so that the living may
know that the Most High is sovereign over all kingdoms on earth and gives them to anyone he wishes
and sets over them the lowliest of people.'

18 "This is the dream that I, King Nebuchadnezzar,
had. Now, Belteshazzar, tell me what it means, for
none of the wise men in my kingdom can interpret
it for me. But you can, because the spirit of the holy
gods is in you."

niel Interprets the Dream

19 Then Daniel (also called Belteshazzar) was greatly
perplexed for a time, and his thoughts terrified him.
So the king said, "Belteshazzar, do not let the dream
or its meaning alarm you."

Belteshazzar answered, "My lord, if only the dream
applied to your enemies and its meaning to your
adversaries! 20 The tree you saw, which grew large
and strong, with its top touching the sky, visible to
the whole earth, 21 with beautiful leaves and abundant fruit, providing food for all, giving shelter to
the wild animals, and having nesting places in its
branches for the birds – 22 Your Majesty, you are that
tree! You have become great and strong; your greatness has grown until it reaches the sky, and your
dominion extends to distant parts of the earth.

23 "Your Majesty saw a holy one, a messenger, coming down from heaven and saying, 'Cut down the
tree and destroy it, but leave the stump, bound with

:13 Or *watchman*; also in verses 17 and 23
4:16 Or *years*; also in verses 23, 25 and 32

et l'on pouvait le voir depuis les confins de la terre.
9 Son feuillage était magnifique
et ses fruits abondants.
Il portait de la nourriture pour tout être vivant.
Les animaux sauvages venaient s'abriter à son
ombre
et les oiseaux se nichaient dans ses branches.
Tous les êtres vivants se nourrissaient de ses
produits.

10 Pendant que, sur mon lit, je contemplais les visions
de mon esprit, je vis apparaître un de ceux qui veillent[m],
un saint qui descendait du ciel. 11 Il cria d'une voix forte :
« Abattez l'arbre ! Coupez ses branches !
Arrachez son feuillage et dispersez ses fruits,
et que les animaux s'enfuient de dessous lui,
que les oiseaux quittent ses branches !
12 Laissez cependant dans la terre la souche et ses
racines,
liées de chaînes de fer et de bronze
au milieu de l'herbe des champs.
Qu'il soit trempé de la rosée du ciel,
qu'il se nourrisse d'herbe avec les animaux.
13 Cet homme perdra la raison
et se prendra pour une bête
jusqu'à ce qu'aient passé sept temps[n].
14 Cette sentence est un décret de ceux qui veillent ;
cette résolution est un ordre des saints,
afin que tous les vivants sachent que le Très-Haut
domine sur toute royauté humaine,
qu'il accorde la royauté à qui il veut,
et qu'il établit roi le plus insignifiant des hommes. »

15 Tel est le rêve que j'ai eu, moi le roi Nabuchodonosor.
Quant à toi, Beltshatsar, donne-m'en l'interprétation
puisque tous les sages de mon royaume s'en sont montrés incapables ; mais toi, tu le peux, car l'esprit des dieux
saints réside en toi.

Daniel interprète le rêve

16 Alors Daniel, nommé aussi Beltshatsar, demeura un
moment interloqué : ses pensées l'effrayaient. Le roi reprit
et dit : Beltshatsar, que le songe et son explication ne t'ef-
fraient pas !

– Mon Seigneur, répondit Beltshatsar, je souhaiterais
que ce songe s'applique à tes ennemis, et sa signification
à tes adversaires !

17 Tu as vu un arbre grandir et devenir vigoureux, sa
cime touchait le ciel et on le voyait de toute la terre. 18 Cet
arbre au feuillage magnifique et aux fruits abondants
portait de la nourriture pour tous les êtres vivants. Les
animaux sauvages venaient s'abriter sous lui et les oiseaux
nichaient dans ses branches. 19 Cet arbre, ô roi, c'est toi !
Car tu es devenu grand et puissant. Ta grandeur s'est ac-
crue, elle atteint jusqu'au ciel et ta domination s'étend
jusqu'aux confins de la terre. 20 Le roi a vu ensuite l'un
de ceux qui veillent, un saint, descendre du ciel et crier :
« Abattez l'arbre et détruisez-le ! Laissez toutefois en terre
la souche avec les racines, mais liées de chaînes de fer

m 4.10 Dans la Bible, le terme « veillants » pour désigner les anges se trouve seulement dans Daniel, mais il est fréquent dans les livres apocryphes.

n 4.13 Ce terme, qui peut avoir le sens de « temps » (2.8), de « moment » (3.5) ou de « saison », désigne ici très certainement une *année* (voir 7.25). De même dans les v. 20, 22, 29.

iron and bronze, in the grass of the field, while its
roots remain in the ground. Let him be drenched
with the dew of heaven; let him live with the wild
animals, until seven times pass by for him.'
24 "This is the interpretation, Your Majesty, and this
is the decree the Most High has issued against my
lord the king: 25 You will be driven away from people
and will live with the wild animals; you will eat
grass like the ox and be drenched with the dew of
heaven. Seven times will pass by for you until you
acknowledge that the Most High is sovereign over
all kingdoms on earth and gives them to anyone
he wishes. 26 The command to leave the stump of
the tree with its roots means that your kingdom
will be restored to you when you acknowledge that
Heaven rules. 27 Therefore, Your Majesty, be pleased
to accept my advice: Renounce your sins by doing
what is right, and your wickedness by being kind to
the oppressed. It may be that then your prosperity
will continue."

The Dream Is Fulfilled

28 All this happened to King Nebuchadnezzar.
29 Twelve months later, as the king was walking on
the roof of the royal palace of Babylon, 30 he said, "Is
not this the great Babylon I have built as the royal
residence, by my mighty power and for the glory
of my majesty?"

31 Even as the words were on his lips, a voice came
from heaven, "This is what is decreed for you, King
Nebuchadnezzar: Your royal authority has been
taken from you. 32 You will be driven away from
people and will live with the wild animals; you
will eat grass like the ox. Seven times will pass by
for you until you acknowledge that the Most High
is sovereign over all kingdoms on earth and gives
them to anyone he wishes."
33 Immediately what had been said about
Nebuchadnezzar was fulfilled. He was driven away
from people and ate grass like the ox. His body was
drenched with the dew of heaven until his hair
grew like the feathers of an eagle and his nails like
the claws of a bird.
34 At the end of that time, I, Nebuchadnezzar, raised
my eyes toward heaven, and my sanity was restored.
Then I praised the Most High; I honored and glorified him who lives forever.

His dominion is an eternal dominion;
his kingdom endures from generation to
generation.
35 All the peoples of the earth
are regarded as nothing.
He does as he pleases
with the powers of heaven
and the peoples of the earth.
No one can hold back his hand
or say to him: "What have you done?"

36 At the same time that my sanity was restored,
my honor and splendor were returned to me for
the glory of my kingdom. My advisers and nobles
sought me out, and I was restored to my throne
and became even greater than before. 37 Now I,

et de bronze au milieu de l'herbe des champs, qu'il s
trempé de la rosée du ciel, et qu'il se nourrisse d'her
avec les animaux des champs jusqu'à ce que sept tem
aient passé. »
21 Voici ce que cela signifie, ô roi ! Il s'agit là d'un décr
du Très-Haut prononcé contre mon seigneur le roi.
22 On te chassera du milieu des humains et tu vivras pa
mi les bêtes des champs. On te nourrira d'herbe comme l
bœufs et tu seras trempé de la rosée du ciel. Tu seras da
cet état durant sept temps, jusqu'à ce que tu reconnaiss
que le Très-Haut est le maître de toute royauté humai
et qu'il accorde la royauté à qui il lui plaît. 23 Mais si l'o
ordonné de préserver la souche avec les racines de l'arb
c'est que la royauté te sera rendue dès que tu auras reco
nu que le Dieu des cieux est souverain. 24 C'est pourquoi
roi, voici mon conseil : puisses-tu juger bon de le suivr
Détourne-toi de tes péchés et fais ce qui est juste ! Mets
terme à tes injustices en ayant compassion des pauvre
Peut-être ta tranquillité se prolongera-t-elle.

Le rêve se réalise

25 Tous ces événements s'accomplirent pour le r
Nabuchodonosor. 26 En effet, douze mois plus tard, il
promenait sur la terrasse du palais royal de Babylone.
27 Il prit la parole et dit : N'est-ce pas là Babylone
grande que moi j'ai bâtie pour en faire une résiden
royale ? C'est par la grandeur de ma puissance et pour
gloire de ma majesté que j'ai fait cela.
28 Ces paroles étaient encore sur ses lèvres, qu'une vo
retentit du ciel : Roi Nabuchodonosor, écoute ce qu'on
dit : le pouvoir royal t'est retiré ! 29 On te chassera du mili
des humains et tu vivras avec les bêtes des champs, on
nourrira d'herbe comme les bœufs. Tu seras dans cet é
durant sept temps, jusqu'à ce que tu reconnaisses que
Très-Haut est maître de toute royauté humaine et qu
accorde la royauté à qui il lui plaît.

30 Au même instant, la sentence prononcée cont
Nabuchodonosor fut exécutée : il fut chassé du milieu d
hommes, il se mit à manger de l'herbe comme les bœu
et son corps fut trempé par la rosée du ciel, sa chevelu
devint aussi longue que des plumes d'aigle et ses ong
ressemblaient aux griffes des oiseaux.
31 Au terme du temps annoncé, moi, Nabuchodonosor,
levai les yeux vers le ciel, et la raison me revint. Je rem
ciai le Très-Haut, je louai celui qui vit éternellement, et
proclamai sa gloire :

sa souveraineté est éternelle
son règne dure d'âge en âge.

32 Tous les habitants de la terre ne comptent pour ri
devant lui,
et il agit comme il l'entend
envers l'armée des êtres qui vivent dans le ciel et
envers les habitants de la terre.
Personne ne peut s'opposer à ses interventions
ou lui reprocher : « Que fais-tu ? »

33 A l'heure même, la raison me revint, la gloire de r
royauté, la majesté et la splendeur me furent rendue
mes conseillers et mes dignitaires me rappelèrent et
fus réinstallé sur mon trône avec un surcroît de grande
34 Maintenant, moi, Nabuchodonosor, je loue, j'exalte et

Nebuchadnezzar, praise and exalt and glorify the King of heaven, because everything he does is right and all his ways are just. And those who walk in pride he is able to humble.

he Writing on the Wall

5 [1]King Belshazzar gave a great banquet for a thousand of his nobles and drank wine with
iem. [2]While Belshazzar was drinking his wine, he
ave orders to bring in the gold and silver goblets that ebuchadnezzar his father[n] had taken from the tem-e in Jerusalem, so that the king and his nobles, his ives and his concubines might drink from them. [3]So
iey brought in the gold goblets that had been taken om the temple of God in Jerusalem, and the king and is nobles, his wives and his concubines drank from
iem. [4]As they drank the wine, they praised the gods
f gold and silver, of bronze, iron, wood and stone.

[5]Suddenly the fingers of a human hand appeared nd wrote on the plaster of the wall, near the lamp-and in the royal palace. The king watched the hand
s it wrote. [6]His face turned pale and he was so fright-ned that his legs became weak and his knees were nocking.
[7]The king summoned the enchanters, astrolo-ers[o] and diviners. Then he said to these wise men f Babylon, "Whoever reads this writing and tells e what it means will be clothed in purple and have gold chain placed around his neck, and he will be ade the third highest ruler in the kingdom."
[8]Then all the king's wise men came in, but they ould not read the writing or tell the king what it
ieant. [9]So King Belshazzar became even more ter-ified and his face grew more pale. His nobles were affled.
[10]The queen,[p] hearing the voices of the king and is nobles, came into the banquet hall. "May the ing live forever!" she said. "Don't be alarmed! Don't

5:2 Or *ancestor*; or *predecessor*; also in verses 11, 13 and 18
5:7 Or *Chaldeans*; also in verse 11
5:10 Or *queen mother*

glorifie le Roi des cieux, car il agit en accord avec ses paroles[o] et tout ce qu'il fait est juste, il a le pouvoir d'abaisser ceux qui vivent dans l'orgueil.

L'inscription sur le mur

Un festin sacrilège

5 [1]Un jour, le roi Balthazar[p] organisa un banquet en l'honneur de ses mille dignitaires et se mit à boire du vin en leur présence. [2]Excité par le vin, Balthazar
ordonna d'apporter les coupes d'or et d'argent que Nabuchodonosor, son père[q], avait rapportées du temple de Jérusalem. Il voulait s'en servir pour boire, lui et ses hauts dignitaires, ses femmes et ses concubines[r].
[3]Aussitôt, on apporta les coupes d'or qui avaient été prises dans le temple de Dieu à Jérusalem, et le roi, ses hauts dignitaires, ses femmes et ses concubines s'en
servirent pour boire. [4]Ils burent et se mirent à louer les dieux d'or, d'argent, de bronze, de fer, de bois et de pierre.

Une main mystérieuse

[5]A ce moment-là apparurent soudain, devant le candélabre, les doigts d'une main humaine qui se mirent à écrire sur le plâtre du mur du palais royal. Le roi vit cette
main qui écrivait. [6]Alors son visage devint blême, des pensées terrifiantes l'assaillirent, il se mit à trembler de tout son être et ses genoux s'entrechoquèrent. [7]Il ordonna
à grands cris de faire venir les magiciens, les astrologues et les devins, et il dit aux sages : Celui qui déchiffrera cette inscription et m'en donnera l'interprétation sera revêtu de pourpre, on lui mettra une chaîne d'or au cou et il partagera le gouvernement du royaume avec deux autres hauts fonctionnaires[s].
[8]Tous les sages du roi entrèrent dans la salle, mais aucun d'eux ne put déchiffrer l'inscription, ni en faire connaître
l'interprétation au roi. [9]Alors le roi Balthazar fut encore plus effrayé, il pâlit davantage et ses hauts dignitaires se trouvèrent dans une grande confusion.
[10]Quand la reine mère[t] entendit ce que disaient le roi et ses hauts dignitaires, elle pénétra dans la salle du festin. Elle prit la parole et dit : Que le roi vive éternellement ! Ne te laisse pas terrifier par tes pensées et que ton visage ne pâlisse pas ainsi !

[o] **4.34** D'autres comprennent : *il agit avec droiture.*
[p] **5.1** Les événements de ce chapitre ont lieu en 539 av. J.-C., 23 ans après la mort de Nabuchodonosor (en 562 av. J.-C.). *Balthazar* était le fils du dernier roi de Babylone, Nabonide. Il a exercé le pouvoir à la place de son père pendant les dix dernières années de son règne, alors que Nabonide s'était retiré à Téma, une oasis de la péninsule Arabique. Aux v. 2, 11, 18, Nabuchodonosor est appelé son *père*, ce qui pouvait désigner en araméen soit la succession au trône soit la descendance physique. Il semble, en fait, que Balthazar ait été le petit-fils de Nabuchodonosor par sa mère ou par sa grand-mère – la femme ou la mère de Nabonide (voir 5.10 et note ; Jr 27.7).
[q] **5.2** Voir v. 1 et note, 11, 18 ; Jr 27.7.
[r] **5.2** Le sens de ces deux mots est incertain. On a retrouvé le second dans les papyrus d'Eléphantine en Egypte, datant du ve siècle av. J.-C., avec le sens de *femmes de service.*
[s] **5.7** *il partagera ... fonctionnaires.* Certains traduisent : *il occupera le troisième rang dans le gouvernement du royaume* (après Nabonide et Balthazar), mais l'araméen signifie plutôt : « il gouvernera le royaume au sein d'un triumvirat » (voir 6.3).
[t] **5.10** Selon certains, elle serait fille de Nabuchodonosor, mariée à Nabonide. Les reines mères avaient une grande influence dans les cours du Moyen-Orient.

look so pale! 11 There is a man in your kingdom who has the spirit of the holy gods in him. In the time of your father he was found to have insight and intelligence and wisdom like that of the gods. Your father, King Nebuchadnezzar, appointed him chief of the magicians, enchanters, astrologers and diviners. 12 He did this because Daniel, whom the king called Belteshazzar, was found to have a keen mind and knowledge and understanding, and also the ability to interpret dreams, explain riddles and solve difficult problems. Call for Daniel, and he will tell you what the writing means."

13 So Daniel was brought before the king, and the king said to him, "Are you Daniel, one of the exiles my father the king brought from Judah? 14 I have heard that the spirit of the gods is in you and that you have insight, intelligence and outstanding wisdom. 15 The wise men and enchanters were brought before me to read this writing and tell me what it means, but they could not explain it. 16 Now I have heard that you are able to give interpretations and to solve difficult problems. If you can read this writing and tell me what it means, you will be clothed in purple and have a gold chain placed around your neck, and you will be made the third highest ruler in the kingdom."

17 Then Daniel answered the king, "You may keep your gifts for yourself and give your rewards to someone else. Nevertheless, I will read the writing for the king and tell him what it means.

18 "Your Majesty, the Most High God gave your father Nebuchadnezzar sovereignty and greatness and glory and splendor. 19 Because of the high position he gave him, all the nations and peoples of every language dreaded and feared him. Those the king wanted to put to death, he put to death; those he wanted to spare, he spared; those he wanted to promote, he promoted; and those he wanted to humble, he humbled. 20 But when his heart became arrogant and hardened with pride, he was deposed from his royal throne and stripped of his glory. 21 He was driven away from people and given the mind of an animal; he lived with the wild donkeys and ate grass like the ox; and his body was drenched with the dew of heaven, until he acknowledged that the Most High God is sovereign over all kingdoms on earth and sets over them anyone he wishes.

22 "But you, Belshazzar, his son,[q] have not humbled yourself, though you knew all this. 23 Instead, you have set yourself up against the Lord of heaven. You had the goblets from his temple brought to you, and you and your nobles, your wives and your concubines drank wine from them. You praised the gods of silver and gold, of bronze, iron, wood and stone, which cannot see or hear or understand. But you did not honor the God who holds in his hand your life and all your ways. 24 Therefore he sent the hand that wrote the inscription.

[q] **5:22** Or *descendant*; or *successor*

11 Il y a, dans ton royaume, un homme en qui résid l'esprit des dieux saints ; du temps de ton père[u], o trouva en lui une clairvoyance, une intelligence e une sagesse pareilles à la sagesse des dieux, aus le roi Nabuchodonosor, ton père, l'a-t-il établi che des mages, des magiciens, des astrologues et de devins. 12 Car cet homme, Daniel, que le roi a nomm Beltshatsar, possède un esprit extraordinaire, de l connaissance et de l'intelligence pour interpréter le rêves, trouver la solution des énigmes et résoudre le problèmes difficiles. Que l'on appelle donc Daniel e il donnera l'interprétation.

Daniel explique l'énigme

13 Aussitôt, Daniel fut introduit en présence du roi. Celu ci prit la parole et lui dit : Es-tu ce Daniel qui fait parti des exilés de Juda, que le roi, mon père, a amenés de Juda 14 J'ai entendu dire que l'esprit des dieux réside en toi e que tu possèdes une clairvoyance, une intelligence et un sagesse extraordinaires. 15 Or, on vient de m'amener le sages et les magiciens pour lire cette inscription et m'e faire connaître l'interprétation ; mais ils n'en ont pas ét capables. 16 On m'a dit que toi, tu peux donner des inter prétations et résoudre les problèmes difficiles. Si donc tu e capable de lire cette inscription et de m'en faire connaîtr l'interprétation, tu seras revêtu de pourpre, tu portera une chaîne d'or au cou et tu partageras le gouvernemen du royaume avec deux autres hauts fonctionnaires[v].

17 Alors Daniel prit la parole et dit au roi : Garde te présents et donne tes cadeaux à un autre ! Je vais cepen dant te déchiffrer l'inscription et t'en faire connaîtr l'interprétation. 18 O roi, le Dieu très-haut avait donné Nabuchodonosor, ton père, la royauté et la grandeur, l gloire et la majesté. 19 Et à cause de la grandeur qu'il lu avait accordée, les gens de tous peuples, de toutes nation et de toutes langues tremblaient de peur devant lui. La vi et la mort de chacun dépendaient de son bon vouloir ; élevait et abaissait qui il lui plaisait. 20 Mais lorsque so cœur s'enorgueillit et qu'il s'endurcit jusqu'à l'arroganc on lui fit quitter son trône royal et il fut dépouillé de s gloire. 21 Il fut chassé de la société des humains, sa raiso devint semblable à celle des bêtes et il se mit à vivre e compagnie des ânes sauvages, on le nourrissait d'herb comme les bœufs et son corps était trempé par la rosé du ciel. Cela dura jusqu'au jour où il reconnut que le Die très-haut est maître de toute royauté humaine et qu'i élève à la royauté qui il veut.

22 Et toi, son fils, Balthazar, tu savais tout cela, et cepen dant tu n'as pas adopté une attitude humble. 23 Tu t'es élev contre le Seigneur du ciel et tu t'es fait apporter les coupe de son temple, puis toi et tes hauts dignitaires, tes femme et tes concubines[w], vous y avez bu du vin et tu as loué le dieux d'argent, d'or, de bronze, de fer, de bois et de pierre des dieux qui ne voient rien, n'entendent rien et ne saven rien. Mais le Dieu qui tient ton souffle de vie dans sa mai et de qui dépend toute ta destinée, tu ne l'as pas honoré 24 C'est pourquoi il a envoyé ce tronçon de main pour trace cette inscription.

[u] **5.11** Voir 5.1 et note.
[v] **5.16** Voir note v. 7.
[w] **5.23** Voir note v. 2.

25 "This is the inscription that was written:
mene, mene, tekel, parsin
26 "Here is what these words mean:
'Mene[r]: God has numbered the days of your reign
d brought it to an end.
27 "Tekel[s]: You have been weighed on the scales and
ınd wanting.
28 "Peres[t]: Your kingdom is divided and given to the
ɛdes and Persians."
29 Then at Belshazzar's command, Daniel was
othed in purple, a gold chain was placed around
s neck, and he was proclaimed the third highest
ler in the kingdom.
30 That very night Belshazzar, king of the
bylonians,[u] was slain, 31 and Darius the Mede took
er the kingdom, at the age of sixty-two.[v]

niel in the Den of Lions

1[w] It pleased Darius to appoint 120 satraps to
rule throughout the kingdom, 2 with three ad-
ıinistrators over them, one of whom was Daniel.
ıe satraps were made accountable to them so that
e king might not suffer loss. 3 Now Daniel so dis-
ıguished himself among the administrators and
e satraps by his exceptional qualities that the king
anned to set him over the whole kingdom. 4 At
is, the administrators and the satraps tried to find
ounds for charges against Daniel in his conduct of
vernment affairs, but they were unable to do so.
ıey could find no corruption in him, because he
s trustworthy and neither corrupt nor negligent.
nally these men said, "We will never find any ba-
for charges against this man Daniel unless it has
mething to do with the law of his God."

6 So these administrators and satraps went as a
oup to the king and said: "May King Darius live
ever! 7 The royal administrators, prefects, satraps,
visers and governors have all agreed that the king

26 *Mene* can mean *numbered* or *mina* (a unit of money).
27 *Tekel* can mean *weighed* or *shekel*.
28 *Peres* (the singular of *Parsin*) can mean *divided* or *Persia* or *a* *f mina or a half shekel*.
30 Or *Chaldeans*
31 In Aramaic texts this verse (5:31) is numbered 6:1.
ı Aramaic texts 6:1-28 is numbered 6:2-29.

25 Voici l'inscription qui a été tracée là : « Il a été
compté : une mine, un sicle et deux demi-sicles[x]. »
26 Et voici l'interprétation : « une mine » : Dieu a
« compté » les années de ton règne et les a menées à leur
terme.
27 « Un sicle » : Tu as été « pesé » dans la balance et l'on
a trouvé que tu ne fais pas le poids.
28 « Deux demi-sicles » : Ton royaume a été « divisé »
pour être livré aux Mèdes et aux Perses.
29 Alors Balthazar ordonna de revêtir Daniel de pourpre,
de lui mettre une chaîne d'or au cou et de faire proclamer
qu'il partagerait le gouvernement du royaume avec deux
autres hauts fonctionnaires[y].
30 Mais, dans la même nuit, Balthazar, roi des Chaldéens,
fut tué.

L'histoire mondiale et sa fin

6 1 Et Darius le Mède, âgé d'environ soixante-deux ans,
accéda au pouvoir royal[z].

Daniel dans la fosse aux lions

La jalousie des satrapes

2 Darius jugea bon de nommer cent vingt satrapes pour
gouverner tout le royaume. 3 Il plaça au-dessus d'eux trois
ministres auxquels ces satrapes devaient rendre compte
pour que les intérêts du roi soient préservés. Daniel était
l'un de ces trois. 4 Or, il se montrait plus capable que les
deux autres ministres et tous les satrapes[a], parce qu'il y
avait en lui un esprit extraordinaire. C'est pourquoi le roi
songeait à le mettre à la tête de tout le royaume.
5 Alors les autres ministres et les satrapes se mirent à
chercher un motif d'accusation contre lui dans sa manière
d'administrer les affaires de l'empire, mais ils ne purent
découvrir aucun motif d'accusation, ni aucune faute, car
il était fidèle, de sorte qu'on ne pouvait trouver en lui ni
négligence ni faute.
6 Ces hommes-là conclurent donc : Nous ne trouverons
aucun motif d'accusation contre ce Daniel, à moins que
ce soit en relation avec la Loi de son Dieu.
7 Alors ces ministres et ces satrapes se précipitèrent chez
le roi et lui parlèrent ainsi : Que le roi Darius vive éternellement ! 8 Tous les ministres du royaume, les préfets et
les satrapes, les conseillers et les gouverneurs réunis en
conseil, ont décidé qu'il fallait publier un édit royal pour
mettre en vigueur une interdiction stricte. Selon cet édit,

[x] **5.25** *Il a été compté: ... sicles.* En araméen : *Mené, mené, téqel,* et *parsin.* Les deux premiers termes sont des homonymes : il vaut mieux considérer le premier *mené* comme une forme du verbe *compter ;* les trois autres termes sont des noms de monnaies. A partir de ces trois noms de monnaies, Daniel délivre un triple message, en procédant par jeux de mots avec ces noms (v. 26-28) ; ainsi le nom de la *mine* est homonyme à la formule verbale : *il a été compté.* Le nom du *sicle* fait jeu avec le verbe *peser.* Le nom du *demi-sicle* fait jeu à la fois avec le verbe *diviser* et avec le nom des *Perses ;* autre traduction pour *demi-sicles: demi-mines.*

[y] **5.29** Voir v. 7 et note.

[z] **6.1** *Darius le Mède* (9.1 ; 11.1) : il faut distinguer ce personnage de Darius Ier Hystaspe (522 à 486 av. J.-C.). Il y a de bonnes raisons de l'identifier à Ugbaru, encore nommé « Gubaru » (ou Gobryas), le général qui a pris la ville de Babylone. Il aurait été nommé par Cyrus roi vassal de Babylone. Une autre solution fait de « Darius le Mède » le nom babylonien d'intronisation de Cyrus après sa conquête de la ville en 539 av. J.-C. On peut alors adopter l'autre traduction indiquée en note pour le v. 29 (voir, en 1 Ch 5.26 et note, un même phénomène pour Tiglath-Piléser, roi d'Assyrie).

[a] **6.4** Voir Est 1.1 et note.

should issue an edict and enforce the decree that anyone who prays to any god or human being during the next thirty days, except to you, Your Majesty, shall be thrown into the lions' den. 8 Now, Your Majesty, issue the decree and put it in writing so that it cannot be altered – in accordance with the law of the Medes and Persians, which cannot be repealed." 9 So King Darius put the decree in writing.

10 Now when Daniel learned that the decree had been published, he went home to his upstairs room where the windows opened toward Jerusalem. Three times a day he got down on his knees and prayed, giving thanks to his God, just as he had done before. 11 Then these men went as a group and found Daniel praying and asking God for help. 12 So they went to the king and spoke to him about his royal decree: "Did you not publish a decree that during the next thirty days anyone who prays to any god or human being except to you, Your Majesty, would be thrown into the lions' den?"

The king answered, "The decree stands – in accordance with the law of the Medes and Persians, which cannot be repealed."

13 Then they said to the king, "Daniel, who is one of the exiles from Judah, pays no attention to you, Your Majesty, or to the decree you put in writing. He still prays three times a day." 14 When the king heard this, he was greatly distressed; he was determined to rescue Daniel and made every effort until sundown to save him.

15 Then the men went as a group to King Darius and said to him, "Remember, Your Majesty, that according to the law of the Medes and Persians no decree or edict that the king issues can be changed."

16 So the king gave the order, and they brought Daniel and threw him into the lions' den. The king said to Daniel, "May your God, whom you serve continually, rescue you!"

17 A stone was brought and placed over the mouth of the den, and the king sealed it with his own signet ring and with the rings of his nobles, so that Daniel's situation might not be changed. 18 Then the king returned to his palace and spent the night without eating and without any entertainment being brought to him. And he could not sleep.

19 At the first light of dawn, the king got up and hurried to the lions' den. 20 When he came near the den, he called to Daniel in an anguished voice, "Daniel, servant of the living God, has your God, whom you serve continually, been able to rescue you from the lions?"

21 Daniel answered, "May the king live forever! 22 My God sent his angel, and he shut the mouths of the lions. They have not hurt me, because I was found innocent in his sight. Nor have I ever done any wrong before you, Your Majesty."

23 The king was overjoyed and gave orders to lift Daniel out of the den. And when Daniel was lifted from the den, no wound was found on him, because he had trusted in his God.

quiconque, pendant les trente jours qui suivent, adress
une prière à quelque dieu ou quelque homme que ce s
si ce n'est à toi, Majesté, sera jeté dans la fosse aux lio
9 Maintenant, Majesté, établis cette interdiction, et sig
le décret afin qu'il soit irrévocable, conformément à la
des Mèdes et des Perses qui est immuable.

10 Là-dessus, le roi Darius signa le décret porta
l'interdiction.

11 Quand Daniel apprit que ce décret avait été signé, il
tra dans sa maison ; les fenêtres de sa chambre haute éta
ouvertes en direction de Jérusalem, trois fois par jour, i
mettait à genoux pour prier et louer son Dieu. Il contin
à le faire comme auparavant. 12 Alors ces hommes fire
irruption chez lui et le surprirent en train d'invoquer
d'implorer son Dieu. 13 Aussitôt, ils se rendirent chez
roi pour lui parler de l'interdiction royale : N'as-tu p
signé un décret d'interdiction, dirent-ils, stipulant q
quiconque adressera, dans les trente jours, une prièr
quelque dieu ou homme que ce soit si ce n'est à toi, Majes
serait jeté dans la fosse aux lions ?

Le roi répondit : Il en est bien ainsi, conformément à
loi des Mèdes et des Perses qui est immuable.

14 – Eh bien, reprirent-ils devant le roi, Daniel, l'un d
déportés de Juda, ne fait aucun cas de toi, Majesté, ca
n'a pas respecté l'interdiction que tu as signée. Trois f
par jour, il fait sa prière.

15 Lorsque le roi entendit ces paroles, il fut viveme
peiné et il décida de délivrer Daniel. Jusqu'au couc
er du soleil, il chercha à le sauver. 16 Mais ces homm
se rendirent ensemble chez le roi et lui dirent : Sach
Majesté, que la loi des Mèdes et des Perses veut que tou
interdiction et tout décret promulgués par le roi soie
irrévocables.

Dans la fosse aux lions

17 Alors le roi ordonna d'emmener Daniel et de le je
dans la fosse aux lions. Il s'adressa à Daniel et lui d
Puisse ton Dieu que tu sers avec tant de persévérance
délivrer lui-même.

18 On apporta une grosse pierre et on la mit devant l'e
trée de la fosse. Le roi y apposa son sceau avec son anne
et ceux des hauts dignitaires, afin que rien ne puisse ê
changé aux dispositions prises à l'égard de Daniel. 19 Ap
cela, le roi rentra dans son palais. Il passa la nuit sa
manger et refusa tout divertissement[b]. Et il ne parv
pas à trouver le sommeil.

20 Dès le point du jour, le roi se leva et se rendit en tou
hâte à la fosse aux lions. 21 Comme il s'en approchait
appela Daniel d'une voix angoissée : Daniel, serviteur
Dieu vivant, cria-t-il, ton Dieu que tu sers avec tant
persévérance a-t-il pu te délivrer des lions ?

22 Alors Daniel répondit au roi : O Majesté, vis éternel
ment ! 23 Mon Dieu a envoyé son ange qui a fermé la gue
des lions, de sorte qu'ils ne m'ont fait aucun mal, parce q
j'ai été reconnu innocent devant lui – tout comme je n
pas commis de faute envers toi, Majesté !

24 Alors le roi éprouva une grande joie et il ordonna
hisser Daniel hors de la fosse. Daniel fut donc remonté
la fosse, et on ne trouva sur lui aucune blessure, parce q

[b] **6.19** *divertissement:* terme de sens incertain. Autres traductions proposées : *table, nourriture, parfums, concubines.*

24 At the king's command, the men who had falsely
cused Daniel were brought in and thrown into the
ns' den, along with their wives and children. And
fore they reached the floor of the den, the lions
erpowered them and crushed all their bones.
25 Then King Darius wrote to all the nations and
oples of every language in all the earth:
"May you prosper greatly!

26 "I issue a decree that in every part of my kingdom
people must fear and reverence the God of Daniel.

"For he is the living God
and he endures forever;
his kingdom will not be destroyed,
his dominion will never end.
27 He rescues and he saves;
he performs signs and wonders
in the heavens and on the earth.
He has rescued Daniel
from the power of the lions."

28 So Daniel prospered during the reign of Darius
d the reign of Cyrus[x] the Persian.

aniel's Dream of Four Beasts

7 1 In the first year of Belshazzar king of Babylon,
Daniel had a dream, and visions passed through
s mind as he was lying in bed. He wrote down the
bstance of his dream.
2 Daniel said: "In my vision at night I looked, and
ere before me were the four winds of heaven churn-
g up the great sea. 3 Four great beasts, each different
om the others, came up out of the sea.
4 "The first was like a lion, and it had the wings of
eagle. I watched until its wings were torn off and
was lifted from the ground so that it stood on two
et like a human being, and the mind of a human
as given to it.
5 "And there before me was a second beast, which
oked like a bear. It was raised up on one of its sides,
d it had three ribs in its mouth between its teeth.
was told, 'Get up and eat your fill of flesh!'
6 "After that, I looked, and there before me was an-
her beast, one that looked like a leopard. And on its
ck it had four wings like those of a bird. This beast
d four heads, and it was given authority to rule.
7 "After that, in my vision at night I looked, and
ere before me was a fourth beast – terrifying and
ightening and very powerful. It had large iron teeth;
crushed and devoured its victims and trampled un-
erfoot whatever was left. It was different from all the
rmer beasts, and it had ten horns.
8 "While I was thinking about the horns, there be-
re me was another horn, a little one, which came
among them; and three of the first horns were

:28 Or *Darius, that is, the reign of Cyrus*

avait eu confiance en son Dieu. 25 Là-dessus, le roi ordonna
de lui amener ces hommes qui avaient accusé Daniel, et
il les fit jeter dans la fosse aux lions, avec leurs enfants et
leurs femmes ; ils n'avaient pas atteint le sol de la fosse, que
déjà les lions s'emparèrent d'eux et leur broyèrent les os.
26 Alors le roi Darius écrivit aux gens de tous les peuples,
de toutes les nations et de toutes langues qui habitent la
terre entière :
Que votre paix soit grande !
27 Je décrète que, dans toute l'étendue de mon royaume,
on tremble de crainte devant le Dieu de Daniel, car
il est le Dieu vivant
qui subsiste éternellement,
son règne ne sera jamais détruit,
sa souveraineté durera à toujours.
28 Il délivre et il sauve,
et il accomplit des prodiges, des signes
extraordinaires
dans le ciel et sur terre,
car il a délivré Daniel de la griffe des lions.
29 Daniel prospéra sous le règne de Darius et sous celui
de Cyrus le Perse[c].

Les quatre bêtes et le Fils de l'homme

La vision des quatre bêtes

7 1 Au cours de la première année du règne de Balthazar,
roi de Babylone[d], comme Daniel était couché sur son
lit, il eut un rêve : des visions se présentèrent à son esprit.
Il consigna le rêve par écrit. En voici le récit :
2 – Au cours de mes visions nocturnes, je regardais et
voici que les quatre vents du ciel agitaient la grande mer[e].
3 Quatre bêtes[f] énormes, différentes les unes des autres,
surgirent de la mer. 4 La première ressemblait à un lion
avec des ailes d'aigle. Tandis que je la regardais, ses ailes
lui furent arrachées, elle fut soulevée de terre et dressée
sur ses pieds comme un homme, un cœur humain lui fut
donné.

5 Et voici que surgit une deuxième bête, ressemblant
à un ours : elle était dressée sur un côté et tenait dans
sa gueule trois côtes entre les dents. J'entendis qu'on lui
disait : « Debout, mange beaucoup de chair ! » 6 Après cela,
je continuai à regarder et je vis un autre animal qui ressemblait à un léopard, avec quatre ailes d'oiseaux sur le
dos et quatre têtes. Le pouvoir lui fut donné.

7 Après cela, dans mes visions nocturnes, je vis surgir
une quatrième bête, effrayante, terrifiante et d'une force
extraordinaire ; elle avait d'énormes dents de fer, elle
dévorait, déchiquetait et piétinait ce qui restait de ses
victimes ; elle était bien différente de toutes les bêtes qui
l'avaient précédée ; elle avait aussi dix cornes. 8 J'observais
ces cornes et voilà qu'au milieu d'elles surgit une autre
corne plus petite : trois des premières cornes furent arrachées devant elle. Sur cette corne, il y avait des yeux

c **6.29** Autre traduction : *sous le règne de Darius – c'est-à-dire de Cyrus le Perse* (voir note 6.1).

d **7.1** Sans doute vers 550 av. J.-C. Les événements relatés dans ce chapitre précèdent donc ceux des chapitres 5 et 6.

e **7.2** Pour les v. 2-8, voir Ap 13.1-6.

f **7.3** Cette vision est parallèle à celle du chapitre 2.

uprooted before it. This horn had eyes like the eyes
of a human being and a mouth that spoke boastfully.

[9]"As I looked,
"thrones were set in place,
and the Ancient of Days took his seat.
His clothing was as white as snow;
the hair of his head was white like wool.
His throne was flaming with fire,
and its wheels were all ablaze.

[10] A river of fire was flowing,
coming out from before him.
Thousands upon thousands attended him;
ten thousand times ten thousand stood
before him.
The court was seated,
and the books were opened.

[11]"Then I continued to watch because of the boastful words the horn was speaking. I kept looking until
the beast was slain and its body destroyed and thrown
into the blazing fire. [12](The other beasts had been
stripped of their authority, but were allowed to live
for a period of time.)

[13]"In my vision at night I looked, and there before
me was one like a son of man,[y] coming with the clouds
of heaven. He approached the Ancient of Days and
was led into his presence. [14]He was given authority,
glory and sovereign power; all nations and peoples
of every language worshiped him. His dominion is an
everlasting dominion that will not pass away, and his
kingdom is one that will never be destroyed.

The Interpretation of the Dream

[15]"I, Daniel, was troubled in spirit, and the visions
that passed through my mind disturbed me. [16]I approached one of those standing there and asked him
the meaning of all this.

"So he told me and gave me the interpretation of
these things: [17]'The four great beasts are four kings
that will rise from the earth. [18]But the holy people
of the Most High will receive the kingdom and will
possess it forever – yes, for ever and ever.'

[19]"Then I wanted to know the meaning of the
fourth beast, which was different from all the others
and most terrifying, with its iron teeth and bronze
claws – the beast that crushed and devoured its victims and trampled underfoot whatever was left. [20]I
also wanted to know about the ten horns on its head
and about the other horn that came up, before which
three of them fell – the horn that looked more imposing than the others and that had eyes and a mouth
that spoke boastfully. [21]As I watched, this horn was
waging war against the holy people and defeating

y 7:13 The Aramaic phrase *bar enash* means *human being*. The phrase *son of man* is retained here because of its use in the New Testament as a title of Jesus, probably based largely on this verse.

ressemblant à des yeux humains, et une bouche qui parl
avec arrogance.

Le Fils de l'homme

[9] Je regardai encore
pendant qu'on installait des trônes,
un vieillard âgé de très nombreux jours[g] prit plac
sur l'un d'eux.
Son vêtement était blanc comme de la neige[h]
et ses cheveux étaient comme la laine nettoyée.
Son trône[i], embrasé de flammes de feu,
avait des roues de feu ardent.

[10] Un fleuve de feu jaillissait
et coulait devant lui,
des millions d'êtres le servaient,
et des centaines de millions se tenaient debout
devant lui.
La cour de justice prit place
et l'on ouvrit des livres.

[11]Je regardai toujours. Alors, à cause des propos arr
gants proférés par la corne, je vis qu'on tuait la bête
que son corps était détruit, jeté dans un brasier de fe
[12]Quant au reste des bêtes, on leur enleva leur pouvc
mais on leur accorda une prolongation de vie jusqu'à u
temps et un moment fixés. [13]Je regardai encore dans m
visions nocturnes :

Sur les nuées du ciel,
je vis venir quelqu'un semblable à un fils d'homme
Il s'avança jusqu'au vieillard âgé de nombreux jour
et on le fit approcher devant lui[j].
[14] On lui donna la souveraineté, et la gloire et la
royauté,
et tous les peuples, toutes les nations, les hommes
de toutes les langues lui apportèrent leurs
hommages.
Sa souveraineté est éternelle,
elle ne passera jamais,
et quant à son royaume, il ne sera jamais détruit.

[15]Moi, Daniel, je fus profondément angoissé au-deda
de moi et mes visions me remplirent d'effroi. [16]Je m'appr
chai de l'un de ceux qui se tenaient là pour lui demand
quelle était la signification véritable de tout ce que j'ava
vu. Il me répondit pour m'en donner l'interprétatio
[17]« Ces quatre bêtes énormes, dit-il, représentent quat
rois qui apparaîtront sur la terre. [18]Mais la royauté se
donnée aux membres du peuple saint du Très-Haut et i
la posséderont pour toujours, éternellement. »

[19]Alors je voulus être fixé avec certitude au sujet de
quatrième bête qui était si différente de toutes les autre
cette bête très effrayante qui avait des dents de fer et d
griffes de bronze, qui dévorait, déchiquetait et piétina
ce qui restait de ses victimes. [20]Je voulus aussi savoir c
que représentaient les dix cornes qu'elle avait sur la tê
et l'autre corne qui avait poussé et devant laquelle tro
des premières cornes étaient tombées, cette corne q
avait des yeux et une bouche parlant avec arrogance
qui paraissait plus grande que les autres. [21]Tandis que
regardais, cette corne faisait la guerre aux membres c

g 7.9 Le Dieu éternel.
h 7.9 Voir Ap 1.14
i 7.9 Voir Ap 20.11
j 7.13 Voir Mt 24.30 ; 26.64 ; Mc 13.26 ; 14.62 ; Lc 21.27 ; Ap 1.7, 13 ; 14.14. Voir l'expression *Fils de l'homme* dans le lexique.

em, 22 until the Ancient of Days came and pro-
nunced judgment in favor of the holy people of the
ost High, and the time came when they possessed
e kingdom.
23 "He gave me this explanation: 'The fourth beast is
ourth kingdom that will appear on earth. It will be
fferent from all the other kingdoms and will devour
e whole earth, trampling it down and crushing it.
The ten horns are ten kings who will come from this
ngdom. After them another king will arise, different
om the earlier ones; he will subdue three kings. 25 He
ll speak against the Most High and oppress his holy
ople and try to change the set times and the laws.
e holy people will be delivered into his hands for a
ne, times and half a time.[a]
26 " 'But the court will sit, and his power will be tak-
away and completely destroyed forever. 27 Then the
vereignty, power and greatness of all the kingdoms
der heaven will be handed over to the holy people
the Most High. His kingdom will be an everlasting
ngdom, and all rulers will worship and obey him.'
28 "This is the end of the matter. I, Daniel, was deeply
oubled by my thoughts, and my face turned pale,
t I kept the matter to myself."

niel's Vision of a Ram and a Goat

1 In the third year of King Belshazzar's reign,
I, Daniel, had a vision, after the one that had
ready appeared to me. 2 In my vision I saw myself
the citadel of Susa in the province of Elam; in the
sion I was beside the Ulai Canal. 3 I looked up, and
ere before me was a ram with two horns, standing
side the canal, and the horns were long. One of the
rns was longer than the other but grew up later. 4 I
atched the ram as it charged toward the west and the
rth and the south. No animal could stand against
and none could rescue from its power. It did as it
eased and became great.
5 As I was thinking about this, suddenly a goat with
prominent horn between its eyes came from the
est, crossing the whole earth without touching the
ound. 6 It came toward the two-horned ram I had
en standing beside the canal and charged at it in
eat rage. 7 I saw it attack the ram furiously, striking
e ram and shattering its two horns. The ram was
werless to stand against it; the goat knocked it to
e ground and trampled on it, and none could rescue
e ram from its power. 8 The goat became very great,
t at the height of its power the large horn was bro-
n off, and in its place four prominent horns grew
toward the four winds of heaven.

25 Or *for a year, two years and half a year*

peuple saint et elle remportait la victoire sur eux 22 jusqu'à
ce que vienne le vieillard âgé de nombreux jours, et que le
jugement soit rendu en faveur des membres du peuple saint
du Très-Haut et qu'arrive pour eux le temps de prendre
possession de la royauté.
23 Celui que j'avais interrogé me dit : « La quatrième bête
représente un quatrième royaume qui apparaîtra sur la
terre. Il sera différent de tous les royaumes précédents : il
dévorera le monde entier, le piétinera et le déchiquettera.
24 Les dix cornes représentent dix rois qui surgiront de ce
royaume. Un autre roi se lèvera après eux, il sera différent
de ses prédécesseurs. Il renversera trois rois. 25 Il proférera
des paroles contre le Très-Haut, opprimera les membres
du peuple saint du Très-Haut, entreprendra de changer
le calendrier et la loi ; et le peuple saint sera livré à sa
merci pendant un temps, deux temps et la moitié d'un
temps. 26 Mais alors, la cour de justice siégera et on ôtera la
domination à ce roi pour l'anéantir et la faire disparaître
définitivement. 27 Le règne, la souveraineté et la grandeur
de tous les royaumes qui sont sous le ciel seront attribués
aux membres du peuple saint du Très-Haut. Le règne de
ce peuple est éternel, et toutes les puissances du monde
le serviront et lui obéiront. »
28 Ici prend fin le récit. Quant à moi, Daniel, je fus très
effrayé par mes pensées et j'en devins blême. Je gardai ces
choses en mémoire.

Le bélier et le bouc

Vision du bélier et du bouc

8 1 La troisième année du règne du roi Balthazar[k], moi,
Daniel, j'eus une nouvelle vision après celle que j'avais
eue précédemment. 2 Je regardais et je me voyais dans la
cité fortifiée de Suse, dans la province d'Elam et, dans ma
vision, je me tenais près du fleuve Oulaï[l].
3 Je levai les yeux et je vis un bélier qui se tenait devant
le fleuve. Il avait deux très hautes cornes[m] ; l'une d'elles,
celle qui avait poussé la dernière, était plus grande que
l'autre. 4 Puis je vis le bélier frapper en direction de l'ouest,
du nord et du sud, et aucune bête ne pouvait lui résister et
personne ne pouvait délivrer de son pouvoir. Il agissait à
sa guise et il grandissait.
5 Tandis que je réfléchissais, je vis un bouc[n] arriver de
l'occident ; il parcourait toute l'étendue de la terre, sans
toucher le sol. Il avait une corne proéminente entre les
yeux. 6 Il parvint jusqu'au bélier à deux cornes que j'avais
vu devant le fleuve, et se précipita sur lui avec violence.
7 Je le vis arriver à sa hauteur, et s'enrager contre lui. Il le
frappa et brisa ses deux cornes ; le bélier n'eut pas la force
de lui résister : le bouc le jeta à terre et le piétina. Personne
ne vint délivrer le bélier du bouc.
8 Le bouc devint très grand, mais lorsqu'il était encore en
pleine vigueur, sa grande corne fut soudain brisée. Quatre

k **8.1** A partir de ce verset, le texte est de nouveau en hébreu. Pour *Balthazar,* voir notes 5.1 et 7.1. Cette nouvelle vision précise l'identité des deuxième et troisième royaumes des visions des chapitres 2 et 7.

l **8.2** *Suse:* capitale de la province babylonienne d'Elam, située sur le golfe Persique. Le *fleuve Oulaï:* selon certains, une rivière intermédiaire entre les deux fleuves qui passaient près de la ville, d'où la traduction *canal Oulaï.*

m **8.3** Les *deux cornes* symbolisent les Mèdes et les Perses (v. 20). C'est Cyrus qui, en 549 av. J.-C., a assuré la prééminence des Perses sur les Mèdes.

n **8.5** Le *bouc* représente le royaume grec d'Alexandre le Grand, la *corne proéminente* (v. 21).

9 Out of one of them came another horn, which started small but grew in power to the south and to the east and toward the Beautiful Land. 10 It grew until it reached the host of the heavens, and it threw some of the starry host down to the earth and trampled on them. 11 It set itself up to be as great as the commander of the army of the LORD; it took away the daily sacrifice from the LORD, and his sanctuary was thrown down. 12 Because of rebellion, the LORD's people[a] and the daily sacrifice were given over to it. It prospered in everything it did, and truth was thrown to the ground.

13 Then I heard a holy one speaking, and another holy one said to him, "How long will it take for the vision to be fulfilled – the vision concerning the daily sacrifice, the rebellion that causes desolation, the surrender of the sanctuary and the trampling underfoot of the LORD's people?"

14 He said to me, "It will take 2,300 evenings and mornings; then the sanctuary will be reconsecrated."

The Interpretation of the Vision

15 While I, Daniel, was watching the vision and trying to understand it, there before me stood one who looked like a man. 16 And I heard a man's voice from the Ulai calling, "Gabriel, tell this man the meaning of the vision."

17 As he came near the place where I was standing, I was terrified and fell prostrate. "Son of man,"[b] he said to me, "understand that the vision concerns the time of the end."

18 While he was speaking to me, I was in a deep sleep, with my face to the ground. Then he touched me and raised me to my feet.

19 He said: "I am going to tell you what will happen later in the time of wrath, because the vision concerns the appointed time of the end.[c] 20 The two-horned ram that you saw represents the kings of Media and Persia. 21 The shaggy goat is the king of Greece, and the large horn between its eyes is the first king. 22 The four horns that replaced the one that was broken off represent four kingdoms that will emerge from his nation but will not have the same power.

23 "In the latter part of their reign, when rebels have become completely wicked, a fierce-looking king, a master of intrigue, will arise. 24 He will become very strong, but not by his own power. He will cause astounding devastation and will succeed in whatever he does. He will destroy those who are mighty, the holy people. 25 He will cause deceit to prosper, and he will consider himself superior. When they feel secure,

[a] 8:12 Or *rebellion, the armies*
[b] 8:17 The Hebrew phrase *ben adam* means *human being.*The phrase *son of man* is retained as a form of address here because of its possible association with "Son of Man" in the New Testament.
[c] 8:19 Or *because the end will be at the appointed time*

cornes proéminentes poussèrent à sa place vers les quat coins de l'horizon[o]. 9 De l'une d'elles sortit une très peti corne qui grandit démesurément vers le sud, vers l'est vers le Pays magnifique[p]. 10 Elle grandit jusqu'à s'attaque l'armée céleste ; elle fit tomber à terre une partie de cet armée et une partie des étoiles, et elle les piétina. 11 El s'exalta au point de défier le Prince de l'armée céleste, e mit fin au sacrifice perpétuel et bouleversa son sanctuai jusqu'en ses fondations. 12 A cause de la révolte du peup contre Dieu[q], l'armée fut livrée au pouvoir de la corne le sacrifice perpétuel lui fut abandonné. La corne jeta vérité par terre et réussit dans tout ce qu'elle entreprit

13 J'entendis alors l'un des saints anges parler. Puis autre saint ange lui demanda : Jusques à quand durero les événements annoncés par cette vision ? Jusqu'à qua le sacrifice perpétuel sera-t-il supprimé, et la révolte q cause la dévastation sévira-t-elle ? Pendant combien temps le sanctuaire et l'armée seront-ils livrés au pouvo de la corne et foulés aux pieds ?

14 L'autre ange me dit : Pendant 1 150 soirs et 1 150 ma ins, puis le sanctuaire sera de nouveau consacré au cult

L'ange Gabriel explique la vision

15 Pendant que moi, Daniel, je contemplais cette visi et que je cherchais à la comprendre, je vis debout, deva moi, un être ayant l'aspect d'un homme. 16 Et j'entend une voix d'homme venant de l'Oulaï, qui appelait et disai Gabriel[s], explique-lui la vision.

17 Celui-ci s'avança vers l'endroit où je me tenais. A s approche, je fus pris de frayeur et je tombai face cont terre. Il me dit : Fils d'homme, comprends bien que cet vision concerne le temps de la fin.

18 Pendant qu'il me parlait, je perdis connaissance tombai face contre terre ; mais il me toucha et me fit ter debout sur place. 19 Puis il me dit : Je vais te révéler ce q arrivera à la fin du temps de la colère divine, car un terr lui a été assigné.

20 Le bélier à deux cornes que tu as vu, représente les r de Médie et de Perse. 21 Le bouc velu, c'est le roi de Grèc et la grande corne entre ses yeux représente le premi roi de cet empire. 22 Puis elle s'est brisée et quatre corn ont poussé à sa place : celles-ci représentent quatre roya mes issus de cette nation, qui, cependant, n'auront pas même puissance.

23 A la fin de leur règne, quand les méchants auront r le comble à leur révolte contre Dieu, s'élèvera un roi dur expert en intrigues[t]. 24 Sa puissance ira en croissant, ma non par sa propre force. Il causera d'incroyables ravag et réussira dans ce qu'il entreprendra ; il exterminera puissants adversaires et décimera les membres du peup saint. 25 Grâce à son habileté, il réussira à tromper bea

[o] 8.8 Annonce de la mort subite d'Alexandre le Grand à 33 ans, en 323 av. J.-C., et du partage du royaume entre ses quatre généraux (v. 22 ; voir 7.6).
[p] 8.9 La *petite corne:* Antiochus Epiphane qui a régné de 175 à 164 av. J.- (v. 23-25 et note v. 23). *le Pays magnifique:* le pays d'Israël (voir 11.16, 41).
[q] 8.12 *A cause ... contre Dieu.* Autre traduction : *par perversité* ou *à cause d'une injustice.* Ce problème de traduction se pose aussi aux v. 13 et 23.
[r] 8.12 Les v. 11 et 12, difficiles en hébreu, ont donné lieu à des interprétations diverses.
[s] 8.16 Sur *Gabriel,* voir9.21 ; Lc 1.19, 26.
[t] 8.23 Durant les dernières années de son règne (168 à 164 av. J.-C.), Antiochus IV Epiphane cherchera à détruire la foi juive. Il fera cesser le sacrifice quotidien et, en 169, pénétrera pour la première fois dans l Temple où il fera introduire sa statue.

e will destroy many and take his stand against the rince of princes. Yet he will be destroyed, but not y human power.

26"The vision of the evenings and mornings that as been given you is true, but seal up the vision, for concerns the distant future."

27I, Daniel, was worn out. I lay exhausted for sev-ral days. Then I got up and went about the king's usiness. I was appalled by the vision; it was beyond nderstanding.

aniel's Prayer

9 1In the first year of Darius son of Xerxes[d] (a Mede by descent), who was made ruler over the abylonian[e] kingdom – 2in the first year of his reign, Daniel, understood from the Scriptures, according the word of the LORD given to Jeremiah the prophet, at the desolation of Jerusalem would last seventy ears. 3So I turned to the Lord God and pleaded with im in prayer and petition, in fasting, and in sackcloth nd ashes.

4I prayed to the LORD my God and confessed:

"Lord, the great and awesome God, who keeps his covenant of love with those who love him and keep his commandments, 5we have sinned and done wrong. We have been wicked and have rebelled; we have turned away from your commands and laws. 6We have not listened to your servants the prophets, who spoke in your name to our kings, our princes and our ancestors, and to all the people of the land.

7"Lord, you are righteous, but this day we are covered with shame – the people of Judah and the inhabitants of Jerusalem and all Israel, both near and far, in all the countries where you have scattered us because of our unfaithfulness to you. 8We and our kings, our princes and our ancestors are covered with shame, LORD, because we have sinned against you. 9The Lord our God is merciful and forgiving, even though we have rebelled against him; 10we have not obeyed the LORD our God or kept the laws he gave us through his servants the prophets. 11All Israel has transgressed your law and turned away, refusing to obey you.

"Therefore the curses and sworn judgments written in the Law of Moses, the servant of God, have been poured out on us, because we have sinned against you. 12You have fulfilled the words spoken against us and against our rulers by bringing on us great disaster. Under the whole heaven nothing has ever been done like what has been done to Jerusalem. 13Just as it is written in the Law of Moses, all this disaster has come on us, yet we have not sought the favor of the LORD our God by turning from our sins and giving attention to your truth. 14The LORD did

coup de gens, l'orgueil remplira son cœur, il fera périr bien des hommes qui vivaient en paix ; il s'insurgera même contre le Prince des princes, mais il sera brisé sans aucune intervention humaine[u]. 26Ce qui t'a été annoncé dans la vision des soirs et des matins est parfaitement vrai, mais tiens-en le sens caché, car elle concerne une époque très lointaine.

27Là-dessus, moi, Daniel, je fus complètement épuisé et malade pendant plusieurs jours. Après cela, je me relevai et je retournai m'occuper des affaires du roi. Je demeurais frappé de stupeur par cette vision que je ne parvenais pas à comprendre.

La prophétie des 70 septaines

Seigneur, pardonne

9 1Darius, fils de Xerxès, de la race des Mèdes, fut établi sur le trône du royaume des Chaldéens. 2La première année de son règne, moi, Daniel, je considérais dans les livres le nombre des années que l'Eternel avait indiqué au prophète Jérémie, et pendant lesquelles Jérusalem devait rester en ruine, c'est-à-dire soixante-dix ans.

3Alors je me tournai vers le Seigneur Dieu pour le prier et lui adresser des supplications, en jeûnant et en portant un habit de toile de sac et en me couvrant de cendre[v].

4J'adressai ma requête à l'Eternel mon Dieu et je lui fis une confession en ces termes : Ah ! Seigneur, Dieu grand et redoutable, toi qui demeures fidèle à ton alliance et qui conserves ton amour envers ceux qui t'aiment et qui obéissent à tes commandements, 5nous avons péché, nous avons mal agi, nous nous sommes rendus coupables et nous nous sommes révoltés contre toi en nous détournant de tes commandements et de tes lois. 6Nous n'avons pas écouté tes serviteurs les prophètes, qui ont parlé en ton nom à nos rois, à nos chefs, à nos ancêtres et à tout le peuple du pays. 7Toi, Seigneur, tu es juste, et nous, nous rougissons de honte. C'est bien le cas aujourd'hui des Judéens, des habitants de Jérusalem et de tout Israël, de ceux qui sont près et de ceux qui sont loin, dispersés dans tous les pays où tu les as chassés à cause de leurs infidélités à ton égard. 8Seigneur, la honte est sur nous, sur nos rois, sur nos chefs et sur nos ancêtres, parce que nous avons péché contre toi. 9Mais toi, Seigneur notre Dieu, tu as de la compassion et tu pardonnes, alors que nous nous sommes révoltés contre toi. 10Nous ne t'avons pas obéi, Eternel notre Dieu, nous n'avons pas vécu selon les lois que tu nous as données par tes serviteurs les prophètes. 11Tout le peuple d'Israël a transgressé ta Loi et s'est détourné pour ne pas entendre ta voix. Alors la malédiction et toutes les imprécations inscrites dans la Loi de Moïse, ton serviteur, se sont déversées sur nous, parce que nous avons péché contre Dieu.

12Tu as accompli les menaces que tu avais prononcées contre nous et contre les chefs qui nous gouvernaient : tu as fait fondre sur nous un malheur si grand que, dans ce monde, il n'y en a jamais eu de pareil à celui qui a frappé Jérusalem. 13Tout ce malheur nous a frappés conformément à ce qui était écrit dans la Loi de Moïse, et nous ne t'avons pas imploré, Eternel notre Dieu, nous ne nous sommes pas détournés de nos fautes et nous n'avons pas été attentifs à ta vérité. 14C'est pourquoi, Eternel notre

d 9:1 Hebrew *Ahasuerus*
e 9:1 Or *Chaldean*

u 8.25 Antiochus périra en 164 av. J.-C. de maladie ou frappé de folie.
v 9.3 Marques de deuil.

not hesitate to bring the disaster on us, for the LORD our God is righteous in everything he does; yet we have not obeyed him.

15 "Now, Lord our God, who brought your people out of Egypt with a mighty hand and who made for yourself a name that endures to this day, we have sinned, we have done wrong. 16 Lord, in keeping with all your righteous acts, turn away your anger and your wrath from Jerusalem, your city, your holy hill. Our sins and the iniquities of our ancestors have made Jerusalem and your people an object of scorn to all those around us.

17 "Now, our God, hear the prayers and petitions of your servant. For your sake, Lord, look with favor on your desolate sanctuary. 18 Give ear, our God, and hear; open your eyes and see the desolation of the city that bears your Name. We do not make requests of you because we are righteous, but because of your great mercy. 19 Lord, listen! Lord, forgive! Lord, hear and act! For your sake, my God, do not delay, because your city and your people bear your Name."

The Seventy "Sevens"

20 While I was speaking and praying, confessing my sin and the sin of my people Israel and making my request to the LORD my God for his holy hill – 21 while I was still in prayer, Gabriel, the man I had seen in the earlier vision, came to me in swift flight about the time of the evening sacrifice. 22 He instructed me and said to me, "Daniel, I have now come to give you insight and understanding. 23 As soon as you began to pray, a word went out, which I have come to tell you, for you are highly esteemed. Therefore, consider the word and understand the vision:

24 "Seventy 'sevens'[f] are decreed for your people and your holy city to finish[g] transgression, to put an end to sin, to atone for wickedness, to bring in everlasting righteousness, to seal up vision and prophecy and to anoint the Most Holy Place.[h]

25 "Know and understand this: From the time the word goes out to restore and rebuild Jerusalem until the Anointed One,[i] the ruler, comes, there will be seven 'sevens,' and sixty-two 'sevens.' It will be rebuilt with streets and a trench, but in times of trouble. 26 After the sixty-two 'sevens,' the Anointed One will be put to death and will have nothing.[j] The people of the ruler who will come will destroy the city and the sanctuary. The end will come like a flood: War will continue until the end, and desolations have been

f 9:24 Or *'weeks'*; also in verses 25 and 26
g 9:24 Or *restrain*
h 9:24 Or *the most holy One*
i 9:25 Or *an anointed one*; also in verse 26
j 9:26 Or *death and will have no one*; or *death, but not for himself*

Dieu, tu as veillé à ce que ce malheur fonde sur nous[w] c tu es juste dans tout ce que tu fais, tandis que nous, no ne t'avons pas obéi.

15 Et maintenant, Seigneur notre Dieu, tu as fait sort ton peuple d'Egypte par ton intervention puissante, et t'es fait une renommée qui subsiste jusqu'à ce jour. Ma nous, nous avons péché, nous avons fait le mal.

16 Seigneur, puisque tu agis en toute justice, veuil détourner ta colère et ton indignation de Jérusalem, ville, ta sainte montagne, car à cause de nos péchés et d fautes de nos ancêtres, Jérusalem et ton peuple sont butte au mépris de tous ceux qui nous entourent.

17 Maintenant, ô notre Dieu, écoute la prière et les su plications de ton serviteur et, par égard pour toi-mêm considère avec faveur ton sanctuaire dévasté ! 18 O m Dieu, prête l'oreille et écoute, ouvre tes yeux et considè nos ruines, regarde la ville qui t'appartient[x]. Certes, n'est pas à cause de nos actions justes que nous t'adresso nos supplications, mais à cause de ton immense compa sion ! 19 Seigneur, écoute-nous ! Seigneur, pardonn Seigneur, prête-nous attention et interviens sans tard par égard pour toi-même, ô mon Dieu ! Car il s'agit de ville et du peuple qui t'appartiennent[y].

La vision de Daniel

20 Je continuais à parler dans ma prière, en confessa mes péchés et les péchés de mon peuple Israël, et en su pliant l'Eternel mon Dieu en faveur de sa sainte montagn 21 J'étais encore en train de prononcer ma prière, quar Gabriel, ce personnage que j'avais vu dans une visic précédente, s'approcha de moi d'un vol rapide au m ment de l'offrande du soir. 22 Il s'entretint avec moi et n donna des explications en me disant : Daniel, je suis ve maintenant pour t'éclairer. 23 Dès que tu as commencé supplique, un message a été émis, et je suis venu pour le communiquer, car tu es bien-aimé de Dieu. Sois do attentif à ce message et comprends cette vision.

24 Une période de soixante-dix septaines[z] a été fi ée pour ton peuple et pour ta ville sainte, pour mett un terme à la révolte contre Dieu, pour en finir avec l péchés, et pour expier, les fautes ainsi que pour instaur une justice éternelle, pour accomplir vision et prophét et pour conférer l'onction à un sanctuaire très saint.

25 Voici donc ce que tu dois savoir et comprendre : Dep le moment où le décret ordonnant de restaurer et de r bâtir Jérusalem a été promulgué jusqu'à l'avènement d'u chef ayant reçu l'onction, il s'écoulera sept septaines soixante-deux septaines. La ville sera rebâtie et rétab avec ses places et ses fossés, en des temps de détresse.

26 A la fin des soixante-deux septaines, un homme aya reçu l'onction sera mis à mort, bien qu'on ne puisse rie lui reprocher[a]. Quant à la ville et au sanctuaire, ils sero détruits par le peuple d'un chef qui viendra[b], mais sa f arrivera, provoquée comme par une inondation, et jusqu la fin, séviront la guerre et les dévastations qui ont é

w 9.14 Réminiscence de Jr 1.12, 14.
x 9.18 Autre traduction : *la ville en faveur de laquelle on te prie.*
y 9.19 Autre traduction : *en faveur desquels on te prie.*
z 9.24 Il s'agit de *septaines* de sept ans.
a 9.26 *bien qu'on ne puisse ... reprocher:* traduction incertaine. Autre tradu tion : *et il n'aura personne pour venir à son secours* (voir 11.45).
b 9.26 *par le peuple d'un chef qui viendra:* en adoptant une légère modification de la vocalisation du texte hébreu traditionnel, on peut comprendre : *avec le chef qui doit venir* [le chef du v. 25].

:creed. 27He will confirm a covenant with many for
ne 'seven.'[k] In the middle of the 'seven'[l] he will put
 end to sacrifice and offering. And at the temple[m]
 will set up an abomination that causes desolation,
ntil the end that is decreed is poured out on him.[n]"[o]

aniel's Vision of a Man

0 1In the third year of Cyrus king of Persia, a
revelation was given to Daniel (who was called
lteshazzar). Its message was true and it concerned
great war.[p] The understanding of the message came
 him in a vision.
2At that time I, Daniel, mourned for three weeks.
ate no choice food; no meat or wine touched my
s; and I used no lotions at all until the three weeks
ere over.
4On the twenty-fourth day of the first month, as I
as standing on the bank of the great river, the Tigris,
looked up and there before me was a man dressed in
nen, with a belt of fine gold from Uphaz around his
aist. 6His body was like topaz, his face like lightning,
s eyes like flaming torches, his arms and legs like
e gleam of burnished bronze, and his voice like the
und of a multitude.

7I, Daniel, was the only one who saw the vision;
ose who were with me did not see it, but such terror
erwhelmed them that they fled and hid themselves.
o I was left alone, gazing at this great vision; I had
 strength left, my face turned deathly pale and I was
lpless. 9Then I heard him speaking, and as I listened
 him, I fell into a deep sleep, my face to the ground.

10A hand touched me and set me trembling on my
nds and knees. 11He said, "Daniel, you who are
ghly esteemed, consider carefully the words I am
out to speak to you, and stand up, for I have now
en sent to you." And when he said this to me, I stood
 trembling.

12Then he continued, "Do not be afraid, Daniel.
nce the first day that you set your mind to gain un-
rstanding and to humble yourself before your God,
ur words were heard, and I have come in response

:27 Or *'week'*
27 Or *'week'*
:27 Septuagint and Theodotion; Hebrew *wing*
:27 Or *it*
:27 Or *And one who causes desolation will come upon the wing of the*
ominable temple, until the end that is decreed is poured out on the
olated city
0:1 Or *true and burdensome*

décrétées. 27L'oint[c] conclura une alliance ferme avec un
grand nombre[d] au cours d'une septaine et, à la moitié de
la septaine, il fera cesser le sacrifice et l'offrande. Dans le
Temple sera établie l'abominable profanation[e], et cela durera jusqu'à ce que l'entière destruction qui a été décrétée
s'abatte sur le dévastateur.

Le temps de la fin

La vision de l'homme vêtu de lin

10 1Durant la troisième année du règne de Cyrus[f],
empereur de Perse, un message fut révélé à Daniel,
nommé aussi Beltshatsar. Cette révélation est authentique, elle annonce un grand combat. Daniel fut attentif à
la parole, et il en reçut la compréhension dans une vision.
2En ces jours-là, moi, Daniel, je fus plongé dans le deuil
durant trois semaines entières. 3Je ne touchai à aucun
mets délicat ; je ne pris ni viande, ni vin, et je ne me frot-
tai d'aucune huile parfumée pendant ces trois semaines.
4Le vingt-quatrième jour du premier mois, je me trouvai
sur la rive du grand fleuve, le Tigre. 5Je levai les yeux, et
j'aperçus un homme vêtu d'habits de lin qui portait une
ceinture d'or le plus pur[g] autour des reins[h]. 6Son corps
luisait comme de la Topaze, son visage flamboyait comme
l'éclair, ses yeux étaient pareils à des flammes ardentes,
ses bras et ses pieds avaient l'éclat du bronze poli. Quand
il parlait, le son de sa voix retentissait comme le bruit
d'une grande foule.
7Moi, Daniel, je fus seul à voir cette apparition, les gens
qui étaient avec moi ne la virent pas, ils furent soudain
saisis d'une grande frayeur et s'enfuirent pour se cacher. 8Je demeurai donc seul à contempler cette apparition
grandiose. J'en perdis mes forces, je devins tout pâle et mes
traits se décomposèrent ; je me sentais défaillir. 9J'entendis
le personnage prononcer des paroles et, en entendant sa
voix, je perdis connaissance et je tombai la face contre
terre.

Le message de l'ange

10Alors, une main me toucha, elle me fit me redresser
tout tremblant sur mes genoux et sur les paumes de mes
mains[i]. 11Puis le personnage me dit : Daniel, homme bien-aimé de Dieu, sois attentif aux paroles que je t'adresse,
mets-toi debout où tu es, car j'ai été maintenant envoyé
vers toi. Pendant qu'il prononçait ces mots, je me relevai,
tout tremblant.
12Il poursuivit : Sois sans crainte, Daniel ; car, dès le
premier jour où tu as appliqué ton cœur à comprendre
et à t'humilier devant ton Dieu, ta prière a été entendue ;

c **9.27** D'autres comprennent qu'il s'agit, non de l'oint des v. 25 et 26 mais du chef dont il vient d'être question dans la seconde partie du v. 26. La structure doit ici orienter l'interprétation : chacun des v. 25, 26 et 27 se compose de deux parties : dans la première, il est question de l'oint et de septaines ; la seconde partie concerne la ville ou le sanctuaire, il y est question d'une épreuve pour le peuple de Dieu.

d **9.27** *un grand nombre:* réminiscence d'Es 53.12.

e **9.27** *Dans le Temple ... profanation:* traduction incertaine. Autres traductions : *le dévastateur s'en prendra au Temple abominable* ou *le dévastateur ira jusqu'au bout des abominations.* C'est à cette *abominable profanation* que Jésus fait allusion en Mt 24.15.

f **10.1** C'est-à-dire en 536 ou, peut-être, en 535, av. J.-C.

g **10.5** Littéralement : *or d'Ouphaz,* mais c'est sans doute là une expression idiomatique.

h **10.5** Pour les v. 5-6, voir Ez 1.7, 13, 16, 24 ; 9.2 ; Ap 1.13-15 ; 2.18 ; 19.12.

i **10.10** Pour les v. 10-11, voir Ez 1.28 à 2.2.

to them. 13 But the prince of the Persian kingdom resisted me twenty-one days. Then Michael, one of the chief princes, came to help me, because I was detained there with the king of Persia. 14 Now I have come to explain to you what will happen to your people in the future, for the vision concerns a time yet to come."

15 While he was saying this to me, I bowed with my face toward the ground and was speechless. 16 Then one who looked like a man[q] touched my lips, and I opened my mouth and began to speak. I said to the one standing before me, "I am overcome with anguish because of the vision, my lord, and I feel very weak. 17 How can I, your servant, talk with you, my lord? My strength is gone and I can hardly breathe."

18 Again the one who looked like a man touched me and gave me strength. 19 "Do not be afraid, you who are highly esteemed," he said. "Peace! Be strong now; be strong."

When he spoke to me, I was strengthened and said, "Speak, my lord, since you have given me strength."

20 So he said, "Do you know why I have come to you? Soon I will return to fight against the prince of Persia, and when I go, the prince of Greece will come; 21 but first I will tell you what is written in the Book of Truth. (No one supports me against them except Michael, your prince.

11 1 And in the first year of Darius the Mede, I took my stand to support and protect him.)

The Kings of the South and the North

2 "Now then, I tell you the truth: Three more kings will arise in Persia, and then a fourth, who will be far richer than all the others. When he has gained power by his wealth, he will stir up everyone against the kingdom of Greece. 3 Then a mighty king will arise, who will rule with great power and do as he pleases. 4 After he has arisen, his empire will be broken up and parceled out toward the four winds of heaven. It will not go to his descendants, nor will it have the power he exercised, because his empire will be uprooted and given to others.

5 "The king of the South will become strong, but one of his commanders will become even stronger than he and will rule his own kingdom with great power. 6 After some years, they will become allies. The

[q] **10:16** Most manuscripts of the Masoretic Text; one manuscript of the Masoretic Text, Dead Sea Scrolls and Septuagint *Then something that looked like a human hand*

et je suis venu vers toi, en réponse à tes paroles. 13 Mais chef du royaume de Perse s'est opposé à moi durant vin et un jours. Alors Michel[j], l'un des principaux chefs, e venu à mon aide et je suis resté là auprès des rois de Pers 14 Je suis venu pour te faire comprendre ce qui arrivera ton peuple dans l'avenir, car c'est encore une vision q concerne ce temps-là.

15 Pendant qu'il m'adressait ces paroles, j'inclinai la tê vers le sol et je restais muet. 16 Et voici qu'un personna qui avait l'aspect d'un homme[k] me toucha les lèvres, alo je pus de nouveau ouvrir la bouche et parler. M'adressa au personnage qui se tenait devant moi, je lui dis : Mo seigneur, cette apparition me remplit d'angoisse au poi de m'ôter toute force. 17 Comment le serviteur de mon se gneur, que je suis, pourrait-il parler à mon seigneur q m'est apparu, alors que je n'ai plus aucune force et qu j'ai perdu le souffle ?

18 Alors, celui qui avait l'aspect d'un homme me touch et me fortifia. 19 Puis il me dit : Sois sans crainte, homm bien-aimé de Dieu ! Que la paix soit avec toi ! Fortifie-to Pendant qu'il me parlait, je repris des forces et je lui di Que mon seigneur parle, car tu m'as fortifié !

20 Il me dit : Sais-tu pourquoi je suis venu vers toi ? suis sur le point de m'en retourner pour combattre cont le chef de la Perse, et quand je partirai, le chef de la Grè apparaîtra. 21 Mais auparavant, je vais te révéler ce q est écrit dans le livre de vérité. Personne ne me soutie contre tous ces adversaires, excepté Michel, votre chef

11 1 Moi, de mon côté, je me suis tenu auprès de l dans la première année de Darius le Mède[l], po le soutenir et l'appuyer.

La guerre des rois

2 Maintenant donc, je vais te faire connaître la vérit Voici : il y aura encore trois rois de Perse[m]. Ils seront suiv d'un quatrième qui amassera plus de richesses que to ses prédécesseurs. Lorsqu'il sera au faîte de sa puissanc grâce à sa richesse, il soulèvera tout le monde contre royaume de Grèce[n]. 3 Mais là-bas s'élèvera un roi valeure qui étendra sa domination sur un vaste empire et fera qu'il voudra[o]. 4 Mais à peine aura-t-il assis son pouvo que son royaume sera brisé et partagé aux quatre coi de l'horizon ; il ne reviendra pas à ses descendants, ma il lui sera arraché et réparti entre d'autres qu'eux, et n'aura pas la même puissance[p].

5 Le roi du Midi s'affermira[q], mais l'un des chefs de s royaume deviendra encore plus fort que lui[r] : il exerce une domination plus grande que la sienne. 6 Quelqu

[j] **10.13** *Michel:* voir v. 21 ; Jd 9 ; Ap 12.7.

[k] **10.16** D'après la plupart des manuscrits hébreux. Un manuscrit du te te hébreu traditionnel, le texte hébreu retrouvé à Qumrân et l'ancienn version grecque ont : *quelque chose qui avait l'aspect d'une main humaine.*

[l] **11.1** Voir 6.1 et note.

[m] **11.2** Certainement Cambyse (530 à 522 av. J.-C.), Pseudo-Smerdis, ou Gaumata (522 av. J.-C.) et Darius Ier (522 à 486 av. J.-C.).

[n] **11.2** Xerxès Ier (486 à 465 av. J.-C.) qui a cherché à conquérir la Grèce en 480.

[o] **11.3** Alexandre le Grand.

[p] **11.4** Voir 8.8 et note.

[q] **11.5** C'est-à-dire l'Egypte, située au sud du pays d'Israël. Le *roi* est Ptolémée Ier (323 à 285 av. J.-C.), fils du fondateur de la dynastie des Ptolémées.

[r] **11.5** Séleucus surnommé Nicator (311 à 280 av. J.-C.), d'abord lieutena de Ptolémée, qui fondera l'empire des Séleucides en Syrie (au nord du pays d'Israël, v. 6).

aughter of the king of the South will go to the king of ie North to make an alliance, but she will not retain er power, and he and his power[r] will not last. In those ays she will be betrayed, together with her royal scort and her father[s] and the one who supported her.

7 "One from her family line will arise to take her lace. He will attack the forces of the king of the North nd enter his fortress; he will fight against them and e victorious. 8 He will also seize their gods, their met- images and their valuable articles of silver and gold nd carry them off to Egypt. For some years he will ave the king of the North alone. 9 Then the king of ie North will invade the realm of the king of the outh but will retreat to his own country. 10 His sons ill prepare for war and assemble a great army, which ill sweep on like an irresistible flood and carry the attle as far as his fortress.

11 "Then the king of the South will march out in a age and fight against the king of the North, who will aise a large army, but it will be defeated. 12 When ie army is carried off, the king of the South will be lled with pride and will slaughter many thousands, et he will not remain triumphant. 13 For the king of ie North will muster another army, larger than the rst; and after several years, he will advance with a uge army fully equipped.

14 "In those times many will rise against the king f the South. Those who are violent among your own eople will rebel in fulfillment of the vision, but with- ut success. 15 Then the king of the North will come nd build up siege ramps and will capture a fortified ty. The forces of the South will be powerless to resist; ven their best troops will not have the strength to tand. 16 The invader will do as he pleases; no one will e able to stand against him. He will establish himself i the Beautiful Land and will have the power to de- troy it. 17 He will determine to come with the might f his entire kingdom and will make an alliance with ie king of the South. And he will give him a daughter

11:6 Or *offspring*
11:6 Or *child* (see Vulgate and Syriac)

années plus tard, ils s'allieront l'un avec l'autre, et la fille du roi du Midi se rendra auprès du roi du Nord pour établir des accords. Elle ne conservera pas sa force et sa postérité ne subsistera pas. Elle sera livrée à la mort avec ceux qui l'avaient amenée, de même que son père et celui qui l'avait soutenue pendant quelque temps[s]. 7 Mais un membre de sa famille se lèvera et prendra la place de son père. Il marchera contre l'armée du roi du Nord, investira sa forteresse, l'attaquera et remportera la victoire[t]. 8 Il emportera même comme butin en Egypte leurs idoles et leurs statues de métal fondu avec leurs objets précieux d'or et d'argent consacrés à ces divinités.

Pendant quelques années, il se tiendra loin du roi du Nord. 9 Par la suite, celui-ci envahira le royaume du roi du Midi, puis il retournera dans son pays.

10 Ses fils partiront en guerre et mobiliseront une armée très nombreuse qui submergera tout sur son passage, ils inonderont le pays. Sur le chemin du retour, ils attaqueront la forteresse[u]. 11 C'est alors que le roi du Midi, exaspéré, lancera une offensive contre le roi du Nord, il mettra sur pied une grande armée et il aura la victoire sur les troupes adverses[v]. 12 Une fois ces troupes vaincues, il s'enorgueillira et fera tomber des milliers d'hommes, mais ses triomphes seront de courte durée. 13 Car le roi du Nord reviendra en mobilisant de nouveau des troupes, plus nombreuses que les premières, et, après quelques années, il retournera en Egypte avec une immense armée et beaucoup de matériel de guerre[w]. 14 A ce moment-là, beaucoup se soulèveront contre le roi du Midi[x], des hommes violents de ton peuple, Daniel, se soulèveront contre lui pour réaliser la prophétie, mais ils échoueront.

15 Le roi du Nord viendra donc, il dressera des remblais de siège contre une ville fortifiée[y] et s'en emparera. Les armées du roi du Midi ne résisteront pas au choc, même sa troupe d'élite n'aura pas la force de tenir devant lui. 16 L'envahisseur avancera à sa guise et personne ne pourra lui résister. Il prendra ensuite position dans le Pays magnifique[z] où il sèmera la destruction. 17 Il entreprendra alors de venir avec toutes les forces de son royaume et il conclura une alliance avec le roi du Midi. Il lui donnera sa fille en mariage dans le but de détruire son royaume, mais ce plan ne

[s] **11.6** Mariage, vers 250 av. J.-C., de Bérénice, fille du roi d'Egypte Ptolémée II Philadelphe (285 à 246 av. J.-C.) avec le roi de Syrie Antiochus II (261 à 246 av. J.-C.) qui dut répudier sa femme Laodicée. A la mort de Ptolémée Philadelphe, Antiochus répudia Bérénice et reprit Laodicée. Celle-ci se vengea de sa disgrâce en empoisonnant son mari et en faisant mourir Bérénice et son fils.

[t] **11.7** Ptolémée III Evergète (246 à 221 av. J.-C.), frère de Bérénice, marcha contre Séleucus II Callinicus (246 à 226 av. J.-C.), fils d'Antiochus II, pour venger sa sœur. Il fit mourir Laodicée et s'empara d'une grande partie de la Syrie et de la Cilicie.

[u] **11.10** Séleucus III (226 à 223 av. J.-C.) et Antiochus III (223 à 187 av. J.-C.), fils de Séleucus II. Après avoir envahi la Phénicie et le pays d'Israël, Antiochus s'avança jusqu'à la forteresse de Raphia sur la frontière de l'Egypte.

[v] **11.11** Victoire de Ptolémée IV Philator (221 à 203 av. J.-C.) sur Antiochus III à la bataille de Raphia (en 217 av. J.-C.).

[w] **11.13** Quatorze ans après la bataille de Raphia, Antiochus III revint avec des forces considérables et reconquit les provinces perdues.

[x] **11.14** Des soulèvements éclatèrent dans tous les pays soumis à l'Egypte, entre autres en Judée.

[y] **11.15** La ville de Sidon où s'était réfugié le général égyptien Scopas et qui fut obligée de se rendre.

[z] **11.16** *le Pays magnifique:* celui d'Israël (cp. 8.9 ; 11.41).

in marriage in order to overthrow the kingdom, but his plans[t] will not succeed or help him. 18 Then he will turn his attention to the coastlands and will take many of them, but a commander will put an end to his insolence and will turn his insolence back on him. 19 After this, he will turn back toward the fortresses of his own country but will stumble and fall, to be seen no more.

20 "His successor will send out a tax collector to maintain the royal splendor. In a few years, however, he will be destroyed, yet not in anger or in battle.

21 "He will be succeeded by a contemptible person who has not been given the honor of royalty. He will invade the kingdom when its people feel secure, and he will seize it through intrigue. 22 Then an overwhelming army will be swept away before him; both it and a prince of the covenant will be destroyed. 23 After coming to an agreement with him, he will act deceitfully, and with only a few people he will rise to power. 24 When the richest provinces feel secure, he will invade them and will achieve what neither his fathers nor his forefathers did. He will distribute plunder, loot and wealth among his followers. He will plot the overthrow of fortresses – but only for a time.

25 "With a large army he will stir up his strength and courage against the king of the South. The king of the South will wage war with a large and very powerful army, but he will not be able to stand because of the plots devised against him. 26 Those who eat from the king's provisions will try to destroy him; his army will be swept away, and many will fall in battle. 27 The two kings, with their hearts bent on evil, will sit at the same table and lie to each other, but to no avail, because an end will still come at the appointed time. 28 The king of the North will return to his own country with great wealth, but his heart will be set against the holy covenant. He will take action against it and then return to his own country.

29 "At the appointed time he will invade the South again, but this time the outcome will be different from

t 11:17 Or *but she*

réussira pas et ce royaume ne lui appartiendra pas 18 Alors il se tournera du côté des îles et s'emparer de beaucoup d'entre elles[b], mais un général mettr un terme à son arrogance injurieuse sans que le r du Nord puisse le lui rendre. 19 Ensuite, il reviendr s'occuper des citadelles de son propre pays, mais trébuchera et tombera, et c'en sera fait de lui[c]. 20 So successeur enverra un exacteur dans le lieu[d] qui e la gloire du royaume. Peu de temps après, ce roi ser frappé à son tour, mais ce ne sera pas dans un mou vement de colère ni au cours d'une guerre[e].

Le temps de la souffrance d'Israël

21 Un homme méprisable lui succédera sans avoir reç la dignité royale ; il surviendra en temps de paix et s'en parera de la royauté à force d'intrigues[f]. 22 Les force adverses qui débordaient comme une inondation seron submergées et brisées par lui, il tuera aussi un chef d peuple de l'alliance[g]. 23 En dépit de l'accord conclu avec lu il agira avec ruse, il l'attaquera et remportera la victoir avec une poignée d'hommes. 24 En temps de paix, il env hira les plus riches régions de la province et accompli ce qu'aucun de ses ancêtres n'avait fait : il pillera le pay et distribuera largement à ses partisans ce qu'il aura pill le butin et les richesses dont il se sera emparé ; il fera d plans d'attaque contre les forteresses, mais tout cela r durera qu'un temps.

25 Rassemblant toutes ses forces et son courage, il lance une attaque contre le roi du Midi avec une grande armé Le roi du Midi le combattra avec une armée très puissan et nombreuse, mais il ne parviendra pas à résister à so adversaire, à cause de complots dirigés contre lui[h].

26 Ses familiers causeront sa perte ; son armée ser écrasée et beaucoup de ses soldats tomberont, frappés mort. 27 Quant aux deux rois[i], ils chercheront secrètemer à se nuire mutuellement ; ainsi, ils s'assiéront à la mêm table, pour se duper l'un l'autre par des mensonges. Ma leurs tractations ne réussiront pas, car la fin doit ven au temps fixé. 28 Le roi du Nord retournera dans son pay chargé de grandes richesses, et avec au cœur des inte tions hostiles contre la sainte alliance conclue par Die avec son peuple. Il les exécutera avant de rentrer dar son pays[j].

29 Au temps fixé, il se mettra de nouveau en campagn contre le royaume du Midi, mais cette expédition ne s

a 11.17 En 194 av. J.-C., Antiochus conclut la paix avec l'Egypte à la cond tion que le jeune Ptolémée V (203 à 181 av. J.-C.) épouse sa fille Cléopâtr qui lui apporta le pays d'Israël en dot. Il voulait ainsi se rendre maître l'Egypte par la ruse. Mais Cléopâtre prit parti pour son mari contre so père, faisant ainsi échouer le plan de ce dernier.

b 11.18 Il conquit plusieurs îles de la mer Egée (Rhodes, Samos) alliées aux Romains et traversa l'Hellespont sans se laisser arrêter par les avertissements des représentants de Rome qu'il injuria.

c 11.19 Victoire du général romain Scipion l'Asiatique sur Antiochus III Magnésie en 190 av. J.-C.

d 11.20 C'est-à-dire le pays d'Israël.

e 11.20 Vers 176 av. J.-C., Séleucus IV Philopator (187 à 175 av. J.-C.) envoie son ministre Héliodore piller les trésors du temple de Jérusalem Séleucus meurt empoisonné par Héliodore.

f 11.21 Antiochus IV Epiphane (175 à 164 av. J.-C.).

g 11.22 Défaite du roi d'Egypte, Ptolémée VI Philométor (181 à 146 av. J.-C.) et mort du grand-prêtre Onias III en 170 av. J.-C.

h 11.25 Campagne contre l'Egypte en 170-169 av. J.-C.

i 11.27 C'est-à-dire Antiochus IV et Ptolémée VI Philométor.

j 11.28 Sur le chemin du retour de l'Egypte, en 169 av. J.-C., Antiochus I pille le temple de Jérusalem.

hat it was before. 30 Ships of the western coastlands ill oppose him, and he will lose heart. Then he will ırn back and vent his fury against the holy covenant. e will return and show favor to those who forsake ıe holy covenant.

31 "His armed forces will rise up to desecrate the mple fortress and will abolish the daily sacrifice. hen they will set up the abomination that causes esolation. 32 With flattery he will corrupt those who ave violated the covenant, but the people who know ıeir God will firmly resist him.

33 "Those who are wise will instruct many, though r a time they will fall by the sword or be burned or ıptured or plundered. 34 When they fall, they will ceive a little help, and many who are not sincere ill join them. 35 Some of the wise will stumble, so ıat they may be refined, purified and made spotless ntil the time of the end, for it will still come at the ppointed time.

he King Who Exalts Himself

36 "The king will do as he pleases. He will exalt and agnify himself above every god and will say uneard-of things against the God of gods. He will be ıccessful until the time of wrath is completed, for hat has been determined must take place. 37 He will ıow no regard for the gods of his ancestors or for the ne desired by women, nor will he regard any god, but ill exalt himself above them all. 38 Instead of them, e will honor a god of fortresses; a god unknown to is ancestors he will honor with gold and silver, with recious stones and costly gifts. 39 He will attack the ightiest fortresses with the help of a foreign god ıd will greatly honor those who acknowledge him. e will make them rulers over many people and will istribute the land at a price.[u]

40 "At the time of the end the king of the South will ıgage him in battle, and the king of the North will orm out against him with chariots and cavalry and great fleet of ships. He will invade many countries ıd sweep through them like a flood. 41 He will also vade the Beautiful Land. Many countries will fall, ut Edom, Moab and the leaders of Ammon will be elivered from his hand. 42 He will extend his power ver many countries; Egypt will not escape. 43 He will ain control of the treasures of gold and silver and all ıe riches of Egypt, with the Libyans and Cushites[v] ı submission. 44 But reports from the east and the orth will alarm him, and he will set out in a great ıge to destroy and annihilate many. 45 He will pitch is royal tents between the seas at[w] the beautiful holy ıountain. Yet he will come to his end, and no one ill help him.

11:39 Or *land for a reward*
11:43 That is, people from the upper Nile region
11:45 Or *the sea and*

passera pas comme la première. 30 Des navires, venant des côtes à l'ouest de la Méditerranée, viendront s'opposer à lui et le décourageront[k]. Il s'emportera de nouveau et agira contre l'alliance sainte, et il s'accordera de nouveau avec ceux qui la trahiront. 31 Certaines de ses troupes prendront position sur son ordre, elles profaneront le sanctuaire et la citadelle, feront cesser le sacrifice perpétuel et installeront la profanation abominable[l]. 32 Par ses intrigues, il corrompra ceux qui auront trahi l'alliance, mais le peuple de ceux qui connaissent leur Dieu agira avec courage. 33 Les hommes du peuple qui auront de la sagesse enseigneront un grand nombre, mais ils subiront l'épée, le feu, la prison et le pillage pendant des jours. 34 Pendant qu'ils seront ainsi livrés à la mort, ils recevront un peu d'aide, mais beaucoup de gens se rallieront hypocritement à eux. 35 Certains parmi les hommes qui auront de la sagesse tomberont afin d'être épurés, purifiés et blanchis à travers cette épreuve, en vue du temps de la fin, car la fin viendra au temps fixé.

36 Le roi agira à sa guise, il s'enorgueillira et s'élèvera au-dessus de tous les dieux ; il proférera même des blasphèmes inouïs contre le Dieu des dieux et il parviendra à ses fins jusqu'à ce que la colère divine soit parvenue à son comble. Alors ce qui est décrété s'accomplira. 37 Il n'aura de considération ni pour les dieux de ses ancêtres, ni pour la divinité chère aux femmes[m], ni pour aucun autre dieu, car il se placera au-dessus de tous. 38 Au lieu de ceux-ci, il vénérera le dieu des forteresses, une divinité que n'auront pas connue ses ancêtres en lui offrant de l'or, de l'argent, des pierres précieuses et d'autres objets de valeur. 39 Il attaquera des forteresses, avec l'aide d'un dieu étranger : il comblera d'honneurs ceux qui accepteront ce dieu, il leur conférera le pouvoir sur un grand nombre et leur distribuera des terres en récompense.

La fin du persécuteur

40 Au temps de la fin, le roi du Midi se heurtera contre lui. Comme un ouragan, le roi du Nord fondra sur celui du Midi avec ses chars, sa cavalerie et une flotte considérable ; il pénétrera à l'intérieur des terres et, comme une inondation, il les submergera sur son passage. 41 Il envahira aussi le Pays magnifique[n] et de nombreux peuples succomberont. Quelques-uns échapperont à ses coups : les Edomites, les Moabites et l'élite des Ammonites. 42 Il étendra sa domination sur différents pays, et l'Egypte elle-même ne lui échappera pas. 43 Il s'emparera des trésors d'or et d'argent et de tous les objets précieux de l'Egypte. Les Libyens et les Ethiopiens le suivront. 44 Mais, alarmé par des nouvelles venues de l'Orient et du Nord, il quittera le pays dans une grande colère, pour détruire et exterminer un grand nombre. 45 Il dressera les tentes royales entre les mers, sur la magnifique montagne sainte. Alors sa fin l'atteindra sans que personne vienne à son secours.

k 11.30 Navires romains sous les ordres du légat Popilius Laenas chargé de transmettre à Antiochus le décret du sénat lui enjoignant de quitter l'Egypte.
l 11.31 Voir 9.27 ; 12.11. En 168 av. J.-C., le Temple fut consacré à Jupiter Olympien. L'autel de ce dieu fut installé au-dessus de l'autel des holocaustes.
m 11.37 Probablement le dieu Tammouz (voir Ez 8.14).
n 11.41 *le Pays magnifique:* celui d'Israël (cp. 8.9 ; 11.16).

The End Times

12 1"At that time Michael, the great prince who
protects your people, will arise. There will be
a time of distress such as has not happened from the
beginning of nations until then. But at that time your
people – everyone whose name is found written in the
book – will be delivered. 2Multitudes who sleep in the
dust of the earth will awake: some to everlasting life,
others to shame and everlasting contempt. 3Those
who are wise[x] will shine like the brightness of the
heavens, and those who lead many to righteousness,
like the stars for ever and ever. 4But you, Daniel, roll
up and seal the words of the scroll until the time
of the end. Many will go here and there to increase
knowledge."

5Then I, Daniel, looked, and there before me stood
two others, one on this bank of the river and one
on the opposite bank. 6One of them said to the man
clothed in linen, who was above the waters of the
river, "How long will it be before these astonishing
things are fulfilled?"

7The man clothed in linen, who was above the
waters of the river, lifted his right hand and his left
hand toward heaven, and I heard him swear by him
who lives forever, saying, "It will be for a time, times
and half a time.[y] When the power of the holy people has been finally broken, all these things will be
completed."

8I heard, but I did not understand. So I asked, "My
lord, what will the outcome of all this be?"

9He replied, "Go your way, Daniel, because the
words are rolled up and sealed until the time of the
end. 10Many will be purified, made spotless and refined, but the wicked will continue to be wicked. None
of the wicked will understand, but those who are wise
will understand.

11"From the time that the daily sacrifice is abol-
ished and the abomination that causes desolation is
set up, there will be 1,290 days. 12Blessed is the one
who waits for and reaches the end of the 1,335 days.

13"As for you, go your way till the end. You will rest,
and then at the end of the days you will rise to receive
your allotted inheritance."

Détresse et résurrection

12 1En ce temps-là, se lèvera Michel[o], le grand ch
qui a pour mission d'aider ton peuple. Ce sera u
temps de détresse tel qu'il n'y en a jamais eu depuis qu
des nations existent jusqu'à ce moment-là. En ce temps-l
seront sauvés ceux de ton peuple dont le nom est inscr
dans le livre. 2Les nombreux humains qui dorment dan
la poussière de la terre se réveilleront, les uns pour la vi
éternelle, les autres pour la honte et l'horreur éternelle
3Les hommes qui auront eu de la sagesse resplendiron
alors comme le firmament, ceux qui auront amené u
grand nombre à être justes brilleront comme les étoile
à toujours et à jamais.

4Quant à toi, Daniel, tiens caché le sens de ces parole
et conserve le livre scellé jusqu'au temps de la fin. Alor
beaucoup l'étudieront et verront leur connaissanc
s'accroître.

La prophétie scellée

5Moi, Daniel, je continuai à regarder et je vis deux autre
personnages qui se tenaient là, chacun sur une rive d
fleuve. 6L'un d'eux demanda à l'homme vêtu de lin qui s
tenait au-dessus des eaux du fleuve : Quand donc viendr
la fin de ces choses inouïes ?

7Alors l'homme vêtu de lin qui se tenait au-dessus de
eaux du fleuve leva sa main droite et sa main gauche ve
le ciel et je l'entendis déclarer : Je le jure par celui qui v
à jamais : ce sera dans un temps, deux temps et la moit
d'un temps[p]. Quand la force du peuple saint sera entière
ment brisée, alors toutes ces choses s'achèveront.

8J'entendis ces réponses sans les comprendre. C'est pour
quoi je redemandai : Mon seigneur, quelle sera l'issue d
tous ces événements ?

9Il me répondit : Va, Daniel, car le sens de ces parole
sera caché, elles seront scellées jusqu'au temps de la fin
10Beaucoup seront purifiés, blanchis et éprouvés comm
par le feu. Les méchants se conduiront avec perversité e
aucun d'eux ne comprendra, mais ceux qui auront de l
sagesse comprendront. 11Depuis le moment où l'on fer
cesser le sacrifice perpétuel et où l'on installera l'abom
nable profanation s'écouleront 1 290 jours.

12Heureux celui qui attendra et qui parviendra jusqu'a
1 335e jour ! 13Quant à toi, va jusqu'à la fin et tu entrera
dans le repos. Puis, à la fin des temps, tu te relèveras pou
recevoir la part qui t'est échue.

---

x 12:3 Or *who impart wisdom*
y 12:7 Or *a year, two years and half a year*

o 12.1 Voir 10.13 et note.
p 12.7 C'est-à-dire trois ans et demi. Voir7.25 ; Ap 10.5-6 ; 12.14 ; 13.5-6.

Hosea

1 [1]The word of the LORD that came to Hosea son of
Beeri during the reigns of Uzziah, Jotham, Ahaz
nd Hezekiah, kings of Judah, and during the reign of
roboam son of Jehoash[a] king of Israel:

osea's Wife and Children

[2]When the LORD began to speak through Hosea, the
ORD said to him, "Go, marry a promiscuous woman
nd have children with her, for like an adulterous wife
is land is guilty of unfaithfulness to the LORD." [3]So
e married Gomer daughter of Diblaim, and she con-
eived and bore him a son.
[4]Then the LORD said to Hosea, "Call him Jezreel,
ecause I will soon punish the house of Jehu for the
assacre at Jezreel, and I will put an end to the kingom of Israel. [5]In that day I will break Israel's bow in
e Valley of Jezreel."

[6]Gomer conceived again and gave birth to a
aughter. Then the LORD said to Hosea, "Call her Lo-
uhamah,[b] for I will no longer show love to Israel,
at I should at all forgive them. [7]Yet I will show love
Judah; and I will save them – not by bow, sword or
attle, or by horses and horsemen, but I, the LORD their
od, will save them."

[8]After she had weaned Lo-Ruhamah, Gomer had
nother son. [9]Then the LORD said, "Call him Lo-Ammi,[c]
r you are not my people, and I am not your God.[d]

[10]"Yet the Israelites will be like the sand on the
eashore, which cannot be measured or counted. In
e place where it was said to them, 'You are not my
eople,' they will be called 'children of the living God.'
The people of Judah and the people of Israel will
ome together; they will appoint one leader and will
ome up out of the land, for great will be the day of
ezreel.[e]

1:1 Hebrew *Joash*, a variant of *Jehoash*
1:6 *Lo-Ruhamah* means *not loved*.
1:9 *Lo-Ammi* means *not my people*.
1:9 Or *your* I AM
1:11 In Hebrew texts 1:10,11 is numbered 2:1,2.

Osée

LES ACTES SYMBOLIQUES

1 [1]L'Eternel adressa la parole à Osée, fils de Beéri, sous
les règnes d'Ozias, de Yotam, d'Ahaz et d'Ezéchias,
rois de Juda, et sous le règne de Jéroboam, fils de Joas, roi
d'Israël[a].

Le mariage de Dieu avec Israël

[2]Première partie des paroles que l'Eternel prononça
par Osée :
L'Eternel dit à Osée : Va, prends une femme qui se livre
à la prostitution, et des enfants nés de la prostitution, car
le pays se vautre dans la prostitution en se détournant
de l'Eternel[b].
[3]Alors Osée alla prendre Gomer, de Diblaïm. Elle devint
enceinte et lui donna un fils. [4]L'Eternel lui dit : Appelle-le
Jizréel, car d'ici peu de temps, je ferai rendre compte à
la dynastie de Jéhu des meurtres commis à Jizréel et je
mettrai fin à la royauté d'Israël. [5]En ce jour-là, je briserai
l'arc d'Israël dans la vallée de Jizréel.
[6]Gomer fut de nouveau enceinte et mit au monde une
fille. L'Eternel dit à Osée : Appelle-la Lo-Rouhama (la Non-
Aimée), car, à l'avenir, je ne manifesterai plus d'amour à
la communauté d'Israël, et je ne lui accorderai plus mon
pardon.
[7]Cependant, je manifesterai de l'amour à la communauté de Juda, et moi, l'Eternel son Dieu, je la sauverai.
Je la sauverai moi-même – et non pas par l'arc, par l'épée
ou la guerre, par les chevaux et les équipages de chars.
[8]Après avoir sevré Lo-Rouhama, Gomer fut encore enceinte et elle donna naissance à un fils.
[9]L'Eternel dit à Osée : Appelle-le Lo-Ammi (Pas mon peuple) car vous n'êtes pas mon peuple, et moi, Je suis, je ne
suis rien pour vous[c].

Dieu sème

2 [1]Mais, un jour, les Israélites seront nombreux
comme les grains de sable sur le bord de la mer,
que nul ne peut compter ni mesurer.
Et, au lieu même où on leur avait dit :
« Vous n'êtes pas mon peuple »,
on leur dira :
« Vous êtes les enfants du Dieu vivant[d]. »
[2] Alors, les Judéens et les Israélites du royaume du
Nord
seront unis
et ils établiront sur eux un chef unique,
ils sortiront du pays de l'exil,
car il sera très grand, le jour de Jizréel[e].

[a] **1.1** Sur cette période, voir 2 R 15 à 20 ; 2 Ch 27 à 32. *roi d'Israël:* Jéroboam (793 à 753 av. J.-C.). *rois de Juda*, en tenant compte des co-régences : *Ozias* (792 à 740 av. J.-C.), *Yotam* (750 à 732 av. J.-C.), *Ahaz* (735 à 715 av. J.-C.) et *Ezéchias* (727 à 698 ou 686 av. J.-C.).
[b] **1.2** Le culte de Baal et d'Astarté, avec leurs rites de fécondité, s'accompagnait de la *prostitution* sacrée (voir v. 10 et note).
[c] **1.9** Reprise du verbe d'Ex 3.14 où Dieu révèle son nom : *Je suis.*
[d] **2.1** Cité en Rm 9.26 ; 1 P 2.10.
[e] **2.2** Voir 1.3-4 ; 2.24 et note.

2 1[f]"Say of your brothers, 'My people,' and of your sisters, 'My loved one.'

Israel Punished and Restored

2 "Rebuke your mother, rebuke her,
for she is not my wife,
and I am not her husband.
Let her remove the adulterous look from her face
and the unfaithfulness from between her breasts.
3 Otherwise I will strip her naked
and make her as bare as on the day she was born;
I will make her like a desert,
turn her into a parched land,
and slay her with thirst.
4 I will not show my love to her children,
because they are the children of adultery.
5 Their mother has been unfaithful
and has conceived them in disgrace.
She said, 'I will go after my lovers,
who give me my food and my water,
my wool and my linen, my olive oil and my drink.'
6 Therefore I will block her path with thornbushes;
I will wall her in so that she cannot find her way.
7 She will chase after her lovers but not catch them;
she will look for them but not find them.
Then she will say,
'I will go back to my husband as at first,
for then I was better off than now.'
8 She has not acknowledged that I was the one
who gave her the grain, the new wine and oil,
who lavished on her the silver and gold –
which they used for Baal.

9 "Therefore I will take away my grain when it ripens,
and my new wine when it is ready.
I will take back my wool and my linen,
intended to cover her naked body.
10 So now I will expose her lewdness
before the eyes of her lovers;
no one will take her out of my hands.

11 I will stop all her celebrations:
her yearly festivals, her New Moons,
her Sabbath days – all her appointed festivals.
12 I will ruin her vines and her fig trees,

f In Hebrew texts 2:1-23 is numbered 2:3-25.

3 Vous direz à vos frères qu'ils seront appelés : « Mo
peuple »,
et à vos sœurs : « les Bien-Aimées ».

La répudiation de l'épouse infidèle

4 Intentez un procès à votre mère[f], faites-lui un procès,
car elle n'est pas mon épouse
et je ne suis pas son mari.
Qu'elle ôte de sa face les marques des prostitutions
qu'elle a commises,
d'entre ses seins les signes de ses adultères.
5 Sinon, je la dévêtirai, et je la mettrai toute nue,
comme elle était au jour de sa naissance ;
je la transformerai en un désert,
je ferai d'elle un pays desséché,
je la ferai mourir de soif.
6 Et quant à ses enfants, je n'aurai plus d'amour pou
eux,
car ce sont des enfants prostitués[g].
7 Oui, leur mère s'est adonnée à la prostitution,
la femme qui les a conçus s'est couverte de honte,
puisqu'elle a affirmé : « Moi, j'irai après mes amant
qui me fournissent mon pain, mon eau,
mon lin, ma laine,
mon huile et mes boissons. »
8 Voilà pourquoi
je vais barrer son chemin avec des épines,
je l'obstrue par un mur,
et elle ne trouvera plus sa route.
9 Elle poursuivra ses amants
sans pouvoir les atteindre,
elle les cherchera sans pouvoir les trouver.
Puis elle se dira :
« Je vais m'en retourner chez mon premier mari,
car j'étais alors plus heureuse que maintenant. »
10 Or, elle n'avait pas compris que c'était moi qui lui donnais
le blé, le vin nouveau et l'huile,
et de l'argent en abondance, ainsi que l'or
dont ils ont fait une offrande à Baal[h].
11 C'est pourquoi je viendrai reprendre
mon blé au temps de la moisson,
mon vin au temps de la vendange,
je leur retirerai ma laine avec mon lin
dont elle s'habillait.
12 Mais maintenant, je vais mettre au grand jour son infamie
aux yeux de ses amants.
Et nul ne la délivrera de mon emprise.
13 Et je ferai cesser toutes ses réjouissances :
ses fêtes, ses nouvelles lunes et ses sabbats,
oui, tous ses jours de fête cultuelle.
14 Et je dévasterai sa vigne et son figuier

f **2.4** Personnification de la nation d'Israël dont le prophète rappelle l'idolâtrie sous l'image classique de la prostitution.
g **2.6** Littéralement, *enfants de prostitution*, comme en 1.2. Le prophète joue sur un double sens : les enfants de Gomer sont issus de la prostitution de celle-ci, tandis que les Israélites se prostituent avec les idoles.
h **2.10** Dieu cananéen auquel on attribuait la souveraineté sur la pluie et la fertilité des champs, du bétail comme de l'homme (voir Jg 2.13).

which she said were her pay from her lovers;
I will make them a thicket,
and wild animals will devour them.
[13] I will punish her for the days
she burned incense to the Baals;
she decked herself with rings and jewelry,
and went after her lovers,
but me she forgot," declares the LORD.

[14] "Therefore I am now going to allure her;
I will lead her into the wilderness
and speak tenderly to her.
[15] There I will give her back her vineyards,
and will make the Valley of Achor[g] a door of hope.
There she will respond[h] as in the days of her youth,
as in the day she came up out of Egypt.
[16] "In that day," declares the LORD,
"you will call me 'my husband';
you will no longer call me 'my master.[i]'
[17] I will remove the names of the Baals from her lips;
no longer will their names be invoked.
[18] In that day I will make a covenant for them
with the beasts of the field, the birds in the sky
and the creatures that move along the ground.
Bow and sword and battle
I will abolish from the land,
so that all may lie down in safety.
[19] I will betroth you to me forever;
I will betroth you in[j] righteousness and justice,
in[k] love and compassion.
[20] I will betroth you in faithfulness,
and you will acknowledge the LORD.
[21] "In that day I will respond,"
declares the LORD –
"I will respond to the skies,
and they will respond to the earth;
[22] and the earth will respond to the grain,
the new wine and the olive oil,
and they will respond to Jezreel.[l]
[23] I will plant her for myself in the land;
I will show my love to the one I called 'Not my loved one.[m]'
I will say to those called 'Not my people,[n]' 'You are my people';
and they will say, 'You are my God.' "

:15 *Achor* means *trouble.*
:15 Or *sing*
:16 Hebrew *baal*
:19 Or *with*; also in verse 20
:19 Or *with*
:22 *Jezreel* means *God plants.*
2:23 Hebrew *Lo-Ruhamah* (see 1:6)
:23 Hebrew *Lo-Ammi* (see 1:9)

dont elle a dit :
« Voyez, c'est le salaire donné par mes amants. »
Je les réduirai en broussailles
et les bêtes sauvages en feront leur pâture.
[15] Je lui ferai payer
tout le temps qu'elle a consacré au culte des Baals
lorsqu'elle leur offrait du parfum en hommage,
parée d'anneaux et de bijoux
pour courir après ses amants,
et quant à moi, elle m'a oublié,
l'Eternel le déclare.

La fidélité de Dieu triomphe de l'infidélité d'Israël

[16] C'est pourquoi, je vais la reconquérir,
la mener au désert,
et parler à son cœur.
[17] C'est là que je lui donnerai ses vignobles d'antan
et la vallée d'Akor[i]
deviendra une porte d'espérance ;
là, elle répondra tout comme au temps de sa jeunesse,
au temps de sa sortie d'Egypte.
[18] Et il arrivera en ce temps-là,
l'Eternel le déclare,
que tu me diras : « Mon époux »
et tu ne m'appelleras plus : « Mon maître[j] ».
[19] J'ôterai de sa bouche les noms des Baals,
et le souvenir même de ces noms se perdra.
[20] Je conclurai, en ce temps-là, une alliance pour eux
avec les animaux sauvages
et les oiseaux du ciel,
et les animaux qui se meuvent au ras du sol.
Je briserai l'arc et l'épée, et je mettrai fin à la guerre : ils disparaîtront du pays.
Et je les ferai reposer dans la sécurité.
[21] Puis, pour toujours, je te fiancerai à moi.
Je te fiancerai à moi en donnant comme dot[k] et la justice et la droiture,
l'amour et la tendresse que je mettrai en toi.
[22] Je te fiancerai à moi en mettant en toi la fidélité,
et tu connaîtras l'Eternel.
[23] En ce temps-là, je répondrai,
l'Eternel le déclare,
je répondrai à l'attente du ciel,
et le ciel répondra à ce qu'attend la terre.
[24] La terre répondra au blé,
au vin nouveau ainsi qu'à l'huile fraîche,
et ceux-ci répondront à l'attente de Jizréel[l].
[25] Et je les répandrai comme de la semence pour moi dans le pays,
je prodiguerai mon amour à celle qu'on nommait Lo-Rouhama,
et je dirai à Lo-Ammi : « Tu es mon peuple »,
et il dira : « Tu es mon Dieu. »

[i] **2.17** Vallée où le péché d'Akân a été jugé (voir Jos 7.24-26).
[j] **2.18** *maître:* en hébreu se dit *baal*, comme le nom du dieu mentionné au verset suivant.
[k] **2.21** *en donnant comme dot:* la même construction hébraïque se retrouve en 2 S 3.14.
[l] **2.24** Le nom de *Jizréel* signifie : *Dieu sème* et fait assonance avec l'expression du v. 25 : *je les répandrai comme de la semence* (voir 1.4 ; 2.2).

Hosea's Reconciliation With His Wife

3 1 The LORD said to me, "Go, show your love to your
wife again, though she is loved by another man
and is an adulteress. Love her as the LORD loves the
Israelites, though they turn to other gods and love
the sacred raisin cakes."
2 So I bought her for fifteen shekels[o] of silver and
about a homer and a lethek[p] of barley. 3 Then I told her,
"You are to live with me many days; you must not be
a prostitute or be intimate with any man, and I will
behave the same way toward you."
4 For the Israelites will live many days without king
or prince, without sacrifice or sacred stones, without
ephod or household gods. 5 Afterward the Israelites
will return and seek the LORD their God and David their
king. They will come trembling to the LORD and to his
blessings in the last days.

The Charge Against Israel

4 1 Hear the word of the LORD, you Israelites,
because the LORD has a charge to bring
against you who live in the land:
"There is no faithfulness, no love,
no acknowledgment of God in the land.

2 There is only cursing,[q] lying and murder,
stealing and adultery;
they break all bounds,
and bloodshed follows bloodshed.
3 Because of this the land dries up,
and all who live in it waste away;
the beasts of the field, the birds in the sky
and the fish in the sea are swept away.

4 "But let no one bring a charge,
let no one accuse another,
for your people are like those
who bring charges against a priest.
5 You stumble day and night,
and the prophets stumble with you.
So I will destroy your mother –

6 my people are destroyed from lack of
knowledge.
"Because you have rejected knowledge,
I also reject you as my priests;

o 3:2 That is, about 6 ounces or about 170 grams
p 3:2 A homer and a lethek possibly weighed about 430 pounds or about 195 kilograms.
q 4:2 That is, to pronounce a curse on

Le prix de la réconciliation

3 1 Et l'Eternel me dit : Va encore aimer une femm
adultère aimant le mal[m], aime-la comme l'Etern
aime les Israélites, alors que ceux-ci se tournent vers d'a
tres dieux et se délectent de gâteaux de raisins consacré
2 Je rachetai donc une femme au prix de quinze pièc
d'argent, et quatre cent cinquante kilogrammes d'org
3 Et je lui dis : Tu resteras pendant longtemps pour m
sans te prostituer et sans te donner à aucun homme,
moi, j'agirai de même pour toi.
4 En effet, les Israélites resteront pendant longtem
sans roi et sans chef, sans sacrifice et sans stèle, sans éph
et sans divinités domestiques[o]. 5 Après cela, ils reviendro
à l'Eternel leur Dieu et se tourneront vers lui, ainsi q
vers David leur roi. Dans la suite des temps, ils viendro
tout tremblants à l'Eternel pour bénéficier de sa bonté.

La corruption engendre la ruine

Le procès des crimes du peuple

Les crimes religieux

4 1 Vous, les Israélites, écoutez la parole que vous adre
se l'Eternel,
car l'Eternel est en procès avec les habitants de ce
pays :
« La vérité a disparu dans le pays,
il n'y a plus d'amour
on n'y connaît pas Dieu.
2 On n'y voit que parjure, et tromperies.
Le crime, le vol et l'adultère se multiplient.
La violence s'étend,
les meurtres s'ajoutent aux meurtres.
3 C'est pourquoi le pays passera par le deuil,
et tous ses habitants dépériront,
jusqu'aux bêtes sauvages et aux oiseaux du ciel ;
les poissons de la mer disparaîtront aussi.

La trahison des prêtres

4 Mais que nul ne conteste,
que nul ne fasse de reproche,
car c'est contre vous, prêtres, que je suis en procès

5 En plein jour, vous trébucherez,
les prophètes eux-mêmes trébucheront de nuit en
votre compagnie,
et je réduirai au silence Israël, votre mère.
6 Oui, mon peuple périt
faute de connaissance
parce que vous, les prêtres, vous avez rejeté la
connaissance.
Je vous rejetterai et vous ne serez plus mes prêtres

m **3.1** *aimant le mal:* d'après l'ancienne version grecque qui adopte une autre vocalisation des consonnes que le texte hébreu traditionnel. Cet leçon est favorisée par le parallélisme à l'intérieur du verset. Tel qu'il est vocalisé, le texte hébreu traditionnel a : *aimée d'un compagnon.*
n **3.1** *Gâteaux consacrés* à des dieux païens (voir Es 16.7).
o **3.4** Ce sera la condition des Israélites durant l'exil, ce qui correspond la période chasteté du v. 3.
p **4.4** *car c'est contre vous ... procès:* traduction obtenue par un changemen de la vocalisation de l'hébreu. Le texte hébreu traditionnel a : *les membres de ton peuple sont pareils à ceux qui contestent avec les prêtres.*

because you have ignored the law of your God,
I also will ignore your children.
7 The more priests there were,
the more they sinned against me;
they exchanged their glorious God[r] for
something disgraceful.
8 They feed on the sins of my people
and relish their wickedness.
9 And it will be: Like people, like priests.
I will punish both of them for their ways
and repay them for their deeds.

10 "They will eat but not have enough;
they will engage in prostitution but not
flourish,
because they have deserted the LORD
to give themselves 11 to prostitution;
old wine and new wine
take away their understanding.
12 My people consult a wooden idol,
and a diviner's rod speaks to them.
A spirit of prostitution leads them astray;
they are unfaithful to their God.
13 They sacrifice on the mountaintops
and burn offerings on the hills,
under oak, poplar and terebinth,
where the shade is pleasant.
Therefore your daughters turn to prostitution
and your daughters-in-law to adultery.

14 "I will not punish your daughters
when they turn to prostitution,
nor your daughters-in-law
when they commit adultery,
because the men themselves consort with
harlots
and sacrifice with shrine prostitutes –
a people without understanding will come
to ruin!
15 "Though you, Israel, commit adultery,
do not let Judah become guilty.
"Do not go to Gilgal;
do not go up to Beth Aven.[s]
And do not swear, 'As surely as the LORD lives!'

16 The Israelites are stubborn,
like a stubborn heifer.
How then can the LORD pasture them
like lambs in a meadow?

:7 Syriac (see also an ancient Hebrew scribal tradition);
asoretic Text *me; / I will exchange their glory*
:15 *Beth Aven* means *house of wickedness* (a derogatory name for
thel, which means *house of God*).

Vous avez oublié la Loi de votre Dieu ;
moi aussi, à mon tour, j'oublierai vos enfants.
7 Tous, tant qu'ils sont,
ils ont commis des fautes contre moi.
Je transformerai donc leur gloire en infamie[q].

8 Les prêtres se repaissent du péché de mon peuple,
et leurs désirs se portent vers ses iniquités.
9 Aussi il en sera des prêtres comme des gens du
peuple,
je les ferai payer
pour leur conduite,
je rendrai à chacun selon ce qu'il a fait.
10 Ils mangeront sans être rassasiés,
ils se prostitueront[r] mais n'auront pas d'enfants,
car ils ont abandonné l'Eternel
11 pour s'adonner à la prostitution ainsi qu'au vin.
Alors le vin nouveau leur a fait perdre la raison.

Idolâtrie et débauche

12 Ce sont ses dieux de bois que mon peuple consulte,
et voilà que c'est son bâton[s] qui lui répond.
Car un vent de prostitution les fait errer,
ils s'égarent loin de leur Dieu en se prostituant[t].
13 Ils vont offrir des sacrifices au sommet des
montagnes
et brûler des parfums sur les collines,
sous le chêne et le peuplier et sous le térébinthe
dont l'ombrage est si doux.
Voilà pourquoi vos filles vont se prostituer,
pourquoi vos belles-filles commettent l'adultère.
14 Je ne punirai pas vos filles pour leurs prostitutions,
vos belles-filles
à cause de leurs adultères,
car les prêtres eux-mêmes vont à l'écart avec des
courtisanes,
et, avec des prostituées sacrées, les voilà qui offrent
leurs sacrifices.
Ainsi court à sa ruine un peuple sans intelligence.

15 Si tu te prostitues, ô Israël,
que Juda ne se rende pas coupable !
N'allez pas à Guilgal[u],
ne montez pas à Beth-Aven[v],
et ne jurez pas en disant :
"L'Eternel est vivant."
16 Car comme une vache rétive, Israël est rétif.
Croyez-vous maintenant que l'Eternel les fera
paître
comme un troupeau d'agneaux dans de vastes
prairies ?

q **4.7** *Je transformerai donc leur gloire ...*: selon le texte hébreu traditionnel. Une ancienne tradition de copistes et la version syriaque ont : *ils m'ont échangé, moi qui suis leur gloire, pour une idole infâme.*
r **4.10** Voir 1.2 et note.
s **4.12** Idoles en bois (Jr 2.27 ; 10.8 ; Ha 2.19) ou bâton pour la divination (Ez 21.21).
t **4.12** *ils s'égarent ... en se prostituant.* Autre traduction : *ils se prostituent sous leurs dieux.*
u **4.15** Localité située près de Jéricho (Jos 4.19-20) où les Israélites avaient édifié un sanctuaire (9.15 ; 12.12 ; 1 S 11.13-15 ; Am 4.4 ; 5.5).
v **4.15** Jéroboam Ier avait fait construire à Béthel un sanctuaire idolâtre (v. 17 et note ; 1 R 12.29). A cette ville dont le nom signifie : « sanctuaire de Dieu », Osée donne, après Amos (5.5), le nom *Beth-Aven* qui signifie : « maison du mal » (voir 5.8 ; 10.5, 8).

17 Ephraim is joined to idols;
leave him alone!
18 Even when their drinks are gone,
they continue their prostitution;
their rulers dearly love shameful ways.
19 A whirlwind will sweep them away,
and their sacrifices will bring them shame.

Judgment Against Israel

5 1 "Hear this, you priests!
Pay attention, you Israelites!
Listen, royal house!
This judgment is against you:
You have been a snare at Mizpah,
a net spread out on Tabor.
2 The rebels are knee-deep in slaughter.
I will discipline all of them.

3 I know all about Ephraim;
Israel is not hidden from me.
Ephraim, you have now turned to prostitution;
Israel is corrupt.

4 "Their deeds do not permit them
to return to their God.
A spirit of prostitution is in their heart;
they do not acknowledge the LORD.
5 Israel's arrogance testifies against them;
the Israelites, even Ephraim, stumble in their sin;
Judah also stumbles with them.
6 When they go with their flocks and herds
to seek the LORD,
they will not find him;
he has withdrawn himself from them.
7 They are unfaithful to the LORD;
they give birth to illegitimate children.
When they celebrate their New Moon feasts,
he will devour[t] their fields.

[t] 5:7 Or *Now their New Moon feasts / will devour them and*

17 Le peuple d'Ephraïm[w] s'est lié aux idoles[x].
Qu'il aille son chemin !
18 A-t-il cuvé son vin,
le voilà qui se vautre dans la prostitution,
et ses chefs sont épris de ce qui fait leur honte.
19 Un ouragan les emportera tous,
ils connaîtront la honte à cause de leurs sacrifices[y].

La faute des responsables

5 1 Ecoutez ceci, prêtres,
et soyez attentifs, gens d'Israël !
Ecoutez, vous aussi, gens de la cour du roi !
Car il vous incombait de rendre la justice[z],
mais vous avez été à Mitspa comme un piège,
sur le Thabor comme un filet tendu[a].
2 A Shittim, vous avez creusé une fosse profonde[b],
mais je vais préparer une correction pour eu[x] tous.

Le châtiment est inéluctable

3 Je te connais bien, Ephraïm,
Israël ne m'est pas caché.
Or, Ephraïm,
tu t'es prostitué,
et Israël en est souillé.
4 Leurs actes les empêchent de revenir à moi, leur Dieu,
car un vent de prostitution souffle chez eux,
et ils ne connaissent pas l'Eternel.
5 Mais l'orgueil d'Israël témoigne contre lui,
or, Israël et Ephraïm tomberont par leur faute,
même Juda va tomber avec eux.

6 Avec leurs moutons et leurs bœufs, ils viennent chercher l'Eternel,
mais ils ne le trouveront pas :
il est parti loin d'eux.
7 Car ils ont trahi l'Eternel,
ils ont enfanté des bâtards[c].
Le jour de la nouvelle lune va maintenant les consumer, eux et leur patrimoine.

[w] **4.17** C'est-à-dire Israël, le royaume du Nord.
[x] **4.17** Le veau d'or de Béthel (8.5 ; 13.2 ; 1 R 12.28) et les idoles de Baal (2.10-15).
[y] **4.19** *sacrifices:* selon le texte hébreu traditionnel. L'ancienne version grecque a : *autels,* ce qui correspond à une autre vocalisation de l'hébr[eu].
[z] **5.1** *Car il vous ... justice:* voir Mi 3.1. Autre traduction : *c'est sur vous que tombe la sentence.*
[a] **5.1** *Mitspa:* soit Mitspa en Galaad, à l'est du Jourdain (Gn 31.43-49), soit Mitspa à 13 kilomètres au nord de Jérusalem, important lieu de culte de la déesse de la fécondité, Astarté, à l'époque d'Osée (1 S 7.5-6). *Thabor:* montagne dominant la vallée de Jizréel, haut lieu de la religion cananéenne.
[b] **5.2** *Shittim:* peut-être une allusion à l'épisode de Baal-Peor (voir9.10 ; Nb 25). *A Shittim ... profonde.* Autres traductions : *des infidèles sont enfoncés dans leurs pratiques meurtrières* ou *des infidèles ont creusé une fosse profonde.*
[c] **5.7** *Bâtards,* car demandés et attribués à Baal et aux rites de fertilité accomplis dans les temples païens (voir 1.2).

[8] "Sound the trumpet in Gibeah,
the horn in Ramah.
Raise the battle cry in Beth Aven[u];
lead on, Benjamin.
[9] Ephraim will be laid waste
on the day of reckoning.
Among the tribes of Israel
I proclaim what is certain.
[10] Judah's leaders are like those
who move boundary stones.
I will pour out my wrath on them
like a flood of water.
[11] Ephraim is oppressed,
trampled in judgment,
intent on pursuing idols.[v]
[12] I am like a moth to Ephraim,
like rot to the people of Judah.

[13] "When Ephraim saw his sickness,
and Judah his sores,
then Ephraim turned to Assyria,
and sent to the great king for help.
But he is not able to cure you,
not able to heal your sores.
[14] For I will be like a lion to Ephraim,
like a great lion to Judah.
I will tear them to pieces and go away;
I will carry them off, with no one to rescue
them.
[15] Then I will return to my lair
until they have borne their guilt
and seek my face –
in their misery
they will earnestly seek me."

rael Unrepentant

[1] "Come, let us return to the LORD.
He has torn us to pieces
but he will heal us;
he has injured us
but he will bind up our wounds.
[2] After two days he will revive us;
on the third day he will restore us,
that we may live in his presence.
[3] Let us acknowledge the LORD;
let us press on to acknowledge him.
As surely as the sun rises,
he will appear;
he will come to us like the winter rains,
like the spring rains that water the earth."

8 *Beth Aven* means *house of wickedness* (a derogatory name for hel, which means *house of God*).
11 The meaning of the Hebrew for this word is uncertain.

Le châtiment : la guerre fratricide

[8] Sonnez du cor à Guibéa,
et de la trompette à Rama !
Donnez l'alarme à Beth-Aven !
Benjamin, gare à tes arrières[d] !
[9] Ephraïm sera dévasté au jour du châtiment.
J'en fais l'annonce aux tribus d'Israël, et cela est
certain.

[10] Les princes de Juda sont devenus pareils
à ceux qui déplacent les bornes.
Aussi, comme un torrent,
je répandrai sur eux les flots de ma colère.
[11] Ephraïm sera écrasé
et brisé par le jugement,
car il veut se conduire d'après ses propres règles[e].
[12] C'est pourquoi je serai, pour Ephraïm, comme la
teigne,
et pour Juda comme la vermoulure.
[13] Quand Ephraïm a vu son mal
et Juda son ulcère,
Ephraïm est allé chercher de l'aide en Assyrie
et il a envoyé un message au roi batailleur[f].
Mais le roi assyrien ne pourra vous guérir
ni soigner votre ulcère.
[14] Car moi, je serai comme un lion
pour les Ephraïmites
et comme un jeune lion pour les gens de Juda.
Moi, oui, moi, je déchirerai et puis je m'en irai,
j'emporterai ma proie et nul ne les délivrera.
[15] Alors je m'en irai, je rentrerai chez moi
jusqu'à ce qu'ils se reconnaissent coupables
et cherchent ma faveur.
Alors, dans leur détresse, ils vont avoir recours à
moi.

Vrai et faux repentir

6

[1] – Venez, et retournons à l'Eternel,
car il a déchiré, mais il nous guérira.
Il a frappé, mais il pansera nos blessures.

[2] Après deux jours, il nous aura rendu la vie,
et le troisième jour, il nous relèvera,
et nous vivrons sous son regard.
[3] Oui, cherchons à connaître l'Eternel, efforçons-
nous de le connaître.
Sa venue est aussi certaine que celle de l'aurore,
et il viendra vers nous comme la pluie,
comme les ondées du printemps qui arrosent la
terre.

[d] **5.8** Selon certains, la guerre de Juda contre Israël et la Syrie (2 R 16.5-9 ; Es 7.1-9) constituerait l'arrière-plan de cette prophétie (vers 734 av. J.-C.). *Guibéa:* à 3 kilomètres au nord de Jérusalem. *Rama:* au nord de Guibéa.

[e] **5.11** L'ancienne version grecque porte : *il a persisté à courir après le néant des idoles.*

[f] **5.13** *roi batailleur.* Autre traduction : *roi Yareb.* Certains modifient le texte hébreu traditionnel et lisent : *le grand roi*, mais il n'est pas sûr que l'expression puisse prendre ce sens. Des tablettes assyriennes parlent des tributs payés à Tiglath-Piléser III par les rois d'Israël Menahem et Osée (voir 2 R 15.19-20 ; 17.3).

⁴ "What can I do with you, Ephraim?
What can I do with you, Judah?
Your love is like the morning mist,
like the early dew that disappears.
⁵ Therefore I cut you in pieces with my prophets,
I killed you with the words of my mouth –
then my judgments go forth like the sun.[w]
⁶ For I desire mercy, not sacrifice,
and acknowledgment of God rather than
burnt offerings.

⁷ As at Adam,[x] they have broken the covenant;
they were unfaithful to me there.

⁸ Gilead is a city of evildoers,
stained with footprints of blood.
⁹ As marauders lie in ambush for a victim,
so do bands of priests;
they murder on the road to Shechem,
carrying out their wicked schemes.

¹⁰ I have seen a horrible thing in Israel:
There Ephraim is given to prostitution,
Israel is defiled.
¹¹ "Also for you, Judah,
a harvest is appointed.
"Whenever I would restore the fortunes of my
people,

7 ¹ whenever I would heal Israel,
the sins of Ephraim are exposed
and the crimes of Samaria revealed.
They practice deceit,
thieves break into houses,
bandits rob in the streets;

² but they do not realize
that I remember all their evil deeds.
Their sins engulf them;
they are always before me.

³ "They delight the king with their wickedness,
the princes with their lies.
⁴ They are all adulterers,
burning like an oven

[w] 6:5 The meaning of the Hebrew for this line is uncertain.
[x] 6:7 Or *Like Adam*; or *Like human beings*

La réponse de Dieu

⁴ – Comment te traiterai-je, toi, Ephraïm,
et toi, Juda, comment te traiterai-je ?
Votre amour pour moi est semblable aux nuées
matinales,
à la rosée de l'aube qui se dissipe vite.
⁵ C'est pourquoi, je vous frappe par les prophètes,
je vous massacre par mes paroles
et le jugement fond sur vous comme l'éclair.
⁶ Car je prends plaisir à l'amour bien plus qu'aux
sacrifices[g],
à la connaissance de Dieu bien plus qu'aux
holocaustes.

L'état moral réel

⁷ Mais vous, tout comme Adam[h], vous avez
transgressé l'alliance,
là, vous m'avez trahi.
⁸ Galaad est une cité de malfaiteurs
maculée de traces de sang[i].
⁹ Comme une bande de brigands postés en
embuscade,
la confrérie des prêtres
s'en va assassiner les passants sur la route qui mè
vers Sichem.
Leur conduite est infâme !
¹⁰ J'ai vu d'horribles choses
en Israël,
car la prostitution d'Ephraïm s'y étale,
et Israël s'en est souillé.
¹¹ Pour toi aussi, Juda, une moisson est préparée.
Au moment même où je veux changer le sort de
mon peuple[j],

7 ¹ et guérir Israël,
les péchés d'Ephraïm et les actes mauvais commi
par Samarie ont été révélés.
Car ils ont pratiqué la tromperie.
Le voleur s'introduit jusque dans les maisons,
et, dans les rues, des bandes de brigands
dépouillent les passants.
² Ils ne se disent pas
que moi je tiens des comptes de tout le mal qu'ils
font.
Maintenant, leurs méfaits, de partout, les
enserrent,
et je les garde présents à l'esprit.

Les crimes politiques

³ Par leur méchanceté, ils amusent le roi
et, par leurs tromperies, les princes.
⁴ Tous, ils sont adultères,
brûlant comme le four du boulanger
qu'il n'a nul besoin d'attiser

[g] **6.6** Cité en Mt 9.13 ; 12.7.
[h] **6.7** *tout comme Adam.* D'autres comprennent : *tout comme un homme* ou *Adam*, nom d'une localité située près du Jourdain (voir Jos 3.16).
[i] **6.8** Autre traduction : *avides de sang.*
[j] **6.11** On pourrait aussi traduire : *où j'ai voulu opérer la restauration.* Certains rattachent la fin du verset 11 à ce qui précède, au lieu d'en fa le début de la partie suivante. Il faut alors traduire : *lorsque je produirai la restauration de mon peuple* ou bien : *quand je ramènerai les captifs de mon peuple.*

whose fire the baker need not stir
from the kneading of the dough till it rises.
5 On the day of the festival of our king
the princes become inflamed with wine,
and he joins hands with the mockers.

6 Their hearts are like an oven;
they approach him with intrigue.
Their passion smolders all night;
in the morning it blazes like a flaming fire.
7 All of them are hot as an oven;
they devour their rulers.
All their kings fall,
and none of them calls on me.
8 "Ephraim mixes with the nations;
Ephraim is a flat loaf not turned over.
9 Foreigners sap his strength,
but he does not realize it.
His hair is sprinkled with gray,
but he does not notice.
10 Israel's arrogance testifies against him,
but despite all this
he does not return to the LORD his God
or search for him.
11 "Ephraim is like a dove,
easily deceived and senseless –
now calling to Egypt,
now turning to Assyria.
12 When they go, I will throw my net over them;
I will pull them down like the birds in the
sky.
When I hear them flocking together,
I will catch them.
13 Woe to them,
because they have strayed from me!
Destruction to them,
because they have rebelled against me!
I long to redeem them
but they speak about me falsely.
14 They do not cry out to me from their hearts
but wail on their beds.
They slash themselves,[y] appealing to their gods
for grain and new wine,
but they turn away from me.
15 I trained them and strengthened their arms,
but they plot evil against me.

16 They do not turn to the Most High;
they are like a faulty bow.
Their leaders will fall by the sword
because of their insolent words.

14 Some Hebrew manuscripts and Septuagint; most Hebrew
nuscripts *They gather together*

depuis qu'il a pétri la pâte
jusqu'à ce qu'elle soit entièrement levée[k].
5 Au jour où on fête leur roi,
les princes se rendent malades,
échauffés par le vin,
et le roi tend la main à ces moqueurs.
6 Ils s'approchent de lui, le cœur embrasé comme un
four, brûlant pour leur complot.
Toute la nuit, leur fureur sommeillait.
Mais au matin, elle s'embrase comme une flamme
ardente[l].
7 Tous, ils sont échauffés, tout comme un four,
ils consument leurs chefs.
Et tous leurs rois sont renversés[m]
sans qu'aucun, parmi eux, ne fasse appel à moi.
8 Ephraïm se confond avec les autres peuples,
Ephraïm est pareil à la galette qu'on n'a pas
retournée au four.
9 Des étrangers ont épuisé sa force[n]
sans qu'il s'en aperçoive.
Déjà, les cheveux blancs lui garnissent la tête
sans qu'il s'en aperçoive.
10 Mais l'orgueil d'Israël témoigne contre lui :
malgré tous ces malheurs, eux, ils ne sont pas
revenus à l'Eternel leur Dieu,
et ils ne se sont pas tournés vers lui.
11 Ephraïm est semblable à un pigeon naïf qui n'a pas
de cervelle :
il appelle l'Egypte à l'aide,
il va en Assyrie[o].
12 Mais pendant qu'il y va,
je lance mon filet sur lui
et je le fais tomber comme un oiseau.
Je le corrigerai lorsque je l'entendrai se rassembler.

13 Malheur à eux, car ils m'ont fui !
Ruine sur eux car ils se sont rebellés contre moi !
Moi, je les délivrerais bien,
mais eux ils tiennent à mon sujet des propos
mensongers.

14 Ils ne crient pas vers moi du fond du cœur,
mais ils gémissent sur leur couche.
Quand ils se font des incisions pour du blé et du vin,
de moi, ils se détournent.

15 Moi, je les instruisais,
je fortifiais leurs bras,
mais ils n'ont, envers moi, que de mauvais desseins.
16 Ils ne reviennent pas vers le Très-Haut[p],
ils sont tous devenus comme un arc qui serait
faussé ;
aussi leurs chefs tomberont par l'épée

[k] **7.4** C'est-à-dire qu'on trame des complots, puis on attend que les choses se précisent pour les mettre à exécution.
[l] **7.6** *leur fureur sommeillait ... flamme ardente.* Autre traduction : *leur boulanger dormait, et au matin, leur four est embrasé comme un feu plein d'ardeur.*
[m] **7.7** Quatre rois furent *renversés* en une vingtaine d'années, Zacharie et Shalloum en l'espace de sept mois (voir 2 R 15.10, 14, 25, 30).
[n] **7.9** Les tributs payés à Tiglath-Piléser (15, 19-20, 29) et à l'Egypte ont sapé la vie économique du pays.
[o] **7.11** Menahem s'était tourné vers l'*Assyrie* (2 R 15.19-20), Péqah vers l'Egypte, le roi Osée tantôt vers l'un, tantôt vers l'autre de ces pays pour solliciter leur aide (2 R 17.4).
[p] **7.16** Autre traduction : *vers en haut.* Voir 11.7.

For this they will be ridiculed
in the land of Egypt.

Israel to Reap the Whirlwind

8 [1] "Put the trumpet to your lips!
An eagle is over the house of the LORD
because the people have broken my covenant
and rebelled against my law.

[2] Israel cries out to me,
'Our God, we acknowledge you!'

[3] But Israel has rejected what is good;
an enemy will pursue him.
[4] They set up kings without my consent;
they choose princes without my approval.
With their silver and gold
they make idols for themselves
to their own destruction.
[5] Samaria, throw out your calf-idol!
My anger burns against them.
How long will they be incapable of purity?

[6] They are from Israel!
This calf – a metalworker has made it;
it is not God.
It will be broken in pieces,
that calf of Samaria.

[7] "They sow the wind
and reap the whirlwind.
The stalk has no head;
it will produce no flour.
Were it to yield grain,
foreigners would swallow it up.
[8] Israel is swallowed up;
now she is among the nations
like something no one wants.
[9] For they have gone up to Assyria
like a wild donkey wandering alone.
Ephraim has sold herself to lovers.
[10] Although they have sold themselves among the
nations,
I will now gather them together.
They will begin to waste away
under the oppression of the mighty king.

[11] "Though Ephraim built many altars for sin
offerings,
these have become altars for sinning.
[12] I wrote for them the many things of my law,
but they regarded them as something
foreign.
[13] Though they offer sacrifices as gifts to me,
and though they eat the meat,

à cause de leurs propos insolents.
Et l'on rira d'eux en Egypte.

Le châtiment

La colère de Dieu

8 [1] Embouche donc le cor !
C'est comme un aigle
fondant sur le pays de l'Eternel,
car ils ont violé mon alliance,
et se sont révoltés contre ma Loi.
[2] Ils crient vers moi :
"O toi, notre Dieu, nous te connaissons, nous,
Israël !"
[3] Mais Israël a rejeté le bien,
c'est pourquoi l'ennemi le poursuivra.
[4] Ils se sont établis des rois, sans mon accord,
se sont donné des chefs sans mon approbation[q].
Ils ont utilisé leur or et leur argent
pour se fabriquer des idoles
et cela causera leur perte[r].
[5] Ton veau, ô Samarie, je le rejette.
Oui, contre toi, ma colère s'est enflammée.
Combien de temps encore seras-tu incapable de
pureté ?
[6] Car ton veau, il vient d'Israël,
un artisan l'a fait,
il n'est pas Dieu.
Il sera mis en pièces, le veau de Samarie.

Le vent et la tempête

[7] Ils ont semé le vent,
ils moissonneront la tempête :
"Blé sans épi ne produira pas de farine."
Et même s'il en produisait,
ce sont des étrangers qui la dévoreraient.

[8] Oui, Israël est dévoré.
Le voici, désormais, parmi les autres peuples,
comme un objet indésirable.
[9] Car lui, il est allé s'adresser à Assur.
Un onagre sauvage garde sa liberté[s],
mais les gens d'Ephraïm se sont acheté des amant
[10] Mais ils auront beau faire des présents à des
peuples étrangers,
je vais les rassembler,
et ils dépériront
très bientôt sous le joug
du roi des princes[u].
[11] Le peuple d'Ephraïm multiplie les autels pour y
offrir des sacrifices pour le péché.
Ils ne lui ont servi qu'à pécher davantage.
[12] Et si j'écris pour lui de nombreux articles de loi,
il les regarde comme si cette loi lui était étrangèr

[13] Pour me faire une offrande ils sacrifient des bêtes
et la viande, ils la mangent ;

[q] **8.4** Voir 7.7 et note.
[r] **8.4** Autre traduction : *pour que leur argent et leur or leur soient ôtés.*
[s] **8.9** Autre traduction : *Ephraïm est comme un onagre qui se tient à l'écart.*
[t] **8.9** Autre traduction : *ont payé des amants.* Osée, dernier roi d'Israël, a
acheté l'alliance du roi d'Assyrie (voir 2 R 17.3).
[u] **8.10** C'est-à-dire du roi d'Assyrie.

the LORD is not pleased with them.
Now he will remember their wickedness
and punish their sins:
They will return to Egypt.
14 Israel has forgotten their Maker
and built palaces;
Judah has fortified many towns.
But I will send fire on their cities
that will consume their fortresses."

unishment for Israel

9 1 Do not rejoice, Israel;
do not be jubilant like the other nations.
For you have been unfaithful to your God;
you love the wages of a prostitute
at every threshing floor.

2 Threshing floors and winepresses will not feed
the people;
the new wine will fail them.
3 They will not remain in the LORD's land;
Ephraim will return to Egypt
and eat unclean food in Assyria.

4 They will not pour out wine offerings to the
LORD,
nor will their sacrifices please him.
Such sacrifices will be to them like the bread of
mourners;
all who eat them will be unclean.
This food will be for themselves;
it will not come into the temple of the LORD.
5 What will you do on the day of your appointed
festivals,
on the feast days of the LORD?
6 Even if they escape from destruction,
Egypt will gather them,
and Memphis will bury them.
Their treasures of silver will be taken over by
briers,
and thorns will overrun their tents.
7 The days of punishment are coming,
the days of reckoning are at hand.
Let Israel know this.
Because your sins are so many
and your hostility so great,
the prophet is considered a fool,
the inspired person a maniac.
8 The prophet, along with my God,
is the watchman over Ephraim,[z]
yet snares await him on all his paths,
and hostility in the house of his God.

9 They have sunk deep into corruption,
as in the days of Gibeah.

l'Eternel ne les agrée pas.
Désormais, il prendra en considération leurs fautes
et il les châtiera pour leurs péchés,
ils retourneront en Egypte.
14 Oui, Israël a oublié celui qui l'a créé,
et il s'est construit des palais,
Juda a fortifié des quantités de villes,
mais j'y mettrai le feu
qui consumera leurs palais. »

La tristesse de l'exil

9 1 Ne te réjouis pas, Israël,
n'exulte pas de joie comme les autres peuples,
car tu as délaissé ton Dieu pour te prostituer,
et, sur toutes les aires où l'on procède au battage
du blé,
tu as aimé le salaire de la débauche.
2 Mais l'aire et le pressoir ne les nourriront pas,
la récolte de vin sera bien décevante.

3 Ils n'habiteront plus dans le pays de l'Eternel.
Ephraïm[v] reprendra le chemin de l'Egypte
et ils devront manger des aliments impurs en
Assyrie.
4 Ils ne verseront plus de vin en libation pour
l'Eternel,
leurs sacrifices ne lui seront pas agréables,
leur nourriture sera comme un repas de deuil[w].
Ceux qui en mangeront se rendront tous impurs.
Leur pain ne servira que pour leur subsistance
mais il n'entrera pas dans le temple de l'Eternel.

5 Que ferez-vous alors aux jours d'assemblées
cultuelles
et pour les fêtes de l'Eternel ?
6 Car, les voilà qui partent à cause de la destruction :
l'Egypte les recueillera,
Memphis les ensevelira.
Les orties prendront possession de leurs trésors
précieux
et les ronces croîtront dans leurs habitations.
7 Le voilà arrivé, le temps du châtiment.
Ils sont venus, les jours du règlement des comptes,
sache-le Israël !
Il est fou, le prophète !
L'homme qui a l'Esprit divague !
Tes fautes abondantes en sont la cause
ainsi que cette hostilité qui vous anime[x].
8 La sentinelle d'Ephraïm c'est le prophète qui se
tient avec mon Dieu.
Pourtant des pièges sont tendus partout sur son
chemin,
il rencontre l'hostilité dans le pays[y] de son Dieu
même.
9 Ils sont profondément enfoncés dans la corruption
comme ils l'étaient jadis aux jours de Guibéa.

:8 Or *The prophet is the watchman over Ephraim, / the people of my*
d

v **9.3** C'est-à-dire Israël, le royaume du Nord.

w **9.4** A cause du châtiment qui fondra sur eux. Ceux qui participaient à un repas dans une maison où il y avait un mort se rendaient rituellement impurs (Nb 19.14 ; Dt 26.14 ; Jr 16.7).

x **9.7** C'est-à-dire *qui vous anime* contre l'Eternel et son prophète. Autre traduction : *ainsi que l'hostilité de Dieu que vous allez subir.*

y **9.8** *dans le pays:* autre traduction : *dans le temple.*

God will remember their wickedness
and punish them for their sins.

10 "When I found Israel,
it was like finding grapes in the desert;
when I saw your ancestors,
it was like seeing the early fruit on the fig tree.
But when they came to Baal Peor,
they consecrated themselves to that shameful idol
and became as vile as the thing they loved.
11 Ephraim's glory will fly away like a bird –
no birth, no pregnancy, no conception.
12 Even if they rear children,
I will bereave them of every one.
Woe to them
when I turn away from them!
13 I have seen Ephraim, like Tyre,
planted in a pleasant place.
But Ephraim will bring out
their children to the slayer."
14 Give them, LORD –
what will you give them?
Give them wombs that miscarry
and breasts that are dry.
15 "Because of all their wickedness in Gilgal,
I hated them there.
Because of their sinful deeds,
I will drive them out of my house.
I will no longer love them;
all their leaders are rebellious.
16 Ephraim is blighted,
their root is withered,
they yield no fruit.
Even if they bear children,
I will slay their cherished offspring."
17 My God will reject them
because they have not obeyed him;
they will be wanderers among the nations.

10 [1] Israel was a spreading vine;
he brought forth fruit for himself.
As his fruit increased,
he built more altars;
as his land prospered,
he adorned his sacred stones.
2 Their heart is deceitful,
and now they must bear their guilt.
The LORD will demolish their altars
and destroy their sacred stones.
3 Then they will say, "We have no king
because we did not revere the LORD.

Mais Dieu prendra en considération leurs fautes,
et il les châtiera pour leurs péchés.

Déchéance finale

10 « J'ai trouvé Israël
comme une grappe de raisins au milieu du désert,
et j'ai vu vos ancêtres
comme les premiers fruits sur un jeune figuier.
Mais eux, lorsqu'ils sont arrivés à Baal-Peor,
ils se sont consacrés à cette idole infâme
et ils sont devenus abominables comme l'objet de leur adoration.

11 La gloire d'Ephraïm fuira à tire-d'aile comme un oiseau.
Il n'y aura plus de naissances,
plus de grossesses
et plus de conceptions.
12 Et même s'ils élevaient des enfants,
je les en priverais avant que ceux-ci soient adultes.
Oui, quel malheur pour eux quand je me détournerai d'eux !
13 Je voyais Ephraïm tout comme une autre Tyr,
plantée en un lieu verdoyant[z],
Ephraïm va devoir envoyer ses enfants vers celui qui massacre. »
14 Donne-leur, Eternel ...
Que leur donneras-tu ?
Un ventre qui avorte
et des seins desséchés.
15 « Or, toute leur méchanceté s'est montrée à Guilgal[a]
et c'est là que j'ai pris ce peuple en aversion.
Leurs actions sont mauvaises,
c'est pourquoi je les chasserai de mon pays.
Je cesserai de les aimer,
car tous leurs chefs sont des rebelles.
16 Ephraïm est frappé
et sa racine est desséchée,
ils ne produiront plus de fruit,
et même si leurs femmes ont des enfants,
j'enverrai à la mort les enfants qu'ils chérissent. »
17 Oui, mon Dieu les rejettera,
car ils ne l'ont pas écouté,
et ils seront errants parmi les peuples étrangers.

Le peuple au cœur partagé

10 [1] Israël est semblable à une vigne qui dégénère[b],
il ne produit du fruit que pour lui-même.
Plus il a eu de fruit,
plus il a édifié d'autels.
Plus sa terre était belle,
plus il embellissait les stèles pour ses divinités.
2 Leur cœur est faux,
mais ils vont maintenant devoir payer leurs fautes
Lui, l'Eternel, brisera leurs autels
et il renversera leurs stèles.
3 Et alors ils diront :
« Nous n'avons pas de roi !
C'est parce que nous n'avons pas craint l'Eternel.

z **9.13** *Je voyais Ephraïm ... verdoyant.* L'ancienne version grecque a : *Ephraïm, je le vois, a fait de ses fils un gibier.*
a **9.15** Voir 4.15 et note.
b **10.1** *qui dégénère:* d'autres comprennent : *luxuriante.*

But even if we had a king,
what could he do for us?"
4 They make many promises,
take false oaths
and make agreements;
therefore lawsuits spring up
like poisonous weeds in a plowed field.

5 The people who live in Samaria fear
for the calf-idol of Beth Aven.[a]
Its people will mourn over it,
and so will its idolatrous priests,
those who had rejoiced over its splendor,
because it is taken from them into exile.
6 It will be carried to Assyria
as tribute for the great king.
Ephraim will be disgraced;
Israel will be ashamed of its foreign alliances.
7 Samaria's king will be destroyed,
swept away like a twig on the surface of the waters.
8 The high places of wickedness[b] will be destroyed –
it is the sin of Israel.
Thorns and thistles will grow up
and cover their altars.
Then they will say to the mountains, "Cover us!"
and to the hills, "Fall on us!"

9 "Since the days of Gibeah, you have sinned, Israel,
and there you have remained.[c]
Will not war again overtake
the evildoers in Gibeah?
10 When I please, I will punish them;
nations will be gathered against them
to put them in bonds for their double sin.

11 Ephraim is a trained heifer
that loves to thresh;
so I will put a yoke
on her fair neck.
I will drive Ephraim,
Judah must plow,
and Jacob must break up the ground.
12 Sow righteousness for yourselves,
reap the fruit of unfailing love,

10:5 *Beth Aven* means *house of wickedness* (a derogatory name for ethel, which means *house of God*).
10:8 Hebrew *aven*, a reference to Beth Aven (a derogatory name r Bethel); see verse 5.
10:9 Or *there a stand was taken*

Et puis si nous avions un roi, que ferait-il pour nous ? »
4 Ils donnent leur parole,
ils font de faux serments,
ils concluent des alliances,
et les procès se multiplient[c]
comme une plante vénéneuse
dans les sillons des champs.

La fin de l'idolâtrie

5 Ils ont peur pour le veau de Beth-Aven[d], les habitants de Samarie.
Et à cause de lui, ses prêtres et son peuple
prendront le deuil.
Qu'ils se réjouissent donc maintenant de sa gloire
qui s'en va loin d'eux en exil !
6 Lui aussi sera emporté bientôt en Assyrie
et sera offert au roi batailleur[e]
et Ephraïm récoltera la honte,
Israël rougira de ses desseins.
7 Samarie est détruite,
et son roi est comme[f] une écorce[g] emportée par les eaux.
8 Les hauts lieux criminels[h] où péchait Israël seront détruits.
Les chardons et les ronces croîtront sur leurs autels.
Alors ils diront aux montagnes :
« Recouvrez-nous ! »
Et aux collines : « Tombez sur nous[i] ! »

Menace et appel

9 « Depuis le temps de Guibéa,
tu as péché, ô Israël,
et tu n'as pas changé.
La guerre est déclarée aux gens injustes. Ne les atteindra-t-elle pas précisément à Guibéa ?
10 Je les corrigerai quand je voudrai.
Les armées d'autres peuples se ligueront contre eux,
ils seront enchaînés pour leurs deux crimes.
11 Or, Ephraïm était une génisse bien dressée.
Elle aimait à fouler le grain,
mais je ferai passer son beau cou sous le joug.
Je vais atteler Ephraïm,
Juda labourera,
et Jacob traînera la herse[j].

12 Semez pour la justice
et vous moissonnerez le fruit de la bonté.

c **10.4** *et les procès se multiplient.* Autre traduction : *et le droit prospère comme une plante vénéneuse dans les sillons des champs,* ce qui serait une dénonciation de la perversion du droit.
d **10.5** Voir 4.15 et note.
e **10.6** Voir 5.13 et note.
f **10.7** Autre traduction : *Samarie et son roi sont semblables à.*
g **10.7** *écorce:* autre traduction : *de l'écume.*
h **10.8** Voir v. 5.
i **10.8** Repris en Lc 23.30 ; Ap 6.16.
j **10.11** Pour certains, l'image évoque le passage d'une vie libre, où Ephraïm jouit du fruit de son labeur, à une vie d'esclave où Israël travaille sans pouvoir jouir du fruit de son travail. Pour d'autres, l'image soulignerait plutôt la légèreté d'Israël semblable à une génisse n'acceptant que le travail facile et rechignant devant un travail plus difficile.

and break up your unplowed ground;
for it is time to seek the LORD,
until he comes
and showers his righteousness on you.
13 But you have planted wickedness,
you have reaped evil,
you have eaten the fruit of deception.
Because you have depended on your own strength
and on your many warriors,
14 the roar of battle will rise against your people,
so that all your fortresses will be devastated –
as Shalman devastated Beth Arbel on the day of battle,
when mothers were dashed to the ground with their children.
15 So will it happen to you, Bethel,
because your wickedness is great.
When that day dawns,
the king of Israel will be completely destroyed.

God's Love for Israel

11 1 "When Israel was a child, I loved him,
and out of Egypt I called my son.
2 But the more they were called,
the more they went away from me.[d]
They sacrificed to the Baals
and they burned incense to images.
3 It was I who taught Ephraim to walk,
taking them by the arms;
but they did not realize
it was I who healed them.
4 I led them with cords of human kindness,
with ties of love.
To them I was like one who lifts
a little child to the cheek,
and I bent down to feed them.
5 "Will they not return to Egypt
and will not Assyria rule over them
because they refuse to repent?
6 A sword will flash in their cities;
it will devour their false prophets
and put an end to their plans.

d 11:2 Septuagint; Hebrew *them*

Défrichez-vous un champ nouveau[k]
car voici qu'il est temps de se tourner vers l'Eternel
en attendant qu'il vienne
et qu'il fasse pleuvoir la justice pour vous.
13 Vous avez labouré, préparé le terrain pour la méchanceté.
Vous avez moissonné de l'injustice
et du mensonge, vous en avez mangé le fruit,
car vous avez placé
votre confiance dans votre politique[l]
et dans la multitude de vos guerriers.
14 C'est pourquoi, chez ton peuple, on entendra un bruit tumultueux.
Toutes vos forteresses seront détruites
tout comme Beth-Arbel l'a été par Salman[m]
en ce jour de combat
où l'on a renversé la ville sur sa population[n].
15 Voilà le triste sort que vous vaudra Béthel
à cause de l'excès de la méchanceté qui est la vôtre.
Le roi d'Israël, dès l'aurore,
ne sera plus.

L'amour de l'Eternel

L'amour d'autrefois

11 1 Quand Israël était enfant, je l'ai aimé,
alors j'ai appelé mon fils à sortir de l'Egypte[o].
2 Plus on l'a appelé, plus il s'est éloigné[p] de ceux qui l'appelaient.
C'est aux Baals qu'il sacrifie,
aux idoles taillées qu'il offre de l'encens.
3 Pourtant, c'est moi qui, pour ses premiers pas, ai guidé Ephraïm,
en le soutenant par les bras[q],
mais il n'a pas voulu savoir que moi, je prenais soin de lui.
4 C'est par des liens d'une tendresse tout humaine
et des cordes d'amour que je le conduisais,
et j'ai été pour lui comme quelqu'un qui porte un nourrisson
contre ses joues pour lui tendre à manger[r].
5 Puisqu'ils ont refusé de revenir à moi,
ils ne retourneront pas en Egypte,
ce sera l'Assyrie qui régnera sur eux.
6 Le glaive va s'abattre sur leurs cités,
où il mettra en pièces les barres de leurs portes
et il dévorera leurs habitants
à cause de leurs stratagèmes.

k **10.12** Repris en Jr 4.3.
l **10.13** *politique.* Autre traduction possible, d'après l'ougaritique : *puissance.*
m **10.14** Allusion à un événement inconnu par ailleurs. Selon certains, *Beth-Arbel* serait une ville de Transjordanie et *Salman* le roi moabite nommé Salamana, mentionné sur les tablettes du roi assyrien Tiglath-Piléser III (747 à 727 av. J.-C.). D'autres l'identifient au roi assyrien Salmanasar III (859-824), ou à Salmanasar V (727-722).
n **10.14** *la ville sur sa population.* Autres traductions : *la ville, les villages qui en dépendent* ou *les mères, leurs enfants.*
o **11.1** Cité en Mt 2.15.
p **11.2** Il s'agit peut-être des prophètes qui ont appelé Israël à la repentance au cours de son histoire. L'ancienne version grecque porte : Plus je l'ai appelé, plus ils se sont éloignés de moi.
q **11.3** L'ancienne version grecque a : *et qui l'ai porté dans mes bras.*
r **11.4** *et j'ai été pour lui ... à manger.* Autre traduction : *j'ai comme soulevé pour eux le mors du joug au-dessus des mâchoires pour leur tendre à manger.*

[7] My people are determined to turn from me.
Even though they call me God Most High,
I will by no means exalt them.

[8] "How can I give you up, Ephraim?
How can I hand you over, Israel?
How can I treat you like Admah?
How can I make you like Zeboyim?
My heart is changed within me;
all my compassion is aroused.
[9] I will not carry out my fierce anger,
nor will I devastate Ephraim again.
For I am God, and not a man –
the Holy One among you.
I will not come against their cities.
[10] They will follow the LORD;
he will roar like a lion.
When he roars,
his children will come trembling from the west.
[11] They will come from Egypt,
trembling like sparrows,
from Assyria, fluttering like doves.
I will settle them in their homes,"
declares the LORD.

srael's Sin

[12] Ephraim has surrounded me with lies,
Israel with deceit.
And Judah is unruly against God,
even against the faithful Holy One.[e]

2 [1][f]Ephraim feeds on the wind;
he pursues the east wind all day
and multiplies lies and violence.
He makes a treaty with Assyria
and sends olive oil to Egypt.
[2] The LORD has a charge to bring against Judah;
he will punish Jacob[g] according to his ways
and repay him according to his deeds.
[3] In the womb he grasped his brother's heel;
as a man he struggled with God.

[4] He struggled with the angel and overcame him;
he wept and begged for his favor.
He found him at Bethel

11:12 In Hebrew texts this verse (11:12) is numbered 12:1.
n Hebrew texts 12:1-14 is numbered 12:2-15.
12:2 *Jacob* means *he grasps the heel,* a Hebrew idiom for *he takes*
vantage of or *he deceives.*

[7] Mon peuple est décidé à me tourner le dos.
On les appelle à se tourner vers le Très-Haut[s],
mais jamais aucun d'eux ne daigne élever le regard.

L'amour vaincra

[8] Comment pourrais-je t'abandonner, ô Ephraïm ?
Comment pourrais-je te livrer, ô Israël,
te traiter comme Adma,
ou te rendre semblable à Tseboïm ?
Mon cœur est tout bouleversé,
je suis tout ému de pitié[t].
[9] Non, je n'agirai pas selon mon ardente colère,
je ne détruirai pas de nouveau Ephraïm ;
parce que moi, moi, je suis Dieu,
je ne suis pas un homme,
et je suis saint, moi qui suis au milieu de vous ;
et je ne viendrai pas animé de colère[u].
[10] Ils suivront l'Eternel :
comme un lion, il rugira.
A ses rugissements,
ses fils accourront en tremblant de l'Occident.

[11] Tremblants, ils reviendront d'Egypte, tout comme des oiseaux.
Et comme des colombes, ils reviendront de l'Assyrie.
Je les rétablirai dans leurs maisons,
l'Eternel le déclare. »

LE SALUT PAR LE RETOUR À L'ÉTERNEL

Le procès

Les fautes d'Israël

12 [1]Le peuple d'Ephraïm me cerne de mensonges,
la communauté d'Israël de tromperie.
Juda marche encore avec Dieu,
il est fidèle parmi les saints[v].
[2] Ephraïm se repaît de vent
et, à longueur de jour, il court après le vent d'orient.
Il multiplie la fraude et la violence.
Il fait alliance avec Assur
et porte de l'huile[w] en Egypte.
[3] Contre Juda[x] l'Eternel intente un procès.
Il va châtier Jacob pour sa conduite,
il le rétribuera selon ses actes.
[4] Dans le sein de sa mère,
il supplanta[y] son frère
et dans son âge mûr, il lutta avec Dieu.
[5] Il lutta avec l'ange et il sortit vainqueur,
il pleura et le supplia.
Il rencontra Dieu à Béthel,

[s] **11.7** *vers le Très-Haut:* autre traduction : *vers en haut.*
[t] **11.8** *Adma* et *Tseboïm:* deux villes voisines de Sodome et Gomorrhe et qui furent détruites avec elles (Dt 29.22).
[u] **11.9** *pas animé de colère:* autre traduction : *plus contre ses villes.*
[v] **12.1** *Juda ... les saints:* sens incertain. Autres traductions : *Juda est fidèle au Dieu saint* ou *Juda erre avec le dieu El, et il est fidèle aux saints* (où l'expression *les saints* désignerait les dieux du panthéon cananéen) ou bien : *Juda est en révolte contre Dieu et contre les saints fidèles.*
[w] **12.2** On utilisait de l'*huile* dans certaines cérémonies de conclusion d'alliance.
[x] **12.3** Plusieurs indices font penser qu'il peut y avoir ici une erreur de scribe et que l'original portait *Israël* au lieu de *Juda.*
[y] **12.4** Ce verbe fait assonance avec le nom *Jacob* (voir Gn 27.36).

and talked with him there –
[5] the LORD God Almighty,
the LORD is his name!
[6] But you must return to your God;
maintain love and justice,
and wait for your God always.
[7] The merchant uses dishonest scales
and loves to defraud.

[8] Ephraim boasts,
"I am very rich; I have become wealthy.
With all my wealth they will not find in me
any iniquity or sin."

[9] "I have been the LORD your God
ever since you came out of Egypt;
I will make you live in tents again,
as in the days of your appointed festivals.

[10] I spoke to the prophets,
gave them many visions
and told parables through them."

[11] Is Gilead wicked?
Its people are worthless!
Do they sacrifice bulls in Gilgal?
Their altars will be like piles of stones
on a plowed field.

[12] Jacob fled to the country of Aram[h];
Israel served to get a wife,
and to pay for her he tended sheep.

[13] The LORD used a prophet to bring Israel up from
Egypt,
by a prophet he cared for him.
[14] But Ephraim has aroused his bitter anger;
his Lord will leave on him the guilt of his
bloodshed
and will repay him for his contempt.

The LORD's Anger Against Israel

13 [1] When Ephraim spoke, people trembled;
he was exalted in Israel.
But he became guilty of Baal worship and
died.

[2] Now they sin more and more;
they make idols for themselves from their
silver,
cleverly fashioned images,

[h] 12:12 That is, Northwest Mesopotamia

et là, Dieu nous parla.
[6] C'est l'Eternel, Dieu des armées célestes,
oui, l'Eternel. C'est ainsi qu'on parle de lui.
[7] Maintenant, ô Jacob, reviens donc à ton Dieu.
Pratique l'amour et le droit
et compte en tout temps sur ton Dieu.
[8] Tout comme des Cananéens[z], ces gens tiennent en
main des balances truquées
et ils se plaisent à frauder.
[9] Ephraïm dit :
« Ah, je me suis bien enrichi !
j'ai acquis de grands biens.
Dans toutes mes affaires[a],
on ne pourra trouver de faute qui serait un péché.
[10] « Moi, je suis l'Eternel ton Dieu,
depuis l'Egypte,
et je te ferai de nouveau habiter sous des tentes
tout comme aux jours où l'on célèbre la fête des
Cabanes.
[11] J'ai parlé aux prophètes
et je leur ai donné des révélations en grand
nombre,
je parlerai encore en paraboles
par des prophètes. »
[12] Puisque Galaad est inique il ne vaut plus
grand-chose[b],
car ils offrent en sacrifice des taureaux à Guilgal[c] ;
aussi leurs autels seront-ils réduits en des tas de
décombres
dans les sillons des champs.
[13] Or, Jacob s'est enfui dans la plaine d'Aram,
Israël a servi pour une femme ;
pour une femme, il s'est fait gardien de
troupeaux[d].
[14] Or l'Eternel a fait sortir Israël de l'Egypte
par un prophète[e].
Par un prophète, Israël a été gardé.
[15] Ephraïm a irrité Dieu amèrement,
c'est pourquoi son Seigneur ne lui pardonne pas le
sang qu'il a versé,
et il lui revaudra
le mépris dont il a fait preuve.

Le prix de la révolte

13 [1] Dès qu'Ephraïm parlait,
tous étaient terrifiés,
il portait la terreur en Israël,
il s'est rendu coupable en adorant Baal.
C'est pourquoi il est mort.
[2] Et maintenant, voilà ces gens qui pèchent
davantage,
faisant de leur argent des idoles fondues,
des statues façonnées avec habileté :

[z] **12.8** Jeu sur les deux sens du terme hébreu traduit par *Cananéens*, qui signifie aussi *marchands*.
[a] **12.9** Autre traduction : *Tout cela n'est que le produit de mon travail.*
[b] **12.12** Autre traduction : *il n'est plus que fausseté.*
[c] **12.12** Voir 4.15 et note.
[d] **12.13** Jacob a fui à Paddân-Aram (Gn 28.2-5) où il a servi Laban durant sept ans pour chacune de ses deux femmes (Gn 29.20-28) puis a continu[é] à garder les troupeaux de son beau-père (Gn 30.31 ; 31.41).
[e] **12.14** Moïse (voir Nb 12.6-8 ; Dt 18.15 ; 34.10).

all of them the work of craftsmen.
It is said of these people,
"They offer human sacrifices!
They kiss[a] calf-idols!"
3 Therefore they will be like the morning mist,
like the early dew that disappears,
like chaff swirling from a threshing floor,
like smoke escaping through a window.

4 "But I have been the LORD your God
ever since you came out of Egypt.
You shall acknowledge no God but me,
no Savior except me.
5 I cared for you in the wilderness,
in the land of burning heat.

6 When I fed them, they were satisfied;
when they were satisfied, they became proud;
then they forgot me.

7 So I will be like a lion to them,
like a leopard I will lurk by the path.
8 Like a bear robbed of her cubs,
I will attack them and rip them open;
like a lion I will devour them –
a wild animal will tear them apart.

9 "You are destroyed, Israel,
because you are against me, against your helper.
10 Where is your king, that he may save you?
Where are your rulers in all your towns,
of whom you said,
'Give me a king and princes'?

11 So in my anger I gave you a king,
and in my wrath I took him away.
12 The guilt of Ephraim is stored up,
his sins are kept on record.
13 Pains as of a woman in childbirth come to him,
but he is a child without wisdom;
when the time arrives,
he doesn't have the sense to come out of the womb.
14 "I will deliver this people from the power of the grave;
I will redeem them from death.
Where, O death, are your plagues?
Where, O grave, is your destruction?
"I will have no compassion,

[a] 13:2 Or "*Men who sacrifice / kiss*

ouvrages d'artisans que tout cela !
On dit à leur propos :
ils offrent des humains en sacrifice[f]
et ils font des baisers aux veaux[g] !
3 C'est pourquoi ils seront semblables aux nuées matinales,
à la rosée de l'aube qui bientôt se dissipe,
à un fétu de paille emporté loin de l'aire en tourbillon,
et à de la fumée sortant d'une ouverture.
4 « Pourtant moi, l'Eternel, je suis ton Dieu
depuis l'Egypte
et, en dehors de moi, tu ne connais pas d'autre Dieu,
il n'y a pas d'autre Sauveur que moi.
5 C'est moi qui suis entré en union avec toi[h] dans le désert,
dans une terre aride.
6 Lorsqu'ils sont arrivés dans de gras pâturages,
ils se sont rassasiés ;
quand ils furent repus,
l'orgueil les a saisis
là-dessus, ils m'ont oublié.
7 Mais je serai pour eux semblable à un lion
et, comme un léopard sur leur chemin,
je serai aux aguets.
8 Et comme une ourse privée de ses petits, je les attaquerai
et leur déchirerai l'enveloppe du cœur.
Je les dévorerai là, comme une lionne ;
ils seront mis en pièces par les bêtes sauvages.
9 Israël, te voilà détruit.
Qui te viendrait en aide[i] ?

10 Où est-il à présent, votre roi, où est-il ?
Qu'il vienne vous sauver dans toutes vos cités !
Où sont-ils à présent, vos chefs auxquels vous demandiez :
"Donnez-nous donc un roi et des ministres" ?
11 Oui, je te donnerai un roi dans ma colère,
je te le reprendrai dans mon indignation.
12 Le crime d'Ephraïm est bien enregistré,
et son péché est bien noté.
13 Les douleurs de l'enfantement vont survenir pour lui,
mais l'enfant est stupide :
le terme est arrivé, et il ne quitte pas le sein qui l'a porté.
14 Devrais-je donc les affranchir du pouvoir du sépulcre ?
Et, de la mort, devrais-je les sauver ?
O mort, où est ta force ?
Sépulcre, où est ton pouvoir destructeur[j] ?
Je ne peux plus les avoir en pitié.

f **13.2** Les sacrifices humains sont mentionnés, entre autres, en 2 R 17.17 ; 23.10 ; Ez 20.26: Mi 6.7.
g **13.2** Geste d'hommage à une divinité (1 R 19.18 ; Jb 31.27), adressé aux veaux d'or dressés par Jéroboam (voir 4.15 et note ; 8.5 ; 10.5 ; 1 R 12.28-29).
h **13.5** Selon le texte hébreu traditionnel. L'ancienne version grecque et la version syriaque ont : *j'ai été ton berger.*
i **13.9** Selon l'ancienne version grecque et la syriaque. Texte hébreu traditionnel : *parce que tu t'opposes à moi, moi qui pourrais te secourir.* La différence tient à une seule lettre en hébreu.
j **13.14** Les mots *ta force* rend l'hébreu : *tes pestes.* Cité en 1 Co 15.55.

15 even though he thrives among his brothers.
An east wind from the LORD will come,
blowing in from the desert;
his spring will fail
and his well dry up.
His storehouse will be plundered
of all its treasures.
16 The people of Samaria must bear their guilt,
because they have rebelled against their God.
They will fall by the sword;
their little ones will be dashed to the ground,
their pregnant women ripped open."[j]

Repentance to Bring Blessing

14 1[k]Return, Israel, to the LORD your God.
Your sins have been your downfall!
2 Take words with you
and return to the LORD.
Say to him:
"Forgive all our sins
and receive us graciously,
that we may offer the fruit of our lips.[l]
3 Assyria cannot save us;
we will not mount warhorses.
We will never again say 'Our gods'
to what our own hands have made,
for in you the fatherless find compassion."
4 "I will heal their waywardness
and love them freely,
for my anger has turned away from them.
5 I will be like the dew to Israel;
he will blossom like a lily.
Like a cedar of Lebanon
he will send down his roots;
6 his young shoots will grow.
His splendor will be like an olive tree,
his fragrance like a cedar of Lebanon.
7 People will dwell again in his shade;
they will flourish like the grain,
they will blossom like the vine –
Israel's fame will be like the wine of Lebanon.

8 Ephraim, what more have I[m] to do with idols?
I will answer him and care for him.
I am like a flourishing juniper;
your fruitfulness comes from me."

9 Who is wise? Let them realize these things.
Who is discerning? Let them understand.
The ways of the LORD are right;
the righteous walk in them,

[j] 13:16 In Hebrew texts this verse (13:16) is numbered 14:1.
[k] In Hebrew texts 14:1-9 is numbered 14:2-10.
[l] 14:2 Or *offer our lips as sacrifices of bulls*
[m] 14:8 Or Hebrew; Septuagint *What more has Ephraim*

15 Ephraïm a beau prospérer[k] au milieu de l'herbage[l],
le vent d'orient viendra,
un vent de l'Eternel montera du désert
et il desséchera la source d'Ephraïm,
il fera tarir sa fontaine.
L'ennemi pillera tout son trésor[m], tous les objets
précieux.
14 1Samarie paiera pour ses fautes
parce qu'elle s'est révoltée contre son Dieu,
ses habitants mourront sous les coups de l'épée,
ses bébés seront écrasés,
et l'on fendra le ventre de ses femmes enceintes. »

Appel et promesse

2 Reviens donc, Israël, à l'Eternel, ton Dieu,
car ce sont tes péchés qui ont causé ta chute.
3 Préparez vos paroles
et revenez à l'Eternel,
et dites-lui : « Pardonne toute faute,
et prends en bonne part que nous t'offrions en
retour, en sacrifice, l'hommage de nos lèvres, er
guise de taureaux.
4 Ce n'est pas l'Assyrie, qui pourra nous sauver,
nous ne monterons pas sur des chevaux de guerre
et nous ne dirons plus à l'œuvre de nos mains : "To
tu es notre Dieu",
car c'est toi qui as compassion de l'orphelin. »
5 « Moi, je les guérirai de leur apostasie,
je leur témoignerai librement mon amour
parce que ma colère se détournera d'eux.
6 Oui, je serai pour Israël semblable à la rosée,
il fleurira comme le lis,
et s'enracinera comme les cèdres du Liban.

7 Ses rameaux s'étendront au loin
et il aura la majesté de l'olivier,
et son parfum sera semblable à celui du Liban.
8 Ils reviendront
habiter à son ombre,
ils revivront comme le blé
et fleuriront comme la vigne,
et ils auront la renommée des grands vins du Libar
9 O Ephraïm ... qu'as-tu à faire[n] encore des idoles ?
Moi, je l'exaucerai, je veillerai[o] sur lui.
Je suis comme un cyprès qui reste toujours vert,
tu porteras du fruit et c'est moi qui l'aurai
produit. »
10 Qui donc est assez sage
pour comprendre ces choses,
assez intelligent pour les connaître ?
Les voies que l'Eternel prescrit sont droites,

[k] 13.15 Jeu de mots avec *Ephraïm* qui signifie : *fécond.* Le *vent d'orient* (Jb 1.19 ; Es 27.8 ; Jr 4.11 ; 13.24 ; 18.17) est une image de l'Assyrie, instrument de Dieu (Es 10.5, 15) qui envahira le royaume du Nord en 734 et y mettra fin en 722-721 av. J.-C.
[l] 13.15 *au milieu de l'herbage:* traduction incertaine. Le texte hébreu traditionnel porte : « fils de frères ». Certains corrigent, en ajoutant une lettre, pour obtenir : *parmi des frères.* Certains pensent que « fils de frères » pourrait se référer au fait qu'Ephraïm a été adopté par Jacob comme son fils et a reçu une part d'héritage avec ses oncles.
[m] 13.15 Autre traduction : *le grenier.*
[n] 14.9 *qu'as-tu à faire:* d'après l'ancienne version grecque. Le texte hébre traditionnel a : *qu'ai-je à faire.*
[o] 14.9 Le verbe *exaucer* fait assonance, en hébreu, avec le nom de la déesse Anat, et le verbe *veiller* avec celui de la déesse Ashéra.

but the rebellious stumble in them.

les justes les suivront,
tandis que les rebelles trébucheront sur elles.

Joel

1 [1]The word of the LORD that came to Joel son of Pethuel.

An Invasion of Locusts

[2] Hear this, you elders;
listen, all who live in the land.
Has anything like this ever happened in your days
or in the days of your ancestors?
[3] Tell it to your children,
and let your children tell it to their children,
and their children to the next generation.
[4] What the locust swarm has left
the great locusts have eaten;
what the great locusts have left
the young locusts have eaten;
what the young locusts have left
other locusts[a] have eaten.
[5] Wake up, you drunkards, and weep!
Wail, all you drinkers of wine;
wail because of the new wine,
for it has been snatched from your lips.
[6] A nation has invaded my land,
a mighty army without number;
it has the teeth of a lion,
the fangs of a lioness.
[7] It has laid waste my vines
and ruined my fig trees.
It has stripped off their bark
and thrown it away,
leaving their branches white.
[8] Mourn like a virgin in sackcloth
grieving for the betrothed of her youth.

[9] Grain offerings and drink offerings
are cut off from the house of the LORD.
The priests are in mourning,
those who minister before the LORD.
[10] The fields are ruined,
the ground is dried up;
the grain is destroyed,
the new wine is dried up,
the olive oil fails.
[11] Despair, you farmers,
wail, you vine growers;
grieve for the wheat and the barley,

[a] **1:4** The precise meaning of the four Hebrew words used here for locusts is uncertain.

Joël

Fléau de sauterelles

1 [1]Parole que l'Eternel a adressée à Joël, fils de Petou

Sur la désolation du pays

[2] Ecoutez ceci, vous, responsables du peuple[a],
vous tous, habitants du pays, prêtez l'oreille.
Est-il, de votre temps,
ou bien du temps de vos ancêtres, survenu rien de tel ?
[3] Racontez-le à vos enfants,
qu'eux-mêmes le racontent à leurs propres enfant
qui, eux, le transmettront à leurs propres enfants
[4] Ce qu'a laissé le vol de sauterelles,
d'autres sauterelles l'ont dévoré ;
ce que les sauterelles ont laissé,
les criquets l'ont mangé ;
ce que les criquets ont laissé,
les grillons l'ont mangé[b].
[5] Réveillez-vous, ivrognes, pleurez !
Hurlez, tous les buveurs de vin,
oui, car le vin nouveau est ôté de vos bouches.

[6] Un peuple attaque mon pays,
il est puissant, on ne peut le compter.
Il a des crocs de lion,
il a des dents de lion.
[7] Il a fait de mes vignes une dévastation,
et mes figuiers, il les a mis en pièces,
il a complètement pelé leurs troncs et jonché le so de débris,
leurs rameaux sont tout blancs.
[8] Lamente-toi, mon peuple, comme une jeune femm
qui aurait revêtu le vêtement de deuil
pour pleurer le mari de sa jeunesse.
[9] Quant au temple de l'Eternel, libations et offrande lui font défaut[c] ;
les prêtres qui font le service de l'Eternel, sont da le deuil.
[10] Les champs sont ravagés,
la terre est dans le deuil,
car le blé est détruit,
le vin nouveau est dans la honte,
l'huile fraîche a tari.
[11] Les laboureurs sont dans la honte,
les cultivateurs des vergers et les vignerons hurlent,
à cause du blé et de l'orge,

[a] **1.2** Ou : *vieillards* (v. 14 ; 2.16 ; 3.1 où le mot reparaît avec l'un ou l'autr sens).

[b] **1.4** Dans ce verset, l'hébreu semble employer quatre mots synonyme qui désignent la sauterelle. D'autres pensent à quatre sortes de sauterelles ou d'insectes, ou à quatre stades du développement du même animal, de la larve à l'insecte adulte.

[c] **1.9** Sur les *libations*, voir Ex 30.9 ; Lv 23.18 ; Nb 15.1-16. Comme tous les produits du sol ont été détruits, on ne peut plus faire d'offrande au Temple.

because the harvest of the field is destroyed.
12 The vine is dried up
and the fig tree is withered;
the pomegranate, the palm and the apple[b]
tree –
all the trees of the field – are dried up.
Surely the people's joy
is withered away.

Call to Lamentation

13 Put on sackcloth, you priests, and mourn;
wail, you who minister before the altar.
Come, spend the night in sackcloth,
you who minister before my God;
for the grain offerings and drink offerings
are withheld from the house of your God.

14 Declare a holy fast;
call a sacred assembly.
Summon the elders
and all who live in the land
to the house of the LORD your God,
and cry out to the LORD.

15 Alas for that day!
For the day of the LORD is near;
it will come like destruction from the
Almighty.[c]
16 Has not the food been cut off
before our very eyes –
joy and gladness
from the house of our God?
17 The seeds are shriveled
beneath the clods.[d]
The storehouses are in ruins,
the granaries have been broken down,
for the grain has dried up.
18 How the cattle moan!
The herds mill about
because they have no pasture;
even the flocks of sheep are suffering.

19 To you, LORD, I call,
for fire has devoured the pastures in the
wilderness
and flames have burned up all the trees of
the field.
20 Even the wild animals pant for you;
the streams of water have dried up
and fire has devoured the pastures in the
wilderness.

Army of Locusts

1 Blow the trumpet in Zion;
sound the alarm on my holy hill.

12 Or possibly *apricot*
15 Hebrew *Shaddai*
17 The meaning of the Hebrew for this word is uncertain.

car il ne reste rien de la moisson des champs.
12 Les vignes sont honteuses
et les figuiers s'étiolent,
le grenadier et le palmier, ainsi que le pommier,
tous les arbres des champs sont desséchés.
La joie est dans la honte parmi les hommes.

Jeûne et lamentation nationaux

13 Ceignez-vous, vous, les prêtres, d'une toile de sac,
lamentez-vous ! Hurlez, vous tous qui officiez
devant l'autel !
Venez passer la nuit vêtus d'un habit de toile de
sac[d],
vous qui servez mon Dieu,
parce qu'il n'y a plus d'offrandes, ni de libations qui
arrivent dans le temple de votre Dieu.
14 Publiez donc un jeûne, et convoquez une réunion
cultuelle,
rassemblez les responsables du peuple avec tous les
habitants du pays
au temple de l'Eternel, de votre Dieu.
Suppliez l'Eternel !

La sécheresse

15 Hélas, quel jour !
Le jour de l'Eternel approche !
Comme un fléau dévastateur déchaîné par le Tout-
Puissant, il va venir.
16 Car ne nous a-t-on pas ôté la nourriture sous nos
yeux ?
Et du temple de notre Dieu
n'a-t-on pas retiré la joie et l'allégresse ?
17 Les graines répandues pourrissent sous les mottes,
les greniers sont en ruine,
les silos démolis,
car le blé fait défaut[e].

18 Ecoutez le bétail, comme il gémit !
Les troupeaux de bovins ne savent où aller[f],
car ils ne trouvent plus de pâturages
et les troupeaux de moutons et de chèvres sont
atteints eux aussi.
19 C'est vers toi, Eternel, que je pousse des cris.
Oui, car le feu dévore les pâturages de la steppe,
et la flamme consume tous les arbres des champs.

20 Et même les bêtes sauvages vers toi se tournent,
car les cours d'eau se sont taris[g],
le feu dévore les pâturages de la steppe.

Le déferlement de l'invasion

2 1 Sonnez du cor dans les murs de Sion,
donnez l'alarme sur ma sainte montagne !

[d] **1.13** Marque de deuil.
[e] **1.17** Ce verset contient plusieurs termes que l'on ne rencontre qu'ici et dont le sens n'est pas connu. La traduction de ce verset est donc incertaine.
[f] **1.18** Autre traduction : *sont consternés*.
[g] **1.20** Réminiscence du Ps 42.2.

Let all who live in the land tremble,
for the day of the LORD is coming.
It is close at hand –
2 a day of darkness and gloom,
a day of clouds and blackness.
Like dawn spreading across the mountains
a large and mighty army comes,
such as never was in ancient times
nor ever will be in ages to come.

3 Before them fire devours,
behind them a flame blazes.
Before them the land is like the garden of Eden,
behind them, a desert waste –
nothing escapes them.

4 They have the appearance of horses;
they gallop along like cavalry.
5 With a noise like that of chariots
they leap over the mountaintops,
like a crackling fire consuming stubble,
like a mighty army drawn up for battle.

6 At the sight of them, nations are in anguish;
every face turns pale.
7 They charge like warriors;
they scale walls like soldiers.
They all march in line,
not swerving from their course.
8 They do not jostle each other;
each marches straight ahead.
They plunge through defenses
without breaking ranks.
9 They rush upon the city;
they run along the wall.
They climb into the houses;
like thieves they enter through the windows.
10 Before them the earth shakes,
the heavens tremble,
the sun and moon are darkened,
and the stars no longer shine.
11 The LORD thunders
at the head of his army;
his forces are beyond number,
and mighty is the army that obeys his
command.
The day of the LORD is great;
it is dreadful.
Who can endure it?

Rend Your Heart

12 "Even now," declares the LORD,
"return to me with all your heart,

Tremblez, vous tous, habitants du pays,
car il arrive le jour de l'Eternel,
il est tout proche !
2 C'est un jour de ténèbres, un jour d'obscurité.
C'est un jour de nuages et de nuées épaisses.
Comme l'aurore qui se répand sur les montagnes,
voici un peuple très nombreux et puissant.
Il n'y en a pas eu de semblable par le passé,
et après lui, il n'y en aura plus[h]
dans les générations les plus lointaines.
3 Un feu dévore devant lui
et la flamme consume derrière lui.
Avant qu'il ne le foule, le pays s'étendait comme u
jardin d'Eden,
mais après son passage ce n'est plus qu'un désert
tout entier dévasté ;
non, rien ne lui échappe.
4 On dirait, à les voir, des chevaux qui s'élancent ;
ils courent comme des chevaux d'attelage.
5 Les voilà qui bondissent
dans un fracas semblable à celui de chars cahotan
au sommet des montagnes.
C'est le crépitement d'une flamme de feu
qui dévore le chaume.
Et c'est comme un peuple puissant
en ordre de bataille.
6 Et à cause de lui, les peuples sont saisis d'angoisse
tous les visages pâlissent de frayeur.
7 Les voilà qui se précipitent comme de vrais
guerriers,
et, comme des soldats, ils escaladent la muraille.
Chacun va son chemin
sans dévier de sa route,
8 oui, sans se bousculer : les uns les autres
ils vont chacun sur son chemin.
Ils se ruent à travers les projectiles[i],
rien n'interrompt leur marche.
9 Dans la ville, ils se précipitent,
ils courent sur les murs,
ils escaladent les maisons,
passent par les fenêtres, tout comme des voleurs.
10 La terre tremble devant eux,
le ciel est ébranlé,
le soleil et la lune sont plongés dans l'obscurité.
Les astres perdent leur éclat,
11 tandis que l'Eternel fait retentir sa voix en tête de
ses troupes,
son camp est tellement nombreux
et il est si puissant celui qui exécute sa parole !
Le jour de l'Eternel est grand
et terrible à l'extrême !
Qui pourra l'endurer ?

Appel à la repentance

12 Mais maintenant encore,
l'Eternel le déclare,
revenez donc à moi, revenez de tout votre cœur,

h 2.2 Selon certains, il s'agirait toujours, au chapitre 2, d'une invasion de sauterelles, soit de la même que celle du chapitre 1 soit d'une autre Selon d'autres, le chapitre 2 décrirait une invasion militaire dont les sauterelles n'étaient qu'un signe avant-coureur (voir v. 20 et note).
i 2.8 *les projectiles.* Autre traduction : *le canal de Siloé.*

with fasting and weeping and mourning."

13 Rend your heart
and not your garments.
Return to the LORD your God,
for he is gracious and compassionate,
slow to anger and abounding in love,
and he relents from sending calamity.

14 Who knows? He may turn and relent
and leave behind a blessing –
grain offerings and drink offerings
for the LORD your God.

15 Blow the trumpet in Zion,
declare a holy fast,
call a sacred assembly.
16 Gather the people,
consecrate the assembly;
bring together the elders,
gather the children,
those nursing at the breast.
Let the bridegroom leave his room
and the bride her chamber.

17 Let the priests, who minister before the LORD,
weep between the portico and the altar.
Let them say, "Spare your people, LORD.
Do not make your inheritance an object of scorn,
a byword among the nations.
Why should they say among the peoples,
'Where is their God?' "

he LORD's Answer

18 Then the LORD was jealous for his land
and took pity on his people.

19 The LORD replied[e] to them:
"I am sending you grain, new wine and olive oil,
enough to satisfy you fully;
never again will I make you
an object of scorn to the nations.

20 "I will drive the northern horde far from you,
pushing it into a parched and barren land;
its eastern ranks will drown in the Dead Sea
and its western ranks in the Mediterranean Sea.

[e] 2:18,19 Or *LORD will be jealous ... / and take pity ... / 19 The LORD will reply*

avec le jeûne, avec des larmes et des lamentations.
13 Déchirez votre cœur, et non vos vêtements,
et revenez à l'Eternel, lui qui est votre Dieu.
Car il est plein de grâce,
il est compatissant
et lent à la colère,
il est riche en amour
et il renonce volontiers au malheur dont il avait menacé.
14 Qui sait ? Peut-être l'Eternel se ravisera-t-il
et changera-t-il lui aussi de ligne de conduite.
Qui sait s'il ne laissera pas derrière lui une bénédiction
pour que vous puissiez faire des offrandes, des libations à l'Eternel, lui qui est votre Dieu ?
15 Sonnez du cor dans les murs de Sion
pour publier un jeûne,
et annoncer une réunion cultuelle.
16 Réunissez le peuple,
convoquez l'assemblée,
rassemblez les vieillards,
regroupez les enfants,
même les nourrissons ;
que le jeune marié abandonne sa chambre,
que la jeune mariée quitte aussi la chambre nuptiale,
17 et que les prêtres qui servent l'Eternel
se tiennent en pleurant
entre le portique et l'autel[j].
Qu'ils prient ainsi :
O Eternel, aie pitié de ton peuple,
n'expose pas celui qui t'appartient au déshonneur
ni aux railleries d'autres peuples !
Car pourquoi dirait-on parmi les peuples :
« Où est leur Dieu ? »

La réponse de l'Eternel

18 Ah ! L'Eternel éprouve pour son pays un amour passionné
et il a pitié de son peuple.
19 C'est pourquoi il répond
et il dit à son peuple :
« Je vais vous envoyer le blé,
le vin nouveau et l'huile fraîche,
et vous en serez rassasiés.
Je ne vous exposerai plus à l'opprobre parmi les peuples,
20 et l'ennemi du nord[k], je l'éloigne de vous,
oui, je le chasse en une terre aride, un pays désolé,
en expédiant son avant-garde vers la mer Morte
et son arrière-garde vers la mer Méditerranée.

j **2.17** C'est-à-dire dans le parvis des prêtres entre l'autel des holocaustes et le lieu saint.

k **2.20** Selon certains, des troupes ennemies venues du nord, direction de laquelle, plus tard, Jérémie en particulier verra venir l'ennemi (Jr 1.13-15 ; 6.22; etc.). Selon d'autres, il s'agit toujours de sauterelles ainsi que l'indique le v. 25. De telles invasions de sauterelles venant du nord sont attestées.

And its stench will go up;
its smell will rise."
Surely he has done great things!
21 Do not be afraid, land of Judah;
be glad and rejoice.
Surely the LORD has done great things!
22 Do not be afraid, you wild animals,
for the pastures in the wilderness are
becoming green.
The trees are bearing their fruit;
the fig tree and the vine yield their riches.
23 Be glad, people of Zion,
rejoice in the LORD your God,
for he has given you the autumn rains
because he is faithful.
He sends you abundant showers,
both autumn and spring rains, as before.
24 The threshing floors will be filled with grain;
the vats will overflow with new wine and oil.
25 "I will repay you for the years the locusts have
eaten –
the great locust and the young locust,
the other locusts and the locust swarm[f] –
my great army that I sent among you.
26 You will have plenty to eat, until you are full,
and you will praise the name of the LORD your
God,
who has worked wonders for you;
never again will my people be shamed.
27 Then you will know that I am in Israel,
that I am the LORD your God,
and that there is no other;
never again will my people be shamed.

The Day of the LORD

28 "And afterward,
I will pour out my Spirit on all people.
Your sons and daughters will prophesy,
your old men will dream dreams,
your young men will see visions.
29 Even on my servants, both men and women,
I will pour out my Spirit in those days.
30 I will show wonders in the heavens
and on the earth,
blood and fire and billows of smoke.
31 The sun will be turned to darkness
and the moon to blood
before the coming of the great and dreadful
day of the LORD.
32 And everyone who calls
on the name of the LORD will be saved;
for on Mount Zion and in Jerusalem

f 2:25 The precise meaning of the four Hebrew words used here for locusts is uncertain.

Là, il exhalera sa puanteur,
son infection se répandra,
car il a fait de grandes choses[l]. »
21 O terre, sois sans crainte,
jubile et réjouis-toi !
L'Eternel fait de grandes choses.
22 Soyez sans crainte, bêtes sauvages,
car les pacages de la steppe vont reverdir,
les arbres sont chargés de fruits,
le figuier et la vigne font abonder leur riche
production.
23 Et vous, gens de Sion, soyez dans l'allégresse,
réjouissez-vous à cause de l'Eternel votre Dieu.
Il vous envoie la pluie, selon ce qui est juste[m],
il répand sur vous les averses,
les pluies d'automne et les pluies du printemps, tout
comme auparavant.
24 Alors les aires se rempliront de blé,
et les cuves regorgeront de vin nouveau et d'huile.
25 « Oui, je vous dédommage pour les années
qu'ont dévorées les sauterelles
– sauterelles, criquets, grillons et vol de
sauterelles –
ma grande armée que j'ai envoyée contre vous[n].
26 Vous mangerez
à satiété
et vous louerez l'Eternel, votre Dieu,
qui accomplit pour vous des choses merveilleuses,
et jamais plus mon peuple ne connaîtra la honte.
27 Et vous reconnaîtrez que je suis, moi, au milieu
d'Israël,
et que je suis l'Eternel, votre Dieu,
qu'il n'y en a pas d'autre.
Et jamais plus mon peuple ne connaîtra la honte.

Le jour de l'Eternel à la fin des temps

L'effusion de l'Esprit

3 1 Après cela, moi, je répandrai mon Esprit sur tout
le monde.
Vos fils, vos filles prophétiseront.
Vos vieillards, par des songes,
vos jeunes gens, par des visions, recevront des
révélations[o].
2 Et même sur les serviteurs, sur les servantes,
moi, je répandrai mon Esprit en ces jours-là.
3 Je produirai des signes prodigieux
dans le ciel, sur la terre :
du sang, du feu et des colonnes de fumée.
4 Et le soleil s'obscurcira,
la lune deviendra de sang
avant que vienne le jour de l'Eternel,
ce jour grand et terrible.
5 Alors tous ceux qui invoqueront l'Eternel seront
sauvés :

l **2.20** Ces *grandes choses* sont la dévastation du pays (1.2-12) et l'invasion de la ville (2.1-11). A *ces grandes choses* répondent celles de l'Eternel (v. 21). D'autres traduisent [20] *... car il a fait ...* [21] *O terre ...* en changeant le sujet : [20] *... Oui, l'Eternel a fait ...* [21] *O terre ...*

m **2.23** Voir Dt 11.13. D'autres comprennent : *la pluie comme il convient (en son temps ou en juste mesure)* ou *l'enseignant de la justice.*

n **2.25** Voir 1.4 et note.

o **3.1** Les v. 1-5 sont cités en Ac 2.16-21. Pour l'effusion de l'Esprit, voir Es 32.15 ; 44.3 ; Jr 31.33-34 ; Ez 36.26-27 ; 39.29 ; Za 12.10-13.

there will be deliverance,
as the Lord has said,
even among the survivors
whom the Lord calls.[g]

ne Nations Judged

3 [1][h]"In those days and at that time,
when I restore the fortunes of Judah and
Jerusalem,
[2] I will gather all nations
and bring them down to the Valley of
Jehoshaphat.[i]
There I will put them on trial
for what they did to my inheritance, my
people Israel,
because they scattered my people among the
nations
and divided up my land.
[3] They cast lots for my people
and traded boys for prostitutes;
they sold girls for wine to drink.

[4]"Now what have you against me, Tyre and Sidon
ad all you regions of Philistia? Are you repaying me
r something I have done? If you are paying me back,
will swiftly and speedily return on your own heads
hat you have done. [5]For you took my silver and my
old and carried off my finest treasures to your tem-
es.[j] [6]You sold the people of Judah and Jerusalem to
ne Greeks, that you might send them far from their
omeland.

[7]"See, I am going to rouse them out of the places
which you sold them, and I will return on your
wn heads what you have done. [8]I will sell your sons
nd daughters to the people of Judah, and they will
ll them to the Sabeans, a nation far away." The Lord
as spoken.

[9] Proclaim this among the nations:
Prepare for war!
Rouse the warriors!
Let all the fighting men draw near and
attack.

:32 In Hebrew texts 2:28-32 is numbered 3:1-5.
n Hebrew texts 3:1-21 is numbered 4:1-21.
:2 *Jehoshaphat* means *the Lord judges*; also in verse 12.
:5 Or *palaces*

selon ce qu'a dit l'Eternel[p],
il y aura, des rescapés
sur le mont de Sion et à Jérusalem[q],
les survivants que l'Eternel appellera[r].

Le jugement des peuples hostiles à l'Eternel

4 [1]Voici, en ces jours-là, en ce temps-là,
lorsque je changerai le sort et de Juda et de
Jérusalem[s],
[2] je rassemblerai tous les peuples,
je les ferai descendre dans la vallée de Josaphat[t] ;
alors là j'entrerai en jugement contre eux
au sujet de mon peuple, celui qui m'appartient,
Israël, qu'ils ont dispersé au sein de peuples
étrangers,
et au sujet de mon pays qu'ils se sont partagé.

[3] Ils se sont partagé en les tirant au sort les captifs de
mon peuple,
ils ont troqué l'enfant contre une courtisane,
ils ont vendu les filles pour du vin, et ils ont bu.
[4] Et vous, Tyr et Sidon[u],
et tous les districts philistins, quelles sont donc vos
prétentions à mon égard ?
Voulez-vous vous venger sur moi
ou vous en prendre à moi ?
Bien vite, promptement je ferai retomber sur vous
tous vos agissements.
[5] Vous avez dérobé mon argent et mon or,
vous avez pris tous mes objets précieux
pour les emporter dans vos temples[v],
[6] et vous avez vendu les Judéens, les Jérusalémites
aux Ioniens[w]
pour qu'ils soient éloignés de leur pays.
[7] Eh bien, moi, je vais les revigorer
pour qu'ils quittent le lieu
où vous, vous les avez vendus,
je ferai retomber sur vous tous vos agissements :
[8] je livrerai votre population aux Judéens
qui les vendront aux Sabéens[x], cette nation
lointaine. »
C'est l'Eternel qui le déclare.
[9] Proclamez ceci aux nations :
Appelez à la guerre
et mobilisez les guerriers !
Oui, que tous les soldats partent en guerre
et montent au combat !

p **3.5** *selon ce qu'a dit l'Eternel:* voir Ab 17 ; Es 37.32.
q **3.5** *il y aura ... Jérusalem.* Sens obtenu en adoptant une légère modification du texte hébreu traditionnel et d'après Ab 17 ; Es 37.32. Le texte hébreu traditionnel a : *sur le mont Sion, et dans Jérusalem, il y aura des rescapés, selon ce qu'a dit l'Eternel, et parmi les survivants que l'Eternel appellera* (la fin du verset n'est pas compréhensible). Au lieu de *des rescapés,* certains traduisent *la délivrance.*
r **3.5** Réminiscence en Ac 2.39.
s **4.1** Certains traduisent : *je ferai revenir les exilés de Juda et de Jérusalem.*
t **4.2** *Josaphat* signifie : *l'Eternel juge* (voir v. 12). Il doit s'agir d'une vallée symbolique qui représente le lieu où l'Eternel jugera tous les peuples. Le prophète explicite son jeu de mots dans ce qui suit.
u **4.4** Les deux grands ports phéniciens.
v **4.5** Autre traduction : *vos palais.*
w **4.6** Les *Ioniens:* les Phéniciens ont entretenu des relations commerciales avec les Grecs dès le IXe siècle av. J.-C.
x **4.8** Habitants de *Saba,* au sud de la péninsule Arabique (Yémen actuel), dont la reine était venue voir Salomon (1 R 10.1-13).

10 Beat your plowshares into swords
and your pruning hooks into spears.
Let the weakling say,
"I am strong!"
11 Come quickly, all you nations from every side,
and assemble there.
Bring down your warriors, LORD!

12 "Let the nations be roused;
let them advance into the Valley of
Jehoshaphat,
for there I will sit
to judge all the nations on every side.
13 Swing the sickle,
for the harvest is ripe.
Come, trample the grapes,
for the winepress is full
and the vats overflow –
so great is their wickedness!"
14 Multitudes, multitudes
in the valley of decision!
For the day of the LORD is near
in the valley of decision.
15 The sun and moon will be darkened,
and the stars no longer shine.
16 The LORD will roar from Zion
and thunder from Jerusalem;
the earth and the heavens will tremble.
But the LORD will be a refuge for his people,
a stronghold for the people of Israel.

Blessings for God's People

17 "Then you will know that I, the LORD your God,
dwell in Zion, my holy hill.
Jerusalem will be holy;
never again will foreigners invade her.

18 "In that day the mountains will drip new wine,
and the hills will flow with milk;
all the ravines of Judah will run with water.
A fountain will flow out of the LORD's house
and will water the valley of acacias.[k]

19 But Egypt will be desolate,
Edom a desert waste,
because of violence done to the people of
Judah,
in whose land they shed innocent blood.

20 Judah will be inhabited forever
and Jerusalem through all generations.

k 3:18 Or *Valley of Shittim*

10 De vos socs, forgez des épées,
et de vos faucilles, des lances !
Que le plus faible clame : « Moi, je suis un héros ! »

11 Hâtez-vous[y] et venez,
vous tous les peuples, de partout !
Rassemblez-vous !
O Eternel, toi, fais descendre tes guerriers !
12 « Que les nations se lèvent et qu'elles montent
à la vallée de Josaphat[z],
car c'est là que je siégerai
pour juger tous les peuples, les peuples de partout.

13 Brandissez la faucille,
car la moisson est mûre !
Venez, foulez,
car le pressoir est plein
et les cuves débordent !
Car grande est leur méchanceté[a].
14 Oh, quelles foules, quelles foules
dans le val du Verdict[b] ;
le jour de l'Eternel est proche
dans le val du Verdict.
15 Le soleil et la lune sont obscurcis,
les astres perdent leur éclat.
16 Il rugit, l'Eternel, depuis Sion
et, de Jérusalem, il donne de la voix,
et le ciel et la terre sont ébranlés.
Mais l'Eternel est un refuge pour son peuple.
Il est une retraite pour les Israélites.

17 Et vous reconnaîtrez que je suis l'Eternel, votre
Dieu, qui réside
en Sion, mon saint mont.
Jérusalem sera un sanctuaire[c] :
et plus jamais, les étrangers n'y passeront.

L'Eternel habitera en Sion

18 Alors, en ce jour-là, le vin nouveau coulera des
montagnes,
et les coteaux ruisselleront de lait ;
dans tous les torrents de Juda, l'eau coulera,
et du temple de l'Eternel jaillira une source
et elle arrosera le val des Acacias[d].
19 L'Egypte deviendra une désolation
et Edom, un désert tout entier dévasté,
à cause des violences qu'ils ont commises contre le
Judéens
dont ils ont répandu le sang dans leur pays alors
qu'ils étaient innocents.
20 Quant à Juda, il sera toujours habité,
Jérusalem le sera d'âge en âge.

***y* 4.11** Terme hébreu de sens incertain. Autres traductions : *mobilisez-vo* ou *rassemblez-vous*.
***z* 4.12** Voir 4.2 et note.
***a* 4.13** Ces deux images sont reprises en Ap 14.14-20.
***b* 4.14** Nom symbolique, comme aux v. 2 et 12 « la vallée de Josaphat » (voir 4.2 et note). Le *verdict* est celui du jugement. Le même mot peut désigner, en hébreu, la *herse*. Le prophète joue sur le double sens pour évoquer en même temps le verdict du jugement et son exécution, la herse en étant l'instrument.
***c* 4.17** Autre traduction : *sainte*.
***d* 4.18** Nouveau nom de vallée symbolique. L'acacia était le bois dont on avait fait le mobilier sacré du tabernacle (Ex 25 à 27).

[21] Shall I leave their innocent blood unavenged?
No, I will not."
The LORD dwells in Zion!

[21] Ainsi je les justifierai,
eux dont le sang a été répandu et que je n'avais pas justifiés[e]. »
L'Eternel habitera en Sion.

[e] **4.21** *Je les justifierai ... je n'avais pas justifiés.* Autre traduction : *Je déclare leur sang innocent, ce que je n'avais pas fait jusque-là.* L'ancienne version grecque et la version syriaque ont : *Je vengerai leur sang que je n'avais pas vengé.*

Amos

1 [1]The words of Amos, one of the shepherds of
Tekoa – the vision he saw concerning Israel two
years before the earthquake, when Uzziah was king of
Judah and Jeroboam son of Jehoash[a] was king of Israel.
[2]He said:

"The LORD roars from Zion
and thunders from Jerusalem;
the pastures of the shepherds dry up,
and the top of Carmel withers."

Judgment on Israel's Neighbors

[3]This is what the LORD says:

"For three sins of Damascus,
even for four, I will not relent.
Because she threshed Gilead
with sledges having iron teeth,

[4] I will send fire on the house of Hazael
that will consume the fortresses of
Ben-Hadad.
[5] I will break down the gate of Damascus;
I will destroy the king who is in[b] the Valley
of Aven[c]
and the one who holds the scepter in Beth
Eden.
The people of Aram will go into exile to Kir,"
says the LORD.

[6]This is what the LORD says:

"For three sins of Gaza,
even for four, I will not relent.
Because she took captive whole communities
and sold them to Edom,

[7] I will send fire on the walls of Gaza
that will consume her fortresses.

[a] **1:1** Hebrew *Joash,* a variant of *Jehoash*
[b] **1:5** Or *the inhabitants of*
[c] **1:5** *Aven* means *wickedness.*

Amos

1 [1]Paroles d'Amos, l'un des éleveurs de Teqoa[a], qui
furent révélées au sujet d'Israël[b], au temps d'Ozi
roi de Juda, et au temps de Jéroboam, fils de Joas, roi d
raël, deux ans avant le tremblement de terre[c]. [2]Amos d

De Sion, l'Eternel rugit
et, de Jérusalem, il donne de la voix.
Les pâturages des bergers se flétriront.
Le sommet du Carmel se desséchera.

LE JUGEMENT APPROCHE

Contre les Syriens

[3] L'Eternel dit ceci :
Damas[d] a perpétré de nombreux crimes ;
il a dépassé les limites[e]. Voilà pourquoi je ne
reviendrai pas sur l'arrêt que j'ai pris,
car ils ont écrasé sous des herses de fer les gens d
Galaad[f].
[4] Je mettrai donc le feu au palais d'Hazaël[g],
et il consumera les palais du roi Ben-Hadad[h].

[5] Oui, je ferai sauter les verrous de Damas,
je ferai disparaître celui qui siège sur le trône[i] da
la vallée d'Aven
et celui qui est au pouvoir à Beth-Eden[j],
et les Syriens partiront en exil à Qir[k],
l'Eternel le déclare.

Contre les Philistins

[6] L'Eternel dit ceci :
Gaza[l] a perpétré de nombreux crimes ;
il a dépassé les limites. Voilà pourquoi je ne
reviendrai pas sur l'arrêt que j'ai pris,
car ils ont déporté des gens en masse pour les livr
à Edom comme esclaves.
[7] Je mettrai donc le feu aux remparts de Gaza,
et il consumera les palais qui s'y trouvent.

[a] **1.1** A une vingtaine de kilomètres au sud de Jérusalem.
[b] **1.1** C'est-à-dire le royaume du Nord.
[c] **1.1** Sur le règne d'*Ozias* ou Azaria (792 à 740 av. J.-C.), voir 2 R 15.1-7 ; 2 Ch 26.1-23; sur celui de *Jéroboam II* (793 à 753 av. J.-C.), voir 2 R 14.23-29. On ne sait rien de ce *tremblement de terre,* sinon qu'il a dû frapper les esprits puisque Zacharie le mentionne encore deux siècles demi plus tard (Za 14.5).
[d] **1.3** Capitale de la Syrie, sur la frontière nord d'Israël.
[e] **1.3** Tel est le sens de l'expression hébraïque : *à cause de trois crimes de Damas et même de quatre.* On trouve une expression identique en 1.6, 9, 11, 13 ; 2.1, 4,6 (voir Pr 6.16 ; 30.15, 18, 21, 29 ; Mi 5.14).
[f] **1.3** Partie du territoire israélite à l'est du Jourdain.
[g] **1.4** Roi de Syrie de 842 à 796 av. J.-C., fondateur d'une nouvelle dynas (2 R 8.7-15, 28).
[h] **1.4** Fils de Hazaël (2 R 13.24), deuxième du nom (voir 2 R 8.14-15), roi 796 à 775 av. J.-C.
[i] **1.5** *celui qui siège sur le trône.* Autre traduction : *ceux qui habitent.*
[j] **1.5** La *vallée d'Aven* (c'est-à-dire *du Péché*) et *Beth-Eden* (c'est-à-dire la *Maison du Plaisir*), endroits à la localisation inconnue, sont certainement des noms symboliques ou des sobriquets qui désignent la Syrie e Damas, située dans la vallée de l'Amana (voir 2 R 5.12).
[k] **1.5** Voir 9.7 et note.
[l] **1.6** Ville de Philistie.

[8] I will destroy the king[d] of Ashdod
and the one who holds the scepter in Ashkelon.
I will turn my hand against Ekron,
till the last of the Philistines are dead,"
says the Sovereign LORD.

[9] This is what the LORD says:
"For three sins of Tyre,
even for four, I will not relent.
Because she sold whole communities of captives to Edom,
disregarding a treaty of brotherhood,
[10] I will send fire on the walls of Tyre
that will consume her fortresses."

[11] This is what the LORD says:
"For three sins of Edom,
even for four, I will not relent.
Because he pursued his brother with a sword
and slaughtered the women of the land,
because his anger raged continually
and his fury flamed unchecked,
[12] I will send fire on Teman
that will consume the fortresses of Bozrah."

[13] This is what the LORD says:
"For three sins of Ammon,
even for four, I will not relent.
Because he ripped open the pregnant women of Gilead
in order to extend his borders,
[14] I will set fire to the walls of Rabbah
that will consume her fortresses
amid war cries on the day of battle,
amid violent winds on a stormy day.
[15] Her king[e] will go into exile,
he and his officials together,"
says the LORD.

[d] 8 Or *inhabitants*
[e] 15 Or / *Molek*

[8] Je ferai disparaître celui qui, dans Ashdod, est assis sur le trône[m],
et celui qui est au pouvoir à Ashkelôn.
Je me tournerai contre Eqrôn
et ainsi périront les derniers Philistins[n].
Voici ce que déclare le Seigneur, l'Eternel.

Contre les Phéniciens

[9] L'Eternel dit ceci :
Tyr a commis de nombreux crimes ;
il a dépassé les limites. Voilà pourquoi je ne reviendrai pas sur l'arrêt que j'ai pris,
car ils ont livré à Edom des déportés en masse[o],
ils n'ont fait aucun cas de l'alliance[p] qui les liait au peuple frère.
[10] Je mettrai donc le feu aux murailles de Tyr,
et il consumera les palais qui s'y trouvent.

Contre les Edomites

[11] L'Eternel dit ceci :
Edom a perpétré de nombreux crimes ;
il a dépassé les limites. Voilà pourquoi je ne reviendrai pas sur l'arrêt que j'ai pris,
car il a poursuivi le peuple frère avec l'épée[q],
en étouffant toute pitié,
et il n'a pas cessé de le meurtrir avec colère
et de nourrir sans fin sa rage invétérée.
[12] Je mettrai donc le feu au milieu de Témân,
et il consumera les palais de Botsra[r].

Contre les Ammonites

[13] L'Eternel dit ceci :
Les Ammonites[s] ont perpétré de nombreux crimes ;
ils ont dépassé les limites. Voilà pourquoi je ne reviendrai pas sur l'arrêt que j'ai pris,
parce qu'ils ont ouvert le ventre
des femmes qui étaient enceintes en Galaad,
en recherchant à agrandir leur territoire.
[14] J'incendierai les remparts de Rabba[t].
Alors le feu consumera les palais qui s'y trouvent,
au bruit des cris de guerre
en un jour de combat,
dans la tempête
en un jour d'ouragan.
[15] Leur roi s'en ira en exil
avec tous ses ministres,
l'Eternel le déclare.

[m] **1.8** *celui qui, dans Ashdod ... trône.* Autre traduction : *les habitants d'Ashdod.*
[n] **1.8** *Ashdod, Ashkelôn* et *Eqrôn:* trois autres villes philistines. Gath, la cinquième (voir 6.2), a sans doute déjà été vaincue par Ozias (2 Ch 26.6).
[o] **1.9** Il s'agit d'Israélites livrés par les Phéniciens de Tyr aux Edomites.
[p] **1.9** Sur les rapports entre les Phéniciens et Israël, voir 2 S 5.11 ; 1 R 5.15-26 ; 9.11-14 ; Jl 4.4-8.
[q] **1.11** Les *Edomites,* descendants d'Isaac par Esaü (Gn 36), occupant le sud de la mer Morte, ont toujours été ennemis d'Israël (voir Nb 20.14-21 ; Lm 4.21 ; Jl 4.19 ; Ab 11-14 ; Ps 137.7).
[r] **1.12** *Témân,* ville ou région d'Edom, qui représente souvent l'ensemble du pays ; *Botsra,* ville importante d'Edom.
[s] **1.13** Les *Ammonites* étaient installés en Transjordanie près de la tribu de Gad.
[t] **1.14** Capitale des Ammonites, la ville moderne d'Amman.

2

[1]This is what the LORD says:
"For three sins of Moab,
even for four, I will not relent.
Because he burned to ashes
the bones of Edom's king,
[2] I will send fire on Moab
that will consume the fortresses of Kerioth.[f]
Moab will go down in great tumult
amid war cries and the blast of the trumpet.
[3] I will destroy her ruler
and kill all her officials with him,"
says the LORD.

[4]This is what the LORD says:
"For three sins of Judah,
even for four, I will not relent.
Because they have rejected the law of the LORD
and have not kept his decrees,
because they have been led astray by false
gods,[g]
the gods[h] their ancestors followed,
[5] I will send fire on Judah
that will consume the fortresses of
Jerusalem."

Judgment on Israel

[6]This is what the LORD says:
"For three sins of Israel,
even for four, I will not relent.
They sell the innocent for silver,
and the needy for a pair of sandals.
[7] They trample on the heads of the poor
as on the dust of the ground
and deny justice to the oppressed.
Father and son use the same girl
and so profane my holy name.
[8] They lie down beside every altar
on garments taken in pledge.
In the house of their god
they drink wine taken as fines.
[9] "Yet I destroyed the Amorites before them,
though they were tall as the cedars
and strong as the oaks.
I destroyed their fruit above
and their roots below.
[10] I brought you up out of Egypt
and led you forty years in the wilderness
to give you the land of the Amorites.

[11] "I also raised up prophets from among your
children

f 2:2 Or *of her cities*
g 2:4 Or *by lies*
h 2:4 Or *lies*

Contre les Moabites

2

[1]L'Eternel dit ceci :
Moab[u] a perpétré de nombreux crimes ;
il a dépassé les limites. Voilà pourquoi je ne
reviendrai pas sur l'arrêt que j'ai pris,
car ce peuple a brûlé les os du roi d'Edom, pour le
réduire en chaux.
[2] Je mettrai le feu à Moab
et il consumera les palais de Qeriyoth[v],
et Moab périra en plein tumulte
au bruit des cris de guerre, au son du cor.
[3] Je ferai disparaître son chef, et avec lui,
je vais exterminer tous ses ministres,
l'Eternel le déclare.

Contre le royaume de Juda

[4] L'Eternel dit ceci :
Juda a perpétré de nombreux crimes ;
il a dépassé les limites. Voilà pourquoi je ne
reviendrai pas sur l'arrêt que j'ai pris,
car ils ont méprisé la Loi de l'Eternel
et n'ont pas obéi à ses commandements.
Ils se sont égarés en suivant les faux dieux
qu'autrefois leurs ancêtres avaient déjà suivis.
[5] Je mettrai le feu à Juda
et il consumera les palais de Jérusalem.

Contre Israël

[6] L'Eternel dit ceci :
Israël a commis de nombreux crimes ;
il a dépassé les limites. Voilà pourquoi je ne
reviendrai pas sur l'arrêt que j'ai pris,
car pour un pot-de-vin ils vendent l'innocent,
et l'indigent pour une paire de sandales.
[7] Ils piétinent la tête des démunis dans la poussière
et ils faussent le droit des pauvres[x].
Le fils comme le père vont vers la même fille,
c'est ainsi qu'ils m'outragent, moi qui suis saint.
[8] Près de chaque autel, ils s'étendent
sur des vêtements pris en gage
et, dans le temple de leurs dieux, ils vont boire
le vin que l'on a perçu comme amende.
[9] Pourtant, moi j'ai détruit devant eux les Amoréens
qui sont aussi grands que des cèdres
et forts comme des chênes,
et j'ai détruit leurs fruits en haut
et en bas leurs racines.
[10] Pourtant, moi je vous ai fait sortir d'Egypte
et je vous ai conduits pendant quarante ans au
désert
pour que vous possédiez le pays des Amoréens.
[11] J'ai choisi certains de vos fils pour être des
prophètes

u **2.1** Le territoire de *Moab* s'étendait à l'est de la mer Morte.
v **2.2** Site inconnu (voir Jr 48.24). Autre traduction : *de ses villes.*
w **2.7** *Ils piétinent la tête des démunis dans la poussière:* c'est ainsi qu'ont compris les versions. Autre traduction : *ils convoitent même jusqu'à la poussière du sol que les démunis se jettent sur la tête en signe de deuil.*
x **2.7** Autre traduction : *ils détournent les humbles du droit chemin.*
y **2.9** Un terme qui englobe tous les anciens habitants de Canaan (voir v. 10 ; Gn 15.16 ; Dt 7.1).

and Nazirites from among your youths.
Is this not true, people of Israel?"
declares the LORD.

12 "But you made the Nazirites drink wine
and commanded the prophets not to
prophesy.

13 "Now then, I will crush you
as a cart crushes when loaded with grain.
14 The swift will not escape,
the strong will not muster their strength,
and the warrior will not save his life.

15 The archer will not stand his ground,
the fleet-footed soldier will not get away,
and the horseman will not save his life.

16 Even the bravest warriors
will flee naked on that day,"
declares the LORD.

tnesses Summoned Against Israel

1 Hear this word, people of Israel, the word the
LORD has spoken against you – against the whole
nily I brought up out of Egypt:
2 "You only have I chosen
of all the families of the earth;
therefore I will punish you
for all your sins."
3 Do two walk together
unless they have agreed to do so?
4 Does a lion roar in the thicket
when it has no prey?
Does it growl in its den
when it has caught nothing?
5 Does a bird swoop down to a trap on the
ground
when no bait is there?
Does a trap spring up from the ground
if it has not caught anything?
6 When a trumpet sounds in a city,
do not the people tremble?
When disaster comes to a city,
has not the LORD caused it?
7 Surely the Sovereign LORD does nothing
without revealing his plan
to his servants the prophets.
8 The lion has roared –
who will not fear?
The Sovereign LORD has spoken –
who can but prophesy?

9 Proclaim to the fortresses of Ashdod
and to the fortresses of Egypt:
"Assemble yourselves on the mountains of
Samaria;
see the great unrest within her
and the oppression among her people."

et certains de vos jeunes gens pour m'être
consacrés par vœu.
N'en est-il pas ainsi, Israélites ?
l'Eternel le demande.
12 Mais à ces hommes consacrés, vous avez fait boire
du vin
et aux prophètes, vous avez ordonné :
« Ne prophétisez pas. »
13 Je vais vous écraser sur place
comme écrase un chariot chargé de gerbes.
14 Alors les plus agiles mêmes ne trouveront pas de
refuge,
et les plus vigoureux ne pourront rassembler leurs
forces,
ni le guerrier sauver sa vie.
15 Celui qui manie l'arc ne résistera pas.
L'homme le plus agile ne s'échappera pas,
même le meilleur cavalier ne pourra pas sauver sa
vie.
16 En ce jour-là, le guerrier le plus valeureux
fuira, tout nu,
l'Eternel le déclare.

AVERTISSEMENTS ET MENACES

Les reproches

3 1 Ecoutez bien cette parole que l'Eternel prononce
sur vous, Israélites, sur toute la famille que j'ai fait
sortir d'Egypte :
2 Je vous ai choisis, et vous seuls,
de toutes les familles de la terre,
aussi vous châtierai-je
pour tous vos crimes.
3 Deux hommes marchent-ils ensemble
sans s'être mis d'accord ?
4 Le lion rugit-il au fond de la forêt
sans avoir une proie ?
Le jeune lion gronde-t-il au fond de sa tanière
s'il n'a rien capturé ?
5 L'oiseau se jette-t-il dans le filet qui est à terre
s'il n'y a pas d'appât ?
Le piège se referme-t-il
sans avoir fait de prise ?
6 Et sonne-t-on du cor aux remparts de la ville
sans que les habitants se mettent à trembler ?
Un malheur viendra-t-il frapper une cité
à moins que l'Eternel en soit l'auteur ?
7 Ainsi, le Seigneur, l'Eternel, n'accomplit rien
sans avoir d'abord révélé ses plans
à ses serviteurs, les prophètes.
8 Le lion a rugi : qui n'aurait pas de crainte ?
Oui, le Seigneur, l'Eternel, a parlé.
Qui oserait ne pas prophétiser ?

Le châtiment de la corruption

9 Faites retentir cet appel dans les palais d'Ashdod
et dans les palais de l'Egypte :
Rassemblez-vous sur les montagnes de Samarie,
voyez quels grands désordres
et combien d'oppressions règnent au milieu d'elle.

10 "They do not know how to do right," declares
the LORD,
"who store up in their fortresses
what they have plundered and looted."
11 Therefore this is what the Sovereign LORD says:
"An enemy will overrun your land,
pull down your strongholds
and plunder your fortresses."
12 This is what the LORD says:
"As a shepherd rescues from the lion's mouth
only two leg bones or a piece of an ear,
so will the Israelites living in Samaria be
rescued,
with only the head of a bed
and a piece of fabric[i] from a couch.[j]"

13 "Hear this and testify against the descendants
of Jacob," declares the Lord, the LORD God Almighty.

14 "On the day I punish Israel for her sins,
I will destroy the altars of Bethel;
the horns of the altar will be cut off
and fall to the ground.

15 I will tear down the winter house
along with the summer house;
the houses adorned with ivory will be
destroyed
and the mansions will be demolished,"
declares the LORD.

Israel Has Not Returned to God

4 1 Hear this word, you cows of Bashan on Mount
Samaria,
you women who oppress the poor and crush
the needy
and say to your husbands, "Bring us some
drinks!"
2 The Sovereign LORD has sworn by his holiness:
"The time will surely come
when you will be taken away with hooks,
the last of you with fishhooks.[k]

3 You will each go straight out
through breaches in the wall.
You will be cast out toward Harmon,[l]"
declares the LORD.

10 Ces gens ne savent pas agir avec droiture,
l'Eternel le déclare.
Ils entassent dans leurs palais ce qu'ils ont obten
par la violence et le pillage.
11 C'est pourquoi, le Seigneur, l'Eternel, dit ceci :
Un ennemi viendra tout autour du pays,
il abattra ta force
et tes palais seront pillés.
12 L'Eternel dit ceci :
Comme un berger arrache de la gueule du lion
deux jarrets ou un bout d'oreille du mouton qu'il
pris,
de même, des Israélites
qui demeurent à Samarie seront arrachés à
l'ennemi
– il en restera le coin d'un divan ou le morceau d'u
pied de lit[z].
13 Ecoutez bien ceci et transmettez ensuite cet
avertissement aux enfants de Jacob
– c'est là ce que déclare le Seigneur, l'Eternel, le
Dieu des armées célestes.
14 Car le jour où j'interviendrai pour punir Israël de
ses nombreux péchés,
j'interviendrai contre les autels de Béthel[a],
leurs cornes seront abattues
et elles tomberont à terre.
15 Je ferai s'écrouler
ses maisons pour l'hiver, ses maisons pour l'été,
et ses maisons ornées d'ivoire seront anéanties,
ses maisons imposantes disparaîtront,
l'Eternel le déclare.

L'endurcissement d'Israël

Les dames de Samarie

4 1 Ecoutez bien ceci, ô vaches du Basan[b]
qui demeurez sur les montagnes de Samarie,
qui opprimez les pauvres,
et maltraitez les indigents,
vous qui dites à vos maris :
« Apportez-nous à boire ! »
2 Le Seigneur, l'Eternel, a juré : Aussi vrai que je sui
saint,
voici venir des jours
où l'on vous traînera vous-mêmes avec des
crocs,
et vos suivantes[c] avec des hameçons.
3 Vous devrez sortir par les brèches, chacune devar
soi,
vous serez chassées vers l'Hermon,
l'Eternel le déclare.

---

i 3:12 The meaning of the Hebrew for this phrase is uncertain.
j 3:12 Or *Israelites be rescued, / those who sit in Samaria / on the edge of their beds / and in Damascus on their couches.*
k 4:2 Or *away in baskets, / the last of you in fish baskets*
l 4:3 Masoretic Text; with a different word division of the Hebrew (see Septuagint) *out, you mountain of oppression*

z **3.12** *Samarie seront arrachés ... pied de lit.* La traduction : *le morceau d'un pied de lit* est incertaine. Autre traduction : *Samarie, installés au creux d'u divan ou au fond d'un lit, seront arrachés à l'ennemi.*
a **3.14** A *Béthel*, à environ 15 kilomètres au nord de Jérusalem, le roi Jéroboam Ier avait fait ériger un autel et un veau d'or afin d'empêcher membres des dix tribus du royaume du Nord de se rendre à Jérusalem pour adorer au Temple (voir 1 R 12.26-29 ; 2 R 23.15).
b **4.1** Amos apostrophe ainsi les dames riches de Samarie. Le *Basan*, au nord-est du Jourdain, était réputé pour ses troupeaux.
c **4.2** Autre traduction : *et votre descendance* ou *jusqu'aux dernières.*

4 "Go to Bethel and sin;
go to Gilgal and sin yet more.
Bring your sacrifices every morning,
your tithes every three years.[m]
5 Burn leavened bread as a thank offering
and brag about your freewill offerings –
boast about them, you Israelites,
for this is what you love to do,"
declares the Sovereign LORD.

6 "I gave you empty stomachs in every city
and lack of bread in every town,
yet you have not returned to me,"
declares the LORD.

7 "I also withheld rain from you
when the harvest was still three months away.
I sent rain on one town,
but withheld it from another.
One field had rain;
another had none and dried up.
8 People staggered from town to town for water
but did not get enough to drink,
yet you have not returned to me,"
declares the LORD.

9 "Many times I struck your gardens and vineyards,
destroying them with blight and mildew.
Locusts devoured your fig and olive trees,
yet you have not returned to me,"
declares the LORD.
10 "I sent plagues among you
as I did to Egypt.
I killed your young men with the sword,
along with your captured horses.
I filled your nostrils with the stench of your camps,
yet you have not returned to me,"
declares the LORD.
11 "I overthrew some of you
as I overthrew Sodom and Gomorrah.
You were like a burning stick snatched from the fire,
yet you have not returned to me,"
declares the LORD.
12 "Therefore this is what I will do to you, Israel,
and because I will do this to you, Israel,
prepare to meet your God."

m4 Or *days*

La religion illusoire

4 Allez donc à Béthel et transgressez la loi,
et, à Guilgal[d], transgressez-la encore plus !
Offrez tous les matins vos sacrifices,
et le troisième jour vos dîmes.
5 Faites brûler de la pâte levée[e] pour les offrandes de reconnaissance,
claironnez vos dons volontaires, proclamez-les à haute voix,
puisque c'est là ce qui vous plaît, Israélites,
c'est là ce que déclare le Seigneur, l'Eternel.

Les oreilles bouchées

6 Moi, je vous ai laissés le ventre vide
dans toutes vos cités,
j'ai fait manquer de pain dans toutes vos bourgades.
Malgré cela, vous ne revenez pas à moi,
l'Eternel le déclare.
7 Et moi encore, je vous ai refusé la pluie
trois mois avant le moment des moissons,
ou bien j'ai fait pleuvoir sur telle ville
et non pas sur telle autre.
Un terrain recevait la pluie,
un autre, n'en recevant pas, était tout à fait sec.

8 Les gens de deux ou de trois villes se traînaient vers une autre
en quête d'eau à boire,
sans pouvoir étancher leur soif.
Malgré cela, vous ne revenez pas à moi,
l'Eternel le déclare.
9 Et je vous ai frappés par la rouille et la nielle,
et puis j'ai desséché[f] vos jardins et vos vignes ; vos figuiers et vos oliviers
ont été dévorés par les criquets.
Malgré cela, vous ne revenez pas à moi,
l'Eternel le déclare.
10 Et j'ai déchaîné contre vous la peste comme je l'avais fait contre l'Egypte[g],
j'ai tué par l'épée vos jeunes gens,
tandis que vos chevaux ont été capturés.
J'ai fait monter à vos narines la puanteur des morts tombés dans votre camp.
Malgré cela, vous ne revenez pas à moi,
l'Eternel le déclare.
11 J'ai produit parmi vous des bouleversements
comme j'en ai produit à Sodome et Gomorrhe,
et vous avez été comme un tison arraché à un incendie.
Malgré cela, vous ne revenez pas à moi,
l'Eternel le déclare.
12 C'est pourquoi, Israël, tu vas voir comment je vais te traiter !
Et puisque je vais te traiter ainsi, prépare-toi, toi, Israël, à rencontrer ton Dieu !

d 4.4 *Béthel:* voir 3.14. *Guilgal:* autre sanctuaire du royaume du Nord.
e 4.5 La Loi interdisait d'apporter du pain levé à Dieu (Lv 7.13). Autre traduction : *faites fumer sans levain.*
f 4.9 *j'ai desséché:* en modifiant légèrement un terme qui, tel qu'il se présente dans le texte hébreu traditionnel, est obscur.
g 4.10 Allusion à la cinquième plaie d'Egypte (Ex 9.1-7).

[13] He who forms the mountains,
who creates the wind,
and who reveals his thoughts to mankind,
who turns dawn to darkness,
and treads on the heights of the earth –
the LORD God Almighty is his name.

A Lament and Call to Repentance

5 [1]Hear this word, Israel, this lament I take up
concerning you:

[2] "Fallen is Virgin Israel,
never to rise again,
deserted in her own land,
with no one to lift her up."

[3]This is what the Sovereign LORD says to Israel:
"Your city that marches out a thousand strong
will have only a hundred left;
your town that marches out a hundred strong
will have only ten left."

[4]This is what the LORD says to Israel:
"Seek me and live;
[5] do not seek Bethel,
do not go to Gilgal,
do not journey to Beersheba.
For Gilgal will surely go into exile,
and Bethel will be reduced to nothing.[n]"
[6] Seek the LORD and live,
or he will sweep through the tribes of Joseph
like a fire;
it will devour them,
and Bethel will have no one to quench it.
[7] There are those who turn justice into
bitterness
and cast righteousness to the ground.
[8] He who made the Pleiades and Orion,
who turns midnight into dawn
and darkens day into night,
who calls for the waters of the sea
and pours them out over the face of the
land –
the LORD is his name.
[9] With a blinding flash he destroys the
stronghold
and brings the fortified city to ruin.

[10] There are those who hate the one who upholds
justice in court
and detest the one who tells the truth.
[11] You levy a straw tax on the poor
and impose a tax on their grain.

[n] 5:5 Hebrew *aven*, a reference to Beth Aven (a derogatory name for Bethel); see Hosea 4:15.

[13] Car c'est lui qui a formé les montagnes, qui a créé
vent.
C'est lui qui fait connaître à l'homme sa pensée,
lui qui au moment de l'aurore fait venir des
ténèbres,
lui qui marche sur les sommets, les hauteurs de la
terre.
Son nom est l'Eternel, Dieu des armées célestes.

Tournez-vous vers l'Eternel !

Elégie funèbre

5 [1]Ecoutez bien cette parole que je profère contre vo
cette lamentation sur vous,
gens d'Israël :
[2] Elle est tombée,
et ne se relèvera plus,
la communauté d'Israël.
Elle est étendue sur sa terre
et nul ne la relève.
[3] Car voici ce que dit le Seigneur, l'Eternel :
La ville qui levait un millier de soldats
n'en aura plus que cent.
Et celle qui en levait cent
n'en aura plus que dix
pour la défense d'Israël.

Cherchez l'Eternel et vous vivrez

[4] Voici ce que dit l'Eternel au peuple d'Israël :
Tournez-vous donc vers moi et vous vivrez.
[5] N'allez pas chercher à Béthel,
n'allez pas à Guilgal,
et ne vous rendez pas à Beer-Sheva[h].
Car Guilgal sera déporté
et Béthel deviendra néant[i].
[6] Tournez-vous donc vers l'Eternel et vous vivrez,
autrement, il fondra tout comme un feu
qui les consumera,
sur les descendants de Joseph
sans qu'il y ait à Béthel quiconque pour l'éteindre
[7] Vous changez le droit en poison
et vous renversez la justice.

[8] Celui qui a créé Orion et les Pléiades,
qui transforme en aurore les profondes ténèbres
et qui réduit le jour en une nuit obscure,
qui fait venir les eaux de l'océan
pour les répandre sur la surface de la terre.
L'Eternel est son nom.

[9] C'est lui qui fait venir la ruine sur les gens puissar
et la ruine fond sur la citadelle.

Injustices

[10] Vous haïssez celui qui défend le droit en justice,
vous détestez celui qui parle avec sincérité.

[11] Par conséquent, puisque vous exploitez le pauvre,
et que vous lui prenez du blé de sa récolte,

[h] 5.5 Siège d'un sanctuaire au sud du territoire de Juda, devenu un lieu d'idolâtrie.
[i] 5.5 En hébreu : *Aven*. Voir Os 4.15 et note ; 5.8 ; 10.5, 8.

Therefore, though you have built stone
mansions,
you will not live in them;
though you have planted lush vineyards,
you will not drink their wine.
12 For I know how many are your offenses
and how great your sins.
There are those who oppress the innocent and
take bribes
and deprive the poor of justice in the courts.
13 Therefore the prudent keep quiet in such
times,
for the times are evil.
14 Seek good, not evil,
that you may live.
Then the LORD God Almighty will be with you,
just as you say he is.

15 Hate evil, love good;
maintain justice in the courts.
Perhaps the LORD God Almighty will have mercy
on the remnant of Joseph.

16 Therefore this is what the Lord, the LORD God
lmighty, says:
"There will be wailing in all the streets
and cries of anguish in every public square.
The farmers will be summoned to weep
and the mourners to wail.

17 There will be wailing in all the vineyards,
for I will pass through your midst,"
says the LORD.

he Day of the LORD

18 Woe to you who long
for the day of the LORD!
Why do you long for the day of the LORD?
That day will be darkness, not light.
19 It will be as though a man fled from a lion
only to meet a bear,
as though he entered his house
and rested his hand on the wall
only to have a snake bite him.
20 Will not the day of the LORD be darkness, not
light –
pitch-dark, without a ray of brightness?

21 "I hate, I despise your religious festivals;
your assemblies are a stench to me.
22 Even though you bring me burnt offerings and
grain offerings,

à cause de cela, les maisons en pierres de taille que
vous avez bâties,
vous ne les habiterez pas.
Ces vignes excellentes que vous avez plantées,
vous ne boirez pas de leur vin.
12 Car je connais vos transgressions nombreuses,
et vos péchés si graves :
vous opprimez le juste,
vous acceptez des pots-de-vin
et vous lésez le droit des pauvres en justice.
13 Aussi, l'homme avisé se tait en ce temps-ci,
car ce temps est mauvais.

14 Efforcez-vous de faire ce qui est bien et non ce qui
est mal,
et vous vivrez
et qu'ainsi l'Eternel, Dieu des armées célestes, soit
vraiment avec vous,
ainsi que vous le prétendez.
15 Haïssez donc le mal, aimez ce qui est bien,
et rétablissez le droit en justice.
Alors, peut-être l'Eternel, Dieu des armées célestes,
aura-t-il compassion
du reste des descendants de Joseph.
16 Voici donc ce qu'annonce le Seigneur, l'Eternel, Dieu
des armées célestes :
Sur toute place, on se lamentera
et, dans toutes les rues, on s'écriera : « Hélas !
Hélas ! »
On conviera les paysans à prendre part au deuil,
et ceux qui savent des complaintes à se joindre aux
lamentations.
17 Et dans tous les vignobles, on se lamentera
car je passerai au milieu de toi,
l'Eternel le déclare.

Contre l'assurance illusoire

Un jour de ténèbres

18 Malheur à vous qui désirez que le jour de l'Eternel
vienne !
Mais savez-vous ce qu'il sera pour vous, le jour de
l'Eternel ?
Ce sera un jour de ténèbres et non pas de lumière.
19 Vous serez comme un homme qui fuit devant un
lion
et tombe sur un ours,
ou qui, quand il entre chez lui, appuie la main au
mur,
et un serpent le mord.
20 Soyez-en sûr : le jour de l'Eternel sera jour de
ténèbres et non pas de lumière ;
oui, ce sera un jour d'obscurité profonde sans
aucune clarté.

Le culte formaliste

21 Je déteste vos fêtes, je les ai en dégoût,
je ne peux plus sentir vos rassemblements cultuels[j].
22 Quand vous m'offrez des holocaustes, quand vous
m'apportez des offrandes,
je ne les agrée pas

j 5.21 Pour les v. 21-22, voir Es 1.11-14.

I will not accept them.
Though you bring choice fellowship offerings,
I will have no regard for them.
23 Away with the noise of your songs!
I will not listen to the music of your harps.
24 But let justice roll on like a river,
righteousness like a never-failing stream!
25 "Did you bring me sacrifices and offerings
forty years in the wilderness, people of
Israel?
26 You have lifted up the shrine of your king,
the pedestal of your idols,
the star of your god[o] –
which you made for yourselves.
27 Therefore I will send you into exile beyond
Damascus,"
says the LORD, whose name is God Almighty.

Woe to the Complacent

6 1 Woe to you who are complacent in Zion,
and to you who feel secure on Mount
Samaria,
you notable men of the foremost nation,
to whom the people of Israel come!
2 Go to Kalneh and look at it;
go from there to great Hamath,
and then go down to Gath in Philistia.
Are they better off than your two kingdoms?
Is their land larger than yours?
3 You put off the day of disaster
and bring near a reign of terror.
4 You lie on beds adorned with ivory
and lounge on your couches.
You dine on choice lambs
and fattened calves.
5 You strum away on your harps like David
and improvise on musical instruments.
6 You drink wine by the bowlful
and use the finest lotions,
but you do not grieve over the ruin of Joseph.
7 Therefore you will be among the first to go into
exile;
your feasting and lounging will end.

The LORD Abhors the Pride of Israel

8 The Sovereign LORD has sworn by himself – the LORD
God Almighty declares:
"I abhor the pride of Jacob
and detest his fortresses;
I will deliver up the city

[o] 5:26 Or *lifted up Sakkuth your king / and Kaiwan your idols, / your star-gods;* Septuagint *lifted up the shrine of Molek / and the star of your god Rephan, / their idols*

et je ne peux pas voir
ces bêtes engraissées que vous m'offrez en
sacrifices de communion.
23 Eloignez donc de moi le bruit de vos cantiques !
Je ne veux plus entendre le bruit que font vos luths
24 Mais que le droit jaillisse comme une source d'eau
que la justice coule comme un torrent intarissable
25 M'avez-vous présenté des sacrifices, des offrandes,
pendant les quarante ans de votre séjour au désert
vous, peuple d'Israël[k] ?
26 Mais vous avez porté Sikkouth qui était votre roi,
et Kiyoun, votre idole[l],
l'étoile de vos dieux
que vous vous êtes fabriqués.
27 Voilà pourquoi je vous déporterai au-delà de
Damas,
dit l'Eternel, celui qui a pour nom : Dieu des armées
célestes.

Luxe et insouciance

6 1 Malheur à vous qui vivez bien tranquilles dans Sio
et vous qui vous croyez bien en sécurité sur la
montagne de Samarie !
Oui, vous les grands de la première des nations,
vous tous vers qui accourt la communauté d'Israël
2 Rendez-vous à Kalné[m], pour voir ce qui s'y est pass
Puis, de là, rendez-vous à Hamath, la grande cité[n].
Puis descendez à Gath[o], la ville philistine.
Constatez si ces villes sont en meilleur état que ces
royaumes-ci
ou si leur territoire est plus grand que le vôtre.
3 Or le jour du malheur, vous pensez l'éloigner,
mais vous vous attirez un règne de violence.
4 Vous voilà allongés sur des lits incrustés d'ivoire,
vous vous vautrez sur des divans.
Vous mangez des béliers choisis dans le troupeau,
des veaux de premier choix pris dans l'étable.
5 Vous qui chantez au son du luth,
qui composez comme David pour vos instruments
de musique[p],
6 vous buvez votre vin à pleines coupes
et vous oignez vos têtes de parfums raffinés.
Mais la destruction qui menace tout le royaume de
Joseph ne vous affecte pas.
7 C'est pourquoi vous irez en tête des déportés,
et c'en sera fini des banquets des fêtards vautrés su
leurs divans.

Samarie sera détruite

8 Le Seigneur, l'Eternel, l'a juré par lui-même
– c'est là ce que déclare l'Eternel, Dieu des armées
célestes :
J'ai en horreur ce qui fait l'orgueil de Jacob
et je hais ses palais,

[k] **5.25** Les v. 25-27 sont cités en Ac 7.42-43 d'après l'ancienne version grecque.
[l] **5.26** *Sikkouth* et *Kiyoun:* deux divinités assyriennes associées à la planète Saturne.
[m] **6.2** Au bord du Tigre.
[n] **6.2** En Syrie, autrefois capitale d'un état puissant, conquise par Jéroboam (2 R 14.25, 28).
[o] **6.2** Voir 1.8 et note.
[p] **6.5** Autre traduction : *qui inventez, comme David, des instruments de musique.*

and everything in it."
[9]If ten people are left in one house, they too will die.
And if the relative who comes to carry the bodies out
the house to burn them[p] asks anyone who might be
ding there, "Is anyone else with you?" and he says,
No," then he will go on to say, "Hush! We must not
ention the name of the LORD."

[11] For the LORD has given the command,
and he will smash the great house into pieces
and the small house into bits.

[12] Do horses run on the rocky crags?
Does one plow the sea[q] with oxen?
But you have turned justice into poison
and the fruit of righteousness into
bitterness –
[13] you who rejoice in the conquest of Lo Debar[r]
and say, "Did we not take Karnaim[s] by our
own strength?"
[14] For the LORD God Almighty declares,
"I will stir up a nation against you, Israel,
that will oppress you all the way
from Lebo Hamath to the valley of the
Arabah."

ocusts, Fire and a Plumb Line

7 [1]This is what the Sovereign LORD showed me: He
was preparing swarms of locusts after the king's
hare had been harvested and just as the late crops
ere coming up. [2]When they had stripped the land
ean, I cried out, "Sovereign LORD, forgive! How can
cob survive? He is so small!"

[3]So the LORD relented.
"This will not happen," the LORD said.
[4]This is what the Sovereign LORD showed me: The
overeign LORD was calling for judgment by fire; it
ied up the great deep and devoured the land. [5]Then
cried out, "Sovereign LORD, I beg you, stop! How can
cob survive? He is so small!"

[6]So the LORD relented.
"This will not happen either," the Sovereign LORD
id.

6:10 Or *to make a funeral fire in honor of the dead*
6:12 With a different word division of the Hebrew; Masoretic Text
ow there
6:13 *Lo Debar* means *nothing.*
6:13 *Karnaim* means *horns; horn* here symbolizes strength.

je livrerai la ville et ce qu'elle contient.
[9]Si, dans une maison, il subsiste dix hommes, eh bien,
ils périront. [10]Quand le parent d'un défunt emportera
de la maison le mort pour le brûler, il demandera à celui
qui se trouve au fond du logis : Quelqu'un d'autre est-il
encore avec toi ?
Celui-ci répondra : Il n'y a plus personne.
Et l'on dira : Silence ! Car il n'y a pas lieu d'invoquer
l'Eternel.
[11] L'Eternel va donner des ordres :
les grandes maisons, il les frappera pour en faire un
tas de gravats,
puis les petites, pour y ouvrir des brèches.
[12] A-t-on vu des chevaux galoper sur le roc ?
Laboure-t-on la mer[q] avec des bœufs ?
Mais vous, vous changez le droit en poison,
le fruit de la justice en de l'absinthe amère.
[13] Vous vous réjouissez d'avoir pris Lo-Debar,
vous dites : N'est-ce pas grâce à notre puissance
que nous avons pris Qarnaïm[r] ?
[14] Voici ce que déclare l'Eternel, le Dieu des armées
célestes :
O communauté d'Israël, je vais susciter contre vous
une nation qui vous opprimera depuis
Lebo-Hamath
et jusqu'au torrent de la Araba[s].

LES VISIONS D'AMOS

La vision des sauterelles

7 [1]Or voici ce que me fit voir le Seigneur, l'Eternel. Il
y avait un essaim de criquets[t] au temps où le regain
commençait à pousser. C'était après la coupe que l'on fait
pour le roi[u]. [2]Quand les criquets eurent fini de dévorer
l'herbe des champs, je dis : O Seigneur, Eternel, accorde
le pardon, de grâce ! Sinon, comment Jacob pourra-t-il
subsister, lui qui est si petit ?
[3]L'Eternel y renonça : Cela ne sera pas, dit l'Eternel.

[4]Puis voici ce que me fit voir le Seigneur, l'Eternel. Le
Seigneur, l'Eternel, fit appel au feu pour exercer un jugement, et le feu fit tarir les nappes souterraines et consuma
le territoire. [5]Je dis : O Seigneur, Eternel, arrête, je t'en
prie ! Sinon, comment Jacob pourra-t-il subsister, lui qui
est si petit ?
[6]Et l'Eternel y renonça : Cela non plus n'aura pas lieu, le
Seigneur, l'Eternel, le déclare.

q 6.12 *Laboure-t-on la mer:* cette traduction suppose une légère modification du texte hébreu traditionnel qui porte : *(Y) laboure-t-on.*
r 6.13 *Lo-Debar* et *Qarnaïm:* deux villes situées à l'est du Jourdain (Gn 14.5 ; 2 S 9.4), reconquises sur les Syriens par Joas (2 R 10.32-33 ; 13.25) ; elles seront reprises par les Assyriens (v. 14 ; 2 R 15.29). Le prophète joue à nouveau sur le sens des noms de ces deux villes (voir 5.5 et note) qui signifient : *néant* et *puissance.*
s 6.14 C'est-à-dire de la limite nord (Jos 13.5) à la frontière sud du royaume d'Israël, près de la mer Morte.
t 7.1 D'après l'ancienne version grecque. Le texte hébreu traditionnel a : *il produisait des criquets.*
u 7.1 La première coupe appartenait au roi, celle du regain revenait au peuple. Amos signifie par là que tout le peuple est visé par cette menace.

[7]This is what he showed me: The Lord was standing
by a wall that had been built true to plumb,[t] with
a plumb line[u] in his hand. [8]And the LORD asked me,
"What do you see, Amos?"
"A plumb line," I replied.
Then the Lord said, "Look, I am setting a plumb line
among my people Israel; I will spare them no longer.

[9] "The high places of Isaac will be destroyed
and the sanctuaries of Israel will be ruined;
with my sword I will rise against the house of
Jeroboam."

Amos and Amaziah

[10]Then Amaziah the priest of Bethel sent a message to Jeroboam king of Israel: "Amos is raising a
conspiracy against you in the very heart of Israel.
The land cannot bear all his words. [11]For this is what
Amos is saying:

"'Jeroboam will die by the sword,
and Israel will surely go into exile,
away from their native land.'"

[12]Then Amaziah said to Amos, "Get out, you seer! Go
back to the land of Judah. Earn your bread there and
do your prophesying there. [13]Don't prophesy anymore
at Bethel, because this is the king's sanctuary and the
temple of the kingdom."
[14]Amos answered Amaziah, "I was neither a prophet
nor the son of a prophet, but I was a shepherd, and
I also took care of sycamore-fig trees. [15]But the LORD
took me from tending the flock and said to me, 'Go,
prophesy to my people Israel.' [16]Now then, hear the
word of the LORD. You say,

"'Do not prophesy against Israel,
and stop preaching against the descendants
of Isaac.'

[17]"Therefore this is what the LORD says:

"'Your wife will become a prostitute in the city,
and your sons and daughters will fall by the
sword.
Your land will be measured and divided up,
and you yourself will die in a pagan[v] country.
And Israel will surely go into exile,
away from their native land.'"

A Basket of Ripe Fruit

8 [1]This is what the Sovereign LORD showed me: a
basket of ripe fruit. [2]"What do you see, Amos?"
he asked.
"A basket of ripe fruit," I answered.
Then the LORD said to me, "The time is ripe for my
people Israel; I will spare them no longer.

[3]"In that day," declares the Sovereign LORD, "the
songs in the temple will turn to wailing.[w] Many, many
bodies – flung everywhere! Silence!"

t 7:7 The meaning of the Hebrew for this phrase is uncertain.
u 7:7 The meaning of the Hebrew for this phrase is uncertain; also in verse 8.
v 7:17 Hebrew *an unclean*
w 8:3 Or *"the temple singers will wail*

L'étain

[7]Puis voici ce qu'il me fit voir : le Seigneur se tena
sur un mur en étain et il tenait de l'étain dans sa mai
[8]L'Eternel me dit : Que vois-tu, Amos ?
Et je dis : De l'étain.
Et le Seigneur me dit : Je vais mettre l'étain au milie
d'Israël, mon peuple. Et désormais, je ne lui laisserai plu
rien passer. [9]Les hauts lieux d'Isaac seront détruits, le
sanctuaires d'Israël seront rasés, j'interviendrai ave
l'épée contre la dynastie de Jéroboam.

La réaction du prêtre de Béthel

[10]Alors Amatsia, prêtre de Béthel, envoya un message
Jéroboam, roi d'Israël, pour lui dire : Amos conspire cont
toi dans le royaume d'Israël, et le pays ne saurait tolér
plus longtemps tous ses discours. [11]Voici, en effet, ce qu
déclare Amos : « Jéroboam mourra par l'épée, et Isra
sera déporté loin de sa patrie. »

[12]Puis Amatsia dit à Amos : Va-t'en, prophète, enfuis-t
au pays de Juda ! Là-bas tu pourras gagner ton pain e
prophétisant. [13]Mais ne recommence pas à prophétiser
Béthel, car ici, c'est un sanctuaire du roi, c'est un temp
du royaume.
[14]Amos répondit à Amatsia : Je ne suis pas un prophè
de métier et je ne suis pas un disciple de prophètes. J
gagne ma vie en gardant des bœufs et en incisant le
fruits des sycomores. [15]Mais l'Eternel m'a pris de derriè
le troupeau et il m'a dit : « Va prophétiser à Israël, mo
peuple. » [16]Maintenant, écoute ce que te dit l'Eternel : T
me dis de ne plus prophétiser contre Israël, et de ne plu
débiter des paroles contre les descendants d'Isaac. [17]C'es
pourquoi l'Eternel te dit ceci :

Ta femme se prostituera au milieu de la ville,
tes fils, tes filles tomberont par l'épée,
tes champs seront partagés au cordeau.
Toi-même tu mourras sur une terre impure ;
la population d'Israël va être déportée
bien loin de son pays.

La corbeille de fruits

8 [1]Voici encore ce que me fit voir le Seigneur, l'Eterne
il y avait une corbeille remplie de fruits mûrs comm
à la fin de l'été. [2]Il me dit : Que vois-tu, Amos ?
Et je lui répondis : Je vois une corbeille remplie de fruit
mûrs comme à la fin de l'été.
Et l'Eternel me dit :

La fin est arrivée pour Israël, mon peuple,
car désormais, je ne lui laisserai plus rien passer.
[3] En ce jour-là, les chants dans le palais deviendront
des lamentations[v]
– c'est là ce que déclare le Seigneur, l'Eternel –
car les cadavres seront nombreux dans tous les
lieux ; on les jettera en silence[w].

v 8.3 *les chants dans le palais ... lamentations.* Certains comprennent : *les musiciens du palais* (ou *du Temple*) *se lamenteront.*
w 8.3 Autre traduction : *et on les jettera. Silence !*

4 Hear this, you who trample the needy
and do away with the poor of the land,
5 saying,
"When will the New Moon be over
that we may sell grain,
and the Sabbath be ended
that we may market wheat?" –
skimping on the measure,
boosting the price
and cheating with dishonest scales,
6 buying the poor with silver
and the needy for a pair of sandals,
selling even the sweepings with the wheat.
7 The LORD has sworn by himself, the Pride of Jacob:
will never forget anything they have done.

8 "Will not the land tremble for this,
and all who live in it mourn?
The whole land will rise like the Nile;
it will be stirred up and then sink
like the river of Egypt.

9 "In that day," declares the Sovereign LORD,
"I will make the sun go down at noon
and darken the earth in broad daylight.

10 I will turn your religious festivals into
mourning
and all your singing into weeping.
I will make all of you wear sackcloth
and shave your heads.
I will make that time like mourning for an only
son
and the end of it like a bitter day.

11 "The days are coming," declares the Sovereign
LORD,
"when I will send a famine through the
land –
not a famine of food or a thirst for water,
but a famine of hearing the words of the LORD.
12 People will stagger from sea to sea
and wander from north to east,
searching for the word of the LORD,
but they will not find it.

13 "In that day
"the lovely young women and strong young
men
will faint because of thirst.

Les trafiquants avides

4 Ecoutez donc ceci, vous, oppresseurs des indigents
qui voulez en finir avec les pauvres du pays,
5 oui, vous qui dites : Quand la nouvelle lune sera-t-
elle passée,
pour que nous vendions notre blé ?
Quand le sabbat finira-t-il
pour que nous ouvrions nos magasins de grains ?
Nous diminuerons la mesure,
nous en augmenterons le prix[x],
et nous truquerons les balances pour tromper les
clients,
6 puis nous achèterons les pauvres pour de l'argent,
et l'indigent pour une paire de sandales ;
nous vendrons même jusqu'aux déchets du blé.
7 L'Eternel l'a juré : Aussi vrai que Jacob est
orgueilleux[y],
jamais, je n'oublierai aucune de leurs œuvres.
8 A cause de cela, le pays tremblera
et tous ses habitants seront en deuil.
Le pays se soulèvera dans sa totalité
comme le Nil en crue,
il sera agité, et puis s'affaissera comme le fleuve de
l'Egypte.

Un jour de deuil

9 En ce jour-là
– c'est là ce que déclare le Seigneur, l'Eternel –
je ferai coucher le soleil à l'heure de midi,
et, en plein jour, je couvrirai la terre de ténèbres.
10 Je changerai vos fêtes en jours de deuil
et tous vos chants en amères lamentations.
J'imposerai un habit de toile de sac à tous les
habitants,
et leur ferai raser la tête.
J'infligerai à ce pays une douleur aussi profonde
que lorsqu'on perd un fils unique ;
ce qui adviendra par la suite ne sera que jour de
malheur.
11 Voici venir des jours
– c'est là ce que déclare le Seigneur, l'Eternel –
où je répandrai la famine dans le pays,
on aura faim et soif,
non pas de pain ou d'eau,
mais faim et soif d'entendre les paroles de l'Eternel.
12 Alors ils erreront d'une mer jusqu'à l'autre
et puis du nord à l'est,
ils iront çà et là pour rechercher la parole de
l'Eternel,
mais ils ne la trouveront pas.
13 En ce jour-là, les belles jeunes filles,
les jeunes hommes dépériront de soif.

x **8.5** *la mesure:* en hébreu l'*épha*. *le prix:* en hébreu le *sicle*.
y **8.7** Remarque ironique qui contraste avec ce que dit l'Eternel en 4.2 et 6.8. Autres traductions : *l'Eternel l'a juré par l'honneur de Jacob* ou *l'Eternel l'a juré par lui-même qui est la fierté de Jacob.*

14 Those who swear by the sin of Samaria –
who say, 'As surely as your god lives, Dan,'
or, 'As surely as the god[x] of Beersheba lives' –
they will fall, never to rise again."

Israel to Be Destroyed

9 [1]I saw the Lord standing by the altar, and he said:
"Strike the tops of the pillars
so that the thresholds shake.
Bring them down on the heads of all the people;
those who are left I will kill with the sword.
Not one will get away,
none will escape.
2 Though they dig down to the depths below,
from there my hand will take them.
Though they climb up to the heavens above,
from there I will bring them down.
3 Though they hide themselves on the top of Carmel,
there I will hunt them down and seize them.
Though they hide from my eyes at the bottom of the sea,
there I will command the serpent to bite them.
4 Though they are driven into exile by their enemies,
there I will command the sword to slay them.
"I will keep my eye on them
for harm and not for good."
5 The Lord, the LORD Almighty –
he touches the earth and it melts,
and all who live in it mourn;
the whole land rises like the Nile,
then sinks like the river of Egypt;
6 he builds his lofty palace[y] in the heavens
and sets its foundation[z] on the earth;
he calls for the waters of the sea
and pours them out over the face of the land –
the LORD is his name.

7 "Are not you Israelites
the same to me as the Cushites[a]?"
declares the LORD.
"Did I not bring Israel up from Egypt,
the Philistines from Caphtor[b]
and the Arameans from Kir?
8 "Surely the eyes of the Sovereign LORD
are on the sinful kingdom.

x 8:14 Hebrew *the way*
y 9:6 The meaning of the Hebrew for this phrase is uncertain.
z 9:6 The meaning of the Hebrew for this word is uncertain.
a 9:7 That is, people from the upper Nile region
b 9:7 That is, Crete

14 Ceux qui prêtent serment par l'idole coupable[z] de Samarie,
tous ceux qui disent : « Vive ton dieu, ô Dan[a],
vive le culte[b] rendu à Beer-Sheva[c] »,
tomberont sans jamais se relever.

Le sanctuaire détruit

9 [1]Je vis le Seigneur debout sur l'autel,
disant : Frappe le chapiteau des colonnes du Temple
et que les seuils en tremblent !
Brise-les sur leur tête à tous !
Ceux qui subsisteront, je les abattrai par l'épée.
Aucun d'eux ne pourra s'enfuir,
aucun d'eux n'en réchappera.
2 Car s'ils s'enfoncent jusqu'au séjour des morts,
ma main les en arrachera.
S'ils montent jusqu'au ciel,
je les en ferai redescendre.
3 S'ils se cachent au sommet du Carmel,
je les y chercherai et les attraperai,
et s'ils plongent au fond des mers, pour se dérober à mes yeux,
je donnerai l'ordre au serpent d'aller les mordre là

4 S'ils partent en exil, devant leurs ennemis,
là, j'ordonnerai à l'épée de les exterminer.
Oui, j'aurai l'œil sur eux
afin d'œuvrer à leur malheur et non à leur bonheu

Le Maître de l'univers

5 L'Eternel, le Seigneur des armées célestes,
touche la terre et elle se délite,
et tous ses habitants prennent le deuil.
La terre tout entière se soulève comme le Nil
pour s'affaisser ensuite comme le fleuve de l'Egypte.
6 L'Eternel a bâti les marches de son trône dans le ciel ;
il a fondé sa voûte au-dessus de la terre :
il convoque les eaux de l'océan,
et les répand sur la surface de la terre.
Son nom est l'Eternel.

Le juste châtiment

7 N'êtes-vous pas pour moi comme des Ethiopiens,
vous les Israélites ?
l'Eternel le demande.
N'ai-je pas fait sortir Israël de l'Egypte,
les Philistins de Crète
et les Syriens de Qir[d] ?
8 Le Seigneur, l'Eternel, observe

z **8.14** *l'idole coupable.* On peut aussi comprendre : *le dieu Asham* mention à Eléphantine sous le nom d'Asham-Béthel, ou encore *la déesse Ashimah* (voir 2 R 17.30).
a **8.14** *ton Dieu, ô Dan:* voir 1 R 12.29-30.
b **8.14** *le culte:* en hébreu : *la voie,* c.-à-d. la pratique cultuelle. Certains y voient le titre d'une divinité connue à Ougarit : *la puissance.* En remplaçant une lettre du mot hébreu par une autre très ressemblante on obtient : *ton bien-aimé,* ce qui pourrait encore être une manière de s référer à une divinité.
c **8.14** Voir 5.5 et note.
d **9.7** Voir 1.5 ; 2 R 16.9. Lieu à la localisation inconnue, probablement près d'Elam (Es 22.6).

I will destroy it
from the face of the earth.
Yet I will not totally destroy
the descendants of Jacob,"
declares the LORD.
9 "For I will give the command,
and I will shake the people of Israel
among all the nations
as grain is shaken in a sieve,
and not a pebble will reach the ground.
10 All the sinners among my people
will die by the sword,
all those who say,
'Disaster will not overtake or meet us.'

Israel's Restoration

11 "In that day
"I will restore David's fallen shelter –
I will repair its broken walls
and restore its ruins –
and will rebuild it as it used to be,
12 so that they may possess the remnant of Edom
and all the nations that bear my name,[c]"
declares the LORD, who will do these things.

13 "The days are coming," declares the LORD,
"when the reaper will be overtaken by the plowman
and the planter by the one treading grapes.
New wine will drip from the mountains
and flow from all the hills,
14 and I will bring my people Israel back from exile.[d]
"They will rebuild the ruined cities and live in them.
They will plant vineyards and drink their wine;
they will make gardens and eat their fruit.
15 I will plant Israel in their own land,
never again to be uprooted
from the land I have given them,"
says the LORD your God.

c 9:12 Hebrew; Septuagint *so that the remnant of people / and all the nations that bear my name may seek me*
d 9:14 Or *will restore the fortunes of my people Israel*

ce royaume coupable.
Je le supprimerai de la surface de la terre.
Pourtant, je ne veux pas entièrement détruire
le peuple de Jacob,
l'Eternel le déclare.
9 Voici ce que j'ordonne :
Je secouerai le peuple d'Israël chez tous les autres peuples,
comme on secoue le grain qu'on a mis dans le crible :
sans que ne tombe à terre aucune pierre même petite[e].
10 Les coupables parmi mon peuple mourront tous par l'épée,
tous ceux qui disent : « Le malheur
ne s'approchera pas de nous,
et il ne nous atteindra pas. »

Le temps du renouveau

11 En ce jour-là, moi, je relèverai la hutte de David qui tombe en ruine,
j'en boucherai les brèches
et j'en relèverai les ruines.
Je la rebâtirai pour qu'elle soit comme autrefois[f],
12 afin qu'ils entrent en possession
de ce qui restera des Edomites, et des autres peuples
appelés de mon nom comme ma possession,
l'Eternel le déclare, lui qui réalisera tout cela.
13 Voici venir des jours,
l'Eternel le déclare,
où celui qui laboure suivra de près le moissonneur,
et où le vendangeur suivra celui qui sème,
le vin nouveau ruissellera de toutes les montagnes,
de toutes les collines il coulera à flots.
14 Je ramènerai les captifs[g] de mon peuple Israël
et ils rebâtiront les villes dévastées,
et les habiteront.
Ils planteront des vignes
et en boiront le vin,
ils établiront des jardins
et ils en mangeront les fruits.
15 Je les planterai sur leur terre
et ils ne seront plus arrachés à la terre
que je leur ai donnée,
dit l'Eternel, ton Dieu.

e **9.9** On séparait le grain des cailloux qui y étaient mêlés en le passant par le crible.
f **9.11** Les v. 11-12 sont cités en Ac 15.16-18 d'après l'ancienne version grecque.
g **9.14** Autre traduction : *je changerai le sort.*

Obadiah

Obadiah's Vision

1 [1]The vision of Obadiah.
This is what the Sovereign LORD says about Edom –
We have heard a message from the LORD:
An envoy was sent to the nations to say,
"Rise, let us go against her for battle" –

[2] "See, I will make you small among the nations;
you will be utterly despised.
[3] The pride of your heart has deceived you,
you who live in the clefts of the rocks[a]
and make your home on the heights,
you who say to yourself,
'Who can bring me down to the ground?'
[4] Though you soar like the eagle
and make your nest among the stars,
from there I will bring you down,"
declares the LORD.

[5] "If thieves came to you,
if robbers in the night –
oh, what a disaster awaits you! –
would they not steal only as much as they wanted?
If grape pickers came to you,
would they not leave a few grapes?
[6] But how Esau will be ransacked,
his hidden treasures pillaged!
[7] All your allies will force you to the border;
your friends will deceive and overpower you;
those who eat your bread will set a trap for you,[b]
but you will not detect it.
[8] "In that day," declares the LORD,
"will I not destroy the wise men of Edom,
those of understanding in the mountains of Esau?

[9] Your warriors, Teman, will be terrified,

[a] 1:3 Or *of Sela*
[b] 1:7 The meaning of the Hebrew for this clause is uncertain.

Abdias

1 [1]Révélation reçue par Abdias.
Le Seigneur, l'Eternel déclare sur Edom[a] :
j'ai entendu[b] une nouvelle
venant de l'Eternel,
et un héraut a été envoyé parmi les autres peuples
Levez-vous, leur dit-il.
Partons en guerre contre Edom[c].

Le jugement d'Edom

La ruine d'Edom

[2] Je vais te rendre petit parmi les peuples
et tu seras très méprisé.
[3] Car ton orgueil t'égare,
toi qui as ta demeure dans les creux du rocher[d].
Toi dont l'habitation est haut perchée,
tu te dis en toi-même :
« Qui m'en fera descendre ? »
[4] Si comme l'aigle tu t'élevais,
et quand bien même ton nid serait placé au milieu des étoiles,
je t'en ferais descendre,
l'Eternel le déclare.
[5] Si des voleurs ou des pillards viennent chez toi pendant la nuit,
ils saccageront tout.
Ne s'empareront-ils pas de tes biens jusqu'à ce qu'i en aient assez ?
Si des vendangeurs pénètrent chez toi,
ne laisseront-ils pas que ce qui se grappille ?
[6] O ! Esaü, comme on te fouille !
On met à jour tous tes trésors cachés.
[7] Tous tes alliés t'ont refoulé jusque sur ta frontière
Tous tes amis te trompent et te réduisent en leur pouvoir.
Tes associés tendent[e] des pièges sous tes pas.
Il n'y a en Edom aucun discernement.
[8] En ce jour-là,
l'Eternel le déclare,
je vais faire périr tous les sages d'Edom,
je ferai disparaître tout le discernement de la montagne d'Esaü.
[9] Tes guerriers, ô Témân[f], seront pris de panique

[a] **1** Peuple descendant d'Esaü (Gn 25.19-26 ; 36.1-43) installé au sud-est de la mer Morte, très souvent hostile à Israël (voir v. 10 et note ; Nb 20.21 ; Dt 23.8).
[b] **1** *j'ai entendu:* d'après l'ancienne version grecque et Jr 49.14.
[c] **1** Les v. 1-4 ont leur parallèle en Jr 49.14-16; les v. 5-6 en Jr 49.9-10. L'id du v. 8 se retrouve en Jr 49.7.
[d] **3** *rocher*, en hébreu *séla*, est peut-être une allusion à la ville du même nom, taillée dans le roc, capitale d'Edom (2 R 14.7). Séla était peut-être sur le même site que la Pétra ultérieure des Nabatéens, qui elle est bier connue ; elle se situait en tout cas dans la même région.
[e] **7** *Tes associés tendent.* Autre traduction : *ils profitent de ton hospitalité po tendre.*
[f] **9** Ville ou région d'Edom qui représente ici tout le pays (voir Jr 49.7 ; Am 1.12).

and everyone in Esau's mountains
will be cut down in the slaughter.

10 Because of the violence against your brother
Jacob,
you will be covered with shame;
you will be destroyed forever.
11 On the day you stood aloof
while strangers carried off his wealth
and foreigners entered his gates
and cast lots for Jerusalem,
you were like one of them.

12 You should not gloat over your brother
in the day of his misfortune,
nor rejoice over the people of Judah
in the day of their destruction,
nor boast so much
in the day of their trouble.

13 You should not march through the gates of my
people
in the day of their disaster,
nor gloat over them in their calamity
in the day of their disaster,
nor seize their wealth
in the day of their disaster.
14 You should not wait at the crossroads
to cut down their fugitives,
nor hand over their survivors
in the day of their trouble.

15 "The day of the Lord is near
for all nations.
As you have done, it will be done to you;
your deeds will return upon your own head.
16 Just as you drank on my holy hill,
so all the nations will drink continually;
they will drink and drink
and be as if they had never been.

17 But on Mount Zion will be deliverance;
it will be holy,
and Jacob will possess his inheritance.

18 Jacob will be a fire
and Joseph a flame;

si bien qu'au grand massacre,
tout homme sera retranché de la montagne d'Esaü.

Contre ceux qui profitent du malheur d'autrui

10 Tu t'es montré violent envers Jacob ton frère,
c'est pourquoi tu seras couvert de honte
et tu disparaîtras à tout jamais[g].

11 Car tu étais présent[h]
en ce jour où des étrangers emportaient ses
richesses,
lorsque des étrangers pénétraient dans sa ville,
et, en tirant au sort, se partageaient entre eux le
butin de Jérusalem.
Oui, toi aussi, tu as agi comme eux.
12 Non, tu n'aurais pas dû te complaire au spectacle au
jour du malheur de ton frère,
au jour de sa détresse.
Non, tu n'aurais pas dû te réjouir au détriment des
Judéens
au jour de leur désastre,
ni ouvrir grand la bouche pour insulter et te
moquer
au jour de leur angoisse.
13 Et tu n'aurais pas dû pénétrer dans la ville de mon
peuple
au jour de son malheur,
ni te complaire, oui, toi aussi, à la vue de ses maux,
ni t'emparer de toutes ses richesses
au jour de son malheur !

14 Non, tu ne devais pas
te tenir là au carrefour des routes[i]
pour massacrer ses rescapés
et pour livrer les derniers survivants
au jour de leur détresse !

Le jour de l'Eternel

15 Le jour est proche où l'Eternel jugera tous les
peuples
et l'on te traitera comme tu as traité les autres :
le mal que tu as fait retombera sur toi.
16 Vous avez bu la coupe de l'orgie[j] sur ma sainte
montagne :
De même, tous les peuples étrangers ne cesseront
de boire la coupe de colère[k].
Ils la boiront, et ils l'avaleront,
puis ils seront anéantis.
17 Mais sur le mont Sion il y aura des rescapés :
ce sera un lieu saint.
Le peuple de Jacob spoliera à son tour
ceux qui l'auront spolié.
18 Le peuple de Jacob sera semblable au feu,
les enfants de Joseph seront comme une flamme ;

g 10 Voir v. 10-14 : Abdias fait référence à une participation édomite soit lors du sac de Jérusalem sous Yoram, vers 845 av. J.-C. (voir 2 Ch 21.8-10, 16-17) soit lors de la prise de Jérusalem par les Babyloniens en 587 av. J.-C. (2 R 25.8-12 ; Ps 137.7 ; Ez 25.12-14 ; 35).

h 11 D'autres comprennent : *tu te tenais à l'écart.*

i 14 *au carrefour des routes.* Autre traduction : *après avoir brisé son joug* (voir Gn 27.40).

j 16 D'autres comprennent : *vous, les Judéens, vous avez bu la coupe de colère.*

k 16 Voir Jr 25.15-29.

Esau will be stubble,
and they will set him on fire and destroy him.
There will be no survivors
from Esau."
The LORD has spoken.

19 People from the Negev will occupy
the mountains of Esau,
and people from the foothills will possess
the land of the Philistines.
They will occupy the fields of Ephraim and Samaria,
and Benjamin will possess Gilead.
20 This company of Israelite exiles who are in Canaan
will possess the land as far as Zarephath;
the exiles from Jerusalem who are in Sepharad
will possess the towns of the Negev.
21 Deliverers will go up on[c] Mount Zion
to govern the mountains of Esau.
And the kingdom will be the LORD's.

les enfants d'Esaü, par contre, seront comme du chaume :
ceux-ci embraseront ceux-là et les consumeront ;
il ne réchappera pas un seul survivant parmi les enfants d'Esaü :
l'Eternel le déclare.

A l'Eternel appartiendra le règne

19 Ceux du Néguev s'empareront de la montagne d'Esaü
et ceux qui vivent dans la plaine posséderont la Philistie.
Ils viendront occuper[l] le territoire d'Ephraïm,
qui est celui de Samarie.
Les gens de Benjamin s'empareront de Galaad[m],
20 et les déportés d'Israël – toute une armée –
posséderont le pays des Cananéens jusque vers Sarepta.
Les exilés à Sardes[n], déportés de Jérusalem,
posséderont les villes du Néguev.
21 Des sauvés[o] graviront le mont Sion
pour dominer sur les monts d'Esaü[p].
Alors l'Eternel régnera !

---

[c] 1:21 Or *from*

[l] **19** *Ils viendront occuper:* une modification légère du texte hébreu traditionnel permet de lire : *Jérusalem possédera.*

[m] **19** *Galaad,* à l'est du Jourdain, région rattachée au royaume du Nord.

[n] **20** *Sarepta:* entre Tyr et Sidon (voir 1 R 17.9), sur la côte de la Méditerranée. *Sardes:* en hébreu, *Sepharad.* Très certainement Sardes e Asie Mineure. Selon d'autres, Sparte en Grèce.

[o] **21** D'après les versions. Le texte hébreu traditionnel a : *des sauveurs.*

[p] **21** *graviront le mont Sion ... d'Esaü.* Autre traduction : *sur le mont Sion, iro exercer leur domination sur la montagne d'Esaü.*

Jonah

nah Flees From the LORD

[1]The word of the LORD came to Jonah son of
Amittai: [2]"Go to the great city of Nineveh and
each against it, because its wickedness has come
before me."
[3]But Jonah ran away from the LORD and headed for
rshish. He went down to Joppa, where he found a
ip bound for that port. After paying the fare, he
nt aboard and sailed for Tarshish to flee from the
RD.
[4]Then the LORD sent a great wind on the sea, and
ch a violent storm arose that the ship threatened to
eak up. [5]All the sailors were afraid and each cried
t to his own god. And they threw the cargo into the
a to lighten the ship.
But Jonah had gone below deck, where he lay down
d fell into a deep sleep. [6]The captain went to him
d said, "How can you sleep? Get up and call on your
d! Maybe he will take notice of us so that we will
t perish."
[7]Then the sailors said to each other, "Come, let us
st lots to find out who is responsible for this calam-
." They cast lots and the lot fell on Jonah. [8]So they
ked him, "Tell us, who is responsible for making
this trouble for us? What kind of work do you do?
here do you come from? What is your country? From
at people are you?"
[9]He answered, "I am a Hebrew and I worship the
RD, the God of heaven, who made the sea and the
y land."
[10]This terrified them and they asked, "What have
u done?" (They knew he was running away from the
RD, because he had already told them so.)
[11]The sea was getting rougher and rougher. So they
ked him, "What should we do to you to make the
a calm down for us?"
[12]"Pick me up and throw me into the sea," he reed, "and it will become calm. I know that it is my
ult that this great storm has come upon you."
[13]Instead, the men did their best to row back to
d. But they could not, for the sea grew even wilder
an before. [14]Then they cried out to the LORD, "Please,
RD, do not let us die for taking this man's life. Do
t hold us accountable for killing an innocent man,
you, LORD, have done as you pleased." [15]Then they
ok Jonah and threw him overboard, and the raging
a grew calm. [16]At this the men greatly feared the

Jonas

La fuite de Jonas

1 [1]L'Eternel adressa la parole à Jonas[a], fils d'Amittaï,
en ces termes : [2]Mets-toi en route, va à Ninive[b] la
grande ville et proclame des menaces contre ses habitants,
car l'écho de leur méchanceté est parvenu jusqu'à moi.
[3]Jonas se mit en route pour s'enfuir à Tarsis[c], loin de la
présence de l'Eternel. Il descendit au port de Jaffa[d], où il
trouva un navire en partance pour Tarsis. Il paya le prix
de la traversée et descendit dans le bateau pour aller avec
l'équipage à Tarsis, loin de la présence de l'Eternel.
[4]Mais l'Eternel fit souffler un grand vent sur la mer et
déchaîna une si grande tempête que le navire menaçait de
se briser. [5]Les marins furent saisis de crainte, et chacun
se mit à implorer son dieu. Puis ils jetèrent la cargaison
par-dessus bord pour alléger le navire. Quant à Jonas, il
était descendu dans la cale du bateau, il s'était couché et
dormait profondément. [6]Le capitaine s'approcha de lui
et l'interpella : Hé quoi ! Tu dors ! Mets-toi debout et prie
ton Dieu. Peut-être Dieu se souciera-t-il de nous et nous
ne périrons pas.
[7]Pendant ce temps, les matelots se dirent entre eux :
Allons, tirons au sort pour savoir qui nous attire ce
malheur.
Ils tirèrent donc au sort et Jonas fut désigné. [8]Alors ils
lui demandèrent : Fais-nous savoir qui nous attire ce malheur ! Quelles sont tes occupations ? D'où viens-tu ? De
quel pays ? Et de quel peuple es-tu ?
[9]Jonas leur répondit : Je suis hébreu et je crains l'Eternel,
le Dieu du ciel qui a fait la mer et la terre.

[10]Il leur apprit qu'il s'enfuyait loin de la présence de
l'Eternel. Aussi ces hommes furent-ils saisis d'une grande
crainte et lui dirent : Pourquoi as-tu fait cela ?
[11]Comme la mer se démontait de plus en plus, ils lui demandèrent : Que te ferons-nous pour que la mer se calme
et cesse de nous être contraire ?
[12]Il leur répondit : Prenez-moi et jetez-moi à la mer, et
la mer se calmera, car je sais bien que c'est à cause de moi
que cette grande tempête s'est déchaînée contre vous.
[13]Ces hommes se mirent d'abord à ramer de toutes leurs
forces pour regagner la côte, mais ils n'y parvinrent pas,
car la mer se déchaînait toujours plus contre eux. [14]Alors
ils crièrent à l'Eternel et dirent : O Eternel, nous t'en prions, ne nous fais pas périr à cause de cet homme et ne nous
tiens pas responsables de la mort d'un innocent. Car toi,
ô Eternel, tu as fait ce que tu as voulu.
[15]Puis ils prirent Jonas et le jetèrent par-dessus bord.
Aussitôt, la mer en furie se calma. [16]Alors l'équipage fut

[a] **1.1** Sur Jonas, voir 2 R 14.25-27.
[b] **1.2** Capitale de l'Empire assyrien, l'une des grandes puissances de l'époque.
[c] **1.3** A l'opposé de la direction dans laquelle l'Eternel l'envoyait, peut-être *Tartessos* en Espagne, colonie minière phénicienne située près de Gibraltar.
[d] **1.3** Port maritime de Jérusalem, aujourd'hui faubourg de Tel-Aviv (voir Ac 10.5).

LORD, and they offered a sacrifice to the LORD and made
vows to him.

17 Now the LORD provided a huge fish to swallow
Jonah, and Jonah was in the belly of the fish three
days and three nights.

Jonah's Prayer

2 1[a] From inside the fish Jonah prayed to the LORD
his God. 2 He said:

"In my distress I called to the LORD,
 and he answered me.
From deep in the realm of the dead I called for
 help,
 and you listened to my cry.
3 You hurled me into the depths,
 into the very heart of the seas,
 and the currents swirled about me;
all your waves and breakers
 swept over me.
4 I said, 'I have been banished
 from your sight;
yet I will look again
 toward your holy temple.'
5 The engulfing waters threatened me,[b]
 the deep surrounded me;
 seaweed was wrapped around my head.
6 To the roots of the mountains I sank down;
 the earth beneath barred me in forever.
But you, LORD my God,
 brought my life up from the pit.

7 "When my life was ebbing away,
 I remembered you, LORD,
and my prayer rose to you,
 to your holy temple.
8 "Those who cling to worthless idols
 turn away from God's love for them.
9 But I, with shouts of grateful praise,
 will sacrifice to you.
What I have vowed I will make good.
 I will say, 'Salvation comes from the LORD.'"

10 And the LORD commanded the fish, and it vomited
Jonah onto dry land.

Jonah Goes to Nineveh

3 1 Then the word of the LORD came to Jonah a second time: 2 "Go to the great city of Nineveh and
proclaim to it the message I give you."

3 Jonah obeyed the word of the LORD and went to
Nineveh. Now Nineveh was a very large city; it took

[a] In Hebrew texts 2:1 is numbered 1:17, and 2:1-10 is numbered 2:2-11.
[b] **2:5** Or *waters were at my throat*

saisi d'une grande crainte envers l'Eternel ; ils lui offrire
un sacrifice et s'engagèrent envers lui par des vœux.

Prière de Jonas au fond des mers

2 1 L'Eternel fit venir un grand poisson pour aval
Jonas. Durant trois jours et trois nuits, Jonas res
dans le ventre du poisson[e]. 2 Dans le ventre du poisson
adressa cette prière[f] à l'Eternel son Dieu :

3 Dans ma détresse, moi, j'ai crié à l'Eternel
et il m'a répondu.
Oui, du cœur du séjour des morts
j'ai crié au secours
et tu m'as entendu.

4 Tu m'avais jeté dans l'abîme au fond des mers
et les courants m'ont encerclé,
tous tes flots et tes vagues ont déferlé sur moi.

5 Je me disais :
Je suis chassé de devant toi.
Pourtant, je reverrai ton temple saint.
6 Les eaux m'environnaient et menaçaient ma vie,
l'abîme m'enserrait ;
tout autour de ma tête, les algues s'enlaçaient.
7 Et je suis descendu jusqu'au tréfonds des mers où
 naissent les montagnes.
La terre avait déjà tiré derrière moi ses verrous
 pour toujours.
Mais du fond de la fosse tu m'as fait remonter
 vivant,
ô Eternel, mon Dieu !
8 Quand je désespérais de conserver la vie[g],
je me suis souvenu de toi, ô Eternel,
et ma prière est montée jusqu'à toi,
jusqu'à ton temple saint.
9 Ceux qui s'attachent à de vaines idoles
se privent de la grâce[h].
10 Mais moi je t'offrirai un sacrifice en disant ma
 reconnaissance,
et je m'acquitterai des vœux que j'ai formés,
car c'est de l'Eternel que vient la délivrance.

11 L'Eternel parla au poisson qui rejeta Jonas sur la ter
ferme.

La conversion de Ninive

3 1 L'Eternel adressa la parole une seconde fois à Jon
en ces termes[i] : 2 Mets-toi en route ! Va à Niniv
la grande ville, et proclame là-bas le message que je
communique.

3 Jonas se mit en route et se rendit à Ninive, comr
l'Eternel le lui avait demandé. Or, Ninive était une vi

[e] **2.1** Mentionné en Mt 12.40.
[f] **2.2** Prière de reconnaissance de Jonas, dans le ventre du poisson, pou la délivrance de la noyade (voir v. 4, 6-7).
[g] **2.8** Autre traduction : *alors que la vie me quittait.*
[h] **2.9** Voir Ps 31.7. *se privent de la grâce:* traduction incertaine. Autre traduction : *abandonnent l'amour pour l'Eternel.*
[i] **3.1** Pour les v. 1-3, voir 1.1-3.

ree days to go through it. 4Jonah began by going a y's journey into the city, proclaiming, "Forty more ys and Nineveh will be overthrown." 5The Ninevites lieved God. A fast was proclaimed, and all of them, om the greatest to the least, put on sackcloth.

6When Jonah's warning reached the king of neveh, he rose from his throne, took off his royal bes, covered himself with sackcloth and sat down the dust. 7This is the proclamation he issued in neveh:

"By the decree of the king and his nobles:
Do not let people or animals, herds or flocks, taste anything; do not let them eat or drink. 8But let people and animals be covered with sackcloth. Let everyone call urgently on God. Let them give up their evil ways and their violence. 9Who knows? God may yet relent and with compassion turn from his fierce anger so that we will not perish."

10When God saw what they did and how they turned om their evil ways, he relented and did not bring on em the destruction he had threatened.

nah's Anger at the Lord's Compassion

4 1But to Jonah this seemed very wrong, and he became angry. 2He prayed to the Lord, "Isn't this at I said, Lord, when I was still at home? That is what ried to forestall by fleeing to Tarshish. I knew that u are a gracious and compassionate God, slow to ger and abounding in love, a God who relents from nding calamity. 3Now, Lord, take away my life, for it better for me to die than to live."

4But the Lord replied, "Is it right for you to be gry?"

5Jonah had gone out and sat down at a place east the city. There he made himself a shelter, sat in shade and waited to see what would happen to e city. 6Then the Lord God provided a leafy plant[c] d made it grow up over Jonah to give shade for his ad to ease his discomfort, and Jonah was very hap- about the plant. 7But at dawn the next day God ovided a worm, which chewed the plant so that it thered. 8When the sun rose, God provided a scorch- g east wind, and the sun blazed on Jonah's head that he grew faint. He wanted to die, and said, "It ould be better for me to die than to live."

9But God said to Jonah, "Is it right for you to be gry about the plant?"

6 The precise identification of this plant is uncertain; also in ses 7, 9 and 10.

extrêmement grande[j] : il fallait trois jours de marche pour en faire le tour.

4Jonas entra dans la ville et commença par y marcher toute une journée en proclamant : Dans quarante jours, une catastrophe viendra sur Ninive !

5Les habitants de Ninive crurent en Dieu, ils publièrent un jeûne et, quelle que fût leur condition sociale, ils revêtirent des habits de toile de sac[k]. 6Le roi de Ninive, informé de la chose, se leva de son trône, enleva son manteau royal, se couvrit d'un habit de toile de sac et s'assit sur de la cendre. 7Puis il fit proclamer ce décret dans Ninive :

« Par ordre du roi et de ses ministres, il est interdit aux hommes comme aux bêtes, petit ou gros bétail, de manger quoi que ce soit, de paître et de boire de l'eau ! 8Hommes et bêtes doivent se couvrir de toiles de sac et crier à Dieu de toutes leurs forces ! Que chacun abandonne sa mauvaise conduite et les actes de violence qu'il commet. 9Qui sait ! Peut-être Dieu se ravisera-t-il et décidera-t-il de changer de ligne de conduite en abandonnant son ardente colère, de sorte que nous ne périrons pas. »

10Lorsque Dieu constata comment les Ninivites réagissaient et abandonnaient leur mauvaise conduite, il renonça à faire venir sur eux le malheur dont il les avait menacés : il s'en abstint.

La leçon du ricin

4 1Jonas le prit très mal et se mit en colère. 2Il adressa cette prière à l'Eternel : Ah, Eternel ! Je l'avais bien dit quand j'étais encore dans mon pays. Et c'est pour prévenir cela que je me suis enfui à Tarsis. Car je savais que tu es un Dieu plein de grâce et de compassion, lent à te mettre en colère et riche en amour, et que tu renonces volontiers à faire venir le malheur que tu as annoncé. 3Maintenant, Eternel, prends-moi donc la vie, car la mort vaut mieux pour moi que la vie.

4L'Eternel lui répondit : Fais-tu bien de te mettre en colère ?

5Jonas sortit de la ville et s'installa à l'est de la ville. Il se construisit là une cabane et s'assit dessous, à l'ombre, en attendant de voir ce qui se passerait dans la ville.

6L'Eternel Dieu fit pousser un ricin qui s'éleva plus haut que Jonas et lui donna de l'ombre sur la tête, afin de le détourner de sa mauvaise humeur. Et Jonas éprouva une grande joie à cause de ce ricin[l]. 7Mais le lendemain, au lever du jour, Dieu fit venir un ver qui rongea le ricin, de sorte que le ricin se dessécha. 8Et lorsque le soleil se mit à briller, Dieu fit venir de l'est un vent brûlant[m], et le soleil tapa sur la tête de Jonas. Sur le point de tomber en défaillance, Jonas demanda la mort en disant : La mort vaut mieux pour moi que la vie.

9Dieu demanda à Jonas : Fais-tu bien de te mettre en colère à cause de ce ricin ?

j **3.3** Selon 4.11, il y vivait 120 000 habitants. La cité de Ninive elle-même était entourée d'un rempart de 13 kilomètres (voir Na 2.6 et note). Il pourrait s'agir de toute l'agglomération ninivite, composée de Ninive, Rehobot-Ir, Kalah et Résen, villes mentionnées en Gn 10.11-12, qui couvraient une zone dont le périmètre faisait près de 100 kilomètres.
k **3.5** Allusion en Mt 12.41 ; Lc 11.30, 32.
l **4.6** Les versions divergent sur l'identification de cette plante. Le *ricin*, dont la semence donne l'huile de ricin, convient bien, car c'est une plante qui peut grandir de 30 cm par jour dans les conditions naturelles et qui peut atteindre une hauteur de 4 mètres.
m **4.8** Ce vent, bien connu en Israël et qui vient du désert (voir Os 13.15 ; Jr 4.11) dessèche toute végétation.

"It is," he said. "And I'm so angry I wish I were dead."

10 But the LORD said, "You have been concerned
about this plant, though you did not tend it or make
it grow. It sprang up overnight and died overnight.
11 And should I not have concern for the great city
of Nineveh, in which there are more than a hundred
and twenty thousand people who cannot tell their
right hand from their left – and also many animals?"

Il répondit : Oui, je fais bien de me mettre en colère
point de désirer la mort.
10 Alors l'Eternel lui dit : Tu t'apitoies sur ce ricin qui
t'a coûté aucune peine, que tu n'as pas fait pousser, et
est sorti de terre en l'espace d'une nuit et a péri la n
suivante. 11 Et tu voudrais que moi, je n'aie pas pitié
Ninive, de cette grande ville où vivent plus de cent vi
mille personnes qui ne savent pas distinguer le bien
mal, sans compter des animaux en grand nombre !

Micah

[1]The word of the Lord that came to Micah of
Moresheth during the reigns of Jotham, Ahaz
d Hezekiah, kings of Judah – the vision he saw con-
rning Samaria and Jerusalem.

[2] Hear, you peoples, all of you,
listen, earth and all who live in it,
that the Sovereign Lord may bear witness
against you,
the Lord from his holy temple.

dgment Against Samaria and Jerusalem

[3] Look! The Lord is coming from his dwelling
place;
he comes down and treads on the heights of
the earth.
[4] The mountains melt beneath him
and the valleys split apart,
like wax before the fire,
like water rushing down a slope.
[5] All this is because of Jacob's transgression,
because of the sins of the people of Israel.
What is Jacob's transgression?
Is it not Samaria?
What is Judah's high place?
Is it not Jerusalem?

[6] "Therefore I will make Samaria a heap of
rubble,
a place for planting vineyards.
I will pour her stones into the valley
and lay bare her foundations.
[7] All her idols will be broken to pieces;
all her temple gifts will be burned with fire;
I will destroy all her images.
Since she gathered her gifts from the wages of
prostitutes,
as the wages of prostitutes they will again be
used."

Michée

1 [1]Voici les paroles que l'Eternel a adressées à Michée
de Morésheth[a] sous les règnes de Yotam, Ahaz et
Ezéchias, rois de Juda[b]. Cette révélation reçue par Michée
concerne les villes de Samarie et de Jérusalem[c].

Le jugement sur Israël

[2] Ecoutez vous tous, peuples !
Prête attention, ô terre, et vous tous qui vivez sur
elle :
le Seigneur, l'Eternel sera témoin à charge contre
vous ;
oui, le Seigneur, depuis son sanctuaire.

L'annonce du jugement

[3] Voici que l'Eternel sort de sa résidence.
Il descend et il marche sur les lieux élevés que
présente la terre.

[4] Sous ses pas les montagnes fondent,
et le fond des vallées se fend
comme la cire au feu,
comme de l'eau versée coulant sur une pente.
[5] Et pourquoi tout cela ? A cause de la transgression
des enfants de Jacob[d],
à cause des péchés du peuple d'Israël.
Qui incita Jacob à cette transgression ?
N'est-ce pas Samarie ?
Et qui donc a promu ces hauts lieux en Juda ?
N'est-ce pas toi, Jérusalem ?
[6] Aussi vais-je réduire Samarie à un monceau de
pierres dans la campagne,
et l'on y plantera des vignes ;
je précipiterai ses pierres au fond de la vallée
et je la raserai jusqu'à ses fondations.
[7] Les statues de ses dieux seront toutes brisées,
et tous ses gains impurs seront livrés au feu.
Oui, toutes ses idoles, je les mettrai en pièces :
elles ont été faites grâce au salaire de ses
prostitutions.
Aussi serviront-elles comme salaire d'autres
prostitutions[e].

[a] **1.1** Localité située à 35 kilomètres au sud-ouest de Jérusalem, à l'est de Gath.

[b] **1.1** Sur *Yotam* (740 à 732 av. J.-C.) voir 2 R 15.32-38 ; 2 Ch 27.1-9. Sur *Ahaz* (735 à 715 av. J.-C.) voir 2 R 16.1-20 ; 2 Ch 28.1-27. Sur *Ezéchias* (715 à 686 ou 698 av. J.-C.) voir 2 R 18 à 20 ; 2 Ch 29 à 32. Ces datations tiennent compte des co-régences.

[c] **1.1** *Samarie* et *Jérusalem* représentent les royaumes dont elles sont la capitale : la première Israël, le royaume du Nord, et la seconde, Juda. Samarie sera conquise par les Assyriens en 722-721 av. J.-C.

[d] **1.5** C'est-à-dire les deux royaumes israélites, celui du Nord et celui de Juda.

[e] **1.7** Les richesses amassées par Samarie au moyen de l'idolâtrie et de la prostitution sacrée seront emportées par les Assyriens : ils les placeront dans leurs temples pour servir au culte de leurs idoles ou encore, leurs soldats s'en serviront pour payer de simples prostituées.

Weeping and Mourning

[8] Because of this I will weep and wail;
I will go about barefoot and naked.
I will howl like a jackal
and moan like an owl.
[9] For Samaria's plague is incurable;
it has spread to Judah.
It has reached the very gate of my people,
even to Jerusalem itself.

[10] Tell it not in Gath[a];
weep not at all.
In Beth Ophrah[b]
roll in the dust.
[11] Pass by naked and in shame,
you who live in Shaphir.[c]
Those who live in Zaanan[d]
will not come out.
Beth Ezel is in mourning;
it no longer protects you.
[12] Those who live in Maroth[e] writhe in pain,
waiting for relief,
because disaster has come from the LORD,
even to the gate of Jerusalem.
[13] You who live in Lachish,
harness fast horses to the chariot.
You are where the sin of Daughter Zion began,
for the transgressions of Israel were found
in you.

[14] Therefore you will give parting gifts
to Moresheth Gath.
The town of Akzib[f] will prove deceptive
to the kings of Israel.
[15] I will bring a conqueror against you
who live in Mareshah.[g]

[a] 1:10 *Gath* sounds like the Hebrew for *tell.*
[b] 1:10 *Beth Ophrah* means *house of dust.*
[c] 1:11 *Shaphir* means *pleasant.*
[d] 1:11 *Zaanan* sounds like the Hebrew for *come out.*
[e] 1:12 *Maroth* sounds like the Hebrew for *bitter.*
[f] 1:14 *Akzib* means *deception.*
[g] 1:15 *Mareshah* sounds like the Hebrew for *conqueror.*

Complainte sur les villes de Juda

[8] Voilà pourquoi je vais mener le deuil, je vais me
lamenter,
je vais marcher pieds nus, sans vêtements.
Je pousserai des cris, comme ceux du chacal,
et des gémissements comme font les autruches.
[9] La plaie de Samarie est incurable
et elle atteint même Juda.
La voilà qui s'avance jusqu'à la porte de mon
peuple :
jusqu'à Jérusalem.
[10] Ne le proclamez pas dans la ville de Gath[f],
ne pleurez pas[g].
Gens de Beth-Leaphra[h], couvrez-vous de poussière
[11] Habitants de Shaphir[i],
allez nus et honteux !
Le peuple de Tsaanân[j] ne sortira plus de sa ville,
et celui de Beth-Haëtsel[k] ne sait plus que se
lamenter et son soutien vous est ôté.
[12] Le peuple de Maroth[l] est bien malade[m].
Oui, le malheur est envoyé par l'Eternel,
jusque devant tes portes, Jérusalem !
[13] Habitants de Lakish[n],
attelez les coursiers aux chars,
car vous êtes à l'origine du péché de la communau
de Sion ;
c'est bien chez vous que les transgressions d'Israël
ont été imitées.
[14] Voilà pourquoi vous devez donner à Mlorésheth-
Gath[o] sa lettre de divorce[p],
et les maisons d'Akzib[q] seront source de tromperie
pour les rois d'Israël.
[15] Contre vous, habitants de Marésha,
je vais faire venir un nouveau conquérant,

[f] **1.10** Michée joue sur le sens des noms des villes qu'il énumère pour le avertir des malheurs qui les attendent lorsque les Assyriens viendront envahir leur pays. *Gath:* en Philistie. Le nom de la ville fait assonance e hébreu avec le verbe *proclamer.*
[g] **1.10** Traduction incertaine. L'ancienne version grecque suggère : *ne pleurez pas à Acre,* ville située à 14 kilomètres au nord-est de Haïfa, dont le nom fait assonance avec le verbe *pleurer.* Cependant, toutes les autre villes des versets qui suivent (v. 10-15) sont situées en Juda.
[h] **1.10** Site inconnu. Le nom *Leaphra* fait assonance avec le mot *poussière*
[i] **1.11** Localité située peut-être à 12 kilomètres à l'ouest d'Hébron dont nom serait conservé dans l'actuel Wadi es-Suffar. Son nom ressemble e hébreu à un terme signifiant : *être beau.*
[j] **1.11** Site inconnu. Le nom de la ville de *Tsaanân* fait assonance avec le verbe *sortir.*
[k] **1.11** Peut-être l'actuelle Dèr el-Asal, à 17 kilomètres au sud-ouest d'Hébron. Le nom *Haëtsel* ressemble à un verbe hébreu qui signifie : *retirer.*
[l] **1.12** Site inconnu. Le nom de la ville de *Maroth* ressemble en hébreu à un terme signifiant : *amertume.*
[m] **1.12** *est bien malade:* hébreu obscur. Autre traduction : *espérait le bonheur.*
[n] **1.13** Une grande ville de Juda, à 45 kilomètres au sud-ouest de Jérusalem. Son nom fait assonance en hébreu avec le mot *char.*
[o] **1.14** Voir 1.1 et note. Le nom de la ville ressemble en hébreu au terme désignant la *fiancée.*
[p] **1.14** Autre traduction : *voilà pourquoi vous devrez donner pour Morésheth-Gath une dot.*
[q] **1.14** A 20 kilomètres au nord-ouest d'Hébron (Jos 15.44). Le nom de la ville fait assonance avec le terme rendu par *cause de déception.*

The nobles of Israel
will flee to Adullam.
16 Shave your head in mourning
for the children in whom you delight;
make yourself as bald as the vulture,
for they will go from you into exile.

uman Plans and God's Plans

1 Woe to those who plan iniquity,
to those who plot evil on their beds!
At morning's light they carry it out
because it is in their power to do it.
2 They covet fields and seize them,
and houses, and take them.
They defraud people of their homes,
they rob them of their inheritance.
3 Therefore, the Lord says:
"I am planning disaster against this people,
from which you cannot save yourselves.
You will no longer walk proudly,
for it will be a time of calamity.
4 In that day people will ridicule you;
they will taunt you with this mournful song:
'We are utterly ruined;
my people's possession is divided up.
He takes it from me!
He assigns our fields to traitors.'"
5 Therefore you will have no one in the assembly
of the Lord
to divide the land by lot.

lse Prophets

6 "Do not prophesy," their prophets say.
"Do not prophesy about these things;
disgrace will not overtake us."
7 You descendants of Jacob, should it be said,
"Does the Lord become[h] impatient?
Does he do such things?"
"Do not my words do good

:7 Or *Is the Spirit of the Lord*

et le glorieux roi d'Israël devra se réfugier à
Adoullam[r].
16 Rasez-vous donc, et tondez-vous la tête, habitants
de Jérusalem,
en signe de douleur à cause de vos fils qui font tous
vos délices !
Oui, rasez-vous la tête, rendez-vous chauves, pareils
à des vautours,
parce qu'ils vont être emmenés loin de vous en
exil.

Contre les accapareurs

2 1 Malheur à ceux qui méditent le mal
et trament des méfaits alors qu'ils sont couchés.
Au point du jour, ils vont les accomplir
en profitant de leur pouvoir.
2 Ils convoitent des champs, ils s'en emparent,
des maisons, et ils s'en saisissent.
Ils oppriment les gens,
les dépouillant de leurs habitations et de leurs
terres.
3 C'est pourquoi l'Eternel déclare :
Contre cette nation je projette un malheur :
il sera comme un joug dont vous ne pourrez plus
vous dégager le cou.
Vous ne marcherez plus la tête haute,
car ce temps qui arrive est un temps de malheur.
4 En ce jour-là, on vous citera en exemple dans les
proverbes.
On chantera sur vous une lamentation.
On dira : « C'en est fait, nous sommes dévastés,
totalement détruits ;
il fait passer à d'autres la propriété de mon peuple.
Hélas, il me l'enlève
pour donner aux rebelles nos terres en partage. »
5 Voilà pourquoi vous n'aurez plus personne
dans l'assemblée de l'Eternel
pour vous distribuer votre part du pays.

Contre les prophètes de la facilité

6 Voilà quelles paroles débitent tous ces faux
prophètes : « Cessez donc de débiter des
paroles[s] ! »
Cela ne détournera pas l'outrage pour autant[t] !
7 Cependant, que dit-on
parmi le peuple de Jacob ?
« L'Eternel aurait-il perdu patience,
est-ce bien là sa manière d'agir ? »
Certes, pour ceux dont la conduite est droite,

r **1.15** *Marésha* et *Adoullam:* deux villes proches d'Akzib. Le nom de la ville de *Marésha* fait assonance avec le mot *conquérant. Adoullam:* allusion à l'épisode rapporté en 1 S 22.1.

s **2.6** Le verbe hébreu signifie *couler, distiller,* d'où le sens figuré de *distiller ou débiter des paroles.*

t **2.6** Il s'agit de la réponse de Michée aux réactions indignées des faux prophètes à sa prédication. Autre traduction, en mettant la fin du v. 6 dans la bouche des faux prophètes : Cessez donc de débiter des paroles pour dire : « Certainement, l'outrage ne vous sera pas épargné. »

to the one whose ways are upright?
[8] Lately my people have risen up
like an enemy.
You strip off the rich robe
from those who pass by without a care,
like men returning from battle.
[9] You drive the women of my people
from their pleasant homes.
You take away my blessing
from their children forever.
[10] Get up, go away!
For this is not your resting place,
because it is defiled,
it is ruined, beyond all remedy.
[11] If a liar and deceiver comes and says,
'I will prophesy for you plenty of wine and beer,'
that would be just the prophet for this people!

Deliverance Promised

[12] "I will surely gather all of you, Jacob;
I will surely bring together the remnant of Israel.
I will bring them together like sheep in a pen,
like a flock in its pasture;
the place will throng with people.
[13] The One who breaks open the way will go up before them;
they will break through the gate and go out.
Their King will pass through before them,
the LORD at their head."

Leaders and Prophets Rebuked

3 [1] Then I said,
"Listen, you leaders of Jacob,
you rulers of Israel.
Should you not embrace justice,
[2] you who hate good and love evil;

mes paroles sont bienveillantes[u].
[8] Mais hier encore, on a traité mon peuple en ennemi[v].
Vous ôtez le manteau de dessus la tunique
à ceux qui, sans défiance, passent auprès de vous
au retour du combat.
[9] Vous expulsez des maisons qu'elles aiment,
les femmes de mon peuple ;
à leurs enfants vous ôtez pour toujours
le glorieux patrimoine que je leur ai donné[w].
[10] Debout ! Allez-vous-en !
Car ce pays n'est plus un lieu paisible
parce qu'il est souillé,
et il sera la cause
d'une terrible destruction ;
la douleur en sera extrême.
[11] Car si un homme vient qui court après le vent,
qui profère des mensonges et qui dit :
« Pour toi je vais débiter des paroles[x],
distiller du bon vin[y], des boissons enivrantes »,
cet homme-là devient le distillateur de paroles
pour tout ce peuple !

Le Dieu qui rassemble

[12] Descendants de Jacob, je vous rassemblerai, oui,
Jacob tout entier,
et je vais réunir les restes d'Israël,
je les ferai venir ensemble tels des moutons dans un
enclos[z].
Et ils seront comme un troupeau au milieu de son
pâturage :
on entendra le bruit d'une foule humaine en
tumulte[a].
[13] Celui qui fait la brèche marchera devant eux.
Ils se presseront par la brèche,
ils franchiront la porte et sortiront par elle.
Leur Roi marchera devant eux,
l'Eternel sera à leur tête.

Contre les chefs du peuple

3 [1] Je dis : Ecoutez donc, chefs de Jacob,
et vous qui gouvernez le peuple d'Israël.
Ne devriez-vous pas bien connaître le droit ?
[2] Vous détestez le bien
et vous aimez le mal.

---

[u] **2.7** Il s'agit, ici et dans les versets qui suivent, de la réponse de l'Eternel. L'ancienne version grecque, suivie par plusieurs, ajoute : *ses paroles* et met ces mots dans la bouche du peuple de Jacob, d'où la traduction : *est-ce bien là sa manière d'agir ? Ses paroles ne sont-elles pas bienveillantes pour ceux dont la conduite est pleine de droiture ?*

[v] **2.8** *on a traité ... en ennemi:* texte peu clair. Autres traductions : *Hier, mon peuple se dressait contre un ennemi* (l'ennemi étant l'Eternel), ou, en modifiant légèrement le texte hébreu traditionnel : *vous vous dressez en ennemi de mon peuple.*

[w] **2.9** Autre traduction : *la gloire d'être à moi.*

[x] **2.11** Voir 2.6 et note.

[y] **2.11** Autre traduction : *pour du bon vin.* Soit les paroles agréables distillées par les faux prophètes sont comparées à du bon vin, soit les faux prophètes distillent de telles paroles pour être payés en retour par du bon vin de la part de leurs auditeurs.

[z] **2.12** *dans un enclos.* Sens obtenu en modifiant très légèrement le texte hébreu traditionnel qui porte : *de Botsra.*

[a] **2.12** Voir v. 12-13 : c'est certainement à ce passage qui unit l'image du berger et de la *porte* que Jésus fait avant tout allusion en Jn 10 (voir Jn 10.1, 11).

who tear the skin from my people
and the flesh from their bones;
3 who eat my people's flesh,
strip off their skin
and break their bones in pieces;
who chop them up like meat for the pan,
like flesh for the pot?"

4 Then they will cry out to the Lord,
but he will not answer them.
At that time he will hide his face from them
because of the evil they have done.

5 This is what the Lord says:
"As for the prophets
who lead my people astray,
they proclaim 'peace'
if they have something to eat,
but prepare to wage war against anyone
who refuses to feed them.
6 Therefore night will come over you, without
visions,
and darkness, without divination.
The sun will set for the prophets,
and the day will go dark for them.
7 The seers will be ashamed
and the diviners disgraced.
They will all cover their faces
because there is no answer from God."

8 But as for me, I am filled with power,
with the Spirit of the Lord,
and with justice and might,
to declare to Jacob his transgression,
to Israel his sin.
9 Hear this, you leaders of Jacob,
you rulers of Israel,
who despise justice
and distort all that is right;
10 who build Zion with bloodshed,
and Jerusalem with wickedness.
11 Her leaders judge for a bribe,
her priests teach for a price,
and her prophets tell fortunes for money.
Yet they look for the Lord's support and say,
"Is not the Lord among us?
No disaster will come upon us."

12 Therefore because of you,
Zion will be plowed like a field,
Jerusalem will become a heap of rubble,
the temple hill a mound overgrown with
thickets.

Vous arrachez la peau des membres de mon peuple,
vous arrachez la chair qui leur couvre les os.
3 Vous dévorez leur chair,
et vous les dépecez,
vous leur brisez les os
et les mettez en pièces,
tout comme des morceaux qu'on met dans la
marmite,
oui, comme de la viande qu'on met dans le
chaudron.
4 Voilà pourquoi, quand ils crieront vers l'Eternel,
lui, il ne leur répondra pas.
Mais il se détournera d'eux
à cause du mal qu'ils ont fait.

Contre les faux prophètes

5 Voici ce que dit l'Eternel des faux prophètes
qui égarent mon peuple :
Ils prédisent la paix
à qui met sous leurs dents un bon morceau à
mordre,
et annoncent la guerre
à qui ne remplit pas leur bouche.
6 A cause de cela, vous serez dans la nuit sans avoir
de visions ;
ce seront les ténèbres : finies les prédictions.
Oui, le soleil se couchera sur ces prophètes,
le jour s'obscurcira pour eux.
7 Ceux qui ont des révélations seront couverts de
honte,
et les devins perdront la face.
Ils se couvriront le visage,
car Dieu ne leur répondra pas.
8 Mais moi, grâce à l'Esprit de l'Eternel,
je suis rempli de force,
d'équité, de vaillance
pour dénoncer sa révolte à Jacob
et à Israël son péché.
9 Ecoutez donc ceci,
chefs du peuple issu de Jacob
et vous qui gouvernez le peuple d'Israël,
qui détestez le droit, qui corrompez toute justice ;
10 vous qui bâtissez Sion en répandant le sang, et
Jérusalem par l'iniquité.
11 Ses chefs rendent leurs jugements contre des
pots-de-vin,
et ses prêtres se font payer pour dispenser
l'enseignement,
et ses prophètes prédisent l'avenir pour de l'argent.
Et ils s'appuient sur l'Eternel
en disant : « L'Eternel, n'est-il pas au milieu de
nous ?
Par conséquent, aucun malheur ne pourra nous
atteindre. »
12 Aussi, par votre faute,
Sion sera labourée comme un champ,
et Jérusalem deviendra un tas de ruines ;
le mont du Temple sera une colline couverte de
broussailles[b].

[b] **3.12** Cité en Jr 26.18.

The Mountain of the LORD

4 [1]In the last days
the mountain of the LORD's temple will be established
as the highest of the mountains;
it will be exalted above the hills,
and peoples will stream to it.
[2]Many nations will come and say,
"Come, let us go up to the mountain of the LORD,
to the temple of the God of Jacob.
He will teach us his ways,
so that we may walk in his paths."
The law will go out from Zion,
the word of the LORD from Jerusalem.

[3] He will judge between many peoples
and will settle disputes for strong nations far and wide.
They will beat their swords into plowshares
and their spears into pruning hooks.
Nation will not take up sword against nation,
nor will they train for war anymore.

[4] Everyone will sit under their own vine
and under their own fig tree,
and no one will make them afraid,
for the LORD Almighty has spoken.

[5] All the nations may walk
in the name of their gods,
but we will walk in the name of the LORD
our God for ever and ever.

The LORD's Plan

[6] "In that day," declares the LORD,
"I will gather the lame;
I will assemble the exiles
and those I have brought to grief.
[7] I will make the lame my remnant,
those driven away a strong nation.
The LORD will rule over them in Mount Zion
from that day and forever.

[8] As for you, watchtower of the flock,
stronghold[i] of Daughter Zion,
the former dominion will be restored to you;
kingship will come to Daughter Jerusalem."

[9] Why do you now cry aloud –
have you no king[j]?
Has your ruler[k] perished,
that pain seizes you like that of a woman in labor?
[10] Writhe in agony, Daughter Zion,

[i] **4:8** Or *hill*
[j] **4:9** Or *King*
[k] **4:9** Or *Ruler*

Dieu régnera en Sion

4 [1]Dans l'avenir, il adviendra
que le mont sur lequel est le temple de l'Eternel
sera fermement établi au-dessus des montagnes,
et il s'élèvera par-dessus toutes les hauteurs,
et les peuples y afflueront[c].

[2] De nombreux peuples étrangers viendront,
en se disant les uns aux autres :
« Venez, montons au mont de l'Eternel,
au temple du Dieu de Jacob !
Il nous enseignera les voies qu'il a prescrites ;
nous suivrons ses sentiers. »
Car de Sion viendra la Loi,
et de Jérusalem, la Parole de l'Eternel.
[3] Et il sera l'arbitre entre de nombreux peuples ;
oui, il sera le juge de puissantes nations, même lointaines.
Martelant leurs épées, ils forgeront des socs pour leurs charrues,
et, de leurs lances, ils feront des faucilles.
Plus aucune nation ne brandira l'épée contre une autre nation,
et l'on n'apprendra plus la guerre.
[4] Chacun habitera en paix sous sa vigne et sous son figuier[d],
il n'y aura personne qui puisse le troubler.
C'est l'Eternel qui a parlé, le Seigneur des armées célestes.
[5] Les autres peuples marchent
chacun au nom de ses divinités,
mais nous, nous marcherons
au nom de l'Eternel, lui qui est notre Dieu,
toujours et à jamais.

Dieu rassemblera son troupeau dispersé

[6] En ce jour-là,
l'Eternel le déclare,
je rassemblerai les brebis, celles qui boitent
et celles qui sont exilées
et que j'ai maltraitées.
[7] Je ferai de celles qui boitent un reste qui subsistera,
de celles qui sont exilées je ferai un peuple puissant.
L'Eternel régnera sur eux, sur le mont Sion, dès maintenant et à jamais.
[8] Et toi, tour du troupeau,
toi, citadelle de la communauté de Sion,
ta souveraineté d'antan
te reviendra :
la royauté que possédait Jérusalem.

Epreuve et délivrance

[9] Et pourquoi maintenant, pousses-tu de tels cris ?
N'as-tu donc plus de roi ?
Ton conseiller a-t-il péri
pour que les douleurs t'aient saisie
comme une femme qui enfante ?
[10] Oui, tords-toi de douleur, gémis,

[c] **4.1** Les v. 1-3 sont parallèles à Es 2.2-4.
[d] **4.4** Expression proverbiale pour parler d'une paix et d'une sécurité parfaites (voir 1 R 5.5 ; Am 9.14 ; Za 3.10).

like a woman in labor,
for now you must leave the city
to camp in the open field.
You will go to Babylon;
there you will be rescued.
There the LORD will redeem you
out of the hand of your enemies.

11 But now many nations
are gathered against you.
They say, "Let her be defiled,
let our eyes gloat over Zion!"
12 But they do not know
the thoughts of the LORD;
they do not understand his plan,
that he has gathered them like sheaves to the threshing floor.
13 "Rise and thresh, Daughter Zion,
for I will give you horns of iron;
I will give you hooves of bronze,
and you will break to pieces many nations."
You will devote their ill-gotten gains to the LORD,
their wealth to the Lord of all the earth.

Promised Ruler From Bethlehem

5 1[l]Marshal your troops now, city of troops,
for a siege is laid against us.
They will strike Israel's ruler
on the cheek with a rod.

2 "But you, Bethlehem Ephrathah,
though you are small among the clans[m] of Judah,
out of you will come for me
one who will be ruler over Israel,
whose origins are from of old,
from ancient times."
3 Therefore Israel will be abandoned
until the time when she who is in labor bears a son,
and the rest of his brothers return
to join the Israelites.

4 He will stand and shepherd his flock
in the strength of the LORD,
in the majesty of the name of the LORD his God.
And they will live securely, for then his greatness
will reach to the ends of the earth.
5 And he will be our peace
when the Assyrians invade our land

:0 In Hebrew texts 5:1 is numbered 4:14, and 5:2-15 is numbered 4:1-14.
5:2 Or *rulers*

comme une femme qui enfante,
toi qui habites dans Sion !
Car tu devras quitter la ville
et camper en pleins champs ;
tu iras jusqu'à Babylone.
Mais là, tu seras délivré,
car l'Eternel te sauvera
du pouvoir de tes ennemis.
11 Mais pour l'instant, de nombreux peuples se sont rassemblés contre toi
disant : « Qu'elle soit profanée,
et que nos yeux contemplent de Sion le spectacle ! »
12 Mais ceux-là ne connaissent pas les plans de l'Eternel,
ils ne comprennent pas ses intentions :
il les a rassemblés comme des gerbes pour battre le blé sur une aire.
13 Debout, foulez le blé, habitants de Sion,
je rendrai vos cornes, d'acier,
et vos sabots, de bronze ;
et vous écraserez de nombreux peuples ;
vous vouerez exclusivement leurs biens à l'Eternel,
et vous offrirez leurs richesses au Seigneur de toute la terre.

14 Maintenant, rassemble tes troupes[e],
ville de troupes !
On nous assiège
et l'on frappe à coups de bâton, le chef d'Israël au visage.

Le Roi naîtra à Bethléhem

5 1Et toi, Bethléhem Ephrata[f],
bien que tu sois petite parmi les villes de Juda,
de toi il sortira pour moi
celui qui régnera sur Israël !
Son origine remonte aux temps passés,
aux jours anciens[g].

2 C'est pourquoi l'Eternel livrera à d'autres son peuple
jusqu'au moment où celle qui doit enfanter enfantera ;
alors le reste de ses frères
rejoindra les Israélites.
3 Lui, il sera bien établi, il paîtra son troupeau,
revêtu de la force de l'Eternel,
avec la majesté de l'Eternel, son Dieu.
Et les gens de son peuple seront bien installés,
car on reconnaîtra désormais sa grandeur
jusqu'aux confins du monde.

4 A lui, nous devrons notre paix[h].
Ainsi, au cas où l'Assyrien entrerait dans notre pays,
où il pénétrerait dans nos palais,

e 4.14 *rassemble tes troupes.* Autre traduction : *fais-toi des incisions,* pratique de deuil interdite par la Loi (Lv 19.28).
f 5.1 *Ephrata:* région où se situait *Bethléhem* (Rt 1.2 ; 4.11 ; 1 S 17.12), patrie de la famille de David (1 S 16.1).
g 5.1 Certains traduisent : *de l'éternité.* Le v. 1 est cité en Mt 2.6.
h 5.4 Réminiscence en Ep 2.14.

and march through our fortresses.
We will raise against them seven shepherds,
even eight commanders,
6 who will rule[n] the land of Assyria with the sword,
the land of Nimrod with drawn sword.[o]
He will deliver us from the Assyrians
when they invade our land
and march across our borders.
7 The remnant of Jacob will be
in the midst of many peoples
like dew from the LORD,
like showers on the grass,
which do not wait for anyone
or depend on man.
8 The remnant of Jacob will be among the nations,
in the midst of many peoples,
like a lion among the beasts of the forest,
like a young lion among flocks of sheep,
which mauls and mangles as it goes,
and no one can rescue.
9 Your hand will be lifted up in triumph over your enemies,
and all your foes will be destroyed.

10 "In that day," declares the LORD,
"I will destroy your horses from among you
and demolish your chariots.

11 I will destroy the cities of your land
and tear down all your strongholds.
12 I will destroy your witchcraft
and you will no longer cast spells.
13 I will destroy your idols
and your sacred stones from among you;
you will no longer bow down
to the work of your hands.
14 I will uproot from among you your Asherah poles[p]
when I demolish your cities.
15 I will take vengeance in anger and wrath
on the nations that have not obeyed me."

The LORD's Case Against Israel

6 1 Listen to what the LORD says:
"Stand up, plead my case before the mountains;
let the hills hear what you have to say.
2 "Hear, you mountains, the LORD's accusation;
listen, you everlasting foundations of the earth.
For the LORD has a case against his people;
he is lodging a charge against Israel.
3 "My people, what have I done to you?

[n] 5:6 Or *crush*
[o] 5:6 Or *Nimrod in its gates*
[p] 5:14 That is, wooden symbols of the goddess Asherah

nous aurons à lui opposer suffisamment de
dirigeants, de chefs
et même davantage[i].
5 Ces chefs domineront Assur avec le glaive,
le pays de Nimrod[j] sera soumis à leur épée.
Et lui, il nous délivrera ainsi de l'Assyrien
au cas où celui-ci entrerait dans notre pays,
où il mettrait le pied sur notre territoire.

6 Le reste de Jacob sera,
parmi de nombreux peuples,
semblable à la rosée qui vient de l'Eternel,
ou aux averses tombant sur l'herbe :
elles ne dépendent en rien de l'homme
et n'attendent rien des humains.
7 Le reste de Jacob sera, au milieu des nations,
parmi de nombreux peuples,
semblable à un lion parmi les animaux des bois
ou à un lionceau parmi des troupeaux de moutons
car, lorsqu'il passe, il foule aux pieds et il déchire
sans que personne ne puisse délivrer.

8 Ainsi ta main se lèvera contre tes adversaires,
et tous tes ennemis seront exterminés.

Dieu purifie son peuple

9 En ce jour-là,
l'Eternel le déclare,
je ferai disparaître tous les chevaux de guerre de ton pays
et j'anéantirai tes chars.
10 Je ferai disparaître les cités fortifiées de ton pays,
et je renverserai toutes tes forteresses.
11 Je ferai disparaître de chez ton peuple tout acte de sorcellerie
et tu n'auras plus de devins.
12 Je ferai disparaître du milieu de ton peuple tes idoles sculptées et tes stèles sacrées,
et tu cesseras de te prosterner devant les dieux que tu t'es fabriqués.
13 J'arracherai de chez ton peuple tous tes poteaux sacrés voués à Ashéra,
je détruirai tes villes.
14 Dans ma colère et ma fureur, je ferai payer tous les peuples
qui ne m'auront pas obéi.

Le procès contre des ingrats

6 1 Ecoutez donc ce que dit l'Eternel :
Lève-toi et engage un procès devant les montagne
et que les collines t'entendent !

2 Ecoutez donc, montagnes, fondements immuables de la terre,
le plaidoyer de l'Eternel.
Car l'Eternel est en procès avec son peuple,
il va plaider contre Israël.
3 Que t'ai-je fait, mon peuple ?

[i] 5.4 L'hébreu a : *sept dirigeants et huit chefs.* Pour une construction identique, voir Am 1.3 et note. Sept est le nombre parfait, huit est un superlatif : la puissance du Messie équivaut à celle d'une surabondance de bergers et de princes qu'Israël pourra opposer à ces ennemis.
[j] 5.5 L'ancêtre des habitants de la Mésopotamie (voir Gn 10.8-11).

How have I burdened you? Answer me.

4 I brought you up out of Egypt
and redeemed you from the land of slavery.
I sent Moses to lead you,
also Aaron and Miriam.
5 My people, remember
what Balak king of Moab plotted
and what Balaam son of Beor answered.
Remember your journey from Shittim to Gilgal,
that you may know the righteous acts of the LORD."

6 With what shall I come before the LORD
and bow down before the exalted God?
Shall I come before him with burnt offerings,
with calves a year old?
7 Will the LORD be pleased with thousands of rams,
with ten thousand rivers of olive oil?
Shall I offer my firstborn for my transgression,
the fruit of my body for the sin of my soul?
8 He has shown you, O mortal, what is good.
And what does the LORD require of you?
To act justly and to love mercy
and to walk humbly[q] with your God.

srael's Guilt and Punishment

9 Listen! The LORD is calling to the city –
and to fear your name is wisdom –
"Heed the rod and the One who appointed it.[r]
10 Am I still to forget your ill-gotten treasures,
you wicked house,
and the short ephah,[s] which is accursed?
11 Shall I acquit someone with dishonest scales,
with a bag of false weights?
12 Your rich people are violent;
your inhabitants are liars
and their tongues speak deceitfully.
13 Therefore, I have begun to destroy you,
to ruin[t] you because of your sins.
14 You will eat but not be satisfied;
your stomach will still be empty.[u]
You will store up but save nothing,
because what you save[v] I will give to the sword.
15 You will plant but not harvest;

6:8 Or *prudently*
6:9 The meaning of the Hebrew for this line is uncertain.
6:10 An ephah was a dry measure.
6:13 Or *Therefore, I will make you ill and destroy you; / I will ruin*
6:14 The meaning of the Hebrew for this word is uncertain.
6:14 Or *You will press toward birth but not give birth, / and what you ring to birth*

En quoi t'ai-je lassé ?
Réponds-moi donc !
4 T'ai-je lassé en te faisant sortir[k] d'Egypte,
et en te délivrant de ce pays où tu étais esclave,
et en envoyant devant toi Moïse, Aaron et Miryam ?
5 Souviens-toi donc,
de ce qu'avait tramé Balaq, roi de Moab,
et de ce que lui répondit Balaam, le fils de Béor.
Souviens-toi du chemin que tu as parcouru de Shittim à Guilgal,
et reconnais que l'Eternel
t'a fait justice.

Le vrai culte

6 Avec quoi donc pourrai-je me présenter à l'Eternel ?
Et avec quoi m'inclinerai-je devant le Dieu d'en haut ?
Irai-je devant lui avec des holocaustes,
avec des veaux âgés d'un an ?
7 L'Eternel voudra-t-il des milliers de béliers,
dix mille torrents d'huile ?
Devrai-je sacrifier mon enfant premier-né pour payer pour ma transgression,
l'enfant issu de moi, pour expier ma faute ?
8 On te l'a enseigné, ô homme, ce qui est bien
et ce que l'Eternel attend de toi :
c'est que tu te conduises avec droiture,
que tu prennes plaisir à la bonté
et que tu vives dans l'humilité avec ton Dieu[l].

Contre les fraudeurs

9 L'Eternel s'adresse à la ville :
– la sagesse, c'est de le craindre[m] :
alors, écoutez la menace de votre châtiment
et celui qui l'a décidé –
10 Supporterai-je encore, communauté méchante,
les biens injustement acquis,
et des mesures de capacité réduites[n], objets de ma malédiction ?
11 Laisserai-je impuni celui qui utilise des balances faussées
et qui a dans son sac des poids truqués ?
12 Les riches de la ville ont recours à la violence,
ses habitants profèrent des mensonges,
leur langue ne fait que tromper.
13 A mon tour, je vous frapperai, jusqu'à vous en rendre malades,
je vous dévasterai à cause de vos fautes,
14 vous mangerez sans être rassasiés,
cela vous tordra les entrailles.
Vous ferez des réserves, vous n'en sauverez rien.
Ce que vous sauveriez,
je le livrerai à l'épée[o].
15 Vous sèmerez

k 6.4 Il y a un jeu de mots entre les verbes *lasser* et *faire sortir* qui se ressemblent en hébreu.
l 6.8 Certains comprennent : *qu'avec vigilance tu vives avec ton Dieu.*
m 6.9 *la sagesse, c'est de le craindre:* sens incertain. L'ancienne version grecque porte : *il sauvera ceux qui le craignent.*
n 6.10 C'est-à-dire les mesures de capacité fausses (voir Am 8.5 et note).
o 6.14 *cela vous tordra ... livrerai à l'épée:* traduction incertaine. Autre traduction : *l'enfant que vous portez, vous le mettrez au monde, mais ne pourrez pas le sauver. Ceux que vous sauverez quand même, je les livrerai à l'épée !*

you will press olives but not use the oil,
you will crush grapes but not drink the wine.

16 You have observed the statutes of Omri
and all the practices of Ahab's house;
you have followed their traditions.
Therefore I will give you over to ruin
and your people to derision;
you will bear the scorn of the nations.[w]"

Israel's Misery

7 1 What misery is mine!
I am like one who gathers summer fruit
at the gleaning of the vineyard;
there is no cluster of grapes to eat,
none of the early figs that I crave.

2 The faithful have been swept from the land;
not one upright person remains.
Everyone lies in wait to shed blood;
they hunt each other with nets.

3 Both hands are skilled in doing evil;
the ruler demands gifts,
the judge accepts bribes,
the powerful dictate what they desire –
they all conspire together.

4 The best of them is like a brier,
the most upright worse than a thorn hedge.
The day God visits you has come,
the day your watchmen sound the alarm.
Now is the time of your confusion.

5 Do not trust a neighbor;
put no confidence in a friend.
Even with the woman who lies in your embrace
guard the words of your lips.
6 For a son dishonors his father,
a daughter rises up against her mother,
a daughter-in-law against her mother-in-law –
a man's enemies are the members of his own
household.
7 But as for me, I watch in hope for the Lord,
I wait for God my Savior;
my God will hear me.

[w] 6:16 Septuagint; Hebrew *scorn due my people*

sans pouvoir moissonner ;
vous presserez l'olive,
mais sans vous frotter d'huile ;
vous foulerez les grappes,
sans en boire le vin.
16 Vous êtes résolus à suivre les préceptes d'Omri,
et vous suivez l'exemple de toutes les pratiques de
la maison d'Achab[p],
oui, vous vous conduisez selon leurs modes de
pensée.
C'est pourquoi je vais provoquer la destruction de
votre ville.
Je ferai de ses habitants un sujet de sarcasme :
vous porterez
l'opprobre de mon peuple.

La perversion universelle

7 1 Hélas ! Malheur à moi !
Parce que je ressemble à celui qui viendrait
chercher des fruits en plein été[q],
à celui qui grappille après les vendangeurs.
Mais il n'y a pas une grappe que l'on pourrait
manger,
et pas une figue nouvelle dont j'ai si grande envie.
2 Non, il ne reste plus dans le pays d'hommes fidèles
à l'Eternel,
plus personne n'est droit.
Tous guettent l'occasion de répandre le sang
et chacun traque son prochain en lui tendant un
piège.
3 Pour commettre le mal, leurs mains sont bien
expertes.
Les dirigeants exigent des présents,
et les juges se déterminent en fonction de ce qu'on
les paie,
les grands émettent leurs avis pour satisfaire leur
avidité ;
ils font ainsi cause commune[r].
4 Le meilleur parmi eux n'a pas plus de valeur qu'un
tas de ronces,
et le plus droit est pire qu'un buisson d'épineux ...
Le voici qui arrive, le jour annoncé par tes
sentinelles,
le jour où l'Eternel va intervenir contre toi.
Alors, ils seront consternés.
5 Ne vous fiez donc plus à votre compagnon,
et n'ayez pas confiance en votre ami ;
oui, même devant celle qui dort entre tes bras,
garde tes lèvres closes !
6 Car le fils méprise son père,
la fille se révolte contre sa propre mère,
comme la belle-fille contre sa belle-mère,
et chacun a pour ennemis les gens de sa famille[s].

7 Pour moi, je mets mon espérance en l'Eternel,
je m'attends au Dieu qui me sauve,
et mon Dieu m'entendra.

[p] **6.16** *Omri* et son fils *Achab* furent deux rois infidèles qui ont favorisé le culte de Baal et méprisé la justice (voir 1 R 16.23 à 22.40).
[q] **7.1** En Israël, la moisson est terminée à la Pentecôte, il n'y a donc plus rien à récolter en été.
[r] **7.3** *ils font ainsi cause commune:* sens incertain.
[s] **7.6** Repris en Mt 10.35-36 ; Lc 12.53.

rael Will Rise

8 Do not gloat over me, my enemy!
Though I have fallen, I will rise.
Though I sit in darkness,
the LORD will be my light.
9 Because I have sinned against him,
I will bear the LORD's wrath,
until he pleads my case
and upholds my cause.
He will bring me out into the light;
I will see his righteousness.
10 Then my enemy will see it
and will be covered with shame,
she who said to me,
"Where is the LORD your God?"
My eyes will see her downfall;
even now she will be trampled underfoot
like mire in the streets.
11 The day for building your walls will come,
the day for extending your boundaries.

12 In that day people will come to you
from Assyria and the cities of Egypt,
even from Egypt to the Euphrates
and from sea to sea
and from mountain to mountain.
13 The earth will become desolate because of its inhabitants,
as the result of their deeds.

ayer and Praise

14 Shepherd your people with your staff,
the flock of your inheritance,
which lives by itself in a forest,
in fertile pasturelands.[x]
Let them feed in Bashan and Gilead
as in days long ago.

15 "As in the days when you came out of Egypt,
I will show them my wonders."
16 Nations will see and be ashamed,
deprived of all their power.
They will put their hands over their mouths
and their ears will become deaf.

17 They will lick dust like a snake,
like creatures that crawl on the ground.
They will come trembling out of their dens;
they will turn in fear to the LORD our God
and will be afraid of you.

18 Who is a God like you,
who pardons sin and forgives the transgression
of the remnant of his inheritance?
You do not stay angry forever
but delight to show mercy.

.14 Or *in the middle of Carmel*

Le nouvel exode

Espoir de renouveau

8 Ne te réjouis pas à mes dépens, ô toi, mon ennemie[t],
car si je suis tombée, je me relèverai.
Si je suis installée dans les ténèbres,
l'Eternel est pour moi une lumière.
9 J'ai péché contre lui,
je supporterai donc le poids de sa colère,
jusqu'à ce jour où il prendra en main ma cause, où il me fera droit,
et me fera sortir à la lumière,
et je contemplerai son œuvre qui établira la justice.
10 Alors mon ennemie en sera le témoin,
et sera couverte de honte,
elle qui me disait :
« Où donc est l'Eternel ton Dieu ? »,
et je la verrai de mes yeux
être foulée aux pieds
comme la boue des rues.
11 Voici venir le jour où l'on rebâtira les murs de votre ville,
et voici, ce jour-là, on repoussera tes frontières[u].
12 En ce jour te sera rendu le territoire que délimitent tes frontières[v],
de l'Assyrie jusqu'à l'Egypte,
et de l'Egypte jusqu'au fleuve,
et d'une mer à l'autre, d'une montagne à l'autre.
13 Le reste de la terre deviendra un désert à cause de leurs habitants,
ce sera le salaire de ses agissements.

Prière

14 Eternel, pais ton peuple sous ta houlette !
C'est le troupeau qui t'appartient ;
il habite à l'écart dans la forêt,
au milieu d'un terrain fertile[w].
Qu'il puisse paître dans les prés du Basan
et du mont Galaad,
comme aux jours d'autrefois !
15 Comme au temps de jadis, où tu sortis d'Egypte,
je te ferai voir des prodiges.
16 Les autres peuples le verront et seront dans la confusion
malgré tout leur pouvoir.
Ils demeureront bouche close,
et ils seront abasourdis.
17 Ils devront lécher la poussière tout comme le serpent
et comme les reptiles ;
ils sortiront, tremblant, de leurs retranchements,
et se présenteront devant l'Eternel, notre Dieu ;
tout terrifiés, ils te craindront.
18 Quel est le Dieu semblable à toi,
qui efface les fautes et qui pardonne les péchés
du reste de ton peuple qui t'appartient ?
Toi, tu n'entretiens pas ta colère à jamais,
mais tu prends ton plaisir à faire grâce.

t **7.8** Il s'agit de la nation qui s'oppose au peuple d'Israël.
u **7.11** Autre traduction : *le décret sera éloigné.*
v **7.12** D'autres comprennent : *des gens viendront vers toi.*
w **7.14** Autre traduction : *du Carmel.*

[19] You will again have compassion on us;
you will tread our sins underfoot
and hurl all our iniquities into the depths of the sea.
[20] You will be faithful to Jacob,
and show love to Abraham,
as you pledged on oath to our ancestors
in days long ago.

[19] Oui, de nouveau tu auras compassion de nous,
tu piétineras nos péchés,
et au fond de la mer, tu jetteras toutes nos fautes.
[20] Tu témoigneras ta fidélité au peuple de Jacob
et ta grâce aux descendants d'Abraham
comme tu l'as promis aux temps anciens, à nos ancêtres.

Nahum

[1] A prophecy concerning Nineveh. The book of
the vision of Nahum the Elkoshite.

he Lord's Anger Against Nineveh

2 The Lord is a jealous and avenging God;
  the Lord takes vengeance and is filled with
    wrath.
The Lord takes vengeance on his foes
  and vents his wrath against his enemies.
3 The Lord is slow to anger but great in power;
  the Lord will not leave the guilty unpunished.
His way is in the whirlwind and the storm,
  and clouds are the dust of his feet.

4 He rebukes the sea and dries it up;
  he makes all the rivers run dry.
Bashan and Carmel wither
  and the blossoms of Lebanon fade.
5 The mountains quake before him
  and the hills melt away.
The earth trembles at his presence,
  the world and all who live in it.

6 Who can withstand his indignation?
  Who can endure his fierce anger?
His wrath is poured out like fire;
  the rocks are shattered before him.
7 The Lord is good,
  a refuge in times of trouble.
He cares for those who trust in him,
8   but with an overwhelming flood
he will make an end of Nineveh;
  he will pursue his foes into the realm of
    darkness.

9 Whatever they plot against the Lord
  he will bring[a] to an end;
  trouble will not come a second time.
10 They will be entangled among thorns
  and drunk from their wine;
  they will be consumed like dry stubble.[b]

11 From you, Nineveh, has one come forth
  who plots evil against the Lord
  and devises wicked plans.

1:9 Or *What do you foes plot against the Lord? / He will bring it*
1:10 The meaning of the Hebrew for this verse is uncertain.

Nahoum

1 [1] Proclamation sur Ninive[a].
Livre de la révélation reçue par Nahoum, d'Elqosh[b].

Colère et bonté de Dieu

2 L'Eternel est un Dieu qui ne tolère pas le mal et qui
  le fait payer.
L'Eternel fait payer, sa fureur est terrible.
Il fait payer ses adversaires,
il garde son ressentiment contre ses ennemis.
3 D'un côté, l'Eternel est lent à la colère,
sa puissance est immense,
mais il ne laisse pas le coupable impuni.
L'Eternel fraie sa route dans l'ouragan et la tempête,
et les nuées sont la poussière que soulèvent ses
  pieds.
4 Il menace la mer et il la met à sec,
il fait tarir les fleuves.
Le Basan et le Carmel dépérissent,
la flore du Liban se fane[c].
5 Les montagnes vacillent à son approche,
les collines s'effondrent,
la terre se soulève devant ses pas,
tout l'univers est bouleversé avec ceux qui
  l'habitent.
6 S'il se met en colère, qui pourra subsister ?
Et qui tiendra quand son courroux s'enflamme ?
Car sa fureur se répand comme un incendie,
les rochers se renversent à son approche.
7 Mais l'Eternel est bon,
il est un sûr abri au jour de la détresse,
et il prend soin de ceux qui se confient en lui.
8 Par un flot qui déborde,
il détruira Ninive totalement,
et il repoussera ses ennemis dans les ténèbres.

La détresse ne reparaîtra pas

(A Juda)

9 Que complotez-vous donc à l'encontre de l'Eternel ?
C'est lui qui est l'auteur de destructions totales,
et la détresse ne reparaîtra pas une seconde fois.
10 Ils sont pareils à un fourré d'épines enchevêtrées.
Tout imbibés qu'ils sont de vin,
ils seront consumés
totalement comme du chaume sec.

(A Ninive)

11 C'est de toi[d] qu'est venu
celui qui, contre l'Eternel, trame le mal,
et qui conçoit des desseins criminels.

a **1.1** Capitale de l'Empire assyrien.
b **1.1** Identification incertaine.
c **1.4** Le *Basan*, à l'est du Jourdain, le mont *Carmel* et le *Liban* étaient réputés pour leur fertilité.
d **1.11** Peut-être Assourbanipal (669 à 627 av. J.-C.), le dernier grand roi assyrien, qui soumit l'Egypte et le royaume de Juda sous Manassé (voir 2 Ch 33.11-13).

[12] This is what the LORD says:
"Although they have allies and are numerous,
they will be destroyed and pass away.
Although I have afflicted you, Judah,
I will afflict you no more.

[13] Now I will break their yoke from your neck
and tear your shackles away."

[14] The LORD has given a command concerning you, Nineveh:
"You will have no descendants to bear your name.
I will destroy the images and idols
that are in the temple of your gods.
I will prepare your grave,
for you are vile."

[15] Look, there on the mountains,
the feet of one who brings good news,
who proclaims peace!
Celebrate your festivals, Judah,
and fulfill your vows.
No more will the wicked invade you;
they will be completely destroyed.[c]

Nineveh to Fall

2 [1d] An attacker advances against you, Nineveh.
Guard the fortress,
watch the road,
brace yourselves,
marshal all your strength!
[2] The LORD will restore the splendor of Jacob
like the splendor of Israel,
though destroyers have laid them waste
and have ruined their vines.

[3] The shields of the soldiers are red;
the warriors are clad in scarlet.
The metal on the chariots flashes
on the day they are made ready;
the spears of juniper are brandished.[e]
[4] The chariots storm through the streets,
rushing back and forth through the squares.
They look like flaming torches;
they dart about like lightning.
[5] Nineveh summons her picked troops,
yet they stumble on their way.

(A Juda)

[12] L'Eternel dit ceci :
Bien que vos ennemis soient au complet et très nombreux,
ils n'en seront pas moins moissonnés sans retour e
ils disparaîtront.
Si je t'ai humilié, ô peuple de Juda,
je ne le ferai plus.
[13] Et je vais maintenant briser le joug qu'il fait peser sur toi,
j'arracherai tes chaînes.

(Au roi de Ninive)

[14] Mais quant à toi, voici ce que décrète l'Eternel contre toi :
Tu n'auras pas de descendance qui perpétue ton nom.
Je ferai disparaître du temple de tes dieux
les idoles taillées, les statues de métal fondu,
je prépare ta tombe
car toi, tu ne vaux rien.

(A Juda)

2 [1] Voici sur les montagnes,
accourt un messager qui vient vous apporter une bonne nouvelle : il annonce la paix.
Célèbre donc tes fêtes, ô peuple de Juda,
et accomplis tes vœux,
car désormais, il ne passera plus chez toi, le criminel[e],
il sera retranché entièrement.

(A Ninive)

[2] Celui qui va te disperser s'avance contre toi[f], Niniv
Garde ta forteresse,
surveille tes chemins,
et rassemble ton énergie,
affermis bien tes forces.
[3] Car l'Eternel restaure la gloire de Jacob,
oui, il va rétablir la grandeur d'Israël.
En effet, les pillards les avaient dépouillés,
et ils avaient brisé les sarments de leur vigne.

Les prophéties contre Ninive

L'agonie de Ninive

[4] Les boucliers de ses guerriers sont teints en rouge,
et ses vaillants soldats sont vêtus d'écarlate.
Alors qu'ils se préparent !
Les aciers des chars étincellent
et les lances de bois s'agitent[g],
[5] les chars se précipitent en furie dans les rues,
ils se ruent sur les places,
on dirait des torches de feu ;
ils courent en tous sens comme l'éclair.
[6] Alors le roi de l'Assyrie bat le rappel de tous ses capitaines.
Dans leur marche, ils trébuchent,

[c] **1:15** In Hebrew texts this verse (1:15) is numbered 2:1.
[d] In Hebrew texts 2:1-13 is numbered 2:2-14.
[e] **2:3** Hebrew; Septuagint and Syriac *ready; / the horsemen rush to and fro.*

[e] **2.1** Voir 1.11 et note.
[f] **2.2** Il s'agit des armées des Mèdes et des Babyloniens, aidées par les Scythes, qui détruiront Ninive en 612 av. J.-C.
[g] **2.4** *les lances de bois s'agitent.* Les versions ont : *les cavaliers s'élancent.*

They dash to the city wall;
the protective shield is put in place.
6 The river gates are thrown open
and the palace collapses.
7 It is decreed[f] that Nineveh
be exiled and carried away.
Her female slaves moan like doves
and beat on their breasts.

8 Nineveh is like a pool
whose water is draining away.
“Stop! Stop!” they cry,
but no one turns back.
9 Plunder the silver!
Plunder the gold!
The supply is endless,
the wealth from all its treasures!
10 She is pillaged, plundered, stripped!
Hearts melt, knees give way,
bodies tremble, every face grows pale.

11 Where now is the lions’ den,
the place where they fed their young,
where the lion and lioness went,
and the cubs, with nothing to fear?
12 The lion killed enough for his cubs
and strangled the prey for his mate,
filling his lairs with the kill
and his dens with the prey.
13 “I am against you,”
declares the LORD Almighty.
“I will burn up your chariots in smoke,
and the sword will devour your young lions.
I will leave you no prey on the earth.
The voices of your messengers
will no longer be heard.”

oe to Nineveh

3 1 Woe to the city of blood,
full of lies,
full of plunder,
never without victims!
2 The crack of whips,
the clatter of wheels,
galloping horses
and jolting chariots!
3 Charging cavalry,
flashing swords
and glittering spears!

:7 The meaning of the Hebrew for this word is uncertain.

aux remparts[h], ils se précipitent,
et les défenses sont mises en place.
7 Les portes donnant sur le fleuve[i] sont enfoncées
et le palais s’écroule.
8 Dans l’eau, ses pierres se répandent,
on emmène la princesse en exil[j].
Ses suivantes gémissent comme des colombes
plaintives,
elles se frappent la poitrine.
9 Ninive est comme un bassin fissuré
qui ne retient plus l’eau dont il était rempli.
Les voilà qui s’enfuient.
« Arrêtez ! Arrêtez ! »
Mais nul ne se retourne.
10 Pillez tout son argent et raflez tout son or !
Ses richesses sont sans limite,
elle est remplie d’objets précieux de toutes sortes.

11 Sac, saccage et carnage !
Hélas ! Les cœurs défaillent
et les genoux flageolent.
Les voilà qui tremblent de tout leur corps.
Les visages de tous sont blancs comme des linges.

Le lion vaincu

12 Qu’est devenu cet antre du lion,
ce domaine où les lionceaux se repaissaient
des proies que le lion était allé chercher[k],
sans qu’ils soient dérangés ?
13 Le lion déchirait les proies pour ses petits ;
il étranglait pour ses lionnes,
il remplissait son antre de ses proies
et sa tanière de chairs déchiquetées.
14 Je vais m’en prendre à toi,
déclare l’Eternel, le Seigneur des armées célestes.
Je viderai ton trou[l] en l’enfumant ;
alors tes lionceaux seront dévorés par l’épée.
Je mettrai fin sur terre à tes rapines,
et la voix de tes émissaires, on ne l’entendra plus.

Malheur à la ville sanguinaire

3 1 Malheur à toi, ô ville, qui te repais de sang,
ville où tout n’est que fraude et extorsions,
qui ne met pas de terme à toutes ses rapines.

2 Fouets qui claquent !
Fracas des roues !
Des chevaux au galop !
Déferlement de chars !
3 Charge des cavaliers !
Flamboiement des épées !
Eclairs des lances !

h 2.6 Ninive était protégée par 13 kilomètres de remparts munis de quinze portes fortifiées et entourés d’un fossé de 45 mètres de large.
i 2.7 Bâtie sur une berge du Tigre, Ninive avait une demi-douzaine de portes donnant sur ce fleuve.
j 2.8 *Dans l’eau, ses pierres ... la princesse en exil.* Autre traduction : *elle est découverte, enlevée, la déesse.*
k 2.12 *des proies ... chercher:* d’après un texte hébreu retrouvé à Qumrân. Texte hébreu traditionnel : *et que parcouraient le lion, la lionne et le lionceau.*
l 2.14 Modification légère du terme hébreu. Le texte hébreu traditionnel a : *tes chars.* Les manuscrits hébreux et les versions présentent diverses variantes.

Many casualties,
piles of dead,
bodies without number,
people stumbling over the corpses –
4 all because of the wanton lust of a prostitute,
alluring, the mistress of sorceries,
who enslaved nations by her prostitution
and peoples by her witchcraft.
5 "I am against you," declares the LORD Almighty.
"I will lift your skirts over your face.
I will show the nations your nakedness
and the kingdoms your shame.
6 I will pelt you with filth,
I will treat you with contempt
and make you a spectacle.
7 All who see you will flee from you and say,
'Nineveh is in ruins – who will mourn for
her?'
Where can I find anyone to comfort you?"

8 Are you better than Thebes,
situated on the Nile,
with water around her?
The river was her defense,
the waters her wall.
9 Cush[g] and Egypt were her boundless strength;
Put and Libya were among her allies.

10 Yet she was taken captive
and went into exile.
Her infants were dashed to pieces
at every street corner.
Lots were cast for her nobles,
and all her great men were put in chains.
11 You too will become drunk;
you will go into hiding
and seek refuge from the enemy.

12 All your fortresses are like fig trees
with their first ripe fruit;
when they are shaken,
the figs fall into the mouth of the eater.

13 Look at your troops –
they are all weaklings.

[g] 3:9 That is, the upper Nile region

Blessés sans nombre !
Amas de corps !
A perte de vue : des cadavres !
On trébuche sur les cadavres.

La prostituée au pilori

4 Tout cela c'est à cause des nombreuses débauches
de la prostituée[m]
à la beauté si séduisante, experte en sortilèges,
qui asservissait les nations par ses prostitutions,
de même que les peuples par ses enchantements.
5 Je vais m'en prendre à toi,
l'Eternel le déclare, le Seigneur des armées céleste
et je vais retrousser tous les pans de ta robe jusque
sur ton visage.
Je t'exhiberai nue aux autres peuples,
j'exposerai ta honte devant tous les royaumes.
6 Je jetterai sur toi des masses d'immondices,
et je t'avilirai,
je te donnerai en spectacle.
7 Tous ceux qui te verront s'enfuiront loin de toi
en criant : « Ninive est détruite !
Qui aurait pitié d'elle ? »
Pour toi où chercherais-je des gens pour te
réconforter ?

Ninive subira le sort de Thèbes

8 As-tu quelque avantage sur la ville de Thèbes[n]
qui était installée entre les bras du Nil,
encerclée par les eaux,
protégée par le fleuve
qu'elle avait pour rempart ?
9 L'Ethiopie et l'Egypte
constituaient sa force qui était sans limite.
Les habitants de Pouth[o] et ceux de la Libye faisaien
partie de ses alliés[p].
10 Et pourtant, elle aussi est partie en exil,
oui, elle a été déportée
et ses petits enfants ont été écrasés
à tous les coins de rue.
On a tiré au sort ses nobles pour les réduire en
esclavage,
et tous ses grands ont été enchaînés.
11 Toi aussi, à ton tour, tu seras enivrée,
tu devras te cacher.
Toi aussi, tu devras chercher refuge contre tes
ennemis.

La situation est désespérée

12 Toutes tes forteresses
sont comme des figuiers chargés des premiers
fruits :
à la moindre secousse ils tombent dans une bouch
prête à les manger.
13 Considère ton peuple :
il ne reste plus chez toi que des femmes,

[m] 3.4 Référence à la déesse de la fécondité assyrienne, à son culte qui s'accompagnait de prostitution sacrée, et peut-être à la richesse de Ninive due à ses échanges commerciaux (voir Es 23.15-18).
[n] 3.8 Capitale de la Haute-Egypte détruite par Assourbanipal en 663 av. J.-C.
[o] 3.9 Région voisine à l'identification incertaine.
[p] 3.9 *ses alliés:* selon l'ancienne version grecque et la syriaque. Hébreu : *tes alliés.*

The gates of your land
are wide open to your enemies;
fire has consumed the bars of your gates.
14 Draw water for the siege,
strengthen your defenses!
Work the clay,
tread the mortar,
repair the brickwork!
15 There the fire will consume you;
the sword will cut you down –
they will devour you like a swarm of locusts.
Multiply like grasshoppers,
multiply like locusts!

16 You have increased the number of your merchants
till they are more numerous than the stars in the sky,
but like locusts they strip the land
and then fly away.
17 Your guards are like locusts,
your officials like swarms of locusts
that settle in the walls on a cold day –
but when the sun appears they fly away,
and no one knows where.

18 King of Assyria, your shepherds[h] slumber;
your nobles lie down to rest.
Your people are scattered on the mountains
with no one to gather them.

19 Nothing can heal you;
your wound is fatal.
All who hear the news about you
clap their hands at your fall,
for who has not felt
your endless cruelty?

et les portes de ton pays
sont, pour tes ennemis, toutes grandes ouvertes ;
le feu a consumé leurs barres.
14 Puise de l'eau en vue du siège,
renforce ta défense.
Va prendre de l'argile, pétris la glaise,
mets en état ton four[q]
à briques[r] !
15 Là, le feu te consumera,
l'épée vous exterminera,
et elle vous dévorera comme des sauterelles.

Ninive est déserte

Que ta population pullule comme les sauterelles,
qu'elle pullule comme les criquets !
16 Tu as multiplié tes commis voyageurs,
ils surpassent en nombre les étoiles du ciel,
tout comme des criquets font irruption, puis prennent leur envol.
17 Ils pullulaient, tes inspecteurs, comme des sauterelles,
tes officiers grouillaient comme des essaims de criquets :
ils se posent dans une haie par un jour de froidure.
Dès que le soleil brille, les voilà envolés,
et disparus on ne sait où.
18 Roi d'Assyrie, tes dirigeants sont endormis de leur dernier sommeil.
Tes nobles sont couchés à terre,
toutes tes troupes sont dispersées sur les montagnes,
et nul ne les rassemble.

Le désastre est irrémédiable

19 Irrémédiable est ton désastre !
Ta plaie est incurable.
Tous ceux qui apprendront ce qui t'est arrivé
applaudiront à ton sujet.
Car qui n'a pas subi ton incessante cruauté ?

h **3:18** That is, rulers

q **3.14** *mets en état ton four.* Autre traduction : *saisis le moule à briques.*
r **3.14** Afin de pouvoir renforcer les remparts.

Habakkuk

1 [1] The prophecy that Habakkuk the prophet received.

Habakkuk's Complaint

2 How long, LORD, must I call for help,
but you do not listen?
Or cry out to you, "Violence!"
but you do not save?
3 Why do you make me look at injustice?
Why do you tolerate wrongdoing?
Destruction and violence are before me;
there is strife, and conflict abounds.
4 Therefore the law is paralyzed,
and justice never prevails.
The wicked hem in the righteous,
so that justice is perverted.

The LORD's Answer

5 "Look at the nations and watch –
and be utterly amazed.
For I am going to do something in your days
that you would not believe,
even if you were told.
6 I am raising up the Babylonians,[a]
that ruthless and impetuous people,
who sweep across the whole earth
to seize dwellings not their own.
7 They are a feared and dreaded people;
they are a law to themselves
and promote their own honor.
8 Their horses are swifter than leopards,
fiercer than wolves at dusk.
Their cavalry gallops headlong;
their horsemen come from afar.
They fly like an eagle swooping to devour;
9 they all come intent on violence.
Their hordes[b] advance like a desert wind
and gather prisoners like sand.
10 They mock kings
and scoff at rulers.
They laugh at all fortified cities;

[a] 1:6 Or *Chaldeans*
[b] 1:9 The meaning of the Hebrew for this word is uncertain.

Habaquq

1 [1] Proclamation dont Habaquq, le prophète, a reçu révélation.

Plaintes et questions

Le prophète discute avec Dieu

2 Jusques à quand, ô Eternel,
appellerai-je à l'aide
sans que tu ne m'entendes ?
Jusques à quand devrai-je crier vers toi au sujet de la violence
sans que tu sauves ?
3 Pourquoi me fais-tu voir de telles injustices ?
Comment peux-tu te contenter d'observer les méfaits qui se commettent ?
Je ne vois devant moi que ravage et violence,
il y a des querelles,
et des conflits surgissent.
4 A cause de cela, on ne respecte plus la loi,
et le droit ne triomphe pas.
Car les méchants empêchent les justes d'agir[a],
les jugements qui sont rendus sont corrompus.

La réponse inattendue de Dieu

5 – Regardez, traîtres[b], et observez !
Vous serez stupéfaits, vous serez ébahis,
car je vais accomplir en votre temps une œuvre ;
vous ne le croiriez pas si on vous en parlait.
6 Je vais faire venir les Chaldéens[c],
peuple féroce et déchaîné,
qui parcourt les étendues de la terre
pour prendre possession des demeures d'autrui.
7 Il est terrible et redoutable,
il impose lui-même son droit et son pouvoir.
8 Ses chevaux sont agiles, plus que des léopards,
et ils ont du mordant, plus que les loups du soir.
Ses coursiers se déploient,
ils arrivent de loin,
ils volent comme l'aigle
lorsqu'il fond sur sa proie.
9 Oui, les voilà qui viennent tous adonnés à la violence ;
le visage tendu, ils foncent en avant.
Voilà les prisonniers rassemblés, innombrables comme les grains de sable.
10 Partout, ce peuple traite les rois avec mépris,
et il se rit des princes,
il se rit de toutes leurs forteresses ;

[a] **1.4** Autre traduction : *l'emportent sur les justes* (dans les tribunaux).
[b] **1.5** *traîtres:* d'après un texte hébreu retrouvé à Qumrân et l'ancienne version grecque (voir Ac 13.41). Le texte hébreu traditionnel a : *les nations.*
[c] **1.6** Le nom *Chaldéens* désigne ici les Babyloniens, qui ont reconquis leur indépendance de l'Assyrie vers 630 av. J.-C. et fondé un empire néo-babylonien en 626, pour dominer tout le Proche-Orient de 605 à 53 en particulier durant le règne de Nabuchodonosor (605 à 562 av. J.-C.).

by building earthen ramps they capture
them.
11 Then they sweep past like the wind and go on –
guilty people, whose own strength is their
god."

abakkuk's Second Complaint

12 Lord, are you not from everlasting?
My God, my Holy One, you[c] will never die.
You, Lord, have appointed them to execute
judgment;
you, my Rock, have ordained them to punish.
13 Your eyes are too pure to look on evil;
you cannot tolerate wrongdoing.
Why then do you tolerate the treacherous?
Why are you silent while the wicked
swallow up those more righteous than
themselves?
14 You have made people like the fish in the sea,
like the sea creatures that have no ruler.
15 The wicked foe pulls all of them up with hooks,
he catches them in his net,
he gathers them up in his dragnet;
and so he rejoices and is glad.
16 Therefore he sacrifices to his net
and burns incense to his dragnet,
for by his net he lives in luxury
and enjoys the choicest food.
17 Is he to keep on emptying his net,
destroying nations without mercy?

2 1 I will stand at my watch
and station myself on the ramparts;
I will look to see what he will say to me,
and what answer I am to give to this
complaint.[d]

he Lord's Answer

2 Then the Lord replied:
"Write down the revelation
and make it plain on tablets
so that a herald[e] may run with it.
3 For the revelation awaits an appointed time;
it speaks of the end
and will not prove false.
Though it linger, wait for it;

1:12 An ancient Hebrew scribal tradition; Masoretic Text *we*
2:1 Or *and what to answer when I am rebuked*
2:2 Or *so that whoever reads it*

il élève contre elles des terrasses de siège
et s'en empare.
11 Puis il change d'avis et il passe plus loin[d].
Il se charge de crimes,
lui qui voue sa force à son dieu[e].

Pourquoi, ô Dieu ?

12 – N'es-tu pas depuis l'origine, ô Eternel ?
Tu es mon Dieu, mon Saint,
tu ne meurs pas[f].
O Eternel, toi le rocher, c'est pour exécuter le
jugement que tu as suscité ce peuple,
et tu l'as rendu fort[g] pour qu'il soit l'instrument du
châtiment.
13 Tes yeux sont bien trop purs pour supporter la vue
du mal,
tu ne peux accepter de voir des méfaits se
commettre.
Pourquoi supportes-tu la vue des traîtres ?
Pourquoi gardes-tu le silence quand l'impie
engloutit un plus juste que lui ?
14 Tu traites les humains tout comme des poissons
ou comme des bestioles qui sont sans maître.
15 Car le Chaldéen les prend tous à l'hameçon,
il les drague dans son filet
et les entasse dans sa nasse.
Alors il se réjouit et il exulte.
16 Alors il offre à son filet des sacrifices,
il brûle de l'encens en l'honneur de sa nasse,
car il obtient, par eux, une pêche abondante,
des repas plantureux.
17 Continuera-t-il donc toujours à dégainer son glaive[h]
pour égorger les autres peuples sans aucune pitié ?

Le juste vivra grâce à sa foi

2 1 Je me tiendrai à mon poste de garde,
je resterai debout sur le fort du guetteur
et je guetterai pour savoir ce que Dieu me dira,
ce que je répondrai à ma protestation.

2 Et l'Eternel me répondit :
Ecris cette révélation,
et grave-la sur les tablettes,
de sorte que chaque lecteur la lise couramment.
3 Car c'est une révélation qui porte sur un temps fixé,
qui parle de la fin[i]
et n'est pas mensongère.
Si l'Eternel paraît tarder[j], attends-le patiemment,

[d] 1.11 Verset difficile. Autres traductions : *il est passé comme le vent et s'en est allé* ou *le vent est passé et s'en est allé*.
[e] 1.11 *Il se charge de crimes, lui ... à son dieu.* L'ancienne version grecque a : *alors j'exposerai ma remontrance à mon Dieu*. La fin du verset a été traduite diversement : *lui qui attribue sa force à son Dieu* ou *lui dont la force est le dieu*.
[f] 1.12 Selon une tradition de copistes juifs. Ce texte, jugé offensant pour Dieu, semble avoir été modifié en : *nous ne mourrons pas*, que l'on a actuellement dans le texte hébreu traditionnel.
[g] 1.12 Autre traduction : *formé*.
[h] 1.17 D'après le commentaire d'Habaquq retrouvé à Qumrân. Le texte hébreu traditionnel a : *à vider son filet*.
[i] 2.3 Autre traduction : *qui aspire à sa fin*.
[j] 2.3 Selon la traduction proposée, c'est l'Eternel qu'il faut attendre et qui viendra (voir3.3 ; Hé 10.37). Pour d'autres, c'est l'accomplissement de la vision. Cité en Hé 10.37.

it[f] will certainly come
and will not delay.
4 "See, the enemy is puffed up;
his desires are not upright –
but the righteous person will live by his
faithfulness[g] –

5 indeed, wine betrays him;
he is arrogant and never at rest.
Because he is as greedy as the grave
and like death is never satisfied,
he gathers to himself all the nations
and takes captive all the peoples.

6 "Will not all of them taunt him with ridicule and
scorn, saying,
" 'Woe to him who piles up stolen goods
and makes himself wealthy by extortion!
How long must this go on?'

7 Will not your creditors suddenly arise?
Will they not wake up and make you
tremble?
Then you will become their prey.
8 Because you have plundered many nations,
the peoples who are left will plunder you.
For you have shed human blood;
you have destroyed lands and cities and
everyone in them.

9 "Woe to him who builds his house by unjust
gain,
setting his nest on high
to escape the clutches of ruin!
10 You have plotted the ruin of many peoples,
shaming your own house and forfeiting your
life.

11 The stones of the wall will cry out,
and the beams of the woodwork will echo it.

12 "Woe to him who builds a city with bloodshed
and establishes a town by injustice!
13 Has not the LORD Almighty determined
that the people's labor is only fuel for the
fire,

car il vient sûrement,
il ne tardera pas.
4 Si quelqu'un flanche,
il[k] n'est pas droit de cœur[l]
mais le juste vivra grâce à sa foi[m].

Les cinq malheurs

5 En effet, la richesse décevra[n]
le guerrier orgueilleux, et il ne subsistera pas,
lui qui, tel le séjour des morts, ouvre une large
bouche
et qui, comme la mort, n'est jamais rassasié.
Car il ajoute à ses conquêtes nation après nation,
et il rassemble tous les peuples sous sa domination.
6 Mais, un jour, tous ces peuples lanceront contre lui
des proverbes moqueurs
et des paroles ironiques.

Malheur aux accapareurs

Et l'on dira :
« Malheur à lui car il amasse des richesses qui ne
sont pas à lui.
Jusques à quand cela va-t-il durer ?
Il accumule un lourd fardeau de dettes. »
7 Tes créanciers[o] ne surgiront-ils pas soudain ?
Ils se réveilleront pour te faire trembler
et ils feront de toi leur proie.

8 Toi qui as dépouillé des peuples innombrables,
tu seras dépouillé par le reste de tous les peuples.
Pour avoir répandu le sang humain,
et pour avoir commis des actes de violence
contre le pays de Juda, sa ville et tous ses
habitants[p].

Malheur aux malhonnêtes

9 Malheur à qui amasse un profit malhonnête pour
toute sa famille,
et cherche ainsi à établir son nid sur les hauteurs
pour le mettre à l'abri de tout malheur.
10 Oui, c'est le déshonneur de ton propre royaume que
tu as préparé.
En détruisant de nombreux peuples,
tu t'es fait du tort à toi-même.
11 Car, du sein des murailles, les pierres vont crier ;
de la charpente, les poutres leur feront écho.

Malheur aux violents

12 Malheur à qui bâtit la ville en répandant le sang,
à qui fonde la cité sur le crime !
13 Quand les peuples travaillent pour ce qui périt par
le feu,

f 2:3 Or *Though he linger, wait for him; / he*
g 2:4 Or *faith*

k 2.4 D'après l'ancienne version grecque. Le texte hébreu traditionnel a : *celui qui est orgueilleux, qui ...* La différence ne tient qu'à l'inversion de deux lettres en hébreu.
l 2.4 L'ancienne version grecque a : *je ne prends pas plaisir en lui* (voir Hé 10.38).
m 2.4 Autre traduction : *par sa fidélité.* Il est clair cependant que cette fidélité englobe la foi et en découle (2.3 ; 3.2, 16-18). Cité en Rm 1.17 ; Ga 3.11 ; Hé 10.38.
n 2.5 D'après un texte hébreu retrouvé à Qumrân. Le texte hébreu traditionnel a : *le vin est traître.*
o 2.7 Jeu sur le double sens du terme hébreu qui peut aussi signifier : *ceux qui te mordent.*
p 2.8 Autre traduction : *contre bien des pays, des villes et tous leurs habitants*

that the nations exhaust themselves for
nothing?
14 For the earth will be filled with the knowledge
of the glory of the LORD
as the waters cover the sea.

15 "Woe to him who gives drink to his neighbors,
pouring it from the wineskin till they are
drunk,
so that he can gaze on their naked bodies!
16 You will be filled with shame instead of glory.
Now it is your turn! Drink and let your
nakedness be exposed[h]!
The cup from the LORD's right hand is coming
around to you,
and disgrace will cover your glory.
17 The violence you have done to Lebanon will
overwhelm you,
and your destruction of animals will terrify
you.
For you have shed human blood;
you have destroyed lands and cities and
everyone in them.

18 "Of what value is an idol carved by a
craftsman?
Or an image that teaches lies?
For the one who makes it trusts in his own
creation;
he makes idols that cannot speak.
19 Woe to him who says to wood, 'Come to life!'
Or to lifeless stone, 'Wake up!'
Can it give guidance?
It is covered with gold and silver;
there is no breath in it."
20 The LORD is in his holy temple;
let all the earth be silent before him.

Habakkuk's Prayer

A prayer of Habakkuk the prophet. On shigionoth.[i]

3 [2] LORD, I have heard of your fame;
I stand in awe of your deeds, LORD.
Repeat them in our day,
in our time make them known;
in wrath remember mercy.

[h] 2:16 Masoretic Text; Dead Sea Scrolls, Aquila, Vulgate and Syriac (see also Septuagint) *and stagger*
[i] 3:1 Probably a literary or musical term

et quand les nations s'éreintent pour rien,
cela ne vient-il pas de l'Eternel, du Seigneur des
armées célestes ?
14 Car la terre sera remplie
de connaissance de la gloire de l'Eternel
comme les eaux recouvrent le fond des mers[q].

Malheur à celui qui enivre son prochain

15 Malheur à toi qui forces ton prochain à boire
et qui vides ton outre jusqu'à l'ivresse[r],
pour pouvoir contempler sa nudité.

16 Toi aussi, tu seras rassasié d'infamie au lieu de
gloire.
Toi aussi, tu boiras et puis l'on te mettra à nu[s] pour
découvrir ton incirconcision ;
ton tour viendra de boire la coupe de colère que
l'Eternel te tendra de sa droite.
Le déshonneur recouvrira ta gloire.
17 Tu seras submergé par la violence que tu as exercée
contre la forêt du Liban[t].
Le massacre des animaux retombera sur toi
pour t'écraser ;
car tu as répandu le sang humain,
tu as commis des actes de violence contre le pays
de Juda,
sa ville et tous ses habitants[u].

Malheur aux idolâtres

18 A quoi sert une idole
sculptée par l'artisan ?
Ou une statue de métal fondu,
qui n'enseigne que le mensonge ?
Car celui qui l'a faite se confie en son œuvre
pour fabriquer une idole muette :
19 oui, malheur à qui dit à un morceau de bois :
« Réveille-toi ! »,
à la pierre muette : « Allons, sors du sommeil ! »
Peuvent-ils enseigner ?
Voici, ils sont plaqués d'or et d'argent,
mais il n'y a en eux aucun souffle de vie.
20 L'Eternel, lui, se tient dans son saint Temple.
Que le monde entier fasse silence devant lui !

Psaume

Dieu interviendra

3 [1] Prière d'Habaquq le prophète, sur le mode des
complaintes[v].
2 O Eternel, j'ai entendu ce que tu viens de proclamer,
et je suis effrayé devant ton œuvre, ô Eternel.
Dans le cours des années, accomplis-la !
Dans le cours des années, fais-la connaître !
Dans ta colère cependant, pense à être clément !

[q] **2.14** Reprise de Es 11.9.
[r] **2.15** *et qui vides ... l'ivresse.* Autre traduction : *en mêlant ton poison jusqu'à l'ivresse.*
[s] **2.16** *l'on te mettra à nu:* selon le texte hébreu traditionnel. Le texte hébreu retrouvé à Qumrân, la version syriaque, la Vulgate et la version grecque d'Aquila ont : *tu tituberas.*
[t] **2.17** Voir Es 14.8. Autre traduction : *contre le palais de la Forêt-du-Liban* (voir 1 R 7.2, 7).
[u] **2.17** Voir v. 8 et note.
[v] **3.1** Terme hébreu de sens inconnu.

3 God came from Teman,
the Holy One from Mount Paran.[j]
His glory covered the heavens
and his praise filled the earth.
4 His splendor was like the sunrise;
rays flashed from his hand,
where his power was hidden.
5 Plague went before him;
pestilence followed his steps.
6 He stood, and shook the earth;
he looked, and made the nations tremble.
The ancient mountains crumbled
and the age-old hills collapsed –
but he marches on forever.
7 I saw the tents of Cushan in distress,
the dwellings of Midian in anguish.

8 Were you angry with the rivers, LORD?
Was your wrath against the streams?
Did you rage against the sea
when you rode your horses
and your chariots to victory?

9 You uncovered your bow,
you called for many arrows.
You split the earth with rivers;

10 the mountains saw you and writhed.
Torrents of water swept by;
the deep roared
and lifted its waves on high.
11 Sun and moon stood still in the heavens
at the glint of your flying arrows,
at the lightning of your flashing spear.
12 In wrath you strode through the earth
and in anger you threshed the nations.
13 You came out to deliver your people,
to save your anointed one.
You crushed the leader of the land of
wickedness,
you stripped him from head to foot.
14 With his own spear you pierced his head
when his warriors stormed out to scatter us,
gloating as though about to devour
the wretched who were in hiding.

15 You trampled the sea with your horses,
churning the great waters.

16 I heard and my heart pounded,
my lips quivered at the sound;
decay crept into my bones,

j 3:3 The Hebrew has *Selah* (a word of uncertain meaning) here and at the middle of verse 9 and at the end of verse 13.

3 Dieu viendra de Témân,
le Saint viendra du mont Parân. Paus
Sa majesté couvre le ciel,
et sa louange remplit la terre.
4 Il a l'éclat de la lumière,
et, de sa main, jaillissent deux rayons ;
c'est là qu'est le réservoir de sa force.
5 La peste meurtrière chemine devant lui,
et la fièvre brûlante marche à sa suite.
6 S'il vient à s'arrêter, il fait vibrer[w] la terre.
Quand il regarde, il ébranle les peuples,
les montagnes antiques sont disloquées,
et les collines des anciens temps s'effondrent.
Il parcourt à nouveau les antiques sentiers.
7 J'ai vu les tentes de Koushân[x] réduites à néant ;
les abris de Madian tremblaient, épouvantés.

L'Eternel sort pour délivrer son peuple

8 Est-ce contre les fleuves que l'Eternel s'irrite,
est-ce contre les fleuves que ton courroux
s'enflamme ?
Est-ce contre la mer que ta fureur s'exerce,
pour que tu viennes ainsi monté sur tes chevaux,
sur tes chars victorieux ?
9 Ton arc est mis à nu,
tes traits sont les serments que tu as prononcés[y].
Paus
Tu crevasses la terre, livrant passage aux fleuves.
10 Les montagnes t'ont vu, et elles tremblent.
Des trombes d'eau s'abattent,
l'abîme se met à mugir,
lançant bien haut ses vagues.
11 Le soleil et la lune restent dans leur demeure
devant l'éclat de tes flèches qui partent
et la clarté des éclairs de ta lance.
12 Avec colère, tu parcours la terre,
tu foules les peuples aux pieds dans ton
indignation.
13 Oui, tu t'es mis en route pour délivrer ton peuple,
et pour sauver ton roi qui a reçu l'onction.
Tu as décapité la maison du méchant,
et tu l'as démolie de fond en comble. Paus
14 Tu transperces la tête de l'ennemi avec ses propres
flèches,
alors qu'il arrivait comme un vent d'ouragan dans
le but de nous disperser.
Déjà nos ennemis se réjouissaient,
comptant bien dévorer l'opprimé en secret[z].
15 Tu as lancé tes chevaux dans la mer,
dans le bouillonnement des eaux puissantes.

L'Eternel est ma force

16 J'ai entendu cette nouvelle :
j'en suis tout bouleversé.
Mes lèvres balbutient
et mes os se dissolvent,
je reste là, tremblant.

w 3.6 Autre traduction : *il mesure.*
x 3.7 Probablement une peuplade nomade du désert du Sinaï.
y 3.9 Autre traduction : *tes traits sont ceux que tu as juré d'utiliser.*
z 3.14 Sens incertain. Autre traduction : *dans sa cachette.*

and my legs trembled.
Yet I will wait patiently for the day of calamity
to come on the nation invading us.
17 Though the fig tree does not bud
and there are no grapes on the vines,
though the olive crop fails
and the fields produce no food,
though there are no sheep in the pen
and no cattle in the stalls,

18 yet I will rejoice in the Lord,
I will be joyful in God my Savior.

19 The Sovereign Lord is my strength;
he makes my feet like the feet of a deer,
he enables me to tread on the heights.

the director of music. On my stringed instruments.

Puisqu'il me faut attendre sans bouger, le jour où la
détresse
fondra sur l'ennemi qui doit nous assaillir.
17 Car le figuier ne bourgeonnera plus,
et il n'y aura plus de raisins dans les vignes,
le fruit de l'olivier trompera les espoirs,
les champs ne produiront plus de pain à manger.
Les moutons et les chèvres disparaîtront de leurs
enclos,
et les bovins de leurs étables.
18 Mais moi, c'est à cause de l'Eternel que je veux me
réjouir,
j'exulterai de joie à cause du Dieu qui me sauve.
19 L'Eternel, le Seigneur, c'est lui ma force :
il rend mes pieds pareils à ceux des biches,
il me fait cheminer sur les lieux élevés.

Pour le chef des musiciens. A chanter avec accompagnement d'instruments à cordes.

Zephaniah

1 [1]The word of the LORD that came to Zephaniah son of Cushi, the son of Gedaliah, the son of Amariah, the son of Hezekiah, during the reign of Josiah son of Amon king of Judah:

Judgment on the Whole Earth in the Day of the LORD

[2] "I will sweep away everything
from the face of the earth,"
declares the LORD.
[3] "I will sweep away both man and beast;
I will sweep away the birds in the sky
and the fish in the sea –
and the idols that cause the wicked to stumble."[a]
"When I destroy all mankind
on the face of the earth,"
declares the LORD,

[4] "I will stretch out my hand against Judah
and against all who live in Jerusalem.
I will destroy every remnant of Baal worship in this place,
the very names of the idolatrous priests –

[5] those who bow down on the roofs
to worship the starry host,
those who bow down and swear by the LORD
and who also swear by Molek,[b]

[6] those who turn back from following the LORD
and neither seek the LORD nor inquire of him."

[7] Be silent before the Sovereign LORD,
for the day of the LORD is near.
The LORD has prepared a sacrifice;
he has consecrated those he has invited.
[8] "On the day of the LORD's sacrifice
I will punish the officials
and the king's sons
and all those clad
in foreign clothes.
[9] On that day I will punish
all who avoid stepping on the threshold,[c]
who fill the temple of their gods
with violence and deceit.

[a] **1:3** The meaning of the Hebrew for this line is uncertain.
[b] **1:5** Hebrew *Malkam*
[c] **1:9** See 1 Samuel 5:5.

Sophonie

1 [1]Parole que l'Eternel adressa sous le règne de Josia
fils d'Amôn, roi de Juda, à Sophonie, fils de Koushi, f
de Guedalia, descendant d'Amaria et d'Ezéchias[a].

L'annonce du jugement

Le jugement universel

[2] Je vais tout balayer de la surface de la terre,
l'Eternel le déclare.

[3] Je balaierai les hommes de même que les bêtes,
je balaierai aussi les oiseaux dans le ciel et les poissons des mers,
tout ce qui fait trébucher les méchants ;
je retrancherai les humains de la surface de la terre,
l'Eternel le déclare.

Contre les idolâtres

[4] Je vais lever la main contre le peuple de Juda
et contre tous ceux qui habitent Jérusalem,
je supprimerai de ce lieu ce qui subsiste de Baal.
Je ferai disparaître le souvenir de ses desservants effrénés[b]
avec ses prêtres,
[5] je ferai disparaître tous ceux qui se prosternent devant l'armée du ciel[c] sur les toits des maison
et ceux qui se prosternent devant l'Eternel et jure par lui
tout en prêtant serment au nom du dieu Molok[d],
[6] et ceux qui se détournent de l'Eternel,
qui ne se soucient pas de lui
et qui ne le consultent pas.

Contre les grands

[7] Que l'on fasse silence devant le Seigneur, l'Eterne
Car il est proche, le jour de l'Eternel.
L'Eternel a prévu un sacrifice
et il a convoqué ceux qui sont invités.
[8] Au jour du sacrifice de l'Eternel,
j'interviendrai moi-même contre les ministres du roi, contre la cour
et contre tous ceux qui s'habillent à la mode étrangère.
[9] En ce jour-là, j'interviendrai
contre ceux qui sautillent sur les marches du trôn
contre ceux qui remplissent de violence et de fraude la maison de leur maître[e].

[a] **1.1** Josias a régné de 640 à 609 av. J.-C. (2 R 22.1 à 23.30 ; 2 Ch 34 et 35).
[b] **1.4** Le terme hébreu correspondant désigne toujours des prêtres cananéens ou idolâtres (voir 2 R 23.5 ; Os 10.5).
[c] **1.5** Les astres auxquels certains Juifs rendaient un culte (2 R 21.3-5, 21-22).
[d] **1.5** Autre traduction : *de leur roi.* Les versions ont : *Milkom,* dieu des Ammonites, divinité à caractère politique (1 R 11.5, 33).
[e] **1.9** Allusion à l'empressement des courtisans. Certains traduisent su *les marches du trône* par : *par-dessus le seuil,* ce qui renverrait à une pratique païenne (voir 1 S 5.5). *maître:* autre traduction : *le temple de leur d*

[10] "On that day,"
declares the LORD,
"a cry will go up from the Fish Gate,
wailing from the New Quarter,
and a loud crash from the hills.
[11] Wail, you who live in the market district[d];
all your merchants will be wiped out,
all who trade with[e] silver will be destroyed.

[12] At that time I will search Jerusalem with lamps
and punish those who are complacent,
who are like wine left on its dregs,
who think, 'The LORD will do nothing,
either good or bad.'
[13] Their wealth will be plundered,
their houses demolished.
Though they build houses,
they will not live in them;
though they plant vineyards,
they will not drink the wine."

[14] The great day of the LORD is near –
near and coming quickly.
The cry on the day of the LORD is bitter;
the Mighty Warrior shouts his battle cry.
[15] That day will be a day of wrath –
a day of distress and anguish,
a day of trouble and ruin,
a day of darkness and gloom,
a day of clouds and blackness –
[16] a day of trumpet and battle cry
against the fortified cities
and against the corner towers.
[17] "I will bring such distress on all people
that they will grope about like those who are
blind,
because they have sinned against the LORD.
Their blood will be poured out like dust
and their entrails like dung.
[18] Neither their silver nor their gold
will be able to save them
on the day of the LORD's wrath."
In the fire of his jealousy
the whole earth will be consumed,
for he will make a sudden end
of all who live on the earth.

:11 Or *the Mortar*
:11 Or *in*

Contre les trafiquants

[10] On entendra, en ce jour-là,
l'Eternel le déclare,
près de la porte des Poissons[f], des cris retentissants,
des hurlements dans le nouveau quartier[g]
et, venant des collines, un fracas formidable.
[11] Habitants de la ville basse[h], hurlez,
parce qu'il est anéanti le peuple des marchands,
tous ceux qui croulent sous l'argent[i] vont être
exterminés.

Contre les parvenus

[12] En ce temps-là,
je fouillerai Jérusalem avec des torches
et je châtierai tous les hommes
qui croupissent tel un vin sur sa lie,
se disant en eux-mêmes
que l'Eternel ne fait ni du bien ni du mal.
[13] Leurs richesses seront pillées,
leurs maisons dévastées.
Ils auront bâti des demeures
mais ils n'y habiteront pas ;
ils auront planté des vignobles
mais ils n'en boiront pas le vin.

Le jour de l'Eternel

[14] Car voici qu'il est proche, le jour de l'Eternel,
oui, ce grand jour est proche, il arrive à grands pas,
on entendra des cris amers au jour de l'Eternel.
Le guerrier le plus brave poussera de grands cris.
[15] En effet, ce jour-là est un jour de colère,
c'est un jour de détresse et de malheur,
un jour de destruction et de désolation,
un jour d'obscurité et d'épaisses ténèbres,
c'est un jour de nuages et de brouillards épais,
[16] jour où retentiront la sonnerie du cor et des
clameurs de guerre
contre les villes fortes
et les hautes tours d'angle.
[17] Je plongerai les hommes dans la détresse,
et, comme des aveugles, ils marcheront en
tâtonnant
parce qu'ils ont péché contre moi, l'Eternel.
Leur sang sera versé comme de la poussière
et, comme des ordures, leurs corps seront jetés[j].
[18] Leur argent et leur or ne pourront les sauver
au jour de la colère de l'Eternel,
lorsqu'il consumera la terre tout entière[k]
par le feu de son amour bafoué.
Car il provoquera, – et ce sera épouvantable –
la destruction totale de tous ceux qui habitent sur
la terre[l].

f **1.10** Porte de l'ancienne Jérusalem, au nord-ouest.
g **1.10** Au nord-ouest de l'ancienne ville.
h **1.11** Autre traduction : *du quartier du Mortier.* Ce quartier se trouvait dans la vallée du Tyropéon, juste au sud du mont Morija ; des marchands y vivaient.
i **1.11** Autre traduction : *tous les peseurs d'argent.*
j **1.17** Autre traduction : *leurs entrailles seront répandues.*
k **1.18** Autre traduction : *le pays tout entier.*
l **1.18** Autre traduction : *dans le pays.*

Judah and Jerusalem Judged Along With the Nations

Judah Summoned to Repent

2 [1]Gather together, gather yourselves together,
you shameful nation,
[2] before the decree takes effect
and that day passes like windblown chaff,
before the LORD's fierce anger
comes upon you,
before the day of the LORD's wrath
comes upon you.
[3] Seek the LORD, all you humble of the land,
you who do what he commands.
Seek righteousness, seek humility;
perhaps you will be sheltered
on the day of the LORD's anger.

Philistia

[4] Gaza will be abandoned
and Ashkelon left in ruins.
At midday Ashdod will be emptied
and Ekron uprooted.

[5] Woe to you who live by the sea,
you Kerethite people;
the word of the LORD is against you,
Canaan, land of the Philistines.
He says, "I will destroy you,
and none will be left."

[6] The land by the sea will become pastures
having wells for shepherds
and pens for flocks.
[7] That land will belong
to the remnant of the people of Judah;
there they will find pasture.
In the evening they will lie down
in the houses of Ashkelon.
The LORD their God will care for them;
he will restore their fortunes.[f]

Moab and Ammon

[8] "I have heard the insults of Moab
and the taunts of the Ammonites,
who insulted my people
and made threats against their land.
[9] Therefore, as surely as I live,"
declares the LORD Almighty,
the God of Israel,
"surely Moab will become like Sodom,

f **2:7** *Or will bring back their captives*

L'appel à la conversion

2 [1]Rassemblez-vous, regroupez-vous[m],
ô vous, gens sans vergogne,
[2] avant que le décret soit publié,
que le jour passe comme la bale au vent !
N'attendez pas que se fasse sentir sur vous l'ardeur
de la colère de l'Eternel,
que vous atteigne
le jour de la colère de l'Eternel.
[3] Tournez-vous donc vers l'Eternel, vous tous les
humbles du pays,
vous qui faites ce qui est droit,
cherchez à accomplir ce qui est juste. Efforcez-vous
d'être humbles ;
peut-être serez-vous mis à l'abri
au jour de la colère de l'Eternel.

Malheur aux Philistins

[4] Gaza sera abandonnée,
Ashkelôn sera dévastée,
les habitants d'Ashdod seront chassés au loin à
l'heure de midi.
Eqrôn sera déracinée.
[5] Malheur aux habitants des côtes de la mer,
au peuple venu de la Crète[n] !
Car contre vous se fait entendre la parole de
l'Eternel :
« Malheur à Canaan, pays des Philistins !
Je te dévasterai et je te viderai de tous tes
habitants. »
[6] La région de la mer servira de pacages,
de citernes[o] pour les bergers
et de parcs à moutons.
[7] Ce district va échoir au reste du peuple de Juda.
Ils y mèneront paître leurs troupeaux[p].
Le soir, ils se reposeront dans les maisons à
Ashkelôn,
car l'Eternel, leur Dieu, interviendra pour eux
et changera leur sort[q].

Malheur aux faux frères

[8] J'ai entendu les propos insultants des Moabites,
et les outrages des Ammonites[r]
qui insultaient mon peuple
et qui s'agrandissaient aux dépens de son territoire
[9] Aussi vrai que je vis,
déclare l'Eternel, le Seigneur des armées célestes,
Dieu d'Israël :
Moab sera comme Sodome,
les Ammonites seront comme Gomorrhe,

m **2.1** Autre traduction : *Réfléchissez, rentrez en vous-mêmes.*
n **2.5** Les Philistins.
o **2.6** Texte incertain.
p **2.7** Autre traduction : *ils y trouveront leur pâture.*
q **2.7** Autre traduction : *et ramènera ceux d'entre eux qui auront été emmenés en captivité.*
r **2.8** *Moab* et *Ammon:* peuplades installées à l'est du Jourdain et de la mer Morte, qui faisaient partie, avec les Edomites, des ennemis traditionnels d'Israël.

the Ammonites like Gomorrah –
a place of weeds and salt pits,
a wasteland forever.
The remnant of my people will plunder them;
the survivors of my nation will inherit their land."
10 This is what they will get in return for their pride,
for insulting and mocking
the people of the LORD Almighty.
11 The LORD will be awesome to them
when he destroys all the gods of the earth.
Distant nations will bow down to him,
all of them in their own lands.

sh

12 "You Cushites,[g] too,
will be slain by my sword."

syria

13 He will stretch out his hand against the north
and destroy Assyria,
leaving Nineveh utterly desolate
and dry as the desert.
14 Flocks and herds will lie down there,
creatures of every kind.
The desert owl and the screech owl
will roost on her columns.
Their hooting will echo through the windows,
rubble will fill the doorways,
the beams of cedar will be exposed.
15 This is the city of revelry
that lived in safety.
She said to herself,
"I am the one! And there is none besides me."
What a ruin she has become,
a lair for wild beasts!
All who pass by her scoff
and shake their fists.

usalem

1 Woe to the city of oppressors,
rebellious and defiled!
2 She obeys no one,
she accepts no correction.
She does not trust in the LORD,
she does not draw near to her God.
3 Her officials within her
are roaring lions;
her rulers are evening wolves,
who leave nothing for the morning.
4 Her prophets are unprincipled;
they are treacherous people.
Her priests profane the sanctuary

12 That is, people from the upper Nile region

leur pays deviendra un lieu couvert d'orties,
une mine de sel,
et une terre dévastée à perpétuité.
Le reste de mon peuple les pillera,
oui, ce qui restera de ma nation en prendra possession.
10 Cela leur adviendra pour prix de leur orgueil,
car ils ont insulté le peuple de l'Eternel, le Seigneur des armées célestes,
et se sont agrandis à ses dépens.
11 Avec eux, l'Eternel se montrera terrible,
car il anéantit tous les dieux de la terre ;
alors tous les peuples, jusques aux plus lointains, se prosterneront devant lui,
chacun dans sa contrée.

Malheur aux Ethiopiens

12 Vous aussi, Ethiopiens[s],
vous serez transpercés par mon épée.

Malheur à Ninive l'orgueilleuse

13 L'Eternel étendra la main contre le nord,
il fera périr l'Assyrie
et il dévastera Ninive
pour en faire un désert aride.
14 Au milieu de la ville se reposeront des troupeaux,
des animaux de toute espèce,
le hibou et le hérisson
y passeront la nuit parmi ses chapiteaux.
On entendra hululer aux fenêtres :
dès le seuil des maisons, ce ne sera que ruines,
et les poutres de cèdres seront à nu.
15 La voilà donc, cette cité joyeuse,
installée en toute sécurité,
et qui se dit :
« C'est moi, et rien que moi ! »
Comment est-elle devenue une terre ainsi désolée,
un gîte pour les bêtes ?
Quiconque passera dans sa proximité
se moquera d'elle en sifflant et en faisant des gestes de la main.

Malheur à Jérusalem

3 1 Malheur à la rebelle, à la ville souillée,
la ville tyrannique[t].
2 Elle ne m'a pas écouté
et n'a pas accepté les avertissements ;
elle n'a pas mis sa confiance en l'Eternel, son Dieu,
elle ne s'est pas approchée de lui.
3 Ses grands, au milieu d'elle,
sont des lions rugissants,
ses juges sont des loups du soir
qui, au matin, n'ont plus rien à ronger.
4 Ses prophètes sont insoumis,
portés aux trahisons.
Ses prêtres ont souillé le sanctuaire[u],

[s] **2.12** De 715 à 663 av. J.-C., l'Egypte avait été gouvernée par une dynastie éthiopienne.

[t] **3.1** C'est-à-dire Jérusalem (voir Jr 22.3). Chaque mot de ce verset peut avoir deux sens différents, si bien que l'ensemble admet une autre traduction : *Hélas, la ville illustre et rachetée, la ville colombe !* Le prophète joue sans doute sur le double sens.

[u] **3.4** Autre traduction : *les objets sacrés.*

and do violence to the law.
5 The Lord within her is righteous;
he does no wrong.
Morning by morning he dispenses his justice,
and every new day he does not fail,
yet the unrighteous know no shame.

Jerusalem Remains Unrepentant

6 "I have destroyed nations;
their strongholds are demolished.
I have left their streets deserted,
with no one passing through.
Their cities are laid waste;
they are deserted and empty.
7 Of Jerusalem I thought,
'Surely you will fear me
and accept correction!'
Then her place of refuge[h] would not be
destroyed,
nor all my punishments come upon[i] her.
But they were still eager
to act corruptly in all they did.
8 Therefore wait for me," declares the Lord,
"for the day I will stand up to testify.[j]
I have decided to assemble the nations,
to gather the kingdoms
and to pour out my wrath on them –
all my fierce anger.
The whole world will be consumed
by the fire of my jealous anger.

Restoration of Israel's Remnant

9 "Then I will purify the lips of the peoples,
that all of them may call on the name of the
Lord
and serve him shoulder to shoulder.
10 From beyond the rivers of Cush[k]
my worshipers, my scattered people,
will bring me offerings.

11 On that day you, Jerusalem, will not be put to
shame
for all the wrongs you have done to me,
because I will remove from you
your arrogant boasters.
Never again will you be haughty
on my holy hill.
12 But I will leave within you
the meek and humble.
The remnant of Israel
will trust in the name of the Lord.

h 3:7 Or *her sanctuary*
i 3:7 Or *all those I appointed over*
j 3:8 Septuagint and Syriac; Hebrew *will rise up to plunder*
k 3:10 That is, the upper Nile region

ils ont violé la Loi.
5 Cependant, l'Eternel est présent dans la ville et il
s'y montre juste,
il ne fait rien de mal.
Matin après matin, il rend ses jugements ;
dès l'aube, il ne fait pas défaut.
Cependant, l'homme inique ne connaît pas la
honte.
6 J'ai éliminé des nations,
démoli leurs tours fortes,
j'ai dévasté leurs rues,
et nul n'y passe plus.
Voilà leurs villes ravagées,
il n'y a plus personne, plus un seul habitant.
7 Je m'étais dit alors : « Ainsi tu me craindras
et tu accepteras les avertissements
et, ainsi, ta demeure ne sera pas détruite. »
Que de fois j'ai sévi contre elle !
Mais eux, dès le matin, ils se sont empressés de
commettre le mal
dans tout ce qu'ils faisaient.
8 C'est pourquoi, attendez,
l'Eternel le déclare,
oui, attendez le jour où je me lèverai comme témo
à charge[v]
puisque j'ai rendu mon arrêt : j'ai décidé de réunir
les peuples,
et de rassembler les royaumes
pour déverser sur eux toute l'ardeur de ma colère
et mon indignation,
car je consumerai le pays tout entier
par le feu de mon amour bafoué.

Les fruits du jugement

Sur les peuples non israélites

9 Puis je transformerai les lèvres de gens d'autres
peuples et je les rendrai pures
pour qu'ils invoquent l'Eternel
et qu'ils le servent tous d'un commun accord.
10 Et d'au-delà des fleuves de l'Ethiopie,
tous mes adorateurs, les hommes que j'ai dispersé
viendront m'apporter des offrandes[w].

Sur le reste d'Israël

11 En ce jour-là, mon peuple,
tu ne porteras plus la honte à cause des méfaits
que tu as commis contre moi.
Car alors j'ôterai du milieu de tes rangs
ceux qui exultent dans l'orgueil.
Alors tu cesseras de faire l'arrogante sur ma
montagne sainte.
12 Je laisserai vivre au milieu de toi un peuple pauvr
démuni[x],
qui cherchera refuge en l'Eternel.

v 3.8 *comme témoin à charge:* en adoptant une vocalisation différente de
celle du texte hébreu traditionnel, selon l'ancienne version grecque e
syriaque. Texte traditionnel : *pour le butin.*
w 3.10 *tous mes adorateurs ... des offrandes.* Autre traduction : *ils viendron
m'apporter en offrande mes adorateurs : les hommes que j'ai dispersés.*
x 3.12 Voir v. 19. Autre traduction : *un peuple humilié et faible.*

13 They will do no wrong;
they will tell no lies.
A deceitful tongue
will not be found in their mouths.
They will eat and lie down
and no one will make them afraid."

14 Sing, Daughter Zion;
shout aloud, Israel!
Be glad and rejoice with all your heart,
Daughter Jerusalem!
15 The LORD has taken away your punishment,
he has turned back your enemy.
The LORD, the King of Israel, is with you;
never again will you fear any harm.
16 On that day
they will say to Jerusalem,
"Do not fear, Zion;
do not let your hands hang limp.
17 The LORD your God is with you,
the Mighty Warrior who saves.
He will take great delight in you;
in his love he will no longer rebuke you,
but will rejoice over you with singing."
18 "I will remove from you
all who mourn over the loss of your
appointed festivals,
which is a burden and reproach for you.
19 At that time I will deal
with all who oppressed you.
I will rescue the lame;
I will gather the exiles.
I will give them praise and honor
in every land where they have suffered
shame.
20 At that time I will gather you;
at that time I will bring you home.
I will give you honor and praise
among all the peoples of the earth
when I restore your fortunes[l]
before your very eyes,"
says the LORD.

[l] 3:20 Or *I bring back your captives*

13 Les restes d'Israël ne commettront plus d'injustice,
ils ne diront plus de mensonges,
on n'entendra plus dans leur bouche de langage
trompeur,
quand ils paîtront en paix et se reposeront
sans que nul ne les trouble.

Promesses pour Sion

14 Pousse des cris de joie, ô communauté de Sion !
Lance un cri de triomphe, ô Israël !
Réjouis-toi, exulte de tout cœur,
ô communauté de Jérusalem !
15 L'Eternel a levé le verdict de condamnation
prononcé contre vous,
et il a refoulé vos ennemis.
Le roi d'Israël, l'Eternel, est au milieu de vous.
Vous ne craindrez[y] plus de malheur.
16 En ce jour-là, on dira à Jérusalem :
« Sois sans crainte, Sion !
Ne baisse pas les bras,
17 car l'Eternel ton Dieu est au milieu de toi un
guerrier qui te sauve.
Il sera transporté de joie à ton sujet
et il te renouvellera[z] dans son amour pour toi.
Oui, il sera dans l'allégresse à ton sujet
et poussera des cris de joie
18 tout comme aux jours de fête[a]. »
Je t'enlève aujourd'hui la honte que tu portes[b].

19 En ce temps-là,
j'interviendrai contre tous ceux qui t'auront
opprimée,
je sauverai les brebis éclopées,
et je rassemblerai celles qu'on a chassées,
et je rendrai mon peuple glorieux et renommé
partout dans tout pays où vous aurez connu la
honte.
20 En ce temps-là, je vous ramènerai,
oui, quand je vous rassemblerai,
je vous rendrai renommés et glorieux
chez tous les peuples de la terre.
Je le ferai quand, sous vos yeux, moi, je changerai
votre sort[c],
l'Eternel le déclare.

[y] **3.15** Selon le texte hébreu traditionnel. L'ancienne version grecque a : *verrez.*

[z] **3.17** *il te renouvellera:* d'après l'ancienne version grecque. Le texte hébreu traditionnel a : *il restera silencieux.* La différence vient de la confusion entre deux lettres hébraïques qui se ressemblent.

[a] **3.18** D'après l'ancienne version grecque. Le texte hébreu traditionnel a : *loin des jours de fête.*

[b] **3.18** *Je t'enlève ... tu portes:* sens obtenu en modifiant le découpage des mots et la vocalisation du texte hébreu traditionnel.

[c] **3.20** Autre traduction : *je ramènerai sous vos yeux ceux d'entre vous qui auront été emmenés en captivité.*

Haggai

A Call to Build the House of the Lord

1 1 In the second year of King Darius, on the first
day of the sixth month, the word of the Lord
came through the prophet Haggai to Zerubbabel son
of Shealtiel, governor of Judah, and to Joshua son of
Jozadak,[a] the high priest:

2 This is what the Lord Almighty says: "These people
say, 'The time has not yet come to rebuild the Lord's
house.' "
3 Then the word of the Lord came through the prophet Haggai: 4 "Is it a time for you yourselves to be living
in your paneled houses, while this house remains a
ruin?"
5 Now this is what the Lord Almighty says: "Give
careful thought to your ways. 6 You have planted
much, but harvested little. You eat, but never have
enough. You drink, but never have your fill. You put
on clothes, but are not warm. You earn wages, only
to put them in a purse with holes in it."
7 This is what the Lord Almighty says: "Give careful thought to your ways. 8 Go up into the mountains
and bring down timber and build my house, so that
I may take pleasure in it and be honored," says the
Lord. 9 "You expected much, but see, it turned out to
be little. What you brought home, I blew away. Why?"
declares the Lord Almighty. "Because of my house,
which remains a ruin, while each of you is busy with
your own house. 10 Therefore, because of you the
heavens have withheld their dew and the earth its
crops. 11 I called for a drought on the fields and the
mountains, on the grain, the new wine, the olive oil
and everything else the ground produces, on people
and livestock, and on all the labor of your hands."

12 Then Zerubbabel son of Shealtiel, Joshua son of
Jozadak, the high priest, and the whole remnant of the
people obeyed the voice of the Lord their God and the
message of the prophet Haggai, because the Lord their
God had sent him. And the people feared the Lord.
13 Then Haggai, the Lord's messenger, gave this
message of the Lord to the people: "I am with you,"
declares the Lord. 14 So the Lord stirred up the spirit
of Zerubbabel son of Shealtiel, governor of Judah, and
the spirit of Joshua son of Jozadak, the high priest,

[a] 1:1 Hebrew *Jehozadak*, a variant of *Jozadak*; also in verses 12 and 14

Aggée

1 1 La deuxième année du règne du roi Darius, le pr
mier jour du sixième mois[a], l'Eternel adressa la parc
à Zorobabel, fils de Shealtiel, gouverneur de Juda, et
Josué, fils de Yehotsadaq[b], le grand-prêtre, par l'inte
médiaire du prophète Aggée.
Voici les termes de ce message :

L'appel à reconstruire le Temple

2 Voici ce que déclare le Seigneur des armées céleste
Les gens de ce peuple prétendent : « Le temps n'est p
venu encore, le temps de rebâtir le temple de l'Eternel[c]
3 Alors la parole de l'Eternel leur fut adressée par l'i
termédiaire du prophète Aggée :
4 Est-il temps pour vous-mêmes d'habiter à votre ai
des maisons lambrissées, alors que ce temple est en ruine
5 Maintenant, voici ce que déclare le Seigneur des armé
célestes : Considérez donc bien ce qui vous arrive : 6 vo
semez largement mais vous récoltez peu, vous mange
sans être rassasiés et vous buvez, sans étancher vot
soif. Vous vous couvrez d'habits sans être réchauffés,
le salaire que gagne l'ouvrier va dans une bourse troué
7 Voici ce que déclare le Seigneur des armées céleste
Réfléchissez donc bien à ce qui vous arrive. 8 Allez à
montagne, rapportez-en du bois et bâtissez le Temp
J'y trouverai plaisir, j'en serai glorifié[d], déclare l'Etern
9 Vous comptiez sur beaucoup, mais vous avez obtenu pe
vous aviez engrangé ce que vous aviez récolté, et j'ai sou
flé dessus. Pourquoi donc l'ai-je fait ? demande l'Etern
le Seigneur des armées célestes. Parce que mon temp
est en ruine, tandis que chacun de vous s'affaire pour
propre maison. 10 Voilà pourquoi le ciel a retenu la plu
voilà pourquoi la terre a refusé ses produits : c'est à cau
de vous. 11 J'ai appelé la sécheresse sur les champs et l
monts, sur le blé, sur le vin, sur l'huile, sur tout produ
du sol, ainsi que sur les hommes, sur le bétail, sur tout
fruit de vos travaux.
12 Alors Zorobabel, fils de Shealtiel, Josué, fils c
Yehotsadaq, le grand-prêtre, et tout le reste du peup
écoutèrent la voix de l'Eternel, leur Dieu, ils écoutère
les paroles du prophète Aggée, que l'Eternel leur Dieu le
avait envoyé, et le peuple en eut la crainte de l'Etern
13 Alors Aggée, le messager de l'Eternel, transmit au peup
le message suivant de la part de l'Eternel :

« Moi, je suis avec vous,
l'Eternel le déclare. »

14 Et l'Eternel anima d'un nouveau zèle Zorobabel, fils
Shealtiel, gouverneur de Juda, Josué, fils de Yehotsada

[a] **1.1** *Darius Ier Hystaspe*, roi des Perses de 522 à 486 av. J.-C. Il s'agit ici du 29 août 520 av. J.-C.

[b] **1.1** Sur *Zorobabel*, voir 1 Ch 3.17-19. Sur *Zorobabel* et *Josué*, voir Esd 3.1-9

[c] **1.2** Le *Temple* avait été pillé et incendié par les Babyloniens en 587 av. J.-C. (Jr 52.12-23). Zorobabel et Josué (Esd 3.1-9) avaient commencé à le rebâtir, mais avaient dû interrompre les travaux devant l'opposition d peuples voisins (Esd 4.4-5).

[d] **1.8** *J'y trouverai plaisir ... glorifié.* Autres traductions : *J'y trouverai plaisir j'y manifesterai ma gloire* ; ou : *Je serai heureux d'y être glorifié.*

ıd the spirit of the whole remnant of the people.
ıey came and began to work on the house of the
RD Almighty, their God, [15]on the twenty-fourth day
the sixth month.

ıe Promised Glory of the New House

In the second year of King Darius,
[1]on the twenty-first day of the seventh month,
the word of the LORD came through the prophet
ıggai: [2]"Speak to Zerubbabel son of Shealtiel, gov-
nor of Judah, to Joshua son of Jozadak,[b] the high
iest, and to the remnant of the people. Ask them,
Who of you is left who saw this house in its former
ory? How does it look to you now? Does it not seem
you like nothing? [4]But now be strong, Zerubbabel,'
clares the LORD. 'Be strong, Joshua son of Jozadak,
e high priest. Be strong, all you people of the land,'
clares the LORD, 'and work. For I am with you,' de-
ares the LORD Almighty. [5]'This is what I covenanted
ıth you when you came out of Egypt. And my Spirit
mains among you. Do not fear.'

[6]"This is what the LORD Almighty says: 'In a little
hile I will once more shake the heavens and the
rth, the sea and the dry land. [7]I will shake all na-
ons, and what is desired by all nations will come,
ıd I will fill this house with glory,' says the LORD
mighty. [8]'The silver is mine and the gold is mine,'
clares the LORD Almighty. [9]'The glory of this present
ouse will be greater than the glory of the former
ouse,' says the LORD Almighty. 'And in this place I will
ant peace,' declares the LORD Almighty."

essings for a Defiled People

[10]On the twenty-fourth day of the ninth month, in
e second year of Darius, the word of the LORD came to
e prophet Haggai: [11]"This is what the LORD Almighty
ys: 'Ask the priests what the law says: [12]If someone
rries consecrated meat in the fold of their garment,
ıd that fold touches some bread or stew, some wine,
ive oil or other food, does it become consecrated?' "
The priests answered, "No."

[13]Then Haggai said, "If a person defiled by contact
ith a dead body touches one of these things, does it
come defiled?"
"Yes," the priests replied, "it becomes defiled."
[14]Then Haggai said, " 'So it is with this people and
is nation in my sight,' declares the LORD. 'Whatever
ey do and whatever they offer there is defiled.

:2 Hebrew *Jehozadak*, a variant of *Jozadak*; also in verse 4

le grand-prêtre, et tout le reste du peuple, de sorte qu'ils
vinrent et se mirent à l'ouvrage au temple du Seigneur des
armées célestes, leur Dieu, [15]le vingt-quatrième jour du
sixième mois de la deuxième année du règne de Darius.

La gloire future du nouveau Temple

2 [1]Le vingt et unième jour du septième mois[e], l'Eternel fit entendre sa parole par la bouche du prophète
Aggée en ces termes :
[2]Parle à Zorobabel, fils de Shealtiel, gouverneur de Juda,
à Josué, fils de Yehotsadaq, le grand-prêtre, et au reste du
peuple, et dis-leur :
[3]Reste-t-il, parmi vous, quelqu'un qui ait connu ce temple dans son ancienne gloire[f] ? Et à présent, comment le
voyez-vous ? N'est-il pas comme rien aujourd'hui à vos
yeux ? [4]Mais maintenant : courage, Zorobabel, dit l'Eternel. Toi aussi, Josué, fils de Yehotsadaq, grand-prêtre,
prends courage ! Courage, vous aussi, tous les gens du
pays ! dit l'Eternel. Mettez-vous à l'œuvre, car je suis avec
vous. Voilà ce que déclare le Seigneur des armées célestes.
[5]Tel est l'engagement que j'ai pris envers vous quand vous
avez quitté l'Egypte. Et mon Esprit est présent au milieu
de vous. Ne craignez rien !
[6]Car voici ce que dit l'Eternel, le Seigneur des armées célestes : Une fois encore, et dans peu de temps, j'ébranlerai
le ciel et la terre, la mer et la terre ferme. [7]J'ébranlerai les
peuples, et les richesses de tous les peuples afflueront en
ce lieu. Quant à ce temple, je le remplirai de gloire, voilà
ce que déclare le Seigneur des armées célestes. [8]C'est à
moi qu'appartient tout l'argent et tout l'or. Voilà ce que
déclare le Seigneur des armées célestes. [9]La gloire de ce
nouveau temple surpassera beaucoup la gloire de l'ancien,
et je ferai régner la paix en ce lieu-ci. C'est l'Eternel qui le
déclare, le Seigneur des armées célestes.

Impureté et bénédiction

[10]La deuxième année du règne de Darius, le vingt-quatrième jour du neuvième mois[g], l'Eternel adressa la parole
au prophète Aggée en ces termes :
[11]Voici ce que déclare le Seigneur des armées célestes :
Demande donc aux prêtres leurs instructions. Dis-leur :
[12]« Si un homme porte dans le pan de son vêtement
de la viande sainte et que ce pan de vêtement entre en
contact avec du pain, avec un mets cuit, avec du vin, de
l'huile ou quelque autre aliment, l'aliment touché sera-
t-il consacré[h] ? »
– Non, répondirent les prêtres.
[13]Alors Aggée demanda : Si un homme s'est rendu rituellement impur par le contact d'un cadavre et touche à
l'un de ces aliments, celui-ci sera-il rendu impur par là ?
– Oui, répondirent les prêtres, il sera impur.
[14]Alors Aggée reprit et dit : Ainsi en est-il de ce peuple.
Voilà ce qu'est cette nation à mes yeux – l'Eternel le dé-

e **2.1** Le 17 octobre 520 av. J.-C., le dernier jour de la fête des Cabanes. C'était l'époque où l'on fêtait les moissons de l'été (Lv 23.33-43) bien que la moisson ait été maigre (1.11). Salomon avait dédicacé le Temple durant cette même fête (1 R 8.2).

f **2.3** Quelques Judéens âgés pouvaient se souvenir du temple de Salomon détruit soixante-sept ans auparavant.

g **2.10** Le 18 décembre 520 av. J.-C., deux mois après le message précédent.

h **2.12** C'est-à-dire, apte à servir au culte.

15 " 'Now give careful thought to this from this day on[c] – consider how things were before one stone was laid on another in the LORD's temple. 16 When anyone came to a heap of twenty measures, there were only ten. When anyone went to a wine vat to draw fifty measures, there were only twenty. 17 I struck all the work of your hands with blight, mildew and hail, yet you did not return to me,' declares the LORD. 18 'From this day on, from this twenty-fourth day of the ninth month, give careful thought to the day when the foundation of the LORD's temple was laid. Give careful thought: 19 Is there yet any seed left in the barn? Until now, the vine and the fig tree, the pomegranate and the olive tree have not borne fruit.

" 'From this day on I will bless you.' "

Zerubbabel the LORD's Signet Ring

20 The word of the LORD came to Haggai a second time on the twenty-fourth day of the month: 21 "Tell Zerubbabel governor of Judah that I am going to shake the heavens and the earth. 22 I will overturn royal thrones and shatter the power of the foreign kingdoms. I will overthrow chariots and their drivers; horses and their riders will fall, each by the sword of his brother.

23 " 'On that day,' declares the LORD Almighty, 'I will take you, my servant Zerubbabel son of Shealtiel,' declares the LORD, 'and I will make you like my signet ring, for I have chosen you,' declares the LORD Almighty."

c 2:15 Or *to the days past*

clare. Ainsi en est-il aussi de toutes leurs réalisations de tout ce qu'ils m'offrent là : c'est impur[i].

La bénédiction promise

15 Et maintenant, considérez bien ce qui se produi à partir d'aujourd'hui. Avant d'avoir commencé à pos pierre sur pierre pour le temple de l'Eternel, 16 vous alli à un tas de blé supposé contenir deux quintaux, mais n'y en avait qu'un ; vous vous rendiez au pressoir, en e pérant obtenir un hectolitre de vin, et vous ne trouvi que quarante litres. 17 Je vous ai châtiés en frappant le fru de votre travail par diverses maladies des céréales[j] comn la rouille et la nielle, et par la grêle, mais vous n'êtes p revenus à moi – l'Eternel le déclare.

18 Considérez donc attentivement ce qui va arriver partir d'aujourd'hui et par la suite, c'est-à-dire à part du vingt-quatrième jour du neuvième mois, jour où l'c s'est mis à rebâtir le temple de l'Eternel. Oui, faites bie attention à ce qui va se passer ! 19 Reste-t-il encore de semence dans vos greniers ? Même la vigne, le figuier, grenadier et l'olivier n'ont rien produit. Mais à partir c ce jour-ci, je vous accorderai ma bénédiction.

Les promesses pour Zorobabel

20 L'Eternel adressa la parole à Aggée une seconde foi le vingt-quatrième jour du mois, en ces termes :

21 Dis à Zorobabel, gouverneur de Juda : J'ébranlerai ciel, j'ébranlerai le ciel et la terre, 22 et je renverserai l trônes des royaumes. J'anéantirai la puissance des roya mes étrangers, je ferai culbuter les chars de guerre et ceu qui les conduisent, chevaux et cavaliers tomberont à terr car chacun sera frappé par l'épée de son compatriote. 23 I ce jour-là, déclare l'Eternel, le Seigneur des armées c lestes, je te prendrai, Zorobabel, toi, fils de Shealtiel, mo serviteur, oui, l'Eternel le déclare, et je ferai de toi comn le sceau qu'on porte au doigt[k]. Car moi je t'ai choisi. Voi ce que déclare le Seigneur des armées célestes.

i **2.14** Le refus de reconstruire le Temple entraînait une impureté rituelle qui contaminait toutes les réalisations du peuple.
j **2.17** Mentionnées parmi les malédictions de l'alliance en cas de désobéissance (Dt 28.22 ; voir 1 R 8.37 ; Am 4.9).
k **2.23** Servant à cacheter les édits pour les authentifier.

Zechariah

Call to Return to the Lord

1In the eighth month of the second year of
. Darius, the word of the Lord came to the prophet
chariah son of Berekiah, the son of Iddo:

2"The Lord was very angry with your ancestors.
'herefore tell the people: This is what the Lord
mighty says: 'Return to me,' declares the Lord
mighty, 'and I will return to you,' says the Lord
mighty. 4Do not be like your ancestors, to whom
e earlier prophets proclaimed: This is what the Lord
mighty says: 'Turn from your evil ways and your evil
actices.' But they would not listen or pay attention
me, declares the Lord. 5Where are your ancestors
›w? And the prophets, do they live forever? 6But did
›t my words and my decrees, which I commanded
y servants the prophets, overtake your ancestors?
"Then they repented and said, 'The Lord Almighty
ıs done to us what our ways and practices deserve,
st as he determined to do.'"

ıe Man Among the Myrtle Trees

7On the twenty-fourth day of the eleventh month,
e month of Shebat, in the second year of Darius, the
ord of the Lord came to the prophet Zechariah son
Berekiah, the son of Iddo.

8During the night I had a vision, and there before
e was a man mounted on a red horse. He was stand-
g among the myrtle trees in a ravine. Behind him
ere red, brown and white horses.

9I asked, "What are these, my lord?"

The angel who was talking with me answered, "I
ill show you what they are."

10Then the man standing among the myrtle trees
:plained, "They are the ones the Lord has sent to go
ıroughout the earth."

11And they reported to the angel of the Lord who
as standing among the myrtle trees, "We have gone
ıroughout the earth and found the whole world at
st and in peace."

12Then the angel of the Lord said, "Lord Almighty,
ɔw long will you withhold mercy from Jerusalem

Zacharie

Le livre des visions

L'alliance reste établie : Revenez à moi

1 1Au huitième mois de la deuxième année du règne
de Darius[a], l'Eternel adressa la parole à Zacharie,
le prophète[b], fils de Barachie et petit-fils d'Iddo, en ces
termes :

2L'Eternel s'est violemment irrité contre vos pères.
3Dis à ce peuple : Voici ce que déclare le Seigneur des
armées célestes : Revenez à moi, dit le Seigneur des
armées célestes, et je reviendrai à vous, a dit le Seigneur
des armées célestes. 4Ne faites pas comme vos ancêtres,
que les prophètes d'autrefois ont exhortés en leur disant :
« Voici ce que déclare le Seigneur des armées célestes :
Abandonnez votre mauvaise conduite et renoncez à vos
mauvaises actions. » Mais vos ancêtres n'ont pas écouté, ils
n'ont pas prêté attention à mes paroles, l'Eternel le déclare.

5Vos ancêtres où sont-ils à présent ? Et les prophètes,
sont-ils toujours en vie ? 6Or mes paroles et mes lois que
j'avais ordonné à mes serviteurs les prophètes de leur
transmettre, n'ont-elles pas été suivies d'effet pour vos
pères ? Alors ils ont changé d'attitude et ils ont reconnu :
« Oui, le Seigneur des armées célestes nous a traités comme il avait résolu de le faire, comme le méritaient notre
conduite et nos actes. »

Les huit visions nocturnes

Les quatre cavaliers

7La deuxième année du règne de Darius, au vingt-quatrième jour du onzième mois, le mois de Shebath[c], la parole
de l'Eternel fut adressée à Zacharie le prophète, fils de
Barachie et petit-fils d'Iddo.

8Cette nuit j'ai vu, dans une vision, un cavalier monté
sur un cheval roux. Il se tenait parmi les myrtes[d] dans les
profondeurs, et derrière lui, il y avait d'autres chevaux :
des roux, des gris-verts et des blancs[e]. 9Je demandai alors :
Mon seigneur, que représentent-ils ?

L'ange qui me parlait répondit : Je vais te montrer ce
qu'ils représentent.

10Et l'individu qui se tenait parmi les myrtes intervint
en disant : Ce sont les coursiers que l'Eternel a envoyés
pour parcourir la terre.

11Alors les cavaliers s'adressèrent à l'ange de l'Eternel
qui se tenait parmi les myrtes, et lui firent ce rapport :
Nous venons de parcourir la terre et nous avons constaté
qu'elle est toute tranquille et calme.

12Là-dessus, l'ange de l'Eternel s'exclama : Seigneur des
armées célestes, voilà soixante-dix ans que tu es irrité

---

[a] **1.1** En octobre-novembre 520 av. J.-C., deux mois après qu'Aggée a commencé à prophétiser (voir Ag 1.1). Sur *Darius*, voir Ag 1.1 et note.
[b] **1.1** Sur *Zacharie*, voir Esd 5.1 ; 6.14 ; Né 12.4, 16.
[c] **1.7** Le 15 février 519 av. J.-C. *Shebath* est un nom de mois babylonien.
[d] **1.8** Arbustes qui restent toujours verts, croissant dans les régions méditerranéennes surtout dans les fonds de vallées (voir Es 41.19 ; 55.13).
[e] **1.8** Pour les v. 8-11, voir Ap 6.1-8.

and from the towns of Judah, which you have been angry with these seventy years?" 13 So the LORD spoke kind and comforting words to the angel who talked with me.

14 Then the angel who was speaking to me said, "Proclaim this word: This is what the LORD Almighty says: 'I am very jealous for Jerusalem and Zion, 15 and I am very angry with the nations that feel secure. I was only a little angry, but they went too far with the punishment.'

16 "Therefore this is what the LORD says: 'I will return to Jerusalem with mercy, and there my house will be rebuilt. And the measuring line will be stretched out over Jerusalem,' declares the LORD Almighty.

17 "Proclaim further: This is what the LORD Almighty says: 'My towns will again overflow with prosperity, and the LORD will again comfort Zion and choose Jerusalem.'"

Four Horns and Four Craftsmen

18 Then I looked up, and there before me were four horns. 19 I asked the angel who was speaking to me, "What are these?"

He answered me, "These are the horns that scattered Judah, Israel and Jerusalem."

20 Then the LORD showed me four craftsmen. 21 I asked, "What are these coming to do?"

He answered, "These are the horns that scattered Judah so that no one could raise their head, but the craftsmen have come to terrify them and throw down these horns of the nations who lifted up their horns against the land of Judah to scatter its people."[a]

A Man With a Measuring Line

2 1[b] Then I looked up, and there before me was a man with a measuring line in his hand. 2 I asked, "Where are you going?"

He answered me, "To measure Jerusalem, to find out how wide and how long it is."

3 While the angel who was speaking to me was leaving, another angel came to meet him 4 and said to him: "Run, tell that young man, 'Jerusalem will be a city without walls because of the great number of people and animals in it. 5 And I myself will be a wall of fire around it,' declares the LORD, 'and I will be its glory within.'

6 "Come! Come! Flee from the land of the north," declares the LORD, "for I have scattered you to the four winds of heaven," declares the LORD.

7 "Come, Zion! Escape, you who live in Daughter Babylon!" 8 For this is what the LORD Almighty says: "After the Glorious One has sent me against the nations that have plundered you – for whoever touches you touches the apple of his eye – 9 I will surely raise my hand against them so that their slaves will plunder

[a] 1:21 In Hebrew texts 1:18-21 is numbered 2:1-4.
[b] In Hebrew texts 2:1-13 is numbered 2:5-17.

contre Jérusalem et contre les villes de Juda. Jusque quand tarderas-tu à les prendre en pitié[f] ?

13 Alors l'Eternel répondit à l'ange qui me parlait p des paroles bienveillantes et des paroles de consolatio

14 L'ange qui me parlait me dit : Proclame ces parole Voici ce que déclare le Seigneur des armées céleste J'éprouve pour Jérusalem et pour Sion un amour passic né. 15 Et je suis saisi d'une violente indignation contre peuples ennemis qui vivent dans la tranquillité. Car n'étais qu'un peu irrité contre mon peuple, mais eux, ont accru son malheur. 16 C'est pourquoi voici ce que l'Eternel : Je me tourne vers Jérusalem avec compassic Mon temple y sera rebâti – le Seigneur des armées c lestes le déclare – et l'on étendra le cordeau d'arpente sur Jérusalem.

17 Proclame encore ce message : Voici ce que déclare Seigneur des armées célestes : Mes villes déborderont nouveau de prospérité, l'Eternel consolera de nouve Sion et choisira de nouveau Jérusalem.

Les cornes et les quatre forgerons

2 1 Je levai les yeux et je vis quatre cornes. 2 Je demanc à l'ange qui me parlait : Que représentent ces corne Et il me répondit : Ces cornes représentent les puissar es qui ont dispersé les habitants de Juda, d'Israël et Jérusalem.

3 Puis l'Eternel me fit voir quatre forgerons.

4 – Que viennent-ils faire ? demandai-je.

Il me répondit : Ils sont venus pour faire trembler les n tions qui ont dispersé Juda, de sorte que personne n'os plus relever la tête. Ils abattront les cornes de ces natic qui ont levé leurs cornes contre Juda pour en dispers la population.

L'arpenteur

5 Je regardai et je vis un homme qui portait un corde d'arpenteur. 6 Je lui demandai : Où vas-tu ?

Il me répondit : Je vais mesurer Jérusalem pour en d terminer la largeur et la longueur.

7 Comme l'ange qui me parlait s'en allait, un autre an vint à sa rencontre 8 et lui dit : Cours dire à ce jeune ho me là-bas[g] : « Il y aura un jour tant d'habitants et de bêt dans Jérusalem que la ville restera ouverte, sans murail 9 Je serai, moi-même, pour elle comme une muraille feu tout autour d'elle – l'Eternel le déclare – et je serai gloire au milieu d'elle. »

10 Allons ! Allons ! Fuyez ! Partez de ce pays du Nor – l'Eternel le déclare – car je vous avais dispersés au quatre vents du ciel[i], l'Eternel le déclare. 11 Allons, Sio Echappe-toi, toi qui es installée dans la cité de Babylon 12 Car voici ce que dit le Seigneur des armées célestes, qui m'a envoyé avec autorité[j], au sujet des nations qui vo ont dépouillés : Celui qui touche à vous, c'est comme s touchait à la prunelle de mon œil. 13 Oui, je lèverai la ma contre elles, elles seront pillées par leurs esclaves, et vo

[f] 1.12 Réminiscence en Ap 6.10.
[g] 2.8 C'est-à-dire à celui qui voulait mesurer la ville.
[h] 2.10 De la Babylonie (v. 11).
[i] 2.10 C'est-à-dire aux quatre points cardinaux.
[j] 2.12 *lui qui m'a envoyé avec autorité.* Autre traduction : *après que la gloire m'eut envoyé.*

em.[c] Then you will know that the LORD Almighty
s sent me.
10 "Shout and be glad, Daughter Zion. For I am com-
g, and I will live among you," declares the LORD.
"Many nations will be joined with the LORD in that
y and will become my people. I will live among you
d you will know that the LORD Almighty has sent
e to you. 12 The LORD will inherit Judah as his por-
on in the holy land and will again choose Jerusalem.
Be still before the LORD, all mankind, because he has
used himself from his holy dwelling."

ean Garments for the High Priest

3 1 Then he showed me Joshua the high priest
standing before the angel of the LORD, and Satan[d]
anding at his right side to accuse him. 2 The LORD said
Satan, "The LORD rebuke you, Satan! The LORD, who
as chosen Jerusalem, rebuke you! Is not this man a
rning stick snatched from the fire?"

3 Now Joshua was dressed in filthy clothes as he
ood before the angel. 4 The angel said to those who
ere standing before him, "Take off his filthy clothes."
Then he said to Joshua, "See, I have taken away your
n, and I will put fine garments on you."

5 Then I said, "Put a clean turban on his head." So
ey put a clean turban on his head and clothed him,
hile the angel of the LORD stood by.

6 The angel of the LORD gave this charge to Joshua:
'This is what the LORD Almighty says: 'If you will
alk in obedience to me and keep my requirements,
en you will govern my house and have charge of
y courts, and I will give you a place among these
anding here.
8 " 'Listen, High Priest Joshua, you and your asso-
ates seated before you, who are men symbolic of
ings to come: I am going to bring my servant, the
anch. 9 See, the stone I have set in front of Joshua!
here are seven eyes[e] on that one stone, and I will
grave an inscription on it,' says the LORD Almighty,
nd I will remove the sin of this land in a single day.
10 " 'In that day each of you will invite your neighbor
sit under your vine and fig tree,' declares the LORD
lmighty."

saurez que l'Eternel, le Seigneur des armées célestes, m'a
envoyé.
14 Pousse des cris de joie et sois dans l'allégresse, communauté de Sion, car je viens habiter au milieu de toi, l'Eternel
le déclare. 15 En ce jour-là, beaucoup de gens des peuples
non israélites s'attacheront à l'Eternel et deviendront
mon peuple. Et je demeurerai au milieu de vous, et vous
saurez que l'Eternel, le Seigneur des armées célestes, m'a
envoyé vers vous. 16 Et l'Eternel fera de Juda son domaine,
son patrimoine, sur la terre sacrée[k], et il choisira de nouveau la ville de Jérusalem. 17 Que, devant l'Eternel, toutes
les créatures fassent silence, car le voici qui se réveille et
sort de sa demeure sainte.

Le grand-prêtre Josué

3 1 Puis il me fit voir Josué, le grand-prêtre, qui se tenait
debout devant l'ange de l'Eternel. Et l'Accusateur se
tenait à sa droite pour l'accuser[l].
2 L'Eternel dit à l'Accusateur : Que l'Eternel te réduise
au silence, Accusateur ! Oui, que l'Eternel te réduise au
silence, lui qui porte son choix sur Jérusalem ! Celui-ci
n'est-il pas un tison arraché au feu[m] ?
3 Or, Josué était couvert d'habits très sales et il se tenait devant l'ange. 4 L'ange s'adressa à ceux qui se tenaient
devant lui et leur ordonna : Otez-lui ses vêtements sales !
Et il ajouta à l'adresse de Josué : Regarde, j'ai enlevé le
poids de la faute que tu portais et l'on te revêtira d'habits
de fête.
5 Alors je m'écriai : Qu'on lui mette un turban pur[n] sur
la tête !
On lui posa donc le turban pur sur la tête, et on le revêtit
d'autres habits. Or, l'ange de l'Eternel se tenait là.
6 L'ange de l'Eternel fit ensuite cette déclaration à Josué :
7 Voici ce que dit le Seigneur des armées célestes : Si tu
suis les chemins que j'ai prescrits et si tu obéis à mes commandements, tu exerceras dans mon temple les fonctions
judiciaires, tu veilleras sur mes parvis, et je te donnerai
des guides pris parmi[o] ceux qui se tiennent ici.
8 Et maintenant, écoute, Josué, toi le grand-prêtre, et
tes collègues qui se tiennent devant toi, car vous êtes des
hommes qui servez de préfiguration. En effet, je ferai venir
mon serviteur, qui est appelé le Germe[p].
9 Voici que je pose une pierre devant Josué. Sur cette
pierre unique il y a sept yeux. J'y graverai moi-même son
inscription, le Seigneur des armées célestes le déclare.
En un seul jour, j'ôterai le poids de la faute que porte ce
pays. 10 En ce jour-là – le Seigneur des armées célestes le
déclare – vous vous inviterez les uns les autres sous la vigne et sous le figuier.

:8,9 Or *says after ... eye:* 9 *"I ... plunder them."*
:1 Hebrew *satan* means *adversary.*
:9 Or *facets*

k **2.16** Autre traduction : *du saint.*
l **3.1** *Josué:* voir Esd 3.2 ; Ag 1.1. *L'Accusateur:* hébreu : le *satan* (qui est un nom commun ; voir Jb 1.6-12). Dans les tribunaux, l'accusateur se tenait à la droite de l'accusé (voir Ps 109.6).
m **3.2** Un rescapé de l'exil (Esd 2.36).
n **3.5** C'est le turban du grand-prêtre (Ex 28.39-43) sur lequel était inscrit : « Consacré à l'Eternel » (Ex 28.36).
o **3.7** *je te donnerai des guides pris parmi.* Autre traduction : *je te donnerai accès parmi.*
p **3.8** Nom que plusieurs prophètes donnent au Messie (voir6.12 ; Es 11.1 ; Jr 23.5 ; 33.15). Dans ce verset, Zacharie unit l'attente du *Germe* à celle du *Serviteur* de l'Eternel annoncé par Esaïe (Es 42.1ss ; 49.1ss ; 50.4ss ; 52.13 à 53.12).

The Gold Lampstand and the Two Olive Trees

4 1Then the angel who talked with me returned and woke me up, like someone awakened from sleep. 2He asked me, "What do you see?"

I answered, "I see a solid gold lampstand with a bowl at the top and seven lamps on it, with seven channels to the lamps. 3Also there are two olive trees by it, one on the right of the bowl and the other on its left."

4I asked the angel who talked with me, "What are these, my lord?"

5He answered, "Do you not know what these are?"

"No, my lord," I replied.

6So he said to me, "This is the word of the LORD to Zerubbabel: 'Not by might nor by power, but by my Spirit,' says the LORD Almighty.

7"What are you, mighty mountain? Before Zerubbabel you will become level ground. Then he will bring out the capstone to shouts of 'God bless it! God bless it!' "

8Then the word of the LORD came to me: 9"The hands of Zerubbabel have laid the foundation of this temple; his hands will also complete it. Then you will know that the LORD Almighty has sent me to you.

10"Who dares despise the day of small things, since the seven eyes of the LORD that range throughout the earth will rejoice when they see the chosen capstone[f] in the hand of Zerubbabel?"

11Then I asked the angel, "What are these two olive trees on the right and the left of the lampstand?"

12Again I asked him, "What are these two olive branches beside the two gold pipes that pour out golden oil?"

13He replied, "Do you not know what these are?"

"No, my lord," I said.

14So he said, "These are the two who are anointed to[g] serve the Lord of all the earth."

The Flying Scroll

5 1I looked again, and there before me was a flying scroll.

2He asked me, "What do you see?"

I answered, "I see a flying scroll, twenty cubits long and ten cubits wide.[h]"

---

f **4:10** Or *the plumb line*
g **4:14** Or *two who bring oil and*
h **5:2** That is, about 30 feet long and 15 feet wide or about 9 meters long and 4.5 meters wide

Le chandelier et les deux oliviers

4 1L'ange qui me parlait revint et me réveilla comn un homme que l'on tire de son sommeil[q]. 2Il me d manda : Que vois-tu ?

Je répondis : Je vois un chandelier tout en or muni, la partie supérieure, d'un réservoir. Il est surmonté sept lampes et il y a sept conduits pour les lampes. 3Deu oliviers surplombent ce chandelier, l'un à la droite du ré ervoir, et l'autre à sa gauche[r].

4Reprenant la parole, je questionnai l'ange qui s'entr tenait avec moi : Que signifient ces choses, mon Seigneu

5Il me dit : Ne sais-tu pas ce que cela représente ?

– Non, mon Seigneur, lui répondis-je.

6Il reprit et me dit : Voici le message que l'Eternel adre se à Zorobabel[s] :

Cette œuvre, vous ne l'accomplirez ni par votre
bravoure ni par la force,
mais par mon Esprit,
le Seigneur des armées célestes le déclare.
7 Et qu'es-tu, toi, grande montagne[t] ?
Devant Zorobabel, tu seras transformée en plaine.
Il extraira de toi la pierre principale
au milieu des acclamations : « Dieu fasse grâce !
Dieu fasse grâce pour elle[u] ! »

8L'Eternel m'adressa encore la parole en ces termes : 9Zorobabel a posé de ses mains les fondations de ce ter ple[v] et il en achèvera lui-même la reconstruction[w]. Alo vous saurez que le Seigneur des armées célestes m'a envo vers vous. 10Qui donc méprisait le temps des petits cor mencements ? Ils auraient plutôt dû se réjouir en voyant pierre choisie dans la main de Zorobabel. Quant à ces sep ce sont les yeux de l'Eternel qui parcourent toute la terr

11Je repris alors et je lui demandai : Que représente ces deux oliviers à la droite et à la gauche du chandelier

12Puis je repris une seconde fois la parole et je lui d mandai : Que représentent ces deux branches d'olivier q se trouvent à côté des deux conduits en or d'où décou l'huile dorée ?

13Il me répondit en disant : Ne sais-tu pas ce qu'i représentent ?

– Non, mon Seigneur, lui répondis-je.

14Alors il m'expliqua : Ce sont les deux hommes qui o reçu l'onction et qui se tiennent au service du Seigneu de toute la terre.

Le rouleau volant

5 1Je levai de nouveau les yeux et je vis un rouleau ma uscrit qui volait. 2L'ange me demanda : Que vois-tu

Je lui répondis : Je vois un rouleau qui vole, il a di mètres de long et cinq de large.

---

q **4.1** Pour les v. 1-3, voir Ap 11.3-4.
r **4.3** Le v. 14 indique que ces deux oliviers sont les deux hommes consacrés par l'onction, Josué et Zorobabel, représentants de l'office sacerdotal et de l'office royal (voir 6.13).
s **4.6** Lointain descendant de David (1 Ch 3.17-19).
t **4.7** Sans doute la montagne des décombres qui occupaient l'emplacement du Temple et qu'il fallait d'abord déblayer pour reconstruire le sanctuaire sur les anciennes fondations. Elle figure l'ensemble des obstacles à la reconstruction du Temple.
u **4.7** Dans le Proche-Orient ancien, le roi prenait une pierre des ruines d'un ancien sanctuaire pour en faire la pierre d'angle d'un nouveau sanctuaire, au cours d'une cérémonie populaire.
v **4.9** En 537-536 av. J.-C. (Esd 3.8-11 ; 5.16).
w **4.9** En 516 av. J.-C. (Esd 6.14-16).

3And he said to me, "This is the curse that is going
t over the whole land; for according to what it says
one side, every thief will be banished, and accord-
g to what it says on the other, everyone who swears
sely will be banished. 4The Lord Almighty declares,
will send it out, and it will enter the house of the
ief and the house of anyone who swears falsely by
y name. It will remain in that house and destroy it
mpletely, both its timbers and its stones.' "

e Woman in a Basket

5Then the angel who was speaking to me came
rward and said to me, "Look up and see what is
pearing."

6I asked, "What is it?"

He replied, "It is a basket." And he added, "This is
e iniquity[i] of the people throughout the land."

7Then the cover of lead was raised, and there in the
sket sat a woman! 8He said, "This is wickedness,"
d he pushed her back into the basket and pushed
lead cover down on it.

9Then I looked up – and there before me were two
omen, with the wind in their wings! They had wings
e those of a stork, and they lifted up the basket
tween heaven and earth.

10"Where are they taking the basket?" I asked the
gel who was speaking to me.

11He replied, "To the country of Babylonia[j] to build
ouse for it. When the house is ready, the basket will
set there in its place."

ur Chariots

6 1I looked up again, and there before me were four
chariots coming out from between two moun-
ins – mountains of bronze. 2The first chariot had
d horses, the second black, 3the third white, and
e fourth dappled – all of them powerful. 4I asked
e angel who was speaking to me, "What are these,
y lord?"

5The angel answered me, "These are the four spir-
s[k] of heaven, going out from standing in the presence
the Lord of the whole world. 6The one with the black
rses is going toward the north country, the one with
e white horses toward the west,[l] and the one with
e dappled horses toward the south."

7When the powerful horses went out, they were
raining to go throughout the earth. And he said,
o throughout the earth!" So they went throughout
e earth.

8Then he called to me, "Look, those going toward
e north country have given my Spirit[m] rest in the
nd of the north."

:6 Or *appearance*
:11 Hebrew *Shinar*
:5 Or *winds*
:6 Or *horses after them*
6:8 Or *spirit*

3Alors il me dit : Ce rouleau représente la malédiction divine qui se répand sur tout le pays. Sur l'une de ses faces, il
est écrit que tout voleur sera chassé d'ici, et sur l'autre, que
tous ceux qui prononcent de faux serments seront chassés
d'ici. 4Je ferai venir cette malédiction – le Seigneur des
armées célestes le déclare – pour qu'elle atteigne la maison
de chaque voleur et celle des gens qui prêtent par mon nom
de faux serments : elle s'établira dans cette maison et la
détruira complètement, jusqu'aux poutres et aux pierres.

Le boisseau

5Puis l'ange chargé de me parler sortit et me dit : Lève
les yeux et regarde ce qui vient là.

6– Qu'est-ce ? lui demandai-je.

Il me répondit : C'est un boisseau qui vient[x].

Puis il ajouta : Il représente le péché du peuple[y] dans
tout le pays.

7Soudain, un couvercle de plomb se souleva et une
femme apparut, assise à l'intérieur du boisseau.

8– Cette femme, me dit l'ange, c'est la Méchanceté.

Et il la repoussa à l'intérieur du boisseau qu'il referma
avec le couvercle de plomb.

9Je regardai et je vis arriver deux femmes. Le vent gon-
flait leurs ailes semblables aux ailes des cigognes. Elles
soulevèrent le boisseau entre ciel et terre. 10Je demandai à l'ange chargé de me parler : Où emportent-elles le
boisseau ?

11Il me répondit : Elles l'emportent en Babylonie[z], où
elles lui bâtiront un sanctuaire. Lorsqu'il sera prêt, on le
fixera là sur son piédestal.

Les chars de guerre

6 1Je levai de nouveau les yeux et je vis quatre chars
déboucher d'entre les deux montagnes, et ces montagnes étaient de bronze[a]. 2Au premier char étaient attelés
des chevaux roux, au deuxième, des chevaux noirs, 3au
troisième, des chevaux blancs, et au quatrième, de vigoureux chevaux mouchetés[b]. 4Je demandai à l'ange qui me
parlait : Que représentent ces attelages, mon seigneur ?

5Il me répondit : Ce sont les quatre vents du ciel. Ils se
sont tenus devant le Seigneur de toute la terre et maintenant ils sortent. 6Le char tiré par les chevaux noirs se
dirige vers le pays du Nord ; celui qui est attelé des chevaux blancs les suit ; les chevaux mouchetés partent en
direction du pays du Midi[c].

7Tous ces chevaux vigoureux s'avancèrent, impatients
d'aller parcourir la terre.

Alors il leur dit : Allez, parcourez la terre !

Et ils s'élancèrent pour parcourir la terre.

8Puis il m'appela pour me dire : Regarde, ceux qui partent pour le pays du Nord vont assouvir ma colère contre
le pays du Nord.

x 5.6 Le *boisseau* était la plus grande mesure de capacité des Hébreux.

y 5.6 *le péché du peuple:* dans le texte hébreu traditionnel, *leur œil,* ce qui vient d'une légère différence en hébreu, corrigée par les versions.

z 5.11 Pays de l'idolâtrie. La méchanceté devra être éliminée du pays d'Israël pour qu'il devienne pleinement la « terre sacrée » (2.16).

a 6.1 Pour les v. 1-8, voir Ap 6.1-8.

b 6.3 Autre traduction : *et au quatrième, des chevaux mouchetés. C'étaient tous de vigoureux chevaux.*

c 6.6 *Nord:* la Babylonie (cf. 2.10). *les suit:* autre traduction : *partent vers l'ouest.* Le *pays du Midi:* l'Egypte.

A Crown for Joshua

9 The word of the LORD came to me: 10 "Take silver and gold from the exiles Heldai, Tobijah and Jedaiah, who have arrived from Babylon. Go the same day to the house of Josiah son of Zephaniah. 11 Take the silver and gold and make a crown, and set it on the head of the high priest, Joshua son of Jozadak.[n] 12 Tell him this is what the LORD Almighty says: 'Here is the man whose name is the Branch, and he will branch out from his place and build the temple of the LORD. 13 It is he who will build the temple of the LORD, and he will be clothed with majesty and will sit and rule on his throne. And he[o] will be a priest on his throne. And there will be harmony between the two.' 14 The crown will be given to Heldai,[p] Tobijah, Jedaiah and Hen[q] son of Zephaniah as a memorial in the temple of the LORD. 15 Those who are far away will come and help to build the temple of the LORD, and you will know that the LORD Almighty has sent me to you. This will happen if you diligently obey the LORD your God."

Justice and Mercy, Not Fasting

7 1 In the fourth year of King Darius, the word of the LORD came to Zechariah on the fourth day of the ninth month, the month of Kislev. 2 The people of Bethel had sent Sharezer and Regem-Melek, together with their men, to entreat the LORD 3 by asking the priests of the house of the LORD Almighty and the prophets, "Should I mourn and fast in the fifth month, as I have done for so many years?"

4 Then the word of the LORD Almighty came to me: 5 "Ask all the people of the land and the priests, 'When you fasted and mourned in the fifth and seventh months for the past seventy years, was it really for me that you fasted? 6 And when you were eating and drinking, were you not just feasting for yourselves? 7 Are these not the words the LORD proclaimed through the earlier prophets when Jerusalem and its surround-

n 6:11 Hebrew *Jehozadak*, a variant of *Jozadak*
o 6:13 Or *there*
p 6:14 Syriac; Hebrew *Helem*
q 6:14 Or *and the gracious one, the*

Le couronnement du Roi-Prêtre

9 L'Eternel m'adressa la parole en ces termes : 10 «
prendre une part des dons que Heldaï, Tobiya et Yedae
apportent de la part des exilés : rends-toi aujourd'hui da
la maison de Josias, fils de Sophonie, où ces gens vienne
d'arriver en provenance de Babylone[d]. 11 Tu y prendr
de l'argent et de l'or qu'ils apportent pour en faire u
couronne[e], et tu la poseras sur la tête de Josué, fils
Yehotsadaq, le grand-prêtre.

12 Tu lui diras alors : « Ecoute ce que déclare le Seigne
des armées célestes : Voici un homme dont le nom e
Germe, et sous ses pas, tout germera[f]. Il bâtira le temp
de l'Eternel. 13 C'est lui qui bâtira le temple de l'Eternel.
sera revêtu de majesté royale, et il siégera sur son trô
pour gouverner. Il sera aussi prêtre sur son trône. Il y au
une pleine harmonie entre les deux fonctions[g].

14 La couronne sera conservée dans le temple de l'Etern
en souvenir de Hélem, de Tobiya, de Yedaeya et de la bon
du fils de[h] Sophonie.

15 Des gens viendront un jour de bien loin pour travaill
à la construction du temple de l'Eternel, alors vous saur
que le Seigneur des armées célestes m'a envoyé vers vou
Cela s'accomplira si vous obéissez vraiment à l'Etern
votre Dieu. »

Sur le jeûne

Le sens du jeûne

7 1 La quatrième année du règne de Darius, le quatrièm
jour du neuvième mois, le mois de Kislev[i], l'Etern
adressa la parole à Zacharie. 2 Béthel-Sarétser, un ha
fonctionnaire impérial, et ses gens avaient envoyé u
délégation pour implorer l'Eternel[j] 3 et pour demand
aux prêtres du Temple du Seigneur des armées célestes,
aux prophètes : Dois-je continuer à pleurer et à jeûner
cinquième mois comme je le fais depuis tant d'années[k]

4 Le Seigneur des armées célestes m'adressa la paro
en ces termes :

5 Parle à toute la population du pays et aux prêtres
demande-leur : Quand, pendant soixante-dix années, vo
avez jeûné et pris le deuil au cinquième et au septièm
mois[l], est-ce pour moi que vous avez observé ce jeûne
6 Et quand vous mangez et buvez, n'est-ce pas pour vot
propre satisfaction que vous le faites ? 7 N'est-ce pas
ce que l'Eternel a déjà fait proclamer par les prophèt
d'autrefois, au temps où Jérusalem était bien établie

d 6.10 Probablement une délégation de Juifs venus de Babylone pour apporter la contribution des exilés à la reconstruction du Temple.
e 6.11 En hébreu, ce mot, différent de celui qui désigne le turban du grand-prêtre, est au pluriel. Il s'agit peut-être d'une *couronne* avec plusieurs diadèmes.
f 6.12 Voir 3.8 et note.
g 6.13 Une telle union des deux fonctions était normalement interdite pour un roi issu de la tribu de Juda sous l'ancienne alliance (voir 2 Ch 26.16-21 ; Nb 17.5 ; 18.7), mais prévue pour le Messie (Ps 110.1-2, 4).
h 6.14 *la bonté du fils de.* Autre traduction : *Hen, le fils de.*
i 7.1 Le 7 décembre 518 av. J.-C. Après l'exil, les Juifs ont aussi utilisé les noms chaldéens des mois.
j 7.2 Texte hébreu difficile. Certains traduisent : *Béthel avait envoyé Sarétser et Réguem-Mélek avec ses gens pour implorer l'Eternel.*
k 7.3 En souvenir de la destruction du Temple (2 R 25.8-9). Puisqu'on avait commencé à reconstruire le Temple, on se demandait s'il fallait maintenir ce jeûne.
l 7.5 En souvenir de l'assassinat de Guedalia (2 R 25.25 ; Jr 41.1-3).

g towns were at rest and prosperous, and the Negev
ıd the western foothills were settled?' "

8 And the word of the Lord came again to Zechariah:
'This is what the Lord Almighty said: 'Administer
ue justice; show mercy and compassion to one an-
her. 10 Do not oppress the widow or the fatherless,
ıe foreigner or the poor. Do not plot evil against each
her.'
11 "But they refused to pay attention; stubbornly
ıey turned their backs and covered their ears. 12 They
ade their hearts as hard as flint and would not listen
the law or to the words that the Lord Almighty had
nt by his Spirit through the earlier prophets. So the
RD Almighty was very angry.
13 " 'When I called, they did not listen; so when they
ılled, I would not listen,' says the Lord Almighty. 14 'I
attered them with a whirlwind among all the na-
ons, where they were strangers. The land they left
hind them was so desolate that no one traveled
ırough it. This is how they made the pleasant land
solate.' "

ıe Lord Promises to Bless Jerusalem

8 1 The word of the Lord Almighty came to me.
2 This is what the Lord Almighty says: "I am very
alous for Zion; I am burning with jealousy for her."
3 This is what the Lord says: "I will return to Zion and
vell in Jerusalem. Then Jerusalem will be called the
ithful City, and the mountain of the Lord Almighty
ill be called the Holy Mountain."
4 This is what the Lord Almighty says: "Once again
en and women of ripe old age will sit in the streets
Jerusalem, each of them with cane in hand because
their age. 5 The city streets will be filled with boys
ıd girls playing there."
6 This is what the Lord Almighty says: "It may seem
arvelous to the remnant of this people at that time,
ıt will it seem marvelous to me?" declares the Lord
mighty.
7 This is what the Lord Almighty says: "I will save my
ople from the countries of the east and the west.
will bring them back to live in Jerusalem; they will
my people, and I will be faithful and righteous to
em as their God."
9 This is what the Lord Almighty says: "Now hear
ese words, 'Let your hands be strong so that the
mple may be built.' This is also what the prophets
id who were present when the foundation was laid
r the house of the Lord Almighty. 10 Before that time
ere were no wages for people or hire for animals.
o one could go about their business safely because
their enemies, since I had turned everyone against

jouissait de la tranquillité, entourée de ses villes, et que
le Néguev et le pays plat étaient peuplés ?

Les causes de l'exil

8 L'Eternel adressa la parole à Zacharie en ces termes :
9 Voici ce que déclare le Seigneur des armées célestes :
Rendez des jugements conformes à la vérité, agissez les uns
envers les autres avec amour et compassion. 10 N'exploitez
pas la veuve et l'orphelin, ni l'immigré et les démunis, et
ne tramez aucun mal les uns contre les autres[m].
11 Mais ils ont refusé d'écouter : ils se sont rebellés et
se sont bouché les oreilles pour ne pas entendre. 12 Ils ont
rendu leur cœur aussi dur que le diamant pour ne pas
entendre la Loi et les paroles que le Seigneur des armées
célestes leur avait adressées par l'intermédiaire des
prophètes d'autrefois qui parlaient sous l'action de l'Esprit. Alors le Seigneur des armées célestes s'est mis dans
une grande colère, 13 et il a dit : Puisque je les ai appelés,
et qu'ils ne m'ont pas écouté, à leur tour ils appelleront,
et je ne les écouterai pas.
14 Je les ai dispersés parmi toutes sortes de peuples qu'ils
ne connaissaient pas, et le pays est resté dévasté derrière
eux ; personne n'y passait plus, personne n'y revenait. D'un
pays magnifique, ils ont fait une terre désolée.

Dieu veut bénir son peuple

8 1 Le Seigneur des armées célestes m'adressa la parole
en disant :
2 Voici ce que déclare le Seigneur des armées célestes :
J'éprouve pour Sion un amour ardent et passionné, oui,
je brûle pour elle d'une passion brûlante.
3 Voici ce que dit l'Eternel : Je reviens à Sion et j'habiterai
au milieu de Jérusalem. Jérusalem sera appelée « la ville
fidèle » et la montagne du Seigneur des armées célestes,
la « montagne sainte ».
4 Voici ce que dit le Seigneur des armées célestes : Il y
aura de nouveau des vieillards et des femmes âgées qui
s'assiéront sur les places de Jérusalem, chacun tenant son
bâton en main, à cause de son grand âge. 5 Les places de
la ville seront remplies de garçons et de fillettes qui s'y
ébattront.
6 Voici ce que déclare le Seigneur des armées célestes :
Si ce qui reste de ce peuple pense que c'est trop extraordinaire pour ces jours-là, dois-je, moi aussi, l'estimer
impossible ? – le Seigneur des armées célestes le demande.
7 Voici ce que déclare le Seigneur des armées célestes :
Oui, je vais sauver mon peuple du pays du levant et du pays
du soleil couchant. 8 Je les ramènerai, et ils habiteront dans
Jérusalem, ils seront mon peuple, et moi je serai leur Dieu,
la fidélité et la justice régneront.
9 Voici ce que déclare l'Eternel, le Seigneur des armées
célestes : Prenez courage ! Vous entendez en ces jours-ci
les mêmes propos que ceux des prophètes[n] qui ont parlé
à l'époque où l'on a posé les fondations du temple de
l'Eternel, le Seigneur des armées célestes, pour rebâtir
cet édifice.
10 Avant ce temps-là, les hommes ne tiraient rien de
leur travail et les bêtes ne rapportaient rien, il n'y avait
aucune sécurité devant l'ennemi pour ceux qui allaient
et venaient, car j'avais dressé les hommes les uns contre

[m] **7.10** Repris en 1 Co 13.5.
[n] **8.9** *... courage. Vous entendez ... prophètes.* Autre traduction : *... courage, vous qui avez entendu les propos des prophètes.*

their neighbor. 11 But now I will not deal with the remnant of this people as I did in the past," declares the
LORD Almighty.

12 "The seed will grow well, the vine will yield its
fruit, the ground will produce its crops, and the heavens will drop their dew. I will give all these things as
an inheritance to the remnant of this people. 13 Just
as you, Judah and Israel, have been a curse[r] among the
nations, so I will save you, and you will be a blessing.[s]
Do not be afraid, but let your hands be strong."

14 This is what the LORD Almighty says: "Just as I
had determined to bring disaster on you and showed
no pity when your ancestors angered me," says the
LORD Almighty, 15 "so now I have determined to do
good again to Jerusalem and Judah. Do not be afraid.
16 These are the things you are to do: Speak the truth
to each other, and render true and sound judgment
in your courts; 17 do not plot evil against each other,
and do not love to swear falsely. I hate all this," declares the LORD.

18 The word of the LORD Almighty came to me.

19 This is what the LORD Almighty says: "The fasts
of the fourth, fifth, seventh and tenth months will
become joyful and glad occasions and happy festivals
for Judah. Therefore love truth and peace."

20 This is what the LORD Almighty says: "Many peoples and the inhabitants of many cities will yet come,
21 and the inhabitants of one city will go to another
and say, 'Let us go at once to entreat the LORD and seek
the LORD Almighty. I myself am going.' 22 And many
peoples and powerful nations will come to Jerusalem
to seek the LORD Almighty and to entreat him."

23 This is what the LORD Almighty says: "In those
days ten people from all languages and nations will
take firm hold of one Jew by the hem of his robe and
say, 'Let us go with you, because we have heard that
God is with you.'"

Judgment on Israel's Enemies

9 1 A prophecy:
The word of the LORD is against the land of
Hadrak

[r] **8:13** That is, your name has been used in cursing (see Jer. 29:22); or, you have been regarded as under a curse.
[s] **8:13** Or *and your name will be used in blessings* (see Gen. 48:20); or *and you will be seen as blessed*

les autres. 11 Mais maintenant, je ne veux plus agir e
vers ce qui reste de ce peuple comme j'ai agi autrefo
le Seigneur des armées célestes le déclare. 12 En effet,
sèmerai la paix parmi vous, la vigne produira du fru
la terre donnera ses produits, le ciel répandra la ros
et je mettrai le reste de ce peuple en possession de to
ces biens.

13 O peuple de Juda et peuple d'Israël : par le passé, vo
avez été maudits parmi les autres peuples, mais je vo
sauverai, et vous serez porteurs de bénédiction. Soy
donc sans crainte et reprenez courage.

14 Car voici ce que dit le Seigneur des armées céleste
Lorsque vos pères ont excité ma colère, j'ai décidé de vo
faire du mal, dit le Seigneur des armées célestes, et je
suis pas revenu sur ma décision. 15 A présent, je change
ligne de conduite et je décide de faire du bien à Jérusale
et au peuple de Juda. Soyez donc sans crainte !

16 Voici ce que vous devez faire : Que chacun dise la véri
à son prochain[o] ; rendez une justice conforme à la véri
dans vos tribunaux, une justice qui engendre la paix. 17
tramez pas du mal l'un contre l'autre dans votre cœur
ayez en horreur les faux serments. Car toutes ces chose
je les déteste, l'Eternel le déclare[p].

Du deuil aux réjouissances

18 Le Seigneur des armées célestes m'adressa la par
en disant :

19 Voici ce que dit le Seigneur des armées célestes : L
jeûnes du quatrième, du cinquième, du septième et
dixième mois[q] seront changés pour le peuple de Juda
jours de réjouissance, en jours d'allégresse et de joyeus
fêtes. Mais soyez épris de vérité et de paix.

20 Voici ce que dit le Seigneur des armées célestes : D
gens des autres peuples et les habitants de villes nor
breuses vont encore venir. 21 Les habitants d'une ville iro
dans une autre et s'inviteront en disant : « Allons, me
tons-nous en route pour implorer l'Eternel, le Seign
des armées célestes, et pour rechercher sa présence[r] ! M
aussi, j'y vais ! » Et on leur répondra : « Oui, moi aussi,
veux y aller ! » 22 Ainsi des gens de peuples nombreux
de nations puissantes viendront rechercher la présence
Seigneur des armées célestes, à Jérusalem, et l'implore

23 Voici ce que dit le Seigneur des armées célestes :
ce temps-là, dix hommes de tous les peuples parlant d
férentes langues s'accrocheront à un Juif par le pan de s
vêtement en déclarant : « Nous voudrions aller avec vo
car nous avons appris que Dieu est avec vous. »

L'AVENIR DU PEUPLE DE DIEU

Châtiment et salut des peuples voisins

9 1 Proclamation.
La parole de l'Eternel a atteint le pays de Hadrak.

[o] **8.16** Cité en Ep 4.25.
[p] **8.17** Voir 7.10 et note.
[q] **8.19** Le jeûne du *quatrième mois* commémorait la première brèche dar les remparts de Jérusalem (Jr 52.6-7). Les jeûnes des *cinquième* et *septiè mois:* voir 7.3, 5 et notes. Le jeûne du *dixième mois* commémorait le débu du siège de Jérusalem par les armées de Nabuchodonosor (2 R 25.1).
[r] **8.21** *et pour rechercher sa présence.* Autres traductions : *et pour chercher le connaître* ou *pour rechercher sa faveur.* De même au v. 22.

and will come to rest on Damascus –
for the eyes of all people and all the tribes of
Israel
are on the LORD –[1]
2 and on Hamath too, which borders on it,
and on Tyre and Sidon, though they are very
skillful.
3 Tyre has built herself a stronghold;
she has heaped up silver like dust,
and gold like the dirt of the streets.
4 But the Lord will take away her possessions
and destroy her power on the sea,
and she will be consumed by fire.
5 Ashkelon will see it and fear;
Gaza will writhe in agony,
and Ekron too, for her hope will wither.
Gaza will lose her king
and Ashkelon will be deserted.
6 A mongrel people will occupy Ashdod,
and I will put an end to the pride of the
Philistines.
7 I will take the blood from their mouths,
the forbidden food from between their teeth.
Those who are left will belong to our God
and become a clan in Judah,
and Ekron will be like the Jebusites.
8 But I will encamp at my temple
to guard it against marauding forces.
Never again will an oppressor overrun my
people,
for now I am keeping watch.

he Coming of Zion's King

9 Rejoice greatly, Daughter Zion!
Shout, Daughter Jerusalem!
See, your king comes to you,
righteous and victorious,
lowly and riding on a donkey,

1 Or *Damascus. / For the eye of the LORD is on all people, / as well as on tribes of Israel,*

Elle s'arrête sur Damas[s],
car là, les hommes portent les regards[t] vers
l'Eternel
comme le font toutes les tribus d'Israël.
2 La parole de l'Eternel est aussi pour Hamath,
à la frontière de Damas,
pour Tyr et pour Sidon[u]
où l'on est très habile.
3 Tyr s'est construit pour elle sa forteresse ;
elle a accumulé l'argent comme de la poussière,
ainsi que l'or comme la boue des rues.
4 Mais voici : le Seigneur en prendra possession,
il précipitera ses remparts dans la mer
et la ville sera consumée par le feu[v].
5 Ashkelôn le verra
et elle prendra peur,
Gaza aussi.
Elle se tordra de douleurs,
et Eqrôn se verra
privée de son soutien[w].
Plus de roi à Gaza,
et Ashkelôn n'aura plus d'habitants.
6 A Ashdod[x], des bâtards habiteront,
et je retrancherai l'orgueil des Philistins.
7 J'ôterai le sang de sa bouche,
j'arracherai d'entre ses dents ses mets abominables,
et ce qui restera des Philistins appartiendra aussi à
notre Dieu,
et ils seront semblables à un clan de Juda,
tandis qu'Eqrôn aura le sort des Yebousiens[y].
8 Je monterai la garde autour de mon pays
et je le défendrai contre les gens de guerre
qui passent et repassent.
Aucun tyran ne l'opprimera plus,
car maintenant j'y veille de mes propres yeux.

La venue du roi de paix

9 Tressaille d'allégresse,
ô communauté de Sion !
Pousse des cris de joie,
ô communauté de Jérusalem !
Car ton roi vient vers toi,
il est juste et sauvé[z],
humilié[a], monté sur un âne,

[s] **9.1** *Hadrak:* ville au nord de la Syrie dont *Damas* était la capitale.
[t] **9.1** L'ancienne version grecque, la version syriaque et le targoum ont compris : *l'Eternel a l'œil sur tous les hommes.* D'autres modifient légèrement le texte hébreu traditionnel pour lire : *l'œil* (c'est-à-dire la capitale) *de la Syrie appartient à l'Eternel.*
[u] **9.2** *Hamath* est une ville de Syrie. *Tyr* et *Sidon* étaient les deux principales villes de la côte phénicienne, deux ports importants et riches, puissamment fortifiés.
[v] **9.4** En 333 av. J.-C, après sept mois de siège et grâce à la construction d'une digue dans la mer, Alexandre le Grand s'emparera de la ville.
[w] **9.5** *Ashkelôn, Gaza* et *Eqrôn* étaient des villes importantes de la Philistie.
[x] **9.6** Autre ville philistine.
[y] **9.7** Avant que David ait pris Jérusalem, la ville s'appelait Yebous. Il laissa habiter les *Yebousiens* parmi les Israélites (voir Jos 15.63 ; Jg 1.21 ; 2 S 5.6-9).
[z] **9.9** *sauvé:* d'autres comprennent : *victorieux.*
[a] **9.9** Le Messie est décrit sous les traits du roi opprimé par ses ennemis et sauvé par Dieu (voir Ps 33.16), une figure que l'on rencontre dans les récits de la vie de David et dans les Psaumes. La présence de la racine *humilié* conduit encore à l'identifier au Serviteur de l'Eternel d'Es 53 où cette racine apparaît en 53.4, 7. Au lieu de *humilié,* certains traduisent *humble.*

on a colt, the foal of a donkey.
10 I will take away the chariots from Ephraim
and the warhorses from Jerusalem,
and the battle bow will be broken.
He will proclaim peace to the nations.
His rule will extend from sea to sea
and from the River[u] to the ends of the earth.

11 As for you, because of the blood of my covenant
with you,
I will free your prisoners from the waterless
pit.
12 Return to your fortress, you prisoners of hope;
even now I announce that I will restore twice
as much to you.

13 I will bend Judah as I bend my bow
and fill it with Ephraim.
I will rouse your sons, Zion,
against your sons, Greece,
and make you like a warrior's sword.

The Lord Will Appear

14 Then the Lord will appear over them;
his arrow will flash like lightning.
The Sovereign Lord will sound the trumpet;
he will march in the storms of the south,
15 and the Lord Almighty will shield them.
They will destroy
and overcome with slingstones.
They will drink and roar as with wine;
they will be full like a bowl
used for sprinkling[v] the corners of the altar.

16 The Lord their God will save his people on that
day
as a shepherd saves his flock.
They will sparkle in his land
like jewels in a crown.
17 How attractive and beautiful they will be!
Grain will make the young men thrive,
and new wine the young women.

The Lord Will Care for Judah

10 1 Ask the Lord for rain in the springtime;
it is the Lord who sends the thunderstorms.
He gives showers of rain to all people,
and plants of the field to everyone.

2 The idols speak deceitfully,

[u] 9:10 That is, the Euphrates
[v] 9:15 Or *bowl, / like*

sur un ânon, le petit d'une ânesse[b].
10 Je ferai disparaître du pays d'Ephraïm tous les
chariots de guerre
et, de Jérusalem, les chevaux de combat ;
l'arc qui sert pour la guerre sera brisé.
Ce roi établira la paix parmi les peuples,
sa domination s'étendra
d'une mer jusqu'à l'autre,
et depuis le grand fleuve[c]
jusqu'aux confins du monde.

La libération des captifs

11 Pour ce qui te concerne, à cause de l'alliance
conclue avec toi par le sang,
je vais faire sortir tes captifs de la fosse
où il n'y a pas d'eau.
12 Revenez à la place forte[d],
pleins d'espérance, vous les captifs,
car aujourd'hui encore, je le déclare :
Je vous rendrai au double.
13 Car je tends mon arc : c'est Juda ;
j'y place une flèche : Ephraïm[e].
J'exciterai tes fils, ô peuple de Sion,
contre tes fils, Yavân[f],
et je ferai de toi une épée de guerrier.

14 L'Eternel paraîtra au-dessus d'eux
et ses traits jailliront comme l'éclair.
Le Seigneur, l'Eternel, sonnant du cor,
s'avancera dans l'ouragan du sud,
15 le Seigneur des armées célestes protégera les siens
Ils mangeront et ils écraseront les pierres de la
fronde.
Ils boiront et feront du bruit comme s'ils étaient
ivres,
ils seront pleins comme la coupe d'aspersion
que l'on répand aux angles de l'autel.
16 Et l'Eternel leur Dieu, en ce temps-là, les sauvera,
il sauvera son peuple tout comme un berger son
troupeau,
et ils resplendiront dans son pays,
tels des joyaux.
17 Comme ils seront heureux ! Et comme ils seront
beaux !
Le froment donnera vigueur aux jeunes gens,
le vin nouveau aux jeunes filles.

10 1 Demandez donc à l'Eternel de la pluie au
printemps !
Il produit les orages :
il vous accordera une pluie abondante
et fera pousser l'herbe de chacun dans son champ

Le jugement sur les idoles

2 Car vos idoles domestiques ont débité des mots
trompeurs,

[b] 9.9 Cité en Mt 21.5 ; Jn 12.15.
[c] 9.10 L'Euphrate. Les deux *mers* sont la Méditerranée et la mer Morte (voir Ps 72.8).
[d] 9.12 Jérusalem. Selon d'autres, Dieu lui-même (2.9).
[e] 9.13 Les royaumes du Sud (*Juda*) et du Nord (*Ephraïm*).
[f] 9.13 Voir Gn 10.2-5 et note.

diviners see visions that lie;
they tell dreams that are false,
they give comfort in vain.
Therefore the people wander like sheep
oppressed for lack of a shepherd.

3 "My anger burns against the shepherds,
and I will punish the leaders;
for the LORD Almighty will care
for his flock, the people of Judah,
and make them like a proud horse in battle.

4 From Judah will come the cornerstone,
from him the tent peg,
from him the battle bow,
from him every ruler.
5 Together they[w] will be like warriors in battle
trampling their enemy into the mud of the streets.
They will fight because the LORD is with them,
and they will put the enemy horsemen to shame.
6 "I will strengthen Judah
and save the tribes of Joseph.
I will restore them
because I have compassion on them.
They will be as though
I had not rejected them,
for I am the LORD their God
and I will answer them.
7 The Ephraimites will become like warriors,
and their hearts will be glad as with wine.
Their children will see it and be joyful;
their hearts will rejoice in the LORD.

8 I will signal for them
and gather them in.
Surely I will redeem them;
they will be as numerous as before.
9 Though I scatter them among the peoples,
yet in distant lands they will remember me.
They and their children will survive,
and they will return.

10 I will bring them back from Egypt
and gather them from Assyria.
I will bring them to Gilead and Lebanon,
and there will not be room enough for them.
11 They will pass through the sea of trouble;
the surging sea will be subdued
and all the depths of the Nile will dry up.
Assyria's pride will be brought down
and Egypt's scepter will pass away.

10:4,5 Or *ruler, all of them together.* / [5] *They*

les devins ont transmis des révélations fausses.
Ils racontaient des songes qui n'étaient que mensonges,
et leurs consolations étaient des illusions.
Voilà pourquoi ce peuple a dû partir au loin,
dans la misère, comme un troupeau qui n'a pas de berger.

Un nouvel exode

3 C'est contre les bergers que je suis en colère,
j'interviendrai contre les boucs.
Le Seigneur des armées célestes vient s'occuper
de son troupeau, le peuple de Juda,
et il va faire d'eux son cheval glorieux pour la bataille.
4 Car la pierre angulaire sortira de Juda,
de lui aussi viendra le piquet de la tente
ainsi que l'arc de guerre.
Oui, de lui tous les chefs seront issus.
5 Pareils à des guerriers
foulant la boue des rues au cours de la bataille,
ils combattront.
L'Eternel sera avec eux.
Alors leurs ennemis montés sur des chevaux
seront couverts de honte.
6 J'affermirai le peuple de Juda,
je sauverai le peuple de Joseph.
Je les rétablirai,
car j'aurai de l'amour pour eux,
ils seront comme un peuple que je n'aurais jamais rejeté loin de moi.
Car je suis l'Eternel, leur Dieu ;
je les exaucerai.
7 Le peuple d'Ephraïm[g] aura de la vaillance tels des guerriers,
leur cœur sera joyeux tout comme on se réjouit quand on a bu du vin.
Leurs enfants le verront et eux aussi seront joyeux
car à cause de l'Eternel ils auront le cœur plein de joie.
8 Oui, en sifflant, je les rassemblerai,
car je les aurai délivrés
et ils seront aussi nombreux qu'ils l'étaient autrefois.
9 Je les ai dispersés au sein de peuples étrangers,
dans des pays lointains ; là ils se souviendront de moi.
Ils subsisteront avec leurs enfants,
ils reviendront.
10 Je les ramènerai d'Egypte,
je les rassemblerai de l'Assyrie[h],
je les ferai rentrer en Galaad et au Liban[i],
et, même ainsi, l'espace ne leur suffira pas.
11 Israël franchira la mer de la détresse.
L'Eternel frappera les vagues de la mer,
et il mettra à sec le Nil jusqu'en ses profondeurs.
L'orgueil de l'Assyrie sera brisé,
le sceptre de l'Egypte lui sera enlevé.

g **10.7** Voir 9.3 et note.
h **10.10** L'*Egypte* et l'*Assyrie* (qui n'existe plus à l'époque) sont citées comme typiques des nations hostiles au peuple de Dieu.
i **10.10** Au nord et à l'est d'Israël.

12 I will strengthen them in the LORD
and in his name they will live securely,"
declares the LORD.

11

1 Open your doors, Lebanon,
so that fire may devour your cedars!
2 Wail, you juniper, for the cedar has fallen;
the stately trees are ruined!
Wail, oaks of Bashan;
the dense forest has been cut down!
3 Listen to the wail of the shepherds;
their rich pastures are destroyed!
Listen to the roar of the lions;
the lush thicket of the Jordan is ruined!

Two Shepherds

4 This is what the LORD my God says: "Shepherd the
flock marked for slaughter. 5 Their buyers slaughter
them and go unpunished. Those who sell them say,
'Praise the LORD, I am rich!' Their own shepherds do
not spare them. 6 For I will no longer have pity on
the people of the land," declares the LORD. "I will give
everyone into the hands of their neighbors and their
king. They will devastate the land, and I will not rescue anyone from their hands."

7 So I shepherded the flock marked for slaughter,
particularly the oppressed of the flock. Then I took
two staffs and called one Favor and the other Union,
and I shepherded the flock. 8 In one month I got rid of
the three shepherds.

The flock detested me, and I grew weary of them
9 and said, "I will not be your shepherd. Let the dying
die, and the perishing perish. Let those who are left
eat one another's flesh."

10 Then I took my staff called Favor and broke it,
revoking the covenant I had made with all the nations.
11 It was revoked on that day, and so the oppressed
of the flock who were watching me knew it was the
word of the LORD.

12 I told them, "If you think it best, give me my pay;
but if not, keep it." So they paid me thirty pieces of
silver.

13 And the LORD said to me, "Throw it to the potter" – the handsome price at which they valued me!

12 Et aux Israélites, je donnerai la force qui vient de
l'Eternel.
Ils marcheront pour lui,
l'Eternel le déclare.

Dieu abat les puissants

11

1 Liban, ouvre tes portes,
et qu'un feu dévore tes cèdres[j] !
2 Lamente-toi, cyprès, car le cèdre est tombé,
et les arbres majestueux ont été abattus.
Gémissez, chênes du Basan,
car la forêt si dense a été abattue.
3 On entend les bergers gémir,
car ce qui faisait leur orgueil a été dévasté.
On entend les lionceaux rugir,
car les forêts touffues faisant la fierté du Jourdain
ont été abattues.

Les bons et les mauvais bergers

4 L'Eternel mon Dieu dit : Sois le berger du troupe
voué au carnage. 5 Ceux qui achètent les brebis l
tuent impunément, ceux qui les vendent s'écrien
« Béni soit l'Eternel ! Je me suis enrichi ! », tand
que leurs propres bergers n'ont aucune pitié po
elles. 6 Désormais, moi aussi, je n'aurai plus pitié d
habitants de ce pays, l'Eternel le déclare. Je livrer
les hommes aux mains les uns des autres et ent
les mains de leur roi. Ils saccageront le pays et je
délivrerai personne de leur oppression.

7 Je me mis donc à faire paître les brebis destinées
carnage, et surtout les plus misérables du troupeau[k].
pris deux houlettes, je nommai l'une Grâce, et l'aut
Union. Puis je me mis à faire paître les brebis du troupea
8 J'éliminai en un mois leurs trois bergers[l]. Mais je perd
patience avec elles, et elles, de leur côté, s'étaient lassé
de moi.

9 Et je dis au troupeau : Je ne vous ferai plus paître. Ce
qui doit périr, eh bien qu'elle périsse ! Celle qui doit di
paraître, eh bien qu'elle disparaisse ! Quant à celles q
resteront, qu'elles se dévorent entre elles !

10 Puis je pris ma houlette que j'avais nommée Grâce
je la brisai pour annuler l'alliance que j'avais conclue av
tous les peuples[m].

11 Elle fut donc annulée ce jour-là. Alors les brebis l
plus misérables[n] du troupeau qui m'observaient comp
rent que c'était la volonté de l'Eternel.

12 Et je leur déclarai : Si vous le jugez bon, donnez-m
mon salaire, sinon, n'en faites rien.

Ils me donnèrent pour salaire trente sicles d'argent[o]
13 Et l'Eternel me dit : Jette-le au potier, ce joli prix a
quel j'ai été estimé !

j 11.1 Pour les v. 1-3, voir Es 10.33-34 ; Ez 31 ; Es 2.13 ; Jr 49.19.
k 11.7 *et surtout ... du troupeau:* selon le texte hébreu traditionnel. L'ancienne version grecque a : *pour les marchands.*
l 11.8 L'identification de ces trois bergers est problématique.
m 11.10 Il doit s'agir d'une alliance avec les peuples pour qu'ils laissent Israël en paix.
n 11.11 *les plus misérables:* selon le texte hébreu traditionnel. L'ancienne version grecque a : *les marchands.*
o 11.12 Le prix d'un esclave (Ex 21.32). Voir Mt 26.15. Les v. 12-13 sont cités en Mt 27.9-10.

I took the thirty pieces of silver and threw them
the potter at the house of the LORD.
[14]Then I broke my second staff called Union, break-
g the family bond between Judah and Israel.

[15]Then the LORD said to me, "Take again the equip-
ent of a foolish shepherd. [16]For I am going to raise
a shepherd over the land who will not care for the
st, or seek the young, or heal the injured, or feed
e healthy, but will eat the meat of the choice sheep,
aring off their hooves.

[17] "Woe to the worthless shepherd,
who deserts the flock!
May the sword strike his arm and his right eye!
May his arm be completely withered,
his right eye totally blinded!"

rusalem's Enemies to Be Destroyed

2 [1]A prophecy: The word of the LORD concerning Israel.
The LORD, who stretches out the heavens, who lays
e foundation of the earth, and who forms the hu-
an spirit within a person, declares: [2]"I am going to
ake Jerusalem a cup that sends all the surround-
g peoples reeling. Judah will be besieged as well as
rusalem. [3]On that day, when all the nations of the
rth are gathered against her, I will make Jerusalem
immovable rock for all the nations. All who try to
ove it will injure themselves. [4]On that day I will
rike every horse with panic and its rider with mad-
ss," declares the LORD. "I will keep a watchful eye
er Judah, but I will blind all the horses of the na-
ns. [5]Then the clans of Judah will say in their hearts,
he people of Jerusalem are strong, because the LORD
mighty is their God.'
[6]"On that day I will make the clans of Judah like
irepot in a woodpile, like a flaming torch among
eaves. They will consume all the surrounding peo-
es right and left, but Jerusalem will remain intact
her place.
[7]"The LORD will save the dwellings of Judah first, so
at the honor of the house of David and of Jerusalem's
habitants may not be greater than that of Judah.
n that day the LORD will shield those who live in
rusalem, so that the feeblest among them will be
e David, and the house of David will be like God,
e the angel of the LORD going before them. [9]On that
y I will set out to destroy all the nations that attack
rusalem.

Je pris les trente sicles d'argent et je les jetai dans
le temple de l'Eternel pour le potier[p]. [14]Puis je brisai
ma seconde houlette, celle que j'avais nommée Union,
pour signifier la rupture de la fraternité entre Juda
et Israël.
[15]L'Eternel me dit encore : Procure-toi maintenant l'at-
tirail d'un berger qui sera insensé, [16]car je vais susciter
dans le pays un berger qui ne s'inquiétera pas des brebis
qui disparaissent, il n'ira pas à la recherche de celles qui
sont égarées, il ne soignera pas celles qui sont blessées, ne
pourvoira pas aux besoins de celles qui se portent bien ;
mais il mangera la chair de celles qui sont grasses et il
leur brisera les sabots.

[17] Malheur au berger vaurien
qui abandonne son troupeau !
Que l'épée lacère son bras
et lui crève l'œil droit !
Que son bras se dessèche, oui, se dessèche !
Que son œil droit s'éteigne, s'éteigne bel et bien !

La victoire finale du Roi

Dieu défend Jérusalem

12 [1]Proclamation.
Déclaration de l'Eternel au sujet d'Israël.
L'Eternel dit ceci, lui qui a étendu le ciel et posé les
fondements de la terre, qui a formé l'esprit humain dans
l'homme :
[2]De Jérusalem je vais faire une coupe enivrante pour
tous les peuples qui l'entourent. Il en sera de même pour
Juda[q] quand on assiégera Jérusalem. [3]Voici : en ce jour-là,
je ferai de Jérusalem une très lourde pierre pour tous les
autres peuples et quiconque essaiera de la lever de terre
en sera tout meurtri. Tous les peuples du monde uniront
leurs efforts pour la combattre. [4]En ce jour-là – l'Eternel
le déclare – je frapperai les chevaux d'épouvante et leurs
cavaliers de folie.
Mais sur le peuple de Juda, je veillerai, alors que je rendrai aveugles tous les chevaux des autres peuples. [5]Et les
chefs de Juda reconnaîtront alors que, pour Jérusalem
et pour ceux qui l'habitent, la force est en leur Dieu, le
Seigneur des armées célestes[r]. [6]En ce jour-là, je ferai des
chefs de Juda un foyer d'incendie dans un tas de bois,
une torche enflammée dans un grand tas de foin, et ils
consumeront à leur droite et à leur gauche les peuples
d'alentour. Et Jérusalem restera installée à sa place. [7]En
premier lieu, l'Eternel sauvera la population de Juda pour
que la famille de David et tous ceux qui habitent Jérusalem
ne soient pas orgueilleux et ne s'exaltent pas au-dessus
de Juda. [8]En ce jour-là, l'Eternel défendra la population
de Jérusalem. Le plus chancelant d'entre eux sera en ce
jour-là comme David, et la dynastie de David sera comme
Dieu même, comme l'ange de l'Eternel. [9]Alors, en ce jour-
là, j'entreprendrai de détruire toute nation qui viendra
pour combattre contre Jérusalem.

---

p **11.13** *le potier:* d'après la plupart des manuscrits du texte hébreu traditionnel et Mt 27.10. Certains manuscrits hébreux et la version syriaque ont : *le trésor* (voir Mt 27.6). L'ancienne version grecque a : *la fournaise.* Certains traduisent par : *le fondeur.*

q **12.2** L'ancienne version grecque, la Vulgate et le targoum ont : *Juda sera avec eux.*

r **12.5** Autre traduction : *Les chefs de Juda se diront : Les habitants de Jérusalem sont notre force, grâce au Seigneur des armées célestes, leur Dieu.*

Mourning for the One They Pierced

[10]"And I will pour out on the house of David and the inhabitants of Jerusalem a spirit[x] of grace and supplication. They will look on[y] me, the one they have pierced, and they will mourn for him as one mourns for an only child, and grieve bitterly for him as one grieves for a firstborn son. [11]On that day the weeping in Jerusalem will be as great as the weeping of Hadad Rimmon in the plain of Megiddo. [12]The land will mourn, each clan by itself, with their wives by themselves: the clan of the house of David and their wives, the clan of the house of Nathan and their wives, [13]the clan of the house of Levi and their wives, the clan of Shimei and their wives, [14]and all the rest of the clans and their wives.

Cleansing From Sin

13 [1]"On that day a fountain will be opened to the house of David and the inhabitants of Jerusalem, to cleanse them from sin and impurity.

[2]"On that day, I will banish the names of the idols from the land, and they will be remembered no more," declares the LORD Almighty. "I will remove both the prophets and the spirit of impurity from the land. [3]And if anyone still prophesies, their father and mother, to whom they were born, will say to them, 'You must die, because you have told lies in the LORD's name.' Then their own parents will stab the one who prophesies.

[4]"On that day every prophet will be ashamed of their prophetic vision. They will not put on a prophet's garment of hair in order to deceive. [5]Each will say, 'I am not a prophet. I am a farmer; the land has been my livelihood since my youth.[z]' [6]If someone asks, 'What are these wounds on your body[a]?' they will answer, 'The wounds I was given at the house of my friends.'

The Shepherd Struck, the Sheep Scattered

[7]"Awake, sword, against my shepherd,
against the man who is close to me!"
declares the LORD Almighty.
"Strike the shepherd,
and the sheep will be scattered,
and I will turn my hand against the little ones.
[8]In the whole land," declares the LORD,

[x] **12:10** Or *the Spirit*
[y] **12:10** Or *to*
[z] **13:5** Or *farmer; a man sold me in my youth*
[a] **13:6** Or *wounds between your hands*

Deuil et purification

[10]Je répandrai alors sur la famille de David et sur ceu qui habitent Jérusalem un Esprit[s] de grâce et de suppl cation. Alors ils tourneront leurs regards vers moi, cel qu'ils auront transpercé[t]. Ils porteront le deuil pour l comme on porte le deuil pour un fils unique ; ils pleu eront sur lui tout comme on pleure amèrement pour s fils premier-né. [11]En ce jour-là, il y aura un très grar deuil dans tout Jérusalem, comme le deuil d'Hadadrir môn dans la vallée de Meguiddo[u]. [12]Le pays tout enti célébrera ce deuil, chaque famille à part, la famille d David à part, et ses femmes à part, la famille de Natha à part, et ses femmes à part, [13]la famille de Lévi à par et ses femmes à part, la famille de Shimeï à part, et s femmes à part, [14]et toutes les autres familles, chacune part, et les femmes à part.

13 [1]En ce jour-là, jaillira une source pour purifier d leurs péchés et de leurs impuretés, la famille d David et les habitants de Jérusalem.

Le jugement des adorateurs d'idoles

[2]Et il arrivera en ce jour-là, déclare l'Eternel, le Seigne des armées célestes, que j'extirperai du pays jusqu'a nom des idoles : et l'on ne s'en souviendra plus. J'ôter aussi du pays les faux prophètes et les dispositions in pures. [3]Si quelqu'un prophétise encore, alors son prop père et sa mère elle-même, eux qui l'ont engendré, l déclareront : « Tu ne resteras pas en vie. Car tu dis d mensonges au nom de l'Eternel. » Et son père et sa mèr eux qui l'ont engendré, transperceront leur fils penda qu'il prophétisera. [4]Et il arrivera en ce jour-là, que to les faux prophètes seront remplis de honte alors qu'i prophétiseront, à cause des révélations qu'ils auront a portées. Ils ne porteront plus de manteau de poil[v] po tromper. [5]Chacun protestera : « Je ne suis pas prophèt moi, je cultive la terre et l'on a loué mes services[w] depuis temps de ma jeunesse. » [6]Et quand on lui dira : « Que so donc ces blessures que l'on voit sur ton corps ? » alors répondra : « C'est la trace des coups reçus dans la maisc de mes amis[x]. »

L'alliance renouvelée

[7]Epée, réveille-toi contre mon berger, le chef de mo
peuple,
contre mon compagnon[y],
demande l'Eternel, le Seigneur des armées célestes
Va, frappe le berger :
que les brebis soient dispersées !
Je porterai la main sur les petits.
[8]Alors dans le pays entier,

[s] **12.10** Autre traduction : *esprit.*
[t] **12.10** Cité en Jn 19.37 ; Ap 1.7.
[u] **12.11** *Hadadrimmôn:* soit un site de la *vallée de Meguiddo* où le peuple de Juda a pleuré la mort du roi Josias (2 Ch 35.20-27), soit la divinité phéni enne (voir 2 R 5.18) de la végétation dont on disait qu'elle mourait à la f des récoltes pour renaître au retour des pluies.
[v] **13.4** Signe distinctif de certains prophètes (1 R 19.13, 19 ; 2 R 1.8).
[w] **13.5** *l'on a loué mes services.* Autre traduction : *je possède la terre.*
[x] **13.6** Autre traduction : *mes amants.* Les faux prophètes se faisaient parfois des incisions pour attirer l'attention de leur divinité sur eux (voir 1 R 18.28). Les faux prophètes auront eux-mêmes honte et n'osero plus se donner pour prophètes.
[y] **13.7** Cité en Mt 26.31 ; Mc 14.27.

"two-thirds will be struck down and perish;
yet one-third will be left in it.
9 This third I will put into the fire;
I will refine them like silver
and test them like gold.
They will call on my name
and I will answer them;
I will say, 'They are my people,'
and they will say, 'The LORD is our God.'"

ıe LORD Comes and Reigns

14 1 A day of the LORD is coming, Jerusalem, when
your possessions will be plundered and divid-
up within your very walls.
2 I will gather all the nations to Jerusalem to fight
;ainst it; the city will be captured, the houses ran-
cked, and the women raped. Half of the city will
› into exile, but the rest of the people will not be
ken from the city. 3 Then the LORD will go out and
;ht against those nations, as he fights on a day of
ıttle. 4 On that day his feet will stand on the Mount
Olives, east of Jerusalem, and the Mount of Olives
ill be split in two from east to west, forming a great
ılley, with half of the mountain moving north and
ılf moving south. 5 You will flee by my mountain
ılley, for it will extend to Azel. You will flee as you
:d from the earthquake[b] in the days of Uzziah king
Judah. Then the LORD my God will come, and all the
ıly ones with him.
6 On that day there will be neither sunlight nor cold,
›sty darkness. 7 It will be a unique day – a day known
ıly to the LORD – with no distinction between day
ıd night. When evening comes, there will be light.
8 On that day living water will flow out from
rusalem, half of it east to the Dead Sea and half of
west to the Mediterranean Sea, in summer and in
inter.
9 The LORD will be king over the whole earth. On
ıat day there will be one LORD, and his name the
ıly name.
10 The whole land, from Geba to Rimmon, south of
rusalem, will become like the Arabah. But Jerusalem
ill be raised up high from the Benjamin Gate to the
te of the First Gate, to the Corner Gate, and from
ıe Tower of Hananel to the royal winepresses, and
ill remain in its place. 11 It will be inhabited; never
;ain will it be destroyed. Jerusalem will be secure.

4:5 Or 5 *My mountain valley will be blocked and will extend to Azel. It*
l be blocked as it was blocked because of the earthquake

l'Eternel le déclare,
les deux tiers des humains seront exterminés, ils
périront,
seul un tiers survivra.
9 Et je ferai passer ce tiers-là par le feu,
oui, je l'épurerai
ainsi qu'on épure l'argent.
Et je l'éprouverai
comme on éprouve l'or.
Ce tiers m'invoquera
et je l'exaucerai.
Je dirai : « C'est mon peuple. »
Lui, il confessera : « L'Eternel est mon Dieu. »

Le combat final

14 1 Voici venir le jour de l'Eternel, où l'on partagera dans tes murs mêmes le butin pris chez toi.
2 J'assemblerai alors l'ensemble des peuples étrangers
devant Jérusalem pour la combattre. La ville sera prise,
les maisons saccagées et les femmes violées, la moitié de
la ville partira en exil, mais le reste du peuple ne sera pas
éliminé de la ville.
3 Puis l'Eternel viendra combattre ces peuples comme il
le fait quand il combat au jour de la bataille. 4 En ce jour-
là, il posera ses pieds sur le mont des Oliviers, près de
Jérusalem, du côté du levant. Le mont des Oliviers se fendra
d'est en ouest en deux parties ; une immense vallée se
creusera entre les deux. Une moitié du mont reculera au
nord, l'autre moitié au sud. 5 Et la vallée de mes montagnes
sera comblée[z], car elle s'étendra jusqu'à Atsal[a]. Elle sera
comblée, ce jour-là, comme elle a été comblée lors du[b]
tremblement de terre au temps d'Ozias, roi de Juda. Puis
l'Eternel mon Dieu viendra, avec tous les saints anges.
6 En ce jour-là, il n'y aura plus de luminaire, plus de froid,
plus de gel[c]. 7 Ce jour sera unique, il est connu de l'Eternel,
il n'y aura ni jour ni nuit, et même le soir, la lumière brillera. 8 En ce jour-là, des eaux vives jailliront de Jérusalem
et couleront, moitié vers la mer Morte, et moitié vers la
Méditerranée. Il en sera ainsi l'été comme l'hiver.

9 En ce jour-là, l'Eternel sera roi de toute la terre. En ce
jour-là, l'Eternel sera le seul Dieu et on le priera lui seul.
10 Le pays tout entier depuis Guéba jusqu'à Rimmôn, qui
se trouve au sud[d] de Jérusalem, sera changé en plaine.
Jérusalem sera surélevée sur place, de la porte de Benjamin
jusqu'à l'emplacement de la Première Porte, jusqu'à celle
de l'Angle, de la tour de Hananéel jusqu'aux pressoirs du
roi. 11 On y habitera, il n'y aura plus d'anathème, Jérusalem
vivra dans la sécurité.

z **14.5** D'après l'ancienne version grecque et le targoum, en adoptant une autre vocalisation que le texte hébreu traditionnel qui a : *et vous fuirez alors par la vallée de mes montagnes.*
a **14.5** *Atsal:* site inconnu d'une localité à l'est de Jérusalem.
b **14.5** *Elle sera comblée ... comme elle a été comblée lors du:* en adoptant une autre vocalisation du texte hébreu traditionnel qui a : *vous fuirez ... comme vous avez fui.*
c **14.6** *plus de froid, plus de gel:* selon la lecture proposée en marge par les copistes juifs. Le texte hébreu contient une expression traduite diversement : *car les luminaires se condenseront* ou *que des choses précieuses en condensation.*
d **14.10** Tout le pays depuis la frontière nord (2 R 23.8) jusqu'à celle du sud (Jos 15.32) sera nivelé et abaissé pour que Jérusalem puisse apparaître exaltée. Voir Es 2.2 ; Mi 4.1 ; Ap 21.9.

[12]This is the plague with which the LORD will strike
all the nations that fought against Jerusalem: Their
flesh will rot while they are still standing on their
feet, their eyes will rot in their sockets, and their
tongues will rot in their mouths. [13]On that day people
will be stricken by the LORD with great panic. They will
seize each other by the hand and attack one another. [14]Judah too will fight at Jerusalem. The wealth of
all the surrounding nations will be collected – great
quantities of gold and silver and clothing. [15]A similar
plague will strike the horses and mules, the camels
and donkeys, and all the animals in those camps.

[16]Then the survivors from all the nations that have
attacked Jerusalem will go up year after year to worship the King, the LORD Almighty, and to celebrate
the Festival of Tabernacles. [17]If any of the peoples of
the earth do not go up to Jerusalem to worship the
King, the LORD Almighty, they will have no rain. [18]If
the Egyptian people do not go up and take part, they
will have no rain. The LORD[c] will bring on them the
plague he inflicts on the nations that do not go up to
celebrate the Festival of Tabernacles. [19]This will be
the punishment of Egypt and the punishment of all
the nations that do not go up to celebrate the Festival
of Tabernacles.

[20]On that day "Holy to the LORD" will be inscribed
on the bells of the horses, and the cooking pots in
the LORD's house will be like the sacred bowls in front
of the altar. [21]Every pot in Jerusalem and Judah will
be holy to the LORD Almighty, and all who come to
sacrifice will take some of the pots and cook in them.
And on that day there will no longer be a Canaanite[d]
in the house of the LORD Almighty.

[12]Et voici de quel fléau l'Eternel frappera tous les peupl
qui auront combattu contre Jérusalem : la chair de to
les hommes se décomposera tandis qu'ils seront sur pie
et leurs yeux pourriront dans leurs orbites, et, dans le
bouche, leur langue pourrira. [13]En ce jour-là, une immen
panique causée par l'Eternel s'emparera d'eux tous. I
s'empoigneront les uns les autres par le bras et chacu
lèvera la main contre son compagnon. [14]Les hommes
Juda se joindront au combat au milieu de Jérusalem, et l'
amassera les richesses de tous les peuples de partout :
l'or et de l'argent avec des vêtements en quantité énorm
[15]Un fléau identique frappera les chevaux, les mulets, l
chameaux et les ânes, et tout animal parqué dans le
camp. Oui, tous les animaux seront frappés du même fléa

[16]Et il arrivera que tous ceux qui subsisteront de to
les peuples qui seront venus attaquer Jérusalem, mo
teront tous les ans pour se prosterner devant le Roi,
Seigneur des armées célestes, et pour célébrer la fête d
Cabanes[e]. [17]Si l'un des clans familiaux de la terre refuse
monter jusqu'à Jérusalem pour adorer le Roi, le Seigne
des armées célestes, il ne recevra pas de pluie. [18]Et si l
Egyptiens ne montent pas, oui, s'ils refusent de venir,
subiront aussi la plaie dont l'Eternel frappera tous l
peuples qui ne monteront pas pour célébrer la fête d
Cabanes. [19]Ce sera la sanction du péché de l'Egypte et ce
de toute nation qui ne montera pas pour célébrer la fê
des Cabanes.

[20]En ce jour-là, les grelots des chevaux porteront l'i
scription : « Consacré à l'Eternel ». Et même les marmit
dans le temple de l'Eternel seront tout aussi saintes q
les coupes placées devant l'autel.

[21]Et dans Jérusalem, et partout en Juda, les marmites s
ront toutes consacrées à l'Eternel, le Seigneur des armé
célestes, et tous ceux qui viendront offrir des sacrific
les utiliseront pour y cuire la viande, et il n'y aura pl
de marchands dans le temple du Seigneur des armées c
lestes, en ce jour-là.

c **14:18** Or *part, then the LORD*
d **14:21** Or *merchant*

e **14.16** Voir Lv 23.24 ; Dt 16.13; en même temps que la fête des Récoltes (Ex 23.16).

Malachi

1 A prophecy: The word of the LORD to Israel
through Malachi.[a]

rael Doubts God's Love

2 "I have loved you," says the LORD.
"But you ask, 'How have you loved us?'
"Was not Esau Jacob's brother?" declares the LORD.
'et I have loved Jacob, 3 but Esau I have hated, and I
ave turned his hill country into a wasteland and left
is inheritance to the desert jackals."
4 Edom may say, "Though we have been crushed, we
ill rebuild the ruins."
But this is what the LORD Almighty says: "They
ay build, but I will demolish. They will be called
e Wicked Land, a people always under the wrath of
e LORD. 5 You will see it with your own eyes and say,
reat is the LORD – even beyond the borders of Israel!'

reaking Covenant Through emished Sacrifices

6 "A son honors his father, and a slave his master.
I am a father, where is the honor due me? If I am a
aster, where is the respect due me?" says the LORD
lmighty.
"It is you priests who show contempt for my name.
"But you ask, 'How have we shown contempt for
our name?'
7 "By offering defiled food on my altar.
"But you ask, 'How have we defiled you?'
"By saying that the LORD's table is contemptible.
When you offer blind animals for sacrifice, is that
ot wrong? When you sacrifice lame or diseased annals, is that not wrong? Try offering them to your
overnor! Would he be pleased with you? Would he
ccept you?" says the LORD Almighty.
9 "Now plead with God to be gracious to us. With
ich offerings from your hands, will he accept
ou?" – says the LORD Almighty.
10 "Oh, that one of you would shut the temple doors,
that you would not light useless fires on my altar! I
n not pleased with you," says the LORD Almighty, "and
will accept no offering from your hands. 11 My name
ill be great among the nations, from where the sun
ses to where it sets. In every place incense and pure
fferings will be brought to me, because my name will
e great among the nations," says the LORD Almighty.

12 "But you profane it by saying, 'The Lord's table is
efiled,' and, 'Its food is contemptible.' 13 And you say,

1:1 *Malachi* means *my messenger.*

Malachie

1 1 Proclamation, parole que l'Eternel a adressée à Israël
par l'intermédiaire de Malachie[a].

L'amour de l'Eternel pour son peuple

2 Moi, je vous ai aimés, déclare l'Eternel. Et vous me demandez : « En quoi donc nous as-tu aimés ? » Esaü n'est-il
pas le frère de Jacob ? demande l'Eternel. Or, j'ai aimé
Jacob, 3 et j'ai écarté Esaü[b] : j'ai fait de ses montagnes un
pays désolé, et j'ai livré son patrimoine aux chacals du
désert. 4 Edom peut bien dire : « Nous avons été démolis,
mais nous rebâtirons ce qui n'est plus que ruines. » Mais le
Seigneur des armées célestes déclare : Eux, ils rebâtiront,
moi, je démolirai. On appellera leur pays : « le territoire
de la méchanceté, le peuple contre qui, toujours, l'Eternel
sera en colère ». 5 Et vous le verrez de vos yeux, et vous
direz : « L'Eternel est très grand, même au-delà du territoire d'Israël. »

L'honneur dû à l'Eternel

6 Le Seigneur des armées célestes s'adresse à vous les
prêtres, vous qui me méprisez : Un fils honore un père, un
serviteur son maître. Si je suis votre père, où donc sont
les honneurs qui me sont dus ? Si je suis votre maître, où
est la crainte qui m'est due ? Et puis vous demandez : « En
quoi t'avons-nous méprisé ? » 7 Vous apportez sur mon
autel des aliments impurs[c] et puis vous demandez : « En
quoi t'avons-nous profané ? » C'est en disant : « La table
de l'Eternel est chose méprisable. » 8 Quand, pour le sacrifice, vous venez présenter un animal aveugle, n'y a-t-il
rien de mal ? Et quand vous présentez une bête éclopée
ou malade, n'y a-t-il rien de mal ? Offrez-le donc à votre
gouverneur ! Sera-t-il content de vous ? Ou vous fera-t-il
bon accueil ? dit l'Eternel, le Seigneur des armées célestes.
9 Ensuite, après avoir agi ainsi, vous venez supplier Dieu
d'avoir pitié de vous ! Vous fera-t-il bon accueil ? demande
le Seigneur des armées célestes. 10 Qui enfin, parmi vous,
se décidera à fermer les portes de mon temple, pour que
vous n'allumiez plus inutilement le feu sur mon autel ? Je
n'ai aucun plaisir en vous, dit l'Eternel, le Seigneur des
armées célestes. Je n'agrée pas l'offrande de vos mains.
11 Car, du soleil levant jusqu'au soleil couchant, ma
renommée sera très grande au milieu des peuples non
israélites, et partout, en tout lieu, de l'encens me sera offert et des offrandes pures. Car, parmi ces peuples, ma
renommée sera très grande, dit l'Eternel, le Seigneur des
armées célestes[d].
12 Mais vous, vous me profanez lorsque vous dites : « La
table du Seigneur est impure, et ce qu'elle nous rapporte
en aliments est vraiment méprisable. » 13 « Quel fardeau ! »,

[a] **1.1** *Malachie:* voir l'introduction.
[b] **1.3** Cité en Rm 9.13.
[c] **1.7** Parce que non conformes aux règles de la Loi (voir v. 8 ; Lv 22.17-30 ; Dt 15.21).
[d] **1.11** Autre traduction : *Car, du soleil levant jusqu'au soleil couchant, ma renommée est très grande au milieu des nations, et partout, en tout lieu, de l'encens m'est offert et des offrandes pures. Car, parmi les nations, ma renommée est très grande, dit l'Eternel, le Seigneur des armées célestes.*

'What a burden!' and you sniff at it contemptuously," says the LORD Almighty.

"When you bring injured, lame or diseased animals and offer them as sacrifices, should I accept them from your hands?" says the LORD. 14"Cursed is the cheat who has an acceptable male in his flock and vows to give it, but then sacrifices a blemished animal to the Lord. For I am a great king," says the LORD Almighty, "and my name is to be feared among the nations.

Additional Warning to the Priests

2 1"And now, you priests, this warning is for you. 2If you do not listen, and if you do not resolve to honor my name," says the LORD Almighty, "I will send a curse on you, and I will curse your blessings. Yes, I have already cursed them, because you have not resolved to honor me.

3"Because of you I will rebuke your descendants[b]; I will smear on your faces the dung from your festival sacrifices, and you will be carried off with it. 4And you will know that I have sent you this warning so that my covenant with Levi may continue," says the LORD Almighty. 5"My covenant was with him, a covenant of life and peace, and I gave them to him; this called for reverence and he revered me and stood in awe of my name. 6True instruction was in his mouth and nothing false was found on his lips. He walked with me in peace and uprightness, and turned many from sin.

7"For the lips of a priest ought to preserve knowledge, because he is the messenger of the LORD Almighty and people seek instruction from his mouth. 8But you have turned from the way and by your teaching have caused many to stumble; you have violated the covenant with Levi," says the LORD Almighty. 9"So I have caused you to be despised and humiliated before all the people, because you have not followed my ways but have shown partiality in matters of the law."

Breaking Covenant Through Divorce

10Do we not all have one Father[c]? Did not one God create us? Why do we profane the covenant of our ancestors by being unfaithful to one another?

11Judah has been unfaithful. A detestable thing has been committed in Israel and in Jerusalem: Judah has

[b] **2:3** Or *will blight your grain*
[c] **2:10** Or *father*

dites-vous, et vous me dédaignez, déclare l'Eternel, l Seigneur des armées célestes. Vous apportez ici des bête dérobées, boiteuses ou malades ; ce sont là vos offrande Croyez-vous que je vais les agréer de votre part ? demand l'Eternel.

14Maudit soit le tricheur qui a dans son troupeau u mâle, qui s'engage par un vœu, puis qui offre au Seigneu une bête tarée. Car je suis un grand Roi, déclare l'Ete nel, le Seigneur des armées célestes, et les peuples no israélites me craindront.

L'avertissement aux prêtres

2 1Maintenant, c'est à vous, prêtres, que s'adresse ce avertissement. 2Si vous n'écoutez pas, si vous n prenez pas à cœur de m'honorer, dit l'Eternel, le Seigneu des armées célestes, alors j'enverrai la malédiction contr vous. Et vos bénédictions, j'en ferai des malédictions. Ou j'en fais des malédictions car aucun, parmi vous, ne pren à cœur de m'honorer.

3Je vais détruire votre postérité[e] et vous jeter à la fig ure les excréments des bêtes que vous offrez en sacrific lors de vos fêtes, et puis l'on vous emportera au dehors avec eux. 4Et vous reconnaîtrez que je vous ai donné ce avertissement afin que mon alliance avec Lévi subsiste déclare l'Eternel, le Seigneur des armées célestes. 5J'a conclu mon alliance avec lui pour lui accorder la vie e le bien-être. Je les lui ai donnés pour qu'il me révère, et m'a révéré, il tremblait devant moi. 6Sa bouche dispensa un enseignement vrai, et l'on ne trouvait sur ses lèvre aucune fausseté. Il vivait avec moi dans la paix et ave droiture, il a détourné de leurs fautes un grand nombr de gens. 7Car le prêtre doit s'attacher à la connaissance c'est vers lui que l'on vient pour recevoir l'enseignemen Il est un messager du Seigneur des armées célestes. 8Mai vous vous êtes écartés du bon chemin : par votre ensei gnement, vous avez fait tomber beaucoup de gens dans l péché. Oui, vous avez rompu l'alliance conclue avec Lév déclare l'Eternel, le Seigneur des armées célestes. 9Alors de mon côté, je vous ai livrés au mépris et au dédain d tout le peuple, puisque vous, vous ne suivez pas les voie que j'ai prescrites et que vous avez montré de la partialit quand vous donnez vos instructions.

Les mariages mixtes

10Ne sommes-nous pas tous enfants d'un père unique N'avons-nous pas été créés par un seul Dieu ? Commen donc pouvons-nous agir avec traîtrise chacun envers so compatriote et profaner ainsi l'alliance conclue avec no pères ? 11Le peuple de Juda a été infidèle, et l'on a perpétr une abomination en Israël et à Jérusalem : Juda a profan le sanctuaire de l'Eternel, le lieu qu'il affectionne : de

[e] **2.3** Au lieu de *je vais détruire votre postérité*, les versions anciennes ont : *je vous raccourcirai le bras, ce qui, en hébreu, ne suppose qu'une différence minime.*

secrated the sanctuary the LORD loves by marrying
›men who worship a foreign god. 12 As for the man
ıo does this, whoever he may be, may the LORD re-
ove him from the tents of Jacob[d] – even though he
ings an offering to the LORD Almighty.

13 Another thing you do: You flood the LORD's altar
ith tears. You weep and wail because he no longer
oks with favor on your offerings or accepts them
th pleasure from your hands. 14 You ask, "Why?" It
because the LORD is the witness between you and the
fe of your youth. You have been unfaithful to her,
ough she is your partner, the wife of your marriage
venant.
15 Has not the one God made you? You belong to him
body and spirit. And what does the one God seek?
odly offspring.[e] So be on your guard, and do not be
faithful to the wife of your youth.

16 "The man who hates and divorces his wife," says
e LORD, the God of Israel, "does violence to the one
should protect,"[f] says the LORD Almighty.
So be on your guard, and do not be unfaithful.

reaking Covenant Through Injustice

17 You have wearied the LORD with your words.
"How have we wearied him?" you ask.

:12 Or [12] *May the LORD remove from the tents of Jacob anyone who gives stimony in behalf of the man who does this*
:15 The meaning of the Hebrew for the first part of this verse is ıcertain.
:16 Or *"I hate divorce," says the LORD, the God of Israel, "because the an who divorces his wife covers his garment with violence,"*

Judéens ont épousé des étrangères adorant d'autres dieux[f].
12 Que l'Eternel retranche à ceux qui agissent ainsi, enfants
et descendance[g], et tout membre des familles de Jacob[h]
qui serait susceptible de présenter l'offrande à l'Eternel,
le Seigneur des armées célestes.

Les divorces

13 Voici une autre faute que vous avez commise : vous
inondez de larmes l'autel de l'Eternel, vous le couvrez de
pleurs et de gémissements, parce que l'Eternel ne fait plus
aucun cas de toutes vos offrandes et qu'il n'agrée plus de
recevoir de vous ce que vous présentez[i]. 14 Vous demandez :
Pourquoi en est-il ainsi ?

Parce que l'Eternel a été le témoin[j] entre chacun de
vous et la femme que vous avez épousée lorsque vous étiez
jeunes[k] et que vous avez trahie. Elle était pourtant ta compagne, avec qui tu avais conclu une alliance. 15 Un homme
en qui subsiste un reste de bon sens ne ferait pas cela !

Mais vous me répliquez : Alors qu'a fait cet homme-là
– Abraham – dont nous avons l'exemple ?

Eh bien, il cherchait une descendance qui lui vienne de
Dieu[l]. Restez donc dans votre bon sens, et ne trahissez pas
la femme de votre jeunesse.

16 Car renvoyer sa femme par haine, déclare l'Eternel,
Dieu d'Israël, c'est comme maculer de sang son propre
vêtement[m] en commettant un acte de violence, déclare
l'Eternel, le Seigneur des armées célestes.

Restez donc dans votre bon sens et n'agissez pas en
traîtres !

Dieu fera justice

17 Vous lassez l'Eternel par vos discours, et puis vous
demandez : En quoi te lassons-nous ?

f **2.11** Ces mariages étaient interdits par la Loi (Ex 34.15-16 ; Dt 7.3-4 ; 1 R 11.1-6 ; Jos 23.12-13). Esdras et Néhémie ont tous deux eu à faire face à ce problème (Esd 9.1-2 ; Né 13.23-29).

g **2.12** L'hébreu dit, littéralement : *veilleur et répondant*, expression qui a reçu de nombreuses interprétations. On y a vu une allusion au nouveau-né qui s'éveille et à l'enfant qui répond, ou au fils et au petit-fils, ou à la sentinelle et au soldat qui lui répond, ou à la vie des nomades qui veillent et se répondent la nuit autour des tentes, ou au disciple et au maître. En modifiant légèrement le premier terme, on a traduit *témoin et répondant* en y voyant l'idée d'un soutien juridique. Pour d'autres, l'expression évoquerait la totalité. L'idée d'une privation de descendance est celle qui semble correspondre le mieux au contexte.

h **2.12** C'est-à-dire des familles israélites, qui descendent de Jacob.

i **2.13** Pour les v. 13-16, voir Mt 5.31-32 ; 19.3-9.

j **2.14** Le mariage est une alliance (voir Pr 2.17 ; Ez 16.8) et les alliances sont conclues devant témoins (cf. Dt 30.19 où Dieu prend les cieux et la terre à témoin ; 1 S 20.23 ; Es 8.1-2).

k **2.14** Littéralement : *la femme de ta jeunesse*, c'est-à-dire celle que tu as aimée et épousée quand tu étais jeune.

l **2.15** Traduction difficile. Le nom *Abraham* n'est pas dans l'hébreu qui est obscur, mais le passage semble faire allusion à Abraham qui a renvoyé Agar et l'enfant qu'il avait eu d'elle (Gn 16). Autre traduction : *Un homme en qui subsiste un reste de bon sens ne ferait pas cela ! Car que recherche un tel homme ? Une postérité conforme à la volonté de Dieu*. Les traductions suivantes ont aussi été proposées pour ce verset mais paraissent moins plausibles : *même cet homme unique (Abraham) n'a pas agi ainsi, bien qu'il ne restait en lui qu'un souffle de vie. Et pourtant que cherchait-il ? Une postérité qui lui vienne de Dieu*. Ou, en modifiant légèrement le texte hébreu : *un homme en qui subsiste un brin de bon sens ne ferait pas une chose pareille. Ou alors que chercherait-il ? Une postérité accordée par Dieu ?* Ou encore, en adoptant une autre petite modification : *Dieu n'a-t-il pas fait un seul être, chair possédant souffle de vie ? Et que cherche cet être unique ? Une postérité de Dieu* (voir Gn 2.7, 24).

m **2.16** Autre traduction : *Car je hais la répudiation, déclare l'Eternel, Dieu d'Israël, et celui qui couvre de violence son propre vêtement…*

By saying, "All who do evil are good in the eyes of the LORD, and he is pleased with them" or "Where is the God of justice?"

3 [1]"I will send my messenger, who will prepare the way before me. Then suddenly the Lord you are seeking will come to his temple; the messenger of the covenant, whom you desire, will come," says the LORD Almighty.

[2]But who can endure the day of his coming? Who can stand when he appears? For he will be like a refiner's fire or a launderer's soap. [3]He will sit as a refiner and purifier of silver; he will purify the Levites and refine them like gold and silver. Then the LORD will have men who will bring offerings in righteousness, [4]and the offerings of Judah and Jerusalem will be acceptable to the LORD, as in days gone by, as in former years.

[5]"So I will come to put you on trial. I will be quick to testify against sorcerers, adulterers and perjurers, against those who defraud laborers of their wages, who oppress the widows and the fatherless, and deprive the foreigners among you of justice, but do not fear me," says the LORD Almighty.

Breaking Covenant by Withholding Tithes

[6]"I the LORD do not change. So you, the descendants of Jacob, are not destroyed. [7]Ever since the time of your ancestors you have turned away from my decrees and have not kept them. Return to me, and I will return to you," says the LORD Almighty.

"But you ask, 'How are we to return?'

[8]"Will a mere mortal rob God? Yet you rob me.

"But you ask, 'How are we robbing you?'

"In tithes and offerings. [9]You are under a curse – your whole nation – because you are robbing me. [10]Bring the whole tithe into the storehouse, that there may be food in my house. Test me in this," says the LORD Almighty, "and see if I will not throw open the floodgates of heaven and pour out so much blessing that there will not be room enough to store it. [11]I will prevent pests from devouring your crops, and the vines in your fields will not drop their fruit before it is ripe," says the LORD Almighty. [12]"Then all the nations will call you blessed, for yours will be a delightful land," says the LORD Almighty.

Israel Speaks Arrogantly Against God

[13]"You have spoken arrogantly against me," says the LORD.

"Yet you ask, 'What have we said against you?'

[14]"You have said, 'It is futile to serve God. What do we gain by carrying out his requirements and going

C'est parce que vous dites : Quiconque fait le mal e bien vu de l'Eternel. Il a plaisir à ces gens-là.

Ou bien encore : Où est le Dieu de la justice ?

3 [1]Eh bien je vais envoyer mon messager pour qu aplanisse la route devant moi. Et, soudain, il viend pour entrer dans son temple, le Seigneur que vous atte dez ; c'est l'ange de l'alliance, appelé de vos vœux. Le voi il arrive, déclare l'Eternel, le Seigneur des armées célest

[2]Mais qui supportera le jour de sa venue ? Ou qui tie dra quand il apparaîtra ? Car il sera semblable au brasi du fondeur, au savon des blanchisseurs. [3]Il siégera po fondre et épurer l'argent ; oui, les descendants de Lévi, les purifiera, il les affinera comme l'or et l'argent, et i seront alors, pour l'Eternel, des hommes qui lui prése teront l'offrande dans les règles. [4]L'offrande de Juda et Jérusalem plaira à l'Eternel, comme aux jours d'autrefo aux années de jadis.

[5]Et je viendrai à vous en vue du jugement, et je n hâterai d'être un témoin à charge contre les magicier contre les adultères, et contre les parjures, contre ceux q privent l'ouvrier de son gain, contre ceux qui opprime la veuve et l'orphelin, et contre ceux qui violent le droit l'immigré, ceux qui ne me craignent pas, déclare l'Etern le Seigneur des armées célestes.

L'appel à la conversion

[6]Moi, je suis l'Eternel et je n'ai pas changé. A cause cela, descendants de Jacob, vous n'avez pas encore été e terminés[n]. [7]Depuis le temps de vos ancêtres, vous vo détournez de mes lois et vous n'y obéissez pas. Reven donc à moi, et moi, je reviendrai à vous, déclare l'Etern le Seigneur des armées célestes. Et vous dites : « En qu devons-nous revenir ? » [8]Un homme peut-il voler Dieu Pourtant, vous me volez, et puis vous demandez : « En qu t'avons-nous donc volé ? » Vous me volez sur les dîmes sur les offrandes ! [9]Vous êtes sous le coup d'une malédi tion parce que tout ce peuple, vous tous, vous me volez

[10]Apportez donc vos dîmes[o] dans leur totalité au trés du Temple pour qu'il y ait des vivres dans ma demeure ! I cette façon-là, mettez-moi à l'épreuve, déclare l'Eternel, Seigneur des armées célestes : alors vous verrez bien si, mon côté, je n'ouvre pas pour vous les écluses des cieu et ne vous comble pas avec surabondance de ma bénédi tion. [11]Pour vous, je réprimerai l'insecte qui dévore[p]. ne détruira plus les produits de vos terres, et vos vigne dans vos campagnes, ne manqueront plus de donner leu fruits, déclare l'Eternel, le Seigneur des armées céleste [12]Et tous les autres peuples vous diront bienheureux, c vous serez alors un pays de délices, déclare l'Eternel, Seigneur des armées célestes.

La fidélité récompensée

[13]Vos propos contre moi sont durs, dit l'Eternel, et vou vous demandez : « Quels propos avons-nous proférés co tre toi ? » [14]Eh bien, vous avez dit : « Il est bien inutile d servir Dieu, et qu'avons-nous gagné en lui obéissant et e

[n] **3.6** *A cause de cela ... exterminés.* Autre traduction : *et vous, vous ne cessez pas non plus d'être des fils de Jacob.* Il y aurait là une allusion au jeu sur le nom Jacob qui fait assonance avec le verbe *tromper, supplanter* (voir Gn 27.36).

[o] **3.10** Dix pour cent du revenu, part réservée à Dieu et affectée, entre autres, à l'entretien des prêtres (voir Lv 27.30-32 ; Nb 18.21-29 ; Dt 14.24-27 ; 28.8-12 ; Né 10.38).

[p] **3.11** C'est-à-dire les sauterelles et les criquets (voir Jl 1.4-7).

out like mourners before the LORD Almighty? 15But
ow we call the arrogant blessed. Certainly evildoers
osper, and even when they put God to the test, they
t away with it.' "

ıe Faithful Remnant

16Then those who feared the LORD talked with each
her, and the LORD listened and heard. A scroll of re-
embrance was written in his presence concerning
ose who feared the LORD and honored his name.

17"On the day when I act," says the LORD Almighty,
hey will be my treasured possession. I will spare
em, just as a father has compassion and spares his
n who serves him. 18And you will again see the
stinction between the righteous and the wicked,
tween those who serve God and those who do not.

ıdgment and Covenant Renewal

4 1[a]"Surely the day is coming; it will burn like a
furnace. All the arrogant and every evildoer
ill be stubble, and the day that is coming will set
em on fire," says the LORD Almighty. "Not a root or
branch will be left to them. 2But for you who re-
re my name, the sun of righteousness will rise with
ealing in its rays. And you will go out and frolic like
ell-fed calves. 3Then you will trample on the wicked;
ey will be ashes under the soles of your feet on the
ay when I act," says the LORD Almighty.
4"Remember the law of my servant Moses, the de-
rees and laws I gave him at Horeb for all Israel.
5"See, I will send the prophet Elijah to you before
at great and dreadful day of the LORD comes. 6He will
rn the hearts of the parents to their children, and
e hearts of the children to their parents; or else I
ill come and strike the land with total destruction."

In Hebrew texts 4:1-6 is numbered 3:19-24.

menant le deuil[q] devant le Seigneur des armées célestes ?
15C'est pourquoi, maintenant, nous estimons heureux les
arrogants, car ceux qui font le mal prospèrent : tout en
mettant Dieu au défi ils s'en sortent indemnes. »

16Mais ceux qui craignent l'Eternel se sont entretenus
les uns avec les autres, et l'Eternel a prêté attention à ce
qu'ils se sont dit. Il les a entendus, alors on a écrit un livre
devant lui pour que soit conservé le souvenir de ceux qui
craignent l'Eternel et qui l'honorent.
17Au jour où j'agirai, déclare l'Eternel, le Seigneur des
armées célestes, ces gens m'appartiendront et me seront
précieux. J'aurai compassion d'eux tout comme un père a
de la compassion pour un fils qui le sert. 18Alors à nouveau
vous verrez qu'il y a une différence entre les justes et les
méchants, et entre celui qui sert Dieu et celui qui ne le sert
pas. 19Car voici : le jour vient, ardent comme un brasier, où
tous les arrogants et ceux qui font le mal seront comme du
chaume. Ce jour-là, ils seront consumés par le feu, déclare
l'Eternel, le Seigneur des armées célestes. Et il n'en restera
ni rameaux ni racines.
20Mais pour vous, cependant, vous qui me craignez, pour
vous se lèvera le soleil de justice[r], qui portera la guérison
dans ses rayons. Alors vous sortirez et vous gambaderez
tout comme des veaux à l'engrais. 21Vous piétinerez les
méchants et ils seront comme de la cendre sous la plante de vos pieds[s], au jour où j'agirai, déclare l'Eternel, le
Seigneur des armées célestes.
22Rappelez-vous la Loi de Moïse mon serviteur, à qui
j'ai prescrit au mont Horeb[t] des ordonnances et des lois
pour tout le peuple d'Israël. 23Voici : je vous envoie Elie[u],
le prophète, avant que le jour de l'Eternel arrive, ce jour
grand et terrible. 24Il fera revenir le cœur des pères vers
leurs fils, et celui des fils vers leurs pères, de peur que je vienne pour frapper le pays et me le vouer par destruction[v].

q **3.14** Cérémonies de deuil national et de jeûnes collectifs accompagnés de lamentations. Les Israélites pensaient qu'il suffisait de participer à ces solennités pour que Dieu se montre de nouveau favorable.
r **3.20** Dieu et sa gloire sont comparés au soleil dans Es 60.1, 19. Voir Lc 1.78-79.
s **3.21** Comme les vendangeurs foulaient les raisins (Es 63.2-3).
t **3.22** Autre nom du mont Sinaï (voir Ex 3.1).
u **3.23** Sur *Elie, voir* 1 R 17 à 21. *Jésus a déclaré que cette prophétie s'est réalisée par le ministère de Jean-Baptiste* (Mt 17.10-13 ; Mc 9.11-13).
v **3.24** Cité en Lc 1.17.

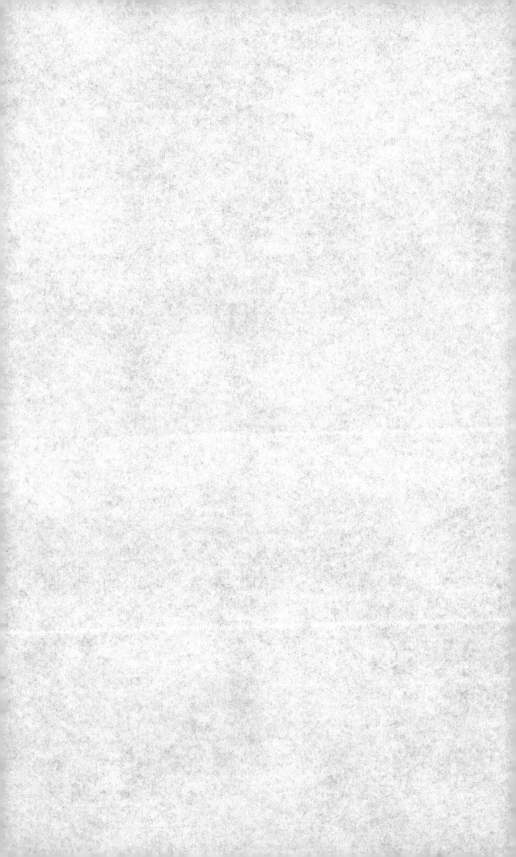

New Testament

Nouveau Testament

Matthew

he Genealogy of Jesus the Messiah

1 This is the genealogy[a] of Jesus the Messiah[b] the
son of David, the son of Abraham:

2 Abraham was the father of Isaac,
Isaac the father of Jacob,
Jacob the father of Judah and his brothers,
3 Judah the father of Perez and Zerah, whose mother
as Tamar,
Perez the father of Hezron,
Hezron the father of Ram,
4 Ram the father of Amminadab,
Amminadab the father of Nahshon,
Nahshon the father of Salmon,
5 Salmon the father of Boaz, whose mother was
ahab,
Boaz the father of Obed, whose mother was Ruth,
Obed the father of Jesse,
6 and Jesse the father of King David.
David was the father of Solomon, whose mother had
en Uriah's wife,
7 Solomon the father of Rehoboam,
Rehoboam the father of Abijah,
Abijah the father of Asa,
8 Asa the father of Jehoshaphat,
Jehoshaphat the father of Jehoram,
Jehoram the father of Uzziah,
9 Uzziah the father of Jotham,
Jotham the father of Ahaz,
Ahaz the father of Hezekiah,
10 Hezekiah the father of Manasseh,
Manasseh the father of Amon,
Amon the father of Josiah,
11 and Josiah the father of Jeconiah[c] and his brothers
the time of the exile to Babylon.
12 After the exile to Babylon:
Jeconiah was the father of Shealtiel,
Shealtiel the father of Zerubbabel,
13 Zerubbabel the father of Abihud,
Abihud the father of Eliakim,
Eliakim the father of Azor,
14 Azor the father of Zadok,
Zadok the father of Akim,
Akim the father of Elihud,
15 Elihud the father of Eleazar,
Eleazar the father of Matthan,
Matthan the father of Jacob,
16 and Jacob the father of Joseph, the husband of
ary, and Mary was the mother of Jesus who is called
e Messiah.

:1 Or *is an account of the origin*
:1 Or *Jesus Christ.Messiah* (Hebrew) and *Christ* (Greek) both mean
ointed One; also in verse 18.
:11 That is, Jehoiachin; also in verse 12

Evangile selon Matthieu

Naissance et enfance de Jésus

La généalogie de Jésus

(Lc 3.23-38)

1 1 Voici la généalogie de Jésus-Christ, de la descendance de David et d'Abraham.
2 Abraham eut pour descendant Isaac. Isaac eut pour
descendant Jacob. Jacob eut pour descendant Juda et ses
frères. 3 De Thamar, Juda eut pour descendant Pérets
et Zérah. Pérets eut pour descendant Hetsrôn. Hetsrôn
eut pour descendant Aram. 4 Aram eut pour descendant
Amminadab. Amminadab eut pour descendant Nahshôn,
Nahshôn eut pour descendant Salma. 5 De Rahab, Salma
eut pour descendant Booz. De Ruth, Booz eut pour descendant Obed. 6 Obed eut pour descendant Isaï. Isaï eut pour
descendant le roi David.

De la femme d'Urie, David eut pour descendant Salomon.
7 Salomon eut pour descendant Roboam. Roboam eut pour
descendant Abiya. Abiya eut pour descendant Asa. 8 Asa
eut pour descendant Josaphat. Josaphat eut pour descendant Yoram. Yoram eut pour descendant Ozias. 9 Ozias
eut pour descendant Yotam. Yotam eut pour descendant
Ahaz. Ahaz eut pour descendant Ezéchias. 10 Ezéchias eut
pour descendant Manassé. Manassé eut pour descendant
Amôn. Amôn eut pour descendant Josias. 11 A l'époque
de la déportation à Babylone, Josias eut pour descendant
Yekonia et ses frères.

12 Après la déportation à Babylone, Yekonia eut pour
descendant Shealtiel. Shealtiel eut pour descendant
Zorobabel. 13 Zorobabel eut pour descendant Abioud.
Abioud eut pour descendant Eliaqim. Eliaqim eut pour
descendant Azor. 14 Azor eut pour descendant Sadoq. Sadoq
eut pour descendant Ahim. Ahim eut pour descendant
Elioud. 15 Elioud eut pour descendant Eléazar. Eléazar eut
pour descendant Matthan. Matthan eut pour descendant
Jacob. 16 Jacob eut pour descendant Joseph, l'époux de
Marie, de laquelle est né Jésus, appelé Christ.

17 Thus there were fourteen generations in all from Abraham to David, fourteen from David to the exile to Babylon, and fourteen from the exile to the Messiah.

Joseph Accepts Jesus as His Son

18 This is how the birth of Jesus the Messiah came about[d]: His mother Mary was pledged to be married to Joseph, but before they came together, she was found to be pregnant through the Holy Spirit. 19 Because Joseph her husband was faithful to the law, and yet[e] did not want to expose her to public disgrace, he had in mind to divorce her quietly.

20 But after he had considered this, an angel of the Lord appeared to him in a dream and said, "Joseph son of David, do not be afraid to take Mary home as your wife, because what is conceived in her is from the Holy Spirit. 21 She will give birth to a son, and you are to give him the name Jesus,[f] because he will save his people from their sins."

22 All this took place to fulfill what the Lord had said through the prophet: 23 "The virgin will conceive and give birth to a son, and they will call him Immanuel" (which means "God with us").

24 When Joseph woke up, he did what the angel of the Lord had commanded him and took Mary home as his wife. 25 But he did not consummate their marriage until she gave birth to a son. And he gave him the name Jesus.

The Magi Visit the Messiah

2 1 After Jesus was born in Bethlehem in Judea, during the time of King Herod, Magi[g] from the east came to Jerusalem 2 and asked, "Where is the one who has been born king of the Jews? We saw his star when it rose and have come to worship him."

3 When King Herod heard this he was disturbed, and all Jerusalem with him. 4 When he had called together all the people's chief priests and teachers of the law, he asked them where the Messiah was to be born. 5 "In Bethlehem in Judea," they replied, "for this is what the prophet has written:

6 " 'But you, Bethlehem, in the land of Judah,
are by no means least among the rulers of
Judah;
for out of you will come a ruler
who will shepherd my people Israel.' "

7 Then Herod called the Magi secretly and found out from them the exact time the star had appeared.

[d] 1:18 Or *The origin of Jesus the Messiah was like this*
[e] 1:19 Or *was a righteous man and*
[f] 1:21 *Jesus* is the Greek form of *Joshua,* which means *the LORD saves.*
[g] 2:1 Traditionally *wise men*

17 Il y eut donc en tout quatorze générations d'Abrahan David, quatorze de David jusqu'à la déportation à Babylor et quatorze de cette déportation jusqu'à Christ.

L'annonce de la naissance de Jésus

18 Voici dans quelles circonstances Jésus-Christ vint monde : Marie, sa mère, était liée par fiançailles à Josep or elle se trouva enceinte par l'action du Saint-Esprit, ava qu'ils aient vécu ensemble[a]. 19 Joseph, son futur mari, éta un homme juste. Il ne voulait pas la livrer au déshonneu C'est pourquoi il se proposa de rompre ses fiançailles sa en ébruiter la raison.

20 Il réfléchissait à ce projet quand un ange du Seigne lui apparut en rêve et lui dit : Joseph, descendant de Dav ne crains pas de prendre Marie pour femme, car l'enfa qu'elle porte vient de l'Esprit Saint. 21 Elle donnera nai sance à un fils, tu l'appelleras Jésus. C'est lui, en effet, q sauvera son peuple de ses péchés[b].

22 Tout cela arriva pour que s'accomplisse cette parc du Seigneur[c] transmise par le prophète :

23 *Voici, la jeune fille vierge sera enceinte.*
Et elle enfantera un fils[d]
que l'on appellera Emmanuel,
ce qui veut dire : *Dieu avec nous*[e].

24 A son réveil, Joseph fit ce que l'ange du Seigneur l avait commandé : il prit sa fiancée pour femme. 25 Mais n'eut pas de relations conjugales avec elle avant qu'el ait mis au monde un fils, auquel il donna le nom de Jésu

La visite des mages

2 1 Jésus était né à Bethléhem[f] en Judée, sous le règ du roi Hérode[g]. Or, des mages[h] venant de l'Orient a rivèrent à Jérusalem. 2 Ils demandaient : Où est le roi d Juifs qui vient de naître ? Nous avons vu se lever son étoi et nous sommes venus lui rendre hommage[i].

3 Quand le roi Hérode apprit la nouvelle, il en fut pr fondément troublé, et tout Jérusalem avec lui. 4 Il convoq tous les chefs des prêtres et les spécialistes de la Loi q comptait son peuple et il leur demanda où devait naît le Messie.

5 – A Bethléhem en Judée, lui répondirent-ils, car voi ce que le prophète a écrit :

6 *Et toi, Bethléhem, village de Juda,*
tu n'es certes pas le plus insignifiant
des chefs-lieux de Juda,
car c'est de toi que sortira le chef
qui, comme un berger, conduira Israël mon peuple.

7 Là-dessus, Hérode fit appeler secrètement les mages se fit préciser à quel moment l'étoile leur était apparu

[a] 1.18 En Israël, les fiancés étaient juridiquement mariés mais n'avaier pas encore de vie commune.
[b] 1.21 Jésus signifie : *l'Eternel sauve.*
[c] 1.22 Traduction adoptée par l'ancienne version grecque de l'Ancien Testament du nom que nous avons rendu par l'Eternel dans l'Ancien Testament.
[d] 1.23 Es 7.14 cité selon l'ancienne version grecque.
[e] 1.23 Es 8.8, 10 cité selon l'ancienne version grecque.
[f] 2.1 Bethléhem était le lieu d'origine du roi David.
[g] 2.1 Hérode le Grand est mort en 4 avant Jésus. La naissance de Jésus a eu lieu quelque temps auparavant, sans doute en 7 ou 6 avant notre èr
[h] 2.1 Les mages étaient des sages (ou savants) de l'Orient qui s'occupaient, entre autres, d'astronomie.
[i] 2.2 Autre traduction : *l'adorer,* de même qu'aux v. 8 et 11.

ıe sent them to Bethlehem and said, "Go and search
refully for the child. As soon as you find him, report
me, so that I too may go and worship him."

9 After they had heard the king, they went on their
ay, and the star they had seen when it rose went
ıead of them until it stopped over the place where
e child was. 10 When they saw the star, they were
'erjoyed. 11 On coming to the house, they saw the
ıild with his mother Mary, and they bowed down
ıd worshiped him. Then they opened their treasures
ıd presented him with gifts of gold, frankincense
ıd myrrh. 12 And having been warned in a dream not
go back to Herod, they returned to their country
another route.

ıe Escape to Egypt

13 When they had gone, an angel of the Lord ap-
ɪared to Joseph in a dream. "Get up," he said, "take
e child and his mother and escape to Egypt. Stay
ere until I tell you, for Herod is going to search for
e child to kill him."
14 So he got up, took the child and his mother during
e night and left for Egypt, 15 where he stayed until
e death of Herod. And so was fulfilled what the Lord
ıd said through the prophet: "Out of Egypt I called
y son."
16 When Herod realized that he had been outwitted
the Magi, he was furious, and he gave orders to kill
the boys in Bethlehem and its vicinity who were
o years old and under, in accordance with the time
had learned from the Magi. 17 Then what was said
rough the prophet Jeremiah was fulfilled:

18 "A voice is heard in Ramah,
weeping and great mourning,
Rachel weeping for her children
and refusing to be comforted,
because they are no more."

ıe Return to Nazareth

19 After Herod died, an angel of the Lord appeared
a dream to Joseph in Egypt 20 and said, "Get up,
ke the child and his mother and go to the land of
rael, for those who were trying to take the child's
e are dead."
21 So he got up, took the child and his mother and
ent to the land of Israel. 22 But when he heard that
rchelaus was reigning in Judea in place of his father
erod, he was afraid to go there. Having been warned
a dream, he withdrew to the district of Galilee,
and he went and lived in a town called Nazareth.
was fulfilled what was said through the prophets,
ıat he would be called a Nazarene.

8 Puis il les envoya à Bethléhem en disant : Allez là-bas
et renseignez-vous avec précision sur cet enfant ; puis,
quand vous l'aurez trouvé, venez me le faire savoir, pour
que j'aille, moi aussi, lui rendre hommage.
9 Quand le roi leur eut donné ces instructions, les mages
se mirent en route. Et voici : l'étoile qu'ils avaient vue se
lever[j] les précédait. Elle parvint au-dessus de l'endroit où
se trouvait le petit enfant. Et là, elle s'arrêta. 10 En revoyant
l'étoile, les mages furent remplis de joie. 11 Ils entrèrent
dans la maison, virent l'enfant avec Marie, sa mère et,
tombant à genoux, ils lui rendirent hommage. Puis ils ouvrirent leurs coffrets et lui offrirent en cadeau de l'or, de
l'encens et de la myrrhe.
12 Cependant, Dieu les avertit par un rêve de ne pas retourner auprès d'Hérode. Ils regagnèrent donc leur pays
par un autre chemin.

La fuite en Egypte

13 Après leur départ, un ange du Seigneur apparut à
Joseph dans un rêve et lui dit : Lève-toi, emmène l'enfant
et sa mère, et fuis en Egypte. Tu y resteras jusqu'à ce que
je te dise de revenir, car Hérode fera rechercher l'enfant
pour le tuer.
14 Joseph se leva donc, emmena l'enfant et sa mère, de
nuit, pour se réfugier en Egypte. 15 Il y resta jusqu'à la
mort d'Hérode. Ainsi s'accomplit ce que le Seigneur avait
dit par le prophète : *J'ai appelé mon fils à sortir de l'Egypte.*
16 Quand Hérode s'aperçut que les mages s'étaient moqués de lui, il devint furieux : il donna l'ordre de tuer à
Bethléhem et dans les environs tous les enfants de moins
de deux ans, conformément aux précisions que lui avaient
données les mages sur l'époque où l'étoile était apparue.
17 Ainsi s'accomplit la parole transmise par Jérémie, le
prophète :
18 *On entend à Rama une voix qui gémit*
et d'abondants sanglots amers :
Rachel pleure ses enfants
et elle ne veut pas se laisser consoler
car ils ne sont plus.

Retour au pays

19 Après la mort d'Hérode, un ange du Seigneur apparut
en rêve à Joseph, en Egypte, 20 et lui dit : Lève-toi, emmène
l'enfant et sa mère et retourne avec eux dans le pays d'Israël, car ceux qui voulaient tuer l'enfant sont morts.
21 Joseph se leva donc, emmena l'enfant et sa mère et
retourna dans le pays d'Israël. 22 Mais il apprit qu'Archélaüs
était devenu roi de Judée à la place de son père Hérode. Il
eut donc peur de s'y installer, et, averti par Dieu dans un
rêve, il se retira dans la province de Galilée, 23 où il s'établit
dans une ville appelée Nazareth. Ainsi s'accomplit cette
parole des prophètes : *On l'appellera le Nazaréen*[k].

j **2.9** Autre traduction : *en Orient.*
k **2.23** *Nazaréen:* c'est-à-dire de Nazareth. Les premiers chrétiens furent aussi appelés ainsi (voir Ac 24.5).

John the Baptist Prepares the Way

3 1 In those days John the Baptist came, preaching in the wilderness of Judea 2 and saying, "Repent, for the kingdom of heaven has come near." 3 This is he who was spoken of through the prophet Isaiah:

"A voice of one calling in the wilderness,
'Prepare the way for the Lord,
make straight paths for him.' "

4 John's clothes were made of camel's hair, and he had a leather belt around his waist. His food was locusts and wild honey. 5 People went out to him from Jerusalem and all Judea and the whole region of the Jordan. 6 Confessing their sins, they were baptized by him in the Jordan River.

7 But when he saw many of the Pharisees and Sadducees coming to where he was baptizing, he said to them: "You brood of vipers! Who warned you to flee from the coming wrath? 8 Produce fruit in keeping with repentance. 9 And do not think you can say to yourselves, 'We have Abraham as our father.' I tell you that out of these stones God can raise up children for Abraham. 10 The ax is already at the root of the trees, and every tree that does not produce good fruit will be cut down and thrown into the fire.

11 "I baptize you with[h] water for repentance. But after me comes one who is more powerful than I, whose sandals I am not worthy to carry. He will baptize you with[i] the Holy Spirit and fire. 12 His winnowing fork is in his hand, and he will clear his threshing floor, gathering his wheat into the barn and burning up the chaff with unquenchable fire."

The Baptism of Jesus

13 Then Jesus came from Galilee to the Jordan to be baptized by John. 14 But John tried to deter him, saying, "I need to be baptized by you, and do you come to me?"

15 Jesus replied, "Let it be so now; it is proper for us to do this to fulfill all righteousness." Then John consented.

h **3:11** Or *in*
i **3:11** Or *in*

L'Évangile du royaume

Jean-Baptiste, messager de Dieu

(Mc 1.2-6 ; Lc 3.1-6 ; Jn 1.19-23)

3 1 En ce temps-là, parut Jean-Baptiste. Il se mit à prêc
er dans le désert de Judée[l]. 2 Il disait : Changez[m], c
le royaume[n] des cieux est proche.

3 C'est Jean que le prophète Esaïe a annoncé lorsqu
a dit :

On entend la voix de quelqu'un qui crie dans le désert :
Préparez le chemin pour le Seigneur,
faites-lui des sentiers droits[o].

4 Jean portait un vêtement de poils de chameau mai
tenu autour de la taille par une ceinture de cuir. Il
nourrissait de sauterelles et de miel sauvage. 5 On vena
à lui de Jérusalem, de la Judée entière et de toutes les co
trées riveraines du Jourdain. 6 Tous se faisaient baptis
par lui dans le Jourdain, en reconnaissant publiqueme
leurs péchés.

(Lc 3.7-9)

7 Beaucoup de pharisiens et de sadducéens venaie
se faire baptiser par lui. Il leur dit : Espèces de vipère
Qui vous a enseigné à fuir la colère de Dieu qui va
manifester ? 8 Produisez plutôt pour fruits des actes q
montrent que vous avez changé. 9 Ne vous imaginez p
qu'il vous suffit de répéter en vous-mêmes : « Nous somm
les descendants d'Abraham ! » Car, regardez ces pierres :
vous déclare que Dieu peut en faire des enfants d'Abraha
10 La hache est déjà sur le point d'attaquer les arbres
la racine. Tout arbre qui ne produit pas de bon fruit se
coupé et jeté au feu.

(Mc 1.7-8 ; Lc 3.15-18 ; voir Jn 1.24-28)

11 Moi, je vous baptise dans l'eau, en signe d'un profon
changement. Mais quelqu'un vient après moi : il est bie
plus puissant que moi et je ne suis même pas digne de l
enlever les sandales. C'est lui qui vous baptisera dans
Saint-Esprit et le feu. 12 Il tient en main sa pelle à vanne
Il va nettoyer son aire de battage et amasser le blé da
son grenier. Quant à la bale, il la brûlera dans un feu q
ne s'éteindra pas.

Le baptême de Jésus

(Mc 1.9-11 ; Lc 3.21-22 ; voir Jn 1.29-34)

13 C'est à cette époque que parut Jésus. Il se rendit
la Galilée au Jourdain, auprès de Jean, pour être bapti
par lui. 14 Mais Jean essaya de l'en dissuader. Il lui disai
C'est moi qui ai besoin d'être baptisé par toi, et c'est t
qui viens à moi !

15 Jésus lui répondit : Accepte, pour le moment, qu'il e
soit ainsi ! Car c'est de cette manière qu'il nous convie
d'accomplir tout ce que Dieu considère comme juste.

Là-dessus, Jean accepta de le baptiser.

l **3.1** *désert de Judée:* région aride et presque inhabitée située entre Jérusalem et le cours inférieur du Jourdain ou la mer Morte.
m **3.2** Autres traductions : *repentez-vous* ou *changez d'attitude* ou *changez comportement.*
n **3.2** D'autres comprennent : *le règne.*
o **3.3** Es 40.3 cité selon l'ancienne version grecque.
p **3.12** *pelle à vanner:* instrument servant à lancer le blé en l'air pour que le vent emporte la bale (la paille) qui enveloppe le grain. D'autres y voient une pelle servant à nettoyer l'aire de battage après le vannage.

16 As soon as Jesus was baptized, he went up out of
ie water. At that moment heaven was opened, and
: saw the Spirit of God descending like a dove and
ighting on him. 17 And a voice from heaven said,
'his is my Son, whom I love; with him I am well
eased."

sus Is Tested in the Wilderness

4 1 Then Jesus was led by the Spirit into the wilderness to be tempted[j] by the devil. 2 After fasting
rty days and forty nights, he was hungry. 3 The
mpter came to him and said, "If you are the Son of
od, tell these stones to become bread."
4 Jesus answered, "It is written: 'Man shall not live
1 bread alone, but on every word that comes from
ie mouth of God.'"
5 Then the devil took him to the holy city and had
m stand on the highest point of the temple. 6 "If you
e the Son of God," he said, "throw yourself down.
r it is written:
"'He will command his angels concerning you,
and they will lift you up in their hands,
so that you will not strike your foot against
a stone.'"
7 Jesus answered him, "It is also written: 'Do not put
e Lord your God to the test.'"
8 Again, the devil took him to a very high mountain
ıd showed him all the kingdoms of the world and
eir splendor. 9 "All this I will give you," he said, "if
u will bow down and worship me."
10 Jesus said to him, "Away from me, Satan! For it is
ritten: 'Worship the Lord your God, and serve him
ıly.'"
11 Then the devil left him, and angels came and at-
nded him.

sus Begins to Preach

12 When Jesus heard that John had been put in pris-
1, he withdrew to Galilee. 13 Leaving Nazareth, he
ent and lived in Capernaum, which was by the lake
the area of Zebulun and Naphtali – 14 to fulfill what
as said through the prophet Isaiah:
15 "Land of Zebulun and land of Naphtali,
the Way of the Sea, beyond the Jordan,
Galilee of the Gentiles –
16 the people living in darkness
have seen a great light;
on those living in the land of the shadow of
death
a light has dawned."
17 From that time on Jesus began to preach, "Repent,
r the kingdom of heaven has come near."

sus Calls His First Disciples

18 As Jesus was walking beside the Sea of Galilee, he
w two brothers, Simon called Peter and his brother

1 The Greek for *tempted* can also mean *tested.*

16 Aussitôt après avoir été baptisé, Jésus sortit de l'eau.
Alors le ciel s'ouvrit pour lui[q] et il vit l'Esprit de Dieu
descendre sous la forme d'une colombe et venir sur lui.
17 Une voix venant du ciel déclara : Celui-ci est mon Fils
bien-aimé, celui qui fait toute ma joie[r].

La tentation de Jésus

(Mc 1.12-13 ; Lc 4.1-13)

4 1 Alors l'Esprit conduisit Jésus dans le désert pour
qu'il y soit tenté par le diable. 2 Après avoir jeûné
pendant quarante jours et quarante nuits, il eut faim. 3 Le
tentateur s'approcha et lui dit : Si tu es le Fils de Dieu,
ordonne que ces pierres se changent en pains.
4 Jésus répondit : Il est écrit :
L'homme ne vivra pas seulement de pain,
mais aussi de toute parole que Dieu prononce.
5 Alors le diable l'emmena dans la cité sainte, le plaça
tout en haut du Temple 6 et lui dit : Si tu es le Fils de Dieu,
jette-toi en bas, car il est écrit :
Il donnera des ordres à ses anges à ton sujet
et *ils te porteront sur leurs mains*
pour que ton pied ne heurte pas de pierre.

7 Jésus lui dit : Il est aussi écrit : *Tu ne forceras pas la main*
au Seigneur, ton Dieu.
8 Le diable l'emmena encore sur une très haute montagne. Là, il lui montra tous les royaumes du monde et leur
magnificence. 9 Puis il lui dit : Tout cela, je te le donnerai
si tu te prosternes devant moi pour m'adorer.
10 Alors Jésus lui dit : Va-t'en, Satan ! Car il est écrit :
Tu adoreras le Seigneur, ton Dieu,
et c'est à lui seul que tu rendras un culte.
11 Là-dessus, le diable le laissa. Et voici que des anges
vinrent et se mirent à le servir.

Jésus à Capernaüm et en Galilée

(Mc 1.14-15 ; Lc 4.14-15)

12 Quand Jésus apprit que Jean avait été emprisonné, il
se retira en Galilée, 13 mais il ne resta pas à Nazareth. Il
alla s'établir à Capernaüm, une ville située au bord du lac,
dans les territoires de Zabulon et de Nephtali. 14 Ainsi s'accomplit cette parole du prophète Esaïe qui avait annoncé :
15 *Ecoute, ô toi, terre de Zabulon et toi, terre de Nephtali,*
contrée voisine de la mer, située au-delà du Jourdain,
ô toi, Galilée des populations étrangères :
16 *Le peuple qui vivait dans les ténèbres*
a vu briller une grande lumière,
et sur ceux qui habitaient dans le pays
sur lequel planait l'ombre de la mort,
une lumière s'est levée.
17 A partir de ce moment, Jésus commença à prêcher
en public en disant : Changez[s], car le royaume[t] des cieux
est proche.

(Mc 1.16-20 ; Lc 5.1-11)

18 Un jour qu'il marchait au bord du lac de Galilée, il vit
deux frères : Simon (qu'on appelle aussi Pierre), et André,

q 3.16 L'expression *pour lui* est absente de plusieurs manuscrits.
r 3.17 Allusion à Es 42.1.
s 4.17 Autres traductions : *repentez-vous* ou *changez d'attitude* ou *changez de comportement.*
t 4.17 Voir note 3.2.

Andrew. They were casting a net into the lake, for they were fishermen. 19“Come, follow me,” Jesus said, “and I will send you out to fish for people.” 20At once they left their nets and followed him.

21Going on from there, he saw two other brothers, James son of Zebedee and his brother John. They were in a boat with their father Zebedee, preparing their nets. Jesus called them, 22and immediately they left the boat and their father and followed him.

Jesus Heals the Sick

23Jesus went throughout Galilee, teaching in their synagogues, proclaiming the good news of the kingdom, and healing every disease and sickness among the people. 24News about him spread all over Syria, and people brought to him all who were ill with various diseases, those suffering severe pain, the demon-possessed, those having seizures, and the paralyzed; and he healed them. 25Large crowds from Galilee, the Decapolis,[k] Jerusalem, Judea and the region across the Jordan followed him.

Introduction to the Sermon on the Mount

5 1Now when Jesus saw the crowds, he went up on a mountainside and sat down. His disciples came to him, 2and he began to teach them.

The Beatitudes

He said:

3 “Blessed are the poor in spirit,
for theirs is the kingdom of heaven.
4 Blessed are those who mourn,
for they will be comforted.
5 Blessed are the meek,
for they will inherit the earth.
6 Blessed are those who hunger and thirst for righteousness,
for they will be filled.
7 Blessed are the merciful,
for they will be shown mercy.
8 Blessed are the pure in heart,
for they will see God.
9 Blessed are the peacemakers,
for they will be called children of God.
10 Blessed are those who are persecuted because of righteousness,
for theirs is the kingdom of heaven.

11“Blessed are you when people insult you, persecute you and falsely say all kinds of evil against you because of me. 12Rejoice and be glad, because great

[k] **4:25** That is, the Ten Cities

son frère, qui lançaient un filet dans le lac, car ils étaie pêcheurs. 19Il leur dit : Suivez-moi et je ferai de vous d pêcheurs d’hommes.

20Ils abandonnèrent aussitôt leurs filets et le suivire

21Poursuivant son chemin, il vit deux autres frère Jacques, fils de Zébédée, et Jean, son frère. Ils étaient da leur bateau avec Zébédée, leur père, et ils réparaient leu filets. Il les appela 22et, aussitôt, ils laissèrent leur batea quittèrent leur père, et le suivirent.

(Mc 3.7-12 ; Lc 6.17-19)

23Jésus parcourait toute la Galilée, il enseignait dans synagogues, proclamait la bonne nouvelle du royaum des cieux et guérissait les gens de toutes maladies et toutes infirmités. 24Bientôt, on entendit parler de lui da toute la Syrie. On lui amena tous ceux qui étaient atteir de diverses maladies et souffraient de divers maux : ce qui étaient sous l’emprise de démons ainsi que des épile tiques[v] et des paralysés, et il les guérit tous. 25Des foul nombreuses se mirent à le suivre ; elles étaient venues la Galilée, de la région des « Dix Villes »[w], de Jérusale de la Judée et du territoire transjordanien.

La loi du royaume

(Mc 3.13 ; Lc 6.12-13, 20)

5 1Jésus, voyant ces foules, monta sur une colline. s’assit, ses disciples se rassemblèrent autour de 2et il se mit à les enseigner. Il leur dit :

Les Béatitudes

(Lc 6.20-26)

3 Heureux ceux qui se reconnaissent spirituellemen pauvres[x],
car le royaume des cieux leur appartient.
4 Heureux ceux qui pleurent,
car Dieu les consolera.
5 Heureux *ceux qui sont doux,*
car Dieu leur donnera la terre en héritage[y].
6 Heureux ceux qui ont faim et soif de justice,
car ils seront rassasiés.

7 Heureux ceux qui témoignent de la bonté,
car Dieu sera bon pour eux.
8 Heureux ceux dont le cœur est pur,
car ils verront Dieu.
9 Heureux ceux qui répandent autour d’eux la paix,
car Dieu les reconnaîtra pour ses fils.
10 Heureux ceux qui sont opprimés pour la justice,
car le royaume des cieux leur appartient.

11Heureux serez-vous quand les hommes vous insu eront et vous persécuteront, lorsqu’ils répandront tout sortes de calomnies sur votre compte à cause de moi. 12Oui, réjouissez-vous alors et soyez heureux, car u magnifique récompense vous attend dans les cieux. C

[u] **4.23** Voir note 3.2.
[v] **4.24** L’épilepsie est une maladie provoquant des convulsions et des évanouissements.
[w] **4.25** La région des « Dix Villes » se trouvait au sud-est du lac de Galil
[x] **5.3** Autres traductions : *pauvres en ce qui concerne l’Esprit* ou *pauvres en qui concerne les choses de l’Esprit.*
[y] **5.5** Ps 37.11. Certains manuscrits inversent l’ordre des versets 4 et 5.

your reward in heaven, for in the same way they
rsecuted the prophets who were before you.

lt and Light

13 “You are the salt of the earth. But if the salt loses
saltiness, how can it be made salty again? It is no
nger good for anything, except to be thrown out
d trampled underfoot.
14 “You are the light of the world. A town built on
nill cannot be hidden. 15 Neither do people light a
mp and put it under a bowl. Instead they put it on
stand, and it gives light to everyone in the house.
In the same way, let your light shine before others,
at they may see your good deeds and glorify your
ther in heaven.

e Fulfillment of the Law

17 “Do not think that I have come to abolish the Law
the Prophets; I have not come to abolish them but
fulfill them. 18 For truly I tell you, until heaven and
rth disappear, not the smallest letter, not the least
roke of a pen, will by any means disappear from the
w until everything is accomplished. 19 Therefore
yone who sets aside one of the least of these com-
ands and teaches others accordingly will be called
ast in the kingdom of heaven, but whoever practices
d teaches these commands will be called great in
e kingdom of heaven. 20 For I tell you that unless
ur righteousness surpasses that of the Pharisees
d the teachers of the law, you will certainly not
ter the kingdom of heaven.

urder

21 “You have heard that it was said to the people
ng ago, ‘You shall not murder, and anyone who mur-
rs will be subject to judgment.’ 22 But I tell you that
yone who is angry with a brother or sister[l,m] will
subject to judgment. Again, anyone who says to a
other or sister, ‘*Raca*,’[n] is answerable to the court.
d anyone who says, ‘You fool!’ will be in danger of
e fire of hell.
23 “Therefore, if you are offering your gift at the
tar and there remember that your brother or sister
s something against you, 24 leave your gift there in
ont of the altar. First go and be reconciled to them;
en come and offer your gift.
25 “Settle matters quickly with your adversary who
taking you to court. Do it while you are still together
the way, or your adversary may hand you over to
e judge, and the judge may hand you over to the
ficer, and you may be thrown into prison. 26 Truly I

:22 The Greek word for *brother or sister* (*adelphos*) refers here to a
low disciple, whether man or woman; also in verse 23.
5:22 Some manuscripts *brother or sister without cause*
:22 An Aramaic term of contempt

vous serez ainsi comme les prophètes d’autrefois : eux
aussi ont été persécutés avant vous de la même manière.

Témoins

(Mc 9.50 ; 4.21 ; Lc 14.34-35)

13 Vous êtes le sel[z] de la terre. Si ce sel perd sa saveur,
avec quoi la salera-t-on[a] ? Ce sel ne vaut plus rien : il n’est
bon qu’à être jeté dehors et piétiné.
14 Vous êtes la lumière du monde. Une ville au sommet
d’une colline n’échappe pas aux regards. 15 Il en est de
même d’une lampe : si on l’allume, ce n’est pas pour la
mettre sous une mesure à grains : au contraire, on la fixe
sur un pied de lampe pour qu’elle éclaire tous ceux qui sont
dans la maison. 16 C’est ainsi que votre lumière doit briller
devant tous les hommes, pour qu’ils voient le bien que vous
faites et qu’ils en attribuent la gloire à votre Père céleste.

Jésus et la Loi

17 Ne vous imaginez pas que je sois venu pour abolir ce
qui est écrit dans la Loi ou les prophètes[b] ; je ne suis pas
venu pour abolir, mais pour accomplir. 18 Oui, vraiment,
je vous l’assure : tant que le ciel et la terre resteront en
place, ni la plus petite lettre de la Loi, ni même un point
sur un i n’en sera supprimé jusqu’à ce que tout se réalise.
19 Par conséquent, si quelqu’un n’obéit pas ne serait-ce
qu’à un seul de ces commandements – même s’il s’agit du
moindre d’entre eux – et s’il apprend aux autres à faire de
même, il sera lui-même considéré comme « le moindre »
dans le royaume des cieux. Au contraire, celui qui obéira
à ces commandements et qui les enseignera aux autres,
sera considéré comme grand dans le royaume des cieux.
20 Je vous le dis : si vous ne vivez pas selon la justice
mieux que les spécialistes de la Loi et les pharisiens, vous
n’entrerez pas dans le royaume des cieux.

La loi de Jésus

(Mc 11.25 ; Lc 12.57-59)

21 Vous avez appris qu’il a été dit à nos ancêtres : *Tu
ne commettras pas de meurtre.* Si quelqu’un a commis un
meurtre, il en répondra devant le tribunal. 22 Eh bien, moi,
je vous dis : Celui qui se met en colère contre son frère en
répondra devant le tribunal. Celui qui lui dit « imbécile »
passera devant le Grand-Conseil, et celui qui le traite de
fou est bon pour le feu de l’enfer.
23 Si donc, au moment de présenter ton offrande devant
l’autel, tu te souviens que ton frère a quelque chose contre
toi, 24 laisse là ton offrande devant l’autel, et va d’abord te
réconcilier avec ton frère ; puis tu reviendras présenter
ton offrande.
25 Si tu es en conflit avec quelqu’un, dépêche-toi de t’entendre avec ton adversaire pendant que tu es encore en
chemin avec lui. Sinon, ton adversaire remettra l’affaire
entre les mains du juge, qui fera appel aux huissiers de
justice, et tu seras mis en prison. 26 Et là, vraiment, je te

z **5.13** Le sel utilisé en Israël contenait beaucoup de cristaux n’ayant aucun pouvoir salant. Lorsque ce sel était exposé à l’humidité, le chlorure
de sodium fondait et seuls les cristaux non salants restaient.
a **5.13** Autre traduction : *avec quoi le rendra-t-on de nouveau salé ?*
b **5.17** *la Loi ou les prophètes:* expression qui désigne l’ensemble de l’Ancien
Testament.

tell you, you will not get out until you have paid the
last penny.

Adultery

27 “You have heard that it was said, ‘You shall not
commit adultery.’ 28 But I tell you that anyone who
looks at a woman lustfully has already committed
adultery with her in his heart. 29 If your right eye causes you to stumble, gouge it out and throw it away. It
is better for you to lose one part of your body than
for your whole body to be thrown into hell. 30 And if
your right hand causes you to stumble, cut it off and
throw it away. It is better for you to lose one part of
your body than for your whole body to go into hell.

Divorce

31 “It has been said, ‘Anyone who divorces his wife
must give her a certificate of divorce.’ 32 But I tell you
that anyone who divorces his wife, except for sexual
immorality, makes her the victim of adultery, and
anyone who marries a divorced woman commits
adultery.

Oaths

33 “Again, you have heard that it was said to the
people long ago, ‘Do not break your oath, but fulfill
to the Lord the vows you have made.’ 34 But I tell you,
do not swear an oath at all: either by heaven, for it is
God’s throne; 35 or by the earth, for it is his footstool;
or by Jerusalem, for it is the city of the Great King.
36 And do not swear by your head, for you cannot make
even one hair white or black. 37 All you need to say is
simply ‘Yes’ or ‘No’; anything beyond this comes from
the evil one.[o]

Eye for Eye

38 “You have heard that it was said, ‘Eye for eye, and
tooth for tooth.’ 39 But I tell you, do not resist an evil
person. If anyone slaps you on the right cheek, turn
to them the other cheek also. 40 And if anyone wants
to sue you and take your shirt, hand over your coat
as well. 41 If anyone forces you to go one mile, go with
them two miles. 42 Give to the one who asks you, and
do not turn away from the one who wants to borrow
from you.

Love for Enemies

43 “You have heard that it was said, ‘Love your neighbor and hate your enemy.’ 44 But I tell you, love your
enemies and pray for those who persecute you, 45 that
you may be children of your Father in heaven. He causes his sun to rise on the evil and the good, and sends

o 5:37 Or *from evil*

l’assure : tu n’en sortiras pas avant d’avoir rembour
jusqu’au dernier centime.

(Mt 18.8-9 ; Mc 9.43, 47-48)

27 Vous avez appris qu’il a été dit : *Tu ne commettras p*
d’adultère 28 Eh bien, moi je vous dis : Si quelqu’un jette s
une femme un regard chargé de désir, il a déjà comm
adultère avec elle dans son cœur. 29 Par conséquent, si t
œil droit te fait tomber dans le péché, arrache-le et jette-
au loin, car il vaut mieux pour toi perdre un de tes organ
que de voir ton corps entier précipité en enfer. 30 Si ta ma
droite cause ta chute, coupe-la et jette-la au loin. Il va
mieux pour toi perdre un de tes membres que de voir to
ton corps jeté en enfer.

(Mt 19.7-9 ; Mc 10.11-12 ; Lc 16.18)

31 Il a aussi été dit : *Si quelqu’un divorce d’avec sa femme,*
doit le lui signifier par une déclaration écrite 32 Eh bien, moi,
vous dis : Celui qui divorce d’avec sa femme – sauf en c
d’immoralité sexuelle – l’expose à devenir adultère[c],
celui qui épouse une femme divorcée commet lui-mên
un adultère.

33 Vous avez encore appris qu’il a été dit à nos ancêtre
Tu ne rompras pas ton serment ; ce que tu as promis par serme
devant le Seigneur, tu l’accompliras 34 Eh bien, moi je vous d
de ne pas faire de serment du tout. Ne dites pas : « Je le ju
par le ciel », car le ciel, c’est le trône de Dieu. 35 Ou : « J’e
prends la terre à témoin », car elle est l’escabeau où Die
pose ses pieds. Ou : « Je le jure par Jérusalem ; », car el
est la ville de Dieu, le grand Roi. 36 Ne dites pas davantag
« Je le jure sur ma tête », car tu ne peux pas rendre un se
de tes cheveux blanc ou noir.
37 Dites simplement « oui » si c’est oui, « non » si c’e
non. Tous les serments qu’on y ajoute viennent du diable

(Lc 6.29-30)

38 Vous avez appris qu’il a été dit : *œil pour œil, dent po*
dent 39 Eh bien, moi je vous dis : Ne résistez pas à celui q
vous veut du mal ; au contraire, si quelqu’un te gifle s
la joue droite, tends-lui aussi l’autre. 40 Si quelqu’un ve
te faire un procès pour avoir ta chemise, ne l’empêch
pas de prendre aussi ton vêtement. 41 Et si quelqu’un t
réquisitionne[e] pour porter un fardeau sur un kilomètr
porte-le sur deux kilomètres avec lui. 42 Donne à celui q
te demande, ne tourne pas le dos à celui qui veut t’empru
nter quelque chose.

(Lc 6.27-36)

43 Vous avez appris qu’il a été dit : *Tu aimeras ton procha*
et tu haïras ton ennemi. 44 Eh bien, moi je vous dis : Aim
vos ennemis et priez pour ceux qui vous persécuten
45 Ainsi vous vous comporterez vraiment comme des e
fants de votre Père céleste, car lui, il fait luire son sole
sur les méchants aussi bien que sur les bons, et il accor
sa pluie aux justes comme aux injustes.

c 5.32 *à devenir adultère:* en se remariant du vivant de son mari (voir Rm 7.3).
d 5.37 Autre traduction : *du mal.*
e 5.41 Les soldats et les fonctionnaires romains avaient le droit de réquisitionner n’importe qui pour porter leurs fardeaux.

n on the righteous and the unrighteous. 46 If you
e those who love you, what reward will you get?
e not even the tax collectors doing that? 47 And if
u greet only your own people, what are you doing
ore than others? Do not even pagans do that? 48 Be
rfect, therefore, as your heavenly Father is perfect.

ving to the Needy

1 "Be careful not to practice your righteousness
in front of others to be seen by them. If you do,
u will have no reward from your Father in heaven.
2 "So when you give to the needy, do not announce it
th trumpets, as the hypocrites do in the synagogues
d on the streets, to be honored by others. Truly I
l you, they have received their reward in full. 3 But
en you give to the needy, do not let your left hand
ow what your right hand is doing, 4 so that your
ving may be in secret. Then your Father, who sees
at is done in secret, will reward you.

ayer

5 "And when you pray, do not be like the hypocrites,
they love to pray standing in the synagogues and
the street corners to be seen by others. Truly I
l you, they have received their reward in full. 6 But
en you pray, go into your room, close the door and
ay to your Father, who is unseen. Then your Father,
o sees what is done in secret, will reward you. 7 And
en you pray, do not keep on babbling like pagans,
they think they will be heard because of their
any words. 8 Do not be like them, for your Father
ows what you need before you ask him.

9 "This, then, is how you should pray:

"'Our Father in heaven,
hallowed be your name,
10 your kingdom come,
your will be done,
on earth as it is in heaven.
11 Give us today our daily bread.
12 And forgive us our debts,
as we also have forgiven our debtors.
13 And lead us not into temptation,[p]
but deliver us from the evil one.[q]'

or if you forgive other people when they sin against
u, your heavenly Father will also forgive you. 15 But

---

13 The Greek for *temptation* can also mean *testing*.
13 Or *from evil*; some late manuscripts *one, / for yours is the king-*
n and the power and the glory forever. Amen.

---

46 Si vous aimez seulement ceux qui vous aiment,
allez-vous prétendre à une récompense pour cela ? Les collecteurs d'impôts eux-mêmes n'en font-ils pas autant ? 47 Si
vous ne saluez que vos frères, que faites-vous d'extraordinaire ? Les païens n'agissent-ils pas de même ? 48 Votre
Père céleste est parfait. Soyez donc parfaits comme lui.

Contre l'hypocrisie religieuse

6 1 Gardez-vous d'accomplir devant les hommes, pour
vous faire remarquer par eux, ce que vous faites
pour obéir à Dieu, sinon vous n'aurez pas de récompense
de votre Père céleste. 2 Ainsi, lorsque tu donnes quelque
chose aux pauvres, ne le claironne pas partout. Ce sont
les hypocrites qui agissent ainsi dans les synagogues et
dans les rues pour que les gens chantent leurs louanges.
Vraiment, je vous l'assure : leur récompense, ils l'ont d'ores
et déjà reçue. 3 Mais toi, quand tu donnes quelque chose
aux pauvres, que ta main gauche ne sache pas ce que fait
ta main droite. 4 Que ton aumône se fasse ainsi en secret ;
et ton Père, qui voit dans le secret, te le rendra.

5 Quand vous priez, n'imitez pas ces hypocrites qui aiment à faire leurs prières debout dans les synagogues et
à l'angle des rues : ils tiennent à être remarqués par tout
le monde. Vraiment, je vous l'assure : leur récompense, ils
l'ont d'ores et déjà reçue. 6 Mais toi, quand tu veux prier, va
dans ta pièce la plus retirée, verrouille ta porte et adresse
ta prière à ton Père qui est là dans le lieu secret. Et ton
Père, qui voit dans le secret, te le rendra.

7 Dans vos prières, ne rabâchez pas des tas de paroles, à
la manière des païens ; ils s'imaginent qu'à force de paroles
Dieu les entendra. 8 Ne les imitez pas, car votre Père sait ce
qu'il vous faut, avant que vous le lui demandiez.

(Lc 11.2-4)

9 Priez donc ainsi :
Notre Père,
qui es aux cieux,
que ton nom soit sanctifié[f],
10 que ton règne vienne,
que ta volonté soit faite,
sur la terre comme au ciel.
11 Donne-nous aujourd'hui
le pain dont nous avons besoin[g],
12 pardonne-nous nos torts envers toi
comme nous aussi, nous pardonnons
les torts des autres envers nous[h].
13 Ne nous expose pas à la tentation[i],
et surtout, délivre-nous du diable[j].
[Car à toi appartiennent
le règne et la puissance
et la gloire à jamais[k].]

14 En effet, si vous pardonnez aux autres leurs fautes,
votre Père céleste vous pardonnera aussi. 15 Mais si vous ne

---

f 6.9 Autres traductions : *que tu sois reconnu pour Dieu* ou *que les hommes te rendent le culte qui t'est dû* ou *que la gloire de ta personne soit manifeste*.
g 6.11 Autres traductions : *le pain de ce jour* ou *du lendemain*.
h 6.12 Autre traduction : *comme nous avons nous-mêmes pardonné les torts des autres envers nous*.
i 6.13 Autre traduction : *garde-nous de céder à la tentation*.
j 6.13 Littéralement : *du Mauvais*, c'est-à-dire le diable. D'autres traductions ont : *du mal*.
k 6.13 Les mots entre crochets sont absents de plusieurs manuscrits.

if you do not forgive others their sins, your Father will not forgive your sins.

Fasting

16“When you fast, do not look somber as the hypocrites do, for they disfigure their faces to show others they are fasting. Truly I tell you, they have received their reward in full. 17But when you fast, put oil on your head and wash your face, 18so that it will not be obvious to others that you are fasting, but only to your Father, who is unseen; and your Father, who sees what is done in secret, will reward you.

Treasures in Heaven

19“Do not store up for yourselves treasures on earth, where moths and vermin destroy, and where thieves break in and steal. 20But store up for yourselves treasures in heaven, where moths and vermin do not destroy, and where thieves do not break in and steal. 21For where your treasure is, there your heart will be also.

22“The eye is the lamp of the body. If your eyes are healthy,[r] your whole body will be full of light. 23But if your eyes are unhealthy,[s] your whole body will be full of darkness. If then the light within you is darkness, how great is that darkness!

24“No one can serve two masters. Either you will hate the one and love the other, or you will be devoted to the one and despise the other. You cannot serve both God and money.

Do Not Worry

25“Therefore I tell you, do not worry about your life, what you will eat or drink; or about your body, what you will wear. Is not life more than food, and the body more than clothes? 26Look at the birds of the air; they do not sow or reap or store away in barns, and yet your heavenly Father feeds them. Are you not much more valuable than they? 27Can any one of you by worrying add a single hour to your life[t]?

28“And why do you worry about clothes? See how the flowers of the field grow. They do not labor or spin. 29Yet I tell you that not even Solomon in all his splendor was dressed like one of these. 30If that is how God clothes the grass of the field, which is here today and tomorrow is thrown into the fire, will he not much more clothe you – you of little faith? 31So do not worry, saying, ‘What shall we eat?’ or ‘What shall we drink?’ or ‘What shall we wear?’ 32For the pagans run after all these things, and your heavenly

pardonnez pas aux autres, votre Père ne vous pardonne pas non plus vos fautes.

16Lorsque vous jeûnez, n'ayez pas, comme les hypocrit une mine triste. Pour bien montrer aux gens qu'ils jeûne ils prennent des visages défaits. Vraiment, je vous l'assu leur récompense, ils l'ont d'ores et déjà reçue ! 17Mais t quand tu jeûnes, parfume tes cheveux et lave ton visa 18pour que personne ne se rende compte que tu es en tra de jeûner, sauf ton Père qui est là dans le lieu secret. Al ton Père, qui voit dans le secret, te le rendra.

Les biens matériels

(Lc 12.33-34)

19Ne vous amassez pas des richesses sur la terre où el sont à la merci de la rouille, des mites qui rongent, ou cambrioleurs qui percent les murs pour voler. 20Amass vous plutôt des trésors dans le ciel, où il n'y a ni rouille, mites qui rongent, ni cambrioleurs qui percent les mu pour voler. 21Car là où est ton trésor, là sera aussi ton cœ

(Lc 11.34-36)

22Les yeux sont comme une lampe pour le corps ; si do tes yeux sont en bon état, ton corps entier jouira de lumière. 23Mais si tes yeux sont malades, tout ton cor sera plongé dans l'obscurité. Si donc la lumière qui e en toi est obscurcie, dans quelles ténèbres profondes trouveras-tu !

(Lc 16.13)

24Nul ne peut être en même temps au service de de maîtres, car ou bien il détestera l'un et aimera l'autre, bien il sera dévoué au premier et méprisera le second. Vo ne pouvez pas servir en même temps Dieu et l'Argent[l].

(Lc 12.22-31)

25C'est pourquoi je vous dis : ne vous inquiétez pas vous demandant : « Qu'allons-nous manger ou boir Avec quoi allons-nous nous habiller ? » La vie ne vau elle pas bien plus que la nourriture ? Et le corps ne vau pas bien plus que les vêtements ? 26Voyez ces oisea qui volent dans le ciel, ils ne sèment ni ne moissonne ils n'amassent pas de provisions dans des greniers, votre Père céleste les nourrit. N'avez-vous pas bien pl de valeur qu'eux ? 27D'ailleurs, qui de vous peut, à for d'inquiétude, prolonger son existence, ne serait-ce q de quelques instants[m] ?

28Quant aux vêtements, pourquoi vous inquiéter à le sujet ? Observez les lis sauvages ! Ils poussent sans se tiguer à tisser des vêtements. 29Pourtant, je vous l'assu le roi Salomon lui-même, dans toute sa gloire, n'a jama été aussi bien vêtu que l'un d'eux ! 30Si Dieu habille ai cette petite plante des champs qui est là aujourd'hui qui demain sera jetée au feu, à plus forte raison ne vo vêtira-t-il pas vous-mêmes ? Ah, votre foi est bien p tite ! 31Ne vous inquiétez donc pas et ne dites pas : « Q mangerons-nous ? » ou « Que boirons-nous ? » ou « Av quoi nous habillerons-nous ? » 32Toutes ces choses, païens s'en préoccupent sans cesse. Mais votre Père, c

[r] 6:22 The Greek for *healthy* here implies generous.
[s] 6:23 The Greek for *unhealthy* here implies stingy.
[t] 6:27 Or *single cubit to your height*

[l] 6.24 *Argent:* littéralement : *Mamon,* dieu personnifiant la richesse.
[m] 6.27 Autre traduction : *augmenter sa taille, ne serait-ce que de quelques centimètres.*

her knows that you need them. 33 But seek first his
gdom and his righteousness, and all these things
l be given to you as well. 34 Therefore do not worry
out tomorrow, for tomorrow will worry about itself.
ch day has enough trouble of its own.

dging Others

1 "Do not judge, or you too will be judged. 2 For
in the same way you judge others, you will be
dged, and with the measure you use, it will be mea-
red to you.

3 "Why do you look at the speck of sawdust in your
other's eye and pay no attention to the plank in your
n eye? 4 How can you say to your brother, 'Let me
e the speck out of your eye,' when all the time there
a plank in your own eye? 5 You hypocrite, first take
e plank out of your own eye, and then you will see
arly to remove the speck from your brother's eye.
6 "Do not give dogs what is sacred; do not throw
ur pearls to pigs. If you do, they may trample them
der their feet, and turn and tear you to pieces.

k, Seek, Knock

7 "Ask and it will be given to you; seek and you will
d; knock and the door will be opened to you. 8 For
eryone who asks receives; the one who seeks finds;
d to the one who knocks, the door will be opened.
9 "Which of you, if your son asks for bread, will give
m a stone? 10 Or if he asks for a fish, will give him a
ake? 11 If you, then, though you are evil, know how
give good gifts to your children, how much more
ll your Father in heaven give good gifts to those
o ask him! 12 So in everything, do to others what
u would have them do to you, for this sums up the
w and the Prophets.

e Narrow and Wide Gates

13 "Enter through the narrow gate. For wide is the
te and broad is the road that leads to destruction,
d many enter through it. 14 But small is the gate
d narrow the road that leads to life, and only a few
d it.

ue and False Prophets

15 "Watch out for false prophets. They come to you
sheep's clothing, but inwardly they are ferocious
lves. 16 By their fruit you will recognize them. Do
ople pick grapes from thornbushes, or figs from
istles? 17 Likewise, every good tree bears good fruit,
t a bad tree bears bad fruit. 18 A good tree cannot
ar bad fruit, and a bad tree cannot bear good fruit.
Every tree that does not bear good fruit is cut down

est aux cieux, sait que vous en avez besoin. 33 Faites donc
du royaume de Dieu[n] et de ce qui est juste à ses yeux votre
préoccupation première, et toutes ces choses vous seront
données en plus. 34 Ne vous inquiétez pas pour le lendemain ; le lendemain se souciera de lui-même. A chaque
jour suffit sa peine.

La vraie religion

(Lc 6.37-42)

7 1 Ne condamnez pas les autres, pour ne pas être
vous-mêmes condamnés. 2 Car vous serez condamnés
vous-mêmes de la manière dont vous aurez condamné
autrui, et on vous appliquera la mesure dont vous vous
serez servis pour mesurer les autres.

3 Pourquoi vois-tu les grains de sciure dans l'œil de ton
frère, alors que tu ne remarques pas la poutre qui est dans
le tien ? 4 Comment oses-tu dire à ton frère : « Laisse-moi
enlever cette sciure de ton œil », alors qu'il y a une poutre
dans le tien ? 5 Hypocrite ! Commence donc par retirer la
poutre de ton œil ; alors tu y verras assez clair pour ôter
la sciure de l'œil de ton frère.

6 Gardez-vous de donner aux chiens ce qui est sacré,
et ne jetez pas vos perles devant les porcs, de peur qu'ils
piétinent vos perles et que les chiens se retournent contre
vous pour vous déchirer.

(Lc 11.9-13)

7 Demandez, et vous recevrez ; cherchez, et vous trouverez ; frappez, et l'on vous ouvrira. 8 Car celui qui demande
reçoit ; celui qui cherche trouve ; et l'on ouvre à celui qui
frappe.

9 Qui de vous donnera un caillou à son fils quand celui-ci
lui demande du pain ? 10 Ou bien, s'il lui demande un poisson, lui donnera-t-il un serpent ? 11 Si donc, tout mauvais
que vous êtes, vous savez donner de bonnes choses à vos
enfants, à combien plus forte raison votre Père céleste donnera-t-il de bonnes choses à ceux qui les lui demandent.

(Lc 6.31)

12 Faites pour les autres tout ce que vous voudriez qu'ils
fassent pour vous, car c'est là tout l'enseignement de la
Loi et des prophètes.

(Lc 13.24)

13 Entrez par la porte étroite ; en effet, large est la porte
et spacieuse la route qui mènent à la perdition. Nombreux
sont ceux qui s'y engagent. 14 Mais étroite est la porte et
resserré le sentier qui mènent à la vie ! Qu'ils sont peu
nombreux ceux qui les trouvent !

(Lc 6.43-44)

15 Gardez-vous des faux prophètes ! Lorsqu'ils vous abor-
dent, ils se donnent l'apparence d'agneaux mais, en réalité,
ce sont des loups féroces. 16 Vous les reconnaîtrez à leurs
fruits. Est-ce que l'on cueille des raisins sur des buissons
d'épines ou des figues sur des ronces ?

17 Ainsi, un bon arbre porte de bons fruits, un mauvais
arbre produit de mauvais fruits. 18 Un bon arbre ne peut
pas porter de mauvais fruits, ni un mauvais arbre de bons
fruits. 19 Tout arbre qui ne donne pas de bons fruits est

[n] **6.33** L'expression *de Dieu* est absente de nombreux manuscrits.

and thrown into the fire. 20 Thus, by their fruit you will recognize them.

True and False Disciples

21 "Not everyone who says to me, 'Lord, Lord,' will enter the kingdom of heaven, but only the one who does the will of my Father who is in heaven. 22 Many will say to me on that day, 'Lord, Lord, did we not prophesy in your name and in your name drive out demons and in your name perform many miracles?' 23 Then I will tell them plainly, 'I never knew you. Away from me, you evildoers!'

The Wise and Foolish Builders

24 "Therefore everyone who hears these words of mine and puts them into practice is like a wise man who built his house on the rock. 25 The rain came down, the streams rose, and the winds blew and beat against that house; yet it did not fall, because it had its foundation on the rock. 26 But everyone who hears these words of mine and does not put them into practice is like a foolish man who built his house on sand. 27 The rain came down, the streams rose, and the winds blew and beat against that house, and it fell with a great crash."

28 When Jesus had finished saying these things, the crowds were amazed at his teaching, 29 because he taught as one who had authority, and not as their teachers of the law.

Jesus Heals a Man With Leprosy

8 1 When Jesus came down from the mountainside, large crowds followed him. 2 A man with leprosy[u] came and knelt before him and said, "Lord, if you are willing, you can make me clean."

3 Jesus reached out his hand and touched the man. "I am willing," he said. "Be clean!" Immediately he was cleansed of his leprosy. 4 Then Jesus said to him, "See that you don't tell anyone. But go, show yourself to the priest and offer the gift Moses commanded, as a testimony to them."

The Faith of the Centurion

5 When Jesus had entered Capernaum, a centurion came to him, asking for help. 6 "Lord," he said, "my servant lies at home paralyzed, suffering terribly."

7 Jesus said to him, "Shall I come and heal him?"

8 The centurion replied, "Lord, I do not deserve to have you come under my roof. But just say the word, and my servant will be healed. 9 For I myself am a man

---

[u] **8:2** The Greek word traditionally translated *leprosy* was used for various diseases affecting the skin.

arraché et jeté au feu. 20 Ainsi donc, c'est à leurs fruits q vous les reconnaîtrez.

Appliquer l'enseignement reçu
(Lc 13.25-27)

21 Pour entrer dans le royaume des cieux, il ne suffit p de me dire : « Seigneur ! Seigneur ! », il faut accomplir volonté de mon Père céleste. 22 Au jour du jugement, no breux sont ceux qui me diront : « Seigneur ! Seigneu Nous avons prophétisé en ton nom, nous avons chassé c démons en ton nom, nous avons fait beaucoup de mirac en ton nom. » 23 Je leur déclarerai alors : « Je ne vous jamais connus ! Allez-vous-en, vous qui pratiquez le mal

(Lc 6.47-49)

24 C'est pourquoi, celui qui écoute ce que je dis et q l'applique, ressemble à un homme sensé qui a bâti sa m son sur le roc. 25 Il a plu à verse, les fleuves ont débord les vents ont soufflé avec violence, ils se sont déchaîn contre cette maison : elle ne s'est pas effondrée, car s fondations reposaient sur le roc. 26 Mais celui qui écou mes paroles sans faire ce que je dis, ressemble à un homr assez fou pour construire sa maison sur le sable. 27 Il a p à verse, les fleuves ont débordé, les vents ont soufflé av violence, ils se sont déchaînés contre cette maison : e s'est effondrée et sa ruine a été complète.

(Mc 1.22 ; Lc 4.32)

28 Quand Jésus eut fini de parler, les foules étaient pr fondément impressionnées par son enseignement. 29 C il parlait avec une autorité que n'avaient pas leurs sp cialistes de la Loi.

L'ÉVANGILE ET L'AUTORITÉ DE JÉSUS

Jésus guérit les malades
(Mc 1.40-45 ; Lc 5.12-16)

8 1 Quand Jésus descendit de la montagne, une fou nombreuse le suivit. 2 Et voici qu'un lépreux s'appr cha et se prosterna devant lui en disant : Seigneur, si tu veux, tu peux me rendre pur[o].

3 Jésus tendit la main et le toucha en disant : Je le veu sois pur.

Aussitôt, il fut purifié de sa lèpre.

4 – Attention, lui dit Jésus, ne le dis à personne ; ma va te faire examiner par le prêtre et apporte l'offran prescrite par Moïse. Cela leur servira de témoignage[p].

(Lc 7.1-10)

5 Jésus entrait à Capernaüm, quand un officier roma l'aborda. 6 Il le supplia : Seigneur, mon serviteur est couc chez moi, il est paralysé, il souffre terriblement.

7 – Je vais chez toi, lui répondit Jésus, et je le guérirai

8 – Seigneur, dit alors l'officier, je ne remplis pas les co ditions[q] pour te recevoir dans ma maison, mais tu n' qu'un mot à dire et mon serviteur sera guéri. 9 Car, mo

---

[o] **8.2** C'est-à-dire *tu peux me guérir.* La lèpre rendait rituellement impur demander à être purifié équivalait à demander la guérison.

[p] **8.4** Autres traductions : *cela leur prouvera qui je suis* ou *cela prouvera à t que tu es guéri* ou *cela prouvera à tous mon respect de la Loi.*

[q] **8.8** Ou : *je ne suis pas digne* (voir 3.11). L'officier romain savait sans dou que la tradition ne permettait pas aux Juifs de pénétrer dans la maiso d'un non-Juif.

nder authority, with soldiers under me. I tell this
ne, 'Go,' and he goes; and that one, 'Come,' and he
omes. I say to my servant, 'Do this,' and he does it."
[10]When Jesus heard this, he was amazed and said
 those following him, "Truly I tell you, I have not
und anyone in Israel with such great faith. [11]I say to
ou that many will come from the east and the west,
nd will take their places at the feast with Abraham,
aac and Jacob in the kingdom of heaven. [12]But the
bjects of the kingdom will be thrown outside, into
e darkness, where there will be weeping and gnash-
g of teeth."
[13]Then Jesus said to the centurion, "Go! Let it be
one just as you believed it would." And his servant
as healed at that moment.

sus Heals Many

[14]When Jesus came into Peter's house, he saw Peter's
other-in-law lying in bed with a fever. [15]He touched
er hand and the fever left her, and she got up and
egan to wait on him.
[16]When evening came, many who were demon-pos-
essed were brought to him, and he drove out the
irits with a word and healed all the sick. [17]This was
 fulfill what was spoken through the prophet Isaiah:

"He took up our infirmities
 and bore our diseases."[v]

ne Cost of Following Jesus

[18]When Jesus saw the crowd around him, he gave
ders to cross to the other side of the lake. [19]Then a
acher of the law came to him and said, "Teacher, I
ill follow you wherever you go."
[20]Jesus replied, "Foxes have dens and birds have
ests, but the Son of Man has no place to lay his head."
[21]Another disciple said to him, "Lord, first let me
 and bury my father."
[22]But Jesus told him, "Follow me, and let the dead
ury their own dead."

sus Calms the Storm

[23]Then he got into the boat and his disciples fol-
wed him. [24]Suddenly a furious storm came up on
e lake, so that the waves swept over the boat. But
sus was sleeping. [25]The disciples went and woke him,
ying, "Lord, save us! We're going to drown!"
[26]He replied, "You of little faith, why are you so
raid?" Then he got up and rebuked the winds and
e waves, and it was completely calm.
[27]The men were amazed and asked, "What kind of
an is this? Even the winds and the waves obey him!"

:17 Isaiah 53:4 (see Septuagint)

même, je suis un officier subalterne, mais j'ai des soldats
sous mes ordres, et quand je dis à l'un : « Va ! », il va. Quand
je dis à un autre : « Viens ! », il vient. Quand je dis à mon
esclave : « Fais ceci ! », il le fait.
[10]En entendant cela, Jésus fut rempli d'admiration et,
s'adressant à ceux qui le suivaient, il dit : Vraiment, je vous
l'assure : chez personne, en Israël, je n'ai trouvé une telle
foi ! [11]Je vous le déclare : beaucoup viendront de l'Orient
et de l'Occident et prendront place à table auprès d'Abraham, d'Isaac et de Jacob, dans le royaume des cieux. [12]Mais
ceux qui devaient hériter du royaume, ceux-là seront jetés
dans les ténèbres du dehors. Là, il y aura des pleurs et
d'amers regrets.
[13]Puis Jésus dit à l'officier : Rentre chez toi et qu'il te
soit fait selon ce que tu as cru. Et, à l'heure même, son
serviteur fut guéri.

Il a porté nos maladies

(Mc 1.29-34 ; Lc 4.38-41)

[14]Jésus se rendit alors à la maison de Pierre. Il trouva
la belle-mère de celui-ci alitée, avec une forte fièvre. [15]Il
lui prit la main, et la fièvre la quitta. Alors elle se leva et
se mit à le servir.
[16]Le soir venu, on lui amena beaucoup de gens qui
étaient sous l'emprise de démons : par sa parole, il chassa
ces esprits mauvais. Il guérit aussi tous les malades. [17]Ainsi
s'accomplissait cette parole du prophète Esaïe :

Il s'est chargé de nos infirmités
et il a porté nos maladies.

L'engagement total du disciple

(Lc 9.57-62)

[18]Lorsque Jésus se vit entouré d'une foule nombreuse,
il donna ordre à ses disciples de passer de l'autre côté du
lac. [19]Un spécialiste de la Loi s'approcha et lui dit : Maître,
je te suivrai partout où tu iras.
[20]Jésus lui répondit : Les renards ont des tanières et les
oiseaux du ciel des nids ; mais le Fils de l'homme n'a pas
d'endroit où reposer sa tête.
[21]– Seigneur, lui dit un autre qui était de ses disciples,
permets-moi d'aller d'abord enterrer mon père.
[22]Mais Jésus lui répondit : Suis-moi et laisse à ceux qui
sont morts le soin d'enterrer leurs morts.

Plus fort que la tempête

(Mc 4.35-41 ; Lc 8.22-25)

[23]Il monta dans un bateau et ses disciples le suivirent.
[24]Tout à coup, une grande tempête se leva sur le lac et les
vagues passaient par-dessus le bateau. Pendant ce temps,
Jésus dormait. [25]Les disciples s'approchèrent de lui et le
réveillèrent en criant : Seigneur, sauve-nous, nous sommes perdus !
[26]– Pourquoi avez-vous si peur ? leur dit-il. Votre foi
est bien petite !
Alors il se leva, parla sévèrement au vent et au lac, et il
se fit un grand calme.
[27]Saisis d'étonnement, ceux qui étaient présents disaient : Quel est donc cet homme pour que même les vents
et le lac lui obéissent ?

Jesus Restores Two Demon-Possessed Men

28 When he arrived at the other side in the region of
the Gadarenes,[w] two demon-possessed men coming
from the tombs met him. They were so violent that
no one could pass that way. 29 "What do you want with
us, Son of God?" they shouted. "Have you come here
to torture us before the appointed time?"

30 Some distance from them a large herd of pigs was
feeding. 31 The demons begged Jesus, "If you drive us
out, send us into the herd of pigs."

32 He said to them, "Go!" So they came out and
went into the pigs, and the whole herd rushed down
the steep bank into the lake and died in the water.
33 Those tending the pigs ran off, went into the town
and reported all this, including what had happened
to the demon-possessed men. 34 Then the whole town
went out to meet Jesus. And when they saw him, they
pleaded with him to leave their region.

Jesus Forgives and Heals a Paralyzed Man

9 1 Jesus stepped into a boat, crossed over and came
to his own town. 2 Some men brought to him a
paralyzed man, lying on a mat. When Jesus saw their
faith, he said to the man, "Take heart, son; your sins
are forgiven."

3 At this, some of the teachers of the law said to
themselves, "This fellow is blaspheming!"

4 Knowing their thoughts, Jesus said, "Why do you
entertain evil thoughts in your hearts? 5 Which is easier: to say, 'Your sins are forgiven,' or to say, 'Get up
and walk'? 6 But I want you to know that the Son of
Man has authority on earth to forgive sins." So he said
to the paralyzed man, "Get up, take your mat and go
home." 7 Then the man got up and went home. 8 When
the crowd saw this, they were filled with awe; and they
praised God, who had given such authority to man.

The Calling of Matthew

9 As Jesus went on from there, he saw a man named
Matthew sitting at the tax collector's booth. "Follow
me," he told him, and Matthew got up and followed
him.

10 While Jesus was having dinner at Matthew's
house, many tax collectors and sinners came and ate

w 8:28 Some manuscripts *Gergesenes*; other manuscripts *Gerasenes*

Plus fort que les démons

(Mc 5.1-20 ; Lc 8.26-39)

28 Quand il fut arrivé de l'autre côté du lac, dans la régic
de Gadara[r], deux hommes qui étaient sous l'emprise c
démons sortirent des tombeaux et vinrent à sa rencontr
Ils étaient si dangereux que personne n'osait plus pass
par ce chemin. 29 Et voici qu'ils se mirent à crier : Que no
veux-tu, Fils de Dieu ? Es-tu venu nous tourmenter ava
le temps ?

30 Or, il y avait, à quelque distance de là, un grar
troupeau de porcs[s] en train de paître. 31 Les démons su
plièrent Jésus : Si tu veux nous chasser, envoie-nous da
ce troupeau de porcs.

32 – Allez ! leur dit-il.

Les démons sortirent de ces deux hommes et entrère
dans les porcs. Aussitôt, tout le troupeau s'élança du ha
de la pente et se précipita dans le lac, et toutes les bêt
périrent noyées.

33 Les gardiens du troupeau s'enfuirent, coururent à
ville et allèrent raconter tout ce qui s'était passé, en pa
ticulier ce qui était arrivé aux deux hommes qui étaie
sous l'emprise de démons. 34 Là-dessus, tous les habitan
de la ville sortirent à la rencontre de Jésus et, quand ils
virent, le supplièrent de quitter leur territoire.

Jésus guérit un malade et pardonne ses péchés

(Mc 2.1-12 ; Lc 5.17-26)

9 1 Jésus monta dans un bateau, traversa le lac et se re
dit dans sa ville[t]. 2 On lui amena un paralysé couch
sur un brancard. Lorsqu'il vit la foi de ces gens, Jésus d
au paralysé : Prends courage, mon enfant, tes péchés
sont pardonnés.

3 Là-dessus, quelques spécialistes de la Loi pensèrent e
eux-mêmes : « Cet homme blasphème ! »

4 Mais Jésus connaissait leurs pensées. Il leur di
Pourquoi avez-vous ces mauvaises pensées en vou
mêmes ? 5 Qu'est-ce qui est le plus facile ? Dire : « T
péchés te sont pardonnés », ou dire : « Lève-toi
marche » ? 6 Eh bien, vous saurez que le Fils de l'homn
a, sur la terre, le pouvoir de pardonner les péchés.

Alors il dit au paralysé : Je te l'ordonne : lève-toi, pren
ton brancard, et rentre chez toi !

7 Le paralysé se leva et s'en alla chez lui.

8 En voyant cela, les foules furent saisies de frayeur
rendirent gloire à Dieu qui avait donné aux hommes u
si grand pouvoir.

Jésus est contesté

(Mc 2.13-22 ; Lc 5.27-39)

9 Jésus s'en alla. En passant, il vit un homme instal
au poste de péage. Son nom était Matthieu. Il lui di
Suis-moi !

Matthieu se leva et le suivit.

10 Un jour, Jésus était à table chez Matthieu. Or, beaucou
de collecteurs d'impôts et de pécheurs notoires étaie
venus et avaient pris place à table avec lui et ses disciple

r **8.28** *Gadara* se trouvait en territoire non juif, à 10 kilomètres au sud-e
du lac de Galilée.

s **8.30** Le *porc* était, selon la Loi de Moïse, un animal impur (Lv 11.7). Seu
les non-Juifs élevaient des porcs.

t **9.1** D'après Mc 2.1, Capernaüm était considérée comme étant la ville
de Jésus.

ith him and his disciples. 11 When the Pharisees saw
ıis, they asked his disciples, "Why does your teacher
at with tax collectors and sinners?"
12 On hearing this, Jesus said, "It is not the healthy
ho need a doctor, but the sick. 13 But go and learn
hat this means: 'I desire mercy, not sacrifice.' For
have not come to call the righteous, but sinners."

:sus Questioned About Fasting

14 Then John's disciples came and asked him, "How
it that we and the Pharisees fast often, but your
isciples do not fast?"
15 Jesus answered, "How can the guests of the bride-
room mourn while he is with them? The time will
ome when the bridegroom will be taken from them;
ıen they will fast.
16 "No one sews a patch of unshrunk cloth on an
ld garment, for the patch will pull away from the
arment, making the tear worse. 17 Neither do people
our new wine into old wineskins. If they do, the skins
ill burst; the wine will run out and the wineskins
ill be ruined. No, they pour new wine into new wine-
kins, and both are preserved."

:sus Raises a Dead Girl and Heals a Sick Woman

18 While he was saying this, a synagogue leader
ame and knelt before him and said, "My daughter
as just died. But come and put your hand on her, and
e will live." 19 Jesus got up and went with him, and
did his disciples.
20 Just then a woman who had been subject to bleed-
ıg for twelve years came up behind him and touched
e edge of his cloak. 21 She said to herself, "If I only
ouch his cloak, I will be healed."
22 Jesus turned and saw her. "Take heart, daughter,"
e said, "your faith has healed you." And the woman
as healed at that moment.

23 When Jesus entered the synagogue leader's house
nd saw the noisy crowd and people playing pipes,
he said, "Go away. The girl is not dead but asleep."
ut they laughed at him. 25 After the crowd had been
ut outside, he went in and took the girl by the hand,
nd she got up. 26 News of this spread through all that
egion.

:sus Heals the Blind and the Mute

27 As Jesus went on from there, two blind men fol-
owed him, calling out, "Have mercy on us, Son of
avid!"
28 When he had gone indoors, the blind men came
him, and he asked them, "Do you believe that I am
ble to do this?"
"Yes, Lord," they replied.

11 En voyant cela, les pharisiens interpellèrent ses disciples : Comment votre maître peut-il manger de la sorte
avec des collecteurs d'impôts et des pécheurs notoires ?
12 Mais Jésus, qui les avait entendus, leur dit : Les bi-
en-portants n'ont pas besoin de médecin ; ce sont les
malades qui en ont besoin. 13 Allez donc apprendre quel
est le sens de cette parole : *Ce que je veux, c'est la compassion*
bien plus que les sacrifices. Car je ne suis pas venu appeler
des justes, mais des pécheurs.
14 Alors les disciples de Jean vinrent trouver Jésus et
lui demandèrent : Comment se fait-il que tes disciples ne
jeûnent pas, alors que nous, comme les pharisiens, nous
le faisons souvent ?
15 Jésus leur répondit : Comment les invités d'une noce
pourraient-ils être tristes tant que le marié est avec eux ?
Le temps viendra où celui-ci leur sera enlevé. Alors ils
jeûneront.
16 Personne ne rapièce un vieux vêtement avec un
morceau d'étoffe neuve, car la pièce rapportée arracherait
une partie du vieux manteau et la déchirure serait pire
qu'avant. 17 De même, on ne verse pas dans de vieilles
outres du vin nouveau, sinon celles-ci éclatent, le vin se
répand et les outres sont perdues. Non, on met le vin nouveau dans des outres neuves. Ainsi le vin et les outres se
conservent.

Plus fort que la maladie et la mort

(Mc 5.21-43 ; Lc 8.40-56)

18 Pendant que Jésus leur disait cela, un responsable juif
arriva, se prosterna devant lui et lui dit : Ma fille vient de
mourir : mais viens lui imposer les mains, et elle revivra.
19 Jésus se leva et le suivit avec ses disciples.

20 A ce moment, une femme qui souffrait d'hémorragies
depuis douze ans, s'approcha de lui par-derrière et toucha
la frange de son vêtement. 21 Elle se disait : « Si seulement
j'arrive à toucher son vêtement, je serai guérie. »
22 Jésus se retourna et, quand il l'aperçut, il lui dit :
Prends courage, ma fille : parce que tu as eu foi en moi,
tu es guérie[u].
A l'instant même, la femme fut guérie.
23 Lorsque Jésus arriva à la maison du responsable juif, il
vit des joueurs de flûtes et toute une foule agitée[v]. 24 Alors
il leur dit : Retirez-vous, la fillette n'est pas morte, elle est
seulement endormie.
Mais les gens se moquaient de lui.
25 Lorsqu'il eut fait mettre tout le monde dehors, il entra dans la chambre, prit la main de la jeune fille, et elle
se leva.
26 La nouvelle de ce qui s'était passé fit le tour de toute
la contrée.
27 Lorsque Jésus partit de là, deux aveugles le suivirent
en criant : Fils de David, aie pitié de nous !

28 Lorsqu'il fut arrivé à la maison, les aveugles s'approchèrent de lui. Il leur dit : Croyez-vous que je peux
faire ce que vous me demandez ?
– Oui, Seigneur, lui répondirent-ils.

---

u 9.22 Autre traduction : *tu es sauvée.* L'auteur joue sans doute sur les deux sens. De même à la fin du v. 22 et au v. 20.

v 9.23 Lors des enterrements, on engageait des joueurs de flûte et des pleureuses pour exprimer le deuil.

29 Then he touched their eyes and said, "According to your faith let it be done to you"; 30 and their sight was restored. Jesus warned them sternly, "See that no one knows about this." 31 But they went out and spread the news about him all over that region.

32 While they were going out, a man who was demon-possessed and could not talk was brought to Jesus. 33 And when the demon was driven out, the man who had been mute spoke. The crowd was amazed and said, "Nothing like this has ever been seen in Israel."

34 But the Pharisees said, "It is by the prince of demons that he drives out demons."

The Workers Are Few

35 Jesus went through all the towns and villages, teaching in their synagogues, proclaiming the good news of the kingdom and healing every disease and sickness. 36 When he saw the crowds, he had compassion on them, because they were harassed and helpless, like sheep without a shepherd. 37 Then he said to his disciples, "The harvest is plentiful but the workers are few. 38 Ask the Lord of the harvest, therefore, to send out workers into his harvest field."

Jesus Sends Out the Twelve

10 1 Jesus called his twelve disciples to him and gave them authority to drive out impure spirits and to heal every disease and sickness.

2 These are the names of the twelve apostles:
first, Simon (who is called Peter) and his brother Andrew;
James son of Zebedee, and his brother John;
3 Philip and Bartholomew;
Thomas and Matthew the tax collector;
James son of Alphaeus, and Thaddaeus;
4 Simon the Zealot and Judas Iscariot, who betrayed him.

5 These twelve Jesus sent out with the following instructions: "Do not go among the Gentiles or enter any town of the Samaritans. 6 Go rather to the lost sheep of Israel. 7 As you go, proclaim this message: 'The kingdom of heaven has come near.' 8 Heal the sick, raise the dead, cleanse those who have leprosy,[x] drive out demons. Freely you have received; freely give.

9 "Do not get any gold or silver or copper to take with you in your belts – 10 no bag for the journey or extra shirt or sandals or a staff, for the worker is worth his keep. 11 Whatever town or village you enter, search there for some worthy person and stay at their house

[x] 10:8 The Greek word traditionally translated *leprosy* was used for various diseases affecting the skin.

29 Alors il leur toucha les yeux en disant : Qu'il vous so fait selon votre foi !

30 Et aussitôt, leurs yeux s'ouvrirent. Jésus ajouta d'u ton sévère[w] : Veillez à ce que personne n'apprenne ce q vous est arrivé.

31 Mais, une fois dehors, ils se mirent à raconter dar toute la région ce que Jésus avait fait.

Par quel pouvoir ?

32 Mais alors que les deux hommes sortaient, on am na à Jésus un homme muet qui était sous l'emprise d'u démon. 33 Jésus chassa le démon et le muet se mit à parle La foule était émerveillée et disait : Jamais on n'a rien v de pareil en Israël !

34 Mais les pharisiens, eux, déclaraient : C'est par le po voir du chef des démons qu'il chasse les démons.

La moisson et le choix des Douze

(Mc 6.34 ; Lc 10.2)

35 Jésus parcourait toutes les villes et tous les villag pour enseigner dans leurs synagogues. Il proclamait Bonne Nouvelle du royaume de Dieu et guérissait tou maladie et toute infirmité. 36 En voyant les foules, il fut pr de pitié pour elles, car ces gens étaient inquiets et abattu comme des brebis qui n'ont pas de berger. 37 Alors il dit ses disciples : La moisson est abondante, mais les ouvrie peu nombreux. 38 Priez donc le Seigneur à qui appartient moisson d'envoyer des ouvriers pour moissonner.

(Mc 3.13-19 ; Lc 6.12-16)

10 1 Jésus appela ses douze disciples et leur donn l'autorité de chasser les esprits mauvais et c guérir toute maladie et toute infirmité. 2 Voici les non des douze apôtres : d'abord, Simon appelé Pierre pu André son frère ; Jacques, fils de Zébédée, et Jean so frère ; 3 Philippe et Barthélemy ; Thomas et Matthieu, collecteur d'impôts ; Jacques, fils d'Alphée, et Thaddée 4 Simon, le Zélé[x], et Judas Iscariot, celui qui a trahi Jésu

L'envoi des Douze

(Mc 6.7-13 ; Lc 9.1-6)

5 Ce sont ces douze hommes que Jésus envoya, après leu avoir fait les recommandations suivantes : N'allez pas dar les contrées étrangères et n'entrez pas dans les villes de Samarie. 6 Rendez-vous plutôt auprès des brebis perdue du peuple d'Israël. 7 En chemin, annoncez que le royaum des cieux est proche. 8 Guérissez les malades, ressuscite les morts, rendez purs les lépreux, expulsez les démons Vous avez reçu gratuitement, donnez gratuitemen 9 Ne mettez dans vos bourses ni or, ni argent, ni pièce c cuivre. 10 N'emportez pour le voyage ni sac, ni tunique d rechange, ni sandales, ni bâton, car « l'ouvrier mérite s nourriture ».

11 Chaque fois que vous arriverez dans une ville ou u village, cherchez quelqu'un qui soit respectable[z] et reste

[w] **9.30** D'autres traduisent : *Jésus, indigné, leur dit.* L'indignation de Jésus viendrait de ce que les aveugles l'ont appelé publiquement : « fils de David ».

[x] **10.4** Ce surnom peut faire allusion à son zèle pour la Loi, ou, selon certains, à son appartenance au parti nationaliste des zélotes.

[y] **10.7** Voir note 3.2.

[z] **10.11** Autre traduction : *quelqu'un qui soit en mesure* (ou *désireux*) *de vous accueillir.*

ıtil you leave. 12 As you enter the home, give it your
eeting. 13 If the home is deserving, let your peace
st on it; if it is not, let your peace return to you. 14 If
ıyone will not welcome you or listen to your words,
ave that home or town and shake the dust off your
et. 15 Truly I tell you, it will be more bearable for
dom and Gomorrah on the day of judgment than
r that town.

16 "I am sending you out like sheep among wolves.
ıerefore be as shrewd as snakes and as innocent as
ves. 17 Be on your guard; you will be handed over to
e local councils and be flogged in the synagogues.
On my account you will be brought before governors
ıd kings as witnesses to them and to the Gentiles.
But when they arrest you, do not worry about what
say or how to say it. At that time you will be given
hat to say, 20 for it will not be you speaking, but the
irit of your Father speaking through you.

21 "Brother will betray brother to death, and a father
s child; children will rebel against their parents
ıd have them put to death. 22 You will be hated by
eryone because of me, but the one who stands firm
the end will be saved. 23 When you are persecuted
one place, flee to another. Truly I tell you, you will
t finish going through the towns of Israel before
e Son of Man comes.
24 "The student is not above the teacher, nor a ser-
ınt above his master. 25 It is enough for students to be
e their teachers, and servants like their masters. If
e head of the house has been called Beelzebul, how
uch more the members of his household!

26 "So do not be afraid of them, for there is nothing
ncealed that will not be disclosed, or hidden that
ll not be made known. 27 What I tell you in the dark,
eak in the daylight; what is whispered in your ear,
oclaim from the roofs. 28 Do not be afraid of those
ho kill the body but cannot kill the soul. Rather, be
raid of the One who can destroy both soul and body
hell. 29 Are not two sparrows sold for a penny? Yet
t one of them will fall to the ground outside your
ther's care.[y] 30 And even the very hairs of your head
e all numbered. 31 So don't be afraid; you are worth
ore than many sparrows.

0:29 Or *will*; or *knowledge*

chez lui jusqu'à votre départ de la localité. 12 En entrant
dans la maison, saluez ses occupants. 13 S'ils en sont dignes,
que la paix que vous leur souhaitez repose sur eux[a]. Sinon,
qu'elle vous revienne. 14 Si, dans une maison ou dans une
ville, on ne veut pas vous recevoir, ni écouter vos paroles,
quittez la maison ou la ville en secouant la poussière de vos
pieds[b]. 15 Vraiment, je vous l'assure : au jour du jugement,
les villes de Sodome et de Gomorrhe[c] seront traitées avec
moins de rigueur que les habitants de ces lieux-là.

Les difficultés de la mission

(Mc 13.9-13 ; Lc 21.12-19)

16 Voici : moi, je vous envoie comme des brebis au milieu
des loups. Soyez prudents comme des serpents et innocents comme des colombes. 17 Soyez sur vos gardes ; car on
vous traduira devant les tribunaux des Juifs et l'on vous
fera fouetter dans leurs synagogues.
18 On vous forcera à comparaître devant des gouverneurs
et des rois à cause de moi pour leur apporter un témoignage, ainsi qu'aux non-Juifs. 19 Lorsqu'on vous livrera aux
autorités, ne vous inquiétez ni du contenu ni de la forme
de ce que vous direz, car cela vous sera donné au moment
même. 20 En effet, ce n'est pas vous qui parlerez, ce sera
l'Esprit de votre Père qui parlera par votre bouche.
21 Le frère livrera son propre frère pour le faire condamner à mort, et le père livrera son enfant. Des enfants
se dresseront contre leurs parents et les feront mettre à
mort. 22 Tout le monde vous haïra à cause de moi. Mais
celui qui tiendra bon jusqu'au bout sera sauvé.
23 Si l'on vous persécute dans une ville, fuyez dans une
autre ; vraiment, je vous l'assure : vous n'achèverez pas le
tour des villes d'Israël avant que le Fils de l'homme vienne.
24 Le disciple n'est pas plus grand que celui qui l'enseigne, ni le serviteur supérieur à son maître. 25 Il suffit au
disciple d'être comme celui qui l'enseigne et au serviteur
d'être comme son maître. S'ils ont traité le maître de la
maison de Béelzébul[d], que diront-ils de ceux qui font partie
de cette maison ?

Prendre courage pour la mission

(Lc 12.2-9)

26 N'ayez donc pas peur de ces gens-là ! Car tout ce qui
est tenu secret sera dévoilé, et tout ce qui est caché finira
par être connu. 27 Ce que je vous dis en secret, répétez-le
en plein jour. Ce qu'on vous chuchote dans le creux de
l'oreille, criez-le du haut des toits.
28 Ne craignez donc pas ceux qui peuvent tuer le corps,
mais qui n'ont pas le pouvoir de faire mourir l'âme.
Craignez plutôt celui qui peut vous faire périr corps et
âme dans l'enfer. 29 Ne vend-on pas une paire de moineaux pour un sou ? Et pourtant, pas un seul d'entre eux ne
tombe à terre sans le consentement de votre Père. 30 Quant
à vous, même les cheveux de votre tête sont tous comptés.
31 N'ayez donc aucune crainte, car vous, vous avez plus de
valeur que toute une volée de moineaux.

[a] **10.13** Selon la salutation juive habituelle : « Que la paix soit avec vous ! »

[b] **10.14** Geste marquant la rupture avec cette ville ou cette maison.

[c] **10.15** Deux villes frappées par le jugement de Dieu. Leur histoire est racontée dans Gn 18 à 19.

[d] **10.25** *Béelzébul*, « chef des démons », selon 12.24, était l'un des noms du diable.

32 “Whoever acknowledges me before others, I will
also acknowledge before my Father in heaven. 33 But
whoever disowns me before others, I will disown before my Father in heaven.

34 “Do not suppose that I have come to bring peace
to the earth. I did not come to bring peace, but a
sword. 35 For I have come to turn

“ ‘a man against his father,
a daughter against her mother,
a daughter-in-law against her mother-in-law –
36 a man’s enemies will be the members of his
own household.’

37 “Anyone who loves their father or mother more
than me is not worthy of me; anyone who loves their
son or daughter more than me is not worthy of me.
38 Whoever does not take up their cross and follow
me is not worthy of me. 39 Whoever finds their life
will lose it, and whoever loses their life for my sake
will find it.

40 “Anyone who welcomes you welcomes me, and
anyone who welcomes me welcomes the one who sent
me. 41 Whoever welcomes a prophet as a prophet will
receive a prophet’s reward, and whoever welcomes a
righteous person as a righteous person will receive a
righteous person’s reward. 42 And if anyone gives even
a cup of cold water to one of these little ones who is
my disciple, truly I tell you, that person will certainly
not lose their reward.”

Jesus and John the Baptist

11 1 After Jesus had finished instructing his
twelve disciples, he went on from there to
teach and preach in the towns of Galilee.[z]

2 When John, who was in prison, heard about the
deeds of the Messiah, he sent his disciples 3 to ask him,
“Are you the one who is to come, or should we expect
someone else?”

4 Jesus replied, “Go back and report to John what you
hear and see: 5 The blind receive sight, the lame walk,
those who have leprosy[a] are cleansed, the deaf hear,
the dead are raised, and the good news is proclaimed
to the poor. 6 Blessed is anyone who does not stumble
on account of me.”

7 As John’s disciples were leaving, Jesus began to
speak to the crowd about John: “What did you go out
into the wilderness to see? A reed swayed by the wind?
8 If not, what did you go out to see? A man dressed
in fine clothes? No, those who wear fine clothes are
in kings’ palaces. 9 Then what did you go out to see?

z 11:1 Greek *in their towns*
a 11:5 The Greek word traditionally translated *leprosy* was used for various diseases affecting the skin.

32 C’est pourquoi, celui qui se déclarera pour moi deva
les hommes, je me déclarerai moi aussi pour lui deva
mon Père céleste. 33 Mais celui qui aura prétendu ne p
me connaître devant les hommes, je ne le reconnaîtr
pas non plus devant mon Père céleste.

(Lc 12.51-53)

34 Ne croyez pas que je sois venu apporter la paix s
terre : je ne suis pas venu apporter la paix, mais l’ép
35 Oui, je suis venu opposer *le fils à son père, la fille à sa mè*
la belle-fille à sa belle-mère : 36 *on aura pour ennemis les gens*
sa propre famille.

(Lc 14.26-27)

37 Celui qui aime son père ou sa mère plus que moi n’e
pas digne de moi. Celui qui aime son fils ou sa fille pl
que moi n’est pas digne de moi. 38 Et celui qui ne se char
pas de sa croix et ne me suit pas n’est pas digne de m
39 Celui qui cherche à sauver sa vie la perdra ; et celui q
aura perdu sa vie à cause de moi la retrouvera.

(Mc 9.41)

40 Si quelqu’un vous accueille, c’est moi qu’il accueille.
celui qui m’accueille, accueille celui qui m’a envoyé. 41 Cel
qui accueille un prophète parce qu’il est un prophète r
cevra la même récompense que le prophète[e]. Et celui q
accueille un juste parce que c’est un juste aura la mêm
récompense que le juste[f]. 42 Si quelqu’un donne à boire,
serait-ce qu’un verre d’eau fraîche, au plus petit de m
disciples parce qu’il est mon disciple, vraiment, je vo
l’assure, il ne perdra pas sa récompense.

11 1 Quand Jésus eut achevé de donner ces instru
tions à ses douze disciples, il partit de là po
enseigner et prêcher dans les villes de la région.

L’Évangile et la montée de l’opposition

Jésus et Jean-Baptiste

(Lc 7.18-35)

2 Du fond de sa prison, Jean apprit tout ce que Chri
faisait. Il envoya auprès de lui deux de ses disciples.
lui demandèrent : 3 Es-tu celui qui devait venir[g], ou bie
devons-nous en attendre un autre ?

4 Et Jésus leur répondit : Retournez auprès de Jean
racontez-lui ce que vous entendez et ce que vous voye
5 *les aveugles voient*, les paralysés marchent normalemen
les lépreux sont purifiés, les sourds entendent, les mor
ressuscitent, *la Bonne Nouvelle est annoncée aux pauvr*
6 Heureux celui qui ne perdra pas la foi à cause de moi !

7 Comme les envoyés s’en allaient, Jésus saisit cette o
casion pour parler de Jean à la foule : Qu’êtes-vous all
voir au désert ? leur demanda-t-il. Un roseau agité çà et
par le vent ? 8 Oui, qui donc êtes-vous allés voir ? Un hon
me habillé avec élégance ? Généralement, ceux qui so
élégamment vêtus vivent dans les palais royaux. 9 Ma
qu’êtes-vous donc allés voir au désert ? Un prophète ? O

e 10.41 Autre traduction : *recevra une récompense réservée à un prophète.*
f 10.41 Autre traduction : *recevra une récompense réservée à un juste.*
g 11.3 C’est-à-dire : « Es-tu le Messie attendu, promis par les prophètes ? »

prophet? Yes, I tell you, and more than a prophet.
This is the one about whom it is written:

"'I will send my messenger ahead of you,
who will prepare your way before you.'

Truly I tell you, among those born of women there
as not risen anyone greater than John the Baptist; yet
hoever is least in the kingdom of heaven is greater
ıan he. 12 From the days of John the Baptist until
ɔw, the kingdom of heaven has been subjected to vi-
ence,[b] and violent people have been raiding it. 13 For
l the Prophets and the Law prophesied until John.
And if you are willing to accept it, he is the Elijah
ho was to come. 15 Whoever has ears, let them hear.

16 "To what can I compare this generation? They are
ke children sitting in the marketplaces and calling
ut to others:

17 "'We played the pipe for you,
and you did not dance;
we sang a dirge,
and you did not mourn.'

For John came neither eating nor drinking, and they
ay, 'He has a demon.' 19 The Son of Man came eating
nd drinking, and they say, 'Here is a glutton and a
runkard, a friend of tax collectors and sinners.' But
isdom is proved right by her deeds."

oe on Unrepentant Towns

20 Then Jesus began to denounce the towns in which
ıost of his miracles had been performed, because
ıey did not repent. 21 "Woe to you, Chorazin! Woe
ɔ you, Bethsaida! For if the miracles that were per-
ɔrmed in you had been performed in Tyre and Sidon,
ıey would have repented long ago in sackcloth and
shes. 22 But I tell you, it will be more bearable for Tyre
nd Sidon on the day of judgment than for you. 23 And
ɔu, Capernaum, will you be lifted to the heavens? No,
ɔu will go down to Hades.[c] For if the miracles that
ere performed in you had been performed in Sodom,
would have remained to this day. 24 But I tell you
ıat it will be more bearable for Sodom on the day of
ıdgment than for you."

he Father Revealed in the Son

25 At that time Jesus said, "I praise you, Father, Lord
f heaven and earth, because you have hidden these
ıings from the wise and learned, and revealed them
ɔ little children. 26 Yes, Father, for this is what you
ere pleased to do.

11:12 Or *been forcefully advancing*
11:23 That is, the realm of the dead

assurément, et même bien plus qu'un prophète, c'est moi
qui vous le dis. 10 Car c'est celui dont il est écrit :

J'enverrai mon messager devant toi,
il te préparera le chemin.

11 Vraiment, je vous l'assure : parmi tous les hommes qui
sont nés d'une femme, il n'en a paru aucun de plus grand
que Jean-Baptiste. Et pourtant, le plus petit dans le royaume des cieux est plus grand que lui. 12 Depuis l'époque où
Jean-Baptiste a paru jusqu'à cette heure, le royaume des
cieux se force un passage avec violence[h], et ce sont les
violents qui s'en emparent[i]. 13 En effet, jusqu'à Jean, tous
les prophètes et la Loi l'ont prophétisé. 14 Et, si vous voulez
le croire, c'est lui, cet Elie qui devait venir. 15 Celui qui a
des oreilles, qu'il entende !

16 A qui donc pourrais-je comparer les gens de notre
temps ? Ils sont comme ces enfants assis sur la place du
marché qui crient à leurs camarades :

17 Quand nous avons joué de la flûte,
vous n'avez pas dansé !
Et quand nous avons chanté des airs de deuil,
vous ne vous êtes pas lamentés !

18 En effet, Jean est venu, il ne mangeait pas et ne buvait pas de vin. Et qu'a-t-on dit ? « Il a un démon en lui ! »
19 Le Fils de l'homme est venu, il mange et boit, et l'on
dit : « Cet homme ne pense qu'à faire bonne chère et à
boire du vin, il est l'ami des collecteurs d'impôts et des
pécheurs notoires. » Et cependant, la sagesse de Dieu se fait
reconnaître comme telle par les œuvres qu'elle accomplit[j].

Les reproches aux villes rebelles

(Lc 10.12-15)

20 Alors Jésus adressa de sévères reproches aux villes
où il avait fait la plupart de ses miracles, parce que leurs
habitants n'avaient pas changé :

21 Malheur à toi, Chorazin[k] ! Malheur à toi, Bethsaïda !
car si les miracles qui se sont produits au milieu de vous
avaient eu lieu à Tyr et à Sidon[l], il y a longtemps que
leurs habitants auraient changé et l'auraient manifesté
en revêtant des habits de toile de sac et en se couvrant
de cendre. 22 C'est pourquoi, je vous le déclare : au jour du
jugement, ces villes seront traitées avec moins de rigueur
que vous.

23 Et toi, Capernaüm, crois-tu que tu seras élevée jusqu'au
ciel ? Non ! Tu seras précipitée au séjour des morts. Car si
les miracles qui se sont produits chez toi avaient eu lieu à
Sodome, elle existerait encore aujourd'hui. 24 C'est pourquoi, je vous le déclare : au jour du jugement, le pays de
Sodome sera traité avec moins de rigueur que toi.

(Lc 10.21-22)

25 Vers cette même époque, Jésus dit : Je te loue, ô Père,
Seigneur du ciel et de la terre, parce que tu as caché
ces choses aux sages et aux intelligents, et que tu les as
révélées à ceux qui sont tout petits. 26 Oui, Père, car dans
ta bonté, tu l'as voulu ainsi.

h 11.12 Autre traduction : *le royaume des cieux est soumis à la violence.*
i 11.12 Autre traduction : *et des hommes violents l'assaillent.*
j 11.19 Autre traduction : *mais la sagesse a été reconnue juste d'après ses effets.*
k 11.21 *Chorazin ... Bethsaïda:* deux villes voisines de Capernaüm. *Tyr ... Sidon:* deux villes phéniciennes, donc non juives.
l 11.21 Voir note Lc 6.17. Ces villes étaient réputées très corrompues.

27 "All things have been committed to me by my Father. No one knows the Son except the Father, and no one knows the Father except the Son and those to whom the Son chooses to reveal him.

28 "Come to me, all you who are weary and burdened, and I will give you rest. 29 Take my yoke upon you and learn from me, for I am gentle and humble in heart, and you will find rest for your souls. 30 For my yoke is easy and my burden is light."

Jesus Is Lord of the Sabbath

12 1 At that time Jesus went through the grainfields on the Sabbath. His disciples were hungry and began to pick some heads of grain and eat them. 2 When the Pharisees saw this, they said to him, "Look! Your disciples are doing what is unlawful on the Sabbath."

3 He answered, "Haven't you read what David did when he and his companions were hungry? 4 He entered the house of God, and he and his companions ate the consecrated bread – which was not lawful for them to do, but only for the priests. 5 Or haven't you read in the Law that the priests on Sabbath duty in the temple desecrate the Sabbath and yet are innocent? 6 I tell you that something greater than the temple is here. 7 If you had known what these words mean, 'I desire mercy, not sacrifice,' you would not have condemned the innocent. 8 For the Son of Man is Lord of the Sabbath."

9 Going on from that place, he went into their synagogue, 10 and a man with a shriveled hand was there. Looking for a reason to bring charges against Jesus, they asked him, "Is it lawful to heal on the Sabbath?"

11 He said to them, "If any of you has a sheep and it falls into a pit on the Sabbath, will you not take hold of it and lift it out? 12 How much more valuable is a person than a sheep! Therefore it is lawful to do good on the Sabbath."

13 Then he said to the man, "Stretch out your hand." So he stretched it out and it was completely restored, just as sound as the other. 14 But the Pharisees went out and plotted how they might kill Jesus.

God's Chosen Servant

15 Aware of this, Jesus withdrew from that place. A large crowd followed him, and he healed all who were ill. 16 He warned them not to tell others about him. 17 This was to fulfill what was spoken through the prophet Isaiah:

18 "Here is my servant whom I have chosen,
the one I love, in whom I delight;
I will put my Spirit on him,
and he will proclaim justice to the nations.
19 He will not quarrel or cry out;

27 Mon Père a remis toutes choses entre mes mair Personne ne connaît le Fils, si ce n'est le Père ; et person ne connaît le Père, si ce n'est le Fils et celui à qui le Fi veut le révéler.

28 Venez à moi, vous tous qui êtes accablés sous le poi d'un lourd fardeau, et je vous donnerai du repos. 29 Pren mon joug sur vous et mettez-vous à mon école, car je su doux et humble de cœur, et vous trouverez le repos po vous-mêmes. 30 Oui, mon joug est facile à porter et charge que je vous impose est légère.

Jésus maître du sabbat

(Mc 2.23-28 ; Lc 6.1-5)

12 1 A cette époque, un jour de sabbat, Jésus traversa des champs de blé. Comme ses disciples avaie faim, ils se mirent à cueillir des épis pour en manger l grains.

2 Quand les pharisiens virent cela, ils dirent à Jésu Regarde tes disciples : ils font ce qui est interdit le jo du sabbat !

3 Il leur répondit : N'avez-vous donc pas lu ce qu'a fa David lorsque lui et ses compagnons avaient faim ? 4 Il e entré dans le sanctuaire de Dieu et il a mangé avec eu les pains exposés devant Dieu. Or, ni lui ni ses homm n'avaient le droit d'en manger, ils étaient réservés uniqu ment aux prêtres. 5 Ou bien, n'avez-vous pas lu dans la L que, le jour du sabbat, les prêtres qui travaillent dans Temple violent la loi sur le sabbat, sans pour cela se rend coupables d'aucune faute ?

6 Or, je vous le dis : il y a ici plus que le Temple. 7 Ah ! vous aviez compris le sens de cette parole : *Ce que je veu c'est la compassion bien plus que les sacrifices*, vous n'auri pas condamné ces innocents. 8 Car le Fils de l'homme e maître du sabbat.

(Mc 3.1-6 ; Lc 6.6-11)

9 En partant de là, Jésus se rendit dans l'une de leu synagogues. 10 Il y avait là un homme paralysé d'une mai Les pharisiens demandèrent à Jésus : A-t-on le droit d guérir quelqu'un le jour du sabbat ?
Ils voulaient ainsi pouvoir l'accuser.

11 Mais il leur répondit : Supposez que l'un de vous n'a qu'un seul mouton et qu'un jour de sabbat, il tombe dar un trou profond. Ne va-t-il pas le prendre et l'en sortir 12 Eh bien, un homme a beaucoup plus de valeur qu'un mo ton ! Il est donc permis de faire du bien le jour du sabba

13 Alors il dit à l'homme : Etends la main !
Il la tendit et elle redevint saine, comme l'autre.

14 Les pharisiens sortirent de la synagogue et se co certèrent sur les moyens de faire mourir Jésus.

Jésus le Serviteur de l'Eternel

15 Quand Jésus sut qu'on voulait le tuer, il partit de l Une grande foule le suivit et il guérit tous les malade 16 Mais il leur défendit formellement de le faire connaîtr 17 Ainsi devait s'accomplir cette parole du prophète Esaïe

18 *Voici mon serviteur, dit Dieu, celui que j'ai choisi,*
celui que j'aime et qui fait toute ma joie.
Je ferai reposer mon Esprit sur lui
et il annoncera la justice à tous les peuples.
19 *Il ne cherchera pas querelle,*
il ne criera pas.

no one will hear his voice in the streets.
20 A bruised reed he will not break,
and a smoldering wick he will not snuff out,
till he has brought justice through to victory.

21 In his name the nations will put their hope."

sus and Beelzebul

22 Then they brought him a demon-possessed man
ho was blind and mute, and Jesus healed him, so
at he could both talk and see. 23 All the people were
tonished and said, "Could this be the Son of David?"

24 But when the Pharisees heard this, they said, "It
only by Beelzebul, the prince of demons, that this
llow drives out demons."

25 Jesus knew their thoughts and said to them,
very kingdom divided against itself will be ruined,
id every city or household divided against itself will
ot stand. 26 If Satan drives out Satan, he is divided
gainst himself. How then can his kingdom stand?
And if I drive out demons by Beelzebul, by whom do
our people drive them out? So then, they will be your
dges. 28 But if it is by the Spirit of God that I drive out
emons, then the kingdom of God has come upon you.

29 "Or again, how can anyone enter a strong man's
ouse and carry off his possessions unless he first ties
the strong man? Then he can plunder his house.

30 "Whoever is not with me is against me, and whover does not gather with me scatters. 31 And so I tell
ou, every kind of sin and slander can be forgiven,
ut blasphemy against the Spirit will not be forgiven.
Anyone who speaks a word against the Son of Man
ill be forgiven, but anyone who speaks against the
oly Spirit will not be forgiven, either in this age or
the age to come.

33 "Make a tree good and its fruit will be good, or
ake a tree bad and its fruit will be bad, for a tree is
cognized by its fruit. 34 You brood of vipers, how can
ou who are evil say anything good? For the mouth
eaks what the heart is full of. 35 A good man brings
ood things out of the good stored up in him, and an
vil man brings evil things out of the evil stored up
him. 36 But I tell you that everyone will have to give
ccount on the day of judgment for every empty word
ney have spoken. 37 For by your words you will be
cquitted, and by your words you will be condemned."

On n'entendra pas sa voix dans les rues.
20 *Il ne brisera pas le roseau qui se ploie*
et il n'éteindra pas la lampe
dont la mèche fume encore.
Il agira encore,
jusqu'à ce qu'il ait assuré le triomphe de la justice.
21 *Tous les peuples mettront leur espoir en lui*[m].

Dieu ou Satan ?

(Mc 3.20-30 ; Lc 11.14-23 ; 12.10)

22 On lui amena encore un homme qui était sous l'emprise d'un démon qui le rendait aveugle et muet. Jésus le
guérit, et l'homme put de nouveau parler et voir.
23 La foule, stupéfaite, disait : Cet homme n'est-il pas le
Fils de David ?
24 Les pharisiens, ayant appris ce qu'on disait de lui, déclarèrent : Si cet homme chasse les démons, c'est par le
pouvoir de Béelzébul[n], le chef des démons.
25 Mais Jésus, connaissant leurs pensées, leur dit : Tout
royaume déchiré par la guerre civile est dévasté. Aucune
ville, aucune famille divisée ne peut subsister. 26 Si donc
Satan se met à chasser Satan, il est en conflit avec lui-
même. Comment alors son royaume subsistera-t-il ?
27 D'ailleurs, si moi je chasse les démons par Béelzébul,
qui donc donne à vos disciples le pouvoir de les chasser ?
C'est pourquoi ils seront eux-mêmes vos juges. 28 Mais si
c'est par l'Esprit de Dieu que je chasse les démons, alors, de
toute évidence, le royaume de Dieu est venu jusqu'à vous.
29 Ou encore : Comment quelqu'un peut-il pénétrer dans
la maison d'un homme fort et s'emparer de ses biens s'il
n'a pas, tout d'abord, ligoté cet homme fort ? C'est alors
qu'il pillera sa maison.
30 Celui qui n'est pas avec moi est contre moi, et celui
qui ne se joint pas à moi pour rassembler, disperse. 31 C'est
pourquoi je vous avertis : tout péché, tout blasphème sera
pardonné aux hommes mais pas le blasphème contre le
Saint-Esprit. 32 Si quelqu'un dit une parole contre le Fils
de l'homme, il lui sera pardonné ; mais si quelqu'un parle
contre le Saint-Esprit, il ne recevra pas le pardon, ni dans
la vie présente ni dans le monde à venir.

(Lc 6.43-45)

33 Considérez ou bien que l'arbre est bon et que son fruit
est bon, ou bien que l'arbre est mauvais et que son fruit est
mauvais[o], car c'est à son fruit que l'on reconnaît l'arbre.
34 Espèces de vipères ! Comment pouvez-vous tenir des
propos qui soient bons alors que vous êtes mauvais ? Car
ce qu'on dit vient de ce qui remplit le cœur. 35 L'homme
qui est bon tire de bonnes choses du bon trésor qui est
en lui ; mais l'homme qui est mauvais tire de mauvaises
choses du mauvais trésor qui est en lui. 36 Or, je vous le
déclare, au jour du jugement les hommes rendront compte
de toute parole sans fondement[p] qu'ils auront prononcée.
37 En effet, c'est en fonction de tes propres paroles que tu
seras déclaré juste, ou que tu seras condamné.

---

m **12.21** Es 42.4 cité selon l'ancienne version grecque.
n **12.24** *Béelzébul:* voir note Mt 10.25.
o **12.33** Autre traduction : *ou bien vous considérez ... ou bien vous considérez ...*
p **12.36** Autre traduction : *sans efficacité.*

The Sign of Jonah

[38]Then some of the Pharisees and teachers of the law said to him, "Teacher, we want to see a sign from you."

[39]He answered, "A wicked and adulterous generation asks for a sign! But none will be given it except the sign of the prophet Jonah. [40]For as Jonah was three days and three nights in the belly of a huge fish, so the Son of Man will be three days and three nights in the heart of the earth. [41]The men of Nineveh will stand up at the judgment with this generation and condemn it; for they repented at the preaching of Jonah, and now something greater than Jonah is here. [42]The Queen of the South will rise at the judgment with this generation and condemn it; for she came from the ends of the earth to listen to Solomon's wisdom, and now something greater than Solomon is here.

[43]"When an impure spirit comes out of a person, it goes through arid places seeking rest and does not find it. [44]Then it says, 'I will return to the house I left.' When it arrives, it finds the house unoccupied, swept clean and put in order. [45]Then it goes and takes with it seven other spirits more wicked than itself, and they go in and live there. And the final condition of that person is worse than the first. That is how it will be with this wicked generation."

Jesus' Mother and Brothers

[46]While Jesus was still talking to the crowd, his mother and brothers stood outside, wanting to speak to him. [47]Someone told him, "Your mother and brothers are standing outside, wanting to speak to you."

[48]He replied to him, "Who is my mother, and who are my brothers?" [49]Pointing to his disciples, he said, "Here are my mother and my brothers. [50]For whoever does the will of my Father in heaven is my brother and sister and mother."

The Parable of the Sower

13 [1]That same day Jesus went out of the house and sat by the lake. [2]Such large crowds gathered around him that he got into a boat and sat in it, while all the people stood on the shore. [3]Then he told them many things in parables, saying: "A farmer went out to sow his seed. [4]As he was scattering the seed, some fell along the path, and the birds came and ate it up. [5]Some fell on rocky places, where it did not have much soil. It sprang up quickly, because the soil was shallow. [6]But when the sun came up, the plants

(Mc 8.11-12 ; Lc 11.29-32)

[38]Quelques spécialistes de la Loi et des pharisiens inte vinrent en disant : Maître, nous voudrions te voir faire u signe miraculeux.

[39]Il leur répondit : Ces gens de notre temps qui sont ma vais et infidèles à Dieu réclament un signe miraculeux ! U signe ... il ne leur en sera pas accordé d'autre que celui d prophète Jonas. [40]En effet, *comme Jonas resta trois jours trois nuits dans le ventre du poisson*, ainsi le Fils de l'homm passera trois jours et trois nuits dans le sein de la terre [41]Au jour du jugement, les habitants de Ninive[q] se lève ront et condamneront les gens de notre temps, car ils or changé en réponse à la prédication de Jonas. Or, il y a i plus que Jonas. [42]Au jour du jugement, la reine du Mi se lèvera et condamnera les gens de notre temps, car el est venue du bout du monde pour écouter l'enseigneme plein de sagesse de Salomon. Or, il y a ici plus que Salomor

(Lc 11.24-26)

[43]Lorsqu'un esprit mauvais est sorti de quelqu'un, il er çà et là dans des lieux déserts, à la recherche d'un lieu d repos, et il n'en trouve pas. [44]Il se dit alors : « Mieux va regagner la demeure que j'ai quittée. » Il y retourne dor et la trouve vide, balayée, et mise en ordre. [45]Alors il v chercher sept autres esprits encore plus méchants qu lui et les amène avec lui. Ils entrent dans la demeure e s'y installent. Finalement, la condition de cet homme es pire qu'avant. C'est exactement ce qui arrivera à ces ger de notre temps qui sont mauvais.

La vraie famille de Jésus

(Mc 3.31-35 ; Lc 8.19-21)

[46]Pendant que Jésus parlait encore à la foule, voici qu sa mère et ses frères se tenaient dehors, cherchant à l parler.

[[47]Quelqu'un vint lui dire : Ta mère et tes frères sont l Ils cherchent à te parler[r]].

[48]Mais Jésus lui répondit : Qui est ma mère ? Qui sor mes frères ? [49]Puis, désignant ses disciples d'un geste d la main, il ajouta : Ma mère et mes frères, les voici. [50]Ca celui qui fait la volonté de mon Père céleste, celui-là es pour moi un frère, une sœur, une mère.

Les paraboles du royaume

La parabole du semeur

(Mc 4.1-9 ; Lc 8.4-8)

13 [1]Ce jour-là, Jésus sortit de la maison où il se trou vait et alla s'asseoir au bord du lac. [2]Autour d lui la foule se rassembla si nombreuse qu'il dut monte dans un bateau. Il s'y assit. La foule se tenait sur le rivag [3]Il prit la parole et leur exposa bien des choses sou forme de paraboles. Il leur dit : Un semeur sortit pou semer. [4]Alors qu'il répandait sa semence, des grain tombèrent au bord du chemin ; les oiseaux vinrent et le mangèrent. [5]D'autres tombèrent sur un sol rocailleux e ne trouvant qu'une mince couche de terre, ils levèren rapidement parce que la terre n'était pas profonde. [6]Ma quand le soleil fut monté haut dans le ciel, les petits plant

[q] **12.41** *Ninive:* ancienne capitale de l'Assyrie dont les habitants ont changé d'attitude en entendant la prédication du prophète Jonas.
[r] **12.47** Ce verset est absent de nombreux manuscrits.

ere scorched, and they withered because they had
› root. 7Other seed fell among thorns, which grew up
ıd choked the plants. 8Still other seed fell on good
›il, where it produced a crop – a hundred, sixty or
ıirty times what was sown. 9Whoever has ears, let
ıem hear."

10The disciples came to him and asked, "Why do
ɔu speak to the people in parables?"
11He replied, "Because the knowledge of the secrets
ː the kingdom of heaven has been given to you, but
ɔt to them. 12Whoever has will be given more, and
ıey will have an abundance. Whoever does not have,
ven what they have will be taken from them. 13This
why I speak to them in parables:

"Though seeing, they do not see;
though hearing, they do not hear or
understand.

In them is fulfilled the prophecy of Isaiah:

" 'You will be ever hearing but never
understanding;
you will be ever seeing but never perceiving.
15 For this people's heart has become calloused;
they hardly hear with their ears,
and they have closed their eyes.
Otherwise they might see with their eyes,
hear with their ears,
understand with their hearts
and turn, and I would heal them.'[d]

But blessed are your eyes because they see, and your
ars because they hear. 17For truly I tell you, many
rophets and righteous people longed to see what
ɔu see but did not see it, and to hear what you hear
ut did not hear it.

18"Listen then to what the parable of the sower
ıeans: 19When anyone hears the message about the
ingdom and does not understand it, the evil one
omes and snatches away what was sown in their
eart. This is the seed sown along the path. 20The
ɜed falling on rocky ground refers to someone who
ears the word and at once receives it with joy. 21But
ince they have no root, they last only a short time.
Vhen trouble or persecution comes because of the
ord, they quickly fall away. 22The seed falling among
he thorns refers to someone who hears the word,
ut the worries of this life and the deceitfulness of
vealth choke the word, making it unfruitful. 23But
he seed falling on good soil refers to someone who
ears the word and understands it. This is the one who
roduces a crop, yielding a hundred, sixty or thirty
imes what was sown."

13:15 Isaiah 6:9,10 (see Septuagint)

furent vite brûlés et, comme ils n'avaient pas vraiment pris
racine, ils séchèrent. 7D'autres grains tombèrent parmi
les ronces. Celles-ci grandirent et étouffèrent les jeunes
pousses. 8D'autres grains enfin tombèrent sur la bonne
terre et donnèrent du fruit avec un rendement de cent,
soixante, ou trente pour un. 9Celui qui a des oreilles, qu'il
entende !

(Mc 4.10-12 ; Lc 8.9-10)

10Alors ses disciples s'approchèrent et lui demandèrent :
Pourquoi te sers-tu de paraboles pour leur parler ?
11Il leur répondit : Vous avez reçu le privilège de connaître les secrets du royaume des cieux, mais eux ne l'ont
pas reçu. 12Car à celui qui a, on donnera encore, jusqu'à
ce qu'il soit dans l'abondance ; mais à celui qui n'a pas, on
ôtera même ce qu'il a.
13Voici pourquoi je me sers de paraboles, pour leur parler : c'est que, bien qu'ils regardent, ils ne voient pas, et bien
qu'ils écoutent, ils n'entendent pas et ne comprennent pas.
14Pour eux s'accomplit cette prophétie d'Esaïe :

Vous aurez beau entendre,
vous ne comprendrez pas.
Vous aurez beau voir de vos propres yeux,
vous ne saisirez pas.
15 *Car ce peuple est devenu insensible,*
ils ont fait la sourde oreille
et ils se sont bouché les yeux,
de peur qu'ils voient de leurs yeux,
et qu'ils entendent de leurs oreilles,
de peur qu'ils comprennent,
qu'ils reviennent à moi
et que je les guérisse[s].

16Vous, au contraire, vous êtes heureux, vos yeux voient
et vos oreilles entendent ! 17Vraiment, je vous l'assure :
beaucoup de prophètes et de justes ont désiré voir ce que
vous voyez, mais ne l'ont pas vu ; ils ont désiré entendre
ce que vous entendez, mais ne l'ont pas entendu.

(Mc 4.13-20 ; Lc 8.11-15)

18Vous donc, écoutez ce que signifie la parabole du semeur : 19Chaque fois que quelqu'un entend le message qui
concerne le royaume et ne le comprend pas, le diable[t] vient
arracher ce qui a été semé dans son cœur. Tel est celui
qui a reçu la semence « au bord du chemin ». 20Puis il y a
celui qui reçoit la semence « sur le sol rocailleux » : quand
il entend la Parole, il l'accepte aussitôt avec joie. 21Mais
il ne la laisse pas prendre racine en lui, car il est inconstant. Que surviennent des difficultés ou la persécution à
cause de la Parole, le voilà qui abandonne tout. 22Un autre
encore a reçu la semence « parmi les ronces ». C'est celui
qui écoute la Parole, mais en qui elle ne porte pas de fruit[u]
parce qu'elle est étouffée par les soucis de ce monde et par
l'attrait trompeur des richesses. 23Un autre enfin a reçu
la semence « sur la bonne terre ». C'est celui qui écoute la
Parole et la comprend. Alors il porte du fruit : chez l'un,
un grain en rapporte cent, chez un autre soixante, chez
un autre trente.

s **13.15** Es 6.9-10 cité selon l'ancienne version grecque.
t **13.19** Autre traduction : *le mal.*
u **13.22** Autre traduction : *mais qui ne porte pas de fruit.*

The Parable of the Weeds

24 Jesus told them another parable: "The kingdom
of heaven is like a man who sowed good seed in his
field. 25 But while everyone was sleeping, his enemy
came and sowed weeds among the wheat, and went
away. 26 When the wheat sprouted and formed heads,
then the weeds also appeared.

27 "The owner's servants came to him and said, 'Sir,
didn't you sow good seed in your field? Where then
did the weeds come from?'

28 " 'An enemy did this,' he replied.

"The servants asked him, 'Do you want us to go and
pull them up?'

29 " 'No,' he answered, 'because while you are pulling
the weeds, you may uproot the wheat with them. 30 Let
both grow together until the harvest. At that time I
will tell the harvesters: First collect the weeds and tie
them in bundles to be burned; then gather the wheat
and bring it into my barn.' "

The Parables of the Mustard Seed and the Yeast

31 He told them another parable: "The kingdom of
heaven is like a mustard seed, which a man took and
planted in his field. 32 Though it is the smallest of all
seeds, yet when it grows, it is the largest of garden
plants and becomes a tree, so that the birds come and
perch in its branches."

33 He told them still another parable: "The kingdom
of heaven is like yeast that a woman took and mixed
into about sixty pounds[e] of flour until it worked all
through the dough."

34 Jesus spoke all these things to the crowd in parables; he did not say anything to them without using a
parable. 35 So was fulfilled what was spoken through
the prophet:

"I will open my mouth in parables,
I will utter things hidden since the creation
of the world."

The Parable of the Weeds Explained

36 Then he left the crowd and went into the house.
His disciples came to him and said, "Explain to us the
parable of the weeds in the field."

37 He answered, "The one who sowed the good seed
is the Son of Man. 38 The field is the world, and the
good seed stands for the people of the kingdom. The
weeds are the people of the evil one, 39 and the enemy
who sows them is the devil. The harvest is the end of
the age, and the harvesters are angels.

40 "As the weeds are pulled up and burned in the
fire, so it will be at the end of the age. 41 The Son of

La parabole de la mauvaise herbe

24 Il leur proposa une autre parabole : Il en est du roya
me des cieux comme d'un homme qui avait semé du b
grain dans son champ. 25 Pendant que tout le monde d
mait, son ennemi sema une mauvaise herbe au milieu
blé, puis s'en alla. 26 Quand le blé eut poussé et produit d
épis, on vit aussi apparaître la mauvaise herbe. 27 Les serv
teurs du propriétaire de ce champ vinrent lui demande
Maître, n'est-ce pas du bon grain que tu as semé dans t
champ ? D'où vient donc cette mauvaise herbe ?

28 Il leur répondit : C'est un ennemi qui a fait cela !

Alors les serviteurs demandèrent : Veux-tu donc q
nous arrachions cette mauvaise herbe ?

29 – Non, répondit le maître, car en enlevant la mauvai
herbe, vous risqueriez d'arracher le blé en même temp
30 Laissez pousser les deux ensemble jusqu'à la moisso
A ce moment-là, je dirai aux moissonneurs : « Enlev
d'abord la mauvaise herbe et liez-la en bottes pour
brûler : ensuite vous couperez le blé et vous le rentrer
dans mon grenier. »

Les paraboles de la graine de moutarde et du levain

(Mc 4.30-32 ; Lc 13.18-19)

31 Jésus leur raconta une autre parabole : Le royaun
des cieux ressemble à une graine de moutarde qu'un hon
me a prise pour la semer dans son champ. 32 C'est la pl
petite de toutes les semences ; mais quand elle a pouss
elle dépasse les autres plantes du potager et devient u
arbuste, si bien que les oiseaux du ciel viennent nich
dans ses branches.

(Lc 13.20-21)

33 Il leur raconta une autre parabole : Le royaume d
cieux ressemble à du levain qu'une femme a pris pour
mélanger à une vingtaine de kilogrammes de farine. Et
la fin, toute la pâte a levé.

(Mc 4.33-34)

34 Jésus enseigna toutes ces choses aux foules en emplo
ant des paraboles, et il ne leur parlait pas sans parabole
35 Ainsi s'accomplissait la parole du prophète :

J'énoncerai des paraboles,
je dirai des secrets cachés depuis la création du monde.

La parabole de la mauvaise herbe expliquée

36 Alors Jésus laissa la foule et il rentra dans la maiso
Ses disciples vinrent auprès de lui et lui demandèren
Explique-nous la parabole de la mauvaise herbe dans
champ.

37 Il leur répondit : Celui qui sème la bonne semenc
c'est le Fils de l'homme ; 38 le champ, c'est le monde ;
bonne semence, ce sont ceux qui font partie du royaum
La mauvaise herbe, ce sont ceux qui suivent le diable
39 L'ennemi qui a semé les mauvaises graines, c'est le di
ble ; la moisson, c'est la fin du monde ; les moissonneur
ce sont les anges.

40 Comme on arrache la mauvaise herbe et qu'on la r
masse pour la jeter au feu, ainsi en sera-t-il à la fin d

[e] 13:33 Or about 27 kilograms

[v] 13.38 Autre traduction : *le mal.*

an will send out his angels, and they will weed out
' his kingdom everything that causes sin and all
ho do evil. 42 They will throw them into the blazing
ırnace, where there will be weeping and gnashing
' teeth. 43 Then the righteous will shine like the sun
the kingdom of their Father. Whoever has ears, let
ıem hear.

he Parables of the Hidden reasure and the Pearl

44 "The kingdom of heaven is like treasure hidden
a field. When a man found it, he hid it again, and
ıen in his joy went and sold all he had and bought
ıat field.
45 "Again, the kingdom of heaven is like a merchant
ɔoking for fine pearls. 46 When he found one of great
ılue, he went away and sold everything he had and
ought it.

he Parable of the Net

47 "Once again, the kingdom of heaven is like a net
ıat was let down into the lake and caught all kinds
f fish. 48 When it was full, the fishermen pulled it up
n the shore. Then they sat down and collected the
ɔod fish in baskets, but threw the bad away. 49 This
how it will be at the end of the age. The angels will
ɔme and separate the wicked from the righteous
' and throw them into the blazing furnace, where
ıere will be weeping and gnashing of teeth.

51 "Have you understood all these things?" Jesus
sked.
"Yes," they replied.
52 He said to them, "Therefore every teacher of the
ıw who has become a disciple in the kingdom of heav-
n is like the owner of a house who brings out of his
toreroom new treasures as well as old."

Prophet Without Honor

53 When Jesus had finished these parables, he moved
n from there. 54 Coming to his hometown, he began
eaching the people in their synagogue, and they were
mazed. "Where did this man get this wisdom and
hese miraculous powers?" they asked. 55 "Isn't this
ıe carpenter's son? Isn't his mother's name Mary, and
ren't his brothers James, Joseph, Simon and Judas?
' Aren't all his sisters with us? Where then did this
ıan get all these things?" 57 And they took offense
: him.
But Jesus said to them, "A prophet is not without
onor except in his own town and in his own home."

monde : 41 le Fils de l'homme enverra ses anges et ils
élimineront de son royaume tous ceux qui font tomber
les autres dans le péché[w] et ceux qui font le mal. 42 Ils les
précipiteront dans la fournaise ardente où il y aura des
pleurs et d'amers regrets. 43 Alors les justes resplendiront
comme le soleil dans le royaume de leur Père. Celui qui a
des oreilles, qu'il entende !

Les paraboles du trésor et de la perle

44 Le royaume des cieux ressemble à un trésor enfoui
dans un champ. Un homme le découvre : il le cache de
nouveau, s'en va, débordant de joie, vend tout ce qu'il possède et achète ce champ.
45 Voici à quoi ressemble encore le royaume des cieux :
un marchand cherche de belles perles. 46 Quand il en a
trouvé une de grande valeur, il s'en va vendre tout ce qu'il
possède et achète cette perle précieuse.

La parabole du filet

47 Voici encore à quoi ressemble le royaume des cieux :
des pêcheurs ont jeté en mer un filet qui ramasse toutes
sortes de poissons. 48 Une fois qu'il est rempli, les pêcheurs
le tirent sur le rivage, puis ils s'assoient autour et trient
leur prise : ce qui est bon, ils le mettent dans des paniers
et ce qui ne vaut rien, ils le rejettent. 49 C'est ainsi que les
choses se passeront à la fin du monde : les anges viendront
et sépareront les méchants d'avec les justes 50 et ils les
précipiteront dans la fournaise ardente où il y aura des
pleurs et d'amers regrets.
51 – Avez-vous compris tout cela ?
– Oui, répondirent-ils.
52 Alors Jésus conclut : Ainsi donc, tout spécialiste de la
Loi qui a été instruit des choses qui concernent le royaume
des cieux est semblable à un père de famille qui tire de
son trésor des choses nouvelles et des choses anciennes.

53 Quand Jésus eut fini de raconter ces paraboles, il partit
de là.

L'Évangile : le rejet et la foi

Jésus rejeté à Nazareth

(Mc 6.1-6 ; Lc 4.16-30)

54 Il retourna dans la ville où il avait vécu[x]. Il enseignait
ses concitoyens dans leur synagogue. Son enseignement les
impressionnait, si bien qu'ils disaient : D'où tient-il cette
sagesse et le pouvoir d'accomplir ces miracles ? 55 N'est-il
pas le fils du charpentier ? N'est-il pas le fils de Marie, et
le frère de Jacques, de Joseph, de Simon et de Jude ! 56 Ses
sœurs ne vivent-elles pas toutes parmi nous ? D'où a-t-il
reçu tout cela ?
57 Et voilà pourquoi ils trouvaient en lui un obstacle à
la foi.
Alors Jésus leur dit : C'est seulement dans sa patrie
et dans sa propre famille que l'on refuse d'honorer un
prophète.

w **13.41** Autre traduction : *qui détournent les autres de la foi.*
x **13.54** C'est-à-dire à Nazareth (voir2.23 ; Lc 4.16).

58 And he did not do many miracles there because of their lack of faith.

John the Baptist Beheaded

14 1 At that time Herod the tetrarch heard the reports about Jesus, 2 and he said to his attendants, “This is John the Baptist; he has risen from the dead! That is why miraculous powers are at work in him.”

3 Now Herod had arrested John and bound him and put him in prison because of Herodias, his brother Philip’s wife, 4 for John had been saying to him: “It is not lawful for you to have her.” 5 Herod wanted to kill John, but he was afraid of the people, because they considered John a prophet.

6 On Herod’s birthday the daughter of Herodias danced for the guests and pleased Herod so much 7 that he promised with an oath to give her whatever she asked. 8 Prompted by her mother, she said, “Give me here on a platter the head of John the Baptist.” 9 The king was distressed, but because of his oaths and his dinner guests, he ordered that her request be granted 10 and had John beheaded in the prison. 11 His head was brought in on a platter and given to the girl, who carried it to her mother. 12 John’s disciples came and took his body and buried it. Then they went and told Jesus.

Jesus Feeds the Five Thousand

13 When Jesus heard what had happened, he withdrew by boat privately to a solitary place. Hearing of this, the crowds followed him on foot from the towns. 14 When Jesus landed and saw a large crowd, he had compassion on them and healed their sick.

15 As evening approached, the disciples came to him and said, “This is a remote place, and it’s already getting late. Send the crowds away, so they can go to the villages and buy themselves some food.”

16 Jesus replied, “They do not need to go away. You give them something to eat.”

17 “We have here only five loaves of bread and two fish,” they answered.

18 “Bring them here to me,” he said. 19 And he directed the people to sit down on the grass. Taking the five loaves and the two fish and looking up to heaven, he gave thanks and broke the loaves. Then he gave them to the disciples, and the disciples gave them to the people. 20 They all ate and were satisfied, and the disciples picked up twelve basketfuls of broken pieces that were left over. 21 The number of those who ate was about five thousand men, besides women and children.

Jesus Walks on the Water

22 Immediately Jesus made the disciples get into the boat and go on ahead of him to the other side, while he dismissed the crowd. 23 After he had dismissed

58 Aussi ne fit-il là que peu de miracles, à cause de le incrédulité.

L’exécution de Jean-Baptiste

(Mc 6.14-29 ; Lc 9.7-9 ; 3.19-20)

14 1 A cette époque, Hérode, le gouverneur de Galilée, entendit parler de Jésus.

2 – Cet homme, dit-il à ses courtisans, c’est sûreme Jean-Baptiste : le voilà ressuscité des morts ! C’est po cela qu’il détient le pouvoir de faire des miracles.

3 En effet, Hérode avait ordonné d’arrêter Jean, l’ava fait enchaîner et jeter en prison, à cause d’Hérodiade, femme de Philippe, son demi-frère, 4 parce qu’il lui disai Tu n’as pas le droit de la prendre pour femme.

5 Hérode cherchait donc à le faire mourir. Mais il crai nait la foule, car elle considérait Jean-Baptiste comme u prophète. 6 Or, le jour de l’anniversaire d’Hérode, la fil d’Hérodiade exécuta une danse devant les invités. Héro était sous son charme : 7 aussi lui promit-il, avec sermen de lui donner tout ce qu’elle demanderait.

8 A l’instigation de sa mère, elle lui dit : Donne-moi ic sur un plat, la tête de Jean-Baptiste.

9 Cette demande attrista le roi. Mais à cause de son se ment et de ses invités, il donna l’ordre de la lui accorde 10 Il envoya un soldat décapiter Jean-Baptiste dans prison. 11 La tête de ce dernier fut apportée sur un plat remise à la jeune fille qui la porta à sa mère. 12 Les discipl de Jean-Baptiste vinrent prendre son corps pour l’ente rer, puis ils allèrent informer Jésus de ce qui s’était pass

Avec cinq pains et deux poissons

(Mc 6.30-44 ; Lc 9.10-17 ; Jn 6.1-15)

13 Quand Jésus entendit la nouvelle, il quitta la contré en bateau et se retira, à l’écart, dans un endroit déser Mais les foules l’apprirent ; elles sortirent de leurs bou gades et le suivirent à pied. 14 Aussi, quand Jésus descend du bateau, il vit une foule nombreuse. Alors il fut pris d compassion pour elle et guérit les malades.

15 Le soir venu, les disciples s’approchèrent de lui et l dirent : Cet endroit est désert et il se fait tard ; renvo donc ces gens pour qu’ils aillent dans les villages voisir s’acheter de la nourriture.

16 Mais Jésus leur dit : Ils n’ont pas besoin d’y aller : do nez-leur vous-mêmes à manger !

17 – Mais, lui répondirent-ils, nous n’avons ici que cin pains et deux poissons.

18 – Apportez-les moi, leur dit Jésus.

19 Il ordonna à la foule de s’asseoir sur l’herbe, puis prit les cinq pains et les deux poissons, il leva les yeu vers le ciel et prononça la prière de bénédiction ; ensuit il partagea les pains et les donna aux disciples qui les di tribuèrent à la foule.

20 Tout le monde mangea à satiété. On ramassa le morceaux qui restaient ; on en remplit douze panier 21 Ceux qui avaient mangé étaient au nombre de cinq mil hommes, sans compter les femmes et les enfants.

Jésus marche sur les eaux

(Mc 6.45-52 ; Jn 6.16-21)

22 Aussitôt après, Jésus pressa ses disciples de remon er dans le bateau pour qu’ils le précèdent de l’autre côt du lac, pendant qu’il renverrait la foule. 23 Quand tout l

ıem, he went up on a mountainside by himself to ·ay. Later that night, he was there alone, 24 and the ɔat was already a considerable distance from land, ıffeted by the waves because the wind was against it. 25 Shortly before dawn Jesus went out to them, walk- g on the lake. 26 When the disciples saw him walking 1 the lake, they were terrified. "It's a ghost," they ıid, and cried out in fear.

27 But Jesus immediately said to them: "Take cour- ge! It is I. Don't be afraid."

28 "Lord, if it's you," Peter replied, "tell me to come you on the water."

29 "Come," he said.

Then Peter got down out of the boat, walked on the ater and came toward Jesus. 30 But when he saw the ind, he was afraid and, beginning to sink, cried out, ɔord, save me!"

31 Immediately Jesus reached out his hand and ıught him. "You of little faith," he said, "why did ɔu doubt?"

32 And when they climbed into the boat, the wind ıed down. 33 Then those who were in the boat wor- ıiped him, saying, "Truly you are the Son of God."

34 When they had crossed over, they landed at ennesaret. 35 And when the men of that place rec- gnized Jesus, they sent word to all the surrounding ɔuntry. People brought all their sick to him 36 and egged him to let the sick just touch the edge of his oak, and all who touched it were healed.

hat Which Defiles

15 1 Then some Pharisees and teachers of the law came to Jesus from Jerusalem and asked, 'Why do your disciples break the tradition of the ders? They don't wash their hands before they eat!"

3 Jesus replied, "And why do you break the command f God for the sake of your tradition? 4 For God said, Honor your father and mother' and 'Anyone who curs- s their father or mother is to be put to death.' 5 But ɔu say that if anyone declares that what might have een used to help their father or mother is 'devoted to od,' 6 they are not to 'honor their father or mother' ith it. Thus you nullify the word of God for the sake f your tradition. 7 You hypocrites! Isaiah was right hen he prophesied about you:

8 " 'These people honor me with their lips,
but their hearts are far from me.
9 They worship me in vain;
their teachings are merely human rules.' "

10 Jesus called the crowd to him and said, "Listen nd understand. 11 What goes into someone's mouth

monde se fut dispersé, il gravit une colline pour prier à l'écart. A la tombée de la nuit, il était là, tout seul.

24 Pendant ce temps, à plusieurs centaines de mètres au large, le bateau luttait contre les vagues, car le vent était contraire. 25 Vers la fin de la nuit, Jésus se dirigea vers ses disciples en marchant sur les eaux du lac. 26 Quand ils le virent marcher sur l'eau, ils furent pris de panique : C'est un fantôme, dirent-ils. Et ils se mirent à pousser des cris de frayeur.

27 Mais Jésus leur parla aussitôt : Rassurez-vous, leur dit-il, c'est moi, n'ayez pas peur !

28 Alors Pierre lui dit : Si c'est bien toi, Seigneur, ordonne-moi de venir te rejoindre sur l'eau.

29 – Viens, lui dit Jésus.

Aussitôt, Pierre descendit du bateau et se mit à marcher sur l'eau, en direction de Jésus. 30 Mais quand il remarqua combien le vent soufflait fort, il prit peur et, comme il commençait à s'enfoncer, il s'écria : Seigneur, sauve-moi !

31 Aussitôt, Jésus lui tendit la main et le saisit.

– Ta foi est bien petite ! lui dit-il, pourquoi as-tu douté ?

32 Puis ils montèrent tous deux dans le bateau ; le vent tomba.

33 Les hommes qui se trouvaient dans l'embarcation se prosternèrent devant lui en disant : Tu es vraiment le Fils de Dieu.

Les guérisons à Génésareth

(Mc 6.53-56)

34 Après avoir traversé le lac, ils touchèrent terre à Génésareth[y]. 35 Quand les habitants du lieu eurent reconnu Jésus, ils firent prévenir tout le voisinage, et on lui amena tous les malades. 36 Ils le suppliaient de leur permettre simplement de toucher la frange de son vêtement. Et tous ceux qui la touchaient étaient guéris.

Jésus et la tradition religieuse juive

(Mc 7.1-23)

15 1 A cette époque, des pharisiens et des spécialistes de la Loi vinrent de Jérusalem ; ils abordèrent Jésus pour lui demander : 2 Pourquoi tes disciples ne respectent-ils pas la tradition des ancêtres ? Car ils ne se lavent pas les mains selon le rite usuel avant chaque repas.

3 – Et vous, répliqua-t-il, pourquoi désobéissez-vous au commandement de Dieu pour suivre votre tradition ? 4 En effet, Dieu a dit : *Honore ton père et ta mère* et *Que celui qui maudit son père ou sa mère soit puni de mort.* 5 Mais vous, qu'enseignez-vous ? Qu'il suffit de dire à son père ou à sa mère : « Je fais offrande à Dieu d'une part de mes biens avec laquelle j'aurais pu t'assister », 6 pour ne plus rien devoir à son père ou à sa mère. Ainsi vous annulez la Parole de Dieu par votre tradition. 7 Hypocrites ! Esaïe a fort bien prophétisé à votre sujet :

8 *Ce peuple m'honore des lèvres,*
mais, au fond de son cœur, il est bien loin de moi !
9 *Le culte qu'il me rend n'a aucune valeur,*
car les enseignements qu'il donne
ne sont que des règles inventées par les hommes[z].

10 Alors Jésus appela la foule et lui dit : Ecoutez-moi et comprenez-moi bien : 11 Ce qui rend un homme impur, ce

y **14.34** *Génésareth:* région fertile au sud-ouest de Capernaüm.
z **15.9** Es 29.13 cité selon l'ancienne version grecque.

does not defile them, but what comes out of their
mouth, that is what defiles them."
12 Then the disciples came to him and asked, "Do
you know that the Pharisees were offended when they
heard this?"
13 He replied, "Every plant that my heavenly Father
has not planted will be pulled up by the roots. 14 Leave
them; they are blind guides.[f] If the blind lead the
blind, both will fall into a pit."

15 Peter said, "Explain the parable to us."

16 "Are you still so dull?" Jesus asked them. 17 "Don't
you see that whatever enters the mouth goes into the
stomach and then out of the body? 18 But the things
that come out of a person's mouth come from the
heart, and these defile them. 19 For out of the heart
come evil thoughts – murder, adultery, sexual immorality, theft, false testimony, slander. 20 These are what
defile a person; but eating with unwashed hands does
not defile them."

The Faith of a Canaanite Woman

21 Leaving that place, Jesus withdrew to the region
of Tyre and Sidon. 22 A Canaanite woman from that
vicinity came to him, crying out, "Lord, Son of David,
have mercy on me! My daughter is demon-possessed
and suffering terribly."

23 Jesus did not answer a word. So his disciples came
to him and urged him, "Send her away, for she keeps
crying out after us."
24 He answered, "I was sent only to the lost sheep
of Israel."
25 The woman came and knelt before him. "Lord,
help me!" she said.
26 He replied, "It is not right to take the children's
bread and toss it to the dogs."
27 "Yes it is, Lord," she said. "Even the dogs eat the
crumbs that fall from their master's table."
28 Then Jesus said to her, "Woman, you have great
faith! Your request is granted." And her daughter was
healed at that moment.

Jesus Feeds the Four Thousand

29 Jesus left there and went along the Sea of Galilee.
Then he went up on a mountainside and sat down.
30 Great crowds came to him, bringing the lame, the
blind, the crippled, the mute and many others, and
laid them at his feet; and he healed them. 31 The people
were amazed when they saw the mute speaking, the

[f] 15:14 Some manuscripts *blind guides of the blind*

n'est pas ce qui entre dans sa bouche, mais c'est ce q
en sort.
12 Alors les disciples s'approchèrent de lui pour lui dir
Sais-tu que les pharisiens ont été très choqués par t
paroles ?
13 Il leur répondit : Toute plante que mon Père céles
n'a pas lui-même plantée sera arrachée. 14 Laissez-les :
sont des aveugles qui conduisent d'autres aveugles ! Or,
un aveugle en conduit un autre, ils tomberont tous de
dans le fossé.
15 Pierre intervint en disant : Explique-nous cet
parabole.
16 – Eh quoi ! répondit Jésus, vous ne comprenez toujou
pas, vous aussi ? 17 Ne saisissez-vous pas que tout ce q
entre par la bouche va dans le ventre, puis est évacué p
voie naturelle ? 18 Mais ce qui sort de la bouche vient c
cœur, et c'est cela qui rend l'homme impur. 19 Car, c'est c
cœur que proviennent les mauvaises pensées, les meurtr
les adultères, l'immoralité, le vol, les faux témoignage
les blasphèmes[a]. 20 Voilà ce qui rend l'homme impur. Ma
manger sans s'être lavé les mains ne rend pas l'homm
impur.

La foi d'une non-Juive

(Mc 7.24-30)

21 En quittant cet endroit, Jésus se rendit dans la régic
de Tyre et de Sidon.
22 Et voilà qu'une femme cananéenne[b], qui habitait l
vint vers lui et se mit à crier : Seigneur, Fils de David, a
pitié de moi ! Ma fille est sous l'emprise d'un démon q
la tourmente cruellement.
23 Mais Jésus ne lui répondit pas un mot.
Ses disciples s'approchèrent de lui et lui dirent : Renvoi
la[c], car elle ne cesse de nous suivre en criant.
24 Ce à quoi il répondit : Je n'ai été envoyé qu'aux breb
perdues du peuple d'Israël.
25 Mais la femme vint se prosterner devant lui en disan
Seigneur, viens à mon secours !
26 Il lui répondit : Il n'est pas bien de prendre le pain d
enfants pour le jeter aux petits chiens.
27 – C'est vrai, Seigneur, reprit-elle, et pourtant les peti
chiens mangent les miettes qui tombent de la table d
leurs maîtres.
28 Alors Jésus dit : O femme, ta foi est grande ! Qu'il e
soit donc comme tu le veux !
Et, sur l'heure, sa fille fut guérie.

Nombreuses guérisons

(Mc 7.31)

29 Jésus partit de cette région et retourna au bord d
lac de Galilée. Il monta sur une colline où il s'assit. 30 De
foules nombreuses vinrent auprès de lui et, avec elles, d
paralysés, des aveugles, des sourds-muets, des estropié
et beaucoup d'autres malades. On les amena aux pieds d
Jésus, et il les guérit. 31 La foule s'émerveillait de voir le
sourds-muets parler, les estropiés reprendre l'usage d
leurs membres, les paralysés marcher, les aveugles re

[a] 15.19 Autre traduction : *injures.*
[b] 15.22 Cette femme, appelée *cananéenne,* faisait partie de la population non juive qui vivait dans cette partie de la Phénicie.
[c] 15.23 Autre traduction : *délivre-la,* c'est-à-dire *donne-lui ce qu'elle demande.*

rippled made well, the lame walking and the blind
eeing. And they praised the God of Israel.

32 Jesus called his disciples to him and said, "I have
ompassion for these people; they have already been
ith me three days and have nothing to eat. I do not
ant to send them away hungry, or they may collapse
n the way."
33 His disciples answered, "Where could we get
nough bread in this remote place to feed such a
rowd?"
34 "How many loaves do you have?" Jesus asked.
"Seven," they replied, "and a few small fish."
35 He told the crowd to sit down on the ground.
Then he took the seven loaves and the fish, and
hen he had given thanks, he broke them and gave
em to the disciples, and they in turn to the people.
They all ate and were satisfied. Afterward the disci-
es picked up seven basketfuls of broken pieces that
ere left over. 38 The number of those who ate was four
ousand men, besides women and children. 39 After
sus had sent the crowd away, he got into the boat
nd went to the vicinity of Magadan.

he Demand for a Sign

6 1 The Pharisees and Sadducees came to Jesus
and tested him by asking him to show them
sign from heaven.
2 He replied, "When evening comes, you say, 'It will
e fair weather, for the sky is red,' 3 and in the morn-
g, 'Today it will be stormy, for the sky is red and
vercast.' You know how to interpret the appearance
f the sky, but you cannot interpret the signs of the
mes.[g] 4 A wicked and adulterous generation looks
r a sign, but none will be given it except the sign of
nah." Jesus then left them and went away.

he Yeast of the Pharisees and Sadducees

5 When they went across the lake, the disciples for-
ot to take bread. 6 "Be careful," Jesus said to them.
e on your guard against the yeast of the Pharisees
nd Sadducees."
7 They discussed this among themselves and said,
t is because we didn't bring any bread."
8 Aware of their discussion, Jesus asked, "You of
ttle faith, why are you talking among yourselves
out having no bread? 9 Do you still not understand?
on't you remember the five loaves for the five thou-
nd, and how many basketfuls you gathered? 10 Or
e seven loaves for the four thousand, and how many
asketfuls you gathered? 11 How is it you don't under-
and that I was not talking to you about bread? But
e on your guard against the yeast of the Pharisees

16:2,3 Some early manuscripts do not have *When evening comes ... the times.*

couvrer la vue, et tous se mirent à chanter la gloire du
Dieu d'Israël.

Avec sept pains et des poissons

(Mc 8.1-10)

32 Jésus appela ses disciples et leur dit : J'ai pitié de cette
foule. Voilà déjà trois jours qu'ils sont restés là, avec moi,
et ils n'ont rien à manger. Je ne veux pas les renvoyer à
jeun, de peur que les forces leur manquent sur le chemin
du retour.
33 Ses disciples lui dirent : Où pourrions-nous trouver,
dans ce lieu désert, assez de pains pour nourrir une telle
foule ?
34 – Combien de pains avez-vous ?
– Sept, répondirent-ils, et quelques petits poissons.
35 Alors il invita tout le monde à s'asseoir par terre. 36 Il
prit ensuite les sept pains et les poissons et, après avoir
remercié Dieu, il les partagea et les donna aux disciples, qui
les distribuèrent à la foule. 37 Tous mangèrent à satiété. On
ramassa sept corbeilles pleines des morceaux qui restaient.
38 Ceux qui furent ainsi nourris étaient au nombre de quatre mille hommes, sans compter les femmes et les enfants.
39 Après avoir congédié la foule, Jésus monta dans un
bateau et se rendit dans la région de Magadan.

Jésus et les chefs religieux juifs

(Mc 8.11-13 ; Lc 12.54-56)

16 1 Des pharisiens et des sadducéens abordèrent Jésus
pour lui tendre un piège. Ils lui demandèrent de
leur montrer un signe miraculeux venant du ciel.
2 Il leur répondit : [Au crépuscule, vous dites bien :
« Demain, il fera beau, car le ciel est rouge. » 3 Ou bien,
à l'aurore : « Aujourd'hui, on aura de l'orage, car le ciel
est rouge sombre. » Ainsi, vous savez reconnaître ce
qu'indique l'aspect du ciel ; mais vous êtes incapables de
reconnaître les signes de notre temps[d].] 4 Ces gens de notre
temps qui sont mauvais et infidèles à Dieu réclament un
signe miraculeux ! Un signe ... il ne leur en sera pas accordé
d'autre que celui de Jonas.
Là-dessus, il les quitta et partit de là.

(Mc 8.14-21)

5 En passant de l'autre côté du lac, les disciples avaient
oublié d'emporter du pain. 6 Jésus leur dit : Faites bien
attention : gardez-vous du levain des pharisiens et des
sadducéens !
7 Les disciples discutaient entre eux : Il dit cela parce
que nous n'avons pas pris de pain !
8 Jésus, sachant ce qui se passait, leur dit : Pourquoi discutez-vous entre vous parce que vous n'avez pas de pain ?
Ah, votre foi est bien petite ! 9 Vous n'avez donc pas encore
compris ? Ne vous souvenez-vous pas des cinq pains distribués aux cinq mille hommes et du nombre de paniers
que vous avez remplis avec les restes ? 10 Et des sept pains
distribués aux quatre mille hommes et du nombre de corbeilles que vous avez emportées ? 11 Comment se fait-il
que vous ne compreniez pas que je ne parlais pas de pain
quand je vous disais : Gardez-vous du levain des pharisiens
et des sadducéens !

d 16.3 Les versets 2 et 3 sont absents de plusieurs manuscrits.

and Sadducees." 12 Then they understood that he was not telling them to guard against the yeast used in bread, but against the teaching of the Pharisees and Sadducees.

Peter Declares That Jesus Is the Messiah

13 When Jesus came to the region of Caesarea Philippi, he asked his disciples, "Who do people say the Son of Man is?"

14 They replied, "Some say John the Baptist; others say Elijah; and still others, Jeremiah or one of the prophets."

15 "But what about you?" he asked. "Who do you say I am?"

16 Simon Peter answered, "You are the Messiah, the Son of the living God."

17 Jesus replied, "Blessed are you, Simon son of Jonah, for this was not revealed to you by flesh and blood, but by my Father in heaven. 18 And I tell you that you are Peter,[h] and on this rock I will build my church, and the gates of Hades[i] will not overcome it. 19 I will give you the keys of the kingdom of heaven; whatever you bind on earth will be[j] bound in heaven, and whatever you loose on earth will be[k] loosed in heaven." 20 Then he ordered his disciples not to tell anyone that he was the Messiah.

Jesus Predicts His Death

21 From that time on Jesus began to explain to his disciples that he must go to Jerusalem and suffer many things at the hands of the elders, the chief priests and the teachers of the law, and that he must be killed and on the third day be raised to life.

22 Peter took him aside and began to rebuke him. "Never, Lord!" he said. "This shall never happen to you!"

23 Jesus turned and said to Peter, "Get behind me, Satan! You are a stumbling block to me; you do not have in mind the concerns of God, but merely human concerns."

24 Then Jesus said to his disciples, "Whoever wants to be my disciple must deny themselves and take up their cross and follow me. 25 For whoever wants to save their life[l] will lose it, but whoever loses their life for me will find it. 26 What good will it be for someone to gain the whole world, yet forfeit their soul? Or what can anyone give in exchange for their soul? 27 For the Son of Man is going to come in his Father's glory with his angels, and then he will reward each person according to what they have done.

28 "Truly I tell you, some who are standing here will not taste death before they see the Son of Man coming in his kingdom."

The Transfiguration

17 1 After six days Jesus took with him Peter, James and John the brother of James, and led

[h] **16:18** The Greek word for *Peter* means *rock.*
[i] **16:18** That is, the realm of the dead
[j] **16:19** Or *will have been*
[k] **16:19** Or *will have been*
[l] **16:25** The Greek word means either *life* or *soul*; also in verse 26.

12 Alors ils comprirent qu'il leur avait dit de se garde non pas du levain que l'on met dans le pain, mais de l'e seignement des pharisiens et des sadducéens.

Qui est vraiment Jésus ?

(Mc 8.27-30 ; Lc 9.18-21)

13 Jésus se rendit dans la région de Césarée de Philipp Il interrogea ses disciples : Que disent les gens au sujet c Fils de l'homme ? Qui est-il d'après eux ?

14 Ils répondirent : Pour les uns, c'est Jean-Baptiste ; po d'autres, Elie ; pour d'autres encore, Jérémie ou un aut prophète.

15 – Et vous, leur demanda-t-il, qui dites-vous que je suis

16 Simon Pierre lui répondit : Tu es le Messie, le Fils c Dieu vivant.

17 Jésus lui dit alors : Tu es heureux, Simon, fils de Jona car ce n'est pas de toi-même que tu as trouvé cela. C'e mon Père céleste qui te l'a révélé. 18 Et moi, je te déclare : T es Pierre, et sur cette pierre je bâtirai mon Eglise, cont laquelle la mort elle-même ne pourra rien. 19 Je te donner les clés du royaume des cieux : tout ce que tu interdira sur la terre sera interdit aux yeux de Dieu et tout ce qu tu autoriseras sur la terre sera autorisé aux yeux de Dieu

20 Puis Jésus interdit à ses disciples de dire à qui que c soit qu'il était le Messie.

Comment suivre Jésus

(Mc 8.31 à 9.1 ; Lc 9.22-27)

21 A partir de ce moment, Jésus commença à exposer ses disciples qu'il devait se rendre à Jérusalem, y subir c cruelles souffrances de la part des responsables du peupl des chefs des prêtres et des spécialistes de la Loi, être m à mort et ressusciter le troisième jour.

22 Alors Pierre le prit à part et se mit à lui faire de reproches : Que Dieu t'en préserve, Seigneur ! Cela n t'arrivera pas !

23 Mais Jésus, se retournant, lui dit : Arrière, « Satan » Eloigne-toi de moi ! Tu es pour moi un obstacle, car te pensées ne sont pas celles de Dieu ; ce sont des pensée tout humaines.

24 Puis, s'adressant à ses disciples, Jésus dit : Si quelqu'u veut marcher à ma suite, qu'il renonce à lui-même, qu' se charge de sa croix et qu'il me suive. 25 Car celui qui e préoccupé de sauver sa vie la perdra ; mais celui qui perd sa vie à cause de moi, la retrouvera. 26 Si un homme pa vient à posséder le monde entier, à quoi cela lui sert-il s' perd sa vie ? Et que peut-on donner pour racheter sa vie

27 Le Fils de l'homme viendra dans la gloire de son Pèr avec ses anges, et alors il donnera à chacun ce que lui au ront valu ses actes. 28 Vraiment, je vous l'assure, plusieu de ceux qui sont ici ne mourront pas avant d'avoir vu l Fils de l'homme venir comme Roi.

La révélation du royaume

(Mc 9.2-9 ; Lc 9.28-36)

17 1 Six jours plus tard, Jésus prit avec lui Pierr Jacques et Jean son frère, et les emmena sur un

[e] **16.19** Autre traduction : *tous ceux que tu excluras sur la terre seront exclus aux yeux de Dieu et tous ceux que tu accueilleras sur la terre seront accueillis aux yeux de Dieu* (voir 18.18).

ıem up a high mountain by themselves. 2 There he
as transfigured before them. His face shone like the
.n, and his clothes became as white as the light. 3 Just
ıen there appeared before them Moses and Elijah,
lking with Jesus.
4 Peter said to Jesus, "Lord, it is good for us to be
ere. If you wish, I will put up three shelters – one for
ou, one for Moses and one for Elijah."

5 While he was still speaking, a bright cloud covered
ıem, and a voice from the cloud said, "This is my
on, whom I love; with him I am well pleased. Listen
him!"
6 When the disciples heard this, they fell facedown
the ground, terrified. 7 But Jesus came and touched
em. "Get up," he said. "Don't be afraid." 8 When they
oked up, they saw no one except Jesus.

9 As they were coming down the mountain, Jesus in-
ructed them, "Don't tell anyone what you have seen,
ntil the Son of Man has been raised from the dead."

10 The disciples asked him, "Why then do the teach-
's of the law say that Elijah must come first?"

11 Jesus replied, "To be sure, Elijah comes and will
store all things. 12 But I tell you, Elijah has already
ome, and they did not recognize him, but have done
him everything they wished. In the same way the
on of Man is going to suffer at their hands." 13 Then
e disciples understood that he was talking to them
bout John the Baptist.

sus Heals a Demon-Possessed Boy

14 When they came to the crowd, a man approached
sus and knelt before him. 15 "Lord, have mercy on
y son," he said. "He has seizures and is suffering
eatly. He often falls into the fire or into the water.
I brought him to your disciples, but they could not
eal him."
17 "You unbelieving and perverse generation," Jesus
plied, "how long shall I stay with you? How long
all I put up with you? Bring the boy here to me."
Jesus rebuked the demon, and it came out of the
oy, and he was healed at that moment.

19 Then the disciples came to Jesus in private and
ked, "Why couldn't we drive it out?"

haute montagne, à l'écart. 2 Il fut transfiguré devant eux :
son visage se mit à resplendir comme le soleil ; ses vêtements prirent une blancheur éclatante, comme la lumière.
3 Et voici que Moïse et Elie[f] leur apparurent : ils s'entretenaient avec Jésus.
4 Pierre s'adressa à Jésus et lui dit : Seigneur, il est bon
que nous soyons ici. Si tu es d'accord, je vais dresser ici
trois tentes, une pour toi, une pour Moïse et une pour
Elie ...
5 Pendant qu'il parlait ainsi, une nuée lumineuse les enveloppa, et une voix en sortit qui disait : Celui-ci est mon
Fils bien-aimé, celui qui fait toute ma joie. Ecoutez-le !
6 En entendant cette voix, les disciples furent terrifiés
et tombèrent le visage contre terre.
7 Mais Jésus s'approcha et posa la main sur eux en disant :
Relevez-vous et n'ayez pas peur.
8 Alors ils levèrent les yeux et ne virent plus que Jésus
seul.
9 Pendant qu'ils descendaient de la montagne, Jésus leur
donna cet ordre : Ne racontez à personne ce que vous venez
de voir avant que le Fils de l'homme soit ressuscité.

(Mc 9.10-13)

10 Les disciples lui demandèrent alors : Pourquoi donc
les spécialistes de la Loi disent-ils qu'Elie doit venir
d'abord ?
11 Il leur répondit : Effectivement, Elie doit venir
remettre toutes choses en ordre. 12 Or, je vous le déclare : Elie est déjà venu, mais ils ne l'ont pas reconnu.
Au contraire, ils l'ont traité comme ils ont voulu. Et
c'est le même traitement que va subir de leur part
le Fils de l'homme.
13 Les disciples comprirent alors qu'il parlait de
Jean-Baptiste.

La guérison d'un enfant habité par un démon

(Mc 9.14-29 ; Lc 9.37-43)

14 Quand ils furent revenus auprès de la foule, un homme
s'approcha de Jésus, se jeta à genoux devant lui et le supplia : 15 Seigneur, aie pitié de mon fils : il est épileptique[g] et
il souffre beaucoup : il lui arrive souvent de tomber dans le
feu ou dans l'eau. 16 Je l'ai bien amené à tes disciples, mais
ils n'ont pas réussi à le guérir.
17 Jésus s'exclama alors : Gens incrédules et infidèles à
Dieu ! Jusqu'à quand devrai-je encore rester avec vous ?
Jusqu'à quand devrai-je encore vous supporter ? Amenez-
moi l'enfant ici !
18 Jésus commanda avec sévérité au démon de sortir et,
immédiatement, celui-ci sortit de l'enfant, qui fut guéri
à l'heure même.
19 Alors, les disciples prirent Jésus à part et le questionnèrent : Pourquoi n'avons-nous pas réussi, nous, à chasser
ce démon ?

---

f **17.3** *Moïse et Elie* représentent toute l'ancienne alliance : la Loi et les prophètes.

g **17.15** *épileptique:* voir note Mt 4.24.

20 He replied, "Because you have so little faith. Truly I tell you, if you have faith as small as a mustard seed, you can say to this mountain, 'Move from here to there,' and it will move. Nothing will be impossible for you." 21 [21][m]

Jesus Predicts His Death a Second Time

22 When they came together in Galilee, he said to them, "The Son of Man is going to be delivered into the hands of men. 23 They will kill him, and on the third day he will be raised to life." And the disciples were filled with grief.

The Temple Tax

24 After Jesus and his disciples arrived in Capernaum, the collectors of the two-drachma temple tax came to Peter and asked, "Doesn't your teacher pay the temple tax?"

25 "Yes, he does," he replied.

When Peter came into the house, Jesus was the first to speak. "What do you think, Simon?" he asked. "From whom do the kings of the earth collect duty and taxes – from their own children or from others?"

26 "From others," Peter answered.

"Then the children are exempt," Jesus said to him. 27 "But so that we may not cause offense, go to the lake and throw out your line. Take the first fish you catch; open its mouth and you will find a four-drachma coin. Take it and give it to them for my tax and yours."

The Greatest in the Kingdom of Heaven

18 1 At that time the disciples came to Jesus and asked, "Who, then, is the greatest in the kingdom of heaven?"

2 He called a little child to him, and placed the child among them. 3 And he said: "Truly I tell you, unless you change and become like little children, you will never enter the kingdom of heaven. 4 Therefore, whoever takes the lowly position of this child is the greatest in the kingdom of heaven. 5 And whoever welcomes one such child in my name welcomes me.

Causing to Stumble

6 "If anyone causes one of these little ones – those who believe in me – to stumble, it would be better for them to have a large millstone hung around their neck and to be drowned in the depths of the sea. 7 Woe to the world because of the things that cause people to stumble! Such things must come, but woe to the

[m] **17:21** Some manuscripts include here words similar to Mark 9:29.

20 – Parce que vous n'avez que peu de foi, leur répondit- Vraiment, je vous l'assure, si vous aviez de la foi, même elle n'était pas plus grosse qu'une graine de moutarde vous pourriez commander à cette montagne : Déplac toi d'ici jusque là-bas, et elle le ferait. Rien ne vous sera impossible[i].

La nouvelle annonce de la mort et de la résurrectio de Jésus

(Mc 9.30-32 ; Lc 9.43-45)

22 Un jour qu'ils parcouraient ensemble la Galilée, Jés leur dit : Le Fils de l'homme va être livré aux mains d hommes ; 23 ils le feront mourir mais, le troisième jour, ressuscitera.

Les disciples furent extrêmement affligés par c paroles.

L'impôt du Temple

24 Ils se rendirent à Capernaüm. Là, les agents chargés percevoir l'impôt pour le Temple vinrent trouver Pier et lui demandèrent : Votre Maître ne paie-t-il pas l'imp du Temple ?

25 – Si, répondit-il, il le paie.

Quand Pierre fut entré dans la maison, Jésus, prena les devants, lui demanda : Qu'en penses-tu, Simon ? Q est-ce qui paie les taxes et les impôts aux rois de la terre Les fils ou les étrangers ?

26 – Les étrangers, répondit Pierre.

– Donc, reprit Jésus, les fils n'ont rien à payer. 27 Toutefo ne semons pas le trouble chez ces gens. Descends do jusqu'au lac, lance ta ligne à l'eau, attrape le premier poi son qui mordra, et ouvre-lui la bouche : tu y trouver une pièce d'argent. Prends-la et donne-la aux agents e paiement de l'impôt pour nous deux.

La communauté du Messie

L'accueil des « petits »

(Mc 9.33-37 ; Lc 9.46-48)

18 1 A ce moment-là, les disciples s'approchèrent Jésus et lui demandèrent : Qui donc est le pl grand dans le royaume des cieux ?

2 Alors Jésus appela un petit enfant, le plaça au m lieu d'eux, 3 et dit : Vraiment, je vous l'assure : si vous changez pas et ne devenez pas comme de petits enfant vous n'entrerez pas dans le royaume des cieux. 4 C'est pou quoi le plus grand dans le royaume des cieux est celui q s'abaisse comme cet enfant, 5 et celui qui accueille, en mo nom, un enfant comme celui-ci, m'accueille moi-même

(Mc 9.42-48 ; Lc 17.1-2)

6 Si quelqu'un devait causer la chute[j] de l'un de ces peti qui croient en moi, il vaudrait mieux qu'on lui attache cou une de ces pierres de meule que font tourner les âne et qu'on le précipite au fond du lac.

7 Quel malheur pour le monde qu'il y ait tant d'occasio de chute[k] ! Il est inévitable qu'il y en ait, mais malheur celui qui crée de telles occasions.

[h] **17.20** La *graine de moutarde* était, en Israël, la plus petite graine connu
[i] **17.20** Certains manuscrits ajoutent : [21] *Mais cette sorte de démon ne sort que par la prière et le jeûne.*
[j] **18.6** Autre traduction : *faire tomber dans le péché* (de même en 18.7, 8, 9).
[k] **18.7** Autre traduction : *malheur au monde qui cause tant de chutes !*

rson through whom they come! [8]If your hand or ur foot causes you to stumble, cut it off and throw away. It is better for you to enter life maimed or ippled than to have two hands or two feet and be rown into eternal fire. [9]And if your eye causes you stumble, gouge it out and throw it away. It is better you to enter life with one eye than to have two eyes d be thrown into the fire of hell.

e Parable of the Wandering Sheep

[10]"See that you do not despise one of these little es. For I tell you that their angels in heaven always e the face of my Father in heaven. [11][11][n]

[12]"What do you think? If a man owns a hundred eep, and one of them wanders away, will he not ave the ninety-nine on the hills and go to look for e one that wandered off? [13]And if he finds it, truly I l you, he is happier about that one sheep than about e ninety-nine that did not wander off. [14]In the same ay your Father in heaven is not willing that any of ese little ones should perish.

ealing With Sin in the Church

[15]"If your brother or sister[o] sins,[p] go and point out eir fault, just between the two of you. If they listen you, you have won them over. [16]But if they will not ten, take one or two others along, so that 'every atter may be established by the testimony of two three witnesses.' [17]If they still refuse to listen, tell to the church; and if they refuse to listen even to e church, treat them as you would a pagan or a tax llector.

[18]"Truly I tell you, whatever you bind on earth will [q] bound in heaven, and whatever you loose on earth ll be[r] loosed in heaven.

[19]"Again, truly I tell you that if two of you on earth ree about anything they ask for, it will be done for em by my Father in heaven. [20]For where two or ree gather in my name, there am I with them."

e Parable of the Unmerciful Servant

[21]Then Peter came to Jesus and asked, "Lord, how any times shall I forgive my brother or sister who ns against me? Up to seven times?"

[22]Jesus answered, "I tell you, not seven times, but venty-seven times.[s]

[23]"Therefore, the kingdom of heaven is like a king no wanted to settle accounts with his servants. [24]As began the settlement, a man who owed him ten ousand bags of gold[t] was brought to him. [25]Since was not able to pay, the master ordered that he d his wife and his children and all that he had be ld to repay the debt.

8:11 Some manuscripts include here the words of Luke 19:10.
8:15 The Greek word for *brother or sister* (*adelphos*) refers here to a low disciple, whether man or woman; also in verses 21 and 35.
8:15 Some manuscripts *sins against you*
8:18 Or *will have been*
8:18 Or *will have been*
8:22 Or *seventy times seven*
8:24 Greek *ten thousand talents*; a talent was worth about 20 years a day laborer's wages.

[8]Si ta main ou ton pied causent ta chute, coupe-les, et jette-les au loin. Car il vaut mieux pour toi entrer dans la vie avec une seule main ou un seul pied que de garder tes deux mains ou tes deux pieds et d'être jeté dans le feu éternel.

[9]Si ton œil cause ta chute, arrache-le et jette-le au loin, car il vaut mieux pour toi entrer dans la vie avec un seul œil, que de conserver tes deux yeux et d'être jeté dans le feu de l'enfer.

(Lc 15.1-7)

[10]Faites attention ! Ne méprisez pas un seul de ces petits ; je vous l'assure : leurs anges dans le ciel se tiennent constamment en présence de mon Père céleste[l].

[12]Qu'en pensez-vous ? Si un homme a cent brebis, et que l'une d'elles s'égare, ne laissera-t-il pas les quatre-vingt-dix-neuf autres dans la montagne, pour aller à la recherche de celle qui s'est égarée ? [13]Et s'il réussit à la retrouver, vraiment, je vous l'assure : cette brebis lui causera plus de joie que les quatre-vingt-dix-neuf autres qui ne s'étaient pas égarées. [14]Il en est de même pour votre Père céleste : il ne veut pas qu'un seul de ces petits se perde.

La démarche du pardon

[15]Si ton frère s'est rendu coupable [à ton égard[m]], va le trouver en tête-à-tête et convaincs-le de sa faute. S'il t'écoute, tu auras gagné ton frère. [16]S'il ne t'écoute pas, prends avec toi une ou deux autres personnes, *pour que toute affaire se règle sur les déclarations de deux ou trois témoins.* [17]S'il refuse de les écouter, dis-le à l'Eglise. S'il refuse aussi d'écouter l'Eglise, considère-le comme un païen et un collecteur d'impôts. [18]Vraiment, je vous l'assure : tout ce que vous interdirez sur la terre sera interdit aux yeux de Dieu et tout ce que vous autoriserez sur la terre sera autorisé aux yeux de Dieu[n].

[19]J'ajoute que si deux d'entre vous se mettent d'accord ici-bas au sujet d'un problème pour l'exposer à mon Père céleste, il les exaucera. [20]Car là où deux ou trois sont ensemble en mon nom, je suis présent au milieu d'eux.

[21]Alors Pierre s'approcha de Jésus et lui demanda : Seigneur, si mon frère se rend coupable à mon égard, combien de fois devrai-je lui pardonner ? Irai-je jusqu'à sept fois ?

[22]– Non, lui répondit Jésus, je ne te dis pas d'aller jusqu'à sept fois, mais jusqu'à soixante-dix fois sept fois[o]. [23]En effet, il en est du royaume des cieux comme d'un roi qui voulut régler ses comptes avec ses serviteurs. [24]Lorsqu'il commença à compter, on lui en présenta un qui lui devait soixante millions de pièces d'argent[p]. [25]Comme ce serviteur n'avait pas de quoi rembourser ce qu'il devait, son maître ordonna de le vendre comme esclave avec sa femme et ses enfants ainsi que tous ses biens pour rembourser

[l] 18.10 Certains manuscrits ajoutent : [11] *Car le Fils de l'homme est venu chercher et amener au salut ce qui était perdu* (voir Lc.9.10).
[m] 18.15 Certains manuscrits n'ont pas : *à ton égard.*
[n] 18.18 Autre traduction : *tous ceux que vous exclurez sur la terre seront exclus aux yeux de Dieu et tous ceux que vous accueillerez sur la terre seront accueillis aux yeux de Dieu* (voir 16.19).
[o] 18.22 Autre traduction : *soixante-dix-sept fois.*
[p] 18.24 Il s'agit de *dix mille talents.* Un talent valait à peu près six mille deniers (cf. v. 28).

[26]"At this the servant fell on his knees before him.
'Be patient with me,' he begged, 'and I will pay back
everything.' [27]The servant's master took pity on him,
canceled the debt and let him go.

[28]"But when that servant went out, he found one
of his fellow servants who owed him a hundred silver
coins.[u] He grabbed him and began to choke him. 'Pay
back what you owe me!' he demanded.

[29]"His fellow servant fell to his knees and begged
him, 'Be patient with me, and I will pay it back.'

[30]"But he refused. Instead, he went off and had the
man thrown into prison until he could pay the debt.
[31]When the other servants saw what had happened,
they were outraged and went and told their master
everything that had happened.

[32]"Then the master called the servant in. 'You wicked servant,' he said, 'I canceled all that debt of yours
because you begged me to. [33]Shouldn't you have had
mercy on your fellow servant just as I had on you?'
[34]In anger his master handed him over to the jailers
to be tortured, until he should pay back all he owed.

[35]"This is how my heavenly Father will treat each
of you unless you forgive your brother or sister from
your heart."

Divorce

19 [1]When Jesus had finished saying these things,
he left Galilee and went into the region of
Judea to the other side of the Jordan. [2]Large crowds
followed him, and he healed them there.

[3]Some Pharisees came to him to test him. They
asked, "Is it lawful for a man to divorce his wife for
any and every reason?"

[4]"Haven't you read," he replied, "that at the beginning the Creator 'made them male and female,' [5]and
said, 'For this reason a man will leave his father and
mother and be united to his wife, and the two will
become one flesh'? [6]So they are no longer two, but
one flesh. Therefore what God has joined together,
let no one separate."

[7]"Why then," they asked, "did Moses command that
a man give his wife a certificate of divorce and send
her away?"

[8]Jesus replied, "Moses permitted you to divorce
your wives because your hearts were hard. But
it was not this way from the beginning. [9]I tell you
that anyone who divorces his wife, except for sexual
immorality, and marries another woman commits
adultery."

[10]The disciples said to him, "If this is the situation
between a husband and wife, it is better not to marry."

[u] **18:28** Greek *a hundred denarii*; a denarius was the usual daily wage of a day laborer (see 20:2).

sa dette. [26]Le serviteur se jeta alors aux pieds du roi e
se prosternant devant lui, supplia : « Sois patient enve
moi et je te rembourserai tout. »

[27]Pris de pitié pour lui, son maître le renvoya libre, apr
lui avoir remis toute sa dette.

[28]A peine sorti, ce serviteur rencontra un de ses cor
pagnons de service qui lui devait cent pièces d'argent[q]. Il
saisit à la gorge en criant : « Paie-moi ce que tu me dois

[29]Son compagnon se jeta à ses pieds et le supplia : « So
patient envers moi, lui dit-il, et je te rembourserai tout.

[30]Mais l'autre ne voulut rien entendre. Bien plus : il al
le faire jeter en prison en attendant qu'il ait payé tout
qu'il lui devait.

[31]D'autres compagnons de service, témoins de ce q
s'était passé, en furent profondément attristés et allère
rapporter toute l'affaire à leur maître. [32]Alors celui-ci
convoquer le serviteur qui avait agi de la sorte : « Servite
mauvais ! lui dit-il. Tout ce que tu me devais, je te l'ava
remis parce que tu m'en avais supplié. [33]Ne devais-tu pa
toi aussi, avoir pitié de ton compagnon, comme j'ai eu pit
de toi ? »

[34]Et, dans sa colère, son maître le livra aux bourreau
jusqu'à ce qu'il ait remboursé toute sa dette.

[35]Voilà comment mon Père céleste vous traitera, vo
aussi, si chacun de vous ne pardonne pas du fond du cœ
à son frère.

La rupture et la grâce

Controverse sur le divorce

(Mc 10.1-12)

19 [1]Après avoir donné ces enseignements, Jésus qu
ta la Galilée et se rendit dans la partie de la Jud
située de l'autre côté du Jourdain. [2]De grandes foules
suivaient et il guérit là les malades.

[3]Des pharisiens s'approchèrent de lui avec l'intentic
de lui tendre un piège. Ils lui demandèrent : Un homm
a-t-il le droit de divorcer d'avec sa femme pour une raisc
quelconque ?

[4]Il leur répondit : N'avez-vous pas lu dans les Ecritur
qu'au commencement le Créateur a créé l'être humai
homme et femme [5]et qu'il a déclaré : *C'est pourquoi l'homr
laissera son père et sa mère pour s'attacher à sa femme,* et l
deux ne feront plus qu'un? [6]Ainsi, ils ne sont plus deux, i
font un. Que l'homme ne sépare donc pas ce que Dieu a ur

[7]Mais les pharisiens objectèrent : Pourquoi alors Moï
a-t-il commandé à l'homme de remettre à sa femme u
certificat de divorce quand il divorce d'avec elle ?

[8]Il leur répondit : C'est à cause de la dureté de vot
cœur que Moïse vous a permis de divorcer d'avec vot
épouse. Mais, au commencement, il n'en était pas ains
[9]Aussi, je vous déclare que celui qui divorce et se remari
commet un adultère – sauf en cas d'immoralité sexuell

[10]Les disciples lui dirent : Si telle est la situation c
l'homme par rapport à la femme, il n'est pas intéressa
pour lui de se marier.

[q] **18.28** Il s'agit de *deniers* ; le denier représentait le salaire journalier d'un ouvrier agricole.

11 Jesus replied, "Not everyone can accept this word,
ıt only those to whom it has been given. 12 For there
e eunuchs who were born that way, and there are
nuchs who have been made eunuchs by others – and
ere are those who choose to live like eunuchs for
e sake of the kingdom of heaven. The one who can
cept this should accept it."

ıe Little Children and Jesus

13 Then people brought little children to Jesus for
m to place his hands on them and pray for them.
ıt the disciples rebuked them.
14 Jesus said, "Let the little children come to me,
ıd do not hinder them, for the kingdom of heaven
longs to such as these." 15 When he had placed his
ınds on them, he went on from there.

ıe Rich and the Kingdom of God

16 Just then a man came up to Jesus and asked,
'eacher, what good thing must I do to get eternal
e?"
17 "Why do you ask me about what is good?" Jesus
plied. "There is only One who is good. If you want
enter life, keep the commandments."
18 "Which ones?" he inquired.
Jesus replied, " 'You shall not murder, you shall not
mmit adultery, you shall not steal, you shall not give
lse testimony, 19 honor your father and mother,' and
ve your neighbor as yourself.' "
20 "All these I have kept," the young man said. "What
I still lack?"
21 Jesus answered, "If you want to be perfect, go,
ll your possessions and give to the poor, and you
ill have treasure in heaven. Then come, follow me."
22 When the young man heard this, he went away
d, because he had great wealth.
23 Then Jesus said to his disciples, "Truly I tell you, it
hard for someone who is rich to enter the kingdom
heaven. 24 Again I tell you, it is easier for a camel to
through the eye of a needle than for someone who
rich to enter the kingdom of God."
25 When the disciples heard this, they were greatly
tonished and asked, "Who then can be saved?"
26 Jesus looked at them and said, "With man this
impossible, but with God all things are possible."
27 Peter answered him, "We have left everything to
llow you! What then will there be for us?"
28 Jesus said to them, "Truly I tell you, at the renewal
all things, when the Son of Man sits on his glori-
ıs throne, you who have followed me will also sit on
velve thrones, judging the twelve tribes of Israel.
And everyone who has left houses or brothers or sis-
rs or father or mother or wife[v] or children or fields
r my sake will receive a hundred times as much and
ill inherit eternal life. 30 But many who are first will
last, and many who are last will be first.

9:29 Some manuscripts do not have *or wife.*

11 Il leur répondit : Tous les hommes ne sont pas capables
d'accepter cet enseignement. Cela n'est possible qu'à ceux
qui en ont reçu le don. 12 En effet, il y a ceux qui ne peuvent
pas avoir de vie sexuelle normale parce que, de naissance,
ils en sont incapables ; pour d'autres, il en est ainsi à cause
d'une intervention humaine ; d'autres, enfin, y renoncent
à cause du royaume des cieux. Que celui qui est capable
d'accepter cet enseignement, l'accepte !

Jésus accueille des enfants

(Mc 10.13-16 ; Lc 18.15-17)

13 Peu après, des gens lui amenèrent des petits enfants
pour qu'il leur impose les mains et prie pour eux. Les
disciples leur firent des reproches. 14 Mais Jésus leur dit :
Laissez donc ces petits enfants, ne les empêchez pas de
venir à moi, car le royaume des cieux appartient à ceux
qui leur ressemblent.
15 Puis il leur imposa les mains et poursuivit son chemin.

Les riches et le royaume de Dieu

(Mc 10.17-31 ; Lc 18.18-30)

16 Alors un homme s'approcha de lui et lui dit : Maître,
que dois-je faire de bon pour avoir la vie éternelle ?
17 – Pourquoi m'interroges-tu sur ce qui est bon ? lui
répondit Jésus. Un seul est bon. Si tu veux entrer dans la
vie, applique les commandements.
18 – Lesquels ? demanda l'homme.
– Eh bien, répondit Jésus, *tu ne commettras pas de meurtre ;*
tu ne commettras pas d'adultère ; tu ne commettras pas de vol ;
tu ne porteras pas de faux témoignage; 19 *honore ton père et ta*
mère, et *tu aimeras ton prochain comme toi-même.*
20 – Tout cela, lui dit le jeune homme, je l'ai appliqué.
Que me manque-t-il encore ?
21 Jésus lui répondit : Si tu veux être parfait, va vendre
tes biens, distribue le produit de la vente aux pauvres,
et tu auras un trésor dans le ciel. Puis viens et suis-moi !
22 Quand il entendit cela, le jeune homme s'en alla tout
triste, car il était très riche.
23 Alors Jésus dit à ses disciples : Vraiment, je vous l'assure : il est difficile à un riche d'entrer dans le royaume
des cieux. 24 Oui, j'insiste : il est plus facile à un chameau
de passer par le trou d'une aiguille qu'à un riche d'entrer
dans le royaume de Dieu.
25 En entendant cela, les disciples furent très étonnés
et demandèrent : Mais alors, qui donc peut être sauvé ?
26 Jésus les regarda et leur dit : Cela est impossible aux
hommes ; mais à Dieu, tout est possible.
27 Alors Pierre prit la parole et lui dit : Nous, nous avons
tout quitté pour te suivre : qu'en sera-t-il de nous ?
28 Jésus leur dit : Vraiment, je vous l'assure : quand le
monde connaîtra son renouveau et que le Fils de l'homme
aura pris place sur son trône glorieux, vous qui m'avez
suivi, vous siégerez, vous aussi, sur douze trônes pour gouverner les douze tribus d'Israël. 29 Tous ceux qui auront
quitté, à cause de moi, leurs maisons, leurs frères ou leurs
sœurs, leur père ou leur mère, leurs enfants ou leur terre,
recevront cent fois plus et auront part à la vie éternelle.
30 Mais beaucoup de ceux qui sont maintenant les premiers
seront parmi les derniers, et beaucoup de ceux qui sont
maintenant les derniers seront parmi les premiers.

The Parable of the Workers in the Vineyard

20 1"For the kingdom of heaven is like a landowner who went out early in the morning to hire workers for his vineyard. 2He agreed to pay them a denarius[w] for the day and sent them into his vineyard.

3"About nine in the morning he went out and saw others standing in the marketplace doing nothing. 4He told them, 'You also go and work in my vineyard, and I will pay you whatever is right.' 5So they went.

"He went out again about noon and about three in the afternoon and did the same thing. 6About five in the afternoon he went out and found still others standing around. He asked them, 'Why have you been standing here all day long doing nothing?'

7" 'Because no one has hired us,' they answered.

"He said to them, 'You also go and work in my vineyard.'

8"When evening came, the owner of the vineyard said to his foreman, 'Call the workers and pay them their wages, beginning with the last ones hired and going on to the first.'

9"The workers who were hired about five in the afternoon came and each received a denarius. 10So when those came who were hired first, they expected to receive more. But each one of them also received a denarius. 11When they received it, they began to grumble against the landowner. 12'These who were hired last worked only one hour,' they said, 'and you have made them equal to us who have borne the burden of the work and the heat of the day.'

13"But he answered one of them, 'I am not being unfair to you, friend. Didn't you agree to work for a denarius? 14Take your pay and go. I want to give the one who was hired last the same as I gave you. 15Don't I have the right to do what I want with my own money? Or are you envious because I am generous?'

16"So the last will be first, and the first will be last."

Jesus Predicts His Death a Third Time

17Now Jesus was going up to Jerusalem. On the way, he took the Twelve aside and said to them, 18"We are going up to Jerusalem, and the Son of Man will be delivered over to the chief priests and the teachers of the law. They will condemn him to death 19and will hand him over to the Gentiles to be mocked and flogged and crucified. On the third day he will be raised to life!"

A Mother's Request

20Then the mother of Zebedee's sons came to Jesus with her sons and, kneeling down, asked a favor of him.

21"What is it you want?" he asked.

[w] 20:2 A denarius was the usual daily wage of a day laborer.

La parabole du vigneron et de ses ouvriers

20 1Voici, en effet, à quoi ressemble le royaume d
cieux : un propriétaire sort le matin de bon
heure afin d'embaucher des ouvriers pour travailler da
son vignoble. 2Il convient avec eux de leur donner com
salaire une pièce d'argent pour la journée, puis il les e
voie dans sa vigne. 3Vers neuf heures du matin, il sort
nouveau et en aperçoit d'autres qui se tiennent sur la pla
du marché sans rien faire. 4Il leur dit : « Vous aussi, al
travailler dans ma vigne et je vous paierai correctement

5Ils y vont. Il sort encore vers midi, puis vers trois heur
de l'après-midi et, chaque fois, il agit de la même maniè
6Enfin, étant ressorti à cinq heures du soir, il en trou
encore d'autres sur la place. Il leur dit : « Pourquoi re
ez-vous ainsi toute la journée à ne rien faire ?

7– C'est que personne ne nous a embauchés.

– Eh bien, vous aussi, allez travailler dans ma vigne

8Le soir, le propriétaire du vignoble dit à son admi
trateur : « Fais venir les ouvriers et donne-leur la paye.
commenceras par ceux qui ont été engagés les dernie
pour finir par les premiers. »

9Les ouvriers embauchés à cinq heures du soir se prése
tent d'abord et touchent chacun une pièce d'argent. 10Pu
vient le tour des premiers engagés : ils s'attendent à r
cevoir davantage, mais eux aussi touchent chacun u
pièce d'argent. 11Lorsqu'ils la reçoivent, ils manifeste
leur mécontentement à l'égard du propriétaire : 12« Ceu
là sont arrivés les derniers, disent-ils, ils n'ont travai
qu'une heure, et tu leur as donné autant qu'à nous q
avons travaillé dur toute la journée sous la forte chaleur

13Mais le maître répond à l'un d'eux : « Mon ami, dit-il,
ne te fais pas le moindre tort. Une pièce d'argent : n'est-
pas le salaire sur lequel nous étions d'accord ? 14Pren
donc ce qui te revient et rentre chez toi. Si cela me fa
plaisir de donner au dernier arrivé autant qu'à toi, cela r
regarde. 15Ne puis-je pas disposer de mon argent comme
le veux ? Ou bien, m'en veux-tu pour ma bonté ? »

16Voilà comment les derniers seront les premiers
comment les premiers seront les derniers.

Ce qui attend Jésus à Jérusalem

(Mc 10.32-34 ; Lc 18.31-34)

17Alors qu'il montait à Jérusalem, Jésus prit les Douze
part et leur dit, en cours de route : 18Voici, nous monto
à Jérusalem. Le Fils de l'homme y sera livré aux chefs d
prêtres et aux spécialistes de la Loi. Ils le condamnero
à mort, 19et le remettront entre les mains des païe
pour qu'ils se moquent de lui, le battent à coups de fo
et le clouent sur une croix. Puis, le troisième jour,
ressuscitera.

Grandeur et service

(Mc 10.35-45 ; Lc 22.25-27)

20Alors, la femme de Zébédée, s'approcha de Jésus av
ses fils. Elle se prosterna devant lui pour lui demand
une faveur.

21– Que désires-tu ? lui demanda-t-il.

She said, “Grant that one of these two sons of mine
ay sit at your right and the other at your left in
ur kingdom.”
22“You don’t know what you are asking,” Jesus said
them. “Can you drink the cup I am going to drink?”
“We can,” they answered.

23Jesus said to them, “You will indeed drink from
y cup, but to sit at my right or left is not for me to
ant. These places belong to those for whom they
ve been prepared by my Father.”
24When the ten heard about this, they were in-
gnant with the two brothers. 25Jesus called them
gether and said, “You know that the rulers of the
ntiles lord it over them, and their high officials ex-
cise authority over them. 26Not so with you. Instead,
noever wants to become great among you must be
ur servant, 27and whoever wants to be first must
your slave – 28just as the Son of Man did not come
be served, but to serve, and to give his life as a
nsom for many.”

vo Blind Men Receive Sight

29As Jesus and his disciples were leaving Jericho, a
rge crowd followed him. 30Two blind men were sit-
ng by the roadside, and when they heard that Jesus
as going by, they shouted, “Lord, Son of David, have
ercy on us!”
31The crowd rebuked them and told them to be
iet, but they shouted all the louder, “Lord, Son of
vid, have mercy on us!”
32Jesus stopped and called them. “What do you want
e to do for you?” he asked.
33“Lord,” they answered, “we want our sight.”
34Jesus had compassion on them and touched their
es. Immediately they received their sight and fol-
wed him.

sus Comes to Jerusalem as King

21 1As they approached Jerusalem and came
to Bethphage on the Mount of Olives, Jesus
nt two disciples, 2saying to them, “Go to the village
ead of you, and at once you will find a donkey tied
ere, with her colt by her. Untie them and bring them
me. 3If anyone says anything to you, say that the
rd needs them, and he will send them right away.”

4This took place to fulfill what was spoken through
e prophet:

5 “Say to Daughter Zion,
‘See, your king comes to you,
gentle and riding on a donkey,
and on a colt, the foal of a donkey.’ ”

6The disciples went and did as Jesus had instruct-
d them. 7They brought the donkey and the colt and

Elle lui répondit : Voici mes deux fils. Promets-moi de faire siéger l’un à ta droite, l’autre à ta gauche, dans ton royaume.

22Jésus leur répondit : Vous ne vous rendez pas compte de ce que vous demandez. Pouvez-vous boire la coupe que je vais boire ?

– Oui, lui répondirent-ils, nous le pouvons.

23Alors Jésus reprit : Vous boirez, en effet, ma coupe, mais quant à siéger à ma droite ou à ma gauche, il ne m’appartient pas de vous l’accorder. Ces places reviendront à ceux pour qui mon Père les a préparées.

24En entendant cela, les dix autres s’indignèrent contre les deux frères.

25Alors Jésus les appela tous auprès de lui et dit : Vous savez ce qui se passe dans les nations : les chefs politiques dominent sur leurs peuples et les grands personnages font peser sur eux leur autorité. 26Qu’il n’en soit pas ainsi parmi vous. Au contraire : si quelqu’un veut être grand parmi vous, qu’il soit votre serviteur, 27si quelqu’un veut être le premier parmi vous, qu’il soit votre esclave. 28Car, de même, le Fils de l’homme n’est pas venu pour se faire servir, mais pour servir et donner sa vie en rançon[r] pour beaucoup.

La guérison de deux aveugles

(Mc 10.46-52 ; Lc 18.35-43)

29Lorsqu’ils sortirent de Jéricho, une grande foule suivit Jésus.

30Deux aveugles étaient assis au bord du chemin. Quand ils entendirent que Jésus passait par là, ils se mirent à crier : Seigneur[s], Fils de David, aie pitié de nous !

31La foule les rabroua pour les faire taire, mais ils se mirent à crier de plus belle : Seigneur, Fils de David, aie pitié de nous !

32Jésus s’arrêta, les appela et leur demanda : Que voulez-vous que je fasse pour vous ?

33– Seigneur, répondirent-ils, que nos yeux s’ouvrent !

34Pris de compassion pour eux, Jésus leur toucha les yeux. Aussitôt, ils recouvrèrent la vue et le suivirent.

L’entrée du Roi à Jérusalem

(Mc 11.1-11 ; Lc 19.28-38 ; Jn 12.12-19)

21 1En approchant de Jérusalem, ils arrivèrent près du village de Bethphagé, sur le mont des Oliviers. Jésus envoya deux de ses disciples 2en leur disant : Allez dans le village qui se trouve là devant vous. Dès que vous y serez, vous trouverez une ânesse attachée et, près d’elle, son petit. Détachez-les et amenez-les moi. 3Si quelqu’un vous fait une observation, vous n’aurez qu’à lui dire : « Le Seigneur en a besoin », et on vous laissera les prendre immédiatement.

4Tout cela arriva pour que s’accomplisse la prédiction du prophète :

5 *Dites à la communauté de Sion :*
Voici, ton roi vient vers toi ;
plein de douceur, monté sur une ânesse,
sur un ânon,
le petit d’une bête de somme.

6Les disciples partirent donc et suivirent les instructions de Jésus. 7Ils amenèrent l’ânesse et son petit et

r **20.28** Somme versée pour racheter la liberté d’un esclave ou d’un prisonnier.

s **20.30** Certains manuscrits n’ont pas : *Seigneur.*

placed their cloaks on them for Jesus to sit on. 8 A very large crowd spread their cloaks on the road, while others cut branches from the trees and spread them on the road. 9 The crowds that went ahead of him and those that followed shouted,

"Hosanna[x] to the Son of David!"
"Blessed is he who comes in the name of the Lord!"
"Hosanna[y] in the highest heaven!"

10 When Jesus entered Jerusalem, the whole city was stirred and asked, "Who is this?"

11 The crowds answered, "This is Jesus, the prophet from Nazareth in Galilee."

Jesus at the Temple

12 Jesus entered the temple courts and drove out all who were buying and selling there. He overturned the tables of the money changers and the benches of those selling doves. 13 "It is written," he said to them, " 'My house will be called a house of prayer,' but you are making it 'a den of robbers.' "

14 The blind and the lame came to him at the temple, and he healed them. 15 But when the chief priests and the teachers of the law saw the wonderful things he did and the children shouting in the temple courts, "Hosanna to the Son of David," they were indignant.

16 "Do you hear what these children are saying?" they asked him.

"Yes," replied Jesus, "have you never read,

" 'From the lips of children and infants
you, Lord, have called forth your praise'[z]?"

17 And he left them and went out of the city to Bethany, where he spent the night.

Jesus Curses a Fig Tree

18 Early in the morning, as Jesus was on his way back to the city, he was hungry. 19 Seeing a fig tree by the road, he went up to it but found nothing on it except leaves. Then he said to it, "May you never bear fruit again!" Immediately the tree withered.

20 When the disciples saw this, they were amazed. "How did the fig tree wither so quickly?" they asked.

21 Jesus replied, "Truly I tell you, if you have faith and do not doubt, not only can you do what was done to the fig tree, but also you can say to this mountain, 'Go, throw yourself into the sea,' and it will be done. 22 If you believe, you will receive whatever you ask for in prayer."

The Authority of Jesus Questioned

23 Jesus entered the temple courts, and, while he was teaching, the chief priests and the elders of the

[x] 21:9 A Hebrew expression meaning "Save!" which became an exclamation of praise; also in verse 15
[y] 21:9 A Hebrew expression meaning "Save!" which became an exclamation of praise; also in verse 15
[z] 21:16 Psalm 8:2 (see Septuagint)

posèrent sur eux leurs manteaux, et Jésus s'assit dessu 8 Une grande foule de gens étendirent leurs manteaux s le chemin. D'autres coupèrent des branches aux arbres en jonchèrent le chemin. 9 Et toute la foule, de la tête à fin du cortège, criait :

Hosanna au Fils de David !
Béni soit celui qui vient au nom du Seigneur !
Hosanna à Dieu au plus haut des cieux[t] !

10 Quand Jésus entra dans Jérusalem, toute la ville f en émoi. Partout on demandait : Qui est-ce ?

11 Et la foule qui l'accompagnait répondait : C'est Jés le prophète, de Nazareth en Galilée.

Jésus dans le Temple

(Mc 11.15-19 ; Lc 19.45-48 ; voir Jn 2.13-16)

12 Jésus entra dans la cour du Temple. Il en chassa to les marchands, ainsi que leurs clients. Il renversa l comptoirs des changeurs d'argent[u], ainsi que les chais des marchands de pigeons, 13 et il leur dit : Il est écrit : (*appellera ma maison une maison de prière*, mais vous, vous faites *une caverne de brigands!*

14 Des aveugles et des paralysés s'approchèrent de l dans la cour du Temple et il les guérit. 15 Quand les che des prêtres et les spécialistes de la Loi virent les mir cles extraordinaires qu'il venait d'accomplir, quand i entendirent les cris des enfants dans la cour du Templ « *Hosanna* au Fils de David ! », ils se mirent en colère 16 lui dirent : Tu entends ce qu'ils crient ?

– Oui, leur répondit Jésus. Et vous, n'avez-vous donc j mais lu cette parole :

De la bouche des petits enfants et des nourrissons,
tu as tiré la louange[v].

17 Puis il les laissa et quitta la ville pour se rendre Béthanie, où il passa la nuit.

La malédiction du figuier

(Mc 11.12-14, 20-25)

18 Tôt le lendemain matin, en revenant vers la ville, il e faim. 19 Il aperçut un figuier sur le bord de la route et s'e approcha ; mais il n'y trouva que des feuilles. Alors, il d à l'arbre : Tu ne porteras plus jamais de fruit !

A l'instant même, le figuier devint tout sec.

20 En voyant cela, les disciples furent très étonnés s'écrièrent : Comment ce figuier est-il devenu sec en u instant ?

21 – Vraiment, je vous l'assure, répondit Jésus, si vo avez la foi, si vous ne doutez pas, non seulement vous pou rez accomplir ce que j'ai fait à ce figuier, mais même si vo dites à cette colline : « Soulève-toi de là et jette-toi dar la mer », cela se fera. 22 Si vous priez avec foi, tout ce qu vous demanderez, vous l'obtiendrez.

L'autorité de Jésus contestée

(Mc 11.27-33 ; Lc 20.1-8)

23 Jésus se rendit au Temple et se mit à enseigner.

[t] 21.9 Ps 118.25-26. *Hosanna au Fils de David:* primitivement, *hosanna* sign fiait « viens à notre secours », mais avec le temps, l'expression avait pri le sens de « gloire, louange à ».
[u] 21.12 Les *changeurs* échangeaient des monnaies de provenances diver es contre la monnaie du Temple qui seule avait cours dans l'enceinte sacrée.
[v] 21.16 Ps 8.3 cité selon l'ancienne version grecque.

ople came to him. "By what authority are you doing ese things?" they asked. "And who gave you this thority?"

24 Jesus replied, "I will also ask you one question. If u answer me, I will tell you by what authority I am ing these things. 25 John's baptism – where did it me from? Was it from heaven, or of human origin?"

They discussed it among themselves and said, "If we y, 'From heaven,' he will ask, 'Then why didn't you lieve him?' 26 But if we say, 'Of human origin' – we e afraid of the people, for they all hold that John as a prophet."

27 So they answered Jesus, "We don't know."

Then he said, "Neither will I tell you by what au- ority I am doing these things.

e Parable of the Two Sons

28 "What do you think? There was a man who had o sons. He went to the first and said, 'Son, go and ork today in the vineyard.'

29 " 'I will not,' he answered, but later he changed s mind and went.

30 "Then the father went to the other son and said e same thing. He answered, 'I will, sir,' but he did t go.

31 "Which of the two did what his father wanted?"

"The first," they answered.

Jesus said to them, "Truly I tell you, the tax collec- rs and the prostitutes are entering the kingdom God ahead of you. 32 For John came to you to show u the way of righteousness, and you did not believe m, but the tax collectors and the prostitutes did. nd even after you saw this, you did not repent and lieve him.

he Parable of the Tenants

33 "Listen to another parable: There was a landowner ho planted a vineyard. He put a wall around it, dug a inepress in it and built a watchtower. Then he rented e vineyard to some farmers and moved to another ace. 34 When the harvest time approached, he sent s servants to the tenants to collect his fruit.

35 "The tenants seized his servants; they beat one, lled another, and stoned a third. 36 Then he sent her servants to them, more than the first time, d the tenants treated them the same way. 37 Last all, he sent his son to them. 'They will respect my n,' he said.

38 "But when the tenants saw the son, they said to ch other, 'This is the heir. Come, let's kill him and ke his inheritance.' 39 So they took him and threw m out of the vineyard and killed him.

40 "Therefore, when the owner of the vineyard mes, what will he do to those tenants?"

Alors, les chefs des prêtres et les responsables du peuple vinrent le trouver et l'interpellèrent : Par quelle autorité agis-tu ainsi ? Qui t'a donné l'autorité de faire cela ?

24 Jésus leur répondit : Moi aussi, j'ai une question à vous poser, une seule. Si vous me répondez, je vous dirai à mon tour de quel droit je fais cela. 25 De qui Jean tenait-il son mandat pour baptiser ? De Dieu ou des hommes ?

Alors ils se mirent à raisonner intérieurement : Si nous disons : « De Dieu », il va nous demander : « Pourquoi alors n'avez-vous pas cru en lui ? » 26 Mais si nous répondons : « Des hommes », nous avons bien lieu de craindre la réaction de la foule, car tout le monde tient Jean pour un prophète.

27 Ils répondirent donc à Jésus : Nous ne savons pas.

Et lui de leur répliquer : Eh bien, moi non plus, je ne vous dirai pas par quelle autorité j'agis comme je le fais.

La parabole des deux fils

28 Que pensez-vous de l'histoire que voici ? ajouta Jésus. Un homme avait deux fils. Il alla trouver le premier et lui dit : « Mon fils, va aujourd'hui travailler dans notre vigne.

29 – Je n'en ai pas envie », lui répondit celui-ci.

Mais, plus tard, il regretta d'avoir répondu ainsi et se rendit dans la vigne[w]. 30 Le père alla trouver le second fils et lui fit la même demande. Celui-ci lui répondit : « Oui, mon Seigneur, j'y vais ! »

Mais il n'y alla pas.

31 Lequel des deux a fait la volonté de son père ?

– C'est le premier, répondirent-ils.

Et Jésus ajouta : Vraiment, je vous l'assure : les collecteurs d'impôts et les prostituées vous précéderont dans le royaume de Dieu. 32 En effet, Jean est venu, il vous a montré ce qu'est une vie juste, et vous n'avez pas cru en lui – tandis que les collecteurs d'impôts et les prostituées ont cru en lui. Et, bien que vous ayez eu leur exemple sous vos yeux, vous n'avez pas éprouvé les regrets qui auraient pu vous amener enfin à croire en lui.

La culpabilité des chefs religieux juifs

(Mc 12.1-12 ; Lc 20.9-19)

33 Ecoutez encore une parabole : Un homme avait une propriété. Il y planta *une vigne*, l'entoura d'une haie, *y creusa un pressoir et y bâtit une tour de guet*Après cela, il la loua à des vignerons et partit en voyage.

34 A l'approche des vendanges, il envoya ses serviteurs auprès de ces vignerons pour recevoir le produit qui lui revenait. 35 Mais les vignerons se précipitèrent sur ces serviteurs : l'un d'eux fut roué de coups, un autre fut tué, un troisième assommé à coups de pierres.

36 Le propriétaire envoya alors d'autres serviteurs, plus nombreux que les premiers. Mais ils furent reçus de la même manière par les vignerons.

37 Finalement, il leur envoya son propre fils en se disant : « Pour mon fils au moins, ils auront du respect. »

38 Mais dès que les vignerons aperçurent le fils, ils se dirent entre eux : « Voilà l'héritier ! Venez ! Tuons-le ! Et récupérons son héritage ! »

39 Ils se jetèrent donc sur lui, le traînèrent hors du vignoble et le tuèrent. 40 Quand le propriétaire de la vigne viendra, comment agira-t-il envers ces vignerons ?

w 21.29 Certains manuscrits changent l'ordre des réponses des v. 29 et 30.

41 “He will bring those wretches to a wretched end,” they replied, “and he will rent the vineyard to other tenants, who will give him his share of the crop at harvest time.”

42 Jesus said to them, “Have you never read in the Scriptures:

“ ‘The stone the builders rejected
has become the cornerstone;
the Lord has done this,
and it is marvelous in our eyes’?

43 “Therefore I tell you that the kingdom of God will be taken away from you and given to a people who will produce its fruit. 44 Anyone who falls on this stone will be broken to pieces; anyone on whom it falls will be crushed.”[a]

45 When the chief priests and the Pharisees heard Jesus’ parables, they knew he was talking about them. 46 They looked for a way to arrest him, but they were afraid of the crowd because the people held that he was a prophet.

The Parable of the Wedding Banquet

22 1 Jesus spoke to them again in parables, saying: 2 “The kingdom of heaven is like a king who prepared a wedding banquet for his son. 3 He sent his servants to those who had been invited to the banquet to tell them to come, but they refused to come.

4 “Then he sent some more servants and said, ‘Tell those who have been invited that I have prepared my dinner: My oxen and fattened cattle have been butchered, and everything is ready. Come to the wedding banquet.’

5 “But they paid no attention and went off – one to his field, another to his business. 6 The rest seized his servants, mistreated them and killed them. 7 The king was enraged. He sent his army and destroyed those murderers and burned their city.

8 “Then he said to his servants, ‘The wedding banquet is ready, but those I invited did not deserve to come. 9 So go to the street corners and invite to the banquet anyone you find.’ 10 So the servants went out into the streets and gathered all the people they could find, the bad as well as the good, and the wedding hall was filled with guests.

11 “But when the king came in to see the guests, he noticed a man there who was not wearing wedding clothes. 12 He asked, ‘How did you get in here without wedding clothes, friend?’ The man was speechless.

13 “Then the king told the attendants, ‘Tie him hand and foot, and throw him outside, into the darkness, where there will be weeping and gnashing of teeth.’

14 “For many are invited, but few are chosen.”

[a] **21:44** Some manuscripts do not have verse 44.

41 Ils lui répondirent : Il fera exécuter sans pitié c misérables, puis il confiera le soin de sa vigne à d’autr vignerons qui lui donneront sa part de récolte en tem voulu.

42 Et Jésus ajouta : N’avez-vous jamais lu dans l Ecritures :

La pierre que les constructeurs ont rejetée
est devenue la pierre principale, la pierre d’angle.
C’est du Seigneur que cela est venu
et c’est un prodige à nos yeux

43 Voilà pourquoi je vous déclare que le royaume de Di vous sera enlevé et sera donné à un peuple qui en produi les fruits. [44 Mais :

Celui qui tombera sur cette pierre-là,
se brisera la nuque,
et si elle tombe sur quelqu’un,
elle l’écrasera[x].]

45 Après avoir entendu ces paraboles, les chefs d prêtres et les pharisiens comprirent que c’était eux q Jésus visait. 46 Ils cherchaient un moyen de l’arrêter, ma ils avaient peur des réactions de la foule, car tous co sidéraient Jésus comme un prophète.

La parabole des invités

(Lc 14.15-24)

22 1 Jésus leur parla de nouveau au moyen paraboles. Il leur dit : 2 Il en est du royaume d cieux comme d’un roi qui célèbre les noces de son fi 3 Il envoie ses serviteurs convier les invités aux noce Mais ceux-ci refusent de venir. 4 Alors il envoie d’autr serviteurs pour insister de sa part auprès des invité « Portez-leur ce message : J’ai préparé mon banquet, j fait tuer mes jeunes taureaux et mes plus belles bêtes, tout est prêt. Venez donc aux noces. »

5 Mais les invités restent indifférents, et s’en vont, l’u à son champ, l’autre à ses affaires. 6 Les autres s’empare des serviteurs, les maltraitent et les tuent.

7 Alors le roi se met en colère. Il envoie ses troupes exte miner ces assassins et mettre le feu à leur ville. 8 Ensuit il dit à ses serviteurs : « Le repas de noces est prêt, ma les invités n’en étaient pas dignes. 9 Allez donc aux carr fours des chemins et invitez au festin tous ceux que vo trouverez. »

10 Alors les serviteurs s’en vont par les routes et rasser blent tous ceux qu’ils rencontrent, méchants et bons, sorte que la salle des noces se remplit de monde. 11 Le r entre pour voir l’assistance. Il aperçoit là un homme q n’a pas d’habit de noces.

12 « Mon ami, lui demande-t-il, comment as-tu pu entr ici sans être habillé comme il convient pour un mariage ? L’autre ne trouve rien à répondre.

13 Alors le roi dit aux serviteurs : « Prenez-le et jetez-l pieds et poings liés, dans les ténèbres du dehors où il y des pleurs et d’amers regrets. »

14 Car, beaucoup sont invités, mais les élus sont pe nombreux.

[x] **21.44** Cf. Es 8.14. Ce verset est absent de plusieurs manuscrits (voir Lc 20.18).

ying the Imperial Tax to Caesar

[15]Then the Pharisees went out and laid plans to
ap him in his words. [16]They sent their disciples to
m along with the Herodians. "Teacher," they said,
ve know that you are a man of integrity and that
u teach the way of God in accordance with the
uth. You aren't swayed by others, because you pay
attention to who they are. [17]Tell us then, what is
ur opinion? Is it right to pay the imperial tax[b] to
esar or not?"

[18]But Jesus, knowing their evil intent, said, "You
pocrites, why are you trying to trap me? [19]Show
e the coin used for paying the tax." They brought
m a denarius, [20]and he asked them, "Whose image
this? And whose inscription?"

[21]"Caesar's," they replied.
Then he said to them, "So give back to Caesar what
Caesar's, and to God what is God's."
[22]When they heard this, they were amazed. So they
ft him and went away.

arriage at the Resurrection

[23]That same day the Sadducees, who say there
no resurrection, came to him with a question.
"Teacher," they said, "Moses told us that if a man
es without having children, his brother must marry
e widow and raise up offspring for him. [25]Now there
ere seven brothers among us. The first one married
nd died, and since he had no children, he left his
ife to his brother. [26]The same thing happened to
e second and third brother, right on down to the
venth. [27]Finally, the woman died. [28]Now then, at
e resurrection, whose wife will she be of the seven,
nce all of them were married to her?"
[29]Jesus replied, "You are in error because you do
ot know the Scriptures or the power of God. [30]At the
surrection people will neither marry nor be given in
arriage; they will be like the angels in heaven. [31]But
out the resurrection of the dead – have you not read
hat God said to you, [32]'I am the God of Abraham, the
od of Isaac, and the God of Jacob'? He is not the God
the dead but of the living."

[33]When the crowds heard this, they were astonished
his teaching.

he Greatest Commandment

[34]Hearing that Jesus had silenced the Sadducees, the
harisees got together. [35]One of them, an expert in the
w, tested him with this question: [36]"Teacher, which
the greatest commandment in the Law?"

2:17 A special tax levied on subject peoples, not on Roman
tizens

Controverse sur l'impôt dû à César

(Mc 12.13-17 ; Lc 20.20-26)

[15]Alors les pharisiens s'éloignèrent et discutèrent entre eux pour trouver une question à poser à Jésus, afin
de le prendre au piège par ses propres paroles. [16]Ils lui
envoyèrent donc quelques-uns de leurs disciples accompagnés de gens du parti d'Hérode[y]. Ces émissaires lui
dirent : Maître, nous savons que tu dis la vérité et que tu
enseignes en toute vérité la voie à suivre selon Dieu. Tu
ne te laisses influencer par personne, car tu ne regardes
pas à la position sociale des gens. [17]Dis-nous donc ce que
tu penses de ceci : A-t-on, oui ou non, le droit de payer des
impôts à César ?
[18]Mais Jésus, connaissant leurs mauvaises intentions,
leur répondit : Hypocrites ! Pourquoi me tendez-vous
un piège ? [19]Montrez-moi une pièce qui sert à payer cet
impôt !
Ils lui présentèrent une pièce d'argent.
[20]Alors il leur demanda : Cette effigie et cette inscription, de qui sont-elles ?
[21]– De César.
Jésus leur dit alors : Rendez donc à César ce qui revient
à César, et à Dieu ce qui revient à Dieu.
[22]En entendant cette réponse, ils en restèrent tout
déconcertés. Ils le laissèrent donc et se retirèrent.

Controverse sur la résurrection

(Mc 12.18-27 ; Lc 20.27-40)

[23]Ce même jour, des sadducéens vinrent le trouver.
Ils prétendent que les morts ne ressuscitent pas. Ils lui
posèrent la question suivante : [24]Maître, Moïse a donné cet
ordre : *Si quelqu'un meurt sans avoir d'enfant, son frère devra*
épouser sa veuve, pour donner une descendance au défunt. [25]Or,
il y avait parmi nous sept frères. L'aîné s'est marié, et il est
mort sans avoir de descendant. Il a donc laissé sa veuve à
son frère. [26]Il est arrivé la même chose au deuxième frère,
puis au troisième, et ainsi de suite jusqu'au septième. [27]En
fin de compte, la femme est décédée elle aussi. [28]A la résurrection, duquel des sept frères sera-t-elle la femme ?
Car ils l'ont tous eue pour épouse.
[29]Jésus leur répondit : Vous êtes dans l'erreur, parce que
vous ne connaissez pas les Ecritures, ni quelle est la puissance de Dieu. [30]En effet, une fois ressuscités, les hommes
et les femmes ne se marieront plus ; ils vivront comme
les anges qui sont dans le ciel. [31]Quant à la résurrection
des morts, n'avez-vous donc jamais lu ce que Dieu vous a
déclaré : [32]*Je suis le Dieu d'Abraham, le Dieu d'Isaac, le Dieu*
de Jacob ? Dieu n'est pas le Dieu des morts, mais le Dieu
des vivants.
[33]Les foules qui entendaient ses réponses étaient profondément impressionnées par son enseignement.

Le plus grand commandement

(Mc 12.28-34)

[34]En apprenant que Jésus avait réduit au silence les sadducéens, les pharisiens se réunirent. [35]L'un d'entre eux,
un enseignant de la Loi, voulut lui tendre un piège. Il lui
demanda : [36]Maître, quel est, dans la Loi, le commandement le plus grand ?

y 22.16 Le *parti d'Hérode* comprenait les Juifs qui soutenaient le règne d'Hérode Antipas et voulaient qu'un membre de la famille hérodienne remplace le gouverneur romain.

37 Jesus replied: " 'Love the Lord your God with all your heart and with all your soul and with all your mind.' 38 This is the first and greatest commandment. 39 And the second is like it: 'Love your neighbor as yourself.' 40 All the Law and the Prophets hang on these two commandments."

Whose Son Is the Messiah?

41 While the Pharisees were gathered together, Jesus asked them, 42 "What do you think about the Messiah? Whose son is he?"

"The son of David," they replied.

43 He said to them, "How is it then that David, speaking by the Spirit, calls him 'Lord'? For he says,

44 " 'The Lord said to my Lord:
"Sit at my right hand
until I put your enemies
under your feet." '

45 If then David calls him 'Lord,' how can he be his son?" 46 No one could say a word in reply, and from that day on no one dared to ask him any more questions.

A Warning Against Hypocrisy

23 1 Then Jesus said to the crowds and to his disciples: 2 "The teachers of the law and the Pharisees sit in Moses' seat. 3 So you must be careful to do everything they tell you. But do not do what they do, for they do not practice what they preach. 4 They tie up heavy, cumbersome loads and put them on other people's shoulders, but they themselves are not willing to lift a finger to move them.

5 "Everything they do is done for people to see: They make their phylacteries[c] wide and the tassels on their garments long; 6 they love the place of honor at banquets and the most important seats in the synagogues; 7 they love to be greeted with respect in the marketplaces and to be called 'Rabbi' by others.

8 "But you are not to be called 'Rabbi,' for you have one Teacher, and you are all brothers. 9 And do not call anyone on earth 'father,' for you have one Father, and he is in heaven. 10 Nor are you to be called instructors, for you have one Instructor, the Messiah. 11 The greatest among you will be your servant. 12 For those who exalt themselves will be humbled, and those who humble themselves will be exalted.

[c] 23:5 That is, boxes containing Scripture verses, worn on forehead and arm

37 Jésus lui répondit : *Tu aimeras le Seigneur, ton Dieu, tout ton cœur, de toute ton âme et de toute ta pensée.* 38 C'est le commandement le plus grand et le plus important. 39 il y en a un second qui lui est semblable : *Tu aimeras t prochain comme toi-même.* 40 Tout ce qu'enseignent la Loi les prophètes est contenu dans ces deux commandemen

Controverse sur l'identité du Messie

(Mc 12.35-37 ; Lc 20.41-44)

41 Comme les pharisiens se trouvaient rassemblés Jésus les interrogea à son tour : 42 Quelle est votre opini au sujet du Messie ? D'après vous, de qui descend-il ?

– De David, lui répondirent-ils.

43 – Alors, comment se fait-il que David, parlant so l'inspiration de l'Esprit de Dieu, l'appelle *Seigneur ?* effet, il déclare :

44 *Le Seigneur a dit à mon Seigneur :*
Viens siéger à ma droite[z]
jusqu'à ce que j'aie mis tes ennemis à terre sous tes pieds

45 Si donc David l'appelle son *Seigneur*, comment est possible que le Messie soit son descendant ?

46 Nul ne fut capable de lui donner un mot de répon et, à partir de ce jour-là, personne n'osa plus lui poser question.

La condamnation des chefs religieux

(Mc 12.38-40 ; Lc 11.39-52 ; 20.45-47)

23 1 Alors Jésus, s'adressant à la foule et à ses disciple dit : 2 Les spécialistes de la Loi et les pharisie sont chargés d'enseigner la Loi de Moïse. 3 Faites donc to ce qu'ils vous disent, et réglez votre conduite sur leur e seignement. Mais gardez-vous de prendre modèle sur leu actes, car ils parlent d'une manière et agissent d'une autr 4 Ils lient de pesants fardeaux et les placent sur l épaules des hommes ; mais ils ne bougeraient même p le petit doigt pour les déplacer. 5 Dans tout ce qu'ils for ils agissent pour être vus des hommes. Ainsi, les peti coffrets à versets qu'ils portent pendant la prière so plus grands que ceux des autres, et les franges de leu manteaux plus longues[a]. 6 Ils affectionnent les meilleur places dans les banquets et les sièges d'honneur dans l synagogues. 7 Ils aiment qu'on les salue sur les places pu liques et qu'on les appelle « Maître ».

8 Mais vous, ne vous faites pas appeler « Maître », c pour vous, il n'y a qu'un seul Maître, et vous êtes to frères. 9 Ne donnez pas non plus à quelqu'un, ici-bas, titre de « Père », car pour vous, il n'y a qu'un seul Père : Père céleste. 10 Ne vous faites pas non plus appeler chefs car un seul est votre Chef : Christ.

11 Le plus grand parmi vous sera votre serviteur. 12 C celui qui s'élève sera abaissé ; et celui qui s'abaisse se élevé.

[z] **22.44** La droite du roi est la place d'honneur (Ps 45.10 ; 1 R 2.19).

[a] **23.5** Pour la prière, les Juifs portaient des tephillins ou phylactères. I s'agissait de deux petites boîtes fixées à des lanières que l'on attachait, l'une sur le front, l'autre sur le bras gauche, et qui contenaient des bandes de parchemins sur lesquels étaient inscrits des versets de la Lo Cette coutume était vue comme obéissant à l'injonction de Dt 6.8. Les Juifs pieux ornaient aussi leurs vêtements de franges, qui devaient leur rappeler les commandements de la Loi, selon ce qui était demandé en Dt 22.12. Certains devaient avoir des franges particulièrement longues pour faire étalage de leur piété.

[b] **23.10** Matthieu emploie un mot unique dans le Nouveau Testament qu peut désigner aussi l'enseignant, le directeur, le guide.

ven Woes on the Teachers of e Law and the Pharisees

13“Woe to you, teachers of the law and Pharisees,
u hypocrites! You shut the door of the kingdom of
aven in people's faces. You yourselves do not enter,
r will you let those enter who are trying to. 14[14][d]

15“Woe to you, teachers of the law and Pharisees,
u hypocrites! You travel over land and sea to win
single convert, and when you have succeeded, you
ake them twice as much a child of hell as you are.

16“Woe to you, blind guides! You say, ‘If anyone
vears by the temple, it means nothing; but anyone
no swears by the gold of the temple is bound by that
th.’ 17You blind fools! Which is greater: the gold, or
e temple that makes the gold sacred? 18You also say,
anyone swears by the altar, it means nothing; but
yone who swears by the gift on the altar is bound by
at oath.’ 19You blind men! Which is greater: the gift,
the altar that makes the gift sacred? 20Therefore,
yone who swears by the altar swears by it and by
erything on it. 21And anyone who swears by the
mple swears by it and by the one who dwells in it.
And anyone who swears by heaven swears by God's
rone and by the one who sits on it.

23“Woe to you, teachers of the law and Pharisees,
u hypocrites! You give a tenth of your spices – mint,
ll and cumin. But you have neglected the more
nportant matters of the law – justice, mercy and
ithfulness. You should have practiced the latter,
ithout neglecting the former. 24You blind guides!
u strain out a gnat but swallow a camel.

25“Woe to you, teachers of the law and Pharisees,
u hypocrites! You clean the outside of the cup and
sh, but inside they are full of greed and self-indul-
nce. 26Blind Pharisee! First clean the inside of the
p and dish, and then the outside also will be clean.

27“Woe to you, teachers of the law and Pharisees,
u hypocrites! You are like whitewashed tombs,
hich look beautiful on the outside but on the inside
e full of the bones of the dead and everything un-
ean. 28In the same way, on the outside you appear
people as righteous but on the inside you are full
hypocrisy and wickedness.

29“Woe to you, teachers of the law and Pharisees,
u hypocrites! You build tombs for the prophets and
ecorate the graves of the righteous. 30And you say,
we had lived in the days of our ancestors, we would
ot have taken part with them in shedding the blood

3:14 Some manuscripts include here words similar to Mark 12:40
d Luke 20:47.

13Malheur à vous, spécialistes de la Loi et pharisiens
hypocrites ! Parce que vous barrez aux autres l'accès au
royaume des cieux. Non seulement vous n'y entrez pas
vous-mêmes, mais vous empêchez d'entrer ceux qui
voudraient le faire !
14[Malheur à vous, spécialistes de la Loi et pharisiens
hypocrites, car vous dépouillez les veuves de leurs biens,
tout en faisant de longues prières pour l'apparence. C'est
pourquoi votre condamnation n'en sera que plus sévère[c].]
15Malheur à vous, spécialistes de la Loi et pharisiens
hypocrites ! Vous parcourez terre et mer pour amener
ne fût-ce qu'un seul païen à votre religion, et quand vous
l'avez gagné, vous lui faites mériter l'enfer deux fois plus
que vous.
16Malheur à vous, guides aveugles ! En effet, vous dites :
Si quelqu'un jure « par le Temple », il n'est pas tenu par
son serment, mais s'il jure « par l'or du Temple », il doit
tenir son serment. 17Insensés et aveugles que vous êtes !
Qu'est-ce qui est plus important : l'or ou le Temple qui
rend cet or sacré ? 18Ou bien vous dites : Si quelqu'un jure
« par l'autel », il n'est pas tenu par son serment ; mais s'il
jure « par l'offrande qui est sur l'autel », il doit tenir son
serment. 19Aveugles que vous êtes ! Qu'est-ce qui est plus
important : l'offrande ou l'autel qui rend cette offrande
sacrée ? 20En fait, celui qui jure « par l'autel », jure à la fois
par l'autel et par tout ce qui est dessus. 21Celui qui jure
« par le Temple », jure à la fois par le Temple et par celui
qui y habite. 22Celui qui jure « par le ciel », jure à la fois
par le trône de Dieu et par celui qui y siège.
23Malheur à vous, spécialistes de la Loi et pharisiens
hypocrites ! Vous vous acquittez de la dîme sur la menthe, l'anis et le cumin, mais vous laissez de côté ce qu'il y
a de plus important dans la Loi, c'est-à-dire la justice, la
compassion et la fidélité[d]. Voilà ce qu'il fallait pratiquer,
sans négliger le reste.
24Guides aveugles que vous êtes ! Vous filtrez vos boissons pour éliminer le moindre moucheron, mais vous
avalez le chameau tout entier.
25Malheur à vous, spécialistes de la Loi et pharisiens
hypocrites ! Vous nettoyez soigneusement l'extérieur de
vos coupes et de vos assiettes, mais vous les remplissez du
produit de vos vols et de vos désirs incontrôlés. 26Pharisien
aveugle, commence donc par purifier l'intérieur de la
coupe et de l'assiette, alors l'extérieur sera pur.
27Malheur à vous, spécialistes de la Loi et pharisiens
hypocrites ! Vous êtes comme ces tombeaux crépis de
blanc[e], qui sont beaux au-dehors. Mais à l'intérieur, il
n'y a qu'ossements de cadavres et pourriture. 28Vous de
même, à l'extérieur, vous avez l'air d'être justes aux yeux
des hommes, mais, à l'intérieur, il n'y a qu'hypocrisie et
désobéissance à Dieu.
29Malheur à vous, spécialistes de la Loi et pharisiens
hypocrites ! Vous édifiez des tombeaux aux prophètes,
vous couvrez d'ornements ceux des justes. 30Vous dites : Si
nous avions vécu du temps de nos ancêtres, nous ne nous

c **23.14** Ce verset est absent de plusieurs manuscrits. Voir Mc 12.40.
d **23.23** Autre traduction : *foi.*
e **23.27** Toucher un tombeau rendait rituellement impur. C'est pourquoi on les peignait en blanc (couleur de la pureté) afin qu'on ne les touche pas la nuit par inadvertance.

of the prophets.’ 31 So you testify against yourselves that you are the descendants of those who murdered the prophets. 32 Go ahead, then, and complete what your ancestors started!

33 “You snakes! You brood of vipers! How will you escape being condemned to hell? 34 Therefore I am sending you prophets and sages and teachers. Some of them you will kill and crucify; others you will flog in your synagogues and pursue from town to town. 35 And so upon you will come all the righteous blood that has been shed on earth, from the blood of righteous Abel to the blood of Zechariah son of Berekiah, whom you murdered between the temple and the altar. 36 Truly I tell you, all this will come on this generation.

37 “Jerusalem, Jerusalem, you who kill the prophets and stone those sent to you, how often I have longed to gather your children together, as a hen gathers her chicks under her wings, and you were not willing. 38 Look, your house is left to you desolate. 39 For I tell you, you will not see me again until you say, ‘Blessed is he who comes in the name of the Lord.’”

The Destruction of the Temple and Signs of the End Times

24 1 Jesus left the temple and was walking away when his disciples came up to him to call his attention to its buildings. 2 “Do you see all these things?” he asked. “Truly I tell you, not one stone here will be left on another; every one will be thrown down.”

3 As Jesus was sitting on the Mount of Olives, the disciples came to him privately. “Tell us,” they said, “when will this happen, and what will be the sign of your coming and of the end of the age?”

4 Jesus answered: “Watch out that no one deceives you. 5 For many will come in my name, claiming, ‘I am the Messiah,’ and will deceive many. 6 You will hear of wars and rumors of wars, but see to it that you are not alarmed. Such things must happen, but the end is still to come. 7 Nation will rise against nation, and kingdom against kingdom. There will be famines and earthquakes in various places. 8 All these are the beginning of birth pains.

9 “Then you will be handed over to be persecuted and put to death, and you will be hated by all nations because of me. 10 At that time many will turn away

serions pas associés à eux pour tuer les prophètes. 31 P
disant cela, vous attestez vous-mêmes que vous êtes bi
les descendants de ceux qui ont fait périr les prophète
32 Eh bien, ce que vos pères ont commencé, portez-le
son comble !

33 Serpents, race de vipères ! Comment pouvez-vo
penser que vous éviterez le châtiment de l’enfer ? 34 E
effet, je vais vous envoyer des prophètes, des sages
des spécialistes de l’Ecriture : vous allez tuer ou cruc
fier les uns, fouetter les autres dans vos synagogues,
les persécuter d’une ville à l’autre, 35 pour que retomb
sur vous le châtiment qu’appelle le meurtre de tous l
innocents, depuis celui d’Abel, le juste, jusqu’à celui
Zacharie, fils de Barachie, que vous avez assassiné ent
le Temple et l’autel du sacrifice.

36 Oui, vraiment, je vous l’assure : le châtiment méri
par tous ces meurtres retombera sur les hommes de cet
génération.

Lamentation sur Jérusalem

(Lc 13.34-35)

37 Ah, Jérusalem ! Jérusalem ! Toi qui fais mourir l
prophètes et qui lapides ceux que Dieu t’envoie ! Combi
de fois j’ai voulu rassembler tes habitants auprès de m
comme une poule rassemble ses poussins sous ses aile
Mais vous ne l’avez pas voulu ! 38 Maintenant, votre mais
va être abandonnée et restera déserte[f].

39 En effet, je vous le déclare : Désormais, vous ne m
verrez plus jusqu’à ce que vous disiez : *Béni soit celui q
vient au nom du Seigneur*[g] !

La suite des temps

De la destruction de Jérusalem à la venue du Fils de l’homme

(Mc 13.1-13 ; Lc 21.5-19)

24 1 Là-dessus, Jésus quitta la cour du Temple. Tand
qu’il s’éloignait, ses disciples s’approchèrent po
lui faire remarquer l’architecture du Temple. 2 Alors il le
dit : Oui, regardez bien tout cela ! Vraiment, je vous l’a
sure : tout sera démoli : il ne restera pas une pierre s
une autre.

3 Comme il était assis sur le mont des Oliviers, ses disc
ples s’approchèrent, le prirent à part, et lui demandèren
Dis-nous : quand cela se produira-t-il et quel signe anno
cera ta venue et la fin du monde ?

4 Jésus leur répondit : Faites bien attention que person
ne vous induise en erreur. 5 Car plusieurs viendront so
mon nom en disant : « Je suis le Messie[h] ! », et ils trompe
ont beaucoup de gens. 6 Vous entendrez parler de guerr
et de menaces de guerres. Attention ! Ne vous laissez p
troubler par ces nouvelles, car cela doit arriver, mais
ne sera pas encore la fin. 7 En effet, *on verra se dresser u
nation contre une nation, un royaume contre un autre;* il
aura des famines et des tremblements de terre en dive
lieux. 8 Mais ce ne seront que les premières douleurs d
l’enfantement.

9 Alors on vous persécutera et l’on vous mettra à mor
Tous les peuples vous haïront à cause de moi. 10 A cause d

f **23.38** Certains manuscrits omettent *déserte.*

g **23.39** Ps 118.26. Autre traduction : *Béni soit, au nom du Seigneur, celui qui vient !*

h **24.5** Autre traduction : *Le Christ.*

ɔm the faith and will betray and hate each other,
and many false prophets will appear and deceive
any people. 12 Because of the increase of wickedness,
e love of most will grow cold, 13 but the one who
ands firm to the end will be saved. 14 And this gospel
the kingdom will be preached in the whole world as
estimony to all nations, and then the end will come.

15 "So when you see standing in the holy place
ie abomination that causes desolation,' spoken of
rough the prophet Daniel – let the reader under-
and – 16 then let those who are in Judea flee to the
ountains. 17 Let no one on the housetop go down to
ke anything out of the house. 18 Let no one in the
ld go back to get their cloak. 19 How dreadful it will
in those days for pregnant women and nursing
others! 20 Pray that your flight will not take place
winter or on the Sabbath. 21 For then there will be
eat distress, unequaled from the beginning of the
orld until now – and never to be equaled again.

22 "If those days had not been cut short, no one
ould survive, but for the sake of the elect those days
ill be shortened. 23 At that time if anyone says to
u, 'Look, here is the Messiah!' or, 'There he is!' do
t believe it. 24 For false messiahs and false prophets
ill appear and perform great signs and wonders to
ceive, if possible, even the elect. 25 See, I have told
u ahead of time.

26 "So if anyone tells you, 'There he is, out in the
ilderness,' do not go out; or, 'Here he is, in the inner
oms,' do not believe it. 27 For as lightning that comes
om the east is visible even in the west, so will be
e coming of the Son of Man. 28 Wherever there is a
rcass, there the vultures will gather.

29 "Immediately after the distress of those days
" 'the sun will be darkened,
and the moon will not give its light;
the stars will fall from the sky,
and the heavenly bodies will be shaken.'

30 "Then will appear the sign of the Son of Man in
eaven. And then all the peoples of the earth[e] will
ourn when they see the Son of Man coming on the
ouds of heaven, with power and great glory.[f] 31 And
will send his angels with a loud trumpet call, and
ey will gather his elect from the four winds, from
e end of the heavens to the other.

32 "Now learn this lesson from the fig tree: As soon
its twigs get tender and its leaves come out, you
ow that summer is near. 33 Even so, when you see
l these things, you know that it[g] is near, right at the

---

[e] 4:30 Or *the tribes of the land*
[f] 4:30 See Daniel 7:13-14.
[g] 4:33 Or *he*

cela, beaucoup abandonneront la foi, ils se trahiront et se
haïront les uns les autres.
11 De nombreux faux prophètes surgiront et ils tromper-
ont beaucoup de gens. 12 Parce que le mal ne cessera de
croître, l'amour du plus grand nombre se refroidira. 13 Mais
celui qui tiendra bon jusqu'au bout sera sauvé. 14 Cette
Bonne Nouvelle du royaume de Dieu sera proclamée dans
le monde entier pour que tous les peuples en entendent le
témoignage. Alors seulement viendra la fin.

(Mc 13.14-20 ; Lc 21.20-24)

15 Quand donc vous verrez *l'abominable profanation* annoncée par le prophète Daniel s'établir dans le lieu saint
– que celui qui lit comprenne ! – 16 alors, que ceux qui sont
en Judée s'enfuient dans les montagnes. 17 Si quelqu'un est
sur son toit en terrasse, qu'il ne rentre pas dans sa maison
pour emporter les biens qui s'y trouvent. 18 Que celui qui
sera dans les champs ne retourne pas chez lui pour aller
chercher son manteau.
19 Malheur, en ces jours-là, aux femmes enceintes et à
celles qui allaitent ! 20 Priez pour que votre fuite n'ait pas
lieu en hiver, ni un jour de sabbat. 21 Car *à ce moment-là, la
détresse sera plus terrible que tout ce qu'on a connu depuis le
commencement du monde;* et jamais plus, on ne verra pareille souffrance.
22 Vraiment, si le Seigneur n'avait pas décidé de réduire
le nombre de ces jours, personne n'en réchapperait ; mais,
à cause de ceux qu'il a choisis, il abrégera ce temps.

(Mc 13.21-31 ; Lc 17.23-24 ; 21.25-33)

23 Si quelqu'un vous dit alors : « Le Messie est ici ! » ou :
« Il est là ! » – ne le croyez pas. 24 De faux messies surgiront,
ainsi que de faux prophètes. Ils produiront des signes extraordinaires et des prodiges au point de tromper même,
si c'était possible, ceux que Dieu a choisis. 25 Voilà, je vous
ai prévenus !
26 Si l'on vous dit : « Regardez, il est dans le désert ! »
n'y allez pas ! Si l'on prétend : « Il se cache en quelque endroit secret ! » n'en croyez rien. 27 En effet, quand le Fils
de l'homme viendra, ce sera comme l'éclair qui jaillit du
levant et illumine tout jusqu'au couchant. 28 *Où que soit le
cadavre, là s'assembleront les vautours*[i].
29 Aussitôt après ces jours de détresse,
le soleil s'obscurcira,
la lune perdra sa clarté,
les étoiles tomberont du ciel ;
les puissances célestes seront ébranlées.
30 C'est alors que le signe du Fils de l'homme apparaîtra
dans le ciel. Alors *tous les peuples de la terre se lamenteront*,
et ils verront *le Fils de l'homme venir sur les nuées du ciel* avec
beaucoup de puissance et de gloire. 31 Il enverra ses anges
rassembler, au son des trompettes éclatantes, ses élus des
quatre coins du monde, d'un bout à l'autre de l'univers.

32 Que l'exemple du figuier vous serve d'enseignement :
quand ses rameaux deviennent tendres et que ses feuilles
poussent, vous savez que l'été est proche. 33 De même,
quand vous verrez tous ces événements, sachez que le
Fils de l'homme est proche, comme aux portes de la ville.

---

[i] 24.28 C'est-à-dire que la venue du Fils de l'homme sera évidente pour tous et que nul n'échappera au jugement.

door. [34]Truly I tell you, this generation will certainly
not pass away until all these things have happened.
[35]Heaven and earth will pass away, but my words will
never pass away.

The Day and Hour Unknown

[36]"But about that day or hour no one knows, not
even the angels in heaven, nor the Son,[h] but only the
Father. [37]As it was in the days of Noah, so it will be at
the coming of the Son of Man. [38]For in the days before
the flood, people were eating and drinking, marrying
and giving in marriage, up to the day Noah entered
the ark; [39]and they knew nothing about what would
happen until the flood came and took them all away.
That is how it will be at the coming of the Son of Man.
[40]Two men will be in the field; one will be taken and
the other left. [41]Two women will be grinding with a
hand mill; one will be taken and the other left.

[42]"Therefore keep watch, because you do not know
on what day your Lord will come. [43]But understand
this: If the owner of the house had known at what time
of night the thief was coming, he would have kept
watch and would not have let his house be broken into.
[44]So you also must be ready, because the Son of Man
will come at an hour when you do not expect him.

[45]"Who then is the faithful and wise servant, whom
the master has put in charge of the servants in his
household to give them their food at the proper time?
[46]It will be good for that servant whose master finds
him doing so when he returns. [47]Truly I tell you, he
will put him in charge of all his possessions. [48]But
suppose that servant is wicked and says to himself,
'My master is staying away a long time,' [49]and he then
begins to beat his fellow servants and to eat and drink
with drunkards. [50]The master of that servant will
come on a day when he does not expect him and at an
hour he is not aware of. [51]He will cut him to pieces and
assign him a place with the hypocrites, where there
will be weeping and gnashing of teeth.

The Parable of the Ten Virgins

25 [1]"At that time the kingdom of heaven will
be like ten virgins who took their lamps and
went out to meet the bridegroom. [2]Five of them were
foolish and five were wise. [3]The foolish ones took their
lamps but did not take any oil with them. [4]The wise
ones, however, took oil in jars along with their lamps.
[5]The bridegroom was a long time in coming, and they
all became drowsy and fell asleep.
[6]"At midnight the cry rang out: 'Here's the bridegroom! Come out to meet him!'
[7]"Then all the virgins woke up and trimmed their
lamps. [8]The foolish ones said to the wise, 'Give us some
of your oil; our lamps are going out.'

[34]Vraiment, je vous assure que cette génération-ci
passera pas jusqu'à ce que tout cela vienne à se réalis
[35]Le ciel et la terre passeront, mais mes paroles ne pa
seront jamais.

Se tenir prêt

(Mc 13.32-37 ; Lc 17.26-30, 34-35)

[36]Quant au jour et à l'heure où cela se produira, pe
sonne ne les connaît, ni les anges du ciel, ni même le Fil
personne, sauf le Père, et lui seul.
[37]Lors de la venue du Fils de l'homme, les choses se pa
seront comme au temps de Noé ; [38]en effet, à l'époq
qui précéda le déluge, les gens étaient occupés à mang
et à boire, à se marier et à marier leurs enfants, jusqu'
jour où Noé entra dans le bateau. [39]Ils ne se doutèrent
rien, jusqu'à ce que vienne le déluge qui les emporta to
Ce sera la même chose lorsque le Fils de l'homme vie
dra. [40]Alors deux ouvriers travailleront côte à côte dans
champ : l'un sera emmené, l'autre laissé. [41]Deux femm
seront en train de tourner la pierre de meule : l'une se
emmenée, l'autre laissée.
[42]Tenez-vous donc en éveil, puisque vous ignorez qu
jour votre Seigneur viendra. [43]Vous le savez bien : si
maître de maison savait à quelle heure de la nuit le vole
doit venir, il resterait éveillé pour ne pas le laisser pénétr
dans sa maison. [44]Pour cette même raison, vous aus
tenez-vous prêts, car c'est à un moment que vous n'auri
pas imaginé que le Fils de l'homme viendra.

(Lc 12.41-48)

[45]Quel est le serviteur fidèle et sensé à qui le maître
confié le soin de veiller sur l'ensemble de son personn
pour qu'il distribue à chacun sa nourriture au mome
voulu ? [46]Heureux ce serviteur que le maître, à son r
tour, trouvera en train d'agir comme il le lui a demand
[47]Vraiment, je vous l'assure, son maître lui confiera l'a
ministration de tout ce qu'il possède.
[48]Mais si c'est un mauvais serviteur, qui se dit : « M
maître n'est pas près de rentrer », [49]et se met à maltrait
ses compagnons de service, à manger et à boire avec l
ivrognes, [50]son maître arrivera un jour où il ne s'y atte
dra pas et à un moment qu'il ne connaît pas. [51]Alors
maître le punira très sévèrement, et le traitera comn
on traite les hypocrites. C'est là qu'il y aura des pleurs
d'amers regrets.

La parabole des dix jeunes filles

25 [1]Ce jour-là, il en sera du royaume des cieux comn
de dix jeunes filles qui prirent leurs lampes et s'
allèrent à la rencontre du marié. [2]Cinq d'entre elles étaie
insensées, les cinq autres étaient avisées : [3]les jeunes fill
insensées prirent leurs lampes sans penser à emporter
réserve d'huile, [4]mais celles qui étaient avisées priren
avec leurs lampes, des flacons contenant de l'huile.
[5]Comme le marié se faisait attendre, elles s'assoupire
toutes et finirent par céder au sommeil. [6]A minuit, un c
retentit : « Voici l'époux ! Allez à sa rencontre ! »
[7]Toutes les jeunes filles se levèrent et préparèrent leu
lampes. [8]Alors les jeunes filles insensées s'adressèrent

---

h **24:36** Some manuscripts do not have *nor the Son.*

j **24.36** L'expression *ni même le Fils* ne se trouve pas dans certains
manuscrits.

[9]“ ‘No,’ they replied, ‘there may not be enough for
th us and you. Instead, go to those who sell oil and
.y some for yourselves.’
[10]“But while they were on their way to buy the oil,
e bridegroom arrived. The virgins who were ready
ent in with him to the wedding banquet. And the
or was shut.
[11]“Later the others also came. ‘Lord, Lord,’ they
id, ‘open the door for us!’
[12]“But he replied, ‘Truly I tell you, I don’t know you.’
[13]“Therefore keep watch, because you do not know
e day or the hour.

ıe Parable of the Bags of Gold

[14]“Again, it will be like a man going on a journey,
ıo called his servants and entrusted his wealth to
em. [15]To one he gave five bags of gold, to another
ʋo bags, and to another one bag,[i] each according to
s ability. Then he went on his journey. [16]The man
ho had received five bags of gold went at once and
ıt his money to work and gained five bags more. [17]So
so, the one with two bags of gold gained two more.
But the man who had received one bag went off,
ıg a hole in the ground and hid his master’s money.
[19]“After a long time the master of those servants
turned and settled accounts with them. [20]The man
ho had received five bags of gold brought the other
/e. ‘Master,’ he said, ‘you entrusted me with five bags
gold. See, I have gained five more.’
[21]“His master replied, ‘Well done, good and faithful
rvant! You have been faithful with a few things; I
ill put you in charge of many things. Come and share
ur master’s happiness!’
[22]“The man with two bags of gold also came.
laster,’ he said, ‘you entrusted me with two bags of
ld; see, I have gained two more.’
[23]“His master replied, ‘Well done, good and faithful
rvant! You have been faithful with a few things; I
ill put you in charge of many things. Come and share
ur master’s happiness!’
[24]“Then the man who had received one bag of gold
ıme. ‘Master,’ he said, ‘I knew that you are a hard
an, harvesting where you have not sown and gath-
ing where you have not scattered seed. [25]So I was
raid and went out and hid your gold in the ground.
e, here is what belongs to you.’
[26]“His master replied, ‘You wicked, lazy servant!
you knew that I harvest where I have not sown
ıd gather where I have not scattered seed? [27]Well
ıen, you should have put my money on deposit with
e bankers, so that when I returned I would have
ceived it back with interest.
[28]“ ‘So take the bag of gold from him and give it
the one who has ten bags. [29]For whoever has will
given more, and they will have an abundance.

5:15 Greek *five talents ... two talents ... one talent*; also throughout
is parable; a talent was worth about 20 years of a day laborer’s
ge.

celles qui étaient avisées : « Donnez-nous de votre huile,
car nos lampes sont en train de s’éteindre. »
[9]Mais celles-ci leur répondirent : « Non ! Il n’y en aurait
jamais assez pour nous et pour vous. Courez plutôt vous
en acheter chez le marchand. »
[10]Elles partirent en chercher. Pendant ce temps, le marié
arriva : celles qui étaient prêtes entrèrent avec lui dans la
salle de noces, et l’on ferma la porte.
[11]Plus tard, les autres jeunes filles arrivèrent à leur
tour ; mais elles eurent beau crier : « Seigneur, Seigneur,
ouvre-nous ! » [12]Il leur répondit : « Vraiment, je vous l’assure : je ne sais pas qui vous êtes. »
[13]C’est pourquoi, ajouta Jésus, tenez-vous en éveil, car
vous ne savez ni le jour, ni l’heure de ma venue.

La parabole de l’argent à faire fructifier
(Lc 19.12-27)

[14]Il en sera comme d’un homme qui partit pour un
voyage : il convoqua ses serviteurs et leur confia l’administration de ses biens. [15]Il remit à l’un cinq lingots[k], à un
autre deux, et à un troisième un seul, en tenant compte des
capacités personnelles de chacun. Puis il s’en alla. [16]Celui
qui avait reçu les cinq lingots se mit aussitôt à les faire
fructifier, de sorte qu’il en gagna cinq autres. [17]Celui qui
en avait reçu deux fit de même et en gagna deux autres.
[18]Quant à celui qui n’en avait reçu qu’un, il s’en alla creuser
un trou dans la terre pour y cacher l’argent de son maître.
[19]Longtemps après, le maître de ces serviteurs revint
et leur fit rendre compte de leur gérance.
[20]Celui qui avait reçu les cinq lingots se présenta, apportant les cinq lingots supplémentaires qu’il avait gagnés.
« Maître, dit-il, tu m’avais remis cinq lingots, j’en ai gagné cinq autres. Les voici.
[21]– Très bien, lui dit son maître, tu es un bon serviteur,
en qui l’on peut avoir confiance. Tu t’es montré fidèle en
peu de choses. C’est pourquoi je t’en confierai de plus importantes. Viens partager la joie de ton maître ! »
[22]Celui qui avait reçu les deux lingots se présenta aussi
et dit : « Maître, tu m’avais remis deux lingots, j’en ai gagné
deux autres. Les voici.
[23]– Très bien, lui dit son maître, tu es un bon serviteur,
en qui l’on peut avoir confiance. Tu t’es montré fidèle en
peu de choses. C’est pourquoi je t’en confierai de plus importantes. Viens partager la joie de ton maître ! »
[24]Enfin, celui qui n’avait reçu qu’un lingot vint à son
tour et dit : « Maître, je savais que tu es un homme dur :
tu moissonnes là où tu n’as rien semé, tu récoltes où tu
n’as pas répandu de semence. [25]Alors, j’ai pris peur et je
suis allé cacher ton argent dans la terre. Voilà : prends ce
qui t’appartient. »
[26]Mais son maître lui répondit : « Vaurien ! Fainéant !
Tu savais que je moissonne là où je n’ai rien semé et que je
récolte là où je n’ai pas répandu de semence ! [27]Eh bien, tu
aurais dû placer mon argent chez les banquiers et, à mon
retour, j’aurais récupéré le capital et les intérêts. [28]Qu’on
lui retire donc le lingot et qu’on le donne à celui qui en
a déjà dix.
[29]Car à celui qui a, on donnera encore, et il sera dans
l’abondance. Mais à celui qui n’a pas, on ôtera même ce

k 25.15 Il s’agit de *talents*. Le *talent* équivalait à dix fois le salaire annuel
d’un ouvrier.

Whoever does not have, even what they have will be taken from them. 30 And throw that worthless servant outside, into the darkness, where there will be weeping and gnashing of teeth.'

The Sheep and the Goats

31 "When the Son of Man comes in his glory, and all the angels with him, he will sit on his glorious throne. 32 All the nations will be gathered before him, and he will separate the people one from another as a shepherd separates the sheep from the goats. 33 He will put the sheep on his right and the goats on his left.

34 "Then the King will say to those on his right, 'Come, you who are blessed by my Father; take your inheritance, the kingdom prepared for you since the creation of the world. 35 For I was hungry and you gave me something to eat, I was thirsty and you gave me something to drink, I was a stranger and you invited me in, 36 I needed clothes and you clothed me, I was sick and you looked after me, I was in prison and you came to visit me.'

37 "Then the righteous will answer him, 'Lord, when did we see you hungry and feed you, or thirsty and give you something to drink? 38 When did we see you a stranger and invite you in, or needing clothes and clothe you? 39 When did we see you sick or in prison and go to visit you?'

40 "The King will reply, 'Truly I tell you, whatever you did for one of the least of these brothers and sisters of mine, you did for me.'

41 "Then he will say to those on his left, 'Depart from me, you who are cursed, into the eternal fire prepared for the devil and his angels. 42 For I was hungry and you gave me nothing to eat, I was thirsty and you gave me nothing to drink, 43 I was a stranger and you did not invite me in, I needed clothes and you did not clothe me, I was sick and in prison and you did not look after me.'

44 "They also will answer, 'Lord, when did we see you hungry or thirsty or a stranger or needing clothes or sick or in prison, and did not help you?'

45 "He will reply, 'Truly I tell you, whatever you did not do for one of the least of these, you did not do for me.'

46 "Then they will go away to eternal punishment, but the righteous to eternal life."

The Plot Against Jesus

26 1 When Jesus had finished saying all these things, he said to his disciples, 2 "As you know, the Passover is two days away – and the Son of Man will be handed over to be crucified."

3 Then the chief priests and the elders of the people assembled in the palace of the high priest, whose name was Caiaphas, 4 and they schemed to arrest Jesus secretly and kill him. 5 "But not during the festival," they said, "or there may be a riot among the people."

qu'il a. 30 Quant à ce vaurien, jetez-le dans les ténèbres dehors, où il y aura des pleurs et d'amers regrets. »

Le jugement dernier

31 Quand le Fils de l'homme viendra dans sa gloire, av tous ses anges, il prendra place sur son trône glorieu 32 Tous les peuples de la terre seront rassemblés deva lui. Alors il les divisera en deux groupes – tout comme berger fait le tri entre les brebis et les boucs. 33 Il place les brebis à sa droite et les boucs à sa gauche. 34 Après qu le roi dira à ceux qui seront à sa droite : « Venez, vous q êtes bénis par mon Père : prenez possession du royaun qu'il a préparé pour vous depuis la création du mond 35 Car j'ai eu faim, et vous m'avez donné à manger. J'ai soif, et vous m'avez donné à boire. J'étais un étranger, vous m'avez accueilli chez vous. 36 J'étais nu, et vous m'av donné des vêtements. J'étais malade, et vous m'avez soign J'étais en prison, et vous êtes venus à moi. »

37 Alors, les justes lui demanderont : « Mais, Seigneu quand t'avons-nous vu avoir faim, et t'avons-nous donn à manger ? Ou avoir soif, et t'avons-nous donné à boire 38 Ou quand t'avons-nous vu étranger et t'avons-no accueilli ? Ou nu, et t'avons-nous vêtu ? 39 Ou malade prisonnier, et sommes-nous venus te rendre visite ? »

40 Et le roi leur répondra : « Vraiment, je vous l'assur chaque fois que vous avez fait cela à l'un de ces plus peti de mes frères, c'est à moi-même que vous l'avez fait. »

41 Puis il se tournera vers ceux qui seront à sa gauch « Retirez-vous loin de moi, vous que Dieu a maudits, allez dans le feu éternel préparé pour le diable et ses ange 42 Car j'ai eu faim, et vous ne m'avez rien donné à mange J'ai eu soif, et vous ne m'avez rien donné à boire. 43 J'éta un étranger, et vous ne m'avez pas accueilli chez vou J'étais nu, et vous ne m'avez pas donné de vêtement J'étais malade et en prison, et vous n'avez pas pris so de moi. »

44 Alors, ils lui demanderont à leur tour : « Mai Seigneur, quand t'avons-nous vu souffrant de la faim c de la soif ; quand t'avons-nous vu étranger, nu, malade en prison, et avons-nous négligé de te rendre service ?

45 Alors il leur répondra : « Vraiment, je vous l'assur chaque fois que vous n'avez pas fait cela à l'un de ces pl petits, c'est à moi que vous avez manqué de le faire. »

46 Et ils s'en iront au châtiment éternel. Tandis que l justes entreront dans la vie éternelle.

Mort et résurrection de Jésus

Le complot

(Mc 14.1-2 ; Lc 22.1-2 ; Jn 11.47-53)

26 1 Quand Jésus eut fini de donner toutes ces instru tions, il dit à ses disciples : 2 Vous savez que la fê de la Pâque aura lieu dans deux jours. C'est alors que Fils de l'homme sera livré pour être crucifié.

3 Alors, les chefs des prêtres et les responsables du peup se rassemblèrent dans la cour du grand-prêtre Caïphe ; 4 décidèrent d'un commun accord de s'emparer de Jésus pa ruse pour le faire mourir.

5 Cependant ils se disaient : Il ne faut pas agir pendar la fête, pour ne pas provoquer d'émeute parmi le peupl

sus Anointed at Bethany

6While Jesus was in Bethany in the home of Simon
ıe Leper, 7a woman came to him with an alabaster
r of very expensive perfume, which she poured on
s head as he was reclining at the table.

8When the disciples saw this, they were indignant.
Why this waste?" they asked. 9"This perfume could
ave been sold at a high price and the money given
the poor."

10Aware of this, Jesus said to them, "Why are you
othering this woman? She has done a beautiful thing
me. 11The poor you will always have with you,[j] but
ou will not always have me. 12When she poured this
erfume on my body, she did it to prepare me for buri-
. 13Truly I tell you, wherever this gospel is preached
roughout the world, what she has done will also be
ld, in memory of her."

das Agrees to Betray Jesus

14Then one of the Twelve – the one called Judas
cariot – went to the chief priests 15and asked, "What
e you willing to give me if I deliver him over to you?"
they counted out for him thirty pieces of silver.
From then on Judas watched for an opportunity to
and him over.

he Last Supper

17On the first day of the Festival of Unleavened
read, the disciples came to Jesus and asked, "Where
o you want us to make preparations for you to eat
ie Passover?"

18He replied, "Go into the city to a certain man and
ll him, 'The Teacher says: My appointed time is near.
am going to celebrate the Passover with my disciples
your house.' " 19So the disciples did as Jesus had
rected them and prepared the Passover.

20When evening came, Jesus was reclining at the
able with the Twelve. 21And while they were eating,
e said, "Truly I tell you, one of you will betray me."
22They were very sad and began to say to him one
fter the other, "Surely you don't mean me, Lord?"

23Jesus replied, "The one who has dipped his hand
ito the bowl with me will betray me. 24The Son of
Ian will go just as it is written about him. But woe
o that man who betrays the Son of Man! It would be
etter for him if he had not been born."

25Then Judas, the one who would betray him, said,
Surely you don't mean me, Rabbi?"

26:11 See Deut. 15:11.

L'onction à Béthanie

(Mc 14.3-9 ; Jn 12.1-8)

6Jésus se trouvait à Béthanie, dans la maison de Simon,
le lépreux. 7Une femme s'approcha de lui, tenant un flacon d'albâtre rempli d'un parfum de myrrhe de grande
valeur[l]. Pendant que Jésus était à table, elle répandit ce
parfum sur sa tête.

8En voyant cela, les disciples s'indignèrent et dirent :
Pourquoi un tel gaspillage ? 9On aurait pu vendre ce parfum pour un bon prix et donner l'argent aux pauvres !

10Mais, se rendant compte de cela, Jésus leur dit :
Pourquoi faites-vous de la peine à cette femme ? Ce qu'elle
vient d'accomplir pour moi est vraiment une belle action.
11Des pauvres, vous en aurez toujours autour de vous ;
mais moi, vous ne m'aurez pas toujours avec vous. 12Si elle
a répandu cette myrrhe sur moi, c'est pour préparer mon
enterrement. 13Vraiment, je vous l'assure, dans le monde
entier, partout où cette Bonne Nouvelle qu'est l'Evangile
sera annoncée, on racontera aussi, en souvenir d'elle, ce
qu'elle vient de faire.

La trahison

(Mc 14.10-11 ; Lc 22.3-6)

14Alors, l'un des Douze, celui qui s'appelait Judas Iscariot,
se rendit auprès des chefs des prêtres 15pour leur demander : Si je me charge de vous livrer Jésus, quelle somme me
donnerez-vous ?

Ils lui versèrent trente pièces d'argent. 16A partir de ce
moment-là, il chercha une occasion favorable pour leur
livrer Jésus.

Jésus célèbre la Pâque avec ses disciples

(Mc 14.12-16 ; Lc 22.7-13)

17Le premier jour de la fête des Pains sans levain, les
disciples vinrent trouver Jésus pour lui demander : Où
veux-tu que nous fassions les préparatifs pour le repas
de la Pâque ?

18Il leur répondit : Allez à la ville, chez un tel, et parlez-
lui ainsi : « Le Maître te fait dire : Mon heure est arrivée.
C'est chez toi que je prendrai le repas de la Pâque avec
mes disciples. »

19Les disciples se conformèrent aux ordres de Jésus et
préparèrent le repas de la Pâque.

(Mc 14.17-21 ; Lc 22.14, 21-23 ; Jn 13.21-30)

20Le soir, Jésus se mit à table avec les Douze et, 21pendant
qu'ils mangeaient, il dit : Vraiment, je vous l'assure : l'un
de vous me trahira.

22Les disciples en furent consternés. Ils se mirent, l'un
après l'autre, à lui demander : Seigneur, ce n'est pas moi,
n'est-ce pas ?

23En réponse, il leur dit : C'est un qui a trempé son pain
dans le plat avec moi, lui, il me trahira. 24Certes, le Fils
de l'homme s'en va conformément à ce que les Ecritures
annoncent à son sujet. Mais malheur à celui qui le trahit !
Il aurait mieux valu pour lui n'être jamais né !

25A son tour, Judas, qui le trahissait, lui demanda :
Maître, ce n'est pas moi, n'est-ce pas ?

l 26.7 Les parfums de grand prix étaient conservés dans des vases taillés dans une pierre blanche, l'albâtre.

Jesus answered, "You have said so."

26 While they were eating, Jesus took bread, and when he had given thanks, he broke it and gave it to his disciples, saying, "Take and eat; this is my body."

27 Then he took a cup, and when he had given thanks, he gave it to them, saying, "Drink from it, all of you. 28 This is my blood of the[k] covenant, which is poured out for many for the forgiveness of sins. 29 I tell you, I will not drink from this fruit of the vine from now on until that day when I drink it new with you in my Father's kingdom."

30 When they had sung a hymn, they went out to the Mount of Olives.

Jesus Predicts Peter's Denial

31 Then Jesus told them, "This very night you will all fall away on account of me, for it is written:

"'I will strike the shepherd,
and the sheep of the flock will be scattered.'

32 But after I have risen, I will go ahead of you into Galilee."

33 Peter replied, "Even if all fall away on account of you, I never will."

34 "Truly I tell you," Jesus answered, "this very night, before the rooster crows, you will disown me three times."

35 But Peter declared, "Even if I have to die with you, I will never disown you." And all the other disciples said the same.

Gethsemane

36 Then Jesus went with his disciples to a place called Gethsemane, and he said to them, "Sit here while I go over there and pray." 37 He took Peter and the two sons of Zebedee along with him, and he began to be sorrowful and troubled. 38 Then he said to them, "My soul is overwhelmed with sorrow to the point of death. Stay here and keep watch with me."

39 Going a little farther, he fell with his face to the ground and prayed, "My Father, if it is possible, may this cup be taken from me. Yet not as I will, but as you will."

40 Then he returned to his disciples and found them sleeping. "Couldn't you men keep watch with me for one hour?" he asked Peter. 41 "Watch and pray so that you will not fall into temptation. The spirit is willing, but the flesh is weak."

42 He went away a second time and prayed, "My Father, if it is not possible for this cup to be taken away unless I drink it, may your will be done."

[k] 26:28 Some manuscripts *the new*

– Tu le dis toi-même, lui répondit Jésus.

(Mc 14.22-25 ; Lc 22.15-20 ; voir 1 Co 11.23-25)

26 Au cours du repas, Jésus prit du pain puis, après avc prononcé la prière de reconnaissance, il le partagea morceaux, puis il les donna à ses disciples, en disan Prenez, mangez, ceci est mon corps.

27 Ensuite il prit une coupe et, après avoir remercié Die il la leur donna en disant : Buvez-en tous ; 28 ceci est m sang, par lequel est scellée l'alliance. Il va être versé po beaucoup d'hommes, afin que leurs péchés soient pardo nés. 29 Je vous le déclare : désormais, je ne boirai plus fruit de la vigne jusqu'au jour où je boirai le vin nouve avec vous dans le royaume de mon Père.

Jésus annonce le reniement de Pierre

(Mc 14.26-31 ; Lc 22.33-34 ; Jn 13.37-38)

30 Après cela, ils chantèrent les psaumes de la Pâque Ensuite, ils sortirent pour se rendre au mont des Olivie

31 Jésus leur dit alors : Cette nuit, ce qui m'arrivera vo ébranlera tous dans votre foi. En effet, il est écrit :

Je frapperai le berger,
et les brebis du troupeau seront dispersées.

32 Néanmoins, quand je serai ressuscité, je vous précé rai en Galilée.

33 Pierre prit la parole et lui dit : Même si tous les autr sont ébranlés à cause de ce qui t'arrivera, moi je ne serai pas !

34 Jésus reprit : Vraiment, je te l'assure : cette nuit mêm avant que le coq ait chanté, tu m'auras renié trois fois.

35 Pierre réaffirma : Même s'il me fallait mourir avec t je ne te renierai pas.

Et tous les disciples dirent la même chose.

Sur le mont des Oliviers

(Mc 14.32-42 ; Lc 22.39-46)

36 Là-dessus, Jésus arriva avec eux en un lieu appe Gethsémané. Il dit à ses disciples : Asseyez-vous ici pe dant que je vais prier là-bas.

37 Il prit avec lui Pierre et les deux fils de Zébédée. Il cor mença à être envahi d'une profonde tristesse, et l'angois le saisit. 38 Alors il leur dit : Je suis accablé de tristesse en mourir. Restez ici et veillez avec moi !

39 Puis il fit quelques pas, se laissa tomber la face cont terre, et pria ainsi : O Père, si tu le veux, écarte de m cette coupe[n] ! Toutefois, que les choses se passent, nc pas comme moi je le veux, mais comme toi tu le veux.

40 Ensuite, il revint auprès des disciples et les trou endormis. Il dit à Pierre : Ainsi, vous n'avez pas été capabl de veiller une seule heure avec moi ! 41 Veillez et priez, po ne pas céder à la tentation[o]. L'esprit de l'homme est ple de bonne volonté, mais la nature humaine est bien faibl

42 Puis il s'éloigna une deuxième fois, et se remit à pri en disant : O mon Père, s'il n'est pas possible que cet

[m] **26.30** Pendant le repas de la Pâque, on chantait les Ps 113 à 118.
[n] **26.39** Autre traduction : *cette coupe du jugement.* Allusion à la coupe du vin de la colère de Dieu, jugement contre le péché (Es 51.17, 22 ; Jr 25.15 ; Ap 15.7).
[o] **26.41** Autre traduction : *pour ne pas entrer en tentation.*

43 When he came back, he again found them sleep-
g, because their eyes were heavy. 44 So he left them
ıd went away once more and prayed the third time,
ying the same thing.
45 Then he returned to the disciples and said to
em, "Are you still sleeping and resting? Look, the
ur has come, and the Son of Man is delivered into
e hands of sinners. 46 Rise! Let us go! Here comes
y betrayer!"

sus Arrested

47 While he was still speaking, Judas, one of the
velve, arrived. With him was a large crowd armed
ith swords and clubs, sent from the chief priests
ıd the elders of the people. 48 Now the betrayer had
ranged a signal with them: "The one I kiss is the
an; arrest him." 49 Going at once to Jesus, Judas said,
reetings, Rabbi!" and kissed him.

50 Jesus replied, "Do what you came for, friend."[l]
Then the men stepped forward, seized Jesus and
rested him. 51 With that, one of Jesus' companions
ached for his sword, drew it out and struck the ser-
nt of the high priest, cutting off his ear.

52 "Put your sword back in its place," Jesus said to
m, "for all who draw the sword will die by the sword.
Do you think I cannot call on my Father, and he will
once put at my disposal more than twelve legions
angels? 54 But how then would the Scriptures be
lfilled that say it must happen in this way?"

55 In that hour Jesus said to the crowd, "Am I leading
rebellion, that you have come out with swords and
ubs to capture me? Every day I sat in the temple
urts teaching, and you did not arrest me. 56 But this
ıs all taken place that the writings of the prophets
ight be fulfilled." Then all the disciples deserted
m and fled.

sus Before the Sanhedrin

57 Those who had arrested Jesus took him to
ıiaphas the high priest, where the teachers of the
w and the elders had assembled. 58 But Peter followed
m at a distance, right up to the courtyard of the
gh priest. He entered and sat down with the guards
see the outcome.
59 The chief priests and the whole Sanhedrin were
oking for false evidence against Jesus so that they
uld put him to death. 60 But they did not find any,
ıough many false witnesses came forward.

6:50 Or *"Why have you come, friend?"*

coupe me soit épargnée, s'il faut que je la boive, alors, que
ta volonté soit faite.
43 Il revint encore vers ses disciples et les trouva de nouveau endormis, car ils avaient tellement sommeil qu'ils
n'arrivaient pas à garder les yeux ouverts.
44 Il les laissa donc, et s'éloigna de nouveau. Pour la
troisième fois, il pria en répétant les mêmes paroles.
45 Lorsqu'il revint auprès de ses disciples, il leur dit : Vous
dormez encore et vous vous reposez[p] ! L'heure est venue où
le Fils de l'homme est livré entre les mains des pécheurs.
46 Levez-vous et allons-y. Car celui qui me trahit est là.

L'arrestation de Jésus

(Mc 14.43-50 ; Lc 22.47-53 ; Jn 18.2-11)

47 Il n'avait pas fini de parler que Judas, l'un des Douze,
survint, accompagné d'une troupe nombreuse armée
d'épées et de gourdins. Cette troupe était envoyée par
les chefs des prêtres et les responsables du peuple.
48 Le traître avait convenu avec eux d'un signe en disant :
Celui que j'embrasserai, c'est lui, saisissez-vous de lui.
49 Aussitôt, il se dirigea vers Jésus et lui dit : Bonsoir,
Maître !
Et il l'embrassa.
50 – Mon ami, lui dit Jésus, ce que tu es venu faire ici,
fais-le !
Alors les autres s'avancèrent et, mettant la main sur
Jésus, ils se saisirent de lui.
51 A ce moment, l'un des compagnons de Jésus porta
la main à son épée, la dégaina, en frappa le serviteur du
grand-prêtre et lui emporta l'oreille.
52 Jésus lui dit : Remets ton épée à sa place, car tous
ceux qui se serviront de l'épée mourront par l'épée.
53 Penses-tu donc que je ne pourrais pas faire appel à
mon Père ? A l'instant même, il enverrait des dizaines de
milliers d'anges à mon secours. 54 Mais alors, comment
les Ecritures, qui annoncent que tout doit se passer ainsi,
s'accompliraient-elles ?
55 Là-dessus, Jésus dit à la troupe : Me prenez-vous
pour un bandit, pour que vous soyez venus en force avec
épées et gourdins afin de vous emparer de moi ? J'étais
assis chaque jour dans la cour du Temple pour donner
mon enseignement et vous ne m'avez pas arrêté ! 56 Mais
tout ceci est arrivé pour que les écrits des prophètes
s'accomplissent.
Alors tous les disciples l'abandonnèrent et prirent la
fuite.

Jésus devant le Grand-Conseil

(Mc 14.53-65 ; Lc 22.54-55, 63-71 ; Jn 18.12-14, 19-23)

57 Ceux qui avaient arrêté Jésus le conduisirent devant
Caïphe, le grand-prêtre, chez qui les spécialistes de la Loi
et les responsables du peuple s'étaient déjà rassemblés.
58 Pierre le suivit à distance jusqu'au palais du grand-prêtre
et il entra dans la cour où il s'assit au milieu des gardes
pour voir comment tout cela finirait.
59 Les chefs des prêtres et le Grand-Conseil au complet
cherchaient un faux témoignage contre Jésus pour pouvoir
le condamner à mort. 60 Mais, bien qu'un bon nombre de
faux témoins se soient présentés, ils ne parvenaient pas
à trouver de motif valable.

p **26.45** Autre traduction : *dormez maintenant et reposez-vous !*

Finally two came forward 61 and declared, "This
fellow said, 'I am able to destroy the temple of God
and rebuild it in three days.'"
62 Then the high priest stood up and said to Jesus,
"Are you not going to answer? What is this testimony
that these men are bringing against you?" 63 But Jesus
remained silent.

The high priest said to him, "I charge you under
oath by the living God: Tell us if you are the Messiah,
the Son of God."

64 "You have said so," Jesus replied. "But I say to all
of you: From now on you will see the Son of Man sitting at the right hand of the Mighty One and coming
on the clouds of heaven."[m]

65 Then the high priest tore his clothes and said,
"He has spoken blasphemy! Why do we need any more
witnesses? Look, now you have heard the blasphemy.
66 What do you think?"

"He is worthy of death," they answered.

67 Then they spit in his face and struck him with
their fists. Others slapped him 68 and said, "Prophesy
to us, Messiah. Who hit you?"

Peter Disowns Jesus

69 Now Peter was sitting out in the courtyard, and
a servant girl came to him. "You also were with Jesus
of Galilee," she said.

70 But he denied it before them all. "I don't know
what you're talking about," he said.

71 Then he went out to the gateway, where another
servant girl saw him and said to the people there,
"This fellow was with Jesus of Nazareth."

72 He denied it again, with an oath: "I don't know
the man!"

73 After a little while, those standing there went up
to Peter and said, "Surely you are one of them; your
accent gives you away."

74 Then he began to call down curses, and he swore
to them, "I don't know the man!"

Immediately a rooster crowed. 75 Then Peter remembered the word Jesus had spoken: "Before the rooster
crows, you will disown me three times." And he went
outside and wept bitterly.

Judas Hangs Himself

27 1 Early in the morning, all the chief priests
and the elders of the people made their plans
how to have Jesus executed. 2 So they bound him, led
him away and handed him over to Pilate the governor.

3 When Judas, who had betrayed him, saw that Jesus
was condemned, he was seized with remorse and returned the thirty pieces of silver to the chief priests

m **26:64** See Psalm 110:1; Daniel 7:13.

Finalement, il en vint tout de même deux 61 qui d
clarèrent : Cet homme a dit : « Je peux démolir le temp
de Dieu et le rebâtir en trois jours. »

62 Alors le grand-prêtre se leva et demanda à Jésus : T
n'as rien à répondre aux témoignages qu'on vient de port
contre toi ?

63 Jésus garda le silence.

Alors le grand-prêtre reprit en disant : Je t'adjure, p
le Dieu vivant, de nous déclarer si tu es le Messie, le Fi
de Dieu.

64 Jésus lui répondit : Tu l'as dit toi-même. De plus,
vous le déclare : A partir de maintenant, vous verrez
Fils de l'homme siéger à la droite du Tout-Puissant et *venir*
gloire sur les nuées du ciel.

65 A ces mots, le grand-prêtre déchira ses vêtements e
signe de consternation et s'écria : Il vient de prononc
des paroles blasphématoires ! Qu'avons-nous encore b
soin de témoins ? Vous venez vous-mêmes d'entendre
blasphème. 66 Quel est votre verdict ?

Ils répondirent : Il est passible de mort.

67 Alors, ils lui crachèrent au visage et le frappèren
D'autres le giflèrent 68 en disant : Hé, Messie, fais
prophète ! Dis-nous qui vient de te frapper !

Pierre renie son Maître

(Mc 14.66-72 ; Lc 22.56-62 ; Jn 18.15-18, 25-27)

69 Pendant ce temps, Pierre était resté assis dehors, da
la cour intérieure.

Une servante s'approcha de lui et dit : Toi aussi, tu éta
avec Jésus le Galiléen.

70 Mais Pierre le nia en disant devant tout le monde :
ne vois pas ce que tu veux dire.

71 Comme il se dirigeait vers le porche pour sortir, ur
autre servante l'aperçut et dit à ceux qui étaient là : E
voilà un qui était avec ce Jésus de Nazareth.

72 Il le nia de nouveau et il jura : Je ne connais pas c
homme !

73 Après un petit moment, ceux qui se tenaient dans
cour s'approchèrent de Pierre et lui dirent : C'est sûr, t
aussi, tu fais partie de ces gens ! C'est évident : il suff
d'entendre ton accent !

74 Alors Pierre se mit à dire : Je le jure ! Et que je so
maudit si ce n'est pas vrai : je ne connais pas cet homm

Et aussitôt, un coq chanta.

75 Alors Pierre se souvint de ce que Jésus lui avait di
« Avant que le coq chante, tu m'auras renié trois fois. »
se glissa dehors et se mit à pleurer amèrement.

Jésus devant Pilate

(Mc 15.1 ; Lc 23.1 ; Jn 18.28)

27 1 L'aube s'était levée. L'ensemble des chefs de
prêtres et des responsables du peuple tinrer
conseil contre Jésus pour le faire condamner à mort. 2 I
le firent lier et le conduisirent chez Pilate, le gouverneu
pour le remettre entre ses mains.

Le suicide de Judas

(voir Ac 1.18-19)

3 En voyant que Jésus était condamné, Judas, qui l'ava
trahi, fut pris de remords : il alla rapporter aux chefs de
prêtres et aux responsables du peuple les trente pièce

ıd the elders. 4 "I have sinned," he said, "for I have ›trayed innocent blood."

"What is that to us?" they replied. "That's your ›sponsibility."

5 So Judas threw the money into the temple and left. ıen he went away and hanged himself.

6 The chief priests picked up the coins and said, "It against the law to put this into the treasury, since is blood money." 7 So they decided to use the money buy the potter's field as a burial place for foreign- s. 8 That is why it has been called the Field of Blood this day. 9 Then what was spoken by Jeremiah the :ophet was fulfilled: "They took the thirty pieces silver, the price set on him by the people of Israel, and they used them to buy the potter's field, as the ord commanded me."[n]

sus Before Pilate

11 Meanwhile Jesus stood before the governor, and ıe governor asked him, "Are you the king of the ws?"

"You have said so," Jesus replied.

12 When he was accused by the chief priests and ıe elders, he gave no answer. 13 Then Pilate asked im, "Don't you hear the testimony they are bring- ıg against you?" 14 But Jesus made no reply, not even a single charge – to the great amazement of the overnor.

15 Now it was the governor's custom at the festival release a prisoner chosen by the crowd. 16 At that me they had a well-known prisoner whose name was sus[o] Barabbas. 17 So when the crowd had gathered, ilate asked them, "Which one do you want me to lease to you: Jesus Barabbas, or Jesus who is called ıe Messiah?" 18 For he knew it was out of self-interest ıat they had handed Jesus over to him.

19 While Pilate was sitting on the judge's seat, his ife sent him this message: "Don't have anything to with that innocent man, for I have suffered a great eal today in a dream because of him."

20 But the chief priests and the elders persuaded the rowd to ask for Barabbas and to have Jesus executed.

21 "Which of the two do you want me to release to ou?" asked the governor.

"Barabbas," they answered.

22 "What shall I do, then, with Jesus who is called ıe Messiah?" Pilate asked.

They all answered, "Crucify him!"

23 "Why? What crime has he committed?" asked ilate.

But they shouted all the louder, "Crucify him!"

24 When Pilate saw that he was getting nowhere, ut that instead an uproar was starting, he took wa- er and washed his hands in front of the crowd. "I

27:10 See Zech. 11:12,13; Jer. 19:1-13; 32:6-9.
27:16 Many manuscripts do not have *Jesus*; also in verse 17.

d'argent 4 et leur dit : J'ai péché en livrant un innocent à la mort !

Mais ils lui répliquèrent : Que nous importe ? Cela te regarde !

5 Judas jeta les pièces d'argent dans le Temple, partit, et alla se pendre.

6 Les chefs des prêtres ramassèrent l'argent et déclarèrent : On n'a pas le droit de verser cette somme dans le trésor du Temple, car c'est le prix du sang[q].

7 Ils tinrent donc conseil et décidèrent d'acquérir, avec cet argent, le « Champ-du-Potier » et d'en faire un cimetière pour les étrangers. 8 Voilà pourquoi ce terrain s'appelle encore de nos jours « le champ du sang ».

9 Ainsi s'accomplit la parole du prophète Jérémie :

Ils ont pris les trente pièces d'argent, le prix auquel les descendants d'Israël l'ont estimé, 10 *et ils les ont données pour acheter le champ du potier, comme le Seigneur me l'avait ordonné.*

Jésus condamné à mort

(Mc 15.2-15 ; Lc 23.2-5, 13-25 ; Jn 18.29-40 ; 19.4-16)

11 Jésus comparut devant le gouverneur qui l'interrogea.

– Es-tu le roi des Juifs ? lui demanda-t-il.

– Tu le dis toi-même, répondit Jésus.

12 Mais ensuite, quand les chefs des prêtres et les responsables du peuple vinrent l'accuser, il ne répondit rien.

13 Alors Pilate lui dit : Tu n'entends pas tout ce qu'ils disent contre toi ?

14 Mais, au grand étonnement du gouverneur, Jésus ne répondit pas même sur un seul point.

15 A chaque fête de la Pâque, le gouverneur avait l'habitude de relâcher un prisonnier, celui que la foule désignait.

16 Or, à ce moment-là, il y avait sous les verrous, un prisonnier célèbre nommé Barabbas[r].

17 En voyant la foule rassemblée, Pilate lui demanda donc : Lequel de ces deux hommes voulez-vous que je vous relâche, Barabbas ou Jésus, qu'on appelle le Messie ?

18 En effet, il s'était bien rendu compte que c'était par jalousie qu'on lui avait livré Jésus.

19 Pendant qu'il siégeait au tribunal, sa femme lui fit parvenir un message disant : Ne te mêle pas de l'affaire de ce juste, car cette nuit, j'ai été fort tourmentée par des rêves à cause de lui.

20 Cependant, les chefs des prêtres et les responsables du peuple persuadèrent la foule de réclamer la libération de Barabbas et l'exécution de Jésus.

21 Le gouverneur prit la parole et redemanda à la foule : Lequel des deux voulez-vous que je vous relâche ?

– Barabbas ! crièrent-ils.

22 – Mais alors, insista Pilate, que dois-je faire de Jésus, qu'on appelle le Messie[s] ?

Et tous répondirent : Crucifie-le !

23 – Mais enfin, reprit Pilate, qu'a-t-il fait de mal ?

Eux, cependant, criaient de plus en plus fort : Crucifie-le !

24 Quand Pilate vit qu'il n'aboutissait à rien, mais qu'au contraire, l'agitation de la foule augmentait, il prit de l'eau et, devant la foule, se lava les mains en disant : Je

q 27.6 Le *prix du sang*, c'est-à-dire le prix d'une vie humaine.
r 27.16 *Barabbas:* certains manuscrits ont *Jésus Barabbas.* De même qu'au v. 17.
s 27.22 Autre traduction : *Christ.*

am innocent of this man's blood," he said. "It is your responsibility!"

25 All the people answered, "His blood is on us and on our children!"

26 Then he released Barabbas to them. But he had Jesus flogged, and handed him over to be crucified.

The Soldiers Mock Jesus

27 Then the governor's soldiers took Jesus into the Praetorium and gathered the whole company of soldiers around him. 28 They stripped him and put a scarlet robe on him, 29 and then twisted together a crown of thorns and set it on his head. They put a staff in his right hand. Then they knelt in front of him and mocked him. "Hail, king of the Jews!" they said. 30 They spit on him, and took the staff and struck him on the head again and again. 31 After they had mocked him, they took off the robe and put his own clothes on him. Then they led him away to crucify him.

The Crucifixion of Jesus

32 As they were going out, they met a man from Cyrene, named Simon, and they forced him to carry the cross. 33 They came to a place called Golgotha (which means "the place of the skull"). 34 There they offered Jesus wine to drink, mixed with gall; but after tasting it, he refused to drink it. 35 When they had crucified him, they divided up his clothes by casting lots. 36 And sitting down, they kept watch over him there. 37 Above his head they placed the written charge against him:

this is jesus, the king of the jews.

38 Two rebels were crucified with him, one on his right and one on his left. 39 Those who passed by hurled insults at him, shaking their heads 40 and saying, "You who are going to destroy the temple and build it in three days, save yourself! Come down from the cross, if you are the Son of God!" 41 In the same way the chief priests, the teachers of the law and the elders mocked him. 42 "He saved others," they said, "but he can't save himself! He's the king of Israel! Let him come down now from the cross, and we will believe in him. 43 He trusts in God. Let God rescue him now if he wants him, for he said, 'I am the Son of God.'" 44 In the same way the rebels who were crucified with him also heaped insults on him.

The Death of Jesus

45 From noon until three in the afternoon darkness came over all the land. 46 About three in the afternoon Jesus cried out in a loud voice, "Eli, Eli,[p] lema sabachthani?" (which means "My God, my God, why have you forsaken me?").

47 When some of those standing there heard this, they said, "He's calling Elijah."

---

[p] 27:46 Some manuscripts *Eloi, Eloi*

ne suis pas responsable de la mort de cet homme. Ce vous regarde.

25 Et tout le peuple répondit : Que la responsabilité de mort retombe sur nous et sur nos enfants !

26 Alors Pilate leur relâcha Barabbas. Quant à Jésus, apr l'avoir fait battre à coups de fouet, il le livra pour qu' le crucifie.

(Mc 15.16-20 ; Lc 23.11 ; Jn 19.2-3)

27 Les soldats du gouverneur traînèrent Jésus vers l'i térieur du palais et rassemblèrent toute la cohorte auto de lui. 28 Ils lui arrachèrent ses vêtements et le revêtire d'un manteau écarlate. 29 Ils lui posèrent sur la tête u couronne tressée de rameaux épineux ; dans sa ma droite, ils placèrent un roseau en guise de sceptre. Ils s'a enouillèrent devant lui en disant sur un ton sarcastiqu Salut, roi des Juifs !

30 Ils crachaient sur lui et, prenant le roseau, ils le fra paient à la tête. 31 Quand ils eurent fini de se moquer lui, ils lui ôtèrent le manteau, lui remirent ses vêtemen et l'emmenèrent pour le crucifier.

La mort de Jésus

(Mc 15.21-32 ; Lc 23.26-43 ; Jn 19.17-22)

32 A la sortie de la ville, ils rencontrèrent un nomn Simon, originaire de Cyrène. Ils lui firent porter la cro de Jésus.

33 Ils arrivèrent à un endroit nommé Golgotha (c'est- dire : « le lieu du crâne »). 34 Là, ils donnèrent à boire à Jés du vin mélangé avec du fiel[t] ; mais quand il l'eut goûté, refusa de le boire. 35 Après l'avoir cloué sur la croix, l soldats se partagèrent ses vêtements en les tirant au sor 36 Puis ils s'assirent pour monter la garde.

37 Ils avaient fixé au-dessus de la tête de Jésus un écrite sur lequel était inscrit, comme motif de sa condamn tion : « Celui-ci est Jésus, le roi des Juifs. » 38 Deux brigan furent crucifiés en même temps que lui, l'un à sa droit l'autre à sa gauche.

39 Ceux qui passaient par là lui lançaient des insult en secouant la tête, 40 et criaient : Hé, toi qui démolis Temple et qui le reconstruis en trois jours, sauve-toi to même. Si tu es le Fils de Dieu, descends de la croix !

41 De même, les chefs des prêtres se moquaient de lu avec les spécialistes de la Loi et les responsables du peupl en disant : 42 Dire qu'il a sauvé les autres, et qu'il est inc pable de se sauver lui-même ! C'est ça le roi d'Israël ? Qu' descende donc de la croix ; alors nous croirons en lui ! 43 *a mis sa confiance en Dieu. Eh bien, si Dieu trouve son plaisir lui, qu'il le délivre!* N'a-t-il pas dit : « Je suis le Fils de Dieu »

44 Les brigands crucifiés avec lui l'insultaient, eux auss de la même manière.

(Mc 15.33-41 ; Lc 23.44-49 ; Jn 19.25-30)

45 A partir de midi, et jusqu'à trois heures de l'après-m di, le pays entier[u] fut plongé dans l'obscurité.

46 Vers trois heures, Jésus cria d'une voix forte : *Eli, E lama sabachthani ?* ce qui veut dire : *Mon Dieu, mon Die pourquoi m'as-tu abandonné?*

47 En entendant ces paroles, quelques-uns de ceux q étaient là disaient : Il appelle Elie !

---

[t] 27.34 Sorte d'anesthésique destiné à adoucir la douleur. Mais Jésus a voulu rester lucide jusqu'à la fin.

[u] 27.45 Autre traduction : *sur toute la terre.*

48 Immediately one of them ran and got a sponge. He
led it with wine vinegar, put it on a staff, and offered
to Jesus to drink. 49 The rest said, "Now leave him
one. Let's see if Elijah comes to save him."
50 And when Jesus had cried out again in a loud
ice, he gave up his spirit.
51 At that moment the curtain of the temple was
rn in two from top to bottom. The earth shook, the
cks split 52 and the tombs broke open. The bodies of
any holy people who had died were raised to life.
They came out of the tombs after Jesus' resurrection
d[q] went into the holy city and appeared to many
ople.
54 When the centurion and those with him who were
arding Jesus saw the earthquake and all that had
ppened, they were terrified, and exclaimed, "Surely
was the Son of God!"
55 Many women were there, watching from a dis-
nce. They had followed Jesus from Galilee to care
r his needs. 56 Among them were Mary Magdalene,
ary the mother of James and Joseph,[r] and the mother
Zebedee's sons.

ie Burial of Jesus

57 As evening approached, there came a rich man
om Arimathea, named Joseph, who had himself be-
me a disciple of Jesus. 58 Going to Pilate, he asked for
sus' body, and Pilate ordered that it be given to him.
Joseph took the body, wrapped it in a clean linen
oth, 60 and placed it in his own new tomb that he
d cut out of the rock. He rolled a big stone in front
the entrance to the tomb and went away. 61 Mary
agdalene and the other Mary were sitting there
pposite the tomb.

ie Guard at the Tomb

62 The next day, the one after Preparation Day, the
ief priests and the Pharisees went to Pilate. 63 "Sir,"
ey said, "we remember that while he was still alive
at deceiver said, 'After three days I will rise again.'
So give the order for the tomb to be made secure
ntil the third day. Otherwise, his disciples may come
d steal the body and tell the people that he has
en raised from the dead. This last deception will
worse than the first."

65 "Take a guard," Pilate answered. "Go, make the
mb as secure as you know how." 66 So they went and
ade the tomb secure by putting a seal on the stone
d posting the guard.

7:53 Or *tombs, and after Jesus' resurrection they*
7:56 Greek *Joses*, a variant of *Joseph*

48 L'un d'entre eux courut aussitôt prendre une éponge,
qu'il imbiba de vinaigre et piqua au bout d'un roseau. Il
la présenta à Jésus pour qu'il boive, 49 quand les autres lui
dirent : Attends ! On va bien voir si Elie vient le délivrer.
50 A ce moment, Jésus poussa de nouveau un grand cri et
rendit l'esprit. 51 Et voici qu'au même instant, le rideau du
Temple se déchira en deux, de haut en bas ; la terre trembla, les rochers se fendirent. 52 Des tombes s'ouvrirent et
les corps de beaucoup d'hommes fidèles à Dieu qui étaient
morts ressuscitèrent. 53 Ils quittèrent leurs tombeaux et,
après la résurrection de Jésus, ils entrèrent dans la ville
sainte où beaucoup de personnes les virent.

54 En voyant le tremblement de terre et tout ce qui se
passait, l'officier romain et les soldats qui gardaient Jésus
furent saisis d'épouvante et dirent : Cet homme était vraiment le Fils de Dieu[v] !
55 Il y avait aussi là plusieurs femmes qui regardaient
de loin ; c'étaient celles qui avaient suivi Jésus depuis la
Galilée[w], pour être à son service. 56 Parmi elles, Marie de
Magdala, Marie, la mère de Jacques et de Joseph et la mère
des fils de Zébédée.

Jésus mis au tombeau

(Mc 15.42-47 ; Lc 23.50-56 ; Jn 19.38-42)

57 Le soir venu, arriva un homme riche appelé Joseph,
originaire de la ville d'Arimathée. Lui aussi était un disciple de Jésus. 58 Il alla demander à Pilate le corps de Jésus.
Alors Pilate donna l'ordre de le lui remettre. 59 Joseph prit
donc le corps, l'enroula dans un drap de lin pur 60 et le déposa dans le tombeau tout neuf qu'il s'était fait tailler pour
lui-même dans le roc. Puis il roula un grand bloc de pierre
devant l'entrée du tombeau et s'en alla. 61 Il y avait là Marie
de Magdala et l'autre Marie, assises en face de la tombe.

62 Le lendemain, le jour qui suivait la préparation du
sabbat[x], les chefs des prêtres et des pharisiens se rendirent
ensemble chez Pilate 63 pour lui dire : Excellence, nous
nous souvenons que cet imposteur a dit, pendant qu'il
était encore en vie : « Après trois jours, je ressusciterai. »
64 Fais donc surveiller étroitement la tombe jusqu'à ce
troisième jour : il faut à tout prix éviter que ses disciples
viennent dérober le corps pour dire ensuite au peuple qu'il
est ressuscité. Cette dernière supercherie serait encore
pire que la première.
65 Pilate leur déclara : D'accord ! Prenez un corps de garde[y] et assurez la protection de ce tombeau à votre guise.
66 Ils se rendirent donc au tombeau et le firent surveiller
après avoir apposé les scellés sur la pierre en présence
de la garde.

v **27.54** Ou : *un fils de Dieu !*
w **27.55** Le ministère de Jésus avait commencé dans la province du nord du pays d'Israël, la *Galilée*.
x **27.62** Le vendredi était appelé jour de la préparation (du sabbat) : les Juifs accomplissaient toutes les tâches qui leur éviteraient de travailler le jour du repos.
y **27.65** Autre traduction : *vous avez une garde.*

Jesus Has Risen

28 1 After the Sabbath, at dawn on the first day of the week, Mary Magdalene and the other Mary went to look at the tomb.

2 There was a violent earthquake, for an angel of the Lord came down from heaven and, going to the tomb, rolled back the stone and sat on it. 3 His appearance was like lightning, and his clothes were white as snow. 4 The guards were so afraid of him that they shook and became like dead men.

5 The angel said to the women, "Do not be afraid, for I know that you are looking for Jesus, who was crucified. 6 He is not here; he has risen, just as he said. Come and see the place where he lay. 7 Then go quickly and tell his disciples: 'He has risen from the dead and is going ahead of you into Galilee. There you will see him.' Now I have told you."

8 So the women hurried away from the tomb, afraid yet filled with joy, and ran to tell his disciples. 9 Suddenly Jesus met them. "Greetings," he said. They came to him, clasped his feet and worshiped him. 10 Then Jesus said to them, "Do not be afraid. Go and tell my brothers to go to Galilee; there they will see me."

The Guards' Report

11 While the women were on their way, some of the guards went into the city and reported to the chief priests everything that had happened. 12 When the chief priests had met with the elders and devised a plan, they gave the soldiers a large sum of money, 13 telling them, "You are to say, 'His disciples came during the night and stole him away while we were asleep.' 14 If this report gets to the governor, we will satisfy him and keep you out of trouble." 15 So the soldiers took the money and did as they were instructed. And this story has been widely circulated among the Jews to this very day.

The Great Commission

16 Then the eleven disciples went to Galilee, to the mountain where Jesus had told them to go. 17 When they saw him, they worshiped him; but some doubted. 18 Then Jesus came to them and said, "All authority in heaven and on earth has been given to me. 19 Therefore go and make disciples of all nations, baptizing them in the name of the Father and of the Son and of the Holy Spirit, 20 and teaching them to obey everything I have commanded you. And surely I am with you always, to the very end of the age."

Jésus est ressuscité !

(Mc 16.1-8 ; Lc 24.1-12 ; Jn 20.1-2)

28 1 Après le sabbat, comme le jour commençait
poindre le dimanche matin, Marie de Magdala
l'autre Marie se mirent en chemin pour aller voir la tomb
2 Tout à coup, voici qu'il y eut un violent tremblement
terre : un ange du Seigneur descendit du ciel, s'approc
de la tombe, roula la pierre de côté et s'assit sur elle. 3
avait l'apparence de l'éclair, et ses vêtements étaient aus
blancs que la neige. 4 Les gardes furent saisis d'épouvant
ils se mirent à trembler et devinrent comme morts.

5 Mais l'ange, s'adressant aux femmes, leur dit : Vo
autres, n'ayez pas peur ; je sais que vous cherchez Jésus, q
a été crucifié. 6 Il n'est plus ici, car il est ressuscité comn
il l'avait dit. Venez voir l'endroit où il était couché. 7 Pu
allez vite annoncer à ses disciples qu'il est ressuscité.
voici : il vous précède en Galilée. Là vous le verrez. Voi
ce que j'avais à vous dire.

8 Elles quittèrent le tombeau en hâte, tout effrayées, ma
en même temps remplies d'une grande joie, et elles cour
rent porter la nouvelle aux disciples. 9 Et voici que, tout
coup, Jésus vint à leur rencontre et leur dit : Salut à vou
Elles s'approchèrent de lui, lui embrassèrent les pie
et l'adorèrent.

10 Alors Jésus leur dit : N'ayez aucune crainte ! Allez di
à mes frères qu'ils doivent se rendre en Galilée : c'est
qu'ils me verront.

11 Pendant qu'elles étaient en chemin, quelques solda
de la garde retournèrent en ville pour faire aux chefs d
prêtres leur rapport sur tous ces événements. 12 Ceux-
convoquèrent les responsables du peuple et, après avo
délibéré avec eux, versèrent aux soldats une forte son
me d'argent 13 avec cette consigne : Vous raconterez qu
ses disciples sont venus pendant la nuit et qu'ils ont vo
son cadavre pendant que vous dormiez. 14 Si jamais l'a
faire parvenait aux oreilles du gouverneur, nous sauror
lui parler et faire le nécessaire pour que vous n'ayez pa
d'ennuis.

15 Les soldats prirent l'argent et se conformèrent à ce
consignes. Cette version des faits s'est propagée parmi le
Juifs où elle a cours jusqu'à aujourd'hui.

La souveraineté du Ressuscité

16 Les onze disciples se rendirent en Galilée, sur la collir
que Jésus leur avait indiquée. 17 Dès qu'ils l'aperçurent, i
l'adorèrent. Mais ils ne surent que penser[z].

18 Alors Jésus s'approcha d'eux et leur parla ainsi : J'a
reçu tout pouvoir dans le ciel et sur la terre : 19 allez dor
dans le monde entier, faites des disciples parmi tous le
peuples, baptisez-les au nom du Père, du Fils et du Sain
Esprit 20 et enseignez-leur à obéir à tout ce que je vou
ai prescrit. Et voici : je suis moi-même avec vous tous le
jours, jusqu'à la fin du monde.

[z] **28.17** Autre traduction : *Quelques-uns cependant eurent des doutes.*

Mark

hn the Baptist Prepares the Way

1 The beginning of the good news about Jesus the Messiah,[a] the Son of God,[b] 2 as it is written Isaiah the prophet:

"I will send my messenger ahead of you,
who will prepare your way" –
3 "a voice of one calling in the wilderness,
'Prepare the way for the Lord,
make straight paths for him.'"

ınd so John the Baptist appeared in the wilderness, reaching a baptism of repentance for the forgive-ess of sins. 5 The whole Judean countryside and all e people of Jerusalem went out to him. Confessing eir sins, they were baptized by him in the Jordan ver. 6 John wore clothing made of camel's hair, with leather belt around his waist, and he ate locusts ıd wild honey. 7 And this was his message: "After e comes the one more powerful than I, the straps whose sandals I am not worthy to stoop down and ıtie. 8 I baptize you with[c] water, but he will baptize ou with[d] the Holy Spirit."

ıe Baptism and Testing of Jesus

9 At that time Jesus came from Nazareth in Galilee ıd was baptized by John in the Jordan. 10 Just as Jesus as coming up out of the water, he saw heaven being ırn open and the Spirit descending on him like a ove. 11 And a voice came from heaven: "You are my on, whom I love; with you I am well pleased."

12 At once the Spirit sent him out into the wilder-ess, 13 and he was in the wilderness forty days, being mpted[e] by Satan. He was with the wild animals, and ıgels attended him.

sus Announces the Good News

14 After John was put in prison, Jesus went into alilee, proclaiming the good news of God. 15 "The me has come," he said. "The kingdom of God has ome near. Repent and believe the good news!"

:1 Or *Jesus Christ. Messiah* (Hebrew) and *Christ* (Greek) both mean *ointed One.*
:1 Some manuscripts do not have *the Son of God.*
:8 Or *in*
:8 Or *in*
:13 The Greek for *tempted* can also mean *tested.*

Evangile selon Marc

PRÉPARATION DU MINISTÈRE DE JÉSUS

Jean-Baptiste, messager de Dieu

(Mt 3.1-12 ; Lc 3.1-6, 15-18 ; voir Jn 1.19-28)

1 1 Ici commence l'Evangile de Jésus-Christ, le Fils de Dieu[a], 2 selon ce qui est écrit dans le livre du prophète Esaïe :

J'enverrai mon messager devant toi,
il te préparera le chemin.
3 *On entend la voix de quelqu'un qui crie dans le désert :*
Préparez le chemin pour le Seigneur,
faites-lui des sentiers droits[b].

4 Jean parut. Il baptisait dans le désert. Il appelait les gens à se faire baptiser en signe d'un profond changement[c], afin de recevoir le pardon de leurs péchés.

5 Tous les habitants de la Judée et de Jérusalem se rendaient auprès de lui. Ils se faisaient baptiser par lui dans le Jourdain, en reconnaissant publiquement leurs péchés. 6 Jean était vêtu d'un vêtement de poils de chameau maintenu autour de la taille par une ceinture de cuir. Il se nourrissait de sauterelles et de miel sauvage. 7 Et voici le message qu'il proclamait : Après moi va venir quelqu'un qui est plus puissant que moi. Je ne suis pas digne de me baisser devant lui pour dénouer la lanière de ses sandales. 8 Moi, je vous ai baptisés dans l'eau, mais lui, il vous baptisera dans le Saint-Esprit.

Le baptême et la tentation de Jésus

(Mt 3.13-17 ; Lc 3.21-22)

9 Or, en ce temps-là, Jésus vint de Nazareth, un village de Galilée. Il fut baptisé par Jean dans le Jourdain. 10 Au moment où il sortait de l'eau, il vit le ciel se déchirer et l'Esprit descendre sur lui comme une colombe. 11 Une voix retentit alors du ciel : Tu es mon Fils bien-aimé, tu fais toute ma joie.

(Mt 4.1-11 ; Lc 4.1-13)

12 Aussitôt, l'Esprit poussa Jésus dans le désert. 13 Il y resta quarante jours et y fut tenté par Satan. Il était avec les bêtes sauvages, et les anges le servaient.

MINISTÈRE DE JÉSUS EN GALILÉE

Les premiers disciples

(Mt 4.12-17 ; Lc 4.14-15)

14 Lorsque Jean eut été arrêté, Jésus se rendit en Galilée. Il y prêcha la Bonne Nouvelle de l'Evangile qui vient de Dieu. 15 Il disait : Le temps est accompli. Le royaume de Dieu[d] est proche. Changez[e] et croyez à l'Evangile.

[a] **1.1** L'expression *le Fils de Dieu* est absente de certains manuscrits.
[b] **1.3** Es 40.3 cité selon l'ancienne version grecque.
[c] **1.4** Autres traductions : *se faire baptiser en signe de repentance*, ou *pour indiquer qu'ils changeaient de comportement.*
[d] **1.15** D'autres comprennent : *le règne de Dieu.*
[e] **1.15** Autres traductions : *repentez-vous* ou *changez d'attitude* ou *changez de comportement.*

Jesus Calls His First Disciples

16 As Jesus walked beside the Sea of Galilee, he saw
Simon and his brother Andrew casting a net into the
lake, for they were fishermen. 17 "Come, follow me,"
Jesus said, "and I will send you out to fish for people."
18 At once they left their nets and followed him.

19 When he had gone a little farther, he saw James
son of Zebedee and his brother John in a boat, preparing their nets. 20 Without delay he called them,
and they left their father Zebedee in the boat with
the hired men and followed him.

Jesus Drives Out an Impure Spirit

21 They went to Capernaum, and when the Sabbath
came, Jesus went into the synagogue and began to
teach. 22 The people were amazed at his teaching, because he taught them as one who had authority, not as
the teachers of the law. 23 Just then a man in their synagogue who was possessed by an impure spirit cried
out, 24 "What do you want with us, Jesus of Nazareth?
Have you come to destroy us? I know who you are – the
Holy One of God!"

25 "Be quiet!" said Jesus sternly. "Come out of him!"
26 The impure spirit shook the man violently and came
out of him with a shriek.

27 The people were all so amazed that they asked
each other, "What is this? A new teaching – and with
authority! He even gives orders to impure spirits and
they obey him." 28 News about him spread quickly over
the whole region of Galilee.

Jesus Heals Many

29 As soon as they left the synagogue, they went with
James and John to the home of Simon and Andrew.
30 Simon's mother-in-law was in bed with a fever, and
they immediately told Jesus about her. 31 So he went
to her, took her hand and helped her up. The fever left
her and she began to wait on them.

32 That evening after sunset the people brought to
Jesus all the sick and demon-possessed. 33 The whole
town gathered at the door, 34 and Jesus healed many
who had various diseases. He also drove out many demons, but he would not let the demons speak because
they knew who he was.

Jesus Prays in a Solitary Place

35 Very early in the morning, while it was still dark,
Jesus got up, left the house and went off to a solitary
place, where he prayed. 36 Simon and his companions
went to look for him, 37 and when they found him, they
exclaimed: "Everyone is looking for you!"

(Mt 4.18-22 ; Lc 5.1-3, 10-11)

16 Un jour, comme il longeait le lac de Galilée, il vit Sim
et André, son frère. Ils lançaient un filet dans le lac, c
ils étaient pêcheurs.

17 Jésus leur dit : Suivez-moi et je ferai de vous d
pêcheurs d'hommes.

18 Ils abandonnèrent aussitôt leurs filets et le suivire
19 Poursuivant son chemin, il vit, un peu plus loin, Jacqu
fils de Zébédée, et Jean son frère. Eux aussi étaient da
leur bateau et réparaient les filets. 20 Aussitôt, il les appe
Ils laissèrent Zébédée, leur père, dans le bateau, avec s
ouvriers, et suivirent Jésus.

Exorcismes, guérisons et prédication

(Lc 4.31-37)

21 Ils se rendirent à Capernaüm. Le jour du sabbat, Jés
entra dans la synagogue et se mit à enseigner[f]. 22 Ses a
diteurs étaient profondément impressionnés par sc
enseignement, car il parlait avec une autorité que n'avaie
pas les spécialistes de la Loi.

23 Or, il se trouvait juste à ce moment-là, dans leur sy
agogue, un homme qui était sous l'emprise d'un espr
mauvais. Il se mit à crier : 24 Que nous veux-tu, Jésus
Nazareth ? Es-tu venu pour nous détruire[g] ? Je sais qui
es ! Tu es le Saint envoyé par Dieu !

25 Mais, d'un ton sévère, Jésus lui ordonna : Tais-toi,
sors de cet homme !

26 Alors l'esprit mauvais secoua l'homme de convulsio
et sortit de lui en poussant un grand cri.

27 Tous furent saisis de stupeur ; ils se demandaient ent
eux : Que se passe-t-il ? Voilà un enseignement nouvea
et donné avec autorité ! Il commande même aux espri
mauvais, et ils lui obéissent !

28 Aussitôt, sa réputation se répandit dans toute
Galilée.

(Mt 8.14-15 ; Lc 4.38-39)

29 Sortant de la synagogue, Jésus se rendit avec Jacqu
et Jean à la maison de Simon et d'André. 30 La belle-mè
de Simon était couchée, avec une forte fièvre. Aussitôt, i
lui parlèrent d'elle. 31 Il s'approcha, lui prit la main, la f
lever. La fièvre la quitta, et elle se mit à les servir.

(Mt 4.24 ; 8.16-17 ; Lc 4.40-41)

32 Le soir, après le coucher du soleil, on lui amena to
les malades[h] et tous ceux qui étaient sous l'emprise d
démons. 33 La ville entière se pressait devant la porte d
la maison. 34 Il guérit beaucoup de personnes atteintes d
diverses maladies. Il chassa aussi beaucoup de démons
leur défendit de parler, car ceux-ci savaient qui il était.

(Lc 4.42-44)

35 Le lendemain, bien avant l'aube, en pleine nuit, il s
leva et sortit. Il alla dans un lieu désert pour y prier.

36 Simon et ses compagnons partirent à sa recherch
37 Quand ils l'eurent trouvé, ils lui dirent : Tout le mond
te cherche.

---

f **1.21** Chaque Juif avait le droit de prendre la parole dans la synagogue pour expliquer les Ecritures.

g **1.24** Autre traduction : *tu es venu pour nous détruire.*

h **1.32** Car le sabbat se terminait après le coucher du soleil. On pouvait alors de nouveau transporter des malades.

38Jesus replied, "Let us go somewhere else – to the
arby villages – so I can preach there also. That
why I have come." 39So he traveled throughout
.lilee, preaching in their synagogues and driving
t demons.

ɜus Heals a Man With Leprosy

40A man with leprosy[f] came to him and begged him
. his knees, "If you are willing, you can make me
ean."
41Jesus was indignant.[g] He reached out his hand
.d touched the man. "I am willing," he said. "Be
ean!" 42Immediately the leprosy left him and he
ıs cleansed.
43Jesus sent him away at once with a strong warn-
g: 44"See that you don't tell this to anyone. But go,
ow yourself to the priest and offer the sacrifices that
oses commanded for your cleansing, as a testimony
them." 45Instead he went out and began to talk
eely, spreading the news. As a result, Jesus could
longer enter a town openly but stayed outside in
nely places. Yet the people still came to him from
erywhere.

sus Forgives and Heals a Paralyzed Man

2 1A few days later, when Jesus again entered
Capernaum, the people heard that he had come
ome. 2They gathered in such large numbers that
ere was no room left, not even outside the door,
d he preached the word to them. 3Some men came,
inging to him a paralyzed man, carried by four of
em. 4Since they could not get him to Jesus because
the crowd, they made an opening in the roof above
sus by digging through it and then lowered the mat
e man was lying on. 5When Jesus saw their faith,
said to the paralyzed man, "Son, your sins are
rgiven."
6Now some teachers of the law were sitting there,
inking to themselves, 7"Why does this fellow talk
e that? He's blaspheming! Who can forgive sins but
od alone?"
8Immediately Jesus knew in his spirit that this was
hat they were thinking in their hearts, and he said
them, "Why are you thinking these things? 9Which
easier: to say to this paralyzed man, 'Your sins are
rgiven,' or to say, 'Get up, take your mat and walk'?
But I want you to know that the Son of Man has
thority on earth to forgive sins." So he said to the
an, 11"I tell you, get up, take your mat and go home."

:40 The Greek word traditionally translated *leprosy* was used for
rious diseases affecting the skin.
:41 Many manuscripts *Jesus was filled with compassion*

38– Allons ailleurs, leur répondit-il, dans les villages voisins ! Il faut que j'y annonce aussi mon message. Car c'est pour cela que je suis venu[i].
39Et il partit à travers toute la Galilée : il prêchait dans leurs synagogues et chassait les démons.

(Mt 8.1-4 ; Lc 5.12-16)

40Un lépreux s'approcha de lui. Il le supplia, tomba à genoux[j] devant lui et lui dit : Si tu le veux, tu peux me rendre pur.
41Jésus, pris de compassion pour lui[k], tendit la main, le toucha et lui dit : Je le veux, sois pur.
42Aussitôt, la lèpre le quitta et il fut pur.
43Jésus lui fit de sévères recommandations et le renvoya aussitôt : 44Attention, ne dis rien à personne, mais va te faire examiner par le prêtre et apporte l'offrande prescrite par Moïse pour ta purification. Cela leur servira de témoignage[l].
45Mais lui, à peine sorti, se mit à proclamer à tout le monde ce qui lui était arrivé et il répandit la nouvelle partout. A cause de cela, Jésus ne pouvait plus aller ouvertement dans une localité ; il se tenait en dehors, dans des lieux déserts ; et on venait à lui de toutes parts.

Jésus guérit un malade et pardonne ses péchés

(Mt 9.1-8 ; Lc 5.17-26)

2 1Quelques jours plus tard, Jésus se rendit de nouveau à Capernaüm. On apprit qu'il était à la maison[m]. 2Une foule s'y rassembla si nombreuse qu'il ne restait plus de place, pas même devant la porte ; et Jésus leur annonçait la Parole de Dieu. 3On lui amena un paralysé porté par quatre hommes. 4Mais ils ne purent pas le transporter jusqu'à Jésus, à cause de la foule. Alors ils montèrent sur le toit, défirent la toiture de la maison au-dessus de l'endroit où se trouvait Jésus et, par cette ouverture, firent glisser le brancard sur lequel le paralysé était couché[n].
5Lorsqu'il vit la foi de ces gens, Jésus dit au paralysé : Mon enfant, tes péchés te sont pardonnés.
6Or, il y avait, assis là, quelques spécialistes de la Loi qui raisonnaient ainsi en eux-mêmes : 7Comment cet homme ose-t-il parler ainsi ? Il blasphème ! Qui peut pardonner les péchés si ce n'est Dieu seul ?
8Jésus sut aussitôt, en son esprit, les raisonnements qu'ils se faisaient en eux-mêmes ; il leur dit : Pourquoi raisonnez-vous ainsi en vous-mêmes ? 9Qu'est-ce qui est le plus facile ? Dire au paralysé : « Tes péchés te sont pardonnés », ou dire : « Lève-toi, prends ton brancard et marche » ? 10Eh bien, vous saurez que le Fils de l'homme a, sur la terre, le pouvoir de pardonner les péchés.
11Alors il déclara au paralysé : Je te l'ordonne : lève-toi, prends ton brancard, et rentre chez toi !

[i] 1.38 Autre traduction : *que je suis sorti de Capernaüm* (voir v. 35).
[j] 1.40 L'expression *tomba à genoux* est absente de certains manuscrits.
[k] 1.41 A la place de *pris de compassion pour lui* certains manuscrits ont : *en colère contre lui.* C'est pourquoi d'autres traduisent : *Jésus irrité de son attitude le renvoya.* En effet, le lépreux n'aurait pas dû pénétrer dans le village.
[l] 1.44 Autres traductions : *cela prouvera à tous que tu es guéri* ou *cela prouvera à tous mon respect de la Loi.*
[m] 2.1 Il s'agit de la maison de Simon et d'André (voir 1.29).
[n] 2.4 Les toits en terrasse étaient faits de poutres recouvertes de terre battue.

12 He got up, took his mat and walked out in full view
of them all. This amazed everyone and they praised
God, saying, "We have never seen anything like this!"

Jesus Calls Levi and Eats With Sinners

13 Once again Jesus went out beside the lake. A large
crowd came to him, and he began to teach them. 14 As
he walked along, he saw Levi son of Alphaeus sitting
at the tax collector's booth. "Follow me," Jesus told
him, and Levi got up and followed him.
15 While Jesus was having dinner at Levi's house,
many tax collectors and sinners were eating with
him and his disciples, for there were many who followed him. 16 When the teachers of the law who were
Pharisees saw him eating with the sinners and tax
collectors, they asked his disciples: "Why does he eat
with tax collectors and sinners?"

17 On hearing this, Jesus said to them, "It is not the
healthy who need a doctor, but the sick. I have not
come to call the righteous, but sinners."

Jesus Questioned About Fasting

18 Now John's disciples and the Pharisees were fasting. Some people came and asked Jesus, "How is it that
John's disciples and the disciples of the Pharisees are
fasting, but yours are not?"
19 Jesus answered, "How can the guests of the bridegroom fast while he is with them? They cannot, so
long as they have him with them. 20 But the time will
come when the bridegroom will be taken from them,
and on that day they will fast.
21 "No one sews a patch of unshrunk cloth on an
old garment. Otherwise, the new piece will pull away
from the old, making the tear worse. 22 And no one
pours new wine into old wineskins. Otherwise, the
wine will burst the skins, and both the wine and the
wineskins will be ruined. No, they pour new wine
into new wineskins."

Jesus Is Lord of the Sabbath

23 One Sabbath Jesus was going through the grainfields, and as his disciples walked along, they began
to pick some heads of grain. 24 The Pharisees said to
him, "Look, why are they doing what is unlawful on
the Sabbath?"
25 He answered, "Have you never read what David
did when he and his companions were hungry and
in need? 26 In the days of Abiathar the high priest,
he entered the house of God and ate the consecrated
bread, which is lawful only for priests to eat. And he
also gave some to his companions."

27 Then he said to them, "The Sabbath was made for
man, not man for the Sabbath. 28 So the Son of Man is
Lord even of the Sabbath."

12 Aussitôt, cet homme se leva, prit son brancard, et s
tit devant tout le monde.
Tous en furent stupéfaits et rendirent gloire à Dieu
disant : Nous n'avons jamais rien vu de pareil !

Jésus est contesté

(Mt 9.9-13 ; Lc 5.27-32)

13 Une nouvelle fois, Jésus s'en alla du côté du lac. L
foules venaient à sa rencontre et il les enseignait. 14
passant, il vit Lévi, fils d'Alphée, installé à son poste
péage, et il lui dit : Suis-moi !
Lévi se leva et le suivit.
15 Comme Jésus était reçu pour un repas dans la mais
de Lévi, beaucoup de collecteurs d'impôts et de pécheu
notoires prirent place à table avec ses disciples et avec l
Car ils étaient nombreux à le suivre.
16 En voyant qu'il mangeait avec ces pécheurs notoir
et ces collecteurs d'impôts, les spécialistes de la Loi q
appartenaient au parti des pharisiens interpellère
ses disciples : Comment votre maître peut-il manger
la sorte avec des collecteurs d'impôts et des pécheu
notoires ?
17 Jésus, qui les avait entendus, leur dit : Les bien-po
tants n'ont pas besoin de médecin ; ce sont les malad
qui en ont besoin. Je ne suis pas venu appeler des just
mais des pécheurs.

(Mt 9.14-17 ; Lc 5.33-39)

18 Un jour que les disciples de Jean et les pharisie
étaient en train de jeûner, ils vinrent trouver Jésus et l
demandèrent : Comment se fait-il que tes disciples ne je
nent pas, alors que les disciples de Jean et les pharisie
le font ?
19 Jésus leur répondit : Comment les invités d'une no
pourraient-ils jeûner pendant que le marié est avec eux
Aussi longtemps que le marié se trouve parmi eux, ils
peuvent pas jeûner ! 20 Le temps viendra où il leur se
enlevé. Alors, ce jour-là, ils jeûneront.
21 Personne ne raccommode un vieux vêtement av
un morceau d'étoffe neuve. Sinon, la pièce rapportée ti
sur la vieille étoffe et en arrache une partie. Finalemer
la déchirure est pire qu'avant. 22 De même, personne
verse du vin nouveau dans de vieilles outres, sinon le v
nouveau les fait éclater, et voilà le vin perdu, et les outr
aussi. A vin nouveau, outres neuves !

Jésus, maître du sabbat

(Mt 12.1-8 ; Lc 6.1-5)

23 Un jour de sabbat, Jésus traversait des champs de bl
et ses disciples, tout en marchant, cueillaient des épis.
24 Les pharisiens le firent remarquer à Jésus : Regard
Pourquoi tes disciples font-ils le jour du sabbat ce qui e
interdit ce jour-là ?
25 Il leur répondit : N'avez-vous jamais lu ce qu'a fa
David lorsque lui et ses compagnons ont eu faim et qu'i
n'avaient rien à manger ? 26 Il est entré dans le sanctuai
de Dieu (ce récit se trouve dans la section où il est questic
du grand-prêtre Abiatar), il a mangé les pains expos
devant Dieu que seuls les prêtres ont le droit de mange
et il en a donné aussi à ses hommes.
27 Et il ajouta : Le sabbat a été fait pour l'homme, et no
pas l'homme pour le sabbat. 28 C'est pourquoi le Fils d
l'homme est aussi maître du sabbat.

sus Heals on the Sabbath

¹Another time Jesus went into the synagogue,
and a man with a shriveled hand was there.
ome of them were looking for a reason to accuse
sus, so they watched him closely to see if he would
al him on the Sabbath. ³Jesus said to the man with
e shriveled hand, "Stand up in front of everyone."
⁴Then Jesus asked them, "Which is lawful on the
bbath: to do good or to do evil, to save life or to
ll?" But they remained silent.
⁵He looked around at them in anger and, deeply
stressed at their stubborn hearts, said to the man,
tretch out your hand." He stretched it out, and his
nd was completely restored. ⁶Then the Pharisees
nt out and began to plot with the Herodians how
ey might kill Jesus.

owds Follow Jesus

⁷Jesus withdrew with his disciples to the lake, and a
rge crowd from Galilee followed. ⁸When they heard
out all he was doing, many people came to him from
dea, Jerusalem, Idumea, and the regions across the
rdan and around Tyre and Sidon. ⁹Because of the
owd he told his disciples to have a small boat ready
r him, to keep the people from crowding him. ¹⁰For
had healed many, so that those with diseases were
shing forward to touch him. ¹¹Whenever the im-
re spirits saw him, they fell down before him and
ied out, "You are the Son of God." ¹²But he gave
em strict orders not to tell others about him.

sus Appoints the Twelve

¹³Jesus went up on a mountainside and called to
m those he wanted, and they came to him. ¹⁴He
pointed twelve[h] that they might be with him and
at he might send them out to preach ¹⁵and to have
thority to drive out demons.
¹⁶These are the twelve he appointed:
Simon (to whom he gave the name Peter),
¹⁷James son of Zebedee and his brother John (to
em he gave the name Boanerges, which means "sons
thunder"),
¹⁸Andrew,
Philip,
Bartholomew,
Matthew,
Thomas,
James son of Alphaeus,
Thaddaeus,
Simon the Zealot
¹⁹and Judas Iscariot, who betrayed him.

:14 Some manuscripts *twelve – designating them apostles –*

(Mt 12.9-14 ; Lc 6.6-11)

3 ¹Jésus entra de nouveau dans la synagogue. Il s'y
trouvait un homme avec la main paralysée. ²On le
surveillait attentivement pour voir s'il le guérirait un jour
de sabbat : ils voulaient ainsi pouvoir l'accuser.
³Jésus dit à l'homme à la main infirme : Lève-toi et mets-
toi là, au milieu.
⁴Puis il demanda aux autres : Est-il permis, le jour du
sabbat, de faire du bien, ou de faire du mal ? A-t-on le droit
de sauver une vie ou faut-il la laisser se détruire ?
Mais personne ne dit mot.
⁵Jésus promena sur eux un regard indigné.
Profondément attristé par la dureté de leur cœur, il dit à
l'homme : Etends la main !
Il la tendit et elle fut guérie. ⁶Aussitôt, les pharisiens
sortirent de la synagogue et allèrent se concerter avec
des membres du parti d'Hérode sur les moyens de faire
mourir Jésus.

Jésus parmi la foule

⁷Jésus se retira du côté du lac avec ses disciples. Une
foule immense le suivait : elle était venue de la Galilée,
⁸de la Judée, de Jérusalem, de l'Idumée[o], des territoires
de l'autre côté du Jourdain ainsi que de la région de Tyr et
de Sidon. Ces gens venaient à lui car ils avaient appris tout
ce qu'il faisait. ⁹Il demanda alors à ses disciples de tenir
un bateau à sa disposition pour éviter d'être écrasé par
la foule. ¹⁰En effet, comme il guérissait beaucoup de gens,
tous les malades se précipitaient vers lui pour le toucher.
¹¹Lorsque des gens qui étaient sous l'emprise d'esprits
mauvais le voyaient, ils se prosternaient devant lui et
s'écriaient : Tu es le Fils de Dieu.
¹²Mais il leur défendait absolument de faire savoir qui
il était.

Le choix des apôtres

(Mt 10.1-4 ; Lc 6.12-16)

¹³Plus tard, il monta sur une colline avoisinante et appela ceux qu'il voulait, et ils vinrent à lui. ¹⁴Il désigna ainsi
douze hommes [qu'il nomma apôtres][p] et qui devaient être
constamment avec lui ; ¹⁵il les envoya annoncer l'Evangile
avec le pouvoir de chasser les démons. ¹⁶Voici les noms
des Douze qu'il désigna[q] : Simon, auquel Jésus donna le
nom de Pierre, ¹⁷Jacques, fils de Zébédée et Jean son frère
auxquels il donna le nom de Boanergès, ce qui signifie « fils
du tonnerre », ¹⁸André, Philippe, Barthélemy, Matthieu,
Thomas, Jacques, fils d'Alphée, Thaddée, Simon le Zélé[r],
¹⁹et Judas Iscariot, celui qui le trahit.

[o] 3.8 *l'Idumée:* région située au sud de la Judée.
[p] 3.14 *qu'il nomma apôtres:* ces mots sont absents de plusieurs manuscrits.
[q] 3.16 *qu'il désigna:* ces mots sont absents de plusieurs manuscrits.
[r] 3.18 Voir note Mt 10.4.

Jesus Accused by His Family and by Teachers of the Law

20 Then Jesus entered a house, and again a crowd gathered, so that he and his disciples were not even able to eat. 21 When his family[i] heard about this, they went to take charge of him, for they said, "He is out of his mind."

22 And the teachers of the law who came down from Jerusalem said, "He is possessed by Beelzebul! By the prince of demons he is driving out demons."

23 So Jesus called them over to him and began to speak to them in parables: "How can Satan drive out Satan? 24 If a kingdom is divided against itself, that kingdom cannot stand. 25 If a house is divided against itself, that house cannot stand. 26 And if Satan opposes himself and is divided, he cannot stand; his end has come. 27 In fact, no one can enter a strong man's house without first tying him up. Then he can plunder the strong man's house. 28 Truly I tell you, people can be forgiven all their sins and every slander they utter, 29 but whoever blasphemes against the Holy Spirit will never be forgiven; they are guilty of an eternal sin."

30 He said this because they were saying, "He has an impure spirit."

31 Then Jesus' mother and brothers arrived. Standing outside, they sent someone in to call him. 32 A crowd was sitting around him, and they told him, "Your mother and brothers are outside looking for you."

33 "Who are my mother and my brothers?" he asked.

34 Then he looked at those seated in a circle around him and said, "Here are my mother and my brothers! 35 Whoever does God's will is my brother and sister and mother."

The Parable of the Sower

4 1 Again Jesus began to teach by the lake. The crowd that gathered around him was so large that he got into a boat and sat in it out on the lake, while all the people were along the shore at the water's edge. 2 He taught them many things by parables, and in his teaching said: 3 "Listen! A farmer went out to sow his seed. 4 As he was scattering the seed, some fell along the path, and the birds came and ate it up. 5 Some fell on rocky places, where it did not have much soil. It sprang up quickly, because the soil was shallow. 6 But when the sun came up, the plants were scorched, and they withered because they had no root. 7 Other seed fell among thorns, which grew up and choked

[i] **3:21** Or *his associates*

Jésus : Dieu ou Satan ?

(Mt 12.22-32 ; Lc 11.15-23 ; 12.10)

20 Jésus alla à la maison et, de nouveau, la foule s'y pres au point que lui et ses disciples n'arrivaient même plu manger. 21 Quand les membres de sa famille l'apprirent, vinrent pour le ramener de force avec eux. Ils disaient effet : « Il est devenu fou. » 22 Les spécialistes de la Loi q étaient venus de Jérusalem disaient : Il est sous l'empri de Béelzébul[s] ; c'est par le pouvoir du chef des démo qu'il chasse les démons.

23 Alors Jésus les appela et leur parla en parabole Comment Satan peut-il chasser Satan ? 24 Un royaun déchiré par la guerre civile ne peut pas subsister. 25 Si u famille est divisée, cette famille ne peut pas subsist 26 Si donc Satan se bat contre lui-même, s'il est en conf avec lui-même, il ne peut plus subsister, c'en est fini de l 27 En fait, personne ne peut pénétrer dans la maison d' homme fort pour s'emparer de ses biens sans avoir d'abo ligoté cet homme fort : c'est alors qu'il pillera sa maiso

28 Vraiment, je vous avertis : tout sera pardonné a hommes, leurs péchés et les blasphèmes qu'ils auro prononcés. 29 Mais si quelqu'un blasphème contre l'Esp Saint, il ne lui sera jamais pardonné : il portera éternel ment la charge de ce péché.

30 Jésus leur parla ainsi parce qu'ils disaient : « Il est so l'emprise d'un esprit mauvais. »

La vraie famille de Jésus

(Mt 12.46-50 ; Lc 8.19-21)

31 La mère et les frères de Jésus arrivèrent. Ils se tinre dehors et envoyèrent quelqu'un l'appeler.

32 Beaucoup de monde était assis autour de lui. On vi lui dire : Ta mère, tes frères et tes sœurs[t] sont dehors te cherchent.

33 Il répondit : Qui sont ma mère et mes frères ?

34 Et, promenant les regards sur ceux qui étaient as en cercle autour de lui, il dit : Voici ma mère et mes frèr 35 car celui qui fait la volonté de Dieu, celui-là est pour m un frère, une sœur, ou une mère.

La parabole du semeur

(Mt 13.1-15 ; Lc 8.4-10)

4 1 Jésus commença de nouveau à enseigner au bo du lac. Autour de lui, la foule s'assembla si no breuse qu'il dut monter dans un bateau. Il s'y assit. bateau était sur le lac et tous les gens, tournés vers le la se tenaient sur le rivage. 2 Il leur enseignait beaucoup choses sous forme de paraboles. Voici ce qu'il leur dis it : 3 Ecoutez : un semeur sortit pour semer. 4 Or comme répandait sa semence, des grains tombèrent au bord chemin ; les oiseaux vinrent et les mangèrent. 5 D'autr tombèrent sur un sol rocailleux et, ne trouvant qu'u mince couche de terre, ils levèrent rapidement parce q la terre sur laquelle ils étaient tombés n'était pas profonc 6 Mais quand le soleil monta dans le ciel, les petits plan furent vite brûlés et, comme ils n'avaient pas vraime pris racine, ils séchèrent. 7 D'autres grains tombère parmi les ronces. Celles-ci grandirent et étouffèrent l jeunes pousses, si bien qu'elles ne produisirent pas de fru

[s] **3.22** *Béelzébul:* voir note Mt 10.25.
[t] **3.32** Plusieurs manuscrits n'ont pas *tes sœurs.*

e plants, so that they did not bear grain. 8 Still other
ed fell on good soil. It came up, grew and produced
rop, some multiplying thirty, some sixty, some a
ndred times."
9 Then Jesus said, "Whoever has ears to hear, let
em hear."
10 When he was alone, the Twelve and the others
ound him asked him about the parables. 11 He told
em, "The secret of the kingdom of God has been
ven to you. But to those on the outside everything
said in parables 12 so that,
" 'they may be ever seeing but never
perceiving,
and ever hearing but never understanding;
otherwise they might turn and be forgiven!'"

13 Then Jesus said to them, "Don't you understand
is parable? How then will you understand any
rable? 14 The farmer sows the word. 15 Some people
e like seed along the path, where the word is sown.
soon as they hear it, Satan comes and takes away
e word that was sown in them. 16 Others, like seed
wn on rocky places, hear the word and at once re-
ive it with joy. 17 But since they have no root, they
st only a short time. When trouble or persecution
mes because of the word, they quickly fall away.
Still others, like seed sown among thorns, hear the
ord; 19 but the worries of this life, the deceitfulness
wealth and the desires for other things come in
d choke the word, making it unfruitful. 20 Others,
e seed sown on good soil, hear the word, accept it,
d produce a crop – some thirty, some sixty, some a
ndred times what was sown."

Lamp on a Stand

21 He said to them, "Do you bring in a lamp to put
under a bowl or a bed? Instead, don't you put it on
stand? 22 For whatever is hidden is meant to be
sclosed, and whatever is concealed is meant to be
ought out into the open. 23 If anyone has ears to
ar, let them hear."
24 "Consider carefully what you hear," he contin-
d. "With the measure you use, it will be measured
you – and even more. 25 Whoever has will be given
ore; whoever does not have, even what they have
ll be taken from them."

e Parable of the Growing Seed

26 He also said, "This is what the kingdom of God is
e. A man scatters seed on the ground. 27 Night and
y, whether he sleeps or gets up, the seed sprouts
d grows, though he does not know how. 28 All by

8 D'autres encore tombèrent dans la bonne terre et donnèrent des épis qui poussèrent et se développèrent jusqu'à
maturité, produisant l'un trente grains, un autre soixante,
un autre cent. 9 Jésus ajouta : Celui qui a des oreilles pour
entendre, qu'il entende !

10 Quand il fut seul avec eux, ceux qui l'accompagnaient,
ainsi que les Douze, lui demandèrent ce que signifiaient
les paraboles qu'il venait de raconter. 11 Il leur dit : Les
secrets du royaume de Dieu vous ont été confiés ; mais à
ceux du dehors, tout est présenté au moyen de paraboles,
12 afin que :
Lorsqu'ils voient de leurs propres yeux,
ils ne saisissent pas ;
quand ils entendent de leurs propres oreilles,
ils ne comprennent pas ;
de peur qu'ils reviennent à Dieu
et reçoivent le pardon de leurs fautes[u].
13 Puis il leur dit : Vous ne comprenez pas cette
parabole ? Comment alors comprendrez-vous les autres ?

(Mt 13.18-23 ; Lc 8.11-15)

14 Le semeur, c'est celui qui sème la Parole. 15 Certains
hommes se trouvent « au bord du chemin » où la Parole
a été semée : à peine l'ont-ils entendue que Satan vient
arracher la Parole qui a été semée en eux. 16 Puis, il y a
ceux qui reçoivent la semence « sur le sol rocailleux » :
quand ils entendent la Parole, ils l'acceptent aussitôt avec
joie, 17 mais ils ne la laissent pas prendre racine en eux, car
ils sont inconstants. Que surviennent des difficultés, ou
la persécution à cause de la Parole, et les voilà qui abandonnent tout. 18 D'autres reçoivent la semence « parmi
les ronces » : ce sont ceux qui écoutent la Parole, 19 mais
en qui elle ne porte pas de fruit parce qu'elle est étouffée
par les soucis de ce monde, l'attrait trompeur des richesses et toutes sortes d'autres passions qui pénètrent en
eux. 20 Enfin, il y a ceux qui reçoivent la semence « dans
la bonne terre » : ce sont ceux qui écoutent la Parole, qui
la reçoivent et qui portent du fruit : un grain en donne
trente, un autre soixante, un autre cent.

La parabole de la lampe

(Lc 8.16-18)

21 Il leur dit aussi : Est-ce qu'on apporte une lampe pour
la mettre sous une mesure à grains ou sous un lit ? N'est-ce
pas plutôt pour la mettre sur un pied de lampe ? 22 Tout
ce qui est caché doit être mis en lumière, tout ce qui est
secret doit paraître au grand jour. 23 Si quelqu'un a des
oreilles pour entendre, qu'il entende ! 24 Il ajouta : Faites
bien attention à ce que vous entendez. On vous appliquera
la mesure dont vous vous serez servi pour mesurer, et on
y ajoutera. 25 Car à celui qui a, on donnera encore, mais à
celui qui n'a pas, on ôtera même ce qu'il a.

La parabole de la semence

26 Il dit aussi : Il en est du royaume de Dieu comme d'un
homme qui a répandu de la semence dans son champ. 27 A
présent, qu'il dorme ou qu'il veille, la nuit comme le jour, le
grain germe et la plante grandit sans qu'il s'en préoccupe.
28 D'elle-même, la terre fait pousser le blé : d'abord la tige,

---

u **4.12** Es 6.9-10 cité selon l'ancienne version grecque.

itself the soil produces grain – first the stalk, then the head, then the full kernel in the head. 29 As soon as the grain is ripe, he puts the sickle to it, because the harvest has come."

The Parable of the Mustard Seed

30 Again he said, "What shall we say the kingdom of God is like, or what parable shall we use to describe it? 31 It is like a mustard seed, which is the smallest of all seeds on earth. 32 Yet when planted, it grows and becomes the largest of all garden plants, with such big branches that the birds can perch in its shade."

33 With many similar parables Jesus spoke the word to them, as much as they could understand. 34 He did not say anything to them without using a parable. But when he was alone with his own disciples, he explained everything.

Jesus Calms the Storm

35 That day when evening came, he said to his disciples, "Let us go over to the other side." 36 Leaving the crowd behind, they took him along, just as he was, in the boat. There were also other boats with him. 37 A furious squall came up, and the waves broke over the boat, so that it was nearly swamped. 38 Jesus was in the stern, sleeping on a cushion. The disciples woke him and said to him, "Teacher, don't you care if we drown?"

39 He got up, rebuked the wind and said to the waves, "Quiet! Be still!" Then the wind died down and it was completely calm.

40 He said to his disciples, "Why are you so afraid? Do you still have no faith?"

41 They were terrified and asked each other, "Who is this? Even the wind and the waves obey him!"

Jesus Restores a Demon-Possessed Man

5 1 They went across the lake to the region of the Gerasenes.[j] 2 When Jesus got out of the boat, a man with an impure spirit came from the tombs to meet him. 3 This man lived in the tombs, and no one could bind him anymore, not even with a chain. 4 For he had often been chained hand and foot, but he tore the chains apart and broke the irons on his feet. No one was strong enough to subdue him. 5 Night and day among the tombs and in the hills he would cry out and cut himself with stones.

6 When he saw Jesus from a distance, he ran and fell on his knees in front of him. 7 He shouted at the top of his voice, "What do you want with me, Jesus, Son of the Most High God? In God's name don't torture

j 5:1 Some manuscripts *Gadarenes;* other manuscripts *Gergesenes*

puis l'épi vert, et enfin les grains de blé remplissant (épi. 29 Et lorsque le grain est prêt à être cueilli, l'homm porte aussitôt la faucille, car la moisson est prête.

La parabole de la graine de moutarde

(Mt 13.31-32 ; Lc 13.18-19)

30 Il continua en disant : A quoi comparerons-nous royaume de Dieu ? Par quelle parabole pourrions-nous présenter ? 31 Il en est de lui comme d'une graine de mo tarde : lorsqu'on la sème dans la terre, c'est la plus pet des semences du monde. 32 Mais, une fois semée, elle pous et devient plus grande que toutes les plantes du potag Il y monte des branches si grandes que les oiseaux du c peuvent nicher à son ombre.

(Mt 13.34-35)

33 Par beaucoup de paraboles de ce genre, il enseign la Parole de Dieu à ses auditeurs en s'adaptant à ce qu' pouvaient comprendre. 34 Il ne leur parlait pas sans se se vir de paraboles et, lorsqu'il était seul avec ses discipl il leur expliquait tout.

Plus fort que la tempête

(Mt 8.23-27 ; Lc 8.22-25)

35 Ce jour-là, quand le soir fut venu, Jésus dit à ses d ciples : Passons de l'autre côté du lac !

36 Ils laissèrent la foule et emmenèrent Jésus sur le la dans le bateau où il se trouvait. D'autres bateaux les a compagnaient. 37 Or, voilà qu'un vent très violent se m à souffler. Les vagues se jetaient contre le bateau, qui remplissait d'eau. 38 Lui, à l'arrière, dormait, la tête s un coussin.

Les disciples le réveillèrent et lui crièrent : Maître, no sommes perdus, et tu ne t'en soucies pas ?

39 Il se réveilla, parla sévèrement au vent et ordonna lac : Silence ! Tais-toi !

Le vent tomba, et il se fit un grand calme.

40 Puis il dit à ses disciples : Pourquoi avez-vous si peu Vous ne croyez pas encore ?

41 Mais eux furent saisis d'une grande crainte ; ils disaient les uns aux autres : Qui est donc cet homme po que même le vent et le lac lui obéissent ?

Plus fort que les démons

(Mt 8.28-34 ; Lc 8.26-39)

5 1 Ils arrivèrent de l'autre côté du lac, dans la régi de Gérasa[v], 2 où Jésus débarqua. Aussitôt, sortant d tombeaux[w], un homme qui était sous l'emprise d'un esp mauvais vint à sa rencontre. 3 Il habitait dans les tombea et, même avec une chaîne, personne ne pouvait plus le t nir attaché. 4 Car on l'avait souvent enchaîné et on lui ava mis des fers aux pieds, mais il cassait les chaînes et brisa les fers : personne ne pouvait le maîtriser. 5 Sans cesse, nu et jour, il errait parmi les tombes et sur les montagnes hurlant, se blessant contre les rochers.

6 D'aussi loin qu'il vit Jésus, il accourut, se proster devant lui 7 et lui cria de toutes ses forces : Que me veu tu, Jésus, Fils du Dieu très-haut ? Je t'en conjure, au no de Dieu, ne me tourmente pas !

v 5.1 *Gérasa:* pays situé à l'est du lac de Galilée.

w 5.2 Les *tombeaux* se trouvaient dans des cavernes naturelles ou creusées par les hommes. Ces grottes constituaient des abris contre le intempéries.

e!" 8For Jesus had said to him, "Come out of this
an, you impure spirit!"
9Then Jesus asked him, "What is your name?"
"My name is Legion," he replied, "for we are many."
And he begged Jesus again and again not to send
em out of the area.
11A large herd of pigs was feeding on the nearby
llside. 12The demons begged Jesus, "Send us among
e pigs; allow us to go into them." 13He gave them
rmission, and the impure spirits came out and went
to the pigs. The herd, about two thousand in num-
r, rushed down the steep bank into the lake and
ere drowned.
14Those tending the pigs ran off and reported this
the town and countryside, and the people went
t to see what had happened. 15When they came to
sus, they saw the man who had been possessed by
e legion of demons, sitting there, dressed and in
s right mind; and they were afraid. 16Those who
d seen it told the people what had happened to the
mon-possessed man – and told about the pigs as
ell. 17Then the people began to plead with Jesus to
ave their region.
18As Jesus was getting into the boat, the man who
d been demon-possessed begged to go with him.
Jesus did not let him, but said, "Go home to your
vn people and tell them how much the Lord has done
r you, and how he has had mercy on you." 20So the
an went away and began to tell in the Decapolis[k]
w much Jesus had done for him. And all the people
ere amazed.

sus Raises a Dead Girl and Heals a Sick Woman

21When Jesus had again crossed over by boat to the
her side of the lake, a large crowd gathered around
m while he was by the lake. 22Then one of the syna-
gue leaders, named Jairus, came, and when he saw
sus, he fell at his feet. 23He pleaded earnestly with
m, "My little daughter is dying. Please come and
t your hands on her so that she will be healed and
ve." 24So Jesus went with him.
A large crowd followed and pressed around him.
And a woman was there who had been subject to
eeding for twelve years. 26She had suffered a great
al under the care of many doctors and had spent all
e had, yet instead of getting better she grew worse.
When she heard about Jesus, she came up behind
m in the crowd and touched his cloak, 28because she
ought, "If I just touch his clothes, I will be healed."
Immediately her bleeding stopped and she felt in her
dy that she was freed from her suffering.
30At once Jesus realized that power had gone out
om him. He turned around in the crowd and asked,
Who touched my clothes?"
31"You see the people crowding against you,"
is disciples answered, "and yet you can ask, 'Who
uched me?' "

:20 That is, the Ten Cities

8Car Jésus lui disait : Esprit mauvais, sors de cet homme !
9Jésus lui demanda : Quel est ton nom ?
– Je m'appelle Légion, lui répondit-il, car nous sommes
une multitude.
10Et il pria instamment Jésus de ne pas les renvoyer du
pays. 11Or, il y avait par là, sur la montagne, un grand
troupeau de porcs[x] en train de paître.
12Les esprits mauvais supplièrent Jésus : Envoie-nous
dans ces porcs, pour que nous entrions en eux !
13Jésus le leur permit. Ils sortirent donc de l'homme et
entrèrent dans les porcs. Aussitôt, le troupeau, qui comptait environ deux mille bêtes, s'élança du haut de la pente
et se précipita dans le lac où elles se noyèrent.
14Les gardiens s'enfuirent et allèrent raconter l'histoire
dans la ville et dans les fermes. Les gens vinrent donc voir
ce qui s'était passé. 15Arrivés auprès de Jésus, ils virent
l'homme qui avait été sous l'emprise de cette légion de
démons, assis là, habillé et tout à fait sain d'esprit. Alors
la crainte s'empara d'eux. 16Ceux qui avaient assisté à la
scène leur racontèrent ce qui était arrivé à cet homme
et aux porcs ; 17et les gens se mirent à supplier Jésus de
quitter leur territoire.
18Au moment où Jésus remontait dans le bateau, l'homme qui avait été délivré des démons lui demanda s'il
pouvait l'accompagner.
19Mais Jésus ne le lui permit pas. Il lui dit : Va, rentre chez toi, auprès des tiens, et raconte-leur ce que le
Seigneur a fait pour toi et quelle compassion il a eu pour
toi.
20Alors il s'en alla et se mit à proclamer dans la région
des « Dix Villes »[y] ce que Jésus avait fait pour lui – au grand
étonnement de ceux qui l'écoutaient.

Plus fort que la maladie et la mort

(Mt 9.18-26 ; Lc 8.40-56)

21Jésus regagna en bateau l'autre rive du lac. Là, une
foule immense s'assembla autour de lui sur le rivage.
22Survint alors l'un des responsables de la synagogue,
nommé Jaïrus. En voyant Jésus, il se jeta à ses pieds 23et
le supplia instamment : Ma petite fille va mourir. Viens
lui imposer les mains pour qu'elle guérisse et qu'elle vive.
24Alors Jésus partit avec lui, suivi d'une foule nombreuse
qui le serrait de tous côtés. 25Dans la foule se trouvait une
femme atteinte d'hémorragies depuis douze ans. 26Elle
avait été soignée par de nombreux médecins et en avait
beaucoup souffert. Elle avait dépensé toute sa fortune sans
trouver la moindre amélioration ; au contraire, son état
avait empiré. 27Elle avait entendu parler de Jésus, et dans
la foule, elle s'était approchée de lui par-derrière et avait
touché son vêtement, 28en se disant : Si j'arrive à toucher
ses vêtements, je serai guérie.
29A l'instant même, son hémorragie s'arrêta et elle se
sentit délivrée de son mal.
30Aussitôt Jésus eut conscience qu'une force était sortie de lui. Il se retourna dans la foule et demanda : Qui a
touché mes vêtements ?
31Ses disciples lui dirent : Tu vois la foule qui te presse
de tous côtés et tu demandes : « Qui m'a touché ? »

x **5.11** *porcs:* voir note Mt 8.30.
y **5.20** Les *« Dix Villes »*: région située au sud-est du lac de Galilée.

32 But Jesus kept looking around to see who had
done it. 33 Then the woman, knowing what had happened to her, came and fell at his feet and, trembling
with fear, told him the whole truth. 34 He said to her,
"Daughter, your faith has healed you. Go in peace and
be freed from your suffering."
35 While Jesus was still speaking, some people came
from the house of Jairus, the synagogue leader. "Your
daughter is dead," they said. "Why bother the teacher
anymore?"
36 Overhearing[l] what they said, Jesus told him,
"Don't be afraid; just believe."
37 He did not let anyone follow him except Peter,
James and John the brother of James. 38 When they
came to the home of the synagogue leader, Jesus saw
a commotion, with people crying and wailing loudly.
39 He went in and said to them, "Why all this commotion and wailing? The child is not dead but asleep."
40 But they laughed at him.
After he put them all out, he took the child's father
and mother and the disciples who were with him, and
went in where the child was. 41 He took her by the
hand and said to her, "Talitha koum!" (which means
"Little girl, I say to you, get up!"). 42 Immediately the
girl stood up and began to walk around (she was
twelve years old). At this they were completely astonished. 43 He gave strict orders not to let anyone know
about this, and told them to give her something to eat.

A Prophet Without Honor

6 1 Jesus left there and went to his hometown, accompanied by his disciples. 2 When the Sabbath
came, he began to teach in the synagogue, and many
who heard him were amazed.
"Where did this man get these things?" they asked.
"What's this wisdom that has been given him? What
are these remarkable miracles he is performing?
3 Isn't this the carpenter? Isn't this Mary's son and the
brother of James, Joseph,[m] Judas and Simon? Aren't his
sisters here with us?" And they took offense at him.
4 Jesus said to them, "A prophet is not without honor
except in his own town, among his relatives and in
his own home." 5 He could not do any miracles there,
except lay his hands on a few sick people and heal
them. 6 He was amazed at their lack of faith.

Jesus Sends Out the Twelve

Then Jesus went around teaching from village to
village. 7 Calling the Twelve to him, he began to send
them out two by two and gave them authority over
impure spirits.
8 These were his instructions: "Take nothing for the
journey except a staff – no bread, no bag, no money

[l] **5:36** Or *Ignoring*
[m] **6:3** Greek *Joses*, a variant of *Joseph*

32 Mais lui continuait à parcourir la foule du regard po
voir celle qui avait fait cela. 33 Alors, saisie de crainte
toute tremblante, la femme, sachant ce qui lui était arri
s'avança, se jeta aux pieds de Jésus et lui dit toute la véri
34 Jésus lui dit : Ma fille, parce que tu as eu foi en moi,
es guérie[z] ; va en paix et sois guérie de ton mal.
35 Pendant qu'il parlait encore, quelques personnes a
rivèrent de chez le chef de la synagogue pour lui dire :
fille est morte. A quoi bon importuner encore le Maîtr
36 Mais Jésus entendit ces paroles. Il dit au chef de
synagogue : Ne crains pas. Crois seulement !
37 Il ne permit à personne de le suivre plus loin, excep
Pierre, Jacques et Jean, son frère. 38 En arrivant à la mais
du chef de la synagogue, Jésus vit une grande agitatio
on pleurait et on poussait des cris[a].
39 Il entra dans la maison et dit : Pourquoi ce tumult
Pourquoi ces pleurs ? L'enfant n'est pas morte, elle e
seulement endormie.
40 Mais on se moqua de lui.
Alors il fit sortir tout le monde, prit avec lui le père
la mère de l'enfant ainsi que les disciples qui l'accompa
naient, et il entra dans la pièce où l'enfant était couche
41 Il lui prit la main en disant : *Talitha koumi*[b], ce qui sig
fie : Jeune fille, lève-toi, je te l'ordonne.
42 Aussitôt, la jeune fille se mit debout et marcha. E
avait environ douze ans. Tous furent frappés de stupe
43 Jésus leur recommanda instamment de ne raconter
miracle à personne et il leur dit de donner à manger à
jeune fille.

Jésus rejeté à Nazareth

(Mt 13.54-58 ; Lc 4.16-30)

6 1 Jésus partit de là et retourna dans la ville dont
était originaire[c], accompagné de ses disciples. 2
jour du sabbat, il se mit à enseigner dans la synagogue
Beaucoup de ses auditeurs furent très étonnés : D'
tient-il cela ? disaient-ils. Qui lui a donné cette sagesse
D'où lui vient le pouvoir d'accomplir tous ces miracle
3 N'est-il pas le charpentier, le fils de Marie, le frère
Jacques, de Joseph, de Jude et de Simon ? Ses sœurs
vivent-elles pas ici parmi nous ?
Et voilà pourquoi ils trouvaient en lui un obstacle à la f
4 Alors Jésus leur dit : C'est seulement dans sa patr
dans sa parenté et dans sa famille que l'on refuse d'ho
orer un prophète.
5 Il ne put accomplir là aucun miracle, sinon po
quelques malades à qui il imposa les mains et qu'il guér
6 Il fut étonné de leur incrédulité.

L'envoi des Douze

(Mt 10.1, 5-14 ; Lc 9.1-6)

Jésus parcourait les villages des alentours pour y donn
son enseignement. 7 Il appela les Douze et les envoya
mission deux par deux, en leur donnant autorité sur l
esprits mauvais. 8 Il leur recommanda de ne rien emport
pour la route, sauf un bâton.

[z] **5.34** Ce qui veut dire aussi : *tu es sauvée*.
[a] **5.38** Selon les coutumes funéraires de l'époque (voir note Mt 9.23).
[b] **5.41** Deux mots en araméen, la langue parlée par les Juifs en Israël au
premier siècle.
[c] **6.1** C'est-à-dire Nazareth, en Galilée.

your belts. 9 Wear sandals but not an extra shirt.
Whenever you enter a house, stay there until you
ave that town. 11 And if any place will not welcome
u or listen to you, leave that place and shake the
st off your feet as a testimony against them."

12 They went out and preached that people should
pent. 13 They drove out many demons and anointed
any sick people with oil and healed them.

hn the Baptist Beheaded

14 King Herod heard about this, for Jesus' name had
come well known. Some were saying,[n] "John the
ptist has been raised from the dead, and that is why
raculous powers are at work in him."

15 Others said, "He is Elijah."
And still others claimed, "He is a prophet, like one
the prophets of long ago."
16 But when Herod heard this, he said, "John, whom
eheaded, has been raised from the dead!"

17 For Herod himself had given orders to have John
rested, and he had him bound and put in prison. He
d this because of Herodias, his brother Philip's wife,
hom he had married. 18 For John had been saying to
rod, "It is not lawful for you to have your brother's
fe." 19 So Herodias nursed a grudge against John and
anted to kill him. But she was not able to, 20 because
rod feared John and protected him, knowing him to
a righteous and holy man. When Herod heard John,
was greatly puzzled[o]; yet he liked to listen to him.
21 Finally the opportune time came. On his birth-
y Herod gave a banquet for his high officials
d military commanders and the leading men of
lilee. 22 When the daughter of[p] Herodias came in
d danced, she pleased Herod and his dinner guests.
The king said to the girl, "Ask me for anything you
ant, and I'll give it to you." 23 And he promised her
th an oath, "Whatever you ask I will give you, up
half my kingdom."

24 She went out and said to her mother, "What shall
sk for?"
"The head of John the Baptist," she answered.
25 At once the girl hurried in to the king with the
quest: "I want you to give me right now the head of
hn the Baptist on a platter."

26 The king was greatly distressed, but because of his
ths and his dinner guests, he did not want to refuse
r. 27 So he immediately sent an executioner with

:14 Some early manuscripts *He was saying*
:20 Some early manuscripts *he did many things*
:22 Some early manuscripts *When his daughter*

Il leur dit : Ne prenez ni provisions ni sac, ni argent dans
votre ceinture. 9 Mettez des sandales à vos pieds et n'emportez pas de tunique de rechange. 10 Dans la maison où
vous entrerez, restez jusqu'à votre départ. 11 Et si, dans une
ville, on ne veut ni vous recevoir ni vous écouter, partez
de là en secouant la poussière de vos sandales[d] : cela constituera un témoignage contre eux.
12 Ils partirent donc et proclamèrent qu'il fallait changer
profondément. 13 Ils chassaient aussi beaucoup de démons
et guérissaient de nombreux malades en les oignant
d'huile.

Hérode et Jean-Baptiste

(Mt 14.1-2 ; Lc 9.7-9)

14 Le roi Hérode[e] entendit parler de Jésus, car sa réputation se répandait partout.
On disait de Jésus : C'est Jean-Baptiste qui est ressuscité ! C'est pour cela qu'il détient le pouvoir de faire des
miracles.
15 D'autres disaient : C'est Elie.
D'autres encore : C'est un prophète comme il y en avait
autrefois.
16 De son côté, Hérode, qui entendait tout cela, se disait : C'est celui que j'ai fait décapiter, c'est Jean, et il est
ressuscité !

(Mt 14.3-12 ; Lc 3.19-20)

17 En effet, Hérode avait fait arrêter Jean, l'avait fait enchaîner et jeter en prison, à cause d'Hérodiade, la femme
de Philippe, son demi-frère, qu'il avait épousée[f].
18 Car Jean disait à Hérode : Tu n'as pas le droit de prendre la femme de ton frère.
19 Hérodiade, furieuse contre lui, cherchait à le faire
mourir, mais elle n'y parvenait pas, 20 car Hérode craignait
Jean. Il savait que c'était un homme juste et saint. Il le
protégeait donc. Quand il l'entendait parler, il en restait
fort perplexe. Et pourtant, il aimait l'entendre.
21 Un jour cependant, Hérodiade trouva une occasion
favorable, lors de l'anniversaire d'Hérode. Celui-ci organisa ce jour-là une grande fête à laquelle il invita les
hauts dignitaires de sa cour, les officiers supérieurs et
les notables de la Galilée. 22 Au cours du banquet, la fille
d'Hérodiade[g] entra dans la salle : elle dansa, Hérode et ses
invités étaient sous son charme. Le roi dit alors à la jeune
fille : Demande-moi ce que tu voudras et je te le donnerai.
23 Il alla même jusqu'à lui faire ce serment : Tout ce que tu
me demanderas, je te le donnerai, même si c'est la moitié
de mon royaume.
24 Elle sortit pour prendre conseil auprès de sa mère :
Que vais-je lui demander ?
– La tête de Jean-Baptiste, lui répondit celle-ci.
25 Aussitôt la jeune fille se hâta de retourner auprès
du roi pour lui exprimer son vœu en ces termes : Je veux
que, tout de suite, tu me donnes sur un plat la tête de
Jean-Baptiste.
26 Le roi en fut consterné, mais à cause de son serment
et de ses invités, il ne voulut pas le lui refuser. 27 Il envoya
donc aussitôt un garde en lui ordonnant de rapporter la

d **6.11** Voir note Mt 10.14.
e **6.14** C'est-à-dire Hérode Antipas.
f **6.17** Hérode Philippe vivait à Rome. Antipas avait répudié sa femme pour épouser Hérodiade, femme de Philippe.
g **6.22** Certains manuscrits ont : *sa fille Hérodiade*.

orders to bring John's head. The man went, beheaded
John in the prison, 28 and brought back his head on a
platter. He presented it to the girl, and she gave it to
her mother. 29 On hearing of this, John's disciples came
and took his body and laid it in a tomb.

Jesus Feeds the Five Thousand

30 The apostles gathered around Jesus and reported
to him all they had done and taught. 31 Then, because
so many people were coming and going that they did
not even have a chance to eat, he said to them, "Come
with me by yourselves to a quiet place and get some
rest."

32 So they went away by themselves in a boat to a
solitary place. 33 But many who saw them leaving recognized them and ran on foot from all the towns and
got there ahead of them. 34 When Jesus landed and saw
a large crowd, he had compassion on them, because
they were like sheep without a shepherd. So he began
teaching them many things.

35 By this time it was late in the day, so his disciples
came to him. "This is a remote place," they said, "and
it's already very late. 36 Send the people away so that
they can go to the surrounding countryside and villages and buy themselves something to eat."

37 But he answered, "You give them something to
eat."

They said to him, "That would take more than half
a year's wages[q]! Are we to go and spend that much on
bread and give it to them to eat?"

38 "How many loaves do you have?" he asked. "Go
and see."

When they found out, they said, "Five – and two
fish."

39 Then Jesus directed them to have all the people sit
down in groups on the green grass. 40 So they sat down
in groups of hundreds and fifties. 41 Taking the five
loaves and the two fish and looking up to heaven, he
gave thanks and broke the loaves. Then he gave them
to his disciples to distribute to the people. He also divided the two fish among them all. 42 They all ate and
were satisfied, 43 and the disciples picked up twelve
basketfuls of broken pieces of bread and fish. 44 The
number of the men who had eaten was five thousand.

Jesus Walks on the Water

45 Immediately Jesus made his disciples get into the
boat and go on ahead of him to Bethsaida, while he
dismissed the crowd. 46 After leaving them, he went
up on a mountainside to pray.

[q] **6:37** Greek *take two hundred denarii*

tête de Jean. Celui-ci s'en alla décapiter Jean dans la priso
28 Il apporta la tête sur un plat et la remit à la jeune fill
et celle-ci la donna à sa mère. 29 Lorsque les disciples d
Jean apprirent ce qui s'était passé, ils vinrent prendre so
corps pour l'ensevelir dans un tombeau.

Les apôtres rentrent de mission

(Mt 14.13a ; Lc 9.10 ; Jn 6.1)

30 A leur retour, les apôtres se réunirent auprès de Jés
et lui rendirent compte de tout ce qu'ils avaient fait, et
tout ce qu'ils avaient enseigné.

31 Alors il leur dit : Venez avec moi, dans un endroit iso
et vous prendrez un peu de repos.

Il y avait effectivement beaucoup de monde qui allait
venait et ils ne trouvaient même pas le temps de mange
32 Ils partirent donc dans le bateau pour aller à l'éca
dans un endroit désert.

Avec cinq pains et deux poissons

(Mt 14.13b-21 ; Lc 9.11-17 ; Jn 6.2-15)

33 Mais beaucoup les virent s'en aller et les reconnurer
De toutes les bourgades, on accourut à pied, et on l
devança à l'endroit où ils se rendaient. 34 Aussi, quand Jés
descendit du bateau, il vit une foule nombreuse. Il fut pr
de compassion pour eux parce qu'ils étaient comme d
brebis sans berger ; alors il se mit à enseigner longuemer
35 Il se faisait déjà tard. Ses disciples s'approchère
de lui et lui dirent : Cet endroit est désert, et il est dé
tard. 36 Renvoie donc ces gens pour qu'ils aillent dans l
hameaux et les villages des environs s'acheter de qu
manger.

37 Mais Jésus leur répondit : Donnez-leur vous-mêm
à manger !

Ils lui demandèrent : Faut-il que nous allions achet
pour deux cents pièces d'argent[h] de pain, et que nous
leur donnions à manger ?

38 Jésus reprit : Combien avez-vous de pains ? Allez voi
Ils allèrent se renseigner et revinrent lui dire : Il y en
cinq, et deux poissons.

39 Alors il leur ordonna de faire asseoir la foule pa
groupes sur l'herbe verte. 40 Les gens s'installèrent pa
terre, par rangées de cent et de cinquante. 41 Jésus prit le
cinq pains et les deux poissons, leva les yeux vers le cie
prononça la prière de bénédiction ; il partagea les pain
et les donna aux disciples pour qu'ils les distribuent à
foule. Il partagea aussi les deux poissons entre tous. 42 To
le monde mangea à satiété. 43 On ramassa les morceau
de pain qui restaient. Il y en eut douze paniers pleins.
restait aussi des poissons. 44 Or, ceux qui avaient mangé c
pains étaient au nombre de cinq mille hommes.

Jésus marche sur les eaux

(Mt 14.22-33 ; Jn 6.16-21)

45 Aussitôt après, Jésus pressa ses disciples de remont
dans le bateau pour qu'ils le précèdent de l'autre côté c
lac, vers Bethsaïda, pendant que lui-même renverrait
foule. 46 Après l'avoir congédiée, il se rendit sur une collir
pour prier.

[h] **6.37** Il s'agit de deniers. Le denier était le salaire normal d'une journé
de travail.

47 Later that night, the boat was in the middle of the
ke, and he was alone on land. 48 He saw the disciples
raining at the oars, because the wind was against
em. Shortly before dawn he went out to them, walk-
g on the lake. He was about to pass by them, 49 but
hen they saw him walking on the lake, they thought
was a ghost. They cried out, 50 because they all saw
m and were terrified.
Immediately he spoke to them and said, "Take cour-
e! It is I. Don't be afraid." 51 Then he climbed into the
at with them, and the wind died down. They were
mpletely amazed, 52 for they had not understood
out the loaves; their hearts were hardened.

53 When they had crossed over, they landed at
ennesaret and anchored there. 54 As soon as they got
t of the boat, people recognized Jesus. 55 They ran
roughout that whole region and carried the sick on
ats to wherever they heard he was. 56 And wherever
went – into villages, towns or countryside – they
aced the sick in the marketplaces. They begged him
let them touch even the edge of his cloak, and all
ho touched it were healed.

at Which Defiles

7 1 The Pharisees and some of the teachers of the
law who had come from Jerusalem gathered
ound Jesus 2 and saw some of his disciples eating
od with hands that were defiled, that is, unwashed.
The Pharisees and all the Jews do not eat unless
ey give their hands a ceremonial washing, holding
the tradition of the elders. 4 When they come from
e marketplace they do not eat unless they wash.
nd they observe many other traditions, such as the
ashing of cups, pitchers and kettles.[r])
5 So the Pharisees and teachers of the law asked
sus, "Why don't your disciples live according to the
adition of the elders instead of eating their food
ith defiled hands?"

6 He replied, "Isaiah was right when he prophesied
out you hypocrites; as it is written:

" 'These people honor me with their lips,
but their hearts are far from me.
7 They worship me in vain;
their teachings are merely human rules.'

ou have let go of the commands of God and are
olding on to human traditions."
9 And he continued, "You have a fine way of setting
ide the commands of God in order to observe[s] your
wn traditions! 10 For Moses said, 'Honor your father

:4 Some early manuscripts *pitchers, kettles and dining couches*
:9 Some manuscripts *set up*

47 A la tombée de la nuit, le bateau se trouvait au milieu
du lac et Jésus était resté seul à terre. 48 Il vit que ses disciples avaient beaucoup de mal à ramer, car le vent leur
était contraire. Vers la fin de la nuit, il se dirigea vers eux
en marchant sur les eaux du lac. Il voulait les dépasser.
49 Mais quand ils le virent marcher ainsi sur l'eau, ils crurent que c'était un fantôme et se mirent à pousser des cris.
50 En effet, tous l'avaient aperçu et étaient pris de panique.
Aussitôt, il se mit à leur parler : Rassurez-vous, leur dit-
il, c'est moi, n'ayez pas peur !
51 Puis il monta auprès d'eux dans le bateau. Le vent
tomba. Ils en furent frappés de stupeur. 52 Car ils n'avaient
pas compris ce qui s'était passé au sujet des pains. Leur
intelligence était aveuglée.

Des guérisons à Génésareth

(Mt 14.34-36)

53 La traversée achevée, ils touchèrent terre à
Génésareth[i] où ils amarrèrent leur bateau. 54 Comme ils
en descendaient, les gens reconnurent aussitôt Jésus et
55 parcoururent toute la région pour annoncer sa venue. Ils lui amenaient les malades sur des brancards, dès
qu'ils apprenaient son arrivée quelque part. 56 Partout où
il se rendait, dans les villages, les villes, les campagnes,
ils apportaient les malades sur les places publiques et le
suppliaient de leur permettre de toucher ne serait-ce que
la frange de son vêtement[j]. Et tous ceux qui la touchaient
étaient guéris.

Jésus et la tradition religieuse juive

(Mt 15.1-20)

7 1 Des pharisiens et des spécialistes de la Loi venus
de Jérusalem se rassemblèrent autour de Jésus. 2 Ils
remarquèrent que certains de ses disciples prenaient leur
repas avec des mains « impures », c'est-à-dire qu'ils ne
s'étaient pas lavé les mains. (3 En effet, les pharisiens,
et les Juifs en général, ne se mettent jamais à table sans
les avoir soigneusement lavées ; ils observent ainsi la
tradition de leurs ancêtres. 4 De même, en revenant du
marché, ils ne mangent pas sans avoir fait leurs ablutions.
Ils ont reçu beaucoup d'autres traditions qu'ils observent,
comme celles de laver rituellement les coupes, les pots et
les vases de bronze.) 5 Les pharisiens et les spécialistes de
la Loi demandèrent donc à Jésus : Pourquoi tes disciples
ne se conforment-ils pas à la tradition de nos ancêtres ?
Pourquoi prennent-ils leur repas avec des mains impures ?
6 – Hypocrites, leur répondit-il, Esaïe vous a fort bien
dépeints dans sa prophétie où il est écrit :

Ce peuple m'honore des lèvres,
mais, au fond de son cœur, il est bien loin de moi !
7 *Le culte qu'il me rend n'a aucune valeur,*
car les enseignements qu'il donne
ne sont que des règles inventées par les hommes[k].

8 Vous mettez de côté le commandement de Dieu, pour
observer la tradition des hommes !
9 Puis il ajouta : Ah ! vous réussissez parfaitement à
mettre de côté le commandement de Dieu pour établir
votre propre tradition ! 10 En effet, Moïse a dit : *Honore ton*

i **6.53** *Génésareth:* voir note Mt 14.34.
j **6.56** Le vêtement de dessus que portaient les Juifs était bordé de franges, selon Dt 22.12.
k **7.7** Es 29.13 cité selon l'ancienne version grecque.

and mother,' and, 'Anyone who curses their father or mother is to be put to death.' 11But you say that if anyone declares that what might have been used to help their father or mother is Corban (that is, devoted to God) – 12then you no longer let them do anything for their father or mother. 13Thus you nullify the word of God by your tradition that you have handed down. And you do many things like that."

14Again Jesus called the crowd to him and said, "Listen to me, everyone, and understand this. 15Nothing outside a person can defile them by going into them. Rather, it is what comes out of a person that defiles them." 16[16][t]

17After he had left the crowd and entered the house, his disciples asked him about this parable. 18"Are you so dull?" he asked. "Don't you see that nothing that enters a person from the outside can defile them? 19For it doesn't go into their heart but into their stomach, and then out of the body." (In saying this, Jesus declared all foods clean.)

20He went on: "What comes out of a person is what defiles them. 21For it is from within, out of a person's heart, that evil thoughts come – sexual immorality, theft, murder, 22adultery, greed, malice, deceit, lewdness, envy, slander, arrogance and folly. 23All these evils come from inside and defile a person."

Jesus Honors a Syrophoenician Woman's Faith

24Jesus left that place and went to the vicinity of Tyre.[u] He entered a house and did not want anyone to know it; yet he could not keep his presence secret. 25In fact, as soon as she heard about him, a woman whose little daughter was possessed by an impure spirit came and fell at his feet. 26The woman was a Greek, born in Syrian Phoenicia. She begged Jesus to drive the demon out of her daughter.

27"First let the children eat all they want," he told her, "for it is not right to take the children's bread and toss it to the dogs."

28"Lord," she replied, "even the dogs under the table eat the children's crumbs."

29Then he told her, "For such a reply, you may go; the demon has left your daughter."

30She went home and found her child lying on the bed, and the demon gone.

Jesus Heals a Deaf and Mute Man

31Then Jesus left the vicinity of Tyre and went through Sidon, down to the Sea of Galilee and into the region of the Decapolis.[v] 32There some people brought to him a man who was deaf and could hardly talk, and they begged Jesus to place his hand on him.

[t] 7:16 Some manuscripts include here the words of 4:23.
[u] 7:24 Many early manuscripts *Tyre and Sidon*
[v] 7:31 That is, the Ten Cities

père et ta mère et Que celui qui maudit son père ou sa mè soit puni de mort.

11Mais vous, que dites-vous ? Si un homme dit à son pè ou à sa mère : « La part de mes biens avec laquelle j'aur pu t'assister est corban (c'est-à-dire offrande à Dieu) 12alors vous ne le laissez plus rien faire pour son père sa mère. 13Voilà comment vous annulez la Parole de Di par votre tradition, celle que vous vous transmettez. vous faites bien d'autres choses du même genre.

14Puis Jésus appela de nouveau la foule et lui di Ecoutez-moi tous, et comprenez-moi bien : 15Rien de qui vient du dehors et qui pénètre dans l'homme ne pe le rendre impur. C'est, au contraire, ce qui sort de l'ho me qui le rend impur ! [16Si quelqu'un a des oreilles po entendre, qu'il entende[l] !]

17Lorsque Jésus, laissant la foule, fut rentré à la maisc ses disciples lui demandèrent de leur expliquer le sens cette image.

18Il leur répondit : Ainsi, vous non plus, vous ne co prenez pas ? Ne saisissez-vous pas ce que je veux dir De tout ce qui vient du dehors et pénètre dans l'homm rien ne peut le rendre impur. 19Tout cela, en effet, ne pas dans son cœur mais dans son ventre, et est évac par les voies naturelles. – Il déclarait par là même q tous les aliments sont purs. – 20Et il ajouta : Ce qui so de l'homme, c'est cela qui le rend impur. 21Car c'est dedans, c'est du cœur de l'homme que proviennent pensées mauvaises, l'immoralité, le vol, le meurtre, 22 adultères, l'envie, la méchanceté, la tromperie, le vi la jalousie, le blasphème[m], l'orgueil, et toutes sortes comportements insensés. 23Tout ce mal sort du deda et rend l'homme impur.

La foi d'une non-Juive

(Mt 15.21-28)

24Jésus partit de là et se rendit dans la région de T Il entra dans une maison ; il ne voulait pas qu'on sac qu'il était là, mais il ne put cacher sa présence. 25En eff à peine était-il arrivé, qu'une femme, qui avait enten parler de lui et dont la fillette était sous l'emprise d'un e prit mauvais, vint se jeter à ses pieds. 26C'était une femr païenne, originaire de Syro-Phénicie. Elle le supplia chasser le démon qui tourmentait sa fille.

27Jésus lui dit : Laisse d'abord se rassasier les enfants la maison. Car il ne serait pas convenable de prendre pain des enfants pour le jeter aux petits chiens.

28– Sans doute, Seigneur, reprit-elle, mais les peti chiens, qui sont sous la table, mangent les miettes q laissent tomber les enfants.

29Et Jésus de répondre : A cause de cette parole, va, r tourne chez toi, le démon vient de sortir de ta fille.

30Elle rentra chez elle et trouva son enfant couchée s le lit : le démon était parti.

Guérison d'un sourd-muet

31Jésus quitta la région de Tyr, passa par Sidon, et r gagna le lac de Galilée en traversant le territoire des « D Villes ». 32On lui amena un sourd qui avait du mal à parl

[l] 7.16 Ce verset est absent de plusieurs manuscrits.
[m] 7.22 Autre traduction : *les injures.*

[33]After he took him aside, away from the crowd,
sus put his fingers into the man's ears. Then he spit
d touched the man's tongue. [34]He looked up to heav-
 and with a deep sigh said to him, "Ephphatha!"
hich means "Be opened!"). [35]At this, the man's ears
ere opened, his tongue was loosened and he began
speak plainly.
[36]Jesus commanded them not to tell anyone. But
e more he did so, the more they kept talking about
[37]People were overwhelmed with amazement. "He
s done everything well," they said. "He even makes
e deaf hear and the mute speak."

sus Feeds the Four Thousand

8 [1]During those days another large crowd gathered. Since they had nothing to eat, Jesus called
s disciples to him and said, [2]"I have compassion for
ese people; they have already been with me three
ys and have nothing to eat. [3]If I send them home
ingry, they will collapse on the way, because some
them have come a long distance."
[4]His disciples answered, "But where in this remote
ace can anyone get enough bread to feed them?"
[5]"How many loaves do you have?" Jesus asked.
"Seven," they replied.
[6]He told the crowd to sit down on the ground. When
 had taken the seven loaves and given thanks, he
oke them and gave them to his disciples to distrib-
e to the people, and they did so. [7]They had a few
nall fish as well; he gave thanks for them also and
ld the disciples to distribute them. [8]The people ate
id were satisfied. Afterward the disciples picked up
ven basketfuls of broken pieces that were left over.
bout four thousand were present. After he had sent
em away, [10]he got into the boat with his disciples
id went to the region of Dalmanutha.

[11]The Pharisees came and began to question Jesus.
 test him, they asked him for a sign from heaven.
He sighed deeply and said, "Why does this gener-
tion ask for a sign? Truly I tell you, no sign will be
ven to it." [13]Then he left them, got back into the
oat and crossed to the other side.

he Yeast of the Pharisees and Herod

[14]The disciples had forgotten to bring bread, except
r one loaf they had with them in the boat. [15]"Be
areful," Jesus warned them. "Watch out for the yeast
 the Pharisees and that of Herod."
[16]They discussed this with one another and said,
t is because we have no bread."
[17]Aware of their discussion, Jesus asked them: "Why
re you talking about having no bread? Do you still
ot see or understand? Are your hearts hardened?
Do you have eyes but fail to see, and ears but fail to

et on le pria de lui imposer les mains. [33]Jésus l'emmena
seul avec lui, loin de la foule : après avoir posé ses doigts
sur les oreilles du malade, il les humecta de salive et lui
toucha la langue ; [34]alors il leva les yeux au ciel, poussa
un soupir et dit : *Ephphatha* (ce qui signifie : ouvre-toi).
[35]Aussitôt les oreilles de cet homme s'ouvrirent, sa
langue se délia et il se mit à parler correctement. [36]Jésus
recommanda à ceux qui étaient là de n'en rien dire à personne ; mais plus il le leur défendait, plus ils en parlaient.
[37]Remplies d'étonnement, les foules s'écriaient : Tout
ce qu'il fait est magnifique : il fait entendre les sourds et
parler les muets !

Avec sept pains et des poissons

(Mt 15.32-39)

8 [1]En ces jours-là, une grande foule s'était de nouveau
rassemblée autour de Jésus et elle n'avait rien à manger. Jésus appela donc ses disciples et leur dit : [2]J'ai pitié
de cette foule : cela fait trois jours que ces gens sont avec
moi et ils n'ont rien à manger. [3]Si je les renvoie chez eux à
jeun, les forces vont leur manquer en chemin, car certains
d'entre eux sont venus de loin.
[4]Ses disciples lui répondirent : Où pourra-t-on trouver
dans cet endroit désert assez de pain pour les nourrir ?
[5]– Combien avez-vous de pains ? leur demanda-t-il.
– Sept, répondirent-ils.
[6]Alors il invita tout le monde à s'asseoir par terre. Il prit
les sept pains et, après avoir remercié Dieu, il les partagea
et les donna à ses disciples pour qu'ils les distribuent à la
foule. Ce qu'ils firent. [7]Ils avaient aussi quelques petits
poissons. Jésus prononça la prière de bénédiction pour
les poissons et dit à ses disciples de les distribuer également. [8]Tout le monde mangea à satiété. On ramassa sept
corbeilles des morceaux qui restaient. [9]Il y avait là environ
quatre mille hommes. Ensuite Jésus les congédia.
[10]Aussitôt après, il monta dans le bateau avec ses disciples et se rendit dans la région de Dalmanoutha[n].

Jésus et les chefs religieux juifs

(Mt 16.1-4)

[11]Des pharisiens arrivèrent et engagèrent une discussion
avec lui. Ils lui demandaient de leur faire voir un signe
miraculeux qui viendrait du ciel : ils lui tendaient un piège.
[12]Jésus poussa un profond soupir et dit : Pourquoi les
gens de notre temps réclament-ils un signe miraculeux ?
Vraiment, je vous l'assure : il ne leur en sera accordé
aucun !
[13]Il les quitta, remonta dans le bateau et partit pour
l'autre rive.

(Mt 16.5-12)

[14]Les disciples avaient oublié d'emporter du pain ; ils
n'en avaient qu'un seul avec eux dans le bateau.
[15]Or, Jésus leur recommanda : Faites bien attention :
gardez-vous du levain des pharisiens et de celui d'Hérode !
[16]Les disciples discutaient entre eux : Il dit cela parce
que nous n'avons pas de pain !
[17]Jésus, sachant ce qui se passait, leur dit : Vous dis-
cutez parce que vous n'avez pas de pain. Pourquoi ? Ne
comprenez-vous pas encore et ne saisissez-vous pas ?
Votre intelligence est-elle aveuglée ? [18]*Avez-vous des yeux*

[n] **8.10** A l'ouest du lac de Galilée.

hear? And don't you remember? 19 When I broke the
five loaves for the five thousand, how many basketfuls
of pieces did you pick up?"
"Twelve," they replied.
20 "And when I broke the seven loaves for the four
thousand, how many basketfuls of pieces did you pick
up?"
They answered, "Seven."
21 He said to them, "Do you still not understand?"

Jesus Heals a Blind Man at Bethsaida

22 They came to Bethsaida, and some people brought
a blind man and begged Jesus to touch him. 23 He took
the blind man by the hand and led him outside the
village. When he had spit on the man's eyes and put
his hands on him, Jesus asked, "Do you see anything?"
24 He looked up and said, "I see people; they look
like trees walking around."
25 Once more Jesus put his hands on the man's eyes.
Then his eyes were opened, his sight was restored,
and he saw everything clearly. 26 Jesus sent him home,
saying, "Don't even go into[w] the village."

Peter Declares That Jesus Is the Messiah

27 Jesus and his disciples went on to the villages
around Caesarea Philippi. On the way he asked them,
"Who do people say I am?"
28 They replied, "Some say John the Baptist; others
say Elijah; and still others, one of the prophets."
29 "But what about you?" he asked. "Who do you
say I am?"
Peter answered, "You are the Messiah."
30 Jesus warned them not to tell anyone about him.

Jesus Predicts His Death

31 He then began to teach them that the Son of Man
must suffer many things and be rejected by the elders,
the chief priests and the teachers of the law, and that
he must be killed and after three days rise again. 32 He
spoke plainly about this, and Peter took him aside and
began to rebuke him.
33 But when Jesus turned and looked at his disciples,
he rebuked Peter. "Get behind me, Satan!" he said.
"You do not have in mind the concerns of God, but
merely human concerns."

The Way of the Cross

34 Then he called the crowd to him along with his
disciples and said: "Whoever wants to be my disciple
must deny themselves and take up their cross and

pour ne pas voir, des oreilles pour ne pas entendre? Ne vo
souvenez-vous pas : 19 quand j'ai partagé les cinq pai
entre les cinq mille hommes, combien de paniers plei
de morceaux avez-vous emportés ?
– Douze, répondirent-ils.
20 – Et quand j'ai partagé les sept pains entre les quat
mille hommes, combien de corbeilles pleines de morceau
avez-vous emportées ?
– Sept, dirent-ils.
21 Alors il ajouta : Vous ne comprenez toujours pas ?

La guérison d'un aveugle

22 Ils arrivèrent à Bethsaïda. On amena un aveugle à Jés
et on le supplia de le toucher.
23 Jésus prit l'aveugle par la main et le conduisit hors d
village, puis il lui mouilla les yeux avec sa salive, lui in
posa les mains et lui demanda : Est-ce que tu vois quelqu
chose ?
24 L'aveugle regarda et répondit : J'aperçois des homme
mais je les vois comme des arbres qui marchent.
25 Jésus posa de nouveau ses mains sur les yeux de l'ave
gle. Alors celui-ci vit clair ; il était guéri et voyait tou
distinctement.
26 Jésus le renvoya chez lui en lui disant : Ne rentre pa
dans le village !

JÉSUS ET SES DISCIPLES

Qui est vraiment Jésus ?

(Mt 16.13-23 ; Lc 9.18-22)

27 Jésus s'en alla, accompagné de ses disciples, et se rend
dans les villages autour de Césarée de Philippe[o]. En che
min, il interrogea ses disciples : Que disent les gens à mo
sujet ? Qui suis-je d'après eux ?
28 Ils lui répondirent : Pour les uns, tu es Jean-Baptiste
pour d'autres, Elie ; pour d'autres encore, l'un de
prophètes.
29 Alors il leur demanda : Et vous, qui dites-vous que j
suis ?
Pierre lui répondit : Tu es le Messie.
30 Il leur ordonna de ne le dire à personne.
31 Et il commença à leur enseigner que le Fils de l'homm
devait beaucoup souffrir, être rejeté par les responsable
du peuple, les chefs des prêtres et les spécialistes de la Loi
il devait être mis à mort et ressusciter trois jours aprè
32 Il leur dit tout cela très clairement.
Alors Pierre le prit à part et se mit à lui faire de
reproches.
33 Mais Jésus se retourna, regarda ses disciples et repr
Pierre sévèrement : Arrière, « Satan » ! Eloigne-toi de moi
Car tes pensées ne sont pas celles de Dieu ; ce sont de
pensées tout humaines.

Comment suivre Jésus

(Mt 16.24-28 ; Lc 9.23-27)

34 Là-dessus, Jésus appela la foule ainsi que ses disciple
et leur dit : Si quelqu'un veut me suivre, qu'il renonce

[w] **8:26** Some manuscripts *go and tell anyone in*

[o] **8.27** Ville proche des sources du Jourdain, nommée d'après son fondateur Philippe Hérode.

low me. 35 For whoever wants to save their life[x] will
se it, but whoever loses their life for me and for the
spel will save it. 36 What good is it for someone to
in the whole world, yet forfeit their soul? 37 Or what
n anyone give in exchange for their soul? 38 If any-
e is ashamed of me and my words in this adulterous
d sinful generation, the Son of Man will be ashamed
them when he comes in his Father's glory with the
ly angels."

1 And he said to them, "Truly I tell you, some
who are standing here will not taste death be-
re they see that the kingdom of God has come with
wer."

e Transfiguration

2 After six days Jesus took Peter, James and John
th him and led them up a high mountain, where
ey were all alone. There he was transfigured before
em. 3 His clothes became dazzling white, whiter
an anyone in the world could bleach them. 4 And
ere appeared before them Elijah and Moses, who
re talking with Jesus.
5 Peter said to Jesus, "Rabbi, it is good for us to be
re. Let us put up three shelters – one for you, one
r Moses and one for Elijah." 6 (He did not know what
say, they were so frightened.)

7 Then a cloud appeared and covered them, and a
ice came from the cloud: "This is my Son, whom I
ve. Listen to him!"
8 Suddenly, when they looked around, they no longer
w anyone with them except Jesus.
9 As they were coming down the mountain, Jesus
ve them orders not to tell anyone what they had
en until the Son of Man had risen from the dead.
They kept the matter to themselves, discussing what
ising from the dead" meant.

11 And they asked him, "Why do the teachers of the
w say that Elijah must come first?"
12 Jesus replied, "To be sure, Elijah does come first,
d restores all things. Why then is it written that
e Son of Man must suffer much and be rejected?
But I tell you, Elijah has come, and they have done
him everything they wished, just as it is written
out him."

sus Heals a Boy Possessed by an Impure Spirit

14 When they came to the other disciples, they saw
large crowd around them and the teachers of the
w arguing with them. 15 As soon as all the people
w Jesus, they were overwhelmed with wonder and
n to greet him.
16 "What are you arguing with them about?" he
ked.

:35 The Greek word means either *life* or *soul*; also in verses 36
d 37.

lui-même, qu'il se charge de sa croix et qu'il me suive. 35 En
effet, celui qui est préoccupé de sauver sa vie la perdra ;
mais celui qui perdra sa vie à cause de moi et de l'Evangile,
la sauvera. 36 Si un homme parvenait à posséder le monde
entier, à quoi cela lui servirait-il, s'il perd sa vie ? 37 Et que
peut-on donner pour racheter sa vie ? 38 Si quelqu'un a
honte de moi et de mes paroles au milieu des hommes de
ce temps, qui sont infidèles à Dieu et qui transgressent sa
Loi, le Fils de l'homme, à son tour, aura honte de lui quand
il viendra dans la gloire de son Père avec les saints anges.

9 1 Et il ajouta : Vraiment, je vous le déclare, quelques-
uns de ceux qui sont ici présents ne mourront pas
avant d'avoir vu le règne de Dieu venir avec puissance.

La révélation du royaume

(Mt 17.1-9 ; Lc 9.28-36)

2 Six jours plus tard, Jésus prit avec lui Pierre, Jacques
et Jean, et les emmena sur une haute montagne, à l'écart,
eux seuls. Là, il fut transfiguré devant eux : 3 ses vêtements
devinrent éblouissants et si parfaitement blancs que personne sur la terre ne peut produire une telle blancheur.
4 Alors Elie leur apparut, avec Moïse ; ils parlaient tous
deux avec Jésus.
5 Pierre s'adressa à Jésus et lui dit : Maître, il est bon que
nous soyons ici. Nous allons dresser trois tentes, une pour
toi, une pour Moïse et une pour Elie.
6 En fait, il ne savait ce qu'il disait, car ils étaient tous
les trois remplis de peur.
7 Une nuée se forma alors et les enveloppa. Une voix en
sortit : Celui-ci est mon Fils bien-aimé. Ecoutez-le !
8 Aussitôt les disciples regardèrent autour d'eux, et ils ne
virent plus personne, sinon Jésus, qui était seul avec eux.
9 Pendant qu'ils descendaient de la montagne, il leur
ordonna de ne raconter à personne ce qu'ils venaient de
voir, jusqu'à ce que le Fils de l'homme ressuscite. 10 Ils
obéirent à cet ordre, mais discutaient entre eux sur ce
que « ressusciter » voulait dire.

(Mt 17.10-13)

11 Ils lui demandèrent alors : Pourquoi les spécialistes
de la Loi disent-ils qu'Elie doit venir d'abord ?
12 – Oui, leur dit-il, *Elie vient d'abord pour remettre toutes
choses en ordre*. Pourquoi l'Ecriture annonce-t-elle aussi
que le Fils de l'homme souffrira beaucoup et sera traité
avec mépris ?
13 En fait, je vous le déclare : Elie est venu et ils l'ont
traité comme ils ont voulu, comme l'Ecriture l'a annoncé
à son sujet[p].

La guérison d'un enfant

(Mt 17.14-20 ; Lc 9.37-43)

14 Lorsqu'ils revinrent vers les disciples, ils virent une
grande foule qui les entourait et des spécialistes de la
Loi qui discutaient avec eux. 15 Dès que tous ces gens
aperçurent Jésus, ils furent très surpris et se précipitèrent
à sa rencontre pour le saluer.
16 – De quoi discutez-vous avec eux ? leur demanda-t-il.

p 9.13 Allusion au ministère de Jean-Baptiste.

17 A man in the crowd answered, "Teacher, I brought you my son, who is possessed by a spirit that has robbed him of speech. 18 Whenever it seizes him, it throws him to the ground. He foams at the mouth, gnashes his teeth and becomes rigid. I asked your disciples to drive out the spirit, but they could not."

19 "You unbelieving generation," Jesus replied, "how long shall I stay with you? How long shall I put up with you? Bring the boy to me."

20 So they brought him. When the spirit saw Jesus, it immediately threw the boy into a convulsion. He fell to the ground and rolled around, foaming at the mouth.

21 Jesus asked the boy's father, "How long has he been like this?"

"From childhood," he answered. 22 "It has often thrown him into fire or water to kill him. But if you can do anything, take pity on us and help us."

23 " 'If you can'?" said Jesus. "Everything is possible for one who believes."

24 Immediately the boy's father exclaimed, "I do believe; help me overcome my unbelief!"

25 When Jesus saw that a crowd was running to the scene, he rebuked the impure spirit. "You deaf and mute spirit," he said, "I command you, come out of him and never enter him again."

26 The spirit shrieked, convulsed him violently and came out. The boy looked so much like a corpse that many said, "He's dead." 27 But Jesus took him by the hand and lifted him to his feet, and he stood up.

28 After Jesus had gone indoors, his disciples asked him privately, "Why couldn't we drive it out?"

29 He replied, "This kind can come out only by prayer.[y]"

Jesus Predicts His Death a Second Time

30 They left that place and passed through Galilee. Jesus did not want anyone to know where they were, 31 because he was teaching his disciples. He said to them, "The Son of Man is going to be delivered into the hands of men. They will kill him, and after three days he will rise." 32 But they did not understand what he meant and were afraid to ask him about it.

33 They came to Capernaum. When he was in the house, he asked them, "What were you arguing about on the road?" 34 But they kept quiet because on the way they had argued about who was the greatest.

35 Sitting down, Jesus called the Twelve and said, "Anyone who wants to be first must be the very last, and the servant of all."

y 9:29 Some manuscripts *prayer and fasting*

17 De la foule, quelqu'un lui répondit : Maître, je t amené mon fils car il est sous l'emprise d'un esprit c le rend muet. 18 Partout où cet esprit s'empare de lui, i jette par terre, de l'écume sort de la bouche de l'enfant, c grince des dents ; puis il devient tout raide. J'ai deman à tes disciples de chasser ce mauvais esprit, mais ils n'c pas pu le faire.

19 Jésus s'adressa à eux et leur dit : Gens incrédule Jusqu'à quand devrai-je encore rester avec vous ? Jusq quand devrai-je vous supporter ? Amenez-moi l'enfan

20 On le lui amena. Mais, dès qu'il vit Jésus, l'esprit ma vais agita convulsivement l'enfant et le jeta par ter Celui-ci se roula sur le sol, de l'écume à la bouche.

21 – Depuis combien de temps cela lui arrive-t-il ? d manda Jésus à son père.

– Depuis qu'il est tout petit. 22 Souvent même, l'esp mauvais le pousse à se jeter dans le feu ou dans l'eau po le faire mourir. Si tu peux faire quelque chose, aie pitié nous et viens à notre aide !

23 – Si tu peux ! répliqua Jésus. Tout est possible à ce qui croit.

24 Aussitôt le père de l'enfant s'écria : Je crois, mais aic moi, car je manque de foi !

25 Jésus, voyant la foule affluer, commanda avec sévér à l'esprit mauvais : Esprit qui rends sourd et muet, lui dit je te l'ordonne, sors de cet enfant et ne rentre plus jama en lui !

26 L'esprit poussa un grand cri, secoua l'enfant avec olence et sortit de lui. L'enfant resta comme mort, si bi que la plupart des témoins disaient : « Il est mort. »

27 Mais Jésus, prenant l'enfant par la main, le fit lev et celui-ci se tint debout.

28 Jésus rentra à la maison ; ses disciples, qui étaient seu avec lui, lui demandèrent alors : Pourquoi n'avons-no pas réussi, nous, à chasser cet esprit ?

29 Jésus leur répondit : Des esprits comme celui-là, on peut les chasser que par la prière[q].

Nouvelle annonce de la mort et de la résurrection c Jésus

(Mt 17.22-23 ; Lc 9.43-45)

30 En partant de là, ils traversèrent la Galilée, mais Jés ne voulait pas qu'on le sache. 31 Car il se consacrait à l'ense gnement de ses disciples. Il leur disait : Le Fils de l'homn va être livré aux mains des hommes ; ils le feront mour mais, trois jours après sa mort, il ressuscitera.

32 Eux, cependant, ne comprenaient pas ces paroles et avaient peur de lui demander des explications.

L'accueil des « petits »

(Mt 18.1-5 ; Lc 9.46-48)

33 Ils arrivèrent à Capernaüm. Quand ils furent rentrés la maison, Jésus leur demanda : De quoi avez-vous discu en route ?

34 Mais ils se taisaient car, durant le trajet, ils avaie discuté pour savoir lequel d'entre eux était le plus gran

35 Jésus s'assit, appela les Douze et leur dit : Si quelqu'u désire être le premier, qu'il se fasse le dernier de tous, le serviteur de tous.

q 9.29 Plusieurs manuscrits ajoutent : *et par le jeûne.*

36 He took a little child whom he placed among
em. Taking the child in his arms, he said to them,
'Whoever welcomes one of these little children in
y name welcomes me; and whoever welcomes me
es not welcome me but the one who sent me."

hoever Is Not Against Us Is for Us

38 "Teacher," said John, "we saw someone driving
t demons in your name and we told him to stop,
cause he was not one of us."
39 "Do not stop him," Jesus said. "For no one who
es a miracle in my name can in the next moment say
ything bad about me, 40 for whoever is not against
is for us. 41 Truly I tell you, anyone who gives you
cup of water in my name because you belong to the
essiah will certainly not lose their reward.

using to Stumble

42 "If anyone causes one of these little ones – those
ho believe in me – to stumble, it would be better for
em if a large millstone were hung around their neck
d they were thrown into the sea. 43 If your hand
uses you to stumble, cut it off. It is better for you
enter life maimed than with two hands to go into
ll, where the fire never goes out. 44 [44][z] 45 And if your
ot causes you to stumble, cut it off. It is better for
u to enter life crippled than to have two feet and be
rown into hell. 46 [46][a] 47 And if your eye causes you
stumble, pluck it out. It is better for you to enter
e kingdom of God with one eye than to have two
es and be thrown into hell, 48 where

"'the worms that eat them do not die,
and the fire is not quenched.'

Everyone will be salted with fire.
50 "Salt is good, but if it loses its saltiness, how can
u make it salty again? Have salt among yourselves,
d be at peace with each other."

ivorce

10 1 Jesus then left that place and went into the
region of Judea and across the Jordan. Again
owds of people came to him, and as was his custom,
e taught them.
2 Some Pharisees came and tested him by asking,
s it lawful for a man to divorce his wife?"
3 "What did Moses command you?" he replied.
4 They said, "Moses permitted a man to write a cer-
ficate of divorce and send her away."
5 "It was because your hearts were hard that Moses
rote you this law," Jesus replied. 6 "But at the begin-

:44 Some manuscripts include here the words of verse 48.
:46 Some manuscripts include here the words of verse 48.

36 Puis il prit un petit enfant par la main, le plaça au
milieu d'eux et, après l'avoir serré dans ses bras, il leur dit :
37 Si quelqu'un accueille, en mon nom, un enfant comme
celui-ci, il m'accueille moi-même. Et celui qui m'accueille,
ce n'est pas moi seulement qu'il accueille, mais aussi celui
qui m'a envoyé.

(Lc 9.49-50)

38 Jean lui dit : Maître, nous avons vu quelqu'un qui chassait les démons en ton nom, et nous lui avons dit de ne plus
le faire, parce qu'il ne nous suit pas.
39 – Ne l'en empêchez pas, répondit Jésus, car personne
ne peut accomplir un miracle en mon nom et, aussitôt
après, dire du mal de moi. 40 Celui qui n'est pas contre nous
est pour nous. 41 Et même, si quelqu'un vous donne à boire
en mon nom, ne serait-ce qu'un verre d'eau, parce que
vous appartenez au Messie, vraiment, je vous l'assure, il
ne perdra pas sa récompense.

(Mt 18.6-9 ; Lc 17.1-2)

42 Mais si quelqu'un devait causer la chute de l'un de ces
petits qui croient en moi, il vaudrait bien mieux pour lui
qu'on lui attache au cou une de ces pierres de meule que
font tourner les ânes et qu'on le jette dans le lac.
43 Si ta main cause ta chute, coupe-la ; car il vaut mieux
pour toi entrer dans la vie avec une seule main que de
garder les deux mains et d'être jeté en enfer dans le feu qui
ne s'éteint jamais[r]. 45 Si ton pied cause ta chute, coupe-le ;
car il vaut mieux pour toi entrer dans la vie avec un seul
pied que de garder les deux pieds et d'être jeté en enfer[s].
47 Si ton œil cause ta chute, jette-le au loin ; car il vaut
mieux pour toi entrer avec un seul œil dans le royaume
de Dieu que de garder les deux yeux et d'être jeté en enfer,
48 *où le ver rongeur ne meurt point et où le feu ne s'éteint jamais.*
49 En effet, chacun doit être salé de feu. 50 Le sel est
utile, mais s'il perd son goût, avec quoi lui rendrez-vous
sa saveur ? Ayez du sel en vous-mêmes et vivez en paix
entre vous.

Ministère de Jésus en Judée et à Jérusalem

Controverse sur le divorce

(Mt 19.1-12)

10 1 Jésus partit de là pour se rendre dans la partie
de la Judée située de l'autre côté du Jourdain. De
nouveau, les foules se rassemblèrent autour de lui et, selon
son habitude, il se mit à les enseigner.
2 Des pharisiens s'approchèrent et lui posèrent une
question : Un homme a-t-il le droit de divorcer d'avec sa
femme ?
Ils voulaient par là lui tendre un piège.
3 Il leur répondit : Quel commandement Moïse vous a-t-
il donné ?
4 – Moïse, lui dirent-ils, a permis *de divorcer d'avec sa
femme, à condition de lui donner un certificat de divorce.*
5 Jésus leur répondit : C'est à cause de la dureté de votre
cœur que Moïse a écrit ce commandement pour vous.

r 9.43 Quelques manuscrits ajoutent : 44 *Là, le ver rongeur ne meurt point et le feu ne s'éteint jamais.*
s 9.45 Quelques manuscrits ajoutent : *dans le feu qui ne s'éteint pas.* 46 *Là, le ver rongeur ne meurt point et le feu ne s'éteint pas.*

ning of creation God 'made them male and female.'
7 'For this reason a man will leave his father and mother and be united to his wife,[b] 8 and the two will become
one flesh.' So they are no longer two, but one flesh.
9 Therefore what God has joined together, let no one
separate."
10 When they were in the house again, the disciples asked Jesus about this. 11 He answered, "Anyone
who divorces his wife and marries another woman
commits adultery against her. 12 And if she divorces
her husband and marries another man, she commits
adultery."

The Little Children and Jesus

13 People were bringing little children to Jesus for
him to place his hands on them, but the disciples rebuked them. 14 When Jesus saw this, he was indignant.
He said to them, "Let the little children come to me,
and do not hinder them, for the kingdom of God belongs to such as these. 15 Truly I tell you, anyone who
will not receive the kingdom of God like a little child
will never enter it." 16 And he took the children in his
arms, placed his hands on them and blessed them.

The Rich and the Kingdom of God

17 As Jesus started on his way, a man ran up to him
and fell on his knees before him. "Good teacher," he
asked, "what must I do to inherit eternal life?"
18 "Why do you call me good?" Jesus answered.
"No one is good – except God alone. 19 You know the
commandments: 'You shall not murder, you shall not
commit adultery, you shall not steal, you shall not give
false testimony, you shall not defraud, honor your
father and mother.'"
20 "Teacher," he declared, "all these I have kept since
I was a boy."
21 Jesus looked at him and loved him. "One thing
you lack," he said. "Go, sell everything you have and
give to the poor, and you will have treasure in heaven.
Then come, follow me."
22 At this the man's face fell. He went away sad, because he had great wealth.
23 Jesus looked around and said to his disciples,
"How hard it is for the rich to enter the kingdom of
God!"
24 The disciples were amazed at his words. But Jesus
said again, "Children, how hard it is[c] to enter the kingdom of God! 25 It is easier for a camel to go through the
eye of a needle than for someone who is rich to enter
the kingdom of God."
26 The disciples were even more amazed, and said
to each other, "Who then can be saved?"
27 Jesus looked at them and said, "With man this is
impossible, but not with God; all things are possible
with God."

[b] 10:7 Some early manuscripts do not have *and be united to his wife.*
[c] 10:24 Some manuscripts *is for those who trust in riches*

6 Mais, au commencement de la création, Dieu a créé l'êt
humain homme et femme
7 *C'est pourquoi l'homme laissera son père et sa mère pour s'*
tacher à sa femme[t], 8 *et les deux ne feront plus qu'un* Ainsi, ils
sont plus deux, ils font un. 9 Que l'homme ne sépare do
pas ce que Dieu a uni.
10 De retour à la maison, les disciples l'interrogère
à nouveau sur ce sujet. 11 Il leur dit : Celui qui divorce
se remarie commet un adultère à l'égard de sa premiè
femme. 12 Et si une femme divorce et se remarie, elle co
met un adultère.

Jésus accueille des enfants

(Mt 19.13-15 ; Lc 18.15-17)

13 Des gens amenèrent à Jésus de petits enfants po
qu'il pose les mains sur eux, mais les disciples leur fire
des reproches.
14 Jésus le vit, et s'en indigna.
– Laissez donc les petits enfants venir à moi, ne les
empêchez pas, car le royaume de Dieu appartient à ce
qui leur ressemblent. 15 Vraiment, je vous l'assure : cel
qui ne reçoit pas le royaume de Dieu comme un petit e
fant, n'y entrera pas.
16 Là-dessus, il prit les enfants dans ses bras, posa l
mains sur eux et les bénit.

Les riches et le royaume

(Mt 19.16-30 ; Lc 18.18-30)

17 Comme il partait, un homme accourut, se jeta à g
noux devant lui et lui demanda : Bon Maître, que dois-
faire pour obtenir la vie éternelle ?
18 – Pourquoi m'appelles-tu bon ? lui répondit Jésu
Personne n'est bon, sinon Dieu seul. 19 Tu connais les co
mandements : *Ne commets pas de meurtre ; ne commets p*
d'adultère ; ne commets pas de vol ; ne porte pas de faux témo
gnage ; ne fais de tort à personne ; honore ton père et ta mère.
20 – Maître, répondit l'homme, tout cela je l'ai appliqu
depuis ma jeunesse.
21 Jésus posa sur cet homme un regard plein d'amour
lui dit : Il ne te manque qu'une chose : va, vends tout
que tu possèdes, donne le produit de la vente aux pauvr
et tu auras un trésor dans le ciel. Puis viens et suis-moi
22 En entendant ces paroles, l'homme s'assombrit et s'e
alla tout triste, car il était très riche.
23 Jésus parcourut du regard le cercle de ses disciple
puis il leur dit : Qu'il est difficile à ceux qui ont des ric
esses d'entrer dans le royaume de Dieu !
24 Cette parole les surprit, mais Jésus insista : Oui, m
enfants, qu'il est difficile[u] d'entrer dans le royaume d
Dieu. 25 Il est plus facile à un chameau de passer par
trou d'une aiguille qu'à un riche d'entrer dans le royaum
de Dieu !
26 Les disciples furent encore plus étonnés, et ils se d
mandaient entre eux : Mais alors, qui peut être sauvé ?
27 Jésus les regarda et leur dit : Aux hommes c'est impo
sible, mais non à Dieu. Car tout est possible à Dieu.

[t] 10.7 L'expression *pour s'attacher à sa femme* est absente de certains manuscrits.
[u] 10.24 Certains manuscrits ajoutent : *à ceux qui se confient dans les richesses.*

[28]Then Peter spoke up, "We have left everything
o follow you!"
[29]"Truly I tell you," Jesus replied, "no one who has
eft home or brothers or sisters or mother or father
r children or fields for me and the gospel [30]will fail
o receive a hundred times as much in this present
ge: homes, brothers, sisters, mothers, children and
elds – along with persecutions – and in the age to
ome eternal life. [31]But many who are first will be
ıst, and the last first."

esus Predicts His Death a Third Time

[32]They were on their way up to Jerusalem, with
esus leading the way, and the disciples were astonished, while those who followed were afraid. Again he
ook the Twelve aside and told them what was going
o happen to him. [33]"We are going up to Jerusalem,"
e said, "and the Son of Man will be delivered over
o the chief priests and the teachers of the law. They
vill condemn him to death and will hand him over
o the Gentiles, [34]who will mock him and spit on him,
og him and kill him. Three days later he will rise."

he Request of James and John

[35]Then James and John, the sons of Zebedee, came
o him. "Teacher," they said, "we want you to do for
s whatever we ask."
[36]"What do you want me to do for you?" he asked.
[37]They replied, "Let one of us sit at your right and
he other at your left in your glory."
[38]"You don't know what you are asking," Jesus said.
Can you drink the cup I drink or be baptized with
he baptism I am baptized with?"
[39]"We can," they answered.
Jesus said to them, "You will drink the cup I drink
nd be baptized with the baptism I am baptized with,
[40]but to sit at my right or left is not for me to grant.
'hese places belong to those for whom they have been
repared."
[41]When the ten heard about this, they became
ndignant with James and John. [42]Jesus called them
ogether and said, "You know that those who are
egarded as rulers of the Gentiles lord it over them,
nd their high officials exercise authority over them.
[43]Not so with you. Instead, whoever wants to become
reat among you must be your servant, [44]and whoever
vants to be first must be slave of all. [45]For even the
on of Man did not come to be served, but to serve,
nd to give his life as a ransom for many."

lind Bartimaeus Receives His Sight

[46]Then they came to Jericho. As Jesus and his dis-
iples, together with a large crowd, were leaving the
ity, a blind man, Bartimaeus (which means "son

[28]Alors Pierre lui dit : Nous, nous avons tout quitté pour
te suivre.
Jésus répondit : [29]Vraiment, je vous l'assure : si
quelqu'un quitte, à cause de moi et de l'Evangile, sa maison, ses frères, ses sœurs, sa mère, son père, ses enfants
ou ses terres, [30]il recevra cent fois plus dès à présent : des
maisons, des frères, des sœurs, des mères, des enfants, des
terres, avec des persécutions ; et, dans le monde à venir, la
vie éternelle. [31]Mais beaucoup de ceux qui sont maintenant les premiers seront parmi les derniers, et beaucoup
de ceux qui sont maintenant les derniers seront parmi
les premiers.

Ce qui attend Jésus à Jérusalem

(Mt 20.17-19 ; Lc 18.31-34)

[32]Ils étaient en route pour monter à Jérusalem. Jésus
marchait en tête. L'angoisse s'était emparée des disciples
et ceux qui les suivaient étaient dans la crainte.
Jésus prit de nouveau les Douze à part, et il se mit à
leur dire ce qui allait arriver : [33]Voici, nous montons à
Jérusalem. Le Fils de l'homme y sera livré aux chefs des
prêtres et aux spécialistes de la Loi. Ils le condamneront
à mort et le remettront entre les mains des païens. [34]Ils
se moqueront de lui, lui cracheront au visage, le battront
à coups de fouet et le mettront à mort. Puis, au bout de
trois jours, il ressuscitera.

Grandeur et service

(Mt 20.20-28 ; Lc 22.25-27)

[35]Alors Jacques et Jean, les fils de Zébédée, s'approchèrent de Jésus et lui dirent : Maître, nous désirons
que tu fasses pour nous ce que nous allons te demander.
[36]– Que désirez-vous que je fasse pour vous ? leur
demanda-t-il.
[37]Ils répondirent : Accorde-nous de siéger l'un à ta droite
et l'autre à ta gauche lorsque tu seras dans la gloire.
[38]Mais Jésus leur dit : Vous ne vous rendez pas compte
de ce que vous demandez ! Pouvez-vous boire la coupe que
je vais boire, ou passer par le baptême que j'aurai à subir ?
[39]– Oui, lui répondirent-ils, nous le pouvons.
Alors Jésus reprit : Vous boirez en effet la coupe que je
vais boire, et vous subirez le baptême par lequel je vais
passer, [40]mais quant à siéger à ma droite ou à ma gauche,
il ne m'appartient pas de vous l'accorder : ces places reviendront à ceux pour qui elles ont été préparées.
[41]En entendant cela, les dix autres s'indignèrent contre
Jacques et Jean.
[42]Alors Jésus les appela tous auprès de lui et leur dit :
Vous savez ce qui se passe dans les nations : ceux que l'on
considère comme les chefs politiques dominent sur leurs
peuples et les grands personnages font peser leur autorité
sur eux. [43]Il ne doit pas en être ainsi parmi vous. Au contraire : si quelqu'un veut être grand parmi vous, qu'il soit
votre serviteur, [44]et si quelqu'un veut être le premier parmi vous, qu'il soit l'esclave de tous. [45]Car le Fils de l'homme
n'est pas venu pour se faire servir, mais pour servir et
donner sa vie en rançon pour beaucoup.

La guérison d'un aveugle

(Mt 20.29-34 ; Lc 18.35-43)

[46]Ils arrivèrent à Jéricho. Jésus et ses disciples sortaient
de la ville, accompagnés d'une foule nombreuse.

of Timaeus"), was sitting by the roadside begging.
47When he heard that it was Jesus of Nazareth, he began to shout, "Jesus, Son of David, have mercy on me!"
48Many rebuked him and told him to be quiet, but
he shouted all the more, "Son of David, have mercy
on me!"
49Jesus stopped and said, "Call him."
So they called to the blind man, "Cheer up! On your
feet! He's calling you." 50Throwing his cloak aside, he
jumped to his feet and came to Jesus.

51"What do you want me to do for you?" Jesus asked
him.
The blind man said, "Rabbi, I want to see."
52"Go," said Jesus, "your faith has healed you."
Immediately he received his sight and followed Jesus
along the road.

Jesus Comes to Jerusalem as King

11 1As they approached Jerusalem and came
to Bethphage and Bethany at the Mount of
Olives, Jesus sent two of his disciples, 2saying to them,
"Go to the village ahead of you, and just as you enter
it, you will find a colt tied there, which no one has ever
ridden. Untie it and bring it here. 3If anyone asks you,
'Why are you doing this?' say, 'The Lord needs it and
will send it back here shortly.'"
4They went and found a colt outside in the street,
tied at a doorway. As they untied it, 5some people
standing there asked, "What are you doing, untying
that colt?" 6They answered as Jesus had told them
to, and the people let them go. 7When they brought
the colt to Jesus and threw their cloaks over it, he
sat on it. 8Many people spread their cloaks on the
road, while others spread branches they had cut in
the fields. 9Those who went ahead and those who followed shouted,

"Hosanna![d]"
"Blessed is he who comes in the name of the
Lord!"
10"Blessed is the coming kingdom of our father
David!"
"Hosanna in the highest heaven!"

11Jesus entered Jerusalem and went into the temple
courts. He looked around at everything, but since it
was already late, he went out to Bethany with the
Twelve.

Jesus Curses a Fig Tree and Clears the Temple Courts

12The next day as they were leaving Bethany, Jesus
was hungry. 13Seeing in the distance a fig tree in

[d] 11:9 A Hebrew expression meaning "Save!" which became an exclamation of praise; also in verse 10

Bartimée, fils de Timée, un mendiant aveugle, éta
assis au bord du chemin. 47Lorsqu'il entendit que c'éta
Jésus de Nazareth, il se mit à crier : Jésus, Fils de Davic
aie pitié de moi !
48Mais beaucoup le rabrouaient pour le faire taire.
Lui, cependant, criait de plus belle : Fils de David, ai
pitié de moi !
49Jésus s'arrêta et dit : Appelez-le !
On appela l'aveugle en lui disant : Courage, lève-toi,
t'appelle.
50A ces mots, il jeta son manteau, se leva d'un bond e
vint vers Jésus.
51Jésus lui dit : Que veux-tu que je fasse pour toi ?
– Maître, lui répondit l'aveugle, fais que je puisse voir
52– Va, lui dit Jésus. Parce que tu as cru en moi, tu e
guéri[v].
Aussitôt, il recouvra la vue et suivit Jésus sur le chemin

L'entrée du Roi à Jérusalem

(Mt 21.1-11 ; Lc 19.28-40 ; Jn 12.12-19)

11 1Alors qu'ils approchaient de Jérusalem, à l
hauteur de Bethphagé et de Béthanie[w], près d
mont des Oliviers, Jésus envoya deux de ses disciples 2e
leur disant : Allez dans le village qui est devant vous. Dè
que vous y serez entrés, vous trouverez un ânon attach
que personne n'a encore monté. Détachez-le et amenez-l
ici. 3Si quelqu'un vous demande : « Pourquoi faites-vou
cela ? » répondez : « Le Seigneur en a besoin, et il le ren
verra très bientôt[x]. »
4Ils partirent donc, trouvèrent un ânon attaché dehors
près d'une porte dans la rue, et le détachèrent.
5Quelques personnes, qui se trouvaient là, leur dirent
Holà ! Qu'est-ce qui vous prend de détacher cet ânon ?
6Ils répondirent comme Jésus le leur avait ordonné e
on les laissa faire.
7Ils amenèrent l'ânon à Jésus et posèrent leurs man
teaux sur son dos, et Jésus s'assit dessus. 8Beaucoup d
gens étendirent leurs manteaux sur le chemin ; d'autres
des branches vertes coupées dans les champs.
9La foule, de la tête à la fin du cortège, criait :

Hosanna[y]!
Béni soit celui qui vient au nom du Seigneur!
10Béni soit le royaume qui vient,
le royaume de David, notre père !
Hosanna à Dieu au plus haut des cieux !

11Une fois entré dans Jérusalem, Jésus se rendit a
Temple et y observa attentivement tout ce qui s'y passait
Ensuite, comme il se faisait déjà tard, il quitta la ville ave
les Douze pour se rendre à Béthanie.

La malédiction du figuier

(Mt 21.18-19)

12Le lendemain, comme il sortait de Béthanie ave
eux, il eut faim. 13Il aperçut, de loin, un figuier couver
de feuillage. Il se dirigea vers cet arbre pour voir s'i
y trouverait quelque fruit. Quand il se fut approché, i

[v] 10.52 Autre traduction : *ta foi t'a sauvé.*
[w] 11.1 *Bethphagé ... Béthanie:* deux villages situés sur le flanc est du mont des Oliviers, une colline séparée de Jérusalem par la vallée du Cédron.
[x] 11.3 Autre traduction : *et le propriétaire le laissera venir ici sur-le-champ.*
[y] 11.9 Voir note Mt 21.11.

:af, he went to find out if it had any fruit. When he :ached it, he found nothing but leaves, because it 'as not the season for figs. 14 Then he said to the tree, May no one ever eat fruit from you again." And his isciples heard him say it.

15 On reaching Jerusalem, Jesus entered the tem-le courts and began driving out those who were uying and selling there. He overturned the tables f the money changers and the benches of those elling doves, 16 and would not allow anyone to carry erchandise through the temple courts. 17 And as he aught them, he said, "Is it not written: 'My house will e called a house of prayer for all nations'? But you ave made it 'a den of robbers.'"

18 The chief priests and the teachers of the law heard his and began looking for a way to kill him, for they eared him, because the whole crowd was amazed at is teaching.

19 When evening came, Jesus and his disciples[e] went ut of the city.

20 In the morning, as they went along, they saw the g tree withered from the roots. 21 Peter remembered nd said to Jesus, "Rabbi, look! The fig tree you cursed as withered!"

22 "Have faith in God," Jesus answered. 23 "Truly[f] I ell you, if anyone says to this mountain, 'Go, throw ourself into the sea,' and does not doubt in their eart but believes that what they say will happen, it vill be done for them. 24 Therefore I tell you, whatever ou ask for in prayer, believe that you have received , and it will be yours. 25 And when you stand praying, you hold anything against anyone, forgive them, o that your Father in heaven may forgive you your ins." 26 [26][g]

he Authority of Jesus Questioned

27 They arrived again in Jerusalem, and while Jesus vas walking in the temple courts, the chief priests, he teachers of the law and the elders came to him. 8 "By what authority are you doing these things?" hey asked. "And who gave you authority to do this?"

29 Jesus replied, "I will ask you one question. Answer ne, and I will tell you by what authority I am doing hese things. 30 John's baptism – was it from heaven, r of human origin? Tell me!"

31 They discussed it among themselves and said, "If ve say, 'From heaven,' he will ask, 'Then why didn't

11:19 Some early manuscripts *came, Jesus*

11:22,23 Some early manuscripts *"If you have faith in God," Jesus nswered, 23 "truly*

11:26 Some manuscripts include here words similar to Matt. 6:15.

n'y trouva que des feuilles, car ce n'était pas la saison des figues[z].

14 S'adressant alors au figuier, il lui dit : Que plus jamais personne ne mange de fruit venant de toi !

Et ses disciples l'entendirent.

Jésus dans le Temple

(Mt 21.12-17 ; Lc 19.45-48 ; voir Jn 2.13-16)

15 Ils arrivèrent à Jérusalem. Jésus entra dans la cour du Temple et se mit à en chasser les marchands qui s'étaient installés dans l'enceinte sacrée ainsi que leurs clients[a] ; il renversa les comptoirs des changeurs d'argent ainsi que les chaises des marchands de pigeons ; 16 il ne laissa personne transporter des marchandises dans l'enceinte du Temple.

17 Puis, s'adressant à tous, il les enseigna en disant : N'est-il pas écrit : *On appellera ma maison une maison de prière pour tous les peuples!*

18 Les chefs des prêtres et les spécialistes de la Loi apprirent ce qui s'était passé et ils cherchèrent un moyen de le faire mourir. En effet, ils craignaient son influence, car son enseignement faisait une vive impression sur la foule.

19 Le soir venu, Jésus et ses disciples quittèrent la ville.

La leçon du figuier desséché

(Mt 21.20-22)

20 Le lendemain matin, en passant par là, ils virent le figuier : il avait séché jusqu'aux racines.

21 Pierre, se souvenant de ce qui s'était passé, dit à Jésus : Maître ! regarde le figuier que tu as maudit : il est devenu tout sec !

22 Jésus répondit : Ayez foi en Dieu. 23 Vraiment, je vous l'assure, si quelqu'un dit à cette colline : « Soulève-toi de là et jette-toi dans la mer », sans douter dans son cœur, mais en croyant que ce qu'il dit va se réaliser, la chose s'accomplira pour lui. 24 C'est pourquoi je vous le déclare : tout ce que vous demandez dans vos prières, croyez que vous l'avez reçu et cela vous sera accordé.

25 Quand vous priez, si vous avez quoi que ce soit contre quelqu'un, pardonnez-lui, pour que votre Père céleste vous pardonne, lui aussi, vos fautes. [26 Mais si vous ne pardonnez pas, votre Père qui est dans les cieux ne vous pardonnera pas non plus vos fautes[b].]

L'autorité de Jésus contestée

(Mt 21.23-27 ; Lc 20.1-8)

27 Ils retournèrent à Jérusalem. Pendant que Jésus marchait dans la cour du Temple, les chefs des prêtres, les spécialistes de la Loi et les responsables du peuple l'abordèrent et lui demandèrent : 28 Par quelle autorité agis-tu ainsi ? Qui t'a donné l'autorité de faire cela ?

29 Jésus leur répondit : J'ai aussi une question à vous poser, une seule. Si vous me répondez, je vous dirai de quel droit je fais cela : 30 De qui Jean tenait-il son mandat pour baptiser ? De Dieu ou des hommes ? Répondez-moi !

31 Alors ils se mirent à raisonner entre eux : Si nous disons : « De Dieu », il va demander : « Pourquoi alors

[z] **11.13** Même en dehors de la saison des figues, les figuiers portent généralement des figues printanières qui se développent en même temps que les feuilles ; tout le monde a le droit d'en manger.

[a] **11.15** Voir note Mt 21.12. Ces *changeurs* et ces *marchands* étaient installés dans la cour dite *des non-Juifs* où ceux-ci avaient accès.

[b] **11.26** Ce verset est absent de plusieurs manuscrits (voir Mt 6.15).

you believe him?' 32 But if we say, 'Of human origin' ... " (They feared the people, for everyone held that John really was a prophet.)

33 So they answered Jesus, "We don't know."

Jesus said, "Neither will I tell you by what authority I am doing these things."

The Parable of the Tenants

12 1 Jesus then began to speak to them in parables: "A man planted a vineyard. He put a wall around it, dug a pit for the winepress and built a watchtower. Then he rented the vineyard to some farmers and moved to another place. 2 At harvest time he sent a servant to the tenants to collect from them some of the fruit of the vineyard. 3 But they seized him, beat him and sent him away empty-handed. 4 Then he sent another servant to them; they struck this man on the head and treated him shamefully. 5 He sent still another, and that one they killed. He sent many others; some of them they beat, others they killed.

6 "He had one left to send, a son, whom he loved. He sent him last of all, saying, 'They will respect my son.'

7 "But the tenants said to one another, 'This is the heir. Come, let's kill him, and the inheritance will be ours.' 8 So they took him and killed him, and threw him out of the vineyard.

9 "What then will the owner of the vineyard do? He will come and kill those tenants and give the vineyard to others. 10 Haven't you read this passage of Scripture:

"'The stone the builders rejected
has become the cornerstone;
11 the Lord has done this,
and it is marvelous in our eyes'?"

12 Then the chief priests, the teachers of the law and the elders looked for a way to arrest him because they knew he had spoken the parable against them. But they were afraid of the crowd; so they left him and went away.

Paying the Imperial Tax to Caesar

13 Later they sent some of the Pharisees and Herodians to Jesus to catch him in his words. 14 They came to him and said, "Teacher, we know that you are a man of integrity. You aren't swayed by others, because you pay no attention to who they are; but you teach the way of God in accordance with the truth. Is it right to pay the imperial tax[h] to Caesar or not? 15 Should we pay or shouldn't we?"

But Jesus knew their hypocrisy. "Why are you trying to trap me?" he asked. "Bring me a denarius and let me look at it." 16 They brought the coin, and he asked them, "Whose image is this? And whose inscription?"

"Caesar's," they replied.

[h] **12:14** A special tax levied on subject peoples, not on Roman citizens

n'avez-vous pas cru en lui ? » 32 Mais, d'autre part, si nou répondons : « Des hommes », alors ? ...

Ils craignaient les réactions de la foule, car tout le monc pensait que Jean était un vrai prophète. 33 Ils répondirer donc à Jésus : Nous ne savons pas.

Et Jésus répliqua : Alors, moi non plus, je ne vous dir pas par quelle autorité j'agis comme je le fais.

La culpabilité des chefs religieux juifs

(Mt 21.33-46 ; Lc 20.9-19)

12 1 Puis il se mit à leur parler en utilisant de paraboles : Un homme *planta une vigne*, l'entour d'une haie, *creusa un pressoir, et bâtit une tour de guet* Aprè cela, il la loua à des vignerons et partit en voyage. 2 A moment des vendanges il envoya un de ses serviteurs au vignerons pour recevoir la part du produit de sa vigne qu lui revenait. 3 Mais ceux-ci se précipitèrent sur ce serviteu le rouèrent de coups et le renvoyèrent les mains vide 4 Alors le propriétaire leur envoya un deuxième serviteur celui-là, ils le frappèrent à la tête et le couvrirent d'insul es. 5 Le maître leur en envoya un troisième, et celui-là, i le tuèrent ; puis beaucoup d'autres, et ils battirent les un et tuèrent les autres.

6 Il ne lui restait plus, désormais, qu'une seule personne envoyer : son fils bien-aimé. Il le leur envoya en dernier. se disait : « Pour mon fils au moins, ils auront du respect. 7 Mais les vignerons se dirent entre eux : « Voilà l'héritier Venez ! Tuons-le ! Et l'héritage sera à nous ! » 8 Et ils s jetèrent sur lui, le tuèrent et traînèrent son cadavre hor du vignoble.

9 Que va faire le propriétaire de la vigne ? Il viendra lu même, fera exécuter les vignerons et confiera le soin d sa vigne à d'autres. 10 N'avez-vous pas lu ces paroles d l'Ecriture :

11 *La pierre que les constructeurs ont rejetée*
est devenue la pierre principale, la pierre d'angle.
C'est du Seigneur que cela est venu
et c'est un prodige à nos yeux

12 Les chefs des prêtres, les spécialistes de la Loi et le responsables du peuple cherchaient un moyen d'arrête Jésus. Mais ils avaient peur des réactions de la foule. En e fet, ils avaient bien compris que c'était eux que Jésus visa par cette parabole. Ils le laissèrent donc, et se retirèren

Controverse sur l'impôt dû à César

(Mt 22.15-22 ; Lc 20.20-26)

13 Cependant, ils lui envoyèrent une délégation de phari siens et de membres du parti d'Hérode pour le prendre a piège de ses propres paroles. 14 Ils vinrent lui dire : Maîtr nous savons que tu dis la vérité et que tu ne te laisses in fluencer par personne, car tu ne regardes pas à la positio sociale, mais tu enseignes en toute vérité la voie à suivr selon Dieu. Dis-nous : A-t-on, oui ou non, le droit de paye des impôts à César ?

15 Mais Jésus, sachant combien ils étaient hypocrites leur répondit : Pourquoi me tendez-vous un piège Apportez-moi une pièce d'argent, que je la voie !

16 Ils lui en apportèrent une.

Alors il leur demanda : Cette effigie et cette inscriptior de qui sont-elles ?

– De César.

17 Then Jesus said to them, "Give back to Caesar what
Caesar's and to God what is God's."
And they were amazed at him.

arriage at the Resurrection

18 Then the Sadducees, who say there is no resur-
ection, came to him with a question. 19 "Teacher,"
ey said, "Moses wrote for us that if a man's broth-
dies and leaves a wife but no children, the man
ıst marry the widow and raise up offspring for his
other. 20 Now there were seven brothers. The first
e married and died without leaving any children.
The second one married the widow, but he also died,
ıving no child. It was the same with the third. 22 In
ct, none of the seven left any children. Last of all,
e woman died too. 23 At the resurrection[i] whose wife
ll she be, since the seven were married to her?"

24 Jesus replied, "Are you not in error because you do
t know the Scriptures or the power of God? 25 When
e dead rise, they will neither marry nor be given in
ırriage; they will be like the angels in heaven. 26 Now
out the dead rising – have you not read in the Book
Moses, in the account of the burning bush, how
od said to him, 'I am the God of Abraham, the God
Isaac, and the God of Jacob'? 27 He is not the God of
e dead, but of the living. You are badly mistaken!"

ıe Greatest Commandment

28 One of the teachers of the law came and heard
em debating. Noticing that Jesus had given them
good answer, he asked him, "Of all the command-
ents, which is the most important?"
29 "The most important one," answered Jesus, "is
is: 'Hear, O Israel: The Lord our God, the Lord is one.[j]
Love the Lord your God with all your heart and with
your soul and with all your mind and with all your
rength.' 31 The second is this: 'Love your neighbor
yourself.' There is no commandment greater than
ese."
32 "Well said, teacher," the man replied. "You are
ght in saying that God is one and there is no other
t him. 33 To love him with all your heart, with all
ur understanding and with all your strength, and
love your neighbor as yourself is more important
an all burnt offerings and sacrifices."
34 When Jesus saw that he had answered wisely, he
id to him, "You are not far from the kingdom of
od." And from then on no one dared ask him any
ore questions.

hose Son Is the Messiah?

35 While Jesus was teaching in the temple courts, he
ked, "Why do the teachers of the law say that the

:23 Some manuscripts *resurrection, when people rise from the dead,*
:29 Or *The Lord our God is one Lord*

17 Alors Jésus leur dit : Rendez à César ce qui revient à
César, et à Dieu ce qui revient à Dieu.
Ils en restèrent tout déconcertés.

Controverse sur la résurrection

(Mt 22.23-33 ; Lc 20.27-40)

18 Des sadducéens vinrent aussi le trouver. Ils prétendent
que les morts ne ressuscitent pas. Ils lui demandèrent :
19 Maître, dans ses écrits, Moïse nous a laissé ce commandement : *Si un homme meurt en laissant une femme mais sans
avoir eu d'enfant, son frère devra épouser sa veuve et donner
une descendance au défunt.* 20 Or, il y avait sept frères. L'aîné
s'est marié et il est mort sans laisser de descendant. 21 Le
deuxième a épousé la veuve, puis il est décédé, lui aussi,
sans avoir eu de descendant. Le troisième a fait de même.
22 Et ainsi de suite. Bref, les sept sont morts sans laisser de
descendance. La femme est restée la dernière, puis elle est
morte. 23 A la résurrection, quand ils ressusciteront tous,
duquel d'entre eux sera-t-elle la femme ? Car tous les sept
l'ont eue pour épouse.

24 Jésus leur dit : Vous êtes dans l'erreur, et en voici la
raison : vous ne connaissez pas les Ecritures, ni quelle est
la puissance de Dieu. 25 En effet, une fois ressuscités, les
hommes et les femmes ne se marieront plus ; ils vivront
comme les anges qui sont dans le ciel. 26 Quant à la résurrection des morts, n'avez-vous jamais lu dans le livre de
Moïse, lorsqu'il est question du buisson ardent, en quels
termes Dieu lui a parlé ? Il lui a dit : *Je suis le Dieu d'Abraham,
le Dieu d'Isaac, le Dieu de Jacob* 27 Dieu n'est pas le Dieu des
morts, mais le Dieu des vivants. Oui, vous êtes complètement dans l'erreur.

Le plus grand commandement

(Mt 22.34-40)

28 Un des spécialistes de la Loi s'approcha de lui ; il avait
entendu cette discussion et avait remarqué avec quel
à-propos Jésus avait répondu. Il lui demanda : Quel est le
commandement le plus important de tous ?

29 Jésus répondit : Voici le commandement le plus important : *Ecoute, Israël, le Seigneur est notre Dieu, il est le seul
Dieu ;* 30 *tu aimeras donc le Seigneur, ton Dieu, de tout ton cœur,
de toute ton âme, de toute ta pensée et de toute ton énergie* 31 Et
voici celui qui vient en second rang : *Tu aimeras ton prochain comme toi-même*Il n'y a pas de commandement plus
important que ceux-là.

32 – C'est bien, Maître, lui dit le spécialiste de la Loi, tu
as dit vrai : il n'y a qu'un seul Dieu, il n'y en a pas d'autre
que lui : 33 l'aimer de tout son cœur, de toute son intelligence et de toute son énergie, ainsi qu'aimer son prochain
comme soi-même, c'est bien plus important que tous les
holocaustes[c] et tous les sacrifices.

34 Jésus, voyant qu'il avait répondu avec intelligence, lui
dit : Tu n'es pas loin du royaume de Dieu.

Après cela, personne n'osa plus lui poser de question.

Controverse sur l'identité du Messie

(Mt 22.41-46 ; Lc 20.41-44)

35 Pendant qu'il enseignait dans la cour du Temple, Jésus
demanda : Comment les spécialistes de la Loi peuvent-ils

[c] **12.33** Les *holocaustes* étaient les sacrifices les plus importants, dans lesquels les victimes étaient entièrement brûlées, c'est-à-dire entièrement consacrées à Dieu.

Messiah is the son of David? 36 David himself, speaking
by the Holy Spirit, declared:

> " 'The Lord said to my Lord:
> "Sit at my right hand
> until I put your enemies
> under your feet." '

37 David himself calls him 'Lord.' How then can he be
his son?"

The large crowd listened to him with delight.

Warning Against the Teachers of the Law

38 As he taught, Jesus said, "Watch out for the teachers of the law. They like to walk around in flowing
robes and be greeted with respect in the marketplaces, 39 and have the most important seats in the
synagogues and the places of honor at banquets.
40 They devour widows' houses and for a show make
lengthy prayers. These men will be punished most
severely."

The Widow's Offering

41 Jesus sat down opposite the place where the offerings were put and watched the crowd putting their
money into the temple treasury. Many rich people
threw in large amounts. 42 But a poor widow came
and put in two very small copper coins, worth only
a few cents.

43 Calling his disciples to him, Jesus said, "Truly I tell
you, this poor widow has put more into the treasury
than all the others. 44 They all gave out of their wealth;
but she, out of her poverty, put in everything – all she
had to live on."

The Destruction of the Temple and Signs of the End Times

13 1 As Jesus was leaving the temple, one of his
disciples said to him, "Look, Teacher! What
massive stones! What magnificent buildings!"

2 "Do you see all these great buildings?" replied
Jesus. "Not one stone here will be left on another;
every one will be thrown down."

3 As Jesus was sitting on the Mount of Olives opposite the temple, Peter, James, John and Andrew asked
him privately, 4 "Tell us, when will these things happen? And what will be the sign that they are all about
to be fulfilled?"

5 Jesus said to them: "Watch out that no one deceives
you. 6 Many will come in my name, claiming, 'I am he,'
and will deceive many. 7 When you hear of wars and
rumors of wars, do not be alarmed. Such things must
happen, but the end is still to come. 8 Nation will rise

dire que le Messie doit être un descendant de Davic
36 David lui-même, inspiré par le Saint-Esprit, a déclaré

> *Le Seigneur a dit à mon Seigneur :*
> *Viens siéger à ma droite*[d]
> *jusqu'à ce que j'aie mis tes ennemis à terre sous tes pied:*

37 Si donc David lui-même appelle le Messie « Seigneur
comment celui-ci peut-il être son descendant ?

Il y avait là une foule nombreuse qui écoutait Jésus av
un vif plaisir.

La condamnation des spécialistes de la Loi

(Mt 23.1-12 ; Lc 20.45-47)

38 Il disait dans son enseignement : Gardez-vous d
spécialistes de la Loi : ils aiment à parader en costume
cérémonie, à être salués sur les places publiques, 39 à avc
les sièges d'honneur dans les synagogues et les meilleur
places dans les banquets. 40 Mais ils dépouillent les veuv
de leurs biens, tout en faisant de longues prières po
l'apparence. Leur condamnation n'en sera que plus sévèr

La vraie générosité

(Lc 21.1-4)

41 Puis Jésus s'assit en face du tronc ; il observait ceux q
y déposaient de l'argent. Beaucoup de riches y avaient dé
déposé de fortes sommes quand arriva une pauvre veu
42 qui déposa deux petites pièces, une somme minime.

43 Alors Jésus appela ses disciples et leur dit : Vraimer
je vous l'assure, cette pauvre veuve a donné bien plus q
tous ceux qui ont mis de l'argent dans le tronc. 44 Car to
les autres ont seulement donné de leur superflu, mais el
dans sa pauvreté, elle a donné tout ce qu'elle posséda
tout ce qu'elle avait pour vivre.

De la destruction de Jérusalem à la venue du Fils de l'homme

(Mt 24.1-3 ; Lc 21.5-7)

13 1 Comme Jésus sortait du Temple, un de ses di
ciples lui dit : Regarde, Maître, quelles bell
pierres ! Quel édifice magnifique !

2 Jésus lui répondit : Oui, regarde bien ces grandes co
structions : il ne restera pas une pierre sur une autre, to
sera démoli.

3 Puis il alla s'asseoir sur les pentes du mont des Olivie
en face du Temple.

Pierre, Jacques, Jean et André le prirent à part et l
demandèrent : 4 Dis-nous : quand cela se produira-t-il
à quel signe reconnaîtra-t-on que tous ces événemen
seront près de s'accomplir[e] ?

(Mt 24.4-14 ; Lc 21.8-19)

5 Là-dessus, Jésus leur dit : Faites attention que person
ne vous induise en erreur. 6 Plusieurs viendront sous mo
nom en disant : « C'est moi le Messie ! », et ils trompero
beaucoup de gens.

7 Quand vous entendrez parler de guerres et de menac
de guerres, ne vous laissez pas troubler, car cela doit a
river, mais ce ne sera pas encore la fin. 8 En effet, *on ver*

[d] **12.36** La droite du roi est la place d'honneur (Ps 45.10 ; 1 R 2.19).
[e] **13.4** Autre traduction : *quel signe annoncera la fin de toutes choses ?*

ainst nation, and kingdom against kingdom. There
.ll be earthquakes in various places, and famines.
iese are the beginning of birth pains.

9"You must be on your guard. You will be handed
er to the local councils and flogged in the syna-
gues. On account of me you will stand before
vernors and kings as witnesses to them. 10And
e gospel must first be preached to all nations.
Whenever you are arrested and brought to trial,
not worry beforehand about what to say. Just say
hatever is given you at the time, for it is not you
eaking, but the Holy Spirit.
12"Brother will betray brother to death, and a father
s child. Children will rebel against their parents
id have them put to death. 13Everyone will hate you
cause of me, but the one who stands firm to the
id will be saved.

14"When you see 'the abomination that causes des-
ation' standing where it[k] does not belong – let the
ader understand – then let those who are in Judea
e to the mountains. 15Let no one on the housetop
down or enter the house to take anything out.
Let no one in the field go back to get their cloak.
How dreadful it will be in those days for pregnant
omen and nursing mothers! 18Pray that this will not
ke place in winter, 19because those will be days of
stress unequaled from the beginning, when God
eated the world, until now – and never to be equaled
ain.
20"If the Lord had not cut short those days, no one
ould survive. But for the sake of the elect, whom he
is chosen, he has shortened them. 21At that time
anyone says to you, 'Look, here is the Messiah!' or,
ook, there he is!' do not believe it. 22For false messi-
is and false prophets will appear and perform signs
id wonders to deceive, if possible, even the elect.
So be on your guard; I have told you everything
iead of time.
24"But in those days, following that distress,
"'the sun will be darkened,
and the moon will not give its light;
25 the stars will fall from the sky,
and the heavenly bodies will be shaken.'

26"At that time people will see the Son of Man
ming in clouds with great power and glory. 27And
will send his angels and gather his elect from the
ur winds, from the ends of the earth to the ends of
ie heavens.
28"Now learn this lesson from the fig tree: As soon
its twigs get tender and its leaves come out, you
iow that summer is near. 29Even so, when you see
iese things happening, you know that it[l] is near,
ght at the door. 30Truly I tell you, this generation
ill certainly not pass away until all these things have

3:14 Or *he*
3:29 Or *he*

se dresser une nation contre une nation, un royaume contre un
autre, il y aura en divers lieux des tremblements de terre et
des famines, mais ce ne seront que les premières douleurs
de l'enfantement.
9Quant à vous, faites attention à vous-mêmes : on vous
traduira devant les tribunaux des Juifs, on vous fouettera
dans les synagogues, vous comparaîtrez devant des gouverneurs et des rois à cause de moi, pour leur apporter un
témoignage. 10Il faut, avant tout, que la Bonne Nouvelle
de l'Evangile soit annoncée à tous les peuples. 11Quand
on vous emmènera pour vous traduire devant les autorités, ne vous inquiétez pas à l'avance de ce que vous
direz, mais dites simplement ce qui vous sera donné au
moment même : car ce n'est pas vous qui parlerez, mais
l'Esprit Saint. 12Le frère livrera son propre frère pour le
faire condamner à mort, et le père livrera son enfant. Des
enfants se dresseront contre leurs parents et les feront
mettre à mort. 13Tout le monde vous haïra à cause de moi.
Mais celui qui tiendra bon jusqu'au bout sera sauvé.

(Mt 24.15-31 ; Lc 21.20-28 ; 17.23-24)

14Quand vous verrez *l'abominable profanation* établie
dans le lieu où elle ne doit pas être – que celui qui lit comprenne ! – alors, que ceux qui sont en Judée s'enfuient dans
les montagnes. 15Si quelqu'un est sur son toit en terrasse,
qu'il ne rentre pas à l'intérieur de sa maison pour emporter quelque bien qui s'y trouve. 16Que celui qui sera dans les
champs ne retourne pas chez lui pour aller chercher son
manteau. 17Malheur, en ces jours-là, aux femmes enceintes
et à celles qui allaitent ! 18Priez pour que cela n'arrive pas
en hiver, 19car ce seront *des jours de détresse comme on n'en a*
pas connus depuis que Dieu a créé le monde et comme jamais
plus on n'en verra de semblables.
20Vraiment, si le Seigneur n'avait pas décidé de réduire
le nombre de ces jours, personne n'en réchapperait ; mais,
à cause de ceux qu'il a choisis, il abrégera ce temps.
21Si quelqu'un vous dit alors : « Voyez, le Messie est
ici ! » ou : « Il est là ! » ne le croyez pas. 22De faux messies
surgiront, ainsi que de faux prophètes. Ils produiront des
signes miraculeux et des prodiges au point de tromper, si
c'était possible, ceux que Dieu a choisis. 23Vous donc, faites
attention, je vous ai prévenus !
24Cependant, en ces jours-là, après ce temps de détresse,
le soleil s'obscurcira,
la lune perdra sa clarté,
25 *les étoiles tomberont du ciel ;*
les puissances célestes seront ébranlées.

(Mt 24.32-36 ; Lc 21.29-33)

26Alors on verra *le Fils de l'homme venir sur les nuées* avec
beaucoup de puissance et de gloire. 27Il enverra ses anges
rassembler ses élus des quatre coins du monde, d'un bout
à l'autre de l'univers.

28Que l'exemple du figuier vous serve d'enseignement :
quand ses rameaux deviennent tendres et que ses feuilles
poussent, vous savez que l'été est proche. 29De même,
quand vous verrez se produire ces événements, sachez
que le Fils de l'homme est proche, comme aux portes de
la ville. 30Vraiment, je vous assure que cette génération-ci
ne passera pas jusqu'à ce que tout cela vienne à se réaliser.

happened. 31Heaven and earth will pass away, but my
words will never pass away.

The Day and Hour Unknown

32"But about that day or hour no one knows, not
even the angels in heaven, nor the Son, but only the
Father. 33Be on guard! Be alert[m]! You do not know
when that time will come. 34It's like a man going away:
He leaves his house and puts his servants in charge,
each with their assigned task, and tells the one at the
door to keep watch.

35"Therefore keep watch because you do not know
when the owner of the house will come back – whether
in the evening, or at midnight, or when the rooster
crows, or at dawn. 36If he comes suddenly, do not let
him find you sleeping. 37What I say to you, I say to
everyone: 'Watch!'"

Jesus Anointed at Bethany

14 1Now the Passover and the Festival of
Unleavened Bread were only two days away,
and the chief priests and the teachers of the law were
scheming to arrest Jesus secretly and kill him. 2"But
not during the festival," they said, "or the people may
riot."

3While he was in Bethany, reclining at the table
in the home of Simon the Leper, a woman came with
an alabaster jar of very expensive perfume, made of
pure nard. She broke the jar and poured the perfume
on his head.

4Some of those present were saying indignant-
ly to one another, "Why this waste of perfume? 5It
could have been sold for more than a year's wages[n]
and the money given to the poor." And they rebuked
her harshly.

6"Leave her alone," said Jesus. "Why are you bothering her? She has done a beautiful thing to me. 7The
poor you will always have with you,[o] and you can help
them any time you want. But you will not always have
me. 8She did what she could. She poured perfume on
my body beforehand to prepare for my burial. 9Truly
I tell you, wherever the gospel is preached throughout the world, what she has done will also be told, in
memory of her."

10Then Judas Iscariot, one of the Twelve, went to the
chief priests to betray Jesus to them. 11They were delighted to hear this and promised to give him money.
So he watched for an opportunity to hand him over.

[m] 13:33 Some manuscripts *alert and pray*
[n] 14:5 Greek *than three hundred denarii*
[o] 14:7 See Deut. 15:11.

31Le ciel et la terre passeront, mais mes paroles ne pa
seront jamais. 32Quant au jour ou à l'heure, personne
sait quand cela se produira, ni les anges du ciel, ni mê
le Fils ; seul, le Père le sait.

(Mt 24.42)

33Soyez vigilants, restez sur vos gardes, puisque vo
ne savez pas quand viendra le moment.
34Les choses se passeront comme lorsqu'un homr
quitte sa maison pour un long voyage et en laisse la r
sponsabilité à ses serviteurs, en confiant à chacun sa tâc
Il commande au portier de veiller. 35Tenez-vous donc vo
aussi en éveil ! Car vous ne savez pas quand le maître
la maison doit revenir : sera-ce tard ? à minuit ? au cha
du coq ? ou le matin ? 36Qu'il ne vous trouve pas en tra
de dormir s'il revient à l'improviste ! 37Ce que je dis là,
vous le dis à tous : Tenez-vous en éveil !

MORT ET RÉSURRECTION DE JÉSUS

Le complot

(Mt 26.1-5 ; Lc 22.1-2 ; Jn 11.45-53)

14 1On était à deux jours de la Pâque et de la fê
des Pains sans levain. Les chefs des prêtres et l
spécialistes de la Loi cherchaient un moyen de s'empar
de Jésus par ruse et de le faire mourir. 2Car ils se disaien
Il ne faut pas agir pendant la fête, pour ne pas provoqu
d'émeute parmi le peuple.

L'onction à Béthanie

(Mt 26.6-13 ; Jn 12.1-8)

3Jésus était à Béthanie, dans la maison de Simon,
lépreux. Pendant le repas, une femme s'approcha de lu
tenant un flacon d'albâtre rempli d'un parfum de nard p
de grande valeur. Elle cassa le col du flacon et répandit
parfum sur la tête de Jésus.

4Quelques-uns s'en indignèrent et murmurèrent ent
eux : Pourquoi gaspiller ainsi ce parfum ? 5On aurait
le vendre et en tirer plus de trois cents pièces d'argen
qu'on aurait données aux pauvres !
Et ils ne ménagèrent pas leurs reproches à cette femm
6Mais Jésus dit : Laissez-la donc tranquille ! Pourqu
lui faites-vous de la peine ? Ce qu'elle vient d'accomp
pour moi est une belle action. 7Des pauvres, vous en aur
toujours autour de vous, et vous pourrez leur faire du bi
quand vous le voudrez ; mais moi, vous ne m'aurez pas to
jours. 8Cette femme a fait ce qu'elle pouvait. Elle a d'avan
embaumé mon corps pour préparer mon enterremen
9Vraiment, je vous l'assure, dans le monde entier, parto
où l'Evangile sera annoncé, on racontera aussi, en souver
de cette femme, ce qu'elle vient de faire.

La trahison

(Mt 26.14-16 ; Lc 22.3-6)

10Judas Iscariot, l'un des Douze, alla trouver les che
des prêtres pour leur proposer de leur livrer Jésus. 11
proposition les réjouit et ils promirent de lui donner
l'argent. Dès lors, il chercha une occasion favorable po
leur livrer Jésus.

[f] 14.5 Il s'agit de *deniers.* Cette somme représente le salaire d'une anné
de travail d'un ouvrier agricole.
[g] 14.8 Les Juifs embaumaient sommairement les morts avec des
onguents et des parfums.

e Last Supper

12 On the first day of the Festival of Unleavened
ead, when it was customary to sacrifice the Passover
nb, Jesus' disciples asked him, "Where do you want
to go and make preparations for you to eat the
ssover?"
13 So he sent two of his disciples, telling them,
o into the city, and a man carrying a jar of wa-
r will meet you. Follow him. 14 Say to the owner
the house he enters, 'The Teacher asks: Where
my guest room, where I may eat the Passover
th my disciples?' 15 He will show you a large room
stairs, furnished and ready. Make preparations
r us there."
16 The disciples left, went into the city and found
ings just as Jesus had told them. So they prepared
e Passover.

17 When evening came, Jesus arrived with the
velve. 18 While they were reclining at the table eat-
g, he said, "Truly I tell you, one of you will betray
e – one who is eating with me."
19 They were saddened, and one by one they said to
m, "Surely you don't mean me?"
20 "It is one of the Twelve," he replied, "one who
ps bread into the bowl with me. 21 The Son of Man
ill go just as it is written about him. But woe to that
an who betrays the Son of Man! It would be better
r him if he had not been born."

22 While they were eating, Jesus took bread, and
hen he had given thanks, he broke it and gave it to
s disciples, saying, "Take it; this is my body."

23 Then he took a cup, and when he had given
anks, he gave it to them, and they all drank from it.
24 "This is my blood of the[p] covenant, which is
oured out for many," he said to them. 25 "Truly I tell
ou, I will not drink again from the fruit of the vine
ntil that day when I drink it new in the kingdom
God."
26 When they had sung a hymn, they went out to
e Mount of Olives.

sus Predicts Peter's Denial

27 "You will all fall away," Jesus told them, "for it
written:

"'I will strike the shepherd,
and the sheep will be scattered.'

But after I have risen, I will go ahead of you into
alilee."
29 Peter declared, "Even if all fall away, I will not."

4:24 Some manuscripts *the new*

Jésus célèbre la Pâque avec ses disciples

(Mt 26.17-19 ; Lc 22.7-13)

12 Le premier jour de la fête des Pains sans levain, celui
où l'on tue l'agneau de la Pâque, ses disciples lui demandèrent : Où veux-tu que nous fassions les préparatifs
pour le repas de la Pâque ?

13 Alors il envoya deux d'entre eux en leur donnant les
instructions suivantes : Allez à la ville. Vous y rencontrerez
un homme portant une cruche d'eau. Suivez-le. 14 Lorsqu'il
entrera dans une maison, parlez ainsi au propriétaire : « Le
Maître te fait demander : Où est la pièce où je prendrai
le repas de la Pâque avec mes disciples ? » 15 Alors il vous
montrera, à l'étage supérieur, une grande pièce aménagée,
déjà prête. C'est là que vous ferez les préparatifs pour nous.
16 Les disciples partirent. Ils arrivèrent à la ville, trouvèrent tout comme Jésus le leur avait dit et préparèrent
le repas de la Pâque.

(Mt 26.20-25 ; Lc 22.14 ; Jn 13.21-30)

17 Le soir, Jésus arriva avec les Douze. 18 Pendant qu'ils
étaient à table et qu'ils mangeaient, il leur dit : Vraiment,
je vous l'assure : l'un de vous, qui mange avec moi, me
trahira.
19 A ces mots, ils devinrent tout tristes, et, l'un après
l'autre, ils lui dirent : Ce n'est pas moi, n'est-ce pas ?
20 Alors il reprit : C'est l'un des Douze, un qui trempe son
morceau dans le plat avec moi[h]. 21 Certes, le Fils de l'homme s'en va conformément à ce que les Ecritures annoncent
à son sujet. Mais malheur à celui qui le trahit ! Il aurait
mieux valu pour lui n'être jamais né !

(Mt 26.26-30 ; Lc 22.15-20 ; voir 1 Co 11.23-25)

22 Au cours du repas, Jésus prit du pain puis, après avoir
prononcé la prière de reconnaissance, il le partagea en
morceaux qu'il donna à ses disciples en disant : Prenez,
ceci est mon corps.
23 Ensuite il prit une coupe, remercia Dieu et la leur donna. Ils en burent tous. 24 Alors il leur dit : Ceci est mon
sang, par lequel est scellée l'alliance : il va être versé pour
beaucoup d'hommes. 25 Vraiment, je vous le déclare : je ne
boirai plus du fruit de la vigne jusqu'au jour où je boirai le
vin nouveau dans le royaume de Dieu.

26 Après cela, ils chantèrent les psaumes de la Pâque.
Ensuite, ils sortirent pour se rendre au mont des Oliviers.

Jésus annonce le reniement de Pierre

(Mt 26.31-35 ; Lc 22.31-34 ; Jn 13.36-38)

27 Jésus leur dit : Vous allez tous être ébranlés dans votre
foi, car il est écrit :

Je frapperai le berger,
et les brebis seront dispersées.

28 Mais, quand je serai ressuscité, je vous précéderai en
Galilée.
29 Alors Pierre lui déclara : Même si tous les autres
étaient ébranlés, moi, pas !

h 14.20 Chacun des convives trempait son morceau de pain dans le plat commun qui contenait la sauce.

[30]“Truly I tell you,” Jesus answered, “today – yes,
tonight – before the rooster crows twice[q] you yourself
will disown me three times.”
[31]But Peter insisted emphatically, “Even if I have
to die with you, I will never disown you.” And all the
others said the same.

Gethsemane

[32]They went to a place called Gethsemane, and Jesus
said to his disciples, “Sit here while I pray.” [33]He took
Peter, James and John along with him, and he began
to be deeply distressed and troubled. [34]“My soul is
overwhelmed with sorrow to the point of death,” he
said to them. “Stay here and keep watch.”
[35]Going a little farther, he fell to the ground and
prayed that if possible the hour might pass from him.
[36]“Abba,[r] Father,” he said, “everything is possible for
you. Take this cup from me. Yet not what I will, but
what you will.”
[37]Then he returned to his disciples and found them
sleeping. “Simon,” he said to Peter, “are you asleep?
Couldn’t you keep watch for one hour? [38]Watch and
pray so that you will not fall into temptation. The
spirit is willing, but the flesh is weak.”
[39]Once more he went away and prayed the same
thing. [40]When he came back, he again found them
sleeping, because their eyes were heavy. They did not
know what to say to him.
[41]Returning the third time, he said to them, “Are
you still sleeping and resting? Enough! The hour has
come. Look, the Son of Man is delivered into the hands
of sinners. [42]Rise! Let us go! Here comes my betrayer!”

Jesus Arrested

[43]Just as he was speaking, Judas, one of the Twelve,
appeared. With him was a crowd armed with swords
and clubs, sent from the chief priests, the teachers of
the law, and the elders.
[44]Now the betrayer had arranged a signal with
them: “The one I kiss is the man; arrest him and lead
him away under guard.” [45]Going at once to Jesus,
Judas said, “Rabbi!” and kissed him. [46]The men seized
Jesus and arrested him. [47]Then one of those standing
near drew his sword and struck the servant of the
high priest, cutting off his ear.

[48]“Am I leading a rebellion,” said Jesus, “that you
have come out with swords and clubs to capture me?
[49]Every day I was with you, teaching in the temple
courts, and you did not arrest me. But the Scriptures
must be fulfilled.” [50]Then everyone deserted him and
fled.

[q] **14:30** Some early manuscripts do not have *twice*.
[r] **14:36** Aramaic for *father*

[30]Jésus lui répondit : Vraiment, je te l’assure : auj
urd’hui, oui, cette nuit même, avant que le coq ait char
deux fois, tu m’auras renié trois fois.
[31]Mais Pierre protesta avec véhémence : Même s’il r
fallait mourir avec toi, je ne te renierai pas.
Et tous disaient la même chose.

Sur le mont des Oliviers

(Mt 26.36-46 ; Lc 22.40-46)

[32]Ils arrivèrent en un lieu appelé Gethsémané. Jésus c
à ses disciples : Asseyez-vous ici pendant que je vais pri
[33]Il prit avec lui Pierre, Jacques et Jean. Il commença
être envahi par la crainte, et l’angoisse le saisit. [34]Il le
dit : Je suis accablé de tristesse, à en mourir. Restez i
et veillez !
[35]Il fit quelques pas, se laissa tomber à terre et pr
Dieu que cette heure s’éloigne de lui, si c’était possibl
[36]*Abba*, Père, pour toi, tout est possible. Eloigne de m
cette coupe[i] ; cependant, qu’il arrive non pas ce que m
je veux, mais ce que toi, tu veux.
[37]Il revint vers ses disciples et les trouva endormis.
Il dit à Pierre : Simon, tu dors ? Tu n’as pas été capable
veiller une heure ! [38]Veillez et priez pour ne pas céder à
tentation[j]. L’esprit de l’homme est plein de bonne volont
mais la nature humaine est bien faible.
[39]Il s’éloigna de nouveau pour prier, en répétant l
mêmes paroles. [40]Puis il revint encore vers les disciples
les trouva de nouveau endormis, car ils avaient telleme
sommeil qu’ils n’arrivaient pas à garder les yeux ouvert
et ils ne surent que lui répondre.
[41]Lorsqu’il revint pour la troisième fois, il leur dit : Vo
dormez encore et vous vous reposez[k] ! C’en est fait ! L’heu
est venue. Le Fils de l’homme est livré entre les mai
des pécheurs. [42]Levez-vous et allons-y. Car celui qui n
trahit est là.

L’arrestation de Jésus

(Mt 26.47-56 ; Lc 22.47-53 ; Jn 18.2-11)

[43]Il n’avait pas fini de parler que soudain survint Juda
l’un des Douze, accompagné d’une troupe armée d’épées
de gourdins. C’étaient les chefs des prêtres, les spécialist
de la Loi et les responsables du peuple qui les envoyaien
[44]Le traître avait convenu avec eux d’un signal : Celui qu
j’embrasserai, c’est lui. Saisissez-vous de lui et emmenez-
sous bonne garde.
[45]En arrivant, Judas se dirigea droit sur Jésus ; il lui di
« Maître ! » et l’embrassa.
[46]Aussitôt, les autres mirent la main sur Jésus et l’a
rêtèrent. [47]Mais l’un de ceux qui étaient là dégaina so
épée, en donna un coup au serviteur du grand-prêtre
lui emporta l’oreille.
[48]Jésus leur dit : Me prenez-vous pour un bandit, pou
que vous soyez venus en force avec des épées et des gour
dins pour vous emparer de moi ? [49]J’étais parmi vou
chaque jour dans la cour du Temple pour donner mo
enseignement et vous ne m’avez pas arrêté. Mais il en es
ainsi pour que les Ecritures s’accomplissent.
[50]Alors tous ses compagnons l’abandonnèrent et prirer
la fuite.

[i] **14.36** Voir 10.39 et note sur Mt 26.39. Autre traduction : *la coupe du jugement.*
[j] **14.38** Autre traduction : *pour ne pas entrer en tentation.*
[k] **14.41** Autre traduction : *dormez maintenant et reposez-vous !*

51 A young man, wearing nothing but a linen gar-
ent, was following Jesus. When they seized him, 52 he
d naked, leaving his garment behind.

sus Before the Sanhedrin

53 They took Jesus to the high priest, and all the
ief priests, the elders and the teachers of the law
me together. 54 Peter followed him at a distance,
ght into the courtyard of the high priest. There he
t with the guards and warmed himself at the fire.
55 The chief priests and the whole Sanhedrin were
oking for evidence against Jesus so that they could
t him to death, but they did not find any. 56 Many
stified falsely against him, but their statements did
t agree.

57 Then some stood up and gave this false testimony
ainst him: 58 "We heard him say, 'I will destroy this
mple made with human hands and in three days will
ild another, not made with hands.' " 59 Yet even then
eir testimony did not agree.

60 Then the high priest stood up before them and
ked Jesus, "Are you not going to answer? What is
is testimony that these men are bringing against
u?" 61 But Jesus remained silent and gave no answer.
Again the high priest asked him, "Are you the
essiah, the Son of the Blessed One?"

62 "I am," said Jesus. "And you will see the Son of
an sitting at the right hand of the Mighty One and
ming on the clouds of heaven."
63 The high priest tore his clothes. "Why do we need
y more witnesses?" he asked. 64 "You have heard the
asphemy. What do you think?"
They all condemned him as worthy of death. 65 Then
me began to spit at him; they blindfolded him,
ruck him with their fists, and said, "Prophesy!" And
e guards took him and beat him.

eter Disowns Jesus

66 While Peter was below in the courtyard, one of the
rvant girls of the high priest came by. 67 When she
w Peter warming himself, she looked closely at him.
"You also were with that Nazarene, Jesus," she said.
68 But he denied it. "I don't know or understand
hat you're talking about," he said, and went out
to the entryway.[s]

69 When the servant girl saw him there, she said
ain to those standing around, "This fellow is one
f them." 70 Again he denied it.
After a little while, those standing near said to
eter, "Surely you are one of them, for you are a
alilean."

51 Un jeune homme le suivait, couvert seulement d'un
drap. On le saisit, 52 mais il abandonna le drap et s'enfuit,
tout nu.

Jésus devant le Grand-Conseil

(Mt 26.57-68 ; Lc 22.54-55, 63-71 ; Jn 18.12-14, 19-24)

53 Jésus fut conduit devant le grand-prêtre chez qui se
rassemblèrent les chefs des prêtres, les responsables du
peuple et les spécialistes de la Loi. 54 Pierre l'avait suivi à
distance, jusqu'à l'intérieur de la cour du palais du grand-
prêtre. Il était assis avec les gardes, près du feu, pour se
réchauffer. 55 Les chefs des prêtres et le Grand-Conseil au
complet cherchaient un témoignage contre Jésus pour
pouvoir le condamner à mort. Mais ils n'en trouvaient
pas. 56 Car il y avait beaucoup de gens pour apporter des
faux témoignages contre lui, mais ces témoignages ne
concordaient pas.
57 Finalement, quelques-uns se levèrent pour porter
contre lui ce faux témoignage : 58 Nous l'avons entendu
dire : « Je démolirai ce temple fait de main d'homme et,
en trois jours, j'en reconstruirai un autre, qui ne sera pas
fait par des mains humaines. »
59 Mais même là-dessus, leurs dépositions ne s'accordaient pas.
60 Alors le grand-prêtre se leva au milieu de l'assemblée
et interrogea Jésus.
– Eh bien, demanda-t-il, tu n'as rien à répondre aux
témoignages qu'on vient de porter contre toi ?
61 Mais Jésus garda le silence et ne répondit pas.
Le grand-prêtre l'interrogea de nouveau et lui demanda :
Es-tu le Messie, le Fils du Dieu béni ?
62 Et Jésus lui répondit : Oui, je le suis ! Et vous verrez *le
Fils de l'homme siéger à la droite du Tout-Puissant*

63 Alors, le grand-prêtre déchira ses vêtements en signe
de consternation et s'écria : Qu'avons-nous encore besoin
de témoins ! 64 Vous avez entendu le blasphème ! Qu'en
concluez-vous ?
Tous, alors, le condamnèrent en le déclarant passible de
mort. 65 Quelques-uns se mirent à cracher sur lui, ils lui
recouvrirent le visage et le frappèrent en lui disant : Hé !
Fais le prophète ! Qui c'est ?
Les gardes saisirent Jésus et lui donnèrent des gifles.

Pierre renie son Maître

(Mt 26.69-75 ; Lc 22.56-62 ; Jn 18.15-18, 25-27)

66 Pendant ce temps, Pierre était en bas dans la cour intérieure. Une des servantes du grand-prêtre arriva ; 67 elle
vit Pierre qui se chauffait et le dévisagea ; elle lui dit : Toi
aussi, tu étais avec ce Jésus, ce Nazaréen !
68 Mais Pierre le nia en disant : Je ne vois pas, je ne comprends pas ce que tu veux dire.
Puis il sortit de la cour et entra dans le vestibule. Alors
un coq chanta[l].
69 Mais la servante le vit et recommença à dire à ceux
qui se trouvaient là : Il fait aussi partie de ces gens-là.
70 Il le nia de nouveau.
Peu après, ceux qui se trouvaient là redirent à Pierre :
C'est sûr : tu fais partie de ces gens ! D'ailleurs, tu es
galiléen !

---

[s] 14:68 Some early manuscripts *entryway and the rooster crowed*

[l] 14.68 Les mots *un coq chanta* sont absents dans certains manuscrits.

71He began to call down curses, and he swore to
them, "I don't know this man you're talking about."

72Immediately the rooster crowed the second time.[t]
Then Peter remembered the word Jesus had spoken to
him: "Before the rooster crows twice[u] you will disown
me three times." And he broke down and wept.

Jesus Before Pilate

15 1Very early in the morning, the chief priests,
with the elders, the teachers of the law and
the whole Sanhedrin, made their plans. So they bound
Jesus, led him away and handed him over to Pilate.
2"Are you the king of the Jews?" asked Pilate.
"You have said so," Jesus replied.
3The chief priests accused him of many things. 4So
again Pilate asked him, "Aren't you going to answer?
See how many things they are accusing you of."

5But Jesus still made no reply, and Pilate was
amazed.
6Now it was the custom at the festival to release a
prisoner whom the people requested. 7A man called
Barabbas was in prison with the insurrectionists who
had committed murder in the uprising. 8The crowd
came up and asked Pilate to do for them what he usually did.
9"Do you want me to release to you the king of the
Jews?" asked Pilate, 10knowing it was out of self-interest that the chief priests had handed Jesus over to
him. 11But the chief priests stirred up the crowd to
have Pilate release Barabbas instead.

12"What shall I do, then, with the one you call the
king of the Jews?" Pilate asked them.
13"Crucify him!" they shouted.
14"Why? What crime has he committed?" asked
Pilate.
But they shouted all the louder, "Crucify him!"
15Wanting to satisfy the crowd, Pilate released
Barabbas to them. He had Jesus flogged, and handed
him over to be crucified.

The Soldiers Mock Jesus

16The soldiers led Jesus away into the palace (that is,
the Praetorium) and called together the whole company of soldiers. 17They put a purple robe on him,
then twisted together a crown of thorns and set it
on him. 18And they began to call out to him, "Hail,
king of the Jews!" 19Again and again they struck him
on the head with a staff and spit on him. Falling on

[t] 14:72 Some early manuscripts do not have *the second time.*
[u] 14:72 Some early manuscripts do not have *twice.*

71Alors il déclara : Je le jure, et que Dieu me condam
si ce n'est pas vrai, je ne connais pas l'homme dont vo
parlez[m] !
72Aussitôt, pour la seconde fois, un coq chanta. Alo
Pierre se souvint de ce que Jésus lui avait dit : « Avant q
le coq chante deux fois, tu m'auras renié trois fois. » E
fondit en larmes[n].

Jésus devant Pilate

(Mt 27.1-2, 11-26 ; Lc 23.1-5, 13-25 ; Jn 18.28-40 ; 19.4-16)

15 1Dès l'aube, les chefs des prêtres tinrent cons
avec les responsables du peuple, les spécialistes
la Loi, et tout le Grand-Conseil[o]. Ils firent enchaîner Jés
l'emmenèrent et le remirent entre les mains de Pilate.
2Pilate l'interrogea : Es-tu le roi des Juifs ?
– Tu le dis toi-même, lui répondit Jésus.
3Les chefs des prêtres portèrent contre lui de nombreu
es accusations.
4Pilate l'interrogea de nouveau et lui dit : Eh bien ! Tu
réponds rien ? Tu as entendu toutes les accusations qu'
portent contre toi ?
5Mais, au grand étonnement de Pilate, Jésus ne répond
plus rien. 6A chaque fête de la Pâque, Pilate relâchait u
prisonnier, celui que le peuple réclamait. 7Or, à ce m
ment-là, il y avait sous les verrous le nommé Barabb
avec les agitateurs qui avaient commis un meurtre a
cours d'une émeute. 8La foule monta donc au prétoire
se mit à réclamer la faveur que le gouverneur lui accorda
d'habitude.
9Pilate répondit : Voulez-vous que je vous relâche le r
des Juifs ?
10Il s'était rendu compte, en effet, que les chefs d
prêtres lui avaient livré Jésus par jalousie. 11Mais les che
des prêtres persuadèrent la foule de demander qu'il libè
plutôt Barabbas.
12– Mais alors, insista Pilate, que voulez-vous donc q
je fasse de celui que vous appelez le roi des Juifs ?
13De nouveau, ils crièrent : Crucifie-le !
14– Qu'a-t-il fait de mal ?
Eux, cependant, crièrent de plus en plus fort
Crucifie-le !
15Alors Pilate, voulant donner satisfaction à la foule, le
relâcha Barabbas et, après avoir fait battre Jésus à cou
de fouet, il le livra pour qu'on le crucifie.

Jésus condamné à mort et crucifié

(Mt 27.27-31 ; Jn 19.2-3)

16Les soldats emmenèrent Jésus dans la cour intérieu
du palais et firent venir toute la cohorte. 17Alors ils
revêtirent d'un manteau de couleur pourpre[p] et l
posèrent une couronne tressée de rameaux épineux. 18Pu
ils le saluèrent en disant : Salut, roi des Juifs !
19Ils le frappaient à la tête avec un roseau et crachaie
sur lui, s'agenouillaient et se prosternaient devant lui.

[m] **14.71** Ou : *Que Dieu condamne cet homme. Je jure que je ne connais pas celui dont vous parlez.*
[n] **14.72** Autres traductions : *il songea à tout ceci et pleura* ou *il se couvrit la tête et pleura* (signe de deuil). D'autres traduisent : *il sortit précipitamment et il pleura.*
[o] **15.1** Le gouverneur romain devait ratifier les condamnations à mort prononcées par le Grand-Conseil juif.
[p] **15.17** Ces manteaux, teints avec la pourpre, une substance colorante extraite d'un coquillage, étaient très chers.

eir knees, they paid homage to him. [20] And when ey had mocked him, they took off the purple robe nd put his own clothes on him. Then they led him t to crucify him.

he Crucifixion of Jesus

[21] A certain man from Cyrene, Simon, the father Alexander and Rufus, was passing by on his way from the country, and they forced him to carry e cross. [22] They brought Jesus to the place called olgotha (which means "the place of the skull"). Then they offered him wine mixed with myrrh, but e did not take it. [24] And they crucified him. Dividing p his clothes, they cast lots to see what each would et.

[25] It was nine in the morning when they crucified im. [26] The written notice of the charge against him ead:

the king of the jews.

[27] They crucified two rebels with him, one on his ight and one on his left. [28] [28][v] [29] Those who passed y hurled insults at him, shaking their heads and aying, "So! You who are going to destroy the temle and build it in three days, [30] come down from the ross and save yourself!" [31] In the same way the chief riests and the teachers of the law mocked him among emselves. "He saved others," they said, "but he can't ave himself! [32] Let this Messiah, this king of Israel, ome down now from the cross, that we may see and elieve." Those crucified with him also heaped insults n him.

he Death of Jesus

[33] At noon, darkness came over the whole land until hree in the afternoon. [34] And at three in the afteroon Jesus cried out in a loud voice, "Eloi, Eloi, lema abachthani?" (which means "My God, my God, why ave you forsaken me?").

[35] When some of those standing near heard this, hey said, "Listen, he's calling Elijah."

[36] Someone ran, filled a sponge with wine vinegar, ut it on a staff, and offered it to Jesus to drink. "Now eave him alone. Let's see if Elijah comes to take him own," he said.

[37] With a loud cry, Jesus breathed his last.

[38] The curtain of the temple was torn in two from op to bottom. [39] And when the centurion, who stood here in front of Jesus, saw how he died,[w] he said, Surely this man was the Son of God!"

[40] Some women were watching from a distance. mong them were Mary Magdalene, Mary the mother f James the younger and of Joseph,[x] and Salome. [41] In alilee these women had followed him and cared for is needs. Many other women who had come up with im to Jerusalem were also there.

15:28 Some manuscripts include here words similar to Luke 22:37.
15:39 Some manuscripts *saw that he died with such a cry*
15:40 Greek *Joses*, a variant of *Joseph;* also in verse 47

[20] Quand ils eurent fini de se moquer de lui, ils lui arrachèrent le manteau de couleur pourpre, lui remirent ses vêtements et l'emmenèrent hors de la ville pour le crucifier.

(Mt 27.32-44 ; Lc 23.26-43 ; Jn 19.16-24)

[21] Ils obligèrent un passant qui revenait des champs, Simon de Cyrène, le père d'Alexandre et de Rufus, à porter la croix de Jésus. [22] Et ils amenèrent Jésus au lieu appelé Golgotha (ce qui signifie « le lieu du crâne »). [23] Ils lui donnèrent du vin additionné de myrrhe[q], mais il n'en prit pas. [24] Ils le clouèrent sur la croix. Puis ils se partagèrent ses vêtements, en tirant au sort ce qui reviendrait à chacun.

[25] Il était environ neuf heures du matin quand ils le crucifièrent.

[26] L'écriteau sur lequel était inscrit le motif de sa condamnation portait ces mots : « Le roi des Juifs ».

[27] Avec Jésus, ils crucifièrent deux brigands, l'un à sa droite, l'autre à sa gauche[r].

[29] Ceux qui passaient par là lui lançaient des insultes en secouant la tête, et criaient : Hé ! toi qui démolis le Temple et qui le reconstruis en trois jours, [30] sauve-toi toi-même : descends de la croix !

[31] De même aussi, les chefs des prêtres se moquaient de lui avec les spécialistes de la Loi ; ils se disaient entre eux : Dire qu'il a sauvé les autres, et qu'il est incapable de se sauver lui-même ! [32] Lui ! Le Messie ! Le roi d'Israël ! Qu'il descende donc de la croix ; alors nous verrons, et nous croirons !

Ceux qui étaient crucifiés avec lui l'insultaient aussi.

La mort de Jésus

(Mt 27.45-56 ; Lc 23.44-49 ; Jn 19.25-30)

[33] A midi, le pays tout entier fut plongé dans l'obscurité, et cela dura jusqu'à trois heures de l'après-midi.

[34] Vers trois heures, Jésus cria d'une voix forte : *Eloï, Eloï, lama sabachthani ?* ce qui signifie : *Mon Dieu, mon Dieu, pourquoi m'as-tu abandonné?*

[35] En entendant ces paroles, quelques-uns de ceux qui étaient là disaient : Voilà qu'il appelle Elie !

[36] Un homme courut imbiber une éponge de vinaigre, la piqua au bout d'un roseau et la présenta à Jésus pour qu'il boive, en disant : Laissez-moi faire ! On va bien voir si Elie vient le tirer de là.

[37] Mais Jésus poussa un grand cri et expira.

[38] Alors, le rideau du Temple se déchira en deux, de haut en bas.

[39] Voyant de quelle manière il était mort[s], l'officier romain, qui se tenait en face de Jésus, dit : Cet homme était vraiment le Fils de Dieu !

[40] Il y avait aussi là quelques femmes qui regardaient de loin. Parmi elles, Marie de Magdala, Marie la mère de Jacques le Jeune et de Joses, ainsi que Salomé. [41] Quand il était en Galilée, c'étaient elles qui l'avaient suivi en étant à son service. Il y avait aussi beaucoup d'autres femmes qui étaient montées avec lui à Jérusalem.

q **15.23** Breuvage anesthésiant (voir note Mt 27.34).
r **15.27** Certains manuscrits ajoutent : [28] *C'est ainsi que s'accomplit ce que disait l'Ecriture : « Il a été mis au nombre des criminels. »* Voir Lc 22.37.
s **15.39** Certains manuscrits ajoutent : *en criant ainsi.*

The Burial of Jesus

42 It was Preparation Day (that is, the day before the Sabbath). So as evening approached, 43 Joseph of Arimathea, a prominent member of the Council, who was himself waiting for the kingdom of God, went boldly to Pilate and asked for Jesus' body. 44 Pilate was surprised to hear that he was already dead. Summoning the centurion, he asked him if Jesus had already died. 45 When he learned from the centurion that it was so, he gave the body to Joseph. 46 So Joseph bought some linen cloth, took down the body, wrapped it in the linen, and placed it in a tomb cut out of rock. Then he rolled a stone against the entrance of the tomb. 47 Mary Magdalene and Mary the mother of Joseph saw where he was laid.

Jesus Has Risen

16 1 When the Sabbath was over, Mary Magdalene, Mary the mother of James, and Salome bought spices so that they might go to anoint Jesus' body. 2 Very early on the first day of the week, just after sunrise, they were on their way to the tomb 3 and they asked each other, "Who will roll the stone away from the entrance of the tomb?"

4 But when they looked up, they saw that the stone, which was very large, had been rolled away. 5 As they entered the tomb, they saw a young man dressed in a white robe sitting on the right side, and they were alarmed.

6 "Don't be alarmed," he said. "You are looking for Jesus the Nazarene, who was crucified. He has risen! He is not here. See the place where they laid him. 7 But go, tell his disciples and Peter, 'He is going ahead of you into Galilee. There you will see him, just as he told you.' "

8 Trembling and bewildered, the women went out and fled from the tomb. They said nothing to anyone, because they were afraid.[y]

[The earliest manuscripts and some other ancient witnesses do not have verses 9–20.]

9 When Jesus rose early on the first day of the week, he appeared first to Mary Magdalene, out of whom he had driven seven demons. 10 She went and told those who had been with him and who were mourning and weeping. 11 When they heard that Jesus was alive and that she had seen him, they did not believe it.

12 Afterward Jesus appeared in a different form to two of them while they were walking in the country. 13 These returned and reported it to the rest; but they did not believe them either.

14 Later Jesus appeared to the Eleven as they were eating; he rebuked them for their lack of faith and their stubborn refusal to believe those who had seen him after he had risen.

---

y **16:8** Some manuscripts have the following ending between verses 8 and 9, and one manuscript has it after verse 8 (omitting verses 9-20): *Then they quickly reported all these instructions to those around Peter. After this, Jesus himself also sent out through them from east to west the sacred and imperishable proclamation of eternal salvation. Amen.*

Jésus mis au tombeau

(Mt 27.57-61 ; Lc 23.50-56 ; Jn 19.38-42)

42 Le soir venu – c'était le jour de la préparation, c'es à-dire la veille du sabbat – 43 Joseph d'Arimathée arriv C'était un membre éminent du Grand-Conseil qui, lui auss vivait dans l'attente du royaume de Dieu. Il eut le courag de se rendre chez Pilate pour lui demander le corps d Jésus. 44 Pilate fut surpris d'apprendre que Jésus était dé mort. Il fit appeler l'officier de service et lui demanda s' était mort depuis longtemps. 45 Renseigné par le centurio il autorisa Joseph à disposer du corps. 46 Celui-ci, aprè avoir acheté un drap de lin, descendit le corps de la croi l'enveloppa dans le drap et le déposa dans un tombea taillé dans le roc. Puis il roula un bloc de pierre devar l'entrée du tombeau.

47 Marie de Magdala et Marie, mère de Joses, regardaier où il le mettait.

Jésus est ressuscité !

(Mt 28.1-8 ; Lc 24.1-11 ; Jn 20.1-2)

16 1 Quand le sabbat fut passé, Marie de Magdal Marie mère de Jacques, et Salomé achetèrent de huiles aromatiques pour aller embaumer le corps de Jésu 2 Il était encore très tôt, le dimanche matin, lorsqu'elle arrivèrent au tombeau. Le soleil se levait. 3 En chemin, elle s'étaient demandé les unes aux autres : Qui nous rouler la pierre qui ferme l'entrée du tombeau ?

4 Or, en levant les yeux, elles s'aperçurent que la pierr avait été roulée sur le côté, et c'était un bloc énorme.

5 Elles pénétrèrent dans le caveau et virent, assis d côté droit, un jeune homme vêtu d'une robe blanche. Elle furent saisies de frayeur.

6 Mais le jeune homme leur dit : N'ayez pas peur ! Vou cherchez Jésus de Nazareth, celui qui a été crucifié ? Il es ressuscité, il n'est plus ici. Voyez l'endroit où on l'ava déposé. 7 Et maintenant, allez annoncer à ses disciples, e aussi à Pierre, qu'il vous précède en Galilée ; c'est là qu vous le verrez, comme il vous l'a dit.

8 Elles se précipitèrent hors du tombeau et s'enfuiren toutes tremblantes et bouleversées. Elles ne dirent rien personne, tant elles étaient effrayées.

Jésus apparaît aux disciples

[9 Jésus, étant ressuscité le dimanche matin, appar d'abord à Marie de Magdala dont il avait chassé sep démons. 10 Celle-ci alla porter la nouvelle à ceux qu avaient accompagné Jésus : ils étaient plongés dans l tristesse et en larmes. 11 Mais eux, en l'entendant dir qu'il était vivant et qu'il lui était apparu, ne la crurent pas

12 Après cela, alors que deux d'entre eux faisaient rout pour se rendre à la campagne, il leur apparut sous un autr aspect. 13 Ils revinrent à Jérusalem et annoncèrent la nou velle aux autres ; mais ils ne les crurent pas eux non plus

14 Plus tard, il se montra aux Onze pendant qu'ils étaien à table ; il leur reprocha leur incrédulité et leur aveugle ment parce qu'ils n'avaient pas cru ceux qui l'avaient v

[15] *He said to them,* "Go into all the world and preach
ne gospel to all creation. [16] Whoever believes and is
aptized will be saved, but whoever does not believe
'ill be condemned. [17] And these signs will accompany
nose who believe: In my name they will drive out
emons; they will speak in new tongues; [18] they will
ick up snakes with their hands; and when they drink
eadly poison, it will not hurt them at all; they will
lace their hands on sick people, and they will get
vell."

[19] *After the Lord Jesus had spoken to them, he was taken*
p into heaven and he sat at the right hand of God. [20] *Then*
ne disciples went out and preached everywhere, and the
ord worked with them and confirmed his word by the signs
nat accompanied it.

ressuscité. [15] Et il leur dit : Allez dans le monde entier, proclamez l'Evangile à tous les hommes. [16] Celui qui croira et
sera baptisé sera sauvé, mais celui qui ne croira pas sera
condamné. [17] Voici les signes miraculeux qui accompagneront ceux qui auront cru : en mon nom, ils chasseront
des démons, ils parleront des langues nouvelles, [18] ils
saisiront des serpents venimeux, ou s'il leur arrive de boire
un poison mortel, cela ne leur causera aucun mal. Ils imposeront les mains à des malades et ceux-ci seront guéris.

Jésus enlevé au ciel

[19] Après leur avoir ainsi parlé, le Seigneur Jésus fut enlevé au ciel et s'assit à la droite de Dieu. [20] Quant à eux, ils
s'en allèrent proclamer la Parole de Dieu en tout lieu. Le
Seigneur travaillait avec eux et confirmait leur prédication
par les signes miraculeux qui l'accompagnaient[t].]

t 16.20 Plusieurs manuscrits, et des meilleurs, ne contiennent pas les v. 9-20. Certains ont une version plus courte de la fin de l'évangile : *Mais elles firent aux compagnons de Pierre un bref récit de tout ce qui leur avait été annoncé. Ensuite Jésus lui-même fit porter par eux, de l'Orient à l'Occident, le message sacré et incorruptible du salut éternel.*

Luke

Introduction

1 [1]Many have undertaken to draw up an account of the things that have been fulfilled[a] among us, [2]just as they were handed down to us by those who from the first were eyewitnesses and servants of the word. [3]With this in mind, since I myself have carefully investigated everything from the beginning, I too decided to write an orderly account for you, most excellent Theophilus, [4]so that you may know the certainty of the things you have been taught.

The Birth of John the Baptist Foretold

[5]In the time of Herod king of Judea there was a priest named Zechariah, who belonged to the priestly division of Abijah; his wife Elizabeth was also a descendant of Aaron. [6]Both of them were righteous in the sight of God, observing all the Lord's commands and decrees blamelessly. [7]But they were childless because Elizabeth was not able to conceive, and they were both very old.

[8]Once when Zechariah's division was on duty and he was serving as priest before God, [9]he was chosen by lot, according to the custom of the priesthood, to go into the temple of the Lord and burn incense. [10]And when the time for the burning of incense came, all the assembled worshipers were praying outside.

[11]Then an angel of the Lord appeared to him, standing at the right side of the altar of incense. [12]When Zechariah saw him, he was startled and was gripped with fear. [13]But the angel said to him: "Do not be afraid, Zechariah; your prayer has been heard. Your wife Elizabeth will bear you a son, and you are to call him John. [14]He will be a joy and delight to you, and many will rejoice because of his birth, [15]for he will be great in the sight of the Lord. He is never to take wine or other fermented drink, and he will be filled with the Holy Spirit even before he is born. [16]He will bring back many of the people of Israel to the Lord their God. [17]And he will go on before the Lord, in the spirit and power of Elijah, to turn the hearts of the parents to their children and the disobedient to the wisdom of the righteous – to make ready a people prepared for the Lord."

[18]Zechariah asked the angel, "How can I be sure of this? I am an old man and my wife is well along in years."

[a] 1:1 Or *been surely believed*

Evangile selon Luc

Introduction

1 [1]Plusieurs personnes ont entrepris de composer u récit des événements qui se sont passés parmi nou [2]d'après ce que nous ont transmis ceux qui en ont été le témoins oculaires depuis le début et qui sont devenus de serviteurs de la Parole de Dieu.

[3]J'ai donc décidé à mon tour de m'informer soigneuse ment sur tout ce qui est arrivé depuis le commencemen et de te l'exposer par écrit de manière suivie, très honor able Théophile[a] ; [4]ainsi, tu pourras reconnaître l'entièr véracité des enseignements que tu as reçus.

Naissance et enfance de Jésus

L'annonce de la naissance de Jean-Baptiste

[5]Il y avait, à l'époque où Hérode était roi de Judée[b], u prêtre nommé Zacharie, qui appartenait à la classe sace dotale d'Abiya. Sa femme était une descendante d'Aaron elle s'appelait Elisabeth. [6]Tous deux étaient justes aux yeu de Dieu et observaient tous les commandements et toute les lois du Seigneur de façon irréprochable. [7]Ils n'avaien pas d'enfant, car Elisabeth était stérile et tous deux étaien déjà très âgés.

[8]Un jour, Zacharie assurait son service devant Dieu c'était le tour de sa classe sacerdotale. [9]Suivant la coutum des prêtres, il avait été désigné par le sort pour entre dans le sanctuaire[c] du Seigneur et y offrir l'encens. [10] l'heure de l'offrande des parfums, toute la multitude d peuple se tenait en prière à l'extérieur. [11]Tout à coup, u ange du Seigneur lui apparut, debout à droite de l'aute des parfums. [12]Quand Zacharie le vit, il en fut boulevers et la peur s'empara de lui. [13]Mais l'ange lui dit : N'aie pa peur, Zacharie, car Dieu a entendu ta prière : ta femm Elisabeth te donnera un fils. Tu l'appelleras Jean. [14]Il ser pour toi le sujet d'une très grande joie, et beaucoup de gen se réjouiront de sa naissance. [15]Il sera grand aux yeux d Seigneur. Il ne boira ni vin, ni boisson alcoolisée. Il ser rempli de l'Esprit Saint dès le sein maternel. [16]Il ramèner beaucoup d'Israélites au Seigneur, leur Dieu. [17]Il accom plira sa mission sous le regard de Dieu, avec l'Esprit et l puissance qui résidaient en Elie, pour réconcilier les père avec leurs enfants, pour amener ceux qui sont désobéis sants à penser comme des hommes justes et former ains un peuple prêt pour le Seigneur.

[18]Zacharie demanda à l'ange : A quoi le reconnaîtrai-je Car je suis moi-même déjà vieux et ma femme est très âgée

[a] 1.3 Personnage sans doute riche et haut placé à qui Luc dédie son ouvrage. Le titre qui lui est donné était employé pour les membres de l'ordre équestre à Rome.

[b] 1.5 Les Grecs avaient l'habitude d'appeler ainsi tout le pays des Juifs.

[c] 1.9 C'est-à-dire le lieu saint où seuls les prêtres avaient le droit de pénétrer.

[19]The angel said to him, "I am Gabriel. I stand in
ıe presence of God, and I have been sent to speak
 you and to tell you this good news. [20]And now you
ill be silent and not able to speak until the day this
ıppens, because you did not believe my words, which
ill come true at their appointed time."
[21]Meanwhile, the people were waiting for Zechariah
ıd wondering why he stayed so long in the temple.
When he came out, he could not speak to them. They
alized he had seen a vision in the temple, for he kept
aking signs to them but remained unable to speak.
[23]When his time of service was completed, he re-
ırned home. [24]After this his wife Elizabeth became
regnant and for five months remained in seclusion.
"The Lord has done this for me," she said. "In these
ıys he has shown his favor and taken away my dis-
race among the people."

ıe Birth of Jesus Foretold

[26]In the sixth month of Elizabeth's pregnancy, God
nt the angel Gabriel to Nazareth, a town in Galilee,
to a virgin pledged to be married to a man named
seph, a descendant of David. The virgin's name was
ary. [28]The angel went to her and said, "Greetings,
ou who are highly favored! The Lord is with you."
[29]Mary was greatly troubled at his words and won-
ered what kind of greeting this might be. [30]But the
ıgel said to her, "Do not be afraid, Mary; you have
und favor with God. [31]You will conceive and give
rth to a son, and you are to call him Jesus. [32]He will
great and will be called the Son of the Most High.
ıe Lord God will give him the throne of his father
avid, [33]and he will reign over Jacob's descendants
rever; his kingdom will never end."
[34]"How will this be," Mary asked the angel, "since
ım a virgin?"
[35]The angel answered, "The Holy Spirit will come on
ou, and the power of the Most High will overshadow
ou. So the holy one to be born will be called[b] the
n of God. [36]Even Elizabeth your relative is going to
ave a child in her old age, and she who was said to
unable to conceive is in her sixth month. [37]For no
ord from God will ever fail."
[38]"I am the Lord's servant," Mary answered. "May
our word to me be fulfilled." Then the angel left her.

ary Visits Elizabeth

[39]At that time Mary got ready and hurried to a
wn in the hill country of Judea, [40]where she entered
echariah's home and greeted Elizabeth. [41]When
izabeth heard Mary's greeting, the baby leaped
 her womb, and Elizabeth was filled with the Holy
pirit. [42]In a loud voice she exclaimed: "Blessed are
ou among women, and blessed is the child you will
ear! [43]But why am I so favored, that the mother of
y Lord should come to me? [44]As soon as the sound of
our greeting reached my ears, the baby in my womb
aped for joy. [45]Blessed is she who has believed that
ıe Lord would fulfill his promises to her!"

:35 Or *So the child to be born will be called holy,*

[19]L'ange lui répondit : Je suis Gabriel. Je me tiens devant
Dieu, qui m'a envoyé pour te parler et t'annoncer cette
nouvelle. [20]Alors, voici : tu vas devenir muet et tu resteras
incapable de parler jusqu'au jour où ce que je viens de
t'annoncer se réalisera ; il en sera ainsi parce que tu n'as
pas cru à mes paroles, qui s'accompliront au temps prévu.
[21]Pendant ce temps, la foule attendait Zacharie ;
elle s'étonnait de le voir s'attarder dans le sanctuaire.
[22]Lorsqu'il sortit enfin, il était incapable de parler aux
personnes rassemblées. Elles comprirent alors qu'il avait
eu une vision dans le sanctuaire. Quant à lui, il leur faisait des signes et restait muet. [23]Lorsqu'il eut terminé son
temps de service, il retourna chez lui.
[24]Quelque temps après, sa femme Elisabeth devint
enceinte et, pendant cinq mois, elle se tint cachée. Elle
se disait : [25]C'est l'œuvre du Seigneur en ma faveur : il a
décidé d'effacer ce qui faisait ma honte aux yeux de tous[d] !

L'annonce de la naissance de Jésus

[26]Six mois plus tard, Dieu envoya l'ange Gabriel dans
une ville de Galilée appelée Nazareth, [27]chez une jeune
fille liée par fiançailles[e] à un homme nommé Joseph, un
descendant de David. Cette jeune fille s'appelait Marie.
[28]L'ange entra chez elle et lui dit : Réjouis-toi, toi à qui
Dieu a accordé sa faveur : le Seigneur est avec toi.
[29]Marie fut profondément troublée par ces paroles ; elle
se demandait ce que signifiait cette salutation.
[30]L'ange lui dit alors : N'aie pas peur, Marie, car Dieu
t'a accordé sa faveur. [31]Voici : bientôt tu seras enceinte
et tu mettras au monde un fils ; tu le nommeras Jésus.
[32]Il sera grand. Il sera appelé « Fils du Très-Haut », et le
Seigneur Dieu lui donnera le trône de David, son ancêtre.
[33]Il régnera éternellement sur le peuple issu de Jacob, et
son règne n'aura pas de fin.
[34]Marie dit à l'ange : Comment cela se fera-t-il, puisque
je suis vierge ?
[35]L'ange lui répondit : L'Esprit Saint descendra sur toi, et
la puissance du Dieu très-haut te couvrira de son ombre.
C'est pourquoi le saint enfant qui naîtra de toi sera appelé
Fils de Dieu. [36]Vois : ta parente Elisabeth attend elle aussi
un fils, malgré son grand âge ; on disait qu'elle ne pouvait
pas avoir d'enfant, et elle en est à son sixième mois. [37]Car
rien n'est impossible à Dieu.
[38]Alors Marie répondit : Je suis la servante du Seigneur.
Que tout ce que tu m'as dit s'accomplisse pour moi.
Et l'ange la quitta.

Marie chez Elisabeth

[39]Peu après, Marie partit pour se rendre en hâte dans
une ville de montagne du territoire de Judée. [40]Elle entra
chez Zacharie et salua Elisabeth. [41]Au moment où celle-
ci entendit la salutation de Marie, elle sentit son enfant
remuer en elle. Elle fut remplie du Saint-Esprit [42]et s'écria
d'une voix forte : Tu es bénie plus que toutes les femmes
et l'enfant que tu portes est béni. [43]Comment ai-je mérité
l'honneur que la mère de mon Seigneur vienne me voir ?
[44]Car, vois-tu, au moment même où je t'ai entendu me
saluer, mon enfant a bondi de joie au-dedans de moi. [45]Tu

d 1.25 Pour la femme juive, c'était un déshonneur de ne pas avoir d'enfants.

e 1.27 En Israël, les *fiancés* étaient juridiquement mariés mais n'avaient pas encore de vie commune.

Mary's Song

46 And Mary said:
"My soul glorifies the Lord
47 and my spirit rejoices in God my Savior,
48 for he has been mindful
of the humble state of his servant.
From now on all generations will call me
blessed,
49 for the Mighty One has done great things for
me –
holy is his name.
50 His mercy extends to those who fear him,
from generation to generation.
51 He has performed mighty deeds with his arm;
he has scattered those who are proud in
their inmost thoughts.
52 He has brought down rulers from their thrones
but has lifted up the humble.
53 He has filled the hungry with good things
but has sent the rich away empty.
54 He has helped his servant Israel,
remembering to be merciful
55 to Abraham and his descendants forever,
just as he promised our ancestors."

56 Mary stayed with Elizabeth for about three
months and then returned home.

The Birth of John the Baptist

57 When it was time for Elizabeth to have her baby,
she gave birth to a son. 58 Her neighbors and relatives
heard that the Lord had shown her great mercy, and
they shared her joy.
59 On the eighth day they came to circumcise the
child, and they were going to name him after his father Zechariah, 60 but his mother spoke up and said,
"No! He is to be called John."
61 They said to her, "There is no one among your
relatives who has that name."
62 Then they made signs to his father, to find out
what he would like to name the child. 63 He asked for
a writing tablet, and to everyone's astonishment he
wrote, "His name is John." 64 Immediately his mouth
was opened and his tongue set free, and he began to
speak, praising God. 65 All the neighbors were filled
with awe, and throughout the hill country of Judea
people were talking about all these things. 66 Everyone
who heard this wondered about it, asking, "What then
is this child going to be?" For the Lord's hand was
with him.

Zechariah's Song

67 His father Zechariah was filled with the Holy
Spirit and prophesied:
68 "Praise be to the Lord, the God of Israel,
because he has come to his people and
redeemed them.
69 He has raised up a horn[c] of salvation for us

es heureuse, toi qui as cru à l'accomplissement de ce q
le Seigneur t'a annoncé[f].
46 Alors Marie dit :
Mon âme chante la grandeur du Seigneur
47 et mon esprit se réjouit à cause de Dieu, mon
Sauveur.
48 Car il a bien voulu abaisser son regard sur son
humble servante.
C'est pourquoi, désormais, à travers tous les temps
on m'appellera bienheureuse.
49 Car le Dieu tout-puissant a fait pour moi de grande
choses ;
lui, il est saint.
50 *Et sa bonté s'étendra d'âge en âge*
sur ceux qui le craignent.
51 Il est intervenu de toute sa puissance
et il a dispersé les hommes dont le cœur était
rempli d'orgueil.
52 *Il a précipité les puissants de leurs trônes,*
et il a élevé les humbles.
53 *Il a comblé de biens ceux qui sont affamés,*
et il a renvoyé les riches les mains vides.
54 *Oui, il a pris en main la cause d'Israël,*
il a témoigné sa bonté au peuple qui le sert,
55 comme il l'avait promis à nos ancêtres,
à Abraham et à ses descendants
pour tous les temps.
56 Marie resta environ trois mois avec Elisabeth, pu
elle retourna chez elle.

La naissance de Jean-Baptiste

57 Le moment arriva où Elisabeth devait accoucher. El
donna naissance à un fils. 58 Ses voisins et les membr
de sa famille apprirent combien le Seigneur avait été bo
pour elle, et ils se réjouissaient avec elle.
59 Le huitième jour après sa naissance, ils vinrent po
la circoncision du nouveau-né. Tout le monde voulait l'a
peler Zacharie comme son père, 60 mais sa mère intervi
et dit : Non, il s'appellera Jean.
61 – Mais, lui fit-on remarquer, personne dans ta famil
ne porte ce nom-là !
62 Alors ils interrogèrent le père, par des gestes, pou
savoir quel nom il voulait donner à l'enfant. 63 Zachar
se fit apporter une tablette et, au grand étonnement d
tous, il y traça ces mots : Son nom est Jean.
64 A cet instant, sa bouche s'ouvrit et sa langue se délia
il parlait et louait Dieu.
65 Tous les gens du voisinage furent remplis de craint
et l'on parlait de tous ces événements dans toutes les mo
tagnes de Judée. 66 Tous ceux qui les apprenaient en étaie
profondément impressionnés et disaient : « Que sera do
cet enfant ? » Car le Seigneur était avec lui.

67 Zacharie, son père, fut rempli de l'Esprit Saint
prophétisa en ces termes :
68 Loué soit le Seigneur, Dieu d'Israël,
car il est venu prendre soin de son peuple et il l'a
délivré.
69 Pour nous, il a fait naître parmi les descendants du
roi David, son serviteur,

c 1:69 *Horn* here symbolizes a strong king.

f 1.45 Autre traduction : *car ce que le Seigneur t'a annoncé s'accomplira.*

in the house of his servant David
[70] (as he said through his holy prophets of long ago),
[71] salvation from our enemies
and from the hand of all who hate us –
[72] to show mercy to our ancestors
and to remember his holy covenant,
[73] the oath he swore to our father Abraham:
[74] to rescue us from the hand of our enemies,
and to enable us to serve him without fear
[75] in holiness and righteousness before him all our days.
[76] And you, my child, will be called a prophet of the Most High;
for you will go on before the Lord to prepare the way for him,
[77] to give his people the knowledge of salvation
through the forgiveness of their sins,
[78] because of the tender mercy of our God,
by which the rising sun will come to us from heaven
[79] to shine on those living in darkness
and in the shadow of death,
to guide our feet into the path of peace."
[80] And the child grew and became strong in spir-
[d]; and he lived in the wilderness until he appeared
ublicly to Israel.

he Birth of Jesus

2 [1] In those days Caesar Augustus issued a decree that a census should be taken of the entire
oman world. [2] (This was the first census that took
lace while[e] Quirinius was governor of Syria.) [3] And
veryone went to their own town to register.
[4] So Joseph also went up from the town of Nazareth
ı Galilee to Judea, to Bethlehem the town of David,
ecause he belonged to the house and line of David.
He went there to register with Mary, who was
ledged to be married to him and was expecting a
hild. [6] While they were there, the time came for the
aby to be born, [7] and she gave birth to her firstborn,
son. She wrapped him in cloths and placed him in a
ıanger, because there was no guest room available
or them.
[8] And there were shepherds living out in the fields
earby, keeping watch over their flocks at night. [9] An
ngel of the Lord appeared to them, and the glory of
he Lord shone around them, and they were terri-
ed. [10] But the angel said to them, "Do not be afraid.
bring you good news that will cause great joy for all
he people. [11] Today in the town of David a Savior has
een born to you; he is the Messiah, the Lord. [12] This
vill be a sign to you: You will find a baby wrapped in
loths and lying in a manger."

1:80 Or *in the Spirit*
2:2 Or *This census took place before*

un Libérateur plein de force.
[70] Il vient d'accomplir la promesse qu'il avait faite depuis les premiers temps par la voix de ses saints prophètes
[71] qu'il nous délivrerait de tous nos ennemis, et du pouvoir de ceux qui nous haïssent.
[72] Il manifeste sa bonté à l'égard de nos pères
et il agit conformément à son alliance sainte.
[73] Il accomplit pour nous le serment qu'il a fait à notre ancêtre, Abraham,
[74] de nous accorder la faveur, après nous avoir délivrés de tous nos ennemis,
[75] de le servir sans crainte en étant saints et justes en sa présence tous les jours de la vie.
[76] Et toi, petit enfant, tu seras appelé prophète du Très-Haut,
car, devant le Seigneur, tu marcheras en précurseur pour préparer sa route,
[77] en faisant savoir à son peuple que Dieu lui donne le salut et qu'il pardonne ses péchés.
[78] Car notre Dieu est plein de compassion et de bonté,
et c'est pourquoi l'astre levant viendra pour nous d'en haut,
[79] *pour éclairer tous ceux qui habitent dans les ténèbres et l'ombre de la mort,*
et pour guider nos pas sur la voie de la paix.
[80] Le petit enfant grandissait et son esprit se fortifiait.
Plus tard, il vécut dans des lieux déserts jusqu'au jour où
il se manifesta publiquement au peuple d'Israël.

La naissance de Jésus

(Mt 1.18-25)

2 [1] En ce temps-là, l'empereur Auguste[g] publia un édit
qui ordonnait le recensement de tous les habitants
de l'Empire. [2] Ce recensement, le premier du genre, eut
lieu à l'époque où Quirinius était gouverneur de la province de Syrie.
[3] Tout le monde allait se faire recenser, chacun dans la
localité dont il était originaire. [4] C'est ainsi que Joseph, lui
aussi, partit de Nazareth et monta de la Galilée en Judée, à
Bethléhem, la ville de David : il appartenait, en effet, à la
famille de David. [5] Il s'y rendit pour se faire recenser avec
Marie, sa fiancée, qui attendait un enfant.
[6] Or, durant leur séjour à Bethléhem, arriva le moment
où Marie devait accoucher. [7] Elle mit au monde un fils :
son premier-né. Elle lui mit des langes et le coucha dans
une mangeoire parce qu'il n'y avait pas de place pour eux
dans la pièce réservée aux hôtes.
[8] Dans les champs environnants, des bergers passaient
la nuit pour garder leurs troupeaux. [9] Un ange du Seigneur
leur apparut et la gloire du Seigneur resplendit autour
d'eux. Une grande frayeur les saisit.
[10] Mais l'ange leur dit : N'ayez pas peur : je vous annonce
une nouvelle qui sera pour tout le peuple le sujet d'une très
grande joie. [11] Un Sauveur vous est né aujourd'hui dans la
ville de David ; c'est lui le Messie, le Seigneur. [12] Et voici à
quoi vous le reconnaîtrez : vous trouverez un nouveau-né
dans ses langes et couché dans une mangeoire.

g 2.1 Empereur romain qui a régné de 29 av. J.-C. à 14 apr. J.-C. et a fait plusieurs recensements.

13 Suddenly a great company of the heavenly host appeared with the angel, praising God and saying,

14 "Glory to God in the highest heaven,
and on earth peace to those on whom his favor rests."

15 When the angels had left them and gone into heaven, the shepherds said to one another, "Let's go to Bethlehem and see this thing that has happened, which the Lord has told us about."

16 So they hurried off and found Mary and Joseph, and the baby, who was lying in the manger. 17 When they had seen him, they spread the word concerning what had been told them about this child, 18 and all who heard it were amazed at what the shepherds said to them. 19 But Mary treasured up all these things and pondered them in her heart. 20 The shepherds returned, glorifying and praising God for all the things they had heard and seen, which were just as they had been told.

21 On the eighth day, when it was time to circumcise the child, he was named Jesus, the name the angel had given him before he was conceived.

Jesus Presented in the Temple

22 When the time came for the purification rites required by the Law of Moses, Joseph and Mary took him to Jerusalem to present him to the Lord 23 (as it is written in the Law of the Lord, "Every firstborn male is to be consecrated to the Lord"), 24 and to offer a sacrifice in keeping with what is said in the Law of the Lord: "a pair of doves or two young pigeons."

25 Now there was a man in Jerusalem called Simeon, who was righteous and devout. He was waiting for the consolation of Israel, and the Holy Spirit was on him. 26 It had been revealed to him by the Holy Spirit that he would not die before he had seen the Lord's Messiah. 27 Moved by the Spirit, he went into the temple courts. When the parents brought in the child Jesus to do for him what the custom of the Law required, 28 Simeon took him in his arms and praised God, saying:

29 "Sovereign Lord, as you have promised,
you may now dismiss[f] your servant in peace.
30 For my eyes have seen your salvation,
31 which you have prepared in the sight of all nations:
32 a light for revelation to the Gentiles,
and the glory of your people Israel."

33 The child's father and mother marveled at what was said about him. 34 Then Simeon blessed them and said to Mary, his mother: "This child is destined to cause the falling and rising of many in Israel, and to be a sign that will be spoken against, 35 so that the thoughts of many hearts will be revealed. And a sword will pierce your own soul too."

f 2:29 Or *promised, / now dismiss*

13 Et tout à coup apparut, aux côtés de l'ange, une mult tude d'anges de l'armée céleste qui chantaient les louang de Dieu :

14 Gloire à Dieu au plus haut des cieux !
Et paix sur la terre aux hommes qu'il aime[h].

15 Quand les anges les eurent quittés pour retourner a ciel, les bergers se dirent l'un à l'autre : Allons donc jusqu Bethléhem pour voir ce qui est arrivé, ce que le Seigneu nous a fait connaître.

16 Ils se dépêchèrent donc d'y aller et trouvèrent Mar et Joseph avec le nouveau-né couché dans une mangeoir 17 Quand ils le virent, ils racontèrent ce qui leur avait ét dit au sujet de cet enfant. 18 Tous ceux qui entendirer le récit des bergers en furent très étonnés. 19 Marie, ell conservait le souvenir de toutes ces paroles et y repensa souvent.

20 Les bergers s'en retournèrent, glorifiant et louant Die au sujet de tout ce qu'ils avaient vu et entendu : c'était bie ce que l'ange leur avait annoncé.

Jésus présenté au Temple

21 Lorsque, huit jours plus tard, arriva le moment de ci concire l'enfant, on lui donna le nom de Jésus : c'était l nom que l'ange avait indiqué avant qu'il fût conçu. 22 Pui une fois passé le temps prescrit par la Loi de Moïse pou leur purification, les parents de Jésus l'emmenèrent Jérusalem pour le présenter au Seigneur. 23 En effet, il es écrit dans la Loi du Seigneur :

Tout garçon premier-né sera consacré au Seigneur.

24 Ils venaient aussi offrir le sacrifice requis par la Loi d Seigneur : une paire de tourterelles ou deux jeunes pigeor

25 Il y avait alors, à Jérusalem, un homme appelé Siméor C'était un homme juste et pieux ; il vivait dans l'attente d la consolation d'Israël, et le Saint-Esprit reposait sur lu 26 L'Esprit Saint lui avait révélé qu'il ne mourrait pas avan d'avoir vu le Messie, l'Envoyé du Seigneur.

27 Poussé par l'Esprit, il vint au Temple. Quand les par ents de Jésus apportèrent le petit enfant pour accompli les rites qu'ordonnait la Loi, 28 Siméon le prit dans ses bra et loua Dieu en disant :

29 Maintenant, Seigneur, tu laisses ton serviteur
s'en aller en paix : tu as tenu ta promesse ;
30 car mes yeux ont vu le salut qui vient de toi,
31 et que tu as suscité en faveur de tous les peuples :
32 *il est la lumière pour éclairer les nations,*
il sera la gloire d'Israël ton peuple.

33 Le père et la mère de Jésus étaient émerveillés de c qu'il disait de lui.

34 Siméon les bénit et dit à Marie, sa mère : Sache-le cet enfant est destiné à être, pour beaucoup en Israël, un occasion de chute ou de relèvement. Il sera un signe qu suscitera la contradiction : 35 ainsi seront dévoilées le pensées cachées de bien des gens. Quant à toi, tu auras l cœur comme transpercé par une épée.

h 2.14 Autre traduction, d'après certains manuscrits : *paix sur terre, bienveillance pour les hommes.*

[36]There was also a prophet, Anna, the daughter
Penuel, of the tribe of Asher. She was very old;
e had lived with her husband seven years after
r marriage, [37]and then was a widow until she was
ghty-four.[g] She never left the temple but worshiped
ght and day, fasting and praying. [38]Coming up to
em at that very moment, she gave thanks to God
d spoke about the child to all who were looking
rward to the redemption of Jerusalem.
[39]When Joseph and Mary had done everything re-
ired by the Law of the Lord, they returned to Galilee
their own town of Nazareth. [40]And the child grew
d became strong; he was filled with wisdom, and
e grace of God was on him.

e Boy Jesus at the Temple

[41]Every year Jesus' parents went to Jerusalem for
e Festival of the Passover. [42]When he was twelve
ars old, they went up to the festival, according to
e custom. [43]After the festival was over, while his
rents were returning home, the boy Jesus stayed
hind in Jerusalem, but they were unaware of it.
Thinking he was in their company, they traveled
for a day. Then they began looking for him among
eir relatives and friends. [45]When they did not find
m, they went back to Jerusalem to look for him.
After three days they found him in the temple
urts, sitting among the teachers, listening to them
d asking them questions. [47]Everyone who heard him
as amazed at his understanding and his answers.
When his parents saw him, they were astonished.
s mother said to him, "Son, why have you treated
like this? Your father and I have been anxiously
arching for you."

[49]"Why were you searching for me?" he asked.
idn't you know I had to be in my Father's house?"[h]
But they did not understand what he was saying
them.
[51]Then he went down to Nazareth with them and
as obedient to them. But his mother treasured all
ese things in her heart. [52]And Jesus grew in wisdom
d stature, and in favor with God and man.

hn the Baptist Prepares the Way

[1]In the fifteenth year of the reign of Tiberius
Caesar – when Pontius Pilate was governor of
dea, Herod tetrarch of Galilee, his brother Philip
trarch of Iturea and Traconitis, and Lysanias

:37 Or *then had been a widow for eighty-four years.*
:49 Or *be about my Father's business*

[36]Il y avait aussi une prophétesse, Anne, fille de
Phanuel, de la tribu d'Aser[i]. Elle était très âgée. Dans
sa jeunesse, elle avait été mariée pendant sept ans,
[37]puis elle était devenue veuve et avait vécu seule
jusqu'à quatre-vingt-quatre ans. Elle ne quittait jamais le Temple où elle servait Dieu, nuit et jour, par
le jeûne et la prière. [38]Elle arriva, elle aussi, au même
moment ; elle louait Dieu et parlait de l'enfant à tous
ceux qui attendaient que Dieu délivre Jérusalem.
[39]Après avoir accompli tout ce que la Loi du Seigneur
ordonnait, Marie et Joseph retournèrent en Galilée, à
Nazareth, leur village. [40]Le petit enfant grandissait et se
développait. Il était plein de sagesse, et la grâce de Dieu
reposait sur lui.

Jésus dans le Temple à douze ans

[41]Les parents de Jésus se rendaient chaque année à
Jérusalem pour la fête de la Pâque. [42]Quand Jésus eut douze
ans[j], ils y montèrent selon la coutume de la fête.
[43]Une fois la fête terminée, ils prirent le chemin du retour, mais Jésus, leur fils, resta à Jérusalem et ses parents
ne s'en aperçurent pas. [44]Ils supposaient, en effet, qu'il se
trouvait avec leurs compagnons de voyage et firent ainsi
une journée de marche. Ils se mirent alors à le chercher
parmi leurs parents et leurs connaissances. [45]Mais ils ne
le trouvèrent pas. Aussi retournèrent-ils à Jérusalem pour
le chercher.
[46]Trois jours plus tard, ils le retrouvèrent dans le
Temple, assis au milieu des maîtres ; il les écoutait et
leur posait des questions. [47]Tous ceux qui l'entendaient
s'émerveillaient de son intelligence et de ses réponses.
[48]Ses parents furent très étonnés de le voir là, et sa mère
lui dit : Mon enfant, pourquoi nous as-tu fait cela ? Tu sais,
ton père et moi, nous étions très inquiets et nous t'avons
cherché partout.
[49]– Pourquoi m'avez-vous cherché ? leur répondit Jésus.
Ne saviez-vous pas que je dois m'occuper des affaires de
mon Père ?
[50]Mais ils ne comprirent pas ce qu'il leur disait.
[51]Il repartit donc avec eux et retourna à Nazareth. Et il
leur était obéissant. Sa mère gardait précieusement dans
son cœur le souvenir de tout ce qui s'était passé. [52]Jésus
grandissait et progressait en sagesse, et il se rendait toujours plus agréable à Dieu et aux hommes.

Préparation du ministère de Jésus

Jean-Baptiste, messager de Dieu

(Mt 3.1-10 ; Mc 1.1-6)

3 [1]La quinzième année du règne de l'empereur
Tibère[k], Ponce Pilate[l] était gouverneur de la
Judée, Hérode régnait sur la Galilée comme tétrarque,
son frère Philippe sur l'Iturée et la Trachonitide,

i **2.36** L'une des douze tribus d'Israël.
j **2.42** A cet âge, les jeunes Juifs étaient considérés comme majeurs pour les questions religieuses.
k **3.1** Successeur d'Auguste, empereur à Rome de 14 à 37 apr. J.-C. Jean a donc commencé son ministère aux environs de l'année 28.
l **3.1** *Ponce Pilate* fut gouverneur du territoire israélite de 26 à 36 apr. J.-C.

tetrarch of Abilene – 2 during the high-priesthood of Annas and Caiaphas, the word of God came to John son of Zechariah in the wilderness. 3 He went into all the country around the Jordan, preaching a baptism of repentance for the forgiveness of sins. 4 As it is written in the book of the words of Isaiah the prophet:

"A voice of one calling in the wilderness,
'Prepare the way for the Lord,
make straight paths for him.

5 Every valley shall be filled in,
every mountain and hill made low.
The crooked roads shall become straight,
the rough ways smooth.
6 And all people will see God's salvation.' "

7 John said to the crowds coming out to be baptized by him, "You brood of vipers! Who warned you to flee from the coming wrath? 8 Produce fruit in keeping with repentance. And do not begin to say to yourselves, 'We have Abraham as our father.' For I tell you that out of these stones God can raise up children for Abraham. 9 The ax is already at the root of the trees, and every tree that does not produce good fruit will be cut down and thrown into the fire."

10 "What should we do then?" the crowd asked.

11 John answered, "Anyone who has two shirts should share with the one who has none, and anyone who has food should do the same."

12 Even tax collectors came to be baptized. "Teacher," they asked, "what should we do?"

13 "Don't collect any more than you are required to," he told them.

14 Then some soldiers asked him, "And what should we do?"

He replied, "Don't extort money and don't accuse people falsely – be content with your pay."

15 The people were waiting expectantly and were all wondering in their hearts if John might possibly be the Messiah. 16 John answered them all, "I baptize you with[i] water. But one who is more powerful than I will come, the straps of whose sandals I am not worthy to untie. He will baptize you with[j] the Holy Spirit and fire. 17 His winnowing fork is in his hand to clear his threshing floor and to gather the wheat into his barn, but he will burn up the chaff with unquenchable

[i] 3:16 Or *in*
[j] 3:16 Or *in*

Lysanias sur l'Abilène[m]. 2 Hanne et Caïphe étaie grands-prêtres[n].

Cette année-là, Dieu adressa la parole à Jean, fi de Zacharie, dans le désert. 3 Jean se mit à parcour toute la région du Jourdain. Il appelait les gens à faire baptiser en signe d'un profond changement afin de recevoir le pardon de leurs péchés. 4 Ain s'accomplit ce que le prophète Esaïe avait écrit da son livre :

On entend la voix de quelqu'un
qui crie dans le désert :
Préparez le chemin pour le Seigneur,
faites-lui des sentiers droits.
5 *Toute vallée sera comblée,*
toute montagne et toute colline seront abaissées,
les voies tortueuses deviendront droites,
les chemins rocailleux seront nivelés,
6 *et tous les hommes verront*
le salut de Dieu[p].

7 Jean disait à ceux qui venaient en foule se faire baptis par lui : Espèces de vipères ! Qui vous a enseigné à fuir colère de Dieu qui va se manifester ? 8 Produisez plut pour fruits des actes qui montrent que vous avez chang Ne vous contentez pas de répéter en vous-mêmes : « No sommes les descendants d'Abraham ! » Car, regardez c pierres : je vous déclare que Dieu peut en faire des enfan d'Abraham.

9 La hache est déjà sur le point d'attaquer les arbres la racine. Tout arbre qui ne produit pas de bon fruit se coupé et jeté au feu.

10 Les foules lui demandèrent alors : Que devons-no faire ?

11 Il leur répondit : Si quelqu'un a deux chemises, qu en donne une à celui qui n'en a pas. Si quelqu'un a de qu manger, qu'il partage avec celui qui n'a rien.

12 Il y avait des collecteurs d'impôts qui venaient se fai baptiser. Ils demandèrent à Jean : Maître, que devons-no faire ?

13 – N'exigez rien de plus que ce qui a été fixé, leu répondit-il.

14 Des soldats le questionnèrent aussi : Et nous, que de ons-nous faire ?

– N'extorquez d'argent à personne et ne dénoncez pe sonne à tort : contentez-vous de votre solde.

(Mt 3.11-12 ; Mc 1.7-8 ; Jn 1.19-28)

15 Le peuple était plein d'espoir et chacun se demanda si Jean n'était pas le Messie.

16 Il répondit à tous : Moi je vous baptise dans l'eau. Ma quelqu'un va venir, qui est plus puissant que moi. Je ne su même pas digne de dénouer la lanière de ses sandales. Lu il vous baptisera dans le Saint-Esprit et le feu. 17 Il tient e main sa pelle à vanner, pour nettoyer son aire de battag et il amassera le blé dans son grenier. Quant à la bale, il brûlera dans un feu qui ne s'éteindra pas.

[m] **3.1** L'*Iturée* et la *Trachonitide* sont deux régions situées au sud-est du Liban. *l'Abilène:* district situé à 27 kilomètres au nord-ouest de Damas.
[n] **3.2** *Hanne* avait été grand-prêtre avant l'an 15. Il continuait à exercer son influence sous Caïphe, son successeur (qui était son gendre), titulaire de l'office de 18 à 36.
[o] **3.3** Autres traductions : *se faire baptiser en signe de repentance,* ou *pour indiquer qu'ils changeaient de comportement.*
[p] **3.6** Es 40.3-5 cité selon l'ancienne version grecque.
[q] **3.8** Autre traduction : *que vous vous repentez.*

re." [18]And with many other words John exhorted
ie people and proclaimed the good news to them.

[19]But when John rebuked Herod the tetrarch be-
iuse of his marriage to Herodias, his brother's wife,
nd all the other evil things he had done, [20]Herod
dded this to them all: He locked John up in prison.

he Baptism and Genealogy of Jesus

[21]When all the people were being baptized, Jesus
as baptized too. And as he was praying, heaven was
pened [22]and the Holy Spirit descended on him in
odily form like a dove. And a voice came from heav-
n: "You are my Son, whom I love; with you I am well
leased."

[23]Now Jesus himself was about thirty years old
hen he began his ministry. He was the son, so it
as thought, of Joseph,
the son of Heli, [24]the son of Matthat,
the son of Levi, the son of Melki,
the son of Jannai, the son of Joseph,
[25]the son of Mattathias, the son of Amos,
the son of Nahum, the son of Esli,
the son of Naggai, [26]the son of Maath,
the son of Mattathias, the son of Semein,
the son of Josek, the son of Joda,
[27]the son of Joanan, the son of Rhesa,
the son of Zerubbabel, the son of Shealtiel,
the son of Neri, [28]the son of Melki,
the son of Addi, the son of Cosam,
the son of Elmadam, the son of Er,
[29]the son of Joshua, the son of Eliezer,
the son of Jorim, the son of Matthat,
the son of Levi, [30]the son of Simeon,
the son of Judah, the son of Joseph,
the son of Jonam, the son of Eliakim,
[31]the son of Melea, the son of Menna,
the son of Mattatha, the son of Nathan,
the son of David, [32]the son of Jesse,
the son of Obed, the son of Boaz,
the son of Salmon,[k] the son of Nahshon,
[33]the son of Amminadab, the son of Ram,[l]
the son of Hezron, the son of Perez,
the son of Judah, [34]the son of Jacob,
the son of Isaac, the son of Abraham,
the son of Terah, the son of Nahor,
[35]the son of Serug, the son of Reu,
the son of Peleg, the son of Eber,
the son of Shelah, [36]the son of Cainan,
the son of Arphaxad, the son of Shem,
the son of Noah, the son of Lamech,
[37]the son of Methuselah, the son of Enoch,
the son of Jared, the son of Mahalalel,
the son of Kenan, [38]the son of Enosh,

3:32 Some early manuscripts *Sala*
3:33 Some manuscripts *Amminadab, the son of Admin, the son of Arni*;
ther manuscripts vary widely.

[18]Jean adressait encore beaucoup d'autres recommandations au peuple et lui annonçait la Bonne Nouvelle de
l'Evangile.

(Mt 14.3-4 ; Mc 6.17-18)

[19]Mais il reprocha au gouverneur Hérode d'avoir épousé
Hérodiade, la femme de son demi-frère[r], et d'avoir commis
beaucoup d'autres méfaits. [20]Hérode ajouta encore à tous
ses crimes celui de faire emprisonner Jean.

Le baptême de Jésus

(Mt 3.13-17 ; Mc 1.9-11)

[21]Tout le peuple venait se faire baptiser, et Jésus fut
aussi baptisé. Or, pendant qu'il priait, le ciel s'ouvrit [22]et
le Saint-Esprit descendit sur lui, sous une forme corporelle,
comme une colombe.

Une voix retentit alors du ciel : Tu es mon Fils bien-aimé,
tu fais toute ma joie.

La généalogie de Jésus

(Mt 1.1-17)

[23]Jésus avait environ trente ans quand il commença à
exercer son ministère. Il était, comme on le pensait, le
fils de Joseph, dont voici les ancêtres : Héli, [24]Matthath,
Lévi, Melki, Yannaï, Joseph, [25]Mattathias, Amos, Nahoum,
Esli, Naggaï, [26]Maath, Mattathias, Séméïn, Yoseh, Yoda,
[27]Yoanan, Rhésa, Zorobabel, Shealtiel, Néri, [28]Melki, Addi,
Kosam, Elmadam, Er, [29]Jésus, Eliézer, Yorim, Matthath,
Lévi, [30]Siméon, Juda, Joseph, Yonam, Eliaqim, [31]Méléa,
Menna, Mattata, Nathan, David, [32]Isaï, Obed, Booz, Salma,
Nahshôn, [33]Amminadab, Admîn, Arni, Hetsrôn, Pérets,
Juda, [34]Jacob, Isaac, Abraham, Térah, Nahor, [35]Seroug,
Reou, Péleg, Héber, Shélah, [36]Qaïnam, Arpakshad, Sem,
Noé, Lémek, [37]Mathusalem, Hénok, Yéred, Maléléel, Qénân,
[38]Enosh, Seth, Adam, qui était lui-même fils de Dieu.

[r] **3.19** Hérode vivait avec sa belle-sœur abandonnée par Philippe, son mari.

the son of Seth, the son of Adam,
the son of God.

Jesus Is Tested in the Wilderness

4 [1]Jesus, full of the Holy Spirit, left the Jordan and was led by the Spirit into the wilderness, [2]where for forty days he was tempted[m] by the devil. He ate nothing during those days, and at the end of them he was hungry.

[3]The devil said to him, "If you are the Son of God, tell this stone to become bread."

[4]Jesus answered, "It is written: 'Man shall not live on bread alone.'"

[5]The devil led him up to a high place and showed him in an instant all the kingdoms of the world. [6]And he said to him, "I will give you all their authority and splendor; it has been given to me, and I can give it to anyone I want to. [7]If you worship me, it will all be yours."

[8]Jesus answered, "It is written: 'Worship the Lord your God and serve him only.'"

[9]The devil led him to Jerusalem and had him stand on the highest point of the temple. "If you are the Son of God," he said, "throw yourself down from here. [10]For it is written:

" 'He will command his angels concerning you
to guard you carefully;
[11] they will lift you up in their hands,
so that you will not strike your foot against
a stone.'"

[12]Jesus answered, "It is said: 'Do not put the Lord your God to the test.'"

[13]When the devil had finished all this tempting, he left him until an opportune time.

Jesus Rejected at Nazareth

[14]Jesus returned to Galilee in the power of the Spirit, and news about him spread through the whole countryside. [15]He was teaching in their synagogues, and everyone praised him.

[16]He went to Nazareth, where he had been brought up, and on the Sabbath day he went into the synagogue, as was his custom. He stood up to read, [17]and the scroll of the prophet Isaiah was handed to him. Unrolling it, he found the place where it is written:

[18] "The Spirit of the Lord is on me,
because he has anointed me
to proclaim good news to the poor.
He has sent me to proclaim freedom for the
prisoners
and recovery of sight for the blind,

m 4:2 The Greek for *tempted* can also mean *tested.*

La tentation de Jésus

(Mt 4.1-11 ; Mc 1.12-13)

4 [1]Jésus, rempli de l'Esprit Saint, revint du Jorda et l'Esprit le conduisit dans le désert [2]où il fut ten par le diable durant quarante jours. Il ne mangea rie durant ces jours-là, et, quand ils furent passés, il eut fair

[3]Alors le diable lui dit : Si tu es le Fils de Dieu, ordonr donc à cette pierre de se changer en pain.

[4]Jésus lui répondit : Il est écrit :

L'homme ne vivra pas seulement de pain.

[5]Le diable l'entraîna sur une hauteur, [6]lui montra e un instant tous les royaumes de la terre et lui dit : Je donnerai la domination universelle ainsi que les riches es et la gloire de ces royaumes. Car tout cela a été rem entre mes mains et je le donne à qui je veux. [7]Si donc t te prosternes devant moi, tout cela sera à toi.

[8]Jésus lui répondit : Il est écrit :

Tu adoreras le Seigneur, ton Dieu,
et c'est à lui seul que tu rendras un culte.

[9]Le diable le conduisit ensuite à Jérusalem, le plaça tou en haut du Temple et lui dit : Si tu es le Fils de Dieu, jett toi d'ici en bas, car il est écrit :

[10] *Il donnera des ordres à ses anges à ton sujet,*
pour qu'ils veillent sur toi,

[11]et encore :

Ils te porteront sur leurs mains
pour que ton pied ne heurte pas de pierre.

[12]Jésus répondit : Il est aussi écrit :

Tu ne forceras pas la main au Seigneur, ton Dieu.

[13]Lorsque le diable eut achevé de le soumettre à toute sortes de tentations, il s'éloigna de lui jusqu'au temps fixé

Ministère de Jésus en Galilée

Jésus, le Serviteur choisi par Dieu

(Mt 4.12-17 ; Mc 1.14-15)

[14]Jésus, rempli de la puissance de l'Esprit, retourna e Galilée. Sa réputation se répandit dans toute la région. [15] enseignait dans les synagogues et tous faisaient son élog

(Mt 13.53-58 ; Mc 6.1-6)

[16]Il se rendit aussi à Nazareth, où il avait été éleve et il entra dans la synagogue le jour du sabbat, comm il en avait l'habitude. Il se leva pour faire la lectur biblique[t], [17]et on lui présenta le rouleau du prophèt Esaïe. En déroulant le parchemin, il trouva le passag où il est écrit :

[18] *L'Esprit du Seigneur est sur moi*
car il m'a oint
pour annoncer une bonne nouvelle aux pauvres.
Il m'a envoyé pour annoncer aux captifs la délivrance,
aux aveugles le recouvrement de la vue,

s **4.13** Autre traduction : *jusqu'au moment propice.*

t **4.16** N'importe quel membre juif de l'assistance pouvait être appelé à faire la lecture des livres de l'Ancien Testament durant le culte de la synagogue.

to set the oppressed free,
19 to proclaim the year of the Lord's favor."
20 Then he rolled up the scroll, gave it back to the
tendant and sat down. The eyes of everyone in the
'nagogue were fastened on him. 21 He began by say-
g to them, "Today this scripture is fulfilled in your
earing."
22 All spoke well of him and were amazed at the
racious words that came from his lips. "Isn't this
seph's son?" they asked.
23 Jesus said to them, "Surely you will quote this
roverb to me: 'Physician, heal yourself!' And you will
ll me, 'Do here in your hometown what we have
eard that you did in Capernaum.' "
24 "Truly I tell you," he continued, "no prophet is
ccepted in his hometown. 25 I assure you that there
ere many widows in Israel in Elijah's time, when the
ky was shut for three and a half years and there was
severe famine throughout the land. 26 Yet Elijah was
ot sent to any of them, but to a widow in Zarephath
the region of Sidon. 27 And there were many in Israel
ith leprosy[n] in the time of Elisha the prophet, yet not
ne of them was cleansed – only Naaman the Syrian."
28 All the people in the synagogue were furious
hen they heard this. 29 They got up, drove him out
f the town, and took him to the brow of the hill on
hich the town was built, in order to throw him off
ne cliff. 30 But he walked right through the crowd
nd went on his way.

esus Drives Out an Impure Spirit

31 Then he went down to Capernaum, a town in
alilee, and on the Sabbath he taught the people.
They were amazed at his teaching, because his
ords had authority.
33 In the synagogue there was a man possessed by a
emon, an impure spirit. He cried out at the top of his
oice, 34 "Go away! What do you want with us, Jesus of
azareth? Have you come to destroy us? I know who
ou are – the Holy One of God!"
35 "Be quiet!" Jesus said sternly. "Come out of him!"
hen the demon threw the man down before them all
nd came out without injuring him.
36 All the people were amazed and said to each oth-
r, "What words these are! With authority and power
e gives orders to impure spirits and they come out!"
And the news about him spread throughout the sur-
ounding area.

esus Heals Many

38 Jesus left the synagogue and went to the home
f Simon. Now Simon's mother-in-law was suffering
rom a high fever, and they asked Jesus to help her.
So he bent over her and rebuked the fever, and it
eft her. She got up at once and began to wait on them.

pour apporter la liberté aux opprimés
19 *et proclamer une année de faveur accordée par le*
Seigneur[u].
20 Il roula le livre, le rendit au servant et s'assit. Dans la
synagogue, tous les yeux étaient braqués sur lui.
21 – Aujourd'hui même, commença-t-il, pour vous qui
l'entendez, cette prophétie de l'Ecriture est devenue
réalité.
22 Aucun de ses auditeurs ne restait indifférent : les paroles de grâce qu'il prononçait les étonnaient beaucoup.
Aussi disaient-ils : N'est-il pas le fils de Joseph ?
23 Alors il leur dit : Vous ne manquerez pas de m'appliquer ce dicton : « Médecin, guéris-toi toi-même » et vous
me direz : « On nous a parlé de ce que tu as accompli à
Capernaüm. Fais-en donc autant ici, dans ta propre ville ! »
24 Et il ajouta : Vraiment, je vous l'assure : aucun prophète
n'est bien accueilli dans sa patrie. 25 Voici la vérité, je vous
le déclare : il y avait beaucoup de veuves en Israël à l'époque d'Elie, quand, pendant trois ans et demi, il n'y a pas
eu de pluie et qu'une grande famine a sévi dans tout le
pays. 26 Or, Elie n'a été envoyé vers aucune d'entre elles,
mais vers une veuve qui vivait à Sarepta, dans le pays de Sidon.
27 Il y avait aussi beaucoup de lépreux en Israël au temps
du prophète Elisée. Et pourtant, aucun d'eux n'a été guéri.
C'est le Syrien Naaman qui l'a été
28 En entendant ces paroles, tous ceux qui étaient dans
la synagogue se mirent en colère. 29 Ils se levèrent, firent
sortir Jésus de la ville, et le menèrent jusqu'au sommet de
la montagne sur laquelle elle était bâtie, afin de le précipiter dans le vide. 30 Mais il passa au milieu d'eux et s'en alla.

Exorcisme et guérisons à Capernaüm

(Mc 1.21-28)

31 Il se rendit à Capernaüm, une autre ville de la Galilée.
Il y enseignait les jours de sabbat. 32 Ses auditeurs étaient
profondément impressionnés par son enseignement, car
il parlait avec autorité.
33 Dans la synagogue se trouvait un homme sous l'emprise d'un esprit démoniaque et impur. Il se mit à crier
d'une voix puissante : 34 Ah ! Que nous veux-tu, Jésus de
Nazareth ? Es-tu venu pour nous détruire[v] ? Je sais qui tu
es ! Tu es le Saint envoyé par Dieu !
35 Mais, d'un ton sévère, Jésus lui ordonna : Tais-toi, et
sors de cet homme !
Le démon jeta l'homme par terre, au milieu des assistants, et sortit de lui, sans lui faire aucun mal. 36 Tous
furent saisis de stupeur ; ils se disaient tous, les uns aux
autres : Quelle est cette parole ? Il donne des ordres aux
esprits mauvais, avec autorité et puissance, et ils sortent !
37 Et la renommée de Jésus se répandait dans toutes les
localités environnantes.

(Mt 8.14-17 ; Mc 1.29-34)

38 En sortant de la synagogue, il se rendit à la maison
de Simon. Or, la belle-mère de Simon souffrait d'une forte
fièvre, et l'on demanda à Jésus de faire quelque chose pour
elle. 39 Il se pencha sur elle, donna un ordre à la fièvre, et
la fièvre la quitta. Alors elle se leva immédiatement et se
mit à les servir.

4:27 The Greek word traditionally translated *leprosy* was used for
arious diseases affecting the skin.

[u] **4.19** Es 61.1-2 cité selon l'ancienne version grecque.
[v] **4.34** Autre traduction : *tu es venu pour nous détruire.*

40 At sunset, the people brought to Jesus all who had various kinds of sickness, and laying his hands on each one, he healed them. 41 Moreover, demons came out of many people, shouting, "You are the Son of God!" But he rebuked them and would not allow them to speak, because they knew he was the Messiah.

42 At daybreak, Jesus went out to a solitary place. The people were looking for him and when they came to where he was, they tried to keep him from leaving them. 43 But he said, "I must proclaim the good news of the kingdom of God to the other towns also, because that is why I was sent." 44 And he kept on preaching in the synagogues of Judea.

Jesus Calls His First Disciples

5 1 One day as Jesus was standing by the Lake of Gennesaret,[o] the people were crowding around him and listening to the word of God. 2 He saw at the water's edge two boats, left there by the fishermen, who were washing their nets. 3 He got into one of the boats, the one belonging to Simon, and asked him to put out a little from shore. Then he sat down and taught the people from the boat.

4 When he had finished speaking, he said to Simon, "Put out into deep water, and let down the nets for a catch."

5 Simon answered, "Master, we've worked hard all night and haven't caught anything. But because you say so, I will let down the nets."

6 When they had done so, they caught such a large number of fish that their nets began to break. 7 So they signaled their partners in the other boat to come and help them, and they came and filled both boats so full that they began to sink.

8 When Simon Peter saw this, he fell at Jesus' knees and said, "Go away from me, Lord; I am a sinful man!" 9 For he and all his companions were astonished at the catch of fish they had taken, 10 and so were James and John, the sons of Zebedee, Simon's partners.

Then Jesus said to Simon, "Don't be afraid; from now on you will fish for people." 11 So they pulled their boats up on shore, left everything and followed him.

Jesus Heals a Man With Leprosy

12 While Jesus was in one of the towns, a man came along who was covered with leprosy.[p] When he saw Jesus, he fell with his face to the ground and begged him, "Lord, if you are willing, you can make me clean."

[o] **5:1** That is, the Sea of Galilee

[p] **5:12** The Greek word traditionally translated *leprosy* was used for various diseases affecting the skin.

40 Au coucher du soleil, tous ceux qui avaient che eux des malades atteints des maux les plus divers le amenèrent à Jésus[w]. Il posa ses mains sur chacun d'eu et les guérit. 41 Des démons sortaient aussi de beaucou d'entre eux en criant : Tu es le Fils de Dieu !

Mais Jésus les reprenait sévèrement pour les faire tair car ils savaient qu'il était le Messie[x].

(Mc 1.35-39)

42 Dès qu'il fit jour, Jésus sortit de la maison et se rend dans un lieu désert. Les foules se mirent à sa recherch et, après l'avoir rejoint, voulurent le retenir pour qu'il n les quitte pas.

43 Mais il leur dit : Je dois aussi annoncer la Bonn Nouvelle du royaume de Dieu aux autres villes, car c'es pour cela que Dieu m'a envoyé.

44 Et il prêchait dans les synagogues de la Judée[y].

Les premiers disciples

(Mt 4.18-22 ; Mc 1.16-20)

5 1 Un jour, alors que Jésus se tenait sur les bords d lac de Génésareth[z] et que la foule se pressait autou de lui pour écouter la Parole de Dieu, 2 il vit deux bateau au bord du lac. Les pêcheurs en étaient descendus et net toyaient leurs filets. 3 L'un de ces bateaux appartenait Simon. Jésus y monta et lui demanda de s'éloigner un pe du rivage, puis il s'assit dans le bateau et se mit à ensei gner la foule.

4 Quand il eut fini de parler, il dit à Simon : Avance ver le large, en eau profonde, puis vous jetterez vos filets pou pêcher.

5 – Maître, lui répondit Simon, nous avons travaillé tout la nuit et nous n'avons rien pris. Mais, puisque tu me l demandes, je jetterai les filets.

6 Ils les jetèrent et prirent tant de poissons que leur filets menaçaient de se déchirer. 7 Alors ils firent sign à leurs associés, dans l'autre bateau, de venir les aider Ceux-ci arrivèrent, et l'on remplit les deux bateaux, a point qu'ils enfonçaient.

8 En voyant cela, Simon Pierre se jeta aux pieds de Jésu et lui dit : Seigneur, éloigne-toi de moi, car je suis un hom me pécheur.

9 En effet, il était saisi d'effroi, ainsi que tous ses com pagnons, devant la pêche extraordinaire qu'ils venaien de faire. 10 Il en était de même de Jacques et de Jean, fil de Zébédée, les associés de Simon.

Alors Jésus dit à Simon : N'aie pas peur ! A partir d maintenant, ce sont des hommes que tu attraperas.

11 Dès qu'ils eurent ramené leurs bateaux au rivage, il laissèrent tout et suivirent Jésus.

Jésus guérit des malades et pardonne les péchés

(Mt 8.1-13 ; Mc 1.40-45)

12 Un autre jour, alors qu'il se trouvait dans une ville survint un homme couvert de lèpre. En voyant Jésus, il s prosterna devant lui, face contre terre, et lui adressa cett prière : Seigneur, si tu le veux, tu peux me rendre pur.

[w] **4.40** On attendait le coucher du soleil qui marquait la fin du sabbat pour transporter les malades, car il était interdit de le faire durant le jour du repos.

[x] **4.41** Jésus ne voulait pas être « accrédité » par les démons.

[y] **4.44** Certains manuscrits ont : *Galilée.*

[z] **5.1** Appelé aussi lac de Galilée.

[13]Jesus reached out his hand and touched the man. am willing," he said. "Be clean!" And immediately e leprosy left him.

[14]Then Jesus ordered him, "Don't tell anyone, but), show yourself to the priest and offer the sacrific- that Moses commanded for your cleansing, as a stimony to them."

[15]Yet the news about him spread all the more, so at crowds of people came to hear him and to be ealed of their sicknesses. [16]But Jesus often withdrew lonely places and prayed.

sus Forgives and Heals a Paralyzed Man

[17]One day Jesus was teaching, and Pharisees and achers of the law were sitting there. They had ome from every village of Galilee and from Judea id Jerusalem. And the power of the Lord was with sus to heal the sick. [18]Some men came carrying a aralyzed man on a mat and tried to take him into the ouse to lay him before Jesus. [19]When they could not nd a way to do this because of the crowd, they went p on the roof and lowered him on his mat through ie tiles into the middle of the crowd, right in front f Jesus.

[20]When Jesus saw their faith, he said, "Friend, your ns are forgiven."

[21]The Pharisees and the teachers of the law be- an thinking to themselves, "Who is this fellow who peaks blasphemy? Who can forgive sins but God lone?"

[22]Jesus knew what they were thinking and asked, Why are you thinking these things in your hearts? Which is easier: to say, 'Your sins are forgiven,' or to ay, 'Get up and walk'? [24]But I want you to know that ie Son of Man has authority on earth to forgive sins." o he said to the paralyzed man, "I tell you, get up, ake your mat and go home." [25]Immediately he stood p in front of them, took what he had been lying on nd went home praising God. [26]Everyone was amazed nd gave praise to God. They were filled with awe and aid, "We have seen remarkable things today."

esus Calls Levi and Eats With Sinners

[27]After this, Jesus went out and saw a tax collector y the name of Levi sitting at his tax booth. "Follow ne," Jesus said to him, [28]and Levi got up, left every- hing and followed him.

[29]Then Levi held a great banquet for Jesus at his ouse, and a large crowd of tax collectors and others vere eating with them. [30]But the Pharisees and the eachers of the law who belonged to their sect com- plained to his disciples, "Why do you eat and drink vith tax collectors and sinners?"

[13]Jésus tendit la main et le toucha en disant : Je le veux, sois pur.

Aussitôt, la lèpre le quitta. [14]Alors Jésus lui recommanda de ne le dire à personne.

– Mais, lui dit-il, va te faire examiner par le prêtre et, pour ta purification, offre ce que Moïse a prescrit. Cela leur servira de témoignage[a].

[15]La réputation de Jésus se répandait de plus en plus. Aussi, de grandes foules affluaient pour l'entendre et pour se faire guérir de leurs maladies. [16]Mais lui se retirait dans des lieux déserts pour prier.

(Mt 9.1-8 ; Mc 2.1-12)

[17]Un jour, il était en train d'enseigner. Des pharisiens et des enseignants de la Loi étaient assis dans l'auditoire. Ils étaient venus de tous les villages de Galilée et de Judée ainsi que de Jérusalem. La puissance du Seigneur se manifestait par les guérisons que Jésus opérait. [18]Voilà que survinrent des hommes qui portaient un paralysé sur un brancard. Ils cherchaient à le faire entrer dans la maison pour le déposer devant Jésus [19]mais ils ne trouvèrent pas moyen de parvenir jusqu'à lui, à cause de la foule. Alors ils montèrent sur le toit, ménagèrent une ouverture dans les tuiles et firent descendre le paralysé sur le brancard en plein milieu de l'assistance, juste devant Jésus.

[20]Lorsqu'il vit la foi de ces gens, Jésus dit : Mon ami, tes péchés te sont pardonnés.

[21]Les spécialistes de la Loi et les pharisiens se mirent à raisonner et à dire : Qui est donc cet homme qui prononce des paroles blasphématoires ? Qui peut pardonner les péchés, si ce n'est Dieu seul ?

[22]Mais Jésus connaissait leurs raisonnements. Il leur dit : Pourquoi raisonnez-vous ainsi en vous-mêmes ? [23]Qu'est-ce qui est le plus facile ? Dire : « Tes péchés te sont pardonnés », ou dire : « Lève-toi et marche » ? [24]Eh bien, vous saurez que le Fils de l'homme a, sur la terre, le pouvoir de pardonner les péchés.

Il déclara au paralysé : Je te l'ordonne : lève-toi, prends ton brancard, et rentre chez toi !

[25]Aussitôt, devant tout le monde, l'homme se leva, prit le brancard sur lequel il était couché et s'en alla chez lui en rendant gloire à Dieu.

[26]Tous furent saisis de stupéfaction. Ils rendaient gloire à Dieu et, remplis de crainte, disaient : Nous avons vu aujourd'hui des choses extraordinaires !

Jésus est contesté

(Mt 9.9-13 ; Mc 2.13-17)

[27]Après cela, Jésus s'en alla et vit, en passant, un collecteur d'impôts nommé Lévi, installé à son poste de péage. Il l'appela en disant : Suis-moi !

[28]Cet homme se leva, laissa tout et suivit Jésus.

[29]Lévi organisa, dans sa maison, une grande réception en l'honneur de Jésus. De nombreuses personnes étaient à table avec eux, et, parmi elles, des collecteurs d'impôts.

[30]Les pharisiens, et les spécialistes de la Loi qui appartenaient à leur parti s'indignaient et interpellèrent les disciples de Jésus : Comment pouvez-vous manger et boire avec ces collecteurs d'impôts, ces pécheurs notoires ?

---

[a] **5.14** Autres traductions : *cela leur prouvera qui je suis* ou *cela prouvera à tous que tu es guéri* ou *cela prouvera à tous mon respect de la Loi.*

[31]Jesus answered them, "It is not the healthy who need a doctor, but the sick. [32]I have not come to call the righteous, but sinners to repentance."

Jesus Questioned About Fasting

[33]They said to him, "John's disciples often fast and pray, and so do the disciples of the Pharisees, but yours go on eating and drinking."

[34]Jesus answered, "Can you make the friends of the bridegroom fast while he is with them? [35]But the time will come when the bridegroom will be taken from them; in those days they will fast."

[36]He told them this parable: "No one tears a piece out of a new garment to patch an old one. Otherwise, they will have torn the new garment, and the patch from the new will not match the old. [37]And no one pours new wine into old wineskins. Otherwise, the new wine will burst the skins; the wine will run out and the wineskins will be ruined. [38]No, new wine must be poured into new wineskins. [39]And no one after drinking old wine wants the new, for they say, 'The old is better.'"

Jesus Is Lord of the Sabbath

6 [1]One Sabbath Jesus was going through the grainfields, and his disciples began to pick some heads of grain, rub them in their hands and eat the kernels. [2]Some of the Pharisees asked, "Why are you doing what is unlawful on the Sabbath?"

[3]Jesus answered them, "Have you never read what David did when he and his companions were hungry? [4]He entered the house of God, and taking the consecrated bread, he ate what is lawful only for priests to eat. And he also gave some to his companions." [5]Then Jesus said to them, "The Son of Man is Lord of the Sabbath."

[6]On another Sabbath he went into the synagogue and was teaching, and a man was there whose right hand was shriveled. [7]The Pharisees and the teachers of the law were looking for a reason to accuse Jesus, so they watched him closely to see if he would heal on the Sabbath. [8]But Jesus knew what they were thinking and said to the man with the shriveled hand, "Get up and stand in front of everyone." So he got up and stood there.

[9]Then Jesus said to them, "I ask you, which is lawful on the Sabbath: to do good or to do evil, to save life or to destroy it?"

[10]He looked around at them all, and then said to the man, "Stretch out your hand." He did so, and his hand was completely restored. [11]But the Pharisees and the

[31]Jésus leur répondit : Ceux qui sont en bonne san n'ont pas besoin de médecin, ce sont les malades qui e ont besoin. [32]Ce ne sont pas des justes, mais des pécheu que je suis venu appeler à changer.

Le neuf et l'ancien

(Mt 9.14-17 ; Mc 2.18-22)

[33]Certains lui demandèrent : Les disciples de Jean, cor me ceux des pharisiens, jeûnent fréquemment et font d prières, alors que les tiens mangent et boivent.

[34]Jésus leur répondit : Comment les invités d'une no peuvent-ils jeûner pendant que le marié est avec eux [35]Le temps viendra où celui-ci leur sera enlevé. Alors, e ces jours-là, ils jeûneront.

[36]Et il utilisa la parabole suivante : Personne ne coupe u morceau d'un habit neuf pour rapiécer un vieux vêtemer Sinon on abîme l'habit neuf, et la pièce d'étoffe qu'on aura découpée ne va pas avec le vieil habit. [37]De mêm personne ne met dans de vieilles outres du vin nouvea sinon le vin nouveau les fait éclater, il se répand, et le outres sont perdues. [38]Non, il faut mettre le vin nouvea dans des outres neuves. [39]Bien sûr, quand on a bu du vi vieux, on n'en désire pas du nouveau ; en effet, on se di le vieux est meilleur.

Jésus, maître du sabbat

(Mt 12.1-8 ; Mc 2.23-28)

6 [1]Un jour de sabbat[b], Jésus traversait des champs d blé. Ses disciples cueillaient des épis et, après les avo frottés dans leurs mains, en mangeaient les grains.

[2]Des pharisiens dirent : Pourquoi faites-vous ce qui e interdit le jour du sabbat ?

[3]Jésus prit la parole et leur dit : N'avez-vous pas lu c qu'a fait David lorsque lui et ses compagnons eurent faim [4]Il est entré dans le sanctuaire de Dieu, a pris les pain exposés devant Dieu et en a mangé, puis il en a donné ses hommes, alors que seuls les prêtres ont le droit d'e manger.

[5]Et il ajouta : Le Fils de l'homme est maître du sabbat

(Mt 12.9-14 ; Mc 3.1-6)

[6]Un autre jour de sabbat, Jésus entra dans la synagogu et commença à enseigner. Or, il y avait là un homme dor la main droite était paralysée. [7]Les spécialistes de la Loi e les pharisiens surveillaient attentivement Jésus pour voi s'il ferait une guérison le jour du sabbat : ils espéraier ainsi trouver un motif d'accusation contre lui.

[8]Mais Jésus, sachant ce qu'ils méditaient, dit à l'hom me qui avait la main infirme : Lève-toi et tiens-toi là, a milieu !

L'homme se leva et se tint debout.

[9]Alors Jésus s'adressa aux autres : J'ai une question vous poser : Est-il permis, le jour du sabbat, de faire d bien, ou de faire du mal ? Est-il permis de sauver une vi ou bien faut-il la laisser périr ?

[10]Il balaya alors l'assistance du regard, puis il dit à ce homme[c] : Etends la main !

Ce qu'il fit. Et sa main fut guérie. [11]Les spécialistes de l Loi et les pharisiens furent remplis de fureur et se mirer

[b] **6.1** Certains manuscrits ont : *un second sabbat du premier mois*, sabbat qu est proche de la moisson.

[c] **6.10** Certains manuscrits portent : *puis il dit avec colère à cet homme.*

achers of the law were furious and began to discuss
ith one another what they might do to Jesus.

he Twelve Apostles

12 One of those days Jesus went out to a mountain-
de to pray, and spent the night praying to God.
When morning came, he called his disciples to him
nd chose twelve of them, whom he also designated
postles:
14 Simon (whom he named Peter) and his brother
ndrew,
James,
John,
Philip,
Bartholomew,
15 Matthew,
Thomas,
James son of Alphaeus,
Simon who was called the Zealot,
16 Judas son of James,
and Judas Iscariot, who became a traitor.

lessings and Woes

17 He went down with them and stood on a level
lace. A large crowd of his disciples was there and
great number of people from all over Judea, from
rusalem, and from the coastal region around Tyre
nd Sidon, 18 who had come to hear him and to be
ealed of their diseases. Those troubled by impure
pirits were cured, 19 and the people all tried to touch
im, because power was coming from him and healing
hem all.

20 Looking at his disciples, he said:
"Blessed are you who are poor,
for yours is the kingdom of God.
21 Blessed are you who hunger now,
for you will be satisfied.
Blessed are you who weep now,
for you will laugh.
22 Blessed are you when people hate you,
when they exclude you and insult you
and reject your name as evil,
because of the Son of Man.

23 "Rejoice in that day and leap for joy, because great
s your reward in heaven. For that is how their ances-
ors treated the prophets.

24 "But woe to you who are rich,
for you have already received your comfort.

25 Woe to you who are well fed now,
for you will go hungry.
Woe to you who laugh now,
for you will mourn and weep.

à discuter entre eux sur ce qu'ils pourraient entreprendre
contre Jésus.

Le choix des apôtres

(Mt 10.1-4 ; Mc 3.13-19)

12 Vers cette même époque, Jésus se retira sur une colline
pour prier. Il passa toute la nuit à prier Dieu. 13 A l'aube, il
appela ses disciples auprès de lui et choisit douze d'entre
eux, qu'il nomma apôtres : 14 Simon, qu'il appela Pierre,
André, son frère, Jacques, Jean, Philippe, Barthélemy,
15 Matthieu, Thomas, Jacques, fils d'Alphée, Simon le
Zélé[d], 16 Jude, fils de Jacques, et Judas l'Iscariot qui finit
par le trahir.

Jésus parmi la foule

(Mt 4.23-25 ; Mc 3.7-11)

17 En descendant avec eux de la colline, Jésus s'arrêta
sur un plateau où se trouvaient un grand nombre de ses
disciples, ainsi qu'une foule immense venue de toute la
Judée, de Jérusalem et de la région littorale de Tyr et de
Sidon[e]. 18 Tous étaient venus pour l'entendre et pour être
guéris de leurs maladies. Ceux qui étaient tourmentés
par des esprits mauvais étaient délivrés. 19 Tout le monde
cherchait à le toucher, parce qu'une puissance sortait de
lui et guérissait tous les malades.

Bonheur ou malheur

(Mt 5.1-12)

20 Alors Jésus, regardant ses disciples, dit :
Heureux vous qui êtes pauvres,
car le royaume de Dieu vous appartient.
21 Heureux êtes-vous, vous qui maintenant avez faim,
car vous serez rassasiés.
Heureux vous qui maintenant pleurez,
car vous rirez.
22 Heureux serez-vous quand les hommes vous
haïront,
vous rejetteront, vous insulteront,
vous chasseront en vous accusant de toutes sortes
de maux
à cause du Fils de l'homme.
23 Quand cela arrivera, réjouissez-vous et sautez de joie,
car une magnifique récompense vous attend dans le ciel.
En effet, c'est bien de la même manière que leurs ancêtres
ont traité les prophètes.
24 Mais malheur à vous qui possédez des richesses,
car vous avez déjà reçu toute la consolation que
vous pouvez attendre.
25 Malheur à vous qui, maintenant, avez tout à satiété,
car vous aurez faim !
Malheur à vous qui maintenant riez,
car vous connaîtrez le deuil et les larmes.

---

[d] **6.15** Voir note Mt 10.4.

[e] **6.17** *Tyr* et *Sidon* étaient deux ports phéniciens des bords de la Méditerranée, au nord-ouest du pays d'Israël.

26 Woe to you when everyone speaks well of you,
for that is how their ancestors treated the
false prophets.

Love for Enemies

27“But to you who are listening I say: Love your enemies, do good to those who hate you, 28bless those
who curse you, pray for those who mistreat you. 29If
someone slaps you on one cheek, turn to them the
other also. If someone takes your coat, do not withhold your shirt from them. 30Give to everyone who
asks you, and if anyone takes what belongs to you,
do not demand it back. 31Do to others as you would
have them do to you.
32“If you love those who love you, what credit is
that to you? Even sinners love those who love them.
33And if you do good to those who are good to you,
what credit is that to you? Even sinners do that. 34And
if you lend to those from whom you expect repayment,
what credit is that to you? Even sinners lend to sinners, expecting to be repaid in full. 35But love your
enemies, do good to them, and lend to them without
expecting to get anything back. Then your reward will
be great, and you will be children of the Most High,
because he is kind to the ungrateful and wicked. 36Be
merciful, just as your Father is merciful.

Judging Others

37“Do not judge, and you will not be judged. Do not
condemn, and you will not be condemned. Forgive,
and you will be forgiven. 38Give, and it will be given to
you. A good measure, pressed down, shaken together
and running over, will be poured into your lap. For
with the measure you use, it will be measured to you.”

39He also told them this parable: “Can the blind lead
the blind? Will they not both fall into a pit? 40The
student is not above the teacher, but everyone who
is fully trained will be like their teacher.

41“Why do you look at the speck of sawdust in your
brother’s eye and pay no attention to the plank in
your own eye? 42How can you say to your brother,
‘Brother, let me take the speck out of your eye,’ when
you yourself fail to see the plank in your own eye? You
hypocrite, first take the plank out of your eye, and
then you will see clearly to remove the speck from
your brother’s eye.

A Tree and Its Fruit

43“No good tree bears bad fruit, nor does a bad tree
bear good fruit. 44Each tree is recognized by its own
fruit. People do not pick figs from thornbushes, or
grapes from briers. 45A good man brings good things
out of the good stored up in his heart, and an evil

26 Malheur à vous quand tous les hommes diront du
bien de vous,
car c’est de la même manière que leurs ancêtres on
traité les faux prophètes.

L’amour pour les autres

(Mt 5.38-48)

27Quant à vous tous qui m’écoutez, voici ce que je vou
dis : Aimez vos ennemis ; faites du bien à ceux qui vou
haïssent ; 28appelez la bénédiction divine sur ceux q
vous maudissent ; priez pour ceux qui vous calomnien
29Si quelqu’un te gifle sur une joue, présente-lui aussi l’a
tre. Si quelqu’un te prend ton manteau, ne l’empêche pa
de prendre aussi ta chemise. 30Donne à tous ceux qui t
demandent, et si quelqu’un te prend ce qui t’appartien
n’exige pas qu’il te le rende.
31Faites pour les autres ce que vous voudriez qu’ils fa
sent pour vous. 32Si vous aimez seulement ceux qui vou
aiment, pensez-vous avoir droit à une reconnaissanc
particulière ? Les pécheurs aiment aussi leurs amis. 33E
si vous faites du bien seulement à ceux qui vous en fon
pourquoi vous attendriez-vous à de la reconnaissance
Les pécheurs n’agissent-ils pas de même ? 34Si vous pré
tez seulement à ceux dont vous espérez être remboursé
quelle reconnaissance vous doit-on ? Les pécheurs aus
se prêtent entre eux pour être remboursés.
35Vous, au contraire, aimez vos ennemis, faites-leur d
bien et prêtez sans espoir de retour. Alors votre récom
pense sera grande, vous serez les fils du Très-Haut, parc
qu’il est lui-même bon pour les ingrats et les méchants.
36Votre Père est plein de bonté. Soyez donc bons com
me lui.

(Mt 7.1-5)

37Ne vous posez pas en juges d’autrui, et vous ne sere
pas vous-mêmes jugés. Gardez-vous de condamner le
autres, et, à votre tour, vous ne serez pas condamnés
Pardonnez, et vous serez vous-mêmes pardonnés
38Donnez, et l’on vous donnera, on versera dans le pa
de votre vêtement une bonne mesure bien tassée, secoué
et débordante ; car on emploiera, à votre égard, la mesur
dont vous vous serez servis pour mesurer.
39Il ajouta cette comparaison : Un aveugle peut-il guide
un autre aveugle ? Ne vont-ils pas tous les deux tombe
dans le fossé ?
40Le disciple n’est pas plus grand que celui qui l’ensei
gne ; mais tout disciple bien formé sera comme son maîtr
41Pourquoi vois-tu les grains de sciure dans l’œil d
ton frère, alors que tu ne remarques pas la poutre qui es
dans le tien ? 42Comment peux-tu dire à ton frère : « Frère
laisse-moi enlever cette sciure que tu as dans l’œil », alor
que tu ne remarques pas la poutre qui est dans le tien
Hypocrite ! Commence donc par retirer la poutre de to
œil ; alors tu y verras assez clair pour ôter la sciure d
l’œil de ton frère.

(Mt 7.16-20)

43Un bon arbre ne peut pas porter de mauvais fruits, n
un mauvais arbre de bons fruits. 44En effet, chaque arbr
se reconnaît à ses fruits. On ne cueille pas de figues sur de
chardons, et on ne récolte pas non plus du raisin sur de
ronces. 45L’homme qui est bon tire le bien du bon trésor d

an brings evil things out of the evil stored up in his
·art. For the mouth speaks what the heart is full of.

ne Wise and Foolish Builders

46“Why do you call me, ‘Lord, Lord,’ and do not do
hat I say? 47As for everyone who comes to me and
ears my words and puts them into practice, I will
ıow you what they are like. 48They are like a man
uilding a house, who dug down deep and laid the
undation on rock. When a flood came, the torrent
ruck that house but could not shake it, because it
as well built. 49But the one who hears my words and
oes not put them into practice is like a man who
uilt a house on the ground without a foundation. The
oment the torrent struck that house, it collapsed
nd its destruction was complete.”

he Faith of the Centurion

7 1When Jesus had finished saying all this to
the people who were listening, he entered
apernaum. 2There a centurion’s servant, whom his
aster valued highly, was sick and about to die. 3The
enturion heard of Jesus and sent some elders of the
ws to him, asking him to come and heal his servant.
When they came to Jesus, they pleaded earnestly
ith him, “This man deserves to have you do this,
because he loves our nation and has built our syna-
ogue.” 6So Jesus went with them.
He was not far from the house when the centuri-
n sent friends to say to him: “Lord, don’t trouble
ourself, for I do not deserve to have you come under
y roof. 7That is why I did not even consider myself
orthy to come to you. But say the word, and my ser-
ant will be healed. 8For I myself am a man under
uthority, with soldiers under me. I tell this one, ‘Go,’
nd he goes; and that one, ‘Come,’ and he comes. I say
o my servant, ‘Do this,’ and he does it.”

9When Jesus heard this, he was amazed at him, and
urning to the crowd following him, he said, “I tell
ou, I have not found such great faith even in Israel.”
Then the men who had been sent returned to the
ouse and found the servant well.

esus Raises a Widow’s Son

11Soon afterward, Jesus went to a town called Nain,
nd his disciples and a large crowd went along with
im. 12As he approached the town gate, a dead person
as being carried out – the only son of his mother, and
he was a widow. And a large crowd from the town was
ith her. 13When the Lord saw her, his heart went out
o her and he said, “Don’t cry.”

son cœur ; celui qui est mauvais tire le mal de son mauvais
fonds. Ce qu’on dit vient de ce qui remplit le cœur.

Vrai et faux disciple

(Mt 7.24-27)

46Pourquoi m’appelez-vous « Seigneur ! Seigneur ! » alors
que vous n’accomplissez pas ce que je vous commande ?
47Savez-vous à qui ressemble celui qui vient à moi, qui
écoute mes paroles et les applique ? C’est ce que je vais
vous montrer. 48Il ressemble à un homme qui a bâti une
maison : il a creusé, il est allé profond et il a assis les fondations sur le roc. Quand le fleuve a débordé, les eaux se
sont jetées avec violence contre la maison, mais elles n’ont
pas pu l’ébranler, parce qu’elle était construite selon les
règles de l’art.
49Mais celui qui écoute mes paroles sans les appliquer
ressemble à un homme qui a construit sa maison directement sur la terre meuble, sans fondations ; dès que les
eaux du fleuve se sont jetées contre elle, la maison s’est
effondrée, et il n’en est resté qu’un grand tas de ruines.

La victoire sur la mort

(Mt 8.5-13)

7 1Après avoir dit au peuple tout ce qu’il avait à lui dire,
Jésus se rendit à Capernaüm.
2Un officier romain avait un esclave malade, qui était
sur le point de mourir. Or, son maître tenait beaucoup à
lui. 3Quand il entendit parler de Jésus, l’officier envoya
auprès de lui quelques responsables juifs pour le supplier
de venir guérir son esclave. 4Ils vinrent trouver Jésus et ils
le prièrent instamment : Cet homme, disaient-ils, mérite
vraiment que tu lui accordes cette faveur. 5En effet, il
aime notre peuple : il a même fait bâtir notre synagogue
à ses frais.
6Jésus partit avec eux. Il n’était plus qu’à une faible distance de la maison quand l’officier envoya des amis pour
lui dire : Seigneur, ne te donne pas tant de peine, car je
ne remplis pas les conditions[f] pour te recevoir dans ma
maison. 7C’est la raison pour laquelle je n’ai pas osé venir
en personne te trouver. Mais, dis un mot et mon serviteur
sera guéri. 8Car, moi-même, je suis un officier subalterne,
mais j’ai des soldats sous mes ordres, et quand je dis à
l’un : « Va ! », il va. Quand je dis à un autre : « Viens ! », il
vient. Quand je dis à mon esclave : « Fais ceci ! », il le fait.
9En entendant ces paroles, Jésus fut rempli d’admiration
pour cet officier : il se tourna vers la foule qui le suivait
et dit : Je vous l’assure, nulle part en Israël, je n’ai trouvé
une telle foi !
10Les envoyés de l’officier s’en retournèrent alors à la
maison où ils trouvèrent l’esclave en bonne santé.

11Ensuite[g], Jésus se rendit dans une ville appelée Naïn[h].
Ses disciples et une grande foule l’accompagnaient.
12Comme il arrivait à la porte de la ville, il rencontra un
convoi funèbre : on enterrait le fils unique d’une veuve.
Beaucoup d’habitants de la ville suivaient le cortège. 13Le
Seigneur vit la veuve et il fut pris de pitié pour elle ; il lui
dit : Ne pleure pas !

---

f **7.6** Ou : *je ne suis pas digne*. Voir Mt 8.8.
g **7.11** Certains manuscrits ont : *le lendemain*.
h **7.11** Ville du sud-est de la Galilée, à une douzaine de kilomètres de Nazareth.

14 Then he went up and touched the bier they were carrying him on, and the bearers stood still. He said, "Young man, I say to you, get up!" 15 The dead man sat up and began to talk, and Jesus gave him back to his mother.

16 They were all filled with awe and praised God. "A great prophet has appeared among us," they said. "God has come to help his people." 17 This news about Jesus spread throughout Judea and the surrounding country.

Jesus and John the Baptist

18 John's disciples told him about all these things. Calling two of them, 19 he sent them to the Lord to ask, "Are you the one who is to come, or should we expect someone else?"

20 When the men came to Jesus, they said, "John the Baptist sent us to you to ask, 'Are you the one who is to come, or should we expect someone else?' "

21 At that very time Jesus cured many who had diseases, sicknesses and evil spirits, and gave sight to many who were blind. 22 So he replied to the messengers, "Go back and report to John what you have seen and heard: The blind receive sight, the lame walk, those who have leprosy[q] are cleansed, the deaf hear, the dead are raised, and the good news is proclaimed to the poor. 23 Blessed is anyone who does not stumble on account of me."

24 After John's messengers left, Jesus began to speak to the crowd about John: "What did you go out into the wilderness to see? A reed swayed by the wind? 25 If not, what did you go out to see? A man dressed in fine clothes? No, those who wear expensive clothes and indulge in luxury are in palaces. 26 But what did you go out to see? A prophet? Yes, I tell you, and more than a prophet. 27 This is the one about whom it is written:

" 'I will send my messenger ahead of you,
who will prepare your way before you.'

28 I tell you, among those born of women there is no one greater than John; yet the one who is least in the kingdom of God is greater than he."

29 (All the people, even the tax collectors, when they heard Jesus' words, acknowledged that God's way was right, because they had been baptized by John. 30 But the Pharisees and the experts in the law rejected God's purpose for themselves, because they had not been baptized by John.)

31 Jesus went on to say, "To what, then, can I compare the people of this generation? What are they like? 32 They are like children sitting in the marketplace and calling out to each other:

" 'We played the pipe for you,
and you did not dance;

[q] 7:22 The Greek word traditionally translated *leprosy* was used for various diseases affecting the skin.

14 Puis il s'approcha de la civière et posa sa main sur el Les porteurs s'arrêtèrent.

– Jeune homme, dit-il, je te l'ordonne, lève-toi !

15 Le mort se redressa, s'assit et se mit à parler. Jésus rendit à sa mère. 16 Saisis d'une profonde crainte, tous l assistants louaient Dieu et disaient : Un grand prophè est apparu parmi nous !

Et ils ajoutaient : Dieu est venu prendre soin de sc peuple !

17 Cette déclaration concernant Jésus se répandit da toute la Judée et dans les régions environnantes.

Jésus et Jean-Baptiste

(Mt 11.2-11)

18 Jean fut informé par ses disciples de tout ce qui passait. Il appela alors deux d'entre eux 19 et les envoy auprès du Seigneur pour demander : Es-tu celui qui deva venir[i], ou bien devons-nous en attendre un autre ?

20 Ces hommes se présentèrent à Jésus et lui dirent : C'e Jean-Baptiste qui nous envoie. Voici ce qu'il te fait deman er : « Es-tu celui qui devait venir, ou bien devons-nous e attendre un autre ? »

21 Or, au moment où ils arrivaient, Jésus guérit plusieu personnes de diverses maladies et infirmités. Il délivra d gens qui étaient sous l'emprise d'esprits mauvais et rend la vue à plusieurs aveugles. 22 Il répondit alors aux envoyé Retournez auprès de Jean et racontez-lui ce que vous av vu et entendu : *les aveugles voient, les paralysés marchent no malement, les lépreux sont purifiés, les sourds entendent, l morts ressuscitent, la Bonne Nouvelle est annoncée aux pauvre* 23 Heureux celui qui ne perdra pas la foi à cause de moi

24 Après le départ des messagers de Jean, Jésus sais cette occasion pour parler de Jean à la foule : Qu'ête vous allés voir au désert ? Un roseau agité çà et là par vent ? 25 Qui donc êtes-vous allés voir ? Un homme habil avec élégance ? Ceux qui portent des habits somptueux qui vivent dans le luxe habitent les palais royaux. 26 Ma qu'êtes-vous donc allés voir au désert ? Un prophète ? Ou assurément, et même bien plus qu'un prophète, c'est m qui vous le dis. 27 Car c'est celui dont il est écrit :

J'enverrai mon messager devant toi,
il te préparera le chemin.

28 Je vous l'assure : parmi tous les hommes qui sont né d'une femme, il n'y en a pas de plus grand que Jean. E pourtant, le plus petit dans le royaume de Dieu est plu grand que lui.

(Mt 11.16-19)

29 Tous les gens du peuple et tous les collecteurs d'impôt qui ont écouté le message de Jean et se sont fait baptise par lui ont reconnu que Dieu est juste. 30 Mais les phari siens et les enseignants de la Loi, qui ont refusé de se fair baptiser par lui, ont rejeté la volonté de Dieu à leur égarc

31 A qui donc pourrais-je comparer les gens de notr temps ? A qui ressemblent-ils ? 32 Ils sont comme des en fants assis sur la place du marché qui se crient les un aux autres :

Quand nous avons joué de la flûte,
vous n'avez pas dansé !

[i] 7.19 Voir Mt 11.3 et la note.

we sang a dirge,
and you did not cry.'
For John the Baptist came neither eating bread nor
inking wine, and you say, 'He has a demon.' 34 The
n of Man came eating and drinking, and you say,
ere is a glutton and a drunkard, a friend of tax col-
:tors and sinners.' 35 But wisdom is proved right by
her children."

sus Anointed by a Sinful Woman

36 When one of the Pharisees invited Jesus to have
nner with him, he went to the Pharisee's house and
clined at the table. 37 A woman in that town who
'ed a sinful life learned that Jesus was eating at the
arisee's house, so she came there with an alabaster
r of perfume. 38 As she stood behind him at his feet
eeping, she began to wet his feet with her tears.
ien she wiped them with her hair, kissed them and
ured perfume on them.
39 When the Pharisee who had invited him saw this,
said to himself, "If this man were a prophet, he
ould know who is touching him and what kind of
oman she is – that she is a sinner."
40 Jesus answered him, "Simon, I have something
tell you."
"Tell me, teacher," he said.
41 "Two people owed money to a certain moneylend-
. One owed him five hundred denarii,[r] and the other
ty. 42 Neither of them had the money to pay him
ck, so he forgave the debts of both. Now which of
em will love him more?"
43 Simon replied, "I suppose the one who had the
gger debt forgiven."
"You have judged correctly," Jesus said.
44 Then he turned toward the woman and said to
mon, "Do you see this woman? I came into your
use. You did not give me any water for my feet, but
e wet my feet with her tears and wiped them with
r hair. 45 You did not give me a kiss, but this wom-
, from the time I entered, has not stopped kissing
y feet. 46 You did not put oil on my head, but she
s poured perfume on my feet. 47 Therefore, I tell
u, her many sins have been forgiven – as her great
ve has shown. But whoever has been forgiven little
ves little."
48 Then Jesus said to her, "Your sins are forgiven."
49 The other guests began to say among themselves,
Vho is this who even forgives sins?"
50 Jesus said to the woman, "Your faith has saved
u; go in peace."

:41 A denarius was the usual daily wage of a day laborer (see
att. 20:2).

Et quand nous avons chanté des airs de deuil,
vous ne vous êtes pas mis à pleurer !
33 En effet, Jean-Baptiste est venu, il ne mangeait pas de
pain, il ne buvait pas de vin. Qu'avez-vous dit alors ? « Il
a un démon en lui ! ».
34 Le Fils de l'homme est venu, il mange et boit, et vous
vous écriez : « Cet homme ne pense qu'à faire bonne chère
et à boire du vin, il est l'ami des collecteurs d'impôts et
des pécheurs notoires. »
35 Cependant, la sagesse de Dieu est reconnue comme
telle par ceux qui la reçoivent.

L'amour, fruit du pardon

36 Un pharisien invita Jésus à manger. Jésus se rendit
chez lui et se mit à table. 37 Survint une femme connue
dans la ville pour sa vie dissolue. Comme elle avait appris
que Jésus mangeait chez le pharisien, elle avait apporté un
flacon d'albâtre[j] rempli de parfum. 38 Elle se tint derrière
lui, à ses pieds[k]. Elle pleurait ; elle se mit à mouiller de ses
larmes les pieds de Jésus ; alors elle les essuya avec ses cheveux et, en les embrassant, elle versait le parfum sur eux.
39 En voyant cela, le pharisien qui l'avait invité se dit : Si
cet homme était vraiment un prophète, il saurait quelle est
cette femme qui le touche, que c'est quelqu'un qui mène
une vie dissolue.
40 Jésus lui répondit à haute voix : Simon, j'ai quelque
chose à te dire.
– Oui, Maître, parle, répondit le pharisien.
41 – Il était une fois un prêteur à qui deux hommes devaient de l'argent. Le premier devait cinq cents pièces
d'argent ; le second cinquante[l]. 42 Comme ni l'un ni l'autre n'avaient de quoi rembourser leur dette, il fit cadeau
à tous deux de ce qu'ils lui devaient. A ton avis, lequel des
deux l'aimera le plus ?
43 Simon répondit : Celui, je suppose, auquel il aura remis
la plus grosse dette.
– Voilà qui est bien jugé, lui dit Jésus.
44 Puis, se tournant vers la femme, il reprit : Tu vois cette
femme ? Eh bien, quand je suis entré dans ta maison, tu ne
m'as pas apporté d'eau pour me laver les pieds[m] ; mais elle,
elle me les a arrosés de ses larmes et les a essuyés avec ses
cheveux. 45 Tu ne m'as pas accueilli en m'embrassant, mais
elle, depuis que je suis entré, elle n'a cessé de couvrir mes
pieds de baisers. 46 Tu n'as pas versé d'huile parfumée sur
ma tête, mais elle, elle a versé du parfum sur mes pieds.
47 C'est pourquoi je te le dis : ses nombreux péchés lui ont
été pardonnés, c'est pour cela qu'elle m'a témoigné tant
d'amour. Mais celui qui a eu peu de choses à se faire pardonner ne manifeste que peu d'amour !
48 Puis il dit à la femme : Tes péchés te sont pardonnés.
49 Les autres invités se dirent en eux-mêmes : « Qui est
donc cet homme qui ose pardonner les péchés ? »
50 Mais Jésus dit à la femme : Parce que tu as cru en moi,
tu es sauvée ; va en paix.

j 7.37 Pierre blanchâtre dans laquelle on taillait des vases à parfum.
k 7.38 Comme dans toute l'Antiquité, les invités étaient allongés sur des sortes de divans, les pieds vers l'extérieur du cercle.
l 7.41 Il s'agit de *deniers.* Le denier représentait le salaire journalier d'un ouvrier agricole.
m 7.44 Ce que les règles de l'hospitalité lui suggéraient.

The Parable of the Sower

8 [1]After this, Jesus traveled about from one town and village to another, proclaiming the good news of the kingdom of God. The Twelve were with him, [2]and also some women who had been cured of evil spirits and diseases: Mary (called Magdalene) from whom seven demons had come out; [3]Joanna the wife of Chuza, the manager of Herod's household; Susanna; and many others. These women were helping to support them out of their own means.

[4]While a large crowd was gathering and people were coming to Jesus from town after town, he told this parable: [5]"A farmer went out to sow his seed. As he was scattering the seed, some fell along the path; it was trampled on, and the birds ate it up. [6]Some fell on rocky ground, and when it came up, the plants withered because they had no moisture. [7]Other seed fell among thorns, which grew up with it and choked the plants. [8]Still other seed fell on good soil. It came up and yielded a crop, a hundred times more than was sown."

When he said this, he called out, "Whoever has ears to hear, let them hear."

[9]His disciples asked him what this parable meant. [10]He said, "The knowledge of the secrets of the kingdom of God has been given to you, but to others I speak in parables, so that,

" 'though seeing, they may not see;
though hearing, they may not understand.'

[11]"This is the meaning of the parable: The seed is the word of God. [12]Those along the path are the ones who hear, and then the devil comes and takes away the word from their hearts, so that they may not believe and be saved. [13]Those on the rocky ground are the ones who receive the word with joy when they hear it, but they have no root. They believe for a while, but in the time of testing they fall away. [14]The seed that fell among thorns stands for those who hear, but as they go on their way they are choked by life's worries, riches and pleasures, and they do not mature. [15]But the seed on good soil stands for those with a noble and good heart, who hear the word, retain it, and by persevering produce a crop.

A Lamp on a Stand

[16]"No one lights a lamp and hides it in a clay jar or puts it under a bed. Instead, they put it on a stand,

Ceux qui accompagnaient Jésus

8 [1]Quelque temps après, Jésus se rendit dans les vil et les villages pour y proclamer et annoncer la Bon Nouvelle du royaume de Dieu. [2]Il était accompagné c Douze et de quelques femmes qu'il avait délivrées d'espr mauvais et guéries de diverses maladies : Marie, appel Marie de Magdala[n], dont il avait chassé sept démo [3]Jeanne, la femme de Chuza, administrateur d'Héro Suzanne et plusieurs autres. Elles assistaient Jésus et s disciples de leurs biens.

La parabole du semeur

(Mt 13.1-9 ; Mc 4.1-9)

[4]Une grande foule, ayant afflué de chaque ville, s'ét rassemblée autour de lui. Alors Jésus leur raconta cet parabole : [5]Un semeur sortit pour faire ses semaill Pendant qu'il répandait sa semence, des grains tombère au bord du chemin, furent piétinés par les passants, les oiseaux du ciel les mangèrent. [6]D'autres tombère sur de la pierre. A peine eurent-ils germé que les pet plants séchèrent parce que le sol n'était pas assez h mide. [7]D'autres grains tombèrent au milieu des ronce celles-ci poussèrent en même temps que les bons plants les étouffèrent. [8]Mais d'autres tombèrent dans la bon terre ; ils germèrent et donnèrent du fruit : chaque gra en produisit cent autres.

Et Jésus ajouta : Celui qui a des oreilles pour entend qu'il entende !

(Mt 13.10-13 ; Mc 4.10-12)

[9]Les disciples lui demandèrent ce que signifiait cet parabole.

[10]Il leur dit : Vous avez reçu le privilège de connaît les secrets du royaume de Dieu, mais pour les autres, c choses sont dites en paraboles. Ainsi, *bien qu'ils regarde ils ne voient pas ; bien qu'ils entendent, ils ne comprennent p*

(Mt 13.18-23 ; Mc 4.13-20)

[11]Voici donc le sens de cette parabole : La semenc c'est la Parole de Dieu. [12]« Au bord du chemin » : ce so les personnes qui écoutent la Parole, mais le diable vie l'arracher de leur cœur pour les empêcher de croire d'être sauvées.

[13]« Sur de la pierre » : ce sont ceux qui entendent Parole et l'acceptent avec joie ; mais, comme ils ne la la sent pas prendre racine en eux, leur foi est passagèr Lorsque survient l'épreuve, ils abandonnent tout.

[14]« La semence tombée au milieu des ronces » représen ceux qui ont écouté la Parole, mais en qui elle est étouff par les soucis, les richesses et les plaisirs de la vie, de sor qu'elle ne donne pas de fruit.

[15]Enfin, « la semence tombée dans la bonne terre », sont ceux qui, ayant écouté la Parole, la retiennent da un cœur honnête et bien disposé. Ils persévèrent et ai portent du fruit.

La parabole de la lampe

(Mc 4.21-25)

[16]Personne n'allume une lampe pour la cacher sous u récipient, ou la mettre sous un lit ; on la place, au contra

[n] **8.2** *Magdala:* village de la rive ouest du lac de Galilée.

that those who come in can see the light. 17For
ere is nothing hidden that will not be disclosed, and
thing concealed that will not be known or brought
t into the open. 18Therefore consider carefully how
u listen. Whoever has will be given more; whoever
es not have, even what they think they have will
taken from them."

sus' Mother and Brothers

19Now Jesus' mother and brothers came to see him,
t they were not able to get near him because of
e crowd. 20Someone told him, "Your mother and
others are standing outside, wanting to see you."
21He replied, "My mother and brothers are those
10 hear God's word and put it into practice."

sus Calms the Storm

22One day Jesus said to his disciples, "Let us go over
the other side of the lake." So they got into a boat
d set out. 23As they sailed, he fell asleep. A squall
me down on the lake, so that the boat was being
amped, and they were in great danger.
24The disciples went and woke him, saying, "Master,
aster, we're going to drown!"
He got up and rebuked the wind and the raging wars; the storm subsided, and all was calm. 25"Where
your faith?" he asked his disciples.
In fear and amazement they asked one another,
Who is this? He commands even the winds and the
ater, and they obey him."

sus Restores a Demon-Possessed Man

26They sailed to the region of the Gerasenes,[s] which
across the lake from Galilee. 27When Jesus stepped
hore, he was met by a demon-possessed man from
e town. For a long time this man had not worn
othes or lived in a house, but had lived in the tombs.
When he saw Jesus, he cried out and fell at his feet,
outing at the top of his voice, "What do you want
ith me, Jesus, Son of the Most High God? I beg you,
n't torture me!" 29For Jesus had commanded the im-
re spirit to come out of the man. Many times it had
ized him, and though he was chained hand and foot
d kept under guard, he had broken his chains and
d been driven by the demon into solitary places.
30Jesus asked him, "What is your name?"
"Legion," he replied, because many demons had
ne into him. 31And they begged Jesus repeatedly
ot to order them to go into the Abyss.
32A large herd of pigs was feeding there on the hill-
de. The demons begged Jesus to let them go into

:26 Some manuscripts *Gadarenes*; other manuscripts *Gergesenes*;
o in verse 37

re, sur un pied de lampe pour que ceux qui entrent dans la
pièce voient la lumière. 17Tout ce qui est caché maintenant
finira par être mis en lumière, et tout ce qui demeure
secret sera finalement connu et paraîtra au grand jour.
18Faites donc attention à la manière dont vous écoutez,
car à celui qui a, on donnera encore davantage ; mais à
celui qui n'a pas, on ôtera même ce qu'il croit avoir.

La vraie famille de Jésus

(Mt 12.46-50 ; Mc 3.31-35)

19La mère et les frères de Jésus vinrent le trouver ; mais
ils ne purent pas l'approcher à cause de la foule. 20On lui fit
dire : Ta mère et tes frères sont là-dehors et ils voudraient
te voir.
21Mais Jésus leur répondit : Ma mère et mes frères, ce
sont ceux qui écoutent la Parole de Dieu et qui font ce
qu'elle demande.

Plus fort que la tempête

(Mt 8.23-27 ; Mc 4.35-41)

22Un jour, Jésus monta dans un bateau avec ses disciples
et leur dit : Passons de l'autre côté du lac !
Ils gagnèrent le large. 23Pendant la traversée, Jésus s'as-
soupit. Soudain, un vent violent se leva sur le lac. L'eau
envahit le bateau. La situation devenait périlleuse. 24Les
disciples s'approchèrent de Jésus et le réveillèrent en criant : Maître, Maître, nous sommes perdus !
Il se réveilla et parla sévèrement au vent et aux flots
tumultueux : ils s'apaisèrent, et le calme se fit. 25Alors il
dit à ses disciples : Où est donc votre foi ?
Quant à eux, ils étaient saisis de crainte et d'étonnement, et ils se disaient les uns aux autres : Qui est donc
cet homme ? Voyez : il commande même aux vents et aux
vagues, et il s'en fait obéir !

Plus fort que les démons

(Mt 8.28-34 ; Mc 5.1-20)

26Ils abordèrent dans la région de Gérasa[o], située en face
de la Galilée[p]. 27Au moment où Jésus mettait pied à terre,
un homme de la ville, qui avait plusieurs démons en lui,
vint à sa rencontre. Depuis longtemps déjà, il ne portait
plus de vêtements et demeurait, non dans une maison,
mais au milieu des tombeaux. 28Quand il vit Jésus, il se
jeta à ses pieds en criant de toutes ses forces : Que me
veux-tu, Jésus, Fils du Dieu très-haut ? Je t'en supplie : ne
me tourmente pas !
29Il parlait ainsi parce que Jésus commandait à l'esprit
mauvais de sortir de cet homme. En effet, bien des fois,
l'esprit s'était emparé de lui ; on l'avait alors lié avec des
chaînes et on lui avait mis les fers aux pieds pour le contenir ; mais il cassait tous ses liens, et le démon l'entraînait
dans des lieux déserts. 30Jésus lui demanda : Quel est ton
nom ?
– Légion[q], répondit-il.
Car une multitude de démons étaient entrés en lui. 31Ces
démons supplièrent Jésus de ne pas leur ordonner d'aller
dans l'abîme. 32Or, près de là, un important troupeau de
porcs était en train de paître sur la montagne. Les démons

o 8.26 Certains manuscrits ont : *des Gadaréniens*, et d'autres ont : *des Gergéséniens*.

p 8.26 Pays situé sur la rive est du lac de Galilée et habité par des non-Juifs.

q 8.30 La *légion* était un corps d'armée romain comptant 8 500 hommes.

the pigs, and he gave them permission. 33 When the demons came out of the man, they went into the pigs, and the herd rushed down the steep bank into the lake and was drowned.

34 When those tending the pigs saw what had happened, they ran off and reported this in the town and countryside, 35 and the people went out to see what had happened. When they came to Jesus, they found the man from whom the demons had gone out, sitting at Jesus' feet, dressed and in his right mind; and they were afraid. 36 Those who had seen it told the people how the demon-possessed man had been cured. 37 Then all the people of the region of the Gerasenes asked Jesus to leave them, because they were overcome with fear. So he got into the boat and left.

38 The man from whom the demons had gone out begged to go with him, but Jesus sent him away, saying, 39 "Return home and tell how much God has done for you." So the man went away and told all over town how much Jesus had done for him.

Jesus Raises a Dead Girl and Heals a Sick Woman

40 Now when Jesus returned, a crowd welcomed him, for they were all expecting him. 41 Then a man named Jairus, a synagogue leader, came and fell at Jesus' feet, pleading with him to come to his house 42 because his only daughter, a girl of about twelve, was dying.

As Jesus was on his way, the crowds almost crushed him. 43 And a woman was there who had been subject to bleeding for twelve years,[t] but no one could heal her. 44 She came up behind him and touched the edge of his cloak, and immediately her bleeding stopped.

45 "Who touched me?" Jesus asked.

When they all denied it, Peter said, "Master, the people are crowding and pressing against you."

46 But Jesus said, "Someone touched me; I know that power has gone out from me."

47 Then the woman, seeing that she could not go unnoticed, came trembling and fell at his feet. In the presence of all the people, she told why she had touched him and how she had been instantly healed. 48 Then he said to her, "Daughter, your faith has healed you. Go in peace."

49 While Jesus was still speaking, someone came from the house of Jairus, the synagogue leader. "Your daughter is dead," he said. "Don't bother the teacher anymore."

50 Hearing this, Jesus said to Jairus, "Don't be afraid; just believe, and she will be healed."

51 When he arrived at the house of Jairus, he did not let anyone go in with him except Peter, John and James, and the child's father and mother.

[t] **8:43** Many manuscripts *years, and she had spent all she had on doctors*

supplièrent Jésus de leur permettre d'entrer dans c porcs. Il le leur permit. 33 Les démons sortirent donc l'homme et entrèrent dans les porcs. Aussitôt, le troupe s'élança du haut de la pente et se précipita dans le lac, il se noya.

34 Quand les gardiens du troupeau virent ce qui ét arrivé, ils s'enfuirent et allèrent raconter la chose da la ville et dans les fermes. 35 Les gens vinrent se renc compte de ce qui s'était passé. Ils arrivèrent auprès Jésus et trouvèrent, assis à ses pieds, l'homme dont démons étaient sortis. Il était habillé et tout à fait sa d'esprit. Alors la crainte s'empara d'eux. 36 Ceux qui avaie assisté à la scène leur rapportèrent comment cet homn qui était sous l'emprise des démons, avait été délivré.

37 Là-dessus, toute la population du territoire d Géraséniens, saisie d'une grande crainte, demanda à Jés de partir de chez eux. Il remonta donc dans le bateau repartit. 38 L'homme qui avait été libéré des esprits ma vais lui demanda s'il pouvait l'accompagner, mais Jésus renvoya en lui disant :

39 Rentre chez toi, et raconte tout ce que Dieu a fait po toi !

Alors cet homme partit proclamer dans la ville entiè tout ce que Jésus avait fait pour lui.

Plus fort que la maladie et la mort

(Mt 9.18-26 ; Mc 5.21-43)

40 A son retour en Galilée, Jésus fut accueilli par la fou car tous l'attendaient. 41 A ce moment survint un ho me appelé Jaïrus. C'était le responsable de la synagogu Il se jeta aux pieds de Jésus et le supplia de venir ch lui : 42 sa fille unique, âgée d'environ douze ans, était train de mourir. Jésus partit donc pour se rendre chez l Cependant, la foule se pressait autour de lui.

43 Il y avait là une femme atteinte d'hémorragies depu douze ans et qui avait dépensé tout son bien chez l médecins[r] sans que personne ait pu la guérir. 44 Elle s'a procha de Jésus par-derrière et toucha la frange[s] de s vêtement. Aussitôt, son hémorragie cessa.

45 – Qui m'a touché ? demanda Jésus.

Comme tous s'en défendaient, Pierre lui dit : Voyor Maître, la foule t'entoure et te presse de tous côtés.

46 Mais il répondit : Quelqu'un m'a touché ; j'ai ser qu'une force sortait de moi.

47 En voyant que son geste n'était pas passé inaperçu, femme s'avança toute tremblante, se jeta aux pieds de Jés et expliqua devant tout le monde pour quelle raison el l'avait touché, et comment elle avait été instantaném guérie. 48 Jésus lui dit : Ma fille, parce que tu as eu foi moi, tu es guérie[t], va en paix.

49 Il parlait encore quand quelqu'un arriva de chez responsable de la synagogue et lui dit : Ta fille vient mourir, n'importune plus le Maître !

50 En entendant cela, Jésus dit à Jaïrus : Ne crains pa crois seulement : ta fille guérira[u].

51 Une fois arrivé à la maison, il ne permit à person d'entrer avec lui, sauf à Pierre, Jean et Jacques, ain

[r] **8.43** Les mots : *qui avait dépensé tout son bien chez les médecins* sont absents de certains manuscrits.

[s] **8.44** Les Juifs portaient des franges à leur vêtement. Voir Dt 22.12.

[t] **8.48** Autre traduction : *tu es sauvée.*

[u] **8.50** Autre traduction : *sera sauvée.*

Meanwhile, all the people were wailing and mourn-
g for her. "Stop wailing," Jesus said. "She is not dead
it asleep."
53They laughed at him, knowing that she was dead.
But he took her by the hand and said, "My child, get
o!" 55Her spirit returned, and at once she stood up.
ien Jesus told them to give her something to eat.
Her parents were astonished, but he ordered them
ot to tell anyone what had happened.

sus Sends Out the Twelve

9 1When Jesus had called the Twelve together, he
gave them power and authority to drive out all
mons and to cure diseases, 2and he sent them out to
oclaim the kingdom of God and to heal the sick. 3He
ld them: "Take nothing for the journey – no staff, no
g, no bread, no money, no extra shirt. 4Whatever
ouse you enter, stay there until you leave that town.
f people do not welcome you, leave their town and
ake the dust off your feet as a testimony against
em." 6So they set out and went from village to vil-
ge, proclaiming the good news and healing people
erywhere.

7Now Herod the tetrarch heard about all that was
oing on. And he was perplexed because some were
ying that John had been raised from the dead, 8oth-
s that Elijah had appeared, and still others that one
the prophets of long ago had come back to life. 9But
erod said, "I beheaded John. Who, then, is this I hear
ch things about?" And he tried to see him.

sus Feeds the Five Thousand

10When the apostles returned, they reported to
sus what they had done. Then he took them with
m and they withdrew by themselves to a town
lled Bethsaida, 11but the crowds learned about it
d followed him. He welcomed them and spoke to
em about the kingdom of God, and healed those
ho needed healing.
12Late in the afternoon the Twelve came to him
d said, "Send the crowd away so they can go to the
rrounding villages and countryside and find food
d lodging, because we are in a remote place here."
13He replied, "You give them something to eat."
They answered, "We have only five loaves of bread
d two fish – unless we go and buy food for all this
owd." 14(About five thousand men were there.)

qu'au père et à la mère de l'enfant. 52Ce n'était partout
que pleurs et lamentations. Jésus dit : Ne pleurez pas ; elle
n'est pas morte, elle est seulement endormie.
53Les gens se moquaient de lui, car ils savaient qu'elle
était morte. 54Alors Jésus prit la main de la fillette et dit
d'une voix forte : Mon enfant, lève-toi !
55Elle revint à la vie et se mit aussitôt debout ; alors Jésus
ordonna de lui donner à manger. 56Les parents de la jeune
fille étaient stupéfaits. Mais Jésus leur recommanda de ne
dire à personne ce qui s'était passé.

L'envoi des Douze

(Mt 10.1-9, 11-14 ; Mc 6.7-13)

9 1Jésus réunit les Douze et leur donna le pouvoir et
l'autorité de chasser tous les démons et de guérir les
maladies. 2Ensuite il les envoya proclamer le royaume de
Dieu et opérer des guérisons. 3Il leur donna les instructions suivantes : Ne prenez rien pour le voyage : ni bâton,
ni sac, ni provisions, ni argent. N'emportez pas de tunique
de rechange. 4Si vous entrez dans une maison, restez-y
jusqu'à ce que vous quittiez la localité. 5Si personne ne
veut vous recevoir, quittez la ville en secouant la poussière
de vos pieds[v] : cela constituera un témoignage contre eux.
6Ainsi les disciples partirent. Ils allaient de village en
village. Partout, ils annonçaient la Bonne Nouvelle de
l'Evangile et guérissaient les malades.

Hérode est intrigué

(Mt 14.1-2 ; Mc 6.14-16)

7Hérode, le gouverneur de la province, apprit tout ce
qui se passait. Il était embarrassé. En effet, certains disaient : C'est Jean-Baptiste qui est ressuscité ! 8D'autres
disaient : C'est Elie qui a reparu. D'autres encore : C'est un
des prophètes d'autrefois qui est revenu à la vie.
9Mais Hérode se disait : Jean ? Je l'ai moi-même fait décapiter. Mais alors, qui est cet homme dont j'entends dire
de si grandes choses ?
Et il cherchait à le rencontrer.

Avec cinq pains et deux poissons

(Mt 14.13-21 ; Mc 6.33-44 ; Jn 6.1-15)

10Les apôtres revinrent et racontèrent à Jésus tout ce
qu'ils avaient fait. Il les prit alors avec lui et se retira à
l'écart, du côté de la ville de Bethsaïda[w]. 11Mais les foules
s'en aperçurent et le suivirent. Jésus leur fit bon accueil,
il leur parla du royaume de Dieu et guérit ceux qui en
avaient besoin.

12Le jour commençait à baisser. Alors les Douze s'approchèrent de lui et lui dirent : Renvoie ces gens pour qu'ils
aillent dans les villages et les hameaux des environs, où
ils trouveront de quoi se loger et se ravitailler, car nous
sommes ici dans un endroit désert.
13Mais Jésus leur dit : Donnez-leur vous-mêmes à
manger !
– Mais, répondirent-ils, nous n'avons pas plus de cinq
pains et deux poissons. Ou alors faut-il que nous allions
acheter de la nourriture pour tout ce monde ?
14Car il y avait bien là cinq mille hommes.

[v] **9.5** Secouer la poussière des pieds était un geste symbolique signifiant qu'on ne voulait plus avoir affaire avec les gens chez lesquels on avait séjourné.

[w] **9.10** Localité de la rive nord du lac de Galilée.

But he said to his disciples, "Have them sit down in groups of about fifty each." 15 The disciples did so, and everyone sat down. 16 Taking the five loaves and the two fish and looking up to heaven, he gave thanks and broke them. Then he gave them to the disciples to distribute to the people. 17 They all ate and were satisfied, and the disciples picked up twelve basketfuls of broken pieces that were left over.

Peter Declares That Jesus Is the Messiah

18 Once when Jesus was praying in private and his disciples were with him, he asked them, "Who do the crowds say I am?"

19 They replied, "Some say John the Baptist; others say Elijah; and still others, that one of the prophets of long ago has come back to life."

20 "But what about you?" he asked. "Who do you say I am?"

Peter answered, "God's Messiah."

Jesus Predicts His Death

21 Jesus strictly warned them not to tell this to anyone. 22 And he said, "The Son of Man must suffer many things and be rejected by the elders, the chief priests and the teachers of the law, and he must be killed and on the third day be raised to life."

23 Then he said to them all: "Whoever wants to be my disciple must deny themselves and take up their cross daily and follow me. 24 For whoever wants to save their life will lose it, but whoever loses their life for me will save it. 25 What good is it for someone to gain the whole world, and yet lose or forfeit their very self? 26 Whoever is ashamed of me and my words, the Son of Man will be ashamed of them when he comes in his glory and in the glory of the Father and of the holy angels.

27 "Truly I tell you, some who are standing here will not taste death before they see the kingdom of God."

The Transfiguration

28 About eight days after Jesus said this, he took Peter, John and James with him and went up onto a mountain to pray. 29 As he was praying, the appearance of his face changed, and his clothes became as bright as a flash of lightning. 30 Two men, Moses and Elijah, appeared in glorious splendor, talking with Jesus. 31 They spoke about his departure,[u] which he

[u] 9:31 Greek *exodos*

Jésus dit à ses disciples : Faites-les asseoir par group d'une cinquantaine de personnes.

15 C'est ce qu'ils firent, et ils installèrent ainsi tout monde. 16 Alors Jésus prit les cinq pains et les deux po sons, il leva les yeux vers le ciel et prononça la prière bénédiction ; puis il les partagea et donna les morcea à ses disciples pour qu'ils les distribuent à la foule. 17 To le monde mangea à satiété. On ramassa les morceaux c restaient ; cela faisait douze paniers.

Qui est vraiment Jésus ?

(Mt 16.13-21 ; Mc 8.27-31)

18 Un jour, Jésus priait à l'écart, et ses disciples étaie avec lui. Alors il les interrogea : Que disent les foules à m sujet ? Qui suis-je d'après elles ?

19 Ils lui répondirent : Pour les uns, tu es Jean-Baptist pour d'autres, Elie ; pour d'autres encore, l'un d prophètes d'autrefois qui serait ressuscité.

20 – Et vous, leur demanda-t-il, qui dites-vous que suis ?

Pierre prit la parole et dit : Le Messie, envoyé par Die

21 Jésus leur ordonna formellement de ne le dire personne.

22 Et il ajouta : Il faut que le Fils de l'homme souffre bea coup et soit rejeté par les responsables du peuple, les ch des prêtres et les spécialistes de la Loi ; il doit être mi mort et ressusciter le troisième jour.

Comment suivre Jésus

(Mt 16.24-28 ; Mc 8.34 à 9.1)

23 Puis, s'adressant à tous, il dit : Si quelqu'un veut r suivre, qu'il renonce à lui-même, qu'il se charge chaq jour de sa croix, et qu'il me suive. 24 En effet, celui q est préoccupé de sauver sa vie, la perdra ; mais celui c perdra sa vie à cause de moi la sauvera. 25 Si un homr parvient à posséder le monde entier, à quoi cela lui se il s'il se perd ou se détruit lui-même ? 26 Si quelqu'ur honte de moi et de mes paroles, le Fils de l'homme, à s tour, aura honte de lui quand il viendra dans sa gloi dans celle du Père et des saints anges. 27 Je vous l'assu quelques-uns de ceux qui sont ici présents ne mourro pas avant d'avoir vu le règne de Dieu.

La révélation du royaume

(Mt 17.1-8 ; Mc 9.2-8)

28 Environ huit jours après cet entretien, Jésus prit av lui Pierre, Jean et Jacques et monta sur une montagne po aller prier.

29 Pendant qu'il priait, son visage changea d'aspe et ses vêtements devinrent d'une blancheur éblou sante. 30 Deux hommes s'entretenaient avec lui : Moï et Elie[x] 31 qui resplendissaient de gloire. Ils parlaient la manière dont Jésus allait achever sa mission[y] en mo rant à Jérusalem.

[x] **9.30** *Moïse* a donné la Loi au peuple. *Elie* était considéré comme le prophète par excellence. Ces deux hommes représentent toute l'ancienne alliance.

[y] **9.31** Le grec parle du prochain *exode* de Jésus qui allait s'accomplir à Jérusalem.

s about to bring to fulfillment at Jerusalem. 32 Peter
d his companions were very sleepy, but when they
came fully awake, they saw his glory and the two
en standing with him. 33 As the men were leaving
us, Peter said to him, "Master, it is good for us to
here. Let us put up three shelters – one for you, one
Moses and one for Elijah." (He did not know what
was saying.)
34 While he was speaking, a cloud appeared and cov-
ed them, and they were afraid as they entered the
ud. 35 A voice came from the cloud, saying, "This is
Son, whom I have chosen; listen to him." 36 When
e voice had spoken, they found that Jesus was alone.
e disciples kept this to themselves and did not tell
yone at that time what they had seen.

sus Heals a Demon-Possessed Boy

37 The next day, when they came down from the
ountain, a large crowd met him. 38 A man in the
owd called out, "Teacher, I beg you to look at my
n, for he is my only child. 39 A spirit seizes him and
suddenly screams; it throws him into convulsions
that he foams at the mouth. It scarcely ever leaves
m and is destroying him. 40 I begged your disciples
drive it out, but they could not."
41 "You unbelieving and perverse generation," Jesus
plied, "how long shall I stay with you and put up
th you? Bring your son here."

42 Even while the boy was coming, the demon threw
n to the ground in a convulsion. But Jesus rebuked
e impure spirit, healed the boy and gave him back
his father. 43 And they were all amazed at the great-
ss of God.

sus Predicts His Death a Second Time

While everyone was marveling at all that Jesus did,
said to his disciples, 44 "Listen carefully to what I
n about to tell you: The Son of Man is going to be
livered into the hands of men." 45 But they did not
derstand what this meant. It was hidden from them,
that they did not grasp it, and they were afraid to
k him about it.

46 An argument started among the disciples as to
nich of them would be the greatest. 47 Jesus, know-
g their thoughts, took a little child and had him
and beside him. 48 Then he said to them, "Whoever
elcomes this little child in my name welcomes me;
d whoever welcomes me welcomes the one who
nt me. For it is the one who is least among you all
no is the greatest."

32 Pierre et ses compagnons étaient profondément endormis, mais quand ils s'éveillèrent[z], ils virent la gloire de
Jésus et les deux hommes qui étaient avec lui.
33 Au moment où ces hommes se séparaient de Jésus,
Pierre lui dit : Maître, il est bon que nous soyons ici. Nous
allons dresser trois tentes, une pour toi, une pour Moïse
et une pour Elie.
En fait, il ne savait pas ce qu'il disait. 34 Pendant qu'il
parlait encore, une nuée se forma et les enveloppa, et les
disciples furent saisis de crainte lorsqu'ils entrèrent dans
la nuée.
35 Une voix sortit de la nuée, qui disait : Celui-ci est mon
Fils, celui que j'ai choisi. Ecoutez-le !
36 Quand cette voix eut retenti, ils ne trouvèrent plus
que Jésus. Quant à eux, à cette époque, ils gardèrent le
silence sur cet événement et ne racontèrent à personne
ce qu'ils avaient vu.

La guérison d'un enfant habité par un démon

(Mt 17.14-18 ; Mc 9.14-27)

37 Le lendemain, comme ils descendaient de la montagne,
une grande foule vint à la rencontre de Jésus. 38 Du milieu
de cette foule, un homme s'écria : Maître, je t'en supplie :
regarde mon fils ! C'est mon enfant unique. 39 Un esprit
s'empare de lui, le fait crier tout à coup, l'agite convulsivement et le fait baver ; et il ne le quitte que difficilement,
en le laissant tout meurtri. 40 J'ai prié tes disciples de le
chasser, mais ils n'y ont pas réussi.
41 Jésus s'exclama alors : Gens incrédules et infidèles à
Dieu ! Jusqu'à quand devrai-je encore rester avec vous et
vous supporter ?
Puis, s'adressant à l'homme : Amène ton fils ici !
42 Pendant que l'enfant s'approchait, le démon le jeta
par terre et l'agita de convulsions. Jésus commanda avec
sévérité à l'esprit mauvais de sortir, il guérit le jeune
garçon et le rendit à son père. 43 Tous furent bouleversés
devant la grandeur de Dieu.

L'annonce de la mort de Jésus

(Mt 17.22-23 ; Mc 9.30-32)

Alors que chacun s'émerveillait encore de tout ce que
Jésus faisait, il dit à ses disciples : 44 Retenez bien ce que
je vais vous dire maintenant : le Fils de l'homme va être
livré aux mains des hommes.
45 Mais les disciples ne comprenaient pas cette parole.
Son sens leur était caché pour qu'ils ne la saisissent pas.
Et ils avaient peur de demander des explications à Jésus.

L'accueil des « petits »

(Mt 18.1-5 ; Mc 9.33-37)

46 Il s'éleva entre eux une discussion : il s'agissait de
savoir lequel était le plus grand parmi eux. 47 Jésus, qui
connaissait les pensées qu'ils avaient dans leur cœur, prit
un petit enfant par la main, le plaça à côté de lui 48 et leur
dit : Celui qui accueille cet enfant en mon nom m'accueille
moi-même, et celui qui m'accueille, accueille aussi celui
qui m'a envoyé. Car celui qui est le plus petit parmi vous,
c'est celui-là qui est grand.

[z] **9.32** Autre traduction : *ils étaient accablés de sommeil mais se tinrent éveillés.*

49 "Master," said John, "we saw someone driving out demons in your name and we tried to stop him, because he is not one of us."

50 "Do not stop him," Jesus said, "for whoever is not against you is for you."

Samaritan Opposition

51 As the time approached for him to be taken up to heaven, Jesus resolutely set out for Jerusalem. 52 And he sent messengers on ahead, who went into a Samaritan village to get things ready for him; 53 but the people there did not welcome him, because he was heading for Jerusalem. 54 When the disciples James and John saw this, they asked, "Lord, do you want us to call fire down from heaven to destroy them[v]?" 55 But Jesus turned and rebuked them. 56 Then he and his disciples went to another village.

The Cost of Following Jesus

57 As they were walking along the road, a man said to him, "I will follow you wherever you go."

58 Jesus replied, "Foxes have dens and birds have nests, but the Son of Man has no place to lay his head."

59 He said to another man, "Follow me."

But he replied, "Lord, first let me go and bury my father."

60 Jesus said to him, "Let the dead bury their own dead, but you go and proclaim the kingdom of God."

61 Still another said, "I will follow you, Lord; but first let me go back and say goodbye to my family."

62 Jesus replied, "No one who puts a hand to the plow and looks back is fit for service in the kingdom of God."

Jesus Sends Out the Seventy-Two

10 1 After this the Lord appointed seventy-two[w] others and sent them two by two ahead of him to every town and place where he was about to go. 2 He told them, "The harvest is plentiful, but the workers are few. Ask the Lord of the harvest, there-

v 9:54 Some manuscripts *them, just as Elijah did*
w 10:1 Some manuscripts *seventy*; also in verse 17

(Mc 9.38-40)

49 Jean prit la parole et dit : Maître, nous avons quelqu'un qui chassait les démons en ton nom, et no lui avons dit de ne plus le faire, parce qu'il ne te suit p avec nous.

50 – Ne l'en empêchez pas, lui répondit Jésus, car ce qui n'est pas contre vous est pour vous.

JÉSUS SE DIRIGE VERS JÉRUSALEM

L'opposition en Samarie

51 Lorsque le temps approcha où Jésus devait être enle de ce monde, il décida de manière résolue de se rendr Jérusalem. 52 Il envoya devant lui des messagers. En cou de route, ils entrèrent dans un village de la Samarie po lui préparer un logement. 53 Mais les Samaritains[a] lui r fusèrent l'hospitalité, parce qu'il se rendait à Jérusale 54 En voyant cela, ses disciples Jacques et Jean s'écrièrer Seigneur, veux-tu que nous commandions à la foud de tomber du ciel sur ces gens-là, pour les réduire cendres[b] ?

55 Mais Jésus, se tournant vers eux, les reprit sévèr ment : [– Vous ne savez pas quel esprit vous inspire telles pensées ! 56 Le Fils de l'homme n'est pas venu po faire mourir les hommes, mais pour les sauver[c].]

Ils se rendirent alors à un autre village.

L'engagement total du disciple

(Mt 8.19-22)

57 Pendant qu'ils étaient en chemin, un homme vint di à Jésus : Je te suivrai partout où tu iras.

58 Jésus lui répondit : Les renards ont des tanières et l oiseaux du ciel ont des nids ; mais le Fils de l'homme r pas d'endroit où reposer sa tête.

59 Jésus dit à un autre : Suis-moi !

Mais cet homme lui dit : Seigneur[d], permets que j'ai d'abord enterrer mon père.

60 Jésus lui répondit : Laisse à ceux qui sont morts soin d'enterrer leurs morts. Quant à toi, va proclamer royaume de Dieu !

61 Un autre encore lui dit : Je te suivrai, Seigneur, ma permets-moi d'abord de faire mes adieux à ma famille.

62 Jésus lui répondit : Celui qui regarde derrière lui moment où il se met à labourer avec sa charrue n'est p prêt pour le royaume de Dieu.

Jésus envoie soixante-douze disciples en mission

(Mt 9.37-38 ; 10.5-14)

10 1 Après cela, le Seigneur choisit encore soi ante-douze[e] autres disciples et les envoya deu par deux, pour le précéder dans toutes les villes et l localités où il devait se rendre. 2 Il leur disait : La moiss est abondante, mais les ouvriers peu nombreux. Priez do le Seigneur à qui appartient la moisson d'envoyer des o

a **9.53** Les *Samaritains,* qui étaient ennemis des Juifs depuis des siècles, ne voulaient pas que les pèlerins de Galilée qui se rendaient à Jérusale traversent leur territoire.
b **9.54** Après *pour les réduire en cendres,* certains manuscrits ajoutent : *comme le fit Elie.*
c **9.56** Les mots : *Vous ne savez pas ... mais pour les sauver* sont absents de certains manuscrits.
d **9.59** Ce terme est absent de nombreux manuscrits.
e **10.1** Certains manuscrits ont : *soixante-dix.*

re, to send out workers into his harvest field. 3Go!
m sending you out like lambs among wolves. 4Do
t take a purse or bag or sandals; and do not greet
yone on the road.
5"When you enter a house, first say, 'Peace to this
use.' 6If someone who promotes peace is there, your
ace will rest on them; if not, it will return to you.
tay there, eating and drinking whatever they give
u, for the worker deserves his wages. Do not move
ound from house to house.

8"When you enter a town and are welcomed, eat
nat is offered to you. 9Heal the sick who are there
d tell them, 'The kingdom of God has come near to
u.' 10But when you enter a town and are not wel-
med, go into its streets and say, 11'Even the dust
your town we wipe from our feet as a warning to
u. Yet be sure of this: The kingdom of God has come
ar.' 12I tell you, it will be more bearable on that day
Sodom than for that town.

13"Woe to you, Chorazin! Woe to you, Bethsaida!
r if the miracles that were performed in you had
en performed in Tyre and Sidon, they would have
pented long ago, sitting in sackcloth and ashes. 14But
will be more bearable for Tyre and Sidon at the judg-
ent than for you. 15And you, Capernaum, will you be
ted to the heavens? No, you will go down to Hades.[x]

16"Whoever listens to you listens to me; whoever
jects you rejects me; but whoever rejects me rejects
m who sent me."
17The seventy-two returned with joy and said,
ord, even the demons submit to us in your name."
18He replied, "I saw Satan fall like lightning from
eaven. 19I have given you authority to trample on
akes and scorpions and to overcome all the power
the enemy; nothing will harm you. 20However, do
t rejoice that the spirits submit to you, but rejoice
at your names are written in heaven."

21At that time Jesus, full of joy through the Holy
irit, said, "I praise you, Father, Lord of heaven and
rth, because you have hidden these things from the
se and learned, and revealed them to little children.
s, Father, for this is what you were pleased to do.

0:15 That is, the realm of the dead

vriers pour moissonner. 3Allez : je vous envoie comme
des agneaux au milieu des loups. 4N'emportez ni bourse,
ni sac de voyage, ni sandales, et ne vous attardez pas en
chemin pour saluer les gens[f].
5Lorsque vous entrerez dans une maison, dites d'abord :
« Que la paix soit sur cette maison[g]. » 6Si un homme de
paix y habite, votre paix reposera sur lui. Si ce n'est pas le
cas, elle reviendra à vous. 7Restez dans cette maison-là,
prenez la nourriture et la boisson que l'on vous donnera,
car « l'ouvrier mérite son salaire ». Ne passez pas d'une
maison à l'autre pour demander l'hospitalité.
8Dans toute ville où vous irez et où l'on vous accueillera,
mangez ce que l'on vous offrira, 9guérissez les malades qui
s'y trouveront et dites aux gens : « Le royaume de Dieu est
proche de vous. » 10Mais dans toute ville où vous entrerez
et où l'on ne voudra pas vous recevoir, allez sur la place
publique et dites : 11« La poussière de votre ville qui s'est
attachée à nos pieds, nous la secouons contre vous. Sachez
pourtant ceci : le royaume de Dieu est proche. »

(Mt 10.15 ; 11.20-24)

12Je vous assure qu'au jour du Jugement, Sodome sera
traitée avec moins de rigueur que cette ville-là.
13Malheur à toi, Chorazin[h] ! Malheur à toi, Bethsaïda !
car si les miracles qui se sont produits au milieu de vous
avaient eu lieu à Tyr et à Sidon[i], il y a longtemps que
leurs habitants auraient changé et l'auraient manifesté
en revêtant des habits de toile de sac et en se couvrant de
cendre[j]. 14C'est pourquoi, au jour du jugement, ces villes
seront traitées avec moins de rigueur que vous. 15Et toi,
Capernaüm, crois-tu que tu seras élevée jusqu'au ciel ?
Non ! Tu seras précipitée au séjour des morts.
16Il ajouta : Si quelqu'un vous écoute, c'est moi qu'il
écoute, si quelqu'un vous rejette, c'est moi qu'il rejette.
Or, celui qui me rejette, rejette celui qui m'a envoyé.
17Quand les soixante-douze[k] disciples revinrent, ils
étaient pleins de joie et disaient : Seigneur, même les
démons se soumettent à nous quand nous leur donnons
des ordres en ton nom !
18Il leur répondit : Je voyais Satan tomber du ciel comme
l'éclair. 19Ecoutez : je vous ai donné le pouvoir de marcher
sur les serpents et les scorpions[l], et d'écraser toutes les
forces de l'Ennemi, sans que rien ne puisse vous faire du
mal. 20Toutefois, ce qui doit vous réjouir, ce n'est pas de
voir que les esprits mauvais vous sont soumis ; mais de
savoir que vos noms sont inscrits dans le ciel.

Le privilège des disciples

(Mt 11.25-27)

21Au même moment, Jésus fut transporté de joie par
le Saint-Esprit[m] et s'écria : Je te loue, ô Père, Seigneur du
ciel et de la terre, parce que tu as caché ces choses aux
sages et aux intelligents, et que tu les as révélées à ceux

f **10.4** Les salutations orientales comprenaient tout un rituel.
g **10.5** C'était la salutation juive habituelle en entrant dans une maison : *Shalom*.
h **10.13** *Chorazin ... Bethsaïda:* deux villes voisines de Capernaüm. *Tyr ... Sidon:* deux villes phéniciennes, donc non juives.
i **10.13** Voir note Lc 6.17. Ces villes étaient réputées très corrompues.
j **10.13** Allusion aux coutumes juives marquant le deuil et l'humiliation.
k **10.17** Certains manuscrits ont : *soixante-dix*.
l **10.19** Les *scorpions*, fréquents dans les pays chauds, peuvent causer des blessures douloureuses et graves par l'aiguillon empoisonné situé à l'extrémité de leur queue.
m **10.21** Certains manuscrits ont : *par l'Esprit*, et d'autres : *en lui-même*.

[22]"All things have been committed to me by my
Father. No one knows who the Son is except the Father,
and no one knows who the Father is except the Son
and those to whom the Son chooses to reveal him."

[23]Then he turned to his disciples and said privately,
"Blessed are the eyes that see what you see. [24]For I
tell you that many prophets and kings wanted to see
what you see but did not see it, and to hear what you
hear but did not hear it."

The Parable of the Good Samaritan

[25]On one occasion an expert in the law stood up
to test Jesus. "Teacher," he asked, "what must I do to
inherit eternal life?"

[26]"What is written in the Law?" he replied. "How
do you read it?"

[27]He answered, " 'Love the Lord your God with all
your heart and with all your soul and with all your
strength and with all your mind'; and, 'Love your
neighbor as yourself.' "

[28]"You have answered correctly," Jesus replied. "Do
this and you will live."

[29]But he wanted to justify himself, so he asked Jesus,
"And who is my neighbor?"

[30]In reply Jesus said: "A man was going down from
Jerusalem to Jericho, when he was attacked by robbers. They stripped him of his clothes, beat him and
went away, leaving him half dead. [31]A priest happened
to be going down the same road, and when he saw the
man, he passed by on the other side. [32]So too, a Levite,
when he came to the place and saw him, passed by
on the other side. [33]But a Samaritan, as he traveled,
came where the man was; and when he saw him, he
took pity on him. [34]He went to him and bandaged his
wounds, pouring on oil and wine. Then he put the man
on his own donkey, brought him to an inn and took
care of him. [35]The next day he took out two denarii[y]
and gave them to the innkeeper. 'Look after him,' he
said, 'and when I return, I will reimburse you for any
extra expense you may have.'

[36]"Which of these three do you think was a neighbor to the man who fell into the hands of robbers?"

[37]The expert in the law replied, "The one who had
mercy on him."

Jesus told him, "Go and do likewise."

At the Home of Martha and Mary

[38]As Jesus and his disciples were on their way, he
came to a village where a woman named Martha
opened her home to him. [39]She had a sister called
Mary, who sat at the Lord's feet listening to what he

y **10:35** A denarius was the usual daily wage of a day laborer (see Matt. 20:2).

qui sont tout petits. Oui, Père, car dans ta bonté, tu l
voulu ainsi. [22]Mon Père a remis toutes choses entre n
mains. Personne ne sait qui est le Fils, si ce n'est le Pè
et personne ne sait qui est le Père, si ce n'est le Fils et ce
à qui le Fils veut le révéler.

(Mt 13.16-17)

[23]Puis, se tournant vers ses disciples, il leur dit en p
ticulier : Heureux ceux qui voient ce que vous voyez ! [24]C
je vous l'assure : beaucoup de prophètes et de rois auraie
voulu voir ce que vous voyez, mais ne l'ont pas vu ;
auraient voulu entendre ce que vous entendez, mais
l'ont pas entendu.

La parabole du bon Samaritain

[25]Un enseignant de la Loi se leva et posa une questi
à Jésus pour lui tendre un piège.

– Maître, lui dit-il, que dois-je faire pour obtenir la
éternelle ?

[26]Jésus lui répondit : Qu'est-il écrit dans la Lo
[27]Comment la comprends-tu ?

Il lui répondit : *Tu aimeras le Seigneur ton Dieu, de tout
cœur, de toute ton âme, de toute ton énergie et de toute ta pens
et ton prochain comme toi-même.*

[28]– Tu as bien répondu, lui dit Jésus : fais cela, et tu a
ras la vie.

[29]Mais l'enseignant de la Loi, voulant se donner raisc
reprit : Oui, mais qui donc est mon prochain ?

[30]En réponse, Jésus lui dit : Il y avait un homme qui d
scendait de Jérusalem à Jéricho, quand il fut attaqué p
des brigands. Ils lui arrachèrent ses vêtements, le rouère
de coups et s'en allèrent, le laissant à moitié mort. [31]Or il
trouva qu'un prêtre descendait par le même chemin. Il
le blessé et, s'en écartant, poursuivit sa route. [32]De mê
aussi un lévite[n] arriva au même endroit, le vit, et, s'
écartant, poursuivit sa route. [33]Mais un Samaritain q
passait par là arriva près de cet homme. En le voyant, il f
pris de compassion. [34]Il s'approcha de lui, soigna ses pla
avec de l'huile et du vin[o], et les recouvrit de pansemen
Puis, le chargeant sur sa propre mule, il l'emmena da
une auberge où il le soigna de son mieux. [35]Le lendema
il sortit deux pièces d'argent[p], les remit à l'aubergiste et l
dit : « Prends soin de cet homme, et tout ce que tu aur
dépensé en plus, je te le rembourserai moi-même qua
je repasserai. »

[36]Et Jésus ajouta : A ton avis, lequel des trois s'est mo
tré le prochain de l'homme qui avait été victime d
brigands ?

[37]– C'est celui qui a eu compassion de lui, lui réponc
l'enseignant de la Loi.

– Eh bien, va, et agis de même, lui dit Jésus.

La meilleure part

[38]Pendant qu'ils étaient en route, Jésus entra dans u
village. Là, une femme nommée Marthe l'accueillit dans
maison. [39]Elle avait une sœur appelée Marie. Celle-ci vi
s'asseoir aux pieds de Jésus, et elle écoutait ce qu'il disa

n **10.32** Les *lévites* étaient chargés de certains services matériels dans l
Temple.

o **10.34** L'huile était communément utilisée pour adoucir la douleur et
vin pour désinfecter les plaies.

p **10.35** Il s'agit de *deniers* (voir note 7.41).

d. 40 But Martha was distracted by all the prepara-
ns that had to be made. She came to him and asked,
ɔrd, don't you care that my sister has left me to do
e work by myself? Tell her to help me!"
41 "Martha, Martha," the Lord answered, "you are
orried and upset about many things, 42 but few
ings are needed – or indeed only one.[z] Mary has
osen what is better, and it will not be taken away
om her."

sus' Teaching on Prayer

11 1 One day Jesus was praying in a certain place.
When he finished, one of his disciples said
him, "Lord, teach us to pray, just as John taught
s disciples."
2 He said to them, "When you pray, say:
"'Father,[a]
hallowed be your name,
your kingdom come.[b]
3 Give us each day our daily bread.
4 Forgive us our sins,
for we also forgive everyone who sins against
us.[c]
And lead us not into temptation.[d]'"
5 Then Jesus said to them, "Suppose you have
friend, and you go to him at midnight and say,
riend, lend me three loaves of bread; 6 a friend of
ine on a journey has come to me, and I have no food
offer him.' 7 And suppose the one inside answers,
on't bother me. The door is already locked, and my
ildren and I are in bed. I can't get up and give you
ything.' 8 I tell you, even though he will not get up
d give you the bread because of friendship, yet be-
use of your shameless audacity[e] he will surely get
and give you as much as you need.

9 "So I say to you: Ask and it will be given to you;
ek and you will find; knock and the door will be
ened to you. 10 For everyone who asks receives; the
e who seeks finds; and to the one who knocks, the
or will be opened.
11 "Which of you fathers, if your son asks for[f] a fish,
ill give him a snake instead? 12 Or if he asks for an
g, will give him a scorpion? 13 If you then, though
u are evil, know how to give good gifts to your chil-
en, how much more will your Father in heaven give
e Holy Spirit to those who ask him!"

0:42 Some manuscripts *but only one thing is needed*
1:2 Some manuscripts *Our Father in heaven*
1:2 Some manuscripts *come. May your will be done on earth as it is heaven.*
1:4 Greek *everyone who is indebted to us*
1:4 Some manuscripts *temptation, but deliver us from the evil one*
1:8 Or *yet to preserve his good name*
1:11 Some manuscripts *for bread, will give him a stone? Or if he asks*

40 Pendant ce temps, Marthe était affairée aux multiples
travaux que demandait le service. Elle s'approcha de Jésus
et lui dit : Maître, cela ne te dérange-t-il pas de voir que
ma sœur me laisse seule à servir ? Dis-lui donc de m'aider.
41 Mais le Seigneur lui répondit : Marthe, Marthe, tu
t'inquiètes et tu t'agites pour beaucoup de choses ; 42 il
n'y en a qu'une seule qui soit vraiment nécessaire. Marie
a choisi la meilleure part, et personne ne la lui enlèvera.

Comment prier

(Mt 6.9-13)

11 1 Un jour, Jésus priait en un certain lieu. Quand
il eut fini, l'un de ses disciples lui demanda :
Seigneur, apprends-nous à prier, comme Jean l'a appris
à ses disciples !
2 Il leur répondit : Quand vous priez, dites :
Père,
que ton nom soit sanctifié[q],
que ton règne vienne.
3 Donne-nous, chaque jour,
le pain dont nous avons besoin[r].
4 Pardonne-nous nos péchés,
car nous pardonnons nous-mêmes
à ceux qui ont des torts envers nous.
Et ne nous expose pas à la tentation[s].
5 Puis il ajouta : Supposez que l'un de vous ait un ami et
qu'il aille le réveiller en pleine nuit pour lui dire : « Mon
ami, prête-moi trois pains, 6 car un de mes amis qui est
en voyage vient d'arriver chez moi et je n'ai rien à lui offrir. » 7 Supposons que l'autre, de l'intérieur de la maison,
lui réponde : « Laisse-moi tranquille, ne me dérange pas,
ma porte est fermée, mes enfants et moi nous sommes
couchés, je ne peux pas me lever pour te les donner. »
8 Je vous assure que, même s'il ne se lève pas pour lui
donner ces pains par amitié pour lui, il se lèvera pour ne
pas manquer à l'honneur[t], et il lui donnera tout ce dont
il a besoin.

(Mt 7.7-11)

9 Ainsi, moi je vous le dis : Demandez, et vous recevrez ;
cherchez, et vous trouverez ; frappez, et l'on vous ouvrira.
10 Car celui qui demande reçoit ; celui qui cherche trouve ;
et l'on ouvre à celui qui frappe.

11 Il y a des pères parmi vous. Lequel d'entre vous donnera-t-il un serpent à son fils quand celui-ci lui demande
un poisson[u] ? 12 Ou encore, s'il demande un œuf, lui donnera-t-il un scorpion[v] ? 13 Si donc, tout mauvais que vous
êtes, vous savez donner de bonnes choses à vos enfants,
à combien plus forte raison le Père céleste donnera-t-il
l'Esprit Saint à ceux qui le lui demandent.

---

q 11.2 Autres traductions : *que tu sois reconnu pour Dieu* ou *que la gloire de ta personne soit manifeste* ou *que les hommes te rendent le culte qui t'est dû.*
r 11.3 Autres traductions : *la nourriture de ce jour* ou *du lendemain.*
s 11.4 Autre traduction : *Garde-nous de céder à la tentation.*
t 11.8 Autre traduction : *parce que l'autre le dérange.*
u 11.11 Certains manuscrits ajoutent : *ou une pierre alors qu'il lui demande du pain.*
v 11.12 Voir note Lc 10.19.

Jesus and Beelzebul

14Jesus was driving out a demon that was mute.
When the demon left, the man who had been mute
spoke, and the crowd was amazed. 15But some of them
said, "By Beelzebul, the prince of demons, he is driving out demons." 16Others tested him by asking for a
sign from heaven.

17Jesus knew their thoughts and said to them: "Any
kingdom divided against itself will be ruined, and a
house divided against itself will fall. 18If Satan is divided against himself, how can his kingdom stand? I
say this because you claim that I drive out demons by
Beelzebul. 19Now if I drive out demons by Beelzebul,
by whom do your followers drive them out? So then,
they will be your judges. 20But if I drive out demons
by the finger of God, then the kingdom of God has
come upon you.

21"When a strong man, fully armed, guards his own
house, his possessions are safe. 22But when someone
stronger attacks and overpowers him, he takes away
the armor in which the man trusted and divides up
his plunder.

23"Whoever is not with me is against me, and whoever does not gather with me scatters.

24"When an impure spirit comes out of a person,
it goes through arid places seeking rest and does not
find it. Then it says, 'I will return to the house I left.'
25When it arrives, it finds the house swept clean and
put in order. 26Then it goes and takes seven other
spirits more wicked than itself, and they go in and
live there. And the final condition of that person is
worse than the first."

27As Jesus was saying these things, a woman in the
crowd called out, "Blessed is the mother who gave you
birth and nursed you."

28He replied, "Blessed rather are those who hear
the word of God and obey it."

The Sign of Jonah

29As the crowds increased, Jesus said, "This is a
wicked generation. It asks for a sign, but none will be
given it except the sign of Jonah. 30For as Jonah was
a sign to the Ninevites, so also will the Son of Man
be to this generation. 31The Queen of the South will
rise at the judgment with the people of this generation and condemn them, for she came from the ends
of the earth to listen to Solomon's wisdom; and now
something greater than Solomon is here. 32The men
of Nineveh will stand up at the judgment with this
generation and condemn it, for they repented at the
preaching of Jonah; and now something greater than
Jonah is here.

Dieu ou Satan ?

(Mt 12.22-30 ; Mc 3.20-27)

14Un jour, Jésus chassait un démon qui rendait un hor
me muet. Quand le démon fut sorti, le muet se mit à parl
et la foule était émerveillée. 15Cependant quelques-u
disaient : C'est par le pouvoir de Béelzébul, le chef d
démons, qu'il chasse les démons.

16D'autres, pour lui tendre un piège, lui réclamaient u
signe venant du ciel. 17Mais, comme il connaissait leu
pensées, il leur dit : Tout royaume déchiré par la guer
civile est dévasté et les maisons s'y écroulent l'une su
l'autre. 18Vous prétendez que je chasse les démons pa
le pouvoir de Béelzébul. Mais si Satan est en conflit av
lui-même ; comment alors son royaume subsistera-t-il
19D'ailleurs, si moi je chasse les démons par Béelzébul, q
donc donne à vos disciples le pouvoir de les chasser ? C'e
pourquoi ils seront eux-mêmes vos juges.

20Mais si c'est par la puissance de Dieu que je chasse l
démons, alors, de toute évidence, le royaume de Dieu e
venu jusqu'à vous. 21Tant qu'un homme fort et bien arn
garde sa maison, ses biens sont en sécurité ; 22mais si u
autre, plus fort que lui, l'attaque et parvient à le maîtri
er, il lui enlève toutes les armes sur lesquelles le premi
comptait, lui prend tous ses biens et les distribue.

23Celui qui n'est pas avec moi est contre moi, et celui q
ne se joint pas à moi pour rassembler, disperse.

(Mt 12.43-45)

24Lorsqu'un esprit mauvais est sorti de quelqu'un, il er
çà et là dans des lieux déserts, à la recherche d'un lieu c
repos, et il n'en trouve pas. Il se dit alors : « Mieux vau
regagner la demeure que j'ai quittée. »

25Il y retourne donc et la trouve balayée et mise en o
dre. 26Alors il va chercher sept autres esprits encore plu
méchants que lui et les amène avec lui. Ils entrent dan
la demeure et s'y installent. Finalement, la condition d
cet homme est pire qu'avant.

27Pendant qu'il parlait ainsi, du milieu de la foule, un
femme s'écria : Heureuse la femme qui t'a mis au mond
et qui t'a allaité !

28Mais Jésus répondit : Heureux plutôt ceux qui écouter
la Parole de Dieu et qui y obéissent !

Signe et lumière

(Mt 12.38-42)

29Comme la foule grossissait autour de lui, il dit : Le
gens de notre temps sont mauvais. Ils réclament un sign
miraculeux. Un signe ... il ne leur en sera pas accordé d'au
tre que celui de Jonas. 30Car, de même que Jonas a été u
signe pour les habitants de Ninive, de même aussi le Fi
de l'homme sera un signe pour les gens de notre temps.

31Au jour du jugement, la reine du Midi se lèvera e
condamnera les gens de notre temps, car elle est venu
du bout du monde pour écouter l'enseignement plein d
sagesse de Salomon. Or, il y a ici plus que Salomon ! 32A
jour du jugement, les habitants de Ninive se lèveront e
condamneront les gens de notre temps, car ils ont chang
en réponse à la prédication de Jonas. Or, il y a ici plus qu
Jonas.

e Lamp of the Body

33 “No one lights a lamp and puts it in a place where
will be hidden, or under a bowl. Instead they put it
its stand, so that those who come in may see the
ht. 34 Your eye is the lamp of your body. When your
es are healthy,[g] your whole body also is full of light.
t when they are unhealthy,[h] your body also is full
darkness. 35 See to it, then, that the light within
u is not darkness. 36 Therefore, if your whole body
full of light, and no part of it dark, it will be just as
ll of light as when a lamp shines its light on you.”

oes on the Pharisees and e Experts in the Law

37 When Jesus had finished speaking, a Pharisee in-
ed him to eat with him; so he went in and reclined
the table. 38 But the Pharisee was surprised when he
ticed that Jesus did not first wash before the meal.
39 Then the Lord said to him, “Now then, you
arisees clean the outside of the cup and dish, but
side you are full of greed and wickedness. 40 You
olish people! Did not the one who made the outside
ake the inside also? 41 But now as for what is inside
u – be generous to the poor, and everything will
clean for you.
42 “Woe to you Pharisees, because you give God a
nth of your mint, rue and all other kinds of garden
rbs, but you neglect justice and the love of God. You
ould have practiced the latter without leaving the
rmer undone.
43 “Woe to you Pharisees, because you love the most
portant seats in the synagogues and respectful
eetings in the marketplaces.
44 “Woe to you, because you are like unmarked
aves, which people walk over without knowing it.”
45 One of the experts in the law answered him,
eacher, when you say these things, you insult us
so.”
46 Jesus replied, “And you experts in the law, woe to
u, because you load people down with burdens they
n hardly carry, and you yourselves will not lift one
nger to help them.
47 “Woe to you, because you build tombs for the
ophets, and it was your ancestors who killed them.
So you testify that you approve of what your ances-
rs did; they killed the prophets, and you build their
mbs. 49 Because of this, God in his wisdom said, ‘I will
nd them prophets and apostles, some of whom they
ill kill and others they will persecute.’ 50 Therefore
is generation will be held responsible for the blood
all the prophets that has been shed since the be-

1:34 The Greek for *healthy* here implies generous.
1:34 The Greek for *unhealthy* here implies stingy.

(Mt 5.15 ; Mc 4.21)

33 Personne n’allume une lampe pour la mettre dans un
recoin ou sous une mesure à grain[w]. Non, on la place sur un
pied de lampe pour que ceux qui entrent voient la lumière.

(Mt 6.22-23)

34 Tes yeux sont comme une lampe pour ton corps. Si
tes yeux sont en bon état, tout ton corps jouit de la lumière ; mais s’ils sont malades, tout ton corps est plongé
dans l’obscurité. 35 Fais donc attention à ce que ta lumière
ne soit pas obscurcie. 36 Si ton corps tout entier est dans
la lumière, sans aucune partie dans l’obscurité, il jouira
pleinement de la lumière, comme lorsque la lampe t’éclaire
de sa clarté.

La condamnation des chefs religieux

(Mt 23.4-36)

37 Pendant qu’il parlait, un pharisien l’invita à venir
manger chez lui. Jésus entra dans la maison et se mit à
table. 38 Le pharisien remarqua qu’il n’avait pas fait les
ablutions rituelles avant le repas, et il s’en étonna.
39 Le Seigneur lui dit alors : Vous pharisiens, vous nettoyez soigneusement l’extérieur de vos coupes et de vos
plats, mais à l’intérieur, vous êtes remplis du désir de voler
et pleins de méchanceté. 40 Fous que vous êtes ! Est-ce que
celui qui a créé l’extérieur n’a pas aussi fait l’intérieur ?
41 Donnez plutôt en offrande à Dieu votre être intérieur[x],
et vous serez du même coup entièrement purs. 42 Mais
malheur à vous, pharisiens, vous vous acquittez scrupuleusement de la dîme sur toutes les plus petites herbes,
comme la menthe et la rue[y], et sur le moindre légume,
mais vous négligez la droiture et l’amour de Dieu ! Voilà
ce qu’il fallait faire, sans laisser le reste de côté.
43 Malheur à vous, pharisiens, parce que vous aimez les
sièges d’honneur dans les synagogues ; vous aimez qu’on
vous salue respectueusement sur les places publiques.
44 Malheur à vous ! vous ressemblez à ces tombes que rien
ne signale au regard et sur lesquelles on passe sans s’en
douter[z].
45 Là-dessus, un enseignant de la Loi se mit à protester
en disant : Maître, en parlant ainsi, tu nous insultes, nous
aussi !
46 – Oui, malheur à vous aussi, enseignants de la Loi,
lui répondit Jésus, vous imposez aux gens des fardeaux
accablants ; mais vous-mêmes, vous n’y touchez pas du
petit doigt !
47 Malheur à vous, parce que vous édifiez des monuments
funéraires pour les prophètes, ces prophètes que vos ancêtres ont tués ! 48 Vous montrez clairement par là que
vous approuvez ce que vos ancêtres ont fait : eux, ils ont
tué les prophètes, et vous, vous bâtissez leurs tombeaux !
49 C’est bien pour cela que Dieu, dans sa sagesse, a déclaré : « Je leur enverrai des prophètes et des messagers ;
ils tueront les uns, ils persécuteront les autres. » 50 C’est
pourquoi les gens de notre temps auront à répondre du
meurtre de tous les prophètes qui ont été tués depuis le

w **11.33** Les mots : *ou sous une mesure à grain* sont absents de certains manuscrits (voir Mt 5.15 ; Mc 4.21).
x **11.41** D’autres comprennent : *donnez aux pauvres ce que vous avez.*
y **11.42** La *rue* était une plante aromatique et médicinale cultivée en Israël.
z **11.44** Selon les rabbins, marcher sur un tombeau rendait impur.

ginning of the world, 51 from the blood of Abel to the blood of Zechariah, who was killed between the altar and the sanctuary. Yes, I tell you, this generation will be held responsible for it all.

52 "Woe to you experts in the law, because you have taken away the key to knowledge. You yourselves have not entered, and you have hindered those who were entering."

53 When Jesus went outside, the Pharisees and the teachers of the law began to oppose him fiercely and to besiege him with questions, 54 waiting to catch him in something he might say.

Warnings and Encouragements

12 1 Meanwhile, when a crowd of many thousands had gathered, so that they were trampling on one another, Jesus began to speak first to his disciples, saying: "Be[i] on your guard against the yeast of the Pharisees, which is hypocrisy. 2 There is nothing concealed that will not be disclosed, or hidden that will not be made known. 3 What you have said in the dark will be heard in the daylight, and what you have whispered in the ear in the inner rooms will be proclaimed from the roofs.

4 "I tell you, my friends, do not be afraid of those who kill the body and after that can do no more. 5 But I will show you whom you should fear: Fear him who, after your body has been killed, has authority to throw you into hell. Yes, I tell you, fear him. 6 Are not five sparrows sold for two pennies? Yet not one of them is forgotten by God. 7 Indeed, the very hairs of your head are all numbered. Don't be afraid; you are worth more than many sparrows.

8 "I tell you, whoever publicly acknowledges me before others, the Son of Man will also acknowledge before the angels of God. 9 But whoever disowns me before others will be disowned before the angels of God. 10 And everyone who speaks a word against the Son of Man will be forgiven, but anyone who blasphemes against the Holy Spirit will not be forgiven.

11 "When you are brought before synagogues, rulers and authorities, do not worry about how you will defend yourselves or what you will say, 12 for the Holy Spirit will teach you at that time what you should say."

The Parable of the Rich Fool

13 Someone in the crowd said to him, "Teacher, tell my brother to divide the inheritance with me."

14 Jesus replied, "Man, who appointed me a judge or an arbiter between you?" 15 Then he said to them, "Watch out! Be on your guard against all kinds of greed; life does not consist in an abundance of possessions."

---

[i] 12:1 Or *speak to his disciples, saying: "First of all, be*

commencement du monde, 51 depuis le meurtre d'Ab jusqu'à celui de Zacharie, assassiné entre l'autel du sac fice et le Temple. Oui, je vous l'assure, les hommes de no temps auront à répondre de tous ces crimes.

52 Malheur à vous, enseignants de la Loi, vous vous êt emparés de la clé de la connaissance. Non seulement vo n'entrez pas vous-mêmes, mais vous empêchez d'entr ceux qui voudraient le faire !

53 Quand Jésus fut sorti de la maison, les spécialist de la Loi et les pharisiens s'acharnèrent contre lui et harcelèrent de questions sur toutes sortes de sujets : 54 lui tendaient ainsi des pièges pour trouver dans ses paro un motif d'accusation.

Prendre parti pour Jésus

(Mt 10.26-33 ; 10.19-20)

12 1 Pendant ce temps, des milliers de gens s'étaie rassemblés, au point qu'ils se marchaient sur pieds les uns les autres. Jésus commença par s'adresse ses disciples : Gardez-vous, leur dit-il, de ce levain : l'h pocrisie des pharisiens. 2 Car tout ce qui est tenu secr sera dévoilé, et tout ce qui est caché finira par être con 3 Ainsi, tout ce que vous aurez dit dans l'obscurité sera e tendu ouvertement en plein jour, et tout ce que vous aur chuchoté dans le creux de l'oreille, derrière des portes bi closes, sera crié du haut des toits en terrasses.

4 Mes chers amis, je vous le dis : ne craignez pas ce qui peuvent tuer le corps, mais qui n'ont pas le pouvoir faire davantage. 5 Savez-vous qui vous devez craindre ? vais vous le dire : c'est celui qui, après la mort, a le pouv de vous jeter en enfer. Oui, je vous l'assure, c'est lui q vous devez craindre.

6 Ne vend-on pas cinq moineaux pour deux sous ? pourtant, Dieu prend soin de chacun d'eux. 7 Bien plu même les cheveux de votre tête sont comptés. N'ayez a cune crainte, car vous avez plus de valeur que toute u volée de moineaux.

8 Je vous l'assure, tous ceux qui se déclareront pour m devant les hommes, le Fils de l'homme aussi se déclare pour eux devant les anges de Dieu. 9 Mais celui qui au prétendu devant les hommes qu'il ne me connaît pas, ne le reconnaîtrai pas non plus devant les anges de Die 10 Si quelqu'un dit du mal du Fils de l'homme, il lui se pardonné ; mais pour celui qui aura blasphémé cont l'Esprit Saint il n'y aura pas de pardon.

11 Quand on vous traînera dans les synagogues deva les dirigeants et les autorités, ne vous inquiétez pas sujet de ce que vous aurez à dire pour votre défense, ni la manière dont vous la présenterez. 12 Car le Saint-Espr vous enseignera à l'instant même ce que vous devrez dir

Vraies et fausses richesses

13 Du milieu de la foule, un homme dit à Jésus : Maîtr dis à mon frère de partager avec moi l'héritage que not père nous a laissé !

14 Mais Jésus lui répondit : Mon ami, qui m'a établi po être votre juge ou votre arbitre en matière d'héritage ?

15 Puis il dit à tous : Gardez-vous avec soin du désir posséder, sous toutes ses formes, car la vie d'un homm si riche soit-il, ne dépend pas de ses biens.

16 And he told them this parable: "The ground of a
rtain rich man yielded an abundant harvest. 17 He
ought to himself, 'What shall I do? I have no place
store my crops.'
18 "Then he said, 'This is what I'll do. I will tear down
y barns and build bigger ones, and there I will store
y surplus grain. 19 And I'll say to myself, "You have
enty of grain laid up for many years. Take life easy;
t, drink and be merry." '
20 "But God said to him, 'You fool! This very night
ur life will be demanded from you. Then who will
t what you have prepared for yourself?'
21 "This is how it will be with whoever stores up
ings for themselves but is not rich toward God."

Not Worry

22 Then Jesus said to his disciples: "Therefore I tell
u, do not worry about your life, what you will eat;
about your body, what you will wear. 23 For life is
ore than food, and the body more than clothes.
Consider the ravens: They do not sow or reap, they
ve no storeroom or barn; yet God feeds them. And
w much more valuable you are than birds! 25 Who
you by worrying can add a single hour to your life[j]?
Since you cannot do this very little thing, why do
u worry about the rest?
27 "Consider how the wild flowers grow. They do not
bor or spin. Yet I tell you, not even Solomon in all his
lendor was dressed like one of these. 28 If that is how
d clothes the grass of the field, which is here today,
d tomorrow is thrown into the fire, how much more
ill he clothe you – you of little faith! 29 And do not
t your heart on what you will eat or drink; do not
orry about it. 30 For the pagan world runs after all
ch things, and your Father knows that you need
em. 31 But seek his kingdom, and these things will
given to you as well.

32 "Do not be afraid, little flock, for your Father has
een pleased to give you the kingdom. 33 Sell your
ssessions and give to the poor. Provide purses for
urselves that will not wear out, a treasure in heaven
at will never fail, where no thief comes near and no
oth destroys. 34 For where your treasure is, there
ur heart will be also.

atchfulness

35 "Be dressed ready for service and keep your lamps
urning, 36 like servants waiting for their master to re-
urn from a wedding banquet, so that when he comes
d knocks they can immediately open the door for
im. 37 It will be good for those servants whose master

2:25 Or *single cubit to your height*

16 Il leur raconta alors cette parabole : Le domaine d'un
riche propriétaire avait rapporté de façon exceptionnelle.
17 L'homme se mit à réfléchir : « Que faire ? se demandait-il.
Je n'ai pas assez de place pour engranger toute ma récolte ! 18 Ah, se dit-il enfin, je sais ce que je vais faire ! Je vais
démolir mes greniers pour en construire de plus grands,
et j'y entasserai tout mon blé et tous mes autres biens.
19 Après quoi, je pourrai me dire : Mon ami, te voilà pourvu
de biens en réserve pour de nombreuses années. Repose-
toi, mange, bois et jouis de la vie ! » 20 Mais Dieu lui dit :
« Pauvre fou que tu es ! Cette nuit même, tu vas mourir.
Et tout ce que tu as préparé pour toi, qui va en profiter ? »
21 Voilà quel sera le sort de tout homme qui amasse des
richesses pour lui-même, au lieu de chercher à être riche
auprès de Dieu[a].

(Mt 6.25-34)

22 Jésus ajouta, en s'adressant à ses disciples : C'est
pourquoi je vous dis : ne vous inquiétez pas en vous demandant : Qu'allons-nous manger ? Avec quoi allons-nous
nous habiller ? 23 La vie vaut bien plus que la nourriture.
Le corps vaut bien plus que le vêtement.
24 Considérez les corbeaux, ils ne sèment ni ne moissonnent ; ils n'ont ni cave, ni grenier et Dieu les nourrit.
Vous valez bien plus qu'eux ! 25 D'ailleurs, qui de vous
peut, à force d'inquiétude, prolonger son existence, ne
serait-ce que de quelques instants[b] ? 26 Si donc vous n'avez
aucun pouvoir sur ces petites choses, pourquoi vous in-
quiétez-vous au sujet des autres ? 27 Considérez les lis ! Ils
poussent sans se fatiguer à tisser[c] des vêtements. Et pourtant, je vous l'assure, le roi Salomon lui-même, dans toute
sa gloire, n'a jamais été aussi bien vêtu que l'un d'eux ! 28 Si
Dieu habille ainsi cette petite plante dans les champs, qui
est là aujourd'hui et qui demain déjà sera jetée au feu, à
combien plus forte raison vous vêtira-t-il vous-mêmes !
Ah, votre foi est bien petite !
29 Ne vous faites donc pas de soucis au sujet du manger et
du boire, et ne vous tourmentez pas pour cela. 30 Toutes ces
choses, les païens de ce monde s'en préoccupent sans cesse.
Mais votre Père sait que vous en avez besoin. 31 Faites donc
plutôt du royaume de Dieu votre préoccupation première,
et ces choses vous seront données en plus.
32 N'aie pas peur, petit troupeau ! Car il a plu à votre Père
de vous donner le royaume.

(Mt 6.19-21)

33 Vendez ce que vous possédez, et distribuez-en le produit aux pauvres. Fabriquez-vous des bourses inusables et
constituez-vous un trésor inaltérable dans le ciel où aucun
cambrioleur ne peut l'atteindre, ni aucune mite l'entamer.
34 Car là où est votre trésor, là aussi sera votre cœur.

Rester actif dans l'attente

(Mt 24.45-51)

35 Restez en tenue de travail. Gardez vos lampes al-
lumées. 36 Soyez comme des serviteurs qui attendent le
retour de leur maître parti pour une noce. Dès qu'il arrive
et qu'il frappe à la porte, ils lui ouvrent. 37 Heureux ces
serviteurs que le maître, en arrivant, trouvera en train de

a 12.21 Autres traductions : *pour Dieu* ou *au regard de Dieu*.
b 12.25 Autre traduction : *augmenter sa taille, ne serait-ce que de quelques centimètres*.
c 12.27 Certains manuscrits ont : *ne filent pas*.

finds them watching when he comes. Truly I tell you, he will dress himself to serve, will have them recline at the table and will come and wait on them. 38 It will be good for those servants whose master finds them ready, even if he comes in the middle of the night or toward daybreak. 39 But understand this: If the owner of the house had known at what hour the thief was coming, he would not have let his house be broken into. 40 You also must be ready, because the Son of Man will come at an hour when you do not expect him."

41 Peter asked, "Lord, are you telling this parable to us, or to everyone?"

42 The Lord answered, "Who then is the faithful and wise manager, whom the master puts in charge of his servants to give them their food allowance at the proper time? 43 It will be good for that servant whom the master finds doing so when he returns. 44 Truly I tell you, he will put him in charge of all his possessions. 45 But suppose the servant says to himself, 'My master is taking a long time in coming,' and he then begins to beat the other servants, both men and women, and to eat and drink and get drunk. 46 The master of that servant will come on a day when he does not expect him and at an hour he is not aware of. He will cut him to pieces and assign him a place with the unbelievers.

47 "The servant who knows the master's will and does not get ready or does not do what the master wants will be beaten with many blows. 48 But the one who does not know and does things deserving punishment will be beaten with few blows. From everyone who has been given much, much will be demanded; and from the one who has been entrusted with much, much more will be asked.

Not Peace but Division

49 "I have come to bring fire on the earth, and how I wish it were already kindled! 50 But I have a baptism to undergo, and what constraint I am under until it is completed! 51 Do you think I came to bring peace on earth? No, I tell you, but division. 52 From now on there will be five in one family divided against each other, three against two and two against three. 53 They will be divided, father against son and son against father, mother against daughter and daughter against mother, mother-in-law against daughter-in-law and daughter-in-law against mother-in-law."

Interpreting the Times

54 He said to the crowd: "When you see a cloud rising in the west, immediately you say, 'It's going to rain,' and it does. 55 And when the south wind blows, you say, 'It's going to be hot,' and it is. 56 Hypocrites! You know how to interpret the appearance of the earth and the sky. How is it that you don't know how to interpret this present time?

veiller ! Vraiment, je vous l'assure, c'est lui qui se mett en tenue de travail, les fera asseoir à table et passera l'un à l'autre pour les servir. 38 Peu importe qu'il rentre minuit ou vers trois heures du matin : Heureux ces serv teurs qu'il trouvera ainsi vigilants !

39 Vous le savez bien : si le maître de maison savait à qu moment le voleur va venir, il ne le laisserait pas pénétr dans sa maison. 40 Vous aussi, tenez-vous prêts, car c'e à un moment que vous n'auriez pas imaginé que le Fils l'homme viendra.

41 Pierre lui demanda : Seigneur, cette parabole s'a plique-t-elle seulement à nous, ou bien concerne-t-el tout le monde ?

42 Le Seigneur répondit : Quel est le gérant fidèle et sen à qui le maître confiera le soin de veiller sur son personn pour qu'il donne à chacun, au moment voulu, la ration blé qui lui revient ? 43 Heureux ce serviteur que le maîtr à son retour, trouvera en train d'agir comme il le lui demandé ! 44 En vérité, je vous l'assure, son maître lui co fiera l'administration de tout ce qu'il possède.

45 Mais si ce serviteur se dit : « Mon maître n'est pas pr de venir », et s'il se met à maltraiter les autres serviteu et servantes, à manger, à boire et à s'enivrer, 46 son maît arrivera un jour où il ne s'y attendra pas, et à un mome qu'il ne connaît pas. Alors le maître le punira très sévèr ment, et le traitera comme on traite les esclaves infidèle

47 Le serviteur qui sait ce que son maître veut de lu mais qui n'aura rien préparé ou qui n'aura pas agi selon volonté de son maître, sera sévèrement puni. 48 Mais cel qui n'aura pas su ce que son maître voulait, et qui aur commis des actes méritant une punition, celui-là subi un châtiment peu rigoureux. Si quelqu'un a beaucoup reç on exigera beaucoup de lui ; et plus on vous aura confi plus on demandera de vous.

La division et le jugement

49 Je suis venu jeter un feu sur la terre ; comme j voudrais qu'il soit déjà allumé ! 50 Mais il y a un baptêm que je dois recevoir, et quelle angoisse est la mienne, ta que je ne l'ai pas reçu !

(Mt 10.34-36)

51 Pensez-vous que je sois venu pour apporter la pai sur la terre ? Non, mais la division. 52 En effet, à partir d maintenant, s'il y a cinq personnes dans une famille, elle seront divisées trois contre deux, et deux contre trois. 53 I père sera contre le fils et le fils contre son père ; la mèr contre sa fille, et la fille contre sa mère : la belle-mèr contre sa belle-fille, et la belle-fille contre sa belle-mère

Le discernement nécessaire

(Mt 16.2-3)

54 Puis, s'adressant de nouveau à la foule, Jésus reprit Quand vous voyez apparaître un nuage du côté de l'oues vous dites aussitôt : « Il va pleuvoir », et c'est ce qui arriv 55 Quand le vent du sud se met à souffler, vous dites : « va faire très chaud », et c'est ce qui arrive.

56 Hypocrites ! Vous êtes capables d'interpréter correcte ment les phénomènes de la terre et les aspects du ciel, e vous ne pouvez pas comprendre en quel temps vous vivez

57“Why don’t you judge for yourselves what is right? As you are going with your adversary to the mag-rate, try hard to be reconciled on the way, or your versary may drag you off to the judge, and the judge rn you over to the officer, and the officer throw you :o prison. 59I tell you, you will not get out until you ve paid the last penny.”

pent or Perish

3 1Now there were some present at that time who told Jesus about the Galileans whose ɔod Pilate had mixed with their sacrifices. 2Jesus swered, “Do you think that these Galileans were ırse sinners than all the other Galileans because ey suffered this way? 3I tell you, no! But unless you pent, you too will all perish. 4Or those eighteen who ed when the tower in Siloam fell on them – do you ink they were more guilty than all the others living Jerusalem? 5I tell you, no! But unless you repent, u too will all perish.”

6Then he told this parable: “A man had a fig tree owing in his vineyard, and he went to look for fruit it but did not find any. 7So he said to the man who ok care of the vineyard, ‘For three years now I’ve en coming to look for fruit on this fig tree and ven’t found any. Cut it down! Why should it use the soil?’

8“ ‘Sir,’ the man replied, ‘leave it alone for one more ar, and I’ll dig around it and fertilize it. 9If it bears uit next year, fine! If not, then cut it down.’ ”

sus Heals a Crippled Woman on the Sabbath

10On a Sabbath Jesus was teaching in one of the nagogues, 11and a woman was there who had en crippled by a spirit for eighteen years. She was nt over and could not straighten up at all. 12When sus saw her, he called her forward and said to her, Voman, you are set free from your infirmity.” 13Then put his hands on her, and immediately she straight-ed up and praised God.

14Indignant because Jesus had healed on the bbath, the synagogue leader said to the people, here are six days for work. So come and be healed those days, not on the Sabbath.”

15The Lord answered him, “You hypocrites! Doesn’t ch of you on the Sabbath untie your ox or donkey om the stall and lead it out to give it water? 16Then ould not this woman, a daughter of Abraham, whom tan has kept bound for eighteen long years, be set ee on the Sabbath day from what bound her?”

17When he said this, all his opponents were hu-iliated, but the people were delighted with all the onderful things he was doing.

(Mt 5.25-26)

57Pourquoi aussi ne discernez-vous pas par vous-mêmes ce qui est juste ? 58Ainsi, quand tu vas en justice avec ton adversaire, fais tous tes efforts pour t’arranger à l’amiable avec lui pendant que vous êtes encore en chemin. Sinon, il te traînera devant le juge, celui-ci te remettra entre les mains des forces de l’ordre qui te jetteront en prison. 59Or, je te l’assure : tu n’en sortiras pas avant d’avoir remboursé jusqu’à la dernière petite pièce.

La nécessité d’un profond changement

13 1A cette époque survinrent quelques personnes qui informèrent Jésus que Pilate avait fait tuer des Galiléens pendant qu’ils offraient leurs sacrifices.

2Jésus leur dit : Pensez-vous que ces Galiléens ont subi un sort si cruel parce qu’ils étaient de plus grands pécheurs que tous leurs compatriotes ? 3Non, je vous le dis ; mais vous, si vous ne changez pas, vous périrez tous, vous aussi.

4Rappelez-vous ces dix-huit personnes qui ont été tuées quand la tour de Siloé[d] s’est effondrée sur elles. Croyez-vous qu’elles aient été plus coupables que tous les autres habitants de Jérusalem ? 5Non, je vous le dis ; mais vous aussi, si vous ne changez pas, vous périrez tous.

6Là-dessus, il leur raconta cette parabole : Un homme avait un figuier dans sa vigne. Un jour, il voulut y cueillir des figues, mais n’en trouva pas. 7Il dit alors à celui qui s’occupait de sa vigne : « Voilà trois ans que je viens chercher des figues sur cet arbre, sans pouvoir en trouver. Coupe-le ; je ne vois pas pourquoi il occupe la place inutilement. » 8« Maître, lui répondit l’homme, laisse-le encore cette année ! Je bêcherai encore la terre tout autour et j’y mettrai du fumier ; 9peut-être qu’il portera du fruit à la saison prochaine. Sinon, tu le feras couper. »

Une guérison le jour du sabbat

10Un jour de sabbat, Jésus enseignait dans une synagogue. 11Il s’y trouvait une femme qui, depuis dix-huit ans, était sous l’emprise d’un esprit qui la rendait infirme : elle était voûtée et n’arrivait absolument pas à se redresser. 12Lorsque Jésus la vit, il l’appela et lui dit : Femme, tu es délivrée de ton infirmité !

13Il posa ses mains sur elle et, immédiatement, elle se redressa et se mit à louer Dieu.

14Mais le responsable de la synagogue fut fâché que Jésus ait fait cette guérison le jour du sabbat. S’adressant à la foule, il lui dit : Il y a six jours pour travailler : venez donc vous faire guérir ces jours-là, mais pas le jour du sabbat !

15Le Seigneur lui répondit : Hypocrites que vous êtes ! Chacun de vous ne détache-t-il pas son bœuf ou son âne de la mangeoire pour le mener à l’abreuvoir le jour du sabbat ? 16Et cette femme, qui est une fille d’Abraham, et que Satan tenait en son pouvoir depuis dix-huit ans, fallait-il ne pas la délivrer de sa chaîne aujourd’hui parce que c’est le jour du sabbat ?

17Cette réponse de Jésus remplit de confusion tous ceux qui avaient pris parti contre lui, tandis que le peu-

d **13.4** Source située au sud de Jérusalem, où on avait élevé une tour.

The Parables of the Mustard Seed and the Yeast

18 Then Jesus asked, "What is the kingdom of God like? What shall I compare it to? 19 It is like a mustard seed, which a man took and planted in his garden. It grew and became a tree, and the birds perched in its branches."

20 Again he asked, "What shall I compare the kingdom of God to? 21 It is like yeast that a woman took and mixed into about sixty pounds[k] of flour until it worked all through the dough."

The Narrow Door

22 Then Jesus went through the towns and villages, teaching as he made his way to Jerusalem. 23 Someone asked him, "Lord, are only a few people going to be saved?"

He said to them, 24 "Make every effort to enter through the narrow door, because many, I tell you, will try to enter and will not be able to. 25 Once the owner of the house gets up and closes the door, you will stand outside knocking and pleading, 'Sir, open the door for us.'

"But he will answer, 'I don't know you or where you come from.'

26 "Then you will say, 'We ate and drank with you, and you taught in our streets.'

27 "But he will reply, 'I don't know you or where you come from. Away from me, all you evildoers!'

28 "There will be weeping there, and gnashing of teeth, when you see Abraham, Isaac and Jacob and all the prophets in the kingdom of God, but you yourselves thrown out. 29 People will come from east and west and north and south, and will take their places at the feast in the kingdom of God. 30 Indeed there are those who are last who will be first, and first who will be last."

Jesus' Sorrow for Jerusalem

31 At that time some Pharisees came to Jesus and said to him, "Leave this place and go somewhere else. Herod wants to kill you."

32 He replied, "Go tell that fox, 'I will keep on driving out demons and healing people today and tomorrow, and on the third day I will reach my goal.' 33 In any

k 13:21 Or about 27 kilograms

ple était enthousiasmé de le voir accomplir tant d'œuv merveilleuses.

Les paraboles de la graine de moutarde et du levai

(Mt 13.31-33 ; Mc 4.30-32)

18 Jésus dit alors : A quoi ressemble le royaume de Die A quoi pourrais-je le comparer ? 19 Il ressemble à u graine de moutarde qu'un homme a prise pour la sen dans son jardin ; la graine pousse jusqu'à devenir un buste, et les oiseaux du ciel nichent dans ses branches

20 Puis il ajouta : A quoi comparerai-je encore le roya me de Dieu ? 21 Il ressemble à du levain qu'une femm pris pour le mélanger à une vingtaine de kilogramm de farine. Et à la fin, toute la pâte a levé.

L'entrée dans le royaume

22 Jésus traversait ainsi les villes et les villages ; il y e seignait, tout en se dirigeant vers Jérusalem.

(Mt 7.13-14)

23 Quelqu'un lui demanda : Seigneur, n'y a-t-il qu'un pe nombre de gens qui seront sauvés ?

Il répondit en s'adressant à tous ceux qui étaient 24 Faites tous vos efforts pour entrer par la porte étroi car nombreux sont ceux qui chercheront à entrer et n parviendront pas.

(Mt 25.10-12)

25 Dès que le maître de la maison se sera levé et qu aura fermé la porte à clé, si vous êtes restés dehors, vo aurez beau frapper à la porte en suppliant : « Seigne Seigneur, ouvre-nous ! » il vous répondra : « Je ne sais p d'où vous venez. »

(Mt 7.22-23)

26 Alors vous direz : « Mais nous étions à table avec t nous avons mangé et bu sous tes yeux. Tu as enseigné da nos rues ... »

27 Il vous répondra : « Je ne sais pas d'où vous vene Allez-vous-en, vous qui commettez le mal. »

28 C'est là qu'il y aura des pleurs et d'amers regre quand vous verrez Abraham, Isaac et Jacob et tous l prophètes dans le royaume de Dieu, tandis que vou mêmes vous en serez exclus. 29 Des hommes viendront l'Orient et de l'Occident, du Nord et du Midi, et prendro place à table dans le royaume de Dieu.

30 Alors, certains de ceux qui sont les derniers sero les premiers ; et certains de ceux qui sont les premie seront les derniers.

Jésus poursuit sa route vers Jérusalem

31 A ce moment-là, quelques pharisiens s'approchère de Jésus et l'avertirent : Tu devrais quitter cette région aller loin d'ici, car Hérode veut te faire mourir.

32 Mais Jésus leur répondit : Allez dire de ma part à renard : « Aujourd'hui, je chasse des démons et je guér des malades ; demain, je ferai de même et après-demai j'aurai achevé ma tâche. 33 Mais il faut que je poursui ma route aujourd'hui, demain et après-demain, car il e

e, I must press on today and tomorrow and the next
/ – for surely no prophet can die outside Jerusalem!

4 "Jerusalem, Jerusalem, you who kill the prophets
d stone those sent to you, how often I have longed
gather your children together, as a hen gathers her
icks under her wings, and you were not willing.
.ook, your house is left to you desolate. I tell you,
ı will not see me again until you say, 'Blessed is he
o comes in the name of the Lord.'"

us at a Pharisee's House

4 1 One Sabbath, when Jesus went to eat in the house of a prominent Pharisee, he was being
refully watched. 2 There in front of him was a man
ffering from abnormal swelling of his body. 3 Jesus
ked the Pharisees and experts in the law, "Is it law-
. to heal on the Sabbath or not?" 4 But they remained
ent. So taking hold of the man, he healed him and
nt him on his way.
5 Then he asked them, "If one of you has a child[l] or
ox that falls into a well on the Sabbath day, will you
t immediately pull it out?" 6 And they had nothing
say.

7 When he noticed how the guests picked the plac-
of honor at the table, he told them this parable:
When someone invites you to a wedding feast, do
t take the place of honor, for a person more distin-
ished than you may have been invited. 9 If so, the
st who invited both of you will come and say to
u, 'Give this person your seat.' Then, humiliated,
u will have to take the least important place. 10 But
ıen you are invited, take the lowest place, so that
ıen your host comes, he will say to you, 'Friend,
ove up to a better place.' Then you will be honored
the presence of all the other guests. 11 For all those
ıo exalt themselves will be humbled, and those who
ımble themselves will be exalted."
12 Then Jesus said to his host, "When you give a
ncheon or dinner, do not invite your friends, your
others or sisters, your relatives, or your rich neigh-
ırs; if you do, they may invite you back and so you
ill be repaid. 13 But when you give a banquet, invite
e poor, the crippled, the lame, the blind, 14 and you
ill be blessed. Although they cannot repay you, you
ill be repaid at the resurrection of the righteous."

ıe Parable of the Great Banquet

15 When one of those at the table with him heard
is, he said to Jesus, "Blessed is the one who will eat
the feast in the kingdom of God."

l 4:5 Some manuscripts *donkey*

impensable qu'un prophète soit mis à mort ailleurs qu'à Jérusalem ! »

(Mt 23.37-39)

34 Ah, Jérusalem ! Jérusalem ! Toi qui fais mourir les
prophètes et qui lapides ceux que Dieu t'envoie ! Combien
de fois j'ai voulu rassembler tes habitants auprès de moi
comme une poule rassemble ses poussins sous ses ailes !
Mais vous ne l'avez pas voulu ! 35 Eh bien, maintenant,
votre maison va être livrée à l'abandon. Oui, je vous le
déclare : dorénavant vous ne me verrez plus jusqu'à ce
que le temps soit arrivé où vous direz[e] : *Béni soit celui qui
vient au nom du Seigneur*[f] !

Nouvelle guérison le jour du sabbat

14 1 Un jour de sabbat, Jésus était invité pour un repas chez l'un des dirigeants du parti pharisien. Ceux
qui étaient à table avec lui l'observaient attentivement.
2 Or, il y avait là un homme dont le corps était couvert
d'œdèmes. 3 Jésus prit la parole et s'adressa aux enseignants de la Loi et aux pharisiens : Est-il permis, oui ou
non, de guérir quelqu'un le jour du sabbat ?
4 Ils ne répondirent rien.
Alors Jésus, saisissant le malade, le guérit et lui dit de
rentrer chez lui. 5 Puis, se tournant vers ceux qui étaient
là, il leur demanda : Qui de vous, si son fils ou son bœuf
tombe dans un puits, ne l'en retire pas le plus tôt possible,
même si c'est le jour du sabbat ?
6 Là encore, ils ne surent que répondre.

Leçons d'humilité et de générosité

7 Ayant remarqué comment les invités cherchaient
tous les places d'honneur, il leur dit cette parabole : 8 Si
quelqu'un t'invite à un repas de noces, ne va pas t'installer
à la place d'honneur. Peut-être y a-t-il, parmi les invités,
un personnage plus important que toi 9 et celui qui vous
a invités l'un et l'autre viendra-t-il te dire : « Cède-lui
cette place. » Il te faudra alors honteusement gagner la
dernière place ! 10 Non, quand tu es invité, va, au contraire,
te mettre tout de suite à la dernière place. Alors, quand ton
hôte entrera dans la salle, il te dira : « Mon ami, il y a une
place bien meilleure pour toi, viens t'asseoir plus haut ! »
Ainsi tu seras honoré devant tous les convives.
11 En effet, celui qui s'élève sera abaissé, et celui qui
s'abaisse sera élevé.
12 Jésus dit aussi à son hôte : Quand tu donnes un dé-
jeuner ou un dîner, n'invite pas tes amis, tes frères, ta
parenté ou de riches voisins, car ils pourraient t'inviter à leur tour et te payer ainsi de ta peine. 13 Non, si tu
donnes une réception, invite des pauvres, des estropiés,
des paralysés, des aveugles. 14 Si tu fais cela, tu en seras
très heureux, parce que ces gens-là n'ont pas la possibilité
de te rendre la pareille. Et Dieu te le revaudra lorsque les
justes ressusciteront.

La parabole des invités

(Mt 22.1-10)

15 A ces mots, l'un des convives dit à Jésus : Heureux celui
qui prendra part au banquet dans le royaume de Dieu !

e **13.35** Certains manuscrits ont : *jusqu'à ce que vous disiez* (voir Mt 23.39).
f **13.35** Ps 118.26. Autre traduction : *Béni soit, au nom du Seigneur, celui qui vient !*

16 Jesus replied: "A certain man was preparing a
great banquet and invited many guests. 17 At the time
of the banquet he sent his servant to tell those who
had been invited, 'Come, for everything is now ready.'
18 "But they all alike began to make excuses. The
first said, 'I have just bought a field, and I must go and
see it. Please excuse me.'
19 "Another said, 'I have just bought five yoke of
oxen, and I'm on my way to try them out. Please excuse me.'
20 "Still another said, 'I just got married, so I can't
come.'
21 "The servant came back and reported this to his
master. Then the owner of the house became angry
and ordered his servant, 'Go out quickly into the
streets and alleys of the town and bring in the poor,
the crippled, the blind and the lame.'
22 " 'Sir,' the servant said, 'what you ordered has
been done, but there is still room.'
23 "Then the master told his servant, 'Go out to the
roads and country lanes and compel them to come
in, so that my house will be full. 24 I tell you, not
one of those who were invited will get a taste of my
banquet.' "

The Cost of Being a Disciple

25 Large crowds were traveling with Jesus, and turning to them he said: 26 "If anyone comes to me and
does not hate father and mother, wife and children,
brothers and sisters – yes, even their own life – such a
person cannot be my disciple. 27 And whoever does not
carry their cross and follow me cannot be my disciple.
28 "Suppose one of you wants to build a tower. Won't
you first sit down and estimate the cost to see if you
have enough money to complete it? 29 For if you lay
the foundation and are not able to finish it, everyone
who sees it will ridicule you, 30 saying, 'This person
began to build and wasn't able to finish.'

31 "Or suppose a king is about to go to war against
another king. Won't he first sit down and consider
whether he is able with ten thousand men to oppose
the one coming against him with twenty thousand?
32 If he is not able, he will send a delegation while the
other is still a long way off and will ask for terms of
peace. 33 In the same way, those of you who do not
give up everything you have cannot be my disciples.

34 "Salt is good, but if it loses its saltiness, how can
it be made salty again? 35 It is fit neither for the soil
nor for the manure pile; it is thrown out.
"Whoever has ears to hear, let them hear."

16 Jésus lui répondit : Un jour, un homme avait organ
une grande réception. Il avait invité beaucoup de mon
17 Lorsque le moment du festin arriva, il envoya son ser
teur dire aux invités : « Venez maintenant, tout est prêt[g]
18 Mais ceux-ci s'excusèrent tous l'un après l'autre.
Le premier lui fit dire : « J'ai acheté un champ et il fa
absolument que j'aille le voir. Excuse-moi, je te prie. »
19 Un autre dit : « Je viens d'acquérir cinq paires
bœufs, et je m'en vais les essayer. Excuse-moi, je te prie
20 Un autre encore dit : « Je viens de me marier, il m'e
donc impossible de venir. »
21 Quand le serviteur fut de retour auprès de son maît
il lui rapporta toutes les excuses qu'on lui avait donné
Alors le maître de la maison se mit en colère et dit à s
serviteur : « Dépêche-toi ! Va-t'en sur les places et da
les rues de la ville et amène ici les pauvres, les estropi
les aveugles, les paralysés ... ! »
22 Au bout d'un moment, le serviteur vint dire : « Maît
j'ai fait ce que tu m'as dit, mais il y a encore de la place
23 – Eh bien, lui dit le maître, va sur les chemins, le lo
des haies, fais en sorte que les gens viennent, pour que r
maison soit pleine. 24 Une chose est sûre : pas un seul d
premiers invités ne goûtera à mon festin. »

S'engager en pleine conscience

25 Comme de grandes foules accompagnaient Jésus,
se retourna vers ceux qui le suivaient et leur dit : 26
quelqu'un vient à moi et n'est pas prêt à renoncer à s
père, sa mère, sa femme, ses enfants, ses frères, ses sœu
et même à sa propre vie, il ne peut être mon discip
27 Celui qui ne porte pas sa croix, et qui ne me suit pa
ne peut être mon disciple. 28 En effet, si l'un de vous ve
bâtir une tour, est-ce qu'il ne prend pas d'abord le temps
s'asseoir pour calculer ce qu'elle lui coûtera et de vérifi
s'il a les moyens de mener son entreprise à bonne fir
29 Sans quoi, s'il n'arrive pas à terminer sa constructi
après avoir posé les fondations, il risque d'être la risée
tous les témoins de son échec. 30 « Regardez, diront-i
en voilà un qui a commencé à construire et qui n'a p
pu terminer ! »
31 Ou bien, supposez qu'un roi soit sur le point de part
en guerre contre un autre. Ne prendra-t-il pas le temps
s'asseoir pour examiner s'il peut, avec dix mille homme
affronter celui qui est sur le point de marcher contre l
avec vingt mille ? 32 S'il se rend compte qu'il en est inc
pable, il lui enverra une délégation, pendant que l'enne
est encore loin, pour négocier la paix avec lui.
33 Il en est de même pour vous ; celui qui n'est pas pr
à abandonner tout ce qu'il possède, ne peut pas être m
disciple.

(Mc 9.50)

34 Le sel est une bonne chose, mais s'il devient insipid
comment lui rendra-t-on sa saveur ? 35 On ne peut pl
l'utiliser, ni pour la terre, ni pour le fumier. Il n'y a pl
qu'à le jeter. Celui qui a des oreilles pour entendre, qu'
entende !

g 14.17 Certains manuscrits ont : *c'est prêt* (voir Mt 22.4).

he Parable of the Lost Sheep

5 1 Now the tax collectors and sinners were
all gathering around to hear Jesus. 2 But the
harisees and the teachers of the law muttered, "This
an welcomes sinners and eats with them."

3 Then Jesus told them this parable: 4 "Suppose one
 you has a hundred sheep and loses one of them.
oesn't he leave the ninety-nine in the open country
nd go after the lost sheep until he finds it? 5 And
hen he finds it, he joyfully puts it on his shoulders
nd goes home. Then he calls his friends and neighors together and says, 'Rejoice with me; I have found
y lost sheep.' 7 I tell you that in the same way there
ill be more rejoicing in heaven over one sinner who
epents than over ninety-nine righteous persons who
o not need to repent.

he Parable of the Lost Coin

8 "Or suppose a woman has ten silver coins[m] and
ses one. Doesn't she light a lamp, sweep the house
nd search carefully until she finds it? 9 And when she
nds it, she calls her friends and neighbors together
nd says, 'Rejoice with me; I have found my lost coin.'
In the same way, I tell you, there is rejoicing in the
resence of the angels of God over one sinner who
epents."

he Parable of the Lost Son

11 Jesus continued: "There was a man who had two
ons. 12 The younger one said to his father, 'Father, give
e my share of the estate.' So he divided his property
etween them.

13 "Not long after that, the younger son got togeth-
r all he had, set off for a distant country and there
quandered his wealth in wild living. 14 After he had
pent everything, there was a severe famine in that
hole country, and he began to be in need. 15 So he
ent and hired himself out to a citizen of that coun-
y, who sent him to his fields to feed pigs. 16 He longed
 fill his stomach with the pods that the pigs were
ating, but no one gave him anything.

17 "When he came to his senses, he said, 'How many
f my father's hired servants have food to spare, and
ere I am starving to death! 18 I will set out and go
ack to my father and say to him: Father, I have sinned
gainst heaven and against you. 19 I am no longer wor-
hy to be called your son; make me like one of your
ired servants.' 20 So he got up and went to his father.
"But while he was still a long way off, his father saw
im and was filled with compassion for him; he ran to
is son, threw his arms around him and kissed him.

15:8 Greek *ten drachmas*, each worth about a day's wages

Perdus et retrouvés

(Mt 18.12-14)

15 1 Les collecteurs d'impôts et autres pécheurs notoires se pressaient tous autour de Jésus, avides
d'écouter ses paroles. 2 Les pharisiens et les spécialistes de
la Loi s'en indignaient et disaient : Cet individu fréquente
des pécheurs notoires et s'attable avec eux[h] !

3 Alors Jésus leur répondit par cette parabole : 4 Si l'un de
vous possède cent brebis, et que l'une d'elles vienne à se
perdre, n'abandonnera-t-il pas les quatre-vingt-dix-neuf
autres au pâturage pour aller à la recherche de celle qui
est perdue jusqu'à ce qu'il l'ait trouvée ?

5 Et quand il l'a retrouvée, avec quelle joie il la charge sur
ses épaules pour la ramener ! 6 Aussitôt rentré chez lui, il
appelle ses amis et ses voisins et leur dit : « Réjouissez-vous
avec moi, car j'ai retrouvé ma brebis qui était perdue. »

7 Je vous assure qu'il en est de même au ciel : il y aura
plus de joie pour un seul pécheur qui change profondément, que pour quatre-vingt-dix-neuf justes qui n'ont pas
besoin de changer.

8 Ou bien, supposez qu'une femme ait dix pièces d'argent et qu'elle en perde une, ne s'empressera-t-elle pas
d'allumer une lampe, de balayer sa maison et de chercher
soigneusement dans tous les recoins jusqu'à ce qu'elle ait
retrouvé sa pièce ? 9 Et quand elle l'a trouvée, elle rassemble ses amies et ses voisines et leur dit : « Réjouissez-vous
avec moi, j'ai retrouvé la pièce que j'avais perdue. » 10 De
même, je vous le déclare, il y a de la joie parmi les anges
de Dieu pour un seul pécheur qui change.

11 Puis il poursuivit : Un homme avait deux fils. 12 Le plus
jeune lui dit : « Mon père, donne-moi ma part d'héritage,
celle qui doit me revenir. »
Et le père fit le partage de ses biens entre ses fils.

13 Quelques jours plus tard, le cadet vendit tout ce qu'il
avait reçu et s'en alla dans un pays lointain. Là, il gaspilla
sa fortune en menant grande vie. 14 Quand il eut tout
dépensé, une grande famine survint dans ce pays-là et il
commença à manquer du nécessaire.

15 Alors il alla se faire embaucher par l'un des propriétaires de la contrée. Celui-ci l'envoya dans les champs
garder les porcs[i]. 16 Le jeune homme aurait bien voulu apaiser sa faim avec les caroubes[j] que mangeaient les bêtes,
mais personne ne lui en donnait.

17 Alors, il se mit à réfléchir sur lui-même et se dit : « Tous
les ouvriers de mon père peuvent manger autant qu'ils
veulent, alors que moi, je suis ici à mourir de faim ! 18 Je
vais me mettre en route, j'irai trouver mon père et je lui
dirai : Mon père, j'ai péché contre Dieu et contre toi. 19 Je
ne mérite plus d'être considéré comme ton fils. Accepte-
moi comme l'un de tes ouvriers. »

20 Il se mit donc en route pour se rendre chez son père.
Comme il se trouvait encore à une bonne distance de la
maison, son père l'aperçut et fut pris d'une profonde pitié
pour lui. Il courut à la rencontre de son fils, se jeta à son
cou et l'embrassa longuement.

h **15.2** En mangeant avec des personnes en état d'impureté rituelle (ce qu'étaient les gens cités au v. 1), on se mettait soi-même, selon les rabbins, dans le même état.

i **15.15** Voir note Mt 8.30.

j **15.16** Les *caroubes* étaient des gousses contenant une pulpe à saveur douceâtre.

21 “The son said to him, ‘Father, I have sinned against heaven and against you. I am no longer worthy to be called your son.’

22 “But the father said to his servants, ‘Quick! Bring the best robe and put it on him. Put a ring on his finger and sandals on his feet. 23 Bring the fattened calf and kill it. Let’s have a feast and celebrate. 24 For this son of mine was dead and is alive again; he was lost and is found.’ So they began to celebrate.

25 “Meanwhile, the older son was in the field. When he came near the house, he heard music and dancing. 26 So he called one of the servants and asked him what was going on. 27 ‘Your brother has come,’ he replied, ‘and your father has killed the fattened calf because he has him back safe and sound.’

28 “The older brother became angry and refused to go in. So his father went out and pleaded with him. 29 But he answered his father, ‘Look! All these years I’ve been slaving for you and never disobeyed your orders. Yet you never gave me even a young goat so I could celebrate with my friends. 30 But when this son of yours who has squandered your property with prostitutes comes home, you kill the fattened calf for him!’

31 “ ‘My son,’ the father said, ‘you are always with me, and everything I have is yours. 32 But we had to celebrate and be glad, because this brother of yours was dead and is alive again; he was lost and is found.’ ”

The Parable of the Shrewd Manager

16 1 Jesus told his disciples: “There was a rich man whose manager was accused of wasting his possessions. 2 So he called him in and asked him, ‘What is this I hear about you? Give an account of your management, because you cannot be manager any longer.’

3 “The manager said to himself, ‘What shall I do now? My master is taking away my job. I’m not strong enough to dig, and I’m ashamed to beg – 4 I know what I’ll do so that, when I lose my job here, people will welcome me into their houses.’

5 “So he called in each one of his master’s debtors. He asked the first, ‘How much do you owe my master?’

6 “ ‘Nine hundred gallons[n] of olive oil,’ he replied.

“The manager told him, ‘Take your bill, sit down quickly, and make it four hundred and fifty.’

7 “Then he asked the second, ‘And how much do you owe?’

“ ‘A thousand bushels[o] of wheat,’ he replied.

“He told him, ‘Take your bill and make it eight hundred.’

8 “The master commended the dishonest manager because he had acted shrewdly. For the people of this world are more shrewd in dealing with their own kind

21 Le fils lui dit : « Mon père, j’ai péché contre Dieu contre toi, je ne mérite plus d’être considéré comme t fils ... »

22 Mais le père dit à ses serviteurs : « Allez vite cherch un habit, le meilleur que vous trouverez, et mettez-le-lu passez-lui une bague au doigt et chaussez-le de sandale 23 Amenez le veau que nous avons engraissé et tuez- Nous allons faire un grand festin et nous réjouir, 24 c voici, mon fils était mort, et il est revenu à la vie ; il éta perdu, et je l’ai retrouvé. »

Et ils commencèrent à festoyer dans la joie.

25 Pendant ce temps, le fils aîné travaillait aux champ Sur le chemin du retour, quand il arriva près de la maiso il entendit de la musique et des danses. 26 Il appela un d serviteurs et lui demanda ce qui se passait. 27 Le garç lui répondit : « C’est ton frère qui est de retour. Ton pè a tué le veau gras en son honneur parce qu’il l’a retrou sain et sauf. »

28 Alors le fils aîné se mit en colère et refusa de franch le seuil de la maison. Son père sortit et l’invita à entre 29 Mais lui répondit : « Cela fait tant et tant d’années q je suis à ton service ; jamais je n’ai désobéi à tes ordre Et pas une seule fois tu ne m’as donné un chevreau po festoyer avec mes amis. 30 Mais quand celui-là revient, “t fils” qui a mangé ta fortune avec des prostituées, pour lu tu tues le veau gras !

31 – Mon enfant, lui dit le père, tu es constamment av moi, et tous mes biens sont à toi ; 32 mais il fallait bien fai une fête et nous réjouir, puisque ton frère que voici éta mort et qu’il est revenu à la vie, puisqu’il était perdu voici qu’il est retrouvé. »

Dieu et l’argent

16 1 Jésus dit encore à ses disciples : Un grand pr priétaire avait un gérant. On vint lui dénoncer conduite car il gaspillait ses biens. 2 Le maître le fit appel et lui dit : « Qu’est-ce que j’apprends à ton sujet ? Remet moi les comptes de ta gestion, car tu ne continueras p à gérer mes affaires. »

3 Le gérant se dit : « Que vais-je faire, puisque mo maître m’enlève la gestion de ses biens ? Travailler co me ouvrier agricole ? Je n’en ai pas la force. Me mettre mendier ? J’en aurais honte. 4 Ah ! je sais ce que je vais fai pour que des gens me reçoivent chez eux lorsque j’aur perdu ma place. »

5 Là-dessus, il fait venir un à un tous les débiteurs de so maître. Il dit au premier : « Combien dois-tu à mon maître

6 – Quarante hectolitres d’huile d’olive, lui répon celui-ci.

– Voici ta reconnaissance de dette, lui dit le géran assieds-toi là, dépêche-toi et inscris vingt hectolitres. »

7 Ensuite il dit à un autre : « Et toi, combien dois-tu ?

– Cinq cents sacs de blé.

– Prends ta reconnaissance de dette, reprend le géran et inscris-en quatre cents. »

8 Le maître admira l’habileté avec laquelle ce géra malhonnête s’y était pris[k]. En effet, ceux qui vivent pou ce monde sont plus avisés dans leurs affaires avec leu semblables que les enfants de la lumière.

[n] 16:6 Or about 3,000 liters
[o] 16:7 Or about 30 tons

[k] 16.8 Autre traduction : *donna son « vu et approuvé » au filou d’intendant c le malin s’y était bien pris.*

an are the people of the light. 9 I tell you, use worldly
ealth to gain friends for yourselves, so that when it
gone, you will be welcomed into eternal dwellings.
10 "Whoever can be trusted with very little can also
: trusted with much, and whoever is dishonest with
ry little will also be dishonest with much. 11 So if
›u have not been trustworthy in handling worldly
ealth, who will trust you with true riches? 12 And if
›u have not been trustworthy with someone else's
·operty, who will give you property of your own?

13 "No one can serve two masters. Either you will
ate the one and love the other, or you will be devoted
the one and despise the other. You cannot serve
›th God and money."

14 The Pharisees, who loved money, heard all this
ıd were sneering at Jesus. 15 He said to them, "You are
e ones who justify yourselves in the eyes of others,
ıt God knows your hearts. What people value highly
detestable in God's sight.

dditional Teachings

16 "The Law and the Prophets were proclaimed until
hn. Since that time, the good news of the kingdom of
od is being preached, and everyone is forcing their
ay into it. 17 It is easier for heaven and earth to dis-
›pear than for the least stroke of a pen to drop out
the Law.

18 "Anyone who divorces his wife and marries an-
:her woman commits adultery, and the man who
arries a divorced woman commits adultery.

he Rich Man and Lazarus

19 "There was a rich man who was dressed in pur-
le and fine linen and lived in luxury every day. 20 At
is gate was laid a beggar named Lazarus, covered
ith sores 21 and longing to eat what fell from the rich
ıan's table. Even the dogs came and licked his sores.

22 "The time came when the beggar died and the
ngels carried him to Abraham's side. The rich man
lso died and was buried. 23 In Hades, where he was
torment, he looked up and saw Abraham far away,
ith Lazarus by his side. 24 So he called to him, 'Father
braham, have pity on me and send Lazarus to dip the
p of his finger in water and cool my tongue, because
am in agony in this fire.'

25 "But Abraham replied, 'Son, remember that in
›ur lifetime you received your good things, while

9 Et moi je vous déclare : Si vous avez de ces richesses entachées d'injustice, utilisez-les pour vous faire des
amis. Ainsi, le jour où elles vous échapperont, ils vous ac-
cueilleront dans les demeures éternelles. 10 Si quelqu'un
est fidèle dans les petites choses, on peut aussi lui faire
confiance pour ce qui est important. Mais celui qui n'est
pas fidèle dans les petites choses ne l'est pas non plus pour
ce qui est important. 11 Si donc vous n'avez pas été fidèles
dans la gestion des richesses injustes, qui vous confiera
les véritables ? 12 Si vous n'avez pas été fidèles dans la gestion du bien d'autrui, qui vous donnera celui qui vous est
personnellement destiné ?

(Mt 6.24)

13 Aucun serviteur ne peut être en même temps au service de deux maîtres. En effet, ou bien il détestera l'un
et aimera l'autre ; ou bien il sera dévoué au premier et
méprisera le second. Vous ne pouvez pas servir en même
temps Dieu et l'Argent.
14 En entendant toutes ces recommandations, les pharisiens, qui étaient très attachés à l'argent, se moquaient
de Jésus.
15 Mais il leur dit : Vous, vous vous faites passer vous-
mêmes pour justes aux yeux de tout le monde, mais Dieu
connaît le fond de votre cœur. Ce qui est en haute estime
parmi les hommes, Dieu l'a en horreur.

La Loi et le royaume

(Mt 11.12-13)

16 L'époque de la Loi et des prophètes va jusqu'à Jean-
Baptiste ; depuis qu'il est venu, le royaume de Dieu est
annoncé, et chacun use de violence pour y entrer.

(Mt 5.18)

17 Il serait plus facile au ciel et à la terre de disparaître
qu'à un trait de lettre de la Loi.

(Mt 5.32)

18 Celui qui divorce d'avec sa femme et se remarie commet un adultère, et celui qui épouse une femme divorcée
d'avec son mari commet un adultère.

L'homme riche et le pauvre Lazare

19 Il y avait un homme riche, toujours vêtu d'habits coûteux et raffinés[l]. Sa vie n'était chaque jour que festins et
plaisirs. 20 Un pauvre, nommé Lazare, se tenait couché
devant le portail de sa villa, le corps couvert de plaies
purulentes. 21 Il aurait bien voulu calmer sa faim avec
les miettes qui tombaient de la table du riche. Les chiens
mêmes venaient lécher ses plaies.
22 Le pauvre mourut, et les anges l'emportèrent auprès
d'Abraham. Le riche mourut à son tour, et on l'enterra.
23 Du séjour des morts, où il souffrait cruellement, il leva
les yeux et aperçut, très loin, Abraham, et Lazare à côté
de lui.
24 Alors il s'écria : « Abraham, mon père, aie pitié de moi !
Envoie donc Lazare, qu'il trempe le bout de son doigt dans
l'eau et me rafraîchisse la langue, car je souffre horriblement dans ces flammes. »
25 Mais Abraham lui répondit : « Mon fils, souviens-toi
de combien de bonnes choses tu as joui pendant ta vie,

---

[l] **16.19** Littéralement : *vêtu de pourpre et de fin lin.*

Lazarus received bad things, but now he is comforted here and you are in agony. 26 And besides all this, between us and you a great chasm has been set in place, so that those who want to go from here to you cannot, nor can anyone cross over from there to us.'

27 "He answered, 'Then I beg you, father, send Lazarus to my family, 28 for I have five brothers. Let him warn them, so that they will not also come to this place of torment.'

29 "Abraham replied, 'They have Moses and the Prophets; let them listen to them.'

30 " 'No, father Abraham,' he said, 'but if someone from the dead goes to them, they will repent.'

31 "He said to him, 'If they do not listen to Moses and the Prophets, they will not be convinced even if someone rises from the dead.' "

Sin, Faith, Duty

17 1 Jesus said to his disciples: "Things that cause people to stumble are bound to come, but woe to anyone through whom they come. 2 It would be better for them to be thrown into the sea with a millstone tied around their neck than to cause one of these little ones to stumble. 3 So watch yourselves.

"If your brother or sister[p] sins against you, rebuke them; and if they repent, forgive them. 4 Even if they sin against you seven times in a day and seven times come back to you saying 'I repent,' you must forgive them."

5 The apostles said to the Lord, "Increase our faith!"

6 He replied, "If you have faith as small as a mustard seed, you can say to this mulberry tree, 'Be uprooted and planted in the sea,' and it will obey you.

7 "Suppose one of you has a servant plowing or looking after the sheep. Will he say to the servant when he comes in from the field, 'Come along now and sit down to eat'? 8 Won't he rather say, 'Prepare my supper, get yourself ready and wait on me while I eat and drink; after that you may eat and drink'? 9 Will he thank the servant because he did what he was told to do? 10 So you also, when you have done everything you were told to do, should say, 'We are unworthy servants; we have only done our duty.' "

Jesus Heals Ten Men With Leprosy

11 Now on his way to Jerusalem, Jesus traveled along the border between Samaria and Galilee. 12 As he was

[p] **17:3** The Greek word for *brother or sister* (*adelphos*) refers here to a fellow disciple, whether man or woman.

tandis que Lazare n'a connu que des malheurs. A présen ici, c'est lui qui est consolé, tandis que toi, tu es dans l tourments. 26 De plus, il y a maintenant un immense abîn entre nous et vous et, même si on le voulait, on ne pourra ni le franchir pour aller d'ici vers vous, ni le traverser pou venir de chez vous ici.

27 – Dans ce cas, dit alors le riche, je t'en conjure, pèr envoie au moins Lazare dans la maison de mon père, 28 ca j'ai cinq frères ; qu'il les avertisse pour qu'ils n'aboutisser pas, eux aussi, dans ce lieu de tourments.

29 – Tes frères ont les écrits de Moïse et des prophète lui répondit Abraham ; qu'ils les écoutent !

30 – Non, père Abraham, reprit l'autre. Mais quelqu'un revient du séjour des morts et va les trouve ils changeront. »

31 Mais Abraham répliqua : « S'ils n'écoutent ni Moïse les prophètes, ils ne se laisseront pas davantage convainc par un mort revenant à la vie ! »

Les rapports entre frères

(Mt 18.6-7 ; Mc 9.42)

17 1 Jésus dit à ses disciples : Il est inévitable qu' y ait pour les hommes des occasions de chut mais malheur à celui qui crée de telles occasions. 2 Mieu vaudrait pour lui être précipité dans le lac avec une pierr de meule attachée au cou que de provoquer la chute d l'un de ces petits. 3 Prenez donc bien garde à vous-mêmes

(Mt 18.21-22)

Si ton frère s'est rendu coupable d'une faute, reprends- et, s'il change d'attitude[m], pardonne-lui. 4 Et même s'il s rend coupable à ton égard sept fois au cours de la mêm journée, et que sept fois il vienne te trouver en disant qu' change d'attitude[n], pardonne-lui.

La foi comme une graine de moutarde

(Mt 17.20)

5 Les apôtres dirent au Seigneur : Augmente notre foi.

6 – Si vous aviez la foi, leur répondit le Seigneur, mêm aussi petite qu'une graine de moutarde[o], vous pourrie commander à ce mûrier-là : « Arrache tes racines du so et va te planter dans la mer » et il vous obéirait.

Des serviteurs sans mérite

7 Supposons que l'un de vous ait un serviteur occupé labourer ou à garder le troupeau. En le voyant rentrer de champs, lui direz-vous : « Viens vite, assieds-toi à table » 8 Ne lui direz-vous pas plutôt : « Prépare-moi mon dîne mets-toi en tenue pour me servir jusqu'à ce que j'aie fini d manger et de boire ; ensuite tu mangeras et tu boiras à to tour » ? 9 Le maître doit-il une reconnaissance particulièr à cet esclave parce qu'il a fait ce qui lui était commandé Bien sûr que non ! 10 Il en est de même pour vous. Quan vous aurez fait tout ce qui vous est commandé, dites « Nous ne sommes que des serviteurs sans mérite partic ulier ; nous n'avons fait que notre devoir. »

Reconnaissance et ingratitude

11 Alors qu'il se rendait à Jérusalem, Jésus longea l frontière entre la Samarie et la Galilée. 12 A l'entrée d'u

[m] **17.3** Autres traductions : *s'il se repent* ou *s'il change de comportement.*

[n] **17.4** Autres traductions : *qu'il se repent* ou *qu'il change de comportement.*

[o] **17.6** La *graine de moutarde* était considérée comme la plus petite graine

ɔing into a village, ten men who had leprosy[q] met im. They stood at a distance 13 and called out in a ud voice, "Jesus, Master, have pity on us!"

14 When he saw them, he said, "Go, show yourselves) the priests." And as they went, they were cleansed.

15 One of them, when he saw he was healed, came ack, praising God in a loud voice. 16 He threw him-elf at Jesus' feet and thanked him – and he was a amaritan.

17 Jesus asked, "Were not all ten cleansed? Where are ie other nine? 18 Has no one returned to give praise) God except this foreigner?" 19 Then he said to him, Rise and go; your faith has made you well."

he Coming of the Kingdom of God

20 Once, on being asked by the Pharisees when the ingdom of God would come, Jesus replied, "The com-g of the kingdom of God is not something that can be bserved, 21 nor will people say, 'Here it is,' or 'There is,' because the kingdom of God is in your midst."[r]

22 Then he said to his disciples, "The time is coming hen you will long to see one of the days of the Son f Man, but you will not see it. 23 People will tell you, There he is!' or 'Here he is!' Do not go running off fter them. 24 For the Son of Man in his day[s] will be ke the lightning, which flashes and lights up the sky rom one end to the other. 25 But first he must suffer iany things and be rejected by this generation.

26 "Just as it was in the days of Noah, so also will it e in the days of the Son of Man. 27 People were eating, rinking, marrying and being given in marriage up ɔ the day Noah entered the ark. Then the flood came nd destroyed them all.

28 "It was the same in the days of Lot. People were ating and drinking, buying and selling, planting and uilding. 29 But the day Lot left Sodom, fire and sulfur ained down from heaven and destroyed them all.

30 "It will be just like this on the day the Son of Man s revealed. 31 On that day no one who is on the house-op, with possessions inside, should go down to get hem. Likewise, no one in the field should go back for nything. 32 Remember Lot's wife! 33 Whoever tries to eep their life will lose it, and whoever loses their life vill preserve it. 34 I tell you, on that night two people vill be in one bed; one will be taken and the other eft. 35 Two women will be grinding grain together; ne will be taken and the other left." 36 [36][t]

17:12 The Greek word traditionally translated *leprosy* was used ɔr various diseases affecting the skin.
17:21 Or *is within you*
17:24 Some manuscripts do not have *in his day.*
17:36 Some manuscripts include here words similar to Matt. 4:40.

village, dix lépreux vinrent à sa rencontre ; ils s'arrêtèrent à distance 13 et se mirent à le supplier à haute voix : Jésus, Maître, aie pitié de nous !

14 Jésus les vit et leur dit : Allez vous montrer aux prêtres !

Pendant qu'ils y allaient, ils furent guéris. 15 L'un d'eux, quand il se rendit compte qu'il était guéri, revint sur ses pas en louant Dieu à pleine voix. 16 Il se prosterna aux pieds de Jésus, face contre terre, et le remercia. Or, c'était un Samaritain.

17 Alors Jésus dit : Ils sont bien dix qui ont été guéris, n'est-ce pas ? Où sont donc les neuf autres ? 18 Il ne s'est donc trouvé personne d'autre que cet étranger pour revenir louer Dieu ?

19 Puis, s'adressant à ce Samaritain, il lui dit : Relève-toi, et va : parce que tu as eu foi en moi, tu es sauvé[p].

Comment vient le royaume

20 Un jour, les pharisiens lui demandèrent quand arriverait le royaume de Dieu. Jésus leur répondit : Le royaume de Dieu ne viendra pas de façon visible. 21 On ne dira pas : « Venez, il est ici », ou : « Il est là », car, notez-le bien, le royaume de Dieu est parmi vous[q].

22 Puis il s'adressa à ses disciples : Le temps viendra où vous désirerez ardemment être avec le Fils de l'homme, ne fût-ce qu'un seul jour, mais vous ne le pourrez pas.

(Mt 24.23-28)

23 Alors on vous dira : « Il est ici ! » ou « Il est là ! » N'y allez pas ! Ne vous y précipitez pas ! 24 L'éclair jaillit d'un point du ciel et l'illumine d'un bout à l'autre. Ainsi en sera-t-il du Fils de l'homme en son Jour. 25 Mais il faut d'abord qu'il endure beaucoup de souffrances et qu'il soit rejeté par les gens de notre temps.

(Mt 24.37-41)

26 Le jour où le Fils de l'homme reviendra, les choses se passeront comme au temps de Noé : 27 les gens mangeaient, buvaient, se mariaient et étaient donnés en mariage, jusqu'au jour où *Noé entra dans le bateau*Alors vint le déluge qui les fit tous périr. 28 C'est encore ce qui est arrivé du temps de Loth : les gens mangeaient, buvaient, achetaient, vendaient, plantaient, bâtissaient. 29 Mais le jour où Loth sortit de Sodome, une pluie de feu et de soufre tomba du ciel et les fit tous périr. 30 Il en sera de même le jour où le Fils de l'homme apparaîtra. 31 En ce jour-là, si quelqu'un est sur le toit en terrasse de sa maison, qu'il n'en descende pas pour prendre les affaires qu'il aura laissées en bas ; de même, que celui qui se trouvera dans les champs ne retourne pas chez lui. 32 Rappelez-vous ce qui est arrivé à la femme de Loth. 33 Celui qui cherchera à préserver sa vie, la perdra ; mais celui qui la perdra, la conservera.

34 Cette nuit-là, je vous le dis, deux personnes seront couchées dans un même lit : l'une sera emmenée, l'autre sera laissée. 35 Deux femmes seront en train de tourner ensemble la pierre de meule : l'une sera emmenée, l'autre laissée. [36 Deux hommes seront dans un champ : l'un sera emmené, l'autre laissé[r].]

[p] 17.19 Autre traduction : *tu es guéri.*
[q] 17.21 Autre traduction : *au-dedans de vous.*
[r] 17.36 Ce verset est absent de plusieurs anciens manuscrits (voir Mt 24.40).

[37]"Where, Lord?" they asked.

He replied, "Where there is a dead body, there the vultures will gather."

The Parable of the Persistent Widow

18 [1]Then Jesus told his disciples a parable to show them that they should always pray and not give up. [2]He said: "In a certain town there was a judge who neither feared God nor cared what people thought. [3]And there was a widow in that town who kept coming to him with the plea, 'Grant me justice against my adversary.'

[4]"For some time he refused. But finally he said to himself, 'Even though I don't fear God or care what people think, [5]yet because this widow keeps bothering me, I will see that she gets justice, so that she won't eventually come and attack me!' "

[6]And the Lord said, "Listen to what the unjust judge says. [7]And will not God bring about justice for his chosen ones, who cry out to him day and night? Will he keep putting them off? [8]I tell you, he will see that they get justice, and quickly. However, when the Son of Man comes, will he find faith on the earth?"

The Parable of the Pharisee and the Tax Collector

[9]To some who were confident of their own righteousness and looked down on everyone else, Jesus told this parable: [10]"Two men went up to the temple to pray, one a Pharisee and the other a tax collector. [11]The Pharisee stood by himself and prayed: 'God, I thank you that I am not like other people – robbers, evildoers, adulterers – or even like this tax collector. [12]I fast twice a week and give a tenth of all I get.'

[13]"But the tax collector stood at a distance. He would not even look up to heaven, but beat his breast and said, 'God, have mercy on me, a sinner.'

[14]"I tell you that this man, rather than the other, went home justified before God. For all those who exalt themselves will be humbled, and those who humble themselves will be exalted."

The Little Children and Jesus

[15]People were also bringing babies to Jesus for him to place his hands on them. When the disciples saw this, they rebuked them. [16]But Jesus called the children to him and said, "Let the little children come to me, and do not hinder them, for the kingdom of God belongs to such as these. [17]Truly I tell you, anyone who will not receive the kingdom of God like a little child will never enter it."

The Rich and the Kingdom of God

[18]A certain ruler asked him, "Good teacher, what must I do to inherit eternal life?"

[19]"Why do you call me good?" Jesus answered. "No one is good – except God alone. [20]You know the com-

[37]Alors les disciples lui demandèrent : Où cela se pa sera-t-il, Seigneur ?

Il leur répondit : Là où sera le cadavre, là se rassembl ront les vautours.

Prier avec insistance

18 [1]Pour montrer qu'il est nécessaire de pri constamment, sans jamais se décourager, Jés raconta à ses disciples la parabole suivante : [2]Il y avait da une ville un juge qui ne craignait pas Dieu et qui n'ava d'égards pour personne. [3]Il y avait aussi, dans cette mên ville, une veuve qui venait constamment le trouver po lui dire : « Défends mon droit contre mon adversaire. [4]Pendant longtemps, il refusa. Mais il finit par se dir « J'ai beau ne pas craindre Dieu et ne pas me préoccup des hommes, [5]cette veuve m'ennuie ; je vais donc lui do ner gain de cause pour qu'elle ne vienne plus sans ces me casser la tête. »

[6]Le Seigneur ajouta : Notez bien comment ce mauva juge réagit. [7]Alors, pouvez-vous supposer que Dieu r défendra pas le droit de ceux qu'il a choisis et qui crier à lui jour et nuit, et qu'il tardera à leur venir en aide [8]Moi je vous dis qu'il défendra leur droit promptemen Seulement, lorsque le Fils de l'homme viendra, trouv ra-t-il encore la foi sur la terre ?

Qui sera déclaré juste ?

[9]Il raconta aussi une parabole pour ceux qui étaier convaincus d'être justes et méprisaient les autres : [10]Deu hommes montèrent au Temple pour prier : un pharisie et un collecteur d'impôts. [11]Le pharisien, debout, faisa intérieurement cette prière[s] : « O Dieu, je te remercie de r pas être avare, malhonnête et adultère comme les autr hommes, et en particulier comme ce collecteur d'impô là-bas. [12]Moi, je jeûne deux jours par semaine, je donn dix pour cent de tous mes revenus. »

[13]Le collecteur d'impôts se tenait dans un coin retiré, n'osait même pas lever les yeux au ciel. Mais il se frappa la poitrine et murmurait : « O Dieu, aie pitié du pécheu que je suis ! »

[14]Je vous l'assure, c'est ce dernier et non pas l'autre qu est rentré chez lui déclaré juste par Dieu. Car celui qu s'élève sera abaissé ; celui qui s'abaisse sera élevé.

Jésus accueille des enfants

(Mt 19.13-15 ; Mc 10.13-16)

[15]Des gens amenèrent à Jésus de tout petits enfant pour qu'il pose les mains sur eux. Mais, quand les disci ples virent cela, ils leur firent des reproches. [16]Jésus les f venir et leur dit : Laissez les petits enfants venir à moi e ne les en empêchez pas, car le royaume de Dieu appartier à ceux qui leur ressemblent. [17]Vraiment, je vous l'assure celui qui ne reçoit pas le royaume de Dieu comme un pet enfant, n'y entrera pas.

Les riches et le royaume

(Mt 19.16-30 ; Mc 10.17-31)

[18]Alors un notable lui demanda : Bon Maître, que dois-j faire pour obtenir la vie éternelle ?

[19]– Pourquoi m'appelles-tu bon ? lui répondit Jésus Personne n'est bon, sinon Dieu seul. [20]Tu connais le

[s] **18.11** Certains manuscrits ont : *se tenait à part et priait ainsi.*

andments: ‘You shall not commit adultery, you shall
ɔt murder, you shall not steal, you shall not give false
stimony, honor your father and mother.’”
21 “All these I have kept since I was a boy,” he said.

22 When Jesus heard this, he said to him, “You still
ck one thing. Sell everything you have and give to
e poor, and you will have treasure in heaven. Then
ɔme, follow me.”
23 When he heard this, he became very sad, because
e was very wealthy. 24 Jesus looked at him and said,
How hard it is for the rich to enter the kingdom of
od! 25 Indeed, it is easier for a camel to go through
e eye of a needle than for someone who is rich to
nter the kingdom of God.”
26 Those who heard this asked, “Who then can be
ved?”
27 Jesus replied, “What is impossible with man is
ossible with God.”
28 Peter said to him, “We have left all we had to
llow you!”
29 “Truly I tell you,” Jesus said to them, “no one who
as left home or wife or brothers or sisters or parents
children for the sake of the kingdom of God 30 will
il to receive many times as much in this age, and in
e age to come eternal life.”

esus Predicts His Death a Third Time

31 Jesus took the Twelve aside and told them, “We are
oing up to Jerusalem, and everything that is written
y the prophets about the Son of Man will be fulfilled.
He will be delivered over to the Gentiles. They will
ock him, insult him and spit on him; 33 they will flog
im and kill him. On the third day he will rise again.”
34 The disciples did not understand any of this. Its
eaning was hidden from them, and they did not
now what he was talking about.

Blind Beggar Receives His Sight

35 As Jesus approached Jericho, a blind man was sit-
ng by the roadside begging. 36 When he heard the
rowd going by, he asked what was happening. 37 They
old him, “Jesus of Nazareth is passing by.”

38 He called out, “Jesus, Son of David, have mercy
n me!”
39 Those who led the way rebuked him and told him
o be quiet, but he shouted all the more, “Son of David,
ave mercy on me!”
40 Jesus stopped and ordered the man to be brought
o him. When he came near, Jesus asked him, 41 “What
o you want me to do for you?”
“Lord, I want to see,” he replied.
42 Jesus said to him, “Receive your sight; your faith
as healed you.” 43 Immediately he received his sight

commandements : *Ne commets pas d’adultère ; ne commets*
pas de meurtre ; ne commets pas de vol ; ne porte pas de faux
témoignage ; honore ton père et ta mère.
21 – Tout cela, lui répondit l’homme, je l’ai appliqué
depuis ma jeunesse.
22 A ces mots, Jésus lui dit : Il te reste encore une chose à
faire : vends tout ce que tu possèdes, distribue le produit
de la vente aux pauvres, et tu auras un trésor au ciel. Puis
viens et suis-moi !
23 Quand l’autre entendit cela, il fut profondément attristé, car il était très riche.
24 En le voyant ainsi abattu, Jésus dit : Qu’il est difficile
à ceux qui ont des richesses d’entrer dans le royaume de
Dieu ! 25 Il est plus facile à un chameau de passer par le
trou d’une aiguille qu’à un riche d’entrer dans le royaume
de Dieu.
26 Les auditeurs s’écrièrent : Mais alors, qui peut être
sauvé ?
27 Jésus leur répondit : Ce qui est impossible aux hommes
est possible à Dieu.
28 Pierre lui dit alors : Nous, nous avons laissé tout ce
que nous avions pour te suivre.
29 Jésus leur dit : Vraiment, je vous l’assure, si quelqu’un
quitte, à cause du royaume de Dieu, sa maison, sa femme,
ses frères, ses parents ou ses enfants, 30 il recevra beaucoup
plus en retour dès à présent, et, dans le monde à venir, la
vie éternelle.

Ce qui attend Jésus à Jérusalem

(Mt 20.17-19 ; Mc 10.32-34)

31 Jésus prit les Douze à part et leur dit : Voici, nous montons à Jérusalem et tout ce que les prophètes ont écrit au
sujet du Fils de l’homme va s’accomplir. 32 En effet, il sera
remis entre les mains des païens, on se moquera de lui,
on l’insultera, on crachera sur lui. 33 Et après l’avoir battu
à coups de fouet, on le mettra à mort. Puis, le troisième
jour, il ressuscitera.
34 Les disciples ne comprirent rien à tout cela, c’était
pour eux un langage énigmatique et ils ne savaient pas
ce que Jésus voulait dire.

La guérison d’un aveugle

(Mt 20.29-34 ; Mc 10.46-52)

35 Comme Jésus approchait de Jéricho[t], un aveugle était
assis au bord du chemin, en train de mendier. 36 En entendant le bruit de la foule qui passait, il demanda ce que
c’était.
37 On lui répondit que c’était Jésus de Nazareth qui
passait.
38 Alors il se mit à crier très fort : Jésus, Fils de David,
aie pitié de moi !
39 Ceux qui marchaient en tête du cortège le rabrouèrent
pour le faire taire, mais lui criait de plus belle : Fils de
David, aie pitié de moi !
40 Jésus s’arrêta et ordonna qu’on lui amène l’aveugle.
Quand il fut près de lui, Jésus lui demanda : 41 Que veux-tu
que je fasse pour toi ?
L’aveugle lui répondit : Seigneur, fais que je puisse voir.
42 – Tu peux voir, lui dit Jésus. Parce que tu as eu foi en
moi, tu es guéri[u].

---

t **18.35** *Jéricho* se trouve dans la vallée du Jourdain, près de la mer Morte.
u **18.42** Ce qui veut dire aussi : *tu es sauvé*.

and followed Jesus, praising God. When all the people
saw it, they also praised God.

Zacchaeus the Tax Collector

19 1Jesus entered Jericho and was passing
through. 2A man was there by the name
of Zacchaeus; he was a chief tax collector and was
wealthy. 3He wanted to see who Jesus was, but because
he was short he could not see over the crowd. 4So he
ran ahead and climbed a sycamore-fig tree to see him,
since Jesus was coming that way.
5When Jesus reached the spot, he looked up and said
to him, "Zacchaeus, come down immediately. I must
stay at your house today." 6So he came down at once
and welcomed him gladly.
7All the people saw this and began to mutter, "He
has gone to be the guest of a sinner."
8But Zacchaeus stood up and said to the Lord,
"Look, Lord! Here and now I give half of my possessions to the poor, and if I have cheated anybody out
of anything, I will pay back four times the amount."
9Jesus said to him, "Today salvation has come to
this house, because this man, too, is a son of Abraham.
10For the Son of Man came to seek and to save the
lost."

The Parable of the Ten Minas

11While they were listening to this, he went on to
tell them a parable, because he was near Jerusalem
and the people thought that the kingdom of God was
going to appear at once. 12He said: "A man of noble
birth went to a distant country to have himself appointed king and then to return. 13So he called ten
of his servants and gave them ten minas.[u] 'Put this
money to work,' he said, 'until I come back.'
14"But his subjects hated him and sent a delegation
after him to say, 'We don't want this man to be our
king.'
15"He was made king, however, and returned home.
Then he sent for the servants to whom he had given
the money, in order to find out what they had gained
with it.
16"The first one came and said, 'Sir, your mina has
earned ten more.'
17" 'Well done, my good servant!' his master replied.
'Because you have been trustworthy in a very small
matter, take charge of ten cities.'
18"The second came and said, 'Sir, your mina has
earned five more.'
19"His master answered, 'You take charge of five
cities.'

[u] **19:13** A mina was about three months' wages.

43Aussitôt, il recouvra la vue et suivit Jésus en louar
Dieu. En voyant ce qui s'était passé, toute la foule se m
aussi à louer Dieu.

Le salut de Zachée

19 1Jésus entra dans la ville de Jéricho et la travers.
2Or, il y avait là un nommé Zachée. Il était ch
des collecteurs d'impôts, et riche. 3Il cherchait à voir qu
était Jésus, mais il ne le pouvait pas à cause de la foule, ca
il était petit. 4Alors il courut en avant et grimpa sur u
sycomore pour voir Jésus qui devait passer par là.
5Lorsque Jésus fut parvenu à cet endroit, il leva les yeu
et l'interpella : Zachée, dépêche-toi de descendre, car c'es
chez toi que je dois aller loger aujourd'hui.
6Zachée se dépêcha de descendre et reçut Jésus avec joi
7Quand les gens virent cela, il y eut un murmure d'ir
dignation. Ils disaient : Voilà qu'il s'en va loger chez c
pécheur !
8Mais Zachée se présenta devant le Seigneur et lui dit
Seigneur, je donne la moitié de mes biens aux pauvres e
si j'ai pris trop d'argent à quelqu'un, je lui rends quatr
fois plus.
9Jésus lui dit alors : Aujourd'hui, le salut est entré dan
cette maison, parce que cet homme est, lui aussi, un fi
d'Abraham. 10Car le Fils de l'homme est venu chercher e
sauver ce qui était perdu.

La parabole de l'argent à faire fructifier

(Mt 25.14-30)

11Comme la foule écoutait ces paroles, Jésus continu
en racontant une parabole. En effet, il se rapprochait d
Jérusalem et l'on s'imaginait que le royaume de Dieu allai
se manifester immédiatement. 12Voici donc ce qu'il dit : U
homme de famille noble était sur le point de partir pou
un pays lointain afin d'y être officiellement nommé ro
avant de revenir ensuite dans ses Etats[v]. 13Il convoqua di
de ses serviteurs et leur remit, à chacun, une pièce d'or[w]
Puis il leur recommanda : « Faites fructifier cet argen
jusqu'à mon retour ! »
14Mais cet homme était détesté par les habitants de so
pays. Aussi, ils envoyèrent, derrière lui, une délégatio
chargée de dire : « Nous ne voulons pas que cet homme-l
règne sur nous ! »
15Après avoir été nommé roi, il revint dans son pays e
fit appeler les serviteurs auxquels il avait confié l'argent
Il voulait savoir ce qu'ils en avaient retiré.
16Le premier se présenta et dit : « Seigneur, ta pièce d'o
en a rapporté dix autres. »
17« C'est bien, lui dit le maître, tu es un bon serviteur
Tu t'es montré fidèle dans une petite affaire. Je te nomm
gouverneur de dix villes. »
18Le deuxième s'approcha et dit : « Seigneur, ta pièce
d'or en a rapporté cinq autres. »
19Le maître lui dit : « Eh bien, je te confie le gouvernement de cinq villes. »

[v] **19.12** Allusion possible à des faits contemporains : après la mort d'Hérode le Grand, son fils Hérode Archélaüs se rendit à Rome pour obtenir sa succession. Les Juifs y envoyèrent une délégation pour s'opposer à sa demande.

[w] **19.13** Il s'agit d'une *mine*, qui correspondait à la valeur de cent journées de travail.

[20]"Then another servant came and said, 'Sir, here is
ır mina; I have kept it laid away in a piece of cloth.
was afraid of you, because you are a hard man.
u take out what you did not put in and reap what
ı did not sow.'
[22]"His master replied, 'I will judge you by your own
rds, you wicked servant! You knew, did you, that I
a hard man, taking out what I did not put in, and
aping what I did not sow? [23]Why then didn't you
t my money on deposit, so that when I came back,
ould have collected it with interest?'
[24]"Then he said to those standing by, 'Take his mina
ay from him and give it to the one who has ten
nas.'
[25]" 'Sir,' they said, 'he already has ten!'
[26]"He replied, 'I tell you that to everyone who has,
re will be given, but as for the one who has nothing,
en what they have will be taken away. [27]But those
emies of mine who did not want me to be king over
em – bring them here and kill them in front of me.' "

sus Comes to Jerusalem as King

[28]After Jesus had said this, he went on ahead, going
to Jerusalem. [29]As he approached Bethphage and
thany at the hill called the Mount of Olives, he sent
o of his disciples, saying to them, [30]"Go to the vil-
ge ahead of you, and as you enter it, you will find a
lt tied there, which no one has ever ridden. Untie it
d bring it here. [31]If anyone asks you, 'Why are you
ıtying it?' say, 'The Lord needs it.' "
[32]Those who were sent ahead went and found it
st as he had told them. [33]As they were untying the
lt, its owners asked them, "Why are you untying
e colt?"
[34]They replied, "The Lord needs it."
[35]They brought it to Jesus, threw their cloaks on
e colt and put Jesus on it. [36]As he went along, people
read their cloaks on the road.
[37]When he came near the place where the road goes
own the Mount of Olives, the whole crowd of disciples
gan joyfully to praise God in loud voices for all the
iracles they had seen:
[38] "Blessed is the king who comes in the name of
the Lord!"
"Peace in heaven and glory in the highest!"
[39]Some of the Pharisees in the crowd said to Jesus,
eacher, rebuke your disciples!"
[40]"I tell you," he replied, "if they keep quiet, the
ones will cry out."
[41]As he approached Jerusalem and saw the city, he
ept over it [42]and said, "If you, even you, had only
ıown on this day what would bring you peace – but
ow it is hidden from your eyes. [43]The days will come
pon you when your enemies will build an embank-

[20]Finalement, un autre vint et dit : « Seigneur, voici ta
pièce d'or ; je l'ai gardée enveloppée dans un mouchoir.
[21]En effet, j'avais peur de toi, parce que tu es un homme
sévère ; tu retires de l'argent que tu n'as pas placé, tu moissonnes ce que tu n'as pas semé.
[22]– Vaurien ! dit le maître, tu viens de prononcer ta propre condamnation. Tu savais que je suis un homme sévère,
qui retire de l'argent que je n'ai pas placé et qui moissonne
ce que je n'ai pas semé. [23]Pourquoi alors n'as-tu pas déposé
mon argent à la banque ? A mon retour, je l'aurais retiré
avec les intérêts. »
[24]Puis il ordonna à ceux qui étaient là : « Retirez-lui
cette pièce d'or et donnez-la à celui qui en a dix !
[25]– Mais, Seigneur, lui firent-ils remarquer, il a déjà dix
pièces !
[26]– Eh bien, je vous le déclare, à celui qui a, on donnera
encore, mais à celui qui n'a pas, on ôtera même ce qu'il a.
[27]Quant à mes ennemis qui n'ont pas voulu que je règne
sur eux, amenez-les moi et qu'on les mette à mort devant
moi. »

À Jérusalem : ministère de Jésus

L'entrée du Roi à Jérusalem

(Mt 21.1-11, 15-17 ; Mc 11.1-10 ; Jn 12.12-16)

[28]Après avoir dit cela, Jésus partit, suivi de ses disciples,
pour monter à Jérusalem.
[29]Comme il approchait de Bethphagé et de Béthanie,
près de la colline appelée « mont des Oliviers », il envoya
deux de ses disciples [30]en disant : Allez à ce village qui est
devant vous. Dès que vous y serez entrés, vous trouverez
un ânon attaché que personne n'a encore monté. Détachez-
le et conduisez-le ici. [31]Si quelqu'un vous demande :
« Pourquoi le détachez-vous ? », vous lui répondrez simplement : « Parce que le Seigneur en a besoin. »
[32]Ceux qu'il avait envoyés partirent et trouvèrent les
choses comme Jésus l'avait dit.
[33]Au moment où ils détachaient l'ânon, ses propriétaires
leur demandèrent : Pourquoi détachez-vous cet ânon ?
[34]Ils répondirent : Parce que le Seigneur en a besoin.
[35]Et ils le conduisirent à Jésus. Après avoir posé leurs
manteaux sur le dos de l'animal, ils y firent monter Jésus.
[36]Sur son passage, les gens étendaient leurs manteaux
sur le chemin. [37]Comme ils approchaient de Jérusalem, en
descendant du mont des Oliviers, toute la multitude des
disciples, dans un élan de joie, se mit à louer Dieu d'une
voix forte pour tous les miracles qu'ils avaient vus : [38]*Béni*
soit le roi qui vient au nom du Seigneur, disaient-ils. *Paix dans*
le ciel, et gloire à Dieu au plus haut des cieux!
[39]A ce moment-là, quelques pharisiens qui se trouvaient
dans la foule interpellèrent Jésus : Maître, fais taire tes
disciples !
[40]Jésus leur répondit : Je vous le déclare, s'ils se taisent,
les pierres crieront !

Le sort de Jérusalem

[41]Quand il fut arrivé près de la ville et qu'il la vit, il
pleura sur elle : [42]Ah, dit-il, si seulement tu avais compris,
toi aussi, en ce jour, de quoi dépend ta paix ! Mais, hélas,
à présent, tout cela est caché à tes yeux. [43]Des jours de
malheur vont fondre sur toi. Tes ennemis t'entoureront

ment against you and encircle you and hem you in on
every side. 44 They will dash you to the ground, you
and the children within your walls. They will not leave
one stone on another, because you did not recognize
the time of God's coming to you."

Jesus at the Temple

45 When Jesus entered the temple courts, he began
to drive out those who were selling. 46 "It is written,"
he said to them, " 'My house will be a house of prayer';
but you have made it 'a den of robbers.' "
47 Every day he was teaching at the temple. But the
chief priests, the teachers of the law and the leaders
among the people were trying to kill him. 48 Yet they
could not find any way to do it, because all the people
hung on his words.

The Authority of Jesus Questioned

20 1 One day as Jesus was teaching the people in
the temple courts and proclaiming the good
news, the chief priests and the teachers of the law,
together with the elders, came up to him. 2 "Tell us
by what authority you are doing these things," they
said. "Who gave you this authority?"

3 He replied, "I will also ask you a question. Tell me:
4 John's baptism – was it from heaven, or of human
origin?"
5 They discussed it among themselves and said, "If
we say, 'From heaven,' he will ask, 'Why didn't you
believe him?' 6 But if we say, 'Of human origin,' all the
people will stone us, because they are persuaded that
John was a prophet."
7 So they answered, "We don't know where it was
from."
8 Jesus said, "Neither will I tell you by what authority I am doing these things."

The Parable of the Tenants

9 He went on to tell the people this parable: "A man
planted a vineyard, rented it to some farmers and
went away for a long time. 10 At harvest time he sent
a servant to the tenants so they would give him some
of the fruit of the vineyard. But the tenants beat him
and sent him away empty-handed. 11 He sent another servant, but that one also they beat and treated
shamefully and sent away empty-handed. 12 He sent
still a third, and they wounded him and threw him
out.

13 "Then the owner of the vineyard said, 'What shall
I do? I will send my son, whom I love; perhaps they
will respect him.'
14 "But when the tenants saw him, they talked the
matter over. 'This is the heir,' they said. 'Let's kill him,
and the inheritance will be ours.' 15 So they threw him
out of the vineyard and killed him.

d'ouvrages de siège, t'encercleront et te presseront de tc
côtés. 44 Ils te détruiront complètement, toi et les habita
qui seront dans tes murs, et ils ne laisseront pas chez
une pierre sur une autre. Pourquoi ? Parce que tu n'as
su reconnaître le moment où Dieu est intervenu pour t

Jésus enseigne dans le Temple

(Mt 21.12-13 ; Mc 11.15-19 ; voir Jn 2.13-16)

45 Jésus entra dans la cour du Temple et se mit à en ch
ser les marchands. Il leur dit : 46 Il est écrit : *Ma mais*
sera une maison de prière mais vous, vous en avez fait
caverne de brigands!
47 Jésus enseignait tous les jours dans la cour du Temp
Les chefs des prêtres et les spécialistes de la Loi, ainsi q
les chefs du peuple, cherchaient à le faire mourir. 48 M
ils ne savaient comment s'y prendre, car tout le peu
l'écoutait attentivement.

L'autorité de Jésus contestée

(Mt 21.23-27 ; Mc 11.27-33)

20 1 Un de ces jours-là, pendant que Jésus enseign
le peuple dans la cour du Temple et lui annonç
la Bonne Nouvelle de l'Evangile, les chefs des prêtr
survinrent avec les spécialistes de la Loi et les responsab
du peuple 2 et ils l'interpellèrent en ces termes : Dis-no
par quelle autorité tu agis ainsi. Ou qui est donc celui q
t'a donné cette autorité ?
3 – Moi aussi, j'ai une question à vous poser, répliq
Jésus. A vous de répondre : 4 De qui Jean tenait-il son ma
dat pour baptiser ? De Dieu ou des hommes ?
5 Ils se mirent à raisonner entre eux : Si nous disons : «
Dieu », il va nous demander : « Pourquoi n'avez-vous p
cru en lui ? » 6 Mais si nous répondons : « Des hommes
tout le peuple va nous lapider, car ces gens-là sont to
convaincus que Jean était un prophète. 7 Ils répondire
donc qu'ils ne savaient pas d'où Jean tenait son manda

8 – Eh bien, répliqua Jésus, moi non plus, je ne vous dir
pas par quelle autorité j'agis comme je le fais.

La culpabilité des chefs religieux juifs

(Mt 21.33-46 ; Mc 12.1-12)

9 Il s'adressa ensuite au peuple et se mit à racont
cette parabole : Un homme planta une vigne ; il la lo
à des vignerons et partit en voyage pour un temps ass
long. 10 Au moment des vendanges, il envoya un servite
auprès des vignerons afin qu'ils lui remettent une part
du produit de la vigne, mais les vignerons le rouèrent
coups et le renvoyèrent les mains vides. 11 Le propriétai
leur envoya un autre serviteur. Celui-là aussi, ils le re
voyèrent les mains vides, après l'avoir roué de coups
couvert d'insultes. 12 Le maître persévéra et leur en envo
un troisième. Celui-là aussi, ils le chassèrent, après l'avo
grièvement blessé.
13 Le propriétaire du vignoble se dit alors : « Que faire
Je leur enverrai mon fils bien-aimé ; peut-être auront-i
du respect pour lui. »
14 Mais quand les vignerons l'aperçurent, ils raiso
nèrent ainsi entre eux : « Voilà l'héritier ! Tuons-le, af
que l'héritage nous revienne ! »
15 Alors ils le traînèrent hors du vignoble et le tuèren

What then will the owner of the vineyard do to
m? [16]He will come and kill those tenants and give
vineyard to others."
When the people heard this, they said, "God forbid!"

[17]Jesus looked directly at them and asked, "Then
at is the meaning of that which is written:
" 'The stone the builders rejected
has become the cornerstone'?
veryone who falls on that stone will be broken to
ces; anyone on whom it falls will be crushed."
[19]The teachers of the law and the chief priests
ked for a way to arrest him immediately, because
y knew he had spoken this parable against them.
t they were afraid of the people.

ying Taxes to Caesar

[20]Keeping a close watch on him, they sent spies, who
etended to be sincere. They hoped to catch Jesus in
nething he said, so that they might hand him over
the power and authority of the governor. [21]So the
es questioned him: "Teacher, we know that you
eak and teach what is right, and that you do not
ow partiality but teach the way of God in accor-
nce with the truth. [22]Is it right for us to pay taxes
Caesar or not?"

[23]He saw through their duplicity and said to them,
"Show me a denarius. Whose image and inscription
e on it?"
"Caesar's," they replied.
[25]He said to them, "Then give back to Caesar what
Caesar's, and to God what is God's."
[26]They were unable to trap him in what he had said
ere in public. And astonished by his answer, they
came silent.

e Resurrection and Marriage

[27]Some of the Sadducees, who say there is no resur-
ction, came to Jesus with a question. [28]"Teacher,"
ey said, "Moses wrote for us that if a man's brother
es and leaves a wife but no children, the man must
arry the widow and raise up offspring for his broth-
. [29]Now there were seven brothers. The first one
arried a woman and died childless. [30]The second
and then the third married her, and in the same
ay the seven died, leaving no children. [32]Finally,
e woman died too. [33]Now then, at the resurrection
hose wife will she be, since the seven were married
her?"

[34]Jesus replied, "The people of this age marry and
e given in marriage. [35]But those who are considered
orthy of taking part in the age to come and in the
surrection from the dead will neither marry nor
given in marriage, [36]and they can no longer die;
r they are like the angels. They are God's children,
nce they are children of the resurrection. [37]But in
e account of the burning bush, even Moses showed

Comment le propriétaire de la vigne agira-t-il envers
eux ? [16]Il viendra lui-même, fera exécuter ces vignerons
et confiera le soin de sa vigne à d'autres.
– Pas question ! s'écrièrent les auditeurs de Jésus en
entendant cela.
[17]Mais lui, fixant le regard sur eux, leur dit : Que signifie
donc ce texte de l'Ecriture :
La pierre que les constructeurs ont rejetée
est devenue la pierre principale, la pierre d'angle.
[18] *Celui qui tombera sur cette pierre-là se brisera la nuque,*
et si elle tombe sur quelqu'un, elle l'écrasera
[19]Les spécialistes de la Loi et les chefs des prêtres cherchèrent à mettre immédiatement la main sur Jésus, mais
ils eurent peur des réactions du peuple. En effet, ils avaient
bien compris que c'était eux que Jésus visait par cette
parabole.

Controverse sur l'impôt dû à César

(Mt 22.15-22 ; Mc 12.13-17)

[20]Dès lors, ils le surveillèrent de près et envoyèrent
auprès de lui des agents qui feraient semblant d'être des
hommes pieux. Ils devaient le prendre en défaut dans ses
paroles. Ainsi ils pourraient le livrer au pouvoir et à l'autorité du gouverneur romain.
[21]Ces gens-là l'abordèrent donc : Maître, nous savons que
tu dis la vérité et que tu enseignes en toute droiture ; tu
ne tiens pas compte de la position sociale des gens, mais
c'est en toute vérité que tu enseignes la voie à suivre selon
Dieu. [22]Eh bien, dis-nous, si oui ou non, nous avons le droit
de payer des impôts à César ?
[23]Connaissant leur fourberie, Jésus leur répondit :
[24]Montrez-moi une pièce d'argent ! De qui porte-t-elle
l'effigie et l'inscription ?
– De César.
[25]– Eh bien ! leur dit-il, rendez à César ce qui revient à
César, et à Dieu ce qui revient à Dieu.
[26]Ils furent incapables de le prendre en défaut dans les
propos qu'il tenait devant le peuple et, décontenancés par
sa réponse, ils ne trouvèrent rien à répliquer.

Controverse sur la résurrection

(Mt 22.23-33 ; Mc 12.18-27)

[27]Quelques saducéens, qui nient que les morts ressuscitent, vinrent trouver Jésus. Ils lui posèrent la question
suivante : [28]Maître, dans ses écrits, Moïse nous a laissé ce
commandement : *Si un homme vient à mourir, en laissant une*
femme mais pas d'enfant, son frère doit épouser sa veuve pour
donner une descendance au défunt. [29]Or, il y avait sept frères.
L'aîné se maria, et il mourut sans laisser d'enfant. [30]Le
second, puis le troisième épousèrent la veuve, et ainsi de
suite jusqu'au septième ; [31]et ils moururent tous les sept
sans avoir eu d'enfant.
[32]En fin de compte, la femme mourut elle aussi. [33]Eh
bien, cette femme, à la résurrection, duquel des sept frères
sera-t-elle la femme ? Car ils l'ont tous eue pour épouse.
[34]Jésus leur dit : Dans le monde présent, hommes et
femmes se marient. [35]Mais ceux qui seront jugés dignes
de ressusciter d'entre les morts pour faire partie du monde
à venir, ne se marieront plus. [36]Ils ne pourront pas non
plus mourir, parce qu'ils seront comme les anges, et ils
seront fils de Dieu, puisqu'ils seront ressuscités. [37]Que
les morts ressuscitent, Moïse lui-même l'a indiqué, lor-

that the dead rise, for he calls the Lord 'the God of
Abraham, and the God of Isaac, and the God of Jacob.'
38 He is not the God of the dead, but of the living, for
to him all are alive."

39 Some of the teachers of the law responded, "Well
said, teacher!" 40 And no one dared to ask him any
more questions.

Whose Son Is the Messiah?

41 Then Jesus said to them, "Why is it said that the
Messiah is the son of David? 42 David himself declares
in the Book of Psalms:

" 'The Lord said to my Lord:
"Sit at my right hand
43 until I make your enemies
a footstool for your feet." '

44 David calls him 'Lord.' How then can he be his son?"

Warning Against the Teachers of the Law

45 While all the people were listening, Jesus said to
his disciples, 46 "Beware of the teachers of the law.
They like to walk around in flowing robes and love to
be greeted with respect in the marketplaces and have
the most important seats in the synagogues and the
places of honor at banquets. 47 They devour widows'
houses and for a show make lengthy prayers. These
men will be punished most severely."

The Widow's Offering

21 1 As Jesus looked up, he saw the rich putting
their gifts into the temple treasury. 2 He also
saw a poor widow put in two very small copper coins.
3 "Truly I tell you," he said, "this poor widow has put in
more than all the others. 4 All these people gave their
gifts out of their wealth; but she out of her poverty
put in all she had to live on."

The Destruction of the Temple and Signs of the End Times

5 Some of his disciples were remarking about how
the temple was adorned with beautiful stones and
with gifts dedicated to God. But Jesus said, 6 "As for
what you see here, the time will come when not one
stone will be left on another; every one of them will
be thrown down."

7 "Teacher," they asked, "when will these things
happen? And what will be the sign that they are about
to take place?"

8 He replied: "Watch out that you are not deceived.
For many will come in my name, claiming, 'I am he,'
and, 'The time is near.' Do not follow them. 9 When
you hear of wars and uprisings, do not be frightened.
These things must happen first, but the end will not
come right away."

squ'il est question du buisson ardent : en effet, il appe
le Seigneur *le Dieu d'Abraham, le Dieu d'Isaac et le Dieu*
Jacob. 38 Or, Dieu n'est pas le Dieu des morts, mais le D
des vivants ; c'est donc bien que, pour lui, les patriarc
sont tous les trois vivants.

39 Là-dessus, quelques spécialistes de la Loi prirent
parole : Tu as bien répondu, Maître.
40 Car ils n'osaient plus lui poser de questions.

Controverse sur l'identité du Messie

(Mt 22.41-46 ; Mc 12.35-37)

41 Jésus les interrogea à son tour : Comment se fait-il q
l'on dise que le Messie doit être un descendant de Davi
42 Car David lui-même déclare dans le livre des Psaum

Le Seigneur a dit à mon Seigneur :
Viens siéger à ma droite[x]
43 *jusqu'à ce que j'aie mis tes ennemis à terre sous tes pied*

44 David appelle le Messie son Seigneur : comment cel
ci peut-il être son descendant ?

La condamnation des spécialistes de la Loi

(Mt 23.6 ; Mc 12.38-40)

45 Tandis que la foule l'écoutait, il dit à ses disciple
46 Gardez-vous des spécialistes de la Loi qui aiment à p
rader en costume de cérémonie, qui affectionnent qu'
les salue sur les places publiques, qui veulent les siè
d'honneur dans les synagogues et les meilleures plac
dans les banquets. 47 Ils dépouillent les veuves de leu
biens tout en faisant de longues prières pour l'apparen
Leur condamnation n'en sera que plus sévère.

La vraie générosité

(Mc 12.41-44)

21 1 En regardant autour de lui, Jésus vit des rich
qui mettaient leurs dons dans le tronc. 2 Il aperç
aussi une pauvre veuve qui y glissait deux petites pièc
3 Il dit alors : En vérité, je vous l'assure, cette pauvre veu
a donné bien plus que tous les autres, 4 car tous ces gens o
seulement donné de leur superflu. Mais elle, elle a pris s
son nécessaire, et a donné tout ce qu'elle avait pour viv

De la destruction de Jérusalem à la venue du Fils de l'homme

(Mt 24.1-8 ; Mc 13.1-8)

5 Certains disaient du Temple : « Avec ses belles pierres
les beaux objets déposés en offrandes, il est magnifique
Jésus leur dit : 6 Il viendra un temps où tout ce que vo
regardez sera détruit ; pas une pierre ne restera sur u
autre.

7 – Maître, lui demandèrent-ils alors, quand cela se pr
duira-t-il et à quel signe reconnaîtra-t-on que tous c
événements devront avoir lieu ?

8 Jésus leur dit : Faites attention, ne vous laissez pas i
duire en erreur. Car plusieurs viendront sous mon nom e
disant : « C'est moi le Messie ! » ou encore : « Le temps e
venu ! » Ne les suivez pas ! 9 Quand vous entendrez parl
de guerres et de soulèvements, ne vous effrayez pas. C
tout cela doit arriver d'abord ; mais la fin ne viendra p
aussitôt après.

x **20.42** La droite du roi est la place d'honneur (Ps 45.10 ; 1 R 2.19).

[10]Then he said to them: "Nation will rise against
ation, and kingdom against kingdom. [11]There will
e great earthquakes, famines and pestilences in var-
ous places, and fearful events and great signs from
eaven.

[12]"But before all this, they will seize you and perse-
ute you. They will hand you over to synagogues and
ut you in prison, and you will be brought before kings
nd governors, and all on account of my name. [13]And
you will bear testimony to me. [14]But make up your
ind not to worry beforehand how you will defend
ourselves. [15]For I will give you words and wisdom
at none of your adversaries will be able to resist or
ontradict. [16]You will be betrayed even by parents,
rothers and sisters, relatives and friends, and they
ill put some of you to death. [17]Everyone will hate
ou because of me. [18]But not a hair of your head will
erish. [19]Stand firm, and you will win life.

[20]"When you see Jerusalem being surrounded by
rmies, you will know that its desolation is near.
Then let those who are in Judea flee to the moun-
ins, let those in the city get out, and let those in the
ountry not enter the city. [22]For this is the time of
unishment in fulfillment of all that has been written.
How dreadful it will be in those days for pregnant
omen and nursing mothers! There will be great dis-
ess in the land and wrath against this people. [24]They
ill fall by the sword and will be taken as prisoners to
l the nations. Jerusalem will be trampled on by the
entiles until the times of the Gentiles are fulfilled.

[25]"There will be signs in the sun, moon and stars.
n the earth, nations will be in anguish and perplex-
y at the roaring and tossing of the sea. [26]People will
int from terror, apprehensive of what is coming on
e world, for the heavenly bodies will be shaken.
At that time they will see the Son of Man coming
a cloud with power and great glory. [28]When these
ings begin to take place, stand up and lift up your
eads, because your redemption is drawing near."

[29]He told them this parable: "Look at the fig tree and
l the trees. [30]When they sprout leaves, you can see
r yourselves and know that summer is near. [31]Even
, when you see these things happening, you know
at the kingdom of God is near.
[32]"Truly I tell you, this generation will certainly
ot pass away until all these things have happened.
Heaven and earth will pass away, but my words will
ever pass away.
[34]"Be careful, or your hearts will be weighed down
ith carousing, drunkenness and the anxieties of life,

[10]Puis il ajouta : *On verra se dresser une nation contre une*
nation, un royaume contre un autre. [11]Il y aura de grands
tremblements de terre et, en divers lieux, des famines
et des épidémies séviront ; des phénomènes terrifiants
se produiront et, dans le ciel, des signes extraordinaires
apparaîtront.

(Mt 10.17-22 ; Mc 13.9-13)

[12]Mais, auparavant, on se saisira de vous, on vous
persécutera, on vous traduira devant les synagogues et
vous serez jetés en prison. A cause de moi, vous serez
traînés devant des rois et des gouverneurs. [13]Ces choses
vous arriveront pour vous donner l'occasion d'apporter
un témoignage.
[14]Ayez donc cette ferme conviction : vous n'aurez pas
à vous préoccuper de votre défense. [15]C'est moi, en effet,
qui vous donnerai des paroles qu'aucun de vos adversaires
ne pourra réfuter, et une sagesse à laquelle personne ne
pourra résister. [16]Vous serez livrés même par vos parents,
vos frères, vos proches et vos amis, qui feront mettre à
mort plusieurs d'entre vous. [17]Tout le monde vous haïra
à cause de moi. [18]Mais pas un seul cheveu de votre tête
ne se perdra. [19]En tenant bon, vous parviendrez au salut.

(Mt 24.15-21 ; Mc 13.14-19)

[20]Quand vous verrez des armées ennemies encercler
Jérusalem, sachez que sa destruction est imminente.
[21]Alors, que les habitants de la Judée s'enfuient dans les
montagnes. Que ceux qui se trouveront dans Jérusalem
s'empressent d'en sortir. Que ceux qui seront dans les
champs ne rentrent pas dans la ville ! [22]Ces jours-là, en
effet, seront des jours de châtiment où tout ce que disent
les Ecritures s'accomplira.
[23]Malheur, en ces jours-là, aux femmes enceintes et à
celles qui allaitent ! Car ce pays connaîtra une terrible
épreuve et le jugement s'abattra sur ce peuple. [24]Ses habitants seront passés au fil de l'épée ou déportés dans tous
les pays étrangers, et Jérusalem sera foulée aux pieds par
les peuples étrangers jusqu'à ce que leur temps soit révolu.

(Mt 24.29-35 ; Mc 13.24-31)

[25]Il y aura des signes extraordinaires dans le soleil,
la lune et les étoiles. Sur la terre, les peuples seront
paralysés de frayeur devant le fracas d'une mer démontée.
[26]Plusieurs mourront de peur dans l'appréhension des
malheurs qui frapperont le monde entier, car les puissances célestes seront ébranlées. [27]Alors on verra *le Fils*
de l'homme venir sur les nuées avec beaucoup de puissance
et de gloire.
[28]Quand ces événements commenceront à se produire,
levez la tête et prenez courage, car alors votre délivrance
sera proche.
[29]Il ajouta cet exemple : Prenez le figuier, ou n'importe
quel autre arbre. [30]Il vous suffit de voir que les bourgeons
commencent à pousser, et vous savez que l'été est proche.
[31]De même, quand vous verrez ces événements se produire,
sachez que le royaume de Dieu est proche. [32]Vraiment, je
vous assure que cette génération-ci ne passera pas jusqu'à
ce que tout vienne à se réaliser. [33]Le ciel et la terre passeront, mais mes paroles ne passeront jamais.

[34]Prenez garde à vous-mêmes pour que vos esprits ne
s'alourdissent pas à force de trop bien manger, de trop

and that day will close on you suddenly like a trap. 35For it will come on all those who live on the face of the whole earth. 36Be always on the watch, and pray that you may be able to escape all that is about to happen, and that you may be able to stand before the Son of Man."

37Each day Jesus was teaching at the temple, and each evening he went out to spend the night on the hill called the Mount of Olives, 38and all the people came early in the morning to hear him at the temple.

Judas Agrees to Betray Jesus

22 1Now the Festival of Unleavened Bread, called the Passover, was approaching, 2and the chief priests and the teachers of the law were looking for some way to get rid of Jesus, for they were afraid of the people. 3Then Satan entered Judas, called Iscariot, one of the Twelve. 4And Judas went to the chief priests and the officers of the temple guard and discussed with them how he might betray Jesus. 5They were delighted and agreed to give him money. 6He consented, and watched for an opportunity to hand Jesus over to them when no crowd was present.

The Last Supper

7Then came the day of Unleavened Bread on which the Passover lamb had to be sacrificed. 8Jesus sent Peter and John, saying, "Go and make preparations for us to eat the Passover."

9"Where do you want us to prepare for it?" they asked.

10He replied, "As you enter the city, a man carrying a jar of water will meet you. Follow him to the house that he enters, 11and say to the owner of the house, 'The Teacher asks: Where is the guest room, where I may eat the Passover with my disciples?' 12He will show you a large room upstairs, all furnished. Make preparations there."

13They left and found things just as Jesus had told them. So they prepared the Passover.

14When the hour came, Jesus and his apostles reclined at the table. 15And he said to them, "I have eagerly desired to eat this Passover with you before I suffer. 16For I tell you, I will not eat it again until it finds fulfillment in the kingdom of God."

17After taking the cup, he gave thanks and said, "Take this and divide it among you. 18For I tell you I will not drink again from the fruit of the vine until the kingdom of God comes."

boire et de vous tracasser pour les choses de la vie, sinon c
grand jour vous surprendra tout à coup. 35Car il s'abattr
comme un filet[y] sur tous les habitants de la terre. 36Reste
sur vos gardes et priez sans relâche que Dieu vous donr
la force d'échapper à tout ce qui doit arriver et de vou
présenter debout devant le Fils de l'homme.

37Jésus passait ses journées à enseigner dans la cou
du Temple ; ensuite, il sortait de la ville et passait la nu
sur la colline appelée « mont des Oliviers ». 38Dès le poir
du jour, tout le peuple affluait vers lui, dans la cour d
Temple, pour l'écouter.

À JÉRUSALEM : MORT ET RÉSURRECTION DE JÉSUS

La trahison

(Mt 26.1-5, 14-16 ; Mc 14.1-2, 10-11 ; Jn 11.47-53)

22 1On était à quelques jours de la fête « des Pair
sans levain », appelée la Pâque. 2Les chefs de
prêtres et les spécialistes de la Loi cherchaient un moye
de supprimer Jésus, mais ils avaient peur de la réactio
du peuple.

3C'est alors que Satan entra dans le cœur de Juda
surnommé l'Iscariot, l'un des Douze. 4Judas alla trouve
les chefs des prêtres et les officiers de la garde du Templ
pour s'entendre avec eux sur la manière dont il leur livre
rait Jésus. 5Ils en furent tout réjouis et convinrent de lu
donner de l'argent. 6Il accepta et, dès lors, il chercha un
occasion favorable pour leur livrer Jésus à l'insu de la foul

Jésus célèbre la Pâque avec ses disciples

(Mt 26.17-19 ; Mc 14.12-16)

7Le jour de la fête des Pains sans levain, où l'on deva
tuer l'agneau de la Pâque, arriva. 8Jésus envoya Pierre e
Jean en leur disant : Allez nous préparer le repas de l
Pâque.

9– Où veux-tu que nous le préparions ? lu
demandèrent-ils.

10– Eh bien, quand vous entrerez dans la ville, vous ren
contrerez un homme portant une cruche d'eau. Suivez-l
jusqu'à la maison où il entrera. 11Et voici comment vou
parlerez au maître de maison : « Le Maître te fait dire : O
est la pièce où je prendrai le repas de la Pâque avec me
disciples ? » 12Alors il vous montrera, à l'étage supérieu
une grande pièce aménagée ; c'est là que vous ferez le
préparatifs.

13Ils partirent donc, trouvèrent tout comme Jésus le leu
avait dit et préparèrent le repas de la Pâque.

(Mt 26.26-29 ; Mc 14.22-25 ; voir 1 Co 11.23-25)

14Quand ce fut l'heure, Jésus se mit à table, avec le
apôtres. 15Il leur dit : J'ai vivement désiré célébrer cett
Pâque avec vous avant de souffrir. 16En effet, je vous l
déclare, je ne la mangerai plus jusqu'au jour où tout c
qu'elle signifie sera accompli dans le royaume de Dieu.

17Puis il prit une coupe, prononça la prière de reconnais
sance et dit : Prenez cette coupe et partagez-la entre vous
18car, je vous le déclare : dorénavant, je ne boirai plus d
fruit de la vigne jusqu'à ce que le royaume de Dieu vienne

y **21.35** Certains manuscrits ont : *vous surprendra tout à coup,* 35 *comme un filet. Il s'abattra…*

z **22.4** Il s'agit des gardes chargés de la police du Temple (voir v. 52).

19And he took bread, gave thanks and broke it, and
ave it to them, saying, "This is my body given for you;
o this in remembrance of me."
20In the same way, after the supper he took the cup,
aying, "This cup is the new covenant in my blood,
hich is poured out for you.[y] 21But the hand of him
ho is going to betray me is with mine on the table.
The Son of Man will go as it has been decreed. But
oe to that man who betrays him!" 23They began to
uestion among themselves which of them it might
e who would do this.

24A dispute also arose among them as to which of
em was considered to be greatest. 25Jesus said to
em, "The kings of the Gentiles lord it over them; and
ose who exercise authority over them call themelves Benefactors. 26But you are not to be like that.
nstead, the greatest among you should be like the
oungest, and the one who rules like the one who
erves. 27For who is greater, the one who is at the table
r the one who serves? Is it not the one who is at the
able? But I am among you as one who serves. 28You
re those who have stood by me in my trials. 29And I
onfer on you a kingdom, just as my Father conferred
ne on me, 30so that you may eat and drink at my
able in my kingdom and sit on thrones, judging the
welve tribes of Israel.

31"Simon, Simon, Satan has asked to sift all of you as
vheat. 32But I have prayed for you, Simon, that your
aith may not fail. And when you have turned back,
trengthen your brothers."

33But he replied, "Lord, I am ready to go with you
o prison and to death."
34Jesus answered, "I tell you, Peter, before the roost-
r crows today, you will deny three times that you
now me."

35Then Jesus asked them, "When I sent you without
urse, bag or sandals, did you lack anything?"
"Nothing," they answered.

36He said to them, "But now if you have a purse,
ake it, and also a bag; and if you don't have a sword,
ell your cloak and buy one. 37It is written: 'And he
vas numbered with the transgressors'; and I tell you
hat this must be fulfilled in me. Yes, what is written
bout me is reaching its fulfillment."

22:19,20 Some manuscripts do not have *given for you ... poured out*
or you.

19Ensuite il prit du pain, remercia Dieu, le partagea en
morceaux qu'il leur donna en disant : Ceci est mon corps
[qui est donné pour vous. Faites cela en souvenir de moi.
20Après le repas, il fit de même pour la coupe, en disant :
Ceci est la coupe de la nouvelle alliance conclue par mon
sang qui va être versé pour vous ...[a]].

(*Mt 26.20-25 ; Mc 14.17-21*)

21D'ailleurs, voici, celui qui va me trahir est ici, à table
avec moi. 22Certes, le Fils de l'homme s'en va selon ce que
Dieu a décidé, mais malheur à l'homme par qui il est trahi !
23Alors les disciples se demandèrent les uns aux autres
lequel d'entre eux allait faire cela.

Grandeur et service

(*Mt 20.25-28 ; Mc 10.42-45*)

24Les disciples eurent une vive discussion : il s'agissait
de savoir lequel d'entre eux devait être considéré comme
le plus grand.
25Jésus intervint : Les rois des nations, dit-il, dominent
leurs peuples, et ceux qui exercent l'autorité sur elles se
font appeler leurs « bienfaiteurs[b] ». 26Il ne faut pas que
vous agissiez ainsi. Au contraire, que le plus grand parmi
vous soit comme le plus jeune, et que celui qui gouverne
soit comme le serviteur. 27A votre avis, qui est le plus
grand ? Celui qui est assis à table, ou celui qui sert ? N'est-
ce pas celui qui est assis à table ? Eh bien, moi, au milieu
de vous, je suis comme le serviteur ...

(*Mt 19.28*)

28Vous êtes restés fidèlement avec moi au cours de mes
épreuves. 29C'est pourquoi, comme mon Père m'a donné le
royaume, je vous le donne, à mon tour : 30vous mangerez et
vous boirez à ma table, dans mon royaume, et vous siégerez
sur des trônes pour gouverner les douze tribus d'Israël.

Jésus annonce le reniement de Pierre

(*Mt 26.31-35 ; Mc 14.27-31 ; Jn 13.36-38*)

31Simon, Simon ! fais attention : Satan vous a réclamés
pour vous passer tous au crible, comme on secoue le blé
pour le séparer de la bale. 32Mais moi, j'ai prié pour toi,
pour que la foi ne vienne pas à te manquer. Et toi, le jour
où tu seras revenu à moi, fortifie tes frères.
33– Seigneur, lui dit Simon, je suis prêt, s'il le faut, à aller
en prison avec toi, ou même à mourir !
34– Pierre, reprit Jésus, je te l'assure : aujourd'hui même,
avant que le coq chante, tu auras, par trois fois, nié de
me connaître.

Sur le mont des Oliviers

35Puis, s'adressant à l'ensemble des disciples, il continua : Quand je vous ai envoyés sans bourse, ni sac de
voyage, ni sandales, avez-vous manqué de quoi que ce soit ?
– De rien, dirent-ils.
36– Eh bien maintenant, poursuivit-il, si vous avez une
bourse, prenez-la ; de même, si vous avez un sac, prenez-le,
et si vous n'avez pas d'épée, vendez votre manteau pour
en acheter une. 37Car il est écrit : *Il a été mis au nombre des*
criminels, et cette parole doit s'accomplir pour moi. Car
tout ce qui a été écrit de moi va s'accomplir.

a 22.20 Les mots entre crochets sont absents de certains manuscrits.
b 22.25 Le titre de *bienfaiteur* (grec : *Evergète*) était porté par divers rois
de l'Antiquité.

38 The disciples said, "See, Lord, here are two
swords."
"That's enough!" he replied.

Jesus Prays on the Mount of Olives

39 Jesus went out as usual to the Mount of Olives, and
his disciples followed him. 40 On reaching the place, he
said to them, "Pray that you will not fall into temptation." 41 He withdrew about a stone's throw beyond
them, knelt down and prayed, 42 "Father, if you are
willing, take this cup from me; yet not my will, but
yours be done." 43 An angel from heaven appeared to
him and strengthened him. 44 And being in anguish,
he prayed more earnestly, and his sweat was like
drops of blood falling to the ground.[w]

45 When he rose from prayer and went back to the
disciples, he found them asleep, exhausted from sorrow. 46 "Why are you sleeping?" he asked them. "Get
up and pray so that you will not fall into temptation."

Jesus Arrested

47 While he was still speaking a crowd came up, and
the man who was called Judas, one of the Twelve, was
leading them. He approached Jesus to kiss him, 48 but
Jesus asked him, "Judas, are you betraying the Son of
Man with a kiss?"
49 When Jesus' followers saw what was going to
happen, they said, "Lord, should we strike with our
swords?" 50 And one of them struck the servant of the
high priest, cutting off his right ear.
51 But Jesus answered, "No more of this!" And he
touched the man's ear and healed him.
52 Then Jesus said to the chief priests, the officers of
the temple guard, and the elders, who had come for
him, "Am I leading a rebellion, that you have come
with swords and clubs? 53 Every day I was with you in
the temple courts, and you did not lay a hand on me.
But this is your hour – when darkness reigns."

Peter Disowns Jesus

54 Then seizing him, they led him away and took him
into the house of the high priest. Peter followed at a
distance. 55 And when some there had kindled a fire
in the middle of the courtyard and had sat down together, Peter sat down with them. 56 A servant girl saw
him seated there in the firelight. She looked closely at
him and said, "This man was with him."

[w] **22:43,44** Many early manuscripts do not have verses 43 and 44.

38 – Seigneur, lui dirent-ils, voilà justement deux épée
– Cela suffit ! leur répondit-il.

(Mt 26.36-45 ; Mc 14.32-41)

39 Alors il sortit et se dirigea, comme d'habitude, ve
le mont des Oliviers. Ses disciples s'y rendirent aussi ave
lui. 40 Quand il fut arrivé, il leur dit : Priez pour ne pa
céder à la tentation[c].
41 Puis il se retira à la distance d'un jet de pierre, se m
à genoux et pria ainsi : 42 O Père, si tu le veux, écarte d
moi cette coupe[d] ! Toutefois, que ta volonté soit faite, e
non la mienne.
[43 Un ange venu du ciel lui apparut et le fortifi
44 L'angoisse le saisit, sa prière se fit de plus en plus pres
sante, sa sueur devint comme des gouttes de sang qu
tombaient à terre[e].]
45 Après avoir ainsi prié, il se releva et s'approcha de se
disciples. Il les trouva endormis, tant ils étaient accablé
de tristesse.
46 – Pourquoi dormez-vous ? leur dit-il. Debout ! Et prie
pour ne pas céder à la tentation[f].

L'arrestation de Jésus

(Mt 26.47-55 ; Mc 14.43-49 ; Jn 18.2-11)

47 Il n'avait pas fini de parler, quand toute une troup
surgit. A sa tête marchait le nommé Judas, l'un des Douz
Il s'approcha de Jésus pour l'embrasser. 48 Mais Jésus lui dit
Judas, c'est par un baiser que tu trahis le Fils de l'homme
49 En voyant ce qui allait se passer, les compagnons d
Jésus lui demandèrent : Maître, devons-nous frapper ave
nos épées ?
50 Et, immédiatement, l'un d'eux frappa le serviteur d
grand-prêtre et lui emporta l'oreille droite. 51 Mais Jésu
les retint en disant : Laissez faire, même ceci[g] !
Puis il toucha l'oreille du blessé et le guérit. 52 Il se tour
na ensuite vers les chefs des prêtres, les chefs des garde
du Temple et les responsables du peuple qui avaient ac
compagné cette troupe pour le prendre.
– Me prenez-vous pour un bandit pour que vous soye
venus avec épées et gourdins ? 53 J'étais chaque jour ave
vous dans la cour du Temple, et personne n'a mis la mai
sur moi ; mais maintenant c'est votre heure et les ténèbre
vont exercer leur pouvoir.

Pierre renie son Maître

(Mt 26.57-58 ; Mc 14.53-54 ; Jn 18.15-16)

54 Alors ils se saisirent de lui et le conduisirent dans l
palais du grand-prêtre. Pierre suivait à distance. 55 Au mi
lieu de la cour, on avait allumé un feu et les gens étaien
assis autour. Pierre s'assit au milieu du groupe.

(Mt 26.69-75 ; Mc 14.66-72 ; Jn 18.17-18, 25-27)

56 Une servante, en le voyant là près du feu, l'observa
la clarté de la flamme et dit : En voilà un qui était auss
avec lui.

[c] **22.40** Autre traduction : *pour ne pas entrer en tentation.*
[d] **22.42** Voir note Mt 26.39.
[e] **22.44** Les mots entre crochets sont absents de certains manuscrits.
[f] **22.46** Voir 22.40 et note.
[g] **22.51** Autre traduction : *laissez, tenez-vous-en là.*

57 But he denied it. “Woman, I don’t know him,” he
id.
58 A little later someone else saw him and said, “You
so are one of them.”
“Man, I am not!” Peter replied.
59 About an hour later another asserted, “Certainly
is fellow was with him, for he is a Galilean.”
60 Peter replied, “Man, I don’t know what you’re
lking about!” Just as he was speaking, the roost-
crowed. 61 The Lord turned and looked straight at
ter. Then Peter remembered the word the Lord had
oken to him: “Before the rooster crows today, you
ll disown me three times.” 62 And he went outside
d wept bitterly.

e Guards Mock Jesus

63 The men who were guarding Jesus began mocking
d beating him. 64 They blindfolded him and demand-
, “Prophesy! Who hit you?” 65 And they said many
her insulting things to him.

sus Before Pilate and Herod

66 At daybreak the council of the elders of the peo-
e, both the chief priests and the teachers of the law,
et together, and Jesus was led before them. 67 “If you
e the Messiah,” they said, “tell us.”
Jesus answered, “If I tell you, you will not believe
e, 68 and if I asked you, you would not answer. 69 But
om now on, the Son of Man will be seated at the
ght hand of the mighty God.”
70 They all asked, “Are you then the Son of God?”
He replied, “You say that I am.”
71 Then they said, “Why do we need any more testi-
ony? We have heard it from his own lips.”

23 1 Then the whole assembly rose and led him
off to Pilate. 2 And they began to accuse him,
ying, “We have found this man subverting our
ation. He opposes payment of taxes to Caesar and
aims to be Messiah, a king.”
3 So Pilate asked Jesus, “Are you the king of the
ws?”
“You have said so,” Jesus replied.
4 Then Pilate announced to the chief priests and the
owd, “I find no basis for a charge against this man.”
5 But they insisted, “He stirs up the people all over
dea by his teaching. He started in Galilee and has
me all the way here.”
6 On hearing this, Pilate asked if the man was a
alilean. 7 When he learned that Jesus was under
erod’s jurisdiction, he sent him to Herod, who was
so in Jerusalem at that time.
8 When Herod saw Jesus, he was greatly pleased, be-
use for a long time he had been wanting to see him.

57 Mais Pierre le nia en disant : Mais non, je ne connais
pas cet homme.
58 Peu après, quelqu’un d’autre, en apercevant Pierre,
l’interpella : Toi aussi, tu fais partie de ces gens !
– Mais non, déclara Pierre, je n’en suis pas !
59 Environ une heure plus tard, un autre encore soutint
avec insistance : C’est sûr, cet homme-là était aussi avec
lui ! D’ailleurs, c’est un Galiléen !
60 – Mais non, je ne sais pas ce que tu veux dire, s’écria
Pierre.
Au même instant, alors qu’il était encore en train de
parler, le coq se mit à chanter. 61 Le Seigneur se retourna
et posa son regard sur Pierre. Alors Pierre se souvint de
ce que le Seigneur lui avait dit : « Avant que le coq chante
aujourd’hui, tu m’auras renié trois fois ! » 62 Il se glissa
dehors et se mit à pleurer amèrement.

(Mt 26.67-68 ; Mc 14.65)

63 Les hommes qui gardaient Jésus se moquaient de lui
et le frappaient. 64 Ils lui couvraient le visage et criaient :
Hé ! Fais le prophète ! Dis-nous qui te frappe !
65 Et ils l’accablaient d’injures.

Jésus devant le Grand-Conseil

(Mt 26.59-65 ; 27.1 ; Mc 14.55-64 ; 15.1 ; Jn 18.19-24)

66 Dès le point du jour, les responsables du peuple, les
chefs des prêtres et les spécialistes de la Loi se réunirent et firent amener Jésus devant leur Grand-Conseil.
67 L’interrogatoire commença : Si tu es le Messie,
déclare-le-nous.
Jésus leur dit : Si je vous réponds, vous ne croirez pas,
68 et si je vous pose des questions, vous ne me répondrez
pas. 69 Mais à partir de maintenant, *le Fils de l’homme siégera
à la droite du Dieu tout-puissant.*
70 Alors ils se mirent à crier tous ensemble : Tu es donc
le Fils de Dieu !
– Vous dites vous-mêmes que je le suis, répondit Jésus.
71 Là-dessus ils s’écrièrent : Qu’avons-nous encore besoin
de témoignages ? Nous venons de l’entendre nous-mêmes
de sa bouche.

Jésus devant Pilate et Hérode

(Mt 27.2, 11-14 ; Mc 15.1-5 ; Jn 18.28-38)

23 1 Toute l’assemblée se leva et l’emmena devant
Pilate. 2 Là, ils se mirent à l’accuser : Nous avons
trouvé cet homme en train de jeter le trouble parmi notre peuple : il interdit de payer l’impôt à l’empereur et il
déclare qu’il est le Messie, le roi !
3 Alors Pilate l’interrogea : Es-tu le roi des Juifs ? lui
demanda-t-il.
– Tu le dis toi-même, lui répondit Jésus.
4 Pilate dit alors aux chefs des prêtres et aux gens rassemblés : Je ne trouve chez cet homme aucune raison de
le condamner.
5 Mais ils insistaient de plus en plus, disant : Il soulève
le peuple avec ses idées ! Il a endoctriné toute la Judée ! Il
a commencé en Galilée et il est venu jusqu’ici.
6 Quand Pilate entendit parler de la Galilée, il demanda si
cet homme était galiléen. 7 Apprenant qu’il relevait bien de
la juridiction d’Hérode, il l’envoya à ce dernier qui, justement, se trouvait lui aussi à Jérusalem durant ces jours-là.
8 Hérode fut ravi de voir Jésus car, depuis longtemps, il
désirait faire sa connaissance, parce qu’il avait entendu

From what he had heard about him, he hoped to see
him perform a sign of some sort. 9 He plied him with
many questions, but Jesus gave him no answer. 10 The
chief priests and the teachers of the law were standing
there, vehemently accusing him. 11 Then Herod and his
soldiers ridiculed and mocked him. Dressing him in
an elegant robe, they sent him back to Pilate. 12 That
day Herod and Pilate became friends – before this they
had been enemies.

13 Pilate called together the chief priests, the rulers
and the people, 14 and said to them, "You brought me
this man as one who was inciting the people to rebellion. I have examined him in your presence and have
found no basis for your charges against him. 15 Neither
has Herod, for he sent him back to us; as you can see,
he has done nothing to deserve death. 16 Therefore, I
will punish him and then release him." 17 [17][x]

18 But the whole crowd shouted, "Away with this
man! Release Barabbas to us!" 19 (Barabbas had been
thrown into prison for an insurrection in the city,
and for murder.)

20 Wanting to release Jesus, Pilate appealed to them
again. 21 But they kept shouting, "Crucify him! Crucify
him!"

22 For the third time he spoke to them: "Why? What
crime has this man committed? I have found in him
no grounds for the death penalty. Therefore I will have
him punished and then release him."

23 But with loud shouts they insistently demanded
that he be crucified, and their shouts prevailed. 24 So
Pilate decided to grant their demand. 25 He released
the man who had been thrown into prison for insurrection and murder, the one they asked for, and
surrendered Jesus to their will.

The Crucifixion of Jesus

26 As the soldiers led him away, they seized Simon
from Cyrene, who was on his way in from the country, and put the cross on him and made him carry it
behind Jesus. 27 A large number of people followed
him, including women who mourned and wailed for
him. 28 Jesus turned and said to them, "Daughters of
Jerusalem, do not weep for me; weep for yourselves
and for your children. 29 For the time will come when
you will say, 'Blessed are the childless women, the
wombs that never bore and the breasts that never
nursed!' 30 Then

" 'they will say to the mountains, "Fall on us!"
and to the hills, "Cover us!" '

31 For if people do these things when the tree is green,
what will happen when it is dry?"

[x] **23:17** Some manuscripts include here words similar to Matt. 27:15 and Mark 15:6.

parler de lui, et il espérait lui voir faire quelque signe m
raculeux. 9 Il lui posa de nombreuses questions, mais Jés
ne lui répondit pas un mot.

10 Pendant ce temps, les chefs des prêtres et les sp
cialistes de la Loi se tenaient là debout, lançant, av
passion, de graves accusations contre lui. 11 Alors Héro
le traita avec mépris, ses soldats en firent autant, et i
se moquèrent de lui, en le revêtant d'un manteau ma
nifique. Hérode le fit reconduire ainsi chez Pilate. 12 Héro
et Pilate, qui jusqu'alors avaient été ennemis, devinre
amis ce jour-là.

Jésus condamné à mort

(Mt 27.15-26 ; Mc 15.6-15 ; Jn 18.39-40 ; 19.4-16)

13 Pilate convoqua les chefs des prêtres, les dirigean
et le peuple. Il leur dit : 14 Vous m'avez amené cet homn
en l'accusant d'égarer le peuple. Or, je l'ai interrogé mo
même devant vous, et je ne l'ai trouvé coupable d'aucu
des crimes dont vous l'accusez. 15 Hérode non plus, d'a
leurs, puisqu'il nous l'a renvoyé. Cet homme n'a rien fa
qui mérite la mort. 16 Je vais donc lui faire donner le fou
et le relâcher.

[17 A chaque fête, Pilate devait leur accorder la libératio
d'un prisonnier[h].]

18 Mais la foule entière se mit à crier : A mort ! Relâc
Barabbas !

19 Ce Barabbas avait été mis en prison pour une émeu
qui avait eu lieu dans la ville et pour un meurtre.

20 Mais Pilate, qui désirait relâcher Jésus, adressa de no
veau la parole à la foule, 21 qui se mit à crier : Crucifie-le
Crucifie-le !

22 – Mais enfin, leur demanda-t-il pour la troisième fo
qu'a-t-il fait de mal ? Je n'ai trouvé en lui aucune raison
le condamner à mort. Je vais donc lui faire donner le fou
puis le remettre en liberté.

23 Mais ils devinrent de plus en plus pressants et e
igèrent à grands cris sa crucifixion. Finalement, leurs cr
l'emportèrent.

24 Pilate décida alors de satisfaire à leur demande. 25
relâcha donc celui qu'ils réclamaient, celui qui avait é
emprisonné pour une émeute et pour un meurtre, et le
livra Jésus pour qu'ils fassent de lui ce qu'ils voulaient.

La mort de Jésus

(Mt 27.32-44 ; Mc 15.21-32 ; Jn 19.17-22)

26 Pendant qu'ils l'emmenaient, ils se saisirent d'u
certain Simon de Cyrène[i], qui revenait des champs,
l'obligèrent à porter la croix derrière Jésus. 27 Une fou
de gens du peuple le suivait. Il y avait aussi beaucoup
femmes en larmes, qui se lamentaient à cause de lui. 28 S
tournant vers elles, il leur dit : Femmes de Jérusaler
ne pleurez pas à cause de moi ! Pleurez plutôt à cau
de vous-mêmes et de vos enfants 29 car, sachez-le, d
jours viennent où l'on dira : « Heureuses les femmes q
ne peuvent pas avoir d'enfant et celles qui n'en ont j
mais eu et qui n'ont jamais allaité. » 30 Alors on se mett
à dire *aux montagnes : « Tombez sur nous ! » et aux colline*
« Recouvrez-nous! » 31 Car si l'on traite ainsi le bois ver
qu'adviendra-t-il du bois mort ?

[h] **23.17** Ce verset est absent de plusieurs manuscrits. Voir Mt 27.15 ; Mc 15.6.

[i] **23.26** Capitale de la Cyrénaïque située en Afrique du Nord.

32 Two other men, both criminals, were also led out
ith him to be executed. 33 When they came to the
ace called the Skull, they crucified him there, along
ith the criminals – one on his right, the other on his
ft. 34 Jesus said, "Father, forgive them, for they do not
ıow what they are doing."[y] And they divided up his
othes by casting lots.
35 The people stood watching, and the rulers even
neered at him. They said, "He saved others; let him
ve himself if he is God's Messiah, the Chosen One."

36 The soldiers also came up and mocked him. They
fered him wine vinegar 37 and said, "If you are the
ng of the Jews, save yourself."
38 There was a written notice above him, which read:
this is the king of the jews.
39 One of the criminals who hung there hurled in-
ılts at him: "Aren't you the Messiah? Save yourself
ıd us!"
40 But the other criminal rebuked him. "Don't you
ar God," he said, "since you are under the same
entence? 41 We are punished justly, for we are get-
ng what our deeds deserve. But this man has done
othing wrong."
42 Then he said, "Jesus, remember me when you
ome into your kingdom.[z]"
43 Jesus answered him, "Truly I tell you, today you
ill be with me in paradise."

he Death of Jesus

44 It was now about noon, and darkness came over
ıe whole land until three in the afternoon, 45 for the
ın stopped shining. And the curtain of the temple
as torn in two. 46 Jesus called out with a loud voice,
Father, into your hands I commit my spirit." When
e had said this, he breathed his last.
47 The centurion, seeing what had happened, praised
od and said, "Surely this was a righteous man."
When all the people who had gathered to witness
ıis sight saw what took place, they beat their breasts
nd went away. 49 But all those who knew him, includ-
ıg the women who had followed him from Galilee,
ood at a distance, watching these things.

he Burial of Jesus

50 Now there was a man named Joseph, a member of
ıe Council, a good and upright man, 51 who had not
onsented to their decision and action. He came from
ıe Judean town of Arimathea, and he himself was
aiting for the kingdom of God. 52 Going to Pilate, he
sked for Jesus' body. 53 Then he took it down, wrapped
in linen cloth and placed it in a tomb cut in the
ock, one in which no one had yet been laid. 54 It was
reparation Day, and the Sabbath was about to begin.
55 The women who had come with Jesus from Galilee
ollowed Joseph and saw the tomb and how his body

23:34 Some early manuscripts do not have this sentence.
23:42 Some manuscripts *come with your kingly power*

32 Avec Jésus, on emmena aussi deux autres hommes, des
bandits qui devaient être exécutés en même temps que lui.
33 Lorsqu'ils furent arrivés au lieu appelé « le Crâne », on
cloua Jésus sur la croix, ainsi que les deux bandits, l'un à
sa droite, l'autre à sa gauche.
34 Jésus pria : Père, pardonne-leur, car ils ne savent pas
ce qu'ils font[j].
Les soldats se partagèrent ses vêtements en les tirant au
sort. 35 La foule se tenait tout autour et regardait. Quant
aux chefs du peuple, ils ricanaient en disant : Lui qui a
sauvé les autres, qu'il se sauve donc lui-même, s'il est le
Messie, l'Elu de Dieu !
36 Les soldats aussi se moquaient de lui. Ils s'approchaient
et lui présentaient du vinaigre 37 en lui disant : Si tu es le
roi des Juifs, sauve-toi toi-même !
38 Au-dessus de sa tête, il y avait un écriteau portant ces
mots : « Celui-ci est le roi des Juifs ».
39 L'un des deux criminels attaché à une croix l'insultait
en disant : N'es-tu pas le Messie ? Alors sauve-toi toi-même,
et nous avec !
40 Mais l'autre lui fit des reproches en disant : Tu n'as
donc aucune crainte de Dieu, toi, et pourtant tu subis
la même peine ? 41 Pour nous, ce n'est que justice : nous
payons pour ce que nous avons fait ; mais celui-là n'a rien
fait de mal.
42 Puis il ajouta : Jésus, souviens-toi de moi quand tu
viendras régner.
43 Et Jésus lui répondit : Vraiment, je te l'assure : aujourd'hui même, tu seras avec moi dans le paradis.

(Mt 27.45-56 ; Mc 15.33-41 ; Jn 19.25-30)

44 Il était environ midi, quand le pays tout entier fut
plongé dans l'obscurité, et cela dura jusqu'à trois heures de
l'après-midi. 45 Le soleil resta entièrement caché[k]. Le grand
rideau du Temple se déchira par le milieu. 46 Alors Jésus
poussa un grand cri : *Père, je remets mon esprit entre tes mains.*
Après avoir dit ces mots il mourut.
47 En voyant ce qui s'était passé, l'officier romain rendit
gloire à Dieu en disant : Aucun doute, cet homme était
juste.
48 Après avoir vu ce qui était arrivé, tout le peuple, venu
en foule pour assister à ces exécutions, s'en retourna en se
frappant la poitrine. 49 Tous les amis de Jésus, ainsi que les
femmes qui l'avaient suivi depuis la Galilée, se tenaient à
distance pour voir ce qui se passait.

Jésus mis au tombeau

(Mt 27.57-61 ; Mc 15.42-47 ; Jn 19.38-42)

50 Il y avait un homme, appelé Joseph, un membre du
Grand-Conseil des Juifs. C'était un homme bon et droit
51 qui n'avait pas approuvé la décision ni les actes des autres membres du Grand-Conseil. Il venait d'Arimathée[l], en
Judée, et attendait le royaume de Dieu. 52 Il alla demander
à Pilate le corps de Jésus. 53 Après l'avoir descendu de la
croix, il l'enroula dans un drap de lin et le déposa dans un
tombeau taillé en plein rocher, où personne n'avait encore
été enseveli. 54 C'était le soir de la préparation, avant le
début du sabbat. 55 Les femmes qui avaient accompagné
Jésus depuis la Galilée suivirent Joseph, elles regardèrent
le tombeau et observèrent comment le corps de Jésus y

j 23.34 Ces paroles de Jésus sont absentes de certains manuscrits.
k 23.45 Certains manuscrits ont : *le soleil s'obscurcit.*
l 23.51 Village situé à environ 35 kilomètres au nord-ouest de Jérusalem.

was laid in it. 56 Then they went home and prepared spices and perfumes. But they rested on the Sabbath in obedience to the commandment.

Jesus Has Risen

24 1 On the first day of the week, very early in the morning, the women took the spices they had prepared and went to the tomb. 2 They found the stone rolled away from the tomb, 3 but when they entered, they did not find the body of the Lord Jesus. 4 While they were wondering about this, suddenly two men in clothes that gleamed like lightning stood beside them. 5 In their fright the women bowed down with their faces to the ground, but the men said to them, "Why do you look for the living among the dead? 6 He is not here; he has risen! Remember how he told you, while he was still with you in Galilee: 7 'The Son of Man must be delivered over to the hands of sinners, be crucified and on the third day be raised again.' " 8 Then they remembered his words.

9 When they came back from the tomb, they told all these things to the Eleven and to all the others. 10 It was Mary Magdalene, Joanna, Mary the mother of James, and the others with them who told this to the apostles. 11 But they did not believe the women, because their words seemed to them like nonsense. 12 Peter, however, got up and ran to the tomb. Bending over, he saw the strips of linen lying by themselves, and he went away, wondering to himself what had happened.

On the Road to Emmaus

13 Now that same day two of them were going to a village called Emmaus, about seven miles[a] from Jerusalem. 14 They were talking with each other about everything that had happened. 15 As they talked and discussed these things with each other, Jesus himself came up and walked along with them; 16 but they were kept from recognizing him.

17 He asked them, "What are you discussing together as you walk along?"

They stood still, their faces downcast. 18 One of them, named Cleopas, asked him, "Are you the only one visiting Jerusalem who does not know the things that have happened there in these days?"

19 "What things?" he asked.

"About Jesus of Nazareth," they replied. "He was a prophet, powerful in word and deed before God and all the people. 20 The chief priests and our rulers handed him over to be sentenced to death, and they crucified him; 21 but we had hoped that he was the one who was going to redeem Israel. And what is more, it is the third day since all this took place. 22 In addition, some of our women amazed us. They went to the tomb early this morning 23 but didn't find his body. They came

[a] **24:13** Or about 11 kilometers

avait été déposé. 56 Ensuite, elles retournèrent chez ell et préparèrent des huiles aromatiques et des parfums Puis elles observèrent le repos du sabbat, comme la L le prescrit.

Jésus est ressuscité !

(Mt 28.1-9 ; Mc 16.1-8 ; Jn 20.1-10)

24 1 Le dimanche matin de très bonne heure, l femmes se rendirent au tombeau emporta les huiles aromatiques qu'elles avaient préparées. 2 Ell découvrirent que la pierre fermant l'entrée du sépulc avait été roulée à quelque distance de l'ouverture. 3 Ell pénétrèrent à l'intérieur, mais ne trouvèrent pas le cor du Seigneur Jésus. 4 Pendant qu'elles en étaient encore à demander ce que cela signifiait, deux personnages vêt d'habits étincelants se tinrent tout à coup devant elle 5 Elles étaient tout effrayées et baissaient les yeux vers sol. Ils leur dirent alors : Pourquoi cherchez-vous parr les morts celui qui est vivant ? 6 Il n'est plus ici, mais est ressuscité. Rappelez-vous ce qu'il vous disait quand était encore en Galilée : 7 « Il faut que le Fils de l'homn soit livré entre les mains des pécheurs, qu'il soit crucifi et qu'il ressuscite le troisième jour. »

8 Elles se souvinrent alors des paroles de Jésus. 9 Ell revinrent du tombeau et allèrent tout raconter aux Onz ainsi qu'à tous les autres disciples. 10 C'étaient Marie c Magdala, Jeanne, Marie, la mère de Jacques. Quelqu autres femmes, qui étaient avec elles, portèrent aussi nouvelle aux apôtres ; 11 mais ceux-ci trouvèrent leu propos absurdes et n'y ajoutèrent pas foi.

12 Pierre, cependant, partit et courut au tombeau. E se penchant, il ne vit que des linges funéraires. Il s'en r tourna, très étonné de ce qui s'était passé[n].

Jésus apparaît à quelques disciples[o]

13 Le même jour, deux de ces disciples se rendaient à u village nommé Emmaüs, à une douzaine de kilomètr de Jérusalem. 14 Ils s'entretenaient de tous ces événe ments. 15 Pendant qu'ils échangeaient ainsi leurs propo et leurs réflexions, Jésus lui-même s'approcha d'eux e les accompagna. 16 Mais leurs yeux étaient incapables d le reconnaître.

17 Il leur dit : De quoi discutez-vous en marchant ?

Ils s'arrêtèrent, l'air attristé. 18 L'un d'eux, nomm Cléopas, lui répondit : Es-tu le seul parmi ceux qui se journent à Jérusalem qui ne sache pas ce qui s'y est pass ces jours-ci ?

19 – Quoi donc ? leur demanda-t-il.

– Ce qui est arrivé à Jésus de Nazareth. C'était u prophète qui agissait et parlait avec puissance, devar Dieu et devant tout le peuple. 20 Nos chefs des prêtres et no dirigeants l'ont livré aux Romains pour le faire condamne à mort et clouer sur une croix. 21 Nous avions espéré qu' était celui qui devait délivrer Israël. Mais hélas ! Voilà dé trois jours que tout cela est arrivé.

22 Il est vrai que quelques femmes de notre groupe nou ont fort étonnés. Elles sont allées au tombeau très tôt c matin, 23 mais elles n'ont pas trouvé son corps et son

[m] **23.56** En Israël, on embaumait les morts avec de l'huile aromatique et des parfums.

[n] **24.12** Ce verset est absent de certains manuscrits.

[o] **24.13** Voir Mc 16.12-13.

ɪd told us that they had seen a vision of angels, who
id he was alive. [24]Then some of our companions
ent to the tomb and found it just as the women had
id, but they did not see Jesus."
[25]He said to them, "How foolish you are, and how
ow to believe all that the prophets have spoken!
Did not the Messiah have to suffer these things and
ien enter his glory?" [27]And beginning with Moses
ıd all the Prophets, he explained to them what was
id in all the Scriptures concerning himself.

[28]As they approached the village to which they were
ing, Jesus continued on as if he were going farther.
But they urged him strongly, "Stay with us, for it is
early evening; the day is almost over." So he went
to stay with them.
[30]When he was at the table with them, he took
ead, gave thanks, broke it and began to give it to
ıem. [31]Then their eyes were opened and they rec-
gnized him, and he disappeared from their sight.
They asked each other, "Were not our hearts burn-
ıg within us while he talked with us on the road and
pened the Scriptures to us?"
[33]They got up and returned at once to Jerusalem.
here they found the Eleven and those with them,
ssembled together [34]and saying, "It is true! The Lord
as risen and has appeared to Simon." [35]Then the two
ld what had happened on the way, and how Jesus
as recognized by them when he broke the bread.

sus Appears to the Disciples

[36]While they were still talking about this, Jesus
imself stood among them and said to them, "Peace
e with you."
[37]They were startled and frightened, thinking they
ıw a ghost. [38]He said to them, "Why are you troubled,
nd why do doubts rise in your minds? [39]Look at my
ands and my feet. It is I myself! Touch me and see; a
host does not have flesh and bones, as you see I have."

[40]When he had said this, he showed them his hands
nd feet. [41]And while they still did not believe it be-
ause of joy and amazement, he asked them, "Do you
ave anything here to eat?" [42]They gave him a piece
f broiled fish, [43]and he took it and ate it in their
resence.
[44]He said to them, "This is what I told you while I
vas still with you: Everything must be fulfilled that
s written about me in the Law of Moses, the Prophets
nd the Psalms."
[45]Then he opened their minds so they could under-
tand the Scriptures. [46]He told them, "This is what
s written: The Messiah will suffer and rise from the
ead on the third day, [47]and repentance for the for-
iveness of sins will be preached in his name to all

venues raconter qu'elles ont vu apparaître des anges qui
leur ont assuré qu'il est vivant. [24]Là-dessus, quelques-
uns de ceux qui étaient avec nous se sont aussi rendus
au tombeau ; ils ont bien trouvé les choses telles que les
femmes les ont décrites ; mais lui, ils ne l'ont pas vu.
Alors Jésus leur dit : [25]Ah ! hommes sans intelligence !
Vous êtes bien lents à croire tout ce que les prophètes ont
annoncé. [26]Le Messie ne devait-il pas souffrir toutes ces
choses avant d'entrer dans sa gloire ?
[27]Alors, commençant par les livres de Moïse et parcourant tous ceux des prophètes, Jésus leur expliqua ce qui
se rapportait à lui dans toutes les Ecritures.
[28]Entre-temps, ils arrivèrent près du village où ils se
rendaient. Jésus sembla vouloir continuer sa route. [29]Mais
ils le retinrent avec une vive insistance en disant : Reste
donc avec nous ; tu vois : le jour baisse et le soir approche.
Alors il entra dans la maison pour rester avec eux. [30]Il se
mit à table avec eux, prit le pain et, après avoir prononcé
la prière de bénédiction, il le partagea et le leur donna.
[31]Alors leurs yeux s'ouvrirent et ils le reconnurent ...
mais, déjà, il avait disparu. [32]Et ils se dirent l'un à l'autre :
N'avons-nous pas senti comme un feu dans notre cœur
pendant qu'il nous parlait en chemin et qu'il nous expliquait les Ecritures ?
[33]Ils se levèrent sur l'heure et retournèrent à Jérusalem.
Ils y trouvèrent les Onze réunis avec leurs compagnons.
[34]Tous les accueillirent par ces paroles : Le Seigneur est
réellement ressuscité, il s'est montré à Simon.
[35]Alors les deux disciples racontèrent à leur tour ce qui
leur était arrivé en chemin et comment ils avaient reconnu
Jésus au moment où il avait partagé le pain.

Jésus apparaît aux Onze[p]

(Jn 20.19-23)

[36]Pendant qu'ils s'entretenaient ainsi, Jésus se trouva
au milieu d'eux et leur dit : Que la paix soit avec vous !

[37]Mais ils furent saisis de crainte et d'effroi, croyant
voir un esprit.
[38]– Pourquoi êtes-vous troublés ? leur dit-il. Pourquoi
les doutes envahissent-ils votre cœur ? [39]Regardez mes
mains et mes pieds, et reconnaissez que c'est bien moi.
Touchez-moi et regardez ! Car un esprit n'a ni chair ni os.
Or, vous voyez bien que j'en ai.
[40]Tout en disant cela, il leur montra ses mains et ses
pieds[q]. [41]Mais ils étaient si heureux qu'ils ne parvenaient
pas à croire et restaient dans l'étonnement. Alors il leur
demanda : Avez-vous quelque chose à manger ?
[42]Ils lui présentèrent un morceau de poisson grillé. [43]Il
le prit et le mangea sous leurs yeux.
[44]Puis il leur dit : Voici ce que je vous ai dit quand j'étais
encore avec vous : « Il faut que s'accomplisse tout ce qui
est écrit de moi dans la Loi de Moïse, dans les prophètes,
et dans les Psaumes. »
[45]Là-dessus, il leur ouvrit l'intelligence pour qu'ils comprennent les Ecritures.
[46]– Vous voyez, leur dit-il, les Ecritures enseignent
que le Messie doit souffrir, qu'il ressuscitera le troisième
jour, [47]et qu'on annoncera de sa part à tous les peuples,
en commençant par Jérusalem, qu'ils doivent changer

p **24.36** Voir Mc 16.14-18.
q **24.40** Ce verset est absent de certains manuscrits.

nations, beginning at Jerusalem. [48]You are witnesses
of these things. [49]I am going to send you what my
Father has promised; but stay in the city until you
have been clothed with power from on high."

The Ascension of Jesus

[50]When he had led them out to the vicinity of
Bethany, he lifted up his hands and blessed them.
[51]While he was blessing them, he left them and was
taken up into heaven. [52]Then they worshiped him
and returned to Jerusalem with great joy. [53]And they
stayed continually at the temple, praising God.

pour obtenir le pardon des péchés. [48]Vous êtes les témoi
de ces événements. [49]Quant à moi, j'enverrai bientôt su
vous ce que mon Père vous a promis. Vous donc, restez i
dans cette ville, jusqu'à ce que vous soyez revêtus de
puissance d'en haut.

Jésus enlevé au ciel

[50]Par la suite il les emmena hors de la ville jusqu'au
environs de Béthanie[r] et là, élevant ses mains, il les bén
[51]Pendant qu'il les bénissait, il les quitta et fut enlev
au ciel.
[52]Quant à eux, après l'avoir adoré, ils retournèrent
Jérusalem, le cœur rempli de joie. [53]Là, ils se retrouvaie
à toute heure dans la cour du Temple pour louer Dieu.

r **24.50** Village situé sur le flanc est du mont des Oliviers, colline séparé
de Jérusalem par la vallée du Cédron.

John

ıe Word Became Flesh

1 In the beginning was the Word, and the Word was with God, and the Word was God. 2 He was ith God in the beginning. 3 Through him all things ere made; without him nothing was made that has ›en made. 4 In him was life, and that life was the light ʼ all mankind. 5 The light shines in the darkness, and ıe darkness has not overcome[a] it.

6 There was a man sent from God whose name was hn. 7 He came as a witness to testify concerning that ʒht, so that through him all might believe. 8 He him-›lf was not the light; he came only as a witness to ıe light.

9 The true light that gives light to everyone was ›ming into the world. 10 He was in the world, and ıough the world was made through him, the world ıd not recognize him. 11 He came to that which was ıs own, but his own did not receive him. 12 Yet to l who did receive him, to those who believed in his ame, he gave the right to become children of God – children born not of natural descent, nor of human ecision or a husband's will, but born of God.

14 The Word became flesh and made his dwelling mong us. We have seen his glory, the glory of the ne and only Son, who came from the Father, full of race and truth.

15 (John testified concerning him. He cried out, say-ıg, "This is the one I spoke about when I said, 'He ›ho comes after me has surpassed me because he was efore me.'") 16 Out of his fullness we have all received race in place of grace already given. 17 For the law was iven through Moses; grace and truth came through ›sus Christ. 18 No one has ever seen God, but the one nd only Son, who is himself God and[b] is in closest elationship with the Father, has made him known.

›hn the Baptist Denies Being the Messiah

19 Now this was John's testimony when the Jewish ›aders[c] in Jerusalem sent priests and Levites to ask

1:5 Or *understood*
1:18 Some manuscripts *but the only Son, who*
1:19 The Greek term traditionally translated *the Jews* (*hoi Ioudaioi*) efers here and elsewhere in John's Gospel to those Jewish leaders ›ho opposed Jesus; also in 5:10, 15, 16; 7:1, 11, 13; 9:22; 18:14, 28, 36; 9:7, 12, 31, 38.

Evangile selon Jean

Introduction : la parole de Dieu et son témoin

1 1 Au commencement était celui qui est la Parole de Dieu. Il était avec Dieu, il était lui-même Dieu. 2 Au commencement, il était avec Dieu. 3 Dieu a tout créé par lui ; rien de ce qui a été créé n'a été créé sans lui. 4 En lui résidait la vie[a], et cette vie était la lumière des hommes. 5 La lumière brille dans les ténèbres et les ténèbres ne l'ont pas étouffée[b].

6 Un homme parut, envoyé par Dieu ; il s'appelait Jean. 7 Il vint pour être un témoin de la lumière, afin que tous les hommes croient par lui. 8 Il n'était pas lui-même la lumière, mais sa mission était d'être le témoin de la lumière. 9 Celle-ci était la véritable lumière, celle qui, en venant dans le monde, éclaire tout être humain[c]. 10 Celui qui est la Parole était déjà dans le monde, puisque Dieu a créé le monde par lui, et pourtant, le monde ne l'a pas reconnu. 11 Il est venu chez lui, et les siens ne l'ont pas accueilli.

12 Certains pourtant l'ont accueilli ; ils ont cru en lui. A tous ceux-là, il a accordé le privilège de devenir enfants de Dieu. 13 Ce n'est pas par une naissance naturelle, ni sous l'impulsion d'un désir, ou encore par la volonté d'un homme, qu'ils le sont devenus ; mais c'est de Dieu qu'ils sont nés.

14 Celui qui est la Parole est devenu homme et il a vécu parmi nous. Nous avons contemplé sa gloire, la gloire du Fils unique envoyé par son Père : plénitude de grâce et de vérité !

15 Jean[d], son témoin, a proclamé publiquement : Voici celui dont je vous ai parlé lorsque j'ai dit : Celui qui vient après moi m'a précédé[e], car il existait déjà avant moi.

16 Nous avons tous été comblés de ses richesses. Il a déversé sur nous une grâce après l'autre. 17 En effet, si la Loi nous a été donnée par Moïse, la grâce et la vérité sont venues par Jésus-Christ. 18 Personne n'a jamais vu Dieu : Dieu, le Fils unique qui vit dans l'intimité du Père, nous l'a révélé.

Premières révélations et premiers affrontements

Le témoin

(Mt 3.1-12 ; Mc 1.2-8 ; Lc 3.15-17)

19 Voici le témoignage de Jean, lorsque les Juifs[f] lui envoyèrent de Jérusalem une délégation de prêtres et de lévites pour lui demander : « Qui es-tu ? »

[a] **1.4** Autre traduction, en changeant la ponctuation : *tout a été créé par lui et rien n'a été créé sans lui. Ce qui a été créé avait la vie en lui.*
[b] **1.5** Autre traduction : *ne l'ont pas reçue.*
[c] **1.9** D'autres comprennent : *celle qui éclaire tout être humain venant dans le monde.*
[d] **1.15** Il s'agit de Jean-Baptiste.
[e] **1.15** Autre traduction : *est plus grand que moi.*
[f] **1.19** Dans cet évangile, l'expression *les Juifs* désigne souvent diverses composantes du peuple juif qui s'opposent au message de Jésus (p. ex. 2.20 ; 5.10, 15, 16, 18 ; 6.41, 52 ; 7.1; etc.). Il s'agit d'ensembles *représentatifs* du peuple de l'ancienne alliance (les autorités du Grand-Conseil, des membres de groupes religieux, le peuple réuni en un endroit, etc.), qui manifestent le rejet officiel du Messie. En contraste, Jean présente le reste fidèle, formé de Juifs individuels qui composent le « vrai Israël » (1.47-49 ; 10.1-5 ; 15.1-4).

him who he was. 20He did not fail to confess, but confessed freely, "I am not the Messiah."
21They asked him, "Then who are you? Are you
Elijah?"
He said, "I am not."
"Are you the Prophet?"
He answered, "No."
22Finally they said, "Who are you? Give us an answer to take back to those who sent us. What do you
say about yourself?"
23John replied in the words of Isaiah the prophet, "I
am the voice of one calling in the wilderness, 'Make
straight the way for the Lord.'"
24Now the Pharisees who had been sent 25ques-
tioned him, "Why then do you baptize if you are not
the Messiah, nor Elijah, nor the Prophet?"
26"I baptize with[d] water," John replied, "but among
you stands one you do not know. 27He is the one who
comes after me, the straps of whose sandals I am not
worthy to untie."
28This all happened at Bethany on the other side of
the Jordan, where John was baptizing.

John Testifies About Jesus

29The next day John saw Jesus coming toward him
and said, "Look, the Lamb of God, who takes away
the sin of the world! 30This is the one I meant when
I said, 'A man who comes after me has surpassed me
because he was before me.' 31I myself did not know
him, but the reason I came baptizing with water was
that he might be revealed to Israel."
32Then John gave this testimony: "I saw the Spirit
come down from heaven as a dove and remain on him.
33And I myself did not know him, but the one who sent
me to baptize with water told me, 'The man on whom
you see the Spirit come down and remain is the one
who will baptize with the Holy Spirit.' 34I have seen
and I testify that this is God's Chosen One."[e]

John's Disciples Follow Jesus

35The next day John was there again with two of
his disciples. 36When he saw Jesus passing by, he said,
"Look, the Lamb of God!"
37When the two disciples heard him say this, they
followed Jesus. 38Turning around, Jesus saw them following and asked, "What do you want?"
They said, "Rabbi" (which means "Teacher"),
"where are you staying?"

39"Come," he replied, "and you will see."
So they went and saw where he was staying, and
they spent that day with him. It was about four in
the afternoon.

[d] **1:26** Or *in*; also in verses 31 and 33 (twice)
[e] **1:34** See Isaiah 42:1; many manuscripts *is the Son of God.*

20Il dit clairement la vérité, sans se dérober, et le
déclara ouvertement : 21Je ne suis pas le Messie.
– Mais alors, continuèrent-ils, qui es-tu donc ? Es-
Elie[g] ?
– Je ne le suis pas.
– Es-tu le Prophète ?
– Non.
22– Mais enfin, insistèrent-ils, qui es-tu ? Il faut bi
que nous rapportions une réponse à ceux qui nous o
envoyés. Que dis-tu de toi-même ?
23– Moi ? répondit-il, je suis cette voix dont parle
prophète Esaïe, *la voix de quelqu'un qui crie dans le déser*
Préparez le chemin pour le Seigneur[h]*!*
24Les envoyés étaient du parti des pharisiens. 25Ils co
tinuèrent de l'interroger : Si tu n'es pas le Messie, ni Eli
ni le Prophète, pourquoi donc baptises-tu ?
26– Moi, leur répondit Jean, je vous baptise dans l'ea
mais au milieu de vous se trouve quelqu'un que vous
connaissez pas. 27Il vient après moi, mais je ne suis p
digne de dénouer la lanière de ses sandales.
28Cela se passait à Béthanie[i], à l'est du Jourdain, là c
Jean baptisait.

Jésus, l'Agneau de Dieu

29Le lendemain, Jean aperçut Jésus qui se dirigeait ve
lui ; alors il s'écria : Voici l'Agneau de Dieu[j], celui qui e
lève le péché du monde. 30C'est de lui que je vous ai par
lorsque je disais : « Un homme vient après moi, il m
précédé[k], car il existait déjà avant moi. » 31Moi non plu
je ne savais pas que c'était lui, mais si je suis venu baptis
dans l'eau, c'est pour le faire connaître au peuple d'Isra
32Jean-Baptiste rendit ce témoignage : J'ai vu l'Espr
descendre du ciel comme une colombe et se poser sur l
33Je ne savais pas que c'était lui, mais Dieu, qui m'a e
voyé baptiser dans l'eau, m'avait dit : Tu verras l'Espr
descendre et se poser sur un homme ; c'est lui qui baptise
dans le Saint-Esprit. 34Or, cela, je l'ai vu de mes yeux, et
l'atteste solennellement : cet homme est le Fils de Dieu.

Les premiers disciples

35Le lendemain, Jean était de nouveau là, avec deux c
ses disciples. 36Il vit Jésus qui passait, et il dit : Voici l'A
neau de Dieu !
37Les deux disciples entendirent les paroles de Jean
se mirent à suivre Jésus.
38Celui-ci se retourna, vit qu'ils le suivaient et leur de
manda : Que désirez-vous ?
– Rabbi – c'est-à-dire Maître –, lui dirent-ils, o
habites-tu ?
39– Venez, leur répondit-il, et vous le verrez. Ils l'accon
pagnèrent donc et virent où il habitait. Il était enviro
quatre heures de l'après-midi. Ils passèrent le reste de
journée avec lui.

[g] **1.21** Ce prophète fut enlevé au ciel à la fin de sa mission, ainsi que le rapporte l'Ancien Testament. Certains attendaient son retour selon la prophétie de Ml 3.23-24.
[h] **1.23** Es 40.3 cité selon l'ancienne version grecque.
[i] **1.28** Village à l'est du Jourdain, à ne pas confondre avec celui qui se trouvait sur le flanc oriental du mont des Oliviers (voir note Mc 11.1).
[j] **1.29** Images renvoyant aux sacrifices de l'ancienne alliance. Comme un *agneau*, Jésus prend sur lui la désobéissance des hommes et s'offre en sacrifice à leur place. Voir Es 53.
[k] **1.30** Autre traduction : *il est plus grand que moi.*

40 Andrew, Simon Peter's brother, was one of the wo who heard what John had said and who had fol- wed Jesus. 41 The first thing Andrew did was to find is brother Simon and tell him, "We have found the essiah" (that is, the Christ). 42 And he brought him Jesus.

Jesus looked at him and said, "You are Simon son of hn. You will be called Cephas" (which, when trans- ted, is Peter[f]).

sus Calls Philip and Nathanael

43 The next day Jesus decided to leave for Galilee. nding Philip, he said to him, "Follow me."

44 Philip, like Andrew and Peter, was from the town Bethsaida. 45 Philip found Nathanael and told him, We have found the one Moses wrote about in the aw, and about whom the prophets also wrote – Jesus Nazareth, the son of Joseph."

46 "Nazareth! Can anything good come from there?" athanael asked.

"Come and see," said Philip.

47 When Jesus saw Nathanael approaching, he said f him, "Here truly is an Israelite in whom there is o deceit."

48 "How do you know me?" Nathanael asked.

Jesus answered, "I saw you while you were still un- er the fig tree before Philip called you."

49 Then Nathanael declared, "Rabbi, you are the Son f God; you are the king of Israel."

50 Jesus said, "You believe[g] because I told you I saw ou under the fig tree. You will see greater things than hat." 51 He then added, "Very truly I tell you,[h] you[i] ill see 'heaven open, and the angels of God ascending nd descending on' the Son of Man."

sus Changes Water Into Wine

2 1 On the third day a wedding took place at Cana in Galilee. Jesus' mother was there, 2 and Jesus nd his disciples had also been invited to the wedding. When the wine was gone, Jesus' mother said to him, They have no more wine."

4 "Woman,[j] why do you involve me?" Jesus replied. My hour has not yet come."

5 His mother said to the servants, "Do whatever he ells you."

6 Nearby stood six stone water jars, the kind used by he Jews for ceremonial washing, each holding from wenty to thirty gallons.[k]

7 Jesus said to the servants, "Fill the jars with water"; o they filled them to the brim.

8 Then he told them, "Now draw some out and take t to the master of the banquet."

They did so, 9 and the master of the banquet tasted he water that had been turned into wine. He did not ealize where it had come from, though the servants

1:42 *Cephas* (Aramaic) and *Peter* (Greek) both mean *rock.*
1:50 Or *Do you believe ...?*
1:51 The Greek is plural.
1:51 The Greek is plural.
2:4 The Greek for *Woman* does not denote any disrespect.
2:6 Or from about 75 to about 115 liters

40 André, le frère de Simon Pierre, était l'un de ces deux hommes qui, sur la déclaration de Jean, s'étaient mis à suivre Jésus.

41 Il alla tout d'abord voir son frère Simon et lui dit : Nous avons trouvé le Messie (ce qui se traduit par Christ).

42 Et il le conduisit auprès de Jésus. Jésus le regarda attentivement et lui dit : Tu es Simon, fils de Jonas. Eh bien, on t'appellera Céphas – ce qui veut dire Pierre.

43 Le lendemain, Jésus décida de retourner en Galilée. Il rencontra Philippe et lui dit : Suis-moi !

44 Philippe était originaire de Bethsaïda[l], la ville d'André et de Pierre. 45 Philippe, à son tour, alla voir Nathanaël et lui dit : Nous avons trouvé celui dont Moïse a parlé dans la Loi[m] et que les prophètes ont annoncé : c'est Jésus, le fils de Joseph, de la ville de Nazareth.

46 – De Nazareth ? répondit Nathanaël. Que peut-il venir de bon de Nazareth ?

– Viens et vois toi-même ! répondit Philippe.

47 Jésus vit Nathanaël s'avancer vers lui. Alors il dit : Voilà un véritable Israélite, un homme d'une parfaite droiture.

48 – D'où me connais-tu ? lui demanda Nathanaël.

– Avant même que Philippe t'appelle, lui répondit Jésus, lorsque tu étais sous le figuier, je t'ai vu.

49 – Maître, s'écria Nathanaël, tu es le Fils de Dieu, tu es le Roi d'Israël !

50 – Tu crois, lui répondit Jésus, parce que je t'ai dit que je t'ai vu sous le figuier ? Tu verras de bien plus grandes choses encore. 51 Et il ajouta : Oui, je vous l'assure, vous verrez le ciel ouvert et les anges de Dieu monter et descendre entre ciel et terre par l'intermédiaire du Fils de l'homme[n].

Le premier miracle

2 1 Deux jours plus tard, on célébrait des noces à Cana, en Galilée. La mère de Jésus y assistait.

2 Jésus avait aussi été invité au mariage avec ses disciples.

3 Or voilà que le vin se mit à manquer. La mère de Jésus lui fit remarquer : Ils n'ont plus de vin.

4 – Ecoute, lui répondit Jésus, est-ce toi ou moi que cette affaire concerne[o] ? Mon heure n'est pas encore venue.

5 Sa mère dit aux serviteurs : Faites tout ce qu'il vous dira.

6 Il y avait là six jarres de pierre que les Juifs utilisaient pour leurs ablutions rituelles[p]. Chacune d'elles pouvait contenir entre quatre-vingts et cent vingt litres. 7 Jésus dit aux serviteurs : Remplissez d'eau ces jarres.

Ils les remplirent jusqu'au bord.

8 – Maintenant, leur dit-il, prenez-en un peu et allez l'apporter à l'ordonnateur du repas.

Ce qu'ils firent.

9 L'ordonnateur du repas goûta l'eau qui avait été changée en vin. Il ne savait pas d'où venait ce vin, alors

l **1.44** Village proche de Capernaüm.
m **1.45** Nom que les Juifs donnent aux cinq premiers livres de la Bible. La venue du Prophète était annoncée en Dt 18.18.
n **1.51** Allusion à la vision de Jacob (Gn 28.12-13), dans laquelle l'escalier annonce le rôle du Fils de l'homme.
o **2.4** Autres traductions : *que me veux-tu, mère ?* ou *femme, est-ce à toi de me dire ce que je dois faire ?*
p **2.6** Les Israélites observaient des rites de purification avant, pendant et après les repas. L'eau était placée dans des vases de pierre.

who had drawn the water knew. Then he called the bridegroom aside [10]and said, "Everyone brings out the choice wine first and then the cheaper wine after the guests have had too much to drink; but you have saved the best till now."

[11]What Jesus did here in Cana of Galilee was the first of the signs through which he revealed his glory; and his disciples believed in him.

[12]After this he went down to Capernaum with his mother and brothers and his disciples. There they stayed for a few days.

Jesus Clears the Temple Courts

[13]When it was almost time for the Jewish Passover, Jesus went up to Jerusalem. [14]In the temple courts he found people selling cattle, sheep and doves, and others sitting at tables exchanging money. [15]So he made a whip out of cords, and drove all from the temple courts, both sheep and cattle; he scattered the coins of the money changers and overturned their tables. [16]To those who sold doves he said, "Get these out of here! Stop turning my Father's house into a market!" [17]His disciples remembered that it is written: "Zeal for your house will consume me."

[18]The Jews then responded to him, "What sign can you show us to prove your authority to do all this?"

[19]Jesus answered them, "Destroy this temple, and I will raise it again in three days."

[20]They replied, "It has taken forty-six years to build this temple, and you are going to raise it in three days?" [21]But the temple he had spoken of was his body. [22]After he was raised from the dead, his disciples recalled what he had said. Then they believed the scripture and the words that Jesus had spoken.

[23]Now while he was in Jerusalem at the Passover Festival, many people saw the signs he was performing and believed in his name.[l] [24]But Jesus would not entrust himself to them, for he knew all people. [25]He did not need any testimony about mankind, for he knew what was in each person.

Jesus Teaches Nicodemus

3 [1]Now there was a Pharisee, a man named Nicodemus who was a member of the Jewish ruling council. [2]He came to Jesus at night and said, "Rabbi, we know that you are a teacher who has come from God. For no one could perform the signs you are doing if God were not with him."

[3]Jesus replied, "Very truly I tell you, no one can see the kingdom of God unless they are born again.[m]"

[l] **2:23** Or *in him*

[m] **3:3** The Greek for *again* also means *from above*; also in verse 7.

que les serviteurs le savaient, puisqu'ils avaient puisé l'ea Aussitôt il fit appeler le marié [10]et lui dit : En général, o sert d'abord le bon vin, et quand les gens sont ivres, o leur donne de l'ordinaire. Mais toi, tu as réservé le bo jusqu'à maintenant !

[11]C'est là le premier des signes miraculeux que fit Jésu Cela se passa à Cana en Galilée. Il révéla ainsi sa gloire, e ses disciples crurent en lui. [12]Après cela, Jésus descendit Capernaüm avec sa mère, ses frères et ses disciples ; ma ils n'y restèrent que quelques jours.

Le premier affrontement au Temple

(voir Mt 21.12-17 ; Mc 11.15-17 ; Lc 19.45-46)

[13]Le jour où les Juifs célèbrent la fête de la Pâque éta proche et Jésus se rendit à Jérusalem. [14]Il trouva, dans l cour du Temple, des marchands de bœufs, de brebis e de pigeons, ainsi que des changeurs d'argent, installés leurs comptoirs. [15]Alors il prit des cordes, en fit un foue et les chassa tous de l'enceinte sacrée avec les brebis et le bœufs[q] ; il jeta par terre l'argent des changeurs et renvers leurs comptoirs, [16]puis il dit aux marchands de pigeons Otez cela d'ici ! C'est la maison de mon Père. N'en faite pas une maison de commerce.

[17]Les disciples se souvinrent alors de ce passage d l'Ecriture :

L'amour que j'ai pour ta maison,
ô Dieu, est en moi un feu qui me consume.

[18]Là-dessus, les gens lui dirent : Quel signe miraculeu peux-tu nous montrer pour prouver que tu as le droi d'agir ainsi ?

[19]– Démolissez ce temple, leur répondit Jésus, et en troi jours, je le relèverai.

[20]– Comment ? répondirent-ils. Il a fallu quarante-si ans pour reconstruire le Temple[r], et toi, tu serais capabl de le relever en trois jours !

[21]Mais en parlant du « temple », Jésus faisait allusion son propre corps.

[22]Plus tard, lorsque Jésus fut ressuscité, ses disciples s souvinrent qu'il avait dit cela, et ils crurent à l'Ecriture e à la parole que Jésus avait dite.

Jésus et Nicodème

[23]Pendant que Jésus séjournait à Jérusalem pour la fêt de la Pâque, beaucoup de gens crurent en lui en voyan les signes miraculeux qu'il accomplissait. [24]Mais Jésu ne se fiait pas à eux, car il les connaissait tous très bien [25]En effet, il n'avait pas besoin qu'on le renseigne sur le hommes car il connaissait le fond de leur cœur.

3 [1]Il y avait un homme qui s'appelait Nicodème ; mem bre du parti des pharisiens, c'était un chef des Juifs [2]Il vint trouver Jésus de nuit et le salua en ces termes Maître, nous savons que c'est Dieu qui t'a envoyé pour nou enseigner car personne ne saurait accomplir les signe miraculeux que tu fais si Dieu n'était pas avec lui. [3]Jésu

[q] **2.15** Autre traduction : *et les chassa tous, les brebis comme les bœufs.*

[r] **2.20** La reconstruction du temple dit « d'Hérode » avait commencé en l'an 20 av. J.-C.

4“How can someone be born when they are old?”
icodemus asked. “Surely they cannot enter a second
me into their mother’s womb to be born!”
5Jesus answered, “Very truly I tell you, no one can
nter the kingdom of God unless they are born of wa-
r and the Spirit. 6Flesh gives birth to flesh, but the
pirit[n] gives birth to spirit. 7You should not be sur-
rised at my saying, ‘You[o] must be born again.’ 8The
ind blows wherever it pleases. You hear its sound,
ut you cannot tell where it comes from or where it
going. So it is with everyone born of the Spirit.”[p]
9“How can this be?” Nicodemus asked.
10“You are Israel’s teacher,” said Jesus, “and do you
ot understand these things? 11Very truly I tell you,
e speak of what we know, and we testify to what
e have seen, but still you people do not accept our
estimony. 12I have spoken to you of earthly things
nd you do not believe; how then will you believe if I
peak of heavenly things? 13No one has ever gone into
eaven except the one who came from heaven – the
on of Man.[q] 14Just as Moses lifted up the snake in
ne wilderness, so the Son of Man must be lifted up,[r]
5that everyone who believes may have eternal life
n him.”[s]
16For God so loved the world that he gave his one
nd only Son, that whoever believes in him shall not
erish but have eternal life. 17For God did not send his
on into the world to condemn the world, but to save
ne world through him. 18Whoever believes in him is
ot condemned, but whoever does not believe stands
ondemned already because they have not believed in
ne name of God’s one and only Son. 19This is the ver-
ict: Light has come into the world, but people loved
arkness instead of light because their deeds were
vil. 20Everyone who does evil hates the light, and will
ot come into the light for fear that their deeds will
e exposed. 21But whoever lives by the truth comes
nto the light, so that it may be seen plainly that what
hey have done has been done in the sight of God.

ohn Testifies Again About Jesus

22After this, Jesus and his disciples went out into
he Judean countryside, where he spent some time
vith them, and baptized. 23Now John also was bap-
izing at Aenon near Salim, because there was plenty
f water, and people were coming and being baptized.
4(This was before John was put in prison.) 25An argu-
nent developed between some of John’s disciples and
certain Jew over the matter of ceremonial washing.

3:6 Or *but spirit*
3:7 The Greek is plural.
3:8 The Greek for *Spirit* is the same as that for *wind*.
3:13 Some manuscripts *Man, who is in heaven*
3:14 The Greek for *lifted up* also means *exalted*.
3:15 Some interpreters end the quotation with verse 21.

lui répondit : Vraiment, je te l’assure : à moins de renaître d’en haut[s], personne ne peut voir le royaume de Dieu.

4– Comment un homme peut-il naître une fois vieux ? s’exclama Nicodème. Il ne peut tout de même pas retourner dans le ventre de sa mère pour renaître ?

5– Vraiment, je te l’assure, reprit Jésus, à moins de naître d’eau, c’est-à-dire d’Esprit[t], personne ne peut entrer dans le royaume de Dieu. 6Ce qui naît d’une naissance naturelle, c’est la vie humaine naturelle. Ce qui naît de l’Esprit est animé par l’Esprit. 7Ne sois donc pas surpris si je t’ai dit : Il vous faut renaître d’en haut[u]. 8Le vent[v] souffle où il veut, tu en entends le bruit, mais tu ne sais ni d’où il vient ni où il va. Il en est ainsi pour quiconque est né de l’Esprit.

9Nicodème reprit : Comment cela peut-il se réaliser ?

10– Toi qui enseignes le peuple d’Israël, tu ignores cela ? lui répondit Jésus. 11Vraiment, je te l’assure : nous parlons de ce que nous connaissons réellement, et nous témoignons de ce que nous avons vu ; et pourtant, vous ne prenez pas notre témoignage au sérieux. 12Si vous ne croyez pas quand je vous parle des réalités terrestres, comment pourrez-vous croire quand je vous parlerai des réalités célestes ? 13Car personne n’est monté au ciel, sauf celui qui en est descendu : le Fils de l’homme[w].

14Dans le désert, Moïse a élevé sur un poteau le serpent de bronze. De la même manière, le Fils de l’homme doit, lui aussi, être élevé 15pour que tous ceux qui placent leur confiance en lui aient la vie éternelle. 16Oui, Dieu a tant aimé le monde qu’il a donné son Fils, son unique, pour que tous ceux qui placent leur confiance en lui échappent à la perdition et qu’ils aient la vie éternelle.

17En effet, Dieu n’a pas envoyé son Fils dans le monde pour condamner le monde, mais pour que celui-ci soit sauvé par lui. 18Celui qui met sa confiance en lui n’est pas condamné, mais celui qui n’a pas foi en lui est déjà condamné, car il n’a pas mis sa confiance en la personne du Fils unique de Dieu. 19Et voici en quoi consiste sa condamnation : c’est que la lumière est venue dans le monde, mais les hommes lui ont préféré les ténèbres, parce que leurs actes sont mauvais. 20En effet, celui qui fait le mal déteste la lumière ; il se garde bien de venir à la lumière de peur que ses actes soient révélés. 21Mais celui qui a une conduite conforme à la vérité vient à la lumière pour qu’on voie clairement qu’il accomplit ses actes dans la communion avec Dieu.

Le témoin s’efface

22Après cela, Jésus se rendit en Judée avec ses disciples ; il y resta quelque temps avec eux et y baptisait. 23Jean, de son côté, baptisait à Enon, près de Salim[x] : il y avait là beaucoup d’eau, et de nombreuses personnes y venaient pour être baptisées. 24En effet, à cette époque, Jean n’avait pas encore été jeté en prison. 25Or, un jour, quelques-uns de ses disciples eurent une discussion avec un Juif[y] au sujet

[s] **3.3** L’expression de Jean, volontairement ambiguë, peut vouloir dire « naître d’en haut » ou « naître de nouveau ».
[t] **3.5** En grec, la conjonction traduite habituellement par *et* peut aussi avoir le sens de *c’est-à-dire*. Jésus semble se référer à la prophétie d’Ez 36.25-27 où la purification par l’eau est une image de l’œuvre de l’Esprit. Autre traduction : *naître d’eau et d’Esprit*.
[u] **3.7** Voir v. 3 et note.
[v] **3.8** Le même mot grec désigne le vent et l’Esprit (voir Ez 37.7-10).
[w] **3.13** Certains manuscrits ajoutent : *qui est dans le ciel*.
[x] **3.23** Deux localités de la vallée du Jourdain.
[y] **3.25** Certains manuscrits ont : *avec des Juifs*.

26They came to John and said to him, "Rabbi, that man
who was with you on the other side of the Jordan – the
one you testified about – look, he is baptizing, and
everyone is going to him."

27To this John replied, "A person can receive only
what is given them from heaven. 28You yourselves can
testify that I said, 'I am not the Messiah but am sent
ahead of him.' 29The bride belongs to the bridegroom.
The friend who attends the bridegroom waits and
listens for him, and is full of joy when he hears the
bridegroom's voice. That joy is mine, and it is now
complete. 30He must become greater; I must become
less."[t]

31The one who comes from above is above all; the
one who is from the earth belongs to the earth, and
speaks as one from the earth. The one who comes
from heaven is above all. 32He testifies to what he
has seen and heard, but no one accepts his testimony.
33Whoever has accepted it has certified that God is
truthful. 34For the one whom God has sent speaks the
words of God, for God[u] gives the Spirit without limit.
35The Father loves the Son and has placed everything
in his hands. 36Whoever believes in the Son has eternal life, but whoever rejects the Son will not see life,
for God's wrath remains on them.

Jesus Talks With a Samaritan Woman

4 1Now Jesus learned that the Pharisees had heard
that he was gaining and baptizing more disciples
than John – 2although in fact it was not Jesus who
baptized, but his disciples. 3So he left Judea and went
back once more to Galilee.

4Now he had to go through Samaria. 5So he came
to a town in Samaria called Sychar, near the plot of
ground Jacob had given to his son Joseph. 6Jacob's well
was there, and Jesus, tired as he was from the journey,
sat down by the well. It was about noon.

7When a Samaritan woman came to draw water,
Jesus said to her, "Will you give me a drink?" 8(His
disciples had gone into the town to buy food.)

9The Samaritan woman said to him, "You are a Jew
and I am a Samaritan woman. How can you ask me for
a drink?" (For Jews do not associate with Samaritans.[v])

10Jesus answered her, "If you knew the gift of God
and who it is that asks you for a drink, you would have
asked him and he would have given you living water."

11"Sir," the woman said, "you have nothing to draw
with and the well is deep. Where can you get this living water? 12Are you greater than our father Jacob,
who gave us the well and drank from it himself, as did
also his sons and his livestock?"

13Jesus answered, "Everyone who drinks this water
will be thirsty again, 14but whoever drinks the water

[t] **3:30** Some interpreters end the quotation with verse 36.
[u] **3:34** Greek *he*
[v] **4:9** Or *do not use dishes Samaritans have used*

de la purification. 26Ils allèrent trouver Jean et lui diren
Maître, tu te souviens de cet homme qui était avec toi d
l'autre côté du Jourdain et pour qui tu as témoigné. E
bien, le voilà qui baptise à son tour, et tout le monde s
rend auprès de lui.

27Jean répondit : Nul ne peut s'attribuer une autr
mission[z] que celle qu'il a reçue de Dieu. 28Vous en ête
vous-mêmes témoins ; j'ai toujours dit : je ne suis pas
Messie, mais j'ai été envoyé comme son Précurseur.
29A qui appartient la mariée ? Au marié. Quant à l'ami d
marié, c'est celui qui se tient à côté de lui et qui l'écoute
entendre sa voix le remplit de joie. Telle est ma joie, et,
présent, elle est complète. 30Lui doit devenir de plus e
plus grand, et moi de plus en plus petit.

31Qui vient d'en haut est au-dessus de tout. Qui est de l
terre reste lié à la terre et parle des choses terrestres. Cel
qui vient du ciel est [au-dessus de tout[a]]. 32Il témoign
de ce qu'il a vu et entendu. Mais personne ne prend so
témoignage au sérieux. 33Celui qui accepte son témoignag
certifie que Dieu dit la vérité. 34En effet, l'envoyé de Die
dit les paroles mêmes de Dieu, car Dieu lui donne son Espr
sans aucune restriction. 35Le Père aime le Fils et a tou
remis entre ses mains. 36Qui place sa confiance dans l
Fils possède la vie éternelle. Qui ne met pas sa confianc
dans le Fils ne connaît pas la vie ; il reste sous le coup d
la colère de Dieu.

Le Messie se révèle en Samarie

4 1Les pharisiens avaient entendu dire que Jésus fais
ait et baptisait plus de disciples que Jean. 2(A vra
dire, Jésus lui-même ne baptisait personne, il laissait c
soin à ses disciples.) Lorsque Jésus l'apprit, 3il quitta l
Judée et retourna en Galilée. 4Il lui fallait donc traverse
la Samarie. 5C'est ainsi qu'il arriva près d'une bourgad
de Samarie nommée Sychar, non loin du champ que Jaco
avait jadis donné à son fils Joseph. 6C'est là que se trouvai
le puits de Jacob. Jésus, fatigué du voyage, s'assit au bor
du puits. Il était environ midi. 7Une femme samaritain
vint pour puiser de l'eau. Jésus s'adressa à elle : S'il te plaî
donne-moi à boire un peu d'eau.
8(Ses disciples étaient allés à la ville pour acheter d
quoi manger.)

9La Samaritaine s'exclama : Comment ? Tu es Juif e
tu me demandes à boire, à moi qui suis Samaritaine
(Les Juifs, en effet, évitaient toutes relations avec le
Samaritains[b].)

10Jésus lui répondit : Si tu savais quel don Dieu veut t
faire et qui est celui qui te demande à boire, c'est toi qui lu
aurais demandé à boire et il t'aurait donné de l'eau vive[c]

11– Mais, Maître, répondit la femme, non seulement t
n'as pas de seau, mais le puits est profond ! D'où la tires-t
donc, cette eau vive ? 12Tu ne vas pas te prétendre plu
grand que notre ancêtre Jacob, auquel nous devons c
puits, et qui a bu lui-même de son eau ainsi que ses en
fants et ses troupeaux ?

13– Celui qui boit de cette eau, reprit Jésus, aura de nou
veau soif. 14Mais celui qui boira de l'eau que je lui donnera

[z] **3.27** Autre traduction : *quoi que ce soit.*
[a] **3.31** Les mots entre crochets sont absents de nombreux manuscrits.
[b] **4.9** Autre traduction : *Les Juifs, en effet, ne buvaient pas à la même coupe que les Samaritains.*
[c] **4.10** *vive:* c'est-à-dire de l'eau courante, jeu de mots avec : *eau qui donne la vie* (voir v. 14).

give them will never thirst. Indeed, the water I give
iem will become in them a spring of water welling
o to eternal life."
[15]The woman said to him, "Sir, give me this water
› that I won't get thirsty and have to keep coming
ere to draw water."
[16]He told her, "Go, call your husband and come
ack."
[17]"I have no husband," she replied.
Jesus said to her, "You are right when you say you
ave no husband. [18]The fact is, you have had five hus-
ands, and the man you now have is not your husband.
'hat you have just said is quite true."
[19]"Sir," the woman said, "I can see that you are a
rophet. [20]Our ancestors worshiped on this moun-
ain, but you Jews claim that the place where we must
orship is in Jerusalem."
[21]"Woman," Jesus replied, "believe me, a time is
oming when you will worship the Father neither on
is mountain nor in Jerusalem. [22]You Samaritans
orship what you do not know; we worship what we
o know, for salvation is from the Jews. [23]Yet a time
coming and has now come when the true worship-
rs will worship the Father in the Spirit and in truth,
r they are the kind of worshipers the Father seeks.
'God is spirit, and his worshipers must worship in
e Spirit and in truth."
[25]The woman said, "I know that Messiah" (called
hrist) "is coming. When he comes, he will explain
verything to us."
[26]Then Jesus declared, "I, the one speaking to you – I
m he."

he Disciples Rejoin Jesus

[27]Just then his disciples returned and were sur-
rised to find him talking with a woman. But no one
sked, "What do you want?" or "Why are you talking
ith her?"
[28]Then, leaving her water jar, the woman went back
› the town and said to the people, [29]"Come, see a
ian who told me everything I ever did. Could this be
e Messiah?" [30]They came out of the town and made
eir way toward him.
[31]Meanwhile his disciples urged him, "Rabbi, eat
omething."
[32]But he said to them, "I have food to eat that you
now nothing about."
[33]Then his disciples said to each other, "Could some-
ne have brought him food?"
[34]"My food," said Jesus, "is to do the will of him
who sent me and to finish his work. [35]Don't you have

n'aura plus jamais soif. Bien plus : l'eau que je lui donnerai
deviendra en lui une source intarissable qui jaillira jusque
dans la vie éternelle.
[15]– Maître, lui dit alors la femme, donne-moi de cette
eau-là, pour que je n'aie plus soif et que je n'aie plus besoin
de revenir puiser de l'eau ici.
[16]– Va donc chercher ton mari, lui dit Jésus, et reviens
ici.
[17]– Je ne suis pas mariée, lui répondit-elle.
– Tu as raison de dire : Je ne suis pas mariée. [18]En fait
tu l'as été cinq fois, et l'homme avec lequel tu vis actuellement n'est pas ton mari. Ce que tu as dit là est vrai[d].
[19]– Maître, répondit la femme, je le vois, tu es un
prophète. [20]Dis-moi : qui a raison ? Nos ancêtres ont adoré
Dieu sur cette montagne-ci[e]. Vous autres, vous affirmez
que l'endroit où l'on doit adorer, c'est Jérusalem.
[21]– Crois-moi, lui dit Jésus, l'heure vient où il ne sera plus
question de cette montagne ni de Jérusalem pour adorer le
Père. [22]Vous adorez ce que vous ne connaissez pas ; nous,
nous adorons ce que nous connaissons, car le salut vient
du peuple juif. [23]Mais l'heure vient, et elle est déjà là, où
les vrais adorateurs adoreront le Père par l'Esprit et en
vérité ; car le Père recherche des hommes qui l'adorent
ainsi. [24]Dieu est Esprit et il faut que ceux qui l'adorent
l'adorent par l'Esprit et en vérité.
[25]La femme lui dit : Je sais qu'un jour le Messie doit venir
(celui qu'on appelle Christ). Quand il sera venu, il nous
expliquera tout.
[26]– Je suis le Messie, moi qui te parle, lui dit Jésus.

[27]Sur ces entrefaites, les disciples revinrent. Ils furent
très étonnés de voir Jésus parler avec une femme. Aucun
d'eux, cependant, ne lui demanda : « Que lui veux-tu ? »
ou : « Pourquoi parles-tu avec elle ? »
[28]Alors, la femme laissa là sa cruche, se rendit à la ville,
et la voilà qui se mit à dire autour d'elle : [29]Venez voir
un homme qui m'a dit tout ce que j'ai fait. Et si c'était le
Messie ?
[30]Les gens sortirent de la ville pour se rendre auprès
de Jésus.
[31]Entre-temps, les disciples pressaient Jésus en disant :
Maître, mange donc !
[32]Mais il leur dit : J'ai, pour me nourrir, un aliment que
vous ne connaissez pas.
[33]Les disciples se demandèrent donc entre eux : Est-ce
que quelqu'un lui aurait apporté à manger ?
[34]– Ce qui me nourrit, leur expliqua Jésus, c'est d'accomplir la volonté de celui qui m'a envoyé et de mener à
bien l'œuvre qu'il m'a confiée. [35]Vous dites en ce moment :

[d] 4.18 On pourrait traduire en plaçant les paroles : *ce que tu as dit là est vrai* dans la bouche de la Samaritaine.

[e] 4.20 Les Samaritains ne venaient pas célébrer le culte au temple de Jérusalem, mais ils avaient bâti un sanctuaire, détruit depuis lors, près de l'ancienne Sichem, sur le mont *Garizim* que l'on pouvait voir depuis l'endroit où se trouvait Jésus.

a saying, 'It's still four months until harvest'? I tell you, open your eyes and look at the fields! They are ripe for harvest. 36 Even now the one who reaps draws a wage and harvests a crop for eternal life, so that the sower and the reaper may be glad together. 37 Thus the saying 'One sows and another reaps' is true. 38 I sent you to reap what you have not worked for. Others have done the hard work, and you have reaped the benefits of their labor."

Many Samaritans Believe

39 Many of the Samaritans from that town believed in him because of the woman's testimony, "He told me everything I ever did." 40 So when the Samaritans came to him, they urged him to stay with them, and he stayed two days. 41 And because of his words many more became believers.

42 They said to the woman, "We no longer believe just because of what you said; now we have heard for ourselves, and we know that this man really is the Savior of the world."

Jesus Heals an Official's Son

43 After the two days he left for Galilee. 44 (Now Jesus himself had pointed out that a prophet has no honor in his own country.) 45 When he arrived in Galilee, the Galileans welcomed him. They had seen all that he had done in Jerusalem at the Passover Festival, for they also had been there.

46 Once more he visited Cana in Galilee, where he had turned the water into wine. And there was a certain royal official whose son lay sick at Capernaum. 47 When this man heard that Jesus had arrived in Galilee from Judea, he went to him and begged him to come and heal his son, who was close to death.

48 "Unless you people see signs and wonders," Jesus told him, "you will never believe."

49 The royal official said, "Sir, come down before my child dies."

50 "Go," Jesus replied, "your son will live."

The man took Jesus at his word and departed. 51 While he was still on the way, his servants met him with the news that his boy was living. 52 When he inquired as to the time when his son got better, they said to him, "Yesterday, at one in the afternoon, the fever left him."

53 Then the father realized that this was the exact time at which Jesus had said to him, "Your son will live." So he and his whole household believed.

54 This was the second sign Jesus performed after coming from Judea to Galilee.

The Healing at the Pool

5 1 Some time later, Jesus went up to Jerusalem for one of the Jewish festivals. 2 Now there is in Jerusalem near the Sheep Gate a pool, which in

Encore quatre mois, et c'est la moisson ! N'est-ce pas ? E bien, moi je vous dis : Ouvrez vos yeux et regardez le champs ; déjà les épis sont blonds, prêts à être moissor nés[f]. 36 Celui qui les fauche reçoit maintenant son salair et récolte une moisson pour la vie éternelle, si bien qu semeur et moissonneur partagent la même joie. 37 Ici s vérifie le proverbe : « Autre est celui qui sème, autre cel qui moissonne. » 38 Je vous ai envoyés récolter une moissc qui ne vous a coûté aucune peine. D'autres ont travaill et vous avez recueilli le fruit de leur labeur.

39 Il y eut, dans cette bourgade, beaucoup de Samaritair qui crurent en Jésus grâce au témoignage qu'avait rend cette femme en déclarant : « Il m'a dit tout ce que j'ai fait. 40 Lorsque les Samaritains furent venus auprès de Jésus, i le prièrent de rester, et il passa deux jours chez eux. 41 I furent encore bien plus nombreux à croire en lui à cause d ses paroles, 42 et ils disaient à la femme : Nous croyons e lui, non seulement à cause de ce que tu nous as rapport mais parce que nous l'avons nous-mêmes entendu ; et nou savons qu'il est vraiment le Sauveur du monde.

Le deuxième miracle en Galilée

43 Après ces deux jours, Jésus repartit de là pour Galilée, 44 car il avait déclaré qu'un prophète ne reço pas dans son pays l'honneur qui lui est dû. 45 Or, quand arriva en Galilée, les gens lui firent assez bon accueil, ca ils étaient, eux aussi, allés à Jérusalem pendant la fête, ils avaient vu tous les miracles qu'il y avait faits.

46 Il repassa par Cana en Galilée, où il avait changé l'ea en vin. Or, à Capernaüm vivait un haut fonctionnaire[g] dor le fils était très malade. 47 Quand il apprit que Jésus éta revenu de Judée en Galilée, il alla le trouver et le suppli de venir guérir son fils qui était sur le point de mourir.

48 Jésus lui dit : A moins de voir des signes miraculeu et des choses extraordinaires, vous ne croirez donc pas 49 Mais le fonctionnaire insistait : Seigneur, viens vit avant que mon petit garçon meure.

50 – Va, lui dit Jésus, rentre chez toi, ton fils vit.

Cet homme crut Jésus sur parole et il repartit chez lu 51 Sur le chemin du retour, plusieurs de ses serviteur vinrent à sa rencontre et lui annoncèrent : Ton fils vit ! 52 Il leur demanda à quelle heure son état s'étai amélioré.

Ils lui répondirent : C'est hier, vers une heure d l'après-midi, que la fièvre l'a quitté.

53 Le père constata que c'était l'heure même où Jésu lui avait dit : « Ton fils vit. » Dès lors il crut, lui et tout sa maison.

54 Tel est le deuxième signe miraculeux que Jésus accom plit en Galilée, après son retour de Judée.

Foi et incrédulité

La guérison d'un paralysé à Jérusalem

5 1 Quelque temps plus tard, Jésus remonta Jérusalem à l'occasion d'une fête juive. 2 Or, dan cette ville, près de la porte des Brebis, se trouvait un

f 4.35 La *moisson* figure l'ensemble de ceux qui sont prêts à accepter le message de Christ. Dans ce cas, les moissonneurs sont les disciples. Jean Baptiste fut un des semeurs.

g 4.46 Attaché au service du roi Hérode Antipas.

ramaic is called Bethesda[w] and which is surrounded y five covered colonnades. [3]Here a great number f disabled people used to lie – the blind, the lame, ne paralyzed. [4][4][x] [5]One who was there had been an ıvalid for thirty-eight years. [6]When Jesus saw him ying there and learned that he had been in this conition for a long time, he asked him, "Do you want get well?"

[7]"Sir," the invalid replied, "I have no one to help me nto the pool when the water is stirred. While I am rying to get in, someone else goes down ahead of me."

[8]Then Jesus said to him, "Get up! Pick up your mat nd walk." [9]At once the man was cured; he picked up is mat and walked.

The day on which this took place was a Sabbath,)and so the Jewish leaders said to the man who had een healed, "It is the Sabbath; the law forbids you carry your mat."

[11]But he replied, "The man who made me well said me, 'Pick up your mat and walk.' "

[12]So they asked him, "Who is this fellow who told ou to pick it up and walk?"

[13]The man who was healed had no idea who it was, or Jesus had slipped away into the crowd that was here.

[14]Later Jesus found him at the temple and said to im, "See, you are well again. Stop sinning or somehing worse may happen to you." [15]The man went way and told the Jewish leaders that it was Jesus who ad made him well.

he Authority of the Son

[16]So, because Jesus was doing these things on he Sabbath, the Jewish leaders began to persecute im. [17]In his defense Jesus said to them, "My Father s always at his work to this very day, and I too am vorking." [18]For this reason they tried all the more o kill him; not only was he breaking the Sabbath, ut he was even calling God his own Father, making imself equal with God.

[19]Jesus gave them this answer: "Very truly I tell ou, the Son can do nothing by himself; he can do nly what he sees his Father doing, because whatever he Father does the Son also does. [20]For the Father oves the Son and shows him all he does. Yes, and he vill show him even greater works than these, so that ou will be amazed. [21]For just as the Father raises the ead and gives them life, even so the Son gives life to vhom he is pleased to give it. [22]Moreover, the Father udges no one, but has entrusted all judgment to the on, [23]that all may honor the Son just as they honor he Father. Whoever does not honor the Son does not onor the Father, who sent him.

[w] 5:2 Some manuscripts *Bethzatha;* other manuscripts *Bethsaida*
[x] 5:3,4 Some manuscripts include here, wholly or in part, *paralyzed – and they waited for the moving of the waters. [4] From time to time n angel of the Lord would come down and stir up the waters. The first ne into the pool after each such disturbance would be cured of whatever isease they had.*

piscine[h] entourée de cinq galeries couvertes, appelée en hébreu Béthesda[i]. [3]Ces galeries étaient remplies de malades qui y restaient couchés : des aveugles, des paralysés, des impotents[j].

[5]Il y avait là un homme malade depuis trente-huit ans.

[6]Jésus le vit couché ; quand il sut qu'il était là depuis si longtemps, il lui demanda : Veux-tu être guéri ?

[7]– Maître, répondit le malade, je n'ai personne pour me plonger dans la piscine quand l'eau commence à bouillonner. Le temps que je me traîne là-bas, un autre y arrive avant moi.

[8]– Eh bien, lui dit Jésus, lève-toi, prends ta natte et marche !

[9]A l'instant même l'homme fut guéri. Il prit sa natte et se mit à marcher.

Mais cela se passait un jour de sabbat. [10]Les Juifs interpellèrent donc l'homme qui venait d'être guéri : C'est le sabbat ! Tu n'as pas le droit de porter cette natte.

[11]– Mais, répliqua-t-il, celui qui m'a guéri m'a dit : « Prends ta natte et marche. »

[12]– Et qui t'a dit cela ? lui demandèrent-ils.

[13]Mais l'homme qui avait été guéri ignorait qui c'était, car Jésus avait disparu dans la foule qui se pressait en cet endroit.

[14]Peu de temps après, Jésus le rencontra dans la cour du Temple.

– Te voilà guéri, lui dit-il. Mais veille à ne plus pécher, pour qu'il ne t'arrive rien de pire.

[15]Et l'homme alla annoncer aux Juifs que c'était Jésus qui l'avait guéri.

Le Père et le Fils

[16]Les Juifs se mirent donc à accuser Jésus parce qu'il avait fait cela le jour du sabbat.

[17]Jésus leur répondit : Mon Père est à l'œuvre jusqu'à présent, et moi aussi je suis à l'œuvre.

[18]Cette remarque fut pour eux une raison de plus pour chercher à le faire mourir car, non content de violer la loi sur le sabbat, il appelait encore Dieu son propre Père et se faisait ainsi l'égal de Dieu. [19]Jésus répondit à ces reproches en leur disant : Vraiment, je vous l'assure : le Fils ne peut rien faire de sa propre initiative ; il agit seulement d'après ce qu'il voit faire au Père. Tout ce que fait le Père, le Fils le fait également, [20]car le Père aime le Fils et lui montre tout ce qu'il fait. Il lui montrera même des œuvres plus grandes que toutes celles que vous avez vues jusqu'à présent, et vous en serez stupéfaits. [21]En effet, comme le Père ressuscite les morts et donne la vie, ainsi le Fils, lui aussi, donne la vie à qui il veut. [22]De plus, ce n'est pas le Père qui prononce le jugement sur les hommes ; il a remis tout jugement au Fils, [23]afin que tous les hommes honorent le Fils au même titre que le Père. Ne pas honorer le Fils, c'est ne pas honorer le Père qui l'a envoyé.

[h] 5.2 L'emplacement de cette *piscine* existe toujours dans un quartier au nord-est de Jérusalem.
[i] 5.2 Certains manuscrits ont : *Bethzatha.*
[j] 5.3 Certains manuscrits ont à la suite : *Ils attendaient le bouillonnement de l'eau. [4] Car un ange du Seigneur descendait de temps en temps dans la piscine et agitait l'eau. Le premier qui y entrait après le bouillonnement de l'eau était guéri, quelle que soit sa maladie.*

24 "Very truly I tell you, whoever hears my word
and believes him who sent me has eternal life and will
not be judged but has crossed over from death to life.
25 Very truly I tell you, a time is coming and has now
come when the dead will hear the voice of the Son of
God and those who hear will live. 26 For as the Father
has life in himself, so he has granted the Son also to
have life in himself. 27 And he has given him authority
to judge because he is the Son of Man.

28 "Do not be amazed at this, for a time is coming
when all who are in their graves will hear his voice
29 and come out – those who have done what is good
will rise to live, and those who have done what is evil
will rise to be condemned. 30 By myself I can do nothing; I judge only as I hear, and my judgment is just,
for I seek not to please myself but him who sent me.

Testimonies About Jesus

31 "If I testify about myself, my testimony is not true.
32 There is another who testifies in my favor, and I
know that his testimony about me is true.
33 "You have sent to John and he has testified to
the truth. 34 Not that I accept human testimony; but
I mention it that you may be saved. 35 John was a lamp
that burned and gave light, and you chose for a time
to enjoy his light.

36 "I have testimony weightier than that of John. For
the works that the Father has given me to finish – the
very works that I am doing – testify that the Father
has sent me. 37 And the Father who sent me has himself
testified concerning me. You have never heard his
voice nor seen his form, 38 nor does his word dwell
in you, for you do not believe the one he sent. 39 You
study[y] the Scriptures diligently because you think
that in them you have eternal life. These are the very
Scriptures that testify about me, 40 yet you refuse to
come to me to have life.

41 "I do not accept glory from human beings, 42 but
I know you. I know that you do not have the love of
God in your hearts. 43 I have come in my Father's name,
and you do not accept me; but if someone else comes
in his own name, you will accept him. 44 How can you
believe since you accept glory from one another but
do not seek the glory that comes from the only God[z]?

45 "But do not think I will accuse you before the
Father. Your accuser is Moses, on whom your hopes
are set. 46 If you believed Moses, you would believe
me, for he wrote about me. 47 But since you do not
believe what he wrote, how are you going to believe
what I say?"

y 5:39 Or 39 *Study*
z 5:44 Some early manuscripts *the Only One*

24 Oui, vraiment, je vous l'assure : celui qui écoute c
que je dis et qui place sa confiance dans le Père qui m
envoyé, possède, dès à présent, la vie éternelle et il ne se
pas condamné ; il est déjà passé de la mort à la vie. 25 Ou
vraiment, je vous l'assure : l'heure vient, et elle est dé
là, où les morts entendront la voix du Fils de Dieu, et tou
ceux qui l'auront entendue vivront.

26 En effet, comme le Père possède la vie en lui-mêm
il a accordé au Fils d'avoir la vie en lui-même. 27 Et parc
qu'il est le Fils de l'homme, il lui a donné autorité pou
exercer le jugement.

28 Ne vous en étonnez pas : l'heure vient où tous ceu
qui sont dans la tombe entendront la voix du Fils de l'hon
me. 29 Alors, ils en sortiront : ceux qui auront fait le bie
ressusciteront pour la vie, ceux qui auront fait le mal re
susciteront pour être condamnés. 30 Pour moi, je ne peu
rien faire de mon propre chef ; je juge seulement comm
le Père me l'indique. Et mon verdict est juste, car je n
cherche pas à réaliser mes propres désirs, mais à faire l
volonté de celui qui m'a envoyé.

Les témoins du Fils

31 Bien sûr, si j'étais seul à témoigner en ma faveur, mo
témoignage ne serait pas vrai.

32 Mais j'ai un autre témoin[k] et je sais que son témo
gnage est vrai. 33 Vous avez envoyé une commissio
d'enquête auprès de Jean et il a rendu témoignage à l
vérité[l]. 34 Moi, je n'ai pas besoin d'un homme pour témo
gner en ma faveur, mais je dis cela pour que vous, vou
soyez sauvés. 35 Oui, Jean était vraiment comme un flam
beau que l'on allume pour qu'il répande sa clarté. Mai
vous, vous avez simplement voulu, pour un moment, vou
réjouir à sa lumière.

36 Quant à moi, j'ai en ma faveur un témoignage qui
plus de poids que celui de Jean : c'est celui des œuvres qu
le Père m'a donné d'accomplir. Oui, ces œuvres que j'ac
complis attestent clairement que le Père m'a envoyé. 37 D
plus, le Père lui-même, qui m'a envoyé, a témoigné en m
faveur. Mais vous n'avez jamais entendu sa voix, ni vu s
face. 38 Sa parole n'habite pas en vous ; la preuve, c'est qu
vous ne croyez pas en celui qu'il a envoyé. 39 Vous étudie
avec soin les Ecritures, parce que vous êtes convaincu
d'en obtenir la vie éternelle. Or, précisément, ce sont elle
qui témoignent de moi. 40 Mais voilà : vous ne voulez pa
venir à moi pour recevoir la vie.

41 Je ne cherche pas les honneurs de la part des hommes
42 Seulement, je constate une chose : au fond de vous
mêmes, vous n'avez pas d'amour pour Dieu. 43 Je suis ven
au nom de mon Père, et vous ne me recevez pas. Si un autr
vient en son propre nom, vous le recevrez ! 44 D'ailleurs
comment pourriez-vous parvenir à la foi alors que vou
cherchez à être honorés les uns par les autres et que vou
ne recherchez pas la gloire qui vient de Dieu seul ?

45 N'allez surtout pas croire que je serai moi votre accu
sateur auprès de mon Père ; c'est Moïse qui vous accusera
oui, ce Moïse même en qui vous avez mis votre espérance

46 En effet, si vous l'aviez réellement cru, vous m'auriez
aussi cru, car il a parlé de moi dans ses livres. 47 Si vous
ne croyez même pas à ses écrits, comment croirez-vous
à mes paroles ?

k 5.32 Il s'agit de Jean-Baptiste.
l 5.33 Allusion au ministère de Jean-Baptiste.

sus Feeds the Five Thousand

[1]Some time after this, Jesus crossed to the far shore of the Sea of Galilee (that is, the Sea of berias), [2]and a great crowd of people followed him ›cause they saw the signs he had performed by healg the sick. [3]Then Jesus went up on a mountainside ıd sat down with his disciples. [4]The Jewish Passover stival was near.

[5]When Jesus looked up and saw a great crowd comg toward him, he said to Philip, "Where shall we ıy bread for these people to eat?" [6]He asked this ıly to test him, for he already had in mind what he as going to do.

[7]Philip answered him, "It would take more than ılf a year's wages[a] to buy enough bread for each one have a bite!"

[8]Another of his disciples, Andrew, Simon Peter's other, spoke up, [9]"Here is a boy with five small bary loaves and two small fish, but how far will they go nong so many?"

[10]Jesus said, "Have the people sit down." There was enty of grass in that place, and they sat down (about ve thousand men were there). [11]Jesus then took the aves, gave thanks, and distributed to those who were ated as much as they wanted. He did the same with e fish.

[12]When they had all had enough to eat, he said to s disciples, "Gather the pieces that are left over. Let othing be wasted." [13]So they gathered them and led twelve baskets with the pieces of the five barley aves left over by those who had eaten.

[14]After the people saw the sign Jesus performed, ey began to say, "Surely this is the Prophet who is come into the world." [15]Jesus, knowing that they tended to come and make him king by force, withew again to a mountain by himself.

sus Walks on the Water

[16]When evening came, his disciples went down the lake, [17]where they got into a boat and set off ross the lake for Capernaum. By now it was dark, ıd Jesus had not yet joined them. [18]A strong wind as blowing and the waters grew rough. [19]When they ıd rowed about three or four miles,[b] they saw Jesus proaching the boat, walking on the water; and they ere frightened. [20]But he said to them, "It is I; don't afraid." [21]Then they were willing to take him into e boat, and immediately the boat reached the shore here they were heading.

[22]The next day the crowd that had stayed on the pposite shore of the lake realized that only one

:7 Greek *take two hundred denarii*
:19 Or about 5 or 6 kilometers

Du pain pour tous

(Mt 14.13-21 ; Mc 6.30-44 ; Lc 9.10-17)

6 [1]Après cela, Jésus passa sur l'autre rive du lac de Galilée (appelé aussi lac de Tibériade). [2]Une foule immense le suivait, attirée par les guérisons miraculeuses dont elle avait été témoin. [3]C'est pourquoi Jésus s'en alla dans la montagne et s'assit là avec ses disciples. [4]La Pâque, la fête des Juifs était proche.

[5]Jésus regarda autour de lui et vit une foule nombreuse venir à lui. Alors il demanda à Philippe : Où pourrions-nous acheter assez de pains pour nourrir tout ce monde ?

[6]Il ne lui posait cette question que pour voir ce qu'il allait répondre car, en réalité, il savait déjà ce qu'il allait faire.

[7]– Rien que pour donner à chacun un petit morceau de pain, il faudrait au moins deux cents pièces d'argent[m], lui répondit Philippe.

[8]Un autre disciple, André, frère de Simon Pierre, lui dit : [9]Il y a ici un jeune garçon qui a cinq pains d'orge et deux poissons. Mais qu'est-ce que cela pour tant de monde ?

[10]– Dites-leur à tous de s'asseoir, leur ordonna Jésus.

L'herbe était abondante à cet endroit et la foule s'installa donc par terre. Il y avait là environ cinq mille hommes. [11]Jésus prit alors les pains, remercia Dieu, puis les fit distribuer à ceux qui avaient pris place sur l'herbe. Il leur donna aussi autant de poisson qu'ils en désiraient. [12]Quand ils eurent tous mangé à leur faim, Jésus dit à ses disciples : Ramassez les morceaux qui restent, pour que rien ne soit gaspillé.

[13]Ils les ramassèrent donc et remplirent douze paniers avec ce qui restait des cinq pains d'orge qu'on avait mangés.

[14]Lorsque tous ces gens-là virent le signe miraculeux de Jésus, ils s'écrièrent : Pas de doute : cet homme est vraiment le Prophète qui devait venir dans le monde.

[15]Mais Jésus, sachant qu'ils allaient l'enlever de force pour le proclamer roi, se retira de nouveau, tout seul, dans la montagne.

Jésus marche sur les eaux

(Mt 14.22-27 ; Mc 6.45-52)

[16]A la tombée de la nuit, ses disciples redescendirent au bord du lac. [17]Ils montèrent dans un bateau et se dirigèrent vers Capernaüm, sur l'autre rive. Il faisait déjà nuit et Jésus ne les avait pas encore rejoints. [18]Un vent violent se mit à souffler, et le lac était très agité. [19]Les disciples avaient déjà parcouru cinq ou six kilomètres, quand ils virent Jésus marcher sur l'eau et s'approcher de leur bateau. L'épouvante les saisit. [20]Mais Jésus leur dit : C'est moi, n'ayez pas peur !

[21]Ils voulurent alors le faire monter dans le bateau, et au même moment, ils touchèrent terre à l'endroit où ils voulaient aller.

Le pain qui fait vivre

[22]Le lendemain, ceux qui étaient restés sur l'autre rive se rendirent compte qu'il n'y avait eu là qu'un seul bateau

[m] **6.7** Il s'agit de *200 deniers.* Le *denier* équivalait au salaire d'une journée de travail (Mt 20.2).

boat had been there, and that Jesus had not entered
it with his disciples, but that they had gone away
alone. 23 Then some boats from Tiberias landed near
the place where the people had eaten the bread after
the Lord had given thanks. 24 Once the crowd realized
that neither Jesus nor his disciples were there, they
got into the boats and went to Capernaum in search
of Jesus.

Jesus the Bread of Life

25 When they found him on the other side of the
lake, they asked him, "Rabbi, when did you get here?"
26 Jesus answered, "Very truly I tell you, you are
looking for me, not because you saw the signs I performed but because you ate the loaves and had your
fill. 27 Do not work for food that spoils, but for food
that endures to eternal life, which the Son of Man
will give you. For on him God the Father has placed
his seal of approval."

28 Then they asked him, "What must we do to do the
works God requires?"
29 Jesus answered, "The work of God is this: to believe in the one he has sent."
30 So they asked him, "What sign then will you give
that we may see it and believe you? What will you do?
31 Our ancestors ate the manna in the wilderness; as it
is written: 'He gave them bread from heaven to eat.'"
32 Jesus said to them, "Very truly I tell you, it is not
Moses who has given you the bread from heaven, but
it is my Father who gives you the true bread from
heaven. 33 For the bread of God is the bread that comes
down from heaven and gives life to the world."
34 "Sir," they said, "always give us this bread."

35 Then Jesus declared, "I am the bread of life.
Whoever comes to me will never go hungry, and whoever believes in me will never be thirsty. 36 But as I told
you, you have seen me and still you do not believe.
37 All those the Father gives me will come to me, and
whoever comes to me I will never drive away. 38 For I
have come down from heaven not to do my will but
to do the will of him who sent me. 39 And this is the
will of him who sent me, that I shall lose none of all
those he has given me, but raise them up at the last
day. 40 For my Father's will is that everyone who looks
to the Son and believes in him shall have eternal life,
and I will raise them up at the last day."

41 At this the Jews there began to grumble about
him because he said, "I am the bread that came down
from heaven." 42 They said, "Is this not Jesus, the son of
Joseph, whose father and mother we know? How can
he now say, 'I came down from heaven'?"
43 "Stop grumbling among yourselves," Jesus answered. 44 "No one can come to me unless the Father

et que Jésus n'avait pas accompagné ses disciples ; ceux-
étaient repartis seuls. 23 Entre-temps, d'autres bateau
étaient arrivés de Tibériade, près de l'endroit où tou
cette foule avait été nourrie après que le Seigneur e
remercié Dieu. 24 Quand les gens virent que Jésus n'éta
pas là, et ses disciples non plus, ils montèrent dans c
bateaux pour aller à Capernaüm, à la recherche de Jésu

25 Ils le trouvèrent de l'autre côté du lac et lui d
mandèrent : Maître, quand es-tu venu ici ?
26 Jésus leur répondit : Vraiment, je vous l'assure, si vo
me cherchez, ce n'est pas parce que vous avez compris
sens de mes signes miraculeux. Non ! C'est parce que vo
avez mangé du pain et que vous avez été rassasiés.
27 Travaillez, non pour la nourriture périssable, ma
pour celle qui dure pour la vie éternelle. Cette nourritur
c'est le Fils de l'homme qui vous la donnera, car Dieu
Père lui en a accordé le pouvoir en le marquant de sc
sceau[n].
28 – Et que devons-nous faire pour accomplir les œuvr
que Dieu attend de nous ? lui demandèrent-ils encore.
29 – L'œuvre de Dieu, leur répondit Jésus, c'est que vo
croyiez en celui qu'il a envoyé.
30 Sur quoi, ils lui dirent : Quel signe miraculeux no
feras-tu voir pour que nous puissions croire en toi ? Q
vas-tu faire ? 31 Pendant qu'ils traversaient le désert, n
ancêtres ont mangé la manne[o], comme le dit ce texte c
l'Ecriture : *Il leur donna à manger un pain qui venait du ciel*
32 Mais Jésus leur répondit : Vraiment, je vous l'assur
ce n'est pas Moïse qui vous a donné le pain venu du cie
c'est mon Père qui vous donne le pain du ciel, le vrai pai
33 Car le pain qui vient de Dieu, c'est celui qui descend d
ciel et qui donne la vie au monde.
34 – Seigneur, dirent-ils alors, donne-nous toujours c
ce pain-là.
35 Et Jésus répondit : Moi, je suis le pain qui donne la vi
Celui qui vient à moi n'aura plus jamais faim, celui qui cro
en moi n'aura plus jamais soif. 36 Mais je vous l'ai déjà di
vous avez vu, et vous ne croyez pas.
37 Tous ceux que le Père me donne viendront à moi,
je ne repousserai pas celui qui vient à moi. 38 Car si je su
descendu du ciel, ce n'est pas pour faire ce qui me plaî
mais pour accomplir la volonté de celui qui m'a envoy
39 Or, celui qui m'a envoyé veut que je ne perde aucun d
ceux qu'il m'a donnés, mais que je les ressuscite au derni
jour. 40 Oui, telle est la volonté de mon Père : que tous ceu
qui tournent leurs regards vers le Fils et qui croient e
lui, possèdent la vie éternelle, et moi, je les ressusciter
au dernier jour.
41 Alors les gens se mirent à murmurer contre lui, parc
qu'il avait dit : « C'est moi qui suis le pain descendu d
ciel. » 42 Ils disaient : Voyons, n'est-ce pas Jésus, le fi
de Joseph ? Nous connaissons bien son père et sa mère
Comment peut-il prétendre qu'il est descendu du ciel ?
43 Jésus leur dit : Cessez donc de murmurer ainsi entr
vous ! 44 Personne ne peut venir à moi si le Père qui m

n 6.27 Le *sceau* est une marque d'authenticité. Les miracles accomplis par Jésus authentifiaient l'origine divine de son ministère.

o 6.31 Nourriture donnée par Dieu aux Israélites durant leur séjour dar le désert après la sortie d'Egypte. Voir Ex 16.15.

ho sent me draws them, and I will raise them up at
ıe last day. 45It is written in the Prophets: 'They will
l be taught by God.' Everyone who has heard the
ather and learned from him comes to me. 46No one
as seen the Father except the one who is from God;
nly he has seen the Father. 47Very truly I tell you, the
ne who believes has eternal life. 48I am the bread of
fe. 49Your ancestors ate the manna in the wilderness,
et they died. 50But here is the bread that comes down
om heaven, which anyone may eat and not die. 51I
m the living bread that came down from heaven.
Vhoever eats this bread will live forever. This bread
my flesh, which I will give for the life of the world."

52Then the Jews began to argue sharply among
ıemselves, "How can this man give us his flesh to
at?"
53Jesus said to them, "Very truly I tell you, unless
ou eat the flesh of the Son of Man and drink his
lood, you have no life in you. 54Whoever eats my flesh
nd drinks my blood has eternal life, and I will raise
hem up at the last day. 55For my flesh is real food and
ıy blood is real drink. 56Whoever eats my flesh and
rinks my blood remains in me, and I in them. 57Just
s the living Father sent me and I live because of the
ather, so the one who feeds on me will live because of
ıe. 58This is the bread that came down from heaven.
our ancestors ate manna and died, but whoever feeds
n this bread will live forever." 59He said this while
eaching in the synagogue in Capernaum.

Many Disciples Desert Jesus

60On hearing it, many of his disciples said, "This is
hard teaching. Who can accept it?"

61Aware that his disciples were grumbling about
his, Jesus said to them, "Does this offend you? 62Then
vhat if you see the Son of Man ascend to where he
vas before! 63The Spirit gives life; the flesh counts
or nothing. The words I have spoken to you – they
re full of the Spirit[c] and life. 64Yet there are some of
ou who do not believe." For Jesus had known from
he beginning which of them did not believe and who
vould betray him. 65He went on to say, "This is why I
old you that no one can come to me unless the Father
as enabled them."

66From this time many of his disciples turned back
nd no longer followed him.
67"You do not want to leave too, do you?" Jesus
sked the Twelve.
68Simon Peter answered him, "Lord, to whom shall
ve go? You have the words of eternal life. 69We have
ome to believe and to know that you are the Holy
One of God."
70Then Jesus replied, "Have I not chosen you, the
Twelve? Yet one of you is a devil!" 71(He meant Judas,

6:63 Or *are Spirit*; or *are spirit*

envoyé ne l'attire, et moi, je le ressusciterai au dernier
jour. 45Dans les écrits des prophètes, vous pouvez lire cette
parole : *Dieu les instruira tous*Tout homme qui écoute la voix
du Père et qui est instruit par lui vient à moi.
46Personne n'a jamais vu le Père, sauf celui qui est venu
d'auprès de Dieu. Lui, il a vu le Père. 47Vraiment, je vous
l'assure : celui qui croit a la vie éternelle, 48car je suis le
pain qui donne la vie. 49Vos ancêtres ont bien mangé la
manne dans le désert et cela ne les a pas empêchés de
mourir.
50Mais c'est ici le pain qui descend du ciel : celui qui
en mange ne mourra pas. 51Moi, je suis le pain vivant descendu du ciel : si quelqu'un mange de ce pain-là, il vivra
éternellement. Le pain que je donnerai pour que le monde
vive, c'est mon propre corps[p].
52A ces mots, les Juifs se mirent à discuter vivement
entre eux, disant : Comment cet homme pourrait-il nous
donner son corps à manger ?
53Alors Jésus leur dit : Oui, vraiment, je vous l'assure : si
vous ne mangez pas la chair du Fils de l'homme et si vous
ne buvez pas son sang, vous n'aurez pas la vie en vous.
54Celui qui se nourrit de ma chair et qui boit mon sang a
la vie éternelle, et moi je le ressusciterai au dernier jour.
55Car ma chair est vraiment une nourriture et mon sang
est vraiment un breuvage. 56Celui qui mange ma chair et
boit mon sang demeure en moi, et moi je demeure en lui.
57Le Père qui m'a envoyé a la vie en lui-même, et c'est lui
qui me fait vivre ; ainsi, celui qui se nourrit de moi vivra
lui aussi par moi. 58C'est ici le pain descendu du ciel. Il
n'est pas comme celui que vos ancêtres ont mangé ; eux,
ils sont morts ; mais celui qui mange ce pain-ci vivra pour
toujours.
59Voilà ce que déclara Jésus lorsqu'il enseigna dans la
synagogue de Capernaüm.
60Après l'avoir entendu, plusieurs de ses disciples
dirent : Ce langage est bien difficile à accepter ! Qui peut
continuer à l'écouter ?
61Jésus savait fort bien quels murmures ses paroles
avaient soulevés parmi eux. C'est pourquoi il leur dit : Cela
vous choque-t-il ? 62Et si vous voyez le Fils de l'homme remonter là où il était auparavant ? 63C'est l'Esprit qui donne
la vie ; la chair à elle seule ne sert à rien. Les paroles que
je vous ai dites sont Esprit et vie[q]. 64Hélas, il y en a parmi
vous qui ne croient pas.
En effet, dès le début Jésus savait quels étaient ceux
qui ne croyaient pas, et qui était celui qui allait le trahir.
65Aussi ajouta-t-il : C'est bien pour cela que je vous ai
dit : Personne ne peut venir à moi si cela ne lui est accordé
par le Père.
66A partir de ce moment-là, beaucoup de ses disciples
l'abandonnèrent et cessèrent de l'accompagner.
67Alors Jésus, se tournant vers les Douze, leur demanda :
Et vous, ne voulez-vous pas aussi partir ?
68Mais Simon Pierre lui répondit : Seigneur, vers qui
irions-nous ? Tu as les paroles de la vie éternelle. 69Nous,
nous avons mis toute notre confiance en toi et nous savons
que tu es le Saint, envoyé de Dieu.
70– N'est-ce pas moi qui vous ai choisis tous les douze ?
reprit Jésus. Et pourtant, l'un de vous est un diable.

p **6.51** Jésus parle de sa mort ; il allait s'offrir en sacrifice pour le péché des hommes.

q **6.63** D'autres comprennent : *sont esprit et vie* c'est-à-dire *ont une signification spirituelle.*

the son of Simon Iscariot, who, though one of the
Twelve, was later to betray him.)

Jesus Goes to the Festival of Tabernacles

7 [1]After this, Jesus went around in Galilee. He
did not want[d] to go about in Judea because the
Jewish leaders there were looking for a way to kill him.
[2]But when the Jewish Festival of Tabernacles was near,
[3]Jesus' brothers said to him, "Leave Galilee and go to
Judea, so that your disciples there may see the works
you do. [4]No one who wants to become a public figure
acts in secret. Since you are doing these things, show
yourself to the world." [5]For even his own brothers did
not believe in him.

[6]Therefore Jesus told them, "My time is not yet here;
for you any time will do. [7]The world cannot hate you,
but it hates me because I testify that its works are evil.
[8]You go to the festival. I am not[e] going up to this festival, because my time has not yet fully come." [9]After
he had said this, he stayed in Galilee.

[10]However, after his brothers had left for the festival, he went also, not publicly, but in secret. [11]Now
at the festival the Jewish leaders were watching for
Jesus and asking, "Where is he?"

[12]Among the crowds there was widespread whispering about him. Some said, "He is a good man."

Others replied, "No, he deceives the people." [13]But
no one would say anything publicly about him for
fear of the leaders.

Jesus Teaches at the Festival

[14]Not until halfway through the festival did Jesus go
up to the temple courts and begin to teach. [15]The Jews
there were amazed and asked, "How did this man get
such learning without having been taught?"

[16]Jesus answered, "My teaching is not my own.
It comes from the one who sent me. [17]Anyone who
chooses to do the will of God will find out whether
my teaching comes from God or whether I speak on
my own. [18]Whoever speaks on their own does so to
gain personal glory, but he who seeks the glory of the
one who sent him is a man of truth; there is nothing
false about him. [19]Has not Moses given you the law?
Yet not one of you keeps the law. Why are you trying
to kill me?"

[20]"You are demon-possessed," the crowd answered.
"Who is trying to kill you?"

[21]Jesus said to them, "I did one miracle, and you are
all amazed. [22]Yet, because Moses gave you circumcision (though actually it did not come from Moses,
but from the patriarchs), you circumcise a boy on the
Sabbath. [23]Now if a boy can be circumcised on the

[d] 7:1 Some manuscripts *not have authority*
[e] 7:8 Some manuscripts *not yet*

[71]Par ces mots, il désignait Judas, fils de Simon Iscaric
l'un des Douze, qui allait le trahir.

Jésus à la fête des Cabanes

7 [1]Après cela, Jésus continua à parcourir la Galilée ;
voulait en effet éviter la Judée où les Juifs cherchaie
à le supprimer. [2]Cependant, on se rapprochait de la fê
juive des Cabanes[r].

[3]Ses frères lui dirent alors : Tu devrais quitter cette r
gion et te rendre en Judée pour que, là aussi, tes discipl
puissent voir les œuvres que tu accomplis. [4]Quand on ve
être connu, on n'agit pas avec tant de discrétion. Puisqu
tu accomplis de si grandes choses, fais en sorte que to
le monde le voie.

[5]En effet, les frères de Jésus eux-mêmes ne croyaient p
en lui. [6]Jésus leur répondit : Le moment n'est pas enco
venu pour moi. En revanche, pour vous, c'est toujours
bon moment. [7]Le monde n'a aucune raison de vous haï
mais moi, il me déteste parce que je témoigne que ses act
sont mauvais. [8]Vous donc, allez à la fête ; pour ma part,
n'y vais pas encore[s] car le moment n'est pas encore ven
pour moi.

[9]Après leur avoir dit cela, il resta en Galilé
[10]Cependant, quand ses frères furent partis pour la fêt
il s'y rendit lui aussi, mais secrètement, sans se montre
[11]Or, pendant la fête, les Juifs le cherchaient et demar
daient : Où est-il donc ?

[12]Dans la foule, les discussions allaient bon train à so
sujet. Les uns disaient : C'est quelqu'un de bien.

– Pas du tout, répondaient les autres : il trompe tou
le monde.

[13]Mais, comme ils avaient tous peur des Juifs, personr
n'osait parler librement de lui.

L'opposition grandit

[14]La moitié de la semaine de fête était déjà passée, quan
Jésus alla au Temple et se mit à enseigner. [15]Les Juifs e
étaient tout étonnés et se demandaient : Comment peu
il connaître à ce point les Ecritures, sans avoir jama
étudié ?

[16]Jésus leur répondit : Rien de ce que j'enseigne ne vien
de moi. J'ai tout reçu de celui qui m'a envoyé. [17]Si quelqu'u
est décidé à faire la volonté de Dieu, il reconnaîtra bie
si mon enseignement vient de Dieu ou si je parle de m
propre initiative. [18]Celui qui parle en son propre nom re
cherche sa propre gloire. Mais si quelqu'un vise à honore
celui qui l'a envoyé, c'est un homme vrai ; il n'y a rien d
faux en lui. [19]Moïse vous a donné la Loi, et pourtant, aucu
de vous ne fait ce qu'elle ordonne ! Pourquoi cherchez-vou
à me tuer ?

[20]– Tu as un démon en toi ! lui cria la foule. Qui est-c
qui veut te tuer ?

[21]Jésus reprit la parole et leur dit : Il a suffi que je fass
une œuvre pour que vous soyez tous dans l'étonnemen
[22]Réfléchissez : Moïse vous a donné l'ordre de pratiquer l
circoncision, rite qui ne vient d'ailleurs pas de Moïse, mai
des patriarches. Or, cela ne vous dérange pas de circoncir
quelqu'un le jour du sabbat. [23]Eh bien, si on circoncit u

[r] 7.2 Cette fête, d'une durée de huit jours, rappelait l'époque où les Israélites vivaient sous des tentes, dans le désert, après la sortie d'Egypte. Jérusalem était durant cette semaine un centre de rassemblement des Juifs venus de tout le pays.
[s] 7.8 Certains manuscrits ont : *je n'y vais pas.*

ıbbath so that the law of Moses may not be broken,
hy are you angry with me for healing a man's whole
ɔdy on the Sabbath? 24 Stop judging by mere appear-
ıces, but instead judge correctly."

ivision Over Who Jesus Is

25 At that point some of the people of Jerusalem
egan to ask, "Isn't this the man they are trying to
ll? 26 Here he is, speaking publicly, and they are not
ying a word to him. Have the authorities really con-
uded that he is the Messiah? 27 But we know where
ıis man is from; when the Messiah comes, no one
ill know where he is from."
28 Then Jesus, still teaching in the temple courts,
ied out, "Yes, you know me, and you know where
am from. I am not here on my own authority, but
e who sent me is true. You do not know him, 29 but
know him because I am from him and he sent me."
30 At this they tried to seize him, but no one laid
hand on him, because his hour had not yet come.
Still, many in the crowd believed in him. They said,
When the Messiah comes, will he perform more signs
ıan this man?"

32 The Pharisees heard the crowd whispering such
ıings about him. Then the chief priests and the
harisees sent temple guards to arrest him.

33 Jesus said, "I am with you for only a short time,
nd then I am going to the one who sent me. 34 You
ill look for me, but you will not find me; and where
am, you cannot come."
35 The Jews said to one another, "Where does this
ıan intend to go that we cannot find him? Will he go
here our people live scattered among the Greeks,
nd teach the Greeks? 36 What did he mean when he
ıid, 'You will look for me, but you will not find me,'
nd 'Where I am, you cannot come'?"

37 On the last and greatest day of the festival, Jesus
tood and said in a loud voice, "Let anyone who is
hirsty come to me and drink. 38 Whoever believes
ı me, as Scripture has said, rivers of living water
vill flow from within them."[f] 39 By this he meant the
pirit, whom those who believed in him were later to
eceive. Up to that time the Spirit had not been given,
ince Jesus had not yet been glorified.

40 On hearing his words, some of the people said,
Surely this man is the Prophet."
41 Others said, "He is the Messiah."

[f] 7:37,38 Or *me. And let anyone drink* 38 *who believes in me." As Scripture as said, "Out of him (or them) will flow rivers of living water."*

garçon le jour du sabbat pour respecter la Loi de Moïse,
pourquoi donc vous indignez-vous contre moi parce
que j'ai entièrement guéri un homme le jour du sabbat ?
24 Cessez donc de juger selon les apparences, et apprenez à
porter des jugements conformes à ce qui est juste.

25 En le voyant, quelques habitants de Jérusalem s'étonnaient : N'est-ce pas celui qu'ils veulent faire mourir ? 26 Or,
le voilà qui parle librement en public et personne ne lui
dit rien ! Est-ce que, par hasard, nos autorités auraient
reconnu qu'il est vraiment le Messie ? 27 Pourtant, lui,
nous savons d'où il est ; mais le Messie, quand il viendra,
personne ne saura d'où il est.
28 Alors Jésus intervint d'une voix forte, et on l'entendit
dans toute la cour du Temple : Vraiment ! Vous me connaissez et vous savez d'où je suis ! Sachez-le, je ne suis pas venu
de ma propre initiative. C'est celui qui est véridique qui m'a
envoyé. Vous ne le connaissez pas. 29 Moi, je le connais, car
je viens d'auprès de lui, et c'est lui qui m'a envoyé.
30 Alors plusieurs essayèrent de l'arrêter, et pourtant
personne ne mit la main sur lui, parce que son heure
n'était pas encore venue. 31 Cependant, beaucoup, parmi
la foule, crurent en lui.
– Quand le Messie viendra, disaient-ils, accompli-
ra-t-il plus de signes miraculeux que n'en a déjà fait cet
homme-là ?
32 Ce qui se murmurait ainsi dans la foule au sujet de
Jésus parvint aux oreilles des pharisiens. Alors les chefs
des prêtres et les pharisiens envoyèrent des gardes du
Temple pour procéder à son arrestation.
33 Jésus déclara : Je suis encore pour un peu de temps
parmi vous. Ensuite je retournerai auprès de celui qui m'a
envoyé. 34 Vous me chercherez, et vous ne me trouverez
pas ; et vous ne pouvez pas aller là où je serai.
35 Sur quoi, ses auditeurs se demandèrent entre eux : Où
va-t-il aller pour que nous ne le trouvions pas ? Aurait-
il l'intention de se rendre chez les Juifs dispersés parmi
les non-Juifs ? Voudrait-il peut-être même apporter son
enseignement aux non-Juifs ? 36 Que peut-il bien vouloir
dire quand il déclare : « Vous me chercherez et vous ne me
trouverez pas ; et vous ne pouvez pas aller là où je serai » ?

L'eau vive

37 Le dernier jour de la fête, le jour le plus solennel, Jésus
se tint devant la foule et lança à pleine voix : Si quelqu'un a
soif, qu'il vienne à moi, et que celui qui croit en moi boive.
38 Car, comme le dit l'Ecriture, *des fleuves d'eau vive jailliront
de lui*[t]. 39 En disant cela, il faisait allusion à l'Esprit que
devaient recevoir plus tard ceux qui croiraient en lui. En
effet, à ce moment-là, l'Esprit n'avait pas encore été donné
parce que Jésus n'était pas encore entré dans sa gloire.

Pour ou contre Jésus ?

40 Dans la foule, plusieurs de ceux qui avaient entendu
ces paroles disaient : Pas de doute : cet homme est bien le
Prophète attendu.
41 D'autres affirmaient : C'est le Messie.

[t] **7.38** *de lui:* c'est-à-dire de Christ, comme le suggère le v. 39. Jésus est le vrai Temple (Jn 2.21) d'où jaillissent les fleuves d'eau vive : Ez 47.1-12 ; Jl 4.18 ; Za 14.8 (voir 13.1). D'autres comprennent, en changeant la ponctuation : 37 *Si quelqu'un a soif, qu'il vienne à moi et qu'il boive. Celui qui croit en moi,* 38 *des fleuves d'eau vive jailliront de lui, comme le dit l'Ecriture.*

Still others asked, "How can the Messiah come from Galilee? 42 Does not Scripture say that the Messiah will come from David's descendants and from Bethlehem, the town where David lived?" 43 Thus the people were divided because of Jesus. 44 Some wanted to seize him, but no one laid a hand on him.

Unbelief of the Jewish Leaders

45 Finally the temple guards went back to the chief priests and the Pharisees, who asked them, "Why didn't you bring him in?"

46 "No one ever spoke the way this man does," the guards replied.

47 "You mean he has deceived you also?" the Pharisees retorted. 48 "Have any of the rulers or of the Pharisees believed in him? 49 No! But this mob that knows nothing of the law – there is a curse on them."

50 Nicodemus, who had gone to Jesus earlier and who was one of their own number, asked, 51 "Does our law condemn a man without first hearing him to find out what he has been doing?"

52 They replied, "Are you from Galilee, too? Look into it, and you will find that a prophet does not come out of Galilee."

[The earliest manuscripts and many other ancient witnesses do not have John 7:53 – 8:11. *A few manuscripts include these verses, wholly or in part, after* John 7:36, John 21:25, Luke 21:38 *or* Luke 24:53.*]*

53 Then they all went home,

8 *1 but Jesus went to the Mount of Olives. 2 At dawn he appeared again in the temple courts, where all the people gathered around him, and he sat down to teach them. 3 The teachers of the law and the Pharisees brought in a woman caught in adultery. They made her stand before the group 4 and said to Jesus, "Teacher, this woman was caught in the act of adultery. 5 In the Law Moses commanded us to stone such women. Now what do you say?" 6 They were using this question as a trap, in order to have a basis for accusing him.*

But Jesus bent down and started to write on the ground with his finger. 7 When they kept on questioning him, he straightened up and said to them, "Let any one of you who is without sin be the first to throw a stone at her." 8 Again he stooped down and wrote on the ground.

9 At this, those who heard began to go away one at a time, the older ones first, until only Jesus was left, with the woman still standing there. 10 Jesus straightened up and asked her, "Woman, where are they? Has no one condemned you?"

– Mais, objectaient certains, le Messie pourrait-il ven de la Galilée ? 42 L'Ecriture ne dit-elle pas que le Messie se un descendant de David et qu'il naîtra à Bethléhem[u], village où David a vécu ?

43 Ainsi, le peuple se trouva de plus en plus divisé à caus de lui. 44 Quelques-uns voulaient l'arrêter mais personn n'osa porter la main sur lui.

45 Les gardes du Temple retournèrent auprès des che des prêtres et des pharisiens. Ceux-ci leur demandèren Pourquoi ne l'avez-vous pas amené ?

46 Ils répondirent : Personne n'a jamais parlé comm cet homme.

47 – Quoi, répliquèrent les pharisiens, vous aussi, vou vous y êtes laissé prendre ? 48 Est-ce qu'un seul des chefs o un seul des pharisiens a cru en lui ? 49 Il n'y a que ces ger du peuple qui ne connaissent rien à la Loi ... ce sont tou des maudits !

50 Là-dessus, l'un d'entre eux, Nicodème, celui qu précédemment, était venu trouver Jésus, leur dit : 51 Notr Loi nous permet-elle de condamner un homme sans l'avo entendu et sans savoir ce qu'il a fait de mal ?

52 – Es-tu, toi aussi, de la Galilée ? lui répondirent-il Consulte les Ecritures, et tu verras qu'aucun prophète n sort de la Galilée.

[53 Là-dessus chacun rentra chez soi.

« Va et ne pèche plus »

8 1 Quant à Jésus, il partit pour le mont des Olivier 2 Mais le lendemain, il revint de bonne heure dans l cour du Temple et tout le peuple se pressa autour de lui alors il s'assit et se mit à enseigner.

3 Tout à coup, les spécialistes de la Loi et les pharisien traînèrent devant lui une femme qui avait été prise e flagrant délit d'adultère. Ils la firent avancer dans la foul et la placèrent, bien en vue, devant Jésus.

4 – Maître, lui dirent-ils, cette femme a commis u adultère ; elle a été prise sur le fait. 5 Or, dans la Loi, Moïs nous a ordonné de lapider les femmes de ce genre. Toi, que est ton jugement sur ce cas ?

6 En lui posant cette question, ils voulaient lui tendr un piège, dans l'espoir de trouver quelque prétexte pou l'accuser.

Mais Jésus se baissa et se mit à écrire du doigt sur l sol. 7 Eux, ils insistaient, répétant leur question. Alors i se releva et leur dit : Que celui d'entre vous qui n'a jamai péché lui jette la première pierre !

8 Puis il se baissa de nouveau et se remit à écrire sur l sol. 9 Après avoir entendu ces paroles, ils s'esquivèrent l'u après l'autre, à commencer par les plus âgés, laissant fina lement Jésus seul avec la femme, qui était restée au milie de la cour du Temple. 10 Alors Jésus leva la tête et lui dit : E bien, où sont donc passés tes accusateurs ? Personne ne t' condamnée ?

u **7.42** Cette remarque se fonde sur 2 S 7.12 ; Mi 5.1. Beaucoup ne savaien pas que Jésus était né à Bethléhem en Judée, mais croyaient plutôt qu'il était né en Galilée, d'où il était venu.

[11] *"No one, sir," she said.*
"Then neither do I condemn you," Jesus declared. "Go now
ıd leave your life of sin."

ispute Over Jesus' Testimony

[12] When Jesus spoke again to the people, he said, "I
n the light of the world. Whoever follows me will
ever walk in darkness, but will have the light of life."
[13] The Pharisees challenged him, "Here you are,
ppearing as your own witness; your testimony is
ot valid."
[14] Jesus answered, "Even if I testify on my own be-
alf, my testimony is valid, for I know where I came
om and where I am going. But you have no idea
here I come from or where I am going. [15] You judge
/ human standards; I pass judgment on no one. [16] But
I do judge, my decisions are true, because I am not
one. I stand with the Father, who sent me. [17] In your
wn Law it is written that the testimony of two wit-
esses is true. [18] I am one who testifies for myself; my
ther witness is the Father, who sent me."
[19] Then they asked him, "Where is your father?"
"You do not know me or my Father," Jesus replied.
f you knew me, you would know my Father also."
He spoke these words while teaching in the temple
ourts near the place where the offerings were put.
et no one seized him, because his hour had not yet
ome.

ispute Over Who Jesus Is

[21] Once more Jesus said to them, "I am going away,
nd you will look for me, and you will die in your sin.
/here I go, you cannot come."
[22] This made the Jews ask, "Will he kill himself? Is
hat why he says, 'Where I go, you cannot come'?"
[23] But he continued, "You are from below; I am from
bove. You are of this world; I am not of this world. [24] I
old you that you would die in your sins; if you do not
elieve that I am he, you will indeed die in your sins."
[25] "Who are you?" they asked.
"Just what I have been telling you from the begin-
ing," Jesus replied. [26] "I have much to say in judgment
f you. But he who sent me is trustworthy, and what
have heard from him I tell the world."

[11] – Personne, Seigneur, lui répondit-elle.
Alors Jésus reprit : Je ne te condamne pas non plus. Va,
mais désormais, ne pèche plus[v].]

La lumière du monde

[12] Jésus parla de nouveau en public : Moi, je suis la lumière du monde, dit-il. Celui qui me suit ne marchera pas
dans les ténèbres : il aura la lumière de la vie.
[13] Là-dessus les pharisiens lui répondirent : Tu te rends
témoignage à toi-même : ton témoignage n'est pas vrai.
[14] Jésus leur répondit : Oui, je me rends témoignage à
moi-même : mais mon témoignage est vrai, car je sais d'où
je suis venu et où je vais ; quant à vous, vous ne savez pas
d'où je viens ni où je vais. [15] Vous jugez selon des critères
purement humains, moi, je ne juge personne. [16] Et à supposer que je porte un jugement, ce jugement est vrai, car
je ne suis pas seul pour juger, mais avec moi, il y a aussi
le Père qui m'a envoyé. [17] Le témoignage commun de deux
personnes n'est-il pas vrai ? C'est ce qui est écrit dans votre
Loi ! [18] Eh bien, moi, je suis mon propre témoin ; et le Père
qui m'a envoyé me rend aussi témoignage.
[19] – Mais, où est-il, ton père ? s'exclamèrent-ils.
– Vous ne connaissez ni moi, ni mon Père, répliqua Jésus ;
si vous m'aviez connu, vous connaîtriez aussi mon Père.
[20] Jésus parla ainsi pendant qu'il enseignait dans la cour
du Temple près des troncs à offrandes, et personne n'essaya
de l'arrêter, parce que son heure n'était pas encore venue.

Celui qui est

[21] Jésus leur dit encore : Je vais m'en aller et vous me
chercherez ; mais vous mourrez dans votre péché. Vous
ne pouvez pas aller là où je vais.
[22] Sur quoi ils se demandèrent entre eux : Aurait-il l'intention de se suicider ? Est-ce là ce qu'il veut dire par ces
paroles : « Vous ne pouvez pas aller là où je vais ? »
[23] – Vous, leur dit-il alors, vous êtes d'ici-bas ; moi, je
suis d'en haut. Vous appartenez à ce monde-ci ; moi, je ne
lui appartiens pas. [24] C'est pourquoi je vous ai dit : « Vous
mourrez dans vos péchés. » En effet, si vous ne croyez pas
que *moi, je suis*[w], vous mourrez dans vos péchés.
[25] – Qui es-tu donc ? lui demandèrent-ils alors.
– Je ne cesse de vous le dire depuis le début[x] ! leur
répondit Jésus. [26] En ce qui vous concerne, j'aurais beaucoup à dire, beaucoup à juger. Mais celui qui m'a envoyé
est véridique, et je proclame au monde ce que j'ai appris
de lui.

---

v **8.11** Les versets 7.53 à 8.11 sont absents de nombreux manuscrits, parmi lesquels les plus anciens et les meilleurs. Ce passage figure cependant à cet endroit dans un certain nombre de manuscrits. Quelques manuscrits l'incorporent ailleurs dans l'évangile de Jean (après 7.36 ou après 21.25), ou encore dans l'évangile de Luc (après Lc 21.38 ou après 24.53). Au témoignage concluant des manuscrits, on peut ajouter que ce passage paraît rompre le fil du récit, alors que celui-ci passe naturellement du verset 7.52 à 8.12. Le passage reprend sans doute une tradition ancienne et l'épisode relaté peut fort bien être authentique, mais ces versets ne faisaient vraisemblablement pas partie de l'évangile de Jean à l'origine.

w **8.24** Allusion à l'épisode du buisson ardent (Ex 3.14) où Dieu s'est défini en disant : *je suis celui qui est*, ou : *je suis : Je suis.* Voir v. 28, 58.

x **8.25** Autres traductions : *d'abord, pourquoi vous parlerai-je ?* ou *précisément ce que je vous dis.*

27They did not understand that he was telling them about his Father. 28So Jesus said, "When you have lifted up[g] the Son of Man, then you will know that I am he and that I do nothing on my own but speak just what the Father has taught me. 29The one who sent me is with me; he has not left me alone, for I always do what pleases him." 30Even as he spoke, many believed in him.

Dispute Over Whose Children Jesus' Opponents Are

31To the Jews who had believed him, Jesus said, "If you hold to my teaching, you are really my disciples. 32Then you will know the truth, and the truth will set you free."

33They answered him, "We are Abraham's descendants and have never been slaves of anyone. How can you say that we shall be set free?"

34Jesus replied, "Very truly I tell you, everyone who sins is a slave to sin. 35Now a slave has no permanent place in the family, but a son belongs to it forever. 36So if the Son sets you free, you will be free indeed. 37I know that you are Abraham's descendants. Yet you are looking for a way to kill me, because you have no room for my word. 38I am telling you what I have seen in the Father's presence, and you are doing what you have heard from your father.[h]"

39"Abraham is our father," they answered.

"If you were Abraham's children," said Jesus, "then you would[i] do what Abraham did. 40As it is, you are looking for a way to kill me, a man who has told you the truth that I heard from God. Abraham did not do such things. 41You are doing the works of your own father."

"We are not illegitimate children," they protested. "The only Father we have is God himself."

42Jesus said to them, "If God were your Father, you would love me, for I have come here from God. I have not come on my own; God sent me. 43Why is my language not clear to you? Because you are unable to hear what I say. 44You belong to your father, the devil, and you want to carry out your father's desires. He was a murderer from the beginning, not holding to the truth, for there is no truth in him. When he lies, he speaks his native language, for he is a liar and the father of lies. 45Yet because I tell the truth, you do not believe me! 46Can any of you prove me guilty of sin? If I am telling the truth, why don't you believe me? 47Whoever belongs to God hears what God says. The reason you do not hear is that you do not belong to God."

27Comme ils ne comprenaient pas que Jésus leur pa
lait du Père, il ajouta : 28Quand vous aurez élevé le Fils
l'homme, alors vous comprendrez que moi, je suis[y]. Vo
reconnaîtrez que je ne fais rien de ma propre initiativ
mais que je transmets ce que le Père m'a enseigné. 29O
celui qui m'a envoyé est avec moi ; il ne m'a pas laissé se
car je fais toujours ce qui lui est agréable.

30Pendant qu'il parlait ainsi, beaucoup crurent en lu

Les vrais fils d'Abraham

31Alors Jésus dit aux Juifs qui avaient mis leur foi en lu
Si vous vous attachez à la Parole que je vous ai annoncé
vous êtes vraiment mes disciples. 32Vous connaîtrez
vérité, et la vérité fera de vous des hommes libres.

33– Nous, lui répondirent-ils, nous sommes la postéri
d'Abraham[z], nous n'avons jamais été esclaves de person
Comment peux-tu dire : « Vous serez des hommes libres ?

34– Vraiment, je vous l'assure, leur répondit Jésus, to
homme qui commet le péché est esclave du péché. 35C
un esclave ne fait pas partie de la famille, un fils, lui, e
fait partie pour toujours.

36Si donc c'est le Fils qui vous donne la liberté, alo
vous serez vraiment libres. 37Je sais que vous êtes l
descendants d'Abraham. Pourtant, vous cherchez à m
faire mourir parce que ma parole ne trouve aucun acc
dans votre cœur. 38Moi, je parle de ce que j'ai vu chez mo
Père. Quant à vous, vous faites ce que vous avez appris c
votre père.

39– Notre père à nous, répondirent-ils, c'est Abraham
– Eh bien, leur répliqua Jésus, si vous étiez vraiment d
enfants d'Abraham, vous agiriez comme lui[a]. 40Au lieu c
cela, vous cherchez à me faire mourir. Pourquoi ? Parce qu
je vous dis la vérité telle que je l'ai apprise de Dieu. Jama
Abraham n'a agi comme vous. 41Vous agissez exactemen
comme votre père à vous !

– Mais, répondirent-ils, nous ne sommes pas des enfant
illégitimes. Nous n'avons qu'un seul Père : Dieu !

42– Si vraiment Dieu était votre Père, leur dit Jésu
vous m'aimeriez, car c'est de Dieu que je proviens, c'e
de Dieu que je suis venu. Je ne suis pas venu de ma propr
initiative, c'est lui qui m'a envoyé. 43Pourquoi ne com
prenez-vous pas ce que je vous dis ? Parce que vous ête
incapables de recevoir mes paroles.

44Votre père, c'est le diable, et vous voulez vous cor
former à ses désirs. Depuis le commencement, c'est u
meurtrier : il ne se tient pas dans la vérité, parce qu'il n'
a pas de vérité en lui. Lorsqu'il ment, il parle de son pro
pre fond, puisqu'il est menteur, lui le père du mensong
45Mais moi, je dis la vérité. C'est précisément pour cela qu
vous ne me croyez pas. 46Qui d'entre vous peut produir
la preuve que j'ai commis une seule faute ? Si je dis vra
pourquoi ne me croyez-vous pas ? 47Celui qui appartient
Dieu écoute les paroles de Dieu. Si vous ne les écoutez pa
c'est parce que vous ne lui appartenez pas.

48Ils répliquèrent : Nous avions bien raison de le dire
tu n'es qu'un Samaritain, tu as un démon en toi.

---

[g] **8:28** The Greek for *lifted up* also means *exalted.*
[h] **8:38** Or *presence. Therefore do what you have heard from the Father.*
[i] **8:39** Some early manuscripts *"If you are Abraham's children," said Jesus, "then*

[y] **8.28** Voir note v. 24.
[z] **8.33** Le premier des patriarches, dont descendent tous les Israélites.
[a] **8.39** Certains manuscrits ont : *si vous êtes vraiment des fils d'Abraham, agissez comme lui.*

sus' Claims About Himself

48 The Jews answered him, "Aren't we right in say-
g that you are a Samaritan and demon-possessed?"
49 "I am not possessed by a demon," said Jesus, "but
honor my Father and you dishonor me. 50 I am not
eeking glory for myself; but there is one who seeks
, and he is the judge. 51 Very truly I tell you, whoever
beys my word will never see death."

52 At this they exclaimed, "Now we know that you
e demon-possessed! Abraham died and so did the
rophets, yet you say that whoever obeys your word
ill never taste death. 53 Are you greater than our
ather Abraham? He died, and so did the prophets.
ho do you think you are?"

54 Jesus replied, "If I glorify myself, my glory means
othing. My Father, whom you claim as your God, is
e one who glorifies me. 55 Though you do not know
im, I know him. If I said I did not, I would be a liar
ke you, but I do know him and obey his word. 56 Your
ather Abraham rejoiced at the thought of seeing my
ay; he saw it and was glad."

57 "You are not yet fifty years old," they said to him,
nd you have seen Abraham!"
58 "Very truly I tell you," Jesus answered, "before
braham was born, I am!" 59 At this, they picked up
ones to stone him, but Jesus hid himself, slipping
way from the temple grounds.

sus Heals a Man Born Blind

9 1 As he went along, he saw a man blind from
birth. 2 His disciples asked him, "Rabbi, who
nned, this man or his parents, that he was born
lind?"

3 "Neither this man nor his parents sinned," said
sus, "but this happened so that the works of God
ight be displayed in him. 4 As long as it is day, we
ust do the works of him who sent me. Night is com-
g, when no one can work. 5 While I am in the world,
am the light of the world."

6 After saying this, he spit on the ground, made
ome mud with the saliva, and put it on the man's
yes. 7 "Go," he told him, "wash in the Pool of Siloam"
his word means "Sent"). So the man went and
ashed, and came home seeing.
8 His neighbors and those who had formerly seen
im begging asked, "Isn't this the same man who used
sit and beg?" 9 Some claimed that he was.
Others said, "No, he only looks like him."

49 – Non, répondit Jésus, je n'ai pas de démon en moi. Au
contraire, j'honore mon Père ; mais vous, vous me méprisez. 50 Non, je ne recherche pas la gloire pour moi-même :
c'est un autre qui s'en préoccupe et il me rendra justice.
51 Vraiment, je vous l'assure : celui qui observe mon enseignement ne verra jamais la mort.

Le Fils et Abraham

52 Sur quoi les Juifs reprirent : Cette fois, nous sommes
sûrs que tu as un démon en toi. Abraham est mort, les
prophètes aussi, et toi tu viens nous dire : Celui qui observe
mon enseignement ne mourra jamais. 53 Serais-tu plus
grand que notre père Abraham, qui est mort – ou que les
prophètes, qui sont tous morts ? Pour qui te prends-tu
donc ?
54 Jésus répondit : Si je m'attribuais moi-même ma gloire,
cela n'aurait aucune valeur. Celui qui me glorifie, c'est mon
Père, celui-là même que vous appelez votre Dieu. 55 En fait,
vous ne le connaissez pas, alors que moi, je le connais. Si je
disais ne pas le connaître, je serais menteur, comme vous.
Mais le fait est que je le connais et que j'obéis à sa Parole.
56 Abraham votre père a exulté de joie à la pensée de voir
mon jour. Il l'a vu et en a été transporté de joie.
57 – Quoi, lui dirent-ils alors, tu n'as même pas cinquante
ans et tu prétends avoir vu Abraham[b] !
58 – Vraiment, je vous l'assure, leur répondit Jésus, avant
qu'Abraham soit venu à l'existence, *moi, je suis*[c].
59 A ces mots, ils se mirent à ramasser des pierres pour
les lui jeter, mais Jésus disparut dans la foule et sortit de
l'enceinte du Temple.

La guérison d'un aveugle

9 1 En partant, Jésus aperçut sur son chemin un homme qui était aveugle de naissance. 2 Ses disciples lui
posèrent alors cette question : Dis-nous, Maître, pourquoi
cet homme est-il né aveugle ? Est-ce à cause de son propre
péché ou de celui de ses parents ?
3 Jésus répondit : Cela n'a pas de rapport avec son péché,
ni avec celui de ses parents ; c'est pour qu'en lui tous puissent voir ce que Dieu est capable de faire. 4 Il nous faut
accomplir les œuvres de celui qui m'a envoyé tant qu'il fait
jour ; la nuit vient où plus personne ne pourra travailler.
5 Aussi longtemps que je suis encore dans le monde, je suis
la lumière du monde.
6 Après avoir dit cela, Jésus cracha par terre et, avec sa
salive, il fit un peu de boue qu'il appliqua sur les yeux de
l'aveugle. 7 Puis il lui dit : Va te laver au réservoir de Siloé[d]
(le mot « Siloé » veut dire : « envoyé »).
L'aveugle alla se laver et, à son retour, il voyait.
8 Ses voisins et ceux qui avaient l'habitude de le voir
mendier dirent : Cet homme, n'est-ce pas celui qui était
toujours assis en train de mendier ?
9 Les uns affirmaient : C'est bien lui.
D'autres le niaient : Ce n'est pas lui ; c'est quelqu'un qui
lui ressemble.

---

b 8.57 Certains manuscrits ont : *et Abraham t'a vu.*
c 8.58 Voir note v. 24.
d 9.7 Source située dans Jérusalem.

But he himself insisted, “I am the man.”
10 “How then were your eyes opened?” they asked.

11 He replied, “The man they call Jesus made some
mud and put it on my eyes. He told me to go to Siloam
and wash. So I went and washed, and then I could see.”

12 “Where is this man?” they asked him.
“I don’t know,” he said.

The Pharisees Investigate the Healing

13 They brought to the Pharisees the man who had
been blind. 14 Now the day on which Jesus had made
the mud and opened the man’s eyes was a Sabbath.
15 Therefore the Pharisees also asked him how he had
received his sight. “He put mud on my eyes,” the man
replied, “and I washed, and now I see.”

16 Some of the Pharisees said, “This man is not from
God, for he does not keep the Sabbath.”
But others asked, “How can a sinner perform such
signs?” So they were divided.
17 Then they turned again to the blind man, “What
have you to say about him? It was your eyes he
opened.”
The man replied, “He is a prophet.”

18 They still did not believe that he had been blind
and had received his sight until they sent for the man’s
parents. 19 “Is this your son?” they asked. “Is this the
one you say was born blind? How is it that now he
can see?”

20 “We know he is our son,” the parents answered,
“and we know he was born blind. 21 But how he can
see now, or who opened his eyes, we don’t know. Ask
him. He is of age; he will speak for himself.” 22 His parents said this because they were afraid of the Jewish
leaders, who already had decided that anyone who
acknowledged that Jesus was the Messiah would be
put out of the synagogue. 23 That was why his parents
said, “He is of age; ask him.”

24 A second time they summoned the man who had
been blind. “Give glory to God by telling the truth,”
they said. “We know this man is a sinner.”
25 He replied, “Whether he is a sinner or not, I don’t
know. One thing I do know. I was blind but now I see!”

26 Then they asked him, “What did he do to you?
How did he open your eyes?”

27 He answered, “I have told you already and you did
not listen. Why do you want to hear it again? Do you
want to become his disciples too?”

28 Then they hurled insults at him and said, “You are
this fellow’s disciple! We are disciples of Moses! 29 We
know that God spoke to Moses, but as for this fellow,
we don’t even know where he comes from.”

Quant à lui, il disait : C’est bien moi.
10 Alors on le questionna : Comment se fait-il que te
yeux se soient ouverts ?
11 Il répondit : L’homme qui s’appelle Jésus a fait un pe
de boue, m’en a frotté les yeux, puis il m’a dit : « Va à Silo
et lave-toi. » J’y suis allé, je me suis lavé et, d’un coup, j’
vu clair.
12 – Et lui, demandèrent-ils, où est-il ?
– Je n’en sais rien, répondit-il.

L’enquête sur le miracle

13 On amena l’homme qui avait été aveugle devant le
pharisiens. 14 Or, c’était un jour de sabbat que Jésus ava
fait de la boue pour lui ouvrir les yeux. 15 Les pharisier
lui demandèrent donc, à leur tour, comment il avait re
couvré la vue.
Il leur répondit : Il m’a mis de la boue sur les yeux, je m
suis lavé, et maintenant j’y vois.
16 Là-dessus, quelques pharisiens déclarèrent : Cet hom
me ne peut pas venir de Dieu, puisqu’il ne respecte pa
le sabbat.
Pourtant d’autres objectaient : Comment un homm
pécheur aurait-il le pouvoir d’accomplir de tels signe
miraculeux ?
Ils étaient donc divisés. 17 Alors ils interrogèrent de nou
veau l’aveugle : Voyons, toi, que dis-tu de lui, puisque c’es
à toi qu’il a ouvert les yeux ?
– C’est sûrement un prophète, répondit-il.
18 Mais ils refusèrent de croire que cet homme avait ét
aveugle et qu’il avait été guéri de sa cécité. Finalement, i
firent venir ses parents.
19 Ils leur demandèrent : Cet homme est-il bien votr
fils ? Est-il réellement né aveugle ? Comment se fait-il qu’
présent il voie ?
20 – Nous sommes certains que c’est bien notre fil
répondirent les parents, et qu’il est né aveugle. 21 Mai
comment il se fait qu’il voie à présent, nous ne le savon
pas. Ou qui lui a rendu la vue, nous ne le savons pas da
vantage. Interrogez-le donc lui-même. Il est assez gran
pour répondre sur ce qui le concerne.
22 Les parents parlaient ainsi parce qu’ils avaient peu
des Juifs. En effet, ils avaient déjà décidé d’exclure d
la synagogue tous ceux qui reconnaîtraient Jésus com
me le Messie. 23 Voilà pourquoi les parents de l’aveugl
avaient répondu : « Il est assez grand, interrogez-le don
lui-même. »
24 Les pharisiens firent donc venir une seconde fois celu
qui avait été aveugle et lui dirent : Honore Dieu en disan
la vérité. Cet homme est un pécheur, nous le savons.
25 – S’il est pécheur ou non, répondit-il, je n’en sais rien
Mais il y a une chose que je sais : j’étais aveugle et main
tenant, je vois.
26 Ils lui demandèrent de nouveau : Qu’est-ce qu’il t’
fait ? Redis-nous comment il s’y est pris pour t’ouvrir le
yeux.
27 – Je vous l’ai déjà dit, leur répondit-il, et vous ne m’ave
pas écouté. Pourquoi tenez-vous à me le faire répéter
Est-ce que, par hasard, vous avez l’intention de deveni
vous aussi ses disciples ?
28 Alors, ils se mirent à l’injurier et ils lui lancèrent : C’es
toi qui es son disciple ; nous, nous sommes les disciples d
Moïse. 29 Nous savons que Dieu a parlé à Moïse ; mais celui
là, nous ne savons même pas d’où il vient.

30 The man answered, "Now that is remarkable!
›u don't know where he comes from, yet he opened
y eyes. 31 We know that God does not listen to sin-
›rs. He listens to the godly person who does his will.
Nobody has ever heard of opening the eyes of a man
›rn blind. 33 If this man were not from God, he could
› nothing."

34 To this they replied, "You were steeped in sin at
›rth; how dare you lecture us!" And they threw him
ıt.

›iritual Blindness

35 Jesus heard that they had thrown him out, and
›hen he found him, he said, "Do you believe in the
›on of Man?"

36 "Who is he, sir?" the man asked. "Tell me so that
›nay believe in him."

37 Jesus said, "You have now seen him; in fact, he is
›e one speaking with you."

38 Then the man said, "Lord, I believe," and he wor-
›iped him.

39 Jesus said,[j] "For judgment I have come into this
›orld, so that the blind will see and those who see
›ill become blind."

40 Some Pharisees who were with him heard him say
›is and asked, "What? Are we blind too?"

41 Jesus said, "If you were blind, you would not be
›uilty of sin; but now that you claim you can see, your
›uilt remains.

›he Good Shepherd and His Sheep

10 1 "Very truly I tell you Pharisees, anyone who
does not enter the sheep pen by the gate, but
›imbs in by some other way, is a thief and a robber.
The one who enters by the gate is the shepherd of the
›neep. 3 The gatekeeper opens the gate for him, and
›e sheep listen to his voice. He calls his own sheep
y name and leads them out. 4 When he has brought
›ut all his own, he goes on ahead of them, and his
›eep follow him because they know his voice. 5 But
›ey will never follow a stranger; in fact, they will
›un away from him because they do not recognize
stranger's voice." 6 Jesus used this figure of speech,
›ut the Pharisees did not understand what he was
›lling them.

7 Therefore Jesus said again, "Very truly I tell you,
am the gate for the sheep. 8 All who have come be-
›re me are thieves and robbers, but the sheep have
›ot listened to them. 9 I am the gate; whoever enters
›hrough me will be saved.[k] They will come in and go
›ut, and find pasture. 10 The thief comes only to steal

9:38,39 Some early manuscripts do not have *Then the man said ...*
Jesus said,
10:9 Or *kept safe*

30 – C'est étonnant, répliqua l'homme. Voilà quelqu'un
qui m'a ouvert les yeux et vous, vous ne savez même pas
d'où il est. 31 Tout le monde sait que Dieu n'exauce pas les
pécheurs ; mais si quelqu'un est attaché à Dieu et fait sa
volonté, il l'exauce. 32 Depuis que le monde est monde, jamais on n'a entendu dire que quelqu'un ait rendu la vue à
un aveugle de naissance. 33 Si cet homme-là ne venait pas
de Dieu, il n'aurait rien pu faire.

34 – Comment ! répondirent-ils, depuis ta naissance tu
n'es que péché des pieds à la tête, et c'est toi qui veux nous
faire la leçon !

Et ils le mirent à la porte.

Les vrais aveugles

35 Jésus apprit qu'ils l'avaient expulsé. Il alla le trouver
et lui demanda : Crois-tu au Fils de l'homme ?

36 Il lui répondit : Qui est-ce ? Dis-le-moi, Seigneur[e], pour
que je puisse croire en lui.

37 Jésus lui dit : Tu le vois de tes yeux. C'est lui-même qui
te parle maintenant.

38 – Je crois, Seigneur, déclara l'homme, et il se prosterna
devant lui[f].

39 Jésus dit alors : Je suis venu dans ce monde pour qu'un
jugement ait lieu, pour que ceux qui ne voient pas voient,
et que ceux qui voient deviennent aveugles.

40 Des pharisiens qui se trouvaient près de lui entendirent ces paroles et lui demandèrent : Serions-nous, par
hasard, nous aussi des aveugles ?

41 – Si vous étiez de vrais aveugles, leur dit Jésus, vous ne
seriez pas coupables. Mais voilà : vous prétendez que vous
voyez ; aussi votre culpabilité reste entière.

Le vrai guide

10 1 Vraiment, je vous l'assure : si quelqu'un n'entre
pas par la porte dans l'enclos où l'on parque les
brebis[g], mais qu'il escalade le mur à un autre endroit, c'est
un voleur et un brigand. 2 Celui qui entre par la porte est,
lui, le berger des brebis.

3 Le gardien de l'enclos lui ouvre, les brebis écoutent sa
voix. Il appelle par leur nom celles qui lui appartiennent,
et il les fait sortir de l'enclos. 4 Quand il a conduit au dehors toutes celles qui sont à lui, il marche à leur tête et
les brebis le suivent, parce que sa voix leur est familière.
5 Jamais, elles ne suivront un étranger ; au contraire, elles
fuiront loin de lui, car elles ne connaissent pas la voix des
étrangers.

6 Jésus leur raconta cette parabole, mais ils ne comprirent pas ce qu'il voulait leur dire. 7 Alors il reprit :
Vraiment, je vous l'assure : Moi, je suis la porte par où
passent les brebis. 8 Tous ceux qui sont venus avant moi
étaient des voleurs et des brigands. Mais les brebis ne les
ont pas écoutés. 9 C'est moi qui suis la porte. Celui qui entre
par moi sera sauvé : il pourra aller et venir librement, il
trouvera de quoi se nourrir[h]. 10 Le voleur vient seulement

e 9.36 Le mot *Seigneur* est absent de certains manuscrits.
f 9.38 Autre traduction : *il l'adora.*
g 10.1 Pendant la nuit, on parquait les moutons dans des enclos formés de murs de pierres sèches. Parfois, le berger se couchait en travers de l'entrée.
h 10.9 Autre traduction : *des pâturages.*

and kill and destroy; I have come that they may have life, and have it to the full.

11 “I am the good shepherd. The good shepherd lays down his life for the sheep. 12 The hired hand is not the shepherd and does not own the sheep. So when he sees the wolf coming, he abandons the sheep and runs away. Then the wolf attacks the flock and scatters it. 13 The man runs away because he is a hired hand and cares nothing for the sheep.

14 “I am the good shepherd; I know my sheep and my sheep know me – 15 just as the Father knows me and I know the Father – and I lay down my life for the sheep. 16 I have other sheep that are not of this sheep pen. I must bring them also. They too will listen to my voice, and there shall be one flock and one shepherd. 17 The reason my Father loves me is that I lay down my life – only to take it up again. 18 No one takes it from me, but I lay it down of my own accord. I have authority to lay it down and authority to take it up again. This command I received from my Father.”

19 The Jews who heard these words were again divided. 20 Many of them said, “He is demon-possessed and raving mad. Why listen to him?”

21 But others said, “These are not the sayings of a man possessed by a demon. Can a demon open the eyes of the blind?”

Further Conflict Over Jesus’ Claims

22 Then came the Festival of Dedication[l] at Jerusalem. It was winter, 23 and Jesus was in the temple courts walking in Solomon’s Colonnade. 24 The Jews who were there gathered around him, saying, “How long will you keep us in suspense? If you are the Messiah, tell us plainly.”

25 Jesus answered, “I did tell you, but you do not believe. The works I do in my Father’s name testify about me, 26 but you do not believe because you are not my sheep. 27 My sheep listen to my voice; I know them, and they follow me. 28 I give them eternal life, and they shall never perish; no one will snatch them out of my hand. 29 My Father, who has given them to me, is greater than all[m]; no one can snatch them out of my Father’s hand. 30 I and the Father are one.”

31 Again his Jewish opponents picked up stones to stone him, 32 but Jesus said to them, “I have shown you many good works from the Father. For which of these do you stone me?”

33 “We are not stoning you for any good work,” they replied, “but for blasphemy, because you, a mere man, claim to be God.”

34 Jesus answered them, “Is it not written in your Law, ‘I have said you are “gods” ’? 35 If he called them ‘gods,’ to whom the word of God came – and Scripture

[l] 10:22 That is, Hanukkah
[m] 10:29 Many early manuscripts *What my Father has given me is greater than all*

pour voler, pour tuer et pour détruire. Moi, je suis ver afin que les hommes aient la vie, une vie abondante.

11 Moi, je suis le bon berger. Le bon berger donne sa v pour ses brebis. 12 Celui qui n’est pas le berger, qui n’e pas le propriétaire des brebis, mais que l’on paye pou les garder, se sauve, lui, dès qu’il voit venir le loup, et abandonne les brebis ; alors le loup se précipite sur elle il s’empare de quelques-unes et disperse le troupeau. 13 C homme agit ainsi parce qu’il est payé pour faire ce trava et qu’il n’a aucun souci des brebis.

14 Moi, je suis le bon berger ; je connais mes brebis et m brebis me connaissent, 15 tout comme le Père me conna et que je connais le Père. Je donne ma vie pour mes brebi 16 J’ai encore d’autres brebis qui ne sont pas de cet enclo Celles-là aussi, il faut que je les amène ; elles écouteron ma voix, ainsi il n’y aura plus qu’un seul troupeau avec u seul berger. 17 Si le Père m’aime, c’est parce que je donr ma vie ; mais ensuite, je la reprendrai.

18 En effet, personne ne peut m’ôter la vie : je la donr de mon propre gré. J’ai le pouvoir de la donner et de l reprendre. Tel est l’ordre que j’ai reçu de mon Père.

19 Il y eut à nouveau division parmi le peuple à cause c ses paroles. 20 Beaucoup disaient : Il a un démon en lu c’est un fou. Pourquoi l’écoutez-vous ?

21 D’autres répliquaient : Un démoniaque ne parlera pas ainsi. Et puis : est-ce qu’un démon peut rendre la vu à des aveugles ?

Fils de Dieu ou blasphémateur ?

22 Le moment vint où l’on célébrait à Jérusalem la fête d la Consécration[i]. 23 C’était l’hiver. Jésus allait et venait dar la cour du Temple, dans la galerie de Salomon. 24 Alors o fit cercle autour de lui et on l’interpella : Combien de temp nous tiendras-tu encore en haleine ? Si tu es le Messi dis-le-nous clairement.

25 – Je vous l’ai déjà dit, leur répondit Jésus, mais vou ne croyez pas. Pourtant, vous avez vu les actes que j’a complis au nom de mon Père : ce sont eux qui témoigner en ma faveur. 26 Mais vous ne croyez pas. Pourquoi ? Parc que vous ne faites pas partie de mes brebis. 27 Mes brebi écoutent ma voix, je les connais et elles me suivent. 28 J leur donne la vie éternelle : jamais elles ne périront e personne ne pourra les arracher de ma main. 29 Mon Pèr qui me les a données est plus grand que tous, et personn ne peut arracher qui que ce soit de la main de mon Père 30 Or, moi et le Père, nous ne sommes qu’un.

31 Cette fois encore, ils ramassèrent des pierres pou le lapider.

32 Alors Jésus leur dit : J’ai accompli sous vos yeux u grand nombre d’œuvres bonnes par la puissance du Père pour laquelle voulez-vous me lapider ?

33 Les Juifs répliquèrent : Nous ne voulons pas te lapide pour une bonne action, mais parce que tu blasphèmes Car, toi qui n’es qu’un homme, tu te fais passer pour Dieu

34 Jésus répondit : N’est-il pas écrit dans votre propr Loi :

Moi, je vous avais dit :
Vous êtes des dieux?

35 Or, on ne saurait contester le témoignage de l’Ecriture Si donc votre Loi appelle « dieux » ceux auxquels s’adress

[i] 10.22 Fête où l’on rappelait la restauration de l’autel du temple de Jérusalem effectuée par le patriote juif Judas Maccabée en 164 av. J.-C.

nnot be set aside – 36 what about the one whom the ther set apart as his very own and sent into the orld? Why then do you accuse me of blasphemy be-use I said, 'I am God's Son'? 37 Do not believe me less I do the works of my Father. 38 But if I do them, en though you do not believe me, believe the works, at you may know and understand that the Father is me, and I in the Father." 39 Again they tried to seize m, but he escaped their grasp.

40 Then Jesus went back across the Jordan to the ace where John had been baptizing in the early ys. There he stayed, 41 and many people came to m. They said, "Though John never performed a sign, that John said about this man was true." 42 And in at place many believed in Jesus.

ne Death of Lazarus

11 1 Now a man named Lazarus was sick. He was from Bethany, the village of Mary and her sis-r Martha. 2 (This Mary, whose brother Lazarus now y sick, was the same one who poured perfume on the ord and wiped his feet with her hair.) 3 So the sisters nt word to Jesus, "Lord, the one you love is sick."

4 When he heard this, Jesus said, "This sickness will ot end in death. No, it is for God's glory so that God's on may be glorified through it." 5 Now Jesus loved artha and her sister and Lazarus. 6 So when he heard at Lazarus was sick, he stayed where he was two ore days, 7 and then he said to his disciples, "Let us back to Judea."

8 "But Rabbi," they said, "a short while ago the Jews ere tried to stone you, and yet you are going back?"

9 Jesus answered, "Are there not twelve hours of aylight? Anyone who walks in the daytime will not umble, for they see by this world's light. 10 It is when person walks at night that they stumble, for they ave no light."

11 After he had said this, he went on to tell them, Our friend Lazarus has fallen asleep; but I am going ere to wake him up."

12 His disciples replied, "Lord, if he sleeps, he will get etter." 13 Jesus had been speaking of his death, but his isciples thought he meant natural sleep.

14 So then he told them plainly, "Lazarus is dead, and for your sake I am glad I was not there, so that ou may believe. But let us go to him."

16 Then Thomas (also known as Didymus[n]) said to he rest of the disciples, "Let us also go, that we may ie with him."

esus Comforts the Sisters of Lazarus

17 On his arrival, Jesus found that Lazarus had al-eady been in the tomb for four days. 18 Now Bethany

11:16 *Thomas* (Aramaic) and *Didymus* (Greek) both mean *twin.*

la Parole de Dieu, 36 comment pouvez-vous m'accuser de blasphème parce que j'ai dit : « Je suis le Fils de Dieu », quand c'est le Père qui m'a consacré et envoyé dans le monde ?

37 Si je n'accomplis pas les œuvres de mon Père, vous n'avez pas besoin de croire en moi. 38 Mais si, au contraire, je les accomplis, même si vous ne voulez pas me croire, laissez-vous au moins convaincre par mes œuvres, pour que vous reconnaissiez et que vous compreniez que le Père est en moi et que je suis dans le Père.

39 Là-dessus, ils tentèrent à nouveau de se saisir de lui, mais il leur échappa. 40 Après cela, Jésus se retira de l'autre côté du Jourdain, au lieu même où Jean avait précédemment baptisé. Il y resta quelque temps.

41 Beaucoup de monde vint le trouver. On disait : Jean n'a fait aucun signe miraculeux, mais tout ce qu'il a dit de cet homme était vrai.

42 Et là, beaucoup crurent en lui.

La mort d'un ami de Jésus

11 1 Dans le village de Béthanie vivaient deux sœurs, Marthe et Marie, ainsi que leur frère Lazare.

2 Marie était cette femme qui, après avoir répandu une huile parfumée sur les pieds du Seigneur, les lui avait essuyés avec ses cheveux. Lazare, son frère, tomba malade. 3 Les deux sœurs envoyèrent donc quelqu'un à Jésus pour lui faire dire : Seigneur, ton ami est malade.

4 Quand Jésus apprit la nouvelle, il dit : Cette maladie n'aboutira pas à la mort, elle servira à glorifier Dieu ; elle sera une occasion pour faire apparaître la gloire du Fils de Dieu.

5 Or Jésus était très attaché à Marthe, à sa sœur et à Lazare. 6 Après avoir appris qu'il était malade, il resta encore deux jours à l'endroit où il se trouvait. 7 Puis il dit à ses disciples : Retournons en Judée.

8 – Maître, lui dirent-ils, il n'y a pas si longtemps, ceux de la Judée voulaient te lapider, et maintenant tu veux retourner là-bas ?

9 – N'y a-t-il pas douze heures dans une journée ? répondit Jésus. Si l'on marche pendant qu'il fait jour, on ne bute pas contre les obstacles, parce qu'on voit clair. 10 Mais si l'on marche de nuit, on trébuche parce qu'il n'y a pas de lumière.

11 Après avoir dit cela, il ajouta : Notre ami Lazare s'est endormi ; je vais aller le réveiller.

12 Sur quoi les disciples lui dirent : Seigneur, s'il dort, il est en voie de guérison.

13 En fait, Jésus voulait dire que Lazare était mort, mais les disciples avaient compris qu'il parlait du sommeil ordinaire. 14 Alors il leur dit clairement : Lazare est mort, 15 et je suis heureux, à cause de vous, de n'avoir pas été là-bas à ce moment-là. Car cela contribuera à votre foi. Mais maintenant, allons auprès de lui.

16 Thomas, surnommé le Jumeau, dit alors aux autres disciples : Allons-y, nous aussi, pour mourir avec lui.

17 A son arrivée, Jésus apprit qu'on avait enseveli Lazare depuis quatre jours déjà. 18 Béthanie était à moins de trois

was less than two miles[o] from Jerusalem, [19]and many
Jews had come to Martha and Mary to comfort them
in the loss of their brother. [20]When Martha heard that
Jesus was coming, she went out to meet him, but Mary
stayed at home.

[21]"Lord," Martha said to Jesus, "if you had been
here, my brother would not have died. [22]But I know
that even now God will give you whatever you ask."
[23]Jesus said to her, "Your brother will rise again."
[24]Martha answered, "I know he will rise again in
the resurrection at the last day."
[25]Jesus said to her, "I am the resurrection and the
life. The one who believes in me will live, even though
they die; [26]and whoever lives by believing in me will
never die. Do you believe this?"
[27]"Yes, Lord," she replied, "I believe that you are
the Messiah, the Son of God, who is to come into the
world."
[28]After she had said this, she went back and called
her sister Mary aside. "The Teacher is here," she said,
"and is asking for you." [29]When Mary heard this, she
got up quickly and went to him. [30]Now Jesus had not
yet entered the village, but was still at the place where
Martha had met him. [31]When the Jews who had been
with Mary in the house, comforting her, noticed how
quickly she got up and went out, they followed her,
supposing she was going to the tomb to mourn there.
[32]When Mary reached the place where Jesus was
and saw him, she fell at his feet and said, "Lord, if
you had been here, my brother would not have died."
[33]When Jesus saw her weeping, and the Jews who
had come along with her also weeping, he was deeply
moved in spirit and troubled. [34]"Where have you laid
him?" he asked.
"Come and see, Lord," they replied.
[35]Jesus wept.
[36]Then the Jews said, "See how he loved him!"
[37]But some of them said, "Could not he who opened
the eyes of the blind man have kept this man from
dying?"

Jesus Raises Lazarus From the Dead

[38]Jesus, once more deeply moved, came to the tomb.
It was a cave with a stone laid across the entrance.
[39]"Take away the stone," he said.
"But, Lord," said Martha, the sister of the dead man,
"by this time there is a bad odor, for he has been there
four days."
[40]Then Jesus said, "Did I not tell you that if you believe, you will see the glory of God?"
[41]So they took away the stone. Then Jesus looked
up and said, "Father, I thank you that you have heard
me. [42]I knew that you always hear me, but I said this
for the benefit of the people standing here, that they
may believe that you sent me."
[43]When he had said this, Jesus called in a loud voice,
"Lazarus, come out!" [44]The dead man came out, his

o **11:18** Or about 3 kilometers

kilomètres de Jérusalem, [19]aussi beaucoup de gens étaien
ils venus chez Marthe et Marie pour leur présenter leu
condoléances à l'occasion de la mort de leur frère.

La résurrection et la vie

[20]Quand Marthe apprit que Jésus approchait du villag
elle alla à sa rencontre. Marie, elle, resta à la maison.
[21]Marthe dit à Jésus : Seigneur, si tu avais été ici, mo
frère ne serait pas mort. [22]Mais je sais que maintena
encore, tout ce que tu demanderas à Dieu, il te l'accorder
[23]– Ton frère ressuscitera, lui dit Jésus.
[24]– Je sais bien, répondit Marthe, qu'il reviendra à la v
au dernier jour, lors de la résurrection.
[25]– Moi, je suis la résurrection et la vie, lui dit Jésu
Celui qui place toute sa confiance en moi vivra, même s
meurt. [26]Et quiconque vit et croit en moi ne mourra jama
Crois-tu cela ?
[27]– Oui, Seigneur, lui répondit-elle, je crois que tu es
Messie, le Fils de Dieu, celui qui devait venir dans le mond

[28]Là-dessus, elle partit appeler sa sœur Marie, et, l'aya
prise à part, elle lui dit : Le Maître est là, et il te demand
[29]A cette nouvelle, Marie se leva précipitamment
courut vers Jésus. [30]Il n'était pas encore entré dans le vi
lage : il était resté à l'endroit où Marthe l'avait rencontr
[31]Ceux qui se trouvaient dans la maison avec Marie po
la consoler la virent se lever brusquement et sortir. Ils
suivirent, pensant qu'elle allait au tombeau pour y pleure

[32]Marie parvint à l'endroit où était Jésus. Dès qu'elle
vit, elle se jeta à ses pieds et lui dit : Seigneur, si tu ava
été ici, mon frère ne serait pas mort.
[33]En la voyant pleurer, elle et ceux qui l'accompagnaien
Jésus fut profondément indigné[j] et ému.
[34]– Où l'avez-vous enterré ? demanda-t-il.
– Viens, Seigneur, lui répondirent-ils, tu verras.
[35]Jésus pleura.
[36]Alors tous dirent : Voyez, comme il l'aimait.
[37]Quelques-uns remarquaient : Il a bien rendu la vue
l'aveugle, n'aurait-il pas pu empêcher que Lazare meure

La victoire sur la mort

[38]Une fois de plus, Jésus fut profondément boulevers
Il arriva au tombeau. C'était une grotte dont l'entrée éta
fermée par une pierre[k].
[39]– Enlevez la pierre, dit Jésus.
Marthe, la sœur du mort, dit alors : Seigneur, il doit dé
sentir. Cela fait quatre jours qu'il est là.
[40]Jésus lui répondit : Ne t'ai-je pas dit : Si tu crois, t
verras la gloire de Dieu ?
[41]On ôta donc la pierre. Alors Jésus, tournant son regar
vers le ciel, dit : Père, tu as exaucé ma prière et je t'e
remercie. [42]Pour moi, je sais que tu m'exauces toujour
mais si je parle ainsi, c'est pour que tous ceux qui m'en
tourent croient que c'est toi qui m'as envoyé.
[43]Cela dit, il cria d'une voix forte : Lazare, sors de là !

j **11.33** Indigné devant la mort.
k **11.38** Les tombes étaient souvent aménagées dans des grottes naturelles ou artificielles dont l'entrée était fermée par une grosse pierre ronde et plate.

nds and feet wrapped with strips of linen, and a
›th around his face.
Jesus said to them, "Take off the grave clothes and
him go."

ıe Plot to Kill Jesus

45 Therefore many of the Jews who had come to visit
ary, and had seen what Jesus did, believed in him.
But some of them went to the Pharisees and told
em what Jesus had done. 47 Then the chief priests
d the Pharisees called a meeting of the Sanhedrin.
"What are we accomplishing?" they asked. "Here is
is man performing many signs. 48 If we let him go
like this, everyone will believe in him, and then
e Romans will come and take away both our temple
d our nation."

49 Then one of them, named Caiaphas, who was high
iest that year, spoke up, "You know nothing at all!
You do not realize that it is better for you that one
an die for the people than that the whole nation
rish."
51 He did not say this on his own, but as high priest
at year he prophesied that Jesus would die for the
wish nation, 52 and not only for that nation but also
r the scattered children of God, to bring them to-
ther and make them one. 53 So from that day on they
otted to take his life.
54 Therefore Jesus no longer moved about public-
among the people of Judea. Instead he withdrew
a region near the wilderness, to a village called
hraim, where he stayed with his disciples.

55 When it was almost time for the Jewish Passover,
any went up from the country to Jerusalem for their
remonial cleansing before the Passover. 56 They kept
oking for Jesus, and as they stood in the temple
urts they asked one another, "What do you think?
n't he coming to the festival at all?" 57 But the chief
iests and the Pharisees had given orders that any-
ne who found out where Jesus was should report it
that they might arrest him.

sus Anointed at Bethany

12 1 Six days before the Passover, Jesus came to
Bethany, where Lazarus lived, whom Jesus
ad raised from the dead. 2 Here a dinner was given
Jesus' honor. Martha served, while Lazarus was
mong those reclining at the table with him. 3 Then
ary took about a pint[p] of pure nard, an expensive
erfume; she poured it on Jesus' feet and wiped his
et with her hair. And the house was filled with the
agrance of the perfume.
4 But one of his disciples, Judas Iscariot, who was
ter to betray him, objected, 5 "Why wasn't this per-

12:3 Or about 0.5 liter

44 Et voici que le mort sortit du tombeau : il avait les
pieds et les mains entourés de bandes de lin, le visage
recouvert d'un linge.
Jésus dit à ceux qui étaient là : Déliez-le de ces bandes
et laissez-le aller !

Le complot contre le Maître de la vie

(Mt 26.1-5 ; Mc 14.1-2 ; Lc 22.1-2)

45 En voyant ce que Jésus avait fait, beaucoup de ceux qui
étaient venus auprès de Marie crurent en lui. 46 Quelques-
uns, cependant, s'en allèrent trouver les pharisiens et leur
rapportèrent ce que Jésus avait fait.
47 Alors, les chefs des prêtres et les pharisiens convoquèrent le Grand-Conseil.
– Qu'allons-nous faire ? disaient-ils. Cet homme accomplit trop de signes miraculeux ; 48 si nous le laissons
faire de la sorte, tout le monde va croire en lui. Alors les
Romains viendront et détruiront notre temple et notre
peuple.
49 L'un d'eux, qui s'appelait Caïphe, et qui était grand-
prêtre cette année-là, prit la parole : Vous n'y entendez
rien, leur dit-il. 50 Vous ne voyez pas qu'il est de votre intérêt qu'un seul homme meure pour le peuple, pour que
le peuple ne disparaisse pas tout entier ?
51 Or ce qu'il disait là ne venait pas de lui ; mais il était
grand-prêtre cette année-là, et c'est en cette qualité qu'il
prophétisa qu'il fallait que Jésus meure pour son peuple.
52 Et ce n'était pas seulement pour son peuple qu'il devait
mourir, c'était aussi pour rassembler tous les enfants de
Dieu dispersés à travers le monde et les réunir en un seul
peuple.
53 C'est ce jour-là qu'ils prirent la décision de faire
mourir Jésus. 54 Jésus cessa donc de se montrer en public.
Il partit de là et se retira dans la région voisine du désert,
dans une ville nommée Ephraïm[l]. Il y passa quelque temps
avec ses disciples.
55 Comme la fête de la Pâque approchait, beaucoup de
gens de tout le pays montaient à Jérusalem avant la fête
pour se soumettre aux cérémonies rituelles de purification. 56 Ils cherchaient donc Jésus et se demandaient entre
eux, dans la cour du Temple : Qu'en pensez-vous ? Croyez-
vous qu'il viendra à la fête ?
57 Or, les chefs des prêtres et les pharisiens avaient donné
des instructions : si quelqu'un savait où se trouvait Jésus,
il devait les prévenir pour qu'on l'arrête.

Jésus chez le ressuscité

(Mt 26.6-13 ; Mc 14.3-9)

12 1 Six jours avant la Pâque, Jésus se rendit à
Béthanie où habitait Lazare, qu'il avait ressuscité.
2 On prépara là un festin en son honneur. Marthe s'occupait
du service, et Lazare avait pris place à table avec Jésus.
3 Marie prit alors un demi-litre de nard[m] pur, un parfum très cher : elle le répandit sur les pieds de Jésus et les
essuya avec ses cheveux. Toute la maison fut remplie de
l'odeur de ce parfum.

4 Judas Iscariot, l'un des disciples de Jésus, celui qui allait
le trahir, dit : 5 Pourquoi n'a-t-on pas vendu ce parfum ? On

l **11.54** Localité située à 20 kilomètres au nord-est de Jérusalem.
m **12.3** Plante du Moyen-Orient recherchée pour son parfum délicat. Cet acte est un geste volontaire de respect, de vive reconnaissance (pour la résurrection de Lazare), de soumission et de consécration.

fume sold and the money given to the poor? It was
worth a year's wages.[q]" 6He did not say this because
he cared about the poor but because he was a thief;
as keeper of the money bag, he used to help himself
to what was put into it.

7"Leave her alone," Jesus replied. "It was intended
that she should save this perfume for the day of my
burial. 8You will always have the poor among you,[r]
but you will not always have me."

9Meanwhile a large crowd of Jews found out that
Jesus was there and came, not only because of him
but also to see Lazarus, whom he had raised from the
dead. 10So the chief priests made plans to kill Lazarus
as well, 11for on account of him many of the Jews were
going over to Jesus and believing in him.

Jesus Comes to Jerusalem as King

12The next day the great crowd that had come
for the festival heard that Jesus was on his way to
Jerusalem. 13They took palm branches and went out
to meet him, shouting,

"Hosanna![s]"
"Blessed is he who comes in the name of the
Lord!"
"Blessed is the king of Israel!"

14Jesus found a young donkey and sat on it, as it is
written:

15 "Do not be afraid, Daughter Zion;
see, your king is coming,
seated on a donkey's colt."

16At first his disciples did not understand all this.
Only after Jesus was glorified did they realize that
these things had been written about him and that
these things had been done to him.

17Now the crowd that was with him when he called
Lazarus from the tomb and raised him from the dead
continued to spread the word. 18Many people, because
they had heard that he had performed this sign, went
out to meet him. 19So the Pharisees said to one another, "See, this is getting us nowhere. Look how the
whole world has gone after him!"

Jesus Predicts His Death

20Now there were some Greeks among those who
went up to worship at the festival. 21They came to
Philip, who was from Bethsaida in Galilee, with a request. "Sir," they said, "we would like to see Jesus."
22Philip went to tell Andrew; Andrew and Philip in
turn told Jesus.

23Jesus replied, "The hour has come for the Son of
Man to be glorified. 24Very truly I tell you, unless a
kernel of wheat falls to the ground and dies, it remains
only a single seed. But if it dies, it produces many
seeds. 25Anyone who loves their life will lose it, while

q 12:5 Greek *three hundred denarii*
r 12:8 See Deut. 15:11.
s 12:13 A Hebrew expression meaning "Save!" which became an exclamation of praise

en aurait tiré au moins trois cents pièces d'argent[n] qu'
aurait pu donner aux pauvres !

6S'il parlait ainsi, ce n'était pas parce qu'il se souci
des pauvres ; mais il était voleur et, comme c'était lui q
gérait la bourse commune, il gardait pour lui ce qu'or
mettait.

7Mais Jésus intervint : Laisse-la faire ! C'est pour le jo
de mon enterrement qu'elle a réservé ce parfum. 8D
pauvres, vous en aurez toujours autour de vous ! Tanc
que moi, vous ne m'aurez pas toujours avec vous.

9Entre-temps, on apprit que Jésus était à Béthanie. L
gens s'y rendirent en foule, non seulement à cause de Jés
mais aussi pour voir Lazare qu'il avait ressuscité. 10Alo
les chefs des prêtres décidèrent aussi de faire mour
Lazare. 11Car, à cause de lui, beaucoup se détournaie
d'eux pour croire en Jésus.

L'entrée du roi à Jérusalem

(Mt 21.1-11 ; Mc 11.1-11 ; Lc 19.28-40)

12Le lendemain, une foule immense était à Jérusale
pour la fête. On apprit que Jésus était en chemin vers
ville.

13Alors les gens arrachèrent des rameaux aux palmie
et sortirent à sa rencontre en criant :

– Hosanna[o]! Béni soit celui qui vient au nom du Seigneur ! Vi
le roi d'Israël!

14Jésus trouva un ânon et s'assit dessus, selon cette p
role de l'Ecriture :

15 *Sois sans crainte, communauté de Sion,*
car ton roi vient,
monté sur un ânon.

16Sur le moment, ses disciples ne comprirent pas ce q
se passait, mais quand Jésus fut entré dans sa gloire, ils
souvinrent que ces choses avaient été écrites à son suj
et qu'elles lui étaient arrivées.

17Tous ceux qui étaient avec Jésus lorsqu'il avait appe
Lazare à sortir du tombeau et l'avait ressuscité, témo
gnaient de ce qu'ils avaient vu. 18D'ailleurs, si les foul
venaient si nombreuses au-devant de lui, c'était aussi par
qu'elles avaient entendu parler du signe miraculeux qu'
avait accompli.

19Alors les pharisiens se dirent les uns aux autres : Vou
le voyez : vous n'arriverez à rien, tout le monde le suit !

La gloire et la mort

20Parmi ceux qui étaient venus à Jérusalem pour ador
Dieu pendant la fête, il y avait aussi quelques personn
non juives[p]. 21Elles allèrent trouver Philippe qui était c
Bethsaïda en Galilée et lui firent cette demande : Nou
aimerions voir Jésus.

22Philippe alla le dire à André, puis tous deux allèrer
ensemble le dire à Jésus.

23Celui-ci leur répondit : L'heure est venue où le Fi
de l'homme va entrer dans sa gloire. 24Vraiment, je vou
l'assure : si le grain de blé que l'on a jeté en terre ne meu
pas, il reste un grain unique. Mais s'il meurt, il porte d
fruit en abondance. 25Celui qui s'attache à sa propre vie l

n 12.5 Il s'agit de *deniers.* Cette somme représente le salaire d'une anné de travail d'un ouvrier agricole.
o 12.13 Voir note Mt 21.9.
p 12.20 Non-Juifs attirés par la religion juive, sympathisants ou prosélytes, qui participaient au pèlerinage de la Pâque.

ıyone who hates their life in this world will keep it
r eternal life. 26 Whoever serves me must follow me;
ıd where I am, my servant also will be. My Father
ill honor the one who serves me.

27 "Now my soul is troubled, and what shall I say?
ather, save me from this hour'? No, it was for this
ry reason I came to this hour. 28 Father, glorify your
ıme!"
Then a voice came from heaven, "I have glorified
and will glorify it again." 29 The crowd that was
ere and heard it said it had thundered; others said
ı angel had spoken to him.

30 Jesus said, "This voice was for your benefit, not
ine. 31 Now is the time for judgment on this world;
w the prince of this world will be driven out. 32 And
when I am lifted up[t] from the earth, will draw all
ople to myself." 33 He said this to show the kind of
ath he was going to die.

34 The crowd spoke up, "We have heard from the
w that the Messiah will remain forever, so how can
u say, 'The Son of Man must be lifted up'? Who is
is 'Son of Man'?"

35 Then Jesus told them, "You are going to have the
ght just a little while longer. Walk while you have
e light, before darkness overtakes you. Whoever
alks in the dark does not know where they are going.
Believe in the light while you have the light, so that
u may become children of light." When he had fin-
hed speaking, Jesus left and hid himself from them.

elief and Unbelief Among the Jews

37 Even after Jesus had performed so many signs in
eir presence, they still would not believe in him.
This was to fulfill the word of Isaiah the prophet:

"Lord, who has believed our message
and to whom has the arm of the Lord been
revealed?"

39 For this reason they could not believe, because,
Isaiah says elsewhere:

40 "He has blinded their eyes
and hardened their hearts,
so they can neither see with their eyes,
nor understand with their hearts,
nor turn – and I would heal them."

Isaiah said this because he saw Jesus' glory and
oke about him.

42 Yet at the same time many even among the lead-
rs believed in him. But because of the Pharisees they
ould not openly acknowledge their faith for fear they
ould be put out of the synagogue; 43 for they loved
uman praise more than praise from God.

44 Then Jesus cried out, "Whoever believes in me
oes not believe in me only, but in the one who sent

2:32 The Greek for *lifted up* also means *exalted*.

perdra, mais celui qui fait peu de cas de sa vie en ce monde
la gardera pour la vie éternelle. 26 Si quelqu'un veut être à
mon service, qu'il me suive. Là où je serai, mon serviteur
y sera aussi. Si quelqu'un est à mon service, le Père lui
fera honneur.

27 A présent, je suis troublé. Que dirai-je ? Père, délivre-
moi de cette heure ? Mais c'est précisément pour cela
que je suis venu jusqu'à cette heure ! 28 Père, manifeste
ta gloire.

Alors une voix se fit entendre, venant du ciel : J'ai déjà
manifesté ma gloire et je la manifesterai à nouveau.

29 La foule qui se trouvait là et qui avait entendu le son
de cette voix crut que c'était un coup de tonnerre. D'autres
disaient : Un ange vient de lui parler.

30 Mais Jésus leur déclara : Ce n'est pas pour moi que
cette voix s'est fait entendre, c'est pour vous. 31 C'est maintenant que va avoir lieu le jugement de ce monde. Oui,
maintenant le dominateur de ce monde va être expulsé.
32 Et moi, quand j'aurai été élevé au-dessus de la terre, j'attirerai tout homme à moi.

33 Par cette expression, il faisait allusion à la manière
dont il allait mourir. 34 La foule répondit : La Loi nous
apprend que le Messie vivra éternellement. Comment
peux-tu dire que le Fils de l'homme doit être élevé au-dessus de la terre ? Au fait : qui est donc ce Fils de l'homme ?

35 Jésus leur dit alors : La lumière est encore parmi
vous, pour un peu de temps : marchez tant que vous avez
la lumière, pour ne pas vous laisser surprendre par les
ténèbres, car celui qui marche dans les ténèbres ne sait pas
où il va. 36 Tant que vous avez la lumière, croyez en la lumière, afin de devenir vous-mêmes des enfants de lumière.

Après avoir dit cela, Jésus s'en alla et se tint caché loin
d'eux.

Les Juifs restent incrédules

37 Malgré le grand nombre de signes miraculeux que
Jésus avait accomplis devant eux, ils ne croyaient pas en
lui.

38 Ainsi s'accomplit ce que le prophète Esaïe avait prédit :
Seigneur, qui a cru à notre message
et à qui la puissance du Seigneur a-t-elle été révélée[q] ?

39 Pourquoi ne pouvaient-ils pas croire ? C'est encore
Esaïe qui nous en donne la raison quand il dit :

40 *Dieu les a aveuglés,*
il les a rendus insensibles,
afin qu'ils ne voient pas de leurs yeux,
qu'ils ne comprennent pas avec leur intelligence,
qu'ils ne se tournent pas vers lui
pour qu'il les guérisse[r].

41 Esaïe a dit cela parce qu'il avait vu la gloire de Jésus
et qu'il parlait de lui.

42 Et pourtant, même parmi les dirigeants, beaucoup
crurent en lui ; mais, à cause des pharisiens, ils n'osaient
pas le reconnaître ouvertement de peur d'être exclus de
la synagogue. 43 Car ils tenaient davantage à la gloire qui
vient des hommes qu'à celle qui vient de Dieu.

L'appel à la foi

44 Jésus déclara à haute voix : Si quelqu'un met sa confiance en moi, ce n'est pas en moi seulement qu'il croit,

q **12.38** Es 53.1 cité selon l'ancienne version grecque.
r **12.40** Es 6.10 cité selon l'ancienne version grecque.

me. 45The one who looks at me is seeing the one who sent me. 46I have come into the world as a light, so that no one who believes in me should stay in darkness.

47"If anyone hears my words but does not keep them, I do not judge that person. For I did not come to judge the world, but to save the world. 48There is a judge for the one who rejects me and does not accept my words; the very words I have spoken will condemn them at the last day. 49For I did not speak on my own, but the Father who sent me commanded me to say all that I have spoken. 50I know that his command leads to eternal life. So whatever I say is just what the Father has told me to say."

Jesus Washes His Disciples' Feet

13 1It was just before the Passover Festival. Jesus knew that the hour had come for him to leave this world and go to the Father. Having loved his own who were in the world, he loved them to the end.

2The evening meal was in progress, and the devil had already prompted Judas, the son of Simon Iscariot, to betray Jesus. 3Jesus knew that the Father had put all things under his power, and that he had come from God and was returning to God; 4so he got up from the meal, took off his outer clothing, and wrapped a towel around his waist. 5After that, he poured water into a basin and began to wash his disciples' feet, drying them with the towel that was wrapped around him.

6He came to Simon Peter, who said to him, "Lord, are you going to wash my feet?"

7Jesus replied, "You do not realize now what I am doing, but later you will understand."

8"No," said Peter, "you shall never wash my feet."

Jesus answered, "Unless I wash you, you have no part with me."

9"Then, Lord," Simon Peter replied, "not just my feet but my hands and my head as well!"

10Jesus answered, "Those who have had a bath need only to wash their feet; their whole body is clean. And you are clean, though not every one of you." 11For he knew who was going to betray him, and that was why he said not every one was clean.

12When he had finished washing their feet, he put on his clothes and returned to his place. "Do you understand what I have done for you?" he asked them. 13"You call me 'Teacher' and 'Lord,' and rightly so, for that is what I am. 14Now that I, your Lord and Teacher, have washed your feet, you also should wash one another's feet. 15I have set you an example that you should do as I have done for you. 16Very truly I tell you, no servant is greater than his master, nor is a messenger greater than the one who sent him.

mais encore en celui qui m'a envoyé. 45Qui me voit, v aussi celui qui m'a envoyé. 46C'est pour être la lumière q je suis venu dans le monde, afin que tout homme qui cr en moi ne demeure pas dans les ténèbres. 47Si quelqu' entend ce que je dis, mais ne le met pas en pratique, n'est pas moi qui le jugerai ; car je ne suis pas venu po juger le monde mais pour le sauver.

48Celui donc qui me méprise et qui ne tient pas comp de mes paroles a déjà son juge : c'est cette Parole même q j'ai prononcée ; elle le jugera au dernier jour. 49Car je n pas parlé de ma propre initiative : le Père, qui m'a envoy m'a ordonné lui-même ce que je dois dire et enseign 50Or je le sais bien : l'enseignement que m'a confié le Pè c'est la vie éternelle. Et mon enseignement consiste à di fidèlement ce que m'a dit le Père.

Les adieux du maître

Jésus lave les pieds de ses disciples

13 1C'était juste avant la fête de la Pâque. Jés savait que l'heure était venue pour lui de quitt ce monde pour s'en aller auprès du Père. C'est pourquoi donna aux siens, qu'il aimait et qui étaient dans le monc une marque suprême de son amour pour eux. 2C'était cours du repas. Déjà le diable avait semé dans le cœur Judas, fils de Simon Iscariot, le projet de trahir son Maît et de le livrer. 3Jésus savait que le Père avait tout rem entre ses mains, qu'il était venu d'auprès de Dieu et qu allait retourner auprès de lui.

4Il se leva de table pendant le dîner, posa son vêteme et prit une serviette de lin qu'il se noua autour de la tail 5Ensuite, il versa de l'eau dans une bassine et commen à laver les pieds de ses disciples, puis à les essuyer avec serviette qu'il s'était nouée autour de la taille.

6Quand vint le tour de Simon Pierre, celui-ci protest Toi, Seigneur, tu veux me laver les pieds ?

7Jésus lui répondit : Ce que je fais, tu ne le compren pas pour l'instant, tu le comprendras plus tard.

8Mais Pierre lui répliqua : Non ! Tu ne me laveras pas l pieds ! Sûrement pas !

Jésus lui répondit : Si je ne te lave pas, il n'y a plus ri de commun entre toi et moi.

9– Dans ce cas, lui dit Simon Pierre, ne me lave p seulement les pieds, mais aussi les mains et la tête.

10Jésus lui dit : Celui qui s'est baigné est entièreme pur, il lui suffit de se laver les pieds[s]. Or vous, vous êt purs – mais pas tous.

11Jésus, en effet, connaissait celui qui allait le livre Voilà pourquoi il avait ajouté : « Vous n'êtes pas to purs. »

12Après leur avoir lavé les pieds, il remit son vêteme et se remit à table. Alors il leur dit : Avez-vous compris que je viens de vous faire ?

13Vous m'appelez Maître et Seigneur – et vous avez ra son, car je le suis. 14Si donc moi, le Seigneur et le Maîtr je vous ai lavé les pieds, vous devez, vous aussi, vous lav les pieds les uns aux autres. 15Je viens de vous donner u exemple, pour qu'à votre tour vous agissiez comme j' agi envers vous. 16Vraiment, je vous l'assure, un servite n'est jamais supérieur à son maître, ni un messager pl

s 13.10 Les mots : *il lui suffit de se laver les pieds* sont absents de certains manuscrits.

Iow that you know these things, you will be blessed
you do them.

›us Predicts His Betrayal

18"I am not referring to all of you; I know those
ave chosen. But this is to fulfill this passage of
ripture: 'He who shared my bread has turned[u]
ainst me.'
19"I am telling you now before it happens, so that
ıen it does happen you will believe that I am who I
ı. 20Very truly I tell you, whoever accepts anyone
end accepts me; and whoever accepts me accepts
e one who sent me."

21After he had said this, Jesus was troubled in spirit
d testified, "Very truly I tell you, one of you is going
betray me."
22His disciples stared at one another, at a loss to
ıow which of them he meant. 23One of them, the
sciple whom Jesus loved, was reclining next to him.
Simon Peter motioned to this disciple and said, "Ask
m which one he means."
25Leaning back against Jesus, he asked him, "Lord,
ıo is it?"
26Jesus answered, "It is the one to whom I will give
is piece of bread when I have dipped it in the dish."
ıen, dipping the piece of bread, he gave it to Judas,
e son of Simon Iscariot. 27As soon as Judas took the
ead, Satan entered into him.
So Jesus told him, "What you are about to do, do
ıickly." 28But no one at the meal understood why
sus said this to him. 29Since Judas had charge of
e money, some thought Jesus was telling him to buy
ıat was needed for the festival, or to give something
the poor. 30As soon as Judas had taken the bread,
went out. And it was night.

sus Predicts Peter's Denial

31When he was gone, Jesus said, "Now the Son of
an is glorified and God is glorified in him. 32If God is
orified in him,[v] God will glorify the Son in himself,
ıd will glorify him at once.
33"My children, I will be with you only a little lon-
r. You will look for me, and just as I told the Jews,
I tell you now: Where I am going, you cannot come.

34"A new command I give you: Love one another. As
ıave loved you, so you must love one another. 35By
ıis everyone will know that you are my disciples, if
ou love one another."

36Simon Peter asked him, "Lord, where are you
oing?"
Jesus replied, "Where I am going, you cannot follow
ow, but you will follow later."
37Peter asked, "Lord, why can't I follow you now? I
ill lay down my life for you."

grand que celui qui l'envoie. 17Si vous savez ces choses,
vous êtes heureux à condition de les mettre en pratique.

18Je ne parle pas de vous tous : je sais très bien quels sont
ceux que j'ai choisis – mais il faut que l'Ecriture s'accomplisse : *Celui qui partage mon pain se tourne contre moi.* 19Je
vous le dis dès maintenant, avant que cela se produise,
pour qu'au moment où cela arrivera, vous croyiez que moi,
je suis[t]. 20Vraiment, je vous l'assure : qui reçoit celui que
j'envoie me reçoit moi-même, et qui me reçoit, reçoit celui
qui m'a envoyé.

Le traître

(Mt 26.20-25 ; Mc 14.17-21 ; Lc 22.21-23)

21Après avoir dit cela, Jésus fut troublé intérieurement et
il déclara solennellement : Oui, vraiment, je vous l'assure :
l'un de vous me trahira.
22Les disciples, déconcertés, se regardaient les uns les
autres ; ils se demandaient de qui il pouvait bien parler.
23L'un d'entre eux, le disciple que Jésus aimait, se trouvait
à table juste à côté de Jésus. 24Simon Pierre lui fit signe
de demander à Jésus de qui il parlait. 25Et ce disciple, se
penchant aussitôt vers Jésus, lui demanda : Seigneur, de
qui s'agit-il ?
26Et Jésus lui répondit : Je vais tremper ce morceau de
pain dans le plat. Celui à qui je le donnerai, c'est lui.
Là-dessus, Jésus prit le morceau qu'il avait trempé et le
donna à Judas, fils de Simon Iscariot.
27Dès que Judas eut reçu ce morceau de pain, Satan entra en lui.
Alors Jésus lui dit : Ce que tu fais, fais-le vite.
28Aucun de ceux qui étaient à table ne comprit pourquoi
il lui disait cela. 29Comme Judas gérait la bourse commune,
quelques-uns supposèrent que Jésus le chargeait d'acheter
ce qu'il leur fallait pour la fête, ou de donner quelque chose
aux pauvres. 30Dès que Judas eut pris le morceau de pain,
il se hâta de sortir. Il faisait nuit.

Le nouveau commandement

31Quand il fut parti, Jésus dit : Maintenant, la gloire
du Fils de l'homme éclate, et Dieu va être glorifié en lui.
32[Puisque Dieu va être glorifié en lui[u],] Dieu, à son tour,
va glorifier le Fils de l'homme en lui-même, et il le fera
bientôt. 33Mes chers enfants, je suis encore avec vous, mais
plus pour longtemps. Vous me chercherez ; et ce que j'ai
dit à tous, je vous le dis à vous aussi maintenant : vous ne
pouvez pas aller là où je vais.
34Je vous donne un commandement nouveau : Aimez-
vous les uns les autres. Oui, comme je vous ai aimés,
aimez-vous les uns les autres. 35A ceci, tous reconnaîtront
que vous êtes mes disciples : à l'amour que vous aurez les
uns pour les autres.
36Simon Pierre lui demanda : Seigneur, où vas-tu ?
Jésus lui répondit : Tu ne peux me suivre maintenant là
où je vais, mais plus tard tu me suivras.

37Mais Pierre reprit : Et pourquoi donc, Seigneur, ne
puis-je pas te suivre dès maintenant ? Je suis prêt à donner
ma vie pour toi !

13:18 Greek *has lifted up his heel*
13:32 Many early manuscripts do not have *If God is glorified in him.*

t 13.19 Voir note 8.24.
u 13.32 Les mots entre crochets sont absents de nombreux manuscrits.

38 Then Jesus answered, "Will you really lay down your life for me? Very truly I tell you, before the rooster crows, you will disown me three times!

Jesus Comforts His Disciples

14 1 "Do not let your hearts be troubled. You believe in God[w]; believe also in me. 2 My Father's house has many rooms; if that were not so, would I have told you that I am going there to prepare a place for you? 3 And if I go and prepare a place for you, I will come back and take you to be with me that you also may be where I am. 4 You know the way to the place where I am going."

Jesus the Way to the Father

5 Thomas said to him, "Lord, we don't know where you are going, so how can we know the way?"

6 Jesus answered, "I am the way and the truth and the life. No one comes to the Father except through me. 7 If you really know me, you will know[x] my Father as well. From now on, you do know him and have seen him."

8 Philip said, "Lord, show us the Father and that will be enough for us."

9 Jesus answered: "Don't you know me, Philip, even after I have been among you such a long time? Anyone who has seen me has seen the Father. How can you say, 'Show us the Father'? 10 Don't you believe that I am in the Father, and that the Father is in me? The words I say to you I do not speak on my own authority. Rather, it is the Father, living in me, who is doing his work. 11 Believe me when I say that I am in the Father and the Father is in me; or at least believe on the evidence of the works themselves. 12 Very truly I tell you, whoever believes in me will do the works I have been doing, and they will do even greater things than these, because I am going to the Father. 13 And I will do whatever you ask in my name, so that the Father may be glorified in the Son. 14 You may ask me for anything in my name, and I will do it.

Jesus Promises the Holy Spirit

15 "If you love me, keep my commands. 16 And I will ask the Father, and he will give you another advocate to help you and be with you forever – 17 the Spirit of truth. The world cannot accept him, because it neither sees him nor knows him. But you know him, for he lives with you and will be[y] in you. 18 I will not leave you as orphans; I will come to you. 19 Before long, the world will not see me anymore, but you will see me.

[w] **14:1** Or *Believe in God*
[x] **14:7** Some manuscripts *If you really knew me, you would know*
[y] **14:17** Some early manuscripts *and is*

38 – Tu es prêt à donner ta vie pour moi ? répondit Jésu Oui, vraiment, je te l'assure : avant que le coq se mette chanter, tu m'auras renié trois fois.

Le chemin, la vérité et la vie

14 1 Jésus dit : Que votre cœur ne se trouble pas. Ay foi en Dieu, ayez aussi foi en moi. 2 Dans la mais de mon Père, il y a beaucoup de demeures ; si ce n'était p vrai, je vous l'aurais dit : en effet je vais vous préparer u place. 3 Lorsque je vous aurai préparé une place, je revien rai et je vous prendrai avec moi, afin que vous soyez, vo aussi, là où je suis. 4 Mais vous en connaissez le chemin

5 Thomas lui dit : Seigneur, nous ne savons même pas tu vas, comment pourrions-nous savoir par quel chem on y parvient ?

6 – Je suis, moi, le chemin, répondit Jésus, la vérité la vie. Personne ne va au Père sans passer par moi. 7 vous me connaissez, vous connaîtrez aussi mon Père[v]. maintenant déjà vous le connaissez, vous l'avez même v

8 Philippe intervint : Seigneur, montre-nous le Père, cela nous suffit.

9 – Eh quoi, lui répondit Jésus, après tout le temps que j' passé avec vous, tu ne me connais pas encore, Philipp Celui qui m'a vu, a vu le Père. Comment peux-tu dire « Montre-nous le Père ? » 10 Ne crois-tu pas que je suis da le Père et que le Père est en moi ? Ce que je vous dis, je n le dis pas de moi-même : le Père demeure en moi et c'e lui qui accomplit ainsi ses propres œuvres. 11 Croyez-mo Je suis dans le Père et le Père est en moi. Sinon, croyez a moins à cause des œuvres que vous m'avez vu accompli 12 Vraiment, je vous l'assure : celui qui croit en moi accon plira les œuvres que je fais. Il en fera même de plus grand parce que je vais auprès du Père. 13 Et quoi que ce soit qu vous demandiez en mon nom, je le réaliserai pour que gloire du Père soit manifestée par le Fils. 14 Je le répète : vous me demandez[w] quelque chose en mon nom, je le fera

Jésus promet l'Esprit Saint

15 Si vous m'aimez, vous suivrez mes commandement 16 Et moi, je demanderai au Père de vous donner un au tre défenseur en justice[x], afin qu'il reste pour toujou avec vous : 17 c'est l'Esprit de vérité, celui que le mond est incapable de recevoir parce qu'il ne le voit pas et n le connaît pas. Quant à vous, vous le connaissez, car demeure auprès de vous, et il sera[y] en vous.

18 Non, je ne vous laisserai pas orphelins, mais je rev endrai vers vous. 19 Sous peu, le monde ne me verra plus mais vous, vous me verrez parce que je vis et que, vou

[v] **14.7** Certains manuscrits ont : *si vous m'aviez connu, vous connaîtriez aus mon Père.*
[w] **14.14** Certains manuscrits ont : *si vous demandez.*
[x] **14.16** Jean présente l'opposition à Jésus sous la forme d'un procès. Mis en accusation (5.16-18), Jésus défend sa cause, qui est aussi celle du Père en produisant ses témoins (5.19-46) et en mettant ses adversaires au dé de prouver sa culpabilité (8.46). Une fois qu'il sera parti, le Saint-Esprit prendra le relais pour défendre la cause de Jésus dans le procès qui l'op pose au monde incrédule. Il le fera en équipant les apôtres pour qu'ils témoignent en faveur de Jésus (14.26 ; 15.26-27 ; 16.8-15).
[y] **14.17** De très bons manuscrits ont : *il est en vous.*

cause I live, you also will live. 20On that day you will
alize that I am in my Father, and you are in me, and
m in you. 21Whoever has my commands and keeps
em is the one who loves me. The one who loves me
ill be loved by my Father, and I too will love them
d show myself to them."
22Then Judas (not Judas Iscariot) said, "But, Lord,
ny do you intend to show yourself to us and not to
e world?"
23Jesus replied, "Anyone who loves me will obey my
aching. My Father will love them, and we will come
them and make our home with them. 24Anyone who
es not love me will not obey my teaching. These
ords you hear are not my own; they belong to the
ther who sent me.
25"All this I have spoken while still with you. 26But
e Advocate, the Holy Spirit, whom the Father will
nd in my name, will teach you all things and will
mind you of everything I have said to you. 27Peace
eave with you; my peace I give you. I do not give
you as the world gives. Do not let your hearts be
oubled and do not be afraid.

28"You heard me say, 'I am going away and I am
ming back to you.' If you loved me, you would be
ad that I am going to the Father, for the Father is
eater than I. 29I have told you now before it happens,
that when it does happen you will believe. 30I will
ot say much more to you, for the prince of this world
coming. He has no hold over me, 31but he comes so
at the world may learn that I love the Father and do
actly what my Father has commanded me.
"Come now; let us leave.

he Vine and the Branches

5 1"I am the true vine, and my Father is the gardener. 2He cuts off every branch in me that
ears no fruit, while every branch that does bear fruit
e prunes[z] so that it will be even more fruitful. 3You
e already clean because of the word I have spoken to
ou. 4Remain in me, as I also remain in you. No branch
an bear fruit by itself; it must remain in the vine.
either can you bear fruit unless you remain in me.

5"I am the vine; you are the branches. If you remain
me and I in you, you will bear much fruit; apart
om me you can do nothing. 6If you do not remain
me, you are like a branch that is thrown away and
ithers; such branches are picked up, thrown into
e fire and burned. 7If you remain in me and my
ords remain in you, ask whatever you wish, and it
ill be done for you. 8This is to my Father's glory,
at you bear much fruit, showing yourselves to be
y disciples.
9"As the Father has loved me, so have I loved you.
ow remain in my love. 10If you keep my commands,

15:2 The Greek for *he prunes* also means *he cleans.*

aussi, vous vivrez. 20Quand ce jour viendra, vous connaîtrez que je suis en mon Père ; vous saurez aussi que
vous êtes en moi, et que moi je suis en vous.
21Celui qui m'aime, c'est celui qui retient mes commandements et les applique. Mon Père aimera celui qui m'aime ;
moi aussi, je l'aimerai et je me ferai connaître à lui.
22Jude (qu'il ne faut pas confondre avec Judas Iscariot)
lui demanda : Seigneur, pourquoi est-ce seulement à nous
que tu veux te manifester, et non au monde ?
23Jésus lui répondit : Si quelqu'un m'aime, il obéira à ma
parole. Mon Père aussi l'aimera : nous viendrons à lui et
nous établirons notre demeure chez lui. 24Mais celui qui
ne m'aime pas ne met pas mes paroles en pratique. Or,
cette Parole que vous entendez ne vient pas de moi, c'est
la Parole même du Père qui m'a envoyé.
25Je vous dis tout cela pendant que je suis encore avec
vous. 26Mais le Défenseur[z] en justice, le Saint-Esprit que le
Père enverra en mon nom, vous enseignera toutes choses
et vous rappellera tout ce que je vous ai dit moi-même.
27Je pars, mais je vous laisse la paix, c'est ma paix que
je vous donne. Je ne vous la donne pas comme le monde
la donne. C'est pourquoi, ne soyez pas troublés et n'ayez
aucune crainte en votre cœur.
28Vous m'avez entendu dire que je pars, mais aussi que
je reviendrai auprès de vous. Si vous m'aimiez, vous seriez heureux de savoir que je vais au Père, car le Père est
plus grand que moi. 29Je vous ai prévenus dès maintenant,
avant que ces choses arrivent, pour qu'au jour où elles
se produiront, vous croyiez. 30Désormais, je n'aurai plus
guère l'occasion de m'entretenir avec vous, car le dominateur de ce monde vient. Ce n'est pas qu'il ait une prise
sur moi, 31mais il faut que le monde reconnaisse que j'aime
le Père et que j'agis conformément à ce qu'il m'a ordonné.
Levez-vous ; partons d'ici.

La vigne et les sarments

15 1Moi, je suis le vrai plant de vigne et mon Père
est le vigneron. 2Tous les sarments, en moi, qui
ne portent pas de fruit, il les coupe, et tous ceux qui en
portent, il les purifie[a] afin qu'ils produisent un fruit encore
plus abondant. 3Vous aussi, vous avez déjà été purifiés
grâce à la parole que je vous ai enseignée. 4Demeurez en
moi, et moi je demeurerai en vous. Un sarment ne saurait
porter du fruit tout seul, sans demeurer attaché au cep.
Il en est de même pour vous : si vous ne demeurez pas en
moi, vous ne pouvez porter aucun fruit.
5Je suis le cep de la vigne, vous en êtes les sarments.
Celui qui demeure en moi et en qui je demeure, portera du
fruit en abondance, car sans moi, vous ne pouvez rien faire.
6Si quelqu'un ne demeure pas en moi, on le jette hors du
vignoble, comme les sarments coupés : ils se dessèchent,
puis on les ramasse, on y met le feu et ils brûlent. 7Mais si
vous demeurez en moi, et que mes paroles demeurent en
vous, demandez ce que vous voudrez, vous l'obtiendrez. 8Si
vous produisez du fruit en abondance et que vous prouvez
ainsi que vous êtes vraiment mes disciples, mon Père sera
glorifié aux yeux de tous. 9Comme le Père m'a toujours
aimé, moi aussi je vous ai aimés ; maintenez-vous donc
dans mon amour. 10Si vous obéissez à mes commandements, vous demeurerez dans mon amour, tout comme

[z] **14.26** Voir v. 16 et la note.
[a] **15.2** D'autres comprennent : *il les taille.*

you will remain in my love, just as I have kept my Father's commands and remain in his love. 11 I have told you this so that my joy may be in you and that your joy may be complete. 12 My command is this: Love each other as I have loved you. 13 Greater love has no one than this: to lay down one's life for one's friends. 14 You are my friends if you do what I command. 15 I no longer call you servants, because a servant does not know his master's business. Instead, I have called you friends, for everything that I learned from my Father I have made known to you. 16 You did not choose me, but I chose you and appointed you so that you might go and bear fruit – fruit that will last – and so that whatever you ask in my name the Father will give you. 17 This is my command: Love each other.

The World Hates the Disciples

18 "If the world hates you, keep in mind that it hated me first. 19 If you belonged to the world, it would love you as its own. As it is, you do not belong to the world, but I have chosen you out of the world. That is why the world hates you. 20 Remember what I told you: 'A servant is not greater than his master.' If they persecuted me, they will persecute you also. If they obeyed my teaching, they will obey yours also. 21 They will treat you this way because of my name, for they do not know the one who sent me. 22 If I had not come and spoken to them, they would not be guilty of sin; but now they have no excuse for their sin. 23 Whoever hates me hates my Father as well. 24 If I had not done among them the works no one else did, they would not be guilty of sin. As it is, they have seen, and yet they have hated both me and my Father. 25 But this is to fulfill what is written in their Law: 'They hated me without reason.'

The Work of the Holy Spirit

26 "When the Advocate comes, whom I will send to you from the Father – the Spirit of truth who goes out from the Father – he will testify about me. 27 And you also must testify, for you have been with me from the beginning.

16 1 "All this I have told you so that you will not fall away. 2 They will put you out of the synagogue; in fact, the time is coming when anyone who kills you will think they are offering a service to God. 3 They will do such things because they have not known the Father or me. 4 I have told you this, so that when their time comes you will remember that I warned you about them. I did not tell you this from the beginning because I was with you, 5 but now I am going to him who sent me. None of you asks me, 'Where are you going?' 6 Rather, you are filled with grief because I have said these things. 7 But very truly

moi-même j'ai obéi aux commandements de mon Père je demeure dans son amour. 11 Tout cela, je vous le dis po que la joie qui est la mienne vous remplisse vous aussi, qu'ainsi votre joie soit complète.

12 Voici quel est mon commandement : aimez-vous l uns les autres comme moi-même je vous ai aimés. 13 Il n a pas de plus grand amour que de donner sa vie pour s amis. 14 Vous êtes mes amis, si vous faites ce que je vo commande.

15 Je ne vous appelle plus serviteurs, parce qu'un ser teur n'est pas mis au courant des affaires de son maît Je vous appelle mes amis, parce que je vous ai fait part tout ce que j'ai appris de mon Père. 16 Ce n'est pas vous q m'avez choisi. Non, c'est moi qui vous ai choisis ; je vo ai donné mission d'aller, de porter du fruit, du fruit q soit durable. Alors le Père vous accordera tout ce que vo lui demanderez en mon nom. 17 Voici donc ce que je vo commande : aimez-vous les uns les autres.

La haine du monde à l'égard des disciples

18 Si le monde a de la haine pour vous, sachez qu'il n haï avant vous. 19 Si vous faisiez partie du monde, il vo aimerait parce que vous lui appartiendriez. Mais vo n'appartenez pas au monde parce que je vous ai chois du milieu du monde ; c'est pourquoi il vous poursuit sa haine.

20 Souvenez-vous de ce que je vous ai déjà dit : le serv teur n'est jamais plus grand que son maître. S'ils m'o persécuté, ils vous persécuteront vous aussi ; s'ils ont gar mes paroles, ils garderont aussi les vôtres. 21 Mais c'est cause de moi qu'ils agiront ainsi, parce qu'ils ne conna sent pas celui qui m'a envoyé.

22 Si je n'étais pas venu et si je ne leur avais pas parlé, ne seraient pas coupables, mais maintenant, leur péc est sans excuse. 23 Celui qui a de la haine pour moi en aussi pour mon Père.

24 Si je n'avais pas accompli au milieu d'eux des œuvr que jamais personne d'autre n'a faites, ils ne seraient p coupables. Mais maintenant, bien qu'ils les aient vues, continuent à nous haïr, et moi, et mon Père. 25 Mais il fall bien que s'accomplisse cette parole écrite dans leur Lo *Ils m'ont haï sans raison.*

26 Quand le Défenseur en justice[b] sera venu, celui que vous enverrai d'auprès du Père, l'Esprit de vérité qui vie du Père, il rendra lui-même témoignage de moi. 27 Et vou à votre tour, vous serez mes témoins, parce que depuis commencement vous avez été à mes côtés.

16 1 Je vous ai dit tout cela pour que vous soy préservés de toute chute. 2 Car on vous exclu des synagogues, et même l'heure vient où tous ceux q vous mettront à mort s'imagineront rendre un culte Dieu. 3 Ils en arriveront là parce qu'ils n'ont jamais conn ni mon Père ni moi. 4 Je vous ai annoncé tout cela d'avan pour que, lorsque l'heure sera venue pour eux d'agir ain vous vous rappeliez que je vous l'ai prédit. Je ne vous en pas parlé dès le début, parce que j'étais encore avec vou

L'œuvre du Saint-Esprit

5 Maintenant, je vais auprès de celui qui m'a envoyé, aucun de vous ne me demande où je vais ? 6 Mais, à cause c ce que je vous ai dit, la tristesse vous a envahis. 7 Pourtan

b 15.26 Voir note à 14.16.

ell you, it is for your good that I am going away.
ıless I go away, the Advocate will not come to you;
ıt if I go, I will send him to you. 8When he comes,
: will prove the world to be in the wrong about sin
ıd righteousness and judgment: 9about sin, because
ople do not believe in me; 10about righteousness, be-
use I am going to the Father, where you can see me
› longer; 11and about judgment, because the prince
this world now stands condemned.

12"I have much more to say to you, more than you
ın now bear. 13But when he, the Spirit of truth,
›mes, he will guide you into all the truth. He will not
›eak on his own; he will speak only what he hears,
ıd he will tell you what is yet to come. 14He will
orify me because it is from me that he will receive
hat he will make known to you. 15All that belongs
› the Father is mine. That is why I said the Spirit will
ceive from me what he will make known to you."

he Disciples' Grief Will Turn to Joy

16Jesus went on to say, "In a little while you will
:e me no more, and then after a little while you will
:e me."
17At this, some of his disciples said to one another,
Vhat does he mean by saying, 'In a little while you
ill see me no more, and then after a little while you
ill see me,' and 'Because I am going to the Father'?"
They kept asking, "What does he mean by 'a little
hile'? We don't understand what he is saying."

19Jesus saw that they wanted to ask him about this,
› he said to them, "Are you asking one another what
meant when I said, 'In a little while you will see me
o more, and then after a little while you will see me'?
'Very truly I tell you, you will weep and mourn while
ıe world rejoices. You will grieve, but your grief will
ırn to joy. 21A woman giving birth to a child has
ain because her time has come; but when her baby
born she forgets the anguish because of her joy that
child is born into the world. 22So with you: Now is
our time of grief, but I will see you again and you
ill rejoice, and no one will take away your joy. 23In
hat day you will no longer ask me anything. Very
ruly I tell you, my Father will give you whatever you
sk in my name. 24Until now you have not asked for
nything in my name. Ask and you will receive, and
our joy will be complete.

25"Though I have been speaking figuratively, a time
s coming when I will no longer use this kind of language but will tell you plainly about my Father. 26In
hat day you will ask in my name. I am not saying
hat I will ask the Father on your behalf. 27No, the
'ather himself loves you because you have loved me

c'est la vérité que je vais vous dire : il vaut mieux pour
vous que je m'en aille. En effet, si je ne m'en vais pas, le
Défenseur en justice[c] ne viendra pas à vous. Mais si je m'en
vais, alors je vous l'enverrai.
8Et quand il sera venu, il produira la preuve que le
monde s'égare au sujet du péché, de ce qui est juste et du
jugement : 9au sujet du péché, parce que le monde ne croit
pas en moi ; 10au sujet de ce qui est juste, parce que je m'en
vais auprès du Père et que vous ne me verrez plus ; 11et au
sujet du jugement, parce que le dominateur de ce monde
est d'ores et déjà condamné.
12J'ai encore beaucoup de choses à vous dire, mais elles
sont encore trop lourdes à porter pour vous.
13Quand l'Esprit de vérité sera venu, il vous conduira
dans la vérité tout entière, car il ne parlera pas de lui-
même, mais tout ce qu'il aura entendu, il le dira, et il vous
annoncera les choses à venir. 14Il manifestera ma gloire,
car il puisera dans ce qui est à moi et vous l'annoncera.
15Tout ce que le Père possède m'appartient à moi aussi ;
voilà pourquoi je vous dis qu'il puisera dans ce qui est à
moi et vous l'annoncera. 16Dans peu de temps, vous ne
me verrez plus ; puis encore un peu de temps, et vous me
reverrez.

La tristesse des disciples sera changée en joie

17Certains de ses disciples se demandèrent alors entre
eux : Qu'est-ce qu'il veut nous dire par là : « Dans peu de
temps, vous ne me verrez plus ; encore un peu de temps,
et vous me reverrez » ? Et aussi lorsqu'il affirme : « Je vais
au Père » ?
18Ils ajoutèrent : Que signifie ce « peu de temps » dont
il parle ? Nous ne voyons pas ce qu'il veut dire.
19Jésus comprit qu'ils voulaient l'interroger ; il leur dit :
Vous êtes en train de vous demander entre vous ce que
j'ai voulu dire par ces mots : « Dans peu de temps, vous
ne me verrez plus ; encore un peu de temps, et vous me
reverrez. » 20Vraiment, je vous l'assure, vous allez pleurer
et vous lamenter, tandis que les gens de ce monde jubile-
ront. Vous serez accablés de douleur, mais votre douleur
se changera en joie. 21Lorsqu'une femme accouche, elle
éprouve de la douleur parce que c'est le moment ; mais
à peine a-t-elle donné le jour au bébé, qu'elle oublie son
épreuve à cause de sa joie d'avoir mis au monde un enfant.
22Vous, de même, vous êtes maintenant dans la douleur,
mais je vous verrai de nouveau : alors votre cœur sera
rempli de joie, et cette joie, personne ne pourra vous l'enlever. 23Quand ce jour viendra, vous ne me poserez plus
aucune question. Oui, vraiment, je vous l'assure : tout ce
que vous demanderez au Père en mon nom, il vous l'accordera[d]. 24Jusqu'à présent vous n'avez rien demandé en
mon nom. Demandez, et vous recevrez, pour que votre
joie soit complète.
25Je vous ai dit tout cela de manière figurée[e]. L'heure
vient où je ne vous parlerai plus de cette manière ; je vous
annoncerai en toute clarté ce qui concerne le Père. 26Ce
jour-là, vous adresserez vos demandes au Père en mon
nom. Et je ne vous dis même pas que j'interviendrai en
votre faveur auprès du Père. 27Car le Père lui-même vous
aime parce que vous m'aimez et que vous avez cru que je

c **16.7** Voir note à 14.16.

d **16.23** Certains manuscrits ont : *tout ce que vous demanderez au Père, il vous l'accordera en mon nom.*

e **16.25** Ou : *en paraboles*, ou : *de manière énigmatique*.

and have believed that I came from God. 28 I came from
the Father and entered the world; now I am leaving
the world and going back to the Father."
29 Then Jesus' disciples said, "Now you are speaking
clearly and without figures of speech. 30 Now we can
see that you know all things and that you do not even
need to have anyone ask you questions. This makes
us believe that you came from God."
31 "Do you now believe?" Jesus replied. 32 "A time is
coming and in fact has come when you will be scattered, each to your own home. You will leave me all
alone. Yet I am not alone, for my Father is with me.
33 "I have told you these things, so that in me you
may have peace. In this world you will have trouble.
But take heart! I have overcome the world."

Jesus Prays to Be Glorified

17 1 After Jesus said this, he looked toward heav-
en and prayed:
"Father, the hour has come. Glorify your Son, that
your Son may glorify you. 2 For you granted him
authority over all people that he might give eternal life to all those you have given him. 3 Now this
is eternal life: that they know you, the only true
God, and Jesus Christ, whom you have sent. 4 I have
brought you glory on earth by finishing the work
you gave me to do. 5 And now, Father, glorify me in
your presence with the glory I had with you before
the world began.

Jesus Prays for His Disciples

6 "I have revealed you[a] to those whom you gave me
out of the world. They were yours; you gave them
to me and they have obeyed your word. 7 Now they
know that everything you have given me comes
from you. 8 For I gave them the words you gave me
and they accepted them. They knew with certainty
that I came from you, and they believed that you
sent me. 9 I pray for them. I am not praying for the
world, but for those you have given me, for they
are yours. 10 All I have is yours, and all you have
is mine. And glory has come to me through them.
11 I will remain in the world no longer, but they are
still in the world, and I am coming to you. Holy
Father, protect them by the power of[b] your name,
the name you gave me, so that they may be one as
we are one. 12 While I was with them, I protected
them and kept them safe by[c] that name you gave
me. None has been lost except the one doomed to
destruction so that Scripture would be fulfilled.
13 "I am coming to you now, but I say these things
while I am still in the world, so that they may have
the full measure of my joy within them. 14 I have
given them your word and the world has hated
them, for they are not of the world any more than
I am of the world. 15 My prayer is not that you take
them out of the world but that you protect them

[a] 17:6 Greek *your name*
[b] 17:11 Or *Father, keep them faithful to*
[c] 17:12 Or *kept them faithful to*

suis venu de Dieu. 28 C'est vrai : Oui, je suis venu du Père
je suis venu dans le monde. Maintenant, je quitte le mon
et je retourne auprès du Père.
29 – Maintenant enfin, s'écrièrent ses disciples, tu no
parles en toute clarté, et non plus de manière figurée. 3
présent, nous savons que tu sais tout et que tu conna
d'avance les questions que l'on aimerait te poser. C'e
pourquoi nous croyons que tu viens de Dieu.
31 – Ainsi donc, leur répondit Jésus, vous croyez
présent ! 32 Mais l'heure vient, et elle est déjà là, où vo
serez dispersés chacun de son côté, et où vous me laisser
seul. Mais je ne suis pas seul, puisque le Père est avec m
33 Il fallait que je vous dise aussi cela pour que vous tro
viez la paix en moi. Dans le monde, vous aurez à souffr
bien des afflictions. Mais courage ! Moi, j'ai vaincu
monde.

Jésus prie pour lui-même

17 1 Après avoir ainsi parlé, Jésus leva les yeux a
ciel et dit : Père, l'heure est venue : fais éclater
gloire de ton Fils, pour qu'à son tour, le Fils fasse éclat
ta gloire. 2 En effet, tu lui as donné autorité sur l'humani
entière afin qu'il donne la vie éternelle à tous ceux qu
tu lui as donnés.
3 Or, la vie éternelle consiste à te connaître, toi le Die
unique et véritable, et celui que tu as envoyé : Jésus-Chris
4 J'ai fait connaître ta gloire sur la terre en accomplissar
l'œuvre que tu m'avais confiée. 5 Et maintenant, Pèr
revêts-moi de gloire en ta présence, donne-moi cette gloi
que j'avais déjà auprès de toi avant les origines du mond

Jésus prie pour ses disciples

6 Je t'ai fait connaître aux hommes que tu as pris d
monde pour me les donner. Ils t'appartenaient, et tu m
les as donnés : ils ont gardé ta Parole. 7 Maintenant i
savent que tout ce que tu m'as donné vient de toi ; 8 ca
je leur ai transmis fidèlement le message que tu m'avai
confié ; ils l'ont reçu. Aussi ont-ils reconnu avec certitud
que je suis venu d'auprès de toi ; et ils ont cru que c'es
toi qui m'as envoyé. 9 Je te prie pour eux. Je ne te prie pa
pour le monde, mais pour ceux que tu m'as donnés parc
qu'ils t'appartiennent. 10 Car tout ce qui est à moi est à to
comme tout ce qui est à toi est à moi. Ma gloire rayonn
en eux. 11 Bientôt, je ne serai plus dans le monde, car j
vais à toi, mais eux, ils vont rester dans le monde. Pèr
saint, garde-les par le pouvoir de ton nom, celui que t
m'as donné[f], pour qu'ils soient un comme nous le sommes
12 Aussi longtemps que j'étais parmi eux, je les ai gardé
par le pouvoir de ton nom[g], ce nom que tu m'as donné[h]
je les ai protégés et aucun d'eux ne s'est perdu (sauf celu
qui devait se perdre pour que s'accomplisse l'Ecriture).
13 A présent, je retourne auprès de toi, et je dis tout cel
pendant que je suis encore dans le monde, pour qu'ils pos
sèdent en eux cette joie qui est la mienne, une joie parfaite
14 Je leur ai donné ta Parole, et le monde les a pris en hain
parce qu'ils ne lui appartiennent pas, comme moi-mêm
je ne lui appartiens pas. 15 Je ne te demande pas de le

[f] 17.11 Certains manuscrits ont : *par le pouvoir de ton nom, garde ceux que tu m'as donnés.*
[g] 17.12 Dans la Bible, le nom représente toute la personne et ses attributs.
[h] 17.12 Certains manuscrits ont : *par le pouvoir de ton nom, j'ai gardé ceux que tu m'as donnés.*

from the evil one. 16 They are not of the world,
even as I am not of it. 17 Sanctify them by[d] the
truth; your word is truth. 18 As you sent me into
the world, I have sent them into the world. 19 For
them I sanctify myself, that they too may be truly
sanctified.

sus Prays for All Believers

20 "My prayer is not for them alone. I pray also for
those who will believe in me through their message,
21 that all of them may be one, Father, just as you
are in me and I am in you. May they also be in us so
that the world may believe that you have sent me.
22 I have given them the glory that you gave me, that
they may be one as we are one – 23 I in them and you
in me – so that they may be brought to complete
unity. Then the world will know that you sent me
and have loved them even as you have loved me.
24 "Father, I want those you have given me to be
with me where I am, and to see my glory, the glory
you have given me because you loved me before the
creation of the world.
25 "Righteous Father, though the world does not
know you, I know you, and they know that you
have sent me. 26 I have made you[e] known to them,
and will continue to make you known in order that
the love you have for me may be in them and that
I myself may be in them."

sus Arrested

8 1 When he had finished praying, Jesus left with
his disciples and crossed the Kidron Valley.
n the other side there was a garden, and he and his
sciples went into it.
2 Now Judas, who betrayed him, knew the place, be-
use Jesus had often met there with his disciples. 3 So
das came to the garden, guiding a detachment of
ldiers and some officials from the chief priests and
e Pharisees. They were carrying torches, lanterns
d weapons.
4 Jesus, knowing all that was going to happen to
m, went out and asked them, "Who is it you want?"
5 "Jesus of Nazareth," they replied.
"I am he," Jesus said. (And Judas the traitor was
anding there with them.) 6 When Jesus said, "I am
," they drew back and fell to the ground.

7 Again he asked them, "Who is it you want?"
"Jesus of Nazareth," they said.
8 Jesus answered, "I told you that I am he. If you
e looking for me, then let these men go." 9 This
appened so that the words he had spoken would be
lfilled: "I have not lost one of those you gave me."
10 Then Simon Peter, who had a sword, drew it and
ruck the high priest's servant, cutting off his right
ar. (The servant's name was Malchus.)

7:17 Or *them to live in accordance with*
7:26 Greek *your name*

retirer du monde, mais de les préserver du diable[i]. 16 Ils
n'appartiennent pas au monde, comme moi-même je ne
lui appartiens pas.
17 Consacre-les par la vérité. Ta Parole est la vérité.
18 Comme tu m'as envoyé dans le monde, moi aussi je les
y envoie. 19 Et je me consacre moi-même à toi pour eux,
pour qu'ils soient, à leur tour, consacrés à toi par la vérité[j].

Jésus prie pour tous ceux qui croiront en lui

20 Ce n'est pas seulement pour eux que je te prie ; c'est
aussi pour ceux qui croiront en moi grâce à leur parole.
21 Je te demande qu'ils soient tous un. Comme toi, Père, tu
es en moi et comme moi je suis en toi, qu'ils soient un en
nous pour que le monde croie que c'est toi qui m'as envoyé.
22 Je leur ai donné la gloire que tu m'as donnée, afin qu'ils
soient un, comme toi et moi nous sommes un, 23 moi en eux
et toi en moi. Qu'ils soient parfaitement un et qu'ainsi le
monde puisse reconnaître que c'est toi qui m'as envoyé et
que tu les aimes comme tu m'aimes !
24 Père, mon désir est que ceux que tu m'as donnés soient
avec moi là où je serai et qu'ils contemplent ma gloire, celle
que tu m'as donnée, parce que tu m'as aimé avant la création du monde. 25 Père, toi qui es juste, le monde ne t'a pas
connu, mais moi je t'ai connu, et ceux-ci ont compris que
c'est toi qui m'as envoyé. 26 Je t'ai fait connaître à eux et je
continuerai à te faire connaître, pour que l'amour que tu
m'as témoigné soit en eux et que je sois moi-même en eux.

Du rejet au triomphe

L'arrestation de Jésus

(Mt 26.47-56 ; Mc 14.43-50 ; Lc 22.47-53)

18 1 Après avoir ainsi parlé, Jésus s'en alla avec ses
disciples et traversa le torrent du Cédron. Il y avait
là un jardin où il entra avec eux.
2 Or Judas, qui le trahissait, connaissait bien cet endroit,
car Jésus s'y était souvent rendu avec ses disciples. 3 Il prit
donc la tête d'une troupe de soldats et de gardes four-
nis par les chefs des prêtres et les pharisiens, et il arriva
dans ce jardin. Ces hommes étaient munis de lanternes,
de torches et d'armes.
4 Jésus, qui savait tout ce qui allait lui arriver, s'avança
vers eux et leur demanda : Qui cherchez-vous ?
5 Ils lui répondirent : Jésus de Nazareth.
– Je suis Jésus, leur dit-il.
Au milieu d'eux se tenait Judas, celui qui le trahissait.
6 Au moment même où Jésus leur dit : « Je suis Jésus », ils
eurent un mouvement de recul et tombèrent par terre.
7 Une seconde fois, il leur demanda : Qui cherchez-vous ?
– Jésus de Nazareth, répétèrent-ils.
8 – Je vous ai dit que je suis Jésus, reprit-il. Puisque c'est
moi que vous venez chercher, laissez partir les autres.
9 Ainsi s'accomplit cette parole qu'il avait prononcée peu
avant : « Je n'ai perdu aucun de ceux que tu m'as donnés. »
10 Simon Pierre, qui avait une épée, la dégaina, en donna
un coup au serviteur du grand-prêtre et lui coupa l'oreille
droite. Ce serviteur s'appelait Malchus.

i 17.15 Autre traduction : *du mal.*
j 17.19 Autres traductions : *et je me purifie moi-même pour eux afin qu'ils soient purifiés à leur tour par la vérité*, ou : *et je me consacre moi-même pour mourir pour eux afin qu'ils soient consacrés à leur ministère par la vérité.*

11Jesus commanded Peter, "Put your sword away!
Shall I not drink the cup the Father has given me?"

12Then the detachment of soldiers with its commander and the Jewish officials arrested Jesus. They
bound him 13and brought him first to Annas, who was
the father-in-law of Caiaphas, the high priest that
year. 14Caiaphas was the one who had advised the
Jewish leaders that it would be good if one man died
for the people.

Peter's First Denial

15Simon Peter and another disciple were following
Jesus. Because this disciple was known to the high
priest, he went with Jesus into the high priest's courtyard, 16but Peter had to wait outside at the door. The
other disciple, who was known to the high priest,
came back, spoke to the servant girl on duty there
and brought Peter in.

17"You aren't one of this man's disciples too, are
you?" she asked Peter.

He replied, "I am not."

18It was cold, and the servants and officials stood
around a fire they had made to keep warm. Peter also
was standing with them, warming himself.

The High Priest Questions Jesus

19Meanwhile, the high priest questioned Jesus about
his disciples and his teaching.

20"I have spoken openly to the world," Jesus replied.
"I always taught in synagogues or at the temple, where
all the Jews come together. I said nothing in secret.
21Why question me? Ask those who heard me. Surely
they know what I said."

22When Jesus said this, one of the officials nearby
slapped him in the face. "Is this the way you answer
the high priest?" he demanded.

23"If I said something wrong," Jesus replied, "testify as to what is wrong. But if I spoke the truth, why
did you strike me?" 24Then Annas sent him bound to
Caiaphas the high priest.

Peter's Second and Third Denials

25Meanwhile, Simon Peter was still standing there
warming himself. So they asked him, "You aren't one
of his disciples too, are you?"

He denied it, saying, "I am not."

26One of the high priest's servants, a relative of the
man whose ear Peter had cut off, challenged him,

11Jésus dit à Pierre : Remets ton épée au fourreau.
dois-je pas boire la coupe du jugement que le Père r
destinée ?

Jésus est conduit chez Hanne

(Mt 26.57-58 ; Mc 14.53-54 ; Lc 22.54)

12Alors la cohorte, son commandant et les gardes c
Juifs s'emparèrent de Jésus 13et le conduisirent enchaî
tout d'abord chez Hanne[k], le beau-père de Caïphe, qui ét
le grand-prêtre en exercice cette année-là. 14Caïphe ét
celui qui avait suggéré aux Juifs qu'il valait mieux qu'
seul homme meure pour le peuple.

Le premier reniement de Pierre

(Mt 26.69-70 ; Mc 14.66-68 ; Lc 22.55-57)

15Simon Pierre et un autre disciple suivirent Jésus.
disciple connaissait personnellement le grand-prêtre,
il entra en même temps que Jésus dans la cour du pal
du grand-prêtre. 16Pierre, lui, resta dehors près du port
L'autre disciple qui connaissait le grand-prêtre ressor
donc, dit un mot à la concierge, et fit entrer Pierre.

17La servante qui gardait la porte demanda alors
Pierre : Ne fais-tu pas partie, toi aussi, des disciples
cet homme ?

– Non, lui répondit-il, je n'en suis pas.

18Les serviteurs et les gardes avaient allumé un feu
braise car il faisait froid, et ils se tenaient tout auto
pour se réchauffer. Pierre se joignit à eux et se réchauf
également.

Jésus devant le grand-prêtre

(Mt 26.59-66 ; Mc 14.55-64 ; Lc 22.66-71)

19De son côté, le grand-prêtre commença à interrog
Jésus sur ses disciples et sur son enseignement.

20Jésus lui répondit : J'ai parlé ouvertement devant to
le monde. J'ai toujours enseigné dans les synagogues
dans la cour du Temple, où tous les Juifs se réunissent.
n'ai rien dit en secret. 21Pourquoi donc m'interroges-tu
Demande à ceux qui m'ont écouté ce que j'ai dit. Ils save
fort bien ce que j'ai dit.

22A ces mots, un des gardes qui se tenait à côté de l
le gifla en disant : C'est comme cela que tu réponds a
grand-prêtre ?

23Jésus lui répondit : Si j'ai mal parlé, montre en qu
c'est mal. Mais si ce que j'ai dit est vrai, pourquoi n
frappes-tu ?

24Hanne l'envoya enchaîné à Caïphe, le grand-prêtre

Les deuxième et troisième reniements de Pierre

(Mt 26.71-75 ; Mc 14.69-72 ; Lc 22.58-62)

25Pendant ce temps, Simon Pierre se tenait toujours a
même endroit et se chauffait. Plusieurs lui dirent : N'es-t
pas, toi aussi, un des disciples de cet homme ?

Mais Pierre le nia en disant : Non, je n'en suis pas.

26Un des serviteurs du grand-prêtre, parent de celui
qui Pierre avait coupé l'oreille, l'interpella : Voyons, r
t'ai-je pas vu avec lui dans le jardin ?

---

k **18.13** *Hanne* avait été grand-prêtre avant Caïphe. Il avait été déposé par les Romains en l'an 15, mais il continuait à exercer une grande influence sous le ministère de Caïphe, son gendre. Beaucoup de Juifs le considéraient encore comme le grand-prêtre.

idn't I see you with him in the garden?" 27 Again
ter denied it, and at that moment a rooster began
crow.

sus Before Pilate

28 Then the Jewish leaders took Jesus from Caiaphas
the palace of the Roman governor. By now it was
rly morning, and to avoid ceremonial uncleanness
ey did not enter the palace, because they wanted
be able to eat the Passover. 29 So Pilate came out
them and asked, "What charges are you bringing
ainst this man?"
30 "If he were not a criminal," they replied, "we
ould not have handed him over to you."
31 Pilate said, "Take him yourselves and judge him
your own law."
"But we have no right to execute anyone," they ob-
cted. 32 This took place to fulfill what Jesus had said
out the kind of death he was going to die.

33 Pilate then went back inside the palace, sum-
oned Jesus and asked him, "Are you the king of the
ws?"
34 "Is that your own idea," Jesus asked, "or did others
lk to you about me?"
35 "Am I a Jew?" Pilate replied. "Your own people
nd chief priests handed you over to me. What is it
u have done?"
36 Jesus said, "My kingdom is not of this world. If it
ere, my servants would fight to prevent my arrest
the Jewish leaders. But now my kingdom is from
nother place."
37 "You are a king, then!" said Pilate.
Jesus answered, "You say that I am a king. In fact,
e reason I was born and came into the world is to
stify to the truth. Everyone on the side of truth lis-
ens to me."
38 "What is truth?" retorted Pilate. With this he
ent out again to the Jews gathered there and said,
find no basis for a charge against him. 39 But it is
our custom for me to release to you one prisoner at
e time of the Passover. Do you want me to release
he king of the Jews'?"
40 They shouted back, "No, not him! Give us
arabbas!" Now Barabbas had taken part in an
prising.

sus Sentenced to Be Crucified

19 1 Then Pilate took Jesus and had him flogged.
2 The soldiers twisted together a crown of
horns and put it on his head. They clothed him in
purple robe 3 and went up to him again and again,
aying, "Hail, king of the Jews!" And they slapped him
n the face.
4 Once more Pilate came out and said to the Jews
athered there, "Look, I am bringing him out to you

27 Mais Pierre le nia de nouveau, et aussitôt, un coq se
mit à chanter.

Jésus condamné à mort par Pilate

(Mt 27.1-2, 11-31 ; Mc 15.2-15 ; Lc 23.13-25)

28 De chez Caïphe, on amena Jésus au palais du gouverneur. C'était l'aube. Ceux qui l'avaient amené n'entrèrent
pas eux-mêmes dans le palais afin de conserver leur pureté
rituelle[l] et de pouvoir manger ainsi le repas de la Pâque.
29 C'est pourquoi Pilate sortit du palais pour les voir et
leur demanda : De quoi accusez-vous cet homme ?
30 Ils lui répondirent : S'il n'avait rien fait de mal, nous
ne te l'aurions pas livré.
31 – Reprenez-le, répliqua Pilate, et jugez-le vous-mêmes
d'après votre Loi.
Mais ils lui répondirent : Nous n'avons pas le droit de
mettre quelqu'un à mort.
32 La parole par laquelle Jésus avait annoncé quelle mort
il allait subir devait ainsi s'accomplir.
33 Pilate rentra donc dans le palais de justice et fit comparaître Jésus :
– Es-tu le roi des Juifs ? lui demanda-t-il.
34 – Dis-tu cela de toi-même ou d'autres t'ont-ils dit cela
à mon sujet ? répondit Jésus.
35 – Est-ce que je suis juif, moi ? répliqua Pilate. Ce sont
ceux de ton peuple et les chefs des prêtres qui t'ont livré
à moi. Qu'as-tu fait ?
36 Jésus lui répondit : Mon royaume n'est pas de ce
monde. Si mon royaume était de ce monde, mes serviteurs
se seraient battus pour que je ne tombe pas aux mains
des Juifs. Non, réellement, mon royaume n'est pas d'ici.
37 – Es-tu donc roi ? reprit Pilate.
– Tu le dis toi-même : je suis roi ! Si je suis né et si je suis
venu dans ce monde, c'est pour rendre témoignage à la
vérité. Celui qui appartient à la vérité écoute ce que je dis.
38 – Qu'est-ce que la vérité ? lui répondit Pilate.
Là-dessus, il alla de nouveau trouver les Juifs et leur
dit : En ce qui me concerne, je ne trouve chez cet homme
aucune raison de le condamner. 39 Il est d'usage que je vous
relâche un prisonnier à l'occasion de la fête de la Pâque.
Voulez-vous donc que je vous relâche le roi des Juifs ?
40 Ils lui répondirent en criant : Non ! Pas lui ! Barabbas !
Or, Barabbas était un bandit.

19 1 Alors Pilate donna l'ordre d'emmener Jésus et
de le faire fouetter. 2 Les soldats lui mirent sur
la tête une couronne tressée de rameaux épineux et ils
l'affublèrent d'un manteau de couleur pourpre[m] 3 et,
s'avançant au-devant de lui, ils s'écriaient : Salut, roi des
Juifs !
Et ils lui donnaient des gifles. 4 Pilate sortit de nouveau
du palais et dit aux Juifs : Voilà ! je vous le fais amener

l **18.28** On considérait qu'entrer chez des non-Juifs rendait rituellement impur. Or il fallait être en état de pureté rituelle pour participer au repas de la Pâque (Nb 9.6).

m **19.2** Voir note Mc 15.17.

to let you know that I find no basis for a charge against him." 5When Jesus came out wearing the crown of thorns and the purple robe, Pilate said to them, "Here is the man!"

6As soon as the chief priests and their officials saw him, they shouted, "Crucify! Crucify!"

But Pilate answered, "You take him and crucify him. As for me, I find no basis for a charge against him."

7The Jewish leaders insisted, "We have a law, and according to that law he must die, because he claimed to be the Son of God."

8When Pilate heard this, he was even more afraid, 9and he went back inside the palace. "Where do you come from?" he asked Jesus, but Jesus gave him no answer. 10"Do you refuse to speak to me?" Pilate said. "Don't you realize I have power either to free you or to crucify you?"

11Jesus answered, "You would have no power over me if it were not given to you from above. Therefore the one who handed me over to you is guilty of a greater sin."

12From then on, Pilate tried to set Jesus free, but the Jewish leaders kept shouting, "If you let this man go, you are no friend of Caesar. Anyone who claims to be a king opposes Caesar."

13When Pilate heard this, he brought Jesus out and sat down on the judge's seat at a place known as the Stone Pavement (which in Aramaic is Gabbatha). 14It was the day of Preparation of the Passover; it was about noon.

"Here is your king," Pilate said to the Jews.

15But they shouted, "Take him away! Take him away! Crucify him!"

"Shall I crucify your king?" Pilate asked.

"We have no king but Caesar," the chief priests answered.

16Finally Pilate handed him over to them to be crucified.

The Crucifixion of Jesus

So the soldiers took charge of Jesus. 17Carrying his own cross, he went out to the place of the Skull (which in Aramaic is called Golgotha). 18There they crucified him, and with him two others – one on each side and Jesus in the middle.

19Pilate had a notice prepared and fastened to the cross. It read:

JESUS OF NAZARETH, THE KING OF THE JEWS.

20Many of the Jews read this sign, for the place where Jesus was crucified was near the city, and the sign was written in Aramaic, Latin and Greek. 21The chief priests of the Jews protested to Pilate, "Do not write 'The King of the Jews,' but that this man claimed to be king of the Jews."

ici dehors pour que vous sachiez que je ne trouve en l
aucune raison de le condamner.

5Jésus parut donc dehors, portant la couronne d'épir
et le manteau de couleur pourpre.

Pilate leur dit : Voici l'homme.

6En le voyant, les chefs des prêtres et les gardes
mirent à crier : Crucifie-le ! Crucifie-le !

– Vous n'avez qu'à le prendre, leur lança Pilate, et
crucifier vous-mêmes. Moi, je ne trouve aucune rais
de le condamner.

7Les Juifs répliquèrent : Nous, nous avons une Loi,
d'après cette Loi, il doit mourir, car il a prétendu être
Fils de Dieu.

8Ces propos effrayèrent vivement Pilate. 9Il rentra
palais de justice et demanda à Jésus : D'où viens-tu ?

Mais Jésus ne lui donna aucune réponse.

10Alors Pilate lui dit : Comment ! C'est à moi que tu r
fuses de parler ? Tu ne sais donc pas que j'ai le pouvoir
te relâcher et celui de te crucifier ?

11Jésus lui répondit : Tu n'aurais aucun pouvoir sur m
s'il ne t'avait été donné d'en haut. Voilà pourquoi celui q
me livre entre tes mains est plus coupable que toi.

12A partir de ce moment, Pilate cherchait à le relâche
Mais les Juifs redoublèrent leurs cris : Si tu relâches c
homme, tu n'es pas l'ami de César[n]. Si quelqu'un se fa
roi, il s'oppose à César.

13Quand il eut entendu ces mots, Pilate fit amener Jés
dehors et s'assit à son tribunal, au lieu appelé « la Pla
Pavée » (en hébreu « Gabbatha »). 14C'était le vendredi
la semaine de fête pascale, vers midi[o]. Pilate dit aux Juif
Voici votre roi !

15Mais ils se mirent à crier : A mort ! A mort ! Crucifie-le
– C'est votre roi : est-ce que je dois le crucifier ? répond
Pilate.

Les chefs des prêtres répliquèrent : Nous n'avons pa
d'autre roi que César.

16Alors Pilate le leur livra pour qu'il soit crucifié.

La mort de Jésus

(Mt 27.32-56 ; Mc 15.21-41 ; Lc 23.26-49)

Ils s'emparèrent donc de Jésus. 17Celui-ci, portant lu
même sa croix, sortit de la ville pour se rendre à l'endro
appelé « le lieu du crâne » (en hébreu : « Golgotha »). 18C'e
là qu'ils le crucifièrent, lui et deux autres. On plaça un
croix de chaque côté de la sienne. Celle de Jésus était a
milieu.

19Pilate fit placer un écriteau que l'on fixa au-dessus d
la croix. Il portait cette inscription : « Jésus de Nazaret
le roi des Juifs ». 20Comme l'endroit où Jésus avait été cru
cifié se trouvait près de la ville, beaucoup de Juifs lurer
l'inscription écrite en hébreu, en latin et en grec.

21Les chefs des prêtres protestèrent auprès de Pilate :
ne fallait pas mettre « le roi des Juifs », mais « Cet homm
a dit : Je suis le roi des Juifs ».

[n] 19.12 « Ami de César » était un titre honorifique officiel décerné à certains fonctionnaires impériaux, particulièrement méritants, qui impliquait certains avantages.

[o] 19.14 Certains comprennent 6 h du matin. C'est-à-dire le moment où l'on commençait à immoler, au Temple, les agneaux pour le repas pasca

22 Pilate answered, "What I have written, I have
itten."
23 When the soldiers crucified Jesus, they took his
thes, dividing them into four shares, one for each
them, with the undergarment remaining. This
rment was seamless, woven in one piece from top
bottom.
24 "Let's not tear it," they said to one another. "Let's
cide by lot who will get it."
This happened that the scripture might be fulfilled
at said,

"They divided my clothes among them
and cast lots for my garment."

this is what the soldiers did.
25 Near the cross of Jesus stood his mother, his
other's sister, Mary the wife of Clopas, and Mary
agdalene. 26 When Jesus saw his mother there, and
e disciple whom he loved standing nearby, he said to
r, "Woman,[f] here is your son," 27 and to the disciple,
ere is your mother." From that time on, this disciple
ok her into his home.

e Death of Jesus

28 Later, knowing that everything had now been
nished, and so that Scripture would be fulfilled,
sus said, "I am thirsty." 29 A jar of wine vinegar was
ere, so they soaked a sponge in it, put the sponge
a stalk of the hyssop plant, and lifted it to Jesus'
os. 30 When he had received the drink, Jesus said,
t is finished." With that, he bowed his head and
ve up his spirit.

31 Now it was the day of Preparation, and the next
y was to be a special Sabbath. Because the Jewish
aders did not want the bodies left on the crosses
ring the Sabbath, they asked Pilate to have the legs
oken and the bodies taken down. 32 The soldiers
erefore came and broke the legs of the first man
ho had been crucified with Jesus, and then those of
e other. 33 But when they came to Jesus and found
at he was already dead, they did not break his legs.
Instead, one of the soldiers pierced Jesus' side with
spear, bringing a sudden flow of blood and water.
The man who saw it has given testimony, and his
stimony is true. He knows that he tells the truth,
d he testifies so that you also may believe. 36 These
ings happened so that the scripture would be ful-
lled: "Not one of his bones will be broken," 37 and,
another scripture says, "They will look on the one
ey have pierced."

he Burial of Jesus

38 Later, Joseph of Arimathea asked Pilate for the
ody of Jesus. Now Joseph was a disciple of Jesus,
ut secretly because he feared the Jewish leaders.
ith Pilate's permission, he came and took the body
way. 39 He was accompanied by Nicodemus, the man
ho earlier had visited Jesus at night. Nicodemus

9:26 The Greek for *Woman* does not denote any disrespect.

22 Pilate réplique : Ce que j'ai écrit restera écrit.

23 Lorsque les soldats eurent crucifié Jésus, ils prirent
ses vêtements et en firent quatre parts, une pour chacun
d'eux. Restait la tunique qui était sans couture, tissée tout
d'une seule pièce de haut en bas.

24 Les soldats se dirent entre eux : Au lieu de la déchirer,
tirons au sort pour savoir qui l'aura[p].
C'est ainsi que s'accomplit cette prophétie de l'Ecriture :

Ils se sont partagé mes habits
et ils ont tiré au sort ma tunique.

C'est exactement ce que firent les soldats.

25 Près de la croix de Jésus se tenaient sa mère, la sœur
de sa mère, Marie, femme de Clopas, et Marie de Magdala.
26 En voyant sa mère et, à côté d'elle, le disciple qu'il
aimait, Jésus dit à sa mère : Voici ton fils.
27 Puis il dit au disciple : Voici ta mère.
A partir de ce moment-là, le disciple la prit chez lui.

28 Après cela, Jésus, sachant que désormais tout était
achevé, dit, pour que l'Ecriture soit accomplie : J'ai soif.
29 Près de là se trouvait un vase rempli de vinaigre. On
attacha donc une éponge imbibée de ce vinaigre au bout
d'une branche d'hysope, et on l'approcha de la bouche
de Jésus.
30 Quand il eut goûté le vinaigre, Jésus dit : Tout est
accompli.
Il pencha la tête et rendit l'esprit.
31 Comme on était à la veille du sabbat, et de plus, d'un
sabbat particulièrement solennel, les Juifs voulaient
éviter que les cadavres restent en croix durant la fête. Ils
allèrent trouver Pilate pour lui demander de faire briser les
jambes[q] des suppliciés et de faire enlever les corps. 32 Les
soldats vinrent donc et brisèrent les jambes au premier
des criminels crucifiés avec Jésus, puis à l'autre. 33 Quand
ils arrivèrent à Jésus, ils constatèrent qu'il était déjà mort
et ils ne lui brisèrent pas les jambes. 34 L'un des soldats lui
enfonça sa lance dans le côté, et aussitôt il en sortit du
sang et de l'eau.
35 Celui qui rapporte ces faits, les a vus de ses propres
yeux et son témoignage est vrai. Il sait parfaitement qu'il
dit la vérité pour que, vous aussi, vous croyiez. 36 En effet,
tout cela est arrivé pour que se réalise cette parole de
l'Ecriture : *Aucun de ses os ne sera brisé.* 37 De plus, un autre
texte déclare : *Ils tourneront leurs regards vers celui qu'ils ont
transpercé.*

Jésus mis au tombeau

(Mt 27.57-61 ; Mc 15.42-47 ; Lc 23.50-56)

38 Après ces événements, Joseph, de la ville d'Arimathée,
alla demander à Pilate la permission d'enlever le corps
de Jésus. Il était aussi disciple du Seigneur, mais il s'en
cachait par peur des Juifs. Pilate y consentit. Joseph alla
donc prendre le corps de Jésus. 39 Nicodème vint également.
C'était lui qui, auparavant, était allé trouver Jésus de nuit.

p **19.24** D'après la loi romaine, les soldats chargés de l'exécution avaient le droit de se partager les vêtements du condamné.
q **19.31** Afin d'accélérer la mort, puisque les condamnés prenaient appui sur les jambes pour pouvoir respirer.

brought a mixture of myrrh and aloes, about seventy-five pounds.[g] 40 Taking Jesus' body, the two of them wrapped it, with the spices, in strips of linen. This was in accordance with Jewish burial customs. 41 At the place where Jesus was crucified, there was a garden, and in the garden a new tomb, in which no one had ever been laid. 42 Because it was the Jewish day of Preparation and since the tomb was nearby, they laid Jesus there.

The Empty Tomb

20 1 Early on the first day of the week, while it was still dark, Mary Magdalene went to the tomb and saw that the stone had been removed from the entrance. 2 So she came running to Simon Peter and the other disciple, the one Jesus loved, and said, "They have taken the Lord out of the tomb, and we don't know where they have put him!"

3 So Peter and the other disciple started for the tomb. 4 Both were running, but the other disciple outran Peter and reached the tomb first. 5 He bent over and looked in at the strips of linen lying there but did not go in. 6 Then Simon Peter came along behind him and went straight into the tomb. He saw the strips of linen lying there, 7 as well as the cloth that had been wrapped around Jesus' head. The cloth was still lying in its place, separate from the linen. 8 Finally the other disciple, who had reached the tomb first, also went inside. He saw and believed. 9 (They still did not understand from Scripture that Jesus had to rise from the dead.) 10 Then the disciples went back to where they were staying.

Jesus Appears to Mary Magdalene

11 Now Mary stood outside the tomb crying. As she wept, she bent over to look into the tomb 12 and saw two angels in white, seated where Jesus' body had been, one at the head and the other at the foot.

13 They asked her, "Woman, why are you crying?"

"They have taken my Lord away," she said, "and I don't know where they have put him." 14 At this, she turned around and saw Jesus standing there, but she did not realize that it was Jesus.

15 He asked her, "Woman, why are you crying? Who is it you are looking for?"

Thinking he was the gardener, she said, "Sir, if you have carried him away, tell me where you have put him, and I will get him."

16 Jesus said to her, "Mary."

She turned toward him and cried out in Aramaic, "*Rabboni!*" (which means "Teacher").

17 Jesus said, "Do not hold on to me, for I have not yet ascended to the Father. Go instead to my brothers and tell them, 'I am ascending to my Father and your Father, to my God and your God.'"

[g] **19:39** Or about 34 kilograms

Il apporta environ trente kilogrammes d'un mélange myrrhe et d'aloès[r]. 40 Tous deux prirent donc le corps Jésus et l'enveloppèrent de linges funéraires en y mett des aromates, selon les usages funéraires des Juifs. 41 N loin de l'endroit où Jésus avait été crucifié, il y avait jardin dans lequel se trouvait un tombeau neuf où pe sonne n'avait encore été enseveli. 42 Comme c'était, po les Juifs, le soir de la préparation du sabbat, ils déposère Jésus dans cette tombe parce qu'elle était toute proche

Le tombeau vide

(Mt 28.1 ; Mc 16.1-4 ; Lc 24.1-2, 9-12)

20 1 Le dimanche matin, très tôt, Marie de Magdala rendit au tombeau. Il faisait encore très somb Elle vit que la pierre fermant l'entrée du sépulcre av été ôtée de devant l'ouverture. 2 Alors elle courut préve Simon Pierre et l'autre disciple, celui que Jésus aimait.

– On a enlevé le Seigneur de la tombe, leur dit-elle, nous n'avons aucune idée de l'endroit où on l'a mis.

3 Pierre sortit donc, avec l'autre disciple, et ils se re dirent tous deux au tombeau. 4 Ils couraient tous les de ensemble, mais l'autre disciple, plus rapide que Pierre, distança et arriva le premier au tombeau. 5 En se pencha il vit les linges funéraires par terre, mais il n'entra pa 6 Simon Pierre, qui le suivait, arriva alors. Il entra dans tombeau, vit les linges qui étaient par terre, 7 et le lin qui avait enveloppé la tête de Jésus, non pas avec les ling funéraires, mais enroulé[s] à part, à sa place.

8 Alors l'autre disciple, celui qui était arrivé le premi entra à son tour dans le tombeau. Il vit, et il crut. 9 En eff jusque-là ils n'avaient pas encore compris que Jésus dev ressusciter, comme l'avait annoncé l'Ecriture.

10 Les deux disciples s'en retournèrent alors chez eu

Jésus apparaît à Marie de Magdala[t]

11 Pendant ce temps, Marie se tenait dehors près tombeau, et pleurait. Tout en pleurant, elle se pencha ve le tombeau : 12 elle vit deux anges vêtus de blanc, assis l'endroit où le corps de Jésus avait été déposé, l'un à la tê et l'autre aux pieds. 13 Ils lui dirent : Pourquoi pleures-tu

– On a enlevé mon Seigneur, leur répondit-elle, et je sais pas où on l'a mis.

14 Tout en disant cela, elle se retourna et vit Jésus qui tenait là, mais elle ne savait pas que c'était lui.

15 – Pourquoi pleures-tu ? lui demanda Jésus. Q cherches-tu ?

Pensant que c'était le gardien du jardin, elle lui dit : c'est toi qui l'as emporté, dis-moi où tu l'as mis, pour q j'aille le reprendre.

16 Jésus lui dit : Marie !

Elle se tourna vers lui et s'écria en hébreu : Rabbou (ce qui veut dire : Maître) !

17 – Ne me retiens pas[u], lui dit Jésus, car je ne suis p encore monté vers mon Père. Va plutôt trouver mes frèr et dis-leur de ma part : Je monte vers mon Père qui e votre Père, vers mon Dieu qui est votre Dieu.

[r] **19.39** Parfums, tirés de plantes, que l'on répandait sur les bandes de l entourant le corps afin de l'embaumer.

[s] **20.7** Ce qui peut vouloir dire que le linge avait gardé la forme de la têt de Jésus. Le corps du Ressuscité avait dû passer à travers les bandelette mêmes : il passera à travers des portes fermées. C'est cette vue qui a convaincu les deux disciples de la réalité de la résurrection.

[t] **20.11** Mc 16.9-11.

[u] **20.17** Autre traduction : *ne me touche pas.*

18 Mary Magdalene went to the disciples with the
ws: "I have seen the Lord!" And she told them that
had said these things to her.

sus Appears to His Disciples

19 On the evening of that first day of the week, when
e disciples were together, with the doors locked for
r of the Jewish leaders, Jesus came and stood among
em and said, "Peace be with you!" 20 After he said
s, he showed them his hands and side. The disciples
re overjoyed when they saw the Lord.

21 Again Jesus said, "Peace be with you! As the Father
s sent me, I am sending you." 22 And with that he
eathed on them and said, "Receive the Holy Spirit.
f you forgive anyone's sins, their sins are forgiven;
you do not forgive them, they are not forgiven."

sus Appears to Thomas

24 Now Thomas (also known as Didymus[h]), one of the
velve, was not with the disciples when Jesus came.
So the other disciples told him, "We have seen the
rd!"
But he said to them, "Unless I see the nail marks in
s hands and put my finger where the nails were, and
t my hand into his side, I will not believe."

26 A week later his disciples were in the house again,
d Thomas was with them. Though the doors were
cked, Jesus came and stood among them and said,
'eace be with you!" 27 Then he said to Thomas, "Put
ur finger here; see my hands. Reach out your hand
d put it into my side. Stop doubting and believe."
28 Thomas said to him, "My Lord and my God!"
29 Then Jesus told him, "Because you have seen me,
ou have believed; blessed are those who have not
en and yet have believed."

e Purpose of John's Gospel

30 Jesus performed many other signs in the pres-
nce of his disciples, which are not recorded in this
ook. 31 But these are written that you may believe[i]
at Jesus is the Messiah, the Son of God, and that by
elieving you may have life in his name.

sus and the Miraculous Catch of Fish

21 1 Afterward Jesus appeared again to his disciples, by the Sea of Galilee.[j] It happened this
ay: 2 Simon Peter, Thomas (also known as Didymus[k]),
athanael from Cana in Galilee, the sons of Zebedee,
d two other disciples were together. 3 "I'm going out
fish," Simon Peter told them, and they said, "We'll

0:24 *Thomas* (Aramaic) and *Didymus* (Greek) both mean *twin.*
0:31 Or *may continue to believe*
1:1 Greek *Tiberias*
1:2 *Thomas* (Aramaic) and *Didymus* (Greek) both mean *twin.*

18 Marie de Magdala alla donc annoncer aux disciples :
J'ai vu le Seigneur !
Et elle leur rapporta ce qu'il lui avait dit.

Jésus apparaît à ses disciples

(Lc 24.36-43 ; voir Mc 16.14)

19 Ce même dimanche, dans la soirée, les disciples étaient
dans une maison dont ils avaient verrouillé les portes,
parce qu'ils avaient peur des Juifs.
Jésus vint : il se trouva là, au milieu d'eux, et il leur dit :
Que la paix soit avec vous !
20 Tout en disant cela, il leur montra ses mains et son
côté[v]. Les disciples furent remplis de joie parce qu'ils
voyaient le Seigneur.
21 – Que la paix soit avec vous, leur dit-il de nouveau.
Comme le Père m'a envoyé, moi aussi je vous envoie.
22 Après avoir dit cela, il souffla sur eux et continua :
Recevez l'Esprit Saint. 23 Ceux à qui vous remettrez leurs
péchés en seront tenus quittes ; et ceux à qui vous les re-
tiendrez en resteront chargés.

Jésus apparaît à Thomas

24 L'un des Douze, Thomas, surnommé le Jumeau, n'était
pas avec eux lors de la venue de Jésus.
25 Les autres disciples lui dirent : Nous avons vu le
Seigneur !
Mais il leur répondit : Si je ne vois pas la marque des
clous dans ses mains, si je ne mets pas mon doigt à la place
des clous, et si je ne mets pas la main dans son côté, je ne
croirai pas.
26 Huit jours plus tard, les disciples étaient de nouveau
réunis dans la maison. Cette fois-ci, Thomas était avec eux.
Jésus vint, alors que les portes étaient verrouillées. Il se
tint au milieu d'eux et leur dit : Que la paix soit avec vous !
27 Puis il dit à Thomas : Place ton doigt ici, vois mes
mains ; avance ta main et mets-la dans mon côté. Ne sois
donc pas incrédule, mais crois.
28 Thomas lui répondit : Mon Seigneur et mon Dieu !
29 – Parce que tu m'as vu, tu crois ! lui dit Jésus. Heureux
ceux qui croient sans avoir vu.

30 Jésus a accompli, sous les yeux de ses disciples, encore
beaucoup d'autres signes miraculeux qui n'ont pas été
rapportés dans ce livre. 31 Mais ce qui s'y trouve a été écrit
pour que vous croyiez que Jésus est le Messie, le Fils de
Dieu, et qu'en croyant, vous possédiez la vie en son nom.

Épilogue

Une pêche miraculeuse

21 1 Quelque temps après, Jésus se montra encore aux
disciples sur les bords du lac de Tibériade[w]. Voici
dans quelles circonstances.
2 Simon Pierre, Thomas appelé le Jumeau, Nathanaël de
Cana en Galilée, les fils de Zébédée et deux autres disciples
se trouvaient ensemble.
3 Simon Pierre dit aux autres : Je m'en vais pêcher.
– Nous aussi. Nous y allons avec toi, lui dirent-ils.

v **20.20** Où l'on pouvait encore voir les cicatrices des plaies reçues à la croix.
w **21.1** Autre nom du lac de Galilée.

go with you." So they went out and got into the boat, but that night they caught nothing.

4 Early in the morning, Jesus stood on the shore, but the disciples did not realize that it was Jesus.

5 He called out to them, "Friends, haven't you any fish?"

"No," they answered.

6 He said, "Throw your net on the right side of the boat and you will find some." When they did, they were unable to haul the net in because of the large number of fish.

7 Then the disciple whom Jesus loved said to Peter, "It is the Lord!" As soon as Simon Peter heard him say, "It is the Lord," he wrapped his outer garment around him (for he had taken it off) and jumped into the water. 8 The other disciples followed in the boat, towing the net full of fish, for they were not far from shore, about a hundred yards.[l] 9 When they landed, they saw a fire of burning coals there with fish on it, and some bread.

10 Jesus said to them, "Bring some of the fish you have just caught." 11 So Simon Peter climbed back into the boat and dragged the net ashore. It was full of large fish, 153, but even with so many the net was not torn. 12 Jesus said to them, "Come and have breakfast." None of the disciples dared ask him, "Who are you?" They knew it was the Lord. 13 Jesus came, took the bread and gave it to them, and did the same with the fish. 14 This was now the third time Jesus appeared to his disciples after he was raised from the dead.

Jesus Reinstates Peter

15 When they had finished eating, Jesus said to Simon Peter, "Simon son of John, do you love me more than these?"

"Yes, Lord," he said, "you know that I love you."

Jesus said, "Feed my lambs."

16 Again Jesus said, "Simon son of John, do you love me?"

He answered, "Yes, Lord, you know that I love you."

Jesus said, "Take care of my sheep."

17 The third time he said to him, "Simon son of John, do you love me?"

Peter was hurt because Jesus asked him the third time, "Do you love me?" He said, "Lord, you know all things; you know that I love you."

Jesus said, "Feed my sheep. 18 Very truly I tell you, when you were younger you dressed yourself and went where you wanted; but when you are old you will stretch out your hands, and someone else will dress you and lead you where you do not want to go." 19 Jesus said this to indicate the kind of death by which Peter would glorify God. Then he said to him, "Follow me!"

20 Peter turned and saw that the disciple whom Jesus loved was following them. (This was the one who had leaned back against Jesus at the supper and had said,

[l] 21:8 Or about 90 meters

Et les voilà partis. Ils montèrent dans un bateau, mais nuit s'écoula sans qu'ils attrapent un seul poisson.

4 Déjà le jour commençait à se lever, et voici : Jésus tenait debout sur le rivage. Mais les disciples ignoraie que c'était lui. 5 Il les appela : Hé ! les enfants, avez-vo pris du poisson ?

– Rien, répondirent-ils.

6 – Jetez le filet du côté droit du bateau, leur dit-il alo et vous en trouverez.

Ils lancèrent donc le filet et ne purent plus le remont tellement il y avait de poissons.

7 Le disciple que Jésus aimait dit alors à Pierre : C'est Seigneur.

En entendant que c'était le Seigneur, Simon Pierre, q avait enlevé sa tunique pour pêcher, la remit et se je à l'eau. 8 Les autres disciples regagnèrent la rive avec bateau, en remorquant le filet plein de poissons, car n'étaient qu'à une centaine de mètres du rivage.

9 Une fois descendus à terre, ils aperçurent un feu braise avec du poisson dessus, et du pain.

10 Jésus leur dit : Apportez quelques-uns de ces poisso que vous venez de prendre.

11 Simon Pierre remonta dans le bateau et tira le filet terre. Il était rempli de cent cinquante-trois gros poisso et, malgré leur grand nombre, le filet ne se déchira pas

12 – Venez manger, leur dit Jésus.

Aucun des disciples n'osa lui demander : « Qui es-tu ? Ils savaient que c'était le Seigneur. 13 Jésus s'approch prit le pain et le leur distribua, puis il fit de même po le poisson.

14 C'était la troisième fois que Jésus se montrait à s disciples, après sa résurrection.

Jésus et Pierre : l'apôtre rétabli dans sa mission

15 Après le repas, Jésus s'adressa à Simon Pierre : Simo fils de Jean, m'aimes-tu plus que ne le font ceux-ci ?

– Oui, Seigneur, répondit-il, tu connais mon amour po toi.

Jésus lui dit : Prends soin de mes agneaux.

16 Puis il lui demanda une deuxième fois : Simon, fils Jean, m'aimes-tu ?

– Oui, Seigneur, lui répondit Simon. Tu connais mo amour pour toi.

Jésus lui dit : Nourris mes brebis.

17 Jésus lui demanda une troisième fois : Simon, fils Jean, as-tu de l'amour pour moi ?

Pierre fut peiné car c'était la troisième fois que Jésus l demandait : « As-tu de l'amour pour moi ? » Il lui répondi Seigneur, tu sais tout, tu sais que j'ai de l'amour pour to

Jésus lui dit : Prends soin de mes brebis. 18 Vraiment, te l'assure : quand tu étais plus jeune, tu mettais toi-mêm ta ceinture et tu allais où tu voulais, mais quand tu sera vieux, tu étendras les bras, un autre nouera ta ceintur et te mènera là où tu n'aimerais pas aller.

19 Par ces mots, il faisait allusion au genre de mort qu Pierre allait endurer à la gloire de Dieu. Après avoir d cela, il ajouta : Suis-moi !

20 Pierre se retourna et aperçut le disciple que Jésu aimait ; il marchait derrière eux. C'est ce disciple qu au cours du repas, s'était penché vers Jésus et lui ava demandé : « Seigneur, quel est celui qui va te trahir ? »

ord, who is going to betray you?") [21]When Peter saw
im, he asked, "Lord, what about him?"
[22]Jesus answered, "If I want him to remain alive
ntil I return, what is that to you? You must follow
e." [23]Because of this, the rumor spread among the
elievers that this disciple would not die. But Jesus
id not say that he would not die; he only said, "If I
ant him to remain alive until I return, what is that
you?"
[24]This is the disciple who testifies to these things
nd who wrote them down. We know that his testi-
ony is true.
[25]Jesus did many other things as well. If every one
f them were written down, I suppose that even the
hole world would not have room for the books that
ould be written.

[21]En le voyant, Pierre demanda à Jésus : Seigneur, qu'en
est-il de lui ?
[22]Jésus lui répondit : Si je veux qu'il reste en vie jusqu'à
ce que je revienne, que t'importe ? Toi, suis-moi.
[23]Là-dessus, le bruit courut parmi les frères que ce disciple ne mourrait pas. En fait, Jésus n'avait pas dit qu'il ne
mourrait pas, mais seulement : « Si je veux qu'il reste en
vie jusqu'à ce que je revienne, que t'importe ? »
[24]C'est ce même disciple qui témoigne de ces faits et
qui les a écrits. Nous savons que son témoignage est vrai.
[25]Jésus a accompli encore bien d'autres choses. Si on
voulait les raconter une à une, je pense que le monde
entier ne suffirait pas pour contenir tous les livres qu'il
faudrait écrire.

Acts

Jesus Taken Up Into Heaven

1 [1]In my former book, Theophilus, I wrote about all that Jesus began to do and to teach [2]until the day he was taken up to heaven, after giving instructions through the Holy Spirit to the apostles he had chosen. [3]After his suffering, he presented himself to them and gave many convincing proofs that he was alive. He appeared to them over a period of forty days and spoke about the kingdom of God. [4]On one occasion, while he was eating with them, he gave them this command: "Do not leave Jerusalem, but wait for the gift my Father promised, which you have heard me speak about. [5]For John baptized with[a] water, but in a few days you will be baptized with[b] the Holy Spirit."

[6]Then they gathered around him and asked him, "Lord, are you at this time going to restore the kingdom to Israel?"

[7]He said to them: "It is not for you to know the times or dates the Father has set by his own authority. [8]But you will receive power when the Holy Spirit comes on you; and you will be my witnesses in Jerusalem, and in all Judea and Samaria, and to the ends of the earth."

[9]After he said this, he was taken up before their very eyes, and a cloud hid him from their sight.

[10]They were looking intently up into the sky as he was going, when suddenly two men dressed in white stood beside them. [11]"Men of Galilee," they said, "why do you stand here looking into the sky? This same Jesus, who has been taken from you into heaven, will come back in the same way you have seen him go into heaven."

Matthias Chosen to Replace Judas

[12]Then the apostles returned to Jerusalem from the hill called the Mount of Olives, a Sabbath day's walk[c] from the city. [13]When they arrived, they went upstairs to the room where they were staying. Those present were:

---

[a] 1:5 Or *in*
[b] 1:5 Or *in*
[c] 1:12 That is, about 5/8 mile or about 1 kilometer

Actes des Apôtres

Introduction

1 [1]Cher Théophile,

Dans mon premier livre[a], j'ai exposé tout ce q
Jésus a commencé de faire et d'enseigner [2]jusqu'au jour
il fut enlevé au ciel après avoir donné, par le Saint-Espri
ses instructions à ceux qu'il s'était choisis comme apôtre

[3]Après sa mort, il se présenta à eux vivant et le
donna des preuves nombreuses de sa résurrection.
leur apparut pendant quarante jours et leur parla
royaume de Dieu.

Dans l'attente de l'Esprit

La promesse de l'Esprit

[4]Or, un jour qu'il prenait un repas avec eux[c],
leur recommanda de ne pas quitter Jérusalem, ma
d'y attendre que son Père leur accorde le don qu'
leur avait promis.

– C'est le don que je vous ai annoncé, leur dit-il. [5]Car Jea
a baptisé dans l'eau, mais vous, c'est dans le Saint-Espr
que vous serez baptisés dans peu de jours.

[6]Comme ils étaient réunis autour de lui, ils lui de
mandèrent : Seigneur, est-ce à ce moment-là que t
rendras le royaume à Israël[d] ?

[7]Il leur répondit : Il ne vous appartient pas de connaît
les temps et les moments que le Père a fixés de sa pro
pre autorité. [8]Mais le Saint-Esprit descendra sur vous
vous recevrez sa puissance et vous serez mes témoins
Jérusalem, dans toute la Judée et la Samarie, et jusqu'a
bout du monde[e].

Le retour à Jérusalem

[9]Après ces mots, ils le virent s'élever dans les airs
un nuage le cacha à leur vue. [10]Ils gardaient encore le
yeux fixés au ciel pendant qu'il s'éloignait, quand deu
hommes vêtus de blanc se présentèrent devant eux et le
dirent : [11]Hommes de Galilée, pourquoi restez-vous ainsi
regarder le ciel ? Ce Jésus qui a été enlevé au ciel du milie
de vous, en redescendra un jour de la même manière qu
vous l'avez vu y monter.

[12]Alors les apôtres quittèrent la colline qu'on ap
pelle mont des Oliviers, située à environ un kilomètr
de Jérusalem, et rentrèrent en ville. [13]Dès leur arrivé

---

[a] 1.1 Voir Lc 1.1-4. *Les Actes* sont la suite de *l'Evangile selon Luc.*
[b] 1.2 Autres traductions : *à ceux qu'il avait choisis comme apôtres par le Saint-Esprit*, ou : *il fut enlevé au ciel par le Saint-Esprit.*
[c] 1.4 Autre traduction : *un jour qu'il était avec eux.*
[d] 1.6 Autre traduction : *tu rétabliras le royaume au profit d'Israël ?*
[e] 1.8 Luc annonce ici le plan de son livre : témoins à Jérusalem (chap. 1 à 7), en Judée et dans la Samarie (chap. 8 à 9) puis jusqu'au bout du monde (chap. 10 à 28).
[f] 1.12 C'était la distance de marche autorisée le jour du sabbat par la tradition rabbinique.

Peter, John, James and Andrew;
Philip and Thomas;
Bartholomew and Matthew;
James son of Alphaeus, Simon the Zealot and Judas
n of James.
14 They all joined together constantly in prayer,
ong with the women and Mary the mother of Jesus,
d with his brothers.
15 In those days Peter stood up among the believers
group numbering about a hundred and twenty)
and said, "Brothers and sisters,[d] the Scripture had
be fulfilled in which the Holy Spirit spoke long ago
rough David concerning Judas, who served as guide
r those who arrested Jesus. 17 He was one of our num-
r and shared in our ministry."
18 (With the payment he received for his wicked-
ss, Judas bought a field; there he fell headlong, his
ody burst open and all his intestines spilled out.
Everyone in Jerusalem heard about this, so they
lled that field in their language Akeldama, that is,
eld of Blood.)
20 "For," said Peter, "it is written in the Book of
alms:

"'May his place be deserted;
let there be no one to dwell in it,'

d,

"'May another take his place of leadership.'

Therefore it is necessary to choose one of the men
ho have been with us the whole time the Lord Jesus
as living among us, 22 beginning from John's bap-
sm to the time when Jesus was taken up from us.
or one of these must become a witness with us of
s resurrection."
23 So they nominated two men: Joseph called
arsabbas (also known as Justus) and Matthias. 24 Then
ey prayed, "Lord, you know everyone's heart. Show
s which of these two you have chosen 25 to take over
is apostolic ministry, which Judas left to go where
e belongs." 26 Then they cast lots, and the lot fell to
atthias; so he was added to the eleven apostles.

he Holy Spirit Comes at Pentecost

2 1 When the day of Pentecost came, they were all
together in one place. 2 Suddenly a sound like
e blowing of a violent wind came from heaven and
lled the whole house where they were sitting. 3 They
aw what seemed to be tongues of fire that separated
nd came to rest on each of them. 4 All of them were
lled with the Holy Spirit and began to speak in other
ongues[e] as the Spirit enabled them.

1:16 The Greek word for *brothers and sisters* (*adelphoi*) refers here
believers, both men and women, as part of God's family; also in
3; 11:29; 12:17; 16:40; 18:18, 27; 21:7, 17; 28:14, 15.
2:4 Or *languages*; also in verse 11

ils montèrent à l'étage supérieur de la maison où ils se
tenaient d'habitude[g]. C'étaient Pierre, Jean, Jacques et
André, Philippe et Thomas, Barthélemy et Matthieu,
Jacques, fils d'Alphée, Simon le Zélé[h], et Jude, fils de
Jacques. 14 Eux tous, d'un commun accord, se retrouvaient
souvent pour prier, avec quelques femmes, avec Marie la
mère de Jésus, et avec les frères de Jésus.

Le choix d'un douzième apôtre

15 Un de ces jours-là, Pierre se leva au milieu des frères.
Ils étaient là environ cent vingt.
16 – Mes frères, dit-il, il fallait que les prophéties de
l'Ecriture s'accomplissent : car le Saint-Esprit, par l'intermédiaire de David, a parlé à l'avance de Judas, qui a servi
de guide à ceux qui ont arrêté Jésus. 17 Cet homme était
l'un des nôtres et il a eu sa part dans le service qui nous
avait été confié. 18 Avec l'argent qu'il a reçu en paiement
de son crime, il a acheté un champ ; il y est tombé la tête la
première, il s'est éventré, et ses intestins se sont répandus
sur le sol. 19 Tous les habitants de Jérusalem l'ont appris :
c'est pourquoi ils ont appelé ce champ : *Akeldama*, ce qui,
dans leur langue, signifie : « le champ du sang ».
20 Or, il est écrit dans le livre des Psaumes :

Que sa maison reste vide
et qu'elle soit privée d'habitants.

Et plus loin :

Qu'un autre prenne sa charge!

21 Nous devons donc choisir l'un de ceux qui nous ont
accompagnés durant tout le temps où le Seigneur Jésus
sillonnait le pays avec nous, 22 depuis le moment où Jean
l'a baptisé jusqu'au jour où il a été enlevé du milieu de
nous. Cet homme sera ainsi, avec nous, un témoin de sa
résurrection.
23 On présenta deux hommes : Joseph, appelé Barsabbas,
surnommé le Juste, et Matthias. 24 Et l'on fit alors cette
prière :
Toi, Seigneur, tu connais le cœur de tous les hommes.
Désigne toi-même celui de ces deux frères que tu as choisi
25 pour occuper, dans cette charge d'apôtre, la place que
Judas a désertée afin d'aller à celle qui lui revenait.
26 Puis ils tirèrent au sort. Matthias fut désigné. C'est lui
qui fut adjoint aux onze apôtres.

TÉMOINS À JÉRUSALEM

Le don de l'Esprit

2 1 Quand le jour de la Pentecôte arriva, ils étaient tous
rassemblés au même endroit. 2 Tout à coup, un grand
bruit survint du ciel : c'était comme si un violent coup
de vent s'abattait sur eux et remplissait toute la maison
où ils se trouvaient assis. 3 Au même moment, ils virent
apparaître des sortes de langues qui ressemblaient à des
flammèches. Elles se séparèrent et allèrent se poser sur
la tête de chacun d'eux. 4 Aussitôt, ils furent tous remplis
du Saint-Esprit et commencèrent à parler dans différentes
langues, chacun s'exprimant comme le Saint-Esprit lui
donnait de le faire.

g 1.13 Les apôtres se tenaient dans une pièce aménagée sur le toit en
terrasse, comme il y en avait souvent dans les maisons israélites.
h 1.13 Voir note Mt 10.4.

5 Now there were staying in Jerusalem God-fearing Jews from every nation under heaven. 6 When they heard this sound, a crowd came together in bewilderment, because each one heard their own language being spoken. 7 Utterly amazed, they asked: "Aren't all these who are speaking Galileans? 8 Then how is it that each of us hears them in our native language? 9 Parthians, Medes and Elamites; residents of Mesopotamia, Judea and Cappadocia, Pontus and Asia,[f] 10 Phrygia and Pamphylia, Egypt and the parts of Libya near Cyrene; visitors from Rome 11 (both Jews and converts to Judaism); Cretans and Arabs – we hear them declaring the wonders of God in our own tongues!" 12 Amazed and perplexed, they asked one another, "What does this mean?"

13 Some, however, made fun of them and said, "They have had too much wine."

Peter Addresses the Crowd

14 Then Peter stood up with the Eleven, raised his voice and addressed the crowd: "Fellow Jews and all of you who live in Jerusalem, let me explain this to you; listen carefully to what I say. 15 These people are not drunk, as you suppose. It's only nine in the morning! 16 No, this is what was spoken by the prophet Joel:

17 " 'In the last days, God says,
I will pour out my Spirit on all people.
Your sons and daughters will prophesy,
your young men will see visions,
your old men will dream dreams.
18 Even on my servants, both men and women,
I will pour out my Spirit in those days,
and they will prophesy.
19 I will show wonders in the heavens above
and signs on the earth below,
blood and fire and billows of smoke.
20 The sun will be turned to darkness
and the moon to blood
before the coming of the great and glorious
day of the Lord.
21 And everyone who calls
on the name of the Lord will be saved.'

22 "Fellow Israelites, listen to this: Jesus of Nazareth was a man accredited by God to you by miracles, wonders and signs, which God did among you through him, as you yourselves know. 23 This man was handed

f 2:9 That is, the Roman province by that name

5 Or, à ce moment-là, des Juifs pieux, venus de chez to les peuples du monde, séjournaient à Jérusalem. 6 En ente dant ce bruit, ils accoururent en foule et furent saisis stupeur. En effet, chacun d'eux les entendait parler da sa propre langue. 7 Dans leur étonnement, ils n'en croyaie pas leurs oreilles et disaient : Voyons ! Ces gens qui parler ne viennent-ils pas tous de Galilée ? 8 Comment se fa il donc que nous les entendions s'exprimer chacun da notre langue maternelle ? 9 Nous sommes Parthes, Mèd ou Elamites, nous habitons la Mésopotamie, la Judée, Cappadoce, le Pont ou la province d'Asie, 10 la Phrygie la Pamphylie, l'Egypte ou le territoire de la Libye près Cyrène[i], ou bien, nous vivons à Rome, nous sommes juifs naissance ou par conversion, 11 nous venons de la Crète de l'Arabie, et pourtant chacun de nous les entend parl dans sa propre langue des choses merveilleuses que Die a accomplies !

12 Ils n'en revenaient pas. Plongés dans la plus granc perplexité, ils se demandaient entre eux : « Qu'est-ce qu cela peut bien vouloir dire ? » 13 Mais d'autres tournaie la chose en ridicule : « C'est le vin doux, disaient-ils. I ont trop bu ! »

Pierre témoin de Jésus-Christ

14 Alors Pierre se leva entouré des Onze et, d'une voi forte, il dit à la foule :

Ecoutez-moi bien, vous qui habitez la Judée et vous tou qui séjournez à Jérusalem : comprenez ce qui se pass 15 Certains d'entre vous insinuent que ces hommes se raient ivres. Pas du tout ! Il est à peine neuf heures d matin ! 16 Mais maintenant se réalise ce qu'avait annonc le prophète Joël :

17 *Voici ce qui arrivera, dit Dieu, dans les jours de la fin des temps :*
Je répandrai de mon Esprit sur tout le monde.
Vos fils, vos filles prophétiseront[j],
vos jeunes gens, par des visions,
vos vieillards, par des songes,
recevront des révélations.
18 *Oui, sur mes serviteurs, comme sur mes servantes,*
je répandrai de mon Esprit, en ces jours-là :
ils prophétiseront.
19 *Je ferai des miracles et là-haut, dans le ciel,*
et ici-bas sur terre, des signes prodigieux :
du sang, du feu et des colonnes de fumée.
20 *Et le soleil s'obscurcira,*
la lune deviendra de sang,
avant la venue du jour du Seigneur,
ce jour grand et glorieux.
21 *Alors seront sauvés tous ceux qui invoqueront le Seigneur*[k].

22 Ecoutez bien, Israélites, ce que j'ai à vous dire. Vou le savez tous : Jésus de Nazareth – cet homme dont Die vous a montré qu'il l'approuvait en accomplissant, pa son moyen, au milieu de vous des miracles, des signes e des actes extraordinaires – 23 a été livré entre vos main

i **2.10** *Cyrène:* les Juifs étaient nombreux en Egypte et dans la Cyrénaïque (à l'ouest de l'Egypte). Ceux qui étaient revenus de là-bas à Jérusalem avaient leur propre synagogue.

j **2.17** Dans l'ensemble du Nouveau Testament, le verbe *prophétiser* a été traduit par : *apporter, transmettre, des messages inspirés par Dieu, ce que Die inspire.*

k **2.21** Jl 3.1-5, cité selon l'ancienne version grecque.

er to you by God's deliberate plan and foreknowl-
lge; and you, with the help of wicked men,[g] put him
death by nailing him to the cross. 24 But God raised
m from the dead, freeing him from the agony of
ath, because it was impossible for death to keep its
old on him. 25 David said about him:

"'I saw the Lord always before me.
Because he is at my right hand,
I will not be shaken.
26 Therefore my heart is glad and my tongue
rejoices;
my body also will rest in hope,
27 because you will not abandon me to the realm
of the dead,
you will not let your holy one see decay.
28 You have made known to me the paths of life;
you will fill me with joy in your presence.'[h]

29 "Fellow Israelites, I can tell you confidently that
e patriarch David died and was buried, and his tomb
here to this day. 30 But he was a prophet and knew
at God had promised him on oath that he would
ace one of his descendants on his throne. 31 Seeing
hat was to come, he spoke of the resurrection of
e Messiah, that he was not abandoned to the realm
f the dead, nor did his body see decay. 32 God has
ised this Jesus to life, and we are all witnesses of it.
Exalted to the right hand of God, he has received
om the Father the promised Holy Spirit and has
oured out what you now see and hear. 34 For David
d not ascend to heaven, and yet he said,

"'The Lord said to my Lord:
"Sit at my right hand
35 until I make your enemies
a footstool for your feet."'

36 "Therefore let all Israel be assured of this: God
as made this Jesus, whom you crucified, both Lord
nd Messiah."

37 When the people heard this, they were cut to
e heart and said to Peter and the other apostles,
Brothers, what shall we do?"

38 Peter replied, "Repent and be baptized, every one
f you, in the name of Jesus Christ for the forgiveness
f your sins. And you will receive the gift of the Holy
pirit. 39 The promise is for you and your children and
or all who are far off – for all whom the Lord our God
ill call."

40 With many other words he warned them; and he
leaded with them, "Save yourselves from this corrupt

2:23 Or *of those not having the law* (that is, Gentiles)
2:28 Psalm 16:8-11 (see Septuagint)

conformément à la décision que Dieu avait prise et au projet qu'il avait établi d'avance. Et vous, vous l'avez tué en
le faisant crucifier par des hommes qui ne connaissent
pas Dieu. 24 Mais Dieu a brisé les liens de la mort : il l'a
ressuscité, car il était impossible que la mort le retienne
captif. 25 En effet, David dit de lui :

Je garde constamment les yeux fixés sur le Seigneur,
car il est à ma droite, pour que je ne vacille pas.
26 *Voilà pourquoi mon cœur est dans la joie et mes paroles*
débordent d'allégresse.
Même mon corps reposera dans l'espérance ;
27 *tu ne m'abandonneras pas dans le séjour des morts,*
tu ne laisseras pas un homme qui t'est dévoué se
décomposer dans la tombe.
28 *Car tu m'as fait connaître le chemin de la vie,*
et tu me combleras de joie en ta présence[l].

29 Mes frères, permettez-moi de vous parler franchement : le patriarche[m] David est bel et bien mort et enterré.
Son tombeau[n] existe encore près d'ici aujourd'hui. 30 Mais
il était prophète et il savait que Dieu lui avait promis, sous
la foi du *serment*, de faire asseoir sur son trône un de ses
descendants 31 Ainsi il a entrevu par avance la résurrection
du Messie, et c'est d'elle qu'il parle en disant que *Dieu ne
l'abandonnera pas dans le séjour des morts* et qu'il ne laissera
pas son corps se décomposer

32 Dieu a ressuscité ce Jésus dont je parle : nous en sommes tous témoins. 33 Ensuite, il a été élevé pour siéger à
la droite de Dieu[o]. Et maintenant, comme Dieu l'a promis,
il a reçu du Père l'Esprit Saint et il l'a répandu sur nous.
C'est là ce que vous voyez et entendez.

34 En effet, David, lui, n'est pas monté au ciel, mais il
a dit :

Le Seigneur a dit à mon Seigneur :
Viens siéger à ma droite[p]
35 *jusqu'à ce que j'aie mis tes ennemis à terre sous tes pieds.*

36 Voici donc ce que tout le peuple d'Israël doit savoir
avec une entière certitude : Dieu a fait Seigneur et Messie
ce Jésus que vous avez crucifié.

Les premiers croyants

37 Ce discours toucha profondément ceux qui l'avaient
entendu. Ils demandèrent à Pierre et aux autres apôtres :
Frères, que devons-nous faire ?

38 Pierre leur répondit : Changez[q], et que chacun de vous
se fasse baptiser au nom de Jésus-Christ, pour que vos
péchés vous soient pardonnés. Alors, vous recevrez le don
du Saint-Esprit. 39 Car la promesse est pour vous, pour vos
enfants, et pour ceux qui vivent dans les pays lointains,
tous ceux que le Seigneur notre Dieu fera venir à lui.

40 Pierre continuait, avec instance, à leur adresser d'autres paroles pour les persuader, et il les encourageait, leur

l **2.28** Ps 16.8-11 cité selon l'ancienne version grecque.
m **2.29** *patriarche:* les ancêtres des Israélites (Abraham, Isaac, Jacob et les douze fils de celui-ci) étaient appelés patriarches. Par extension, ce titre était aussi appliqué à d'autres figures de l'Ancien Testament, comme ici au roi David.
n **2.29** Ce *tombeau*, bien connu et vénéré, se trouvait sur le mont Sion.
o **2.33** Autre traduction : *élevé par la main droite de Dieu.*
p **2.34** La droite du roi est la place d'honneur (Ps 45.10 ; 1 R 2.19).
q **2.38** Autres traductions : *repentez-vous* ou *changez d'attitude* ou *changez de comportement.*

generation." 41 Those who accepted his message were baptized, and about three thousand were added to their number that day.

The Fellowship of the Believers

42 They devoted themselves to the apostles' teaching and to fellowship, to the breaking of bread and to prayer. 43 Everyone was filled with awe at the many wonders and signs performed by the apostles. 44 All the believers were together and had everything in common. 45 They sold property and possessions to give to anyone who had need. 46 Every day they continued to meet together in the temple courts. They broke bread in their homes and ate together with glad and sincere hearts, 47 praising God and enjoying the favor of all the people. And the Lord added to their number daily those who were being saved.

Peter Heals a Lame Beggar

3 1 One day Peter and John were going up to the temple at the time of prayer – at three in the afternoon. 2 Now a man who was lame from birth was being carried to the temple gate called Beautiful, where he was put every day to beg from those going into the temple courts. 3 When he saw Peter and John about to enter, he asked them for money. 4 Peter looked straight at him, as did John. Then Peter said, "Look at us!" 5 So the man gave them his attention, expecting to get something from them.

6 Then Peter said, "Silver or gold I do not have, but what I do have I give you. In the name of Jesus Christ of Nazareth, walk." 7 Taking him by the right hand, he helped him up, and instantly the man's feet and ankles became strong. 8 He jumped to his feet and began to walk. Then he went with them into the temple courts, walking and jumping, and praising God. 9 When all the people saw him walking and praising God, 10 they recognized him as the same man who used to sit begging at the temple gate called Beautiful, and they were filled with wonder and amazement at what had happened to him.

Peter Speaks to the Onlookers

11 While the man held on to Peter and John, all the people were astonished and came running to them in the place called Solomon's Colonnade. 12 When Peter

disant : Recevez le salut, séparez-vous de cette générati dévoyée.

41 Ceux qui acceptèrent les paroles de Pierre se fire baptiser et, ce jour-là, environ trois mille personnes fure ajoutées au nombre des croyants.

42 Dès lors, ils s'attachaient à écouter assidûment l'ense gnement des apôtres, à vivre en communion les uns av les autres, à rompre le pain[r] et à prier ensemble. 43 To le monde était très impressionné, car les apôtres accor plissaient beaucoup de prodiges et de signes miraculeu 44 Tous les croyants vivaient unis entre eux et partageaie tout ce qu'ils possédaient. 45 Ils vendaient leurs propriét et leurs biens et répartissaient l'argent entre tous, selc les besoins de chacun.

46 Tous les jours, d'un commun accord, ils se retrouvaie dans la cour du Temple ; ils rompaient le pain dans les ma sons, et prenaient leurs repas dans la joie, avec simplici de cœur. 47 Ils louaient Dieu, et le peuple tout entier le était favorable.

Le Seigneur ajoutait chaque jour à leur communau ceux qu'il sauvait.

La guérison d'un paralysé

3 1 Un jour, Pierre et Jean montaient au Temple pour prière à trois heures de l'après-midi. 2 On était jus en train d'y porter un infirme : c'était un homme paraly depuis sa naissance. On l'installait tous les jours à l'entr de la cour du Temple, près de la porte appelée la « Bel Porte »[s], pour qu'il puisse demander l'aumône à ceux q se rendaient au sanctuaire. 3 Quand il vit Pierre et Jean q allaient pénétrer dans la cour du Temple, il leur demanc l'aumône.

4 Les deux apôtres fixèrent les yeux sur lui.

– Regarde-nous ! lui dit Pierre.

5 L'infirme les regarda attentivement : il pensait qu' allait recevoir d'eux quelque chose.

6 Mais Pierre lui dit : Je n'ai ni argent ni or, mais ce qu j'ai je te le donne : au nom de Jésus-Christ de Nazaret lève-toi et marche[t] !

7 Et, en même temps, il le prit par la main droite et le f lever. Aussitôt, ses pieds et ses chevilles se raffermiren 8 d'un saut il fut debout et se mit à marcher. Il entra ave eux dans la cour du Temple : il marchait, il sautait de jo et louait Dieu.

9 Tout le monde le vit ainsi marcher et louer Dieu. 10 O le reconnaissait : c'était bien lui qui était toujours assis mendier près de la « Belle Porte » du Temple.

En voyant ce qui venait de lui arriver, les gens étaier remplis de stupeur et de crainte. 11 Quant à lui, il n quittait plus Pierre et Jean. Tout le peuple accourut et s rassembla autour d'eux dans la cour du Temple, sous l portique de Salomon[u], et ils étaient stupéfaits.

Pierre explique le miracle

12 Quand Pierre vit cela, il s'adressa à la foule :

---

[r] **2.42** *rompre le pain:* il pourrait s'agir de repas communs où l'on prenait la cène.

[s] **3.2** Cette *porte* se trouvait entre le parvis extérieur (parvis des non-Juifs) et les différents parvis réservés aux seuls Juifs.

[t] **3.6** Plusieurs manuscrits omettent *lève-toi et.*

[u] **3.11** Ce *portique,* du côté est, clôturait la partie de la cour du Temple où les non-Juifs pouvaient entrer (voir Jn 10.23 ; Ac 5.12).

w this, he said to them: "Fellow Israelites, why does
is surprise you? Why do you stare at us as if by our
vn power or godliness we had made this man walk?
The God of Abraham, Isaac and Jacob, the God of our
thers, has glorified his servant Jesus. You handed
m over to be killed, and you disowned him before
late, though he had decided to let him go. 14 You
isowned the Holy and Righteous One and asked that
murderer be released to you. 15 You killed the author
life, but God raised him from the dead. We are wit-
esses of this. 16 By faith in the name of Jesus, this man
hom you see and know was made strong. It is Jesus'
ame and the faith that comes through him that has
mpletely healed him, as you can all see.

17 "Now, fellow Israelites, I know that you acted in
norance, as did your leaders. 18 But this is how God
ılfilled what he had foretold through all the prophts, saying that his Messiah would suffer. 19 Repent,
ıen, and turn to God, so that your sins may be wiped
ut, that times of refreshing may come from the
ord, 20 and that he may send the Messiah, who has
een appointed for you – even Jesus. 21 Heaven must
eceive him until the time comes for God to restore
verything, as he promised long ago through his holy
rophets. 22 For Moses said, 'The Lord your God will
aise up for you a prophet like me from among your
wn people; you must listen to everything he tells
ou. 23 Anyone who does not listen to him will be com-
letely cut off from their people.'

24 "Indeed, beginning with Samuel, all the prophets
vho have spoken have foretold these days. 25 And you
re heirs of the prophets and of the covenant God
ıade with your fathers. He said to Abraham, 'Through
our offspring all peoples on earth will be blessed.'
6 When God raised up his servant, he sent him first
o you to bless you by turning each of you from your
vicked ways."

eter and John Before the Sanhedrin

4 1 The priests and the captain of the temple guard
and the Sadducees came up to Peter and John
vhile they were speaking to the people. 2 They were
reatly disturbed because the apostles were teaching
he people, proclaiming in Jesus the resurrection of
he dead. 3 They seized Peter and John and, because
t was evening, they put them in jail until the next
lay. 4 But many who heard the message believed; so

Hommes israélites, qu'avez-vous à vous étonner ainsi
de ce qui vient de se passer ? Pourquoi nous fixez-vous
avec tant d'insistance comme si c'était nous qui, par notre
propre pouvoir ou notre piété, avions fait marcher cet
homme ? 13 Non, c'est le *Dieu d'Abraham, d'Isaac et de Jacob*, le
Dieu de nos ancêtres, qui vient ici de manifester la gloire
de son serviteur Jésus – ce Jésus que vous avez livré à Pilate
et renié devant lui alors qu'il était décidé de le remettre en
liberté. 14 Oui, vous avez renié celui qui est saint et juste. A
sa place, vous avez demandé comme faveur la libération
d'un meurtrier. 15 Ainsi vous avez fait mourir l'auteur de
la vie. Mais Dieu l'a ressuscité : nous en sommes témoins.
16 Et c'est parce que nous croyons en Jésus, que la puissance de ce Jésus que nous avons invoqué a rendu à cet
homme que vous voyez et que vous connaissez, la force
de se tenir debout. Oui, cette foi qui est efficace par Jésus
a donné à cet homme une parfaite guérison, comme vous
pouvez tous vous en rendre compte.
17 A présent, mes frères, je sais bien que vous avez agi
sans savoir ce que vous faisiez, aussi bien vous que vos
chefs. 18 Mais Dieu a accompli de cette manière ce qu'il
avait annoncé d'avance par tous ses prophètes : le Messie
qu'il avait promis d'envoyer devait souffrir. 19 Maintenant
donc, changez et tournez-vous vers Dieu pour qu'il efface
vos péchés. 20 Alors le Seigneur vous accordera des temps
de repos, et il vous enverra celui qu'il vous a destiné comme Messie : Jésus.
21 En attendant, il doit demeurer au ciel jusqu'au jour
où l'univers entier sera restauré, comme Dieu l'a annoncé
depuis des siècles par la bouche de ses saints prophètes.
22 Ainsi Moïse a dit :
Le Seigneur votre Dieu suscitera pour vous, du milieu de vos
compatriotes, un prophète qui sera comme moi : vous écouterez
tout ce qu'il vous dira. 23 *Celui qui refusera d'obéir à ce prophè-*
tesera exclu de mon peuple par la mort.
24 Tous les prophètes qui ont parlé, depuis Samuel et ses
successeurs, ont annoncé aussi d'avance les temps que
nous vivons aujourd'hui.
25 Vous êtes les héritiers de ces prophètes, les bénéfici-
aires de l'alliance que Dieu a conclue avec nos ancêtres
lorsqu'il a promis à Abraham : *Toutes les familles de la terre*
seront bénies à travers ta descendance. 26 C'est pour vous, en
premier lieu, que Dieu a ressuscité son serviteur ; et il vous
l'a envoyé pour vous bénir, en détournant chacun de vous
de ses mauvaises actions.

Pierre et Jean devant le Grand-Conseil

4 1 Pendant qu'ils parlaient ainsi à la foule, survinrent
quelques prêtres[v] accompagnés du chef de la police
du Temple[w] et des membres du parti des sadducéens : 2 ils
étaient irrités de voir les apôtres enseigner le peuple et
leur annoncer que, puisque Jésus était ressuscité, les morts
ressusciteraient eux aussi[x]. 3 Ils les arrêtèrent donc et,
comme il se faisait déjà tard[y], ils les jetèrent en prison
jusqu'au lendemain. 4 Cependant, parmi ceux qui avaient

[v] **4.1** Certains manuscrits ont : *les chefs des prêtres.*
[w] **4.1** Le *chef de la police du Temple* était le personnage le plus important après le grand-prêtre.
[x] **4.2** Les sadducéens ne croyaient pas à la résurrection des morts.
[y] **4.3** C'était le soir. Or, après 16 h, les portes des parvis étaient fermées. Tout jugement pouvant aboutir à une peine de mort devait être rendu de jour.

the number of men who believed grew to about five thousand.

5 The next day the rulers, the elders and the teachers of the law met in Jerusalem. 6 Annas the high priest was there, and so were Caiaphas, John, Alexander and others of the high priest's family. 7 They had Peter and John brought before them and began to question them: "By what power or what name did you do this?"

8 Then Peter, filled with the Holy Spirit, said to them: "Rulers and elders of the people! 9 If we are being called to account today for an act of kindness shown to a man who was lame and are being asked how he was healed, 10 then know this, you and all the people of Israel: It is by the name of Jesus Christ of Nazareth, whom you crucified but whom God raised from the dead, that this man stands before you healed. 11 Jesus is

"'the stone you builders rejected,
which has become the cornerstone.'

12 Salvation is found in no one else, for there is no other name under heaven given to mankind by which we must be saved."

13 When they saw the courage of Peter and John and realized that they were unschooled, ordinary men, they were astonished and they took note that these men had been with Jesus. 14 But since they could see the man who had been healed standing there with them, there was nothing they could say. 15 So they ordered them to withdraw from the Sanhedrin and then conferred together. 16 "What are we going to do with these men?" they asked. "Everyone living in Jerusalem knows they have performed a notable sign, and we cannot deny it. 17 But to stop this thing from spreading any further among the people, we must warn them to speak no longer to anyone in this name."

18 Then they called them in again and commanded them not to speak or teach at all in the name of Jesus. 19 But Peter and John replied, "Which is right in God's eyes: to listen to you, or to him? You be the judges! 20 As for us, we cannot help speaking about what we have seen and heard."

21 After further threats they let them go. They could not decide how to punish them, because all the people were praising God for what had happened. 22 For the man who was miraculously healed was over forty years old.

The Believers Pray

23 On their release, Peter and John went back to their own people and reported all that the chief priests and the elders had said to them. 24 When they heard this, they raised their voices together in prayer to God. "Sovereign Lord," they said, "you made the heavens and the earth and the sea, and everything in them. 25 You spoke by the Holy Spirit through the mouth of your servant, our father David:

entendu leurs paroles, beaucoup crurent, ce qui porta nombre des croyants à près de cinq mille hommes.

5 Le lendemain, les chefs des Juifs, les responsables c peuple et les spécialistes de la Loi se réunirent à Jérusaler 6 Il y avait là, en particulier, Hanne le grand-prêtre Caïphe, Jean[a], Alexandre et tous les membres de la famil du grand-prêtre. 7 Ils firent comparaître Pierre et Jean, l placèrent au milieu de leur assemblée et les interrogèren Par quel pouvoir ou au nom de qui avez-vous fait cela ?

8 Alors Pierre, rempli de l'Esprit Saint, leur répondit : Dirigeants et responsables de notre peuple ! 9 Nous son mes aujourd'hui interrogés sur le bien que nous avons fa à un infirme et sur la manière dont il a été guéri. 10 E bien, sachez-le tous, et que tout le peuple d'Israël le sa che : c'est au nom de Jésus-Christ de Nazareth que nou avons agi, de ce Jésus que vous avez crucifié et que Die a ressuscité ; c'est grâce à lui que cet homme se tient là debout, devant vous, en bonne santé. 11 Il est *la pierre rejete par les constructeurs* – par vous – *et qui est devenue la pier principale, la pierre d'angle* 12 C'est en lui seul que se trouve salut. Dans le monde entier, Dieu n'a jamais donné le nor d'aucun autre homme par lequel nous devions être sauvé

13 Les membres du Grand-Conseil étaient étonnés de voi l'assurance de Pierre et de Jean, car ils se rendaient compt que c'étaient des gens simples et sans instruction ; ils le reconnaissaient pour avoir été avec Jésus. 14 Mais, comm ils voyaient, debout à côté d'eux, l'homme qui avait ét guéri, ils ne trouvaient rien à répondre.

15 Alors ils leur ordonnèrent de sortir de la salle e délibérèrent entre eux : 16 Qu'allons-nous faire de ces gens là ? disaient-ils. Car ils ont accompli un signe miraculeu évident et tous les habitants de Jérusalem sont au courant Nous ne pouvons pas le nier. 17 Mais il ne faut pas que cel s'ébruite davantage parmi le peuple. Défendons-leur donc sous peine de sanctions, de parler désormais à qui que c soit au nom de Jésus.

18 Là-dessus, ils les firent rappeler et leur interdiren formellement de parler ou d'enseigner au nom de Jésus.

19 Mais Pierre et Jean leur répondirent : Jugez-en vous mêmes : est-il juste devant Dieu de vous obéir, plutôt qu'à Dieu ? 20 Quant à nous, nous ne pouvons pas garder le si lence sur ce que nous avons vu et entendu.

21 Après leur avoir fait de nouvelles menaces, ils le relâchèrent. En effet, ils n'avaient pas trouvé de moyen de les punir, parce que tout le peuple louait Dieu pour ce qu venait d'arriver. 22 L'homme qui avait été miraculeusemen guéri était âgé de plus de quarante ans.

Prière des croyants

23 Sitôt libérés, Pierre et Jean se rendirent auprès de leurs amis et leur racontèrent tout ce que les chefs des prêtres et les responsables du peuple leur avaient dit.

24 Après les avoir écoutés, tous, unanimes, se mirent à prier Dieu, disant :

Maître, c'est toi qui as créé le ciel, la terre, la mer et tout ce qui s'y trouve. 25 C'est toi qui as dit par l'Esprit Saint qui s'est exprimé par la bouche de notre ancêtre David, ton serviteur :

---

z **4.6** *Hanne* avait été déposé par les Romains mais le peuple continuait à le considérer comme le grand-prêtre alors que son gendre *Caïphe* remplissait cette fonction.

a **4.6** D'autres manuscrits ont : *Jonathan*.

"'Why do the nations rage
and the peoples plot in vain?

26 The kings of the earth rise up
and the rulers band together
against the Lord
and against his anointed one.'[a]
ndeed Herod and Pontius Pilate met together with
e Gentiles and the people of Israel in this city to
nspire against your holy servant Jesus, whom you
ointed. 28 They did what your power and will had
cided beforehand should happen. 29 Now, Lord, con-
ler their threats and enable your servants to speak
ur word with great boldness. 30 Stretch out your
nd to heal and perform signs and wonders through
e name of your holy servant Jesus."

31 After they prayed, the place where they were
eeting was shaken. And they were all filled with
e Holy Spirit and spoke the word of God boldly.

e Believers Share Their Possessions

32 All the believers were one in heart and mind. No
ie claimed that any of their possessions was their
vn, but they shared everything they had. 33 With
eat power the apostles continued to testify to the
surrection of the Lord Jesus. And God's grace was
powerfully at work in them all 34 that there were
needy persons among them. For from time to time
ose who owned land or houses sold them, brought
e money from the sales 35 and put it at the apostles'
et, and it was distributed to anyone who had need.
36 Joseph, a Levite from Cyprus, whom the apostles
lled Barnabas (which means "son of encourage-
ent"), 37 sold a field he owned and brought the
oney and put it at the apostles' feet.

nanias and Sapphira

5 1 Now a man named Ananias, together with his
wife Sapphira, also sold a piece of property.
With his wife's full knowledge he kept back part of
e money for himself, but brought the rest and put
at the apostles' feet.
3 Then Peter said, "Ananias, how is it that Satan has
filled your heart that you have lied to the Holy
pirit and have kept for yourself some of the money
ou received for the land? 4 Didn't it belong to you
efore it was sold? And after it was sold, wasn't the
oney at your disposal? What made you think of do-
ig such a thing? You have not lied just to human
eings but to God."

:26 That is, Messiah or Christ

Pourquoi tant d'effervescence
parmi les nations ?
Et pourquoi les peuples
trament-ils ces complots inutiles ?
26 *Les rois de la terre*
se sont soulevés
et les chefs se sont ligués
contre le Seigneur et son Messie[b].
27 En effet, c'est bien une *ligue* qu'Hérode et Ponce
Pilate, les peuples étrangers et les peuples d'Israël ont
formée dans cette ville contre ton saint serviteur Jésus,
que tu as choisi comme Messie. 28 Ils n'ont fait qu'accomplir tout ce que tu avais décidé d'avance, dans ta
puissance et ta volonté. 29 Maintenant, Seigneur, vois
comme ils nous menacent, et donne à tes serviteurs la
force d'annoncer ta Parole avec une pleine assurance.
30 Etends ta main pour qu'il se produise des guérisons,
des miracles et d'autres signes au nom de ton saint
serviteur Jésus.
31 Quand ils eurent fini de prier, la terre se mit à trembler sous leurs pieds à l'endroit où ils étaient assemblés.
Ils furent tous remplis du Saint-Esprit et annonçaient la
Parole de Dieu avec assurance.

La solidarité des croyants

32 Tous ceux qui étaient devenus des croyants vivaient
dans une parfaite unité de cœur et d'esprit. Personne ne se
prétendait propriétaire de ses biens, mais ils partageaient
tout ce qu'ils avaient.
33 Avec une grande puissance, les apôtres rendaient
témoignage de la résurrection du Seigneur Jésus, et la
grâce de Dieu agissait avec force en eux tous.
34 Aucun d'eux n'était dans le besoin, car ceux qui
possédaient des champs ou des maisons les vendaient,
apportaient le produit de la vente 35 et le remettaient aux
apôtres : ceux-ci le répartissaient alors entre tous et chacun recevait ce dont il avait besoin. 36 C'est ainsi que, par
exemple, un certain Joseph possédait un terrain. C'était un
lévite originaire de Chypre[c] ; les apôtres le surnommaient
Barnabas, ce qui veut dire « l'homme qui encourage ». 37 Il
vendit son terrain, apporta l'argent et en remit le produit
aux apôtres.

5 1 Mais un certain Ananias, avec sa femme Saphira,
vendit aussi une propriété, et, 2 en accord avec elle,
mit de côté une partie de l'argent de la vente, apporta le
reste aux apôtres et le leur remit.

3 Pierre lui dit : Ananias, comment as-tu pu laisser
Satan envahir à tel point ton cœur ? Tu as menti au
Saint-Esprit en cachant le prix réel de ton champ pour
en détourner une partie à ton profit ! 4 N'étais-tu pas
libre de garder ta propriété ? Ou même, après l'avoir
vendue, ne pouvais-tu pas faire de ton argent ce que
tu voulais ? Comment as-tu pu décider en toi-même
de commettre une telle action ? Ce n'est pas à des
hommes que tu as menti, mais à Dieu.

b **4.26** Ps 2.1-2 cité selon l'ancienne version grecque.
c **4.36** Beaucoup de Juifs s'étaient établis dans cette île de l'est de la Méditerranée à partir de l'époque des Maccabées au IIe siècle avant notre ère.

5 When Ananias heard this, he fell down and died. And great fear seized all who heard what had happened. 6 Then some young men came forward, wrapped up his body, and carried him out and buried him.

7 About three hours later his wife came in, not knowing what had happened. 8 Peter asked her, "Tell me, is this the price you and Ananias got for the land?"

"Yes," she said, "that is the price."

9 Peter said to her, "How could you conspire to test the Spirit of the Lord? Listen! The feet of the men who buried your husband are at the door, and they will carry you out also."

10 At that moment she fell down at his feet and died. Then the young men came in and, finding her dead, carried her out and buried her beside her husband. 11 Great fear seized the whole church and all who heard about these events.

The Apostles Heal Many

12 The apostles performed many signs and wonders among the people. And all the believers used to meet together in Solomon's Colonnade. 13 No one else dared join them, even though they were highly regarded by the people. 14 Nevertheless, more and more men and women believed in the Lord and were added to their number. 15 As a result, people brought the sick into the streets and laid them on beds and mats so that at least Peter's shadow might fall on some of them as he passed by. 16 Crowds gathered also from the towns around Jerusalem, bringing their sick and those tormented by impure spirits, and all of them were healed.

The Apostles Persecuted

17 Then the high priest and all his associates, who were members of the party of the Sadducees, were filled with jealousy. 18 They arrested the apostles and put them in the public jail. 19 But during the night an angel of the Lord opened the doors of the jail and brought them out. 20 "Go, stand in the temple courts," he said, "and tell the people all about this new life."

21 At daybreak they entered the temple courts, as they had been told, and began to teach the people.

When the high priest and his associates arrived, they called together the Sanhedrin – the full assembly of the elders of Israel – and sent to the jail for the apostles. 22 But on arriving at the jail, the officers did not find them there. So they went back and reported, 23 "We found the jail securely locked, with the guards standing at the doors; but when we opened them, we found no one inside." 24 On hearing this report, the captain of the temple guard and the chief priests were at a loss, wondering what this might lead to.

5 A ces mots, Ananias tomba raide mort. Tous ceux q l'apprirent furent remplis d'une grande crainte. 6 D jeunes gens vinrent envelopper le corps[d], puis l'e portèrent pour l'enterrer.

7 Environ trois heures plus tard, la femme d'Anani entra sans savoir ce qui s'était passé.

8 Pierre lui demanda : Dis-moi, est-ce bien à ce prix que vous avez vendu votre champ ?

– Oui, répondit-elle, c'est bien à ce prix.

9 Alors Pierre lui dit : Comment avez-vous pu vous co certer pour provoquer ainsi l'Esprit du Seigneur ? Ecout ceux qui viennent d'enterrer ton mari sont devant la po et ils vont t'emporter, toi aussi.

10 Au même instant, elle tomba inanimée aux pieds Pierre. Les jeunes gens qui rentraient la trouvèrent mort ils l'emportèrent et l'enterrèrent aux côtés de son mar

11 Cet événement inspira une grande crainte à tou l'Eglise[e], ainsi qu'à tous ceux qui en entendirent parle

Les apôtres, témoins devant le Grand-Conseil

12 Les apôtres accomplissaient beaucoup de signes m raculeux et de prodiges parmi le peuple. Tous les croyan avaient l'habitude de se rassembler dans la cour du Temp sous la Galerie de Salomon. 13 Personne d'autre n'osait joindre à eux, mais le peuple tout entier les tenait en hau estime.

14 Un nombre toujours croissant d'hommes et de femm croyaient au Seigneur et se joignaient à eux. 15 On alla jusqu'à porter les malades dans les rues, où on les dépos sur des lits ou des civières, pour qu'au passage de Pier son ombre au moins couvre l'un d'eux. 16 Des villes voi ines même, les gens accouraient en foule à Jérusalem po amener des malades et des personnes tourmentées par mauvais esprits. Et tous étaient guéris.

17 Alors, poussés par la jalousie, le grand-prêtre et to son entourage, c'est-à-dire ceux qui appartenaient au par des sadducéens, décidèrent d'intervenir. 18 Ils firent arrêt les apôtres et les firent incarcérer dans la prison publiqu

19 Mais, pendant la nuit, un ange du Seigneur vint ouvr les portes de la prison et, après avoir fait sortir les apôtre il leur dit : 20 Allez au Temple et là, proclamez au peup tout le message de la vie nouvelle.

21 Les apôtres obéirent : dès l'aube, ils se rendire dans la cour du Temple et se mirent à enseigner. De so côté, le grand-prêtre arriva avec son entourage, et i convoquèrent le Grand-Conseil et toute l'assemblée de responsables du peuple d'Israël. Ils ordonnèrent d'alle chercher les apôtres à la prison et de les amener.

22 Les gardes s'y rendirent, mais ils ne les trouvère pas dans le cachot. A leur retour, ils firent leur rappor 23 Nous avons trouvé la prison soigneusement fermée, l sentinelles étaient à leur poste devant les portes, ma quand nous avons ouvert le cachot, nous n'y avons trouv personne.

24 Cette nouvelle plongea le chef de la police du Temp et les chefs des prêtres dans une grande perplexité : ils s demandaient ce qui avait bien pu se passer.

[d] **5.6** Chez les Juifs les morts étaient enveloppés dans un linceul et déposés ainsi dans la tombe.

[e] **5.11** Autre traduction : *l'assemblée :* il est possible que le terme grec *ekklèsia* soit employé ici en son sens courant.

25Then someone came and said, "Look! The men you
t in jail are standing in the temple courts teaching
e people." 26At that, the captain went with his offi-
rs and brought the apostles. They did not use force,
cause they feared that the people would stone them.
27The apostles were brought in and made to appear
fore the Sanhedrin to be questioned by the high
iest. 28"We gave you strict orders not to teach in
is name," he said. "Yet you have filled Jerusalem
th your teaching and are determined to make us
ilty of this man's blood."

29Peter and the other apostles replied: "We must
ey God rather than human beings! 30The God of
r ancestors raised Jesus from the dead – whom you
lled by hanging him on a cross. 31God exalted him to
s own right hand as Prince and Savior that he might
ing Israel to repentance and forgive their sins. 32We
e witnesses of these things, and so is the Holy Spirit,
nom God has given to those who obey him."

33When they heard this, they were furious and
anted to put them to death. 34But a Pharisee named
amaliel, a teacher of the law, who was honored by
the people, stood up in the Sanhedrin and ordered
at the men be put outside for a little while. 35Then
addressed the Sanhedrin: "Men of Israel, consider
refully what you intend to do to these men. 36Some
ne ago Theudas appeared, claiming to be somebody,
d about four hundred men rallied to him. He was
lled, all his followers were dispersed, and it all came
nothing. 37After him, Judas the Galilean appeared
the days of the census and led a band of people in
volt. He too was killed, and all his followers were
attered. 38Therefore, in the present case I advise
u: Leave these men alone! Let them go! For if their
irpose or activity is of human origin, it will fail.
But if it is from God, you will not be able to stop
ese men; you will only find yourselves fighting
gainst God."
40His speech persuaded them. They called the apos-
es in and had them flogged. Then they ordered them
ot to speak in the name of Jesus, and let them go.

41The apostles left the Sanhedrin, rejoicing because
ney had been counted worthy of suffering disgrace
r the Name. 42Day after day, in the temple courts
nd from house to house, they never stopped teach-
ig and proclaiming the good news that Jesus is the
lessiah.

he Choosing of the Seven

6 1In those days when the number of disciples was
increasing, the Hellenistic Jews[j] among them

5:1 That is, Jews who had adopted the Greek language and culture

25Là-dessus, quelqu'un vint leur annoncer : Les hommes
que vous avez fait mettre en prison se tiennent dans la
cour du Temple et ils enseignent le peuple[f].
26Aussitôt, le chef de la police du Temple s'y rendit avec
un détachement de gardes et ils ramenèrent les apôtres,
mais avec ménagements, car ils avaient peur de se faire
lapider par le peuple. 27Après les avoir ramenés, ils les
introduisirent dans la salle du Grand-Conseil.
Le grand-prêtre leur dit : 28Nous vous avions formellement interdit d'enseigner au nom de cet homme. Et voilà
que vous avez rempli Jérusalem de votre enseignement,
et vous voulez nous rendre responsables de la mort de
cet homme.
29Mais Pierre et les apôtres répondirent : Il faut obéir à
Dieu plutôt qu'aux hommes. 30Le Dieu de nos ancêtres a
ressuscité ce Jésus que vous avez mis à mort en le clouant
sur le bois. 31Et c'est lui que Dieu a élevé pour siéger à sa
droite, comme Chef suprême et Sauveur, pour accorder
à Israël la grâce de changer et de recevoir le pardon de
ses péchés. 32Et nous, nous sommes les témoins de ces
événements, avec le Saint-Esprit que Dieu a donné à ceux
qui lui obéissent.
33Ces paroles ne firent qu'exaspérer les membres du
Grand-Conseil et ils voulaient faire mourir les apôtres.
34Mais l'un d'entre eux, un pharisien nommé Gamaliel[g],
se leva pour donner son avis. C'était un éminent enseignant de la Loi, estimé de tout le peuple. Il demanda
que l'on fasse sortir un instant les apôtres, 35puis il dit :
Israélites, faites bien attention à ce que vous allez faire
avec ces hommes. 36Rappelez-vous : il y a quelque temps,
on a vu paraître un certain Theudas qui se donnait pour
un personnage important. Il a entraîné quelque quatre
cents hommes à sa suite. Or, il a été tué, et tous ceux qui
s'étaient ralliés à lui furent dispersés et l'on n'en entendit
plus parler. 37Après lui, à l'époque du recensement, Judas
de Galilée a fait son apparition. Lui aussi a attiré à lui bien
des gens. Il a péri à son tour et tous ses partisans furent
mis en déroute.
38A présent donc, voici mon avis : Ne vous occupez plus
de ces hommes et laissez-les partir. De deux choses l'une :
ou bien leur projet et leur œuvre viennent des hommes
et, dans ce cas, leur mouvement disparaîtra. 39Ou bien, il
vient de Dieu, et alors, vous ne pourrez pas le détruire. Ne
prenez pas le risque de lutter contre Dieu.
Le Conseil se rangea à son avis : 40ils rappelèrent les
apôtres, les firent battre, et leur défendirent de parler au
nom de Jésus. Après quoi, ils les relâchèrent.
41Les apôtres quittèrent la salle du Conseil tout joyeux
de ce que Dieu les ait jugés dignes de souffrir l'humiliation
pour Jésus. 42Et chaque jour, dans la cour du Temple ou
dans les maisons particulières, ils continuaient à enseigner
et à annoncer le Messie Jésus.

L'élection des Sept

6 1A cette époque-là, comme le nombre des disciples ne
cessait d'augmenter, des tensions surgirent entre les
disciples juifs de culture grecque et ceux qui étaient nés en

f 5.25 A l'époque, les séances du Grand-Conseil n'avaient plus lieu au Temple mais dans la ville.

g 5.34 *Gamaliel* était l'un des plus célèbres rabbins (« maîtres ») de l'époque. Membre du Grand-Conseil, il avait un millier de disciples, dont le futur apôtre Paul (Ac 22.3).

complained against the Hebraic Jews because their
widows were being overlooked in the daily distribution of food. 2 So the Twelve gathered all the disciples
together and said, "It would not be right for us to
neglect the ministry of the word of God in order to
wait on tables. 3 Brothers and sisters, choose seven
men from among you who are known to be full of the
Spirit and wisdom. We will turn this responsibility
over to them 4 and will give our attention to prayer
and the ministry of the word."
5 This proposal pleased the whole group. They chose
Stephen, a man full of faith and of the Holy Spirit;
also Philip, Procorus, Nicanor, Timon, Parmenas, and
Nicolas from Antioch, a convert to Judaism. 6 They
presented these men to the apostles, who prayed and
laid their hands on them.
7 So the word of God spread. The number of disciples
in Jerusalem increased rapidly, and a large number of
priests became obedient to the faith.

Stephen Seized

8 Now Stephen, a man full of God's grace and power,
performed great wonders and signs among the people. 9 Opposition arose, however, from members of the
Synagogue of the Freedmen (as it was called) – Jews
of Cyrene and Alexandria as well as the provinces of
Cilicia and Asia – who began to argue with Stephen.
10 But they could not stand up against the wisdom the
Spirit gave him as he spoke.
11 Then they secretly persuaded some men to say,
"We have heard Stephen speak blasphemous words
against Moses and against God."
12 So they stirred up the people and the elders and
the teachers of the law. They seized Stephen and
brought him before the Sanhedrin. 13 They produced
false witnesses, who testified, "This fellow never
stops speaking against this holy place and against
the law. 14 For we have heard him say that this Jesus
of Nazareth will destroy this place and change the
customs Moses handed down to us."
15 All who were sitting in the Sanhedrin looked intently at Stephen, and they saw that his face was like
the face of an angel.

Stephen's Speech to the Sanhedrin

7 1 Then the high priest asked Stephen, "Are these
charges true?"
2 To this he replied: "Brothers and fathers, listen to
me! The God of glory appeared to our father Abraham
while he was still in Mesopotamia, before he lived in
Harran. 3 'Leave your country and your people,' God
said, 'and go to the land I will show you.'
4 "So he left the land of the Chaldeans and settled in
Harran. After the death of his father, God sent him to

Israël : les premiers se plaignaient de ce que leurs veuv
étaient défavorisées lors des distributions quotidienne
2 Alors les douze apôtres réunirent l'ensemble des d
ciples et leur dirent : Il ne serait pas légitime que no
arrêtions de proclamer la Parole de Dieu pour nous occ
per des distributions. 3 C'est pourquoi, frères, choisiss
parmi vous sept hommes réputés dignes de confianc
remplis du Saint-Esprit et de sagesse. Nous les chargero
de ce travail. 4 Cela nous permettra de nous consacrer à
prière et au service de l'enseignement.
5 Cette proposition convint à tous les disciples ; i
élurent Etienne, un homme plein de foi et d'Esprit Sai
ainsi que Philippe, Prochore, Nicanor, Timon, Parmén
et Nicolas[i], un non-Juif originaire d'Antioche qui s'éta
converti au judaïsme. 6 Ils les présentèrent aux apôtres q
prièrent pour eux et leur imposèrent les mains.
7 La Parole de Dieu se répandait toujours plus. Le nomb
des disciples s'accroissait beaucoup à Jérusalem. Et mên
de nombreux prêtres obéissaient à la foi.

Etienne témoin de Jésus-Christ

8 Etienne était rempli de la grâce et de la puissance d
vines et accomplissait de grands prodiges et des sign
miraculeux au milieu du peuple. 9 Alors des membres
la synagogue dite des Affranchis[j], composée de Juifs
Cyrène, d'Alexandrie, de Cilicie et de la province d'Asi
se mirent à discuter avec lui, 10 mais ils se montraient i
capables de résister à la sagesse de ses paroles, que l
donnait l'Esprit.
11 Là-dessus, ils payèrent des gens pour dire : No
l'avons entendu prononcer des paroles blasphématoir
contre Moïse et contre Dieu.
12 Ils ameutèrent ainsi le peuple, les responsables du pe
ple et les spécialistes de la Loi. Survenant à l'improviste, i
s'emparèrent d'Etienne et l'amenèrent au Grand-Conse
13 Là, ils firent comparaître de faux témoins qui déposère
contre lui :
Cet homme que voici, dirent-ils, ne cesse de discour
contre ce lieu saint et contre la Loi de Moïse. 14 En effe
nous l'avons entendu dire que ce Jésus de Nazareth détru
irait ce lieu et changerait les coutumes que Moïse nous
transmises.
15 Tous ceux qui siégeaient au Grand-Conseil avaient le
yeux fixés sur Etienne et son visage leur apparut comm
celui d'un ange.

7 1 Le grand-prêtre lui demanda : Reconnais-tu les fai
qui te sont reprochés ?
2 Etienne dit alors :
Chers frères et pères de notre peuple, écoutez-moi :
Dieu glorieux apparut jadis à notre ancêtre Abrahan
quand il vivait encore en Mésopotamie, avant de s'établi
à Harân, 3 et il lui dit : *Quitte ton pays et ta parenté, et va dar*
le pays que je t'indiquerai. 4 C'est ainsi qu'Abraham quitta l
Chaldée et vint se fixer à Harân. De là, après la mort de so

h **6.1** Selon les interprétations : *distributions quotidiennes* de nourriture o d'aide financière.

i **6.5** Tous ces noms sont grecs. L'assemblée semble avoir choisi uniquement des hommes émanant de la partie lésée.

j **6.9** La *synagogue des Affranchis* (esclaves libérés) était surtout fréquentée par des descendants de Juifs emmenés comme esclaves en 6 av. J.-C. par le général romain Pompée.

is land where you are now living. 5 He gave him no
heritance here, not even enough ground to set his
ot on. But God promised him that he and his descen-
ants after him would possess the land, even though
that time Abraham had no child. 6 God spoke to him
this way: 'For four hundred years your descendants
ill be strangers in a country not their own, and they
ill be enslaved and mistreated. 7 But I will punish the
ation they serve as slaves,' God said, 'and afterward
ey will come out of that country and worship me
this place.' 8 Then he gave Abraham the covenant
f circumcision. And Abraham became the father of
aac and circumcised him eight days after his birth.
ater Isaac became the father of Jacob, and Jacob be-
ame the father of the twelve patriarchs.

9 "Because the patriarchs were jealous of Joseph,
ey sold him as a slave into Egypt. But God was with
im 10 and rescued him from all his troubles. He gave
seph wisdom and enabled him to gain the goodwill
f Pharaoh king of Egypt. So Pharaoh made him ruler
ver Egypt and all his palace.
11 "Then a famine struck all Egypt and Canaan,
ringing great suffering, and our ancestors could not
nd food. 12 When Jacob heard that there was grain in
gypt, he sent our forefathers on their first visit. 13 On
eir second visit, Joseph told his brothers who he was,
nd Pharaoh learned about Joseph's family. 14 After
is, Joseph sent for his father Jacob and his whole
amily, seventy-five in all. 15 Then Jacob went down
Egypt, where he and our ancestors died. 16 Their
odies were brought back to Shechem and placed in
e tomb that Abraham had bought from the sons of
amor at Shechem for a certain sum of money.
17 "As the time drew near for God to fulfill his prom-
se to Abraham, the number of our people in Egypt
ad greatly increased. 18 Then 'a new king, to whom
seph meant nothing, came to power in Egypt.' 19 He
ealt treacherously with our people and oppressed our
ncestors by forcing them to throw out their newborn
abies so that they would die.

20 "At that time Moses was born, and he was no or-
inary child.[k] For three months he was cared for by
is family. 21 When he was placed outside, Pharaoh's
aughter took him and brought him up as her own
on. 22 Moses was educated in all the wisdom of the
gyptians and was powerful in speech and action.

23 "When Moses was forty years old, he decided to
isit his own people, the Israelites. 24 He saw one of
hem being mistreated by an Egyptian, so he went to
is defense and avenged him by killing the Egyptian.
5 Moses thought that his own people would realize
hat God was using him to rescue them, but they did
ot. 26 The next day Moses came upon two Israelites
who were fighting. He tried to reconcile them by say-

7:20 Or *was fair in the sight of God*

père, Dieu le fit venir dans le pays où vous habitez actuellement. 5 Pourtant, il ne lui donna ici aucune propriété,
pas même un mètre carré de terre. Mais il lui promit de lui
donner le pays tout entier, à lui et à ses descendants après
lui, alors qu'à cette époque il n'avait pas encore d'enfant
6 Et Dieu lui parla ainsi :
Tes descendants séjourneront dans une terre étrangère, ils y
seront réduits en esclavage et on les maltraitera pendant quatre
cents ans. 7 Mais, ajouta Dieu, *j'exécuterai mon jugement*
contre la nation qui en aura fait ses esclaves. Après cela, ils
quitteront le pays étranger et viendront ici même, dans ce
pays, pour me rendre un culte.
8 Puis Dieu conclut son alliance avec Abraham et lui en
donna pour signe la circoncision. Ainsi il eut pour fils Isaac
et le circoncit huit jours après sa naissance. Isaac fit de
même pour son fils Jacob, et celui-ci, à son tour, pour ses
fils, les douze ancêtres de nos tribus[k].
9 Or, les fils de Jacob, poussés par la jalousie, vendirent
leur frère Joseph, pour qu'il fût emmené comme esclave
en Egypte. Mais Dieu était avec lui. 10 Il le délivra de toutes
ses épreuves et, dans sa grâce, il lui donna la sagesse nécessaire devant le pharaon, roi d'Egypte, si bien qu'il fut
nommé gouverneur du pays et de toute la maison royale.
11 Alors survint une grande famine dans toute l'Egypte et
en Canaan. Ce fut un temps de grande misère. Nos ancêtres
ne trouvaient plus de quoi manger.
12 Quand Jacob apprit qu'il y avait du blé en Egypte, il y
envoya une première fois ses fils, nos ancêtres. 13 Lors de
leur second voyage en Egypte, Joseph se fit reconnaître
par ses frères, et le pharaon apprit quelle était l'origine
de Joseph. 14 Puis Joseph envoya chercher son père Jacob
et toute sa parenté qui comprenait soixante-quinze personnes. 15 Jacob descendit en Egypte ; il y finit ses jours,
de même que nos ancêtres. 16 Leurs corps furent ramenés
à Sichem, et déposés dans le tombeau qu'Abraham avait
acheté pour une certaine somme d'argent aux fils d'Hamor
à Sichem. 17 Le moment approchait où Dieu allait accomplir la promesse qu'il avait faite à Abraham : notre peuple
s'était multiplié et les Israélites étaient devenus de plus en
plus nombreux en Egypte. 18 C'est alors qu'un nouveau roi,
qui n'avait pas connu Joseph, monta sur le trône d'Egypte
19 Il exploita notre peuple de manière perfide et opprima
nos ancêtres, jusqu'à les obliger à abandonner leurs nouveau-nés pour qu'ils ne survivent pas.
20 A cette époque naquit Moïse, qui avait la faveur de
Dieu[l]. Pendant trois mois, il fut élevé dans la maison de
son père. 21 Lorsque finalement ses parents durent l'abandonner, il fut recueilli par la fille du pharaon qui l'éleva
comme son propre fils. 22 C'est ainsi que Moïse fut instruit dans toute la science des Egyptiens et qu'il devint un
homme dont la parole et les actions avaient des effets
remarquables.
23 A l'âge de quarante ans, il voulut venir en aide à ses
frères, les Israélites. 24 Voyant que l'on maltraitait l'un
d'eux, il prit sa défense, et, pour le venger, tua l'Egyptien
qui le maltraitait. 25 Il pensait que ses frères comprend-
raient que Dieu voulait se servir de lui pour les libérer.
Mais ils ne le comprirent pas.
26 Le lendemain, il vit deux d'entre eux se battre. Il s'in-
terposa et essaya de réconcilier les adversaires.

k 7.8 Voir note 2.29.
l 7.20 Autre traduction : *qui était extrêmement beau.*

ing, ‘Men, you are brothers; why do you want to hurt
each other?’
27“But the man who was mistreating the other
pushed Moses aside and said, ‘Who made you ruler
and judge over us? 28 Are you thinking of killing me
as you killed the Egyptian yesterday?’ 29 When Moses
heard this, he fled to Midian, where he settled as a
foreigner and had two sons.
30“After forty years had passed, an angel appeared
to Moses in the flames of a burning bush in the desert
near Mount Sinai. 31 When he saw this, he was amazed
at the sight. As he went over to get a closer look, he
heard the Lord say: 32‘I am the God of your fathers,
the God of Abraham, Isaac and Jacob.’ Moses trembled
with fear and did not dare to look.
33“Then the Lord said to him, ‘Take off your sandals,
for the place where you are standing is holy ground.
34 I have indeed seen the oppression of my people in
Egypt. I have heard their groaning and have come
down to set them free. Now come, I will send you back
to Egypt.’
35“This is the same Moses they had rejected with
the words, ‘Who made you ruler and judge?’ He was
sent to be their ruler and deliverer by God himself,
through the angel who appeared to him in the bush.
36 He led them out of Egypt and performed wonders
and signs in Egypt, at the Red Sea and for forty years
in the wilderness.
37“This is the Moses who told the Israelites, ‘God
will raise up for you a prophet like me from your own
people.’ 38 He was in the assembly in the wilderness,
with the angel who spoke to him on Mount Sinai, and
with our ancestors; and he received living words to
pass on to us.
39“But our ancestors refused to obey him. Instead,
they rejected him and in their hearts turned back to
Egypt. 40 They told Aaron, ‘Make us gods who will go
before us. As for this fellow Moses who led us out of
Egypt – we don’t know what has happened to him!’
41 That was the time they made an idol in the form
of a calf. They brought sacrifices to it and reveled in
what their own hands had made. 42 But God turned
away from them and gave them over to the worship
of the sun, moon and stars. This agrees with what is
written in the book of the prophets:

“ ‘Did you bring me sacrifices and offerings
forty years in the wilderness, people of
Israel?
43 You have taken up the tabernacle of Molek
and the star of your god Rephan,
the idols you made to worship.
Therefore I will send you into exile’[l] beyond
Babylon.

44“Our ancestors had the tabernacle of the covenant
law with them in the wilderness. It had been made as
God directed Moses, according to the pattern he had
seen. 45 After receiving the tabernacle, our ancestors

[l] 7:43 Amos 5:25-27 (see Septuagint)

– Mes amis, leur dit-il, vous êtes des frères ! Pourquc
alors, vous faites-vous du mal ?
27 Mais celui qui maltraitait son compagnon le repous
en disant : *Qui t’a établi chef et juge sur nous ?* 28 *Voudrais-*
par hasard aussi me tuer, comme tu as tué hier l’Egyptien?
29 Quand Moïse entendit cela, il prit la fuite et alla viv
dans le pays de Madian où il eut deux fils.
30 Quarante années plus tard, un ange lui apparut dans
désert du mont Sinaï, au milieu de la flamme d’un buissc
en feu 31 Saisi d’étonnement à cette vision, Moïse s’appr
chait pour le considérer de plus près, quand la voix d
Seigneur se fit entendre : 32 *Je suis le Dieu de tes ancêtres,*
Dieu d’Abraham, d’Isaac et de Jacob.
Tout tremblant, Moïse n’osait pas lever les yeux. 33 L
Seigneur lui dit :
Ote tes sandales, car le lieu où tu te tiens est un lieu sain
34 *J’ai vu la souffrance de mon peuple en Egypte. J’ai entenc*
ses gémissements et je suis descendu pour le délivrer. Et mai
tenant, viens : je t’envoie en Egypte.
35 Ainsi ce Moïse que ses frères avaient repoussé en l
disant : *Qui t’a établi chef et juge sur nous?*, c’est lui que Die
a envoyé comme chef et libérateur du peuple avec l’aide c
l’ange qui lui était apparu dans le buisson. 36 C’est lui qu
les fit sortir d’Egypte en accomplissant des prodiges et de
signes miraculeux dans ce pays, puis lors de la traversé
de la mer Rouge[m] et, pendant quarante ans, dans le déser
37 Ce fut encore lui qui dit aux Israélites : *Dieu susciter*
pour vous, du milieu de vos compatriotes, un prophète qui ser
comme moi.
38 Lorsque le peuple était rassemblé au désert, c’es
encore lui qui servit d’intermédiaire entre l’ange qui lu
parlait sur le mont Sinaï et nos ancêtres. Il reçut de Die
des paroles de vie pour nous les transmettre.
39 Nos ancêtres refusèrent de lui obéir. Bien plus : il
le repoussèrent et se laissèrent gagner par le désir d
retourner en Egypte. 40 Ils vinrent demander à Aaron
Fais-nous des dieux qui marchent à notre tête, car ce Moïse qu
nous a fait sortir d’Egypte, nous ne savons pas ce qui lui est arriv
41 Ils façonnèrent alors un veau, ils offrirent un sacrific
à cette idole, et ils célébrèrent de joyeuses fêtes en l’hor
neur de ce qu’ils avaient fabriqué de leurs mains.
42 Dieu se détourna d’eux et les abandonna à l’idolâtri
et au culte des astres du ciel. C’est bien ce qui est écrit dan
le livre des prophètes :

Est-ce à moi que vous avez présenté des sacrifices et des
offrandes,
pendant les quarante ans de votre séjour au désert, vous,
peuple d’Israël ?
43 *Non, vous avez porté la tente de Molok*[n]
et l’astre de votre dieu Rompha,
idoles que vous avez fabriquées pour vous prosterner
devant elles.
C’est pourquoi je vous déporterai au-delà de Babylone[o].

44 Au désert, nos ancêtres avaient avec eux la tente qu
contenait le traité de l’alliance et que Dieu avait ordon
né à Moïse de construire d’après le modèle qu’il lui avai
montré. 45 Cette tente a été confiée à la génération suivant

[m] **7.36** Expression traduite du grec, désignant la mer des Roseaux.
[n] **7.43** *Molok:* divinité adorée par les Ammonites. *Rompha:* ancienne divin
ité païenne représentant la planète Saturne.
[o] **7.43** Am 5.25-27 cité selon l’ancienne version grecque.

nder Joshua brought it with them when they took the
ınd from the nations God drove out before them. It
emained in the land until the time of David, [46]who
njoyed God's favor and asked that he might provide
dwelling place for the God of Jacob.[m] [47]But it was
olomon who built a house for him.
[48]"However, the Most High does not live in houses
ıade by human hands. As the prophet says:

[49] " 'Heaven is my throne,
and the earth is my footstool.
What kind of house will you build for me?
says the Lord.
Or where will my resting place be?
[50] Has not my hand made all these things?'

[51]"You stiff-necked people! Your hearts and ears are
till uncircumcised. You are just like your ancestors:
'ou always resist the Holy Spirit! [52]Was there ever
prophet your ancestors did not persecute? They
ven killed those who predicted the coming of the
ighteous One. And now you have betrayed and mur-
ered him – [53]you who have received the law that was
iven through angels but have not obeyed it."

'he Stoning of Stephen

[54]When the members of the Sanhedrin heard this,
hey were furious and gnashed their teeth at him.
[5]But Stephen, full of the Holy Spirit, looked up to
ıeaven and saw the glory of God, and Jesus stand-
ng at the right hand of God. [56]"Look," he said, "I see
ıeaven open and the Son of Man standing at the right
ıand of God."
[57]At this they covered their ears and, yelling
ıt the top of their voices, they all rushed at him,
[8]dragged him out of the city and began to stone him.
Meanwhile, the witnesses laid their coats at the feet
of a young man named Saul.
[59]While they were stoning him, Stephen prayed,
'Lord Jesus, receive my spirit." [60]Then he fell on his
knees and cried out, "Lord, do not hold this sin against
hem." When he had said this, he fell asleep.

8 [1]And Saul approved of their killing him.

The Church Persecuted and Scattered

On that day a great persecution broke out against
the church in Jerusalem, and all except the apostles
were scattered throughout Judea and Samaria. [2]Godly
men buried Stephen and mourned deeply for him.
[3]But Saul began to destroy the church. Going from
house to house, he dragged off both men and women
and put them in prison.

m 7:46 Some early manuscripts *the house of Jacob*

de nos ancêtres. Ils l'emmenèrent avec eux quand ils conquirent, sous la conduite de Josué, le pays où se trouvaient
les peuplades que Dieu chassa devant eux. Elle y demeura
jusqu'au temps de David.
[46]Celui-ci obtint la faveur de Dieu et demanda de pouvoir donner une demeure au Dieu de Jacob. [47]Mais ce fut
Salomon qui bâtit le Temple. [48]Cependant, le Dieu très-haut
n'habite pas dans des édifices construits par des mains
humaines. C'est ce que dit le prophète :

[49] *Mon trône, c'est le ciel,*
et mon marchepied, c'est la terre.
Quelle est donc la maison que vous me bâtirez, dit le
Seigneur,
quelle demeure pour mon lieu de repos ?
[50] *Toutes ces choses, n'est-ce pas moi qui les ai faites?*

[51]O vous hommes obstinés qui, comme de véritables
incirconcis, gardez votre cœur et vos oreilles fermés, vous
résistez toujours à l'Esprit Saint ! [52]Vous ressemblez bien
à vos ancêtres ! Y a-t-il un seul prophète que vos ancêtres
n'aient pas persécuté ? Ils ont tué ceux qui annonçaient
la venue du seul Juste. Et vous, maintenant, vous l'avez
trahi et assassiné ! [53]Oui, vous avez bien reçu la Loi de
Dieu par l'intermédiaire des anges, mais vous ne l'avez
jamais observée ...

L'exécution d'Etienne

[54]A ces mots, ceux qui siégeaient au Grand-Conseil
devinrent fous de rage : ils grinçaient des dents contre
Etienne. [55]Mais lui, rempli du Saint-Esprit, leva les yeux
au ciel et vit la gloire de Dieu, et Jésus debout à la droite
de Dieu. Alors, il s'écria : [56]Ecoutez : je vois le ciel ouvert
et le Fils de l'homme debout à la droite de Dieu.
[57]A ces mots, ils se mirent à vociférer et à se boucher
les oreilles. D'un même élan, ils se ruèrent sur lui, [58]le
traînèrent hors de la ville et le lapidèrent. Les témoins
avaient déposé leurs vêtements aux pieds d'un jeune homme nommé Saul.
[59]Pendant qu'ils jetaient des pierres sur lui, Etienne
priait ainsi : Seigneur Jésus, reçois mon esprit !
[60]Puis il tomba à genoux et, de toutes ses forces, lança
un dernier cri : Seigneur, ne leur demande pas compte
de ce péché !
Après avoir dit ces mots, il expira.

TÉMOINS EN JUDÉE ET EN SAMARIE

Persécution et dispersion des croyants

8 [1]Saul avait donné son approbation à l'exécution d'Etienne. A partir de ce jour-là, une violente persécution
se déchaîna contre l'Eglise qui était à Jérusalem ; tous les
croyants se dispersèrent à travers la Judée et la Samarie,
à l'exception des apôtres. [2]Quelques hommes pieux enterrèrent Etienne et le pleurèrent beaucoup. [3]Quant à Saul, il
cherchait à détruire l'Eglise, allant de maison en maison
pour en arracher les croyants, hommes et femmes, et les
jeter en prison.

Philip in Samaria

4Those who had been scattered preached the word
wherever they went. 5Philip went down to a city in
Samaria and proclaimed the Messiah there. 6When the
crowds heard Philip and saw the signs he performed,
they all paid close attention to what he said. 7For with
shrieks, impure spirits came out of many, and many
who were paralyzed or lame were healed. 8So there
was great joy in that city.

Simon the Sorcerer

9Now for some time a man named Simon had practiced sorcery in the city and amazed all the people
of Samaria. He boasted that he was someone great,
10and all the people, both high and low, gave him their
attention and exclaimed, "This man is rightly called
the Great Power of God." 11They followed him because
he had amazed them for a long time with his sorcery.
12But when they believed Philip as he proclaimed the
good news of the kingdom of God and the name of
Jesus Christ, they were baptized, both men and wom-
en. 13Simon himself believed and was baptized. And he
followed Philip everywhere, astonished by the great
signs and miracles he saw.

14When the apostles in Jerusalem heard that
Samaria had accepted the word of God, they sent
Peter and John to Samaria. 15When they arrived, they
prayed for the new believers there that they might
receive the Holy Spirit, 16because the Holy Spirit had
not yet come on any of them; they had simply been
baptized in the name of the Lord Jesus. 17Then Peter
and John placed their hands on them, and they received the Holy Spirit.

18When Simon saw that the Spirit was given at the
laying on of the apostles' hands, he offered them
money 19and said, "Give me also this ability so that
everyone on whom I lay my hands may receive the
Holy Spirit."

20Peter answered: "May your money perish with
you, because you thought you could buy the gift of
God with money! 21You have no part or share in this
ministry, because your heart is not right before God.
22Repent of this wickedness and pray to the Lord in
the hope that he may forgive you for having such a
thought in your heart. 23For I see that you are full of
bitterness and captive to sin."

24Then Simon answered, "Pray to the Lord for me
so that nothing you have said may happen to me."

25After they had further proclaimed the word of
the Lord and testified about Jesus, Peter and John returned to Jerusalem, preaching the gospel in many
Samaritan villages.

La prédication de Philippe et le don de l'Esprit en Samarie

4Les croyants qui s'étaient dispersés parcouraient l
pays, en proclamant le message de l'Evangile. 5Philippe s
rendit dans la capitale[p] de la Samarie et prêcha le Messie
la population. 6Elle se montra tout entière très attentive
ses paroles en l'entendant et en voyant les signes miracu
leux qu'il accomplissait. 7En effet, beaucoup de personne
qui avaient des démons en elles en furent délivrées ; il
sortaient d'elles en poussant de grands cris, et de nom
breux paralysés et des infirmes furent guéris. 8Aussi, tout
la ville était-elle dans une grande joie.

9Or, depuis quelque temps, un homme nommé Simo
s'était établi dans la ville et y exerçait la magie. Il émervei
lait le peuple de Samarie et prétendait être un gran
personnage. 10Toute la population, du plus petit jusqu'a
plus grand, lui accordait donc une grande attention.

– Cet homme, disaient-ils, est la puissance même d
Dieu, celle qu'on appelle la « Grande Puissance ».

11S'ils s'attachaient ainsi à lui, c'était parce que, depui
assez longtemps, il les étonnait par ses actes de magie.

12Mais quand ils crurent Philippe qui leur annonçai
ce qui concerne le royaume de Dieu et Jésus-Christ, ils s
firent baptiser, tant les hommes que les femmes. 13Simo
lui-même crut et fut baptisé. Dès lors, il ne quittait plu
Philippe, émerveillé par les signes miraculeux et les prodi
ges extraordinaires qui s'accomplissaient sous ses yeux.

14Quand les apôtres, restés à Jérusalem, apprirent qu
les Samaritains avaient accepté la Parole de Dieu, il
déléguèrent auprès d'eux Pierre et Jean. 15Dès leur arrivée
ceux-ci prièrent pour les nouveaux disciples afin qu'il
reçoivent le Saint-Esprit. 16En effet, il n'était encore de
scendu sur aucun d'eux : ils avaient seulement été baptisé
au nom du Seigneur Jésus. 17Pierre et Jean leur imposèren
donc les mains et ils reçurent l'Esprit Saint.

18Simon vit que l'Esprit Saint était donné aux croyant
quand les apôtres leur imposaient les mains. Alors il leu
proposa de l'argent 19et leur dit : Donnez-moi aussi ce pouvoir pour que ceux à qui j'imposerai les mains reçoiven
l'Esprit Saint.

20Mais Pierre lui répondit : Que ton argent périsse, e
toi avec lui, puisque tu t'es imaginé qu'on pouvait se procurer le don de Dieu avec de l'argent ! 21Tu n'as ni par
ni droit dans cette affaire, car ton cœur n'est pas droi
devant Dieu. 22Détourne-toi donc du mal qui est en toi
et demande au Seigneur de te pardonner, s'il est possible
d'avoir eu de telles intentions dans ton cœur. 23Car, à ce
que je vois, tu es rempli d'amertume et de méchanceté e
tu es captif du mal.

24Alors Simon demanda à Pierre et Jean : Priez vous-
mêmes le Seigneur pour moi : qu'il ne m'arrive rien de ce
que vous avez dit.

25Pierre et Jean continuèrent à rendre témoignage à
Jésus-Christ en annonçant la Parole du Seigneur, puis ils
retournèrent à Jérusalem, tout en annonçant l'Evangile
dans un grand nombre de villages samaritains.

---

p **8.5** Plusieurs manuscrits ont : *une ville.*

ıilip and the Ethiopian

[26]Now an angel of the Lord said to Philip, "Go south
the road – the desert road – that goes down from
rusalem to Gaza." [27]So he started out, and on his way
: met an Ethiopian[n] eunuch, an important official
charge of all the treasury of the Kandake, queen
' the Ethiopians. This man had gone to Jerusalem
worship, [28]and on his way home was sitting in his
ariot reading the Book of Isaiah the prophet. [29]The
irit told Philip, "Go to that chariot and stay near it."

[30]Then Philip ran up to the chariot and heard the
an reading Isaiah the prophet. "Do you understand
hat you are reading?" Philip asked.
[31]"How can I," he said, "unless someone explains it
me?" So he invited Philip to come up and sit with
m.
[32]This is the passage of Scripture the eunuch was
ading:

"He was led like a sheep to the slaughter,
and as a lamb before its shearer is silent,
so he did not open his mouth.
[33] In his humiliation he was deprived of justice.
Who can speak of his descendants?
For his life was taken from the earth."[o]

[34]The eunuch asked Philip, "Tell me, please, who
the prophet talking about, himself or someone
se?" [35]Then Philip began with that very passage of
:ripture and told him the good news about Jesus.

[36]As they traveled along the road, they came to
me water and the eunuch said, "Look, here is wa-
r. What can stand in the way of my being baptized?"
[37][p] [38]And he gave orders to stop the chariot. Then
oth Philip and the eunuch went down into the water
ıd Philip baptized him. [39]When they came up out of
e water, the Spirit of the Lord suddenly took Philip
vay, and the eunuch did not see him again, but went
ı his way rejoicing. [40]Philip, however, appeared at
zotus and traveled about, preaching the gospel in
l the towns until he reached Caesarea.

:27 That is, from the southern Nile region
:33 Isaiah 53:7,8 (see Septuagint)
:37 Some manuscripts include here *Philip said, "If you believe with your heart, you may." The eunuch answered, "I believe that Jesus Christ the Son of God."*

Philippe et le dignitaire éthiopien

[26]Un ange du Seigneur s'adressa à Philippe et lui dit :
Lève-toi, pars en direction du sud[q], prends la route qui
descend de Jérusalem à Gaza, celle qui est déserte[r].
[27]Il se leva immédiatement et se mit en route. Et voici
qu'il rencontra un haut dignitaire[s] éthiopien, administrateur des biens de Candace[t], reine d'Ethiopie. Cet homme
était venu à Jérusalem pour adorer Dieu. [28]Il était sur le
chemin du retour, et, assis dans son char, il lisait à haute
voix un passage du prophète Esaïe.
[29]L'Esprit dit à Philippe : Avance jusqu'à ce char et
marche à côté de lui.
[30]Philippe courut et entendit l'Ethiopien lire dans le
livre du prophète Esaïe. Alors il lui demanda : Comprends-
tu ce que tu lis ?
[31]– Comment le pourrais-je, répondit-il, si je n'ai personne pour me l'expliquer ?
Et il invita Philippe à monter s'asseoir à côté de lui.
[32]Or, il était en train de lire ce passage de l'Ecriture :

Semblable à un mouton mené à l'abattoir,
comme un agneau muet devant ceux qui le tondent,
il n'a pas dit un mot.

[33] *Il a été humilié et n'a pas obtenu justice.*
Qui racontera sa descendance ?
Car sa vie sur la terre a été supprimée[u].

[34]L'Ethiopien demanda à Philippe : Explique-moi, s'il
te plaît : de qui est-il question ? Est-ce de lui-même que le
prophète parle, ou de quelqu'un d'autre ?
[35]Alors Philippe prit la parole et, partant de ce texte,
lui annonça ce qui concerne Jésus.
[36]En continuant leur route, ils arrivèrent près d'un point
d'eau. Alors, le dignitaire s'écria : Voici de l'eau ; qu'est-ce
qui empêche que je sois baptisé ?
[[37]– Si tu crois de tout ton cœur, tu peux être baptisé.
– Oui, répondit le dignitaire, je crois que Jésus-Christ
est le Fils de Dieu[v].]
[38]Aussitôt, il donna l'ordre d'arrêter le char ; Philippe
et le dignitaire descendirent tous deux dans l'eau et
Philippe le baptisa. [39]Quand ils sortirent de l'eau, l'Esprit
du Seigneur enleva Philippe, et le dignitaire ne le vit plus.
Celui-ci poursuivit sa route, le cœur rempli de joie.
[40]Philippe se retrouva à Ashdod[w], d'où il se rendit à
Césarée en annonçant l'Evangile dans toutes les localités
qu'il traversait.

q **8.26** Autre traduction : *vers midi.*
r **8.26** *déserte,* ou « qui traverse une région déserte ». Il existait deux villes portant le nom de Gaza. « Gaza l'ancienne » avait été ravagée et changée en désert en 96 avant Jésus-Christ. D'où le nom de Gaza-la-déserte qui lui est resté même après sa reconstruction. Deux routes menaient à Gaza, l'une longeait la mer, l'autre, beaucoup moins fréquentée, passait par des régions peu habitées. C'est sans doute cette route que Philippe devait prendre.
s **8.27** Un *haut dignitaire,* en grec : *un eunuque.* Les hommes au service d'une reine étaient souvent castrés. Ce terme s'est appliqué par la suite aux différents dignitaires du palais royal. Aux temps bibliques, le nom Ethiopie désignait la Nubie, dans l'actuel Soudan, à quelque 800 kilomètres au sud de l'Egypte. Il existait quelques colonies juives dans ce pays. Ainsi ce haut dignitaire a pu apprendre à connaître leur religion.
t **8.27** *Candace:* nom générique des reines d'Ethiopie (comme Pharaon était celui des rois d'Egypte).
u **8.33** Es 53.7-8 cité selon l'ancienne version grecque.
v **8.37** Le verset 37 est absent de plusieurs manuscrits.
w **8.40** *Ashdod:* nom de l'une des capitales de l'ancienne Philistie.

Saul's Conversion

9 1 Meanwhile, Saul was still breathing out mur-
derous threats against the Lord's disciples. He
went to the high priest 2 and asked him for letters
to the synagogues in Damascus, so that if he found
any there who belonged to the Way, whether men or
women, he might take them as prisoners to Jerusalem.
3 As he neared Damascus on his journey, suddenly a
light from heaven flashed around him. 4 He fell to the
ground and heard a voice say to him, "Saul, Saul, why
do you persecute me?"
5 "Who are you, Lord?" Saul asked.
"I am Jesus, whom you are persecuting," he replied.
6 "Now get up and go into the city, and you will be told
what you must do."

7 The men traveling with Saul stood there speechless; they heard the sound but did not see anyone.
8 Saul got up from the ground, but when he opened
his eyes he could see nothing. So they led him by the
hand into Damascus. 9 For three days he was blind,
and did not eat or drink anything.

10 In Damascus there was a disciple named Ananias.
The Lord called to him in a vision, "Ananias!"
"Yes, Lord," he answered.
11 The Lord told him, "Go to the house of Judas on
Straight Street and ask for a man from Tarsus named
Saul, for he is praying. 12 In a vision he has seen a man
named Ananias come and place his hands on him to
restore his sight."

13 "Lord," Ananias answered, "I have heard many
reports about this man and all the harm he has done
to your holy people in Jerusalem. 14 And he has come
here with authority from the chief priests to arrest
all who call on your name."

15 But the Lord said to Ananias, "Go! This man is
my chosen instrument to proclaim my name to the
Gentiles and their kings and to the people of Israel. 16 I
will show him how much he must suffer for my name."
17 Then Ananias went to the house and entered it.
Placing his hands on Saul, he said, "Brother Saul,
the Lord – Jesus, who appeared to you on the road
as you were coming here – has sent me so that you
may see again and be filled with the Holy Spirit."
18 Immediately, something like scales fell from Saul's
eyes, and he could see again. He got up and was baptized, 19 and after taking some food, he regained his
strength.

Saul in Damascus and Jerusalem

Saul spent several days with the disciples in
Damascus. 20 At once he began to preach in the synagogues that Jesus is the Son of God. 21 All those who

La conversion de Saul

9 1 Saul, qui ne pensait qu'à menacer et à tuer les di
ciples du Seigneur, se rendit chez le grand-prêtre 2
lui demanda des lettres de recommandation pour les sy
agogues de Damas. Ces lettres l'autorisaient, s'il trouva
là-bas des hommes ou des femmes qui suivaient la Vo
du Seigneur, à les arrêter et à les amener à Jérusalem[x].
3 Il se dirigeait donc vers Damas et approchait déjà c
cette ville quand, soudain, il fut environné d'une lu
mière éclatante qui venait du ciel. 4 Il tomba à terre
entendit une voix qui lui disait : Saul, Saul, pourquoi m
persécutes-tu ?
– Qui es-tu, Seigneur ? demanda-t-il.
La voix reprit : 5 Je suis, moi, Jésus, que tu persécute
6 Mais relève-toi, entre dans la ville, et là on te dira ce qu
tu dois faire.
7 Ses compagnons de voyage restèrent figés sur plac
muets de stupeur : ils entendaient bien la voix, mais n
voyaient personne. 8 Saul se releva de terre, mais il ava
beau ouvrir les yeux, il ne voyait plus. Il fallut le prend
par la main pour le conduire à Damas.
9 Il resta aveugle pendant trois jours, et ne mangea n
ne but.
10 Or, à Damas, vivait un disciple nommé Ananias. L
Seigneur lui apparut dans une vision et lui dit : Ananias
– Oui, Seigneur, répondit-il.
11 Et le Seigneur lui dit : Lève-toi, et va dans la rue qu
l'on appelle la rue droite et, dans la maison de Judas, de
mande à voir un nommé Saul, originaire de Tarse[y]. Ca
il prie 12 et, dans une vision, il a vu un homme du no
d'Ananias entrer dans la maison et lui imposer les mair
pour lui rendre la vue.
13 – Mais Seigneur, répliqua Ananias, j'ai beaucoup en
tendu parler de cet homme ; de plusieurs côtés, on m'a d
tout le mal qu'il a fait aux membres de ton peuple saint
Jérusalem. 14 De plus, il est venu ici muni de pouvoirs, qu
lui ont accordés les chefs des prêtres, pour arrêter tou
ceux qui te prient.
15 Mais le Seigneur lui dit : Va ! car j'ai choisi cet homm
pour me servir : il fera connaître qui je suis aux peupl
étrangers et à leurs rois, ainsi qu'aux Israélites. 16 Je l
montrerai moi-même tout ce qu'il devra souffrir pour mo
17 Ananias partit donc et, arrivé dans la maison, il imp
sa les mains à Saul et lui dit : Saul, mon frère, le Seigneu
Jésus qui t'est apparu sur le chemin par lequel tu venai
m'a envoyé pour que la vue te soit rendue et que tu so
rempli du Saint-Esprit.
18 Au même instant, ce fut comme si des écailles tom
baient des yeux de Saul et il vit de nouveau. Alors il s
leva et fut baptisé, 19 puis il mangea et reprit des forces.

Saul, témoin de Jésus-Christ

Saul passa quelques jours parmi les disciples de Dama
20 Et dans les synagogues, il se mit tout de suite à proclame
que Jésus est le Fils de Dieu.
21 Ses auditeurs n'en revenaient pas. Tous disaient
Voyons, n'est-ce pas lui qui s'acharnait, à Jérusalem, co

x 9.2 Le prétendu crime était trop grave pour être jugé par un tribunal
juif local. Seul le Grand-Conseil de Jérusalem était habilité à juger de te
cas. Les Romains admettaient l'extradition pour motif religieux.
y 9.11 *Tarse:* capitale de la Cilicie, à une quinzaine de kilomètres de la
mer.

eard him were astonished and asked, "Isn't he the
ıan who raised havoc in Jerusalem among those
'ho call on this name? And hasn't he come here to
ıke them as prisoners to the chief priests?" 22 Yet
aul grew more and more powerful and baffled the
:ws living in Damascus by proving that Jesus is the
Iessiah.
23 After many days had gone by, there was a conspir-
cy among the Jews to kill him, 24 but Saul learned of
ıeir plan. Day and night they kept close watch on the
ity gates in order to kill him. 25 But his followers took
im by night and lowered him in a basket through an
pening in the wall.
26 When he came to Jerusalem, he tried to join the
isciples, but they were all afraid of him, not believ-
ıg that he really was a disciple. 27 But Barnabas took
im and brought him to the apostles. He told them
ow Saul on his journey had seen the Lord and that
he Lord had spoken to him, and how in Damascus
e had preached fearlessly in the name of Jesus. 28 So
aul stayed with them and moved about freely in
erusalem, speaking boldly in the name of the Lord.
9 He talked and debated with the Hellenistic Jews,[q] but
hey tried to kill him. 30 When the believers learned
f this, they took him down to Caesarea and sent him
ff to Tarsus.

31 Then the church throughout Judea, Galilee and
amaria enjoyed a time of peace and was strength-
ned. Living in the fear of the Lord and encouraged
y the Holy Spirit, it increased in numbers.

Aeneas and Dorcas

32 As Peter traveled about the country, he went to
isit the Lord's people who lived in Lydda. 33 There
ıe found a man named Aeneas, who was paralyzed
nd had been bedridden for eight years. 34 "Aeneas,"
Peter said to him, "Jesus Christ heals you. Get up and
oll up your mat." Immediately Aeneas got up. 35 All
hose who lived in Lydda and Sharon saw him and
urned to the Lord.

36 In Joppa there was a disciple named Tabitha (in
Greek her name is Dorcas); she was always doing good
and helping the poor. 37 About that time she became
sick and died, and her body was washed and placed
n an upstairs room. 38 Lydda was near Joppa; so when
he disciples heard that Peter was in Lydda, they sent
wo men to him and urged him, "Please come at once!"

39 Peter went with them, and when he arrived he
was taken upstairs to the room. All the widows stood
around him, crying and showing him the robes and
other clothing that Dorcas had made while she was
still with them.
40 Peter sent them all out of the room; then he got
down on his knees and prayed. Turning toward the

[q] 9:29 That is, Jews who had adopted the Greek language and culture

tre ceux qui, dans leurs prières, invoquent ce nom-là ?
N'est-il pas venu ici exprès pour les arrêter et les ramener
aux chefs des prêtres ?
22 Mais Saul s'affermissait de jour en jour dans la foi et
les Juifs qui habitaient à Damas ne savaient plus que dire,
car il leur démontrait que Jésus est le Messie. 23 Après
un certain temps, les Juifs résolurent de le faire mourir.
24 Saul eut vent de leur complot. Jour et nuit, ils faisaient
même surveiller les portes de la ville avec l'intention de
le tuer. 25 Mais une nuit, les disciples qu'il enseignait l'emmenèrent et le firent descendre dans une corbeille le long
du rempart.

26 A son arrivée à Jérusalem, il essaya de se joindre aux
disciples. Mais tous avaient peur de lui, car ils ne croyaient
pas qu'il fût vraiment devenu un disciple. 27 Barnabas le
prit avec lui, le conduisit auprès des apôtres et leur raconta comment, sur le chemin de Damas, Saul avait vu le
Seigneur, comment le Seigneur lui avait parlé et avec quel
courage il avait prêché à Damas au nom de Jésus.
28 Dès lors, il se joignit à eux, allant et venant avec eux à
Jérusalem, et parlant ouvertement au nom du Seigneur. 29 Il
avait aussi beaucoup d'entretiens et de discussions avec les
Juifs de culture grecque ; mais ceux-là aussi cherchèrent à
le faire mourir. 30 Quand les frères l'apprirent, ils le conduisirent jusqu'à Césarée et, de là, le firent partir pour Tarse.

Pierre visite l'Eglise de Judée

31 Dans toute la Judée, la Galilée et la Samarie, l'Eglise
jouissait alors de la paix. Elle grandissait dans la foi, vivait
dans l'obéissance au Seigneur, et s'accroissait en nombre,
grâce au soutien du Saint-Esprit.

32 Pierre, qui parcourait tout le pays, passa aussi chez
les membres du peuple saint qui habitaient à Lydda[z]. 33 Il
y trouva un homme du nom d'Enée qui n'avait pas quitté
son lit depuis huit ans parce qu'il était paralysé.
34 – Enée, lui dit Pierre, Jésus-Christ te guérit, lève-toi
et fais ton lit !
Il se leva aussitôt. 35 Tous ceux qui habitaient le village
de Lydda et la plaine de Saron le virent et se convertirent
au Seigneur.
36 A Jaffa vivait une femme, disciple du Seigneur, nommée Tabitha (en grec : Dorcas, ce qui signifie la Gazelle).
Elle faisait beaucoup de bien autour d'elle et venait en
aide aux pauvres. 37 A cette époque, elle tomba malade
et mourut. Après avoir fait sa toilette funèbre, on la déposa dans la chambre, au premier étage de sa maison[a].
38 Or Jaffa est tout près de Lydda, et les disciples avaient
appris que Pierre se trouvait là ; ils lui envoyèrent donc
deux hommes pour l'inviter en lui disant : Dépêche-toi
de venir chez nous.
39 Pierre les suivit aussitôt. A son arrivée, on le conduisit dans la chambre. Toutes les veuves l'accueillirent en
pleurant et lui montrèrent les robes et autres vêtements
que Tabitha avait confectionnés quand elle était encore
des leurs.
40 Pierre fit sortir tout le monde, se mit à genoux et pria.
Puis, se tournant vers le corps, il dit : Tabitha, lève-toi !

[z] 9.32 *Lydda:* à une vingtaine de kilomètres de Jaffa.
[a] 9.37 Voir note 1.13.

dead woman, he said, "Tabitha, get up." She opened her eyes, and seeing Peter she sat up. 41 He took her by the hand and helped her to her feet. Then he called for the believers, especially the widows, and presented her to them alive. 42 This became known all over Joppa, and many people believed in the Lord. 43 Peter stayed in Joppa for some time with a tanner named Simon.

Cornelius Calls for Peter

10 1 At Caesarea there was a man named Cornelius, a centurion in what was known as the Italian Regiment. 2 He and all his family were devout and God-fearing; he gave generously to those in need and prayed to God regularly. 3 One day at about three in the afternoon he had a vision. He distinctly saw an angel of God, who came to him and said, "Cornelius!"

4 Cornelius stared at him in fear. "What is it, Lord?" he asked.

The angel answered, "Your prayers and gifts to the poor have come up as a memorial offering before God. 5 Now send men to Joppa to bring back a man named Simon who is called Peter. 6 He is staying with Simon the tanner, whose house is by the sea."

7 When the angel who spoke to him had gone, Cornelius called two of his servants and a devout soldier who was one of his attendants. 8 He told them everything that had happened and sent them to Joppa.

Peter's Vision

9 About noon the following day as they were on their journey and approaching the city, Peter went up on the roof to pray. 10 He became hungry and wanted something to eat, and while the meal was being prepared, he fell into a trance. 11 He saw heaven opened and something like a large sheet being let down to earth by its four corners. 12 It contained all kinds of four-footed animals, as well as reptiles and birds. 13 Then a voice told him, "Get up, Peter. Kill and eat."

14 "Surely not, Lord!" Peter replied. "I have never eaten anything impure or unclean."

15 The voice spoke to him a second time, "Do not call anything impure that God has made clean."

16 This happened three times, and immediately the sheet was taken back to heaven.

17 While Peter was wondering about the meaning of the vision, the men sent by Cornelius found out where Simon's house was and stopped at the gate. 18 They called out, asking if Simon who was known as Peter was staying there.

19 While Peter was still thinking about the vision, the Spirit said to him, "Simon, three[r] men are looking

[r] 10:19 One early manuscript *two*; other manuscripts do not have the number.

Elle ouvrit les yeux, aperçut Pierre et s'assit. 41 Celui-lui donna la main et l'aida à se lever ; puis il rappela l croyants et les veuves et la leur présenta vivante.

42 La nouvelle eut vite fait le tour de la ville et beaucou crurent au Seigneur. 43 Pierre resta quelque temps enco à Jaffa ; il logeait chez un tanneur nommé Simon.

Témoins devant les non-Juifs

Pierre chez l'officier Corneille

10 1 A Césarée[b] vivait un officier romain nomm Corneille qui avait un poste de commandemen dans la cohorte appelée « l'Italique ». 2 Il était pieux craignait Dieu, avec tous les gens de sa maison. Il éta généreux envers les pauvres du peuple et priait Dieu e tout temps. 3 Un jour, vers trois heures de l'après-midi[c], eut une vision : il vit distinctement un ange de Dieu qu entrait chez lui et qui lui dit : Corneille !

4 Corneille le regarda et, tout tremblant, demanda : Qu' a-t-il, Seigneur ?

L'ange lui répondit : Tes prières et tes largesses enve les pauvres ont été accueillies par Dieu et il est interv nu en ta faveur. 5 C'est pourquoi ; maintenant, envoie de hommes à Jaffa pour faire venir ici un certain Simon qu l'on surnomme Pierre. 6 Il loge chez un autre Simon, u tanneur, qui habite une maison près de la mer.

7 Dès que l'ange qui venait de lui parler fut part Corneille appela deux de ses serviteurs et l'un des so dats affectés à son service, qui était un homme pieux. 8 leur raconta tout ce qui venait de se passer et les envoy à Jaffa[d].

9 Le lendemain, tandis qu'ils étaient en chemin et s rapprochaient de Jaffa, Pierre monta sur la terrasse d la maison pour prier. Il était à peu près midi[e] : 10 il eu faim et voulut manger. Pendant qu'on lui préparait so repas, il tomba en extase. 11 Il vit le ciel ouvert et une sort de grande toile, tenue aux quatre coins, qui s'abaissait e descendait vers la terre ; 12 elle contenait toutes sorte d'animaux : des quadrupèdes, des reptiles et des oiseau

13 Il entendit une voix qui lui disait : Lève-toi, Pierre, tu ces bêtes et mange-les.

14 – Oh non ! Seigneur, répliqua Pierre, car jamais de m vie je n'ai rien mangé de souillé ou d'impur.

15 Mais la voix reprit et dit : Ce que Dieu a déclaré pur, c n'est pas à toi de le considérer comme impur.

16 Par trois fois, cela se renouvela, puis la nappe dispar dans le ciel.

17 Pierre était fort perplexe et se demandait ce que cett vision signifiait. Pendant ce temps, les hommes envoyé par Corneille s'étaient renseignés pour savoir où se trou vait la maison de Simon, et ils se présentèrent à la port d'entrée : 18 ils appelèrent et demandèrent si c'était bie là que logeait Simon, surnommé Pierre.

19 Comme Pierre en était toujours à réfléchir sur sa vi sion, l'Esprit lui dit : Ecoute, il y a trois[f] hommes qui t

[b] **10.1** *Césarée* était le centre principal des garnisons romaines.
[c] **10.3** C'était l'heure habituelle de prière des Juifs (voir 3.1).
[d] **10.8** *Jaffa* était à environ 50 kilomètres de Césarée. Les envoyés sont partis le soir même et sont arrivés le lendemain après-midi.
[e] **10.9** *midi*: deuxième temps de prière des Juifs.
[f] **10.19** Selon les manuscrits, on trouve aussi *des hommes* ou *deux hommes*.

r you. 20So get up and go downstairs. Do not hesitate
go with them, for I have sent them."
21Peter went down and said to the men, "I'm the one
ou're looking for. Why have you come?"

22The men replied, "We have come from Cornelius
e centurion. He is a righteous and God-fearing man,
ho is respected by all the Jewish people. A holy angel
ld him to ask you to come to his house so that he
ould hear what you have to say." 23Then Peter invited
e men into the house to be his guests.

eter at Cornelius's House

The next day Peter started out with them, and
me of the believers from Joppa went along. 24The
llowing day he arrived in Caesarea. Cornelius was
xpecting them and had called together his rela-
ves and close friends. 25As Peter entered the house,
ornelius met him and fell at his feet in reverence.
But Peter made him get up. "Stand up," he said, "I
m only a man myself."

27While talking with him, Peter went inside and
ound a large gathering of people. 28He said to them:
You are well aware that it is against our law for a Jew
associate with or visit a Gentile. But God has shown
e that I should not call anyone impure or unclean.
So when I was sent for, I came without raising any
bjection. May I ask why you sent for me?"

30Cornelius answered: "Three days ago I was in my
ouse praying at this hour, at three in the afternoon.
uddenly a man in shining clothes stood before me
and said, 'Cornelius, God has heard your prayer and
emembered your gifts to the poor. 32Send to Joppa for
imon who is called Peter. He is a guest in the home
f Simon the tanner, who lives by the sea.' 33So I sent
or you immediately, and it was good of you to come.
Iow we are all here in the presence of God to listen to
verything the Lord has commanded you to tell us."

34Then Peter began to speak: "I now realize how
rue it is that God does not show favoritism 35but ac-
epts from every nation the one who fears him and
oes what is right. 36You know the message God sent
o the people of Israel, announcing the good news of
eace through Jesus Christ, who is Lord of all. 37You
now what has happened throughout the province of
udea, beginning in Galilee after the baptism that John
reached – 38how God anointed Jesus of Nazareth with
he Holy Spirit and power, and how he went around
oing good and healing all who were under the power
f the devil, because God was with him.

39"We are witnesses of everything he did in the
ountry of the Jews and in Jerusalem. They killed
im by hanging him on a cross, 40but God raised him
rom the dead on the third day and caused him to
e seen. 41He was not seen by all the people, but by

demandent. 20Va, descends et pars avec eux sans hésiter,
car c'est moi qui les ai envoyés.
21Alors Pierre descendit et se présenta en disant : Me
voilà, c'est moi que vous cherchez. Pourquoi êtes-vous
venus ?
22– Nous venons de la part du centurion Corneille,
répondirent-ils. C'est un homme droit, qui craint Dieu et
qui jouit de l'estime de toute la population juive. Un ange
de Dieu lui a demandé de te faire venir dans sa maison
pour écouter ce que tu peux avoir à lui dire.
23Alors Pierre les fit entrer et leur offrit l'hospitalité
pour la nuit. Le lendemain, il se mit en route avec eux,
accompagné de quelques frères de Jaffa.

Pierre témoin de Jésus-Christ devant les non-Juifs

24Le jour suivant, il arriva à Césarée. Corneille les attendait ; il avait invité sa parenté et ses amis intimes. 25Au
moment où Pierre allait entrer, Corneille s'avança vers lui,
se jeta à ses pieds et se prosterna devant lui.
26Mais Pierre le releva.
– Non, lui dit-il, lève-toi ! Je ne suis qu'un simple homme,
moi aussi.
27Puis, tout en s'entretenant avec lui, il entra dans la
maison et découvrit les nombreuses personnes qui s'y
étaient réunies. 28Il leur dit : Vous savez que la Loi interdit à un Juif de fréquenter un étranger ou d'entrer chez
lui. Mais Dieu m'a fait comprendre qu'il ne faut considérer
aucun être humain comme souillé ou impur. 29Voilà pourquoi je n'ai fait aucune difficulté pour venir quand vous
m'avez appelé. A présent, puis-je savoir pour quelle raison
vous m'avez fait venir ?
30Corneille lui répondit : Il y a trois jours, à peu près à
cette heure-ci, j'étais chez moi en train de faire la prière[g]
de trois heures de l'après-midi. Soudain, un homme aux
habits resplendissants s'est présenté devant moi 31et m'a
dit : « Corneille, ta prière a été entendue et Dieu a tenu
compte des secours que tu as apportés aux pauvres.
32Envoie donc des hommes à Jaffa pour inviter Simon,
que l'on surnomme Pierre, à venir ici. Il loge chez un autre Simon, un tanneur qui habite une maison près de la
mer. » 33Par conséquent, je t'ai donc immédiatement envoyé chercher, et je te remercie d'avoir bien voulu venir.
Nous voici donc maintenant tous ici devant Dieu, prêts à
écouter tout ce que le Seigneur t'a chargé de nous dire.
34Alors Pierre prit la parole et dit :
Maintenant je me rends vraiment compte que Dieu ne
fait pas de différence entre les hommes. 35Au contraire,
parmi tous les peuples, tout homme qui le craint et qui
fait ce qui est juste lui est agréable. 36Il a adressé sa parole
aux Israélites pour leur annoncer la paix par Jésus-Christ,
qui est le Seigneur de tous les hommes. 37Vous savez ce qui
s'est passé, à commencer par la Galilée, puis dans toute la
Judée, après que Jean a appelé les foules à se faire baptiser.
38Ensuite, Dieu a oint Jésus de Nazareth en répandant sur
lui la puissance du Saint-Esprit. Celui-ci a parcouru le pays
en faisant le bien et en guérissant tous ceux qui étaient
tombés sous le pouvoir du diable, car Dieu était avec lui.
39Nous sommes les témoins de tout ce qu'il a fait, dans
le pays des Juifs et à Jérusalem, où ils l'ont mis à mort en
le clouant à la croix. 40Mais Dieu l'a ramené à la vie le
troisième jour et lui a donné de se montrer vivant, 41non

g 10.30 Certains manuscrits ont : *je priais et jeûnais.*

witnesses whom God had already chosen – by us who ate and drank with him after he rose from the dead. 42He commanded us to preach to the people and to testify that he is the one whom God appointed as judge of the living and the dead. 43All the prophets testify about him that everyone who believes in him receives forgiveness of sins through his name."

44While Peter was still speaking these words, the Holy Spirit came on all who heard the message. 45The circumcised believers who had come with Peter were astonished that the gift of the Holy Spirit had been poured out even on Gentiles. 46For they heard them speaking in tongues[s] and praising God.

Then Peter said, 47"Surely no one can stand in the way of their being baptized with water. They have received the Holy Spirit just as we have." 48So he ordered that they be baptized in the name of Jesus Christ. Then they asked Peter to stay with them for a few days.

Peter Explains His Actions

11 1The apostles and the believers throughout Judea heard that the Gentiles also had received the word of God. 2So when Peter went up to Jerusalem, the circumcised believers criticized him 3and said, "You went into the house of uncircumcised men and ate with them."

4Starting from the beginning, Peter told them the whole story: 5"I was in the city of Joppa praying, and in a trance I saw a vision. I saw something like a large sheet being let down from heaven by its four corners, and it came down to where I was. 6I looked into it and saw four-footed animals of the earth, wild beasts, reptiles and birds. 7Then I heard a voice telling me, 'Get up, Peter. Kill and eat.'

8"I replied, 'Surely not, Lord! Nothing impure or unclean has ever entered my mouth.'

9"The voice spoke from heaven a second time, 'Do not call anything impure that God has made clean.' 10This happened three times, and then it was all pulled up to heaven again.

11"Right then three men who had been sent to me from Caesarea stopped at the house where I was staying. 12The Spirit told me to have no hesitation about going with them. These six brothers also went with me, and we entered the man's house. 13He told us how he had seen an angel appear in his house and say, 'Send to Joppa for Simon who is called Peter. 14He will bring you a message through which you and all your household will be saved.'

15"As I began to speak, the Holy Spirit came on them as he had come on us at the beginning. 16Then

s **10:46** Or *other languages*

à tout le peuple, mais aux témoins que Dieu avait lui-mêm
choisis d'avance, c'est-à-dire à nous. Et nous avons mang
et bu avec lui après sa résurrection. 42Jésus nous a dor
né l'ordre de prêcher au peuple juif et de proclamer qu
c'est lui que Dieu a désigné pour juger les vivants et le
morts. 43Tous les prophètes ont parlé de lui en disant qu
tout homme qui croit en lui reçoit par lui le pardon d
ses péchés.

Le don de l'Esprit aux non-Juifs

44Alors que Pierre prononçait ces mots, l'Esprit Sain
descendit soudain sur tous ceux qui écoutaient la Parol
45Les croyants juifs qui étaient venus avec Pierre furen
très étonnés de voir que l'Esprit Saint était aussi don
né aux non-Juifs, et répandu sur eux. 46En effet, ils le
entendaient parler en différentes langues et célébrer l
grandeur de Dieu.

47Alors Pierre demanda : Peut-on refuser de baptise
dans l'eau ceux qui ont reçu l'Esprit Saint aussi bien qu
nous ?

48Et il donna ordre de les baptiser au nom de Jésus
Christ. Ensuite, ils le prièrent de rester encore quelque
jours avec eux.

Le rapport de Pierre aux croyants de Jérusalem

11 1Les apôtres et les frères qui habitaient la Judé
apprirent que les non-Juifs venaient d'accept
er la Parole de Dieu. 2Et dès que Pierre fut de retour
Jérusalem, les croyants d'origine juive lui firent des re
proches : 3Comment ! lui dirent-ils, tu es entré chez de
incirconcis et tu as mangé avec eux !

4Mais Pierre se mit à leur exposer, point par point, c
qui s'était passé.

5– Pendant mon séjour à Jaffa, dit-il, j'étais en trai
de prier, quand je suis tombé en extase et j'ai eu une vi
sion : une sorte de grande toile, tenue aux quatre coins
est descendue du ciel et elle est venu tout près de moi
6J'ai regardé attentivement ce qu'il y avait dedans et j'a
vu des quadrupèdes, des bêtes sauvages, des reptiles e
des oiseaux. 7J'ai entendu alors une voix qui me disait
« Lève-toi, Pierre, tue ces bêtes et mange-les. » 8Mais j'a
répondu : « Oh ! non, Seigneur, car jamais de ma vie je n'a
rien mangé de souillé ou d'impur. » 9La voix céleste s'es
fait entendre une deuxième fois : « Ce que Dieu a déclar
pur, ce n'est pas à toi de le considérer comme impur. »

10Cela est arrivé trois fois, puis tout a disparu dans l
ciel.

11Et voilà qu'au même moment trois hommes sont ar
rivés à la maison où nous nous trouvions[h]. Ils venaient d
Césarée et avaient été envoyés vers moi. 12Alors l'Espri
me dit d'aller avec eux sans hésiter. Je pris donc avec mo
les six frères que voici et nous nous sommes rendus che
cet homme.

13Celui-ci nous a raconté qu'un ange lui était appar
dans sa maison et lui avait dit : « Envoie quelqu'un à Jaff
pour faire venir chez toi Simon, surnommé Pierre. 14I
te dira comment toi et tous les tiens vous serez sauvés. »

15J'ai donc commencé à leur parler, quand l'Esprit Sain
est descendu sur eux, de la même manière qu'il était de
scendu sur nous au commencement. 16Aussitôt, je me sui
souvenu de cette parole du Seigneur :

h **11.11** Certains manuscrits ont : *je me trouvais.*

ꝛemembered what the Lord had said: 'John baptized ith[t] water, but you will be baptized with[u] the Holy ɔirit.' 17 So if God gave them the same gift he gave us ho believed in the Lord Jesus Christ, who was I to ıink that I could stand in God's way?"

18 When they heard this, they had no further ob-ctions and praised God, saying, "So then, even to entiles God has granted repentance that leads to fe."

he Church in Antioch

19 Now those who had been scattered by the per-ecution that broke out when Stephen was killed raveled as far as Phoenicia, Cyprus and Antioch, preading the word only among Jews. 20 Some of ıem, however, men from Cyprus and Cyrene, went) Antioch and began to speak to Greeks also, telling ıem the good news about the Lord Jesus. 21 The Lord's and was with them, and a great number of people elieved and turned to the Lord.

22 News of this reached the church in Jerusalem, and ıey sent Barnabas to Antioch. 23 When he arrived and aw what the grace of God had done, he was glad and ncouraged them all to remain true to the Lord with ll their hearts. 24 He was a good man, full of the Holy pirit and faith, and a great number of people were rought to the Lord.

25 Then Barnabas went to Tarsus to look for Saul, 6and when he found him, he brought him to Antioch. o for a whole year Barnabas and Saul met with the hurch and taught great numbers of people. The dis-iples were called Christians first at Antioch.

27 During this time some prophets came down from erusalem to Antioch. 28 One of them, named Agabus, tood up and through the Spirit predicted that a evere famine would spread over the entire Roman vorld. (This happened during the reign of Claudius.) 9 The disciples, as each one was able, decided to pro-ide help for the brothers and sisters living in Judea. 0 This they did, sending their gift to the elders by arnabas and Saul.

eter's Miraculous Escape From Prison

12 1 It was about this time that King Herod ar-rested some who belonged to the church, ntending to persecute them. 2 He had James, the rother of John, put to death with the sword. 3 When e saw that this met with approval among the Jews, he roceeded to seize Peter also. This happened during he Festival of Unleavened Bread. 4 After arresting ıim, he put him in prison, handing him over to be uarded by four squads of four soldiers each. Herod

11:16 Or *in*
11:16 Or *in*

Jean a baptisé dans de l'eau, mais vous,
vous serez baptisés dans le Saint-Esprit.

17 Puisque Dieu leur a accordé le même don qu'à nous quand nous avons cru, qui étais-je, moi, pour pouvoir m'opposer à Dieu ?

18 Ce récit les apaisa et ils louèrent Dieu et dirent : Dieu a aussi donné aux non-Juifs de changer pour recevoir la vie.

La Parole annoncée aux non-Juifs à Antioche

19 Les disciples s'étaient dispersés lors de la persécution survenue après la mort d'Etienne. Ils allèrent jusqu'en Phénicie, dans l'île de Chypre et à Antioche[i], mais ils n'annonçaient la Parole qu'aux Juifs. 20 Toutefois, quelques-uns d'entre eux, qui étaient originaires de Chypre et de Cyrène, se rendirent à Antioche et s'adressèrent aussi aux non-Juifs[j] en leur annonçant le Seigneur Jésus. 21 Or le Seigneur était avec eux ; un grand nombre de personnes crurent et se convertirent au Seigneur.

22 Bientôt l'Eglise qui était à Jérusalem apprit la nouvelle. Elle envoya Barnabas à Antioche. 23 A son arrivée, il constata ce que la grâce de Dieu avait accompli et il en fut rempli de joie. Il encouragea donc tous les croyants à rester fidèles au Seigneur avec une ferme assurance. 24 Barnabas était en effet un homme bienveillant, rempli d'Esprit Saint et de foi. Et un grand nombre de personnes s'attachèrent au Seigneur. 25 Barnabas se rendit alors à Tarse pour y chercher Saul. Quand il l'eut trouvé, il l'amena avec lui à Antioche. 26 Ils passèrent toute une année à travailler ensemble dans l'Eglise et enseignèrent beaucoup de gens. C'est à Antioche que, pour la première fois, les disciples de Jésus furent appelés « chrétiens ».

27 A cette même époque, des prophètes se rendirent de Jérusalem à Antioche. 28 L'un d'eux, nommé Agabus, se leva et prédit sous l'inspiration de l'Esprit qu'une grande famine sévirait bientôt dans le monde entier[k]. Elle eut lieu, en effet, sous le règne de l'empereur Claude[l]. 29 Les disciples d'Antioche décidèrent alors de donner, chacun selon ses moyens, et d'envoyer des secours aux frères qui habitaient la Judée. 30 C'est ce qu'ils firent : ils envoyèrent leurs dons aux responsables de l'Eglise par l'intermédiaire de Barnabas et de Saul[m].

La délivrance de Pierre

12 1 Vers la même époque, le roi Hérode[n] se mit à maltraiter quelques membres de l'Eglise. 2 Il fit tuer par l'épée Jacques, le frère de Jean. 3 Quand il s'aperçut que cela plaisait aux Juifs, il fit aussi arrêter Pierre. C'était pendant les jours des « Pains sans levain ». 4 Lorsqu'on eut arrêté Pierre, il le fit mettre en prison et le plaça sous la garde de quatre escouades de quatre soldats chacune.

i **11.19** *Antioche:* capitale de la province romaine de Syrie. Troisième ville de l'Empire romain (après Rome et Alexandrie). Appelée souvent Antioche de Syrie pour la distinguer d'Antioche de Pisidie (voir 13.14).

j **11.20** Certains manuscrits ont : *des Juifs de culture grecque.*

k **11.28** *Le monde entier:* expression qui désigne souvent l'Empire romain (voir Lc 2.1-2).

l **11.28** *Claude:* empereur romain qui a régné de 41 à 54 apr. J.-C. La famine a sévi dans diverses provinces romaines entre 46 et 48.

m **11.30** Deuxième visite de Paul à Jérusalem, qui coïncide selon certains avec celle qu'il mentionne en Ga 2.1-10.

n **12.1** Il s'agit d'Hérode Agrippa Ier, neveu d'Antipas. Il a régné sur la Judée à partir de l'an 41.

intended to bring him out for public trial after the
Passover.
5 So Peter was kept in prison, but the church was
earnestly praying to God for him.
6 The night before Herod was to bring him to trial,
Peter was sleeping between two soldiers, bound with
two chains, and sentries stood guard at the entrance.
7 Suddenly an angel of the Lord appeared and a light
shone in the cell. He struck Peter on the side and woke
him up. "Quick, get up!" he said, and the chains fell
off Peter's wrists.

8 Then the angel said to him, "Put on your clothes
and sandals." And Peter did so. "Wrap your cloak
around you and follow me," the angel told him. 9 Peter
followed him out of the prison, but he had no idea that
what the angel was doing was really happening; he
thought he was seeing a vision. 10 They passed the first
and second guards and came to the iron gate leading
to the city. It opened for them by itself, and they went
through it. When they had walked the length of one
street, suddenly the angel left him.

11 Then Peter came to himself and said, "Now I know
without a doubt that the Lord has sent his angel and
rescued me from Herod's clutches and from everything the Jewish people were hoping would happen."
12 When this had dawned on him, he went to the
house of Mary the mother of John, also called Mark,
where many people had gathered and were praying.
13 Peter knocked at the outer entrance, and a servant
named Rhoda came to answer the door. 14 When she
recognized Peter's voice, she was so overjoyed she
ran back without opening it and exclaimed, "Peter
is at the door!"
15 "You're out of your mind," they told her. When
she kept insisting that it was so, they said, "It must
be his angel."
16 But Peter kept on knocking, and when they
opened the door and saw him, they were astonished.
17 Peter motioned with his hand for them to be quiet
and described how the Lord had brought him out of
prison. "Tell James and the other brothers and sisters
about this," he said, and then he left for another place.
18 In the morning, there was no small commotion
among the soldiers as to what had become of Peter.
19 After Herod had a thorough search made for him
and did not find him, he cross-examined the guards
and ordered that they be executed.

Herod's Death

Then Herod went from Judea to Caesarea and stayed
there. 20 He had been quarreling with the people of
Tyre and Sidon; they now joined together and sought
an audience with him. After securing the support of
Blastus, a trusted personal servant of the king, they
asked for peace, because they depended on the king's
country for their food supply.
21 On the appointed day Herod, wearing his royal
robes, sat on his throne and delivered a public address

Il voulait le faire comparaître devant le peuple après
Pâque.
5 Pierre était donc sous bonne garde dans la prison. Ma
l'Eglise priait ardemment Dieu en sa faveur. 6 Or, la nu
qui précédait le jour où Hérode allait le faire compar
ître, Pierre, attaché par deux chaînes, dormait entre de
soldats, et devant la porte de la prison, des sentinell
montaient la garde.
7 Tout à coup, un ange du Seigneur apparut, et la cellu
fut inondée de lumière. L'ange toucha Pierre au côté po
le réveiller : Lève-toi vite ! lui dit-il.
Au même instant, les chaînes lui tombèrent des poignet
8 – Allons, poursuivit l'ange, mets ta ceinture et attac
tes sandales !
Pierre obéit.
– Maintenant, ajouta l'ange, mets ton manteau
suis-moi.
9 Pierre le suivit et sortit, sans se rendre compte que to
ce que l'ange faisait était réel : il croyait avoir une visio
10 Ils passèrent ainsi devant le premier poste de gard
puis devant le second et arrivèrent devant la porte de f
qui donnait sur la ville. Celle-ci s'ouvrit toute seule. I
sortirent et s'avancèrent dans une rue. Et soudain, l'ang
le quitta.
11 Alors seulement, Pierre reprit ses esprits et se dit
« Ah, maintenant je le vois bien, c'est vrai : le Seigneur
envoyé son ange et m'a délivré des mains d'Hérode et d
tout le mal que voulait me faire le peuple juif. »
12 Après réflexion, il se rendit à la maison de Marie,
mère de Jean appelé aussi Marc[o]. Un assez grand nombre d
frères s'y étaient réunis pour prier. 13 Il frappa au battan
de la porte. Une jeune servante, appelée Rhode, s'approch
et demanda qui était là. 14 Elle reconnut la voix de Pierr
et, dans sa joie, au lieu d'ouvrir, elle se précipita pour an
noncer : C'est Pierre ! Il est là, dehors, devant la porte.
15 – Tu es folle, lui dirent-ils.
Mais elle n'en démordait pas.
– Alors, c'est son ange, dirent-ils.
16 Pendant ce temps, Pierre continuait à frapper. Ils ou
vrirent, le virent et en restèrent tout étonnés. 17 D'un gest
de la main, Pierre leur fit signe de se taire, et il leur racont
comment le Seigneur l'avait fait sortir de prison. Il ajouta
Faites savoir tout cela à Jacques[p] et aux autres frères.
Ensuite, il repartit et se rendit ailleurs.
18 Quand le jour se leva, il y eut un grand émoi parm
les soldats : Où donc était passé Pierre ? 19 Hérode le f
rechercher, mais on ne le trouva nulle part. Alors, aprè
avoir fait interroger les gardes, il ordonna leur exécution
Ensuite, il quitta la Judée pour se rendre à Césarée où
passa quelque temps.

La mort du roi Hérode

20 Or, Hérode était en conflit avec les habitants de Ty
et de Sidon. Ceux-ci décidèrent ensemble de lui envoy
er une délégation. Après s'être assuré l'appui de Blastus
son conseiller, ils demandèrent la paix, car leur pays étai
économiquement dépendant de celui du roi. 21 Au jour fixé

o 12.12 La *maison* de la mère de Jean-Marc et tante de Barnabas (Col 4.10)
était peut-être un des lieux de rassemblement des chrétiens de
Jérusalem.
p 12.17 Ce *Jacques* est le frère de Jésus qui a joué un rôle important dans
l'Eglise de Jérusalem.

ɔ the people. 22 They shouted, "This is the voice of a ɔd, not of a man." 23 Immediately, because Herod did ɔt give praise to God, an angel of the Lord struck him own, and he was eaten by worms and died.

24 But the word of God continued to spread and ourish.

arnabas and Saul Sent Off

25 When Barnabas and Saul had finished their mis- ion, they returned from[v] Jerusalem, taking with them ɔhn, also called Mark.

13 1 Now in the church at Antioch there were prophets and teachers: Barnabas, Simeon alled Niger, Lucius of Cyrene, Manaen (who had been rought up with Herod the tetrarch) and Saul. 2 While hey were worshiping the Lord and fasting, the Holy pirit said, "Set apart for me Barnabas and Saul for he work to which I have called them." 3 So after they ad fasted and prayed, they placed their hands on hem and sent them off.

n Cyprus

4 The two of them, sent on their way by the Holy pirit, went down to Seleucia and sailed from there o Cyprus. 5 When they arrived at Salamis, they pro- laimed the word of God in the Jewish synagogues. ɔhn was with them as their helper.

6 They traveled through the whole island until they ame to Paphos. There they met a Jewish sorcerer and alse prophet named Bar-Jesus, 7 who was an attendant f the proconsul, Sergius Paulus. The proconsul, an ntelligent man, sent for Barnabas and Saul because e wanted to hear the word of God. 8 But Elymas the orcerer (for that is what his name means) opposed hem and tried to turn the proconsul from the faith. Then Saul, who was also called Paul, filled with the Ioly Spirit, looked straight at Elymas and said, 10 "You re a child of the devil and an enemy of everything hat is right! You are full of all kinds of deceit and rickery. Will you never stop perverting the right ways f the Lord? 11 Now the hand of the Lord is against you. ou are going to be blind for a time, not even able to ee the light of the sun."

Immediately mist and darkness came over him, and e groped about, seeking someone to lead him by the

12:25 Some manuscripts *to*

Hérode, revêtu de ses vêtements royaux, prit place sur son trône et leur adressa un discours en public. 22 Le peuple se mit à crier : Ce n'est plus un homme qui parle. C'est la voix d'un dieu.

23 Au même instant, un ange du Seigneur vint le frapper parce qu'il n'avait pas rendu à Dieu l'honneur qui lui est dû. Dévoré par les vers, il expira[q].

24 Mais la Parole de Dieu se répandait toujours plus.

25 Barnabas et Saul, après avoir rempli leur mission en faveur des croyants de Jérusalem, partirent[r] en emmenant avec eux Jean surnommé Marc.

TÉMOINS EN ASIE MINEURE ET EN GRÈCE

Saul et Barnabas partent en mission

13 1 Il y avait alors à Antioche, dans l'Eglise qui se trouvait là, des prophètes et des enseignants : Barnabas, Siméon surnommé le Noir, Lucius, originaire de Cyrène, Manaën, qui avait été élevé avec Hérode le gouverneur[s], et Saul.

2 Un jour qu'ils adoraient ensemble le Seigneur et qu'ils jeûnaient, le Saint-Esprit leur dit : Mettez à part pour moi Barnabas et Saul pour l'œuvre à laquelle je les ai appelés. 3 Alors, après avoir jeûné et prié, ils leur imposèrent les mains et les laissèrent partir. 4 C'est donc envoyés par le Saint-Esprit que Barnabas et Saul descendirent à Séleucie[t], où ils s'embarquèrent pour l'île de Chypre. 5 Une fois arrivés à Salamine, ils annoncèrent la Parole de Dieu dans les synagogues des Juifs. Jean-Marc était avec eux et les secondait.

Elymas le magicien

6 Ils traversèrent toute l'île et arrivèrent à Paphos[u]. Ils trouvèrent là un magicien juif nommé Bar-Jésus, qui se faisait passer pour un prophète. 7 Il faisait partie de l'entourage du proconsul Sergius Paulus, un homme intelligent. Celui-ci invita Barnabas et Saul et leur exprima son désir d'entendre la Parole de Dieu. 8 Mais Elymas le magicien (car c'est ainsi que l'on traduit son nom) s'opposait à eux ; il cherchait à détourner le proconsul de la foi. 9 Alors Saul, qui s'appelait aussi Paul[v], rempli du Saint-Esprit, s'adressa à lui en le regardant droit dans les yeux : 10 Charlatan plein de ruse et de méchanceté, fils du diable, ennemi de tout ce qui est bien, quand cesseras-tu de fausser les plans du Seigneur qui sont droits ? 11 Mais maintenant, attention ! La main du Seigneur va te frapper, tu vas devenir aveugle et, pendant un certain temps, tu ne verras plus la lumière du soleil.

Au même instant, les yeux d'Elymas s'obscurcirent ; il se trouva plongé dans une nuit noire et se tournait de tous côtés en cherchant quelqu'un pour le guider par la main.

q **12.23** L'historien juif Josèphe parle lui aussi du caractère étrange et soudain de la mort d'Hérode Agrippa.

r **12.25** Autre traduction : *après avoir rempli leur mission, retournèrent à Jérusalem.* Certains manuscrits ont : *après avoir rempli leur mission, quittèrent Jérusalem.*

s **13.1** Il s'agit d'Hérode Antipas, gouverneur de Galilée.

t **13.4** *Séleucie* était le port d'Antioche de Syrie. Il faisait face à l'île de Chypre.

u **13.6** Un voyage d'environ 160 kilomètres. Paphos, sur la côte ouest, était la capitale administrative de l'île où résidait le gouverneur.

v **13.9** Les Juifs qui étaient citoyens romains (voir 22.27-29) portaient généralement deux noms : un nom juif (ici : Saul) et un nom romain (Paul). Lorsqu'il se trouvait en territoire non juif, l'apôtre utilisait ce dernier.

hand. 12 When the proconsul saw what had happened,
he believed, for he was amazed at the teaching about
the Lord.

In Pisidian Antioch

13 From Paphos, Paul and his companions sailed to
Perga in Pamphylia, where John left them to return
to Jerusalem. 14 From Perga they went on to Pisidian
Antioch. On the Sabbath they entered the synagogue
and sat down. 15 After the reading from the Law and
the Prophets, the leaders of the synagogue sent word
to them, saying, "Brothers, if you have a word of exhortation for the people, please speak."

16 Standing up, Paul motioned with his hand and
said: "Fellow Israelites and you Gentiles who worship
God, listen to me! 17 The God of the people of Israel
chose our ancestors; he made the people prosper
during their stay in Egypt; with mighty power he
led them out of that country; 18 for about forty years
he endured their conduct[w] in the wilderness; 19 and
he overthrew seven nations in Canaan, giving their
land to his people as their inheritance. 20 All this took
about 450 years.

"After this, God gave them judges until the time
of Samuel the prophet. 21 Then the people asked for a
king, and he gave them Saul son of Kish, of the tribe
of Benjamin, who ruled forty years. 22 After removing
Saul, he made David their king. God testified concerning him: 'I have found David son of Jesse, a man after
my own heart; he will do everything I want him to do.'

23 "From this man's descendants God has brought
to Israel the Savior Jesus, as he promised. 24 Before
the coming of Jesus, John preached repentance and
baptism to all the people of Israel. 25 As John was com-
pleting his work, he said: 'Who do you suppose I am?
I am not the one you are looking for. But there is one
coming after me whose sandals I am not worthy to
untie.'

26 "Fellow children of Abraham and you God-fearing
Gentiles, it is to us that this message of salvation has
been sent. 27 The people of Jerusalem and their rulers
did not recognize Jesus, yet in condemning him they
fulfilled the words of the prophets that are read every Sabbath. 28 Though they found no proper ground
for a death sentence, they asked Pilate to have him
executed. 29 When they had carried out all that was
written about him, they took him down from the cross
and laid him in a tomb. 30 But God raised him from the
dead, 31 and for many days he was seen by those who

[w] 13:18 Some manuscripts *he cared for them*

12 Quand le proconsul vit ce qui venait de se passer,
crut ; car il avait été vivement impressionné par l'ense
gnement qui lui avait été donné au sujet du Seigneur.

La prédication de Paul dans la synagogue d'Antioche en Pisidie

13 Paul et ses compagnons reprirent la mer à Papho
et arrivèrent à Pergé en Pamphylie[w]. Là, Jean-Marc[x] le
abandonna et retourna à Jérusalem. 14 Quant à eux, ils qui
tèrent Pergé et continuèrent leur route jusqu'à Antioch
en Pisidie. Là, ils se rendirent à la synagogue le jour d
sabbat et s'assirent.

15 Après qu'on eut fait la lecture dans la Loi et le
prophètes, les chefs de la synagogue leur firent dire
Frères, si vous avez quelques mots à adresser à la com
munauté, vous avez la parole.

16 Alors Paul se leva ; d'un geste de la main il demand
le silence et dit :

Israélites et vous tous qui craignez Dieu, écoutez-moi
17 Le Dieu de notre peuple d'Israël a choisi nos ancêtres
Il a fait grandir le peuple pendant son séjour en Egypte
Ensuite, en déployant sa puissance, il l'en a fait sorti
18 Pendant quarante ans environ, il l'a supporté[y] dans l
désert. 19 Après avoir détruit sept peuplades dans le pay
de Canaan, il a donné leur territoire à son peuple. 20 Tou
cela a duré environ 450 ans.

Après cela, il a donné[z] à nos ancêtres des chefs jusqu'
l'époque du prophète Samuel. 21 Alors le peuple a demand
un roi et Dieu leur a donné Saül, fils de Qish, de la tribu d
Benjamin. Celui-ci a régné sur eux pendant quarante ans
22 Mais Dieu l'a rejeté et leur a choisi pour roi David. C'es
à lui qu'il a rendu ce témoignage :

En David, fils d'Isaï, j'ai trouvé un homme qui correspond
mes désirs, il accomplira toute ma volonté.

23 Or, voici que Dieu vient d'accorder à Israël un Sauveu
parmi les descendants de David, comme il l'avait promis
et ce Sauveur, c'est Jésus. 24 Avant sa venue, Jean avait ap
pelé tous les Israélites à se faire baptiser en signe d'u
profond changement. 25 Arrivé au terme de sa vie, Jea
disait encore : « Qui pensez-vous que je suis ? Je ne sui
pas celui que vous attendiez ! Non ! il vient après moi, e
je ne mérite pas de dénouer ses sandales. »

26 Mes frères, vous qui êtes les descendants d'Abrahan
et vous qui craignez Dieu et qui êtes présents parmi nous
c'est à nous[a] que Dieu a envoyé cette Parole de salut.

27 En effet, les habitants de Jérusalem et leurs chefs n'on
compris ni qui était Jésus, ni les paroles des prophètes qu
sont lues chaque jour de sabbat. Et voici qu'en condamnan
Jésus, ils ont accompli ces prophéties. 28 Ils n'ont trouve
chez lui aucune raison de le condamner à mort, et pourt
ant, ils ont demandé à Pilate de le faire exécuter. 29 Aprè
avoir réalisé tout ce que les Ecritures avaient prédit à
son sujet, ils l'ont descendu de la croix et l'ont déposé
dans un tombeau. 30 Mais Dieu l'a ressuscité. 31 Pendant
de nombreux jours, Jésus s'est montré à ceux qui étaient

[w] 13.13 *Pergé* était une ville du sud de l'Asie Mineure. La *Pamphylie* se trouvait dans la région de l'actuelle Turquie.
[x] 13.13 *Jean-Marc:* voir 12.12, 25 ; 13.5.
[y] 13.18 Certains manuscrits ont : *il a pris soin de lui.*
[z] 13.20 Certains manuscrits ont : *après cela, pendant quatre cent cinquante ans environ, il a donné ...*
[a] 13.26 Selon d'autres manuscrits : *c'est à vous.*

ad traveled with him from Galilee to Jerusalem. They
re now his witnesses to our people.
32 "We tell you the good news: What God promised
ur ancestors 33 he has fulfilled for us, their children,
y raising up Jesus. As it is written in the second
salm:

" 'You are my son;
today I have become your father.'

'God raised him from the dead so that he will never
e subject to decay. As God has said,

" 'I will give you the holy and sure blessings
promised to David.'

'So it is also stated elsewhere:

" 'You will not let your holy one see decay.'[x]

36 "Now when David had served God's purpose in his
wn generation, he fell asleep; he was buried with his
ncestors and his body decayed. 37 But the one whom
od raised from the dead did not see decay.

38 "Therefore, my friends, I want you to know that
hrough Jesus the forgiveness of sins is proclaimed
o you. 39 Through him everyone who believes is set
ree from every sin, a justification you were not able
o obtain under the law of Moses. 40 Take care that
hat the prophets have said does not happen to you:

41 " 'Look, you scoffers,
wonder and perish,
for I am going to do something in your days
that you would never believe,
even if someone told you.' "

42 As Paul and Barnabas were leaving the synagogue,
he people invited them to speak further about these
hings on the next Sabbath. 43 When the congregation
as dismissed, many of the Jews and devout converts
o Judaism followed Paul and Barnabas, who talked
ith them and urged them to continue in the grace
f God.

44 On the next Sabbath almost the whole city gathered to hear the word of the Lord. 45 When the Jews
aw the crowds, they were filled with jealousy. They
egan to contradict what Paul was saying and heaped
buse on him.

46 Then Paul and Barnabas answered them boldly:
'We had to speak the word of God to you first. Since
ou reject it and do not consider yourselves worthy
f eternal life, we now turn to the Gentiles. 47 For this
s what the Lord has commanded us:

" 'I have made you[y] a light for the Gentiles,
that you[z] may bring salvation to the ends of
the earth.' "

48 When the Gentiles heard this, they were glad and
honored the word of the Lord; and all who were appointed for eternal life believed.

x 13:35 Psalm 16:10 (see Septuagint)
y 13:47 The Greek is singular.
z 13:47 The Greek is singular.

montés avec lui de la Galilée jusqu'à Jérusalem et qui sont
maintenant ses témoins devant le peuple.
32 Et nous, nous vous annonçons que la promesse que
Dieu avait faite à nos ancêtres, 33 il l'a pleinement accomplie pour nous, qui sommes leurs descendants, en
ressuscitant Jésus, selon ce qui est écrit au Psaume deux :

Tu es mon Fils ;
aujourd'hui, je fais de toi mon enfant.

34 Dieu avait annoncé celui qui ne devait pas retourner à
la pourriture. C'est ce qu'il avait dit en ces termes :

Je vous accorderai
les bénédictions saintes et sûres que j'ai promises à
David[b].

35 Dans un autre passage, il est dit encore :

Tu ne laisseras pas un homme qui t'est dévoué se
décomposer dans la tombe[c].

36 Pourtant, David, après avoir en son temps contribué
à l'accomplissement du plan de Dieu, est mort et a été
enterré aux côtés de ses ancêtres. Il a donc connu la dé-
composition. 37 Mais celui que Dieu a ressuscité ne l'a pas
connue.
38 Sachez-le donc, mes frères, c'est grâce à lui que le pardon des péchés vous est annoncé ; 39 c'est par lui que tout
homme qui croit est acquitté de toutes les fautes dont vous
ne pouviez pas être acquittés par la Loi de Moïse.
40 Veillez donc à ce qu'il n'arrive pas[d] ce qu'ont dit les
prophètes :

41 *Regardez, hommes pleins de mépris,*
soyez dans l'étonnement, et disparaissez,
car je vais accomplir en votre temps une œuvre,
une œuvre que vous ne croiriez pas si l'on vous en
parlait[e].

42 A la sortie, on leur demanda de reparler du même sujet
le sabbat suivant. 43 Quand l'assemblée se fut dispersée,
beaucoup de Juifs et de non-Juifs convertis au judaïsme
et qui adoraient Dieu suivirent Paul et Barnabas. Ceux-ci
s'entretenaient avec eux et les encourageaient à rester
attachés à la grâce de Dieu.

Paul et Barnabas s'adressent aux non-Juifs

44 Le sabbat suivant, presque toute la ville se rassembla
pour écouter la Parole du Seigneur. 45 En voyant tant de
monde, les Juifs furent remplis de jalousie et se mirent à
contredire Paul et à l'injurier.

46 Paul et Barnabas leur déclarèrent alors avec une pleine
assurance : C'est à vous en premier que la Parole de Dieu
devait être annoncée. Mais puisque vous la refusez et que
vous-mêmes ne vous jugez pas dignes d'avoir part à la vie
éternelle, nous nous tournons vers ceux qui ne sont pas
Juifs. 47 Car le Seigneur a bien défini notre mission lorsqu'il a dit :

Je t'ai établi pour que tu sois la lumière des autres peuples,
et pour que tu portes le salut jusqu'aux extrémités de la
terre.

48 Quand les non-Juifs les entendirent parler ainsi, ils
furent remplis de joie, ils se mirent à louer Dieu pour sa
Parole et tous ceux qui étaient destinés à la vie éternelle
crurent.

b **13.34** Es 55.3 cité selon l'ancienne version grecque.
c **13.35** Ps 16.10 cité selon l'ancienne version grecque.
d **13.40** Certains manuscrits ont : *qu'il ne vous arrive pas.*
e **13.41** Ha 1.5 cité selon l'ancienne version grecque.

49 The word of the Lord spread through the whole region. 50 But the Jewish leaders incited the God-fearing women of high standing and the leading men of the city. They stirred up persecution against Paul and Barnabas, and expelled them from their region. 51 So they shook the dust off their feet as a warning to them and went to Iconium. 52 And the disciples were filled with joy and with the Holy Spirit.

In Iconium

14 1 At Iconium Paul and Barnabas went as usual into the Jewish synagogue. There they spoke so effectively that a great number of Jews and Greeks believed. 2 But the Jews who refused to believe stirred up the other Gentiles and poisoned their minds against the brothers. 3 So Paul and Barnabas spent considerable time there, speaking boldly for the Lord, who confirmed the message of his grace by enabling them to perform signs and wonders. 4 The people of the city were divided; some sided with the Jews, others with the apostles. 5 There was a plot afoot among both Gentiles and Jews, together with their leaders, to mistreat them and stone them. 6 But they found out about it and fled to the Lycaonian cities of Lystra and Derbe and to the surrounding country, 7 where they continued to preach the gospel.

In Lystra and Derbe

8 In Lystra there sat a man who was lame. He had been that way from birth and had never walked. 9 He listened to Paul as he was speaking. Paul looked directly at him, saw that he had faith to be healed 10 and called out, "Stand up on your feet!" At that, the man jumped up and began to walk.

11 When the crowd saw what Paul had done, they shouted in the Lycaonian language, "The gods have come down to us in human form!" 12 Barnabas they called Zeus, and Paul they called Hermes because he was the chief speaker. 13 The priest of Zeus, whose temple was just outside the city, brought bulls and wreaths to the city gates because he and the crowd wanted to offer sacrifices to them.

14 But when the apostles Barnabas and Paul heard of this, they tore their clothes and rushed out into the crowd, shouting: 15 "Friends, why are you doing this? We too are only human, like you. We are bringing you good news, telling you to turn from these worthless things to the living God, who made the heavens and the earth and the sea and everything in them. 16 In the past, he let all nations go their own way. 17 Yet

49 La Parole du Seigneur se répandait dans toute la co trée avoisinante. 50 Mais les Juifs excitèrent les femm dévotes de la haute société qui s'étaient attachées au j daïsme, ainsi que les notables de la ville. Ils provoquère ainsi une persécution contre Paul et Barnabas et les e pulsèrent de leur territoire.

51 Ceux-ci secouèrent contre eux la poussière de leu pieds et allèrent à Iconium. 52 Les nouveaux disciple cependant, étaient remplis de joie et de l'Esprit Saint.

A Iconium

14 1 A Iconium[f], Paul et Barnabas se rendirent aussi la synagogue des Juifs et y parlèrent de telle sor que beaucoup de Juifs et de non-Juifs devinrent croyant 2 Mais les Juifs qui avaient refusé de croire suscitèrent ch les non-Juifs de l'hostilité et de la malveillance à l'éga des frères. 3 Néanmoins, Paul et Barnabas prolongère leur séjour dans cette ville ; ils parlaient avec assuranc car ils étaient confiants dans le Seigneur et celui-ci co firmait la vérité du message de sa grâce, en leur donna d'accomplir des signes miraculeux et des prodiges.

4 La population de la ville se partagea en deux camps les uns prenaient parti pour les Juifs, les autres pour l apôtres. 5 Les non-Juifs et les Juifs, avec leurs chefs, s'a prêtaient à maltraiter les apôtres et à les lapider, 6 ma ceux-ci, dès qu'ils en furent informés, cherchèrent refu dans les villes de la Lycaonie : Lystres, Derbé et les env rons[g]. 7 Là aussi, ils annoncèrent l'Evangile.

A Lystres

8 A Lystres se trouvait un homme paralysé des pieds infirme de naissance, il n'avait jamais pu marcher. 9 écoutait les paroles de Paul. L'apôtre fixa les yeux sur lui e voyant qu'il avait la foi pour être sauvé, 10 il lui command d'une voix forte : Lève-toi et tiens-toi droit sur tes pieds D'un bond, il fut debout et se mit à marcher.

11 Quand ils virent ce que Paul avait fait, les nombreu assistants crièrent dans leur langue, le lycaonien : Le dieux ont pris forme humaine et ils sont descendus parm nous.

12 Ils appelaient Barnabas Zeus[h], et Paul Hermès parc qu'il était le porte-parole.

13 Le prêtre du dieu Zeus, dont le temple se trouvait l'entrée de la ville, fit amener devant les portes de la cit des taureaux ornés de guirlandes et de fleurs. Déjà il s'ap prêtait, avec la foule, à les offrir en sacrifice.

14 Quand les apôtres Barnabas et Paul l'apprirent, il déchirèrent leurs vêtements en signe de consternation e se précipitèrent au milieu de la foule en s'écriant : 15 Amis que faites-vous là ? Nous ne sommes que des hommes nous aussi, semblables à vous. Nous sommes venus vou annoncer une bonne nouvelle : c'est qu'il vous faut aban donner ces idoles inutiles pour vous tourner vers le Die vivant, qui a créé le ciel, la terre, la mer et tout ce qui s' trouve. 16 Dans les siècles passés, ce Dieu a laissé tous le peuples suivre leurs propres chemins. 17 Pourtant, il n'a

f 14.1 *Iconium,* à environ 150 kilomètres à l'est d'Antioche de Pisidie.

g 14.6 La *Lycaonie:* district à l'est de la Pisidie, au nord des monts du Taurus. Elle faisait partie de la province de Galatie. *Lystres:* colonie romaine, lieu d'origine probable de Timothée, à une trentaine de kilomètres d'Iconium. *Derbé:* à une centaine de kilomètres de Lystres ; patrie de Gaïus (20.4).

h 14.12 *Zeus:* dieu suprême dans la mythologie grecque. *Hermès:* message des dieux.

e has not left himself without testimony: He has
ıown kindness by giving you rain from heaven and
:ops in their seasons; he provides you with plenty
f food and fills your hearts with joy." 18 Even with
ıese words, they had difficulty keeping the crowd
om sacrificing to them.
19 Then some Jews came from Antioch and Iconium
ıd won the crowd over. They stoned Paul and
:agged him outside the city, thinking he was dead.
But after the disciples had gathered around him, he
ɔt up and went back into the city. The next day he
ıd Barnabas left for Derbe.

he Return to Antioch in Syria

21 They preached the gospel in that city and won
large number of disciples. Then they returned to
ystra, Iconium and Antioch, 22 strengthening the
isciples and encouraging them to remain true to the
ıith. "We must go through many hardships to enter
ıe kingdom of God," they said. 23 Paul and Barnabas
ɔpointed elders[a] for them in each church and, with
rayer and fasting, committed them to the Lord, in
hom they had put their trust. 24 After going through
isidia, they came into Pamphylia, 25 and when they
ad preached the word in Perga, they went down to
ttalia.
26 From Attalia they sailed back to Antioch, where
ey had been committed to the grace of God for the
ork they had now completed. 27 On arriving there,
ıey gathered the church together and reported all
ıat God had done through them and how he had
pened a door of faith to the Gentiles. 28 And they
:ayed there a long time with the disciples.

he Council at Jerusalem

15 1 Certain people came down from Judea to
Antioch and were teaching the believers:
Unless you are circumcised, according to the custom
ıught by Moses, you cannot be saved." 2 This brought
aul and Barnabas into sharp dispute and debate with
ıem. So Paul and Barnabas were appointed, along
ith some other believers, to go up to Jerusalem to
ee the apostles and elders about this question. 3 The
hurch sent them on their way, and as they traveled
ırough Phoenicia and Samaria, they told how the
entiles had been converted. This news made all the
elievers very glad. 4 When they came to Jerusalem,
ıey were welcomed by the church and the apostles
nd elders, to whom they reported everything God
ad done through them.
5 Then some of the believers who belonged to the
arty of the Pharisees stood up and said, "The Gentiles
ıust be circumcised and required to keep the law
f Moses."

14:23 Or *Barnabas ordained elders*; or *Barnabas had elders elected*

jamais cessé de leur donner des témoignages de sa bonté,
car il vous envoie du ciel la pluie et des fruits abondants en
leur saison. Oui, c'est lui qui vous donne de la nourriture
en abondance et comble votre cœur de joie.
18 Même en leur parlant ainsi, ils eurent beaucoup de mal
à dissuader la foule de leur offrir un sacrifice.
19 Des Juifs arrivèrent d'Antioche et d'Iconium et ils
parvinrent à retourner le peuple contre eux : ils lapidèrent
Paul, puis ils le traînèrent hors de la ville, croyant qu'il
était mort. 20 Mais quand les disciples se rassemblèrent
autour de lui, il se releva et rentra dans la ville. Le lendemain, il partit avec Barnabas pour Derbé.

Le retour à Antioche

21 Après avoir annoncé l'Evangile dans cette ville et y
avoir fait de nombreux disciples, ils retournèrent à Lystres,
à Iconium et à Antioche. 22 Ils fortifiaient les disciples et les
encourageaient à demeurer fermes dans la foi.

– Car, leur disaient-ils, c'est au travers de beaucoup de
souffrances qu'il nous faut entrer dans le royaume de Dieu.
23 Dans chaque Eglise, ils firent élire[i] des responsables
et, en priant et en jeûnant, ils les confièrent au Seigneur
en qui ils avaient cru.
24 De là, ils traversèrent la Pisidie et gagnèrent la
Pamphylie. 25 Après avoir annoncé la Parole à Pergé, ils
descendirent au port d'Attalie. 26 Là ils s'embarquèrent
pour Antioche d'où ils étaient partis et où on les avait
confiés à la grâce de Dieu pour l'œuvre qu'ils venaient
d'accomplir.
27 A leur arrivée[j], ils réunirent l'Eglise et racontèrent
tout ce que Dieu avait fait avec eux ; ils exposèrent, en
particulier, comment il avait ouvert aux non-Juifs la porte
de la foi. 28 Ils demeurèrent là assez longtemps parmi les
disciples.

Controverse sur la circoncision des non-Juifs

15 1 Quelques hommes venus de Judée arrivèrent à
Antioche. Ils enseignaient les frères, en disant :
Si vous ne vous faites pas circoncire comme Moïse l'a prescrit, vous ne pouvez pas être sauvés.
2 Il en résulta un conflit et de vives discussions avec Paul
et Barnabas.

Finalement, il fut décidé que Paul et Barnabas mon-
teraient à Jérusalem avec quelques autres frères pour
parler de ce problème avec les apôtres et les responsables de l'Eglise. 3 L'Eglise[k] pourvut à leur voyage[l]. Ils
traversèrent la Phénicie et la Samarie, racontant comment
les non-Juifs se tournaient vers Dieu. Et tous les frères en
eurent beaucoup de joie.
4 A leur arrivée à Jérusalem, ils furent accueillis par l'Eglise, les apôtres et les responsables ; ils leur rapportèrent
tout ce que Dieu avait fait avec eux. 5 Mais quelques anciens
membres du parti des pharisiens qui étaient devenus des
croyants intervinrent pour soutenir qu'il fallait absolument circoncire les non-Juifs et leur ordonner d'observer
la Loi de Moïse.

i 14.23 On traduit aussi : *ils firent nommer pour eux* ou *ils nommèrent pour eux*.

j 14.27 Après un voyage qui a probablement duré deux ans. Après cela, Paul et Barnabas ont dû rester une année à Antioche pendant laquelle a peut-être eu lieu l'épisode raconté en Ga 2.11.

k 15.3 Il s'agit de l'Eglise d'Antioche de Syrie.

l 15.3 Autre traduction : *accompagnés par l'Eglise, ils ...*

6 The apostles and elders met to consider this
question. 7 After much discussion, Peter got up and
addressed them: "Brothers, you know that some time
ago God made a choice among you that the Gentiles
might hear from my lips the message of the gospel
and believe. 8 God, who knows the heart, showed that
he accepted them by giving the Holy Spirit to them,
just as he did to us. 9 He did not discriminate between
us and them, for he purified their hearts by faith.
10 Now then, why do you try to test God by putting on
the necks of Gentiles a yoke that neither we nor our
ancestors have been able to bear? 11 No! We believe
it is through the grace of our Lord Jesus that we are
saved, just as they are."

12 The whole assembly became silent as they listened
to Barnabas and Paul telling about the signs and wonders God had done among the Gentiles through them.
13 When they finished, James spoke up. "Brothers," he
said, "listen to me. 14 Simon[b] has described to us how
God first intervened to choose a people for his name
from the Gentiles. 15 The words of the prophets are in
agreement with this, as it is written:

16 " 'After this I will return
and rebuild David's fallen tent.
Its ruins I will rebuild,
and I will restore it,
17 that the rest of mankind may seek the Lord,
even all the Gentiles who bear my name,
says the Lord, who does these things'[c] –
18 things known from long ago.[d]

19 "It is my judgment, therefore, that we should not
make it difficult for the Gentiles who are turning to
God. 20 Instead we should write to them, telling them
to abstain from food polluted by idols, from sexual
immorality, from the meat of strangled animals and
from blood. 21 For the law of Moses has been preached
in every city from the earliest times and is read in the
synagogues on every Sabbath."

The Council's Letter to Gentile Believers

22 Then the apostles and elders, with the whole
church, decided to choose some of their own men
and send them to Antioch with Paul and Barnabas.
They chose Judas (called Barsabbas) and Silas, men
who were leaders among the believers. 23 With them
they sent the following letter:

The apostles and elders, your brothers,

To the Gentile believers in Antioch, Syria and Cilicia:

Greetings.

24 We have heard that some went out from us without our authorization and disturbed you, troubling

[b] 15:14 Greek *Simeon*, a variant of *Simon*; that is, Peter

[c] 15:17 Amos 9:11,12 (see Septuagint)

[d] 15:17,18 Some manuscripts *things'* – / 18 *the Lord's work is known to him from long ago*

6 Les apôtres et les responsables de l'Eglise se réunirer
pour examiner la question. 7 Après une longue discussio
Pierre se leva et leur dit :

Mes frères, comme vous le savez, il y a déjà longtemp
que Dieu m'a choisi parmi vous pour que j'annonce l'Eva
gile aux non-Juifs, pour qu'ils l'entendent et deviennen
croyants.

8 Dieu, qui lit dans le secret des cœurs, a témoigné qu'
les acceptait, en leur donnant lui-même le Saint-Espr
comme il l'avait fait pour nous. 9 Entre eux et nous, il n
fait aucune différence puisque c'est par la foi qu'il a pu
rifié leur cœur.

10 Pourquoi donc maintenant vouloir provoquer Die
en imposant à ces disciples un joug que ni nos ancêtres
nous n'avons jamais eu la force de porter ? 11 Non ! Voi
au contraire ce que nous croyons : c'est par la grâce d
Seigneur Jésus que nous sommes sauvés, nous Juifs, de
même manière qu'eux.

12 Alors tout le monde se tut pour écouter Barnabas e
Paul raconter les signes miraculeux et les prodiges qu
Dieu avait accomplis par eux parmi les non-Juifs. 13 Quan
ils eurent fini de parler, Jacques[m] prit la parole et dit :

Maintenant, mes frères, écoutez-moi ! 14 Simon[n] vou
a rappelé comment, dès le début, Dieu lui-même est ir
tervenu pour se choisir parmi les non-Juifs un peup
qui lui appartienne. 15 Cela concorde avec les paroles d
prophètes puisqu'il est écrit :

16 *Après cela,* dit le Seigneur, je reviendrai, *et je rebâtir*
la hutte de David qui est tombée en ruine,
et j'en relèverai les ruines, je la redresserai.

17 *Alors, le reste des hommes se tournera vers le Seigneur,*
des gens de tous les autres peuples appelés de mon nom
comme ma possession.

18 *Le Seigneur le déclare,* lui *qui réalise ces choses* qu'il
avait préparées de toute éternité.

19 Voici donc ce que je propose, continua Jacques : n
créons pas de difficultés aux non-Juifs qui se convertisser
à Dieu. 20 Ecrivons-leur simplement de ne pas manger d
viande provenant des sacrifices offerts aux idoles, de s
garder de toute inconduite sexuelle, et de ne consomme
ni viande d'animaux étouffés ni sang[o]. 21 En effet, depu
les temps anciens, il y a dans chaque ville des prédicateu
qui enseignent la Loi de Moïse, et chaque sabbat, on la l
dans les synagogues.

22 Alors les apôtres et les responsables, avec toute l'Eg
lise, décidèrent de choisir parmi eux quelques délégué
et de les envoyer à Antioche avec Paul et Barnabas. Il
choisirent donc Jude, surnommé Barsabbas, et Silas. Tou
deux jouissaient d'une grande estime parmi les frères
23 Voici la lettre qu'ils leur remirent :

Les apôtres et les responsables de l'Eglise adressent leur
salutations aux frères d'origine païenne qui habiten
Antioche, la Syrie et la Cilicie.

24 Nous avons appris que certains frères venus de che
nous ont jeté le trouble parmi vous et vous ont désor
entés par leurs paroles. Or, ils n'avaient reçu aucu

[m] **15.13** *Jacques:* voir note 12.17.

[n] **15.14** *Simon:* premier nom de Pierre (voir Mt 4.18).

[o] **15.20** Voir Ex 34.15-16 ; Lv 17.10-16. Selon certains, *l'inconduite sexuelle* pourrait désigner ici les unions interdites par la Loi de Moïse (voir Lv 18.6-23).

your minds by what they said. 25 So we all agreed to
choose some men and send them to you with our
dear friends Barnabas and Paul – 26 men who have
risked their lives for the name of our Lord Jesus
Christ. 27 Therefore we are sending Judas and Silas
to confirm by word of mouth what we are writing.
28 It seemed good to the Holy Spirit and to us not
to burden you with anything beyond the following requirements: 29 You are to abstain from food
sacrificed to idols, from blood, from the meat of
strangled animals and from sexual immorality. You
will do well to avoid these things.
Farewell.

30 So the men were sent off and went down to
ntioch, where they gathered the church together
nd delivered the letter. 31 The people read it and were
lad for its encouraging message. 32 Judas and Silas,
ho themselves were prophets, said much to encour-
ge and strengthen the believers. 33 After spending
ome time there, they were sent off by the believers
ith the blessing of peace to return to those who had
ent them. 34 [34][e] 35 But Paul and Barnabas remained
n Antioch, where they and many others taught and
reached the word of the Lord.

isagreement Between Paul and Barnabas

36 Some time later Paul said to Barnabas, "Let us go
ack and visit the believers in all the towns where we
reached the word of the Lord and see how they are
oing." 37 Barnabas wanted to take John, also called
Mark, with them, 38 but Paul did not think it wise to
ake him, because he had deserted them in Pamphylia
nd had not continued with them in the work. 39 They
ad such a sharp disagreement that they parted com-
any. Barnabas took Mark and sailed for Cyprus, 40 but
aul chose Silas and left, commended by the believers
o the grace of the Lord. 41 He went through Syria and
ilicia, strengthening the churches.

imothy Joins Paul and Silas

16 1 Paul came to Derbe and then to Lystra, where
a disciple named Timothy lived, whose moth-
r was Jewish and a believer but whose father was a
reek. 2 The believers at Lystra and Iconium spoke
vell of him. 3 Paul wanted to take him along on the
ourney, so he circumcised him because of the Jews
vho lived in that area, for they all knew that his father
vas a Greek. 4 As they traveled from town to town,
hey delivered the decisions reached by the apostles
nd elders in Jerusalem for the people to obey. 5 So the
hurches were strengthened in the faith and grew
aily in numbers.

15:34 Some manuscripts include here *But Silas decided to remain
ere.*

mandat de notre part. 25 C'est pourquoi nous avons
décidé à l'unanimité de choisir des délégués et de vous
les envoyer avec nos chers frères Barnabas et Paul 26 qui
ont risqué leur vie pour la cause de notre Seigneur Jésus-
Christ. 27 Nous vous envoyons donc Jude et Silas, qui vous
confirmeront de vive voix ce que nous vous écrivons.
28 Car il nous a semblé bon, au Saint-Esprit et à nous-
mêmes, de ne pas vous imposer d'autres obligations
que celles qui sont strictement nécessaires : 29 ne con-
sommez pas de viandes provenant des sacrifices aux
idoles, du sang, des animaux étouffés, et gardez-vous
de toute inconduite sexuelle. Si vous évitez tout cela,
vous agirez bien.
Recevez nos salutations les plus fraternelles.
30 On laissa partir les délégués et ils se rendirent à
Antioche. Ils réunirent l'ensemble des croyants et leur
remirent la lettre. 31 On la lut et tous se réjouirent de l'encouragement qu'ils y trouvaient.
32 Comme Jude et Silas étaient eux-mêmes prophètes,
ils parlèrent longuement aux frères pour les encourager
et les affermir dans la foi. 33 Ils restèrent là un certain
temps, puis les frères leur souhaitèrent bon voyage et les
laissèrent retourner auprès de ceux qui les avaient envoyés. [34 Silas cependant trouva bon de rester à Antioche,
de sorte que Jude rentra seul à Jérusalem[p].] 35 Paul et
Barnabas restèrent à Antioche, continuant avec beaucoup
d'autres à enseigner et à annoncer la Parole du Seigneur.

Paul et Barnabas se séparent

36 Après quelque temps, Paul dit à Barnabas : Partons
refaire le tour de toutes les villes où nous avons annoncé
la Parole du Seigneur et rendons visite aux frères pour
voir ce qu'ils deviennent.
37 Mais Barnabas voulait emmener avec lui Jean, appelé aussi Marc, 38 et Paul estimait qu'il ne convenait pas
de prendre avec eux celui qui les avait abandonnés en
Pamphylie et qui ne les avait pas accompagnés dans leur
œuvre.
39 Leur désaccord fut si profond qu'ils se séparèrent.
Barnabas emmena Marc avec lui et s'embarqua pour
Chypre. 40 Paul, de son côté, choisit Silas et partit avec lui,
après avoir été confié par les frères à la grâce du Seigneur.
41 Il parcourut la Syrie et la Cilicie en fortifiant les
Eglises.

L'appel du Macédonien

16 1 Paul se rendit ensuite à Derbé, puis à Lystres. Il y
trouva un disciple nommé Timothée ; sa mère était
une croyante d'origine juive et son père était Grec. 2 Les
frères de Lystres et d'Iconium disaient beaucoup de bien
de lui. 3 Paul désira le prendre avec lui. Il l'emmena donc
et le fit circoncire par égard pour les Juifs qui habitaient
dans ces régions et qui savaient tous que son père était
Grec. 4 Dans toutes les villes où ils passaient, ils communi-
quaient aux frères les décisions prises par les apôtres et les
responsables de l'Eglise à Jérusalem, en leur demandant
de s'y conformer. 5 Et les Eglises s'affermissaient dans la
foi et voyaient augmenter chaque jour le nombre de leurs
membres.

p 15.34 Ce verset est absent de plusieurs manuscrits.

Paul's Vision of the Man of Macedonia

6 Paul and his companions traveled throughout the region of Phrygia and Galatia, having been kept by the Holy Spirit from preaching the word in the province of Asia. 7 When they came to the border of Mysia, they tried to enter Bithynia, but the Spirit of Jesus would not allow them to. 8 So they passed by Mysia and went down to Troas. 9 During the night Paul had a vision of a man of Macedonia standing and begging him, "Come over to Macedonia and help us." 10 After Paul had seen the vision, we got ready at once to leave for Macedonia, concluding that God had called us to preach the gospel to them.

Lydia's Conversion in Philippi

11 From Troas we put out to sea and sailed straight for Samothrace, and the next day we went on to Neapolis. 12 From there we traveled to Philippi, a Roman colony and the leading city of that district[f] of Macedonia. And we stayed there several days.

13 On the Sabbath we went outside the city gate to the river, where we expected to find a place of prayer. We sat down and began to speak to the women who had gathered there. 14 One of those listening was a woman from the city of Thyatira named Lydia, a dealer in purple cloth. She was a worshiper of God. The Lord opened her heart to respond to Paul's message. 15 When she and the members of her household were baptized, she invited us to her home. "If you consider me a believer in the Lord," she said, "come and stay at my house." And she persuaded us.

Paul and Silas in Prison

16 Once when we were going to the place of prayer, we were met by a female slave who had a spirit by which she predicted the future. She earned a great deal of money for her owners by fortune-telling. 17 She followed Paul and the rest of us, shouting, "These men are servants of the Most High God, who are telling you the way to be saved." 18 She kept this up for many days. Finally Paul became so annoyed that he turned around and said to the spirit, "In the name of Jesus Christ I command you to come out of her!" At that moment the spirit left her.

19 When her owners realized that their hope of making money was gone, they seized Paul and Silas and dragged them into the marketplace to face the authorities. 20 They brought them before the magistrates and

f 16:12 The text and meaning of the Greek for *the leading city of that district* are uncertain.

6 Ils traversèrent la Galatie phrygienne parce que l Saint-Esprit les avait empêchés d'annoncer la Parole dar la province d'Asie[q]. 7 Parvenus près de la Mysie[r], ils se pro posaient d'aller en Bithynie ; mais, là encore, l'Esprit d Jésus s'opposa à leur projet. 8 Ils traversèrent donc la Mys et descendirent au port de Troas. 9 Là, Paul eut une visic au cours de la nuit : un Macédonien se tenait devant lui e le suppliait : Viens en Macédoine et secours-nous !

10 A la suite de cette vision de Paul, nous[s] avons aussitô cherché à nous rendre en Macédoine, car nous avions l certitude que Dieu lui-même nous appelait à y annonce l'Evangile.

11 Nous nous sommes embarqués à Troas et nous avor mis directement le cap sur l'île de Samothrace. Le lend main, nous avons atteint Néapolis[t]. 12 De là, nous somme allés jusqu'à la colonie romaine de Philippes, ville du pre mier district de Macédoine[u]. Nous avons passé plusieur jours dans cette ville.

A Philippes

13 Le jour du sabbat, nous nous sommes rendus hors d l'enceinte de la cité, au bord d'une rivière où nous sup posions que les Juifs se réunissaient d'habitude pour l prière. Quelques femmes étaient rassemblées là. Nous nou sommes assis avec elles et nous leur avons parlé.

14 Il y avait parmi elles une marchande d'étoffes de pour pre, nommée Lydie, originaire de la ville de Thyatire, ur non-Juive qui adorait Dieu. Elle écoutait, et le Seigneu ouvrit son cœur, de sorte qu'elle fut attentive à ce que di sait Paul. 15 Elle fut baptisée avec sa famille et ceux qui e dépendaient, puis elle nous invita en disant : Puisque vou avez jugé que j'ai foi[v] au Seigneur, venez loger chez moi. Et, avec insistance, elle nous pressa d'accepter.

16 Un jour que nous nous rendions au lieu de prière, un esclave vint à notre rencontre. Elle avait en elle un espri de divination, et ses prédictions procuraient de grand revenus à ses maîtres. 17 Elle se mit à nous suivre, Paul e nous, en criant à tue-tête : Ces hommes-là sont des ser viteurs du Dieu très-haut : ils viennent vous annonce comment être sauvés !

18 Elle fit cela plusieurs jours de suite.

A la fin, Paul, excédé, se retourna et dit à l'esprit : Je t'or donne, au nom de Jésus-Christ, de sortir de cette femme A l'instant même, il la quitta.

19 Lorsque les maîtres de l'esclave s'aperçurent que leur espoirs de gains s'étaient évanouis, ils se saisirent de Pau et de Silas et les traînèrent sur la grand-place de la vill devant les autorités. 20 Ils les présentèrent aux magistrat

q 16.6 La *Galatie phrygienne* était une région au sud de l'Asie Mineure. L'*Asie:* province romaine à l'ouest de l'Asie Mineure, ayant pour capitale Ephèse.

r 16.7 La *Mysie:* région située près du détroit du Bosphore.

s 16.10 Le passage à la première personne du pluriel (le *nous*) suggère qu'à partir de là, Luc s'est joint à l'équipe de Paul et rapporte ses souvenirs personnels jusqu'au chapitre 17. Après avoir parlé à la troisième personne dans les chapitres 17-19, il reprend le récit à la première personne en 20.5.

t 16.11 *Néapolis:* port du nord de la mer Egée, proche de la ville de Philippes.

u 16.12 Certains manuscrits ont : *ville principale du district de Macédoine.*

v 16.15 Autre traduction : *je suis fidèle.*

id, "These men are Jews, and are throwing our city to an uproar 21 by advocating customs unlawful for Romans to accept or practice."

22 The crowd joined in the attack against Paul and las, and the magistrates ordered them to be stripped id beaten with rods. 23 After they had been severely ogged, they were thrown into prison, and the jailer as commanded to guard them carefully. 24 When he ceived these orders, he put them in the inner cell id fastened their feet in the stocks.

25 About midnight Paul and Silas were praying and nging hymns to God, and the other prisoners were tening to them. 26 Suddenly there was such a violent rthquake that the foundations of the prison were aken. At once all the prison doors flew open, and everyone's chains came loose. 27 The jailer woke up, and hen he saw the prison doors open, he drew his sword id was about to kill himself because he thought the isoners had escaped. 28 But Paul shouted, "Don't arm yourself! We are all here!"

29 The jailer called for lights, rushed in and fell trembing before Paul and Silas. 30 He then brought them it and asked, "Sirs, what must I do to be saved?"

31 They replied, "Believe in the Lord Jesus, and you ill be saved – you and your household." 32 Then they oke the word of the Lord to him and to all the others his house. 33 At that hour of the night the jailer took em and washed their wounds; then immediately e and all his household were baptized. 34 The jailer ought them into his house and set a meal before em; he was filled with joy because he had come to elieve in God – he and his whole household.

35 When it was daylight, the magistrates sent their ficers to the jailer with the order: "Release those en." 36 The jailer told Paul, "The magistrates have rdered that you and Silas be released. Now you can ave. Go in peace."

37 But Paul said to the officers: "They beat us publicly ithout a trial, even though we are Roman citizens, id threw us into prison. And now do they want to et rid of us quietly? No! Let them come themselves id escort us out."

38 The officers reported this to the magistrates, and hen they heard that Paul and Silas were Roman citens, they were alarmed. 39 They came to appease iem and escorted them from the prison, requesting em to leave the city. 40 After Paul and Silas came out the prison, they went to Lydia's house, where they et with the brothers and sisters and encouraged iem. Then they left.

romains et portèrent plainte contre eux en ces termes : Ces gens-là sont des Juifs qui jettent le trouble dans notre ville. 21 Ils cherchent à introduire ici des coutumes que nous, qui sommes Romains, n'avons le droit ni d'accepter, ni de pratiquer !

22 La foule se souleva contre eux. Alors, les magistrats leur firent arracher les vêtements et ordonnèrent qu'on les batte à coups de bâton.

23 On les roua de coups et on les jeta en prison. Le gardien reçut l'ordre de les surveiller de près. 24 Pour se conformer à la consigne, il les enferma dans le cachot le plus reculé et leur attacha les pieds dans des blocs de bois.

25 Vers le milieu de la nuit, Paul et Silas priaient et chantaient les louanges de Dieu. Les autres prisonniers les écoutaient.

26 Tout à coup, un violent tremblement de terre secoua la prison jusque dans ses fondations. Toutes les portes s'ouvrirent à l'instant même et les chaînes de tous les prisonniers se détachèrent. 27 Le gardien se réveilla en sursaut et vit les portes de la prison grand ouvertes : alors il tira son épée et allait se tuer, car il croyait que ses prisonniers s'étaient enfuis[w].

28 Mais Paul lui cria de toutes ses forces : Arrête ! Ne te fais pas de mal, nous sommes tous là.

29 Le gardien demanda des torches, se précipita dans le cachot et, tremblant de peur, se jeta aux pieds de Paul et de Silas. 30 Puis il les fit sortir et leur demanda :

Messieurs, que dois-je faire pour être sauvé[x] ?

31 – Crois au Seigneur Jésus, lui répondirent-ils, et tu seras sauvé ; il en est de même pour toi et pour les tiens.

32 Et ils lui annoncèrent la Parole de Dieu, à lui et à tous ceux qui vivaient dans sa maison.

33 A l'heure même, en pleine nuit, le gardien les prit avec lui et lava leurs blessures. Il fut baptisé aussitôt après, lui et tous les siens. 34 Puis il fit monter Paul et Silas dans sa maison, leur offrit un repas, et se réjouit, avec toute sa famille, d'avoir cru en Dieu.

35 Quand il fit jour, les magistrats envoyèrent les huissiers à la prison pour faire dire au gardien : Relâche ces hommes !

36 Celui-ci courut annoncer la nouvelle à Paul : Les magistrats m'ont donné ordre de vous remettre en liberté. Vous pouvez donc sortir maintenant et aller en paix.

37 Mais Paul dit aux huissiers : Comment ! Ils nous ont fait fouetter en public, sans jugement régulier, alors que nous sommes citoyens romains[y], puis ils nous ont jetés en prison. Et maintenant, ils voudraient se débarrasser de nous en cachette. Il n'en est pas question ! Qu'ils viennent eux-mêmes nous remettre en liberté.

38 Les huissiers rapportèrent ces paroles aux magistrats. Ceux-ci, en apprenant qu'ils avaient affaire à des citoyens romains, furent pris de peur. 39 Ils vinrent en personne leur présenter des excuses, leur rendirent la liberté et leur demandèrent de bien vouloir quitter la ville.

40 A leur sortie de prison, Paul et Silas se rendirent chez Lydie, où ils retrouvèrent tous les frères, ils les encouragèrent, puis ils reprirent la route.

w 16.27 Les geôliers qui laissaient échapper un prisonnier étaient condamnés à la peine qu'aurait dû subir le fugitif.

x 16.30 Autre traduction : *pour sortir indemne de cette situation.*

y 16.37 Il était interdit par la loi de faire battre des citoyens romains à coups de bâton ou de fouet. Or, Paul était citoyen romain (voir 22.25-29 ; 23.27), Silas peut-être aussi.

In Thessalonica

17 1When Paul and his companions had passed through Amphipolis and Apollonia, they came to Thessalonica, where there was a Jewish synagogue. 2As was his custom, Paul went into the synagogue, and on three Sabbath days he reasoned with them from the Scriptures, 3explaining and proving that the Messiah had to suffer and rise from the dead. "This Jesus I am proclaiming to you is the Messiah," he said. 4Some of the Jews were persuaded and joined Paul and Silas, as did a large number of God-fearing Greeks and quite a few prominent women.

5But other Jews were jealous; so they rounded up some bad characters from the marketplace, formed a mob and started a riot in the city. They rushed to Jason's house in search of Paul and Silas in order to bring them out to the crowd.[g] 6But when they did not find them, they dragged Jason and some other believers before the city officials, shouting: "These men who have caused trouble all over the world have now come here, 7and Jason has welcomed them into his house. They are all defying Caesar's decrees, saying that there is another king, one called Jesus." 8When they heard this, the crowd and the city officials were thrown into turmoil. 9Then they made Jason and the others post bond and let them go.

In Berea

10As soon as it was night, the believers sent Paul and Silas away to Berea. On arriving there, they went to the Jewish synagogue. 11Now the Berean Jews were of more noble character than those in Thessalonica, for they received the message with great eagerness and examined the Scriptures every day to see if what Paul said was true. 12As a result, many of them believed, as did also a number of prominent Greek women and many Greek men.

13But when the Jews in Thessalonica learned that Paul was preaching the word of God at Berea, some of them went there too, agitating the crowds and stirring them up. 14The believers immediately sent Paul to the coast, but Silas and Timothy stayed at Berea. 15Those who escorted Paul brought him to Athens and then left with instructions for Silas and Timothy to join him as soon as possible.

In Athens

16While Paul was waiting for them in Athens, he was greatly distressed to see that the city was full of idols. 17So he reasoned in the synagogue with both Jews and God-fearing Greeks, as well as in the marketplace day by day with those who happened to be there. 18A group of Epicurean and Stoic philosophers began to debate with him. Some of them asked, "What is this

[g] 17:5 Or *the assembly of the people*

Opposition des Juifs à Thessalonique

17 1Ils traversèrent Amphipolis puis Apollonie gagnèrent Thessalonique où les Juifs avaient un synagogue. 2Selon son habitude, Paul s'y rendit et, penda trois sabbats, il discuta avec eux sur les Ecritures. 3Il l leur expliquait et leur démontrait que, d'après elles, Messie devait mourir, puis ressusciter.

– Le Messie, disait-il, n'est autre que ce Jésus que je vo annonce.

4Quelques Juifs furent convaincus et se joignirent Paul et Silas, ainsi qu'un grand nombre de non-Juifs q adoraient Dieu et plusieurs femmes de la haute société.

5Mais les autres Juifs, jaloux, recrutèrent quelqu voyous trouvés dans les rues et provoquèrent des attroup ments et du tumulte dans la ville. Ils firent irruption da la maison de Jason pour y chercher Paul et Silas qu'i voulaient traduire devant l'assemblée du peuple. 6Ma ils ne les trouvèrent pas. Alors ils emmenèrent Jason quelques frères devant les magistrats de la ville.

– Ces individus, criaient-ils, ont mis le monde entier se dessus dessous. Et maintenant ils sont ici. 7Jason les a reç chez lui. Ils agissent tous contre les édits de César, car prétendent qu'il y a un autre roi, nommé Jésus.

8Ces paroles émurent la foule et les magistrats. 9Ceux-ne relâchèrent Jason et les autres croyants qu'après avo obtenu d'eux le versement d'une caution.

A Bérée

10Dès qu'il fit nuit, les frères firent partir Paul et Sil pour Bérée. Une fois arrivés là, ceux-ci se rendirent à synagogue des Juifs. 11Ils y trouvèrent des gens qui étaie bien mieux disposés que les Juifs de Thessalonique et q accueillirent la Parole de Dieu avec beaucoup d'empre sement ; ceux-ci examinaient chaque jour les Ecritur pour voir si ce qu'on leur disait était juste. 12Beaucou d'entre eux crurent. Et, parmi les Grecs, un grand non bre de femmes de la haute société et beaucoup d'homm acceptèrent également la foi.

13Mais quand les Juifs de Thessalonique apprirent qu Paul annonçait aussi la Parole de Dieu à Bérée, ils vinre semer, là aussi, l'agitation et le trouble parmi la popu lation. 14Alors, sans tarder, les frères firent partir Pa jusqu'à la mer pour prendre un bateau. Silas et Timothé restèrent à Bérée. 15Ceux qui étaient chargés de condui Paul l'amenèrent jusqu'à Athènes. L'apôtre leur demand d'inviter de sa part Silas et Timothée à venir le rejoind au plus tôt, puis ils repartirent.

Le discours de Paul à Athènes

16Pendant qu'il attendait ses compagnons à Athène Paul bouillait d'indignation en voyant combien cette vil était remplie d'idoles. 17Il discutait donc, à la synagogu avec les Juifs et les non-Juifs qui adoraient Dieu et, chaqu jour, sur la place publique, avec tous ceux qu'il rencontrai 18Quelques philosophes, des épicuriens et des stoïciens engageaient aussi des débats avec lui.

Les uns disaient : Qu'est-ce que cette pie bavarde peu bien vouloir dire ?

[z] 17.18 Représentants des deux principales écoles philosophiques du temps. Les *épicuriens* préconisaient la jouissance modérée, les *stoïciens* l'effort et la fermeté face à la souffrance.

bbler trying to say?" Others remarked, "He seems
be advocating foreign gods." They said this because
ul was preaching the good news about Jesus and
e resurrection. 19 Then they took him and brought
m to a meeting of the Areopagus, where they said
him, "May we know what this new teaching is that
u are presenting? 20 You are bringing some strange
eas to our ears, and we would like to know what they
ean." 21 (All the Athenians and the foreigners who
ed there spent their time doing nothing but talking
out and listening to the latest ideas.)

22 Paul then stood up in the meeting of the
reopagus and said: "People of Athens! I see that in
ery way you are very religious. 23 For as I walked
ound and looked carefully at your objects of wor-
ip, I even found an altar with this inscription:
to an unknown god.
o you are ignorant of the very thing you wor-
ip – and this is what I am going to proclaim to you.
24 "The God who made the world and everything in
is the Lord of heaven and earth and does not live in
mples built by human hands. 25 And he is not served
y human hands, as if he needed anything. Rather, he
imself gives everyone life and breath and everything
se. 26 From one man he made all the nations, that
ey should inhabit the whole earth; and he marked
ut their appointed times in history and the bound-
ries of their lands. 27 God did this so that they would
ek him and perhaps reach out for him and find him,
ough he is not far from any one of us. 28 'For in him
e live and move and have our being.'[h] As some of
our own poets have said, 'We are his offspring.'[i]
29 "Therefore since we are God's offspring, we should
ot think that the divine being is like gold or silver or
one – an image made by human design and skill. 30 In
e past God overlooked such ignorance, but now he
ommands all people everywhere to repent. 31 For he
as set a day when he will judge the world with justice
y the man he has appointed. He has given proof of
is to everyone by raising him from the dead."

32 When they heard about the resurrection of the
ead, some of them sneered, but others said, "We want
hear you again on this subject." 33 At that, Paul left
he Council. 34 Some of the people became followers of
aul and believed. Among them was Dionysius, a mem-
er of the Areopagus, also a woman named Damaris,
nd a number of others.

17:28 From the Cretan philosopher Epimenides
17:28 From the Cilician Stoic philosopher Aratus

D'autres disaient : On dirait qu'il prêche des divinités
étrangères.
En effet, Paul annonçait « Jésus » et la « résurrection »[a].
19 Pour finir, ils l'emmenèrent et le conduisirent devant
l'Aréopage[b].
– Pouvons-nous savoir, lui dirent-ils alors, en quoi consiste ce nouvel enseignement dont tu parles ? 20 Les propos
que tu tiens sonnent de façon bien étrange à nos oreilles.
Nous désirons savoir ce qu'ils veulent dire.
(21 Il se trouve, en effet, que tous les Athéniens, et
les étrangers qui résidaient dans leur ville, passaient le
plus clair de leur temps à dire ou à écouter les dernières
nouvelles.)
22 Alors Paul se leva au milieu de[c] l'Aréopage et dit :
Athéniens, je vois que vous êtes, à tous égards, extrêmement soucieux d'honorer les divinités. 23 En effet,
en parcourant les rues de votre ville et en examinant vos
monuments sacrés, j'ai même découvert un autel qui porte
cette inscription : A un dieu inconnu[d]. Ce que vous révérez
ainsi sans le connaître, je viens vous l'annoncer.

24 Dieu, qui a créé l'univers et tout ce qui s'y trouve, et
qui est le Seigneur du ciel et de la terre, n'habite pas dans
des temples bâtis de mains d'hommes. 25 Il n'a pas besoin
non plus d'être servi par des mains humaines, comme
s'il lui manquait quelque chose. Au contraire, c'est lui qui
donne à tous les êtres la vie, le souffle et toutes choses.
26 A partir d'un seul homme, il a créé tous les peuples
pour qu'ils habitent toute la surface de la terre ; il a fixé
des périodes déterminées et établi les limites de leurs
domaines.
27 Par tout cela, Dieu invitait les hommes à le chercher,
et à le trouver, peut-être, comme à tâtons, lui qui n'est
pas loin de chacun de nous. 28 En effet, « c'est en lui que
nous avons la vie, le mouvement et l'être », comme l'ont
aussi affirmé certains de vos poètes, car « nous sommes
ses enfants »[e]. 29 Ainsi, puisque nous sommes ses enfants,
nous ne devons pas imaginer la moindre ressemblance
entre la divinité et ces idoles en or, en argent ou en marbre
que peuvent produire l'art ou l'imagination des hommes.
30 Or Dieu ne tient plus compte des temps où les hommes
ne le connaissaient pas. Aujourd'hui, il leur annonce à
tous, et partout, qu'ils doivent changer. 31 Car il a fixé un
jour où il jugera le monde entier en toute justice, par un
homme qu'il a désigné pour cela, ce dont il a donné à tous
une preuve certaine en le ressuscitant.
32 Lorsqu'ils entendirent parler de résurrection, les
uns se moquèrent de Paul, et les autres lui dirent : Nous
t'écouterons là-dessus une autre fois.
33 C'est ainsi que Paul se retira de leur assemblée.
34 Cependant, quelques auditeurs se joignirent à lui et
devinrent croyants, en particulier Denys, un membre de
l'Aréopage, une femme nommée Damaris, et d'autres avec
eux.

[a] 17.18 La *« résurrection »*: en grec le nom féminin *anastasis* était compris par les auditeurs de Paul comme étant le nom d'une divinité féminine associée à Jésus.

[b] 17.19 *l'Aréopage:* colline dominant Athènes où se réunissait autrefois le conseil de la ville. Ce nom en vint à désigner le conseil lui-même.

[c] 17.22 Autre traduction : *devant.*

[d] 17.23 Afin d'éviter de mécontenter une divinité à laquelle ils auraient oublié d'ériger un monument, les Athéniens avaient eu l'idée de construire cet autel.

[e] 17.28 Citations libres de deux poètes grecs : Epiménide et Aratos.

In Corinth

18 1After this, Paul left Athens and went to Corinth. 2There he met a Jew named Aquila, a native of Pontus, who had recently come from Italy with his wife Priscilla, because Claudius had ordered all Jews to leave Rome. Paul went to see them, 3and because he was a tentmaker as they were, he stayed and worked with them. 4Every Sabbath he reasoned in the synagogue, trying to persuade Jews and Greeks.

5When Silas and Timothy came from Macedonia, Paul devoted himself exclusively to preaching, testifying to the Jews that Jesus was the Messiah. 6But when they opposed Paul and became abusive, he shook out his clothes in protest and said to them, "Your blood be on your own heads! I am innocent of it. From now on I will go to the Gentiles."

7Then Paul left the synagogue and went next door to the house of Titius Justus, a worshiper of God. 8Crispus, the synagogue leader, and his entire household believed in the Lord; and many of the Corinthians who heard Paul believed and were baptized.

9One night the Lord spoke to Paul in a vision: "Do not be afraid; keep on speaking, do not be silent. 10For I am with you, and no one is going to attack and harm you, because I have many people in this city." 11So Paul stayed in Corinth for a year and a half, teaching them the word of God.

12While Gallio was proconsul of Achaia, the Jews of Corinth made a united attack on Paul and brought him to the place of judgment. 13"This man," they charged, "is persuading the people to worship God in ways contrary to the law."

14Just as Paul was about to speak, Gallio said to them, "If you Jews were making a complaint about some misdemeanor or serious crime, it would be reasonable for me to listen to you. 15But since it involves questions about words and names and your own law – settle the matter yourselves. I will not be a judge of such things." 16So he drove them off. 17Then the crowd there turned on Sosthenes the synagogue leader and beat him in front of the proconsul; and Gallio showed no concern whatever.

Paul à Corinthe

18 1Après cela, Paul partit d'Athènes et se rend à Corinthe[f]. 2Il y fit la connaissance d'un Ju nommé Aquilas, originaire du Pont[g], qui venait d'arriv d'Italie avec sa femme Priscille[h], car tous les Juifs avaie été expulsés de Rome par un décret de l'empereur Claud Paul se lia avec eux. 3Comme il avait le même métier qu'e – ils fabriquaient des toiles de tente – il logea chez eux ils travaillèrent ensemble.

4Chaque sabbat, Paul prenait la parole dans la synagog et cherchait à convaincre les Juifs et les Grecs. 5Quand Sil et Timothée arrivèrent de Macédoine, il consacra tout s temps à annoncer la Parole[j]. Il rendait témoignage au Juifs que Jésus est le Messie.

6Mais ceux-ci s'opposaient à lui et l'injuriaient. Aussi secoua contre eux la poussière de ses vêtements et leur di Si vous êtes perdus, ce sera uniquement de votre faute. n'en porte pas la responsabilité. A partir de maintenan j'irai vers les non-Juifs.

7Il partit de là et se rendit chez un certain Titius Justu C'était un non-Juif qui adorait Dieu, et sa maison était jus à côté de la synagogue. 8Crispus, le chef de la synagogu crut au Seigneur ainsi que toute sa famille. Beaucoup c Corinthiens qui écoutaient Paul crurent aussi et furen baptisés.

9Une nuit, le Seigneur lui-même parla à Paul dans ur vision : N'aie pas peur, lui dit-il, parle et ne te tais pas, 10 suis avec toi. Personne ne pourra s'attaquer à toi pour faire du mal, car il y a dans cette ville un peuple nombreu qui m'appartient.

11Alors Paul se fixa à Corinthe et, pendant un an et dem y enseigna la Parole de Dieu.

12A l'époque où Gallion[k] était gouverneur de la provinc d'Achaïe, les Juifs se mirent d'accord pour se saisir de Pa et ils l'amenèrent devant le tribunal. 13Là, ils l'accusère ainsi : Cet homme cherche à persuader les gens de serv et d'adorer Dieu d'une façon contraire à la loi[l].

14Paul se préparait à répondre, quand Gallion dit au Juifs : Ecoutez-moi, ô Juifs, s'il s'agissait d'un délit ou d quelque méfait punissable, j'examinerais votre plaint comme il convient. 15Mais puisqu'il s'agit de discussior sur des mots, sur des noms, et sur votre loi particulièr cela vous regarde ; je ne veux pas en être juge.

16Là-dessus, il les renvoya du tribunal. 17Alors la fou s'en prit à Sosthène, le chef de la synagogue, et le rou de coups devant le tribunal, sans que Gallion s'en mett en peine.

---

f **18.1** *Corinthe:* capitale de la province d'Achaïe, au sud de la Grèce. Ville très peuplée (700 000 habitants, selon certaines estimations), célèbre dans toute l'Antiquité pour la vie dissolue de ses habitants.

g **18.2** Le *Pont:* province au sud-est de la mer Noire, donc au nord de l'As Mineure.

h **18.2** *Priscille:* diminutif de Prisca (2 Tm 4.19).

i **18.2** *Claude:* voir note 11.28. Le décret dont il est question date de l'an 49 ou 50.

j **18.5** Voir 17.15 ; 1 Th 3.1, 6. Paul a pu se consacrer entièrement à l'annonce de la Parole parce que les Philippiens lui ont fait parvenir de quo pourvoir à ses besoins (Ph 4.16).

k **18.12** D'après une inscription de l'époque, Gallion fut en fonction à Corinthe de mai 51 à mai 52 (ou 52-53).

l **18.13** La loi romaine accordait au judaïsme le statut de « religion autorisée ». Les Juifs accusent Paul d'introduire une nouvelle religion : un crime considéré comme capital. Gallion a pu comprendre : contraire à la Loi juive (v. 15).

riscilla, Aquila and Apollos

[18]Paul stayed on in Corinth for some time. Then
: left the brothers and sisters and sailed for Syria,
companied by Priscilla and Aquila. Before he sailed,
: had his hair cut off at Cenchreae because of a vow
: had taken. [19]They arrived at Ephesus, where Paul
ft Priscilla and Aquila. He himself went into the
nagogue and reasoned with the Jews. [20]When they
ked him to spend more time with them, he declined.
But as he left, he promised, "I will come back if it
God's will." Then he set sail from Ephesus. [22]When
: landed at Caesarea, he went up to Jerusalem and
eeted the church and then went down to Antioch.
[23]After spending some time in Antioch, Paul set out
om there and traveled from place to place through-
ıt the region of Galatia and Phrygia, strengthening
l the disciples.

[24]Meanwhile a Jew named Apollos, a native of
lexandria, came to Ephesus. He was a learned man,
ith a thorough knowledge of the Scriptures. [25]He had
een instructed in the way of the Lord, and he spoke
ith great fervor[j] and taught about Jesus accurately,
ıough he knew only the baptism of John. [26]He began
speak boldly in the synagogue. When Priscilla and
quila heard him, they invited him to their home and
xplained to him the way of God more adequately.
[27]When Apollos wanted to go to Achaia, the brothers
ıd sisters encouraged him and wrote to the disci-
les there to welcome him. When he arrived, he was
great help to those who by grace had believed. [28]For
: vigorously refuted his Jewish opponents in public
ebate, proving from the Scriptures that Jesus was
e Messiah.

aul in Ephesus

19 [1]While Apollos was at Corinth, Paul took
the road through the interior and arrived at
phesus. There he found some disciples [2]and asked
ıem, "Did you receive the Holy Spirit when[k] you
elieved?"
They answered, "No, we have not even heard that
ıere is a Holy Spirit."
[3]So Paul asked, "Then what baptism did you
eceive?"
"John's baptism," they replied.
[4]Paul said, "John's baptism was a baptism of repen-
ınce. He told the people to believe in the one coming
fter him, that is, in Jesus." [5]On hearing this, they
ere baptized in the name of the Lord Jesus. [6]When
aul placed his hands on them, the Holy Spirit came
n them, and they spoke in tongues[l] and prophesied.
There were about twelve men in all.

18:25 Or *with fervor in the Spirit*
19:2 Or *after*
19:6 Or *other languages*

[18]Après cet incident, Paul resta à Corinthe le temps
qui lui parut nécessaire, puis il prit congé des frères et
s'embarqua pour la Syrie, emmenant avec lui Priscille et
Aquilas. Avant de quitter le port de Cenchrées[m], Paul se
fit raser la tête car il avait fait un vœu[n]. [19]Ils arrivèrent à
Ephèse, où Paul laissa ses compagnons. Quant à lui, il se
rendit à la synagogue pour y discuter avec les Juifs. [20]Ceux-
ci l'invitèrent à prolonger son séjour, mais il refusa. [21]En
les quittant il leur dit toutefois : Je reviendrai vous voir
une autre fois, s'il plaît à Dieu.
Il repartit donc d'Ephèse par mer. [22]Il débarqua à
Césarée et, de là, il monta à Jérusalem[o] où il alla saluer
l'Eglise. Puis il redescendit à Antioche. [23]Après y avoir
passé un certain temps, il repartit et parcourut de lieu en
lieu la région galate de la Phrygie[p], en affermissant tous
les disciples dans la foi.

Apollos

[24]Un Juif nommé Apollos, originaire d'Alexandrie, était
arrivé à Ephèse. C'était un homme très éloquent, qui connaissait très bien les Ecritures. [25]Il avait été instruit de la
Voie du Seigneur et parlait avec enthousiasme de Jésus.
L'enseignement qu'il apportait sur lui était d'une grande
exactitude. Mais il ne connaissait que le baptême de Jean.
[26]Il se mit donc à parler avec assurance dans la synagogue. Quand Priscille et Aquilas l'eurent entendu, ils le
prirent avec eux et lui expliquèrent plus précisément la
Voie de Dieu. [27]Comme il avait l'intention de se rendre en
Achaïe, les frères l'y encouragèrent vivement et écrivirent
aux disciples de Corinthe de lui faire bon accueil. Dès son
arrivée là-bas, il fut, par la grâce de Dieu, d'un grand
secours pour les croyants, [28]car il réfutait avec vigueur,
en public, les arguments des Juifs, et démontrait par les
Ecritures que Jésus est le Messie.

Paul à Ephèse

19 [1]Pendant qu'Apollos se trouvait à Corinthe, Paul,
après avoir traversé la région montagneuse d'Asie
Mineure, descendit à Ephèse. Il y rencontra un petit groupe
de disciples et leur demanda : [2]Avez-vous reçu le Saint-
Esprit quand vous êtes devenus croyants ?
Ils lui répondirent : Nous n'avons même pas entendu
dire qu'il y ait un Saint-Esprit.
[3]– Quel baptême avez-vous donc reçu ? poursuivit Paul.
– Celui de Jean-Baptiste, lui répondirent-ils.

[4]– Oui, reprit Paul, Jean baptisait les Israélites en signe d'un profond changement, mais il leur disait aussi de
croire en celui qui viendrait après lui, c'est-à-dire en Jésus.
[5]Après avoir entendu cela, ils furent baptisés au nom
du Seigneur Jésus. [6]Paul leur imposa les mains et le Saint-
Esprit descendit sur eux : ils se mirent à parler dans
diverses langues et à prophétiser. [7]Il y avait là environ
douze hommes.

m **18.18** Corinthe était desservie par deux ports. *Cenchrées* se trouvait à l'est, sur la mer Egée.
n **18.18** Selon la pratique de la consécration par vœu (Nb 6.1-21), on ne se faisait pas couper les cheveux pendant la durée du vœu (voir Ac 21.24).
o **18.22** Le texte a seulement : *Il monta*, ce qui, dans ce contexte, signifie : se rendre à Jérusalem.
p **18.23** Autre traduction : *parcourut successivement les régions de la Galatie et de la Phrygie.*

8 Paul entered the synagogue and spoke boldly there for three months, arguing persuasively about the kingdom of God. 9 But some of them became obstinate; they refused to believe and publicly maligned the Way. So Paul left them. He took the disciples with him and had discussions daily in the lecture hall of Tyrannus. 10 This went on for two years, so that all the Jews and Greeks who lived in the province of Asia heard the word of the Lord.

11 God did extraordinary miracles through Paul, 12 so that even handkerchiefs and aprons that had touched him were taken to the sick, and their illnesses were cured and the evil spirits left them.

13 Some Jews who went around driving out evil spirits tried to invoke the name of the Lord Jesus over those who were demon-possessed. They would say, "In the name of the Jesus whom Paul preaches, I command you to come out." 14 Seven sons of Sceva, a Jewish chief priest, were doing this. 15 One day the evil spirit answered them, "Jesus I know, and Paul I know about, but who are you?" 16 Then the man who had the evil spirit jumped on them and overpowered them all. He gave them such a beating that they ran out of the house naked and bleeding.

17 When this became known to the Jews and Greeks living in Ephesus, they were all seized with fear, and the name of the Lord Jesus was held in high honor. 18 Many of those who believed now came and openly confessed what they had done. 19 A number who had practiced sorcery brought their scrolls together and burned them publicly. When they calculated the value of the scrolls, the total came to fifty thousand drachmas.[m] 20 In this way the word of the Lord spread widely and grew in power.

21 After all this had happened, Paul decided[n] to go to Jerusalem, passing through Macedonia and Achaia. "After I have been there," he said, "I must visit Rome also." 22 He sent two of his helpers, Timothy and Erastus, to Macedonia, while he stayed in the province of Asia a little longer.

The Riot in Ephesus

23 About that time there arose a great disturbance about the Way. 24 A silversmith named Demetrius, who made silver shrines of Artemis, brought in a lot of

[m] **19:19** A drachma was a silver coin worth about a day's wages.
[n] **19:21** Or *decided in the Spirit*

8 Paul se rendit ensuite à la synagogue où, penda trois mois, il prit la parole avec une grande assurance ; y parlait du royaume de Dieu et s'efforçait de convainc ses auditeurs. 9 Mais un certain nombre de Juifs s'endu cissaient et refusaient de se laisser convaincre : en plei assemblée, ils tinrent des propos méprisants au sujet de Voie du Seigneur. Alors Paul se sépara d'eux et prit à pa les disciples qu'il continua d'enseigner tous les jours da l'école d'un nommé Tyrannus[q].

10 Cela dura deux ans, si bien que tous les habitants c la province d'Asie, tant Juifs que Grecs, entendirent Parole du Seigneur. 11 Dieu faisait des miracles extraord naires par les mains de Paul. 12 On allait jusqu'à prend des mouchoirs ou du linge qu'il avait touchés pour les a pliquer aux malades. Ceux-ci guérissaient et les mauva esprits s'enfuyaient.

13 Quelques Juifs, qui allaient de lieu en lieu pour chass les démons, voulurent alors invoquer, eux aussi, le no du Seigneur Jésus sur ceux qui étaient sous l'emprise d'e prits mauvais.

– Par le nom de ce Jésus que Paul annonce, disaient-il je vous ordonne de sortir.

14 Ceux qui agissaient ainsi étaient les sept fils d'un ce tain Scéva, un chef des prêtres juifs.

15 Mais l'esprit mauvais leur répondit : Jésus ? Je le co nais. Paul, je sais qui c'est. Mais vous, qui êtes-vous ?

16 Là-dessus, l'homme qui avait en lui le mauvais espr se jeta sur eux, les maîtrisa et les malmena avec une tel violence qu'ils s'enfuirent de la maison, les vêtements e lambeaux, et couverts de blessures.

17 Cet incident fut connu de tous les habitants d'Ephès Juifs et Grecs furent tous saisis de crainte, et le nom d Seigneur Jésus fut l'objet d'un grand respect. 18 Beaucou de ceux qui étaient devenus croyants venaient avoue et déclarer publiquement les pratiques auxquelles i s'étaient livrés. 19 Et beaucoup de ceux qui avaient exerc la magie apportèrent leurs livres de sorcellerie, les mirer en tas et les firent brûler aux yeux de tous. Leur valeur fu estimée à cinquante mille pièces d'argent[r]. 20 C'est ainsi qu la Parole du Seigneur se répandait de plus en plus, grâc à la puissance du Seigneur[s].

21 Après ces événements, Paul, poussé par l'Esprit[t], déc da de se rendre à Jérusalem en passant par la Macédoin et l'Achaïe.

– Après avoir été là-bas, dit-il, il faudra que je me rend aussi à Rome.

22 Il envoya deux de ses collaborateurs, Timothée e Eraste, en Macédoine, et resta lui-même encore quelqu temps dans la province d'Asie.

Difficultés à Ephèse

23 A cette époque, la Voie du Seigneur fut l'occasio de troubles sérieux à Ephèse. 24 Un bijoutier, nomm Démétrius, fabriquait de petits temples d'Artémis[u] en ar gent et procurait aux artisans de sa corporation des gain

[q] **19.9** Certains manuscrits ajoutent : *de 11 heures à 16 heures.*
[r] **19.19** On peut estimer la valeur totale de ces livres à l'équivalent de plus de cent cinquante années de travail d'un ouvrier de l'époque.
[s] **19.20** Certains manuscrits ont : *la Parole du Seigneur se répandait avec puissance.*
[t] **19.21** Autre traduction : *en son for intérieur.*
[u] **19.24** *Artémis* était le nom grec d'une déesse orientale de la fertilité.

ısiness for the craftsmen there. 25 He called them
gether, along with the workers in related trades,
ıd said: "You know, my friends, that we receive a
ood income from this business. 26 And you see and
ar how this fellow Paul has convinced and led astray
rge numbers of people here in Ephesus and in prac-
cally the whole province of Asia. He says that gods
ade by human hands are no gods at all. 27 There is
ınger not only that our trade will lose its good name,
ıt also that the temple of the great goddess Artemis
ill be discredited; and the goddess herself, who is
orshiped throughout the province of Asia and the
orld, will be robbed of her divine majesty."
28 When they heard this, they were furious and be-
ın shouting: "Great is Artemis of the Ephesians!"
Soon the whole city was in an uproar. The people
ized Gaius and Aristarchus, Paul's traveling com-
ınions from Macedonia, and all of them rushed into
ıe theater together. 30 Paul wanted to appear before
ıe crowd, but the disciples would not let him. 31 Even
ome of the officials of the province, friends of Paul,
nt him a message begging him not to venture into
ıe theater.
32 The assembly was in confusion: Some were shout-
ıg one thing, some another. Most of the people did
ot even know why they were there. 33 The Jews in
ıe crowd pushed Alexander to the front, and they
ıouted instructions to him. He motioned for silence
ı order to make a defense before the people. 34 But
hen they realized he was a Jew, they all shouted in
nison for about two hours: "Great is Artemis of the
phesians!"

35 The city clerk quieted the crowd and said: "Fellow
phesians, doesn't all the world know that the city
f Ephesus is the guardian of the temple of the great
rtemis and of her image, which fell from heaven?
Therefore, since these facts are undeniable, you
ught to calm down and not do anything rash. 37 You
ave brought these men here, though they have nei-
her robbed temples nor blasphemed our goddess.
If, then, Demetrius and his fellow craftsmen have
grievance against anybody, the courts are open
nd there are proconsuls. They can press charges.
If there is anything further you want to bring up,
must be settled in a legal assembly. 40 As it is, we
re in danger of being charged with rioting because
f what happened today. In that case we would not be
ble to account for this commotion, since there is no
eason for it." 41 After he had said this, he dismissed
he assembly.

hrough Macedonia and Greece

20 1 When the uproar had ended, Paul sent for
the disciples and, after encouraging them,

considérables. 25 Un jour, il les convoqua tous, ainsi que
les ouvriers qui vivaient de la même industrie. Il leur dit :

Mes amis ! Vous savez bien que nous devons notre
prospérité à l'exercice de notre métier. 26 Or, vous voyez ce
qui se passe – ou vous en entendez parler : non seulement
à Ephèse, mais dans presque toute la province d'Asie, ce
Paul a remué de grandes foules. Il les a persuadées que les
divinités fabriquées par des hommes ne sont pas de vrais
dieux. 27 Ce n'est pas seulement notre corporation qui risque d'être discréditée, mais le temple de la grande déesse
Artémis[v] lui-même pourrait y perdre toute sa renommée.
Toute l'Asie et le monde entier adore cette déesse et il n'en
faudrait pas beaucoup pour qu'elle soit discréditée.

28 A ces mots, les auditeurs devinrent furieux et se
mirent à scander : Grande est l'Artémis d'Ephèse !

29 Bientôt, toute la ville fut en effervescence. On s'empara
de Gaïus et d'Aristarque, deux Macédoniens qui accompagnaient Paul dans son voyage, et l'on se précipita en foule au
théâtre[w]. 30 Paul voulait se présenter devant le peuple, mais
les disciples l'en empêchèrent. 31 Et même quelques hauts
fonctionnaires de la province[x], qui le tenaient en amitié,
lui firent parvenir un message pour lui recommander de
ne pas se rendre au théâtre. 32 Cependant, l'assemblée se tenait dans la plus grande confusion. Les gens hurlaient, les
uns criant telle chose, les autres telle autre, et la plupart
ne savaient pas pourquoi ils étaient venus. 33 Des gens de
la foule expliquèrent l'affaire à un certain Alexandre, que
les Juifs avaient poussé en avant. Alexandre fit signe de
la main qu'il voulait s'adresser au peuple pour prendre la
défense de ses coreligionnaires.

34 Mais dès qu'on eut appris qu'il était Juif, tous se
remirent à crier en chœur pendant près de deux heures :
Grande est l'Artémis d'Ephèse !

35 A la fin, le secrétaire de la ville parvint à calmer le
peuple :

Ephésiens, dit-il, quel homme au monde ignore que notre cité d'Ephèse est la gardienne du temple de la grande
Artémis et de sa statue tombée du ciel ? 36 C'est là un fait
incontestable. Il faut donc vous calmer et ne rien faire
d'irréfléchi. 37 Vous avez amené ici ces hommes, mais ils
n'ont commis aucun sacrilège dans le temple, ils n'ont dit
aucun mal de notre déesse.

38 Si donc Démétrius et les artisans de sa corporation ont
des griefs contre quelqu'un, ils n'ont qu'à porter plainte
en bonne et due forme ! Il y a des jours d'audience et des
magistrats pour cela. 39 Et si vous avez encore d'autres
réclamations à formuler, on les examinera lors de l'assemblée légale. 40 Mais nous risquons de nous faire accuser
de révolte pour ce qui s'est passé aujourd'hui, car nous
ne pourrions donner aucune raison pour expliquer cette
manifestation.

Là-dessus, il ordonna à l'assemblée de se disperser.

Paul à Troas

20 1 Quand le tumulte se fut apaisé, Paul convoqua
les disciples pour les encourager. Puis il prit congé

[v] **19.27** Le *temple d'Artémis* a été classé parmi les sept merveilles du monde antique : il faisait 127 m sur 72 m, et avait cent colonnes.

[w] **19.29** Les ruines de ce théâtre en ont révélé la grandeur : il comportait près de 26 000 places assises sur des gradins. Il servait aux jeux, aux représentations théâtrales et aux assemblées publiques.

[x] **19.31** Il s'agit des *asiarques*, qui présidaient au culte provincial de l'empereur et de Rome.

said goodbye and set out for Macedonia. 2 He traveled through that area, speaking many words of encouragement to the people, and finally arrived in Greece, 3 where he stayed three months. Because some Jews had plotted against him just as he was about to sail for Syria, he decided to go back through Macedonia. 4 He was accompanied by Sopater son of Pyrrhus from Berea, Aristarchus and Secundus from Thessalonica, Gaius from Derbe, Timothy also, and Tychicus and Trophimus from the province of Asia. 5 These men went on ahead and waited for us at Troas. 6 But we sailed from Philippi after the Festival of Unleavened Bread, and five days later joined the others at Troas, where we stayed seven days.

Eutychus Raised From the Dead at Troas

7 On the first day of the week we came together to break bread. Paul spoke to the people and, because he intended to leave the next day, kept on talking until midnight. 8 There were many lamps in the upstairs room where we were meeting. 9 Seated in a window was a young man named Eutychus, who was sinking into a deep sleep as Paul talked on and on. When he was sound asleep, he fell to the ground from the third story and was picked up dead. 10 Paul went down, threw himself on the young man and put his arms around him. "Don't be alarmed," he said. "He's alive!" 11 Then he went upstairs again and broke bread and ate. After talking until daylight, he left. 12 The people took the young man home alive and were greatly comforted.

Paul's Farewell to the Ephesian Elders

13 We went on ahead to the ship and sailed for Assos, where we were going to take Paul aboard. He had made this arrangement because he was going there on foot. 14 When he met us at Assos, we took him aboard and went on to Mitylene. 15 The next day we set sail from there and arrived off Chios. The day after that we crossed over to Samos, and on the following day arrived at Miletus. 16 Paul had decided to sail past Ephesus to avoid spending time in the province of Asia, for he was in a hurry to reach Jerusalem, if possible, by the day of Pentecost.

17 From Miletus, Paul sent to Ephesus for the elders of the church. 18 When they arrived, he said to them: "You know how I lived the whole time I was with you, from the first day I came into the province of Asia. 19 I served the Lord with great humility and with tears and in the midst of severe testing by the plots of my Jewish opponents. 20 You know that I have not hesitated to preach anything that would be helpful to

d'eux et partit pour la Macédoine. 2 En parcourant cet province, il eut de nombreuses occasions d'encourag les croyants. De là, il passa en Grèce 3 où il demeura tr mois. Au moment où il allait s'embarquer pour la Syrie, apprit que les Juifs avaient formé un complot contre lui. décida alors de repasser par la Macédoine. 4 Ses compa nons[y] étaient Sopater, fils de Pyrrhus, originaire de Béré Aristarque et Secondus de Thessalonique, Gaïus, de Derb Timothée, et enfin Tychique et Trophime de la provin d'Asie. 5 Ils prirent les devants pour aller nous attend à Troas. 6 Quant à nous, nous nous sommes embarqués Philippes après la fête des Pains sans levain et, après u traversée de cinq jours, nous les avons rejoints à Troas nous avons passé une semaine.

7 Le dimanche[z], nous[a] étions réunis pour rompre pain[b]. Comme il devait partir le lendemain, Paul s'entr tenait avec les assistants et prolongea son discours jusq vers minuit. 8 Nous étions réunis à l'étage supérieur la maison, éclairé par de nombreuses lampes. 9 Un jeu homme nommé Eutychus s'était assis sur le rebord de fenêtre et, comme Paul prolongeait encore l'entretien, s'endormit profondément. Soudain, dans son sommeil, perdit l'équilibre et tomba du troisième étage. Quand le releva, il était mort.

10 Paul descendit, se pencha vers lui[c], le prit dans s bras et dit : Ne vous inquiétez pas ! Il est encore en vie.

11 Il remonta, rompit le pain, mangea, et continua parler jusqu'au point du jour. Puis il partit. 12 Quant a jeune homme, il fut ramené chez lui indemne, au gran réconfort de tous.

Paul fait ses adieux aux responsables de l'Eglise d'Ephèse

13 Pour nous, nous avons pris les devants, et nous no sommes embarqués sur un bateau qui nous a amenés Assos, où nous devions prendre Paul, conformément à qu'il avait décidé. Car il voulait faire la route à pied jusqu là. 14 Quand il nous eut rejoints à Assos, nous avons repris mer ensemble. Après une escale à Mytilène, 15 nous avo passé le lendemain au large de Chio. Le jour suivant, no jetions l'ancre à Samos et, un jour plus tard[d], nous abo dions à Milet. 16 Paul avait, en effet, décidé de dépass Ephèse sans s'y arrêter pour ne pas risquer de s'attard dans la province d'Asie. Il se hâtait pour être à Jérusale si possible, le jour de la Pentecôte. 17 Pendant l'escale Milet, il envoya quelqu'un à Ephèse pour demander au responsables de l'Eglise de venir le rejoindre.

18 Quand ils furent arrivés auprès de lui, il leur dit :

Vous savez comment je me suis comporté pendant to le temps que j'ai passé parmi vous, depuis le jour de mo arrivée dans la province d'Asie. 19 J'ai servi le Seigneu en toute humilité, avec des larmes, au milieu d'épreuve suscitées par les complots des Juifs. 20 Vous savez aus que, sans rien vous cacher, je vous ai annoncé et enseig

y 20.4 Certains manuscrits ont : *il avait pour l'accompagner jusque dans la province d'Asie.*

z 20.7 Autre traduction : *le samedi soir.*

a 20.7 *nous:* voir note 16.10.

b 20.7 C'est-à-dire pour la cène, « le repas du Seigneur », qui se célébrait au cours d'un repas fraternel (voir 1 Co 11.18-34).

c 20.10 Autre traduction : *se précipita vers lui.*

d 20.15 Certains manuscrits précisent : *après nous être arrêtés à Trogyllion*

u but have taught you publicly and from house to
ouse. 21 I have declared to both Jews and Greeks that
ey must turn to God in repentance and have faith
our Lord Jesus.
22 "And now, compelled by the Spirit, I am going
Jerusalem, not knowing what will happen to me
ere. 23 I only know that in every city the Holy Spirit
arns me that prison and hardships are facing me.
However, I consider my life worth nothing to me; my
ly aim is to finish the race and complete the task
e Lord Jesus has given me – the task of testifying to
e good news of God's grace.
25 "Now I know that none of you among whom I have
one about preaching the kingdom will ever see me
gain. 26 Therefore, I declare to you today that I am
nocent of the blood of any of you. 27 For I have not
esitated to proclaim to you the whole will of God.
Keep watch over yourselves and all the flock of
hich the Holy Spirit has made you overseers. Be
epherds of the church of God,[o] which he bought
ith his own blood.[p] 29 I know that after I leave, savage
olves will come in among you and will not spare the
ock. 30 Even from your own number men will arise
nd distort the truth in order to draw away disciples
fter them. 31 So be on your guard! Remember that
or three years I never stopped warning each of you
ight and day with tears.

32 "Now I commit you to God and to the word of his
race, which can build you up and give you an inher-
ance among all those who are sanctified. 33 I have
ot coveted anyone's silver or gold or clothing. 34 You
ourselves know that these hands of mine have sup-
lied my own needs and the needs of my companions.
In everything I did, I showed you that by this kind of
ard work we must help the weak, remembering the
ords the Lord Jesus himself said: 'It is more blessed
o give than to receive.'"

36 When Paul had finished speaking, he knelt down
ith all of them and prayed. 37 They all wept as they
mbraced him and kissed him. 38 What grieved them
ost was his statement that they would never see his
ace again. Then they accompanied him to the ship.

n to Jerusalem

21 1 After we had torn ourselves away from them,
we put out to sea and sailed straight to Kos.
he next day we went to Rhodes and from there to
atara. 2 We found a ship crossing over to Phoenicia,
vent on board and set sail. 3 After sighting Cyprus
nd passing to the south of it, we sailed on to Syria.
Ve landed at Tyre, where our ship was to unload its
argo. 4 We sought out the disciples there and stayed

20:28 Many manuscripts *of the Lord*
20:28 Or *with the blood of his own Son.*

tout ce qui pouvait vous être utile, soit publiquement, soit
dans vos maisons. 21 Sans cesse, j'ai appelé Juifs et Grecs à
se tourner vers Dieu et à croire en Jésus, notre Seigneur.

22 Et maintenant, me voici en route pour Jérusalem.
L'Esprit m'y oblige, mais j'ignore ce qui m'y arrivera. 23 Tout
ce que je sais, c'est que le Saint-Esprit m'avertit de ville en
ville que je dois m'attendre à être emprisonné et à connaître bien des souffrances. 24 Ma vie m'importe peu, je ne
lui accorde aucun prix ; mon but c'est d'aller jusqu'au bout
de ma course et d'accomplir pleinement le service que le
Seigneur m'a confié c'est-à-dire de proclamer l'Evangile,
ce message de la grâce de Dieu. 25 Et maintenant, je le sais :
vous tous, au milieu de qui j'ai passé en prêchant le royaume de Dieu, vous ne me reverrez plus. 26 C'est pourquoi je
vous le déclare solennellement aujourd'hui : je suis dégagé
de toute responsabilité à votre égard, 27 car je vous ai annoncé tout le plan de Dieu, sans rien passer sous silence.
28 Veillez donc sur vous-mêmes et sur tout le troupeau de
l'Eglise que le Saint-Esprit a confié à votre garde. Comme
le berger le fait de son troupeau, prenez soin de l'Eglise
de Dieu[e] qu'il s'est acquise par son sacrifice. 29 Je le sais :
quand je ne serai plus là, des loups féroces se glisseront
parmi vous, et ils seront sans pitié pour le troupeau. 30 De
vos propres rangs surgiront des hommes qui emploieront
un langage mensonger pour se faire des disciples. 31 Soyez
donc vigilants ! Rappelez-vous que, pendant trois années,
la nuit comme le jour, je n'ai cessé de vous conseiller un à
un, et parfois même avec larmes.
32 Et maintenant il ne me reste plus qu'à vous confier à
Dieu et à sa Parole de grâce. Il a le pouvoir de vous faire
grandir dans la foi et de vous assurer l'héritage qu'il vous
réserve avec tous les membres de son peuple saint. 33 Je n'ai
désiré ni l'argent, ni l'or, ni les vêtements de personne.
34 Regardez mes mains : ce sont elles, vous le savez bien, qui
ont pourvu à mes besoins et à ceux de mes compagnons.
35 Je vous ai montré partout et toujours qu'il faut travailler
ainsi pour aider les pauvres. Souvenons-nous de ce que le
Seigneur Jésus lui-même a dit : « Il y a plus de bonheur à
donner qu'à recevoir[f]. »
36 Après avoir ainsi parlé, Paul se mit à genoux et pria
avec eux. 37 Tous, alors, éclatèrent en sanglots et ils se
jetaient au cou de Paul pour l'embrasser. 38 Ce qui les af-
fligeait surtout, c'était de l'avoir entendu dire qu'ils ne
le reverraient plus. Puis ils l'accompagnèrent jusqu'au
bateau.

Témoins à Rome

Paul et ses compagnons se rendent à Jérusalem

21 1 Après nous être séparés d'eux, nous avons pris la
mer et nous avons mis directement le cap sur l'île
de Cos, puis le lendemain, nous avons continué sur Rhodes
et, de là, vers Patara. 2 Pendant notre escale, nous avons
trouvé un navire en partance pour la Phénicie. Nous nous
y sommes embarqués et nous avons pris le large. 3 Arrivés
en vue de Chypre, nous l'avons laissée sur notre gauche
et nous avons continué notre route vers la Syrie, pour
débarquer à Tyr où le navire devait livrer sa cargaison. 4 Il y

e 20.28 Certains manuscrits ont : *l'Eglise du Seigneur.*
f 20.35 Parole qui ne figure pas dans les évangiles et que la tradition orale a transmise à Paul.

with them seven days. Through the Spirit they urged Paul not to go on to Jerusalem. 5 When it was time to leave, we left and continued on our way. All of them, including wives and children, accompanied us out of the city, and there on the beach we knelt to pray. 6 After saying goodbye to each other, we went aboard the ship, and they returned home.

7 We continued our voyage from Tyre and landed at Ptolemais, where we greeted the brothers and sisters and stayed with them for a day. 8 Leaving the next day, we reached Caesarea and stayed at the house of Philip the evangelist, one of the Seven. 9 He had four unmarried daughters who prophesied.

10 After we had been there a number of days, a prophet named Agabus came down from Judea. 11 Coming over to us, he took Paul's belt, tied his own hands and feet with it and said, "The Holy Spirit says, 'In this way the Jewish leaders in Jerusalem will bind the owner of this belt and will hand him over to the Gentiles.' "

12 When we heard this, we and the people there pleaded with Paul not to go up to Jerusalem. 13 Then Paul answered, "Why are you weeping and breaking my heart? I am ready not only to be bound, but also to die in Jerusalem for the name of the Lord Jesus." 14 When he would not be dissuaded, we gave up and said, "The Lord's will be done."

15 After this, we started on our way up to Jerusalem. 16 Some of the disciples from Caesarea accompanied us and brought us to the home of Mnason, where we were to stay. He was a man from Cyprus and one of the early disciples.

Paul's Arrival at Jerusalem

17 When we arrived at Jerusalem, the brothers and sisters received us warmly. 18 The next day Paul and the rest of us went to see James, and all the elders were present. 19 Paul greeted them and reported in detail what God had done among the Gentiles through his ministry.

20 When they heard this, they praised God. Then they said to Paul: "You see, brother, how many thousands of Jews have believed, and all of them are zealous for the law. 21 They have been informed that you teach all the Jews who live among the Gentiles to turn away from Moses, telling them not to circumcise their children or live according to our customs.

avait là des disciples. Après les avoir trouvés, nous somm restés sept jours avec eux. Or ceux-ci, poussés par l'Espr conseillaient à Paul de ne pas se rendre à Jérusalem.

5 Malgré cela, une fois cette semaine écoulée, nou sommes partis pour continuer notre voyage. Ils nous o accompagnés, tous, avec leurs femmes et leurs enfant à quelque distance de la ville. Là, nous nous sommes a enouillés sur le rivage pour prier. 6 Puis, après avoir pr congé les uns des autres, nous sommes montés à bord d bateau, et les croyants s'en sont retournés chez eux.

7 Nous avons terminé notre voyage par mer en alla de Tyr à Ptolémaïs[g]. Dans cette ville, nous avons salué le frères et passé une journée avec eux.

8 Dès le lendemain, nous sommes repartis par la rou pour Césarée[h]. Nous nous sommes rendus à la maison d Philippe, le prédicateur de l'Evangile – c'était l'un des se hommes que l'on avait élus à Jérusalem –, et nous avo logé chez lui. 9 Il avait quatre filles non mariées qui étaie prophétesses. 10 Nous étions déjà là depuis plusieurs jour lorsque arriva de Judée un prophète appelé Agabus. 11 vint nous trouver, prit la ceinture de Paul et s'en serv pour s'attacher les pieds et les mains.

– Voici ce que déclare l'Esprit Saint, dit-il. L'homme à q appartient cette ceinture sera attaché de cette maniè par les Juifs à Jérusalem, puis ils le livreront entre le mains des non-Juifs.

12 En entendant cette déclaration, nous avons suppli Paul, nous et les croyants de Césarée, de ne pas mont à Jérusalem.

13 Mais il nous répondit : Que faites-vous là ? Voulez-vo me briser le cœur avec vos larmes ? Je suis tout à fait pr moi, non seulement à aller en prison, mais même à mour à Jérusalem pour le Seigneur Jésus.

14 Comme nous n'arrivions pas à le faire changer d'av nous n'avons plus insisté et nous nous sommes content de dire : Que la volonté du Seigneur soit faite !

15 Après avoir passé ces quelques jours à Césarée, no avons fait nos préparatifs et nous avons pris le chemin d Jérusalem. 16 Quelques disciples de Césarée nous ont ac compagnés et nous ont emmenés chez un certain Mnaso originaire de Chypre, disciple depuis longtemps déjà, q allait nous loger.

Paul, juif avec les Juifs

17 A notre arrivée à Jérusalem, les frères nous accuei lirent avec joie. 18 Le lendemain, Paul se rendit avec nou chez Jacques[i], où tous les responsables de l'Eglise se ras semblèrent aussi. 19 Après les avoir salués, Paul exposa e détail tout ce que Dieu avait accompli par son ministè parmi les non-Juifs.

20 En l'écoutant, ils louaient Dieu, puis ils dirent à Paul

Vois-tu, frère, combien de milliers de Juifs sont deve nus croyants, et tous sont très attachés à la Loi de Moïse 21 Or, ils ont entendu dire que tu enseignes à tous les Juif disséminés à l'étranger d'abandonner les prescription de Moïse en leur disant de ne plus faire circoncire leur enfants et, d'une manière générale, de ne plus suivre le

[g] 21.7 *Ptolémaïs:* actuellement St-Jean-d'Acre.

[h] 21.8 *Césarée:* port de Judée, résidence habituelle des gouverneurs romains (appelée aujourd'hui Césarée maritime pour la distinguer de Césarée de Philippe près des sources du Jourdain). Césarée était à 56 kilomètres au sud de Ptolémaïs.

[i] 21.18 Voir note 12.17; comparer 15.13.

What shall we do? They will certainly hear that you
ıve come, 23 so do what we tell you. There are four
en with us who have made a vow. 24 Take these men,
in in their purification rites and pay their expenses,
that they can have their heads shaved. Then every-
ıe will know there is no truth in these reports about
ɔu, but that you yourself are living in obedience to
ıe law. 25 As for the Gentile believers, we have written
them our decision that they should abstain from
od sacrificed to idols, from blood, from the meat
strangled animals and from sexual immorality."

26 The next day Paul took the men and purified him-
elf along with them. Then he went to the temple to
ive notice of the date when the days of purification
ould end and the offering would be made for each
f them.

aul Arrested

27 When the seven days were nearly over, some
ews from the province of Asia saw Paul at the tem-
le. They stirred up the whole crowd and seized him,
shouting, "Fellow Israelites, help us! This is the man
ho teaches everyone everywhere against our peo-
le and our law and this place. And besides, he has
rought Greeks into the temple and defiled this holy
lace." 29 (They had previously seen Trophimus the
phesian in the city with Paul and assumed that Paul
ad brought him into the temple.)

30 The whole city was aroused, and the people
ame running from all directions. Seizing Paul, they
ragged him from the temple, and immediately the
ates were shut. 31 While they were trying to kill him,
ews reached the commander of the Roman troops
hat the whole city of Jerusalem was in an uproar. 32 He
t once took some officers and soldiers and ran down
o the crowd. When the rioters saw the commander
nd his soldiers, they stopped beating Paul.
33 The commander came up and arrested him and
rdered him to be bound with two chains. Then he
sked who he was and what he had done. 34 Some in
he crowd shouted one thing and some another, and
ince the commander could not get at the truth be-
ause of the uproar, he ordered that Paul be taken
nto the barracks. 35 When Paul reached the steps, the
iolence of the mob was so great he had to be carried
y the soldiers. 36 The crowd that followed kept shout-
ng, "Get rid of him!"

aul Speaks to the Crowd

37 As the soldiers were about to take Paul into the
arracks, he asked the commander, "May I say somehing to you?"

coutumes juives. 22 Que faire donc ? Car, naturellement,
ils vont apprendre ton arrivée.
23 Eh bien, voici ce que nous te conseillons : nous
avons parmi nous quatre hommes qui ont fait un vœu.
24 Prends-les avec toi, participe avec eux à la cérémonie
de la purification, et pourvois à leurs dépenses pour qu'ils
se fassent raser la tête[j]. Ainsi tout le monde saura que les
bruits répandus sur ton compte n'ont aucun fondement,
mais qu'au contraire, tu continues toi-même à observer
les prescriptions de la Loi. 25 Quant aux non-Juifs devenus
croyants, voici les recommandations que nous leur avons
données par lettre à la suite de nos délibérations : qu'ils
ne mangent ni viande sacrifiée à des idoles, ni sang, ni
viande d'animaux étouffés, et qu'ils s'abstiennent de toute
inconduite sexuelle[k].
26 Le lendemain donc, Paul emmena ces hommes et participa avec eux à la cérémonie de la purification. Puis il
entra dans la cour du Temple où il déclara à quelle date
la période de la purification serait achevée, c'est-à-dire à
quel moment on offrirait le sacrifice pour chacun d'eux.

L'arrestation de Paul

27 La semaine exigée pour la purification allait s'achever,
lorsque des Juifs de la province d'Asie virent Paul dans la
cour du Temple. Ils ameutèrent toute la foule et se jetèrent
sur lui 28 en criant : Israélites ! Au secours ! Le voilà, celui
qui ne cesse de prêcher partout et à tout le monde contre
notre peuple, contre la Loi de Moïse et contre ce temple !
Et même, à présent, il a introduit des non-Juifs dans l'enceinte sacrée ; il a souillé ce saint lieu !
29 Ils disaient cela parce qu'ils avaient vu Trophime[l]
d'Ephèse en ville avec lui, et ils s'imaginaient que Paul
l'avait fait entrer dans la cour intérieure du Temple.
30 L'agitation gagna la ville tout entière et le peuple accourut en foule de toutes parts. On s'empara de Paul et
on le traîna hors de la cour du Temple dont on ferma immédiatement les portes. 31 On cherchait à le mettre à mort,
quand le commandant de la garnison romaine fut informé
que tout Jérusalem était en effervescence. 32 Aussitôt, il
rassembla des soldats avec leurs officiers et se précipita vers la foule. Dès qu'on aperçut le commandant et les
soldats, on cessa de battre Paul. 33 Alors le commandant
s'approcha, fit saisir Paul et donna ordre de le lier avec
une double chaîne, puis il demanda qui il était et ce qu'il
avait fait. 34 Mais dans la foule, les uns criaient une chose,
les autres une autre, et le commandant ne put rien savoir
de sûr de ce tumulte. Alors il ordonna de conduire Paul
à la forteresse[m].
35 Quand Paul commença à gravir les marches de l'escalier, les soldats, devant la violence de la foule, se virent
obligés de le porter à bras-le-corps. 36 En effet, tout le peuple le suivait en hurlant : A mort !

Paul défend sa cause

37 Au moment où on allait le faire entrer dans la citadelle,
Paul demanda au commandant : M'est-il permis de te dire
quelque chose ?

---

j **21.24** Voir note 18.18.
k **21.25** Voir note 15.20.
l **21.29** *Trophime:* voir 20.4.
m **21.34** A l'angle nord-ouest de la terrasse du Temple, Hérode le Grand avait fait bâtir *la forteresse Antonia,* où les troupes romaines étaient cantonnées.

“Do you speak Greek?” he replied. 38“Aren’t you the
Egyptian who started a revolt and led four thousand
terrorists out into the wilderness some time ago?”
39Paul answered, “I am a Jew, from Tarsus in Cilicia,
a citizen of no ordinary city. Please let me speak to
the people.”
40After receiving the commander’s permission, Paul
stood on the steps and motioned to the crowd. When
they were all silent, he said to them in Aramaic[q]:

22 1“Brothers and fathers, listen now to my
defense.”
2When they heard him speak to them in Aramaic,
they became very quiet.
Then Paul said: 3“I am a Jew, born in Tarsus of
Cilicia, but brought up in this city. I studied under
Gamaliel and was thoroughly trained in the law of
our ancestors. I was just as zealous for God as any of
you are today. 4I persecuted the followers of this Way
to their death, arresting both men and women and
throwing them into prison, 5as the high priest and all
the Council can themselves testify. I even obtained
letters from them to their associates in Damascus,
and went there to bring these people as prisoners to
Jerusalem to be punished.

6“About noon as I came near Damascus, suddenly a
bright light from heaven flashed around me. 7I fell to
the ground and heard a voice say to me, ‘Saul! Saul!
Why do you persecute me?’
8“ ‘Who are you, Lord?’ I asked.
“ ‘I am Jesus of Nazareth, whom you are persecuting,’ he replied. 9My companions saw the light, but
they did not understand the voice of him who was
speaking to me.
10“ ‘What shall I do, Lord?’ I asked.
“ ‘Get up,’ the Lord said, ‘and go into Damascus.
There you will be told all that you have been assigned to do.’ 11My companions led me by the hand
into Damascus, because the brilliance of the light had
blinded me.
12“A man named Ananias came to see me. He was
a devout observer of the law and highly respected by
all the Jews living there. 13He stood beside me and
said, ‘Brother Saul, receive your sight!’ And at that
very moment I was able to see him.
14“Then he said: ‘The God of our ancestors has chosen you to know his will and to see the Righteous One
and to hear words from his mouth. 15You will be his
witness to all people of what you have seen and heard.
16And now what are you waiting for? Get up, be baptized and wash your sins away, calling on his name.’

17“When I returned to Jerusalem and was praying
at the temple, I fell into a trance 18and saw the Lord
speaking to me. ‘Quick!’ he said. ‘Leave Jerusalem immediately, because the people here will not accept
your testimony about me.’
19“ ‘Lord,’ I replied, ‘these people know that I went
from one synagogue to another to imprison and beat

[q] **21:40** Or possibly *Hebrew*; also in 22:2

– Comment, fit l’autre, tu sais le grec ! 38Tu n’es donc p
cet Egyptien qui a provoqué une émeute dernièrement
qui a entraîné quatre mille rebelles au désert ?
39– Non, répondit Paul, je suis juif, né à Tarse en Cilici
et citoyen d’une ville assez importante. Je te prie, pe
mets-moi de dire quelques mots au peuple.
40Le commandant lui en accorda la permission.
Alors Paul, debout sur les marches, fit signe de la ma
à la foule. Il se fit un grand silence, et Paul leur adressa
parole en hébreu.

22 1– Mes frères et mes pères, dit-il, écoutez, je vo
prie, ce que j’ai à vous dire pour ma défense.
2Lorsqu’ils l’entendirent parler en hébreu, le calme
fit plus grand encore. Paul reprit :
3Je suis juif. Je suis né à Tarse en Cilicie, mais j’ai é
élevé ici à Jérusalem. C’est Gamaliel[n] qui fut mon maître ;
m’a enseigné avec une grande exactitude la Loi de nos a
cêtres, et j’étais un partisan farouche de la cause de Die
comme vous l’êtes tous aujourd’hui. 4J’ai combattu à mo
ce qu’on appelle la Voie, en faisant enchaîner et jeter e
prison des hommes et des femmes. 5Le grand-prêtre et to
le Conseil des responsables du peuple peuvent témoign
que je dis vrai. Car c’est d’eux, précisément, que j’ava
reçu des lettres de recommandation pour nos frères.
suis alors parti pour Damas, bien résolu à faire enchaîn
et à ramener à Jérusalem, afin de les faire punir, tous l
adhérents de cette Voie que je trouverais là-bas.
6Comme j’étais en chemin et que j’approchais de Dama
tout à coup, vers midi, une vive lumière a resplendi du ci
et m’a enveloppé.
7Je suis tombé à terre et j’ai entendu une voix qui m
demandait : « Saul, Saul, pourquoi me persécutes-tu ? »
me suis écrié : 8« Qui es-tu Seigneur ? » Alors la voix m
dit : « Je suis, moi, Jésus de Nazareth, que tu persécutes.
9Ceux qui étaient avec moi ont bien vu la lumière, ma
n’ont pas compris celui qui me parlait. 10J’ai demandé
« Que dois-je donc faire, Seigneur ? » Et le Seigneur m’
dit : « Relève-toi, va à Damas, et là, on te dira tout ce qu
tu devras faire ! »
11Mais je n’y voyais plus : l’éclat de cette lumière m’ava
aveuglé. Alors mes compagnons m’ont pris par la mai
pour me conduire, et c’est ainsi que je suis arrivé à Dama
12Il y avait là un certain Ananias, un homme pieux, q
observait fidèlement la Loi. Il était estimé de tous les Juif
de la ville. 13Il est venu me trouver, s’est tenu près de m
et m’a dit : « Saul, mon frère, recouvre la vue ! »
A l’instant même, je pus de nouveau voir et je l’ai vu.
14Alors il m’a dit : « Le Dieu de nos ancêtres t’a chois
d’avance pour te faire connaître sa volonté, pour que t
voies le Juste et que tu entendes sa voix, 15car tu seras so
témoin devant tous les hommes pour leur annoncer tou
ce que tu as vu et entendu. 16Et maintenant, pourquo
tarder ? Lève-toi, fais-toi baptiser et sois lavé de tes péché
en priant le Seigneur. »
17Un jour, après mon retour à Jérusalem, pendant qu
je priais dans la cour du Temple, je suis tombé en extas
18et j’ai vu le Seigneur. Il m’a dit : « Hâte-toi de quitte
Jérusalem, car ses habitants n’accepteront pas ton témoi
gnage à mon sujet. »
19J’ai répondu : « Mais, Seigneur, ils savent pourtan
que j’allais de synagogue en synagogue pour faire empri

[n] **22.3** *Gamaliel:* voir note 5.34.

ose who believe in you. 20 And when the blood of
ur martyr[r] Stephen was shed, I stood there giving
y approval and guarding the clothes of those who
ere killing him.'
21 "Then the Lord said to me, 'Go; I will send you far
vay to the Gentiles.' "

ul the Roman Citizen

22 The crowd listened to Paul until he said this. Then
ey raised their voices and shouted, "Rid the earth
`him! He's not fit to live!"
23 As they were shouting and throwing off their
oaks and flinging dust into the air, 24 the commander
dered that Paul be taken into the barracks. He di-
cted that he be flogged and interrogated in order to
d out why the people were shouting at him like this.
As they stretched him out to flog him, Paul said to
e centurion standing there, "Is it legal for you to flog
Roman citizen who hasn't even been found guilty?"
26 When the centurion heard this, he went to the
mmander and reported it. "What are you going to
?" he asked. "This man is a Roman citizen."
27 The commander went to Paul and asked, "Tell me,
e you a Roman citizen?"
"Yes, I am," he answered.
28 Then the commander said, "I had to pay a lot of
oney for my citizenship."
"But I was born a citizen," Paul replied.
29 Those who were about to interrogate him with-
rew immediately. The commander himself was
larmed when he realized that he had put Paul, a
oman citizen, in chains.

aul Before the Sanhedrin

30 The commander wanted to find out exactly why
aul was being accused by the Jews. So the next day
e released him and ordered the chief priests and all
e members of the Sanhedrin to assemble. Then he
rought Paul and had him stand before them.
23 1 Paul looked straight at the Sanhedrin and
said, "My brothers, I have fulfilled my duty
God in all good conscience to this day." 2 At this the
igh priest Ananias ordered those standing near Paul
strike him on the mouth. 3 Then Paul said to him,
God will strike you, you whitewashed wall! You sit
ere to judge me according to the law, yet you your-
elf violate the law by commanding that I be struck!"

4 Those who were standing near Paul said, "How
are you insult God's high priest!"
5 Paul replied, "Brothers, I did not realize that he
vas the high priest; for it is written: 'Do not speak
vil about the ruler of your people.'"
6 Then Paul, knowing that some of them were
adducees and the others Pharisees, called out in
he Sanhedrin, "My brothers, I am a Pharisee, de-
cended from Pharisees. I stand on trial because of
he hope of the resurrection of the dead." 7 When he
aid this, a dispute broke out between the Pharisees
nd the Sadducees, and the assembly was divided.
(The Sadducees say that there is no resurrection,

22:20 Or *witness*

sonner et fouetter ceux qui croient en toi. 20 Lorsqu'on a
versé le sang d'Etienne, ton témoin, j'étais là, en personne,
j'approuvais ce qui se passait et je gardais les vêtements
de ses meurtriers. »
21 Le Seigneur m'a dit alors : « Va, je vais t'envoyer au
loin vers les non-Juifs.... »

Paul en prison

22 La foule l'avait écouté jusque-là, mais, à ces mots, ils
se mirent tous à crier : A mort ! Qu'on débarrasse la terre
d'un tel individu ! Il n'a pas le droit de vivre !
23 Ils hurlaient de plus en plus fort, agitaient leurs
vêtements et jetaient de la poussière en l'air. 24 Alors le
commandant donna l'ordre de faire entrer Paul dans la
citadelle et de le soumettre à la torture à coups de fouet,
afin de savoir pourquoi les Juifs criaient ainsi contre lui.
25 On était en train de l'attacher avec des courroies,
quand il demanda à l'officier de service : Avez-vous le droit
de fouetter un citoyen romain, et sans même l'avoir jugé ?
26 Quand l'officier entendit cela, il courut avertir le commandant : Sais-tu ce que tu allais faire ? Cet homme est
citoyen romain.
27 Le commandant se rendit aussitôt auprès de Paul et
lui demanda : Dis-moi, es-tu vraiment citoyen romain ?
– Oui, répondit-il.
28 – Moi, reprit le commandant, j'ai dû payer très cher
pour acquérir ce titre.
– Et moi, dit Paul, je le tiens de naissance.
29 Aussitôt, ceux qui allaient le torturer le laissèrent. Le
commandant lui-même commença à s'inquiéter à l'idée
qu'il avait bel et bien fait enchaîner un citoyen romain.

Paul devant le Grand-Conseil

30 C'est pourquoi, dès le lendemain, il voulut éclaircir
l'affaire et savoir au juste de quoi les Juifs accusaient Paul.
Il le fit délier et, après avoir convoqué les chefs des prêtres
et tout le Grand-Conseil, il le fit descendre et le plaça en
face d'eux.
23 1 Paul fixa ses regards sur tous les membres du
Grand-Conseil et déclara : Mes frères, j'ai vécu
devant Dieu jusqu'à ce jour avec une conscience parfaitement pure.
2 Mais le grand-prêtre Ananias[o] ordonna à ceux qui
étaient près de Paul de le frapper sur la bouche.
3 Paul lui dit alors : Dieu lui-même va te frapper, muraille
blanchie[p] ! Tu sièges là pour me juger selon la Loi, et voilà
que tu violes la Loi en ordonnant de me frapper !
4 Les assistants s'écrièrent : Tu oses injurier le grand-
prêtre de Dieu !
5 – Frères, reprit Paul, j'ignorais que c'était le grand-
prêtre, car je sais bien qu'il est écrit : *Tu n'insulteras pas le*
chef de ton peuple.
6 Paul savait que le Conseil était composé pour une part
de sadducéens, pour l'autre de pharisiens, et il s'écria
au milieu du Conseil : Frères, je suis pharisien et fils de
pharisien. Si je suis mis en accusation, c'est pour notre
espérance de la résurrection.
7 Ces mots provoquèrent une dispute entre pharisiens et
sadducéens, et l'assemblée se divisa en deux camps. – 8 Les

o 23.2 *Ananias:* grand-prêtre juif de 47 à 59.
p 23.3 En Orient, on blanchissait les murailles pour en cacher les défauts.

and that there are neither angels nor spirits, but the
Pharisees believe all these things.)
9 There was a great uproar, and some of the teachers
of the law who were Pharisees stood up and argued
vigorously. "We find nothing wrong with this man,"
they said. "What if a spirit or an angel has spoken
to him?" 10 The dispute became so violent that the
commander was afraid Paul would be torn to pieces
by them. He ordered the troops to go down and take
him away from them by force and bring him into the
barracks.

11 The following night the Lord stood near Paul and
said, "Take courage! As you have testified about me in
Jerusalem, so you must also testify in Rome."

The Plot to Kill Paul

12 The next morning some Jews formed a conspiracy and bound themselves with an oath not to eat or
drink until they had killed Paul. 13 More than forty
men were involved in this plot. 14 They went to the
chief priests and the elders and said, "We have taken
a solemn oath not to eat anything until we have killed
Paul. 15 Now then, you and the Sanhedrin petition the
commander to bring him before you on the pretext of
wanting more accurate information about his case.
We are ready to kill him before he gets here."

16 But when the son of Paul's sister heard of this plot,
he went into the barracks and told Paul.

17 Then Paul called one of the centurions and
said, "Take this young man to the commander; he
has something to tell him." 18 So he took him to the
commander.

The centurion said, "Paul, the prisoner, sent for me
and asked me to bring this young man to you because
he has something to tell you."

19 The commander took the young man by the hand,
drew him aside and asked, "What is it you want to
tell me?"

20 He said: "Some Jews have agreed to ask you to
bring Paul before the Sanhedrin tomorrow on the
pretext of wanting more accurate information about
him. 21 Don't give in to them, because more than forty
of them are waiting in ambush for him. They have
taken an oath not to eat or drink until they have killed
him. They are ready now, waiting for your consent to
their request."

22 The commander dismissed the young man with
this warning: "Don't tell anyone that you have reported this to me."

Paul Transferred to Caesarea

23 Then he called two of his centurions and ordered
them, "Get ready a detachment of two hundred soldiers, seventy horsemen and two hundred spearmen[s]

[s] **23:23** The meaning of the Greek for this word is uncertain.

sadducéens, en effet, déclarent qu'il n'y a pas de résurre
tion, pas plus que d'anges ou d'esprits, et les pharisie
affirment le contraire. – 9 Le ton monta considérablemen
Quelques spécialistes de la Loi qui étaient du par
des pharisiens se levèrent pour protester avec énerg
en faveur de l'accusé : Vraiment, nous ne trouvons rie
à reprocher à cet homme. Après tout, qui sait ? Peut-êt
un esprit ou un ange lui a-t-il parlé ?

10 La dispute s'envenimait et le commandant craign
que son prisonnier soit tué par ces gens. Alors il f
signe à un détachement de soldats de descendre da
la salle pour tirer Paul du milieu d'eux et le ramen
à la citadelle.

11 La nuit suivante, le Seigneur apparut à Paul et lui di
Courage ! Tu as été mon témoin à Jérusalem, il faut que
le sois aussi à Rome.

Le complot contre Paul

12 Le lendemain matin, au petit jour, les Juifs formère
un complot. Ils firent le serment de ne rien manger
boire avant d'avoir tué Paul. 13 Plus de quarante homm
participaient à cette conjuration. 14 Ils allèrent trouve
les chefs des prêtres et les responsables du peuple et le
déclarèrent : Nous nous sommes engagés par un serme
solennel à ne rien manger ni boire tant que nous n'auro
pas tué Paul. 15 A vous d'agir maintenant avec l'appui d
Grand-Conseil : intervenez auprès du commandant
proposez-lui de faire comparaître Paul devant vous so
prétexte que vous voulez instruire son cas de plus prè
De notre côté, nous avons pris nos dispositions pour
supprimer avant qu'il arrive ici.

16 Mais le fils de la sœur de Paul entendit parler d
guet-apens. Il se rendit à la citadelle, y entra, et prévi
Paul de ce qui se tramait.

17 Alors Paul fit appeler un officier de service et lui dit
Conduis ce jeune homme auprès du commandant, je t'e
prie, il a quelque chose à lui dire.

18 L'officier l'emmena donc avec lui et l'introduisit aupr
du commandant en disant : Le détenu Paul m'a fait appel
et m'a demandé de t'amener ce jeune homme qui a quelqu
chose à te dire.

19 Le commandant, prenant le jeune homme par la mai
se retira avec lui à l'écart et lui demanda : Qu'as-tu à m
dire ?

20 Alors le neveu de Paul raconta : Les Juifs ont con
venu de te demander de leur amener Paul, demai
au Grand-Conseil. Ils disent qu'ils veulent examine
son cas de plus près. 21 Mais surtout, ne t'y laisse pa
prendre. Ils sont à plus de quarante qui préparent u
guet-apens contre lui. Ils ont juré de ne rien mange
ni boire avant de l'avoir tué. Tout est prêt. Ils n'at
tendent plus que ton accord.

22 Le commandant laissa repartir le jeune homme. Mai
il lui fit d'abord cette recommandation : Surtout ne va dir
à personne que tu m'as prévenu de cette affaire.

Paul, prisonnier à Césarée

23 Aussitôt après, il appela deux de ses officiers e
leur commanda : Rassemblez deux cents légionnaire
et tenez-vous prêts à partir pour Césarée. Prenez ave
vous soixante-dix cavaliers et deux cents soldats armé
de lances. Départ à neuf heures ce soir. 24 Préparez auss

go to Caesarea at nine tonight. 24 Provide horses for
ul so that he may be taken safely to Governor Felix."
25 He wrote a letter as follows:

26 Claudius Lysias,
To His Excellency, Governor Felix:
Greetings.
27 This man was seized by the Jews and they were
about to kill him, but I came with my troops and
rescued him, for I had learned that he is a Roman
citizen. 28 I wanted to know why they were accusing
him, so I brought him to their Sanhedrin. 29 I found
that the accusation had to do with questions about
their law, but there was no charge against him that
deserved death or imprisonment. 30 When I was informed of a plot to be carried out against the man, I
sent him to you at once. I also ordered his accusers
to present to you their case against him.

31 So the soldiers, carrying out their orders, took
ul with them during the night and brought him as
r as Antipatris. 32 The next day they let the cavalry
on with him, while they returned to the barracks.
When the cavalry arrived in Caesarea, they deliv-
ed the letter to the governor and handed Paul over
him. 34 The governor read the letter and asked what
ovince he was from. Learning that he was from
licia, 35 he said, "I will hear your case when your
cusers get here." Then he ordered that Paul be kept
nder guard in Herod's palace.

aul's Trial Before Felix

24 1 Five days later the high priest Ananias went
down to Caesarea with some of the elders and
lawyer named Tertullus, and they brought their
harges against Paul before the governor. 2 When
aul was called in, Tertullus presented his case before
elix: "We have enjoyed a long period of peace under
ou, and your foresight has brought about reforms
n this nation. 3 Everywhere and in every way, most
xcellent Felix, we acknowledge this with profound
ratitude. 4 But in order not to weary you further, I
ould request that you be kind enough to hear us
riefly.

5 "We have found this man to be a troublemaker,
tirring up riots among the Jews all over the world. He
a ringleader of the Nazarene sect 6 and even tried to
esecrate the temple; so we seized him. 7 [7][t] 8 By exam-

24:6-7 Some manuscripts include here *him, and we would have*
idged him in accordance with our law. 7 *But the commander Lysias came*
nd took him from us with much violence, 8 *ordering his accusers to come*
efore you.

des montures pour Paul et amenez-le sain et sauf au gouverneur Félix[q].
25 Il rédigea en même temps le billet suivant pour le
gouverneur :
26 Claudius Lysias adresse ses salutations à Son
Excellence le gouverneur Félix.

27 Les Juifs s'étaient saisis de l'homme que je t'envoie et
ils allaient le tuer quand je suis intervenu avec la troupe.
Je l'ai arraché de leurs mains, car je venais d'apprendre
qu'il était citoyen romain. 28 Comme je voulais savoir
de quoi ils l'accusaient, je l'ai fait comparaître devant
leur Grand-Conseil. 29 J'ai constaté que leurs accusations
portaient sur des questions relatives à leur loi, mais que
l'on ne pouvait lui imputer aucune faute entraînant la
peine de mort ou même la prison. 30 Mais je viens d'être
informé d'un projet d'attentat contre lui. C'est pourquoi je te l'envoie sans attendre, et je fais savoir à ses
accusateurs que c'est devant toi qu'ils auront à porter
plainte contre lui[r].
31 Conformément aux ordres reçus, les soldats emmenèrent Paul et le conduisirent pendant la nuit jusqu'à
Antipatris[s]. 32 Le lendemain, les légionnaires laissèrent
les cavaliers poursuivre seuls le chemin avec lui et ils revinrent à la citadelle.
33 A leur arrivée à Césarée, les cavaliers remirent la lettre
au gouverneur et lui présentèrent Paul.
34 Le gouverneur lut la lettre et demanda de quelle
province il était originaire. Apprenant qu'il était né en
Cilicie, il lui dit : 35 Je t'entendrai quand tes accusateurs
seront arrivés.
Puis il donna ordre de le faire mettre en résidence sur-
veillée dans le palais d'Hérode[t].

Paul devant le gouverneur Félix

24 1 Cinq jours après, le grand-prêtre Ananias descendit à Césarée accompagné de quelques
responsables du peuple et d'un avocat nommé Tertulle.
Ils se présentèrent au gouverneur[u] pour porter plainte
contre Paul.
2 On appela celui-ci et Tertulle commença son réquisi-
toire en ces termes :
Excellence, grâce à toi, à ta sage administration et aux
réformes que ta sollicitude pour ce peuple t'a inspirées,
nous jouissons d'une paix parfaite. 3 Sois assuré, très excellent gouverneur Félix, que partout et toujours, nous en
éprouvons la plus vive gratitude. 4 Toutefois, nous ne voudrions pas te retenir trop longtemps. Je te prie seulement
de nous accorder pour quelques instants ta bienveillante
attention.
5 Nous avons découvert que cet individu est un danger
public : il provoque des troubles chez tous les Juifs dans le
monde entier, c'est un chef de la secte des Nazaréens[v], 6 et
il a même tenté de profaner le Temple. C'est alors que nous
l'avons arrêté. [Nous voulions le juger d'après notre Loi.
7 Mais le commandant Lysias est intervenu avec beaucoup

q **23.24** *Félix:* gouverneur de la Judée de 52 à 59/60.
r **23.30** Quelques manuscrits ajoutent la formule de salutation : *adieu.*
s **23.31** *Antipatris:* poste militaire reconstruit par Hérode le Grand à mi-chemin entre Jérusalem et Césarée.
t **23.35** Palais construit par Hérode le Grand à Césarée. Les gouverneurs romains en avaient fait leur résidence habituelle.
u **24.1** C'est-à-dire *Félix :* voir note 23.24.
v **24.5** *Nazaréens:* voir Mt 2.23.

ining him yourself you will be able to learn the truth about all these charges we are bringing against him."

9 The other Jews joined in the accusation, asserting that these things were true.

10 When the governor motioned for him to speak, Paul replied: "I know that for a number of years you have been a judge over this nation; so I gladly make my defense. 11 You can easily verify that no more than twelve days ago I went up to Jerusalem to worship. 12 My accusers did not find me arguing with anyone at the temple, or stirring up a crowd in the synagogues or anywhere else in the city. 13 And they cannot prove to you the charges they are now making against me. 14 However, I admit that I worship the God of our ancestors as a follower of the Way, which they call a sect. I believe everything that is in accordance with the Law and that is written in the Prophets, 15 and I have the same hope in God as these men themselves have, that there will be a resurrection of both the righteous and the wicked. 16 So I strive always to keep my conscience clear before God and man.

17 "After an absence of several years, I came to Jerusalem to bring my people gifts for the poor and to present offerings. 18 I was ceremonially clean when they found me in the temple courts doing this. There was no crowd with me, nor was I involved in any disturbance. 19 But there are some Jews from the province of Asia, who ought to be here before you and bring charges if they have anything against me. 20 Or these who are here should state what crime they found in me when I stood before the Sanhedrin – 21 unless it was this one thing I shouted as I stood in their presence: 'It is concerning the resurrection of the dead that I am on trial before you today.' "

22 Then Felix, who was well acquainted with the Way, adjourned the proceedings. "When Lysias the commander comes," he said, "I will decide your case." 23 He ordered the centurion to keep Paul under guard but to give him some freedom and permit his friends to take care of his needs.

24 Several days later Felix came with his wife Drusilla, who was Jewish. He sent for Paul and listened to him as he spoke about faith in Christ Jesus. 25 As Paul talked about righteousness, self-control and the judgment to come, Felix was afraid and said, "That's enough for now! You may leave. When I find it convenient, I will send for you." 26 At the same time he was hoping that Paul would offer him a bribe, so he sent for him frequently and talked with him.

de violence et l'a arraché de nos mains, 8 nous ordonna de porter notre accusation devant toi[w].] Procède toi-mêr à son interrogatoire et tu pourras reconnaître, d'après s réponses, le bien-fondé de toutes nos accusations cont lui.

9 Les Juifs s'empressèrent de confirmer ses paroles e disant : Oui, tout ce qu'il a dit est exact.

10 Sur un signe du gouverneur, Paul prit à son tour parole :

Je sais, dit-il, que depuis plusieurs années tu exerc la justice sur notre peuple. C'est donc en toute confian que je viens te présenter ma défense. 11 Comme tu peu le vérifier toi-même, il n'y a pas plus de douze jours q je suis monté à Jérusalem pour y rendre un culte à Die 12 Or, personne ne m'a vu dans la cour du Temple en tra de discuter avec quelqu'un. Jamais on ne m'a surpris soulever le peuple ni dans les synagogues, ni dans la vil 13 et ces gens ne peuvent pas apporter la moindre preu pour appuyer les accusations qu'ils viennent de port contre moi. 14 Certes, je le reconnais volontiers devant to je sers le Dieu de mes ancêtres suivant la « Voie » qu'i qualifient de « secte » ; je crois tout ce qui est écrit da la Loi et les prophètes. 15 J'ai cette espérance en Dieu – cette espérance est aussi la leur – que les morts, justes injustes, ressusciteront. 16 C'est pourquoi je m'applique sa cesse, moi aussi, à garder une conscience irréprochabl tant devant Dieu que devant les hommes.

17 Après plusieurs années d'absence, je suis revenu da mon pays pour apporter une aide en argent aux ger de mon peuple et pour présenter des offrandes à Die 18 J'étais alors dans la cour du Temple, après avoir accomp les cérémonies de la purification ; il n'y avait autour d moi ni attroupement, ni désordre. Telle était la situatio quand ils m'ont trouvé. 19 Mais, en fait, ce sont des Jui de la province d'Asie qui m'ont trouvé, et ce sont eux q devraient être ici pour soutenir leurs accusations deva toi, s'ils ont quelque reproche à me faire. 20 Ou bien alor que ceux qui sont ici présents disent de quel méfait i m'ont reconnu coupable lorsque j'ai comparu devant Grand-Conseil. 21 A moins qu'ils ne me fassent grief d cette seule phrase que j'ai lancée, debout devant eux : « je suis mis en accusation, c'est parce que je crois en résurrection des morts. »

22 Alors Félix, qui était très bien renseigné au sujet de « Voie », ajourna le procès en disant : Quand le comma dant Lysias viendra ici, j'examinerai votre affaire.

23 Il donna à l'officier responsable de Paul l'ordre de l garder prisonnier, mais en lui laissant une certaine lib erté et sans empêcher sa parenté et ses amis de venir l rendre des services.

24 Quelques jours plus tard, Félix revint, accompagné d sa femme Drusille[x] qui était juive. Il fit appeler Paul et l'écouta parler de la foi en Jésus-Christ.

25 Mais lorsque Paul en vint à ce qu'est la juste maniè de vivre, à la maîtrise de soi et au jugement à venir, Féli prit peur et lui dit : Pour aujourd'hui, cela suffit : tu peu te retirer. Quand j'en aurai le temps, je te ferai rappeler.

26 Il nourrissait l'espoir que Paul lui donnerait de l'ar gent. C'est pourquoi il le faisait venir assez souvent pou s'entretenir avec lui.

w **24.8** Le passage entre crochets est absent de plusieurs manuscrits.

x **24.24** *Drusille:* fille cadette d'Hérode Agrippa Ier. Mariée au roi d'Emèse elle lui fut enlevée par Félix.

[27]When two years had passed, Felix was succeeded
 Porcius Festus, but because Felix wanted to grant
favor to the Jews, he left Paul in prison.

aul's Trial Before Festus

25 [1]Three days after arriving in the province,
Festus went up from Caesarea to Jerusalem,
vhere the chief priests and the Jewish leaders ap-
eared before him and presented the charges against
aul. [3]They requested Festus, as a favor to them, to
ave Paul transferred to Jerusalem, for they were pre-
aring an ambush to kill him along the way. [4]Festus
nswered, "Paul is being held at Caesarea, and I myself
n going there soon. [5]Let some of your leaders come
ith me, and if the man has done anything wrong,
ey can press charges against him there."

[6]After spending eight or ten days with them, Festus
ent down to Caesarea. The next day he convened
e court and ordered that Paul be brought before
im. [7]When Paul came in, the Jews who had come
own from Jerusalem stood around him. They brought
any serious charges against him, but they could
ot prove them.

[8]Then Paul made his defense: "I have done nothing
rong against the Jewish law or against the temple
r against Caesar."

[9]Festus, wishing to do the Jews a favor, said to Paul,
Are you willing to go up to Jerusalem and stand trial
efore me there on these charges?"

[10]Paul answered: "I am now standing before Caesar's
ourt, where I ought to be tried. I have not done any
rong to the Jews, as you yourself know very well.
[1]If, however, I am guilty of doing anything deserving
eath, I do not refuse to die. But if the charges brought
gainst me by these Jews are not true, no one has the
ight to hand me over to them. I appeal to Caesar!"

[12]After Festus had conferred with his council, he
eclared: "You have appealed to Caesar. To Caesar
ou will go!"

estus Consults King Agrippa

[13]A few days later King Agrippa and Bernice arrived
t Caesarea to pay their respects to Festus. [14]Since
hey were spending many days there, Festus discussed
aul's case with the king. He said: "There is a man
ere whom Felix left as a prisoner. [15]When I went to
erusalem, the chief priests and the elders of the Jews
rought charges against him and asked that he be
ondemned.

[16]"I told them that it is not the Roman custom to
and over anyone before they have faced their accus-
rs and have had an opportunity to defend themselves
gainst the charges. [17]When they came here with

[27]Deux années s'écoulèrent ainsi ; après quoi, Félix fut
remplacé par Porcius Festus[y]. Mais, pour se ménager les
bonnes grâces des Juifs, Félix laissa Paul en prison.

Paul en appelle à César

25 [1]Trois jours après avoir pris ses fonctions à la
tête de la province, Festus se rendit de Césarée
à Jérusalem[z]. [2]Les chefs des prêtres et les notables juifs
se présentèrent devant lui pour porter plainte contre
Paul. [3]Ils lui demandèrent avec insistance, comme une
faveur spéciale, de faire transférer l'accusé à Jérusalem.
Ils avaient déjà fait leurs plans : sur le trajet, ils voulaient
lui dresser une embuscade et le tuer.

[4]Mais Festus leur répondit : Paul est en prison à Césarée,
et je ne vais pas tarder à retourner moi-même dans cette
ville. [5]Il y a parmi vous des hommes compétents : qu'ils
m'y accompagnent, et si cet homme a commis quelque
irrégularité, qu'ils portent plainte contre lui !

[6]Festus ne resta pas plus de huit à dix jours à Jérusalem,
puis il redescendit à Césarée. Le lendemain de son retour,
il alla siéger au tribunal et y fit comparaître Paul. [7]A peine
celui-ci fut-il entré, que les Juifs venus de Jérusalem l'en-
tourèrent et portèrent contre lui un grand nombre de
graves accusations, mais ils ne pouvaient pas les prouver.

[8]Paul, quant à lui, disait pour sa défense : Je n'ai commis
aucune faute ni contre la loi juive, ni contre le temple, ni
contre César.

[9]Mais Festus voulait se concilier la faveur des Juifs ; il demanda donc à Paul : Acceptes-tu de retourner à Jérusalem
pour y être jugé sur cette affaire sous ma présidence ?

[10]– Non, répliqua Paul, je me tiens ici devant le tribunal
de l'empereur, et c'est devant ce tribunal que je dois être
jugé. Quant aux Juifs, je ne leur ai fait aucun tort, tu as
pu fort bien t'en rendre compte par toi-même. [11]Si je suis
coupable et si j'ai commis un crime passible de la peine de
mort, je ne refuse pas de mourir. Mais si les accusations
de ces gens-là sont sans aucun fondement, nul n'a le droit
de me livrer entre leurs mains. J'en appelle à l'empereur[a] !

[12]Alors Festus, après avoir délibéré avec ses conseillers,
décida : Tu en as appelé à l'empereur ; tu comparaîtras
donc devant l'empereur.

Paul devant Festus et Agrippa

[13]Quelque temps plus tard, le roi Agrippa[b] et Bérénice
arrivèrent à Césarée pour rendre visite à Festus[c]. [14]Leur
séjour dura plusieurs jours.

Festus en profita pour exposer au roi le cas de Paul : J'ai
là un homme, dit-il, que mon prédécesseur Félix a laissé
en prison. [15]Lors de mon passage à Jérusalem, les chefs
des prêtres et les responsables des Juifs sont venus porter
plainte contre lui et ils m'ont demandé de le condamner.
[16]Mais je leur ai répondu que les Romains n'ont pas coutume de livrer un prévenu avant de l'avoir confronté
avec ses accusateurs et de lui avoir donné l'occasion de
se défendre de leurs accusations. [17]Ils sont donc venus ici

y **24.27** *Festus* prit le gouvernement de la Judée vers 59-60.

z **25.1** *Jérusalem:* à une centaine de kilomètres de Césarée.

a **25.11** Tout citoyen romain avait le droit de faire appel d'une décision d'un tribunal romain à celui de l'empereur, à Rome.

b **25.13** *Agrippa:* Hérode Agrippa II, fils d'Hérode Agrippa Ier (voir Ac 12) régnait sur une région située au nord du pays d'Israël. Sa sœur Bérénice était une sœur de Drusille (24.24).

c **25.13** *Festus:* voir note 24.27.

me, I did not delay the case, but convened the court the next day and ordered the man to be brought in. 18 When his accusers got up to speak, they did not charge him with any of the crimes I had expected. 19 Instead, they had some points of dispute with him about their own religion and about a dead man named Jesus who Paul claimed was alive. 20 I was at a loss how to investigate such matters; so I asked if he would be willing to go to Jerusalem and stand trial there on these charges. 21 But when Paul made his appeal to be held over for the Emperor's decision, I ordered him held until I could send him to Caesar."

22 Then Agrippa said to Festus, "I would like to hear this man myself."

He replied, "Tomorrow you will hear him."

Paul Before Agrippa

23 The next day Agrippa and Bernice came with great pomp and entered the audience room with the high-ranking military officers and the prominent men of the city. At the command of Festus, Paul was brought in. 24 Festus said: "King Agrippa, and all who are present with us, you see this man! The whole Jewish community has petitioned me about him in Jerusalem and here in Caesarea, shouting that he ought not to live any longer. 25 I found he had done nothing deserving of death, but because he made his appeal to the Emperor I decided to send him to Rome. 26 But I have nothing definite to write to His Majesty about him. Therefore I have brought him before all of you, and especially before you, King Agrippa, so that as a result of this investigation I may have something to write. 27 For I think it is unreasonable to send a prisoner on to Rome without specifying the charges against him."

26 1 Then Agrippa said to Paul, "You have permission to speak for yourself."

So Paul motioned with his hand and began his defense: 2 "King Agrippa, I consider myself fortunate to stand before you today as I make my defense against all the accusations of the Jews, 3 and especially so because you are well acquainted with all the Jewish customs and controversies. Therefore, I beg you to listen to me patiently.

4 "The Jewish people all know the way I have lived ever since I was a child, from the beginning of my life in my own country, and also in Jerusalem. 5 They have known me for a long time and can testify, if they are willing, that I conformed to the strictest sect of our religion, living as a Pharisee. 6 And now it is because of my hope in what God has promised our ancestors that I am on trial today. 7 This is the promise our twelve tribes are hoping to see fulfilled as they earnestly serve God day and night. King Agrippa, it is because of this hope that these Jews are accusing me. 8 Why should any of you consider it incredible that God raises the dead?

avec moi. Je n'ai pas voulu remettre l'affaire à plus ta et, dès le lendemain, j'ai tenu audience et donné l'ord d'amener cet homme.

18 Je m'attendais à ce que ses accusateurs le charge de toutes sortes de crimes graves. Il n'en fut rien. 19 Il s'agissait que de discussions au sujet de leur propre religi et d'un certain Jésus qui est mort et dont Paul dit qu'il e vivant. 20 Je me suis trouvé dans l'incapacité de prend une décision dans un débat de ce genre. J'ai donc deman à Paul s'il consentait à monter à Jérusalem pour que s affaire y soit jugée. 21 Mais il a préféré user de son dr d'appel et il a demandé que sa cause soit portée devant tribunal de l'empereur. J'ai donc ordonné de le garder prison jusqu'à ce que je puisse l'envoyer à César.

22 Alors Agrippa dit à Festus : J'aimerais bien entend cet homme, moi aussi.

– Tu pourras l'entendre dès demain, lui répondit Festu

23 Le lendemain, donc, Agrippa et Bérénice arrivèrent grand apparat et firent leur entrée dans la salle d'audienc suivis des officiers supérieurs et des notables de la vill Sur un ordre de Festus, Paul fut introduit.

24 – Roi Agrippa, dit alors le gouverneur, et vous to qui êtes ici présents, vous avez devant vous l'homme a sujet duquel toute la foule des Juifs est venue me trouve à Jérusalem aussi bien qu'ici, pour crier qu'il n'avait pl le droit de vivre. 25 Or, en ce qui me concerne, je n'ai rie trouvé dans son cas qui puisse mériter une condamnati à mort. Cependant, puisqu'il en a appelé à l'empereur, j' décidé de le lui envoyer. 26 Seulement, je ne dispose d'aucu fait précis à écrire à l'empereur. C'est pourquoi je le fa comparaître devant vous, et tout spécialement devant to roi Agrippa, afin d'avoir quelque chose à écrire après c interrogatoire. 27 Car il est absurde, me semble-t-il, d'er voyer ainsi un prisonnier à Rome sans pouvoir précise les accusations dont il est l'objet.

Paul défend sa cause

26 1 Agrippa[d] dit à Paul : Tu as la parole : tu peu présenter ta défense.

Alors Paul étendit la main et présenta ainsi sa défense 2 Roi Agrippa ! Je m'estime heureux de pouvoir aujourd'h me défendre devant toi de toutes les accusations que le Juifs ont portées contre moi, 3 car tu connais parfaitemen toutes leurs coutumes et leurs discussions. Veuille don je te prie, m'écouter avec patience.

4 Tous mes compatriotes savent comment j'ai vécu, dè ma jeunesse, au sein de mon peuple, à Jérusalem. 5 Ils m connaissent depuis longtemps et ils peuvent témoign er, s'ils le veulent bien, que j'ai conduit ma vie selon le principes du parti le plus strict de notre religion : cel des pharisiens.

6 Et maintenant, si je suis traduit en justice, c'est à caus de mon espérance dans la promesse de Dieu à nos ancêtre 7 Nos douze tribus espèrent voir son accomplissement, e rendant leur culte à Dieu nuit et jour. Oui, c'est à caus de cette espérance que je suis mis en accusation, par de Juifs, ô roi ! 8 Et pourtant ! trouvez-vous incroyable qu Dieu puisse ressusciter des morts ?

d **26.1** *Agrippa:* voir note 25.13.

9"I too was convinced that I ought to do all that
as possible to oppose the name of Jesus of Nazareth.
And that is just what I did in Jerusalem. On the au-
ority of the chief priests I put many of the Lord's
ople in prison, and when they were put to death, I
st my vote against them. 11Many a time I went from
e synagogue to another to have them punished, and
ried to force them to blaspheme. I was so obsessed
ith persecuting them that I even hunted them down
foreign cities.
12"On one of these journeys I was going to Damascus
ith the authority and commission of the chief
iests. 13About noon, King Agrippa, as I was on the
ad, I saw a light from heaven, brighter than the sun,
azing around me and my companions. 14We all fell
the ground, and I heard a voice saying to me in
ramaic,[u] 'Saul, Saul, why do you persecute me? It is
ard for you to kick against the goads.'
15"Then I asked, 'Who are you, Lord?'
" 'I am Jesus, whom you are persecuting,' the Lord
plied. 16'Now get up and stand on your feet. I have
peared to you to appoint you as a servant and as a
itness of what you have seen and will see of me. 17I
ill rescue you from your own people and from the
entiles. I am sending you to them 18to open their
yes and turn them from darkness to light, and from
e power of Satan to God, so that they may receive
rgiveness of sins and a place among those who are
anctified by faith in me.'
19"So then, King Agrippa, I was not disobedient to
e vision from heaven. 20First to those in Damascus,
en to those in Jerusalem and in all Judea, and then
the Gentiles, I preached that they should repent
nd turn to God and demonstrate their repentance
y their deeds. 21That is why some Jews seized me in
e temple courts and tried to kill me. 22But God has
elped me to this very day; so I stand here and testify
small and great alike. I am saying nothing beyond
hat the prophets and Moses said would happen –
3that the Messiah would suffer and, as the first to
ise from the dead, would bring the message of light
his own people and to the Gentiles."

24At this point Festus interrupted Paul's defense.
You are out of your mind, Paul!" he shouted. "Your
reat learning is driving you insane."
25"I am not insane, most excellent Festus," Paul
eplied. "What I am saying is true and reasonable.
6The king is familiar with these things, and I can
peak freely to him. I am convinced that none of this
as escaped his notice, because it was not done in a
orner. 27King Agrippa, do you believe the prophets?
know you do."

26:14 Or *Hebrew*

9Pour moi donc, j'ai d'abord pensé que je devais m'opposer par tous les moyens au nom de Jésus de Nazareth. 10C'est
ce que j'ai fait à Jérusalem : j'ai jeté en prison, en vertu des
pouvoirs que j'avais reçus des chefs des prêtres, un grand
nombre des membres du peuple saint et, lorsqu'il s'agissait
de les condamner, j'ai voté leur mise à mort. 11Je passais
d'une synagogue à l'autre pour les faire punir et essayer
de les contraindre à renier leur foi ; dans l'excès de ma
fureur, j'allais les traquer jusque dans les villes étrangères.

12C'est ainsi qu'un jour, muni des pleins pouvoirs que
m'avaient accordés les chefs des prêtres en me donnant
cette mission, je me suis rendu à Damas. 13J'étais en chemin et il était environ midi. C'est alors, ô roi, que j'ai vu,
venant du ciel, une lumière plus éclatante que celle du
soleil. Elle m'enveloppait de son éclat ainsi que mes compagnons de voyage. 14Nous sommes tous tombés à terre, et
j'entendis une voix qui me disait en hébreu : « Saul, Saul,
pourquoi me persécutes-tu ? Tu te blesses toi-même en te
rebiffant contre l'aiguillon. »
15Je demandai : « Qui es-tu, Seigneur ? »
Et le Seigneur dit : « Je suis, moi, Jésus, que tu persécutes.
16Mais lève-toi, tiens-toi debout. Car je te suis apparu pour
que tu sois mon serviteur, pour témoigner aux hommes
que tu m'as vu[e] et leur dire ce que je te ferai encore voir
par la suite. 17Je t'ai choisi du milieu[f] du peuple juif et des
non-Juifs, vers lesquels je t'envoie. 18Tu devras leur ouvrir
les yeux et les faire passer des ténèbres à la lumière et du
pouvoir de Satan à Dieu pour qu'en croyant en moi, ils
reçoivent le pardon de leurs péchés et une part d'héritage
avec les membres du peuple saint. »
19Ainsi, ô roi Agrippa, je n'ai pas désobéi à cette vision
venue du ciel. 20Mais je me suis adressé d'abord aux habitants de Damas et à ceux de Jérusalem, puis à ceux de
toute la Judée, et enfin aux non-Juifs, et je leur ai annoncé
qu'ils devaient changer, se convertir à Dieu et traduire ce
changement par des actes. 21Et c'est pour cette raison que
les Juifs se sont emparés de moi dans la cour du Temple et
qu'ils ont essayé de me tuer.
22Mais j'ai été protégé par Dieu jusqu'à ce jour et je
suis donc encore là pour apporter mon témoignage aux
gens d'humble condition comme aux personnages importants. Et ce que je déclare, ce n'est rien d'autre que
les événements dont les prophètes et Moïse ont annoncé
l'accomplissement : 23c'est-à-dire que le Messie souffrirait,
et qu'il serait le premier à ressusciter pour annoncer la
lumière du salut, non seulement au peuple juif, mais aussi
aux non-Juifs.

L'avis du roi Agrippa

24Paul en était là dans sa défense, quand Festus[g] s'écria :
Tu es fou, Paul ! Ton grand savoir te fait perdre la tête !

25– Non, Excellence, répondit Paul, je ne suis pas fou.
Tout ce que je dis est vrai et sensé. 26D'ailleurs, le roi
Agrippa est au courant de ces faits – et c'est pour cela
que je peux lui en parler avec assurance. Aucun de ces
événements ne lui échappe, j'en suis sûr, car ce n'est pas
en secret qu'ils se sont produits. 27Crois-tu aux prophètes,
roi Agrippa ? Oui, je le sais, tu y crois.

e 26.16 Certains manuscrits ont : *des choses que tu as vues.*
f 26.17 Autre traduction : *Je te délivrerai.*
g 26.24 *Festus:* voir note 24.27.

28 Then Agrippa said to Paul, "Do you think that in such a short time you can persuade me to be a Christian?"

29 Paul replied, "Short time or long – I pray to God that not only you but all who are listening to me today may become what I am, except for these chains."

30 The king rose, and with him the governor and Bernice and those sitting with them. 31 After they left the room, they began saying to one another, "This man is not doing anything that deserves death or imprisonment."

32 Agrippa said to Festus, "This man could have been set free if he had not appealed to Caesar."

Paul Sails for Rome

27 1 When it was decided that we would sail for Italy, Paul and some other prisoners were handed over to a centurion named Julius, who belonged to the Imperial Regiment. 2 We boarded a ship from Adramyttium about to sail for ports along the coast of the province of Asia, and we put out to sea. Aristarchus, a Macedonian from Thessalonica, was with us.

3 The next day we landed at Sidon; and Julius, in kindness to Paul, allowed him to go to his friends so they might provide for his needs. 4 From there we put out to sea again and passed to the lee of Cyprus because the winds were against us. 5 When we had sailed across the open sea off the coast of Cilicia and Pamphylia, we landed at Myra in Lycia. 6 There the centurion found an Alexandrian ship sailing for Italy and put us on board. 7 We made slow headway for many days and had difficulty arriving off Cnidus. When the wind did not allow us to hold our course, we sailed to the lee of Crete, opposite Salmone. 8 We moved along the coast with difficulty and came to a place called Fair Havens, near the town of Lasea.

9 Much time had been lost, and sailing had already become dangerous because by now it was after the Day of Atonement.[v] So Paul warned them, 10 "Men, I can see that our voyage is going to be disastrous and bring great loss to ship and cargo, and to our own lives also." 11 But the centurion, instead of listening to what Paul said, followed the advice of the pilot and of the owner of the ship. 12 Since the harbor was unsuitable to winter in, the majority decided that we should sail on, hoping to reach Phoenix and winter there. This was a harbor in Crete, facing both southwest and northwest.

The Storm

13 When a gentle south wind began to blow, they saw their opportunity; so they weighed anchor and sailed

[v] 27:9 That is, Yom Kippur

28 Alors Agrippa dit à Paul : Encore un peu et tu vas m
persuader au point de faire de moi un chrétien[h] !

29 – Qu'il s'en faille de peu ou de beaucoup, reprit Pau
je prie Dieu que non seulement toi, mais encore tous ceu
qui m'écoutent en cet instant, vous deveniez comme je su
moi-même, à l'exception de ces chaînes !

30 Là-dessus, le roi se leva, et le gouverneur, Bérénic
ainsi que tous ceux qui avaient siégé avec eux l'imitèren
31 En se retirant, ils se disaient les uns aux autres : C
homme n'a rien fait qui mérite la mort ou la prison.

32 Et Agrippa dit à Festus : Il aurait pu être relâché s'
n'avait pas fait appel à l'empereur.

Le départ pour Rome

27 1 Quand il fut décidé que nous partirions en batea
pour l'Italie, on confia Paul et quelques autre
prisonniers à la garde d'un officier du bataillon impér
al, nommé Julius. 2 Nous nous sommes embarqués sur u
navire d'Adramytte[i], qui devait se rendre dans les port
d'Asie Mineure, et nous sommes partis. Nous avions ave
nous Aristarque de Thessalonique en Macédoine.

3 Le lendemain, nous avons fait escale à Sidon. Julius, qu
témoignait une grande bienveillance à Paul, lui a permi
alors de se rendre chez ses amis pour recevoir leur aid
4 Une fois repartis de là, nous avons longé la côte de Chypr
pour nous protéger des vents contraires. 5 Puis nous avon
traversé la mer qui baigne la Cilicie et la Pamphylie, e
nous avons débarqué à Myra, en Lycie. 6 Là, l'officier a trou
vé un bateau d'Alexandrie qui était sur le point de parti
pour l'Italie et il nous a fait monter à son bord.

7 Pendant plusieurs jours, nous avons navigué lentemen
et c'est avec beaucoup de peine que nous sommes parvenu
à la hauteur de Cnide. Mais le vent ne nous permettait plu
d'avancer dans cette direction, et nous sommes passés a
sud de la Crète, en doublant le cap Salmoné. 8 Nous avon
eu du mal à longer la côte et nous sommes arrivés à u
endroit appelé « Beaux-Ports », près de la ville de Lasée.

Tempête et naufrage

9 Beaucoup de temps s'était écoulé ainsi, et la navigatio
devenait dangereuse, car l'époque du grand jeûne d'au
tomne[j] était déjà passée.

Alors Paul leur a donné cet avertissement : 10 Mes amis
je considère que, si nous continuons notre voyage, no
seulement la cargaison et le bateau subiront de grand
dommages, mais nous-mêmes nous risquerons notre vie
11 Mais l'officier romain se fiait plus à l'opinion du pilot
et du patron du bateau qu'aux paroles de Paul. 12 De plus
comme le port ne convenait pas à un hivernage, la majorit
a décidé d'en repartir pour gagner, si possible, Phénix, u
port de Crète orienté vers le sud-ouest et le nord-ouest, e
d'y passer l'hiver. 13 Une légère brise du sud s'était levé

[h] **26.28** Autres traductions : *tu vas me persuader que tu vas faire de moi un chrétien*, ou : *tu vas me persuader de faire le chrétien.* Certains manuscrits ont : *tu vas bientôt me persuader de devenir chrétien.*

[i] **27.2** *Adramytte:* port de la côte ouest d'Asie Mineure, proche de Troas.

[j] **27.9** Le *grand jeûne d'automne:* c'est-à-dire le grand jour des Expiations où le grand-prêtre offrait un sacrifice pour tous les péchés du peuple. Cette fête, accompagnée d'un jeûne, tombait en septembre ou début octobre. A cette époque, la navigation devenait dangereuse.

ong the shore of Crete. 14Before very long, a wind of
urricane force, called the Northeaster, swept down
om the island. 15The ship was caught by the storm
nd could not head into the wind; so we gave way to
and were driven along. 16As we passed to the lee
f a small island called Cauda, we were hardly able
make the lifeboat secure, 17so the men hoisted it
board. Then they passed ropes under the ship itself to
old it together. Because they were afraid they would
un aground on the sandbars of Syrtis, they lowered
he sea anchor[w] and let the ship be driven along. 18We
ook such a violent battering from the storm that the
ext day they began to throw the cargo overboard.
On the third day, they threw the ship's tackle overboard with their own hands. 20When neither sun nor
tars appeared for many days and the storm contin-
ed raging, we finally gave up all hope of being saved.

21After they had gone a long time without food, Paul
tood up before them and said: "Men, you should have
aken my advice not to sail from Crete; then you would
ave spared yourselves this damage and loss. 22But
ow I urge you to keep up your courage, because not
ne of you will be lost; only the ship will be destroyed.
3Last night an angel of the God to whom I belong and
hom I serve stood beside me 24and said, 'Do not be
fraid, Paul. You must stand trial before Caesar; and
od has graciously given you the lives of all who sail
with you.' 25So keep up your courage, men, for I have
aith in God that it will happen just as he told me.
6Nevertheless, we must run aground on some island."

he Shipwreck

27On the fourteenth night we were still being driven
across the Adriatic[x] Sea, when about midnight the
ailors sensed they were approaching land. 28They
ook soundings and found that the water was a hundred and twenty feet[y] deep. A short time later they
ook soundings again and found it was ninety feet[z]
deep. 29Fearing that we would be dashed against the
ocks, they dropped four anchors from the stern and
prayed for daylight. 30In an attempt to escape from
he ship, the sailors let the lifeboat down into the sea,
pretending they were going to lower some anchors
rom the bow. 31Then Paul said to the centurion and
he soldiers, "Unless these men stay with the ship, you
annot be saved." 32So the soldiers cut the ropes that
held the lifeboat and let it drift away.

33Just before dawn Paul urged them all to eat. "For
the last fourteen days," he said, "you have been in
constant suspense and have gone without food – you
haven't eaten anything. 34Now I urge you to take some
food. You need it to survive. Not one of you will lose

[w] **27:17** Or *the sails*
[x] **27:27** In ancient times the name referred to an area extending
well south of Italy.
[y] **27:28** Or about 37 meters
[z] **27:28** Or about 27 meters

et ils voyaient déjà leur projet réalisé. Ils ont donc levé
l'ancre et longé la côte de Crète au plus près.

14Mais peu de temps après, un vent violent comme un
typhon – connu sous le nom d'euraquilon – s'est mis à
souffler des hauteurs de l'île. 15Le bateau était entraîné
au large : il ne pouvait pas résister au vent et nous avons
dû nous laisser emporter à la dérive. 16Nous avons passé
ainsi au sud d'une petite île appelée Cauda. Comme elle
nous abritait un peu du vent, nous en avons profité pour
nous rendre maîtres du canot de sauvetage. Nous sommes
parvenus, à grand-peine, 17à le hisser à bord. Puis on a eu
recours à des moyens de fortune : on a ceinturé tout le
bateau de cordages. Comme on avait peur d'échouer sur
les bancs de sable de la Syrte[k], on a jeté l'ancre flottante[l]
et l'on continuait ainsi à dériver.

18Le lendemain, comme la tempête n'arrêtait pas de
secouer le bateau avec violence, on l'a délesté d'une partie
de sa cargaison. 19Le troisième jour, les matelots ont jeté,
de leurs propres mains, tous les agrès du bateau à la mer.
20Pendant plusieurs jours, on ne voyait plus ni le soleil
ni les étoiles. La tempête continuait de faire rage et nous
finissions par perdre tout espoir d'en sortir sains et saufs.
21Il y avait longtemps qu'on n'avait plus rien mangé.

Alors Paul, debout au milieu d'eux, leur a dit : Mes amis,
vous auriez mieux fait de m'écouter et de ne pas quitter
la Crète. Vous auriez évité tous ces dégâts et toutes ces
pertes. 22Mais maintenant, je vous invite à reprendre courage, car aucun de vous n'y perdra la vie ; seul le bateau
sera perdu. 23En effet, cette nuit, un ange du Dieu à qui
j'appartiens et que je sers, s'est présenté devant moi 24et
m'a dit : « Paul, ne crains rien ! Il faut que tu comparaisses
devant l'empereur, et Dieu t'accorde la vie sauve pour tous
tes compagnons de voyage. » 25Courage donc, mes amis !
J'ai confiance en Dieu : tout se passera comme il me l'a dit.
26Nous devons échouer quelque part sur une île.

27C'était la quatorzième nuit que nous étions ainsi ballottés sur l'Adriatique quand, vers le milieu de la nuit, les
marins ont eu l'impression qu'on approchait d'une terre.
28Ils ont jeté la sonde et ont découvert que le fond était à
trente-sept mètres. Un peu plus loin, ils ont recommencé
et trouvé le fond à vingt-huit mètres. 29Comme ils avaient
peur de voir le bateau s'écraser sur quelque récif, ils ont
jeté quatre ancres à l'arrière en attendant avec impatience
la venue du jour. 30Alors les marins, qui voulaient s'enfuir
du bateau, ont commencé à mettre à la mer le canot de sauvetage, sous prétexte d'aller amarrer une ancre à l'avant.

31Mais Paul a dit à l'officier romain et aux soldats :
Attention, si ces hommes ne restent pas à bord, vous ne
pourrez plus être sauvés.

32Alors les soldats ont coupé les cordages retenant le
canot et l'ont laissé tomber à la mer.

33En attendant que le jour paraisse, Paul a encouragé
tout le monde à manger : Voilà quatorze jours, leur a-t-
il dit, que vous êtes dans l'attente, sans rien prendre à
manger ! 34Je vous encourage donc vivement à prendre de
la nourriture maintenant. Vous en avez besoin pour vous
tirer de là. Encore une fois, croyez-moi : aucun de vous ne
perdra un cheveu de sa tête.

[k] **27.17** Sur les côtes de Libye.
[l] **27.17** *l'ancre flottante:* pièce de bois remorquée par le bateau pour lui
permettre de rester dans l'axe du vent. Selon certains : *on abaissa la voile.*

a single hair from his head." 35 After he said this, he took some bread and gave thanks to God in front of them all. Then he broke it and began to eat. 36 They were all encouraged and ate some food themselves. 37 Altogether there were 276 of us on board. 38 When they had eaten as much as they wanted, they lightened the ship by throwing the grain into the sea.

39 When daylight came, they did not recognize the land, but they saw a bay with a sandy beach, where they decided to run the ship aground if they could. 40 Cutting loose the anchors, they left them in the sea and at the same time untied the ropes that held the rudders. Then they hoisted the foresail to the wind and made for the beach. 41 But the ship struck a sandbar and ran aground. The bow stuck fast and would not move, and the stern was broken to pieces by the pounding of the surf.

42 The soldiers planned to kill the prisoners to prevent any of them from swimming away and escaping. 43 But the centurion wanted to spare Paul's life and kept them from carrying out their plan. He ordered those who could swim to jump overboard first and get to land. 44 The rest were to get there on planks or on other pieces of the ship. In this way everyone reached land safely.

Paul Ashore on Malta

28 1 Once safely on shore, we found out that the island was called Malta. 2 The islanders showed us unusual kindness. They built a fire and welcomed us all because it was raining and cold. 3 Paul gathered a pile of brushwood and, as he put it on the fire, a viper, driven out by the heat, fastened itself on his hand. 4 When the islanders saw the snake hanging from his hand, they said to each other, "This man must be a murderer; for though he escaped from the sea, the goddess Justice has not allowed him to live." 5 But Paul shook the snake off into the fire and suffered no ill effects. 6 The people expected him to swell up or suddenly fall dead; but after waiting a long time and seeing nothing unusual happen to him, they changed their minds and said he was a god.

7 There was an estate nearby that belonged to Publius, the chief official of the island. He welcomed us to his home and showed us generous hospitality for three days. 8 His father was sick in bed, suffering from fever and dysentery. Paul went in to see him and, after prayer, placed his hands on him and healed him. 9 When this had happened, the rest of the sick on the island came and were cured. 10 They honored us in many ways; and when we were ready to sail, they furnished us with the supplies we needed.

Paul's Arrival at Rome

11 After three months we put out to sea in a ship that had wintered in the island – it was an Alexandrian

35 Après avoir ainsi parlé, il a pris du pain et il a remerc Dieu devant tous ; puis il a rompu le pain et a commen à manger. 36 Alors tous les autres ont repris courage et sont aussi mis à manger. 37 Nous étions en tout deux ce soixante-seize personnes à bord. 38 Une fois rassasiés, i ont continué à délester le bateau en jetant le reste d provisions de blé à la mer.

39 Mais lorsque le jour était venu, aucun des membr de l'équipage ne reconnaissait l'endroit. Ils entrevoyaie seulement, au fond d'une baie, une plage de sable. Ils o alors décidé d'y faire échouer le bateau, si c'était possib 40 Les matelots ont coupé les câbles des ancres qu'ils o abandonnées à la mer ; en même temps, ils ont délié l courroies de deux grandes rames servant de gouvernai et hissé au vent la voile de misaine au mât d'artimon. I avaient mis le cap sur la plage 41 quand le bateau a touch un banc de sable battu des deux côtés par la mer et s'y e échoué. L'avant s'est enfoncé dans le sol, s'immobilisa définitivement, tandis que l'arrière commençait à se di loquer sous la violence des vagues.

42 Les soldats avaient l'intention de tuer tous les pr sonniers, de peur d'en voir s'échapper à la nage. 43 Ma l'officier désirait sauver Paul et les a empêché d'exécute leur projet. Il a donné ordre à ceux qui savaient nager d sauter à l'eau les premiers pour gagner la terre ferme. 44 Le autres suivraient en s'agrippant à des planches ou à de épaves du bateau. C'est ainsi que tous sont arrivés sai et saufs sur le rivage.

Sur l'île de Malte

28 1 Une fois hors de danger, nous avons appris qu notre île s'appelait Malte. 2 Les habitants, qui n parlaient pas le grec, nous ont témoigné une bienveillanc peu ordinaire. Ils ont allumé un grand feu et nous on tous accueillis à sa chaleur, car il s'était mis à pleuvoir e il faisait froid.

3 Paul avait ramassé une brassée de bois sec et il alla la jeter dans le feu quand la chaleur en a fait sortir un vipère qui s'est accrochée à sa main. 4 En voyant l'anima suspendu à sa main, les habitants se disaient entre eux Pas de doute : cet homme est un criminel ! Il a pu échappe à la mer, mais la Justice ne l'a pas laissé vivre !

5 Cependant, Paul avait, d'une secousse, jeté l'anima dans le feu et ne ressentait aucun mal.

6 Tous s'attendaient à le voir enfler ou bien tomber sub itement raide mort. Après une longue attente, voyant qu'i ne lui arrivait rien de fâcheux, ils ont changé d'avis et s sont mis à dire : C'est un dieu.

7 Tout près de là se trouvait un domaine appartenan au premier personnage de l'île nommé Publius. Il nous accueillis très aimablement et nous a offert l'hospitalit pendant trois jours. 8 Or, son père était justement clou au lit par la fièvre et la dysenterie. Paul s'est rendu à so chevet, a prié en lui imposant les mains, et l'a guéri. 9 Aprè cela, tous les autres malades de l'île venaient le voir et il étaient guéris, eux aussi. 10 Cela nous a valu toutes sorte de marques d'honneur et, quand est venu le moment d reprendre la mer, on a pourvu à tous les besoins de notr voyage.

L'arrivée à Rome

11 C'est seulement trois mois plus tard que nous sommes repartis à bord d'un bateau d'Alexandrie, à l'emblème

ip with the figurehead of the twin gods Castor and
llux. 12 We put in at Syracuse and stayed there three
ys. 13 From there we set sail and arrived at Rhegium.
ie next day the south wind came up, and on the folwing day we reached Puteoli. 14 There we found some
others and sisters who invited us to spend a week
ith them. And so we came to Rome. 15 The brothers
d sisters there had heard that we were coming, and
ey traveled as far as the Forum of Appius and the
iree Taverns to meet us. At the sight of these people
ul thanked God and was encouraged. 16 When we got
Rome, Paul was allowed to live by himself, with a
ldier to guard him.

aul Preaches at Rome Under Guard

17 Three days later he called together the local
wish leaders. When they had assembled, Paul said
them: "My brothers, although I have done nothing
gainst our people or against the customs of our anestors, I was arrested in Jerusalem and handed over
the Romans. 18 They examined me and wanted to
lease me, because I was not guilty of any crime de-
rving death. 19 The Jews objected, so I was compelled
make an appeal to Caesar. I certainly did not intend
bring any charge against my own people. 20 For this
eason I have asked to see you and talk with you. It
because of the hope of Israel that I am bound with
iis chain."

21 They replied, "We have not received any letters
om Judea concerning you, and none of our people
ho have come from there has reported or said any-
ing bad about you. 22 But we want to hear what your
iews are, for we know that people everywhere are
alking against this sect."

23 They arranged to meet Paul on a certain day,
nd came in even larger numbers to the place where
e was staying. He witnessed to them from morning
ill evening, explaining about the kingdom of God,
nd from the Law of Moses and from the Prophets
e tried to persuade them about Jesus. 24 Some were
onvinced by what he said, but others would not be-
ieve. 25 They disagreed among themselves and began
o leave after Paul had made this final statement: "The
Ioly Spirit spoke the truth to your ancestors when he
aid through Isaiah the prophet:

26 " 'Go to this people and say,
"You will be ever hearing but never
understanding;
you will be ever seeing but never perceiving."

27 For this people's heart has become calloused;
they hardly hear with their ears,
and they have closed their eyes.
Otherwise they might see with their eyes,
hear with their ears,

de Castor et Pollux[m], qui avait passé l'hiver dans un port
de l'île. 12 Nous avons fait escale pendant trois jours à
Syracuse[n]. 13 De là, nous avons longé la côte jusqu'à Reggio.
Le lendemain, le vent du sud s'est levé et, en deux jours,
nous avons gagné Pouzzoles. 14 Dans cette ville, nous avons
trouvé des frères qui nous ont invités à passer une semaine
avec eux. Et c'est ainsi que nous sommes allés à Rome. 15 Les
frères de cette ville, qui avaient eu de nos nouvelles, sont
venus à notre rencontre jusqu'au Forum d'Appius et aux
Trois-Tavernes. Quand Paul les a vus, il a remercié Dieu
et a pris courage.

16 Après notre arrivée à Rome, Paul fut autorisé à
loger dans un appartement personnel, sous la garde
d'un soldat.

Paul, témoin de Jésus-Christ à Rome

17 Au bout de trois jours, il invita les chefs des Juifs à le
rencontrer. Quand ils furent réunis chez lui, il leur dit :
Mes frères, bien que je n'aie rien fait de contraire aux intérêts de notre peuple, ni aux traditions de nos ancêtres,
j'ai été arrêté à Jérusalem et livré entre les mains des
Romains. 18 Ceux-ci, après enquête, voulaient me relâcher
parce qu'ils n'avaient trouvé aucune raison de me condamner à mort. 19 Mais, comme les Juifs s'y opposaient,
je me suis vu contraint d'en appeler à l'empereur, sans
pour autant vouloir accuser mes compatriotes. 20 Et c'est
ce qui explique que je vous aie invité à venir me voir et
vous entretenir avec moi : car c'est à cause de l'espérance
d'Israël que je porte ces chaînes.

21 Les Juifs lui répondirent : En ce qui nous concerne,
nous n'avons reçu aucune lettre de Judée à ton sujet, et
aucun de nos frères n'est venu de là-bas pour nous faire
un rapport ou pour nous dire du mal de toi. 22 Mais nous
pensons devoir t'entendre exposer toi-même ta pensée.
Quant à la secte dont tu fais partie, nous savons qu'elle
rencontre partout une sérieuse opposition.

23 Ils fixèrent donc un autre rendez-vous et, au jour
convenu, revinrent chez lui, encore plus nombreux que
la première fois. L'entretien dura du matin jusqu'au soir.
Paul leur exposa sa doctrine : il leur annonça le royaume
de Dieu et, en s'appuyant sur la Loi de Moïse et les paroles
des prophètes, il cherchait à les convaincre au sujet de
Jésus. 24 Les uns se laissèrent persuader par ses paroles,
mais les autres refusèrent de croire.

25 Au moment de quitter Paul, ils n'étaient toujours pas
d'accord entre eux et Paul fit cette réflexion : Elles sont
bien vraies ces paroles que le Saint-Esprit a dites à vos
ancêtres, par la bouche du prophète Esaïe :

26 *Va trouver ce peuple et dis-lui :*
Vous aurez beau entendre,
vous ne comprendrez pas.
Vous aurez beau voir de vos propres yeux,
vous ne saisirez pas.
27 *Car ce peuple est devenu insensible,*
ils ont fait la sourde oreille
et ils se sont bouché les yeux,
de peur qu'ils voient de leurs yeux,
et qu'ils entendent de leurs oreilles,
de peur qu'ils comprennent,

---

m **28.11** *Castor et Pollux* étaient deux dieux jumeaux de la mythologie grecque. Les marins les avaient adoptés comme leurs dieux protecteurs.
n **28.12** *Syracuse:* capitale de la Sicile, à environ 130 kilomètres de Malte.

understand with their hearts
and turn, and I would heal them.'[a]
[28] "Therefore I want you to know that God's salvation has been sent to the Gentiles, and they will
listen!" [29] [29][b]
[30] For two whole years Paul stayed there in his own
rented house and welcomed all who came to see him.
[31] He proclaimed the kingdom of God and taught about
the Lord Jesus Christ – with all boldness and without
hindrance!

qu'ils reviennent à moi
et que je les guérisse[o].
[28] Et Paul ajouta : Sachez-le donc : désormais ce salut q
vient de Dieu est maintenant apporté aux non-Juifs ; eu
ils écouteront ce message[p].
[30] Paul resta deux années entières dans le logement qu
avait loué. Il y recevait tous ceux qui venaient le voir. [31]
proclamait le royaume de Dieu et enseignait, avec ur
pleine assurance et sans aucun empêchement, ce qui co
cerne le Seigneur Jésus-Christ.

[a] **28:27** Isaiah 6:9,10 (see Septuagint)
[b] **28:29** Some manuscripts include here *After he said this, the Jews left, arguing vigorously among themselves.*

[o] **28.27** Es 6.9-10 cité selon l'ancienne version grecque.
[p] **28.28** Certains manuscrits ajoutent : [29] *Lorsque Paul eut dit cela, les Juifs s'en allèrent en discutant vivement entre eux.*

Romans

1Paul, a servant of Christ Jesus, called to be an apostle and set apart for the gospel of God – 2the ›spel he promised beforehand through his prophets the Holy Scriptures 3regarding his Son, who as to s earthly life[a] was a descendant of David, 4and who ırough the Spirit of holiness was appointed the Son God in power[b] by his resurrection from the dead: sus Christ our Lord. 5Through him we received grace ıd apostleship to call all the Gentiles to the obedience that comes from[c] faith for his name's sake. 6And ›u also are among those Gentiles who are called to elong to Jesus Christ.

7To all in Rome who are loved by God and called to his holy people:

Grace and peace to you from God our Father and om the Lord Jesus Christ.

aul's Longing to Visit Rome

8First, I thank my God through Jesus Christ for all of ›u, because your faith is being reported all over the orld. 9God, whom I serve in my spirit in preaching ıe gospel of his Son, is my witness how constantly I emember you 10in my prayers at all times; and I pray ıat now at last by God's will the way may be opened or me to come to you.

11I long to see you so that I may impart to you some piritual gift to make you strong – 12that is, that you nd I may be mutually encouraged by each other's ıith. 13I do not want you to be unaware, brothers and isters,[d] that I planned many times to come to you out have been prevented from doing so until now) ı order that I might have a harvest among you, just s I have had among the other Gentiles.

14I am obligated both to Greeks and non-Greeks, oth to the wise and the foolish. 15That is why I am o eager to preach the gospel also to you who are in ome.

16For I am not ashamed of the gospel, because it is he power of God that brings salvation to everyone vho believes: first to the Jew, then to the Gentile. 17For n the gospel the righteousness of God is revealed – a ighteousness that is by faith from first to last,[e] just s it is written: "The righteous will live by faith."

1:3 Or *who according to the flesh*
1:4 Or *was declared with power to be the Son of God*
1:5 Or *that is*
1:13 The Greek word for *brothers and sisters* (*adelphoi*) refers here o believers, both men and women, as part of God's family; also in :1, 4; 8:12, 29; 10:1; 11:25; 12:1; 15:14, 30; 16:14, 17.
1:17 Or *is from faith to faith*

Lettre aux Romains

Salutation

1 1Cette lettre vous est adressée par Paul, serviteur de Jésus-Christ, qui a été appelé à être apôtre et choisi pour proclamer l'Evangile de Dieu, 2la Bonne Nouvelle que Dieu avait promise par ses prophètes dans les Saintes Ecritures. 3Elle parle de son Fils qui, dans son humanité, descend de David, 4et qui a été institué Fils de Dieu avec puissance lorsque le Saint-Esprit l'a ressuscité[a], Jésus-Christ, notre Seigneur. 5Par lui, j'ai reçu la grâce d'être apôtre pour amener, en son nom, des hommes de tous les peuples à lui obéir en croyant. 6Vous êtes de ceux-là, vous que Jésus-Christ a appelés à lui. 7Je vous écris, à vous tous qui êtes à Rome les bien-aimés de Dieu, et qui ont été appelés à faire partie du peuple saint.

Que la grâce et la paix vous soient accordées par Dieu notre Père et par le Seigneur Jésus-Christ.

Paul et les chrétiens de Rome

8Tout d'abord, je remercie mon Dieu par Jésus-Christ au sujet de vous tous parce qu'on parle de votre foi dans le monde entier.

9-10Dieu m'en est témoin, lui que je sers de tout mon être en proclamant l'Evangile qui concerne son Fils : dans toutes mes prières, je ne cesse de faire mention de vous à toute occasion et je lui demande de me donner enfin l'occasion de vous rendre visite si telle est sa volonté.

11Car j'ai le vif désir d'aller vous voir pour vous transmettre quelque don de la grâce, par l'Esprit, en vue d'affermir votre foi, 12ou mieux : pour que, lorsque je serai parmi vous, nous nous encouragions mutuellement, vous et moi, par la foi qui nous est commune.

13Je tiens à ce que vous le sachiez, frères et sœurs : j'ai souvent formé le projet de me rendre chez vous, afin de récolter quelques fruits parmi vous comme je l'ai fait parmi bien d'autres peuples ; mais j'en ai été empêché jusqu'à présent. 14Je me dois à tous les non-Juifs, civilisés ou non, instruits ou ignorants. 15Voilà pourquoi je désire aussi vous annoncer l'Evangile, à vous qui êtes à Rome.

Le résumé de l'Evangile

16Car je n'ai pas honte de l'Evangile : c'est la puissance de Dieu par laquelle il sauve tous ceux qui croient, les Juifs en premier lieu et aussi les non-Juifs. 17En effet, cet Evangile nous révèle en quoi consiste la justice que Dieu accorde : elle est reçue par la foi et rien que par la foi[b], comme il est dit dans l'Ecriture : *Le juste vivra grâce à la foi*[c].

[a] 1.4 Certains comprennent : *et qui a été déclaré Fils de Dieu.*
[b] 1.17 D'autres comprennent : *elle est reçue par la foi et vécue dans la foi, comme il est dit ...*
[c] 1.17 Ha 2.4. Autre traduction : *celui qui est juste par la foi, vivra.*

God's Wrath Against Sinful Humanity

18 The wrath of God is being revealed from heaven against all the godlessness and wickedness of people, who suppress the truth by their wickedness, 19 since what may be known about God is plain to them, because God has made it plain to them. 20 For since the creation of the world God's invisible qualities – his eternal power and divine nature – have been clearly seen, being understood from what has been made, so that people are without excuse.

21 For although they knew God, they neither glorified him as God nor gave thanks to him, but their thinking became futile and their foolish hearts were darkened. 22 Although they claimed to be wise, they became fools 23 and exchanged the glory of the immortal God for images made to look like a mortal human being and birds and animals and reptiles.

24 Therefore God gave them over in the sinful desires of their hearts to sexual impurity for the degrading of their bodies with one another. 25 They exchanged the truth about God for a lie, and worshiped and served created things rather than the Creator – who is forever praised. Amen.

26 Because of this, God gave them over to shameful lusts. Even their women exchanged natural sexual relations for unnatural ones. 27 In the same way the men also abandoned natural relations with women and were inflamed with lust for one another. Men committed shameful acts with other men, and received in themselves the due penalty for their error.

28 Furthermore, just as they did not think it worthwhile to retain the knowledge of God, so God gave them over to a depraved mind, so that they do what ought not to be done. 29 They have become filled with every kind of wickedness, evil, greed and depravity. They are full of envy, murder, strife, deceit and malice. They are gossips, 30 slanderers, God-haters, insolent, arrogant and boastful; they invent ways of doing evil; they disobey their parents; 31 they have no understanding, no fidelity, no love, no mercy. 32 Although they know God's righteous decree that those who do such things deserve death, they not only continue to do these very things but also approve of those who practice them.

God's Righteous Judgment

2 1 You, therefore, have no excuse, you who pass judgment on someone else, for at whatever point you judge another, you are condemning yourself, because you who pass judgment do the same things. 2 Now we know that God's judgment against those

TOUS SONT COUPABLES DEVANT DIEU

Ceux qui rejettent Dieu et sa Loi

18 En effet, du haut du ciel, Dieu révèle sa colère cont les hommes qui ne l'honorent pas et ne respectent pas volonté. Ils étouffent ainsi malhonnêtement la vérité[d].

19 En effet, ce qu'on peut connaître de Dieu est clair po eux, Dieu lui-même le leur ayant fait connaître. 20 Ca depuis la création du monde, les perfections invisibles Dieu, sa puissance éternelle et sa divinité se voient dans s œuvres quand on y réfléchit. Ils n'ont donc aucune excus 21 car alors qu'ils connaissent Dieu, ils ne lui rendent p l'honneur que l'on doit à Dieu et ne lui expriment pas le reconnaissance. Ils se sont égarés dans des raisonnemen absurdes et leur pensée dépourvue d'intelligence s'e trouvée obscurcie.

22 Ils se prétendent sages, mais ils sont devenus fou 23 Ainsi, au lieu d'adorer le Dieu immortel et glorieux, i adorent des idoles, images d'hommes mortels, d'oiseau de quadrupèdes ou de reptiles. 24 C'est pourquoi Dieu l a abandonnés aux passions de leur cœur qui les porte à des pratiques dégradantes, de sorte qu'ils ont avili le propre corps.

25 Oui, ils ont délibérément échangé la vérité concerna Dieu contre le mensonge, ils ont adoré la créature et l ont rendu un culte, au lieu du Créateur, lui qui est bé éternellement. Amen !

26 Voilà pourquoi Dieu les a abandonnés à des passior avilissantes : leurs femmes ont renoncé aux relatior sexuelles naturelles pour se livrer à des pratiques cont nature.

27 Les hommes, de même, délaissant les rapports na turels avec le sexe féminin, se sont enflammés de dés les uns pour les autres ; ils ont commis entre hommes de actes honteux et ont reçu en leur personne le salaire qu méritaient leurs égarements. 28 Ils n'ont pas jugé bon d connaître Dieu, c'est pourquoi Dieu les a abandonnés leur pensée faussée, si bien qu'ils font ce qu'on ne doit pa

29 Ils accumulent toutes sortes d'injustices et de méchar cetés, d'envies et de vices ; ils sont pleins de jalousie, d meurtres, de querelles, de trahisons, de perversités. C sont des médisants, 30 des calomniateurs, des ennemi de Dieu, arrogants, orgueilleux, fanfarons, ingénieux faire le mal ; ils manquent à leurs devoirs envers leur parents ; 31 ils sont dépourvus d'intelligence et de loyaute insensibles, impitoyables.

32 Ils connaissent très bien la sentence de Dieu qui dé clare passibles de mort ceux qui agissent ainsi. Malgr cela, non seulement ils commettent de telles actions, mai encore ils approuvent ceux qui les font.

Celui qui condamne les autres se condamne lui-même

2 1 Toi donc, qui que tu sois, qui condamnes autrui, t n'as aucune excuse, car en condamnant les autres, t te condamnes toi-même, puisque toi qui les condamnes, t te conduis comme eux. 2 Or, nous savons que le jugement d Dieu contre ceux qui agissent ainsi est conforme à la vérité

[d] 1.18 Autre traduction : *Ils étouffent la vérité au profit de leur désobéissance à la Loi de Dieu.*

o do such things is based on truth. 3 So when you, mere human being, pass judgment on them and t do the same things, do you think you will escape od's judgment? 4 Or do you show contempt for the hes of his kindness, forbearance and patience, not alizing that God's kindness is intended to lead you repentance?

5 But because of your stubbornness and your unpentant heart, you are storing up wrath against urself for the day of God's wrath, when his righous judgment will be revealed. 6 God "will repay each rson according to what they have done." 7 To those ho by persistence in doing good seek glory, honor d immortality, he will give eternal life. 8 But for ose who are self-seeking and who reject the truth d follow evil, there will be wrath and anger. 9 There ill be trouble and distress for every human being ho does evil: first for the Jew, then for the Gentile; but glory, honor and peace for everyone who does od: first for the Jew, then for the Gentile. 11 For God es not show favoritism.

12 All who sin apart from the law will also perish art from the law, and all who sin under the law will judged by the law. 13 For it is not those who hear the w who are righteous in God's sight, but it is those ho obey the law who will be declared righteous. (Indeed, when Gentiles, who do not have the law, o by nature things required by the law, they are a w for themselves, even though they do not have the w. 15 They show that the requirements of the law are ritten on their hearts, their consciences also bearing itness, and their thoughts sometimes accusing them nd at other times even defending them.) 16 This will ke place on the day when God judges people's secrets rough Jesus Christ, as my gospel declares.

he Jews and the Law

17 Now you, if you call yourself a Jew; if you rely on he law and boast in God; 18 if you know his will and pprove of what is superior because you are instructd by the law; 19 if you are convinced that you are a uide for the blind, a light for those who are in the ark, 20 an instructor of the foolish, a teacher of little hildren, because you have in the law the embodinent of knowledge and truth – 21 you, then, who teach thers, do you not teach yourself? You who preach gainst stealing, do you steal? 22 You who say that eople should not commit adultery, do you commit dultery? You who abhor idols, do you rob temples?

3 T'imaginerais-tu, toi qui condamnes ceux qui commettent de tels actes, et qui te comportes comme eux, que tu vas échapper à la condamnation divine ? 4 Ou alors, méprises-tu les trésors de bonté, de patience et de générosité déployés par Dieu, sans te rendre compte que sa bonté veut t'amener à changer[e] ?

5 Par ton entêtement et ton refus de changer, tu te prépares un châtiment d'autant plus grand pour le jour où se manifesteront la colère et le juste jugement de Dieu. 6 Ce jour-là, *il donnera à chacun ce que lui auront valu ses actes.* 7 Ceux qui, en pratiquant le bien avec persévérance, cherchent la gloire à venir, l'honneur et l'immortalité, recevront de lui la vie éternelle[f]. 8 Mais, à ceux qui, par ambition personnelle[g], repoussent la vérité et cèdent à l'injustice, Dieu réserve sa colère et sa fureur.

9 Oui, la souffrance et l'angoisse attendent tout homme qui pratique le mal, le Juif en premier lieu et aussi le non-Juif.

10 Mais la gloire à venir, l'honneur et la paix seront accordés à celui qui pratique le bien, quel qu'il soit, d'abord le Juif et aussi le non-Juif, 11 car Dieu ne fait pas de favoritisme. 12 Ceux qui ont péché sans avoir eu connaissance de la Loi de Moïse périront sans qu'elle intervienne dans leur jugement. Mais ceux qui ont péché alors qu'ils étaient soumis au régime de la Loi seront jugés conformément à la Loi. 13 Car ce ne sont pas ceux qui se contentent d'écouter la lecture de la Loi qui seront justes aux yeux de Dieu. Non, seuls ceux qui appliquent la Loi sont considérés comme justes.

14 En effet, lorsque les païens qui n'ont pas la Loi de Moïse accomplissent naturellement ce que demande cette Loi, ils se tiennent lieu de loi à eux-mêmes, alors qu'ils n'ont pas la Loi. 15 Ils démontrent par leur comportement que les œuvres demandées par la Loi sont inscrites dans leur cœur. Leur conscience en témoigne également, ainsi que les raisonnements par lesquels ils s'accusent ou s'excusent les uns les autres[h]. 16 Tout cela paraîtra le jour[i] où, conformément à l'Evangile que j'annonce, Dieu jugera par Jésus-Christ tout ce que les hommes ont caché.

Les Juifs sont coupables devant Dieu

17 Eh bien, toi qui te donnes le nom de Juif, tu te reposes sur la Loi, tu fais de Dieu ton sujet de fierté[j], 18 tu connais sa volonté, tu juges de ce qui est le meilleur parce que tu es instruit par la Loi. 19 Tu es certain d'être le guide des aveugles, la lumière de ceux qui errent dans les ténèbres, 20 l'éducateur des insensés, l'enseignant des ignorants, tout cela sous prétexte que tu as dans la Loi l'expression parfaite de la connaissance et de la vérité. 21 Toi donc, qui enseignes les autres, tu ne t'enseignes pas toi-même. Tu prêches aux autres de ne pas voler, et tu voles ! 22 Tu dis de ne pas commettre d'adultère, et tu commets l'adultère ! Tu as les idoles en horreur, et tu commets des sacrilèges[k] !

---

e **2.4** Autres traductions : *à te repentir* ou *à changer d'attitude* ou *à changer de comportement.*

f **2.7** Dans les v. 7-8, Paul explicite le principe de la Loi qu'il a énoncé au v. 6.

g **2.8** Ou : *par esprit de contestation*, ou *de rivalité.*

h **2.15** Autre traduction : *ils s'accusent ou s'excusent eux-mêmes.*

i **2.16** *Tout cela paraîtra le jour.* Autre traduction : *Ils anticipent de la sorte sur le jour.*

j **2.17** Cf. Ps 34.3.

k **2.22** Autre traduction : *tu en fais le trafic.* Certains Juifs collectionnaient ou revendaient des idoles et des objets volés dans les temples païens – contrairement aux exigences de la Loi (Dt 7.25).

23 You who boast in the law, do you dishonor God by
breaking the law? 24 As it is written: "God's name is
blasphemed among the Gentiles because of you."
25 Circumcision has value if you observe the law, but
if you break the law, you have become as though you
had not been circumcised. 26 So then, if those who are
not circumcised keep the law's requirements, will they
not be regarded as though they were circumcised?
27 The one who is not circumcised physically and yet
obeys the law will condemn you who, even though
you have the[f] written code and circumcision, are a
lawbreaker.
28 A person is not a Jew who is one only outward-
ly, nor is circumcision merely outward and physical.
29 No, a person is a Jew who is one inwardly; and circumcision is circumcision of the heart, by the Spirit,
not by the written code. Such a person's praise is not
from other people, but from God.

God's Faithfulness

3 1 What advantage, then, is there in being a Jew,
or what value is there in circumcision? 2 Much in
every way! First of all, the Jews have been entrusted
with the very words of God.
3 What if some were unfaithful? Will their unfaithfulness nullify God's faithfulness? 4 Not at all! Let God
be true, and every human being a liar. As it is written:

"So that you may be proved right when you
speak
and prevail when you judge."

5 But if our unrighteousness brings out God's righteousness more clearly, what shall we say? That God
is unjust in bringing his wrath on us? (I am using a
human argument.) 6 Certainly not! If that were so, how
could God judge the world? 7 Someone might argue,
"If my falsehood enhances God's truthfulness and
so increases his glory, why am I still condemned as a
sinner?" 8 Why not say – as some slanderously claim
that we say – "Let us do evil that good may result"?
Their condemnation is just!

No One Is Righteous

9 What shall we conclude then? Do we have any advantage? Not at all! For we have already made the
charge that Jews and Gentiles alike are all under the
power of sin. 10 As it is written:

"There is no one righteous, not even one;
11 there is no one who understands;
there is no one who seeks God.
12 All have turned away,
they have together become worthless;
there is no one who does good,
not even one."

f **2:27** Or *who, by means of a*

23 Tu es fier de posséder la Loi, mais tu déshonores Dieu
y désobéissant ! 24 Et ainsi, comme le dit l'Ecriture, à cau
de vous, Juifs, *le nom de Dieu est outragé parmi les païens*[l].
25 Assurément, être circoncis a un sens – à conditi
d'appliquer la Loi. Mais, si tu désobéis à la Loi, être circo
cis n'a pas plus de valeur que d'être incirconcis.
26 Mais si l'incirconcis accomplit ce que la Loi défir
comme juste, cet incirconcis ne sera-t-il pas considé
comme un circoncis ?
27 Et cet homme qui accomplit la Loi sans être physiqu
ment circoncis ne va-t-il pas te condamner, toi qui désob
à la Loi tout en possédant les Ecritures et la circoncisior
28 Car ce n'est pas ce qui est visible qui fait le Juif, ni
marque visible dans la chair qui fait la circoncision, 29 ma
ce qui fait le Juif c'est ce qui est intérieur, et la vraie ci
concision est celle que l'Esprit opère dans le cœur et nc
celle que l'on pratique en obéissant à la lettre de la Loi.
Tel est le Juif qui reçoit sa louange, non des homme
mais de Dieu.

Tous les hommes sont coupables devant Dieu

3 1 Dans ces conditions, quel est l'avantage du Juif[m]
Quelle est l'utilité de la circoncision ? 2 L'avantage e
grand à divers titres. Tout d'abord, c'est aux Juifs qu'or
été confiées les paroles de Dieu. 3 Que faut-il dire alors
certains leur ont été infidèles ? Leur infidélité[n] anéar
tira-t-elle la fidélité de Dieu ? 4 Loin de là ! Que Dieu so
reconnu comme disant la vérité et tout homme qui s'op
pose à lui comme menteur, car il est écrit :

Tu seras toujours reconnu juste dans tes sentences ;
et tu seras vainqueur lorsque tu rends ton jugement[o].

5 Mais si notre injustice contribue à manifester que Die
est juste, que pouvons-nous en conclure ? Dieu n'est-il pa
injuste quand il nous fait subir sa colère ? – Bien entendu, j
raisonne ici d'une manière très humaine. – 6 Dieu injuste
Loin de là ! Autrement, comment Dieu pourrait-il juger l
monde ? 7 Ou, dira-t-on encore, si mon mensonge fait d'au
tant mieux éclater que Dieu est véridique et contribue ains
à sa gloire, pourquoi serais-je encore condamné comm
pécheur ? 8 Et pourquoi ne pas aller jusqu'à dire : Faisons l
mal pour qu'en sorte le bien ? Certains, du reste, nous cal
omnient en prétendant que c'est là ce que nous enseignons
Ces gens-là méritent bien d'être condamnés.
9 Que faut-il donc conclure ? Nous les Juifs, sommes-nou
en meilleure position que les autres hommes ? Pas à tou
égards. Nous avons, en effet, déjà démontré que tous le
hommes, Juifs et non-Juifs, sont également coupables
10 L'Ecriture le dit :

Il n'y a pas de juste,
pas même un seul[p],
11 *pas d'homme capable de comprendre,*
pas un qui se tourne vers Dieu.
12 *Ils se sont tous égarés, ils se sont corrompus tous ensemble.*
Il n'y en a aucun qui fasse le bien,
même pas un seul.

l **2.24** Es 52.5 cité selon l'ancienne version grecque.
m **3.1** Dans 3.1-9, l'apôtre pose cinq questions que ses contradicteurs juifs devaient souvent lui poser.
n **3.3** Autre traduction : *Que faut-il dire alors de l'incrédulité de certains ? Leur incrédulité ...*
o **3.4** Ps 51.6 cité selon l'ancienne version grecque.
p **3.10** Cf. Ec 7.20.

13 "Their throats are open graves;
their tongues practice deceit."
"The poison of vipers is on their lips."
14 "Their mouths are full of cursing and
bitterness."[g]
15 "Their feet are swift to shed blood;
16 ruin and misery mark their ways,
17 and the way of peace they do not know."
18 "There is no fear of God before their eyes."
19 Now we know that whatever the law says, it says
those who are under the law, so that every mouth
ay be silenced and the whole world held accountable
God. 20 Therefore no one will be declared righteous
God's sight by the works of the law; rather, through
ıe law we become conscious of our sin.

ighteousness Through Faith

21 But now apart from the law the righteousness of
ɔd has been made known, to which the Law and the
·ophets testify. 22 This righteousness is given through
.ith in[h] Jesus Christ to all who believe. There is no
ifference between Jew and Gentile, 23 for all have
nned and fall short of the glory of God, 24 and all are
ıstified freely by his grace through the redemption
ıat came by Christ Jesus. 25 God presented Christ as
sacrifice of atonement,[i] through the shedding of his
.ood – to be received by faith. He did this to demon-
:rate his righteousness, because in his forbearance
e had left the sins committed beforehand unpun-
hed – 26 he did it to demonstrate his righteousness
: the present time, so as to be just and the one who
ıstifies those who have faith in Jesus.

27 Where, then, is boasting? It is excluded. Because
f what law? The law that requires works? No, because
f the law that requires faith. 28 For we maintain that
person is justified by faith apart from the works of
ıe law. 29 Or is God the God of Jews only? Is he not the
od of Gentiles too? Yes, of Gentiles too, 30 since there
, only one God, who will justify the circumcised by
ıith and the uncircumcised through that same faith.

3:14 Psalm 10:7 (see Septuagint)
3:22 Or *through the faithfulness of*
3:25 The Greek for *sacrifice of atonement* refers to the atonement
›over on the ark of the covenant (see Lev. 16:15,16).

13 *Leur gosier ressemble à une tombe ouverte,*
leur langue sert à tromper[q]*,*
ils ont sur les lèvres un venin de vipère[r]*,*
14 *leur bouche est pleine d'aigres malédictions*[s]*.*
15 *Leurs pieds sont agiles quand il s'agit de verser le sang.*
16 *La destruction et le malheur jalonnent leur parcours.*
17 *Ils ne connaissent pas le chemin de la paix.*
18 *Ils n'ont même pas peur de Dieu.*
19 Or, nous le savons, ce que l'Ecriture dit dans la Loi,
elle l'adresse à ceux qui vivent sous le régime de la Loi.
Il en est ainsi pour que personne n'ait rien à répliquer et
que le monde entier soit reconnu coupable devant Dieu.
20 Car personne ne sera déclaré juste devant lui parce
qu'il aura accompli les œuvres demandées par la Loi. En
effet, la Loi produit seulement la connaissance du péché.

Déclarés justes par la foi

Justes par la foi, sans la Loi

21 Mais maintenant Dieu a manifesté, sans faire intervenir la Loi, la justice qu'il nous accorde et à laquelle les
livres de la Loi et des prophètes rendent témoignage.
22 Dieu déclare les hommes justes par leur foi en Jésus-
Christ, et cela s'applique à tous ceux qui croient, car il n'y
a pas de différence entre les hommes. 23 Tous ont péché,
en effet, et sont privés de la gloire de Dieu, 24 et ils sont
déclarés justes[t] par sa grâce ; c'est un don que Dieu leur fait
par le moyen de la délivrance[u] apportée par Jésus-Christ[v].
25 C'est lui que Dieu a offert comme une victime destinée
à expier les péchés[w], pour ceux qui croient en son sacrifice[x]. Dieu montre ainsi qu'il est juste parce qu'il avait
laissé impunis les péchés commis autrefois, 26 au temps de
sa patience. Il montre aussi qu'il est juste dans le temps
présent : il est juste tout en déclarant juste celui qui croit
en Jésus.
27 Reste-t-il encore une raison de se vanter ? Non, cela
est exclu. En vertu de quel principe ? Celui de l'obéissance
à la Loi ? Non, mais selon le principe de la foi.
28 Voici donc ce que nous affirmons : l'homme est déclaré juste par la foi sans qu'il ait à accomplir les œuvres
qu'exige la Loi. 29 Ou alors : Dieu serait-il seulement le Dieu
des Juifs ? N'est-il pas aussi le Dieu des non-Juifs ? Bien sûr,
il est aussi le Dieu des non-Juifs. 30 Car il n'y a qu'un seul
Dieu qui justifie les Juifs en raison de leur foi et qui justifie
aussi les non-Juifs au moyen de leur foi.

q **3.13** Ps 5.10 cité selon l'ancienne version grecque.
r **3.13** Ps 140.4 cité selon l'ancienne version grecque.
s **3.14** Ps 10.7 cité selon l'ancienne version grecque.
t **3.24** Paul emprunte au vocabulaire juridique ce terme de *justifier* qui signifiait *déclarer juste* celui dont l'innocence avait été reconnue ou dont la culpabilité n'avait pu être prouvée. Dans le cas du pécheur devant Dieu, il s'agit d'un acte immérité du Dieu souverain qui « couvre » les péchés (4.7) et recouvre le pécheur de la justice parfaite de Jésus-Christ.
u **3.24** L'apôtre emploie un mot qui désigne souvent le rachat (d'un esclave ou d'un prisonnier) au moyen d'une rançon.
v **3.24** Autre traduction : *dont on bénéficie dans le cadre de l'union à Jésus-Christ.*
w **3.25** Selon certains, ce terme fait allusion à la cérémonie du jour des Expiations où le grand-prêtre aspergeait de sang le couvercle du coffre sacré afin de faire l'expiation des péchés du peuple. *Expier les péchés:* autre traduction : *apaiser la colère de Dieu contre le mal* (voir 1 Jn 2.2 ; 4.10).
x **3.25** Autre traduction : *C'est lui que Dieu, dans son plan, a destiné, par sa mort, à expier les péchés pour ceux qui croient.* Le texte grec emploie le mot *sang* : le sang est le symbole de la vie offerte et de la mort subie.

31 Do we, then, nullify the law by this faith? Not at all! Rather, we uphold the law.

Abraham Justified by Faith

4 1 What then shall we say that Abraham, our forefather according to the flesh, discovered in this matter? 2 If, in fact, Abraham was justified by works, he had something to boast about – but not before God. 3 What does Scripture say? "Abraham believed God, and it was credited to him as righteousness."[j]

4 Now to the one who works, wages are not credited as a gift but as an obligation. 5 However, to the one who does not work but trusts God who justifies the ungodly, their faith is credited as righteousness. 6 David says the same thing when he speaks of the blessedness of the one to whom God credits righteousness apart from works:

7 "Blessed are those
whose transgressions are forgiven,
whose sins are covered.
8 Blessed is the one
whose sin the Lord will never count against
them."

9 Is this blessedness only for the circumcised, or also for the uncircumcised? We have been saying that Abraham's faith was credited to him as righteousness. 10 Under what circumstances was it credited? Was it after he was circumcised, or before? It was not after, but before! 11 And he received circumcision as a sign, a seal of the righteousness that he had by faith while he was still uncircumcised. So then, he is the father of all who believe but have not been circumcised, in order that righteousness might be credited to them. 12 And he is then also the father of the circumcised who not only are circumcised but who also follow in the footsteps of the faith that our father Abraham had before he was circumcised.

13 It was not through the law that Abraham and his offspring received the promise that he would be heir of the world, but through the righteousness that comes by faith. 14 For if those who depend on the law are heirs, faith means nothing and the promise is worthless, 15 because the law brings wrath. And where there is no law there is no transgression.

16 Therefore, the promise comes by faith, so that it may be by grace and may be guaranteed to all Abraham's offspring – not only to those who are of the law but also to those who have the faith of Abraham. He is the father of us all. 17 As it is written: "I have made you a father of many nations." He is our father in the sight of God, in whom he believed – the God who gives life to the dead and calls into being things that were not.

18 Against all hope, Abraham in hope believed and so became the father of many nations, just as it had been

j **4:3** Gen. 15:6; also in verse 22

L'exemple d'Abraham et de David

31 Mais alors, est-ce que nous annulons la Loi au moy de la foi ? Loin de là ! Nous confirmons la Loi.

4 1 Prenons l'exemple d'Abraham, l'ancêtre de notre pe ple, selon la descendance physique. Que pouvons-no dire à son sujet ? Quelle a été son expérience ? 2 S'il a é déclaré juste en raison de ce qu'il a fait, alors certes, il pe se vanter. Mais ce n'est pas ainsi que Dieu voit la chose ! 3 I effet, que dit l'Ecriture ? *Abraham a eu confiance en Dieu, Dieu a porté sa foi à son crédit*[y] *pour le déclarer juste.*

4 Si quelqu'un accomplit un travail, on lui compte s salaire non pas comme si on lui faisait une faveur, ma d'après ce qui lui est dû. 5 Et si quelqu'un n'accomplit p les œuvres requises par la Loi mais place sa confiance Dieu qui déclare justes les pécheurs, Dieu le déclare jus en portant sa foi à son crédit. 6 De même, David décla béni l'homme que Dieu déclare juste sans qu'il ait produ les œuvres qu'exige la Loi :

7 *Ils sont bénis, ceux dont les fautes ont été pardonnées*
et dont les péchés ont été effacés !

8 *Il est béni, l'homme au compte de qui*
le Seigneur ne porte pas le péché!

9 Cette bénédiction est-elle réservée aux seuls circonci ou est-elle aussi accessible aux incirconcis ? Nous veno de le dire : Dieu a porté la foi d'Abraham à son crédit pou le déclarer juste. 10 A quel moment cela a-t-il eu lieu Quand Abraham était circoncis ou quand il était encore i circoncis ? Ce n'est pas quand il était circoncis, mais quar il ne l'était pas encore. 11 Et Dieu lui donna ensuite le sign de la circoncision comme sceau de la justice qu'il avait dé reçue par la foi avant d'être circoncis. Il est devenu ain le père de tous ceux qui croient sans être circoncis pou qu'eux aussi soient déclarés justes par Dieu de la mêm manière. 12 Il est aussi devenu le père des circoncis qui n se contentent pas d'avoir la circoncision, mais qui suiver l'exemple de la foi que notre père Abraham a manifesté alors qu'il était encore incirconcis.

13 Car la promesse de recevoir le monde en héritage a ét faite à Abraham ou à sa descendance non parce qu'il ava obéi à la Loi, mais parce que Dieu l'a déclaré juste à cause de s foi. 14 En effet, s'il faut être sous le régime de la Loi[z] pour avo droit à cet héritage, alors la foi n'a plus de sens et la promess est annulée. 15 Car la Loi produit la colère de Dieu. Or, là où n'y a pas de Loi, il n'y a pas non plus de transgression. 16 Voil pourquoi l'héritage se reçoit par la foi : c'est pour qu'il soit u don de la grâce. Ainsi, la promesse se trouve confirmée à tout la descendance d'Abraham, c'est-à-dire non seulement à cell qui a la Loi, mais aussi à celle qui partage la foi d'Abraham. est notre père à tous, 17 comme le dit l'Ecriture : *Je t'ai étab pour être le père d'une multitude de peuples*Placé en présence d Dieu[a], il mit sa confiance en celui qui donne la vie aux mort et appelle à l'existence ce qui n'existe pas.

18 Alors que tout portait au contraire, il a eu confiance plein d'espérance. Ainsi il est devenu *le père d'une multitud*

y **4.3** Paul emploie un terme du vocabulaire commercial qui signifie : *imputer, porter au compte de quelqu'un.* Dieu a porté l'acte de foi d'Abrahan au compte du patriarche et l'a déclaré juste.

z **4.14** Autre traduction : *s'il faut obéir à la Loi.*

a **4.17** Autre traduction : *Il est notre père à tous* 17 *devant celui en qui il a mis sa confiance, Dieu qui donne ...*

d to him, "So shall your offspring be." 19Without
akening in his faith, he faced the fact that his body
s as good as dead – since he was about a hundred
ars old – and that Sarah's womb was also dead.
Yet he did not waver through unbelief regarding
e promise of God, but was strengthened in his faith
d gave glory to God, 21being fully persuaded that
d had power to do what he had promised. 22This is
y "it was credited to him as righteousness." 23The
ords "it was credited to him" were written not for
m alone, 24but also for us, to whom God will credit
ghteousness – for us who believe in him who raised
sus our Lord from the dead. 25He was delivered over
death for our sins and was raised to life for our
stification.

ace and Hope

5 1Therefore, since we have been justified through
faith, we[k] have peace with God through our Lord
sus Christ, 2through whom we have gained access
faith into this grace in which we now stand. And
e[l] boast in the hope of the glory of God. 3Not only so,
t we[m] also glory in our sufferings, because we know
at suffering produces perseverance; 4perseverance,
aracter; and character, hope. 5And hope does not
t us to shame, because God's love has been poured
t into our hearts through the Holy Spirit, who has
een given to us.

6You see, at just the right time, when we were still
owerless, Christ died for the ungodly. 7Very rarely
ill anyone die for a righteous person, though for a
ood person someone might possibly dare to die. 8But
od demonstrates his own love for us in this: While
e were still sinners, Christ died for us.

9Since we have now been justified by his blood,
ow much more shall we be saved from God's wrath
rough him! 10For if, while we were God's enemies,
e were reconciled to him through the death of his
on, how much more, having been reconciled, shall
e be saved through his life! 11Not only is this so, but
e also boast in God through our Lord Jesus Christ,
rough whom we have now received reconciliation.

5:1 Many manuscripts *let us*
5:2 Or *let us*
5:3 Or *let us*

de peuples conformément à ce que Dieu lui avait dit : *Tes
descendants seront nombreux.*

19Bien qu'il considéra son corps, qui était comme
mort – il avait presque cent ans – et celui de Sara,
qui ne pouvait plus donner la vie, sa foi ne faiblit pas.
20Au contraire : loin de mettre en doute la promesse
et de refuser de croire, il trouva sa force dans la foi,
en reconnaissant la grandeur de Dieu[b] 21et en étant
absolument persuadé que Dieu est capable d'accomplir
ce qu'il a promis.

22C'est pourquoi, Dieu *l'a déclaré juste en portant sa foi à
son crédit.* 23Or si cette parole : *Dieu a porté sa foi à son crédit*
a été consignée dans l'Ecriture, ce n'est pas seulement
pour Abraham[c]. 24Elle nous concerne nous aussi. Car la foi
sera aussi portée à notre crédit, à nous qui plaçons notre
confiance en celui qui a ressuscité Jésus notre Seigneur ;
25il a été livré pour nos fautes, et il est ressuscité pour que
nous soyons déclarés justes[d].

LA VIE NOUVELLE EN CHRIST, PAR L'ESPRIT

La paix avec Dieu

5 1Puisque nous avons été déclarés justes en raison de
notre foi, nous sommes[e] en paix avec Dieu grâce à
notre Seigneur Jésus-Christ. 2Par lui, nous avons eu accès,
au moyen de la foi[f], à ce don gratuit de Dieu qui nous est
désormais acquis ; et notre fierté se fonde sur l'espérance
d'avoir part à la gloire de Dieu.

3Mieux encore ! Nous tirons fierté même de nos détresses, car nous savons que la détresse produit la persévérance,
4la persévérance conduit à une fidélité éprouvée, et la
fidélité éprouvée nourrit l'espérance. 5Or, notre espérance
ne risque pas de tourner à notre confusion, car Dieu a
versé son amour dans notre cœur par l'Esprit Saint qu'il
nous a donné.

6En effet, au moment fixé par Dieu, alors que nous étions
encore sans force, Christ est mort pour des pécheurs. 7A
peine accepterait-on de mourir pour un juste ; peut-être
quelqu'un irait-il jusqu'à mourir pour le bien[g]. 8Mais voici
comment Dieu nous montre l'amour qu'il a pour nous :
alors que nous étions encore des pécheurs, Christ est mort
pour nous.

9Donc, puisque nous sommes maintenant déclarés justes grâce à son sacrifice[h], nous serons, à plus forte raison
encore, sauvés par lui de la colère à venir.

10Alors que nous étions ses ennemis, Dieu nous a réconciliés avec lui par la mort de son Fils ; à plus forte raison,
maintenant que nous sommes réconciliés, serons-nous
sauvés par sa vie. 11Mieux encore : nous plaçons désormais
notre fierté en Dieu par notre Seigneur Jésus-Christ qui
nous a obtenu la réconciliation.

b 4.20 Autre traduction : *il fut fortifié dans sa foi et fit ainsi honneur à Dieu.*
c 4.23 Autre traduction : *elle ne concerne pas seulement Abraham.*
d 4.25 Autre traduction : *ressuscité parce qu'il avait accompli l'œuvre par laquelle nous sommes déclarés justes.*
e 5.1 Certains manuscrits ont : *soyons ... en paix.*
f 5.2 L'expression *au moyen de la foi* est absente de certains manuscrits.
g 5.7 Autre traduction : *pour un homme de bien.*
h 5.9 Voir note 3.25.

Death Through Adam, Life Through Christ

12 Therefore, just as sin entered the world through one man, and death through sin, and in this way death came to all people, because all sinned –

13 To be sure, sin was in the world before the law was given, but sin is not charged against anyone's account where there is no law. 14 Nevertheless, death reigned from the time of Adam to the time of Moses, even over those who did not sin by breaking a command, as did Adam, who is a pattern of the one to come.

15 But the gift is not like the trespass. For if the many died by the trespass of the one man, how much more did God's grace and the gift that came by the grace of the one man, Jesus Christ, overflow to the many! 16 Nor can the gift of God be compared with the result of one man's sin: The judgment followed one sin and brought condemnation, but the gift followed many trespasses and brought justification. 17 For if, by the trespass of the one man, death reigned through that one man, how much more will those who receive God's abundant provision of grace and of the gift of righteousness reign in life through the one man, Jesus Christ!

18 Consequently, just as one trespass resulted in condemnation for all people, so also one righteous act resulted in justification and life for all people. 19 For just as through the disobedience of the one man the many were made sinners, so also through the obedience of the one man the many will be made righteous.

20 The law was brought in so that the trespass might increase. But where sin increased, grace increased all the more, 21 so that, just as sin reigned in death, so also grace might reign through righteousness to bring eternal life through Jesus Christ our Lord.

Dead to Sin, Alive in Christ

6 1 What shall we say, then? Shall we go on sinning so that grace may increase? 2 By no means! We are those who have died to sin; how can we live in it any longer? 3 Or don't you know that all of us who were baptized into Christ Jesus were baptized into his death? 4 We were therefore buried with him through baptism into death in order that, just as Christ was raised from the dead through the glory of the Father, we too may live a new life.

5 For if we have been united with him in a death like his, we will certainly also be united with him in a resurrection like his. 6 For we know that our old self was crucified with him so that the body ruled by sin might be done away with,[n] that we should no longer be slaves to sin – 7 because anyone who has died has been set free from sin.

[n] 6:6 Or *be rendered powerless*

Condamnés en Adam, déclarés justes en Christ

12 C'est pourquoi, de même que par un seul homme, péché est entré dans le monde et par le péché, la mo et ainsi la mort a atteint tous les hommes parce que to ont péché[i] ...

13 En effet, jusqu'à ce que Dieu donne la Loi de Moïse, péché existait bien dans le monde ; or le péché n'est p pris en compte quand la Loi n'existe pas. 14 Et pourta la mort a régné depuis Adam jusqu'à Moïse, même sur hommes qui n'avaient pas commis une faute semblabl celle d'Adam – qui est comparable à celui qui devait ven

15 Mais il y a une différence entre la faute et le don de grâce ! En effet, si la faute d'un seul a eu pour conséquen la mort de beaucoup, à bien plus forte raison la grâce Dieu, don gratuit qui vient d'un seul homme, Jésus-Chri a surabondé pour beaucoup.

16 Quelle différence aussi entre les conséquences péché d'un seul et le don ! En effet, le jugement interv nant à cause d'un seul homme a entraîné la condamnatic mais le don de grâce, intervenant à la suite de nombreus fautes, a conduit à l'acquittement. 17 Car si, par la fau commise par un seul homme, la mort a régné à cause ce seul homme, à bien plus forte raison ceux qui reçoive l'abondance de la grâce qu'est le don de la justificatic régneront-ils dans la vie par Jésus-Christ, lui seul.

18 Ainsi donc, comme une seule faute a entraîné la co damnation de tous les hommes, un seul acte satisfaisa à la justice a obtenu pour tous les hommes l'acquitteme qui leur assure la vie. 19 Comme, par la désobéissance d'u seul, beaucoup d'hommes ont été déclarés pécheurs deva Dieu, de même, par l'obéissance d'un seul, beaucoup sero déclarés justes devant Dieu.

20 Quant à la Loi, elle est intervenue pour que le péch prolifère. Mais là où le péché a proliféré, la grâce a sur bondé 21 pour que, comme le péché a régné par la mort, c même la grâce règne par la justice que Dieu accorde et q aboutit à la vie éternelle par Jésus-Christ notre Seigneu

La grâce : une excuse pour pécher ?

6 1 Que dire maintenant ? Persisterons-nous dar le péché pour que la grâce abonde ? 2 Loin de là Puisque nous sommes morts pour le péché, comment pou rions-nous vivre encore dans le péché ? 3 Ne savez-vous pa que nous, qui avons été baptisés pour Jésus-Christ[j], c'est e relation avec sa mort[k] que nous avons été baptisés ? 4 Nou avons donc été ensevelis avec lui par le baptême en relatio avec sa mort afin que, comme Christ a été ressuscité pa la puissance glorieuse du Père, nous aussi, nous menion une vie nouvelle.

5 Car si nous avons été unis à lui par une mort semblabl à la sienne, nous le serons aussi par une résurrection sem blable à la sienne. 6 Comprenons donc que l'homme qu nous étions autrefois a été crucifié avec Christ afin que l péché dans ce qui fait sa force[l] soit réduit à l'impuissanc et que nous ne soyons plus esclaves du péché. 7 Car celu

[i] 5.12 La phrase de Paul reste en suspens à la fin de ce verset. Elle sera reprise au v. 18 après la parenthèse explicative des v. 13-17.

[j] 6.3 L'expression utilisée par Paul *baptisé pour Jésus-Christ* exprime diverses nuances : l'engagement (voir 1 P 3.21), l'adhésion, l'appartenance l'union. Autre traduction : *baptisés en Jésus-Christ.*

[k] 6.3 Autre traduction : *en sa mort.*

[l] 6.6 Autre traduction : *le corps en tant qu'instrument du péché.*

8 Now if we died with Christ, we believe that we will
so live with him. 9 For we know that since Christ was
ised from the dead, he cannot die again; death no
nger has mastery over him. 10 The death he died,
: died to sin once for all; but the life he lives, he
ves to God.
11 In the same way, count yourselves dead to sin but
ive to God in Christ Jesus. 12 Therefore do not let sin
ign in your mortal body so that you obey its evil
esires. 13 Do not offer any part of yourself to sin as
1 instrument of wickedness, but rather offer your-
lves to God as those who have been brought from
eath to life; and offer every part of yourself to him
; an instrument of righteousness. 14 For sin shall no
nger be your master, because you are not under the
w, but under grace.

laves to Righteousness

15 What then? Shall we sin because we are not un-
er the law but under grace? By no means! 16 Don't
ou know that when you offer yourselves to some-
ne as obedient slaves, you are slaves of the one you
bey – whether you are slaves to sin, which leads to
eath, or to obedience, which leads to righteousness?
'But thanks be to God that, though you used to be
aves to sin, you have come to obey from your heart
ne pattern of teaching that has now claimed your
llegiance. 18 You have been set free from sin and have
ecome slaves to righteousness.
19 I am using an example from everyday life because
f your human limitations. Just as you used to offer
ourselves as slaves to impurity and to ever-increas-
ng wickedness, so now offer yourselves as slaves to
ighteousness leading to holiness. 20 When you were
laves to sin, you were free from the control of righ-
eousness. 21 What benefit did you reap at that time
rom the things you are now ashamed of? Those
hings result in death! 22 But now that you have been
et free from sin and have become slaves of God, the
enefit you reap leads to holiness, and the result is
ternal life. 23 For the wages of sin is death, but the
ift of God is eternal life in[o] Christ Jesus our Lord.

leleased From the Law, Bound to Christ

7 1 Do you not know, brothers and sisters – for I am
speaking to those who know the law – that the
aw has authority over someone only as long as that
erson lives? 2 For example, by law a married woman
s bound to her husband as long as he is alive, but if
er husband dies, she is released from the law that
inds her to him. 3 So then, if she has sexual relations
vith another man while her husband is still alive, she

6:23 Or *through*

qui est mort a été déclaré juste : il n'a plus à répondre du
péché.
8 Or, puisque nous sommes morts avec Christ, nous croyons que nous vivrons aussi avec lui. 9 Car nous savons que
Christ ressuscité ne meurt plus ; la mort n'a plus de pouvoir
sur lui. 10 Il est mort et c'est pour le péché qu'il est mort
une fois pour toutes. Mais à présent, il est vivant et il vit
pour Dieu.
11 Ainsi, vous aussi, considérez-vous comme morts pour
le péché, et comme vivants pour Dieu dans l'union avec
Jésus-Christ.
12 Que le péché n'exerce donc plus sa domination sur
votre corps mortel pour vous soumettre à ses désirs. 13 Ne
mettez pas vos membres et organes à la disposition du
péché comme des armes au service du mal. Mais puisque
vous étiez morts et que vous êtes maintenant vivants,
offrez-vous vous-mêmes à Dieu et mettez les membres
et organes de votre corps à sa disposition comme des instruments pour faire ce qui est juste.
14 Car le péché ne sera plus votre maître puisque vous
n'êtes plus sous le régime de la Loi mais sous celui de la
grâce.
15 Mais quoi ? Allons-nous encore pécher sous prétexte
que nous ne sommes pas sous le régime de la Loi, mais
sous celui de la grâce ? Loin de là ! 16 Ne savez-vous pas
qu'en vous mettant au service de quelqu'un comme des
esclaves pour lui obéir, vous êtes effectivement les esclaves du maître à qui vous obéissez : ou bien du péché
qui entraîne la mort, ou bien de l'obéissance qui conduit
à une vie juste ? 17 Mais Dieu soit loué ! Si, autrefois, vous
étiez les esclaves du péché, vous avez maintenant obéi
de tout cœur à l'enseignement fondamental auquel vous
avez été soumis[m]. 18 Et, à présent, affranchis du péché,
vous êtes devenus esclaves de la justice. 19 – Je parle ici
d'une manière très humaine, à cause de votre faiblesse
naturelle. – De même que vous avez offert autrefois les
membres et organes de votre corps en esclaves pour agir
d'une manière immorale et qui ne respecte pas la Loi de
Dieu, offrez-les maintenant en esclaves à la justice pour
devenir saints dans votre être et votre conduite.
20 Lorsque vous étiez encore esclaves du péché, vous
étiez libres par rapport à la justice. 21 Or, quels fruits
portiez-vous alors ? Des actes qui vous font rougir de
honte aujourd'hui, car ils conduisent à la mort. 22 Mais
maintenant, affranchis du péché et devenus esclaves de
Dieu, le fruit que vous portez, c'est une vie sainte, et le
résultat auquel vous aboutissez, c'est la vie éternelle. 23 Car
le salaire que verse le péché, c'est la mort, mais le don de la
grâce que Dieu accorde, c'est la vie éternelle dans l'union
avec Jésus-Christ notre Seigneur.

Libérés du régime de la Loi

7 1 Ne savez-vous pas, frères et sœurs – car je parle à
des gens qui savent ce qu'est une loi – que la loi ne
régit un homme que durant le temps de sa vie ? 2 Ainsi,
une femme mariée est liée par la loi à son mari tant que
celui-ci est en vie. Mais s'il vient à mourir, elle est libérée
de la loi qui la liait à lui[n]. 3 Donc si, du vivant de son mari,
elle devient la femme d'un autre homme, elle sera con-

[m] 6.17 Expression qui se rapporte sans doute à l'enseignement chrétien fondamental donné à tout nouveau croyant.

[n] 7.2 Il s'agit de la loi romaine. Autre traduction : *la Loi,* c'est-à-dire la Loi de Moïse.

is called an adulteress. But if her husband dies, she is released from that law and is not an adulteress if she marries another man.

[4]So, my brothers and sisters, you also died to the law through the body of Christ, that you might belong to another, to him who was raised from the dead, in order that we might bear fruit for God. [5]For when we were in the realm of the flesh,[p] the sinful passions aroused by the law were at work in us, so that we bore fruit for death. [6]But now, by dying to what once bound us, we have been released from the law so that we serve in the new way of the Spirit, and not in the old way of the written code.

The Law and Sin

[7]What shall we say, then? Is the law sinful? Certainly not! Nevertheless, I would not have known what sin was had it not been for the law. For I would not have known what coveting really was if the law had not said, "You shall not covet." [8]But sin, seizing the opportunity afforded by the commandment, produced in me every kind of coveting. For apart from the law, sin was dead. [9]Once I was alive apart from the law; but when the commandment came, sin sprang to life and I died. [10]I found that the very commandment that was intended to bring life actually brought death. [11]For sin, seizing the opportunity afforded by the commandment, deceived me, and through the commandment put me to death. [12]So then, the law is holy, and the commandment is holy, righteous and good.

[13]Did that which is good, then, become death to me? By no means! Nevertheless, in order that sin might be recognized as sin, it used what is good to bring about my death, so that through the commandment sin might become utterly sinful.

[14]We know that the law is spiritual; but I am unspiritual, sold as a slave to sin. [15]I do not understand what I do. For what I want to do I do not do, but what I hate I do. [16]And if I do what I do not want to do, I agree that the law is good. [17]As it is, it is no longer I myself who do it, but it is sin living in me. [18]For I know that good itself does not dwell in me, that is, in my sinful nature.[q] For I have the desire to do what is good, but I cannot carry it out. [19]For I do not do the good I want to do, but the evil I do not want to do – this I keep on doing. [20]Now if I do what I do not want to do, it is no longer I who do it, but it is sin living in me that does it.

[21]So I find this law at work: Although I want to do good, evil is right there with me. [22]For in my inner being I delight in God's law; [23]but I see another law at work in me, waging war against the law of my mind and making me a prisoner of the law of sin at work within me. [24]What a wretched man I am! Who will rescue me from this body that is subject to death?

p 7:5 In contexts like this, the Greek word for *flesh* (*sarx*) refers to the sinful state of human beings, often presented as a power in opposition to the Spirit.
q 7:18 Or *my flesh*

sidérée comme adultère. Mais si son mari meurt, elle e affranchie de cette loi et peut donc appartenir à un aut sans être adultère.

[4]Il en est de même pour vous, mes frères et sœurs : par mort de Christ, vous êtes, vous aussi, morts par rapport à Loi, pour appartenir à un autre, à celui qui est ressusci pour que nous portions des fruits pour Dieu.

[5]Lorsque nous étions encore livrés à nous-mêmes, l mauvais désirs suscités par la Loi étaient à l'œuvre da nos membres pour nous faire porter des fruits qui mène à la mort. [6]Mais maintenant, libérés du régime de la L morts à ce qui nous gardait prisonniers, nous pouvo servir Dieu d'une manière nouvelle par l'Esprit, et n plus sous le régime périmé de la lettre de la Loi.

[7]Que dire maintenant ? La Loi se confond-elle avec péché ? Loin de là ! Seulement, s'il n'y avait pas eu la Loi, n'aurais pas connu le péché, et je n'aurais pas su ce qu'e la convoitise si la Loi n'avait pas dit : *Tu ne convoiteras pa* [8]Mais alors le péché, prenant appui sur le commandemer a suscité en moi toutes sortes de désirs mauvais. Car, sa la Loi, le péché est sans vie.

[9]Pour ma part, autrefois sans la Loi, je vivais, mais quar le commandement est intervenu, le péché a pris vie, [10] moi je suis mort. Ainsi, ce qui s'est produit pour moi, c'e que le commandement qui devait conduire à la vie m conduit à la mort. [11]Car le péché a pris appui sur le cor mandement : il m'a trompé et m'a fait mourir en se serva du commandement. [12]Ainsi, la Loi elle-même est saint et le commandement est saint, juste et bon.

[13]Ce qui est bon est-il devenu pour moi une cause c mort ? Loin de là ! C'est le péché ! En effet, il a provoqu ma mort en se servant de ce qui est bon, et a de la sor manifesté sa nature de péché et son excessive pervers par le moyen du commandement.

[14]Nous savons que la Loi a été inspirée par l'Espr de Dieu, mais moi, je suis comme un homme livré lui-même, vendu comme esclave au péché. [15]En effe je ne comprends pas[o] ce que je fais : je ne fais pas c que je veux, et c'est ce que je déteste que je fais. [16]Et je fais ce que je ne veux pas, je reconnais par là que Loi est bonne.

[17]En réalité, ce n'est plus moi qui le fais, mais c'est péché qui habite en moi. [18]Car je sais que le bien n'habit pas en moi, c'est-à-dire dans ce que je suis par nature Vouloir le bien est à ma portée, mais non l'accomplir. [19] ne fais pas le bien que je veux, mais le mal que je ne veu pas, je le commets. [20]Si donc je fais ce que je ne veux pa ce n'est plus moi qui le fais mais c'est le péché qui habit en moi.

[21]Je découvre ainsi cette loi : lorsque je veux faire l bien, c'est le mal qui est à ma portée. [22]Dans mon êtr intérieur, je prends plaisir à la Loi de Dieu. [23]Mais je voi bien qu'une autre loi est à l'œuvre dans mon corps : ell combat la Loi qu'approuve ma raison et elle fait de moi l prisonnier de la loi du péché qui agit dans mes membres [24]Malheureux que je suis ! Qui me délivrera de ce corp

o 7.15 Autre traduction : *je n'approuve pas.*
p 7.18 Autre traduction : *c'est-à-dire dans ce que je vis ou dans toute la réalité de mon être.*
q 7.23 D'autres comprennent : *qui se trouve dans tout mon être.*

[Thanks be to God, who delivers me through Jesus rist our Lord!
So then, I myself in my mind am a slave to God's v, but in my sinful nature[r] a slave to the law of sin.

fe Through the Spirit

8 [1]Therefore, there is now no condemnation for those who are in Christ Jesus, [2]because through rist Jesus the law of the Spirit who gives life has t you[s] free from the law of sin and death. [3]For what e law was powerless to do because it was weakened the flesh,[t] God did by sending his own Son in the eness of sinful flesh to be a sin offering.[u] And so he ndemned sin in the flesh, [4]in order that the righous requirement of the law might be fully met in us, no do not live according to the flesh but according the Spirit.

[5]Those who live according to the flesh have their inds set on what the flesh desires; but those who ve in accordance with the Spirit have their minds t on what the Spirit desires. [6]The mind governed by e flesh is death, but the mind governed by the Spirit life and peace. [7]The mind governed by the flesh is ostile to God; it does not submit to God's law, nor n it do so. [8]Those who are in the realm of the flesh nnot please God.

[9]You, however, are not in the realm of the flesh it are in the realm of the Spirit, if indeed the Spirit God lives in you. And if anyone does not have the irit of Christ, they do not belong to Christ. [10]But if nrist is in you, then even though your body is subject death because of sin, the Spirit gives life[v] because righteousness. [11]And if the Spirit of him who raised sus from the dead is living in you, he who raised nrist from the dead will also give life to your mortal odies because of[w] his Spirit who lives in you.

[12]Therefore, brothers and sisters, we have an oblination – but it is not to the flesh, to live according to . [13]For if you live according to the flesh, you will die; it if by the Spirit you put to death the misdeeds of ne body, you will live.

[14]For those who are led by the Spirit of God are the nildren of God. [15]The Spirit you received does not

7:25 Or *in the flesh*
8:2 The Greek is singular; some manuscripts *me*
8:3 In contexts like this, the Greek word for *flesh* (*sarx*) refers to ne sinful state of human beings, often presented as a power in pposition to the Spirit; also in verses 4-13.
8:3 Or *flesh, for sin*
8:10 Or *you, your body is dead because of sin, yet your spirit is alive*
8:11 Some manuscripts *bodies through*

voué à la mort[r] ? [25]Dieu soit loué : c'est par Jésus-Christ notre Seigneur[s]. En résumé : moi-même, je suis[t], par la raison, au service de la Loi de Dieu, mais je suis, dans ce que je vis concrètement[u], esclave de la loi du péché.

Vivre conduits par l'Esprit

8 [1]Maintenant donc, il n'y a plus de condamnation pour ceux qui sont unis à Jésus-Christ. [2]Car la loi de l'Esprit qui nous donne la vie dans l'union avec Jésus-Christ t'a libéré[v] de la loi du péché et de la mort.

[3]Car ce que la Loi était incapable de faire, parce que l'état de l'homme la rendait impuissante, Dieu l'a fait : il a envoyé son propre Fils avec une nature semblable à celle des hommes pécheurs et, pour régler le problème du péché[w], il a exécuté sur cet homme la sanction qu'encourt le péché[x].

[4]Il l'a fait pour que la juste exigence de la Loi soit pleinement satisfaite en ce qui nous concerne[y], nous qui vivons, non plus à la manière de l'homme livré à lui-même, mais dans la dépendance de l'Esprit.

[5]En effet, les hommes livrés à eux-mêmes tendent vers ce qui est conforme à l'homme livré à lui-même. Mais ceux qui ont l'Esprit tendent vers ce qui est conforme à l'Esprit.

[6]Car ce à quoi tend l'homme livré à lui-même mène à la mort, tandis que ce à quoi tend l'Esprit conduit à la vie et à la paix. [7]En effet, l'homme livré à lui-même, dans toutes ses tendances, n'est que haine de Dieu : il ne se soumet pas à la Loi de Dieu car il ne le peut même pas. [8]Les hommes livrés à eux-mêmes sont incapables de plaire à Dieu. [9]Vous, au contraire, vous n'êtes pas livrés à vous-mêmes, mais vous dépendez de l'Esprit, puisque l'Esprit de Dieu habite en vous. Si quelqu'un n'a pas l'Esprit de Christ, il ne lui appartient pas.

[10]Or, si Christ est en vous, votre corps reste mortel à cause du péché, mais l'Esprit est source de vie[z], parce que vous avez été déclarés justes. [11]Et si l'Esprit de celui qui a ressuscité Jésus habite en vous, celui qui a ressuscité Christ rendra aussi la vie à votre corps mortel par son Esprit qui habite en vous.

[12]Ainsi donc, frères et sœurs, si nous avons une obligation, ce n'est pas celle de vivre à la manière de l'homme livré à lui-même. [13]Car, si vous vivez à la manière de l'homme livré à lui-même, vous mourrez, mais si, par l'Esprit, vous faites mourir les actes mauvais que vous accomplissez dans votre corps, vous vivrez. [14]Car ceux qui sont conduits par l'Esprit de Dieu sont fils de Dieu.

[15]En effet, vous n'avez pas reçu un Esprit qui fait de vous des esclaves et vous ramène à la crainte : non, vous avez reçu l'Esprit en conséquence de votre adoption[a] par Dieu

[r] 7.24 D'autres comprennent : *de cette mort qu'est ma vie ?*
[s] 7.25 Voir 1 Co 15.56-57. Autre traduction : *Dieu soit loué par Jésus-Christ notre Seigneur.*
[t] 7.25 Autre traduction : *je suis en même temps.*
[u] 7.25 Autres traductions : *et par mon corps* (en tant qu'instrument du péché), voir v. 23 ; ou : *mais je suis, dans ce que je fais* ; ou : *mais par nature.*
[v] 8.2 Certains manuscrits ont : *m'a libéré* et d'autres : *nous a libérés.*
[w] 8.3 Autre traduction : *et il l'a offert en sacrifice pour le péché.*
[x] 8.3 Autre traduction : *il a ainsi condamné le péché qui est dans la nature humaine.*
[y] 8.4 Autre traduction : *en nous.*
[z] 8.10 Autre traduction : *mais votre esprit a reçu la vie.*
[a] 8.15 L'adoption était courante chez les Grecs et les Romains. Les enfants adoptifs avaient les mêmes droits que les autres enfants – y compris le droit d'héritage (v. 23 ; Ga 4.5).

make you slaves, so that you live in fear again; rather,
the Spirit you received brought about your adoption to
sonship.[x] And by him we cry, *"Abba,*[y] Father." 16 The Spirit
himself testifies with our spirit that we are God's children. 17 Now if we are children, then we are heirs – heirs
of God and co-heirs with Christ, if indeed we share in his
sufferings in order that we may also share in his glory.

Present Suffering and Future Glory

18 I consider that our present sufferings are not
worth comparing with the glory that will be revealed
in us. 19 For the creation waits in eager expectation for
the children of God to be revealed. 20 For the creation
was subjected to frustration, not by its own choice,
but by the will of the one who subjected it, in hope
21 that[z] the creation itself will be liberated from its
bondage to decay and brought into the freedom and
glory of the children of God.

22 We know that the whole creation has been groaning as in the pains of childbirth right up to the present
time. 23 Not only so, but we ourselves, who have the
firstfruits of the Spirit, groan inwardly as we wait
eagerly for our adoption to sonship, the redemption
of our bodies. 24 For in this hope we were saved. But
hope that is seen is no hope at all. Who hopes for what
they already have? 25 But if we hope for what we do
not yet have, we wait for it patiently.

26 In the same way, the Spirit helps us in our weakness. We do not know what we ought to pray for, but
the Spirit himself intercedes for us through wordless
groans. 27 And he who searches our hearts knows the
mind of the Spirit, because the Spirit intercedes for
God's people in accordance with the will of God.

28 And we know that in all things God works for the
good of those who love him, who[a] have been called
according to his purpose. 29 For those God foreknew
he also predestined to be conformed to the image of
his Son, that he might be the firstborn among many
brothers and sisters. 30 And those he predestined, he
also called; those he called, he also justified; those he
justified, he also glorified.

More Than Conquerors

31 What, then, shall we say in response to these
things? If God is for us, who can be against us? 32 He
who did not spare his own Son, but gave him up for us
all – how will he not also, along with him, graciously
give us all things? 33 Who will bring any charge against
those whom God has chosen? It is God who justifies.

comme ses fils et ses filles. Car c'est par cet Esprit que no
crions : *Abba*[b], c'est-à-dire Père !

16 L'Esprit Saint lui-même témoigne à notre esprit q
nous sommes enfants de Dieu. 17 Et puisque nous somm
enfants, nous sommes aussi héritiers : héritiers de Die
et donc cohéritiers de Christ, puisque nous souffrons av
lui pour avoir part à sa gloire.

L'espérance au milieu des détresses présentes

18 J'estime d'ailleurs qu'il n'y a aucune commune mesu
entre les souffrances de la vie présente et la gloire qui
se révéler en nous[c].

19 En effet, la création attend, avec un ardent désir,
révélation des fils de Dieu. 20 Car la création tout entiè
a été réduite à une condition bien dérisoire[d] ; cela ne s'e
pas produit de son gré, mais à cause de celui qui l'y
soumise. Il lui a toutefois donné une espérance : 21 c'e
que la création elle-même sera délivrée de l'esclavage, d
la corruption pour accéder à la liberté que les enfants d
Dieu connaîtront dans la gloire.

22 Nous le savons bien, en effet : jusqu'à présent la cré
tion tout entière est unie dans un profond gémissement
dans les douleurs d'un enfantement. 23 Elle n'est pas seu
à gémir ; car nous aussi, qui avons reçu l'Esprit comm
avant-goût de la gloire, nous gémissons du fond du cœur, e
attendant d'être pleinement établis dans notre conditio
de fils adoptifs de Dieu quand notre corps sera délivré[e].

24 Car nous sommes sauvés, mais c'est en espérance
or, voir ce que l'on espère, ce n'est plus espérer ; qui, e
effet, continue à espérer ce qu'il voit ? 25 Mais si nous n
voyons pas ce que nous espérons, nous l'attendons ave
persévérance. 26 De même, l'Esprit vient nous aider dar
notre faiblesse. En effet, nous ne savons pas prier comm
il faut[f], mais l'Esprit lui-même intercède en gémissar
d'une manière inexprimable.

27 Et Dieu qui scrute les cœurs sait ce vers quoi tend l'Es
prit, car c'est en accord avec Dieu qu'il intercède pour le
membres du peuple saint. 28 Nous savons en outre que Die
fait concourir toutes choses au bien de ceux qui l'aiment
de ceux qui ont été appelés conformément au plan divir
29 En effet, ceux que Dieu a connus d'avance[h], il les a auss
destinés d'avance à devenir conformes à l'image de son Fil
afin que celui-ci soit l'aîné de nombreux frères et sœurs
30 Ceux qu'il a ainsi destinés, il les a aussi appelés à lui ; ceu
qu'il a ainsi appelés, il les a aussi déclarés justes, et ceu
qu'il a déclarés justes, il leur a aussi donné sa gloire.

L'amour de Dieu : une assurance certaine

31 Que dire de plus ? Si Dieu est pour nous, qui se lèver
contre nous ? 32 Lui qui n'a même pas épargné son propr
Fils, mais l'a livré pour nous tous, comment ne nous don
nerait-il pas aussi tout avec lui ? 33 Qui accusera encore le

[x] **8:15** The Greek word for *adoption to sonship* is a term referring to the full legal standing of an adopted male heir in Roman culture; also in verse 23.
[y] **8:15** Aramaic for *father*
[z] **8:20,21** Or *subjected it in hope.* [21] *For*
[a] **8:28** Or *that all things work together for good to those who love God, who;* or *that in all things God works together with those who love him to bring about what is good – with those who*

[b] **8.15** Mot araméen signifiant : *cher père* (voir Ga 4.6).
[c] **8.18** Autre traduction : *pour nous.*
[d] **8.20** Cette expression reprend le mot-clé de l'Ecclésiaste qui est rendu dans diverses traductions par : ce qui est vain, dérisoire, futile, éphémère, précaire, etc.
[e] **8.23** Certains manuscrits ont uniquement : *nous gémissons du fond du cœur en attendant la pleine libération de notre corps.*
[f] **8.26** Autre traduction : *nous ne savons pas ce qu'il convient de prier.*
[g] **8.28** Autre traduction : *que toutes choses concourent ensemble au bien de ceux qui aiment Dieu.* D'autres comprennent : *que l'Esprit fait concourir toutes choses au bien de ceux qui aiment Dieu.*
[h] **8.29** Autre traduction : *choisis d'avance.*

ʌho then is the one who condemns? No one. Christ
sus who died – more than that, who was raised to
e – is at the right hand of God and is also interceding
r us. 35Who shall separate us from the love of Christ?
ıall trouble or hardship or persecution or famine
nakedness or danger or sword? 36As it is written:

"For your sake we face death all day long;
we are considered as sheep to be slaughtered."

No, in all these things we are more than conquerors
rough him who loved us. 38For I am convinced that
ither death nor life, neither angels nor demons,[b]
ither the present nor the future, nor any powers,
neither height nor depth, nor anything else in all
eation, will be able to separate us from the love of
od that is in Christ Jesus our Lord.

ıul's Anguish Over Israel

9 1I speak the truth in Christ – I am not lying, my
conscience confirms it through the Holy Spirit –
have great sorrow and unceasing anguish in my
eart. 3For I could wish that I myself were cursed and
ıt off from Christ for the sake of my people, those of
y own race, 4the people of Israel. Theirs is the adop-
on to sonship; theirs the divine glory, the covenants,
ıe receiving of the law, the temple worship and the
romises. 5Theirs are the patriarchs, and from them
traced the human ancestry of the Messiah, who is
od over all, forever praised![c] Amen.

od's Sovereign Choice

6It is not as though God's word had failed. For not
l who are descended from Israel are Israel. 7Nor be-
ause they are his descendants are they all Abraham's
hildren. On the contrary, "It is through Isaac that
our offspring will be reckoned." 8In other words, it
not the children by physical descent who are God's
hildren, but it is the children of the promise who are
egarded as Abraham's offspring. 9For this was how
ıe promise was stated: "At the appointed time I will
eturn, and Sarah will have a son."

10Not only that, but Rebekah's children were con-
eived at the same time by our father Isaac. 11Yet,
efore the twins were born or had done anything good
r bad – in order that God's purpose in election might
tand: 12not by works but by him who calls – she was
old, "The older will serve the younger." 13Just as it is
ritten: "Jacob I loved, but Esau I hated."

8:38 Or *nor heavenly rulers*
9:5 Or *Messiah, who is over all. God be forever praised!* Or *Messiah. God who is over all be forever praised!*

élus de Dieu ? Dieu lui-même les déclare justes. 34Qui les
condamnera ? Christ est mort, bien plus : il est ressuscité !
Il est à la droite de Dieu et il intercède pour nous.

35Qu'est-ce qui pourra nous arracher à l'amour de
Christ ? La détresse ou l'angoisse, la persécution, la faim,
la misère, le danger ou l'épée ? 36Car il nous arrive ce que
dit l'Ecriture :

A cause de toi, nous sommes exposés à la mort à longueur de jour.
On nous considère comme des moutons destinés à l'abattoir.

37Mais dans tout cela nous sommes bien plus que vainqueurs par celui qui nous a aimés. 38Oui, j'en ai l'absolue
certitude : ni la mort ni la vie, ni les anges ni les domina-
tions, ni le présent ni l'avenir, ni les puissances, 39ni ce qui
est en haut ni ce qui est en bas[i], ni aucune autre créature,
rien ne pourra nous arracher à l'amour que Dieu nous a
témoigné en Jésus-Christ notre Seigneur.

Israël dans l'histoire du salut

Les sentiments de Paul à l'égard des Israélites

9 1Je dis la vérité, en tant qu'homme uni à Christ, je
ne mens pas ; ma conscience, en accord avec l'Esprit
Saint, me rend ce témoignage : 2j'éprouve une profonde
tristesse et un chagrin continuel dans mon cœur. 3Oui,
je demanderais à Dieu d'être maudit[j] et séparé de Christ
pour mes frères, nés du même peuple que moi. 4Ce sont
les Israélites. C'est à eux qu'appartiennent la condition
de fils adoptifs de Dieu, la manifestation glorieuse de la
présence divine, les alliances[k], le don de la Loi, le culte et
les promesses ; 5à eux les patriarches ! Et c'est d'eux qu'est
issu Christ dans son humanité ; il est aussi au-dessus de
tout, Dieu béni pour toujours. Amen !

Le véritable Israël selon l'élection de Dieu

6Ce n'est pas que la Parole de Dieu soit restée sans effet !
Car ce ne sont pas tous ceux qui descendent du patriarche
Israël[l] qui constituent Israël ; 7et ceux qui descendent
d'Abraham ne sont pas tous ses enfants. Car Dieu dit à
Abraham : *C'est par Isaac que te sera suscitée une descendance.*
8Cela veut dire que tous les enfants de la descendance
naturelle d'Abraham ne sont pas enfants de Dieu. Seuls
les enfants nés selon la promesse sont considérés comme
sa descendance. 9Car telle est la promesse de Dieu : *Vers
cette époque, je viendrai, et Sara aura un fils.*

10Et ce n'est pas tout : Rébecca eut des jumeaux nés d'un
seul et même père, de notre ancêtre Isaac. 11-12Or, Dieu a un
plan qui s'accomplit selon son libre choix et qui dépend, non
des actions des hommes, mais uniquement de la volonté de
celui qui appelle. Et pour que ce plan demeure, c'est avant
même la naissance de ces enfants, et par conséquent avant
qu'ils n'aient fait ni bien ni mal, que Dieu dit à Rébecca :
L'aîné sera assujetti au cadet[m]. 13Ceci s'accorde avec cet autre
texte de l'Ecriture : *J'ai aimé Jacob, et j'ai écarté Esaü.*

i **8.39** Autre traduction : *ni la hauteur, ni la profondeur* (voir Ps 139.8).
j **9.3** Autre traduction : *Je souhaiterais être maudit.*
k **9.4** Certains manuscrits ont : *l'alliance.*
l **9.6** Autre traduction : *tous ceux qui font partie d'Israël.*
m **9.11-12** Gn 25.23.

[14]What then shall we say? Is God unjust? Not at all!
[15]For he says to Moses,

"I will have mercy on whom I have mercy,
and I will have compassion on whom I have
compassion."

[16]It does not, therefore, depend on human desire or
effort, but on God's mercy. [17]For Scripture says to
Pharaoh: "I raised you up for this very purpose, that
I might display my power in you and that my name
might be proclaimed in all the earth." [18]Therefore God
has mercy on whom he wants to have mercy, and he
hardens whom he wants to harden.

[19]One of you will say to me: "Then why does God still
blame us? For who is able to resist his will?" [20]But who
are you, a human being, to talk back to God? "Shall
what is formed say to the one who formed it, 'Why did
you make me like this?'" [21]Does not the potter have the
right to make out of the same lump of clay some pottery
for special purposes and some for common use?
[22]What if God, although choosing to show his wrath
and make his power known, bore with great patience
the objects of his wrath – prepared for destruction?
[23]What if he did this to make the riches of his glory
known to the objects of his mercy, whom he prepared
in advance for glory – [24]even us, whom he also called,
not only from the Jews but also from the Gentiles?
[25]As he says in Hosea:

"I will call them 'my people' who are not my
people;
and I will call her 'my loved one' who is not
my loved one,"

[26]and,

"In the very place where it was said to them,
'You are not my people,'
there they will be called 'children of the
living God.'"

[27]Isaiah cries out concerning Israel:

"Though the number of the Israelites be like
the sand by the sea,
only the remnant will be saved.
[28]For the Lord will carry out
his sentence on earth with speed and finality."[d]

[29]It is just as Isaiah said previously:

"Unless the Lord Almighty
had left us descendants,
we would have become like Sodom,
we would have been like Gomorrah."

[d] **9:28** Isaiah 10:22,23 (see Septuagint)

Le Dieu souverain est juste

[14]Mais alors, que dire ? Dieu serait-il injuste ? Loin
là ! [15]Car il a dit à Moïse :

Je ferai grâce à qui je veux faire grâce,
j'aurai compassion de qui je veux avoir compassion.

[16]Cela ne dépend donc ni de la volonté de l'homme, ni
ses efforts, mais de Dieu qui fait grâce. [17]Dans l'Ecritu
Dieu dit au pharaon :

Voici pourquoi je t'ai fait parvenir où tu es : pour montr
en toi ma puissance et pour que ma renommée se
répande par toute la terre[n].

[18]Ainsi donc, Dieu fait grâce à qui il veut et il endur
qui il veut.

[19]Tu vas me dire : pourquoi alors fait-il encore d
reproches ? Car qui a jamais pu résister à sa volont
[20]Mais, qui es-tu donc toi, un homme, pour critiquer Die
L'ouvrage demandera-t-il à l'ouvrier : « Pourquoi m'as-tu f
ainsi? » [21]Le potier n'a-t-il pas le droit, à partir du mêr
bloc d'argile, de fabriquer un pot d'usage noble et un aut
pour l'usage courant ?

[22]Et qu'as-tu à redire si Dieu, parce qu'il voulait montr
sa colère et faire connaître sa puissance, a supporté av
une immense patience ceux qui étaient les objets de
colère, tout prêts[o] pour la destruction ? [23]Oui, qu'as-
à redire si Dieu a agi ainsi pour manifester la richesse
sa gloire en faveur de ceux qui sont les objets de sa cor
passion, ceux qu'il a préparés d'avance pour la gloire ?

Pour les Juifs et pour les non-Juifs

[24]C'est nous qui sommes les objets de sa compassio
nous qu'il a appelés non seulement d'entre les Juifs, ma
aussi d'entre les non-Juifs. [25]C'est ce qu'il dit dans le liv
du prophète Osée :

Celui qui n'était pas mon peuple, je l'appellerai « mon peuple
Celle qui n'était pas la bien-aimée, je la nommerai
« bien-aimée ».

[26]*Au lieu même où on leur avait dit : « Vous n'êtes pas mon pe*
ple », on leur dira alors : « Vous êtes les enfants du Dieu vivant

[27]Et pour ce qui concerne Israël, Esaïe déclare de son côt

Même si les descendants d'Israël étaient aussi nombreux
que les grains de sable au bord de la mer,
seul un reste sera sauvé.
[28]*Car pleinement et promptement*[p]*, le Seigneur accomplira*
sa parole sur la terre[q].

[29]Et comme Esaïe l'avait dit par avance :

Si le Seigneur des armées célestes ne nous avait laissé de
descendants,
nous ressemblerions à Sodome,
nous serions comme Gomorrhe[r].

[n] **9.17** Ex 9.16 cité selon l'ancienne version grecque.
[o] **9.22** Autre traduction : *préparés pour.*
[p] **9.28** Autre traduction : *de façon décisive.*
[q] **9.28** Es 10.22-23 cité selon l'ancienne version grecque.
[r] **9.29** Es 1.9 cité selon l'ancienne version grecque. *Sodome ... Gomorrhe:* deux villes qui ont subi un terrible jugement de la part de Dieu (Gn 19.23-28).

rael's Unbelief

30 What then shall we say? That the Gentiles, who d not pursue righteousness, have obtained it, a righousness that is by faith; 31 but the people of Israel, ho pursued the law as the way of righteousness, have ɔt attained their goal. 32 Why not? Because they pur-ed it not by faith but as if it were by works. They umbled over the stumbling stone. 33 As it is written:

"See, I lay in Zion a stone that causes people to
stumble
and a rock that makes them fall,
and the one who believes in him will never
be put to shame."

0 1 Brothers and sisters, my heart's desire and prayer to God for the Israelites is that they ay be saved. 2 For I can testify about them that they re zealous for God, but their zeal is not based on nowledge. 3 Since they did not know the righteous-ess of God and sought to establish their own, they id not submit to God's righteousness. 4 Christ is the ılmination of the law so that there may be righteous-ess for everyone who believes.

5 Moses writes this about the righteousness that is y the law: "The person who does these things will ve by them." 6 But the righteousness that is by faith ays: "Do not say in your heart, 'Who will ascend into eaven?' " (that is, to bring Christ down) 7 "or 'Who ɿill descend into the deep?' " (that is, to bring Christ p from the dead). 8 But what does it say? "The word is ear you; it is in your mouth and in your heart," that ;, the message concerning faith that we proclaim: If you declare with your mouth, "Jesus is Lord," and elieve in your heart that God raised him from the lead, you will be saved. 10 For it is with your heart hat you believe and are justified, and it is with your nouth that you profess your faith and are saved. 11 As cripture says, "Anyone who believes in him will never ɔe put to shame."[e] 12 For there is no difference be-ween Jew and Gentile – the same Lord is Lord of all nd richly blesses all who call on him, 13 for, "Everyone vho calls on the name of the Lord will be saved."

14 How, then, can they call on the one they have not ɔelieved in? And how can they believe in the one of vhom they have not heard? And how can they hear vithout someone preaching to them? 15 And how can anyone preach unless they are sent? As it is written: 'How beautiful are the feet of those who bring good news!"

[e] **10:11** Isaiah 28:16 (see Septuagint)

Etre juste : par la foi et non par la Loi

30 Que dire maintenant ? Voici ce que nous disons : les païens qui ne cherchaient pas à être déclarés justes par Dieu ont saisi cette justice, mais il s'agit de la justice qui est reçue par la foi. 31 Les Israélites, eux, qui cherchaient à être déclarés justes en obéissant à une loi, n'y sont pas parvenus[s]. 32 Pour quelle raison ? Parce qu'ils ont cherché à être déclarés justes non pas en comptant sur la foi, mais comme si la justice pouvait provenir de la pratique de la Loi. Ils ont buté contre la pierre qui fait tomber, 33 conformément à ce que dit l'Ecriture :

Moi, je place en Sion une pierre qu'on heurte,
un rocher qui fait trébucher.
Celui qui met en lui sa confiance ne connaîtra jamais le
déshonneur[t].

10 1 Frères et sœurs, je souhaite de tout cœur que les Israélites soient sauvés, et c'est ce que je demande instamment à Dieu dans mes prières. 2 Car je leur rends ce témoignage : ils ont un zèle ardent pour Dieu, mais il leur manque le discernement. 3 En méconnaissant la manière dont Dieu déclare les hommes justes et en cherchant à être déclarés justes par leurs propres moyens, ils ne se sont pas soumis à Dieu en acceptant le moyen par lequel il nous déclare justes. 4 Car Christ a mis fin au régime de la Loi pour que tous ceux qui croient soient déclarés justes.

5 Voici, en effet, comment Moïse définit la justice qui procède de la Loi : *Celui qui appliquera ces commandements vivra grâce à cela.* 6 Mais voici comment s'exprime la justice reçue par la foi : *Ne dis pas en toi-même : Qui montera au ciel ?* C'est en faire descendre Christ ? 7 Ou bien : *Qui descendra dans l'abîme ?* C'est faire remonter Christ d'entre les morts ? 8 Que dit-elle donc ?

La parole est toute proche de toi, elle est dans ta bouche et
dans ton cœur.

Cette parole est celle de la foi, et c'est celle que nous annonçons.

9 En effet, si de *ta bouche*, tu déclares que Jésus est Seigneur et si *dans ton cœur*, tu crois que Dieu l'a ressuscité, tu seras sauvé, 10 car celui qui croit dans son cœur, Dieu le déclare juste ; celui qui affirme de sa bouche, Dieu le sauve.

11 En effet, l'Ecriture dit :

Celui qui met en lui sa confiance ne connaîtra jamais le
déshonneur[u].

12 Ainsi, il n'y a pas de différence entre Juifs et non-Juifs. Car tous ont le même Seigneur qui donne généreusement à tous ceux qui font appel à lui. En effet, il est écrit : 13 *Tous ceux qui invoqueront le Seigneur seront sauvés.*

Israël n'a pas eu la foi

14 Mais comment feront-ils appel à lui s'ils n'ont pas cru en lui ? Et comment croiront-ils en lui s'ils ne l'ont pas entendu[v] ? Et comment entendront-ils s'il n'y a personne pour le leur annoncer ? 15 Et comment y aura-t-il des gens pour l'annoncer s'ils ne sont pas envoyés ? Aussi est-il dit dans l'Ecriture :

Qu'ils sont beaux les pas de ceux qui annoncent de bonnes
nouvelles!

[s] **9.31** Autre traduction : *n'ont pas trouvé une Loi par laquelle ils auraient pu être déclarés justes.*
[t] **9.33** Es 8.14 ; 28.16 cités selon l'ancienne version grecque.
[u] **10.11** Es 28.16 cité selon l'ancienne version grecque.
[v] **10.14** Autre traduction : *s'ils ne l'entendent pas ?*

16 But not all the Israelites accepted the good news. For Isaiah says, "Lord, who has believed our message?" 17 Consequently, faith comes from hearing the message, and the message is heard through the word about Christ. 18 But I ask: Did they not hear? Of course they did:

"Their voice has gone out into all the earth,
their words to the ends of the world."

19 Again I ask: Did Israel not understand? First, Moses says,

"I will make you envious by those who are not a nation;
I will make you angry by a nation that has no understanding."

20 And Isaiah boldly says,

"I was found by those who did not seek me;
I revealed myself to those who did not ask for me."

21 But concerning Israel he says,

"All day long I have held out my hands
to a disobedient and obstinate people."

The Remnant of Israel

11 1 I ask then: Did God reject his people? By no means! I am an Israelite myself, a descendant of Abraham, from the tribe of Benjamin. 2 God did not reject his people, whom he foreknew. Don't you know what Scripture says in the passage about Elijah – how he appealed to God against Israel: 3 "Lord, they have killed your prophets and torn down your altars; I am the only one left, and they are trying to kill me"? 4 And what was God's answer to him? "I have reserved for myself seven thousand who have not bowed the knee to Baal." 5 So too, at the present time there is a remnant chosen by grace. 6 And if by grace, then it cannot be based on works; if it were, grace would no longer be grace.

7 What then? What the people of Israel sought so earnestly they did not obtain. The elect among them did, but the others were hardened, 8 as it is written:

"God gave them a spirit of stupor,
eyes that could not see
and ears that could not hear,
to this very day."

9 And David says:

"May their table become a snare and a trap,
a stumbling block and a retribution for them.
10 May their eyes be darkened so they cannot see,
and their backs be bent forever."

Ingrafted Branches

11 Again I ask: Did they stumble so as to fall beyond recovery? Not at all! Rather, because of their transgression, salvation has come to the Gentiles to make Israel

16 Mais, malheureusement, tous n'ont pas obéi à cet Bonne Nouvelle. Esaïe déjà demandait : *Seigneur, qui a c à notre message*[w] ?

17 Donc, la foi naît du message que l'on entend, et ce me sage vient par la parole de Christ.

18 Maintenant donc je dis : Ne l'ont-ils pas entendu ? Ma si ! N'est-il pas écrit :

Leur voix a retenti par toute la terre.
Leurs paroles sont parvenues jusqu'aux confins du monde[x] ?

19 Je demande alors : Le peuple d'Israël ne l'a-t-il pas su Moïse a été le premier à le leur dire :

Je vous rendrai jaloux de ceux qui ne sont pas un peuple.
Je vous irriterai par une nation dépourvue d'intelligence.

20 Esaïe pousse même la hardiesse jusqu'à dire :

J'ai été trouvé par ceux qui ne me cherchaient pas,
Je me suis révélé à ceux qui ne se souciaient pas de moi[y].

21 Mais parlant d'Israël, il dit :

A longueur de journée, j'ai tendu les mains vers un peupl désobéissant et rebelle[z].

Le reste d'Israël

11 1 Je demande donc : Dieu aurait-il rejeté son peu ple ? Assurément pas ! En effet, ne suis-je pa moi-même Israélite, descendant d'Abraham, de la trib de Benjamin ? 2 Non, Dieu n'a pas rejeté son peuple qu'i s'est choisi d'avance. Rappelez-vous ce que dit l'Ecritur dans le passage rapportant l'histoire d'Elie dans leque celui-ci se plaint à Dieu au sujet d'Israël : 3 *Seigneur, ils on tué tes prophètes, ils ont démoli tes autels. Et moi, je suis rest tout seul, et voilà qu'ils en veulent à ma vie.*

4 Eh bien ! quelle a été la réponse de Dieu ? *J'ai gardé en réserve pour moi sept mille hommes qui ne se sont pas prosterné devant le dieu Baal.*

5 Il en est de même dans le temps présent : il subsist un reste que Dieu a librement choisi dans sa grâce. 6 Or puisque c'est par grâce, cela ne peut pas venir des œuvres ou alors la grâce n'est plus la grâce.

7 Que s'est-il donc passé ? Ce que le peuple d'Israël cher chait, il ne l'a pas trouvé ; seuls ceux que Dieu a choisis l'ont obtenu. Les autres ont été rendus incapables de com prendre, conformément à ce qui est écrit :

8 *Dieu a frappé leur esprit de torpeur, leurs yeux de cécité et leurs oreilles de surdité,*
et il en est ainsi jusqu'à ce jour.

9 De même David déclare :

Que leurs banquets deviennent pour eux un piège, un filet,
une cause de chute, et qu'ils y trouvent leur châtiment.
10 *Que leurs yeux s'obscurcissent au point de ne plus voir,*
fais-leur courber le dos continuellement[a] !

La chute d'Israël n'est pas définitive

11 Je demande alors : si les Israélites ont trébuché, est-ce pour tomber définitivement ? Loin de là ! Par leur faute, le salut est devenu accessible aux païens, ce qui excitera

w 10.16 Es 53.1 cité selon l'ancienne version grecque.
x 10.18 Ps 19.5 cité selon l'ancienne version grecque.
y 10.20 Es 65.1 cité selon l'ancienne version grecque.
z 10.21 Es 65.2 cité selon l'ancienne version grecque.
a 11.10 Ps 69.23-24 cité selon l'ancienne version grecque.

vious. 12 But if their transgression means riches for
› world, and their loss means riches for the Gentiles,
w much greater riches will their full inclusion bring!

13 I am talking to you Gentiles. Inasmuch as I am the
ostle to the Gentiles, I take pride in my ministry
n the hope that I may somehow arouse my own
ople to envy and save some of them. 15 For if their
iection brought reconciliation to the world, what
ll their acceptance be but life from the dead? 16 If
e part of the dough offered as firstfruits is holy,
en the whole batch is holy; if the root is holy, so
e the branches.

17 If some of the branches have been broken off, and
u, though a wild olive shoot, have been grafted in
nong the others and now share in the nourishing
p from the olive root, 18 do not consider yourself to
superior to those other branches. If you do, con-
ler this: You do not support the root, but the root
pports you. 19 You will say then, "Branches were
oken off so that I could be grafted in." 20 Granted.
it they were broken off because of unbelief, and you
and by faith. Do not be arrogant, but tremble. 21 For
God did not spare the natural branches, he will not
are you either.
22 Consider therefore the kindness and sternness
God: sternness to those who fell, but kindness to
u, provided that you continue in his kindness.
herwise, you also will be cut off. 23 And if they do
t persist in unbelief, they will be grafted in, for God
able to graft them in again. 24 After all, if you were
it out of an olive tree that is wild by nature, and
ntrary to nature were grafted into a cultivated olive
ee, how much more readily will these, the natural
anches, be grafted into their own olive tree!

ll Israel Will Be Saved

25 I do not want you to be ignorant of this mystery,
others and sisters, so that you may not be conceited:
rael has experienced a hardening in part until the
ll number of the Gentiles has come in, 26 and in this
ay[f] all Israel will be saved. As it is written:

"The deliverer will come from Zion;
he will turn godlessness away from Jacob.

27 And this is[g] my covenant with them
when I take away their sins."

28 As far as the gospel is concerned, they are ene-
ies for your sake; but as far as election is concerned,

leur jalousie. 12 Et si leur faute a fait la richesse du monde,
et leur déchéance la richesse des non-Juifs, quelle richesse
plus grande encore n'y aura-t-il pas dans leur complet
rétablissement ?

13 Je m'adresse particulièrement ici à vous qui êtes
d'origine païenne : dans la mesure même où je suis
l'apôtre des non-Juifs, je me fais une idée d'autant plus
haute de mon ministère 14 que je parviendrai peut-être,
en l'exerçant, à rendre jaloux ceux de mon peuple et à en
conduire ainsi quelques-uns au salut. 15 Car si leur mise
à l'écart a entraîné la réconciliation du monde, quel sera
l'effet de leur réintégration ? Rien de moins qu'une résurrection d'entre les morts ! 16 En effet,

*Si les prémices du pain offert à Dieu sont consacrées, toute
la pâte l'est aussi. Si la racine est consacrée, les branches le
sont aussi*[b].

17 Ainsi en est-il d'Israël : quelques branches ont été
coupées. Et toi qui, par ton origine païenne, étais comme un
rameau d'olivier sauvage, tu as été greffé parmi les branches restantes, et voici que tu as part avec elles à la sève qui
monte de la racine de l'olivier cultivé. 18 Ne te mets pas,
pour autant, à te vanter aux dépens des branches coupées[c].
Et si tu es tenté par un tel orgueil, souviens-toi que ce n'est
pas toi qui portes la racine, c'est elle qui te porte !

19 Peut-être vas-tu dire : si des branches ont été coupées,
c'est pour que je puisse être greffé. 20 Bien ! Mais elles ont
été coupées à cause de leur incrédulité ; et toi, c'est à
cause de ta foi que tu tiens. Ne sois donc pas orgueilleux !
Sois plutôt sur tes gardes ! 21 Car si Dieu n'a pas épargné
les branches naturelles, il ne t'épargnera pas non plus[d].
22 Considère donc, à la fois, la bonté et la sévérité de Dieu :
sévérité à l'égard de ceux qui sont tombés, bonté à ton
égard aussi longtemps que tu t'attaches à cette bonté.
Sinon, toi aussi, tu seras retranché.

23 En ce qui concerne les Israélites, s'ils ne demeurent
pas dans leur incrédulité, ils seront regreffés. Car Dieu a
le pouvoir de les greffer de nouveau. 24 En effet, toi, tu as
été coupé de l'olivier sauvage auquel tu appartenais par
ta nature, pour être greffé, contrairement à ta nature, sur
l'olivier cultivé : à combien plus forte raison les branches
qui proviennent de cet olivier seront-elles greffées sur lui !

« Tout Israël sera sauvé »

25 Frères et sœurs, je ne veux pas que vous restiez
dans l'ignorance de ce mystère, pour que vous ne croyiez pas détenir en vous-mêmes une sagesse supérieure :
l'endurcissement d'une partie d'Israël durera jusqu'à ce
que l'ensemble des non-Juifs soit entré dans le peuple de
Dieu, 26 et ainsi, tout Israël sera sauvé. C'est là ce que dit
l'Ecriture :

De Sion[e] *viendra le Libérateur ;*
il éloignera de Jacob toute désobéissance.
27 *Et voici en quoi consistera mon alliance avec eux*[f]*:*
c'est que j'enlèverai leurs péchés.

28 Si l'on se place du point de vue de l'Evangile, ils sont
devenus ennemis de Dieu pour que vous en bénéficiiez.

1:26 Or *and so*
1:27 Or *will be*

b 11.16 Voir Nb 15.19-21. Les prémices et la racine peuvent représenter les patriarches (v. 28).
c 11.18 Autre traduction : *les branches d'origine.*
d 11.21 Certains manuscrits ont : *prends garde, de peur qu'il ne t'épargne pas non plus.*
e 11.26 Autre traduction : *A cause de Sion.*
f 11.27 Es 59.20-21 cité selon l'ancienne version grecque.

they are loved on account of the patriarchs, 29 for
God's gifts and his call are irrevocable. 30 Just as you
who were at one time disobedient to God have now
received mercy as a result of their disobedience, 31 so
they too have now become disobedient in order that
they too may now[h] receive mercy as a result of God's
mercy to you. 32 For God has bound everyone over to
disobedience so that he may have mercy on them all.

Doxology

33 Oh, the depth of the riches of the wisdom and[i]
knowledge of God!
How unsearchable his judgments,
and his paths beyond tracing out!
34 "Who has known the mind of the Lord?
Or who has been his counselor?"
35 "Who has ever given to God,
that God should repay them?"
36 For from him and through him and for him are
all things.
To him be the glory forever! Amen.

A Living Sacrifice

12 1 Therefore, I urge you, brothers and sisters,
in view of God's mercy, to offer your bodies
as a living sacrifice, holy and pleasing to God – this
is your true and proper worship. 2 Do not conform to
the pattern of this world, but be transformed by the
renewing of your mind. Then you will be able to test
and approve what God's will is – his good, pleasing
and perfect will.

Humble Service in the Body of Christ

3 For by the grace given me I say to every one of you:
Do not think of yourself more highly than you ought,
but rather think of yourself with sober judgment, in
accordance with the faith God has distributed to each
of you. 4 For just as each of us has one body with many
members, and these members do not all have the same
function, 5 so in Christ we, though many, form one
body, and each member belongs to all the others. 6 We
have different gifts, according to the grace given to
each of us. If your gift is prophesying, then prophesy
in accordance with your[j] faith; 7 if it is serving, then
serve; if it is teaching, then teach; 8 if it is to encourage, then give encouragement; if it is giving, then give
generously; if it is to lead,[k] do it diligently; if it is to
show mercy, do it cheerfully.

[h] 11:31 Some manuscripts do not have *now.*
[i] 11:33 Or *riches and the wisdom and the*
[j] 12:6 Or *the*
[k] 12:8 Or *to provide for others*

Mais du point de vue du libre choix de Dieu, ils restent
bien-aimés à cause de leurs ancêtres. 29 Car les dons de
grâce et l'appel de Dieu sont irrévocables. 30 Vous-mêm
en effet, vous avez désobéi à Dieu autrefois et maintena
Dieu vous a fait grâce en se servant de leur désobéissan
31 De la même façon[g], si leur désobéissance actuelle a po
conséquence votre pardon, c'est pour que Dieu leur p
donne à eux aussi[h]. 32 Car Dieu a emprisonné tous
hommes dans la désobéissance afin de faire grâce à to

33 Combien grandes sont les richesses de Dieu, combi
profondes sa sagesse et sa science ! Nul ne peut sonder s
jugements. Nul ne peut découvrir ses plans. 34 Car,
Qui a connu la pensée du Seigneur ?
Qui a été son conseiller[i]?

35 *Qui lui a fait des dons*
pour devoir être payé de retour?
36 En effet, tout vient de lui, tout subsiste par lui et po
lui. A lui soit la gloire à jamais ! Amen.

La vie du chrétien

S'offrir à Dieu

12 1 Je vous recommande donc, frères et sœurs
cause de cette immense bonté de Dieu, à lui offr
votre corps comme un sacrifice vivant, saint et qui pla
à Dieu. Ce sera là de votre part un culte raisonnable. 2
prenez pas comme modèle le monde actuel, mais soy
transformés par le renouvellement de votre intelligen
pour pouvoir discerner la volonté de Dieu : ce qui est bo
ce qui lui plaît[j], ce qui est parfait.

Vivre dans l'amour

3 En vertu de la grâce que Dieu m'a faite, voici ce que je
à chacun d'entre vous : n'allez pas au-delà de ce à quoi vo
devez prétendre, tendez au contraire à une sage appréciati
de vous-mêmes, chacun selon la part que Dieu lui a confiée
4 Chacun de nous a, dans un seul corps, de nombreu
organes ; mais ces organes n'ont pas la même fonctio
5 De même, alors que nous sommes nombreux, nous fo
mons ensemble un seul corps par notre union avec Chri
et nous sommes tous, et chacun pour sa part, membr
les uns des autres. 6 Et nous avons des dons de la grâ
différents, que, dans sa bonté, Dieu nous a accordés. Po
l'un, c'est la prophétie : qu'il exerce cette activité co
formément à notre foi commune. 7 Pour un autre, c'est
service : qu'il se consacre à ce service. Que celui qui a re
un ministère d'enseignement enseigne. 8 Que celui qui
reçu un ministère d'encouragement encourage. Que cel
qui donne le fasse sans arrière-pensée ; que celui qui dirig
le fasse avec sérieux ; que celui qui secourt les malheureu
le fasse avec joie.

[g] 11.31 Plusieurs manuscrits ajoutent : *maintenant.*
[h] 11.31 Autres traductions : *De la même façon, eux ont maintenant désobéi afin que, par le pardon que vous avez obtenu, ils obtiennent à leur tour le pardo de Dieu,* ou : *... ils obtiennent maintenant à leur tour ....*
[i] 11.34 Es 40.13 cité selon l'ancienne version grecque.
[j] 12.2 Autre traduction : *ce qui est agréable.*
[k] 12.3 Certains comprennent : *chacun selon la part de foi que Dieu lui a donnée.*

·ve in Action

9Love must be sincere. Hate what is evil; cling to
ıat is good. 10Be devoted to one another in love.
›nor one another above yourselves. 11Never be lack-
g in zeal, but keep your spiritual fervor, serving the
›rd. 12Be joyful in hope, patient in affliction, faithful
prayer. 13Share with the Lord's people who are in
›ed. Practice hospitality.

14Bless those who persecute you; bless and do not
ırse. 15Rejoice with those who rejoice; mourn with
ıose who mourn. 16Live in harmony with one anoth-
:. Do not be proud, but be willing to associate with
eople of low position.[l] Do not be conceited.

17Do not repay anyone evil for evil. Be careful to do
hat is right in the eyes of everyone. 18If it is possible,
s far as it depends on you, live at peace with every-
ne. 19Do not take revenge, my dear friends, but leave
›om for God's wrath, for it is written: "It is mine to
venge; I will repay," says the Lord. 20On the contrary:

"If your enemy is hungry, feed him;
if he is thirsty, give him something to drink.
In doing this, you will heap burning coals on
his head."

·Do not be overcome by evil, but overcome evil with
ood.

·ubmission to Governing Authorities

13 1Let everyone be subject to the governing
authorities, for there is no authority except
hat which God has established. The authorities that
·xist have been established by God. 2Consequently,
vhoever rebels against the authority is rebelling
ıgainst what God has instituted, and those who do
o will bring judgment on themselves. 3For rulers
ıold no terror for those who do right, but for those
vho do wrong. Do you want to be free from fear
›f the one in authority? Then do what is right and
ou will be commended. 4For the one in authority
s God's servant for your good. But if you do wrong,
›e afraid, for rulers do not bear the sword for no
eason. They are God's servants, agents of wrath to
›ring punishment on the wrongdoer. 5Therefore, it

12:16 Or *willing to do menial work*

9Que votre amour soit sincère[l]. Ayez donc le mal en
horreur, attachez-vous de toutes vos forces au bien, notamment en ce qui concerne :

10 – l'amour fraternel : soyez pleins d'affection les uns pour les autres ;
– l'estime mutuelle : soyez les premiers à la manifester ;
11 – l'ardeur : ne soyez pas nonchalants ;
– l'Esprit[m] : soyez bouillants ;
– le Seigneur : soyez de bons serviteurs ;
12 – l'espérance : qu'elle soit votre joie ;
– l'épreuve : qu'elle vous trouve pleins d'endurance ;
– la prière : priez avec persévérance ;
13 – les besoins de ceux qui font partie du peuple saint : soyez-en solidaires, toujours prêts à pratiquer l'hospitalité.

14Demandez à Dieu de faire du bien à ceux qui vous
persécutent : oui, demandez du bien pour eux, ne demandez pas du mal ! 15Partagez la joie de ceux qui sont dans
la joie, les larmes de ceux qui pleurent. 16Ayez les uns
pour les autres une égale considération[n]. Ne visez pas à
ce qui est trop haut, mais laissez-vous attirer par ce qui
est humble. *Ne vous prenez pas pour des sages.*

17Ne répondez jamais au mal par le mal. Cherchez au
contraire à faire ce qui est bien devant tous les hommes.
18Autant que possible, et dans la mesure où cela dépend
de vous, vivez en paix avec tous les hommes. 19Mes amis,
ne vous vengez pas vous-mêmes, mais laissez agir la colère
de Dieu, car il est écrit :

C'est à moi qu'il appartient de faire justice ;
c'est moi qui rendrai à chacun son dû.

20Mais voici votre part :

Si ton ennemi a faim, donne-lui à manger.
S'il a soif, donne-lui à boire.
Par là, ce sera comme si tu lui mettais
des charbons ardents sur la tête[o].

21Ne te laisse pas vaincre par le mal. Au contraire, sois
vainqueur du mal par le bien.

Le chrétien et les autorités

13 1Que tout homme se soumette aux autorités
supérieures, car il n'y a pas d'autorité qui ne vienne de Dieu, et celles qui existent ont été instituées par
Dieu. 2C'est pourquoi celui qui s'oppose à l'autorité lutte
contre une disposition établie par Dieu, et ceux qui sont
engagés dans une telle lutte recevront le châtiment qu'ils
se seront attiré. 3Car ce sont les malfaiteurs, et non ceux
qui pratiquent le bien, qui ont à redouter les magistrats.
Veux-tu ne pas avoir peur de l'autorité ? Fais le bien, et
l'autorité t'approuvera. 4Car l'autorité est au service de
Dieu pour ton bien. Mais si tu fais le mal, redoute-la. Car
ce n'est pas pour rien qu'elle peut punir de mort[p]. Elle est,
en effet, au service de Dieu pour manifester sa colère et
punir celui qui fait le mal. 5C'est pourquoi il est nécessaire

[l] **12.9** Autre traduction : *Que votre amour soit sans hypocrisie.*
[m] **12.11** Autre traduction : *votre état d'esprit.*
[n] **12.16** Autres traductions : *soyez bien d'accord entre vous* ; ou : *cultivez l'harmonie entre vous.*
[o] **12.20** Pr 25.21-22 cité selon l'ancienne version grecque.
[p] **13.4** Le grec a : *qu'elle porte l'épée.*

is necessary to submit to the authorities, not only because of possible punishment but also as a matter of conscience.

6 This is also why you pay taxes, for the authorities are God's servants, who give their full time to governing. 7 Give to everyone what you owe them: If you owe taxes, pay taxes; if revenue, then revenue; if respect, then respect; if honor, then honor.

Love Fulfills the Law

8 Let no debt remain outstanding, except the continuing debt to love one another, for whoever loves others has fulfilled the law. 9 The commandments, "You shall not commit adultery," "You shall not murder," "You shall not steal," "You shall not covet," and whatever other command there may be, are summed up in this one command: "Love your neighbor as yourself." 10 Love does no harm to a neighbor. Therefore love is the fulfillment of the law.

The Day Is Near

11 And do this, understanding the present time: The hour has already come for you to wake up from your slumber, because our salvation is nearer now than when we first believed. 12 The night is nearly over; the day is almost here. So let us put aside the deeds of darkness and put on the armor of light. 13 Let us behave decently, as in the daytime, not in carousing and drunkenness, not in sexual immorality and debauchery, not in dissension and jealousy. 14 Rather, clothe yourselves with the Lord Jesus Christ, and do not think about how to gratify the desires of the flesh.[m]

The Weak and the Strong

14 1 Accept the one whose faith is weak, without quarreling over disputable matters. 2 One person's faith allows them to eat anything, but another, whose faith is weak, eats only vegetables. 3 The one who eats everything must not treat with contempt the one who does not, and the one who does not eat everything must not judge the one who does, for God has accepted them. 4 Who are you to judge someone else's servant? To their own master, servants stand or fall. And they will stand, for the Lord is able to make them stand.

5 One person considers one day more sacred than another; another considers every day alike. Each of them should be fully convinced in their own mind. 6 Whoever regards one day as special does so to the Lord. Whoever eats meat does so to the Lord, for they give thanks to God; and whoever abstains does so to the Lord and gives thanks to God. 7 For none of us lives for ourselves alone, and none of us dies for ourselves alone. 8 If we live, we live for the Lord; and if we die, we die for the Lord. So, whether we live or die, we

[m] **13:14** In contexts like this, the Greek word for *flesh* (*sarx*) refers to the sinful state of human beings, often presented as a power in opposition to the Spirit.

de se soumettre à l'autorité, non seulement par peur de
punition, mais surtout par motif de conscience.

6 C'est pour les mêmes raisons que vous devez payer v
impôts. Car ceux qui les perçoivent sont eux aussi au se
vice de Dieu, dans l'exercice de leurs fonctions. 7 Rend
donc à chacun ce qui lui est dû : les impôts et les taxes à q
vous les devez, le respect et l'honneur à qui ils revienne

Le résumé de la Loi

8 Ne restez redevables de rien à personne, sinon
vous aimer les uns les autres. Car celui qui aime l'autre
satisfait à toutes les exigences de la Loi. 9 En effet, des co
mandements comme : *Tu ne commettras pas d'adultère ; tu*
commettras pas de meurtre ; tu ne voleras pas, tu ne convoiter
pas ; et tous les autres, se trouvent récapitulés en cet
seule parole : *Aime ton prochain comme toi-même.* 10 Cel
qui aime ne cause aucun mal à son prochain. Aimer s
prochain, c'est donc accomplir toute la Loi.

Le Jour est proche

11 Faites ceci d'autant plus que vous savez en quel tem
nous vivons. C'est désormais l'heure de sortir de vot
sommeil, car le salut est plus près de nous que lorsq
nous avons commencé à croire. 12 La nuit est avancée,
moment où le jour va se lever approche. Débarrassons-no
de tout ce qui se fait dans les ténèbres, et revêtons-no
de l'armure de la lumière. 13 Vivons comme il convie
en plein jour, sans orgies ni beuveries, sans débauche
immoralité, sans querelle ni jalousie. 14 Revêtez-vous d
Seigneur Jésus-Christ et ne vous préoccupez pas de sati
faire les désirs de l'homme livré à lui-même.

Le respect des frères et sœurs en la foi

14 1 Accueillez celui qui est mal affermi dans la fo
sans contester sans cesse ses opinions[q]. 2 Ainsi
foi de l'un le conduit à manger de tout. L'autre, qui es
mal affermi dans la foi, ne mange que des légumes. 3 Qu
celui qui mange de tout ne méprise pas celui qui ne fa
pas comme lui, et que celui qui ne mange pas de viand
ne condamne pas celui qui en mange, car Dieu lui a fa
bon accueil. 4 Qui es-tu, toi, pour juger le serviteur d'u
autre ? Qu'il tienne bon ou qu'il tombe, c'est l'affaire d
son maître. Mais il tiendra bon car le Seigneur, son maîtr
a le pouvoir de le faire tenir.

5 Pour celui-ci, tel jour a plus d'importance qu'un au
tre[r] ; pour celui-là, ils sont tous égaux : à chacun d'avoi
une pleine conviction en lui-même. 6 Celui qui fait un
distinction entre les jours le fait pour le Seigneur. Celu
qui mange de tout le fait aussi pour le Seigneur, puisqu'
remercie Dieu pour sa nourriture. Et celui qui s'abstien
de certains aliments le fait encore pour le Seigneur, ca
lui aussi remercie Dieu.

7 Aucun de nous ne vit pour lui-même et aucun n
meurt pour lui-même. 8 Si nous vivons, nous vivons pou
le Seigneur, et si nous mourons, nous mourons pour l
Seigneur. Ainsi, que nous vivions ou que nous mourions

[q] **14.1** Autre traduction : *sans discuter sans cesse de ses opinions.*

[r] **14.5** Il s'agissait sans doute de chrétiens d'origine juive qui continuaient à respecter le sabbat et les jours de fêtes cultuelles instituées par la Loi mosaïque.

elong to the Lord. 9For this very reason, Christ died nd returned to life so that he might be the Lord of oth the dead and the living.

10You, then, why do you judge your brother or siser[n]? Or why do you treat them with contempt? For ve will all stand before God's judgment seat. 11It is vritten:

"'As surely as I live,' says the Lord,
'every knee will bow before me;
every tongue will acknowledge God.'"

2So then, each of us will give an account of ourselves o God.

13Therefore let us stop passing judgment on one nother. Instead, make up your mind not to put any tumbling block or obstacle in the way of a brother r sister. 14I am convinced, being fully persuaded in he Lord Jesus, that nothing is unclean in itself. But if nyone regards something as unclean, then for that erson it is unclean. 15If your brother or sister is disressed because of what you eat, you are no longer cting in love. Do not by your eating destroy someone or whom Christ died. 16Therefore do not let what you now is good be spoken of as evil. 17For the kingdom f God is not a matter of eating and drinking, but of ighteousness, peace and joy in the Holy Spirit, 18because anyone who serves Christ in this way is pleasing o God and receives human approval.

19Let us therefore make every effort to do what eads to peace and to mutual edification. 20Do not lestroy the work of God for the sake of food. All food s clean, but it is wrong for a person to eat anything hat causes someone else to stumble. 21It is better not o eat meat or drink wine or to do anything else that vill cause your brother or sister to fall.

22So whatever you believe about these things keep etween yourself and God. Blessed is the one who does ot condemn himself by what he approves. 23But whover has doubts is condemned if they eat, because heir eating is not from faith; and everything that loes not come from faith is sin.[o]

15 1We who are strong ought to bear with the failings of the weak and not to please ourelves. 2Each of us should please our neighbors for heir good, to build them up. 3For even Christ did ot please himself but, as it is written: "The insults f those who insult you have fallen on me." 4For everything that was written in the past was written to each us, so that through the endurance taught in the criptures and the encouragement they provide we night have hope.

5May the God who gives endurance and encouragenent give you the same attitude of mind toward each ther that Christ Jesus had, 6so that with one mind

nous appartenons au Seigneur. 9En effet, Christ est mort et il est revenu à la vie pour être le Seigneur des morts et des vivants. 10Et toi, pourquoi condamnes-tu ton frère ? Ou toi, pourquoi méprises-tu ton frère ? Ne devons-nous pas tous comparaître devant le tribunal de Dieu ? 11Car il est écrit :

Aussi vrai que je vis, dit le Seigneur,
tout genou ploiera devant moi
et toute langue
me reconnaîtra comme Dieu[s].

12Ainsi chacun de nous rendra compte à Dieu pour lui-même. 13Cessons donc de nous condamner les uns les autres.

Se soucier des frères et sœurs en la foi

Prenez plutôt la décision de ne rien mettre en travers du chemin d'un frère qui puisse le faire trébucher ou tomber. 14Pour moi, je sais et je suis pleinement convaincu, en accord avec la pensée du Seigneur Jésus, que rien n'est impur en soi. Cependant, si quelqu'un considère que telle chose est impure, alors elle est impure pour lui. 15Si donc, à cause d'un aliment, tu fais du tort à ton frère, tu ne te conduis pas selon l'amour. Ne va pas, pour un aliment, causer la perte de celui pour qui Christ est mort. 16Que ce qui est bien pour vous ne devienne pas pour d'autres une occasion de dire du mal de vous[t]. 17Dans le royaume de Dieu, ce n'est pas le manger et le boire qui importent, mais une vie juste, la paix et la joie que produit l'Esprit Saint. 18Celui qui sert Christ de cette manière est agréable à Dieu et estimé des hommes.

19Ainsi donc, cherchons[u] toujours ce qui contribue à favoriser la paix et à nous faire grandir les uns les autres dans la foi. 20Ne va pas, pour un aliment, détruire l'œuvre de Dieu. Tout est pur, c'est vrai. Mais il est mal de manger tel aliment si cela risque de causer la chute d'un frère. 21Ce qui est bien, c'est de s'abstenir de viande, de vin, bref, de tout ce qui peut entraîner la chute de ton frère. 22Garde devant Dieu cette foi que tu as. Heureux celui qui ne se condamne pas lui-même par ce qu'il approuve. 23Mais celui qui mange tout en ayant des doutes à ce sujet est déjà condamné, car son attitude ne découle pas de la foi. Or tout ce qui ne découle pas de la foi est péché.

Le soutien des frères et sœurs en la foi

15 1Nous qui sommes forts, nous devons porter les faiblesses de ceux qui ne le sont pas, sans chercher notre propre satisfaction. 2Que chacun de nous recherche la satisfaction de son prochain pour le bien de celui-ci, en vue de l'aider à grandir dans la foi. 3Car Christ n'a pas cherché sa propre satisfaction, mais il a dit, comme le déclare l'Ecriture : *Les insultes des hommes qui t'insultent sont retombées sur moi.* 4Or tout ce qui a été consigné autrefois dans l'Ecriture l'a été pour nous instruire, afin que la patience et l'encouragement qu'apporte l'Ecriture produisent en nous l'espérance. 5Que Dieu, source de toute patience et de tout encouragement, vous donne de vivre en plein accord les uns avec les autres, conformément à l'enseignement de Jésus-Christ[v]. 6Ainsi, d'un commun accord et d'une seule

14:10 The Greek word for *brother or sister* (*adelphos*) refers here to believer, whether man or woman, as part of God's family; also in erses 13, 15 and 21.
14:23 Some manuscripts place 16:25-27 here; others after 15:33.

s **14.11** Es 45.23 cité selon l'ancienne version grecque.
t **14.16** Certains manuscrits ont : *nous.*
u **14.19** Certains manuscrits ont : *nous cherchons.*
v **15.5** Autre traduction : *selon ce que Jésus-Christ voudra.*

and one voice you may glorify the God and Father of
our Lord Jesus Christ.

7 Accept one another, then, just as Christ accepted
you, in order to bring praise to God. 8 For I tell you
that Christ has become a servant of the Jews[p] on behalf of God's truth, so that the promises made to the
patriarchs might be confirmed 9 and, moreover, that
the Gentiles might glorify God for his mercy. As it is
written:

"Therefore I will praise you among the
Gentiles;
I will sing the praises of your name."

10 Again, it says,

"Rejoice, you Gentiles, with his people."

11 And again,

"Praise the Lord, all you Gentiles;
let all the peoples extol him."

12 And again, Isaiah says,

"The Root of Jesse will spring up,
one who will arise to rule over the nations;
in him the Gentiles will hope."[q]

13 May the God of hope fill you with all joy and peace
as you trust in him, so that you may overflow with
hope by the power of the Holy Spirit.

Paul the Minister to the Gentiles

14 I myself am convinced, my brothers and sisters,
that you yourselves are full of goodness, filled with
knowledge and competent to instruct one another.
15 Yet I have written you quite boldly on some points
to remind you of them again, because of the grace
God gave me 16 to be a minister of Christ Jesus to the
Gentiles. He gave me the priestly duty of proclaiming
the gospel of God, so that the Gentiles might become
an offering acceptable to God, sanctified by the Holy
Spirit.
17 Therefore I glory in Christ Jesus in my service to
God. 18 I will not venture to speak of anything except
what Christ has accomplished through me in leading the Gentiles to obey God by what I have said and
done – 19 by the power of signs and wonders, through
the power of the Spirit of God. So from Jerusalem all
the way around to Illyricum, I have fully proclaimed
the gospel of Christ. 20 It has always been my ambition
to preach the gospel where Christ was not known, so
that I would not be building on someone else's foundation. 21 Rather, as it is written:

"Those who were not told about him will see,
and those who have not heard will
understand."[r]

22 This is why I have often been hindered from coming
to you.

[p] **15:8** Greek *circumcision*
[q] **15:12** Isaiah 11:10 (see Septuagint)
[r] **15:21** Isaiah 52:15 (see Septuagint)

voix, vous célébrerez la gloire du Dieu et Père de notr
Seigneur Jésus-Christ.

Jésus-Christ est venu pour les
Juifs et pour les non-Juifs

7 Accueillez-vous donc les uns les autres, tout comm
Christ vous a accueillis, pour la gloire de Dieu. 8 Voici, e
effet, ce que j'affirme : c'est, d'abord, que Christ est ven
se mettre au service des Juifs pour montrer que Dieu es
véridique en accomplissant les promesses faites à leur
ancêtres ; 9 c'est, ensuite, qu'il est venu pour que les non
Juifs, de leur côté, louent Dieu à cause de sa compassion
comme le dit l'Ecriture :

Aussi je publie tes louanges parmi les peuples,
je te célèbre par mes chants.

10 Et ailleurs :

Peuples, réjouissez-vous avec son peuple.

11 Ou encore :

Louez le Seigneur, vous, gens de toutes les nations,
que tous les peuples disent ses louanges!

12 Esaïe dit de son côté :

Un rejeton naîtra d'Isaï,
on le verra se lever pour gouverner tous les peuples,
les peuples étrangers mettront en lui leur espérance[w].

13 Que le Dieu de l'espérance, vous comble de toute joi
et de sa paix par votre confiance en lui. Ainsi votre cœu
débordera d'espérance par la puissance du Saint-Esprit.

Projets

14 Frères et sœurs, j'ai personnellement la convictio
que vous êtes pleins de bonté, remplis de toute la con
naissance, et tout à fait capables, par conséquent, de vou
conseiller les uns les autres. 15 Cependant, je vous ai écri
avec une certaine audace sur quelques points ; car je dé
sirais raviver vos souvenirs, à cause de la grâce que Dieu
m'a accordée. 16 En effet, il a fait de moi le serviteur de
Jésus-Christ pour les non-Juifs. J'accomplis ainsi la tâch
d'un prêtre[x] en annonçant l'Evangile de Dieu aux non
Juifs pour que ceux-ci deviennent une offrande agréable
Dieu[y], consacrée par l'Esprit Saint. 17 Voilà pourquoi, grâc
à Jésus-Christ, je suis fier de mon travail pour Dieu. 18 Ca
si j'ose parler, c'est seulement de ce que Christ a accompl
par mon moyen pour amener les non-Juifs à obéir à Dieu
Il l'a fait par mes paroles et mes actes, 19 par sa puissanc
qui s'est manifestée dans les miracles et les prodiges, par l
puissance de l'Esprit de Dieu. Ainsi, à partir de Jérusalem
jusqu'en Illyrie[z], en rayonnant en tous sens, j'ai fait partou
retentir l'Evangile de Christ. 20 Je me suis fait un poin
d'honneur de proclamer l'Evangile là où le nom de Chris
n'était pas encore connu. Je ne voulais en aucun cas bâti
sur des fondations posées par d'autres. 21 J'ai agi selon cett
parole de l'Ecriture :

Ceux à qui l'on n'avait rien dit de lui le verront,
et ceux qui n'avaient pas entendu parler de lui
comprendront[a].

22 C'est aussi cette raison qui m'a empêché bien des fois
d'aller chez vous.

[w] **15.12** Es 11.1, 10 cité selon l'ancienne version grecque.
[x] **15.16** Paul emploie un mot qui signifie : *officiant.*
[y] **15.16** Paul voulait présenter les non-Juifs convertis à Dieu comme le prêtre juif présentait au Seigneur des offrandes qu'il agréait.
[z] **15.19** Province romaine correspondant à l'ancienne Yougoslavie.
[a] **15.21** Es 52.15 cité selon l'ancienne version grecque.

aul's Plan to Visit Rome

23 But now that there is no more place for me to work
ı these regions, and since I have been longing for many
ears to visit you, 24 I plan to do so when I go to Spain. I
ope to see you while passing through and to have you
ssist me on my journey there, after I have enjoyed your
ompany for a while. 25 Now, however, I am on my way
o Jerusalem in the service of the Lord's people there.
6 For Macedonia and Achaia were pleased to make a
ontribution for the poor among the Lord's people in
erusalem. 27 They were pleased to do it, and indeed
hey owe it to them. For if the Gentiles have shared in
he Jews' spiritual blessings, they owe it to the Jews to
hare with them their material blessings. 28 So after I
ıave completed this task and have made sure that they
ıave received this contribution, I will go to Spain and
isit you on the way. 29 I know that when I come to you,
will come in the full measure of the blessing of Christ.

30 I urge you, brothers and sisters, by our Lord Jesus
Christ and by the love of the Spirit, to join me in my
truggle by praying to God for me. 31 Pray that I may
e kept safe from the unbelievers in Judea and that the
ontribution I take to Jerusalem may be favorably re-
eived by the Lord's people there, 32 so that I may come
o you with joy, by God's will, and in your company be
efreshed. 33 The God of peace be with you all. Amen.

ersonal Greetings

16 1 I commend to you our sister Phoebe, a deacon[s,t] of the church in Cenchreae. 2 I ask you
o receive her in the Lord in a way worthy of his people
nd to give her any help she may need from you, for she
as been the benefactor of many people, including me.

3 Greet Priscilla[u] and Aquila, my co-workers in Christ
esus. 4 They risked their lives for me. Not only I but
all the churches of the Gentiles are grateful to them.
5 Greet also the church that meets at their house.
Greet my dear friend Epenetus, who was the first
convert to Christ in the province of Asia.
6 Greet Mary, who worked very hard for you.
7 Greet Andronicus and Junia, my fellow Jews who
have been in prison with me. They are outstanding
among[v] the apostles, and they were in Christ before
 was.
8 Greet Ampliatus, my dear friend in the Lord.
9 Greet Urbanus, our co-worker in Christ, and my
dear friend Stachys.

[s] **16:1** Or *servant*
[t] **16:1** The word *deacon* refers here to a Christian designated to serve with the overseers/elders of the church in a variety of ways; similarly in Phil. 1:1 and 1 Tim. 3:8,12.
[u] **16:3** Greek *Prisca*, a variant of *Priscilla*
[v] **16:7** Or *are esteemed by*

23 A présent, je n'ai plus de champ d'action dans ces régions. Or, depuis plusieurs années, je désire aller chez vous
24 et cela pourra se réaliser quand j'irai en Espagne. En effet,
j'espère vous voir en passant, et je compte sur vous pour
m'aider à me rendre dans ce pays[b] après avoir satisfait au
moins en partie mon désir de vous rencontrer. 25 Pour l'instant, je vais à Jérusalem pour le service des membres du
peuple saint. 26 En effet, les Eglises de la Macédoine et de
l'Achaïe ont décidé de donner une part de leurs biens pour
venir en aide aux croyants pauvres de Jérusalem. 27 C'est
une décision de leur part et elles le leur devaient : car si les
non-Juifs ont eu leur part des biens spirituels des Juifs, ils
doivent bien, à leur tour, les assister de leurs biens matériels.
28 Lorsque je me serai acquitté de ce service et que j'aurai
remis en bonne et due forme à ses destinataires le fruit de
cette initiative, je prendrai le chemin de l'Espagne et passerai donc par chez vous. 29 Et je sais que lorsque je viendrai
chez vous, ce sera avec la pleine bénédiction de Christ.
30 Je vous le demande, frères et sœurs, par notre Seigneur
Jésus-Christ et par l'amour que donne l'Esprit : combattez avec
moi, en priant Dieu pour moi. 31 Qu'il me fasse échapper aux
incrédules de la Judée[c] et permette que l'aide que j'apporte à
Jérusalem puisse être reçue favorablement par les membres du
peuple saint. 32 Ainsi je pourrai venir chez vous le cœur plein
de joie, si Dieu le veut, et trouver quelque repos parmi vous.
33 Que le Dieu qui donne la paix soit avec vous tous. Amen.

Salutations

16 1 Je vous recommande notre sœur Phœbé, di-
aconesse[d] de l'Eglise qui est à Cenchrées[e].
2 Réservez-lui, en vertu de votre union commune au
Seigneur, l'accueil que lui doivent des membres du peuple
saint. Mettez-vous à sa disposition pour toute affaire où
elle aurait besoin de vous. Car elle est intervenue en faveur
de beaucoup et, en particulier, pour moi.
3 Saluez Prisca et Aquilas[f], mes collaborateurs dans le
service de Jésus-Christ. 4 Ils ont risqué leur vie pour sauver
la mienne. Je ne suis pas seul à leur en devoir gratitude.
C'est aussi le cas de toutes les Eglises des pays païens.
5 Saluez aussi l'Eglise qui se réunit dans leur maison[g].
Saluez mon cher Epaïnète : il est le premier à s'être
tourné vers Christ dans la province d'Asie. 6 Saluez Marie,
qui s'est beaucoup dépensée pour vous. 7 Saluez Andronicus
et Junia[h], qui sont du même peuple que moi : ils ont été
mes compagnons de captivité ; ils sont très estimés en
tant qu'apôtres[i], eux qui se sont même convertis à Christ
avant moi. 8 Saluez Ampliatus qui m'est très cher dans le
Seigneur. 9 Saluez Urbain, notre collaborateur dans le ser-

[b] **15.24** D'après les coutumes de l'époque, cette aide demandée par Paul comprenait des indications, des recommandations, des provisions de route et, éventuellement, des compagnons de voyage.
[c] **15.31** C'est-à-dire aux Juifs de Jérusalem et de Judée qui étaient ses adversaires parce qu'ils ne voulaient pas croire en l'Evangile.
[d] **16.1** Le terme grec désigne la fonction dont il est question dans 1 Tm 3.11. Autres traductions : *qui est au service de l'Eglise qui est à Cenchrées*, ou : *qui exerce un ministère au service de l'Eglise qui est à Cenchrées.*
[e] **16.1** Voir Ac 18.18 et note.
[f] **16.3** Voir Ac 18.2 et note.
[g] **16.5** Au premier siècle, les communautés chrétiennes se réunissaient dans des maisons particulières. Ce chapitre en nomme quatre situées à Rome (v. 5, 10, 15).
[h] **16.7** Certains manuscrits ont : *Julia.*
[i] **16.7** Certains comprennent : *ils sont très estimés par les apôtres.*

10 Greet Apelles, whose fidelity to Christ has stood the test.

Greet those who belong to the household of Aristobulus.

11 Greet Herodion, my fellow Jew.

Greet those in the household of Narcissus who are in the Lord.

12 Greet Tryphena and Tryphosa, those women who work hard in the Lord.

Greet my dear friend Persis, another woman who has worked very hard in the Lord.

13 Greet Rufus, chosen in the Lord, and his mother, who has been a mother to me, too.

14 Greet Asyncritus, Phlegon, Hermes, Patrobas, Hermas and the other brothers and sisters with them.

15 Greet Philologus, Julia, Nereus and his sister, and Olympas and all the Lord's people who are with them.

16 Greet one another with a holy kiss.

All the churches of Christ send greetings.

17 I urge you, brothers and sisters, to watch out for those who cause divisions and put obstacles in your way that are contrary to the teaching you have learned. Keep away from them. 18 For such people are not serving our Lord Christ, but their own appetites. By smooth talk and flattery they deceive the minds of naive people. 19 Everyone has heard about your obedience, so I rejoice because of you; but I want you to be wise about what is good, and innocent about what is evil.

20 The God of peace will soon crush Satan under your feet.

The grace of our Lord Jesus be with you.

21 Timothy, my co-worker, sends his greetings to you, as do Lucius, Jason and Sosipater, my fellow Jews.

22 I, Tertius, who wrote down this letter, greet you in the Lord.

23 Gaius, whose hospitality I and the whole church here enjoy, sends you his greetings.

Erastus, who is the city's director of public works, and our brother Quartus send you their greetings. 24 [24][w]

25 Now to him who is able to establish you in accordance with my gospel, the message I proclaim about Jesus Christ, in keeping with the revelation of the mystery hidden for long ages past, 26 but now revealed and made known through the prophetic writings by the command of the eternal God, so that all the Gentiles might come to the obedience that comes from[x] faith – 27 to the only wise God be glory forever through Jesus Christ! Amen.

w 16:24 Some manuscripts include here *May the grace of our Lord Jesus Christ be with all of you. Amen.*

x 16:26 Or *that is*

vice de Christ ainsi que mon cher Stachys. 10 Saluez Apellè qui a prouvé son attachement à Christ. Saluez aussi les gen de la maison d'Aristobule[j] 11 et Hérodion qui fait parti du même peuple que moi. Saluez les gens de la maison d Narcisse[k] qui appartiennent au Seigneur.

12 Saluez Tryphène et Tryphose qui toutes deux tra vaillent dur pour le Seigneur, ainsi que ma chère Persid qui a travaillé dur pour le Seigneur. 13 Saluez Rufus[l], ce homme que le Seigneur a choisi, et sa mère, qui est auss une mère pour moi.

14 Saluez Asyncrite, Phlégon, Hermès, Patrobas, Hermas et tous les frères et sœurs qui sont avec eux. 15 Salue Philologue et Julie, Nérée et sa sœur, Olympas et tous le membres du peuple saint qui sont avec eux. 16 Saluez-vou les uns les autres en vous donnant le baiser fraternel Toutes les Eglises de Christ vous adressent leurs salutations

17 Je vous engage instamment, chers frères et sœurs, à prendre garde à ceux qui sèment la division et égaren les autres en s'opposant à l'enseignement que vous ave reçu. Eloignez-vous d'eux, 18 car les gens de cette sorte ne servent pas Christ, notre Seigneur, mais leur ventre. Ave leurs belles paroles et leurs discours flatteurs, ils séduisen ceux qui ne discernent pas le mal. 19 Votre obéissance es connue de tous et cela me remplit de joie, mais je désire que vous sachiez discerner le bien[m] et que vous soyez incorruptibles à l'égard du mal. 20 Le Dieu qui donne la paix ne tardera pas à écraser Satan sous vos pieds. Que la grâce de notre Seigneur Jésus soit avec vous[n].

21 Timothée, mon collaborateur, ainsi que Lucius, Jason et Sosipater, qui appartiennent au même peuple que moi vous saluent. 22 Moi, Tertius[o] qui écris cette lettre, j'ajoute mes salutations dans le Seigneur qui nous unit. 23 Vous saluent encore : Gaïus qui m'offre l'hospitalité et chez qui se réunit toute l'Eglise, Eraste[p], le trésorier de la ville, ainsi que le frère Quartus[q].

25 Béni soit Dieu ! Il a le pouvoir de vous rendre forts dans la foi, conformément à l'Evangile que je prêche en annonçant Jésus-Christ, selon la révélation du plan de Dieu, tenu secret pendant les siècles passés 26 et qui s'accomplit de façon manifeste de nos jours. Comme l'a ordonné le Dieu éternel, il est porté, par les écrits des prophètes, à la connaissance de tous les peuples pour qu'ils soient amenés à lui obéir en croyant. 27 A ce Dieu qui seul possède la sagesse soit la gloire, de siècle en siècle, par Jésus-Christ. Amen[r].

j 16.10 Neveu d'Hérode le Grand qui vivait à Rome et fréquentait la cour impériale du temps de Claude. Certains de ses esclaves étaient chrétiens.

k 16.11 Affranchi de Claude.

l 16.13 Probablement le fils de Simon de Cyrène qui a porté la croix de Jésus (Mc 15.21). Son frère Alexandre et lui s'étaient convertis.

m 16.19 Autre traduction : *que vous ayez de la sagesse pour faire le bien.*

n 16.20 Les mots : *que la grâce ... avec vous* sont absents de certains manuscrits.

o 16.22 Secrétaire de Paul.

p 16.23 Dans une place pavée de Corinthe, des archéologues ont découvert un bloc de pierre portant l'inscription : *Eraste, chef des travaux publics, a payé les frais de ce pavage.* Peut-être s'agit-il du même personnage qu'ici et dans Ac 19.22 et 2 Tm 4.20.

q 16.23 Certains manuscrits ajoutent : [24] *que la grâce du Seigneur Jésus-Christ soit avec vous tous. Amen.*

r 16.27 La place des v. 25-27 varie selon les manuscrits qui les insèrent parfois après 14.23 ou 15.33.

1 Corinthians

1 Paul, called to be an apostle of Christ Jesus by
. the will of God, and our brother Sosthenes,
2 To the church of God in Corinth, to those sancti-
·d in Christ Jesus and called to be his holy people,
gether with all those everywhere who call on the
.me of our Lord Jesus Christ – their Lord and ours:

3 Grace and peace to you from God our Father and
e Lord Jesus Christ.

ıanksgiving

4 I always thank my God for you because of his grace
ven you in Christ Jesus. 5 For in him you have been
ıriched in every way – with all kinds of speech and
th all knowledge – 6 God thus confirming our testi-
ony about Christ among you. 7 Therefore you do not
:k any spiritual gift as you eagerly wait for our Lord
sus Christ to be revealed. 8 He will also keep you firm
the end, so that you will be blameless on the day of
ır Lord Jesus Christ. 9 God is faithful, who has called
·u into fellowship with his Son, Jesus Christ our Lord.

Church Divided Over Leaders

10 I appeal to you, brothers and sisters,[a] in the name
our Lord Jesus Christ, that all of you agree with one
ıother in what you say and that there be no divisions
nong you, but that you be perfectly united in mind
ıd thought. 11 My brothers and sisters, some from
ıloe's household have informed me that there are
ıarrels among you. 12 What I mean is this: One of you
ys, "I follow Paul"; another, "I follow Apollos"; anoth-
, "I follow Cephas[b]"; still another, "I follow Christ."

13 Is Christ divided? Was Paul crucified for you?
'ere you baptized in the name of Paul? 14 I thank
od that I did not baptize any of you except Crispus
ıd Gaius, 15 so no one can say that you were baptized
ı my name. 16 (Yes, I also baptized the household of
ephanas; beyond that, I don't remember if I baptized
ıyone else.) 17 For Christ did not send me to baptize,

:10 The Greek word for *brothers and sisters* (*adelphoi*) refers here believers, both men and women, as part of God's family; also in rses 11 and 26; and in 2:1; 3:1; 4:6; 6:8; 7:24, 29; 10:1; 11:33; 12:1; :6, 20, 26, 39; 15:1, 6, 50, 58; 16:15, 20.
:12 That is, Peter

Première lettre aux Corinthiens

Salutation

1 1 Paul, qui a été appelé, par la volonté de Dieu, à être
un apôtre de Jésus-Christ, et le frère Sosthène[a], 2 saluent l'Eglise de Dieu établie à Corinthe, ceux qui ont été
purifiés de leurs péchés dans l'union avec Jésus-Christ et
qui ont été appelés à faire partie du peuple saint, ainsi
que tous ceux qui, en quelque lieu que ce soit, font appel à
notre Seigneur Jésus-Christ, leur Seigneur comme le nôtre.
3 Que la grâce et la paix vous soient accordées par Dieu
notre Père et par le Seigneur Jésus-Christ.

Paul remercie Dieu au sujet des Corinthiens

4 Je ne cesse d'exprimer ma reconnaissance à mon Dieu[b]
à votre sujet pour la grâce qu'il vous a accordée dans
l'union avec Jésus-Christ. 5 En effet, vous avez été comblés
en lui dans tous les domaines, en particulier celui de la
parole et celui de la connaissance, 6 dans la mesure même
où la vérité dont Christ est le témoin a été fermement
établie chez vous[c]. 7 Ainsi, il ne vous manque aucun don
de la grâce divine tandis que vous attendez le moment où
notre Seigneur Jésus-Christ apparaîtra. 8 Lui-même, d'ailleurs, vous rendra forts jusqu'à la fin, pour que vous soyez
irréprochables au jour de notre Seigneur Jésus-Christ. 9 Car
Dieu, qui vous a appelés à être en communion avec son Fils,
notre Seigneur Jésus-Christ, est fidèle.

Les divisions dans l'Église

Les divisions à Corinthe

10 Il faut cependant, frères et sœurs, que je vous adresse
une recommandation instante, et c'est au nom de notre
Seigneur Jésus-Christ que je le fais. Vivez tous ensemble
en pleine harmonie ! Ne laissez pas de division s'introduire
entre vous ! Soyez parfaitement unis en ayant une même
conviction, une même façon de penser ! 11 En effet, mes
frères et sœurs, j'ai été informé par les gens de la maison
de Chloé[d] que la discorde règne parmi vous. 12 Voici ce que
je veux dire : chacun de vous tient ce type de langage :
« Pour moi, c'est Paul ! » ou : « Pour moi, c'est Apollos ! »
ou : « Pour moi, c'est Pierre ! » ou encore : « Pour moi, c'est
Christ ! »
13 Voyons : Christ serait-il divisé ? Paul aurait-il été crucifié pour vous ? Ou bien est-ce au nom de Paul que vous
avez été baptisés ? 14 Je remercie Dieu de n'avoir baptisé aucun de vous, sauf Crispus et Gaïus[e]. 15 Personne, en tout cas,
ne peut prétendre avoir été baptisé en mon nom. 16 – Ah
si ! J'ai baptisé encore les gens de la maison de Stéphanas.
A part ceux-là, je crois n'avoir baptisé personne. 17 Car ce

[a] **1.1** *Sosthène:* Voir Ac 18.17.
[b] **1.4** Certains manuscrits ont : *Dieu.*
[c] **1.6** Autre traduction : 6 *Vous êtes attachés avec tant de fermeté au témoignage rendu à Christ* 7 *qu'il ...*
[d] **1.11** *Chloé:* peut-être une commerçante dont le personnel faisait fréquemment le voyage de Corinthe à Ephèse.
[e] **1.14** *Crispus:* voir Ac 18.8. *Gaïus:* voir Ac 19.29.

but to preach the gospel – not with wisdom and eloquence, lest the cross of Christ be emptied of its power.

Christ Crucified Is God's Power and Wisdom

18For the message of the cross is foolishness to those who are perishing, but to us who are being saved it is the power of God. 19For it is written:

"I will destroy the wisdom of the wise;
the intelligence of the intelligent I will frustrate."

20Where is the wise person? Where is the teacher of the law? Where is the philosopher of this age? Has not God made foolish the wisdom of the world? 21For since in the wisdom of God the world through its wisdom did not know him, God was pleased through the foolishness of what was preached to save those who believe. 22Jews demand signs and Greeks look for wisdom, 23but we preach Christ crucified: a stumbling block to Jews and foolishness to Gentiles, 24but to those whom God has called, both Jews and Greeks, Christ the power of God and the wisdom of God. 25For the foolishness of God is wiser than human wisdom, and the weakness of God is stronger than human strength.

26Brothers and sisters, think of what you were when you were called. Not many of you were wise by human standards; not many were influential; not many were of noble birth. 27But God chose the foolish things of the world to shame the wise; God chose the weak things of the world to shame the strong. 28God chose the lowly things of this world and the despised things – and the things that are not – to nullify the things that are, 29so that no one may boast before him. 30It is because of him that you are in Christ Jesus, who has become for us wisdom from God – that is, our righteousness, holiness and redemption. 31Therefore, as it is written: "Let the one who boasts boast in the Lord."

2 1And so it was with me, brothers and sisters. When I came to you, I did not come with eloquence or human wisdom as I proclaimed to you the testimony about God.[c] 2For I resolved to know nothing while I was with you except Jesus Christ and him crucified. 3I came to you in weakness with great fear and trembling. 4My message and my preaching were not with wise and persuasive words, but with a demonstration of the Spirit's power, 5so that your faith might not rest on human wisdom, but on God's power.

[c] **2:1** Some manuscripts *proclaimed to you God's mystery*

n'est pas pour baptiser que Christ m'a envoyé, c'est po proclamer l'Evangile. Et cela, sans recourir à la sagesse d beaux discours, afin de ne pas vider de son sens la mo de Christ sur la croix.

La sagesse des hommes et la folie de Dieu

18En effet, la prédication de la mort de Christ sur u croix est une folie aux yeux de ceux qui se perdent. Ma pour nous qui sommes sauvés, elle est la puissance mêr de Dieu. 19N'est-il pas écrit :

Je détruirai la sagesse des sages
et je réduirai à néant l'intelligence des intelligents[f]*?*

20Où est le sage ? Où est le spécialiste de la Loi ? Où e le raisonneur de ce monde ? Dieu n'a-t-il pas changé folie la sagesse du monde ?

21En effet, là où la sagesse divine s'est manifestée, monde n'a pas reconnu Dieu par le moyen de la sagess C'est pourquoi Dieu a jugé bon de sauver ceux qui croien par un message qui annonce une folie.

22Oui, tandis que, d'un côté, les Juifs réclament d signes miraculeux et que, de l'autre, les Grecs recherche « la sagesse », 23nous, nous prêchons Christ mis en croi ce qui est une cause de rejet pour les Juifs et une fol pour les Grecs. 24Mais pour tous ceux que Dieu appell qu'ils soient juifs ou grecs, Christ est puissance de Dieu sagesse de Dieu. 25Car la folie de Dieu est plus sage que sagesse des hommes, et la faiblesse de Dieu est plus for que la force des hommes.

26Considérez donc, frères et sœurs, la situation dan laquelle Dieu vous a appelés à lui. On ne trouve parmi vo que peu de sages selon les critères humains, peu de pe sonnalités influentes, peu de membres de la haute sociét 27Non ! Dieu a choisi ce que le monde considère comm une folie pour confondre les sages, et il a choisi ce qui e faible pour couvrir de honte les puissants.

28Dieu a porté son choix sur ce qui n'a aucune nobless et que le monde méprise, sur ce qui est considéré comm insignifiant, pour réduire à néant ce que le monde estim important.

29Ainsi, aucune créature ne pourra se vanter devan Dieu. 30Par lui, vous êtes unis à Christ, qui est devenu pou nous cette sagesse qui vient de Dieu, justice, purificatio et délivrance. 31Et il en est ainsi pour que soit respecté c commandement de l'Ecriture :

Celui qui veut éprouver de la fierté,
qu'il place sa fierté dans le Seigneur.

La prédication de Paul à Corinthe

2 1C'est pourquoi, moi aussi, frères et sœurs, lorsque suis allé chez vous, je ne suis pas venu proclamer secret de Dieu[g] en utilisant le prestige de l'éloquence o de la sagesse. 2Car, je n'ai pas estimé devoir vous apport autre chose que Jésus-Christ, et Jésus-Christ crucifié. 3D plus, quand je suis arrivé chez vous, je me sentais bie faible et je tremblais de crainte.

4Mon enseignement et ma prédication ne reposaie pas sur les discours persuasifs de la sagesse, mais sur u action manifeste de l'Esprit et de puissance. 5Ainsi vot foi a été fondée, non sur la sagesse humaine, mais sur l puissance de Dieu.

[f] **1.19** Es 29.14 cité selon l'ancienne version grecque.
[g] **2.1** Certains manuscrits ont : *le témoignage au sujet de Dieu.*

od's Wisdom Revealed by the Spirit

6We do, however, speak a message of wisdom among
e mature, but not the wisdom of this age or of the
ılers of this age, who are coming to nothing. 7No,
e declare God's wisdom, a mystery that has been
dden and that God destined for our glory before
me began. 8None of the rulers of this age understood
, for if they had, they would not have crucified the
ord of glory. 9However, as it is written:

"What no eye has seen,
what no ear has heard,
and what no human mind has conceived" –
the things God has prepared for those who
love him –

these are the things God has revealed to us by his
pirit.
The Spirit searches all things, even the deep things
f God. 11For who knows a person's thoughts except
ıeir own spirit within them? In the same way no one
nows the thoughts of God except the Spirit of God.
What we have received is not the spirit of the world,
ut the Spirit who is from God, so that we may under-
and what God has freely given us. 13This is what we
peak, not in words taught us by human wisdom but in
ords taught by the Spirit, explaining spiritual reali-
es with Spirit-taught words.[d] 14The person without
ıe Spirit does not accept the things that come from
ıe Spirit of God but considers them foolishness, and
annot understand them because they are discerned
nly through the Spirit. 15The person with the Spirit
ıakes judgments about all things, but such a person
not subject to merely human judgments, 16for,

"Who has known the mind of the Lord
so as to instruct him?"

ut we have the mind of Christ.

he Church and Its Leaders

3 1Brothers and sisters, I could not address you
as people who live by the Spirit but as people
ho are still worldly – mere infants in Christ. 2I gave
ou milk, not solid food, for you were not yet ready
or it. Indeed, you are still not ready. 3You are still
vorldly. For since there is jealousy and quarreling
mong you, are you not worldly? Are you not acting
ike mere humans? 4For when one says, "I follow Paul,"
nd another, "I follow Apollos," are you not mere hu-
nan beings?

5What, after all, is Apollos? And what is Paul? Only
ervants, through whom you came to believe – as the
ord has assigned to each his task. 6I planted the seed,
pollos watered it, but God has been making it grow.
So neither the one who plants nor the one who waters
s anything, but only God, who makes things grow.

2:13 Or *Spirit, interpreting spiritual truths to those who are spiritual*

La vraie sagesse, par l'Esprit

6Cependant nous aussi, nous annonçons une sagesse
aux croyants adultes dans la foi, une sagesse qui n'est pas
de ce monde, ni celle des grands de ce monde qui sont
destinés à disparaître. 7Non, nous exposons la sagesse de
Dieu, secrète et cachée, que Dieu avait préparée avant le
commencement du monde en vue de notre gloire. 8Cette
sagesse-là, les grands de ce monde ne la connaissent pas,
car s'ils l'avaient connue, ils n'auraient pas crucifié le
Seigneur glorieux. 9Mais, comme le dit l'Ecriture, il s'agit
de

ce que l'œil n'a pas vu
et que l'oreille n'a pas entendu,
ce que l'esprit humain n'a jamais soupçonné,
mais que Dieu tient en réserve pour ceux qui l'aiment.

10Or, Dieu nous l'a révélé par son Esprit ; l'Esprit, en effet, scrute tout, même les pensées les plus intimes de Dieu.
11Quel être humain peut savoir ce qui se passe dans un
autre homme ? Seul l'esprit de cet homme en lui le sait.
De même, nul ne peut connaître ce qui est en Dieu si ce
n'est l'Esprit de Dieu. 12Or nous, nous avons reçu, non pas
l'esprit du monde, mais l'Esprit même qui vient de Dieu,
pour que nous comprenions tous les bienfaits que Dieu
nous a accordés par grâce. 13Et nous en parlons, non pas
avec les termes qu'enseigne la sagesse humaine, mais avec
ceux qu'enseigne l'Esprit. Ainsi nous exposons les réalités
spirituelles dans des termes inspirés par l'Esprit[h].
14Mais l'homme sans Dieu ne reçoit pas ce qui vient de
l'Esprit de Dieu ; à ses yeux, c'est pure folie et il est incapable de le comprendre, car seul l'Esprit de Dieu permet d'en
juger. 15Celui qui a cet Esprit peut, lui, juger de tout, sans
que personne ne puisse le juger. Car il est écrit :
16*Qui donc connaît la pensée du Seigneur et qui pourrait l'instruire*[i]? Mais nous, nous avons la pensée de Christ.

Le rôle des prédicateurs de l'Evangile

3 1En réalité, frères et sœurs, je n'ai pas pu m'adresser
à vous comme à des hommes et des femmes conduits
par l'Esprit. J'ai dû vous parler comme si vous étiez des
hommes ou des femmes livrés à eux-mêmes, comme à de
petits enfants en Christ. 2C'est pourquoi je vous ai donné
du lait et non de la nourriture solide ; car vous n'auriez
pas pu l'assimiler alors. Et même aujourd'hui, vous êtes
encore incapables de la supporter, 3parce que vous êtes
comme des hommes et des femmes livrés à eux-mêmes.
En effet, lorsque vous vous jalousez les uns les autres et
que vous vous disputez, n'êtes-vous pas semblables à des
hommes livrés à eux-mêmes, ne vous comportez-vous pas
d'une manière tout humaine ?
4Lorsque vous dites : « Pour moi, c'est Paul ! » ou : « Pour
moi, c'est Apollos ! », n'êtes-vous pas comme les autres
hommes ?
5Après tout, que sont donc Apollos et Paul ? Des serviteurs, grâce auxquels vous avez été amenés à la foi, chacun
d'eux accomplissant la tâche particulière que Dieu lui a
confiée. 6Moi j'ai planté, Apollos a arrosé, mais c'est Dieu
qui a fait croître. 7Peu importe, en fait, qui plante et qui

h 2.13 Autre traduction : *à des hommes qui ont l'Esprit.*
i 2.16 Es 40.13 cité selon l'ancienne version grecque.

8 The one who plants and the one who waters have one
purpose, and they will each be rewarded according
to their own labor. 9 For we are co-workers in God's
service; you are God's field, God's building.

10 By the grace God has given me, I laid a foundation as a wise builder, and someone else is building on
it. But each one should build with care. 11 For no one
can lay any foundation other than the one already
laid, which is Jesus Christ. 12 If anyone builds on this
foundation using gold, silver, costly stones, wood, hay
or straw, 13 their work will be shown for what it is, because the Day will bring it to light. It will be revealed
with fire, and the fire will test the quality of each
person's work. 14 If what has been built survives, the
builder will receive a reward. 15 If it is burned up, the
builder will suffer loss but yet will be saved – even
though only as one escaping through the flames.

16 Don't you know that you yourselves are God's temple and that God's Spirit dwells in your midst? 17 If
anyone destroys God's temple, God will destroy that
person; for God's temple is sacred, and you together
are that temple.

18 Do not deceive yourselves. If any of you think you
are wise by the standards of this age, you should become "fools" so that you may become wise. 19 For the
wisdom of this world is foolishness in God's sight. As
it is written: "He catches the wise in their craftiness";
20 and again, "The Lord knows that the thoughts of the
wise are futile." 21 So then, no more boasting about
human leaders! All things are yours, 22 whether Paul
or Apollos or Cephas[e] or the world or life or death or
the present or the future – all are yours, 23 and you
are of Christ, and Christ is of God.

The Nature of True Apostleship

4 1 This, then, is how you ought to regard us: as
servants of Christ and as those entrusted with
the mysteries God has revealed. 2 Now it is required
that those who have been given a trust must prove
faithful. 3 I care very little if I am judged by you or by
any human court; indeed, I do not even judge myself.
4 My conscience is clear, but that does not make me
innocent. It is the Lord who judges me. 5 Therefore
judge nothing before the appointed time; wait until
the Lord comes. He will bring to light what is hidden
in darkness and will expose the motives of the heart.
At that time each will receive their praise from God.

6 Now, brothers and sisters, I have applied these
things to myself and Apollos for your benefit, so that

arrose. Ce qui compte, c'est Dieu qui fait croître. 8 Celui q
plante et celui qui arrose sont égaux et chacun recev
son propre salaire en fonction du travail accompli. 9 C
nous travaillons ensemble au service de Dieu, et vous, vo
êtes le champ qu'il cultive. Ou encore : vous êtes l'édifi
qu'il construit.

10 Conformément à la mission que Dieu, dans sa grâc
m'a confiée, j'ai posé chez vous le fondement comme u
sage architecte. A présent, quelqu'un d'autre bâtit s
ce fondement. Seulement, que chacun prenne garde à
manière dont il bâtit.

11 Pour ce qui est du fondement, nul ne peut en pos
un autre que celui qui est déjà en place, c'est-à-dire Jésu
Christ. 12 Or on peut bâtir sur ce fondement avec de l'or,
l'argent, des pierres précieuses ou du bois, du chaume c
du torchis de paille. 13 Mais le jour du jugement montre
clairement la qualité de l'œuvre de chacun et la rend
évidente. En effet, ce jour sera comme un feu qui éprouve
l'œuvre de chacun pour en révéler la nature.

14 Si la construction édifiée sur le fondement résiste
l'épreuve, son auteur recevra son salaire ; 15 mais si el
est consumée, il en subira les conséquences. Lui, perso
nellement, sera sauvé, mais tout juste, comme un homm
qui réussit à échapper au feu.

16 Ne savez-vous pas que vous êtes le temple de Dieu[j]
que l'Esprit de Dieu habite en vous ? 17 Si quelqu'un détru
son temple, Dieu le détruira. Car son temple est saint,
vous êtes ce temple.

18 Que personne ne se fasse d'illusions sur ce point.
quelqu'un parmi vous se croit sage selon les critères de c
monde, qu'il devienne fou afin de devenir véritablemer
sage. 19 Car ce qui passe pour sagesse dans ce monde es
folie aux yeux de Dieu. Il est écrit en effet : *Il attrape le*
sages à leur propre piège, 20 et encore : *Le Seigneur connaît le*
pensées des sages : elles ne sont que du vent.

21 Que personne ne mette donc sa fierté dans des hom
mes, car tout est à vous, 22 soit Paul, soit Apollos, soit Pierr
soit le monde, soit la vie, soit la mort, soit le présent, so
l'avenir. Tout est à vous, 23 mais vous, vous êtes à Chris
et Christ est à Dieu.

Des intendants au service de Christ

4 1 Ainsi, qu'on nous considère comme de simples ser
viteurs de Christ, des intendants chargés des secret
de Dieu. 2 Or, en fin de compte, que demande-t-on à de
intendants ? Qu'ils accomplissent fidèlement la tâche qu
leur a été confiée.

3 Pour ma part, peu m'importe le jugement que vous, o
une instance humaine, pouvez porter sur moi. D'ailleurs, j
ne me juge pas non plus moi-même. 4 Car, bien que je n'ai
rien à me reprocher, ce n'est pas cela qui fait de moi u
juste. Celui qui me juge, c'est le Seigneur. 5 Ne jugez don
pas avant le temps. Attendez que le Seigneur revienne.
mettra en lumière tout ce qui est caché dans les ténèbres e
il dévoilera les intentions véritables qui animent les cœurs
Alors chacun recevra de Dieu la louange qui lui revient.

L'orgueil des Corinthiens

6 Frères et sœurs, je viens d'employer diverses image
à propos d'Apollos et de moi-même pour que vous appre

e 3:22 That is, Peter

j 3.16 L'Eglise est le temple de Dieu de la nouvelle alliance.

u may learn from us the meaning of the saying, "Do
•t go beyond what is written." Then you will not be
ıffed up in being a follower of one of us over against
e other. 7For who makes you different from anyone
se? What do you have that you did not receive? And
you did receive it, why do you boast as though you
d not?
8Already you have all you want! Already you have
ecome rich! You have begun to reign – and that with-
ıt us! How I wish that you really had begun to reign
that we also might reign with you! 9For it seems to
e that God has put us apostles on display at the end
the procession, like those condemned to die in the
ena. We have been made a spectacle to the whole
ıiverse, to angels as well as to human beings. 10We
e fools for Christ, but you are so wise in Christ! We
e weak, but you are strong! You are honored, we are
shonored! 11To this very hour we go hungry and
ıirsty, we are in rags, we are brutally treated, we are
omeless. 12We work hard with our own hands. When
e are cursed, we bless; when we are persecuted, we
ıdure it; 13when we are slandered, we answer kindly.
'e have become the scum of the earth, the garbage
the world – right up to this moment.

aul's Appeal and Warning

14I am writing this not to shame you but to warn
ou as my dear children. 15Even if you had ten thou-
and guardians in Christ, you do not have many
ıthers, for in Christ Jesus I became your father
ırough the gospel. 16Therefore I urge you to imitate
ıe. 17For this reason I have sent to you Timothy, my
on whom I love, who is faithful in the Lord. He will
emind you of my way of life in Christ Jesus, which
grees with what I teach everywhere in every church.

18Some of you have become arrogant, as if I were
ot coming to you. 19But I will come to you very soon,
the Lord is willing, and then I will find out not only
ow these arrogant people are talking, but what pow-
r they have. 20For the kingdom of God is not a matter
f talk but of power. 21What do you prefer? Shall I
ome to you with a rod of discipline, or shall I come
ı love and with a gentle spirit?

niez, à notre sujet, à appliquer cette règle[k] : « Ne pas aller
au-delà de ce qui est écrit[l] », et ainsi qu'aucun de vous ne
s'enfle d'orgueil en prenant le parti de l'un contre l'autre.
7Car qui te confère une distinction ? Qu'as-tu qui ne
t'ait été donné ? Et puisqu'on t'a tout donné, pourquoi t'en
vanter comme si tu ne l'avais pas reçu ?

8Dès à présent, vous êtes rassasiés. Déjà, vous voilà riches ! Vous avez commencé à régner sans nous.

Comme je voudrais que vous soyez effectivement en
train de régner, pour que nous soyons rois avec vous. 9Mais
il me semble plutôt que Dieu nous a assigné, à nous autres
apôtres, la dernière place, comme à des condamnés à mort
car, comme eux, il nous a livrés en spectacle au monde
entier : aux anges et aux hommes[m].
10Nous sommes fous à cause de Christ, mais vous, vous
êtes sages en Christ ! Nous sommes faibles, mais vous,
vous êtes forts ! Vous êtes honorés, nous, nous sommes
méprisés.

11Jusqu'à présent, nous souffrons la faim et la soif,
nous sommes mal vêtus, exposés aux coups, errant de
lieu en lieu. 12Nous nous épuisons à travailler de nos propres mains. On nous insulte ? Nous bénissons. On nous
persécute ? Nous le supportons. 13On nous calomnie ?
Nous répondons par des paroles bienveillantes. Jusqu'à
maintenant, nous sommes devenus comme les déchets du
monde et traités comme le rebut de l'humanité.

L'autorité de Paul

14Si j'écris ainsi, ce n'est pas pour vous remplir de
confusion. C'est pour vous mettre en garde comme des
enfants bien-aimés. 15En effet, même si vous aviez dix
mille maîtres dans la foi[n] en Christ, vous n'avez pas plusieurs pères. Car c'est moi qui vous ai fait naître à la foi
en Jésus-Christ en vous annonçant l'Evangile. 16Je vous
invite donc à suivre mon exemple.

17C'est dans cette intention que je vous ai envoyé
Timothée[o], mon enfant bien-aimé et fidèle dans le
Seigneur. Il vous rappellera les principes de vie chrétienne qui sont les miens, tels que je les enseigne partout
dans toutes les Eglises.

18Pensant que désormais je ne reviendrai plus chez vous,
certains se sont mis à jouer les importants. 19Mais, si le
Seigneur le veut, j'irai très prochainement vous voir et
alors je me rendrai compte, non pas des beaux discours
que ces prétentieux peuvent tenir, mais de ce dont ils sont
capables. 20Car le royaume de Dieu ne consiste pas en paroles, mais en puissance.
21Que préférez-vous ? Que je vienne chez vous avec un
bâton, ou avec un esprit d'amour et de douceur ?

---

[k] **4.6** D'autres comprennent : *pour que notre exemple vous aide à comprendre cette règle.*

[l] **4.6** Le texte grec est difficile. Certains manuscrits ont : *à ne pas penser au-delà.*

[m] **4.9** Les condamnés à mort étaient envoyés dans le cirque pour lutter contre les bêtes féroces.

[n] **4.15** Le terme grec employé ici, et qui a donné en français notre mot « pédagogue », désignait les esclaves chargés de conduire les enfants à l'école ou de les enseigner (comparer Ga 3.24).

[o] **4.17** Paul avait envoyé Timothée à Corinthe en passant par la Macédoine. La lettre, expédiée par mer, arrivera avant lui à Corinthe, d'où le futur dans ce verset.

Dealing With a Case of Incest

5 1 It is actually reported that there is sexual immorality among you, and of a kind that even
pagans do not tolerate: A man is sleeping with his
father's wife. 2 And you are proud! Shouldn't you rather have gone into mourning and have put out of your
fellowship the man who has been doing this? 3 For
my part, even though I am not physically present, I
am with you in spirit. As one who is present with you
in this way, I have already passed judgment in the
name of our Lord Jesus on the one who has been doing
this. 4 So when you are assembled and I am with you
in spirit, and the power of our Lord Jesus is present,
5 hand this man over to Satan for the destruction of
the flesh,[f,g] so that his spirit may be saved on the day
of the Lord.
6 Your boasting is not good. Don't you know that a
little yeast leavens the whole batch of dough? 7 Get
rid of the old yeast, so that you may be a new unleavened batch – as you really are. For Christ, our Passover
lamb, has been sacrificed. 8 Therefore let us keep the
Festival, not with the old bread leavened with malice
and wickedness, but with the unleavened bread of
sincerity and truth.

9 I wrote to you in my letter not to associate with
sexually immoral people – 10 not at all meaning the
people of this world who are immoral, or the greedy
and swindlers, or idolaters. In that case you would
have to leave this world. 11 But now I am writing to you
that you must not associate with anyone who claims
to be a brother or sister[h] but is sexually immoral or
greedy, an idolater or slanderer, a drunkard or swin-
dler. Do not even eat with such people.

12 What business is it of mine to judge those outside
the church? Are you not to judge those inside? 13 God
will judge those outside. "Expel the wicked person
from among you."

Lawsuits Among Believers

6 1 If any of you has a dispute with another, do you
dare to take it before the ungodly for judgment

---

f **5:5** In contexts like this, the Greek word for *flesh* (*sarx*) refers to the sinful state of human beings, often presented as a power in opposition to the Spirit.
g **5:5** Or *of his body*
h **5:11** The Greek word for *brother or sister* (*adelphos*) refers here to a believer, whether man or woman, as part of God's family; also in 8:11, 13.

Problèmes moraux dans l'Église

Un cas d'inceste

5 1 On entend dire partout qu'il y a de l'immorali
parmi vous, et une immoralité telle qu'il ne s'en re
contre même pas chez les païens : l'un de vous vit avec
deuxième femme de son père[p] !
2 Et vous vous en vantez encore ! Vous devriez au contra
re en être vivement affligés et faire en sorte que l'aute
d'un tel acte soit exclu du milieu de vous. 3-4 Pour moi, q
suis absent de corps, mais présent en pensée parmi vou
j'ai déjà, comme si j'étais présent, prononcé la sentenc
au nom du Seigneur Jésus contre celui qui a commis cet
faute. Lorsque vous serez réunis, et que je serai prése
parmi vous en pensée, appliquez cette sentence dans
puissance de notre Seigneur Jésus : 5 qu'un tel homme so
livré à Satan[q] en vue de la destruction du mal qui est e
lui afin qu'il soit sauvé au jour du Seigneur[r].
6 Ah ! vous n'avez vraiment pas de quoi vous vanter
Ne savez-vous pas qu'« il suffit d'un peu de levain pou
faire lever toute la pâte » ? 7 Faites donc disparaître tou
« vieux levain » du milieu de vous afin que vous soye
comme « une pâte toute nouvelle », puisque, en fait, vou
êtes « sans levain ». Car nous avons un agneau pascal qu
a été sacrifié pour nous, Christ lui-même[s]. 8 C'est pou
quoi célébrons la fête de la Pâque, non plus avec le « vieu
levain », le levain du mal et de la méchanceté, mais unique
ment avec les pains sans levain de la pureté et de la vérit
9 Dans ma dernière lettre[t], je vous ai écrit de ne pas avoi
de relations avec des personnes vivant dans l'immoralit
sexuelle. 10 Mais je ne voulais évidemment pas dire pa
là qu'il faut éviter toute relation avec ceux qui, dans c
monde, mènent une vie sexuelle immorale, ou avec le
avares, les voleurs ou les adorateurs d'idoles ; car alors
vous faudrait sortir du monde.
11 Non, je voulais simplement vous dire de ne pas entre
tenir de relations avec une personne qui, tout en se disan
votre « frère » ou votre « sœur », vivrait dans l'immoralit
sexuelle, ou serait avare, idolâtre, calomniateur, adonn
à la boisson ou voleur. Avec des gens de cette sorte, il n
vous faut même pas prendre de repas.
12 Est-ce à moi de juger ceux qui vivent en dehors d
la famille de Dieu ? Certes non ! Mais c'est bien à vous d
juger ceux qui font partie de votre communauté. 13 Ceu
du dehors, Dieu les jugera. Mais vous, *chassez le méchan*
du milieu de vous[u].

Des procès entre chrétiens

6 1 Lorsque l'un de vous a un différend avec un frère o
une sœur, comment ose-t-il le citer en justice devan
des juges incroyants au lieu de recourir à l'arbitrage de
membres du peuple saint ?

---

p **5.1** Cette union avec sa belle-mère était interdite aussi bien par la Loi juive (Lv 18.8 ; Dt 23.1) que par le droit romain.
q **5.5** Formule d'excommunication en usage chez les Juifs. Elle implique en tout cas l'exclusion de l'Eglise. Voir 1 Tm 1.20.
r **5.5** Autre traduction : *pour que son corps soit détruit afin que son esprit soit sauvé au jour du Seigneur.*
s **5.7** Allusion aux différentes traditions de la Pâque juive : avant la fête, on faisait disparaître toute trace de levain (voir Ex 12.8, 20) dans la maison, puis on sacrifiait un agneau et on mangeait des pains sans levain. Tous ces rites ont trouvé leur accomplissement en Christ.
t **5.9** Une lettre qui ne nous est pas parvenue.
u **5.13** Dt 17.7 cité selon l'ancienne version grecque.

stead of before the Lord's people? 2 Or do you not
ow that the Lord's people will judge the world? And
you are to judge the world, are you not competent
judge trivial cases? 3 Do you not know that we will
dge angels? How much more the things of this life!
'herefore, if you have disputes about such matters,
you ask for a ruling from those whose way of life is
orned in the church? 5 I say this to shame you. Is it
ssible that there is nobody among you wise enough
judge a dispute between believers? 6 But instead,
e brother takes another to court – and this in front
unbelievers!
7 The very fact that you have lawsuits among you
eans you have been completely defeated already.
hy not rather be wronged? Why not rather be cheat-
l? 8 Instead, you yourselves cheat and do wrong, and
u do this to your brothers and sisters. 9 Or do you
t know that wrongdoers will not inherit the king-
m of God? Do not be deceived: Neither the sexually
nmoral nor idolaters nor adulterers nor men who
ave sex with men[i] 10 nor thieves nor the greedy nor
runkards nor slanderers nor swindlers will inherit
e kingdom of God. 11 And that is what some of you
ere. But you were washed, you were sanctified, you
ere justified in the name of the Lord Jesus Christ and
y the Spirit of our God.

exual Immorality

12 "I have the right to do anything," you say – but
ot everything is beneficial. "I have the right to do
nything" – but I will not be mastered by anything.
3 You say, "Food for the stomach and the stomach
r food, and God will destroy them both." The body,
owever, is not meant for sexual immorality but for
he Lord, and the Lord for the body. 14 By his power
od raised the Lord from the dead, and he will raise
s also. 15 Do you not know that your bodies are mem-
ers of Christ himself? Shall I then take the members
f Christ and unite them with a prostitute? Never!
6 Do you not know that he who unites himself with a
rostitute is one with her in body? For it is said, "The
wo will become one flesh." 17 But whoever is united
vith the Lord is one with him in spirit.[j]
18 Flee from sexual immorality. All other sins a per-
on commits are outside the body, but whoever sins
exually, sins against their own body. 19 Do you not
now that your bodies are temples of the Holy Spirit,
who is in you, whom you have received from God?
You are not your own; 20 you were bought at a price.
Therefore honor God with your bodies.

---

[i] **6:9** The words *men who have sex with men* translate two Greek words that refer to the passive and active participants in homosexual acts.
[j] **6:17** Or *in the Spirit*

2 Ignorez-vous que ceux-ci auront un jour à juger le monde ? Si donc vous êtes destinés à être les juges du monde, seriez-vous incapables de vous prononcer sur des questions bien moins importantes ? 3 Ne savez-vous pas que nous jugerons même les anges ? Et nous serions incompétents pour les affaires de la vie présente !

4 Or, si vous avez des litiges au sujet des affaires de la vie courante, vous prenez comme juges des gens qui ne comptent pour rien dans l'Eglise ! 5 Je le dis à votre honte ! N'y a-t-il vraiment pas un seul homme sage parmi vous qui puisse servir d'arbitre entre ses frères ? 6 Faut-il qu'on se traîne en justice entre frères et qu'on aille plaider l'un contre l'autre devant des incroyants ? 7 De toute façon, vos différends constituent déjà une défaite. Pourquoi ne souffrez-vous pas plutôt l'injustice ? Pourquoi ne consentez-vous pas plutôt à vous laisser dépouiller ?

8 Mais non, c'est au contraire vous qui commettez des injustices et dépouillez les autres, et ce sont vos frères et sœurs que vous traitez ainsi ! 9-10 Ne savez-vous pas que ceux qui pratiquent l'injustice n'auront aucune part au royaume de Dieu ? Ne vous y trompez pas : il n'y aura point de part dans l'héritage de ce royaume pour les débauchés, les idolâtres, les adultères, les pervers ou les homosexuels, ni pour les voleurs, les avares, pas plus que pour les ivrognes, les calomniateurs ou les malhonnêtes. 11 Voilà bien ce que vous étiez, certains d'entre vous. Mais vous avez été lavés, vous avez été purifiés du péché, vous en avez été déclarés justes au nom du Seigneur Jésus-Christ et par l'Esprit de notre Dieu.

Sur l'inconduite

12 Tout m'est permis. Certes, mais tout n'est pas bon pour moi. Tout m'est permis, c'est vrai, mais je ne veux pas me placer sous un esclavage quelconque[v]. 13 « Les aliments sont faits pour le ventre et le ventre pour les aliments. » Certes, cependant un jour, Dieu détruira l'un comme l'autre. Mais attention : notre corps, lui, n'a pas été fait pour l'inconduite, il est pour le Seigneur et le Seigneur est pour le corps. 14 En effet, comme Dieu a ressuscité le Seigneur, il nous ressuscitera, nous aussi, par sa puissance.

15 Ignorez-vous que vos corps sont des membres de Christ ? Vais-je donc arracher les membres de Christ pour en faire ceux d'une prostituée[w] ? Sûrement pas !

16 Ou bien, ignorez-vous qu'un homme qui s'unit à une prostituée devient un seul corps avec elle ? Car il est écrit : *Les deux ne feront plus qu'un* 17 Mais celui qui s'unit au Seigneur devient, lui, un seul esprit avec lui. 18 C'est pourquoi, fuyez l'inconduite sexuelle. Tous les autres péchés qu'un homme peut commettre n'impliquent pas son corps, mais celui qui se livre à l'inconduite pèche contre son propre corps.

19 Ou bien encore, ignorez-vous que votre corps est le temple même du Saint-Esprit qui vous a été donné par Dieu et qui, maintenant, demeure en vous ? Vous ne vous appartenez donc pas à vous-mêmes. 20 Car vous avez été rachetés à grand prix. Honorez donc Dieu dans votre corps.

---

[v] **6.12** Autre traduction : *mais je ne veux être l'esclave de personne.*
[w] **6.15** La ville de Corinthe avait mauvaise réputation : on prétendait que mille prostituées sacrées vivaient sur l'Acrocorinthe.

Concerning Married Life

7 1 Now for the matters you wrote about: "It is good for a man not to have sexual relations with a woman." 2 But since sexual immorality is occurring, each man should have sexual relations with his own wife, and each woman with her own husband. 3 The husband should fulfill his marital duty to his wife, and likewise the wife to her husband. 4 The wife does not have authority over her own body but yields it to her husband. In the same way, the husband does not have authority over his own body but yields it to his wife. 5 Do not deprive each other except perhaps by mutual consent and for a time, so that you may devote yourselves to prayer. Then come together again so that Satan will not tempt you because of your lack of self-control. 6 I say this as a concession, not as a command. 7 I wish that all of you were as I am. But each of you has your own gift from God; one has this gift, another has that.

8 Now to the unmarried[k] and the widows I say: It is good for them to stay unmarried, as I do. 9 But if they cannot control themselves, they should marry, for it is better to marry than to burn with passion.

10 To the married I give this command (not I, but the Lord): A wife must not separate from her husband. 11 But if she does, she must remain unmarried or else be reconciled to her husband. And a husband must not divorce his wife.

12 To the rest I say this (I, not the Lord): If any brother has a wife who is not a believer and she is willing to live with him, he must not divorce her. 13 And if a woman has a husband who is not a believer and he is willing to live with her, she must not divorce him. 14 For the unbelieving husband has been sanctified through his wife, and the unbelieving wife has been sanctified through her believing husband. Otherwise your children would be unclean, but as it is, they are holy.

15 But if the unbeliever leaves, let it be so. The brother or the sister is not bound in such circumstances; God has called us to live in peace. 16 How do you know, wife, whether you will save your husband? Or, how do you know, husband, whether you will save your wife?

Concerning Change of Status

17 Nevertheless, each person should live as a believer in whatever situation the Lord has assigned to them, just as God has called them. This is the rule I lay down

[k] 7:8 Or *widowers*

Réponses aux problèmes soulevés par les Corinthiens

Sur la sexualité et le couple

7 1 J'en viens à présent aux problèmes que vous soulev dans votre lettre[x].

Il est bon qu'un homme se passe de femme. 2 Cependa pour éviter toute immoralité, il est préférable que chaq homme ait sa femme et que chaque femme ait son ma 3 Que le mari accorde à sa femme ce qu'il lui doit et que femme agisse de même envers son mari. 4 Car le corps de femme ne lui appartient plus, il est à son mari. De même, corps du mari ne lui appartient plus, il est à sa femme. 5 N vous refusez donc pas l'un à l'autre. Vous pouvez, certe en plein accord l'un avec l'autre, renoncer pour un temps vos relations conjugales afin de vous consacrer davanta à la prière, mais après cela, reprenez vos rapports comn auparavant. Il ne faut pas donner à Satan l'occasion de vo tenter par votre incapacité à vous maîtriser. 6 Notez bie qu'il s'agit là d'une concession et nullement d'un ordre 7 Je voudrais bien que tout le monde soit comme mo mais chacun reçoit de Dieu un don particulier de la grâc l'un le mariage, l'autre le célibat. 8 J'aimerais cependa dire aux veufs[y] et aux veuves que c'est une bonne cho de continuer à vivre seul, comme moi. 9 Toutefois, s'ils r peuvent pas se maîtriser en ce domaine, qu'ils se marien car mieux vaut se marier que de se consumer en dési insatisfaits.

10 Quant aux couples chrétiens, voici ce que j'ordonn ou plutôt ce que le Seigneur lui-même leur commande Que la femme ne se sépare pas de son mari. 11 Au cas où el en serait séparée, qu'elle reste sans se remarier ou qu'el se réconcilie avec son mari. Le mari, de son côté, ne do pas quitter sa femme.

12 Pour les autres couples, en l'absence d'indication de part du Seigneur, voici ce que je dis : si un frère chrétie est marié avec une femme non-croyante et qu'elle consent à rester avec lui, qu'il ne la quitte pas. 13 De même, si un femme a un mari non-croyant et qu'il consente à reste avec elle, qu'elle ne le quitte pas. 14 Car du fait de son unio avec sa femme, le mari non-croyant est bien un mari lé itime aux yeux de Dieu et de même, du fait de son unio avec son mari chrétien, la femme non-croyante est bie une épouse légitime aux yeux de Dieu. Autrement, leur enfants seraient des enfants naturels, alors qu'en réalit ils sont légitimes[z]. 15 Mais si le conjoint non-croyant es déterminé à demander le divorce, eh bien, qu'il le fasse dans ce cas, le frère ou la sœur n'est pas lié. Dieu vous appelés à vivre dans la paix. 16 Car toi, femme, tu amènera peut-être ton mari au salut, mais en fait qu'en sais-tu De même, toi, mari, tu amèneras peut-être ta femme a salut, mais en fait, qu'en sais-tu ? 17 En dehors de ce ca tenez-vous-en à la règle générale que j'enseigne partou dans toutes les Eglises : que chacun continue à vivre dan la condition que le Seigneur lui a assignée comme sa part celle dans laquelle il se trouvait au moment où Dieu l'

[x] 7.1 Les Corinthiens avaient soulevé certains problèmes dans une lettr qu'ils avaient fait parvenir par leurs trois émissaires (16.17). Paul répon en reprenant chaque fois la même formule (7.1 ; 8.1 ; 12.1 ; 16.1).

[y] 7.8 Autre traduction : *à ceux qui ne sont pas mariés.*

[z] 7.14 D'autres traduisent : *Car le mari non-croyant est sanctifié par la femme et la femme non-croyante est sanctifiée par le frère, autrement, vos enfants seraient impurs, tandis qu'en fait, ils sont saints.*

ı all the churches. 18Was a man already circumcised ·hen he was called? He should not become uncir-umcised. Was a man uncircumcised when he was alled? He should not be circumcised. 19Circumcision ; nothing and uncircumcision is nothing. Keeping od's commands is what counts. 20Each person should emain in the situation they were in when God called hem.

21Were you a slave when you were called? Don't let : trouble you – although if you can gain your freedom, .o so. 22For the one who was a slave when called to aith in the Lord is the Lord's freed person; similarly, he one who was free when called is Christ's slave. 3You were bought at a price; do not become slaves ·f human beings. 24Brothers and sisters, each person, .s responsible to God, should remain in the situation hey were in when God called them.

:oncerning the Unmarried

25Now about virgins: I have no command from the .ord, but I give a judgment as one who by the Lord's nercy is trustworthy. 26Because of the present crisis, I hink that it is good for a man to remain as he is. 27Are ·ou pledged to a woman? Do not seek to be released. \re you free from such a commitment? Do not look 'or a wife. 28But if you do marry, you have not sinned; ınd if a virgin marries, she has not sinned. But those who marry will face many troubles in this life, and I want to spare you this.

29What I mean, brothers and sisters, is that the time is short. From now on those who have wives should live as if they do not; 30those who mourn, as if they did not; those who are happy, as if they were not; those who buy something, as if it were not theirs to keep; 31those who use the things of the world, as if not engrossed in them. For this world in its present form is passing away.

32I would like you to be free from concern. An unmarried man is concerned about the Lord's affairs – how he can please the Lord. 33But a married man is concerned about the affairs of this world – how he can please his wife – 34and his interests are divided. An unmarried woman or virgin is concerned about the Lord's affairs: Her aim is to be devoted to the Lord in both body and spirit. But a married woman is concerned about the affairs of this world – how she can please her husband. 35I am saying this for your own good, not to restrict you, but that you may live in a right way in undivided devotion to the Lord.

36If anyone is worried that he might not be acting honorably toward the virgin he is engaged to, and if his passions are too strong[l] and he feels he ought to marry, he should do as he wants. He is not sinning. They should get married. 37But the man who has settled the matter in his own mind, who is under no compulsion but has control over his own will, and who has made up his mind not to marry the virgin – this

[l] **7:36** Or *if she is getting beyond the usual age for marriage*

appelé. 18Quelqu'un était-il circoncis lorsqu'il a été appelé ? Qu'il ne cherche pas à le dissimuler. Ou quelqu'un était-il incirconcis lorsque Dieu l'a appelé ? Qu'il ne se fasse pas circoncire. 19Que l'on soit circoncis ou non n'a aucune importance. Ce qui importe, c'est l'obéissance aux commandements de Dieu. 20Que chacun demeure dans la situation qui était la sienne lorsque Dieu l'a appelé. 21Etais-tu esclave[a] lorsque Dieu t'a appelé ? Ne te fais pas de souci à ce sujet. Mais si tu peux devenir libre, alors profites-en[b]. 22Car un esclave qui a été appelé à servir le Seigneur est un affranchi du Seigneur. Et de même, l'homme libre que Dieu a appelé est un esclave de Christ. 23C'est à un grand prix que vous avez été rachetés ! Alors, ne devenez pas esclaves des hommes. 24Donc, frères et sœurs, que chacun reste devant Dieu dans la situation où il était lorsque Dieu l'a appelé à venir à lui.

A propos du mariage des jeunes filles

25Pour ce qui est des jeunes filles, je n'ai pas d'ordre du Seigneur, mais je donne mon avis comme celui d'un homme qui, par la grâce du Seigneur, est digne de confiance : 26à cause des détresses de l'heure présente, j'estime qu'il est bon pour chacun de demeurer comme il est. 27As-tu une femme ? Ne cherche pas à rompre. N'as-tu aucun engagement ? Ne cherche pas de femme. 28Mais si tu te maries, tu ne commets pas de péché. Ce n'est pas non plus un péché pour une jeune fille de se marier. Mais les gens mariés connaîtront bien des souffrances et je voudrais vous les épargner.

29Je vous assure, frères et sœurs : le temps est limité ; que désormais ceux qui sont mariés vivent comme s'ils n'avaient pas de femme, 30ceux qui pleurent comme s'ils ne pleuraient pas, ceux qui se réjouissent comme s'ils ne se réjouissaient pas, ceux qui achètent comme s'ils ne possédaient rien. 31Bref, que tous ceux qui jouissent des biens de ce monde vivent comme s'ils n'en jouissaient pas. Car le présent ordre des choses va vers sa fin. 32C'est pourquoi je voudrais vous savoir libres de toute préoccupation. Celui qui n'est pas marié se préoccupe des intérêts du Seigneur. Son seul souci est de lui plaire. 33Celui qui est marié s'occupe des affaires de ce monde, pour plaire à sa femme ; 34et le voilà tiraillé de part et d'autre. De même la veuve et la jeune fille n'ont pas d'autre souci que les intérêts du Seigneur, pas d'autre désir que de se dévouer à lui corps et esprit. La femme mariée, elle, se préoccupe des affaires de ce monde, pour plaire à son mari. 35Je dis cela dans votre propre intérêt et non pour vous tendre un piège, mais pour que vous meniez une vie bien ordonnée, et que vous soyez attachés au Seigneur sans partage.

36Mais si quelqu'un craint de mal se comporter envers la jeune fille qui lui est destinée et pense que les choses doivent suivre leur cours normal, qu'il fasse ce qui lui semble bon ; il ne commet pas de faute. Que tous deux se marient ! 37Mais si cet homme a pris en lui-même une ferme résolution, sans y être contraint, mais dans la pleine possession de sa volonté, et si la décision qu'il a ainsi prise en lui-même est de ne pas s'unir à la jeune fille, il fera bien.

[a] **7.21** Il y avait, estime-t-on, 400 000 esclaves à Corinthe au temps de Paul. L'Eglise devait en compter un nombre important parmi ses membres (voir 1.26).

[b] **7.21** Autre traduction : *mets plutôt à profit ta condition d'esclave.*

man also does the right thing. 38 So then, he who marries the virgin does right, but he who does not marry her does better.[m]

39 A woman is bound to her husband as long as he lives. But if her husband dies, she is free to marry anyone she wishes, but he must belong to the Lord. 40 In my judgment, she is happier if she stays as she is – and I think that I too have the Spirit of God.

Concerning Food Sacrificed to Idols

8 1 Now about food sacrificed to idols: We know that "We all possess knowledge." But knowledge puffs up while love builds up. 2 Those who think they know something do not yet know as they ought to know. 3 But whoever loves God is known by God.[n]

4 So then, about eating food sacrificed to idols: We know that "An idol is nothing at all in the world" and that "There is no God but one." 5 For even if there are so-called gods, whether in heaven or on earth (as indeed there are many "gods" and many "lords"), 6 yet for us there is but one God, the Father, from whom all things came and for whom we live; and there is but one Lord, Jesus Christ, through whom all things came and through whom we live.

7 But not everyone possesses this knowledge. Some people are still so accustomed to idols that when they eat sacrificial food they think of it as having been sacrificed to a god, and since their conscience is weak, it is defiled. 8 But food does not bring us near to God; we are no worse if we do not eat, and no better if we do. 9 Be careful, however, that the exercise of your rights does not become a stumbling block to the weak. 10 For if someone with a weak conscience sees you, with all your knowledge, eating in an idol's temple, won't that person be emboldened to eat what is sacrificed to idols? 11 So this weak brother or sister, for whom Christ died, is destroyed by your knowledge. 12 When you sin against them in this way and wound their weak conscience, you sin against Christ. 13 Therefore, if what I eat causes my brother or sister to fall into sin, I will never eat meat again, so that I will not cause them to fall.

[m] **7:36-38** Or [36] *If anyone thinks he is not treating his daughter properly, and if she is getting along in years (or if her passions are too strong), and he feels she ought to marry, he should do as he wants. He is not sinning. He should let her get married.* [37] *But the man who has settled the matter in his own mind, who is under no compulsion but has control over his own will, and who has made up his mind to keep the virgin unmarried – this man also does the right thing.* [38] *So then, he who gives his virgin in marriage does right, but he who does not give her in marriage does better.*

[n] **8:2,3** An early manuscript and another ancient witness *think they have knowledge do not yet know as they ought to know.* [3] *But whoever loves truly knows.*

38 En somme, celui qui épouse la jeune fille fait bien, et celui qui ne l'épouse pas fera encore mieux[c].

39 Un dernier mot : une femme demeure liée à son mari aussi longtemps qu'il vit ; mais si le mari vient à mourir, elle est libre de se remarier avec qui elle veut, à condition bien entendu, que ce soit avec un chrétien. 40 Toutefois, à mon avis, elle sera plus heureuse si elle reste comme elle est ; et je pense, moi aussi, avoir l'Esprit de Dieu.

Sur les viandes sacrifiées aux idoles

8 1 Passons au problème[d] des viandes provenant d'animaux sacrifiés aux idoles[e]. Nous possédons tous la connaissance voulue, nous le savons. Mais la connaissance rend orgueilleux. L'amour, lui, fait grandir dans la foi. 2 Celui qui s'imagine avoir de la connaissance ne connaît pas encore comme on doit connaître. 3 Mais celui qui aime Dieu, celui-là est connu de Dieu. 4 Qu'en est-il donc de la question de la consommation des viandes sacrifiées aux idoles ? Nous savons qu'il n'existe pas d'idoles dans le monde et qu'il n'y a qu'un seul Dieu. 5 Certes, bien des êtres célestes ou terrestres sont considérés comme des divinités, de sorte qu'il y a de nombreux dieux ou seigneurs. 6 Mais pour ce qui nous concerne, il n'y a qu'un seul Dieu : le Père de qui toute chose vient, et pour qui nous vivons, et il n'y a qu'un seul Seigneur : Jésus-Christ, par qui tout existe et par qui nous sommes.

7 Mais tous les chrétiens n'ont pas encore bien assimilé ces vérités. Quelques-uns, encore marqués par leur habitude de rendre un culte aux idoles, continuent à manger ces viandes avec la pensée qu'elles ont été offertes à des idoles. Alors leur conscience, qui est faible, se charge de culpabilité. 8 Mais ce n'est pas un aliment qui peut nous rapprocher de Dieu ; en manger ou pas ne nous rendra ni meilleurs, ni pires. 9 Toutefois, faites bien attention à ce que votre liberté ne cause pas la chute de ceux qui sont mal affermis dans la foi. 10 Supposons, en effet, que l'un d'eux te voie, toi, qui as la connaissance, assis à table dans un temple d'idoles[f]. Sa conscience ne va-t-elle pas l'encourager, lui qui est mal affermi, à manger des viandes sacrifiées aux idoles ? 11 Ainsi, à cause de ta connaissance, ce chrétien mal affermi va courir à sa perte. Et pourtant, c'est un frère ou une sœur pour qui Christ a donné sa vie ! 12 Si vous péchez de la sorte envers des frères ou des sœurs, en blessant leur conscience qui est faible, vous péchez contre Christ lui-même. 13 C'est pourquoi, si ce que je mange devait causer la chute de mon frère ou de ma sœur, j'y renoncerais à tout jamais, afin de ne pas être pour lui une occasion de chute.

[c] **7.38** L'interprétation de ces versets est difficile. Certains pensent que Paul traite de la responsabilité d'un père à l'égard de sa fille et proposent cette traduction : [36] *Mais si quelqu'un juge manquer aux convenances envers sa fille parce qu'elle a passé l'âge et qu'il est de son devoir d'agir ainsi, qu'il fasse ce qu'il veut ; il ne commet pas de faute : qu'on se marie.* [37] *Si quelqu'un a pris en lui-même une ferme résolution, sans y être contraint, mais dans la pleine possession de sa volonté, si la décision qu'il a ainsi prise en lui-même est de garder sa fille, il fera bien.* [38] *En somme, celui qui marie sa fille fait bien, et celui qui ne la marie pas fera encore mieux.*

[d] **8.1** Voir note 7.1.

[e] **8.1** Ces viandes provenaient des animaux offerts en sacrifice dans les temples païens. Une partie de la viande était consommée sur place, une autre était donnée aux prêtres, ce qui restait était rendu aux offrants ou vendu au marché (10.25). Certains chrétiens se demandaient si ce n'était pas participer à l'idolâtrie que de consommer des viandes (achetées au marché) qui avaient été offertes aux idoles (voir Ac 15.29).

[f] **8.10** Les païens invitaient leurs amis aux repas de sacrifice dans les temples d'idoles.

aul's Rights as an Apostle

9 1 Am I not free? Am I not an apostle? Have I not seen Jesus our Lord? Are you not the result of ıy work in the Lord? 2 Even though I may not be an postle to others, surely I am to you! For you are the eal of my apostleship in the Lord.

3 This is my defense to those who sit in judgment on ıe. 4 Don't we have the right to food and drink? 5 Don't ve have the right to take a believing wife along with s, as do the other apostles and the Lord's brothers nd Cephas[o]? 6 Or is it only I and Barnabas who lack he right to not work for a living?

7 Who serves as a soldier at his own expense? Who lants a vineyard and does not eat its grapes? Who ends a flock and does not drink the milk? 8 Do I say his merely on human authority? Doesn't the Law ay the same thing? 9 For it is written in the Law of Moses: "Do not muzzle an ox while it is treading out he grain." Is it about oxen that God is concerned? 0 Surely he says this for us, doesn't he? Yes, this was vritten for us, because whoever plows and threshs should be able to do so in the hope of sharing in he harvest. 11 If we have sown spiritual seed among vou, is it too much if we reap a material harvest from vou? 12 If others have this right of support from you, houldn't we have it all the more?

But we did not use this right. On the contrary, we put up with anything rather than hinder the gospel of Christ.

13 Don't you know that those who serve in the temple get their food from the temple, and that those who serve at the altar share in what is offered on the altar? 14 In the same way, the Lord has commanded that those who preach the gospel should receive their living from the gospel.

15 But I have not used any of these rights. And I am not writing this in the hope that you will do such things for me, for I would rather die than allow anyone to deprive me of this boast. 16 For when I preach the gospel, I cannot boast, since I am compelled to preach. Woe to me if I do not preach the gospel! 17 If I preach voluntarily, I have a reward; if not voluntarily, I am simply discharging the trust committed to me. 18 What then is my reward? Just this: that in preaching the gospel I may offer it free of charge, and so not make full use of my rights as a preacher of the gospel.

Paul's Use of His Freedom

19 Though I am free and belong to no one, I have made myself a slave to everyone, to win as many as possible. 20 To the Jews I became like a Jew, to win the

[o] 9:5 That is, Peter

Paul a renoncé à ses droits

9 1 Ne suis-je donc pas libre ? Ne suis-je pas apôtre ? N'ai-je pas vu Jésus, notre Seigneur ? Vous-mêmes, n'êtes-vous pas un fruit de mon travail au service du Seigneur ? 2 D'autres peuvent refuser de reconnaître en moi un apôtre : pour vous, du moins, c'est ce que je suis, car vous êtes bien le sceau qui authentifie mon ministère apostolique au service du Seigneur.

3 Et voici ma défense contre ceux qui me mettent en accusation : 4 En tant qu'apôtres, ne serions-nous pas en droit de recevoir le manger et le boire pour notre travail ? 5 N'aurions-nous pas le droit d'être accompagnés par une épouse chrétienne, comme les autres apôtres, les frères du Seigneur[g] et Pierre ? 6 Ou bien, Barnabas et moi-même serions-nous les seuls à devoir travailler pour gagner notre pain ? 7 Dites-moi : avez-vous jamais entendu parler d'un soldat servant dans une armée à ses propres frais, ou d'un vigneron qui ne mangerait pas des raisins de la vigne qu'il a plantée ? Quel berger élève un troupeau sans jamais profiter du lait de ses brebis ? 8 Et je ne tire pas mes arguments des seuls principes établis par les hommes. Car la Loi dit les mêmes choses. 9 En effet, c'est bien dans la Loi de Moïse qu'il est écrit : *Tu ne mettras pas de muselière à un bœuf pendant qu'il foule le blé*Dieu s'inquiéterait-il ici des bœufs ? 10 N'est-ce pas pour nous qu'il parle ainsi ? Bien sûr que si ! C'est pour nous que cette parole a été écrite, car il faut que celui qui laboure le fasse avec espérance et que celui qui bat le blé puisse compter sur sa part de la récolte. 11 Puisque nous avons semé parmi vous les biens spirituels, serait-ce de notre part une prétention exorbitante si nous attendions de vous quelque avantage matériel ? 12 Du moment que d'autres exercent ce droit sur vous, ne l'avons-nous pas à plus forte raison ?

Eh bien ! nous avons préféré ne pas user de ce droit ; au contraire, nous supportons tout, afin d'éviter de faire obstacle, si peu que ce soit, à l'Evangile de Christ. 13 Et pourtant, vous le savez, ceux qui font le service sacré dans le Temple reçoivent leur nourriture du Temple. Ceux qui officient à l'autel reçoivent leur part des sacrifices offerts sur l'autel[h]. 14 De même, le Seigneur a ordonné que ceux qui annoncent l'Evangile vivent de cette annonce de l'Evangile. 15 Mais moi, je n'ai fait valoir aucun de ces droits. Et si je les mentionne ici, ce n'est pas pour les revendiquer ; je préférerais mourir plutôt que de me laisser ravir ce sujet de fierté. 16 En effet, je n'ai pas à m'enorgueillir de ce que j'annonce l'Evangile : c'est une obligation qui m'est imposée. Malheur à moi si je n'annonce pas l'Evangile ! 17 Ah ! certes, si la décision d'accomplir cette tâche ne venait que de moi, je recevrais un salaire ; mais puisque cette décision n'a pas dépendu de moi, je ne fais que m'acquitter d'une charge qui m'a été confiée. 18 En quoi consiste alors mon salaire ? Dans la satisfaction de pouvoir offrir gratuitement l'Evangile que je proclame en renonçant volontairement aux droits que me confère ma qualité de prédicateur de l'Evangile.

19 Car, bien que je sois un homme libre à l'égard de tous, je me suis fait l'esclave de tous, afin de gagner le plus de gens possible à Jésus-Christ. 20 Lorsque je suis avec les Juifs,

[g] **9.5** Parmi eux se trouvait Jacques, l'un des responsables de l'Eglise de Jérusalem.

[h] **9.13** Les prêtres israélites avaient droit à une part de certains sacrifices et de certaines offrandes (voir Lv 6 à 7).

Jews. To those under the law I became like one under the law (though I myself am not under the law), so as to win those under the law. 21 To those not having the law I became like one not having the law (though I am not free from God's law but am under Christ's law), so as to win those not having the law. 22 To the weak I became weak, to win the weak. I have become all things to all people so that by all possible means I might save some. 23 I do all this for the sake of the gospel, that I may share in its blessings.

The Need for Self-Discipline

24 Do you not know that in a race all the runners run, but only one gets the prize? Run in such a way as to get the prize. 25 Everyone who competes in the games goes into strict training. They do it to get a crown that will not last, but we do it to get a crown that will last forever. 26 Therefore I do not run like someone running aimlessly; I do not fight like a boxer beating the air. 27 No, I strike a blow to my body and make it my slave so that after I have preached to others, I myself will not be disqualified for the prize.

Warnings From Israel's History

10 1 For I do not want you to be ignorant of the fact, brothers and sisters, that our ancestors were all under the cloud and that they all passed through the sea. 2 They were all baptized into Moses in the cloud and in the sea. 3 They all ate the same spiritual food 4 and drank the same spiritual drink; for they drank from the spiritual rock that accompanied them, and that rock was Christ. 5 Nevertheless, God was not pleased with most of them; their bodies were scattered in the wilderness.

6 Now these things occurred as examples to keep us from setting our hearts on evil things as they did. 7 Do not be idolaters, as some of them were; as it is written: "The people sat down to eat and drink and got up to indulge in revelry." 8 We should not commit sexual immorality, as some of them did – and in one day twenty-three thousand of them died. 9 We should not test Christ,[p] as some of them did – and were killed

[p] **10:9** Some manuscripts *test the Lord*

je vis comme eux, afin de les gagner. Lorsque je suis parm ceux qui sont sous le régime de la Loi de Moïse, je vis com me si j'étais moi-même assujetti à ce régime, bien que j ne le sois pas, afin de gagner ceux qui sont sous le régim de cette Loi. 21 Avec ceux qui n'ont pas la Loi de Dieu, je v comme n'ayant pas non plus la Loi, afin de gagner à Chris ceux qui n'ont pas la Loi, bien que je ne sois pas sans la l de Dieu, car je vis selon la loi de Christ. 22 Avec les chrétien mal affermis dans la foi, je vis comme eux, afin de gagne ceux dont la foi est mal affermie. C'est ainsi que je me fai tout à tous, afin d'en conduire au moins quelques-uns a salut par tous les moyens.

23 Or, tout cela, je le fais pour la cause de l'Evangil pour avoir part, avec eux, aux bénédictions qu'apport l'Evangile. 24 Ne savez-vous pas que, sur un stade, tous le concurrents courent pour gagner et, cependant, un seu remporte le prix ? Courez comme lui, de manière à gagne 25 Tous les athlètes s'imposent une discipline sévère[i] dan tous les domaines pour recevoir une couronne, qui pourt ant sera bien vite fanée[j], alors que nous, nous aspirons une couronne qui ne se flétrira jamais. 26 C'est pourquoi si je cours, ce n'est pas à l'aveuglette, et si je m'exerce à l boxe, ce n'est pas en donnant des coups en l'air. 27 Je trait durement mon corps, je le maîtrise sévèrement, de peu qu'après avoir proclamé l'Evangile aux autres, je ne m trouve moi-même disqualifié.

L'exemple des révoltes d'Israël

10 1 Car il ne faut pas que vous ignoriez ceci, frère et sœurs : après leur sortie d'Egypte, nos ancêtre ont tous marché sous la conduite de la nuée, ils ont tou traversé la mer[k], 2 ils ont donc tous, en quelque sorte, ét baptisés « pour Moïse[l] » dans la nuée et dans la mer. 3 Il ont tous mangé une même nourriture spirituelle[m]. 4 Il ont tous bu la même boisson spirituelle, car ils buvaien de l'eau jaillie d'un rocher spirituel qui les accompagnait et ce rocher n'était autre que Christ lui-même[n]. 5 Malgré tout cela, la plupart d'entre eux[o] ne furent pas agréés pa Dieu, puisqu'ils périrent dans le désert.

6 Tous ces faits nous servent d'exemples pour nous avertir de ne pas tolérer en nous de mauvais désirs comme ceux auxquels ils ont succombé. 7 Ne soyez pas idolâtres comme certains d'entre eux l'ont été, selon ce que rapporte l'Ecriture : *Le peuple s'assit pour manger et boire, puis il se leva pour se divertir.*

8 Ne nous laissons pas entraîner à l'immoralité sexuelle comme firent certains d'entre eux et, en un seul jour, il mourut vingt-trois mille personnes.

9 N'essayons pas de forcer la main à Christ[p], comme le firent certains d'entre eux qui, pour cela, périrent sous la morsure des serpents.

[i] **9.25** Les athlètes étaient soumis pendant plusieurs mois avant les jeux à toutes sortes d'abstinences.
[j] **9.25** C'était, au début, une couronne de persil, plus tard de pin.
[k] **10.1** La mer des Roseaux dont les eaux s'étaient écartées pour laisser passer les Israélites à pied sec (Ex 14.22-29).
[l] **10.2** C'est-à-dire *pour suivre Moïse*. Autre traduction : *en Moïse.*
[m] **10.3** Allusion à la manne tombée du ciel pendant la traversée du désert par le peuple d'Israël (Ex 16.35).
[n] **10.4** Ex 17.5-6 ; Nb 20.7-11. L'image de l'accompagnement vient de la répétition de l'événement à 40 ans d'intervalle.
[o] **10.5** Des adultes qui avaient quitté l'Egypte, seuls Josué et Caleb sont entrés dans le pays promis (Nb 14.22-24, 28-38 ; Jos 1.1-2).
[p] **10.9** Certains manuscrits ont : *le Seigneur.*

y snakes. 10 And do not grumble, as some of them
id – and were killed by the destroying angel.

11 These things happened to them as examples and
ere written down as warnings for us, on whom the
ulmination of the ages has come. 12 So, if you think
ou are standing firm, be careful that you don't fall!
No temptation[q] has overtaken you except what is
ommon to mankind. And God is faithful; he will not
t you be tempted[r] beyond what you can bear. But
hen you are tempted,[s] he will also provide a way
ut so that you can endure it.

dol Feasts and the Lord's Supper

14 Therefore, my dear friends, flee from idolatry. 15 I
peak to sensible people; judge for yourselves what I
ay. 16 Is not the cup of thanksgiving for which we give
hanks a participation in the blood of Christ? And is
ot the bread that we break a participation in the
ody of Christ? 17 Because there is one loaf, we, who
re many, are one body, for we all share the one loaf.

18 Consider the people of Israel: Do not those who
at the sacrifices participate in the altar? 19 Do I mean
hen that food sacrificed to an idol is anything, or that
n idol is anything? 20 No, but the sacrifices of pagans
re offered to demons, not to God, and I do not want
ou to be participants with demons. 21 You cannot
rink the cup of the Lord and the cup of demons too;
ou cannot have a part in both the Lord's table and
he table of demons. 22 Are we trying to arouse the
ord's jealousy? Are we stronger than he?

he Believer's Freedom

23 "I have the right to do anything," you say – but not
verything is beneficial. "I have the right to do any-
hing" – but not everything is constructive. 24 No one
hould seek their own good, but the good of others.

25 Eat anything sold in the meat market without
aising questions of conscience, 26 for, "The earth is
he Lord's, and everything in it."

27 If an unbeliever invites you to a meal and you
vant to go, eat whatever is put before you without

10:13 The Greek for *temptation* and *tempted* can also mean *testing* nd *tested.*
10:13 The Greek for *temptation* and *tempted* can also mean *testing* nd *tested.*
10:13 The Greek for *temptation* and *tempted* can also mean *testing* nd *tested.*

10 Ne vous plaignez pas de votre sort, comme certains
d'entre eux, qui tombèrent sous les coups de l'ange
exterminateur.

11 Tous ces événements leur sont arrivés pour nous servir
d'exemples. Ils ont été mis par écrit pour que nous en tiri-
ons instruction, nous qui sommes parvenus aux temps de
la fin. 12 C'est pourquoi, si quelqu'un se croit debout, qu'il
prenne garde de ne pas tomber.

13 Les tentations qui vous ont assaillis sont communes
à tous les hommes[q]. D'ailleurs, Dieu est fidèle et il ne permettra pas que vous soyez tentés au-delà de vos forces. Au
moment de la tentation, il préparera le moyen d'en sortir
pour que vous puissiez y résister.

S'abstenir de pratiques idolâtres

14 Pour toutes ces raisons, chers amis, je vous en conjure :
fuyez le culte des idoles.

15 Je vous parle là comme à des gens raisonnables :
jugez vous-mêmes de ce que je dis. 16 La « coupe de reconnaissance »[r], pour laquelle nous remercions Dieu, ne
signifie-t-elle pas que nous sommes au bénéfice du sacrifice de Christ qui a versé son sang pour nous ? Et le pain
que nous rompons, ne signifie-t-il pas que nous sommes
au bénéfice du corps de Christ offert pour nous ? 17 Comme
il n'y a qu'un seul pain, nous tous, malgré notre grand
nombre, nous ne formons qu'un seul corps, puisque nous
partageons entre tous ce pain unique.

18 Pensez à ce qui se passe dans le peuple d'Israël,
j'entends Israël au sens national : ceux qui mangent les
victimes offertes en sacrifice ne sont-ils pas au bénéfice
du sacrifice offert sur l'autel ?

19 Cela signifierait-il qu'une viande, parce qu'elle est sacrifiée à une idole, prend une valeur particulière ? Ou que
l'idole ait quelque réalité ? Certainement pas ! 20 Mais je
dis que les sacrifices des païens sont offerts à des démons
et à *ce qui n'est pas Dieu*[s]. Or, je ne veux pas que vous ayez
quoi que ce soit de commun avec les démons[t]. 21 Vous ne
pouvez boire à la coupe du Seigneur et en même temps à
celle des démons. Vous ne pouvez pas manger à la table du
Seigneur et à celle des démons. 22 Ou bien, voulons-nous
provoquer le Seigneur dont l'amour est exclusif ? Nous
croyons-nous plus forts que lui ?

Faire tout pour la gloire de Dieu

23 Oui, tout m'est permis, mais tout n'est pas bon pour
nous. Tout est permis mais tout n'aide pas à grandir dans
la foi.

24 Que chacun de vous, au lieu de songer seulement à
lui-même, recherche aussi les intérêts des autres.

25 Vous pouvez manger de tout ce qui se vend au marché
sans vous poser de questions, par scrupule de conscience,
sur l'origine de ces aliments. 26 Car *la terre et ses richesses*
appartiennent au Seigneur.

27 Si un non-croyant vous invite[u] et que vous désiriez
accepter son invitation, mangez tranquillement de
tout ce que l'on vous servira, sans vous poser de ques-

q 10.13 Certains comprennent : *ne sont pas insurmontables par des hommes.*
r 10.16 Voir Mt 26.26-28 et parallèles.
s 10.20 Dt 32.17 cité selon l'ancienne version grecque.
t 10.20 Participer à un banquet religieux impliquait d'être en communion avec la divinité à laquelle le temple était consacré. Or, l'apôtre dit que derrière ces divinités se cachent des démons.
u 10.27 A un repas chez lui, non dans un temple païen.

raising questions of conscience. [28]But if someone says to you, “This has been offered in sacrifice,” then do not eat it, both for the sake of the one who told you and for the sake of conscience. [29]I am referring to the other person’s conscience, not yours. For why is my freedom being judged by another’s conscience? [30]If I take part in the meal with thankfulness, why am I denounced because of something I thank God for?

[31]So whether you eat or drink or whatever you do, do it all for the glory of God. [32]Do not cause anyone to stumble, whether Jews, Greeks or the church of God – [33]even as I try to please everyone in every way. For I am not seeking my own good but the good of many, so that they may be saved.

11 [1]Follow my example, as I follow the example of Christ.

On Covering the Head in Worship

[2]I praise you for remembering me in everything and for holding to the traditions just as I passed them on to you. [3]But I want you to realize that the head of every man is Christ, and the head of the woman is man,[t] and the head of Christ is God. [4]Every man who prays or prophesies with his head covered dishonors his head. [5]But every woman who prays or prophesies with her head uncovered dishonors her head – it is the same as having her head shaved. [6]For if a woman does not cover her head, she might as well have her hair cut off; but if it is a disgrace for a woman to have her hair cut off or her head shaved, then she should cover her head.

[7]A man ought not to cover his head,[u] since he is the image and glory of God; but woman is the glory of man. [8]For man did not come from woman, but woman from man; [9]neither was man created for woman, but woman for man. [10]It is for this reason that a woman ought to have authority over her own[v] head, because of the angels. [11]Nevertheless, in the Lord woman is not independent of man, nor is man independent of woman. [12]For as woman came from man, so also man is born of woman. But everything comes from God.

[13]Judge for yourselves: Is it proper for a woman to pray to God with her head uncovered? [14]Does not the very nature of things teach you that if a man has long hair, it is a disgrace to him, [15]but that if a woman has

[t] 11:3 Or *of the wife is her husband*
[u] 11:4-7 Or [4] *Every man who prays or prophesies with long hair dishonors his head.* [5] *But every woman who prays or prophesies with no covering of hair dishonors her head – she is just like one of the “shorn women.”* [6] *If a woman has no covering, let her be for now with short hair; but since it is a disgrace for a woman to have her hair shorn or shaved, she should grow it again.* [7] *A man ought not to have long hair*
[v] 11:10 Or *have a sign of authority on her*

tions par scrupule de conscience. [28]Mais si quelqu’u vous dit : « Cette viande a été offerte en sacrifice à ur idole », alors n’en mangez pas à cause de celui qui vou a prévenus et pour des raisons de conscience. [29]– Pa conscience, j’entends, évidemment, non la vôtre, ma la sienne. – Pourquoi, en effet, exposerais-je ma libert à être condamnée du fait qu’un autre a des scrupules d conscience ? [30]Si je mange en remerciant Dieu, pourqu serais-je critiqué au sujet d’un aliment pour lequel je renc grâce à Dieu ?

[31]Ainsi, que vous mangiez, que vous buviez, bref, qu que ce soit que vous fassiez, faites tout pour la gloire d Dieu.

[32]Mais que rien, dans votre comportement, ne soit un occasion de chute, ni pour les Juifs, ni pour les païens, r pour les membres de l’Eglise de Dieu. [33]Agissez comm moi qui m’efforce, en toutes choses, de m’adapter à tou Je ne considère pas ce qui me serait avantageux, mais j recherche le bien du plus grand nombre pour leur salut

11 [1]Suivez donc mon exemple, comme moi, de mo côté, je suis celui de Christ.

La vie dans la communauté

L’homme et la femme dans l’Eglise

[2]Je vous félicite de vous souvenir de moi en toute occa sion et de maintenir fidèlement les traditions que je vou ai transmises.

[3]Je voudrais cependant attirer votre attention sur u point : Christ est le chef[v] de tout homme, l’homme est l chef de la femme, le chef de Christ, c’est Dieu. [4]Si don un homme prie ou prophétise la tête couverte, il outrag son chef. [5]Mais si une femme prie ou prophétise la têt non couverte, elle outrage son chef à elle : c’est comme s elle était rasée[w]. [6]Si donc une femme ne se couvre pas l tête, pourquoi, alors, ne se fait-elle pas aussi tondre le cheveux ? Mais s’il est honteux pour une femme d’êtr tondue ou rasée, qu’elle se couvre donc la tête.

[7]L’homme ne doit pas avoir la tête couverte, puisqu’i est l’image de Dieu et reflète sa gloire. La femme, elle, es la gloire de l’homme. [8]En effet, l’homme n’a pas été tir de la femme, mais la femme de l’homme, [9]et l’homme n’ pas été créé à cause de la femme, mais la femme à caus de l’homme. [10]Voilà pourquoi la femme doit porter sur l tête un signe d’autorité[x], à cause des anges. [11]Toutefois dans l’ordre établi par le Seigneur, la femme n’existe pa sans l’homme, et l’homme n’existe pas sans la femme [12]car si la femme a été tirée de l’homme, celui-ci, à so tour, naît de la femme et, finalement, tous deux doiven leur vie à Dieu.

[13]Jugez vous-mêmes de cela : est-il convenable pour une femme de prier Dieu la tête découverte ? [14]Ne paraît-il pa naturel à tout le monde que c’est une indignité pour ur homme de porter des cheveux longs [15]mais qu’une longue

[v] 11.3 Dans tout ce passage, Paul utilise un mot grec qui signifie à la fois *tête* et *chef*.
[w] 11.5 Selon les normes sociales romaines, en vigueur à Corinthe, les femmes mariées devaient avoir la tête couverte lorsqu’elles se présentaient en public. Cette tenue les protégeait contre les avances masculines. Qu’une femme se présente en public la tête non couverte était considéré comme un rejet de son statut matrimonial. En revanche, on rasait la tête des femmes reconnues coupables d’adultère.
[x] 11.10 Selon les uns cette « autorité » serait celle de la femme, selon les autres il s’agirait de l’autorité de son mari (cf. v. 3-5).

ng hair, it is her glory? For long hair is given to her s a covering. 16 If anyone wants to be contentious bout this, we have no other practice – nor do the hurches of God.

orrecting an Abuse of the Lord's Supper

17 In the following directives I have no praise for ou, for your meetings do more harm than good. 18 In e first place, I hear that when you come together as church, there are divisions among you, and to some xtent I believe it. 19 No doubt there have to be differences among you to show which of you have God's pproval. 20 So then, when you come together, it is not e Lord's Supper you eat, 21 for when you are eating, ome of you go ahead with your own private suppers. s a result, one person remains hungry and another ets drunk. 22 Don't you have homes to eat and drink n? Or do you despise the church of God by humiliating hose who have nothing? What shall I say to you? Shall praise you? Certainly not in this matter!

23 For I received from the Lord what I also passed n to you: The Lord Jesus, on the night he was betrayed, took bread, 24 and when he had given thanks, e broke it and said, "This is my body, which is for ou; do this in remembrance of me." 25 In the same vay, after supper he took the cup, saying, "This cup s the new covenant in my blood; do this, whenever ou drink it, in remembrance of me." 26 For whenever ou eat this bread and drink this cup, you proclaim he Lord's death until he comes.

27 So then, whoever eats the bread or drinks the up of the Lord in an unworthy manner will be guilty f sinning against the body and blood of the Lord. 8 Everyone ought to examine themselves before they at of the bread and drink from the cup. 29 For those vho eat and drink without discerning the body of Christ eat and drink judgment on themselves. 30 That s why many among you are weak and sick, and a number of you have fallen asleep. 31 But if we were more liscerning with regard to ourselves, we would not ome under such judgment. 32 Nevertheless, when we are judged in this way by the Lord, we are being lisciplined so that we will not be finally condemned with the world.

33 So then, my brothers and sisters, when you gather o eat, you should all eat together. 34 Anyone who is hungry should eat something at home, so that when you meet together it may not result in judgment.

And when I come I will give further directions.

chevelure fait honneur à la femme ? Car la chevelure lui a été donnée pour lui servir de voile.

16 Si quelqu'un s'obstine à contester, nous lui répondons que ce qu'il propose n'est ni notre pratique ni celle des Eglises de Dieu.

Le repas du Seigneur

17 Puisque j'en suis aux directives, il me faut mentionner un point pour lequel je ne saurais vous féliciter. C'est que vos réunions, au lieu de contribuer à votre progrès, vous font devenir pires.

18 Tout d'abord j'entends dire que lorsque vous tenez une réunion, il y a parmi vous des divisions. – J'incline à croire qu'il y a une part de vérité dans ce qu'on raconte. 19 Sans doute faut-il qu'il y ait chez vous des divisions, pour que les chrétiens qui ont fait leurs preuves soient clairement reconnus au milieu de vous !

20 Ainsi, lorsque vous vous réunissez, on ne peut vraiment plus appeler cela « prendre le repas du Seigneur », 21 car, à peine êtes-vous à table, que chacun s'empresse de manger ses propres provisions[y], et l'on voit des gens manquer de nourriture pendant que d'autres s'enivrent. 22 S'il ne s'agit que de manger et de boire, n'avez-vous pas vos maisons pour le faire ? Ou bien traitez-vous avec mépris l'Eglise de Dieu et avez-vous l'intention d'humilier les membres pauvres de votre assemblée ?

Que puis-je vous dire ? Vais-je vous féliciter ? Certainement pas. 23 Car voici la tradition que j'ai reçue du Seigneur, et que je vous ai transmise : le Seigneur Jésus, dans la nuit où il fut livré pour être mis à mort, prit du pain, 24 et, après avoir prononcé la prière de reconnaissance, il le rompit en disant : « Ceci est mon corps : il est pour vous ; faites ceci en souvenir de moi. » 25 De même, après le repas, il prit la coupe et dit : « Cette coupe est la nouvelle alliance scellée de mon sang ; faites ceci, toutes les fois que vous en boirez, en souvenir de moi. » 26 Donc, chaque fois que vous mangez de ce pain et que vous buvez de cette coupe, vous annoncez la mort du Seigneur, et ceci jusqu'à son retour.

27 C'est pourquoi quiconque mangerait le pain ou boirait de la coupe du Seigneur d'une manière indigne se rendrait coupable envers le corps et le sang du Seigneur. 28 Que chacun donc s'examine sérieusement lui-même et qu'alors il mange de ce pain et boive de cette coupe. 29 Car celui qui mange et boit sans discerner ce qu'est le corps[z] se condamne lui-même en mangeant et en buvant ainsi. 30 C'est pour cette raison qu'il y a parmi vous tant de malades et d'infirmes, et qu'un certain nombre sont morts. 31 Si nous discernions ce que nous sommes, nous ne tomberions pas sous le jugement. 32 Mais les jugements du Seigneur ont pour but de nous corriger afin que nous ne soyons pas condamnés avec le reste du monde.

33 Ainsi donc, frères et sœurs, lorsque vous vous réunissez pour le repas en commun, attendez-vous les uns les autres. 34 Si quelqu'un a particulièrement faim, qu'il mange d'abord chez lui afin que vos réunions n'attirent pas sur vous le jugement de Dieu. Quant aux autres points, je les réglerai lors de mon passage chez vous.

y 11.21 Dans les *agapes* (repas fraternels) au cours desquelles on célébrait la cène, on apportait des provisions que l'on mettait en commun. A Corinthe, chacun mangeait ce qu'il avait apporté.

z 11.29 Certains manuscrits précisent : *le corps du Seigneur.*

Concerning Spiritual Gifts

12 1 Now about the gifts of the Spirit, brothers and sisters, I do not want you to be uninformed. 2 You know that when you were pagans, somehow or other you were influenced and led astray to mute idols. 3 Therefore I want you to know that no one who is speaking by the Spirit of God says, "Jesus be cursed," and no one can say, "Jesus is Lord," except by the Holy Spirit.

4 There are different kinds of gifts, but the same Spirit distributes them. 5 There are different kinds of service, but the same Lord. 6 There are different kinds of working, but in all of them and in everyone it is the same God at work.

7 Now to each one the manifestation of the Spirit is given for the common good. 8 To one there is given through the Spirit a message of wisdom, to another a message of knowledge by means of the same Spirit, 9 to another faith by the same Spirit, to another gifts of healing by that one Spirit, 10 to another miraculous powers, to another prophecy, to another distinguishing between spirits, to another speaking in different kinds of tongues,[w] and to still another the interpretation of tongues.[x] 11 All these are the work of one and the same Spirit, and he distributes them to each one, just as he determines.

Unity and Diversity in the Body

12 Just as a body, though one, has many parts, but all its many parts form one body, so it is with Christ. 13 For we were all baptized by[y] one Spirit so as to form one body – whether Jews or Gentiles, slave or free – and we were all given the one Spirit to drink. 14 Even so the body is not made up of one part but of many.

15 Now if the foot should say, "Because I am not a hand, I do not belong to the body," it would not for that reason stop being part of the body. 16 And if the ear should say, "Because I am not an eye, I do not belong to the body," it would not for that reason stop being part of the body. 17 If the whole body were an eye, where would the sense of hearing be? If the whole body were an ear, where would the sense of smell be? 18 But in fact God has placed the parts in the body, every one of them, just as he wanted them to be. 19 If they were all one part, where would the body be? 20 As it is, there are many parts, but one body.

21 The eye cannot say to the hand, "I don't need you!" And the head cannot say to the feet, "I don't need you!" 22 On the contrary, those parts of the body that seem to be weaker are indispensable, 23 and the

[w] 12:10 Or *languages*; also in verse 28
[x] 12:10 Or *languages*; also in verse 28
[y] 12:13 Or *with*; or *in*

L'exercice des activités et ministères dans l'Eglise

12 1 J'en viens à la question[a] des « manifestations d l'Esprit » : j'aimerais, frères et sœurs, que vo soyez bien au clair là-dessus.

2 Souvenez-vous comment, lorsque vous étiez enco païens, vous vous laissiez entraîner aveuglément vers d idoles muettes ! 3 C'est pourquoi je vous le déclare, si u homme dit : « Maudit soit Jésus », ce n'est pas l'Esprit d Dieu qui le pousse à parler ainsi. Mais personne ne pe affirmer : « Jésus est Seigneur », s'il n'y est pas condu par l'Esprit Saint.

4 Il y a toutes sortes de dons de la grâce, mais c'est même Esprit. 5 Il y a toutes sortes de services, mais c'e le même Seigneur. 6 Il y a toutes sortes d'activités, ma c'est le même Dieu ; et c'est lui qui met tout cela en actic chez tous.

7 A chacun, l'Esprit se manifeste d'une façon partici lière, en vue du bien commun. 8 L'Esprit donne à l'un ur parole de sagesse ; à un autre, le même Esprit donne ur parole de connaissance. 9 L'un reçoit par l'Esprit la foi d'ur manière particulière ; à un autre, par ce seul et mêm Esprit des dons de la grâce sous forme de guérisons, 10 un autre, des actes miraculeux ; à un autre, il est donné d prophétiser et à un autre, de distinguer entre les esprits A l'un est donné de s'exprimer dans des langues inconnue à un autre d'interpréter ces langues. 11 Mais tout cela es l'œuvre d'un seul et même Esprit qui distribue son activit à chacun de manière particulière comme il veut.

12 Le corps humain forme un tout, et pourtant il a beau coup d'organes. Et tous ces organes, dans leur multiplicit ne constituent qu'un seul corps. Il en va de même pou ceux qui sont unis à Christ. 13 En effet, nous avons tou été baptisés dans un seul et même Esprit pour former u seul corps, que nous soyons Juifs ou non-Juifs, esclaves o hommes libres. C'est de ce seul et même Esprit que nou avons tous reçu à boire.

14 Un corps n'est pas composé d'un membre ou d'u organe unique, mais de plusieurs. 15 Si le pied disait « Puisque je ne suis pas une main, je ne fais pas parti du corps », n'en ferait-il pas partie pour autant ? 16 Et s l'oreille se mettait à dire : « Puisque je ne suis pas un œil, j ne fais pas partie du corps », cesserait-elle d'en faire parti pour autant ? 17 Si tout le corps était un œil, comment c corps entendrait-il ? Et si tout le corps se réduisait à un oreille, où serait l'odorat ?

18 Dieu a disposé chaque organe dans le corps, chacu avec sa particularité, comme il l'a trouvé bon. 19 Car s'i n'y avait en tout et pour tout qu'un seul organe, serait-c un corps ?

20 En fait, les organes sont nombreux, mais ils formen ensemble un seul corps. 21 C'est pourquoi l'œil ne saurai dire à la main : « Je n'ai pas besoin de toi », ni la tête au pieds : « Je peux très bien me passer de vous. »

22 Au contraire, les parties du corps qui nous paraisser insignifiantes sont particulièrement nécessaires. 23 Celle

[a] **12.1** Voir note 7.1.
[b] **12.10** Il s'agit certainement de discerner quel esprit anime un prophèt ou un enseignant, si c'est l'Esprit de Dieu, ou bien un esprit qui fait prononcer de fausses prophéties ou professer de fausses doctrines (voir 1 R 22 ; 1 Jn 4.1-6).

ırts that we think are less honorable we treat with
›ecial honor. And the parts that are unpresentable
:e treated with special modesty, 24 while our pre-
›ntable parts need no special treatment. But God
as put the body together, giving greater honor to
ıe parts that lacked it, 25 so that there should be no
ivision in the body, but that its parts should have
qual concern for each other. 26 If one part suffers,
very part suffers with it; if one part is honored, every
art rejoices with it.
27 Now you are the body of Christ, and each one of
ɔu is a part of it. 28 And God has placed in the church
rst of all apostles, second prophets, third teachers,
ıen miracles, then gifts of healing, of helping, of
uidance, and of different kinds of tongues. 29 Are
ll apostles? Are all prophets? Are all teachers? Do
ll work miracles? 30 Do all have gifts of healing? Do
ll speak in tongues[z]? Do all interpret? 31 Now eagerly
esire the greater gifts.

ove Is Indispensable

And yet I will show you the most excellent way.

13 1 If I speak in the tongues[a] of men or of angels,
but do not have love, I am only a resounding
ong or a clanging cymbal. 2 If I have the gift of proph-
cy and can fathom all mysteries and all knowledge,
nd if I have a faith that can move mountains, but do
ot have love, I am nothing. 3 If I give all I possess to
he poor and give over my body to hardship that I may
oast,[b] but do not have love, I gain nothing.

4 Love is patient, love is kind. It does not envy, it
oes not boast, it is not proud. 5 It does not dishonor
thers, it is not self-seeking, it is not easily angered,
t keeps no record of wrongs. 6 Love does not delight
n evil but rejoices with the truth. 7 It always protects,
lways trusts, always hopes, always perseveres.
8 Love never fails. But where there are prophecies,
hey will cease; where there are tongues, they will be
tilled; where there is knowledge, it will pass away.
For we know in part and we prophesy in part, 10 but
vhen completeness comes, what is in part disappears.
1 When I was a child, I talked like a child, I thought
ike a child, I reasoned like a child. When I became a

12:30 Or *other languages*
13:1 Or *languages*
13:3 Some manuscripts *body to the flames*

que nous estimons le moins sont celles dont nous prenons
le plus grand soin, et celles dont il n'est pas décent de parler, nous les traitons avec des égards particuliers 24 dont les
autres n'ont guère besoin. Dieu a disposé les différentes
parties de notre corps de manière à ce qu'on honore davantage celles qui manquent naturellement d'honneur. 25 Il
voulait par là éviter toute division dans le corps et faire
que chacun des membres ait le même souci des autres.
26 Un membre souffre-t-il ? Tous les autres souffrent
avec lui. Un membre est-il à l'honneur ? Tous les autres
partagent sa joie. 27 Or vous, vous êtes le corps de Christ et
chacun de vous en particulier en est un membre.
28 C'est ainsi que Dieu a établi dans l'Eglise, première-
ment des apôtres, deuxièmement des prophètes,
troisièmement des enseignants ; puis viennent les miracles, les dons de la grâce sous la forme de guérisons, l'aide,
la direction d'Eglise, les langues inconnues. 29 Tous sont-ils
apôtres ? Tous sont-ils prophètes ? Tous sont-ils enseignants ? Tous font-ils des miracles ? 30 Tous ont-ils des dons
de la grâce sous forme de guérisons ? Tous parlent-ils dans
des langues inconnues ? Tous interprètent-ils ?
31 Aspirez aux dons de la grâce les meilleurs. Pour cela,
je vais vous indiquer l'approche par excellence[c].

L'amour

13 1 En effet, si je parlais les langues des hommes et
même celles des anges mais sans avoir l'amour, je
ne serais rien de plus qu'une trompette claironnante ou
une cymbale bruyante[d].
2 Si j'avais des prophéties, si je connaissais tous les secrets et si je possédais toute la connaissance, si j'avais
même dans toute sa plénitude, la foi jusqu'à transporter
les montagnes, sans l'amour, je ne serais rien.
3 Si même je sacrifiais tous mes biens, et jusqu'à ma vie,
pour aider les autres, au point de pouvoir m'en vanter[e],
sans l'amour, cela ne me servirait de rien.
4 L'amour est patient, il est plein de bonté, l'amour. Il
n'est pas envieux, il ne cherche pas à se faire valoir, il ne
s'enfle pas d'orgueil. 5 Il ne fait rien d'inconvenant. Il ne
cherche pas son propre intérêt, il ne s'aigrit pas contre
les autres, *il ne trame pas le mal*[f]. 6 L'injustice l'attriste, la
vérité le réjouit.
7 En toute occasion, il pardonne, il fait confiance,
il espère, il persévère. 8 L'amour n'aura pas de fin. Les
prophéties cesseront, les langues inconnues prendront
fin, et la connaissance particulière cessera. 9 Notre connaissance est partielle, et partielles sont nos prophéties.
10 Mais le jour où la perfection apparaîtra, ce qui est
partiel cessera.
11 Lorsque j'étais enfant, je parlais comme un enfant, je
pensais et je raisonnais en enfant. Une fois devenu homme,
je me suis défait de ce qui est propre à l'enfant.

c **12.31** Autre traduction : *Vous ambitionnez les dons de la grâce les meilleurs. Eh bien ! Je vais vous indiquer l'approche par excellence.*
d **13.1** L'apôtre semble faire allusion aux marmites d'airain déposées devant certains temples païens (trouvées par les archéologues à Dodone près de Corinthe). Ces marmites se touchaient. On frappait la première. Le son se transmettait de l'une à l'autre faisant entendre une sorte de murmure que le prêtre interprétait comme le langage du dieu. « Airain de Dodone » était devenu en Grèce un synonyme de vain bavardage.
e **13.3** *et jusqu'à ... vanter.* Certains manuscrits ont : *et si je livrais mon corps pour être brûlé.*
f **13.5** Za 7.10 ; 8.17. Autre traduction : *il ne tient pas compte du mal.*

man, I put the ways of childhood behind me. 12 For now we see only a reflection as in a mirror; then we shall see face to face. Now I know in part; then I shall know fully, even as I am fully known.

13 And now these three remain: faith, hope and love. But the greatest of these is love.

Intelligibility in Worship

14 1 Follow the way of love and eagerly desire gifts of the Spirit, especially prophecy. 2 For anyone who speaks in a tongue[c] does not speak to people but to God. Indeed, no one understands them; they utter mysteries by the Spirit. 3 But the one who prophesies speaks to people for their strengthening, encouraging and comfort. 4 Anyone who speaks in a tongue edifies themselves, but the one who prophesies edifies the church. 5 I would like every one of you to speak in tongues,[d] but I would rather have you prophesy. The one who prophesies is greater than the one who speaks in tongues,[e] unless someone interprets, so that the church may be edified.

6 Now, brothers and sisters, if I come to you and speak in tongues, what good will I be to you, unless I bring you some revelation or knowledge or prophecy or word of instruction? 7 Even in the case of lifeless things that make sounds, such as the pipe or harp, how will anyone know what tune is being played unless there is a distinction in the notes? 8 Again, if the trumpet does not sound a clear call, who will get ready for battle? 9 So it is with you. Unless you speak intelligible words with your tongue, how will anyone know what you are saying? You will just be speaking into the air. 10 Undoubtedly there are all sorts of languages in the world, yet none of them is without meaning. 11 If then I do not grasp the meaning of what someone is saying, I am a foreigner to the speaker, and the speaker is a foreigner to me. 12 So it is with you. Since you are eager for gifts of the Spirit, try to excel in those that build up the church.

13 For this reason the one who speaks in a tongue should pray that they may interpret what they say. 14 For if I pray in a tongue, my spirit prays, but my mind is unfruitful. 15 So what shall I do? I will pray with my spirit, but I will also pray with my understanding; I will sing with my spirit, but I will also sing with my understanding. 16 Otherwise when you are praising God in the Spirit, how can someone else, who

c **14:2** Or *in another language*; also in verses 4, 13, 14, 19, 26 and 27
d **14:5** Or *in other languages*; also in verses 6, 18, 22, 23 and 39
e **14:5** Or *in other languages*; also in verses 6, 18, 22, 23 and 39

12 Aujourd'hui, certes, nous ne voyons que d'une maniè indirecte[g], comme dans un miroir. Alors, nous verror directement. Dans le temps présent, je connais d'ur manière partielle, mais alors je connaîtrai comme Die me connaît.

13 En somme, trois choses demeurent : la foi, l'espéranc et l'amour, mais la plus grande d'entre elles, c'est l'amou

Le parler en langues et la prophétie

14 1 Ainsi, recherchez avant tout l'amour ; aspirez e outre aux manifestations de l'Esprit, et surtout prophétiser.

2 Celui qui parle dans une langue inconnue s'adress à Dieu et non aux hommes : personne ne comprend le paroles mystérieuses qu'il prononce sous l'inspiratio de l'Esprit. 3 Mais celui qui prophétise aide les autres grandir dans la foi, les encourage et les réconforte. 4 Celu qui parle dans une langue inconnue ne se fait du bie qu'à lui-même ; mais celui qui prophétise permet à tout l'assemblée de grandir dans la foi. 5 Je veux bien que vou sachiez tous parler dans des langues inconnues, mais j préférerais que vous prophétisiez. Celui qui prophétise es plus utile que celui qui s'exprime dans une langue incon nue – sauf si quelqu'un traduit ce dernier pour que l'Eglis puisse grandir dans la foi.

6 Supposez, frères et sœurs, que je vienne chez vou et que je m'exprime exclusivement dans ces langues in connues, sans vous apporter aucune révélation, aucun connaissance nouvelle, aucune prophétie, aucun ensei gnement. Quel profit tireriez-vous de ma présence ?

7 Voyez ce qui se passe pour des instruments de musiqu comme la flûte ou la harpe. Comment reconnaîtra-t-on l mélodie jouée sur l'un ou l'autre de ces instruments s'il ne rendent pas de sons distincts ? 8 Et qui se préparer pour la bataille si le signal que donne la trompette n'es pas parfaitement clair ? 9 Il en va de même pour vous comment saura-t-on ce que vous voulez dire si, en utilisan ces langues inconnues, vous ne prononcez que des parole inintelligibles ? Vous parlerez en l'air !

10 Il existe, dans le monde, un grand nombre de langue différentes, dont aucune n'est dépourvue de sens. 11 Mais s j'ignore le sens des mots utilisés par mon interlocuteur, j serai un étranger pour lui, et lui de même le sera pour moi

12 Vous donc, puisque vous aspirez si ardemment au manifestations de l'Esprit, recherchez avant tout à pos séder en abondance celles qui contribuent à faire grandi l'Eglise dans la foi.

13 C'est pourquoi, celui qui parle en langues inconnues doit demander à Dieu de lui donner de traduire ce qu'i dit en langage compréhensible. 14 Car si je prie en langues inconnues, mon esprit est en prière, mais mon intelligence n'intervient pas[h].

15 Que ferai-je donc ? Je prierai avec mon esprit[i], mais je prierai aussi avec mon intelligence. Je chanterai les louanges de Dieu avec mon esprit, mais je chantera aussi avec mon intelligence. 16 Autrement, si tu remercies le Seigneur uniquement avec ton esprit, comment

g **13.12** Certains comprennent : *nous ne percevons qu'une image confuse de la réalité.*
h **14.14** Autre traduction : *mais mon intelligence ne porte aucun fruit pour les autres.*
i **14.15** Autre traduction : *par l'Esprit.* De même dans la suite du verset et au verset 16.

now put in the position of an inquirer,[f] say "Amen"
› your thanksgiving, since they do not know what
ɔu are saying? 17 You are giving thanks well enough,
ut no one else is edified.

18 I thank God that I speak in tongues more than all
f you. 19 But in the church I would rather speak five
ıtelligible words to instruct others than ten thou-
ınd words in a tongue.

20 Brothers and sisters, stop thinking like children.
ı regard to evil be infants, but in your thinking be
dults. 21 In the Law it is written:

"With other tongues
and through the lips of foreigners
I will speak to this people,
but even then they will not listen to me,
says the Lord."

22 Tongues, then, are a sign, not for believers but for
.nbelievers; prophecy, however, is not for unbelievers
ut for believers. 23 So if the whole church comes to-
ether and everyone speaks in tongues, and inquirers
r unbelievers come in, will they not say that you are
ut of your mind? 24 But if an unbeliever or an inquir-
r comes in while everyone is prophesying, they are
onvicted of sin and are brought under judgment by
ll, 25 as the secrets of their hearts are laid bare. So
hey will fall down and worship God, exclaiming, "God
s really among you!"

...ood Order in Worship

26 What then shall we say, brothers and sisters?
Vhen you come together, each of you has a hymn,
ɔr a word of instruction, a revelation, a tongue or
ın interpretation. Everything must be done so that
:he church may be built up. 27 If anyone speaks in a
:ongue, two – or at the most three – should speak, one
ıt a time, and someone must interpret. 28 If there is
ıo interpreter, the speaker should keep quiet in the
:hurch and speak to himself and to God.
29 Two or three prophets should speak, and the
others should weigh carefully what is said. 30 And if
a revelation comes to someone who is sitting down,
:he first speaker should stop. 31 For you can all prophesy in turn so that everyone may be instructed and
encouraged. 32 The spirits of prophets are subject to
the control of prophets. 33 For God is not a God of dis-

[f] **14:16** The Greek word for *inquirer* is a technical term for someone not fully initiated into a religion; also in verses 23 and 24.

l'auditeur non averti, assis dans l'assemblée, pourra-
t-il répondre « Amen » à ta prière de reconnaissance,
puisqu'il ne comprend pas ce que tu dis ? 17 Ta prière de
reconnaissance a beau être sublime, l'autre ne grandit
pas dans sa foi.
18 Je remercie Dieu de ce que je parle en langues inconnues plus que vous tous. 19 Cependant, lors des réunions
de l'Eglise, je préfère dire seulement cinq paroles com-
préhensibles pour instruire aussi les autres, plutôt que
dix mille mots dans une langue inconnue.
20 Frères et sœurs, ne soyez pas des enfants dans votre
façon de juger des choses. Pour le mal, soyez des petits
enfants, mais dans le domaine du jugement, montrez-vous
adultes.
21 Il est dit dans l'Ecriture :

Je parlerai à ce peuple dans une langue étrangère par des lèvres d'étrangers,
et même alors, ils ne m'écouteront pas,
dit le Seigneur[j].

22 Ainsi, les paroles en langues inconnues sont un signe
de Dieu, non pour les croyants, mais ceux qui ne croient
pas ; les prophéties, elles, sont un signe, non pour les incroyants, mais pour ceux qui croient.
23 En effet, imaginez que l'Eglise se réunisse tout entière, et que tous parlent en des langues inconnues : si des
personnes non averties ou des incroyants surviennent,
ne diront-ils pas que vous avez perdu la raison ? 24 Si, au
contraire, tous prophétisent et qu'il entre un visiteur
incroyant ou un homme quelconque, ne se trouvera-t-il
pas repris par tous et exposé au jugement de tous ? 25 Les
secrets de son cœur seront mis à nu. Alors, il tombera sur
sa face en adorant Dieu et s'écriera : « Certainement, Dieu
est présent au milieu de vous. »

L'ordre dans le culte

26 Comment donc agir, frères et sœurs ? Lorsque vous
vous réunissez, l'un chantera un cantique, l'autre aura
une parole d'enseignement, un autre une révélation ;
celui-ci s'exprimera dans une langue inconnue, celui-là
en donnera l'interprétation ; que tout cela serve à faire
grandir l'Eglise dans la foi. 27 Si l'on parle dans des langues
inconnues, que deux le fassent, ou tout au plus trois, et l'un
après l'autre ; et qu'il y ait quelqu'un pour traduire. 28 S'il
n'y a pas d'interprète, qu'on se taise plutôt que de parler
dans une langue inconnue dans l'assemblée, et qu'on se
contente de parler à soi-même et à Dieu. 29 Quant à ceux
qui prophétisent, que deux ou trois prennent la parole
et que les autres jugent ce qu'ils disent : 30 si l'un des assistants reçoit une révélation pendant qu'un autre parle,
celui qui a la parole doit se taire. 31 Ainsi vous pouvez tous
prophétiser à tour de rôle afin que tous soient instruits et
stimulés dans leur foi. 32 Car les prophètes restent maîtres
d'eux-mêmes. 33 Dieu, en effet, n'est pas un Dieu de désordre, mais de paix.
Comme dans toutes les Eglises des membres du peuple saint, 34 que les femmes gardent le silence dans les

[j] **14.21** Es 28.11-12. Dans ce texte, Esaïe avertit les Israélites que, puisqu'ils ne veulent pas écouter la parole de Dieu qu'il leur annonce dans leur langue, Dieu va leur parler en une langue étrangère, celle des Assyriens qui envahiront leur pays et leur imposeront leur domination. L'apôtre en conclut que, lorsque Dieu parle une langue étrangère, c'est un signe de jugement. Le langage du salut est au contraire celui qui est compréhensible.

order but of peace – as in all the congregations of the Lord's people.

34 Women[g] should remain silent in the churches. They are not allowed to speak, but must be in submission, as the law says. 35 If they want to inquire about something, they should ask their own husbands at home; for it is disgraceful for a woman to speak in the church.[h]

36 Or did the word of God originate with you? Or are you the only people it has reached? 37 If anyone thinks they are a prophet or otherwise gifted by the Spirit, let them acknowledge that what I am writing to you is the Lord's command. 38 But if anyone ignores this, they will themselves be ignored.[i]

39 Therefore, my brothers and sisters, be eager to prophesy, and do not forbid speaking in tongues. 40 But everything should be done in a fitting and orderly way.

The Resurrection of Christ

15 1 Now, brothers and sisters, I want to remind you of the gospel I preached to you, which you received and on which you have taken your stand. 2 By this gospel you are saved, if you hold firmly to the word I preached to you. Otherwise, you have believed in vain.

3 For what I received I passed on to you as of first importance[j]: that Christ died for our sins according to the Scriptures, 4 that he was buried, that he was raised on the third day according to the Scriptures, 5 and that he appeared to Cephas,[k] and then to the Twelve. 6 After that, he appeared to more than five hundred of the brothers and sisters at the same time, most of whom are still living, though some have fallen asleep. 7 Then he appeared to James, then to all the apostles, 8 and last of all he appeared to me also, as to one abnormally born.

9 For I am the least of the apostles and do not even deserve to be called an apostle, because I persecuted the church of God. 10 But by the grace of God I am what I am, and his grace to me was not without effect. No, I worked harder than all of them – yet not I, but the grace of God that was with me. 11 Whether, then, it is I or they, this is what we preach, and this is what you believed.

The Resurrection of the Dead

12 But if it is preached that Christ has been raised from the dead, how can some of you say that there is no resurrection of the dead? 13 If there is no resurrection of the dead, then not even Christ has been raised. 14 And if Christ has not been raised, our preaching is

[g] 14:33,34 Or *peace. As in all the congregations of the Lord's people,* [34] *women*

[h] 14:34,35 In a few manuscripts these verses come after verse 40.

[i] 14:38 Some manuscripts *But anyone who is ignorant of this will be ignorant*

[j] 15:3 Or *you at the first*

[k] 15:5 That is, Peter

assemblées ; car il ne leur est pas permis de parler Qu'elles sachent se tenir dans la soumission comme recommande aussi la Loi. 35 Si elles veulent s'instrui sur quelque point, qu'elles interrogent leur mari à maison. En effet, il est inconvenant pour une femm de parler dans une assemblée. 36 Car enfin, est-ce c chez vous que la Parole de Dieu est sortie ? Est-ce che vous seulement qu'elle est parvenue ? 37 Si quelqu'u estime être un prophète ou pense bénéficier d'un manifestation spirituelle, il doit reconnaître, dan ce que je vous écris, un commandement du Seigneu 38 Et si quelqu'un refuse de reconnaître cela, c'est l preuve qu'il n'a pas été lui-même reconnu par Die

39 En résumé, mes frères et sœurs, recherchez arden ment à prophétiser et ne vous opposez pas à ce qu'o parle en des langues inconnues. 40 Mais veillez à ce qu tout se passe convenablement et non dans le désordre.

Sur la résurrection

La foi qui sauve

15 1 Frères et sœurs, je vous rappelle l'Evangile qu je vous ai annoncé, que vous avez reçu et auque vous demeurez attachés. 2 C'est par cet Evangile que vou êtes sauvés si vous le retenez tel que je vous l'ai annoncé autrement vous auriez cru en vain.

3 Je vous ai transmis, comme un enseignement d première importance, ce que j'avais moi-même reçu Christ est mort pour nos péchés, conformément au Ecritures ; 4 il a été mis au tombeau, il est ressuscité l troisième jour, comme l'avaient annoncé les Ecritures. 5 est apparu à Pierre, puis aux Douze. 6 Après cela, il a été v par plus de cinq cents frères à la fois, dont la plupart viven encore aujourd'hui – quelques-uns d'entre eux seulemen sont morts. 7 Ensuite, il est apparu à Jacques, puis à tous le apôtres. 8 En tout dernier lieu, il m'est apparu à moi, com me à un enfant né après terme[l]. 9 Oui, je suis le moindr des apôtres ; je ne mérite pas de porter le titre d'apôtre puisque j'ai persécuté l'Eglise de Dieu. 10 Ce que je suis à présent, c'est à la grâce de Dieu que je le dois, et cette grâc qu'il m'a témoignée n'a pas été inefficace. Loin de là, j'a peiné à la tâche plus que tous les autres apôtres – non pa moi, certes, mais la grâce de Dieu qui est avec moi. 11 Bref que ce soient eux ou que ce soit moi, voilà le message qu nous proclamons et voilà aussi ce que vous avez cru.

Christ est bien ressuscité

12 Or, si nous proclamons que Christ est ressuscité, comment quelques-uns parmi vous peuvent-ils prétendre qu'i n'y a pas de résurrection des morts ?

13 S'il n'y a pas de résurrection des morts, alors Christ lui non plus n'est pas ressuscité. 14 Et si Christ n'est pas ressuscité, notre prédication n'a plus de contenu, et votre foi est sans objet.

[k] 14.34 Certains pensent que Paul vise ici le bavardage et le fait de poser des questions de manière intempestive pendant que quelqu'un prophétise ou enseigne (cf. v. 27-28, 30). D'autres pensent que Paul demande aux femmes de s'abstenir de se prononcer lors de l'évaluation des prophéties (voir v. 29).

[l] 15.8 Paul, contrairement aux autres apôtres, a été appelé après la mort de Christ. D'autres comprennent : *l'avorton, le « moins que rien »* qui serait un sobriquet par lequel ses adversaires le désignaient.

ıeless and so is your faith. [15]More than that, we are
ıen found to be false witnesses about God, for we
ıave testified about God that he raised Christ from
ıe dead. But he did not raise him if in fact the dead
·e not raised. [16]For if the dead are not raised, then
ırist has not been raised either. [17]And if Christ has
ɔt been raised, your faith is futile; you are still in
ɔur sins. [18]Then those also who have fallen asleep in
ırist are lost. [19]If only for this life we have hope in
ırist, we are of all people most to be pitied.

[20]But Christ has indeed been raised from the dead,
ıe firstfruits of those who have fallen asleep. [21]For
nce death came through a man, the resurrection
f the dead comes also through a man. [22]For as in
dam all die, so in Christ all will be made alive. [23]But
ach in turn: Christ, the firstfruits; then, when he
omes, those who belong to him. [24]Then the end will
ome, when he hands over the kingdom to God the
ather after he has destroyed all dominion, author-
:y and power. [25]For he must reign until he has put
ll his enemies under his feet. [26]The last enemy to
e destroyed is death. [27]For he "has put everything
nder his feet." Now when it says that "everything"
as been put under him, it is clear that this does not
ıclude God himself, who put everything under Christ.
[8]When he has done this, then the Son himself will be
ıade subject to him who put everything under him,
o that God may be all in all.

[29]Now if there is no resurrection, what will those
o who are baptized for the dead? If the dead are not
aised at all, why are people baptized for them? [30]And
s for us, why do we endanger ourselves every hour?
[1]I face death every day – yes, just as surely as I boast
ıbout you in Christ Jesus our Lord. [32]If I fought wild
ɔeasts in Ephesus with no more than human hopes,
what have I gained? If the dead are not raised,

"Let us eat and drink,
for tomorrow we die."

[3]Do not be misled: "Bad company corrupts good char-
ıcter."[l] [34]Come back to your senses as you ought, and
stop sinning; for there are some who are ignorant of
God – I say this to your shame.

[l] 15:33 From the Greek poet Menander

[15]Il y a plus : s'il est vrai que les morts ne ressuscitent pas, nous devons être considérés comme de faux témoins à l'égard de Dieu. En effet, nous avons porté témoignage que Dieu a ressuscité Christ. Mais s'il est vrai que les morts ne ressuscitent pas, il ne l'a pas fait. [16]Car, si les morts ne peuvent pas revivre, Christ non plus n'est pas revenu à la vie.

[17]Or, si Christ n'est pas ressuscité, votre foi est une illusion, et vous êtes encore sous le poids de vos péchés. [18]De plus, ceux qui sont morts unis à Christ sont à jamais perdus. [19]Si c'est seulement pour la vie présente que nous avons mis notre espérance en Christ, nous sommes les plus à plaindre des hommes.

[20]Mais, en réalité, Christ est bien revenu à la vie et, comme les premiers fruits de la moisson, il annonce la résurrection des morts.

[21]Car, tout comme la mort a fait son entrée dans ce monde par un homme, la résurrection vient aussi par un homme. [22]En effet, de même que tous les hommes meurent du fait de leur union avec Adam, tous seront ramenés à la vie du fait de leur union avec Christ.

[23]Mais cette résurrection s'effectue selon un ordre bien déterminé : Christ est ressuscité en premier lieu, comme le premier fruit de la moisson ; ensuite, au moment où il viendra, ceux qui lui appartiennent ressusciteront à leur tour. [24]Puis viendra la fin, lorsque Christ remettra la royauté à Dieu le Père, après avoir réduit à l'impuissance toute Domination, toute Autorité et toute Puissance hostiles.

[25]Il faut, en effet, qu'il règne jusqu'à ce que Dieu ait *mis tous ses ennemis sous ses pieds.* [26]Et le dernier ennemi qui sera anéanti, c'est la mort. [27]Car, comme il est écrit : *Dieu a tout mis sous ses pieds*Mais quand l'Ecriture déclare : *Tout lui a été soumis,* il faut, de toute évidence, en excepter celui qui lui a donné cette domination universelle. [28]Et lorsque tout se trouvera ainsi amené sous l'autorité de Christ, alors le Fils lui-même se placera sous l'autorité de celui qui lui a tout soumis. Ainsi Dieu sera tout en tous.

[29]D'autre part, pourquoi certains se font-ils baptiser pour les morts ? S'il est vrai que les morts ne ressuscitent pas, pourquoi donc se font-ils baptiser pour eux[m] ?

[30]Et nous-mêmes, pourquoi affronterions-nous à tous moments des dangers de mort ? [31]Journellement, je vois la mort en face, frères et sœurs, aussi vrai que je suis fier de vous, à cause de l'œuvre de Jésus-Christ notre Seigneur.

[32]Si la lutte que j'ai soutenue à Ephèse, véritable *combat contre des fauves*[n], n'a été inspirée que par des motifs purement humains, à quoi cela m'a-t-il servi ? Si les morts ne ressuscitent pas, alors, comme le dit le proverbe : *« Mangeons et buvons, car demain nous mourrons.»* [33]Attention, ne vous y trompez pas : *Les mauvaises compagnies corrompent les bonnes mœurs*[o]. [34]Revenez une fois pour toutes à votre bon sens, et ne péchez pas ; car certains d'entre vous ne connaissent pas Dieu. Je le dis à votre honte.

[m] **15.29** Il est difficile de savoir à quoi Paul fait référence ici. Certains proposent la traduction suivante : *pourquoi certains se font-ils baptiser au risque d'être mis à mort ? ... pourquoi donc se font-ils baptiser au risque de mourir ?* en voyant là une référence au martyre auquel on s'exposait en adhérant publiquement à la foi chrétienne.

[n] **15.32** Voir Ps 22.13-14, 17. L'apôtre emploie sans doute cette expression au sens figuré car, étant citoyen romain, il ne pouvait pas être condamné à ce supplice.

[o] **15.33** Citation d'un vers du poète grec Ménandre.

The Resurrection Body

35 But someone will ask, "How are the dead raised? With what kind of body will they come?" 36 How foolish! What you sow does not come to life unless it dies. 37 When you sow, you do not plant the body that will be, but just a seed, perhaps of wheat or of something else. 38 But God gives it a body as he has determined, and to each kind of seed he gives its own body. 39 Not all flesh is the same: People have one kind of flesh, animals have another, birds another and fish another. 40 There are also heavenly bodies and there are earthly bodies; but the splendor of the heavenly bodies is one kind, and the splendor of the earthly bodies is another. 41 The sun has one kind of splendor, the moon another and the stars another; and star differs from star in splendor.

42 So will it be with the resurrection of the dead. The body that is sown is perishable, it is raised imperishable; 43 it is sown in dishonor, it is raised in glory; it is sown in weakness, it is raised in power; 44 it is sown a natural body, it is raised a spiritual body.

If there is a natural body, there is also a spiritual body. 45 So it is written: "The first man Adam became a living being"; the last Adam, a life-giving spirit. 46 The spiritual did not come first, but the natural, and after that the spiritual. 47 The first man was of the dust of the earth; the second man is of heaven. 48 As was the earthly man, so are those who are of the earth; and as is the heavenly man, so also are those who are of heaven. 49 And just as we have borne the image of the earthly man, so shall we[m] bear the image of the heavenly man.

50 I declare to you, brothers and sisters, that flesh and blood cannot inherit the kingdom of God, nor does the perishable inherit the imperishable. 51 Listen, I tell you a mystery: We will not all sleep, but we will all be changed – 52 in a flash, in the twinkling of an eye, at the last trumpet. For the trumpet will sound, the dead will be raised imperishable, and we will be changed. 53 For the perishable must clothe itself with the imperishable, and the mortal with immortality. 54 When the perishable has been clothed with the imperishable, and the mortal with immortality, then the saying that is written will come true: "Death has been swallowed up in victory."

55 "Where, O death, is your victory?

[m] **15:49** Some early manuscripts *so let us*

Le corps ressuscité

35 Mais, demandera peut-être quelqu'un, comment le morts ressusciteront-ils ? Avec quel corps reviendront-i à la vie ?

36 Insensés que vous êtes ! Dans la nature, la graine qu vous semez ne peut reprendre vie qu'après être passé par la mort. 37 Lorsque vous faites vos semailles, vous n mettez pas en terre le corps que la plante aura quand el aura poussé, mais une simple graine, un grain de blé pa exemple ou quelque autre semence. 38 Et Dieu lui donne corps qu'il veut. A chaque semence correspond un corp particulier. 39 Tous les êtres vivants n'ont pas non plus même chair : les hommes ont leur propre chair, les an maux en ont une autre, les oiseaux une autre encore, un autre aussi les poissons. 40 De même, nous distinguon les « corps » des astres de ceux des créatures terrestres chacun d'entre eux a son aspect propre. 41 Le soleil a so propre éclat, de même que la lune, et le rayonnement de étoiles est encore différent. Et chaque étoile même brill d'un éclat particulier.

42 Il en va de même pour la résurrection. Lorsque l corps est porté en terre comme la graine que l'on sème il est corruptible, et il ressuscite incorruptible ; 43 sem infirme et faible, il ressuscite plein de force et glorieux 44 Ce que l'on enterre, c'est un corps doué de la seule vi naturelle ; ce qui revit, c'est un corps dans lequel règn l'Esprit de Dieu. Aussi vrai qu'il existe un corps doté de l seule vie naturelle, il existe aussi un corps régi par l'Esprit 45 L'Ecriture ne déclare-t-elle pas : *Le premier homme, Adam devint un être vivant*, doué de la vie naturelle ? Le derni er Adam est devenu, lui, un être qui, animé par l'Esprit communique la vie.

46 Mais ce qui vient en premier lieu, ce n'est pas ce qu appartient au règne de l'Esprit, c'est ce qui appartient à l'ordre naturel ; ce qui appartient au règne de l'Esprit n vient qu'ensuite. 47 Le premier homme, formé de la pous sière du sol, appartient à la terre. Le « second homme » appartient au ciel[p]. 48 Or, tous ceux qui ont été formés de poussière sont semblables à celui qui a été formé de pous sière. De même aussi, ceux qui appartiennent au ciel son semblables à celui qui appartient au ciel. 49 Et comme nous avons porté l'image de l'homme formé de poussière, nous porterons aussi l'image de l'homme qui appartient au ciel

50 Ce que je dis, frères et sœurs, c'est que notre corps de chair et de sang ne peut accéder au royaume de Dieu : ce qui est corruptible ne peut avoir part à l'incorruptibilité 51 Voici, je vais vous révéler un mystère : nous ne passerons pas tous par la mort, mais nous serons tous transformés, 52 en un instant, en un clin d'œil, au son de la trompette dernière. Car, lorsque cette trompette retentira les morts ressusciteront pour être désormais incorruptibles, tandis que nous, nous serons changés. 53 En effet, ce corps corruptible doit se revêtir d'incorruptibilité et ce corps mortel doit se revêtir d'immortalité.

54 Lorsque ce corps corruptible aura revêtu l'incorruptibilité et que ce corps mortel aura revêtu l'immortalité, alors se trouvera réalisée cette parole de l'Ecriture :

La victoire totale sur la mort a été remportée[q].
55 *O mort, qu'est devenue ta victoire ?*

[p] **15.47** *appartient à la terre ... appartient au ciel.* Autre traduction : *vient de la terre ... vient du ciel.*

[q] **15.54** Es 25.8 cité selon l'ancienne version grecque.

Where, O death, is your sting?"
The sting of death is sin, and the power of sin is the
ıw. 57 But thanks be to God! He gives us the victory
ırough our Lord Jesus Christ.
58 Therefore, my dear brothers and sisters, stand
rm. Let nothing move you. Always give yourselves
ılly to the work of the Lord, because you know that
our labor in the Lord is not in vain.

he Collection for the Lord's People

16 1 Now about the collection for the Lord's people: Do what I told the Galatian churches to
o. 2 On the first day of every week, each one of you
hould set aside a sum of money in keeping with your
ncome, saving it up, so that when I come no collec-
ions will have to be made. 3 Then, when I arrive, I will
ive letters of introduction to the men you approve
nd send them with your gift to Jerusalem. 4 If it seems
dvisable for me to go also, they will accompany me.

ersonal Requests

5 After I go through Macedonia, I will come to
ou – for I will be going through Macedonia. 6 Perhaps
will stay with you for a while, or even spend the win-
er, so that you can help me on my journey, wherever
go. 7 For I do not want to see you now and make only
passing visit; I hope to spend some time with you, if
he Lord permits. 8 But I will stay on at Ephesus until
entecost, 9 because a great door for effective work
ıas opened to me, and there are many who oppose me.

10 When Timothy comes, see to it that he has nothng to fear while he is with you, for he is carrying
on the work of the Lord, just as I am. 11 No one, then,
hould treat him with contempt. Send him on his way
n peace so that he may return to me. I am expecting
him along with the brothers.
12 Now about our brother Apollos: I strongly urged
him to go to you with the brothers. He was quite
unwilling to go now, but he will go when he has the
opportunity.

13 Be on your guard; stand firm in the faith; be courageous; be strong. 14 Do everything in love.

15 You know that the household of Stephanas were
the first converts in Achaia, and they have devoted
themselves to the service of the Lord's people. I urge

O mort, où est ton dard[r]*?*
56 Le dard de la mort, c'est le péché, et le péché tire sa
force de la Loi.
57 Mais loué soit Dieu qui nous donne la victoire par notre Seigneur Jésus-Christ.
58 C'est pourquoi, mes chers frères et sœurs, soyez fermes, ne vous laissez pas ébranler, travaillez sans relâche
pour le Seigneur, sachant que la peine que vous vous donnez au service du Seigneur n'est pas inutile.

Questions diverses

La collecte en faveur de l'Eglise de Jérusalem

16 1 Venons-en à la question[s] de la collecte en faveur
de ceux qui, en Judée, font partie du peuple saint :
j'ai déjà donné mes directives aux Eglises de la Galatie.
Suivez-les, vous aussi.
2 Que tous les dimanches chacun de vous mette de côté,
chez lui, une somme d'argent selon ce qu'il aura lui-même
gagné, pour qu'on n'ait pas besoin d'organiser des collectes
au moment de mon arrivée. 3 Quand je serai venu, j'enverrai à Jérusalem, pour y porter vos dons, les hommes que
vous aurez choisis, munis de lettres de recommandation.
4 S'il vaut la peine que j'y aille moi-même, ils iront avec
moi.

Les projets de Paul

5 Je compte venir chez vous après avoir traversé la
Macédoine – car je vais passer par cette province. 6 Peut-
être séjournerai-je quelque temps chez vous, ou même y
passerai-je l'hiver[t] : ce sera pour vous l'occasion de m'aider
à continuer mon voyage vers ma destination.
7 En effet, je ne veux pas me contenter de vous voir en
passant. Je compte demeurer quelque temps avec vous, si
le Seigneur le permet. 8 Pour le moment, je vais rester à
Ephèse jusqu'à la Pentecôte, 9 car j'y ai trouvé de grandes
possibilités d'action – en même temps que beaucoup
d'adversaires.
10 Si Timothée arrive, veillez à ce qu'il se sente à l'aise
parmi vous, car il travaille à l'œuvre du Seigneur, tout
comme moi.
11 Que personne ne le méprise donc. A son départ, four-
nissez-lui les moyens de revenir dans la paix auprès de
moi, car je l'attends, lui et les frères qui l'accompagnent.
12 Quant à notre frère Apollos, je l'ai encouragé à plusieurs reprises à se joindre aux frères qui retournent chez
vous, mais il n'a pas du tout l'intention d'entreprendre
ce voyage maintenant. Il ira certainement dès qu'il en
trouvera l'occasion.

Recommandations finales

13 Soyez vigilants, demeurez fermes dans la foi, faites
preuve de courage, soyez forts. 14 Que l'amour inspire
toutes vos actions.
15 Encore une recommandation, frères et sœurs : vous
connaissez Stéphanas et sa famille. Vous vous souvenez
qu'ils ont été les premiers à se convertir au Seigneur dans
toute l'Achaïe. Vous savez qu'ils se sont spontanément mis

---

[r] **15.55** Os 13.14 cité selon l'ancienne version grecque.
[s] **16.1** Voir 7.1 et note.
[t] **16.6** Alors que la mer était fermée à la navigation et qu'il ne pouvait pas se rendre en Israël. Paul a effectivement passé trois mois d'hiver à Corinthe (Ac 20.3).

you, brothers and sisters, 16 to submit to such people and to everyone who joins in the work and labors at it. 17 I was glad when Stephanas, Fortunatus and Achaicus arrived, because they have supplied what was lacking from you. 18 For they refreshed my spirit and yours also. Such men deserve recognition.

Final Greetings

19 The churches in the province of Asia send you greetings.

Aquila and Priscilla[n] greet you warmly in the Lord, and so does the church that meets at their house.

20 All the brothers and sisters here send you greetings.

Greet one another with a holy kiss.

21 I, Paul, write this greeting in my own hand.

22 If anyone does not love the Lord, let that person be cursed! Come, Lord[o]!

23 The grace of the Lord Jesus be with you.

24 My love to all of you in Christ Jesus. Amen.[p]

au service des membres du peuple saint. 16 Soumettez-vou vous aussi, à de telles personnes et à ceux qui partagen leur travail et leurs efforts.

17 Je suis heureux de la visite de Stéphanas, d Fortunatus et d'Achaïcus[u] : ils ont fait pour moi ce qu votre éloignement vous a empêchés de faire. 18 Ils m'or réconforté, comme ils l'ont souvent fait pour vous. Sache donc apprécier de tels hommes.

Salutations

19 Les Eglises de la province d'Asie vous saluent. Aquila et Prisca vous envoient leurs salutations au nom d Seigneur, ainsi que l'Eglise qui se réunit dans leur maison

20 Tous les frères et sœurs vous saluent. Saluez-vous le uns les autres en vous donnant le baiser fraternel.

21 C'est moi, Paul, qui écris cette salutation de ma pro pre main. 22 Si quelqu'un n'aime pas le Seigneur, qu'il soi maudit[v].

Marana tha[w]. (Notre Seigneur, viens !)

23 Que la grâce du Seigneur Jésus soit avec vous !

24 Mon amour vous accompagne tous, dans l'union ave Jésus-Christ.

Amen !

n **16:19** Greek *Prisca*, a variant of *Priscilla*

o **16:22** The Greek for *Come, Lord* reproduces an Aramaic expression (Marana tha) used by early Christians.

p **16:24** Some manuscripts do not have *Amen*.

u **16.17** Sans doute, ces trois chrétiens de Corinthe avaient-ils apporté à Paul la lettre des Corinthiens.

v **16.22** Autre traduction : *il n'a pas sa place parmi vous.*

w **16.22** Expression araméenne. On peut aussi comprendre : *Maran atha,* ce qui veut dire : *le Seigneur vient.*

2 Corinthians

[1]Paul, an apostle of Christ Jesus by the will of
God, and Timothy our brother,
To the church of God in Corinth, together with all
s holy people throughout Achaia:
[2]Grace and peace to you from God our Father and
ıe Lord Jesus Christ.

raise to the God of All Comfort

[3]Praise be to the God and Father of our Lord Jesus
ırist, the Father of compassion and the God of all
omfort, [4]who comforts us in all our troubles, so
ıat we can comfort those in any trouble with the
omfort we ourselves receive from God. [5]For just as
e share abundantly in the sufferings of Christ, so
so our comfort abounds through Christ. [6]If we are
istressed, it is for your comfort and salvation; if we
re comforted, it is for your comfort, which produces
ı you patient endurance of the same sufferings we
ıffer. [7]And our hope for you is firm, because we know
ıat just as you share in our sufferings, so also you
ıare in our comfort.
[8]We do not want you to be uninformed, brothers
nd sisters,[a] about the troubles we experienced in the
rovince of Asia. We were under great pressure, far
eyond our ability to endure, so that we despaired of
fe itself. [9]Indeed, we felt we had received the sen-
ence of death. But this happened that we might not
ely on ourselves but on God, who raises the dead.
[10]He has delivered us from such a deadly peril, and
e will deliver us again. On him we have set our hope
hat he will continue to deliver us, [11]as you help us
y your prayers. Then many will give thanks on our
ehalf for the gracious favor granted us in answer to
he prayers of many.

aul's Change of Plans

[12]Now this is our boast: Our conscience testifies
hat we have conducted ourselves in the world, and
specially in our relations with you, with integrity[b]
nd godly sincerity. We have done so, relying not on

1:8 The Greek word for *brothers and sisters* (*adelphoi*) refers here
o believers, both men and women, as part of God's family; also in
:1; 13:11.
1:12 Many manuscripts *holiness*

Deuxième lettre aux Corinthiens

Salutation

1 [1]Paul, apôtre de Jésus-Christ par la volonté de Dieu,
et le frère Timothée, saluent l'Eglise de Dieu qui est
à Corinthe[a] ainsi que tous les membres du peuple saint
dans l'ensemble de l'Achaïe[b].
[2]Que la grâce et la paix vous soient accordées par Dieu
notre Père et par le Seigneur Jésus-Christ.

Prière de reconnaissance

[3]Béni soit Dieu, le Père de notre Seigneur Jésus-Christ,
le Père qui est plein de bonté, le Dieu qui réconforte dans
toutes les situations. [4]Il nous réconforte dans toutes nos
détresses, afin qu'à notre tour nous soyons capables de réconforter ceux qui passent par toutes sortes de détresses,
en leur apportant le réconfort que Dieu nous a apporté.
[5]De même, en effet, que les souffrances de Christ sura-
bondent dans notre vie, le réconfort qu'il nous donne
surabonde. [6]Si donc nous passons par la détresse, c'est
pour votre réconfort et votre salut. Et si nous sommes
réconfortés, c'est pour que vous receviez, vous aussi, du
réconfort afin de pouvoir supporter les mêmes souffrances
que celles que nous endurons.
[7]Et nous possédons à votre sujet une ferme espérance.
Car nous savons que si vous avez part aux souffrances,
vous avez aussi part au réconfort. [8]Il faut, en effet, que
vous sachiez, frères et sœurs, quelle détresse nous avons
connue dans la province d'Asie[c]. Nous étions écrasés, à
bout de forces, au point même que nous désespérions de
conserver la vie.
[9]Nous avions accepté en nous-mêmes notre condamnation à mort. Cela nous a appris à ne pas mettre notre
confiance en nous-mêmes, mais uniquement en Dieu qui
ressuscite les morts. [10]C'est lui qui nous a délivrés d'une
telle mort et qui nous en délivrera encore. Oui, nous avons
cette espérance en lui qu'il nous délivrera encore, [11]et vous
y contribuez en priant pour nous. Ainsi, le don de la grâce
qu'il nous accorde en réponse aux prières de beaucoup,
sera aussi pour beaucoup une occasion de remercier Dieu
à notre sujet.

Les problèmes de relations entre Paul et les Corinthiens

L'ajournement de la visite de Paul

[12]S'il est une chose dont nous pouvons être fiers, c'est
le témoignage de notre conscience ; il nous atteste que
nous nous sommes conduits dans le monde, et tout spécialement envers vous, avec la sincérité[d] et la pureté qui
viennent de Dieu, en nous fondant, non sur une sagesse

[a] **1.1** Cette lettre a été envoyée de Macédoine (voir note 1.16) environ deux années après 1 Corinthiens.
[b] **1.1** Province romaine occupant la moitié sud de la Grèce.
[c] **1.8** Province romaine à l'ouest de l'Asie Mineure ; capitale : Ephèse. Nous ne savons pas à quelle épreuve l'apôtre fait allusion. C'était certainement un danger plus grave que l'épisode mentionné en Ac 19.23-40.
[d] **1.12** Certains manuscrits ont : *sainteté*.

worldly wisdom but on God's grace. 13 For we do not write you anything you cannot read or understand. And I hope that, 14 as you have understood us in part, you will come to understand fully that you can boast of us just as we will boast of you in the day of the Lord Jesus.

15 Because I was confident of this, I wanted to visit you first so that you might benefit twice. 16 I wanted to visit you on my way to Macedonia and to come back to you from Macedonia, and then to have you send me on my way to Judea. 17 Was I fickle when I intended to do this? Or do I make my plans in a worldly manner so that in the same breath I say both "Yes, yes" and "No, no"?

18 But as surely as God is faithful, our message to you is not "Yes" and "No." 19 For the Son of God, Jesus Christ, who was preached among you by us – by me and Silas[c] and Timothy – was not "Yes" and "No," but in him it has always been "Yes." 20 For no matter how many promises God has made, they are "Yes" in Christ. And so through him the "Amen" is spoken by us to the glory of God. 21 Now it is God who makes both us and you stand firm in Christ. He anointed us, 22 set his seal of ownership on us, and put his Spirit in our hearts as a deposit, guaranteeing what is to come.

23 I call God as my witness – and I stake my life on it – that it was in order to spare you that I did not return to Corinth. 24 Not that we lord it over your faith, but we work with you for your joy, because it is by faith you stand firm.

2 1 So I made up my mind that I would not make another painful visit to you. 2 For if I grieve you, who is left to make me glad but you whom I have grieved? 3 I wrote as I did, so that when I came I would not be distressed by those who should have made me rejoice. I had confidence in all of you, that you would all share my joy. 4 For I wrote you out of great distress and anguish of heart and with many

[c] 1:19 Greek *Silvanus*, a variant of *Silas*

purement humaine, mais sur la grâce de Dieu. 13 Car ce qu nous vous écrivons dans nos lettres ne veut pas dire aut chose que ce que vous pouvez y lire et y comprendre. j'espère que vous le comprendrez pleinement 14 – comm vous l'avez déjà compris en partie : vous pouvez être fie de nous, comme nous le serons de vous au jour de not Seigneur Jésus.

15 Persuadé que telle était votre pensée, je m'éta proposé de me rendre chez vous en premier lieu, afi de vous procurer une double joie[e] : 16 je comptais pass par chez vous en allant en Macédoine, puis revenir d Macédoine[f] chez vous. Vous auriez alors pu m'aider à pou suivre mon voyage vers la Judée[g].

17 En formant ce projet, ai-je fait preuve de légèreté ? O bien mes plans seraient-ils inspirés par des motifs pur ment humains, en sorte que lorsque je dis « oui », ce pourrait être « non »[h] ?

18 Aussi vrai que Dieu est digne de confiance, je vou le garantis : la parole que nous vous avons adressée n'e pas à la fois « oui » et « non ». 19 Car Jésus-Christ, le Fi de Dieu, que moi-même comme Silvain[i] et Timothée nou avons proclamé parmi vous, n'a pas été à la fois oui et no En lui était le oui : 20 car c'est en lui que Dieu a dit « oui à tout ce qu'il avait promis. Aussi est-ce par lui que nou disons « oui », « amen », pour que la gloire revienne à Die 21 C'est Dieu, en effet, qui nous a fermement unis avec vou à Christ et qui nous a consacrés à lui par son onction. 22 I c'est encore Dieu qui nous a marqués de son sceau, com me sa propriété, et qui a mis dans notre cœur son Espr comme acompte des biens à venir.

23 Pourquoi donc ne suis-je pas encore revenu Corinthe ? J'en prends Dieu à témoin sur ma vie : c'es parce que je voulais vous ménager ; 24 notre rôle n'est pa de dominer sur votre foi, mais de collaborer ensemble votre joie, car vous tenez ferme dans la foi.

2 1 C'est pourquoi j'ai décidé de ne pas retourner che vous pour ne pas vous attrister[j]. 2 Car si je vous plong dans la tristesse, qui pourra encore réjouir mon cœur si c n'est ceux que j'aurais moi-même attristés[k] ?

3 Si je vous ai écrit comme je l'ai fait dans ma précédent lettre[l], c'était précisément pour qu'en venant chez vous j ne sois pas attristé par ceux-là mêmes qui devaient fair ma joie. J'ai, en effet, la conviction en ce qui vous concern que ce qui fait ma joie fait aussi la vôtre à vous tous.

4 Aussi est-ce dans une profonde détresse, le cœur serr et avec bien des larmes que je vous ai écrit cette lettre, no

[e] 1.15 Certains manuscrits ont : *un bienfait.*

[f] 1.16 Province romaine occupant la moitié nord de la Grèce ; capitale : Thessalonique où il y avait une Eglise ainsi qu'à Philippes et à Bérée.

[g] 1.16 Sur ce projet, voir 1 Co 16.5-9.

[h] 1.17 On avait reproché à Paul de modifier ses plans de voyage au gré de sa fantaisie.

[i] 1.19 Appelé aussi Silas. Un collaborateur de Paul ayant fait partie, comme Timothée, de l'équipe qui avait évangélisé Corinthe (voir Ac 15.22-40 ; 16.19-29 ; 18.1-5 ; 1 P 5.12).

[j] 2.1 Allusion à une visite rapide de l'apôtre après l'envoi de 1 Corinthiens et à l'échec de la mission de Timothée (voir note 13.1). Paul fut reçu froidement et humilié par un membre de l'Eglise sans que celle-ci intervienne (v. 5-11).

[k] 2.2 Autre traduction : *si ce n'est celui que j'aurais moi-même attristé,* c'est-à-dire celui qui a offensé Paul, selon les v. 5-11.

[l] 2.3 Allusion à une lettre qui ne nous est pas parvenue (sa troisième lettre aux Corinthiens, 2 Corinthiens étant la quatrième). Certains cependant pensent que la lettre à laquelle Paul fait ici allusion pourrait être 1 Corinthiens, auquel cas 2 Corinthiens serait la troisième qu'il a écrite à cette Eglise.

ars, not to grieve you but to let you know the depth my love for you.

›rgiveness for the Offender

5 If anyone has caused grief, he has not so much ·ieved me as he has grieved all of you to some ex-nt – not to put it too severely. 6 The punishment flicted on him by the majority is sufficient. 7 Now stead, you ought to forgive and comfort him, so at he will not be overwhelmed by excessive sor-ɔw. 8 I urge you, therefore, to reaffirm your love for im. 9 Another reason I wrote you was to see if you ould stand the test and be obedient in everything. Anyone you forgive, I also forgive. And what I have ›rgiven – if there was anything to forgive – I have ›rgiven in the sight of Christ for your sake, 11 in or-er that Satan might not outwit us. For we are not naware of his schemes.

linisters of the New Covenant

12 Now when I went to Troas to preach the gospel f Christ and found that the Lord had opened a door ɔr me, 13 I still had no peace of mind, because I did ot find my brother Titus there. So I said goodbye to ıem and went on to Macedonia.

14 But thanks be to God, who always leads us as aptives in Christ's triumphal procession and uses s to spread the aroma of the knowledge of him ev-rywhere. 15 For we are to God the pleasing aroma of hrist among those who are being saved and those vho are perishing. 16 To the one we are an aroma that rings death; to the other, an aroma that brings life. nd who is equal to such a task? 17 Unlike so many, ve do not peddle the word of God for profit. On the ontrary, in Christ we speak before God with sincerity, s those sent from God.

3 1 Are we beginning to commend ourselves again? Or do we need, like some people, letters of rec-ommendation to you or from you? 2 You yourselves are ɔur letter, written on our hearts, known and read by everyone. 3 You show that you are a letter from Christ, he result of our ministry, written not with ink but

pour vous attrister, mais pour que vous sachiez combien je vous aime.

Le pardon du coupable

5 Si l'un de vous a été une cause de tristesse, ce n'est pas moi qu'il a attristé, mais vous tous, ou du moins une partie d'entre vous, pour ne rien exagérer. 6 Le blâme que lui a infligé la majorité d'entre vous est suffisant pour cet homme. 7 Aussi devriez-vous à présent lui accorder votre pardon et le réconforter, afin qu'il ne soit pas accablé par une tristesse excessive.

8 Je vous engage donc à lui témoigner de l'amour. 9 Car je vous ai aussi écrit pour vous mettre à l'épreuve et voir si vous obéissez en toutes choses. 10 Celui à qui vous accordez le pardon, je lui pardonne moi aussi. Et si j'ai pardonné – pour autant que j'aie eu quelque chose à pardonner – je l'ai fait à cause de vous, devant Christ, 11 pour ne pas laisser Satan prendre l'avantage sur nous : nous ne connaissons en effet que trop bien ses intentions.

L'inquiétude de Paul

12 Je suis allé à Troas pour y annoncer l'Evangile de Christ. J'y ai trouvé, grâce au Seigneur, des portes largement ouvertes à mon activité. 13 Cependant, je n'ai pas eu l'esprit tranquille parce que je n'y avais pas retrouvé mon frère Tite. C'est pourquoi j'ai pris congé des croyants et je suis parti pour la Macédoine.

DÉFENSE DU MINISTÈRE APOSTOLIQUE

Le triomphe de Christ

14 Je ne puis que remercier Dieu : il nous traîne toujours dans son cortège triomphal, par notre union avec Christ[m], et il se sert de nous pour répandre en tout lieu, comme un parfum, la connaissance de Christ. 15 Oui, nous sommes, pour Dieu, comme le parfum de Christ parmi ceux qui sont sur la voie du salut et parmi ceux qui sont sur la voie de la perdition. 16 Pour les uns, c'est une odeur de mort qui les mène à la mort, pour les autres, c'est une odeur de vie qui les conduit à la vie.

Et qui donc est à la hauteur d'une telle tâche ? 17 En tout cas nous, nous ne sommes pas comme tant d'autres qui accommodent la Parole de Dieu pour en tirer profit. C'est avec des intentions pures, de la part de Dieu, dans l'union avec Christ que nous annonçons la Parole.

Les serviteurs de la nouvelle alliance

3 1 En parlant ainsi, commençons-nous de nouveau à nous recommander nous-mêmes, ou avons-nous besoin, comme certains, de vous présenter des lettres de recommandation ou de vous en demander[n] ? 2 Notre lettre c'est vous-mêmes, une lettre écrite dans notre cœur, que tout le monde peut connaître et lire. 3 Il est évident que vous êtes une lettre que Christ a confiée à notre ministère et qu'il nous a fait écrire, non avec de l'encre, mais par

---

[m] **2.14** L'image est celle du cortège triomphal du général romain (Dieu) qui entrait à Rome, traînant avec lui ses prisonniers (les apôtres) (cf. 4.7-10 ; 6.3-10).

[n] **3.1** Les adversaires de Paul étaient venus à Corinthe munis de lettres de recommandation émanant probablement de Jérusalem. Avant de repartir, ils avaient demandé de telles lettres aux Corinthiens pour continuer leur mission dans d'autres Eglises.

with the Spirit of the living God, not on tablets of stone but on tablets of human hearts.

4 Such confidence we have through Christ before God. 5 Not that we are competent in ourselves to claim anything for ourselves, but our competence comes from God. 6 He has made us competent as ministers of a new covenant – not of the letter but of the Spirit; for the letter kills, but the Spirit gives life.

The Greater Glory of the New Covenant

7 Now if the ministry that brought death, which was engraved in letters on stone, came with glory, so that the Israelites could not look steadily at the face of Moses because of its glory, transitory though it was, 8 will not the ministry of the Spirit be even more glorious? 9 If the ministry that brought condemnation was glorious, how much more glorious is the ministry that brings righteousness! 10 For what was glorious has no glory now in comparison with the surpassing glory. 11 And if what was transitory came with glory, how much greater is the glory of that which lasts!

12 Therefore, since we have such a hope, we are very bold. 13 We are not like Moses, who would put a veil over his face to prevent the Israelites from seeing the end of what was passing away. 14 But their minds were made dull, for to this day the same veil remains when the old covenant is read. It has not been removed, because only in Christ is it taken away. 15 Even to this day when Moses is read, a veil covers their hearts. 16 But whenever anyone turns to the Lord, the veil is taken away. 17 Now the Lord is the Spirit, and where the Spirit of the Lord is, there is freedom. 18 And we all, who with unveiled faces contemplate[d] the Lord's glory, are being transformed into his image with ever-increasing glory, which comes from the Lord, who is the Spirit.

Present Weakness and Resurrection Life

4 1 Therefore, since through God's mercy we have this ministry, we do not lose heart. 2 Rather, we have renounced secret and shameful ways; we do not use deception, nor do we distort the word of God. On the contrary, by setting forth the truth plainly we commend ourselves to everyone's conscience in the

[d] **3:18** Or *reflect*

l'Esprit du Dieu vivant, non sur des tablettes de pierr mais sur des tablettes de chair : sur votre cœur.

4 Telle est l'assurance que nous avons par Chri devant Dieu. 5 Cela ne veut pas dire que nous puissio nous considérer par nous-mêmes à la hauteur d'une te tâche[p] ; au contraire, notre capacité vient de Dieu. 6 C'e lui qui nous a rendus capables d'être les serviteurs d'u nouvelle alliance qui ne dépend pas de la Loi, avec s commandements écrits, mais de l'Esprit. Car la Loi, av ses commandements écrits, inflige la mort. L'Esprit, lu communique la vie.

7 Le ministère de Moïse, au service de la Loi, dont l lettres ont été gravées sur des pierres, a conduit à la mor Cependant, ce ministère a été glorieux, au point que l Israélites n'ont pas pu regarder Moïse en face, à cause c la gloire, pourtant passagère, dont rayonnait son visag 8 Mais alors, le ministère au service de l'Esprit ne sera-t pas bien plus glorieux encore ?

9 En effet, si le ministère qui a entraîné la condamnatic des hommes a été glorieux, combien plus glorieux est cel qui conduit les hommes à être déclarés justes par Dieu 10 On peut même dire que cette gloire du passé perd to son éclat quand on la compare à la gloire présente qui l est bien supérieure. 11 Car si ce qui est passager a été touch par la gloire, combien plus grande sera la gloire de ce q demeure éternellement !

12 Cette espérance nous remplit d'assurance. 13 Nous n faisons pas comme Moïse qui « couvrait son visage d'u voile » pour empêcher les Israélites de voir la réalité ve laquelle tendait ce qui était passager[q].

14 Mais leur esprit est devenu incapable de comprendre aujourd'hui encore, lorsqu'ils lisent le Livre de l'Ancien Alliance[r], ce même voile demeure ; il ne leur est pas ôt car c'est dans l'union avec Christ qu'il est levé.

15 Aussi, jusqu'à ce jour, toutes les fois que les Israélite lisent les écrits de Moïse, un voile leur couvre l'espri 16 Mais, comme le dit l'Ecriture : *Lorsque Moïse se tourna vers le Seigneur, il ôtait le voile*[s]. 17 *Le Seigneur* dont parle texte, c'est l'Esprit[t], et là où est l'Esprit du Seigneur, l règne la liberté.

18 Et nous tous qui, le visage découvert, contemplons[u] comme dans un miroir, la gloire du Seigneur, nous somme transformés en son image dans une gloire dont l'éclat n cesse de grandir. C'est là l'œuvre du Seigneur, c'est-à-dir de l'Esprit.

Un trésor dans des vases d'argile

4 1 Ainsi, puisque tel est le ministère que Dieu nou a confié dans sa bonté, nous ne perdons pas cour age. 2 Nous rejetons les intrigues et les procédés indignes Nous ne recourons pas à la ruse et nous ne falsifions pa la Parole de Dieu. Au contraire, en faisant connaître l vérité, nous nous en remettons devant Dieu au jugemen de tout homme.

[o] **3.3** Allusion aux tables de la Loi (Ex 24.12 ; 31.18 ; 34.28-29).
[p] **3.5** Autre traduction : *cela ne veut pas dire que nous soyons capables de concevoir quelque chose par nous-mêmes.*
[q] **3.13** Ex 34.35. D'autres comprennent : *de voir le terme auquel tendait ce qu était passager.*
[r] **3.14** C'est-à-dire l'Ancien Testament.
[s] **3.16** Ex 34.34. D'autres comprennent : *lorsque quelqu'un se tourne vers le Seigneur, le voile est ôté.*
[t] **3.17** D'autres comprennent : *le Seigneur, c'est l'Esprit.*
[u] **3.18** Autre traduction : *reflétons.*

ght of God. 3And even if our gospel is veiled, it is
eiled to those who are perishing. 4The god of this
ge has blinded the minds of unbelievers, so that they
annot see the light of the gospel that displays the
lory of Christ, who is the image of God. 5For what
e preach is not ourselves, but Jesus Christ as Lord,
nd ourselves as your servants for Jesus' sake. 6For
od, who said, "Let light shine out of darkness," made
is light shine in our hearts to give us the light of
he knowledge of God's glory displayed in the face
f Christ.

7But we have this treasure in jars of clay to show
hat this all-surpassing power is from God and not
om us. 8We are hard pressed on every side, but not
rushed; perplexed, but not in despair; 9persecuted,
ut not abandoned; struck down, but not destroyed.
10We always carry around in our body the death of
esus, so that the life of Jesus may also be revealed
n our body. 11For we who are alive are always being
iven over to death for Jesus' sake, so that his life may
lso be revealed in our mortal body. 12So then, death
s at work in us, but life is at work in you.
13It is written: "I believed; therefore I have spoken."[e]
ince we have that same spirit of[f] faith, we also believe
nd therefore speak, 14because we know that the one
who raised the Lord Jesus from the dead will also raise
s with Jesus and present us with you to himself. 15All
his is for your benefit, so that the grace that is reach-
ng more and more people may cause thanksgiving to
verflow to the glory of God.

16Therefore we do not lose heart. Though outward-
y we are wasting away, yet inwardly we are being
enewed day by day. 17For our light and momentary
roubles are achieving for us an eternal glory that far
utweighs them all. 18So we fix our eyes not on what
s seen, but on what is unseen, since what is seen is
emporary, but what is unseen is eternal.

Awaiting the New Body

5 1For we know that if the earthly tent we live in
is destroyed, we have a building from God, an
eternal house in heaven, not built by human hands.
2Meanwhile we groan, longing to be clothed instead
with our heavenly dwelling, 3because when we are
clothed, we will not be found naked. 4For while we are
n this tent, we groan and are burdened, because we
lo not wish to be unclothed but to be clothed instead
with our heavenly dwelling, so that what is mortal

[e] 4:13 Psalm 116:10 (see Septuagint)
[f] 4:13 Or *Spirit-given*

3Et si notre Evangile demeure « voilé », il ne l'est que
pour ceux qui vont à la perdition, 4pour les incrédules. Le
dieu de ce monde a aveuglé leur esprit et les empêche ainsi
de voir briller la lumière de l'Evangile qui fait resplendir
la gloire de Christ, lui qui est l'image de Dieu.
5Ce n'est pas nous-mêmes que nous mettons en avant
dans notre prédication, c'est le Seigneur Jésus-Christ.
Nous-mêmes, nous sommes vos serviteurs à cause de Jésus.
6En effet, le même Dieu qui, un jour, a dit : *Que la lumière
brille du sein des ténèbres,* a lui-même brillé dans notre cœur
pour y faire resplendir la connaissance de la gloire de Dieu
qui rayonne du visage de Jésus-Christ.
7Mais ce trésor, nous le portons dans des vases faits
d'argile, pour que ce soit la puissance extraordinaire de
Dieu qui se manifeste, et non notre propre capacité.
8Ainsi, nous sommes accablés par toutes sortes de
détresses et cependant jamais écrasés. Nous sommes
désemparés, mais non désespérés, 9persécutés, mais non
abandonnés, terrassés, mais non pas anéantis.
10Oui, nous portons toujours et en tout lieu, dans notre
corps, la mort de Jésus, afin que la vie de Jésus soit, elle
aussi, rendue manifeste par notre corps. 11Car sans cesse,
nous qui vivons, nous sommes exposés à la mort à cause de
Jésus, afin que la vie de Jésus soit aussi rendue manifeste
dans notre corps mortel.
12Ainsi, la mort fait son œuvre en nous, et la vie en vous.
13Nous sommes animés de ce même esprit de foi dont il
est question dans cette parole de l'Ecriture : *J'ai cru, voilà
pourquoi j'ai parlé*[v]. Nous aussi nous croyons, et c'est pour
cela que nous parlons. 14Nous savons en effet que Dieu,
qui a ressuscité le Seigneur Jésus, nous ressuscitera aussi
avec Jésus, et nous fera paraître, avec vous, en sa présence.
15Ainsi, tout ce que nous endurons, c'est à cause de vous,
pour que la grâce abonde en atteignant des hommes toujours plus nombreux, et qu'ainsi augmente le nombre des
prières de reconnaissance à la gloire de Dieu.
16Voilà pourquoi nous ne perdons pas courage. Et même
si notre être extérieur se détériore peu à peu, intérieurement, nous sommes renouvelés de jour en jour.
17En effet, nos détresses présentes sont passagères et
légères par rapport au poids insurpassable de gloire éternelle qu'elles nous préparent. 18Et nous ne portons pas
notre attention sur les choses visibles, mais sur les réalités
encore invisibles. Car les réalités visibles ne durent qu'un
temps, mais les invisibles demeureront éternellement.

5 1Nous le savons, en effet : si notre demeure, cette
tente que nous habitons sur la terre, vient à être
détruite, nous avons au ciel une maison que Dieu nous
a préparée, une habitation éternelle qui n'est pas l'œuvre de l'homme. 2Car, dans cette tente, nous gémissons
parce que nous attendons, avec un ardent désir, de revêtir,
par-dessus l'autre[w], notre domicile qui est de nature céleste[x] 3– si, bien sûr, cela se produit tant que nous sommes
encore vêtus de notre corps, et non quand la mort nous
en aura dépouillés.
4En effet, nous qui vivons dans cette tente, nous gémissons, accablés, parce que nous voulons, non pas nous
dévêtir, mais revêtir un vêtement par-dessus l'autre. Ainsi
ce qui est mortel sera absorbé par la vie.

[v] 4.13 Ps 116.10 cité selon l'ancienne version grecque.
[w] 5.2 Autre traduction : *de revêtir pleinement.*
[x] 5.2 Dans tout ce passage, Paul passe constamment de l'image d'un habit à celle d'une habitation.

may be swallowed up by life. 5Now the one who has
fashioned us for this very purpose is God, who has
given us the Spirit as a deposit, guaranteeing what
is to come.

6Therefore we are always confident and know that
as long as we are at home in the body we are away
from the Lord. 7For we live by faith, not by sight. 8We
are confident, I say, and would prefer to be away from
the body and at home with the Lord. 9So we make it
our goal to please him, whether we are at home in
the body or away from it. 10For we must all appear
before the judgment seat of Christ, so that each of us
may receive what is due us for the things done while
in the body, whether good or bad.

The Ministry of Reconciliation

11Since, then, we know what it is to fear the Lord,
we try to persuade others. What we are is plain to God,
and I hope it is also plain to your conscience. 12We are
not trying to commend ourselves to you again, but are
giving you an opportunity to take pride in us, so that
you can answer those who take pride in what is seen
rather than in what is in the heart. 13If we are "out of
our mind," as some say, it is for God; if we are in our
right mind, it is for you. 14For Christ's love compels
us, because we are convinced that one died for all, and
therefore all died. 15And he died for all, that those who
live should no longer live for themselves but for him
who died for them and was raised again.

16So from now on we regard no one from a worldly
point of view. Though we once regarded Christ in this
way, we do so no longer. 17Therefore, if anyone is in
Christ, the new creation has come:[g] The old has gone,
the new is here! 18All this is from God, who reconciled
us to himself through Christ and gave us the ministry of reconciliation: 19that God was reconciling
the world to himself in Christ, not counting people's
sins against them. And he has committed to us the
message of reconciliation. 20We are therefore Christ's
ambassadors, as though God were making his appeal
through us. We implore you on Christ's behalf: Be
reconciled to God. 21God made him who had no sin
to be sin[h] for us, so that in him we might become the
righteousness of God.

6 1As God's co-workers we urge you not to receive
God's grace in vain. 2For he says,

"In the time of my favor I heard you,
and in the day of salvation I helped you."

[g] 5:17 Or *Christ, that person is a new creation.*
[h] 5:21 Or *be a sin offering*

5C'est Dieu lui-même qui nous a destinés à un tel aven
et qui nous a accordé son Esprit comme acompte des bie
à venir. 6Nous sommes donc, en tout temps, pleins de cou
age, et nous savons que, tant que nous séjournons dans
corps, nous demeurons loin du Seigneur – 7car nous vivo
guidés par la foi, non par la vue. 8Nous sommes pleins
courage, mais nous préférerions quitter ce corps pour all
demeurer auprès du Seigneur.

9Aussi, que nous restions dans ce corps ou que no
le quittions, notre ambition est de plaire au Seigneu
10Car nous aurons tous à comparaître devant le tribun
de Christ, et chacun recevra ce qui lui revient selon l
actes, bons ou mauvais, qu'il aura accomplis par son corp

Le service de la réconciliation

11C'est pourquoi, sachant ce qu'est la crainte d
Seigneur, nous cherchons à convaincre les hommes,
Dieu sait parfaitement ce que nous sommes. J'espère d'ai
leurs que, dans votre conscience, vous le savez, vous auss
12Nous ne nous recommandons pas à nouveau aupr
de vous. Nous voulons seulement vous donner de bonn
raisons d'être fiers de nous. Ainsi vous saurez répondr
à ceux qui trouvent des raisons de se vanter dans les a
parences et non dans leur cœur. 13Quant à nous, s'il no
est arrivé de dépasser la mesure, c'est pour Dieu. Si no
montrons de la modération, c'est pour vous.

14En effet, l'amour de Christ nous étreint, car nous avo
acquis la certitude qu'un seul homme est mort pour tous
donc tous sont morts en lui. 15Et il est mort pour tous af
que ceux qui vivent ne vivent plus pour eux-mêmes, ma
pour celui qui est mort à leur place et ressuscité pour eu

16Ainsi, désormais, nous ne considérons plus person
d'une manière purement humaine. Certes, autrefois, no
avons considéré Christ de cette manière, mais ce n'est pl
ainsi que nous le considérons maintenant.

17Ainsi, si quelqu'un est uni à Christ, il appartient à un
nouvelle création[y] : les choses anciennes sont passées
voici, *les choses nouvelles* sont venues. 18Tout cela est l'œu
vre de Dieu, qui nous a réconciliés avec lui par Christ e
qui nous a confié le ministère de la réconciliation. 19E
effet, Dieu était en Christ, réconciliant les hommes ave
lui-même, sans tenir compte de leurs fautes, et il a fa
de nous les dépositaires du message de la réconciliatio
20Nous faisons donc fonction d'ambassadeurs au nom d
Christ, comme si Dieu adressait par nous cette invitatio
aux hommes : « Au nom de Christ, nous vous en supplions
soyez réconciliés avec Dieu. 21Celui qui était innocent d
tout péché, Dieu l'a condamné comme un pécheur à notr
place[z] pour que, dans l'union avec Christ, nous recevion
la justice que Dieu accorde[a]. »

6 1Aussi, nous qui travaillons ensemble à cette tâche
nous vous invitons à ne pas laisser sans effet la grâc
que vous avez reçue de Dieu. 2En effet, Dieu déclare dan
l'Ecriture :

Au moment favorable,
j'ai répondu à ton appel,
et au jour du salut,
je suis venu à ton secours.

[y] 5.17 Autre traduction : *il est une nouvelle créature.*
[z] 5.21 D'autres comprennent : *Dieu l'a fait sacrifice pour le péché pour nous.*
[a] 5.21 D'autres comprennent : *afin que, par Christ, la justice de Dieu se réalis en nous.*

ell you, now is the time of God's favor, now is the
ay of salvation.

ul's Hardships

[3]We put no stumbling block in anyone's path, so
at our ministry will not be discredited. [4]Rather,
servants of God we commend ourselves in every
ay: in great endurance; in troubles, hardships and
stresses; [5]in beatings, imprisonments and riots; in
ard work, sleepless nights and hunger; [6]in purity,
nderstanding, patience and kindness; in the Holy
pirit and in sincere love; [7]in truthful speech and in
e power of God; with weapons of righteousness in
e right hand and in the left; [8]through glory and
ishonor, bad report and good report; genuine, yet
egarded as impostors; [9]known, yet regarded as un-
nown; dying, and yet we live on; beaten, and yet
ot killed; [10]sorrowful, yet always rejoicing; poor,
et making many rich; having nothing, and yet pos-
essing everything.

[11]We have spoken freely to you, Corinthians, and
pened wide our hearts to you. [12]We are not withhold-
ng our affection from you, but you are withholding
ours from us. [13]As a fair exchange – I speak as to my
hildren – open wide your hearts also.

Warning Against Idolatry

[14]Do not be yoked together with unbelievers.
or what do righteousness and wickedness have in
ommon? Or what fellowship can light have with
arkness? [15]What harmony is there between Christ
nd Belial[i]? Or what does a believer have in common
vith an unbeliever? [16]What agreement is there be-
ween the temple of God and idols? For we are the
emple of the living God. As God has said:

"I will live with them
and walk among them,
and I will be their God,
and they will be my people."

[7]Therefore,

"Come out from them
and be separate,
says the Lord.
Touch no unclean thing,
and I will receive you."

[8]And,

"I will be a Father to you,

Or, c'est maintenant, le moment tout à fait favorable ;
c'est aujourd'hui, le *jour du salut.*

[3]Pour que notre ministère soit sans reproche, nous évi-
tons, en toute chose, de causer la chute de qui que ce soit.
[4]Et voici comment nous nous recommandons nous-mêmes
en toutes choses comme serviteurs de Dieu : c'est en vivant
avec une persévérance sans faille

dans les détresses, les privations, les angoisses,
[5] dans les coups, les prisons, les émeutes,
dans les fatigues, les veilles, les jeûnes,
[6] c'est par la pureté, par la connaissance,
par la patience, par la bonté,
par l'Esprit Saint, par l'amour sans feinte,
[7] par la Parole de vérité, par la puissance de Dieu,
c'est par les armes de la justice, offensives ou
défensives,
[8] qu'on nous honore ou qu'on nous méprise,
que l'on dise de nous du mal ou du bien.

Et encore :

on nous prend pour des imposteurs, mais nous
disons la vérité,
[9] on nous prend pour des inconnus, et pourtant on
nous connaît bien,
on nous prend pour des mourants, et voici nous
sommes toujours en vie,
on nous prend pour des condamnés, mais nous ne
sommes pas exécutés,
[10] on nous croit affligés, et nous sommes toujours
joyeux,
pauvres, et nous faisons beaucoup de riches,
dépourvus de tout, alors que tout nous appartient.

[11]Chers Corinthiens, nous venons de vous parler en toute
franchise, nous vous avons largement ouvert notre cœur :
[12]vous n'y êtes pas à l'étroit, mais c'est vous qui faites
preuve d'étroitesse dans vos sentiments. [13]Laissez-moi
vous parler comme à mes enfants bien-aimés : rendez-nous
la pareille ! Ouvrez-nous, vous aussi, votre cœur !

La séparation d'avec le mal

[14]Ne vous mettez pas avec des incroyants sous un joug
qui n'est pas celui du Seigneur. En effet, ce qui est juste
peut-il s'unir à ce qui s'oppose à sa loi ? La lumière peut-
elle être solidaire des ténèbres ? [15]Christ peut-il s'accorder
avec le diable ? Que peut avoir en commun le croyant avec
l'incroyant ? [16]Quel accord peut-il exister entre le temple
de Dieu et les idoles ? Car nous sommes, nous, le temple
du Dieu vivant. Dieu lui-même l'a dit :

J'habiterai et je marcherai au milieu d'eux.
Je serai leur Dieu, et ils seront mon peuple.

[17] *C'est pourquoi : Sortez du milieu d'eux,*
Séparez-vous d'eux, dit le Seigneur.
N'ayez pas de contact avec ce qui est impur,
alors je vous accueillerai.

[18] *Je serai pour vous un Père,*

6:15 Greek *Beliar,* a variant of *Belial*

and you will be my sons and daughters,
says the Lord Almighty."

7

[1] Therefore, since we have these promises, dear friends, let us purify ourselves from everything that contaminates body and spirit, perfecting holiness out of reverence for God.

Paul's Joy Over the Church's Repentance

[2] Make room for us in your hearts. We have wronged no one, we have corrupted no one, we have exploited no one. [3] I do not say this to condemn you; I have said before that you have such a place in our hearts that we would live or die with you. [4] I have spoken to you with great frankness; I take great pride in you. I am greatly encouraged; in all our troubles my joy knows no bounds.

[5] For when we came into Macedonia, we had no rest, but we were harassed at every turn – conflicts on the outside, fears within. [6] But God, who comforts the downcast, comforted us by the coming of Titus, [7] and not only by his coming but also by the comfort you had given him. He told us about your longing for me, your deep sorrow, your ardent concern for me, so that my joy was greater than ever.

[8] Even if I caused you sorrow by my letter, I do not regret it. Though I did regret it – I see that my letter hurt you, but only for a little while – [9] yet now I am happy, not because you were made sorry, but because your sorrow led you to repentance. For you became sorrowful as God intended and so were not harmed in any way by us. [10] Godly sorrow brings repentance that leads to salvation and leaves no regret, but worldly sorrow brings death. [11] See what this godly sorrow has produced in you: what earnestness, what eagerness to clear yourselves, what indignation, what alarm, what longing, what concern, what readiness to see justice done. At every point you have proved yourselves to be innocent in this matter. [12] So even though I wrote to you, it was neither on account of the one who did the wrong nor on account of the injured party, but rather that before God you could see for yourselves how devoted to us you are. [13] By all this we are encouraged.

In addition to our own encouragement, we were especially delighted to see how happy Titus was, because his spirit has been refreshed by all of you. [14] I had boasted to him about you, and you have not embarrassed me. But just as everything we said to you was true, so our boasting about you to Titus has proved to be true as well. [15] And his affection for you is all the greater when he remembers that you were all obedient, receiving him with fear and trembling. [16] I am glad I can have complete confidence in you.

et vous serez pour moi des fils et des filles,
dit le Seigneur, le Tout-Puissant.

7

[1] Mes amis, puisque nous possédons ce qui nous a ét promis en ces termes, purifions-nous de tout ce q corrompt le corps et l'esprit, pour mener ainsi une v pleinement sainte, dans la crainte de Dieu.

Paul et les Corinthiens réconciliés

[2] Faites-nous une place dans votre cœur ! Nous n'avor causé de tort à personne, nous n'avons ruiné personn nous n'avons exploité personne. [3] En parlant ainsi, je n'e tends nullement vous condamner. Je vous l'ai déjà dit nous vous portons dans notre cœur à la vie et à la mor [4] Grande est mon assurance quand je parle de vous, granc est ma fierté à votre sujet. J'ai été pleinement réconfort je déborde de joie dans toutes nos détresses.

[5] En effet, à notre arrivée en Macédoine, nous n'avor pas eu un instant de repos, nous avons connu toutes sor es de détresses : conflits au-dehors, craintes au-dedan [6] Mais Dieu, qui réconforte ceux qui sont abattus, nous réconfortés par l'arrivée de Tite. [7] Ce n'est pas seulemer sa venue qui nous a réconfortés, mais aussi le réconfor qu'il avait reçu de vous. Il nous a fait part de votre arder désir de me revoir, de votre profonde tristesse, de votr dévouement à mon égard. Et tout cela n'a fait qu'augmente ma joie.

[8] C'est pourquoi, si je vous ai causé de la peine par m précédente lettre[b], je ne le regrette pas. Certes, je l'a d'abord regretté en voyant combien elle vous a attristé sur le moment. [9] Mais maintenant je me réjouis, non pa de votre tristesse, mais de ce que cette tristesse vous a amenés à changer d'attitude[c]. Car la tristesse que vou avez éprouvée était bonne aux yeux de Dieu, si bien qu'e fait nous ne vous avons causé aucun tort.

[10] En effet, la tristesse qui est bonne aux yeux de Die produit un changement d'attitude qui conduit au salut e qu'on ne regrette pas. La tristesse du monde, elle, produi la mort.

[11] Cette tristesse qui est bonne aux yeux de Dieu, voye quel empressement elle a produit en vous : quelles excuse vous avez présentées, quelle indignation vous avez man ifestée, et quelle crainte, quel ardent désir de me revoi quel zèle, quelle détermination à punir le mal ! Par tout votre attitude, vous avez prouvé que vous étiez innocent en cette affaire.

[12] Bref, si je vous ai écrit, ce n'était pas à cause de celu qui a commis l'offense ni à cause de celui qui l'a subie mais c'était pour que votre empressement pour nous soi manifesté devant Dieu parmi vous.

[13] C'est pourquoi votre réaction nous a réconfortés. A c réconfort s'est ajoutée une joie bien plus vive encore e voyant combien Tite était heureux à cause de la manièr dont vous avez apaisé ses craintes. [14] Ainsi, si je lui ai parl de vous avec quelque fierté, je n'ai pas eu à en rougir, ca l'éloge que je lui ai fait de vous s'est révélé conforme à l vérité, exactement comme tout ce que nous avons pu vou dire. [15] Aussi redouble-t-il d'affection pour vous quand il s rappelle votre obéissance à vous tous, et avec quels égard et quel respect vous l'avez accueilli.

[b] **7.8** Voir note 2.3.
[c] **7.9** Autres traductions : *à la repentance* ou *à changer de comportement.*

ıe Collection for the Lord's People

8 1And now, brothers and sisters, we want you to know about the grace that God has given the acedonian churches. 2In the midst of a very severe ial, their overflowing joy and their extreme pov-ty welled up in rich generosity. 3For I testify that ιey gave as much as they were able, and even beyond ιeir ability. Entirely on their own, 4they urgently eaded with us for the privilege of sharing in this rvice to the Lord's people. 5And they exceeded our pectations: They gave themselves first of all to the ord, and then by the will of God also to us. 6So we ged Titus, just as he had earlier made a beginning, bring also to completion this act of grace on your art. 7But since you excel in everything – in faith, in eech, in knowledge, in complete earnestness and the love we have kindled in you[j] – see that you also cel in this grace of giving.

8I am not commanding you, but I want to test the ncerity of your love by comparing it with the ear-estness of others. 9For you know the grace of our ord Jesus Christ, that though he was rich, yet for our sake he became poor, so that you through his overty might become rich.

10And here is my judgment about what is best for ou in this matter. Last year you were the first not nly to give but also to have the desire to do so. 11Now nish the work, so that your eager willingness to do it ay be matched by your completion of it, according to our means. 12For if the willingness is there, the gift is cceptable according to what one has, not according what one does not have.

13Our desire is not that others might be relieved hile you are hard pressed, but that there might be quality. 14At the present time your plenty will sup-ly what they need, so that in turn their plenty will upply what you need. The goal is equality, 15as it is ritten: "The one who gathered much did not have oo much, and the one who gathered little did not ave too little."

ʼitus Sent to Receive the Collection

16Thanks be to God, who put into the heart of Titus he same concern I have for you. 17For Titus not only elcomed our appeal, but he is coming to you with uch enthusiasm and on his own initiative. 18And e are sending along with him the brother who is raised by all the churches for his service to the gos-el. 19What is more, he was chosen by the churches

16Je suis heureux de pouvoir compter sur vous en toutes choses.

La collecte en faveur des chrétiens de Jérusalem

L'exemple des Eglises de Macédoine

8 1Nous voulons vous faire connaître, frères et sœurs, la grâce que Dieu a accordée aux Eglises de Macédoine. 2Elles ont été mises à l'épreuve par de multiples détresses, mais les croyants, animés d'une joie débordante et malgré leur extrême pauvreté, ont fait preuve d'une très grande générosité. 3Ils sont allés jusqu'à la limite de leurs moy-ens, et même au-delà, j'en suis témoin ; spontanément 4et avec une vive insistance, ils nous ont demandé la faveur de prendre part à l'assistance destinée à ceux qui, à Jérusalem, font partie du peuple saint. 5Dépassant toutes nos espérances, ils se sont tout d'abord donnés eux-mêmes au Seigneur et ensuite, conformément à la volonté de Dieu, ils se sont mis à notre disposition.

6Aussi avons-nous encouragé Tite à mener à bonne fin chez vous cette œuvre de générosité qu'il avait si bien mise en train. 7Vous êtes riches dans tous les domaines, qu'il s'agisse de la foi, de la parole ou de la connaissance, du zèle en toutes choses ou de l'amour qui, de notre cœur, a gagné le vôtre ; cherchez donc aussi à exceller dans cette œuvre de générosité.

8Ce n'est pas un ordre que je vous donne, mais en men-tionnant le zèle que d'autres ont déployé, je cherche à éprouver l'authenticité de votre amour.

9Car vous savez comment notre Seigneur Jésus-Christ a manifesté sa grâce envers nous : lui qui était riche, il s'est fait pauvre pour vous afin que par sa pauvreté vous soyez enrichis.

10C'est donc un simple avis que je vous donne et c'est ce qui vous convient : en effet, n'avez-vous pas été les premiers, dès l'an dernier, non seulement à agir, mais à prendre l'initiative de ce projet ? 11Achevez donc à présent de le réaliser ; menez-le à terme, selon vos moyens, avec le même empressement que vous avez mis à le décider. 12Lorsqu'on donne de bon cœur, Dieu accepte ce don, en tenant compte de ce que l'on a, et non de ce que l'on n'a pas.

13Il n'est pas question de vous réduire vous-mêmes à l'extrémité pour que d'autres soient soulagés, il s'agit simplement de suivre le principe de l'égalité. 14Dans la circonstance présente, par votre superflu, vous pouvez venir en aide à ceux qui sont dans le besoin. Aussi, par leur superflu, ils pourront un jour subvenir à vos besoins. Ainsi s'établit l'égalité, 15suivant cette parole de l'Ecriture :

Celui qui en avait ramassé beaucoup n'en avait pas de trop, et celui qui en avait ramassé peu n'en manquait pas[d].

Les personnes chargées de la collecte

16Je remercie Dieu d'avoir inspiré à Tite autant d'empres-sement pour vous que j'en ai moi-même. 17Non seulement il a accepté ma proposition de se rendre chez vous, mais il avait déjà décidé, avec un très grand empressement, de se rendre lui-même chez vous.

18Nous envoyons avec lui le frère qui est apprécié dans toutes les Eglises pour son travail au service de l'Evangile. 19Il a, de plus, été désigné par les

[j] 8:7 Some manuscripts *and in your love for us*

[d] 8.15 Ex 16.18, où il s'agissait de la manne.

to accompany us as we carry the offering, which we administer in order to honor the Lord himself and to show our eagerness to help. 20 We want to avoid any criticism of the way we administer this liberal gift. 21 For we are taking pains to do what is right, not only in the eyes of the Lord but also in the eyes of man.

22 In addition, we are sending with them our brother who has often proved to us in many ways that he is zealous, and now even more so because of his great confidence in you. 23 As for Titus, he is my partner and co-worker among you; as for our brothers, they are representatives of the churches and an honor to Christ. 24 Therefore show these men the proof of your love and the reason for our pride in you, so that the churches can see it.

9 1 There is no need for me to write to you about this service to the Lord's people. 2 For I know your eagerness to help, and I have been boasting about it to the Macedonians, telling them that since last year you in Achaia were ready to give; and your enthusiasm has stirred most of them to action. 3 But I am sending the brothers in order that our boasting about you in this matter should not prove hollow, but that you may be ready, as I said you would be. 4 For if any Macedonians come with me and find you unprepared, we – not to say anything about you – would be ashamed of having been so confident. 5 So I thought it necessary to urge the brothers to visit you in advance and finish the arrangements for the generous gift you had promised. Then it will be ready as a generous gift, not as one grudgingly given.

Generosity Encouraged

6 Remember this: Whoever sows sparingly will also reap sparingly, and whoever sows generously will also reap generously. 7 Each of you should give what you have decided in your heart to give, not reluctantly or under compulsion, for God loves a cheerful giver. 8 And God is able to bless you abundantly, so that in all things at all times, having all that you need, you will abound in every good work. 9 As it is written:

"They have freely scattered their gifts to the
poor;
their righteousness endures forever."

10 Now he who supplies seed to the sower and bread for food will also supply and increase your store of seed

Eglises[e] pour être notre compagnon dans le voya que nous entreprenons pour accomplir cette œuv de générosité. C'est pour la gloire du Seigneur lu même et pour manifester notre souci pour les autr que nous accomplissons ce service. 20 Nous tenons éviter toute critique quant à notre manière de no occuper de ces sommes importantes. 21 En effet, no avons à cœur d'avoir une conduite irréprochab non seulement devant le Seigneur, mais aussi deva les hommes.

22 Avec eux, nous envoyons encore ce troisième frèr dont nous avons eu bien des fois l'occasion d'appréci le dévouement. Dans le cas présent, son empresseme est d'autant plus vif qu'il a une pleine confiance en vou 23 Ainsi, je vous recommande Tite comme mon cor pagnon et mon collaborateur auprès de vous, nos frèr comme les délégués des Eglises, des hommes qui font ho neur à Christ. 24 Donnez-leur donc la preuve, et par eux, toutes les Eglises, que votre amour n'est pas un vain m et que c'est à juste titre que nous nous sommes montr fiers de vous devant eux.

Le secours destiné aux chrétiens de Jérusalem

9 1 Quant au secours même destiné à ceux qui, en Judé font partie du peuple saint, il est superflu de vous é écrire davantage[f]. 2 Je connais vos bonnes dispositions ce sujet. J'ai même exprimé ma fierté à votre égard au Macédoniens[g], en leur disant : « En Achaïe[h], ils sont prêts donner depuis l'an dernier. » Votre zèle a motivé la plupa d'entre eux.

3 Toutefois, j'envoie nos frères pour que mes éloges votre sujet ne soient pas démentis sur ce point, et qu réellement vous soyez prêts, comme je l'ai annonc 4 Autrement, si les Macédoniens m'accompagnaient et n vous trouvaient pas prêts, ma belle assurance tournera à ma confusion – pour ne pas dire à la vôtre.

5 J'ai donc jugé nécessaire d'inviter ces frères à m devancer chez vous pour organiser par avance cette co lecte que vous avez promise. Ainsi, elle sera prête à mo arrivée et sera l'expression d'un don libre et généreux, e non pénible et forcé.

Les fruits de la générosité

6 Rappelez-vous : *Semence parcimonieuse, maigre récolt Semence généreuse, moisson abondante.* 7 Que chacun donn ce qu'il aura décidé en son cœur, sans regret ni contraint car *Dieu aime celui qui donne avec joie.* 8 Il a aussi le pouvoi de vous combler de toutes sortes de bienfaits : ainsi vou aurez, en tout temps et en toutes choses, tout ce dont vou avez besoin, et il vous en restera encore du superflu pou toutes sortes d'œuvres bonnes, 9 ainsi qu'il est écrit :

Il donne aux pauvres avec largesse,
et sa conduite juste sera pour toujours prise en compte.

10 Celui qui *fournit la semence au semeur et lui donne le pai dont il se nourrit* vous donnera aussi, avec largesse, tout

[e] **8.19** L'apôtre utilise ici, comme dans Ac 14.23, le terme technique pour les élections à main levée en usage dans la démocratie athénienne.
[f] **9.1** Sur cette collecte pour les chrétiens de Jérusalem, voir 1 Co 16.1-4 ; Rm 15.25.
[g] **9.2** Voir note 1.16.
[h] **9.2** Voir note 1.1.

d will enlarge the harvest of your righteousness.
You will be enriched in every way so that you can
generous on every occasion, and through us your
nerosity will result in thanksgiving to God.

12 This service that you perform is not only sup-
ying the needs of the Lord's people but is also
erflowing in many expressions of thanks to God.
Because of the service by which you have proved
urselves, others will praise God for the obedience
at accompanies your confession of the gospel of
rist, and for your generosity in sharing with them
d with everyone else. 14 And in their prayers for you
eir hearts will go out to you, because of the surpass-
g grace God has given you. 15 Thanks be to God for
s indescribable gift!

aul's Defense of His Ministry

10 1 By the humility and gentleness of Christ, I
appeal to you – I, Paul, who am "timid" when
ce to face with you, but "bold" toward you when
way! 2 I beg you that when I come I may not have to
as bold as I expect to be toward some people who
ink that we live by the standards of this world. 3 For
ough we live in the world, we do not wage war as
e world does. 4 The weapons we fight with are not
e weapons of the world. On the contrary, they have
ivine power to demolish strongholds. 5 We demolish
rguments and every pretension that sets itself up
gainst the knowledge of God, and we take captive
very thought to make it obedient to Christ. 6 And
e will be ready to punish every act of disobedience,
nce your obedience is complete.

7 You are judging by appearances.[k] If anyone is con-
dent that they belong to Christ, they should consider
gain that we belong to Christ just as much as they
o. 8 So even if I boast somewhat freely about the au-
hority the Lord gave us for building you up rather
han tearing you down, I will not be ashamed of it. 9 I
o not want to seem to be trying to frighten you with
y letters. 10 For some say, "His letters are weighty
nd forceful, but in person he is unimpressive and his
peaking amounts to nothing." 11 Such people should
ealize that what we are in our letters when we are
bsent, we will be in our actions when we are present.

12 We do not dare to classify or compare ourselves
vith some who commend themselves. When they

10:7 Or *Look at the obvious facts*

la semence nécessaire et fera croître les fruits de votre
générosité.
11 Ainsi vous deviendrez riches de tous les biens et vous
pourrez donner largement, ce qui suscitera, chez ceux
auxquels nous distribuerons vos dons, de nombreuses
prières de reconnaissance envers Dieu.
12 En effet, le service de cette collecte a pour objet non
seulement de pourvoir aux besoins de ceux qui font partie
du peuple saint, mais encore de faire abonder des prières
de reconnaissance envers Dieu. 13 Par ce service, vous allez
démontrer la réalité de votre engagement. Aussi ces membres du peuple saint loueront-ils Dieu pour l'obéissance par
laquelle s'exprime votre foi en l'Evangile de Christ. Ils le
loueront aussi pour la largesse avec laquelle vous partagez
vos biens avec eux et avec tous.
14 Ils prieront pour vous, traduisant ainsi l'affection
qu'ils vous portent, à cause de la grâce surabondante que
Dieu vous a accordée.
15 Béni soit Dieu pour son don incomparable !

PAUL DÉFEND SON APOSTOLAT

L'autorité de l'apôtre

10 1 Moi, Paul, je suis, paraît-il, « timide » quand je
suis présent parmi vous et « hardi » quand je suis
absent, loin de vous. Mais c'est au nom de la douceur et de
la bonté de Christ que je vous adresse cet appel : 2 je vous
en prie, ne m'obligez pas, lorsque je serai chez vous, à me
montrer « hardi ». Car je compte faire preuve de mon assurance et agir avec « audace » envers certains qui jugent
notre conduite « trop humaine ».
3 Sans doute, nous sommes des hommes et nous vivons
comme tels, mais nous ne menons pas notre combat
d'une manière purement humaine. 4 Car les armes avec
lesquelles nous combattons ne sont pas simplement humaines ; elles tiennent leur puissance de Dieu qui les rend
capables de renverser des forteresses. Oui, nous renversons
les faux raisonnements 5 ainsi que tout ce qui se dresse
présomptueusement contre la connaissance de Dieu, et
nous faisons prisonnière toute pensée pour l'amener à
obéir à Christ. 6 Aussi sommes-nous prêts à punir toute
désobéissance dès que votre obéissance sera entière.
7 Regardez donc la réalité en face. Si quelqu'un se persuade d'appartenir à Christ, qu'il soit vraiment convaincu
de ceci : nous appartenons à Christ, nous aussi, tout autant
que lui !
8 Et même si je me montre un peu trop fier de l'autorité
que le Seigneur nous a donnée *pour construire* et non *pour
renverser*, je n'en rougirai pas. 9 Car je ne veux pas passer
pour quelqu'un qui ne serait capable d'intimider que par
des lettres, comme on le prétend : 10 « Ses lettres, dit-on,
sont sévères et énergiques, mais lorsqu'il est là, c'est un
faible et sa parole ne mérite pas l'attention. » 11 Que celui
qui tient ces propos en soit bien convaincu : nos actes,
quand nous serons chez vous, seront conformes à ce que
nous vous écrivons dans nos lettres quand nous sommes
loin de vous.
12 Certes, nous n'aurions pas l'audace de nous prétendre
égaux ou même comparables à certains qui se recomman-

measure themselves by themselves and compare themselves with themselves, they are not wise. [13]We, however, will not boast beyond proper limits, but will confine our boasting to the sphere of service God himself has assigned to us, a sphere that also includes you. [14]We are not going too far in our boasting, as would be the case if we had not come to you, for we did get as far as you with the gospel of Christ. [15]Neither do we go beyond our limits by boasting of work done by others. Our hope is that, as your faith continues to grow, our sphere of activity among you will greatly expand, [16]so that we can preach the gospel in the regions beyond you. For we do not want to boast about work already done in someone else's territory. [17]But, "Let the one who boasts boast in the Lord." [18]For it is not the one who commends himself who is approved, but the one whom the Lord commends.

Paul and the False Apostles

11 [1]I hope you will put up with me in a little foolishness. Yes, please put up with me! [2]I am jealous for you with a godly jealousy. I promised you to one husband, to Christ, so that I might present you as a pure virgin to him. [3]But I am afraid that just as Eve was deceived by the serpent's cunning, your minds may somehow be led astray from your sincere and pure devotion to Christ. [4]For if someone comes to you and preaches a Jesus other than the Jesus we preached, or if you receive a different spirit from the Spirit you received, or a different gospel from the one you accepted, you put up with it easily enough.

[5]I do not think I am in the least inferior to those "super-apostles."[i] [6]I may indeed be untrained as a speaker, but I do have knowledge. We have made this perfectly clear to you in every way. [7]Was it a sin for me to lower myself in order to elevate you by preaching the gospel of God to you free of charge? [8]I robbed other churches by receiving support from them so as to serve you. [9]And when I was with you and needed something, I was not a burden to anyone, for the brothers who came from Macedonia supplied what I needed. I have kept myself from being a burden to you in any way, and will continue to do so. [10]As surely as the truth of Christ is in me, nobody in the regions of Achaia will stop this boasting of mine. [11]Why? Because I do not love you? God knows I do!

[12]And I will keep on doing what I am doing in order to cut the ground from under those who want an opportunity to be considered equal with us in the things

[i] **11:5** Or *to the most eminent apostles*

dent eux-mêmes ! La mesure avec laquelle ils se mesure c'est eux-mêmes, et ils ne se comparent à rien d'autre qu eux-mêmes. N'est-ce pas là une preuve de leur folie ?

[13]Quant à nous, nous ne nous laisserons pas aller à u fierté démesurée, mais nous prendrons comme mesu les limites du champ d'action que Dieu nous a confi C'est ainsi que nous nous sommes rendus jusque ch vous. [14]Aussi ne dépassons-nous pas les limites de not domaine comme si nous n'étions pas arrivés jusqu'à vou Car nous sommes bien venus chez vous les premiers po vous annoncer l'Evangile de Christ.

[15]Nous n'avons donc pas une fierté démesurée comn si nous nous vantions d'un travail accompli par d'autre Au contraire, nous gardons l'espoir qu'avec les progr de votre foi, notre œuvre grandira de plus en plus parn vous, dans les limites de notre champ d'action.

[16]Nous pourrons ainsi annoncer l'Evangile dans l régions situées au-delà de chez vous, sans nous vant du travail accompli par d'autres dans leur propre cham d'action.

[17]*Si quelqu'un veut éprouver de la fierté, qu'il place sa fier dans le Seigneur,* déclare l'Ecriture [18]Ainsi, celui qui e approuvé, ce n'est pas l'homme qui se recommande lu même, mais celui que le Seigneur recommande.

Mise en garde contre les faux apôtres

11 [1]Ah ! J'aimerais que vous supportiez aussi de m part un peu de folie. Oui, supportez-moi ! [2]Car j brûle pour vous d'un amour qui vient de Dieu lui-mêm Je vous ai, en effet, fiancés à un seul époux pour vou présenter à Christ comme une jeune fille pure.

[3]Or, j'ai bien peur que vous laissiez votre esprit se co rompre et se détourner de votre attachement sincère e pur[i] à Christ, comme Eve s'est laissé séduire par le mer songe « tortueux » du serpent. [4]Si quelqu'un vient vou annoncer un autre Jésus que celui que nous avons prêch vous le supportez fort bien ! Vous supportez bien, aussi, d recevoir un autre esprit que celui que vous avez reçu, o un autre Evangile que celui que vous avez accepté.

[5]J'estime cependant n'être en rien inférieur à ces « su per-apôtres » ! [6]Je ne suis peut-être pas un « brillan orateur », mais je sais au moins de quoi je parle – nou vous en avons donné la preuve à tous égards et en toute circonstances.

[7]Ai-je commis une faute en m'abaissant moi-même pou vous élever en vous annonçant gratuitement l'Evangile d Dieu ? [8]J'ai dépouillé d'autres Eglises qui m'ont régulière ment envoyé de l'argent pour que j'exerce mon ministèr parmi vous. [9]Pendant tout mon séjour chez vous, je n'a été à la charge de personne, quoique je me sois trouvé dan le besoin. Ce sont des frères venus de Macédoine qui on pourvu à ce qui me manquait. En tout, je me suis gard d'être à votre charge, et je m'en garderai à l'avenir. [10]Pa la vérité qui vient de Christ et que j'ai fait mienne, je l déclare : je ne me laisserai pas ravir ce titre de gloire dan les provinces d'Achaïe.

[11]Pourquoi agir de la sorte ? Parce que je ne vous aim pas ? Dieu sait ce qu'il en est ! [12]Mais j'agis ainsi, et je con tinuerai à le faire, pour ôter toute possibilité – à ceux qu en cherchent une – de se présenter comme nos égaux e s'appuyant sur leurs prétendus titres de gloire.

[i] **11.3** Le terme *pur* est absent de certains manuscrits.

ey boast about. 13 For such people are false apostles, ·ceitful workers, masquerading as apostles of Christ. And no wonder, for Satan himself masquerades as ı angel of light. 15 It is not surprising, then, if his ser- ınts also masquerade as servants of righteousness. ıeir end will be what their actions deserve.

ıul Boasts About His Sufferings

16 I repeat: Let no one take me for a fool. But if you), then tolerate me just as you would a fool, so that I ay do a little boasting. 17 In this self-confident boast- g I am not talking as the Lord would, but as a fool. Since many are boasting in the way the world does, :oo will boast. 19 You gladly put up with fools since ›u are so wise! 20 In fact, you even put up with anyone ho enslaves you or exploits you or takes advantage ' you or puts on airs or slaps you in the face. 21 To my ıame I admit that we were too weak for that! Whatever anyone else dares to boast about – I am ›eaking as a fool – I also dare to boast about. 22 Are ıey Hebrews? So am I. Are they Israelites? So am I. re they Abraham's descendants? So am I. 23 Are they ›rvants of Christ? (I am out of my mind to talk like ıis.) I am more. I have worked much harder, been in rison more frequently, been flogged more severely, nd been exposed to death again and again. 24 Five mes I received from the Jews the forty lashes minus ne. 25 Three times I was beaten with rods, once I was elted with stones, three times I was shipwrecked, spent a night and a day in the open sea, 26 I have een constantly on the move. I have been in danger :om rivers, in danger from bandits, in danger from ıy fellow Jews, in danger from Gentiles; in danger in ıe city, in danger in the country, in danger at sea; nd in danger from false believers. 27 I have labored nd toiled and have often gone without sleep; I have nown hunger and thirst and have often gone without ›od; I have been cold and naked. 28 Besides everything lse, I face daily the pressure of my concern for all the hurches. 29 Who is weak, and I do not feel weak? Who s led into sin, and I do not inwardly burn?

30 If I must boast, I will boast of the things that show ıy weakness. 31 The God and Father of the Lord Jesus, who is to be praised forever, knows that I am not lying. 2 In Damascus the governor under King Aretas had he city of the Damascenes guarded in order to arrest ne. 33 But I was lowered in a basket from a window in he wall and slipped through his hands.

13 Ces hommes-là sont de faux apôtres, des ouvriers malhonnêtes déguisés en apôtres de Christ. 14 Cela n'a rien d'étonnant : Satan lui-même ne se déguise-t-il pas en ange de lumière ? 15 Il n'est donc pas surprenant que ses agents aussi se déguisent en serviteurs de ce qui est juste. Mais ils auront la fin que méritent leurs œuvres.

Paul et les faux apôtres

16 Je le répète : qu'on ne me prenne pas pour un insensé. Ou alors, acceptez-moi comme tel, que je puisse à mon tour un peu me vanter !

17 En parlant comme je vais le faire, je ne m'exprime pas comme le Seigneur veut qu'on parle, je le ferai comme dans un accès de folie – avec l'assurance d'avoir de quoi me vanter[j]. 18 Puisque plusieurs se vantent pour des raisons tout humaines, eh bien, moi aussi je vais me vanter.

19 Vous qui êtes si raisonnables, vous supportez volontiers les insensés ! 20 Vous supportez qu'on vous traite en esclaves, qu'on vous exploite, qu'on vous dépouille, qu'on vous traite avec arrogance, qu'on vous gifle !

21 Je l'avoue avec honte : nous nous sommes montrés bien faibles. Pourtant, ce que l'on ose dire – je parle en insensé – je l'oserai également. 22 Ils sont Hébreux ? Moi aussi. Israélites ? Moi aussi. De la descendance d'Abraham ? Moi aussi. 23 Ils sont serviteurs de Christ ? C'est une folie que je vais dire : je le suis plus qu'eux. Car j'ai travaillé davantage, j'ai été plus souvent en prison, j'ai essuyé infiniment plus de coups ; plus souvent, j'ai vu la mort de près. 24 Cinq fois, j'ai reçu des Juifs les « quarante coups moins un[k] ». 25 Trois fois, j'ai été fouetté, une fois lapidé, j'ai vécu trois naufrages, j'ai passé un jour et une nuit dans la mer. 26 Souvent en voyage, j'ai été en danger au passage des fleuves, en danger dans des régions infestées de brigands, en danger à cause des Juifs, mes compatriotes, en danger à cause des païens, en danger dans les villes, en danger dans les contrées désertes, en danger sur la mer, en danger à cause des faux frères.

27 J'ai connu bien des travaux et des peines, de nombreuses nuits blanches, la faim et la soif, de nombreux jeûnes, le froid et le manque d'habits. 28 Et sans parler du reste, je porte un fardeau quotidien, le souci de toutes les Eglises. 29 En effet, qui est faible sans que je sois faible ? Qui tombe sans que cela me brûle ? 30 Oui, s'il faut se vanter, c'est de ma faiblesse que je me vanterai. 31 Le Dieu et Père du Seigneur Jésus, qui est éternellement béni, sait que je ne mens pas.

32 A Damas, le gouverneur du roi Arétas[l] faisait surveiller toutes les issues de la ville pour m'arrêter. 33 Par une fenêtre du mur d'enceinte, on me fit descendre dans une corbeille le long du rempart, et ainsi seulement j'ai pu lui échapper.

---

j **11.17** Autres traductions : *avec l'assurance que donne la vantardise* ou *avec une assurance pleine de fierté*.

k **11.24** La Loi interdisait de donner à quelqu'un plus de 40 coups de bâton. Pour être sûr de ne pas dépasser cette limite, les Juifs s'arrêtaient à 39 (« quarante coups moins un »).

l **11.32** Arétas IV a régné sur le royaume des Nabatéens, une région située au sud et à l'est du territoire israélite, de 9 av. J.-C. à 39 apr. J.-C. C'est là que Paul a passé trois années avant de commencer son ministère.

Paul's Vision and His Thorn

12 1 I must go on boasting. Although there is nothing to be gained, I will go on to visions and revelations from the Lord. 2 I know a man in Christ who fourteen years ago was caught up to the third heaven. Whether it was in the body or out of the body I do not know – God knows. 3 And I know that this man – whether in the body or apart from the body I do not know, but God knows – 4 was caught up to paradise and heard inexpressible things, things that no one is permitted to tell. 5 I will boast about a man like that, but I will not boast about myself, except about my weaknesses. 6 Even if I should choose to boast, I would not be a fool, because I would be speaking the truth. But I refrain, so no one will think more of me than is warranted by what I do or say, 7 or because of these surpassingly great revelations. Therefore, in order to keep me from becoming conceited, I was given a thorn in my flesh, a messenger of Satan, to torment me. 8 Three times I pleaded with the Lord to take it away from me. 9 But he said to me, "My grace is sufficient for you, for my power is made perfect in weakness." Therefore I will boast all the more gladly about my weaknesses, so that Christ's power may rest on me. 10 That is why, for Christ's sake, I delight in weaknesses, in insults, in hardships, in persecutions, in difficulties. For when I am weak, then I am strong.

Paul's Concern for the Corinthians

11 I have made a fool of myself, but you drove me to it. I ought to have been commended by you, for I am not in the least inferior to the "super-apostles,"[m] even though I am nothing. 12 I persevered in demonstrating among you the marks of a true apostle, including signs, wonders and miracles. 13 How were you inferior to the other churches, except that I was never a burden to you? Forgive me this wrong!

14 Now I am ready to visit you for the third time, and I will not be a burden to you, because what I want is not your possessions but you. After all, children should not have to save up for their parents, but parents for their children. 15 So I will very gladly spend for you everything I have and expend myself as well.

m 12:11 Or *the most eminent apostles*

12 1 Faut-il se vanter ? Cela n'est pas convenable. J' viendrai cependant à des visions et à des révél tions du Seigneur.

2 Je connais un homme, qui appartient à Christ[m], qui, il y a quatorze ans[n], a été enlevé jusqu'au troisièn ciel – était-ce dans son corps, je ne sais, ou sans son corp je ne sais, mais Dieu le sait. 3 Je sais seulement que c homme – dans son corps ou hors de son corps, je ne sa Dieu le sait – 4 a été enlevé au paradis et qu'il a entenc des paroles qu'on ne peut pas répéter parce qu'il n'est p permis à un homme de les dire[o].

5 Au sujet d'un tel homme, je me vanterai, mais au suj de moi-même, je ne me vanterai que de mes faiblesse 6 Et pourtant, si je voulais me vanter, je ne serais pas u insensé, car je ne dirais que la vérité. Mais je m'en al stiens. Car je désire éviter que l'on se fasse de moi ur idée supérieure à ce qu'on peut déduire de mes actes et c mes paroles. 7 D'ailleurs, parce que ces révélations étaie extraordinaires, pour me garder de l'orgueil, Dieu m imposé une épreuve qui, telle une écharde[p], tourmen mon corps. Elle me vient de Satan qui a été chargé de n frapper pour que je ne sois pas rempli d'orgueil.

8 Au sujet de cette épreuve, j'ai prié par trois fois Seigneur de l'éloigner de moi, 9 mais il m'a répondu : « M grâce te suffit, c'est dans la faiblesse que ma puissance manifeste pleinement. » C'est pourquoi je me vanter plutôt de mes faiblesses, afin que la puissance de Chri repose sur moi.

10 Je trouve ainsi ma joie dans la faiblesse, les insulte la détresse, les persécutions et les angoisses que j'endur pour Christ. Car c'est lorsque je suis faible que je suis rée lement fort.

Le souci de Paul pour les Corinthiens

11 Voilà que je parle en insensé, mais vous m'y ave forcé. C'est vous qui auriez dû me recommander, ca bien que je ne sois rien, je ne suis en rien inférieur à ce « super-apôtres ».

12 Les marques qui caractérisent un apôtre ont été pro duites parmi vous : une persévérance sans faille, des signe miraculeux, des prodiges, des actes extraordinaires.

13 En quoi avez-vous été défavorisés par rapport aux au tres Eglises ? Tout au plus par le fait que je ne vous ai pa été à charge. Pardonnez-moi cette injustice !

14 Me voici prêt à me rendre chez vous pour la troisièm fois. Et à nouveau, je ne vous serai pas à charge, car ce n sont pas vos biens que je recherche, c'est vous-même En effet, ce n'est pas aux enfants d'épargner pour leur parents : ce sont les parents qui doivent le faire pour leur enfants. 15 Pour moi, c'est très volontiers que je ferai de dépenses, et que je me dépenserai moi-même tout entie pour vous. Si je vous aime davantage, devrais-je être moin aimé de vous ?

m 12.2 Paul parle de lui-même à la troisième personne parce qu'il répugne à se mettre en avant.
n 12.2 C'est-à-dire en 42 (ou 43) lors de son séjour en Cilicie (Ac 9.30 ; 11.25 ; Ga 1.21) ou à Antioche.
o 12.4 D'autres comprennent : *des paroles ineffables qu'on ne saurait répéter.*
p 12.7 Il pourrait s'agir d'une maladie des yeux (voir Ga 4.13-15 ; 6.11), ou bien il s'agit d'un autre mal dont nous ignorons tout.

I love you more, will you love me less? 16 Be that as it
ay, I have not been a burden to you. Yet, crafty fellow
at I am, I caught you by trickery! 17 Did I exploit you
rough any of the men I sent to you? 18 I urged Titus
go to you and I sent our brother with him. Titus did
›t exploit you, did he? Did we not walk in the same
otsteps by the same Spirit?

19 Have you been thinking all along that we have
·en defending ourselves to you? We have been
eaking in the sight of God as those in Christ; and
'erything we do, dear friends, is for your strength-
ıing. 20 For I am afraid that when I come I may not
ıd you as I want you to be, and you may not find me
you want me to be. I fear that there may be discord,
alousy, fits of rage, selfish ambition, slander, gos-
ɔ, arrogance and disorder. 21 I am afraid that when
:ome again my God will humble me before you, and
vill be grieved over many who have sinned earlier
ıd have not repented of the impurity, sexual sin and
ɛbauchery in which they have indulged.

nal Warnings

13 1 This will be my third visit to you. "Every
matter must be established by the testimony
: two or three witnesses." 2 I already gave you a warn-
ıg when I was with you the second time. I now repeat
while absent: On my return I will not spare those
ho sinned earlier or any of the others, 3 since you
:e demanding proof that Christ is speaking through
ıe. He is not weak in dealing with you, but is pow-
:ful among you. 4 For to be sure, he was crucified in
'eakness, yet he lives by God's power. Likewise, we
:e weak in him, yet by God's power we will live with
im in our dealing with you.

5 Examine yourselves to see whether you are in the
ıith; test yourselves. Do you not realize that Christ
ɛsus is in you – unless, of course, you fail the test?
And I trust that you will discover that we have not
ıiled the test. 7 Now we pray to God that you will not
o anything wrong – not so that people will see that
/e have stood the test but so that you will do what is
ight even though we may seem to have failed. 8 For
/e cannot do anything against the truth, but only
or the truth. 9 We are glad whenever we are weak
ut you are strong; and our prayer is that you may be
ully restored. 10 This is why I write these things when
am absent, that when I come I may not have to be
ıarsh in my use of authority – the authority the Lord
;ave me for building you up, not for tearing you down.

16 Soit, diront certains, je ne vous ai pas été à charge,
mais en malin que je suis, je vous ai pris par ruse. 17 Vous
ai-je exploités par l'intermédiaire de l'un ou l'autre de
mes envoyés ? 18 J'ai demandé à Tite d'aller chez vous et j'ai
envoyé avec lui le frère dont j'ai parlé. Tite vous a-t-il exploités ? N'avons-nous pas marché tous deux dans le même
esprit ? N'avons-nous pas suivi les mêmes traces ? 19 Vous
croyez depuis longtemps que nous cherchons à nous justifier à vos yeux. Non, c'est devant Dieu que nous parlons,
en accord avec Christ ; et tout cela, mes chers amis, ne vise
qu'à une seule chose : votre croissance dans la foi.

20 Car, je l'avoue, j'ai peur qu'à mon arrivée, je ne vous
trouve pas tels que je voudrais, et que vous, de votre côté,
vous me trouviez tout autre que vous le souhaitez. Je crains
de découvrir de la discorde, des jalousies, de la colère, des
rivalités, des médisances, des commérages, de l'orgueil et
des désordres.

21 Oui, j'ai peur qu'à mon arrivée, Dieu me réserve encore
des expériences humiliantes parmi vous, je crains d'avoir
à pleurer sur plusieurs qui ont péché auparavant et ne se
sont pas détournés de leurs pratiques dégradantes, de la
débauche et de l'inconduite dans lesquelles ils ont vécu.

Avertissement

13 1 Voici donc la troisième fois[q] que je viendrai chez
vous. Comme le dit l'Ecriture, *toute affaire sera
réglée sur les déclarations de deux ou trois témoins.* 2 Je vous
ai déjà prévenus lors de ma seconde visite, et maintenant
que je me trouve encore loin, je le répète à ceux qui ont
péché précédemment, ainsi qu'à tous les autres : quand
je reviendrai, j'agirai sans ménagements 3 puisque vous
voulez avoir la preuve que Christ parle par moi ; car vous
n'avez pas affaire à un Christ faible : il agit avec puissance
parmi vous.

4 Certes, il est mort sur la croix à cause de sa faiblesse,
mais il vit par la puissance de Dieu. Nous, de même, dans
notre union avec lui, nous sommes faibles, mais nous nous
montrerons vivants avec lui par la puissance de Dieu dans
notre façon d'agir envers vous.

5 Faites donc vous-mêmes votre propre critique, et
examinez-vous, pour voir si vous vivez dans la foi. Ne
reconnaissez-vous pas que Jésus-Christ est en vous[r] ? A
moins, peut-être, que cet examen n'aboutisse pour vous
à un échec.

6 Mais vous reconnaîtrez, je l'espère, que nous, nous
avons fait nos preuves ! 7 Ce que nous demandons à Dieu,
c'est que vous vous absteniez de tout mal. Car, en fait, nous
ne tenons pas du tout à montrer que nous avons fait nos
preuves. Tout ce que nous désirons, c'est que vous fassiez le
bien, même si l'épreuve paraît devoir tourner contre nous.
8 En effet, nous n'avons aucun pouvoir contre la vérité. C'est
seulement pour la vérité que nous en avons. 9 Nous sommes contents d'être faibles si vous, vous êtes réellement
forts. C'est justement ce que nous demandons à Dieu dans
nos prières : votre perfectionnement. 10 Voilà pourquoi je
vous écris tout cela pendant que je suis encore loin, pour
qu'étant présent, je n'aie pas à faire usage, avec sévérité,
de l'autorité que le Seigneur m'a donnée pour construire
et non *pour renverser.*

---

[q] **13.1** La première fois correspond à la fondation de l'Eglise (Ac 18). La seconde visite (v. 2) était une visite brève, interrompant le séjour de l'apôtre à Ephèse (Ac 19).

[r] **13.5** Autre traduction : *parmi vous.*

Final Greetings

[11]Finally, brothers and sisters, rejoice! Strive for full
restoration, encourage one another, be of one mind,
live in peace. And the God of love and peace will be
with you.
[12]Greet one another with a holy kiss.
[13]All God's people here send their greetings.
[14]May the grace of the Lord Jesus Christ, and the
love of God, and the fellowship of the Holy Spirit be
with you all.

Dernières recommandations et salutations

[11]J'ai terminé, frères et sœurs. Soyez dans la joi
Travaillez à votre perfectionnement. Encouragez-vo
mutuellement. Soyez d'accord entre vous. Vivez dans
paix. Alors le Dieu d'amour et de paix sera avec vous.
[12]Saluez-vous en vous donnant le baiser fraternel. To
ceux qui, ici, font partie du peuple saint vous saluer
[13]Que la grâce du Seigneur Jésus-Christ, l'amour de Di
et la communion du Saint-Esprit soient avec vous tous.

Galatians

1 Paul, an apostle – sent not from men nor by a
man, but by Jesus Christ and God the Father, who
ıised him from the dead – 2 and all the brothers and
sisters[a] with me,
To the churches in Galatia:

3 Grace and peace to you from God our Father and
ıe Lord Jesus Christ, 4 who gave himself for our sins
ɔ rescue us from the present evil age, according to
ıe will of our God and Father, 5 to whom be glory for
ver and ever. Amen.

o Other Gospel

6 I am astonished that you are so quickly deserting
ıe one who called you to live in the grace of Christ
nd are turning to a different gospel – 7 which is really
o gospel at all. Evidently some people are throw-
ıg you into confusion and are trying to pervert the
ospel of Christ. 8 But even if we or an angel from
eaven should preach a gospel other than the one
ve preached to you, let them be under God's curse!
As we have already said, so now I say again: If any-
ody is preaching to you a gospel other than what you
ccepted, let them be under God's curse!
10 Am I now trying to win the approval of human
eings, or of God? Or am I trying to please people? If
were still trying to please people, I would not be a
ervant of Christ.

aul Called by God

11 I want you to know, brothers and sisters, that the
gospel I preached is not of human origin. 12 I did not
eceive it from any man, nor was I taught it; rather, I
eceived it by revelation from Jesus Christ.

13 For you have heard of my previous way of life in
udaism, how intensely I persecuted the church of God
ınd tried to destroy it. 14 I was advancing in Judaism
ɔeyond many of my own age among my people and
vas extremely zealous for the traditions of my fathers.
5 But when God, who set me apart from my mother's
vomb and called me by his grace, was pleased 16 to
eveal his Son in me so that I might preach him among
he Gentiles, my immediate response was not to con-

[a] 1:2 The Greek word for *brothers and sisters* (*adelphoi*) refers here
to believers, both men and women, as part of God's family; also in
verse 11; and in 3:15; 4:12, 28, 31; 5:11, 13; 6:1, 18.

Lettre aux Galates

Salutation

1 1 Cette lettre vous est adressée par Paul, apôtre, non
par une autorité humaine, ni par l'intermédiaire d'un
homme, mais par Jésus-Christ et par Dieu, le Père, qui l'a
ressuscité.
2 Avec tous les frères et sœurs qui sont avec moi, je salue
les Eglises de la Galatie.
3 Que la grâce et la paix vous soient accordées par Dieu
notre Père et par le Seigneur Jésus-Christ. 4 Christ s'est
offert lui-même en sacrifice pour expier nos péchés, afin
de nous délivrer du monde présent dominé par le mal : il
a ainsi accompli la volonté de Dieu, notre Père, 5 à qui soit
la gloire pour l'éternité ! Amen !

Un seul Evangile

6 Je m'étonne de la rapidité avec laquelle vous abandonnez celui qui vous a appelés par la grâce de Christ, pour
vous tourner vers un autre Evangile[a]. 7 Comme s'il pouvait
y avoir un autre Evangile ! Mais il y a des gens qui sèment
le trouble parmi vous et qui veulent renverser l'Evangile
de Christ. 8 Eh bien, si quelqu'un – même nous, même un
ange du ciel – vous annonçait un Evangile différent de
celui que nous vous avons annoncé, qu'il soit maudit[b] !
9 Je l'ai déjà dit et je le répète maintenant : si quelqu'un
vous prêche un autre Evangile que celui que vous avez
reçu, qu'il soit maudit !
10 Qu'en pensez-vous maintenant ? Est-ce la faveur des
hommes que je recherche ou celle de Dieu ? Mon désir est-il
de plaire aux hommes ? Si je cherchais encore à plaire aux
hommes, je ne serais pas serviteur de Christ.

La défense de l'Évangile

L'Evangile reçu de Christ

11 Je veux que vous le sachiez, frères et sœurs : l'Evangile que je vous ai annoncé n'est pas le fruit d'une pensée
humaine. 12 Car je ne l'ai reçu d'aucun homme, personne
ne me l'a enseigné ; c'est Jésus-Christ lui-même qui me l'a
fait connaître, par une révélation.
13 Vous avez entendu parler de ma conduite passée
quand j'étais adepte du judaïsme. Vous savez avec quel
fanatisme je persécutais l'Eglise de Dieu, dans le but de la
détruire. 14 Dans la pratique du judaïsme, j'allais plus loin
que la plupart des Juifs de ma génération, et j'étais bien
plus zélé qu'eux pour les traditions que j'avais reçues de
mes ancêtres. 15 Mais Dieu m'avait mis à part dès avant ma
naissance et, dans sa grâce, il m'a appelé à le connaître.
16 Aussi, dès qu'il lui a plu de révéler en moi son Fils pour
que je l'annonce aux non-Juifs, je n'ai consulté personne.

[a] 1.6 Ceux qui prêchaient cet « autre Evangile » exigeaient, en plus de la foi en Christ, le respect de la Loi juive (circoncision, obéissance aux commandements, moraux et rituels, séparation d'avec les non-Juifs).

[b] 1.8 Litt. *anathème.* Dans la communauté juive, celui qui était anathème n'avait plus le droit d'enseigner. Ce qui était anathème ne devait plus être touché par personne. Ceux que l'apôtre déclare anathèmes sont donc livrés à la colère de Dieu et à son jugement (voir 1 Co 16.22 ; Rm 9.3 où le même mot apparaît).

sult any human being. [17]I did not go up to Jerusalem to see those who were apostles before I was, but I went into Arabia. Later I returned to Damascus.

[18]Then after three years, I went up to Jerusalem to get acquainted with Cephas[b] and stayed with him fifteen days. [19]I saw none of the other apostles – only James, the Lord's brother. [20]I assure you before God that what I am writing you is no lie.

[21]Then I went to Syria and Cilicia. [22]I was personally unknown to the churches of Judea that are in Christ. [23]They only heard the report: "The man who formerly persecuted us is now preaching the faith he once tried to destroy." [24]And they praised God because of me.

Paul Accepted by the Apostles

2 [1]Then after fourteen years, I went up again to Jerusalem, this time with Barnabas. I took Titus along also. [2]I went in response to a revelation and, meeting privately with those esteemed as leaders, I presented to them the gospel that I preach among the Gentiles. I wanted to be sure I was not running and had not been running my race in vain. [3]Yet not even Titus, who was with me, was compelled to be circumcised, even though he was a Greek. [4]This matter arose because some false believers had infiltrated our ranks to spy on the freedom we have in Christ Jesus and to make us slaves. [5]We did not give in to them for a moment, so that the truth of the gospel might be preserved for you.

[6]As for those who were held in high esteem – whatever they were makes no difference to me; God does not show favoritism – they added nothing to my message. [7]On the contrary, they recognized that I had been entrusted with the task of preaching the gospel to the uncircumcised,[c] just as Peter had been to the circumcised.[d] [8]For God, who was at work in Peter as an apostle to the circumcised, was also at work in me as an apostle to the Gentiles. [9]James, Cephas[e] and John, those esteemed as pillars, gave me and Barnabas the right hand of fellowship when they recognized the grace given to me. They agreed that we should go to the Gentiles, and they to the circumcised. [10]All they asked was that we should continue to remember the poor, the very thing I had been eager to do all along.

b **1:18** That is, Peter
c **2:7** That is, Gentiles
d **2:7** That is, Jews; also in verses 8 and 9
e **2:9** That is, Peter; also in verses 11 and 14

[17]Je ne me suis même pas rendu à Jérusalem pour re contrer ceux qui étaient déjà apôtres avant moi, mais suis parti pour l'Arabie[c]. De là, je suis retourné à Dama

[18]Ce n'est que trois ans plus tard que je suis allé Jérusalem pour faire la connaissance de Pierre, ch qui je suis resté quinze jours. [19]A part lui et Jacques[d], frère du Seigneur, je n'ai rencontré aucun autre apôtr [20]– Dieu m'est témoin que je ne mens pas en vous écriva cela. – [21]Ensuite je me suis rendu dans les districts de Syrie et de la Cilicie. [22]Mais les chrétiens des Eglises la Judée ne me connaissaient pas personnellement. [23] avaient seulement entendu dire : « Celui qui, autrefoi nous persécutait, prêche maintenant la foi qu'il voula détruire. » [24]Et ils louaient Dieu à mon sujet.

Paul et les autres apôtres

2 [1]Ce n'est que quatorze ans plus tard que je suis r monté à Jérusalem en compagnie de Barnabas. J'ava aussi emmené Tite avec moi[f]. [2]J'ai fait ce voyage pour obé à une révélation divine. J'y ai exposé l'Evangile que j'a nonce parmi les non-Juifs, je l'ai exposé dans un entretie particulier à ceux qui sont les plus considérés. Car je r voulais pas que tout mon travail passé et futur soit con promis. [3]Or Tite, mon compagnon, était d'origine païenn Eh bien, on ne l'a même pas obligé à se soumettre au rite c la circoncision. [4]Et cela, malgré la présence de faux frère des intrus qui s'étaient infiltrés dans nos rangs pour e pionner la liberté dont nous jouissons dans notre unio avec Jésus-Christ. Ils voulaient faire de nous des esclave [5]Mais nous ne leur avons pas cédé un seul instant ni fa la moindre concession afin que la vérité de l'Evangile so maintenue pour vous.

[6]Quelle a été, à cet égard, l'attitude des personnes le plus considérées ? – En fait, ce qu'elles étaient alors m'in porte peu, car Dieu ne fait pas de favoritisme. – Eh bie ces personnes-là ne m'ont pas imposé d'autres directive [7]Au contraire ! Ils ont constaté que Dieu m'avait confié l charge d'annoncer l'Evangile aux non-Juifs comme à Pierr celle de l'annoncer aux Juifs. [8]– Car celui qui a agi en Pierr pour qu'il soit l'apôtre des Juifs a aussi agi en moi pour qu je sois celui des non-Juifs. – [9]Ainsi Jacques, Pierre et Jea qui sont considérés comme « colonnes » de l'Eglise, on reconnu que Dieu, dans sa grâce, m'avait confié cette tâch particulière. C'est pourquoi ils nous ont serré la main, Barnabas et à moi, en signe d'accord et de communion ; e nous avons convenu ensemble que nous irions, nous, ver les peuples païens tandis qu'eux se consacreraient au Juifs. [10]Ils nous ont seulement demandé de nous souveni des pauvres – ce que j'ai bien pris soin de faire.

c **1.17** Région au sud et à l'est du territoire israélite correspondant au royaume des Nabatéens (voir note 2 Co 11.32). Beaucoup de Juifs y vivaient. Paul, conformément à son apostolat, a annoncé l'Evangile à ses compatriotes. C'est ce qui a justifié l'action du roi Arétas contre lui (2 Co 11.32).

d **1.19** Jacques, frère de Jésus, était l'un des principaux responsables de l'Eglise de Jérusalem.

e **1.19** Autre traduction : *je n'ai vu aucun autre apôtre, mais j'ai seulement vu Jacques, le frère du Seigneur.*

f **2.1** Selon plusieurs, il s'agirait du voyage mentionné en Ac 11.30 et 12.2 autour de l'an 46. D'autres pensent qu'il s'agirait du voyage mentionné en Ac 15. *Barnabas:* un lévite converti, originaire de l'île de Chypre (Ac 4.36), qui a accompagné Paul lors de son premier voyage missionnaire. *Tite:* un chrétien d'origine non juive auquel Paul écrira une lettre vers la fin de sa vie.

19 Why, then, was the law given at all? It was add-
. because of transgressions until the Seed to whom
e promise referred had come. The law was given
rough angels and entrusted to a mediator. 20 A me-
ator, however, implies more than one party; but
od is one.

21 Is the law, therefore, opposed to the promises of
od? Absolutely not! For if a law had been given that
uld impart life, then righteousness would certainly
ve come by the law. 22 But Scripture has locked up
erything under the control of sin, so that what was
omised, being given through faith in Jesus Christ,
ight be given to those who believe.

ildren of God

23 Before the coming of this faith,[j] we were held in
istody under the law, locked up until the faith that
as to come would be revealed. 24 So the law was our
ardian until Christ came that we might be justified
faith. 25 Now that this faith has come, we are no
nger under a guardian.

26 So in Christ Jesus you are all children of God
rough faith, 27 for all of you who were baptized into
rist have clothed yourselves with Christ. 28 There
neither Jew nor Gentile, neither slave nor free,
or is there male and female, for you are all one in
rist Jesus. 29 If you belong to Christ, then you are
braham's seed, and heirs according to the promise.

4 1 What I am saying is that as long as an heir is
underage, he is no different from a slave, al-
ough he owns the whole estate. 2 The heir is subject
guardians and trustees until the time set by his
ther. 3 So also, when we were underage, we were in
avery under the elemental spiritual forces[k] of the
orld. 4 But when the set time had fully come, God
nt his Son, born of a woman, born under the law,
to redeem those under the law, that we might receive

3:22,23 Or *through the faithfulness of Jesus ...* [23] *Before faith came*
4:3 Or *under the basic principles*

19 Mais alors, pourquoi la Loi ? Elle a été ajoutée pour
mettre en évidence la désobéissance des hommes à l'ordre divin, et le régime qu'elle a instauré devait rester en
vigueur jusqu'à la venue de la *descendance* d'Abraham que
la promesse concernait. Cette Loi a été promulguée par
l'intermédiaire d'anges et par le moyen d'un médiateur,
Moïse. 20 Or s'il y a eu un médiateur, c'est qu'il y avait plus
d'une partie en cause. Mais pour la promesse, Dieu seul
est en cause[q].

21 La Loi irait-elle donc à l'encontre des promesses
divines ?

Certainement pas ! Ah ! sans doute, si nous avions reçu
une loi qui puisse procurer la vie aux hommes, alors nous
pourrions obtenir d'être déclarés justes par Dieu sur la
base de cette loi.

22 Mais voici le verdict de l'Ecriture : l'humanité entière
se trouve prisonnière de sa culpabilité devant Dieu afin
que le don promis par Dieu soit accordé aux croyants au
moyen de leur foi en Jésus-Christ.

La foi et l'héritage des biens promis

23 Avant que soit instauré le régime de la foi, nous étions
emprisonnés par la Loi et sous sa surveillance, dans l'attente du régime de la foi qui devait être révélée. 24 Ainsi,
la Loi a été comme un gardien[r] chargé de nous conduire à
Christ pour que nous soyons déclarés justes devant Dieu
par la foi. 25 Mais depuis que le régime de la foi a été instauré, nous ne sommes plus soumis à ce gardien.

26 Car, par la foi en Jésus-Christ, vous êtes tous fils et
filles de Dieu. 27 Car vous tous qui avez été baptisés pour
Christ[s], vous vous êtes revêtus de Christ. 28 Il n'y a plus ni
Juifs ni non-Juifs, il n'y a plus ni esclave ni homme libre, il
n'y a ni homme ni femme[t]. Unis à Jésus-Christ, vous êtes
tous un. 29 Si vous lui appartenez, vous êtes la descendance
d'Abraham et donc, aussi, les héritiers des biens que Dieu
a promis à Abraham.

Adoptés par Dieu comme ses enfants

4 1 Voici ce que je veux dire. Aussi longtemps que l'héritier est un enfant, il ne se distingue en rien d'un
esclave. Bien qu'il soit le propriétaire de tout le patrimoine,
2 il reste soumis à l'autorité de tuteurs et d'intendants
jusqu'au terme fixé par son père[u].
3 Nous aussi, lorsque nous étions des enfants, nous étions
de même asservis aux principes élémentaires qui régissent
la vie dans ce monde[v].

4 Mais, lorsque le moment fixé par Dieu est arrivé, il a
envoyé son Fils, né d'une femme et placé par sa naissance
sous le régime de la Loi, 5 pour libérer ceux qui étaient

q **3.20** Autre traduction : *or s'il y a eu un médiateur, il a été le représentant de plusieurs, mais Dieu est unique.*
r **3.24** Un *pédagogue.* En Grèce, le pédagogue était soit un précepteur, soit l'esclave chargé de surveiller les enfants et de les mener à l'école (comparer 1 Co 4.15). Tel a été le rôle de la Loi.
s **3.27** Voir note Rm 6.3.
t **3.28** Paul fait peut-être allusion à Gn 1.27 où il est question de la création de l'être humain, *homme et femme.*
u **4.2** En Grèce, c'était le père qui fixait l'âge de la majorité pour son fils, selon son jugement.
v **4.3** Selon certains, il s'agit des forces spirituelles mauvaises qui asservissent l'homme avant sa conversion. Selon d'autres, Paul désigne par cette expression les règles élémentaires que s'imposaient certains païens et qui étaient comparables à la circoncision, aux fêtes et aux abstinences chez les Juifs (voir v. 9-10).

adoption to sonship.[l] 6 Because you are his sons, God
sent the Spirit of his Son into our hearts, the Spirit
who calls out, "*Abba*,[m] Father." 7 So you are no longer
a slave, but God's child; and since you are his child,
God has made you also an heir.

Paul's Concern for the Galatians

8 Formerly, when you did not know God, you were
slaves to those who by nature are not gods. 9 But now
that you know God – or rather are known by God – how
is it that you are turning back to those weak and miserable forces[n]? Do you wish to be enslaved by them
all over again? 10 You are observing special days and
months and seasons and years! 11 I fear for you, that
somehow I have wasted my efforts on you.

12 I plead with you, brothers and sisters, become
like me, for I became like you. You did me no wrong.
13 As you know, it was because of an illness that I first
preached the gospel to you, 14 and even though my
illness was a trial to you, you did not treat me with
contempt or scorn. Instead, you welcomed me as if I
were an angel of God, as if I were Christ Jesus himself.
15 Where, then, is your blessing of me now? I can testify
that, if you could have done so, you would have torn
out your eyes and given them to me. 16 Have I now
become your enemy by telling you the truth?

17 Those people are zealous to win you over, but for
no good. What they want is to alienate you from us,
so that you may have zeal for them. 18 It is fine to be
zealous, provided the purpose is good, and to be so
always, not just when I am with you. 19 My dear children, for whom I am again in the pains of childbirth

[l] **4:5** The Greek word for *adoption to sonship* is a legal term referring to the full legal standing of an adopted male heir in Roman culture.
[m] **4:6** Aramaic for *Father*
[n] **4:9** Or *principles*

soumis à ce régime. Il nous a ainsi permis d'être adopt
par Dieu comme ses fils et ses filles.
6 Puisque vous êtes bien ses fils et filles, Dieu a envo
dans notre cœur l'Esprit de son Fils qui crie : *Abba*[w], c'es
à-dire « Père ».
7 Ainsi donc, tu n'es plus esclave, mais fils ou fille, e
puisque tu es fils ou fille, tu es héritier des biens prom
grâce à Dieu.
8 Mais autrefois, vous ne connaissiez pas Dieu, c'e
pourquoi vous serviez comme des esclaves des divinit
qui, en réalité, ne sont pas des dieux. 9 A présent, vo
connaissez Dieu. Bien plus : Dieu vous a reconnus comm
siens. Comment se peut-il alors que vous retourniez à c
principes élémentaires[x] sans pouvoir ni valeur, pour
devenir à nouveau les esclaves ? 10 Vous observez les jou
spéciaux, les nouvelles lunes, certaines saisons et certain
années[y] ! 11 Ah ! je crains fort que toute la peine que je n
suis donnée pour vous ait été inutile.

La liberté de Christ et la vie par l'Esprit

Contre les adversaires de l'Evangile

Le souci de Paul pour les Galates

12 Mes frères et sœurs, je vous en supplie, devenez com
me moi. Ne me suis-je pas moi-même rendu semblable
vous ?
Vous ne m'avez causé aucun tort. 13 Vous vous en so
venez, n'est-ce pas ? C'est une maladie qui m'a donn
l'occasion de vous annoncer l'Evangile pour la premiè
fois[z]. 14 Vous auriez pu être tentés de me mépriser ou de m
repousser à cause de mon infirmité. Mais vous ne l'avez pa
fait ! Au contraire, vous m'avez accueilli comme si j'ava
été un ange de Dieu, ou même Jésus-Christ en personne
15 Qu'est devenu votre bonheur d'alors ? Car je l'attest
si la chose avait été possible, vous vous seriez arraché le
yeux pour me les donner[a]. 16 Suis-je donc maintenant de
venu votre ennemi parce que je vous dis la vérité ?
17 Croyez-moi, ces gens-là[b] déploient un grand zèle au
our de vous, mais leurs intentions ne sont pas bonnes : i
veulent vous détacher de moi pour que vous soyez zél
pour eux. 18 C'est très beau de faire preuve de zèle pour un
bonne cause, pourvu que ce soit de manière constante
non seulement lorsque je suis parmi vous, 19 mes enfant
pour qui j'endure une fois encore les douleurs de l'enfan
tement jusqu'à ce que Christ soit formé en vous[c].

[w] **4.6** Mot araméen signifiant : *cher père* (voir Rm 8.15).
[x] **4.9** Voir v. 3 et note.
[y] **4.10** Allusion à des fêtes juives liées à des dates particulières – à moins qu'il s'agisse de fêtes païennes vouées au culte des astres (voir Rm 14.5 ; Col 2.16-23).
[z] **4.13** Si les Eglises de la Galatie sont celles que Paul a fondées lors de son premier voyage missionnaire (voir *Introduction*), selon les Actes des Apôtres, l'apôtre est repassé deux fois par les différentes villes de la Galatie : à l'aller et au retour. Lors du premier passage, il était malade.
[a] **4.15** Ce verset donne à penser que l'infirmité dont il est question au v. 14 est une maladie des yeux, ce qui expliquerait aussi 6.11. Il est possible que l'apôtre fasse allusion à cette infirmité en 2 Co 12.7, lorsqu'il parle d'*une écharde dans sa chair*.
[b] **4.17** C'est-à-dire les judaïsants qui sont passés dans les Eglises de la Galatie après le départ de Paul pour prêcher la nécessité d'observer la Loi.
[c] **4.19** Autre traduction : *jusqu'à ce que la ressemblance à Christ soit manifes parmi vous.*

hat person gently. But watch yourselves, or you also nay be tempted. 2 Carry each other's burdens, and in his way you will fulfill the law of Christ. 3 If anyone hinks they are something when they are not, they leceive themselves. 4 Each one should test their own ctions. Then they can take pride in themselves alone, vithout comparing themselves to someone else, 5 for ach one should carry their own load. 6 Nevertheless, he one who receives instruction in the word should hare all good things with their instructor.

7 Do not be deceived: God cannot be mocked. A man eaps what he sows. 8 Whoever sows to please their lesh, from the flesh will reap destruction; whoever ows to please the Spirit, from the Spirit will reap ternal life. 9 Let us not become weary in doing good, or at the proper time we will reap a harvest if we lo not give up. 10 Therefore, as we have opportunity, et us do good to all people, especially to those who elong to the family of believers.

Not Circumcision but the New Creation

11 See what large letters I use as I write to you with ny own hand!

12 Those who want to impress people by means of he flesh are trying to compel you to be circumcised. The only reason they do this is to avoid being persecuted for the cross of Christ. 13 Not even those who re circumcised keep the law, yet they want you to e circumcised that they may boast about your circumcision in the flesh. 14 May I never boast except in he cross of our Lord Jesus Christ, through which[q] the world has been crucified to me, and I to the world. 15 Neither circumcision nor uncircumcision means anything; what counts is the new creation. 16 Peace and mercy to all who follow this rule – to[r] the Israel of God.

17 From now on, let no one cause me trouble, for I ear on my body the marks of Jesus.

18 The grace of our Lord Jesus Christ be with your spirit, brothers and sisters. Amen.

[q] 6:14 Or *whom*
[r] 6:16 Or *rule and to*

Et toi qui interviens, fais attention de ne pas te laisser toi-même tenter.

2 Aidez-vous les uns les autres à porter vos fardeaux. De cette manière, vous accomplirez la loi de Christ.

3 Celui qui s'imagine être quelqu'un d'important – alors qu'en fait il n'est rien – s'abuse lui-même. 4 Que chacun examine ce qu'il accomplit lui-même. S'il y découvre quelque aspect louable, alors il pourra en éprouver de la fierté par rapport à lui-même et non pas par comparaison avec les autres, 5 car chacun aura à répondre pour lui-même de ses propres actions.

6 Que celui à qui l'on enseigne la Parole donne une part de tous ses biens à celui qui l'enseigne.

7 Ne vous faites pas d'illusions : Dieu ne se laisse pas traiter avec mépris. On récolte ce que l'on a semé. 8 Celui qui sème pour satisfaire ses propres désirs d'homme livré à lui-même récoltera ce que produit cet homme, c'est-à-dire la corruption. Mais celui qui sème pour l'Esprit moissonnera ce que produit l'Esprit : la vie éternelle.

9 Faisons le bien sans nous laisser gagner par le découragement. Car si nous ne relâchons pas nos efforts, nous récolterons au bon moment.

10 Ainsi donc, tant que nous en avons l'occasion, faisons du bien à tout le monde, et en premier lieu à ceux qui appartiennent à la famille des croyants.

Derniers avertissements et salutation

11 Vous remarquez ces grandes lettres ; c'est bien de ma propre main que je vous écris. 12 Ceux qui vous imposent la circoncision sont des gens qui veulent faire bonne figure devant les hommes. Ils n'ont qu'un seul but : éviter d'être persécutés à cause de la mort de Christ sur la croix[l].

13 Car ceux qui pratiquent la circoncision, n'observent pas la Loi, eux non plus. S'ils veulent vous faire circoncire, c'est pour pouvoir se vanter de vous avoir imposé cette marque dans votre corps.

14 En ce qui me concerne, je ne veux à aucun prix placer ma fierté ailleurs que dans la mort de notre Seigneur Jésus-Christ sur la croix. Par elle, en effet, le monde dominé par le mal a été crucifié pour moi, de même que moi je l'ai été pour ce monde. 15 Peu importe d'être circoncis ou non. Ce qui compte, c'est la nouvelle création[m].

16 Que la paix et la compassion de Dieu soient accordées à tous ceux qui suivent cette règle de vie, et à l'Israël de Dieu.

17 Désormais, que personne ne me cause plus de peine, car je porte sur mon corps les cicatrices des blessures que j'ai reçues pour la cause de Jésus.

18 Chers frères et sœurs, que la grâce de notre Seigneur Jésus-Christ soit avec vous tous.

Amen.

[l] 6.12 Prêcher la circoncision mettait à l'abri de la fois des Juifs et des Romains (puisque le judaïsr licite »).
[m] 6.15 Autre traduction : *c'est d'être une nc*

Ephesians

1 1 Paul, an apostle of Christ Jesus by the will of
God,
To God's holy people in Ephesus,[a] the faithful in
Christ Jesus:
2 Grace and peace to you from God our Father and
the Lord Jesus Christ.

Praise for Spiritual Blessings in Christ

3 Praise be to the God and Father of our Lord Jesus
Christ, who has blessed us in the heavenly realms with
every spiritual blessing in Christ. 4 For he chose us in
him before the creation of the world to be holy and
blameless in his sight. In love 5 he[b] predestined us for
adoption to sonship[c] through Jesus Christ, in accordance with his pleasure and will – 6 to the praise of
his glorious grace, which he has freely given us in the
One he loves. 7 In him we have redemption through his
blood, the forgiveness of sins, in accordance with the
riches of God's grace 8 that he lavished on us. With all
wisdom and understanding, 9 he[d] made known to us
the mystery of his will according to his good pleasure,
which he purposed in Christ, 10 to be put into effect

[a] **1:1** Some early manuscripts do not have *in Ephesus.*
[b] **1:4,5** Or *sight in love.* [5] *He*
[c] **1:5** The Greek word for *adoption to sonship* is a legal term referring to the full legal standing of an adopted male heir in Roman [illegible]re.
[d] [illegible] *[illegible]ith all wisdom and understanding.* [9] *And he*

Lettre aux Ephésiens

Salutation

1 1 Paul, apôtre de Jésus-Christ par la volonté de Die[u],
salue ceux qui [à Ephèse[a]] font partie du peuple sain[t]
et croient en Jésus-Christ.

2 Que la grâce et la paix vous soient accordées par Die[u]
notre Père et par le Seigneur Jésus-Christ.

Le salut en Christ

La grâce de Dieu en Christ

3 Béni soit Dieu,
le Père de notre Seigneur
Jésus-Christ,
car il nous a comblés
de toute bénédiction de l'Esprit
dans le monde céleste
en raison de notre union avec Christ.
4 En lui,
bien avant de poser
les fondations du monde,
il nous avait choisis
pour que nous soyons saints
et sans reproche devant lui.
Puisqu'il nous a aimés,
5 il nous a destinés d'avance
à être ses enfants
qu'il voulait adopter
par Jésus-Christ.
Voilà ce que, dans sa bonté,
il a voulu pour nous
6 afin que nous célébrions
la gloire de sa grâce
qu'il nous a accordée
en son Fils bien-aimé.
7 En Christ,
parce qu'il s'est offert en sacrifice,
nous avons obtenu la délivrance,
le pardon de nos fautes.
Dieu a ainsi manifesté sa grâce
dans toute sa richesse,
8 et il l'a répandue sur nous
avec surabondance,
en nous donnant pleine sagesse
et pleine intelligence,
9 nous ayant fait connaître
le secret de son plan.
Ce plan, il l'a fixé d'avance,
dans sa bonté,
en Christ,
10 pour conduire les temps
vers l'accomplissement.
Selon ce plan,
tout ce qui est au ciel

[a] **1.1** Les mots : *à Ephèse* sont absents de plusieurs manuscrits.

hen the times reach their fulfillment – to bring unity
all things in heaven and on earth under Christ.

11 In him we were also chosen,[e] having been pre-
estined according to the plan of him who works out
verything in conformity with the purpose of his will,
in order that we, who were the first to put our hope
Christ, might be for the praise of his glory. 13 And
ou also were included in Christ when you heard the
essage of truth, the gospel of your salvation. When
ou believed, you were marked in him with a seal, the
romised Holy Spirit, 14 who is a deposit guaranteeing
ur inheritance until the redemption of those who are
od's possession – to the praise of his glory.

hanksgiving and Prayer

15 For this reason, ever since I heard about your faith
n the Lord Jesus and your love for all God's people, 16 I
ave not stopped giving thanks for you, remembering
ou in my prayers. 17 I keep asking that the God of
ur Lord Jesus Christ, the glorious Father, may give
ou the Spirit[f] of wisdom and revelation, so that you
nay know him better. 18 I pray that the eyes of your
eart may be enlightened in order that you may know
he hope to which he has called you, the riches of
is glorious inheritance in his holy people, 19 and his
ncomparably great power for us who believe. That
ower is the same as the mighty strength 20 he exert-
ed when he raised Christ from the dead and seated
im at his right hand in the heavenly realms, 21 far

e 1:11 Or *were made heirs*
f 1:17 Or *a spirit*

et tout ce qui est sur la terre
doit être harmonieusement réuni[b]
en Christ.
11 Et c'est aussi en Christ
qu'il nous a accordé
notre part d'héritage[c]
conformément à ce qu'avait fixé
celui qui met en œuvre toutes choses,
selon l'intention qui inspire
sa décision.
Ainsi, nous avons été destinés d'avance
12 à célébrer sa gloire
nous qui, les tout premiers,
avons placé notre espérance
dans le Messie.
13 Et en Christ, vous aussi,
vous avez entendu
le message de vérité,
cet Evangile
qui vous apportait le salut ;
oui, c'est aussi en Christ
que vous qui avez cru,
vous avez obtenu de Dieu
l'Esprit Saint qu'il avait promis
et par lequel
il vous a marqués de son sceau[d]
en signe que vous lui appartenez.
14 Cet Esprit constitue
l'acompte de notre héritage
en attendant la délivrance
du peuple que Dieu s'est acquis[e].
Ainsi tout aboutit
à célébrer sa gloire.

Prière de Paul pour les Ephésiens

15 Pour toutes ces raisons, moi aussi, après avoir entendu
parler de votre foi au Seigneur Jésus et de votre amour
pour tous les membres du peuple saint, 16 je ne cesse de
dire ma reconnaissance à Dieu à votre sujet quand je fais
mention de vous dans mes prières.
17 Je demande que le Dieu de notre Seigneur Jésus-
Christ, le Père qui possède la gloire, vous donne, par
son Esprit, sagesse et révélation, pour que vous le connaissiez ; 18 qu'il illumine ainsi votre intelligence afin
que vous compreniez en quoi consiste l'espérance à
laquelle vous avez été appelés, quelle est la glorieuse
richesse de l'héritage que Dieu vous fera partager avec
les membres du peuple saint, 19 et quelle est l'extraordinaire grandeur de la puissance qu'il met en œuvre
en notre faveur, à nous qui plaçons notre confiance
en lui. Cette puissance, en effet, il l'a déployée dans
toute sa force 20 en la faisant agir en Christ lorsqu'il
l'a ressuscité et *l'a fait siéger à sa droite,* dans le monde
céleste. 21 Là, Christ est placé bien au-dessus de toute
Autorité, de toute Puissance, de toute Domination et de

b 1.10 Paul emploie ici un verbe qui signifie *résumer, récapituler.* Il est difficile de savoir ce qu'il voulait dire exactement. Certains traduisent : *doit être restauré.* D'autres comprennent : *doit être réuni sous le gouvernement de Christ.*
c 1.11 Autre traduction : *que nous sommes devenus sa possession.*
d 1.13 Le *sceau* apposé sur une marchandise marquait le changement de propriétaire.
e 1.14 Autre traduction : *la délivrance par laquelle nous entrerons en possession de notre héritage.*

above all rule and authority, power and dominion, and every name that is invoked, not only in the present age but also in the one to come. 22 And God placed all things under his feet and appointed him to be head over everything for the church, 23 which is his body, the fullness of him who fills everything in every way.

Made Alive in Christ

2 1 As for you, you were dead in your transgressions and sins, 2 in which you used to live when you followed the ways of this world and of the ruler of the kingdom of the air, the spirit who is now at work in those who are disobedient. 3 All of us also lived among them at one time, gratifying the cravings of our flesh[g] and following its desires and thoughts. Like the rest, we were by nature deserving of wrath. 4 But because of his great love for us, God, who is rich in mercy, 5 made us alive with Christ even when we were dead in transgressions – it is by grace you have been saved. 6 And God raised us up with Christ and seated us with him in the heavenly realms in Christ Jesus, 7 in order that in the coming ages he might show the incomparable riches of his grace, expressed in his kindness to us in Christ Jesus. 8 For it is by grace you have been saved, through faith – and this is not from yourselves, it is the gift of God – 9 not by works, so that no one can boast. 10 For we are God's handiwork, created in Christ Jesus to do good works, which God prepared in advance for us to do.

Jew and Gentile Reconciled Through Christ

11 Therefore, remember that formerly you who are Gentiles by birth and called "uncircumcised" by those who call themselves "the circumcision" (which is done in the body by human hands) – 12 remember that at that time you were separate from Christ, excluded from citizenship in Israel and foreigners to the covenants of the promise, without hope and without God in the world. 13 But now in Christ Jesus you who once were far away have been brought near by the blood of Christ.

14 For he himself is our peace, who has made the two groups one and has destroyed the barrier, the

[g] 2:3 In contexts like this, the Greek word for *flesh* (*sarx*) refers to the sinful state of human beings, often presented as a power in opposition to the Spirit.

toute Souveraineté[f] : au-dessus de tout nom qui puiss être cité, non seulement dans le monde présent, ma aussi dans le monde à venir. 22 *Dieu a tout placé sous se pieds*, et Christ qui domine toutes choses, il l'a donn pour chef à l'Eglise 23 qui est son corps, lui en qui habit la plénitude du Dieu qui remplit tout en tous[g].

De la mort à la vie

2 1 Autrefois, vous étiez morts à cause de vos fautes e de vos péchés. 2 Par ces actes, vous conformiez alor votre manière de vivre à celle de ce monde et vous suivie le chef des puissances spirituelles mauvaises, cet esprit qu agit maintenant dans les hommes rebelles à Dieu.

3 Nous aussi, nous faisions autrefois tous partie de ce hommes. Nous vivions selon nos mauvais désirs d'homme livrés à eux-mêmes et nous accomplissions tout ce qu notre corps et notre esprit nous poussaient à faire. Auss étions-nous, par nature, voués à la colère de Dieu comm le reste des hommes.

4 Mais Dieu est riche en bonté. Aussi, à cause du gran amour dont il nous a aimés, 5 alors que nous étions morts à cause de nos fautes, il nous a fait revivre les uns et le autres avec Christ. – C'est par la grâce que vous êtes sau vés. – 6 Par notre union avec Jésus-Christ, Dieu nous ressuscités les uns et les autres[i] et nous a fait siéger le uns et les autres dans le monde céleste. 7 Il l'a fait afi de démontrer pour tous les âges à venir, l'extraordinair richesse de sa grâce qu'il a manifestée en Jésus-Christ pa sa bonté envers nous.

8 Car c'est par grâce que vous êtes sauvés, par le moye de la foi. Cela ne vient pas de vous, c'est un don de Dieu 9 ce n'est pas le fruit d'œuvres que vous auriez accomplies Personne n'a donc de raison de se vanter. 10 Ce que nou sommes, nous le devons à Dieu ; car par notre union ave Jésus-Christ, Dieu nous a créés pour une vie riche d'œu vres bonnes qu'il a préparées à l'avance afin que nous le accomplissions.

Juifs et non-Juifs réconciliés par Jésus-Christ

11 C'est pourquoi, vous qui portez, dans votre corps, la preuve que vous n'êtes pas des Juifs et qui donc êtes traité d'« incirconcis » par ceux qui se disent « les circoncis » à cause d'un rite accompli sur leur corps et par des hommes rappelez-vous quelle était votre situation autrefois. 12 En ce temps-là, vous étiez sans Messie, vous n'aviez pas le droi de faire partie du peuple d'Israël, vous étiez étrangers aux alliances conclues par Dieu pour garantir sa promesse, sans espérance et sans Dieu dans le monde.

13 Mais maintenant, par votre union avec Jésus-Christ, vous qui, autrefois, étiez *loin*, vous êtes devenus *proches* grâce au sacrifice de Christ[j].

14 *Car nous lui devons notre paix*Il a, en effet, instauré l'unité entre les Juifs et les non-Juifs et abattu le mur[k]

[f] **1.21** Ces expressions se rapportent à des êtres surnaturels (angéliques ou démoniaques) auxquels les erreurs que certains répandaient dans les Eglises d'Asie Mineure donnaient une grande importance (voir3.10 ; Col 1.16 ; 2.15).

[g] **1.23** Autre traduction : *à l'Eglise* [23] *qui est son corps, où se manifeste pleinement celui qui remplit tout en tous* (cf. 3.19).

[h] **2.5** Autre traduction : *sous le coup d'une condamnation à mort.*

[i] **2.6** Autre traduction : *avec lui.* De même dans la suite du verset.

[j] **2.13** Voir la citation au v. 17.

[k] **2.14** Allusion probable à la haute muraille qui, dans le temple de Jérusalem, séparait le parvis des non-Juifs de celui où les Juifs seuls avaient accès.

ividing wall of hostility, 15 by setting aside in his esh the law with its commands and regulations. is purpose was to create in himself one new huanity out of the two, thus making peace, 16 and in ne body to reconcile both of them to God through ne cross, by which he put to death their hostility. 'He came and preached peace to you who were ır away and peace to those who were near. 18 For nrough him we both have access to the Father by ne Spirit.

19 Consequently, you are no longer foreigners and trangers, but fellow citizens with God's people and lso members of his household, 20 built on the founation of the apostles and prophets, with Christ Jesus imself as the chief cornerstone. 21 In him the whole uilding is joined together and rises to become a holy emple in the Lord. 22 And in him you too are being uilt together to become a dwelling in which God lives y his Spirit.

;od's Marvelous Plan for the Gentiles

3 1 For this reason I, Paul, the prisoner of Christ Jesus for the sake of you Gentiles –

2 Surely you have heard about the administration of God's grace that was given to me for 'ou, 3 that is, the mystery made known to me by evelation, as I have already written briefly. 4 In eading this, then, you will be able to understand ny insight into the mystery of Christ, 5 which was ıot made known to people in other generations ıs it has now been revealed by the Spirit to God's ıoly apostles and prophets. 6 This mystery is that hrough the gospel the Gentiles are heirs together with Israel, members together of one body, and harers together in the promise in Christ Jesus.

7 I became a servant of this gospel by the gift of God's grace given me through the working of his power. 8 Although I am less than the least of all the Lord's people, this grace was given me: to preach to the Gentiles the boundless riches of Christ, 9 and to make plain to everyone the administration of this mystery, which for ages past was kept hidden in God, who created all things. 10 His intent was that now, through the church, the manifold wisdom of God should be made known to the rulers and authorities

qui les séparait : en livrant son corps à la mort, il a annulé les effets de ce qui faisait d'eux des ennemis, 15 c'est-à-dire de la Loi de Moïse, dans ses commandements et ses règles. Il voulait ainsi créer une seule et nouvelle humanité à partir des Juifs et des non-Juifs qu'il a unis à lui-même, en établissant la paix. 16 Il voulait aussi les réconcilier les uns et les autres avec Dieu et les unir en un seul corps, en supprimant, par sa mort sur la croix, ce qui faisait d'eux des ennemis.

17 Ainsi *il est venu annoncer la paix à vous qui étiez loin et la paix à ceux qui étaient proches*[l]. 18 Car, grâce à lui, nous avons accès, les uns comme les autres, auprès du Père, par le même Esprit.

19 Voilà pourquoi vous n'êtes plus des étrangers ou des résidents temporaires[m], vous êtes concitoyens des membres du peuple saint, vous faites partie de la famille de Dieu. 20 Dieu vous a intégrés à l'édifice qu'il construit sur le fondement que sont les apôtres, ses prophètes[n], et dont Jésus-Christ lui-même est la pierre principale.

21 En lui toute la construction s'élève, bien coordonnée, afin d'être un temple saint dans le Seigneur, 22 et, unis à Christ, vous avez été intégrés ensemble à cette construction pour former une demeure où Dieu habite par l'Esprit.

La mission de Paul

3 1 C'est pourquoi moi Paul, le prisonnier de Jésus-Christ pour vous, les non-Juifs ...[o]

2 Vous avez très certainement appris quelle responsabilité Dieu, dans sa grâce, m'a confiée à votre égard[p]. 3 Par révélation, il m'a fait connaître le secret de son plan que je viens de résumer en quelques mots. 4 En me lisant, vous pouvez vous rendre compte de la compréhension que j'ai de ce secret, qui concerne Christ. 5 En effet, Dieu ne l'a pas fait connaître aux hommes des générations passées comme il l'a révélé maintenant, par le Saint-Esprit, à ses apôtres, ses prophètes qu'il a consacrés à son service.

6 Et ce secret c'est que, par leur union avec Jésus-Christ, les non-Juifs reçoivent le même héritage que nous, les Juifs, ils font partie du même corps et ont part à la même promesse, par le moyen de l'Evangile. 7 C'est de cet Evangile que je suis devenu le serviteur : tel est le don que Dieu m'a accordé dans sa grâce, par l'action de sa puissance. 8 Oui, c'est à moi, le plus petit de tous les membres du peuple saint, que Dieu a fait cette grâce d'annoncer aux non-Juifs les richesses insondables de Christ 9 et de mettre en pleine lumière, pour tout homme, la façon dont Dieu mène ce plan à sa complète réalisation. Ce plan, le Dieu qui a créé toutes choses l'avait tenu caché en lui-même de toute éternité. 10 Par cette mise en lumière, les Autorités et les Puissances dans le monde céleste peuvent connaître, par le moyen de l'Eglise, les aspects infiniment variés de sa sagesse.

---

l **2.17** Es 57.19 (voir Za 6.15).

m **2.19** Le terme grec désignait les étrangers autorisés à résider comme émigrés en Israël, sans y jouir du droit de cité.

n **2.20** Voir Ap 21.14. Autre traduction : *sur le fondement posé par les apôtres, ses prophètes.* Certains traduisent la fin du verset : *les apôtres et les prophètes.*

o **3.1** Paul interrompt ici sa phrase pour ouvrir jusqu'au v. 14 une parenthèse dans laquelle il explique quelle est sa mission et la nature du secret qu'il a été chargé d'annoncer.

p **3.2** Ces paroles prouvent que la lettre ne s'adressait pas à la seule Eglise d'Ephèse. Paul, en effet, avait séjourné pendant trois ans à Ephèse (Ac 20.31). Les Ephésiens n'ignoraient donc pas la responsabilité que Dieu avait confiée à Paul.

in the heavenly realms, [11]according to his eternal purpose that he accomplished in Christ Jesus our Lord. [12]In him and through faith in him we may approach God with freedom and confidence. [13]I ask you, therefore, not to be discouraged because of my sufferings for you, which are your glory.

A Prayer for the Ephesians

[14]For this reason I kneel before the Father, [15]from whom every family[h] in heaven and on earth derives its name. [16]I pray that out of his glorious riches he may strengthen you with power through his Spirit in your inner being, [17]so that Christ may dwell in your hearts through faith. And I pray that you, being rooted and established in love, [18]may have power, together with all the Lord's holy people, to grasp how wide and long and high and deep is the love of Christ, [19]and to know this love that surpasses knowledge – that you may be filled to the measure of all the fullness of God.

[20]Now to him who is able to do immeasurably more than all we ask or imagine, according to his power that is at work within us, [21]to him be glory in the church and in Christ Jesus throughout all generations, for ever and ever! Amen.

Unity and Maturity in the Body of Christ

4 [1]As a prisoner for the Lord, then, I urge you to live a life worthy of the calling you have received. [2]Be completely humble and gentle; be patient, bearing with one another in love. [3]Make every effort to keep the unity of the Spirit through the bond of peace. [4]There is one body and one Spirit, just as you were called to one hope when you were called; [5]one Lord, one faith, one baptism; [6]one God and Father of all, who is over all and through all and in all.

[7]But to each one of us grace has been given as Christ apportioned it. [8]This is why it[i] says:

"When he ascended on high,
he took many captives
and gave gifts to his people."

[9](What does "he ascended" mean except that he also descended to the lower, earthly regions[j]? [10]He who descended is the very one who ascended higher than all the heavens, in order to fill the whole universe.) [11]So Christ himself gave the apostles, the prophets,

[h] **3:15** The Greek for *family* (patria) is derived from the Greek for father (*pater*).
[i] **4:8** Or *God*
[j] **4:9** Or *the depths of the earth*

[11]Cela s'accomplit conformément à ce qui a été fixé d toute éternité et qui s'est réalisé par Jésus-Christ notr Seigneur. [12]Etant unis à lui, nous avons, par la foi en lui, liberté de nous approcher de Dieu[q] avec assurance. [13]Aus je vous demande de ne pas perdre courage en pensant au détresses que je connais dans mon service pour vous : ell contribuent à la gloire qui vous est destinée.

Connaître l'amour de Dieu

[14]C'est pourquoi je me mets à genoux devant le Père, [15]c qui dépendent, comme d'un modèle, toutes les familles de cieux et de la terre. [16]Je lui demande qu'il vous accord à la mesure de ses glorieuses richesses, d'être fortifié avec puissance par son Esprit dans votre être intérieu [17]Que Christ habite dans votre cœur par la foi. Enraciné et solidement fondés dans l'amour, [18]vous serez ainsi même de comprendre, avec tous ceux qui font partie d peuple saint, combien l'amour de Christ est large, long élevé et profond. [19]Oui, vous serez à même de connaîtr cet amour qui surpasse tout ce qu'on peut en connaîtr et vous serez ainsi remplis de toute la plénitude de Dieu

[20]A celui qui, par la puissance qui agit en nous, peu réaliser bien au-delà de tout ce que nous demandons o même pensons, [21]à lui soit la gloire dans l'Eglise et e Jésus-Christ pour toutes les générations et pour l'éter nité. Amen !

La vie de la nouvelle communauté

L'unité : la conserver

4 [1]Moi qui suis prisonnier à cause du Seigneur, je vou demande donc instamment de vous conduire d'un manière digne de l'appel qui vous a été adressé : [2]soye toujours humbles, empreints de douceur et patients, sup portez-vous les uns les autres avec amour. [3]Efforcez-vou de conserver l'unité que donne l'Esprit, dans la paix qu vous lie les uns aux autres. [4]Il y a un seul corps et u seul Esprit ; de même, Dieu vous a fait venir à lui en vou donnant une seule espérance : celle à laquelle vous ave été appelés.

[5]Il y a un seul Seigneur, une seule foi, un seul baptême [6]un seul Dieu et Père de tous qui règne sur tous, qui agi par tous et qui est en tous[r].

L'unité : l'acquérir

[7]Cependant, chacun de nous a reçu la grâce de Dieu selon la part que Christ lui donne dans son œuvre.

[8]C'est bien ce que déclare l'Ecriture :

Il est monté sur les hauteurs,
il a emmené des captifs
et il a fait des dons aux hommes.

[9]Or, que signifie : *Il est monté ?* Cela implique qu'auparavant, il est descendu jusqu'en bas, c'est-à-dire sur la terre[s] [10]Celui qui est descendu, c'est aussi celui qui est *monté* au-dessus de tous les cieux afin de remplir l'univers entier

[11]C'est lui qui *a fait don* de certains comme apôtres, d'autres comme prophètes, d'autres comme prédicateurs de

[q] **3.12** Le mot grec traduit par *approcher* était utilisé pour le droit de venir dans la présence d'un souverain ou d'un dieu (voir2.18 ; Rm 5.2 ; Hé 4.16 ; 10.19 ; 1 P 3.18).
[r] **4.6** Autre traduction : *qui règne sur tout, qui agit par tout et qui est en tout.*
[s] **4.9** Certains comprennent : *dans les régions les plus profondes de la terre.*

e evangelists, the pastors and teachers, 12 to equip
is people for works of service, so that the body of
hrist may be built up 13 until we all reach unity in
e faith and in the knowledge of the Son of God and
ecome mature, attaining to the whole measure of
e fullness of Christ.

14 Then we will no longer be infants, tossed back
nd forth by the waves, and blown here and there by
very wind of teaching and by the cunning and craft-
ness of people in their deceitful scheming. 15 Instead,
peaking the truth in love, we will grow to become in
very respect the mature body of him who is the head,
hat is, Christ. 16 From him the whole body, joined and
eld together by every supporting ligament, grows
nd builds itself up in love, as each part does its work.

nstructions for Christian Living

17 So I tell you this, and insist on it in the Lord, that
ou must no longer live as the Gentiles do, in the fu-
ility of their thinking. 18 They are darkened in their
nderstanding and separated from the life of God
ecause of the ignorance that is in them due to the
ardening of their hearts. 19 Having lost all sensitivity,
hey have given themselves over to sensuality so as
o indulge in every kind of impurity, and they are
ull of greed.

20 That, however, is not the way of life you learned
21 when you heard about Christ and were taught in him
n accordance with the truth that is in Jesus. 22 You
were taught, with regard to your former way of life,
o put off your old self, which is being corrupted by its
eceitful desires; 23 to be made new in the attitude of
your minds; 24 and to put on the new self, created to
be like God in true righteousness and holiness.

25 Therefore each of you must put off falsehood
and speak truthfully to your neighbor, for we are all
members of one body. 26 "In your anger do not sin"[k]:
Do not let the sun go down while you are still angry,
27 and do not give the devil a foothold. 28 Anyone who

[k] **4:26** Psalm 4:4 (see Septuagint)

l'Evangile, et d'autres encore, comparables à des bergers[t],
comme enseignants. 12 Il a fait don de ces hommes pour
que les membres du peuple saint soient rendus aptes à
accomplir leur service[u] en vue de la construction du corps
de Christ.

13 Ainsi nous parviendrons tous ensemble à l'unité
dans la foi et dans la connaissance du Fils de Dieu, à l'état
d'adultes, à un stade de maturité où se manifeste la plénitude qui nous vient de Christ. 14 De cette manière, nous ne
serons plus de petits enfants ballottés comme des barques
par les vagues et emportés çà et là par le vent de toutes
sortes d'enseignements, à la merci d'hommes habiles à
entraîner les autres dans l'erreur.

15 Au contraire, en exprimant la vérité dans l'amour,
nous grandirons à tous égards vers celui qui est la tête :
Christ.

16 C'est de lui que le corps tout entier tire sa croissance
pour s'affermir dans l'amour, sa cohésion et sa forte unité
lui venant de toutes les articulations dont il est pourvu,
pour assurer l'activité attribuée à chacune de ses parties[v].

La vie en Christ

17 Voici donc ce que je vous dis, ce que je vous déclare
au nom du Seigneur : vous ne devez plus vivre comme les
païens, qui suivent leurs pensées vides de sens. 18 Ils ont,
en effet, l'intelligence obscurcie et sont étrangers à la vie
que Dieu donne, à cause de l'ignorance qui est en eux et qui
provient de l'endurcissement de leur cœur. 19 Ayant perdu
tout sens moral, ils se sont livrés à l'inconduite pour se
jeter avec frénésie dans toutes sortes de vices.

20 Mais vous, ce n'est pas ainsi que vous avez appris
Christ, 21 puisqu'on vous a fait savoir ce qu'il est et qu'on
vous a enseigné, dans le cadre de votre union avec lui,
ce qui est conforme à la vérité qui est en Jésus[w]. 22 Cela
consiste à vous débarrasser de votre ancienne manière
de vivre, celle de l'homme que vous étiez autrefois et qui
se corrompait en suivant ses désirs trompeurs, 23 à être
renouvelés quant à votre esprit et votre intelligence, 24 et
à vous revêtir de l'homme nouveau, créé conformément à
la pensée de Dieu, pour être juste et saint conformément
à la vérité.

La vie dans l'amour

25 C'est pourquoi, débarrassés du mensonge, *que chacun de vous dise la vérité à son prochain*Ne sommes-nous pas
membres les uns des autres ?

26 *Mettez-vous en colère mais n'allez pas jusqu'à pécher*[x]; que
votre colère s'apaise avant le coucher du soleil. 27 Ne donnez
aucune prise au diable.

[t] **4.11** Paul fait peut-être allusion ici aux *bergers* que Dieu avait promis de donner à son peuple selon Jr 3.15. L'image du berger est fréquente dans l'Ancien Testament pour des dirigeants politiques (Ez 34), mais Jérémie se compare aussi lui-même à un berger en tant que prophète (Jr 17.16; voir aussi Es 56.10-11). Ici, ce sont les enseignants de l'Eglise qui sont comparés à des bergers.

[u] **4.12** Autre traduction : *il a fait don de ces hommes pour que ceux-ci œuvrent par leur ministère au perfectionnement des membres du peuple saint.*

[v] **4.16** *pour assurer ... parties.* Autre traduction : *avec la mesure de force que chacune de ses parties a reçue.*

[w] **4.21** Autre traduction : *et qu'on vous a enseigné dans le cadre de votre union avec lui, puisque la vérité est en Jésus.*

[x] **4.26** Ps 4.5 cité selon l'ancienne version grecque. D'autres traduisent : *Si vous vous mettez en colère, ne commettez pas de péché.*

has been stealing must steal no longer, but must work, doing something useful with their own hands, that they may have something to share with those in need.

29 Do not let any unwholesome talk come out of your mouths, but only what is helpful for building others up according to their needs, that it may benefit those who listen. 30 And do not grieve the Holy Spirit of God, with whom you were sealed for the day of redemption. 31 Get rid of all bitterness, rage and anger, brawling and slander, along with every form of malice. 32 Be kind and compassionate to one another, forgiving each other, just as in Christ God forgave you.

5 1 Follow God's example, therefore, as dearly loved children 2 and walk in the way of love, just as Christ loved us and gave himself up for us as a fragrant offering and sacrifice to God.

3 But among you there must not be even a hint of sexual immorality, or of any kind of impurity, or of greed, because these are improper for God's holy people. 4 Nor should there be obscenity, foolish talk or coarse joking, which are out of place, but rather thanksgiving. 5 For of this you can be sure: No immoral, impure or greedy person – such a person is an idolater – has any inheritance in the kingdom of Christ and of God.[l] 6 Let no one deceive you with empty words, for because of such things God's wrath comes on those who are disobedient. 7 Therefore do not be partners with them.

8 For you were once darkness, but now you are light in the Lord. Live as children of light 9 (for the fruit of the light consists in all goodness, righteousness and truth) 10 and find out what pleases the Lord. 11 Have nothing to do with the fruitless deeds of darkness, but rather expose them. 12 It is shameful even to mention what the disobedient do in secret. 13 But everything exposed by the light becomes visible – and everything that is illuminated becomes a light. 14 This is why it is said:

"Wake up, sleeper,
rise from the dead,
and Christ will shine on you."

[l] 5:5 Or *kingdom of the Messiah and God*

28 Que le voleur cesse de dérober ; qu'il se donne plut de la peine et travaille honnêtement de ses mains pou qu'il ait de quoi donner à ceux qui sont dans le besoin.

29 Ne laissez aucune mauvaise parole franchir vos lèvres ayez au contraire des paroles empreintes de bonté, qu aident les autres à grandir dans la foi selon les besoins Ainsi elles feront du bien à ceux qui vous entendent.

30 N'attristez[y] pas le Saint-Esprit de Dieu car, par ce Esprit, Dieu vous a marqués de son sceau comme sa pro priété pour le jour de la délivrance finale.

31 Amertume, irritation, colère, éclats de voix, insultes faites disparaître tout cela du milieu de vous, ainsi qu toute forme de méchanceté. 32 Soyez bons et compréhensif les uns envers les autres. Pardonnez-vous réciproquemen comme Dieu vous[z] a pardonné en Christ.

5 1 Puisque vous êtes les enfants bien-aimés de Dieu suivez l'exemple de votre Père.

2 Que votre vie soit dirigée par l'amour, de même qu Christ nous[a] a aimés et a livré lui-même sa vie à Dieu pou nous comme une offrande et un sacrifice dont le parfum plaît à Dieu.

3 Quant à l'immoralité et aux pratiques dégradantes sous toutes leurs formes, et à la soif de posséder, qu'il n'en soit pas même question entre vous : ce ne sont pas des sujets de conversation qui conviennent aux membres du peuple saint, 4 pas plus que les propos grossiers ou stupides, et les plaisanteries équivoques. C'est inconvenant ! Exprimez plutôt votre reconnaissance envers Dieu. 5 Car, sachez-le bien : aucun homme qui se livre à l'immoralité, à des pratiques dégradantes ou à la soif de posséder – qui est une idolâtrie – n'a d'héritage dans le royaume de Christ et de Dieu[b].

La vie dans la lumière

6 Que personne ne vous trompe par des discours sans valeur : ce sont ces désordres qui attirent la colère de Dieu sur ceux qui refusent de lui obéir.

7 Ne vous associez pas à ces gens-là. 8 Autrefois, certes, vous apparteniez aux ténèbres, mais à présent, par votre union avec le Seigneur, vous appartenez à la lumière. Comportez-vous donc comme des enfants de la lumière – 9 car le fruit produit par la lumière c'est tout ce qui est bon, juste et vrai. 10 Efforcez-vous de discerner ce qui plaît au Seigneur.

11 Ne participez pas aux pratiques stériles que favorisent les ténèbres, mais démasquez-les plutôt. 12 Car tout ce que ces gens-là font en cachette est si honteux qu'on n'ose même pas en parler. 13 Mais quand ces choses sont démasquées, leur véritable nature paraît à la lumière. 14 Or ce qui paraît à la lumière est lumière. De là viennent ces paroles :

Réveille-toi,
ô toi qui dors,
relève-toi
d'entre les morts
et Christ fera lever
sa lumière sur toi[c].

[y] 4.30 Autre traduction : *N'entravez pas l'action de l'Esprit.*
[z] 4.32 Certains manuscrits ont : *nous.*
[a] 5.2 Certains manuscrits ont : *vous.*
[b] 5.5 Autre traduction : *le royaume de celui qui est Christ et Dieu.*
[c] 5.14 L'apôtre cite peut-être un cantique de l'Eglise primitive inspiré par Es 26.19 ; 51.17 ; 52.1 ; 60.1.

15Be very careful, then, how you live – not as unwise
t as wise, 16making the most of every opportuni-
because the days are evil. 17Therefore do not be
lish, but understand what the Lord's will is. 18Do
t get drunk on wine, which leads to debauchery.
stead, be filled with the Spirit, 19speaking to one
other with psalms, hymns, and songs from the
irit. Sing and make music from your heart to the
rd, 20always giving thanks to God the Father for
erything, in the name of our Lord Jesus Christ.

structions for Christian Households

21Submit to one another out of reverence for Christ.
22Wives, submit yourselves to your own husbands
you do to the Lord. 23For the husband is the head
the wife as Christ is the head of the church, his
dy, of which he is the Savior. 24Now as the church
bmits to Christ, so also wives should submit to their
sbands in everything.

25Husbands, love your wives, just as Christ loved
e church and gave himself up for her 26to make
r holy, cleansing[m] her by the washing with water
rough the word, 27and to present her to himself
a radiant church, without stain or wrinkle or any
her blemish, but holy and blameless. 28In this same
ay, husbands ought to love their wives as their own
dies. He who loves his wife loves himself. 29After all,
o one ever hated their own body, but they feed and
re for their body, just as Christ does the church –
for we are members of his body. 31"For this reason
man will leave his father and mother and be united
his wife, and the two will become one flesh." 32This
a profound mystery – but I am talking about Christ
nd the church. 33However, each one of you also must
ve his wife as he loves himself, and the wife must
espect her husband.

6 1Children, obey your parents in the Lord,
for this is right. 2"Honor your father and
other" – which is the first commandment with a
romise – 3"so that it may go well with you and that
ou may enjoy long life on the earth."

5:26 Or *having cleansed*

15Veillez donc avec soin à votre manière de vivre. Ne
vous comportez pas comme des insensés, mais comme des
gens sensés. 16Mettez à profit les occasions qui se présentent à vous[d], car nous vivons des jours mauvais.

La vie par l'Esprit

17C'est pourquoi ne soyez pas déraisonnables, mais comprenez ce que le Seigneur attend de vous.
18Ne vous enivrez pas de vin – cela vous conduirait
à une vie de désordre – mais soyez remplis de l'Esprit :
19ainsi vous vous entretiendrez par le chant de psaumes,
d'hymnes et de cantiques inspirés par l'Esprit[e], vous
louerez le Seigneur de tout votre cœur par vos chants et
vos psaumes ; 20à tout moment et pour toute chose, vous
remercierez Dieu le Père au nom de notre Seigneur Jésus-
Christ, 21et parce que vous avez la crainte de Christ, vous
vous soumettrez les uns aux autres, 22vous femmes, en
particulier, chacune à son mari, et cela par égard pour
le Seigneur. 23Le mari, en effet, est le chef de sa femme
comme Christ est la tête, le chef[f] de l'Eglise qui est son
corps et dont il est le Sauveur. 24Mais comme l'Eglise se
soumet à Christ, qu'ainsi aussi la femme se soumette en
toute circonstance à son mari.
25Quant à vous, maris, que chacun de vous aime sa
femme comme Christ a aimé l'Eglise : il a donné sa vie
pour elle 26afin de la rendre digne de se tenir devant
Dieu après l'avoir purifiée par sa Parole, comme par le
bain nuptial[g]. 27Il a ainsi voulu se présenter cette Eglise
à lui-même, rayonnante de beauté, sans tache, ni ride,
ni aucun défaut, mais digne de se tenir devant Dieu et
irréprochable.
28Voilà comment chaque mari doit aimer sa femme comme si elle était son propre corps : ainsi celui qui aime sa
femme s'aime lui-même. 29Car personne n'a jamais haï sa
propre chair ; au contraire, chacun la nourrit et l'entoure
de soins, comme Christ le fait pour l'Eglise, 30parce que
nous sommes les membres de son corps.
31*C'est pourquoi l'homme laissera son père et sa mère pour*
s'attacher à sa femme et les deux ne feront plus qu'un.
32Il y a là un grand mystère : je parle de ce que je viens
de dire au sujet de Christ et de l'Eglise. 33Quant à vous,
que chaque mari aime sa femme comme lui-même, et que
chaque femme témoigne un profond respect à son mari.

Parents et enfants

6 1Vous, enfants, obéissez à vos parents à cause du
Seigneur[h], car c'est là ce qui est juste. 2*Honore ton*
père et ta mère : c'est le premier commandement auquel une
promesse est rattachée : 3*pour que tu sois heureux et que tu*
jouisses d'une longue vie sur la terre.

d 5.16 Autre traduction : *Gérez bien votre temps.*
e 5.19 Autre traduction : *conformes à la pensée de l'Esprit,* ce qui revient à dire que leur contenu doit être en accord avec l'Ecriture.
f 5.23 Le même mot grec désigne *la tête* et *le chef.*
g 5.26 En Orient, la fiancée était baignée et parée avant le mariage (comparer Ez 16.9). Autre traduction : *après l'avoir purifiée par l'eau et par la Parole.*
h 6.1 L'expression : *à cause du Seigneur* est absente de certains manuscrits.

[4]Fathers,[n] do not exasperate your children; instead, bring them up in the training and instruction of the Lord.

[5]Slaves, obey your earthly masters with respect and fear, and with sincerity of heart, just as you would obey Christ. [6]Obey them not only to win their favor when their eye is on you, but as slaves of Christ, doing the will of God from your heart. [7]Serve wholeheartedly, as if you were serving the Lord, not people, [8]because you know that the Lord will reward each one for whatever good they do, whether they are slave or free.

[9]And masters, treat your slaves in the same way. Do not threaten them, since you know that he who is both their Master and yours is in heaven, and there is no favoritism with him.

The Armor of God

[10]Finally, be strong in the Lord and in his mighty power. [11]Put on the full armor of God, so that you can take your stand against the devil's schemes. [12]For our struggle is not against flesh and blood, but against the rulers, against the authorities, against the powers of this dark world and against the spiritual forces of evil in the heavenly realms. [13]Therefore put on the full armor of God, so that when the day of evil comes, you may be able to stand your ground, and after you have done everything, to stand. [14]Stand firm then, with the belt of truth buckled around your waist, with the breastplate of righteousness in place, [15]and with your feet fitted with the readiness that comes from the gospel of peace. [16]In addition to all this, take up the shield of faith, with which you can extinguish all the flaming arrows of the evil one. [17]Take the helmet of salvation and the sword of the Spirit, which is the word of God.

[18]And pray in the Spirit on all occasions with all kinds of prayers and requests. With this in mind, be alert and always keep on praying for all the Lord's people. [19]Pray also for me, that whenever I speak, words may be given me so that I will fearlessly make known the mystery of the gospel, [20]for which I am an ambassador in chains. Pray that I may declare it fearlessly, as I should.

[n] **6:4** Or *Parents*

[4]Vous, pères, n'exaspérez pas vos enfants, mais élev-les en les éduquant et en les conseillant d'une manié conforme à la volonté du Seigneur.

Maîtres et esclaves

[5]Vous, esclaves[i], obéissez à votre maître terrest avec toute la crainte qui s'impose, avec droiture cœur, et cela par égard pour Christ. [6]N'accompliss pas votre tâche seulement quand on vous surveil comme s'il s'agissait de plaire à des hommes, mais ag sez comme des esclaves de Christ, qui accomplisse la volonté de Dieu de tout leur cœur. [7]Accompliss votre service de bon gré, comme pour le Seigneur non pour des hommes. [8]Car vous savez que chacu qu'il soit esclave ou libre, recevra du Seigneur ce q lui revient selon le bien qu'il aura fait.

[9]Quant à vous, maîtres, agissez suivant les mêmes pri cipes envers vos esclaves, sans user de menaces. Car vo savez que le Seigneur qui est au ciel est votre Maître to autant que le leur ; et il n'agit jamais par favoritisme.

Le combat chrétien

Revêtir l'armure qui vient de Dieu

[10]Pour conclure : puisez votre force dans le Seigneur dans sa grande puissance.

[11]Revêtez-vous de l'armure de Dieu afin de pouvoir t nir ferme contre toutes les ruses du diable. [12]Car no n'avons pas à lutter contre des êtres de chair et de san mais contre les Puissances, contre les Autorités, contre l Pouvoirs de ce monde des ténèbres, et contre les espri du mal dans le monde céleste.

[13]C'est pourquoi, endossez l'armure que Dieu donne af de pouvoir résister au mauvais jour et tenir jusqu'au bo après avoir fait tout ce qui était possible[j]. [14]Tenez dor ferme : ayez autour de la taille la vérité pour ceinture, revêtez-vous de la droiture en guise de cuirasse. [15]Aye pour chaussures à vos pieds la disponibilité à servir l'Eva gile de la paix. [16]En toute circonstance, saisissez-vous de l foi comme d'un bouclier avec lequel vous pourrez éteind toutes les flèches enflammées du diable[k]. [17]Prenez le salu pour casque et l'épée de l'Esprit, c'est-à-dire la Parole d Dieu.

L'appel à la prière

[18]En toutes circonstances, faites toutes sortes de prière et de requêtes sous la conduite de l'Esprit. Faites-le ave vigilance et constance, et intercédez pour tous les mem bres du peuple saint, [19]en particulier pour moi. Demande à Dieu de me donner, quand je parle, les mots que je doi dire pour annoncer avec assurance le secret que révè l'Evangile. [20]C'est de cet Evangile que je suis l'ambassa deur, un ambassadeur enchaîné. Priez donc pour que j l'annonce avec assurance comme je dois en parler.

[i] **6.5** La population des villes antiques était composée d'une proportion élevée d'esclaves.

[j] **6.13** Autre traduction : *après avoir été victorieux en tout.*

[k] **6.16** Autre traduction : *du mal.* Dans les guerres antiques, on se servait surtout lors des sièges, de flèches enduites de poix et de résine que l'on enflammait au moment de les lancer. Les légionnaires romains s'en protégeaient avec leurs grands boucliers.

nal Greetings

[21]Tychicus, the dear brother and faithful servant in
e Lord, will tell you everything, so that you also may
ow how I am and what I am doing. [22]I am sending
m to you for this very purpose, that you may know
w we are, and that he may encourage you.

[23]Peace to the brothers and sisters,[o] and love with
ith from God the Father and the Lord Jesus Christ.
[24]Grace to all who love our Lord Jesus Christ with
undying love.[p]

o 6:23 The Greek word for *brothers and sisters* (*adelphoi*) refers here to believers, both men and women, as part of God's family.

p 6:24 Or *Grace and immortality to all who love our Lord Jesus Christ.*

Salutation finale

[21]Pour que vous connaissiez vous aussi ma situation
et que vous sachiez ce que je fais, Tychique[l], notre cher
frère, qui est un serviteur fidèle dans la communion avec
Christ, vous mettra au courant de tout ce qui me concerne.
[22]Je l'envoie exprès chez vous pour qu'il vous donne de
mes nouvelles et vous encourage ainsi.
[23]Que Dieu le Père et le Seigneur Jésus-Christ accordent
à tous les frères et sœurs la paix et l'amour, avec la foi.
[24]Que Dieu donne sa grâce à tous ceux qui aiment notre
Seigneur Jésus-Christ d'un amour inaltérable.

l **6.21** *Tychique* (Ac 20.4 ; Col 4.7) a dû porter la lettre circulaire à Ephèse, puis dans les autres villes de la province d'Asie, et donner oralement des nouvelles de l'apôtre.

Philippians

1 1Paul and Timothy, servants of Christ Jesus,
To all God's holy people in Christ Jesus at
Philippi, together with the overseers and deacons[a]:
2Grace and peace to you from God our Father and
the Lord Jesus Christ.

Thanksgiving and Prayer

3I thank my God every time I remember you. 4In
all my prayers for all of you, I always pray with joy
5because of your partnership in the gospel from the
first day until now, 6being confident of this, that he
who began a good work in you will carry it on to completion until the day of Christ Jesus.

7It is right for me to feel this way about all of you,
since I have you in my heart and, whether I am in
chains or defending and confirming the gospel, all
of you share in God's grace with me. 8God can testify
how I long for all of you with the affection of Christ
Jesus.

9And this is my prayer: that your love may abound
more and more in knowledge and depth of insight,
10so that you may be able to discern what is best
and may be pure and blameless for the day of Christ,
11filled with the fruit of righteousness that comes
through Jesus Christ – to the glory and praise of God.

Paul's Chains Advance the Gospel

12Now I want you to know, brothers and sisters,[b]
that what has happened to me has actually served to
advance the gospel. 13As a result, it has become clear
throughout the whole palace guard[c] and to everyone
else that I am in chains for Christ. 14And because of
my chains, most of the brothers and sisters have become confident in the Lord and dare all the more to
proclaim the gospel without fear.
15It is true that some preach Christ out of envy and
rivalry, but others out of goodwill. 16The latter do
so out of love, knowing that I am put here for the
defense of the gospel. 17The former preach Christ out

[a] **1:1** The word *deacons* refers here to Christians designated to serve with the overseers/elders of the church in a variety of ways; similarly in Romans 16:1 and 1 Tim. 3:8,12.
[b] **1:12** The Greek word for *brothers and sisters* (*adelphoi*) refers here to believers, both men and women, as part of God's family; also in verse 14; and in 3:1, 13, 17; 4:1, 8, 21.
[c] **1:13** Or *whole palace*

Lettre aux Philippiens

Salutation

1 1Paul et Timothée[a], serviteurs de Jésus-Christ, sal
ent tous ceux qui, par leur union à Jésus-Christ, so
membres du peuple saint, et qui vivent à Philippes[b], ain
que les dirigeants de l'Eglise et les diacres[c].
2Que la grâce et la paix vous soient accordées par Di
notre Père et par le Seigneur Jésus-Christ.

Prière de reconnaissance

3J'exprime à mon Dieu ma reconnaissance chaque fo
que je pense à vous ; 4je prie pour vous tous en toute o
casion, et c'est toujours avec joie que je le fais. 5Oui,
remercie Dieu pour votre solidarité qui, depuis le pr
mier jour jusqu'à maintenant, a contribué à l'annonce
l'Evangile. 6Et, j'en suis fermement persuadé : celui qui
commencé en vous son œuvre bonne la poursuivra jusqu
son achèvement au jour de Jésus-Christ.
7Tels sont mes sentiments envers vous tous ; et il e
juste que je les éprouve ; en effet, vous occupez une plac
particulière dans mon cœur, car vous prenez tous un
part active à la grâce que Dieu m'accorde, aussi bien quan
je suis enchaîné dans ma cellule[d] que lorsque je défenc
l'Evangile et que je l'établis fermement. 8Oui, Dieu m'e
est témoin : je vous aime tous de l'affection que vous port
Jésus-Christ[e].
9Et voici ce que je demande dans mes prières : c'est qu
votre amour gagne de plus en plus en pleine connais
sance et en parfait discernement 10pour que vous puissie
discerner ce qui est important. Ainsi vous serez purs et ir
réprochables au jour de Christ, 11où vous paraîtrez devar
lui chargés d'œuvres justes, ce fruit que Jésus-Christ aur
produit en vous, à la gloire et à la louange de Dieu.

Nouvelles de Paul et de son ministère

12Je tiens à ce que vous le sachiez, frères et sœurs : c
qui m'est arrivé a plutôt servi la cause de l'Evangile. 13E
effet, toute la garde prétorienne et tous les autres saven
que c'est parce que je sers Christ que je suis en prison
14De plus, mon emprisonnement a encouragé la plupar
des frères et sœurs à faire confiance au Seigneur ; auss
redoublent-ils d'audace pour annoncer sans crainte la
Parole de Dieu[f]. 15Quelques-uns, il est vrai, sont poussé
par la jalousie et par un esprit de rivalité. Mais d'autres an
noncent Christ dans un bon esprit. 16Ces derniers agissen
par amour. Ils savent que si je suis ici, c'est pour défendr
l'Evangile. 17Quant aux premiers, ils annoncent Christ dan

[a] **1.1** *Timothée* a collaboré avec Paul à la fondation de l'Eglise à Philippes (Ac 16). Il est auprès de l'apôtre au moment de la rédaction de la lettre.
[b] **1.1** *Philippes* était une colonie romaine en Macédoine (4.15). Paul y avait fondé l'Eglise lors de son deuxième voyage missionnaire (voir Ac 16.12).
[c] **1.1** Le mot grec qui a donné par francisation le mot *diacre* signifiait *serviteur*. Il est devenu, dans certaines des Eglises primitives, un titre désignant sans doute des assistants des dirigeants des Eglises.
[d] **1.7** Paul est en prison soit à Ephèse ou à Césarée, soit à Rome où il a été transféré et enchaîné dans la prison du prétoire en vue de son procès.
[e] **1.8** Autre traduction : *qui me vient de Jésus-Christ*.
[f] **1.14** Les mots : *de Dieu sont absents de certains manuscrits*.

selfish ambition, not sincerely, supposing that they
n stir up trouble for me while I am in chains. 18 But
hat does it matter? The important thing is that in
ery way, whether from false motives or true, Christ
preached. And because of this I rejoice.
Yes, and I will continue to rejoice, 19 for I know that
rough your prayers and God's provision of the Spirit
Jesus Christ what has happened to me will turn out
r my deliverance.[d] 20 I eagerly expect and hope that
will in no way be ashamed, but will have sufficient
ourage so that now as always Christ will be exalted
my body, whether by life or by death. 21 For to me,
live is Christ and to die is gain. 22 If I am to go on
ving in the body, this will mean fruitful labor for me.
et what shall I choose? I do not know! 23 I am torn
etween the two: I desire to depart and be with Christ,
hich is better by far; 24 but it is more necessary for
ou that I remain in the body. 25 Convinced of this, I
now that I will remain, and I will continue with all
you for your progress and joy in the faith, 26 so that
rough my being with you again your boasting in
hrist Jesus will abound on account of me.

ife Worthy of the Gospel

27 Whatever happens, conduct yourselves in a
anner worthy of the gospel of Christ. Then, wheth-
r I come and see you or only hear about you in my
bsence, I will know that you stand firm in the one
pirit,[e] striving together as one for the faith of the
ospel 28 without being frightened in any way by those
ho oppose you. This is a sign to them that they will
e destroyed, but that you will be saved – and that
y God. 29 For it has been granted to you on behalf of
hrist not only to believe in him, but also to suffer for
im, 30 since you are going through the same struggle
ou saw I had, and now hear that I still have.

mitating Christ's Humility

2 1 Therefore if you have any encouragement from
being united with Christ, if any comfort from his
ove, if any common sharing in the Spirit, if any ten-
lerness and compassion, 2 then make my joy complete
y being like-minded, having the same love, being one
n spirit and of one mind. 3 Do nothing out of selfish
mbition or vain conceit. Rather, in humility value
others above yourselves, 4 not looking to your own
nterests but each of you to the interests of the others.

d 1:19 Or *vindication*; or *salvation*
e 1:27 Or *in one spirit*

un esprit de rivalité[g], avec des motifs qui ne sont pas innocents : ils veulent rendre ma captivité encore plus pénible.
18 Qu'importe, après tout ! De toute façon, que ce soit
avec des arrière-pensées ou en toute sincérité, Christ est
annoncé, et je m'en réjouis. Mieux encore : je continuerai
à m'en réjouir. 19 Car je suis certain que toutes ces épreuves
aboutiront à mon salut, grâce à vos prières pour moi et à
l'assistance de l'Esprit de Jésus-Christ.
20 Car ce que j'attends et que j'espère de toutes mes
forces, c'est de n'avoir à rougir de rien mais, au contraire, maintenant comme toujours, de manifester en ma
personne, avec une pleine assurance, la grandeur de
Christ, soit par ma vie, soit par ma mort. 21 Pour moi, en
effet, la vie, c'est Christ, et la mort est un gain. 22 Mais
si je continue à vivre dans ce monde, alors je pourrai
encore porter du fruit par mon activité. Je ne sais donc
pas que choisir.
23 Je suis tiraillé de deux côtés : j'ai le désir de quitter
cette vie pour être avec Christ, car c'est, de loin, le meilleur. 24 Mais il est plus nécessaire que je demeure dans ce
monde à cause de vous. 25 Cela, j'en suis convaincu. Je sais
donc que je resterai et que je demeurerai parmi vous tous,
pour contribuer à votre progrès et à votre joie dans la foi.
26 Ainsi, lorsque je serai de retour chez vous, vous aurez
encore plus de raisons, à cause de moi, de placer votre
fierté en Jésus-Christ.

Le combat pour la foi

27 Quoi qu'il en soit, menez une vie digne de l'Evangile
de Christ, en vrais citoyens de son royaume. Ainsi, que je
vienne vous voir ou que je reste loin de vous, je pourrai
apprendre que vous tenez bon, unis par un même esprit,
luttant ensemble d'un même cœur pour la foi fondée sur
l'Evangile, 28 sans vous laisser intimider en rien par les
adversaires. C'est pour eux le signe qu'ils courent à leur
perte, et pour vous celui que vous êtes sauvés. Et cela vient
de Dieu. 29 Car en ce qui concerne Christ, Dieu vous a accordé la grâce, non seulement de croire en lui, mais encore
de souffrir pour lui. 30 Vous êtes en effet engagés dans
le même combat que moi, ce combat que vous m'avez vu
soutenir[h] et que je soutiens encore maintenant, comme
vous le savez.

Aimer, à l'aide de Christ

2 1 N'avez-vous pas trouvé en Christ un réconfort,
dans l'amour un encouragement, par l'Esprit
une communion entre vous[i] ? N'avez-vous pas de
l'affection et de la bonté les uns pour les autres ?
2 Rendez donc ma joie complète : tendez à vivre en
accord les uns avec les autres. Et pour cela, ayez le
même amour, une même pensée, et tendez au même
but. 3 Ne faites donc rien par esprit de rivalité[j], ou
par un vain désir de vous mettre en avant ; au contraire, par humilité, considérez les autres comme

g 1.17 Autre traduction : *égoïsme.*
h 1.30 Allusion aux persécutions endurées par l'apôtre lors de la fonda-tion de l'Eglise à Philippes (Ac 16.19-24).
i 2.1 Autres traductions : *Christ ne vous y invite-t-il pas ? L'amour ne vous y encourage-t-il pas ? L'Esprit ne vous rend-il pas solidaires ?* (ou : *n'êtes-vous pas en communion avec l'Esprit ?*).
j 2.3 Autre traduction : *par égoïsme.*

[5]In your relationships with one another, have the same mindset as Christ Jesus:

[6] Who, being in very nature[f] God,
did not consider equality with God
something to be used to his own advantage;
[7] rather, he made himself nothing
by taking the very nature[g] of a servant,
being made in human likeness.
[8] And being found in appearance as a man,
he humbled himself
by becoming obedient to death –
even death on a cross!
[9] Therefore God exalted him to the highest place
and gave him the name that is above every name,
[10] that at the name of Jesus every knee should bow,
in heaven and on earth and under the earth,
[11] and every tongue acknowledge that Jesus Christ is Lord,
to the glory of God the Father.

Do Everything Without Grumbling

[12]Therefore, my dear friends, as you have always
obeyed – not only in my presence, but now much more
in my absence – continue to work out your salvation
with fear and trembling, [13]for it is God who works
in you to will and to act in order to fulfill his good
purpose.

[14]Do everything without grumbling or arguing, [15]so
that you may become blameless and pure, "children
of God without fault in a warped and crooked generation."
Then you will shine among them like stars in
the sky [16]as you hold firmly to the word of life. And
then I will be able to boast on the day of Christ that I

f 2:6 Or *in the form of*
g 2:7 Or *the form*

plus importants que vous-mêmes ; [4]et que chacu
regarde, non ses propres qualités[k], mais celles de
autres. [5]Tendez à vivre ainsi entre vous, car c'est c
qui convient quand on est uni à Jésus-Christ[l].

[6] Lui qui était de condition divine[m],
ne chercha pas à profiter[n]
de l'égalité avec Dieu,
[7] mais il s'est dépouillé lui-même,
et il a pris
la condition d'un serviteur
en se rendant semblable aux hommes :
se trouvant ainsi reconnu
à son aspect, comme un simple homme,
[8] il s'abaissa lui-même
en devenant obéissant,
jusqu'à subir la mort,
oui, la mort sur la croix.
[9] C'est pourquoi Dieu l'a élevé
à la plus haute place
et il lui a donné le nom
qui est au-dessus de tout nom,
[10] pour qu'au nom de Jésus
tout être s'agenouille
dans les cieux, sur la terre
et jusque sous la terre,
[11] et que *chacun déclare :*
Jésus-Christ est *Seigneur*[o]
à la gloire de Dieu le Père.

Faire fructifier son salut

[12]Mes chers amis, vous avez toujours été obéissants
faites donc fructifier votre salut, avec toute la crainte
qui s'impose, non seulement quand je suis présent
mais bien plus maintenant que je suis absent. [13]Ca
c'est Dieu lui-même qui agit en vous, pour produire
à la fois le vouloir et le faire conformément à so
projet bienveillant[p].
[14]Faites tout sans vous plaindre et sans discuter
[15]pour être irréprochables et purs, des enfants de
Dieu sans tache au sein d'une humanité corrompue
et perverse. Dans cette humanité, vous brillez comme
des flambeaux dans le monde, [16]en portant[q] la Parole
de vie. Ainsi, lorsque viendra le jour de Christ, vous
serez mon titre de gloire : je n'aurai pas couru[r] pour

k 2.4 Autre traduction : *intérêts.*
l 2.5 Autre traduction : *tendez en vous-mêmes à cette attitude qui est* (ou *était*) *aussi en Jésus-Christ.* Ou : *Ayez entre vous les sentiments qui viennent de Jésus-Christ.*
m 2.6 Certains pensent que Paul citerait ici un hymne de l'Eglise primitive, mais il est possible qu'il l'ait composé lui-même.
n 2.6 D'autres comprennent : *ne chercha pas à rester de force l'égal de Dieu* (ou *à se faire de force l'égal de Dieu*).
o 2.11 Dans le paganisme, ce titre s'appliquait à la divinité suprême. Plus tard, les empereurs le revendiqueront. L'Ancien Testament rendait par ce titre le nom de Dieu (l'Eternel). Paul applique à Jésus ce qu'Es 45.23-24 disait de Dieu.
p 2.13 Autre traduction : *car c'est Dieu lui-même qui agit parmi vous pour susciter le vouloir et le faire en vue de la bonne entente.*
q 2.16 Autre traduction : *en présentant aux hommes.*
r 2.16 L'apôtre compare ses efforts et ses luttes à ceux des athlètes qui courent dans le stade (comparer3.12-13 ; 1 Co 9.24-26 ; Ga 2.2).

d not run or labor in vain. 17But even if I am being
oured out like a drink offering on the sacrifice and
rvice coming from your faith, I am glad and rejoice
ith all of you. 18So you too should be glad and rejoice
ith me.

imothy and Epaphroditus

19I hope in the Lord Jesus to send Timothy to you
on, that I also may be cheered when I receive news
out you. 20I have no one else like him, who will
ow genuine concern for your welfare. 21For every-
ne looks out for their own interests, not those of
sus Christ. 22But you know that Timothy has proved
mself, because as a son with his father he has served
ith me in the work of the gospel. 23I hope, therefore,
send him as soon as I see how things go with me.
And I am confident in the Lord that I myself will
ome soon.
25But I think it is necessary to send back to you
paphroditus, my brother, co-worker and fellow sol-
ier, who is also your messenger, whom you sent to
ke care of my needs. 26For he longs for all of you and
distressed because you heard he was ill. 27Indeed
e was ill, and almost died. But God had mercy on
im, and not on him only but also on me, to spare me
orrow upon sorrow. 28Therefore I am all the more
ager to send him, so that when you see him again
ou may be glad and I may have less anxiety. 29So
hen, welcome him in the Lord with great joy, and
onor people like him, 30because he almost died for
he work of Christ. He risked his life to make up for
he help you yourselves could not give me.

o Confidence in the Flesh

3 1Further, my brothers and sisters, rejoice in
the Lord! It is no trouble for me to write the
ame things to you again, and it is a safeguard for
ou. 2Watch out for those dogs, those evildoers,
hose mutilators of the flesh. 3For it is we who are
he circumcision, we who serve God by his Spirit, who
oast in Christ Jesus, and who put no confidence in
he flesh – 4though I myself have reasons for such
onfidence.
If someone else thinks they have reasons to put
onfidence in the flesh, I have more: 5circumcised on

rien et ma peine n'aura pas été inutile. 17Et même si
je dois m'offrir comme une libation pour accompagner le sacrifice que vous offrez à Dieu, c'est-à-dire le
service de votre foi[s], je m'en réjouis et je me réjouis
avec vous tous. 18Vous aussi, de la même manière,
réjouissez-vous, et réjouissez-vous avec moi.

L'envoi de Timothée et d'Epaphrodite

19J'espère, en comptant sur le Seigneur Jésus, vous envoyer bientôt Timothée pour être moi-même encouragé
par les nouvelles qu'il me donnera de vous.
20Il n'y a personne ici, en dehors de lui, pour partager
mes sentiments et se soucier sincèrement de ce qui vous
concerne. 21Car tous ne s'intéressent qu'à leurs propres
affaires et non à la cause de Jésus-Christ. 22Mais vous savez
que Timothée a fait ses preuves : comme un enfant aux
côtés de son père, il s'est consacré avec moi au service
de l'Evangile. 23C'est donc lui que j'espère pouvoir vous
envoyer dès que je verrai quelle tournure prennent les
événements pour moi.
24Et j'ai cette confiance dans le Seigneur que je viendrai
bientôt moi-même chez vous. 25Par ailleurs, j'ai estimé
nécessaire de vous renvoyer Epaphrodite[t], mon frère, mon
collaborateur et mon compagnon d'armes, votre délégué
auquel vous avez donné la charge de subvenir à mes besoins. 26Il avait, en effet, un grand désir de vous revoir et
il était préoccupé parce que vous avez appris qu'il était
malade. 27Il a été malade, c'est vrai, et il a frôlé la mort,
mais Dieu a eu pitié de lui, et pas seulement de lui, mais
aussi de moi, pour m'éviter d'avoir peine sur peine.
28Je me suis donc hâté de vous le renvoyer pour que
vous vous réjouissiez de le revoir : cela adoucira ma peine.
29Réservez-lui donc un accueil digne de votre union commune au Seigneur ; recevez-le avec une grande joie. Ayez
de l'estime pour de tels hommes, 30car c'est en travaillant
au service de Christ qu'il a failli mourir. Il a exposé sa
vie pour s'acquitter, à votre place, du service que vous ne
pouviez me rendre vous-mêmes.

L'important, c'est Christ

3 1Enfin, mes frères et sœurs, réjouissez-vous de tout
ce que le Seigneur est pour vous. Il ne m'en coûte pas
de me répéter en vous écrivant et, pour vous, cela ne peut
que contribuer à votre sécurité.
2Prenez garde aux mauvais ouvriers, à ces hommes ignobles qui vous poussent à mutiler votre corps[u]. 3En réalité,
c'est nous qui sommes circoncis de la vraie circoncision
puisque nous rendons notre culte à Dieu par son Esprit et
que nous mettons toute notre fierté en Jésus-Christ – au
lieu de placer notre confiance dans ce que l'homme produit par lui-même. 4Et pourtant, je pourrais, moi aussi,
placer ma confiance dans ce qui vient de l'homme. Si
quelqu'un croit pouvoir se confier en ce qui vient de
l'homme, je le puis bien davantage : 5j'ai été circoncis le

---

[s] **2.17** Voir 2 Tm 4.6. La foi des Philippiens est comparée à un sacrifice offert à Dieu, sur lequel le sang de l'apôtre serait versé comme les libations de vin sur les offrandes de fleur de farine accompagnant certains sacrifices (Ex 29.38-41).

[t] **2.25** Délégué de l'Eglise de Philippes auprès de Paul pour l'aider pendant son emprisonnement (4.18). Les Philippiens avaient envoyé à Paul un don matériel avec ce frère, mais celui-ci était tombé malade peu après son arrivée (v. 27).

[u] **3.2** Autre traduction : *Vous connaissez les mauvais ouvriers, ces hommes ignobles qui*... Paul vise les partisans de la circoncision.

the eighth day, of the people of Israel, of the tribe of Benjamin, a Hebrew of Hebrews; in regard to the law, a Pharisee; 6 as for zeal, persecuting the church; as for righteousness based on the law, faultless.

7 But whatever were gains to me I now consider loss for the sake of Christ. 8 What is more, I consider everything a loss because of the surpassing worth of knowing Christ Jesus my Lord, for whose sake I have lost all things. I consider them garbage, that I may gain Christ 9 and be found in him, not having a righteousness of my own that comes from the law, but that which is through faith in[h] Christ – the righteousness that comes from God on the basis of faith. 10 I want to know Christ – yes, to know the power of his resurrection and participation in his sufferings, becoming like him in his death, 11 and so, somehow, attaining to the resurrection from the dead.

12 Not that I have already obtained all this, or have already arrived at my goal, but I press on to take hold of that for which Christ Jesus took hold of me. 13 Brothers and sisters, I do not consider myself yet to have taken hold of it. But one thing I do: Forgetting what is behind and straining toward what is ahead, 14 I press on toward the goal to win the prize for which God has called me heavenward in Christ Jesus.

Following Paul's Example

15 All of us, then, who are mature should take such a view of things. And if on some point you think differently, that too God will make clear to you. 16 Only let us live up to what we have already attained.

17 Join together in following my example, brothers and sisters, and just as you have us as a model, keep your eyes on those who live as we do. 18 For, as I have often told you before and now tell you again even with tears, many live as enemies of the cross of Christ. 19 Their destiny is destruction, their god is their stomach, and their glory is in their shame. Their mind is set on earthly things. 20 But our citizenship is in heaven. And we eagerly await a Savior from there,

[h] 3:9 Or *through the faithfulness of*

huitième jour, je suis Israélite de naissance, de la tribu d Benjamin, de pur sang hébreu[v]. Pour ce qui concerne respect de la Loi, je faisais partie des pharisiens. 6 Qua à mon zèle, il m'a conduit à persécuter l'Eglise. Face au exigences de la Loi, j'étais sans reproche.

7 Toutes ces choses constituaient, à mes yeux, un gai mais à cause de Christ, je les considère désormais comm une perte. 8 Oui, je considère toutes choses comme ur perte à cause de ce bien suprême : la connaissance d Jésus-Christ mon Seigneur. A cause de lui, j'ai accepté d perdre tout cela, oui, je le considère comme bon à être m au rebut, afin de gagner Christ. 9 Mon désir est d'être tro vé en lui, non pas avec une justice que j'aurais moi-mêm acquise en obéissant à la Loi mais avec la justice qui vie de la foi en Christ et que Dieu accorde à ceux qui croien

10 C'est ainsi que je pourrai connaître Christ, c'est-à dire expérimenter la puissance de sa résurrection et avo part à ses souffrances, en devenant semblable à lui jusqu dans sa mort, 11 afin de parvenir, quoi qu'il arrive[w], à l résurrection.

12 Non, certes, je ne suis pas encore parvenu au but, j n'ai pas atteint la perfection, mais je continue à cour pour tâcher de saisir le prix. Car Jésus-Christ s'est sai de moi.

Courir vers le but

13 Non, frères et sœurs, pour moi je n'estime pas avoi saisi le prix. Mais je fais une seule chose : oubliant ce qu est derrière moi, et tendant de toute mon énergie vers c qui est devant moi, 14 je poursuis ma course vers le bu pour remporter le prix attaché à l'appel que Dieu nous adressé du haut du ciel dans l'union avec Jésus-Christ[x].

15 Nous tous qui sommes spirituellement adultes, c'es cette pensée qui doit nous diriger. Et si, sur un point que conque, vous pensez différemment, Dieu vous éclairer aussi là-dessus. 16 Seulement, au point où nous somme parvenus, continuons à marcher ensemble dans la mêm direction.

17 Suivez mon exemple, frères et sœurs, et observez com ment se conduisent ceux qui vivent selon le modèle qu vous trouvez en nous.

18 Car il en est beaucoup qui vivent en ennemis de l croix de Christ. Je vous en ai souvent parlé, je vous le di une fois de plus, en pleurant. 19 Ils finiront par se perdre Ils ont pour dieu leur ventre[y], ils mettent leur fierté dan ce qui fait leur honte, leurs pensées sont toutes dirigée vers les choses de ce monde.

20 Quant à nous, nous sommes citoyens des cieux : de là nous attendons ardemment la venue du Seigneur Jésus

[v] **3.5** On peut comprendre que Paul affirme ici qu'il est juif à cent pour cent. Il est aussi possible que cette formule ait pour but de préciser que la famille de Paul avait maintenu, même loin du pays d'Israël, l'usage de l'hébreu (contrairement aux Juifs hellénistes qui avaient adopté le grec ; voir Ac 6) ; ou encore qu'elle respectait les traditions juives (contrairement aux Juifs assimilés aux populations hellénisées qui ne les respectaient plus). *Benjamin:* tribu en haute estime dans le judaïsme car elle était restée fidèle à la dynastie de David.

[w] **3.11** Autres traductions : *quel qu'en soit le chemin*, ou : *avec l'espoir de parvenir.*

[x] **3.14** Autre traduction : *remporter le prix que Dieu nous a appelés à recevoir au ciel dans l'union avec Jésus-Christ.*

[y] **3.19** Ce qui pourrait vouloir dire qu'ils ne pensent qu'à satisfaire leurs appétits, ou à servir leurs propres intérêts. Certains pensent que Paul fait allusion aux nombreuses prescriptions alimentaires auxquelles les judaïsants attachaient une grande importance (comparer Rm 16.18 ; Col 2.16, 20-21), à moins qu'il pense à la circoncision.

ıe Lord Jesus Christ, 21 who, by the power that en-
bles him to bring everything under his control, will
ansform our lowly bodies so that they will be like
is glorious body.

losing Appeal for Steadfastness and Unity

1 Therefore, my brothers and sisters, you whom I
love and long for, my joy and crown, stand firm
ı the Lord in this way, dear friends!

2 I plead with Euodia and I plead with Syntyche to be
f the same mind in the Lord. 3 Yes, and I ask you, my
rue companion, help these women since they have
ontended at my side in the cause of the gospel, along
ith Clement and the rest of my co-workers, whose
ames are in the book of life.

inal Exhortations

4 Rejoice in the Lord always. I will say it again:
ejoice! 5 Let your gentleness be evident to all. The
ord is near. 6 Do not be anxious about anything,
ut in every situation, by prayer and petition, with
hanksgiving, present your requests to God. 7 And the
eace of God, which transcends all understanding,
vill guard your hearts and your minds in Christ Jesus.

8 Finally, brothers and sisters, whatever is true,
vhatever is noble, whatever is right, whatever is pure,
vhatever is lovely, whatever is admirable – if anything
s excellent or praiseworthy – think about such things.
Whatever you have learned or received or heard from
ne, or seen in me – put it into practice. And the God
f peace will be with you.

hanks for Their Gifts

10 I rejoiced greatly in the Lord that at last you
enewed your concern for me. Indeed, you were con-
erned, but you had no opportunity to show it. 11 I am
ıot saying this because I am in need, for I have learned
o be content whatever the circumstances. 12 I know
vhat it is to be in need, and I know what it is to have
lenty. I have learned the secret of being content in
ny and every situation, whether well fed or hungry,
vhether living in plenty or in want. 13 I can do all this
hrough him who gives me strength.

14 Yet it was good of you to share in my troubles.
5 Moreover, as you Philippians know, in the early days

Christ pour nous sauver. 21 Car il transformera notre corps
misérable pour le rendre conforme à son corps glorieux
par la puissance qui lui permet aussi de tout soumettre
à son autorité.

4 1 Ainsi donc, mes frères et sœurs bien-aimés, vous
que je désire tant revoir, vous qui êtes ma joie et
ma couronne, c'est de cette manière, mes chers amis, que
vous devez tenir ferme, en restant attachés au Seigneur.

Recommandations

2 Je recommande à Evodie et à Syntyche[z] de vivre en
parfaite harmonie, l'une avec l'autre, selon le Seigneur ;
je les y invite instamment.
3 Toi, mon fidèle collègue[a], je te le demande : viens-leur
en aide, car elles ont combattu à mes côtés pour la cause
de l'Evangile, tout comme Clément et mes autres collaborateurs dont les noms sont inscrits dans le livre de vie.

4 Réjouissez-vous en tout temps de tout ce que le
Seigneur est pour vous. Oui, je le répète, soyez dans la joie.
5 Faites-vous connaître par votre amabilité envers tous les
hommes. Le Seigneur est proche. 6 Ne vous mettez en souci
pour rien, mais, en toute chose, exposez vos demandes à
Dieu en lui adressant vos prières et vos supplications, tout
en lui exprimant votre reconnaissance.
7 Alors la paix de Dieu, qui surpasse tout ce qu'on peut
concevoir, gardera votre cœur et votre pensée sous la protection de Jésus-Christ.
8 Enfin, frères et sœurs, nourrissez vos pensées[b] de
tout ce qui est vrai, noble, juste, pur, digne d'amour
ou d'approbation, de tout ce qui est vertueux et mérite
louange.
9 Ce que vous avez appris et reçu de moi, ce que vous
m'avez entendu dire et vu faire, mettez-le en pratique.
Alors le Dieu qui donne la paix sera avec vous.

Reconnaissance de Paul

10 Je me suis profondément réjoui, dans le Seigneur, en
voyant que votre intérêt pour moi a pu finalement porter
de nouveaux fruits. Car cette sollicitude à mon égard, vous
l'éprouviez toujours, mais vous n'aviez pas eu l'occasion
de la manifester.
11 Ce n'est pas le besoin qui me fait parler ainsi, car j'ai
appris en toutes circonstances à être content avec ce que
j'ai. 12 Je sais vivre dans le dénuement, je sais aussi vivre
dans l'abondance. C'est le secret que j'ai appris : m'accom-
moder à toutes les situations et toutes les circonstances,
que je sois rassasié ou que j'aie faim, que je connaisse
l'abondance ou que je sois dans le besoin. 13 Je peux tout,
grâce à celui qui me fortifie.
14 Pourtant, vous avez bien fait de prendre part à ma
détresse. 15 Comme vous le savez, Philippiens, dans les
premiers temps de mon activité pour la cause de l'Evan-

[z] **4.2** Deux anciennes collaboratrices de Paul opposées maintenant par un différend suffisamment grave pour qu'il soit parvenu aux oreilles de l'apôtre.

[a] **4.3** Paul s'adresse sans doute à l'un des responsables de l'Eglise. Peut-être le mot *susugos* traduit par *collègue* est-il le nom d'un responsable. L'apôtre jouerait ainsi sur le sens de ce nom (comme il l'a fait dans Phm 11).

[b] **4.8** Autre traduction : *tenez compte de.*

of your acquaintance with the gospel, when I set out
from Macedonia, not one church shared with me in
the matter of giving and receiving, except you only;
16 for even when I was in Thessalonica, you sent me
aid more than once when I was in need. 17 Not that I
desire your gifts; what I desire is that more be credited to your account. 18 I have received full payment
and have more than enough. I am amply supplied,
now that I have received from Epaphroditus the gifts
you sent. They are a fragrant offering, an acceptable
sacrifice, pleasing to God. 19 And my God will meet
all your needs according to the riches of his glory in
Christ Jesus.
20 To our God and Father be glory for ever and ever.
Amen.

Final Greetings

21 Greet all God's people in Christ Jesus.
The brothers and sisters who are with me send
greetings.
22 All God's people here send you greetings, especially those who belong to Caesar's household.
23 The grace of the Lord Jesus Christ be with your
spirit. Amen.[i]

gile, lorsque j'ai quitté la Macédoine[c], aucune autre Eglis
n'est entrée avec moi dans un échange réciproque de dor
matériels et spirituels[d]. Vous seuls l'avez fait.
16 Pendant mon séjour à Thessalonique, vous m'avez er
voyé, par deux fois, des dons pour subvenir à mes besoin
17 Ce n'est pas que je tienne à recevoir des dons ; ce qu
m'intéresse, c'est qu'un plus grand nombre de fruits soi
porté à votre actif.
18 J'atteste par cette lettre avoir reçu tous vos dons, e
je suis dans l'abondance. Depuis qu'Epaphrodite me le
a remis, je suis comblé. Ils ont été pour moi comme l
doux parfum d'une offrande agréée par Dieu et qui lu
fait plaisir.
19 Aussi, mon Dieu subviendra pleinement à tous vos be
soins ; il le fera, selon sa glorieuse richesse qui se manifest
en Jésus-Christ. 20 A notre Dieu et Père soit la gloire dan
tous les siècles ! Amen !

Salutations

21 Saluez tous ceux qui, par leur union avec Jésus-Christ
font partie du peuple saint.
Les frères qui sont ici avec moi vous saluent. 22 Tous le
membres du peuple saint vous adressent leurs salutations
et en particulier ceux qui sont au service de l'empereur.
23 Que la grâce du Seigneur Jésus-Christ soit avec vous

[i] **4:23** Some manuscripts do not have *Amen*.

[c] **4.15** Voir note 2 Co 1.16.

[d] **4.15** Paul utilise une expression du langage commercial désignant un compte de profits et pertes.

Colossians

1 1 Paul, an apostle of Christ Jesus by the will of
God, and Timothy our brother,
2 To God's holy people in Colossae, the faithful
rothers and sisters[a] in Christ:
Grace and peace to you from God our Father.[b]

hanksgiving and Prayer

3 We always thank God, the Father of our Lord Jesus
hrist, when we pray for you, 4 because we have heard
f your faith in Christ Jesus and of the love you have
or all God's people – 5 the faith and love that spring
rom the hope stored up for you in heaven and about
which you have already heard in the true message of
he gospel 6 that has come to you. In the same way,
he gospel is bearing fruit and growing throughout
he whole world – just as it has been doing among you
ince the day you heard it and truly understood God's
race. 7 You learned it from Epaphras, our dear fellow
ervant,[c] who is a faithful minister of Christ on our[d]
ehalf, 8 and who also told us of your love in the Spirit.

9 For this reason, since the day we heard about you,
ve have not stopped praying for you. We continual-
y ask God to fill you with the knowledge of his will
hrough all the wisdom and understanding that the
pirit gives,[e] 10 so that you may live a life worthy of
he Lord and please him in every way: bearing fruit
n every good work, growing in the knowledge of God,
11 being strengthened with all power according to his
glorious might so that you may have great endurance
and patience, 12 and giving joyful thanks to the Father,
who has qualified you[f] to share in the inheritance
of his holy people in the kingdom of light. 13 For he
has rescued us from the dominion of darkness and
brought us into the kingdom of the Son he loves, 14 in
whom we have redemption, the forgiveness of sins.

a 1:2 The Greek word for *brothers and sisters* (*adelphoi*) refers here
to believers, both men and women, as part of God's family; also
n 4:15.
b 1:2 Some manuscripts *Father and the Lord Jesus Christ*
c 1:7 Or *slave*
d 1:7 Some manuscripts *your*
e 1:9 Or *all spiritual wisdom and understanding*
f 1:12 Some manuscripts *us*

Lettre aux Colossiens

Salutation

1 1 Paul, apôtre de Jésus-Christ par la volonté de Dieu,
et le frère Timothée, saluent 2 ceux qui, à Colosses,
font partie du peuple saint par leur union avec Christ et
qui sont nos fidèles frères et sœurs en lui.
Que la grâce et la paix vous soient accordées par Dieu
notre Père[a].

Prière de reconnaissance

3 Nous exprimons constamment à Dieu, le Père de notre
Seigneur Jésus-Christ, notre reconnaissance à votre sujet
dans nos prières pour vous. 4 En effet, nous avons entendu
parler de votre foi en Jésus-Christ et de votre amour pour
tous les membres du peuple saint. 5 Cette foi et cet amour
se fondent sur ce qui fait votre espérance et que Dieu vous
réserve dans les cieux. Cette espérance, vous l'avez connue
par la prédication de la vérité, cet Evangile 6 qui est parvenu jusqu'à vous, comme il est aussi présent dans le monde
entier où il porte du fruit et va de progrès en progrès – ce
qui est également le cas parmi vous, depuis le jour où vous
avez reçu et reconnu la grâce de Dieu dans toute sa vérité.
7 C'est Epaphras, notre cher collaborateur, qui vous en
a instruits. Il est un fidèle serviteur de Christ auprès de
vous[b] 8 et il nous a appris quel amour l'Esprit vous inspire.

Prière de Paul et hymne à Jésus-Christ

9 Aussi, depuis le jour où nous avons entendu parler de
vous, nous aussi, nous ne cessons de prier Dieu pour vous.
Nous lui demandons qu'il vous fasse connaître pleinement sa volonté, en vous donnant, par le Saint-Esprit, une
entière sagesse et un parfait discernement. 10 Ainsi vous
pourrez avoir une conduite digne du Seigneur et qui lui
plaise à tous égards. Car vous porterez comme fruit toutes
sortes d'œuvres bonnes et vous ferez des progrès dans la
connaissance de Dieu. 11 Dieu vous fortifiera pleinement à
la mesure de sa puissance glorieuse, pour que vous puissiez tout supporter et persévérer jusqu'au bout – et cela
avec joie[c]. 12 Vous exprimerez votre reconnaissance au
Père qui vous a rendus capables d'avoir part à l'héritage
qu'il réserve dans la lumière aux membres de son peuple
saint[d]. Car :

13 Il nous a arrachés
au pouvoir des ténèbres
et nous a fait passer
dans le royaume
de son Fils bien-aimé.
14 Etant unis à lui,
nous sommes délivrés,
car nous avons reçu

a 1.2 Certains manuscrits ajoutent : *et par le Seigneur Jésus-Christ.*
b 1.7 L'Eglise à Colosses avait été fondée par ce collaborateur de l'apôtre.
c 1.11 Autre traduction : *et persévérer jusqu'au bout. Avec joie, vous exprimerez votre reconnaissance au Père ...*
d 1.12 Dans l'ancienne alliance, les Juifs ont reçu le pays promis comme
héritage ; maintenant les non-Juifs sont co-héritiers avec eux du nouveau pays promis, c'est-à-dire du royaume de Dieu.

The Supremacy of the Son of God

15 The Son is the image of the invisible God, the
firstborn over all creation. 16 For in him all things
were created: things in heaven and on earth, visible
and invisible, whether thrones or powers or rulers
or authorities; all things have been created through
him and for him. 17 He is before all things, and in him
all things hold together. 18 And he is the head of the
body, the church; he is the beginning and the firstborn from among the dead, so that in everything he
might have the supremacy. 19 For God was pleased to
have all his fullness dwell in him, 20 and through him
to reconcile to himself all things, whether things on
earth or things in heaven, by making peace through
his blood, shed on the cross.

21 Once you were alienated from God and were enemies in your minds because of[g] your evil behavior.
22 But now he has reconciled you by Christ's physical
body through death to present you holy in his sight,
without blemish and free from accusation – 23 if you
continue in your faith, established and firm, and do
not move from the hope held out in the gospel. This
is the gospel that you heard and that has been proclaimed to every creature under heaven, and of which
I, Paul, have become a servant.

Paul's Labor for the Church

24 Now I rejoice in what I am suffering for you, and
I fill up in my flesh what is still lacking in regard to
Christ's afflictions, for the sake of his body, which is
the church. 25 I have become its servant by the com-

[g] 1:21 Or *minds, as shown by*

le pardon des péchés.

15 Ce Fils,
il est l'image
du Dieu que nul ne voit,
il est le Premier-né
de toute création.
16 Car c'est en lui
qu'ont été créées toutes choses
dans les cieux comme sur la terre,
les visibles, les invisibles,
les Trônes et les Seigneuries,
les Autorités, les Puissances.
C'est par lui et pour lui
que Dieu a tout créé.
17 Il est lui-même
bien avant toutes choses
et tout subsiste en lui.
18 Il est lui-même
la tête de son corps
qui est l'Eglise[e].
Ce Fils
est le commencement,
le Premier-né
de tous ceux qui sont morts,
afin qu'en toutes choses
il ait le premier rang.
19 Car c'est en lui
que Dieu a désiré
que toute plénitude
ait sa demeure.
20 Et c'est par lui
qu'il a voulu
réconcilier avec lui-même
l'univers tout entier :
ce qui est sur la terre
et ce qui est au ciel,
en instaurant la paix
par le sang que son Fils
a versé sur la croix.

21 Or vous, autrefois, vous étiez exclus de la présence de
Dieu, vous étiez ses ennemis à cause de vos pensées qui
vous amenaient à faire des œuvres mauvaises ; 22 mais
maintenant, Dieu vous a réconciliés avec lui par le sacrifice de son Fils qui a livré à la mort son corps humain
pour vous faire paraître saints, irréprochables et sans
faute devant lui. 23 Mais il vous faut, bien sûr, demeurer dans la foi, fermement établis sur ce fondement sans
vous laisser écarter de l'espérance qu'annonce l'Evangile.
Cet Evangile, vous l'avez entendu, il a été proclamé parmi toutes les créatures sous le ciel, et moi, Paul, j'en suis
devenu le serviteur.

CHRIST, LA VRAIE SAGESSE

Le combat de l'apôtre pour l'Eglise

24 Maintenant, je me réjouis des souffrances que j'endure pour vous. Car, en ma personne, je complète, pour
le bien de son corps – qui est l'Eglise – ce qui manque aux
persécutions dirigées contre Christ[f]. 25 C'est de cette Eglise

[e] 1.18 Jeu de mots : Christ est à la fois la tête et à la tête de son Eglise.

[f] 1.24 D'autres comprennent : *car, en ma personne, je complète ce qui manque aux souffrances de Christ pour son corps, qui est l'Eglise.*

ission God gave me to present to you the word of
od in its fullness – 26 the mystery that has been kept
idden for ages and generations, but is now disclosed
the Lord's people. 27 To them God has chosen to
ake known among the Gentiles the glorious riches of
is mystery, which is Christ in you, the hope of glory.

28 He is the one we proclaim, admonishing and
eaching everyone with all wisdom, so that we may
resent everyone fully mature in Christ. 29 To this end
strenuously contend with all the energy Christ so
owerfully works in me.

2 1 I want you to know how hard I am contending
for you and for those at Laodicea, and for all who
ave not met me personally. 2 My goal is that they
nay be encouraged in heart and united in love, so
hat they may have the full riches of complete under-
tanding, in order that they may know the mystery
f God, namely, Christ, 3 in whom are hidden all the
reasures of wisdom and knowledge. 4 I tell you this so
hat no one may deceive you by fine-sounding argu-
nents. 5 For though I am absent from you in body, I am
resent with you in spirit and delight to see how dis-
iplined you are and how firm your faith in Christ is.

piritual Fullness in Christ

6 So then, just as you received Christ Jesus as Lord,
ontinue to live your lives in him, 7 rooted and built up
n him, strengthened in the faith as you were taught,
nd overflowing with thankfulness.

8 See to it that no one takes you captive through
ollow and deceptive philosophy, which depends on
uman tradition and the elemental spiritual forces[h]
of this world rather than on Christ.
9 For in Christ all the fullness of the Deity lives in
bodily form, 10 and in Christ you have been brought
to fullness. He is the head over every power and authority. 11 In him you were also circumcised with a
circumcision not performed by human hands. Your
whole self ruled by the flesh[i] was put off when you
were circumcised by[j] Christ, 12 having been buried
with him in baptism, in which you were also raised
with him through your faith in the working of God,
who raised him from the dead.

que je suis devenu le serviteur, selon la responsabilité que
Dieu m'a confiée à votre égard. Il m'a chargé d'annoncer
sa Parole dans toute sa plénitude 26 en vous faisant connaître le secret de son plan tenu caché depuis toujours, de
génération en génération, mais qui s'accomplit de façon
manifeste pour les membres de son peuple saint. 27 Car
Dieu a voulu leur faire connaître quelle est la glorieuse
richesse que renferme le secret de son plan pour les non-
Juifs. Et voici ce secret : Christ en vous[g], garantie de votre
espérance de la gloire à venir.
28 C'est lui, Christ, que nous, nous annonçons, en avertis-
sant et en enseignant tout être humain, en toute sagesse,
afin de faire paraître devant Dieu tout homme parvenu à
l'état d'adulte dans son union avec Christ. 29 Voilà pourquoi
je travaille et je combats par la force de Christ qui agit
puissamment en moi.

2 1 Je tiens, en effet, à ce que vous sachiez combien rude
est le combat que je livre pour vous et pour les frères
et sœurs qui sont à Laodicée, comme pour tous ceux qui ne
m'ont jamais vu personnellement. 2 Je combats pour eux
afin qu'ils soient encouragés et que, unis par l'amour, ils
accèdent ensemble, en toute sa richesse, à la certitude que
donne la compréhension du secret de Dieu et à la pleine
connaissance de ce secret, c'est-à-dire de Christ[h]. 3 En lui
se trouvent cachés tous les trésors de la sagesse et de la
connaissance.
4 J'affirme cela afin que personne ne vous égare par des
discours trompeurs. 5 Car même si je suis physiquement
absent, je suis avec vous par la pensée, et c'est une joie
pour moi de constater l'ordre qui règne parmi vous et la
fermeté de votre foi en Christ.

Tout pleinement en Christ

6 Aussi, puisque vous avez reçu Christ, Jésus le Seigneur,
comportez-vous comme des gens unis à lui : 7 en-
racinez-vous en lui, construisez toute votre vie sur lui et
attachez-vous de plus en plus fermement à la foi conforme
à ce qu'on vous a enseigné. Agissez ainsi en adressant à
Dieu de nombreuses prières de reconnaissance.
8 Veillez à ce que personne ne vous prenne au piège de
la recherche d'une « sagesse[i] » qui n'est que tromperie et
illusion, qui se fonde sur des traditions tout humaines, sur
les principes élémentaires qui régissent la vie des gens de
ce monde, mais non sur Christ. 9 Car c'est en lui, c'est dans
son corps, qu'habite toute la plénitude de ce qui est en
Dieu. 10 Et par votre union avec lui, vous êtes pleinement
comblés, car il est le chef de toute Autorité et de toute
Puissance. 11 C'est aussi dans l'union avec lui que vous
avez été circoncis, non d'une circoncision opérée par les
hommes, mais de la circoncision que demande Christ[j] et
qui consiste à être dépouillé de ce qui fait l'homme livré
à lui-même[k]. 12 Vous avez été ensevelis avec Christ par le
baptême, et c'est aussi dans l'union avec lui que vous êtes
ressuscités avec lui, par la foi en la puissance de Dieu qui
l'a ressuscité des morts.

---

h 2:8 Or *the basic principles*; also in verse 20
i 2:11 In contexts like this, the Greek word for *flesh* (*sarx*) refers to the sinful state of human beings, often presented as a power in opposition to the Spirit; also in verse 13.
j 2:11 Or *put off in the circumcision of*

g 1.27 Autre traduction : *parmi vous.*
h 2.2 Les manuscrits divergent. Certains ont, entre autres : *le secret de Dieu et de Christ.*
i 2.8 La « sagesse » prônée par ces faux docteurs se composait d'un ensemble de spéculations.
j 2.11 Autre traduction : *qu'opère Christ.*
k 2.11 Autre traduction : *mais de la « circoncision » qu'a subie Christ lorsqu'il a été dépouillé de son corps humain.*

13 When you were dead in your sins and in the uncircumcision of your flesh, God made you[k] alive with Christ. He forgave us all our sins, 14 having canceled the charge of our legal indebtedness, which stood against us and condemned us; he has taken it away, nailing it to the cross. 15 And having disarmed the powers and authorities, he made a public spectacle of them, triumphing over them by the cross.[l]

Freedom From Human Rules

16 Therefore do not let anyone judge you by what you eat or drink, or with regard to a religious festival, a New Moon celebration or a Sabbath day. 17 These are a shadow of the things that were to come; the reality, however, is found in Christ. 18 Do not let anyone who delights in false humility and the worship of angels disqualify you. Such a person also goes into great detail about what they have seen; they are puffed up with idle notions by their unspiritual mind. 19 They have lost connection with the head, from whom the whole body, supported and held together by its ligaments and sinews, grows as God causes it to grow.

20 Since you died with Christ to the elemental spiritual forces of this world, why, as though you still belonged to the world, do you submit to its rules: 21 "Do not handle! Do not taste! Do not touch!"? 22 These rules, which have to do with things that are all destined to perish with use, are based on merely human commands and teachings. 23 Such regulations indeed have an appearance of wisdom, with their self-imposed worship, their false humility and their harsh treatment of the body, but they lack any value in restraining sensual indulgence.

Living as Those Made Alive in Christ

3 1 Since, then, you have been raised with Christ, set your hearts on things above, where Christ is, seated at the right hand of God. 2 Set your minds on things above, not on earthly things. 3 For you died,

[k] 2:13 Some manuscripts *us*
[l] 2:15 Or *them in him*

13 Et vous, qui étiez morts à cause de vos fautes et parc que vous étiez incirconcis, Dieu vous a donné la vie ave Christ.

Il nous a pardonné
toutes nos fautes.
14 Car il a annulé
l'acte qui établissait
nos manquements
à l'égard des commandements[l].
Oui, il l'a effacé,
le clouant sur la croix.
15 Là, il a désarmé
toute Autorité, tout Pouvoir,
les donnant publiquement en spectacle
quand il les a traînés
dans son cortège triomphal
après sa victoire à la croix[m].

L'erreur des mauvais enseignants

16 C'est pourquoi, ne vous laissez juger par personne à propos de ce que vous mangez ou de ce que vous buvez ou au sujet de l'observance des jours de fête, des nouvelle lunes ou des sabbats. 17 Tout cela n'était que l'ombre de choses à venir : la réalité est en Christ. 18 Ne vous laisse pas condamner par ces gens qui prennent plaisir à s'humilier et à s'adonner à un « culte des anges ». Ils se livrent à leurs visions, ils s'enflent d'orgueil sans raison, poussés par leurs pensées tout humaines. 19 Ils ne s'attachent pas à Christ, qui est le chef, la tête. C'est de lui que le corps tout entier tire sa croissance comme Dieu le veut[n], grâce à la cohésion et à l'unité que lui apportent les articulations et les ligaments.

La vie en Christ

La liberté en Christ

20 Vous êtes morts avec Christ à tous ces principes élémentaires qui régissent la vie des gens de ce monde. Pourquoi alors, comme si votre vie appartenait encore à ce monde, vous laissez-vous imposer des règles du genre : 21 « Ne prends pas ceci, ne mange pas de cela, ne touche pas à cela ! ... » ? 22 Toutes ces choses ne sont-elles pas destinées à périr après qu'on en a fait usage ? Voilà bien des commandements et des enseignements purement humains ! 23 Certes, les prescriptions de ce genre paraissent empreintes d'une grande sagesse, car elles demandent une dévotion rigoureuse, des gestes d'humiliation et l'assujettissement du corps à une sévère discipline. En fait, elles n'ont aucune valeur, sinon pour satisfaire des aspirations tout humaines[o].

3 1 Mais vous êtes aussi ressuscités avec Christ : recherchez donc les réalités d'en haut, là où se trouve Christ, qui siège à la droite de Dieu. 2 De toute votre pensée, tendez vers les réalités d'en haut, et non vers celles qui appartiennent à la terre. 3 Car vous êtes morts, et votre vie

[l] 2.14 D'autres comprennent : *car il a annulé, au détriment des ordonnances légales, l'acte qui nous était contraire* ou *car il a annulé l'acte qui nous accusait et qui nous était contraire par ses dispositions.*
[m] 2.15 Allusion à la cérémonie romaine du triomphe. Derrière le char du général victorieux marchaient, sous les huées de la foule, les rois et les généraux vaincus.
[n] 2.19 Autre traduction : *qui vient de Dieu.*
[o] 2.23 Autre traduction : *elles n'ont aucune valeur pour maîtriser les passions de la nature humaine.*

nd your life is now hidden with Christ in God. [4]When hrist, who is your[m] life, appears, then you also will ppear with him in glory.

[5]Put to death, therefore, whatever belongs to your arthly nature: sexual immorality, impurity, lust, vil desires and greed, which is idolatry. [6]Because f these, the wrath of God is coming.[n] [7]You used to valk in these ways, in the life you once lived. [8]But ow you must also rid yourselves of all such things as hese: anger, rage, malice, slander, and filthy language rom your lips. [9]Do not lie to each other, since you ave taken off your old self with its practices [10]and ave put on the new self, which is being renewed in nowledge in the image of its Creator. [11]Here there s no Gentile or Jew, circumcised or uncircumcised, arbarian, Scythian, slave or free, but Christ is all, nd is in all.

[12]Therefore, as God's chosen people, holy and dearly oved, clothe yourselves with compassion, kindness, umility, gentleness and patience. [13]Bear with each other and forgive one another if any of you has a rievance against someone. Forgive as the Lord forgave you. [14]And over all these virtues put on love, which binds them all together in perfect unity.

[15]Let the peace of Christ rule in your hearts, since as members of one body you were called to peace. And be thankful. [16]Let the message of Christ dwell among you richly as you teach and admonish one another with all wisdom through psalms, hymns, and songs from the Spirit, singing to God with gratitude in your hearts. [17]And whatever you do, whether in word or deed, do it all in the name of the Lord Jesus, giving thanks to God the Father through him.

Instructions for Christian Households

[18]Wives, submit yourselves to your husbands, as is fitting in the Lord.

[19]Husbands, love your wives and do not be harsh with them.

[20]Children, obey your parents in everything, for this pleases the Lord.

[21]Fathers,[o] do not embitter your children, or they will become discouraged.

[22]Slaves, obey your earthly masters in everything; and do it, not only when their eye is on you and to

[m] 3:4 Some manuscripts *our*
[n] 3:6 Some early manuscripts *coming on those who are disobedient*
[o] 3:21 Or *Parents*

est cachée avec Christ en Dieu. [4]Lorsque Christ apparaîtra, lui qui est votre vie, alors vous paraîtrez, vous aussi, avec lui, dans la gloire.

La vie nouvelle

[5]Faites donc mourir tout ce qui, dans votre vie, appartient à la terre, c'est-à-dire : l'inconduite, l'impureté, les passions incontrôlées, les désirs mauvais et la soif de posséder – qui est une idolâtrie. [6]Ce sont de tels comportements qui attirent la colère de Dieu sur ceux qui refusent de lui obéir[p]. [7]Et vous-mêmes aussi, vous commettiez ces péchés autrefois lorsqu'ils faisaient votre vie[q].

[8]Mais à présent, débarrassez-vous de tout cela : colère, irritation, méchanceté, insultes ou propos grossiers qui sortiraient de votre bouche ! [9]Ne vous mentez pas les uns aux autres, car vous vous êtes dépouillés de l'homme que vous étiez autrefois avec tous ses agissements, [10]et vous vous êtes revêtus de l'homme nouveau. Celui-ci se renouvelle *pour être l'image* de son Créateur[r] afin de parvenir à la pleine connaissance. [11]Pour ce qui le concerne, il n'y a plus de différence entre Juifs et non-Juifs, entre circoncis et incirconcis, étrangers, barbares, esclaves, hommes libres : il n'y a plus que Christ, lui qui est tout et en tous.

[12]Ainsi, puisque Dieu vous a choisis pour faire partie du peuple saint et qu'il vous aime, revêtez-vous d'ardente bonté, de bienveillance, d'humilité, de douceur, de patience – [13]supportez-vous les uns les autres, et si l'un de vous a quelque chose à reprocher à un autre, pardonnez-vous mutuellement ; le Seigneur vous a pardonné : vous aussi, pardonnez-vous de la même manière. [14]Et, par-dessus tout cela, revêtez-vous de l'amour qui est le lien par excellence. [15]Que la paix instaurée par Christ gouverne vos décisions. Car c'est à cette paix que Dieu vous a appelés pour former un seul corps. Soyez reconnaissants.

[16]Que la Parole de Christ réside au milieu de vous dans toute sa richesse : qu'elle vous inspire une pleine sagesse, pour vous instruire et vous avertir les uns les autres ou pour chanter à Dieu de tout votre cœur des psaumes, des hymnes et des cantiques inspirés par l'Esprit[s] afin d'exprimer votre reconnaissance à Dieu[t]. [17]Dans tout ce que vous pouvez dire ou faire, agissez au nom du Seigneur Jésus, en remerciant Dieu le Père par lui.

Les relations dans la famille

[18]Femmes, soyez soumises chacune à son mari, comme il convient à des femmes qui appartiennent au Seigneur. [19]Maris, aimez chacun votre femme et ne nourrissez pas d'aigreur contre elles. [20]Enfants, obéissez à vos parents en toutes choses, c'est ainsi que vous ferez plaisir au Seigneur. [21]Mais vous, pères, n'exaspérez pas vos enfants, pour ne pas les décourager.

Les relations entre maîtres et esclaves

[22]Esclaves, obéissez en tous points à vos maîtres terrestres, et pas seulement quand on vous surveille, comme s'il

[p] 3.6 Les termes : *sur ceux qui refusent de lui obéir* sont absents de certains manuscrits.
[q] 3.7 L'Eglise à Colosses était surtout composée de non-Juifs.
[r] 3.10 Voir Gn 1.26-27. Autres traductions : *qui se renouvelle à la ressemblance de l'image de son Créateur* ou *qui se renouvelle selon l'image de son Créateur*.
[s] 3.16 Autre traduction : *conformes à la pensée de l'Esprit*, ce qui revient à dire que leur contenu doit être en accord avec l'Ecriture.
[t] 3.16 Autre traduction : *l'Esprit, sous l'action de la grâce*.

curry their favor, but with sincerity of heart and reverence for the Lord. [23]Whatever you do, work at it with all your heart, as working for the Lord, not for human masters, [24]since you know that you will receive an inheritance from the Lord as a reward. It is the Lord Christ you are serving. [25]Anyone who does wrong will be repaid for their wrongs, and there is no favoritism.

4 [1]Masters, provide your slaves with what is right and fair, because you know that you also have a Master in heaven.

Further Instructions

[2]Devote yourselves to prayer, being watchful and thankful. [3]And pray for us, too, that God may open a door for our message, so that we may proclaim the mystery of Christ, for which I am in chains. [4]Pray that I may proclaim it clearly, as I should. [5]Be wise in the way you act toward outsiders; make the most of every opportunity. [6]Let your conversation be always full of grace, seasoned with salt, so that you may know how to answer everyone.

Final Greetings

[7]Tychicus will tell you all the news about me. He is a dear brother, a faithful minister and fellow servant[p] in the Lord. [8]I am sending him to you for the express purpose that you may know about our[q] circumstances and that he may encourage your hearts. [9]He is coming with Onesimus, our faithful and dear brother, who is one of you. They will tell you everything that is happening here.

[10]My fellow prisoner Aristarchus sends you his greetings, as does Mark, the cousin of Barnabas. (You have received instructions about him; if he comes to you, welcome him.)

[11]Jesus, who is called Justus, also sends greetings. These are the only Jews[r] among my co-workers for the kingdom of God, and they have proved a comfort to me.

[12]Epaphras, who is one of you and a servant of Christ Jesus, sends greetings. He is always wrestling in prayer for you, that you may stand firm in all the will of God, mature and fully assured. [13]I vouch for him that he is working hard for you and for those at Laodicea and Hierapolis.

[14]Our dear friend Luke, the doctor, and Demas send greetings.

[15]Give my greetings to the brothers and sisters at Laodicea, and to Nympha and the church in her house.

p 4:7 Or *slave*; also in verse 12

q 4:8 Some manuscripts *that he may know about your*

r 4:11 Greek *only ones of the circumcision group*

s'agissait de plaire à des hommes, mais de bon gré, dans crainte du Seigneur. [23]Quel que soit votre travail, faites-de tout votre cœur, et cela comme pour le Seigneur et nc pour des hommes. [24]Car vous savez que vous recevrez d Seigneur, comme récompense, l'héritage qu'il réserve a peuple de Dieu. Le Maître que vous servez, c'est Chris [25]Celui qui agit mal recevra, quant à lui, le salaire qu méritent ses mauvaises actions, car Dieu ne fait pas d favoritisme.

4 [1]Maîtres, traitez vos serviteurs avec justice et d'ur manière équitable, car vous savez que vous avez, vou aussi, un Maître dans le ciel.

Dernières recommandations

[2]Persévérez dans la prière. Soyez vigilants dans ce dc maine et reconnaissants envers Dieu. [3]Lorsque vous prie intercédez en même temps pour nous afin que Dieu nou donne des occasions d'annoncer sa Parole, de proclame le secret de son plan qui concerne Christ. C'est à cause d ce message que je suis en prison. [4]Demandez donc à Die que, par ma prédication, je puisse faire connaître claire ment ce message comme il est de mon devoir de le faire. [5]Conduisez-vous avec sagesse dans vos relations ave ceux du dehors, en mettant à profit toutes les occasion qui se présentent à vous. [6]Que votre parole soit toujour empreinte de la grâce de Dieu et pleine de saveur pou savoir comment répondre avec à-propos à chacun.

Salutations

[7]Tychique, notre cher frère, qui est un serviteur fidèle e notre collaborateur dans l'œuvre du Seigneur, vous mettr au courant de tout ce qui me concerne. [8]Je l'envoie ex près chez vous pour qu'il vous donne de mes nouvelle et qu'ainsi il vous encourage. [9]J'envoie avec lui Onésime notre cher et fidèle frère, qui est l'un des vôtres. Ils vou mettront au courant de tout ce qui se passe ici.

[10]Vous avez les salutations d'Aristarque, mon compag non de prison, et du cousin de Barnabas, Marc, au suje duquel vous avez reçu mes instructions : s'il vient vous voir, faites-lui bon accueil. [11]Jésus, encore appelé Justus vous salue également. Ces hommes sont les seuls croyants d'origine juive qui travaillent avec moi pour le royaume de Dieu. Ils ont été pour moi un encouragement !

[12]Epaphras, qui est aussi l'un des vôtres, et un serviteur de Jésus-Christ, vous envoie également ses salutations. Il combat sans cesse pour vous dans ses prières, pour que vous teniez bon, comme des adultes dans la foi, prêts à accomplir pleinement la volonté de Dieu. [13]Je lui rends ce témoignage : il se dépense beaucoup pour vous, ainsi que pour ceux de Laodicée et de Hiérapolis.

[14]Notre cher ami Luc, le médecin, et Démas vous saluent. [15]Veuillez saluer de notre part les frères et sœurs de Laodicée, ainsi que Nympha[u] et l'Eglise qui se réunit dans sa maison.

[16]Lorsque cette lettre aura été lue chez vous, faites en sorte qu'elle soit également lue dans l'Eglise des

u 4.15 Certains manuscrits portent : *Nymphas* (prénom masculin).

[16]After this letter has been read to you, see that it
also read in the church of the Laodiceans and that
u in turn read the letter from Laodicea.
[17]Tell Archippus: "See to it that you complete the
inistry you have received in the Lord."
[18]I, Paul, write this greeting in my own hand.
emember my chains. Grace be with you.

Laodicéens, et lisez vous-mêmes celle qui vous sera transmise par les Laodicéens[v].

[17]Dites à Archippe : veille sur le ministère que tu as reçu dans l'œuvre du Seigneur, pour bien l'accomplir.

[18]Moi, Paul, je vous adresse mes salutations en les écrivant de ma propre main. Ne m'oubliez pas alors que je suis en prison. Que la grâce de Dieu soit avec vous[w].

[v] **4.16** Certains l'identifient avec la lettre dite *aux Éphésiens*.

[w] **4.18** La lettre elle-même a été écrite par un secrétaire. Paul y ajoute quelques salutations de sa propre main (cf. 1 Co 16.21 ; Ga 6.11 ; 2 Th 3.17).

1 Thessalonians

1 [1]Paul, Silas[a] and Timothy,

To the church of the Thessalonians in God the Father and the Lord Jesus Christ:

Grace and peace to you.

Thanksgiving for the Thessalonians' Faith

[2]We always thank God for all of you and continually mention you in our prayers. [3]We remember before our God and Father your work produced by faith, your labor prompted by love, and your endurance inspired by hope in our Lord Jesus Christ.

[4]For we know, brothers and sisters[b] loved by God, that he has chosen you, [5]because our gospel came to you not simply with words but also with power, with the Holy Spirit and deep conviction. You know how we lived among you for your sake. [6]You became imitators of us and of the Lord, for you welcomed the message in the midst of severe suffering with the joy given by the Holy Spirit. [7]And so you became a model to all the believers in Macedonia and Achaia. [8]The Lord's message rang out from you not only in Macedonia and Achaia – your faith in God has become known everywhere. Therefore we do not need to say anything about it, [9]for they themselves report what kind of reception you gave us. They tell how you turned to God from idols to serve the living and true God, [10]and to wait for his Son from heaven, whom he raised from the dead – Jesus, who rescues us from the coming wrath.

Paul's Ministry in Thessalonica

2 [1]You know, brothers and sisters, that our visit to you was not without results. [2]We had previously

[a] **1:1** Greek *Silvanus*, a variant of *Silas*

[b] **1:4** The Greek word for *brothers and sisters* (*adelphoi*) refers here to believers, both men and women, as part of God's family; also in 2:1, 9, 14, 17; 3:7; 4:1, 10, 13; 5:1, 4, 12, 14, 25, 27.

Première lettre aux Thessaloniciens

Salutation

1 [1]Paul, Silvain et Timothée saluent l'Eglise d[e]s Thessaloniciens[a] dans la communion avec Dieu Père et avec le Seigneur Jésus-Christ.

Que la grâce et la paix vous soient accordées.

PAUL ET LES CHRÉTIENS DE THESSALONIQUE

La foi et l'exemple des Thessaloniciens

[2]Nous exprimons constamment notre reconnaissance Dieu au sujet de vous tous lorsque, dans nos prières, nou faisons mention de vous : [3]nous nous rappelons sans cesse devant Dieu notre Père, votre foi agissante, votre amou actif, et votre persévérance soutenue par votre espéranc en notre Seigneur Jésus-Christ[b]. [4]Car nous savons, frères e sœurs, que Dieu vous a choisis, vous qu'il aime. [5]En effe l'Evangile que nous annonçons, nous ne vous l'avons pa apporté en paroles seulement, mais aussi avec puissanc par le Saint-Esprit et avec une pleine conviction.

Et vous le savez bien, puisque vous avez vu commen nous nous sommes comportés parmi vous, pour votr bien. [6]Quant à vous, vous avez suivi notre exemple et celu du Seigneur, car vous avez accueilli la Parole au milie d'épreuves nombreuses, mais avec la joie que produit l Saint-Esprit. [7]Aussi vous êtes devenus, à votre tour, de modèles pour tous les croyants de la Macédoine et d l'Achaïe[c].

[8]Non seulement l'œuvre accomplie chez vous par l Parole du Seigneur a eu un grand retentissement jusqu'e Macédoine et en Achaïe, mais encore la nouvelle de votr foi en Dieu est parvenue en tout lieu[d], et nous n'avon même pas besoin d'en parler. [9]On raconte, en effet, à no tre sujet, quel accueil vous nous avez réservé et commen vous vous êtes tournés vers Dieu en vous détournant de idoles[e] pour servir le Dieu vivant et vrai [10]et pour attendre que revienne du ciel son Fils qu'il a ressuscité, Jésus, qu nous délivre de la colère à venir[f].

L'annonce de l'Evangile à Thessalonique

2 [1]Vous-mêmes, frères et sœurs, vous le savez aussi l'accueil que vous nous avez réservé n'a certes pas été inutile. [2]Nous venions d'être maltraités et insultés à Philippes, comme vous le savez. Mais Dieu nous a donné

[a] **1.1** *Silvain:* ou Silas. Voir Ac 15.22. *Timothée:* voir Ac 16.1. Silvain et Timothée ont collaboré à la fondation de l'Eglise à Thessalonique. *Thessalonique* : port du nord de la Grèce. Voir Ac 17.1-9.

[b] **1.3** Autre traduction : *nous nous rappelons sans cesse votre foi agissante, votre amour actif et votre persévérance soutenue par votre espérance, qui sont dus à notre Seigneur Jésus-Christ et que vous vivez devant Dieu.*

[c] **1.7** *Macédoine:* voir note 2 Co 1.16. *Achaïe:* voir note 2 Co 1.1.

[d] **1.8** S'explique par la situation portuaire de Thessalonique : des gens de partout y faisaient escale et les chrétiens pouvaient leur annoncer l'Evangile. De plus, Thessalonique se trouvait sur la voie Egnatienne, l'une des grandes routes de l'Empire romain.

[e] **1.9** La plupart des membres de l'Eglise étaient des non-Juifs.

[f] **1.10** Au jugement dernier (voir5.9 ; Jn 5.24 ; Rm 1.18).

ıffered and been treated outrageously in Philippi,
, you know, but with the help of our God we dared
tell you his gospel in the face of strong opposition.
'or the appeal we make does not spring from error
impure motives, nor are we trying to trick you. 4 On
ıe contrary, we speak as those approved by God to be
ıtrusted with the gospel. We are not trying to please
eople but God, who tests our hearts. 5 You know we
ever used flattery, nor did we put on a mask to cover
o greed – God is our witness. 6 We were not looking
r praise from people, not from you or anyone else,
ven though as apostles of Christ we could have as-
erted our authority. 7 Instead, we were like young
ıildren[c] among you.
Just as a nursing mother cares for her children, 8 so
e cared for you. Because we loved you so much, we
ere delighted to share with you not only the gospel
f God but our lives as well. 9 Surely you remember,
rothers and sisters, our toil and hardship; we worked
ight and day in order not to be a burden to anyone
hile we preached the gospel of God to you. 10 You are
itnesses, and so is God, of how holy, righteous and
lameless we were among you who believed. 11 For you
now that we dealt with each of you as a father deals
ith his own children, 12 encouraging, comforting
nd urging you to live lives worthy of God, who calls
ou into his kingdom and glory.

13 And we also thank God continually because, when
ou received the word of God, which you heard from
ıs, you accepted it not as a human word, but as it
ıctually is, the word of God, which is indeed at work
n you who believe. 14 For you, brothers and sisters,
ecame imitators of God's churches in Judea, which
re in Christ Jesus: You suffered from your own people
he same things those churches suffered from the Jews
5 who killed the Lord Jesus and the prophets and also
lrove us out. They displease God and are hostile to
everyone 16 in their effort to keep us from speaking
o the Gentiles so that they may be saved. In this way
hey always heap up their sins to the limit. The wrath
of God has come upon them at last.[d]

Paul's Longing to See the Thessalonians

17 But, brothers and sisters, when we were orphaned
by being separated from you for a short time (in per-

c 2:7 Some manuscripts *were gentle*
d 2:16 Or *them fully*

toute l'assurance nécessaire pour vous annoncer, au milieu
d'une grande opposition, la Bonne Nouvelle de l'Evangile
qui vient de lui.
3 En effet, si nous invitons les hommes à croire, ce n'est
pas parce que nous serions dans l'erreur, ou que nous aurions des motifs malhonnêtes ou que nous voulions les
tromper[g]. 4 Non, c'est parce que Dieu nous a jugés dignes
d'être chargés de la proclamation de l'Evangile et nous
l'annonçons, pour plaire non aux hommes mais à Dieu
qui juge notre cœur.
5 Jamais, vous le savez, nous n'avons eu recours à des
discours flatteurs. Jamais nous n'avons tenté de vous exploiter : Dieu en est témoin[h] ! 6 Nous n'avons jamais cherché
à être applaudis par les hommes, pas plus par vous que par
d'autres, 7 alors même qu'en tant qu'apôtres de Christ, nous
aurions pu vous imposer notre autorité[i].
Au contraire, pendant que nous étions parmi vous, nous
avons été pleins de tendresse[j]. Comme une mère qui prend
soin des enfants qu'elle nourrit, 8 ainsi dans notre vive affection pour vous, nous aurions voulu, non seulement vous
annoncer l'Evangile de Dieu, mais encore donner notre
propre vie pour vous, tant vous nous étiez devenus chers.
9 Vous vous souvenez, frères et sœurs, de nos travaux et
de toute la peine que nous avons prise. Tout en travaillant
de nos mains jour et nuit pour n'être à charge à aucun de
vous, nous vous avons annoncé l'Evangile qui vient de
Dieu. 10 Vous en êtes témoins, et Dieu aussi : nous nous
sommes comportés, envers vous qui croyez, d'une manière
pure, juste et irréprochable. 11 Et vous savez aussi de quelle
manière nous avons agi à l'égard de chacun de vous : comme un père le fait pour ses enfants, 12 nous n'avons cessé de
vous transmettre des recommandations, de vous encourager et de vous inciter à vivre d'une manière digne de Dieu
qui vous appelle à son royaume et à sa gloire.

La foi et les souffrances des Thessaloniciens

13 Et voici pourquoi nous remercions Dieu sans nous
lasser : en recevant la Parole de Dieu que nous vous avons
annoncée, vous ne l'avez pas accueillie comme une parole
purement humaine, mais comme ce qu'elle est réellement,
c'est-à-dire la Parole de Dieu, qui agit avec efficacité en
vous qui croyez.
14 Vous l'avez montré, frères et sœurs, en suivant
l'exemple des Eglises de Dieu en Judée qui sont unies à
Jésus-Christ, car vous aussi, vous avez souffert, de la part
de vos compatriotes, les mêmes persécutions qu'elles ont
endurées de la part des Juifs. 15 Ce sont eux qui ont fait
mourir le Seigneur Jésus et les prophètes. Ils nous ont
persécutés nous-mêmes, ils ne se soucient nullement de
plaire à Dieu et se montrent ennemis de tous les hommes.
16 Ils essaient, en effet, de nous empêcher d'annoncer la
Parole aux non-Juifs pour que ceux-ci soient sauvés et ils
portent ainsi à leur comble les péchés qu'ils ont toujours commis. Aussi la colère de Dieu a-t-elle fini par les atteindre.

L'envoi de Timothée

17 En ce qui nous concerne, frères et sœurs, étant séparés
de vous pour un temps – de corps mais non de cœur – nous

g 2.3 L'apôtre évoque des accusations que les Juifs de Thessalonique ont dû lancer contre lui et que Timothée lui a sans doute rapportées.
h 2.5 Voir note 2.3.
i 2.7 Autre traduction : *Nous aurions pu vous être à charge* (voir 2 Th 3.9).
j 2.7 *pleins de tendresse.* De nombreux manuscrits ont : *de petits enfants.*

son, not in thought), out of our intense longing we made every effort to see you. 18 For we wanted to come to you – certainly I, Paul, did, again and again – but Satan blocked our way. 19 For what is our hope, our joy, or the crown in which we will glory in the presence of our Lord Jesus when he comes? Is it not you? 20 Indeed, you are our glory and joy.

3 1 So when we could stand it no longer, we thought it best to be left by ourselves in Athens. 2 We sent Timothy, who is our brother and co-worker in God's service in spreading the gospel of Christ, to strengthen and encourage you in your faith, 3 so that no one would be unsettled by these trials. For you know quite well that we are destined for them. 4 In fact, when we were with you, we kept telling you that we would be persecuted. And it turned out that way, as you well know. 5 For this reason, when I could stand it no longer, I sent to find out about your faith. I was afraid that in some way the tempter had tempted you and that our labors might have been in vain.

Timothy's Encouraging Report

6 But Timothy has just now come to us from you and has brought good news about your faith and love. He has told us that you always have pleasant memories of us and that you long to see us, just as we also long to see you. 7 Therefore, brothers and sisters, in all our distress and persecution we were encouraged about you because of your faith. 8 For now we really live, since you are standing firm in the Lord. 9 How can we thank God enough for you in return for all the joy we have in the presence of our God because of you? 10 Night and day we pray most earnestly that we may see you again and supply what is lacking in your faith.

11 Now may our God and Father himself and our Lord Jesus clear the way for us to come to you. 12 May the Lord make your love increase and overflow for each other and for everyone else, just as ours does for you. 13 May he strengthen your hearts so that you will be blameless and holy in the presence of our God and Father when our Lord Jesus comes with all his holy ones.

avons fait beaucoup d'efforts pour vous revoir, car no en avions le vif désir. 18 C'est pourquoi nous avons vou aller chez vous – moi, Paul, je l'ai tenté à une et même de reprises – mais Satan nous en a empêchés.

19 N'êtes-vous pas, en effet, vous aussi, notre espéranc notre joie et la couronne dont nous serons fiers e présence de notre Seigneur Jésus au jour de sa venue 20 Oui, c'est vous qui êtes notre gloire et notre joie !

3 1 C'est pourquoi, nous n'avons plus supporté d'atte dre davantage et nous avons préféré rester seuls Athènes. 2 Nous vous avons envoyé notre frère Timothé qui collabore avec nous au service de Dieu[k] dans l'a nonce de l'Evangile de Christ. Nous l'avons chargé d vous affermir et de vous encourager dans votre foi, 3 af que personne ne vienne à vaciller dans les détresses pa lesquelles vous passez. Vous savez vous-mêmes qu'elle font partie de notre lot. 4 Lorsque nous étions parmi vou nous vous avions prévenus que nous aurions à souffrir d nombreuses détresses. Et c'est ce qui est arrivé, vous l savez bien. 5 Ainsi, ne pouvant supporter d'attendre davar tage, j'ai envoyé Timothée pour prendre des nouvelles d votre foi. Je craignais que le Tentateur ne vous ait éprouvé au point de réduire à néant tout notre travail.

6 Mais voici que Timothée vient de nous arriver de che vous[l], il nous a rapporté de bonnes nouvelles de votre fo et de votre amour. Il nous a dit en particulier que vou conservez toujours un bon souvenir de nous et que vou désirez nous revoir autant que nous désirons vous revoi

7 Aussi, frères et sœurs, au milieu de nos angoisses et d nos détresses, vous nous avez réconfortés par la réalité d votre foi. 8 Oui, maintenant, nous nous sentons revivre puisque vous tenez bon dans votre vie avec le Seigneu 9 Comment, en réponse, pourrions-nous assez remercie notre Dieu pour vous, pour toute la joie que vous nou donnez devant lui ?

10 C'est pourquoi, nuit et jour, nous lui demandons ave instance de nous accorder de vous revoir et de complète ce qui manque à votre foi[m].

Prière

11 Que Dieu notre Père lui-même et notre Seigneu Jésus aplanissent[n] notre chemin jusqu'à vous. 12 Que l Seigneur vous remplisse, jusqu'à en déborder, d'amour le uns pour les autres et envers tous les hommes, à l'exempl de l'amour que nous vous portons. 13 Qu'il affermisse ain votre cœur pour que vous soyez saints et irréprochable devant Dieu notre Père au jour où notre Seigneur Jésus Christ viendra avec tous ses saints anges[o].

[k] **3.2** Les manuscrits comportent plusieurs variantes : *collaborateur de Dieu, serviteur de Dieu, serviteur et collaborateur de Dieu.*

[l] **3.6** Voir Ac 18.5. Timothée est venu de Thessalonique à Corinthe où Pau écrit cette lettre.

[m] **3.10** Paul ayant dû quitter Thessalonique précipitamment (Ac 17.10) n'a pu leur donner que quelques éléments d'enseignement.

[n] **3.11** Dans le grec, le verbe est au singulier, ce qui n'est pas plus correct qu'en français. Ce singulier laisse transparaître que, dans l'esprit de Paul, le Père et le Fils sont un.

[o] **3.13** Voir Mc 8.38 ; Lc 9.26. Autre traduction : *avec tous les membres de son peuple saint.*

Instructions

iving to Please God

4 1As for other matters, brothers and sisters, we
instructed you how to live in order to please God,
s in fact you are living. Now we ask you and urge you
the Lord Jesus to do this more and more. 2For you
now what instructions we gave you by the authority
f the Lord Jesus.
3It is God's will that you should be sanctified: that
ou should avoid sexual immorality; 4that each of you
hould learn to control your own body[e] in a way that
holy and honorable, 5not in passionate lust like the
agans, who do not know God; 6and that in this matter
o one should wrong or take advantage of a brother
r sister.[f] The Lord will punish all those who commit
uch sins, as we told you and warned you before. 7For
od did not call us to be impure, but to live a holy life.
Therefore, anyone who rejects this instruction does
ot reject a human being but God, the very God who
ives you his Holy Spirit.

9Now about your love for one another we do not
eed to write to you, for you yourselves have been
aught by God to love each other. 10And in fact, you
o love all of God's family throughout Macedonia. Yet
ve urge you, brothers and sisters, to do so more and
nore, 11and to make it your ambition to lead a quiet
ife: You should mind your own business and work
vith your hands, just as we told you, 12so that your
aily life may win the respect of outsiders and so that
ou will not be dependent on anybody.

Believers Who Have Died

13Brothers and sisters, we do not want you to be
ninformed about those who sleep in death, so that
ou do not grieve like the rest of mankind, who have
o hope. 14For we believe that Jesus died and rose
gain, and so we believe that God will bring with Jesus
hose who have fallen asleep in him. 15According to
he Lord's word, we tell you that we who are still alive,
who are left until the coming of the Lord, will cer-
ainly not precede those who have fallen asleep. 16For
he Lord himself will come down from heaven, with
a loud command, with the voice of the archangel and

[e] 4:4 Or *learn to live with your own wife*; or *learn to acquire a wife*
[f] 4:6 The Greek word for *brother or sister* (*adelphos*) refers here to a
believer, whether man or woman, as part of God's family.

L'appel à une vie sainte

4 1Enfin, frères et sœurs, vous avez appris de nous
comment vous devez vous conduire pour plaire à
Dieu, et vous vous conduisez déjà ainsi. Mais, nous vous
le demandons, et nous vous le recommandons à cause de
votre union avec le Seigneur Jésus : faites toujours plus de
progrès dans ce domaine.
2Car vous connaissez les instructions que nous vous
avons données de la part du Seigneur Jésus. 3Ce que Dieu
veut, c'est que vous deveniez toujours plus saints : que
vous vous absteniez de toute immoralité ; 4que chacun
de vous sache gagner une parfaite maîtrise de son corps[p]
pour vivre dans la sainteté et l'honneur, 5sans se laisser
dominer par des passions déréglées, comme le font *les
païens qui ne connaissent pas Dieu*. 6Qu'ainsi personne ne
cause du tort à son frère ou sa sœur dans ce domaine en
portant atteinte à ses droits. Dieu, en effet, fait justice de
toute faute de ce genre : nous vous l'avons déjà dit et nous
vous en avons avertis. 7Car Dieu ne nous a pas appelés à
nous adonner à des pratiques dégradantes mais à vivre
d'une manière sainte.
8Celui donc qui rejette cet enseignement rejette, non
pas un homme, mais Dieu qui vous donne son Esprit Saint.
9Concernant l'amour fraternel, vous n'avez pas besoin
d'instructions écrites, car Dieu vous a lui-même appris à
vous aimer mutuellement. 10C'est ce que vous faites envers tous les frères et sœurs de la Macédoine entière. Mais
nous vous invitons, frères et sœurs, à faire toujours plus de
progrès 11en mettant votre point d'honneur à vivre dans
la paix, à vous occuper chacun de ses propres affaires, et
à gagner votre vie par votre propre travail, comme nous
vous l'avons déjà recommandé[q], 12afin de vous conduire
d'une manière respectable aux yeux de ceux qui sont en
dehors de la famille de Dieu ; ainsi vous ne dépendrez de
personne.

Les croyants décédés et le retour du Seigneur

13Nous ne voulons pas, frères et sœurs, vous laisser dans
l'ignorance au sujet de ceux qui sont décédés, afin que
vous ne soyez pas tristes de la même manière que le reste
des hommes, qui n'ont pas d'espérance.
14En effet, puisque nous croyons que Jésus est mort et
ressuscité, nous croyons aussi que Dieu ramènera par Jésus
et avec lui ceux qui sont morts[r].
15Car voici ce que nous vous déclarons d'après une parole du Seigneur[s] : nous qui serons restés en vie au moment
où le Seigneur viendra, nous ne précéderons pas ceux
qui sont morts. 16En effet, au signal donné, sitôt que la
voix de l'archange et le son de la trompette divine retentiront, le Seigneur lui-même descendra du ciel, et ceux qui

[p] **4.4** Autre traduction : *que chacun de vous sache prendre femme d'une manière sainte et honorable.*
[q] **4.11** Certains croyants, à cause d'une mauvaise compréhension de l'enseignement sur le retour du Seigneur, semblent avoir renoncé à travailler pour vivre aux crochets des autres chrétiens (voir2.9 ; 2 Th 3.6-12). Une telle attitude a dû être favorisée par le mépris de la culture grecque pour le travail manuel que l'on réservait aux esclaves.
[r] **4.14** Autre traduction : *que Dieu ramènera par Jésus ceux qui sont morts en croyant en lui.*
[s] **4.15** Sans doute une parole de Jésus que Paul connaissait par la tradition orale et qui n'a pas été transmise par les évangiles.

with the trumpet call of God, and the dead in Christ will rise first. 17 After that, we who are still alive and are left will be caught up together with them in the clouds to meet the Lord in the air. And so we will be with the Lord forever. 18 Therefore encourage one another with these words.

The Day of the Lord

5 1 Now, brothers and sisters, about times and dates we do not need to write to you, 2 for you know very well that the day of the Lord will come like a thief in the night. 3 While people are saying, "Peace and safety," destruction will come on them suddenly, as labor pains on a pregnant woman, and they will not escape.

4 But you, brothers and sisters, are not in darkness so that this day should surprise you like a thief. 5 You are all children of the light and children of the day. We do not belong to the night or to the darkness. 6 So then, let us not be like others, who are asleep, but let us be awake and sober. 7 For those who sleep, sleep at night, and those who get drunk, get drunk at night. 8 But since we belong to the day, let us be sober, putting on faith and love as a breastplate, and the hope of salvation as a helmet. 9 For God did not appoint us to suffer wrath but to receive salvation through our Lord Jesus Christ. 10 He died for us so that, whether we are awake or asleep, we may live together with him. 11 Therefore encourage one another and build each other up, just as in fact you are doing.

Final Instructions

12 Now we ask you, brothers and sisters, to acknowledge those who work hard among you, who care for you in the Lord and who admonish you. 13 Hold them in the highest regard in love because of their work. Live in peace with each other. 14 And we urge you, brothers and sisters, warn those who are idle and disruptive, encourage the disheartened, help the weak, be patient with everyone. 15 Make sure that nobody pays back wrong for wrong, but always strive to do what is good for each other and for everyone else.

16 Rejoice always, 17 pray continually, 18 give thanks in all circumstances; for this is God's will for you in Christ Jesus.

19 Do not quench the Spirit. 20 Do not treat prophecies with contempt 21 but test them all; hold on to what is good, 22 reject every kind of evil.

23 May God himself, the God of peace, sanctify you through and through. May your whole spirit, soul and body be kept blameless at the coming of our Lord

sont morts unis à Christ ressusciteront en premier lie 17 Ensuite, nous qui serons restés en vie à ce moment-l nous serons enlevés ensemble avec eux, dans les nuée pour rencontrer le Seigneur dans les airs. Ainsi nous s rons pour toujours avec le Seigneur.

18 Encouragez-vous donc mutuellement par ces parole

5 1 Quant à l'époque et au moment de ces événement vous n'avez pas besoin, frères et sœurs, qu'on vo écrive à ce sujet : 2 vous savez fort bien vous-mêmes que jour du Seigneur viendra de façon aussi inattendue qu'u voleur en pleine nuit.

3 Lorsque les gens diront : « Paix et sécurité ! », alo la ruine fondra subitement sur eux, comme les douleu saisissent la femme enceinte, et aucun n'échappera.

4 Mais vous, frères et sœurs, vous n'êtes pas dans l ténèbres pour que le jour du Seigneur vous surpren comme un voleur. 5 Car vous êtes tous enfants de la lu mière, enfants du jour. Nous n'appartenons ni à la nu ni aux ténèbres. 6 Ne dormons donc pas comme le rest des hommes, mais restons vigilants et faisons preuve d modération.

7 Ceux qui dorment, dorment la nuit, et ceux qu s'enivrent, s'enivrent la nuit. 8 Mais nous qui sommes en fants du jour, faisons preuve de modération : revêtons-no de la cuirasse de la foi et de l'amour, et mettons le casqu de l'espérance *du salut*. 9 Car Dieu ne nous a pas destiné à connaître sa colère, mais à posséder le salut par notr Seigneur Jésus-Christ : 10 il est mort pour nous afin qu vivants ou morts, nous entrions ensemble, avec lui, dar la vie. 11 C'est pourquoi encouragez-vous les uns les autre et aidez-vous mutuellement à grandir dans la foi, comm vous le faites déjà.

Recommandations

12 Nous vous demandons, frères et sœurs, d'apprécie ceux qui travaillent parmi vous, qui vous dirigent au no du Seigneur et qui vous avertissent. 13 Témoignez-leur u grande estime et de l'affection à cause de leur travai Vivez en paix entre vous.

14 Nous vous le recommandons, frères et sœurs : ave tissez ceux qui mènent une vie déréglée, réconfortez ceu qui sont découragés, soutenez les faibles, soyez patient envers tous. 15 Veillez à ce que personne ne rende le ma pour le mal mais, en toute occasion, recherchez le bie dans vos rapports mutuels comme envers tous les homme

16 Soyez toujours dans la joie. 17 Priez sans cess 18 Remerciez Dieu en toute circonstance : telle est po vous la volonté que Dieu a exprimée en Jésus-Christ.

19 N'éteignez pas l'action de l'Esprit : 20 ne méprisez pa les prophéties ; 21 au contraire, examinez toutes chose retenez ce qui est bon, 22 et gardez-vous de ce qui est mau vais, sous quelque forme que ce soit.

Prière et salutation

23 Que le Dieu de paix vous rende lui-même entière ment saints et qu'il vous garde parfaitement esprit, âm et corps[t] pour que vous soyez irréprochables lors de l venue de notre Seigneur Jésus-Christ.

t 5.23 D'autres comprennent : *et qu'il garde votre être entier, c'est-à-dire l'esprit, l'âme et le corps...*

sus Christ. 24The one who calls you is faithful, and
e will do it.
25Brothers and sisters, pray for us.
26Greet all God's people with a holy kiss.
27I charge you before the Lord to have this letter
ead to all the brothers and sisters.
28The grace of our Lord Jesus Christ be with you.

24Celui qui vous appelle est fidèle et c'est lui qui accomplira tout cela.
25Frères et sœurs, priez aussi pour nous.
26Saluez-vous entre vous par un baiser fraternel.
27Je vous en conjure par le Seigneur : que cette lettre
soit lue à tous les frères et sœurs.
28Que la grâce de notre Seigneur Jésus-Christ soit avec
vous.

2 Thessalonians

1 [1]Paul, Silas[a] and Timothy,
To the church of the Thessalonians in God our Father and the Lord Jesus Christ:

[2]Grace and peace to you from God the Father and the Lord Jesus Christ.

Thanksgiving and Prayer

[3]We ought always to thank God for you, brothers and sisters,[b] and rightly so, because your faith is growing more and more, and the love all of you have for one another is increasing. [4]Therefore, among God's churches we boast about your perseverance and faith in all the persecutions and trials you are enduring.

[5]All this is evidence that God's judgment is right, and as a result you will be counted worthy of the kingdom of God, for which you are suffering. [6]God is just: He will pay back trouble to those who trouble you [7]and give relief to you who are troubled, and to us as well. This will happen when the Lord Jesus is revealed from heaven in blazing fire with his powerful angels. [8]He will punish those who do not know God and do not obey the gospel of our Lord Jesus. [9]They will be punished with everlasting destruction and shut out from the presence of the Lord and from the glory of his might [10]on the day he comes to be glorified in his holy people and to be marveled at among all those who have believed. This includes you, because you believed our testimony to you.

[11]With this in mind, we constantly pray for you, that our God may make you worthy of his calling, and that by his power he may bring to fruition your every desire for goodness and your every deed prompted by faith. [12]We pray this so that the name of our Lord Jesus may be glorified in you, and you in him, according to the grace of our God and the Lord Jesus Christ.[c]

The Man of Lawlessness

2 [1]Concerning the coming of our Lord Jesus Christ and our being gathered to him, we ask you, brothers and sisters, [2]not to become easily unsettled or alarmed by the teaching allegedly from us – whether by a prophecy or by word of mouth or by letter – asserting that the day of the Lord has already

---

[a] **1:1** Greek *Silvanus*, a variant of *Silas*

[b] **1:3** The Greek word for *brothers and sisters* (*adelphoi*) refers here to believers, both men and women, as part of God's family; also in 2:1, 13, 15; 3:1, 6, 13.

[c] **1:12** Or *God and Lord, Jesus Christ*

Deuxième lettre aux Thessaloniciens

Salutation

1 [1]Paul, Silvain et Timothée saluent l'Eglise de Thessaloniciens dans la communion avec Dieu Père et avec le Seigneur Jésus-Christ.

[2]Que la grâce et la paix vous soient accordées par Die notre Père et par le Seigneur Jésus-Christ.

Prière de reconnaissance et encouragements

[3]Nous devons toujours remercier Dieu à votre suje frères et sœurs, et il est juste que nous le fassions. En e fet, votre foi fait de magnifiques progrès et, en chacun d vous, l'amour que vous vous portez les uns aux autres n cesse d'augmenter.

[4]Aussi exprimons-nous dans les Eglises de Dieu notre f erté en ce qui vous concerne, à cause de votre persévéranc et de votre foi au milieu de toutes les persécutions et d toutes les détresses que vous endurez.

[5]Ici se laisse voir le juste jugement de Dieu qui désir vous trouver dignes de son royaume pour lequel vou souffrez. [6]En effet, il est juste aux yeux de Dieu de rendr la souffrance à ceux qui vous font souffrir, [7]et de vou accorder, à vous qui souffrez, du repos avec nous. Cela s produira lorsque le Seigneur Jésus apparaîtra du haut d ciel, avec ses anges puissants [8]et dans *une flamme*. Ce jour là, *il punira comme ils le méritent ceux qui ne connaissent pa Dieu* et qui n'obéissent pas à l'Evangile de notre Seigneu Jésus. [9]Ils auront pour châtiment une ruine éternelle *loin de la présence du Seigneur et de sa puissance glorieus* [10]lorsqu'il viendra pour être en ce jour-là honoré dans l personne des membres du peuple saint[a] et admiré dan la personne de tous les croyants[b]. Et vous aussi, vous e ferez partie, puisque vous avez cru au message que nou vous avons annoncé.

[11]C'est pourquoi nous prions continuellement notr Dieu pour vous : qu'il vous trouve dignes de l'appel qu'i vous a adressé et que, par sa puissance, il fasse abouti tous vos désirs de faire le bien et rende parfaite l'œuvr que votre foi vous fait entreprendre. [12]Ainsi le Seigneu Jésus-Christ sera honoré en vous et vous serez honoré en lui[c] ; ce sera là un effet de la grâce de notre Dieu e Seigneur Jésus-Christ[d].

Ce qui précédera la venue du Seigneur

2 [1]Au sujet de la venue de notre Seigneur Jésus-Christ et de notre rassemblement auprès de lui, nous vous le demandons, frères et sœurs : [2]ne vous laissez pas si facilement ébranler dans votre bon sens, ni troubler par une révélation, un message ou une lettre qu'on nous attribuerait, et qui prétendrait que le jour du Seigneur serait déjà là.

---

[a] **1.10** Autre traduction : *de ses saints anges.*

[b] **1.10** D'autres comprennent : *honoré par ceux qui lui appartiennent et admiré par tous les croyants.*

[c] **1.12** Autre traduction : *honoré par vous … honorés par lui.*

[d] **1.12** Autre traduction : *de notre Dieu et du Seigneur Jésus-Christ.*

ome. 3 Don't let anyone deceive you in any way, for ıat day will not come until the rebellion occurs and e man of lawlessness[d] is revealed, the man doomed destruction. 4 He will oppose and will exalt himself ver everything that is called God or is worshiped, so ıat he sets himself up in God's temple, proclaiming imself to be God.

5 Don't you remember that when I was with you I sed to tell you these things? 6 And now you know hat is holding him back, so that he may be revealed t the proper time. 7 For the secret power of lawless-ess is already at work; but the one who now holds it ack will continue to do so till he is taken out of the ay. 8 And then the lawless one will be revealed, whom ıe Lord Jesus will overthrow with the breath of his ıouth and destroy by the splendor of his coming. The coming of the lawless one will be in accordance vith how Satan works. He will use all sorts of displays f power through signs and wonders that serve the e, 10 and all the ways that wickedness deceives those vho are perishing. They perish because they refused ɔ love the truth and so be saved. 11 For this reason od sends them a powerful delusion so that they will elieve the lie 12 and so that all will be condemned vho have not believed the truth but have delighted n wickedness.

tand Firm

13 But we ought always to thank God for you, broth-rs and sisters loved by the Lord, because God chose ou as firstfruits[e] to be saved through the sanctifying vork of the Spirit and through belief in the truth. 14 He alled you to this through our gospel, that you might hare in the glory of our Lord Jesus Christ.

15 So then, brothers and sisters, stand firm and hold ast to the teachings[f] we passed on to you, whether by vord of mouth or by letter.

16 May our Lord Jesus Christ himself and God our ather, who loved us and by his grace gave us eter-ıal encouragement and good hope, 17 encourage your ıearts and strengthen you in every good deed and vord.

equest for Prayer

3 1 As for other matters, brothers and sisters, pray for us that the message of the Lord may spread apidly and be honored, just as it was with you. 2 And ɔray that we may be delivered from wicked and evil ɔeople, for not everyone has faith. 3 But the Lord is aithful, and he will strengthen and protect you rom the evil one. 4 We have confidence in the Lord hat you are doing and will continue to do the things ve command. 5 May the Lord direct your hearts into God's love and Christ's perseverance.

2:3 Some manuscripts *sin*
2:13 Some manuscripts *because from the beginning God chose you*
2:15 Or *traditions*

3 Que personne ne vous égare d'aucune façon. Car ce jour n'arrivera pas avant qu'éclate le grand Rejet de Dieu, et que soit révélé l'homme de la révolte[e] qui est destiné à la perdition, 4 l'adversaire qui *s'élève au-dessus* de tout ce qui porte le nom *de dieu*, et de tout ce qui est l'objet d'une vénération religieuse. Il ira jusqu'à s'asseoir dans le temple de Dieu en se proclamant lui-même dieu. 5 Je vous disais déjà cela lorsque j'étais encore chez vous : ne vous en souvenez-vous pas ?

6 Vous savez ce qui le retient pour l'instant afin qu'il ne soit révélé que lorsque son heure sera venue. 7 Car la puissance mystérieuse de la révolte contre Dieu est déjà à l'œuvre ; mais il suffira que celui qui le retient jusqu'à présent soit écarté 8 pour qu'alors soit révélé l'homme de la révolte. Le Seigneur Jésus *le fera périr par le souffle de sa bouche*, et le réduira à l'impuissance au moment même de sa venue. 9 La venue de cet homme se fera grâce à la puissance de Satan, avec toutes sortes d'actes extraordinaires, de signes impressionnants et de prodiges trompeurs. 10 Il usera de toutes les formes du mal pour tromper ceux qui se perdent, parce qu'ils sont restés fermés à l'amour de la vérité qui les aurait sauvés. 11 Voilà pourquoi Dieu leur envoie une puissance d'égarement pour qu'ils croient au mensonge.

12 Il agit ainsi pour que soient condamnés tous ceux qui n'auront pas cru à la vérité et qui auront pris plaisir au mal.

L'appel à la fermeté dans la foi

13 Mais nous, nous devons sans cesse remercier Dieu à votre sujet, frères et sœurs, vous que le Seigneur aime. En effet, Dieu vous a choisis pour que vous soyez les premiers[f] à être sauvés par l'action de l'Esprit qui vous a purifiés et par le moyen de votre foi en la vérité. 14 C'est à cela que Dieu vous a appelés par l'Evangile que nous vous avons annoncé ; il vous a appelés, pour que vous possédiez la gloire de notre Seigneur Jésus-Christ.

15 Demeurez donc fermes, frères et sœurs, et attachez-vous aux enseignements que nous vous avons transmis, soit de vive voix, soit par nos lettres. 16 Notre Seigneur Jésus-Christ lui-même, et Dieu, notre Père, nous ont témoigné tant d'amour, et, par grâce, nous ont donné une source éternelle de réconfort et une bonne espérance. 17 Qu'ils vous remplissent de courage et vous accordent la force de pratiquer toujours le bien, en actes et en paroles.

L'appel à la prière

3 1 Finalement, frères et sœurs, priez pour nous afin que la Parole du Seigneur se répande rapidement et qu'elle soit honorée ailleurs comme elle l'est chez vous.

2 Priez aussi pour que nous soyons délivrés des hommes insensés et méchants[g]. Car tous n'ont pas la foi. 3 Mais le Seigneur, lui, est fidèle : il vous rendra forts et vous gardera du diable[h].

4 Voici l'assurance que nous avons à cause du Seigneur à votre sujet : vous faites ce que nous vous recommandons et vous continuerez à le faire. 5 Que le Seigneur dirige

e 2.3 C'est-à-dire l'homme sans foi ni loi, qui rejette tout attachement à Dieu et toute norme. De nombreux manuscrits ont : *l'homme du péché* (voir 1 Jn 2.18).
f 2.13 Au lieu de : *pour que vous soyez les premiers*, certains manuscrits ont : *dès l'origine*. Les deux expressions diffèrent peu en grec.
g 3.2 L'apôtre fait sans doute allusion aux Juifs de Corinthe qui se sont opposés à Paul (voir Ac 18.12).
h 3.3 Autre traduction : *du mal*.

Warning Against Idleness

6In the name of the Lord Jesus Christ, we command
you, brothers and sisters, to keep away from every
believer who is idle and disruptive and does not live
according to the teaching[g] you received from us. 7For
you yourselves know how you ought to follow our example. We were not idle when we were with you, 8nor
did we eat anyone's food without paying for it. On
the contrary, we worked night and day, laboring and
toiling so that we would not be a burden to any of you.
9We did this, not because we do not have the right to
such help, but in order to offer ourselves as a model
for you to imitate. 10For even when we were with you,
we gave you this rule: "The one who is unwilling to
work shall not eat."
11We hear that some among you are idle and disruptive. They are not busy; they are busybodies. 12Such
people we command and urge in the Lord Jesus Christ
to settle down and earn the food they eat. 13And as
for you, brothers and sisters, never tire of doing what
is good.
14Take special note of anyone who does not obey
our instruction in this letter. Do not associate with
them, in order that they may feel ashamed. 15Yet do
not regard them as an enemy, but warn them as you
would a fellow believer.

Final Greetings

16Now may the Lord of peace himself give you peace
at all times and in every way. The Lord be with all
of you.
17I, Paul, write this greeting in my own hand, which
is the distinguishing mark in all my letters. This is
how I write.
18The grace of our Lord Jesus Christ be with you all.

[g] 3:6 Or *tradition*

votre cœur vers l'amour de Dieu, et vers l'endurance qu
donne Christ.

La nécessité de travailler

6Nous vous recommandons, frères et sœurs, au nor
de notre Seigneur Jésus-Christ, de vous tenir à l'écart d
tout frère ou de toute sœur qui mène une vie déréglée[i] e
contraire à l'enseignement que nous lui avons transmis
7Vous savez bien vous-mêmes ce qu'il faut faire pou
suivre notre exemple : nous n'avons pas eu une vie déréglé
au milieu de vous. 8Nous n'avons mangé gratuitement l
pain de personne. Mais, de nuit comme de jour, nous avor
travaillé, dans la fatigue et la peine, pour n'être à charge
aucun d'entre vous. 9Pourtant, ce n'est pas que nous n'e
aurions pas eu le droit, mais nous avons voulu vous laisse
un exemple à imiter.
10En effet, lorsque nous étions chez vous, nous vou
avons donné cette recommandation : « Que celui qui re
fuse de travailler renonce aussi à manger[j] » ! 11Or, nou
apprenons que certains d'entre vous mènent une vi
déréglée : ils ne travaillent pas et se mêlent des affaires de
autres. 12Nous invitons ces personnes-là à suivre la recom
mandation suivante : au nom du Seigneur Jésus-Christ
travaillez dans la paix et gagnez vous-mêmes votre pain
13Et vous, frères et sœurs, ne vous lassez pas de fair
ce qui est bien. 14Si quelqu'un ne se conforme pas au
instructions de cette lettre, signalez-le à tous et rompe
toute relation avec lui, pour qu'il en éprouve de la hon
te. 15Toutefois, ne le traitez pas en ennemi, reprenez-l
comme un frère.

Prière et salutation

16Que le Seigneur qui donne la paix vous accorde lui
même la paix de toute manière et en toutes circonstances
Que le Seigneur soit avec vous tous.
17Cette salutation est de ma propre main, à moi, Paul
C'est ainsi que je signe toutes mes lettres : c'est là mor
écriture[k].
18Que la grâce de notre Seigneur Jésus-Christ soit avec
vous tous.

[i] **3.6** Voir 1 Th 2.9 ; 4.11 et note.
[j] **3.10** Peut-être un dicton populaire que Paul leur avait cité lors de son passage chez eux.
[k] **3.17** C'était l'habitude antique : après avoir dicté une lettre à un secrétaire, on l'authentifiait par sa signature et quelques mots autographes (comparer 1 Co 16.21 ; Ga 6.11 ; Col 4.18).

1 Timothy

1 1Paul, an apostle of Christ Jesus by the command of God our Savior and of Christ Jesus our hope, 2To Timothy my true son in the faith:

Grace, mercy and peace from God the Father and hrist Jesus our Lord.

imothy Charged to Oppose False Teachers

3As I urged you when I went into Macedonia, stay here in Ephesus so that you may command certain eople not to teach false doctrines any longer 4or to evote themselves to myths and endless genealogies. uch things promote controversial speculations rath-r than advancing God's work – which is by faith. 5The oal of this command is love, which comes from a ure heart and a good conscience and a sincere faith. Some have departed from these and have turned to neaningless talk. 7They want to be teachers of the aw, but they do not know what they are talking about or what they so confidently affirm.

8We know that the law is good if one uses it prop-erly. 9We also know that the law is made not for the ighteous but for lawbreakers and rebels, the ungodly and sinful, the unholy and irreligious, for those who kill their fathers or mothers, for murderers, 10for the sexually immoral, for those practicing homosexual-ty, for slave traders and liars and perjurers – and for whatever else is contrary to the sound doctrine 11that conforms to the gospel concerning the glory of the blessed God, which he entrusted to me.

The Lord's Grace to Paul

12I thank Christ Jesus our Lord, who has given me strength, that he considered me trustworthy, appointing me to his service. 13Even though I was once a blasphemer and a persecutor and a violent man, I was shown mercy because I acted in ignorance and unbelief. 14The grace of our Lord was poured out on me abundantly, along with the faith and love that are in Christ Jesus.

15Here is a trustworthy saying that deserves full acceptance: Christ Jesus came into the world to save sinners – of whom I am the worst. 16But for that very reason I was shown mercy so that in me, the worst

Première lettre à Timothée

Salutation

1 1Paul, apôtre de Jésus-Christ, par ordre de Dieu notre Sauveur et de Jésus-Christ notre espérance, 2salue Timothée, son véritable enfant dans la foi.

Que Dieu le Père et Jésus-Christ notre Seigneur t'accordent grâce, compassion et paix.

La menace des enseignants de mensonge

3En partant pour la Macédoine, je t'ai encouragé à demeurer à Ephèse[a] pour avertir certains de ne pas enseigner de doctrines étrangères à la foi. 4Qu'ils cessent de porter leur intérêt à des récits de pure invention et à des généalogies interminables[b]. Des préoccupations comme celles-ci font naître des spéculations au lieu de nous aider dans les responsabilités que Dieu nous confie dans l'œuvre de la foi.

5Le but de cet avertissement est d'éveiller l'amour, un amour venant d'un cœur pur, d'une bonne conscience et d'une foi sincère. 6Certains se sont écartés de ces principes et se sont égarés dans des argumentations sans aucune valeur. 7Ils se posent en enseignants de la Loi mais, au fond, ils ne comprennent ni ce qu'ils disent, ni les sujets sur lesquels ils se montrent si sûrs d'eux-mêmes.

8Nous savons que la Loi est bonne, mais à condition d'être utilisée en accord avec son but. 9Il faut savoir ceci : la Loi n'est pas faite pour les justes, mais pour les malfaiteurs et les rebelles, pour les gens qui méprisent Dieu et les pécheurs, pour ceux qui n'ont ni respect ni scrupule à l'égard de ce qui est sacré, ceux qui tueraient père et mère, les assassins, 10les débauchés, les homosexuels, les marchands d'esclaves, les menteurs, les gens sans parole et, d'une manière générale, pour tous ceux qui commettent des actions contraires à l'enseignement sain que vous avez reçu. 11Cet enseignement est conforme à l'Evangile qui m'a été confié et qui révèle la gloire du Dieu bienheureux.

La grâce de Dieu envers Paul

12Je suis reconnaissant envers celui qui m'a rendu capable de remplir cette tâche, Jésus-Christ, notre Seigneur. En effet, il m'a accordé sa confiance en me choisissant pour ce service, 13moi qui, autrefois, l'ai offensé, persécuté et insulté. Mais il a été compatissant envers moi car j'agissais par ignorance, puisque je n'avais pas la foi. 14Dans la surabondance de sa grâce, notre Seigneur a fait naître en moi la foi et l'amour que l'on trouve dans l'union avec Jésus-Christ.

15La parole que voici est certaine, elle mérite d'être reçue sans réserve : « Jésus-Christ est venu dans ce monde pour sauver des pécheurs. » Je suis, pour ma part, l'exemple type[c] d'entre eux. 16Mais Dieu a été compatissant envers moi pour cette raison : Jésus-Christ a voulu, en moi, l'exemple type[d] des pécheurs, montrer toute l'étendue de

[a] **1.3** Capitale de la province romaine d'Asie à l'ouest de l'Asie Mineure.
[b] **1.4** Il s'agissait de spéculations sur les origines et les descendants des patriarches cités en Gn 4 à 5 ; 9 à 11.
[c] **1.15** Autre traduction : *le pire.*
[d] **1.16** Voir note 1.15.

of sinners, Christ Jesus might display his immense
patience as an example for those who would believe
in him and receive eternal life. 17 Now to the King eternal, immortal, invisible, the only God, be honor and
glory for ever and ever. Amen.

The Charge to Timothy Renewed

18 Timothy, my son, I am giving you this command
in keeping with the prophecies once made about you,
so that by recalling them you may fight the battle
well, 19 holding on to faith and a good conscience,
which some have rejected and so have suffered shipwreck with regard to the faith. 20 Among them are
Hymenaeus and Alexander, whom I have handed over
to Satan to be taught not to blaspheme.

Instructions on Worship

2 1 I urge, then, first of all, that petitions, prayers,
intercession and thanksgiving be made for all
people – 2 for kings and all those in authority, that we
may live peaceful and quiet lives in all godliness and
holiness. 3 This is good, and pleases God our Savior,
4 who wants all people to be saved and to come to a
knowledge of the truth. 5 For there is one God and one
mediator between God and mankind, the man Christ
Jesus, 6 who gave himself as a ransom for all people.
This has now been witnessed to at the proper time.
7 And for this purpose I was appointed a herald and an
apostle – I am telling the truth, I am not lying – and a
true and faithful teacher of the Gentiles.

8 Therefore I want the men everywhere to pray, lifting up holy hands without anger or disputing. 9 I also
want the women to dress modestly, with decency and
propriety, adorning themselves, not with elaborate
hairstyles or gold or pearls or expensive clothes, 10 but
with good deeds, appropriate for women who profess
to worship God.

11 A woman[a] should learn in quietness and full
submission. 12 I do not permit a woman to teach or
to assume authority over a man;[b] she must be quiet.
13 For Adam was formed first, then Eve. 14 And Adam

[a] **2:11** Or *wife*; also in verse 12
[b] **2:12** Or *over her husband*

sa patience, pour que je serve d'exemple à ceux qui cro
raient en lui pour accéder à la vie éternelle.

17 Au Roi éternel,
immortel,
invisible,
au seul Dieu,
soient honneur et gloire
pour l'éternité.
Amen !

Garder la foi

18 Timothée, mon enfant, voici le conseil que je t'adres
se en accord avec les prophéties prononcées autrefois
ton sujet : en t'appuyant sur ces paroles, combats le bo
combat 19 avec foi et avec cette bonne conscience dor
certains se sont écartés au point que leur foi a fait nau
frage. 20 Parmi eux se trouvent Hyménée et Alexandr
que j'ai livrés à Satan[e] pour qu'ils apprennent à ne plu
blasphémer.

LA VIE DE L'ÉGLISE

L'appel à la prière

2 1 Je recommande en tout premier lieu que l'on adress
à Dieu des demandes, des prières, des supplication
et des remerciements pour tous les hommes. 2 Que l'o
prie pour les rois et pour tous ceux qui sont au pouvoi
afin que nous puissions mener, à l'abri de toute violence e
dans la paix, une vie qui exprime, dans tous ses aspects
notre piété et qui commande le respect. 3 Voilà ce qui es
bien devant Dieu, notre Sauveur, ce qu'il approuve. 4 Ca
il veut que tous les hommes soient sauvés et parviennen
à la connaissance de la vérité.
5 En effet, il y a un seul Dieu, et de même aussi u
seul médiateur entre Dieu et les hommes, un homme
Jésus-Christ. 6 Il a offert sa vie en rançon pour tous. Te
est le témoignage qui a été rendu au moment voulu
7 C'est pour publier ce témoignage que j'ai été institue
prédicateur et apôtre (je dis la vérité, je ne mens pas)
pour enseigner aux non-Juifs ce qui concerne la foi e
la vérité.

Sur l'attitude des hommes et des femmes dans la communauté

8 C'est pourquoi je veux qu'en tout lieu les hommes prient en élevant vers le ciel des mains[f] pures, sans colère n
esprit de dispute.
9 Je veux que les femmes agissent de même, en s'habillant
décemment, avec discrétion et simplicité. Qu'elles ne se
parent pas d'une coiffure recherchée, d'or, de perles ou
de toilettes somptueuses, 10 mais plutôt d'œuvres bonnes,
comme il convient à des femmes qui déclarent vivre pour
Dieu.
11 Que la femme reçoive l'instruction dans un esprit
de paix[g] et de parfaite soumission. 12 Je ne permets pas
à une femme d'enseigner, ni de prendre autorité sur
l'homme. Qu'elle garde plutôt une attitude paisible.
13 En effet, Adam fut créé le premier, Eve ensuite. 14 Ce
n'est pas Adam qui a été détourné de la vérité, c'est la

[e] **1.20** Voir note 1 Co 5.5.
[f] **2.8** L'un des gestes de la prière chez les Juifs (Ex 9.29 ; 1 R 8.22).
[g] **2.11** Autre traduction : *en silence*.

as not the one deceived; it was the woman who was eceived and became a sinner. 15 But women[c] will be ıved through childbearing – if they continue in faith, ›ve and holiness with propriety.

ualifications for Overseers and Deacons

3 1 Here is a trustworthy saying: Whoever aspires to be an overseer desires a noble task. 2 Now the verseer is to be above reproach, faithful to his wife, emperate, self-controlled, respectable, hospitable, ble to teach, 3 not given to drunkenness, not violent ut gentle, not quarrelsome, not a lover of money. He must manage his own family well and see that is children obey him, and he must do so in a manner orthy of full[d] respect. 5 (If anyone does not know ow to manage his own family, how can he take care f God's church?) 6 He must not be a recent convert, r he may become conceited and fall under the same dgment as the devil. 7 He must also have a good reptation with outsiders, so that he will not fall into isgrace and into the devil's trap.

8 In the same way, deacons[e] are to be worthy of respect, sincere, not indulging in much wine, and not ursuing dishonest gain. 9 They must keep hold of he deep truths of the faith with a clear conscience. 0 They must first be tested; and then if there is nothng against them, let them serve as deacons.

11 In the same way, the women[f] are to be worthy f respect, not malicious talkers but temperate and rustworthy in everything.

12 A deacon must be faithful to his wife and must nanage his children and his household well. 13 Those vho have served well gain an excellent standing and great assurance in their faith in Christ Jesus.

Reasons for Paul's Instructions

14 Although I hope to come to you soon, I am writing you these instructions so that, 15 if I am delayed, you will know how people ought to conduct themselves in God's household, which is the church of the living God, the pillar and foundation of the truth. 16 Beyond all question, the mystery from which true godliness springs is great:

c **2:15** Greek *she*
d **3:4** Or *him with proper*
e **3:8** The word *deacons* refers here to Christians designated to serve with the overseers/elders of the church in a variety of ways; similarly in verse 12; and in Romans 16:1 and Phil. 1:1.
f **3:11** Possibly deacons' wives or women who are deacons

femme, et elle a désobéi au commandement de Dieu, 15 mais elle sera sauvée grâce à sa descendance[h]. Quant aux femmes, elles seront sauvées si elles persévèrent dans la foi, dans l'amour, et dans une vie sainte en gardant en tout le sens de la mesure.

Les dirigeants dans l'Eglise et leurs assistants

3 1 « Celui qui aspire à être un dirigeant dans l'Eglise désire une belle tâche. » Cette parole est certaine. 2 Il faut toutefois que le dirigeant soit un homme irréprochable : mari fidèle à sa femme[i], faisant preuve de modération, réfléchi et vivant de façon convenable. Qu'il soit hospitalier et capable d'enseigner. 3 Il ne doit pas être buveur ni querelleur, mais au contraire aimable, pacifique et désintéressé.

4 Qu'il dirige bien sa famille et maintienne ses enfants dans l'obéissance, en toute dignité. 5 Car, comment un homme qui ne dirige pas bien sa famille, serait-il qualifié pour prendre soin de l'Eglise de Dieu ? 6 Que ce ne soit pas un converti de fraîche date, de peur qu'il se laisse aveugler par l'orgueil et tombe sous la même condamnation que le diable[j]. 7 Enfin, il doit aussi jouir d'une bonne réputation parmi ceux qui ne font pas partie de la famille de Dieu afin de ne pas s'exposer au mépris public et de ne pas tomber dans les pièges du diable.

8 Il en va de même des diacres[k]. Ils doivent inspirer le respect : qu'ils soient des hommes de parole, sans penchant pour la boisson ni pour le gain malhonnête. 9 Ils doivent garder avec une bonne conscience la vérité révélée de la foi. 10 Il faut qu'eux aussi soient d'abord soumis à examen. Ensuite, si on n'a rien à leur reprocher, ils accompliront leur service.

11 Il en va de même pour les diaconesses[l] : elles doivent inspirer le respect : qu'elles ne soient pas médisantes ; qu'elles fassent preuve de modération et soient dignes de confiance dans tous les domaines.

12 Que les diacres soient des maris fidèles[m] ; qu'ils assument bien leurs responsabilités à l'égard de leurs enfants et de leur famille. 13 Car ceux qui remplissent bien leur ministère acquièrent une situation respectée et une grande assurance dans la foi en Jésus-Christ.

Le secret révélé

14 J'ai bon espoir de venir te rejoindre très bientôt ; je t'écris cependant tout cela 15 afin que, si ma venue devait être retardée, tu saches, en attendant, comment on doit se comporter dans la famille de Dieu, c'est-à-dire dans l'Eglise du Dieu vivant. Cette Eglise est une colonne qui proclame la vérité, un lieu où elle est fermement établie[n]. 16 Voici ce que nous reconnaissons ensemble : – il est grand le secret du plan de Dieu, Christ, qui fait l'objet de notre foi.

h **2.15** Voir Gn 3.15. Autre traduction : *en devenant mère.*
i **3.2** Cette interprétation est conforme aux inscriptions funéraires juives et païennes mises au jour. D'autres comprennent : *mari d'une seule femme* ou *qu'il n'ait été marié qu'une seule fois* (voir l'expression symétrique, pour les veuves, en 5.9).
j **3.6** Autre traduction : *sous l'accusation portée par le diable.*
k **3.8** Le mot grec qui a donné par francisation le mot *diacre* signifiait *serviteur.* Il est devenu, dans certaines des Eglises primitives, un titre désignant sans doute des assistants des dirigeants des Eglises.
l **3.11** D'autres comprennent : *leurs femmes aussi doivent ...*
m **3.12** Voir note sur 3.2.
n **3.15** L'apôtre emploie l'image de la colonne commémorative et celle du siège ou du trône. D'autres comprennent : *cette Eglise est la colonne et le rempart de la vérité.*

He appeared in the flesh,
was vindicated by the Spirit,[g]
was seen by angels,
was preached among the nations,
was believed on in the world,
was taken up in glory.

4 1 The Spirit clearly says that in later times some will abandon the faith and follow deceiving spirits and things taught by demons. 2 Such teachings come through hypocritical liars, whose consciences have been seared as with a hot iron. 3 They forbid people to marry and order them to abstain from certain foods, which God created to be received with thanksgiving by those who believe and who know the truth. 4 For everything God created is good, and nothing is to be rejected if it is received with thanksgiving, 5 because it is consecrated by the word of God and prayer.

6 If you point these things out to the brothers and sisters,[h] you will be a good minister of Christ Jesus, nourished on the truths of the faith and of the good teaching that you have followed. 7 Have nothing to do with godless myths and old wives' tales; rather, train yourself to be godly. 8 For physical training is of some value, but godliness has value for all things, holding promise for both the present life and the life to come. 9 This is a trustworthy saying that deserves full acceptance. 10 That is why we labor and strive, because we have put our hope in the living God, who is the Savior of all people, and especially of those who believe.

11 Command and teach these things. 12 Don't let anyone look down on you because you are young, but set an example for the believers in speech, in conduct, in love, in faith and in purity. 13 Until I come, devote yourself to the public reading of Scripture, to preaching and to teaching. 14 Do not neglect your gift, which was given you through prophecy when the body of elders laid their hands on you.

15 Be diligent in these matters; give yourself wholly to them, so that everyone may see your progress. 16 Watch your life and doctrine closely. Persevere in them, because if you do, you will save both yourself and your hearers.

[g] **3:16** Or *vindicated in spirit*
[h] **4:6** The Greek word for *brothers and sisters* (*adelphoi*) refers here to believers, both men and women, as part of God's family.

Il s'est révélé[o] comme un être humain,
et, déclaré juste par le Saint-Esprit,
il a été vu par les anges.
Il a été proclamé parmi les non-Juifs.
On a cru en lui dans le monde entier.
Il a été élevé dans la gloire.

Le serviteur de Dieu

Les fausses doctrines des derniers temps

4 1 Cependant, l'Esprit déclare clairement que, dans le derniers temps, plusieurs se détourneront de la fo parce qu'ils s'attacheront à des esprits trompeurs et à de enseignements inspirés par des démons. 2 Ils seront séduit par l'hypocrisie de prédicateurs de mensonges dont l conscience est comme marquée au fer rouge[p]. 3 Ces gens-l interdiront le mariage[q], et exigeront que l'on s'abstienn de certains aliments, alors que Dieu a créé toutes chose pour que les croyants, ceux qui connaissent la vérité, e jouissent avec reconnaissance.

4 En effet, tout ce que Dieu a créé est bon, rien n'est rejeter, pourvu que l'on remercie Dieu en le prenant. 5 Ca tout ce qu'il a créé est saint lorsqu'on l'utilise conformé ment à sa Parole et avec prière. 6 Expose cela aux frère et sœurs, et tu seras un bon serviteur de Jésus-Christ, t nourrissant des paroles de la foi et du bon enseignemen que tu as fidèlement suivi. 7 Mais rejette les récits absurde et contraires à la foi.

Encouragements adressés à Timothée

Entraîne-toi plutôt à rester attaché à Dieu.

8 L'exercice physique[r] est utile à peu de choses. La piété elle, est utile à tout puisqu'elle possède la promesse de la vie pour le présent et pour l'avenir. 9 C'est là une parole certaine et qui mérite d'être reçue sans réserve.

10 En effet, si nous nous donnons du mal, et si nous luttons, c'est parce que nous avons mis notre espérance dans le Dieu vivant qui est le sauveur[s] de tous les hommes, et, au plus haut point[t], de ceux qui croient en lui.

11 C'est là ce qu'il te faut recommander et enseigner.

12 Que personne ne te méprise pour ton jeune âge[u], mais efforce-toi d'être un modèle pour les croyants par tes paroles, ta conduite, ton amour, ta foi et ta pureté.

13 En attendant ma venue, consacre-toi à la lecture publique des Ecritures[v], à la prédication et à l'enseignement. 14 Ne néglige pas le don qui t'a été fait par grâce, sur la base d'une prophétie, lorsque les responsables de l'Eglise t'ont imposé les mains. 15 Prends ces choses à cœur, consacre-toi à elles, afin que tout le monde soit frappé de tes progrès. 16 Veille sur toi-même et sur ton enseignement. Sois persévérant en cela. En agissant ainsi, tu assureras ton salut et celui de tes auditeurs.

[o] **3.16** Cantique ou confession de foi de l'Eglise primitive.
[p] **4.2** La marque au fer rouge signalait les criminels et les esclaves fugitifs.
[q] **4.3** Cette interdiction du mariage provenait sans doute des doctrines païennes qui voyaient dans la matière, et spécialement dans le corps et la sexualité, le siège du mal.
[r] **4.8** Autre traduction : *La compétition sportive.*
[s] **4.10** Paul joue ici sur le double sens du mot grec qui signifie, selon les contextes, *bienfaiteur* ou *sauveur.*
[t] **4.10** Autre traduction : *plus précisément.*
[u] **4.12** Le mot grec s'appliquait à tous ceux qui n'avaient pas dépassé la quarantaine.
[v] **4.13** Comme celle qui se faisait dans les synagogues (Lc 4.16-21).

idows, Elders and Slaves

5 1Do not rebuke an older man harshly, but exhort him as if he were your father. Treat younger men s brothers, 2older women as mothers, and younger omen as sisters, with absolute purity.

3Give proper recognition to those widows who are eally in need. 4But if a widow has children or grandhildren, these should learn first of all to put their eligion into practice by caring for their own family nd so repaying their parents and grandparents, for his is pleasing to God. 5The widow who is really in eed and left all alone puts her hope in God and coninues night and day to pray and to ask God for help. But the widow who lives for pleasure is dead even while she lives. 7Give the people these instructions, o that no one may be open to blame. 8Anyone who oes not provide for their relatives, and especially or their own household, has denied the faith and is vorse than an unbeliever.

9No widow may be put on the list of widows unless he is over sixty, has been faithful to her husband, 0and is well known for her good deeds, such as bringng up children, showing hospitality, washing the feet of the Lord's people, helping those in trouble and devoting herself to all kinds of good deeds.

11As for younger widows, do not put them on such a list. For when their sensual desires overcome their dedication to Christ, they want to marry. 12Thus they bring judgment on themselves, because they have broken their first pledge. 13Besides, they get into the habit of being idle and going about from house to house. And not only do they become idlers, but also busybodies who talk nonsense, saying things they ought not to. 14So I counsel younger widows to marry, to have children, to manage their homes and to give the enemy no opportunity for slander. 15Some have in fact already turned away to follow Satan.

16If any woman who is a believer has widows in her care, she should continue to help them and not let the church be burdened with them, so that the church can help those widows who are really in need.

17The elders who direct the affairs of the church well are worthy of double honor, especially those

Les fidèles

5 1Ne rudoie pas un homme âgé, mais encourage-le comme s'il était ton père. Traite de la même manière les jeunes gens comme des frères, 2les femmes âgées comme des mères, les plus jeunes comme des sœurs, en toute pureté.

Les veuves

3Occupe-toi des veuves avec respect, je veux dire de celles qui sont réellement privées de soutien. 4Si une veuve a des enfants ou des petits-enfants, ceux-ci doivent apprendre, avant tout, à vivre leur piété en prenant soin de leur propre famille. Qu'ils s'acquittent de leur dette envers leurs parents, car cela plaît à Dieu.

5La veuve qui est restée vraiment seule et privée de soutien met son espérance en Dieu et passe ses jours et ses nuits à faire toutes sortes de prières. 6Quant à celle qui court après les plaisirs, elle est déjà morte, quoique vivante. 7Transmets-leur ces avertissements afin qu'elles mènent une vie irréprochable. 8Si quelqu'un ne prend pas soin des siens, en particulier des membres de sa famille, il a renié la foi et il est pire qu'un incroyant.

9Pour être inscrite sur la liste des veuves assistées par l'Eglise, une femme doit être âgée d'au moins soixante ans et avoir été une épouse fidèle à son mari[w]. 10Elle doit être connue pour ses œuvres bonnes, avoir bien élevé ses enfants, ouvert sa maison aux étrangers, lavé les pieds des membres du peuple saint[x], secouru les malheureux, et pratiqué toutes sortes d'actions bonnes.

11Quant aux veuves plus jeunes, n'accepte pas de les inscrire, car il arrive que leurs désirs se raniment et les détournent de Christ ; elles veulent alors se remarier, 12et encourent ainsi le reproche d'avoir rompu l'engagement qu'elles avaient pris auparavant[y]. 13Avec cela, elles prennent l'habitude de ne rien faire et elles passent leur temps à aller de maison en maison, et pas seulement pour n'y rien faire, mais encore pour se répandre en commérages, se mêler de tout et parler à tort et à travers.

14C'est pourquoi je préfère nettement que les jeunes veuves se marient, qu'elles aient des enfants, et tiennent bien leur ménage afin de ne pas prêter le flanc aux critiques de nos adversaires. 15Il y en a, hélas, déjà plusieurs qui se sont détournées du droit chemin pour suivre Satan.

16Si une croyante a des veuves dans sa famille, qu'elle subvienne à leurs besoins, et que l'Eglise n'en ait pas la charge pour pouvoir réserver son assistance aux veuves qui n'ont pas de soutien.

Les responsables dans l'Eglise

17Les responsables qui dirigent bien l'Eglise méritent des honoraires doubles[z], notamment ceux qui se dévouent au

---

w **5.9** Autre traduction : *qu'elle n'ait été mariée qu'une seule fois.* L'expression est symétrique à celle de 3.2, 12.

x **5.10** Laver les pieds de ses hôtes faisait partie des devoirs d'hospitalité (Lc 7.44).

y **5.12** Autre traduction : *d'avoir abandonné la foi qu'elles avaient manifestée auparavant.* Certains pensent que les veuves assistées par l'Eglise prenaient l'engagement de servir l'Eglise et de ne pas se remarier. Pour d'autres, le danger était que les jeunes veuves cherchent à se remarier à tout prix, quitte à épouser un incroyant, et, pour cela, à abandonner la foi. Ou encore, que de jeunes veuves ayant pris l'engagement de rester célibataire pour bénéficier de l'assistance de l'Eglise, finissent par tomber dans l'immoralité.

z **5.17** Certains comprennent : *méritent un double honneur.*

whose work is preaching and teaching. 18 For Scripture says, "Do not muzzle an ox while it is treading out the grain," and "The worker deserves his wages." 19 Do not entertain an accusation against an elder unless it is brought by two or three witnesses. 20 But those elders who are sinning you are to reprove before everyone, so that the others may take warning. 21 I charge you, in the sight of God and Christ Jesus and the elect angels, to keep these instructions without partiality, and to do nothing out of favoritism.

22 Do not be hasty in the laying on of hands, and do not share in the sins of others. Keep yourself pure.

23 Stop drinking only water, and use a little wine because of your stomach and your frequent illnesses.

24 The sins of some are obvious, reaching the place of judgment ahead of them; the sins of others trail behind them. 25 In the same way, good deeds are obvious, and even those that are not obvious cannot remain hidden forever.

6 1 All who are under the yoke of slavery should consider their masters worthy of full respect, so that God's name and our teaching may not be slandered. 2 Those who have believing masters should not show them disrespect just because they are fellow believers. Instead, they should serve them even better because their masters are dear to them as fellow believers and are devoted to the welfare[i] of their slaves.

False Teachers and the Love of Money

These are the things you are to teach and insist on. 3 If anyone teaches otherwise and does not agree to the sound instruction of our Lord Jesus Christ and to godly teaching, 4 they are conceited and understand nothing. They have an unhealthy interest in controversies and quarrels about words that result in envy, strife, malicious talk, evil suspicions 5 and constant friction between people of corrupt mind, who have been robbed of the truth and who think that godliness is a means to financial gain.

6 But godliness with contentment is great gain. 7 For we brought nothing into the world, and we can take nothing out of it. 8 But if we have food and clothing, we will be content with that. 9 Those who want to get rich fall into temptation and a trap and into many foolish and harmful desires that plunge people into ruin and destruction. 10 For the love of money is a root of all kinds of evil. Some people, eager for money, have wandered from the faith and pierced themselves with many griefs.

Final Charge to Timothy

11 But you, man of God, flee from all this, and pursue righteousness, godliness, faith, love, endurance and

[i] 6:2 Or *and benefit from the service*

ministère astreignant de la prédication et de l'enseignement. 18 Car l'Ecriture déclare : *Tu ne mettras pas de muselière au bœuf qui foule le grain* et encore : *L'ouvrier mérite son salaire.*

19 N'accepte pas d'accusation contre un responsable d'Eglise si elle n'est pas appuyée *par deux ou trois témoins.* 20 Ceux qui ont péché, reprends-les devant tous, afin que cela inspire de la crainte aux autres.

21 Je te conjure solennellement devant Dieu, devant Jésus-Christ et ses anges élus, d'observer ces règles sans parti pris ni favoritisme.

22 N'impose pas trop vite les mains à quelqu'un et ne t'associe pas aux péchés d'autrui. Conserve-toi pur.

23 Tu ne devrais pas boire exclusivement de l'eau : prends un peu de vin à cause de ton estomac et de tes fréquents malaises.

24 Il y a des personnes dont les fautes sont évidentes avant même qu'on les juge. Pour d'autres, on ne les découvre que par la suite. 25 Il en est de même des bonnes actions : chez certains, elles sont immédiatement apparentes, mais là où ce n'est pas le cas, elles ne sauraient rester indéfiniment cachées.

Les esclaves et les maîtres

6 1 Les croyants qui sont esclaves doivent considérer leurs maîtres comme ayant droit à tout leur respect. Ils éviteront ainsi que le nom de Dieu soit blasphémé et notre enseignement dénigré. 2 Que ceux qui ont des maîtres croyants ne leur manquent pas de respect sous prétexte qu'ils sont des frères. Bien au contraire, qu'ils les servent d'autant mieux que ce sont des croyants bien-aimés qui bénéficient du bienfait de leur service.

Voilà ce que tu dois enseigner et recommander.

Le faux et le vrai enseignant des vérités divines

3 Si quelqu'un enseigne autre chose, et s'écarte des saines paroles de notre Seigneur Jésus-Christ et de l'enseignement conforme à la piété, 4 c'est un homme enflé d'orgueil, un ignorant qui a une passion maladive pour les spéculations et les controverses sur des mots. Qu'est-ce qui en résulte ? Des jalousies, des disputes, des dénigrements réciproques, des soupçons malveillants, 5 et des discussions interminables entre gens à l'esprit faussé. Ils ne connaissent plus la vérité, et considèrent la foi en Dieu comme un moyen de s'enrichir.

6 La véritable foi en Dieu est, en effet, une source de richesse quand on sait être content avec ce qu'on a. 7 Nous n'avons rien apporté dans ce monde, et nous ne pouvons rien en emporter. 8 Tant que nous avons nourriture et vêtement, nous nous en contenterons.

9 Ceux qui veulent à tout prix s'enrichir s'exposent eux-mêmes à la tentation et tombent dans le piège de nombreux désirs insensés et pernicieux qui précipitent les hommes dans la ruine et la perdition. 10 Car « l'amour de l'argent est racine de toutes sortes de maux[a] ». Pour s'y être abandonnés, certains se sont égarés très loin de la foi, et se sont infligé beaucoup de tourments.

Combattre le bon combat de la foi

11 Mais toi, homme de Dieu, fuis toutes ces choses. Recherche ardemment la droiture, la piété, la fidélité,

[a] 6.10 L'apôtre cite un proverbe populaire, retrouvé dans la littérature de l'époque.

ɜntleness. 12 Fight the good fight of the faith. Take
ɔld of the eternal life to which you were called when
ɔu made your good confession in the presence of
any witnesses. 13 In the sight of God, who gives life
everything, and of Christ Jesus, who while testify-
ɡ before Pontius Pilate made the good confession, I
ɩarge you 14 to keep this command without spot or
ame until the appearing of our Lord Jesus Christ,
which God will bring about in his own time – God,
ɩe blessed and only Ruler, the King of kings and Lord
f lords, 16 who alone is immortal and who lives in
napproachable light, whom no one has seen or can
ɛe. To him be honor and might forever. Amen.

17 Command those who are rich in this present world
ɩot to be arrogant nor to put their hope in wealth,
vhich is so uncertain, but to put their hope in God,
vho richly provides us with everything for our en-
oyment. 18 Command them to do good, to be rich in
ɡood deeds, and to be generous and willing to share.
9 In this way they will lay up treasure for themselves
ɩs a firm foundation for the coming age, so that they
nay take hold of the life that is truly life.

20 Timothy, guard what has been entrusted to your
ɛare. Turn away from godless chatter and the oppos-
ng ideas of what is falsely called knowledge, 21 which
ɔome have professed and in so doing have departed
rom the faith.

Grace be with you all.

l'amour, la persévérance, l'amabilité. 12 Combats le bon
combat de la foi, saisis la vie éternelle que Dieu t'a appelé
à connaître et au sujet de laquelle tu as fait cette belle
profession de foi en présence de nombreux témoins[b].

13 Je t'adjure solennellement devant Dieu, source de toute
vie, et devant Jésus-Christ qui a rendu témoignage devant
Ponce Pilate par une belle profession de foi : 14 observe ce
commandement de façon pure et irréprochable[c] jusqu'à
l'apparition de notre Seigneur Jésus-Christ, 15 que suscitera
au moment fixé celui qui est :

le Bienheureux,
l'unique Souverain,
le Roi des rois,
le Seigneur des seigneurs.
16 Lui seul est immortel.
Sa demeure est bâtie
au sein de la lumière
inaccessible à tous.
Nul parmi les humains
ne l'a vu de ses yeux,
aucun ne peut le voir.
A lui soient à jamais
l'honneur et la puissance !
Amen.

Aux riches

17 Recommande à ceux qui possèdent des richesses en
ce monde de se garder de toute arrogance et de ne pas
fonder leur espoir sur la richesse, car elle est instable.
Qu'ils placent leur espérance en Dieu, qui nous dispense
généreusement toutes ses richesses pour que nous en jouissions. 18 Recommande-leur de faire le bien, d'être riches
en œuvres bonnes, d'être généreux et de partager avec les
autres. 19 Ils s'assureront ainsi pour l'avenir un beau capital
placé en lieu sûr afin d'obtenir la vraie vie.

Dernières recommandations et salutation

20 O Timothée, garde intact ce qui t'a été confié. Evite
les discours creux et les arguments de ce que l'on appelle
à tort « la connaissance », car ils sont contraires à la foi.
21 Pour s'y être attachés, plusieurs se sont égarés très loin
de la foi. Que la grâce soit avec vous !

---

[b] **6.12** Sans doute au moment de son baptême. Dans l'Eglise ancienne, le baptême était accompagné d'une profession de foi du baptisé.

[c] **6.14** Autre traduction : *garde ce commandement pur et irréprochable.*

2 Timothy

1 1 Paul, an apostle of Christ Jesus by the will of God, in keeping with the promise of life that is in Christ Jesus,

2 To Timothy, my dear son:

Grace, mercy and peace from God the Father and Christ Jesus our Lord.

Thanksgiving

3 I thank God, whom I serve, as my ancestors did, with a clear conscience, as night and day I constantly remember you in my prayers. 4 Recalling your tears, I long to see you, so that I may be filled with joy. 5 I am reminded of your sincere faith, which first lived in your grandmother Lois and in your mother Eunice and, I am persuaded, now lives in you also.

Appeal for Loyalty to Paul and the Gospel

6 For this reason I remind you to fan into flame the gift of God, which is in you through the laying on of my hands. 7 For the Spirit God gave us does not make us timid, but gives us power, love and self-discipline. 8 So do not be ashamed of the testimony about our Lord or of me his prisoner. Rather, join with me in suffering for the gospel, by the power of God. 9 He has saved us and called us to a holy life – not because of anything we have done but because of his own purpose and grace. This grace was given us in Christ Jesus before the beginning of time, 10 but it has now been revealed through the appearing of our Savior, Christ Jesus, who has destroyed death and has brought life and immortality to light through the gospel. 11 And of this gospel I was appointed a herald and an apostle and a teacher. 12 That is why I am suffering as I am. Yet this is no cause for shame, because I know whom I have believed, and am convinced that he is able to guard what I have entrusted to him until that day.

13 What you heard from me, keep as the pattern of sound teaching, with faith and love in Christ Jesus. 14 Guard the good deposit that was entrusted to you – guard it with the help of the Holy Spirit who lives in us.

Deuxième lettre à Timothée

Salutation

1 1 Paul, apôtre de Jésus-Christ par la volonté de Die chargé d'annoncer la vie promise par Dieu et acce sible dans l'union avec Jésus-Christ, 2 salue Timothée, sc cher enfant :

Que Dieu le Père et Jésus-Christ, notre Seigneur, t'a cordent grâce, compassion et paix.

Paul remercie Dieu pour Timothée

3 Je suis reconnaissant envers Dieu, que je sers avec ur conscience pure, à l'exemple de mes ancêtres[a], lorsqu continuellement, nuit et jour, je fais mention de toi dar mes prières. 4 Je me rappelle tes larmes[b] et j'éprouve u vif désir de te revoir afin d'être rempli de joie.

5 Je garde le souvenir de ta foi sincère, cette foi qui s trouvait déjà chez ta grand-mère Loïs et ta mère Eunic A présent, elle habite aussi en toi, j'en suis pleinemen convaincu.

Invitation au courage et à la fidélité

Ravive la flamme !

6 C'est pourquoi je te le rappelle : ravive le don que Die t'a fait dans sa grâce lorsque je t'ai imposé les mains. 7 Die nous a donné un Esprit qui, loin de faire de nous des lâche nous rend forts, aimants et réfléchis.

8 N'aie donc pas honte de rendre témoignage au sujet d notre Seigneur. N'aie pas non plus honte de moi qui sui ici en prison pour sa cause[c]. Au contraire, souffre ave moi pour l'Evangile selon la force que Dieu donne. 9 C'es lui qui nous a sauvés et nous a appelés à mener une vi sainte. Et s'il l'a fait, ce n'est pas à cause de ce que nou avons fait, mais bien parce qu'il en avait librement décid ainsi, à cause de sa grâce.

Cette grâce, il nous l'a donnée de toute éternité en Jésus Christ. 10 Et maintenant elle a été révélée par la venue d notre Sauveur Jésus-Christ. Il a brisé la puissance de l mort et, par l'Evangile, a fait resplendir la lumière de l vie et de l'immortalité.

11 C'est pour annoncer cet Evangile que j'ai été établ prédicateur, apôtre et enseignant. 12 C'est aussi la raison d mes souffrances présentes. Mais je n'en ai pas honte, car j sais en qui j'ai mis ma confiance et j'ai la ferme convictio qu'il est assez puissant pour garder tout ce qu'il m'a confi jusqu'au jour du jugement.

13 Tu as entendu de moi des paroles saines : fais-en to modèle pour l'appliquer dans la foi et l'amour qui se trouvent dans l'union avec Jésus-Christ. 14 Garde intact, pa l'Esprit Saint qui habite en nous, le bien précieux qui t' été confié.

---

[a] **1.3** Les ancêtres de Paul étaient des Juifs pieux (voir Ph 3.4-5).
[b] **1.4** Au moment du départ de Paul d'Ephèse.
[c] **1.8** Paul est prisonnier à Rome parce qu'il a prêché l'Evangile.

‹amples of Disloyalty and Loyalty

[15]You know that everyone in the province of Asia
ıs deserted me, including Phygelus and Hermogenes.
[16]May the Lord show mercy to the household of
nesiphorus, because he often refreshed me and was
ɔt ashamed of my chains. [17]On the contrary, when he
as in Rome, he searched hard for me until he found
e. [18]May the Lord grant that he will find mercy from
ıe Lord on that day! You know very well in how many
ays he helped me in Ephesus.

he Appeal Renewed

2 [1]You then, my son, be strong in the grace that is
in Christ Jesus. [2]And the things you have heard
ıe say in the presence of many witnesses entrust
ɔ reliable people who will also be qualified to teach
thers. [3]Join with me in suffering, like a good soldier
f Christ Jesus. [4]No one serving as a soldier gets en-
angled in civilian affairs, but rather tries to please
is commanding officer. [5]Similarly, anyone who com-
etes as an athlete does not receive the victor's crown
xcept by competing according to the rules. [6]The
ardworking farmer should be the first to receive a
hare of the crops. [7]Reflect on what I am saying, for
ıe Lord will give you insight into all this.

[8]Remember Jesus Christ, raised from the dead, de-
cended from David. This is my gospel, [9]for which I
m suffering even to the point of being chained like a
riminal. But God's word is not chained. [10]Therefore I
ndure everything for the sake of the elect, that they
oo may obtain the salvation that is in Christ Jesus,
vith eternal glory.

[11]Here is a trustworthy saying:
If we died with him,
we will also live with him;
[12] if we endure,
we will also reign with him.
If we disown him,
he will also disown us;
[13] if we are faithless,
he remains faithful,
for he cannot disown himself.

Dealing With False Teachers

[14]Keep reminding God's people of these things.
Warn them before God against quarreling about
words; it is of no value, and only ruins those who

Le courage d'Onésiphore

[15]Comme tu le sais, tous ceux qui sont dans la province d'Asie m'ont abandonné, entre autres Phygèle et
Hermogène. [16]Quant à Onésiphore, que le Seigneur manifeste sa compassion à toute sa famille. En effet, il m'a
souvent réconforté et il n'a pas eu honte de moi parce
que je suis en prison. [17]Au contraire, dès son arrivée à
Rome, il s'est mis activement à ma recherche, et il a fini
par me trouver. [18]Que le Seigneur lui donne d'avoir part
à la compassion du Seigneur au jour du jugement. Tu sais
aussi mieux que personne combien de services il m'a rendus à Ephèse.

Combats !

2 [1]Toi donc, mon enfant, puise tes forces dans la grâce
qui nous est accordée dans l'union avec Jésus-Christ.
[2]Et l'enseignement que tu as reçu de moi et que de nombreux témoins ont confirmé[d], transmets-le à des personnes
dignes de confiance qui seront capables à leur tour d'en
instruire d'autres.

[3]Tel un bon soldat de Jésus-Christ, prends, comme moi,
ta part de souffrances. [4]Celui qui s'engage dans une expédition militaire ne s'embarrasse pas des affaires de la
vie civile, afin de donner pleine satisfaction à l'officier qui
l'a enrôlé. [5]On n'a jamais vu un athlète remporter le prix
sans avoir respecté toutes les règles. [6]C'est au cultivateur
qui travaille dur d'être le premier à jouir de la récolte[e].
[7]Réfléchis bien à ce que je te dis et le Seigneur te donnera
de comprendre toutes ces choses.

L'exemple de Paul

[8]Souviens-toi de Jésus-Christ, qui est ressuscité, descendant de David, conformément à l'Evangile que j'annonce.
[9]C'est pour cet Evangile que je souffre, jusqu'à être enchaîné comme un criminel. La Parole de Dieu, elle, n'est
pas enchaînée pour autant. [10]Je supporte donc patiemment
toutes ces épreuves, à cause de ceux que Dieu a choisis,
pour qu'eux aussi parviennent au salut qui est en Jésus-
Christ, et à la gloire éternelle qui l'accompagne.

[11]Car ces paroles sont certaines :
Si nous mourons avec lui[f],
avec lui nous revivrons,
[12] et si nous persévérons,
avec lui nous régnerons.
Mais si nous le renions,
lui aussi nous reniera.
[13] Si nous sommes infidèles,
lui, il demeure fidèle,
parce qu'il ne peut se renier lui-même.

LES ENSEIGNANTS DE MENSONGE

Sers la vérité !

[14]C'est cela qu'il te faut rappeler sans cesse.
Recommande solennellement devant Dieu d'éviter les
disputes de mots : elles ne servent à rien – si ce n'est à la
ruine de ceux qui les écoutent.

---

d 2.2 D'autres traduisent : *en présence de nombreux témoins.*

e 2.6 Autre traduction : *le cultivateur doit travailler dur avant de jouir de la récolte.*

f 2.11 Il s'agit peut-être d'un hymne de l'Eglise primitive (voir note 1 Tm 1.17).

listen. 15 Do your best to present yourself to God as
one approved, a worker who does not need to be
ashamed and who correctly handles the word of
truth. 16 Avoid godless chatter, because those who
indulge in it will become more and more ungodly.
17 Their teaching will spread like gangrene. Among
them are Hymenaeus and Philetus, 18 who have departed from the truth. They say that the resurrection
has already taken place, and they destroy the faith of
some. 19 Nevertheless, God's solid foundation stands
firm, sealed with this inscription: "The Lord knows
those who are his," and, "Everyone who confesses the
name of the Lord must turn away from wickedness."

20 In a large house there are articles not only of gold
and silver, but also of wood and clay; some are for
special purposes and some for common use. 21 Those
who cleanse themselves from the latter will be instruments for special purposes, made holy, useful to the
Master and prepared to do any good work.

22 Flee the evil desires of youth and pursue righteousness, faith, love and peace, along with those
who call on the Lord out of a pure heart. 23 Don't have
anything to do with foolish and stupid arguments,
because you know they produce quarrels. 24 And the
Lord's servant must not be quarrelsome but must
be kind to everyone, able to teach, not resentful.
25 Opponents must be gently instructed, in the hope
that God will grant them repentance leading them to
a knowledge of the truth, 26 and that they will come
to their senses and escape from the trap of the devil,
who has taken them captive to do his will.

3 1 But mark this: There will be terrible times in the
last days. 2 People will be lovers of themselves,
lovers of money, boastful, proud, abusive, disobedient
to their parents, ungrateful, unholy, 3 without love,
unforgiving, slanderous, without self-control, brutal,
not lovers of the good, 4 treacherous, rash, conceited,
lovers of pleasure rather than lovers of God – 5 having
a form of godliness but denying its power. Have nothing to do with such people.

6 They are the kind who worm their way into homes
and gain control over gullible women, who are loaded
down with sins and are swayed by all kinds of evil
desires, 7 always learning but never able to come to a
knowledge of the truth. 8 Just as Jannes and Jambres
opposed Moses, so also these teachers oppose the
truth. They are men of depraved minds, who, as far

15 Efforce-toi de te présenter devant Dieu en homm
qui a fait ses preuves, en ouvrier qui n'a pas à rougir c
son ouvrage, parce qu'il transmet correctement la Paro
de vérité.
16 Evite les discours creux et contraires à la foi. Ceu
qui s'y adonnent s'éloigneront toujours plus de Die
17 La parole de ces gens est comme une gangrène qui fin
par dévorer tout le corps. C'est le cas d'Hyménée et c
Philète. 18 Ils se sont écartés de la vérité en prétenda
que la résurrection a déjà eu lieu. Ainsi, ils sont en trai
de détourner plusieurs de la foi. 19 Cependant, le solid
fondement posé par Dieu demeure ; il porte, en guise c
sceau, les inscriptions suivantes : *Le Seigneur connaît ceu
qui lui appartiennent* et « Qu'il se détourne du mal, celui q
affirme qu'il appartient au Seigneur ».
20 Dans une grande maison, il n'y a pas seulement de
vases d'or et d'argent, il y en a aussi en bois et en terr
cuite. Les premiers sont réservés à un usage noble. Le
autres sont destinés à un usage vil[g].
21 Eh bien, si quelqu'un se garde pur de tout ce dont j'a
parlé, il sera un vase destiné à un noble usage, purifi
utile à son propriétaire, disponible pour toutes sorte
d'œuvres bonnes.
22 Fuis les passions qui assaillent un jeune homme. Fai
tous tes efforts pour cultiver la foi, l'amour et la paix ave
tous ceux qui font appel au Seigneur d'un cœur pur.
23 Refuse les spéculations absurdes et sans fondement
tu sais qu'elles suscitent des querelles. 24 Or, il n'est pa
convenable pour un serviteur du Seigneur d'avoir de
querelles. Qu'il se montre au contraire aimable enver
tout le monde, capable d'enseigner, et de supporter les di
ficultés. 25 Il doit instruire avec douceur les contradicteurs
Qui sait si Dieu ne les amènera pas ainsi à changer d'atti
tude pour connaître la vérité ? 26 Alors, ils retrouveron
leur bon sens et se dégageront des pièges du diable qui le
tient encore captifs et assujettis à sa volonté.

Les périls à venir

3 1 Sache bien que dans la période finale de l'histoire
les temps seront difficiles. 2 Les hommes seron
égoïstes, avides d'argent, vantards et prétentieux. Il
parleront de Dieu d'une manière injurieuse et n'auront pa
d'égards pour leurs parents. Ils seront ingrats, dépourvu
de respect pour ce qui est sacré, 3 sans cœur, sans pitié
calomniateurs, incapables de se maîtriser, cruels, ennemi
du bien ; 4 emportés par leurs passions et enflés d'orgue
il, ils seront prêts à toutes les trahisons. Ils aimeront le
plaisir plutôt que Dieu. 5 Certes, ils resteront attachés aux
pratiques extérieures de la piété mais, en réalité, ils ne
voudront rien savoir de ce qui en fait la force. Détourne-
toi de ces gens-là !
6 Certains d'entre eux s'introduisent dans les familles
pour envoûter les femmes instables, chargées de péchés,
et entraînées par toutes sortes de désirs. 7 Elles veulent
toujours en savoir plus, mais ne sont jamais capables de
parvenir à une pleine connaissance de la vérité.
8 De même qu'autrefois Jannès et Jambrès[h] s'opposèrent
à Moïse, de même ces hommes-là s'opposent à la vérité.
Ils ont l'intelligence faussée et sont disqualifiés en ce qui

g **2.20** Autre traduction : *Les premiers sont réservés aux grandes occasions. Les autres sont destinés à l'usage courant.*
h **3.8** Noms donnés par la tradition juive aux magiciens égyptiens qui s'étaient opposés à Moïse (Ex 7.11, 12).

; the faith is concerned, are rejected. 9 But they will
ɔt get very far because, as in the case of those men,
ıeir folly will be clear to everyone.

Final Charge to Timothy

10 You, however, know all about my teaching, my
ay of life, my purpose, faith, patience, love, endur-
ıce, 11 persecutions, sufferings – what kinds of things
appened to me in Antioch, Iconium and Lystra, the
ersecutions I endured. Yet the Lord rescued me from
ll of them. 12 In fact, everyone who wants to live a
odly life in Christ Jesus will be persecuted, 13 while
vildoers and impostors will go from bad to worse, de-
eiving and being deceived. 14 But as for you, continue
ı what you have learned and have become convinced
f, because you know those from whom you learned
, 15 and how from infancy you have known the Holy
criptures, which are able to make you wise for sal-
ation through faith in Christ Jesus. 16 All Scripture
; God-breathed and is useful for teaching, rebuking,
orrecting and training in righteousness, 17 so that
ne servant of God[a] may be thoroughly equipped for
very good work.

4 1 In the presence of God and of Christ Jesus, who
will judge the living and the dead, and in view
ɔf his appearing and his kingdom, I give you this
harge: 2 Preach the word; be prepared in season and
ut of season; correct, rebuke and encourage – with
reat patience and careful instruction. 3 For the time
vill come when people will not put up with sound
loctrine. Instead, to suit their own desires, they will
ather around them a great number of teachers to
ay what their itching ears want to hear. 4 They will
urn their ears away from the truth and turn aside
o myths. 5 But you, keep your head in all situations,
ndure hardship, do the work of an evangelist, dis-
harge all the duties of your ministry.

6 For I am already being poured out like a drink of-
ering, and the time for my departure is near. 7 I have
ought the good fight, I have finished the race, I have
ept the faith. 8 Now there is in store for me the crown
of righteousness, which the Lord, the righteous Judge,

[a] **3:17** Or *that you, a man of God,*

concerne la foi. 9 Mais leur succès sera de courte durée,
car leur folie éclatera aux yeux de tous, comme ce fut le
cas jadis pour ces deux hommes.

Reste attaché à ce que tu as appris !

10 Mais toi, tu as pu m'observer dans mon enseignement,
ma conduite, mes projets, ma foi, ma patience, mon amour,
mon endurance. 11 Tu as pu voir quelles persécutions et
quelles souffrances j'ai endurées à Antioche, à Iconium et
à Lystres[i]. Quelles persécutions, en effet, n'ai-je pas subies !
Et chaque fois, le Seigneur m'en a délivré.

12 En fait, tous ceux qui sont décidés à vivre dans la piété
par leur union avec Jésus-Christ connaîtront la persécution. 13 Mais les hommes méchants et les charlatans
s'enfonceront de plus en plus dans le mal, trompant les
autres, et trompés eux-mêmes.

14 Pour toi, reste attaché à tout ce que tu as appris et
reçu avec une entière conviction. Tu sais de qui[j] tu l'as
appris 15 et que, depuis ton enfance, tu connais les Saintes
Ecritures ; elles peuvent te donner la vraie sagesse, qui
conduit au salut par la foi en Jésus-Christ.

16 Car toute l'Ecriture est inspirée de Dieu et utile pour
enseigner, réfuter, redresser et apprendre à mener une
vie conforme à ce qui est juste. 17 Ainsi, l'homme de Dieu
se trouve parfaitement préparé et équipé pour accomplir
toute œuvre bonne.

Proclame la Parole !

4 1 C'est pourquoi, devant Dieu et devant Jésus-Christ,
qui va juger les vivants et les morts, et dans la perspective de sa venue et de son règne, je te le recommande
solennellement : 2 proclame la Parole, insiste, que l'occasion soit favorable ou non, convaincs, réprimande,
encourage par ton enseignement, avec une patience
inlassable.

3 Car le temps viendra où les hommes ne voudront plus
rien savoir de l'enseignement sain. Au gré de leurs propres désirs, ils se choisiront une foule de maîtres à qui ils
ne demanderont que de leur caresser agréablement les
oreilles. 4 Ils détourneront l'oreille de la vérité pour écouter des récits de pure invention. 5 Mais toi, fais preuve, en
toute circonstance, de modération. Supporte les souffrances. Remplis bien ton rôle de prédicateur de l'Evangile[k].
Accomplis pleinement ton ministère.

PAUL ET TIMOTHÉE

Paul : la fin de la course

6 Car, en ce qui me concerne, je suis près d'offrir ma vie
comme une libation[l] pour Dieu. Le moment de mon départ
est arrivé. 7 J'ai combattu le bon combat. J'ai achevé ma
course. J'ai gardé la foi[m]. 8 Telle une couronne, la justice
que Dieu accorde est déjà préparée pour moi. Le Seigneur,
le juste Juge, me la remettra au jour du jugement, et pas

[i] **3.11** *Antioche* de Pisidie (Ac 13.50), *Iconium* (Ac 14.5), *Lystres* (Ac 14.19).

[j] **3.14** En grec, le pronom rendu par *qui* est au pluriel dans la plupart des manuscrits, au singulier dans quelques-uns. Dans ce dernier cas, c'est de Paul qu'il s'agit. Le pronom pluriel se réfère à Loïs et Eunice qui ont initié Timothée à la connaissance des Ecritures (1.5), mais sans doute aussi à Paul, dans la ligne du verset 10.

[k] **4.5** Autre traduction : *Fais l'œuvre d'un évangéliste.*

[l] **4.6** Voir Ph 2.17 et note.

[m] **4.7** Autre traduction : *je suis resté fidèle à mes engagements.*

will award to me on that day – and not only to me, but also to all who have longed for his appearing.

Personal Remarks

9 Do your best to come to me quickly, 10 for Demas, because he loved this world, has deserted me and has gone to Thessalonica. Crescens has gone to Galatia, and Titus to Dalmatia. 11 Only Luke is with me. Get Mark and bring him with you, because he is helpful to me in my ministry. 12 I sent Tychicus to Ephesus. 13 When you come, bring the cloak that I left with Carpus at Troas, and my scrolls, especially the parchments.

14 Alexander the metalworker did me a great deal of harm. The Lord will repay him for what he has done. 15 You too should be on your guard against him, because he strongly opposed our message.

16 At my first defense, no one came to my support, but everyone deserted me. May it not be held against them. 17 But the Lord stood at my side and gave me strength, so that through me the message might be fully proclaimed and all the Gentiles might hear it. And I was delivered from the lion's mouth. 18 The Lord will rescue me from every evil attack and will bring me safely to his heavenly kingdom. To him be glory for ever and ever. Amen.

Final Greetings

19 Greet Priscilla[b] and Aquila and the household of Onesiphorus.

20 Erastus stayed in Corinth, and I left Trophimus sick in Miletus. 21 Do your best to get here before winter.

Eubulus greets you, and so do Pudens, Linus, Claudia and all the brothers and sisters.[c]

22 The Lord be with your spirit. Grace be with you all.

[b] 4:19 Greek *Prisca*, a variant of *Priscilla*
[c] 4:21 The Greek word for *brothers and sisters* (*adelphoi*) refers here to believers, both men and women, as part of God's family.

seulement à moi, mais à tous ceux qui, avec amour, a tendent sa venue.

Dernières instructions à Timothée

9 Efforce-toi de venir me rejoindre dès que possible. 10 Ca Démas m'a abandonné : il a aimé le monde présent et il e parti pour Thessalonique. Crescens s'est rendu en Galatie Tite en Dalmatie[o]. 11 Seul Luc est encore avec moi. Prenc Marc et amène-le avec toi ; car il m'est très utile pour mo ministère. 12 Quant à Tychique, je l'ai envoyé à Ephèse[p].

13 Lorsque tu viendras, rapporte-moi le manteau qu j'ai laissé à Troas chez Carpus, ainsi que les livres, surtou les parchemins[q].

14 Alexandre, l'orfèvre, a fait preuve de beaucoup d méchanceté à mon égard. *Le Seigneur lui donnera ce que l auront valu ses actes.* 15 Toi aussi, garde-toi de lui, car il s'es opposé avec acharnement à notre prédication.

Confiance de Paul dans le Seigneur

16 La première fois que j'ai eu à présenter ma défens au tribunal, personne n'est venu m'assister, tous m'on abandonné. Qu'il ne leur en soit pas tenu rigueur. 17 C'est l Seigneur qui m'a assisté et m'a donné la force d'annonce pleinement le message pour qu'il soit entendu par tous le non-Juifs. Et j'ai été délivré de la gueule du lion.

18 Le Seigneur continuera à me délivrer de toute entre prise mauvaise et me sauvera pour son royaume céleste A lui soit la gloire pour l'éternité. Amen.

Salutations

19 Salue Prisca, Aquilas, et la famille d'Onésiphore 20 Eraste est resté à Corinthe. Quant à Trophime, il étai malade et je l'ai laissé à Milet.

21 Tâche de venir avant l'hiver. Eubulus, Pudens, Linus Claudia et tous les frères et sœurs te saluent.

22 Que le Seigneur soit avec toi et que sa grâce soit ave vous.

[n] 4.10 Peut-être la province romaine de Galatie ou alors la Gaule.
[o] 4.10 Un district de l'Illyrie (qui porte encore ce nom) sur la rive est de l'Adriatique. Paul y avait commencé un travail d'évangélisation (voir Rm 15.19).
[p] 4.12 Quand il arrivera, Timothée pourra quitter Ephèse et rejoindre Paul (v. 9).
[q] 4.13 Ouvrages de valeur. Il s'agissait peut-être de copies de livres bibliques de l'Ancien Testament.

Titus

[1]Paul, a servant of God and an apostle of Jesus Christ to further the faith of God's elect and their nowledge of the truth that leads to godliness – [2]in ie hope of eternal life, which God, who does not lie, romised before the beginning of time, [3]and which ow at his appointed season he has brought to light hrough the preaching entrusted to me by the comnand of God our Savior,

[4]To Titus, my true son in our common faith:

Grace and peace from God the Father and Christ esus our Savior.

ppointing Elders Who Love What Is Good

[5]The reason I left you in Crete was that you might ut in order what was left unfinished and appoint[a] lders in every town, as I directed you. [6]An elder must e blameless, faithful to his wife, a man whose chilren believe[b] and are not open to the charge of being vild and disobedient. [7]Since an overseer manages od's household, he must be blameless – not overbearng, not quick-tempered, not given to drunkenness, ot violent, not pursuing dishonest gain. [8]Rather, he nust be hospitable, one who loves what is good, who s self-controlled, upright, holy and disciplined. [9]He nust hold firmly to the trustworthy message as it has een taught, so that he can encourage others by sound loctrine and refute those who oppose it.

Rebuking Those Who Fail to Do Good

[10]For there are many rebellious people, full of meaningless talk and deception, especially those of the circumcision group. [11]They must be silenced, because they are disrupting whole households by teaching things they ought not to teach – and that for the sake of dishonest gain. [12]One of Crete's own prophets has said it: "Cretans are always liars, evil brutes, lazy gluttons."[c] [13]This saying is true. Therefore rebuke them sharply, so that they will be sound in the faith [14]and will pay no attention to Jewish myths or to the merely human commands of those who reject

[a] 1:5 Or *ordain*

[b] 1:6 Or *children are trustworthy*

[c] 1:12 From the Cretan philosopher Epimenides

Lettre à Tite

Salutation

1 [1]Cette lettre t'est adressée par Paul, serviteur de Dieu et apôtre de Jésus-Christ. Ceux que Dieu a choisis, j'ai été chargé de les conduire dans la foi et la pleine connaissance de la vérité qui est conforme à la piété, [2]pour qu'ils aient l'espérance de la vie éternelle. Cette vie nous a été promise de toute éternité, par le Dieu qui ne ment pas. [3]Au moment approprié, il a fait connaître sa Parole par le message que j'ai été chargé de proclamer, selon l'ordre de Dieu notre Sauveur.

[4]Je te salue, Tite, mon véritable enfant en notre foi commune :

Que Dieu le Père et Jésus-Christ notre Sauveur t'accordent la grâce et la paix.

L'établissement de responsables dans l'Eglise

[5]Je t'ai laissé en Crète pour que tu achèves de mettre en ordre ce qui est resté en suspens, et que tu établisses dans chaque ville des responsables dans l'Eglise en suivant les directives que je t'ai données. [6]Chacun d'eux doit être un homme irréprochable et un mari fidèle à sa femme[a]. Il faut que ses enfants soient dignes de confiance, c'est-à-dire qu'on ne puisse pas les accuser d'inconduite ou d'insoumission.

[7]En effet, il est nécessaire qu'un dirigeant d'Eglise soit irréprochable, puisqu'il a la responsabilité de la famille de Dieu. C'est pourquoi il ne doit être ni imbu de lui-même ni coléreux, ni buveur, ni querelleur, ni attiré par des gains malhonnêtes.

[8]Qu'il soit, au contraire, hospitalier, ami du bien, réfléchi, juste, saint et maître de lui-même ; [9]qu'il soit fidèlement attaché à la parole certaine, qui est conforme à ce qui lui a été enseigné. Ainsi il sera en mesure d'encourager les autres selon l'enseignement sain et de réfuter les contradicteurs.

Contre les enseignants de mensonge

[10]Car nombreux sont ceux qui refusent de se soumettre à la vérité. Ils profèrent des discours creux et entraînent les gens dans l'erreur. On en trouve surtout parmi les gens issus du judaïsme. [11]Il faut leur fermer la bouche, car ils bouleversent des familles entières en enseignant ce qu'il ne faut pas, pour s'assurer des gains malhonnêtes.

[12]Un Crétois, qu'ils considèrent comme un prophète, a dit :

Les Crétois ont toujours été menteurs ;
ce sont des bêtes méchantes,
des gloutons et des fainéants[b].

[13]Voilà un jugement qui est bien vrai. C'est pourquoi reprends-les sévèrement pour qu'ils aient une foi saine [14]en ne s'attachant pas à des récits juifs de pure invention et à des commandements provenant d'hommes qui se sont détournés de la vérité.

[a] 1.6 Autres traductions : *mari d'une seule femme* ou *qu'il n'ait été marié qu'une seule fois* (voir note 1 Tm 3.2).

[b] 1.12 Vers du poète crétois Epiménide de Cnossos (VIe siècle av. J.-C.).

the truth. 15To the pure, all things are pure, but to those who are corrupted and do not believe, nothing is pure. In fact, both their minds and consciences are corrupted. 16They claim to know God, but by their actions they deny him. They are detestable, disobedient and unfit for doing anything good.

Doing Good for the Sake of the Gospel

2 1You, however, must teach what is appropriate to sound doctrine. 2Teach the older men to be temperate, worthy of respect, self-controlled, and sound in faith, in love and in endurance.

3Likewise, teach the older women to be reverent in the way they live, not to be slanderers or addicted to much wine, but to teach what is good. 4Then they can urge the younger women to love their husbands and children, 5to be self-controlled and pure, to be busy at home, to be kind, and to be subject to their husbands, so that no one will malign the word of God.

6Similarly, encourage the young men to be self-controlled. 7In everything set them an example by doing what is good. In your teaching show integrity, seriousness 8and soundness of speech that cannot be condemned, so that those who oppose you may be ashamed because they have nothing bad to say about us.

9Teach slaves to be subject to their masters in everything, to try to please them, not to talk back to them, 10and not to steal from them, but to show that they can be fully trusted, so that in every way they will make the teaching about God our Savior attractive.

11For the grace of God has appeared that offers salvation to all people. 12It teaches us to say "No" to ungodliness and worldly passions, and to live self-controlled, upright and godly lives in this present age, 13while we wait for the blessed hope – the appearing of the glory of our great God and Savior, Jesus Christ, 14who gave himself for us to redeem us from all wickedness and to purify for himself a people that are his very own, eager to do what is good.

15These, then, are the things you should teach. Encourage and rebuke with all authority. Do not let anyone despise you.

Saved in Order to Do Good

3 1Remind the people to be subject to rulers and authorities, to be obedient, to be ready to do whatever is good, 2to slander no one, to be peaceable and considerate, and always to be gentle toward everyone.

15Pour ceux qui sont purs, tout est pur, mais pour d
hommes souillés et incrédules, rien n'est pur. Leur pensé
et leur conscience sont souillées. 16Certes, ils prétende
connaître Dieu, mais ils le renient par leurs actes, car i
sont détestables, rebelles et se sont disqualifiés pour tout
œuvre bonne.

Recommandations à diverses catégories de fidèles

2 1Toi, au contraire, parle selon ce qui est conforme
l'enseignement sain. 2Dis aux hommes âgés de fair
preuve de modération, d'être respectables, réfléchis, e
d'exercer une saine pratique de la foi, de l'amour et de l
persévérance.

3Qu'il en soit de même des femmes âgées : qu'elles aie
un comportement digne de Dieu ; qu'elles ne soient pa
médisantes ni adonnées à la boisson. Qu'elles s'attache
plutôt à enseigner le bien[c] : 4qu'elles apprennent au
jeunes femmes à aimer leur mari et leurs enfants, 5à ag
de manière réfléchie et pure, à assumer leurs tâches do
mestiques, à faire preuve de bonté et à être soumises
leur mari. Ainsi la Parole de Dieu ne sera pas discrédité
6Recommande aussi aux jeunes gens d'agir de maniè
réfléchie. 7Sois toi-même en tout un modèle d'œuvre
bonnes. Que ton enseignement soit fidèle et qu'il inspi
le respect. 8Que ta prédication soit saine et inattaquabl
afin que même nos adversaires soient couverts de hont
ne trouvant aucun mal à dire de nous.

9Aux esclaves, tu recommanderas d'être soumis à leur
maîtres en toutes choses. Qu'ils cherchent à leur donne
satisfaction, qu'ils évitent de les contredire 10et se garden
de toute fraude ; qu'ils se montrent au contraire digne
d'une entière confiance. Ainsi ils rendront attrayant l'en
seignement de Dieu notre Sauveur.

La grâce, source du salut

11En effet, la grâce de Dieu s'est révélée comme un
source de salut pour tous les hommes. 12Elle nous éduqu
et nous amène à nous détourner de tout mépris de Die
et à rejeter les passions des gens de ce monde. Ainsi nou
pourrons mener, dans le temps présent, une vie équili
brée, juste et empreinte de piété, 13en attendant que se
réalise notre bienheureuse espérance : la révélation de l
gloire de Jésus-Christ, notre grand Dieu et Sauveur. 14I
s'est livré lui-même pour nous, afin de nous délivrer de
toute désobéissance et de faire de nous, en nous purifiant
ainsi, un peuple qui lui appartienne et qui mette toute so
ardeur à accomplir des œuvres bonnes.

15Voilà ce que tu dois enseigner, dans quel sens il te faut
encourager et reprendre les gens. Fais-le avec une pleine
autorité. Que personne ne te traite avec mépris.

L'Evangile et ses conséquences dans la vie quotidienne

3 1Rappelle à tous qu'ils ont à se soumettre aux gou-
vernants et aux autorités, qu'ils doivent leur obéir
et être prêts à accomplir toute œuvre bonne. 2Qu'ils ne
dénigrent personne mais qu'ils soient au contraire concil-
iants, courtois, et qu'ils fassent preuve d'amabilité envers
tous les hommes.

c 2.3 Autre traduction : *qu'elles soient de bonnes enseignantes.*

3At one time we too were foolish, disobedient, eceived and enslaved by all kinds of passions and easures. We lived in malice and envy, being hated nd hating one another. 4But when the kindness and ve of God our Savior appeared, 5he saved us, not be-ause of righteous things we had done, but because of is mercy. He saved us through the washing of rebirth nd renewal by the Holy Spirit, 6whom he poured out n us generously through Jesus Christ our Savior, 7so at, having been justified by his grace, we might be-ome heirs having the hope of eternal life. 8This is a ustworthy saying. And I want you to stress these ings, so that those who have trusted in God may be areful to devote themselves to doing what is good. hese things are excellent and profitable for everyone.

9But avoid foolish controversies and genealogies nd arguments and quarrels about the law, because hese are unprofitable and useless. 10Warn a divisive erson once, and then warn them a second time. After hat, have nothing to do with them. 11You may be ure that such people are warped and sinful; they re self-condemned.

inal Remarks

12As soon as I send Artemas or Tychicus to you, do our best to come to me at Nicopolis, because I have ecided to winter there. 13Do everything you can to elp Zenas the lawyer and Apollos on their way and ee that they have everything they need.

14Our people must learn to devote themselves to oing what is good, in order to provide for urgent eeds and not live unproductive lives.

15Everyone with me sends you greetings.
Greet those who love us in the faith.
Grace be with you all.

3Car il fut un temps où nous-mêmes, nous vivions en insensés, dans la révolte contre Dieu, égarés, esclaves de toutes sortes de passions et de plaisirs. Nos jours s'écoulaient dans la méchanceté et dans l'envie, nous étions haïssables et nous nous haïssions les uns les autres. 4Mais quand Dieu notre Sauveur a révélé sa bonté et son amour pour les hommes, il nous a sauvés. 5S'il l'a fait, ce n'est pas parce que nous avons accompli des actes conformes à ce qui est juste. Non. Il nous a sauvés parce qu'il a eu compassion de nous, en nous faisant passer par le bain purificateur de la nouvelle naissance, c'est-à-dire en nous renouvelant par le Saint-Esprit. 6Cet Esprit, il l'a répandu sur nous avec abondance par Jésus-Christ notre Sauveur. 7Il l'a fait pour que, déclarés justes par sa grâce, nous devenions héritiers, selon notre espérance de la vie éternelle. 8C'est là une parole certaine ; et je veux que tu insistes fortement sur ces choses, afin que ceux qui ont cru en Dieu s'appliquent à accomplir des œuvres bonnes. Voilà ce qui est bon et utile aux hommes.

L'attitude à avoir envers ceux qui causent des divisions

9Mais évite les spéculations absurdes, l'étude des généalogies, les disputes et les polémiques au sujet de la Loi, car elles sont inutiles et vides de sens. 10Si quelqu'un cause des divisions, avertis-le, une fois, deux fois, puis écarte-le de l'Eglise ; 11car, tu peux en être certain, un tel homme est sorti du droit chemin : il fait le mal et se condamne ainsi lui-même.

Dernières recommandations

12Quand je t'aurai envoyé Artémas ou Tychique, hâte-toi de venir me rejoindre à Nicopolis[d], car c'est là que j'ai décidé de passer l'hiver.

13Aie soin de pourvoir au voyage de Zénas, le juriste, et d'Apollos, afin que rien ne leur manque. 14Il faut que les nôtres aussi apprennent à accomplir des œuvres bonnes pour faire face à tout besoin et toute nécessité. Ainsi, leur vie ne sera pas improductive.

Salutations

15Tous ceux qui sont avec moi te saluent. Salue ceux qui nous aiment dans la foi. Que la grâce de Dieu soit avec vous tous.

[d] 3.12 Plusieurs villes s'appelaient ainsi. Il s'agit sans doute de celle qui était située sur la côte adriatique de la Grèce (Nicopolis en Epire).

Philemon

1 1 Paul, a prisoner of Christ Jesus, and Timothy our brother,

To Philemon our dear friend and fellow worker – 2 also to Apphia our sister and Archippus our fellow soldier – and to the church that meets in your home:

3 Grace and peace to you[a] from God our Father and the Lord Jesus Christ.

Thanksgiving and Prayer

4 I always thank my God as I remember you in my prayers, 5 because I hear about your love for all his holy people and your faith in the Lord Jesus. 6 I pray that your partnership with us in the faith may be effective in deepening your understanding of every good thing we share for the sake of Christ. 7 Your love has given me great joy and encouragement, because you, brother, have refreshed the hearts of the Lord's people.

Paul's Plea for Onesimus

8 Therefore, although in Christ I could be bold and order you to do what you ought to do, 9 yet I prefer to appeal to you on the basis of love. It is as none other than Paul – an old man and now also a prisoner of Christ Jesus – 10 that I appeal to you for my son Onesimus,[b] who became my son while I was in chains. 11 Formerly he was useless to you, but now he has become useful both to you and to me.

12 I am sending him – who is my very heart – back to you. 13 I would have liked to keep him with me so that he could take your place in helping me while I am in chains for the gospel. 14 But I did not want to do anything without your consent, so that any favor you do would not seem forced but would be voluntary. 15 Perhaps the reason he was separated from you for a little while was that you might have him back forever – 16 no longer as a slave, but better than a slave, as a dear brother. He is very dear to me but even dearer to you, both as a fellow man and as a brother in the Lord.

[a] **1:3** The Greek is plural; also in verses 22 and 25; elsewhere in this letter "you" is singular.
[b] **1:10** *Onesimus* means *useful.*

Lettre à Philémon

Salutation

1 1 Paul, le prisonnier de Jésus-Christ, et Timothé notre frère, saluent Philémon[a], notre cher ami et n tre collaborateur, 2 ainsi qu'Appia[b] notre sœur, Archipp notre compagnon d'armes, et l'Eglise qui s'assemble dan ta maison.

3 Que Dieu notre Père et le Seigneur Jésus-Christ vou accordent la grâce et la paix.

Paul remercie Dieu pour la foi et l'amour de Philémon

4 Je ne cesse d'exprimer ma reconnaissance à Dieu lo sque je fais mention de toi dans mes prières, 5 car j'enten parler de l'amour et de la foi dont tu fais preuve enve le Seigneur Jésus et envers tous les membres du peup saint. 6 Je demande à Dieu que la solidarité qui nous unit cause de ta foi se traduise en actes et qu'ainsi tout le bie que nous t'aurons amené à faire pour Christ soit rend manifeste[c]. 7 Car j'ai éprouvé une grande joie et un gran encouragement en apprenant comment tu mets ton amou en pratique. Frère, tu as en effet réconforté le cœur d ceux qui font partie du peuple saint.

Requête

8 C'est pourquoi, malgré toute la liberté que Christ m donne de te prescrire ton devoir, 9 je préfère t'adresse cette demande au nom de l'amour, étant ce que je suis moi, Paul, un vieillard, et de plus, maintenant, un prison nier à cause de Jésus-Christ. 10 Je t'adresse cette demand au sujet de mon enfant, Onésime, dont je suis devenu l père spirituel ici, en prison. 11 Autrefois il t'était inutile mais maintenant il est utile[d], à toi comme à moi.

12 Je te le renvoie donc, lui qui est devenu comme un partie de moi-même[e]. 13 Personnellement, je l'aurais vo lontiers gardé auprès de moi : il aurait pu ainsi me rendr service à ta place alors que je suis en prison à cause d l'Evangile. 14 Je n'ai cependant rien voulu entreprendr sans ton assentiment, pour que le bienfait que tu m'aurai ainsi accordé ne soit pas forcé, même en apparence, mai entièrement volontaire.

15 D'ailleurs, qui sait, peut-être Onésime a-t-il été sépar de toi pour un temps afin que tu le retrouves pour toujo urs, 16 non plus comme un esclave, mais bien mieux qu'u esclave : comme un frère très cher. Il l'est tellement pou moi ; combien plus le sera-t-il pour toi, en tant qu'homm et en tant que frère dans le Seigneur.

[a] **1** Un fils spirituel de Paul (v. 19), chrétien fortuné de Colosses chez qui se réunissait l'Eglise (v. 2).
[b] **2** Sans doute la femme de Philémon. *Archippe,* sans doute leur fils, exerçait un ministère dans l'Eglise à Colosses.
[c] **6** Autre traduction : *que la communion qui t'unit à nous à cause de ta foi produise une meilleure connaissance de tous les biens que nous avons de par notre union avec Christ.*
[d] **11** Jeu de mots sur le nom d'Onésime (= utile).
[e] **12** Certains manuscrits ont : *et toi, reçois-le comme s'il était une partie de moi-même.*

17 So if you consider me a partner, welcome him
you would welcome me. 18 If he has done you any
rong or owes you anything, charge it to me. 19 I,
aul, am writing this with my own hand. I will pay
back – not to mention that you owe me your very
lf. 20 I do wish, brother, that I may have some ben-
it from you in the Lord; refresh my heart in Christ.
Confident of your obedience, I write to you, knowing
at you will do even more than I ask.

22 And one thing more: Prepare a guest room for
e, because I hope to be restored to you in answer
your prayers.

23 Epaphras, my fellow prisoner in Christ Jesus,
nds you greetings.
24 And so do Mark, Aristarchus, Demas and Luke,
y fellow workers.
25 The grace of the Lord Jesus Christ be with your
irit.

17 Par solidarité envers moi, accueille-le comme s'il
s'agissait de moi-même. 18 Si tu as été lésé par lui ou s'il te
doit quelque chose, porte cela sur mon compte[f]. 19 J'écris ce
qui suit de ma propre main : « Moi Paul, je te rembourserai
ses dettes » – et je ne veux pas te rappeler ici que toi aussi,
tu as une dette à mon égard : c'est ta propre personne.
20 Oui, frère, fais-moi cette faveur à cause du Seigneur :
réconforte mon cœur pour l'amour de Christ. 21 Je t'adresse cette lettre avec la certitude que tu répondras à mon
attente. Et même, je le sais, tu feras encore plus que je ne
demande[g].
22 En même temps, prépare-moi une chambre ; j'ai bon
espoir de vous être rendu bientôt, en réponse à vos prières.

Salutations finales

23 Epaphras, qui est en prison avec moi à cause de Jésus-
Christ, te fait bien saluer, 24 de même que Marc, Aristarque,
Démas et Luc, mes collaborateurs.

25 Que le Seigneur Jésus-Christ vous accorde sa grâce.

f 18 Peut-être qu'en s'enfuyant de chez Philémon, Onésime avait commis quelque larcin. Paul propose à Philémon de le rembourser lui-même.

g 21 On a vu dans ces mots une invitation discrète à affranchir Onésime ou à le laisser au service de l'apôtre (v. 13). La tradition rapporte que Philémon l'aurait affranchi et que l'ancien esclave serait devenu plus tard l'un des responsables de l'Eglise d'Ephèse.

Hebrews

God's Final Word: His Son

1 [1]In the past God spoke to our ancestors through
the prophets at many times and in various ways,
[2]but in these last days he has spoken to us by his Son,
whom he appointed heir of all things, and through
whom also he made the universe. [3]The Son is the radiance of God's glory and the exact representation
of his being, sustaining all things by his powerful
word. After he had provided purification for sins, he
sat down at the right hand of the Majesty in heaven.
[4]So he became as much superior to the angels as the
name he has inherited is superior to theirs.

The Son Superior to Angels

[5]For to which of the angels did God ever say,

"You are my Son;
today I have become your Father"?

Or again,

"I will be his Father,
and he will be my Son"?

[6]And again, when God brings his firstborn into the
world, he says,

"Let all God's angels worship him."[a]

[7]In speaking of the angels he says,

"He makes his angels spirits,
and his servants flames of fire."

[8]But about the Son he says,

"Your throne, O God, will last for ever and ever;
a scepter of justice will be the scepter of your kingdom.
[9] You have loved righteousness and hated wickedness;
therefore God, your God, has set you above your companions
by anointing you with the oil of joy."

[10]He also says,

"In the beginning, Lord, you laid the foundations of the earth,
and the heavens are the work of your hands.
[11] They will perish, but you remain;
they will all wear out like a garment.
[12] You will roll them up like a robe;
like a garment they will be changed.

[a] 1:6 Deut. 32:43 (see Dead Sea Scrolls and Septuagint)

Lettre aux Hébreux

La personne du Fils de Dieu

La révélation de Dieu par le Fils

1 [1]A bien des reprises et de bien des manières, Dieu
parlé autrefois à nos ancêtres par les prophètes. [2]
maintenant, dans ces jours qui sont les derniers[a], il nou
a parlé par le Fils. Il a fait de lui l'héritier de toutes chose
et c'est aussi par lui qu'il a créé l'univers. [3]Ce Fils est
rayonnement de la gloire de Dieu et l'expression parfai
de son être. Il soutient toutes choses par sa parole puis
sante et, après avoir accompli la purification des péché
il s'est assis dans les cieux à la droite du Dieu majestueu
[4]Il a ainsi acquis un rang bien plus éminent que celu
des anges, dans la mesure où le titre que Dieu lui a donn
est incomparablement supérieur au leur.

Le Fils de Dieu supérieur aux anges

[5]En effet, auquel des anges Dieu a-t-il jamais dit ceci :

Tu es mon Fils ; aujourd'hui,
je fais de toi mon enfant[b].

Et encore :

Je serai pour lui un Père
et lui sera pour moi un Fils.

[6]Mais lorsqu'il introduit de nouveau le Premier-né dan
le monde[c], il dit :

Que tous les anges de Dieu se prosternent devant lui[d].

[7]Au sujet des anges, il dit :

Il utilise ses anges comme des vents,
et ses serviteurs comme des flammes de feu[e].

[8]Mais au sujet du Fils, il dit :

Ton trône, ô Dieu, subsiste pour toute éternité,
le sceptre de ton règne[f] *est sceptre d'équité.*

[9] *Tu aimes la justice, et tu détestes la méchanceté.*
Aussi, ô Dieu, ton Dieu t'a oint d'une huile d'allégresse
et t'a ainsi fait roi,
de préférence à tous tes compagnons.

[10]Il dit aussi :

C'est toi, Seigneur, qui, au commencement, as posé les fondations de la terre.
Le ciel est l'œuvre de tes mains.
[11] *Ils périront, mais tu subsistes,*
tous s'useront comme un habit,
[12] *comme un manteau, tu les enrouleras,*
comme un vêtement, tu les changeras.

[a] **1.2** C'est-à-dire la période finale de l'histoire qu'a inaugurée la venue de Jésus-Christ.
[b] **1.5** Ps 2.7. Il s'agit de la formule d'intronisation du Messie-Roi.
[c] **1.6** Il doit s'agir de l'entrée de Jésus dans le *monde à venir* dont parle 2.5. Certains identifient le *monde* avec le monde actuel et pensent qu'il s'agit de la résurrection. Autre traduction : *lorsqu'il introduit le Premier-né dans le monde, il dit encore* ; certains pensent alors que le texte vise l'incarnation du Fils.
[d] **1.6** Ps 97.7 ; Dt 32.43 cité selon l'ancienne version grecque.
[e] **1.7** Ps 104.4 cité selon l'ancienne version grecque.
[f] **1.8** Certains manuscrits ont : *son règne.*

But you remain the same,
and your years will never end."
To which of the angels did God ever say,
"Sit at my right hand
until I make your enemies
a footstool for your feet"?
Are not all angels ministering spirits sent to serve
hose who will inherit salvation?

Varning to Pay Attention

2 [1]We must pay the most careful attention,
therefore, to what we have heard, so that we
o not drift away. [2]For since the message spoken
hrough angels was binding, and every violation
nd disobedience received its just punishment,
now shall we escape if we ignore so great a salva-
ion? This salvation, which was first announced by
he Lord, was confirmed to us by those who heard
im. [4]God also testified to it by signs, wonders
nd various miracles, and by gifts of the Holy
pirit distributed according to his will.

esus Made Fully Human

[5]It is not to angels that he has subjected the world
o come, about which we are speaking. [6]But there is
place where someone has testified:
"What is mankind that you are mindful of
them,
a son of man that you care for him?
[7] You made them a little[b] lower than the angels;
you crowned them with glory and honor
[8] and put everything under their feet."[c,d]
n putting everything under them,[e] God left nothng that is not subject to them.[f] Yet at present we do
ot see everything subject to them.[g] [9]But we do see
esus, who was made lower than the angels for a little
while, now crowned with glory and honor because he
uffered death, so that by the grace of God he might
aste death for everyone.

[10]In bringing many sons and daughters to glory, it was fitting that God, for whom and through
whom everything exists, should make the pioneer
of their salvation perfect through what he suffered.
[11]Both the one who makes people holy and those
who are made holy are of the same family. So Jesus

b 2:7 Or *them for a little while*
c 2:6-8 Psalm 8:4-6
d 2:7,8 Or [7] *You made him a little lower than the angels; / you crowned him with glory and honor /* [8] *and put everything under his feet."*
e 2:8 Or *him*
f 2:8 Or *him*
g 2:8 Or *him*

Mais toi, tu es toujours le même,
tes années ne finiront pas[g].
[13]Or, auquel des anges Dieu a-t-il jamais dit :
Viens siéger à ma droite[h]
jusqu'à ce que j'aie mis tes ennemis à terre sous tes pieds.

[14]En effet, que sont les anges ? Des esprits au service
de Dieu, qui sont envoyés pour exercer un ministère en
faveur de ceux qui vont hériter le salut.

Ne pas négliger le salut apporté par le Fils

2 [1]Puisqu'il en est ainsi, nous devons prendre encore
plus au sérieux les enseignements que nous avons
reçus afin de ne pas être entraînés à la dérive.
[2]En effet, la parole transmise à nos ancêtres par des
anges est entrée pleinement en vigueur et chaque transgression, chaque désobéissance, a reçu la sanction qu'elle
méritait. [3]Alors, comment pourrons-nous échapper nous-
mêmes au châtiment si nous négligeons un si grand salut ?
Car ce salut a tout d'abord été annoncé par le Seigneur
lui-même, ceux qui l'ont entendu en ont ensuite confirmé
la validité pour nous [4]et Dieu a authentifié leur témoignage
en y ajoutant le sien, c'est-à-dire, en accomplissant toutes
sortes de signes miraculeux, d'actes extraordinaires, de
manifestations diverses de sa puissance et en accordant
à ces témoins, selon sa propre volonté, de recevoir chacun
sa juste part de l'Esprit Saint.

Dieu a tout soumis au Fils

[5]Car ce n'est pas à des anges que Dieu a soumis le monde
à venir dont nous parlons. [6]Au contraire, quelqu'un, dans
un texte de l'Ecriture, déclare :
Qu'est-ce que l'homme, pour que tu prennes soin de lui ?
Qu'est-ce qu'un être humain pour que tu t'intéresses à
lui ?
[7] *Tu l'as abaissé pour un peu de temps*[i] *au-dessous des*
anges,
tu l'as couronné de gloire et d'honneur[j],
[8] *tu as tout mis sous ses pieds*[k].
En soumettant *tout* à son autorité, Dieu n'a rien laissé
qui puisse ne pas lui être soumis. Or actuellement nous
ne voyons pas encore que tout lui soit soumis. [9]Mais voici
ce que nous constatons : après avoir été *abaissé pour un peu*
de temps au-dessous des anges[l], Jésus se trouve maintenant
couronné de gloire et d'honneur, à cause de la mort qu'il a
soufferte. Ainsi, par la grâce de Dieu, c'est pour tous les
hommes qu'il a connu la mort.

Le Fils, frère des hommes

[10]En effet, Dieu, qui a créé tout ce qui existe et pour qui
sont toutes choses, voulait conduire beaucoup de fils à
participer à la gloire. Il lui convenait pour cela d'élever à la
perfection par ses souffrances celui qui devait leur ouvrir
le chemin du salut[m]. [11]Car Jésus, qui purifie les hommes
de leurs péchés, et ceux qui sont ainsi purifiés partagent

g 1.12 Ps 102.26-28 cité selon l'ancienne version grecque.
h 1.13 La droite du roi est la place d'honneur (Ps 45.10 ; 1 R 2.19).
i 2.7 Autre traduction : *quelque peu.*
j 2.7 Certains manuscrits ajoutent : *tu l'as établi roi sur les œuvres de tes mains.*
k 2.8 Ps 8.5-7 cité selon l'ancienne version grecque.
l 2.9 Durant le ministère terrestre de Jésus.
m 2.10 Autre traduction : *le chef du salut* (voir 12.2).

is not ashamed to call them brothers and sisters.[h] 12 He says,

"I will declare your name to my brothers and sisters;
in the assembly I will sing your praises."

13 And again,

"I will put my trust in him."

And again he says,

"Here am I, and the children God has given me."

14 Since the children have flesh and blood, he too shared in their humanity so that by his death he might break the power of him who holds the power of death – that is, the devil – 15 and free those who all their lives were held in slavery by their fear of death. 16 For surely it is not angels he helps, but Abraham's descendants. 17 For this reason he had to be made like them,[i] fully human in every way, in order that he might become a merciful and faithful high priest in service to God, and that he might make atonement for the sins of the people. 18 Because he himself suffered when he was tempted, he is able to help those who are being tempted.

Jesus Greater Than Moses

3 1 Therefore, holy brothers and sisters, who share in the heavenly calling, fix your thoughts on Jesus, whom we acknowledge as our apostle and high priest. 2 He was faithful to the one who appointed him, just as Moses was faithful in all God's house. 3 Jesus has been found worthy of greater honor than Moses, just as the builder of a house has greater honor than the house itself. 4 For every house is built by someone, but God is the builder of everything. 5 "Moses was faithful as a servant in all God's house," bearing witness to what would be spoken by God in the future. 6 But Christ is faithful as the Son over God's house. And we are his house, if indeed we hold firmly to our confidence and the hope in which we glory.

Warning Against Unbelief

7 So, as the Holy Spirit says:

"Today, if you hear his voice,
8 do not harden your hearts
as you did in the rebellion,
during the time of testing in the wilderness,
9 where your ancestors tested and tried me,
though for forty years they saw what I did.
10 That is why I was angry with that generation;
I said, 'Their hearts are always going astray,
and they have not known my ways.'

[h] 2:11 The Greek word for *brothers and sisters* (*adelphoi*) refers here to believers, both men and women, as part of God's family; also in verse 12; and in 3:1, 12; 10:19; 13:22.
[i] 2:17 Or *like his brothers*

la même humanité[n]. C'est pourquoi il n'a pas honte de l
appeler ses *frères et sœurs* 12 lorsqu'il dit :

Je proclamerai à mes frères quel Dieu tu es,
je te louerai dans l'assemblée.

13 Il dit aussi : *Pour moi, je mettrai toute ma confiance en Die*

14 Ainsi donc, puisque ces *disciples* sont des êtres de cha
et de sang, lui aussi, de la même façon, a partagé leur co
dition. Il l'a fait pour réduire à l'impuissance, par la mor
celui qui détenait le pouvoir de la mort, c'est-à-dire le d
able, 15 et pour délivrer tous ceux qui étaient réduits
l'esclavage leur vie durant par la peur de la mort.
16 Car ce n'est évidemment pas pour porter secours à d
anges qu'il est venu ; non, c'est à la descendance d'Abr
ham qu'il vient en aide. 17 Voilà pourquoi il devait êt
rendu, à tous égards, semblable à ses *frères* afin de deven
un grand-prêtre plein de compassion et fidèle dans le d
maine des relations de l'homme avec Dieu, en vue d'expi
les péchés de son peuple. 18 Car, puisqu'il a lui-même ét
éprouvé dans ce qu'il a souffert, il peut secourir ceux q
sont éprouvés.

Jésus supérieur à Moïse

3 1 C'est pourquoi, frères et sœurs, vous qui faite
partie du peuple saint et qu'il a appelés à avoir par
aux biens célestes, fixez vos pensées sur Jésus, l'apôtr
et grand-prêtre de la foi que nous reconnaissons comm
vraie. 2 Il est *fidèle*[o] à celui qui l'a établi dans ces fonction
comme autrefois *Moïse* l'a été *dans toute la maison de Die*
3 En effet, Jésus a été jugé digne d'une gloire bien plu
grande que celle de Moïse, tout comme l'architecte qui
construit une maison reçoit plus d'honneur que la maiso
elle-même. 4 Il n'y a pas de maison sans constructeur e
celui qui a construit toutes choses, c'est Dieu.
5 Moïse, pour sa part, a été *fidèle dans toute la maison d*
Dieu, mais en tant que *serviteur*, chargé de rendre témoi
gnage à ce que Dieu allait dire par la suite. 6 Christ, lui, es
fidèle en tant que Fils, à la tête de sa maison. Et sa maison
c'est nous, si du moins nous gardons la pleine assuranc
et la fierté que nous donne notre espérance[p].

Le repos de Dieu pour ceux qui croient

7 C'est pourquoi, comme le dit l'Esprit Saint :

Aujourd'hui, si vous entendez la voix de Dieu,
8 *ne vous endurcissez pas, comme l'ont fait vos ancêtres lorsqu'ils se sont révoltés*
et qu'ils ont, dans le désert, voulu me forcer la main.
9 *Ce jour-là, vos ancêtres m'ont provoqué,*
voulant me forcer la main, bien qu'ils m'aient vu à l'action
10 *pendant quarante ans.*
C'est pourquoi[q] *j'ai été plein de colère contre cette génération-là.*
Et j'ai dit : Leur cœur s'égare sans cesse.
Oui, ils n'ont fait aucun cas des voies que je leur prescris.

[n] 2.11 Autre traduction : *ont tous la même origine : Dieu.*
[o] 3.2 Autre traduction, ici et plus loin : *digne de confiance.*
[p] 3.6 Certains manuscrits précisent : *fermement jusqu'à la fin.*
[q] 3.10 Autre traduction : *... action. C'est pourquoi, pendant quarante ans, j'ai été ...*

11 So I declared on oath in my anger,
'They shall never enter my rest.' "

12 See to it, brothers and sisters, that none of you
as a sinful, unbelieving heart that turns away from
e living God. 13 But encourage one another daily, as
ng as it is called "Today," so that none of you may
hardened by sin's deceitfulness. 14 We have come
share in Christ, if indeed we hold our original con-
ction firmly to the very end. 15 As has just been said:

"Today, if you hear his voice,
do not harden your hearts
as you did in the rebellion."

16 Who were they who heard and rebelled? Were
ey not all those Moses led out of Egypt? 17 And with
hom was he angry for forty years? Was it not with
ose who sinned, whose bodies perished in the wil-
erness? 18 And to whom did God swear that they
ould never enter his rest if not to those who dis-
beyed? 19 So we see that they were not able to enter,
ecause of their unbelief.

Sabbath-Rest for the People of God

4 1 Therefore, since the promise of entering his
rest still stands, let us be careful that none of
ou be found to have fallen short of it. 2 For we also
ave had the good news proclaimed to us, just as they
id; but the message they heard was of no value to
hem, because they did not share the faith of those
who obeyed.[j] 3 Now we who have believed enter that
est, just as God has said,

"So I declared on oath in my anger,
'They shall never enter my rest.' "[k]

And yet his works have been finished since the creation of the world. 4 For somewhere he has spoken
about the seventh day in these words: "On the seventh day God rested from all his works." 5 And again
n the passage above he says, "They shall never enter
my rest."

6 Therefore since it still remains for some to enter that rest, and since those who formerly had the
good news proclaimed to them did not go in because
of their disobedience, 7 God again set a certain day,
calling it "Today." This he did when a long time later
he spoke through David, as in the passage already
quoted:

"Today, if you hear his voice,
do not harden your hearts."

8 For if Joshua had given them rest, God would not have
spoken later about another day. 9 There remains, then,

[j] **4:2** Some manuscripts *because those who heard did not combine it with faith*

[k] **4:3** Psalm 95:11; also in verse 5

11 *C'est pourquoi, dans ma colère, j'ai fait ce serment :*
ils n'entreront pas dans le lieu de repos que j'avais prévu
pour eux[r]!

12 Prenez donc bien garde, frères et sœurs, que personne
parmi vous n'ait le cœur mauvais et incrédule au point de
se détourner du Dieu vivant. 13 Mais encouragez-vous les
uns les autres, jour après jour, aussi longtemps qu'on peut
dire *aujourd'hui*, afin qu'aucun d'entre vous ne se laisse
tromper par le péché et ne s'endurcisse. 14 En effet, nous
sommes associés à Christ, si toutefois nous conservons
fermement, et jusqu'au bout, l'assurance que nous avons
eue dès le début, 15 et cela aussi longtemps qu'il est dit :

Aujourd'hui, si vous entendez la voix de Dieu,
ne vous endurcissez pas, comme l'ont fait vos ancêtres
lorsqu'ils se sont révoltés[s].

16 En effet, qui sont ceux qui *se sont révoltés* contre Dieu
après avoir entendu sa voix ? N'est-ce pas tous ceux qui
étaient sortis d'Egypte sous la conduite de Moïse ? 17 Et
contre qui Dieu a-t-il été *plein de colère pendant quarante*
ans ? N'est-ce pas contre ceux qui avaient péché et dont *les*
cadavres sont tombés dans le désert ? 18 Enfin, à qui a-t-il *fait*
ce serment : ils n'entreront pas dans le lieu de repos que j'avais
prévu pour eux ? N'est-ce pas à ceux qui avaient refusé de
lui obéir ?

19 Nous voyons donc qu'ils n'ont pas pu entrer dans le
lieu de repos parce qu'ils n'ont pas fait confiance à Dieu.

4 1 Ainsi donc, pendant que la promesse d'entrer dans
le repos prévu par Dieu est toujours en vigueur,
craignons que l'un d'entre vous se trouve coupable[t] d'être
resté en arrière[u]. 2 Car nous aussi, nous avons entendu
une Bonne Nouvelle, l'Evangile, tout comme eux. Mais le
message qu'ils ont entendu ne leur a servi à rien, car ils
ne se sont pas associés par leur foi à ceux qui l'ont reçu[v].
3 En effet, c'est nous qui avons cru, qui entrons dans ce
repos, conformément à la parole de Dieu, quand il a dit :

C'est pourquoi, dans ma colère, j'ai fait ce serment :
ils n'entreront pas dans le lieu de repos que j'avais prévu
pour eux !

C'est ainsi que Dieu a parlé alors que ses œuvres étaient
achevées depuis la création du monde. 4 En effet, il est dit
quelque part à propos du septième jour : *Et Dieu se reposa*
le septième jour de toutes ses œuvres

5 Et, dans notre texte, il dit : *Ils n'entreront pas dans le lieu*
de repos que j'avais prévu pour eux !

6 Il demeure donc établi que certains doivent entrer dans
le repos. Or, ceux qui ont les premiers entendu cette Bonne
Nouvelle n'y sont pas entrés parce qu'ils ont désobéi à
Dieu, 7 c'est pourquoi Dieu fixe de nouveau un jour, qu'il
appelle aujourd'hui, lorsqu'il dit beaucoup plus tard, dans
les psaumes de David, ces paroles déjà citées :

Aujourd'hui, si vous entendez la voix de Dieu,
ne vous endurcissez pas.

8 En effet, si Josué avait assuré le repos aux Israélites,
Dieu ne parlerait pas, après cela, d'un autre *jour*. 9 C'est donc
qu'un repos de sabbat[w] subsiste pour le peuple de Dieu.

[r] **3.11** Ps 95.7-11 cité selon l'ancienne version grecque.

[s] **3.15** Voir v. 7, 8.

[t] **4.1** Autres traductions : *estime être resté*, ou : *décide de rester.*

[u] **4.1** Autre traduction : *d'être arrivé trop tard.*

[v] **4.2** Certains manuscrits portent : *car ce message n'a pas rencontré la foi chez ceux qui l'ont entendu.*

[w] **4.9** Autre traduction : *une célébration de sabbat.*

a Sabbath-rest for the people of God; 10for anyone who
enters God's rest also rests from their works,[l] just as
God did from his. 11Let us, therefore, make every effort to enter that rest, so that no one will perish by
following their example of disobedience.
12For the word of God is alive and active. Sharper
than any double-edged sword, it penetrates even to
dividing soul and spirit, joints and marrow; it judges
the thoughts and attitudes of the heart. 13Nothing
in all creation is hidden from God's sight. Everything
is uncovered and laid bare before the eyes of him to
whom we must give account.

Jesus the Great High Priest

14Therefore, since we have a great high priest who
has ascended into heaven,[m] Jesus the Son of God, let
us hold firmly to the faith we profess. 15For we do
not have a high priest who is unable to empathize
with our weaknesses, but we have one who has been
tempted in every way, just as we are – yet he did not
sin. 16Let us then approach God's throne of grace with
confidence, so that we may receive mercy and find
grace to help us in our time of need.

5 1Every high priest is selected from among the
people and is appointed to represent the people
in matters related to God, to offer gifts and sacrifices
for sins. 2He is able to deal gently with those who
are ignorant and are going astray, since he himself
is subject to weakness. 3This is why he has to offer
sacrifices for his own sins, as well as for the sins of the
people. 4And no one takes this honor on himself, but
he receives it when called by God, just as Aaron was.
5In the same way, Christ did not take on himself the
glory of becoming a high priest. But God said to him,

"You are my Son;
today I have become your Father."

6And he says in another place,

"You are a priest forever,
in the order of Melchizedek."

7During the days of Jesus' life on earth, he offered
up prayers and petitions with fervent cries and tears
to the one who could save him from death, and he
was heard because of his reverent submission. 8Son
though he was, he learned obedience from what he
suffered 9and, once made perfect, he became the
source of eternal salvation for all who obey him 10and
was designated by God to be high priest in the order
of Melchizedek.

[l] 4:10 Or *labor*
[m] 4:14 Greek *has gone through the heavens*

10Car celui qui est entré dans le repos prévu par Dieu s
repose de ses œuvres, comme Dieu s'est reposé des sienne
11Empressons-nous donc d'entrer dans ce repos afin qu
personne ne tombe dans la désobéissance à l'exemple d
Israélites. 12Car la Parole de Dieu est vivante et efficac
Elle est plus tranchante que toute épée à double trar
chant et, pénétrant jusqu'à la division de l'âme ainsi qu
de l'esprit, et des jointures ainsi que de la moelle[x], elle jug
les dispositions et les pensées du cœur. 13Nulle créatur
n'échappe au regard de Dieu, tout est à nu et à découver
aux yeux de celui à qui nous devons rendre compte.

Un grand-prêtre qui nous permet de nous approcher de Dieu

14Ainsi, puisque nous avons en Jésus, le Fils de Dieu, u
grand-prêtre éminent qui a traversé les cieux, demeuron
fermement attachés à la foi que nous reconnaissons con
me vraie. 15En effet, nous n'avons pas un grand-prêtre qu
serait incapable de compatir à nos faiblesses. Au contraire
il a été tenté en tout point comme nous le sommes, ma
sans commettre de péché.
16Approchons-nous donc du trône du Dieu de grâce ave
une pleine assurance. Là, Dieu nous accordera sa bonté e
nous donnera sa grâce pour que nous soyons secourus a
bon moment.

LE MINISTÈRE SACERDOTAL DE CHRIST

Christ, grand-prêtre et auteur du salut des siens

5 1Tout grand-prêtre est pris parmi les hommes et i
est établi en faveur des hommes pour leurs relation
avec Dieu. Il est chargé de présenter à Dieu des offrande
et des sacrifices pour les péchés. 2Il peut avoir de la com
préhension pour ceux qui sont dans l'ignorance et qu
s'égarent, parce qu'il est lui aussi exposé à la faiblesse. 3A
cause de cette faiblesse, il doit offrir des sacrifices, non
seulement pour les péchés du peuple, mais aussi, de la
même manière, pour les siens propres.
4De plus, on ne s'attribue pas, de sa propre initiative,
l'honneur d'être grand-prêtre : on le reçoit en y étant
appelé par Dieu, comme ce fut le cas pour Aaron. 5Il en est
de même pour Christ. Ce n'est pas lui qui s'est attribué, de
son propre chef, l'honneur de devenir grand-prêtre, mais
c'est Dieu qui lui a déclaré :

Tu es mon Fils ; aujourd'hui,
je fais de toi mon enfant.

6Et, dans un autre passage :

Tu seras prêtre pour toujours
selon la ligne de Melchisédek.

7Ainsi, au cours de sa vie sur terre, Jésus, avec de grands
cris et des larmes, a présenté des prières et des supplications à celui qui pouvait le sauver de la mort, et il a été
exaucé, à cause de sa soumission à Dieu[y]. 8Bien qu'étant
Fils de Dieu, il a appris l'obéissance par tout ce qu'il a souffert. 9Et c'est parce qu'il a été ainsi amené à la perfection
qu'il est devenu, pour tous ceux qui lui obéissent, l'auteur
d'un salut éternel : 10Dieu, en effet, l'a déclaré grand-prêtre
selon la ligne de Melchisédek.

[x] 4.12 D'autres comprennent : *elle pénètre jusqu'au point de division de l'âme et l'esprit, des jointures et de la moelle.*
[y] 5.7 Ce passage se rapporte à l'agonie de Jésus à Gethsémané (Mt 26.36-46).

'arning Against Falling Away

11 We have much to say about this, but it is hard
make it clear to you because you no longer try to
nderstand. 12 In fact, though by this time you ought
be teachers, you need someone to teach you the
ementary truths of God's word all over again. You
eed milk, not solid food! 13 Anyone who lives on milk,
eing still an infant, is not acquainted with the teach-
g about righteousness. 14 But solid food is for the
ature, who by constant use have trained themselves
distinguish good from evil.

6 1 Therefore let us move beyond the elementary
teachings about Christ and be taken forward to
aturity, not laying again the foundation of repen-
ance from acts that lead to death,[n] and of faith in
od, 2 instruction about cleansing rites,[o] the laying
n of hands, the resurrection of the dead, and eternal
udgment. 3 And God permitting, we will do so.

4 It is impossible for those who have once been en-
ightened, who have tasted the heavenly gift, who
ave shared in the Holy Spirit, 5 who have tasted the
oodness of the word of God and the powers of the
oming age 6 and who have fallen[p] away, to be brought
ack to repentance. To their loss they are crucifying
he Son of God all over again and subjecting him to
ublic disgrace. 7 Land that drinks in the rain often
alling on it and that produces a crop useful to those
or whom it is farmed receives the blessing of God.
But land that produces thorns and thistles is worth-
ess and is in danger of being cursed. In the end it
vill be burned.

9 Even though we speak like this, dear friends, we
re convinced of better things in your case – the
hings that have to do with salvation. 10 God is not
injust; he will not forget your work and the love you
ave shown him as you have helped his people and
continue to help them. 11 We want each of you to show
this same diligence to the very end, so that what you
hope for may be fully realized. 12 We do not want you
o become lazy, but to imitate those who through faith
and patience inherit what has been promised.

The Certainty of God's Promise

13 When God made his promise to Abraham, since
there was no one greater for him to swear by, he swore
by himself, 14 saying, "I will surely bless you and give
you many descendants." 15 And so after waiting patiently, Abraham received what was promised.

[n] 6:1 Or *from useless rituals*
[o] 6:2 Or *about baptisms*
[p] 6:6 Or *age,* 6 *if they fall*

Recevoir une nourriture pour adultes

11 C'est un sujet sur lequel nous avons bien des choses à
dire, et qui sont difficiles à expliquer ; car vous êtes devenus lents à comprendre.

12 En effet, après tout ce temps, vous devriez être des
maîtres dans les choses de Dieu ; or vous avez de nouveau
besoin qu'on vous enseigne les rudiments des paroles de
Dieu. Vous en êtes venus au point d'avoir besoin, non de
nourriture solide, mais de lait. 13 Celui qui continue à se
nourrir de lait n'a aucune expérience de la parole qui enseigne ce qu'est la vie juste : car c'est encore un bébé. 14 Les
adultes, quant à eux, prennent de la nourriture solide : par
la pratique[z], ils ont exercé leurs facultés à distinguer ce
qui est bien de ce qui est mal.

6 1 C'est pourquoi ne nous attardons pas aux notions
élémentaires de l'enseignement relatif à Christ.
Tournons-nous plutôt vers ce qui correspond au stade
adulte, sans nous remettre à poser les fondements, c'est-
à-dire : l'abandon des actes qui mènent à la mort et la foi
en Dieu, 2 l'enseignement sur les différents baptêmes[a], l'imposition des mains, la résurrection et le jugement éternel.
3 Nous allons donc nous occuper de ce qui correspond au
stade adulte, si Dieu le permet.

4 En effet, ceux qui ont été une fois éclairés, qui ont
goûté au don du ciel, qui ont eu part au Saint-Esprit, 5 qui
ont expérimenté combien la Parole de Dieu est bienfaisante et fait l'expérience des forces du monde à venir 6 et
qui, pourtant, se sont détournés de la foi, ne peuvent être
amenés de nouveau à changer d'attitude, car ils crucifient
le Fils de Dieu, pour leur propre compte, et le déshonorent
publiquement.

7 En effet, lorsqu'une terre arrosée par des pluies
fréquentes produit des plantes utiles à ceux pour qui on
la cultive, Dieu la bénit. 8 Mais si elle ne produit que des
buissons d'épines et des chardons, elle ne vaut rien, elle ne
tardera pas à être maudite et on finira par y mettre le feu.

9 Mes chers amis, même si nous tenons ici un tel langage, nous sommes convaincus qu'une meilleure part
vous attend, celle du salut. 10 Car Dieu n'est pas injuste
au point d'oublier l'activité que vous avez déployée, par
amour pour lui, dans les services que vous avez rendus
– et que vous rendez encore – à ceux qui font partie du
peuple saint. 11 Mais nous désirons que chacun de vous
fasse preuve du même zèle pour amener votre espérance
à son plein épanouissement jusqu'à la fin. 12 Ainsi vous ne
vous relâcherez pas, mais vous imiterez ceux qui, par leur
foi et leur attente patiente, reçoivent l'héritage promis.

Une espérance certaine

13 Lorsque Dieu fit sa promesse à Abraham, *il prêta serment
par lui-même,* car il ne pouvait pas jurer par un plus grand
que lui. 14 Il déclara : *Assurément, je te comblerai de bénédictions et je multiplierai ta descendance.* 15 Abraham attendit
patiemment et c'est ainsi qu'il vit se réaliser ce que Dieu
lui avait promis[b].

[z] 5.14 *par la pratique.* Autre traduction : *en raison de leurs dispositions.*
[a] 6.2 Peut-être, puisque l'auteur s'adresse à des chrétiens issus du judaïsme, s'agit-il des ablutions juives, du baptême de Jean et du baptême chrétien.
[b] 6.15 Pendant 25 ans ; la réalisation eut lieu par la naissance d'Isaac (Gn 17.2 ; 18.10 ; 21.5).

16 People swear by someone greater than themselves, and the oath confirms what is said and puts an end to all argument. 17 Because God wanted to make the unchanging nature of his purpose very clear to the heirs of what was promised, he confirmed it with an oath. 18 God did this so that, by two unchangeable things in which it is impossible for God to lie, we who have fled to take hold of the hope set before us may be greatly encouraged. 19 We have this hope as an anchor for the soul, firm and secure. It enters the inner sanctuary behind the curtain, 20 where our forerunner, Jesus, has entered on our behalf. He has become a high priest forever, in the order of Melchizedek.

Melchizedek the Priest

7 1 This Melchizedek was king of Salem and priest of God Most High. He met Abraham returning from the defeat of the kings and blessed him, 2 and Abraham gave him a tenth of everything. First, the name Melchizedek means "king of righteousness"; then also, "king of Salem" means "king of peace." 3 Without father or mother, without genealogy, without beginning of days or end of life, resembling the Son of God, he remains a priest forever.

4 Just think how great he was: Even the patriarch Abraham gave him a tenth of the plunder! 5 Now the law requires the descendants of Levi who become priests to collect a tenth from the people – that is, from their fellow Israelites – even though they also are descended from Abraham. 6 This man, however, did not trace his descent from Levi, yet he collected a tenth from Abraham and blessed him who had the promises. 7 And without doubt the lesser is blessed by the greater. 8 In the one case, the tenth is collected by people who die; but in the other case, by him who is declared to be living. 9 One might even say that Levi, who collects the tenth, paid the tenth through Abraham, 10 because when Melchizedek met Abraham, Levi was still in the body of his ancestor.

Jesus Like Melchizedek

11 If perfection could have been attained through the Levitical priesthood – and indeed the law given to the people established that priesthood – why was there still need for another priest to come, one in the order of Melchizedek, not in the order of Aaron? 12 For when the priesthood is changed, the law must be changed also. 13 He of whom these things are said belonged to a different tribe, and no one from that tribe has ever served at the altar. 14 For it is clear that our Lord descended from Judah, and in regard to that tribe Moses said nothing about priests. 15 And what we have said is even more clear if another priest like Melchizedek appears, 16 one who has become a priest not on the basis of a regulation as to his ancestry but

16 En effet, les hommes prêtent serment par un pl grand qu'eux. Le serment leur sert de garantie pour mett fin à toute contestation. 17 De même, voulant donner au héritiers de ce qu'il avait promis une preuve plus for encore du caractère irrévocable de sa décision, Dieu a g ranti sa promesse par un serment. 18 Ainsi, il nous a mis présence de deux actes irrévocables, dans lesquels il e impossible que Dieu mente. Ces actes constituent un pui sant encouragement pour nous qui avons cherché refu en saisissant fermement l'espérance qui nous est proposé

19 Cette espérance est pour nous comme l'ancre de not vie, sûre et solide. Elle pénètre, par-delà le voile, dans lieu très saint 20 où Jésus est entré pour nous en précu seur. Car il est devenu grand-prêtre *pour l'éternité selon ligne de Melchisédek.*

La ligne de Melchisédek supérieure à celle d'Aaron

7 1 Ce *Melchisédek* était, selon l'Ecriture, *roi de Salem* *prêtre du Dieu très-haut.* C'est lui qui *a rencontré Abraha quand celui-ci revenait de sa victoire sur les rois* et qui *l'a bén* 2 Et c'est à lui qu'*Abraham a donné le dixième de tout son buti*

Tout d'abord, le nom de Melchisédek signifie roi de jus tice. Ensuite, il est *roi de Salem*, ce qui veut dire : roi de paix 3 En outre, l'Ecriture ne lui attribue ni père, ni mère, r généalogie. Elle ne mentionne ni sa naissance, ni sa mor Elle le rend ainsi semblable au Fils de Dieu, et il demeur prêtre pour toujours.

4 Remarquez quel rang éminent occupait cet homm pour qu'Abraham, le patriarche, lui donne la dîme de so butin. 5 Certes, la Loi ordonne à ceux des lévites qui son prêtres de prélever la dîme sur le peuple d'Israël, c'est-à dire sur leurs frères, bien que ceux-ci soient, comme eux des descendants d'Abraham. 6 Mais Melchisédek, qui n figure pas parmi les descendants de Lévi, a reçu la dîm d'Abraham. En outre, il a invoqué la bénédiction de Die sur celui qui avait reçu les promesses divines. 7 Or, incon testablement, c'est l'inférieur qui est béni par le supérieur

8 De plus, dans le premier cas, ceux qui perçoivent l dîme sont des hommes mortels ; dans le second, selon l témoignage de l'Ecriture, il s'agit de quelqu'un qui vit.

9 Enfin, concernant Lévi, qui perçoit la dîme, on peu même dire qu'il l'a versée à Melchisédek en la personn d'Abraham. 10 En effet, puisqu'il n'était pas encore né, i était encore en puissance dans la personne de son ancêtr Abraham lorsque Melchisédek a rencontré celui-ci.

Christ est prêtre selon la ligne de Melchisédek

11 La Loi donnée au peuple d'Israël repose sur le sacerdoce lévitique. Or, s'il avait été possible d'atteindre la perfection par ce sacerdoce, pourquoi était-il nécessaire d'établir un autre *prêtre, selon la ligne de Melchisédek*, et non pas *selon la ligne* d'Aaron ?

12 Or, ce changement de sacerdoce entraîne forcément un changement de loi. 13 Car les affirmations du texte que nous venons de citer concernent un prêtre qui est d'une autre tribu que celle de Lévi, une tribu dont aucun membre n'a jamais été affecté au service de l'autel. 14 Comme on le sait bien, en effet, notre Seigneur est issu de la tribu de Juda, et Moïse n'a jamais parlé de sacerdoce pour cette tribu.

15 Cela devient plus évident encore quand on considère ce fait : c'est sur le modèle de Melchisédek qu'un autre prêtre s'est levé ; 16 et il n'est pas devenu prêtre en vertu

ı the basis of the power of an indestructible life.
For it is declared:

"You are a priest forever,
in the order of Melchizedek."

18 The former regulation is set aside because it was
eak and useless 19 (for the law made nothing perfect),
nd a better hope is introduced, by which we draw
ear to God.

20 And it was not without an oath! Others became
riests without any oath, 21 but he became a priest
ith an oath when God said to him:

"The Lord has sworn
and will not change his mind:
'You are a priest forever.' "

2 Because of this oath, Jesus has become the guaran-
or of a better covenant.
23 Now there have been many of those priests, since
eath prevented them from continuing in office; 24 but
ecause Jesus lives forever, he has a permanent priest-
ood. 25 Therefore he is able to save completely[q] those
vho come to God through him, because he always lives
o intercede for them.

26 Such a high priest truly meets our need – one
vho is holy, blameless, pure, set apart from sinners,
exalted above the heavens. 27 Unlike the other high
riests, he does not need to offer sacrifices day after
lay, first for his own sins, and then for the sins of the
eople. He sacrificed for their sins once for all when he
ffered himself. 28 For the law appoints as high priests
nen in all their weakness; but the oath, which came
ıfter the law, appointed the Son, who has been made
erfect forever.

The High Priest of a New Covenant

8 1 Now the main point of what we are saying is
this: We do have such a high priest, who sat
down at the right hand of the throne of the Majesty
in heaven, 2 and who serves in the sanctuary, the true
tabernacle set up by the Lord, not by a mere human
being.

3 Every high priest is appointed to offer both gifts
and sacrifices, and so it was necessary for this one
also to have something to offer. 4 If he were on earth,
he would not be a priest, for there are already priests
who offer the gifts prescribed by the law. 5 They serve
at a sanctuary that is a copy and shadow of what is
in heaven. This is why Moses was warned when he
was about to build the tabernacle: "See to it that you
make everything according to the pattern shown you
on the mountain." 6 But in fact the ministry Jesus has
received is as superior to theirs as the covenant of

q 7:25 Or *forever*

d'une règle liée à la filiation naturelle, mais par la puissance d'une vie indestructible. 17 Car il est déclaré à son
sujet :

Tu es prêtre pour toujours
selon la ligne de Melchisédek.

18 D'une part donc, la règle antérieure se trouve abrogée
parce qu'elle était impuissante et inutile. 19 La Loi, en effet,
n'a rien amené à la perfection. D'autre part, une meilleure
espérance a été introduite, par laquelle nous nous appro-
chons de Dieu.

Christ, grand-prêtre pour l'éternité

20 En outre, tout cela ne s'est pas fait sans serment de
Dieu. Les autres prêtres ont reçu la prêtrise sans un tel
serment, 21 mais Jésus est devenu prêtre en vertu d'un
serment que Dieu a prononcé quand il lui a dit :

Le Seigneur l'a juré, il ne reviendra pas sur son
engagement :
tu seras prêtre pour toujours.

22 Ainsi, Jésus est devenu le garant d'une alliance
meilleure.
23 De plus, de nombreux prêtres se sont succédé parce
que la mort les empêchait d'exercer leurs fonctions à
perpétuité. 24 Mais Jésus, lui, parce qu'il demeure éternellement, possède le sacerdoce perpétuel. 25 Voilà pourquoi
il est en mesure de sauver parfaitement ceux qui s'approchent de Dieu par lui, puisqu'il est toujours vivant pour
intercéder en leur faveur auprès de Dieu.
26 Jésus est donc bien le grand-prêtre qu'il nous fallait :
il est saint, pleinement innocent, indemne de tout péché,
séparé des pécheurs et il a été élevé plus haut que les cieux.
27 Les autres grands-prêtres sont obligés d'offrir chaque
jour des sacrifices, d'abord pour leurs propres péchés,
ensuite pour ceux du peuple. Lui n'en a pas besoin, car il a
tout accompli une fois pour toutes, en s'offrant lui-même.
28 Les grands-prêtres institués par la Loi sont des hommes marqués par leur faiblesse. Mais celui que Dieu a
établi grand-prêtre par un serment solennel, prononcé
après la promulgation de la Loi, est son propre Fils, et il a
été rendu parfait pour toujours.

Christ, grand-prêtre d'une alliance bien meilleure

8 1 Or, voici le point capital de ce que nous sommes
en train de dire : nous avons bien un grand-prêtre
comme celui-ci, qui s'est assis dans le ciel à la droite du
trône du Dieu majestueux. 2 Il y accomplit le service du
grand-prêtre dans le sanctuaire, c'est-à-dire dans le véritable tabernacle, dressé non par des hommes, mais par
le Seigneur.
3 Tout grand-prêtre, en effet, est établi pour présenter à
Dieu des offrandes et des sacrifices. Il faut donc que notre
grand-prêtre aussi ait quelque chose à présenter. 4 S'il était
sur terre, il ne serait même pas prêtre. En effet, ceux qui
présentent les offrandes conformément à la Loi sont déjà
là. 5 Ils sont au service d'un sanctuaire qui n'est qu'une
image, que l'ombre du sanctuaire céleste. Moïse en a été
averti au moment où il allait construire le tabernacle : *Aie
soin,* lui dit le Seigneur, *de faire tout selon le modèle qui t'est
montré sur la montagne.*
6 Mais maintenant, c'est un service bien supérieur qui
a été confié à notre grand-prêtre car il est le médiateur

which he is mediator is superior to the old one, since
the new covenant is established on better promises.

7For if there had been nothing wrong with that first
covenant, no place would have been sought for another. 8But God found fault with the people and said[r]:

"The days are coming, declares the Lord,
when I will make a new covenant
with the people of Israel
and with the people of Judah.
9 It will not be like the covenant
I made with their ancestors
when I took them by the hand
to lead them out of Egypt,
because they did not remain faithful to my
covenant,
and I turned away from them,
declares the Lord.
10 This is the covenant I will establish with the
people of Israel
after that time, declares the Lord.
I will put my laws in their minds
and write them on their hearts.
I will be their God,
and they will be my people.
11 No longer will they teach their neighbor,
or say to one another, 'Know the Lord,'
because they will all know me,
from the least of them to the greatest.
12 For I will forgive their wickedness
and will remember their sins no more."

13By calling this covenant "new," he has made the
first one obsolete; and what is obsolete and outdated
will soon disappear.

Worship in the Earthly Tabernacle

9 1Now the first covenant had regulations for
worship and also an earthly sanctuary. 2A tabernacle was set up. In its first room were the lampstand
and the table with its consecrated bread; this was
called the Holy Place. 3Behind the second curtain was
a room called the Most Holy Place, 4which had the
golden altar of incense and the gold-covered ark of the
covenant. This ark contained the gold jar of manna,
Aaron's staff that had budded, and the stone tablets
of the covenant. 5Above the ark were the cherubim of
the Glory, overshadowing the atonement cover. But we
cannot discuss these things in detail now.

6When everything had been arranged like this, the
priests entered regularly into the outer room to carry
on their ministry. 7But only the high priest entered
the inner room, and that only once a year, and never
without blood, which he offered for himself and for
the sins the people had committed in ignorance. 8The
Holy Spirit was showing by this that the way into the
Most Holy Place had not yet been disclosed as long

r **8:8** Some manuscripts may be translated *fault and said to the people.*

d'une alliance bien meilleure fondée sur de meilleur
promesses.

L'ancienne et la nouvelle alliance

7En effet, si la première alliance avait été sans défau
il n'aurait pas été nécessaire de la remplacer par ur
seconde.

8Or, c'est bien un reproche que Dieu adresse à son peup
lorsqu'il déclare :

Mais des jours vont venir, dit le Seigneur,
où je conclurai avec le peuple d'Israël et celui de Juda une
alliance nouvelle.
9 *Elle ne sera pas comme celle que j'ai conclue avec leurs*
pères
quand je les ai pris par la main pour les faire sortir
d'Egypte.
Puisqu'ils n'ont pas été fidèles à mon alliance,
moi alors, je me suis détourné d'eux, dit le Seigneur.

10 *Mais voici quelle alliance je vais conclure avec le peuple*
d'Israël
après ces jours, dit le Seigneur :
je placerai mes lois dans leur pensée,
je les graverai sur leur cœur ;
je serai leur Dieu,
et ils seront mon peuple.
11 *Ils n'auront plus besoin de s'enseigner l'un l'autre*
en répétant chacun à son concitoyen ou à son frère :
« Il faut que tu connaisses le Seigneur ! »
Car tous me connaîtront,
du plus petit jusqu'au plus grand d'entre eux.
12 *Car je pardonnerai leurs fautes,*
je ne tiendrai plus compte de leurs péchés.

13Par le simple fait d'appeler cette alliance-là *nouvelle*, le
Seigneur a rendu la première ancienne ; or, ce qui devient
ancien et ce qui vieillit est près de disparaître.

L'imperfection du rituel de l'ancienne alliance

9 1Certes, la première alliance avait un rituel pour le
culte, ainsi qu'un sanctuaire qui était terrestre. 2On
avait, en effet, installé une tente – le tabernacle – partagée
en deux : dans la première partie se trouvaient le chandelier et la table avec les pains offerts à Dieu. On l'appelait le
« lieu saint ». 3Derrière le second rideau venait la partie
de la tente qu'on appelait le « lieu très saint ». 4Là étaient
placés un brûle-parfum en or et le coffre de l'alliance,
entièrement plaqué d'or. Ce coffre contenait un vase d'or
avec de la manne, le bâton d'Aaron qui avait fleuri et les
tablettes de pierre sur lesquelles étaient gravées les paroles de l'alliance.

5Au-dessus du coffre, les chérubins glorieux couvraient
le propitiatoire de l'ombre de leurs ailes. Mais ce n'est pas
le moment de parler de chacun de ces objets en détail.
6Cet ensemble étant ainsi installé, les prêtres entrent en
tout temps dans la première partie du tabernacle pour
accomplir leur service. 7Dans la seconde, le grand-prêtre
est le seul à pénétrer, et cela une seule fois par an. Or, il
ne peut y entrer sans apporter le sang de sacrifices qu'il
offre pour lui-même et pour les fautes que le peuple a
commises par ignorance.

8Le Saint-Esprit montre par là que l'accès au lieu très
saint n'est pas ouvert tant que subsiste le premier taber-

s the first tabernacle was still functioning. 9This is n illustration for the present time, indicating that e gifts and sacrifices being offered were not able to ear the conscience of the worshiper. 10They are only matter of food and drink and various ceremonial ashings – external regulations applying until the me of the new order.

'he Blood of Christ

11But when Christ came as high priest of the good hings that are now already here,[s] he went through he greater and more perfect tabernacle that is not nade with human hands, that is to say, is not a part of his creation. 12He did not enter by means of the blood f goats and calves; but he entered the Most Holy lace once for all by his own blood, thus obtaining[t] ternal redemption. 13The blood of goats and bulls nd the ashes of a heifer sprinkled on those who are eremonially unclean sanctify them so that they are utwardly clean. 14How much more, then, will the lood of Christ, who through the eternal Spirit offered imself unblemished to God, cleanse our consciences rom acts that lead to death,[u] so that we may serve he living God!

15For this reason Christ is the mediator of a new ovenant, that those who are called may receive the romised eternal inheritance – now that he has died s a ransom to set them free from the sins committed nder the first covenant.

16In the case of a will,[v] it is necessary to prove the leath of the one who made it, 17because a will is in orce only when somebody has died; it never takes effect while the one who made it is living. 18This is why even the first covenant was not put into effect without blood. 19When Moses had proclaimed every command of the law to all the people, he took the blood of calves, together with water, scarlet wool and branches of hyssop, and sprinkled the scroll and all the people. 20He said, "This is the blood of the covenant, which God has commanded you to keep." 21In the same way, he sprinkled with the blood both the tabernacle and everything used in its ceremonies. 22In fact, the law requires that nearly everything be cleansed with blood, and without the shedding of blood there is no forgiveness.

23It was necessary, then, for the copies of the heavenly things to be purified with these sacrifices, but

[s] **9:11** Some early manuscripts *are to come*
[t] **9:12** Or *blood, having obtained*
[u] **9:14** Or *from useless rituals*
[v] **9:16** Same Greek word as *covenant*; also in verse 17

nacle. 9Nous avons là une représentation symbolique en vue de l'époque actuelle. Elle signifie que les offrandes et les sacrifices qu'on présente ainsi à Dieu sont incapables de donner une conscience parfaitement nette à celui qui rend un tel culte.

10En effet, il n'y a là que des prescriptions portant sur des rites d'ordre matériel, concernant des aliments, des boissons et des ablutions diverses. Elles ne devaient rester en vigueur que jusqu'au temps où Dieu instituerait un ordre nouveau.

Christ, grand-prêtre des biens qu'il nous a acquis

11Or, Christ est venu en tant que grand-prêtre pour nous procurer les biens qu'il nous a désormais acquis[c]. Il a traversé un tabernacle plus grand et plus parfait que le sanctuaire terrestre, un tabernacle qui n'a pas été fabriqué par des mains humaines, c'est-à-dire qui n'appartient pas à ce monde créé. 12Il a pénétré une fois pour toutes dans le sanctuaire ; il y a offert, non le sang de boucs ou de veaux, mais son propre sang. Il nous a ainsi acquis un salut éternel. 13En effet, le sang des boucs et des taureaux et les cendres d'une vache que l'on répand sur des personnes rituellement impures 14leur rendent la pureté extérieure. Mais Christ s'est offert lui-même à Dieu, sous la conduite de l'Esprit éternel, comme une victime sans défaut. A combien plus forte raison, par conséquent, son sang purifiera-t-il notre conscience des œuvres qui mènent à la mort afin que nous servions le Dieu vivant.

La nouvelle alliance, conclue par le sacrifice de Christ

15Voilà pourquoi il est le médiateur d'une alliance nouvelle, afin que ceux qui sont appelés reçoivent l'héritage éternel que Dieu leur avait promis. Car une mort est intervenue pour libérer de leur culpabilité les hommes qui avaient péché sous la première alliance.

16En effet, là où il y a alliance, il est nécessaire que la mort de celui qui conclut l'alliance soit produite, 17car une alliance est établie par la mise à mort d'animaux[d]. Elle n'entre pas en vigueur tant que celui qui la conclut est encore en vie[e]. 18C'est pourquoi la première alliance non plus n'est pas entrée en vigueur sans aspersion de sang. 19En effet, Moïse a d'abord exposé au peuple entier tous les commandements tels qu'ils se trouvent consignés dans la Loi. Puis il a pris le sang des veaux et des boucs avec de l'eau, de la laine rouge et une branche d'hysope, et il en a aspergé le livre ainsi que tout le peuple, 20en disant : *Ceci est le sang de l'alliance que Dieu a conclue avec vous.*

21Puis il a aspergé aussi, avec le sang, le tabernacle et tous les ustensiles du culte. 22En fait, selon la Loi, presque tout est purifié avec du sang, et il n'y a pas de pardon des péchés sans que du sang soit versé. 23Ces objets, qui représentaient des réalités célestes, devaient donc être pu-

[c] **9.11** Certains manuscrits ont : *les biens à venir.*
[d] **9.17** La mise à mort d'animaux représentait le sort auquel s'exposait celui qui, après avoir conclu l'alliance, la transgressait.
[e] **9.17** C'est-à-dire tant que la mort de celui qui conclut l'alliance n'a pas été symboliquement représentée par la mise à mort d'animaux au cours de la procédure de conclusion d'alliance. Autre traduction, v. 16-17 : 16 *En effet, lorsqu'il est question de testament, il faut que la mort du testateur soit constatée,* 17 *car un testament n'entre en vigueur qu'après le décès de celui qui l'a établi : il est sans effet tant qu'il est en vie.* Une telle compréhension s'appuie sur le fait qu'en grec, le même mot signifie *testament* et *alliance.*

the heavenly things themselves with better sacrifices than these. 24 For Christ did not enter a sanctuary
made with human hands that was only a copy of the
true one; he entered heaven itself, now to appear for
us in God's presence. 25 Nor did he enter heaven to
offer himself again and again, the way the high priest
enters the Most Holy Place every year with blood that
is not his own. 26 Otherwise Christ would have had to
suffer many times since the creation of the world. But
he has appeared once for all at the culmination of the
ages to do away with sin by the sacrifice of himself.
27 Just as people are destined to die once, and after
that to face judgment, 28 so Christ was sacrificed once
to take away the sins of many; and he will appear a
second time, not to bear sin, but to bring salvation to
those who are waiting for him.

Christ's Sacrifice Once for All

10 1 The law is only a shadow of the good things
that are coming – not the realities themselves.
For this reason it can never, by the same sacrifices
repeated endlessly year after year, make perfect those
who draw near to worship. 2 Otherwise, would they not
have stopped being offered? For the worshipers would
have been cleansed once for all, and would no longer
have felt guilty for their sins. 3 But those sacrifices are
an annual reminder of sins. 4 It is impossible for the
blood of bulls and goats to take away sins.
5 Therefore, when Christ came into the world, he
said:

"Sacrifice and offering you did not desire,
but a body you prepared for me;
6 with burnt offerings and sin offerings
you were not pleased.
7 Then I said, 'Here I am – it is written about me
in the scroll –
I have come to do your will, my God.' "[w]

8 First he said, "Sacrifices and offerings, burnt offerings and sin offerings you did not desire, nor were
you pleased with them" – though they were offered in
accordance with the law. 9 Then he said, "Here I am,
I have come to do your will." He sets aside the first
to establish the second. 10 And by that will, we have
been made holy through the sacrifice of the body of
Jesus Christ once for all.
11 Day after day every priest stands and performs
his religious duties; again and again he offers the
same sacrifices, which can never take away sins. 12 But
when this priest had offered for all time one sacrifice
for sins, he sat down at the right hand of God, 13 and
since that time he waits for his enemies to be made his
footstool. 14 For by one sacrifice he has made perfect
forever those who are being made holy.

w 10:7 Psalm 40:6-8 (see Septuagint)

rifiés de cette manière-là. Il fallait de même que les réalit
célestes le soient, elles, par des sacrifices bien meilleur

Une fois pour toutes

24 Car ce n'est pas dans un sanctuaire construit par de
hommes, simple image du véritable, que Christ est entré
c'est dans le ciel même, afin de se présenter maintenar
devant Dieu pour nous.
25 De plus, c'est chaque année que le grand-prêtre d
l'ancienne alliance pénètre dans le sanctuaire avec du san
qui n'est pas le sien ; mais Christ, lui, n'y est pas entré pou
s'offrir plusieurs fois en sacrifice. 26 Autrement, il aurait d
souffrir la mort à plusieurs reprises depuis le commence
ment du monde. Non, il est apparu une seule fois, à la fi
des temps, pour ôter les péchés par son sacrifice.
27 Et comme le sort de tout homme est de mourir ur
seule fois – après quoi vient son jugement par Dieu – 28 d
même, Christ s'est offert une seule fois en sacrifice pou
porter les péchés de beaucoup d'hommes. Et il viendr
une seconde fois, non plus pour ôter les péchés, mais pou
sauver ceux qui attendent de lui leur salut.

L'inefficacité de la Loi et l'efficacité du sacrifice de Christ

10 1 La Loi de Moïse ne possède qu'une ombre de
biens à venir et non pas l'image même de ces réal
ités. Elle ne peut donc en aucun cas amener à la perfectior
ceux qui s'approchent ainsi de Dieu sur la base des même
sacrifices offerts perpétuellement d'année en année. 2 S
elle l'avait pu, ceux qui participent à ce culte auraien
depuis longtemps cessé d'offrir ces sacrifices car, purifié
une fois pour toutes, ils n'auraient plus eu la conscience
chargée d'aucun péché.
3 Mais, en fait, ces sacrifices rappellent chaque année l
souvenir des péchés. 4 En effet, il est impossible que du sang
de taureaux et de boucs ôte les péchés. 5 Voilà pourquoi
en entrant dans le monde, Christ a dit :

Tu n'as voulu ni sacrifice, ni offrande :
tu m'as formé un corps.
6 *Tu n'as pris nul plaisir aux holocaustes, aux sacrifices*
pour le péché.
7 *Alors j'ai dit : Voici je viens*
– dans le rouleau du livre, il est question de moi –
pour faire, ô Dieu, ta volonté.

8 Il commence ainsi par dire : « *Tu n'as voulu ni sacrifice,*
ni offrande, ni holocaustes, ni sacrifices pour le péché ; tu n'y as
pris nul plaisir. » Pourtant, ces sacrifices sont offerts conformément à la Loi. 9 Ensuite il déclare : *Voici, je viens pour*
faire ta volonté. Ainsi il abolit le premier état des choses
pour établir le second.
10 Et c'est en raison de cette *volonté* de Dieu que nous
sommes purifiés du péché, grâce au sacrifice de son propre
corps que Jésus-Christ a offert une fois pour toutes. 11 Tout
prêtre se présente chaque jour pour accomplir son service
et offrir souvent les mêmes sacrifices qui, cependant, ne
peuvent jamais ôter les péchés. 12 Christ, lui, a offert un
sacrifice unique pour les péchés, valable pour toujours, et
il *s'est assis à la droite de Dieu* 13 où il attend désormais que *ses*
ennemis soient mis à terre sous ses pieds. 14 Par une offrande
unique, en effet, il a rendu parfaits pour toujours ceux

[15]The Holy Spirit also testifies to us about this. First
e says:
[16] "This is the covenant I will make with them
after that time, says the Lord.
I will put my laws in their hearts,
and I will write them on their minds."
Then he adds:
"Their sins and lawless acts
I will remember no more."
And where these have been forgiven, sacrifice for
in is no longer necessary.

Call to Persevere in Faith

[19]Therefore, brothers and sisters, since we have
onfidence to enter the Most Holy Place by the blood
f Jesus, [20]by a new and living way opened for us
hrough the curtain, that is, his body, [21]and since we
ave a great priest over the house of God, [22]let us
raw near to God with a sincere heart and with the
ull assurance that faith brings, having our hearts
prinkled to cleanse us from a guilty conscience and
aving our bodies washed with pure water. [23]Let us
old unswervingly to the hope we profess, for he who
romised is faithful. [24]And let us consider how we
nay spur one another on toward love and good deeds,
not giving up meeting together, as some are in the
abit of doing, but encouraging one another – and all
he more as you see the Day approaching.

[26]If we deliberately keep on sinning after we have
eceived the knowledge of the truth, no sacrifice for
sins is left, [27]but only a fearful expectation of judgment and of raging fire that will consume the enemies
of God. [28]Anyone who rejected the law of Moses died
without mercy on the testimony of two or three
witnesses. [29]How much more severely do you think
someone deserves to be punished who has trampled
the Son of God underfoot, who has treated as an unholy thing the blood of the covenant that sanctified
them, and who has insulted the Spirit of grace? [30]For
we know him who said, "It is mine to avenge; I will
repay," and again, "The Lord will judge his people."
[31]It is a dreadful thing to fall into the hands of the
living God.

[32]Remember those earlier days after you had received the light, when you endured in a great conflict
full of suffering. [33]Sometimes you were publicly exposed to insult and persecution; at other times you
stood side by side with those who were so treated.
[34]You suffered along with those in prison and joyfully
accepted the confiscation of your property, because
you knew that you yourselves had better and lasting
possessions. [35]So do not throw away your confidence;
it will be richly rewarded.

[36]You need to persevere so that when you have
done the will of God, you will receive what he has
promised. [37]For,

qu'il purifie du péché. [15]C'est là ce que le Saint-Esprit nous
confirme de son côté. Car il dit d'abord :
[16] *Mais voici quelle alliance je vais conclure avec eux*
après ces jours-là, dit le Seigneur :
je placerai mes lois sur leur cœur
et je les graverai dans leur pensée.
[17]Puis il ajoute :
Je ne tiendrai plus compte ni de leurs péchés, ni de leurs
fautes.
[18]Or, lorsque les péchés ont été pardonnés, il n'est plus
nécessaire de présenter une offrande pour les ôter.

Ne pas abandonner son assurance

[19]Ainsi donc, frères et sœurs, nous avons une pleine
liberté pour entrer dans le lieu très saint, grâce au sang
du sacrifice de Jésus. [20]Il nous en a ouvert le chemin, un
chemin nouveau et vivant à travers le rideau du sanctuaire[f], c'est-à-dire à travers son propre corps. [21]Ainsi,
nous avons un grand-prêtre éminent placé à la tête de la
maison de Dieu. [22]Approchons-nous donc de Dieu avec un
cœur sincère, avec la pleine assurance que donne la foi,
le cœur purifié de toute mauvaise conscience, et le corps
lavé d'une eau pure.

[23]Restons fermement attachés à l'espérance que nous
reconnaissons comme vraie, sans fléchir, car celui qui nous
a fait les promesses est fidèle. [24]Et veillons les uns sur les
autres pour nous encourager mutuellement à l'amour et
à la pratique du bien.

[25]Ne délaissons pas nos réunions, comme certains en ont
pris l'habitude. Au contraire, encourageons-nous mutuellement, et cela d'autant plus que vous voyez se rapprocher
le jour du Seigneur.

[26]En effet, si, après avoir reçu la connaissance de la
vérité, nous vivons délibérément dans le péché, il ne reste
plus pour nous de sacrifice pour les péchés. [27]La seule perspective est alors l'attente terrifiante du jugement et du
feu ardent qui embrasera ceux qui se révoltent contre Dieu.

[28]Celui qui désobéit à la Loi de Moïse est *mis à mort* sans
pitié, *sur la déposition de deux ou trois témoins.* [29]A votre avis,
si quelqu'un couvre de mépris le Fils de Dieu, s'il considère
comme sans valeur le sang de l'alliance, par lequel il a été
purifié[g], s'il outrage le Saint-Esprit, qui nous transmet la
grâce divine, ne pensez-vous pas qu'il mérite un châtiment
plus sévère encore ?

[30]Nous connaissons bien celui qui a déclaré : *C'est à moi*
qu'il appartient de faire justice ; c'est moi qui rendrai à chacun son
dû, et encore : *Le Seigneur jugera son peuple.* [31]Il est terrible
de tomber entre les mains du Dieu vivant !

[32]Rappelez-vous au contraire les premiers temps où,
après avoir été éclairés par Dieu, vous avez enduré les
souffrances d'un rude combat. [33]Car tantôt vous avez été
exposés publiquement aux injures et aux mauvais trait-
ements, tantôt vous vous êtes rendus solidaires de ceux
qui étaient traités de cette manière-là. [34]Oui, vous avez
pris part à la souffrance des prisonniers et vous avez accepté avec joie d'être dépouillés de vos biens, car vous
vous saviez en possession de richesses plus précieuses, et
qui durent toujours.

[35]N'abandonnez donc pas votre assurance : une
grande récompense lui appartient. [36]Car il vous faut de

f **10.20** C'est-à-dire dans le lieu très saint, dans la présence même de Dieu.
g **10.29** Autre traduction : *par lequel cette alliance a été consacrée.*

"In just a little while,
he who is coming will come
and will not delay."

38 And,
"But my righteous[x] one will live by faith.
And I take no pleasure
in the one who shrinks back."[y]
39 But we do not belong to those who shrink back and
are destroyed, but to those who have faith and are
saved.

Faith in Action

11 1 Now faith is confidence in what we hope
for and assurance about what we do not see.
2 This is what the ancients were commended for.
3 By faith we understand that the universe was
formed at God's command, so that what is seen was
not made out of what was visible.
4 By faith Abel brought God a better offering than
Cain did. By faith he was commended as righteous,
when God spoke well of his offerings. And by faith
Abel still speaks, even though he is dead.
5 By faith Enoch was taken from this life, so that
he did not experience death: "He could not be found,
because God had taken him away." For before he was
taken, he was commended as one who pleased God.
6 And without faith it is impossible to please God, because anyone who comes to him must believe that
he exists and that he rewards those who earnestly
seek him.
7 By faith Noah, when warned about things not yet
seen, in holy fear built an ark to save his family. By his
faith he condemned the world and became heir of the
righteousness that is in keeping with faith.
8 By faith Abraham, when called to go to a place he
would later receive as his inheritance, obeyed and
went, even though he did not know where he was going. 9 By faith he made his home in the promised land
like a stranger in a foreign country; he lived in tents,
as did Isaac and Jacob, who were heirs with him of the
same promise. 10 For he was looking forward to the city
with foundations, whose architect and builder is God.
11 And by faith even Sarah, who was past childbearing
age, was enabled to bear children because she[z] considered him faithful who had made the promise. 12 And
so from this one man, and he as good as dead, came
descendants as numerous as the stars in the sky and
as countless as the sand on the seashore.

13 All these people were still living by faith when
they died. They did not receive the things promised; they only saw them and welcomed them from

x 10:38 Some manuscripts *But the righteous*
y 10:38 Hab. 2:4 (see Septuagint)
z 11:11 Or *By faith Abraham, even though he was too old to have chil-dren – and Sarah herself was not able to conceive – was enabled to become a father because he*

la persévérance, afin qu'après avoir accompli la volont
de Dieu vous obteniez ce qu'il a promis. 37 *Encore un peu d*
temps, un tout petit peu de temps[h], et
celui qui doit venir viendra, il ne tardera pas.
38 *Celui qui est juste à mes yeux vivra par la foi,*
mais s'il retourne en arrière, je ne prends pas plaisir en
lui[i].

39 Quant à nous, nous ne sommes pas de ceux qui *retour*
nent en arrière pour aller se perdre, mais de ceux qui on
la foi pour être sauvés.

FOI ET ENDURANCE

La foi des témoins de l'ancienne alliance

11 1 La foi est une façon de posséder[j] ce qu'on espère
c'est un moyen d'être sûr des réalités qu'on ne voi
pas. 2 C'est parce qu'ils ont eu cette foi que les hommes de
temps passés ont été approuvés par Dieu.
3 Par la foi, nous comprenons que l'univers a été harmo
nieusement organisé par la parole de Dieu, et qu'ainsi l
monde visible tire son origine de l'invisible.
4 Par la foi, Abel a offert à Dieu un sacrifice meilleur qu
celui de Caïn. Grâce à elle, il a été reconnu comme juste pa
Dieu qui a témoigné lui-même qu'il approuvait ses dons, e
grâce à elle Abel parle encore, bien que mort.
5 Par la foi, Hénok a été enlevé auprès de Dieu pou
échapper à la mort et *on ne le trouva plus, parce que Die*
l'avait enlevé. En effet, avant de nous parler de son enlève
ment, l'Ecriture lui rend ce témoignage : *il était agréable*
Dieu[k]. 6 Or, sans la foi, il est impossible de lui être agréable
Car celui qui s'approche de Dieu doit croire qu'il existe e
qu'il récompense ceux qui se tournent vers lui.

7 Par la foi, Noé a construit un bateau pour sauver sa
famille : il avait pris au sérieux la révélation qu'il avai
reçue au sujet d'événements qu'on ne voyait pas encore
En agissant ainsi, il a condamné le monde. Et Dieu lui a
accordé d'être déclaré juste en raison de sa foi.
8 Par la foi, Abraham a obéi à l'appel de Dieu qui lui ordonnait de partir pour un pays qu'il devait recevoir plus
tard en héritage. Il est parti sans savoir où il allait. 9 Par la
foi, il a séjourné en étranger dans le pays qui lui avait été
promis, vivant sous des tentes, de même qu'Isaac et Jacob
qui sont héritiers avec lui de la même promesse. 10 Car il
attendait la cité aux fondements inébranlables dont Dieu
lui-même est l'architecte et le constructeur.
11 Par la foi, Sara, elle aussi, qui était stérile, a été rendue
capable de devenir mère alors qu'elle en avait depuis longtemps passé l'âge. En effet, elle était convaincue que celui
qui avait fait la promesse est fidèle. 12 C'est pourquoi aussi,
d'un seul homme – plus encore : d'un homme déjà marqué
par la mort – sont issus des descendants *aussi nombreux*
que les étoiles du ciel et que les grains de sable qu'on ne saurait
compter sur le rivage de la mer
13 C'est dans la foi que tous ces gens sont morts sans
avoir reçu ce qui leur avait été promis. Mais ils l'ont vu et

h 10.37 Es 26.20 cité selon l'ancienne version grecque.
i 10.38 Ha 2.3-4 cité selon l'ancienne version grecque.
j 11.1 Autre traduction : *l'assurance de posséder.*
k 11.5 Gn 5.24 cité selon l'ancienne version grecque.

distance, admitting that they were foreigners and
rangers on earth. [14]People who say such things show
nat they are looking for a country of their own. [15]If
ney had been thinking of the country they had left,
ney would have had opportunity to return. [16]Instead,
ney were longing for a better country – a heavenly
ne. Therefore God is not ashamed to be called their
od, for he has prepared a city for them.
[17]By faith Abraham, when God tested him, offered
aac as a sacrifice. He who had embraced the promis-
s was about to sacrifice his one and only son, [18]even
nough God had said to him, "It is through Isaac that
our offspring will be reckoned." [19]Abraham reasoned
nat God could even raise the dead, and so in a man-
er of speaking he did receive Isaac back from death.
[20]By faith Isaac blessed Jacob and Esau in regard
o their future.
[21]By faith Jacob, when he was dying, blessed each
f Joseph's sons, and worshiped as he leaned on the
op of his staff.
[22]By faith Joseph, when his end was near, spoke
bout the exodus of the Israelites from Egypt and
ave instructions concerning the burial of his bones.
[23]By faith Moses' parents hid him for three months
fter he was born, because they saw he was no or-
inary child, and they were not afraid of the king's
dict.
[24]By faith Moses, when he had grown up, refused
o be known as the son of Pharaoh's daughter. [25]He
hose to be mistreated along with the people of God
ather than to enjoy the fleeting pleasures of sin. [26]He
egarded disgrace for the sake of Christ as of greater
alue than the treasures of Egypt, because he was
ooking ahead to his reward. [27]By faith he left Egypt,
ot fearing the king's anger; he persevered because
e saw him who is invisible. [28]By faith he kept the
Passover and the application of blood, so that the de-
troyer of the firstborn would not touch the firstborn
f Israel.

[29]By faith the people passed through the Red Sea
s on dry land; but when the Egyptians tried to do so,
hey were drowned.
[30]By faith the walls of Jericho fell, after the army
ad marched around them for seven days.
[31]By faith the prostitute Rahab, because she welcomed the spies, was not killed with those who were
disobedient.[a]

[32]And what more shall I say? I do not have time to
tell about Gideon, Barak, Samson and Jephthah, about
David and Samuel and the prophets, [33]who through
faith conquered kingdoms, administered justice, and
gained what was promised; who shut the mouths of
lions, [34]quenched the fury of the flames, and escaped
the edge of the sword; whose weakness was turned
to strength; and who became powerful in battle and
routed foreign armies. [35]Women received back their

a 11:31 Or *unbelieving*

salué de loin, et ils ont reconnu qu'ils étaient eux-mêmes
étrangers et voyageurs sur la terre. [14]Ceux qui parlent ainsi
montrent clairement qu'ils recherchent une patrie. [15]En
effet, s'ils avaient eu la nostalgie de celle qu'ils avaient
quittée, ils auraient eu l'occasion d'y retourner. [16]En fait,
c'est une meilleure patrie qu'ils désirent, c'est-à-dire la
patrie céleste. Aussi Dieu n'a pas honte d'être appelé « leur
Dieu », et il leur a préparé une cité.
[17]Par la foi, Abraham a offert Isaac lorsque Dieu l'a mis à
l'épreuve. Oui, il était en train d'offrir son fils unique, lui
qui avait eu la promesse, [18]et à qui Dieu avait dit : *C'est par
Isaac que te sera suscitée une descendance.* [19]Dieu, estimait-il,
est assez puissant pour ressusciter un mort. Et son fils lui
a été rendu : c'est une préfiguration.

[20]Par la foi aussi, Isaac a béni Jacob et Esaü, en vue de
l'avenir. [21]Par la foi, Jacob a béni, peu avant sa mort, chacun des fils de Joseph et *s'est prosterné pour adorer Dieu, en
prenant appui sur l'extrémité de son bâton*[l].

[22]Par la foi, Joseph, à la fin de sa vie, a évoqué la sortie
d'Egypte des descendants d'Israël, et a donné des instructions au sujet de ses ossements.
[23]Par la foi, Moïse, après sa naissance, a été tenu caché
pendant trois mois par ses parents, car en voyant combien
cet enfant était beau, ils ne se sont pas laissés intimider
par le décret du roi.
[24]Par la foi, Moïse, devenu adulte, a refusé d'être reconnu comme le fils de la fille du pharaon. [25]Il a choisi de
prendre part aux souffrances du peuple de Dieu plutôt
que de jouir – momentanément – d'une vie dans le péché.
[26]Car, estimait-il, subir l'humiliation que Christ devait
connaître constituait une richesse bien supérieure aux
trésors de l'Egypte : il avait, en effet, les yeux fixés sur la
récompense à venir.
[27]Par la foi, il a quitté l'Egypte sans craindre la fureur du
roi et il est resté ferme, en homme qui voit le Dieu invisible.
[28]Par la foi, il a célébré la Pâque et a fait répandre du sang
sur les linteaux des portes pour que l'ange exterminateur
ne touche pas les fils aînés des Israélites.
[29]Par la foi, les Israélites ont traversé la mer Rouge comme une terre sèche ; alors que les Egyptiens, qui ont essayé
d'en faire autant, ont été engloutis.
[30]Par la foi, les murailles de Jéricho se sont écroulées
quand le peuple en eut fait le tour pendant sept jours.
[31]Par la foi, Rahab la prostituée n'est pas morte avec
ceux qui étaient désobéissants envers Dieu, parce qu'elle
avait accueilli avec bienveillance les Israélites envoyés
en éclaireurs.
[32]Que dirai-je encore ? Le temps me manquerait pour
parler en détail de Gédéon, de Baraq, de Samson, de Jephté,
de David, de Samuel et des prophètes. [33]Grâce à la foi, ils
ont remporté la victoire sur des royaumes, exercé la justice, obtenu la réalisation de promesses, fermé la gueule
des lions. [34]Ils ont éteint des feux violents, ont échappé
au tranchant de l'épée. Ils ont été remplis de force alors
qu'ils étaient faibles. Ils se sont montrés vaillants dans
les batailles, ils ont mis en fuite des armées ennemies ;
[35]des femmes ont vu leurs morts ressusciter pour leur
être rendus.

l 11.21 Gn 47.31 cité selon l'ancienne version grecque.

dead, raised to life again. There were others who were tortured, refusing to be released so that they might gain an even better resurrection. 36 Some faced jeers and flogging, and even chains and imprisonment. 37 They were put to death by stoning;[b] they were sawed in two; they were killed by the sword. They went about in sheepskins and goatskins, destitute, persecuted and mistreated – 38 the world was not worthy of them. They wandered in deserts and mountains, living in caves and in holes in the ground.

39 These were all commended for their faith, yet none of them received what had been promised, 40 since God had planned something better for us so that only together with us would they be made perfect.

12 1 Therefore, since we are surrounded by such a great cloud of witnesses, let us throw off everything that hinders and the sin that so easily entangles. And let us run with perseverance the race marked out for us, 2 fixing our eyes on Jesus, the pioneer and perfecter of faith. For the joy set before him he endured the cross, scorning its shame, and sat down at the right hand of the throne of God. 3 Consider him who endured such opposition from sinners, so that you will not grow weary and lose heart.

God Disciplines His Children

4 In your struggle against sin, you have not yet resisted to the point of shedding your blood. 5 And have you completely forgotten this word of encouragement that addresses you as a father addresses his son? It says,

"My son, do not make light of the Lord's
discipline,
and do not lose heart when he rebukes you,
6 because the Lord disciplines the one he loves,
and he chastens everyone he accepts as his
son."[c]

7 Endure hardship as discipline; God is treating you as his children. For what children are not disciplined by their father? 8 If you are not disciplined – and everyone undergoes discipline – then you are not legitimate, not true sons and daughters at all. 9 Moreover, we have all had human fathers who disciplined us and we respected them for it. How much more should we submit to the Father of spirits and live! 10 They disciplined us for a little while as they thought best; but God disciplines us for our good, in order that we may share in his holiness. 11 No discipline seems pleasant at the time, but painful. Later on, however, it produces a harvest of righteousness and peace for those who have been trained by it.

12 Therefore, strengthen your feeble arms and weak knees. 13 "Make level paths for your feet," so that the lame may not be disabled, but rather healed.

b 11:37 Some early manuscripts *stoning; they were put to the test;*
c 12:5,6 Prov. 3:11,12 (see Septuagint)

D'autres, en revanche, ont été torturés ; ils ont refu d'être délivrés, afin d'obtenir ce qui est meilleur : la r surrection. 36 D'autres encore ont enduré les moqueri le fouet, ainsi que les chaînes et la prison. 37 Certains o été lapidés, d'autres ont été torturés[m], sciés en deux mis à mort par l'épée. D'autres ont mené une vie errant vêtus de peaux de moutons ou de chèvres, dénués de tou persécutés et maltraités, 38 eux dont le monde n'était p digne. Ils ont erré dans les déserts et sur les montagne vivant dans les cavernes et les antres de la terre.

39 Dieu a approuvé tous ces gens à cause de leur foi, pourtant, aucun d'eux n'a reçu ce qu'il leur avait promi 40 C'est que Dieu avait prévu quelque chose de meille pour nous : ils ne devaient donc pas parvenir sans no à la perfection.

Courir avec endurance

12 1 C'est pourquoi, nous aussi qui sommes entour d'une si grande nuée de témoins[n], débarra sons-nous de tout fardeau, et du péché qui nous cerr si facilement de tous côtés, et courons avec enduranc l'épreuve qui nous est proposée. 2 Gardons les yeux fix sur Jésus, qui nous a ouvert le chemin de la foi et qui porte à la perfection. Parce qu'il avait en vue la joie qui l était réservée[o], il a enduré la mort sur la croix, en mépr sant la honte attachée à un tel supplice, et désormais siège à la droite du trône de Dieu.

3 Pensez à celui qui a enduré de la part des homme pécheurs une telle opposition contre lui, pour que vo ne vous laissiez pas abattre par le découragement. 4 Vou n'avez pas encore résisté jusqu'à la mort dans votre lutt contre le péché, 5 et vous avez oublié cette parole d'encou agement que Dieu vous adresse comme à des fils :

Mon fils, ne prends pas à la légère la correction du
Seigneur
et ne te décourage pas lorsqu'il te reprend.

6 *Car le Seigneur corrige celui qu'il aime :*
il châtie tous ceux qu'il reconnaît pour ses fils[p].

7 Supportez vos souffrances : elles servent à vous corr ger. C'est en fils que Dieu vous traite. Quel est le fils qu son père ne corrige pas ? 8 Si vous êtes dispensés de la cor rection qui est le lot de tous les fils, alors vous êtes de enfants illégitimes, et non des fils.

9 D'ailleurs, nous avions notre père terrestre pour nou corriger, et nous le respections. N'allons-nous pas, à plu forte raison, nous soumettre à notre Père céleste pou avoir la vie ? 10 Notre père nous corrigeait pour un temp limité, selon ses idées, mais Dieu, c'est pour notre bien qu'i nous corrige, afin de nous faire participer à sa sainteté.

11 Certes, sur le moment, une correction ne semble pa être un sujet de joie mais plutôt une cause de tristesse Mais par la suite, elle a pour fruit, chez ceux qui ont ains été formés, une vie juste, vécue dans la paix.

12 C'est pourquoi : *Relevez vos mains qui faiblissent et raffer missez vos genoux qui fléchissent.* 13 *Faites-vous des pistes droite*

m 11.37 Les mots *d'autres ont été torturés* sont absents dans plusieurs manuscrits.
n 12.1 Il s'agit de tous ceux qui ont témoigné de leur foi.
o 12.2 Autre traduction : *en renonçant à la joie qui lui revenait.*
p 12.6 Pr 3.11-12 cité selon l'ancienne version grecque.

'arning and Encouragement

[14]Make every effort to live in peace with everyone ıd to be holy; without holiness no one will see the ›rd. [15]See to it that no one falls short of the grace of ɔd and that no bitter root grows up to cause trouble ıd defile many. [16]See that no one is sexually immor-, or is godless like Esau, who for a single meal sold ıs inheritance rights as the oldest son. [17]Afterward, you know, when he wanted to inherit this blessing, e was rejected. Even though he sought the blessing ith tears, he could not change what he had done.

he Mountain of Fear and the Mountain of Joy

[18]You have not come to a mountain that can be ouched and that is burning with fire; to darkness, loom and storm; [19]to a trumpet blast or to such a ɔice speaking words that those who heard it begged ıat no further word be spoken to them, [20]because ıey could not bear what was commanded: "If even n animal touches the mountain, it must be stoned to eath." [21]The sight was so terrifying that Moses said, I am trembling with fear."[d]

[22]But you have come to Mount Zion, to the city f the living God, the heavenly Jerusalem. You have ɔme to thousands upon thousands of angels in joy-ıl assembly, [23]to the church of the firstborn, whose ames are written in heaven. You have come to God, he Judge of all, to the spirits of the righteous made erfect, [24]to Jesus the mediator of a new covenant, nd to the sprinkled blood that speaks a better word han the blood of Abel.

[25]See to it that you do not refuse him who speaks. f they did not escape when they refused him who varned them on earth, how much less will we, if we urn away from him who warns us from heaven? [26]At hat time his voice shook the earth, but now he has romised, "Once more I will shake not only the earth ut also the heavens." [27]The words "once more" in-licate the removing of what can be shaken – that is, reated things – so that what cannot be shaken may emain.

[28]Therefore, since we are receiving a kingdom that annot be shaken, let us be thankful, and so worship

12:21 See Deut. 9:19.

pour votre course, afin que le pied qui boite ne se démette pas complètement, mais qu'il guérisse plutôt.

Recommandations diverses

Vivre une vie sainte

[14]Faites tous vos efforts pour être en paix avec tout le monde et cultivez la sainteté sans laquelle nul ne verra le Seigneur. [15]Veillez à ce que personne ne passe à côté de la grâce de Dieu, qu'aucune racine d'amertume ne pousse et ne cause du trouble en empoisonnant plusieurs d'entre vous.

[16]Qu'il n'y ait personne qui vive dans l'immoralité ou qui méprise les choses saintes, comme Esaü qui, pour un simple repas, a vendu son droit d'aînesse. [17]Vous savez que plus tard, lorsqu'il a voulu recevoir en héritage la bénédiction de son père, il a été rejeté, car il n'a trouvé aucun moyen de revenir en arrière[q], bien qu'il l'ait cherché en pleurant.

Le royaume inébranlable

[18]Car vous ne vous êtes pas approchés, comme les Israélites au désert, d'une réalité que l'on pourrait toucher : un feu ardent, l'obscurité, des ténèbres et un ouragan. [19]Vous n'avez pas entendu de sonneries de trompettes, ni l'éclat d'une voix telle que ceux qui l'ont entendue ont demandé qu'elle ne s'adresse plus à eux. [20]En effet, ils ne pouvaient supporter l'ordre qui leur avait été donné : *Quiconque touchera la montagne – même si c'est un animal – sera tué à coups de pierres.* [21]Le spectacle était si terrifiant que Moïse s'est écrié : *Je suis épouvanté* et tout tremblant.

[22]Non, vous, au contraire, vous vous êtes approchés de la montagne de Sion, de la cité du Dieu vivant, de la Jérusalem céleste et de milliers d'anges en fête. [23]Vous vous êtes approchés de l'assemblée des premiers-nés de Dieu dont les noms sont inscrits dans les cieux. Vous vous êtes approchés de Dieu, le Juge de tous les hommes, et des esprits des justes qui sont parvenus à la perfection. [24]Vous vous êtes approchés de Jésus, le médiateur d'une alliance nouvelle, et de son sang répandu qui parle mieux encore que celui d'Abel[r].

[25]Prenez donc garde : ne refusez pas d'écouter celui qui vous parle. Les Israélites qui ont refusé d'écouter celui qui les avertissait sur la terre, n'ont pas échappé au châtiment. A combien plus forte raison en sera-t-il de même pour nous, si nous nous détournons de celui qui nous parle du haut des cieux.

[26]Celui dont la voix a fait alors trembler la terre fait maintenant cette promesse : *Une fois encore j'ébranlerai, non seulement la terre, mais aussi le ciel*[s]. [27]Ces mots : *une fois encore* signifient que tout ce qui peut être *ébranlé*, c'est-à-dire ce qui appartient à l'ordre ancien de la création, disparaîtra, pour que subsistent seules les réalités inébranlables. [28]Le royaume que nous recevons est inébranlable : soyons donc reconnaissants et servons Dieu

q **12.17** Voir Gn 27.30-40. Autre traduction : *d'amener son père à revenir sur ce qu'il avait fait.*

r **12.24** Abel est mort, victime de la méchanceté de son frère. Son sang criait vengeance (Gn 4.10). Jésus aussi est mort par suite de la méchanceté de ses « frères », mais son sang couvre les péchés de ceux qui croient en lui.

s **12.26** Ag 2.6 cité selon l'ancienne version grecque.

God acceptably with reverence and awe, [29]for our "God is a consuming fire."

Concluding Exhortations

13 [1]Keep on loving one another as brothers and sisters. [2]Do not forget to show hospitality to strangers, for by so doing some people have shown hospitality to angels without knowing it. [3]Continue to remember those in prison as if you were together with them in prison, and those who are mistreated as if you yourselves were suffering.

[4]Marriage should be honored by all, and the marriage bed kept pure, for God will judge the adulterer and all the sexually immoral. [5]Keep your lives free from the love of money and be content with what you have, because God has said,

"Never will I leave you;
never will I forsake you."

[6]So we say with confidence,

"The Lord is my helper; I will not be afraid.
What can mere mortals do to me?"

[7]Remember your leaders, who spoke the word of God to you. Consider the outcome of their way of life and imitate their faith. [8]Jesus Christ is the same yesterday and today and forever.

[9]Do not be carried away by all kinds of strange teachings. It is good for our hearts to be strengthened by grace, not by eating ceremonial foods, which is of no benefit to those who do so. [10]We have an altar from which those who minister at the tabernacle have no right to eat.

[11]The high priest carries the blood of animals into the Most Holy Place as a sin offering, but the bodies are burned outside the camp. [12]And so Jesus also suffered outside the city gate to make the people holy through his own blood. [13]Let us, then, go to him outside the camp, bearing the disgrace he bore. [14]For here we do not have an enduring city, but we are looking for the city that is to come.

[15]Through Jesus, therefore, let us continually offer to God a sacrifice of praise – the fruit of lips that openly profess his name. [16]And do not forget to do good and to share with others, for with such sacrifices God is pleased.

[17]Have confidence in your leaders and submit to their authority, because they keep watch over you as those who must give an account. Do this so that their work will be a joy, not a burden, for that would be of no benefit to you.

[18]Pray for us. We are sure that we have a clear conscience and desire to live honorably in every way. [19]I particularly urge you to pray so that I may be restored to you soon.

Benediction and Final Greetings

[20]Now may the God of peace, who through the blood of the eternal covenant brought back from the dead our Lord Jesus, that great Shepherd of the sheep, [21]equip you with everything good for doing

d'une manière qui lui soit agréable, avec crainte et profor respect, [29]car notre Dieu est un *feu qui consume.*

Autres recommandations

13 [1]Que votre amour fraternel demeure vivant. [2]N négligez pas de pratiquer l'hospitalité[t]. Car cer tains, en l'exerçant, ont accueilli des anges sans le savoi [3]Ayez le souci de ceux qui sont en prison, comme si vou étiez en prison avec eux, et de ceux qui sont maltraité puisque vous aussi vous partagez leur condition terrestr

[4]Que chacun respecte le mariage et que les époux res ent fidèles l'un à l'autre, car Dieu jugera les débauchés e les adultères.

[5]Que votre conduite ne soit pas guidée par l'amour d l'argent. Contentez-vous de ce que vous avez présente ment. Car Dieu lui-même a dit : *Je ne te laisserai pas : no je ne t'abandonnerai jamais.* [6]Aussi pouvons-nous dire ave assurance :

Le Seigneur vient à mon secours, je n'aurai pas de crainte que me feraient les hommes[u]?

[7]Souvenez-vous de vos anciens conducteurs qui vous on annoncé la Parole de Dieu. Considérez l'aboutissement d toute leur vie[v] et imitez leur foi.

[8]Jésus-Christ est le même hier, aujourd'hui, et pour tou jours. [9]Ne vous laissez pas entraîner par toutes sortes d doctrines qui sont étrangères à notre foi. Ce qui est bien en effet, c'est que notre cœur soit affermi par la grâce di vine et non par des aliments qui n'ont jamais profité à ceu qui avaient coutume de les consommer. [10]Nous avons u autel, mais les prêtres qui servent dans le sanctuaire n'or pas le droit de manger ce qui y est offert. [11]En effet, le san des animaux offerts en sacrifice pour le péché est apport dans le sanctuaire par le grand-prêtre, mais leurs corp sont brûlés *à l'extérieur du camp.* [12]C'est pourquoi Jésus lui aussi, est mort à l'extérieur de la ville pour purifier l peuple par son propre sang.

[13]Allons donc à lui en sortant *à l'extérieur du camp,* e acceptons d'être méprisés comme lui [14]car, ici-bas, nou n'avons pas de cité permanente : c'est la cité à venir qu nous recherchons. [15]Par Jésus, offrons donc en tout temp à Dieu un *sacrifice de louange* qui consiste à célébrer so nom. [16]Ne négligez pas de pratiquer la bienfaisance e l'entraide : voilà les *sacrifices* auxquels Dieu prend plaisir

[17]Obéissez à vos conducteurs et soumettez-vous à eux car ils veillent sur vous en sachant qu'ils devront un jour rendre compte à Dieu de leur service. Qu'ils puissent ains s'acquitter de leur tâche avec joie et non pas en gémissant ce qui ne vous serait d'aucun avantage.

[18]Priez pour nous ! Car nous sommes convaincus d'avoir une bonne conscience, puisque nous sommes résolus à bien nous conduire en toute occasion. [19]Je vous demande tout particulièrement de prier pour que je vous sois bien vite rendu.

Salutations

[20]Le Dieu qui donne la paix a ressuscité notre Seigneur Jésus qui est devenu le grand berger des brebis en scellant de son sang une alliance éternelle. [21]Que ce Dieu vous

[t] **13.2** Envers les chrétiens qui voyageaient, comme Abraham l'a fait envers les anges qu'il a accueillis (voir Gn 18.1-8).
[u] **13.6** Ps 118.6 cité selon l'ancienne version grecque.
[v] **13.7** Autre traduction : *la manière dont ils ont vécu et sont morts.*

is will, and may he work in us what is pleasing to
im, through Jesus Christ, to whom be glory for ever
nd ever. Amen.

22 Brothers and sisters, I urge you to bear with my
ord of exhortation, for in fact I have written to you
uite briefly.
23 I want you to know that our brother Timothy has
een released. If he arrives soon, I will come with
im to see you.
24 Greet all your leaders and all the Lord's people.
Those from Italy send you their greetings.
25 Grace be with you all.

rende capables de faire le bien sous toutes ses formes, pour que vous accomplissiez sa volonté. Qu'il réalise lui-même en nous, par Jésus-Christ, ce qui lui est agréable. A lui soit la gloire pour l'éternité ! Amen !

22 Je vous le demande, frères et sœurs, accueillez avec
patience la parole d'encouragement que je vous adresse.
Je vous ai d'ailleurs écrit brièvement. 23 Sachez que notre
frère Timothée a été libéré. S'il arrive assez tôt, j'irai vous
voir avec lui.

24 Saluez tous vos dirigeants et tous ceux qui font partie
du peuple saint. Les frères et sœurs d'Italie[w] vous saluent.
25 Que la grâce de Dieu vous accompagne tous[x] !

[w] **13.24** Il s'agit sans doute de chrétiens originaires d'Italie qui saluent leurs compatriotes au pays. C'est l'un des indices qui ont amené certains à penser que la lettre a été adressée à une partie de l'Eglise de Rome. D'autres pensent que l'auteur se trouve en Italie, probablement à Rome, lorsqu'il écrit la lettre aux Hébreux qui serait alors adressée à des chrétiens d'origine juive vivant en Israël.

[x] **13.25** Certains manuscrits ajoutent : *Amen !*

James

1 [1]James, a servant of God and of the Lord Jesus Christ,

To the twelve tribes scattered among the nations:
Greetings.

Trials and Temptations

[2]Consider it pure joy, my brothers and sisters,[a] whenever you face trials of many kinds, [3]because you know that the testing of your faith produces perseverance. [4]Let perseverance finish its work so that you may be mature and complete, not lacking anything. [5]If any of you lacks wisdom, you should ask God, who gives generously to all without finding fault, and it will be given to you. [6]But when you ask, you must believe and not doubt, because the one who doubts is like a wave of the sea, blown and tossed by the wind. [7]That person should not expect to receive anything from the Lord. [8]Such a person is double-minded and unstable in all they do.

[9]Believers in humble circumstances ought to take pride in their high position. [10]But the rich should take pride in their humiliation – since they will pass away like a wild flower. [11]For the sun rises with scorching heat and withers the plant; its blossom falls and its beauty is destroyed. In the same way, the rich will fade away even while they go about their business.

[12]Blessed is the one who perseveres under trial because, having stood the test, that person will receive the crown of life that the Lord has promised to those who love him.

[13]When tempted, no one should say, "God is tempting me." For God cannot be tempted by evil, nor does he tempt anyone; [14]but each person is tempted when they are dragged away by their own evil desire and enticed. [15]Then, after desire has conceived, it gives birth to sin; and sin, when it is full-grown, gives birth to death.

[16]Don't be deceived, my dear brothers and sisters. [17]Every good and perfect gift is from above, coming

[a] **1:2** The Greek word for *brothers and sisters* (*adelphoi*) refers here to believers, both men and women, as part of God's family; also in verses 16 and 19; and in 2:1, 5, 14; 3:10, 12; 4:11; 5:7, 9, 10, 12, 19.

Lettre de Jacques

Salutation

1 [1]Jacques, serviteur de Dieu et du Seigneur Jésu Christ, salue les douze tribus dispersées du peup de Dieu[a].

L'épreuve et la persévérance

[2]Mes frères et sœurs, quand vous passez par toutes sor es d'épreuves[b], considérez-vous comme heureux. [3]Car vou le savez : la mise à l'épreuve de votre foi produit l'endu ance. [4]Mais il faut que votre endurance aille jusqu'au bo de ce qu'elle peut faire pour que vous parveniez à l'ét d'adultes et soyez pleins de force, des hommes auxque il ne manque rien.

La sagesse et la prière

[5]Si l'un de vous manque de sagesse[c], qu'il la demand à Dieu qui la lui donnera, car il donne à tous généreuse ment et sans faire de reproche. [6]Il faut cependant qu'il demande avec foi, sans douter, car celui qui doute ressem ble aux vagues de la mer agitées et soulevées par le ven [7]Qu'un tel homme ne s'imagine pas obtenir quoi que c soit du Seigneur : [8]son cœur est partagé, il est inconstan dans toutes ses entreprises.

Le pauvre et le riche

[9]Que le frère ou la sœur pauvre soit fier de ce que Die l'élève, [10]et le riche de ce que Dieu l'abaisse. En effet, il pas sera *comme la fleur des champs.* [11]Le soleil se lève, sa chaleu devient brûlante[d], et la plante se dessèche, *sa fleur tombe et toute sa beauté*[e] s'évanouit. Ainsi en est-il du riche : i disparaîtra au milieu de ses activités.

La tentation et les mauvais désirs

[12]Heureux l'homme qui tient ferme face à la tentation[f], car après avoir fait ses preuves, il recevra la couronne du vainqueur : la vie que Dieu a promise à ceux qui l'aiment. [13]Que personne, devant la tentation, ne dise : « C'est Dieu qui me tente. » Car Dieu ne peut pas être tenté par le mal et il ne tente lui-même personne. [14]Lorsque nous sommes tentés, ce sont les mauvais désirs que nous portons en nous qui nous attirent et nous séduisent, [15]puis le mauvais désir conçoit et donne naissance au péché. Or le péché, une fois parvenu à son plein développement, engendre la mort. [16]Ne vous laissez donc pas égarer sur ce point, mes chers frères et sœurs : [17]tout cadeau de valeur, tout don parfait, nous vient d'en haut, du Père des

[a] **1.1** Voir l'introduction.
[b] **1.2** Autre traduction : *de tentations.*
[c] **1.5** La sagesse dont parle Jacques est la sagesse pratique, comme dans le livre des *Proverbes* de l'Ancien Testament (voir Pr 2.3-6).
[d] **1.11** Autre traduction : *le soleil se lève avec le vent du sud.*
[e] **1.11** Es 40.6-7 cité selon l'ancienne version grecque.
[f] **1.12** Autre traduction : *l'épreuve.* En grec, tentation et épreuve s'expriment par le même mot, ce qui explique le lien entre ce verset et le suivant. Toute épreuve est aussi tentation.

ɔwn from the Father of the heavenly lights, who does
ɔt change like shifting shadows. [18]He chose to give
birth through the word of truth, that we might be
kind of firstfruits of all he created.

stening and Doing

[19]My dear brothers and sisters, take note of this:
veryone should be quick to listen, slow to speak
ıd slow to become angry, [20]because human anger
ɔes not produce the righteousness that God desires.
Therefore, get rid of all moral filth and the evil that
so prevalent and humbly accept the word planted
you, which can save you.

[22]Do not merely listen to the word, and so deceive
ɔurselves. Do what it says. [23]Anyone who listens to
e word but does not do what it says is like someone
ho looks at his face in a mirror [24]and, after looking
himself, goes away and immediately forgets what he
ɔoks like. [25]But whoever looks intently into the per-
ect law that gives freedom, and continues in it – not
ɔrgetting what they have heard, but doing it – they
vill be blessed in what they do.

[26]Those who consider themselves religious and
et do not keep a tight rein on their tongues deceive
hemselves, and their religion is worthless. [27]Religion
hat God our Father accepts as pure and faultless is
his: to look after orphans and widows in their dis-
ress and to keep oneself from being polluted by the
vorld.

avoritism Forbidden

2 [1]My brothers and sisters, believers in our glorious Lord Jesus Christ must not show favoritism.
Suppose a man comes into your meeting wearing a
old ring and fine clothes, and a poor man in filthy old
lothes also comes in. [3]If you show special attention to
he man wearing fine clothes and say, "Here's a good
eat for you," but say to the poor man, "You stand
here" or "Sit on the floor by my feet," [4]have you not
liscriminated among yourselves and become judges
vith evil thoughts?

[5]Listen, my dear brothers and sisters: Has not God
chosen those who are poor in the eyes of the world to
be rich in faith and to inherit the kingdom he promised those who love him? [6]But you have dishonored
the poor. Is it not the rich who are exploiting you? Are
they not the ones who are dragging you into court?
[7]Are they not the ones who are blaspheming the noble
name of him to whom you belong?

lumières[g] et en qui il n'y a ni changement, ni ombre due à des variations[h]. [18]Par un acte de sa libre
volonté, il nous a engendrés[i] par la parole de vérité
pour que nous soyons comme les premiers fruits de sa
nouvelle création. [19]Vous savez tout cela, mes chers
frères et sœurs[j].

La Parole et l'obéissance

Mais que chacun de vous soit toujours prêt à écouter,
qu'il ne se hâte pas de parler, ni de se mettre en colère.
[20]Car ce n'est pas par la colère qu'un homme accomplit ce
qui est juste aux yeux de Dieu. [21]Débarrassez-vous donc
de tout ce qui souille et de tout ce qui reste en vous de
méchanceté, pour recevoir, avec humilité, la Parole qui
a été plantée dans votre cœur, car elle a le pouvoir de
vous sauver.

[22]Seulement, ne vous contentez pas de l'écouter,
traduisez-la en actes, sans quoi vous vous tromperiez
vous-mêmes.

[23]En effet, si quelqu'un se contente d'écouter la Parole
sans y conformer ses actes, il ressemble à un homme qui,
en s'observant dans un miroir, découvre son vrai visage :
[24]après s'être ainsi observé, il s'en va et oublie ce qu'il est.

[25]Voici, au contraire, un homme qui scrute la loi parfaite
qui donne la liberté : il lui demeure fidèlement attaché et,
au lieu de l'oublier après l'avoir entendue, il y conforme
ses actes ; cet homme sera heureux dans tout ce qu'il fait.
[26]Mais si quelqu'un croit être religieux, alors qu'il ne sait
pas tenir sa langue en bride, il s'illusionne lui-même : sa
religion ne vaut rien.

[27]La religion authentique et pure aux yeux de Dieu, le
Père, consiste à aider les orphelins et les veuves dans leurs
détresses et à ne pas se laisser corrompre par ce monde.

Riches et pauvres : la foi et les œuvres

2 [1]Mes frères et sœurs, gardez-vous de toutes formes
de favoritisme : c'est incompatible avec la foi en notre
glorieux Seigneur Jésus-Christ. [2]Supposez, en effet, qu'un
homme vêtu d'habits somptueux, portant une bague en or
entre dans votre assemblée, et qu'entre aussi un pauvre en
haillons. [3]Si, voyant l'homme somptueusement vêtu, vous
vous empressez autour de lui et vous lui dites : « Veuillez
vous asseoir ici, c'est une bonne place ! » tandis que vous
dites au pauvre : « Tenez-vous là, debout, ou asseyez-vous
par terre, à mes pieds », [4]ne faites-vous pas des différences
parmi vous, et ne portez-vous pas des jugements fondés
sur de mauvaises raisons ?

[5]Ecoutez, mes chers frères et sœurs, Dieu n'a-t-il pas
choisi ceux qui sont pauvres dans ce monde pour qu'ils
soient riches dans la foi et qu'ils héritent du royaume qu'il
a promis à ceux qui l'aiment ? [6]Et vous, vous méprisez le
pauvre ? Ce sont pourtant les riches qui vous oppriment
et qui vous traînent en justice devant les tribunaux ! [7]Ce
sont encore eux qui outragent le beau nom que l'on a invoqué sur vous[k].

[g] **1.17** Une manière de désigner Dieu comme le Créateur des astres, que l'on retrouve dans certains écrits juifs anciens.

[h] **1.17** On trouve plusieurs formulations de la fin du v. 17 dans les manuscrits.

[i] **1.18** Voir v. 15 ; c'est-à-dire *il nous a fait naître à la vie.*

[j] **1.19** Certains manuscrits ont : *par conséquent, mes chers frères, que chacun ...*

[k] **2.7** Lors du baptême. D'autres comprennent : *le beau nom que Dieu vous a donné.*

8 If you really keep the royal law found in Scripture,
"Love your neighbor as yourself," you are doing right.
9 But if you show favoritism, you sin and are convicted
by the law as lawbreakers. 10 For whoever keeps the
whole law and yet stumbles at just one point is guilty
of breaking all of it. 11 For he who said, "You shall not
commit adultery," also said, "You shall not murder."
If you do not commit adultery but do commit murder,
you have become a lawbreaker.

12 Speak and act as those who are going to be judged
by the law that gives freedom, 13 because judgment
without mercy will be shown to anyone who has not
been merciful. Mercy triumphs over judgment.

Faith and Deeds

14 What good is it, my brothers and sisters, if someone claims to have faith but has no deeds? Can such
faith save them? 15 Suppose a brother or a sister is
without clothes and daily food. 16 If one of you says
to them, "Go in peace; keep warm and well fed," but
does nothing about their physical needs, what good
is it? 17 In the same way, faith by itself, if it is not accompanied by action, is dead.

18 But someone will say, "You have faith; I have
deeds."

Show me your faith without deeds, and I will show
you my faith by my deeds. 19 You believe that there is
one God. Good! Even the demons believe that – and
shudder.

20 You foolish person, do you want evidence that
faith without deeds is useless[b]? 21 Was not our father
Abraham considered righteous for what he did when
he offered his son Isaac on the altar? 22 You see that
his faith and his actions were working together, and
his faith was made complete by what he did. 23 And the
scripture was fulfilled that says, "Abraham believed
God, and it was credited to him as righteousness," and
he was called God's friend. 24 You see that a person
is considered righteous by what they do and not by
faith alone.

25 In the same way, was not even Rahab the prostitute considered righteous for what she did when
she gave lodging to the spies and sent them off in a
different direction? 26 As the body without the spirit
is dead, so faith without deeds is dead.

Taming the Tongue

3 1 Not many of you should become teachers, my
fellow believers, because you know that we who
teach will be judged more strictly. 2 We all stumble in

b **2:20** Some early manuscripts *dead*

8 Si, au contraire, vous vous conformez à la loi d
royaume de Dieu[l], telle qu'on la trouve dans l'Ecriture[m]
Tu aimeras ton prochain comme toi-même, alors vous agiss
bien. 9 Mais si vous faites preuve de favoritisme, vous com
mettez un péché et vous voilà condamnés par la Loi, parc
que vous lui désobéissez. 10 En effet, celui qui désobéit à u
seul commandement de la Loi, même s'il obéit à tous les au
tres, se rend coupable à l'égard de toute la Loi. 11 Car celu
qui a dit : *Tu ne commettras pas d'adultère,* a dit aussi : *Tu r*
*commettras pas de meurtre*Si donc, tout en évitant l'adultèr
tu commets un meurtre, tu désobéis bel et bien à la Loi.

12 Parlez et agissez donc comme des personnes appelée
à être jugées par la loi qui donne la liberté. 13 Dieu juger
sans pitié celui qui n'a témoigné aucune compassion au
autres ; mais la compassion triomphe du jugement.

14 Mes frères et sœurs, à quoi servirait-il à quelqu'un d
dire qu'il a la foi s'il ne le démontre pas par ses actes ? Un
telle foi peut-elle le sauver ?

15 Supposez qu'un frère ou une sœur manquent de vête
ments et n'aient pas tous les jours assez à manger. 16 E
voilà que l'un de vous leur dit : « Au revoir, mes amis, por
tez-vous bien, restez au chaud et bon appétit », sans leu
donner de quoi pourvoir aux besoins de leur corps, à quo
cela sert-il ? 17 Il en est ainsi de la foi : si elle reste seule
sans se traduire en actes, elle est morte[n]. 18 Mais quelqu'u
dira : « L'un a la foi, l'autre les actes[o]. » Eh bien ! Montre
moi ta foi sans les actes, et je te montrerai ma foi par me
actes. 19 Tu crois qu'il y a un seul Dieu ? C'est bien. Mais le
démons aussi le croient, et ils tremblent. 20 Insensé ! Veux
tu avoir la preuve que la foi sans les actes ne sert à rien[p] ?
21 Abraham, notre ancêtre, n'a-t-il pas été déclaré juste à
cause de ses actes, lorsqu'il a offert son fils Isaac sur l'au
tel ? 22 Tu le vois, sa foi et ses actes agissaient ensemble et
grâce à ses actes, sa foi a atteint son plein épanouissement
23 Ainsi s'accomplit ce que l'Ecriture déclare à son sujet
Abraham a eu confiance en Dieu, et *Dieu, en portant sa foi à*
son crédit, l'a déclaré juste, et il l'a appelé son *ami.* 24 Vous le
voyez donc : on est déclaré juste devant Dieu à cause de
ses actes, et pas uniquement à cause de sa foi. 25 Rahab, la
prostituée, n'a-t-elle pas aussi été déclarée juste par Dieu
à cause de ses actes, lorsqu'elle a donné asile aux envoyés
israélites et les a aidés à s'échapper par un autre chemin ?
26 Car comme le corps sans l'esprit est mort, la foi sans les
actes est morte.

Dompter sa langue

3 1 Mes amis, ne soyez pas nombreux à enseigner ; vous
le savez : nous qui enseignons, nous serons jugés plus
sévèrement.

2 Car chacun de nous commet des fautes de bien des
manières. Celui qui ne commet jamais de faute dans ses

l **2.8** Autre traduction : *la loi qui surpasse toute autre loi.*

m **2.8** D'autres comprennent : *si au contraire, en vous inspirant de cette parole de l'Ecriture : Tu aimeras ton prochain comme toi-même, vous accomplirez la loi du royaume de Dieu, vous faites bien.*

n **2.17** Autre traduction : *si elle ne se traduit pas en actes, elle est morte puisqu'elle n'est plus elle-même.*

o **2.18** D'autres comprennent : *toi (« faux » croyant), tu prétends avoir la foi ; et moi j'ai les œuvres. Eh bien, montre-moi ...* ou encore : *toi (Jacques), tu prétends avoir la foi ; et moi j'ai les œuvres. Eh bien ...*

p **2.20** Certains manuscrits ont : *morte.*

any ways. Anyone who is never at fault in what they
ay is perfect, able to keep their whole body in check.
3When we put bits into the mouths of horses to
ake them obey us, we can turn the whole animal.
Or take ships as an example. Although they are
o large and are driven by strong winds, they are
teered by a very small rudder wherever the pilot
wants to go. 5Likewise, the tongue is a small part of
he body, but it makes great boasts. Consider what
great forest is set on fire by a small spark. 6The
ongue also is a fire, a world of evil among the parts
f the body. It corrupts the whole body, sets the
whole course of one's life on fire, and is itself set
n fire by hell.

7All kinds of animals, birds, reptiles and sea crea-
ures are being tamed and have been tamed by
nankind, 8but no human being can tame the tongue.
t is a restless evil, full of deadly poison.

9With the tongue we praise our Lord and Father, and
vith it we curse human beings, who have been made
n God's likeness. 10Out of the same mouth come praise
nd cursing. My brothers and sisters, this should not
e. 11Can both fresh water and salt water flow from
he same spring? 12My brothers and sisters, can a fig
ree bear olives, or a grapevine bear figs? Neither can
a salt spring produce fresh water.

Two Kinds of Wisdom

13Who is wise and understanding among you? Let
them show it by their good life, by deeds done in the
humility that comes from wisdom. 14But if you harbor
bitter envy and selfish ambition in your hearts, do
not boast about it or deny the truth. 15Such "wisdom"
does not come down from heaven but is earthly, unspiritual, demonic. 16For where you have envy and
selfish ambition, there you find disorder and every
evil practice.

17But the wisdom that comes from heaven is first of
all pure; then peace-loving, considerate, submissive,
full of mercy and good fruit, impartial and sincere.
18Peacemakers who sow in peace reap a harvest of
righteousness.

Submit Yourselves to God

4 1What causes fights and quarrels among you?
Don't they come from your desires that battle
within you? 2You desire but do not have, so you kill.
You covet but you cannot get what you want, so you
quarrel and fight. You do not have because you do not
ask God. 3When you ask, you do not receive, because
you ask with wrong motives, that you may spend what
you get on your pleasures.

paroles est un homme parvenu à l'état d'adulte, capable
de maîtriser aussi son corps tout entier.
3Quand nous mettons un mors dans la bouche des chevaux, pour qu'ils nous obéissent, nous dirigeons aussi tout
leur corps. 4Pensez encore aux bateaux : même s'il s'agit de
grands navires et s'ils sont poussés par des vents violents,
il suffit d'un tout petit gouvernail pour les diriger au gré
du pilote. 5Il en va de même pour la langue : c'est un petit
organe, mais elle se vante de grandes choses. Ne suffit-il
pas d'un petit feu pour incendier une vaste forêt ? 6La
langue aussi est un feu ; c'est tout un monde de mal. Elle est
là, parmi les autres organes de notre corps, et contamine
notre être entier. Allumée au feu de l'enfer, elle enflamme
toute notre existence.

7L'homme est capable de dompter toutes sortes de bêtes
sauvages, d'oiseaux, de reptiles, d'animaux marins, et il les
a effectivement domptées. 8Mais la langue, aucun homme
ne peut la dompter. C'est un fléau impossible à maîtriser ;
elle est pleine d'un venin mortel.

9Nous nous en servons pour louer le Seigneur, notre
Père, et nous nous en servons aussi pour maudire les hommes, pourtant créés *de sorte qu'ils lui ressemblent*. 10De la
même bouche sortent bénédiction et malédiction ! Mes
frères et sœurs, il ne faut pas qu'il en soit ainsi. 11Avez-
vous déjà vu de l'eau douce et de l'eau salée jaillir d'une
même source par la même ouverture ? 12Un figuier, frères
et sœurs, peut-il porter des olives, ou une vigne des figues ?
Une source salée ne peut pas non plus donner de l'eau
douce.

La sagesse qui vient d'en haut

13Y a-t-il parmi vous quelqu'un de sage et d'expérimenté ? Qu'il en donne la preuve par sa bonne conduite,
c'est-à-dire par des actes empreints de l'humilité qui caractérise la véritable sagesse. 14Mais si votre cœur est plein
d'amère jalousie, si vous êtes animés d'un esprit querelleur,
il n'y a vraiment pas lieu de vous vanter ; ce serait faire
entorse à la vérité.

15Une telle sagesse ne vient certainement pas du ciel,
elle est de ce monde, de l'homme sans Dieu, elle est démoniaque. 16Car là où règnent la jalousie et l'esprit de rivalité,
là aussi habitent le désordre et toutes sortes de pratiques
indignes. 17Au contraire, la sagesse qui vient d'en haut
est en premier lieu pure ; de plus, elle aime la paix, elle
est modérée et conciliante, pleine de compassion ; elle
produit beaucoup de bons fruits, elle est sans parti pris
et sans hypocrisie.

18Ceux qui travaillent à la paix sèment dans la paix une
semence qui produira un fruit conforme à ce qui est juste.

Le danger des mauvais désirs

4 1D'où proviennent les conflits et les querelles entre
vous ? N'est-ce pas des désirs égoïstes qui combattent
sans cesse en vous ? 2Vous convoitez beaucoup de choses,
mais vos désirs restent insatisfaits. Vous êtes meurtriers,
vous vous consumez en jalousie, et vous ne pouvez rien
obtenir. Vous bataillez et vous vous disputez. Vous n'avez
pas ce que vous désirez parce que vous ne demandez pas à
Dieu. 3Ou bien, quand vous demandez, vous ne recevez pas,
car vous demandez avec de mauvais motifs : vous voulez
que l'objet de vos demandes serve à votre propre plaisir.

4 You adulterous people,[c] don't you know that friendship with the world means enmity against God? Therefore, anyone who chooses to be a friend of the world becomes an enemy of God. 5 Or do you think Scripture says without reason that he jealously longs for the spirit he has caused to dwell in us[d]? 6 But he gives us more grace. That is why Scripture says:

"God opposes the proud
but shows favor to the humble."

7 Submit yourselves, then, to God. Resist the devil, and he will flee from you. 8 Come near to God and he will come near to you. Wash your hands, you sinners, and purify your hearts, you double-minded. 9 Grieve, mourn and wail. Change your laughter to mourning and your joy to gloom. 10 Humble yourselves before the Lord, and he will lift you up.

11 Brothers and sisters, do not slander one another. Anyone who speaks against a brother or sister[e] or judges them speaks against the law and judges it. When you judge the law, you are not keeping it, but sitting in judgment on it. 12 There is only one Lawgiver and Judge, the one who is able to save and destroy. But you – who are you to judge your neighbor?

Boasting About Tomorrow

13 Now listen, you who say, "Today or tomorrow we will go to this or that city, spend a year there, carry on business and make money." 14 Why, you do not even know what will happen tomorrow. What is your life? You are a mist that appears for a little while and then vanishes. 15 Instead, you ought to say, "If it is the Lord's will, we will live and do this or that." 16 As it is, you boast in your arrogant schemes. All such boasting is evil. 17 If anyone, then, knows the good they ought to do and doesn't do it, it is sin for them.

Warning to Rich Oppressors

5 1 Now listen, you rich people, weep and wail because of the misery that is coming on you. 2 Your wealth has rotted, and moths have eaten your clothes. 3 Your gold and silver are corroded. Their corrosion will testify against you and eat your flesh like fire. You have hoarded wealth in the last days. 4 Look! The wages you failed to pay the workers who mowed your fields are crying out against you. The cries of the harvesters have reached the ears of the Lord Almighty. 5 You have lived on earth in luxury and self-indulgence. You have fattened yourselves in the day of slaughter.[f] 6 You have condemned and murdered the innocent one, who was not opposing you.

c **4:4** An allusion to covenant unfaithfulness; see Hosea 3:1.
d **4:5** Or *that the spirit he caused to dwell in us envies intensely; or that the Spirit he caused to dwell in us longs jealously*
e **4:11** The Greek word for *brother or sister* (*adelphos*) refers here to a believer, whether man or woman, as part of God's family.
f **5:5** Or *yourselves as in a day of feasting*

4 Peuple adultère[q] que vous êtes ! Ne savez-vous pa
qu'aimer le monde, c'est haïr Dieu ? Si donc quelqu'un ve
être l'ami du monde, il se fait l'ennemi de Dieu. 5 Prenez
vous pour des paroles en l'air ce que déclare l'Ecriture[r]
– Dieu ne tolère aucun rival de l'Esprit qu'il a fait habite
en nous[s], 6 mais bien plus grande est la grâce qu'il nou
accorde. – Voici donc ce que déclare l'Ecriture : *Dieu s'op
pose aux orgueilleux, mais il accorde sa grâce aux humbles*
7 Soumettez-vous donc à Dieu, résistez au diable, et il fuir
loin de vous. 8 Approchez-vous de Dieu, et il s'approchera d
vous. Nettoyez vos mains, pécheurs, et purifiez votre cœu
vous qui avez le cœur partagé. 9 Prenez conscience de votr
misère et soyez dans le deuil ; pleurez ! Que votre rire s
change en pleurs et votre gaieté en tristesse ! 10 Abaissez
vous devant le Seigneur, et il vous relèvera.

Ne pas s'ériger en juge d'autrui

11 Frères et sœurs, ne vous critiquez pas les uns les au
tres. Celui qui critique son frère ou sa sœur, ou qui se fai
son juge, critique la Loi et la juge. Mais si tu juges la Lo
tu n'es plus celui qui lui obéit, tu t'en fais le juge. 12 Or i
n'y a qu'un seul législateur et juge, celui qui peut sauve
et faire périr. Mais pour qui te prends-tu, toi qui juge
ton prochain ?

La tentation des richesses

13 Et maintenant, écoutez-moi, vous qui dites
« Aujourd'hui ou demain, nous irons dans telle ville, nou
y passerons une année, nous y ferons des affaires et nous
gagnerons de l'argent. » 14 Savez-vous ce que demain vous
réserve ? Qu'est-ce que votre vie ? Une brume légère, vis
ible quelques instants et qui se dissipe bien vite. 15 Voic
ce que vous devriez dire : « Si le Seigneur le veut, nous
vivrons et nous ferons ceci ou cela ! » 16 Mais en réalité
vous mettez votre orgueil dans vos projets présomptueux
Tout orgueil de ce genre est mauvais. 17 Or, qui sait faire le
bien et ne le fait pas se rend coupable d'un péché.

5 1 Et maintenant, écoutez-moi, vous qui êtes riches.
Pleurez et lamentez-vous au sujet des malheurs qui
vont fondre sur vous ! 2 Votre richesse est pourrie et vos
vêtements sont rongés par les mites. 3 Votre or et votre
argent sont corrodés et cette corrosion témoignera contre
vous, elle dévorera votre chair comme un feu. Vous avez
entassé des richesses dans ces jours de la fin. 4 Vous n'avez
pas payé leur juste salaire aux ouvriers qui ont moissonné
vos champs. Cette injustice crie contre vous et les clameurs
des moissonneurs sont parvenues jusqu'aux oreilles du
Seigneur des armées célestes. 5 Vous avez vécu ici-bas dans
les plaisirs et le luxe, vous vous êtes engraissés comme des
animaux pour le jour où vous allez être égorgés. 6 Vous
avez condamné, vous avez assassiné des innocents[u], sans
qu'ils vous résistent.

q **4.4** L'amour du monde est un *adultère* spirituel, une rupture de l'engagement envers Dieu pour se lier à un autre dieu.
r **4.5** C'est-à-dire la citation de la fin du v. 6.
s **4.5** Autres traductions : *Dieu réclame pour lui seul l'esprit qu'il a fait habiter en nous* ou *l'Esprit que Dieu a fait habiter en nous désire d'un amour sans partage* ou *l'esprit (humain) que Dieu a fait habiter en nous est plein de désirs envieux.*
t **4.6** Pr 3.34 cité selon l'ancienne version grecque.
u **5.6** Autre traduction : *le Juste.*

atience in Suffering

7 Be patient, then, brothers and sisters, until the ›rd's coming. See how the farmer waits for the land › yield its valuable crop, patiently waiting for the ıtumn and spring rains. 8 You too, be patient and and firm, because the Lord's coming is near. 9 Don't rumble against one another, brothers and sisters, or ›u will be judged. The Judge is standing at the door! 10 Brothers and sisters, as an example of patience the face of suffering, take the prophets who spoke ı the name of the Lord. 11 As you know, we count as lessed those who have persevered. You have heard f Job's perseverance and have seen what the Lord nally brought about. The Lord is full of compassion nd mercy.

12 Above all, my brothers and sisters, do not wear – not by heaven or by earth or by anything lse. All you need to say is a simple "Yes" or "No." therwise you will be condemned.

he Prayer of Faith

13 Is anyone among you in trouble? Let them pray. s anyone happy? Let them sing songs of praise. 14 Is ınyone among you sick? Let them call the elders of he church to pray over them and anoint them with oil n the name of the Lord. 15 And the prayer offered in aith will make the sick person well; the Lord will raise hem up. If they have sinned, they will be forgiven. 6 Therefore confess your sins to each other and pray or each other so that you may be healed. The prayer f a righteous person is powerful and effective.

17 Elijah was a human being, even as we are. He rayed earnestly that it would not rain, and it did ıot rain on the land for three and a half years. 18 Again ıe prayed, and the heavens gave rain, and the earth produced its crops.

19 My brothers and sisters, if one of you should wander from the truth and someone should bring that person back, 20 remember this: Whoever turns a sinner from the error of their way will save them from death and cover over a multitude of sins.

Le courage dans l'épreuve

7 Frères et sœurs, patientez donc jusqu'à ce que le Seigneur vienne. Pensez au cultivateur : il attend les précieuses récoltes de sa terre. Il prend patience à leur égard, jusqu'à ce que tombent les pluies de l'automne et du printemps. 8 Vous aussi, prenez patience, soyez pleins de courage, car la venue du Seigneur est proche.

9 Ne vous répandez pas en plaintes les uns contre les autres, frères et sœurs, si vous ne voulez pas être condamnés. Voici que le Juge se tient déjà devant la porte. 10 Frères et sœurs, prenez comme modèles de patience persévérante dans la souffrance les prophètes qui ont parlé de la part du Seigneur.

11 Oui, nous disons bienheureux ceux qui ont tenu bon. Vous avez entendu comment Job a supporté la souffrance. Vous savez ce que le Seigneur a finalement fait en sa faveur[v], parce que le Seigneur est plein de bonté et de compassion.

Une parole vraie

12 Avant tout, frères et sœurs, ne faites pas de serment, ni par le ciel, ni par la terre, ni par n'importe quoi d'autre. Que votre oui soit un vrai oui et votre non un vrai non, afin que vous ne tombiez pas sous le coup de la condamnation.

La prière solidaire

13 L'un de vous passe-t-il par la souffrance ? Qu'il prie. Un autre est-il dans la joie ? Qu'il chante des cantiques. 14 L'un de vous est-il malade ? Qu'il appelle les responsables de l'Eglise, qui prieront pour lui, après lui avoir fait une onction d'huile au nom du Seigneur. 15 La prière faite avec foi obtiendra la guérison du malade[w] et le Seigneur le relèvera. S'il a commis quelque péché, il lui sera pardonné. 16 Confessez vos péchés les uns aux autres et priez les uns pour les autres, afin que vous soyez guéris. Quand un juste prie, sa prière a une grande efficacité.

17 Elie était un homme tout à fait semblable à nous. Il pria avec insistance pour qu'il ne pleuve pas et, pendant trois ans et demi, il ne tomba pas de pluie sur le sol. 18 Puis il pria de nouveau et le ciel redonna la pluie, et la terre produisit ses récoltes.

Conclusion : le retour de l'égaré

19 Mes frères et sœurs, si quelqu'un parmi vous s'égare loin de la vérité, et qu'un autre l'y ramène, 20 sachez que celui qui ramène un pécheur de la voie où il s'égarait le sauvera de la mort et *permettra le pardon d'un grand nombre de péchés.*

---

[v] **5.11** Autre traduction : *quel but le Seigneur se proposait d'atteindre.* Voir Jb 1 ; 2 ; 42.

[w] **5.15** D'autres comprennent : *sauvera le malade.*

1 Peter

1 1 Peter, an apostle of Jesus Christ,

To God's elect, exiles scattered throughout the provinces of Pontus, Galatia, Cappadocia, Asia and Bithynia, 2 who have been chosen according to the foreknowledge of God the Father, through the sanctifying work of the Spirit, to be obedient to Jesus Christ and sprinkled with his blood:

Grace and peace be yours in abundance.

Praise to God for a Living Hope

3 Praise be to the God and Father of our Lord Jesus Christ! In his great mercy he has given us new birth into a living hope through the resurrection of Jesus Christ from the dead, 4 and into an inheritance that can never perish, spoil or fade. This inheritance is kept in heaven for you, 5 who through faith are shielded by God's power until the coming of the salvation that is ready to be revealed in the last time. 6 In all this you greatly rejoice, though now for a little while you may have had to suffer grief in all kinds of trials. 7 These have come so that the proven genuineness of your faith – of greater worth than gold, which perishes even though refined by fire – may result in praise, glory and honor when Jesus Christ is revealed. 8 Though you have not seen him, you love him; and even though you do not see him now, you believe in him and are filled with an inexpressible and glorious joy, 9 for you are receiving the end result of your faith, the salvation of your souls.

10 Concerning this salvation, the prophets, who spoke of the grace that was to come to you, searched intently and with the greatest care, 11 trying to find out the time and circumstances to which the Spirit of Christ in them was pointing when he predicted the sufferings of the Messiah and the glories that would follow. 12 It was revealed to them that they were not serving themselves but you, when they spoke of the

Première lettre de Pierre

Salutation

1 1 Pierre, apôtre de Jésus-Christ, salue ceux que Die
a choisis et qui vivent comme des résidents étran
ers, dispersés[a] dans les provinces du Pont, de Galatie, d
Cappadoce, d'Asie et de Bithynie[b]. 2 Dieu, le Père, vous
choisis d'avance[c], conformément à son plan, et vous ave
été purifiés par l'Esprit, pour obéir à Jésus-Christ et béné
ficier de l'aspersion de son sang[d]. Que la grâce et la pai
vous soient abondamment accordées.

L'espérance du salut

Une espérance vivante

3 Béni soit Dieu, le Père de notre Seigneur Jésus-Christ
Dans sa grande compassion, il nous a fait naître à une vi
nouvelle, pour nous donner une espérance vivante par l
résurrection de Jésus-Christ. 4 Car il a préparé pour nou
un héritage qui ne peut ni se détruire, ni se corrompre, n
perdre sa beauté. Il le tient en réserve pour vous dans le
cieux, 5 vous qu'il garde, par sa puissance, au moyen de l
foi, en vue du salut qui est prêt à être révélé au momen
de la fin.

6 Voilà ce qui fait votre joie, même si, actuellement, i
faut que vous soyez attristés pour un peu de temps pa
diverses épreuves : 7 celles-ci servent à éprouver la valeu
de votre foi. Le feu du creuset n'éprouve-t-il pas l'or qu
pourtant disparaîtra un jour ? Pourtant, votre foi qui a
résisté à l'épreuve a une valeur beaucoup plus précieuse
Elle vous vaudra louange, gloire et honneur, lorsque Jésus
Christ apparaîtra.

8 Jésus, vous ne l'avez pas vu, et pourtant vous l'aimez
mais en plaçant votre confiance en lui sans le voir encore
vous êtes remplis d'une joie glorieuse et inexprimable
9 car vous obtenez en retour votre salut qui est le but de
votre foi.

Les prophètes l'ont annoncée pour nous

10 Ce salut a fait l'objet des recherches et des investi-
gations des prophètes qui ont annoncé d'avance la grâce
qui vous était destinée. 11 Ils cherchaient à découvrir à
quelle époque et à quels événements se rapportaient les
indications données par l'Esprit de Christ. Cet Esprit était
en eux et annonçait à l'avance les souffrances du Messie
et la gloire dont elles seraient suivies. 12 Il leur fut révélé
que le message dont ils étaient chargés n'était pas pour

[a] **1.1** Ce terme désignait généralement les Juifs de la diaspora, c'est-à-dire des pays autres que celui d'Israël. Il s'applique aux chrétiens dispersés dans les provinces nommées de l'Empire romain (voir Jc 1.1 et note).

[b] **1.1** Cinq provinces d'Asie Mineure (l'actuelle Turquie).

[c] **1.2** Voir 1.20 et Rm 8.29. D'autres comprennent : *vous a choisis selon ce qu'il connaissait d'avance.*

[d] **1.2** Le vocabulaire de ce verset est emprunté à celui des sacrifices de l'ancienne alliance : l'aspersion du sang purifiait les objets et les personnes, préfigurant la mort de Christ qui nous purifie de nos péchés (voir Ex 24.3-8 ; 29.21 ; Lv 16.14-15). Ceux qui étaient aspergés avec le sang étaient mis symboliquement au bénéfice du sacrifice offert.

ıings that have now been told you by those who
ave preached the gospel to you by the Holy Spirit
ent from heaven. Even angels long to look into these
ıings.

e Holy

13 Therefore, with minds that are alert and fully
ober, set your hope on the grace to be brought to
ou when Jesus Christ is revealed at his coming. 14 As
bedient children, do not conform to the evil desires
ou had when you lived in ignorance. 15 But just as he
ho called you is holy, so be holy in all you do; 16 for it
written: "Be holy, because I am holy."

17 Since you call on a Father who judges each per-
on's work impartially, live out your time as foreigners
ere in reverent fear. 18 For you know that it was not
vith perishable things such as silver or gold that you
vere redeemed from the empty way of life handed
lown to you from your ancestors, 19 but with the
recious blood of Christ, a lamb without blemish or
lefect. 20 He was chosen before the creation of the
vorld, but was revealed in these last times for your
ake. 21 Through him you believe in God, who raised
im from the dead and glorified him, and so your faith
nd hope are in God.

22 Now that you have purified yourselves by obeying
he truth so that you have sincere love for each other,
ove one another deeply, from the heart.[a] 23 For you
ave been born again, not of perishable seed, but of
mperishable, through the living and enduring word
of God. 24 For,

"All people are like grass,
and all their glory is like the flowers of the
field;
the grass withers and the flowers fall,
25 but the word of the Lord endures forever."[b]

And this is the word that was preached to you.

[a] 1:22 Some early manuscripts *from a pure heart*
[b] 1:25 Isaiah 40:6-8 (see Septuagint)

eux, mais pour vous. Et ce message vous a été communiqué maintenant par ceux qui vous ont annoncé la Bonne
Nouvelle sous l'action de l'Esprit Saint envoyé du ciel ;
les anges eux-mêmes ne se lassent pas de le découvrir[e].

Les impératifs de la vie chrétienne

Espérer

13 C'est pourquoi, tenez votre esprit en éveil[f] et faites
preuve de modération ; mettez toute votre espérance dans
la grâce qui vous sera accordée le jour où Jésus-Christ
apparaîtra.

Etre saints

14 Comme des enfants obéissants, ne vous laissez plus
diriger par les passions qui vous gouvernaient autrefois,
au temps de votre ignorance. 15 Au contraire, tout comme celui qui vous a appelés est saint, soyez saints dans
tout votre comportement. 16 Car voici ce que Dieu dit dans
l'Ecriture : *Soyez saints, car je suis saint.*

Vivre dans la crainte de Dieu

17 Dans vos prières, vous appelez Père celui qui juge im-
partialement tout homme selon ses actes. Par conséquent,
pendant tout le temps de votre séjour en ce monde, que la
crainte de Dieu inspire votre conduite.

18 Vous avez été libérés de cette manière futile de vivre
que vous ont transmise vos ancêtres et vous savez à quel
prix. Ce n'est pas par des biens périssables comme l'argent
et l'or. 19 Non, il a fallu que Christ, tel un agneau pur et sans
défaut[g], verse son sang précieux en sacrifice pour vous.
20 Dès avant la création du monde, Dieu l'avait choisi[h] pour
cela, et il a paru, dans ces temps qui sont les derniers, pour
agir en votre faveur. 21 Par lui, vous croyez en Dieu, qui l'a
ressuscité et lui a donné la gloire. Ainsi votre foi et votre
espérance sont tournées vers Dieu.

Aimer

22 Par votre obéissance à la vérité[i], vous avez purifié
votre être afin d'aimer sincèrement vos frères et sœurs.
Aimez-vous donc ardemment les uns les autres de tout
votre cœur[j]. 23 Car vous êtes nés à une vie nouvelle, non
d'un homme mortel, mais d'une semence immortelle : la
Parole vivante et éternelle de Dieu. 24 En effet, il est écrit :

Tout homme est pareil à l'herbe,
et toute sa gloire comme la fleur des champs.
L'herbe se dessèche et sa fleur tombe,
25 *mais la Parole du Seigneur subsiste éternellement.*

Or, cette Parole, c'est l'Evangile qui vous a été annoncé.

[e] 1.12 Autre traduction : *désirent le découvrir.*
[f] 1.13 Littéralement : *ceignez les reins de votre esprit.* Les contemporains de l'apôtre portaient une longue tunique qu'ils laissaient flottante dans la maison, mais lorsqu'ils voulaient marcher ou travailler, ils mettaient une ceinture autour des reins pour ne pas être gênés par les plis amples de cette tunique.
[g] 1.19 C'étaient les conditions requises pour tout agneau offert en sacrifice (Ex 12.5; voir 1 Co 5.7). Pierre était présent lorsque Jean-Baptiste a désigné Jésus comme l'agneau qui ôte les péchés du monde (Jn 1.29).
[h] 1.20 Autre traduction : *Il l'avait connu d'avance.*
[i] 1.22 Certains manuscrits précisent : *par l'Esprit.*
[j] 1.22 Certains manuscrits ont : *d'un cœur pur.*

2

1 Therefore, rid yourselves of all malice and all deceit, hypocrisy, envy, and slander of every kind. 2 Like newborn babies, crave pure spiritual milk, so that by it you may grow up in your salvation, 3 now that you have tasted that the Lord is good.

The Living Stone and a Chosen People

4 As you come to him, the living Stone – rejected by humans but chosen by God and precious to him – 5 you also, like living stones, are being built into a spiritual house[c] to be a holy priesthood, offering spiritual sacrifices acceptable to God through Jesus Christ. 6 For in Scripture it says:

"See, I lay a stone in Zion,
a chosen and precious cornerstone,
and the one who trusts in him
will never be put to shame."

7 Now to you who believe, this stone is precious. But to those who do not believe,

"The stone the builders rejected
has become the cornerstone,"

8 and,

"A stone that causes people to stumble
and a rock that makes them fall."

They stumble because they disobey the message – which is also what they were destined for.

9 But you are a chosen people, a royal priesthood, a holy nation, God's special possession, that you may declare the praises of him who called you out of darkness into his wonderful light. 10 Once you were not a people, but now you are the people of God; once you had not received mercy, but now you have received mercy.

Living Godly Lives in a Pagan Society

11 Dear friends, I urge you, as foreigners and exiles, to abstain from sinful desires, which wage war against your soul. 12 Live such good lives among the pagans that, though they accuse you of doing wrong, they may see your good deeds and glorify God on the day he visits us.

13 Submit yourselves for the Lord's sake to every human authority: whether to the emperor, as the supreme authority, 14 or to governors, who are sent by him to punish those who do wrong and to commend

c 2:5 *Or into a temple of the Spirit*

Croître en se nourrissant de la Parole

2

1 Rejetez donc toutes les formes de méchanceté et d ruse, l'hypocrisie, la jalousie, et toute médisanc 2 Comme des enfants nouveau-nés, désirez ardemment l lait pur de la Parole, afin qu'il vous fasse grandir en vue d salut, 3 puisque, vous avez *goûté combien le Seigneur est bo*

Former un temple pour Dieu

4 Approchez-vous de lui, car il est la *pierre* vivante qu les hommes ont *rejetée* mais que Dieu *a choisie* et à laquel il attache *une grande valeur.* 5 Et vous aussi, comme de pierres vivantes, vous qui formez un temple[k] spiritue édifiez-vous pour constituer une sainte communauté d prêtres, chargés de lui offrir des sacrifices spirituels qu' pourra accepter favorablement par Jésus-Christ. 6 Voici, e effet, ce qu'on trouve dans l'Ecriture à ce sujet :

Moi, je place en Sion une pierre angulaire
choisie, d'une grande valeur.
Celui qui met sa confiance en elle
ne connaîtra jamais le déshonneur[l].

7 Pour vous donc qui croyez : l'honneur ! Mais pour ceu qui ne croient pas :

La pierre que les constructeurs ont rejetée
est devenue la pierre principale,
la pierre d'angle,
8 *une pierre qu'on heurte,*
un rocher qui fait trébucher.

Parce qu'ils refusent de croire à la Parole, il leur arriv ce qui était prévu pour eux[m] : ils tombent à cause de cett pierre.

9 Mais vous, vous êtes un *peuple élu*, une *communauté d rois-prêtres*, une *nation sainte*, un *peuple que Dieu a pris pou sien, pour* que vous *célébriez bien haut les œuvres merveilleuse* de celui qui vous a appelés à passer des ténèbres à so admirable lumière. 10 Car vous qui autrefois *n'étiez pas so peuple*, vous êtes maintenant *le peuple de Dieu*. Vous qu *n'aviez pas obtenu compassion*, vous avez désormais *obten compassion.*

VIVRE DANS UN MONDE HOSTILE

Une bonne conduite au milieu des incroyants

11 Mes chers amis, vous êtes dans ce monde comme des résidents temporaires, des étrangers ; c'est pourquoi je vous le demande : ne cédez pas aux désirs de l'homme livré à lui-même : ils font la guerre en vous. 12 Ayez une bonne conduite au milieu des païens. Ainsi, dans les domaines mêmes où ils vous calomnient en vous accusant de faire le mal, ils verront vos bonnes actions et loueront Dieu le jour où il interviendra dans leur vie[n].

La soumission volontaire

13 Pour l'amour du Seigneur, soumettez-vous à vos semblables, qui sont des créatures de Dieu : au roi qui détient le pouvoir suprême, 14 comme à ses gouverneurs chargés de punir les malfaiteurs et d'approuver les gens honnêtes. –

k **2.5** Le temple de l'ancienne alliance préfigurait la maison spirituelle constituée à présent par l'ensemble des croyants (1 Co 3.16 ; Ep 2.19-22).
l **2.6** Es 28.16 cité selon l'ancienne version grecque.
m **2.8** Autre traduction : *ce à quoi ils étaient destinés.*
n **2.12** Autre traduction : *et rendront gloire à Dieu le jour où il viendra les juger.*

ose who do right. 15For it is God's will that by doing
ood you should silence the ignorant talk of foolish
eople. 16Live as free people, but do not use your
eedom as a cover-up for evil; live as God's slaves.
Show proper respect to everyone, love the family
f believers, fear God, honor the emperor.

18Slaves, in reverent fear of God submit yourselves
o your masters, not only to those who are good and
onsiderate, but also to those who are harsh. 19For it
s commendable if someone bears up under the pain
f unjust suffering because they are conscious of God.
But how is it to your credit if you receive a beating
or doing wrong and endure it? But if you suffer for
oing good and you endure it, this is commendable
efore God. 21To this you were called, because Christ
uffered for you, leaving you an example, that you
hould follow in his steps.

22 "He committed no sin,
and no deceit was found in his mouth."

3When they hurled their insults at him, he did not re-
aliate; when he suffered, he made no threats. Instead,
e entrusted himself to him who judges justly. 24"He
imself bore our sins" in his body on the cross, so that
e might die to sins and live for righteousness; "by his
ounds you have been healed." 25For "you were like
heep going astray,"[d] but now you have returned to
he Shepherd and Overseer of your souls.

3 1Wives, in the same way submit yourselves to
your own husbands so that, if any of them do
ot believe the word, they may be won over without
words by the behavior of their wives, 2when they see
he purity and reverence of your lives. 3Your beauty
hould not come from outward adornment, such as
laborate hairstyles and the wearing of gold jewelry
r fine clothes. 4Rather, it should be that of your inner
self, the unfading beauty of a gentle and quiet spirit,
which is of great worth in God's sight. 5For this is
the way the holy women of the past who put their
hope in God used to adorn themselves. They submitted themselves to their own husbands, 6like Sarah,
who obeyed Abraham and called him her lord. You
are her daughters if you do what is right and do not
give way to fear.
7Husbands, in the same way be considerate as you
live with your wives, and treat them with respect
as the weaker partner and as heirs with you of the
gracious gift of life, so that nothing will hinder your
prayers.

Suffering for Doing Good

8Finally, all of you, be like-minded, be sympathetic,
love one another, be compassionate and humble. 9Do
not repay evil with evil or insult with insult. On the

---

d 2:24,25 Isaiah 53:4,5,6 (see Septuagint)

15Car voici ce que Dieu veut : c'est qu'en pratiquant le bien,
vous réduisiez au silence toutes les calomnies portées
contre vous par les insensés, dans leur ignorance. 16Vous
agirez ainsi en hommes libres, sans faire pour autant de
votre liberté un voile pour couvrir une mauvaise conduite,
car vous êtes des serviteurs de Dieu. – 17Témoignez à tout
homme le respect auquel il a droit, aimez vos frères et
sœurs en la foi, « craignez Dieu, respectez le roi » !

Les esclaves et leurs maîtres

18Serviteurs, soumettez-vous à votre maître avec toute
la crainte qui lui est due, non seulement s'il est bon et bienveillant, mais aussi s'il est dur. 19En effet, c'est un privilège
que de supporter des souffrances imméritées, par motif
de conscience envers Dieu. 20Quelle gloire y a-t-il, en effet,
à endurer un châtiment pour avoir commis une faute ?
Mais si vous endurez la souffrance tout en ayant fait le
bien, c'est là un privilège devant Dieu.
21C'est à cela que Dieu vous a appelés, car Christ aussi
a souffert pour vous, vous laissant un exemple, pour que
vous suiviez ses traces. 22*Il n'a commis aucun péché, ses lèvres*
n'avaient produit la tromperie[o]. 23Injurié, il ne ripostait pas
par l'injure. Quand on le faisait souffrir, il ne formulait
aucune menace, mais remettait sa cause entre les mains
du juste Juge. 24Il a pris nos péchés sur lui et les a portés
dans son corps, sur la croix, afin qu'étant morts pour le
péché, nous menions une vie juste. Oui, c'est *par ses bles-*
sures que vous avez été guéris. 25Car vous étiez comme des
brebis errantes mais, à présent, vous êtes retournés vers
le berger qui veille sur vous.

Les femmes et leurs maris

3 1Vous de même, femmes, soyez soumises chacune à
son mari, pour que si certains d'entre eux ne croient
pas à la Parole de Dieu, ils soient gagnés à la foi sans parole, par votre conduite, 2en observant votre attitude
respectueuse et pure.
3Que votre parure ne soit pas extérieure : cheveux habilement tressés, bijoux en or, toilettes élégantes, 4mais la
parure cachée de l'être intérieur : la beauté impérissable
d'un esprit doux et paisible, à laquelle Dieu attache un
grand prix. 5Car c'est ainsi que se paraient autrefois les
saintes femmes qui plaçaient leur espérance en Dieu, et
elles étaient soumises à leur mari.
6Tel était, par exemple, le cas de Sara : dans son obéissance à Abraham, elle l'appelait : *mon seigneur*C'est d'elle
que vous êtes les filles, si vous faites le bien sans vous
laisser troubler par aucune crainte.
7Vous de même, maris, vivez chacun avec votre femme
en faisant preuve de discernement, et en tenant compte
de la nature plus délicate de la femme.
Traitez-les avec respect : elles doivent recevoir avec vous
la vie que Dieu accorde dans sa grâce. Agissez ainsi afin
que rien ne vienne faire obstacle à vos prières.

Faire le bien

8Enfin, visez tous le même but, partagez vos peines, aimez-vous comme des frères et des sœurs, soyez bons, soyez
humbles. 9Ne rendez pas le mal pour le mal, ni l'injure
pour l'injure. Répondez au contraire par la bénédiction,

---

o **2.22** Es 53.9. Les versets 22-25 s'inspirent de la prophétie d'Esaïe 53 sur
le Serviteur souffrant.

contrary, repay evil with blessing, because to this you
were called so that you may inherit a blessing. 10 For,
"Whoever would love life
and see good days
must keep their tongue from evil
and their lips from deceitful speech.
11 They must turn from evil and do good;
they must seek peace and pursue it.
12 For the eyes of the Lord are on the righteous
and his ears are attentive to their prayer,
but the face of the Lord is against those who
do evil."

13 Who is going to harm you if you are eager to do
good? 14 But even if you should suffer for what is right,
you are blessed. "Do not fear their threats[e]; do not
be frightened." 15 But in your hearts revere Christ as
Lord. Always be prepared to give an answer to everyone who asks you to give the reason for the hope that
you have. But do this with gentleness and respect,
16 keeping a clear conscience, so that those who speak
maliciously against your good behavior in Christ may
be ashamed of their slander. 17 For it is better, if it is
God's will, to suffer for doing good than for doing evil.
18 For Christ also suffered once for sins, the righteous
for the unrighteous, to bring you to God. He was put to
death in the body but made alive in the Spirit. 19 After
being made alive,[f] he went and made proclamation to
the imprisoned spirits – 20 to those who were disobedient long ago when God waited patiently in the days
of Noah while the ark was being built. In it only a few
people, eight in all, were saved through water, 21 and
this water symbolizes baptism that now saves you
also – not the removal of dirt from the body but the
pledge of a clear conscience toward God.[g] It saves you
by the resurrection of Jesus Christ, 22 who has gone
into heaven and is at God's right hand – with angels,
authorities and powers in submission to him.

Living for God

4 1 Therefore, since Christ suffered in his body, arm
yourselves also with the same attitude, because
whoever suffers in the body is done with sin. 2 As a
result, they do not live the rest of their earthly lives
for evil human desires, but rather for the will of God.
3 For you have spent enough time in the past doing
what pagans choose to do – living in debauchery, lust,
drunkenness, orgies, carousing and detestable idolatry. 4 They are surprised that you do not join them

[e] 3:14 Or *fear what they fear*
[f] 3:18,19 Or *but made alive in the spirit,* [19] *in which also*
[g] 3:21 Or *but an appeal to God for a clear conscience*

car c'est à cela que vous avez été appelés, afin de recevo
vous-mêmes la bénédiction. 10 Car,
Celui qui souhaite aimer la vie
et voir des jours heureux
qu'il veille sur sa langue pour ne faire aucun mal,
et pour qu'aucun propos menteur ne passe sur ses lèvres.
11 *Qu'il fuie le mal et fasse ce qui est bien ;*
qu'il recherche la paix avec ténacité,
12 *car les yeux du Seigneur se tournent vers les justes :*
son oreille est tendue pour écouter leur prière.
Mais le Seigneur s'oppose à ceux qui font le mal.

Etre prêt à défendre son espérance

13 D'ailleurs, qui vous fera du mal si vous vous applique
avec zèle à faire ce qui est bien ? 14 Et même s'il vous arriv
ait de souffrir parce que vous faites ce qui est juste, vou
seriez heureux. *Ne craignez pas les hommes, ne vous laissez pa*
troubler. 15 Dans votre cœur, *reconnaissez le Seigneur* – c'est-à
dire Christ – *comme saint* ; si l'on vous demande de justifie
votre espérance, soyez toujours prêts à la défendre, 16 ave
humilité[p] et respect, et veillez à garder votre conscienc
pure. Ainsi, ceux qui disent du mal de votre bonne con
duite, qui découle de votre union à Christ, auront à rougi
de leurs calomnies. 17 Car il vaut mieux souffrir en faisan
le bien, si telle est la volonté de Dieu, qu'en faisant le mal

L'exemple par excellence

18 Christ lui-même a souffert la mort[q] pour les péchés[r]
une fois pour toutes. Lui l'innocent, il est mort pour de
coupables, afin de vous[s] conduire à Dieu. Il a été mis à mor
dans son corps mais il a été ramené à la vie par l'Esprit.
19 C'est aussi par cet Esprit qu'il a proclamé sa victoire
aux esprits célestes en prison, ceux qui autrefois s'étaien
montrés rebelles, 20 alors que Dieu faisait preuve de patience à l'époque où Noé construisait le bateau. Un petit
nombre de personnes, huit en tout, y furent sauvées à travers l'eau. 21 C'est ainsi que vous êtes sauvés maintenant
vous aussi : ces événements préfiguraient le baptême[t]
Celui-ci ne consiste pas à laver les impuretés du corps, mais
à s'engager envers Dieu avec une conscience pure[u]. Tout
cela est possible grâce à la résurrection de Jésus-Christ
22 qui, depuis son ascension, siège à la droite de Dieu, et à
qui les anges, les autorités et les puissances célestes sont
soumis.

4 1 Ainsi donc, puisque Christ a souffert[v] dans son
corps, armez-vous aussi de la même pensée. En effet,
celui qui a souffert dans son corps a rompu avec le péché
2 afin de ne plus vivre, le temps qui lui reste à passer dans
son corps, selon les passions humaines, mais selon la volonté de Dieu. 3 C'est bien assez, en effet, d'avoir accompli
dans le passé la volonté des païens, en vous adonnant à
la débauche, aux passions mauvaises, à l'ivrognerie, aux
orgies, aux beuveries et aux dérèglements associés aux
cultes idolâtres. 4 Maintenant ils trouvent étrange que

[p] 3.16 Autre traduction : *tact.*
[q] 3.18 Certains manuscrits ont : *a souffert.*
[r] 3.18 Certains manuscrits précisent : *pour vous.*
[s] 3.18 Certains manuscrits ont : *nous.*
[t] 3.21 Autres traductions : *c'était une préfiguration du baptême qui vous sauve à présent, qui ne consiste pas ...* ou : *par l'eau* [21] *qui vous sauve à présent, c'est-à-dire le baptême qu'elle préfigurait et qui ...*
[u] 3.21 D'autres comprennent : *mais à demander à Dieu d'avoir une conscience pure* ou : *mais en la demande à Dieu faite par une conscience pure.*
[v] 4.1 Certains manuscrits précisent : *pour vous,* ou : *pour nous.*

n their reckless, wild living, and they heap abuse on ou. 5 But they will have to give account to him who s ready to judge the living and the dead. 6 For this is he reason the gospel was preached even to those who re now dead, so that they might be judged according o human standards in regard to the body, but live ccording to God in regard to the spirit.

7 The end of all things is near. Therefore be alert and f sober mind so that you may pray. 8 Above all, love ach other deeply, because love covers over a multi-ude of sins. 9 Offer hospitality to one another without rumbling. 10 Each of you should use whatever gift you ave received to serve others, as faithful stewards of od's grace in its various forms. 11 If anyone speaks, hey should do so as one who speaks the very words f God. If anyone serves, they should do so with the trength God provides, so that in all things God may e praised through Jesus Christ. To him be the glory nd the power for ever and ever. Amen.

Suffering for Being a Christian

12 Dear friends, do not be surprised at the fiery ordeal that has come on you to test you, as though something strange were happening to you. 13 But re-joice inasmuch as you participate in the sufferings of Christ, so that you may be overjoyed when his glory is revealed. 14 If you are insulted because of the name of Christ, you are blessed, for the Spirit of glory and of God rests on you. 15 If you suffer, it should not be as a murderer or thief or any other kind of criminal, or even as a meddler. 16 However, if you suffer as a Christian, do not be ashamed, but praise God that you bear that name. 17 For it is time for judgment to begin with God's household; and if it begins with us, what will the outcome be for those who do not obey the gospel of God? 18 And,

"If it is hard for the righteous to be saved,
what will become of the ungodly and the
sinner?"[h]

19 So then, those who suffer according to God's will should commit themselves to their faithful Creator and continue to do good.

To the Elders and the Flock

5 1 To the elders among you, I appeal as a fellow elder and a witness of Christ's sufferings who also will share in the glory to be revealed: 2 Be shep-herds of God's flock that is under your care, watching

h **4:18** Prov. 11:31 (see Septuagint)

vous ne vous précipitiez plus avec eux dans la même vie de débauche, et ils se répandent en calomnies sur vous. 5 Ils en rendront compte à celui qui est prêt à juger les vi-vants et les morts. 6 C'est pour cela d'ailleurs que la Bonne Nouvelle a aussi été annoncée à ceux qui maintenant sont morts, afin qu'après avoir subi la même condamnation que tous les hommes dans leur corps[w], ils vivent selon Dieu par l'Esprit.

La vie communautaire

Au service les uns des autres

7 La fin de toutes choses est proche. Menez donc une vie équilibrée en faisant preuve de modération, afin d'être disponibles pour la prière. 8 Avant tout, aimez-vous ar-demment les uns les autres, car *l'amour garde le silence sur un grand nombre de péchés* 9 Exercez l'hospitalité les uns envers les autres, sans vous plaindre.

10 Chacun de vous a reçu de Dieu un don de la grâce particulier : qu'il l'exerce au service des autres comme un bon gérant de la grâce infiniment variée de Dieu. 11 Que celui qui parle transmette les paroles de Dieu. Que celui qui sert accomplisse sa tâche avec la force que Dieu donne. Agissez en toutes ces choses de manière à ce que la gloire en revienne à Dieu par Jésus-Christ, à qui appartiennent la gloire et la puissance pour l'éternité. Amen !

Les souffrances inévitables

12 Mes chers amis, ne soyez pas surpris d'avoir été plongés dans la fournaise de l'épreuve, comme s'il vous arrivait quelque chose d'anormal. 13 Au contraire, réjou-issez-vous, car vous participez aux souffrances de Christ, afin d'être remplis de joie quand il paraîtra dans toute sa gloire. 14 Si l'on vous insulte parce que vous appartenez à Christ, heureux êtes-vous, car l'Esprit glorieux, l'Esprit de Dieu, repose sur vous.

15 Qu'aucun de vous n'ait à endurer une punition parce qu'il aurait tué, volé ou commis quelque autre méfait, ou encore parce qu'il se serait mêlé des affaires d'autrui ; 16 mais si c'est comme « chrétien » qu'il souffre, qu'il n'en éprouve aucune honte ; qu'il fasse, au contraire, honneur à Dieu en se montrant digne de ce nom. 17 Maintenant a lieu la première étape du jugement : *il commence par le temple de Dieu*[x]. Et s'il débute par nous, quel sera le sort final de ceux qui refusent de croire à l'Evangile de Dieu ? 18 Comme le dit l'Ecriture, *si le juste est sauvé à travers toutes sortes de difficultés, que vont devenir le méchant et le pécheur*[y]?

19 Ainsi donc, que ceux qui souffrent parce qu'ils obéis-sent à la volonté de Dieu s'en remettent entièrement au Créateur, qui est fidèle, et qu'ils continuent à faire le bien.

Recommandations aux responsables dans l'Eglise et aux croyants

5 1 C'est pour cela que j'adresse quelques recomman-dations à ceux parmi vous qui sont responsables de l'Eglise. Je leur parle en tant que responsable comme eux et témoin des souffrances de Christ, moi qui ai aussi part à la gloire qui va être révélée. 2 Prenez soin du troupeau de Dieu qui vous a été confié. Faites-le, non comme si vous

w **4.6** Autre traduction : *afin qu'après avoir été condamnés par les hommes dans leur corps.*

x **4.17** Ez 9.6. Certains comprennent : *le peuple de Dieu.*

y **4.18** Pr 11.31 cité selon l'ancienne version grecque.

over them – not because you must, but because you
are willing, as God wants you to be; not pursuing dishonest gain, but eager to serve; 3 not lording it over
those entrusted to you, but being examples to the
flock. 4 And when the Chief Shepherd appears, you will
receive the crown of glory that will never fade away.

5 In the same way, you who are younger, submit
yourselves to your elders. All of you, clothe yourselves
with humility toward one another, because,

"God opposes the proud
but shows favor to the humble."

6 Humble yourselves, therefore, under God's mighty
hand, that he may lift you up in due time. 7 Cast all
your anxiety on him because he cares for you.

8 Be alert and of sober mind. Your enemy the devil
prowls around like a roaring lion looking for someone to devour. 9 Resist him, standing firm in the
faith, because you know that the family of believers
throughout the world is undergoing the same kind
of sufferings.

10 And the God of all grace, who called you to his
eternal glory in Christ, after you have suffered a little
while, will himself restore you and make you strong,
firm and steadfast. 11 To him be the power for ever
and ever. Amen.

Final Greetings

12 With the help of Silas,[i] whom I regard as a faithful
brother, I have written to you briefly, encouraging
you and testifying that this is the true grace of God.
Stand fast in it.

13 She who is in Babylon, chosen together with you,
sends you her greetings, and so does my son Mark.

14 Greet one another with a kiss of love.

Peace to all of you who are in Christ.

[i] 5:12 Greek *Silvanus*, a variant of *Silas*

y étiez contraints, mais par dévouement, comme Dieu l
désire ; non pas pour de honteuses raisons financières
mais de plein gré ; 3 et n'exercez pas un pouvoir autor
itaire sur ceux qui ont été confiés à vos soins, mais soye
les modèles du troupeau. 4 Alors, quand le Berger en che
paraîtra, vous recevrez la couronne de gloire qui ne perdr
jamais sa beauté.

5 Vous de même, jeunes gens, soumettez-vous aux re
sponsables de l'Eglise. Et vous tous, dans vos relation
mutuelles, revêtez-vous d'humilité, car l'Ecriture dé
clare : *Dieu s'oppose aux orgueilleux, mais il accorde sa grâc
aux humbles*[z]. 6 Tenez-vous donc humblement sous la mai
puissante de Dieu, pour qu'il vous élève au moment fixe
par lui 7 et déchargez-vous sur lui de tous vos soucis, ca
il prend soin de vous.

Encouragements

8 Faites preuve de modération et soyez vigilants. Votre
adversaire, le diable, rôde autour de vous comme un lion
rugissant, qui cherche quelqu'un à dévorer. 9 Résistez-lu
en demeurant fermes dans votre foi, car vous savez que vos
frères et sœurs dispersés à travers le monde connaissent
les mêmes souffrances. 10 Mais quand vous aurez souffert
un peu de temps, Dieu, l'auteur de toute grâce, qui vous
a appelés à connaître sa gloire éternelle dans l'union à
Jésus-Christ, vous rétablira lui-même ; il vous affermira,
vous fortifiera et vous rendra inébranlables.
11 A lui appartient la puissance pour toujours. Amen !

Salutations

12 Je vous ai écrit assez brièvement par la main de
Silvain, ce frère fidèle, pour vous encourager et vous assurer que c'est bien à la véritable grâce de Dieu que vous
êtes attachés.

13 Recevez les salutations de l'Eglise qui est à Babylone[a]
et que Dieu a choisie. Mon fils Marc[b] vous envoie aussi ses
salutations.

14 Donnez-vous, les uns aux autres, le baiser fraternel.
Paix à vous tous qui êtes unis à Christ.

[z] 5.5 Pr 3.34 cité selon l'ancienne version grecque.

[a] 5.13 Plusieurs identifications de cette *Babylone* ont été proposées : l'ancienne capitale du royaume babylonien, une Babylone égyptienne (devenue le Vieux-Caire) qui abritait une importante colonie juive, et plus souvent, comme le fera l'Apocalypse, Rome. Cette désignation du lieu de séjour de l'Eglise souligne que le peuple de Dieu vit en exil parmi les païens, de même que les Juifs l'ont été après leur déportation à Babylone au vi[e] siècle av. J.-C.

[b] 5.13 *Jean-Marc*, neveu de Barnabas, auteur de l'Evangile selon Marc (voir Ac 12.12, 25 ; 13.13 ; 15.37-39 ; Col 4.10 ; Phm 24). Le mot *fils* indique des liens très forts entre les deux hommes : Marc devait être un disciple de Pierre et peut-être un proche collaborateur. Cela peut aussi indiquer qu'il avait été amené à la foi par Pierre (comparer 1 Tm 1.2 ; Tt 1.4).

2 Peter

1 ¹Simon Peter, a servant and apostle of Jesus Christ,

To those who through the righteousness of our God and Savior Jesus Christ have received a faith as precious as ours:

²Grace and peace be yours in abundance through the knowledge of God and of Jesus our Lord.

Confirming One's Calling and Election

³His divine power has given us everything we need for a godly life through our knowledge of him who called us by his own glory and goodness. ⁴Through these he has given us his very great and precious promises, so that through them you may participate in the divine nature, having escaped the corruption in the world caused by evil desires.

⁵For this very reason, make every effort to add to your faith goodness; and to goodness, knowledge; ⁶and to knowledge, self-control; and to self-control, perseverance; and to perseverance, godliness; ⁷and to godliness, mutual affection; and to mutual affection, love. ⁸For if you possess these qualities in increasing measure, they will keep you from being ineffective and unproductive in your knowledge of our Lord Jesus Christ. ⁹But whoever does not have them is nearsighted and blind, forgetting that they have been cleansed from their past sins.

¹⁰Therefore, my brothers and sisters,[a] make every effort to confirm your calling and election. For if you do these things, you will never stumble, ¹¹and you will receive a rich welcome into the eternal kingdom of our Lord and Savior Jesus Christ.

Prophecy of Scripture

¹²So I will always remind you of these things, even though you know them and are firmly established in the truth you now have. ¹³I think it is right to refresh your memory as long as I live in the tent of this body, ¹⁴because I know that I will soon put it aside, as our Lord Jesus Christ has made clear to me. ¹⁵And I will make every effort to see that after my departure you will always be able to remember these things.

¹⁶For we did not follow cleverly devised stories when we told you about the coming of our Lord Jesus Christ in power, but we were eyewitnesses of his majesty. ¹⁷He received honor and glory from God the

[a] 1:10 The Greek word for *brothers and sisters* (*adelphoi*) refers here to believers, both men and women, as part of God's family.

Deuxième lettre de Pierre

Salutation

1 ¹Simon Pierre, serviteur et apôtre de Jésus-Christ, salue ceux qui ont reçu le même privilège que nous : la foi. Ils la doivent à Jésus-Christ, notre Dieu et notre Sauveur, car il est juste[a].

²Que la grâce et la paix vous soient données en abondance par la connaissance de Dieu et de Jésus, notre Seigneur.

L'appel de Dieu et ses effets

³Par sa puissance, en effet, Dieu nous a donné tout ce qu'il faut pour vivre dans la piété, en nous faisant connaître celui qui nous a appelés par la manifestation de sa propre gloire et l'intervention de sa force. ⁴Ainsi, nous bénéficions des dons infiniment précieux que Dieu nous avait promis. Il a voulu, par ces dons, vous rendre conformes au caractère de Dieu[b], vous qui avez fui la corruption que les mauvais désirs font régner dans ce monde.

⁵Pour cette raison même, faites tous vos efforts pour ajouter à votre foi la vertu, à la vertu[c] la connaissance, ⁶à la connaissance la maîtrise de soi, à la maîtrise de soi l'endurance dans l'épreuve, à l'endurance la piété, ⁷à la piété l'affection fraternelle, et à l'affection fraternelle l'amour.

⁸Car si vous possédez ces qualités, et si elles grandissent sans cesse en vous, elles vous rendront actifs et vous permettront de connaître toujours mieux notre Seigneur Jésus-Christ. ⁹Car celui à qui elles font défaut est comme un aveugle, il ne voit pas clair. Il a oublié qu'il a été purifié de ses péchés d'autrefois.

¹⁰C'est pourquoi, frères et sœurs, puisque Dieu vous a appelés et choisis, faites d'autant plus d'efforts pour confirmer cet appel et ce choix : car si vous agissez ainsi, vous ne tomberez jamais. ¹¹Ainsi vous seront grandes ouvertes les portes du royaume éternel de notre Seigneur et Sauveur Jésus-Christ.

L'enseignement conforme à la vérité

¹²Voilà pourquoi je ne cesserai de vous rappeler ces choses, bien que vous les sachiez déjà et que vous soyez fermement attachés à la vérité qui vous a été présentée.

¹³Mais j'estime juste de vous tenir en éveil par mes rappels, tant que je serai encore de ce monde. ¹⁴Car je sais que je vais bientôt quitter ce corps mortel, comme notre Seigneur Jésus-Christ me l'a révélé. ¹⁵Cependant, je prendrai grand soin que, même après mon départ, vous vous rappeliez toujours ces choses.

¹⁶En effet, nous ne nous sommes pas appuyés sur des histoires habilement inventées, lorsque nous vous avons fait connaître la venue de notre Seigneur Jésus-Christ dans toute sa puissance, mais nous avons vu sa grandeur de nos propres yeux. ¹⁷Car Dieu le Père lui a donné honneur

[a] 1.1 Autre traduction : *à ceux qui par la justice qui vient de Jésus-Christ, notre Dieu et notre Sauveur, ont reçu en partage le même privilège.*
[b] 1.4 D'autres comprennent : *vous faire vivre en communion avec lui.*
[c] 1.5 C'est-à-dire l'excellence dans le domaine moral.

Father when the voice came to him from the Majestic Glory, saying, "This is my Son, whom I love; with him I am well pleased." 18 We ourselves heard this voice that came from heaven when we were with him on the sacred mountain.

19 We also have the prophetic message as something completely reliable, and you will do well to pay attention to it, as to a light shining in a dark place, until the day dawns and the morning star rises in your hearts. 20 Above all, you must understand that no prophecy of Scripture came about by the prophet's own interpretation of things. 21 For prophecy never had its origin in the human will, but prophets, though human, spoke from God as they were carried along by the Holy Spirit.

False Teachers and Their Destruction

2 1 But there were also false prophets among the people, just as there will be false teachers among you. They will secretly introduce destructive heresies, even denying the sovereign Lord who bought them – bringing swift destruction on themselves. 2 Many will follow their depraved conduct and will bring the way of truth into disrepute. 3 In their greed these teachers will exploit you with fabricated stories. Their condemnation has long been hanging over them, and their destruction has not been sleeping.

4 For if God did not spare angels when they sinned, but sent them to hell,[b] putting them in chains of darkness[c] to be held for judgment; 5 if he did not spare the ancient world when he brought the flood on its ungodly people, but protected Noah, a preacher of righteousness, and seven others; 6 if he condemned the cities of Sodom and Gomorrah by burning them to ashes, and made them an example of what is going to happen to the ungodly; 7 and if he rescued Lot, a righteous man, who was distressed by the depraved conduct of the lawless 8 (for that righteous man, living among them day after day, was tormented in his righteous soul by the lawless deeds he saw and heard) – 9 if this is so, then the Lord knows how to rescue the godly from trials and to hold the unrighteous for punishment on the day of judgment. 10 This is especially true of those who follow the corrupt desire of the flesh[d] and despise authority.

Bold and arrogant, they are not afraid to heap abuse on celestial beings; 11 yet even angels, although they are stronger and more powerful, do not heap abuse on such beings when bringing judgment on them from[e] the Lord. 12 But these people blaspheme in matters they do not understand. They are like unreasoning animals, creatures of instinct, born only to be caught and destroyed, and like animals they too will perish.

[b] **2:4** Greek *Tartarus*
[c] **2:4** Some manuscripts *in gloomy dungeons*
[d] **2:10** In contexts like this, the Greek word for *flesh* (*sarx*) refers to the sinful state of human beings, often presented as a power in opposition to the Spirit; also in verse 18.
[e] **2:11** Many manuscripts *beings in the presence of*

et gloire lorsque, dans sa gloire immense, il lui a fait entendre sa voix, qui disait : Voici mon Fils bien-aimé, qui fait toute ma joie. 18 Or cette voix, qui était venue du ciel nous l'avons entendue nous-mêmes, lorsque nous étions avec lui sur la sainte montagne[d].

19 De plus, nous tenons pour d'autant plus certaine la parole des prophètes et vous faites bien de vous y attacher : car elle est comme une lampe qui brille dans un lieu obscur, jusqu'à ce que le jour paraisse et que l'étoile du matin se lève pour illuminer votre cœur. 20 Sachez, avant tout, qu'aucune prophétie de l'Ecriture ne peut faire l'objet d'une interprétation personnelle[e]. 21 En effet, ce n'est pas par une volonté humaine qu'une prophétie a jamais été apportée, mais c'est portés par le Saint-Esprit que des hommes ont parlé de la part de Dieu.

Les enseignants de mensonge

2 1 Autrefois, il y a eu des prophètes de mensonge parmi le peuple d'Israël ; il en sera de même parmi vous. Ces enseignants de mensonge introduiront subtilement parmi vous des erreurs qui mènent à la perdition. Ils renieront le Maître qui les a rachetés et attireront ainsi sur eux une perdition soudaine. 2 Beaucoup de gens les suivront dans leur immoralité et, à cause d'eux, la voie de la vérité sera discréditée. 3 Par amour de l'argent, ils vous exploiteront avec des histoires de leur propre invention. Mais il y a longtemps que leur condamnation est à l'œuvre et que la perdition les guette. 4 En effet, Dieu n'a pas épargné les anges qui ont péché[f] : il les a précipités dans l'abîme où ils sont gardés pour le jugement, enchaînés dans les ténèbres[g]. 5 Il n'a pas non plus épargné le monde ancien, lorsqu'il fit fondre le déluge sur ce monde qui n'avait aucun respect pour lui. Il a néanmoins protégé huit personnes dont Noé, qui appelait ses contemporains à mener une vie juste. 6 Il a condamné à la destruction les villes de Sodome et de Gomorrhe en les réduisant en cendres, pour donner à ceux qui se révoltent contre lui un exemple de ce qui leur arrivera.

7 Il a délivré Loth, cet homme juste qui était consterné par la conduite immorale des habitants débauchés de ces villes. 8 Car, en les voyant vivre et en les entendant parler, cet homme juste qui vivait au milieu d'eux était tourmenté jour après jour dans son âme intègre, à cause de leurs agissements criminels.

9 Ainsi le Seigneur sait comment délivrer de l'épreuve les personnes pieuses, et réserver ceux qui font le mal pour le jour du jugement où ils seront châtiés. 10 Il punira tout particulièrement ceux qui, mus par la sensualité, vivent au gré de leurs désirs corrompus et méprisent l'autorité du Seigneur. Imbus d'eux-mêmes et arrogants, ces enseignants de mensonge n'hésitent pas à insulter les êtres glorieux, 11 alors que les anges eux-mêmes, qui leur sont pourtant bien supérieurs en force et en puissance, ne portent pas de jugement insultant contre ces êtres devant le Seigneur. 12 Mais ces hommes-là agissent comme des animaux dépourvus de raison qui ne suivent que leurs instincts et sont tout juste bons à être capturés et tués, car ils se répandent en injures contre ce qu'ils ne

[d] **1.18** Pierre fait allusion à la transfiguration. Voir Mt 17.1-5 ; Mc 9.2-7 ; Lc 9.28-35.
[e] **1.20** C'est-à-dire d'une interprétation propre au lecteur.
[f] **2.4** Peut-être les anges qui ont suivi Satan dans sa révolte contre Dieu.
[g] **2.4** Certains manuscrits ont : *dans des puits obscurs*.

[13]They will be paid back with harm for the harm they have done. Their idea of pleasure is to carouse in broad daylight. They are blots and blemishes, reveling in their pleasures while they feast with you.[f] [14]With eyes full of adultery, they never stop sinning; they seduce the unstable; they are experts in greed – an accursed brood! [15]They have left the straight way and wandered off to follow the way of Balaam son of Bezer,[g] who loved the wages of wickedness. [16]But he was rebuked for his wrongdoing by a donkey – an animal without speech – who spoke with a human voice and restrained the prophet's madness.

[17]These people are springs without water and mists driven by a storm. Blackest darkness is reserved for them. [18]For they mouth empty, boastful words and, by appealing to the lustful desires of the flesh, they entice people who are just escaping from those who live in error. [19]They promise them freedom, while they themselves are slaves of depravity – for "people are slaves to whatever has mastered them." [20]If they have escaped the corruption of the world by knowing our Lord and Savior Jesus Christ and are again entangled in it and are overcome, they are worse off at the end than they were at the beginning. [21]It would have been better for them not to have known the way of righteousness, than to have known it and then to turn their backs on the sacred command that was passed on to them. [22]Of them the proverbs are true: "A dog returns to its vomit," and, "A sow that is washed returns to her wallowing in the mud."

The Day of the Lord

3 [1]Dear friends, this is now my second letter to you. I have written both of them as reminders to stimulate you to wholesome thinking. [2]I want you to recall the words spoken in the past by the holy prophets and the command given by our Lord and Savior through your apostles.

[3]Above all, you must understand that in the last days scoffers will come, scoffing and following their own evil desires. [4]They will say, "Where is this 'coming' he promised? Ever since our ancestors died, everything goes on as it has since the beginning of creation." [5]But they deliberately forget that long ago by God's word the heavens came into being and the earth was formed out of water and by water. [6]By these waters also the world of that time was deluged and destroyed. [7]By the same word the present heavens and earth are reserved for fire, being kept for the day of judgment and destruction of the ungodly.

f 2:13 Some manuscripts *in their love feasts*
g 2:15 Greek *Bosor*

connaissent pas. Aussi périront-ils comme des bêtes. [13]Le mal qu'ils ont fait leur sera payé en retour. Ces hommes trouvent leur plaisir à se livrer à l'immoralité en plein jour. Ils salissent et déshonorent par leur présence les fêtes auxquelles ils participent avec vous en prenant un malin plaisir à vous tromper[h].

[14]Ils ont le regard chargé d'adultère et d'un besoin insatiable de pécher, ils prennent au piège les personnes mal affermies, ils n'ont plus rien à apprendre en ce qui concerne l'amour de l'argent : ils sont sous la malédiction divine. [15]Ils ont abandonné le droit chemin et se sont égarés en marchant sur les traces de Balaam, fils de Béor, qui a aimé l'argent mal acquis ; [16]mais il a été rappelé à l'ordre pour sa désobéissance. C'est une ânesse muette qui, se mettant à parler d'une voix humaine, a détourné le prophète de son projet insensé.

[17]Ces enseignants de mensonges sont comme des sources qui ne donnent pas d'eau, comme des nuages poussés par la tempête. Dieu leur a réservé une place dans les ténèbres les plus profondes. [18]Avec leurs discours grandiloquents mais creux, ils cherchent à appâter, par l'attrait des désirs sensuels et de l'immoralité ceux qui viennent à peine d'échapper du milieu des hommes vivant dans l'erreur. [19]Ils leur promettent la liberté – alors qu'ils sont eux-mêmes esclaves des passions qui les mènent à la ruine ; car tout homme est esclave de ce qui a triomphé de lui. [20]Si, après s'être arrachés aux influences corruptrices du monde par la connaissance qu'ils ont eue de notre Seigneur et Sauveur Jésus-Christ, ils se laissent de nouveau prendre et dominer par elles, leur dernière condition est pire que la première. [21]Il aurait mieux valu pour eux ne pas connaître le chemin d'une vie juste plutôt que de s'en détourner après l'avoir connu et d'abandonner le saint commandement qui leur avait été transmis. [22]Ils confirment la vérité de ce proverbe : *Le chien retourne à ce qu'il a vomi* ; en outre : « La truie à peine lavée se vautre de nouveau dans la boue ».

La venue certaine du Seigneur

3 [1]Mes chers amis, voici déjà la deuxième lettre que je vous écris ; dans l'une comme dans l'autre, je cherche à stimuler en vous une saine manière de penser en vous rappelant l'enseignement que vous avez reçu. [2]Souvenez-vous, en effet, des paroles dites autrefois par les saints prophètes, ainsi que du commandement du Seigneur et Sauveur que vos apôtres vous ont transmis. [3]Sachez tout d'abord que, dans les derniers jours[i], des moqueurs viendront, qui vivront au gré de leurs propres désirs. Ils tourneront votre foi en ridicule en disant : [4]« Alors, qu'en est-il de la promesse de sa venue ? Nos ancêtres sont morts et depuis que le monde est monde, rien n'a changé ! »

[5]Mais il y a un fait que ces gens oublient délibérément : c'est que Dieu, par sa parole, a créé autrefois le ciel et la terre. Il a séparé la terre des eaux et il l'a rassemblée du milieu des eaux. [6]De la même manière, Dieu a détruit le monde d'alors par les eaux du déluge. [7]Quant à la terre et aux cieux actuels, ils sont réservés par cette même parole pour être livrés au feu : ils sont gardés en vue du jour du jugement où tous ceux qui n'ont aucun respect pour Dieu périront.

h 2.13 Certains manuscrits ont : *en se délectant dans vos repas fraternels.*
i 3.3 Expression qui couvre l'ensemble de la période finale de l'histoire inaugurée par la venue de Jésus-Christ.

8 But do not forget this one thing, dear friends: With
the Lord a day is like a thousand years, and a thousand
years are like a day. 9 The Lord is not slow in keeping
his promise, as some understand slowness. Instead he
is patient with you, not wanting anyone to perish, but
everyone to come to repentance.

10 But the day of the Lord will come like a thief. The
heavens will disappear with a roar; the elements will
be destroyed by fire, and the earth and everything
done in it will be laid bare.[h]

11 Since everything will be destroyed in this way,
what kind of people ought you to be? You ought to
live holy and godly lives 12 as you look forward to the
day of God and speed its coming.[i] That day will bring
about the destruction of the heavens by fire, and the
elements will melt in the heat. 13 But in keeping with
his promise we are looking forward to a new heaven
and a new earth, where righteousness dwells.

14 So then, dear friends, since you are looking forward to this, make every effort to be found spotless,
blameless and at peace with him. 15 Bear in mind that
our Lord's patience means salvation, just as our dear
brother Paul also wrote you with the wisdom that God
gave him. 16 He writes the same way in all his letters,
speaking in them of these matters. His letters contain some things that are hard to understand, which
ignorant and unstable people distort, as they do the
other Scriptures, to their own destruction.

17 Therefore, dear friends, since you have been
forewarned, be on your guard so that you may not
be carried away by the error of the lawless and fall
from your secure position. 18 But grow in the grace
and knowledge of our Lord and Savior Jesus Christ.

To him be glory both now and forever! Amen.

h 3:10 Some manuscripts *be burned up*
i 3:12 Or *as you wait eagerly for the day of God to come*

8 Mais il y a un fait que vous ne devez pas oublier, me
chers amis : c'est que, pour le Seigneur, un jour est com
me mille ans et *mille ans sont comme un jour* 9 Le Seigneu
n'est pas en retard dans l'accomplissement de sa promesse
comme certains se l'imaginent, il fait simplement preuv
de patience à votre égard, car il ne veut pas qu'un seu
périsse. Il voudrait, au contraire, que tous parviennent
se convertir[j]. 10 Mais le jour du Seigneur viendra comm
un voleur. En ce jour-là, le ciel disparaîtra dans un fraca
terrifiant, les astres[k] embrasés se désagrégeront et la terr
se trouvera jugée[l] avec toutes les œuvres qui auront ét
accomplies sur elle. 11 Puisque tout l'univers doit ainsi s
désagréger, quelle vie sainte vous devez mener et ave
quelle piété, 12 en attendant que vienne le jour de Dieu e
en hâtant sa venue ! Ce jour-là, le ciel en feu se désagréger
et les astres[m] embrasés fondront. 13 Mais nous, nous attendons, comme Dieu l'a promis, un nouveau ciel et une
nouvelle terre où la justice habitera.

14 C'est pourquoi, mes chers amis, dans cette attente
faites tous vos efforts pour que Dieu vous trouve purs et
irréprochables à ses yeux, dans la paix qu'il donne.

15 Comprenez bien que la patience du Seigneur a pour but
votre salut. Paul, notre frère bien-aimé, vous l'a aussi écrit
avec la sagesse que Dieu lui a donnée. 16 Il l'a fait comme
dans toutes ses lettres, où il aborde ces sujets. Certes, il
s'y trouve des passages difficiles à comprendre, dont les
personnes ignorantes et mal affermies déforment le sens,
comme elles le font aussi – pour leur propre ruine – des
autres textes de l'Ecriture.

Dernières recommandations

17 Quant à vous, mes chers amis, vous voilà prévenus.
Prenez garde de ne pas vous laisser entraîner par l'égarement de ces hommes vivant sans respect pour Dieu et de
perdre ainsi la position solide que vous occupez. 18 Au
contraire, progressez sans cesse dans la grâce et dans la
connaissance de notre Seigneur et Sauveur Jésus-Christ. A
lui soit la gloire dès maintenant et pour l'éternité. Amen.

j 3.9 Mot traduit ailleurs par *changer*, ou *changer d'attitude*.
k 3.10 Autre traduction : *les éléments*.
l 3.10 Certains manuscrits ont : *sera consumé*.
m 3.12 Autre traduction : *les éléments*.

1 John

The Incarnation of the Word of Life

1 [1]That which was from the beginning, which we have heard, which we have seen with our eyes, which we have looked at and our hands have touched – this we proclaim concerning the Word of life. [2]The life appeared; we have seen it and testify to it, and we proclaim to you the eternal life, which was with the Father and has appeared to us. [3]We proclaim to you what we have seen and heard, so that you also may have fellowship with us. And our fellowship is with the Father and with his Son, Jesus Christ. [4]We write this to make our[a] joy complete.

Light and Darkness, Sin and Forgiveness

[5]This is the message we have heard from him and declare to you: God is light; in him there is no darkness at all. [6]If we claim to have fellowship with him and yet walk in the darkness, we lie and do not live out the truth. [7]But if we walk in the light, as he is in the light, we have fellowship with one another, and the blood of Jesus, his Son, purifies us from all[b] sin.

[8]If we claim to be without sin, we deceive ourselves and the truth is not in us. [9]If we confess our sins, he is faithful and just and will forgive us our sins and purify us from all unrighteousness. [10]If we claim we have not sinned, we make him out to be a liar and his word is not in us.

2 [1]My dear children, I write this to you so that you will not sin. But if anybody does sin, we have an advocate with the Father – Jesus Christ, the Righteous One. [2]He is the atoning sacrifice for our sins, and not only for ours but also for the sins of the whole world.

Love and Hatred for Fellow Believers

[3]We know that we have come to know him if we keep his commands. [4]Whoever says, "I know him," but does not do what he commands is a liar, and the truth is not in that person. [5]But if anyone obeys his word, love for God[c] is truly made complete in them. This is how we know we are in him: [6]Whoever claims to live in him must live as Jesus did.

[a] **1:4** Some manuscripts *your*
[b] **1:7** Or *every*
[c] **2:5** Or *word, God's love*

Première lettre de Jean

Le fondement : le message des apôtres

1 [1]Nous vous annonçons le message de celui qui est la vie[a]. Nous vous annonçons ce qui était dès le commencement : nous l'avons entendu, nous l'avons vu de nos propres yeux, nous l'avons contemplé et nos mains l'ont touché. – [2]Celui qui est la vie s'est manifesté : nous l'avons vu, nous en parlons en témoins et nous vous annonçons la vie éternelle qui était auprès du Père et qui s'est manifestée pour nous. – [3]Oui, ce que nous avons vu et entendu, nous vous l'annonçons, à vous aussi, afin que vous aussi vous soyez en communion avec nous. Or, la communion dont nous jouissons est avec le Père et avec son Fils Jésus-Christ. [4]Si nous vous écrivons ces choses, c'est pour que notre joie[b] soit complète.

Dieu est lumière : la vie dans la lumière

Pardonnés, mais ne péchez pas

[5]Voici le message que nous avons entendu de Jésus-Christ et que nous vous annonçons : Dieu est lumière et il n'y a aucune trace de ténèbres en lui.

[6]Si nous prétendons être en communion avec lui, tout en vivant dans les ténèbres, nous sommes des menteurs et nous n'agissons pas comme la vérité l'exige. [7]Mais si nous vivons dans la lumière, tout comme Dieu lui-même est dans la lumière, alors nous sommes en communion les uns avec les autres et, parce que Jésus, son Fils, a versé son sang, nous sommes purifiés de tout péché.

[8]Si nous prétendons n'être coupables d'aucun péché, nous sommes dans l'illusion, et la vérité n'habite pas en nous. [9]Si nous reconnaissons nos péchés, Dieu est fidèle et juste et, par conséquent, il nous pardonnera nos péchés et nous purifiera de tout le mal que nous avons commis.

[10]Si nous prétendons ne pas être pécheurs, nous faisons de Dieu un menteur et sa Parole n'est pas en nous.

2 [1]Mes chers enfants, je vous écris ceci afin que vous ne péchiez pas. Si, toutefois, il arrivait à quelqu'un de commettre un péché, nous avons un Défenseur auprès du Père : Jésus-Christ le juste.

[2]Car il a expié nos péchés[c], et pas seulement les nôtres, mais ceux de gens du monde entier.

Le commandement d'aimer

[3]Voici comment nous savons que nous connaissons Christ : c'est parce que nous obéissons à ses commandements. [4]Si quelqu'un dit : « Je le connais » sans obéir à ses commandements, c'est un menteur et la vérité n'est pas en lui. [5]Celui qui observe sa Parole a vraiment pour Dieu un amour parvenu à sa pleine maturité. C'est ainsi que nous savons que nous sommes unis à lui. [6]Celui qui prétend qu'il demeure en Christ doit aussi vivre comme Christ lui-même a vécu.

[a] **1.1** Autre traduction : *nous vous écrivons au sujet de celui qui est la parole de vie.*
[b] **1.4** Certains manuscrits ont : *votre joie.*
[c] **2.2** Autre traduction : *Car il a apaisé la colère de Dieu causée par nos péchés.*

7Dear friends, I am not writing you a new command but an old one, which you have had since the
beginning. This old command is the message you have
heard. 8Yet I am writing you a new command; its truth
is seen in him and in you, because the darkness is
passing and the true light is already shining.

9Anyone who claims to be in the light but hates a
brother or sister[d] is still in the darkness. 10Anyone
who loves their brother and sister[e] lives in the light,
and there is nothing in them to make them stumble.
11But anyone who hates a brother or sister is in the
darkness and walks around in the darkness. They do
not know where they are going, because the darkness
has blinded them.

Reasons for Writing

12 I am writing to you, dear children,
because your sins have been forgiven on
account of his name.
13 I am writing to you, fathers,
because you know him who is from the
beginning.
I am writing to you, young men,
because you have overcome the evil one.
14 I write to you, dear children,
because you know the Father.
I write to you, fathers,
because you know him who is from the
beginning.
I write to you, young men,
because you are strong,
and the word of God lives in you,
and you have overcome the evil one.

On Not Loving the World

15Do not love the world or anything in the world. If
anyone loves the world, love for the Father[f] is not in
them. 16For everything in the world – the lust of the
flesh, the lust of the eyes, and the pride of life – comes
not from the Father but from the world. 17The world
and its desires pass away, but whoever does the will
of God lives forever.

Warnings Against Denying the Son

18Dear children, this is the last hour; and as you
have heard that the antichrist is coming, even now
many antichrists have come. This is how we know it
is the last hour. 19They went out from us, but they did
not really belong to us. For if they had belonged to us,
they would have remained with us; but their going
showed that none of them belonged to us.

[d] **2:9** The Greek word for *brother or sister* (*adelphos*) refers here to a believer, whether man or woman, as part of God's family; also in verse 11; and in 3:15, 17; 4:20; 5:16.
[e] **2:10** The Greek word for *brother and sister* (*adelphos*) refers here to a believer, whether man or woman, as part of God's family; also in 3:10; 4:20, 21.
[f] **2:15** Or *world, the Father's love*

7Mes chers amis, ce n'est pas un nouveau comman
dement que je vous écris : il s'agit d'un commandemen
ancien que vous avez reçu dès le commencement, et c
commandement ancien, c'est le message que vous ave
entendu.
8Mais en même temps, c'est un *commandement nouvea*
que je vous écris, et l'on en voit la réalisation en Christ e
en vous, car les ténèbres se dissipent et la lumière véri
table brille déjà[d].
9Celui qui prétend être dans la lumière tout en détes
tant son frère, est encore présentement dans les ténèbres
10Celui qui aime son frère demeure dans la lumière, e
rien en lui ne risque de causer sa chute. 11Mais celui qu
déteste son frère est dans les ténèbres : il marche dan
les ténèbres sans savoir où il va, parce que les ténèbre
l'ont rendu aveugle.

Enfants, pères et jeunes gens

12Je vous écris ceci, enfants : vos péchés vous sont pardonnés grâce à Jésus-Christ. 13Je vous écris ceci, pères
vous connaissez celui qui est dès le commencement. Je
vous écris ceci, jeunes gens : vous avez vaincu le diable[e].

14Je vous le confirme, enfants : vous connaissez le Père.
Je vous le confirme, pères : vous connaissez celui qui est
dès le commencement. Je vous le confirme, jeunes gens :
vous êtes forts, la Parole de Dieu demeure en vous et vous
avez vaincu le diable[f].

Face au monde mauvais et aux antichrists

15N'aimez pas le monde ni rien de ce qui fait partie de
ce monde. Si quelqu'un aime le monde, l'amour pour le
Père n'est pas en lui. 16En effet, tout ce qui fait partie du
monde : les mauvais désirs qui animent l'homme livré à
lui-même, la soif de posséder ce qui attire les regards, et
l'orgueil qu'inspirent les biens matériels, tout cela ne vient
pas du Père, mais du monde. 17Or le monde passe avec tous
ses attraits, mais celui qui accomplit la volonté de Dieu
demeure éternellement.
18Mes enfants, c'est la dernière heure. Vous avez appris
qu'un « anti-Christ » doit venir. Or, dès à présent, beaucoup d'antichrists sont là. Voilà pourquoi nous savons
que nous sommes entrés dans la dernière heure. 19Ces
adversaires de Christ sont sortis de chez nous mais, en
réalité, ils n'étaient pas des nôtres. Car, s'ils avaient été
des nôtres, ils seraient restés avec nous. Mais ils nous ont
quittés pour qu'il soit parfaitement clair que tous ne sont
pas des nôtres.

[d] **2.8** Moïse avait déjà ordonné d'aimer son prochain (Lv 19.18). Jésus l'a réalisé dans sa propre vie, nous laissant un exemple à imiter. Son Esprit reproduit sa vie d'amour en nous. Nous pouvons donc donner à l'ancien commandement une dimension nouvelle.
[e] **2.13** Autre traduction : *le mal.*
[f] **2.14** Autre traduction : *le mal.*

[20]But you have an anointing from the Holy One,
nd all of you know the truth.[g] [21]I do not write to you
ecause you do not know the truth, but because you
o know it and because no lie comes from the truth.
Who is the liar? It is whoever denies that Jesus is
e Christ. Such a person is the antichrist – denying
e Father and the Son. [23]No one who denies the Son
as the Father; whoever acknowledges the Son has
e Father also.

[24]As for you, see that what you have heard from
e beginning remains in you. If it does, you also will
emain in the Son and in the Father. [25]And this is what
e promised us – eternal life.

[26]I am writing these things to you about those who
re trying to lead you astray. [27]As for you, the anoint-
ng you received from him remains in you, and you
o not need anyone to teach you. But as his anointing
eaches you about all things and as that anointing is
eal, not counterfeit – just as it has taught you, re-
nain in him.

od's Children and Sin

[28]And now, dear children, continue in him, so that
hen he appears we may be confident and unashamed
efore him at his coming.

[29]If you know that he is righteous, you know that
everyone who does what is right has been born of him.

3 [1]See what great love the Father has lavished on
us, that we should be called children of God! And
hat is what we are! The reason the world does not
now us is that it did not know him. [2]Dear friends,
ow we are children of God, and what we will be has
not yet been made known. But we know that when
Christ appears,[h] we shall be like him, for we shall see
him as he is. [3]All who have this hope in him purify
themselves, just as he is pure.

[4]Everyone who sins breaks the law; in fact, sin is
lawlessness. [5]But you know that he appeared so that
he might take away our sins. And in him is no sin. [6]No
one who lives in him keeps on sinning. No one who
continues to sin has either seen him or known him.

[7]Dear children, do not let anyone lead you astray.
The one who does what is right is righteous, just as
he is righteous. [8]The one who does what is sinful is
of the devil, because the devil has been sinning from
the beginning. The reason the Son of God appeared
was to destroy the devil's work. [9]No one who is born

g **2:20** Some manuscripts *and you know all things*
h **3:2** Or *when it is made known*

[20]Vous, au contraire, vous avez été oints du Saint-Esprit[g]
par celui qui est saint, et vous avez tous la connaissance[h].
[21]Si je vous écris, ce n'est pas parce que vous ne connaissez
pas la vérité, mais parce que vous la connaissez, et qu'aucun mensonge ne vient de la vérité.
[22]Alors qui est le menteur ? C'est celui qui nie que Jésus
est Christ. Et « l'anti-Christ », c'est celui qui refuse de reconnaître le Père et le Fils. [23]Tout homme qui nie que Jésus
est le Fils de Dieu ne connaît pas non plus le Père. Celui qui
reconnaît que Jésus est le Fils de Dieu connaît aussi le Père.
[24]C'est pourquoi, tenez-vous soigneusement à l'enseignement que vous avez reçu dès le commencement. Si ce
que vous avez entendu dès le commencement demeure
en vous, vous demeurerez aussi unis au Fils et au Père.
[25]Et voici la promesse qu'il vous a faite : la vie éternelle.
[26]C'est au sujet de ceux qui vous entraînent dans l'erreur que je vous écris ces choses. [27]Quant à vous, l'Esprit[i]
dont vous avez été oints par Christ demeure en vous. Vous
n'avez donc pas besoin que l'on vous instruise[j], car cet
Esprit dont vous avez été oints[k] vous enseigne tout. Il est
véridique, il ne ment pas. Restez donc attachés à cet enseignement tel que vous l'avez reçu de l'Esprit.

[28]Mes enfants, demeurez attachés à Christ pour qu'au
moment où il paraîtra, nous soyons remplis d'assurance
et que nous ne nous trouvions pas tout honteux loin de
lui au moment de sa venue.

Vivre en enfant de Dieu

Qui est né de Dieu ne pèche pas

[29]Vous savez que Dieu est juste ; reconnaissez, par
conséquent, que tout homme qui accomplit ce qui est
juste est né de lui.

3 [1]Voyez combien le Père nous a aimés pour que nous
puissions être appelés enfants de Dieu – et nous le
sommes ! Voici pourquoi le monde ne nous reconnaît pas :
c'est parce qu'il n'a pas reconnu Dieu.
[2]Mes chers amis, dès à présent nous sommes enfants
de Dieu et ce que nous serons un jour n'a pas encore été
rendu manifeste. Nous savons que lorsque Christ paraîtra,
nous serons semblables à lui, car nous le verrons tel qu'il
est. [3]Tous ceux qui fondent sur Christ une telle espérance
se rendent eux-mêmes purs, tout comme Christ est pur.
[4]Celui qui commet le péché viole la Loi de Dieu, car le
péché, c'est la violation de cette Loi. [5]Or, vous le savez :
Jésus est apparu pour ôter les péchés[l], et il n'y a pas de
péché en lui. [6]Par conséquent, celui qui demeure uni à
lui ne pèche pas et celui qui pèche ne l'a jamais vu et ne
l'a jamais connu.
[7]Mes enfants, que personne ne vous trompe sur ce
point : est juste celui qui fait ce qui est juste, tout comme
Christ lui-même est juste. [8]Celui qui commet le péché est
du diable, car le diable pèche dès le commencement. Or, le
Fils de Dieu est précisément apparu pour détruire les œuvres du diable. [9]Celui qui est né de Dieu ne pèche pas, car

g **2.20** Autre traduction : *la Parole.*
h **2.20** Certains manuscrits ont : *vous connaissez tout.*
i **2.27** Autre traduction : *la Parole.*
j **2.27** Allusion aux « instructeurs » des sectes pré-gnostiques qui prétendaient que la connaissance (la gnose) qu'ils transmettaient était indispensable au salut.
k **2.27** Autre traduction : *cette Parole dont vous avez été oints ...*
l **3.5** Certains manuscrits ont : *nos péchés.*

of God will continue to sin, because God's seed remains in them; they cannot go on sinning, because they have been born of God. 10 This is how we know who the children of God are and who the children of the devil are: Anyone who does not do what is right is not God's child, nor is anyone who does not love their brother and sister.

More on Love and Hatred

11 For this is the message you heard from the beginning: We should love one another. 12 Do not be like Cain, who belonged to the evil one and murdered his brother. And why did he murder him? Because his own actions were evil and his brother's were righteous. 13 Do not be surprised, my brothers and sisters,[i] if the world hates you. 14 We know that we have passed from death to life, because we love each other. Anyone who does not love remains in death. 15 Anyone who hates a brother or sister is a murderer, and you know that no murderer has eternal life residing in him.

16 This is how we know what love is: Jesus Christ laid down his life for us. And we ought to lay down our lives for our brothers and sisters. 17 If anyone has material possessions and sees a brother or sister in need but has no pity on them, how can the love of God be in that person? 18 Dear children, let us not love with words or speech but with actions and in truth.

19 This is how we know that we belong to the truth and how we set our hearts at rest in his presence: 20 If our hearts condemn us, we know that God is greater than our hearts, and he knows everything. 21 Dear friends, if our hearts do not condemn us, we have confidence before God 22 and receive from him anything we ask, because we keep his commands and do what pleases him. 23 And this is his command: to believe in the name of his Son, Jesus Christ, and to love one another as he commanded us. 24 The one who keeps God's commands lives in him, and he in them. And this is how we know that he lives in us: We know it by the Spirit he gave us.

On Denying the Incarnation

4 1 Dear friends, do not believe every spirit, but test the spirits to see whether they are from God, because many false prophets have gone out into the world. 2 This is how you can recognize the Spirit of God: Every spirit that acknowledges that Jesus Christ has come in the flesh is from God, 3 but every spirit

[i] **3:13** The Greek word for *brothers and sisters* (*adelphoi*) refers here to believers, both men and women, as part of God's family; also in verse 16.

la vie[m] qui vient de Dieu a été implantée en lui et demeu en lui. Il ne peut pas pécher[n], puisqu'il est né de Dieu.

10 C'est ainsi que se manifeste la différence entre le enfants de Dieu et les enfants du diable : celui qui ne fa pas ce qui est juste n'est pas de Dieu, pas plus que celu qui n'aime pas son frère.

L'amour, caractéristique de l'enfant de Dieu

11 En effet, voici le message que vous avez entendu dè le commencement : aimons-nous les uns les autres. 12 Qu personne ne suive donc l'exemple de Caïn, qui était du d able[o] et qui a égorgé son frère. Et pourquoi l'a-t-il égorgé Parce que sa façon d'agir était mauvaise, alors que cell de son frère était juste.

13 Mes frères, ne vous étonnez donc pas si le monde a d la haine pour vous. 14 Quant à nous, nous savons que nou sommes passés de la mort à la vie parce que nous aimon nos frères. Celui qui n'aime pas demeure dans la mort 15 Car si quelqu'un déteste son frère, c'est un meurtrie et vous savez qu'aucun meurtrier ne possède en lui la vi éternelle. 16 Voici comment nous savons ce que c'est qu d'aimer : Jésus-Christ a donné sa vie pour nous. Nous dev ons, nous aussi, donner notre vie pour nos frères.

17 Si quelqu'un qui possède du bien en ce monde voit so frère dans le besoin et lui ferme son cœur, l'amour de Dieu ne peut être présent en lui. 18 Mes enfants, que notre amou ne se limite pas à des discours et à de belles paroles, mai qu'il manifeste sa réalité par des actes.

19 C'est ainsi que nous saurons que nous sommes de la vérité, et nous rassurerons notre cœur devant Dieu ; 20 s notre cœur nous condamne d'une manière ou d'une autre ; car Dieu est plus grand que notre cœur et il connaît tout. 21 Mes chers amis, si notre cœur ne nous condamne pas, nous sommes pleins d'assurance devant Dieu. 22 I nous donne ce que nous lui demandons, parce que nous obéissons à ses commandements et que nous faisons ce qu lui plaît. 23 Or, que nous commande-t-il ? De placer notre confiance en son Fils Jésus-Christ et de nous aimer les uns les autres, comme il nous l'a lui-même prescrit.

24 Celui qui obéit à ses commandements demeure en Dieu et Dieu demeure en lui. Et à quoi reconnaissons-nous qu'il demeure en nous ? De par l'Esprit qu'il nous a donné.

Distinguer les vrais prophètes des prophètes de mensonge

4 1 Mais attention, mes chers amis, ne vous fiez pas à n'importe quel esprit ; mettez les esprits à l'épreuve pour voir s'ils viennent de Dieu, car bien des prophètes de mensonge se sont répandus à travers le monde. 2 Voici comment savoir s'il s'agit de l'Esprit de Dieu : tout esprit qui reconnaît que c'est pleinement humain que Jésus est venu, vient de Dieu. 3 Tout esprit, au contraire, qui ne reconnaît

[m] **3.9** Il pourrait s'agir soit de la Parole (voir Jc 1.21 ; 1 P 1.23) soit de l'Esprit de Dieu, puissance de vie (Jn 3.5).

[n] **3.9** Jean n'enseigne pas que le chrétien ne peut plus pécher et qu'il est devenu parfait (voir 1.8, 10). Certains soulignent que Jean procède par oppositions radicales (lumière/ténèbres, vérité/mensonge, Christ/antichrist) et que notre régénération, notre naissance de Dieu, n'est pas encore achevée (Ga 4.19). Il est aussi possible de comprendre ces formules comme se référant à une impossibilité morale. Autrement dit : celui qui est né de Dieu ne doit pas pécher.

[o] **3.12** Autre traduction : *au mal.*

ıat does not acknowledge Jesus is not from God. This
the spirit of the antichrist, which you have heard is
ɔming and even now is already in the world.
4You, dear children, are from God and have over-
ɔme them, because the one who is in you is greater
ıan the one who is in the world. 5They are from
ıe world and therefore speak from the viewpoint
f the world, and the world listens to them. 6We are
rom God, and whoever knows God listens to us; but
hoever is not from God does not listen to us. This is
ow we recognize the Spirit[j] of truth and the spirit
f falsehood.

od's Love and Ours

7Dear friends, let us love one another, for love
omes from God. Everyone who loves has been born
f God and knows God. 8Whoever does not love does
ot know God, because God is love. 9This is how God
howed his love among us: He sent his one and only
on into the world that we might live through him.
0This is love: not that we loved God, but that he loved
s and sent his Son as an atoning sacrifice for our sins.
1Dear friends, since God so loved us, we also ought
o love one another. 12No one has ever seen God; but
f we love one another, God lives in us and his love is
nade complete in us.

13This is how we know that we live in him and he
n us: He has given us of his Spirit. 14And we have
een and testify that the Father has sent his Son to
e the Savior of the world. 15If anyone acknowledges
hat Jesus is the Son of God, God lives in them and
hey in God. 16And so we know and rely on the love
God has for us.
God is love. Whoever lives in love lives in God, and
God in them. 17This is how love is made complete
among us so that we will have confidence on the day
of judgment: In this world we are like Jesus. 18There
s no fear in love. But perfect love drives out fear, because fear has to do with punishment. The one who
fears is not made perfect in love.
19We love because he first loved us. 20Whoever
claims to love God yet hates a brother or sister is a liar.
For whoever does not love their brother and sister,
whom they have seen, cannot love God, whom they
have not seen. 21And he has given us this command:
Anyone who loves God must also love their brother
and sister.

Faith in the Incarnate Son of God

5 1Everyone who believes that Jesus is the Christ is
born of God, and everyone who loves the father

j 4:6 Or *spirit*

pas ce Jésus-là[p] ne vient pas de Dieu. C'est là l'esprit de « l'anti-Christ » dont vous avez entendu annoncer la venue. Eh
bien, dès à présent, cet esprit est dans le monde. 4Vous, mes
enfants, vous êtes de Dieu et vous avez la victoire sur ces
prophètes de mensonge, car celui qui est en vous est plus
puissant que celui qui inspire ce monde. 5Eux, ils font partie
du monde. C'est pourquoi ils tiennent le langage du monde,
et le monde les écoute. 6Nous, nous sommes de Dieu. Celui
qui connaît Dieu nous écoute, mais celui qui n'est pas de
Dieu ne nous écoute pas. De cette manière, nous pouvons
distinguer l'Esprit de la vérité de l'esprit de l'erreur.

Dieu est amour

Aimer parce que Dieu nous a aimés le premier

7Mes chers amis, aimons-nous les uns les autres, car
l'amour vient de Dieu. Celui qui aime est né de Dieu et
il connaît Dieu. 8Qui n'aime pas n'a pas connu Dieu, car
Dieu est amour.
9Voici comment Dieu a manifesté son amour pour nous :
il a envoyé son Fils unique dans le monde pour que, par
lui, nous ayons la vie. 10Voici en quoi consiste l'amour : ce
n'est pas nous qui avons aimé Dieu, mais c'est lui qui nous a
aimés ; aussi a-t-il envoyé son Fils pour expier nos péchés[q].
11Mes chers amis, puisque Dieu nous a tant aimés, nous
devons, nous aussi, nous aimer les uns les autres. 12Dieu,
personne ne l'a jamais vu. Mais si nous nous aimons les
uns les autres, Dieu demeure en nous et son amour se manifeste pleinement parmi nous.
13Voici comment nous savons que nous demeurons en lui et
qu'il demeure en nous : c'est par son Esprit qu'il nous a donné.
14Nous l'avons vu de nos yeux et nous en parlons en témoins :
le Père a envoyé son Fils pour être le Sauveur du monde.
15Si quelqu'un reconnaît que Jésus est le Fils de Dieu, Dieu
demeure en lui et lui en Dieu. 16Et nous, nous avons connu
l'amour que Dieu nous porte et nous y avons cru. Dieu est
amour : celui qui demeure dans l'amour demeure en Dieu, et
Dieu demeure en lui. 17Et voici pourquoi l'amour se manifeste
pleinement parmi nous : c'est pour que nous ayons une entière
assurance au jour du jugement, d'autant plus que notre situation dans ce monde est celle que Christ a connue lui-même[r].
18Dans l'amour, il n'y a pas de place pour la crainte,
car l'amour parvenu à une pleine maturité chasse toute
crainte. En effet, la crainte suppose la perspective d'un
châtiment. L'amour de celui qui vit dans la crainte n'est
pas encore parvenu à sa pleine maturité. 19Quant à nous,
nous aimons parce que Dieu nous a aimés le premier.
20Si quelqu'un prétend aimer Dieu tout en détestant son
frère, c'est un menteur. Car s'il n'aime pas son frère qu'il
voit, il ne peut pas aimer Dieu qu'il ne voit pas.
21D'ailleurs, Christ lui-même nous a donné ce commandement : que celui qui aime Dieu aime aussi son frère.

Croire au Fils de Dieu

5 1Celui qui croit que Jésus est Christ est né de Dieu.
Et celui qui aime le Père, qui fait naître à la vie, aime
aussi les enfants nés de lui.

p **4.3** Quelques manuscrits ont : *qui divise Jésus.* Les erreurs combattues par Jean séparaient l'homme Jésus de Christ, Fils de Dieu. Christ ne serait venu en Jésus qu'au moment de son baptême et il l'aurait de nouveau quitté avant sa mort sur la croix.

q **4.10** Autre traduction : *pour apaiser sa colère causée par nos péchés.* Cf. 2.2.

r **4.17** Autre traduction : *car ce qui est vrai pour Christ est vrai pour nous dans ce monde.*

loves his child as well. 2 This is how we know that we
love the children of God: by loving God and carrying
out his commands. 3 In fact, this is love for God: to
keep his commands. And his commands are not burdensome, 4 for everyone born of God overcomes the
world. This is the victory that has overcome the world,
even our faith. 5 Who is it that overcomes the world?
Only the one who believes that Jesus is the Son of God.
6 This is the one who came by water and blood – Jesus
Christ. He did not come by water only, but by water
and blood. And it is the Spirit who testifies, because
the Spirit is the truth. 7 For there are three that testify:
8 the[k] Spirit, the water and the blood; and the three
are in agreement. 9 We accept human testimony, but
God's testimony is greater because it is the testimony
of God, which he has given about his Son. 10 Whoever
believes in the Son of God accepts this testimony.
Whoever does not believe God has made him out to
be a liar, because they have not believed the testimony
God has given about his Son. 11 And this is the testimony: God has given us eternal life, and this life is in
his Son. 12 Whoever has the Son has life; whoever does
not have the Son of God does not have life.

Concluding Affirmations

13 I write these things to you who believe in the
name of the Son of God so that you may know that
you have eternal life. 14 This is the confidence we have
in approaching God: that if we ask anything according
to his will, he hears us. 15 And if we know that he hears
us – whatever we ask – we know that we have what
we asked of him.

16 If you see any brother or sister commit a sin that
does not lead to death, you should pray and God will
give them life. I refer to those whose sin does not lead
to death. There is a sin that leads to death. I am not
saying that you should pray about that. 17 All wrongdoing is sin, and there is sin that does not lead to death.
18 We know that anyone born of God does not continue to sin; the One who was born of God keeps them
safe, and the evil one cannot harm them. 19 We know
that we are children of God, and that the whole world
is under the control of the evil one. 20 We know also
that the Son of God has come and has given us understanding, so that we may know him who is true. And
we are in him who is true by being in his Son Jesus
Christ. He is the true God and eternal life.

21 Dear children, keep yourselves from idols.

2 Voici comment nous savons que nous aimons les en
fants de Dieu : c'est lorsque nous aimons Dieu lui-mêm
et que nous obéissons à ses commandements. 3 Car aim
Dieu, c'est accomplir ses commandements. Ceux-ci, d'ai
leurs, ne sont pas pénibles, 4 car tout ce qui est né de Die
triomphe du monde, et la victoire qui triomphe du mond
c'est notre foi. 5 Qui, en effet, triomphe du monde ? Celui-
seul qui croit que Jésus est le Fils de Dieu.
6 Celui qui est venu par l'eau et par le sang, c'est bie
Jésus-Christ : il n'est pas passé seulement par l'eau d
baptême, mais outre le baptême, il est passé par la mo
en versant son sang[s]. Et c'est l'Esprit qui lui rend témo
gnage, car l'Esprit est la vérité. 7 Ainsi il y a trois témoins
8 l'Esprit, l'eau et le sang ; et les trois sont d'accord.
9 Nous acceptons le témoignage des hommes ; mais l
témoignage de Dieu est bien supérieur, et ce témoignag
c'est celui que Dieu a rendu à son Fils. 10 Celui qui croit a
Fils de Dieu possède ce témoignage en lui-même. Celu
qui ne croit pas Dieu fait de lui un menteur, puisqu'il n
croit pas le témoignage que Dieu a rendu à son Fils. 11 E
qu'affirme ce témoignage ? Il dit que Dieu nous a donné l
vie éternelle et que cette vie est en son Fils.
12 Celui qui a le Fils a la vie. Celui qui n'a pas le Fils d
Dieu n'a pas la vie.

13 Je vous ai écrit cela, pour que vous sachiez que vou
avez la vie éternelle, vous qui croyez au Fils de Dieu. 14 E
voici quelle assurance nous avons devant Dieu : si nou
demandons quelque chose qui est conforme à sa volonté
il nous écoute. 15 Et si nous savons qu'il nous écoute, nou
savons aussi que l'objet de nos demandes nous est acquis

Le chrétien et le péché

16 Si quelqu'un voit son frère commettre un péché qu
ne mène pas à la mort, qu'il prie pour ce frère et Dieu lu
donnera la vie. Il s'agit de ceux qui commettent des péché
qui ne mènent pas à la mort. Mais il existe un péché qu
mène à la mort. Ce n'est pas au sujet de ce péché-là que je
vous demande de prier.
17 Toute désobéissance à la Loi est un péché, certes, mais
tous les péchés ne mènent pas à la mort. 18 Nous savons que
celui qui est né de Dieu ne commet pas le péché qui mène à
la mort[t], car le Fils né de Dieu le protège[u]. Aussi le diable[v]
ne peut pas le dominer. 19 Nous savons que nous sommes
de Dieu, alors que le monde entier est sous la coupe du
diable[w]. 20 Mais nous savons aussi que le Fils de Dieu est
venu et qu'il nous a donné l'intelligence pour que nous
connaissions le Dieu véritable. Ainsi, nous sommes unis au
Dieu véritable, de par notre union à son Fils Jésus-Christ.
Ce Fils est lui-même le Dieu véritable et la vie éternelle.

Recommandation finale

21 Mes chers enfants, gardez-vous des idoles.

---

[k] **5:7,8** Late manuscripts of the Vulgate *testify in heaven: the Father, the Word and the Holy Spirit, and these three are one.* 8 *And there are three that testify on earth: the* (not found in any Greek manuscript before the fourteenth century)

[s] **5.6** Le baptême a inauguré le ministère de Christ, qui s'est achevé par sa mort. C'est le même Jésus-Christ, Fils de Dieu, qui a été baptisé et qui est mort. Certains voient dans l'eau et le sang une allusion à Jn 19.34.

[t] **5.18** Voir 3.9 et note.

[u] **5.18** Certains manuscrits ont : *celui qui est né de Dieu se garde lui-même.* Variante : *et il se tient lui-même sur ses gardes.*

[v] **5.18** Autre traduction : *le mal.*

[w] **5.19** Autre traduction : *du mal.*

2 John

1 [1]The elder,
To the lady chosen by God and to her children,
hom I love in the truth – and not I only, but also all
ho know the truth – [2]because of the truth, which
ves in us and will be with us forever:
[3]Grace, mercy and peace from God the Father and
rom Jesus Christ, the Father's Son, will be with us in
ruth and love.

[4]It has given me great joy to find some of your
hildren walking in the truth, just as the Father com-
nanded us. [5]And now, dear lady, I am not writing
ou a new command but one we have had from the
eginning. I ask that we love one another. [6]And this
s love: that we walk in obedience to his commands.
s you have heard from the beginning, his command
s that you walk in love.

[7]I say this because many deceivers, who do not acknowledge Jesus Christ as coming in the flesh, have
gone out into the world. Any such person is the deceiver and the antichrist. [8]Watch out that you do not
ose what we[a] have worked for, but that you may be
rewarded fully. [9]Anyone who runs ahead and does
not continue in the teaching of Christ does not have
God; whoever continues in the teaching has both the
Father and the Son. [10]If anyone comes to you and does
not bring this teaching, do not take them into your
house or welcome them. [11]Anyone who welcomes
them shares in their wicked work.

[12]I have much to write to you, but I do not want to
use paper and ink. Instead, I hope to visit you and talk
with you face to face, so that our joy may be complete.

---

[a] **1:8** Some manuscripts *you*

Deuxième lettre de Jean

Salutation

1 [1]L'Ancien[a], à la Dame que Dieu a choisie[b] et à ses enfants que j'aime dans la vérité. Ce n'est pas moi seul
qui vous aime, mais aussi tous ceux qui connaissent la
vérité, [2]à cause de la vérité qui demeure en nous et qui
sera éternellement avec nous.
[3]La grâce, la compassion et la paix qui nous viennent
de Dieu, le Père, et de Jésus-Christ, le Fils du Père, seront
avec nous pour que nous en vivions dans la vérité et dans
l'amour.

Le commandement d'aimer

[4]J'ai éprouvé une très grande joie à voir certains de tes
enfants vivre selon la vérité, comme nous en avons reçu
le commandement du Père.
[5]A présent, chère Dame, voici ce que je te demande – ce
n'est pas un commandement nouveau que je t'écris, c'est
celui que nous avons reçu dès le commencement : aimons-nous les uns les autres. [6]Et voici en quoi consiste
l'amour : c'est que nous vivions selon les commandements de Dieu. Tel est le commandement selon lequel
nous devons vivre, comme vous l'avez entendu depuis le
commencement.

La fidélité à la vérité

[7]Un grand nombre de personnes qui entraînent les autres dans l'erreur se sont répandues à travers le monde.
Ils ne reconnaissent pas que c'est pleinement humain que
Jésus est venu[c]. Qui fait partie de ces gens est trompeur,
c'est l'anti-Christ.
[8]Prenez donc garde à vous-mêmes, pour que vous ne
perdiez pas le fruit de nos efforts[d], mais que vous receviez
une pleine récompense. [9]Celui qui ne reste pas attaché à
l'enseignement qui concerne Christ, mais veut le dépasser,
n'a pas de communion avec Dieu. Celui qui se tient à cet
enseignement est uni au Père comme au Fils.
[10]Si quelqu'un vient vous trouver et ne vous apporte pas
cet enseignement, ne l'accueillez pas dans votre maison,
et ne lui adressez pas la salutation fraternelle[e]. [11]Celui qui
lui souhaiterait la bienvenue se rendrait complice de ses
œuvres mauvaises.

Projet de visite

[12]J'aurais encore bien des choses à vous écrire, mais je
ne veux pas vous les communiquer avec du papier et de
l'encre. J'espère pouvoir me rendre chez vous et m'entretenir avec vous de vive voix. Alors notre joie sera entière.

---

[a] **1** C'était sans doute le titre sous lequel Jean était connu dans les Eglises, étant le seul apôtre encore en vie.

[b] **1** Il faut très certainement prendre le terme de *Kyria* (féminin de *Kyrios*, le Seigneur) dans le sens symbolique : l'épître est adressée à une Eglise, ses *enfants* en sont les membres.

[c] **7** Voir note 1 Jn 4.3.

[d] **8** Certains manuscrits ont : *vos efforts*.

[e] **10** Il s'agirait de la salutation d'accueil dans l'Eglise qui se réunissait à l'époque dans une maison (voir Rm 16.4 ; Phm 2). Certains comprennent : *ne l'accueillez pas chez vous et ne lui adressez pas de salutation.*

[13]The children of your sister, who is chosen by God, send their greetings.

Salutation finale

[13]Les enfants de ta sœur que Dieu a choisie[f] t'adressent leurs salutations.

[f] 13 C'est-à-dire, selon l'interprétation proposée du v. 1, les membres de l'Eglise à laquelle appartient Jean.

3 John

1 [1]The elder,
To my dear friend Gaius, whom I love in the truth.

[2]Dear friend, I pray that you may enjoy good health and that all may go well with you, even as your soul is getting along well. [3]It gave me great joy when some believers came and testified about your faithfulness to the truth, telling how you continue to walk in it. [4]I have no greater joy than to hear that my children are walking in the truth.

[5]Dear friend, you are faithful in what you are doing for the brothers and sisters,[a] even though they are strangers to you. [6]They have told the church about your love. Please send them on their way in a manner that honors God. [7]It was for the sake of the Name that they went out, receiving no help from the pagans. [8]We ought therefore to show hospitality to such people so that we may work together for the truth.

[9]I wrote to the church, but Diotrephes, who loves to be first, will not welcome us. [10]So when I come, I will call attention to what he is doing, spreading malicious nonsense about us. Not satisfied with that, he even refuses to welcome other believers. He also stops those who want to do so and puts them out of the church.

[11]Dear friend, do not imitate what is evil but what is good. Anyone who does what is good is from God. Anyone who does what is evil has not seen God. [12]Demetrius is well spoken of by everyone – and even by the truth itself. We also speak well of him, and you know that our testimony is true.

[13]I have much to write you, but I do not want to do so with pen and ink. [14]I hope to see you soon, and we will talk face to face.

Peace to you.

The friends here send their greetings. Greet the friends there by name.

[a] **1:5** The Greek word for *brothers and sisters* (*adelphoi*) refers here to believers, both men and women, as part of God's family.

Troisième lettre de Jean

Salutation et vœu

1 [1]L'Ancien[a], à mon bien cher Gaïus que j'aime dans la vérité.

[2]Cher ami, je souhaite que tu prospères à tous égards et que tu sois en aussi bonne santé physique que tu l'es spirituellement.

L'attitude juste de Gaïus

[3]Je me suis beaucoup réjoui lorsque des frères sont venus de chez toi et m'ont rendu ce témoignage : tu demeures attaché à la vérité et tu vis selon cette vérité. [4]Je n'ai pas de plus grande joie que d'apprendre que mes enfants vivent selon la vérité.

[5]Cher ami, tu agis avec fidélité dans ce que tu accomplis pour les frères qui, de plus, sont des étrangers pour toi. [6]Ils ont rendu témoignage à ton amour devant l'Eglise. Tu agiras bien si tu pourvois à la suite de leur voyage d'une façon qui plaît à Dieu. [7]En effet, c'est pour proclamer Christ qu'ils sont partis sans rien accepter de la part des non-croyants. [8]C'est donc notre devoir d'accueillir de tels hommes. Ainsi nous collaborerons à ce qu'ils font pour la vérité.

Les mauvais procédés de Diotrèphe

[9]J'ai écrit quelques mots à l'Eglise, mais Diotrèphe, qui veut être le chef parmi eux, ne tient aucun compte de nous. [10]Aussi, quand je viendrai, je rendrai les autres attentifs à sa manière d'agir : il tient de méchants propos contre nous, et, non content de cela, il refuse de recevoir les frères de passage. En plus, ceux qui seraient désireux de les accueillir, il les en empêche et les chasse de l'Eglise.

[11]Cher ami, n'imite pas le mal, mais le bien. Celui qui fait le bien est de Dieu ; celui qui commet le mal ne sait rien de Dieu.

Témoignage rendu à Démétrius

[12]Quant à Démétrius, tout le monde n'en dit que du bien, et la vérité elle-même témoigne en sa faveur. Nous lui rendons nous aussi un témoignage positif et tu sais que notre témoignage est vrai.

Projet de visite et salutation finale

[13]J'aurais bien des choses à t'écrire, mais je ne veux pas les confier à l'encre et à la plume. [14]J'espère te voir bientôt et alors nous nous entretiendrons de vive voix.

[15]Que la paix soit avec toi. Les amis te saluent. Salue nos amis, chacun personnellement.

[a] **1** Voir note 2 Jn 1.

Jude

1

1 Jude, a servant of Jesus Christ and a brother of James,

To those who have been called, who are loved in God the Father and kept for[a] Jesus Christ:

2 Mercy, peace and love be yours in abundance.

The Sin and Doom of Ungodly People

3 Dear friends, although I was very eager to write to you about the salvation we share, I felt compelled to write and urge you to contend for the faith that was once for all entrusted to God's holy people. 4 For certain individuals whose condemnation was written about[b] long ago have secretly slipped in among you. They are ungodly people, who pervert the grace of our God into a license for immorality and deny Jesus Christ our only Sovereign and Lord.

5 Though you already know all this, I want to remind you that the Lord[c] at one time delivered his people out of Egypt, but later destroyed those who did not believe. 6 And the angels who did not keep their positions of authority but abandoned their proper dwelling – these he has kept in darkness, bound with everlasting chains for judgment on the great Day. 7 In a similar way, Sodom and Gomorrah and the surrounding towns gave themselves up to sexual immorality and perversion. They serve as an example of those who suffer the punishment of eternal fire.

8 In the very same way, on the strength of their dreams these ungodly people pollute their own bodies, reject authority and heap abuse on celestial beings. 9 But even the archangel Michael, when he was disputing with the devil about the body of Moses, did not himself dare to condemn him for slander but said, "The Lord rebuke you!"[d] 10 Yet these people slander whatever they do not understand, and the very things they do understand by instinct – as irrational animals do – will destroy them.

[a] **1:1** Or *by*; or *in*
[b] **1:4** Or *individuals who were marked out for condemnation*
[c] **1:5** Some early manuscripts *Jesus*
[d] **1:9** Jude is alluding to the Jewish Testament of Moses (approximately the first century A.D.).

Lettre de Jude

Salutation

1

1 Jude, serviteur de Jésus-Christ et frère de Jacque: salue ceux que Dieu a appelés à lui, qui sont aimés d Dieu le Père et gardés pour Jésus-Christ.

2 Que la compassion, la paix et l'amour de Dieu vou soient pleinement accordés !

Objet de la lettre : avertir contre les faux docteurs

3 Mes chers amis, j'avais le vif désir de vous écrire a sujet du salut qui nous est commun. J'ai vu la nécessité d le faire maintenant afin de vous recommander de lutte pour la foi qui a été transmise une fois pour toutes à ceu qui font partie du peuple saint.

4 Car des hommes dont la condamnation est depuis long temps annoncée dans l'Ecriture se sont infiltrés parm nous. Ce sont des impies qui travestissent en débauche la grâce de notre Dieu en reniant Jésus-Christ, notre seu Maître et Seigneur.

Les faux docteurs et le sort qui les attend

5 Laissez-moi vous rappeler des faits que vous connaissez bien. Après avoir délivré son peuple de l'esclavage en Egypte, le Seigneur[a] a fait périr ceux qui avaient refusé de lui faire confiance. 6 Dieu a gardé, enchaînés à perpétuité dans les ténèbres pour le jugement du grand Jour[b], les anges qui ont abandonné leur demeure au lieu de conserver leur rang.

7 Les habitants de Sodome, de Gomorrhe et des villes voisines se sont livrés de la même manière à la débauche et ont recherché des relations sexuelles contre nature. C'est pourquoi ces villes ont été condamnées à un feu éternel, elles aussi, et servent ainsi d'exemple[c].

8 Eh bien, malgré cela, ces individus font de même : leurs rêveries les entraînent à souiller leur propre corps, à rejeter l'autorité du Seigneur et à insulter les êtres glorieux du ciel. 9 Pourtant, l'archange Michel[d] lui-même, lorsqu'il contestait avec le diable et lui disputait le corps de Moïse[e], se garda bien de proférer contre lui un jugement insultant. Il se contenta de dire : *Que le Seigneur te réprimande*[f]!

10 Mais ces gens-là insultent ce qu'ils ne connaissent pas. Quant à ce qu'ils connaissent par instinct, comme les bêtes privées de raison, cela ne sert qu'à leur perte.

[a] **5** Certains manuscrits ont ici : *Jésus.*
[b] **6** Voir 2 P 2.4 et note.
[c] **7** Gn 19.4-25.
[d] **9** Voir Dn 10.13, 21 ; 12.1 ; Ap 12.7.
[e] **9** Voir Dt 34.6. Jude mentionne ici une tradition juive.
[f] **9** Za 3.2.

11 Woe to them! They have taken the way of Cain; ey have rushed for profit into Balaam's error; they ve been destroyed in Korah's rebellion.

12 These people are blemishes at your love feasts, ting with you without the slightest qualm – shep-rds who feed only themselves. They are clouds thout rain, blown along by the wind; autumn trees, ithout fruit and uprooted – twice dead. 13 They are ld waves of the sea, foaming up their shame; wan-ring stars, for whom blackest darkness has been served forever.

14 Enoch, the seventh from Adam, prophesied about em: "See, the Lord is coming with thousands upon ousands of his holy ones 15 to judge everyone, and convict all of them of all the ungodly acts they ve committed in their ungodliness, and of all the fiant words ungodly sinners have spoken against m."[e] 16 These people are grumblers and faultfinders; ey follow their own evil desires; they boast about emselves and flatter others for their own advantage.

Call to Persevere

17 But, dear friends, remember what the apostles of ır Lord Jesus Christ foretold. 18 They said to you, "In ıe last times there will be scoffers who will follow ıeir own ungodly desires." 19 These are the people ho divide you, who follow mere natural instincts nd do not have the Spirit.

20 But you, dear friends, by building yourselves p in your most holy faith and praying in the Holy pirit, 21 keep yourselves in God's love as you wait for ıe mercy of our Lord Jesus Christ to bring you to ternal life.

22 Be merciful to those who doubt; 23 save others by natching them from the fire; to others show mercy, ıixed with fear – hating even the clothing stained y corrupted flesh.[f]

oxology

24 To him who is able to keep you from stumbling nd to present you before his glorious presence with-ut fault and with great joy – 25 to the only God our avior be glory, majesty, power and authority, through esus Christ our Lord, before all ages, now and forev-rmore! Amen.

11 Malheur à eux ! Ils ont marché sur les traces de Caïn[g] ; par amour du gain[h], ils sont tombés dans la même erreur que Balaam ; ils ont couru à leur perte en se révoltant comme Qoré[i]. 12 Leur présence trouble vos repas communautaires. Ils se remplissent la panse sans vergogne, et ne s'intéressent qu'à eux-mêmes. Ils sont pareils à des nuages qui ne donnent pas de pluie et que les vents emportent, à des arbres qui, à la fin de l'automne, n'ont encore donné aucun fruit : ils sont deux fois morts, déracinés. 13 Ils ressemblent aux vagues furieuses de la mer qui rejettent l'écume de leur honte, à des astres errants auxquels est réservée à perpétuité l'obscurité des ténèbres.

14 A eux aussi s'applique la prophétie d'Hénok[j], *le septième patriarche depuis Adam,* qui dit : *Voici, le Seigneur va venir avec ses milliers d'anges* 15 *pour exercer son jugement sur tous, et pour faire rendre compte, à tous ceux qui ne le respectent pas, de tous les actes qu'ils ont commis dans leur révolte et de toutes les insultes que ces pécheurs sacrilèges ont proférées contre lui*[k]. 16 Ces hommes-là sont d'éternels mécontents, toujours à se plaindre de leur sort, et entraînés par leurs mauvais désirs. Ils tiennent de grands discours et flattent les gens pour en tirer profit.

Progressez sur le fondement de votre foi très sainte

17 Mais vous, mes chers amis, rappelez-vous ce que les apôtres de notre Seigneur Jésus-Christ ont prédit. 18 Ils vous disaient : « A la fin des temps viendront des gens qui se moqueront de Dieu et qui vivront au gré de leurs propres désirs, sans aucun respect pour Dieu. » 19 Ce sont de tels gens qui causent des divisions, des gens sans Dieu qui n'ont pas l'Esprit.

20 Mais vous, mes chers amis, bâtissez votre vie sur le fondement de votre foi très sainte. Priez par le Saint-Esprit. 21 Maintenez-vous dans l'amour de Dieu en attendant que notre Seigneur Jésus-Christ, dans sa compassion, vous accorde la vie éternelle. 22 Ayez de la compassion pour ceux qui doutent[l] ; 23 pour d'autres, sauvez-les en les arrachant au feu. Pour d'autres encore, ayez de la compassion, mais avec de la crainte, en ayant en horreur jusqu'au vêtement souillé par l'immoralité.

Doxologie

24 A celui qui peut vous garder de toute chute et vous faire paraître en sa présence glorieuse, sans reproche et exultant de joie, 25 au Dieu unique qui nous a sauvés par Jésus-Christ notre Seigneur, à lui soient reconnues la gloire et la majesté, la force et l'autorité, depuis toujours, maintenant et durant toute l'éternité ! Amen.

1:15 From the Jewish First Book of Enoch (approximately the first entury B.C.)
1:23 The Greek manuscripts of these verses vary at several points.

g **11** Gn 4.8.
h **11** Balaam (Nb 22.7-35) illustre l'appât du gain qui caractérisait aussi les hérétiques (2 P 2.15).
i **11** Nb 16.1-5. Sans doute, les hérétiques s'opposaient-ils aussi aux autorités régulièrement instituées dans les Eglises locales.
j **14** Gn 5.21-24.
k **15** Paroles extraites d'un ouvrage apocryphe intitulé *Livre d'Hénoch* (1.9) dont nous possédons une traduction éthiopienne. Il est aussi possible que l'auteur du *Livre d'Hénoch* et Jude aient puisé à une source extra-biblique commune.
l **22** Certains manuscrits ont : *ceux qui doutent, cherchez à les convaincre.*

Revelation

Prologue

1 1The revelation from Jesus Christ, which God gave him to show his servants what must soon take place. He made it known by sending his angel to his servant John, 2who testifies to everything he saw – that is, the word of God and the testimony of Jesus Christ. 3Blessed is the one who reads aloud the words of this prophecy, and blessed are those who hear it and take to heart what is written in it, because the time is near.

Greetings and Doxology

4John,

To the seven churches in the province of Asia:

Grace and peace to you from him who is, and who was, and who is to come, and from the seven spirits[a] before his throne, 5and from Jesus Christ, who is the faithful witness, the firstborn from the dead, and the ruler of the kings of the earth.

To him who loves us and has freed us from our sins by his blood, 6and has made us to be a kingdom and priests to serve his God and Father – to him be glory and power for ever and ever! Amen.

7 "Look, he is coming with the clouds,"
and "every eye will see him,
even those who pierced him";
and all peoples on earth "will mourn because of him."
So shall it be! Amen.

8"I am the Alpha and the Omega," says the Lord God, "who is, and who was, and who is to come, the Almighty."

John's Vision of Christ

9I, John, your brother and companion in the suffering and kingdom and patient endurance that are ours in Jesus, was on the island of Patmos because of

[a] 1:4 That is, the sevenfold Spirit

Apocalypse

Jésus, le témoin digne de foi

1 1Révélation[a] de Jésus-Christ.

Cette révélation, Dieu l'a confiée à Jésus-Chri pour qu'il montre à ses serviteurs ce qui doit arriv bientôt[b] ; et Jésus-Christ, en envoyant son ange, l'a fa connaître à son serviteur Jean. 2En tant que témoi celui-ci a annoncé la Parole de Dieu que Jésus-Christ lui transmise par son propre témoignage : il a annoncé tout qu'il a vu. 3Heureux celui qui donne lecture des paroles c cette prophétie et ceux qui les entendent, et qui obéisse à ce qui est écrit dans ce livre, car le temps est proche.

4Jean salue les sept Eglises qui sont dans la provinc d'Asie[c] : que la grâce et la paix vous soient données de part de celui qui est, qui était et qui vient[d], de la part d sept esprits[e] qui se tiennent devant son trône 5et de part de Jésus-Christ, le témoin[f] digne de foi, le premier-n d'entre les morts et le souverain des rois de la terre.

Il nous aime, il nous a délivrés de nos péchés par so sacrifice, 6il a fait de nous un peuple de rois, *des prêtres a service de Dieu,* son Père : à lui donc soient la gloire et pouvoir pour l'éternité ! Amen.

7 *Voici ! Il vient*
au milieu des nuées[g],
et tout le monde *le verra,*
même ceux qui l'ont transpercé,
et toutes les familles de la terre
se lamenteront à cause de lui.
Oui, amen !

8 « Moi je suis l'Alpha et l'Oméga[h] »,
dit le Seigneur Dieu,
celui qui est, qui était et qui vient,
le Tout-Puissant[i].

La vision du Ressuscité

9Moi, Jean, votre frère, qui partage avec vous la détresse le royaume et la persévérance dans l'union avec Jésus j'étais dans l'île de Patmos[j] parce que j'avais proclamé l

[a] **1.1** Traduction du mot apocalypse. Cette révélation a été donnée par le Père au Fils, puis par le Fils à Jean par l'intermédiaire d'un ange.
[b] **1.1** Ou : *d'une manière soudaine, inattendue.*
[c] **1.4** Localisées dans un cercle de 80 kilomètres autour d'Ephèse, énumérées aux chapitres 2 et 3. Ces Eglises, selon certains, représentent les Eglises de tous les temps (sept symbolise la totalité).
[d] **1.4** Paraphrase du nom de Dieu révélé à Moïse (Ex 3.14-15; comparer Hé 13.8). Un écrit juif le désignait comme « Celui qui est, qui était et qui sera » (Targum de Jérusalem).
[e] **1.4** Le chiffre sept symbolise la perfection, la totalité.
[f] **1.5** Qualification du Messie reprise d'Es 55.4.
[g] **1.7** Dn 7.13. Dans plusieurs manifestations de Dieu, il est question des nuées (Ex 19.16 ; Es 6.4 ; Mc 9.7 ; Ac 1.9; comparer Mt 24.30 ; 25.31 ; 26.64).
[h] **1.8** Première et dernière lettres de l'alphabet grec (comparer 21.6 ; 22.13).
[i] **1.8** Voir Ex 3.14. Le terme : *Tout-Puissant* est la traduction donnée par la Septante de l'expression : le Seigneur des armées célestes. Ce nom était aussi appliqué à l'empereur.
[j] **1.9** Petite île de la mer Egée à une centaine de kilomètres d'Ephèse. Les autorités romaines y exilaient ceux qu'elles jugeaient indésirables.

e word of God and the testimony of Jesus. 10 On the rd's Day I was in the Spirit, and I heard behind me loud voice like a trumpet, 11 which said: "Write on a roll what you see and send it to the seven church-: to Ephesus, Smyrna, Pergamum, Thyatira, Sardis, iladelphia and Laodicea."

12 I turned around to see the voice that was speaking me. And when I turned I saw seven golden lamp-tands, 13 and among the lampstands was someone ke a son of man,[b] dressed in a robe reaching down his feet and with a golden sash around his chest. The hair on his head was white like wool, as white s snow, and his eyes were like blazing fire. 15 His feet ere like bronze glowing in a furnace, and his voice as like the sound of rushing waters. 16 In his right and he held seven stars, and coming out of his mouth as a sharp, double-edged sword. His face was like the un shining in all its brilliance.

17 When I saw him, I fell at his feet as though dead. hen he placed his right hand on me and said: "Do ot be afraid. I am the First and the Last. 18 I am the iving One; I was dead, and now look, I am alive for ver and ever! And I hold the keys of death and Hades.

19 "Write, therefore, what you have seen, what is ow and what will take place later. 20 The mystery of he seven stars that you saw in my right hand and of he seven golden lampstands is this: The seven stars re the angels[c] of the seven churches, and the seven ampstands are the seven churches.

o the Church in Ephesus

2 1 "To the angel[d] of the church in Ephesus write: These are the words of him who holds the seven stars in his right hand and walks among the seven golden lampstands.

2 I know your deeds, your hard work and your perseverance. I know that you cannot tolerate wicked people, that you have tested those who claim to be apostles but are not, and have found them false. 3 You have persevered and have endured hardships for my name, and have not grown weary.

4 Yet I hold this against you: You have forsaken the love you had at first. 5 Consider how far you have fallen! Repent and do the things you did at first. If you do not repent, I will come to you and remove your lampstand from its place. 6 But you have this in your favor: You hate the practices of the Nicolaitans, which I also hate.

7 Whoever has ears, let them hear what the Spirit says to the churches. To the one who is victorious, I will give the right to eat from the tree of life, which is in the paradise of God.

[b] **1:13** See Daniel 7:13.
[c] **1:20** Or *messengers*
[d] **2:1** Or *messenger*; also in verses 8, 12 and 18

Parole de Dieu et le témoignage rendu par Jésus. 10 Le jour du Seigneur[k], l'Esprit de Dieu se saisit de moi, et j'entendis derrière moi une voix forte, pareille au son d'une trompette. 11 Elle disait : Inscris dans un livre ce que tu vois, et envoie-le à ces sept Eglises : Ephèse, Smyrne, Pergame, Thyatire, Sardes, Philadelphie et Laodicée.

12 Je me retournai pour découvrir quelle était cette voix. Et l'ayant fait, voici ce que je vis : il y avait sept chandeliers d'or 13 et, au milieu des chandeliers, quelqu'un qui ressemblait à un homme. Il portait une longue tunique, et une ceinture d'or lui entourait la poitrine. 14 Sa tête et ses cheveux étaient blancs comme de la laine blanche, oui, comme la neige. Ses yeux étaient comme une flamme ardente 15 et ses pieds étincelaient comme du bronze incandescent au sortir d'un creuset. *Sa voix retentissait comme celle des grandes eaux*[l]. 16 Dans sa main droite, il tenait sept étoiles, et *de sa bouche sortait une épée aiguisée à double tranchant*. Son visage était éblouissant comme le soleil quand il brille de tout son éclat.

17 Quand je le vis, je tombai à ses pieds, comme mort. Alors il posa sa main droite sur moi en disant :

N'aie pas peur. *Moi, je suis le premier et le dernier*[m], 18 le vivant. J'ai été mort, et voici : je suis vivant pour l'éternité ! Je détiens les clés de la mort et du séjour des morts. 19 Ecris donc ce que tu as vu, ce qui est, et ce qui va arriver ensuite. 20 Mais d'abord voici quel est le secret des sept étoiles que tu as vues dans ma main droite et des sept chandeliers d'or : les sept étoiles sont les anges des sept Eglises et les sept chandeliers les sept Eglises.

Les lettres aux sept Églises

A l'Eglise qui est à Ephèse

2 1 A l'ange[n] de l'Eglise qui est à Ephèse, écris : « Voici ce que dit celui qui tient les sept étoiles dans sa main droite et qui marche au milieu des sept chandeliers d'or :

2 Je connais ta conduite, la peine que tu prends et ta persévérance. Je sais que tu ne peux pas supporter les méchants : tu as mis à l'épreuve ceux qui se prétendent apôtres et qui ne le sont pas, et tu as décelé qu'ils mentaient. 3 Tu as de la persévérance, tu as souffert à cause de moi et tu ne t'es pas lassé.

4 J'ai cependant un reproche à te faire : tu as abandonné l'amour que tu avais au début. 5 Allons ! Rappelle-toi d'où tu es tombé ! Change et reviens à ta conduite première ! Sinon, je viendrai à toi, et je déplacerai ton chandelier si tu ne changes pas. 6 Voici pourtant une chose que tu as en ta faveur : tu détestes les œuvres des Nicolaïtes[o], tout comme moi.

7 Que celui qui a des oreilles écoute ce que l'Esprit dit aux Eglises. Au vainqueur, je donnerai à manger du fruit de *l'arbre de vie* qui est dans le paradis de Dieu. »

[k] **1.10** Cette expression (jour dominical) est déjà appliquée au premier jour de la semaine (dimanche) par Ignace d'Antioche, un contemporain de Jean.
[l] **1.15** Cette description renvoie à plusieurs textes de l'Ancien Testament : Dn 7.13 ; 10.5 ; 7.9 ; 10.6.
[m] **1.17** Voir Es 44.6 et 48.12 où il s'agit de Dieu. Ici il est question de Christ (Ap 2 ; 8 ; 22.13).
[n] **2.1** Ce terme signifie aussi : *messager, envoyé*.
[o] **2.6** Cette secte ne nous est connue que par ce que Jean en dit ici ; leur doctrine et leur morale se déduisent des versets 2, 14, 20, 24.

To the Church in Smyrna

8 "To the angel of the church in Smyrna write:

These are the words of him who is the First and the Last, who died and came to life again.

9 I know your afflictions and your poverty – yet you are rich! I know about the slander of those who say they are Jews and are not, but are a synagogue of Satan. 10 Do not be afraid of what you are about to suffer. I tell you, the devil will put some of you in prison to test you, and you will suffer persecution for ten days. Be faithful, even to the point of death, and I will give you life as your victor's crown.

11 Whoever has ears, let them hear what the Spirit says to the churches. The one who is victorious will not be hurt at all by the second death.

To the Church in Pergamum

12 "To the angel of the church in Pergamum write:

These are the words of him who has the sharp, double-edged sword.

13 I know where you live – where Satan has his throne. Yet you remain true to my name. You did not renounce your faith in me, not even in the days of Antipas, my faithful witness, who was put to death in your city – where Satan lives.

14 Nevertheless, I have a few things against you: There are some among you who hold to the teaching of Balaam, who taught Balak to entice the Israelites to sin so that they ate food sacrificed to idols and committed sexual immorality. 15 Likewise, you also have those who hold to the teaching of the Nicolaitans. 16 Repent therefore! Otherwise, I will soon come to you and will fight against them with the sword of my mouth.

17 Whoever has ears, let them hear what the Spirit says to the churches. To the one who is victorious, I will give some of the hidden manna. I will also give that person a white stone with a new name written on it, known only to the one who receives it.

To the Church in Thyatira

18 "To the angel of the church in Thyatira write:

These are the words of the Son of God, whose eyes are like blazing fire and whose feet are like burnished bronze.

19 I know your deeds, your love and faith, your service and perseverance, and that you are now doing more than you did at first.

20 Nevertheless, I have this against you: You tolerate that woman Jezebel, who calls herself a prophet. By her teaching she misleads my servants into sexual immorality and the eating of food sac-

A l'Eglise qui est à Smyrne

8 A l'ange de l'Eglise qui est à Smyrne, écris : « Voici que dit celui qui est *le premier et le dernier*[p], celui qui éta mort et qui est à nouveau vivant :

9 Je connais ta détresse et ta pauvreté – et pourtant tu riche. Je sais les calomnies de ceux qui se disent Juifs ma qui ne le sont pas : c'est une synagogue de Satan. 10 N'a pas peur des souffrances qui t'attendent. Voici, le diable jeter plusieurs d'entre vous en prison, pour vous tenter, vous connaîtrez dix jours[q] de détresse. Sois fidèle jusqu la mort, et je te donnerai la vie pour couronne.

11 Que celui qui a des oreilles écoute ce que l'Esprit d aux Eglises. Au vainqueur, la seconde mort[r] ne causer pas de mal. »

A l'Eglise qui est à Pergame

12 A l'ange de l'Eglise qui est à Pergame, écris : « Voici c que dit celui qui tient l'épée aiguisée à double tranchant

13 Je sais que là où tu habites, Satan a son trône[s]. Ma tu me restes fermement attaché, tu n'as pas renié ta fo en moi, même aux jours où Antipas, mon témoin fidèle, été mis à mort chez vous, là où habite Satan.

14 J'ai pourtant quelques reproches à te faire : tu as che toi des gens attachés à la doctrine de Balaam[t] qui ava appris au roi Balaq à tendre un piège aux Israélites pou les amener à pécher en mangeant des viandes provenan des sacrifices offerts aux idoles et en se livrant à la dé bauche. 15 De même, tu as, toi aussi, des gens attachés à l doctrine des Nicolaïtes. 16 Change donc, sinon je viens toi sans tarder et je vais combattre ces gens-là avec l'épé qui sort de ma bouche.

17 Que celui qui a des oreilles écoute ce que l'Esprit di aux Eglises. Au vainqueur, je donnerai la manne cachée e une pierre blanche ; sur cette pierre est gravé un nom nou veau[u], que personne ne connaît sauf celui qui le reçoit. »

A l'Eglise qui est à Thyatire

18 A l'ange de l'Eglise qui est à Thyatire, écris : « Voici ce que dit le Fils de Dieu, dont *les yeux sont comme une flamme ardente et les pieds comme du bronze:*

19 Je connais tes œuvres, ton amour, ta fidélité, ton service et ta persévérance. Je sais que tes dernières œuvres sont plus nombreuses que les premières.

20 Pourtant, j'ai un reproche à te faire : tu laisses cette femme, cette Jézabel qui se dit prophétesse, égarer mes serviteurs en leur enseignant à participer au culte des idoles, en se livrant à la débauche et en mangeant les vi-

p **2.8** Voir note 1.17.

q **2.10** C'est-à-dire pendant une période relativement brève.

r **2.11** C'est-à-dire la mort éternelle, la mort physique étant la première (voir 20.6, 14 ; 21.8).

s **2.13** C'est-à-dire y règne en maître. Pergame était célèbre pour ses temples d'idoles et pour la ferveur avec laquelle on y adorait l'empereur romain.

t **2.14** Allusion à un devin, Balaam, que le roi Balaq a payé pour maudire les Israélites (Nb 22 à 24). N'ayant pas réussi, il eut recours à un autre moyen pour les décimer (Nb 25.1-2 ; 31.16).

u **2.17** Les vainqueurs des jeux olympiques recevaient de telles pierres sur lesquelles était gravé leur nom.

rificed to idols. 21 I have given her time to repent of her immorality, but she is unwilling. 22 So I will cast her on a bed of suffering, and I will make those who commit adultery with her suffer intensely, unless they repent of her ways. 23 I will strike her children dead. Then all the churches will know that I am he who searches hearts and minds, and I will repay each of you according to your deeds.

24 Now I say to the rest of you in Thyatira, to you who do not hold to her teaching and have not learned Satan's so-called deep secrets, 'I will not impose any other burden on you, 25 except to hold on to what you have until I come.'

26 To the one who is victorious and does my will to the end, I will give authority over the nations – 27 that one 'will rule them with an iron scepter and will dash them to pieces like pottery' – just as I have received authority from my Father. 28 I will also give that one the morning star. 29 Whoever has ears, let them hear what the Spirit says to the churches.

o the Church in Sardis

3 1 "To the angel[e] of the church in Sardis write:

These are the words of him who holds the seven spirits[f] of God and the seven stars.

I know your deeds; you have a reputation of being alive, but you are dead. 2 Wake up! Strengthen what remains and is about to die, for I have found your deeds unfinished in the sight of my God. 3 Remember, therefore, what you have received and heard; hold it fast, and repent. But if you do not wake up, I will come like a thief, and you will not know at what time I will come to you.

4 Yet you have a few people in Sardis who have not soiled their clothes. They will walk with me, dressed in white, for they are worthy. 5 The one who is victorious will, like them, be dressed in white. I will never blot out the name of that person from the book of life, but will acknowledge that name before my Father and his angels. 6 Whoever has ears, let them hear what the Spirit says to the churches.

To the Church in Philadelphia

7 "To the angel of the church in Philadelphia write:

These are the words of him who is holy and true, who holds the key of David. What he opens no one can shut, and what he shuts no one can open.

8 I know your deeds. See, I have placed before you an open door that no one can shut. I know that you have little strength, yet you have kept my word and have not denied my name. 9 I will make those who are of the synagogue of Satan, who claim to be Jews though they are not, but are liars – I will make them come and fall down at your feet and acknowledge that I have loved you. 10 Since you have kept my command to endure patiently, I will also keep you from the hour of trial that is going to come on the whole world to test the inhabitants of the earth.

e 3:1 Or *messenger*; also in verses 7 and 14

f 3:1 That is, the sevenfold Spirit

andes des sacrifices. 21 Je lui ai laissé du temps pour qu'elle change, mais elle ne veut pas renoncer à son immoralité. 22 Voici : je la jette, elle et ses compagnons de débauche, sur un lit de grande détresse, à moins qu'ils changent en renonçant à agir selon son enseignement. 23 Je livrerai ses disciples à la mort. Ainsi, toutes les Eglises reconnaîtront que je suis celui qui sonde les pensées et les désirs secrets. Je rétribuerai chacun de vous selon ses actes.

24 Quant à vous, les autres membres de l'Eglise qui est à Thyatire, vous qui ne suivez pas cet enseignement et qui n'avez pas voulu connaître ce qu'ils appellent "les profondeurs de Satan[v]", je vous le déclare : je ne vous impose pas d'autre fardeau. 25 Mais tenez fermement ce que vous avez jusqu'à ce que je vienne.

26 Au vainqueur, à celui qui continue à agir jusqu'à la fin selon mon enseignement, je donnerai autorité sur tous les peuples : 27 *il les dirigera avec un sceptre de fer, comme on brise les poteries d'argile,* 28 ainsi que j'en ai reçu, moi aussi, le pouvoir de mon Père. Et je lui donnerai l'étoile du matin. 29 Que celui qui a des oreilles écoute ce que l'Esprit dit aux Eglises. »

A l'Eglise qui est à Sardes

3 1 A l'ange de l'Eglise qui est à Sardes, écris : « Voici ce que dit celui qui a les sept esprits de Dieu[w] et les sept étoiles : Je connais ta conduite, je sais que tu passes pour être vivant, mais tu es mort. 2 Deviens vigilant, raffermis ceux qui restent et qui étaient sur le point de mourir. Car je n'ai pas trouvé ta conduite parfaite devant mon Dieu. 3 Rappelle-toi donc comment tu as reçu et entendu la Parole : Obéis et change ! Car, si tu n'es pas vigilant, je viendrai comme un voleur et tu n'auras aucun moyen de savoir à quelle heure je viendrai te surprendre. 4 Cependant, tu as à Sardes quelques personnes qui n'ont pas sali leurs vêtements ; elles marcheront avec moi en vêtements blancs, car elles en sont dignes.

5 Le vainqueur portera ainsi des vêtements blancs, je n'effacerai jamais son nom du livre de vie, je le reconnaîtrai comme mien en présence de mon Père et de ses anges.

6 Que celui qui a des oreilles écoute ce que l'Esprit dit aux Eglises. »

A l'Eglise qui est à Philadelphie

7 A l'ange de l'Eglise qui est à Philadelphie, écris : « Voici ce que dit le Saint, le Véritable, celui qui tient *la clé de David*[x], *celui qui ouvre et nul ne peut fermer, qui ferme, et nul ne peut ouvrir:*

8 Je connais ta conduite. Voici : j'ai ouvert devant toi une porte que nul ne peut fermer. Je le sais : tu n'as que peu de puissance, tu as obéi à ma Parole et tu ne m'as pas renié. 9 Eh bien, je te donne des membres de la synagogue de Satan. Ils se disent juifs, mais ne le sont pas : ils mentent. Je les ferai venir se prosterner à tes pieds et reconnaître que moi, je t'ai aimé. 10 Tu as gardé le commandement de persévérer que je t'ai donné. C'est pourquoi, à mon tour, je

v 2.24 Il s'agit certainement d'un enseignement secret, réservé aux initiés de cette secte, qui s'accompagnait de pratiques immorales (v. 20-21).

w 3.1 C'est-à-dire l'Esprit de Dieu dans sa plénitude (comparer 1.4).

x 3.7 Posséder la clé c'est pouvoir ouvrir, avoir autorité. Jésus est un descendant du roi David (Ac 2.30), il a toute autorité sur le royaume éternel promis à David.

11 I am coming soon. Hold on to what you have,
so that no one will take your crown. 12 The one who
is victorious I will make a pillar in the temple of
my God. Never again will they leave it. I will write
on them the name of my God and the name of the
city of my God, the new Jerusalem, which is coming
down out of heaven from my God; and I will also
write on them my new name. 13 Whoever has ears,
let them hear what the Spirit says to the churches.

To the Church in Laodicea

14 "To the angel of the church in Laodicea write:
These are the words of the Amen, the faithful
and true witness, the ruler of God's creation.
15 I know your deeds, that you are neither cold
nor hot. I wish you were either one or the other!
16 So, because you are lukewarm – neither hot nor
cold – I am about to spit you out of my mouth. 17 You
say, 'I am rich; I have acquired wealth and do not
need a thing.' But you do not realize that you are
wretched, pitiful, poor, blind and naked. 18 I counsel
you to buy from me gold refined in the fire, so you
can become rich; and white clothes to wear, so you
can cover your shameful nakedness; and salve to
put on your eyes, so you can see.
19 Those whom I love I rebuke and discipline. So
be earnest and repent. 20 Here I am! I stand at the
door and knock. If anyone hears my voice and opens
the door, I will come in and eat with that person,
and they with me.
21 To the one who is victorious, I will give the
right to sit with me on my throne, just as I was victorious and sat down with my Father on his throne.
22 Whoever has ears, let them hear what the Spirit
says to the churches."

The Throne in Heaven

4 1 After this I looked, and there before me was a
door standing open in heaven. And the voice I
had first heard speaking to me like a trumpet said,
"Come up here, and I will show you what must take
place after this." 2 At once I was in the Spirit, and
there before me was a throne in heaven with someone
sitting on it. 3 And the one who sat there had the appearance of jasper and ruby. A rainbow that shone like
an emerald encircled the throne. 4 Surrounding the
throne were twenty-four other thrones, and seated
on them were twenty-four elders. They were dressed
in white and had crowns of gold on their heads. 5 From

te garderai à l'heure de l'épreuve qui va venir sur le mon
entier pour éprouver tous les habitants de la terre. 11
viens bientôt, tiens ferme ce que tu as pour que person
ne te ravisse ta couronne.
12 Du vainqueur, je ferai un pilier dans le temple de mo
Dieu, et il n'en sortira plus jamais. Je graverai sur lui le no
de mon Dieu et celui de la ville de mon Dieu, la nouvel
Jérusalem, qui descend du ciel d'auprès de mon Dieu, ain
que mon nom nouveau.
13 Que celui qui a des oreilles écoute ce que l'Esprit d
aux Eglises. »

A l'Eglise qui est à Laodicée

14 A l'ange de l'Eglise qui est à Laodicée, écris : « Voi
ce que dit celui qui s'appelle Amen[y], le témoin digne de f
et véridique, *celui qui est au commencement de la création d*
Dieu[z]. 15 Je connais ta conduite et je sais que tu n'es ni froi
ni bouillant. Ah ! si seulement tu étais froid ou bouillant
16 Mais puisque tu es tiède, puisque tu n'es ni froid, r
bouillant, je vais te vomir de ma bouche. 17 Tu dis : Je su
riche ! J'ai amassé des trésors ! Je n'ai besoin de rien ! Et t
ne te rends pas compte que tu es misérable et pitoyabl
que tu es pauvre, aveugle et nu ! 18 C'est pourquoi je t
donne un conseil : achète chez moi de l'or purifié au fe
pour devenir réellement riche, des vêtements blancs pou
te couvrir afin qu'on ne voie pas ta honteuse nudité, e
un collyre pour soigner tes yeux afin que tu puisses voi
clair. 19 *Moi, ceux que j'aime, je les reprends et je les corrige*
Fais donc preuve de zèle, et change ! 20 Voici : je me tien
devant la porte et je frappe. Si quelqu'un entend ma voi
et ouvre la porte, j'entrerai chez lui et je dînerai avec lu
et lui avec moi.
21 Le vainqueur, je le ferai siéger avec moi sur mon trône
comme moi-même, je suis allé siéger avec mon Père su
son trône après avoir remporté la victoire.
22 Que celui qui a des oreilles écoute ce que l'Esprit di
aux Eglises. »

LES SEPT SCEAUX

Une porte ouverte dans le ciel

4 1 Après cela, je vis une porte ouverte dans le ciel. Et
la voix que j'avais entendu me parler au début et qu
résonnait comme une trompette me dit : Monte ici, et je
te montrerai ce qui doit arriver après cela.

La vision du trône de Dieu[a]

2 A l'instant, l'Esprit se saisit de moi. Et voici : il y avait
un trône dans le ciel. Et sur ce trône quelqu'un siégeait.
3 Celui qui siégeait avait l'aspect d'une pierre de jaspe et
de sardoine. Un arc-en-ciel entourait le trône, brillant
comme l'émeraude.
4 Autour du trône se trouvaient vingt-quatre trônes. Et
sur ces trônes siégeaient vingt-quatre représentants du
peuple de Dieu[b]. Ils étaient vêtus de blanc, et portaient
des couronnes d'or sur la tête. 5 Du trône jaillissaient des

[y] **3.14** C'est-à-dire celui en qui tout est vrai, certain, en qui toutes les promesses de Dieu sont accomplies (voir 2 Co 1.20).

[z] **3.14** Voir Ap 22.13 ; Pr 8.22. Autre traduction : *Celui qui a présidé à la création de Dieu.*

[a] **4.2** Cette vision rappelle en particulier la vision d'Ez 1.

[b] **4.4** Peut-être les représentants de l'ensemble des rachetés de l'ancienne et de la nouvelle alliance.

e throne came flashes of lightning, rumblings and
:als of thunder. In front of the throne, seven lamps
:re blazing. These are the seven spirits[g] of God. 6Also
front of the throne there was what looked like a sea
' glass, clear as crystal.
In the center, around the throne, were four living
eatures, and they were covered with eyes, in front
ıd in back. 7The first living creature was like a lion,
ıe second was like an ox, the third had a face like a
ıan, the fourth was like a flying eagle. 8Each of the
ur living creatures had six wings and was covered
ith eyes all around, even under its wings. Day and
ight they never stop saying:

"'Holy, holy, holy
is the Lord God Almighty,'
who was, and is, and is to come."

Whenever the living creatures give glory, honor and
ıanks to him who sits on the throne and who lives
or ever and ever, 10the twenty-four elders fall down
efore him who sits on the throne and worship him
who lives for ever and ever. They lay their crowns
efore the throne and say:

11 "You are worthy, our Lord and God,
to receive glory and honor and power,
for you created all things,
and by your will they were created
and have their being."

The Scroll and the Lamb

5 1Then I saw in the right hand of him who sat on
the throne a scroll with writing on both sides
ınd sealed with seven seals. 2And I saw a mighty angel
proclaiming in a loud voice, "Who is worthy to break
the seals and open the scroll?" 3But no one in heaven
or on earth or under the earth could open the scroll
or even look inside it. 4I wept and wept because no
one was found who was worthy to open the scroll or
look inside. 5Then one of the elders said to me, "Do
not weep! See, the Lion of the tribe of Judah, the Root
of David, has triumphed. He is able to open the scroll
and its seven seals."

6Then I saw a Lamb, looking as if it had been slain,
standing at the center of the throne, encircled by the
four living creatures and the elders. The Lamb had
seven horns and seven eyes, which are the seven spirits[h] of God sent out into all the earth. 7He went and
took the scroll from the right hand of him who sat on
the throne. 8And when he had taken it, the four living

[g] 4:5 That is, the sevenfold Spirit
[h] 5:6 That is, the sevenfold Spirit

éclairs, des voix et des coups de tonnerre. Devant le trône
brûlaient sept flambeaux ardents, qui sont les sept esprits
de Dieu. 6Devant le trône s'étendait comme une mer de
verre, transparente comme du cristal. Au milieu du trône
et tout autour se tenaient quatre êtres vivants entièrement
couverts d'yeux, devant et derrière.
7Le premier d'entre eux ressemblait à un lion, le deuxième à un jeune taureau, le troisième avait le visage pareil
à celui d'un homme et le quatrième était semblable à un
aigle en plein vol. 8Chacun de ces quatre êtres vivants avait
six ailes couvertes d'yeux par-dessus et par-dessous. Jour
et nuit, ils ne cessent de dire :

Saint, saint, saint
est le Seigneur Dieu,
le Tout-Puissant,
celui qui était,
qui est et qui vient.

9Et chaque fois que les êtres vivants présentent leur
adoration, leur hommage et leur reconnaissance à celui
qui siège sur le trône, à celui qui vit éternellement, 10les
vingt-quatre représentants du peuple de Dieu se prosternent devant celui qui siège sur le trône et adorent celui qui
vit éternellement. Ils déposent leurs couronnes devant le
trône, 11en disant :

Tu es digne,
notre Seigneur
et notre Dieu,
qu'on te donne gloire,
honneur et puissance,
car tu as créé
tout ce qui existe,
l'univers entier
doit son existence
et sa création
à ta volonté.

Le livre scellé de sept sceaux et l'Agneau égorgé

5 1Alors je vis dans la main droite de celui qui siégeait
sur le trône un livre écrit à l'intérieur et à l'extérieur.
Il était scellé de sept sceaux[c]. 2Je vis aussi un ange puissant
qui proclamait d'une voix forte : Qui est digne d'ouvrir le
livre et d'en rompre les sceaux ?
3Mais personne, ni au ciel, ni sur la terre, ni sous la terre,
n'était capable d'ouvrir le livre ni de le lire.
4Je me mis à pleurer abondamment parce qu'on ne trouvait personne qui fût digne d'ouvrir le livre et de le lire.
5Alors l'un des représentants du peuple de Dieu me dit :
Ne pleure pas. Voici : il a remporté la victoire, le lion de la
tribu de Juda[d], *le rejeton de la racine de David*, pour ouvrir le
livre et ses sept sceaux.
6Alors je vis, au milieu du trône et des quatre êtres vivants et au milieu des représentants du peuple de Dieu, un
Agneau qui se tenait debout. Il semblait avoir été égorgé.
Il avait sept cornes et sept yeux[e], qui sont les sept esprits
de Dieu envoyés par toute la terre.
7L'Agneau s'avança pour recevoir le livre de la main droite de celui qui siégeait sur le trône. 8Lorsqu'il eut pris le
livre, les quatre êtres vivants et les vingt-quatre représen-

[c] 5.1 Le livre est un testament en forme de rouleau.
[d] 5.5 Titre du Messie se référant à Gn 49.8-10 où Juda est comparé à un lion.
[e] 5.6 Dans la Bible, la *corne* symbolise la puissance, les *yeux* la connaissance, *sept* la perfection, la totalité (voir Za 3.9 ; 4.10).

creatures and the twenty-four elders fell down before the Lamb. Each one had a harp and they were holding golden bowls full of incense, which are the prayers of God's people. [9]And they sang a new song, saying:

"You are worthy to take the scroll
and to open its seals,
because you were slain,
and with your blood you purchased for God
persons from every tribe and language and
people and nation.

[10] You have made them to be a kingdom and
priests to serve our God,
and they will reign[i] on the earth."

[11]Then I looked and heard the voice of many angels, numbering thousands upon thousands, and ten thousand times ten thousand. They encircled the throne and the living creatures and the elders. [12]In a loud voice they were saying:

"Worthy is the Lamb, who was slain,
to receive power and wealth and wisdom and
strength
and honor and glory and praise!"

[13]Then I heard every creature in heaven and on earth and under the earth and on the sea, and all that is in them, saying:

"To him who sits on the throne and to the
Lamb
be praise and honor and glory and power,
for ever and ever!"

[14]The four living creatures said, "Amen," and the elders fell down and worshiped.

The Seals

6 [1]I watched as the Lamb opened the first of the seven seals. Then I heard one of the four living creatures say in a voice like thunder, "Come!" [2]I looked, and there before me was a white horse! Its rider held a bow, and he was given a crown, and he rode out as a conqueror bent on conquest.

[3]When the Lamb opened the second seal, I heard the second living creature say, "Come!" [4]Then another horse came out, a fiery red one. Its rider was given power to take peace from the earth and to make people kill each other. To him was given a large sword.

[5]When the Lamb opened the third seal, I heard the third living creature say, "Come!" I looked, and there before me was a black horse! Its rider was holding a pair of scales in his hand. [6]Then I heard what sounded like a voice among the four living creatures,

[i] 5:10 Some manuscripts *they reign*

tants du peuple de Dieu se prosternèrent devant l'Agnea[u]. Ils avaient chacun une harpe et des coupes d'or rempli[es] d'encens qui représentent les prières des membres du pe[u]ple saint. [9]Et ils chantaient un cantique nouveau :

Tu es seul digne
de recevoir le livre,
et d'en briser les sceaux
car tu as été égorgé
et tu as racheté pour Dieu,
grâce à ton sacrifice,
des hommes de toute tribu,
de toute langue, de tout peuple,
de toutes les nations.
[10] Tu as fait d'eux
un peuple de rois et de prêtres
pour notre Dieu,
et ils régneront sur la terre.

[11]Puis je vis, et j'entendis la voix d'anges rassemblés e[n] grand nombre autour du trône, des êtres vivants et de[s] représentants du peuple de Dieu. Ils étaient des millie[rs] de milliers et des millions de millions. [12]Ils disaient d'un[e] voix forte :

Il est digne,
l'Agneau qui fut égorgé,
de recevoir la puissance,
la richesse, la sagesse et la force,
l'honneur et la gloire et la louange.

[13]Et toutes les créatures dans le ciel, sur la terre, sou[s] la terre et sur la mer, tous les êtres qui peuplent l'univer[s] je les entendis proclamer :

A celui
qui siège sur le trône
et à l'Agneau
soient louange et honneur,
gloire et puissance
pour toute éternité.

[14]Les quatre êtres vivants répondaient : « Amen », e[t] les représentants du peuple de Dieu se prosternèrent e[t] adorèrent.

Ouverture du premier sceau : le conquérant

6 [1]Puis je vis l'Agneau ouvrir le premier des sept sceaux et j'entendis l'un des quatre êtres vivants dire d'une voix de tonnerre : Viens !

[2]Et je vis venir un cheval blanc. Son cavalier[f] était arme[é] d'un arc. Une couronne lui fut donnée, et il partit en vainqueur et pour vaincre.

Ouverture du deuxième sceau : la guerre

[3]Quand l'Agneau ouvrit le deuxième sceau, j'entendis le deuxième être vivant dire : Viens ! [4]Un autre cheval sortit : il était rouge feu. Son cavalier reçut le pouvoir de bannir la paix de la terre pour que les hommes s'entretuent, et une grande épée lui fut donnée.

Ouverture du troisième sceau : la famine

[5]Quand l'Agneau ouvrit le troisième sceau, j'entendis le troisième être vivant dire : Viens !

Et je vis venir un cheval noir. Son cavalier tenait une balance dans la main. [6]Et j'entendis comme une voix venant

[f] 6.2 La vision des v. 2-9 est inspirée de Za 1.8 ; 6.1-8.

ying, "Two pounds[j] of wheat for a day's wages,[k] and x pounds[l] of barley for a day's wages,[m] and do not amage the oil and the wine!"

⁷When the Lamb opened the fourth seal, I heard ne voice of the fourth living creature say, "Come!" I looked, and there before me was a pale horse! Its ider was named Death, and Hades was following close ehind him. They were given power over a fourth of ne earth to kill by sword, famine and plague, and by ne wild beasts of the earth.

⁹When he opened the fifth seal, I saw under the ltar the souls of those who had been slain because f the word of God and the testimony they had mainained. ¹⁰They called out in a loud voice, "How long, overeign Lord, holy and true, until you judge the inabitants of the earth and avenge our blood?" ¹¹Then ach of them was given a white robe, and they were old to wait a little longer, until the full number of heir fellow servants, their brothers and sisters,[n] were illed just as they had been.

¹²I watched as he opened the sixth seal. There was a great earthquake. The sun turned black like sackcloth nade of goat hair, the whole moon turned blood red, ¹³and the stars in the sky fell to earth, as figs drop rom a fig tree when shaken by a strong wind. ¹⁴The neavens receded like a scroll being rolled up, and every mountain and island was removed from its place.

¹⁵Then the kings of the earth, the princes, the generals, the rich, the mighty, and everyone else, both slave and free, hid in caves and among the rocks of the mountains. ¹⁶They called to the mountains and the rocks, "Fall on us and hide us[o] from the face of him who sits on the throne and from the wrath of the Lamb! ¹⁷For the great day of their[p] wrath has come, and who can withstand it?"

144,000 Sealed

7 ¹After this I saw four angels standing at the four corners of the earth, holding back the four winds of the earth to prevent any wind from blowing on the land or on the sea or on any tree. ²Then I saw another angel coming up from the east, having the seal of the living God. He called out in a loud voice to the four angels who had been given power to harm the land and the sea: ³"Do not harm the land or the sea or the

[j] 6:6 Or about 1 kilogram
[k] 6:6 Greek *a denarius*
[l] 6:6 Or about 3 kilograms
[m] 6:6 Greek *a denarius*
[n] 6:11 The Greek word for *brothers and sisters* (*adelphoi*) refers here to believers, both men and women, as part of God's family; also in 12:10; 19:10.
[o] 6:16 See Hosea 10:8.
[p] 6:17 Some manuscripts *his*

du milieu des quatre êtres vivants ; elle disait : Un litre de blé au prix d'une journée de travail[g] et trois litres d'orge pour le même prix. Quant à l'huile et au vin, épargne-les !

Ouverture du quatrième sceau : la mort

⁷Quand l'Agneau ouvrit le quatrième sceau, j'entendis la voix du quatrième être vivant dire : Viens !

⁸Et je vis venir un cheval blême. Son cavalier s'appelle « La Mort » et il était suivi du séjour des morts. Il leur fut donné le pouvoir sur le quart de la terre de faire périr les hommes par l'épée, la famine, les épidémies et les bêtes féroces.

Ouverture du cinquième sceau : vision des martyrs

⁹Quand l'Agneau ouvrit le cinquième sceau, je vis, sous l'autel, les âmes de ceux qui avaient été égorgés à cause de leur fidélité à la Parole de Dieu et du témoignage qu'ils avaient rendu. ¹⁰Ils s'écrièrent d'une voix forte : Maître saint et véritable, jusques à quand tarderas-tu à juger les habitants de la terre et à leur demander compte de notre mort[h] ?

¹¹Alors chacun d'eux reçut une tunique blanche, et il leur fut dit de patienter encore un peu de temps jusqu'à ce que soit au complet le nombre de leurs compagnons de service et de leurs frères qui allaient être mis à mort comme eux.

Ouverture du sixième sceau : le jour de la colère

¹²Puis je vis l'Agneau ouvrir le sixième sceau et il y eut un violent tremblement de terre. Le soleil devint noir comme une toile de sac, la lune tout entière devint rouge comme du sang. ¹³Les étoiles du ciel s'abattirent sur la terre, comme font les fruits verts d'un figuier secoué par un gros coup de vent. ¹⁴Le ciel se retira comme un parchemin qu'on enroule, et toutes les montagnes et toutes les îles furent enlevées de leur place. ¹⁵Les rois de la terre et les hauts dignitaires, les chefs militaires, les riches et les puissants, tous les esclaves et tous les hommes libres, allèrent se cacher au fond des cavernes et parmi les rochers des montagnes. ¹⁶Ils criaient aux montagnes et aux rochers : Tombez sur nous et cachez-nous loin du regard de celui qui siège sur le trône, loin de la colère de l'Agneau. ¹⁷Car le grand jour de leur colère est arrivé, et qui peut subsister ?

Les cent quarante-quatre mille marqués du sceau de Dieu[i]

7 ¹Après cela, je vis quatre anges ; ils se tenaient debout aux quatre coins de la terre. Ils retenaient les quatre vents de la terre pour qu'aucun vent ne souffle ni sur la terre, ni sur la mer, ni sur aucun arbre.

²Et je vis un autre ange monter du côté de l'orient. Il tenait le sceau du Dieu vivant. Il cria d'une voix forte aux quatre anges auxquels Dieu avait donné le pouvoir de ravager la terre et la mer. ³Il leur dit : Ne faites pas de mal à la terre, à la mer, ni aux arbres, tant que nous n'avons pas marqué du sceau le front des serviteurs de notre Dieu[j].

[g] **6.6** On a estimé que cela représentait environ dix fois le prix normal.
[h] **6.10** Réminiscence de Za 1.12.
[i] **7 titre** Voir Ez 9.
[j] **7.3** Scène inspirée d'Ez 9.4.

trees until we put a seal on the foreheads of the servants of our God." 4 Then I heard the number of those
who were sealed: 144,000 from all the tribes of Israel.
5 From the tribe of Judah 12,000 were sealed,
from the tribe of Reuben 12,000,
from the tribe of Gad 12,000,
6 from the tribe of Asher 12,000,
from the tribe of Naphtali 12,000,
from the tribe of Manasseh 12,000,
7 from the tribe of Simeon 12,000,
from the tribe of Levi 12,000,
from the tribe of Issachar 12,000,
8 from the tribe of Zebulun 12,000,
from the tribe of Joseph 12,000,
from the tribe of Benjamin 12,000.

The Great Multitude in White Robes

9 After this I looked, and there before me was a great
multitude that no one could count, from every nation,
tribe, people and language, standing before the throne
and before the Lamb. They were wearing white robes
and were holding palm branches in their hands. 10 And
they cried out in a loud voice:
"Salvation belongs to our God,
who sits on the throne,
and to the Lamb."
11 All the angels were standing around the throne
and around the elders and the four living creatures.
They fell down on their faces before the throne and
worshiped God, 12 saying:
"Amen!
Praise and glory
and wisdom and thanks and honor
and power and strength
be to our God for ever and ever.
Amen!"
13 Then one of the elders asked me, "These in white
robes – who are they, and where did they come from?"
14 I answered, "Sir, you know."
And he said, "These are they who have come out of
the great tribulation; they have washed their robes
and made them white in the blood of the Lamb.
15 Therefore,
"they are before the throne of God
and serve him day and night in his temple;
and he who sits on the throne
will shelter them with his presence.
16 'Never again will they hunger;
never again will they thirst.
The sun will not beat down on them,'
nor any scorching heat.
17 For the Lamb at the center of the throne
will be their shepherd;
'he will lead them to springs of living water.'
'And God will wipe away every tear from
their eyes.'"

4 J'entendis le nombre de ceux qui furent ainsi marqué
ils étaient cent quarante-quatre mille de toutes les tribu
du peuple d'Israël à porter cette marque : 5 douze mille d
la tribu de Juda marqués du sceau, douze mille de la trib
de Ruben, douze mille de la tribu de Gad, 6 douze mille d
la tribu d'Aser, douze mille de la tribu de Nephtali, douz
mille de la tribu de Manassé, 7 douze mille de la tribu d
Siméon, douze mille de la tribu de Lévi, douze mille de l
tribu d'Issacar, 8 douze mille de la tribu de Zabulon, dou
ze mille de la tribu de Joseph, douze mille de la tribu d
Benjamin, marqués du sceau.

L'Eglise triomphante

9 Après cela, je vis une foule immense, que nul ne pouva
dénombrer. C'étaient des gens de toute nation, de tout
tribu, de tout peuple, de toute langue. Ils se tenaient de
bout devant le trône et devant l'Agneau, vêtus de tunique
blanches et ils avaient à la main des branches de palmiers[k]
10 Ils proclamaient d'une voix forte : Le salut appartient
notre Dieu qui siège sur le trône, et à l'Agneau.

11 Et tous les anges se tenaient debout tout autour du
trône, des représentants du peuple de Dieu et des quatre
êtres vivants. Ils se prosternèrent face contre terre devan
le trône et ils adorèrent Dieu en disant :
12 Amen !
A notre Dieu soient la louange,
la gloire et la sagesse,
la reconnaissance et l'honneur,
la puissance et la force
pour toute éternité !
Amen !
13 Alors l'un des représentants du peuple de Dieu prit
la parole et me demanda : Ces gens vêtus d'une tunique
blanche, qui sont-ils et d'où sont-ils venus ?
14 Je lui répondis : Mon seigneur, c'est toi qui le sais.
Il reprit : Ce sont ceux qui viennent de la grande détresse. Ils ont lavé et blanchi leurs tuniques dans le sang de
l'Agneau. 15 C'est pourquoi ils se tiennent devant le trône
de Dieu et lui rendent un culte nuit et jour dans son temple. Et celui qui siège sur le trône *les abritera sous sa Tente.*

16 Ils ne connaîtront plus ni la faim, ni la soif ; *ils ne
souffriront plus des ardeurs du soleil*, ni d'aucune chaleur
brûlante 17 Car l'Agneau qui est au milieu du trône prendra soin d'eux comme un berger, il les conduira vers les
sources d'eaux vives, et *Dieu lui-même essuiera toute larme
de leurs yeux.*

k **7.9** Lors de la fête des Cabanes, les Israélites entraient en cortège dans le Temple en chantant le Ps 118 et en agitant des branches de palmiers en signe de joie et de victoire.

he Seventh Seal and the Golden Censer

8 1When he opened the seventh seal, there was
silence in heaven for about half an hour.

2And I saw the seven angels who stand before God,
nd seven trumpets were given to them.
3Another angel, who had a golden censer, came
nd stood at the altar. He was given much incense
offer, with the prayers of all God's people, on the
olden altar in front of the throne. 4The smoke of the
icense, together with the prayers of God's people,
ent up before God from the angel's hand. 5Then the
ngel took the censer, filled it with fire from the al-
ar, and hurled it on the earth; and there came peals
f thunder, rumblings, flashes of lightning and an
arthquake.

he Trumpets

6Then the seven angels who had the seven trumpets
repared to sound them.

7The first angel sounded his trumpet, and there
ame hail and fire mixed with blood, and it was hurled
lown on the earth. A third of the earth was burned
ıp, a third of the trees were burned up, and all the
green grass was burned up.
8The second angel sounded his trumpet, and somehing like a huge mountain, all ablaze, was thrown
nto the sea. A third of the sea turned into blood, 9a
hird of the living creatures in the sea died, and a
hird of the ships were destroyed.
10The third angel sounded his trumpet, and a great
star, blazing like a torch, fell from the sky on a third of
he rivers and on the springs of water – 11the name of
he star is Wormwood.[q] A third of the waters turned
bitter, and many people died from the waters that
had become bitter.

12The fourth angel sounded his trumpet, and a third
of the sun was struck, a third of the moon, and a third
of the stars, so that a third of them turned dark. A
third of the day was without light, and also a third
of the night.

13As I watched, I heard an eagle that was flying in
midair call out in a loud voice: "Woe! Woe! Woe to
the inhabitants of the earth, because of the trumpet
blasts about to be sounded by the other three angels!"

9 1The fifth angel sounded his trumpet, and I saw
a star that had fallen from the sky to the earth.
The star was given the key to the shaft of the Abyss.
2When he opened the Abyss, smoke rose from it like
the smoke from a gigantic furnace. The sun and sky
were darkened by the smoke from the Abyss. 3And
out of the smoke locusts came down on the earth and

[q] 8:11 Wormwood is a bitter substance.

Ouverture du septième sceau : un grand silence

8 1Quand l'Agneau ouvrit le septième sceau, il se fit
dans le ciel un silence d'environ une demi-heure.

Les sept trompettes

2Alors je vis les sept anges qui se tiennent devant Dieu.
Sept trompettes leur furent données.
3Un autre ange vint et se plaça sur l'autel. Il portait un
encensoir d'or. On lui remit de nombreux parfums pour
les offrir sur l'autel d'or devant le trône avec les prières
des membres du peuple saint. 4Et, de la main de l'ange, la
fumée des parfums s'éleva devant Dieu, avec les prières
des membres du peuple saint.
5L'ange prit l'encensoir, le remplit de braises ardentes
prises sur l'autel et le lança sur la terre. Il y eut alors des
coups de tonnerre, des voix, des éclairs et un tremblement
de terre.

6Alors les sept anges qui tenaient les sept trompettes
s'apprêtèrent à en sonner.

Les quatre premières trompettes

7Le premier ange sonna de la trompette : aussitôt de la
grêle[l] mêlée de feu et de sang s'abattit sur la terre. Le tiers
de la terre fut brûlé, le tiers des arbres fut brûlé et toute
plante verte fut brûlée.

8Le deuxième ange sonna de la trompette : une énorme
masse incandescente ressemblant à une montagne embrasée fut précipitée dans la mer. Le tiers de la mer devint
comme du sang. 9Le tiers des créatures vivantes dans la
mer périrent et le tiers des bateaux furent détruits.
10Le troisième ange sonna de la trompette : un grand
astre enflammé, une sorte de globe de feu, tomba du ciel
sur le tiers des fleuves et sur les sources d'eau. 11Cet astre
se nomme « Absinthe ». Le tiers des eaux se transforma en
un liquide amer comme l'absinthe et beaucoup d'hommes
moururent pour avoir bu ces eaux parce qu'elles étaient
devenues amères.
12Le quatrième ange sonna de la trompette : le tiers du
soleil, le tiers de la lune et le tiers des étoiles furent frappés, de sorte que le tiers de leur lumière s'éteignit, et la
clarté du jour, comme celle de la nuit, diminua d'un tiers.

L'annonce de trois malheurs

13Alors je vis un aigle qui planait au zénith et je l'entendis crier d'une voix forte : Malheur, malheur, malheur
aux habitants de la terre, quand retentiront les trois trompettes que les trois derniers anges vont faire sonner !

La cinquième trompette – le premier malheur : déchaînement des forces de l'abîme

9 1Puis le cinquième ange sonna de la trompette ; et
je vis un astre qui était tombé du ciel sur la terre. La
clé du puits de l'abîme lui fut donnée. 2Il ouvrit le puits
de l'abîme, et une fumée épaisse s'en éleva, comme celle
d'une grande fournaise. Le soleil et l'air furent obscurcis
par la fumée qui s'échappait du puits. 3De cette fumée
sortirent des sauterelles qui se répandirent sur la terre. Il

[l] 8.7 Ces fléaux rappellent les plaies d'Egypte (comparer Ex 9.13-25).

were given power like that of scorpions of the earth.
4They were told not to harm the grass of the earth or
any plant or tree, but only those people who did not
have the seal of God on their foreheads. 5They were
not allowed to kill them but only to torture them for
five months. And the agony they suffered was like
that of the sting of a scorpion when it strikes. 6During
those days people will seek death but will not find it;
they will long to die, but death will elude them.

7The locusts looked like horses prepared for battle.
On their heads they wore something like crowns of
gold, and their faces resembled human faces. 8Their
hair was like women's hair, and their teeth were like
lions' teeth. 9They had breastplates like breastplates
of iron, and the sound of their wings was like the
thundering of many horses and chariots rushing into
battle. 10They had tails with stingers, like scorpions,
and in their tails they had power to torment people for
five months. 11They had as king over them the angel
of the Abyss, whose name in Hebrew is Abaddon and
in Greek is Apollyon (that is, Destroyer).

12The first woe is past; two other woes are yet to
come.

13The sixth angel sounded his trumpet, and I heard
a voice coming from the four horns of the golden altar
that is before God. 14It said to the sixth angel who had
the trumpet, "Release the four angels who are bound
at the great river Euphrates." 15And the four angels
who had been kept ready for this very hour and day
and month and year were released to kill a third of
mankind. 16The number of the mounted troops was
twice ten thousand times ten thousand. I heard their
number.

17The horses and riders I saw in my vision looked
like this: Their breastplates were fiery red, dark blue,
and yellow as sulfur. The heads of the horses resembled the heads of lions, and out of their mouths came
fire, smoke and sulfur. 18A third of mankind was killed
by the three plagues of fire, smoke and sulfur that
came out of their mouths. 19The power of the horses
was in their mouths and in their tails; for their tails
were like snakes, having heads with which they inflict injury.

20The rest of mankind who were not killed by these
plagues still did not repent of the work of their hands;
they did not stop worshiping demons, and idols of
gold, silver, bronze, stone and wood – idols that cannot
see or hear or walk. 21Nor did they repent of their
murders, their magic arts, their sexual immorality
or their thefts.

The Angel and the Little Scroll

10 1Then I saw another mighty angel coming
down from heaven. He was robed in a cloud,
with a rainbow above his head; his face was like the
sun, and his legs were like fiery pillars. 2He was
holding a little scroll, which lay open in his hand.

leur fut donné un pouvoir semblable à celui des scorpion
4Elles reçurent l'ordre de ne pas faire de mal à l'herb
de la terre, ni à aucune plante verte, ni à aucun arbr
mais de s'attaquer seulement aux hommes qui ne porte
pas le sceau de Dieu sur le front. 5Il leur fut donné, no
pas de les tuer, mais de les torturer pendant cinq moi
La douleur qu'elles causaient ressemblait à celle qu'ur
piqûre de scorpion inflige à un homme. 6En ces jours-l
les hommes chercheront la mort mais ils ne la trouveror
pas. Ils l'appelleront de leurs vœux, mais la mort les fuir
7Ces sauterelles ressemblaient à des chevaux harnaché
pour la bataille. Elles avaient sur la tête comme des cou
ronnes d'or, et leur face ressemblait à un visage humai
8Leur chevelure était pareille à celle des femmes, et leur
dents à celles des lions. 9Leur thorax paraissait cuirassé d
fer, et le bruit de leurs ailes évoquait le fracas d'une charg
de chars tirés pour le combat par de nombreux chevau
10Elles avaient des queues armées de dards comme celle
des scorpions. C'est avec leur queue qu'elles pouvaien
torturer les hommes pendant cinq mois.

11Elles avaient pour roi l'ange de l'abîme qui s'appell
en hébreu Abaddon et en grec Apollyon.

12Le premier malheur est passé. Voici : deux malheur
encore viennent après lui.

La sixième trompette – le deuxième malheur : invasion d'une formidable armée

13Le sixième ange sonna de la trompette. J'entendis alor
une voix sortant des quatre cornes de l'autel d'or qui s
trouve devant Dieu. 14Elle disait au sixième ange qui tenai
la trompette : Libère les quatre anges qui sont enchaîné
au bord du grand fleuve, l'Euphrate[m].

15On délia donc les quatre anges tenus prêts pour cett
heure, ce jour, ce mois et cette année, afin qu'ils exter
minent le tiers de l'humanité. 16Ils étaient deux cent
millions de cavaliers combattants. C'était leur nombre
tel que je l'entendis.

17Voici comment, dans ma vision, je vis les chevaux et
leurs cavaliers : ils portaient des cuirasses rouge feu, bleu
turquoise et jaune soufre ; les têtes des chevaux rappe-
laient celles des lions et leur gueule crachait du feu, de
la fumée et du soufre. 18Par ces trois fléaux qui sortaient
de leur gueule : le feu, la fumée et le soufre, le tiers de
l'humanité fut exterminé. 19Car le pouvoir des chevaux
se trouvait dans leur gueule et dans leur queue. En effet,
leurs queues ressemblaient à des serpents, elles étaient
pourvues de têtes qui leur servaient à nuire.

20Mais le reste des hommes qui avaient survécu à ces
fléaux, ne renoncèrent pas aux œuvres de leurs mains ; ils
ne cessèrent pas d'adorer les démons ainsi que les idoles
d'or, d'argent, de bronze, de pierre et de bois, bien qu'elles
soient incapables de voir, d'entendre et de bouger. 21Ils
ne renoncèrent pas à leurs meurtres, à leurs pratiques
magiques, à leur immoralité et à leur malhonnêteté.

Le petit livre

10 1Ensuite je vis un autre ange puissant descendre du ciel, enveloppé d'une nuée. Un arc-en-ciel
auréolait sa tête. Son visage rayonnait comme le soleil, et
ses jambes ressemblaient à des colonnes de feu. 2Dans sa

m 9.14 Fleuve de la Mésopotamie (dans l'Irak actuel) qui constituait la frontière orientale de l'Empire romain.

e planted his right foot on the sea and his left foot
ı the land, 3and he gave a loud shout like the roar
f a lion. When he shouted, the voices of the seven
ıunders spoke. 4And when the seven thunders spoke,
was about to write; but I heard a voice from heaven
ıy, "Seal up what the seven thunders have said and
o not write it down."

5Then the angel I had seen standing on the sea and
n the land raised his right hand to heaven. 6And he
wore by him who lives for ever and ever, who created
ıe heavens and all that is in them, the earth and all
ıat is in it, and the sea and all that is in it, and said,
There will be no more delay! 7But in the days when
ıe seventh angel is about to sound his trumpet, the
ıystery of God will be accomplished, just as he an-
ounced to his servants the prophets."
8Then the voice that I had heard from heaven spoke
o me once more: "Go, take the scroll that lies open
ı the hand of the angel who is standing on the sea
nd on the land."
9So I went to the angel and asked him to give me the
ittle scroll. He said to me, "Take it and eat it. It will
urn your stomach sour, but 'in your mouth it will be
s sweet as honey.'" 10I took the little scroll from the
ngel's hand and ate it. It tasted as sweet as honey
n my mouth, but when I had eaten it, my stomach
urned sour. 11Then I was told, "You must prophesy
gain about many peoples, nations, languages and
ings."

The Two Witnesses

11 1I was given a reed like a measuring rod and
was told, "Go and measure the temple of God
nd the altar, with its worshipers. 2But exclude the
outer court; do not measure it, because it has been
given to the Gentiles. They will trample on the holy
city for 42 months. 3And I will appoint my two wit-
ıesses, and they will prophesy for 1,260 days, clothed
n sackcloth." 4They are "the two olive trees" and the
two lampstands, and "they stand before the Lord of
he earth."[r] 5If anyone tries to harm them, fire comes
from their mouths and devours their enemies. This
is how anyone who wants to harm them must die.
6They have power to shut up the heavens so that it
will not rain during the time they are prophesying;
and they have power to turn the waters into blood
and to strike the earth with every kind of plague as
often as they want.

7Now when they have finished their testimony, the
beast that comes up from the Abyss will attack them,
and overpower and kill them. 8Their bodies will lie in
the public square of the great city – which is figuratively called Sodom and Egypt – where also their Lord

[r] **11:4** See Zech. 4:3,11,14.

main, il tenait un petit livre ouvert. Il posa son pied droit
sur la mer et le gauche sur la terre. 3Il se mit à crier d'une
voix forte comme rugit un lion. Quand il eut crié, les sept
tonnerres firent retentir leur voix.
4Quand ils eurent fini de parler, je me disposais à transcrire leur message, lorsqu'une voix venant du ciel me
dit : Garde sous le sceau du secret les déclarations des sept
tonnerres, ne les note pas.
5Alors, l'ange *que j'avais vu debout sur la mer et sur la terre*
leva la main droite vers le ciel 6*et jura solennellement* par celui
qui vit éternellement, qui a créé le ciel et tout ce qui s'y
trouve, la terre et tout ce qui s'y trouve, la mer et tout ce
qui s'y trouve : Désormais, il n'y aura plus de délai ! 7Au
jour où retentira la trompette du septième ange, tout le
plan secret de Dieu s'accomplira, comme il l'a annoncé à
ses serviteurs, ses prophètes.

8De nouveau, la voix que j'avais entendue venant du
ciel m'adressa la parole : Va, me dit-elle, prends le livre
ouvert dans la main de l'ange qui se tient debout sur la
mer et sur la terre.
9Je m'approchai donc de l'ange, en le priant de me
remettre le petit livre.
– Tiens, me dit-il, mange-le. *Il te remplira l'estomac d'amer-*
tume, mais dans ta bouche, il sera doux comme du miel! 10Je pris
donc le petit livre de la main de l'ange et je le mangeai.
Dans ma bouche, il fut doux comme du miel, mais, après
l'avoir mangé, mon estomac fut rempli d'amertume.
11Alors on me dit : Tu dois encore prophétiser concernant
beaucoup de peuples, de nations, de langues et de rois.

Les deux témoins[n]

11 1Je reçus un roseau, une sorte de baguette d'arpenteur, avec cet ordre :
Debout, prends les mesures du temple de Dieu, de l'autel
et de ceux qui se prosternent là dans l'adoration[o]. 2Mais
laisse de côté le parvis extérieur du Temple, ne le mesure
donc pas, car il a été abandonné aux peuples étrangers.
Ils fouleront aux pieds la ville sainte pendant quarante-deux mois. 3Je confierai à mes deux témoins la mission
de prophétiser, habillés de vêtements de deuil, pendant
mille deux cent soixante jours. 4Ces deux témoins sont
les deux oliviers et les deux chandeliers qui se tiennent
devant le Seigneur de la Terre. 5Si quelqu'un veut leur
faire du mal, un feu jaillit de leur bouche et consume leurs
ennemis. Oui, si quelqu'un veut leur faire du mal, c'est ainsi
qu'il lui faudra mourir.
6Ces deux témoins ont le pouvoir de fermer le ciel pour
empêcher la pluie de tomber durant tout le temps où ils
prophétiseront. Ils ont aussi le pouvoir de changer les eaux
en sang et de frapper la terre de toutes sortes de plaies,
aussi souvent qu'ils le voudront[p].
7Mais lorsqu'ils auront achevé de rendre leur témoignage, la bête qui monte de l'abîme combattra contre
eux, elle les vaincra et les tuera. 8Leurs cadavres resteront exposés sur la place de la grande ville qui s'appelle
symboliquement Sodome et Egypte[q], c'est la ville où leur

[n] **11 titre** Scène inspirée d'Ez 40.1-5 et Za 2.5-7 ; 4.
[o] **11.1** Cette formule suggère que ce sont les adorateurs qui constituent le temple à mesurer.
[p] **11.6** Allusion à Elie (1 R 17.1) et à Moïse (Ex 7.17-21).
[q] **11.8** *Sodome,* ville connue pour son immoralité ; *Egypte,* pays de l'esclavage dont Dieu a libéré son peuple sous la conduite de Moïse.

was crucified. 9For three and a half days some from
every people, tribe, language and nation will gaze on
their bodies and refuse them burial. 10The inhabitants
of the earth will gloat over them and will celebrate by
sending each other gifts, because these two prophets
had tormented those who live on the earth.
11But after the three and a half days the breath[s] of
life from God entered them, and they stood on their
feet, and terror struck those who saw them. 12Then
they heard a loud voice from heaven saying to them,
"Come up here." And they went up to heaven in a
cloud, while their enemies looked on.
13At that very hour there was a severe earthquake
and a tenth of the city collapsed. Seven thousand people were killed in the earthquake, and the survivors
were terrified and gave glory to the God of heaven.
14The second woe has passed; the third woe is coming soon.

The Seventh Trumpet

15The seventh angel sounded his trumpet, and there
were loud voices in heaven, which said:

"The kingdom of the world has become
the kingdom of our Lord and of his Messiah,
and he will reign for ever and ever."

16And the twenty-four elders, who were seated on
their thrones before God, fell on their faces and worshiped God, 17saying:

"We give thanks to you, Lord God Almighty,
the One who is and who was,
because you have taken your great power
and have begun to reign.
18The nations were angry,
and your wrath has come.
The time has come for judging the dead,
and for rewarding your servants the
prophets
and your people who revere your name,
both great and small –
and for destroying those who destroy the
earth."

19Then God's temple in heaven was opened, and
within his temple was seen the ark of his covenant.
And there came flashes of lightning, rumblings, peals
of thunder, an earthquake and a severe hailstorm.

The Woman and the Dragon

12 1A great sign appeared in heaven: a woman
clothed with the sun, with the moon under
her feet and a crown of twelve stars on her head. 2She

s 11:11 Or *Spirit* (see Ezek. 37:5,14)

Seigneur a été crucifié. 9Des gens de tout peuple, de tou
tribu, de toute langue et de toute nation regarderont leu
cadavres pendant trois jours et demi et s'opposeront à le
ensevelissement. 10Tous les habitants de la terre sero
dans la joie à cause de leur mort, ils s'en réjouiront
échangeront des cadeaux, car ces deux prophètes leu
auront causé bien des tourments.
11Mais au bout de ces trois jours et demi, un esprit c
vie venu de Dieu entra en eux, et ils se dressèrent sur leu
pieds. La terreur s'empara de tous les assistants. 12Une vo
puissante venant du ciel cria aux deux témoins : « Mont
ici ! » ; ils montèrent au ciel dans la nuée sous les regar
de leurs ennemis. 13Au même instant se produisit un gran
tremblement de terre qui fit s'effondrer la dixième part
de la ville et, dans ce tremblement de terre, sept mil
personnes périrent. Les survivants furent saisis d'effro
et rendirent hommage au Dieu du ciel.
14Le deuxième malheur est passé ; voici, le troisièm
malheur vient rapidement.

La septième trompette : la venue du royaume de Christ

15Le septième ange sonna de la trompette, et des voi
retentirent dans le ciel : Le royaume du monde a pass
maintenant aux mains de notre Seigneur et de son Messie
Il régnera éternellement.

16Et les vingt-quatre représentants du peuple de Die
qui siègent devant Dieu sur leurs trônes se prosternèren
la face contre terre, et adorèrent Dieu 17en disant :

Seigneur Dieu tout-puissant
qui es et qui étais,
nous te disons
notre reconnaissance
car tu as mis en œuvre
ton immense puissance
pour établir ton règne.
18Les autres peuples s'étaient soulevés
dans leur fureur,
mais ta colère est arrivée.
L'heure est venue
où tous les morts seront jugés,
et où tes serviteurs les prophètes,
et les membres du peuple saint,
eux qui te craignent,
petits et grands,
seront récompensés.
C'est aussi le moment
où ceux qui détruisent la terre
seront détruits.

Les sept signes ou visions

19Alors s'ouvrit le temple de Dieu qui est dans le ciel,
et le coffre de son alliance y apparut. Il y eut des éclairs,
des voix, des coups de tonnerre, un tremblement de terre
et une forte grêle.

Le signe de la femme enceinte

12 1Alors un signe grandiose apparut dans le ciel :
c'était une femme. Elle avait pour vêtement le
soleil, la lune sous ses pieds et une couronne de douze
étoiles sur sa tête. 2Elle était enceinte, sur le point d'accoucher, et ses douleurs lui arrachaient des cris.

ıs pregnant and cried out in pain as she was about
give birth. 3Then another sign appeared in heaven:
ı enormous red dragon with seven heads and ten
›rns and seven crowns on its heads. 4Its tail swept
third of the stars out of the sky and flung them to
ıe earth. The dragon stood in front of the woman
ho was about to give birth, so that it might devour
er child the moment he was born. 5She gave birth
› a son, a male child, who "will rule all the nations
ith an iron scepter." And her child was snatched up
› God and to his throne. 6The woman fled into the
ilderness to a place prepared for her by God, where
ıe might be taken care of for 1,260 days.
7Then war broke out in heaven. Michael and his
ıgels fought against the dragon, and the dragon and
ıs angels fought back. 8But he was not strong enough,
ıd they lost their place in heaven. 9The great dragon
ʼas hurled down – that ancient serpent called the
evil, or Satan, who leads the whole world astray. He
ʼas hurled to the earth, and his angels with him.

10Then I heard a loud voice in heaven say:
"Now have come the salvation and the power
and the kingdom of our God,
and the authority of his Messiah.
For the accuser of our brothers and sisters,
who accuses them before our God day and
night,
has been hurled down.

11 They triumphed over him
by the blood of the Lamb
and by the word of their testimony;
they did not love their lives so much
as to shrink from death.

12 Therefore rejoice, you heavens
and you who dwell in them!
But woe to the earth and the sea,
because the devil has gone down to you!
He is filled with fury,
because he knows that his time is short."

13When the dragon saw that he had been hurled
to the earth, he pursued the woman who had given
birth to the male child. 14The woman was given the
two wings of a great eagle, so that she might fly to
the place prepared for her in the wilderness, where
she would be taken care of for a time, times and half
a time, out of the serpent's reach. 15Then from his
mouth the serpent spewed water like a river, to overtake the woman and sweep her away with the torrent.
16But the earth helped the woman by opening its
mouth and swallowing the river that the dragon had

3Là-dessus, un autre signe parut dans le ciel, et voici : c'était un grand dragon[r], couleur de feu. Il avait sept
têtes et dix cornes. Chacune de ses sept têtes portait un
diadème. 4Sa queue balaya le tiers des étoiles du ciel et
les jeta sur la terre. Le dragon se posta devant la femme
qui allait accoucher, pour dévorer son enfant dès qu'elle
l'aurait mis au monde. 5Or, elle enfanta un fils, un garçon
qui est destiné *à diriger tous les peuples avec un sceptre de*
*fer*Et son enfant fut enlevé auprès de Dieu et de son trône.
6La femme s'enfuit au désert, où Dieu lui avait préparé un
refuge pour qu'elle y soit nourrie pendant mille deux cent
soixante jours.

7Alors une bataille s'engagea dans le ciel : Michel et ses
anges combattirent contre le dragon, et celui-ci les combattit avec ses anges ; 8mais le dragon ne remporta pas la
victoire et lui et ses anges ne purent maintenir leur position au ciel. 9Il fut précipité, le grand dragon, le Serpent
ancien[s], qu'on appelle le diable et Satan, celui qui égare
le monde entier. Il fut précipité sur la terre, et ses anges
furent précipités avec lui.
10Puis j'entendis dans le ciel une voix puissante qui
disait :
Maintenant, le temps du salut
est arrivé.
Maintenant, notre Dieu
a manifesté sa puissance,
il a instauré son royaume.
Maintenant, son Messie
a pris l'autorité en main.
Car l'Accusateur[t] de nos frères,
celui qui, jour et nuit,
les a accusés devant Dieu,
a été jeté hors du ciel.
11 Mais eux, ils l'ont vaincu
grâce au sacrifice de l'Agneau
et grâce au témoignage
qu'ils ont rendu pour lui,
car ils n'ont pas aimé leur vie
jusqu'à redouter de mourir.
12 Réjouis-toi donc, ô ciel,
et vous qui habitez au ciel,
réjouissez-vous !
Mais malheur à la terre
et à la mer :
le diable est descendu vers vous
rempli de rage
car il sait qu'il lui reste
très peu de temps.
13Quand le dragon se vit précipité sur la terre, il se
lança à la poursuite de la femme qui avait mis au monde
le garçon. 14Mais les deux ailes d'un grand aigle furent
données à la femme pour qu'elle s'envole vers le désert
jusqu'au lieu qui lui est réservé. Là elle doit être nourrie
pendant un temps, deux temps, et la moitié d'un temps,
loin du Serpent. 15Le Serpent vomit de sa gueule, derrière la femme, de l'eau abondante comme un fleuve,
pour qu'elle soit emportée dans ses flots. 16Mais la terre
vint au secours de la femme : elle ouvrit sa bouche et
absorba le fleuve que le dragon avait vomi de sa gueule.

r **12.3** Animal légendaire symbolisant le diable. Voir Es 27.1 et note.
s **12.9** Voir Gn 3.1ss
t **12.10** Sens du nom de Satan (voir Jb 1.7-12 ; 2.2-5 ; Za 3.1-5).

spewed out of his mouth. 17 Then the dragon was enraged at the woman and went off to wage war against the rest of her offspring – those who keep God's commands and hold fast their testimony about Jesus.

The Beast out of the Sea

13 1 The dragon[t] stood on the shore of the sea. And I saw a beast coming out of the sea. It had ten horns and seven heads, with ten crowns on its horns, and on each head a blasphemous name. 2 The beast I saw resembled a leopard, but had feet like those of a bear and a mouth like that of a lion. The dragon gave the beast his power and his throne and great authority. 3 One of the heads of the beast seemed to have had a fatal wound, but the fatal wound had been healed. The whole world was filled with wonder and followed the beast. 4 People worshiped the dragon because he had given authority to the beast, and they also worshiped the beast and asked, "Who is like the beast? Who can wage war against it?"

5 The beast was given a mouth to utter proud words and blasphemies and to exercise its authority for forty-two months. 6 It opened its mouth to blaspheme God, and to slander his name and his dwelling place and those who live in heaven. 7 It was given power to wage war against God's holy people and to conquer them. And it was given authority over every tribe, people, language and nation. 8 All inhabitants of the earth will worship the beast – all whose names have not been written in the Lamb's book of life, the Lamb who was slain from the creation of the world.[u]

9 Whoever has ears, let them hear.

10 "If anyone is to go into captivity,
into captivity they will go.
If anyone is to be killed[v] with the sword,
with the sword they will be killed."

This calls for patient endurance and faithfulness on the part of God's people.

The Beast out of the Earth

11 Then I saw a second beast, coming out of the earth. It had two horns like a lamb, but it spoke like a dragon. 12 It exercised all the authority of the first beast on its behalf, and made the earth and its inhabitants worship the first beast, whose fatal wound had been healed. 13 And it performed great signs, even causing fire to come down from heaven to the earth in full view of the people. 14 Because of the signs it was given power to perform on behalf of the first beast, it deceived the inhabitants of the earth. It ordered them to set up an image in honor of the beast who was wounded by the sword and yet lived. 15 The second beast was given power to give breath to the image of the first beast, so that the image could speak and cause all who refused to worship the image to be killed. 16 It also forced all people, great and small, rich and poor, free and slave, to receive a mark on their

[t] **13:1** Some manuscripts *And I*
[u] **13:8** Or *written from the creation of the world in the book of life belonging to the Lamb who was slain*
[v] **13:10** Some manuscripts *anyone kills*

17 Alors, furieux contre la femme, le dragon s'en alla fai la guerre au reste de ses enfants, c'est-à-dire à ceux q obéissent aux commandements de Dieu et qui s'attache au témoignage rendu par Jésus. 18 Il se posta[u] sur le rivag sablonneux de la mer.

La bête qui monte de la mer[v]

13 1 Alors je vis monter de la mer une bête qui ava sept têtes et dix cornes. Elle portait sur ses corn dix diadèmes et sur ses têtes étaient inscrits des titr insultants pour Dieu. 2 La bête que je vis avait l'allure d'u léopard, ses pattes ressemblaient à celles d'un ours et s gueule à celle d'un lion. Le dragon lui donna sa puissanc son trône et une grande autorité. 3 L'une de ses têtes sem blait avoir reçu un coup mortel, comme si elle avait ét égorgée. Mais la blessure dont elle aurait dû mourir fu guérie. Là-dessus, le monde entier, rempli d'admiratio se rangea derrière la bête.

4 Les peuples adorèrent le dragon, parce qu'il avait donn son pouvoir à la bête. Ils adorèrent aussi la bête, en disant « Qui est semblable à la bête ? Qui peut combattre con tre elle ? » 5 Il lui fut donné une gueule pour proférer de discours arrogants et insultants contre Dieu. Elle reçut l droit d'exercer son autorité pendant quarante-deux mois

6 Elle ouvrit sa gueule pour proférer des blasphèmes e insulter Dieu, la Tente où il demeure et ceux dont la de meure est au ciel. 7 Il lui fut même permis de *faire la guerr aux membres du peuple saint et de les vaincre*Elle reçut autorit sur tout peuple, toute tribu, toute langue et toute natio 8 Tous les habitants de la terre l'adoreront, tous ceux don le nom n'est pas inscrit, depuis l'origine du monde, dan le livre de vie de l'Agneau égorgé.

9 Que celui qui a des oreilles écoute !

10 Si quelqu'un doit aller en captivité, il ira certainemen en captivité. Si quelqu'un doit périr par l'épée, il périr certainement par l'épée[w]. C'est là que les membres d peuple saint doivent faire preuve d'endurance et de foi.

La bête qui monte de la terre

11 Ensuite je vis une autre bête monter de la terre. Ell portait deux cornes semblables à celles d'un agneau, mais elle parlait comme un dragon. 12 Cette nouvelle bête exerçait tout le pouvoir de la première bête en sa présence. Elle amenait la terre et ses habitants à adorer la première bête, celle qui avait été guérie de sa blessure mortelle. 13 Elle accomplissait des signes impressionnants, faisant tomber le feu du ciel sur la terre à la vue de tout le monde. 14 Par ces signes qu'il lui fut donné d'accomplir au service de la première bête, elle égarait tous les habitants de la terre. Elle leur demandait de faire une image de la bête qui avait été frappée de l'épée et qui était de nouveau vivante. 15 Il lui fut même donné d'animer l'image de la bête, et l'image se mit à parler et elle faisait mourir ceux qui refusaient de l'adorer.

16 Elle amena tous les hommes, gens du peuple et grands personnages, riches et pauvres, hommes libres et esclaves, à se faire marquer d'un signe sur la main droite ou sur le

[u] **12.18** Certains manuscrits relient ce verset à celui qui suit et ont : *et je me tins.*
[v] **13 titre** Les visions de ce chapitre rappellent celles de Dn 7.
[w] **13.10** Les manuscrits contiennent plusieurs variantes pour ce verset.

ight hands or on their foreheads, [17]so that they could
ot buy or sell unless they had the mark, which is the
ame of the beast or the number of its name.
[18]This calls for wisdom. Let the person who has
nsight calculate the number of the beast, for it is the
umber of a man.[w] That number is 666.

he Lamb and the 144,000

14 [1]Then I looked, and there before me was the
Lamb, standing on Mount Zion, and with him
44,000 who had his name and his Father's name writ-
en on their foreheads. [2]And I heard a sound from
eaven like the roar of rushing waters and like a loud
eal of thunder. The sound I heard was like that of
arpists playing their harps. [3]And they sang a new
ong before the throne and before the four living
reatures and the elders. No one could learn the song
xcept the 144,000 who had been redeemed from the
arth. [4]These are those who did not defile themselves
vith women, for they remained virgins. They follow
he Lamb wherever he goes. They were purchased
rom among mankind and offered as firstfruits to
God and the Lamb. [5]No lie was found in their mouths;
hey are blameless.

The Three Angels

[6]Then I saw another angel flying in midair, and he
had the eternal gospel to proclaim to those who live
on the earth – to every nation, tribe, language and
people. [7]He said in a loud voice, "Fear God and give
him glory, because the hour of his judgment has come.
Worship him who made the heavens, the earth, the
sea and the springs of water."
[8]A second angel followed and said, "'Fallen! Fallen is
Babylon the Great,' which made all the nations drink
the maddening wine of her adulteries."

[9]A third angel followed them and said in a loud
voice: "If anyone worships the beast and its image
and receives its mark on their forehead or on their
hand, [10]they, too, will drink the wine of God's fury,
which has been poured full strength into the cup of
his wrath. They will be tormented with burning sulfur
in the presence of the holy angels and of the Lamb.
[11]And the smoke of their torment will rise for ever
and ever. There will be no rest day or night for those
who worship the beast and its image, or for anyone
who receives the mark of its name." [12]This calls for
patient endurance on the part of the people of God
who keep his commands and remain faithful to Jesus.

[13]Then I heard a voice from heaven say, "Write this:
Blessed are the dead who die in the Lord from now
on."

w 13:18 Or *is humanity's number*

front. [17]Et personne ne pouvait acheter ou vendre sans
porter ce signe : soit le nom de la bête, soit le nombre correspondant à son nom. [18]C'est ici qu'il faut de la sagesse.
Que celui qui a de l'intelligence attribue un nombre à la
bête, car c'est un nombre d'homme[x]. Et son nombre est :
six cent soixante-six[y].

L'Agneau et les cent quarante-quatre mille rachetés

14 [1]Alors je vis l'Agneau qui se tenait debout sur le
mont Sion, et avec lui, les cent quarante-quatre
mille qui portent son nom et le nom de son Père inscrits
sur leur front. [2]J'entendis une voix qui venait du ciel et qui
résonnait comme de grandes eaux, comme le grondement
d'un coup de tonnerre violent. C'était comme le son d'un
orchestre de harpistes jouant de leurs instruments. [3]Tous
ces gens chantaient un cantique nouveau devant le trône,
devant les quatre êtres vivants, et devant les représentants
du peuple de Dieu. Et ce cantique, personne ne pouvait
l'apprendre excepté les cent quarante-quatre mille, les
rachetés de la terre.
[4]Ce sont ceux qui ne se sont pas souillés avec des
femmes, ils sont restés vierges. Ils suivent l'Agneau partout
où il va. Ils ont été rachetés d'entre les hommes pour être
offerts comme des premiers fruits à Dieu et à l'Agneau.
[5]Il ne s'est pas trouvé de mensonge dans leur bouche. Ils
sont irréprochables.

L'annonce du jugement et de la chute de Babylone

[6]Ensuite je vis un autre ange volant au zénith. Il avait
un Evangile éternel à annoncer à tous les habitants de
la terre, à toute nation, toute tribu, toute langue et tout
peuple. [7]Il criait d'une voix forte :
Craignez Dieu et donnez-lui gloire, car l'heure a sonné
où il va rendre son jugement. Adorez donc celui qui a fait
le ciel, la terre, la mer et les sources.
[8]Un second ange le suivit, disant :
Elle est tombée, la grande Babylone[z] est tombée, celle
qui a fait boire à tous les peuples le vin de sa furieuse
prostitution.
[9]Un troisième ange les suivit, proclamant d'une voix
forte :
Celui qui adore la bête et son image et qui accepte de
recevoir sa marque sur le front et sur la main, [10]devra
aussi boire du vin de la fureur de Dieu. Ce vin lui sera versé
pur dans la coupe[a] de la colère divine, et il souffrira des
tourments dans le feu et le soufre devant les saints anges
et devant l'Agneau. [11]La fumée de leur tourment s'élèvera
à perpétuité. Quiconque adore la bête et son image, quiconque accepte la marque de son nom ne connaîtra aucun
repos, ni de jour, ni de nuit.
[12]C'est là que les membres du peuple saint, ceux qui
obéissent aux commandements de Dieu et vivent selon la
foi[b] en Jésus, doivent faire preuve d'endurance.
[13]Puis j'entendis une voix venant du ciel me dire :

x 13.18 Autres traductions : *car c'est un chiffre humain* ou *un chiffre à votre portée.*
y 13.18 Quelques manuscrits ont : *six cent seize*
z 14.8 L'ancienne Babylone en Mésopotamie avait été la capitale politique, économique et religieuse d'un empire mondial ; c'est à Babylone que le peuple de Dieu de l'ancienne alliance a été mené en exil.
a 14.10 L'Ancien Testament représente souvent le jugement sous l'image d'une coupe donnée à boire (Ps 75.9 ; Es 51.17 ; Jr 25.15).
b 14.12 Autre traduction : *maintiennent leur foi.*

"Yes," says the Spirit, "they will rest from their labor, for their deeds will follow them."

Harvesting the Earth and Trampling the Winepress

14 I looked, and there before me was a white cloud, and seated on the cloud was one like a son of man[x] with a crown of gold on his head and a sharp sickle in his hand. 15 Then another angel came out of the temple and called in a loud voice to him who was sitting on the cloud, "Take your sickle and reap, because the time to reap has come, for the harvest of the earth is ripe." 16 So he who was seated on the cloud swung his sickle over the earth, and the earth was harvested.

17 Another angel came out of the temple in heaven, and he too had a sharp sickle. 18 Still another angel, who had charge of the fire, came from the altar and called in a loud voice to him who had the sharp sickle, "Take your sharp sickle and gather the clusters of grapes from the earth's vine, because its grapes are ripe." 19 The angel swung his sickle on the earth, gathered its grapes and threw them into the great winepress of God's wrath. 20 They were trampled in the winepress outside the city, and blood flowed out of the press, rising as high as the horses' bridles for a distance of 1,600 stadia.[y]

Seven Angels With Seven Plagues

15 1 I saw in heaven another great and marvelous sign: seven angels with the seven last plagues – last, because with them God's wrath is completed. 2 And I saw what looked like a sea of glass glowing with fire and, standing beside the sea, those who had been victorious over the beast and its image and over the number of its name. They held harps given them by God 3 and sang the song of God's servant Moses and of the Lamb:

"Great and marvelous are your deeds,
Lord God Almighty.
Just and true are your ways,
King of the nations.[z]
4 Who will not fear you, Lord,
and bring glory to your name?
For you alone are holy.
All nations will come
and worship before you,
for your righteous acts have been revealed."[a]

5 After this I looked, and I saw in heaven the temple – that is, the tabernacle of the covenant law – and it was opened. 6 Out of the temple came the seven angels with the seven plagues. They were dressed in clean,

[x] 14:14 See Daniel 7:13.
[y] 14:20 That is, about 180 miles or about 300 kilometers
[z] 15:3 Some manuscripts *ages*
[a] 15:3,4 Phrases in this song are drawn from Psalm 111:2,3; Deut. 32:4; Jer. 10:7; Psalms 86:9; 98:2.

Ecris : Heureux, dès à présent, ceux qui meurent un au Seigneur. Oui, dit l'Esprit, car ils se reposent de tout la peine qu'ils ont prise, et ils seront récompensés pou leurs œuvres.

La moisson et la vendange

14 Alors je vis une nuée blanche sur laquelle siégea quelqu'un qui ressemblait à un fils d'homme. Il avait su la tête une couronne d'or et tenait à la main une faucill bien tranchante.

15 Puis un autre ange sortit du Temple, criant d'une voi forte à celui qui siégeait sur la nuée :

Lance ta faucille et moissonne ! Car l'heure est venue d moissonner et la moisson de la terre est mûre.

16 Celui qui siégeait sur la nuée lança sa faucille sur l terre, et la terre fut moissonnée.

17 Un autre ange sortit du sanctuaire céleste, tenant lu aussi une faucille bien tranchante. 18 Puis un autre ang encore, l'ange préposé au feu, quitta l'autel et cria d'un voix forte à celui qui tenait la faucille tranchante : Lanc ta faucille tranchante et vendange les grappes de la vign de la terre, car ses raisins sont mûrs.

19 L'ange lança sa faucille sur la terre et vendangea l vigne de la terre. Il versa sa récolte dans le grand pressoi de la colère de Dieu. 20 On écrasa les raisins dans le pressoi hors de la ville. Le sang en sortit si abondamment qu'i atteignit la hauteur du mors des chevaux sur une étendu de mille six cents stades[c].

Le signe des sept derniers fléaux

15 1 Puis je vis dans le ciel un autre signe grandios qui me remplit d'étonnement : sept anges portan sept fléaux, les sept derniers par lesquels se manifeste l colère de Dieu. 2 Je vis aussi comme une mer cristallin mêlée de feu. Ceux qui avaient vaincu la bête, son imag et le nombre de son nom se tenaient sur la mer de cristal. S'accompagnant de harpes divines, 3 ils chantaient le cantique de Moïse, le serviteur de Dieu, et le cantique de l'Agneau. Ils chantaient :

Seigneur, Dieu, Tout-Puissant,
tes œuvres sont grandes et admirables.
Roi de tous les peuples,
ce que tu fais est juste
et conforme à la vérité !
4 Qui oserait, Seigneur,
refuser de te craindre
et de te rendre gloire ?
Car toi seul tu es saint ;
tous les peuples viendront
pour se prosterner devant toi,
car il deviendra manifeste
que tes actions sont justes.

Les sept coupes de la colère de Dieu

5 Après cela je vis s'ouvrir dans le ciel le Temple qui abritait le tabernacle du témoignage.

6 Les sept anges porteurs des sept fléaux sortirent du Temple. Ils étaient vêtus de tuniques d'un lin pur, éclatant, et leur taille était serrée par une ceinture d'or.

[c] 14.20 Voir 21,16 et note.

ining linen and wore golden sashes around their
ıests. 7 Then one of the four living creatures gave to
ıe seven angels seven golden bowls filled with the
rath of God, who lives for ever and ever. 8 And the
mple was filled with smoke from the glory of God
nd from his power, and no one could enter the tem-
le until the seven plagues of the seven angels were
ompleted.

he Seven Bowls of God's Wrath

16 1 Then I heard a loud voice from the temple
saying to the seven angels, "Go, pour out the
even bowls of God's wrath on the earth."
2 The first angel went and poured out his bowl on
ıe land, and ugly, festering sores broke out on the
eople who had the mark of the beast and worshiped
s image.
3 The second angel poured out his bowl on the sea,
nd it turned into blood like that of a dead person,
nd every living thing in the sea died.
4 The third angel poured out his bowl on the rivers
nd springs of water, and they became blood. 5 Then I
eard the angel in charge of the waters say:

"You are just in these judgments, O Holy One,
you who are and who were;
6 for they have shed the blood of your holy
people and your prophets,
and you have given them blood to drink as
they deserve."

And I heard the altar respond:

"Yes, Lord God Almighty,
true and just are your judgments."

8 The fourth angel poured out his bowl on the sun,
and the sun was allowed to scorch people with fire.
They were seared by the intense heat and they cursed
the name of God, who had control over these plagues,
but they refused to repent and glorify him.
10 The fifth angel poured out his bowl on the throne
of the beast, and its kingdom was plunged into darkness. People gnawed their tongues in agony 11 and
cursed the God of heaven because of their pains and
their sores, but they refused to repent of what they
had done.
12 The sixth angel poured out his bowl on the great
river Euphrates, and its water was dried up to prepare
the way for the kings from the East. 13 Then I saw three
impure spirits that looked like frogs; they came out of
the mouth of the dragon, out of the mouth of the beast
and out of the mouth of the false prophet. 14 They are
demonic spirits that perform signs, and they go out to
the kings of the whole world, to gather them for the
battle on the great day of God Almighty.

15 "Look, I come like a thief! Blessed is the one
who stays awake and remains clothed, so as not
to go naked and be shamefully exposed."

16 Then they gathered the kings together to the place
that in Hebrew is called Armageddon.

7 L'un des quatre êtres vivants remit aux sept anges sept
coupes d'or remplies de la colère du Dieu qui vit éternellement. 8 Alors la gloire et la puissance de Dieu remplirent le
Temple de fumée[d], en sorte que personne ne put y pénétrer
tant que les sept fléaux, déclenchés par les sept anges, ne
s'étaient pas accomplis.

16 1 J'entendis une voix forte venant du Temple dire
aux sept anges : Allez et versez sur la terre les sept
coupes de la colère divine !
2 Le premier s'en alla et versa sa coupe sur la terre. Un
ulcère malin et douloureux frappa les hommes qui portaient la marque de la bête et qui adoraient son image.

3 Le deuxième ange versa sa coupe dans la mer ; celle-ci
devint comme le sang d'un mort, et tous les êtres vivants
de la mer périrent !
4 Le troisième ange versa sa coupe sur les fleuves et les
sources : les eaux se changèrent en sang. 5 Alors j'entendis
l'ange qui a autorité sur les eaux dire :
Tu es juste, toi qui es et qui étais, toi le Saint, d'avoir ainsi fait justice. 6 Parce qu'ils ont versé le sang des membres
du peuple saint et des prophètes, tu leur as aussi donné à
boire du sang. Ils reçoivent ce qu'ils méritent.

7 Et j'entendis l'autel qui disait :
Oui, Seigneur, Dieu tout-puissant, tes arrêts sont conformes à la vérité et à la justice !
8 Le quatrième ange versa sa coupe sur le soleil. Il lui fut
donné de brûler les hommes par son feu. 9 Les hommes
furent atteints de terribles brûlures, et ils insultèrent Dieu
qui a autorité sur ces fléaux, mais ils refusèrent de changer
et de lui rendre hommage.
10 Le cinquième ange versa sa coupe sur le trône de la
bête. Alors de profondes ténèbres couvrirent tout son
royaume, et les hommes se mordaient la langue de douleur. 11 Sous le coup de leurs souffrances et de leurs ulcères,
ils insultèrent le Dieu du ciel, et ils ne renoncèrent pas à
leurs mauvaises actions.
12 Alors le sixième ange versa sa coupe dans le grand
fleuve, l'Euphrate. Ses eaux tarirent, pour que soit
préparée la voie aux rois venant de l'orient.
13 Je vis alors sortir de la gueule du dragon, de celle de la
bête et de la bouche du faux prophète, trois esprits impurs
ressemblant à des grenouilles.
14 Ce sont des esprits démoniaques qui accomplissent des
signes prodigieux ; ils s'en vont trouver les rois du monde
entier pour les rassembler pour le combat du grand jour
du Dieu tout-puissant.
15 Voici : je viens comme un voleur ! Heureux celui qui
se tient éveillé et qui garde ses vêtements, afin de ne pas
aller nu, en laissant apparaître sa honte aux yeux de tous !
16 Les esprits démoniaques rassemblèrent les rois dans
le lieu appelé en hébreu Harmaguédon[e].

---

[d] **15.8** Comparer Ap 8 et 9. Les fléaux rappellent les plaies d'Egypte.
[e] **16.16** C'est-à-dire montagne de Meguiddo, ville située dans une plaine au pied du mont Carmel, où de sanglantes batailles eurent lieu autrefois (Jg 5.19 ; 2 R 23.29; et voir Za 12.11).

17 The seventh angel poured out his bowl into the air, and out of the temple came a loud voice from the throne, saying, "It is done!" 18 Then there came flashes of lightning, rumblings, peals of thunder and a severe earthquake. No earthquake like it has ever occurred since mankind has been on earth, so tremendous was the quake. 19 The great city split into three parts, and the cities of the nations collapsed. God remembered Babylon the Great and gave her the cup filled with the wine of the fury of his wrath. 20 Every island fled away and the mountains could not be found. 21 From the sky huge hailstones, each weighing about a hundred pounds,[b] fell on people. And they cursed God on account of the plague of hail, because the plague was so terrible.

Babylon, the Prostitute on the Beast

17 1 One of the seven angels who had the seven bowls came and said to me, "Come, I will show you the punishment of the great prostitute, who sits by many waters. 2 With her the kings of the earth committed adultery, and the inhabitants of the earth were intoxicated with the wine of her adulteries."

3 Then the angel carried me away in the Spirit into a wilderness. There I saw a woman sitting on a scarlet beast that was covered with blasphemous names and had seven heads and ten horns. 4 The woman was dressed in purple and scarlet, and was glittering with gold, precious stones and pearls. She held a golden cup in her hand, filled with abominable things and the filth of her adulteries. 5 The name written on her forehead was a mystery:

babylon the great
the mother of prostitutes
and of the abominations of the earth.

6 I saw that the woman was drunk with the blood of God's holy people, the blood of those who bore testimony to Jesus.

When I saw her, I was greatly astonished. 7 Then the angel said to me: "Why are you astonished? I will explain to you the mystery of the woman and of the beast she rides, which has the seven heads and ten horns. 8 The beast, which you saw, once was, now is not, and yet will come up out of the Abyss and go to its destruction. The inhabitants of the earth whose names have not been written in the book of life from the creation of the world will be astonished when they see the beast, because it once was, now is not, and yet will come.

9 "This calls for a mind with wisdom. The seven heads are seven hills on which the woman sits. 10 They are also seven kings. Five have fallen, one is, the other has not yet come; but when he does come, he must remain for only a little while. 11 The beast who once

[b] 16:21 Or about 45 kilograms

17 Le septième ange enfin versa sa coupe dans les air Une voix forte, venant du trône, sortit du Temple. – C'en est fait, dit-elle.

18 Alors, il y eut des éclairs, des voix et des coups d tonnerre, et un violent tremblement de terre ; on n'e avait jamais vu d'aussi terrible depuis que l'homme es sur la terre. 19 La grande ville se disloqua en trois partie et les villes de tous les pays s'écroulèrent. Alors Dieu s souvint de la grande Babylone pour lui donner à boire l coupe pleine du vin de son ardente colère. 20 Toutes les île s'enfuirent et les montagnes disparurent. 21 Des grêlon énormes, pesant près d'un demi-quintal, s'abattirent d ciel sur les hommes ; et ceux-ci insultèrent Dieu à cause d fléau de la grêle, car il était absolument terrible.

Les sept paroles sur Babylone

Introduction : présentation de la prostituée

17 1 L'un des sept anges qui tenaient les sept coupe vint me parler : Viens ici, me dit-il, je te montrera le jugement de la grande prostituée[f] qui est assise sur le grandes eaux. 2 Les rois de la terre se sont livrés à la débauche avec elle, et les habitants de la terre se sont enivré du vin de sa prostitution.

3 Il me transporta alors en esprit dans un désert. Je vis une femme assise sur une bête au pelage écarlate Cette bête était couverte de titres insultants pour Dieu elle avait sept têtes et dix cornes. 4 La femme était vêtue d'habits de pourpre et d'écarlate, et parée de bijoux d'or de pierres précieuses et de perles. Elle tenait à la main une coupe d'or pleine de choses abominables et d'obscénités dues à sa prostitution. 5 Sur son front, elle portait gravé un nom mystérieux signifiant : « La grande Babylone, la mère des prostituées et des abominations de la terre. » 6 Je vis qu'elle était ivre du sang des membres du peuple saint et des témoins de Jésus. A sa vue, je fus profondément bouleversé.

Première parole : le mystère de la prostituée

7 L'ange me demanda : Pourquoi t'étonnes-tu ainsi ? Je vais te dévoiler le mystère de la femme et de la bête qui la porte, cette bête aux sept têtes et aux dix cornes. 8 La bête que tu as vue était. Elle n'est plus, elle va monter de l'abîme pour aller à la perdition. Les habitants de la terre dont le nom n'est pas écrit dans le livre de vie depuis la fondation du monde, s'émerveilleront en voyant la bête, car elle était, elle n'est plus et elle viendra.

9 C'est ici qu'il faut une intelligence éclairée par la sagesse.

Les sept têtes sont sept montagnes[g], sur lesquelles siège la femme. 10 Mais elles représentent aussi sept rois : cinq d'entre eux ont été renversés, un autre règne en ce moment, et un autre n'est pas encore venu. Une fois qu'il sera là, il ne doit rester que peu de temps. 11 Quant à la bête qui

[f] 17.1 La *prostitution*, dans l'Ancien Testament, est souvent une image pour l'idolâtrie.

[g] 17.9 Beaucoup d'écrivains romains (Virgile, Martial, Cicéron ...) désignaient Rome comme la ville aux sept collines.

as, and now is not, is an eighth king. He belongs to
e seven and is going to his destruction.
12 "The ten horns you saw are ten kings who have
ot yet received a kingdom, but who for one hour will
eceive authority as kings along with the beast. 13 They
ave one purpose and will give their power and au-
hority to the beast. 14 They will wage war against the
amb, but the Lamb will triumph over them because
e is Lord of lords and King of kings – and with him
ill be his called, chosen and faithful followers."

15 Then the angel said to me, "The waters you saw,
where the prostitute sits, are peoples, multitudes,
ations and languages. 16 The beast and the ten horns
ou saw will hate the prostitute. They will bring her
o ruin and leave her naked; they will eat her flesh
nd burn her with fire. 17 For God has put it into their
earts to accomplish his purpose by agreeing to hand
ver to the beast their royal authority, until God's
words are fulfilled. 18 The woman you saw is the great
ity that rules over the kings of the earth."

ament Over Fallen Babylon

18 1 After this I saw another angel coming down
from heaven. He had great authority, and the
earth was illuminated by his splendor. 2 With a mighty
voice he shouted:

" 'Fallen! Fallen is Babylon the Great!'
She has become a dwelling for demons
and a haunt for every impure spirit,
a haunt for every unclean bird,
a haunt for every unclean and detestable
animal.
3 For all the nations have drunk
the maddening wine of her adulteries.
The kings of the earth committed adultery
with her,
and the merchants of the earth grew rich
from her excessive luxuries."

Warning to Escape Babylon's Judgment

4 Then I heard another voice from heaven say:

" 'Come out of her, my people,'
so that you will not share in her sins,
so that you will not receive any of her
plagues;
5 for her sins are piled up to heaven,
and God has remembered her crimes.
6 Give back to her as she has given;
pay her back double for what she has done.
Pour her a double portion from her own cup.
7 Give her as much torment and grief
as the glory and luxury she gave herself.
In her heart she boasts,

était et qui n'est plus, elle est elle-même un huitième roi.
Elle est aussi l'un des sept[h] et elle va à la perdition.
12 Les dix cornes que tu as vues sont dix rois qui ne
sont pas encore parvenus au pouvoir. Mais ils recevront
pendant une heure l'autorité royale et ils l'exerceront en
commun avec la bête. 13 Ils poursuivent un même but et
mettent leur puissance et leur autorité au service de la
bête. 14 Ils feront la guerre à l'Agneau, mais celui-ci les
vaincra, car il est le Seigneur des seigneurs et le Roi des
rois. Les siens, ceux qu'il a appelés et élus, ceux qui lui sont
fidèles, vaincront avec lui.
15 L'ange me dit ensuite : Les eaux que tu as vues, là où est
assise la prostituée, représentent des peuples, des foules,
des nations et des langues. 16 Mais les dix cornes que tu as
vues, ainsi que la bête, prendront la prostituée en haine,
elles la dépouilleront de tout ce qu'elle a et la laisseront
nue ; elles dévoreront ses chairs et la consumeront par le
feu. 17 Car Dieu leur a inspiré la résolution d'exécuter son
propre plan, en faisant cause commune et en mettant leur
pouvoir royal au service de la bête jusqu'à ce que toutes
les décisions de Dieu soient accomplies.
18 Cette femme que tu as vue représente la grande ville
qui exerce son pouvoir sur tous les souverains du monde.

Deuxième parole : la chute de Babylone[i]

18 1 Après cela, je vis un autre ange descendre du
ciel. Il détenait un grand pouvoir, et toute la terre
fut illuminée du rayonnement de sa gloire. 2 Il cria d'une
voix forte :

Elle est tombée, elle est tombée,
la grande Babylone.
Et elle est devenue
un antre de démons,
repaire de tous les esprits impurs,
repaire de tous les oiseaux impurs[j],
et détestables.
3 Car tous les peuples
ont bu le vin
de sa prostitution furieuse.
Les rois de la terre, avec elle,
se sont livrés à la débauche,
et les commerçants de la terre
ont fait fortune
grâce à son luxe
démesuré.

Troisième parole : le châtiment de Babylone

4 Puis j'entendis encore une autre voix venant du ciel
qui disait :
Sortez du milieu d'elle, membres de mon peuple, afin de ne
pas participer à ses péchés et de ne pas être frappés avec
elle des fléaux qui vont l'atteindre. 5 Car ses péchés se sont
amoncelés jusqu'au ciel, et Dieu s'est souvenu de toutes ses
actions injustes. 6 Traitez-la comme elle a traité les autres,
payez-la au double de ses méfaits. Et, dans la coupe où elle
donnait à boire aux autres, versez-lui une mixture deux
fois plus forte. 7 Autant elle a vécu dans la splendeur et le

---

h **17.11** Autre traduction : *Elle est aussi des sept.*
i **18 titre** Voir les prophéties de l'Ancien Testament sur la chute de Babylone (Es 3 ; 21 ; 47 ; Jr 50) et de Tyr (Ez 26 ; 27).
j **18.2** Voir Es 13.21. Certains manuscrits insèrent : *repaire de toutes les bêtes impures.*

'I sit enthroned as queen.
I am not a widow;[c]
I will never mourn.'
8 Therefore in one day her plagues will overtake
her:
death, mourning and famine.
She will be consumed by fire,
for mighty is the Lord God who judges her.

Threefold Woe Over Babylon's Fall

9 "When the kings of the earth who committed adultery with her and shared her luxury see the smoke
of her burning, they will weep and mourn over her.
10 Terrified at her torment, they will stand far off and
cry:

" 'Woe! Woe to you, great city,
you mighty city of Babylon!
In one hour your doom has come!'

11 "The merchants of the earth will weep and mourn
over her because no one buys their cargoes anymore –
12 cargoes of gold, silver, precious stones and pearls;
fine linen, purple, silk and scarlet cloth; every sort of
citron wood, and articles of every kind made of ivory,
costly wood, bronze, iron and marble; 13 cargoes of
cinnamon and spice, of incense, myrrh and frankincense, of wine and olive oil, of fine flour and wheat;
cattle and sheep; horses and carriages; and human
beings sold as slaves.
14 "They will say, 'The fruit you longed for is gone
from you. All your luxury and splendor have vanished, never to be recovered.' 15 The merchants who
sold these things and gained their wealth from her
will stand far off, terrified at her torment. They will
weep and mourn 16 and cry out:

" 'Woe! Woe to you, great city,
dressed in fine linen, purple and scarlet,
and glittering with gold, precious stones and
pearls!
17 In one hour such great wealth has been
brought to ruin!'

"Every sea captain, and all who travel by ship, the
sailors, and all who earn their living from the sea,
will stand far off. 18 When they see the smoke of her
burning, they will exclaim, 'Was there ever a city like
this great city?' 19 They will throw dust on their heads,
and with weeping and mourning cry out:

" 'Woe! Woe to you, great city,
where all who had ships on the sea
became rich through her wealth!
In one hour she has been brought to ruin!'
20 "Rejoice over her, you heavens!
Rejoice, you people of God!
Rejoice, apostles and prophets!
For God has judged her
with the judgment she imposed on you."

The Finality of Babylon's Doom

21 Then a mighty angel picked up a boulder the size
of a large millstone and threw it into the sea, and said:
"With such violence

[c] 18:7 See Isaiah 47:7,8.

luxe, autant donnez-lui de tourments et de malheurs. «
trône ici en reine, se disait-elle, je ne suis pas veuve, nc
jamais je ne connaîtrai le deuil ! »
8 Voilà pourquoi, en un seul jour, elle verra tous le
fléaux fondre sur elle : épidémie, deuil et famine. Ell
même sera consumée par le feu, car le Dieu qui a pronon
la sentence sur elle est un puissant Seigneur.

Quatrième, cinquième et sixième paroles : lamentations sur la ruine de Babylone

9 Alors les rois de la terre qui ont partagé sa vie de dé
bauche et de luxe pleureront et se lamenteront sur ell
en voyant monter la fumée de la ville embrasée. 10 Ils s
tiendront à bonne distance, de peur d'être atteints par se
tourments : « Malheur ! Malheur ! gémiront-ils, la grand
ville, ô Babylone, ville puissante ! Une heure a suffi pou
l'exécution de ton jugement ! »

11 Les marchands de la terre, eux aussi, pleurent et mè
nent deuil sur elle, car il n'y a plus personne pour achete
leurs marchandises : 12 leurs cargaisons d'or, d'argent, d
pierres précieuses et de perles, leurs étoffes de fin lin, d
pourpre, de soie et d'écarlate, leurs bois aromatiques e
leurs bibelots d'ivoire, tous les objets en bois précieux
en bronze, en fer et en marbre, 13 la cannelle et autre
épices, les parfums, la myrrhe et l'encens, le vin et l'huile
la farine et le froment, les ovins et bovins, les chevaux e
les chariots, les corps et les âmes d'hommes.
14 – Les objets de tes passions ont fui bien loin de toi
Raffinements et splendeurs sont perdus pour toi ! Plu
jamais on ne les retrouvera !
15 Les marchands qui s'étaient enrichis par leur com
merce avec elle se tiendront à bonne distance, de peu
d'être atteints par ses tourments. Ils pleureront e
mèneront deuil. 16 Ils diront :

Quel malheur ! Quel malheur ! La grande ville qui se
drapait de fin lin, de pourpre et d'écarlate, parée de bijou
d'or, de pierres précieuses et de perles ! 17 En une heure
tant de richesses ont été réduites à néant !

Tous les capitaines des bateaux et leur personnel, les marins et tous ceux qui vivent du trafic sur mer, se tenaient
aussi à bonne distance 18 et se répandaient en cris à la
vue de la fumée qui montait de la ville embrasée, disant
Quelle ville pouvait rivaliser avec la grande cité ?
19 Ils se jetaient de la poussière sur la tête[k], ils criaient,
pleuraient et se lamentaient :

Malheur ! Malheur ! La grande ville, dont la prospérité
avait enrichi tous les armateurs des mers ! En une heure,
elle a été réduite à néant !

20 Réjouis-toi de sa ruine, ciel ! Et vous, membres du peuple saint, apôtres et prophètes, réjouissez-vous ! Car en la
jugeant, Dieu vous a fait justice.

Septième parole : plus de trace de la grande cité mondaine

21 Alors un ange puissant prit une pierre semblable à une
grosse meule et la jeta dans la mer en disant :

[k] 18.19 Geste symbolique du deuil et de la consternation dans l'Ancien Testament (voir Ez 27.30).

the great city of Babylon will be thrown
down,
never to be found again.
22 The music of harpists and musicians, pipers
and trumpeters,
will never be heard in you again.
No worker of any trade
will ever be found in you again.
The sound of a millstone
will never be heard in you again.
23 The light of a lamp
will never shine in you again.
The voice of bridegroom and bride
will never be heard in you again.
Your merchants were the world's important
people.
By your magic spell all the nations were led
astray.
24 In her was found the blood of prophets and of
God's holy people,
of all who have been slaughtered on the
earth."

Threefold Hallelujah Over Babylon's Fall

19 1 After this I heard what sounded like the roar
of a great multitude in heaven shouting:
"Hallelujah!
Salvation and glory and power belong to our
God,
2 for true and just are his judgments.
He has condemned the great prostitute
who corrupted the earth by her adulteries.
He has avenged on her the blood of his
servants."

3 And again they shouted:
"Hallelujah!
The smoke from her goes up for ever and ever."

4 The twenty-four elders and the four living creatures fell down and worshiped God, who was seated
on the throne. And they cried:
"Amen, Hallelujah!"
5 Then a voice came from the throne, saying:
"Praise our God,
all you his servants,
you who fear him,
both great and small!"
6 Then I heard what sounded like a great multitude,
like the roar of rushing waters and like loud peals of
thunder, shouting:
"Hallelujah!
For our Lord God Almighty reigns.

7 Let us rejoice and be glad

Ainsi, avec la même violence, sera précipitée Babylone,
la grande ville, et on ne la retrouvera plus !

22 Ah ! Babylone ! On n'entendra plus chez toi la musique
des harpistes et des chanteurs ! Ni flûte, ni trompette ne
résonnera plus dans tes murs ! On n'y verra plus d'artisan
d'aucun métier ! Le bruit de la meule s'y taira pour toujours. 23 La lumière de la lampe n'y brillera plus. Le jeune
époux et sa femme ne s'y feront plus entendre. Tout cela
arrivera parce que tes marchands étaient les puissants
de la terre, parce qu'avec tes sortilèges, tu as trompé tous
les peuples, 24 et que chez toi on a vu couler le sang des
prophètes et des membres du peuple saint, ainsi que de
tous ceux qu'on a égorgés sur la terre.

Sept paroles de louange

19 1 Après cela, j'entendis dans le ciel comme la voix
puissante d'une foule immense qui disait :
Alléluia !
Loué soit Dieu !
Car à lui appartiennent
le salut et la gloire
et la puissance.
2 Ses jugements sont vrais et justes
car il a condamné
la grande prostituée
qui corrompait la terre
par ses débauches,
et il lui a fait rendre compte
du sang des serviteurs de Dieu
répandu par sa main.
3 Une seconde fois, ils dirent :
Alléluia !
Loué soit Dieu !
Car la fumée
de la ville embrasée
s'élève pour l'éternité !
4 Alors les vingt-quatre représentants du peuple de Dieu
et les quatre êtres vivants se prosternèrent devant le Dieu
qui siège sur le trône, et l'adorèrent en disant :
Amen ! Loué soit Dieu !
5 Et du trône partit une voix.
Louez notre Dieu, disait-elle, vous tous ses serviteurs et
vous qui le craignez, petits et grands.

Les noces de l'Agneau et de sa fiancée

6 Et j'entendis comme la voix d'une foule immense, semblable au bruit de grandes eaux et au grondement violent
du tonnerre. Elle disait :
Alléluia !
Loué soit Dieu !
Car le Seigneur,
notre Dieu tout-puissant,
est entré dans son règne.
7 Réjouissons-nous,

and give him glory!
For the wedding of the Lamb has come,
and his bride has made herself ready.

8 Fine linen, bright and clean,
was given her to wear."
(Fine linen stands for the righteous acts of God's holy people.)

9 Then the angel said to me, "Write this: Blessed are
those who are invited to the wedding supper of the
Lamb!" And he added, "These are the true words of
God."

10 At this I fell at his feet to worship him. But he said
to me, "Don't do that! I am a fellow servant with you
and with your brothers and sisters who hold to the
testimony of Jesus. Worship God! For it is the Spirit of
prophecy who bears testimony to Jesus."

The Heavenly Warrior Defeats the Beast

11 I saw heaven standing open and there before me
was a white horse, whose rider is called Faithful and
True. With justice he judges and wages war. 12 His eyes
are like blazing fire, and on his head are many crowns.
He has a name written on him that no one knows
but he himself. 13 He is dressed in a robe dipped in
blood, and his name is the Word of God. 14 The armies
of heaven were following him, riding on white horses
and dressed in fine linen, white and clean. 15 Coming
out of his mouth is a sharp sword with which to strike
down the nations. "He will rule them with an iron
scepter." He treads the winepress of the fury of the
wrath of God Almighty. 16 On his robe and on his thigh
he has this name written:

king of kings and lord of lords.

17 And I saw an angel standing in the sun, who
cried in a loud voice to all the birds flying in midair,
"Come, gather together for the great supper of God,
18 so that you may eat the flesh of kings, generals, and
the mighty, of horses and their riders, and the flesh of
all people, free and slave, great and small."

19 Then I saw the beast and the kings of the earth
and their armies gathered together to wage war
against the rider on the horse and his army. 20 But
the beast was captured, and with it the false prophet who had performed the signs on its behalf. With
these signs he had deluded those who had received
the mark of the beast and worshiped its image. The
two of them were thrown alive into the fiery lake of
burning sulfur. 21 The rest were killed with the sword

exultons d'allégresse
et apportons-lui notre hommage.
Voici bientôt
les noces de l'Agneau.
Sa fiancée s'est préparée.
8 Et il lui a été donné
de s'habiller
d'un lin pur éclatant.
Ce lin représente le statut des membres du peuple saint
déclarés justes[l].

Les paroles authentiques de Dieu

9 L'ange me dit alors : Ecris : Heureux les invités au festin
des noces de l'Agneau.
Et il ajouta : Ce sont là les paroles authentiques de Dieu

10 Alors je me prosternai à ses pieds pour l'adorer, mais il
me dit : Ne fais pas cela ! Je suis ton compagnon de service
et celui de tes frères qui sont attachés à la vérité dont Jésus
est le témoin. Adore Dieu ! Car le témoignage rendu par
Jésus est ce qui inspire la prophétie de ce livre.

L'aboutissement de l'histoire du salut, en sept visions

Première vision : le cavalier sur un cheval blanc

11 Là-dessus, je vis le ciel ouvert et voici, il y avait un
cheval blanc. Son cavalier s'appelle « Fidèle et Véritable ».
Il juge avec équité, il combat pour la justice. 12 Ses yeux
flamboient comme une flamme ardente. Sa tête est cou-
ronnée de nombreux diadèmes[m]. Il porte un nom gravé
qu'il est seul à connaître. 13 Il est vêtu d'un manteau
trempé de sang. Il s'appelle *La Parole de Dieu.* 14 Les armées
célestes, vêtues de lin blanc et pur, le suivent sur des chevaux blancs. 15 De sa bouche sort une épée aiguisée pour
frapper les peuples et *il les dirigera avec un sceptre de fer.* Il
va aussi écraser lui-même le raisin dans le pressoir à vin
de l'ardente colère du Dieu tout-puissant. 16 Sur son manteau et sur sa cuisse est inscrit un titre : « Roi des rois et
Seigneur des seigneurs ».

Deuxième vision : le grand festin des charognards

17 Puis je vis un ange, debout dans le soleil, qui cria d'une
voix forte à tous les oiseaux qui volent au zénith dans le
ciel : Venez, rassemblez-vous pour le grand festin de Dieu
18 afin de dévorer la chair des rois, des chefs d'armées,
des guerriers, la chair des chevaux et de leurs cavaliers,
la chair de tous les hommes, libres et esclaves, petits et
grands.

Troisième vision : la capture de la bête et du faux prophète

19 Je vis la bête et les rois de la terre. Ils avaient rassemblé
leurs armées pour combattre le Cavalier et son armée.
20 La bête fut capturée et, avec elle, le faux prophète qui
avait accompli des signes impressionnants pour le compte
de la bête. Par ces signes, il avait trompé les hommes qui
portaient la marque de la bête et qui avaient adoré son
image. Ils furent tous deux jetés vifs dans l'étang ardent
de feu et de soufre. 21 Les autres hommes furent tués par

l 19.8 Autre traduction : *les actes justes des membres du peuple saint.*
m 19.12 Emblèmes de la domination universelle (comparer v. 16).

›ming out of the mouth of the rider on the horse, ›d all the birds gorged themselves on their flesh.

›e Thousand Years

20 1 And I saw an angel coming down out of heaven, having the key to the Abyss and holding › his hand a great chain. 2 He seized the dragon, ›at ancient serpent, who is the devil, or Satan, and ›ound him for a thousand years. 3 He threw him into ›e Abyss, and locked and sealed it over him, to keep ›m from deceiving the nations anymore until the ›ousand years were ended. After that, he must be ›t free for a short time.

4 I saw thrones on which were seated those who had ›een given authority to judge. And I saw the souls of ›ose who had been beheaded because of their tes›mony about Jesus and because of the word of God. ›hey[d] had not worshiped the beast or its image and ›ad not received its mark on their foreheads or their ›ands. They came to life and reigned with Christ a ›ousand years. 5 (The rest of the dead did not come › life until the thousand years were ended.) This is ›e first resurrection. 6 Blessed and holy are those who ›are in the first resurrection. The second death has › power over them, but they will be priests of God ›nd of Christ and will reign with him for a thousand ›ears.

›he Judgment of Satan

7 When the thousand years are over, Satan will be ›eleased from his prison 8 and will go out to deceive ›e nations in the four corners of the earth – Gog and ›agog – and to gather them for battle. In number they ›re like the sand on the seashore. 9 They marched ›cross the breadth of the earth and surrounded the ›amp of God's people, the city he loves. But fire came ›own from heaven and devoured them. 10 And the dev›l, who deceived them, was thrown into the lake of ›urning sulfur, where the beast and the false prophet ›ad been thrown. They will be tormented day and ›ight for ever and ever.

›he Judgment of the Dead

11 Then I saw a great white throne and him who was ›eated on it. The earth and the heavens fled from his ›resence, and there was no place for them. 12 And I ›aw the dead, great and small, standing before the ›hrone, and books were opened. Another book was ›pened, which is the book of life. The dead were ›udged according to what they had done as recorded ›n the books. 13 The sea gave up the dead that were in ›t, and death and Hades gave up the dead that were in ›hem, and each person was judged according to what ›hey had done. 14 Then death and Hades were thrown into the lake of fire. The lake of fire is the second death. 15 Anyone whose name was not found written in the book of life was thrown into the lake of fire.

[d] 20:4 Or *God; I also saw those who*

l'épée qui sort de la bouche du Cavalier. Et tous les oiseaux se rassasièrent de leur chair.

Quatrième vision : le dragon enchaîné pour mille ans

20 1 Puis je vis un ange descendre du ciel. Il tenait à la main la clé de l'abîme et une grande chaîne. 2 Il se saisit du dragon, de ce Serpent ancien qui est le diable et Satan. Il l'enchaîna pour mille ans. 3 *Il le précipita dans l'abîme qu'il ferma au-dessus de lui*, en y mettant des scellés afin que le dragon ne puisse plus égarer les peuples avant le terme des mille ans. Après cela, il doit être relâché pour un peu de temps.

Cinquième vision : victoire finale sur Satan après son relâchement

4 Ensuite je vis des trônes. On remit le jugement entre les mains de ceux qui y prirent place. Je vis aussi les âmes de ceux qu'on avait décapités à cause du témoignage rendu par Jésus et à cause de la Parole de Dieu. Je vis encore tous ceux qui n'avaient pas adoré la bête ni son image et qui n'avaient pas reçu sa marque sur leur front et leur main. Ils vécurent[n] et régnèrent avec Christ pendant mille ans. 5 C'est la première résurrection. Les autres morts ne vécurent pas avant la fin des mille ans. 6 Heureux et saints ceux qui ont part à la première résurrection. La seconde mort n'a pas prise sur eux. Ils seront prêtres de Dieu et de Christ, et ils régneront avec lui pendant les mille ans.

7 Lorsque les mille ans seront écoulés, Satan sera relâché de sa prison 8 et il s'en ira tromper les peuples des quatre coins de la terre, Gog et Magog[o]. Il les rassemblera pour le combat, en troupes innombrables comme les grains de sable au bord des mers.

9 Tous ces peuples s'ébranlèrent sur toute la surface de la terre et investirent le camp du peuple saint et la ville bien-aimée de Dieu. Mais un feu tomba du ciel et les consuma. 10 Alors le diable, qui les trompait, fut jeté dans l'étang de feu et de soufre : il y rejoignit la bête et le faux prophète et ils y subiront des tourments, jour et nuit, pendant l'éternité.

Sixième vision : le jugement

11 Ensuite je vis un grand trône blanc et celui qui y était assis. Le ciel et la terre s'enfuirent loin de sa présence. Ils disparurent sans laisser de trace. 12 Je vis les morts, les grands et les petits, comparaissant devant le trône. Des livres furent ouverts. On ouvrit aussi un autre livre : le livre de vie. Les morts furent jugés, chacun d'après ses actes, suivant ce qui était inscrit dans ces livres. 13 La mer avait rendu ses naufragés, la mort et le royaume des morts avaient rendu ceux qu'ils détenaient. Et tous furent jugés, chacun conformément à ses actes.

14 Puis la mort et le séjour des morts furent précipités dans l'étang de feu. Cet étang de feu, c'est la seconde mort. 15 On y jeta aussi tous ceux dont le nom n'était pas inscrit dans le livre de vie.

n **20.4** Autre traduction : *ils revinrent à la vie.* De même au v. 5.
o **20.8** Nom donné aux nations qui s'opposeront à la fin des temps au peuple de Dieu (voir Ez 38 à 39).

A New Heaven and a New Earth

21 1Then I saw "a new heaven and a new earth,"
for the first heaven and the first earth had
passed away, and there was no longer any sea. 2I saw
the Holy City, the new Jerusalem, coming down out
of heaven from God, prepared as a bride beautifully
dressed for her husband. 3And I heard a loud voice
from the throne saying, "Look! God's dwelling place
is now among the people, and he will dwell with them.
They will be his people, and God himself will be with
them and be their God. 4'He will wipe every tear from
their eyes. There will be no more death' or mourning or crying or pain, for the old order of things has
passed away."
5He who was seated on the throne said, "I am making everything new!" Then he said, "Write this down,
for these words are trustworthy and true."
6He said to me: "It is done. I am the Alpha and the
Omega, the Beginning and the End. To the thirsty I
will give water without cost from the spring of the
water of life. 7Those who are victorious will inherit
all this, and I will be their God and they will be my
children. 8But the cowardly, the unbelieving, the vile,
the murderers, the sexually immoral, those who practice magic arts, the idolaters and all liars – they will
be consigned to the fiery lake of burning sulfur. This
is the second death."

The New Jerusalem, the Bride of the Lamb

9One of the seven angels who had the seven bowls
full of the seven last plagues came and said to me,
"Come, I will show you the bride, the wife of the
Lamb." 10And he carried me away in the Spirit to a
mountain great and high, and showed me the Holy
City, Jerusalem, coming down out of heaven from God.
11It shone with the glory of God, and its brilliance
was like that of a very precious jewel, like a jasper,
clear as crystal. 12It had a great, high wall with twelve
gates, and with twelve angels at the gates. On the gates
were written the names of the twelve tribes of Israel.
13There were three gates on the east, three on the
north, three on the south and three on the west. 14The
wall of the city had twelve foundations, and on them
were the names of the twelve apostles of the Lamb.
15The angel who talked with me had a measuring
rod of gold to measure the city, its gates and its walls.
16The city was laid out like a square, as long as it was
wide. He measured the city with the rod and found it
to be 12,000 stadia[e] in length, and as wide and high
as it is long. 17The angel measured the wall using human measurement, and it was 144 cubits[f] thick.[g] 18The
wall was made of jasper, and the city of pure gold,
as pure as glass. 19The foundations of the city walls
were decorated with every kind of precious stone. The

[e] 21:16 That is, about 1,400 miles or about 2,200 kilometers
[f] 21:17 That is, about 200 feet or about 65 meters
[g] 21:17 Or *high*

Septième vision : le nouveau ciel et la nouvelle terr

21 1Puis je vis *un ciel nouveau et une terre nouvelle*, car
premier ciel et la première terre avaient dispar
et la mer n'existait plus.
2Je vis la ville sainte, la nouvelle Jérusalem, descend
du ciel, d'auprès de Dieu, belle comme une mariée qui s'e
parée pour son époux. 3Et j'entendis une forte voix, vena
du trône, qui disait :
Voici la Tente de Dieu avec les hommes. Il habitera avec eu
ils seront ses peuples et lui, Dieu avec eux, sera leur Dieu. 4
essuiera toute larme de leurs yeux. La mort ne sera plus et
n'y aura plus ni deuil, ni plainte, ni souffrance. Car ce qui éta
autrefois a définitivement disparu.

5Alors celui qui siège sur le trône déclara : Voici : je r
nouvelle toutes choses.
Il ajouta : Ecris que ces paroles sont vraies et entièr
ment dignes de confiance.
6Puis il me dit : C'en est fait ! Je suis l'Alpha et l'Oméga
le commencement et la fin. A celui qui a soif, je donnera
moi, à boire gratuitement à la source d'où coule l'eau d
la vie.
7Tel sera l'héritage du vainqueur. Je serai son Dieu e
il sera mon fils. 8Quant aux lâches, aux infidèles, au
dépravés, meurtriers et débauchés, aux magiciens, au
idolâtres et à tous les menteurs, leur part sera l'étan
ardent de feu et de soufre, c'est-à-dire la seconde mort.

La nouvelle Jérusalem, Épouse de l'Agneau[q]

9Alors l'un des sept anges qui tenaient les sept coupe
pleines des sept derniers fléaux vint me parler : Viens
me dit-il, je te montrerai la Mariée, l'Epouse de l'Agneau
10Il me transporta en esprit sur une grande et haut
montagne, d'où il me fit voir la ville sainte, Jérusalem, qu
descendait du ciel, d'auprès de Dieu. 11Elle rayonnait d
la gloire divine. Son éclat rappelait celui d'une pierre trè
précieuse, celui d'un jaspe d'une transparence cristalline
12Elle était entourée d'une grande et haute muraille, per
cée de douze portes gardées par douze anges, et sur ce
portes étaient gravés les noms des douze tribus d'Israë
13Les portes étaient orientées trois vers l'est, trois vers l
nord, trois vers le sud et trois vers l'ouest. 14La muraill
reposait sur douze fondements qui portaient les noms de
douze apôtres de l'Agneau.
15Mon interlocuteur tenait, en guise de mesure, un ro
seau d'or pour mesurer la ville, ses portes et sa muraille
16La ville était bâtie en carré, sa longueur égalait sa largeur. L'ange mesura donc la ville avec son roseau et trouva
douze mille stades, sa longueur, sa largeur et sa hauteur
étant d'égale dimension[r]. 17Il mesura aussi la muraille e
trouva cent quarante-quatre coudées, d'après la mesure
humaine employée par l'ange.
18La muraille était construite en jaspe, la ville elle-
même était d'or pur, transparent comme du cristal pur
19Les fondements de la muraille de la ville étaient ornés
de toutes sortes de pierres précieuses, le premier de jaspe

[p] 21.6 Voir note 1.8.
[q] 21.8 La description de la nouvelle Jérusalem rappelle la vision de la Jérusalem restaurée d'Ez 40 à 48 et d'Es 60.
[r] 21.16 Les mesures de ce chapitre ne sont pas converties en mètres ou en kilomètres pour conserver le symbolisme des nombres bibliques.

:st foundation was jasper, the second sapphire, the ird agate, the fourth emerald, 20the fifth onyx, the xth ruby, the seventh chrysolite, the eighth beryl, e ninth topaz, the tenth turquoise, the eleventh cinth, and the twelfth amethyst.[h] 21The twelve gates ere twelve pearls, each gate made of a single pearl. he great street of the city was of gold, as pure as ansparent glass.

22I did not see a temple in the city, because the Lord od Almighty and the Lamb are its temple. 23The city oes not need the sun or the moon to shine on it, for e glory of God gives it light, and the Lamb is its mp. 24The nations will walk by its light, and the ings of the earth will bring their splendor into it. On no day will its gates ever be shut, for there will be o night there. 26The glory and honor of the nations ill be brought into it. 27Nothing impure will ever nter it, nor will anyone who does what is shameful r deceitful, but only those whose names are written ı the Lamb's book of life.

den Restored

22 1Then the angel showed me the river of the water of life, as clear as crystal, flowing from e throne of God and of the Lamb 2down the middle f the great street of the city. On each side of the river tood the tree of life, bearing twelve crops of fruit, ielding its fruit every month. And the leaves of the ree are for the healing of the nations. 3No longer vill there be any curse. The throne of God and of the amb will be in the city, and his servants will serve im. 4They will see his face, and his name will be on heir foreheads. 5There will be no more night. They vill not need the light of a lamp or the light of the un, for the Lord God will give them light. And they vill reign for ever and ever.

ohn and the Angel

6The angel said to me, "These words are trustworthy and true. The Lord, the God who inspires he prophets, sent his angel to show his servants the hings that must soon take place."

7"Look, I am coming soon! Blessed is the one who keeps the words of the prophecy written in this scroll."

8I, John, am the one who heard and saw these things. And when I had heard and seen them, I fell down to worship at the feet of the angel who had been showing them to me. 9But he said to me, "Don't do that! I am a fellow servant with you and with your fellow prophets and with all who keep the words of this scroll. Worship God!"

10Then he told me, "Do not seal up the words of the prophecy of this scroll, because the time is near. 11Let the one who does wrong continue to do wrong; let the vile person continue to be vile; let the one who does right continue to do right; and let the holy person continue to be holy."

h 21:20 The precise identification of some of these precious stones is uncertain.

le second de saphir, le troisième de chalcédoine, le quatrième d'émeraude, 20le cinquième de sardoine, le sixième de cornaline, le septième de chrysolithe, le huitième de béryl, le neuvième de topaze, le dixième de chrysoprase, le onzième de turquoise, le douzième d'améthyste. 21Les douze portes étaient douze perles ; chaque porte était faite d'une seule perle. L'avenue principale de la ville était d'or pur, transparent comme du cristal.

22Je ne vis aucun temple dans la ville : son temple, c'est le Seigneur, le Dieu tout-puissant, ainsi que l'Agneau. 23La ville n'a besoin ni du soleil, ni de la lune pour l'éclairer, car la gloire de Dieu l'illumine et l'Agneau lui tient lieu de lampe. 24Les peuples marcheront à sa lumière et les rois de la terre viendront lui apporter leur gloire. 25Tout au long du jour, les portes de la ville resteront ouvertes, car il n'y aura plus de nuit. 26On y apportera tout ce qui fait la gloire et l'honneur des peuples. 27Rien d'impur ne pourra y pénétrer. Nul homme qui se livre à des pratiques abominables et au mensonge n'y entrera. Seuls y auront accès ceux qui sont inscrits dans le livre de vie de l'Agneau.

22 1Finalement, l'ange me montra le fleuve d'eau de la vie, limpide comme du cristal, qui jaillissait du trône de Dieu et de l'Agneau.

2Au milieu de l'avenue de la ville, entre deux bras du fleuve, se trouve l'arbre de vie. Il produit douze récoltes, chaque mois il porte son fruit. Ses feuilles servent à guérir les peuples.

3Il n'y aura plus aucune malédiction. Le trône de Dieu et de l'Agneau sera dans la ville. Ses serviteurs lui rendront un culte : 4ils verront sa face et porteront son nom sur leurs fronts. 5Il n'y aura plus jamais de nuit. On n'aura donc plus besoin ni de la lumière d'une lampe, ni de celle du soleil, car le Seigneur Dieu répandra sur eux sa lumière. Et ils régneront éternellement.

Conclusion

6L'ange me dit : Ces paroles sont vraies et entièrement dignes de foi. Dieu le Seigneur qui a inspiré ses prophètes, a envoyé son ange, pour montrer à ses serviteurs ce qui doit arriver bientôt.

7– Voici, dit Jésus, je viens bientôt ! Heureux celui qui obéit aux paroles prophétiques de ce livre.

8Moi, Jean, j'ai entendu et vu tout cela. Après avoir entendu et vu ces choses, je me prosternai aux pieds de l'ange qui me les avait montrées, et j'allais l'adorer.

9– Non, me dit-il, ne fais pas cela ! Je suis ton compagnon de service et celui de tes frères, les prophètes, et de ceux qui obéissent aux paroles de ce livre. Adore Dieu !

10Et il ajouta : Ne tiens pas secrètes les paroles prophétiques de ce livre, car le temps de leur accomplissement est proche. 11Que celui qui commet le mal continue à mal agir. Que celui qui est impur continue à s'adonner à l'impureté ; mais que celui qui est juste continue à faire ce qui est juste, et que celui qui est saint continue à se purifier.

Epilogue: Invitation and Warning

12 "Look, I am coming soon! My reward is with me,
and I will give to each person according to what they
have done. 13 I am the Alpha and the Omega, the First
and the Last, the Beginning and the End.
14 "Blessed are those who wash their robes, that
they may have the right to the tree of life and may go
through the gates into the city. 15 Outside are the dogs,
those who practice magic arts, the sexually immoral,
the murderers, the idolaters and everyone who loves
and practices falsehood.
16 "I, Jesus, have sent my angel to give you[i] this
testimony for the churches. I am the Root and the
Offspring of David, and the bright Morning Star."
17 The Spirit and the bride say, "Come!" And let the
one who hears say, "Come!" Let the one who is thirsty
come; and let the one who wishes take the free gift
of the water of life.
18 I warn everyone who hears the words of the
prophecy of this scroll: If anyone adds anything to
them, God will add to that person the plagues described in this scroll. 19 And if anyone takes words
away from this scroll of prophecy, God will take away
from that person any share in the tree of life and in
the Holy City, which are described in this scroll.
20 He who testifies to these things says, "Yes, I am
coming soon."
Amen. Come, Lord Jesus.
21 The grace of the Lord Jesus be with God's people.
Amen.

12 – Oui, dit Jésus, je viens bientôt. J'apporte avec m
mes récompenses pour rendre à chacun selon ses acte
13 Je suis l'Alpha et l'Oméga, le premier et le dernier,
commencement et la fin. 14 Heureux ceux qui lavent leu
vêtements. Ils auront le droit de manger du fruit de l'arb
de vie et de franchir les portes de la ville. 15 Mais deho
les hommes ignobles, ceux qui pratiquent la magie, le
débauchés, les meurtriers, ceux qui adorent des idoles
tous ceux qui aiment et pratiquent le mensonge.
16 Moi, Jésus, j'ai envoyé mon ange pour rendre témo
gnage à ces vérités destinées aux Eglises. Je suis le rejeto
de la racine de David, son descendant. C'est moi, l'étoi
brillante du matin.
17 Et l'Esprit et l'Epouse disent : Viens ! Que celui qu
entend ces paroles dise : Viens ! Que celui qui a soif vienn
Que celui qui veut de l'eau de la vie la reçoive gratuitemen
18 Moi, je le déclare solennellement à tous ceux qui en
tendent les paroles prophétiques de ce livre : si quelqu'u
y ajoute quoi que ce soit, Dieu ajoutera à son sort les fléau
décrits dans ce livre. 19 Si quelqu'un retranche quelqu
chose des paroles prophétiques de ce livre, Dieu lui ôter
tout droit à l'arbre de vie et à la ville sainte décrits dan
ce livre.
20 Le témoin qui affirme ces choses déclare : Oui, je vien
bientôt !
Oh oui, qu'il en soit ainsi : Viens Seigneur Jésus[s] !
21 Que le Seigneur Jésus accorde sa grâce à tous.

[i] **22:16** The Greek is plural.

[s] **22.20** Voir l'acclamation araméenne : *Marana tha* (Notre Seigneur, viens) utilisée dans les cultes de l'Eglise primitive (1 Co 16.22).

Table of Weights and Measures

	Biblical Unit	Approximate American Equivalent	Approximate Metric Equivalent
Weights	talent (60 minas)	75 pounds	34 kilograms
	mina (50 shekels)	$1\,^1/_4$ pounds	560 grams
	shekel (2 bekas)	$^2/_5$ ounce	11.5 grams
	pim ($^2/_3$ shekel)	$^1/_4$ ounce	7.8 grams
	beka (10 gerahs)	$^1/_5$ ounce	5.7 grams
	gerah	$^1/_{50}$ ounce	0.6 gram
	daric	$^1/_3$ ounce	8.4 grams
Length	cubit	18 inches	45 centimeters
	span	9 inches	23 centimeters
	handbreadth	3 inches	7.5 centimeters
	stadion (pl. stadia)	600 feet	183 meters
Capacity			
Dry Measure	cor [homer] (10 ephahs)	6 bushels	220 liters
	lethek (5 ephahs)	3 bushels	110 liters
	ephah (10 omers)	$^3/_5$ bushel	22 liters
	seah ($^1/_3$ ephah)	7 quarts	7.5 liters
	omer ($^1/_{10}$ ephah)	2 quarts	2 liters
	cab ($^1/_{18}$ ephah)	1 quart	1 liter
Liquid Measure	bath (1 ephah)	6 gallons	22 liters
	hin ($^1/_6$ bath)	1 gallon	3.8 liters
	log ($^1/_{72}$ bath)	$^1/_3$ quart	0.3 liter

The figures of the table are calculated on the basis of a shekel equaling 11.5 grams, a cubit equaling 18 inches and an ephah equaling 22 liters. The quart referred to is either a dry quart (slightly larger than a liter) or a liquid quart (slightly smaller than a liter), whichever is applicable. The ton referred to in the footnotes is the American ton of 2,000 pounds. These weights are calculated relative to the particular commodity involved. Accordingly, the same measure of capacity in the text may be converted into different weights in the footnotes.

This table is based upon the best available information, but it is not intended to be mathematically precise; like the measurement equivalents in the footnotes, it merely gives approximate amounts and distances. Weights and measures differed somewhat at various times and places in the ancient world. There is uncertainty particularly about the ephah and the bath; further discoveries may shed more light on these units of capacity.

Lexique

A

Aaron : frère aîné de Moïse (Ex 6.20 ; 7.7), descendant de Lévi. Premier grand-prêtre d'Israël. Tous les prêtres d'Israël, responsables du culte au tabernacle ou au Temple, appartiendront à sa lignée (Lv 7.35 ; voir Hé 7.4-19).

Abraham : premier patriarche, homme païen converti au Dieu unique, le Créateur du ciel et de la terre, et ancêtre des Israélites, des Arabes et (spirituellement) des chrétiens. Père d'Isaac. A vécu entre 2000 et 1800 av. J.-C.

Acte de l'alliance : nom des deux tablettes de pierre sur lesquelles étaient gravés les Dix Commandements et qui étaient renfermées dans le coffre sacré (Ex 25.16, 21 ; 40.20 ; 1 R 8.6-9).

Alliance : dans le Proche-Orient ancien, les alliances régissaient les rapports entre un roi, le suzerain, et un autre roi et son peuple, qui étaient assujettis au premier comme vassal. Dans la Bible, il est souvent question de l'alliance conclue par Dieu, le Suzerain, avec le peuple d'Israël, son vassal, sur ce modèle (Ex 19.3-6). La lettre aux Hébreux la qualifie d'ancienne (8.13) par rapport à la nouvelle alliance faite par Jésus-Christ (Hé 8.6-13 ; 9.1 ; 10.15-17 ; 12.24), destinée à tous les peuples (Mt 28.19-20 ; Ac 10.44-47) et fondée sur la foi (Lc 22.20 ; 1 Co 11.25).

Amen : mot hébreu signifiant : qu'il en soit ainsi, certainement, en vérité (voir 2 Co 1.20 ; Ap 3.14).

Ange : esprit, c'est-à-dire personne incorporelle, au service de Dieu (Hé 1.14), appelé parfois « fils de Dieu » (Jb 1.6 ; 38.7). Dans l'A.T., l'ange de l'Eternel représente Dieu et se confond parfois avec lui (Ex 23.20-21 ; Jg 13.7-18) ; il annonce ainsi la venue de Jésus-Christ (voir Za 3.1-5).

Apôtre : terme qui signifie représentant. Nom donné aux douze hommes que Jésus a choisis comme ses représentants, pour agir et parler en son nom. Pour être apôtre, il fallait avoir accompagné Jésus pendant tout son ministère terrestre et avoir été témoin oculaire de sa mort et de sa résurrection (Mt 10.2-42 ; Ac 1.21-23). Judas, qui se suicida, fut remplacé par Matthias (Ac 1.15-26). Paul, qui a vu Christ ressuscité et a été directement instruit par lui, porte aussi ce titre (1 Co 9.1). Par extension, on a encore donné ce titre, dans l'Église primitive, à quelques personnes qui ont vu Christ ressuscité et qui, sans doute, l'ont accompagné ou l'ont connu pendant une partie de son parcours terrestre (Ac 13.3 ; 14.4, 14 ; 1 Co 15.7).

Armées célestes : ensemble des êtres célestes. Dieu est souvent appelé l'Eternel, le Seigneur des armées célestes.

Ashéra : nom commun hébreu qui désigne un lieu de culte, originairement planté d'arbres, ou un « poteau sacré » des religions cananéennes (Jg 6.25, 28 ; Mi 5.13). Selon certains cet ashéra serait voué à la divinité cananéenne Ashéra (Jg 3.7 ; 1 R 15.13).

Asie : province romaine occupant l'ouest de l'Asie Mineure (Turquie actuelle), dont Ephèse était la cité la plus importante, et Pergame la capitale officielle à l'époque du N.T.

Astarté : déesse de l'amour et de la fécondité, qu'il ne faut pas confondre avec Ashéra.

B

Baal : mot qui signifie : maître, propriétaire. Nom du dieu principal des Cananéens et des Phéniciens dont le culte s'accompagnait souvent de prostitution sacrée.

Basan : large plateau fertile à l'est du Jourdain, riche en pâturages où l'on élevait du gros et du petit bétail (Ps 22.13 ; Ez 39.18) ; ses forêts de chênes étaient célèbres (Es 2.13 ; Ez 27.6 ; Za 11.2).

Blasphème : paroles insultantes dirigées contre Dieu (Ps 74.10-18 ; Es 52.5 ; Ap 16.9) ou contre Christ (Mt 9.3 ; 12.31 ; Ap 13.5-6).

C

Cachet : bague ou objet cylindrique (appelé aussi sceau) portant en creux le nom de son propriétaire ou un dessin ; il servait à authentifier une lettre, un document ou un autre objet.

Capernaüm (aussi transcrit Capharnaüm) : Village du rivage nord-ouest du lac de Galilée. Jésus en fit « sa ville » au début de son ministère.

Césarée : port de la Méditerranée à 50 kilomètres au nord de Jaffa, bâti par Hérode le Grand en l'honneur de César Auguste. Résidence du gouverneur romain. Césarée de Philippe fut reconstruite par Hérode Philippe près des sources du Jourdain.

Changer : cette expression traduit un verbe grec se rapportant à une réorientation radicale de tout l'être, qui résulte en un changement de la façon de vivre (Ac 26.20). Ce mot, qui est aussi traduit par changer profondément, changer d'attitude, ou changer de comportement, est rendu dans beaucoup de Bibles par se repentir.

Chérubins : figures symboliques. Certains y ont vu des représentations angéliques (ailes, figure humaine, 1 S 4.4 ; 2 S 6.2 ; Ps 80.2 ; 99.1). Deux chérubins étaient fixés aux deux extrémités du propitiatoire (Ex 25.18).

Circoncire, circoncision : rite consistant à couper le prépuce d'un enfant mâle, signe de l'alliance de Dieu avec Abraham et ses descendants (Gn 17.9-14). Dans le N.T., les circoncis sont les Juifs. La « vraie circoncision » (Rm 2.29) dont il est parfois question est la purification intérieure, opposée au rite extérieur.

Coffre sacré : coffre d'environ 1,15 m × 0,70 m × 0,70 m en bois d'acacia revêtu d'or pur (Ex 25.10-22), contenant les tablettes de la Loi ; objet principal du tabernacle, il symbolisait le trône de l'Eternel ; il a été déposé plus tard dans le lieu très saint du Temple.

Collecteur d'impôts : homme préposé à la perception des impôts et des droits de passage sur les marchandises. Les Romains mettaient cet office aux enchères. Pour rentrer dans leurs débours, les collecteurs d'impôts augmentaient à leur profit les sommes dues par les contribuables. Comme, de plus, ils étaient au service de la puissance occupante, ils étaient méprisés et haïs par les Juifs.

Confiance : le terme grec habituellement rendu par « foi » peut aussi être traduit par « confiance ».

D

David : deuxième roi d'Israël (1010 à 970 av. J.-C.). Le Messie, le grand Roi, attendu par l'A.T., devait naître parmi ses descendants, selon la promesse de Dieu (voir 2 S 7.12-14 ; Es 11.1 ; 55.3).

Disciple : personne qui a suivi l'enseignement d'un maître comme Jean-Baptiste (Mt 9.14), ou Jésus (Mt 10.42 ; Lc 14.26, 27, 33 ; Jn 4.1 ; 6.6). Dans les Actes des Apôtres, les chrétiens sont souvent appelés les disciples, sous-entendu de Jésus-Christ.

E

Encens : résine parfumée d'un arbre ; elle entrait dans la composition du parfum sacré brûlé devant l'Eternel (Ex 30.34-36 ; Lv 16.12-13). On l'ajoutait aussi à certaines offrandes (Lv 2.1, 15 ; 24.7).

Ephod : terme qui désigne, selon les passages, soit un vêtement de dessus porté par les prêtres israélites (1 S 2.18 ; 22.18), soit une pièce d'étoffe double ornant la poitrine du grand-prêtre (Ex 28.4 ; 39.2), soit encore un objet servant à connaître la volonté de Dieu (1 S 23.9-12).

Esaïe : l'un des plus grands prophètes de l'histoire d'Israël dont le ministère a duré à peu près de 740 à 680 av. J.-C. Il est souvent cité dans le N.T.

Eunuque : homme ayant subi la castration. Les eunuques occupaient souvent des fonctions importantes aux cours royales du Moyen-Orient (Gn 37.36 ; 39.1 ; 40.2, 7 ; Dn 1.3 ; Est 1.10 ; 4.5). Le terme s'est attaché à cette fonction, de sorte qu'on peut souvent le traduire par haut dignitaire, officier ou ministre (Ac 8.27).

Expier : c'est payer pour une faute par un châtiment considéré comme équivalent à la faute. En s'offrant lui-même en sacrifice, Jésus-Christ a expié le péché des hommes qui sont en union avec lui par la foi (Jn 10.18 ; Rm 3.23 ; 1 Co 15.3 ; Ep 5.2 ; Hé 9.14).

F

Fils de David : nom que les Juifs donnaient au Messie, qui devait naître dans la lignée du roi David.

Fils de l'homme : expression privilégiée par laquelle Jésus s'est régulièrement désigné lui-même (69 fois) et qui renvoie à la prophétie de Daniel (Dn 7.13-14, 27 ; cf. Ez 1.26). Cette expression semble désigner, de manière cryptée, l'identité seigneuriale et divine de Jésus, le Fils de l'homme, qui a l'autorité sur terre de pardonner les péchés (Mc 2.10), qui est maître du sabbat (2.28) et qui s'est assis à la droite de Dieu (Mt 26.64). Mais elle souligne aussi que ce Seigneur s'est humilié au point d'accepter de donner sa vie pour plusieurs (Mc 8.31 ; Mt 20.28).

G

Galilée : région nord d'Israël, séparée de la Judée par la Samarie. C'est là que Jésus fut élevé et qu'il commença son ministère.

Gomorrhe : l'une des villes (avec Sodome) détruites à l'époque d'Abraham, symboles du vice et du jugement divin.

Grand-Conseil des Juifs (ou : Sanhédrin) : tribunal religieux composé de 70 membres et présidé par le grand-prêtre. Il avait le droit de juger les Juifs de Judée selon la Loi (Ac 4.5-6, 15 ; 5.21, 27, 34, 41 ; 6.12, 15 ; 23.2) mais, au premier siècle, seule l'autorité romaine avait le pouvoir de condamner à la sentence capitale.

Grand-prêtre : prêtre qui avait la fonction la plus importante dans la hiérarchie sacerdotale israélite. Il présidait le Grand-Conseil, surveillait le sanctuaire et tous ceux qui y officiaient. Une fois par an, il pénétrait dans le lieu très saint du Temple pour y porter le sang d'un sacrifice pour que ses péchés et ceux de tout le peuple d'Israël soient expiés (Lv 16). La lettre aux Hébreux démontre que Jésus est le grand-prêtre de la nouvelle alliance (Hé 5.1-5 ; 7.27 ; 8.3-6).

H

Hauts lieux : sanctuaires idolâtres élevés sur les collines de Canaan contenant des poteaux sacrés et un autel pour les sacrifices.

Hérode : nom de plusieurs souverains du territoire israélite et des régions voisines. Le N.T. parle de :

1. Hérode le Grand (Lc 1.5), qui fit massacrer tous les petits enfants de Bethléhem (Mt 2.13, 16), a régné de 37 à 4 av. J.-C. sur tout le territoire israélite.

2. Hérode le Tétrarque ou Antipas (Mc 6.14-17 ; Lc 3.1, 19-20 ; 9.7-9), fils du précédent, a régné de 4 av. J.-C. à 39 apr. J.-C. sur la Galilée. Il épousa sa belle-sœur Hérodiade, qui le poussa à faire assassiner Jean-Baptiste (Mt 14.1-12). Pilate lui envoya Jésus pour qu'il le juge (Lc 23.7-12 ; Ac 4.27).

3. Hérode Agrippa Ier (Ac 12.1-23), petit-fils d'Hérode le Grand, régna sur tout le territoire israélite (42-44). Il fit décapiter Jacques (Ac 12.1-2) et emprisonner Pierre (v. 3, 19). Il mourut en 44.

4. Hérode Agrippa II, son fils, a régné sur une région au nord du territoire israélite. C'est devant lui que l'apôtre Paul comparut (Ac 25.13 à 26.32).

Holocauste : sacrifice presque entièrement consumé en l'honneur de Dieu.

Hysope : dans les rites de purification, on se servait des branches de cette plante pour faire l'aspersion des fidèles (Lv 14.4-7).

I

Insensé : dépourvu d'intelligence ou de sagesse (1 S 21.13 ; Pr 7.22), qui se détourne de Dieu (Ps 14.1 ; 39.9 ; Jr 4.22 ; 50.38 ; Rm 1.22).

Isaac : fils d'Abraham, né selon la promesse divine lorsque son père avait près de 100 ans.

Israël : nom donné par Dieu à Jacob après sa lutte avec l'ange à Péniel (Gn 32.23-32), devenu le nom collectif de ses descendants. Après le schisme (1 R 11.31-37), ce nom a désigné le royaume du Nord, composé des dix tribus séparées de Juda et de Benjamin.

J

Jacob : troisième patriarche, fils d'Isaac, héritier de la promesse divine, appelé aussi Israël ; parfois : nom collectif des Israélites.

Jacques : trois hommes portent ce nom dans le N.T.

1. Jacques fils de Zébédée, l'un des Douze, associé à son frère Jean, décapité par Hérode Agrippa Ier en 44 (Ac 12.2).

2. Jacques fils d'Alphée, également l'un des Douze.

3. Jacques, le frère de Jésus, l'un des principaux responsables de l'Eglise de Jérusalem.

Jéricho : ville à 8 kilomètres à l'ouest du Jourdain, à 11 kilomètres de son embouchure dans la mer Morte, à 27 kilomètres de Jérusalem ; 240 mètres en dessous du niveau de la mer ; l'une des plus vieilles cités du monde.

Jérusalem : ville située à 52 kilomètres à l'est de la Méditerranée, à l'altitude de 770 mètres, conquise par David qui en a fait la capitale de son royaume. Elle était encore la capitale d'Israël au temps de Jésus. Tous les Israélites devaient s'y rendre pour les trois grandes fêtes annuelles puisque c'est là que se trouvait le seul temple.

Jourdain : le plus grand fleuve d'Israël (320 kilomètres). Il descend de +800 mètres à −392 mètres, et traverse le lac de Galilée.

Juda, Judée : Juda, l'un des douze fils de Jacob, ancêtre d'une tribu d'Israël. Restée fidèle à la dynastie de David, celle-ci donna son nom au royaume constitué par les tribus de Juda et de Benjamin. La Judée était leur territoire ; capitale : Jérusalem.

Juifs : nom donné lors de l'exil aux habitants du royaume de Juda, puis, après le retour de la captivité babylonienne (538 av. J.-C.) à tous les Israélites.

L

Levain : substance qui fait fermenter et « lever » la pâte à pain ; c'est généralement un morceau de vieille pâte fermentée. Symbole d'une force, bonne ou mauvaise, qui agit de l'intérieur (Mt 16.11 ; 13.33 ; Mc 8.15 ; 1 Co 5.6-8 ; Ga 5.9).

Lévite : descendant de Lévi, assistant des prêtres.

Lieu saint, très saint : l'édifice qui se trouvait dans la cour du Temple était divisé en deux : le lieu saint et le lieu très saint. Un voile séparait les deux parties. Ce voile s'est déchiré de haut en bas lors de la mort du Christ.

Loi : ensemble de stipulations imposé par Dieu ou par une autorité humaine. L'expression la Loi désigne les cinq livres de Moïse (Mt 5.17 ; 7.12 ; Lc 16.16 ; Jn 1.17 ; 2 Co 3.15) ou leur contenu, ou même l'ensemble de l'A.T. (Jn 10.34 ; Rm 3.19). L'apôtre Paul utilise aussi le terme pour parler de la loi civile (Rm 7.1) ou d'un phénomène récurrent qui s'impose à l'homme (Rm 7.22-23).

M

Macédoine : province romaine occupant la partie nord de la Grèce. Villes : Philippes, Thessalonique, Bérée.

Marchepied : tabouret sur lequel les rois, en particulier, posaient leurs pieds (2 Ch 9.18). La terre est le marchepied de Dieu (Es 66.1).

Méchants : nom donné, en particulier dans les Psaumes, aux auteurs de crimes ou de délits passibles de sanctions selon la loi civile.

Messie : ce mot vient d'un terme hébreu qui désignait un homme qui avait été oint d'huile sainte pour être consacré à l'Eternel comme prêtre ou comme roi. Les prophètes ont annoncé un Oint par excellence, Roi, fils de David, qui délivrerait le peuple et établirait son royaume (Es 11.1-5 ; Jr 33.15-16). Ils ont aussi annoncé que ce roi serait prêtre (Ps 110.1-4 ; Za 6.12-13). C'est lui que désigne le terme français Messie. L'équivalent grec de Messie est Christos, qui a donné par francisation le nom de Christ.

Moïse : grand libérateur, prophète et législateur des Israélites, adopté et élevé par la fille du pharaon ; a passé 40 ans au désert du Sinaï ; à 80 ans, Dieu l'envoie libérer les Israélites d'Egypte (vers 1440 ou 1280/1260 av. J.-C). A reçu de Dieu la Loi régissant toute la vie d'Israël.

Molok : selon certains, divinité cananéenne, probablement à caractère politique, à laquelle on sacrifiait de jeunes enfants. D'autres pensent que ce terme désigne le sacrifice lui-même (voir Lv 18.21 ; 20.2-5 ; 2 R 23.10 ; Jr 32.35).

Myrrhe : substance odorante de grand prix (Mt 2.11) utilisée pour diminuer les souffrances (Mc 15.23) et pour embaumer les morts (Jn 19.39).

N

Nazareth : ville de Galilée où Jésus fut élevé.

Néguev : région désertique au sud d'Israël.

Noé : homme fidèle à Dieu qui a appelé ses concitoyens à mener une vie juste (2 P 2.5) avant que survienne le déluge, dont il a été le seul à échapper avec sa famille, grâce à un bateau que Dieu lui avait demandé de construire.

O

Onction : généralement, acte de consécration d'un prêtre ou d'un roi (parfois d'un prophète) à ses fonctions. L'Oint par excellence (Christ en grec) réunira les fonctions de prêtre, roi et prophète (voir Messie).

Ourim et toummim : objets servant à consulter Dieu par tirage au sort (Ex 28.30 ; Dt 33.8 ; Esd 2.63).

Outre : peau de chèvre tannée utilisée pour le transport ou la conservation de l'eau, du lait ou du vin.

P

Pâque (fête de la) : l'une des trois grandes fêtes annuelles des Juifs. Elle commémorait la délivrance des Israélites du pays d'Egypte où ils étaient devenus esclaves. Normalement, la fête se célébrait à Jérusalem où l'on mangeait en famille un agneau sacrifié au Temple. Elle était suivie de la « semaine des Pains sans levain ».

Parabole : récit utilisé pour illustrer un enseignement. Jésus a raconté beaucoup de paraboles pour faire comprendre à ses auditeurs les secrets du royaume de Dieu.

Patrimoine : le patrimoine d'Israël, c'est le pays que Dieu a donné à son peuple. Certains traduisent ce mot par « héritage ».

Pause : traduction du mot hébreu sélah apparaissant dans 39 psaumes et dans Ha 3, indiquant peut-être l'interruption du chant pour un intermède de musique instrumentale.

Pharisiens : membres du parti religieux juif le plus strictement attaché à l'observance de la Loi et des règlements que la tradition juive y avait ajoutés. Leur attachement à Dieu était souvent formaliste. Jésus a dénoncé l'hypocrisie de certains d'entre eux (Mt 23).

Pilate : gouverneur romain du pays d'Israël au temps de Jésus (26 à 36 apr. J.-C).

Prêtre : homme qui avait la fonction d'intermédiaire entre Dieu et les autres hommes, principalement parce qu'il officiait lors de l'offrande des sacrifices (c'est pourquoi on l'appelle aussi sacrificateur) ; il était encore chargé d'enseigner la Loi. Ce titre est donné dans le N.T. à tous les croyants (1 P 2.5, 9 ; Ap 1.6 ; 5.10). Les prêtres de l'A.T. étaient organisés en 24 classes dirigées chacune par un chef.

Prophète : porte-parole de Dieu (Dt 18.18-22 ; Jr 1.9). Prophétiser, c'est apporter une parole qui vient de Dieu grâce à l'action du Saint-Esprit (Os 9.7 ; 2 P 1.20-21). Le prophète par excellence annoncé par Moïse est le Messie. Les prophètes de l'A.T. appelaient le peuple à se tourner vers Dieu, à changer de manière de vivre pour se conformer à la loi divine. Dans le N.T., on appelle parfois « prophétie » une forme d'enseignement axée sur l'encouragement et l'exhortation, et « prophètes » ceux qui exercent une telle activité (Ac 15.32 ; 1 Co 14 ; 1 Th 5.20 ; cf. 1 Jn 4.1-3 ; Ap 2.20).

Propitiatoire : nom du couvercle du coffre de l'alliance. Ce terme dérive d'un verbe qui signifie : couvrir, d'où l'interprétation « couvercle », mais aussi « expier », d'où l'interprétation « propitiatoire ». C'est le sang répandu sur le coffre de l'alliance qui rendait Dieu « propice » au peuple. Le propitiatoire couvrait le coffre qui contenait les Dix Commandements : signe de la miséricorde de Dieu qui ne voyait plus les transgressions de la Loi mais seulement le sacrifice destiné à les expier.

Prostitution : bien qu'interdite par la Loi (Lv 19.29 ; 21.9 ; Dt 23.17), elle se pratiquait en Israël (Jos 2.1 ; Jg 11.1 ; 16.1), en particulier la prostitution sacrée qui accompagnait les cultes idolâtres cananéens. L'image de la prostitution a été utilisée par les prophètes pour dénoncer l'infidélité d'Israël qui abandonnait son Dieu pour adorer d'autres divinités (Es 1.21 ; Jr 2.20 ; 3.1-6 ; Ez 16.15-20 ; 23.1-21 ; Ap 17.1-4).

Pur, purifier : la pureté est la qualité exigée pour entrer en relation avec Dieu. Sous l'ancienne alliance, Dieu a enseigné cette exigence à son peuple par des rites extérieurs. Dans le N.T., le vocabulaire de la purification est employé, d'une part pour évoquer le pardon des péchés (Hé 9.14 ; 1 Jn 1.7), de l'autre à propos de la pureté de l'être intérieur et du comportement : nos motifs et nos actions doivent être exempts de tout mélange avec le mal.

R

Roseaux (mer des) : bras de mer ou lagune franchi par les Israélites lors de leur sortie d'Egypte ; nom donné par la suite à toute la mer au sud de la presqu'île du Sinaï ; d'où la traduction : mer Rouge adoptée par la version grecque et le N.T. (Ac 7.36 ; Hé 11.29).

Royaume de Dieu, des cieux : Dans l'A.T., le royaume de David est considéré comme le royaume de Dieu. Les prophètes ont annoncé la restauration de ce royaume par le Messie. Dans le N.T., le royaume de Dieu est la sphère dans laquelle la seigneurie de Dieu est reconnue et son Esprit est à l'œuvre. Les croyants font partie de ce royaume. Ce royaume est à la fois actuel, là où Jésus règne sur nos motivations et nos actions, et futur, lorsque le royaume sera établi de manière visible sur l'univers entier. Pour éviter de prononcer le nom de Dieu, Matthieu parle du royaume des cieux.

S

Sabbat : septième jour de la semaine juive, jour de repos consacré à l'Eternel (Ex 16.23 ; 35.2), rappelant le repos de Dieu après la création (Gn 2.1-4 ; Ex 20.8-11) et la fin de l'esclavage en Egypte (Dt 5.12-15). Le sabbat commençait le vendredi au coucher du soleil pour se terminer le samedi au même moment. Sa signification pour le chrétien ressort de Hé 4.3-4.

Sadducéens : membres d'un parti religieux juif qui niait la résurrection des morts, l'existence des anges et des démons. L'aristocratie de Jérusalem et les prêtres les plus importants faisaient partie des sadducéens. Dans les évangiles, ils sont souvent associés aux pharisiens comme adversaires de Jésus.

Salomon : troisième roi d'Israël (970 à 930 av. J.-C.), fils de David. Son règne fut particulièrement brillant. Construisit le temple de Jérusalem.

Samaritain : habitant de la Samarie, région au centre du territoire d'Israël, entre la Judée et la Galilée. Les Samaritains n'avaient conservé que les cinq premiers livres de l'A.T. Ils adoraient Dieu sur le mont Garizim et attendaient la venue d'un nouveau Moïse. Les Juifs et les Samaritains n'avaient pas de relations entre eux (Jn 4.9). Les premiers chrétiens ont surmonté cette hostilité ancestrale (Ac 8.5-6).

Satan : nom du diable signifiant : accusateur ou adversaire. C'est d'abord en hébreu un nom commun (voir Jb 1.6ss. ; 2.1ss. ; Za 3.1ss.) avant de devenir un nom propre (Mc 1.13 ; Ac 5.3 ; Ap 12.10).

Sauver, sauveur : Les mots grecs traduits par ces termes signifient, en grec courant : guérir, mettre à l'abri du danger, rendre sain et sauf. Dans le N.T., ils s'appliquent à des guérisons (Mc 5.34), à la préservation de la vie (Lc 9.24) et à l'œuvre de salut de Christ qui fait que tout homme et toute femme qui met sa confiance en lui échappe à la perdition et qu'il a la vie éternelle (Jn 3.16).

Sceau, sceller : sceller, apposer son sceau sur un objet c'était marquer qu'on en était le propriétaire. On scellait aussi des documents pour éviter qu'ils soient ouverts et modifiés (Dn 12.4). Le Saint-Esprit nous scelle (Ep 1.13), c'est-à-dire qu'il est la marque de notre appartenance à Dieu.

Silas, Silvain : chrétien de Jérusalem qui accompagna l'apôtre Paul lors de son deuxième voyage missionnaire.

Simon : nom de neuf personnages du N.T. C'était aussi l'ancien nom de l'apôtre Pierre (voir Mt 16.17-18).

Sion : nom de l'une des collines de Jérusalem, sur laquelle était édifié le Temple. Ce nom peut servir à désigner la ville entière, ou même la communauté du peuple de Dieu ou la cité céleste (Jr 6.23 ; Hé 12.22 ; Ap 14.1).

Sodome : l'une des villes (avec Gomorrhe) détruites par Dieu, à l'époque d'Abraham, symboles du vice et du jugement divin.

Spécialistes de la Loi : hommes ayant pour activité l'étude et l'interprétation de la Loi de Moïse, et qui enseignaient comment l'appliquer aux détails de la vie quotidienne ; Esdras en est l'exemple par excellence dans l'A.T. (Esd 7.6 ; Né 8.1, 4, 9, 13 ; 12.26, 36). Par leur enseignement, les spécialistes de la Loi exerçaient une profonde influence sur le peuple. La plupart d'entre eux se sont opposés à l'enseignement de Jésus et ont persécuté les premiers chrétiens (Mt 21.15 ; Ac 4.5 ; 6.12).

Stèle : pierre dressée en mémoire d'un événement (Gn 28.18) ou en l'honneur d'une divinité (Dt 12.3 ; 16.21-22).

Synagogue : édifice où avait lieu, dans chaque ville et chaque village important, le culte juif (lecture de la Loi et des prophètes, prédication) et l'enseignement religieux.

Syrie : au temps de Jésus-Christ, province romaine au nord d'Israël. Capitale : Antioche.

T

Tabernacle : demeure de Dieu au milieu de son peuple (Ex 25.8-9 ; Lv 8.10) constituée d'une tente entourée d'un parvis où se trouvaient l'autel des holocaustes et la cuve de bronze. Dans la tente, le lieu très saint contenait le coffre de l'alliance et le lieu saint divers autres objets.

Temple : sanctuaire de Jérusalem. Son centre était un édifice divisé en lieu saint (où les prêtres pénétraient tous les jours) et lieu très saint (où seul le grand-prêtre entrait une fois par an). Le peuple restait dans les différentes cours du Temple (parvis des prêtres, des Israélites, des femmes, des non-Juifs) séparées par des portes et des portiques.

Tente de la Rencontre : nom donné au tabernacle comme étant le lieu où Dieu rencontrait les Israélites (Ex 29.42-46 ; 33.7-11).

Thessalonique : l'une des principales villes de la Macédoine.

Timothée : compagnon et collaborateur de Paul, emmené par l'apôtre au début de son deuxième voyage missionnaire, chargé de plusieurs missions de confiance.

Tite : compagnon et collaborateur de Paul, fils de parents non juifs (Ga 2.3). A accompagné l'apôtre à Jérusalem, fut envoyé par lui à Corinthe, organisa les Eglises de l'île de Crète.

Tychique : chrétien de la province d'Asie, compagnon d'œuvre de Paul.

Tyr : port phénicien (donc en territoire non juif), dont Jésus et Paul ont parcouru le territoire.

V

Vœu : engagement volontaire de se consacrer à Dieu ou de lui donner certains biens.

Vouer à l'Eternel : le terme hébreu désigne une consécration exclusive à Dieu d'une chose ou d'une personne, ce qui impliquait dans certains cas leur destruction (voir Lv 27.28-29).

Le calendrier hébreu

Les noms entre parenthèses n'apparaissent pas dans la Bible.

Calendrier hébreu	**Calendrier moderne**	**Références bibliques**	**Les fêtes (Lv 23 ; Nb 28 et 29 ; Dt 16)**
Abib ; Nisân	mars-avril	Ex 12.2 ; 13.4 ; 23.15 ; 34.18 ; Dt 16.1 ; Né 2.1	la Pâque ; la fête des Pains sans levain et de la Première Gerbe
Ziv (Lyyar)	avril-mai	1 R 6.1, 37	la Pentecôte (ou fête de la Moisson ou des [sept] Semaines)
Sivân	mai-juin	Est 8.9	
(Tammouz)	juin-juillet		
(Ab)	juillet-août		
Eloul	août-septembre	Né 6.15	
Etanim (Tishri)	septembre-octobre	1 R 8.2	la fête des Trompettes ; le jour des Expiations ; la fête des Cabanes
Boul	octobre-novembre	1 R 6.38	(Mareshvân)
Kislev	novembre-décembre	Né 1.1 ; Za 7.1	la fête de la Consécration
Tébeth	décembre-janvier	Est 2.16	
Shebath	janvier-février	Za 1.7	
Adar	février-mars	Esd 6.15 ; Est 3.7, 13 ; 8.12 ; 9.1, 15, 17, 19, 21	Pourim
(Adar sheni)	Mois ajouté tous les trois ans environ pour que le calendrier lunaire corresponde au calendrier solaire		

Miracles of Jesus

Healing Miracles	Matthew	Mark	Luke	John
Man with leprosy	8:2–4	1:40–42	5:12–13	
Roman centurion's servant	8:5–13		7:1–10	
Peter's mother-in-law	8:14–15	1:30–31	4:38–39	
Two men from Gadara	8:28–34	5:1–15	8:27–35	
Paralyzed man	9:2–7	2:3–12	5:18–25	
Woman with bleeding	9:20–22	5:25–29	8:43–48	
Two blind men	9:27–31			
Mute, demon-possessed man	9:32–33			
Man with a shriveled hand	12:10–13	3:1–5	6:6–10	
Blind, mute, demon-possessed man	12:22		11:14	
Canaanite woman's daughter	15:21–28	7:24–30		
Boy with a demon	17:14–18	9:17–29	9:38–43	
Two blind men (including Bartimaeus)	20:29–34	10:46–52	18:35–43	
Deaf mute		7:31–37		
Possessed man in synagogue		1:23–26	4:33–35	
Blind man at Bethsaida		8:22–26		
Crippled woman			13:11–13	
Man with dropsy			14:1–4	
Ten men with leprosy			17:11–19	
The high priest's servant			22:50–51	
Official's son at Capernaum				4:46–54
Sick man at pool of Bethesda				5:1–9
Man born blind				9:1–7

Miracles Showing Power over Nature	Matthew	Mark	Luke	John
Calming the storm	8:23–27	4:37–41	8:22–25	
Walking on water	14:25	6:48–51		6:19–21
Feeding of the 5,000	14:15–21	6:35–44	9:12–17	6:6–13
Feeding of the 4,000	15:32–38	8:1–9		
Coin in fish	17:24–27			
Fig tree withered	21:18–22	11:12–14, 20–25		
Large catch of fish			5:4–11	
Water turned into wine				2:1–11
Another large catch of fish				21:1–11

Miracles of Raising the Dead	Matthew	Mark	Luke	John
Jairus's daughter	9:18–19, 23–25	5:22–24, 38–42	8:41–42, 49–56	
Widow's son at Nain			7:11–15	
Lazarus				11:1–44

Ministry of Jesus

Event	Place	Matthew	Mark	Luke	John
Jesus baptized	Jordan River	3:13–17	1:9–11	3:21–22	1:29–34
Jesus tempted by Satan	Desert	4:1–11	1:12–13	4:1–13	
Jesus' first miracle	Cana				2:1–11
Jesus and Nicodemus	Judea				3:1–21
Jesus talks to a Samaritan woman	Samaria				4:5–42
Jesus heals an official's son	Cana				4:46–54
The people of Nazareth try to kill Jesus	Nazareth			4:16–30	
Jesus calls four fishermen	Sea of Galilee	4:18–22	1:16–20	5:1–11	
Jesus heals Peter's mother-in-law	Capernaum	8:14–15	1:29–31	4:38–39	
Jesus begins preaching in Galilee	Galilee	4:23–25	1:35–39	4:42–44	
Matthew decides to follow Jesus	Capernaum	9:9–13	2:13–17	5:27–32	
Jesus chooses twelve disciples	Galilee	10:2–4	3:13–19	6:12–15	
Jesus preaches the Sermon on the Mount	Galilee	5:1—7:29		6:20–49	
A sinful woman anoints Jesus	Capernaum			7:36–50	
Jesus travels again through Galilee	Galilee			8:1–3	
Jesus tells kingdom parables	Galilee	13:1–52	4:1–34	8:4–18	
Jesus quiets the storm	Sea of Galilee	8:23–27	4:35–41	8:22–25	
Jairus's daughter raised to life	Capernaum	9:18–26	5:21–43	8:40–56	
Jesus sends out the Twelve	Galilee	9:35—11:1	6:6–13	9:1–6	
John the Baptist killed by Herod	Machaerus in Judea	14:1–12	6:14–29	9:7–9	
Jesus feeds the 5,000	Bethsaida	14:13–21	6:30–44	9:10–17	6:1–14
Jesus walks on water	Sea of Galilee	14:22–32	6:47–52		6:16–21
Jesus feeds the 4,000	Sea of Galilee	15:32–39	8:1–10		
Peter confesses Jesus as the Son of God	Caesarea Philippi	16:13–20	8:27–30	9:18–21	
Jesus predicts his death	Caesarea Philippi	16:21–26	8:31–37	9:22–25	
Jesus is transfigured	Mount Hermon	17:1–13	9:2–13	9:28–36	
Jesus pays his temple taxes	Capernaum	17:24–27			
Jesus attends the Feast of Tabernacles	Jerusalem				7:10–52
Jesus heals a man born blind	Jerusalem				9:1–41
Jesus visits Mary and Martha	Bethany			10:38–42	
Jesus raises Lazarus from the dead	Bethany				11:1–44
Jesus begins his last trip to Jerusalem	Border road			17:11	
Jesus blesses the little children	Transjordan	19:13–15	10:13–16	18:15–17	
Jesus talks to the rich young man	Transjordan	19:16–30	10:17–31	18:18–30	
Jesus again predicts his death	Near the Jordan	20:17–19	10:32–34	18:31–34	
Jesus heals blind Bartimaeus	Jericho	20:29–34	10:46–52	18:35–43	
Jesus talks to Zacchaeus	Jericho			19:1–10	
Jesus visits Mary and Martha again	Bethany				12:1–11

What to Read When:

The Future Seems Hopeless
—Isaiah 54:1–7; Lamentations 3:19–24; 1 Corinthians 15:20–28; 1 Peter 1:1–9; 1 Peter 5:10–11; Revelation 11:15–19

You Are Seeking God's Direction
—1 Kings 3:1–14; Proverbs 2:1–6; Romans 12:1–3; Ephesians 5:15–17; Colossians 1:9–14; James 1:5–8

You Need Comfort
—Isaiah 12; Isaiah 40:1–11; Jeremiah 31:10–13; 2 Corinthians 1:3–7; 2 Corinthians 7:6–13

Others Disagree With You
—Matthew 7:1–5; Romans 12:9–21; Romans 14:1—15:7; 2 Corinthians 5:11–21

The World Seems Enticing
—Genesis 3:1–7; Ecclesiastes 2:1–11; 2 Corinthians 6:14—7:1; James 1:26–27; James 4:4–10; 1 John 2:15–17

You Need Assurance of Salvation
—Psalm 91:14–16; Micah 7:18–20; John 3:14–21; John 11:25–26; Acts 16:31–34; 1 John 5:9–13

Others Have Sinned Against You
—Genesis 33:1–4; Genesis 50:15–20; Matthew 6:14–15; Matthew 18:21–35; Colossians 3:12–14; James 2:12–13

You Are Tempted to Be Bitter
—Psalm 4; Psalm 73; Proverbs 16:32; 1 Corinthians 13:5; Ephesians 4:29—5:2; Hebrews 12:14–15

You Are Tempted to Neglect Corporate Worship
—Exodus 20:8–11; Psalm 95:1–7; Acts 2:42–47; Hebrews 10:19–25

Your Faith Needs Strengthening
—Genesis 15:1–6; Proverbs 3:5–9; Romans 5:1–11; 1 Corinthians 9:24–27; Hebrews 10:19–25, 35–39; Hebrews 11:1—12:13

You Need to Control Your Tongue
—Psalm 39:1; Proverbs 10:18–20; Matthew 15:1–20; James 3:1–12

You Are Prone to Judge Others
—Matthew 7:1–5; 1 Corinthians 4:1–5; James 2:1–13; James 4:11–12

You Have Been Cheated
—Genesis 33:1–4; Matthew 18:15–17; 1 Corinthians 6:1–8; James 5:1–8

Things Are Going Well
—Job 31:24–28; Proverbs 15:27; Luke 12:13–21; 1 Timothy 6:3–19; Hebrews 13:5; James 2:1–17

You Wonder About Your Spiritual Gifts
—Romans 12:3–8; 1 Corinthians 1:4–9; 1 Corinthians 12:1—14:25; 1 Peter 4:7–11

You Are Starting a New Job
—1 Kings 3:1–14; Proverbs 10:4–5; Romans 12:1–2; Ephesians 1:3–14

You Are in a Position of Responsibility
—1 Kings 11:5–7; Proverbs 3:21–27; Mark 10:35–45; Luke 7:1–10; 1 Corinthians 16:13–14; Galatians 6:9–10

You Are Establishing a New Home
—Genesis 2:19–25; Ecclesiastes 9:7–10; Ephesians 5:22–33; Colossians 3:18–21; 1 Peter 3:1–7

You Have Been Quarreling
—Genesis 13:5–11; Psalm 133; 1 Corinthians 3; Ephesians 4:1–6, 4:15—5:2; 2 Timothy 2:14–26; James 4:1–12

You Are Challenged by Dark Forces
—Joshua 1:6–9; Psalm 56:1–4; Romans 8:38–39; 2 Corinthians 4:7–18; Ephesians 6:10–18; 2 Timothy 4:3–7

You Are Jealous
—Numbers 12:1–15; Numbers 16:1–35; Galatians 5:13–15, 19–21; James 3:13–18;

You Struggle With Laziness
—Proverbs 6:6–11; Proverbs 10:4–5; Ephesians 5:15–16; Philippians 2:12–13; 1 Thessalonians 4:11–12; 2 Thessalonians 3:6–15

You Struggle With Lust
—Deuteronomy 22:22–24; 2 Samuel 11:1—12:14; Matthew 5:27–30; Romans 13:8–14; James 1:13–18

You Are Angry
—Genesis 4:1–12; Psalm 4:4; Matthew 5:21–22; Matthew 18:21–35; Ephesians 4:25—5:2; James 1:19–21

You Desire Revenge
—Deuteronomy 32:34–35; Psalm 94:1; Proverbs 25:21–22; Matthew 5:38–42; Romans 12:17–21; 1 Thessalonians 5:12–15; 1 Peter 3:8–14

You Are Proud
—Proverbs 8:12–14; Matthew 25:34–40; Mark 10:35–45; Romans 12:3; Philippians 2:1–11

You Struggle With Addiction
—Psalm 18:28–36; Proverbs 23:29–35; Romans 6:1–23; Romans 12:1–2; 1 Corinthians 6:12–20; Philippians 3:17—4:1

You Are Greedy
—Psalm 62:1–2, 10; Ecclesiastes 2:1–11; Luke 12:13–21; 2 Corinthians 9:6–15; Ephesians 5:3–7; 1 John 3:16–18

You Desire to Learn How to Pray
—2 Chronicles 6:13–42; 2 Chronicles 20:5–12; Matthew 6:5–15; Mark 11:22–25; Luke 18:9–14; Philippians 4:4–7

You Struggle With Apathy
—Numbers 25:10–13; Ecclesiastes 9:10; Matthew 25:1–13; Luke 12:35–48; 1 Thessalonians 5:1–11; Revelation 3:1–6, 14–22

What the Bible Says About:

Adultery
—Exodus 20:14; Leviticus 20:10; Deuteronomy 22:22–24; Matthew 5:27–32; Galatians 5:13–26; Ephesians 4:17—5:3

Ambition
—1 Kings 3:5–12; Haggai 1:2–8; Matthew 16:21–27; Mark 9:33–37; Mark 10:35–45; Philippians 2:1–4

Anger
—Genesis 4:1–12; Psalm 4:4; Psalm 38:7–9; Proverbs 16:32; Matthew 5:21–26; Ephesians 4:25—5:2; James 1:19–27

Anxiety
—Psalm 94:17–19; Ecclesiastes 2:22–25; Luke 12:22–34; Philippians 4:4–9; Hebrews 13:5–6

Atonement
—Leviticus 16:2–34; Isaiah 6:1–7; Romans 3:21–26; 2 Corinthians 5:14–21; Hebrews 9; 1 Peter 2:22–25

Baptism
—Matthew 3:1–12; Matthew 28:16–20; Romans 6:1–5

Bible Reading
—Nehemiah 8:1–6; Psalm 1:2; 2 Timothy 3:14–17; Hebrews 4:12; James 1:19–27

Blood of Christ
—Matthew 26:27–29; Hebrews 9:11–28

Body of Christ
—1 Corinthians 12:12–31; Hebrews 2:14–18

Celibacy
—Matthew 19:4–12; 1 Corinthians 7:32–40; 1 Timothy 4:1–5

Children
—Psalm 78:1–7; Psalm 127; Psalm 128; Matthew 18:1–9; Mark 10:13–16; Ephesians 6:1–4

Compassion
—Psalm 103:8–12; Psalm 116:5–6; Micah 6:8; John 11:17–44; 2 Corinthians 1:3–7; 1 John 3:11–24

Conversion
—Deuteronomy 4:30–31; 2 Chronicles 7:14; Ezekiel 18:30–32; John 3:1–21; 2 Corinthians 5:17–19; Ephesians 2:1–10

Creation
—Genesis 1–2; Psalm 8; Psalm 19; Psalm 104; Romans 1:18–23; Romans 8:18–27; Colossians 1:15–17

Cross
—Mark 8:31—9:1; Luke 23:26–49

Death
—Psalm 116:15–16; Isaiah 57:1–2; John 12:23–26; Romans 6:1–23; 1 Corinthians 15

Discipleship
—Luke 14:25–33; John 15:1–17; John 21:15–19